CODE CIVIL
2020

LexisNexis®

CODE CIVIL
2020

CODE CIVIL
2020

TRENTE-NEUVIÈME ÉDITION

La présente édition a été réalisée par

Laurent Leveneur

Professeur à l'Université Panthéon-Assas Paris II.

Le Code civil bleu annoté a été conçu en 1981, puis actualisé au cours des 25 éditions suivantes par André Lucas, Professeur à l'Université de Nantes

LexisNexis®

LEXISNEXIS SA
141, RUE DE JAVEL – 75015 PARIS

Textes à jour au 23 mai 2019

Avertissement de l'éditeur

Toute utilisation ou traitement automatisé, par des tiers, de données personnelles pouvant figurer dans cet ouvrage sont interdits.

DANGER
LE PHOTOCOPILLAGE TUE LE LIVRE

Siège social : 141, rue de Javel – 75015 Paris

ISBN 978-2-7110-3127-6
ISSN 1622-6208

AVEC LA COLLABORATION DE

Jean-Jacques ANSAULT, Professeur à l'Université de Rouen

Thomas GENICON, Professeur à l'Université Rennes I (de la 26e à la 36e édition)

Charlotte GOLDIE-GENICON, Professeur à l'Université de Nantes

André LUCAS, Professeur à la Faculté de droit de Nantes

Sabine MAZEAUD-LEVENEUR, Professeur à l'Université Paris-Est Créteil (Paris XII)

Thomas PIAZZON, Maître de conférences à l'Université Panthéon-Assas Paris II

PRÉFACE DE

André Lucas, Professeur à la Faculté de droit de Nantes

AVANT-PROPOS DE LA 1re ÉDITION DE

Pierre Catala †, Professeur à l'Université de droit, d'économie et de sciences sociales de Paris

PRÉFACE

Dérangeante, audacieuse en tout cas, l'idée d'élargir la palette en offrant le choix du bleu à la communauté des juristes vouée, depuis des générations, au rouge. Elle s'imposa en 1978, grâce à M. Philippe Durieux, alors président des Éditions techniques, qui décida (le moyen de faire autrement ?) de commencer par le fleuron, c'est-à-dire par le Code civil. Restait à lui donner corps. Et d'abord à trancher la question : code commenté ou code annoté ? La première formule mettait imprudemment l'accent, disait-on, sur le contenu doctrinal de l'ouvrage, ce qui pouvait provoquer son interdiction lors des examens, donc son bannissement de l'université. Le risque, il est vrai, n'était pas conjuré si les annotations étaient elles-mêmes trop riches (de fait, il advint que ce singulier procès fut instruit et la menace agitée ici ou là). En toute hypothèse, il fallait prendre parti sur la présentation de la jurisprudence et des textes complémentaires, ainsi que sur les tables chronologiques et l'index alphabétique, outils ô combien essentiels, sans parler de bien d'autres enjeux, longuement soupesés avec l'auteur entre-temps déniché en province.

Trois ans plus tard, après manipulation de deux ou trois tonnes de vieux recueils aux reliures salissantes, la première édition du Code civil Litec était mise en fabrication. À l'ancienne. L'heure de l'informatique n'avait pas encore sonné. Les ajouts se faisaient par collages, guirlandes plus ou moins bien agrippées aux épreuves que réussissaient à déchiffrer d'héroïques secrétaires.

Au fil des éditions, l'ouvrage – c'est quasiment un effet de la nature – s'est épaissi, comme d'ailleurs les autres membres de la famille des codes bleus qui sont nés après lui. On veille à ce que ce soit du muscle plus que de la graisse. Ce n'est pas toujours facile. Les revues toujours plus nombreuses charrient un flot incessant d'informations qu'il faut éviter d'empiler, au risque de noyer l'utilisateur, tout en occupant les nouveaux champs qui s'ouvrent dans un horizon civiliste aux contours incertains.

La parade consiste notamment à rendre la jurisprudence plus accessible en structurant l'ensemble des annotations, en usant des titres « noyés », en multipliant les renvois à partir de l'index alphabétique.

Pour les textes, c'est une autre paire de manches. À croire que le législateur s'ingénie à compliquer la vie du tâcheron qui besogne à l'actualisation de ses fichiers, surtout au temps des moissons, qui est aussi celui des recours devant le Conseil constitutionnel et celui auquel il faut mettre la dernière main au Code civil. Tous les ans, c'est le même miracle : déjoués les pièges des lois-fleuves desquelles il faut extraire, dans la hâte, quelques pépites diaboliquement dissimulées, résolu le casse-tête de l'entrée en vigueur des grandes réformes civilistes au 1er janvier de l'année suivante, autant dire au milieu du gué, incorporés *in extremis*, après quelques échanges acrobatiques de courriels, les textes guettés depuis des jours voire des semaines au *Journal officiel*, et le code bleu est bien là, dans les vitrines, à la date prévue. C'est parfois angoissant, toujours passionnant, peut-être pas de la vraie doctrine, mais du droit vivant, donc mouvant.

D'autres défis se présentent. Le plus important, à coup sûr, est celui de l'adaptation de l'édition papier au temps de l'information en ligne. En combinant judicieusement la plus-value de chaque vecteur, sans perdre de vue le cap de l'information pertinente et accessible, on peut espérer que la vague bleue continue longtemps de battre le rivage de l'édition juridique. L'espoir se mue en certitude maintenant que l'entreprise est confiée au commandant Laurent Leveneur et à l'équipage d'élite qu'il a su constituer. L'heure pour le navigateur solitaire qu'a été le signataire de ces lignes de débarquer son baluchon et de souhaiter bon vent à ses successeurs.

André Lucas
Professeur à l'Université de Nantes

AVANT-PROPOS DE LA PREMIÈRE ÉDITION

La France possède, dans le domaine juridique, un des meilleurs systèmes documentaires du monde, que lui envient légitimement bien des pays aussi prospères qu'elle. Cette qualité tient, pour l'essentiel, à la pluralité qui caractérise les instruments de l'information. Pluralité, d'abord, des sources du droit, parfois présentées séparément dans des recueils de textes, d'arrêts et de doctrine, parfois intégrées dans de grands ensembles encyclopédiques. Pluralité, enfin, des produits eux-mêmes, imprimés ou informatiques, visant à l'adaptation la meilleure, par leur format et leur contenu, à des populations diverses d'usagers : magistrats, avocats et officiers ministériels, fonctionnaires, juristes d'entreprise, enseignants et étudiants...

Tout ceci traduit la vitalité de l'édition juridique nationale. Qui ne s'en féliciterait (et qui ne redouterait qu'elle dépérisse sous le coup d'initiatives qui en méconnaîtraient le prix) ? En un temps où le droit enfle et se complique sans cesse, la valeur du dispositif documentaire recule le moment où le système juridique ne pourra plus être maîtrisé par ceux qui sont chargés de l'appliquer. La cause et l'effet, d'ailleurs, sont réversibles. S'il est vrai que la qualité de l'appareil documentaire tend à dissimuler une certaine dégradation du droit, ce déclin même, comme eût dit Ripert, appelle en retour un renforcement et un renouvellement constants de la documentation disponible.

Aussi les grandes maisons d'édition s'appliquent-elles à offrir à leur clientèle, comme tous les producteurs d'aujourd'hui, des gammes complètes de produits, voire de services. Le groupe Éditions du JurisClasseur – Litec particulièrement équipé en doctrine et en jurisprudence par la combinaison des JurisClasseurs, de *JurisData* et de ses périodiques, pour s'en tenir aux collections les plus générales, avait jusqu'ici cantonné son action, dans le domaine des textes, au recueil des Codes et Lois augmenté du Fichier législatif et réglementaire et à quelques Codes commentés. Avec le présent Code civil, il aborde une nouvelle étape.

Il existe, en effet, trois manières de présenter les dispositions de la loi. On peut les reproduire sans adjonction, comme font les Journaux officiels et les Codes d'audience. On peut les assortir de gloses analytiques et critiques : ce sont les codes commentés. On peut enfin, solution intermédiaire, les illustrer de références aux études doctrinales et surtout, aux applications jurisprudentielles : ce sont les codes annotés.

Le Code civil Litec appartient à ce troisième genre, dont il offre un visage rajeuni. Ses adeptes apprécieront la substance des notes figurant au pied des articles, dont la richesse en information tient au soin avec lequel a été sélectionnée et ordonnée la jurisprudence la plus significative et la plus récente. Ce souci d'organisation méthodique se retrouve également dans l'index alphabétique particulièrement développé qui procure au chercheur un grand nombre d'accès par mots clés aux textes et aux notes elles-mêmes.

Conçu et réalisé avec une telle rigueur par le Professeur André Lucas, le Code civil Litec constitue en soi un instrument documentaire autonome, homogène et performant, dont praticiens et étudiants ne seront pas longs à éprouver l'efficacité.

Pierre Catala
Professeur à l'Université de Droit,
d'Économie et de Sciences sociales de Paris

AVERTISSEMENT

Le Code civil bleu comprend :

– le texte même du code, signalé par la numérotation des articles en bleu ; si cela s'avère nécessaire la précédente rédaction d'un texte suit l'article modifié ;

– les textes complémentaires, indispensables à la connaissance du droit civil qui sont **tous regroupés en fin de volume** (Annexes) soit dans la partie des textes codifiés, rangés par ordre alphabétique, soit dans la partie des textes non codifiés, classés par ordre chronologique.

Sous les articles du Code civil qu'ils complètent figurent les renvois aux textes complémentaires. Les textes complémentaires les plus courts sont néanmoins reproduits sous les articles du Code s'y rapportant ;

– une importante sélection de jurisprudence actualisée, classée dans l'ordre logique d'un plan propre à l'article concerné. **Chaque paragraphe de jurisprudence est de plus identifié par des mots clés pour faciliter l'accès à l'information recherchée** ;

– une bibliographie sous les articles qui renvoie à des notes de doctrines publiées dans plus d'une vingtaine de revues et aux fascicules de JurisClasseur ;

– une table analytique des matières qui figure en tête d'ouvrage ;

– une table des textes complémentaires rapportés dans l'ouvrage ainsi que des textes les modifiant ou modifiant des articles du Code civil dans sa teneur actuelle ;

– et un index alphabétique renvoyant aux articles du code, aux notes figurant sous les articles et aux textes complémentaires.

Réforme du droit des contrats, du régime général et de la preuve des obligations

Les textes des nouveaux titres III, IV et IV *bis* du livre III du Code civil issus de l'ordonnance n° 2016-131 du 10 février 2016, sont entrés en vigueur le 1er octobre 2016. Les textes en vigueur jusqu'au 1er octobre 2016 sont intitulés « art. X ancien », ils sont reproduits à la suite des nouveaux articles.
Les modifications apportées par la loi de ratification *(L. n° 2018-287, 20 avr. 2018)* sont intégrées dans les textes nouveaux concernés, avec, pour chacune, l'indication de son application dans le temps.
La **jurisprudence** relative aux anciens articles a été transférée sous les nouveaux articles lorsque ceux-ci ont *un contenu* qui correspond à la teneur des anciens (par ex., art. 1147 ancien et 1231-1 nouveau ; art. 1384 ancien et 1242 nouveau). En revanche chaque fois que la jurisprudence concerne un article ancien dont la teneur ne se retrouve pas identiquement dans les nouvelles dispositions, elle a été laissée sous l'article ancien.

Consultez le livret comparatif de la réforme du droit des contrats, du régime général et de la preuve des obligations à l'adresse http://web.lexisnexis.fr/Fb/LivretCC2020.

LISTE DES ABRÉVIATIONS

Dans la partie annexe, du présent code, les articles précédés d'un ou de deux astérisques sont délibérés en Conseil d'État ; ceux précédés de deux astérisques sont pris en assemblée générale, sauf dispense.

A., A. min.	Arrêté, arrêté ministériel
Abr.	Abrogé
Adde	Ajouter
Aj.	Ajouté(e)
AJPI	Actualité juridique de la propriété immobilière
al.	Alinéa
Ann. propr. ind.	Annales de la propriété industrielle
Art.	Article
Banque	Revue de la banque
Bull. civ.	Bulletin des arrêts des chambres civiles de la Cour de cassation
Bull. crim.	Bulletin des arrêts de la chambre criminelle de la Cour de cassation
C. action soc. et fam.	Code de l'action sociale et des familles
C. adm.	Code administratif
Cah. dr. auteur	Cahiers du droit d'auteur
Cass. ass. plén.	Arrêt de la Cour de cassation siégeant en assemblée plénière
Cass. civ.	Arrêt des chambres civiles de la Cour de cassation
Cass. com.	Arrêt de la chambre commerciale et financière de la Cour de cassation
Cass. crim.	Arrêt de la chambre criminelle de la Cour de cassation
Cass. soc.	Arrêt de la chambre sociale de la Cour de cassation
C. assur.	Code des assurances
C. aviation	Code de l'aviation civile
C. caisses d'épargne	Code des caisses d'épargne
CCH	Code de la construction et de l'habitation
C. civ.	Code civil
C. com.	Code de commerce
C. consom.	Code de la consommation
C. dom. Ét.	Code du domaine de l'État
C. dom. publ. fluv.	Code du domaine public fluvial et de la navigation
CE	Arrêt du Conseil d'État
CEDH	Cour européenne des droits de l'homme
C. fam.	Code de la famille et de l'aide sociale
C. for.	Code forestier
CGI	Code général des impôts
Ch. mixte, ch. réunies	en chambre mixte, toutes chambres réunies
chron.	Chronique
C. ind. cin.	Code de l'industrie cinématographique
C. minier	Code minier
C. monét. fin.	Code monétaire et financier
CMP	Code des marchés publics
C. nat.	Code de la nationalité
COJ	Code de l'organisation judiciaire
Comp.	Comparer
Concl.	Conclusions

Cons. const.	Décision du Conseil constitutionnel
Contra	En sens contraire
Contrats, conc. consom.	Contrats, concurrence, consommation
CPC	Code de procédure civile
CPC ex.	Code des procédures civiles d'exécution
C. pén.	Code pénal
C. pens. mil.	Code des pensions militaires d'invalidité et des victimes de guerre
C. P. et T.	Code des Postes et Télécommunications
CPI	Code de la propriété intellectuelle
CPP	Code de procédure pénale
Crit.	Critique
C. rur.	Code rural
C. santé publ.	Code de la santé publique
CSS	Code de la sécurité sociale
C. trav.	Code du travail
C. urb.	Code de l'urbanisme
D.	Décret
D., DA, DC, DH, DP, DS	Recueil Dalloz analytique, critique, hebdomadaire, périodique, Dalloz-Sirey
D.-L.	Décret-loi
Defrénois	Répertoire général du notariat
Dr. famille	Droit de la famille
Dr. soc.	Droit social
Dr. sociétés	Droit des sociétés
Gaz. Pal.	Gazette du Palais
infra	Voir plus loin
inf. rap.	Informations rapides
Instr., Instr. min.	Instruction, Instruction ministérielle
JCl. Adm., Civil, Com., Not.-Form., Not.-Rép. , Pénal, Proc. pén., Proc. civ.	JurisClasseur Administratif, Civil, Commercial, Notarial-Formulaire, Notarial-Répertoire, Pénal, Procédure pénale, Procédure civile
JCP	JurisClasseur Périodique (Semaine juridique)
JDI	Journal du droit international (Clunet)
JO, JONC, rect.	Journal officiel, numéro complémentaire, rectificatif
Journ. not.	Journal des notaires
L.	Loi
LPA	Les Petites affiches
LPF	Livre des procédures fiscales
mod.	modifié(e)
Ord.	Ordonnance
Pan.	Panorama
préc.	Précité(e)
RAP	Règlement d'administration publique
RDC	Revue des contrats
RD imm.	Revue trimestrielle de droit immobilier
RD rur.	Revue de droit rural

RD sanit. soc.	Revue de droit sanitaire et social	***RJPF***	Revue juridique personnes et familles
Rec. CE	Recueil Lebon, Recueil des arrêts du Conseil d'État	***RTD civ., com., eur.***	Revue trimestrielle de droit civil, de droit commercial, de droit européen
Réf.	Référé	**S.**	Recueil Sirey
Rempl.	Remplacé(e)	***Sem. jur.***	Semaine juridique (avant 1937)
Req.	Arrêt de la Cour de cassation, chambre des requêtes	**somm.**	Sommaire
Resp. civ. et assur.	Responsabilité civile et assurance	***supra***	Voir plus haut
Rev. crit. DIP	Revue critique de droit international privé. Revue judiciaire	**TA, confl.**	Décision du tribunal administratif, du tribunal des conflits
Rev. jur. Ouest	Revue juridique de l'Ouest	**T. civ., corr., inst.**	Jugement du tribunal civil, du tribunal correctionnel, du tribunal d'instance
Rev. loyers	Revue des loyers	**TGI**	Jugement du tribunal de grande instance
Rev. sociétés	Revue des sociétés	**V.**	Voir
RIDA	Revue internationale du droit d'auteur	***V°***	Au mot
RJ com.	Revue de jurisprudence commerciale		

NB – Les arrêts des cours d'appel sont référencés par le seul nom de la ville, siège de la juridiction. Par ex., Bordeaux 11 oct. 1978, Lyon 4 janv. 1980, ...

Table des matières

TITRE PRÉLIMINAIRE. – DE LA PUBLICATION, DES EFFETS ET DE L'APPLICATION DES LOIS EN GÉNÉRAL

Art. 1er ***(Ord. n° 2004-164, 20 févr. 2004).*** **– Les lois et, lorsqu'ils sont publiés au *Journal officiel* de la République française, les actes administratifs entrent en vigueur à la date qu'ils fixent ou, à défaut, le lendemain de leur publication. Toutefois, l'entrée en vigueur de celles de leurs dispositions dont l'exécution nécessite des mesures d'application est reportée à la date d'entrée en vigueur de ces mesures.**

En cas d'urgence, entrent en vigueur dès leur publication les lois dont le décret de promulgation le prescrit et les actes administratifs pour lesquels le Gouvernement l'ordonne par une disposition spéciale.

Les dispositions du présent article ne sont pas applicables aux actes individuels.

Bibliographie : P. Deumier, *Des myriamètres à l'Internet : les nouvelles règles d'entrée en vigueur de la loi : RTD civ.* 2004, 585. • G. J. Guglielmi, *Distinguer la promulgation de la publication* in *Le titre préliminaire du Code civil*, Économica 2003, 59. • J. Huet, *Le nouvel article 1er du Code civil : une réforme confuse et timorée* in *Mélanges Philippe Le Tourneau*, Dalloz 2008, 439. • H. Péroz, *L'articulation des articles 1 et 2 du Code civil* in *Mélanges Jacques Héron*, LGDJ 2008, 411. • P. Deumier, *Loi v. décret d'application : RTD civ.* 2011, 499. • H. Moysan, *Entrée en vigueur de la loi. Le jour même ou le lendemain de la publication ? : Dr. fiscal* 2012, étude 542 ; *JCP* G 2013, suppl. au n° 4, 21 janv. 2013, 108.

I – PROMULGATION

1) Définition. La promulgation est l'acte par lequel le chef de l'État atteste l'existence de la loi et donne l'ordre aux autorités publiques d'observer et de faire observer cette loi (■ CE, 8 févr. 1974 : *JCP* 1974, II, 17703, 2e esp., note Liet-Veaux).

2) Formes. Sur les formes de la promulgation, voir décret n° 59-635 du 19 mai 1959, modifié par décret n° 90-218 du 8 mars 1990. Sur la promulgation locale dans les territoires d'outre-mer, voir loi organique n° 99-209 du 19 mars 1999, art. 6-1 (Nouvelle-Calédonie), loi organique n° 2004-192 du 27 février 2004, art. 8 (Polynésie française) et *infra*, art. 2491 du Code civil (Mayotte). Sur la suppression de l'impression sur papier du *Journal officiel* à partir du 1er janvier 2016, V. L. org. n° 2015-1712, 22 déc. 2015 ; L. n° 2015-1713, 22 déc. 2015 ; D. n° 2015-1717, 22 déc. 2015.

3) Recours pour excès de pouvoir. Le décret de promulgation est un acte de gouvernement et ne peut donc faire l'objet d'un recours pour excès de pouvoir (■ CE, 3 nov. 1933 : *S.* 1934, 3, p. 9, note Alibert).

II – PUBLICATION

4) Notion de publication. La publication d'une loi comprend l'ensemble des faits qui ont pour objet de porter à la connaissance du public le texte de la loi, c'est-à-dire son insertion au *Journal officiel* et l'écoulement du délai de publicité (■ Cass. civ., 26 janv. 1938 : *DH* 1938, 147. ■ Cass. soc., 2 déc. 1948 : *Bull. civ.* III, n° 987, p. 1101).

5) Force obligatoire. En l'absence de circonstances exceptionnelles, un décret non publié au *Journal officiel* est dépourvu de force obligatoire (■ CE, 28 déc. 2007 : *JCP* 2008, II, 10066, note Ngampio-Obélé-Bélé ; *JurisData* n° 2007-072884).

6) Publicité électronique. Sur les actes dont la publication sous forme électronique au *Journal Officiel* suffit à assurer l'entrée en vigueur (Ord. n° 2004-164, 20 février 2004, art. 5), V. D. n° 2004-617, 29 juin 2004. Sur les actes individuels qui peuvent faire l'objet d'une telle publication (Ord. préc., art. 4), voir D. n° 2004-459, 28 mai 2004.

III – RECTIFICATIFS

7) Erreur matérielle. La rectification d'une erreur purement matérielle dans la publication d'un texte de loi, insérée dans un numéro postérieur du *Journal officiel*, s'incorpore à la rédaction initiale (■ Cass. com., 5 avr. 1960 : *JCP* 1960, IV, 78 ; *Bull. civ.* III, n° 141, p. 127. – V. en ce sens ■ Cass. crim., 7 févr. 1961 : *JCP* 1961, IV, 42 ; *Bull. crim.* 1961, n° 78, p. 149. ■ Cass. crim., 28 mai 1968, n° 67-92.425 : *JCP* 1968, II, 15615. ■ Cass. 3e civ., 12 juill. 1976, n° 75-10.898 : *JurisData* n° 1976-098314 ; *JCP* 1976, IV, 300). Elle a force obligatoire dès la date de mise en vigueur du texte primitif (■ Cass. com., 5 avr. 1960, préc. ■ Cass. soc., 8 mars 1989, n° 86-13.783 : *JurisData* n° 1989-700834 ; *Bull. civ.* V, n° 187, p. 111).

8) Rectificatif contenant une disposition nouvelle. Au contraire, le rectificatif est inefficace lorsqu'il constitue en réalité une disposition nouvelle modifiant la portée du texte initial (■ Cass. ch. réunies, 5 févr. 1947 : *JCP* 1947, IV, 54 ; *S.* 1947, 1, p. 67. ■ Cass. com., 14 juin 1950 : *Bull. civ.* II, n° 214, p. 147).

Art. 2. – La loi ne dispose que pour l'avenir ; elle n'a point d'effet rétroactif.

Bibliographie : L. Bach, *Contribution à l'étude du problème de l'application de la loi dans le temps : RTD civ.* 1969, 413. • S. Gaudemet : *JCl. Civil*, art. 2. • J. Héron, *Étude structurale de l'application de la loi dans le temps : RTD civ.* 1985,277. • *Principes du droit transitoire*, Dalloz 1996. • P.-Y. Gautier, *Pour la rétroactivité in mitius en matière civile* in *Mélanges Jacques Héron*, LGDJ 2008, 235. • A. Marais, *Le temps, la loi et la jurisprudence : le bon, la brute et le truand* in *Mélanges Marie-Stéphane Payet*, Dalloz, 2011, 383. • N. Bareït, *Un projet oublié : la codification du droit transitoire : RTD civ.* 2015, 551.

• ***Sommaire***

I – PRINCIPES

1) Disposition d'ordre public. L'article 2 du Code civil est une disposition d'ordre public qui peut être invoquée ou retenue d'office à tout instant de la procédure (▪ Cass. 2e civ., 24 nov. 1955 : *JCP* 1955, IV, 181 ; *Bull. civ.* II, n° 533, p. 325. ▪ Cass. 3e civ., 21 janv. 1971 : *JCP* 1971, II, 16776, note Level).

2) Choix d'une loi non entrée en vigueur. Il est loisible aux parties de soumettre leurs conventions aux dispositions d'une loi déjà publiée mais non entrée en vigueur (▪ Cass. 3e civ., 23 mars 1977, n° 75-14.708 : *JurisData* n° 1977-799151 ; *D.* 1978, p. 163, note Agostini).

3) Droits acquis. Toute loi nouvelle s'applique aux situations établies et aux rapports juridiques formés avant sa promulgation dès lors que cette application n'a pas pour résultat de léser des droits acquis (▪ Cass. civ., 23 déc. 1914 : *S.* 1917, 1, p. 85. – V. en ce sens ▪ Cass. ch. réunies, 13 janv. 1932 : *DP* 1932, 1, p. 18, rapport Pilon. ▪ Cass. 2e civ., 23 févr. 1962 : *JCP* 1962, IV, 50 ; *Bull. civ.* II, n° 235, p. 165. ▪ Cass. 3e civ., 17 juill. 1968 : *Gaz. Pal.* 1969, 1, p. 16. ▪ Cass. 3e civ., 29 janv. 1980, n° 78-14.598 : *JurisData* n° 1980-098025 ; *Bull. civ.* III, n° 25, p. 17. ▪ Cass. 1re civ., 17 juin 1981 : *Bull. civ.* I, n° 224 ; *Defrénois* 1981, p. 1330, obs. Champenois). Tout jugement frappé d'appel constitue un titre susceptible de recouvrer rétroactivement tous ses effets en cas de mise à néant de l'appel, de sorte que le bénéficiaire du jugement dispose d'un droit acquis qui ne peut lui être retiré par une loi promulguée au cours de l'instance d'appel (▪ Cass. civ., 3 nov. 1941 : *JCP* 1942, II, 1768. ▪ Cass. com., 3 juill. 1950 : *JCP* 1951, II, 6031, note Roubier. ▪ Cass. civ., 24 mars 1952 : *JCP* 1952, IV, 77 ; *Bull. civ.* I, n° 115, p. 95. ▪ Cass. com., 26 mars 1962 : *JCP* 1962, IV, 70 ; *Bull. civ.* III, n° 193, p. 155. – V. cependant en matière de divorce ▪ Cass. civ., 29 déc. 1942 : *JCP* 1943, II, 2128 ; *DC* 1943, 85, note Carbonnier, et, plus généralement, pour les situations non contractuelles, ▪ Cass. com., 27 févr. 1962 : *Bull. civ.* III, n° 130, p. 105. Comp. ▪ Paris, 15 juin 1956 : *JCP* 1956, II, 9411, note Rouast. – V. sur ce problème Raynaud, *L'effet dévolutif de l'appel et l'application d'une loi nouvelle aux instances en cours : JCP* 1942, I, 291. – Roujou de Boubée, *La loi nouvelle et le litige : RTD civ.* 1968, p. 479).

4) Application immédiate. Une loi nouvelle s'applique immédiatement aux effets à venir des situations juridiques non contractuelles en cours au moment où elle entre en vigueur (▪ Cass. 3e civ., 13 nov. 1984, n° 83-14.566 : *JurisData* n° 1984-701886 ; *Bull. civ.* III, n° 189, p. 148. V. en ce sens ▪ Cass. 3e civ., 16 déc. 1987, n° 86-13.986 : *JurisData* n° 1987-002168 ; *Bull. civ.* III, n° 202, p. 120. ▪ Cass. 3e civ., 8 févr. 1989, n° 87-18.046 : *JurisData* n° 1989-000343 ; *Bull. civ.* III, n° 33, p. 19. ▪ Cass. soc., 8 nov. 1990, n° 82-16.560 : *JurisData* n° 1990-703567 ; *Bull. civ.* V, n° 540, p. 327), même lorsqu'une semblable situation fait l'objet d'une instance judiciaire (▪ Cass. soc., 7 mai 1981, n° 80-10.203 : *JurisData* n° 1981-701357 ; *Bull. civ.* V, n° 406, p. 303. ▪ Cass. 2e civ., 7 mai 2003, n° 01-16.554 : *JurisData* n° 2003-018965 ; *JCP* 2003, II, 10135, note Desgorces). Si sans doute une loi nouvelle s'applique aussitôt aux effets à venir des situations juridiques non contractuelles en cours au moment où elle entre en vigueur, et cela même quand semblable situation est l'objet d'un litige judiciaire, en revanche elle ne saurait, sans avoir un effet rétroactif, régir rétrospectivement les conditions de validité ni les effets passés d'opérations juridiques antérieurement achevées (▪ Cass. 1re civ., 29 avr. 1960 : *JurisData* n° 1960-000218 ; *D.* 1960, 429, note Holleaux ; F. Terré et Y. Lequette, *Les grands arrêts de la jurisprudence civile*, t. 1,

Dalloz, 13e éd., 2015, n° 5-8, III, p. 49). La loi du 7 avril 1997 suivant laquelle les correspondances entre avocats sont couvertes par le secret professionnel est applicable à des correspondances antérieures à cette loi (■ Cass. 1re civ., 14 mars 2000, n° 97-17.782 : *JurisData* n° 2000-000950 ; *Bull. civ.* I, n° 91, p. 61).

5) Contrats en cours. Les effets des contrats en cours demeurent déterminés par la loi en vigueur au moment où ils ont été formés (■ Cass. civ., 27 mai 1861 : *S.* 1861, 1, p. 507. ■ Cass. civ., 22 avr. 1947 : *JCP* 1947, II, 3722. ■ Cass. 1re civ., 30 oct. 1967, n° 66-11 930 : *JurisData* n° 1967-000315 ; *JCP* 1968, II, 15530, note P. L. ■ Cass. 3e civ., 7 nov. 1968 : *JCP* 1969, II, 15771, note P. L. ■ Cass. 3e civ., 3 juill. 1979 : *JurisData* n° 1979-700149 ; *JCP* 1980, II, 19384, note Dekeuwer-Défossez), sauf à réserver l'application immédiate, même aux contrats en cours, des dispositions d'une loi nouvelle qui répondent à des considérations d'ordre public particulièrement impérieuses (■ Cass. com., 9 mars 2009, n° 07-16.527, Bull. n° 31 ; Contrats, conc. consomm. 2009, comm. 156, note Leveneur).

6) Mesures transitoires. Les dérogations au principe selon lequel la loi ne dispose que pour l'avenir sont d'interprétation stricte. Les mesures transitoires d'une loi ne peuvent viser que les dispositions nouvelles de cette loi (■ Cass. 2e civ., 22 avr. 1992, n° 91-21.302 : *Bull. civ.* II, n° 128, p. 63).

7) Instances en cours. Une décision rendue conformément aux textes en vigueur ne peut être annulée par la Cour de cassation du fait d'une loi votée et promulguée postérieurement (■ Cass. soc., 11 mars 1955 : *Bull. civ.* IV, n° 238, p. 177). Cependant, en cas de cassation, la juridiction de renvoi doit faire application d'une loi postérieure à la décision cassée mais applicable aux instances en cours (■ Cass. soc., 26 oct. 1960 : *Gaz. Pal.* 1961, 1, p. 13, 1er arrêt). Sur les lois d'application immédiate aux instances en cours, v. annot. nos 32 et 33, p. 6.

II – APPLICATIONS

A – Droits réels

8) Application immédiate. Les lois qui gouvernent les droits réels s'appliquent immédiatement aux situations juridiques existantes et dont les effets se produisent successivement (■ Paris, 7 nov. 1963 : *JCP* 1964, II, 13804, note Bulté). Ainsi, les faits susceptibles d'opérer l'accession sont régis par la loi en vigueur au jour où ils se réalisent (■ Cass. com., 23 mai 1964 : *JurisData* n° 1964-700261 ; *JCP* 1965, II, 14116, note Esmein). En matière de droits d'auteur, la loi qui a vocation à s'appliquer est celle qui est en vigueur à la date de l'acte qui provoque la mise en œuvre de la protection légale (■ Cass. 1re civ., 18 juill. 2000, n° 98-15.275 : *JurisData* n° 2000-003004 ; *JCP* G 2001, II, 10555, note Reglade Buxtorf ; *JCP* E 2001, 1379, n° 1, obs. H.-J. Lucas ; *D.* 2000, p. 821, note Gautier).

9) Servitudes. En l'absence de toute convention ou d'une décision judiciaire devenue irrévocable, l'article 685-1 du Code civil, ajouté par la loi du 25 juin 1971, qui est d'application immédiate, permet d'accueillir une demande de suppression de la servitude légale de passage en cas d'enclave, après la cessation de cet état, bien que l'exercice de cette servitude se soit prolongé pendant plus de trente ans (■ Cass. 3e civ., 12 mai 1975 : *JurisData* n° 1975-798168 ; *JCP* 1976, II, 18223, note Goubeaux. V. en ce sens ■ Cass. 3e civ., 21 nov. 1978, n° 77-12.783 : *JurisData* n° 1978-099353 ; *D.* 1979, inf. rap. p. 135).

10) Crédit-bail. Le régime légal de la publicité, qui n'a existé qu'à l'entrée en vigueur du décret du 4 juillet 1972, ne peut avoir effet sur les opérations de crédit-bail antérieurement conclues et porter atteinte à l'opposabilité des droits de propriété alors acquis par les entreprises de crédit-bail (■ Cass. com., 15 déc. 1975 : *JurisData* n° 1975-700301 ; *JCP* 1976, II, 18407 ; *D.* 1976, p. 407).

B – Obligations

11) Contrats. Une nouvelle réglementation ne s'applique pas, à défaut d'une disposition expresse de rétroactivité, aux conditions des actes juridiques conclus antérieurement et, quand bien même serait-elle d'ordre public, ne peut avoir pour effet de rendre caducs les actes passés avant son entrée en vigueur (■ Cass. com., 11 oct. 1988, n° 87-11.884 : *JurisData* n° 1988-001820 ; *Bull. civ.* IV, n° 274, p. 187. ■ Cass. com., 26 févr. 1991, n° 89-12.497 : *JurisData* n° 1991-700733 ; *Bull. civ.* IV, n° 86, p. 58, arrêtés instituant un nouveau système de prix et de rémunération pour la distribution de produits pétroliers. – Comp., jugeant que l'article L. 145-7-1 du Code de commerce (durée de certains baux commerciaux), d'ordre public, s'applique aux baux en cours au jour de son entrée en vigueur, ■ Cass. 3e civ., 9 févr. 2017, n° 16-10.350 : *Bull.* ; *RDC* 2017/2, 227, Laithier ; *LPA* 19 mai 2017, 16, Charrier). Mais la clause compromissoire, nulle sous l'empire de la loi en vigueur lorsque le contrat a été conclu, peut être invoquée à l'occasion d'un litige, dès lors que le nouvel article 2061 du Code civil en admet dorénavant la validité (■ Cass. 1re civ., 22 nov. 2005, n° 04-12.655 : *JurisData* n° 2005-030814 ; *Bull. civ.* I, n° 423, p. 354 ; *D.* 2006, 277, note Le Bars et Callé, et somm. 3027, obs. Clay ; *JCP* 2006, II, 10015, note Cornut, et I, 148, n° 1, obs. Béguin). La durée du bail d'habitation tacitement reconduit doit être fixée selon la législation applicable à la date de la reconduction (■ Cass. 3e civ.,

27 sept. 2006, n° 05-18.168 : *JurisData* n° 2006-035143 ; *Bull. civ.* III, n° 185, p. 154, application de la loi du 21 juill. 1994 à un bail d'habitation tacitement reconduit à une date postérieure à celle de son entrée en vigueur). La loi nouvelle, qui enjoint expressément aux communes de mettre fin, à compter du 1er janvier 2008, aux stipulations contraires à l'obligation de facturation de la fourniture d'eau qu'elle édicte, s'applique aux effets futurs des contrats conclus antérieurement à son entrée en vigueur (■ Cass. 1re civ., 8 nov. 2017, n° 16-18.859 : *Bull.* ; *JCP* G 2018, note 9, Leveneur ; *JurisData* n° 2017-022174).

Sur ce qu'une évolution législative (issue de l'ord. n° 2016-131 du 10 févr. 2016 portant réforme du droit des contrats, du régime général et de la preuve des obligations) qui ne s'applique pas, en principe, aux contrats en cours, peut cependant conduire à apprécier différemment la portée d'une offre et d'une promesse de contrat, V. ■ Cass. soc., 21 sept. 2017, n° 16-20.103, au sujet de la portée des offres et promesses de contrat de travail : *Bull.* ; *JCP* G 2017, 1238, étude Molfessis ; *RTD civ.* 2017, 837, obs. Barbier ; *D.* 2017, 2289, note Bauduin et Dubarry ; *AJ Contrat* 2017, 480, obs. Bucher. – Rappr. ■ Cass. 1re civ., 20 sept. 2017, n° 16-12.906 : *Bull.*, au sujet de la nature de la nullité du mandat de l'agent immobilier en cas de non-respect des conditions de forme.

12) Cautionnement. L'article 2037 (2314) du Code civil, modifié par l'article 49 de la loi du 1er mars 1984, qui ne présente aucun caractère interprétatif, n'est pas applicable aux cautionnements souscrits antérieurement à l'entrée en vigueur de cette loi (■ Cass. 1re civ., 25 mai 1987, n° 85-16.508 : *JurisData* n° 1987-001267 ; *Bull. civ.* I, n° 163, p. 124).

13) Rapport successoral. L'obligation au rapport successoral et ses modalités étant principalement d'ordre contractuel, le rapport est régi par la loi en vigueur au moment de la libéralité (■ Cass. req., 5 mai 1943 : *DC* 1944, 109, note Flour. ■ Cass. 1re civ., 12 mars 1968 : *JCP* 1968, IV, 70 ; *Bull. civ.* I, n° 97, p. 78).

14) Situations légales. La loi nouvelle régit immédiatement les effets des situations juridiques non définitivement réalisées ayant pris naissance, avant son entrée en vigueur, non en vertu du contrat, mais en raison des seules dispositions légales alors applicables (■ Cass. 3e civ., 8 févr. 1989, n° 87-18.046 : *JurisData* n° 1989-000343 ; *Bull. civ. III, n° 33, p. 19, cassation* de l'arrêt ayant écarté la règle de plafonnement des loyers en retenant que la loi du 6 janvier 1986, étendant le plafonnement aux baux prolongés par tacite reconduction de 9 à 12 ans, ne pouvait s'appliquer dans le cas d'un renouvellement ayant pris effet avant sa promulgation. V. en ce sens ■ Cass. 3e civ., 16 déc. 1987, n° 86-13.986 : *JurisData* n° 1987-002168 ; *Bull. civ.* III, n° 202, p. 120 ; *RTD civ.* 1989, p. 296, obs. Mestre. ■ Cass. 3e civ., 22 mars 1989, n° 87-17.823 : *JurisData* n° 1989-700931 ; *Bull. civ.* III, n° 69, p. 39. ■ Cass. 3e civ., 15 mai 1991, n° 89-21.492 : *JurisData* n° 1991-002919 ; *Bull. civ.* III, n° 139, p. 81). De même, l'action directe instituée par l'article 12 de la loi du 31 décembre 1975 relative à la sous-traitance, qui trouve son fondement dans la volonté du législateur et non dans les contrats conclus entre les parties, est ouverte au sous-traitant dès l'entrée en vigueur de cette loi, bien que le contrat de sous-traitance ait été conclu antérieurement (■ Cass. ch. mixte, 13 mars 1981 : *JurisData* n° 1981-700338 ; *JCP* 1981, II, 19568, 1re esp., concl. Toubas et note Flécheux ; *D.* 1981, p. 309, 1re esp., note Bénabent), et la clause de réserve de propriété stipulée avant la loi du 12 mai 1980, qui a seulement consacré un effet indépendant de la volonté des parties, est opposable à la faillite ouverte après l'entrée en vigueur de cette loi (■ Cass. com., 7 mars 1983 : *Bull. civ.* IV, n° 95, p. 81). La loi nouvelle régissant immédiatement les effets légaux des situations juridiques ayant pris naissance avant son entrée en vigueur et non définitivement réalisées, il en résulte que l'article 24 de la loi du 6 juillet 1989, modifié par la loi du 24 mars 2014 en ce qu'il donne au juge la faculté d'accorder un délai de trois ans au plus au locataire en situation de régler sa dette locative, s'applique aux baux en cours à la date d'entrée en vigueur de la loi du 24 mars 2014 (■ Cass. avis, 16 févr. 2015, n° 15002 : *Bull.* ; *JurisData* n° 2015-002800).

15) Responsabilité délictuelle. Sur le principe que la responsabilité délictuelle est régie par la loi en vigueur au moment du fait dommageable, voir ■ Cass. civ., 7 oct. 1939 : *DH* 1940, p. 2. La responsabilité des parents du fait des enfants mineurs doit être appréciée au regard des textes en vigueur lorsque ces enfants ont commis le fait dommageable et non des textes qui ont été promulgués postérieurement à ces faits (■ Cass. crim., 18 janv. 1975 : *Gaz. Pal.* 1975, 2, p. 661). C'est la législation en vigueur au jour du sinistre qui est applicable pour déterminer l'étendue de la garantie d'un contrat d'assurance automobile en ce qui concerne les victimes d'un accident de la circulation (■ Cass. 1re civ., 3 juill. 1990, n° 88-11.864 : *JurisData* n° 1990-702101 ; *JCP* 1991, IV, 331). Sur l'application immédiate des articles 1er à 6 de la loi du 5 juillet 1985 sur les accidents de la circulation aux instances en cours, L. n° 85-660, 3 juill. 1985, art. 47.

C – Prescription

16) Allongement du délai. Lorsque le législateur allonge un délai de prescription, cette loi n'a point d'effet sur la prescription définitivement acquise (▪ Cass. soc., 5 janv. 1962 : *JCP* 1962, IV, 22 ; *Bull. civ.* IV, n° 9, p. 7. ▪ Cass. soc., 15 févr. 1973 : *D.* 1973, p. 518, note Saint-Jours. ▪ Cass. 1re civ., 27 sept. 1983, n° 82-13.035 : *JurisData* n° 1983-701893 ; *Bull. civ.* I, n° 215, p. 193). Mais l'allongement est applicable si la prescription n'est pas intervenue lors de l'entrée en vigueur de la loi (▪ Cass. com., 30 nov. 1999, n° 96-16.607 : *JurisData* n° 1999-004360 ; *Resp. civ. et assur.* 2000, 42). Voir désormais, art. 2222, p. 1657.

17) Point de départ. La prescription quinquennale instituée par la loi du 31 décembre 1976 (C. civ., art. 815-10) n'a pu commencer à courir avant le 1er juillet 1977, date de l'entrée en vigueur de la loi (▪ Cass. 1re civ., 6 nov. 1985, n° 84-13.609 : *JurisData* n° 1985-702758 ; *Bull. civ.* I, n° 289, p. 257 ; *D.* 1987, p. 125, note Breton. V. en ce sens, ▪ Cass. 1re civ., 27 janv. 1987, n° 85-15.336 : *JurisData* n° 1987-000066 ; *Bull. civ.* I, n° 36, p. 25. ▪ Cass. 1re civ., 11 juin 1991, n° 89-11.269 : *Bull. civ.* I, n° 194, p. 127).

18) Réduction du délai. Lorsque la loi réduit la durée d'une prescription, la prescription réduite commence à courir, sauf disposition contraire, du jour de l'entrée en vigueur de la loi nouvelle, sans que la durée totale puisse excéder le délai prévu par la loi antérieure (▪ Cass. 1re civ., 28 nov. 1973 : *D.* 1974, p. 112, note Massip. V. aussi ▪ Cass. 1re civ., 12 juill. 1972 : *D.* 1973, p. 361, note Chauveau). Voir désormais, art. 2222, p. 1657. Jugé cependant que la loi du 12 mai 1980 ayant réduit de un an à quatre mois le délai de revendication des biens mobiliers en cas de faillite ne peut atteindre les effets de la situation juridique définitivement réalisée au profit du loueur de matériel par l'ouverture de la procédure collective (▪ Cass. com., 9 oct. 1984, n° 83-13.795 : *Bull. civ.* IV, n° 258, p. 211).

19) Déchéance quadriennale des créances contre l'État. La loi du 31 décembre 1968 sur la déchéance quadriennale des créances contre l'État, les départements, les communes et les établissements publics n'est applicable qu'aux créances non atteintes par la déchéance à cette dernière date (▪ CE, 12 avr. 1972 : *D.* 1973, p. 228, 2e esp.).

D – Preuve et procédure

20) Charge de la preuve. Les règles relatives à la charge de la preuve ne constituent pas des règles de procédure, applicables aux instances en cours, mais touchent le fond du droit (▪ Cass. com., 7 nov. 1989, n° 88-15.282 : *JurisData* n° 1989-703626 ; *Bull. civ.* IV, n° 281, p. 191, mise en œuvre du texte applicable au jour où l'instance a été engagée).

21) Modes de preuve. Si en général les règles gouvernant les modes de preuve sont celles en vigueur au jour où le juge statue, il en est autrement en ce qui concerne les preuves préconstituées, qui sont soumises aux règles en vigueur au jour de l'acte qu'il s'agit de prouver (▪ Cass. 1re civ., 28 avr. 1986, n° 82-16.347 : *JurisData* n° 1986-700831 ; *Bull. civ.* I, n° 106, p. 108. V. aussi ▪ Cass. com., 6 déc. 1988 : *JCP* 1989, IV, 48).

22) Compétence. Les lois civiles de compétence sont applicables aux instances en cours, sauf si ces instances ont déjà fait l'objet d'une décision au fond (▪ Cass. 2e civ., 6 mars 1953 : *D.* 1953, p. 460. ▪ Cass. 2e civ., 16 déc. 1982 : *Bull. civ.* II, n° 165, p. 119. ▪ Cass. avis, 29 nov. 1993 : *Bull. civ.*, avis, n° 17, p. 16).

23) Procédure. Il en va de même pour les lois nouvelles de procédure (▪ Cass. soc., 7 juin 1951 : *D.* 1951, 509. ▪ Cass. 1re civ., 25 avr. 2007 : *Bull. civ.* I, n° 160, p. 144 ; *RTD civ.* 2007, 636, obs. Perrot, une telle loi ne saurait donc constituer une immixtion injustifiée du pouvoir législatif dans l'administration de la justice en vue d'influer sur le dénouement d'un litige). Celles-ci ne peuvent entraîner rétroactivement l'irrecevabilité de demandes régulièrement introduites en conformité de la législation antérieure (▪ Cass. 1re civ., 23 mars 1965 : *JCP* 1965, II, 14344, note Bulté) ni provoquer l'annulation d'une saisie régulièrement pratiquée en application du texte ancien (▪ Cass. 2e civ., 4 juin 1980, n° 79-10.029 : *JurisData* n° 1980-099133 ; *Bull. civ.* II, n° 133, p. 93). Mais ne fait pas obstacle à l'application immédiate une décision par défaut régulièrement frappée d'opposition (▪ Cass. crim., 4 avr. 1960 : *JCP* 1960, IV, 78 ; *Bull. crim.* 1960, n° 204, p. 427) ou un jugement cassé (▪ Cass. soc., 15 juill. 1953 : *Bull. civ.* IV, n° 566, p. 406).

E – Autres applications

24) État et capacité des personnes. Les lois modifiant l'état et la capacité des personnes en instituant des procédures permettant de telles modifications par justice s'appliquent immédiatement aux situations existantes, peu important que ces situations résultent de faits ou d'actes antérieurs à la promulgation de la loi nouvelle (▪ Paris, 26 nov. 1968, 2 arrêts : *JCP* 1969, II, 16028, note Raynaud). En l'absence de dispositions spécifiques, la loi qui règle le prononcé du divorce en règle aussi les effets (▪ Cass. 1re civ., 1er juill. 2009, n° 08-16.636 : *Bull. civ.* I, n° 144, p. 127 ; *Defrénois* 2009, 2189, obs. Massip ; *RTD civ.* 2009, 702, obs. Hauser). Sur les incapacités politiques, voir ▪ Cass. soc., 13 avr. 1951 : *D.* 1951, p. 362. Sur l'application de l'article 26-4 du Code civil à une instance en cours, voir ▪ Paris, 14 déc. 1993 : *D.* 1994, p. 224, note crit. Guiho.

25) Attribution préférentielle. Les conditions de l'attribution préférentielle de droit d'une exploitation agricole doivent être appréciées en fonction de la législation en vigueur au jour de l'ouverture de la succession (■ Cass. 1re civ., 13 juin 1984, n° 83-13.263 : *JurisData* n° 1984-701174 ; *D.* 1985, p. 42, note A.B.).

26) Réserve héréditaire. Le droit des héritiers réservataires est fixé et délimité par la loi qui lui donne naissance, c'est-à-dire par la loi en vigueur à la date de l'ouverture de la succession (■ Cass. 1re civ., 14 déc. 1971, n° 70-12.810 : *JurisData* n° 1971-000318 ; *D.* 1972, p. 117). Les droits de réservataires résultant des nouvelles règles sur la filiation naturelle ne peuvent être exercés au préjudice des donations entre vifs consenties avant l'entrée en vigueur de la loi du 3 janvier 1972 (L. n° 72-3, 3 janv. 1972, art. 14, al. 2, p. 2968).

27) Propriété intellectuelle. La validité du droit attaché à un dépôt de modèle s'apprécie à la date à laquelle est né ce droit, la loi nouvelle ne régissant que les faits de contrefaçon commis après son entrée en vigueur (■ Cass. com., 4 juill. 2006, n° 04-17.397 : *JurisData* n° 2006-034453 ; *Bull. civ.* IV, n° 160, p. 174 ; *D.* 2006, 1957, obs. Daleau).

28) Droit de préemption de la SAFER. Il appartient à la SAFER qui a manifesté son intention de se prévaloir de son droit de préemption après la promulgation de la loi du 4 juillet 1980 de se conformer, pour ce faire, aux prescriptions de cette nouvelle loi (■ Cass. 3e civ., 13 nov. 1984, n° 83-14.566 : *JurisData* n° 1984-701886 ; *Bull. civ.* III, n° 189, p. 148).

29) Conditions de scolarité. Doit recevoir une application immédiate, même aux élèves engagés dans un cycle de formation sanctionné par la délivrance d'un diplôme un décret relatif à la formation dispensée et notamment à la durée de la scolarité (■ CE, 19 déc. 1980 : *JurisData* n° 1980-601129 ; *D.* 1981, p. 398, concl. Genevois).

III – CORRECTIFS

A – Lois rétroactives et validations législatives

30) Conditions. Le législateur n'est pas lié, en matière civile, par le principe de la non-rétroactivité des lois (■ Cass. 1re civ., 20 juin 2000, n° 97-22.394 : *JurisData* n° 2000-002488 ; *Bull. civ.* I, n° 191, p. 123). Mais le caractère rétroactif d'une *loi ne peut résulter que d'une prescription formelle du législateur (■ Cass. 2e civ., 5 mai 1955 : Gaz. Pal. 1955, 1, p. 400).* L'effet rétroactif ne peut se déduire du seul fait que la loi est d'ordre public (■ Cass. com., 17 nov. 1954 : *JCP* 1954, IV, 174 ; *Bull. civ.* III, n° 353, p. 266. ■ Cass. 3e civ., 1er juill. 1987 : *Bull. civ.* III, n° 138, p. 81. V. cependant, réservant l'hypothèse de « considérations d'ordre public particulièrement impératives », ■ Cass. 1re civ., 4 déc. 2001 : *JCP* 2002, IV, 1104 ; *Bull. civ.* I, n° 307, p. 195 ; *JurisData* n° 2001-011977, les juges du fond n'ont pas, s'agissant d'un contrat conclu antérieurement à la loi du 11 mars 1957, à rechercher si l'éditeur était tenu d'une obligation d'exploitation).

31) Interprétation stricte. Les dérogations au principe de non-rétroactivité doivent être interprétées restrictivement (■ Cass. com., 25 juill. 1949 : *Bull. civ.* II, n° 304, p. 782).

32) Prééminence du droit et procès équitable (Conv. EDH). Si le législateur peut adopter, en matière civile, des dispositions rétroactives, le principe de prééminence du droit et la notion de procès équitable consacrés par l'article 6, § 1, de la Convention européenne des droits de l'homme s'opposent, sauf pour d'impérieux motifs d'intérêt général, à l'ingérence du pouvoir législatif dans l'administration de la justice afin d'influer sur le dénouement judiciaire des litiges (■ Cass. 1re civ., 9 juill. 2003 : *JCP* G 2004, II, 10016, note Prétot. ■ Cass. 1re civ., 27 juin 2018, n° 17-21.850 : *Bull.* ; *JurisData* n° 2018-011881). Cette règle générale s'applique quelle que soit la qualification formelle donnée à la loi et même lorsque l'État n'est pas partie au procès (■ Cass. ass. plén., 23 janv. 2004, n° 03-13.617 : *JurisData* n° 2004-021964 ; *JCP* G 2004, II, 10030, note Billiau ; *JCP* E 2004, 514, 1re esp., note Monéger ; *D.* 2004, 1108, note Gautier). Obéit à d'impérieux motifs d'intérêt général l'intervention du législateur destinée à aménager les effets d'une jurisprudence nouvelle de nature à compromettre la pérennité du service public de la santé et de la protection sociale (■ Cass. ass. plén., 24 janv. 2003, n° 01-41.757 : *JurisData* n° 2003-017566 ; *Bull. civ.* 2003, ■ Cass. ass. plén., n° 2, p. 2, à propos de l'art. 29 de la loi n° 2000-37 du 19 janv. 2000. – *Contra* ■ CEDH, 9 janv. 2007, deux arrêts, *Arnolin et a. c/ France* et *Aubert et a. c/ France* : *JCP* 2007, act. 32 et, se pliant à cette décision, ■ Cass. soc., 13 juin 2007 : *Bull. civ.* V, n° 99, p. 102 (deux arrêts) ; *JCP* 2007, act. 287 ; *RTD civ.* 2007, 536, obs. Deumier ; *D.* 2007, 2439, note Pérès). Obéit également à d'impérieux motifs d'intérêt général l'intervention du législateur destinée à aménager les effets d'une jurisprudence nouvelle de nature à compromettre, par son ampleur et ses répercussions sur le système bancaire, l'équilibre financier de l'ensemble des établissements de crédit (■ Cass. 1re civ., 9 juill. 2003, préc., affaire dite du « tableau d'amortissement ». – *Contra* ■ CEDH, 11 avr. 2006, *Cabourdin c/ France*. ■ CEDH, 2 mai 2006, *Saint-Adam et Millot c/ France* et ■ CEDH, 12 juin 2007, *Ducret c/ France* : *D.* 2007, inf. rap. 2030. Mais V., pour une instance introduite après l'entrée en vigueur de la loi de validation, ■ Cass. 1re civ., 14 nov. 2018, n° 17-14.317 : *Bull.*). V. aussi, pour des dispositions réglementant la compétence des tribunaux de commerce ayant été abrogées à la suite d'une maladresse législative, ▪ Cass. com., 14 déc. 2004, n° 01-10.780 : *JurisData* n° 2004-026192 ; *Bull. civ.* IV, n° 227, p. 257. Voir encore, décidant qu'obéit à d'impérieux motifs d'intérêt général l'intervention du législateur qui, sans atteindre les droits du requérant dans leur substance, est destinée à éviter le développement d'un contentieux de nature à mettre en péril le recouvrement des cotisations de sécurité sociale et, par suite, la pérennité du système de protection sociale, ▪ Cass. 2e civ., 8 nov. 2006, n° 04-30.838 : *JurisData* n° 2006-035779 ; *Bull. civ.* II, n° 302, p. 281 ; *D.* 2007, 877, obs. Voxeur et Ngo Ky. Mais dès lors qu'il ne résulte ni des termes de la loi ni des travaux parlementaires que le législateur ait entendu répondre à un besoin d'intérêt général pour corriger l'interprétation juridictionnelle de l'article L. 145-38 du Code de commerce sur la révision du loyer commercial et donner à cette loi nouvelle une portée rétroactive dans le but d'influer sur le dénouement des litiges en cours, la cour d'appel a décidé à bon droit d'en écarter l'application, peu important qu'elle l'ait qualifiée d'interprétative (▪ Cass. ass. plén., 23 janv. 2004, préc. – Voir aussi ▪ Cass. 3e civ., 7 avr. 2004, n° 02-20.401 : *Bull. civ.* III, n° 81, p. 75). Voir sur l'ensemble de la question, Ph. Malinvaud, *L'étrange montée du contrôle du juge sur les lois rétroactives : 1804-2004. Le Code civil, un passé, un présent, un avenir*, Université Panthéon-Assas, Dalloz 2004, 671. – F. Terré et Y. Lequette, *Les grands arrêts de la jurisprudence civile*, t. 1, Dalloz, 13e éd., 2015, n° 9, p. 61.

33) Droit au respect des biens et instances en cours (Conv. EDH). Viole l'article 1er du Protocole n° 1 à la Convention européenne, garantissant le respect des biens, la loi destinée à contrer les dispositions d'une précédente loi et la jurisprudence favorable au requérant de la Cour de cassation qui avait fait naître à son profit une « espérance légitime » de créance, cette intervention législative rétroactive n'étant pas justifiée par un impérieux motif d'intérêt général (▪ CEDH, 14 févr. 2006, *Lecarpentier c/ France : JCP* 2006, II, 10171, note Thioye ; *RTD civ.* 2006, 261, obs. Marguénaud ; *D.* 2006, 717, obs. Rondey, affaire dite du « tableau d'amortissement »). – Rapp. ▪ CEDH, 6 oct. 2005, *Draon c/ France* et *Maurice c/ France : D.* 2005, 2546, obs. de Montecler ; *RTD civ.* 2005, 743, obs. Marguénaud, et 798, obs. Revet, à propos de l'application aux instances en cours de l'article 1er, I, de loi du 4 mars 2002 sur la réparation du préjudice de l'enfant né handicapé. Voir aussi, au sujet de la même disposition, ▪ Cass. 1re civ., 24 janv. 2006 (trois arrêts) : *JurisData* n° 2006-031737 ; *Bull. civ.* I, n° 29, p. 26 ; n° 30, p. 28 et n° 31, p. 29 ; *D.* 2006, 325, obs. Gallmeister ; *RTD civ.* 2006, 263, obs. Marguénaud ; *JCP* 2006, II, 10062, note Gouttenoire et Porchy-Simon. ▪ CE, 24 févr. 2006, *M. et Mme Levenez : JurisData n° 2006-069733 ; Rec. CE* 2006, 84.

34) Responsabilité de l'État. Sur l'engagement de la responsabilité de l'État du fait d'une loi rétroactive contraire aux engagements internationaux de la France, V. ▪ CE, ass., 8 févr. 2007, *Gardedieu : D.* 2007, inf. rap. 659 ; *RTD civ.* 2007, 297, obs. Marguénaud ; *JCP* 2007, II, 10045, note Rouault.

B – Lois interprétatives

35) Caractère rétroactif. En spécifiant qu'un texte a un caractère interprétatif, le législateur a nécessairement donné un caractère rétroactif à cette disposition (▪ Cass. 3e civ., 1er févr. 1984, n° 82-16.853 : *JurisData* n° 1984-700549 ; *Bull. civ.* III, n° 25, p. 21).

36) Notion. Une loi ne peut être considérée comme interprétative, et donc échapper au principe de non-rétroactivité, que si elle se borne à reconnaître, sans rien innover, un droit préexistant qu'une définition imparfaite a rendu susceptible de controverse (▪ Cass. soc., 3 oct. 1957 : *D.* 1957, p. 672. ▪ Cass. 3e civ., 27 févr. 2002, n° 00-17.902 : *JurisData* n° 2002-013243 ; *JCP* G 2002, IV, 1628 ; *JCP* E 2002, 678, 1re esp., note Sainturat. Voir aussi J. Normand : *RTD civ.* 1984, p. 147. – F. Terré et Y. Lequette, *Les grands arrêts de la jurisprudence civile*, t. 1, Dalloz, 13e éd., 2015, n° 10, p. 72). Tel est le cas pour la loi du 23 juin 1989 donnant un caractère préfix au délai de l'article 27 de la loi du 10 janvier 1978 (C. consom., art. L. 311-37) (▪ Cass. com., 10 déc. 1991, n° 90-10.986 : *JurisData* n° 1991-003955 ; *JCP* 1992, IV, 565), ou pour la loi du 11 décembre 2001 complétant le troisième alinéa de l'article L. 145-38 du Code de commerce sur la révision du loyer commercial pour en souligner le caractère dérogatoire qui donnait lieu à un abondant contentieux (▪ Cass. 3e civ., 27 févr. 2002, préc. Voir cependant, revenant implicitement sur cette solution, ▪ Cass. ass. plén., 23 janv. 2004, préc.), mais non pour un texte qui tend à substituer de nouvelles conditions d'imposition à celles résultant du texte prétendument interprété (▪ Cass. com., 7 avr. 1992, n° 89-20.418 : *JurisData* n° 1992-000924 ; *JCP* 1992, II, 21939, note C. David). L'article 3 de la loi du 30 déc. 2002 s'étant borné à interpréter l'article 101 de la loi du 4 mars 2002, que sa rédaction avait rendu susceptible de controverses, est inopérant le moyen faisant grief à un arrêt d'avoir appliqué cette disposition sans faire ressortir que l'ingérence du législateur dans le cours de la justice était justifiée par d'impérieux motifs d'intérêt général et d'avoir ainsi violé les articles 6 de la Conv. EDH et 2 du Code civil (▪ Cass. 1re civ., 4 avr. 2006, n° 04-17.491 : *JurisData* n° 2006-033043 ; *Bull.* I, n° 191, p. 167).

37) Portée. Une loi interprétative doit régir toutes les situations contentieuses non encorerésolues par une décision ayant acquis force de chose jugée (▪ Cass. 3e civ., 22 juin 1983 : *Bull. civ.* III, n° 145, p. 113). Elle est applicable à la procédure pendante devant la Cour de cassation (▪ Cass. soc., 13 mai 1985 : *Bull. civ.* V, n° 291, p. 208. ▪ Cass. soc., 21 févr. 1991, 2 arrêts : *JurisData* n° 1991-700667 ; *Bull. civ.* V, n° 94, p. 58). Mais elle ne peut rétroactivement préjudicier au contribuable dont les droits ont été reconnus par une décision passée en force de chose jugée (▪ Cass. ass. plén., 21 déc. 1990 : *JCP* 1991, II, 21640, concl. Dontenwille).

Art. 3. – Les lois de police et de sûreté obligent tous ceux qui habitent le territoire.

Les immeubles, même ceux possédés par des étrangers, sont régis par la loi française.

Les lois concernant l'état et la capacité des personnes régissent les Français, même résidant en pays étranger.

Voir : *JCl. Droit international*, Fasc. 530 et s.

• ***Sommaire***

I – LOIS DE POLICE ET DE SÛRETÉ

1) Assistance éducative. Les dispositions sur l'enfance en danger sont applicables sur tout le territoire français à tous les mineurs qui s'y trouvent, quelle que soit leur nationalité ou celle de leurs parents (▪ Cass. 1re civ., 27 oct. 1964 : *JurisData* n° 1964-700472 ; *D.* 1965, p. 81. ▪ Cass. crim., 4 nov. 1992, n° 91-86.938 : *JurisData* n° 1992-00311 ; *D.* 1994, p. 11, note Boulanger. V. en ce sens pour les articles 375 à 375-8 du Code civil relatifs à l'assistance éducative ▪ Cass. 1re civ., 16 janv. 1979 : *JurisData* n° 1976-000012 ; *JDI* 1981, 65, note Jacques Foyer). Les lois relatives à l'assistance éducative étant d'application territoriale, les juridictions françaises sont en principe incompétentes pour prendre des mesures d'assistance éducative à l'égard de mineurs résidant à l'étranger (▪ Cass. 1re civ., 6 avr. 1994, n° 93-05.024 : *Bull. civ.* I, n° 139, p. 101 ; *Defrénois* 1994, p. 1099, obs. Massip).

2) Funérailles. *La loi du 15 novembre 1887 sur la liberté des funérailles s'applique en France à l'exclusion de la loi personnelle du de cujus* (▪ Cass. 1re civ., 12 févr. 1957 : *D.* 1959, p. 47, note Malaurie. – V. en ce sens ▪ Paris, 12 sept. 1980 : *D.* 1982, inf. rap. p. 74).

3) Statut des militaires. L'article 61 de la loi du 31 mars 1928 selon lequel les jeunes gens âgés de moins de vingt ans peuvent contracter un engagement militaire à condition d'être pourvus du consentement de leur représentant légal, en raison de la généralité de ses termes, s'applique à tous les engagements conclus par des étrangers (▪ Cass. 1re civ., 2 déc. 1968 : *JurisData* n° 1968-000300 ; *Rev. crit. DIP* 1969, p. 281, note P. L. – Comp. pour le statut des VRP, ▪ Cass. soc., 9 déc. 1960 : *JCP* 1961, II, 12029, note Simon-Depitre).

4) Droits des salariés. Les dispositions édictées par l'ordonnance du 22 février 1945 relatives à l'institution d'un comité d'entreprise dans toute entreprise industrielle et commerciale employant au moins cinquante salariés doivent être appliquées par toute personne physique ou morale exerçant en France les responsabilités de l'employeur. La circonstance qu'une entreprise employant en France plus de cinquante salariés a son siège social à l'étranger ne saurait la faire échapper à l'application de la législation sur les comités d'entreprise (▪ CE, 29 juin 1973, n° 77982 : *Rev. crit. DIP* 1974, p. 344, concl. Questiaux ; *JDI* 1975, 538, note Simon-Depitre). Les lois relatives à la représentation des salariés et à la défense de leurs droits et intérêts sont des lois de police s'imposant à toutes les entreprises et organismes assimilés qui exercent leur activité en France et qui sont dès lors tenus de mettre en place les institutions qu'elles prévoient à tous les niveaux des secteurs de production situés sur le territoire national (▪ Cass. soc., 3 mars 1988, n° 86-60.507 : *JurisData* n° 1988-000472 ; *Bull. civ.* V, n° 164, p. 109 ; *Rev. crit. DIP* 1989, p. 63, note Lyon-Caen. V. aussi pour le licenciement de salariés protégés et le licenciement pour motif économique ▪ Cass. ass. plén., 10 juill. 1992, 2 arrêts : *JurisData* n° 1992-001820 ; *JCP* 1993, II, 22063, note Rodière. – Voir Ph. Francescakis, *Loi d'application immédiate et droit du travail : Rev. crit. DIP* 1974, p. 273). L'ordre public international s'oppose à ce qu'un employeur puisse se prévaloir des règles de conflit de juridictions et de lois pour décliner la compétence des juridictions nationales et évincer l'application de la loi française dans un différend qui présente un rattachement avec la France et qui a été élevé par un salarié placé à son service sans manifestation personnelle de sa volonté et employé dans des conditions ayant méconnu sa liberté individuelle (▪ Cass. soc., 10 mai 2006 : *Bull. civ.* V, n° 168, p. 163 ; *JCP* 2006, II, 10121, note Bollée ; *JurisData* n° 2006-033408).

5) Droits et devoirs des époux. Les règles relatives aux droits et devoirs respectifs des époux énoncées par les articles 212 et suivants du Code civil sont d'application territoriale (▪ Cass. 1re civ., 20 oct. 1987, n° 85-18.877 : *JurisData* n° 1987-001640 ; *JCP* 1987, IV, 399 ; *Bull. civ.* I, n° 275, p. 198 ; *Rev. crit. DIP* 1988, p. 540, note Lequette). Les dispositions des articles 214 à 226 du Code civil, dites en droit français régime impératif primaire, doivent être comprises au nombre des lois de police au sens de l'article 3, alinéa 1, du même code puisque leur observation est nécessaire à la sauvegarde de l'organisation sociale et économique du pays (▪ TGI Paris, 25 juin 1976 : *Rev. crit. DIP* 1977, p. 708, note Poisson-Drocourt ; *JDI* 1978, 325, note Lequette). Voir cependant dans le sens de l'indivisibilité du régime matrimonial, ▪ Paris, 3 déc. 1980 : *JurisData* n° 1980-600906 ; *Journ. not.* 1981, p. 739, note Droz ; *Rev. crit. DIP* 1981, p. 501, note Gaudemet-Tallon.

6) Sous-traitance. S'agissant de la construction d'un immeuble en France, la loi du 31 décembre 1975 relative à la sous-traitance, en ses dispositions protectrices du sous-traitant, est une loi de police au sens des dispositions combinées de l'article 3 du Code civil et des articles 3 et 7 de la Convention de Rome du 19 juin 1980 sur la loi applicable aux obligations contractuelles (▪ Cass. ch. mixte, 30 nov. 2007, n° 06-14.006 : *JurisData* n° 2007-041758 ; *Bull. civ.*, ch. mixte, n° 12, p. 30 ; *LPA* 16 avr. 2008, 5, note Lardeux ; *JCP* 2008, II, 10000, note d'Avout ; *D.* 2008, 5, obs. Delpech, 753, note Boyault et Lemaire, somm. 1510, obs. Courbe, et somm. 2565, obs. Bollée, au sujet de l'action directe du sous-traitant contre le maître de l'ouvrage (L. 31 déc. 1975, art. 12). ▪ Cass. 3e civ., 30 janv. 2008 : *Bull. civ.* III, n° 16, p. 12 ; *JCP* 2008, IV, 1415 ; *D.* 2008, somm. 2565, obs. Bollée ; *JurisData* n° 2008-042520. – Comp. auparavant ▪ Cass. 1re civ., 23 janv. 2007 : *Bull. civ.* I, n° 33, p. 29 ; *D.* 2007, 503, obs. Gallmeister, 2008, note Borysewicz et Loncle, et somm. 2568, obs. Bollée ; *JCP* 2007, IV, 1433 ; *JurisData* n° 2007-037027). Jugé qu'en cas de cession par l'entrepreneur principal de sa créance sur le maître de l'ouvrage au titre de travaux sous-traités, l'article 13-1 de la loi du 31 décembre 1975 ne peut être opposé par le sous-traitant aux banques cessionnaires qu'à la condition que la loi française soit applicable au contrat liant le cédant et le sous-traitant (▪ Cass. com., 19 déc. 2006, n° 04-18.888 : *Bull. civ.* IV, n° 251, p. 275 ; *JCP* 2007, IV, 1228 ; *JurisData* n° 2006-036662. – Rapp. ▪ Cass. com., 27 avr. 2011, n° 09-13.524 : *Bull. civ.* IV, n° 60, p. 72 ; *D.* 2011, 1654, note Le Bos, et 2438, obs. d'Avout ; *LPA* 22 juill. 2011, 17, note Legrand ; *D.* 2012, 1229, obs. Gaudemet-Tallon ; *Rev. crit. DIP* 2011, 624, rapp. Maitrepierre et note Ancel, exigeant l'existence d'un lien de rattachement de l'opération avec la France au regard de l'objectif de protection des sous-traitants poursuivi par l'article 13-1. – V. aussi ▪ Cass. com., 20 avr. 2017, n° 15-16.922 : *Rev. crit. DIP* 2017, 542, Bureau ; *D.* 2017, 2064, d'Avout).

7) Consommateurs. Sur les règles impératives de protection des consommateurs, voir Convention de Rome du 19 juin 1980 sur la loi applicable aux obligations contractuelles, article 5. L'article L. 135-1 du Code de la consommation (réd. L. n° 95-96, 1er févr. 1995, art. 6) est applicable nonobstant toute stipulation contraire lorsque la loi qui régit le contrat est celle d'un État n'appartenant pas à l'Union européenne, que le consommateur ou le non-professionnel a son domicile sur le territoire de l'un des États membres de l'Union européenne et que le contrat y est proposé, conclu ou exécuté. V. aussi ▪ Cass. 1re civ., 19 oct. 1999, n° 97-20.345 : *JurisData* n° 1999-003626 ; *JCP* 1999, IV, 2989 ; Bull. civ. I, n° 281, p. 183.

8) Dommages-intérêts punitifs. Si le principe d'une condamnation à des dommages-intérêts punitifs n'est pas, en soi, contraire à l'ordre public international, il en est autrement lorsque le montant alloué est disproportionné au regard du préjudice subi et des manquements aux obligations contractuelles du débiteur (▪ Cass. 1re civ., 1er déc. 2010, n° 09-13.303 : *Bull. civ.* I, n° 248, p. 232 ; *D.* 2011, 24, obs. Gallmeister, *ibid.* 423, note Licari, *ibid.* 1382, obs. Jault-Seseke ; *JCP* 2011, n° 6, note 140, Juvénal ; *JurisData* n° 2010-022675).

9) Droit moral des auteurs. Jugé que les dispositions relatives au droit moral des auteurs sont d'application impérative et qu'aucune atteinte ne peut être portée à l'intégrité d'une œuvre littéraire ou artistique, quel que soit l'état sur le territoire duquel cette œuvre a été divulguée pour la première fois (▪ Cass. 1re civ., 28 mai 1991, *Huston : JurisData n° 1991-001486* ; *JCP* G 1991, II, 21731, note Françon ; *JCP* E 1991, II, 220, note Ginsburg et Sirinelli ; *RIDA* 3/1991, p. 197 ; *JDI* 1992, 133, note Edelman ; *Rev. crit. DIP* 1991, p. 752, note Gautier).

10) Lois de police étrangères. L'immeuble loué étant situé en Algérie, le paiement en monnaie française du loyer est incompatible avec les lois de police algériennes (▪ Cass. 3e civ., 14 déc. 1977, n° 76-12.282 : *JurisData* n° 1977-099447 ; *Bull. civ.* III, n° 447, p. 340). Sur le problème de l'application des lois de police étrangères, voir ▪ Paris, 10 juin 1967 : *JDI* 1968, 100, note Dayant ; *D.* 1969, p. 221, concl. Granjon. ▪ Paris, 15 mai 1975 : *Rev. crit. DIP* 1976, p. 690, note Batiffol. – P. Mayer, *Les lois de police étrangères : JDI* 1981, 277.

11) Loi de police et compétence juridictionnelle. La clause attributive de juridiction contenue dans un contrat visant tout litige né de ce contrat doit être mise en œuvre, des dispositions impératives constitutives de lois de police fussent-elles applicables au fond du litige (▪ Cass. 1re civ., 22 oct. 2008, n° 07-15.823 : *Bull. civ.* I, n° 233, p. 200 ; *JCP* 2008, II, 10187, note d'Avout ; *D.* 2008, 2790, obs. Gallmeister ; *D.* 2009, 200, note Jault-Seseke).

II – STATUT RÉEL

12) Meubles. La loi applicable aux meubles est, comme pour les immeubles, celle du lieu de leur situation (▪ Cass. req., 24 mai 1933 : *DH* 1933, p. 378).

13) Modes d'acquisition des droits réels. Les modes d'acquisition des droits réels sont soumis à la loi réelle (▪ Cass. 1re civ., 9 déc. 1974 : *Rev. crit. DIP* 1975, p. 504, note Mezger ; *JDI* 1975, 534, note Ponsard [possession]. ▪ Cass. 1re civ., 25 mai 2016, n° 15-16.935 : *Bull.* ; *JCP* G 2016, 850, note Perreau-Saussine ; *RTD civ.* 2016, 672, obs. Grimaldi ; *Dr. famille* 2016, 193, note Farge ; *JurisData* n° 2016-009941, décidant que la loi du lieu de situation de l'immeuble, et non la loi successorale, est applicable pour déterminer la propriété d'un bien. V. aussi en matière d'hypothèque, ▪ Cass. 1re civ., 17 nov. 1999 : *JCP 2000, IV, 1001 ; Bull. civ. I, n° 305, p. 198 ; D. 2000, p. 547,* concl. Sainte-Rose et note *Khairallah*). Mais si, en dehors de toute concurrence d'une autre loi, la loi de situation de l'immeuble est compétente pour déterminer les prérogatives du titulaire du droit réel, l'acquisition qui résulte d'un acte juridique est en principe soumise à la loi choisie par les parties (▪ Cass. 1re civ., 21 juill. 1987, n° 85-16.098 : *Bull. civ.* I, n° 239, p. 174). S'agissant d'un prêt contracté à Genève stipulant l'application du droit suisse, la créance est soumise à la loi d'autonomie, loi de la source du droit litigieux, tandis que la sûreté immobilière destinée à garantir cette créance est soumise à la loi du lieu de situation des biens (▪ Cass. 1re civ., 19 janv. 1999 : *JCP* G 2000, II, 10248, note Vignal ; *JCP* N 1999, 669 ; *D.* 1999, somm. p. 292, obs. Audit ; *Defrénois* 1999, p. 523, note Revillard). La loi française étant seule applicable aux droits réels dont sont l'objet les biens mobiliers situés en France, est légalement justifié l'arrêt qui refuse de faire produire en France effet à un pacte commissoire conclu en Allemagne entre deux sociétés allemandes, conformément à la loi allemande, mais prohibé par la loi française, portant sur un véhicule situé et immatriculé en Allemagne, mais ultérieurement introduit en France où il a fait l'objet d'une saisie conservatoire de la part d'un tiers (▪ Cass. 1re civ., 8 juill. 1969 : *JCP* 1970, II, 16182, note Gaudemet-Tallon ; *JDI* 1970, 916, note Derruppé). Jugé en ce sens que la banque hollandaise qui, par un acte se présentant comme une vente à crédit avec réserve de propriété au profit du vendeur banquier non payé, a en réalité consenti un prêt à un acheteur de matériel industriel moyennant constitution sur ce matériel d'un gage sans dépossession de l'emprunteur, ne fait pas la preuve d'un droit opposable aux tiers sur ledit matériel introduit en territoire français (▪ Cass. 1re civ., 3 mai 1973, n° 70-13.383 : *Rev. crit. DIP* 1974, p. 100, note Mezger ; *JDI* 1975, 74, note Fouchard). La loi française étant seule applicable aux droits réels dont sont l'objet des biens mobiliers situés en France, la présomption de propriété édictée par l'ancien article 2279 du Code civil (désormais art. 2276) est applicable à des tableaux placés sur les murs d'un restaurant à New York qui ont été rapportés en France où ils étaient lors de leur revendication (▪ Cass. 1re civ., 3 févr. 2010, n° 08-19.293 : *Bull. civ.* I, n° 28, p. 26 ; *JCP* 2010, n° 7, act. 176, obs. Cornut ; *ibid.* n° 11, note 284, d'Avout ; *ibid.* n° 12, doctr. 336, n° 7, obs. Périnet-Marquet ; *JCP* N 2010, 1207, n° 7, Périnet-Marquet ; *D.* 2011, 1377, obs. Jault-Seseke ; *JurisData* n° 2010-051393). Sur l'application des dispositions de la loi française prescrivant la publication des opérations de crédit-bail à une opération de crédit-bail conclue en Allemagne entre deux sociétés ayant leur siège dans ce pays, voir ▪ Cass. com., 11 mai 1982, n° 80-13.025 : *JurisData* n° 1982-701068 ; *D.* 1983, p. 271, note Witz.

14) Droit au partage. S'agissant d'époux italiens dont le régime matrimonial est régi par la loi italienne, le mari, demandeur, justifie d'un droit au partage du bien indivis qu'il peut exercer à tout moment et sans même attendre la dissolution, en vertu de l'article 815 du Code civil, applicable aux biens situés en France (■ Cass. 1re civ., 22 oct. 1985, n° 84-10.983 : *JurisData* n° 1985-702640 ; *Bull. civ.* I, n° 267, p. 238 ; *D.* 1986, p. 241, note Breton ; *JDI* 1986, 1005, note Wiederkehr).

15) Réserve de propriété. Les conditions auxquelles peuvent être revendiquées des marchandises vendues avec réserve de propriété sont, en cas de redressement judiciaire de l'acheteur, déterminées par la loi de la procédure collective, quelle que soit la loi régissant la validité et l'opposabilité, en général, de la clause de propriété réservée (■ Cass. 1re civ., 8 janv. 1991, n° 89-16.741 : *JurisData* n° 1991-700759 ; *D.* 1991, p. 276, note Rémery).

16) Marque de fabrique. Jugé que le droit à la marque de fabrique se trouve localisé dans le pays dont la législation lui a donné naissance et assure sa protection (■ Cass. com., 15 mars 1966 : *Rev. crit. DIP* 1967, p. 147 ; *JDI* 1966, 622, note Le Tarnec). Spécialement, s'agissant de marques déposées en France par une firme allemande, une telle localisation rend inopérantes en France toutes les mesures d'appropriation intervenues en République démocratique allemande à l'encontre de cette entreprise (même arrêt. Comp. ■ Cass. 1re civ., 15 mars 1961 : *JurisData* n° 1961-000168 ; *JDI* 1961, 1072, note Françon).

17) Droit d'auteur. Dès lors que l'auteur d'une œuvre littéraire ou artistique puise dans la législation du pays d'origine de l'œuvre un droit privatif sur celle-ci, la protection civile contre les atteintes portées en France au droit dont il a la jouissance doit être exercée par application de la loi française qui ne distingue pas suivant le lieu de première publication ou représentation de l'œuvre (■ Cass. 1re civ., 22 déc. 1959 : *D.* 1960, p. 93, note Holleaux ; *Rev. crit. DIP* 1960, p. 361, note Terré ; *JDI* 1961, 420, note Goldman). Aucune atteinte ne peut être portée en France à l'intégrité d'une œuvre littéraire ou artistique, quel que soit l'État sur le territoire duquel cette œuvre a été divulguée pour la première fois ; la personne qui en est *l'auteur* du seul fait de sa création est investie du droit moral institué à son bénéfice par l'article 6 de la loi du 11 mars 1957 (CPI, art. L. 121-1) (■ Cass. 1re civ., 28 mai 1991, préc. n° 7). La cour d'appel a exactement retenu que l'utilisation de la prestation de l'artiste et la production de la vidéomusique, œuvre nouvelle, dès lors qu'elles avaient été faites en France, étaient soumises à la loi française et non à la loi belge d'origine de l'œuvre, ce dont résultait la nécessité de l'autorisation écrite requise par l'article L. 212-3 du Code de la propriété intellectuelle (■ Cass. 1re civ., 9 déc. 2003, n° 01-10.264 : *JurisData* n° 2003-021330 ; *Bull. civ.* I, n° 248 ; *JCP* 2004, II, 10133, note A. et H.-J. Lucas). Viole l'article 3 du Code civil la cour d'appel qui énonce que le contrat de cession de ses droits d'auteur, consenti par Salvador Dali au profit d'une société hollandaise, est soumis à la loi espagnole et qui déclare la société recevable à agir en contrefaçon dès lors que l'État espagnol lui a reconnu la qualité de cessionnaire des droits, alors qu'il appartenait aux juges du fond de mettre en œuvre la loi étrangère déclarée applicable (■ Cass. 1re civ., 5 oct. 1994, n° 91-21.073 : *JCP* 1994, IV, 2397 ; *Bull. civ.* I, n° 264, p. 193 ; *Rev. crit. DIP* 1995, p. 60, note Bureau).

III – STATUT PERSONNEL

A – Capacité

Bibliographie : F. Brulé-Gadioux et J.-M. Plazy, *Les personnes protégées en DIP – La gestion de l'incapacité* : *JCP* N 2013, 1111. – I. Maria, *La gestion de l'incapacité en droit international privé* : *Dr. famille* janv. 2018, dossier, 9.

1° Principes

18) L'âge de la majorité est fixé par la loi personnelle (■ Cass. 1re civ., 6 juin 1990, n° 88-17.553 : *JurisData* n° 1990-703014 ; *Bull. civ.* I, n° 137, p. 98).

19) Démence. L'insanité d'esprit et la démence d'un contractant étant des cas d'incapacité naturelle soumis à la loi personnelle et non à celle qui régit l'acte juridique incriminé comme les vices du consentement, la sanction de cette incapacité, notamment le délai d'exercice de l'action en nullité, sont soumis à la loi personnelle (■ Cass. 1re civ., 25 juin 1957 : *JCP* 1957, IV, 117 ; *Rev. crit. DIP* 1957, p. 680, note Batiffol). – Sur l'application de l'article 489-1 (anc., V. désormais, art. 414-2, p. 395) du Code civil dès lors que le régime allemand de la curatelle, sous lequel était placé le contractant, est équivalent au régime français, V. ■ Cass. 1re civ., 14 nov. 2006, n° 05-12.353 : *Bull. civ.* I, n° 481, p. 413 ; *Dr. famille* 2007, 70 (2e esp.), note Fossier ; *JurisData* n° 2006-036006. Sur l'équivalence entre la loi appliquée et celle désignée par la règle de conflit, V. ■ Cass. 1re civ., 11 janv. 2005, n° 01-02.473 : *JurisData* n° 2005-026441 ; Bull. civ. I, n° 21, p. 15 ; *Defrénois* 2005, 1064, obs. Massip ; *D.* 2005, 2924, note Mahinga, en matière de curatelle.

20) État des étrangers. La loi applicable à l'état et la capacité des personnes est la loi nationale (■ Cass. 1re civ., 6 juin 1990, n° 88-16.909 : *JurisData* n° 1990-703329 ; *Bull. civ.* I, n° 137, p. 98. ■ Cass. 1re civ., 18 janv. 2007 : *Bull. civ.* I, n° 26, p. 23 ; *Dr. famille* 2007, 70 [1re esp.], note Fossier ; *JCP* 2007, IV, 1378 ; *JurisData* n° 2007-036917). Mais si, en principe, l'état des étrangers reste régi en France par leur loi nationale, celle-ci ne saurait cependant faire échec aux lois françaises d'ordre public qui s'imposent même aux étrangers (■ Cass. civ., 26 mars 1935 : *DP* 1935, 1, p. 57, note R. Savatier, 2e esp.). Tel est le cas des lois concourant à l'organisation de la défense du pays, y compris leurs dispositions relatives à la capacité des mineurs à s'engager dans l'armée (■ Paris, 16 févr. 1966 : *Rev. crit. DIP* 1966, p. 453, note Lagarde et, sur pourvoi, ■ Cass. 1re civ., 2 déc. 1968 : *Rev. crit. DIP* 1969, p. 281, note P. L.). Sur la recevabilité de l'action en rectification d'état civil exercée par un transsexuel de nationalité argentine, fondée sur l'article 8 de la Convention européenne de sauvegarde des droits de l'homme ainsi que les articles 9 et 57 du Code civil, V. ■ Paris, 14 juin 1994, n° 92. 6500 : *JurisData* n° 1994-024843 ; *Rev. crit. DIP* 1995, p. 308, note Lequette. Pour l'application de la loi française désignée par la règle de conflit au placement sous tutelle d'un ressortissant canadien résidant en France, V. ■ Cass. 1re civ., 21 sept. 2005, n° 04-10.217 : *JurisData* n° 2005-029762 ; *Bull. civ.* I, n° 336, p. 279 ; *D.* 2006, 1726, note Morisset.

21) Contractant français de bonne foi. L'incapacité établie par la loi nationale étrangère est inopposable au Français qui a traité sans légèreté, sans imprudence et avec bonne foi (■ Cass. req., 16 janv. 1861 : *DP* 1861, 1, p. 193, *Lizardi*).

22) Droit conventionnel. Voir le décret n° 2008-1547 du 30 décembre 2008 portant publication de la Convention de La Haye du 13 janvier 2000 sur la protection internationale des adultes. Voir M. Revillard, *Protection internationale des adultes et droit international privé des majeurs protégés : Defrénois* 2009, 35. – H. Péroz, *Convention de La Haye du 13 janvier 2000 sur la protection internationale des adultes et pratique notariale : JCP* N 2008, act. 643. – I. Barrière-Brousse, *Le nouveau droit international privé des incapacités et la loi du 5 mars 2007 : Dr. famille* 2009, étude 14. – B. Delabre et M. Van Seggelen, *Les majeurs vulnérables dans l'espace international : JCP* N 2010, 1058.

2° Mineurs

23) Partage. Le contenu des formalités destinées à habiliter des mineurs à procéder à un partage amiable est déterminé par leur loi nationale (■ Cass. civ., 13 avr. 1932 : *DP* 1932, 1, p. 89, concl. Matter, note Basdevant).

24) Tutelle. La tutelle d'enfants étrangers *étant régie par la loi nationale, les immeubles* de ces *enfants, même* sis en territoire français, sont aliénés selon cette loi et non selon la loi française (■ Cass. 1re civ., 13 juin 1960, n° 57-12 797 : *JurisData* n° 1960-000325 ; *D.* 1960, p. 597, note Malaurie). La loi personnelle régit la désignation d'un tuteur (■ Nancy, 23 oct. 1989 : *JurisData* n° 1989-051548 ; *Rev. crit. DIP* 1990, p. 723, note Lequette).

25) Contrat de mariage. Les règles habilitant un mineur à la conclusion d'un contrat de mariage sont une simple modalité de son incapacité générale de contracter, édictée comme celle-ci dans son seul intérêt et ressortissant à sa loi personnelle à la date du contrat (■ Cass. 1re civ., 15 mai 1963 : *JurisData* n° 1963-700258 ; *JurisData* n° 1963-000257 ; *JCP* 1963, II, 13366, note Motulsky ; *JDI* 1963, 996, note Malaurie ; *Rev. crit. DIP* 1964, p. 506, note Lagarde. – V. en ce sens ■ Cass. 1re civ., 16 juill. 1971 : *D.* 1972, p. 633, note Malaurie, 1re esp. ; *JDI* 1972, 287, note Lehmann).

26) Droit conventionnel. Voir décret n° 73-490 du 15 mai 1973 portant publication de la convention concernant la compétence des autorités et la loi applicable en matière de protection des mineurs, ouverte à la signature à La Haye le 5 octobre 1961 (*JO* 24 mai ; *JCP* 1973, III, 40562. – V. Droz, *La protection des mineurs en droit international privé français depuis l'entrée en vigueur de la convention de La Haye du 5 octobre 1961 : JDI* 1973, 603).

Voir aussi décret n° 2011-1572 du 18 novembre 2011 portant publication de la convention de La Haye du 19 octobre 1996 sur la protection des enfants (*JO* 20 nov. 2011 ; *Rev. crit. DIP* 1996, 813. – P. Lagarde, *La nouvelle convention de La Haye sur la protection des mineurs : Rev. crit. DIP* 1997, 217. – M. Revillard, *Administration des biens des mineurs : entrée en vigueur de la convention de La Haye de 1996 sur la protection des enfants : Defrénois* 2011, 29).

B – Mariage

Voir : depuis la loi n° 2013-404 du 17 mai 2013, art. 202-1 et 202-2, p. 173.

1° Conditions de fond

27) Principe. Les conditions de fond nécessaires à la validité du mariage sont déterminées par la loi personnelle des époux (■ Paris, 2 févr. 1956 : *JCP* 1956, II, 9229, note P. G. ■ Paris, 14 janv. 1994 : *JurisData* n° 1994-021339 ; *D.* 1994, inf. rap. 355, obs. Audit. ■ Cass. 1re civ., 19 sept. 2007 : *Bull. civ.* I, n° 281, p. 249 ; *D.* 2007, inf. rap. 2476 ; *JCP* 2007, IV, 2887 ; *JurisData* n° 2007-040395. ■ Cass. 1re civ., 11 févr. 2009, n° 08-10.387 : *Bull. civ.* I, n° 27, p. 22 ; *JCP* 2009, II, 10065, 1re esp., note Mahinga ; *Dr. famille* 2009, 81, 1re esp., note Farge ; *Defrénois 2009, 1851*, 2e esp., obs. Massip ; *JurisData* n° 2009-046984) et il incombe au juge d'appliquer cette loi (■ Cass. 1re civ., 1er juin 2011, deux arrêts, nos 10-16.482 et 09-71.992 : *Bull. civ.* I, n° 100, p. 97, et n° 101, p. 97 ; *D.* 2011, 1618, obs. Gallmeister, appréciation du consentement. ■ Cass. 1re civ., 16 mars 2016, n° 15-14.365 : *Bull.* ; *JCP* G 2016, 629, note De Lambertye-Autrand ; *JurisData* n° 2016-004640). V. désormais art. 202-1, p. 173.

Les dispositions de l'article 146-1 du Code civil selon lesquelles le mariage d'un Français requiert sa présence, même à l'étranger, constituent une condition de fond du mariage régie par sa loi personnelle (▪ Cass. 1re civ., 15 juill. 1999, n° 99-10.269 : *JurisData* n° 1999-002914 ; *JCP* 1999, IV, 2687 ; *Bull. civ.* I, n° 244, p. 158 ; *Defrénois* 2000, p. 439, obs. Massip). En l'absence de consentement réel du mari, de nationalité française, même un consentement valable de la femme au regard de sa loi personnelle (droit marocain) n'est pas susceptible de valider le mariage qui peut être annulé sur le seul fondement de l'article 146 (▪ Cass. 1re civ., 9 juill. 2008 : *Bull. civ.* I, n° 193, p. 165 ; *RTD civ.* 2008, 659, obs. Hauser ; *JCP* 2008, IV, 2472 ; *JurisData* n° 2008-044760. – Comp. ▪ Paris, 15 janv. 2004, n° 2003/06842 : *JurisData* n° 2004-235408 ; *Dr. famille* 2004, 93, note Larribau-Terneyre, jugeant qu'il convient de rejeter la demande en nullité formée par le mari français dès lors que la loi nationale de la femme, de nationalité cambodgienne, ne prévoit pas la nullité en cas de défaut d'intention matrimoniale.

Sur les conflits de lois en matière de mariage entre personnes de même sexe, V. art. 202-1 (L. n° 2013-404, 17 mai 2013), p. 173.

28) La capacité matrimoniale est régie par la loi personnelle des futurs époux (▪ TGI Paris, 15 mars 1972 : *Rev. crit. DIP* 1973, p. 509, note Alexandre. V. aussi ▪ TGI Troyes, 9 nov. 1966 : *Rev. crit. DIP* 1967, p. 530, 2e esp., note Malaurie).

29) Consentement. La loi personnelle des époux régit aussi le consentement (▪ Paris, 7 juin 1973 : *JCP* 1973, II, 17539, note Goubeaux ; *D.* 1974, p. 174, 1re esp., note Guiho. V. aussi ▪ Paris, 2 déc. 1966 : *Rev. crit. DIP* 1967, p. 530, 1re esp., note Malaurie ; *JCP* 1967, II, 15278, note R. B. ▪ Cass. 1re civ., 19 sept. 2007, préc. note 24 ▪ Cass. 1re civ., 6 mars 2013, n° 11-23.174 : *Dr. famille* 2013, comm. 80, note Farge ; *JurisData* n° 2013-003895).

30) Prohibition de la polygamie. Sur le principe que l'exigence de monogamie est d'ordre public, voir ▪ Lyon, 21 mai 1974 : *D.* 1975, p. 9, note Guiho. ▪ TGI Paris, 8 avr. 1987 : *Rev. crit. DIP* 1988, p. 73, note Lequette. ▪ Paris, 21 juin 1991 : *D.* 1991, inf. rap., p. 218. V. cependant ▪ Paris, 5 avr. 1990 : *D.* 1990, p. 424, note Boulanger. Si, au regard de la loi algérienne, un individu peut être considéré comme algérien, par l'effet de sa nationalité française il reste soumis à la loi française que le juge français saisi doit prendre seule en considération pour déclarer sans effet en France une seconde union (▪ Cass. 1re civ., 9 nov. 1993, n° 91-19.310 : *JurisData* n° 1993-002508 ; *Bull. civ.* I, n° 316, p. 219). Mais jugé que le Français né en Algérie et de confession musulmane qui, marié avec une Française, acquiert après l'indépendance la nationalité algérienne et contracte en Algérie avec une Algérienne une seconde union ne commet aucune fraude à la loi (▪ Cass. 1re civ., 17 févr. 1982, n° 80-17.113 : *Rev. crit. DIP* 1983, p. 275, note Lequette. V. aussi ▪ Cass. 1re civ., 22 avr. 1986, n° 85-11.666 : *JurisData* n° 1986-000760 ; *D.* 1986, inf. rap. p. 270, obs. Audit ; *Rev. crit. DIP* 1987, p. 374, note Courbe). Jugé aussi que la polygamie étant interdite en France, il est impossible à un juge français faisant application du droit français de dissoudre la seconde union d'un polygame (▪ TGI Bordeaux, 20 sept. 1990 : *JurisData* n° 1990-604705 ; *JCP* 1991, II, 21718, note crit. Monéger). Le ministère public peut, en considération de l'atteinte à l'ordre public international causée par le mariage d'un Français à l'étranger sans que sa précédente union n'ait été dissoute, s'opposer à la demande de transcription de cet acte sur les registres consulaires français (▪ Cass. 1re civ., 19 oct. 2016, n° 15-50.098 : *Bull.* ; *D.* 2016, 2549, note Sindres ; *JCP G* 2016, 1275, note Bureau ; *JDI* 2017, 146, note Monéger ; *LPA* 13 déc. 2016, 6, note Legrand ; *JurisData* n° 2016-021239). Voir, sur l'ensemble de la question, A. Decocq, *De la polygamie en France* in *Mélanges Jacques Foyer*, Économica 2008, 269.

31) Droits de la deuxième épouse. Doit être cassée la décision qui rejette la demande de pension alimentaire formée en France par la deuxième épouse d'un Tunisien mariée selon la loi mosaïque sous prétexte que la loi tunisienne qui accorde des aliments à la deuxième femme, se heurtant à l'ordre public français, n'est pas applicable en France, alors que la demande tendait uniquement à voir reconnaître en France une créance alimentaire découlant de la qualité d'épouse légitime, qualité acquise sans fraude en Tunisie (▪ Cass. 1re civ., 28 janv. 1958 : *JCP* 1958, II, 10488, note Louis-Lucas et, après renvoi, ▪ Cass. 1re civ., 19 févr. 1963 : *JurisData* n° 1963-000108 ; *JurisData* n° 1963-000108 ; *JurisData* n° 1963-000108 ; *Rev. crit. DIP* 1963, p. 559, note G.H.). Sur les droits successoraux en France de la deuxième épouse en cas de mariage polygamique régulièrement contracté à l'étranger conformément à la loi personnelle des époux, voir ▪ Cass. 1re civ., 3 janv. 1980, n° 78-13.762 : *JurisData* n° 1980-700004 ; *Rev. crit. DIP* 1980, p. 331 note Batiffol ; *JDI* 1980, 327, note Simon-Depitre. L'épouse survivante peut exercer ses droits successoraux même si hors de France sa loi personnelle ou son régime matrimonial ne lui confère pas de droits semblables (▪ Paris, 8 nov. 1983 : *JurisData* n° 1983-600739 ; *Rev. crit. DIP* 1984, p. 477, note Lequette. Comp. ▪ CE, 11 juill. 1980 : *JurisData* n° 1980-601123 ; *Rev. crit. DIP* 1981, p. 658, note Bischoff ; *JCP* 1981, II,

19629, concl. Rougevin-Baville, relevant l'erreur de droit du préfet qui a décidé que la présence en France de la seconde épouse d'un étranger polygame est contraire du seul fait de cette polygamie à l'ordre public). Mais jugé que l'ordre public international, dans sa conception française, s'oppose à ce que le mariage polygamique contracté à l'étranger par celui qui est encore l'époux d'une Française produise ses effets à l'encontre de celle-ci (■ Cass. 1re civ., 6 juill. 1988, n° 86-13.454 : *JurisData* n° 1988-002082 ; *Rev. crit. DIP* 1989, p. 71, note Lequette ; *Rev. crit. DIP* 1989, p. 733, 2e esp., note Niboyet-Hoegy ; *Bull. civ.* I, n° 226, p. 158). Jugé aussi que la deuxième épouse ne peut prétendre au bénéfice de l'assurance maladie et maternité (■ Cass. soc., 1er mars 1973 : *Rev. crit. DIP* 1975, p. 54, note Graulich, 2e esp.).

2° *Conditions de forme*

32) Mariage de Français à l'étranger. Sur la possibilité pour les Français de contracter mariage à l'étranger selon les formes usitées dans le pays, V. art. 171-1, p. 159. V. aussi art. 202-2, p. 174. Il appartient au juge du fait de décider, par une appréciation souveraine des faits et circonstances de la cause, si les parties qui sont allées contracter mariage en pays étranger ont entendu faire fraude à la loi française et éluder les formalités exigées par celles-ci (■ Cass. req., 5 juill. 1905 : *DP* 1905, 1, p. 471).

33) Conflit de qualifications. La question de savoir si un élément de la célébration du mariage appartient à la catégorie des règles de forme ou des règles de fond doit être tranchée par les juges français suivant les conceptions du droit français selon lesquelles le caractère religieux ou laïc du mariage est une question de forme (■ Cass. 1re civ., 22 juin 1955 : *D.* 1956, p. 73, note Chavrier. – V. en ce sens ■ TGI Paris, 18 mars 1968 : *JDI* 1969, 633, note Ponsard. ■ Paris, 23 févr. 1996, n° 94. 662 : *JurisData* n° 1996-022569 ; *D.* 1997, somm. p. 278, obs. Bottiau).

34) Mariage religieux. Les juges du fond peuvent retenir, par une interprétation souveraine de la loi mosaïque que l'acte de kétouba respecte les formes prévues par la loi du lieu de célébration (■ Cass. 1re civ., 21 juill. 1987, n° 84-14.354 : *Rev. crit. DIP* 1988, p. 329, note Ancel. Comp., sur la validité du mariage conclu en Turquie selon le rite catholique et la loi ottomane, ■ Aix-en-Provence, 8 mai 1967 : *JCP* 1968, II, 15352, note crit. Lous-souarn). La validité d'un mariage étant soumise aux dispositions de la loi sous l'empire de laquelle il a été célébré, c'est à bon droit qu'une cour d'appel considère comme valable un mariage célébré en Tunisie entre non Tunisiens selon la forme religieuse puisqu'un décret beylical a validé ultérieurement les mariages de ce type célébrés avant sa promulgation (■ Cass. 1re civ., 10 juill. 1973, n° 72-12.187 : *JurisData* n° 1973-000241 ; *JDI* 1974, 341, note Audit. – V. aussi pour le mariage conclu entre un Italien converti à l'Islam et une Tunisienne ■ Cass. 1re civ., 15 mai 1975 : *Rev. crit. DIP* 1975, p. 260, note Nisard. – Comp., sur la validation rétroactive de mariages célébrés en Espagne pendant la guerre civile, ■ Cass. 1re civ., 22 déc. 1970, 2 arrêts : *Rev. crit. DIP* 1972, p. 464).

35) Caractère facultatif de la règle *locus regit actum*. Le mariage en Italie selon la loi mosaïque de deux Syriens de confession juive est valable même si la loi italienne exige une célébration civile antérieure, le principe *locus regit actum* ayant un caractère facultatif pour des étrangers se mariant dans un pays tiers et la loi italienne renvoyant à la loi nationale des futurs époux (■ Aix-en-Provence, 21 janv. 1981 : *JurisData* n° 1981-699160 ; *Rev. crit. DIP* 1982, p. 297, note Légier et Mestre, pourvoi rejeté par ■ Cass. 1re civ., 15 juin 1982, n° 81-13.771 : *JurisData* n° 1982-701438 ; *Bull. civ.* I, n° 224, p. 192 ; *D.* 1983, p. 431, note Agostini ; *Rev. crit. DIP* 1983, p. 300, note Bishoff, maintenant la solution en relevant que les juges du fond avaient estimé que la loi italienne avait donné aux futurs époux la possibilité de faire célébrer valablement leur mariage en la forme religieuse prévue par leur statut personnel).

36) Absence de forme. Si la loi du pays n'exige aucune forme, il n'y aura pas moins mariage lorsque l'échange des consentements apparaîtra comme certain (■ T. civ. Seine, 3 mars 1927 : *Gaz. Pal.* 1927, 1, p. 738).

37) La **preuve du mariage** peut être faite selon les modes de preuve prévus par la loi du for ou par ceux qu'admet la loi du lieu de célébration (■ Cass. 1re civ., 24 févr. 1959 : *D.* 1959, p. 485, note Malaurie. – V. en ce sens ■ Cass. 1re civ., 12 févr. 1963 : *D.* 1963, p. 325, note G. Holleaux. ■ Cass. 1re civ., 25 nov. 1981, n° 80-13.257 : *JurisData* n° 1981-703383 ; *Bull. civ.* I, n° 350, p. 296).

38) Les **effets d'un mariage nul** sont ceux de la loi d'où résulte la nullité et qui en régit les conséquences comme les tempéraments qu'elle y apporte (■ Cass. 1re civ., 6 mars 1956 : *JCP* 1956, II, 9549, note Weill ; *D.* 1958, p. 709, note Batiffol, mariage putatif. – V. en ce sens ■ TGI Seine, 13 juin 1966 : *Gaz. Pal.* 1966, 2, p. 269. ■ Paris, 2 déc. 1966 : *JCP* 1967, II, 15278, note R.B. ; *Rev. crit. DIP* 1967, p. 530, note Malaurie. ■ Versailles, 3 juill. 1978 : *JDI* 1980, 316, note Kahn. ■ Paris, 27 nov. 1981 : *JurisData* n° 1981-600108 ; *D.* 1983, p. 142, concl. Paire. – V. aussi pour le mariage d'Italiens célébrés en une forme purement religieuse ■ Cass. 1re civ., 6 oct. 1976, n° 75-11.340 : *JurisData* n° 1976-000285 ; *Bull. civ.* I, n° 285, p. 231 ; *D.* 1976, inf. rap. p. 324. Comp. pour la putativité, par application de la loi roumaine, d'un mariage nul pour incompétence de l'officier de l'état civil ▪ Cass. 1re civ., 8 janv. 1963, n° 60-11.583 : *JurisData* n° 1963-700017 ; *D.* 1963, p. 341, note Ph. M.). La conception française de l'ordre public international ne s'oppose pas à l'application de la loi allemande qui prévoit que le mariage célébré en Allemagne sans intervention d'un officier d'état civil est inexistant et ne produit aucun effet, notamment à l'égard des enfants, et qui a pour effet de refuser la légitimité à l'enfant qui n'a ni titre ni possession d'état d'enfant légitime (▪ Cass. 1re civ., 16 juill. 1998, n° 96-14.503 : *JurisData* n° 1998-003254 ; *JCP* 1998, IV, 3087 ; *Bull. civ.* I, n° 250, p. 175 ; *D.* 1999, p. 51, note Fauvarque-Cosson, somm. p. 294, obs. Audit ; *Dr. famille* 1999, 10, 2e arrêt, note Fulchiron ; *JDI* 1999, 125, note Courbe). Mais la loi applicable à la liquidation du régime matrimonial sera la loi d'autonomie (▪ Cass. 1re civ., 20 nov. 1958 : *JDI* 1959, 1146. ▪ Cass. 1re civ., 15 janv. 1980 : *JDI* 1980, 316, note Kahn). Jugé que si un mariage religieux célébré en Italie ne peut être considéré comme valable en France, sa validité n'étant pas admise par la loi du lieu de célébration, le contrat intervenu n'en constitue pas moins un contrat civil faisant naître une obligation d'entretien et d'assistance (▪ TGI Grasse, 5 déc. 1967 : *Gaz. Pal.* 1968, 1, p. 91).

3° Effets

39) Les **effets d'un mariage mixte** sont régis par la loi du domicile des époux (▪ Cass. 1re civ., 19 févr. 1963 : *JCP* 1963, II, 13112 ; *Rev. crit. DIP* 1963, p. 559, note G.H.). Il suffit que les époux soient domiciliés dans le même pays même si leur établissement est séparé (▪ Cass. 1re civ., 30 oct. 1967 : *Rev. crit. DIP* 1969, p. 479, note Jacques Foyer). À défaut, la loi du for est applicable (▪ Cass. 1re civ., 15 mai 1961, n° 59-12.715 : *D.* 1961, p. p. 437, note G. Holleaux, 3e esp. ; *JDI* 1961, 734, note Goldman, 2e esp.).

40) Les **donations entre époux** sont soumises à la loi régissant les effets personnels du mariage (▪ Cass. 1re civ., 15 févr. 1966 : *JurisData* n° 1966-700117 ; *D.* 1966, p. 370, note Malaurie. ▪ Cass. 1re civ., 12 juin 1979 : *JurisData* n° 1979-799172 ; *JurisData* n° 1979-700171 ; *Rev. crit. DIP* 1980, p. 322, note Legier ; *JDI* 1980, 644, note Wiederkehr), et non à la loi qui gouverne le régime matrimonial (▪ Cass. 1re civ., 12 oct. 1982, n° 81-13.830 : *JurisData* n° 1982-702298 ; *Bull. civ.* I, n° 283, p. 243). Mais la qualité de l'héritier réservataire pour agir en nullité d'une donation consentie à son conjoint par le *de cujus* est régie par la loi successorale (▪ Cass. 1re civ., 3 mars 1971 : *JurisData* n° 1971-000070 ; *Rev. crit. DIP* 1972, p. 291, note Battifol, sol. impl.). La nullité édictée par l'article 1595 du Code civil (abrogé) tenant à l'incapacité des contractants relève de leur statut personnel (▪ Cass. req., 25 janv. 1938 : *DH* 1938, p. 104).

41) Mariages nuls en application de la loi commune des époux. Sur le principe que les effets du mariage sont soumis à la loi française et non à la loi commune des époux lorsque celle-ci ne reconnaît pas la validité du mariage, voir ▪ Cass. civ., 25 févr. 1947 : *D.* 1947, p. 161, note L.-P. Ainsi, le mariage civil entre Espagnols célébré en France, valable au regard du droit français et non valable au regard du droit espagnol, doit être soumis au droit français pour la détermination de ses effets (▪ TGI Paris, 28 avr. 1967 : *Rev. crit. DIP* 1970, p. 435, 1re esp., note Alexandre ; *JDI* 1968, 353, obs. Kahn. V. en ce sens, alors que le mariage civil avait été suivi d'un mariage religieux, ▪ Paris, 13 nov. 1979 : *JurisData* n° 1980-763576 ; *Rev. crit. DIP* 1980, p. 568, 1re esp., note Lequette).

42) Régime matrimonial primaire. Sur le principe que les règles relatives aux droits et devoirs respectifs des époux énoncées par les articles 212 et suivants du Code civil sont d'application territoriale, voir annot. n° 5, p. 9.

43) L'**obligation alimentaire entre époux** découlant des devoirs de secours et d'assistance est une règle fondamentale de l'ordre public français. Si celle-ci peut se concilier avec des modalités différentes d'attribution édictées par une loi étrangère, elle ne saurait être rejetée dans son principe (▪ Cass. 1re civ., 16 déc. 1958 : *D.* 1959, p. 51). L'obligation de contribuer aux charges du mariage étant une règle fondamentale de l'ordre public français, le mari qui dispose de ressources en France ne saurait s'y soustraire en invoquant son statut personnel (▪ Douai, 10 juill. 1981 : *JDI* 1984, 320, note Courbe).

44) Droits alimentaires de la deuxième épouse. Doit être cassée la décision qui rejette la demande de pension alimentaire formée en France par la deuxième épouse d'un Tunisien mariée selon la loi mosaïque sous prétexte que la loi tunisienne qui accorde des aliments à la deuxième femme, se heurtant à l'ordre public français, n'est pas applicable en France, alors que la demande tendait uniquement à voir reconnaître en France une créance alimentaire découlant de la qualité d'épouse légitime, qualité acquise sans fraude en Tunisie (▪ Cass. 1re civ., 28 janv. 1958 : *JCP* 1958, II, 10488, note Louis-Lucas et, après renvoi, ▪ Cass. 1re civ., 19 févr. 1963 : *Rev. crit. DIP* 1963, p. 559, note G.H.).

45) Droit conventionnel. Pour une application de l'article 4 de la Convention de La Haye du 2 octobre 1973 sur la loi applicable aux obligations alimentaires, entrée en vigueur le 1er octobre 1977, soumettant à la loi interne de la résidence habituelle du créancier d'aliments les obligations alimentaires découlant du mariage (V. ▪ Cass. 1re civ., 6 nov. 1990, n° 88-15.496 : *JurisData* n° 1990-003071 ; *Bull. civ.* I, n° 232, p. 166 ; *Gaz. Pal.* 1991, 2, p. 647, note Rémery).

Voir aussi : D. n° 2010-1520, 9 déc. 2010, portant publication de la convention sur le consentement au mariage, l'âge minimum du mariage et l'enregistrement des mariages, signée à New York le 10 décembre 1962, p. 3355.

C – Divorce

1° *Principes*

46) Sur le **domaine d'application de la loi française** en matière de divorce, V. art. 309, p. 271. V. aussi, à compter du 21 juin 2012, Règl. (UE) n° 1259/2010 du Conseil, 20 déc. 2010 mettant en œuvre une coopération renforcée dans le domaine de la loi applicable au divorce et à la séparation de corps (Rome III), p. 3356. V. bibliographie sous art. 309, annot. n° 1, p. 271.

47) Nécessité d'une décision judiciaire. Sur le principe qu'il ne peut y avoir en France de divorce sans décision judiciaire et que les actes des autorités religieuses sont en la matière dénués d'effets civils, voir ▪ Cass. 1re civ., 15 juin 1982, n° 81-12.611 : *JurisData* n° 1982-701439 ; *JurisData* n° 1982-701438 ; *Bull. civ.* I, n° 224, p. 192 ; *D.* 1983, p. 431, note Agostini ; *Rev. cri t. DIP* 1983, p. 300, note Bishoff. – Comp., jugeant qu'un divorce Khôl prononcé au consulat du Maroc produit effet en France dès lors qu'il émane d'une autorité compétente, n'est pas contraire à la conception française de l'ordre public et n'est pas entaché de fraude, ▪ Versailles, 25 mars 2010 : *Dr. famille* 2010, 173, note Farge ; *JurisData* n° 2010-003637).

48) Conflit dans le temps. Changement de nationalité. La loi nationale qui régit en principe l'action en divorce de la femme mariée est celle de la demanderesse à la date de l'introduction de l'instance (▪ Cass. civ., 25 févr. 1947 : *D.* 1947, p. 161, note P.-L. P. V. aussi ▪ Cass. 1re civ., 31 janv. 1984 : *JurisData* n° 1984-700179 ; *Rev. crit. DIP* 1986, p. 689, note Laborde, retenant la nationalité commune des époux au moment de l'introduction de l'instance).

49) Conflit dans le temps. Cause de divorce. Sur le principe que le juge doit tenir compte des faits qui se sont produits alors que le mariage était régi par une autre loi, voir ▪ Cass. civ., 14 mars 1928 : *DH* 1928, p. 253. Mais, s'agissant du divorce pour faute, il faut que le fait commis constitue bien une faute selon la loi en vigueur au jour où il a été commis (▪ Cass. 1re civ., 11 juill. 1977 : *JurisData* n° 1977-700321 ; *JurisData* n° 1977-700321 ; *D.* 1978, p. 673, note Galia-Beauchesne ; *Rev. crit. DIP* 1979, p. 395, 2e esp., note Loussouarn).

50) Application dans le temps de la loi du 11 juillet 1975. L'article 24-I de la loi du 11 juillet 1975 (disposant que les affaires introduites avant l'entrée en vigueur de la réforme sont poursuivies et jugées selon la loi ancienne) pose seulement des règles transitoires spéciales de la loi interne et ne régit pas la règle de conflit de lois, laquelle reste déterminée par les principes généraux du droit transitoire commandant l'application immédiate de la règle de conflit unilatérale exprimée par l'article 310 (▪ Cass. 1re civ., 13 janv. 1982, n° 80-12.525 : *Rev. crit. DIP* 1982, p. 551, note Batiffol ; *JCP* 1982, IV, 113. V. en ce sens ▪ Paris, 23 févr. 1987 : *D.* 1987, somm. p. 348, obs. Audit).

51) Conflit de juridictions. Toutes les fois que la règle française de solution des conflits de juridiction n'attribue pas compétence exclusive aux tribunaux français, le tribunal étranger doit être reconnu compétent si le litige se rattache d'une manière caractérisée au pays dont le juge a été saisi et si le choix de la juridiction n'a pas été frauduleux (▪ Cass. 1re civ., 6 févr. 1985, n° 83-11.241 : *JurisData* n° 1985-700638 ; *D.* 1985, p. 469, note Massip ; *Rev. crit. DIP* 1985, p. 369. ▪ Cass. 1re civ., 1er mars 1988, n° 87-12.007 : *JurisData* n° 1988-000761 ; *D.* 1988, p. 486, note Massip. V. aussi ▪ Versailles, 18 nov. 1986. ▪ Paris, 25 févr. et 4 mars 1987 : *JurisData* n° 1987-600609 ; *D.* 1987, somm. p. 346, obs. Audit. Ne peut produire effet en France le jugement de divorce rendu sur le territoire des îles Vierges en application de la loi de ce territoire, entre deux époux américains domiciliés aux États-Unis, dès lors que la saisine de cette juridiction reposait sur une résidence fictive uniquement choisie pour les besoins d'un divorce expéditif (▪ Paris, 27 nov. 1981 : *D.* 1983, p. 142, note Paire).

52) Conflits de juridictions. Liquidation des intérêts patrimoniaux. Il n'appartient pas au juge de l'exequatur d'ajouter à une décision étrangère de divorce, dont l'exequatur est requise, des dispositions concernant les intérêts patrimoniaux des époux sur leurs biens situés en France, seul le juge compétent au fond ayant vocation à se prononcer sur ce point (▪ Cass. 1re civ., 28 mars 2013, n° 11-19.279 : *Bull. civ.* I, n° 60, p. 56 ; *JCP* N 2013, 1199, note Bidaud-Garon ; *Dr. famille* 2013, 111, note Abadie ; *JurisData* n° 2013-005618).

53) Office du juge et preuve de la loi étrangère. Il incombe au juge français, s'agissant de droits dont les parties n'ont pas la libre disposition, de mettre en œuvre, même d'office, la règle de conflit de lois et de rechercher, au besoin avec le concours des parties, la teneur du droit étranger applicable (▪ Cass. 1re civ., 7 juin 2006 : *Bull. civ.* I, n° 288, p. 252 ; *JurisData* n° 2006-033847. ▪ Cass. 1re civ., 20 juin 2006 : *Bull. civ.* I, n° 316, p. 273 ; *Juris-*

Data n° 2006-034127). Mais si le juge français, qui reconnaît applicable une loi étrangère, se heurte à l'impossibilité d'obtenir la preuve de son contenu, il peut, même en matière de droits indisponibles, faire application de la loi française, à titre subsidiaire (■ Cass. 1re civ., 21 nov. 2006 : *Bull. civ.* I, n° 500, p. 445 ; *JCP* 2006, IV, 3511 ; *Defrénois* 2007, 788, obs. Massip ; *D.* 2007, somm. 1751, obs. Courbe ; *Dr. famille* 2007, 135, note Farge ; *JurisData* n° 2006-036023, décision rendue en matière de filiation). S'agissant des droits disponibles, les époux peuvent convenir que soit appliqué le droit français (■ Cass. 1re civ., 11 mars 2009, n° 08-13.431 : *Bull. civ.* I, n° 50, p. 42 ; *JCP* 2009, n° 36, note 190, Boulanger ; *Dr. famille* 2009, 81, note Farge ; *Defrénois* 2009, 1858 [2e esp.], obs. Massip, au sujet de la fixation d'une prestation compensatoire).

2° Ordre public

54) Loi ignorant le divorce ou la séparation de corps. Jugé avant la loi du 11 juillet 1975 que lorsque l'application des règles de conflit de lois conduit, par combinaison de la loi nationale des époux avec la loi du lieu de célébration du mariage, à laquelle la première a ordonné un renvoi limité à la question de l'admissibilité du divorce, à l'impossibilité à la fois du divorce et de la séparation de corps, l'ordre public international français autorise le prononcé de la séparation de corps par substitution de la loi du for aux droits étrangers normalement compétents (■ Cass. 1re civ., 15 mai 1963 : *JCP* 1963, II, 13365, note Motulsky ; *JDI* 1963, 1016, note Malaurie ; *Rev. crit. DIP* 1964, p. 532, note Lagarde). Mais n'est pas contraire à la conception française de l'ordre public international l'application de lois étrangères qui ne connaissent que le divorce ou la séparation de corps (■ Cass. 1re civ., 8 nov. 1977 : *JurisData* n° 1977-700405 ; *JDI* 1978, 587, note Alexandre ; *Rev. crit. DIP* 1979, p. 395, note Loussouarn [loi tunisienne]) ou qui ignorent le divorce sans interdire tout moyen de mettre fin à la vie commune (■ Cass. 1re civ., 10 juill. 1979 : *JurisData* n° 1979-700204 ; *JDI* 1979, 601, note Alexandre ; *Rev. crit. DIP* 1980, p. 91, note Gaudemet-Tallon [loi espagnole]). Une loi prohibitive du divorce (loi espagnole) est contraire à la conception française actuelle de l'ordre public international qui impose la faculté, pour un Français domicilié en France, de demander le divorce (■ Cass. 1re civ., 1er avr. 1981 : *JurisData* n° 1981-701018 ; *Bull. civ.* I, n° 117, p. 99).

55) Discrimination entre les époux. Est contraire à la conception française de l'ordre public international l'application de la loi qui opère une discrimination entre le mari et la femme quant à la possibilité d'invoquer l'adultère pour obtenir le divorce (■ Paris, 28 juin 1973 : *Rev. crit. DIP* 1974, p. 505, note J. Foyer ; *JDI* 1974, 120, note Kahn). Est manifestement incompatible avec l'ordre public français la loi marocaine sur le divorce qui ne prévoit ni prestation compensatoire, ni pension alimentaire pour l'épouse, ni dommages-intérêts pour celle-ci (■ Cass. 1re civ., 16 juill. 1992, n° 91-11.262 : *JurisData* n° 1992-002841 ; *JCP* 1993, II, 22138, note Déprez ; *D.* 1993, p. 476, note Saïdi ; *Rev. crit. DIP* 1993, p. 269, note Courbe. V. aussi ■ Cass. 1re civ., 7 nov. 1995, n° 94-10.447 : *JurisData* n° 1995-002877 ; *JCP* 1995, IV, 2745 ; *Bull. civ.* I, n° 391, p. 273 ; *D.* 1996, somm. p. 170, obs. Audit ; *Defrénois* 1996, p. 720, obs. Massip). Viole l'article 1, *d)*, de la Convention franco-algérienne du 27 août 1964 et l'article 5 du Protocole n° 7 du 22 nov. 1984 additionnel à la Convention européenne des droits de l'homme garantissant l'égalité entre époux, une cour d'appel qui déclare irrecevable une demande en séparation de corps de l'épouse au motif que devant la juridiction algérienne, elle a été régulièrement représentée par son avocat et qu'ainsi le divorce a été prononcé par décision contradictoire, alors que les époux étaient domiciliés en France et que le jugement de divorce du tribunal algérien rappelait qu'en droit et selon la Charia, la puissance conjugale était détenue par l'époux, de sorte qu'il convenait de faire droit à la demande en divorce de ce dernier (■ Cass. 1re civ., 10 mai 2006 : *Bull. civ.* I, n° 225, p. 197 ; *JCP* 2006, IV, 2238 ; *JurisData* n° 2006-033390. ■ Cass. 1re civ., 20 sept. 2006 : *Bull. civ.* I, n° 407, p. 351 ; *JCP* 2006, IV, 3001 ; *JurisData* n° 2006-034987, dès lors que les époux sont domiciliés en France, le juge doit rechercher si l'épouse a disposé de droits égaux à son mari lors de la dissolution du mariage en Algérie. ■ Cass. 1re civ., 19 sept. 2007, n° 06-19.577 : *JurisData* n° 2007-040389 ; *Bull. civ.* I, n° 280, p. 248).

56) Droit acquis sans fraude. Une disposition contraire à l'ordre public interne n'est pas nécessairement privée d'effet en France dès lors que le droit a été acquis sans fraude à l'étranger, conformément à la loi reconnue compétente par les règles françaises du droit international privé. Il en résulte que rien ne s'oppose à l'exécution de la convention passée entre deux époux en instance de divorce devant un tribunal allemand et répartissant entre eux la charge de la dette alimentaire envers l'enfant commun, valable au regard du droit allemand qui la régit (■ Cass. 1re civ., 7 nov. 1972 : *JurisData* n° 1972-000231 ; *Rev. crit. DIP* 1973, p. 691, note Wiederkehr. V. aussi ■ Cass. 1re civ., 17 avr. 1953, *Rivière* : *JCP* 1953, II, 7863, note Buchet).

57) Répudiation. Sur le principe que la répudiation se heurte au principe d'égalité des droits et responsabilités des époux lors de la dissolution du mariage, voir ▪ Cass. 1re civ., 11 mars 1997, n° 94-19.322 : *JurisData* n° 1997-001039 ; *D.* 1997, p. 400, note Niboyet ; *JCP* 1998, I, 101, n° 2, obs. Fulchiron. ▪ Cass. 1re civ., 17 févr. 2004, 5 arrêts : *JCP* 2004, IV, 1732 à 1736 ; *Defrénois* 2004, 812, obs. Massip. – V. sur ces arrêts S. Prigent, *Répudiations musulmanes : effets des jugements étrangers en France : Dr. famille* 2004, chron. 9. Aj. ▪ Cass. 1re civ., 25 oct. 2005, n° 03-20.845 : *JurisData* n° 2005-030429 ; *Dr. famille* 2006, 103, note Farge. Mais jugé que la conception française de l'ordre public international ne s'oppose pas à la reconnaissance en France d'un divorce étranger par répudiation unilatérale par le mari dès lors que le choix du tribunal par celui-ci n'a pas été frauduleux, que la répudiation a ouvert une procédure à la faveur de laquelle chaque partie a fait valoir ses prétentions et que le jugement a garanti des avantages financiers à l'épouse (▪ Cass. 1re civ., 3 juill. 2001 : *JurisData* n° 2001-010453 ; *Bull. civ.* I, n° 199, p. 127 ; *JCP* 2002, II, 10039, note Vignal). Est contraire à l'article 5 du Protocole n° 7 du 22 novembre 1984 additionnel à la Convention européenne des droits de l'homme et, dès lors que les parties ont leur domicile en France, à l'ordre public international, la décision d'une juridiction étrangère constatant une répudiation unilatérale du mari sans donner d'effet juridique à l'opposition éventuelle de la femme et en privant l'autorité compétente de tout pouvoir autre que celui d'aménager les conséquences financières de cette rupture du lien matrimonial (▪ Cass. 1re civ., 3 janv. 2006 : *Bull. civ.* I, n° 2, p. 2 ; *JurisData* n° 2006-031476. – Rappr. ▪ Cass. 1re civ., 10 mai 2006, n° 05-10.299 : *JurisData* n° 2006-033389 ; *Bull. civ.* I, n° 224, p. 196 ; *JCP* 2006, II, 10165 [2e esp.], note Azzi ; *Defrénois* 2006, 1777, obs. Massip, concernant deux époux de nationalité française. ▪ Cass. 1re civ., 4 nov. 2009, n° 08-20.574 : *Bull. civ.* I, n° 217, p. 201 ; *D.* 2009, 2749, obs. Gallmeister ; *D.* 2010, 543, note Lardeux ; *JCP* 2009, n° 48, act. 477, obs. Devers ; *Dr. famille* 2010, 13, note Abadie ; *JurisData* n° 2009-050145. – Comp. ▪ Cass. 1re civ., 23 févr. 2011, n° 10-14.760 : *Bull. civ.* I, n° 34, p. 34 ; *D.* 2011, 762, obs. Gallmeister, et *ibid.* 1383, obs. Jault-Seseke ; *Dr. famille* 2011, 88, note Abadie ; *JurisData* n° 2011-002202, au sujet du divorce marocain pour discorde. – V. aussi ▪ Cass. 1re civ., 23 oct. 2013, deux arrêts, nos 12-25.802 et 12-21.344 : *Bull. civ.* I, n° 205, p. 204 et n° 204, p. 203 ; *Dr. famille* 2014, 31, note Farge ; *RTD civ.* 2014, 94, obs. Hauser, jugeant contraires à l'article 5 du Protocole n° 7 du 22 novembre 1984 additionnel à la *Convention européenne des droits de l'homme* la répudiation unilatérale et discrétionnaire par la seule volonté du mari du droit algérien, ainsi que la procédure de divorce sous contrôle judiciaire du droit marocain ; déséquilibre des droits entre les époux au détriment de la femme domiciliée en France). Le mari ayant acquis la nationalité française, la reconnaissance de la répudiation de la femme en dehors des cas prévus à l'article 13 de la Convention franco-marocaine du 10 août 1981 est contraire à l'ordre public de l'État dont il a fait le choix de devenir le national (▪ Cass. 2e civ., 14 mars 2002, n° 99-21.639 : *JurisData* n° 2002-013502 ; *JCP* 2002, II, 10095, note Fulchiron). Voir sur l'ensemble du problème M. Farge, *Les répudiations musulmanes : le glas de l'ordre public fondé sur le principe d'égalité des sexes : Dr. famille* 2002, chron. 17. – D. Boulanger, *Reconnaître en France une dissolution du mariage prononcée en Algérie ou au Maroc* in *Mélanges Jacques Foyer*, Économica 2008, 125.

58) Séparation de corps. Dispense du devoir de fidélité. L'ordre public international français ne s'oppose pas à l'application des dispositions de la loi brésilienne compétente qui, après séparation de corps, délie les époux du devoir de fidélité (▪ Cass. 1re civ., 11 juill. 1977 : *D.* 1978, p. 673, note Galia-Beauchesne ; *Rev. crit. DIP* 1979, p. 395, 2e esp., note Loussouarn).

59) Liquidation du régime matrimonial avant le prononcé du divorce. L'ordre public international français ne s'oppose pas à l'application des dispositions de la loi suisse qui n'exigent pas la démonstration d'une faute imputée à l'un des époux et permettent l'homologation de la convention intervenue entre un mari étranger et son épouse de nationalité française, pour la liquidation de leur régime matrimonial, avant le prononcé du divorce (▪ Cass. 1re civ., 3 févr. 1982 : *JurisData* n° 1982-700251 ; *Bull. civ.* I, n° 59, p. 50). Sur la liquidation du régime matrimonial, voir aussi annot. n° 87, p. 25.

60) Fixation de la pension alimentaire sans débats. Une décision administrative ayant fixé après divorce une pension alimentaire sans débats ni comparution du défendeur et sans considération des ressources de celui-ci, jugé que, par comparaison avec les conséquences du divorce en droit français, la décision ne peut être considérée comme contraire à la conception française de l'ordre public international (▪ Cass. 1re civ., 20 nov. 1990, n° 88-18.460 : *JurisData* n° 1990-003421 ; *Bull. civ.* I, n° 249, p. 176).

61) Pension alimentaire insuffisante. Sont incompatibles avec l'ordre public international français des lois et coutumes chiites prévoyant pour l'épouse une pension alimentaire limitée à cent jours (▪ Aix-en-Provence, 10 mai 1998 : *JurisData* n° 1998-723398 ; *JDI* 1999, 136, note Bencheneb). La loi marocaine qui ne permet pas d'allouer à l'épouse une allocation suffisante après le divorce est contraire à l'ordre public international français (▪ Cass. 1re civ., 28 nov. 2006, n° 04-11.520 :

JurisData n° 2006-036152 ; *Bull. civ.* I, n° 524, p. 463 ; *D.* 2007, 280, note Devers, et somm. 1752, obs. Courbe. – Comp. ▪ Cass. 1re civ., 4 nov. 2009, n° 08-20.355 : *Bull. civ.* I, n° 218, p. 202 ; *D.* 2009, 2750, obs. Gallmesiter ; *JCP* 2009, n° 48, act. 477, obs. Devers ; *JurisData* n° 2009-050146). Il incombe au juge de rechercher, de manière concrète, si les effets de la loi allemande qui autorise les époux à renoncer, par contrat de mariage, à toute prestation compensatoire, ne sont pas manifestement contraires à l'ordre public international français (▪ Cass. 1re civ., 8 juill. 2015, n° 14-17.880 : *Bull.* ; *RJPF* oct. 2015, 20, obs. Godechot-Patris ; *JCP* G 2015, 1024, note Fongaro ; *JCP* N 2015, 1235, n° 3, obs. Devers ; *D.* 2016, 1046, obs. Gaudemet-Tallon ; *JurisData* n° 2015-016876). Sur le caractère disponible du droit à une compensation pécuniaire après divorce, V. annot. n° 53, p. 16.

D – Filiation

62) Sur la loi applicable en matière de filiation, voir art. 311-14 à 311-17, p. 280.

63) Filiation adoptive. Les conditions de l'adoption de l'enfant devenu français sont régies par la loi française conformément à l'article 3 du Code civil (▪ Cass. 1re civ., 4 déc. 2013, n° 12-26.161 : *Bull. civ.* I, n° 235, p. 232 ; *JurisData* n° 2013-027970). Sur les conflits des lois relatives à la filiation adoptive et l'effet en France des adoptions prononcées à l'étranger, voir articles 370-3 à 370-5 (réd. L. n° 2001-111, 6 févr. 2001).

64) Révocation de l'adoption. La révocation d'une adoption est soumise à la loi de l'adoptant, alors d'ailleurs que l'adopté a acquis la nationalité française de celui-ci (▪ Paris, 11 juill. 1975 : *D.* 1976, p. 682, note Poisson, 2e esp. ; *Rev. crit. DIP* 1976, p. 695, note Jacques Foyer, 2e esp.).

65) Ordre public. L'ordre public international français s'oppose à l'application d'une loi étrangère déclarant imprescriptibles les actions en contestation d'état (▪ Cass. 1re civ., 13 nov. 1979 : *Bull. civ.* I, n° 277, p. 225. – Comp., jugeant qu'il ne s'oppose pas à la disposition du Code civil allemand qui, à la différence du droit français, ne soumet pas l'exercice de l'action en constatation judiciaire de paternité à un délai de prescription, ▪ Cass. 1re civ., 7 oct. 2015, n° 14-14.702 : *Bull.* ; *JCP* G 2015, 1317, note Fongaro ; *JCP* G 2016, 35, n° 6, obs. Farge ; *Dr. famille* 2016, 15, note Farge ; *D.* 2016, 1046, obs. Gaudemet-Tallon ; *LPA* 8 déc. 2016, 7, obs. Kerckhove ; *JurisData* n° 2015-022162). Mais il n'interdit pas la recherche en France de la paternité naturelle selon une loi étrangère compétente qui ne prévoit pas les cas d'ouverture énumérés par l'article 340 (anc.) du Code civil français, dès lors que cette loi présente de sérieuses garanties en ce qui concerne le respect de la vérité biologique et permet au père d'assurer efficacement sa défense (▪ Cass. 1re civ., 9 oct. 1984, n° 83-12.665 : *JurisData* n° 1984-701554 ; *Bull. civ.* I, n° 250, p. 213). N'est pas contraire à la conception française de l'ordre public international, malgré les dispositions de l'article 345-1, l'article 1756 du Code civil allemand qui autorise l'adoption de l'enfant issu d'une union antérieure ayant pris fin par décès, cette adoption n'entraînant pas selon la loi allemande une rupture complète de l'enfant avec sa famille par le sang (▪ Paris, 31 mars 1995 : *JurisData* n° 1996-765106 ; *Rev. crit. DIP* 1996, p. 314, note Muir Watt). L'ordre public international français n'est pas heurté par la loi allemande, qui admet la contestation de reconnaissance mais en délimite plus strictement que la loi française les conditions d'exercice (▪ Cass. 1re civ., 6 juill. 1999, n° 97-19.453 : *JurisData* n° 1999-002786 ; *D.* 1999, p. 483, concl. Sainte-Rose ; *Bull. civ.* I, n° 225, p. 146 ; *Defrénois* 2000, p. 109, obs. Massip ; *Dr. famille* 2000, 55, note Fulchiron. – V. déjà ▪ TGI Paris, 23 nov. 1993 : *JurisData* n° 1993-600649 ; *Rev. crit. DIP* 1995, p. 703, 1re esp., note Jacques Foyer, enfant né en France d'un père allemand et d'une mère étudiante péruvienne devant regagner son pays d'origine où l'enfant se trouve déjà). Il en va cependant autrement lorsque la loi étrangère a pour effet de priver un enfant français ou résidant habituellement en France du droit d'établir sa filiation ; dans ce cas, l'ordre public s'oppose à l'application de la loi étrangère normalement compétente (loi tunisienne) (▪ Cass. 1re civ., 10 févr. 1993, n° 89-21.997 : *JurisData* n° 1993-000239 ; *D.* 1994, p. 66, note Massip. V. en ce sens, écartant la loi marocaine, ▪ Paris, 13 janv. 2000, n° 1997/15053 : *JurisData* n° 2000-117059 ; *D.* 2000, p. 898, note S. Aubert. V. aussi ▪ Cass. 1re civ., 10 mai 2006, n° 04-19.444 : *JurisData* n° 2006-033392 ; *Bull. civ.* I, n° 226, p. 198 ; *JCP* 2006, II, 10165 (1re esp.), note Azzi ; *D.* 2006, 2890, note Kessler et Salamé ; *D.* 2007, somm. 1752, obs. Courbe ; *Dr. famille* 2006, 177, note Farge ; *Defrénois* 2006, 1327, obs. Massip ; *JurisData* n° 2006-033389, décidant qu'une loi étrangère qui ne permet pas l'établissement d'une filiation naturelle n'est pas contraire à la conception française de l'ordre public international, dès lors qu'elle n'a pas pour effet de priver un enfant de nationalité française ou résidant habituellement en France du droit d'établir sa filiation. – Comp. ▪ Cass. 1re civ., 26 oct. 2011, n° 09-71.369 : *Bull. civ.* I, n° 182, p. 178 ; *Dr. famille* 2012, 19, note Farge ; *JurisData* n° 2011-023353). La loi camerounaise qui prévoit que l'action en recherche de paternité est irrecevable lorsque, pendant la période légale de conception, la mère a été d'une inconduite notoire ou si elle a eu commerce avec un autre homme, dispositions qui privent l'enfant de son droit d'établir sa filiation paternelle, est contraire à l'ordre public international français (■ Cass. 1re civ., 27 sept. 2017, n° 16-19.654 : *Bull.* ; *D.* 2017, 2518, Guillaumé ; *JDI* 2018, 875, Godechot-Patris ; *AJ fam.* 2018, p. 41, Dionisi-Peyrusse ; *Dr. famille* 2017, 234, Farge ; *JCP* G 2017, 1311, Gallant ; *LPA* 8 févr. 2018, 7, Guillard ; *JurisData* n° 2017-018736). Le principe de la légitimation par le mariage des enfants naturels, même d'origine adultérine, traduit une conception fondamentale actuelle du droit français entraînant, par l'effet de l'ordre public, l'éviction des lois plus restrictives (■ Cass. 1re civ., 12 mai 1987, n° 85-16.959 : *Bull. civ.* I, n° 150, p. 117 ; *JDI* 1988, 101, note Niboyet-Hoegy). Les dispositions de la loi brésilienne qui prohibent l'adoption d'un enfant, en forme plénière, par un étranger lorsque cet étranger ne réside pas au Brésil et qui reposent sur le souci de ne pas couper complètement l'enfant de ses racines, ne sont pas contraires à la conception française de l'ordre public (■ Cass. 1re civ., 31 janv. 1990, n° 87-18.955 : *JurisData* n° 1990-001180 ; *Bull. civ.* I, n° 29, p. 20 ; *Rev. crit. DIP* 1990, p. 519, note Poisson-Drocourt ; *JCP* 1991, II, 21635, note Muir Watt. V. aussi pour l'article 86 du Code marocain du statut personnel prohibant l'adoption ■ Cass. 1re civ., 19 oct. 1999, n° 97-17.650 : *JurisData* n° 1999-003629 ; *Bull. civ.* I, n° 282, p. 183 ; *Dr. famille* 2000, 85, note Murat ; *Defrénois* 2000, p. 660, obs. Massip et p. 699, note Revillard).

66) Adoption « homosexuelle » *(jurisprudence antérieure à la loi n° 2013-404 du 17 mai 2013 ouvrant le mariage aux couples de personnes de même sexe).* Est contraire à un principe essentiel du droit français de la filiation, la reconnaissance en France d'une décision étrangère dont la transcription sur les registres de l'état civil français, valant acte de naissance, emporte inscription d'un enfant comme né de deux parents du même sexe (■ Cass. 1re civ., 7 juin 2012, deux arrêts, nos 11-30.261 et 11-30.262 : *Bull. civ.* I, n° 125, p. 115, et n° 126, p. 115 ; *JCP* 2012, act. 728, obs. Devers, 856, avis Petit, et 857, note Chénedé ; *D.* 2012, 1973, obs. d'Avout, et 1992, note Vigneau ; *JCP* N 2012, 1314, note Azincourt, et 1358, n° 10, obs. Péroz ; *RTD civ.* 2012, 522, obs. Hauser ; *JurisData* nos 2012-011937 et 2012-011952, cassant ■ Paris, 24 févr. 2011, deux arrêts : *Dr. famille* 2011, 87, note Farge ; *JurisData* nos 2011-004061 et 2011-004062).

67) **L'obligation alimentaire** est soumise à la loi du lien de famille sous réserve de l'ordre public, lequel peut intervenir pour assurer le minimum d'assistance de la loi française (■ Cass. 1re civ., 19 oct. 1971 : *JurisData* n° 1971-000261 ; *D.* 1972, p. 633, note Malaurie, 2e esp.). V. aussi l'article 4 de la Convention de La Haye du 2 octobre 1973 sur la loi applicable aux obligations alimentaires, entrée en vigueur le 1er octobre 1977, soumettant à la loi interne de la résidence habituelle du créancier d'aliments les obligations alimentaires découlant des relations de famille, y compris les obligations alimentaires envers un enfant non légitime. – Règlement (CE) n° 4/2009, 18 déc. 2008 : *Dr. famille* 2011, études 18 et 20, par M. Farge ; N. Joubert, *La mise en œuvre de l'obligation alimentaire en présence d'un élément d'extranéité dans les relations entre parents et enfants* : *Dr. famille* janv. 2018, dossier, 3.

68) **L'autorité parentale** est rattachée à la loi nationale des parents (■ Cass. civ., 13 janv. 1873 : *DP* 1873, 1, p. 297). Mais en matière de filiation naturelle, c'est la loi nationale de l'enfant qui s'applique (■ Paris, 28 nov. 1968 : *Rev. crit. DIP* 1969, p. 266, note Bischoff. ■ Paris, 3 mars 1981 : *JurisData* n° 1981-601403 ; *Rev. crit. DIP* 1981, p. 496, note Lequette). Jugé, sur le fondement des principes du droit international privé relatifs au statut personnel, que le gardien d'un enfant, désigné par l'autorité compétente de l'État dont le mineur est ressortissant, est investi de plein droit de cette qualité (■ Cass. 1re civ., 25 juin 1991, n° 90-05.006 : *JurisData* n° 1991-003405 ; *JCP* 1992, II, 21798, note Muir Watt ; *D.* 1992, p. 51, note Massip ; *JDI* 1991, 975, note Gaudemet-Tallon). Le refus d'*exequatur* fondé sur la contrariété à l'ordre public international français de la décision étrangère suppose que celle-ci comporte des dispositions qui heurtent des principes essentiels du droit français ; qu'il n'en est pas ainsi de la décision qui partage l'autorité parentale entre la mère et l'adoptante d'un enfant (adoption simple) ; cassation de l'arrêt qui, pour refuser d'accorder l'*exequatur* au jugement étranger d'adoption, se borne à énoncer que, selon les dispositions de l'article 365 du Code civil [dans son application antérieure à la loi n° 2013-404 du 17 mai 2013 ouvrant le mariage aux couples de personnes de même sexe], l'adoptante est seule investie de l'autorité parentale, de sorte qu'il en résulte que la mère biologique est corrélativement privée de ses droits bien que vivant avec l'adoptante (■ Cass. 1re civ., 8 juill. 2010, n° 08-21.740 : *Bull. civ.* I, n° 162, p. 153 ; *Defrénois* 2011, 833, obs. Massip ; *JCP* 2011, 1122, note Massip ; *D.* 2011, 1383, obs. Jault-Seseke ; *Dr. famille* 2010, repère 9, obs. Neirinck, et 156, note Farge ; *RTD civ.* 2010, 547, obs. Hauser ; *LPA* 1er juin 2011, 18, obs. Kerckhove ; *JCP* N 2011, 1256, n° 1, obs. Fongaro ; *LPA* 29 nov. 2011, 11, obs. Dionisi-Peyrusse ; *JurisData* n° 2010-011438).

69) Nom. La loi des effets du mariage est compétente pour régir la transmission du nom aux enfants légitimes (■ Cass. 1re civ., 7 oct. 1997, n° 95-16.933 : *JurisData* n° 1997-003853 ; *JCP* 1997, IV, 2263 ; *Bull. civ.* I, n° 265, p. 180 ; *D.* 1999, p. 229, note Massip ; *Rev. crit. DIP* 1998, p. 72, note Hammje ; *Defrénois* 1998, p. 705, obs. Massip).

Jugé cependant que les règles relatives à l'attribution du nom sont commandées par le statut personnel de l'intéressé (■ TGI Paris, 9 nov. 1982 : *JurisData* n° 1982-000315 ; *Rev. crit. DIP* 1983, p. 99, note Huet). V. H.-J. Lucas, *La loi applicable à l'attribution du nom de famille* in *Le droit non civil de la famille*, 1983, 186.

IV – AUTRES MATIÈRES

A – Successions

70) Dévolution des meubles et immeubles. La dévolution successorale des immeubles est régie par la loi du lieu de leur situation (■ Cass. civ., 5 juill. 1933 : *DP* 1934, 1, p. 133, note Silz. ■ Cass. 1re civ., 14 mars 1961 : *JurisData* n° 1961-000162 ; *Rev. crit. DIP* 1961, p. 774, note Batiffol. ■ Cass. 1re civ., 23 janv. 2007 : *Bull. civ.* I, n° 34, p. 30 ; *RTD civ.* 2007, 602, obs. Grimaldi ; *JCP* 2007, IV, 1432 ; *JurisData* n° 2007-037025, application à l'indemnité d'occupation d'un immeuble indivis. ■ Cass. 1re civ., 4 juill. 2018, n° 17-16.515 : *Bull.* ; *JCP* N 2018, n° 4, 1313, Fongaro ; *Defrénois* 19 juill. 2018, n° 28, 5 ; *JurisData* n° 2018-011782). Mais la dévolution des biens mobiliers est régie par la loi du dernier domicile du défunt (■ Cass. civ., 19 juin 1939 : *DP* 1939, 1, p. 97, note L.-P. ■ Cass. 1re civ., 22 déc. 1970 : *JurisData* n° 1970-000338 ; *Rev. crit. DIP* 1972, p. 467, note A. P. ■ Cass. 1re civ., 18 oct. 1988, n° 86-16.631 : *Bull. civ.* I, n° 293, p. 199 ; *JCP* 1989, II, 21259, note Prévault. ■ Aix-en-Provence, 14 mai 2002, n° 00/17702 : *JurisData* n° 2002-201608 ; *JCP* N 2003, 1541, note Boulanger. ■ Cass. 1re civ., 7 déc. 2005 : *Bull. civ.* I, n° 484, p. 406 ; *JCP* 2006, II, 10050, note Boulanger ; *D.* 2006, 1217, note Mahinga ; *Dr. famille* 2006, 117, note Farge ; *Defrénois* 2006, 562, note Revillard ; *JurisData* n° 2005-031149. ■ Cass. 1re civ., 30 oct. 2006, n° 05-17.849 : *Defrénois* 2008, 777, note Crône). Des parts sociales d'une société anonyme étrangère donnant droit à l'usage exclusif d'un immeuble situé à l'étranger constituent des biens mobiliers dont la situation à l'étranger est sans incidence sur leur dévolution conformément à la loi française du lieu d'ouverture de la succession, au lieu du dernier domicile du défunt (■ Cass. 1re civ., 20 oct. 2010, n° 08-17.033 : *Bull. civ.* I, n° 207, p. 193 ; *JCP* N 2011, 1211, note Godechot-Patris, et *ibid.* 1256, n° 8, obs. Cagniart et Sagaut ; *D.* 2011, 1664, note Agostini ; *Rev. crit. DIP* 2011, 53 (2e esp.), note Ancel ; *JurisData* n° 2010-018902).

71) Domaine de la loi successorale. La loi successorale détermine la réserve héréditaire (■ Cass. civ., 19 juin 1939 : *DP* 1939, 1, p. 97, note L.-P. ■ Cass. 1re civ., 18 oct. 1988 : *Bull. civ.* I, n° 293, p. 199 ; *JCP* 1989, II, 21259, note Prévault. ■ Cass. 1re civ., 4 déc. 1990, n° 88-11.949 : *JurisData* n° 1990-703598 ; *Defrénois* 1991, 1006, note Revillard. ■ Paris, 3 juill. 1946 : *Gaz. Pal.* 1946, 2, p. 147. ■ Paris, 22 mars 1974 : *JurisData* n° 1974-615095 ; *Rev. crit. DIP* 1975, p. 430, note Audit. ■ Cass. 1re civ., 17 juin 2009, n° 07-21.718 : *Bull. civ.* I, n° 131, p. 116 ; *Defrénois* 2010, 328, note Revillard ; *Dr. famille* 2009, 119, et *JCP* N 2009, 1310, note Fongaro ; *JurisData* n° 2009-048631. – V. aussi E. Fongaro, *La préparation d'une succession internationale, ou l'art subtil d'éluder la réserve héréditaire : JCP* N 2008, 1221), sauf, pour les successions immobilières, le renvoi éventuel opéré par la loi étrangère de situation de l'immeuble à une autre loi et, spécialement, à celle du for (■ Cass. 1re civ., 21 mars 2000, n° 98-15.650 : *JurisData* n° 2000-001120 ; *JCP* G 2000, II, 10443 et *JCP* N 2001, 751, note Vignal ; *Bull. civ.* I, n° 96, p. 64 ; *Dr. famille* 2000, 70, note Fongaro ; *D.* 2000, 539, note Boulanger ; *Defrénois* 2000, 1157, note Revillard ; *Rev. crit. DIP* 2000, 399, note Ancel. – Voir sur cet arrêt G. Légier, *Tradition et innovation dans le domaine des successions internationales : JCP* N 2001, 92. – Comp. ■ Cass. 1re civ., 20 juin 2006, n° 05-14.281 : *JurisData* n° 2006-034123 ; *Bull. civ.* I, n° 321, p. 277 ; *D.* 2007, 1710, note Courbe, et somm. 1752, obs. Courbe ; *JDI* 2007, 125, note Gaudemet-Tallon, n'admettant le renvoi qu'à la loi française du dernier domicile du défunt. ■ Cass. 1re civ., 11 févr. 2009, n° 06-12.140 : *Bull. civ.* I, n° 29, p. 24 ; *D.* 2009, 562, obs. Egéa, et 1658, note Lardeux ; *JCP* 2009, act. 106, obs. Cornut, et II, 10068, note Boulanger ; *JCP* N 2009, 1196, note Gosselin-Gorand ; *Dr. famille* 2009, 62, note Fongaro ; *Defrénois* 2009, 1380, note Revillard, et 1705, note Meyzeaud-Garaud ; *JurisData* n° 2009-046979, décidant qu'en matière de succession immobilière, le renvoi opéré par la loi de situation de l'immeuble ne peut être admis que s'il assure l'unité successorale et l'application d'une même loi aux meubles et aux immeubles. V. aussi ■ Cass. 1re civ., 23 juin 2010, n° 09-11.901 : *Bull. civ.* I, n° 140, p. 132 ; *JCP* 2010, n° 27, act. 748, obs. Cornut ; *D.* 2010, 2955, note d'Avout ; *JCP* N 2010, 1308, note Devers ; *Defrénois* 2010, 1805, note Callé ; *D.* 2011, 1379, obs. Jault-Seseke ; *JurisData* n° 2010-010075, en matière de compétence juridictionnelle).

La loi successorale détermine également la saisine des héritiers (■ Cass. 1re civ., 22 déc. 1970 : *Rev. crit. DIP* 1972, p. 467, note A.P.), les pouvoirs des personnes habilitées à administrer ou à liquider la succession (■ TGI Paris, 1er juill. 1972 : *JCP* 1973, IV, 107). Voir, reconnaissant effet en France à un pacte successoral conclu conformément à la loi allemande régissant la succession mobilière, ■ Aix-en-Provence, 16 oct. 2003 : *Rev. crit. DIP* 2004, 589, note P. Lagarde. – Voir sur cet arrêt C. Géraud : *JCP* N 2005, 1002. Sur l'efficacité d'un acte de partage amiable établi en Tunisie par deux notaires tunisiens, portant sur des immeubles en France et en Tunisie, tous les héritiers étant présents et capables, V. ▪ Cass. 1re civ., 19 nov. 2008, n° 05-16.203 : *JurisData* n° 2008-045872 ; *Bull. civ.* I, n° 265, p. 227 ; *Defrénois* 2009, 429, note Revillard.

72) Trust. La constitution d'un *trust* par lequel une ressortissante américaine s'est dépouillée d'un capital pour en percevoir les revenus sa vie durant, tout en chargeant le *trustee* de le remettre à sa mort aux bénéficiaires désignés par elle a réalisé une donation indirecte qui, ayant reçu effet au moment du décès de la donatrice par la réunion de tous ses éléments, a donc pris date à ce jour, de sorte que l'article 926 du Code civil n'est pas applicable à cette libéralité (▪ Cass. 1re civ., 20 févr. 1996, n° 93-19.855 : *JurisData* n° 1996-000478 ; *JCP* 1996, II, 22647, note Béhar-Touchais ; *D.* 1996, p. 390 ; *Defrénois* 1997, p. 26, note Vignal ; *RTD civ.* 1996, p. 454, obs. Patarin. V., sur renvoi, ▪ Paris, 7 avr. 1999, n° 1996/05715 : *JurisData* n° 1999-024646 ; *Dr. famille* 1999, 103, 2e esp., note Beignier ; *D.* 1999, p. 683, note Lequette ; *Rev. crit. DIP* 1999, p. 685, note Goré). Voir Y. Lequette, *De l'ordre de réduction des libéralités réalisées au moyen d'un trust entre vifs* : *D.* 1996, chron. p. 231. – M. Josselin-Gall, *L'intégration d'un trust dans l'ordre de réduction des libéralités d'une succession internationale soumise à la loi française* : *JCP* N 1999, 1851. – P. Callé et C. Deneuville, *De l'impact du règlement Successions du 4 juillet 2012 sur la réception en France des trusts testamentaires* : *Defrénois* 2015, 1001.

73) Exercice du droit à la réserve. La réserve se calculant, dans les successions internationales, sur chaque masse de biens soumise à une loi différente, les héritiers réservataires peuvent retenir toute la réserve que leur donne la loi française de la situation des immeubles (▪ Cass. 1re civ., 4 déc. 1990, n° 89-14.285 : *JurisData* n° 1990-704150 ; *Bull. civ.* I, n° 274, p. 194 ; *Defrénois* 1991, p. 1006, note Revillard).

74) Détermination des successibles. Si la loi française régit la dévolution successorale des immeubles sis en France, la qualité de conjoint et l'établissement de la parenté nécessaire pour le jeu de la dévolution successorale relèvent de la loi personnelle (▪ Cass. 1re civ., 3 janv. 1980, n° 78-13.762 : *JurisData* n° 1980-700004 ; *Rev. crit. DIP* 1980, p. 331, note Batiffol ; *JDI* 1980, 327, note Simon-Depitre. – V. en ce sens, ▪ Paris, 8 nov. 1983 : *Defrénois* 1984, p. 570, note Revillard. V. aussi pour la succession mobilière, ▪ *Limoges, 29 mai 1997 : JurisData n° 1997-055496 ; Dr. famille 1998, 76,* note Beignier). S'il appartient à la loi successorale de désigner les personnes appelées à la succession et de dire notamment si le conjoint figure parmi elles et pour quelle part, il ne lui appartient pas de dire si une personne a la qualité de conjoint ni de définir selon quelle loi doit être appréciée cette qualité (▪ Cass. 1re civ., 22 avr. 1986, n° 84-12.358 : *JurisData* n° 1986-000761 ; *JCP* 1987, II, 20878, note Agostini ; *Bull. civ.* I, n° 98, p. 98).

75) Les **successions testamentaires** obéissent aux mêmes règles que les successions *ab intestat* du point de vue de la loi applicable (▪ Besançon, 10 avr. 1933 : *DP* 1934, 2, p. 89, note Nast. V. aussi ▪ Cass. 1re civ., 14 mars 1961 : *Rev. crit. DIP* 1961, p. 774, note Batiffol. – V. en ce sens pour l'institution contractuelle, ▪ Cass. req., 7 mai 1924 : *Gaz. Pal.* 1924, 2, p. 161. ▪ Paris, 26 févr. 1964 : *Rev. crit. DIP* 1965, p. 334, note Le Bris. V. pour une analyse critique L. François, *Réflexions sur l'autonomie de la volonté en matière de dévolution successorale* : *JCP* N 2003, 1476). Mais c'est à la loi d'autonomie qu'il convient de se référer lorsque la matière est abandonnée à la volonté du testateur par la loi successorale (▪ Paris, 16 mai 1960 : *JCP* 1960, II, 11763, note Gavalda ; *JDI* 1961, 762, note Sialelli). Jugé que les libéralités réalisées au moyen d'une convention de *trust* relèvent de la loi d'autonomie (▪ Paris, 10 janv. 1970 : *D.* 1972, p. 122, note Malaurie). Sur l'application de la loi d'autonomie à une donation ne portant pas sur la réserve héréditaire, voir ▪ Paris, 23 janv. 1990 : *JurisData* n° 1990-021220 ; *JCP* 1991, II, 21637, note Béhar-Touchais.

76) Jugé que le droit successoral californien, qui ne prévoit aucune forme de discrimination, n'est pas contraire à l'ordre public international français en ce qu'il ignore la **réserve héréditaire** d'un héritier français (▪ TGI Paris, 10 juill. 2013, n° 06/13502 : *JCP* N 2014, 1352, n° 7, obs. Nourissat. – Comp., en appel, ▪ Paris, 16 déc. 2015, n° 13/17078 : *JCP* N 2016, chron. 1290, n° 6, obs. Fongaro, jugeant que la réserve demeure l'expression d'un devoir de famille et touche en cela aux fondements de la société). La réserve héréditaire ne constitue pas un principe essentiel du droit interne qui imposerait qu'il soit protégé par l'ordre public international français de l'application de dispositions étrangères qui le méconnaissent (▪ Paris, 11 mai 2016, n° 14/26247 : *JCP* N 2016, 1280, note Bonduelle, Michaux et Leforestier ; *JurisData* n° 2016-009541). – Position de la **Cour de cassation** : une loi étrangère désignée par la règle de conflit qui ignore la réserve héréditaire n'est pas en soi contraire à l'ordre public international français et ne peut être écartée que si son application concrète, au cas d'espèce, conduit à une situation incompatible avec les principes du droit français considérés comme essentiels (▪ Cass. 1re civ., 27 sept. 2017, nos 16-17.198 et 16-13.151 : *Bull.* ; *D.* 2017, 2185, Guillaumé, et 2310, Fulchiron (notions de précarité économique et de besoin) ; *JCP* G 2017, 1236, Nourissat et Revillard ; *JCP* N 2017, 1305, Fongaro ; *Dr. famille* 2017, 230, Nicod ; *RTD civ.* 2017, 833, Usunier ; *RTD civ.* 2018, 189, Grimaldi ; *Rev. crit. DIP* 2018, 87, Ancel ; *AJ fam.* 2017, 595, Boiché ; *Defrénois* 22 févr. 2018, n° 8, 30, Callé ; *LPA* 4 janv. 2018, 8, Niel et Morin, 14 déc. 2017, 15, Legrand, et 15 déc. 2017, 16, Bendelac ; *JurisData* n°s 2017-018703 et 2017-018698. V. aussi M. Goré, Requiem *pour la réserve héréditaire : Defrénois* 12 oct. 2017, n° 22, 23 ; D. Vincent, *Réserve héréditaire et ordre public international. Mise en œuvre des arrêts du 27 septembre 2017 : Dr. famille* 2018, étude 13 ; J. Gasté, *La réserve mise à mal par le droit international privé ? : Defrénois* 19 avr. 2018, n° 16, 46 ; C. Deneuville et S. Godechot-Patris, *Le choix d'une loi étrangère ignorant la réserve héréditaire : JCP* N 2018, 1239).

77) Exécuteur testamentaire. Jugé que l'exécuteur testamentaire d'une succession mobilière ouverte à l'étranger peut, conformément aux dispositions de la loi successorale étrangère, être investi d'un mandat non révocable par les héritiers lui conférant le pouvoir de représenter la succession à l'exclusion de ceux-ci sous réserve des exigences de l'ordre public français dans les relations internationales (■ Cass. crim., 4 juin 1941 : *DC* 1942, 4, note Nast). Mais s'agissant d'immeubles, ses pouvoirs sont régis par la loi de situation des immeubles (■ Cass. 1re civ., 4 déc. 1990, préc.).

78) Attribution préférentielle. Les règles relatives à l'attribution préférentielle sont, en raison de leur destination économique et sociale, des lois de police, de sorte qu'ont vocation à s'appliquer celles que fixe la loi du lieu de situation de l'immeuble (■ Cass. 1re civ., 10 oct. 2012, n° 11-18.345 : *Bull. civ.* I, n° 194, p. 187 ; *JCP* N 2013, 1069, note Godechot-Patris ; *JCP* G 2012, 1368, note Perreau-Saussine ; *LPA* 17 déc. 2012, 14, note Legrand ; *JCP* N 2012, act. 905 ; *JurisData* n° 2012-022733).

79) Testament. Ordre public. La cour d'appel ayant constaté que le testament litigieux conditionnait un legs à une conversion religieuse aurait dû rechercher, comme il le lui était demandé, si la clause ne portait pas atteinte à l'ordre public interne (■ Cass. 1re civ., 21 nov. 2012, n°s 10-17.365 et 10-30.845 : *Bull. civ.* I, n° 243, p. 232 ; *D.* 2013, 880, note Meyzeaud-Garaud, et 1507, obs. Jault-Seseke ; *Dr. famille* 2013, comm. 10, note Mangiavillano ; *JCP N 2013, 1134,* note Devers ; *JurisData* n° 2012-026552, cassation au visa des articles 8 et 9 de la Convention européenne des droits de l'homme, ensemble l'article 455 du Code de procédure civile. V. aussi, sur renvoi, ■ Montpellier, 3 juill. 2014, n° 13/02615 : *JCP* N 2014, 1352, n° 4, obs. Fongaro).

80) Droit conventionnel. V. Règl. (UE) n° 650/2012 du Parlement européen et du Conseil, 4 juill. 2012 en matière de successions internationales, p. 3386 (dossier *in JCP* N 2013, 1078 ; dossier *in Defrénois* 2012, 743 ; dossier *in Dr. famille* 2013, études 35 à 39 ; C. Bidaud-Garon, *La loi applicable aux successions internationales selon le règlement du 4 juillet 2012 : JCP* N 2013, 1109 ; D. Boulanger, *Le renouvellement du traitement de l'anticipation successorale au travers du règlement (UE) du 4 juillet 2012 : JCP* N 2013, 1180 ; S. Godechot-Patris, *Les successions internationales : l'unité civile : JCP* N 2013, 1272 ; L. Galliez, *Successions internationales : entre unité civile et morcellement fiscal : JCP* N 2013, 1271 ; Ch. Bridge, *Le nouveau droit communautaire des successions (unité de compétence, autonomie de la volonté et élimination des risques d'insécurité juridique) : LPA* 3 juill. 2014, 6 ; V. Legrand, *Le nouveau droit international privé des successions : LPA* 19 mai 2015, 6 ; S. Ducamp-Monod, *De quelques difficultés prévisibles liées à l'application du règlement européen des successions : Dr. famille* 2015, étude 10 ; C. Nourissat, *Une révolution copernicienne pour les successions internationales. Entrée en application du règlement (UE) n° 650/2012 le 17 août 2015 : JCP* G 2015, 935 ; C. Nourissat et M. Revillard, *Le notaire français et le règlement « successions » : Defrénois* 2015, 985 ; dossier *Le nouveau droit européen des successions internationales* in *JCP* N 2015, 1142 ; J. Gasté et X. Ricard, *Règlement Successions : les questions à se poser : Defrénois* 14 sept. 2017, n° 18, 15). V. aussi D. n° 2015-1395 du 2 novembre 2015 portant diverses dispositions d'adaptation au droit de l'Union européenne en matière de successions transfrontalières (*JCP* N 2015, 1099, chron. Fongaro). V. encore D. n° 67-1122 du 12 décembre 1967 portant publication de la convention du 5 octobre 1961 sur les conflits de lois en matière de forme des dispositions testamentaires (*JO* 24 déc. ; *JCP* 1968, III, 33870). Sur la loi applicable à la détermination du domicile au regard de cette convention, V. ■ Cass. 1re civ., 14 nov. 2007 : *Bull. civ.* I, n° 353 ; *Defrénois* 2008, 1326, note Revillard. Jugé que la prohibition du testament conjonctif relève des conditions de forme que l'article 1er de la convention de La Haye soumet à la loi du lieu de rédaction (■ Cass. 1re civ., 21 nov. 2012, n°s 10-17.365 et 10-30.845, préc. annot. n° 78. – V. déjà ■ TGI Paris, 24 avr. 1980 : *JurisData* n° 1980-001407 ; *Rev. crit. DIP* 1982, p. 684, note Batiffol).

81) Sur le **droit de prélèvement de l'héritier français,** voir L. 14 juill. 1819. – Disposition jugée contraire à la Constitution. V. ■ Cons. const., déc. 5 août 2011, n° 2011-159 QPC : *JCP* 2011, 1139, note Attal ; *LPA* 27 oct. 2011, 18, obs. d'Avout ; *Gaz. Pal.* 12-13 oct. 2011, 5, note Sénac ; *Dr. famille* 2011, 173, note Boulanger ; *JCP* N 2011, 1256, n° 7, obs. Péroz ; *Defrénois* 2011, 1351, note Revillard. V. aussi J. Foyer, *Requiem pour le droit de prélèvement successoral,* in *Mélanges Raymond Le Guidec,* LexisNexis 2014, 415. Jugé que le droit de prélèvement s'analyse non pas comme une règle de dévolution, mais comme une règle de partage, de sorte que son abrogation emporte interdiction de s'en prévaloir dans toutes les successions ouvertes avant le 6 août 2011 mais non liquidées à cette date (▪ Paris, 16 déc. 2015, n° 14/15527 : *JCP* N 2016, chron. 1290, n° 6, obs. Fongaro).

B – Régimes matrimoniaux

82) Principe. Il appartient aux juges du fond d'apprécier souverainement, d'après les circonstances de la cause, le statut que les époux étrangers mariés sans contrat ont eu la volonté d'adopter pour le règlement de leurs intérêts pécuniaires. Le seul fait que les conjoints étaient de même nationalité et ont contracté mariage dans le pays d'origine ne saurait suffire à faire présumer qu'ils ont entendu se placer sous le régime légal prévu par leur loi nationale dès lors que d'autres éléments et spécialement la fixation du domicile matrimonial peuvent conduire à une appréciation différente (▪ Cass. 1re civ., 7 nov. 1961 : *JDI* 1962, 422, note Sialelli ; *Rev. crit. DIP* 1962, p. 681, note Batiffol. ▪ Cass. 1re civ., 31 janv. 1968 : *Rev. crit. DIP* 1968, p. 680, note Ponsard. ▪ Cass. 1re civ., 12 nov. 1986, 1er arrêt : *JurisData* n° 1986-001998 ; *Bull. civ.* I, n° 256, p. 245). S'il convient de se placer au moment du mariage, les juges du fond peuvent prendre en compte des circonstances postérieures qui éclairent la volonté des époux quant à la localisation de leurs intérêts pécuniaires (▪ Cass. 1re civ., 9 oct. 1991, n° 90-14.203 : *JurisData* n° 1991-003694 ; *JCP* 1992, II, 21873, note Kerckhove. V. aussi ▪ Cass. 1re civ., 13 déc. 1994, n° 93-15.337 : *JurisData* n° 1994-002526 ; *Bull. civ.* I, n° 368, p. 265 ; *Rev. crit. DIP* 1995, p. 319, note Revillard). Pour des exemples de la recherche de la volonté tacite des parties, voir ▪ Cass. 1re civ., 27 janv. 1969 : *JurisData* n° 1969-700040 ; *JCP* 1970, II, 16407, note J. Foyer. ▪ Cass. 1re civ., 16 janv. 1973, n° 71-11.139 : *JurisData* n° 1973-000022 ; *JCP* 1973, IV, 86 ; *Bull. civ.* I, n° 22, p. 20. ▪ Cass. 1re civ., 7 avr. 1998, n° 96-13.973 : *JurisData* n° 1998-001625 ; *JCP* 1998, IV, 2263 ; *Bull. civ.* I, n° 140, p. 94 ; *D.* 1998, somm. p. 287, obs. Audit. – Sur la prépondérance du premier domicile matrimonial à défaut de désignation de la loi applicable par les époux, voir ▪ Cass. 1re civ., 3 déc. 1991, n° 89-21.898 : *JurisData* n° 1991-003697 ; *JCP* 1992, II, 21948, note Kerckhove. ▪ Cass. 1re civ., 5 nov. 1996, n° 94-21.603 : *JurisData* n° 1996-004139 ; *JCP* 1996, IV, 2535 ; *JCP* 1997, I, 4008, n° 7, obs. Wiederkehr ; *Bull. civ.* I, n° 371, p. 260 ; *RTD civ.* 1998, p. 176, obs. Vareille ; *D.* 1998, somm. p. 287, obs. Audit. ▪ Cass. 1re civ., 2 déc. 1997, n° 95-20.308 : JurisData n° 1997-004833 ; JCP 1998, IV, 1124 ; *Bull. civ.* I, n° 338, p. 230. ▪ Cass. 1re civ., 12 déc. 2000, n° 99-10.618 : *JurisData* n° 2000-007395 ; *Dr. famille* 2001, 82, note Fongaro. – Voir sur cet arrêt, D. Boulanger : *JCP* N 2001, 1306. ▪ Cass. 1re civ., 14 nov. 2006 : *Bull. civ.* I, n° 472, p. 405 ; *JurisData* n° 2006-035880. ▪ Cass. 1re civ., 31 janv. 2006 : *Bull. civ.* I, n° 41, p. 41 ; *JurisData* n° 2006-031903, décidant également qu'une simple transcription du mariage sur les registres de l'état civil français ne traduisait pas la volonté non équivoque des époux, mariés en 1954 en Algérie, de soumettre leur régime matrimonial au droit commun français. ▪ Cass. 1re civ., 19 sept. 2007 : *Bull. civ.* I, n° 282, p. 250 ; *JCP* N 2008, 1168, note Mahinga ; *Defrénois* 2008, 1204, note Revillard ; *JCP* 2007, IV, 2888 ; *JurisData* n° 2007-040386, ajoutant que les juges n'ont pas à prendre en considération la célébration religieuse du mariage. ▪ Cass. 1re civ., 22 mai 2007 : *Bull. civ.* I, n° 198, p. 174 ; *JCP* 2007, IV, 2321 ; *JurisData* n° 2007-038914. ▪ Cass. 1re civ., 22 oct. 2008, n° 07-16.385 : *JCP* N 2008, 1363, note Boulanger. Mais la règle selon laquelle la loi applicable au régime matrimonial d'époux mariés sans contrat doit être déterminée en considération de la fixation de leur premier domicile matrimonial ne constitue qu'une présomption simple qui peut être détruite par tout autre élément de preuve pertinent (▪ Cass. 1re civ., 22 nov. 2005 : *Bull. civ.* I, n° 431, p. 361 ; *Defrénois* 2006, 1046, note Farge ; *Dr. famille* 2006, 139, note Farge ; *JurisData* n° 2005-030819. ▪ Cass. 1re civ., 11 mai 2012, n° 11-20.462 : *JCP* N 2012, 1358, n° 6, obs. Fongaro, référence à l'attitude des époux après leur mariage). La cour d'appel, qui relève que des époux ont, de façon fixe et durable, au moment de leur mariage, établi leur domicile en Russie qu'ils n'ont quittée qu'à la suite de circonstances contraignantes et se sont de la sorte placés sous le régime légal de la séparation de biens alors en vigueur dans ce pays, peut déduire de cette analyse que les époux n'ont pu se référer qu'à la loi interne russe, à l'exclusion des règles russes de conflits de loi dont elle déclare qu'il n'est pas raisonnable de penser qu'ils aient soupçonné l'existence (▪ Cass. 1re civ., 1er févr. 1972 : *JurisData* n° 1972-000035 ; *Rev. crit. DIP* 1972, p. 644, note Wiederkehr ; *JDI* 1972, 594, note Kahn). La déclaration des époux selon laquelle ils sont « soumis au régime de la communauté, selon le droit français », mentionnée dans des actes notariés poursuivant un autre objet, ne traduit pas la volonté non équivoque des époux de soumettre leur régime matrimonial à une loi interne autre que celle le régissant jusqu'alors et ne peut constituer une stipulation expresse portant désignation de la loi applicable (▪ Cass. 1re civ., *13 déc. 2017*, n° 16-27.216 : *Bull.* ; *Dr. famille* 2018, 49, Farge ; *JurisData* n° 2017-025514). Le changement de nationalité est sans effet sur le rattachement à la loi d'autonomie (▪ Cass. 1re civ., 19 déc. 1973, n° 71-14.630 : *JurisData* n° 1973-700006 ; *Rev. crit. DIP* 1975, p. 247, note Wiederkehr). Voir M. Revillard : *La détermination de la loi applicable* *au régime matrimonial d'époux mariés sans contrat avant le 1er septembre 1992 : Defrénois* 2006, 873. – M. Farge, *La détermination du régime matrimonial des époux mariés avant l'entrée en vigueur de la Convention de La Haye du 14 mars 1978 : Dr. famille* 2008, étude 21. – M. Revillard, *Loi applicable au régime matrimonial d'époux mariés sans contrat avant le 1er septembre 1992 : Defrénois* 2012, 519 (notion de contrat de mariage). – P. Callé, *Régimes matrimoniaux et droit international privé : JCP* N 2015, 1127.

83) Droit conventionnel. V. décret n° 92-1024 du 21 septembre 1992 portant publication de la Convention de La Haye du 14 mars 1978 sur la loi applicable aux régimes matrimoniaux. – E.S. de la Marnierre, *Les conflits de lois en matière de régimes matrimoniaux et la Convention de La Haye du 14 mars 1978 : D.* 1993, chron. p. 169. – R. Crône, *La loi applicable au régime matrimonial. Hier, aujourd'hui, demain...* in *Mélanges Gérard Champenois : Defrénois* 2012, 217. Sur l'application de l'article 7 de la convention (changement de plein droit de la loi applicable) à des époux mariés avant son entrée en vigueur, voir ■ Paris, 3 nov. 1993, n° 92.5243 : *JurisData* n° 1993-024304 ; *Rev. crit. DIP* 1994, p. 88, note Lagarde ; *JCP* 1994, I, 3785, n° 8, obs. Wiederkehr. Sur l'application de l'article 2 de la convention (vocation universelle), V. ■ Cass. 1re civ., 12 nov. 2009, n° 08-18.343 : *Bull. civ.* I, n° 224, p. 207 ; *D.* 2009, 2808, obs. Gallmeister ; *Defrénois* 2010, 324, note Callé ; *JCP* N 2010, 1006, note Boulanger ; *Dr. famille* 2009, 165, note Farge ; *JCP* 2009, n° 48, act. 478, obs. Farge ; *JurisData* n° 2009-050243. Sur l'absence d'effet rétroactif de la mutabilité automatique du rattachement en application de l'article 7 de la Convention de La Haye, V. ■ Cass. 1re civ., 12 avr. 2012, n° 10-27.016 : *Bull. civ.* I, n° 90, p. 81 : *Dr. famille* 2012, 109, note Abadie ; *RTD civ.* 2012, 362, obs. Vareille ; *JCP* N 2012, 1276, note Péroz, et 1358, n° 8, obs. Fongaro ; *JCP* G 2012, 999, n° 5, obs. Wiederkehr ; *Defrénois* 2012, 696, note Revillard ; *LPA* 17 juill. 2012, note Mahinga ; *JurisData* n° 2012-007105. V. aussi F. Monéger, *Premières jurisprudences sur la Convention de La Haye en matière de régimes matrimoniaux : JCP* N 2014, 1294. Sur la désignation de la loi applicable par les époux, voir art. 1397-2 à 1397-6, p. 1263 (L. n° 97-987, 28 oct. 1997).

84) Droit européen. V. Régl. UE 2016/1103 du 24 juin 2016 mettant en œuvre une coopération renforcée dans le domaine de la compétence, de la loi applicable et de l'exécution des décisions en matière de régimes matrimoniaux (*JOUE* 8 juill. 2016, n° L 183 ; entrée en vigueur le 29 janvier 2019). – S. Godechot-Patris, *Commentaire du règlement du 24 juin 2016 relatif aux régimes matrimoniaux : le changement dans la continuité : D.* 2016, 2292 ; L. Perreau-Saussine, *Le nouveau règlement européen « Régimes matrimoniaux » : JCP* G 2016, 1116 ; H. Péroz, *Le nouveau règlement européen sur les régimes matrimoniaux : JCP* N 2016, 1241 ; C. Nourissat et M. Revillard, *Règlements européens du 24 juin 2016 sur les régimes matrimoniaux et les effets patrimoniaux des partenariats enregistrés : Defrénois* 2016, 878 ; Dossier in *Dr. famille* mai 2017, études 27 et s. ; Dossier in *JCP* N 2018, 1162 et s. : Dossier in *AJ fam.* 2018, p. 643 et s.

85) Passif commun. La réponse à la question de savoir si les biens communs répondent de la dette délictuelle de la femme ne peut être donnée que par la loi du régime matrimonial et non par le droit des saisies relevant au titre des voies d'exécution du lieu de la saisie (■ Cass. 1re civ., 16 juin 1992, n° 91-10.931 : *JurisData* n° 1992-001337 ; *Rev. crit. DIP* 1993, p. 34, note Ameli).

86) Régime primaire. Sur le principe que le régime primaire relève de la loi des effets du mariage, voir ■ Cass. 1re civ., 22 oct. 1985, n° 84-11.468 : *JurisData* n° 1985-702639 ; *Bull. civ.* I, n° 267, p. 238 ; *JDI* 1986, 1005, note Wiederkehr.

87) La liquidation et le partage des biens des époux doivent se faire selon les règles de fond et de preuve de la loi qui régit leur régime matrimonial sans qu'il y ait à distinguer entre les meubles et les immeubles (■ Cass. 1re civ., 12 juin 1979 : *D.* 1980, p. 202, note Boulanger ; *Rev. crit. DIP* 1981, p. 491, note Batiffol). Mais les époux peuvent convenir dans leurs rapports réciproques d'une liquidation sur des bases différentes (■ Cass. 1re civ., 3 janv. 1985, n° 83-15.386 : *JurisData* n° 1985-000073 ; *JCP* 1985, IV, 101 ; *Bull. civ.* I, n° 3, p. 3). La loi du régime matrimonial en détermine les règles de liquidation sauf dans le cas où les époux, capables et maîtres de leurs droits, sont convenus, dans leurs rapports réciproques, d'une liquidation sur des bases différentes (■ Cass. 1re civ., 25 janv. 2005 : *Bull. civ.* I, n° 33, p. 26 ; *JurisData* n° 2005-026639 ; *D.* 2005, 1210, note Bouche ; *D.* 2006, somm. 1499, obs. Courbe ; *Defrénois* 2005, 1040, note Revillard. – V. sur cet arrêt, D. Boulanger : JCP N 2005, 1450. ■ Cass. 1re civ., 23 mai 2006 : *Bull. civ.* I, n° 256, p. 224 ; *JurisData* n° 2006-033597, une cour d'appel retient à juste titre que dans le cadre d'une procédure de divorce déclarée exécutoire en France, des époux français ont valablement pu prendre des accords sur le sort d'un bien commun dans les formes de la loi du pays où le divorce a été prononcé, de sorte que la loi française, même si elle était applicable au régime matrimonial, ne pouvait avoir pour effet d'imposer l'intervention d'un notaire ou, à défaut du consul, dès lors que la forme suivie à l'étranger (acte dressé devant un *public notary*) était équivalente à celle du droit français quant à la protection du consentement des époux). Il n'appartient pas au juge de l'exequatur d'ajouter à une décision étrangère de divorce, dont l'exequatur est requise, des dispositions concernant les intérêts patrimoniaux des époux sur leurs biens situés en France, seul le juge compétent au fond ayant vocation à se prononcer sur ce point (▪ Cass. 1re civ., 28 mars 2013, n° 11-19.279 : *Bull. civ.* I, n° 60, p. 56 ; *JCP* N 2013, 1199, note Bidaud-Garon ; *JurisData* n° 2013-005618).

88) Modification du régime matrimonial. La possibilité de modifier le régime matrimonial dépend de la loi applicable au régime (▪ Cass. req., 4 juin 1935 : *DP* 1936, 1, p. 7, note R. Savatier. ▪ Colmar, 7 mars 1973 : *Rev. crit. DIP* 1973, p. 524, note A.P. – V. cependant ▪ Paris, 29 juin 1968 : *JCP* 1969, II, 15845, concl. Souleau ; *Rev. crit. DIP* 1970, p. 298, note Ponsard. – V. aussi Rép. min. Justice n° 7240, 21 déc. 1967 : *Rev. crit. DIP* 1968, p. 169). Sur la permanence de la loi applicable, voir ▪ Cass. 1re civ., 19 déc. 1973 : *Rev. crit. DIP* 1975, p. 247, note Wiederkehr. ▪ Cass. 1re civ., 19 mars 2008 : *Bull. civ.* I, n° 79, p. 66 ; *JCP* N 2008, 1288, note Mahinga ; *Defrénois* 2008, 1580, note Revillard ; *D.* 2009, somm. 1561, obs. Courbe ; *JCP* 2008, act. 246 ; *JurisData* n° 2008-043230. Mais jugé que des époux suisses soumis au régime légal français qui conviennent d'adopter le régime suisse de la séparation des biens ne sont pas tenus de suivre la procédure d'homologation judiciaire prévue par la loi française (▪ Chambéry, 20 juin 1995 : *JCP* 1996, I, 4008, n° 6, obs. crit. Wiederkehr).

89) Réfugiés. Les modifications de la loi étrangère régissant le régime matrimonial ne s'appliquent pas aux réfugiés (▪ Cass. 1re civ., 1er déc. 1969 : *JurisData* n° 1969-000371 ; *Rev. crit. DIP* 1970, p. 95, note P. L ; *JDI* 1970, 306, note Ponsard. ▪ Cass. 1re civ., 28 nov. 2006 : *Bull. civ.* I, n° 523, p. 462 ; *LPA* 17 mars 2008, 7, note Metzeaud-Garaud ; *D.* 2007, somm. 1754, obs. Courbe ; *JCP* G 2007, I, 142, n° 14, et *JCP* N 2007, I, 1178, n° 14, obs. Wiederkehr ; *JurisData* n° 2006-036153).

90) Donations entre époux. La loi d'autonomie ne saurait s'appliquer aux donations entre époux eu égard aux règles particulières auxquelles elles obéissent ; elles sont soumises à la loi des effets personnels du mariage (▪ Cass. 1re civ., 15 févr. 1966 : *D.* 1966, p. 370, note Malaurie. – V. aussi ▪ Cass. 1re civ., 12 oct. 1982 : *Bull. civ.* I, n° 283, p. 243. ▪ Versailles, 27 juin 1988 : *JCP* 1990, II, 21442, note de la Marnierre, et, sur pourvoi, ▪ Cass. 1re civ., 3 avr. 1990, n° 88-18.784 : *JurisData* n° 1990-001418 ; *JCP* 1990, IV, 213 ; *Bull. civ.* I, n° 78, p. 58). Jugé en ce sens que la loi du domicile commun régissant les effets du mariage est applicable à la révocation des donations entre époux de biens présents sans excepter la détermination de l'existence même de ces donations (▪ Cass. 1re civ., 12 juin 1979 : *Rev. crit. DIP* 1980, p. 322, note Legier ; *JDI* 1980, 644, note Wiederkehr).

C – Contrats

91) Notion de contrat international. Tout contrat international est nécessairement rattaché à la loi d'un État (▪ Cass. civ., 21 juin 1950 : *JCP* 1950, II, 5812, note Lévy ; *D.* 1951, p. 749, note Hamel). Jugé qu'un contrat passé entre Français domiciliés en France qui soumet au droit français les rapports des parties entre elles n'a pas, même si l'un des contractants est appelé à s'expatrier, le caractère d'un contrat international (▪ Cass. 1re civ., 7 oct. 1980 : *JurisData* n° 1980-705083 ; *Bull. civ.* I, n° 242, p. 195).

92) Principe de la loi d'autonomie. La loi applicable aux contrats, soit en ce qui concerne leur formation, soit quant à leurs effets et conditions, est celle que les parties ont adoptée (▪ Cass. civ., 31 mai 1932 : *DP* 1933, 1, p. 169, note Crémieu. ▪ Cass. 1re civ., 6 juill. 1959 : *Rev. crit. DIP* 1959, p. 708, note Batiffol. V. aussi l'article 3 de la Convention de Rome du 19 juin 1980 sur la loi applicable aux obligations contractuelles). Jugé qu'il appartient aux juges du fond d'interpréter la commune intention des parties quant à la « localisation » de leur contrat (▪ Cass. 1re civ., 29 oct. 1974, n° 73-10.478 : *JDI* 1975, 314, note Fouchard ; *Bull. civ.* I, n° 287, p. 246. V. aussi ▪ Cass. 1re civ., 25 mars 1980, n° 78-15.862 : *JurisData* n° 1980-700101 ; *Bull. civ.* I, n° 101, p. 83 ; *Rev. crit. DIP* 1981, p. 576, note Batiffol. ▪ Cass. 1re civ., 4 nov. 1981, n° 79-15.656 : *JurisData* n° 1981-703163 ; *JCP* 1982, IV, 30 ; *Bull. civ.* I, n° 326, p. 276). Il leur appartient, après avoir déterminé cette intention commune, de déduire de celle-ci la loi applicable (▪ Cass. 1re civ., 15 juin 1982, n° 81-12.611 : *JurisData* n° 1982-701439 ; *Bull. civ.* I, n° 223, p. 191). Ils ne peuvent se borner à retenir le lieu de conclusion et la langue des documents comme indices de la localisation en France des relations entre les parties sans procéder à l'examen d'ensemble de ces relations (▪ Cass. 1re civ., 12 janv. 1994, n° 91-20.158 : *JurisData* n° 1994-000007 ; *Bull. civ.* I, n° 13, p. 10). La mise en œuvre de la loi d'autonomie est exclusive de tout renvoi (▪ Cass. 1re civ., 11 mars 1997, n° 94-19.322 : *JurisData* n° 1997-001039 ; *JCP* 1997, IV, 948 ; *Bull. civ.* I, n° 84, p. 55).

93) Trust. S'agissant d'un contrat conclu en langue anglaise devant le consul des États-Unis d'Amérique, ayant pour objet des biens situés dans ce pays et empruntant une institution propre à la loi américaine (trust), il est manifeste que les contractants ont entendu se placer sous l'empire de cette loi (▪ Paris, 10 janv. 1970 : *D.* 1972, p. 122, note Malaurie).

94) Contrat d'architecte. Saisie d'un litige relatif à la responsabilité d'un architecte allemand chargé de construire un immeuble en France, le juge peut estimer que l'exécution principale de la convention doit être localisée au lieu de situation de l'immeuble, lieu qui est au surplus le lieu de conclusion du contrat, et en déduire qu'il y a présomption que le contrat doit être régi par la loi française (■ Cass. 1re civ., 15 juin 1982 : *Bull. civ.* I, n° 223, p. 191).

95) Contrat de travail. Sur l'application au contrat de travail de la loi du lieu d'exécution, voir ■ Cass. ch. mixte, 28 févr. 1986, n° 83-15.567 : *JurisData* n° 1986-700127 ; *D.* 1987, p. 173, 3e esp., concl. Franck ; *Rev. crit. DIP* 1986, p. 501, 2e esp., note Lagarde ; *JDI* 1986, 699, 1re esp., note A. Lyon-Caen. L'arrêt qui déclare la loi française applicable à la rupture du contrat de travail, au motif que la société mère a continué à se comporter comme l'employeur lorsque le salarié a été affecté au service d'une filiale au Brésil, n'est pas légalement justifié, dès lors qu'il résulte de ses constatations qu'à la date de la rupture le lieu d'exécution du contrat était fixé au Brésil et qu'il n'est pas relevé que les parties étaient convenues de rester soumises à la loi française (■ Cass. soc., 30 juin 1993, n° 90-45.236 : *Bull. civ.* V, n° 183, p. 124). Sur la loi applicable aux rapports entre mandataire et sous-mandataire en vue de la vente d'immeubles, voir ■ Paris, 21 janv. 1994, n° 92.014004 : *JurisData* n° 1994-021459 ; *D.* 1994, inf. rap. p. 355, obs. Audit.

96) Résiliation, résolution, rescision. Sauf indication contraire des parties, il y a lieu de soumettre l'acte de résiliation ou de résolution d'un contrat à la loi qui régit ce contrat (■ Cass. 1re civ., 25 mai 1992, n° 90-19.969 : *JurisData* n° 1992-001338 ; *Bull. civ.* I, n° 156, p. 107 ; *Rev. crit. DIP* 1992, p. 689, note Jarrosson). L'action en rescision pour lésion est soumise à la loi du contrat, c'est-à-dire, dans le cas d'une vente conclue en France d'un immeuble situé au Maroc, à la loi marocaine (■ Toulouse, 24 sept. 1985 : *JurisData* n° 1985-600727 ; *Rev. crit. DIP* 1986, p. 322).

97) Preuve de la loi étrangère. Il incombe au juge français qui reconnaît applicable un droit étranger d'en rechercher, soit d'office, soit à la demande d'une partie qui l'invoque, la teneur, avec le concours des parties et personnellement s'il y a lieu, et de donner à la question litigieuse une solution conforme au droit positif étranger (■ Cass. 1re civ., 28 juin 2005, n° 00-15.734 : *JurisData* n° 2005-029165 ; *Bull. civ.* I, n° 289, p. 240 ; *D.* 2005, 2853, note Bouche, somm. 1495, obs. Courbe, et somm. 2755, obs. Kenfack. ■ Cass. com., 28 juin 2005, n° 02-14.686 : *JurisData* n° 2005-029186 ; *Bull. civ.* IV, n° 138, p. 148 ; *D.* 2005, somm. 2755, obs. Kenfack, et somm. 1495, obs. Courbe ; *Rev. crit. DIP* 2005, 645, note Ancel et Muir Watt). Le juge apprécie souverainement la valeur probante d'un certificat de coutume *(affidavit)* (■ Cass. 1re civ., 30 janv. 2007 : *Bull. civ.* I, n° 44, p. 37 ; *JCP* 2007, IV, 1483 ; *JurisData* n° 2007-037152). Sur le contrôle de la dénaturation de la loi étrangère, V. ■ Cass. 1re civ., 14 févr. 2006, n° 03-11.604 : *JurisData* n° 2006-032180 ; *Rev. crit. DIP* 2006, 833, note Bollée. ■ Cass. 1re civ., 22 oct. 2008 : *Bull. civ.* I, n° 235, p. 202 ; *D.* 2008, 2869, obs. Egéa ; *Dr. famille* 2009, 49, note Galichet ; *JCP* 2009, IV, 2842 ; *JurisData* n° 2008-045464.

98) Droit conventionnel. Voir décret n° 64-839 du 6 août 1964 portant publication de la Convention sur la loi applicable aux ventes à caractère international d'objets mobiliers corporels du 15 juin 1955. – Décret n° 87-1034 du 22 décembre 1987 portant publication de la Convention des Nations unies sur les contrats de vente internationale de marchandises, faite à Vienne le 11 avril 1980. – Décret n° 91-242 du 28 février 1991 portant publication de la Convention sur la loi applicable aux obligations contractuelles, signée à Rome le 19 juin 1980. – Voir Gaudemet-Tallon, *Le nouveau droit international privé européen des contrats : RTDE* 1981, p. 215. – Voir à compter du 17 décembre 2009, Règl. (CE) n° 593/2008, 17 juin 2008 sur la loi applicable aux obligations contractuelles (Rome I), p. 3293. – S. Corneloup, *La loi applicable aux obligations contractuelles. Transformation de la Convention de Rome en règlement communautaire « Rome I » : JCP* 2008, I, 205 (v. aussi *JCP* 2008, act. 320). P. Courbe, *Le règlement sur la loi applicable aux obligations contractuelles : D.* 2009, somm. 1558. Pour des applications de la Convention de La Haye du 15 juin 1955, voir ■ Cass. 1re civ., 18 déc. 1990, n° 89-12.177 : *JurisData* n° 1990-003649 ; *JCP* 1992, II, 21824, note Ammar. ■ Cass. com., 4 juin 1991, n° 89-11.127 : *JurisData* n° 1991-001436 ; *Bull. civ.* IV, n° 205, p. 146. La loi applicable à la vente régit la validité et la portée des clauses d'exclusion de garantie (■ Cass. 1re civ., 4 oct. 1989, n° 87-13.020 : *JurisData* n° 1989-703414 ; *JCP* 1989, IV, 384 ; *Bull. civ.* I, n° 304, p. 202 ; *Rev. crit. DIP* 1990, p. 316, note Lagarde ; *JDI* 1990, 415, 1re esp., note Kahn).

99) Cession de créance. Les rapports entre le cédant et le cessionnaire d'une créance relèvent de la loi d'autonomie régissant la cession, mais les droits et obligations du débiteur cédé sont soumis à la loi sous l'empire de laquelle la créance a pris naissance (■ Paris, 11 févr. 1969 : *D.* 1970, p. 523, note Larroumet ; *Rev. crit. DIP* 1970, p. 459, note Dayant).

100) Cautionnement. Sur le principe que, dans le silence des parties, le cautionnement est présumé régi par la loi de l'obligation qu'il garantit, voir ▪ Cass. 1re civ., 1er juill. 1981, n° 80-11.934 : *JurisData* n° 1981-002004 ; *JCP* 1981, IV, 338 ; *Bull. civ.* I, n° 241, p. 198. ▪ Cass. 1re civ., 3 déc. 1996, n° 94-18.281 : *JurisData* n° 1996-004667 ; *JCP* 1997, II, 22827, note Muir Watt ; *Bull. civ.* I, n° 428, p. 300. Pour l'application de la Convention de Rome du 19 juin 1980 sur la loi applicable aux obligations contractuelles, voir ▪ Versailles, 6 févr. 1991, n° 2559/90 : *JurisData* n° 1991-051574 ; *JCP* 1992, II, 21972, note Osman. Les articles 1326 du Code civil et L. 341-2 et L. 341-3 du Code de la consommation (mention manuscrite) ne constituent pas des lois de police (▪ Cass. 1re civ., 16 sept. 2015, n° 14-10.373 : *Bull.* ; *D.* 2015, 2356, note Abadie et Lasserre Capdeville).

101) La prescription extinctive d'une obligation est soumise à la loi qui régit celle-ci (▪ Cass. 1re civ., 21 avr. 1971, 2 arrêts : *JurisData* n° 1971-000123 ; *JCP* 1971, II, 16825, note Level ; *Rev. crit. DIP* 1972, p. 74, note Lagarde. ▪ Cass. 1re civ., 11 mars 1997 : *JCP* 1997, IV, 948. ▪ Paris, 3 mars 1994 : *JCP* 1995, II, 22367, note Muir Watt ; *D.* 1994, inf. rap. p. 355, obs. Audit). Jugé cependant que si en principe, pour ce qui est de la prescription extinctive, le débiteur doit trouver une protection suffisante de ses intérêts légitimes dans la loi du contrat qu'il est censé connaître pour avoir concouru à la formation de celui-ci, les juges du fond peuvent estimer opportun d'examiner la loi du domicile plus protectrice pour le débiteur et invoquée par ce dernier (▪ Paris, 23 janv. 1975 : *JurisData* n° 1975-665106 ; *Rev. crit. DIP* 1976, p. 97, note Dayant. – Voir F. Hage Chahine, *La vérité jurisprudentielle sur la loi applicable à la prescription extinctive de l'obligation : Études Weill*, p. 303). Voir désormais, C. civ., art. 2221, p. 1657 (v. P. Courbe, obs. *in D.* 2009, somm. 1561).

102) La forme d'un contrat relève de la loi du lieu où il a été passé lorsque n'est pas établie la volonté des parties de soumettre la forme de leur contrat à la loi qui régit au fond celui-ci ou à leur loi nationale (▪ Cass. 1re civ., 10 déc. 1974, n° 72-14.541 : *D.* 1975, p. 480 ; *Rev. crit. DIP* 1975, p. 475, note A.P. ; *JDI* 1975, 542, note Kahn). La donation faite en France par acte sous seing privé est nulle même si les biens donnés sont déposés en Suisse (▪ Cass. 1re civ., 23 janv. 2001, n° 97-20.618 : *JurisData* n° 2001-007867 ; *JCP* 2001, II, 10620, note Légier ; *Bull. civ.* I, n° 8, p. 5 ; *Defrénois* 2001, p. 626, note Crône ; *Dr. famille* 2002, 27, note Fongaro).

D – *Délits*

103) *Lex loci delicti.* La loi applicable en matière de responsabilité civile extracontractuelle est la loi du lieu où le fait dommageable s'est produit (▪ Cass. civ., 25 mai 1948 : *JCP* 1948, II, 4542, note Vasseur. ▪ Cass. 1re civ., 30 mai 1967 : *JurisData* n° 1967-700189 ; *D.* 1967, p. 629, note Malaurie. ▪ Cass. 1re civ., 16 avr. 1985, n° 83-16.195 : *JurisData* n° 1985-701312 ; *Bull. civ.* I, n° 114, p. 105). Ce lieu s'entend aussi bien de celui du fait générateur du dommage que de celui de réalisation de ce dernier (▪ Cass. 1re civ., 14 janv. 1997, n° 94-16.861 : *JurisData* n° 1997-000078 ; *JCP* 1997, II, 22903, note Muir Watt ; *D.* 1997, p. 177, note Santa-Croce ; *Bull. civ.* I, n° 14, p. 8, action en concurrence déloyale à la suite de la diffusion en France d'une revue américaine, cassation de l'arrêt ayant retenu la compétence de la loi américaine alors que tant le fait générateur constitué par la diffusion que le lieu de réalisation du dommage se situaient en France. ▪ Paris, 13 janv. 2003, n° 2001/06896 : *JurisData* n° 2003-228002 ; *JCP* 2004, II, 10018, note Chabert, publication en France d'un roman portant atteinte à l'honneur d'une personne domiciliée en Côte d'Ivoire). Le lieu de réalisation du dommage étant fortuit, il convient ainsi de rechercher le lieu du fait générateur (▪ Cass. 1re civ., 27 mars 2007, n° 05-10.480 : *JurisData* n° 2007-038216 ; *Bull. civ.* I, n° 132, p. 114 ; *JCP* 2007, act. 156, obs. Mélin ; *D.* 2007, 1074, obs. Gallmeister, somm. 2569, obs. d'Avout ; *D.* 2008, somm. 1246, obs. Kenfack). S'agissant du préjudice moral subi par les victimes par ricochet, qui est en relation directe avec le fait dommageable et qui trouve sa source dans le dommage causé à la victime, la loi applicable à sa réparation est celle du lieu où le dommage s'est réalisé et non celui où ce préjudice moral est subi (▪ Cass. 1re civ., 28 oct. 2003, n° 00-18.794 : *JurisData* n° 2003-020635 ; *JCP* G 2004, II, 10006, note Lardeux ; *D.* 2004, 233, note Delebecque ; *Resp. civ. et assur.* 2004, 30, note Groutel ; *LPA* 23 déc. 2003, n° 255, p. 11, note P. Ancel ; *Defrénois* 2004, 384, obs. Libchaber ; *JDI* 2004, 499, note Legier). Les juges du fond peuvent estimer que la localisation en dehors du pays où s'est produit le dommage de certains éléments du fait générateur n'est pas déterminante (▪ Cass. 1re civ., 11 mai 1999, n° 97-14.493 : *JurisData* n° 1999-001924 ; *JCP* 1999, II, 10183, note Muir Watt ; *JCP* 2000, I, 197, n° 1, obs. Viney ; *D.* 1999, somm. p. 295, obs. Audit ; *Rev. crit. DIP* 2000, p. 199, note Bischoff). En présence de la pluralité des lieux de commission de faits de contrefaçon, la loi française, en tant que loi du « lieu du préjudice », n'a pas vocation exclusive à régir l'ensemble du litige en l'absence d'un rattachement plus étroit, non démontré, avec la France (▪ Cass. 1re civ., 5 mars 2002, n° 99-20.755 : *JurisData* n° 2002-013316 ; *JCP* G 2002, II, 10082, note Muir Watt).

104) Indemnisation des victimes d'infraction. La législation française concernant l'indemnisation des victimes d'infractions par les CIVI institue un droit à réparation du dommage résultant d'une infraction commise à l'étranger ; cette loi étant destinée à assurer une indemnisation fondée sur la solidarité nationale, au moyen d'un système de garantie du risque social de la délinquance, confiée à une juridiction civile spécialisée, avec une dérogation à la règle de la loi du lieu du délit, a ainsi le caractère d'une loi d'application nécessaire excluant toute référence à un droit étranger (■ Cass. 2e civ., 25 janv. 2007 : *Bull. civ.* II, n° 18, p. 14 ; *JCP* 2007, IV, 1421 ; *JurisData* n° 2007-037153).

105) Atteinte à la vie privée. Les conséquences de l'atteinte à la vie privée d'une personne ou de la violation du droit qu'elle possède sur son image relèvent de la loi du lieu où ces faits ont été commis et non de la loi personnelle de l'intéressé (■ Cass. 1re civ., 13 avr. 1988, n° 86-15.524 : *Bull. civ.* I, n° 98, p. 67 ; *JCP* 1989, II, 21320, note Putman).

106) En cas d'**abordage en haute mer** de deux navires ne battant pas le même pavillon, la loi applicable est la loi du for (■ Cass. com., 9 mars 1966 : *JCP* 1967, II, 14994, note de Juglart et du Pontavice).

107) Charge de la preuve de la loi étrangère. Sur l'application en matière de responsabilité délictuelle du principe selon lequel dans les matières où les parties ont la libre disposition de leurs droits, c'est à la partie qui prétend que la mise en œuvre du droit étranger désigné par la règle de conflit de lois conduirait à un résultat différent de celui obtenu par l'application du droit français de rapporter la preuve de cette différence, voir ■ Cass. 1re civ., 5 déc. 1995 : *Rev. crit. DIP* 1996, p. 100, note Fauvarque-Cosson. Comp., décidant d'une manière générale qu'il incombe au juge français qui reconnaît applicable un droit étranger d'en rechercher, soit d'office, soit à la demande d'une partie qui l'invoque, la teneur, avec le concours des parties et personnellement s'il y a lieu, ■ Cass. 1re civ., 28 juin 2005 et ■ Cass. com., 28 juin 2005, préc. note 87. S'il est exact que la charge de la preuve de la loi étrangère pèse sur la partie dont la prétention est soumise à cette loi, il n'en résulte pas que cette partie doit être déboutée de sa demande en cas d'impossibilité d'établir la teneur de cette loi. Ayant constaté que la preuve du contenu exact de la loi de l'émirat d'Abu-Dhabi n'avait pas été rapportée, la cour d'appel a pu y suppléer par application de la loi française du for en raison de la vocation subsidiaire de celle-ci (■ Cass. 1re civ., 8 janv. 1991, n° 89-16.207 : *JurisData* n° 1991-700201 ; *Bull. civ.* I, n° 8, p. 5 ; *JCP* 1991, IV, 82 ; *Rev. crit. DIP* 1991, p. 569, note Muir Watt). Viole les principes du droit international privé en matière de preuve de la loi étrangère la cour d'appel qui déclare compétente la loi du Kenya mais rejette la demande au motif qu'à supposer que la notion de faute doive être prise en considération d'après cette loi, encore faut-il que cette notion soit précisée par un certain nombre de décisions de juridictions de ce pays, indiquant quelles fautes sont susceptibles d'être retenues dans une espèce semblable, alors qu'il lui appartenait, s'agissant d'une règle de portée générale et non pas d'une disposition spécifique de la loi étrangère, de rechercher dans la loi du for les éléments permettant de caractériser la faute (■ Cass. 1re civ., 2 févr. 1988, n° 86-10.704 : *JurisData* n° 1988-000324 ; *Bull. civ.* I, n° 29, p. 19 ; *Rev. crit. DIP* 1989, p. 55, 1re esp., note Ancel ; *JDI* 1988, 741, note Alexandre).

108) La **monnaie de compte**, qui détermine seulement le montant de l'obligation extracontractuelle et ne concerne ni les modalités et l'étendue de la responsabilité, ni l'existence et la nature des dommages susceptibles de réparation, est celle de l'État sur le territoire duquel la victime a son domicile ou sa résidence habituelle au moment où le dommage est subi, sauf le cas, notamment, où il y a lieu de rembourser des frais et dépenses faits dans une autre monnaie (■ Cass. 1re civ., 4 déc. 1990 : *Bull. civ.* I, n° 280, p. 198 ; *Rev. crit. DIP* 1992, p. 292, note Putman).

109) L'action directe de la victime contre l'assureur du responsable est soumise à la loi du lieu du délit (■ Cass. req., 24 févr. 1936 : *DP* 1936, 1, p. 49, rapp. Gazeau, note R. Savatier. ■ Cass. 1re civ., 20 mars 1962 : *JurisData* n° 1962-000169 ; *JDI* 1964, 100, note B.G. ■ Cass. com., 18 oct. 1994, n° 92-19.070 : *JurisData* n° 1994-001977 ; *Bull. civ.* IV, n° 292, p. 233). Mais le régime juridique de l'assurance est soumis à la loi du contrat d'assurance (■ Cass. 1re civ., 20 déc. 2000 : *JCP* 2001, I, 340, n° 33, obs. Viney ; *JurisData* n° 2000-007503 ; *Bull. civ.* I, n° 342, p. 221). – Comp., jugeant qu'en matière de responsabilité contractuelle, la personne lésée peut agir directement contre l'assureur de la personne devant réparation si la loi applicable à l'obligation contractuelle ou la loi applicable au contrat d'assurance le prévoit (■ Cass. 1re civ., 9 sept. 2015, n° 14-22.794 : *Bull.* ; *JCP* G 2015, 1163, note Heuzé ; *JurisData* n° 2015-020128).

110) Convention des parties. Pour les droits dont les parties ont la libre disposition, celles-ci peuvent demander l'application d'une loi différente de celle désignée par une convention internationale (■ Cass. 1re civ., 19 avr. 1988, n° 85-18.715 : *JurisData* n° 1988-000859 ; *Bull. civ.* I, n° 104, p. 71 ; *Rev. crit. DIP* 1989, p. 68, note Batiffol).

111) La **prescription extinctive** d'une obligation est soumise à la loi qui régit celle-ci (■ Cass. 1re civ., 21 avr. 1971, 2 arrêts : *JCP* 1971, II, 16825, note Level ; *Rev. crit. DIP* 1972, p. 74, note Lagarde. ■ Cass. 1re civ., 8 févr. 1983 : *JurisData* n° 1983-700235 ; *Bull. civ.* I, n° 51, p. 44). – C. civ. art. 2221, p. 1657.

Mais jugé que l'application de la loi étrangère ne fait pas obstacle à l'application de la règle générale fixée par l'article 2252 (anc. V. désormais art. 2235) du Code civil selon laquelle la prescription ne court pas contre les mineurs non émancipés (▪ Cass. 1re civ., 21 mars 1979 : *JurisData* n° 1979-715111 ; *JCP* 1980, II, 19311, note Monéger ; *JDI* 1980, 92, note Huet).

112) Droit conventionnel. V. Règl. (CE) n° 864/2007, 11 juill. 2007 sur la loi applicable aux obligations non contractuelles (Rome II), p. 3284 : G. Légier, *Le règlement Rome II sur la loi applicable aux obligations extracontractuelles* : *JCP* 2007, act. 348.

113) Droit conventionnel. Circulation routière. Voir le décret n° 75-554 du 26 juin 1975 portant publication de la Convention sur la loi applicable en matière d'accidents de la circulation routière, ouverte à la signature à La Haye le 4 mai 1971 (*JO* 3 juill. ; *JCP* 1975, III, 43097). La loi du 5 juillet 1985 ne fait pas obstacle à l'application de la Convention de La Haye qui détermine tant la loi applicable à la responsabilité civile que celle applicable aux modalités et à l'étendue de la réparation, quel qu'en soit le fondement, à condition qu'il soit extracontractuel (▪ Cass. 1re civ., 4 févr. 1992, n° 90-18.080 : *JurisData* n° 1992-000728 ; *D.* 1993, p. 13, note Légier). Mais le recours entre coresponsables est exclu du domaine de la convention et relève de la règle de conflit de droit commun (▪ Cass. 1re civ., 24 févr. 1993, n° 90-22.057 : *JurisData* n° 1993-001455 ; *Rev. crit. DIP* 1993, p. 444, note Bourel). La loi française est applicable dès lors que les deux véhicules en cause sont immatriculés en France (▪ Cass. 1re civ., 30 sept. 2003, n° 00-21.121 : *JurisData* n° 2003-020394 ; *Bull. civ.* I, n° 191, p. 149). Pour une application de l'article 9 de la Convention (action directe contre l'assureur du responsable si ce droit est admis par la loi du contrat d'assurance), voir ▪ Cass. 1re civ., 2 oct. 1984, n° 83-15.175 : *JurisData* n° 1984-701622 ; *Bull. civ.* I, n° 244, p. 207 ; *Rev. crit. DIP* 1986, p. 59, note Lagarde ; *JDI* 1985, 653, note Dayant. L'article 4 *a* de la Convention de La Haye ne déroge à la règle selon laquelle la loi applicable est la loi interne de l'État sur le territoire duquel l'accident est survenu que dans le cas où plusieurs véhicules sont impliqués dans cet accident et si tous ces véhicules sont immatriculés dans le même État. La circonstance que le conducteur de l'un des véhicules n'a pas été attrait dans la procédure n'a aucune incidence sur la réalité de cette *implication (▪ Cass. 1re civ., 4 avr. 1991, n° 89-15.064 : JurisData n° 1991-001060* ; *Bull. civ.* I, n° 113, p. 76 ; *JDI* 1991, 981, note Légier). La loi du lieu de l'accident définit l'assiette du recours de l'organisme d'assurance sociale qui indemnise la victime de cet accident (▪ Cass. 1re civ., 24 juin 2015, n° 13-21.468 : *Bull.*).

114) Ordre public. La loi désignée par l'article 3 de la Convention de La Haye ne peut, selon l'article 10 de la même convention, être écartée que si elle est manifestement incompatible avec l'ordre public au sens international (▪ Cass. 1re civ., 6 juin 1990, n° 88-16.909 : *JurisData* n° 1990-703329 ; *Bull. civ.* I, n° 135, p. 96). Tel n'est pas le cas des dispositions de la loi yougoslave fondées sur l'idée de responsabilité pour faute (▪ Cass. 1re civ., 4 avr. 1991, préc.).

115) Droit conventionnel. Responsabilité du fait des produits. Voir le décret n° 77-1210 du 10 octobre 1977 portant publication de la convention sur la loi applicable à la responsabilité du fait des produits, faite à La Haye le 2 octobre 1973 (*JO* 3 nov. ; *JCP* 1977, III, 46417).

E – Procédure et preuve

116) Procédure. La procédure est régie par la loi du for (▪ Paris, 7 juill. 1959 : *JDI* 1960, 814, note Sialelli. – V. aussi ▪ Cass. civ., 9 janv. 1951 : *D.* 1952, p. 33, note Ponsard). L'exigence d'un intérêt né et actuel est commandée, en raison de son intérêt procédural, par cette loi (▪ Cass. 1re civ., 4 déc. 1990 : *Bull. civ.* I, n° 272, p. 193). Mais les délais de prescription sont régis par la loi du fond (▪ Cass. 1re civ., 21 avr. 1971, 2 arrêts : *JCP* 1971, II, 16825, note Level ; *Rev. crit. DIP* 1972, p. 74, note Lagarde. – Voir désormais, C. civ., art. 2221, p. 1657 et annot. n° 101, p. 28).

117) Ordre public. Est contraire à la conception française de l'ordre public international la reconnaissance d'une décision étrangère lorsque ne sont pas produits des documents de nature à servir d'équivalents à la motivation défaillante ; il incombe au demandeur de produire ces documents (▪ Cass. 1re civ., 28 nov. 2006, deux arrêts : *JurisData* n° 2006-036143 ; *Bull. civ.* I, n° 520, p. 460 et n° 521, p. 461 ; *D.* 2007, inf. rap., p. 19. ▪ Cass. 1re civ., 22 oct. 2008, n° 06-15.577 : *JurisData* n° 2008-045458 ; *Bull. civ.* I, n° 234, p. 200 ; *D.* 2009, 59, note Motte-Suraniti) et le juge de l'exequatur, effectuant son contrôle sur ce point, doit prendre en considération l'ensemble des documents versés, sans devoir exclure les pièces de procédure et sans se limiter aux seules pièces de fond (▪ Cass. 1re civ., 17 janv. 2006, n° 03-14.483 : *JurisData* n° 2006-031659 ; *Bull. civ.* I, n° 20, p. 19 ; *JCP* 2006, II, 10052, note Martel). Mais les jugements dont la motivation est reconnue comme défaillante par *le juge de l'exequatur* ne peuvent être complétés par des décisions rendues postérieurement à la saisine de celui-ci (▪ Cass. 1re civ., 7 nov. 2012, n° 11-23.871 : *D.* 2012, 2671 ; *JCP* G 2013, 170, note Piacitelli-Guedj ; *LPA* 10 janv. 2013, 9, note Legrand ; *JurisData* n° 2012-024875, cassation, pour violation des articles 3 du Code civil et 509 du Code de procédure civile, de l'arrêt qui, pour reconnaître en France des jugements étrangers [Californie], retient que la partie sollicitant l'exequatur a produit deux décisions interprétatives émanant de la même juridiction, contenant une motivation des précédents jugements, ce qui suffisait à répondre à l'exigence de l'ordre public international de procédure concernant la motivation des décisions de justice). La limitation de la possibilité de faire appel, fût-elle discrétionnaire, n'est en revanche contraire ni à l'ordre public international français, ni à l'article 6, § 1, de la Convention européenne des droits de l'homme (■ Cass. 1re civ., 17 janv. 2006, préc.).

118) Modes de preuve. S'il appartient au juge français d'accueillir les modes de preuve de la loi du for, c'est néanmoins sans préjudice du droit pour les parties de se prévaloir également des règles de preuve du lieu étranger de l'acte (■ Cass. 1re civ., 24 févr. 1959 : *D.* 1959, p. 485, note Malaurie. ■ Cass. 1re civ., 5 janv. 1999, n° 96-20.135 : *JurisData* n° 1999-000002 ; *JCP* 1999, IV, 1284 ; *Bull. civ.* I, n° 4, p. 3).

119) La charge de la preuve est régie par la loi gouvernant le fond du droit (■ Cass. civ., 10 janv. 1951 : *Rev. crit. DIP* 1952, p. 95). La force probante d'un acte relève de la loi du lieu où il a été rédigé (même arrêt).

Art. 4. – Le juge qui refusera de juger, sous prétexte du silence, de l'obscurité ou de l'insuffisance de la loi, pourra être poursuivi comme coupable de déni de justice.

Bibliographie : P. Gulphe, *À propos de la présente réforme de la Cour de cassation : JCP* 1981, I, 3013. ● R. Libchaber, *Les articles 4 et 5 du Code civil ou les devoirs contradictoires du juge civil* in *Le titre préliminaire du Code civil*, Économica 2003, 143.

1) Notion de déni de justice. Le déni de justice est le refus ou la négligence de juger, ou plus généralement de prendre une décision, de la part de ceux qui sont appelés à rendre la justice (■ Cass. civ., 12 juin 1929 : *Gaz. Pal.* 1929, 2, p. 541). Jugé qu'il faut entendre par déni de justice non seulement le refus de répondre aux requêtes ou le fait de négliger de juger les affaires en état de l'être, mais aussi, plus largement, tout manquement de l'État à son devoir de protection juridictionnelle de l'individu (■ TGI Paris, 6 juill. 1994, n° 102/94 : *JurisData* n° 1994-044495 ; *Gaz. Pal.* 1994, 2, p. 589, note Petit, plaidoiries fixées près de trois ans après l'enregistrement de la déclaration d'appel).

2) Applications en matière civile. Ne fait pas usage de son pouvoir et viole l'article 4 du Code civil le tribunal qui, tout en admettant le bien-fondé d'une demande, refuse soit de prescrire une mesure d'instruction soit de chiffrer lui-même le montant des dommages (■ Cass. civ., 4 févr. 1920 : *DP* 1924, 1, p. 62. ■ Cass. 3e civ., 6 févr. 2002 : *JCP* 2002, IV, 1486 ; *JurisData* n° 2002-012816. – V. aussi ■ Cass. 1re civ., 17 mai 1983, n° 82-11.178 : *JurisData* n° 1983-701323 ; *Bull. civ.* I, n° 149, p. 131, *imposant au juge de vérifier le montant des créances alléguées.* ■ Cass. 1re civ., 3 mars 1987, n° 85-14.228 : *JurisData* n° 1987-000418 ; *Bull. civ.* I, n° 81, p. 60. ■ Cass. 3e civ., 6 févr. 2002, n° 00-10.543 : *JurisData* n° 2002-012816 ; *JCP* 2003, II, 10014, note Moulin ; *RD imm.* 2002, p. 152, obs. Malinvaud), ou qui refuse de statuer en se fondant sur l'insuffisance de preuves qui lui sont fournies par les parties (■ Cass. 2e civ., 21 janv. 1993, n° 92-60.610 : *JurisData* n° 1993-001756 ; *Bull. civ.* II, n° 28, p. 14), ou qui, s'agissant de déterminer la contribution des époux aux charges du mariage, se dessaisit et délègue ses pouvoirs au notaire liquidateur (■ Cass. 1re civ., 26 oct. 2011, n° 10-24.214 : *D.* 2011, 2656 ; *RTD civ.* 2012, 102, obs. Hauser. – Rapp. ■ Cass. 1re civ., 23 mai 2012, n° 11-12.813 : *Bull. civ.* I, n° 111, p. 101 ; *Dr. famille* 2012, comm. 117, note Larribau-Terneyre ; *JurisData* n° 2012-010787. V. aussi F. Dupuis, *Le juge, le notaire et le déni de justice : Dr. famille* 2015, étude 9) ou qui rejette la demande, en méconnaissance des dispositions de l'article 12 du Code de procédure civile, au motif que son auteur n'en précise pas le fondement (■ Paris, 25 avr. 1986, n° M 8946 : *JurisData* n° 1986-022149 ; *Gaz. Pal.* 1987, 2, p. 800). Mais ne commet pas un déni de justice la cour d'appel qui, loin de refuser de juger la demande, la rejette au motif qu'elle ne contient pas les précisions nécessaires à en déterminer l'objet (■ Cass. 1re civ., 15 févr. 1965 : *Bull. civ.* I, n° 129, p. 95). Il y a déni de justice lorsque le juge, tout en admettant qu'un immeuble appartient nécessairement à l'une des deux personnes qui en revendiquent la propriété, rejette l'ensemble des demandes sous prétexte qu'aucune des parties n'a prouvé la supériorité de son droit et que les données de l'expertise ne permettent pas d'appliquer les titres sur le terrain (■ Cass. 3e civ., 16 avr. 1970, n° 67-10.232 : *JCP* 1970, II, 16459 ; D. 1970, p. 474, note Contamine-Raynaud). Mais les juges du fond peuvent refuser aux deux parties tout droit sur la parcelle qu'elles revendiquent chacune pour son compte dès lors que cette parcelle n'appartient pas nécessairement à l'une ou à l'autre (■ Cass. 3e civ., 14 juin 1972, n° 71-11.731 : *JurisData* n° 1972-000402 ; *Bull. civ.* III, n° 402, p. 294. ■ Cass. 3e civ., 3 déc. 1980 : *JurisData* n° 1980-735311 ; *Gaz. Pal.* 1981, 2, p. 481, note Piedelièvre).

3) Applications en matière pénale. Le juge répressif admet une excuse illégale et viole l'article 4 du Code civil en s'abstenant, au motif d'obscurité ou d'incertitude, de résoudre un point de droit et en déclarant faire profiter l'inculpé du doute (▪ Cass. crim., 10 nov. 1959 : *Bull. crim.* 1959, n° 476, p. 920. – V. aussi ▪ Cass. crim., 24 janv. 1936 : *DP* 1936, 1, p. 60, note Mimin. ▪ Cass. crim., 12 mars 1984, n° 83-91.461 : *JurisData* n° 1984-700442 ; *D.* 1985, p. 1, note Warembourg-Auque). Mais une décision de classement sans suite ne saurait constituer un déni de justice (▪ Cass. crim., 6 juill. 1982, n° 82-92.446 : *Gaz. Pal.* 1983, 1, p. 32, note Doucet).

4) Contrariété de décisions. Sur le déni de justice résultant de la contrariété de décisions, voir ▪ Cass. ass. plén., 29 nov. 1996, n° 93-20.799 : *JurisData* n° 1996-004577 ; *JCP* 1997, II, 22807, note Le Bars. ▪ Cass. 2e civ., 22 janv. 1997, n° 94-13.594 : *JurisData* n° 1997-000196 ; *JCP* 1997, IV, 541 ; *Bull. civ.* II, n° 15, p. 8.

5) Lenteur procédurale. Le déni de justice susceptible d'engager la responsabilité de l'État par application de l'article L. 781-1 du Code de l'organisation judiciaire s'entend de tout manquement de l'État à son devoir de protection juridictionnelle de l'individu qui comprend le droit pour tout justiciable de voir statuer sur ses prétentions dans un délai raisonnable. Tel n'est pas le cas pour le délai de quarante mois imposé par un avis du greffe d'une cour d'appel (▪ TGI Paris, 5 nov. 1997 : *JurisData* n° 1997-055321 ; *D.* 1998, p. 9, note Frison-Roche).

6) Sur la **suppression** de la prise à partie, voir ordonnance n° 58-1270 du 22 décembre 1958, article 11-1, réd. loi n° 79-43 du 18 janvier 1979 : *JO* 19 janv. ; *JCP* 1979, III, 48077. ▪ Cass. 1re civ., 4 nov. 1980, n° 80-PP.001 : *JurisData* n° 1980-715151 ; *JCP* 1981, IV, 32 ; *Bull. civ.* I, n° 281, p. 224. ▪ TGI Paris, 6 juill. 1994 : *Gaz. Pal.* 1994, 2, p. 589, note Petit.

Art. 5. – Il est défendu aux juges de prononcer par voie de disposition générale et réglementaire sur les causes qui leur sont soumises.

Bibliographie : H. Sinay, *La résurgence des arrêts de règlement : D.* 1958, chron. p. 85. • B. Beignier, *Les arrêts de règlement : Droits* 1989, n° 9, 45. • A. Sériaux, *Le juge au miroir. L'article 5 du Code civil et l'ordre juridictionnel français contemporain* in *Mélanges Mouly*, t. 1, Litec 1998, 171. • O. Tournafond, *Considérations sur les nouveaux arrêts de règlement* in *Mélanges Jestaz*, Dalloz 2006, 547.

1) Autorité de la jurisprudence. Ne statue pas par voie de disposition générale et réglementaire le juge qui se réfère à sa jurisprudence lorsque cette référence ne constitue pas l'argument déterminant de sa décision (▪ Cass. crim., 14 janv. 1958 : *Bull. crim.* 1958, n° 58, p. 65), mais il en va autrement du tribunal qui énonce pour tout motif qu'il statue « conformément à sa jurisprudence » (▪ Cass. crim., 24 juill. 1967, n° 66-90.807 : *JCP* 1968, II, 15339. Comp. pour la cassation d'un arrêt réduisant une indemnité au seul motif que « la cour ne croit pas devoir aller au-delà de son appréciation maxima habituelle en la matière », ▪ Cass. crim., 3 nov. 1955 : *D.* 1956, p. 557, note Savatier), ou qui se réfère à une décision rendue par la Cour de cassation dans une espèce différente (▪ Cass. soc., 27 févr. 1991, n° 88-42.705 : *Bull. civ.* V, n° 102, p. 64). Le juge doit, pour motiver sa décision, se déterminer d'après les circonstances particulières du procès et non par voie de référence à des causes déjà jugées (▪ Cass. 3e civ., 27 mars 1991, n° 89-20.149 : *JurisData* n° 1991-001274 ; *Bull. civ.* III, n° 101, p. 58, référence à une ordonnance de référé faisant apparaître que le syndic de copropriété ne contestait pas sa responsabilité).

2) Référence à une décision antérieure. Le fait pour le juge correctionnel de se référer pour l'application de la loi du 6 mai 1919 sur les appellations d'origine à un jugement rendu en matière civile qui définit lesdites appellations ne constitue pas une violation de l'article 5 du Code civil (▪ Cass. crim., 18 juin 1958 : *Bull. crim.* 1958, n° 466, p. 327).

3) Visa des règles et principes généraux. L'article 5 n'empêche pas que les tribunaux non seulement peuvent mais encore doivent indiquer les règles et principes généraux de droit sur lesquels ils fondent leurs décisions, sans qu'il soit interdit de faire figurer cette indication dans le dispositif si cela ne vise qu'à justifier la solution d'espèce (▪ Cass. req., 1er févr. 1882 : *DP* 1882, 1, p. 113. – V. aussi ▪ Paris, 23 mars 1956 : *JCP* 1956, II, 9332, concl. Turlan).

4) Applications. Une juridiction ne peut pas, par une décision de principe, se prononcer sur le point de savoir si l'ensemble des représentants de commerce d'une société doit être ou non affilié à la Sécurité sociale (▪ Cass. 2e civ., 16 juin 1955 : *Bull. civ.* II, n° 346 p. 213). Viole l'article 5 du Code civil la cour d'appel qui énonce que le fait pour un visiteur médical d'établir sciemment un rapport de visite inexact constitue une faute grave (▪ Cass. soc., 4 avr. 1991, n° 89-44.626 : *JurisData* n° 1991-001141 ; *Bull. civ.* V, n° 168, p. 105), ou celle qui refuse l'indemnité que motiverait l'assistance d'une tierce personne en énonçant que cette aide ne se conçoit juridiquement et techniquement que lorsque le taux de l'incapacité permanente partielle est de 100 p. 100 (▪ Cass. crim., 4 févr. 1970 :

D. 1970, p. 333), ou celle qui statue par un arrêt de principe relatif à l'ensemble de la profession des artistes de spectacles en énonçant que l'engagement de ceux-ci comporte toujours des conditions d'exhibition impliquant une véritable subordination juridique (■ Cass. soc., 12 mai 1965 : *D.* 1965, p. 583). Il y a disposition réglementaire à interdire à une société d'édition non seulement toute publicité d'un produit pharmaceutique faisant l'objet du litige mais également de tous les produits fabriqués et mis en vente par l'un quelconque des membres de la Chambre syndicale des fabricants de produits pharmaceutiques (■ Cass. com., 13 janv. 1971 : *JurisData* n° 1971-098011 ; *JCP* 1971, II, 16932, note Hauser), ou à édicter un règlement de procédure relatif au recouvrement simplifié de petites créances commerciales (■ Cass. 1re civ., 22 oct. 1957 : *JCP* 1957, II, 10278) ou encore à décider de façon générale que les tribunaux de droit commun demeurent compétents pour retenir à leur barre les ventes mobilières (■ Cass. 2e civ., 19 déc. 1958 : *Bull. civ.* II, n° 885, p. 583).

5) **Formulaire.** Aucun texte ne prohibe la pratique des motifs établis d'avance sur un formulaire (■ Cass. 2e civ., 31 janv. 1985, n° 84-12.769 : *JurisData* n° 1985-000093 ; *Bull. civ.* II, n° 26, p. 17. ■ Cass. 2e civ., 14 févr. 1990, n° 88-12.648 : *JurisData* n° 1990-700243 ; *Bull. civ.* II, n° 31, p. 18).

6) **Sur l'avis de la Cour de cassation**, V. Code de l'organisation judiciaire, article L. 151-1 (L. n° 91-491, 15 mai 1991).

Art. 6. – On ne peut déroger, par des conventions particulières, aux lois qui intéressent l'ordre public et les bonnes mœurs.

Bibliographie : D. Fenouillet, *Les bonnes mœurs sont mortes ! Vive l'ordre public philanthropique* in *Études Pierre Catala*, Litec 2001, 487. ● G. Fauré, *Bonnes mœurs et Dignité* in *Le titre préliminaire du Code civil*, Économica 2003, 201. ● J. Foyer, *Les bonnes mœurs* in *1804-2004. Le Code civil, un passé, un présent, un avenir*, Université Panthéon-Assas (Paris II), Dalloz 2004, 495. ● B. Fauvarque-Cosson, *L'ordre public : 1804-2004. Le Code civil, un passé, un présent, un avenir*, Université Panthéon-Assas (Paris II), Dalloz 2004, 473.

● ***Sommaire***

I – SOURCES

1) **Notion de cause illicite.** La cause est illicite quand elle est contraire à l'ordre public, sans qu'il soit nécessaire qu'elle soit prohibée par la loi (■ Cass. civ., 4 déc. 1929 : *DH* 1930, p. 50 ; S. 1931, 1, p. 49, note Esmein. – F. Terré et Y. Lequette, *Les grands arrêts de la jurisprudence civile*, t. 1, Dalloz, 13e éd., 2015, n° 14, p. 108).

2) **Infraction pénale.** Lorsque la cause impulsive et déterminante d'un contrat est de permettre l'exercice du métier de deviner et de pronostiquer, une telle cause, puisant sa source dans une infraction pénale, revêt un caractère illicite (■ Cass. 1re civ., 12 juill. 1989, n° 88-11.443 : *JurisData* n° 1989-002559 ; *Bull. civ.* I, n° 293, p. 194 ; *JCP* 1990, II, 21546, note Dagorne-Labbe ; *Defrénois* 1990, p. 358, obs. Aubert ; *RTD civ.* 1990, p. 469, obs. Mestre, vente d'ouvrages et de matériels d'occultisme. V. en ce sens ■ Cass. 1re civ., 10 févr. 1998 : *JCP* G 1998, II, 10142, note Fages ; *JCP* N 1998, 1626, note Bolze ; *Bull. civ.* I, n° 49, p. 32 ; *Contrats, conc. consom.* 1998, 56, note Leveneur ; *D.* 2000, p. 442, note Gannagé, contrat de présentation de clientèle d'astrologue. V. aussi ■ Pau, 7 mai 1996 : *JCP* 1997, IV, 111, engagement d'un tiers de payer la dette du débiteur contre l'engagement du créancier de ne pas surenchérir).

3) **Convention collective.** Les règles posées par une convention collective s'imposent à l'employeur et à l'employé nonobstant toute stipulation contraire du contrat individuel de travail qui les unit (■ Cass. civ., 17 nov. 1937 : DH 1938, p. 68).

4) Les **règles de déontologie,** dont l'objet est de fixer les devoirs des membres de la profession, ne sont assorties que de sanctions disciplinaires et n'entraînent pas à elles seules la nullité des contrats conclus en infraction à leurs dispositions (■ Cass. 1re civ., 5 nov. 1991, n° 89-15.179 : *JurisData* n° 1991-002903 ; *JCP* G 1992, IV, 92 ; *JCP* E 1992, II, 255, note Viandier. V. en ce sens pour les prohibitions prévues par le décret du 19 décembre 1945 pris pour l'application du statut du notariat ■ Cass. 1re civ., 30 mars 1994, n° 92-16.797 : *JCP*

1994, IV, 1470 ; *Bull. civ.* I, n° 125). Mais le conseil d'administration d'une clinique ne commet aucune faute contractuelle en refusant son agrément à des praticiens qui se proposent d'apporter leurs soins aux malades dans des conditions contraires à des règles d'ordre public de la déontologie médicale (■ Cass. 1re civ., 28 juin 1989, n° 87-20.211 : *JurisData* n° 1989-002119 ; *Bull. civ.* I, n° 258, p. 172, principe d'indépendance et de responsabilité personnelle des médecins. Comparer pour le principe de la liberté de choix du médecin ■ Cass. 1re civ., 28 mars 1995 : *Bull. civ.* I, n° 145, p. 103). Le médecin devant seul répondre vis-à-vis de son ordre des infractions éventuelles à sa déontologie, la société exploitant l'annuaire téléphonique n'a pas à procéder unilatéralement à la modification du texte qui lui est remis (■ Cass. 1re civ., 6 oct. 1998, n° 96-19.352 : *JurisData* n° 1998-003684 ; *Contrats, conc. consom.* 1999, 3, note Leveneur ; *RTD civ.* 1999, p. 393, obs. Mestre).

5) Pouvoirs des juges du fond. Il appartient au juge du fond de se prononcer sur le caractère licite ou illicite d'une condition (■ Cass. soc., 9 mars 1950 : *D.* 1950, somm. p. 51), mais la Cour de cassation exerce son contrôle (■ Cass. civ., 18 nov. 1913 : *DP* 1917, 1, p. 161).

II – CONTENU

A – Ordre public classique

1° L'État

6) Organisation de l'État et des services publics. Sont d'ordre public les règles relatives à l'organisation de l'État et des services publics, par exemple le statut des établissements publics, même de caractère commercial (■ Paris, 7 févr. 1950 : *Gaz. Pal.* 1950, 1, p. 365).

7) Administration de la justice. Est contraire à l'ordre public toute renonciation au droit d'agir en justice (■ Cass. req., 19 janv. 1863 : *DP* 1863, 1, p. 248) ainsi que toute dérogation aux règles de compétence juridictionnelle en matière civile (■ Cass. req., 4 nov. 1885 : *S.* 1888, 1, p. 459). Mais l'autorité de la chose jugée est une règle d'intérêt privé (■ Cass. civ., 24 oct. 1951 : *JCP* 1952, II, 6806, note Perrot. ■ Cass. soc., 3 févr. 1977 : *JCP* 1977, IV, 80) sauf pour le jugement statuant sur des droits qui échappent à la libre disposition des parties, par exemple en matière d'état des personnes (■ Cass. 1re civ., 19 mai 1976 : *D.* 1976, inf. rap. p. 224) ou lorsqu'il est statué au cours d'une même instance sur les suites d'une précédente décision passée en force de chose jugée (■ Cass. soc., 4 juill. 1967 : *JurisData* n° 1967-700551 ; *Gaz. Pal.* 1967, 2, p. 217. ■ Cass. 1re civ., 29 juin 1977, n° 76-12.815 : *JurisData* n° 1977-000304 ; *Bull. civ.* I, n° 304, p. 240).

8) Corruption. Est nulle comme ayant une cause immorale la convention qui a pour objet des démarches à poursuivre auprès d'une administration publique au moyen d'une influence personnelle et de relations de parenté (■ Cass. req., 5 févr. 1902 : *DP* 1902, 1, p. 158. Sur la nullité des contrats ayant pour cause et pour objet l'exercice d'un trafic d'influence, voir aussi ■ Paris 30 sept. 1993 : *RTD civ.* 1994, p. 96, obs. Mestre). Ont une cause illicite les conventions cherchant à éluder en faveur d'un inculpé les conséquences de l'action publique (■ Paris, 15 mai 1925 : *S.* 1925, 2, p. 78).

9) Réglementation de la sécurité sociale. Est frauduleux tout contrat destiné à permettre à une partie de se soustraire à la réglementation de la Sécurité sociale (■ Cass. ass. plén., 18 juin 1976 : *JurisData* n° 1976-798009 ; *JCP* 1977, II, 18659, note Saint-Jours ; *D.* 1977, p. 173, note Jeammaud).

10) Droit fiscal. Voir pour la cause illicite d'une dissimulation de prix dans la promesse de vente d'un appartement procédant de la volonté concertée des parties, ■ Cass. 3e civ., 25 févr. 2004, n° 02-15.269 : *JurisData* n° 2004-022472 ; *JCP* 2004, I, 149, n° 9, obs. Labarthe ; *RTD civ.* 2004, 279, obs. Mestre et Fages ; *RDC* 2004, p. 635, obs. D. Mazeaud ; *D.* 2005, p. 2205, note Tchendjou. Mais ne porte pas atteinte à l'ordre public la décision qui déclare nulle pour absence de cause la donation-partage à laquelle ont recouru les parties à des fins fiscales dès lors que l'application rétroactive d'une loi de finances a eu pour conséquence que l'acte ne se trouvait plus justifié par le mobile qui avait incité les parties à y recourir (■ Cass. 1re civ., 11 févr. 1986, n° 84-15.513 : *JurisData* n° 1986-000386 ; *Bull. civ.* I, n° 25, p. 21 ; *JCP* 1988, II, 21027, note C. David ; *RTD civ.* 1987, p. 586, obs. Patarin).

2° Les bonnes mœurs

11) Maison de tolérance. L'atteinte aux bonnes mœurs a surtout été retenue en jurisprudence à propos des contrats relatifs à l'exploitation d'une maison de tolérance : nullité du bail (■ Cass. civ., 27 déc. 1945 : *Gaz. Pal.* 1946, 1, p. 88, ou du contrat de services domestiques ■ Cass. soc., 8 janv. 1964 : *D.* 1964, p. 267). V. en sens inverse pour le contrat d'assurance de l'immeuble ■ Cass. req., 4 mai 1903 : *Gaz. Pal.* 1903, 2, p. 394.

12) Relations sexuelles. Est nulle la convention ayant pour objet des relations sexuelles hors mariage (■ Colmar, 9 janv. 1958 : *D.* 1958, p. 163). Il en va de même pour le contrat de travail d'une durée de quinze ans, contenant des clauses exorbitantes et inhabituelles, et ayant pour cause réelle le maintien de relations adultères (■ Cass.

soc., 4 oct. 1979 : *JurisData* n° 1979-000680 ; *D.* 1980, somm. p. 267, obs. Ghestin).

13) Courtage matrimonial. Le contrat proposé par un professionnel, relatif à l'offre de rencontres en vue de la réalisation d'un mariage ou d'une union stable, qui ne se confond pas avec une telle réalisation, n'est pas nul, comme ayant une cause contraire à l'ordre public et aux bonnes mœurs, du fait qu'il est conclu par une personne mariée (▪ Cass. 1re civ., 4 nov. 2011, n° 10-20.114 : *Bull. civ.* I, n° 191, p. 189 ; *D.* 2012, 59, note Libchaber, et *ibid.* 971, obs. Lemouland et Vigneau ; *JCP* 2012, note 9, Bakouche ; *ibid.* doctr. 31, n° 1, obs. Lamarche ; *ibid.* doctr. 63, n° 12, obs. Mekki ; *LPA* 2 janv. 2012, 8, note Milleville ; *Dr. famille* 2012, 21, note Vigneau ; *RTD civ.* 2012, 93, obs. Hauser ; *JurisData* n° 2011-024371). Sur la réglementation du courtage matrimonial, V. L. n° 89-421, 23 juin 1989, art. 6, p. 3120.

14) Libéralités entre concubins. N'est pas contraire aux bonnes mœurs la cause de la libéralité dont l'auteur entend maintenir la relation adultère qu'il entretient avec le bénéficiaire (▪ Cass. 1re civ., 3 févr. 1999 : *JCP* G 1999, I, 143, n° 4, obs. Labarthe ; II, 10083, note Billiau et Loiseau ; *JCP* N 1999, 618 ; *D.* 1999, p. 267, rapp. X. Savatier et note Langlade-O'Sughrue, somm. 307, obs. Grimaldi ; *Contrats, conc. consom.* 1999, 105, note Leveneur ; *Dr. famille* 1999, 54, 1re esp., note Beignier ; *Bull. civ.* I, n° 43, p. 29 ; *RTD civ.* 1999, p. 364, obs. Hauser, 892, obs. Patarin ; *Defrénois* 1999, p. 738, obs. D. Mazeaud, 814, obs. Champenois. ▪ Cass. 1re civ., 29 janv. 2002 : *Dr. famille* 2002, 28, note Lécuyer ; *Defrénois* 2002, p. 681, 1re esp., obs. Massip. ▪ Cass. ass. plén., 29 oct. 2004 : *JurisData* n° 2004-025408 ; *JCP* G 2005, II, 10011, note Chabas ; *JCP* G 2005, I, 187, n° 7, obs. Le Guidec ; *D.* 2004, 3175, note Vigneau ; *Contrats, conc. consom.* 2005, 40, note Leveneur ; *RTD civ.* 2005, p. 104, obs. Hauser ; *Defrénois* 2005, p. 234, note Piedelièvre, et 1045, note Mikalef-Toudic. ▪ Cass. 1re civ., 25 janv. 2005 : *JCP* G 2005, IV, 145 ; *JurisData* n° 2005-026639 ; *Bull. civ.* I, n° 35, p. 27 ; *RTD civ.* 2005, p. 3681, obs. Hauser, et 439, obs. Grimaldi. – Comp., n'écartant pas le principe d'une action en réparation de la maîtresse contre l'épouse pour procédure abusive, ▪ Cass. 1re civ., 16 mai 2000 : *Dr. famille* 2000, 102, note Beignier ; *Defrénois* 2000, p. 1049, obs. Massip. – V. L. Leveneur, *Une libéralité consentie pour maintenir une relation adultère peut-elle être valable ?* : *JCP* 1999, I, 152. – C. Larroumet, *La libéralité consentie par un concubin adultère* : *D.* 1999, chron. p. 351). Jugé auparavant qu'une libéralité ne saurait être invalidée par le seul fait de l'existence entre son auteur et sa bénéficiaire de relations illicites, mais elle se trouve frappée de nullité si elle a eu pour cause soit la formation, la continuation ou la reprise des rapports immoraux, soit leur rémunération (▪ Cass. req., 8 juin 1926 : *DP* 1927, 1, p. 113, note Savatier. ▪ Cass. civ., 14 oct. 1940 : *Gaz. Pal.* 1940, 2, p. 165. – V. en ce sens ▪ Cass. req., 26 mars 1860 : *DP* 1860, 1, p. 255. ▪ Cass. civ., 8 oct. 1957 : *D.* 1957, p. 317, note Esmein. ▪ Cass. 1re civ., 6 janv. 1964 : *Gaz. Pal.* 1964, 1, p. 215. ▪ Cass. 1re civ., 8 nov. 1982, n° 81-13.815 : *JurisData* n° 1982-702373 ; *JCP* 1983, IV, 31 ; *Bull. civ.* I, n° 321, p. 275. ▪ TGI Paris, 28 juin 1985 : *Defrénois* 1985, p. 1161, obs. Champenois, legs au profit de trois concubins homosexuels. – V. cependant ▪ Paris, 9 juin 1987 : *JurisData* n° 1987-023159 ; *D.* 1987, inf. rap. p. 166). Jugé aussi auparavant que la nullité n'est pas encourue lorsque la libéralité faite à la concubine apparaît comme l'exécution d'un devoir de conscience (▪ Cass. 1re civ., 6 oct. 1959 : *D.* 1960, p. 515, note Malaurie. ▪ Cass. 1re civ., 16 oct. 1967 : *JCP* 1967, II, 15287. ▪ Paris, 19 nov. 1974 : *JurisData* n° 1974-615101 ; *JCP* 1976, II, 18412, note Synvet), ou la marque d'une reconnaissance pour les soins et l'affection prodigués dans des circonstances difficiles (▪ Cass. 1re civ., 4 nov. 1982 : *JurisData* n° 1982-702371 ; *JCP* 1983, IV, 27 ; *Bull. civ.* I, n° 319, p. 274), ou que les juges du fond peuvent souverainement estimer que la permanence et la stabilité des liens sentimentaux ayant existé entre le disposant et la défenderesse excluaient que le motif déterminant du legs ait été la rétribution des relations sexuelles ou un encouragement à les maintenir (▪ Cass. 1re civ., 22 oct. 1980, n° 79-14.744 : *JurisData* n° 1980-705138 ; *JCP* 1981, IV, 15 ; *Bull. civ.* I, n° 269, p. 214. Comp. ▪ Cass. 1re civ., 28 janv. 1997, n° 94-20.922 : *JurisData* n° 1997-000342 ; *Dr. famille* 1997, 184, note Beignier).

15) Strip-tease. Le caractère scandaleux de l'hypothèse de l'exécution forcée révèle l'absence d'obligation juridique et la nullité de la convention de strip-tease, contraire aux bonnes mœurs (▪ TGI Paris, 8 nov. 1973 : *D.* 1975, p. 401, note Puech. – V. aussi ▪ TGI Paris, 3 juin 1969 : *D.* 1970, p. 136, note J. P., pour la convention par laquelle un producteur obtient d'une mineure qu'elle pose nue dans un film et se soumette à un tatouage).

16) Divulgation de faits intéressant la sexualité. Il est contraire aux bonnes mœurs de monnayer la divulgation de faits intéressant la sexualité du cocontractant (▪ Paris, 21 janv. 1972 : *Gaz. Pal.* 1972, 1, p. 375).

17) Sur la nullité du « **contrat de claque** », voir ▪ Paris, 5 avr. 1900 : *DP* 1903, 2, p. 279.

3° *La personne humaine*

18) Corps humain. Sur le principe que le corps humain, ses éléments et ses produits ne peuvent faire l'objet d'un droit patrimonial, V. art. 16-1, p. 73. Sur la réglementation du don et de l'utilisation de gamètes, voir Code de la santé publique, articles L. 1244-1 à L. 1244-9. – Voir M. Herzog-Evans, *Homme, homme juridique et humanité de l'embryon* : *RTD civ.* 2000, p. 65. L'embryon humain, créé puis conservé hors du corps de la mère, est hors du commerce juridique et ne peut donner lieu à aucune reconnaissance de droit privatif. Sa seule justification étant de conduire à la vie, sa destruction s'impose et son implantation ne peut être effectuée (▪ Toulouse, 18 avr. 1994 : *JurisData* n° 1994-043187 ; *JCP* 1995, II, 22472, note Neirinck, arrêt cassé partiellement par ▪ Cass. 1re civ., 9 janv. 1996, n° 94-15.998 : *JurisData* n° 1996-000041 ; *Bull. civ.* I, n° 21, p. 13 ; *JCP* G 1996, II, 22666 et *JCP* N 1996, II, 1560, note Neirinck ; *D.* 1996, p. 376, note Dreifuss-Netter ; *RTD civ.* 1996, p. 359, obs. Hauser ; *Defrénois* 1996, p. 532, note Massip, sur le fondement de l'article 9 de la loi du 29 juillet 1994, en ce qu'il a ordonné la destruction des embryons). Sur la nullité d'une convention relative au prélèvement d'un tatouage, V. ▪ TGI Paris, 3 juin 1969 : *D.* 1970, p. 136, note J. P.

19) Dépouille mortelle. Sur ce que le respect dû au corps humain ne cesse pas avec la mort, V. art. 16-1-1, p. 73. Sur la nullité du contrat d'assurance souscrit par la société organisatrice d'une exposition à des fins commerciales ayant pour objet des dépouilles et organes de personnes humaines, V. ▪ Cass. 1re civ., 29 oct. 2014, n° 13-19.729 : art. 16-1-1, annot. n° 1, p. 73.

20) Expérimentations. Toute convention visant à réaliser des expériences sur le corps humain est nulle comme contraire à l'ordre public dès lors que l'opération ne présente aucun intérêt pour le patient (▪ Lyon, 27 juin 1913 : *DP* 1914, 2, p. 73, note Lalou). Sur les essais, études ou expérimentations organisés et pratiqués sur l'être humain en vue du développement des connaissances biologiques ou médicales (C. santé publ., art. L. 1121-1 et s.).

21) Mère porteuse. La convention par laquelle une femme s'engage, fût-ce à titre gratuit, à concevoir et à porter un enfant pour l'abandonner à sa naissance contrevient tant au principe d'ordre public de l'indisponibilité du corps humain qu'à celui de l'indisponibilité de l'état des personnes. Viole les articles 6 et 1128, ensemble l'article 353, la cour d'appel qui a prononcé l'adoption plénière d'un enfant par une femme alors que cette adoption n'était que l'ultime phase d'un processus d'ensemble destiné à permettre à un couple l'accueil à son foyer d'un enfant, conçu en exécution d'un contrat tendant à l'abandon à sa naissance par sa mère et que, portant atteinte aux principes susvisés, ce processus constituait un détournement de l'institution de l'adoption (▪ Cass. ass. plén., 31 mai 1991, n° 90-20.105 : *JurisData* n° 1991-001378 ; *JCP* G 1991, II, 21752 et *JCP* N 1992, II, p. 18, note Terré ; *D.* 1991, p. 417, rapp. Chartier et note Thouvenin. V. en ce sens ▪ Cass. 1re civ., 29 juin 1994, n° 92-13.563 : *D.* 1994, p. 581, note Chartier ; *JCP* 1995, II, 22362, note Rubellin-Devichi). Est nulle l'association dont l'objet est de favoriser la conclusion et l'exécution de conventions qui, fussent-elles verbales, portent tout à la fois sur la mise à la disposition des demandeurs des fonctions reproductrices de la mère et sur l'enfant à naître (▪ Cass. 1re civ., 13 déc. 1989, n° 88-15.655 : *JurisData* n° 1989-704182 ; *JCP* 1990, II, 21526, note Sériaux ; *D.* 1990, p. 273, rapp. Massip ; *Defrénois* 1990, p. 862, rapp. Massip).

Voir aussi : art. 16-7, p. 75.

22) Intermédiaire en vue d'une adoption. Celui qui a servi d'intermédiaire en vue d'une adoption est seulement en droit de réclamer le remboursement de ses frais et débours. Toute convention ayant pour objet de déterminer la somme qui devra lui être versée en rémunération de ses services a une cause illicite et ne peut avoir aucun effet (▪ Cass. 1re civ., 22 juill. 1987, n° 85-15.947 : *Bull. civ.* I, n° 252, p. 183 ; *D.* 1988, p. 172, note Massip).

23) Engagement de non-concurrence. Il appartient aux juges du fond de rechercher si la clause de non-concurrence, même limitée dans le temps et dans l'espace, n'est pas disproportionnée au regard de l'objet du contrat (▪ Cass. com., 4 janv. 1994, n° 92-14.121 : *JurisData* n° 1994-000056 ; *D.* 1995, p. 260, note Serra. – V. en ce sens, ▪ Cass. com., 16 déc. 1997, n° 96-10.859 : *JCP* 1998, IV, 1310 ; *Contrats, conc. consom.* 1998, 39, note Leveneur. ▪ Cass. 1re civ., 11 mai 1999 : *JCP* 2000, I, 313, n° 16, obs. Mainguy ; *Contrats, conc. consom.* 1999, 137, note Leveneur ; *Defrénois* 1999, 992, obs. D. Mazeaud. ▪ Cass. com., 9 juill. 2002, n° 00-18.311 : *JurisData* n° 2002-015384 ; *Contrats, conc. consom.* 2003, 5, note Leveneur. ▪ Cass. com., 17 déc. 2002, n° 99-14.308 : *JurisData* n° 2002-017134 ; *JCP* E 2003, 1074, note Moracchini-Zeidenberg. ▪ Cass. com., 1er juill. 2003 : *Contrats, conc. consom.* 2003, 152, note Leveneur. – Pour une clause présentant un « caractère légitime », V. ▪ Cass. 1re civ., 16 nov. 2004, n° 01-17.356 : *JurisData* n° 2004-025624 ; *Contrats, conc. consom.* 2005, 41, note Leveneur). Une clause de non-concurrence n'est licite que si elle est indispensable à la protection des intérêts légitimes de l'entreprise, limitée dans le temps et dans l'espace, qu'elle tient compte des spécificités de l'emploi du salarié et comporte l'obligation pour l'employeur de verser au salarié une contrepartie financière, ces conditions étant cumulatives (▪ Cass. soc., 10 juill. 2002, 3 arrêts : *JurisData* n° 2002-015271 ; *JCP* G 2002, II, 10162, note Petit ; *JCP* E 2002, 1511, note Corrignan-Carsin ; *JCP* E 2003, 585, n° 11, obs. Masquefa ; *Defrénois* 2002, p. 1619, obs. Libchaber ; *RDC* 2003, 142, obs. Radé. – V. F. Dreifuss-Netter, *Droit de la concurrence et droit commun des obligations : RTD civ.* 1990, p. 369). – Rapp., pour l'application des mêmes principes à une clause de non-concurrence stipulée dans un pacte d'actionnaire, ▪ Cass. com., 15 mars 2011, n° 10-13.824 : *Bull. civ.* IV, n° 39, p. 47 ; *JCP* 2011, n° 24, note 692, Khodri ; *JurisData* n° 2011-003902. V. aussi V. Stulz, *La clause de non-concurrence : du contrat de travail au contrat commercial : LPA* 1er-2 sept. 2011, 4). Une contrepartie financière dérisoire équivaut à une absence de contrepartie (▪ Cass. soc., 15 nov. 2006, n° 04-46.721 : *JurisData* n° 2006-035916 ; *Bull. civ.* V, n° 341, p. 330). Le montant de la contrepartie financière ne peut dépendre uniquement de la durée d'exécution du contrat et son paiement ne peut intervenir avant la rupture (▪ Cass. soc., 7 mars 2007 : *Bull. civ.* V, n° 44, p. 44 ; *JCP* 2007, II, 10077, note Corrignan-Carsin ; *D.* 2007, 945, obs. Fabre ; *JurisData* n° 2007-037811). La contrepartie financière de la clause de non-concurrence étant une condition de sa validité, le bénéfice de cette contrepartie ne peut pas être subordonné à l'absence de faute grave ou lourde (▪ Cass. soc., 10 déc. 2008, n° 07-41.791 : *D.* 2009, 1256, note Pignarre). Pour une clause de non-sollicitation stipulée dans un contrat de mise à disposition de salariés conclu entre deux sociétés, V. ▪ Cass. com., 10 mai 2006, n° 04-10.149 : *JurisData* n° 2006-033533 ; *Bull. civ.* IV, n° 116, p. 117. – Sur l'inopposabilité de principe de toute clause d'exclusivité au salarié créant ou reprenant une entreprise, pendant une durée d'un an à compter soit de son inscription au registre du commerce et des sociétés ou au répertoire des métiers, soit de sa déclaration de début d'activité professionnelle agricole ou indépendante, V. C. trav., art. L. 1222-5 (art. L. 121-9 anc.) (réd. L. n° 2003-721, 1er août 2003).

24) Le **droit au mariage** est un droit individuel d'ordre public auquel il ne peut être dérogé dans un contrat à titre onéreux sauf raison impérieuse (▪ Paris, 30 avr. 1963 : *JCP* 1963, II, 13205 *bis*). Mais les juges du fond peuvent ordonner la restitution de la somme d'argent versée par le futur mari au père de la future épouse sous la condition résolutoire de la non-célébration du mariage civil, dès lors qu'il n'est allégué aucune atteinte à la liberté de l'un ou l'autre des futurs conjoints de donner ou de refuser son consentement au mariage civil projeté (▪ Cass. 1re civ., 4 avr. 1978, n° 76-11.613 : *JurisData* n° 1978-000137 ; *Bull. civ.* I, n° 137, p. 110 ; *JDI* 1979, 353, note Lequette). Sur l'illicéité de la clause du règlement intérieur d'une entreprise disposant que des conjoints ne peuvent être employés simultanément dans l'entreprise, V. ▪ Cass. soc., 10 juin 1982, n° 80-40.929 : *JurisData* n° 1982-701478 ; *JCP* 1984, II, 20230, note Hennion-Moreau. V. aussi C. trav., art. L. 1121-1 (art. L. 120-2 anc.). Pour un exemple d'atteinte abusive à la liberté pour un couple de se séparer, V. ▪ Paris, 10 mars 1994, n° 4833/92 : *JurisData* n° 1994-021163 ; *RTD civ.* 1994, p. 565, obs. Hauser. N'est pas une atteinte à la liberté de se marier la clause d'un testament qui prévoit que le legs fait au fils reviendra à une association si, au jour du décès du testateur, le fils est marié « avec qui que ce soit » (▪ Poitiers, 17 févr. 1998, n° 9501603 : *JurisData* n° 1998-046715 ; *Dr. famille* 1999, 56, note Beignier).

25) Courtage matrimonial. Sur la réglementation du courtage matrimonial, voir L. n° 89-421, 23 juin 1989, art. 6, p. 3120. Le contrat repose sur une cause illicite quand il est souscrit alors que l'adhérent est encore engagé dans les liens du mariage, son divorce n'ayant pas encore été prononcé (▪ Dijon, 22 mars 1996, n° 00001194/95 : *JurisData* n° 1996-042020 ; *JCP* 1997, II, 22774, note Douchy ; *RTD civ.* 1997, p. 115, obs. Mestre ; *RTD civ.* 1996, p. 880, obs. Hauser). – Comp. ▪ Cass. 1re civ., 4 nov. 2011, n° 10-20.114, préc., art. 6, annot. n° 13, p. 35.

26) Convention de concubinage. La convention de concubinage fixant la contribution à l'entretien et à l'éducation des enfants, non pas à proportion des ressources de chacun des parents et des besoins des enfants, mais selon un montant forfaitaire égal à la moitié des revenus du concubin, contrevient aux dispositions d'ordre public qui régissent l'obligation alimentaire et se trouve frappée de nullité, dès lors qu'elle risque de placer l'intéressé dans l'impossibilité d'exécuter ses obligations à l'égard d'autres créanciers d'aliments et constitue, par son caractère particulièrement contraignant, un moyen de dissuader un concubin de toute velléité de rupture contraire au principe de la liberté individuelle (▪ Cass. 1re civ., 20 juin 2006 ; *Bull. civ.* I, n° 312, p. 270 ; *RTD civ.* 2006, 740, obs. Hauser ; *Dr. famille* 2006, 155, note Larribau-Terneyre ; *JCP* 2006, I, 199, n° 6, obs. Bosse-Platière ; *JurisData* n° 2006-034118).

B – Ordre public économique

27) La **législation des changes** (L. 28 déc. 1966) est d'ordre public (▪ Cass. 1re civ., 22 janv. 1975 : *JCP* 1975, IV, 79) de même que la législation douanière (▪ Cass. com., 3 mai 1950 : *D.* 1950, p. 682).

28) Pratiques anticoncurrentielles. Sur la nullité des conventions se rapportant aux pratiques anticoncurrentielles (C. com., art. L. 420-3. Voir aussi ▪ Cass. com., 18 févr. 1992, n° 87-12.844 : *JurisData* n° 1992-000321 ; *JCP* E 1992, II, 344, note Behar-Touchais ; *D.* 1993, p. 57, 2e esp., note Hannoun. ▪ Paris, 4 juill. 2000 : *RTD civ.* 2001, p. 140, obs. Mestre. – F. Dreifuss-Netter, *Droit de la* concurrence et droit commun des obligations : *RTD civ.* 1990, p. 369).

29) Clauses abusives. Sur les clauses interdites comme abusives, V. C. consom., art. L. 212-1, p. 2027.

III – SANCTIONS

30) La **renonciation à une règle d'ordre public** est en principe entachée de nullité (▪ Cass. civ., 9 juin 1939 : *Gaz. Pal.* 1939, 2, p. 199. ▪ Cass. ch. réunies, 17 mars 1954 : *JCP* 1954, II, 8208, note Ourliac et de Juglart. Voir pour le droit de la consommation ▪ Cass. 1re civ., 9 déc. 1997, n° 95-15.494 : *JurisData* n° 1997-004964 ; *JCP* 1998, II, 10148, 1re esp., note Piedelièvre ; *RTD civ.* 1998, p. 670, obs. Mestre. ▪ Cass. 1re civ., 7 oct. 1998, n° 96-17.829 : *JCP* 1999, II, 10039, note Gervais). Mais une partie peut toujours, après la naissance de son droit, renoncer à l'application d'une loi, fût-elle d'ordre public (▪ Cass. 3e civ., 27 oct. 1975, n° 74-11.656 : *JurisData* n° 1975-098310 ; *Bull. civ.* III, n° 310, p. 234. – Voir pour le droit de la consommation ▪ Cass. 1re civ., 17 mars 1998, n° 96-13.972 : *JurisData* n° 1998-001284 ; *JCP* 1998, II, 10148 ; *JCP E* 1998, 1731, 2e esp., note Piedelièvre ; *Bull. civ.* I, n° 120, p. 79 ; *Contrats, conc. consom.* 1998, 86, note Leveneur ; *Defrénois* 1998, p. 749, obs. Aubert ; *RTD civ.* 1999, p. 378, obs. Mestre). Ainsi, il est possible de renoncer valablement à des droits acquis conférés par la législation relative aux baux commerciaux (▪ Cass. soc., 19 oct. 1944 : *Gaz. Pal.* 1944, 2, p. 140) ou par le statut des baux ruraux (▪ Cass. soc., 27 mai 1949 : *JCP* 1949, II, 5144, note Ourliac et de Juglart. Comp. ▪ Cass. soc., 18 mars 1955 : *D.* 1956, p. 517, note Malaurie).

31) Interdiction de compromettre. Sur la portée de l'interdiction de compromettre dans les matières intéressant l'ordre public, voir ▪ Cass. com., 29 nov. 1950 : *S.* 1951, 1, p. 120, note Robert. ▪ Paris, 24 nov. 1955 : *JCP* 1956, II, 9079, note Motulsky. ▪ Paris, 9 janv. 1962 : *JCP* 1962, II, 12478, concl. Desangles. – Voir aussi art. 2060, p. 1646.

32) Transaction. On ne peut transiger dans des matières intéressant l'ordre public (▪ Cass. civ., 25 nov. 1901 : *DP* 1902, 1, p. 31, transaction sur l'état des personnes), mais il est possible aux parties d'interpréter valablement une disposition d'ordre public (▪ Cass. soc., 24 avr. 1952 : *D.* 1952, p. 721, 2 arrêts, note R. Savatier). Est nul l'engagement pris au cours de l'instance en divorce par le mari, mais celui-ci peut renouveler son accord dès lors que la cause de nullité a cessé (▪ Cass. 1re civ., 17 déc. 1996, n° 95-12.956 : *JurisData* n° 1996-004972 ; *JCP* 1997, IV, 320 ; *Bull. civ.* I, n° 450, p. 316). V. X. Lagarde, *Transaction et ordre public* : *D.* 2000, chron. p. 217.

33) Caractère de la nullité. La nullité encourue est une nullité absolue (▪ Cass. req., 9 déc. 1946 : *Gaz. Pal.* 1947, 1, p. 62), sauf pour certaines règles de protection qui ne sont sanctionnées que par une nullité relative (▪ Cass. soc., 13 mars 1953 : *S.* 1954, 1, p. 7, violation du droit de préemption du preneur).

34) Étendue de la nullité. Une stipulation faisant dépendre la validité d'un bail du maintien d'une clause d'indexation illicite peut être considérée comme une fraude à la loi et les juges peuvent donc estimer que l'annulation de la clause d'indexation n'entraîne pas la nullité du bail même si les parties l'ont qualifiée de déterminante (▪ Cass. 3e civ., 6 juin 1972 : *JurisData* n° 1972-000369 ; *D.* 1973, p. 151, note Malaurie. – V. en ce sens ▪ Cass. 3e civ., 9 juill. 1973 : *JurisData* n° 1973-000467 ; *D.* 1974, p. 24, note Ph. M.).

35) Sur le **pouvoir du juge de soulever d'office la nullité**, voir Malaurie, note sous ▪ Cass. soc., 18 mars 1955 : *D.* 1956, p. 517. – En matière d'atteinte aux bonnes mœurs, V. ▪ TGI Paris, 8 nov. 1973 : *D.* 1975, p. 401, note Puech. – V. aussi X. Lagarde, *Office du juge et ordre public de protection* : *JCP* 2001, I, 312.

36) Sur le **droit d'agir du ministère public**, voir ▪ Cass. civ., 4 mai 1931 : *Gaz. Pal.* 1931, 1, p. 872, concl. Matter.

37) *Nemo auditur.* L'action en restitution peut être paralysée par l'exception d'indignité dans le contrat violant les bonnes mœurs (▪ Cass. civ., 27 déc. 1945 : *Gaz. Pal.* 1946, 1, p. 88 [bail d'une maison de tolérance]. ▪ Cass. req., 17 avr. 1923 : *DP* 1923, 1, p. 172 [contrat ayant pour objet le maintien de relations d'adultère]) mais non en cas de simple illicéité (▪ Cass. 1re civ., 14 déc. 1982 : *JurisData* n° 1982-702780 ; *RTD civ.* 1983, p. 342, obs. Durry. – V. aussi ▪ Cass. 3e civ., 24 juin 1992 : *JCP* 1992, IV, 2435 ; *Bull. civ.* III, n° 219, p. 133 ; *RTD civ.* 1993, p. 121, obs. Mestre, précisant que la règle « *nemo auditur* » n'interdit pas au bailleur ayant autorisé une modification des lieux loués prohibée par la loi de poursuivre la résiliation du bail). En cas de dissimulation de prix dans la promesse de vente d'un appartement procédant de la volonté concertée des parties, qui trouvent chacune un intérêt financier, le promettant, qui a reçu l'acompte non déclaré sur le prix de la vente, ne peut se prévaloir de la cause illicite pour se soustraire à sa restitution (▪ Cass. 3e civ., 25 févr. 2004 : *JCP* 2004, I, 149, n° 9, obs. Labarthe ; *RTD civ.* 2004, 279, obs. Mestre et Fages ; *RDC* 2004, p. 635, obs. D. Mazeaud). Mais jugé que doit être rejetée la demande d'un locataire en remboursement de loyers perçus par le propriétaire en vertu d'une clause d'échelle mobile déclarée nulle dès lors que le locataire a réglé en connaissance de cause, se mettant sciemment hors du champ d'application des normes législatives (▪ Cass. 3e civ., 12 juin 1979 : *JCP* 1981, II, 19494, 2e esp., note Boyer). V. Ph. Le Tourneau, *La spécificité et la subsidiarité de l'exception d'indignité* : *D.* 1994, chron. p. 298. Pour le refus de l'action en garantie contre la venderesse d'un fonds de commerce en raison des « turpitudes réciproques des deux parties », V. ▪ Cass. com., 27 avr. 1981 : *JurisData* n° 1981-701165 ; *D.* 1982, p. 51, note Le Tourneau. V. cependant pour le refus de l'adage « *nemo auditur* » malgré la cause immorale ▪ Cass. 1re civ., 25 janv. 1972 : *D.* 1972, p. 413, note Le Tourneau. ▪ Cass. 2e civ., 10 janv. 1979, n° 77-11.357 : *JurisData* n° 1979-099010 ; *Bull. civ.* II, n° 10, p. 7. ▪ Rouen, 2 oct. 1973 : *D.* 1974, p. 378, note Le Tourneau. Comp. ▪ Montpellier, 5 avr. 1990 : *JurisData* n° 1990-050285 ; *D.* 1993, somm. p. 232, obs. Vareille, affirmant que refuser la répétition au prétexte d'immoralité ne pourrait que renforcer, en fait, le caractère illicite ou immoral de la donation en autorisant son exécution de façon définitive. Sur le principe que l'adage « *nemo auditur* » ne s'oppose pas à l'action en nullité, mais seulement à l'exercice des actions en restitution subséquentes, V. ▪ Cass. 1re civ., 17 juill. 1996 : *JCP* 1996, IV, 2175 ; *Bull. civ.* I, n° 331, p. 231 ; *Defrénois* 1997, p. 346, obs. Aubert. ▪ Cass. 1re civ., 22 juin 2004 : *Contrats, conc. consom.* 2004, partie 136, note Leveneur ; *JCP* 2005, IV, 132, n° 2, obs. Viney ; *D.* 2005, somm. p. 189, obs. D. Mazeaud ; *JurisData* n° 2004-024259. Sur ce que l'adage ne s'applique pas en matière délictuelle, V. ▪ Cass. 1re civ., 22 juin 2004, préc.

38) Délit pénal. L'action en répétition est ouverte lorsque la convention incriminée constitue un délit pénal ; ainsi la prostituée a été admise à répéter contre son souteneur (▪ Cass. crim., 7 juin 1945 : *JCP* 1946, II, 2965, note Hémard. – Comp. pour un contrat de marché noir ▪ Cass. crim., 15 juill. 1948 : *JCP* 1948, II, 4488).

Art. 6-1 *(L. n° 2013-404, 17 mai 2013)*. **– Le mariage et la filiation adoptive emportent les mêmes effets, droits et obligations reconnus par les lois, à l'exclusion de ceux prévus au titre VII du livre Ier du présent code, que les époux ou les parents soient de sexe différent ou de même sexe.**

Bibliographie : C. Pérès, *L'article 6-1 du Code civil : heurs et malheurs du titre préliminaire* : *D.* 2013, 1370.

NB : C. civ., art. 6-1. Le Conseil constitutionnel a déclaré le présent article conforme à la Constitution : V. ▪ Cons. const., déc. 17 mai 2013, n° 2013-669 DC (*JO* 18 mai 2013).

Conformité à la Constitution. Intelligibilité de la loi. En prévoyant, à titre de mesure générale de coordination, que la filiation adoptive emporte les mêmes effets, droits et obligations reconnus par les lois, à l'exclusion de ceux prévus au titre VII du Livre Ier, que les époux ou les parents soient de sexe différent ou de même sexe, les dispositions de l'article 6-1 du Code civil n'ont pas entendu faire obstacle à l'application de la règle selon laquelle, les enfants adoptés, que leurs parents soient de même sexe ou de sexe différent, bénéficieront des mêmes droits que ceux dont la filiation est légalement établie en application de ce titre VII (V. art. 358, p. 322) ; doit ainsi être écarté le grief tiré de ce que l'article 6-1 du Code civil entacherait le titre VII du *Livre Ier d'inintelligibilité* (consid. 41 et 42) ; à l'exception des dispositions du titre VII du livre Ier du Code civil, les règles de droit civil, notamment celles relatives à l'autorité parentale, au mariage, aux régimes matrimoniaux et aux successions, ne prévoient pas de différence entre l'homme et la femme s'agissant des relations du mariage, des conséquences qui en résultent et des conséquences relatives à l'établissement d'un lien de filiation ; par suite, en prévoyant que le mariage et la filiation emportent les mêmes effets, droits et obligations reconnus par les lois, que les époux ou les parents soient de sexe différent ou de même sexe, sans supprimer les références qui, dans ces textes, désignent les « père » et « mère » ou « le mari et la femme », l'article 6-1 du Code civil ne rend pas ces règles inintelligibles (consid. 43) (▪ Cons. const., déc. 17 mai 2013, n° 2013-669 DC : *JO* 18 mai 2013).

LIVRE PREMIER

DES PERSONNES

TITRE PREMIER. – DES DROITS CIVILS

(L. n° 94-653, 29 juill. 1994)

Art. 7 ***(L. 26 juin 1889).*** **– L'exercice des droits civils est indépendant de l'exercice des droits politiques, lesquels s'acquièrent et se conservent conformément aux lois constitutionnelles et électorales.**

Art. 8 ***(L. 26 juin 1889).*** **– Tout Français jouira des droits civils.**
(Fin de l'article abr., L. 10 août 1927).

Bibliographie : I. Maria, *De l'intérêt de distinguer jouissance et exercice des droits : JCP* 2009, I, 149.

Art. 9 ***(L. n° 70-643, 17 juill. 1970).*** **– Chacun a droit au respect de sa vie privée.**

Les juges peuvent, sans préjudice de la réparation du dommage subi, prescrire toutes mesures, telles que séquestre, saisie et autres, propres à empêcher ou faire cesser une atteinte à l'intimité de la vie privée ; ces mesures peuvent, s'il y a urgence, être ordonnées en référé.

Bibliographie : J.-P. Gridel, *Liberté de la presse et protection civile des droits modernes de la personnalité en droit positif français : D.* 2005, chron. 391. • G. Loiseau, *La crise existentielle du droit patrimonial à l'image : D.* 2010, chron. 450. • J.-C. Saint-Pau, *Introduction au droit au respect de la vie privée* in *Mélanges Jean Hauser*, LexisNexis-Dalloz 2012, 639. • J.-M. Bruguière, *« Droits patrimoniaux » de la personnalité. Plaidoyer en faveur de leur intégration dans une catégorie des droits de la notoriété : RTD civ.* 2016, 1. • L. Thoraval, *De la vie privée post mortem : LPA* 30 janv. 2019, 4.

• Sommaire

I – CONDITIONS DE LA PROTECTION

A – Vie privée

1° Principes

1) **Informatique et libertés.** Voir L. n° 78-17 du 6 janv. 1978 relative à l'informatique, aux fichiers et aux libertés, p. 3017.

2) **Vidéosurveillance.** Sur la transmission et l'enregistrement d'images prises sur la voie publique par le moyen de la vidéosurveillance, voir L. n° 95-73, 21 janv. 1995, article 10.

3) **Sur l'interdiction de capter les conversations téléphoniques** (C. pén., art. 226-1 et 226-15), V. ▪ Cass. crim., 7 oct. 1997, n° 96-81.485 : *JurisData* n° 1997-004434 ; *D.* 1999, 152, note Saint-Pau. V. pour la preuve par témoins de propos injurieux

et agressifs dans une procédure de divorce, ▪ Cass. 2e civ., 24 janv. 1996, n° 93-21.868 : *JurisData* n° 1996-000108 ; *JCP* 1996, IV, 627 ; *Bull. civ.* II, n° 10, p. 7.

4) **Principe général du droit au respect de la vie privée.** Toute personne, quels que soient son rang, sa naissance, sa fortune, ses fonctions présentes ou à venir, a droit au respect de sa vie privée (▪ Cass. 1re civ., 23 oct. 1990, n° 89-13.163 : *Bull. civ.* I, n° 222, p. 158, révélations sur le comportement d'un jeune prince. ▪ TGI Paris, réf., 18 janv. 1996 : *JCP* 1996, II, 22589, note Derieux et ▪ Paris, 13 mars 1996, n° 5395-95 : *JurisData* n° 1996-020597 ; *JCP* 1996, II, 22632, note Derieux ; *Gaz. Pal.* 1996, 1, 162, obs. Gizardin. ▪ TGI Paris, 23 oct. 1996 : *JCP* 1997, II, 22844, note Derieux et ▪ Paris, 27 mai 1997 : *JurisData* n° 1997-612597 ; *JurisData* n° 1997-850687 ; *JurisData* n° 1997-850687 ; *JCP* 1997, II, 22894, note Derieux, révélations faites par l'ancien médecin personnel du Président Mitterrand. V. E. Agostini, *Le grand secret* : *D.* 1996, chron. 58). Dès lors que la personne visée dans une publication fonde expressément sa demande sur l'article 9 du Code civil, en demandant une indemnisation pour atteinte à son droit au respect de la vie privée, son action ne relève pas des dispositions de la loi du 29 juillet 1881 relatives à la diffamation (▪ Cass. 2e civ., 24 avr. 2003, n° 01-01.186 : *JurisData* n° 2003-018754 ; *Bull. civ.* I, n° 114, p. 98. ▪ Cass. 2e civ., 21 févr. 2006 : *Bull. civ.* I, n° 97, p. 91 ; *JurisData* n° 2006-032274).

5) **Notion d'atteinte à la vie privée.** L'atteinte à la vie privée, au sens des articles 9 du Code civil et 8 de la Convention européenne des droits de l'homme suppose, l'existence d'une référence ou d'une allusion à la vie privée de la personne qui entend se prévaloir de cette atteinte (▪ Cass. 2e civ., 22 mai 1996, n° 93-13.448 : *JurisData* n° 1996-001991 ; *JCP* 1996, IV, 1571 ; *Bull. civ.* II, n° 106, p. 66, article révélant des faits connus concernant la vie sentimentale du défunt, absence d'intrusion dans la vie privée de sa dernière compagne et de son fils). Il importe peu que l'information ayant trait à la vie privée soit exacte ou non (▪ Montpellier, 23 avr. 2001, n° 00/00395 : *JurisData* n° 2001-152345 ; *D.* 2002, somm. 2301, obs. Lepage). La divulgation par titre de presse d'un fait présenté comme de vie privée porte atteinte à celle-ci, sans qu'il importe que l'objet réel de l'information soit tout autre et accessible au lecteur qui se reporte *aux développements intérieurs de la* publication (▪ Cass. 1re civ., 7 mars 2006 : *Bull. civ.* I, n° 141, p. 130 ; *D.* 2006, somm. 2707, obs. Bigot ; *JurisData* n° 2006-032549, couverture d'un magazine évoquant la « rupture » de l'intéressée, sans rapport avec le contenu réel de l'article).

6) **Nature du droit au respect de la vie privée.** Jugé que le droit au respect de la vie privée ne fait pas partie des droits civils constituant l'état des personnes (▪ Cass. crim., 16 avr. 1980 : *JurisData* n° 1980-095108 ; *D.* 1981, 68, note Mestre). Sur ce que l'article 2 de la Déclaration des droits de l'homme et du citoyen implique le respect de la vie privée, V. ▪ Cons. const., 23 juill. 1999, n° 99-416 DC : *D.* 2000, somm. 265, obs. Marino.

7) **Respect de la vie privée et liberté d'expression. Débat d'intérêt général.** Les droits au respect de la vie privée et à la liberté d'expression revêtant, eu égard aux articles 8 et 10 de la Convention européenne des droits de l'homme et 9 du Code civil, une identique valeur normative, font ainsi devoir au juge saisi de rechercher leur équilibre et, le cas échéant, de privilégier la solution la plus protectrice de l'intérêt le plus légitime (▪ Cass. 1re civ., 9 juill. 2003 : *JCP* 2003, II, 10139, note Ravanas ; *Bull. civ.* I, n° 172, p. 134 ; *D.* 2004, somm. 1633, obs. Caron. ▪ Cass. 1re civ., 30 sept. 2015, n° 14-16.273 : *Bull.* ; *JCP* G 2015, 1385, note Ducoulombier ; *D.* 2016, 278, obs. Dreyer ; *JurisData* n° 2015-021531, jugeant que l'œuvre de fiction inspirée de faits réels portait atteinte au droit au respect de la vie privée. ▪ Cass. 1re civ., 11 juill. 2018, n° 17-22.381 : *Bull.* ; *JCP* G 2018, 1222, Antippas ; *RTD civ.* 2018, 864, Leroyer ; *JurisData* n° 2018-012334, écartant l'atteinte au respect de la vie privée au sujet de la révélation de l'homosexualité d'un homme politique). L'élément déterminant, lors de la mise en balance de la vie privée et de la liberté d'expression, doit résider dans la contribution que les photos et articles publiés apportent au débat d'intérêt général. Cette contribution fait défaut lorsque l'intéressée ne remplit pas de fonctions officielles et que les photos et articles litigieux se rapportent exclusivement à des détails de sa vie privée (▪ CEDH, 24 juin 2004, n° 59320/00, *Von Hannover c/ Allemagne* : *D.* 2004, 2538, obs. Renucci ; *D.* 2005, 340, note Halpérin ; *RTD civ.* 2004, 802, obs. Marguénaud ; *JCP* 2004, I, 161, n° 8, obs. Sudre ; *Comm. com. électr.* 2004, 147, note Lepage. – V. aussi ▪ CEDH, 7 févr. 2012, deux arrêts, n° 39954/08, *Axel Springer c/ Allemagne* et nos 40660/08 et 60641/08, *Von Hannover c/ Allemagne (n° 2)* : *JCP* G 2012, 650, note Afroukh ; *D.* 2012, 1040, note Renucci ; *RTD civ.* 2012, 279, obs. Marguénaud). Sur l'exigence d'une relation directe entre la divulgation de faits relevant de la vie privée et un événement d'actualité s'inscrivant dans un débat d'intérêt général, V. ▪ Cass. 1re civ., 30 mai 2006 : *Bull. civ.* I, n° 278, p. 243 ; *JurisData* n° 2006-033694. Pour vérifier qu'une publication portant sur la vie privée d'autrui ne tend pas uniquement à satisfaire la curiosité d'un certain lectorat, mais constitue également une information d'importance générale, il faut apprécier la totalité

de la publication et rechercher si celle-ci, prise dans son ensemble et au regard du contexte dans lequel elle s'inscrit, se rapporte à une question d'intérêt général ; qu'ont trait à l'intérêt général les questions qui touchent le public dans une mesure telle qu'il peut légitimement s'y intéresser, qui éveillent son attention ou le préoccupent sensiblement, notamment parce qu'elles concernent le bien-être des citoyens ou la vie de la collectivité (■ Cass. 1re civ., 1er mars 2017, n° 15-22.946 : *Bull.* ; *D.* 2017, 1859, Canas ; *JCP* G 2017, 372, Hauser, et 1204, n° 9, Antippas ; *RTD civ.* 2017, 352, Hauser ; *JurisData* n° 2017-003314, opération de rachat d'une société).

8) Respect de la vie privée et droits de la défense. La divulgation de pièces concernant l'état de santé d'une personne n'est pas interdite dès lors que cette atteinte à la vie privée peut être justifiée par l'exigence de la protection d'autres intérêts, dont celle des droits de la défense, si elle reste proportionnée au regard des intérêts antinomiques en présence (■ Cass. com., 15 mai 2007 : *Bull. civ.* IV, n° 130, p. 146 ; *D.* 2007, 2775, obs. Lepage ; *RTD civ.* 2007, 637, obs. Perrot, et 753, obs. Hauser ; *Dr. famille* 2007, 154, note Fossier ; *JurisData* n° 2007-038955, divulgation permise au nom de l'égalité des armes résultant du droit au procès équitable garanti par l'article 6 de la Convention européenne des droits de l'homme. ■ Cass. 1re civ., 16 oct. 2008, n° 07-15.778 : *JurisData* n° 2008-045356 ; *Bull. civ.* I, n° 230, p. 197 ; *D.* 2008, inf. rap. 2726 ; *RTD civ.* 2009, 167, obs. Perrot. – V. aussi ■ CEDH, 13 mai 2008, *N. N. et T. A. c/ Belgique : JurisData n° 2008-010472 ; RTD civ.* 2008, 650, obs. Marguénaud).

9) Respect de la vie privée et droit à la preuve. Prive sa décision de base légale la cour d'appel qui écarte des débats une lettre missive au motif que la production de celle-ci violerait l'intimité de la vie privée de son rédacteur et le secret des correspondances, sans rechercher si la production litigieuse n'était pas indispensable à l'exercice du droit à la preuve et proportionnée aux intérêts antinomiques en présence (■ Cass. 1re civ., 5 avr. 2012, n° 11-14.177 : *Bull. civ.* I, n° 85, p. 76 ; *D.* 2012, 1596, note Lardeux, et 2827, obs. Bretzner ; *RTD civ.* 2012, 506, obs. Hauser). V. aussi ■ Cass. soc., 23 mai 2012, n° 10-23.521, *infra*, art. 9, annot. n° 19, p. 47. ■ Cass. 1re civ., 5 févr. 2014, n° 12-20.206 : *D.* 2014, 856, note Lardeux, et 2483, obs. Bretzner ; *RTD civ.* 2014, 375, obs. Barbier. ■ Cass. 1re civ., 10 sept. 2014, n° 13-22.612 : *Bull.* ; *D.* 2015, 343, obs. Dreyer ; *D.* 2016, obs. Aynès (photographies prises par un détective privé ; atteinte non disproportionnée). Le droit à la preuve ne peut justifier la production d'éléments portant atteinte à la vie privée qu'à la condition que cette production soit indispensable à l'exercice de ce droit et que l'atteinte soit proportionnée au but poursuivi (■ Cass. 1re civ., 25 févr. 2016, n° 15-12.403 : *Bull.* ; *LPA* 1er avr. 2016, 16, note Lardeux ; *D.* 2016, 884, note Saint-Pau, et 2538, obs. Bretzner ; *JCP* G 2016, 583, note Aynès ; *JurisData* n° 2016-003183, investigations portant, par leur durée et leur ampleur, une atteinte disproportionnée au droit au respect de la vie privée. – Rapp. ■ Cass. 1re civ., 22 sept. 2016, n° 15-24.015 : *Bull.* ; *JCP* G 2016, 1136, note Lardeux ; *RTD civ.* 2016, 821, obs. Hauser ; *D.* 2017, 490, note Beignier et Ben Hadj Yahia, opérations de surveillance et de filature confiées par un assureur à une société d'investigations ; immixtion disproportionnée par rapport aux nécessités de l'enquête privée). – V. aussi, dans le domaine du droit du travail, ■ Cass. soc., 9 nov. 2016, n° 15-10.203 : *Bull.* ; *D.* 2017, 37, note Lardeux ; *JCP* G 2016, act. 1281, obs. Dedessus-Le Moustier ; *JurisData* n° 2016-023285, jugeant que l'article L. 3171-2 du Code du travail, qui autorise les délégués du personnel à consulter les documents nécessaires au décompte de la durée de travail, des repos compensateurs acquis et de leur prise effective, n'interdit pas à un syndicat de produire ces documents en justice ; le droit à la preuve peut justifier la production d'éléments portant atteinte à la vie personnelle d'un salarié à la condition que cette production soit nécessaire à l'exercice de ce droit et que l'atteinte soit proportionnée au but poursuivi. – V. aussi G. Lardeux, *Le droit à la preuve : tentative de systématisation : RTD civ.* 2017, 1. – J.-P. Gridel, *Respect de la vie privée et droit de la preuve devant le juge civil : BICC* 2015, n° 826.

10) Respect de la vie privée d'une victime d'accident. Assureur du responsable. Les atteintes portées à la vie privée de la victime d'un accident de la circulation, qui alléguait une aggravation de son état de santé, par l'assureur du responsable qui avait fait procéder à une enquête, sur la voie publique ou dans des lieux ouverts au public, sans provocation aucune à s'y rendre, et relatives aux seules mobilité et autonomie de l'intéressé, n'étaient pas disproportionnées au regard de la nécessaire et légitime préservation des droits de l'assureur et des intérêts de la collectivité des assurés (■ Cass. 1re civ., 31 oct. 2012, n° 11-17.476 : *Bull. civ.* I, n° 224, p. 215 ; *D.* 2013, 227, note Dupont, 458, obs. Dreyer, et 2804, obs. Darret-Courgeon ; *JCP* G 2012, act. 1229, obs. Abravanel-Jolly ; *RTD civ.* 2013, 86, obs. Hauser, et 117, obs. Fages ; *JurisData* n° 2012-024373).

11) Les vedettes du spectacle ne peuvent se voir opposer une tolérance qui justifierait les atteintes à leur vie privée (■ Paris, 16 févr. 1974 : *JurisData* n° 1974-615065 ; *JCP* 1976, II, 18341, note R.L. ■ Paris, 19 févr. 1985 : *D.* 1985, inf. rap. 321, obs.

Lindon. ■ Paris, 26 mars 1987 et ■ TGI Paris, 4 mars 1987 : *JCP* 1987, II, 20904, note Agostini ; *D.* 1987, somm. 386, obs. Lindon et Amson), dès lors que toute personne a seule le droit de fixer les limites de ce qui peut être publié ou non sur sa vie intime, en même temps que les circonstances et les conditions dans lesquelles ces publications peuvent intervenir (■ Paris, 17 mars 1966 : *D.* 1966, 749. Voir en ce sens pour des informations relatives à la situation de fortune, ainsi qu'au mode de vie et à la personnalité de l'intéressé, ■ Cass. 1re civ., 30 mai 2000, n° 98-14.610 : *JurisData* n° 2000-002307 ; *JCP* 2001, II, 10524, note Montels ; *Bull. civ.* I, n° 167, p. 108 ; *Comm. com. électr.* 2000, 107, note Lepage ; *D.* 2001, somm. 1989, obs. Marino ; *RTD civ.* 2000, 801, obs. Hauser. – V. aussi, précisant qu'il importe peu que l'événement ait fait l'objet en son temps d'une couverture médiatique non négligeable, ■ TGI Lille, réf., 4 janv. 2001 : *D.* 2001, 1503, note Labbée). Jugé cependant que les nombreuses déclarations accordées par un chanteur à d'autres journaux à propos de sa vie sentimentale sont de nature à atténuer l'atteinte qu'il affirme avoir subie du fait de la publication litigieuse (■ Paris, 28 févr. 1989, n° 88/6630 : *JurisData* n° 1989-020766 ; *JCP* 1989, II, 21325, 2e esp., note Agostini. – Comp., notant que les propos ont déjà été révélés officiellement, ce qui implique qu'ils sont déjà sortis du domaine privé, ■ TGI Paris, 8 sept. 1999, n° 99/8722 : *JurisData* n° 1999-044890 ; *D.* 2000, somm. 271, obs. Caron). Jugé que le rédacteur en chef d'un journal qui défend avec vigueur une certaine conception de la presse dite « people » ne peut établir un préjudice résultant du fait qu'il a été filmé et que des photographies de lui ont été publiées dans un magazine (■ TGI Paris, 3 déc. 1997 : *JCP* 1998, II, 10067, note Serna).

12) Enfants mineurs. La divulgation de faits relatifs à la vie privée d'un mineur est soumise à l'autorisation des personnes ayant autorité sur lui (■ Cass. 1re civ., 18 mai 1972 : *JurisData* n° 1972-000135 ; *JurisData* n° 1972-000134 ; *Bull. civ.* I, n° 134, p. 118 ; *JCP* 1972, II, 17209, concl. Lindon. – Rappr. ■ Cass. 1re civ., 12 déc. 2000, n° 98-21.311 : *JurisData* n° 2000-007309 ; *Bull. civ.* I, n° 322, p. 209 ; *D.* 2001, 2064, note Ravanas, et somm. 2077, obs. Caron, au sujet de l'image du mineur. V. aussi ■ Nîmes, 10 mars 2009, n° 08/02678 : *JurisData* n° 2009-003852 ; *LPA* 2 juill. 2010, 17, obs. Dupuis). Exigeant le consentement spécial et conjoint des deux parents titulaires de l'autorité parentale qui vivent séparés, la publication de la photographie de l'enfant sans l'autorisation de la mère, cotitulaire de l'autorité parentale, justifie la réparation de son propre préjudice moral direct et certain, V. ■ Versailles, 16 févr. 2006, n° 05/07803 : *D.* 2006, somm. 2704, obs. Lepage, pourvoi rejeté par ■ Cass. 1re civ., 27 févr. 2007 : *Bull. civ.* I, n° 78, p. 67 ; *JCP* 2007, IV, 1706 ; *RTD civ.* 2007, 327, obs. Hauser, et 571, obs. Jourdain ; *Dr. famille* 2007, 124, note Murat ; *JurisData* n° 2007-037663. V. aussi J. Hauser, *L'enfant ou l'enfance ? Le droit à l'image* : *D.* 2010, 214. V., pour une autorisation donnée en connaissance de cause d'utiliser des photographies de l'enfant à des fins commerciales, ■ Rouen, 10 févr. 2010 : *LPA* 31 mai 2011, 8, obs. Dupuis ; *JurisData* n° 2010-002426. Le droit de chacun au respect de sa vie privée et familiale s'oppose à ce que l'animateur d'une émission radiophonique, même à dessein satirique, utilise la personne de l'enfant et exploite sa filiation pour lui faire tenir des propos imaginaires et caricaturaux à l'encontre de son grand-père ou de sa mère, fussent-ils l'un et l'autre des personnalités notoires et dès lors légitimement exposées à la libre critique et à la caricature incisive (■ Cass. 1re civ., 20 mars 2014, n° 13-16.829 : *RTD civ.* 2014, 334, obs. Hauser ; *JCP G* 2014, act. 417, obs. Dissaux, 579, note Latil, et 1163, n° 10, obs. Antippas ; *D.* 2015, 343, obs. Dreyer ; *JurisData* n° 2014-005207).

13) Personnes décédées. Le droit d'agir pour le respect de la vie privée s'éteint au décès de la personne concernée, seule titulaire de ce droit (■ Cass. 1re civ., 14 déc. 1999, n° 97-15.756 : *JurisData* n° 1999-004433 ; *JCP* 2000, II, 10241, concl. Petit ; *Bull. civ.* I, n° 345, p. 222 ; *Comm. com. électr.* 2000, 39, note Lepage ; *D.* 2000, 372, 1re esp., note Beignier, somm. 266, obs. Caron ; *RTD civ.* 2000, 291, obs. Hauser. ■ Cass. 2e civ., 20 nov. 2003 : *JCP* 2004, IV, 1076 ; *JurisData* n° 1999-021060 ; *Bull. civ.* II, n° 354, p. 288. ■ Cass. 2e civ., 8 juill. 2004 : *JCP* 2004, IV, 2926 ; *JurisData* n° 2004-024540 ; *Bull. civ.* II, n° 390, p. 329 ; *RTD civ.* 2004, 714, obs. Hauser ; *D.* 2005, somm. 2644, obs. Lepage. ■ Cass. 1re civ., 15 févr. 2005 : *JCP* 2005, IV, 1668 ; *Bull. civ.* I, n° 86, p. 76 ; *JurisData* n° 2005-026965 ; *D.* 2005, somm. 2644, obs. Lepage). Le droit à l'intimité de la vie privée n'appartient qu'aux vivants et les héritiers sont uniquement fondés à défendre la mémoire de leur auteur contre l'atteinte que lui porte la relation de faits erronés ou déformés publiés de mauvaise foi ou avec une légèreté blâmable (■ Paris, 19 mai 1992, n° 91/19.233 : *JurisData* n° 1992-021222 ; *JCP* 1992, IV, 2345. V. aussi pour la relation par la presse de faits relatifs au suicide d'un avocat ■ Paris, 6 mai 1997 : *JurisData* n° 1997-612695 ; *D.* 1997, 596, 2e esp., note Beignier ; *RTD civ.* 1998, 71, obs. Hauser. – Mais voir à propos des révélations faites par l'ancien médecin personnel du Président Mitterrand, ■ Paris, 27 mai 1997 : JCP 1997, II, 22894, note Derieux, admettant que les héritiers ont recueilli dans la succession le droit d'agir sur la base du secret médical). Ainsi, les proches d'une personne décédée ne peuvent contester la reproduction de son image qu'à la condition d'établir le préjudice personnel qu'ils en éprouvent, déduit le cas échéant d'une atteinte à la mémoire du mort ou au respect qui lui est dû (■ Cass. 1re civ., 22 oct. 2009, n° 08-10.557 : *Bull. civ.* I, n° 211, p. 195 ; *RTD civ.* 2010, 79, obs. Hauser). Les proches d'une personne peuvent s'opposer à la reproduction de son image après son décès, dès lors qu'ils en éprouvent un préjudice personnel en raison d'une atteinte à la mémoire ou au respect dû au mort ; qu'estimant que la publication de la photographie litigieuse, qui dénotait une recherche de sensationnel, n'était nullement justifiée par les nécessités de l'information, une cour d'appel en déduit justement que, contraire à la dignité humaine, elle constituait une atteinte à la mémoire ou au respect dû au mort et, dès lors, à la vie privée des proches, justifiant ainsi que soit apportée une telle restriction à la liberté d'expression et d'information (■ Cass. 1re civ., 1er juill. 2010, n° 09-15.479 : *Bull. civ.* I, n° 151, p. 142 ; *D.* 2010, 2044, note Delage ; *JCP* 2010, n° 39, note 942, Loiseau ; *RTD civ.* 2010, 526, obs. Hauser ; *JurisData* n° 2010-010560). Sur ce que les sentiments d'affliction en période de deuil entrent dans le domaine de la vie privée, rappr. ■ Cass. 1re civ., 31 mai 2007, n° 06-13.008 : *D.* 2007, somm. 2777, obs. Bigot.

14) Dépouille mortelle. Sur le droit de la famille au respect de la dépouille mortelle d'un proche, V. ■ Cass. crim., 21 oct. 1980 : *JurisData* n° 1980-799354 ; *D.* 1981, 72, 1re esp., note Lindon, *Jean Gabin*. ■ Metz, 12 avr. 2000 : *JurisData* n° 2000-127246 ; *D.* 2000, 817, note Hocquet-Berg. – Comp. pour des photographies du Président Mitterrand sur son lit de mort ■ TGI Paris, 13 janv. 1997 : *JurisData* n° 1997-612353 ; *JCP* 1997, II, 22845, note Serna ; *D.* 1997, 255, note Beignier, confirmé par ■ Paris, 2 juill. 1997 : *JurisData* n° 1997-612696 ; *D.* 1997, 596, 1re esp., note Beignier, pourvoi rejeté par ■ Cass. crim., 20 oct. 1998, n° 97-84.621 : *JurisData* n° 1998-004241 ; *JCP* 1999, II, 10044, note Loiseau ; *D.* 1999, 106, note Beignier. Jugé que la publication de la photographie d'un préfet assassiné au cours de la période de deuil de ses proches parents constitue, dès lors qu'elle n'a pas reçu l'assentiment de ceux-ci, une profonde atteinte à leurs sentiments d'affliction, partant à l'intimité de leur vie privée (■ Paris, 24 févr. 1998 : *JurisData* n° 1998-970115 ; *D.* 1998, 225, note Beignier, pourvoi rejeté par ■ Cass. 1re civ., 20 déc. 2000, n° 98-13.875 : *JurisData* n° 2000-007502 ; *JCP* 2001, II, 10488, concl. Sainte-Rose ; *D.* 2001, 885 et somm. 1990, obs. Lepage ; *Bull. civ.* I, n° 341, p. 220. – J.-P. Gridel, *Retour sur l'image du préfet assassiné : dignité de la personne humaine et liberté de l'information d'actualité* : *D.* 2001, chron. 872. – V. encore, dans cette affaire, ■ CEDH, 14 juin 2007, *Hachette Filipacchi c/ France : JurisData n° 2007-039456* ; *JCP* 2007, II, 10164, note Derieux ; *RTD civ.* 2007, 732, obs. Marguénaud).

15) Personnes morales. Les personnes morales sont susceptibles de subir une atteinte à leur vie privée dès lors qu'elles sont titulaires de droits, non pas identiques, mais analogues aux droits de la personnalité (■ Aix-en-Provence, 10 mai 2001, n° 00/19621 : *JurisData* n° 2001-159448 ; *D.* 2002, somm. 2299, obs. Lepage). Le terme « domicile » peut englober le siège social (■ CEDH, 16 avr. 2002 : *JurisData* n° 2002-191993 ; *D.* 2003, somm. 1541, obs. Lepage). – Comp., ■ Cass. 1re civ., 17 mars 2016, n° 15-14.072 : *Bull.* ; *D.* 2016, 1116, note Loiseau, et 2365, obs. Hallouin ; *JCP* G 2016, chron. 1225, n° 9, obs. Antippas ; *LPA* 11 juill. 2016, 16, note Cacioppo, 28 juill. 2016, 17, note Lacroix-de Sousa, et 4 août 2016, 16, note Taibi ; *JurisData* n° 2016-004671, jugeant que si les personnes morales disposent, notamment, d'un droit à la protection de leur nom, de leur domicile, de leurs correspondances et de leur réputation, seules les personnes physiques peuvent se prévaloir d'une atteinte à la vie privée au sens de l'article 9 du Code civil, de sorte qu'une société ne peut invoquer l'existence d'un trouble manifestement illicite résultant d'une telle atteinte. ■ Cass. 1re civ., 16 mai 2018, n° 17-11.210 : *RTD civ.* 2018, 624, Mazeaud.

2° *Applications*

16) Embauchage. Les renseignements et pièces demandés lors de l'embauchage ne sauraient concerner des domaines sans lien direct et nécessaire avec l'activité professionnelle (■ Cass. soc., 17 oct. 1973 : *JCP* 1974, II, 17698, candidat ayant dissimulé sa qualité de prêtre).

17) Vie professionnelle. Le respect de la vie privée, au sens de l'article 8 de la Convention européenne des droits de l'homme, englobe le droit pour l'individu de nouer des relations avec ses semblables, et aucune raison de principe ne permet d'exclure les activités professionnelles ou commerciales de la notion de vie privée (■ CEDH, 4 mai 2000 : *JurisData* n° 2000-134584 ; *D.* 2001, somm. 1988, obs. Lepage). Se rendent coupables du délit d'atteinte à l'intimité de la vie privée (C. pén., art. 226-1) l'employeur qui capte les conversations de ses employés dans le local servant de cantine (■ TGI Saint-Étienne, 19 avr. 1977 : *JurisData* n° 1977-760970 ; *D.* 1978, 123, note Lindon. ■ Cass. soc., 20 nov. 1991 : *D.* 1992, 73, concl. Chauvy ; *RTD civ.* 1992, 365, obs. Hauser et Huet-Weiller. Voir cependant en matière pénale ■ Cass. crim., 23 juill. 1992, n° 92-82.563 : *Bull. crim.* 1992, n° 274, p. 744 ; *JCP* 1992, IV, 2871 ; *RTD civ.* 1993, 101, obs. Hauser), ou qui divulgue devant l'ensemble du personnel l'enregistrement d'une conversation confidentielle entre deux salariés tenue en dehors des heures de service (■ Paris, 22 mars 1989 : *JurisData* n° 1989-021296 ; *D.* 1989, somm. 356, obs. Amson), ou les salariés d'une entreprise qui, au moyen d'un magnétophone, enregistrent les communications d'ordre personnel du directeur (▪ Cass. crim., 8 déc. 1983, n° 82-92.724 : *JurisData* n° 1983-702774 ; *JCP* 1984, IV, 55), ou qui installent clandestinement un microphone dans le bureau d'une attachée de presse (▪ Paris, 19 mars 2002, n° 00/02830 : *JurisData* n° 2002-181531 ; *D.* 2003, somm. 1533, obs. Marino). La communication à un comité d'établissement d'informations relatives à l'état de santé des salariés porte atteinte au respect dû à la vie privée de ceux-ci (▪ Cass. 2e civ., 10 juin 2004, n° 02-12.926 : *JurisData* n° 2004-024142 ; *Bull. civ.* II, n° 292, p. 246 ; *D.* 2005, 469, note crit. Mouly et Marguénaud ; *JCP* E 2005, 660, note Raynaud). L'employeur ne peut pas organiser une filature pour contrôler l'activité d'un salarié (▪ Cass. soc., 26 nov. 2002 : *D.* 2003, somm. 1536, obs. Lepage. ▪ Cass. soc., 18 mars 2008, n° 06-45.093 : *Bull. civ.* I, n° 64, p. 71 ; *D.* 2008, 992, obs. Ines, surveillance clandestine et déloyale, en ayant recours à un stratagème, pendant le temps de travail du salarié exerçant une seconde activité). Mais le principe du droit du salarié à l'intimité de sa vie privée ne fait pas obstacle à l'organisation d'un système d'astreinte (▪ Lyon, 21 mars 2002 : *D.* 2003, somm. 1535, obs. Marino). Est légitime, à condition d'être directement en relation avec l'événement qui en est la cause, la révélation dans la presse du nom d'un fonctionnaire de police à propos de faits relatifs à son activité professionnelle, qui ne constitue donc pas une atteinte au respect de la vie privée (▪ Cass. 2e civ., 29 avr. 2004 : *Bull. civ.* II, n° 201, p. 169). Sauf circonstances exceptionnelles, l'employeur ne peut ouvrir les sacs appartenant aux salariés pour en vérifier le contenu qu'avec leur accord et à la condition de les avoir avertis de leur droit de s'y opposer et d'exiger la présence d'un témoin (▪ Cass. soc., 11 févr. 2009, n° 07-42.068 : *Bull. civ.* V, n° 40, p. 41 ; *D.* 2009, 570, obs. Ines ; *RTD civ.* 2009, 295, obs. Hauser).

18) Vie professionnelle. Outil informatique. Le salarié a droit, même au temps et au lieu de travail, au respect de l'intimité de sa vie privée, qui inclut le secret des correspondances. L'employeur ne peut, sans violer cette liberté fondamentale, prendre connaissance des messages personnels émis et reçus par le salarié grâce à un outil informatique mis à sa disposition pour son travail, et ceci même au cas où il aurait interdit une utilisation non professionnelle de l'ordinateur (▪ Cass. soc., 2 oct. 2001, n° 99-42.942 : *JurisData* n° 2001-011137 ; *Bull. civ.* V, n° 291, p. 233 ; *D.* 2001, 3148, note Gautier ; *D.* 2002, somm. 2296, obs. Caron ; *Defrénois* 2002, 1407, obs. Raynouard. – Rappr. ▪ CEDH, 3 avr. 2007, *Copland c/ RU* : *JCP* 2007, I, 182, n° 7, obs. Sudre). Sauf risque ou événement particulier, l'employeur ne peut ouvrir les messages identifiés par le salarié comme personnels contenus sur le disque dur de l'ordinateur mis à sa disposition qu'en présence de ce dernier ou celui-ci dûment appelé (▪ Cass. soc., 17 mai 2005, n° 03-40.017 : *Bull. civ.* V, n° 165, p. 143 ; *D.* 2005, somm. 2649, obs. Marino ; *Comm. com. électr.* 2005, 121, obs. Lepage. ▪ Cass. soc., 17 juin 2009, n° 08-40.274 : *Bull. civ.* V, n° 153, p. 161, précisant que l'administrateur réseau, soumis à une obligation de confidentialité, peut dans certaines circonstances accéder aux messages personnels des salariés dans le cadre de sa mission de sécurité des réseaux informatiques). – Sur la conformité de cette solution à l'article 8 de la Conv. EDH, V. ▪ CEDH, 22 févr. 2018, n° 588/13, *Libert c/ France* : *JCP* G 2018, 433, Marchadier ; *D.* 2018, 1291, Marguénaud et Mouly.

Mais les dossiers et fichiers créés par un salarié grâce à l'outil informatique mis à sa disposition par son employeur pour l'exécution de son travail sont présumés, sauf si le salarié les identifie comme étant personnels, avoir un caractère professionnel, de sorte que l'employeur peut y avoir accès hors sa présence (▪ Cass. soc., 18 oct. 2006 : *Bull. civ.* V, n° 308, p. 294 ; *D.* 2007, somm. 691, obs. Guiomard. ▪ Cass. soc., 21 oct. 2009, n° 07-43.877 : *Bull. civ.* V, n° 226, p. 242. – Rappr., présumant le caractère professionnel des connexions Internet établies par un salarié pendant son temps de travail grâce à l'outil informatique mis à sa disposition par l'employeur, de sorte que celui-ci peut les rechercher aux fins de les identifier, hors la présence du salarié, ▪ Cass. soc., 9 juill. 2008, n° 06-45.800 : *JurisData* n° 2008-044801 ; *Bull. civ.* V, n° 150, p. 168 ; *D.* 2008, 2228, obs. Ines ; *D.* 2009, 195, obs. Khodri-Benamrouche. – V. aussi, appliquant la présomption de caractère professionnel à des courriels adressés ou reçus par le salarié, dès lors que celui-ci ne les a pas identifiés comme étant personnels, ▪ Cass. soc., 18 oct. 2011, n° 10-26.782. – Mêmes solutions pour une clef USB dès lors qu'elle est connectée à un outil informatique mis à la disposition du salarié par l'employeur, ▪ Cass. soc., 12 févr. 2013, n° 11-28.649 : *Bull. civ.* V, n° 34, p. 38 ; *D.* 2013, 1776, obs. Contamine, et 2803, obs. Bretzner ; *RTD civ.* 2013, 574, obs. Hauser. V. encore, pour des SMS envoyés ou reçus par le salarié sur son téléphone professionnel, ▪ Cass. com., 10 févr. 2015, n° 13-14.779 : *Bull.* ; *JCP* G 2015, act. 226, obs. Barrière, et 407, note Bossu ; *D.* 2015, 959, note Lasserre Capdeville ; *D.* 2016, 167, obs. Bretzner ; *JurisData* n° 2015-002342. – V. toutefois ▪ CEDH, gde ch., 5 sept. 2017, n° 61496/08, *Barbulescu c/ Roumanie* : *JCP G* 2017, 1169, Marguénaud et Mouly ; D. 2018, 142, Renucci ; JCP G 2018, 34, n° 3, Sudre ; *JDI* 2018, 1002, El Badawi, décidant notamment que le salarié doit être préalablement averti de la possibilité d'une surveillance de ses communications). La seule dénomination « *Mes documents* » donnée à un fichier ne lui confère pas un caractère personnel (▪ Cass. soc., 10 mai 2012, n° 11-13.884 : *Bull. civ.* V, n° 135, p. 147 ; *D.* 2012, 1342, possibilité d'ouvrir ce fichier hors la présence du salarié). Si les courriels adressés ou reçus par le salarié à l'aide de l'outil informatique mis à sa disposition par l'employeur pour les besoins de son travail sont présumés avoir un caractère professionnel, en sorte que l'employeur est en droit de les ouvrir hors la présence de l'intéressé, sauf s'ils sont identifiés comme personnels, le règlement intérieur peut toutefois contenir des dispositions restreignant le pouvoir de consultation de l'employeur en le soumettant à d'autres conditions (▪ Cass. soc., 26 juin 2012, n° 11-15.310 : *Bull. civ.* V, n° 196, p. 213 ; *D.* 2012, 1829, règlement intérieur prévoyant que les messageries électroniques des salariés ne pouvaient être consultées par la direction qu'en leur présence). Le respect de la vie personnelle du salarié ne constitue pas en lui-même un obstacle à l'application des dispositions de l'article 145 du Code de procédure civile (mesures d'instruction *in futurum*) dès lors que le juge constate que les mesures qu'il ordonne procèdent d'un motif légitime et sont nécessaires à la protection des droits de la partie qui les a sollicitées (▪ Cass. soc., 23 mai 2007, n° 05-17.818 : *JurisData* n° 2007-038972 ; *Bull. civ.* V, n° 84, p. 85 ; *D.* 2007, 1590, note Fabre ; *RTD civ.* 2007, 637, obs. Perrot, accès par huissier aux données contenues dans l'ordinateur mis à la disposition d'un salarié, en présence de celui-ci, l'employeur ayant des motifs légitimes de suspecter des actes de concurrence déloyale. ▪ Cass. soc., 10 juin 2008 : *Bull. civ.* V, n° 129, p. 140 ; *JCP* 2008, act. 453, obs. Dauxerre ; *D.* 2008, inf. rap. 1834 ; *JurisData* n° 2008-044319). – V. aussi C. Hablot, *Le secret des correspondances du salarié opposé à l'employeur : la messagerie électronique : LPA* 11-14 nov. 2016, 30. – J.-P. Gridel, *L'entreprise et l'utilisation en justice de l'information issue de l'outil informatique mis à la disposition du salarié pour les besoins de son activité professionnelle : Comm. com. électr.* 2016, étude 13.

19) Vie professionnelle. Enregistrement sur un dictaphone. L'employeur, qui n'est en droit d'écouter des enregistrements réalisés par le salarié sur son dictaphone personnel qu'en sa présence ou celui-ci dûment appelé, ne peut établir le contenu d'enregistrements écoutés à l'insu du salarié en produisant les attestations de témoins ayant assisté à leur audition alors que, par suite de la destruction de ces enregistrements, le salarié a été mis dans l'impossibilité d'apporter une preuve contraire (▪ Cass. soc., 23 mai 2012, n° 10-23.521 : *Bull. civ.* V, n° 156, p. 165 ; *D.* 2012, 2827, obs. Bretzner, violation des articles 9 du Code de procédure civile et 6, § 1, de la Convention européenne des droits de l'homme, ainsi que du principe de loyauté dans l'administration de la preuve).

20) Licenciement. Il résulte de l'article 9 du Code civil qu'il ne peut être procédé à un licenciement pour une cause tirée de la vie privée du salarié que si le comportement de celui-ci, compte tenu de la nature de ses fonctions et de la finalité propre de l'entreprise, a créé un trouble objectif caractérisé au sein de cette dernière (▪ Cass. soc., 30 juin 1992, n° 89-43.840 : *JurisData* n° 1992-001749 ; *Bull. civ.* V, n° 429, p. 265. V. aussi ▪ Cass. soc., 9 juill. 2002, n° 00-45.068 : *JurisData* n° 2002-015427 ; *Dr. famille* 2003, 22, note Fadeuilhe. Sur le cas des enseignants employés par des établissements catholiques, V. ▪ Cass. ch. mixte, 17 oct. 1975 : *JurisData* n° 1975-798005 ; *JCP* 1976, II, 18238, note Lindon. ▪ Cass. ass. plén., 19 mai 1978, n° 76-41.211 : *JurisData* n° 1978-795001 ; *JCP* 1978, II, 19009, rapp. Sauvageot, note Lindon ; *D.* 1978, 541, concl. Schmelck, note Ardant ; V. aussi J. Bedoura, *Le licenciement des maîtres dans les établissements confessionnels : D.* 1978, chron. 51). L'employeur ne peut, sans méconnaître le respect dû à la vie privée du salarié, se fonder sur le contenu d'une correspondance privée (revue échangiste envoyée à son nom à l'adresse de l'entreprise) pour sanctionner son destinataire (▪ Cass. ch. mixte, 18 mai 2007, n° 05-40.803 : *JurisData* n° 2007-038898 ; *Bull. civ.* ch. mixte, n° 3, p. 9 ; *JCP* 2007, act. 249). Jugé que le salarié ne peut invoquer le droit au respect de sa vie privée (nécessité de garder son enfant malade) pour refuser de se rendre sur son lieu de travail un samedi (▪ Cass. soc., 27 nov. 1991, n° 88-44.110 : *JurisData* n° 1991-003223 ; *D.* 1992, 296, note Picod).

21) Histoire et actualité. La divulgation échappe à la critique si elle porte sur des faits qui appartiennent à l'histoire (▪ Paris, 30 juin 1961 : *D.* 1962, 208), ou qui relèvent de l'actualité judiciaire (▪ TGI Paris, réf., 27 févr. 1970 : *JCP* 1970, II, 16293. ▪ TGI Paris, réf., 6 déc. 1979 : *D.* 1980, 150, note Lindon). La publication, au soutien d'un événement d'actualité judiciaire, de clichés pris dans le cercle de famille n'est pas de nature à porter atteinte à l'intimité de la vie privée (▪ Cass. 2e civ., 25 nov. 2004 : *JurisData* n° 2004-025801 ; *JCP* 2005, IV, 1021 ; *Bull. civ.* II, n° 504, p. 428. V. aussi, déboutant la veuve du dernier empereur de Chine, en relevant que celui-ci avait fait état de certains aspects de sa vie intime dans ses écrits autobiographiques, et que l'auteur de l'ouvrage n'avait pas manqué au respect dû à la vérité, compte tenu des éléments objectifs sur lesquels il s'était appuyé, ▪ Cass. 1re civ., 10 oct. 1995, n° 93-19.422 : *JurisData* n° 1995-003026 ; *JCP* 1997, II, 22765, note Ravanas ; *Bull. civ.* I, n° 356, p. 249). La relation de faits publics déjà divulgués ne peut constituer en elle-même une atteinte au respect dû à la vie privée (▪ Cass. 2e civ., 3 juin 2004 : *JCP* 2004, IV, 2541 ; *JurisData* n° 2004-023913 ; *Bull. civ.* II, n° 272, p. 231 ; *D.* 2005, somm. 2647, obs. Bigot, film relatant un fait divers trente ans après).

22) Fictions réalisées à partir de l'actualité judiciaire. L'utilisation dans une œuvre qui n'est que partiellement de fiction des prénoms et noms de personnes existantes victimes d'une séquestration constitue à elle seule une atteinte à l'intimité de leur vie privée dès lors que l'œuvre est censée les représenter dans leur existence quotidienne à l'intérieur de leur domicile (▪ Cass. 1re civ., 13 févr. 1985, n° 84-11.630 : *JurisData* n° 1985-700597 ; *D.* 1985, 488, 2e esp., note Edelman. V. aussi pour un roman policier mêlant à une histoire inventée des incidents réels, ▪ Cass. 1re civ., 7 févr. 2006 : *JCP* 2006, II, 10041, note Loiseau ; *Resp. civ. et assur.* 2006, 107 ; *RTD civ.* 2006, 279, obs. Hauser ; *JurisData* n° 2006-032050. Comp. pour un film retraçant le déroulement d'une affaire criminelle et prêtant des réactions à l'un des parents de la victime, ▪ Paris, 6 oct. 1982 : *JurisData* n° 1982-600115 ; *JurisData* n° 1982-600115 ; *D.* 1983, 185, note Lindon. V. cependant, faisant primer la liberté d'expression, ▪ TGI Paris, 9 déc. 2002 : *JurisData* n° 2002-216393 ; *JurisData* n° 2002-216393 ; *D.* 2003, 1715, note Caron. ▪ Aix-en-Provence, 24 oct. 2006 : *JurisData* n° 2006-323999, et ▪ TGI Nancy, 3 oct. 2006 : *JurisData* n° 2006-323099 ; *JCP* 2007, I, 156, n° 9, obs. Courtinat, jugeant qu'à partir du moment où des faits divers ont connu un grand retentissement médiatique, rien n'interdit de s'en inspirer pour en faire une œuvre de fiction ; rejet des demandes en référé de communication du scénario du téléfilm dont il n'est pas prouvé qu'il révélerait des éléments inconnus du grand public portant atteinte à l'intimité de la vie privée).

23) Droit à l'oubli (non). Dès lors que les faits touchant à la vie privée ont été livrés en leur temps (1946) à la connaissance du public par des comptes rendus de débats judiciaires parus dans la presse locale, ils ont été licitement révélés et l'intéressée ne peut invoquer un droit à l'oubli pour empêcher qu'il en soit, à nouveau, fait état (▪ Cass. 1re civ., 20 nov. 1990, n° 89-13.726 : *JurisData* n° 1990-703271 ; *Bull. civ.* I, n° 256, p. 181 ; *JCP* 1992, II, 21908, note Ravanas. V. aussi pour une publication postérieure de trois ans au procès ▪ TGI Paris, 9 déc. 2002 : *D.* 2003, 1715, note Caron). Toutefois, l'auteur de l'ouvrage contenant ces révélations manque aux devoirs de prudence et d'objectivité eu égard à la grâce et à la réhabilitation intervenues (même arrêt).

24) Vie sentimentale. Constitue une atteinte illicite à la vie privée d'une personne la divulgation de faits *intéressant sa vie sentimentale* (▪ *Cass. 2e civ., 26 nov. 1975* : *JurisData* n° 1975-700314 ; *JCP* 1978, II, 18811, note Revel. ▪ Cass. 1re civ., 13 févr. 1985, n° 83-15.112 : *JurisData* n° 1985-700596 ; *D.* 1985, 488, 1re esp., note Edelman). Ainsi, les conditions de la rupture d'un couple relèvent de l'intimité de la vie privée des intéressés, et le droit à l'information invoqué par une société de télévision ne saurait justifier la révélation de tels faits (▪ Paris, 3 oct. 1986 : *D.* 1987, somm. 137, obs. Lindon et Amson. – V. aussi ▪ Cass. 1re civ., 3 avr. 1984, n° 82-15.849 : *JurisData* n° 1984-700994 ; *Bull.* I, n° 125, p. 103, récit de la vie conjugale, du divorce et des rapports ultérieurs d'un couple, faisant état notamment d'une lettre manuscrite d'un enfant du couple. ▪ Cass. 1re civ., 16 oct. 1984, n° 83-11.786 : *Bull.* I, n° 268, p. 228, atteinte, résultant d'un film, distincte de celle portée par le livre dont le film est une adaptation). Mais l'évolution des mœurs comme celle des conceptions morales ne permettent plus de considérer que l'imputation d'une infidélité conjugale serait à elle seule de nature à porter atteinte à l'honneur ou à la considération (▪ Cass. 1re civ., 17 déc. 2015, n° 14-29.549 : *Bull.* ; *RJPF* mars 2016, 14, obs. Fragu ; *JCP* G 2016, 285, note Latil ; *Dr. famille* 2016, 42, note Binet ; *D.* 2016, 724, chron. Raschel ; *RTD civ.* 2016, 81, obs. Hauser ; *JurisData* n° 2015-028302. – Rappr. ▪ Cass. 1re civ., 3 nov. 2016, n° 15-24.879 : *JurisData* n° 2016-022868). Justifie légalement le rejet de la demande fondée sur une atteinte à la vie privée la cour d'appel qui fait ressortir que la rupture du couple évoquée dans un article de presse constitue la relation de faits publics, et, d'autre part, le caractère anodin des indications portant sur les lieux de résidence de la demanderesse et sa rencontre au restaurant avec son mari (▪ Cass. 1re civ., 3 avr. 2002, n° 99-19.852 : *JurisData* n° 2002-013788 ; *D.* 2002, 3164, note Bigot ; *D.* 2003, somm. 1543, obs. Caron ; *Bull. civ.* I, n° 110, p. 85. V. aussi pour la diffusion d'informations déjà divulguées ▪ Toulouse, 10 déc. 2002, n° 479 : *JurisData* n° 2002-210202 ; *JCP* 2003, I, 126, n° 11, obs. Tricoire). Si l'incartade de l'époux d'une princesse constitue un évènement d'actualité dont un hebdomadaire peut légitimement rendre compte, l'équilibre entre la liberté de l'information et le droit de chacun au respect de sa vie privée et familiale n'est plus respecté dès lors que les titres de couverture constituent une extrapolation non nécessaire à l'information des lecteurs et un détournement de l'objectif d'information (▪ Cass. 1re civ., 23 avr. 2003, n° 00-20.740 : *JurisData* n° 2003-018829 ; *JurisData* n° 2003-018747 ; *JCP* 2003, II, 10085, note Ravanas ; *Bull. civ.* I, n° 98, p. 75 ; *D.* 2003, 1854, 2e esp., note Bigot ; somm. 1539, obs. Lepage). L'article publié peu de temps après un mariage constituant un événement d'actualité et qui comporte des commentaires anodins ne caractérise pas une *atteinte* au respect de la vie privée (▪ Cass. 2e civ., 8 juill. 2004, 2 arrêts : *JurisData* n° 2004-024550 ; *JCP* 2004, IV, 2924 et 2925 ; *JurisData* nos 2004-024549 et 2004-024550 ; *Bull. civ.* II, nos 388 et 389, p. 326 et 327 ; *D.* 2005, somm. 2646, obs. Bigot). La divulgation des relations entretenues par la demanderesse avec un joueur de football constitue une violation de son droit au respect de sa vie privée, sans être justifiée par l'implication de l'intéressée dans un évènement dont l'importance eût rendu légitime cette divulgation pour l'information du public (■ Cass. 2e civ., 2 avr. 2003 : *JurisData* n° 2003-017754 ; *JCP* 2003, IV, 2036). Un magazine ayant énoncé que le demandeur, « en se séparant de son épouse pour les beaux yeux d'une jeune latino-américaine, semble renouer avec la tradition de scandale qui a toujours entouré sa famille », une cour d'appel a légalement justifié le rejet de la demande en relevant qu'à la date de la publication, le divorce était un fait d'actualité, officiel et notoire, dont le rappel n'excédait pas les limites de la liberté d'information et en estimant que l'expression « pour les beaux yeux d'une jeune latino-américaine », en l'espèce dénuée de toute malveillance, ne pouvait, par son caractère lapidaire et allusif, constituer davantage l'atteinte alléguée (■ Cass. 1re civ., 23 avr. 2003, n° 00-20.740 : *JurisData* n° 2003-018829 ; *D.* 2003, 1854, 1re esp., note Bigot). La vie sentimentale et affective comme les amours et l'état de grossesse, même apparent, fussent-ils accompagnés de gestes visibles du public en des lieux particulièrement fréquentés par des personnes jouissant d'une notoriété momentanée, ou circonstancielle, qu'il appartient à chacun de gérer à sa guise et selon des conditions préalablement discutées avec tout support médiatique désireux de répondre à la curiosité réelle ou suscitée du public, relèvent de la vie privée (■ Cass. 1re civ., 10 mars 2004 : *JurisData* n° 2004-022733 ; *JCP* 2004, IV, 1930). L'atteinte à la vie privée est caractérisée en cas d'enregistrement d'une conversation téléphonique en vue de procurer des preuves dans une instance en divorce (■ Cass. crim., 3 mars 1982, n° 80-95.226 : *JurisData* n° 1982-700609 ; *D.* 1982, 579, note Lindon). L'immixtion dans la vie privée consécutive au recours par le mari aux services d'un détective, chargé de rechercher les éléments du train de vie de son ex-épouse et l'existence d'une éventuelle situation de concubinage, est disproportionné par rapport au but poursuivi (■ Cass. 2e civ., 3 juin 2004 : *Dr. famille* 2004, 172, note Larribau-Terneyre ; *JCP* 2004, IV, 2542 ; *D.* 2004, 2069, note Ravanas ; *JurisData* n° 2004-023914 ; *Bull. civ.* II, n° 273, p. 232 ; *RTD civ.* 2004, 489, obs. Hauser, et 736, obs. Mestre et Fages ; *D.* 2005, somm. 2651, obs. Marino). Mais le président du tribunal de grande instance a le pouvoir d'autoriser un constat en vue de préconstituer la preuve d'une violation de fidélité par un époux au domicile d'un tiers (■ Cass. 1re civ., 18 nov. 1992, n° 90-19.368 : *JurisData* n° 1992-002510 ; *D.* 1993, inf. rap. 6). Si la relation sentimentale existant entre les intéressés relève, par nature, de leur vie privée, l'évocation des liens personnels unissant les protagonistes d'une opération financière se trouve justifiée par la nécessaire information du public au sujet des motivations et comportements de dirigeants de sociétés commerciales impliqués dans une affaire ayant abouti à la spoliation de l'épargne publique et paraissant avoir agi en contradiction avec la loi ; prise dans son ensemble et au regard du contexte dans lequel elle s'inscrivait, la publication litigieuse se rapportait à une question d'intérêt général (■ Cass. 1re civ., 1er mars 2017, n° 15-22.946 : *Bull.* ; préc., annot. n° 7.

25) Santé. Constitue une atteinte illicite à la vie privée d'une personne la divulgation de faits intéressant sa santé (■ Cass. 2e civ., 12 juill. 1966 : *JurisData* n° 1966-700786 ; *JurisData* n° 1966-700778 ; *D.* 1967, 181, note Mimin. ■ Paris, 9 juill. 1980 : *JurisData* n° 1980-602130 ; *D.* 1980, 72, note Lindon. Comp. pour la révélation d'une grossesse ■ Paris, 27 févr. 1981 : *JurisData* n° 1981-026115 ; *D.* 1981, 457, note Lindon et, sur pourvoi, ■ Cass. 2e civ., 5 janv. 1983, n° 81-13.374 : *JurisData* n° 1983-700082 ; *Bull. civ.* II, n° 4, p. 3. ■ Paris, 7 nov. 2001, n° 2001/17740 : *JurisData* n° 2001-159402 ; *D.* 2002, somm. 2373, obs. Marino). Met au contraire en œuvre la recherche d'équilibre qu'il lui incombait de mener entre la liberté d'expression ou d'information et le respect dû à la vie privée, l'arrêt qui dit justifiées par la notoriété et la popularité d'un artiste les narrations de l'événement d'actualité qu'avait constitué un accident de santé dont celui-ci avait été victime, accident divulgué par des communiqués de presse émanés des autorités hospitalières ou de famille (■ Cass. 1re civ., 16 mai 2006 : *Bull. civ.* I, n° 247, p. 216 ; *D.* 2006, somm. 2707, obs. Bigot ; *JurisData* n° 2006-033516). La divulgation de pièces concernant l'état de santé d'une personne n'est pas interdite dès lors que cette atteinte à la vie privée peut être justifiée par l'exigence de la protection d'autres intérêts, dont celle des droits de la défense, si elle reste proportionnée au regard des intérêts antinomiques en présence (■ Cass. com., 15 mai 2007 : *Bull. civ.* IV, n° 130, p. 146 ; *D.* 2007, 2775, obs. Lepage ; *RTD civ.* 2007, 637, obs. Perrot, et 753, obs. Hauser ; *Dr. famille* 2007, 154, note Fossier ; *JurisData* n° 2007-038955). La reproduction d'images représentant des handicapés mentaux dans l'intimité de leur existence quotidienne à l'intérieur des établissements où ils vivent et ce, sans l'autorisation de leurs représentants légaux, constitue, à elle seule, une atteinte illicite à l'intimité de leur vie privée (■ Cass. 1re civ., 24 févr. 1993, n° 91-04.140 : *JurisData* n° 1993-000333 ; *D.* 1993, 614, note Verheyde ; *JCP* 1993, IV, 1102. Comp., pour la divulgation de la photo légèrement maquillée d'un enfant infirme psychomoteur, ■ Paris, 17 déc. 1991 : *D.* 1993, 366, note Ravanas). Jugé que le mari qui demande au juge aux affaires matrimoniales une expertise « médico-psychologique » et qui s'y prête sans opposition a par là même accepté des atteintes à sa vie privée dont il n'est plus en droit de se plaindre pour en critiquer les résultats (■ Cass. 1re civ., 5 mai 1987, n° 84-16.126 : *JurisData* n° 1987-000936 ; *D.* 1988, 77, note Massip).

26) Investigations à des fins patrimoniales. Les mesures prévues à l'article 9, alinéa 2, ne peuvent être ordonnées en référé que dans le seul cas d'une intrusion dans la vie privée qui porte atteinte à l'intimité de celle-ci, et non lorsqu'il s'agit de renseignements d'ordre purement patrimonial exclusifs de toute allusion à la vie et à la personnalité de l'intéressé (■ Cass. 1re civ., 4 oct. 1989, n° 87-19.658 : *JurisData* n° 1989-703007 ; *JCP* 1989, IV, 388 ; *Bull. civ.* I, n° 307, p. 204). Mais jugé que les investigations conduites à l'insu de l'intéressée sur les conditions dans lesquelles celle-ci occupe un logement, aux fins d'établir une attestation, même si ladite attestation ne comporte que des renseignements d'ordre patrimonial, est attentatoire à la vie privée (■ Cass. 1re civ., 6 mars 1996, n° 94-11.273 : *JurisData* n° 1996-000729 ; *JCP* 1996, IV, 1005 ; *Bull. civ.* I, n° 124, p. 89 ; *D.* 1997, 7, note Ravanas. – V. aussi ■ Cass. 1re civ., 25 janv. 2000, n° 97-15.163 : *JurisData* n° 2000-000257 ; *Bull. civ.* I, n° 26, p. 17 ; *D.* 2000, somm. 267, obs. Lepage). Les juges du fond peuvent estimer que la seule qualité de créancière de cotisations dues au titre du régime de retraite ne justifie pas la demande de renseignements sur l'identité de l'intéressée et de son conjoint, son adresse ainsi que sur la situation patrimoniale et professionnelle du ménage, dès lors qu'il n'est pas démontré que ces renseignements sont nécessaires à la sauvegarde du droit légalement reconnu à la caisse de retraite (■ Cass. 1re civ., 19 déc. 1995, n° 93-17.268 : *JurisData* n° 1995-003722 ; *JCP* 1996, IV, 389 ; *Bull. civ.* I, n° 479, p. 331 ; *D.* 1997, 158, note Ravanas ; *RTD civ.* 1996, 360, obs. Hauser). Porte atteinte au secret de la vie privée des salariés le comité d'entreprise qui subordonne l'attribution d'une prime de vacances à la production de leur déclaration de revenus, laquelle contient par nature des renseignements (tels que situation de famille, situation de fortune, existence de dettes) qui ne sont pas tous indispensables (■ Cass. 1re civ., 29 mai 1984, n° 82-12.232 : *JurisData* n° 1984-701014 ; *Bull. civ.* I, n° 176, p. 149).

27) Domicile et résidence. Sur l'impossibilité pour l'employeur d'imposer au salarié de travailler à domicile, V. ■ Cass. soc., 2 oct. 2001 : *D.* 2002, somm. 2297, obs. Lepage. Si l'usage fait par le salarié de son domicile relève de sa vie privée, des restrictions sont susceptibles de lui être apportées par l'employeur, à condition qu'elles soient justifiées par la nature du travail à accomplir et proportionnées au but recherché (■ Cass. soc., 13 janv. 2009, n° 07-43.282 : *Bull. civ.* V, n° 3, p. 2 ; *JCP* 2009, II, 10066, note Bossu ; *D.* 2009, 1316, note Mouly ; *RTD civ.* 2009, 504, obs. Hauser ; *JurisData* n° 2009-046553, interdiction légitime faite aux membres du personnel éducatif d'un établissement spécialisé dans l'accueil des mineurs de recevoir à leur domicile des mineurs placés). Si toute personne est en droit, notamment pour échapper à des indiscrétions ou à la malveillance, de refuser de faire connaître le lieu de son domicile ou de sa résidence, de sorte qu'en principe sa volonté doit être respectée sur ce point par les tiers, il en va autrement lorsque cette dissimulation lui est dictée par le seul dessein illégitime de se dérober à l'exécution de ses obligations et de faire échec aux droits de ses créanciers (■ Cass. 1re civ., 19 mars 1991, n° 88-19.400 : *JurisData* n° 1991-000872 ; *JCP* 1991, IV, 193 ; *Bull. civ.* I, n° 96, p. 63. ■ Cass. 1re civ., 30 juin 1992, n° 89-21.670 : *JurisData* n° 1992-001969 ; *JCP* 1993, II, 22001, note Daverat ; *Bull. civ.* I, n° 213, p. 142 ; *D.* 1993, 421, note Guiho). La divulgation du domicile d'un agent par l'Administration sans son accord constituerait une atteinte à la vie privée (■ Cass. 1re civ., 6 nov. 1990, n° 89-15.246 : *JurisData* n° 1990-003206 ; *Bull. civ.* I, n° 238, p. 170 ; *D.* 1991, 353, note Prévault), à moins que le souci de discrétion de l'agent ne réponde qu'à la préoccupation de se dérober à l'exécution d'une décision de condamnation (■ Cass. 1re civ., 30 juin 1992, préc.). Sur le domicile des personnes morales, V. ■ Cass. crim., 23 mai 1995 : *RTD civ.* 1996, 130, obs. Hauser. Comp. ■ TGI Tours, 7 août 1986 : *D.* 1987, somm. 138, 2e esp., obs. Lindon et Amson (divulgation de détails indiscrets sur le mode et le lieu de sépulture d'un aristocrate et de sa famille). Constitue une atteinte à l'intimité de la vie privée le fait pour un bailleur de pénétrer dans le domicile de son locataire sans l'autorisation de celui-ci pour faire visiter les locaux à un candidat à la location (■ Cass. 3e civ., 25 févr. 2004, n° 02-18.081 : *JurisData* n° 2004-022473 ; *Bull. civ.* III, n° 41, p. 38 ; *Loyers et copr.* 2004, 102, note Vial-Pedroletti ; *D.* 2004, somm. 1631, obs. Caron ; *RDC* 2004/4, 988, obs. Seube). Mais il en va différemment pour le bureau d'un salarié (■ Paris, 4 avr. 2003, n° 2001/06274 : *JurisData* n° 2003-212997 ; *JurisData* n° 2003-222917 ; *D.* 2004, somm. 1635, obs. Lepage). Jugé que seul le domicile privé est protégé par l'article 9 du Code civil, à l'exclusion des parties communes d'une copropriété, même si son accès est restreint pour des raisons sécuritaires (■ Aix-en-Provence, 17 janv. 2008 : *JCP* 2008, IV, 2117 ; *JurisData* n° 2008-358457). Porte atteinte à l'intimité de la vie privée d'exploitants agricoles, qui résident souvent à proximité de leur exploitation, l'association anti-OGM qui diffuse sur son site Internet des informations relatives à la localisation des parcelles cultivées et au nom de leur exploitant, ces informations personnelles, accessibles à tous, ayant été données sans le consentement des intéressés et pouvant être utilisées à leur détriment (■ TGI Paris, ord. réf., 26 juill. 2006 : *D.* 2006, somm. 2311, obs. Manara). Sur la liberté de choix du domicile, voir art. 102, annot. n° 3, p. 139.

28) Image des biens. Ne donne pas de base légale à sa décision la cour d'appel qui estime que la publication d'une photographie d'une résidence porte atteinte à la vie privée du propriétaire sans préciser en quoi cette publication révèle des faits ayant le caractère d'intimité prévu par l'article 9 du Code civil (▪ Cass. 2e civ., 29 juin 1988, n° 87-10.463 : *JurisData* n° 1988-701641 ; *Bull.* II, n° 160, p. 85). Mais jugé que viole l'intimité de la vie privée celui qui révèle l'endroit où se trouve exposé un objet d'art de valeur (▪ TGI Tours, 7 août 1986 : *D.* 1987, somm. 138, 2e esp., obs. Lindon et Amson), ou l'éditeur qui reproduit la photographie d'une villa, accompagnée de renseignements sur sa localisation et sur le patronyme de son propriétaire (▪ Bordeaux, 9 janv. 2001 : *D.* 2002, somm. 2372, obs. Caron). La publication d'une photographie d'une résidence accompagnée du nom du propriétaire et de sa localisation précise porte atteinte au droit au respect de la vie privée (▪ Cass. 2e civ., 5 juin 2003 : *JurisData* n° 2003-019369 ; *JCP* 2003, IV, 2344 ; *Comm. com. électr.* 2003, 91, note Caron). Le droit de chacun au respect de sa vie privée s'étend à la présentation interne des locaux constituant le cadre de son habitat (▪ Cass. 1re civ., 7 nov. 2006 : *Bull. civ.* I, n° 466, p. 402 ; *D.* 2007, 700, note Bruguière, et somm. 2773, obs. Lepage ; *RTD civ.* 2007, 87, obs. Hauser ; *JurisData* n° 2006-035756, photographies de l'intérieur d'un appartement prises par des ouvriers d'une société HLM et utilisées dans un contexte procédural sans l'autorisation des intéressés). Sur ce que le propriétaire d'une chose ne dispose pas d'un droit exclusif sur l'image de celle-ci mais qu'il peut s'opposer à l'utilisation de cette image par un tiers lorsqu'elle lui cause un trouble anormal, V. ▪ Cass. ass. plén., 7 mai 2004, cité sous article 544.

29) Patrimoine. Relèvent de la vie privée des informations relatives à l'importance de l'héritage que l'intéressé peut recevoir (▪ Paris, 12 janv. 1987 : *D.* 1987, somm. 86, obs. Lindon et Amson). Relève également de la vie privée le salaire de celui qui n'est pas une personne publique et ne jouit d'aucune notoriété particulière (▪ Cass. 1re civ., 15 mai 2007, n° 06-18.448 : *JurisData* n° 2007-038865 ; *Bull. civ.* I, n° 191, p. 169 ; *JCP* 2007, II, 10155, note Lasserre Capdeville ; *D.* 2007, 1603, obs. Delaporte-Carré, et somm. 2773, obs. Bigot ; *RTD civ.* 2007, 546, obs. Hauser). Mais la publication nominative du salaire, au sein d'une liste des gains comparés, dans un article de presse consacré aux difficultés financières notoires d'une entreprise, dans le contexte de la polémique ainsi suscitée et relayée par les médias, participe de l'actualité économique et sociale des faits collectifs dans lesquels elle s'insère, et du droit du public à être informé sur ceux-ci (même arrêt). Jugé auparavant que la divulgation par voie de presse d'informations concernant le patrimoine individuel n'est pas en elle-même de nature à porter atteinte au respect de la vie privée, dès lors que s'agissant de personnalités du monde des affaires, ayant une position qui les signale à l'attention générale par l'influence qu'elles exercent sur la vie économique et financière, une nécessaire transparence s'instaure quant à l'état de leurs avoirs qui prend un caractère public dans les limites qu'imposent toutefois certaines données touchant à leur personne même, à leur mode de vie ou à celui de leur famille (▪ Paris, 23 janv. 1989 : *JurisData* n° 1989-021712 ; *D.* 1989, 471, note Lindon, et ▪ Cass. 1re civ., 20 nov. 1990, n° 89-12.580 : *JurisData* n° 1990-002991 ; *JCP* 1991, IV, 29 ; *Bull. civ.* I, n° 257, p. 182. – V. aussi ▪ Cass. 1re civ., 28 mai 1991, n° 89-13.742 : *JurisData* n° 1991-001749 ; *Bull. civ.* I, n° 173, p. 114 ; *JCP* 1992, II, 21845, note Ringel ; *D.* 1992, 213, note Kayser ; F. Terré et Y. Lequette, *Les grands arrêts de la jurisprudence civile*, t. 1, Dalloz, 13e éd., 2015, n° 22, p. 155. ▪ Cass. 1re civ., 20 oct. 1993, n° 91-20.580 : *JurisData* n° 1993-002228 ; *D.* 1994, 594, note Picod ; *RTD civ.* 1994, 77, obs. Hauser. ▪ CEDH, 21 janv. 1999 : *JurisData* n° 1999-993607 ; *JCP* 1999, II, 10120, note Derieux ; *RTD civ.* 1999, 359, obs. Hauser. – Comp. pour des révélations sur l'importance de l'héritage recueilli par la fille d'Yves Montand, ▪ TGI Paris, 5 juill. 1995 : *JurisData* n° 1995-043585 ; *JurisData* n° 1995-043478 ; *D.* 1996, 174, note Ravanas). Mais il en va autrement pour un chanteur lorsque les informations sur sa situation de fortune sont accompagnées d'indications sur son mode de vie et sa personnalité (▪ Cass. 1re civ., 30 mai 2000, n° 98-20.633 : *JurisData* n° 2000-002305 ; *JCP* 2001, II, 10524, note Montels ; *Bull. civ.* I, n° 167, p. 108 ; *Comm. com. électr.* 2000, 107, note Lepage ; *D.* 2001, somm. 1989, obs. Lepage ; *RTD civ.* 2000, 801, obs. Hauser. – Comp., au sujet de la même affaire, ▪ CEDH, 23 juill. 2009, n° 12268/03 : *JurisData* n° 2009-022257 ; *RTD civ.* 2010, 79, obs. Hauser). La reproduction de bulletins de paie des filles et du gendre du président d'un parti politique constitue une atteinte à la vie privée dès lors qu'elle s'accompagne de la reproduction du numéro de sécurité sociale et des références bancaires (▪ Cass. 1re civ., 9 déc. 2003 : *JCP* 2004, IV, 1264 ; *JurisData* n° 2003-021331 ; *Bull. civ.* I, n° 254, p. 202). Une société de crédit ne peut se livrer à des investigations attentatoires à la vie privée (▪ Paris, 12 juin 2003, n° 2002/08613 : *JurisData* n° 2003-219698 ; *D.* 2004, somm. 1632, obs. Lepage).

30) Pratiques religieuses ou appartenance philosophique. La révélation d'une participation publique aux pratiques religieuses d'un culte ne porte pas atteinte à la vie privée dès lors qu'elle n'est pas inspirée par la volonté de nuire ou de susciter des attitudes discriminatoires ou agressives (■ Paris, 11 févr. 1987 : *JurisData* n° 1987-600145 ; *D.* 1987, somm. 385, obs. Lindon et Amson). Mais dès lors que la publication a pour but de révéler la pratique religieuse de l'intéressé, de le déconsidérer aux yeux de la communauté musulmane et de susciter des attitudes discriminatoires, l'atteinte au respect dû à la vie privée est caractérisé, atteinte qui ne peut être justifiée par l'article 9.1 de la CEDH consacrant la liberté de conscience et de religion (■ Cass. 1re civ., 6 mars 2001, n° 98-17.848 : *JurisData* n° 2001-008676 ; *JCP* 2001, IV, 1792 ; *Bull. civ.* I, n° 60, p. 39 ; *D.* 2002, 248, note Duvert). La révélation de l'exercice de fonctions de responsabilité ou de direction au titre d'une quelconque appartenance politique, religieuse ou philosophique ne constitue pas une atteinte à la vie privée (■ Cass. 1re civ., 12 juill. 2005 : *Bull. civ.* I, n° 329, p. 272 ; *RTD civ.* 2006, 281, obs. Hauser ; *JurisData* n° 2005-029437 ; *Resp. civ. et assur.* 2005, 274, dirigeants de loges maçonniques). Ne constitue pas une atteinte à la vie privée la révélation, dans un article de presse, de la mise en examen du maire d'une commune et de l'appartenance de l'intéressé et d'autres membres du conseil municipal à la franc-maçonnerie, dès lors que cette révélation s'inscrit dans le contexte d'une actualité judiciaire et se trouve justifiée par l'information du public sur un débat d'intérêt général (■ Cass. 1re civ., 24 oct. 2006 : *Bull. civ.* I, n° 437, p. 374 ; *D.* 2007, somm. 2776, obs. Marino ; *JurisData* n° 2006-035512).

31) Adhésion syndicale. L'adhésion du salarié à un syndicat relève de sa vie personnelle et ne peut être divulguée sans son accord (■ Cass. soc., 8 juill. 2009, n° 09-60.011 : *Bull. civ.* V, n° 180, p. 189 ; *D.* 2009, 2393, note Loiseau. V. aussi J. Mouly, *La confidentialité de l'affiliation syndicale ou l'avènement, en droit interne, de la « vie privée professionnelle »* : *D.* 2010, 282).

32) Ancien nom de famille. L'ancienne identité de celui qui a légalement fait changer son nom est un élément de sa vie privée (■ Cass. 1re civ., 7 mai 2008, n° 07-12.126 : *JurisData* n° 2008-043786 ; *Bull. civ.* I, n° 126, p. 107 ; *D.* 2008, 1481, obs. Le Douaron ; *RTD civ.* 2008, 449, obs. Hauser ; *JCP* 2008, IV, 2027).

33) Archives publiques révélant une adoption. S'il résulte de l'article L. 213-2, I, 4°, *e*), du Code du patrimoine que les registres de naissance de l'état civil constituent, à l'expiration d'un délai de soixante-quinze ans à compter de leur clôture, des archives publiques communicables de plein droit à toute personne qui en fait la demande, certaines des informations qu'ils contiennent, et notamment celles portant sur les modalités d'établissement de la filiation, relèvent de la sphère de la vie privée et bénéficient, comme telles, de la protection édictée par les articles 9 du Code civil et 8 de la Convention EDH ; dès lors, c'est à bon droit que la cour d'appel a retenu que, quand bien même l'acte de naissance de l'intéressé, portant mention de son adoption, avait pu être consulté par un tiers, la divulgation, dans un ouvrage destiné au public, de la filiation adoptive de l'intéressé, sans son consentement, portait atteinte à sa vie privée (■ Cass. 1re civ., 18 oct. 2017, n° 16-19.740 : *Bull.* ; *Dr. famille* 2017, 243, Wurtz ; *LPA* 12 janv. 2018, 8, Grechowicz ; *RTD civ.* 2018, 80, Mazeaud ; *JurisData* n° 2017-020493).

34) Naissance dans une famille princière. Une naissance dans une famille princière peut répondre aux nécessités de l'information et être portée à la connaissance du public si elle est susceptible d'avoir des conséquences politiques ou dynastiques (■ Cass. 2e civ., 19 févr. 2004 : *JurisData* n° 2004-022465 ; *JCP* 2004, IV, 1747 ; *Bull. civ.* II, n° 72, p. 61 ; *D.* 2004, somm. 1633, obs. Caron ; *D.* 2004, 2596, 3e esp., note Bigot). Les détails sur les préparatifs et le lieu d'accouchement, ainsi que les interrogations supposées autour de celui-ci sont anodins et ne caractérisent pas une atteinte au respect de la vie privée (même arrêt). Comp., pour une naissance princière gardée secrète et survenue hors mariage, de sorte que l'enfant ne pourra pas accéder au trône monégasque, ■ Cass. 1re civ., 27 févr. 2007 : *Bull. civ.* I, n° 85, p. 73 ; *D.* 2007, 804, obs. Delaporte-Carré ; *RTD civ.* 2007, 309, obs. Hauser ; *D.* 2007, somm. 2776, obs. Bigot ; *JCP* 2007, IV, 1709 ; *JurisData* n° 2007-037669. – Comp. ■ CEDH, 10 nov. 2015, n° 40454/07, *Couderc et Hachette Filipacchi Associés c/ France* : *D.* 2016, 116, note Renucci ; *RTD civ.* 2016, 297, obs. Marguénaud.

35) Registre de baptême. Après avoir relevé que la consultation du registre qui portait mention du baptême n'était ouverte, l'intéressé mis à part, qu'aux ministres du culte, eux-mêmes tenus au secret, et que la seule publicité donnée à cet événement et à son reniement émanait de l'intéressé, la cour d'appel a pu retenir que ce dernier ne pouvait invoquer aucune atteinte au droit au respect de sa vie privée (■ Cass. 1re civ., 19 nov. 2014, n° 13-25.156 : *D.* 2015, 850, note Dieu ; *RTD civ.* 2015, 101, obs. Hauser, rejet de la demande tendant à l'effacement de la mention du baptême sur le registre paroissial).

36) Orientation sexuelle. Après avoir constaté la révélation de l'orientation sexuelle de l'intéressé, secrétaire général du Front national, et l'atteinte portée à sa vie privée, l'arrêt retient que l'évocation de cette orientation figure dans un ouvrage portant sur un sujet d'intérêt général, dès lors qu'il se rapporte à l'évolution d'un parti politique qui a montré des signes d'ouverture à l'égard des homosexuels à l'occasion de l'adoption de la loi relative au mariage des personnes de même sexe ; qu'ayant ainsi apprécié le rapport raisonnable de proportionnalité existant entre le but légitime poursuivi par l'auteur, libre de s'exprimer et de faire état de l'information critiquée, et la protection de la vie privée, la cour d'appel a légalement justifié sa décision de rejeter la demande d'interdiction de la diffusion à venir et la saisie du livre intitulé « Le Front national des villes et le Front national des champs » (▪ Cass. 1re civ., 9 avr. 2015, n° 14-14.146 : *Bull.* ; *RTD civ.* 2015, 583, obs. Hauser ; *JurisData* n° 2015-007510. V. aussi, au sujet de l'action en réparation du préjudice, ▪ Cass. 1re civ., 11 juill. 2018, n° 17-22.381 : *Bull.*).

B – Droit à l'image

37) Principes. Toute personne peut interdire la reproduction de ses traits (▪ Paris, 14 mai 1975 : *D.* 1976, 291, note Lindon, et, sur pourvoi, ▪ Cass. 2e civ., 17 mars 1977 : *D.* 1977, inf. rap. 316. – V. aussi ▪ TGI Paris, 29 janv. 1986 et ▪ Paris, 26 juin 1986 : *JurisData* n° 1986-023165 ; *D.* 1987, somm. 136, obs. Lindon et Amson, et, sur pourvoi, ▪ Cass. 1re civ., 10 juin 1987, n° 86-16.185 : *JurisData* n° 1987-001085 ; *Bull. civ.* I, n° 191, p. 141. ▪ TGI Paris, 8 janv. 1986 : *D.* 1987, somm. 137, obs. Lindon et Amson. ▪ TGI Paris, 5 juill. 1995 : *D.* 1996, 174, note Ravanas. V. en ce sens pour la voix, ▪ Pau, 22 janv. 2001, n° 99/00051 : *JurisData* n° 2001-139823 ; *D.* 2002, somm. 2375, obs. Lepage. ▪ Paris, 12 janv. 2005 et ▪ TGI Paris, 27 sept. 2004, n° 03/03496 : *JurisData* n° 2004-254455 ; *D.* 2005, somm. 2644, obs. Lepage), dès lors qu'elle est identifiable (▪ Cass. 1re civ., 21 mars 2006 : *Bull. civ.* I, n° 170, p. 150 ; *RTD civ.* 2006, 535, obs. Hauser ; *D.* 2006, somm. 2703, obs. Lepage ; *JurisData* n° 2006-032790, photo « pixellisée ». ▪ Cass. 1re civ., 5 avr. 2012, n° 11-15.328 : *Bull. civ.* I, n° 86, p. 77 ; *D.* 2013, 458, obs. Dreyer ; *JurisData* n° 2012-006389, taille d'un visage de trois millimètres sur deux et mauvaise définition générale de l'image ; appréciation souveraine des juges du fond. ▪ Cass. 1re civ., 9 avr. 2014, n° 12-29.588 : *Bull. civ.* I, n° 67, p. 69 ; *JCP* G 2014, 1163, n° 11, obs. Antippas ; *D.* 2015, 342, obs. Dreyer ; *JurisData* n° 2014-006944, orteil d'un nourrisson), à plus forte raison lorsque cette reproduction est utilisée à des fins publicitaires (▪ TGI Paris, réf., 4 avr. 1970 : *JCP* 1970, II, 16328. ▪ TGI Aix-en-Provence, 24 nov. 1988 : *JCP* 1989, II, 21329, note Henderycksen). Une simple ressemblance du demandeur avec l'acteur jouant un rôle ne l'autorise pas à invoquer le droit sur son image dès lors qu'il n'est pas montré en personne dans le film (▪ Paris, 6 juin 1984 : *JurisData* n° 1984-023554 ; *D.* 1985, inf. rap. 18, obs. crit. Lindon). – Comp., sur la mise en scène d'un sosie dans une vidéo publicitaire, ▪ TGI Nanterre, 23 mars 2007 : *JurisData* n° 2007-335359 ; *D.* 2007, somm. 2772, obs. Marino. L'existence d'une diffamation constituée par la légende de la photographie ne prive nullement l'intéressé du droit de poursuivre la réparation d'une atteinte distincte à sa personnalité résultant de la violation du droit à l'image (▪ Paris, 31 oct. 2001 : *D.* 2002, somm. 2374, obs. Marino). Mais le droit exclusif et absolu d'une personne sur son image doit se combiner avec l'exercice de la liberté de communication des informations, ce dont il résulte qu'une personne ne peut s'opposer à la réalisation et à la divulgation de son image chaque fois que le public a un intérêt légitime à être informé (▪ Cass. 2e civ., 30 juin 2004, n° 02-19.599 : *JurisData* n° 2004-024365 ; *JCP* 2004, II, 10160, 1er arrêt, note Bakouche ; *Bull. civ.* II, n° 340, p. 286). Le droit au respect de la vie privée et le droit au respect dû à l'image d'une personne, d'une part, et le droit à la liberté d'expression, d'autre part, ont la même valeur normative ; qu'il appartient au juge saisi de rechercher un équilibre entre ces droits et, le cas échéant, de privilégier la solution la plus protectrice de l'intérêt le plus légitime ; qu'il résulte de la jurisprudence de la Cour européenne des droits de l'homme que, pour procéder à la mise en balance des droits en présence, il y a lieu de prendre en considération la contribution de la publication incriminée à un débat d'intérêt général, la notoriété de la personne visée, l'objet du reportage, le comportement antérieur de la personne concernée, le contenu, la forme et les répercussions de ladite publication, ainsi que, le cas échéant, les circonstances de la prise des photographies (▪ CEDH [GC], arrêt 10 nov. 2015, n° 40454/07, *Couderc et Hachette Filipacchi associés c/ France*, § 93) ; que la définition de ce qui est susceptible de relever de l'intérêt général dépend des circonstances de chaque affaire (*ibid.*, § 97 ; Rapp. ▪ Cass. 1re civ., 21 mars 2018, n° 16-28.741 : *Bull.* ; *D.* 2018, 2040, Canas ; *JurisData* n° 2018-004051).

Sur ce que le respect dû à la vie privée et celui dû à l'image constituent des droits distincts, V. ▪ Cass. 1re civ., 10 mai 2005, n° 02-14.730 : *JurisData* n° 2005-028325 ; *D.* 2005, somm. 2644, obs. Lepage. Ainsi, l'utilisation de l'image d'une personne pour en promouvoir les œuvres (appartenant au domaine public) doit avoir été autorisée par celle-ci et la reproduction de la première, au soutien de la vente des secondes, n'est pas une « information » à laquelle le public aurait nécessairement droit au titre de la liberté d'expression, peu important l'absence d'atteinte à la vie privée de l'intéressé (▪ Cass. 1re civ., 9 juill. 2009, n° 07-19.758 : *Bull. civ.* I, n° 175, p. 156 ; *D.* 2009, inf. rap. 2110 ; *RTD civ.* 2009, 695, obs. Hauser. – Rappr. ▪ Cass. 1re civ., 24 sept. 2009, n° 08-11.112 : *Bull. civ.* I, n° 184, p. 166 ; *D.* 2009, 2486, obs. Daleau). Mais, à l'inverse, la publication de photographies représentant une personne pour illustrer des développements attentatoires à sa vie privée porte nécessairement atteinte à son droit au respect de son image (■ Cass. 1re civ., 27 févr. 2007 : *Bull. civ.* I, n° 85, p. 73 ; *D.* 2007, 804, obs. Delaporte-Carré).

38) Personnes décédées. Le droit à l'image, attribut de la personnalité, s'éteint au décès de son titulaire et n'est pas transmissible à ses héritiers (■ Cass. 1re civ., 31 janv. 2018, n° 16-23.591 : *RTD civ.* 2018, 364, Mazeaud).

39) Applications. Un avocat peut s'opposer à la publication d'une photographie d'amateur prise de lui dans une réunion à caractère privé, accompagnée d'une légende révélant son identité, dès lors qu'il n'a pas donné son accord à cette publication (■ Cass. 2e civ., 5 mars 1997, n° 95-14.503 : *JurisData* n° 1997-000888 ; *JCP* 1997, IV, 925 ; *Bull. civ.* II, n° 66, p. 38 ; *D.* 1998, 474, note Ravanas ; *RTD civ.* 1997, 396, obs. Hauser). L'atteinte peut résulter de la fabrication d'un santon, dès lors que la personne dont l'image est reproduite est suffisamment identifiable (■ Versailles, 30 juin 1994 : *JurisData* n° 1994-046055 ; *D.* 1995, 645, note Ravanas, à propos de Caroline de Monaco) ou de l'utilisation d'un personnage public en tant que symbole de nuisance dans un jeu multimédia (■ Versailles, 8 mars 1996 : *JurisData* n° 1996-765118 ; *Gaz. Pal.* 1996, 1, 213, concl. Duplat, à propos du président de SOS Racisme, et, sur pourvoi, ■ Cass. 1re civ., 16 juill. 1998, n° 96-14.503 : *JurisData* n° 1998-003254 ; *JCP* 1998, IV, 3128 ; *Bull. civ.* I, n° 259, p. 181 ; *D.* 1999, 541, note Saint-Paul), ou de la mise en vente d'épinglettes représentant la caricature du demandeur (■ Cass. 1re civ., 13 janv. 1998, n° 95-13.694 : *JurisData* n° 1998-000037 ; *JCP* 1998, II, 10082, note Loiseau ; *D.* 1999, 120, note Ravanas ; *Bull. civ.* I, n° 14, p. 9 ; *RTD civ.* 1998, 341, obs. Hauser, à propos d'un présentateur de télévision. – Rappr. pour une poupée vaudou à l'effigie du président de la République, ■ Paris, 28 nov. 2008 : *JCP* 2008, act. 742 ; *JCP* 2009, II, 10026, note Derieux ; *D.* 2009, 610, note Edelman ; *RTD civ.* 2009, 93, obs. Hauser ; *JurisData* n° 2008-003581, atteinte à la dignité, infirmant ■ TGI Paris, 29 oct. 2008 : *JCP* 2008, act. 647 ; *D.* 2008, 2870, obs. Le Douaron ; *JurisData* n° 2008-001800). La publication de photographies d'une comédienne, prises à son insu et divulguées sans son autorisation, et donnant au surplus l'image d'un être marqué par la souffrance et diminué physiquement, porte atteinte au respect de la vie privée aussi bien qu'au droit à l'image, nonobstant le caractère bienveillant et optimiste du titre *et du texte* accompagnant ces photographies (■ Cass. 1re civ., 10 juin 1978 : *Bull.* I, n° 191, p. 141). La reproduction d'une photographie d'un coureur cycliste à des fins mercantiles (support publicitaire) constitue une atteinte au droit que le coureur a sur l'utilisation de son image (■ Paris, 3 avr. 1987 : *D.* 1987, somm. 384, 1re esp., obs. Lindon et Amson). Il en va de même pour l'utilisation sur la page de couverture d'une revue d'un cliché représentant un présentateur de télévision (■ Paris, 20 mai 1987 : *JurisData* n° 1987-022733 ; *D.* 1987, somm. 384, 2e esp., obs. Lindon et Amson), ou pour la diffusion dans une émission satirique de l'image d'un comédien qui a participé au tournage de la publicité d'une banque (■ TGI Paris, 4 oct. 1989, n° 3652/89 : *JurisData* n° 1989-048161 ; *D.* 1990, somm. 240, obs. Amson), ou pour la publication de la photographie d'une jeune fille présentée par erreur comme auteur d'agissements criminels (■ Cass. 2e civ., 11 févr. 1999, n° 97-10.465 : *JurisData* n° 1999-000576 ; *Resp. civ. et assur.* 1999, 123), ou celle de la photographie d'un enfant ayant participé à une manifestation folklorique, alors que l'image était isolée de cette manifestation (■ Cass. 1re civ., 12 déc. 2000 : *JCP* 2001, II, 10572, note Abravanel-Jolly ; *D.* 2002, 2064, note Ravanas, somm. 2078, obs. Caron ; *JurisData* n° 2000-007309 ; *Bull. civ.* I, n° 322, p. 209), ou d'une mariée au cours d'une cérémonie de mariage organisée dans un club naturiste (■ TGI Lille, 4 janv. 2000 : *JurisData* n° 2000-141756 ; *D.* 2001, 1503, note Labbée) ou de photographies du couple présidentiel pour illustrer une publicité pour une compagnie aérienne (■ TGI Paris, 5 févr. 2008 : *JCP* 2008, act. 117, obs. Derieux ; *RTD civ.* 2008, 273, obs. Hauser ; *JurisData* n° 2008-353114 et n° 2008-353115).

40) Lieux publics. Le fait qu'une personne intéressant l'actualité se trouve dans un lieu public ne vaut pas renonciation au droit qu'elle a sur son image et sur sa vie privée (■ Paris, 16 juin 1986, n° M.10.579 : *JurisData* n° 1986-024086 ; *D.* 1987, somm. 136, obs. Lindon et Amson. – V. aussi ■ Cass. 2e civ., 8 juill. 1981, n° 80-12.286 : *JurisData* n° 1981-799757 ; *D.* 1982, 65 note Lindon ; *JCP* 1982, II, 19830, note Langlade. ■ Paris, 10 janv. 1985, n° L. 15279 : *JurisData* n° 1985-020021 ; *D.* 1985, inf. rap. 321, obs. Lindon. V. en ce sens pour la publication de l'image d'un couple à l'issue de la cérémonie de leur mariage ■ Paris, 6 oct. 1999, n° 1998/16142 : *JurisData* n° 1999-024761 ; *D.* 2000, somm. 268, obs. Lepage. Comp., écartant l'action d'une « personnalité non publique » photographiée à son insu dans un magasin, ■ Paris, 19 sept. 1994, n° 93-17373 : *JurisData* n° 1994-023268 ; *RTD civ.* 1995, 326, obs. Hauser. – V. aussi ■ Cass. 1re civ., 25 janv. 2000, n° 97-21.119 : *JurisData* n° 2000-000255 ; *JCP* 2000, II, 10257, concl. Sainte-Rose ; *Bull. civ.* I, n° 27, p. 17 ; *D.* 2000, somm. 270, obs. Caron ; *RTD civ.* 2000, 291, obs. Hauser, rejetant la demande d'une personne faisant partie d'un groupe photographié sur le seuil d'un bâtiment public. Mais voir ■ Cass. 2e civ., 8 juill. 2004 : *JCP* 2004, IV, 2924 ; *JurisData* n° 2004-024549 ; *Bull. civ.* II, n° 388, p. 326, n'est pas fautive la publication de photographies prises avec le consentement de la mariée à l'issue de la cérémonie, pour illustrer un article ne portant pas atteinte à la vie privée de l'intéressé). – V. aussi T. Hassler, *L'image banale d'une personne ou le triangle des Bermudes du droit à l'image* in *Mélanges B. Gross*, PU Nancy, 2009, 545.

41) Personnes impliquées dans un événement d'actualité. La liberté de communication des informations autorise la publication d'images de personnes impliquées dans un événement, sous la seule réserve de la dignité de la personne humaine (▪ Cass. 1re civ., 20 févr. 2001, n° 99-15.170 : *JurisData* n° 2001-008276 ; *JCP* 2001, II, 10533, note Ravanas ; *Bull. civ.* I, n° 42, p. 26 ; *RTD civ.* 2001, 329, obs. Hauser, personne blessée lors d'un attentat, photographie « dépourvue de recherche du sensationnel et de toute indécence ». V. aussi pour un policier procédant à l'expulsion d'occupants d'un édifice public ▪ Cass. 1re civ., 20 févr. 2001, n° 98-23.471 : *JurisData* n° 2001-008274 ; *Bull. civ.* I, n° 43, p. 27 ; *D.* 2001, somm. 1992, obs. Caron, pour un policier procédant aux constatations consécutives à l'attaque d'un véhicule et ainsi directement impliqué dans cet évènement, ▪ Cass. 1re civ., 5 juill. 2005, n° 04-10.607 : *JurisData* n° 2005-029315 ; *JCP* 2005, II, 10123, note Bakouche, pour la photographie prise au cours d'une reconstitution non interdite aux médias et reproduisant la douleur digne et légitime du père de la victime, révélée à l'époque de l'événement et indissociable de celui-ci, ▪ Cass. 1re civ., 13 nov. 2003 : *JCP* 2004, IV, 1008 ; *JurisData* n° 2003-020896 ; *Resp. civ. et assur.* 2004, 26 ; *Bull. civ.* I, n° 231, p. 183, *D.* 2004, somm. 1634, obs. Lepage, pour la photographie sur laquelle apparaît la main d'une victime décédée dans un accident de la circulation, ▪ Cass. 2e civ., 8 avr. 2004, n° 03-10.959 : *JurisData* n° 2004-023237 ; *Bull. civ.* II, n° 191, p. 162, pour la photographie d'un journaliste participant à une émission télévisée, ▪ Paris, 27 mars 2003, n° 2001/16972 : *JurisData* n° 2003-209211 ; *Comm. com. électr.* 2004, 10, note Lepage, pour la photographie prise dans un lieu public, mais clandestinement, d'un acteur célèbre victime d'un accident de santé et le montrant couché sur un brancard au moment de son évacuation par hélicoptère, V. ▪ Cass. 1re civ., 16 mai 2006 : *Bull. civ.* I, n° 247, p. 216 ; *D.* 2006, somm. 2707, obs. Bigot ; *JurisData* n° 2006-033516, mais V. pour la publication de photographies de manifestations homosexuelles non justifiée par l'information du public sur cet événement, ▪ Versailles, 31 janv. 2002, n° 99/02761 : *JurisData* n° 2002-216790 ; *D.* 2003, somm. 1533, obs. Caron, pour la publication d'images de la vie familiale des protagonistes d'une affaire financière ▪ Cass. 1re civ., 12 juill. 2005 : *JCP* 2005, IV, 3073 ; *JurisData* n° 2005-029436 ; *Resp. civ. et assur.* 2005, 273 ; *Bull. civ.* I, n° 330, p. 273).

Le principe de la liberté de la presse implique le libre choix des illustrations d'un débat général de phénomène de société, sous la seule réserve du respect de la dignité de la personne humaine (▪ Cass. 1re civ., 4 nov. 2004, n° 03-15.397 : *JurisData* n° 2004-025441 ; *JCP* 2004, II, 10186, note Bakouche ; *D.* 2005, 819, note Corpart, et somm. 2648, obs. Bigot ; *RTD civ.* 2005, 363, obs. Hauser, photographie d'un jeune homme victime d'un accident de la circulation). Mais la participation volontaire de personnes atteintes d'une maladie à une émission télévisée ayant pour objet de sensibiliser le public à celle-ci n'implique pas un consentement des intéressés à voir reproduite dans un livre leur photographie prise en la circonstance et sur laquelle ils demeurent identifiables, l'utilisation du cliché, fut-elle destinée à illustrer une étude d'intérêt général relative à l'affection en cause, étant faite dans un contexte différent (▪ Cass. 1re civ., 14 juin 2007, n° 06-13.601 : *Bull. civ.* I, n° 236, p. 204 ; *JCP* 2007, II, 10158, note Brusorio-Aillaud ; *D.* 2007, 1879, obs. Delaporte-Carré, et somm. 2778, obs. Marino ; *RTD civ.* 2007, 753, obs. Hauser, images d'enfants participant au Téléthon reproduites à titre illustratif dans un manuel scolaire). La photographie prise au cours d'une manifestation publique contre le PACS, qui est en relation directe avec l'article publié et dont le commentaire est également en relation directe avec cet événement, ne porte pas atteinte au droit à l'image des personnes représentées (▪ Cass. 2e civ., 11 déc. 2003 : *JCP* 2004, IV, 1282 ; *JurisData* n° 021491 ; *Bull. civ.* II, n° 385, p. 317 ; *D.* 2004, 2596, 1re esp., note Bigot). Le droit exclusif et absolu d'une personne sur son image doit se combiner avec l'exercice de la liberté de communication des informations, ce dont il résulte qu'une personne ne peut s'opposer à la réalisation et à la divulgation de son image chaque fois que le public a un intérêt légitime à être informé (▪ Cass. 2e civ., 30 juin 2004, n° 02-19.599 : *JurisData* n° 2004-024365 ; *JCP* 2004, II, 10160, 1er arrêt, note Bakouche ; *Bull. civ.* II, n° 340, p. 286) et sous réserve que les photographies illustrent de façon appropriée l'article avec lequel elles sont en lien direct (▪ Cass. 1re civ., 7 mars 2006 : *Bull. civ.* I, n° 140, p. 129 ; *D.* 2006, somm. 2708, obs. Bigot ; *JCP* 2006, II, 10105, note Dreyer ; *JurisData* n° 2006-032545, ne porte pas atteinte à la dignité de la veuve, figurant sur les clichés, la publication de photographies prises lors de l'enterrement d'un policier en présence d'autorités officielles et illustrant de façon appropriée l'article consacré aux violences à l'encontre des policiers). Mais il en va autrement si la photographie est utilisée dans un contexte étranger à celui dans lequel elle a été prise (▪ Cass. 2e civ., 30 juin 2004, n° 02-19.599 : *JurisData* n° 2004-024365 ; *JurisData* n° 2004-024365 ; *JCP* 2004, II, 10160, 2e arrêt ; *JurisData* n° 024364 ; *Bull. civ.* II, n° 341, p. 287, photographie prise sur un champ de course, utilisée pour illustrer un sujet traitant du dopage dans le milieu cycliste. V. aussi ▪ Cass. 1re civ., 5 juill. 2005 : *JCP* 2005, IV, 2981 ; *JurisData* n° 2005-029316 ; *Bull. civ.* I, n° 295, p. 246 ; *D.* 2006, 1020, note Viangalli, photographie d'un entraîneur de chevaux illustrant un article sur le dopage dans le milieu cycliste). Il appartient à la chaîne de télévision d'éviter que soit reconnaissable, lors de la projection ultérieure à l'écran d'un reportage, la personne qui n'est en rien concernée par le sujet évoqué (▪ Cass. 1re civ., 5 juill. 2006 : *Bull. civ.* I, n° 362, p. 310 ; *JurisData* n° 2006-034430). Le droit au respect de la vie privée de la fille mineure d'une famille princière est violé dès lors que l'intéressée ne remplit aucune fonction officielle et n'est impliquée dans aucun événement d'actualité dont l'importance justifierait la publication d'informations concernant exclusivement sa vie privée (▪ Cass. 2e civ., 25 nov. 2004, n° 03-10.954 : *JurisData* n° 2004-025801 ; *Bull. civ.* II, n° 506, p. 433 ; *D.* 2005, somm. 2647, obs. Bigot. *Adde*, pour la photographie du fils d'une présentatrice de télévision, non concerné par l'événement d'actualité qui n'est qu'accessoirement relaté, ▪ Cass. 1re civ., 12 juill. 2006 : *Bull. civ.* I, n° 401, p. 345 ; *D.* 2006, somm. 2707, obs. Bigot ; *JurisData* n° 2006-034563).

42) Liberté d'expression artistique. Jugé qu'en matière d'art photographique, la créativité du photographe et la liberté d'expression de l'artiste n'ont pour limite que le respect de la dignité de la personne représentée ou les conséquences d'une particulière gravité qu'entraîneraient la publication des clichés pour le sujet (▪ TGI Paris, 25 juin 2007. ▪ TGI Paris, 9 mai 2007 : *D.* 2007, somm. 2779, obs. Bigot ; *D.* 2008, 57, note Tricoire. – Confirmé par ▪ Paris, 5 nov. 2008 : *D.* 2009, 470, note Bigot). La reproduction de la photographie de l'artiste sur la jaquette d'une compilation constitue au contraire un acte d'exploitation commerciale et non l'exercice de la liberté d'expression (▪ Cass. 1re civ., 24 sept. 2009, n° 08-11.112 : *Bull. civ.* I, n° 184, p. 166 ; *D.* 2009, 2486, obs. Daleau).

43) Illustration d'une étude d'intérêt général. La publication de l'image, utilisée dans une perspective différente de celle pour laquelle elle a été réalisée, exige le consentement spécial des intéressés, et l'illustration d'une étude d'intérêt général, qui dispense d'un tel consentement, n'implique pas nécessairement que les personnes représentées soient identifiables (▪ Cass. 1re civ., 14 juin 2007, n° 06-13.601, *préc., art. 9, annot. n° 40, p. 55*).

44) Autorisation. Liberté contractuelle. Les dispositions de l'article 9 du Code civil, seules applicables en matière de cession de droit à l'image, à l'exclusion notamment du Code de la propriété intellectuelle, relèvent de la liberté contractuelle et ne font pas obstacle à son exercice, dès lors que les parties ont stipulé de façon suffisamment claire les limites de l'autorisation donnée quant à sa durée, son domaine géographique, la nature des supports et l'exclusion de certains contextes (▪ Cass. 1re civ., 11 déc. 2008 : *Bull. civ.* I, n° 282, p. 244 ; *JCP* 2009, II, 10025, note Loiseau ; *RTD civ.* 2009, 295, obs. Hauser, et 342, obs. Revet ; *D.* 2009, inf. rap. 100 ; *JurisData* n° 2008-046194. ▪ Cass. 1re civ., 28 janv. 2010, n° 08-70.248 : *Bull. civ.* I, n° 21, p. 18 ; *RTD civ.* 2010, 299, obs. Hauser).

45) Preuve de l'autorisation. C'est à celui qui reproduit l'image d'apporter la preuve de l'autorisation et il ne suffit pas d'avoir acquis les droits du photographe (▪ Paris, 9 nov. 1982 : *D.* 1984, 30, note Lindon. – V. aussi ▪ Bordeaux, 23 sept. 1998 : *JCP* 1999, IV, 1641, utilisation à des fins publicitaires de la photographie d'un maître de chai).

46) Forme de l'autorisation. Le consentement à la diffusion d'images de la personne ou de faits de sa vie privée peut être tacite (▪ Cass. 1re civ., 7 mars 2006 : *Bull. civ.* I, n° 139, p. 128 ; *D.* 2006, somm. 2703, obs. Marino ; *JurisData* n° 2006-032550, personne ayant autorisé en toute connaissance de cause la captation de ses traits aux fins de télédiffusion d'un reportage. ▪ Cass. 1re civ., 13 nov. 2008 : *Bull. civ.* I, n° 259, p. 222 ; *JCP* 2008, IV, 2984 ; *D.* 2008, inf. rap. 3009 ; *JurisData* n° 2008-045785, consentement tacite mais sans équivoque, du fait du comportement de l'intéressé).

47) Portée de l'autorisation. L'accord donné par une personne pour la diffusion de son image ne peut valoir accord pour la divulgation de ses nom et grade (▪ Cass. 1re civ., 4 nov. 2011, n° 10-24.761 : *D.* 2012, 766, obs. Dreyer ; *JCP* 2012, note 71, Loiseau ; *RTD civ.* 2012, 90, obs. Hauser ; *LPA* 6 juill. 2012, 16, note Druffin-Bricca ; *JurisData* n° 2011-024370, policiers dans l'exercice de leurs missions apparaissant dans un reportage télévisé).

48) Respect de la finalité de l'autorisation. Sur le principe que la publication des photographies doit respecter la finalité de l'autorisation donnée, V. ▪ Cass. 1re civ., 30 mai 2000, n° 98-13.609 : *JurisData* n° 2000-002405 ; *JCP* 2001, II, 10524, note Montels ; *Bull. civ.* I, n° 167, p. 108 ; *Comm. com. électr.* 2000, 107, note Lepage ; *D.* 2001, somm. 1989, obs. Lepage ; *RTD civ.* 2000, 801, obs. Hauser. ▪ Cass. 2e civ., 19 févr. 2004 : *JurisData* n° 2004-022379 ; JCP 2004, IV, 1748 ; *Bull. civ.* II, n° 73, p. 62 ; *D.* 2004, 2596, 2e esp., note Bigot. ▪ Cass. 1re civ., 24 oct. 2006 : *Bull. civ.* I, n° 438, p. 375 ; *JurisData* n° 2006-035514. ▪ Paris, 14 mai 1975 : *D.* 1976, 291. ▪ TGI Paris, 28 juin 2000 : *D.* 2001, somm. 2077, obs. Lepage. – V. aussi pour un mannequin,

■ Versailles, 4 nov. 1999 : *JurisData* n° 1999-131886 ; *D.* 2000, 347, note Ravanas. ■ Versailles, 21 mars 2002 : *D.* 2002, somm. 2374 obs. Caron, pour une photographie numérisée et modifiée sur Internet, ■ TGI Paris, 5 janv. 2000 : *D.* 2001, somm. 1992, obs. Caron. Dès lors qu'un article du règlement intérieur de l'école attire l'attention des parents sur le fait que la prise de vue vidéo et de photos participe de la pédagogie de l'école et de sa philosophie, les parents ont accepté que l école prenne des photographies et filme leur enfant dans le cadre de ses activités scolaires, mais ces films ou photos ne peuvent être utilisés hors l'école sans l'autorisation des parents (■ Paris, 14 févr. 2002 : *JurisData* n° 2002-184269 ; *D.* 2002, 2004, note Ravanas ; *RTD civ.* 2002, 487, obs. Hauser, pourvoi rejeté par ■ Cass. 2e civ., 3 juin 2004 : *JCP* 2004, IV, 2543 ; *JurisData* n° 2004-023911 ; *Bull. civ.* II, n° 274, p. 232).

49) Garantie due par le photographe. L'agence de photographie qui ne s'est pas assurée du consentement de la personne photographiée à la publication du cliché a commis une faute en vendant ce cliché et doit être tenue de garantir l'entreprise de presse des condamnations prononcées contre elle (■ Cass. 1re civ., 15 déc. 1981, n° 80-14.787 : *JurisData* n° 1981-703617 ; *JCP* 1983, II, 20023, note Jourdain).

50) Archives de la justice et de la police. Dès lors que l'atteinte aux droits de la personnalité pouvant résulter de la reproduction ou de la diffusion de l'enregistrement des audiences d'un procès pour complicité de crime contre l'humanité est justifiée par la loi du 11 juillet 1995 tendant à la constitution d'archives audiovisuelles de la justice, l'intéressé ne peut invoquer le droit qu'il a sur son image (■ Cass. crim., 16 mars 1994, n° 94-81.062 : *JurisData* n° 1994-000606 ; *JCP* 1995, II, 22547, note Ravanas). La prise de photographies anthropomorphiques et le relevé d'empreintes digitales à l'occasion d'une enquête judiciaire ne constituent pas des atteintes au droit au respect de la vie privée dès lors que ces photographies et relevés sont conservés par les services de police judiciaire et ne servent qu'à leurs enquêtes dans les conditions prévues par la loi (■ Cass. 2e civ., 18 déc. 2003 : *JCP* 2004, IV, 1343 ; *JurisData* n° 2003-021500 ; *Bull. civ.* II, n° 404, p. 334 ; *D.* 2004, somm. 1635, obs. Lepage).

51) Cinémomètre. Sur la licéité du constat d'excès de vitesse par le cinémomètre, V. ■ T. pol. Paris, 25 mai 1984 : *JurisData* n° 1984-601081 ; *JCP* 1986, II, 20531, note Taquet. Voir cependant, invoquant l'article 8 de la Déclaration européenne des droits de l'homme, ■ T. pol. Cannes, 9 mai 1994 : *JurisData* n° 1994-606020 ; *Gaz. Pal.* 1994, 2, 635.

52) Actualité judiciaire. La liberté de communication des informations justifie la publication de l'image d'une personne impliquée dans une affaire judiciaire, sous réserve du respect de la dignité de la personne humaine (■ Cass. 1re civ., 12 juill. 2001, n° 98-21.337 : *JurisData* n° 2001-010613 ; *D.* 2002, 1380, note Bigot ; somm. 2298, obs. Marino. V. en ce sens pour la photographie prise au cours d'une reconstitution non interdite aux médias et reproduisant la douleur digne et légitime du père de la victime, révélée à l'époque de l'événement et indissociable de celui-ci, ■ Cass. 1re civ., 13 nov. 2003 : *JCP* 2004, IV, 1008 ; *JurisData* n° 2003-020896 ; *Bull. civ.* I, n° 231, p. 183). La publication, au soutien d'un événement d'actualité judiciaire, de clichés pris dans le cercle de famille n'est pas de nature à porter atteinte à l'intimité de la vie privée (■ Cass. 2e civ., 25 nov. 2004 : *JurisData* n° 2004-025801 ; *JCP* 2005, IV, 1021 ; *Bull. civ.* II, n° 504, p. 428).

II – MODALITÉS DE LA PROTECTION

53) Sur les **sanctions pénales** encourues en cas d'atteinte à l'intimité de la vie privée, V. C. pén., article 226-1 et s. Jugé qu'un article de presse ne peut constituer une atteinte à la vie privée d'une personne, dès lors que cette personne est décédée au moment de la publication (■ Paris, 22 oct. 1986, n° M.0098 : *JurisData* n° 1986-026885 ; *D.* 1987, somm. 140, obs. crit. Lindon et Amson).

54) Production en justice. Nul ne peut être contraint à produire en justice des documents relatifs à des faits dont il a eu connaissance dans l'exercice de ses fonctions et touchant à l'intimité de la vie privée des personnes (■ Cass. 2e civ., 29 mars 1989, n° 88-10.336 : *JurisData* n° 1989-000816 ; *D.* 1989, somm. 356, obs. Amson ; *D.* 1990, 45, note Robine ; *JCP* 1990, II, 21586, note Bouscau, déclarations faites par le mari devant la juridiction ecclésiastique au cours d'une procédure d'annulation de mariage). Mais viole les articles 259 et 259-1 la cour d'appel qui écarte des débats des lettres adressées par la femme à des tiers ainsi que son journal intime et son carnet de bord en invoquant l'atteinte à la vie privée (■ Cass. 2e civ., 29 janv. 1997, n° 95-15.255 : *JurisData* n° 1997-000311 ; JCP 1997, IV, 615 ; *Bull. civ.* II, n° 28, p. 15 ; *D.* 1997, 296, note Bénabent ; *RTD civ.* 1997, 640, obs. Hauser. V. cependant ■ Paris, 9 sept. 1999, n° 1998/00929 : *JurisData* n° 1999-024775 ; *Dr. famille* 2000, 24, note Lécuyer, écartant le journal intime. – Jugeant au contraire que le journal intime d'un époux peut être produit malgré l'atteinte à la vie privée, ■ Paris, 21 févr. 2017, n° 15/22965 : *JurisData* n° 2017-003085 ; *Dr. famille* 2017, 94, Binet. V. aussi art. 259-1, p. 230).

55) Suppressions et coupures. Les juges du fond peuvent ordonner la suppression de certains passages de la publication incriminée (▪ TGI Paris, réf., 28 févr. 1973 : *JCP* 1973, II, 17401, note Lindon. V. en ce sens pour des coupures dans un film, ▪ Paris, 6 oct. 1982 : *D.* 1983, 185, note Lindon).

56) Saisie. Les tribunaux peuvent ordonner la saisie (▪ Cass. 1re civ., 3 avr. 1984, n° 82-15.849 : *JurisData* n° 1984-700994 ; *Bull. civ.* I, n° 125, p. 103. ▪ Cass. 2e civ., 12 juill. 1966 : *D.* 1967, 181, note Mimin. ▪ Basse-Terre, 5 mai 1988, n° 335/88 : *JurisData* n° 1988-051917 ; *D.* 1990, somm. 240, obs. Amson. – V. pour l'interdiction de diffusion d'un livre contenant des révélations faites par l'ancien médecin personnel du Président Mitterrand, ▪ TGI Paris, réf., 18 janv. 1996 : *JCP* 1996, II, 22589, note Derieux et ▪ Paris, 13 mars 1996 : *JurisData* n° 1996-765085 ; *JCP* 1996, II, 22632, note Derieux ; *Gaz. Pal.* 1996, 1, 162, obs. Gizardin, pourvoi rejeté par ▪ Cass. 1re civ., 16 juill. 1997, n° 95-17.210 : *JurisData* n° 1997-003412 ; *JCP* 1997, IV, 2014 ; *Bull.* I, n° 249, p. 166. Voir cependant ▪ Cass. 2e civ., 19 févr. 1997 : *JCP* 1997, II, 22964, 1re esp., note Derieux. ▪ TGI Paris, 23 oct. 1996 : *JCP* 1997, II, 22844, note Derieux et ▪ Paris, 27 mai 1997 : *JCP* 1997, II, 22894, note Derieux. V. E. Agostini, *Le grand secret* : *D.* 1996, chron. 58. Comp. pour l'interdiction de la diffusion d'un film, ▪ Cass. 1re civ., 16 oct. 1984, n° 83-11.786 : *Bull. civ.* I, n° 268, p. 228. ▪ Toulouse, 15 janv. 1991 : *JurisData* n° 1991-043492 ; *D.* 1991, 600, note Ravanas), mais cette dernière mesure a un caractère exceptionnel (▪ TGI Paris, 8 mai 1974 : *D.* 1974, 530, note Lindon. ▪ Paris, 28 déc. 1987, n° 87/020272 : *JurisData* n° 1987-028121 ; *D.* 1989, somm. 91, obs. Amson. ▪ Paris, 26 févr. 1989 : *JurisData* n° 1989-020566 ; *D.* 1990, somm. 242, obs. Amson). Justifie légalement sa décision de ne pas enjoindre le retrait d'un magazine de tous ses points de vente la cour d'appel qui retient que la mesure litigieuse, qui prendrait effet trois jours avant la fin de la parution du numéro déjà vendu à 261 000 exemplaires, était rendue difficilement praticable eu égard au défaut de mise en cause des Nouvelles Messageries de la Presse parisienne (▪ Cass. 1re civ., 5 déc. 2006, *Bull. civ.* I, n° 534, p. 475 ; *JCP* 2007, II, 10064, note Brusorio ; *JurisData* n° 2006-036319). À la place de la saisie demandée, les tribunaux peuvent ordonner la publication de leur décision (▪ Paris, 13 nov. 1986, n° 1509-87 : *JurisData* n° 1987-029742 ; *D.* 1987, somm. 139, obs. Lindon et Amson). Le principe à valeur constitutionnelle de la liberté d'expression s'oppose à l'interdiction de la mise en vente d'un ouvrage non encore écrit (▪ TGI Paris, 18 nov. 1998 : *JurisData* n° 1998-933753 ; *D.* 1999, 462, note Rebut. – V. aussi ▪ Paris, 13 sept. 2000 : *D.* 2001, 24, note Rassat et Caron : « la nécessaire conciliation des droits de la personnalité avec le principe à valeur constitutionnelle de la liberté d'expression implique qu'une mesure restrictive de cette liberté ne puisse être ordonnée que si l'atteinte invoquée par le demandeur présente un caractère intolérable et est de nature à lui causer un dommage insusceptible d'être convenablement réparé par l'allocation ultérieure de dommages-intérêts »).

57) Publication de la décision. La publication de communiqués judiciaires est l'une des modalités de la réparation des préjudices causés par voie de presse. L'auteur du dommage ne saurait se substituer à la victime pour apprécier l'utilité, l'opportunité et les conséquences des formes de l'indemnisation, et la juridiction saisie n'a pas à s'assurer si la publicité donnée à sa décision est appropriée à la nature du fait dommageable et ne risque pas d'en aggraver la portée, dès lors que la mesure demandée et ordonnée est proportionnelle au préjudice subi (▪ Paris, 28 nov. 1988 : *JurisData* n° 1988-027909 ; *D.* 1989, 410, note Aubert). Sur ce que la publication d'un communiqué faisant état de la condamnation d'un organe de presse n'est pas contraire à l'article 10, § 2, de la Convention européenne des droits de l'homme, V. ▪ Cass. 1re civ., 30 mai 2000, n° 98-14.610 : *JurisData* n° 2000-002307 ; *JCP* 2000, IV, 2270 ; *D.* 2001, 1571, note Ravanas. V. aussi pour la publication de la décision ▪ Cass. 1re civ., 12 déc. 2000, n° 98-21.161 : *JurisData* n° 2000-007308 ; *JCP* 2001, IV, 1253 ; *Bull. civ.* I, n° 321, p. 208, 2e arrêt ; *D.* 2001, somm. 1987, obs. Caron ; *D.* 2002, 2434, note Saint-Pau. La publication peut apparaître, à l'exclusion de toute indemnité, comme la mesure réparatrice la plus adaptée aux préjudices moraux subis par les demandeurs (▪ TGI Paris, 10 mai 2001 : *D.* 2001, somm. 1991, obs. Marino).

58) Dommages-intérêts. La seule constatation de l'atteinte à la vie privée ouvre droit à réparation (▪ Cass. 1re civ., 5 nov. 1996, n° 94-14.160 : *JurisData* n° 1996-004140 ; *JCP* 1997, I, 4025, n° 5, obs. Viney, II, 22805, note Ravanas ; *Resp. civ. et assur.* 1997, 1 ; *Bull. civ.* I, n° 378, p. 265 ; *D.* 1997, 403, note Laulom, somm. 289, obs. Jourdain ; *RTD civ.* 1997, 632, obs. Hauser ; F. Terré et Y. Lequette, *Les grands arrêts de la jurisprudence civile*, t. 1, Dalloz, 13e éd., 2015, n° 21, p. 145. ▪ Cass. 1re civ., 25 févr. 1997 : *JCP* 1997, II, 22873, note Ravanas ; *Bull. civ.* I, n° 73, p. 47. ▪ Cass. 1re civ., 6 oct. 1998, n° 96-13.600 : *JurisData* n° 1998-003679 ; *JCP* 1998, IV, 3294 ; *Bull. civ.* I, n° 274, p. 191). ▪ Cass. 2e civ., 18 mars 2004 : *JCP* 2004, IV, 2001 ; *JurisData* n° 2004-022855). Il ne peut être fait grief à la victime de ne pas avoir demandé un rectificatif à l'organe de presse (▪ Montpellier, 23 avr. 2001 : *JCP* 2002, IV, 1261 ; *JurisData* n° 2001-152345). Sur le principe que les dommages-intérêts sont destinés à réparer le préjudice subi et ne doivent pas varier en fonction de la gravité de la faute commise, V. ▪ Paris, 26 avr. 1983 : *D.* 1983, 376, note Lindon. V. pour une atteinte au droit à l'image, limitant la réparation à un franc symbolique, ▪ Paris, 5 déc. 1988 : *JurisData* n° 1988-026396 ; *D.* 1990, somm. 239, obs. Amson. Jugé que les profits réalisés par le journal sont étrangers à l'évaluation du préjudice (▪ TGI Paris, 5 mai 1999 : *D.* 2000, somm. 269, obs. Lepage).

59) Urgence. La seule constatation de l'atteinte aux droits de la personne caractérise l'urgence au sens de l'article 9 (▪ Cass. 1re civ., 20 déc. 2000, n° 98-13.875 : *JurisData* n° 2000-007502 ; *JCP* 2001, II, 10488, concl. Sainte-Rose ; *D.* 2001, 885 et somm. 1990, obs. Lepage ; *Bull. civ.* I, n° 341, p. 220). V. E. Dreyer, *La perversion du référé en matière de presse : JCP* 2007, I, 171.

60) Republication. Jugé que la demande tendant à faire interdire la republication du magazine litigieux, contenant des photographies portant atteinte à l'intimité de la vie privée, ne relève pas des pouvoirs de la juridiction des référés (▪ TGI Nanterre, ord. réf., 18 sept. 2012 : *JCP* G 2012, act. 1032, obs. Derieux ; *JurisData* n° 2012-020296, dommage purement hypothétique).

Art. 9-1 *(L. n° 93-2, 4 janv. 1993 ; mod., L. n° 2000-516, 15 juin 2000).* **– Chacun a droit au respect de la présomption d'innocence.**

Lorsqu'une personne est, avant toute condamnation, présentée publiquement comme coupable de faits faisant l'objet d'une enquête ou d'une instruction judiciaire, le juge peut, même en référé, sans préjudice de la réparation du dommage subi, prescrire toutes mesures, telles que l'insertion d'une rectification ou la diffusion d'un communiqué, aux fins de faire cesser l'atteinte à la présomption d'innocence, et ce aux frais de la personne, physique ou morale, responsable de cette atteinte.

Bibliographie : P. Auvret, *Le droit au respect de la présomption d'innocence : JCP* 1994, I, 3802. • C. Bigot, *Les modifications récentes du droit de la presse : Gaz. Pal.* 1993, 2, doctr. 1066. • H. Bureau, *La présomption d'innocence devant le juge civil. Cinq ans d'application de l'article 9-1 du Code civil : JCP* 1998, I, 166. • E. Derieux, *Référé et liberté d'expression : JCP* 1997, I, 4053.

1) Sur la **prescription** applicable aux actions fondées sur une atteinte au respect de la présomption d'innocence, V. L. 29 juill. 1881, article 65-1 et 65-2. Les dispositions de l'article 65-1 de la loi du 29 juill. 1881 instaurent, pour les actions fondées sur une atteinte au respect de la présomption d'innocence, un délai de prescription particulier qui déroge au droit commun de la prescription des actions en matière civile ; ces dispositions, d'ordre public, imposent au demandeur, non seulement d'introduire l'instance dans les trois mois de la publication des propos incriminés, mais aussi d'accomplir tous les trois mois un acte de procédure manifestant à l'adversaire son intention de poursuivre l'instance (▪ Cass. ass. plén., 21 déc. 2006, n° 00-20.493 : *JurisData* n° 2006-036604 ; *Bull. civ.* 2006, ▪ Cass. ass. plén., n° 15, p. 52 ; *JCP* 2007, II, 10040, note Dreyer ; *JurisData* n° 2006-036604. – Voir déjà ▪ Cass. 2e civ., 8 juill. 2004 : *Bull. civ.* II, n° 387, p. 323 ; *D.* 2004, 2956, note Bigot).

2) Les **morts** ne peuvent invoquer le bénéfice de la présomption d'innocence (▪ Paris, 21 sept. 1993, n° 93-13209 : *JurisData* n° 1993-022453 ; *RTD civ.* 1994, 75, obs. Hauser).

3) Droit d'informer (non). La protection pénale et particulière de la liberté d'expression n'est pas génératrice d'un « droit d'informer » opposable au droit fondamental de tout individu à la présomption d'innocence (▪ Toulouse, 5 juill. 1993, n° 1639/93 : *JurisData* n° 1993-044287 ; *D.* 1994, 382, note Ravanas). Le droit absolu à bénéficier de la présomption d'innocence entre dans la catégorie des droits fondamentaux dont l'existence justifie des restrictions à la liberté d'expression ; l'article 9-1 du Code civil ne viole donc en rien les dispositions de l'article 10 de la Conv. EDH protégeant la liberté d'expression (▪ Toulouse, 15 nov. 2005 : *JCP* 2006, IV, 2079 ; *JurisData* n° 2005-296314). V. en ce sens V. ▪ CEDH, 24 nov. 2005, *Tourancheau et July c/ France : JCP* 2006, II, 10076, note Derieux. Sur ce thème, V. H. Bronnenkant, *La communication et le procès. Règles nationales et standards européens : JCP* G 2013, 1322.

4) Conditions de la protection. Seule une condamnation irrévocable fait disparaître, relativement aux faits sanctionnés, la présomption d'innocence (▪ Cass. 1re civ., 12 nov. 1998, n° 97-13.248 : *JurisData* n° 1998-004306 ; *JCP* 1998, IV, 3512 ; *RJPF* 1999-1/27, obs. Putman ; *Bull. civ.* I, n° 313, p. 216 ; *RTD civ.* 1999, 63, obs. Hauser).

Mais des articles de presse ne sont pas attentatoires à la présomption d'innocence dès lors que les journalistes ont porté à la connaissance du public les circonstances dans lesquelles s'inscrivent nécessairement les indices graves, sérieux et concordants qui ont déterminé la mise en examen des intéressés et que les articles ne comprennent aucun développement les présentant comme confondus dès à présent par les éléments d'investigation réunis par les journalistes et qu'ils ne comportent au surplus aucune considération de droit ou de fait qui pose au préalable que la culpabilité a déjà été établie (■ Rouen, 20 sept. 1993, n° 9303071 : *JurisData* n° 1993-047285 ; *JCP* 1994, II, 22306, note Bigot et Dupeux, pourvoi rejeté par V. ■ Cass. 1re civ., 6 mars 1996, n° 93-20.478 : *JurisData* n° 1996-000175 ; *JCP* 1996, IV, 1006 ; *Bull. civ.* I, n° 123, p. 88, relevant que l'atteinte à la présomption d'innocence consiste à présenter publiquement comme coupable, avant condamnation, une personne poursuivie pénalement. V. en ce sens V. ■ Cass. 1re civ., 19 oct. 1999, n° 97-21.466 : *JCP* 1999, IV, 3004 ; *D.* 2000, 737, note Dubernat, pour une comparution en cour d'assises présentée comme inéluctable. ■ Cass. 1re civ., 12 juill. 2001 : *JCP* 2002, II, 10152, note Ravanas ; *JurisData* n° 2001-010613 ; *Bull. civ.* I, n° 222, p. 139, pour un article accordant « un crédit tout particulier à la thèse de l'accusation ». ■ Cass. 2e civ., 20 juin 2002 : *JurisData* n° 2002-014934 ; *JCP* 2003, II, 10101, note Garaud. ■ Cass. 1re civ., 21 févr. 2006 : *Bull. civ.* I, n° 89, p. 84 ; *JurisData* n° 2006-032279, exigeant des conclusions définitives tenant pour acquise la culpabilité de l'intéressé. ■ Cass. ass. plén., 21 déc. 2006, préc. note 1. ■ Cass. 1re civ., 20 mars 2007 : *Bull. civ.* I, n° 123, p. 105 ; *D.* 2007, inf. rap. 1023 ; *JCP* 2007, II, 10141, 2e arrêt, note Derieux ; *JurisData* n° 2007-038069). Mais il en va autrement lorsque l'intéressé a été présenté comme coupable sous diverses qualifications des faits pour lesquels il est poursuivi (■ Cass. 2e civ., 29 avr. 1998, n° 94-19.753 : *JurisData* n° 1998-001871 ; *JCP* 1998, IV, 2352 ; *Bull. civ.* II, n° 141, p. 82, délit de travail clandestin et non-immatriculation au registre du commerce. – V. aussi ■ Cass. 1re civ., 2 mai 2001, n° 99-10.709 : *JurisData* n° 2001-009336 ; *JCP* 2001, IV, 2127 ; *Bull. civ.* I, n° 115, p. 75, rapport d'expertise présenté comme « accablant » pour un médecin). ■ Cass. 2e civ., 8 juill. 2004 : *JCP* 2004, IV, 2927 ; *D.* 2004, 2956, note Bigot ; *JurisData* n° 2001-024681 ; *Bull. civ.* II, n° 387, p. 323, ton dramatique du communiqué et insistance de son auteur à présenter les faits comme uniques, c'est-à-dire exceptionnels). Le fait de divulguer le nom d'une personne majeure mise en examen n'est interdit par aucun texte et il est permis de rendre compte des affaires judiciaires en cours d'instruction dès lors que les journalistes n'assortissent la relation des faits d'aucun préjugé de leur part quant à la culpabilité de la personne en cause (■ Cass. 2e civ., 20 juin 2002 : *JCP* 2003, I, 126, n° 12, obs. Beignier ; *JurisData* n° 2002-014863 ; *Bull. civ.* II, n° 142, p. 113). L'expression selon *laquelle une personne interpellée* est « fichée *au grand banditisme* » ne signifie pas que l'intéressé soit coupable des faits pour lesquels il est mis en cause et ne comporte de la part du journaliste aucune déclaration prématurée de culpabilité qui porterait atteinte à la présomption d'innocence (■ Cass. 2e civ., 13 nov. 2003 : *JCP* 2004, IV, 1012 ; *JurisData* n° 2003-020907 ; *Bull. civ.* II, n° 335, p. 273). L'affichage d'une décision de justice dont il a été fait appel ne peut s'assimiler à l'immunité propre dont bénéficie celui qui se livre au compte-rendu de débats judiciaires, une telle activité devant du reste être menée avec fidélité et bonne foi (■ Cass. 1re civ., 10 avr. 2013, n° 11-28.406 : *Bull. civ.* I, n° 77, p. 74 ; *D.* 2013, 1003, obs. Lavric ; *D.* 2014, 509, obs. Dreyer).

5) La **mauvaise foi** de celui qui porte une atteinte publique à la présomption d'innocence n'est pas une condition d'application de l'article 9-1 du Code civil (■ Cass. ass. plén., 21 déc. 2006, préc. note 1).

6) Article 6 CEDH. Le respect de la présomption d'innocence qu'impose l'article 6 de la CEDH interdit que le président de la COB en exercice déclare une personne coupable d'une infraction avant que les juges compétents ne se soient prononcés (■ Cass. com., 1er déc. 1998, n° 96-20.189 : *JurisData* n° 1998-004629 ; *JCP* E 1999, 372, note Garaud).

7) Responsabilité de droit commun. Les atteintes à la présomption d'innocence de l'article 9-1 ne peuvent être réparées sur le fondement de l'article 1382 (■ Cass. 2e civ., 8 mars 2001, n° 99-14.995 : *JurisData* n° 2001-008555 ; *JCP* 2002, I, 122, n° 2, obs. Viney ; *Resp. civ. et assur.* 2001, 228, 2e esp. ; *Bull. civ.* II, n° 46, p. 31).

8) Diffamation (distinction). La protection de la présomption d'innocence résultant de l'article 9-1 du Code civil appartient à un domaine autonome distinct de celui de la diffamation (■ Toulouse, 15 nov. 2005, préc. note 3. ■ Cass. 1re civ., 20 mars 2007 : *Bull. civ.* I, n° 124, p. 106 ; *JCP* 2007, II, 10141, 1er arrêt, note Derieux ; *JurisData* n° 2007-038068). Les règles de forme prévues par la loi du 29 juill. 1881 ne s'appliquent pas à l'assignation fondée sur les dispositions de l'article 9-1 du Code civil (■ Cass. 1re civ., 21 févr. 2006 : *Bull. civ.* I, n° 89, p. 84 ; *JurisData* n° 2006-032279. ■ Cass. 1re civ., 20 mars 2007, préc.).

9) Diffusion d'un communiqué judiciaire. L'atteinte à la présomption d'innocence dans un téléfilm justifie que soit ordonnée la diffusion d'un communiqué judiciaire par le demandeur présenté comme coupable d'un crime (■ TGI Nanterre, réf., 9 mars 2005, n° 05/00760 : *JurisData* n° 2005-266371 ; *JCP* 2005, II, 10094, note Derieux). Mais la publication d'un communiqué judiciaire ordonnée par le juge des référés ne prive pas la victime d'une atteinte à sa présomption d'innocence du droit d'agir devant les juges du fond pour obtenir l'allocation de dommages-intérêts (■ Cass. ass. plén., 21 déc. 2006, préc. note 1).

Art. 10 *(L. n° 72-626, 5 juill. 1972).* – **Chacun est tenu d'apporter son concours à la justice en vue de la manifestation de la vérité.**

Celui qui, sans motif légitime, se soustrait à cette obligation lorsqu'il en a été légalement requis, peut être contraint d'y satisfaire, au besoin à peine d'astreinte ou d'amende civile, sans préjudice de dommages et intérêts.

Bibliographie : M. Bellamy, *Le pouvoir de commandement du juge, ou le nouvel esprit du procès : JCP* 1973, I, 2522. • J.-J. Daigre, *La doctrine et la réforme de la procédure civile, À propos du pouvoir discrétionnaire du juge en matière de production forcée de pièces : JCP* 1981, I, 3020. • C. Marraud, *Le droit à la preuve, La production forcée des preuves en justice : JCP* 1973, I, 2572.

I – PRINCIPES

1) Pouvoir du juge. Les articles 73 à 77 du décret du 20 juillet 1972, auxquels l'article 10 du Code civil donne une assise législative, ont posé en principe général le pouvoir du juge d'astreindre une partie ou un tiers à produire une pièce qu'ils détiennent (■ Paris, 7 mars 1972 : *JCP* G 1972, IV, 202). Il peut être ordonné à des tiers de produire tous documents qu'ils détiennent s'il existe un motif légitime de conserver ou d'établir avant tout procès la preuve de faits dont pourrait dépendre la solution d'un litige (■ Cass. 1re civ., 31 mai 1988, n° 86-11.596 : *JurisData* n° 1988-002287 ; *Bull. civ.* I, n° 168, p. 116). Mais si le juge peut ordonner la production de pièces détenues par un tiers, il s'agit pour lui d'une simple faculté dont l'exercice est laissé à son pouvoir discrétionnaire (■ Cass. 2e civ., 14 nov. 1979 : *JurisData* n° 1979-000261 ; *D.* 1980, 365, note Lemée. – V. aussi ■ TGI Marseille, 20 févr. 1974 : *Gaz. Pal.* 1974, 2, 544, note Candas).

2) Sauvegarde d'un droit. L'article 10 du Code civil n'est pas applicable dès lors que la mesure sollicitée n'a pas pour but la sauvegarde d'un droit légalement reconnu ou judiciairement constaté (■ Cass. 1re civ., 6 nov. 1990, n° 88-15.496 : *JurisData* n° 1990-003071 ; *Bull. civ.* I, n° 238, p. 170 ; *D.* 1991, 353, note Prévault).

3) Situation du tiers requis. L'obligation qui peut incomber au tiers requis d'apporter son concours à la justice en vue de la manifestation de la vérité en vertu de l'article 10 du Code civil n'a pas pour conséquence d'en faire un véritable défendeur au sens de l'article 59, alinéa 4, du Code de procédure civile (désormais CPC, art. 42, al. 2. ■ Cass. 2e civ., 16 juill. 1975 : *JurisData* n° 1975-700221 ; *JCP* 1976, II, 18313, note Daigre).

4) Témoignage d'un salarié. Faute (non). Toute personne étant tenue d'apporter son concours à la justice, le témoignage en justice d'un salarié ne peut, sauf abus, constituer ni une faute ni une cause de licenciement (■ Cass. soc., 23 nov. 1994, n° 91-41.434 : *JurisData* n° 1994-002139 ; *Defrénois* 1996, 109, note Quétant, attestation produite par une employée de maison dans une instance en divorce).

5) Pièce nécessaire. Sur le pouvoir de la Cour de cassation d'enjoindre la production d'une pièce nécessaire à l'examen d'un grief et au jugement du pourvoi, V. ■ Cass. 1re civ., 4 févr. 1986, n° 84-14.790 : *Bull. civ.* I, n° 4, p. 3. C'est au juge seul de décider quels sont les documents qui doivent être communiqués à l'expert et il ne peut se dessaisir de ce pouvoir entre les mains de celui-ci (■ Cass. 2e civ., 16 juill. 1979 : *JurisData* n° 1979-798220 ; *Gaz. Pal.* 1980, 1, 3, note J. V.).

6) Concours à l'autorité judiciaire, non aux particuliers. Le concours visé par l'article 10 du Code civil est celui qui doit être apporté non aux particuliers, mais à l'autorité judiciaire, en vue de la manifestation de la vérité (■ Cass. 1re civ., 25 oct. 1994, n° 92-15.020 : *JurisData* n° 1994-002016 ; *JCP* 1994, IV, 2609 ; *Bull. civ.* I, n° 306, p. 222).

7) Personnes publiques. L'obligation d'apporter son concours à la justice pour la manifestation de la vérité s'impose aussi bien aux personnes privées qu'aux personnes publiques. Le juge civil, dès lors qu'il est compétent pour connaître du litige à l'occasion duquel une partie lui demande d'ordonner à un tiers de produire un élément de preuve, peut, sans méconnaître le principe de la séparation des pouvoirs, prescrire une telle mesure, même si le tiers est une personne publique (■ Cass. 1re civ., 21 juill. 1987, n° 85-15.521 : *Bull. civ.* I, n° 248, p. 181. – V. aussi ■ Cass. 1re civ., 20 déc. 1993, n° 92-12.819 : *JurisData* n° 1993-002668 ; *Bull. civ.* I, n° 380, p. 264. Comp. pour un conseil régional de l'Ordre des médecins, ■ Cass. 1re civ., 21 juin 1988, n° 86-15.469 : *Bull. civ.* I, n° 201, p. 140).

II – LIMITES

8) Motif légitime. Le pouvoir du juge d'ordonner à un tiers de produire tout document qu'il estime utile à la manifestation de la vérité n'est limité que par l'existence d'un motif légitime tenant soit au respect de la vie privée, sauf si la mesure s'avère nécessaire à la protection des droits et libertés d'autrui, soit au secret professionnel (■ Cass. 1re civ., 21 juill. 1987, préc.).

9) Vie privée. Nul ne peut être contraint à produire en justice des documents relatifs à des faits dont il a eu connaissance dans l'exercice de ses fonctions et touchant à l'intimité de la vie privée des personnes (■ Cass. 2e civ., 29 mars 1989, n° 88-10.336 : *JurisData* n° 1989-000816 ; *D.* 1989, somm. 356, obs. Amson ; *D.* 1990, 45, note Robine ; *JCP* 1990, II, 21586, note Bouscau, déclarations faites par le mari devant la juridiction ecclésiastique au cours d'une procédure d'annulation de mariage). Mais le respect de la vie privée ne limite pas le pouvoir du juge d'ordonner une expertise sanguine pour l'établissement de la filiation dès lors que cette mesure d'instruction est nécessaire pour la protection des droits de l'enfant (▪ Reims, 6 avr. 2000, n° 98/01119 : *JurisData* n° 2000-123795 ; *D.* 2001, somm. 2080, 1re esp., obs. Lepage). Il ne saurait non plus bénéficier à un débiteur de mauvaise foi ayant perçu indûment des versements faits par une caisse d'assurance (▪ Paris, 6 oct. 2000 : *D.* 2001, somm. 2080, 2e esp., obs. Lepage).

10) Inviolabilité du corps humain. L'article 10 du Code civil, malgré les termes généraux qu'il emploie, ne vise que les cas où la condamnation à une astreinte est légalement admissible, non ceux dans lesquels une telle mesure de contrainte aboutirait à la violation d'un principe essentiel de notre droit, par exemple celui de l'inviolabilité du corps humain (▪ Paris, 24 nov. 1981 : *JurisData* n° 1981-028584 ; *D.* 1982, 355, note Massip).

11) Secret. Sur le principe que le juge ne peut ordonner la production d'une pièce en violation d'un secret, V. ▪ Cass. 1re civ., 21 juin 1988, n° 86-19.658 : *JurisData* n° 1988-001624 ; *Bull.* I, n° 201, p. 140 (rapport établi pour les besoins d'une action disciplinaire devant le conseil régional de l'Ordre des médecins). Mais une banque ne peut opposer le secret bancaire dès lors qu'elle est partie au procès intenté contre elle par les bénéficiaires du secret (▪ Cass. com., 19 juin 1990, n° 88-19.618 : *JurisData* n° 1990-701757 ; *Bull. civ.* IV, n° 179, p. 123). Le secret bancaire ne cesse pas avec la disparition de la personne qui en bénéficie et s'étend aux personnes qui ont eu le pouvoir de faire fonctionner le compte (▪ Cass. com., 25 févr. 2003, n° 00-21.184 : *JurisData* n° 2003-017925 ; *RTD civ.* 2003, 477, obs. Hauser).

Art. 11. – L'étranger jouira en France des mêmes droits civils que ceux qui sont ou seront accordés aux Français par les traités de la nation à laquelle cet étranger appartiendra.

I – PRINCIPE DE L'ASSIMILATION

1) Principe. Il est de principe que les étrangers jouissent en France des droits qui ne leur sont pas spécialement refusés (▪ Cass. civ., 27 juill. 1948 : *D.* 1948, 535. ▪ Cass. 1re civ., 25 févr. 1981, n° 79-15.850 : *JurisData* n° 1981-700750 ; *Bull.* I, n° 72, p. 59. ▪ Cass. 1re civ., 31 janv. 1984, n° 82-16.373 : *JurisData* n° 1984-700087 ; *JCP* 1985, II, 20362, note Boulanger).

2) Baux commerciaux. V. pour une application en matière de prorogation des baux commerciaux, ▪ Cass. com., 21 juill. 1953 : *JCP* 1953, II, 7749, note F.G.

3) Baux ruraux. V. aussi pour le droit de reprise prévu par la législation relative aux baux ruraux, ▪ Cass. soc., 30 juill. 1948 : *JCP* 1948, II, 4650 *bis*.

4) Propriété littéraire. V. aussi en matière de propriété littéraire, ▪ Cass. 1re civ., 22 déc. 1959 : *D.* 1960, 93, note Holleaux.

5) Hypothèque légale. Jugé qu'en matière d'hypothèque légale la femme de nationalité étrangère jouit en France de tous les droits dont dispose la femme française, à condition que la loi régissant les effets de son mariage ne s'y oppose pas (▪ TGI Seine, 19 janv. 1966 : *JCP* 1967, II, 15015, note Brulliard. – V. en ce sens ▪ T. civ. Nantes, 22 févr. 1955 : *JCP 1955, II, 8586, note R. Savatier. – V. aussi ▪ Paris, 16 oct. 1975* : *JurisData* n° 1975-615228 ; *Rev. crit. DIP* 1976, 495, note Fadlallah).

6) Mariage putatif. De même les étrangers peuvent se prévaloir de la théorie du mariage putatif (▪ Paris, 15 févr. 1950 : *JCP* 1950, II, 5578, note R. Savatier).

7) Aide juridictionnelle. Sur la possibilité pour les étrangers ayant leur résidence habituelle en France d'obtenir l'aide juridictionnelle, V. L. n° 91-647 du 10 juill. 1991, article 3, alinéa 2.

8) Ressortissants algériens. Aux termes de l'article 7 de la déclaration de principe du 19 mars 1962 relative à la coopération économique et financière entre la France et l'Algérie, les ressortissants algériens résidant en France, notamment les travailleurs, ont les mêmes droits que les nationaux français, à l'exception des droits politiques. Cette dernière expression englobe la jouissance et l'exercice de tous les droits civiques et d'une façon générale l'exercice de toutes fonctions qui par leur nature ou par leur objet comportent une participation à la gestion d'un service public ou assimilé. Tel n'est pas le cas des fonctions des membres du comité d'entreprise (▪ Cass. soc., 18 mai 1971, n° 70-60.079 : *JurisData* n° 1971-099368 ; *JCP* 1971, II, 16887, note Simon-Depitre, 1re esp.).

II – DISCRIMINATIONS MAINTENUES

9) Réciprocité diplomatique. Sur les discriminations ne pouvant être levées qu'en cas de réciprocité diplomatique, V. par exemple L. 12 juill. 1909 sur la constitution d'un bien de famille insaisissable, article 1er, alinéa 2 ; L. n° 48-777 du 4 mai 1948, article 2 ; L. n° 49-1098 du 2 août 1949, article 2, majoration de certaines rentes viagères ; V. aussi pour l'immatriculation des aéronefs, bateaux et navires,

C. aviation, article L. 121-3 ; C. douanes, article 219 et 219 *bis*. Une loi qui prive les étrangers du bénéfice de ses dispositions s'ils ne remplissent pas certaines conditions réserve nécessairement le cas où l'étranger peut invoquer une convention internationale le dispensant de ces conditions (■ Cass. soc., 11 juill. 1947 : *D.* 1947, 396).

10) Réciprocité législative. Sur les discriminations pouvant être levées en cas de réciprocité législative, V. L. 28 mai 1943 relative à l'application aux étrangers des lois en matière de baux à loyer et de baux à ferme (*JCP* 1943, III, 7559. V. ■ Cass. com., 13 avr. 1961 : *JurisData* n° 1961-097393 ; *D.* 1961, 456) ; C. rur., art. L. 413-1 (statut des baux ruraux) ; D. n° 53-960 du 30 sept. 1953, article 38 (C. com., art. L. 145-23) (baux commerciaux). – L. n° 71-1130 du 31 déc. 1971 (accès à la profession d'avocat). Comp. en matière de propriété littéraire et artistique, CPI, art. L. 111-4 (L. n° 64-689, 8 juill. 1964, art. 1er, p. 2433). La réciprocité peut être invoquée lorsque le droit reconnu par la législation étrangère est sensiblement identique à celui institué en France (■ Cass. soc., 21 juill. 1958 : *Rev. crit. DIP* 1959, 287, note Simon-Depitre, 2e esp.).

III – ENTRÉE ET SÉJOUR DES ÉTRANGERS EN FRANCE

11) Sur les **conditions d'entrée et de séjour** des étrangers en France, V. Code de l'entrée et du séjour des étrangers et du droit d'asile.

IV – RÉFUGIÉS ET APATRIDES

12) Réfugiés. Sur la condition des réfugiés, V. D. n° 54-1055 du 14 oct. 1954 portant publication de la convention de Genève du 28 juill. 1951 sur le statut des réfugiés, signée le 11 sept. 1952 à New York : *JO* 29 oct. ; *JCP* 1954, III, 19286. V. aussi D. n° 53-377 du 2 mai 1953. – D. n° 71-289 du 9 avr. 1971 portant publication du protocole relatif au statut des réfugiés, signé à New York le 31 janv. 1967 : *JO* 18 avr. ; *JCP* 1971, III, 37824.

13) Apatrides. Sur la condition des apatrides, V. D. n° 60-1066 du 4 oct. 1960 portant publication de la convention relative au statut des apatrides, ouverte à la signature le 28 sept. 1954 : *JO* 6 oct. ; *JCP* 1960, III, 26145.

14) Baux ruraux. Pour une application de la convention précitée relative au statut des apatrides en matière de baux ruraux, V. ■ Cass. 3e civ., 28 oct. 1968 : *JCP* 1969, II, 15786, note Ourliac et de Juglart.

15) Office de protection des réfugiés et apatrides. V. L. n° 52-893 du 25 juill. 1952 relative au droit d'asile, portant création d'un Office français de protection des réfugiés et apatrides, mod. L. n° 2003-1176, 10 déc. 2003, cod. Ord. n° 2004-1248, 24 nov. 2004. – V. Code de l'entrée et du séjour des étrangers et du droit d'asile, art. L. 721-1 et s.

Art. 12 et 13 *(Abr., L. 10 août 1927).*

Art. 14. – **L'étranger, même non résidant en France, pourra être cité devant les tribunaux français, pour l'exécution des obligations par lui contractées en France avec un Français ; il pourra être traduit devant les tribunaux de France, pour les obligations par lui contractées en pays étranger envers des Français.**

Art. 15. – **Un Français pourra être traduit devant un tribunal de France, pour des obligations par lui contractées en pays étranger, même avec un étranger.**

Voir : Règl. n° 44/2001/CE, 22 déc. 2000, concernant la compétence judiciaire, la reconnaissance et l'exécution des décisions en matière civile et commerciale (*JOCE* n° L 12, 16 janv. 2001). – D. n° 88-979 du 11 oct. 1988 portant publication de la convention tendant à faciliter l'accès international à la justice, faite à La Haye le 25 oct. 1980 (*JO* 15 oct. ; *JCP* 1988, III, 620005).

Bibliographie : Droz, *Réflexions pour une réforme des articles 14 et 15 du Code civil français : Rev. crit. DIP* 1975, 1. • Juenger, *La convention de Bruxelles du 27 septembre 1968 et la courtoisie internationale : Rev. crit. DIP* 1983, 27.

• *Sommaire*

1) Article 14. Conformité à la Constitution. L'article 14 du Code civil consacre une compétence, non pas exclusive, mais subsidiaire du juge français, dont l'exercice est facultatif pour les parties ; il est sans effet en présence de renonciation de son bénéficiaire et de traité international ou de règlement communautaire contraire ; il ne fait pas obstacle au jeu de l'exception de litispendance internationale et il ne peut être opposé à la reconnaissance d'un jugement étranger régulier ; dès lors, il ne peut être regardé comme portant atteinte au principe d'égalité et au droit au procès équitable (▪ Cass. 1re civ., 29 févr. 2012, n° 11-40.101 : *Rev. crit. DIP* 2012, 775, note Usunier, non-lieu à renvoi au Conseil constitutionnel).

2) Caractère subsidiaire des articles 14 et 15. L'article 14 n'a lieu de s'appliquer et ne permet au demandeur français de saisir le tribunal de son choix que lorsque aucun critère ordinaire de compétence territoriale n'est réalisé en France (▪ Cass. 1re civ., 19 nov. 1985, n° 84-16.001 : *JurisData* n° 1985-703096 ; *JCP* 1987, II, 20810, note Courbe ; *D.* 1986, 362, note Prévault. – V. aussi ▪ Cass. 1re civ., 7 juin 1989, n° 87-13.330 : *JurisData* n° 1989-002657 ; *JCP* 1990, II, 21448, note Rémery. ▪ Cass. 1re civ., 18 avr. 2000, n° 96-15.723 : *JurisData* n° 2000-001506 ; *Bull. civ.* I, n° 110, p. 75). Jugé que les décisions des juridictions d'Andorre n'émanent pas de juridictions étrangères (▪ Cass. 1re civ., 8 févr. 1977 : *JurisData* n° 1977-000069 ; *D.* 1977, 690, note Boyer, 2e esp.). Jugé au contraire que les juridictions andorranes ne sont pas françaises et que le demandeur français peut donc citer devant les tribunaux de France des Andorrans pour des obligations contractées en Andorre envers des Français (▪ Toulouse, 20 déc. 1976 : *D.* 1977, 690, note Boyer, 1re esp.).

3) Compétence facultative du juge français. L'article 15 du Code civil ne consacre qu'une compétence facultative de la juridiction française, impropre à exclure la compétence indirecte d'un tribunal étranger, dès lors que le litige se rattache de manière caractérisée à l'État dont la juridiction est saisie et que le choix de la juridiction n'est pas frauduleux ; ayant retenu que les parties, toutes deux nées en Suisse, s'étaient mariées dans ce pays en convenant d'un contrat de mariage régi par le droit suisse et y avaient établi leur résidence, la cour d'appel a exactement décidé qu'en l'absence de fraude dans la saisine du tribunal étranger, celui-ci était compétent pour juger d'une action en nullité du mariage (▪ Cass. 1re civ., 23 mai 2006, *Prieur : Bull. civ. I, n° 254, p. 223 ; Grands arrêts DIP n° 87* ; *D.* 2006, 1880 ; *JCP* 2006, II, 10134, note Callé ; *LPA* 22 sept. 2006, 10, obs. Courbe ; *Rev. crit. DIP* 2006, 870, note Gaudemet-Tallon ; *JurisData* n° 2006-033606). V. B. Audit, *La fin attendue d'une anomalie jurisprudentielle : retour à la lettre de l'article 15 du Code civil* : *D.* 2006, chron. 1846. De même, l'article 14 n'ouvre au défendeur français qu'une simple faculté et n'édicte pas à son profit une compétence impérative, exclusive de la compétence indirecte d'un tribunal étranger déjà saisi et dont le choix n'est pas frauduleux (▪ Cass. 1re civ., 22 mai 2007, n° 04-14.716 : *JurisData* n° 2007-038915 ; *Fercométal ; Bull. civ.* I, n° 195, p. 172 ; *JCP* 2007, act. 258 ; *D.* 2007, 1596, obs. Gallmeister ; *Rev. crit. DIP* 2007, 610, note Gaudemet-Tallon ; *JDI* 2007, 956, note Ancel et Muir Watt. ▪ Cass. soc., 5 déc. 2018, n° 17-19.820 : *Bull.*). Dès lors que l'article 14 n'ouvre au demandeur français qu'une simple faculté et n'édicte pas à son profit une compétence impérative, exclusive de la compétence indirecte d'un tribunal étranger dont le choix n'a pas été frauduleux, la cour d'appel a pu en déduire que, la juridiction française fût-elle première saisie, les jugements prononcés par le juge de New York devaient être reconnus en France, les demandes formées par l'époux en France étant, en conséquence, irrecevables (▪ Cass. 1re civ., 16 déc. 2009, n° 08-20.305, *Schuman : Bull. civ.* I, n° 251, p. 231 ; *JCP* 2010, n° 8, note 217, obs. Devers ; *D.* 2010, 156, obs. Gallmeister ; *Dr. famille* 2010, 53, note Farge ; *LPA* 27 juill. 2010, 17, obs. Parisot ; *JurisData* n° 2009-050868. – Comp. auparavant, décidant que dans la mesure où son bénéficiaire n'y a pas renoncé, la règle de compétence de l'article 15 du Code civil est exclusive de toute compétence concurrente de la juridiction étrangère dont la décision ne saurait, dès lors, être reconnue en France, ▪ Cass. 1re civ., 21 janv. 1992, n° 90-10.628 : *JurisData* n° 1992-000730 ; *Bull. civ.* I, n° 18, p. 12. ▪ Cass. 1re civ., 18 mai 1994, n° 92-11.429 : *JurisData* n° 1994-00098 ; *Bull. civ.* I, n° 173, p. 128. ▪ Cass. 1re civ., 18 déc. 1990, n° 89-12.623 : *JurisData* n° 1990-003593 ; *Bull. civ.* I, n° 294, p. 206 ; *Rev. crit. DIP* 1991, 759, note Ancel, décidant que l'article 14 instaure au profit du demandeur une règle de compétence qui s'impose au juge français et ne peut être écartée, si son bénéficiaire ne renonce pas à s'en prévaloir, que par un traité international). Mais viole l'article 14 l'arrêt qui écarte la compétence de la juridiction française fondée sur ce texte au motif qu'il ne consacre qu'une compétence facultative impropre à exclure la compétence du juge étranger dès lors que le litige se rattache de manière caractérisée à l'État dont la juridiction est saisie et que le choix de celle-ci n'est pas frauduleux (▪ Cass. 1re civ., 30 sept. 2009, n° 08-19.793 : *Bull. civ.* I, n° 189, p. 171 ; *D.* 2009, 2419 [1re esp.], obs. Gallmeister ; D. 2010, 58 [1re esp.], note Audit, et 1591, obs. Jault-Seseke ; *Dr. famille* 2009, 167 [1re esp.], note Abadie ; *JCP* 2009, n° 43, act. 346, obs. Cornut, et n° 48, note 480 [1re esp.], Attal ; *JurisData* n° 2009-049657). – Comp., ne mentionnant pas l'exigence d'un lien caractérisé entre le litige et le pays d'origine de la décision, ▪ Cass. 1re civ., 1er déc. 2010, n° 09-70.132 : *Bull. civ.* I, n° 247, p. 231 ; *JCP* 2011, n° 7, note 172, Devers ; *JurisData* n° 2010-022725.

4) Droit à un procès équitable. En l'absence d'un traité de coopération judiciaire entre les États-Unis et la France en matière civile, la faveur résultant pour la défenderesse française de l'application de la règle de compétence exclusive de l'article 15 n'est pas plus exorbitante que celle utilisée par le demandeur tirée du droit de l'État de Floride qui fonde la compétence de la juridiction américaine sur la résidence temporaire du demandeur dans cet État ; ainsi, en l'absence de faits précis concrètement constatés, la cour d'appel a exactement dit qu'il n'existait ni atteinte au droit du demandeur à un procès équitable ni discrimination inadmissible (▪ Cass. 1re civ., 30 mars 2004, n° 02-17.974 : *JurisData* n° 2004-023084 ; *JCP* 2004, II, 10097, note Egea ; *Defrénois* 2004, 1235, obs. Massip).

I – BÉNÉFICIAIRES DU PRIVILÈGE DE JURIDICTION DES ARTICLES 14 ET 15

A – Article 14

5) Demandeur français. Le privilège de juridiction de l'article 14 n'appartient qu'au demandeur de nationalité française (▪ Cass. 1re civ., 6 janv. 1987, n° 85-13.621 : *JurisData* n° 1987-000002 ; *D.* 1987, 467, note Massip ; *Rev. crit. DIP* 1988, 337, note Lequette. ▪ Paris, 29 juin 1972 : *Rev. crit. DIP* 1973, 550, note Simon-Depitre. – V. pour une société ▪ Paris, 21 mai 1957 : *Rev. crit. DIP* 1958, 128, note Franceskakis. ▪ Cass. 1re civ., 18 déc. 1990, n° 89-12.623 : *JurisData* n° 1990-003593 ; *JCP* 1991, IV, 65 ; *Rev. crit. DIP* 1991, 759, note Ancel). Il suffit que ce demandeur possède la nationalité française au moment de l'instance (▪ Cass. civ., 9 mars 1863 : *DP* 63, 1, 176).

6) Réfugiés. Jugé que les réfugiés peuvent invoquer le privilège (▪ Paris, 27 juin 1957 : *Rev. crit. DIP* 1958, 144. ▪ Paris, 12 déc. 1967 : *Rev. crit. DIP* 1969, 502, note Loussouarn).

7) Domicile ou résidence. Il importe peu que le demandeur n'ait en France ni domicile ni résidence (▪ Cass. 1re civ., 23 avr. 1959 : *D.* 1959, 377, note G. Holleaux, 3e esp. ; *Rev. crit. DIP* 1959, 495, note Franceskakis. ▪ TGI Seine, 14 juin 1967 : *JCP* 1968, II, 15423, concl. Fabre).

8) Défendeur. Il importe peu que le défendeur soit Français ou étranger (▪ Paris, 29 avr. 1958 : *Gaz. Pal.* 1958, 2, 27), et qu'il ne soit pas domicilié en France (▪ Cass. 1re civ., 14 févr. 1962, n° 61-10.045 : *D.* 1962, 181, note G. Holleaux).

9) Sur les **immunités de juridiction,** V. *JCl. Civil,* art. 14 et 15, Fasc. 70. V. D. n° 71-284 du 29 mars 1971 portant publication de la convention sur les relations diplomatiques ouverte à la signature à Vienne le 18 avr. 1961 (*JO* 17 avr. ; *JCP* 1971, III, 37811, art. 31 et s.) ; D. n° 71-288 du 29 mars 1971 portant publication de la convention sur les relations consulaires, ouverte à la signature à Vienne le 24 avr. 1963 (*JO* 18 avr. ; *JCP* 1971, III, 37813, art. 43 et s.).

10) Fondement du privilège. La compétence internationale des tribunaux français est fondée non sur les droits nés des faits litigieux mais sur la nationalité des parties (▪ Cass. 1re civ., 21 mars 1966 : *JurisData* n° 1966-700193 ; *JurisData* n° 1966-000199 ; *D.* 1966, 429, note Malaurie ; *Rev. crit. DIP* 1966, 670, note Ponsard. ▪ Cass. 1re civ., 31 janv. 1995, n° 93-12.613 : *JurisData* n° 1995-000364 ; *JCP* 1995, IV, 789 ; *Bull. civ.* I, n° 56, p. 40 ; *D.* 1995, 471, note Courbe ; *RTD civ.* 1996, 162, obs. Mestre. – V. aussi ▪ Cass. 1re civ., 6 déc. 1988, n° 86-16.763 : *JurisData* n° 1988-003458 ; *Bull. civ.* I, n° 345, p. 235 ; *D.* 1989, 257, obs. Audit, affirmant que le privilège de juridiction édicté par l'article 14 a pour seul fondement la nationalité française du demandeur), indépendamment de la nationalité des personnes dont elles tiennent leurs droits (▪ Cass. 1re civ., 16 janv. 1973 : *JurisData* n° 1973-000023 ; *JurisData* n° 1973-000023 ; *Gaz. Pal.* 1973, 1, 371). Doit être cassé l'arrêt qui décide que l'assureur français, ne possédant aucun droit propre distinct de celui de son assuré étranger, ne peut invoquer le bénéfice de l'article 14 (▪ Cass. 1re civ., 21 mars 1966, préc.). Mais le cessionnaire ne peut invoquer l'article 14 si la cession tend à créer frauduleusement les conditions d'application de ce texte (▪ Cass. 1re civ., 24 nov. 1987, n° 85-14.778 : *JurisData* n° 1987-002273 ; *Bull. civ.* I, n° 304, p. 218 ; *JCP* 1989, II, 21201, note Blondel et Cadiet ; *RTD civ.* 1988, 544, obs. Mestre). Dès lors que l'une des parties demanderesses, de nationalité française, est personnellement intéressée à l'opération et a un intérêt légitime à agir, elle peut bénéficier du privilège de juridiction sans qu'il y ait à tenir compte de la nationalité de l'autre partie demanderesse (▪ Cass. 1re civ., 28 juin 1989, n° 88-10.842 : *JurisData* n° 1989-702424 ; *Bull. civ.* I, n° 259, p. 172 ; *Rev. crit. DIP* 1990, 111, note Gaudemet-Tallon. ▪ Cass. 1re civ., 3 déc. 1996, n° 94-13.744 : *JurisData* n° 1996-004660 ; *JCP* 1997, IV, 187 ; *Bull. civ.* I, n° 426, p. 298).

11) Fraude. Ne donne pas de base légale à sa décision la cour d'appel qui, pour déclarer la juridiction française incompétente pour statuer sur la demande en divorce formée par l'épouse de nationalité française à l'encontre de son mari de nationalité américaine, relève que la demanderesse a déplacé de façon illicite ses enfants en France dans le seul but de faire échec aux droits parentaux de son mari et s'est ainsi soustraite à la juridiction américaine, juge naturel des époux domiciliés aux États-Unis, ces agissements constituant une fraude qui l'empêche de réclamer le bénéfice de l'article 14 du Code civil, alors que de tels motifs sont exclusivement afférents à l'exercice de l'autorité parentale quand l'action en divorce exercée par l'épouse devant le juge français, saisi sur le fondement de l'article 14 du Code civil, était étrangère au litige relatif à cet exercice (■ Cass. 1re civ., 4 juill. 2012, n° 11-11.107 : *Bull. civ.* I, n° 151, p. 136 ; *Dr. famille* 2012, 160, note Abadie ; *D.* 2012, 1885 ; *JurisData* n° 2012-015121).

B – Article 15

12) Défendeur français. L'article 15 édicte une règle de compétence fondée sur la nationalité française du défendeur (■ Cass. 1re civ., 27 janv. 1987, n° 85-12.324 : *JurisData* n° 1987-000060 ; *Bull. civ.* I, n° 27, p. 19. ■ Cass. 1re civ., 21 janv. 1992, n° 90-10.628 : *JurisData* n° 1992-000730 ; *Bull. civ.* I, n° 18, p. 12, et, sur renvoi, ■ Versailles, 22 sept. 1993 : *JurisData* n° 1993-051657 ; *JCP* 1995, II, 22459, note Muir Watt. ■ Cass. 1re civ., 18 mai 1994, n° 92-11.429 : *JurisData* n° 1994-000983 ; *Bull. civ.* I, n° 173, p. 128 ; *D.* 1994, somm. 355, obs. Audit ; *D.* 1995, 20, note Courbe. ■ Paris, 12 mars 1996 : *JurisData* n° 1996-022557 ; *D.* 1998, somm. 282, obs. Audit) et, dans le cas où celui-ci possède en outre une autre nationalité, seule la nationalité française peut être prise en considération (■ Cass. 1re civ., 27 janv. 1987, préc.). En l'absence de convention internationale applicable et de réalisation des critères ordinaires de compétence résultant du règlement n° 2201/2003 (Bruxelles II *bis*) et, à défaut, de l'article 1070 du Code de procédure civile, la nationalité française du défendeur suffit, selon l'article 15 du Code civil, à fonder la compétence des juridictions françaises (■ Cass. 1re civ., 25 mars 2015, n° 13-26.131 : *JCP* G 2015, act. 431, obs. Heymann ; *LPA* 12 juin 2015, 13, note Mahinga, et 25 juin 2015, 8, note Lasserre ; *Dr. famille* 2015, 139, note Abadie ; *JurisData* n° 2015-006368). Cet article donne au défendeur français le droit de n'être cité que devant des tribunaux français (■ Cass. 1re civ., 5 mai 1976, n° 75-10.981 : *JurisData* n° 1976-000159 ; *Rev. crit. DIP* 1977, 137, note Huet, 1re esp.).

13) Domicile ou résidence. Le demandeur peut saisir un tribunal français même si le défendeur français n'a en France ni domicile ni résidence (■ Cass. 1re civ., 5 mai 1959 : *D.* 1959, 377, note G. Holleaux, 1re esp. ; *Rev. crit. DIP* 1959, 501, note H.B., 1re esp. ■ Cass. 1re civ., 9 déc. 1964 : *Rev. crit. DIP* 1966, 72, note Weser. ■ Grenoble, 13 févr. 1973 : *Gaz. Pal.* 1973, 1, 372). Il importe peu que le demandeur soit Français ou étranger (■ Cass. 1re civ., 9 déc. 1964, préc.).

14) Débiteur français tenu avec d'autres. L'article 15 doit recevoir application même si le débiteur français est tenu avec ou pour un autre qui n'a pas la même nationalité, la compétence de la juridiction française étant fondée sur la nationalité française des parties ou de l'une d'elles (■ Cass. 1re civ., 10 déc. 1974, n° 73-13.048 : *JurisData* n° 1974-000338 ; *JurisData* n° 1974-000337 ; *Rev. crit. DIP* 1975, 299, note Mezger). Peut invoquer le bénéfice de l'article 15 l'assureur étranger qui, ayant indemnisé un assuré étranger se trouve subrogé dans les droits qu'avait celui-ci de réclamer réparation au responsable français du dommage (■ Cass. 1re civ., 16 janv. 1973 : *Gaz. Pal.* 1973, 1, 371), de même que la victime d'un accident causé à l'étranger par un étranger, assuré auprès d'une compagnie d'assurances française, qui exerce l'action directe contre celle-ci (■ Cass. 1re civ., 9 oct. 1968 : *Rev. crit. DIP* 1969, 316). Voir cependant pour un refus d'appliquer l'article 15 en cas de fraude du demandeur ■ TGI Paris, 12 nov. 1969 : *Clunet* 1971, 816, note Malaurie.

15) L'État, comme tout Français, peut être traduit devant un tribunal français pour l'obligation qu'il a contractée en pays étranger (■ Paris, 1er juin 1964 : *JCP* 1964, II, 13951, note J.A.).

II – DOMAINE D'APPLICATION DU PRIVILÈGE DE JURIDICTION DES ARTICLES 14 ET 15

16) Portée générale. Les articles 14 et 15 ont une portée générale s'étendant à toutes matières (■ Cass. 1re civ., 1er févr. 1955 : *JCP* 1955, II, 8657, note Louis-Lucas ; *Rev. crit. DIP* 1955, 327, note H.B. ■ Cass. 1re civ., 16 juin 1959 : *D.* 1959, 377, note G. Holleaux, 2e esp. ; *Rev. crit. DIP* 1959, 501, note H.B., 2e esp. ■ Cass. 1re civ., 27 mai 1970 : *JurisData* n° 1970-000176 ; *Rev. crit. DIP* 1971, 113, note Batiffol). V. pour des applications ■ Cass. 1re civ., 23 avr. 1959 : *D.* 1959, 377, note G. Holleaux, 3e esp. ■ Cass. 1re civ., 15 nov. 1988, n° 86-17.112 : *JurisData* n° 1988-003222 ; *Bull. civ.* I, n° 320, p. 217 (divorce). ■ Cass. soc., 23 mai 1973, n° 72-40.313 : *Rev. crit. DIP* 1974, 354, note Lagarde, 2e esp. (contrat de travail). ■ Cass. 1re civ., 5 déc. 1972 : *JurisData* n° 1972-000274 ; *Rev. crit. DIP* 1973, 356 (responsabilité délictuelle). ■ Cass. civ., 11 mai 1976 : *JurisData* n° 1976-000165 ; *Rev. crit. DIP* 1977, 352, note D. Mayer, 2e esp. ; *Clunet* 1977, 481, note Gaudemet-Tallon (contribution aux charges du ménage). ■ Cass. 1re civ., 17 nov. 1981, n° 80-11.181 : *JurisData* n° 1981-003323 ; *Bull.* I, n° 341, p. 289 (successions mobilières). ■ Cass. 1re civ., 21 juin 1988, n° 86-11.967 : *JurisData* n° 1988-001093 ; *Bull.* I, n° 198, p. 138 (état des personnes). V. toutefois, excluant l'application de l'article 14 pour une action en concurrence déloyale, au motif que cette disposition ne concerne que les « obligations contractées » par un étranger avec un Français, ▪ Aix-en-Provence, 28 févr. 2006 : *JCP* 2006, IV, 3218 ; *JurisData* n° 2006-310351.

17) Contrat administratif. Sur l'exclusion du privilège de juridiction en cas de demande concernant un contrat de caractère administratif, V. ▪ Paris, 5 nov. 1969 : *JCP* 1970, II, 16334, note Ruzié, 2e arrêt ; *Rev. crit. DIP* 1970, 703, note Loussouarn, 1er arrêt.

18) Actions immobilières et actions en partage. Les articles 14 et 15 ne sont pas applicables aux actions immobilières ni aux actions en partage se référant à des immeubles situés à l'étranger (▪ Cass. 1re civ., 1er févr. 1955, 16 juin 1959, 27 mai 1970, 17 nov. 1981, préc. ▪ Cass. 1re civ., 4 déc. 1979 : *JurisData* n° 1979-000303 ; *JCP* 1980, IV, 67 ; *Rev. crit. DIP* 1980, 758, note Ancel). Il importe peu pour l'action en partage d'immeubles que la succession se soit ouverte en France et que tous les héritiers soient Français (▪ Cass. civ., 24 nov. 1953 : *Rev. crit. DIP* 1955, 698, note Mezger). Mais les articles 14 et 15 sont applicables à l'action en nullité de testament et en pétition d'hérédité (▪ Cass. 1re civ., 5 mai 1959 : *D.* 1959, 377, note G. Holleaux, 1re esp. ; *Rev. crit. DIP* 1959, 501, note H.B., 1re esp. ▪ TGI Paris, 6 mars 1975 : *Rev. crit. DIP* 1975, 512). Dès lors que la juridiction française constate son incompétence pour statuer sur le partage successoral d'immeubles situés à l'étranger, elle n'a pas à rechercher si la saisine du juge étranger était ou non possible même s'il est allégué un déni de justice de la part de la juridiction étrangère du lieu de situation des immeubles (▪ Cass. 1re civ., 7 janv. 1982 : *Bull.* I, n° 6, p. 4).

19) Nullité ou mainlevée d'une saisie-arrêt pratiquée en pays étranger. Si les tribunaux français ont seuls qualité pour donner la force exécutoire à une décision d'une juridiction étrangère qui, à défaut de l'exequatur, resterait sans effet en France, ils ne peuvent, sans porter atteinte au principe de l'indépendance et de la souveraineté respectives des États, connaître en dehors de l'exequatur d'une demande en nullité ni en mainlevée d'une saisie-arrêt pratiquée en pays étranger en vertu d'une décision de l'autorité judiciaire de ce pays, ladite saisie fût-elle intervenue à la requête d'un créancier français au préjudice de la partie saisie, elle-même française (▪ Cass. civ., 12 mai 1931 : *DP* 1933, 1, 60, note Silz. – V. en ce sens ▪ Cass. 1re civ., 4 mai 1976 : *JurisData* n° 1976-700155 ; *Rev. crit. DIP* 1977, 352, note D. Mayer, 1re esp. ▪ Cass. 1re civ., 21 juin 1988 : *Bull. civ.* I, n° 198, p. 138. – Rappr., au sujet d'une action en responsabilité dirigée contre la banque du débiteur saisi à l'étranger qui l'aurait aidé à organiser son insolvabilité, ▪ Cass. 1re civ., 14 avr. 2010, n° 09-11.909 : *Bull. civ.* I, n° 91, p. 84 ; *JCP* 2010, n° 17, act. 471, obs. Devers ; *D.* 2011, 1379, obs. Jault-Seseke ; *JurisData* n° 2010-003992). Mais les tribunaux français peuvent statuer sur une action en contribution aux charges du ménage même si le jugement à intervenir est destiné à être exécuté à l'étranger au moyen d'une saisie-arrêt entre époux (▪ Cass. 1re civ., 11 mai 1976 : *JurisData* n° 1976-000165 ; *JurisData* n° 1976-700162 ; *JurisData* n° 1976-700162 ; *Rev. crit. DIP* 1977, 352, note D. Mayer, 2e esp. ; *Clunet* 1977, 481, note Gaudemet-Tallon). Si les juridictions françaises sont seules compétentes pour statuer sur la validité d'une saisie pratiquée en France et apprécier, à cette occasion, le principe de la créance, elles ne peuvent se prononcer sur le fond de cette créance que si leur compétence est fondée sur une autre règle (▪ Cass. 1re civ., 17 janv. 1995, n° 92-21.599 : *JurisData* n° 1995-000274 ; *JCP* 1995, II, 22430, note Muir Watt ; *Bull. civ.* I, n° 34, p. 24).

20) Demandes d'un État étranger. Dans la mesure où, du point de vue de la loi du for, leur objet est lié à l'exercice de la puissance publique, les demandes d'un État étranger fondées sur les dispositions de droit public ne peuvent être portées devant les juridictions françaises (▪ Cass. 1re civ., 2 mai 1990, n° 87-16.985 : *JurisData* n° 1990-701258 ; *JCP* 1990, IV, 243 ; *Bull.* I, n° 91, p. 68. ▪ Cass. 1re civ., 29 mai 1990, n° 88-13.737 : *JurisData* n° 1990-003332 ; *JCP* 1990, IV, 286 ; *Bull.* I, n° 123, p. 87). Toutefois, ce principe peut être écarté, notamment si, du point de vue de la loi du for, les exigences de la solidarité internationale ou la convergence des intérêts en cause le justifient (▪ Cass. 1re civ., 2 mai 1990, préc.).

III – RENONCIATION AU PRIVILÈGE DE JURIDICTION DES ARTICLES 14 ET 15

21) Article 14. Aucune disposition légale n'interdit à un Français de renoncer au privilège de juridiction que lui confère l'article 14 (▪ Cass. com., 13 févr. 1950 : *D.* 1950, 317). La règle de compétence édictée au profit du demandeur français par l'article 14 s'impose au juge français et ne peut être écartée, si son bénéficiaire ne renonce pas à s'en prévaloir, que par un traité international (▪ Cass. 1re civ., 2 oct. 2001 : *JCP* 2001, IV, 2819 ; *Bull. civ.* I, n° 235, p. 149 ; *JurisData* n° 2001-011129. ▪ Cass. 1re civ., 26 oct. 2011, n° 10-23.567 : *Bull. civ.* I, n° 177, p. 173).

22) Article 15. Le défendeur français peut renoncer à son privilège (▪ Cass. 1re civ., 9 nov. 1971 : *JurisData* n° 1971-000284 ; *JurisData* n° 1971-000282 ; *D.* 1972, 178). Mais l'article 15 conférant un droit aussi bien à l'étranger demandeur qu'au Français défendeur, la renonciation à son bénéfice doit nécessairement émaner à la fois du demandeur et du défendeur (■ Cass. 1re civ., 7 déc. 1971, n° 68-14.260 : *JurisData* n° 1971-000309 ; *Clunet* 1972, 840, note Bigot. ■ Paris 18 oct. 1972 : *Clunet* 1973, 371, note Deby-Gérard. ■ Grenoble, 13 févr. 1973 : *Gaz. Pal.* 1973, 1, 372).

23) Compétence indirecte du tribunal étranger. Une renonciation à l'article 15 est sans effet en tant qu'elle concerne l'application des règles françaises de droit international privé désignant la juridiction étrangère internationalement compétente pour connaître le litige dans une matière intéressant l'ordre public français (■ Paris, 22 oct. 1970 : *Clunet* 1972, 77, note de la Pradelle). Sur ce que l'article 15 du Code civil ne consacre désormais qu'une compétence facultative de la juridiction française, impropre à exclure la compétence indirecte d'un tribunal étranger, voir annot. n° 3, p. 64.

A – Renonciation expresse

24) Clause attributive de compétence. L'insertion d'une clause attributive de compétence dans un contrat international fait partie de l'économie de la convention et emporte renonciation à tout privilège de juridiction (■ Cass. 1re civ., 25 nov. 1986, n° 84-17.745 : *JurisData* n° 1986-002365 ; *Bull.* I, n° 277, p. 265 ; *Rev. crit. DIP* 1987, 396, note Gaudemet-Tallon ; *RTD civ.* 1987, 548, obs. Mestre. ■ Cass. soc., 30 janv. 1991, n° 87-42.086 : *JurisData* n° 1991-700528 ; *Bull.* V, n° 41, p. 26). Mais il en va autrement lorsque le caractère imprécis, équivoque ou ambigu des termes de cette clause ne permet pas d'affirmer qu'il existe une volonté certaine de l'intéressé de renoncer au bénéfice de ce privilège (■ Cass. 1re civ., 18 oct. 1988, n° 87-40.444 : *JurisData* n° 1988-001916 ; *Bull. civ.* I, n° 292, p. 198 ; *Rev. crit. DIP* 1989, 537, note Lagarde. V. en ce sens pour un défendeur n'ayant pas réitéré, à l'occasion de son appel, l'exception d'incompétence fondée sur sa nationalité française, ■ Cass. 1re civ., 18 mai 1994, n° 92-11.429 : *JurisData* n° 1994-000983 ; *Bull. civ.* I, n° 173, p. 128 ; *D.* 1994, inf. rap. 355, obs. Audit). Le bénéficiaire de la clause attributive de compétence est libre d'y renoncer si elle a été stipulée dans son intérêt (■ Cass. 2e civ., 15 juin 1966 : *JurisData* n° 1966-700680 ; *D.* 1967, 84).

25) Cas du contrat de travail. Une clause attributive de juridiction peut être valablement insérée dans un contrat de travail conclu par un salarié français dans la mesure où ce contrat n'est pas soumis aux dispositions des lois françaises de compétence *interne (■ Cass. ch. mixte, 28 juin 1974, 2 arrêts* : *JurisData* n° 1974-094004 ; *JCP* 1974, II, 17881, note G. Lyon-Caen ; *Rev. crit. DIP* 1975, 110, note P. L. ; *Dr. soc.* 1975, 458, note H.-J. Lucas. – V. aussi ■ Cass. 1re civ., 16 juin 1987, n° 85-11.940 : *D.* 1988, somm. 341, 2e esp., obs. Audit. ■ Cass. soc., 30 janv. 1991, n° 87-42.086 : *JurisData* n° 1991-700528 ; *Bull.* V, n° 41, p. 26). Mais à défaut de cette clause, une cour d'appel retient à bon droit que, par l'effet de la décision d'incompétence de la juridiction étrangère qu'il avait saisie et du dessaisissement corrélatif de cette dernière, le salarié a recouvré la faculté d'exercer la même action devant la juridiction française sur le fondement de l'article 14 (■ Cass. soc., 9 juill. 1996, n° 93-41.549 : *JurisData* n° 1996-003252 ; *JCP* 1996, IV, 2068 ; *Bull. civ.* V, n° 266, p. 188).

26) La clause compromissoire désignant un arbitre étranger et valablement stipulée dans un contrat international vaut renonciation aux articles 14 et 15 (■ Cass. com., 21 juin 1965 : *Rev. crit. DIP* 1966, 477, note Mezger. – Comp. ■ Cass. civ., 12 juill. 1950 : *Rev. crit. DIP* 1952, 509, note Francescakis).

27) Assureur et cessionnaire. La clause de renonciation s'impose aussi bien à l'égard de l'ancien titulaire du droit qu'à l'assureur français subrogé (■ Cass. 1re civ., 25 nov. 1986, préc.). Jugé même que le cessionnaire français d'une créance n'est pas en droit de se prévaloir des dispositions de l'article 14 lorsque cette créance fait l'objet d'un litige devant un tribunal étranger saisi par le cédant ou dont le cédant a accepté la compétence (■ Cass. 1re civ., 24 nov. 1987, n° 85-14.778 : *JurisData* n° 1987-002273 ; *Bull. civ.* I, n° 304, p. 218 ; *JCP* 1989, II, 21201, note Blondel et Cadiet ; *RTD civ.* 1988, 544, obs. Mestre).

B – Renonciation tacite

28) Principe. La renonciation au privilège de l'article 14 peut être tacite (■ Cass. com., 13 févr. 1950 : *D.* 1950, 317). Mais elle ne se présume pas et doit découler d'une intention formelle exprimée et des faits de la cause (■ Colmar, 9 déc. 1960 : *JCP* 1961, II, 12257, note J.C. – V. aussi ■ Paris, 16 févr. 1979 : *JurisData* n° 1979-245145 ; *Gaz. Pal.* 1979, 2, 385, note R.S. ■ Paris, 11 févr. 1994 : *JurisData* n° 1994-022168 ; *JurisData* n° 1994-022169 ; *D.* 1994, inf. rap. 354, obs. Audit). Une simple expression d'intention ne suffit pas (■ Cass. 1re civ., 16 juin 1981 : *JurisData* n° 1981-701870 ; *JurisData* n° 1981-701864 ; *Bull. civ.* I, n° 216, p. 177). Après avoir exactement déduit de la distinction entre les procédures de séparation et de divorce et de l'existence d'une simple convocation de l'intéressé, de nationalité française, devant une juridiction suisse, à la demande de son épouse, en vue d'engager une procédure de divorce, la cour d'appel décide à bon droit de l'absence de renonciation de l'intéressé au bénéfice de l'article 15 du Code civil (■ Cass. 1re civ., 25 mars 2015, n° 13-26.131, préc., annot. n° 12, p. 66).

29) **La référence à une loi étrangère comme loi du contrat** ne peut à elle seule constituer une renonciation non équivoque à l'application du privilège de juridiction institué par l'article 14 (▪ Cass. soc., 20 juin 1979, n° 78-40.458 : *JCP* 1979, IV, 287 ; *Bull. civ.* V, n° 551, p. 405 ; *Clunet* 1979, 852, note Lyon-Caen, contrat de travail. – V. aussi ▪ Cass. 1re civ., 16 juin 1981 : *Bull. civ.* I, n° 216, p. 177).

30) **L'introduction d'une action à l'étranger,** même postérieure à la saisine du juge français, fait présumer la renonciation à la clause ou au privilège de juridiction française, à moins qu'il soit démontré que le demandeur n'a pas agi sciemment et librement (▪ Cass. 1re civ., 30 juin 1992, n° 90-18.458 : *JurisData* n° 1992-001674 ; *D.* 1994, 169, note Guez ; *JCP* 1992, IV, 2510. – V. aussi ▪ Paris, 20 janv. 1965 : *Gaz. Pal.* 1965, 2, 141. ▪ TGI Seine, 28 févr. 1961 : *Rev. crit. DIP* 1961, 572, note Loussouarn). Encore faut-il que l'action intentée à l'étranger soit la même que celle que le demandeur entend faire trancher par le tribunal français (▪ Paris, 1er déc. 1969 : *Rev. crit. DIP* 1971, 295, note Huet. – Comp. ▪ Cass. 1re civ., 5 déc. 1978 : *JurisData* n° 1978-700375 ; *D.* 1979, inf. rap. 337 ; *Bull. civ.* I, n° 375, p. 292). En toute hypothèse, la saisine ne vaut pas renonciation si elle peut se justifier par l'urgence (▪ Versailles, 20 déc. 1988, n° 2909/88 : *JurisData* n° 1988-051084 ; *D.* 1989, somm. 258, obs. Audit. – V. aussi ▪ Paris, 28 sept. 1979 : *JurisData* n° 1979-615018 ; *Gaz. Pal.* 1980, 1, 58, note Brazier), et l'intéressé retrouve la faculté d'opter s'il se désiste de son instance à l'étranger (▪ Cass. 1re civ., 27 janv. 1993, n° 91-14.557 : *JurisData* n° 1993-000107 ; *D.* 1993, 602, note Massip). Pour l'hypothèse d'une juridiction étrangère désignée par une clause attributive de juridiction, V. ▪ Cass. 1re civ., 30 sept. 2009, n° 08-17.587 : *Bull. civ.* I, n° 190, p. 171 ; *D.* 2010, 58 (2e esp.), note Audit ; *JCP* 2009, n° 43, act. 346, obs. Cornut, et n° 48, note 480 (3e esp.), Attal ; *JurisData* n° 2009-049659.

31) **Autres exemples de renonciations tacites.** Le fait pour le défendeur à une demande en divorce introduite devant le juge étranger de se défendre au fond sans réserve et selon les formes de la procédure locale peut être interprété comme *valant renonciation* à se prévaloir de la seule compétence du juge français (▪ Cass. 1re civ., 15 nov. 1994, n° 93-12.332 : *JurisData* n° 1994-002255 ; *Bull.* I, n° 327, p. 237), de même que le fait pour le défendeur français de ne pas s'être prévalu du bénéfice de l'article 15 devant les premiers juges saisis de l'exequatur (▪ Cass. 1re civ., 2 mai 1979, n° 78-10.221 : *D.* 1980, inf. rap. 331, obs. Audit ; *Rev. crit. DIP* 1980, 362, note Lequette. V. en ce sens pour un défendeur français se bornant en première instance à exciper de l'irrégularité de la procédure suivie devant le tribunal étranger, ▪ Cass. 1re civ., 25 oct. 1966 : *JurisData* n° 1966-000481 ; *Rev. crit. DIP* 1967, 557, note Franceskakis. – V. aussi ▪ Cass. 1re civ., 4 oct. 1967 : *JCP* 1968, II, 15634, note Sialelli. ▪ Cass. 1re civ., 28 janv. 2003, n° 00-15.344 : *JurisData* n° 2003-017446 ; *JCP* N 2003, 1543, note François ; *Bull. civ.* I, n° 23, p. 17. ▪ Cass. 1re civ., 31 janv. 2006 : *Bull. civ.* I, n° 39, p. 39 ; *JCP* 2006, II, 10114, note Dammann et Ollivry ; *D.* 2006, 1662, note Montfort ; *JurisData* n° 2006-031912). La renonciation à se prévaloir du bénéfice de l'article 14 pour l'instance engagée en France peut être déduite, d'une part, de l'absence de faits nouveaux au soutien de la demande présentée et, d'autre part, de la constatation que l'auteur de la demande en France avait comparu et défendu devant la juridiction étrangère, sans réserve et selon les formes de la procédure locale, sans soulever l'incompétence de cette juridiction (▪ Cass. 1re civ., 30 sept. 2009, n° 08-16.141 : *Bull. civ.* I, n° 191, p. 173 ; *D.* 2009, 2419 [2e esp.], obs. Gallmeister ; *D.* 2010, 1591, obs. Jault-Seseke ; *Dr. famille* 2009, 167 [2e esp], note Abadie ; *JCP* 2009, n° 43, act. 346, obs. Cornut, et n° 48, note 480 [2e esp.], Attal ; *JurisData* n° 2009-049658).

32) **Comportements ne valant pas renonciations tacites.** Une simple déclaration d'intention ne peut valoir renonciation au bénéfice de l'article 14 (▪ Cass. 1re civ., 1er juill. 2009, n° 08-15.955 : *Bull. civ.* I, n° 143, p. 127 ; *D.* 2009, 1899, obs. Gallmeister ; *D.* 2010, 1591, obs. Jault-Seseke ; *JCP* 2009, n° 29-30, act. 123, obs. Cornut ; *JurisData* n° 2009-048911). Le seul fait pour le défendeur de revendiquer la compétence exclusive des juridictions françaises en invoquant d'autres textes que l'article 15 ne vaut pas renonciation implicite à se prévaloir de ce texte (▪ Cass. 1re civ., 10 déc. 1974 : *Rev. crit. DIP* 1975, 509, note Huet), pas plus que le fait pour une femme de soulever une exception de litispendance devant le tribunal étranger que son mari avait saisi postérieurement à la demande en divorce par elle présentée en France (▪ Cass. 1re civ., 18 mai 1976 : *JurisData* n° 1976-000173 ; *Bull. civ.* I, n° 173, p. 138). De même le fait pour le défendeur français régulièrement assigné à l'étranger de ne pas se présenter devant le tribunal étranger ne vaut pas renonciation (▪ Cass. 1re civ., 5 mai 1976 : *JurisData* n° 1976-000158 ; *JurisData* n° 1976-000158 ; Rev. crit. DIP 1977, 137, note Huet, 1re esp. Voir cependant pour une utilisation frauduleuse de l'article 15, ▪ TGI Paris, 20 mai 1976 : *JurisData* n° 1976-760578 ; *Rev. crit. DIP* 1977, 137, note Huet, 2e esp.), non plus que le fait de défendre devant le tribunal étranger sans invoquer explicitement l'article 15 (▪ Cass. 1re civ., 17 juill. 1980, n° 79-12.327 : *JurisData* n° 1980-000188 ; *JurisData* n° 1980-005044 ; *JCP* 1982, II, 19717, note Courbe ; *Clunet* 1981, 75, note Simon-Depitre. – V. aussi ▪ Cass. 1re civ., 13 juin 1978 : *JurisData* n° 1978-799001 ; *JurisData* n° 1978-

799223 ; *D.* 1979, 133, note Santa-Croce). Il appartient aux juges du fond de rechercher si, du fait de sa comparution devant un tribunal étranger, le Français a renoncé au bénéfice du privilège de juridiction (▪ Cass. 1re civ., 25 mai 1987, n° 85-15.038 : *JurisData* n° 1987-001079 ; *Bull. civ.* I, n° 167, p. 127).

33) Défendeur français ayant décliné la compétence de la juridiction étrangère. Jugé que lorsque le défendeur français a décliné la compétence de la juridiction étrangère, il n'est plus possible de prétendre qu'il ait renoncé au bénéfice dont il s'est ainsi prévalu, autrement que par une renonciation expresse (▪ Paris, 26 mars 1968 : *JCP* 1969, II, 15948, note Audinet. – V. aussi ▪ Aix-en-Provence, 16 févr. 1971 : *D.* 1972, 239, note Prévault). La cour d'appel qui a précisé que la nationalité française de la femme défenderesse dans une procédure de divorce en Floride lui permettait d'invoquer en sa faveur le privilège de juridiction de l'article 15 et qui a relevé que le juge américain s'est déclaré compétent en rejetant sa contestation, en a déduit, sans dénaturation ni inversion de la charge de la preuve, l'absence d'une renonciation certaine aux dispositions du texte précité (▪ Cass. 1re civ., 30 mars 2004, n° 02-17.974 : *JurisData* n° 2004-023084 ; *JCP* 2004, II, 10097, note Egea ; *Defrénois* 2004, 1235, obs. Massip).

34) Opposabilité aux héritiers. Viole l'article 14 l'arrêt qui relève que les demandeurs français ne sauraient prétendre à davantage de droits que leur auteur qui a renoncé tacitement au privilège de juridiction en introduisant à l'étranger une demande en partage, alors que les trois demandeurs ont eux-mêmes assigné après le décès de leur auteur en exerçant une action propre, de sorte que la prétendue renonciation implicite ne leur était pas opposable (▪ Cass. 1re civ., 3 déc. 1996, n° 94-21.943 : *JurisData* n° 1996-004749 ; *JCP* 1997, IV, 187 ; *Bull.* I, n° 426, p. 298).

IV – MISE EN ŒUVRE DU PRIVILÈGE DE JURIDICTION DES ARTICLES 14 ET 15

35) Exercice par voie d'exception. Si, au cours d'une instance, un jugement étranger est invoqué pour s'opposer à la demande, le demandeur peut contester par voie d'exception la régularité internationale de cette décision au regard du droit international privé français, notamment de l'article 15 (▪ *Cass. 1re civ., 27 mars 1984, n° 82-16.770* : *JurisData* n° 1984-700706 ; *Bull. civ.* I, n° 115, p. 95). Le contrôle, à titre incident, de la régularité internationale d'un jugement étranger peut être opéré par tout juge devant lequel ce jugement est invoqué à l'appui d'une fin de non-recevoir (▪ Cass. 1re civ., 9 juill. 1991, n° 89-13.940 : *JurisData* n° 1991-002435 ; *JCP* 1992, II, 21818, note Muir Watt ; *D.* 1992, 334, note Massip).

A – Non-applicabilité d'office

36) **L'article 14 n'est pas d'ordre public** et le privilège de juridiction qu'il institue ne peut être appliqué d'office par le juge (▪ Cass. 1re civ., 21 mai 1963 : *JurisData* n° 1963-000267 ; *Rev. crit. DIP* 1964, 340, note Loussouarn. ▪ Cass. 1re civ., 19 juill. 1989, n° 88-10.062 : *JurisData* n° 1989-702888 ; *Bull. civ.* I, n° 296, p. 196). Mais jugé qu'il suffit pour le défendeur d'invoquer sa qualité de Français (▪ Cass. 1re civ., 16 avr. 1985, n° 83-16.195 : *JurisData* n° 1985-701312 ; *Bull. civ.* I, n° 114, p. 105 ; *D.* 1985, inf. rap. 496, obs. Audit. ▪ Cass. 1re civ., 11 avr. 1995, n° 93-10.321 : *JurisData* n° 1995-000882 ; *JCP* 1995, IV, 1446).

37) **L'article 15 n'est pas d'ordre public** et ne peut être appliqué d'office par le juge (▪ Cass. com., 9 oct. 1967 : *Clunet* 1968, 918, note Bredin. ▪ Cass. 1re civ., 7 juill. 1981, n° 80-14.533 : *JurisData* n° 1981-002663 ; *Bull.* I, n° 252, p. 208).

B – Détermination du tribunal compétent

38) Application des règles internes de compétence territoriale. Lorsqu'en vertu de l'article 14, une compétence générale est attribuée aux tribunaux français pour connaître d'un litige entre un Français et un étranger, la compétence spéciale du tribunal qui doit en être saisi est déterminée, s'il en existe une qui soit applicable, par les règles internes de compétence territoriale (▪ Cass. 1re civ., 11 oct. 1967 : *JurisData* n° 1967-700289 ; *JCP* 1967, II, 15304, note J.A. ; *D.* 1968, 302, note Claeys. – V. aussi ▪ Cass. 1re civ., 9 févr. 1960 : *JurisData* n° 1960-000087 ; *D.* 1960, 509, note Lenoan. ▪ Cass. soc., 6 nov. 1968 : *JurisData* n° 1968-099486 ; *Bull. civ.* V, n° 486, p. 404. ▪ TGI Seine, 1er juin 1960 : *Rev. crit. DIP* 1961, 193, note Simon-Depitre. ▪ T. com. Paris, 12 juin 1972 : *JCP* 1972, II, 17223, note N.S.).

39) Choix du demandeur français. Dans l'hypothèse où les règles de compétence interne ne permettent pas de déterminer la juridiction française compétente, le demandeur français peut valablement saisir le tribunal français qu'il choisit en raison d'un lien de rattachement de l'instance au territoire français, ou, à défaut, selon les exigences d'une bonne administration de la justice (▪ Cass. 1re civ., 13 juin 1978 : *Rev. crit. DIP* 1978, 722, note Audit. – V. aussi ▪ Cass. 1re civ., 29 janv. 1980, n° 78-13.146 : JurisData n° 1980-000038 ; *Bull. civ.* I, n° 38, p. 31), sous réserve que le choix de la juridiction ne soit pas frauduleux (▪ Cass. 1re civ., 6 janv. 1987, n° 85-13.621 : *JurisData* n° 1987-000002 ; *D.* 1987, 467, note Massip ; *Rev. crit. DIP* 1988, 337, note Lequette).

CHAPITRE II. – (1) DU RESPECT DU CORPS HUMAIN

(L. n° 94-653, 29 juill. 1994)

Bibliographie : C. Byk, *La loi relative au respect du corps humain : JCP* 1994, I, 3788. • J.-Ch. Galloux, *Le corps humain dans le Code civil : 1804-2004. Le Code civil, un passé, un présent, un avenir*, Université Panthéon-Assas (Paris II), Dalloz 2004, 381. • M. Hervieu, *Le corps humain : l'heure de la libéralisation ? : LPA* 25-26 août 2011, 3. • T. Revet, *Le corps humain est-il une chose appropriée ? : RTD civ.* 2017, 587.

Art. 16 *(L. n° 94-653, 29 juill. 1994).* **– La loi assure la primauté de la personne, interdit toute atteinte à la dignité de celle-ci et garantit le respect de l'être humain dès le commencement de sa vie.**

Bibliographie : D. Roman, *À corps défendant. La protection de l'individu contre lui-même : D.* 2007, chron. 1284. • M. Fabre-Magnan, *Le domaine de l'autonomie personnelle. Indisponibilité du corps humain et justice sociale : D.* 2008, chron. 31. • D.-G. Lavroff, *Réflexions sur le principe de sauvegarde de la dignité de la personne humaine* in *Mélanges Jean Hauser*, LexisNexis-Dalloz 2012, 281. • A. Nguyen Khac, *La dignité de la personne humaine : LPA* 16 oct. 2015, 8.

1) Principe à valeur constitutionnelle. Le principe du respect de la dignité de la personne humaine, édicté par l'article 16 du Code civil, est un principe à valeur constitutionnelle dont il incombe au juge de faire application pour trancher le litige qui lui est soumis (▪ Cass. 1re civ., 26 sept. 2018, n° 17-16.089 : *Bull.* ; *RTD civ.* 2018, 863, Leroyer ; *JurisData* n° 2018-016665, cassation de l'arrêt ayant décidé que l'article 16 du Code civil n'a pas valeur normative et ne fait que renvoyer au législateur l'application des principes qu'il énonce. – V. aussi J.-Ch. Saint-Pau, *La normativité civile du principe constitutionnel de dignité de la personne humaine : JCP* G 2019, 12).

2) Fœtus. Homicide involontaire (non). Le principe de légalité des délits et des peines, qui impose une interprétation stricte de la loi pénale, s'oppose à ce que l'incrimination prévue par l'article 221-6 du Code pénal, réprimant l'homicide involontaire d'autrui, soit étendue au cas de l'enfant à naître dont le régime juridique relève de textes particuliers sur l'embryon ou le fœtus (▪ Cass. ass. plén., 29 juin 2001, n° 99-85.973 : *JurisData* n° 2001-010321 ; *JCP* 2001, II, 10569, rapp. Sargos, concl. Sainte-Rose et note Rassat ; *JCP* 2002, I, 101, n° 21, obs. Murat ; *Resp. civ. et assur.* 2001, 245. V. sur cet arrêt D. Vigneau et S. Joly : *Dr. famille* 2001, chron. 21 et 22 ; *RTD civ.* 2001, 560, obs. Hauser. – V. aussi ▪ Cass. crim., 30 juin 1999, n° 97-82.351 : *JurisData* n° 1999-002903 ; *D.* 1999, 710, note Vigneau ; *D.* 2000, somm. 169, obs. Desnoyer et Dumaine ; *Defrénois* 1999, 1048, note Malaurie, cassant ▪ Lyon, 13 mars 1997 : *JurisData* n° 1997-040144 ; *JCP* 1997, II, 22955, note Fauré ; *D.* 1997, 557, note Serverin ; *Defrénois* 1997, 640, note Malaurie. ▪ Cass. crim., 25 juin 2002, n° 00-81.359 : *JurisData* n° 2002-015085 ; *JCP* 2002, II, 10155, note Rassat. V. sur ce dernier arrêt D. Vigneau, *Même un enfant sur le point de naître n'est pas assez vieux pour mourir en homme ! : Dr. famille* 2002, chron. 25. ▪ Cass. crim., 2 déc. 2003, n° 03-82.344 : *JurisData* n° 2003-021533 ; *Dr. famille* 2004, 26, note de Lamy ; *JCP* 2004, II, 10054, note Rassat ; *Resp. civ. et assur.* 2004, 125 (enfant ayant vécu une heure après sa naissance). ▪ Cass. crim., 4 mai 2004, n° 03-84.648 : *JurisData* n° 2004-024097 ; *D.* 2004, 3097, note Pradel. ▪ Metz, 17 févr. 2005, n° 05/222 : *JurisData* n° 2005-266405 ; *Dr. famille* 2005, 172, note Dupré de Boulois. – Voir cependant ▪ Reims, 3 févr. 2000 : *JurisData* n° 2000-114337 ; *Defrénois* 2000, 568, note Forgeard. V. sur l'ensemble de la question B. Beignier, *La liberté de concevoir un enfant : Dr. famille* 2004, chron. 3. – J. Sainte-Rose, *L'enfant à naître : un objet destructible sans destinée humaine ? : JCP* 2004, I, 194. – J. Sainte-Rose, *Une dépénalisation jurisprudentielle : l'enfant à naître ne peut jamais être victime d'un homicide : Dr. famille* 2015, étude 13. Jugé qu'il n'est ni souhaitable ni même possible actuellement de répondre dans l'abstrait à la question de savoir si l'enfant à naître est une « personne » au sens de l'article 2 de la Convention européenne des droits de l'homme (▪ CEDH 8 juill. 2004, n° 48787/99 : *JurisData* n° 2004-400036 ; *JCP* 2004, II, 10158, note Levinet).

3) Préjudice résultant de la naissance. Sur le principe que nul ne peut se prévaloir d'un préjudice du seul fait de sa naissance, V. C. action soc. et fam., art. L. 114-5. – Sur la conformité à la Constitution de cette disposition, V. ▪ Cons. const., déc. 11 juin 2010, n° 2011-2 QPC : *D.* 2010, 1976, note Vigneau, et 1980, note Bernaud et Gay ; *RTD civ.* 2010, 517, obs. Puig. – Sur les conditions d'application dans le temps de cette décision, V. ▪ Cass. 1re civ., 15 déc. 2011, n° 10-27.473 : *Bull. civ.* I, n° 216, p. 210 ; *D.* 2012, 297, chron. Maziau, et 323,

(1) La loi n° 93-933 du 22 juillet 1993 a supprimé les divisions du présent Titre Premier en chapitres et sections ; la loi n° 94-653 du 29 juillet 1994 a rétabli, au sein de ce Titre Premier, des Chapitres II et III, mais pas l'ancien Chapitre Ier qui était intitulé « *De la jouissance des droits civils* ».

note Vigneau ; *RTD civ.* 2012, 75, obs. Deumier ; *JCP* 2012, 72, concl. Chevalier et note Sargos ; *JurisData* n° 2011-028173.

Jugé auparavant que dès lors que les fautes commises par un médecin et un laboratoire de biologie médicale dans l'exécution des contrats formés avec une femme enceinte ont empêché celle-ci d'exercer son choix d'interrompre sa grossesse afin d'éviter la naissance d'un enfant atteint d'un handicap, ce dernier peut demander la réparation du préjudice résultant de ce handicap et causé par les fautes retenues (▪ Cass. ass. plén., 17 nov. 2000, n° 99-13.701 : *JurisData* n° 2000-006884 ; *JCP* 2000, II, 10438, rapp. Sargos, concl. Sainte-Rose et note Chabas ; *JCP* 2001, I, 293, n° 7, obs. Murat ; *D.* 2001, 332, note D. Mazeaud et 336, note Jourdain ; *Dr. famille* 2001, 11, note Murat ; *Defrénois* 2001, 262, obs. Aubert ; *RTD civ.* 2001, 103, obs. Hauser. V. sur cet arrêt G. Mémeteau, *L'action de vie dommageable : JCP* 2000, I, 279. – G. Viney, *Brèves remarques à propos d'un arrêt qui affecte l'image de la justice dans l'opinion : JCP* 2001, I, 286. – P.-Y. Gautier, *« Les distances du juge » à propos d'un débat éthique sur la responsabilité civile : JCP* 2001, I, 287. – J.-L. Aubert, *Indemnisation d'une existence handicapée qui, selon le choix de la mère, n'aurait pas dû être : D.* 2001, 489. – L. Aynès, *Préjudice de l'enfant né handicapé : la plainte de Job devant la Cour de cassation : D.* 2001, 492. – C. Radé, *Être ou ne pas être ? Telle n'est pas la question : Resp. civ. et assur.* 2001, chron. 1. – F. Leduc, *Handicap génétique ou congénital et responsabilité civile : Resp. civ. et assur.* 2001, chron. 4. – D. Fenouillet, *Pour une humanité autrement fondée : Dr. famille* 2001, chron. 7. – M. Fabre-Magnan, *Avortement et responsabilité médicale : RTD civ.* 2001, 285. – D. de Béchillon, *Porter atteinte aux catégories anthropologiques ? Réflexions, à propos de la controverse Perruche, sur une figure contemporaine de la rhétorique universitaire : RTD civ.* 2002, 47. V. dans le même sens ▪ Cass. ass. plén., 28 nov. 2001, n° 00-11.197 : *JurisData* n° 2001-011863 ; *JCP* 2002, II, 10018, concl. Sainte-Rose et note Chabas. Sur l'indemnisation du préjudice dans l'affaire Perruche, V. ▪ Paris, 11 déc. 2002, n° 2000/22983 : *JurisData* n° 2002-193727 ; *Resp. civ. et assur.* 2003, 140, note Radé). Jugé aussi que dans le cas d'une interruption pour motif thérapeutique, il doit être établi que les conditions médicales prescrites par l'article L. 2213-1 du Code de la santé publique étaient réunies (▪ Cass. ass. plén., 13 juill. 2001, 3 arrêts : *JurisData* n° 2001-010621 ; *JCP* 2001, II, 10601, concl. Sainte-Rose et note Chabas ; *D.* 2001, somm. 2325, note Jourdain ; *Resp. civ. et assur.* 2001, 269 ; *RTD civ.* 2001, 850, obs. Hauser). V. sur ces arrêts P. Murat : *Dr. famille* 2001, chron. 24. V. pour une application de cette jurisprudence ▪ Bordeaux, 18 sept. 2001 : *Dr. famille* 2001, 123, note Murat ; *Resp. civ. et assur.* 2001, 372 ; *JurisData* n° 2001-150221).

La naissance d'un enfant ne pouvant constituer par elle-même, au plan moral, un dommage, l'échec d'une tentative d'avortement ne saurait fonder une action en réparation qu'à la condition de démontrer l'existence d'un traumatisme d'ordre psychologique (▪ Riom, 6 juill. 1989 : *JurisData* n° 1989-050219 ; *D.* 1990, 284, note Le Tourneau, et, sur pourvoi, ▪ Cass. 1re civ., 25 juin 1991, n° 90-05.006 : *JurisData* n° 1991-003405 ; *D.* 1991, 466, note le Tourneau ; *JCP* 1992, II, 21784, note Barbièri ; *Bull. civ.* I, n° 213, p. 139 ; *Defrénois* 1992, 45, obs. Massip ; *RTD civ.* 1991, 753, obs. Jourdain). L'impossibilité pour une personne d'établir sa filiation (viol incestueux) constitue un préjudice moral certain (▪ TGI Lille, 6 mai 1996 : *D.* 1997, 543, note Labbée. – Comp., décidant que l'enfant peut demander réparation du dommage découlant de l'infraction, ▪ Cass. crim., 4 févr. 1998, n° 97-80.841 : *JurisData* n° 1998-001041 ; *JCP* 1998, I, 185, n° 14, obs. Viney ; *D.* 1999, 445, note Bourgault-Coudevylle ; *RTD civ.* 1999, 64, obs. Hauser).

4) Perte d'embryons surnuméraires. La création médicalement assistée d'embryons *in vitro* ne pouvant être réalisée que dans le cadre du projet parental du couple bénéficiaire, la perte d'embryons, dont les requérants ne peuvent sérieusement soutenir que ceux-ci constituent des êtres humains ou des produits humains ayant le caractère de chose sacrée auxquels serait attachée une valeur patrimoniale, n'est source de préjudice indemnisable que pour autant que ce couple poursuit un projet de création auquel cette perte porte atteinte, ce qui n'est pas démontré en l'espèce (▪ CAA Douai, 6 déc. 2005, n° 04DA00376 : *JurisData* n° 2005-291858 ; *D.* 2006, 1205, obs. crit. Galloux et Gaumont-Prat ; *RTD civ.* 2006, 87, obs. Hauser, appel de ▪ TA Amiens, 9 mars 2004, n° 021451 : *JurisData* n° 2004-254781 ; *D.* 2004, 1051, note Labbée ; *D.* 2005, 542, obs. Galloux et Gaumont-Prat ; *RTD civ.* 2004, 482, obs. Hauser).

5) Pratiques sadomasochistes (Conv. EDH). Le droit d'entretenir des relations sexuelles découle du droit de disposer de son corps, partie intégrante de la notion d'autonomie personnelle dont relève la possibilité de s'adonner à des activités perçues comme étant d'une nature physiquement ou moralement dommageable ou dangereuse pour la personne ; il en résulte que l'État ne peut intervenir, en principe, dans le domaine des pratiques sexuelles consenties qui relève du libre arbitre des individus (▪ CEDH, 17 févr. 2005, *K.A. et A.D. c/ Belgique : D.* 2006, 1206, obs. Galloux et Gaumont-Prat ; *RTD civ.* 2005, 341, obs. Marguénaud). V. aussi M. Fabre-Magnan, *Le sadisme n'est pas un droit de l'homme : D.* 2005, chron. 2973.

6) Droit conventionnel. D. n° 2012-855, 5 juill. 2012, portant publication de la convention pour la protection des droits de l'homme et de la dignité de l'être humain à l'égard des applications de la biologie et de la médecine (convention sur les droits de l'homme et la biomédecine, signée à Oviedo le 4 avril 1997), p. 3402. V. *RTD civ.* 2012, 785, chron. Bacache ; J.-R. Binet, *Ratification de la Convention d'Oviedo : la fin d'une longue attente : JCP* G 2012, act. 3.

7) Dignité du mourant. V. C. santé publ., art. L. 1111-10 et s., p. 2643.

8) Dignité du patient. Sur le principe du respect de la dignité de la personne humaine comme fondement de la réparation due au patient qui n'a pas reçu de son médecin toute l'information qu'il lui devait, V. ■ Cass. 1re civ., 12 juin 2012, n° 11-18.928 : *Contrats, conc. consom.* 2012, 225, note Leveneur ; *JurisData* n° 2012-012778. – V. déjà ■ Cass. 1re civ., 9 oct. 2001, n° 00-14.564 : *Bull. civ.* I, n° 249, p. 157 ; *D.* 2001, 3470, rapport Sargos et note Thouvenin ; *JCP* 2002, II, 10045, note Cachard ; *RTD civ.* 2002, 176, obs. Libchaber ; *Contrats, conc. consom.* 2002, 22, note Leveneur ; *Dr. et patrimoine* 2002, n° 102, 3, obs. Mestre, et 95, n° 3043, obs. Chabas ; *LPA* 13 mars 2002, 17, note Marmoz, jugeant qu'un médecin ne peut être dispensé de son devoir d'information vis-à-vis de son patient, qui trouve son fondement dans l'exigence du respect du principe constitutionnel de sauvegarde de la dignité de la personne humaine, par le seul fait qu'un risque grave ne se réalise qu'exceptionnellement. Mais sur la nécessité que le risque se soit réalisé pour que la responsabilité du médecin soit engagée, V. ■ Cass. 1re civ., 23 janv. 2014, n° 12.22-123, cité *infra*, sous l'art. 1147, note 15.

Art. 16-1 *(L. n° 94-653, 29 juill. 1994)*. – **Chacun a droit au respect de son corps.**

Le corps humain est inviolable.

Le corps humain, ses éléments et ses produits ne peuvent faire l'objet d'un droit patrimonial.

Bibliographie : S.-M. Ferrié, *Le principe d'inviolabilité du corps humain est-il vraiment inviolable ? : Dr. famille* 2017, étude 10. • A. Mirkovic, *La protection de la personne en son corps en droit civil : Dr. famille* 2018, étude 12.

Recherches médico-légales. Les prélèvements effectués sur le corps humain à des fins de recherches médico-légales pour les nécessités d'une enquête ou d'une information, qui ne peuvent faire l'objet d'un droit patrimonial aux termes de l'article 16-1 du Code civil, ne constituent pas des objets susceptibles de restitution au sens de l'article 41-4 du Code de procédure pénale (■ Cass. crim., 3 févr. 2010, n° 09-83.468 : *Bull. crim.* 2010, n° 18, p. 84 ; *RTD civ.* 2010, 354, obs. Revet).

Art. 16-1-1 *(L. n° 2008-1350, 19 déc. 2008)*. – **Le respect dû au corps humain ne cesse pas avec la mort.**

Les restes des personnes décédées, y compris les cendres de celles dont le corps a donné lieu à crémation, doivent être traités avec respect, dignité et décence.

Bibliographie : Labbée, *Souviens-toi que tu es poussière. À propos de la loi du 19 décembre 2008 : JCP* 2009, act. 34. • Labbée, *Sacré cadavre : JCP* 2011, n° 8, act. 197 • H. Popu, *Destination et protection des cendres funéraires : Defrénois* 2009, 410. • G. Loiseau, *Mortuorum corpus : une loi pour le respect : D.* 2009, chron. 236. • I. Corpart, *Pour un nouvel ordre public funéraire : variations autour de la loi n° 2008-1350 du 19 décembre 2008 : Dr. famille* 2009, étude 15.

1) Application. Pour l'interdiction d'une exposition mettant en scène des cadavres humains (affaire « *Our body* »), V. ■ TGI Paris, ord. réf., 21 avr. 2009, aff. *Our body : JCP* 2009, act. 225, obs. Loiseau ; *JurisData* n° 2009-002176. – Confirmé par ■ Paris, 30 avr. 2009 : *JCP 2009*, act. 259, et *JCP* 15 juin 2009, p. 23, note Loiseau ; *D.* 2009, 1278, obs. Le Douaron, et 2019, note Edelman ; *RTD civ.* 2009, 501, obs. Hauser ; *JurisData* n° 2009-002649. – Pourvoi rejeté par ■ Cass. 1re civ., 16 sept. 2010, n° 09-67.456 : *Bull. civ.* I, n° 174, p. 162 ; *D.* 2010, 2145, obs. Rome, 2750, note Loiseau, et 2754, note Edelman ; *D.* 2011, 780, obs. Dreyer ; *RTD civ.* 2010, 760, obs. Hauser, décidant que l'exposition de cadavres à des fins commerciales méconnaît l'exigence posée par l'article 16-1-1, alinéa 2. – V. aussi F. Rome, *Cadavres exquis : D.* 2009, 1129. – X. Labbée, entretien *in D.* 2009, 1192. – M. Lamarche, *De la Vénus Hottentote aux cadavres chinois. Peut-on exposer des corps humains ? : Dr. famille* 2009, Focus 37. – E. Jeanneteau et H. Bertaux, *Le corps humain à l'épreuve de l'exposition : LPA* 16 oct. 2015, 21. V. aussi art. 16-2, annot. n° 1, *infra*. Jugé, dans la même affaire, que le principe d'ordre public selon lequel le respect dû au corps humain ne cesse pas avec la mort préexistait à la loi du 19 décembre 2008 d'où est issu l'article 16-1-1 du Code civil ; ayant relevé que le contrat d'assurance souscrit le 7 novembre 2008 par la société organisatrice de l'exposition avait pour objet de garantir les conséquences de l'annulation d'une exposition utilisant des dépouilles et organes de personnes humaines à des fins commerciales, la cour d'appel en a exactement déduit que, bien qu'ayant été conclu avant l'entrée en vigueur de l'article 16-1-1 précité, le contrat litigieux avait une cause illicite et, partant, qu'il était nul (■ Cass. 1re civ., 29 oct. 2014, n° 13-19.729 : *Bull.* ; *D.* 2015, 535, obs. Amrani-Mekki et Mekki, et 760, obs. Galloux ; *JCP* G 2014, act. 1170, obs. Loiseau ; *D.* 2015, 242, note Epstein, et 246, note Mainguy ; *LPA* 30 janv. 2015, 8, note Cacioppo ; *RTD civ.* 2015, 121, obs. Barbier ; *JurisData* n° 2014-025655).

2) Exhumation. Il découle du principe selon lequel le respect dû au corps humain ne cesse pas avec la mort, que l'exhumation d'un corps ne peut être effectuée que pour des motifs graves et sérieux, tels le caractère provisoire de la sépulture et le respect de la volonté, exprimée ou présumée, du défunt (■ Cass. 1re civ., 7 févr. 2018, n° 17-18.298 : *RTD civ.* 2018, 361, Mazeaud).

3) Sur la restitution par la France des **têtes maories** à la Nouvelle-Zélande, V. L. n° 2010-501, 18 mai 2010 (*JO* 19 mai, 9210) : *RTD civ.* 2010, 626, obs. Bacache.

4) Sur l'**image de la dépouille mortelle**, V. sous art. 9, annot. n° 15, p. 45.

Art. 16-2 *(L. n° 94-653, 29 juill. 1994 ; mod., L. n° 2008-1350, 19 déc. 2008).* – **Le juge peut prescrire toutes mesures propres à empêcher ou faire cesser une atteinte illicite au corps humain ou des agissements illicites portant sur des éléments ou des produits de celui-ci, y compris après la mort.**

Dépouille mortelle. La dépouille mortelle de l'individu fait l'objet d'un droit de copropriété familial, inviolable et sacré. Des raisons d'ordre public font que tout élément du corps humain en état de désagrégation, qui provient d'une sépulture, fût-elle abandonnée, est digne de protection (■ TGI Lille, 5 déc. 1996 : *JurisData* n° 1996-613165 ; *D.* 1997, 376, note Labbée, ordonnant que les restes humains soient conservés, dans le respect dû aux morts et aux familles, dans une boîte à ossements conformément à la réglementation des exhumations). – V. aussi ■ TGI Lille, 10 nov. 2004 : *D.* 2005, 930, note Labbée, constatant la voie de fait d'une municipalité ayant exhumé par erreur des restes mortels. ■ TGI Lille, 6 janv. 2011 : *JCP* 2011, n° 5, act. 104, Labbée ; *JurisData* n° 2011-000487.

Art. 16-3 *(L. n° 2004-800, 6 août 2004).* – **Il ne peut être porté atteinte à l'intégrité du corps humain qu'en cas de nécessité médicale pour la personne ou à titre exceptionnel dans l'intérêt thérapeutique d'autrui.**

Le consentement de l'intéressé doit être recueilli préalablement hors le cas où son état rend nécessaire une intervention thérapeutique à laquelle il n'est pas à même de consentir.

Bibliographie : D. Thouvenin, *Les avatars de l'article 16-3, alinéa 1er, du Code civil : D.* 2000, chron. 485. ● S. Porchy-Simon, *Le refus de soins vitaux à l'aune de la loi du 4 mars 2002 : Resp. civ. et assur.* 2002, chron. 21.

1) Intervention chirurgicale. Principe. Sur le principe que nul ne peut être contraint, hors les cas prévus par la loi, de subir une intervention chirurgicale, V. ■ Cass. 2e civ., 19 mars 1997, n° 93-10.914 : *JurisData* n° 1997-001230 ; *JCP* 1997, IV, 1006 ; *Bull. civ.* II, n° 86, p. 48 ; *Resp. civ. et assur.* 1997, 191 ; *RTD civ.* 1997, 632, obs. Hauser et 675, obs. Jourdain.

2) Contraception. Une atteinte à l'intégrité du corps humain, telle la ligature des trompes de Fallope, pratiquée en dehors de toute nécessité thérapeutique et à des fins strictement contraceptives, est prohibée par l'article 16-3 (■ Cass. avis, 6 juill. 1998, n° 98-00.006 : *JCP* 1998, IV, 3005 ; *Dr. famille* 1998, 162, note Fossier ; *RTD civ.* 1998, 881, obs. Hauser ; *Defrénois* 1999, 314, obs. Massip, majeure en tutelle). Sur la stérilisation des handicapés mentaux, voir C. santé publ., art. L. 2123-2, p. 2716.

3) Circoncision. Un médecin n'était pas tenu, avant de pratiquer une intervention relativement bénigne (circoncision) de recueillir d'autre autorisation que celle de la mère, si rien ne lui permettait de supposer un désaccord des parents et qu'au surplus le père n'aurait pu raisonnablement s'y opposer dès lors qu'elle était médicalement nécessaire (■ TGI Paris, 6 nov. 1973 : *Gaz. Pal.* 1974, 1, 299, note Barbier. *Contra* ■ Paris, 29 sept. 2000 : *JurisData* n° 2000-145100 ; *JurisData* n° 2000-145100 ; *D.* 2001, 1585, note Duvert).

4) Témoins de Jéhovah. Le droit pour le patient majeur de donner, lorsqu'il se trouve en état de l'exprimer, son consentement à un traitement médical revêt le caractère d'une liberté fondamentale ; toutefois, les médecins ne portent pas atteinte à cette liberté fondamentale, telle qu'elle est protégée par les dispositions de l'article 16-3 du Code civil et par celles de l'article L. 1111-4 du Code de la santé publique, une atteinte grave et manifestement illégale lorsque, après avoir mis tout en œuvre pour convaincre un patient d'accepter les soins indispensables, ils accomplissent, dans le but de tenter de le sauver, un acte indispensable à sa survie et proportionné à son état (■ CE, 16 août 2002, n° 249552 : *JurisData* n° 2002-064221 ; *JCP* 2002, II, 10184, note Mistretta ; *Dr. famille* 2003, 11, 1er arrêt, note Mouton, transfusion sanguine). Mais la volonté de la patiente doit être respectée en cas d'absence de danger vital immédiat (■ TA Lille, ord., 25 août

2002 : *JurisData* n° 2002-184853 ; *JCP* 2003, II, 10098, note Lambert-Garrel, Flasaquier, Pitcho et Vialla).

5) Responsabilité civile. Sur l'absence d'obligation de la victime de limiter son préjudice, V. art. 1383 ancien, annot. n° 137, p. 914.

Art. 16-4 *(L. n° 94-653, 29 juill. 1994 ; mod., L. n° 2004-800, 6 août 2004)*. **– Nul ne peut porter atteinte à l'intégrité de l'espèce humaine.**

Toute pratique eugénique tendant à l'organisation de la sélection des personnes est interdite.

Est interdite toute intervention ayant pour but de faire naître un enfant génétiquement identique à une autre personne vivante ou décédée.

Sans préjudice des recherches tendant à la prévention et au traitement des maladies génétiques, aucune transformation ne peut être apportée aux caractères génétiques dans le but de modifier la descendance de la personne.

Art. 16-5 *(L. n° 94-653, 29 juill. 1994)*. **– Les conventions ayant pour effet de conférer une valeur patrimoniale au corps humain, à ses éléments ou à ses produits sont nulles.**

Art. 16-6 *(L. n° 94-653, 29 juill. 1994)*. **– Aucune rémunération ne peut être allouée à celui qui se prête à une expérimentation sur sa personne, au prélèvement d'éléments de son corps ou à la collecte de produits de celui-ci.**

Art. 16-7 *(L. n° 94-653, 29 juill. 1994)*. **– Toute convention portant sur la procréation ou la gestation pour le compte d'autrui est nulle.**

Bibliographie : M. Gobert, *Réflexions sur les sources du droit et les principes d'indisponibilité du corps humain et de l'état des personnes, à propos de la maternité de substitution : RTD civ.* 1992, 489. • R. Chendeb, *La convention de mère porteuse : Defrénois* 2008, 291. • M. Bandrac, G. Delaisi de Parseval et V. Depadt-Sebag, *Repenser la prohibition de la gestation pour autrui ? : D.* 2008, chron. 434. • F. Granet-Lambrechts, *Maternités de substitution, filiation et état civil. Panorama européen : Dr. famille* 2007, étude 34. • A. Mirkovic, *À propos de la maternité pour autrui : Dr. famille* 2008, étude 15. • J. Hauser, *Prolégomènes sur le rapport du Sénat concernant la maternité pour autrui, rapport d'information n° 421 : des conditions, à quoi bon ? : RTD civ.* 2008, 468. • A. Sériaux, *Maternités pour le compte d'autrui : la mainlevée de l'interdit ? : D.* 2009, chron. 1215. • A. Mirkovic, *Mère porteuse : maternité indéterminée : Dr. famille* 2009, étude 24. • F. Chaltiel, *La gestation pour autrui : réflexions avant la révision des lois bioéthiques : LPA* 31 août-1er sept. 2010, 3. • S. Godechot-Patris, *L'enfant venu d'ailleurs face à l'interdit. Perspective de droit international privé* in *Mélanges Marie-Stéphane Payet*, Dalloz, 2011, 293. • B. Waltz-Teracol, *Vue rétrospective, actuelle et prospective sur la gestation pour autrui en France : LPA* 21 nov. 2014, 4. • P. Cochelard et L. Depasse, *La gestation pour autrui : les grandes problématiques juridiques en France : LPA* 16 oct. 2015, 12. • I. Corpart, *La gestation pour autrui de l'ombre à la lumière. Entre droit français et réalités étrangères : Dr. famille* 2015, étude 14. • H. Fulchiron et C. Bidaud-Garon, *Reconnaissance ou reconstruction ? À propos de la filiation des enfants nés par GPA, au lendemain des arrêts* Labassée, Mennesson et Campanelli-Paradiso *de la Cour européenne des droits de l'homme : Rev. crit. DIP* 2015, 1. • C. de La Hougue, *La qualification juridique de la gestation pour le compte d'autrui au regard du droit international et du droit pénal français : Dr. famille* 2015, étude 15. • M.-A. Frison-Roche, *Sophistique juridique et GPA : D.* 2016, 85. • F. Chaltiel, *La gestation pour autrui en droit français : développements récents : LPA* 21 mars 2016, 6. • A. Mirkovic, *Gestation pour autrui et intérêt de l'enfant : Rev. Lamy dr. civ.* 2016, n° 133, 37. • M. Pichard, *La commande d'enfant par son géniteur (est-elle une hypothèse de gestation pour le compte d'autrui ?) : D.* 2017, 1143 ; *Père(s) sans mère : LPA* 14 janv. 2019, 8. • Dossier in *AJF* nov. 2018, p. 571 et s.

1) Mère porteuse. Sur ce que la convention par laquelle une femme s'engage, fût-ce à titre gratuit, à concevoir et à porter un enfant pour l'abandonner à sa naissance contrevient tant au principe d'ordre public de l'indisponibilité du corps humain qu'à celui de l'indisponibilité de l'état des personnes, V. ▪ Cass. ass. plén., 31 mai 1991, sous art. 6, annot. n° 21, p. 36. – V. aussi, par application de l'article 16-7, ▪ Cass. 1re civ., 9 déc. 2003, n° 01-03.927 : *JurisData* n° 2003-021336 ; *Dr. famille* 2004, 17, note Murat ; *Bull. civ.* I, n° 252, p. 201 ; *Defrénois* 2004, 592, obs. Massip ; *JCP* 2004, I, 109, n° 3, obs. Rubellin-Devichi ; *D.* 2004, 1998, note Poisson-Drocourt. V. encore C. civ. art. 323, p. 295 et sous 353, annot. n° 2, p. 317 (impossibilité de prononcer l'adoption plénière de l'enfant).

V. toutefois, admettant la transcription d'actes de naissance résultant d'une convention de mère porteuse conclue aux États-Unis sur les registres français de l'état civil, ▪ Paris, 25 oct. 2007 : *RTD civ.* 2008, 93, obs. Hauser ; *JurisData* n° 2007-344059, décidant qu'il convient de déclarer irrecevable, au regard de l'ordre public international, la requête du ministère public en annulation de la transcription, le ministère public n'agissant pas en contestation d'état des enfants, mais se bornant à exciper de la contrariété à l'ordre public des actes de naissance, alors que les énonciations des actes transcrits sur les registres sont exactes au regard des termes du jugement étranger qui a conféré au couple les qualités de père et mère des enfants à naître de la gestatrice, et alors que le ministère public ne conteste ni l'opposabilité en France du jugement américain, ni la foi à accorder aux actes dressés en Californie ; enfin, la non-transcription des actes de naissance aurait des conséquences contraires à l'intérêt supérieur des enfants qui, au regard du droit français, se verraient privés d'actes d'état civil indiquant leur lien de filiation, y compris à l'égard de leur père biologique. – Arrêt cassé par ▪ Cass. 1re civ., 17 déc. 2008 : *Bull. civ.* I, n° 289, p. 251 ; *JCP* 2009, II, 10020, note Mirkovic, et II, 10021, note d'Avout ; *D.* 2009, 166, obs. Egéa, 332, avis Sarcelet, 340, note Brunet, 778, obs. Granet-Lambrechts, et 1566, obs. Jault-Seseke ; *Defrénois* 2009, 549, obs. Massip ; *JCP* 2009, I, 102, n° 10, obs. Rubellin-Devichi ; *Dr. famille* 2009, 15, note Murat ; *RTD civ.* 2009, 106, obs. Hauser ; *JurisData* n° 2008-046272. – V. aussi, sur renvoi, ▪ Paris, 18 mars 2010 : *JCP* 2010, n° 18, note 498, Mirkovic ; *D.* 2010, 1210, obs. Egéa, 1683, note de Geouffrede La Pradelle ; *RTD civ.* 2010, 317, obs. Hauser ; *JCP* 2011, n° 1-2, doctr. 29, n° 7, obs. Rubellin-Devichi. – Rappr. ▪ Paris, 26 févr. 2009 : *Dr. famille* 2009, 75, note Murat ; *JCP* 22 juin 2009, p. 17, note Mirkovic ; *RTD civ.* 2009, 519, obs. Hauser ; *LPA* 1er juill. 2010, 7, obs. Bourgault-Coudevylle ;*JurisData* n° 2009-000867. V. aussi, sur cette affaire, M. Farge, *Les jumelles* Mennesson *issues d'une gestation pour autrui : quand la promotion internationale de l'ordre public français aboutit à une situation boiteuse inadmissible : Dr. famille* 2010, étude 23. ▪ Cass. 1re civ., 6 avr. 2011, trois arrêts, nos 10-19.053, 09-66.486 et 09-17.130 : *Bull. civ.* I, nos 70, 71 et 72, p. 67 et s. ; *D.* 2011, 1064, entretien Labbée, 1522, note Berthiau et Brunet, 1587, obs. Granet-Lambrechts, et 1995, obs. Gouttenoire ; *JCP* 2011, n° 16, act. 441, Vialla et Reynier ; *RTD civ.* 2011, 340, obs. Hauser ; *JCP* N 2011, 1256, n° 6, obs. Fongaro ; *JurisData* nos 2011-005609, 2011-005611, et 2011-005607, jugeant qu'est justifié le refus de transcription d'un acte de naissance établi en exécution d'une décision étrangère, fondé sur la contrariété à l'ordre public international français de cette décision, lorsque celle-ci comporte des dispositions qui heurtent des principes essentiels du droit français ; qu'en l'état du droit positif, il est contraire au principe de l'indisponibilité de l'état des personnes, principe essentiel du droit français, de faire produire effet, au regard de la filiation, à une convention portant sur la gestation *pour le compte d'autrui*, qui, fût-elle licite à *l'étranger*, est nulle d'une nullité d'ordre public aux termes des articles 16-7 et 16-9 du Code civil. – V. C. Neirinck, *La gestation pour autrui pratiquée à l'étranger et l'état civil français de l'enfant qui en est né : Dr. famille* 2011, étude 14 ; B. Ancel, *L'épreuve de vérité. Propos de surface sur la transcription des actes de naissance des enfants issus d'une gestation pour autrui délocalisée in Mélanges Patrick Courbe*, Dalloz 2012, 1. – Comp. ▪ Rennes, 21 févr. 2012, n° 11/02758 : *JurisData* n° 2012-002735 ; *D.* 2012, 878, obs. Mirkovic, et 1436, obs. Granet-Lambrechts ; *JCP* G 2012, act. 353, obs. Marais ; *Dr. famille* 2012, 67 (3e esp), note Neirinck ; *RTD civ.* 2012, 304, obs. Hauser ; *D.* 2013, 667, obs. Galloux ; *JurisData* n° 2012-002735, admettant la transcription sur les registres français d'état civil de l'acte de naissance indien d'un enfant né d'une mère porteuse en Inde. – Décision cassée par ▪ Cass. 1re civ., 13 sept. 2013, n° 12-30.138 : *Bull. civ.* I, n° 176, p. 175, 1er arrêt ; *D.* 2013, 2349, chron. Fulchiron et Bidaud-Garon, 2377, avis Petit, et 2384, note Fabre-Magnan ; *JCP* G 2013, 985, note Mirkovic ; *RTD civ.* 2013, 816, obs. Hauser ; *Dr. famille* 2013, 151, note Neirinck ; *JCP* G 2014, 43, n° 4, obs. Gouttenoire ; *D.* 2014, 1061, obs. Gaudemet-Tallon ; jugeant qu'en l'état du droit positif, est justifié le refus de transcription d'un acte de naissance fait en pays étranger et rédigé dans les formes usitées dans ce pays lorsque la naissance est l'aboutissement, en fraude à la loi française, d'un processus d'ensemble comportant une convention de gestation pour le compte d'autrui, convention qui, fût-elle licite à l'étranger, est nulle d'une nullité d'ordre public aux termes des articles 16-7 et 16-9 du Code civil. En présence de cette fraude, ni l'intérêt supérieur de l'enfant que garantit l'article 3, § 1 de la Convention internationale des droits de l'enfant, ni le respect de la vie privée et familiale au sens de l'article 8 de la Convention de sauvegarde des droits de l'homme et des libertés fondamentales ne sauraient être invoqués utilement pour faire obstacle au refus de transcription et à l'annulation de la reconnaissance (▪ Cass. 1re civ., 13 sept. 2013, n° 12-18.315 : *Bull. civ.* I, n° 176, p. 175, 2e arrêt ; *JurisData* n° 2013-018930. – V. références citées sous l'arrêt précédent (n° 12-30.138), rendu le même jour. *Adde* H. Fulchiron, *Adoption*, fraus omnia corrumpit ? : *D.* 2014, 1162. ▪ Cass. 1re civ., 19 mars 2014, n° 13-50.005 : *Bull. civ.* I, n° 45 ; *D.* 2014, 901, avis Jean, 905, note Fulchiron et Bidaud-Garon, 1062, obs. Gaudemet-Tallon, 1177, obs. Granet-Lambrechts, et 1788, obs. Bonfils et Gouttenoire ; *JCP* G 2014, 613, note Heymann ; *Dr. famille* 2014, 74, note Neirinck ; *RTD civ.* 2014, 330, obs. Hauser ; *Defrénois* 2014, 633, obs. Callé ; *LPA* 17 juill. 2014, 11, note Brunie, 6 août 2014, 12, obs. Bottiau, et 18 nov. 2014, 15, obs. Dionisi-Peyrusse ; *JurisData* n° 2014-005309). V. aussi, pour la transcription partielle d'un acte de naissance étranger, la mention d'un second parent du même sexe que le premier étant contraire à la réalité exigée dans l'établissement des actes d'état civil, ▪ TGI Nantes, 10 févr. 2011 : *Dr. famille* 2011, 111, note Neirinck ; *JurisData* n° 2011-011713.

V. encore Circ. JUSC1301528C du ministère de la Justice du 25 janvier 2013, permettant la délivrance d'un certificat de nationalité française à certains enfants nés à l'étranger d'une gestation pour autrui (J.-R. Binet, *Circulaire Taubira. Ne pas se plaindre des conséquences dont on chérit les causes* : *JCP* G 2013, act. 161. – N. Mathey, *Circulaire Taubira. Entre illusions et contradictions* : *JCP* G 2013, act. 162. – V. Larribau-Terneyre, *La régularisation des sans-papiers* : *Dr. famille* 2013, repère 3 ; *Dr. famille* 2013, 42, obs. Neirinck). Sur la validité de cette circulaire, V. ▪ CE, 12 déc. 2014, n° 365779 : *D.* 2015, 352, avis Domino, 357, note Fulchiron et Bidaud-Garon, et 707, obs. Granet-Lambrechts ; *RTD civ.* 2015, 114, obs. Hauser ; *LPA* 5 août 2015, 4, obs. Vasseur-Lambry ; *JCP* G 2015, 32, note Gouttenoire ; *Dr. famille* 2015, 30, note Neirinck ; *JurisData* n° 2014-030462.

Jugé par la **Cour européenne des droits de l'homme** qu'interdire totalement l'établissement du lien de filiation entre un père et ses enfants biologiques nés d'une gestation pour autrui à l'étranger est contraire au droit des enfants au respect de leur vie privée au sens de l'article 8 de la Convention (▪ CEDH, 26 juin 2014, 2 arrêts, n° 65192/11, *Mennesson c/ France*, et n° 65941/11, *Labassée c/ France : JurisData n° 2014-015212 ; D.* 2014, 1797, note Chénedé, 1806, note d'Avout, et 1788, obs. Bonfils et Gouttenoire ; *RTD civ.* 2014, 616, obs. Hauser, et 835, obs. Marguénaud ; *JCP* G 2014, 953, n° 10, obs. Murat, et 832, n° 10, obs. Sudre ; *Dr. famille* 2014, 128, note Neirinck ; *D.* 2015, 708, obs. Granet-Lambrechts, et 1059, obs. Gaudemet-Tallon. – M. Fabre-Magnan, *Les trois niveaux d'appréciation de l'intérêt de l'enfant. À propos de la gestation pour autrui* : *D.* 2015, p. 224. ▪ CEDH, 21 juill. 2016, n°s 9063/14 et 10410/14, *Foulon et Bouvet c/ France : JurisData* n° 2016-013945 ; *D.* 2016, 2152, note Caire ; *Dr. famille* 2016, 201, note Fulchiron ; *Defrénois* 2017, 184, obs. Callé ; *RTD civ.* 2016, 819, obs. Hauser ; *JDI* 2017, 1116, Dionisi-Peyrusse. – F. Chaltiel, *La récents* : *LPA* 19 déc. 2016, 8. ▪ CEDH, 19 janv. 2017, n° 44024/13, *Laborie c/ France : Dr. famille* 2017, 34, note Fulchiron ; *D.* 2017, 1229, Caire ; *RTD civ.* 2017, 335, Marguénaud ; *JDI* 2018, 985, Dionisi-Peyrusse. – Comp. ▪ CEDH, gde ch., 24 janv. 2017, *Paradiso* et *Campanelli c/ Italie : D.* 2017, 215, obs. Le Maigat, 663, chron. Chénedé, 735, obs. Granet-Lambrechts, et 897, note de Saint-Pern ; *JDI* 2017, 603, Fulchiron, et 985, Dionisi-Peyrusse ; *JCP* G 2017, 323, note Fulchiron ; *Dr. famille* 2017, étude 4, Dionisi-Peyrusse ; *RTD civ.* 2017, 335, Marguénaud, et 367, Hauser ; *Rev. crit. DIP* 2017, 426, Kouteeva-Vathelot ; *Defrénois* 7 sept. 2017, n° 17, 49, Callé, estimant qu'il n'y a pas de vie familiale entre les requérants et l'enfant, vu l'absence de tout lien biologique et la courte durée de la relation, en dépit de l'existence d'un projet parental ; L. Lorenzini, *Gestation pour autrui : entre ordre public et intérêt supérieur de l'enfant. Analyse de droit comparé (droit français et droit italien) au regard de la position de la CEDH* : *JDI* 2017, 831 ; F. Chaltiel, *La gestation pour autrui : concilier l'interdiction et l'intérêt supérieur de l'enfant* : *LPA* 9 juin 2017, 7. – V. précédemment, dans la même affaire, ▪ CEDH, 27 janv. 2015, n° 25358/12 : *JCP* G 2015, act. 194, obs. Sudre ; *RTD civ.* 2015, 325, obs. Marguénaud ; *Defrénois* 2015, 883, obs. Callé. – J.-B. Walter, *La vie privée et familiale : refuge européen de l'illégalité ou réceptacle de la tragédie humaine ?* : *Dr. famille* 2015, étude 11). – V. aussi ▪ TGI Nantes, 13 mai 2015, n° 14/07497 : *Dr. famille* 2015, 145, note Neirinck ; *D.* 2016, 859, obs. Granet-Lambrechts ; *JurisData* n° 2015-011138. – Sur l'hypothèse d'un **réexamen d'une décision civile définitive** au bénéfice de toute personne ayant été partie à l'instance et disposant d'un intérêt à le solliciter, lorsqu'il résulte d'un arrêt rendu par la Cour européenne des droits de l'Homme que cette décision a été prononcée en violation de la Convention EDH (COJ, art. L. 452-1, issu de la loi n° 2016-1547 du 18 nov. 2016, entré en vigueur le 15 mai 2017), V. ▪ Cass. 1re civ., 5 juill. 2017, n° 16-20.052 : *Bull.* ; *JurisData* n° 2017-013704, précisant qu'en l'absence de procédure de réexamen en vigueur au jour de l'arrêt attaqué, la demande de transcription des actes de naissance se heurtait à l'autorité de la chose jugée attachée à la décision irrévocable. – Comp., postérieurement à l'entrée en vigueur de cette procédure, ▪ Cass., Cour de réexamen des décisions civiles, 16 févr. 2018, n°s 17-RDH-001 et 17-RDH-002 : *D.* 2018, 825, Guillaumé ; *JCP* N 2018, act. 279, Favier ; *JCP* G 2018, 344, Gouttenoire ; *Dr. famille* 2018, 94, Fulchiron ; *AJF* 2018, p. 178, Dionisi-Peyrusse (recevabilité des demandes) ; décision de réexamen : ▪ Cass. ass. plén., 5 oct. 2018, n° 12-30.138 : *Bull.* ; *Dr. famille* 2018, 277, Fulchiron : *JurisData* n° 2018-016888 (succès de la demande de réexamen).

Finalement jugé, par la **Cour de cassation**, qu'ayant constaté que l'acte de naissance n'était ni irrégulier ni falsifié et que les faits qui y étaient déclarés correspondaient à la réalité, la cour d'appel en a déduit à bon droit que la convention de gestation pour autrui conclue entre un homme de nationalité française, désigné en qualité de père par l'acte de naissance de l'enfant, établi en Russie, et la femme, ressortissante russe qui a accouché de l'enfant et qui est désignée en qualité de mère, ne faisait pas obstacle à la transcription de cet acte de naissance sur un registre consulaire (▪ Cass. ass. plén., 3 juill. 2015, deux arrêts, n°s 15-50.002 et 14-21.323 : *Bull.* ; *D.* 2015, 1438, obs. Gallmesiter, 1773, chron. Sindres, 1819, note Fulchiron et Bidaud-Garon, et 1481, obs. Bollée ; *D.* 2016, 859, obs. Granet-Lambrechts ; *RTD civ.* 2015, 581, obs. Hauser ; *JCP* G 2015, 965, note Gouttenoire ; *LPA* 17 juill. 2015, 9, note Hilger, et 6 août 2015, 6, obs. Legrand ; *AJF* 2015, 496, obs. Chénedé ; *Defrénois* 2016, 477, obs. Callé ; *JurisData* n°s 2015-015879 et 2015-015881. V. aussi F. Chénedé, *L'établissement de la filiation des enfants nés de GPA à l'étranger* : *D.* 2015, 1172. – M.-A. Frison-Roche, *Comprendre la Cour de cassation* : *LPA* 8 oct. 2015, 4. – M.-C. Le Boursicot, *Saga judiciaire de la gestation pour le compte d'autrui : retour à la transcription...* : *RJPF* févr. 2016, 8. – Rappr. ■ Cass. 1re civ., 5 juill. 2017, n°s 16-16.901, 16-50.025 et 15-28-597 : *Bull.* (cités *infra*). ■ Cass. 1re civ., 29 nov. 2017, n° 16-50.061 : *Bull.* ; *JCP G* 2017, 1333, Gouttenoire ; *D.* 2018, 534, Granet-Lambrechts ; *Dr. famille* 2018, étude 2, Fulchiron ; *RTD civ.* 2018, 88, Leroyer ; *AJF* 2018, 122, Dionisi-Peyrusse ; *JurisData* n° 2017-024282, décisions ci-dessous citées). Il résulte de l'article 47 du Code civil et de l'article 7 du décret du 3 août 1962 modifiant certaines règles relatives à l'état civil, interprétés à la lumière de l'article 8 de la Convention EDH, que l'existence d'une convention de gestation pour autrui ne fait pas en soi obstacle à la transcription d'un acte de naissance établi à l'étranger et que l'acte de naissance concernant un Français, dressé en pays étranger et rédigé dans les formes usitées dans ce pays, est transcrit sur les registres de l'état civil sauf si d'autres actes ou pièces détenus, des données extérieures ou des éléments tirés de l'acte lui-même établissent, le cas échéant après toutes vérifications utiles, que cet acte est irrégulier, falsifié ou que les faits qui y sont déclarés ne correspondent pas à la réalité (■ Cass. ass. plén., 5 oct. 2018, n° 12-30.138, décision de réexamen, préc.).

Pour un refus de transcription au motif que les faits déclarés ne correspondent pas à la réalité, s'agissant de l'**épouse du père**, V. ■ Rennes, 28 sept. 2015, deux arrêts, n°s 14/07321 et 14/05537 : *Dr. famille* 2015, 201, note Binet ; *D.* 2016, 861, obs. Granet-Lambrechts ; *RTD civ.* 2016, 78, obs. Hauser ; *JurisData* n°s 2015-021767 et 2015-021765, pourvois rejetés par ■ Cass. 1re civ., 5 juill. 2017, n°s 16-16.901, 16-50.025, 15-28.597 et 16-16.495 : *Bull.* ; *Dr. famille* 2017, étude 14, avis Ingall-Montagnier ; *D.* 2017, 1728, Gouttenoire, et 1737, Fulchiron ; *JCP G* 2017, 984, Gouttenoire ; *D.* 2018, 533, Granet-Lambrechts ; *Rev. crit. DIP* 2018, 143, Bollée ; *JDI* 2017, 1291, Guillaumé ; *AJF* 2017, 482, Dionisi-Peyrusse ; J.-R. Binet, *Gestation pour autrui : le droit français à la croisée des chemins* : *Dr. famille* 2017, étude 13 ; *LPA* 15-16 août 2017, 8, 1re esp., note Legrand, et 11 sept. 2017, 8, note Hisquin ; *JurisData* n°s 2017-013093, 2017-013091 et 2017-013096, décidant, *au sujet de l'épouse* du père, qui n'avait pas accouché des enfants, que les actes de naissance étrangers n'étaient pas conformes à la réalité en ce qu'ils la désignaient comme mère, de sorte qu'ils ne pouvaient, s'agissant de cette désignation, être transcrits sur les registres de l'état civil français. – Rapp. ■ Cass. 1re civ., 14 mars 2018, n° 17-50.021 : *Dr. famille* 2018, 150, Fulchiron ; *RTD civ.* 2018, 377, Leroyer.

Le refus de transcription de la filiation maternelle d'intention, lorsque l'enfant est né à l'étranger à l'issue d'une convention de gestation pour autrui, résulte de la loi et poursuit un but légitime en ce qu'il tend à la protection de l'enfant et de la mère porteuse et vise à décourager cette pratique, prohibée par les articles 16-7 et 16-9 du Code civil ; il ne porte pas une atteinte disproportionnée au droit au respect de la vie privée et familiale des enfants, au regard du but légitime poursuivi, puisque l'accueil des enfants au sein du foyer constitué par leur père et son épouse n'est pas remis en cause par les autorités françaises, qui délivrent des certificats de nationalité française aux enfants nés d'une gestation pour autrui à l'étranger ; qu'ensuite, en considération de l'intérêt supérieur des enfants déjà nés, le recours à la gestation pour autrui ne fait plus obstacle à la transcription d'un acte de naissance étranger, lorsque les conditions de l'article 47 du Code civil sont remplies, ni à l'établissement de la filiation paternelle ; qu'enfin, l'adoption permet, si les conditions légales en sont réunies et si elle est conforme à l'intérêt de l'enfant, de créer un lien de filiation entre les enfants et l'épouse de leur père (■ Cass. 1re civ., 5 juill. 2017, n° 15-28.597, préc.) V. aussi H. Fulchiron, *GPA : une nouvelle lecture a minima des arrêts Labassée et Menneson* : *Dr. famille* 2016, étude 9 (à propos de ■ Rennes, 7 mars 2016, n°s 15/03859 et 15/03855 : *JurisData* n°s 2016-003965 et 2016-003967). – Comp. ■ Rennes, 12 déc. 2016 : *Dr. famille* 2017, étude 3, Brunet, admettant la transcription intégrale, décision cassée par ■ Cass. 1re civ., 29 nov. 2017, n° 16-50.061 : *Bull.*, préc. V. encore, au sujet de la jurisprudence de cette cour d'appel, H. Fulchiron, *La filiation des enfants nés par PMA et GPA à l'étranger : la stabilisation* : *Dr. famille* 2018, 63 (à propos de ■ Rennes, 18 déc. 2017, n°s 17/02387, 17/00578, 17/09525 et 17/02444) ; L. Brunet, *Persistance nantaise dans la voie de la transcription complète des actes de naissance des enfants nés par GPA à l'étranger* : *Dr. famille* 2018, étude 15 (à propos de ■ CA Nantes, 8 mars 2018, n° 16/04762 : *JurisData* n° 2018-004317).

2) Demande d'avis à la Cour européenne des droits de l'homme. En refusant de transcrire sur les registres de l'état civil l'acte de naissance d'un enfant né à l'étranger à l'issue d'une gestation pour autrui en ce qu'il désigne comme étant sa « mère légale » la « mère d'intention », alors que la transcription de l'acte a été admise en tant qu'il désigne le « père d'intention », père biologique de l'enfant, un État-partie excède-t-il la marge d'appréciation dont il dispose au regard de l'article 8 de la Convention EDH ? À cet égard, y a-t-il lieu de distinguer selon que l'enfant est conçu ou non avec les gamètes de la « mère d'intention » ? La possibilité pour la « mère d'intention » d'adopter l'enfant de son conjoint, père biologique, ce qui constitue un mode d'établissement de la filiation à son égard, permet-elle de respecter les exigences de l'article 8 de la Convention ? (■ Cass. ass. plén., 5 oct. 2018, n° 10-19.053 : *Bull.* ; *JCP* G 2018, 1190, Gouttenoire et Sudre ; *RTD civ.* 2018, 847, Marguénaud ; *Dr. famille* 2019, 19, Binet ; *AJF* 2018, 613, Saulier ; *JurisData* n° 2018-016889. – V. aussi P. Deumier et H. Fulchiron, *Première demande d'avis à la CEDH : vers une jurisprudence « augmentée » ?* : *D.* 2019, 228).

3) Adoption de l'enfant issu d'une gestation pour autrui par le mari de son père ou l'épouse de sa mère. Pour le rejet d'une telle adoption, au nom du respect des principes de l'indisponibilité du corps humain et de l'indisponibilité de l'état des personnes, V. ■ Dijon, 24 mars 2016, n° 15/00057 : *D.* 2016, 783, obs. Gallmeister ; *JCP* G 2016, 422, obs. Mirkovic ; *RTD civ.* 2016, 335, obs. Hauser ; *JurisData* n° 2016-005773 ; décision partiellement cassée par ■ Cass. 1re civ., 5 juill. 2017, n° 16-16.455 : *Bull.* ; *D.* 2017, 1728, Gouttenoire, et 1737, Fulchiron ; *D.* 2018, 535, Granet-Lambrechts ; *JDI* 2017, 1291, Guillaumé ; *LPA* 15-16 août 2017, 8, 2e esp., Legrand ; *JurisData* n° 2017-013095, jugeant que le recours à la gestation pour autrui à l'étranger ne fait pas, en lui-même, obstacle au prononcé de l'adoption, par l'époux du père, de l'enfant né de cette procréation, si les conditions légales de l'adoption sont réunies et si elle est conforme à l'intérêt de l'enfant. – V. cependant, écartant l'adoption plénière par le mari du père, en raison du refus des intéressés de livrer des éléments d'information utiles sur la naissance de l'enfant et sa mère biologique, ■ Paris, 30 janv. 2018 : *D.* 2018, 294 ; *JCP* G 2018, 345, Lambert-Garrel et Vialla ; *Dr. famille* 2018, 92, Fulchiron ; *AJF* 2018, 171, Le Gouvello ; *JurisData* n° 2018-003358. – Comp. ■ CA Riom, 13 mars 2018, n° 17/01396 : *Dr. famille* 2018, 180, Fulchiron ; *JurisData* n° 2018-006014 (insémination artificielle avec donneur). ■ Paris, 18 sept. 2018 : *Dr. famille* 2018, 260, Fulchiron ; *AJF* 2018, p. 616, Dionisi-Peyrusse (adoption plénière de l'enfant né par GPA). V. aussi M. Pichard, *Gestation pour autrui : le principe d'indisponibilité de l'état des personnes « désactivé » ?* : *LPA* 25-26 déc. 2017, 6.

Sur l'impossibilité, pour le juge d'instance, de délivrer un acte de notoriété faisant foi de la possession d'état (C. civ., art. 317) au bénéfice du concubin de même sexe que le parent envers lequel la filiation est déjà établie V. ■ Cass. 1re civ., avis, 7 mars 2018, n° 17-70.039 : *Bull.* ; *D.* 2018, 983, Fulchiron ; *Dr. famille* mai 2018, 130, Bernard et rapp., 1, Le Cotty ; *RTD civ.* 2018, 375, Leroyer ; *AJF* 2018, 233, Salvage-Gerest ; *JurisData* n° 2018-003219.

4) Mariage homosexuel (loi n° 2013-404, 17 mai 2013). Incidence (non). L'article 6-1 du Code civil, aux termes duquel « le mariage et la filiation adoptive emportent les mêmes effets, droits et obligations reconnus par les lois, à l'exclusion de ceux prévus au titre VII du livre Ier du présent code, que les époux ou les parents soient de sexe différent ou de même sexe », n'a ni pour objet ni pour effet de modifier la portée des dispositions de l'article 16-7 du Code civil (■ Cons. const., déc. 17 mai 2013, n° 2013-669 DC, consid. 44 : *JO* 18 mai. – V. sous art. 143, annot. n° 4, p. 149).

5) Possession d'état viciée. Nonobstant le droit de l'enfant à connaître ses origines garanti par la Convention de New York, la possession d'état d'enfant légitime est viciée dès lors que l'enfant est né à la suite d'une convention de mère porteuse frauduleuse, et le tribunal doit refuser de transcrire l'acte de notoriété constatant cette possession d'état sur l'acte de naissance de l'enfant (■ TGI Lille, 22 mars 2007 : *D.* 2007, 1251, note Labbée ; *Dr. famille* 2007, 122, note Murat ; *JurisData* n° 2007-338352. – Confirmé par ■ Douai, 14 sept. 2009, n° 07/02201 : *D.* 2009, 2845, note Mirkovic.

6) Situation administrative de l'enfant. Il convient d'accorder aux enfants nés d'une mère porteuse en Inde un document de voyage, réclamé par leur père français, leur permettant d'entrer sur le territoire français (■ CE, 4 mai 2011, n° 348778 : *Dr. famille* 2011, 99, note Neirinck ; *RTD civ.* 2011, 530, obs. Hauser ; *D.* 2011, 1347, et 1995, obs. Gouttenoire ; *JurisData* n° 2011-007720. – Rappr. ■ CE, 3 août 2016, n° 401924 : *Dr. famille* 2016, 202, note Fulchiron ; *JurisData* n° 2016-016014).

7) Refus d'adoption. Sur le refus de l'adoption par l'épouse d'une enfant née d'une prétendue liaison de son mari, lequel se refuse à dévoiler l'identité de la mère, V. ■ TGI Paris, 10 janv. 1996 : *JurisData* n° 1996-184913 ; *RTD civ.* 1996, 378, obs. Hauser.

Art. 16-8 *(L. n° 94-653, 29 juill. 1994).* **– Aucune information permettant d'identifier à la fois celui qui a fait don d'un élément ou d'un produit de son corps et celui qui l'a reçu ne peut être divulguée. Le donneur ne peut connaître l'identité du receveur ni le receveur celle du donneur.**

En cas de nécessité thérapeutique, seuls les médecins du donneur et du receveur peuvent avoir accès aux informations permettant l'identification de ceux-ci.

Bibliographie : H. Gaumont-Prat, *Le principe de l'anonymat dans l'assistance médicale à la procréation et la révision des lois de bioéthique* : *Dr. famille* 2001, chron. 2.

1) Sur la conformité à la Convention européenne des droits de l'homme de l'article 16-8, V. ▪ CE, avis, 13 juin 2013, n° 362981 : *JO* 19 juin 2013. ▪ CE, 12 nov. 2015, n° 372121 : *JurisData* n° 2015-024832. – V. J.-R. Binet, *Insémination avec tiers donneur et droit à la connaissance des origines : l'enfant impensé du droit de la bioéthique* : *Dr. famille* 2016, étude 1.

2) Éléments et produits du corps humain. Sur le don et l'utilisation des éléments et produits du corps humain, V. C. santé publ., art. L. 1211-1 et s., p. 2693.

Art. 16-9 *(L. n° 94-653, 29 juill. 1994)*. – **Les dispositions du présent chapitre sont d'ordre public.**

CHAPITRE III. – DE L'EXAMEN DES CARACTÉRISTIQUES GÉNÉTIQUES D'UNE PERSONNE ET DE L'IDENTIFICATION D'UNE PERSONNE PAR SES EMPREINTES GÉNÉTIQUES

(L. n° 94-653, 29 juill. 1994 ; intitulé mod., L. n° 2004-800, 6 août 2004)

Art. 16-10 *(L. n° 2004-800, 6 août 2004)*. – **L'examen des caractéristiques génétiques d'une personne ne peut être entrepris qu'à des fins médicales ou de recherche scientifique.**

Le consentement exprès de la personne doit être recueilli par écrit préalablement à la réalisation de l'examen, après qu'elle a été dûment informée de sa nature et de sa finalité. Le consentement mentionne la finalité de l'examen. Il est révocable sans forme et à tout moment.

Voir : sur le recours aux empreintes génétiques concernant les demandeurs de visa, en cas de défaillance des services de l'état civil de leur pays d'origine, C. étrangers, art. L. 111-6 (L. n° 2007-1631, 20 nov. 2007, art. 13, I), p. 2190. – V. à ce sujet F. Terré, *Les chemins de la vérité. Sur les tests ADN : JCP* 2008, I, 100. – M. Verpeaux, *Des jurisprudences classiques au service de la prudence du juge (à propos de la décision n° 2007-557 DC du 15 novembre 2007, Loi relative à la maîtrise de l'immigration, à l'intégration et à l'asile) : JCP* 2008, I, 101. – J. Rochfeld : *RTD civ.* 2008, chron. 169.

Art. 16-11 *(L. n° 94-653, 29 juill. 1994 ; mod., L. n° 2005-270, 24 mars 2005 ; L. n° 2004-800, 6 août 2004 ; L. n° 2011-267, 14 mars 2011 ; L. n° 2016-731, 3 juin 2016)*. – **L'identification d'une personne par ses empreintes génétiques ne peut être recherchée que :**

1° Dans le cadre de mesures d'enquête ou d'instruction diligentées lors d'une procédure judiciaire ;

2° À des fins médicales ou de recherche scientifique ;

3° Aux fins d'établir, lorsqu'elle est inconnue, l'identité de personnes décédées.

4° Dans les conditions prévues à l'article L. 2381-1 du Code de la défense.

En matière civile, cette identification ne peut être recherchée qu'en exécution d'une mesure d'instruction ordonnée par le juge saisi d'une action tendant soit à l'établissement ou la contestation d'un lien de filiation, soit à l'obtention ou la suppression de subsides. Le consentement de l'intéressé doit être préalablement et expressément recueilli. Sauf accord exprès de la personne manifesté de son vivant, aucune identification par empreintes génétiques ne peut être réalisée après sa mort.

Lorsque l'identification est effectuée à des fins médicales ou de recherche scientifique, le consentement exprès de la personne doit être recueilli par écrit préalablement à la réalisation de l'identification, après qu'elle a été dûment informée de sa nature et de sa finalité. Le consentement mentionne la finalité de l'identification. Il est révocable sans forme et à tout moment.

Lorsque la recherche d'identité mentionnée au 3° concerne soit un militaire décédé à l'occasion d'une opération conduite par les forces armées ou les formations rattachées, soit une victime de catastrophe naturelle, soit une personne faisant l'objet de recherches au titre de l'article 26 de la loi n° 95-73 du 21 janvier 1995 d'orientation et de programmation relative à la sécurité et dont la mort est supposée, des prélèvements destinés à recueillir les traces biologiques de cette personne peuvent être réalisés dans des lieux qu'elle est susceptible d'avoir habituellement fréquentés, avec l'accord du responsable des lieux ou, en cas de refus de celui-ci ou d'impossibilité *de recueillir cet accord*, avec l'autorisation du juge des libertés et de la *détention du tribunal* de grande instance. Des prélèvements aux mêmes fins sur les ascendants, descendants ou collatéraux supposés de cette personne peuvent être également réalisés. Le consentement exprès de chaque personne concernée est alors recueilli par écrit préalablement à la réalisation du prélèvement, après que celle-ci a été dûment informée de la nature de ce prélèvement, de sa finalité ainsi que du caractère à tout moment révocable de son consentement. Le consentement mentionne la finalité du prélèvement et de l'identification.

Les modalités de mise en œuvre des recherches d'identification mentionnées au 3° du présent article sont précisées par décret en Conseil d'État.

Bibliographie : P. Hilt, *Pour une réécriture de l'article 16-11 du Code civil : RTD civ.* 2017, 27.

Voir : D. n° 2012-125, 30 janv. 2012, relatif à la procédure extrajudiciaire d'identification des personnes décédées.

1) Application dans le temps. L'article 16-11, alinéa 2, du Code civil, relatif aux mesures d'expertise génétique *post mortem*, dans sa rédaction issue de la loi n° 2004-800 du 6 août 2004, est immédiatement applicable aux situations en cours (■ Cass. 1re civ., 2 avr. 2008 : *Bull. civ.* I, n° 101, p. 84 ; *JCP* 2008, II, 10132, note Binet ; *D.* 2008, 1145, obs. Gallmeister ; 2121, note Bonnet, et 2363, obs. Chauvin ; *Defrénois* 2008, 1842, obs. Massip ; *RTD civ.* 2008, 464, obs. Hauser ; *JCP* 2009, I, 102, n° 6, obs. Favier ; *D.* 2009, somm. 776, obs. Granet-Lambrechts ; *Dr. famille* 2008, 86, note Murat ; *JurisData* n° 2008-043427).

2) Prélèvement sur un cadavre. Pour une mesure d'instruction préventive ordonnant sur un cadavre un prélèvement sanguin, V. ■ Aix-en-Provence, 8 févr. 1996 : *Dr. famille* 1996, 2, note Murat ; *D.* 1997, somm. 158, obs. Granet. V. aussi pour un complément d'expertise, ■ Paris, 6 nov. 1997, n° 96PA00346 : *JCP* 1998, I, 101, n° 3, obs. Rubellin-Devichi ; *D.* 1998, 122, note Malaurie ; *Defrénois* 1998, 314, obs. Massip ; *RTD civ.* 1998, 87, obs. Hauser. V. sur ce dernier arrêt, P. Catala, *Du droit de connaître ses origines et des moyens de l'obtenir : Dr. famille* 1997, chron. 12. Sur la fiabilité des résultats des analyses opérées dans cette affaire, V. ■ Paris, 17 déc. 1998, n° 1997/04750 : *JurisData* n° 1998-024365 ; *D.* 1999, 476, note Beignier. Comp. ■ TGI Lille, 19 nov. 1997 : *JurisData* n° 1997-930257 ; *D.* 1998, 467, note Labbée (prélèvement sur le corps du défunt des tissus nécessaires à un examen génétique en vue d'une reconnaissance *post mortem*). V. pour une expertise génétique, affirmant qu'il revient à la justice d'apprécier si l'intérêt en cause justifie une atteinte à l'intégrité du cadavre, ■ Dijon, 15 sept. 1999, n° 98/01635 : *JurisData* n° 1999-117356 ; *D.* 2000, 875, note crit. Beignier, pourvoi rejeté par ■ Cass. 1re civ., 3 juill. 2001 : *JCP* 2001, IV, 2611 ; *JurisData* n° 2001-010447 ; *Bull. civ.* I, n° 203, p. 129 ; *D.* 2002, somm. 2023, obs. Granet ; *RTD civ.* 2001, 863, obs. Hauser, relevant l'accord des héritiers du défunt pour que soient réalisés les prélèvements.

3) Prélèvement sur un cadavre. Conformité à la Constitution et à la convention EDH. En disposant que les personnes décédées sont présumées ne pas avoir consenti à une identification par empreintes génétiques, le législateur a entendu faire obstacle aux exhumations afin d'assurer le respect dû aux morts ; il n'appartient pas au Conseil constitutionnel de substituer son appréciation à celle du législateur sur la prise en compte, en cette matière, du respect dû au corps humain ; les griefs tirés de la méconnaissance du respect dû à la vie privée et au droit de mener une vie familiale normale doivent donc être écartés (■ Cons. const., déc. 30 sept. 2011, n° 2011-173 QPC : *JCP* N 2011, 1291, note Azincourt ; *RTD civ.* 2011, 743, obs. Hauser ; *Dr. famille* 2011, focus 89, obs. Lamarche ; *LPA* 11 juill. 2012, 11, obs. Pomart-Nomdédéo).

Sur les prélèvements *post mortem*, V. aussi ■ CEDH, 13 juill. 2006, *Jäggi c/ Suisse : RTD civ.* 2006, 727, obs. Marguénaud ; *RTD civ.* 2007, 99, obs. Hauser ; *Defrénois* 2008, 573, obs. Massip ; *Médecine et droit* 2007, 109, note Berthiau ; *LPA* 16 juin 2009, 14, note Flauss-Diem, décidant que violent l'article 8 de la Convention EDH (droit de connaître l'identité des géniteurs qui forme un intérêt vital pour la personne) les autorités étatiques suisses qui, en dépit de l'opposition de la famille du défunt, ne permettent pas à l'enfant d'obtenir l'exhumation de son père prétendu en vue de procéder à un prélèvement ADN qui est une ingérence relativement peu intrusive, le droit de reposer en paix ne bénéficiant par ailleurs que d'une protection temporaire liée à la durée de la concession funéraire. – Comp. ■ CEDH, 5 mai 2009, *Menéndez Garcia c/ Espagne : RTD civ.* 2009, 679, obs. Marguénaud ; *RTD civ.* 2011, 743, obs. Hauser, pas d'exhumation du grand-père. – V. également ■ CEDH, 16 juin 2011, n° 19535/08, *Pascaud c/ France : D.* 2011, 1758 ; *RTD civ.* 2011, 526, obs. Hauser ; *D.* 2012, 1433, obs. Granet-Lambrechts ; *LPA* 11 juill. 2012, 11, obs. Pomart-Nomdédéo, jugeant qu'au regard des faits de l'espèce, le droit français, qui n'offre pas à l'enfant la possibilité de demander une expertise ADN sur la dépouille de son père présumé, au nom du droit des tiers à ne pas être soumis à des tests ADN et au nom de l'intérêt général à la protection de la sécurité juridique, a constitué une violation de l'article 8 de la Convention (droit au respect de la vie privée dont découle le droit de connaître son ascendance). Sur la mise en cause obligatoire des ayants droit du défunt en cas d'exhumation, V. ■ Cass. 1re civ., 13 nov. 2014, n° 13-21.018 : *Bull.* ; *JCP* G 2015, 49, note Douchy-Oudot, et 982, n° 7, obs. Murat ; *Dr. famille* 2015, 9, note Neirinck ; *D.* 2015, 1070, note Fulchiron ; *RTD civ.* 2015, 103, obs. Hauser ; *LPA* 6 août 2015, 17, obs. Dekeuwer-Défossez ; *JurisData* n° 2014-027228.

4) Instance au fond relative à la filiation. Conformité aux conventions internationales et à la Constitution. Il résulte du 5e alinéa de l'article 16-11 du Code civil qu'une mesure d'identification d'une personne par ses empreintes génétiques ne peut être ordonnée en référé, mais seulement à l'occasion d'une instance au fond relative à la filiation ; ces dispositions, qui ne privent pas l'intéressé de son droit d'établir un lien de filiation avec l'enfant ni de contester une paternité qui pourrait luiêtre imputée, ne portent pas atteinte à son droit au respect de la vie privée et familiale ; elles ne méconnaissent pas davantage le droit de l'enfant de connaître ses parents et d'être élevé par eux (■ Cass. 1re civ., 8 juin 2016, n° 15-16.696 : *Bull.* ; *Dr. famille* 2016, 173, note Fulchiron ; *RTD civ.* 2016, 597, obs. Hauser ; *LPA* 1er août 2017, 6, Dekeuwer-Défossez ; *JurisData* n° 2016-011080). Sur la conformité à la Constitution, V. dans la même affaire, ■ Cass. 1re civ., 16 déc. 2015, n° 15-16.696 : *Bull.* ; *D.* 2016, 863, obs. Granet-Lambrechts.

5) **Action en référé (non).** La Cour de cassation décidait que le juge des référés pouvait, en application de l'article 145 du Code de procédure civile, ordonner un examen comparé des sangs s'il existe un motif légitime d'y procéder (■ Cass. 1re civ., 4 mai 1994, n° 92-17.911 : *Bull.* I, n° 159) ; cependant, cette jurisprudence est antérieure à l'entrée en vigueur de l'article 16-11 du Code civil, créé par la loi n° 94-653 du 29 juillet 1994, qui dispose qu'en matière civile, l'identification d'une personne par ses empreintes génétiques ne peut être recherchée qu'en exécution d'une mesure d'instruction ordonnée par le juge saisi d'une action tendant soit à l'établissement ou la contestation d'un lien de filiation, soit à l'obtention ou la suppression de subsides ; faisant application de ce texte, la Cour de cassation a jugé qu'une mesure d'identification d'une personne par ses empreintes génétiques ne peut être ordonnée en référé sur le fondement de l'article 145 du Code de procédure civile (■ Cass. 1re civ., 8 juin 2016, n° 15-16.696 : *Bull.* I, n° 131, préc. note 4) ; dès lors que les expertises biologiques en matière de filiation poursuivent une même finalité et présentent, grâce aux évolutions scientifiques, une fiabilité similaire, cette jurisprudence doit être étendue aux examens comparés des sangs (■ Cass. 1re civ., 12 juin 2018, n° 17-16.793 : *Bull.* ; *Dr. famille* 2018, 211, Fulchiron, et chron. 3, n° 14, Égéa ; *RTD civ.* 2018, p. 635, Leroyer ; *D.* 2019, p. 664, Granet Lambrechts ; *LPA* 20 juill. 2018, 7, Thoraval ; *JurisData* n° 2018-010171).

6) **Mesure d'identification. Notion.** La mesure qui se borne, alors qu'une action en recherche de filiation naturelle est en cours à l'étranger, à autoriser la communication d'éléments déjà prélevés et indispensables à une expertise médicolégale, ne constitue pas une mesure d'identification d'une personne par ses empreintes génétiques soumise à l'article 16-11 du Code civil (■ Cass. 1re civ., 4 juin 2007 : *Bull. civ.* I, n° 224, p. 195 ; *D.* 2007, inf. rap. 1791 ; *JCP* 2007, IV, 2423 ; *RTD civ.* 2007, 555, obs. Hauser ; *Defrénois* 2007, 1644, obs. Massip ; *JurisData* n° 2007-039213).

7) **Action en restitution d'un enfant placé en vue de son adoption.** L'identification d'une personne par ses empreintes génétiques ne peut être recherchée dans le cadre d'une action en restitution d'un enfant placé en vue de son adoption, même avec le consentement de toutes les parties intéressées (■ TGI Cusset, 10 avr. 1997 : *JurisData* n° 1997-056332 ; *Dr. famille* 1998, 150, note Murat). Sur la reconnaissance paternelle prénatale en cas d'accouchement anonyme de la mère, V. désormais sous C. civ. art. 335 (ancien) 316, annot. n° 8.

8) **Adoption plénière. Fraude à la loi.** Les juges du fond peuvent ordonner, non l'expertise génétique réglementée par l'article 16-11, mais un examen comparé des sangs du père et de l'enfant pour vérifier s'il n'y a pas eu fraude aux conditions légales de l'adoption plénière de l'enfant, sans filiation maternelle déclarée mais reconnu par le mari de l'adoptante dans l'acte de naissance (■ Cass. 1re civ., 16 févr. 1999, n° 96-21.223 : *JurisData* n° 1999-000687 ; *JCP* G 1999, II, 10117, note Ardeeff ; *JCP* N 1999, 682 ; *Dr. famille* 1999, 51, note Murat ; *Bull. civ.* I, n° 53, p. 35 ; *D.* 1999, 692, note Massip, somm. 201, obs. Granet ; *D.* 2000, somm. 170, obs. Vasseur-Lambry ; *RTD civ.* 1999, 372, obs. Hauser ; *Defrénois* 1999, 941, obs. Massip).

9) **Paternité naturelle. Portée de l'examen d'ADN.** Une cour d'appel peut estimer qu'aussi fiable que soit l'examen d'ADN, il ne permettrait pas d'obtenir une certitude de paternité supérieure à celle obtenue avec l'examen des sangs (■ Cass. 1re civ., 12 juin 2001 : *JCP* 2001, IV, 2482 ; *JurisData* n° 2001-010072 ; *Bull. civ.* I, n° 169, p. 110 ; *RTD civ.* 2001, 574, obs. Hauser ; *Defrénois* 2001, 1355, obs. Massip ; *Dr. famille* 2002, 2, note Murat). Sur le motif légitime de ne pas recourir à l'expertise biologique en matière de droit de la filiation, voir sous art. 310-3, annot. n° 2, p. 276.

Art. 16-12 *(L. n° 94-653, 29 juill. 1994).* **– Sont seules habilitées à procéder à des identifications par empreintes génétiques les personnes ayant fait l'objet d'un agrément dans des conditions fixées par décret en Conseil d'État** (1)**. Dans le cadre d'une procédure judiciaire, ces personnes doivent, en outre, être inscrites sur une liste d'experts judiciaires.**

Art. 16-13 *(L. n° 2002-303, 4 mars 2002).* **– Nul ne peut faire l'objet de discriminations en raison de ses *caractéristiques* génétiques.**

(1) V. D. n° 97-109, 6 févr. 1997.

CHAPITRE IV. – DE L'UTILISATION DES TECHNIQUES D'IMAGERIE CÉRÉBRALE

(L. n° 2011-814, 7 juill. 2011)

Art. 16-14 *(L. n° 2011-814, 7 juill. 2011).* – **Les techniques d'imagerie cérébrale ne peuvent être employées qu'à des fins médicales ou de recherche scientifique, ou dans le cadre d'expertises judiciaires. Le consentement exprès de la personne doit être recueilli par écrit préalablement à la réalisation de l'examen, après qu'elle a été dûment informée de sa nature et de sa finalité. Le consentement mentionne la finalité de l'examen. Il est révocable sans forme et à tout moment.**

TITRE PREMIER *BIS*. – DE LA NATIONALITÉ FRANÇAISE

(L. n° 93-933, 22 juill. 1993)

Bibliographie : Y. Lequette, *La nationalité française dévaluée* in *Mélanges François Terré*, Dalloz-Puf-JurisClasseur, 1999, 349. • H. Fulchiron, *La réforme du droit de la nationalité : JCP* 1993, I, 3708. • P. Guiho, *La nouvelle révision du Code de la nationalité : D.* 1994, chron. 1. • B. Audit, *Le Code civil et la nationalité française* in *1804-2004. Le Code civil, un passé, un présent, un avenir*, Université Panthéon-Assas (Paris II), Dalloz 2004, 731. • H. Fulchiron, *Droit à une nationalité, droit à la nationalité, droit à sa nationalité ? (variations sur le thème de l'évolution contemporaine des rapports entre individu et nationalité)* in *Mélanges Patrick Courbe*, Dalloz 2012, 205.

CHAPITRE I. – DISPOSITIONS GÉNÉRALES

Art. 17 *(L. n° 73-42, 9 janv. 1973).* – **La nationalité française est attribuée, s'acquiert ou se perd selon les dispositions fixées par le présent titre, sous la réserve de l'application des traités et autres engagements internationaux de la France.**

Art. 17-1 *(L. n° 73-42, 9 janv. 1973).* – **Les lois nouvelles relatives à l'attribution de la nationalité d'origine s'appliquent aux personnes encore mineures à la date de leur entrée en vigueur, sans préjudicier aux droits acquis par des tiers et sans que la validité des actes passés antérieurement puisse être contestée pour cause de nationalité.**

Les dispositions de l'alinéa précédent s'appliquent, à titre interprétatif, aux lois sur la nationalité d'origine qui ont été mises en vigueur après la promulgation du titre 1er du présent code.

Contestation de la nationalité. L'article 27 du Code de la nationalité, abrogé par la loi du 9 janvier 1993, mais encore applicable dans les conditions prévues par l'article 17-1 du Code civil, ne trouve à s'appliquer que lorsqu'il s'agit d'établir positivement la nationalité française et non de la contester (▪ Cass. 1re civ., 11 juin 1996, n° 94-12.926 : *JurisData* n° 1996-002377 ; *JCP* 1996, IV, 1783 ; *Bull. civ.* I, n° 244, p. 171).

Art. 17-2 *(L. n° 73-42, 9 janv. 1973).* – **L'acquisition et la perte de la nationalité française sont régies par la loi en vigueur au temps de l'acte ou du fait auquel la loi attache ces effets.**

Les dispositions de l'alinéa qui précède règlent, à titre interprétatif, l'application dans le temps des lois sur la nationalité qui ont été en vigueur avant le 19 octobre 1945.

Acquisition de la nationalité par mariage. Pour l'exclusion de l'effet collectif de l'acquisition de la nationalité par une femme à la faveur d'un mariage célébré en 1941, V. ▪ Paris, 6 mars 1997 : *JurisData* n° 1997-020774 ; *JurisData* n° 1997-613162 ; *D.* 1997, 430, note Guiho.

Art. 17-3 *(L. n° 93-933, 22 juill. 1993 ; mod., L. n° 95-125, 8 févr. 1995 ; L. n° 2007-1631, 20 nov. 2007 ; Ord. n° 2015-1288, 15 oct. 2015).* – **Les demandes en vue d'acquérir, de perdre la nationalité française ou d'être réintégré dans cette nationalité, ainsi que les déclarations de nationalité, peuvent, dans les conditions prévues par la loi, être faites, sans autorisation, dès l'âge de seize ans.**

Le mineur âgé de moins de seize ans doit être représenté par celui ou ceux qui exercent à son égard l'autorité parentale.

Doit être pareillement représenté dont l'altération des facultés mentales ou corporelles empêche l'expression de la volonté. L'empêchement est constaté par un certificat délivré par un médecin spécialiste choisi sur une liste établie par le procureur de la République. Ce certificat est joint à la demande.

Lorsque le mineur mentionné à l'alinéa précédent est placé sous tutelle, sa représentation est assurée par le tuteur autorisé à cet effet par le conseil de famille.

Art. 17-4 *(L. n° 2003-1119, 26 nov. 2003)*. – Au sens du présent titre, l'expression « en France » s'entend du territoire métropolitain, des départements et des collectivités d'outre-mer ainsi que de la Nouvelle-Calédonie et des Terres australes et antarctiques françaises.

Art. 17-5 *(L. n° 93-933, 22 juill. 1993)*. – Dans le présent titre, majorité et minorité s'entendent au sens de la loi française.

Art. 17-6 *(L. n° 73-42, 9 janv. 1973)*. – Il est tenu compte pour la détermination, à toute époque, du territoire français, des modifications résultant des actes de l'autorité publique française pris en application de la Constitution et des lois, ainsi que des traités internationaux survenus antérieurement.

Art. 17-7 *(L. n° 73-42, 9 janv. 1973)*. – Les effets sur la nationalité française des annexions et cessions de territoires sont réglés par les dispositions qui suivent, à défaut de stipulations conventionnelles.

Art. 17-8 *(L. n° 73-42, 9 janv. 1973)*. – Les nationaux de l'État cédant, domiciliés dans les territoires annexés au jour du transfert de la souveraineté acquièrent la nationalité française, à moins qu'ils n'établissent effectivement leur domicile hors de ces territoires. Sous la même réserve, les nationaux français, domiciliés dans les territoires cédés au jour du transfert de la souveraineté perdent cette nationalité.

Art. 17-9 *(L. n° 73-42, 9 janv. 1973)*. – Les effets sur la nationalité française de l'accession à l'indépendance d'anciens départements ou territoires d'outre-mer de la République sont déterminés au chapitre VII du présent titre.

Voir : L. n° 73-42, 9 janv. 1973, complétant et modifiant le Code de la nationalité française et relative à certaines dispositions concernant la nationalité française, p. 2995.

Art. 17-10 *(L. n° 73-42, 9 janv. 1973)*. – Les dispositions de l'article 17-8 s'appliquent, à titre interprétatif, aux changements de nationalité consécutifs aux annexions et cessions de territoires résultant de traités antérieurs au 19 octobre 1945.

Toutefois, les personnes étrangères qui étaient domiciliées dans les territoires rétrocédés par la France, conformément au Traité de Paris du 30 mai 1814 et qui, à la suite de ce traité, ont transféré en France leur domicile, n'ont pu acquérir, de ce chef, la nationalité française que si elles se sont conformées aux dispositions de la loi du 14 octobre 1814. Les Français qui étaient nés hors des territoires rétrocédés et qui ont conservé leur domicile sur ces territoires n'ont pas perdu la nationalité française, par application du traité susvisé.

Art. 17-11 *(Ord. n° 45-2441, 19 oct. 1945)*. – Sans qu'il soit porté atteinte à l'interprétation donnée aux accords antérieurs, un changement de *nationalité ne peut*, en aucun cas, résulter d'une convention *internationale si celle-ci ne le prévoit* expressément.

Art. 17-12 *(L. n° 73-42, 9 janv. 1973)*. – Lorsqu'un changement de nationalité est subordonné, dans les termes d'une convention internationale, à l'accomplissement d'un acte d'option, cet acte est déterminé dans sa forme par la loi de celui des pays contractants dans lequel il est institué.

CHAPITRE II. – DE LA NATIONALITÉ FRANÇAISE D'ORIGINE

Section I. – Des Français par filiation

Art. 18 *(L. n° 73-42, 9 janv. 1973 ; mod., Ord. n° 2005-759, 4 juill. 2005)*. **– Est Français l'enfant, dont l'un des parents au moins est Français.**

1) Voir, pour des **applications**, ▪ Cass. 1re civ., 11 mars 1997, n° 96-05.043 : *JurisData* n° 1997-001036 ; *JCP* 1997, IV, 1088 ; *Bull.* I, n° 108, p. 71. ▪ Cass. 1re civ., 14 févr. 2006, n° 05-13.006 : *JurisData* n° 2006-032179 ; *Bull. civ.* I, n° 73, p. 72, décidant que l'indication du nom de la mère dans l'acte de naissance de l'enfant suffit à établir la filiation maternelle (V. art. 311-25, annot. n° 1 et s., p. 287). ▪ Bordeaux, 6 mars 2007 : *JCP* 2007, IV, 2531 ; *Dr. famille* 2007, 201, note Lamarche ; *JurisData* n° 2007-331203. Mais il résulte des dispositions combinées de l'article 311-25 du Code civil et de l'article 20, II, 6° de l'ordonnance n° 2005-759 du 4 juillet 2005 que si l'indication de la mère dans l'acte de naissance établit la filiation à son égard, elle est sans effet sur la nationalité de l'enfant majeur à la date d'entrée en vigueur de l'ordonnance (▪ Cass. 1re civ., 17 déc. 2010, n° 10-10.906 : *Bull. civ.* I, n° 271, p. 250 ; *Dr. famille* 2011, 55 (3e arrêt), note Neirinck ; *Rev. crit. DIP* 2011, 49, note Lagarde ; *JurisData* n° 2010-024762). Sur la question de la conformité à la Constitution des dispositions de l'article 20, II, 6°, de l'ordonnance du 4 juillet 2005, V. ▪ Cons. const., déc. 21 oct. 2011, n° 186/187/188/189 QPC : *Gaz. Pal.* 18-19 nov. 2011, 33, note Mulon ; *Dr. famille* 2011, 178, note Neirinck ; *Gaz. Pal.* 2011, jurispr. p. 3609, obs. Piazzon ; *RTD civ.* 2012, 107, obs. Hauser.

2) Le **jugement supplétif d'acte de mariage**, ayant un caractère déclaratif, apportait la preuve d'un mariage antérieur à la naissance de l'enfant et de sa filiation légitime, peu important, au regard de l'article 20-1 du Code civil, qu'il n'ait pas été invoqué pendant la minorité de l'enfant (▪ Cass. 1re civ., 8 oct. 2014, n° 13-22.673 : *Bull.* ; *RTD civ.* 2015, 99, obs. Hauser ; *D.* 2015, 1414, obs. Lemouland et Vigneau).

Art. 18-1 *(L. n° 73-42, 9 janv. 1973 ; mod., L. n° 93-933, 22 juill. 1993)*. **– Toutefois, si un seul des parents est Français, l'enfant qui n'est pas né en France a la faculté de répudier la qualité de Français dans les six mois précédant sa majorité et dans les douze mois la suivant.**

Cette faculté se perd si le parent étranger ou apatride acquiert la nationalité française durant la minorité de l'enfant.

Section II. – Des Français par la naissance en France

Art. 19 *(L. n° 73-42, 9 janv. 1973)*. **– Est français l'enfant né en France de parents inconnus.**

Toutefois, il sera réputé n'avoir jamais été Français si, au cours de sa minorité, sa filiation est établie à l'égard d'un étranger et s'il a, conformément à la loi nationale de son auteur, la nationalité de celui-ci.

Art. 19-1 *(L. n° 73-42, 9 janv. 1973 ; mod., L. n° 98-170, 16 mars 1998 ; L. n° 2003-1119, 26 nov. 2003)*. **– Est français :**

1° L'enfant né en France de parents apatrides ;

2° L'enfant né en France de parents étrangers pour lequel les lois étrangères de nationalité ne permettent en aucune façon qu'il se voie transmettre la nationalité de l'un ou l'autre de ses parents.

Toutefois, il sera réputé n'avoir jamais été Français si, au cours de sa minorité, la nationalité étrangère acquise ou possédée par l'un de ses parents vient à lui être transmise.

Enfant naturel né en France de père algérien et de mère marocaine. La nationalité française accordée par l'article 19-1-2° est refusée à l'enfant naturel né en France de père algérien et de mère marocaine et reconnu par ses deux parents. En effet, ce texte vise seulement à éviter l'apatridie de l'enfant ; or celui-ci peut bénéficier de la nationalité marocaine (▪ Bordeaux, 26 juin 2000 : *JurisData* n° 2000-121113 ; *JCP* 2001, IV, 1238).

Art. 19-2 *(L. n° 73-42, 9 janv. 1973)*. **– Est présumé né en France l'enfant dont l'acte de naissance a été dressé conformément à l'article 58 du présent code.**

Art. 19-3 *(L. n° 73-42, 9 janv. 1973 ; mod., Ord. n° 2005-759, 4 juill. 2005).* **– Est français l'enfant, né en France lorsque l'un de ses parents au moins y est lui-même né.**

Voir : L. n° 73-42, 9 janv. 1973, complétant et modifiant le Code de la nationalité française et relative à certaines dispositions concernant la nationalité française, p. 2995.

Art. 19-4 *(L. n° 73-42, 9 janv. 1973 ; L. n° 93-933, 22 juill. 1993).* **– Toutefois, si un seul des parents est né en France, l'enfant français, en vertu de l'article 19-3, a la faculté de répudier cette qualité dans les six mois précédant sa majorité et dans les douze mois la suivant.**

Cette faculté se perd si l'un des parents acquiert la nationalité française durant la minorité de l'enfant.

Voir : L. n° 73-42, 9 janv. 1973, complétant et modifiant le Code de la nationalité française et relative à certaines dispositions concernant la nationalité française, p. 2995.

Section III. – Dispositions communes

Art. 20 *(Mod., L. n° 73-42, 9 janv. 1973 ; L. n° 76-1179, 22 déc. 1976).* **– L'enfant qui est français en vertu des dispositions du présent chapitre est réputé avoir été français dès sa naissance, même si l'existence des conditions requises par la loi pour l'attribution de la nationalité française n'est établie que postérieurement.**

La nationalité de l'enfant qui a fait l'objet d'une adoption plénière est déterminée selon les distinctions établies aux articles 18 et 18-1, 19-1, 19-3 et 19-4 ci-dessus.

Toutefois, l'établissement de la qualité de français postérieurement à la naissance ne porte pas atteinte à la validité des actes antérieurement passés par l'intéressé ni aux droits antérieurement acquis à des tiers sur le fondement de la nationalité apparente de l'enfant.

Adoption plénière. Il résulte de la combinaison des articles 20, alinéa 2, et 18 du Code civil que l'enfant qui bénéficie d'une adoption plénière par un Français est français ; la condition tenant à la nationalité de l'adoptant doit s'apprécier au jour du dépôt de la requête en adoption plénière (▪ Cass. 1re civ., 13 févr. 2019, n° 18-50.012 : *Bull.* ; *JCP* G 2019, 392, Jault-Seseke ; *JurisData* n° 2019-002013).

Art. 20-1 *(L. n° 73-42, 9 janv. 1973).* **– La filiation de l'enfant n'a d'effet sur la nationalité de celui-ci que si elle est établie durant sa minorité.**

Voir, pour des applications, ▪ Cass. 1re civ., 9 janv. 2007 : *Bull. civ.* I, n° 8, p. 7 ; *JurisData* n° 2007-036858. ▪ Cass. 1re civ., 17 déc. 2010, n° 09-13.957 : *Bull. civ.* I, n° 272, p. 250 ; *Dr. famille* 2011, 55 (2e arrêt), note Neirinck ; *Rev. crit. DIP* 2011, 107, note Lagarde ; *JurisData* n° 2010-024760, décidant que si une analyse génétique ne peut en elle-même servir à établir la nationalité française de l'intéressée, elle permet à tout le moins de s'assurer de la sincérité d'un jugement supplétif d'acte de naissance qui, en raison de son caractère déclaratif, établit, même s'il est prononcé postérieurement à sa majorité, la filiation de la demanderesse depuis sa naissance, à l'égard d'un père dont la nationalité française n'est pas contestée. V. dans le même sens ▪ Cass. 1re civ., 17 déc. 2010, n° 09-17.242 : *Bull. civ.* I, n° 273, p. 251 ; *Dr. famille* 2011, 55 (1er arrêt), note Neirinck ; *JurisData* n° 2010-024763.

Art. 20-2 *(L. n° 93-933, 22 juill. 1993).* **– Le Français qui possède la faculté de répudier la nationalité française dans les cas visés au présent titre peut exercer cette faculté par déclaration souscrite conformément aux articles 26 et suivants.**

Il peut renoncer à cette faculté à partir de l'âge de seize ans dans les mêmes conditions.

Art. 20-3 *(L. n° 73-42, 9 janv. 1973).* **– Dans les cas visés à l'article précédent, nul ne peut répudier la nationalité française s'il ne prouve qu'il a par filiation la nationalité d'un pays étranger.**

Art. 20-4 *(L. n° 98-170, 16 mars 1998).* **– Le Français qui contracte un engagement dans les armées françaises perd la faculté de répudiation.**

Art. 20-5 *(L. n° 73-42, 9 janv. 1973 ; mod., n° 93-933, 22 juill. 1993 ; L. n° 98-170, 16 mars 1998).* **– Les dispositions contenues dans les articles 19-3 et 19-4 ne sont pas applicables aux enfants nés en France des agents diplomatiques ou des consuls de carrière de nationalité étrangère.**

Ces enfants ont toutefois la faculté d'acquérir volontairement la qualité de Français conformément aux dispositions de l'article 21-11 ci-après.

CHAPITRE III. – DE L'ACQUISITION DE LA NATIONALITÉ FRANÇAISE

Section I. – Des modes d'acquisition de la nationalité française

§ 1. – Acquisition de la nationalité française à raison de la filiation

Art. 21 *(L. n° 73-42, 9 janv. 1973)*. – **L'adoption simple n'exerce de plein droit aucun effet sur la nationalité de l'adopté.**

§ 2. – Acquisition de la nationalité française à raison du mariage

Art. 21-1 *(L. n° 73-42, 9 janv. 1973)*. – **Le mariage n'exerce de plein droit aucun effet sur la nationalité.**

Art. 21-2 *(L. n° 2003-1119, 26 nov. 2003 ; L. n° 2006-911, 24 juill. 2006 ; mod., L. n° 2009-526, 12 mai 2009 ; L. n° 2011-672, 16 juin 2011)*. – **L'étranger ou apatride qui contracte mariage avec un conjoint de nationalité française peut, après un délai de quatre ans à compter du mariage, acquérir la nationalité française par déclaration à condition qu'à la date de cette déclaration la communauté de vie tant affective que matérielle n'ait pas cessé entre les époux depuis le mariage et que le conjoint français ait conservé sa nationalité.**

Le délai de communauté de vie est porté à cinq ans lorsque l'étranger, au moment de la déclaration, soit ne justifie pas avoir résidé de manière ininterrompue et régulière pendant au moins trois ans en France à compter du mariage, soit n'est pas en mesure d'apporter la preuve que son conjoint français a été inscrit pendant la durée de leur communauté de vie à l'étranger au registre des Français établis hors de France. En outre, le mariage célébré à l'étranger doit avoir fait l'objet d'une transcription préalable sur les registres de l'état civil français.

Le conjoint étranger doit également justifier d'une connaissance suffisante, selon sa condition, de la langue française, dont le niveau et les modalités d'évaluation sont fixés par décret en Conseil d'État.

Bibliographie : M. Revillard, *Le contrôle de la validité des mariages : incidences de droit international privé : Defrénois* 2007, 847.

1) Conformité à la Constitution. Ni le respect de la vie privée ni aucune autre exigence constitutionnelle n'impose que le conjoint d'une personne de nationalité française puisse acquérir la nationalité française à ce titre ; qu'en subordonnant l'acquisition de la nationalité par le conjoint d'un ressortissant français à une durée d'une année de mariage sans cessation de la communauté de vie, l'article 21-2 du Code civil (dans sa rédaction issue de la loi n° 98-170 du 16 mars 1998 relative à la nationalité) n'a pas porté atteinte au droit au respect de la vie privée (■ Cons. const., déc. 30 mars 2012, n° 2012-227 QPC : *D.* 2012, 877 ; *Dr. famille* 2012, focus 25, obs. Lamarche ; *RTD civ.* 2012, 294, obs. Hauser ; *Rev. crit. DIP* 2012, 560, note Lagarde). Même solution au sujet de l'article 21-2 du Code civil dans sa rédaction issue de la loi n° 2003-1119 du 26 novembre 2003 relative à la maîtrise de l'immigration, au séjour des étrangers en France et à la nationalité, le juge constitutionnel décidant, en outre, que cette disposition n'empêche pas l'étranger de vivre dans les liens du mariage avec un ressortissant français et de constituer avec lui une famille, de sorte qu'elle ne porte, par elle-même, aucune atteinte au droit au respect de la vie privée et au droit de mener une vie familiale normale (■ Cons. const., 13 juill. 2012, déc. n° 2012-264 QPC : *JurisData* n° 2012-016574 ; *D.* 2012, 1821 ; *RTD civ.* 2012, 713, obs. Hauser ; *Dr. famille* 2012, 139, note Larribau-Terneyre ; *JCP* G 2013, 38, n° 1, obs. Lamarche).

2) Sur l'**exigence de vie commune** entre les époux, V. ■ Cass. 1re civ., 5 mars 1991, n° 89-18.003 : *JurisData* n° 1991-000697 ; *JCP* 1992, II, 21789, note Laroche-Gisserot. La communauté de vie à laquelle s'obligent les époux en application de l'article 215 du Code civil, élément de la conception monogamique française du mariage, ne peut s'accompagner de la conclusion d'une seconde union avant dissolution de la première (■ Paris, 24 mars 1998, n° 95-22.137 : *JurisData* n° 1998-001981 ; *D.* 1998, 517, note Guiho). Mais la situation des époux qui vivent avec leurs enfants communs et certains enfants du mari n'exclut pas l'existence d'une vie commune réelle et constante au sens de l'article 215 (■ Cass. 1re civ., 27 mars 2007 : *Bull. civ.* I, n° 134, p. 117 ; *RTD civ.* 2007, 316, obs. Hauser ; *D.* 2007, inf. rap. 1206 ; *Dr. famille* 2007, 100, note Larribau-Terneyre ; *JCP* 2007, IV, 1912 ; *JurisData* n° 2007-038213). Une interruption de la vie commune suivie de sa reprise ne fait pas perdre à l'étranger le droit d'acquérir la nationalité française de son conjoint (■ Cass. 1re civ.,

18 sept. 2002 : *JCP* 2002, IV, 2665 ; *JurisData* n° 2002-015490 ; *Bull. civ.* I, n° 205, p. 158). La communauté de vie implique une véritable intention conjugale et notamment le respect des prescriptions de l'article 212 du Code civil (■ Nancy, 22 janv. 2007 : *JCP* 2007, IV, 2582 ; *JurisData* n° 2007-331584, annulation de la déclaration de nationalité souscrite par l'épouse condamnée pour avoir tué son mari par empoisonnement). Les violences du mari n'excluent pas l'acquisition de la nationalité française dès lors qu'il n'est pas établi que la communauté de vie avait cessé au jour de la demande d'enregistrement de la déclaration (■ Pau, 6 sept. 2005, n° 04/04095 : *JurisData* n° 2005-288933 ; *Dr. famille* 2006, 46, 1re esp., note Larribau-Terneyre. – Rappr. ■ Paris, 28 févr. 2008 : *JCP* 2008, IV, 1621 ; *JurisData* n° 2008-357078). Jugé que la simple cohabitation des époux au domicile conjugal ne répond pas à la définition de la communauté de vie au sens de l'article 21-2 (■ Orléans, 27 nov. 2006 : *JCP* 2007, IV, 3060 ; *JurisData* n° 2006-334962). Pour des motifs d'ordre professionnel, les époux peuvent avoir un domicile distinct, sans qu'il soit pour autant porté atteinte à la communauté de vie (■ Cass. 1re civ., 12 févr. 2014, n° 13-13.873 : *Bull. civ.* I, n° 25, p. 24 ; *Dr. famille* 2014, 72, note Binet ; *RTD civ.* 2013, 340, obs. Hauser ; *JCP* G 2014, 953, n° 1, obs. Coutant-Lapalus ; *LPA* 1er juill. 2014, 11, note Koumdadji ; *D.* 2015, 452, obs. Boskovic ; *JurisData* n° 2014-002131).

3) Le **rejet d'une demande d'annulation du mariage** pour défaut d'intention matrimoniale ne dispense pas le juge de vérifier la persistance de la communauté de vie entre les époux et l'existence éventuelle d'un mensonge ou d'une fraude (■ Cass. 1re civ., 11 juin 2008 : *Bull. civ.* I, n° 168, p. 144 ; *Dr. famille* 2008, 116, note Larribau-Terneyre ; *D.* 2008, 1828, 2e esp., obs. Le Douaron ; *JurisData* n° 2008-044300). V. aussi X. Labbée, *L'ordre public matrimonial à deux visages* : *JCP* 2009, act. 201.

4) Qualité d'étranger à la date du mariage. Le fait ouvrant la possibilité d'acquisition de la nationalité française par déclaration est, dans l'hypothèse prévue par l'art. 37-1 du Code de la nationalité (devenu l'art. 21-2, C. civ.), le mariage entre un conjoint étranger ou apatride et un conjoint français. Dès lors, le déclarant doit avoir la qualité d'étranger à la date de son mariage (■ Paris, 19 déc. 1995 : *JurisData* n° 1995-024775 ; *D.* 1996, 338, note Guiho, Français d'origine né aux Comores, ayant perdu la nationalité française à la suite de l'indépendance de ce territoire).

5) Bigamie du conjoint. La demande de nationalité française doit être rejetée dès lors que le mariage est nul en raison de la bigamie du conjoint et la répudiation de la première femme, contraire à la conception française de l'ordre public international, n'a aucune efficacité en France (■ Montpellier, 25 juin 2002 : *JCP* 2003, IV,1269 ; *JurisData* n° 2002-186753). Mais la preuve de l'existence de mariages non dissous ne peut résulter de la production de fiches familiales d'état civil dont il résulte que les quatre enfants sont nés de quatre épouses différentes (■ Cass. 1re civ., 27 mars 2007, préc. note 1).

6) Texte d'application. Voir D. n° 93-1362, 30 déc. 1993, p. 3168.

Art. 21-3 ***(L. n° 73-42, 9 janv. 1973).*** **– Sous réserve des dispositions prévues aux articles 21-4 et 26-3, l'intéressé acquiert la nationalité française à la date à laquelle la déclaration a été souscrite.**

Art. 21-4 ***(L. n° 73-42, 9 janv. 1973 ; mod., L. n° 93-933, 22 juill. 1993 ; L. n° 2003-1119, 26 nov. 2003 ; L. n° 2006-911, 24 juill. 2006).*** **– Le Gouvernement peut s'opposer, par décret en Conseil d'État, pour indignité ou défaut d'assimilation, autre que linguistique, à l'acquisition de la nationalité française par le conjoint étranger dans un délai de deux ans à compter de la date du récépissé prévu au deuxième alinéa de l'article 26 ou, si l'enregistrement a été refusé, à compter du jour où la décision judiciaire admettant la régularité de la déclaration est passée en force de chose jugée.**

La situation effective de polygamie du conjoint étranger ou la condamnation prononcée à son encontre au titre de l'infraction définie à l'article 222-9 du Code pénal, lorsque celle-ci a été commise sur un mineur de quinze ans, sont constitutives du défaut d'assimilation.

En cas d'opposition du Gouvernement, l'intéressé est réputé n'avoir jamais acquis la nationalité française.

Toutefois, la validité des actes passés entre la déclaration et le décret d'opposition ne pourra être contestée pour le motif que l'auteur n'a pu acquérir la nationalité française.

1) Le point de départ du délai d'un an prévu à l'article 21-4 du Code civil (ancienne rédaction) en cas de refus d'enregistrement correspond à la date d'expiration du délai de pourvoi en cassation dirigé contre l'arrêt de la cour d'appel (■ CE, 13 mars 2006 : *JCP* 2006, IV, 1826 ; *JurisData* n° 2006-069818).

2) Une **pratique religieuse radicale**, incompatible avec les valeurs essentielles de la communauté française, et notamment avec le principe d'égalité des sexes, traduit un défaut d'assimilation au sens de l'article 21-4 du Code civil et justifie l'opposition du Gouvernement à l'acquisition par mariage de la nationalité française (■ CE, 27 juin 2008, n° 301343 : *D.* 2009, 345, note Vallar ; *JCP* 2008, II, 10151, note Malaurie, port de la burqa et vie recluse. – V. aussi ■ CE, 27 nov. 2013, n° 365587 : *JurisData* n° 2013-027213, reniement du principe d'égalité entre les hommes et les femmes. ■ CE, 5 oct. 2018, n° 417523 : *Dr. famille* 2018, 272, Dumas-Lavenac ; *JurisData* n° 2018-016972, mode de vie contraire aux valeurs essentielles de la société française, en particulier au principe de l'égalité des sexes. – Comp., pour le simple port du foulard islamique, ■ CE, 23 mars 1994, n° 116144. ■ CE, 3 févr. 1999, n° 161251).

3) La légalité du décret s'opposant à l'acquisition de la nationalité française s'apprécie à la date à laquelle il est intervenu (■ CE, 15 mai 2013, n° 365493, homme mis en examen pour tentatives de viol et d'agressions sexuelles ayant ensuite bénéficié d'une ordonnance de non-lieu).

Art. 21-5 *(L. n° 73-42, 9 janv. 1973)*. **– Le mariage déclaré nul par une décision émanant d'une juridiction française ou d'une juridiction étrangère dont l'autorité est reconnue en France ne rend pas caduque la déclaration prévue à l'article 21-2 au profit du conjoint qui l'a contracté de bonne foi.**

Voir : pour une application ■ Cass. 1re civ., 19 oct. 2004 : *Dr. famille* 2005, 281, note Farge ; *JCP* 2004, IV, 3300 ; *JurisData* n° 025263 ; *Bull. civ.* I, n° 228, p. 191.

Art. 21-6 *(L. n° 73-42, 9 janv. 1973)*. **– L'annulation du mariage n'a point d'effet sur la nationalité des enfants qui en sont issus.**

§ 3. – Acquisition de la nationalité française à raison de la naissance et de la résidence en France

Art. 21-7 *(L. n° 98-170, 16 mars 1998)*. **– Tout enfant né en France de parents étrangers acquiert la nationalité française à sa majorité si, à cette date, il a en France sa résidence et s'il a eu sa résidence habituelle en France pendant une période continue ou discontinue d'au moins cinq ans, depuis l'âge de onze ans.**

Les tribunaux d'instance, les collectivités territoriales, les organismes et services publics, et notamment les établissements d'enseignement sont tenus d'informer le public, et en particulier les personnes auxquelles s'applique le premier alinéa, des dispositions en vigueur en matière de nationalité. Les conditions de cette information sont fixées par décret en Conseil d'État.

1) Droit transitoire. Les manifestations de volonté souscrites en application de l'article 21-7 du Code civil, dans sa rédaction issue de la loi n° 93-933 du 22 juillet 1993 réformant le droit de la nationalité avant la date d'entrée en vigueur de la présente loi, demeurent régies par les dispositions du Code civil applicables à la date de leur souscription (L. n° 98-170, 16 mars 1998, art. 32. Voir aussi art. 33 et 34, p. 3194).

2) Information du public. Voir D. n° 98-719, 20 août 1998, p. 3195.

Art. 21-8 *(L. n° 98-170, 16 mars 1998)*. **– L'intéressé a la faculté de déclarer, dans les conditions prévues aux articles 26 et suivants et sous réserve qu'il prouve qu'il a la nationalité d'un État étranger, qu'il décline la qualité de Français dans les six mois qui précèdent sa majorité ou dans les douze mois qui la suivent.**

Dans ce dernier cas, il est réputé n'avoir jamais été Français.

Art. 21-9 *(L. n° 98-170, 16 mars 1998)*. **– Toute personne qui remplit les conditions prévues à l'article 21-7 pour acquérir la qualité de Français perd la faculté de décliner celle-ci si elle contracte un engagement dans les armées françaises.**

Tout mineur né en France de parents étrangers, qui est régulièrement incorporé en qualité d'engagé, acquiert la nationalité française à la date de son incorporation.

Art. 21-10 *(L. n° 98-170, 16 mars 1998)*. **– Les dispositions des articles 21-7 à 21-9 ne sont pas applicables aux enfants nés en France des agents diplomatiques et des consuls de carrière de nationalité étrangère. Ces enfants ont toutefois la faculté d'acquérir volontairement la nationalité française conformément aux dispositions de l'article 21-11 ci-après.**

Art. 21-11 *(L. n° 98-170, 16 mars 1998 ; mod., L. n° 2007-1631, 20 nov. 2007)*. **– L'enfant mineur né en France de parents étrangers peut à partir de l'âge de seize ans réclamer la nationalité française par déclaration,**

dans les conditions prévues aux articles 26 et suivants si, au moment de sa déclaration, il a en France sa résidence et s'il a eu sa résidence habituelle en France pendant une période continue ou discontinue d'au moins cinq ans, depuis l'âge de onze ans.

Dans les mêmes conditions, la nationalité française peut être réclamée, au nom de l'enfant mineur né en France de parents étrangers, à partir de l'âge de treize ans, la condition de résidence habituelle en France devant alors être remplie à partir de l'âge de huit ans. Le consentement du mineur est requis, sauf s'il est empêché d'exprimer sa volonté par une altération de ses facultés mentales ou corporelles constatée selon les modalités prévues au troisième alinéa de l'article 17-3.

Voir : D. n° 93-1362, 30 déc. 1993, p. 3168.

§ 4. – Acquisition de la nationalité française par déclaration de nationalité

Art. 21-12 *(L. n° 73-42, 9 janv. 1973 ; mod., L. n° 93-933, 22 juill. 1993 ; L. n° 98-170, 16 mars 1998 ; L. n° 2003-1119, 26 nov. 2003 ; L. n° 2016-297, 14 mars 2016).* **– L'enfant qui a fait l'objet d'une adoption simple par une personne de nationalité française peut, jusqu'à sa majorité, déclarer, dans les conditions prévues aux articles 26 et suivants, qu'il réclame la qualité de Français, pourvu qu'à l'époque de sa déclaration il réside en France.**

Toutefois, l'obligation de résidence est supprimée lorsque l'enfant a été adopté par une personne de nationalité française n'ayant pas sa résidence habituelle en France.

Peut, dans les mêmes conditions, réclamer la nationalité française :

1° L'enfant qui, depuis au moins trois années, est recueilli sur décision de justice et élevé par une personne de nationalité française ou est confié au service de l'aide sociale à l'enfance ;

2° L'enfant recueilli en France et élevé dans des conditions lui ayant permis de recevoir, pendant cinq années au moins, une formation française, soit par un organisme public, soit par un organisme privé présentant les caractères déterminés par un décret en Conseil d'État.

1) Si la **notion de recueil** n'implique pas que l'enfant ait rompu tout lien avec sa famille d'origine, il faut que l'enfant soit effectivement recueilli et élevé en France, ce que ne suffit pas à établir à lui seul un acte de *kafala*, et qu'il ne s'agisse pas d'un recueil épisodique, avec résidence alternativement en France et dans le pays d'origine (■ Cass. 1re civ., 14 avr. 2010, n° 08-21.312 : *Bull. civ.* I, n° 95, p. 87 ; *D.* 2010, 1075, obs. Gallmeister ; *Dr. famille* 2010, 160 (2e arrêt), note Farge ; *D.* 2010, 1908, obs. Gouttenoire, et 2871, obs. Boskovic ; *JurisData* n° 2010-004002. – V aussi ■ Cass. 1re civ., 5 déc. 2018, n° 17-50.062 : *Bull.* ; *JurisData* n° 2018-022064, admettant que les conditions pour souscrire une déclaration de nationalité sont remplies malgré le caractère discontinu de la présence de l'enfant sur le territoire français). Sur ce que l'interdiction d'adopter cesse à partir du moment où l'enfant acquiert la nationalité française, V. Rép. min. n° 59244 : *JOAN* Q 6 sept. 2016, 7980 ; *Dr. famille* 2016, 241, note Farge.

2) **Condition de nationalité du recueillant.** Peut, jusqu'à sa majorité, réclamer, dans les conditions prévues aux articles 26 et suivants du Code civil, la nationalité française en application de l'article 21-12, alinéa 3, 1° de ce code, l'enfant recueilli en France, depuis au moins cinq années au jour de la déclaration et élevé par une personne ayant la nationalité française depuis au moins cinq années au jour de la déclaration, pourvu qu'à l'époque de celle-ci, il réside en France (■ Cass., avis, 4 juin 2012, n° 12-00.004 : *Bull. civ.* avis, n° 4, p. 5).

Art. 21-13 *(L. n° 73-42, 9 janv. 1973 ; L. n° 93-933, 22 juill. 1993).* **– Peuvent réclamer la nationalité française par déclaration souscrite conformément aux articles 26 et suivants, les personnes qui ont joui, d'une façon constante, de la possession d'état de Français, pendant les dix années précédant leur déclaration.**

Lorsque la validité des actes passés antérieurement à la déclaration était subordonnée à la possession de la nationalité française, cette validité ne peut être contestée pour le seul motif que le déclarant n'avait pas cette nationalité.

1) ***Nécessité d'une déclaration.*** Sur l'irrecevabilité de la demande formée par une personne qui n'a pas fait la déclaration prévue à l'article 21-13 du Code civil, et tendant à se voir reconnaître la nationalité française sur le seul fondement d'une possession d'état, V. ■ Cass. 1re civ., 26 sept. 2012, n° 10-27.451 : *Bull. civ.* I, n° 182, p. 177 ; *JCP* G 2012, 1303, note Farge ; *LPA* 31 janv. 2013, 11, note Gosselin-Gorand. – V. déjà ■ Paris, 6 mars 1997 : *D.* 1997, 430, note

Guiho. Cette déclaration doit être faite par l'intéressé dans un délai raisonnable à partir du moment où il a eu connaissance de son extranéité (■ Paris, 4 nov. 1997 : *JurisData* n° 1997-930217 ; *D.* 1998, 279, note Guiho).

2) Possession d'état. La possession d'état de français est le fait, pour l'intéressé, non seulement de s'être considéré comme tel et d'avoir été regardé comme tel par sa famille et son entourage, mais aussi d'avoir été traité comme français par les autorités publiques (■ Besançon, 18 mai 2006 : *JCP* 2007, IV, 1350 ; *JurisData* n° 2006-312102). Pour être efficace et ouvrir la possibilité de souscrire la déclaration d'acquisition de la nationalité française prévue à l'article 21-13 du Code civil, la possession d'état doit être continue et non équivoque et ne pas avoir été constituée ou maintenue par fraude, peu important que la requérante n'en est pas été à l'origine (■ Cass. 1re civ., 4 juill. 2018, n° 17-20.588 : *Bull.* ; *JurisData* n° 2018-011771).

Art. 21-13-1 *(L. n° 2015-1776, 28 déc. 2015)*. **– Peuvent réclamer la nationalité française, par déclaration souscrite en application des articles 26 à 26-5, les personnes qui, âgées de soixante-cinq ans au moins, résident régulièrement et habituellement en France depuis au moins vingt-cinq ans et sont les ascendants directs d'un ressortissant français.**

Les conditions fixées au premier alinéa du présent article s'apprécient à la date de la souscription de la déclaration mentionnée au même premier alinéa.

Le Gouvernement peut s'opposer, dans les conditions définies à l'article 21-4, à l'acquisition de la nationalité française par le déclarant qui se prévaut des dispositions du présent article.

Art. 21-13-2 *(Créé à compter d'une date fixée par décret et au plus tard le 1er juillet 2016, L. n° 2016-274, 7 mars 2016)* (1). **– Peuvent réclamer la nationalité française à leur majorité, par déclaration souscrite auprès de l'autorité administrative en application des articles 26 à 26-5, les personnes qui résident habituellement sur le territoire français depuis l'âge de six ans, si elles ont suivi leur scolarité obligatoire en France dans des établissements d'enseignement soumis au contrôle de l'État, lorsqu'elles ont un frère ou une sœur ayant acquis la nationalité française en application des articles 21-7 ou 21-11.**

L'article 21-4 est applicable aux déclarations souscrites en application du premier alinéa du présent article.

Art. 21-14 *(L. n° 93-933, 22 juill. 1993)*. **– Les personnes qui ont perdu la nationalité française en application de l'article 23-6 ou à qui a été opposée la fin de non-recevoir prévue par l'article 30-3 peuvent réclamer la nationalité française par déclaration souscrite conformément aux articles 26 et suivants.**

Elles doivent avoir soit conservé ou acquis avec la France des liens manifestes d'ordre culturel, professionnel, économique ou familial, soit effectivement accompli des services militaires dans une unité de l'armée française ou combattu dans les armées françaises ou alliées en temps de guerre.

Les conjoints survivants des personnes qui ont effectivement accompli des services militaires dans une unité de l'armée française ou combattu dans les armées françaises ou alliées en temps de guerre peuvent également bénéficier des dispositions du premier alinéa du présent article.

Sur le caractère manifeste des liens, V. Rép. min. n° 11498 : *JCP* 1995, V, 125.

§ 5. – Acquisition de la nationalité française par décision de l'autorité publique

Art. 21-14-1 *(L. n° 99-1141, 29 déc. 1999)*. **– La nationalité française est conférée par décret, sur proposition du ministre de la Défense, à tout étranger engagé dans les armées françaises qui a été blessé en mission au cours ou à l'occasion d'un engagement opérationnel et qui en fait la demande.**

En cas de décès de l'intéressé, dans les conditions prévues au premier alinéa, la même procédure est ouverte à ses enfants mineurs qui, au jour du décès, remplissaient la condition de résidence prévue à l'article 22-1.

Art. 21-14-2 *(Abr., L. n° 2006-911, 24 juill. 2006)*.

(1) Disposition entrant en vigueur à compter d'une date fixée par décret, et au plus tard le 1er juillet 2016 (L. n° 2016-274, 7 mars 2016, art. 67).

Art. 21-15 *(L. n° 73-42, 9 janv. 1973 ; L. n° 99-1141, 29 déc. 1999).* – **Hors le cas prévu à l'article 21-14-1, l'acquisition de la nationalité française par décision de l'autorité publique résulte d'une naturalisation accordée par décret à la demande de l'étranger.**

Voir : L. n° 72-964, 25 oct. 1972, relative à la francisation des noms et prénoms des personnes qui acquièrent ou recouvrent la nationalité française, p. 2994.

Art. 21-16 *(Ord. n° 45-2441, 19 oct. 1945).* – **Nul ne peut être naturalisé s'il n'a en France sa résidence au moment de la signature du décret de naturalisation.**

Condition de résidence. La demande de naturalisation n'est pas recevable lorsque l'intéressé n'a pas fixé en France de manière stable le centre de ses intérêts (▪ CAA Nantes, 30 avr. 1998 : *JCP* 1999, II, 10151, 3 arrêts, note Toulemonde).

Art. 21-17 *(L. n° 93-933, 22 juill. 1993).* – **Sous réserve des exceptions prévues aux articles 21-18, 21-19 et 21-20, la naturalisation ne peut être accordée qu'à l'étranger justifiant d'une résidence habituelle en France pendant les cinq années qui précèdent le dépôt de la demande.**

Art. 21-18 *(L. n° 73-42, 9 janv. 1973 ; mod., L. n° 2011-672, 16 juin 2011).* – **Le stage mentionné à l'article 21-17 est réduit à deux ans :**

1° Pour l'étranger qui a accompli avec succès deux années d'études supérieures en vue d'acquérir un diplôme délivré par une université ou un établissement d'enseignement supérieur français ;

2° Pour celui qui a rendu ou qui peut rendre par ses capacités et ses talents des services importants à la France.

3° Pour l'étranger qui présente un parcours exceptionnel d'intégration, apprécié au regard des activités menées ou des actions accomplies dans les domaines civique, scientifique, économique, culturel ou sportif.

Art. 21-19 *(L. n° 73-42, 9 janv. 1973 ; mod., L. n° 93-933, 22 juill. 1993 ; L. n° 98-170, 16 mars 1998).* – **Peut être naturalisé sans condition de stage :**

1° *(Abr., L. n° 2006-911, 24 juill. 2006)* ;

2° *(Abr., L. n° 2006-911, 24 juill. 2006)* ;

3° *(Abr., L. n° 93-933, 22 juill. 1993)* ;

4° L'étranger qui a effectivement accompli des services militaires dans une unité de l'armée française ou qui, en temps de guerre, a contracté un engagement volontaire dans les armées françaises ou alliées ;

5° *(Abr., L. n° 2006-911, 24 juill. 2006)* ;

6° L'étranger qui a rendu des services exceptionnels à la France ou celui dont la naturalisation présente pour la France un intérêt exceptionnel. Dans ce cas, le décret de naturalisation ne peut être accordé qu'après avis du Conseil d'État sur le rapport motivé du ministre compétent ;

7° L'étranger qui a obtenu le statut de réfugié en application de la loi n° 52-893 du 25 juillet 1952 portant création d'un Office français de protection des réfugiés et apatrides.

Droit transitoire. Sur l'application du 7° ancien de l'article 21-19, voir L. n° 98-170, 16 mars 1998, art. 34, p. 3195.

Art. 21-20 *(L. n° 93-933, 22 juill. 1993).* – **Peut être naturalisée sans condition de stage la personne qui appartient à l'entité culturelle et linguistique française, lorsqu'elle est ressortissante des territoires ou États dont la langue officielle ou l'une des langues officielles est le français, soit lorsque le français est sa langue maternelle, soit lorsqu'elle justifie d'une scolarisation minimale de cinq années dans un établissement enseignant en langue française.**

Conditions cumulatives. La dispense de stage prévue par l'article 21-20 est soumise à deux conditions qui doivent être réunies cumulativement, seule la seconde comportant une alternative. La langue française n'ayant pas le statut de langue officielle au Maroc, la circonstance que l'intéressée maîtrise parfaitement la langue française ne peut suffire à la dispenser de la condition de stage (▪ Cass. 1re civ., 28 janv. 2003 : *JCP* 2003, IV, 1493 ; *JurisData* n° 2003-017442 ; *Bull. civ.* I, n° 24, p. 18).

Art. 21-21 *(L. n° 93-933, 22 juill. 1993).* – **La nationalité française peut être conférée par naturalisation sur proposition du ministre des Affaires étrangères à tout étranger francophone qui en fait la demande et qui contribue par son action émérite au rayonnement de la France et à la prospérité de ses relations économiques internationales.**

Art. 21-22 *(L. n° 2006-911, 24 juill. 2006).* – Nul ne peut être naturalisé s'il n'a atteint l'âge de dix-huit ans.

Toutefois, la naturalisation peut être accordée à l'enfant mineur resté étranger bien que l'un de ses parents ait acquis la nationalité française s'il justifie avoir résidé en France avec ce parent durant les cinq années précédant le dépôt de la demande.

Art. 21-23 *(L. n° 73-42, 9 janv. 1973).* – Nul ne peut être naturalisé s'il n'est pas de bonnes vie et mœurs ou s'il a fait l'objet de l'une des condamnations visées à l'article 21-27 du présent code.

Les condamnations prononcées à l'étranger pourront toutefois ne pas être prises en considération ; en ce cas, le décret prononçant la naturalisation ne pourra être pris qu'après avis conforme du Conseil d'État.

Art. 21-24 *(Ord. n° 45-2441, 19 oct. 1945 ; mod., L. n° 2003-1119, 26 nov. 2003 ; L. n° 2011-672, 16 juin 2011).* – Nul ne peut être naturalisé s'il ne justifie de son assimilation à la communauté française, notamment par une connaissance suffisante, selon sa condition, de la langue, de l'histoire, de la culture et de la société françaises, dont le niveau et les modalités d'évaluation sont fixés par décret en Conseil d'État, et des droits et devoirs conférés par la nationalité française ainsi que par l'adhésion aux principes et aux valeurs essentiels de la République.

À l'issue du contrôle de son assimilation, l'intéressé signe la charte des droits et devoirs du citoyen français. Cette charte, approuvée par décret en Conseil d'État, rappelle les principes, valeurs et symboles essentiels de la République française.

Voir : D. n° 2012-127, 30 janv. 2012, approuvant la charte des droits et devoirs du citoyen français prévue à l'article 21-24 du Code civil, p. 3383.

Art. 21-24-1 *(L. n° 2003-1119, 26 nov. 2003).* – La condition de connaissance de la langue française ne s'applique pas aux réfugiés politiques et apatrides résidant régulièrement et habituellement en France depuis quinze années au moins et âgés de plus de soixante-dix ans.

Art. 21-25 *(Ord. n° 45-2441, 19 oct. 1945).* – Les conditions dans lesquelles s'effectuera le contrôle de l'assimilation et de l'état de santé de l'étranger en instance de naturalisation seront fixées par décret.

Art. 21-25-1 *(L. n° 2006-911, 24 juill. 2006).* – La réponse de l'autorité publique à une demande d'acquisition de la nationalité française par naturalisation doit intervenir au plus tard dix-huit mois à compter de la remise de toutes les pièces nécessaires à la constitution d'un dossier complet contre laquelle un récépissé est délivré immédiatement.

Le délai visé au premier alinéa est réduit à douze mois lorsque l'étranger en instance de naturalisation justifie avoir en France sa résidence habituelle depuis une période d'au moins dix ans au jour de cette remise.

Les délais précités peuvent être prolongés une fois, par décision motivée, pour une période de trois mois.

§ 6. – Dispositions communes à certains modes d'acquisition de la nationalité française

Art. 21-26 *(L. n° 73-42, 9 janv. 1973 ; mod., L. n° 98-170, 16 mars 1998).* – Est assimilé à la résidence en France lorsque cette résidence constitue une condition de l'acquisition de la nationalité française :

1° Le séjour hors de France d'un étranger qui exerce une activité professionnelle publique ou privée pour le compte de l'État français ou d'un organisme dont l'activité présente un intérêt particulier pour l'économie ou la culture française ;

2° Le séjour dans les pays en union douanière avec la France qui sont désignés par décret ;

3° La présence hors de France, en temps de paix comme en temps de guerre, dans une formation régulière de l'armée française ou au titre des obligations prévues par le livre II du Code du service national ;

4° Le séjour hors de France en qualité de volontaire du service national.

L'assimilation de résidence qui profite à l'un des époux s'étend à l'autre s'ils habitent effectivement ensemble.

Voir : L. n° 73-42, 9 janv. 1973, complétant et modifiant le Code de la nationalité française et relative à certaines dispositions concernant la nationalité française, p. 2995.

Art. 21-27 *(L. n° 93-933, 22 juill. 1993 ; mod., L. n° 93-1027, 24 août 1993 ; L. n° 93-1417, 30 déc. 1993 ; L. n° 98-170, 16 mars 1998 ; L. n° 2003-1119, 26 nov. 2003).* – Nul ne peut acquérir la nationalité

française ou être réintégré dans cette nationalité s'il a été l'objet soit d'une condamnation pour crimes ou délits constituant une atteinte aux intérêts fondamentaux de la Nation ou un acte de terrorisme, soit, quelle que soit l'infraction considérée, s'il a été condamné à une peine égale ou supérieure à six mois d'emprisonnement, non assortie d'une mesure de sursis.

Il en est de même de celui qui a fait l'objet soit d'un arrêté d'expulsion non expressément rapporté ou abrogé, soit d'une interdiction du territoire français non entièrement exécutée.

Il en est de même de celui dont le séjour en France est irrégulier au regard des lois et conventions relatives au séjour des étrangers en France.

Les dispositions du présent article ne sont pas applicables à l'enfant mineur susceptible d'acquérir la nationalité française en application des articles 21-7, 21-11, 21-12 et 22-1 ni au condamné ayant bénéficié d'une réhabilitation de plein droit ou d'une réhabilitation judiciaire conformément aux dispositions de l'article 133-12 du Code pénal, ou dont la mention de la condamnation a été exclue du bulletin n° 2 du casier judiciaire, conformément aux dispositions des articles 775-1 et 775-2 du Code de procédure pénale.

Sur la notion de séjour irrégulier au sens de l'art. 21-27, alinéa 3, V. Rép. min. n° 8445 : *JCP* 1995, V, 25.

Art. 21-27-1 *(L. n° 2011-672, 16 juin 2011)*. – **Lors de son acquisition de la nationalité française par décision de l'autorité publique ou par déclaration, l'intéressé indique à l'autorité compétente la ou les nationalités qu'il possède déjà, la ou les nationalités qu'il conserve en plus de la nationalité française ainsi que la ou les nationalités auxquelles il entend renoncer.**

§ 7. – De la cérémonie d'accueil dans la citoyenneté française
(L. n° 2006-911, 24 juill. 2006)

Art. 21-28 *(L. n° 2006-911, 24 juill. 2006 ; mod., L. n° 2011-672, 16 juin 2011 ; L. n° 2015-1776, 28 déc. 2015 ; L. n° 2016-274, 7 mars 2016)*. – **Le représentant de l'État dans le département ou, à Paris, le préfet de police organise, dans un délai de six mois à compter de l'acquisition de la nationalité française, une cérémonie d'accueil dans la citoyenneté française à l'intention des personnes résidant dans le département visées aux articles 21-2, 21-11, 21-12, 21-13-1, 21-13-2, 21-14, 21-14-1, 21-15, 24-1, 24-2 et 32-4 du présent code ainsi qu'à l'article 2 de la loi n° 64-1328 du 26 décembre 1964 autorisant l'approbation de la convention du Conseil de l'Europe sur la réduction des cas de pluralité de nationalités et sur les obligations militaires en cas de pluralité de nationalités, signée à Strasbourg le 6 mai 1963.**

Les députés et les sénateurs élus dans le département sont invités à la cérémonie d'accueil.

Les personnes ayant acquis de plein droit la nationalité française en application de l'article 21-7 sont invitées à cette cérémonie dans un délai de six mois à compter de la délivrance du certificat de nationalité française mentionné à l'article 31.

Au cours de la cérémonie d'accueil, la charte des droits et devoirs du citoyen français mentionnée à l'article 21-24 est remise aux personnes ayant acquis la nationalité française visées aux premier et troisième alinéas.

Art. 21-29 *(L. n° 2006-911, 24 juill. 2006)*. – **Le représentant de l'État dans le département ou, à Paris, le préfet de police communique au maire, en sa qualité d'officier d'état civil, l'identité et l'adresse des personnes résidant dans la commune susceptibles de bénéficier de la cérémonie d'accueil dans la citoyenneté française.**

Lorsque le maire en fait la demande, il peut l'autoriser à organiser, en sa qualité d'officier d'état civil, la cérémonie d'accueil dans la citoyenneté française.

Section II. – Des effets de l'acquisition de la nationalité française

Art. 22 *(L. n° 83-1046, 8 déc. 1983)*. – **La personne qui a acquis la nationalité française jouit de tous les droits et est tenue à toutes les obligations attachés à la qualité de Français, à dater du jour de cette acquisition.**

Art. 22-1 *(L. n° 98-170, 16 mars 1998 ; mod., L. n° 99-1141, 29 déc. 1999 ; Ord. n° 2005-759, 4 juill. 2005)* (1). – **L'enfant mineur, dont l'un des deux parents acquiert la nationalité française, devient français de plein droit s'il a la même résidence habituelle que ce parent ou s'il réside alternativement avec ce parent dans le cas de séparation ou divorce.**

Les dispositions du présent article ne sont applicables à l'enfant d'une personne qui acquiert la nationalité française par décision de l'autorité publique ou par déclaration de nationalité que si son nom est mentionné dans le décret ou dans la déclaration.

1) Résidence de l'enfant. La circonstance dans laquelle le parent soutient qu'il était dans l'impossibilité de déclarer l'enfant avant l'intervention du décret lui accordant la nationalité française, parce qu'il ne connaissait pas alors son existence, implique que cet enfant ne résidait pas habituellement avec lui à la date du décret ; par suite, le parent n'est pas fondé à demander l'annulation pour excès de pouvoir de la décision par laquelle le ministre a refusé de faire droit à sa demande de modification du décret de naturalisation et de faire bénéficier l'enfant de l'effet collectif attaché à l'acquisition de la nationalité française (▪ CE, 12 déc. 2012, n° 358760 : *JCP* G 2012, act. 1415, obs. Erstein ; *JurisData* n° 2012-029360).

2) Décès du demandeur. En l'absence de dispositions législatives contraires, le décès de l'étranger qui a demandé à devenir français fait obstacle à sa naturalisation et, en conséquence, à ce que son enfant mineur puisse devenir français par l'effet collectif résultant de l'article 22-1 du Code civil, attaché à cette naturalisation (▪ CE, 22 mai 2012, n° 349480 : *JCP* N 2012, act. 601, obs. Erstein ; *JurisData* n° 2012-010974).

Art. 22-2 *(L. n° 73-42, 9 janv. 1973)*. – **Les dispositions de l'article précédent ne sont pas applicables à l'enfant marié.**

Art. 22-3 *(L. n° 93-933, 22 juill. 1993)*. – **Toutefois, l'enfant français en vertu de l'article 22-1 et qui n'est pas né en France a la faculté de répudier cette qualité pendant les six mois précédant sa majorité et dans les douze mois la suivant.**

Il exerce cette faculté par déclaration souscrite conformément aux articles 26 et suivants.

Il peut renoncer à cette faculté à partir de l'âge de seize ans dans les mêmes conditions.

CHAPITRE IV. – DE LA PERTE, DE LA DÉCHÉANCE ET DE LA RÉINTÉGRATION DANS LA NATIONALITÉ FRANÇAISE

Section I. – De la perte de la nationalité française

Art. 23 *(L. n° 73-42, 9 janv. 1973)*. – **Toute personne majeure de nationalité française, résidant habituellement à l'étranger, qui acquiert volontairement une nationalité étrangère ne perd la nationalité française que si elle le déclare expressément, dans les conditions prévues aux articles 26 et suivants du présent titre.**

Voir : L. n° 73-42, 9 janv. 1973, complétant et modifiant le Code de la nationalité française et relative à certaines dispositions concernant la nationalité française, p. 2995.

Art. 23-1 *(L. n° 73-42, 9 janv. 1973)*. – **La déclaration en vue de perdre la nationalité française peut être souscrite à partir du dépôt de la demande d'acquisition de la nationalité étrangère et, au plus tard, dans le délai d'un an à compter de la date de cette acquisition.**

Art. 23-2 *(L. n° 98-170, 16 mars 1998)*. – **Les Français de moins de trente-cinq ans ne peuvent souscrire la déclaration prévue aux articles 23 et 23-1 ci-dessus que s'ils sont en règle avec les obligations du livre II du Code du service national.**

(1) Sur le refus de saisir pour QPC concernant le présent article, dans sa version issue de l'ordonnance n° 2005-759 du 4 juillet 2005, *V. CE, 24 janv. 2014, n° 366733, X.* – NDLR.

Art. 23-3 *(L. n° 98-170, 16 mars 1998).* – Perd la nationalité française, le Français qui exerce la faculté de répudier cette qualité dans les cas prévus aux articles 18-1, 19-4 et 22-3.

Art. 23-4 *(L. n° 73-42, 9 janv. 1973).* – Perd la nationalité française le Français même mineur, qui, ayant une nationalité étrangère, est autorisé, sur sa demande, par le Gouvernement français, à perdre la qualité de Français.

Cette autorisation est accordée par décret.

Art. 23-5 *(L. n° 73-42, 9 janv. 1973 ; mod., L. n° 98-170, 16 mars 1998).* – En cas de mariage avec un étranger, le conjoint français peut répudier la nationalité française selon les dispositions des articles 26 et suivants à la condition qu'il ait acquis la nationalité étrangère de son conjoint et que la résidence habituelle du ménage ait été fixée à l'étranger.

Toutefois, les Français âgés de moins de trente-cinq ans ne pourront exercer cette faculté de répudiation que s'ils sont en règle avec les obligations prévues au livre II du Code du service national.

Art. 23-6 *(L. n° 73-42, 9 janv. 1973).* – La perte de la nationalité française peut être constatée par jugement lorsque l'intéressé, français d'origine par filiation, n'en a point la possession d'état et n'a jamais eu sa résidence habituelle en France, si les ascendants, dont il tenait la nationalité française, n'ont eux-mêmes ni possession d'état de Français, ni résidence en France depuis un demi-siècle.

Le jugement détermine la date à laquelle la nationalité française a été perdue. Il peut décider que cette nationalité avait été perdue par les auteurs de l'intéressé et que ce dernier n'a jamais été Français.

Art. 23-7 *(L. n° 73-42, 9 janv. 1973 ; mod., L. n° 84-341, 7 mai 1984).* – Le Français qui se comporte en fait comme le national d'un pays étranger peut, s'il a la nationalité de ce pays, être déclaré, par décret après avis conforme du Conseil d'État, avoir perdu la qualité de Français.

Art. 23-8 *(L. n° 73-42, 9 janv. 1973).* – Perd la nationalité française le Français qui, occupant un emploi dans une armée ou un service public étranger ou dans une organisation internationale dont la France ne fait pas partie ou plus généralement leur apportant son concours, n'a pas résigné son emploi ou cessé son concours nonobstant l'injonction qui lui en aura été faite par le Gouvernement.

L'intéressé sera, par décret en Conseil d'État, déclaré avoir perdu la nationalité française si, dans le délai fixé par l'injonction, délai qui ne peut être inférieur à quinze jours et supérieur à deux mois, il n'a pas mis fin à son activité.

Lorsque l'avis du Conseil d'État est défavorable, la mesure prévue à l'alinéa précédent ne peut être prise que par décret en Conseil des ministres.

Art. 23-9 *(L. n° 73-42, 9 janv. 1973).* – La perte de la nationalité française prend effet :

1° Dans le cas prévu à l'article 23 à la date de l'acquisition de la nationalité étrangère ;

2° Dans le cas prévu aux articles 23-3 et 23-5 à la date de la déclaration ;

3° Dans le cas prévu aux articles 23-4, 23-7 et 23-8 à la date du décret ;

4° Dans les cas prévus à l'article 23-6 au jour fixé par le jugement.

Enfant majeur du déclarant. Il résulte des articles 20-1, 21-6 et 23-9 que l'annulation d'une déclaration de nationalité française ne produit aucun effet sur la nationalité de l'enfant du déclarant devenu majeur (▪ Cass. 1re civ., 17 févr. 2004, n° 01-10.071 : *Bull. civ.* I, n° 52, p. 41).

Section II. – De la réintégration dans la nationalité française

Art. 24 *(L. n° 73-42, 9 janv. 1973).* – La réintégration dans la nationalité française des personnes qui établissent avoir possédé la qualité de Français résulte d'un décret ou d'une déclaration suivant les distinctions fixées aux articles ci-après.

Art. 24-1 *(L. n° 73-42, 9 janv. 1973).* – La réintégration par décret peut être obtenue à tout âge et sans *condition de stage. Elle* est soumise, pour le surplus, aux conditions et aux règles de la naturalisation.

Art. 24-2 *(L. n° 73-42, 9 janv. 1973 ; L. n° 93-933, 22 juill. 1993 ; mod., L. n° 98-170, 16 mars 1998).* – Les personnes qui ont perdu la nationalité française à raison du mariage avec un étranger ou de l'acquisition par mesure individuelle d'une nationalité étrangère peuvent, sous réserve des dispositions de l'article 21-27, être réintégrées par déclaration souscrite, en France ou à l'étranger, conformément aux articles 26 et suivants.

Elles doivent avoir conservé ou acquis avec la France des liens manifestes, notamment d'ordre culturel, professionnel, économique ou familial.

Art. 24-3 *(L. n° 93-933, 22 juill. 1993).* – La réintégration par décret ou par déclaration produit effet à l'égard des enfants âgés de moins de dix-huit ans dans les conditions des articles 22-1 et 22-2 du présent titre.

Section III. – De la déchéance de la nationalité française

Art. 25 *(L. n° 73-42, 9 janv. 1973 ; L. n° 93-933, 22 juill. 1993 ; L. n° 96-647, 22 juill. 1996 ; L. n° 98-170, 16 mars 1998).* – L'individu qui a acquis la qualité de Français peut, par décret pris après avis conforme du Conseil d'État, être déchu de la nationalité française, sauf si la déchéance a pour résultat de le rendre apatride :

1° S'il est condamné pour un acte qualifié de crime ou délit constituant une atteinte aux intérêts fondamentaux de la Nation ou pour un crime ou un délit constituant un acte de terrorisme (1) ;

2° S'il est condamné pour un acte qualifié de crime ou délit prévu et réprimé par le chapitre II du titre III du livre IV du Code pénal ;

3° S'il est condamné pour s'être soustrait aux obligations résultant pour lui du Code du service national ;

4° S'il s'est livré au profit d'un État étranger à des actes incompatibles avec la qualité de Français et préjudiciables aux intérêts de la France ;

5° *(Abr., L. n° 98-170, 16 mars 1998).*

Sur la conformité à la Constitution des articles 25, 1° et 25-1 du Code civil, V. ▪ Cons. const., 23 janv. 2015, déc. n° 2014-439 QPC : *D.* 2015, 2471, obs. Gozzi ; *Rev. crit. DIP* 2015, 115, obs. Lagarde ; *LPA* 27 août 2015, 7, obs. Dionisi-Peyrusse.

Art. 25-1 *(L. n° 73-42, 9 janv. 1973 ; L. n° 2003-1119, 26 nov. 2003 ; L. n° 2006-64, 23 janv. 2006).* – (2) La déchéance n'est encourue que si les faits reprochés à l'intéressé et visés à l'article 25 se sont produits antérieurement à l'acquisition de la nationalité française ou dans le délai de dix ans à compter de la date de cette acquisition.

Elle ne peut être prononcée que dans le délai de dix ans à compter de la perpétration desdits faits.

Si les faits reprochés à l'intéressé sont visés au 1° de l'article 25, les délais mentionnés aux deux alinéas précédents sont portés à quinze ans.

CHAPITRE V. – DES ACTES RELATIFS À L'ACQUISITION OU À LA PERTE DE LA NATIONALITÉ FRANÇAISE

Section I. – Des déclarations de nationalité

Art. 26 *(Rempl., L. n° 2009-526, 12 mai 2009 ; mod., L. n° 2011-525, 17 mai 2011 ; D. n° 2013-795, 30 août 2013 ; L. n° 2015-1776, 28 déc. 2015 ; L. n° 2016-1547, 18 nov. 2016).* – Les déclarations de nationalité souscrites en raison soit du mariage avec un conjoint français, en application de l'article 21-2, soit de la qualité d'ascendant de Français, en application de l'article 21-13-1, soit de la qualité de frère ou sœur de Français, en application de l'article 21-13-2, sont reçues par l'autorité administrative. Les autres déclarations de nationalité sont reçues par le directeur des services de greffe judiciaire du tribunal d'instance ou par le

(1) Le Conseil constitutionnel a déclaré les mots « ou pour un crime ou un délit constituant un acte de terrorisme » figurant au présent 1°, conformes à la Constitution : V. *Cons. const. n° 2014-439, 23 janv. 2015 (JO 25 janv. 2015) : JurisData n° 2015-000748.* – NDLR.

(2) Le Conseil constitutionnel a déclaré le présent article, dans sa version issue de la loi n° 2006-64 du 23 janvier 2006, conforme à la Constitution : *V. Cons. const. n° 2014-439, 23 janv. 2015 (JO 25 janv. 2015) : JurisData n° 2015-000748.* – NDLR.

consul. Les formes suivant lesquelles ces déclarations sont reçues sont déterminées par décret en Conseil d'État.

Il en est délivré récépissé après remise des pièces nécessaires à la preuve de leur recevabilité.

Voir : L. n° 98-170, 16 mars 1998, relative à la nationalité, art. 33, p. 3194 (droit transitoire). – D. n° 93-1362, 30 déc. 1993, p. 3168.

Voir aussi : D. n° 2013-795, 30 août 2013, modifiant l'article 26 du Code civil et tendant à expérimenter de nouvelles modalités d'instruction des demandes de naturalisation et de réintégration ainsi que des déclarations de nationalité souscrites à raison du mariage (*JO* 31 août 2013).

Art. 26-1 ***(Ancien article 104 du Code de la nationalité recodifié et rempl., L. n° 93-933, 22 juill. 1993 ; mod., L. n° 2009-526, 12 mai 2009 ; L. n° 2015-1776, 28 déc. 2015 ; L. n° 2016-274, 7 mars 2016 ; L. n° 2016-1547, 18 nov. 2016).*** **– Toute déclaration de nationalité doit, à peine de nullité, être enregistrée soit par le directeur des services de greffe judiciaire du tribunal d'instance, pour les déclarations souscrites en France, soit par le ministre de la Justice, pour les déclarations souscrites à l'étranger, à l'exception des déclarations suivantes, qui sont enregistrées par le ministre chargé des naturalisations :**

1° Celles souscrites en raison du mariage avec un conjoint français ;

2° Celles souscrites en application de l'article 21-13-1 à raison de la qualité d'ascendant de Français ;

3° Celles souscrites en application de l'article 21-13-2 à raison de la qualité de frère ou sœur de Français.

Art. 26-2 ***(L. n° 93-933, 22 juill. 1993).*** **– Le siège et le ressort des tribunaux d'instance compétents pour recevoir et enregistrer les déclarations de nationalité française sont fixés par décret.**

Voir : D. n° 93-1362, 30 déc. 1993, p. 3168.

Art. 26-3 ***(L. n° 93-933, 22 juill. 1993 ; L. n° 98-170, 16 mars 1998 ; mod., L. n° 2009-526, 12 mai 2009 ; L. n° 2011-672, 16 juin 2011 ; L. n° 2016-1547, 18 nov. 2016).*** **– Le ministre ou le directeur des services de greffe judiciaire du tribunal d'instance refuse d'enregistrer les déclarations qui ne satisfont pas aux conditions légales.**

Sa décision motivée est notifiée au déclarant qui peut la contester devant le tribunal de grande instance durant un délai de six mois. L'action peut être exercée personnellement par le mineur dès l'âge de seize ans.

La décision de refus d'enregistrement doit intervenir six mois au plus après la date à laquelle a été délivré au déclarant le récépissé constatant la remise de toutes les pièces nécessaires à la preuve de recevabilité de la déclaration.

(Mod., L. n° 2015-1776, 28 déc. 2015 ; mod. à compter d'une date fixée par décret, et au plus tard le 1er juillet 2016, L. n° 2016-274, 7 mars 2016) **Le délai est porté à un an pour les déclarations souscrites en vertu des articles 21-2, 21-13-1 et 21-13-2. Dans le cas où une procédure d'opposition est engagée par le Gouvernement en application des articles 21-4, 21-13-1 ou 21-13-2, ce délai est porté à deux ans.**

Art. 26-4 ***(L. n° 93-933, 22 juill. 1993 ; L. n° 98-170, 16 mars 1998 ; L. n° 2003-1119, 26 nov. 2003 ; L. n° 2006-911, 24 juill. 2006).*** **– À défaut de refus d'enregistrement dans les délais légaux, copie de la déclaration est remise au déclarant revêtue de la mention de l'enregistrement.**

Dans le délai de deux ans suivant la date à laquelle il a été effectué, l'enregistrement peut être contesté par le ministère public si les conditions légales ne sont pas satisfaites.

L'enregistrement peut encore être contesté par le ministère public en cas de mensonge ou de fraude dans le délai de deux ans à compter de leur découverte. La cessation de la communauté de vie entre les époux dans les douze mois suivant l'enregistrement de la déclaration prévue à l'article 21-2 constitue une présomption de fraude.

1) Droit transitoire. L'article 26-4, alinéa 2, ne peut, en l'absence de disposition de la loi, s'appliquer de manière rétroactive aux recours intentés avant l'entrée en vigueur de la loi du 22 juillet 1993 (▪ Paris, 23 mai 1995 : *JurisData* n° 1995-048112 ; *JurisData* n° 1995-022645 ; *D.* 1995, 610, note Guiho. – V. aussi ▪ Cass. 1re civ., 13 janv. 1998, n° 96-12.047 : *JurisData* n° 1998-000262 ; *JCP* 1998, IV, 1470 ; *Bull. civ.* I, n° 13, p. 8).

2) Bigamie. Réticence. – Fraude. Le cas de mensonge prévu par l'article 26-4, alinéa 2, est constitué alors que l'intéressé en souscrivant la déclaration de nationalité a tu volontairement l'existence de sa seconde union, contractée trois ans plus tôt, ainsi que la naissance du premier enfant issu de ce mariage (▪ Paris, 24 mars 1998 : *D.* 1998, 517, note Guiho. Rappr., pour une fraude au sens de l'article 26-4, alinéa 3, du Code civil, ▪ Cass. 1re civ.,

14 nov. 2006 : *Bull. civ.* I, n° 483, p. 415 ; *JCP* 2006, IV, 3421 ; *JurisData* n° 2006-035885).

3) Présomption de fraude. Sur la présomption de fraude résultant de la cessation de la communauté de vie entre époux deux mois après l'enregistrement de la déclaration de nationalité française, V. ■ Paris, 13 janv. 2005, n° 2003/18001 : *JurisData* n° 2005-261358 ; *JCP* 2005, II, 10068, 2e esp., note Boulanger. – Rappr. ■ Orléans, 27 nov. 2006 : *JCP* 2007, IV, 3060 ; *JurisData* n° 2006-334962, précisant que la simple cohabitation des époux au domicile conjugal ne répond pas à la définition de la communauté de vie au sens de l'article 21-2. Sur la charge de la preuve, V. ■ Cass. 1re civ., 19 sept. 2007 : *Bull. civ.* I, n° 287, p. 254 ; *D.* 2007, inf. rap. 2541 ; *JCP* 2007, IV, 2870 ; *Dr. famille* 2007, 198, note Larribau-Terneyre ; *JurisData* n° 2007-040394.

4) Présomption de fraude. Conformité sous réserve à la Constitution. La présomption instituée par l'article 26-4 du Code civil (dans sa rédaction issue de la loi n° 2006-911 du 24 juillet 2006 relative à l'immigration et à l'intégration), en cas de cessation de la communauté de vie entre les époux dans les douze mois suivant l'enregistrement de la déclaration, est destinée à faire obstacle à l'acquisition de la nationalité par des moyens frauduleux tout en protégeant le mariage contre un détournement des fins de l'union matrimoniale ; il en résulte que le législateur, en instituant cette présomption, n'a pas opéré une conciliation qui soit déséquilibrée entre les exigences de la sauvegarde de l'ordre public et le droit au respect de la vie privée ; toutefois, la présomption prévue par la seconde phrase du troisième alinéa de l'article 26-4 ne saurait s'appliquer que dans les instances engagées dans les deux années de la date de l'enregistrement de la déclaration ; dans les instances engagées postérieurement, il appartient ainsi au ministère public de rapporter la preuve du mensonge ou de la fraude invoqué ; sous cette réserve, l'article 26-4 du Code civil ne méconnaît pas le respect des droits de la défense (■ Cons. const., déc. 30 mars 2012, n° 2012-227 QPC : *D.* 2012, 877 ; *Dr. famille* 2012, focus 25, obs. Lamarche ; *RTD civ.* 2012, 294, obs. Hauser ; *Rev. crit. DIP* 2012, 560, note Lagarde. ■ Cons. const., 13 juill. 2012, déc. n° 2012-264 QPC : *D.* 2012, 1821 ; *RTD civ.* 2012, 713, obs. Hauser ; *Dr. famille* 2012, 139, note Larribau-Terneyre ; *JCP* G 2013, 38, n° 1, obs. Lamarche, précisant que la loi n° 2003-1119 du 26 novembre 2003 relative à la maîtrise de l'immigration, au séjour des étrangers en France et à la nationalité, qui a modifié l'article 21-2 du Code civil, n'est pas de nature à modifier l'appréciation de la conformité de l'article 26-4 à la Constitution ; même réserve d'interprétation). V., mettant en œuvre cette réserve d'interprétation, ■ Cass. 1re civ., 7 nov. 2012, nos 11-17.237 et 12-13.713 : *Bull. civ.* I, n° 234, p. 225 ; *D.* 2012, 2660 ; *Dr. famille* 2013, 1, 2e esp., note M. Bouyjou ; *JurisData* n° 2012-024966.

5) Mensonge. La production d'un acte de naissance apocryphe constitue un mensonge (■ Cass. 1re civ., 23 juin 2010, n° 08-19.854 : *D.* 2010, 2871, obs. Boskovic ; *JurisData* n° 2010-010045).

6) Point de départ de la prescription. Seul le ministère public pouvant agir en annulation de l'enregistrement pour fraude, c'est à compter de la date à laquelle celui-ci l'a découverte que court le délai biennal d'exercice de cette action (■ Cass. 1re civ., 28 mars 2012, trois arrêts, nos 11-30.071, 11-30.136 et 11-30.196 : *Bull. civ.* I, n° 76, p. 66 ; *JCP* G 2012, act. 439 ; *JurisData* nos 2012-005882, 2012-005898 et 2012-005901. ■ Cass. 1re civ., 5 juill. 2012, n° 11-18.132 : *Bull. civ.* I, n° 157, p. 141. ■ Cass. 1re civ., 26 sept. 2012, n° 10-28.032 : *Bull. civ.* I, n° 181, p. 176 ; *RTD civ.* 2012, 713, obs. Hauser. ■ Cass. 1re civ., 27 sept. 2017, n° 16-50.044 : *Bull.* ; *AJF* 2017, p. 654, Saulier, date de la transcription du jugement de divorce sur l'acte de mariage). L'action est prescrite dès lors que le ministère public a eu connaissance de la cessation de la communauté de vie entre les époux plus de deux ans avant l'assignation en annulation de l'enregistrement d'une déclaration acquisitive de nationalité française par mariage (■ Cass. 1re civ., 18 mai 2005, n° 03-19.402 : *JurisData* n° 2005-028430 ; *Bull. civ.* I, n° 219, p. 186). Pour la découverte d'un cas de bigamie moins de deux ans avant la date de l'assignation, V. ■ Cass. 1re civ., 14 nov. 2006, préc. note 2.

7) Effet rétroactif de l'annulation. L'annulation de l'enregistrement d'une déclaration de nationalité française, en application de l'article 26-4, prive cette déclaration de toute efficacité et fait perdre rétroactivement la nationalité française au déclarant, de sorte que l'enregistrement de la déclaration souscrite par la nouvelle épouse de l'intéressé doit être refusé (■ Cass. 1re civ., 10 mai 2007 : *Bull. civ.* I, n° 177, p. 158 ; *JCP* 2007, IV, 2194 ; *JurisData* n° 2007-038785).

8) Annulation du mariage. Caducité de la déclaration. L'annulation du mariage entraîne la caducité de la déclaration de nationalité souscrite en raison de celui-ci, le délai prévu à l'article 26-4 du Code civil, propre à l'action en contestation de l'enregistrement de la déclaration, n'ayant pas vocation à s'appliquer à l'action en constatation de la caducité de celle-ci (■ Cass. 1re civ., 7 nov. 2012, n° 11-25.662 : *Bull. civ.* I, n° 233, p. 224 ; *JCP* G 2012, act. 1235 ; *Dr. famille* 2013, 1, 1re esp., note M. Bouyjou ; *JurisData* n° 2012-024999. ■ Cass. 1re civ., 13 févr. 2013, n° 12-17.645 : *Dr. famille* 2013, 49, note Larribau-Terneyre ; *JurisData* n° 2013-004118).

Art. 26-5 *(L. n° 93-933, 22 juill. 1993 ; L. n° 98-170, 16 mars 1998).* **– Sous réserve des dispositions du deuxième alinéa (1°) de l'article 23-9, les déclarations de nationalité, dès lors qu'elles ont été enregistrées, prennent effet à la date à laquelle elles sont souscrites.**

Voir : pour une application ■ Cass. 1re civ., 30 sept. 2003, n° 01-02.630 : *JurisData* n° 2003-020390 ; *Bull. civ.* I, n° 194, p. 151.

Voir aussi : D. n° 93-1362, 30 déc. 1993, p. 3168.

Section II. – Des décisions administratives

Art. 27 *(L. n° 93-933, 22 juill. 1993 ; L. n° 99-1141, 29 déc. 1999).* **– Toute décision déclarant irrecevable, ajournant ou rejetant une demande d'acquisition, de naturalisation ou de réintégration par décret ainsi qu'une autorisation de perdre la nationalité française doit être motivée.**

Décision implicite de rejet. Les dispositions de l'article 27 du Code civil ne font pas obstacle à ce qu'une décision implicite de rejet soit acquise par l'effet des dispositions de l'article R. 102 du Code des tribunaux administratifs et des cours administratives d'appel (V. désormais CJA, art. R. 421-2) (■ CE, 14 déc. 2001, req. n° 204761).

Art. 27-1 *(L. n° 73-42, 9 janv. 1973 ; L. n° 99-1141, 29 déc. 1999).* **– Les décrets portant acquisition, naturalisation ou réintégration, autorisation de perdre la nationalité française, perte ou déchéance de cette nationalité, sont pris et publiés dans des formes fixées par décret. Ils n'ont point d'effet rétroactif.**

Art. 27-2 *(L. n° 73-42, 9 janv. 1973 ; L. n° 99-1141, 29 déc. 1999 ; mod., L. n° 2011-672, 16 juin 2011).* **– Les décrets portant acquisition, naturalisation ou réintégration peuvent être rapportés sur avis conforme du Conseil d'État dans le délai de deux ans à compter de leur publication au *Journal officiel* si le requérant ne satisfait pas aux conditions légales ; si la décision a été obtenue par mensonge ou fraude, ces décrets peuvent être rapportés dans le délai de deux ans à partir de la découverte de la fraude.**

Art. 27-3 *(L. n° 73-42, 9 janv. 1973).* **– Les décrets qui portent perte pour l'une des causes prévues aux articles 23-7 et 23-8 ou déchéance de la nationalité française sont pris, l'intéressé entendu ou appelé à produire ses observations.**

Section III. – Des mentions sur les registres de l'état civil

Art. 28 *(L. n° 78-731, 12 juill. 1978 ; L. n° 98-170, 16 mars 1998).* **– Mention sera portée, en marge de l'acte de naissance, des actes administratifs et des déclarations ayant pour effet l'acquisition, la perte de la nationalité française ou la réintégration dans cette nationalité.**

Il sera fait de même mention de toute première délivrance de certificat de nationalité française et des décisions juridictionnelles ayant trait à cette nationalité.

Art. 28-1 *(L. n° 98-170, 16 mars 1998 ; L. n° 99-1141, 29 déc. 1999 ; mod., L. n° 2007-1787, 20 déc. 2007).* **– Les mentions relatives à la nationalité prévues à l'article précédent sont portées d'office sur les copies et les extraits avec indication de la filiation des actes de naissance ou des actes dressés pour en tenir lieu.**

Ces mentions sont également portées sur les extraits sans indication de la filiation des actes de naissance ou sur le livret de famille à la *demande des intéressés. Toutefois,* la mention de la perte, de la déclination, de la *déchéance, de l'opposition* à l'acquisition de la nationalité française, du retrait du décret d'acquisition, de naturalisation ou de réintégration ou de la décision judiciaire ayant constaté l'extranéité est portée d'office sur tous les extraits des actes de naissance et sur le livret de famille lorsqu'une personne ayant antérieurement acquis cette nationalité, ou s'étant vu reconnaître judiciairement celle-ci, ou délivrer un certificat de nationalité française a demandé qu'il en soit fait mention sur lesdits documents.

CHAPITRE VI. – DU CONTENTIEUX DE LA NATIONALITÉ

Section I. – De la compétence des tribunaux judiciaires et de la procédure devant ces tribunaux

Art. 29 *(L. n° 73-42, 9 janv. 1973).* **– La juridiction civile de droit commun est seule compétente pour connaître des contestations sur la nationalité française ou étrangère des personnes physiques.**

Les questions de nationalité sont préjudicielles devant toute autre juridiction de l'ordre administratif ou judiciaire à l'exception des juridictions répressives comportant un jury criminel.

Art. 29-1 *(L. n° 93-933, 22 juill. 1993).* **– Le siège et le ressort des tribunaux de grande instance compétents pour connaître des contestations sur la nationalité française ou étrangères des personnes physiques sont fixés par décret.**

Voir : COJ, art. R. 312-9.

Art. 29-2 *(L. n° 73-42, 9 janv. 1973).* **– La procédure suivie en matière de nationalité, et notamment la communication au ministère de la Justice des assignations, conclusions et voies de recours, est déterminée par le Code de procédure civile.**

Art. 29-3 *(L. n° 73-42, 9 janv. 1973).* **– Toute personne a le droit d'agir pour faire décider qu'elle a ou qu'elle n'a point la qualité de Français.**

Le procureur de la République a le même droit à l'égard de toute personne. Il est défendeur nécessaire à toute action déclaratoire de nationalité. Il doit être mis en cause toutes les fois qu'une question de nationalité est posée à titre incident devant un tribunal habile à en connaître.

Sur la **conformité à la Constitution** de la première phrase du deuxième alinéa de l'article 29-3 (pas de prescription de l'action en négation de nationalité française exercée par le ministère public), V. ▪ Cons. const., déc. 22 nov. 2013, n° 2013-354 QPC : *D.* 2013, 2696.

Art. 29-4 *(L. n° 73-42, 9 janv. 1973).* **– Le procureur est tenu d'agir s'il en est requis par une administration publique ou par une tierce personne ayant soulevé l'exception de nationalité devant une juridiction qui a sursis à statuer en application de l'article 29. Le tiers requérant devra être mis en cause.**

Art. 29-5 *(L. n° 73-42, 9 janv. 1973).* **– Les jugements et arrêts rendus en matière de nationalité française par le juge de droit commun ont effet même à l'égard de ceux qui n'y ont été ni parties, ni représentés.**

Tout intéressé est recevable cependant à les attaquer par la tierce opposition à la condition de mettre en cause le procureur de la République.

Section II. – De la preuve de la nationalité devant les tribunaux judiciaires

Art. 30 *(L. n° 73-42, 9 janv. 1973).* **– La charge de la preuve, en matière de nationalité française, incombe à celui dont la nationalité est en cause.**

Toutefois, cette charge incombe à celui qui conteste la qualité de Français à un individu titulaire d'un certificat de *nationalité française* délivré conformément aux articles 31 et suivants.

1) Pour une application de l'art. 30, alinéa 1er, V. ▪ Cass. 1re civ., 12 oct. 1999, n° 98-05.058 : *JurisData* n° 1999-003556 ; *JCP* 1999, IV, 2954 ; *Bull. civ.* I, n° 265, p. 173.

2) Pour une application de l'article 30, alinéa 2, V. ▪ Cass. 1re civ., 23 janv. 2007 : *Bull. civ.* I, n° 36, p. 31 ; *JCP* 2007, IV, 1417 ; *JurisData* n° 2007-037023. – V. aussi ▪ Cass. 1re civ., 3 déc. 2008 : *Bull. civ.* I, n° 280, p. 242 ; *D.* 2009, inf. rap. 22 ; *JCP* 2009, IV, 1064 ; *JurisData* n° 2008-046075.

Art. 30-1 *(Ord. n° 45-2441, 19 oct. 1945 ; L. n° 99-1141, 29 déc. 1999).* **– Lorsque la nationalité française est attribuée ou acquise autrement que par déclaration, décret d'acquisition ou de naturalisation, réintégration ou annexion de territoires, la preuve ne peut être faite qu'en établissant l'existence de toutes les conditions requises par la loi.**

Art. 30-2 *(L. n° 61-1408, 22 déc. 1961 ; L. n° 93-933, 22 juill. 1993 ; L. n° 2006-911, 24 juill. 2006).* – Néanmoins, lorsque la nationalité française ne peut avoir sa source que dans la filiation, elle est tenue pour établie, sauf la preuve contraire, si l'intéressé et celui de ses père et mère qui a été susceptible de la lui transmettre ont joui d'une façon constante de la possession d'état de Français.

La nationalité française des personnes nées à Mayotte, majeures au 1er janvier 1994, sera subsidiairement tenue pour établie si ces personnes ont joui de façon constante de la possession d'état de Français.

Pendant une période de trois ans à compter de la publication de la loi n° 2006-911 du 24 juillet 2006 relative à l'immigration et à l'intégration, pour l'application du deuxième alinéa du présent article, les personnes majeures au 1er janvier 1994 qui établissent qu'elles sont nées à Mayotte sont réputées avoir joui de façon constante de la possession d'état de Français si elles prouvent, en outre, qu'elles ont été inscrites sur une liste électorale à Mayotte au moins dix ans avant la publication de la loi n° 2006-911 du 24 juillet 2006 précitée et qu'elles font la preuve d'une résidence habituelle à Mayotte.

Art. 30-3 *(L. n° 61-1408, 22 déc. 1961).* – Lorsqu'un individu réside ou a résidé habituellement à l'étranger, où les ascendants dont il tient par filiation la nationalité sont demeurés fixés pendant plus d'un demi-siècle, cet individu ne sera pas admis à faire la preuve qu'il a, par filiation, la nationalité française si lui-même et celui de ses père et mère qui a été susceptible de la lui transmettre n'ont pas eu la possession d'état de Français.

Le tribunal devra, dans ce cas, constater la perte de la nationalité française dans les termes de l'article 23-6.

Art. 30-4 *(L. n° 73-42, 9 janv. 1973).* – En dehors des cas de perte ou de déchéance de la nationalité française, la preuve de l'extranéité d'un individu peut seulement être établie en démontrant que l'intéressé ne remplit aucune des conditions exigées par la loi pour avoir la qualité de Français.

Section III. – Des certificats de nationalité française

Art. 31 *(L. n° 95-125, 8 févr. 1995 ; mod., L. n° 2016-1547, 18 nov. 2016).* – Le directeur des services de greffe judiciaire du tribunal d'instance a seul qualité pour délivrer un certificat de nationalité française à toute personne justifiant qu'elle a cette nationalité.

Art. 31-1 *(L. n° 93-933, 22 juill. 1993).* – Le siège et le ressort des tribunaux d'instance compétents pour délivrer les certificats de nationalité sont fixés par décret.

Voir : COJ, art. D. 221-1.

Art. 31-2 *(L. n° 73-42, 9 janv. 1973 ; L. n° 95-125, 8 févr. 1995 ; L. n° 2016-1547, 18 nov. 2016).* – Le certificat de nationalité indique en se référant aux chapitres II, III, IV et VII du présent titre la disposition légale en vertu de laquelle l'intéressé a la qualité de Français ainsi que les documents qui ont permis de l'établir. Il fait foi jusqu'à preuve du contraire.

Pour l'établissement d'un certificat de nationalité, le directeur des services de greffe judiciaire du tribunal d'instance pourra présumer, à défaut d'autres éléments, que les actes d'état civil dressés à l'étranger et qui sont produits devant lui emportent les effets que la loi française y aurait attachés.

Art. 31-3 *(L. n° 95-125, 8 févr. 1995 ; mod., L. n° 2016-1547, 18 nov. 2016).* – Lorsque le directeur des services de greffe judiciaire du tribunal d'instance refuse de délivrer un certificat de nationalité, l'intéressé peut saisir le ministre de la Justice, qui décide s'il y a lieu de procéder à cette délivrance.

CHAPITRE VII. – DES EFFETS SUR LA NATIONALITÉ FRANÇAISE DES TRANSFERTS DE *SOUVERAINETÉ* RELATIFS À CERTAINS TERRITOIRES

Art. 32 *(L. n° 73-42, 9 janv. 1973).* – Les Français originaires du territoire de la République française, tel qu'il était constitué à la date du 28 juillet 1960, et qui étaient domiciliés au jour de son accession à l'indépendance sur le territoire d'un État qui avait eu antérieurement le statut de territoire d'outre-mer de la République française, ont conservé la nationalité française.

Il en est de même des conjoints, des veufs ou veuves et des descendants desdites personnes.

Sur les conditions de l'assimilation des **métis et de leurs descendants** aux personnes visées à l'article 32, V. ▪ Cass. 1re civ., 20 sept. 2006 : *Bull. civ.* I, n° 413, p. 356 ; *JCP* 2006, IV, 2996 ; *JurisData* n° 2006-034983.

Art. 32-1 *(L. n° 73-42, 9 janv. 1973).* – **Les Français de statut civil de droit commun domiciliés en Algérie à la date de l'annonce officielle des résultats du scrutin d'autodétermination conservent la nationalité française quelle que soit leur situation au regard de la nationalité algérienne.**

Au regard des règles relatives au mariage putatif, et dès lors qu'en l'absence de dispositions expresses, le statut civil de droit commun n'est pas susceptible de renonciation, une cour d'appel retient exactement que la célébration des mariages des ascendants devant le cadi, et non devant un officier de l'état civil, ceux-ci fussent-ils nuls, était sans incidence sur la transmission à leurs enfants du statut civil de droit commun, de sorte que le demandeur, qui avait établi la chaîne de filiation le liant à l'admis, avait conservé de plein droit la nationalité française (▪ Cass. 1re civ., 6 juill. 2011, n° 10-30.811 : *Bull. civ.* I, n° 144, p. 136 ; *D.* 2011, 2140, obs. Vassallo, et 2575, note Légier. – V. aussi ▪ Cass. 1re civ., 6 juill. 2011, nos 10-30.760 et 10-30.757 : *Bull. civ.* I, n° 143, p. 135, et n° 142, p. 134).

Art. 32-2 *(L. n° 73-42, 9 janv. 1973).* – **La nationalité française des personnes de statut civil de droit commun, nées en Algérie avant le 22 juillet 1962, sera tenue pour établie, dans les conditions de l'article 30-2, si ces personnes ont joui de façon constante de la possession d'état de Français.**

Possession d'état de Français après l'indépendance. Le statut civil de droit local ayant cessé d'exister en tant que statut français, la poursuite constante de la possession d'état de Français après l'indépendance de l'Algérie fait présumer la qualité de Français de statut civil de droit commun, d'où résulte de plein droit la conservation de la nationalité française (▪ Cass. 1re civ., 1er juill. 2003, n° 00-20.305 : *JurisData* n° 2003-019993 ; *Bull. civ.* I, n° 153, p. 120). Le demandeur ne peut se prévaloir de l'article 32-2 dès lors que ses parents, qui avaient souscrit une déclaration recognitive de nationalité française, étaient de statut civil de droit local (▪ Cass. 1re civ., 25 avr. 2007 : *Bull. civ.* I, n° 159, p. 142 ; *JCP* 2007, IV, 2086 ; *JurisData* n° 2007-038498. – Rappr. ▪ Cass. 1re civ., 25 avr. 2007 : *Bull. civ.* I, n° 164, p. 147 ; *JCP* 2007, IV, 2088 ; *JurisData* n° 2007-038501. ▪ Cass. 1re civ., 18 déc. 2013, n° 12-26.720 : *Bull. civ.* I, n° 250, p. 245 ; *D.* 2015, 452, obs. Boskovic ; *JurisData* n° 2013-029980). Sur le statut civil différent des deux parents, V. ▪ Cass. 1re civ., 25 avr. 2007 : *Bull. civ.* I, n° 165, p. 148 ; *JCP* 2007, IV, 2087 ; *JurisData* n° 2007-038496).

Art. 32-3 *(L. n° 73-42, 9 janv. 1973).* – **Tout Français domicilié à la date de son indépendance sur le territoire d'un État qui avait eu antérieurement le statut de département ou de territoire d'outre-mer de la République, conserve de plein droit sa nationalité dès lors qu'aucune autre nationalité ne lui a été conférée par la loi de cet État.**

Conservent également de plein droit la nationalité française les enfants des personnes bénéficiaires des dispositions de l'alinéa précédent, mineurs de dix-huit ans à la date de l'accession à l'indépendance du territoire où leurs parents étaient domiciliés.

Art. 32-4 *(L. n° 73-42, 9 janv. 1973).* – **Les anciens membres du Parlement de la République, de l'Assemblée de l'Union française et du Conseil économique qui ont perdu la nationalité française et acquis une nationalité étrangère par l'effet d'une disposition générale peuvent être réintégrés dans la nationalité française par simple déclaration, lorsqu'ils ont établi leur domicile en France.**

La même faculté est ouverte à leur conjoint, veuf ou veuve et à leurs enfants.

Art. 32-5 *(L. n° 93-933, 22 juill. 1993).* – **La déclaration de réintégration prévue à l'article précédent peut être souscrite par les intéressés, conformément aux dispositions des articles 26 et suivants, dès qu'ils ont atteint l'âge de dix-huit ans ; elle ne peut l'être par représentation. Elle produit effet à l'égard des enfants mineurs dans les conditions des articles 22-1 et 22-2.**

CHAPITRE VIII. – DISPOSITIONS PARTICULIÈRES AUX COLLECTIVITÉS D'OUTRE-MER RÉGIES PAR L'ARTICLE 74 DE LA CONSTITUTION ET À LA NOUVELLE-CALÉDONIE

Art. 33 *(Ord. n° 2007-98, 25 janv. 2007).* **– Pour l'application du présent titre :**

1° Les mots : « tribunal de grande instance » sont remplacés par les mots : « tribunal de première instance » ;

2° Aux articles 21-28 et 21-29, les mots : « dans le département » sont remplacés par les mots : « dans la collectivité » ou « en Nouvelle-Calédonie ».

Les sanctions pécuniaires encourues en vertu de l'article 68 dans les îles Wallis-et-Futuna, en Polynésie française et en Nouvelle-Calédonie sont prononcées en monnaie locale, compte tenu de la contre-valeur dans cette monnaie de l'euro.

Art. 33-1 *(L. n° 93-933, 22 juill. 1993 ; mod., L. n° 2009-526, 12 mai 2009 ; L. n° 2016-1547, 18 nov. 2016).* **– Par dérogation à l'article 26, la déclaration qui doit être reçue par le directeur des services de greffe judiciaire du tribunal d'instance est reçue par le président du tribunal de grande instance ou par le juge chargé de la section détachée.**

Art. 33-2 *(L. n° 93-933, 22 juill. 1993).* **– Par dérogation à l'article 31, le président du tribunal de première instance ou le juge chargé de la section détachée a seul qualité pour délivrer un certificat de nationalité française à toute personne justifiant qu'elle a cette nationalité.**

Voir : tableau de concordance Code de la nationalité - Code civil dans la partie Annexe. - L. n° 73-42, 9 janv. 1973, complétant et modifiant le Code de la nationalité française et relative à certaines dispositions concernant la nationalité française, art. 22 à 27, p. 2995 et s. - D. n° 93-1362, 30 déc. 1993, relatif à la manifestation de volonté, aux déclarations de nationalité, aux décisions de naturalisation, de réintégration, de perte, de déchéance et de retrait de la nationalité française, p. 3168. - D. n° 98-719, 20 août 1998, relatif à l'information du public en matière de droit de la nationalité, p. 3195. - D. n° 98-720, 20 août 1998, portant application de la loi n° 98-170 du 16 mars 1998 relative à la nationalité et relatif aux déclarations, demandes, décisions et mentions en matière de nationalité française, p. 3196. - C. étrangers, art. L. 321-3 et D. 321-9 et s., à propos du titre d'identité républicain, p. 2191.

TITRE II. – DES ACTES DE L'ÉTAT CIVIL

CHAPITRE I. – DISPOSITIONS GÉNÉRALES

Art. 34 *(L. 28 oct. 1922 ; mod., L. n° 2013-404, 17 mai 2013).* **– Les actes de l'état civil énonceront l'année, le jour et l'heure où ils seront reçus, les prénoms et nom de l'officier de l'état civil, les prénoms, noms, professions et domiciles de tous ceux qui y seront dénommés.**

Les dates et lieux de naissance :

***a)* Des** (1) **parents dans les actes de naissance et de reconnaissance ;**

***b)* De l'enfant dans les actes de reconnaissance ;**

***c)* Des époux dans les actes de mariage ;**

d)* Du décédé dans les actes de décès, seront indiqués lorsqu'ils seront connus. Dans le cas contraire, l'âge desdites personnes sera désigné par leur nombre d'années, comme le sera, dans tous les cas, l'âge des déclarants. En ce qui concerne les** ***témoins, leur qualité **de majeur sera seule indiquée.**

Voir : *Instruction générale* relative à l'état civil du 11 mai 1999.

(1) Dispositions applicables en Nouvelle-Calédonie, dans les îles Wallis-et-Futuna et en Polynésie française, L. n° 2013-404, 17 mai 2013, art. 22.

I – ÉTABLISSEMENT DES ACTES DE L'ÉTAT CIVIL

1) Officiers d'état civil. Le maire et les adjoints sont officiers d'état civil (CGCT, art. L. 2122-32). Dans le cas de communes associées, V. article L. 2113-15, et pour les communes fusionnées, V. article L. 2113-10. Pour les villes de Paris, Lyon et Marseille, V. article L. 2511-26. Sur la possibilité pour le maire de déléguer à un ou plusieurs agents communaux majeurs et titulaires dans un emploi permanent les fonctions qu'il exerce en tant qu'officier d'état civil, V. D. n° 62-921, 3 août 1962, art. 6. Une irrégularité dans la délégation n'entraîne pas la nullité de tous les actes reçus par le délégué (■ Cass. civ., 7 août 1883 : S. 1884, 1, 5).

2) Règles de transcription. Les officiers de l'état civil doivent transcrire en caractères romains les noms et prénoms étrangers dont l'écriture d'origine utilise d'autres alphabets, mais pour ce faire, ils doivent observer dans la mesure du possible les règles morphologiques de la langue française (■ T. civ. Marseille, 13 févr. 1957 : *JCP* 1957, IV, 99). Les actes de l'état civil concernant des Espagnols doivent être dressés en France conformément aux règles du droit espagnol (■ TGI Seine, 17 nov. 1961 : *JCP* 1962, IV, 71, nom patronymique du père suivi du nom patronymique de la mère).

3) Mention « mort pour la France ». Commet une infraction à l'article 50 du Code civil, l'officier de l'état civil qui refuse de porter en marge de l'acte de décès la mention « mort pour la France », même si le Conseil d'État a été saisi d'une requête en annulation de la décision du ministre (■ Limoges, 24 oct. 1949 : *JCP* 1950, IV, 76. V. sur ce point C. pensions mil., art. L. 488 et s.).

4) Sur les **titres nobiliaires**, voir sous article 57.

5) Le ministère public peut agir d'office pour faire assurer le respect des règles légales sur l'établissement des actes de l'état civil (■ Poitiers, 28 juin 1966, n° 65-92.836 : *D.* 1967, 13, note Gilbert).

II – PUBLICITÉ DES ACTES DE L'ÉTAT CIVIL

6) Sur la **tenue des registres et la publicité des actes**, voir D. n° 62-921, 3 août 1962.

7) Sur le **répertoire civil** constitué par l'ensemble des extraits des demandes, actes et jugements, voir CPC, art. 1057 à 1061, p. 2333.

8) Archives. Aucune disposition de la loi du 3 janvier 1979 sur les archives, ni de ses décrets d'application, n'institue un droit à obtenir photocopie des documents d'archives, au nombre desquels figurent les actes d'état civil datant de plus de cent ans (■ CE, 20 sept. 1991, n° 54886 : *JurisData* n° 1991-045287 ; *JCP* 1991, IV, 431, obs. Rouault).

III – FORCE PROBANTE DES ACTES DE L'ÉTAT CIVIL

9) Principe. Sur le principe que les copies et les extraits des actes de l'état civil font foi jusqu'à inscription de faux, voir Pas trouve id civil-2007-artft-6704D. n° 62-921, 3 août 1962, art. 13.

10) Déclarations des témoins. L'acte d'état civil ne fait foi que jusqu'à preuve du contraire quant aux déclarations des témoins à l'acte (■ Cass. civ., 9 déc. 1924 : S. 1925, 1, 24).

11) La **mention de sexe** portée dans l'acte de naissance sur les indications du déclarant jouit d'une présomption de vérité qui la rend opposable jusqu'à preuve du contraire (■ TGI Seine, 18 janv. 1965 : *JCP* 1965, II, 14421, concl. Fabre).

12) Livret de famille, carte d'identité, passeport. Sur le rôle du livret de famille, de la carte nationale d'identité et du passeport, voir D. n° 74-449, 15 mai 1974, p. 2996 relatif au livret de famille, D. n° 2000-1277 du 26 déc. 2000 portant simplification de formalités administratives et suppression de la fiche d'état civil, p. 3202.

13) Notion d'acte de l'état civil. L'acte de l'état civil est un écrit dans lequel l'autorité publique constate, d'une manière authentique, un événement dont dépend l'état d'une ou de plusieurs personnes. Cette qualification doit être refusée à un document de l'état civil turc intitulé « acte de mariage », en raison de son imprécision sur la date, le lieu des prétendus mariages, l'identité des parties et l'ancienneté de ces événements remontant à plus d'un siècle (■ Cass. 1re civ., 14 juin 1983, n° 82-13.247 : *JurisData* n° 1983-701418 ; *Bull.* I, n° 174, p. 153).

14) Un **acte de reconnaissance prénatale** ne peut produire d'effet que s'il est mentionné ultérieurement en marge de l'acte de naissance pour qu'il se trouve ainsi complété, *a posteriori*, par les énonciations substantielles exigées par l'article 34 (■ Versailles, 25 juin 1992, n° 1471/92 : *JurisData* n° 1992-044635 ; *D.* 1993, somm. 169, obs. Granet-Lambrechts).

Art. 34-1 ***(L. n° 2013-404, 17 mai 2013).*** – (1) **Les actes de l'état civil sont établis par les officiers de l'état civil. Ces derniers exercent leurs fonctions sous le contrôle du procureur de la République.**

(1) Dispositions applicables en Nouvelle-Calédonie, dans les îles Wallis-et-Futuna et en Polynésie française, L. n° 2013-404, 17 mai 2013, art. 22.

Art. 35. – Les officiers de l'état civil ne pourront rien insérer dans les actes qu'ils recevront, soit par note, soit par énonciation quelconque, que ce qui doit être déclaré par les comparants.

1) **Nationalité.** La nationalité ne figure pas parmi les renseignements mentionnés par l'article 34 du Code civil et il ne doit donc pas en être fait mention dans l'acte de naissance (▪ T. civ. La Rochelle, 24 juin 1913, sous ▪ Poitiers, 14 juin 1914 : *DP* 1916, 2, 1).

2) **Acte d'office (non).** Le maire d'une commune ne peut à la fois recevoir l'acte en sa qualité d'officier de l'état civil et revêtir la qualité de déclarant en tant que parent (▪ TGI Chaumont, 19 oct. 2010, n° 10/00948 : *JurisData* n° 2010-027218 ; *Dr. famille* 2011, 27, note Massip).

Art. 36. – Dans les cas où les parties intéressées ne seront point obligées de comparaître en personne, elles pourront se faire représenter par un fondé de procuration spéciale et authentique.

Perte de la procuration. L'impossibilité de retrouver la procuration n'affecte pas la validité de l'acte de reconnaissance dressé par l'officier de l'état civil, la mention par celui-ci d'une procuration spéciale et authentique faisant foi jusqu'à inscription de faux (▪ TGI Paris, 12 déc. 1995, n° 23766/94 : *JurisData* n° 1995-052886 ; *D.* 1996, somm. 382, obs. Granet ; *Dr. famille* 1997, 3, note Murat).

Art. 37 *(L. 7 déc. 1897 ; L. 27 oct. 1919)*. **– Les témoins produits aux actes de l'état civil devront être âgés de dix-huit ans au moins, parents ou autres, sans distinction de sexe ; ils seront choisis par les personnes intéressées.**

Art. 38 *(Ord. n° 58-779, 23 août 1958)*. **– L'officier de l'état civil donnera lecture des actes aux parties comparantes, ou à leur fondé de procuration, et aux témoins ; il les invitera à en prendre directement connaissance avant de les signer.**

Il sera fait mention sur les actes de l'accomplissement de ces formalités.

Art. 39. – Ces actes seront signés par l'officier de l'état civil, par les comparants et les témoins ; ou mention sera faite de la cause qui empêchera les comparants et les témoins de signer.

1) **Défaut de signature.** L'acte est nul si le défaut de signature est volontaire (▪ Cass. req., 28 nov. 1876 : *DP* 1877, 1, 367), mais il est valable si le défaut n'est dû qu'à une inadvertance (▪ Cass. req., 23 juin 1869 : *DP* 1871, 1, 327). La nullité pour défaut de signature est imprescriptible (▪ Douai, 21 déc. 1885 : *S.* 1887, 2, 151).

2) **Défaut d'authenticité.** Est dépourvu d'authenticité l'acte d'état civil reçu par le seul secrétaire de mairie en l'absence du maire et signé postérieurement par celui-ci (▪ Cass. com., 27 mai 1952 : *JCP* 1953, II, 7348, note Laurent ; *D.* 1953, 125, note J. Savatier), ou l'acte signé par le nouveau maire mais dressé par son prédécesseur (▪ T. civ. Seine, 28 févr. 1919 : *DP* 1920, 2, 83. – Comp. ▪ T. civ. Seine, 18 oct. 1929 : *Sem. jur.* 1930, p. 127).

Art. 40 *(Rétabli, L. n° 2016-1547, 18 nov. 2016)*. **– Les actes de l'état civil sont établis sur papier et sont inscrits, dans chaque commune, sur un ou plusieurs registres tenus en double exemplaire.**

Lorsqu'elles ont mis en œuvre des traitements automatisés des données de l'état civil, les communes s'assurent de leurs conditions de sécurité et d'intégrité. Les caractéristiques techniques des traitements mis en œuvre pour conserver ces données sont fixées par décret en Conseil d'État.

Par dérogation au premier alinéa, les communes dont les traitements automatisés de données de l'état civil satisfont à des conditions et à des caractéristiques techniques fixées par décret sont dispensées de l'obligation d'établir un second exemplaire des actes de l'état civil.

Cette dispense est également applicable aux actes de l'état civil établis par le ministère des Affaires étrangères.

Art. 40 ancien à 45 ancien *(Abr., D. n° 62-921, 3 août 1962)*.

Art. 46 *(Mod., L. n° 2019-222, 23 mars 2019)*. **– Lorsqu'il n'aura pas existé de registres, ou qu'ils seront perdus, la preuve en sera reçue tant par titres que par témoins ; et dans ces cas, les mariages, naissances et décès pourront être prouvés tant par les registres et papiers émanés des pères et mères décédés, que par témoins.**

Jusqu'à ce que la reconstitution ou la restitution des registres ait été effectuée, il peut être suppléé par des actes de notoriété à tous les actes de l'état civil dont les originaux ont été détruits ou sont disparus par suite d'un sinistre ou de faits de guerre.

Ces actes de notoriété sont délivrés par un notaire.

L'acte de notoriété est établi sur la foi des déclarations d'au moins trois témoins et de tout autre document produit qui attestent de l'état civil de l'intéressé. L'acte de notoriété est signé par le notaire et par les témoins.

Les requérants et les témoins sont passibles des peines prévues à l'article 441-4 du Code pénal.

1) **Usure.** Peut être assimilée aux deux cas visés par l'article 46 du Code civil (inexistence ou perte) l'hypothèse où, par suite d'un usage intensif, serait constatée une usure rendant les actes illisibles (▪ T. civ. Seine, 31 oct. 1952 : *JCP* 1953, II, 7367).

2) **Impossibilité matérielle de produire l'acte.** Plus généralement, l'article 46 permet de suppléer à l'impossibilité matérielle de produire un acte de l'état civil (▪ Cass. req., 14 nov. 1922 : S. 1924, 1, 71. ▪ Cass. 1re civ., 12 juill. 1960 : *JCP* 1960, IV, 138 ; *Bull. civ.* I, n° 386, p. 316. V. en ce sens, pour le cas d'un enfant né dans un camp de concentration en Allemagne, ▪ Montpellier, 26 oct. 1955 : *Gaz. Pal.* 1955, 2, 423). Mais il a été jugé que l'impossibilité de produire l'acte manquant doit elle-même être établie par un document officiel (▪ Paris, 26 oct. 1962 : *D.* 1963, somm. 32). Sur la fixation par le tribunal de l'état civil provisoire d'une personne amnésique, V. ▪ TGI Lille, 28 sept. 1995 : *JurisData* n° 1995-612129 ; *D.* 1997, 29, note Labbée ; *Defrénois* 1997, 709, obs. Massip.

3) **La preuve de la non-existence ou de la perte des registres** de l'état civil est appréciée souverainement par les juges du fond (▪ Cass. req., 18 nov. 1901 : *DP* 1902, 1, 529, note Guénée).

4) **Preuve du mariage.** En cas d'impossibilité de la part de l'épouse d'obtenir en Algérie la preuve du mariage, le juge français a toujours la faculté d'accueillir les modes de preuve de la juridiction saisie. Dès lors, la preuve du mariage peut être établie conformément à l'article 46 (▪ Paris, 7 mai 1985 : *JurisData* n° 1985-023687 ; *Defrénois* 1986, 260, note Révillard).

5) **Actes de reconnaissance.** Sur le point de savoir si l'article 46 est applicable aux actes de reconnaissance, V. ▪ Cass. civ., 2 nov. 1938 : *DP* 1939, 1, 89, note R. Savatier. ▪ Lyon, 28 janv. 1960 : *JurisData* n° 1960-097108 ; *JCP* 1961, IV, 47.

6) **Certificats d'un office de réfugiés.** La preuve permise par l'article 46 peut résulter de certificats émanant d'un office de réfugiés (▪ Paris, 17 juill. 1948 : *JCP* 1948, II, 4608, note Lisbonne. – Comp. C. étrangers, art. L. 721-3, issu de la loi du 25 juill. 1952 portant création d'un office français de protection des réfugiés et apatrides).

7) **Présomptions graves, précises et concordantes.** La preuve peut résulter aussi de présomptions graves, précises et concordantes (▪ Paris, 21 févr. 1938 : *DH* 1939, somm. 13), ou de témoignages (▪ Cass. 1re civ., 24 oct. 2000, n° 98-17.900 : *JurisData* n° 2000-006610 ; *Dr. famille* 2001, 37, note Lécuyer). Les juges du fond sont souverains pour apprécier la force probante des témoignages ou des présomptions (▪ Cass. civ., 2 nov. 1938 : *DP* 1939, 1, 89, note R. Savatier).

8) **Nécessité d'un jugement supplétif.** Sur le principe que seul un jugement supplétif est de nature à suppléer l'acte détruit ou inexistant, V. ▪ Paris, 2 déc. 1999, n° 1999/07624 : *JurisData* n° 1999-112734 ; *RTD civ.* 2000, 290, obs. Hauser.

Art. 47 *(L. n° 2003-1119, 26 nov. 2003 ; L. n° 2006-1376, 14 nov. 2006).* **– Tout acte de l'état civil des Français et des étrangers fait en pays étranger et rédigé dans les formes usitées dans ce pays fait foi, sauf si d'autres actes ou pièces détenus, des données extérieures ou des éléments tirés de l'acte lui-même établissent, le cas échéant après toutes vérifications utiles, que cet acte est irrégulier, falsifié ou que les faits** ***qui y sont déclarés*** **ne correspondent pas à la réalité.**

Bibliographie : C. Bidaud-Garon, *La force probante des actes de l'état civil étrangers après la loi du 26 novembre 2003* : *Rev. crit. DIP* 2006, 49.

1) **Applications.** Le certificat de baptême constatant la naissance d'un enfant au Portugal dans les formes usitées dans ce pays fait foi des énonciations qu'il contient (▪ Cass. 1re civ., 5 déc. 1955 : *JCP* 1956, IV, 5 ; *Bull. civ.* I, n° 425, p. 342). Il en va de même pour un acte de naissance dressé en Russie (▪ Cass. 1re civ., 9 janv. 1974, n° 73-13.209 : *JurisData* n° 1974-000013 ; *JCP* 1974, II, 17834, note Aymond. – Rappr., pour un acte de naissance dressé en Inde, même non transcrit sur les registres d'état civil français, ▪ Cass. 1re civ., 17 déc. 2008 : *Bull. civ.* I, n° 288, p. 250 ; *JCP* 2009, IV, 1135 ; *D.* 2009, inf. rap. 168 ; *JurisData* n° 2008-046278), ou pour un acte reçu par un administrateur des colonies (▪ Poitiers, 20 avr. 1937 : S. 1937, 2, 240), ou pour l'acte de naissance établi au Maroc par une autorité religieuse

sous le régime du protectorat français (■ Paris, 18 mai 1994, n° 92-11.829 : *JurisData* n° 1994-001270 ; *Rev. crit. DIP* 1995, 563, note Droz, précisant que l'ordre public français est directement intéressé à la constatation d'un lien de filiation avec une personne de nationalité française), ou pour le jugement rectificatif d'état civil rendu conformément à la législation de l'État marocain et transcrit sur l'acte de naissance de l'intéressé (■ Cass. soc., 29 févr. 1984, n° 82-15.598 : *JurisData* n° 1984-700621 ; *Bull.* V, n° 81, p. 61), ou pour la reconnaissance volontaire d'un enfant naturel faite à l'étranger (■ Cass. 1re civ., 12 janv. 1994, n° 92-05.030 : *JurisData* n° 1994-000038 ; *Bull. civ.* I, n° 16, p. 12). Mais en droit pénal français, la preuve peut se faire par tout moyen, et une cour d'assises n'est donc pas liée par des pièces turques apparemment officielles (■ Cass. crim., 13 oct. 1986, n° 86-94.023 : *JurisData* n° 1986-701965 ; *Gaz. Pal.* 1987, 1, 103). La contradiction entre les actes produits successivement quant au nom de la mère ne permet pas de leur reconnaître la valeur probante accordée par l'article 47 (■ Cass. 1re civ., 24 oct. 2000, n° 98-17.341 : *JurisData* n° 2000-006371 ; *JCP* 2000, IV, 2828 ; *Bull. civ.* I, n° 262, p. 170 ; *Rev. crit. DIP* 2001, 332, note B.A.). L'acte d'état civil sénégalais ayant pour objet l'enregistrement d'un décès, qui n'est pas rédigé en la forme prévue par la loi sénégalaise, ne peut faire foi en France (■ Reims, 6 sept. 2001 : *JCP* 2002, IV, 2121 ; *JurisData* n° 2001-062767). D'une manière générale, l'appréciation de la force probante accordée par l'article 47 du Code civil aux actes de l'état civil faits en pays étranger relève du pouvoir souverain des juges du fond (■ Cass. 1re civ., 22 nov. 2005, n° 03-11.010 : *Defrénois* 2006, 339, obs. Massip). Ainsi une cour d'appel estime souverainement que l'acte de naissance produit est dépourvu de la force probante reconnue par l'article 47 du Code civil, en raison de l'incohérence de ses énonciations avec les déclarations de l'intéressé (■ Cass. 1re civ., 11 mai 2016, n° 15-18.731 : *Bull.* ; *D.* 2016, 1545, note Martini et Parrot ; *RTD civ.* 2016, 587, obs. Hauser, refus d'ouvrir une mesure d'assistance éducative. – Rappr. ■ Cass. 1re civ., 4 janv. 2017, n° 15-18.468 : *Bull.* ; *JurisData* n° 2017-000036).

2) Légalisation. Sauf convention internationale, les copies ou extraits d'actes de l'état civil établis par les autorités étrangères doivent, pour recevoir effet en France, être légalisés (■ Cass. 1re civ., 14 nov. 2007 : *Bull. civ.* I, n° 356 ; *Dr. famille* 2008, 50, note Fongaro ; *JurisData n° 2007-041363.* ■ *Cass. 1re civ., 4 juin 2009,* deux arrêts, nos 08-10.962 et 08-13.541 : *Bull. civ.* I, n° 115, p. 102 et n° 116, p. 103 ; *JCP* 22 juin 2009, p. 16, obs. Cornut ; *Defrénois* 2009, 1717, note Callé, et 1846, obs. Massip ; *JCP* N 2009, 1260, note Fongaro ; *RTD civ.* 2009, 490, obs. Deumier ; *D.* 2009, 1608, obs. De Gaudemont, et 2004, note Chevalier ; *JurisData* nos 2009-048461 et 2009-048460). V. aussi ■ Cass., avis, 4 avr. 2011, n° 11-00.001 : *D.* 2011, 2016, note Guez. ■ Cass. 1re civ., 23 mai 2012, n° 11-17.716 : *Bull. civ.* I, n° 114, p. 103 ; *D.* 2012, 1723, note Brière ; *JurisData* n° 2012-011050 (consentement à l'adoption donné par un acte authentique non légalisé). ■ Cass. 1re civ., 28 nov. 2012, deux arrêts, nos 11-28.645 et 12-30.090 : *Bull. civ.* I, n° 244, p. 233, et n° 245, p. 234 ; *D.* 2012, 2889, obs. Gallmeister ; *JurisData* nos 2012-027583 et 2012-026879 (circonstances similaires ; décision fondée sur la coutume internationale, sauf convention internationale contraire). Sur la procédure de légalisation, V. D. n° 2007-1205 du 10 août 2007. La légalisation peut seulement être effectuée, soit, en France, par le consul du pays où l'acte a été établi, soit, à l'étranger, par le consul de France établi dans ce pays (■ Cass. 1re civ., 3 déc. 2014, n° 13-27.857 : *D.* 2015, 511, obs. Guyon-Renard ; *JurisData* n° 2014-029544).

3) Décisions influant sur l'état civil. L'article 47 du Code civil ne concerne que les actes de l'état civil et non les décisions influant sur l'état civil (■ Cass. civ., 21 févr. 1933 : *S.* 1933, 1, 361, note Niboyet). L'autorisation de changement de nom accordée à une personne en Israël ne constitue pas un acte d'état civil au sens strict (■ Paris, 15 déc. 1987 : *JurisData* n° 1987-028289 ; *D.* 1988, inf. rap. 25). Il appartient au juge d'apprécier le sens et la portée des documents n'ayant qu'une incidence sur cet état civil (■ Paris, 4 févr. 1992 : *JurisData* n° 1992-041008 ; *JCP* 1992, IV, 1760).

4) Questions d'état. L'article 47 vise l'acte instrumentaire lui-même, lequel fait foi de ses seules constatations matérielles ; il ne concerne nullement les questions d'état, lesquelles doivent être résolues conformément au statut personnel des parties (■ Paris, 8 juill. 1983 : *JCP* 1984, IV, 191 ; *D.* 1983, inf. rap. 503. ■ Rennes, 4 juill. 2002 : *Dr. famille* 2002, 142, note Murat ; *JCP* 2003, I, 101, n° 4, obs. Rubellin-Devichi).

5) Sur la transcription dans les registres français de l'état civil d'actes de naissance résultant d'une **convention de mère porteuse** conclue aux États-Unis, V. ■ Paris, 25 oct. 2007, décision cassée par ■ Cass. 1re civ., 17 déc. 2008, annot. n° 1 sous art. 16-7, p. 75. En ce qui concerne la désignation de la mère dans les actes de naissance, la réalité, au sens de l'article 47 du Code civil, est la réalité de l'accouchement (■ Cass. 1re civ., 5 juill. 2017, nos 16-16.901 et 16-50.025, sous art. 16-7, annot. n° 1, p. 75. – Rappr. ■ Cass. 1re civ., 29 nov. 2017, n° 16-50.061, sous art. 16-7, annot. n° 1, p. 75, cassant l'arrêt qui, après avoir constaté que l'épouse du père, désignée en qualité de mère par l'acte de naissance étranger, n'a pas accouché de l'enfant, retient que la réalité, au sens de l'article 47 du Code civil, est la réalité matérielle de l'événement déclaré, mais également celle qui existe juridiquement au jour où l'acte de naissance étranger est dressé).

6) **Transcription sur les registres consulaires.** Les actes de l'état civil concernant des Français et dressés à l'étranger peuvent être transcrits à la demande des intéressés sur les registres consulaires mais cette formalité étant facultative, l'abstention des époux ne saurait affecter la validité du mariage célébré régulièrement à l'étranger (■ Cass. 1re civ., 9 déc. 1963 : *JurisData* n° 1963-000542 ; *JCP* 1964, IV, 10 ; *Bull. civ.* I, n° 542, p. 456).

7) **Modes de preuve.** S'il appartient au juge français d'accueillir les modes de preuve de la loi du for, c'est néanmoins sans préjudice du droit pour les parties de se prévaloir également des règles de preuve du lieu étranger de l'acte (■ Cass. 1re civ., 24 févr. 1959 : *D.* 1959, 485, note Malaurie. V. aussi ■ Cass. 1re civ., 12 févr. 1963 : *D.* 1963, 325, note G. Holleaux).

8) **Lieu de naissance réel.** Il résulte de l'article 57 du Code civil que l'acte de naissance doit énoncer le lieu de naissance réel. Viole cette disposition la cour d'appel qui dit que, par application de l'article 47 et conformément aux autorités étrangères, l'enfant devait être réputé né en France (■ Cass. 1re civ., 12 nov. 1986, n° 85-10.183 : *Bull. civ.* I, n° 258, p. 247 ; *D.* 1987, 157, note Massip ; *Defrénois* 1987, 317, obs. Massip).

9) **Rectification.** Jugé que les actes de l'état civil faits à l'étranger ne faisant pas foi lorsque les faits déclarés ne correspondent pas à la réalité, il convient de rectifier la date de naissance d'un enfant adoptif, à la suite d'une expertise médicale établissant une discordance entre son âge civil et son développement physique et psychologique (■ Rennes, 7 août 2007 : *JCP* 2008, IV, 1896 ; *JurisData* n° 2007-347765. – Comp., en l'absence de doute, ■ Cass. 1re civ., 23 janv. 2008 : *Bull. civ.* I, n° 20, p. 16 ; *Dr. famille* 2008, 72, note Murat).

10) **Dispositions d'application.** Voir D. n° 2007-773 du 10 mai 2007, p. 3276 (contrôle de la validité des mariages).

Art. 48 *(L. 8 juin 1893 ; L. n° 93-22, 8 janv. 1993 ; rempl., L. n° 2016-1547, 18 nov. 2016).* **– Tout acte de l'état civil des Français en pays étranger sera valable, s'il a été reçu, conformément aux lois françaises, par les agents diplomatiques ou consulaires.**

La conservation des données de l'état civil est assurée par un traitement automatisé satisfaisant aux conditions prévues à l'article 40 et mis en œuvre par le ministère des Affaires étrangères, qui peut en délivrer des copies et des extraits.

1) **Reconnaissance d'un enfant naturel devant un consul.** Manque de base légale l'arrêt qui déclare valable la reconnaissance d'un enfant naturel français né à l'étranger et faite devant un consul sans préciser si les formalités prescrites par le décret du 18 sept. 1946 ont été respectées (■ Cass. 1re civ., 9 nov. 1971 : *Bull. civ.* I, n° 283, p. 242). Sur les attributions des agents diplomatiques et consulaires en matière d'état civil, V. D. n° 46-1917 du 19 août 1946.

2) Sur le rôle du service central d'état civil au ministère des Affaires étrangères, V. D. n° 65-422, 1er juin 1965, p. 2865.

3) **Algérie et territoires d'outre-mer.** Sur l'état civil des Français ayant vécu en Algérie ou dans les anciens territoires français d'outre-mer ou sous tutelle devenus indépendants, V. L. n° 68-671 du 25 juill. 1968.

Art. 49 *(L. 17 août 1897 ; L. 10 mars 1932 ; L. n° 93-22, 8 janv. 1993 ; L. n° 2016-1547, 18 nov. 2016).* **– *Dans tous les cas* où la mention d'un acte relatif à l'état civil devra avoir lieu en marge d'un acte déjà dressé ou transcrit, elle sera faite d'office.**

L'officier de l'état civil qui aura dressé ou transcrit l'acte donnant lieu à mention effectuera cette mention, dans les trois jours, sur les registres qu'il détient, et, si le double du registre où la mention doit être effectuée se trouve au greffe, il adressera un avis au procureur de la République de son arrondissement.

Si l'acte en marge duquel doit être effectuée cette mention a été dressé ou transcrit dans une autre commune, l'avis sera adressé, dans le délai de trois jours, à l'officier de l'état civil de cette commune et celui-ci en avisera aussitôt, si le double du registre est au greffe, le procureur de la République de son arrondissement.

Si l'acte en marge duquel une mention devra être effectuée a été dressé ou transcrit à l'étranger, l'officier de l'état civil qui a dressé ou transcrit l'acte donnant lieu à mention en avisera, dans les trois jours, le ministre des Affaires étrangères.

Les officiers de l'état civil des communes mentionnées au troisième alinéa de l'article 40 sont dispensés de l'envoi d'avis de mention au greffe.

Loi n° 89-18 du 13 janvier 1989

portant diverses mesures d'ordre social

Art. 75. – Nonobstant toutes dispositions contraires, les mentions marginales ne seront plus apposées, à compter du 1er janvier 1989, sur l'exemplaire des registres de l'état civil conservé au greffe du tribunal de grande instance.

Les dispositions de l'alinéa précédent ne sont pas applicables dans les départements d'outre-mer, dans les territoires d'outre-mer et dans la collectivité territoriale de Saint-Pierre-et-Miquelon.

1) **Nom de l'officier de l'état civil.** Sur le principe que la mention marginale doit comporter le nom de l'officier de l'état civil, V. ■ Cass. 1re civ., 24 mars 1998, n° 95-16.833 : *JurisData* n° 1998-001373 ; *Defrénois* 1998, 1384, obs. Massip.

2) **Personnes nées à l'étranger.** Sur les transcriptions et mentions en marge des actes d'état civil des personnes nées à l'étranger et acquérant ou recouvrant la nationalité française, V. art. 98 à 98-4, p. 1251 (réd. L. n° 78-731, 12 juill. 1978).

Art. 50 *(L. n° 46-2154, 7 oct. 1946 ; L. n° 56-780, 4 août 1956).* – **Toute contravention aux articles précédents, de la part des fonctionnaires y dénommés, sera poursuivie devant le tribunal de grande instance, et punie d'une amende de 3 à 30 €.**

Bibliographie : Le Roy, *Des amendes prévues par le Code civil pour sanctionner les infractions commises en matière d'état civil et de mariage : JCP* 1950, I, 886.

1) **Caractère civil de l'amende.** L'amende prévue par l'article 50 a un caractère civil (■ Cass. civ., 27 déc. 1892 : *DP* 93, 1, 305. ■ Cass. crim., 23 nov. 1949 : *JCP* 1950, II, 5615, note Magnol).

2) **Compétence.** Les contraventions prévues par les articles 50 et 63 du Code civil sont par exception de la compétence des tribunaux civils (■ Cass. crim., 23 nov. 1950 : *JCP* 1951, II, 5970), mais en dehors des cas précis visés par ces articles, la juridiction répressive est seule compétente (■ Cass. crim., 23 nov. 1949 : *JCP* 1950, II, 5615, note Magnol).

3) **La responsabilité du maire** est seule engagée par le fait de son secrétaire de mairie rédacteur d'un certificat attestant inexactement qu'une formalité relative à l'état civil a été remplie (■ Cass. req., 15 juin 1909 : *DP* 1911, 1, 113).

Art. 51. – **Tout dépositaire des registres sera civilement responsable des altérations qui y surviendront, sauf son recours, s'il y a lieu, contre les auteurs desdites altérations.**

Sur la **responsabilité du secrétaire de mairie** ayant omis de restituer les registres d'état civil de la commune, V. ■ Nancy, 23 déc. 1965, n° 64-92.645 : *JCP* 1967, II, 14949, note de Lestang.

Art. 52. – **Toute altération, tout faux dans les actes de l'état civil, toute inscription de ces actes faite sur une feuille volante et autrement que sur les registres à ce destinés, donneront lieu aux dommages-intérêts des parties, sans préjudice des peines portées au Code pénal.**

1) **Négligence.** En dehors des cas visés à l'article 52, l'officier de l'état civil répond de toute négligence entraînant un dommage pour les tiers (■ Douai, 10 avr. 1940 : *S.* 1941, 2, 39).

2) **Feuilles volantes.** Sur la possibilité d'inscrire les actes de l'état civil sur les *feuilles volantes*, voir D. n° 62-921, 3 août 1962, art. 1er, al. 1 et 2.

3) Sur la **responsabilité de l'État** pour mauvais fonctionnement de l'état civil, V. ■ Cass. 1re civ., 28 avr. 1981, n° 79-16.274 : *D.* 1981, 557, note Massip ; *RTD civ.* 1982, 148, obs. Durry.

Art. 53 *(Mod., L. n° 2016-1547, 18 nov. 2016).* – **Le procureur de la République territorialement compétent pourra à tout moment vérifier l'état des registres ; il dressera un procès-verbal sommaire de la vérification, dénoncera les contraventions ou délits commis par les officiers de l'état civil, et requerra contre eux la condamnation aux amendes.**

Vérification des registres. Sur les modalités de vérification des registres, V. ordonnance 26 nov. 1823 ; D. n° 60-833 du 6 août 1960 (*JO* 11 août ; *JCP* 1960, III, 25959).

Art. 54. – Dans tous les cas où un tribunal de grande instance connaîtra des actes relatifs à l'état civil, les parties intéressées pourront se pourvoir contre le jugement.

Voir : D. n° 46-1917, 19 août 1946, sur les attributions des agents diplomatiques et consulaires en matière d'état civil. – D. n° 62-921, 3 août 1962, modifiant certaines règles relatives aux actes de l'état civil. – D. n° 65-422, 1er juin 1965, portant création d'un service central d'état civil au ministère des Affaires étrangères. – L. n° 68-671, 25 juill. 1968, relative à l'état civil des Français ayant vécu en Algérie ou dans les anciens territoires français d'outre-mer ou sous tutelle devenus indépendants. – D. n° 74-449, 15 mai 1974, relatif au livret de famille. – D. n° 2000-1277, 26 déc. 2000, portant simplification de formalités administratives et suppression de la fiche d'état civil.

CHAPITRE II. – DES ACTES DE NAISSANCE

Section I. – Des déclarations de naissance

(L. n° 93-22, 8 janv. 1993)

Art. 55 ***(L. 21 juin 1903 ; L. 20 nov. 1919 ; L. n° 55-1391, 24 oct. 1955 ; L. n° 58-308, 25 mars 1958 ; L. n° 93-22, 8 janv. 1993 ; L. n° 2006-728, 23 juin 2006 ; L. n° 2011-1862, 13 déc. 2011 ; L. n° 2016-1547, 18 nov. 2016).*** **– Les déclarations de naissance sont faites dans les cinq jours de l'accouchement, à l'officier de l'état civil du lieu.**

Par dérogation, ce délai est porté à huit jours lorsque l'éloignement entre le lieu de naissance et le lieu où se situe l'officier de l'état civil le justifie. Un décret en Conseil d'État détermine les communes où le présent alinéa s'applique.

Lorsqu'une naissance n'a pas été déclarée dans le délai légal, l'officier de l'état civil ne peut la relater sur ses registres qu'en vertu d'un jugement rendu par le tribunal de l'arrondissement dans lequel est né l'enfant, et mention sommaire en est faite en marge à la date de la naissance. Si le lieu de naissance est inconnu, le tribunal compétent est celui du domicile du requérant. Le nom de l'enfant est déterminé en application des règles énoncées aux articles 311-21 et 311-23.

En pays étranger, les déclarations aux agents diplomatiques ou consulaires sont faites dans les quinze jours de l'accouchement. Toutefois, ce délai peut être prolongé par décret dans certaines circonscriptions consulaires.

Bibliographie : A. Denizot, *Réforme de l'article 55 du Code civil : la fausse modernisation d'un vieux problème : RTD civ.* 2017, 218.

Décret n° 2017-278 du 2 mars 2017

relatif au délai de déclaration de naissance

Art. 1er. – Le jour de l'accouchement n'est pas compté dans le délai de déclaration de naissance.

Lorsque le dernier jour du délai est un samedi, un dimanche, un jour férié ou chômé, ce délai est prorogé jusqu'au premier jour ouvrable suivant.

Art. 2. – Le délai de cinq jours fixé à l'article 55 du Code civil pour faire les déclarations de naissance est porté à huit jours dans le département de Guyane, pour les communes d'Apatou, d'Awala-Yalimapo, de Camopi, de Grand Santi, d'Iracoubo, de Mana, de Maripasoula, d'Ouanary, de Papaïchton, de Régina, de Saint-Élie, de Saint-Georges, de Saint-Laurent du Maroni, de Saül et de Sinnamary.

Art. 3. – Le décret n° 60-1265 du 25 novembre 1960 relatif au mode de calcul du délai prévu à l'article 55 du Code civil est abrogé.

1) **Déclaration hors délai.** Si la naissance n'est pas déclarée dans le délai légal, il appartient au Parquet de requérir le président du tribunal de grande instance à l'effet d'établir un jugement en tenant lieu (■ TGI Paris, 18 mai 1973 : *D.* 1974, 472, note Massip).

2) Sur le **délai de déclaration des naissances à l'étranger** devant les agents diplomatiques, V. D. n° 71-254 du 30 mars 1971, article 2 (*JO* 6 avr. ; *JCP* 1971, III, 37766).

3) **Déclaration judiciaire.** Un intérêt d'ordre public s'attache à ce que toute personne vivant habituellement en France, même si elle est née à l'étranger et possède une nationalité étrangère, soit pourvue d'un état civil. Le tribunal français du

domicile de cette personne est alors compétent pour déclarer sa naissance (▪ Paris, 24 févr. 1977, n° 76-92.378 : *JurisData* n° 1977-095077 ; *D.* 1978, 168, note Massip. – V. aussi ▪ Colmar, 6 oct. 1995 : *JurisData* n° 1995-613175 ; *D.* 1997, 431, note Mirabail ; *RTD civ.* 1997, 95, obs. Hauser ; *Defrénois* 1997, 1324, obs. Massip. ▪ Paris, 2 avr. 1998, n° 97000678 : *JurisData* n° 1998-041043 ; *RTD civ.* 1998, 651, obs. Hauser ; *Defrénois* 1998, 1014, obs. Massip). Viole l'article 55 le tribunal qui refuse la déclaration judiciaire de la naissance de l'enfant du seul fait que la date de cette naissance ne peut être exactement déterminée (▪ Toulouse, 12 avr. 1994 : *JurisData* n° 1994-045625 ; *JCP* 1995, IV, 227). Une décision judiciaire en matière d'état des personnes ou d'état civil est, même lorsqu'elle est opposable à tous, toujours susceptible de tierce opposition de la part des personnes qui auraient eu qualité pour intervenir dans l'instance originaire, cette voie de recours étant seule apte, en pareil cas, à permettre la sauvegarde de leurs intérêts. Est donc recevable la tierce opposition contre un jugement déclarant une naissance omise à l'état civil et attribuant à l'enfant le nom supposé de son père, alors que le tiers opposant prétend que ce nom complexe est, pour partie, illégitimement porté (▪ Cass. 1re civ., 28 mars 1962 : *JurisData* n° 1962-000183 ; *JCP* 1962, II, 12883, note R. Savatier).

4) Protection maternelle et infantile. Les officiers de l'état civil adressent un extrait d'acte de naissance, dans les quarante-huit heures de la déclaration, au médecin responsable du service de protection maternelle et infantile du département dans lequel résident les parents (C. santé publ., art. R. 2112-21).

Art. 56 ***(L. 22 juill. 1922 ; L. 7 févr. 1924).*** **– La naissance de l'enfant sera déclarée par le père, ou, à défaut du père, par les docteurs en médecine ou en chirurgie, sages-femmes, officiers de santé ou autres personnes qui auront assisté à l'accouchement ; et lorsque la mère sera accouchée hors de son domicile, par la personne chez qui elle sera accouchée.**

L'acte de naissance sera rédigé immédiatement.

1) Déclarant. En l'absence du père, l'obligation de déclarer la naissance pèse sur toutes les personnes ayant assisté à l'accouchement et non successivement dans l'ordre indiqué par le texte (▪ Cass. crim., 12 nov. 1859 : *DP* 1860, 1, 50). Dans le cas où la mère accouche en dehors de son domicile, l'obligation de déclarer la naissance qui pèse sur la personne chez qui elle a accouché n'exclut pas l'obligation pesant sur ceux qui ont assisté à l'accouchement (▪ Cass. crim., 28 févr. 1867 : *DP* 1867, 1, 190).

2) Secret médical. Les médecins et sages-femmes ne peuvent se retrancher derrière le secret professionnel pour s'abstenir de déclarer les naissances auxquelles ils ont assisté (▪ T. corr. Vesoul, 27 janv. 1920 : *DP* 1920, 2, 151).

3) Preuve de l'accouchement. L'acte de naissance fait preuve de l'accouchement de la mère désignée dès lors qu'il renferme toutes les mentions exigées par la loi (▪ Cass. 1re civ., 8 janv. 1958 : *Bull. civ.* I, n° 21, p. 16).

Art. 57 ***(L. 7 févr. 1924 ; D.-L. 29 juill. 1939 ; L. n° 55-1465, 12 nov. 1955 ; Ord. n° 58-779, 23 août 1958 ; D. n° 62-921, 3 août 1962 ; L. n° 93-22, 8 janv. 1993 ; L. n° 96-604, 5 juill. 1996 ; L. n° 2002-304, 4 mars 2002 ; Ord. n° 2005-759, 4 juill. 2005).*** **– L'acte de naissance énoncera le jour, l'heure et le lieu de la naissance, le sexe de l'enfant, les prénoms qui lui seront donnés, le nom de famille, suivi le cas échéant de la mention de la déclaration conjointe de ses parents quant au choix effectué, ainsi que les prénoms, noms, âges, professions et domiciles des père et mère et, s'il y a lieu ceux du déclarant. Si les père et mère de l'enfant, ou l'un d'eux, ne sont pas désignés à l'officier de l'état civil, il ne sera fait sur les registres aucune mention à ce sujet.**

Les prénoms de l'enfant sont choisis par ses père et mère. La femme qui a demandé le secret de son identité lors de l'accouchement peut faire connaître les prénoms qu'elle souhaite voir attribuer à l'enfant. À défaut ou lorsque les parents de celui-ci ne sont pas connus, l'officier de l'état civil choisit trois prénoms dont le dernier tient lieu de nom de famille à l'enfant. L'officier de l'état civil porte immédiatement sur l'acte de naissance les prénoms choisis. Tout prénom inscrit dans l'acte de naissance peut être choisi comme prénom usuel.

Lorsque ces prénoms ou l'un d'eux, **seul ou associé aux autres prénoms ou au nom, lui paraissent contraires à l'intérêt de l'enfant ou au droit des tiers à voir protéger leur nom de famille, l'officier de l'état civil en avise sans délai le procureur de la République. Celui-ci peut saisir le juge aux affaires familiales.**

Si le juge estime que le prénom n'est pas conforme à l'intérêt de l'enfant ou méconnaît le droit des tiers à voir protéger leur nom de famille, il en ordonne la suppression sur les registres de l'état civil. Il attribue, le cas

échéant, à l'enfant un autre prénom qu'il détermine lui-même à défaut par les parents d'un nouveau choix qui soit conforme aux intérêts susvisés. Mention de la décision est portée en marge des actes de l'état civil de l'enfant.

Voir : D. n° 74-449, 15 mai 1974, relatif au livret de famille et à l'information des futurs époux sur le droit de la famille, p. 2996.

Bibliographie : B. Ancel, *Le choix de l'identité de l'enfant : nom sensé ou non-sens ? : LPA* 29-30 août 2013, 6. • G. Hilger, *L'office du juge et le prénom : LPA* 13 juin 2013, 5. • R. Libchaber, *Les incertitudes du sexe : D.* 2016, 20. • B. Ancel, *Un OJNI (objet juridique non identifié) à l'état civil : JCP* G 2016, 278. • C. Byk, *Quelle place pour un « troisième sexe » en droit positif ? Le droit français à l'aune du droit comparé* in *Mélanges Neirinck*, LexisNexis 2015, 171. • B. Moron-Puech, *L'identité sexuée des personnes intersexuées : les difficultés psychologiques d'un changement de paradigme : D.* 2016, 904. • G. Delavaquerie, *Vers une disparition du sexe juridique. Regard sur le sexe comme élément de l'état des personnes : LPA* 7 mars 2018, 3.

1) Vérification par le maire (non). Le maire n'a pas à vérifier la valeur juridique et matérielle des renseignements visés à l'article 57, sauf le cas de déclaration manifestement irrégulière (■ Douai, 10 avr. 1940 : *S.* 1941, 2, 39).

2) La **mention de sexe** portée dans l'acte de naissance sur les indications du déclarant jouit d'une présomption de vérité qui la rend opposable jusqu'à preuve du contraire (■ TGI Seine, 18 janv. 1965 : *JCP* 1965, II, 14421, concl. Fabre). Tout individu, même s'il présente des anomalies organiques, doit être obligatoirement rattaché à l'un des deux sexes, lequel doit être mentionné dans l'acte de naissance qui fixe définitivement cet élément de l'état de l'intéressé (■ Paris, 18 janv. 1974 : *D.* 1974, 196, concl. Granjon). – Comp., ordonnant que soit substituée dans l'acte de naissance de l'intéressé la mention « sexe neutre » à la mention « sexe masculin », ■ TGI Tours, 20 août 2015 : *D.* 2015, 2295, note Vialla ; *JCP* G 2015, 1157, chron. Hauser ; *D.* 2016, 918, obs. Catto ; *RTD civ.* 2016, 77, obs. Hauser ; *JurisData* n° 2015-022399. – Jugement infirmé par ■ Orléans, 22 mars 2016, n° 15/03281 : *JCP* G 2016, 492, note Vialla ; *D.* 2016, 1915, note Reigné ; *RTD civ.* 2016, 318, obs. Hauser ; *Dr. famille* 2016, étude 8, chron. Binet ; *LPA* 2 mai 2016, 9, note Péron ; *JurisData* n° 2016-004932, jugeant que la demande ne peut être accueillie en ce qu'elle est en contradiction avec l'apparence physique et le comportement social du requérant et que la reconnaissance d'une nouvelle catégorie sexuelle dépasse le pouvoir d'interprétation judiciaire de la norme. – Pourvoi rejeté par ■ Cass. 1re civ., 4 mai 2017, n° 16-17.189 : *Bull.* ; *JurisData*n° 2017-008231 ; *D.* 2017, 1399, Vauthier et Vialla, et 1404, Moron-Puech ; *JCP* G 2017, 696, avis Ingall-Montagnier ; *RTD civ.* 2017, 607, Hauser ; *AJF* 2017, p. 354, Houssier ; M. Gobert, *Le sexe neutre ou de la difficulté d'exister : JCP* G 2017, étude 716 ; J.-R. Binet, *Sexe neutre : un refus catégorique : Dr. famille* 2017, étude 9, décidant que la loi française ne permet pas de faire figurer, dans les actes de l'état civil, l'indication d'un sexe autre que masculin ou féminin ; si l'identité sexuelle relève de la sphère protégée par l'article 8 de la Convention EDH, la dualité des énonciations relatives au sexe dans les actes de l'état civil poursuit un but légitime en ce qu'elle est nécessaire à l'organisation sociale et juridique, dont elle constitue un élément fondateur ; la reconnaissance par le juge d'un « sexe neutre » aurait des répercussions profondes sur les règles du droit français construites à partir de la binarité des sexes et impliquerait de nombreuses modifications législatives de coordination ; la cour d'appel, qui a constaté que l'intéressé avait, aux yeux des tiers, l'apparence et le comportement social d'une personne de sexe masculin, conformément à l'indication portée dans son acte de naissance, a pu en déduire que l'atteinte au droit au respect de sa vie privée n'était pas disproportionnée au regard du but légitime poursuivi. – V. aussi B. Moron-Puech, *La loi de modernisation de la justice du XXIe siècle et les personnes intersexuées : D.* 2016, 2353.

Sur la procédure et les conditions de la modification de la mention du sexe à l'état civil, V. art. 61-5, p. 123, (L. n° 2016-1547, 18 nov. 2016).

3) Lieu de naissance. Il résulte de l'article 57 que l'acte de naissance doit énoncer le lieu de naissance réel. Viole cette disposition la cour d'appel qui dit que, par application de l'article 47 et conformément aux autorités étrangères, l'enfant devait être réputé né en France (■ Cass. 1re civ., 12 nov. 1986, n° 85-10.183 : *Bull. civ.* I, n° 258, p. 247 ; *D.* 1987, 157, note Massip ; *Defrénois* 1987, 317, obs. Massip). Cette règle impérative s'applique à tous les actes inscrits sur les registres français de l'état civil ainsi qu'à tous les jugements qui en tiennent lieu (■ Cass. 1re civ., 20 nov. 1990, n° 89-13.049 : *JurisData* n° 1990-002992 ; *JCP* 1991, IV, 23 ; *Bull. civ.* I, n° 253, p. 179. ■ Cass. 1re civ., 19 nov. 1991, n° 90-11.320 : *JurisData* n° 1991-003060 ; *JCP* 1992, IV, 280 ; *Bull. civ.* I, n° 315, p. 205).

4) Prénoms. Seul l'acte de naissance fait foi de la réalité des prénoms donnés lors de la naissance, et non le livret de famille (■ TGI Nevers, 30 oct. 1972 : *D.* 1973, 147, note G.A.). Rien ne s'oppose à ce que soit utilisé, en tant que prénom usuel, l'un quelconque des prénoms figurant sur les registres de l'état civil et un tel usage s'impose aux tiers comme aux autorités publiques (▪ Cass. 1re civ., 4 avr. 1991, n° 89-19.701 : *JurisData* n° 1991-000923 ; *JCP* 1991, IV, 215 ; *Bull. civ.* I, n° 117, p. 79. – V. cpdt, pour une modification de l'ordre des prénoms justifiée par le parti-pris persistant des administrations de n'indiquer que le premier, ▪ Metz, 24 sept. 2013, nos 13/00867 et 12/03142 : *LPA* 5 août 2014, 6, obs. Le Doujet-Thomas). Pour l'admission du prénom « Tokalie », V. ▪ Caen, 30 avr. 1998 : *JurisData* n° 1998-055657 ; *RTD civ.* 1999, 813, obs. Hauser. Pour l'admission du prénom « Mégane » associé au nom patronymique « Renaud », V. ▪ Rennes, 11 mai 2000 : *JCP* 2001, IV, 2655 ; *JurisData* n° 2000-120005. – V. aussi ▪ Besançon, 18 nov. 1999 : *JurisData* n° 1999-138911 ; *D.* 2001, 1133, note Philippe et Pouëch ; *RTD civ.* 2001, 559, obs. Hauser (« Zébulon »). ▪ Montpellier, 4 oct. 2006 : *JCP* 2007, IV, 1944 ; *JurisData* n° 2006-323114 (suppression des prénoms « Patriste » et « Joyeux » ; maintien du prénom « Soleil », ni péjoratif, ni ridicule, ni complexe). ▪ Versailles, 7 oct. 2010 : *JurisData* n° 2010-018225 (refus du prénom « Titeuf ». – Pourvoi rejeté par ▪ Cass. 1re civ., 15 févr. 2012, n° 10-27.512 : *Bull. civ.* I, n° 32, p. 27 ; *D.* 2012, 2267, obs. Gouttenoire ; *RTD civ.* 2012, 287, obs. Hauser, jugeant que c'est par une appréciation souveraine qu'en une décision motivée la cour d'appel a estimé qu'il était contraire à l'intérêt de l'enfant de le prénommer Titeuf). ▪ Amiens, 13 déc. 2012, n° 12/02281 : *JurisData* n° 2012-030578 ; *RTD civ.* 2013, 573, obs. Hauser (refus du prénom « MJ », car formé par deux initiales). Pour le refus du nom de famille de la compagne de la mère choisi comme prénom pour l'enfant, V. ▪ TGI Bordeaux, 20 mars 2008 : *RTD civ.* 2008, 270, obs. Hauser. Les actes de l'état civil devant être rédigés en langue française, une langue régionale ne peut être imposée ni aux administrations ni aux services publics et la transcription du prénom doit être conforme à l'alphabet romain et à la structure fondamentale de la langue française (▪ Montpellier, 26 nov. 2001 : *JCP* 2002, IV, 2073 ; *JurisData* n° 2001-164938 ; *Dr. famille* 2002, 112, note Murat, refus du prénom Martí, d'origine catalane, avec un accent aigu sur le i). – Comp. pour l'admission du prénom « Fañch », ne portant atteinte ni au principe de rédaction des actes publics en langue française ni à l'article 2 de la Constitution française, ▪ CA Rennes, 19 nov. 2018, n° 17/07569 : *D.* 2018, p. 2305. La modification sur l'acte de naissance de l'ordre des prénoms peut se justifier par un intérêt légitime (▪ Versailles, 14 nov. 1991 : *JurisData* n° 1991-047342 ; *JCP* 1992, IV, 815, premier prénom musulman faisant obstacle à une intégration complète. Voir cependant ▪ Reims, 10 oct. 1991 : *JurisData* n° 1991-047461 ; *JCP* 1992, IV, 1214). Les difficultés d'élocution de la mère autorisent les parents à décider, en accord avec leur fille dès que celle-ci sera en âge de faire un choix, lequel des deux prénoms mentionnés dans l'acte de naissance sera le prénom usuel (▪ Paris, 17 sept. 1996, n° 95-81.259 : *D.* 1996, somm. 384, obs. Granet). Sur le changement de prénom (V. sous art. 60, p. 119).

5) Mayotte. Voir ordonnance 8 mars 2000 fixant les règles de détermination des nom et prénoms des personnes de statut civil de droit local applicable à Mayotte (*JO* 10 mars). – D. n° 2000-1261 et n° 2000-1262, 26 déc. 2000 (*JO* 27 déc.).

Loi du 6 fructidor an II

portant qu'aucun citoyen ne pourra porter de nom ni de prénom autres que ceux exprimés dans son acte de naissance

Art. 1er. – Aucun citoyen ne pourra porter de nom ni de prénom autres que ceux exprimés dans son acte de naissance : ceux qui les auraient quittés seront tenus de les reprendre.

Art. 2. – Il est également défendu d'ajouter aucun surnom à son nom propre, à moins qu'il n'ait servi jusqu'ici à distinguer les membres d'une même famille, sans rappeler des qualifications féodales ou nobiliaires.

Art. 3 *(Abr.)*.

Art. 4. – Il est expressément défendu à tous fonctionnaires publics de désigner les citoyens dans les actes autrement que par le nom de famille, les prénoms portés en l'acte de naissance, ou les surnoms maintenus par l'article 2, ni d'en exprimer d'autres dans les expéditions et extraits qu'ils délivreront à l'avenir.

Bibliographie : J.-P. Gridel, *L'exacte écriture des noms de famille : un faux détail : Comm. com. électr.* 2015, étude 15.

Loi n° 85-1372 du 23 décembre 1985

relative à l'égalité des époux dans les régimes matrimoniaux
et des parents dans la gestion des biens des enfants mineurs

Art. 43. – Toute personne majeure peut ajouter à son nom, à titre d'usage, le nom de celui de ses parents qui ne lui a pas transmis le sien.

À l'égard des enfants mineurs, cette faculté est mise en œuvre par les titulaires de l'exercice de l'autorité parentale.

Voir : circulaire du 26 juin 1986 relative à la mise en œuvre de l'article 43 de la loi du 23 décembre 1985 : *JCP* 1986, III, 58959.

Bibliographie : M. Grimaldi, *Patronyme et famille, L'attribution du nom : Defrénois* 1987, 1425. • *JCl. Civil*, Annexes, *V° Nom.* • A. Chamoulaud-Trapiers, *La possession du nom patronymique : D.* 1998, chron. 39.

I – ÉLÉMENTS DU NOM

1) Le **pseudonyme** est un nom de fantaisie librement choisi par une personne pour masquer au public sa personnalité véritable dans l'exercice d'une activité particulière (▪ Cass. 1re civ., 23 févr. 1965 : *JCP* 1965, II, 14255, note Nepveu). Le pseudonyme dans le domaine littéraire et artistique ne se transmet pas aux descendants de l'auteur, ni de l'artiste, sauf accord de ce dernier (▪ TGI Paris, réf., 2 mars 1973 : *D.* 1973, 320, note Lindon). Mais il peutêtre défendu par ceux-ci contre les usurpations et les emplois fautifs qu'en feraient les tiers (▪ TGI Paris, 5 juill. 1995 : *D.* 1996, 174, note Ravanas, utilisation du pseudonyme d'Yves Montand par sa fille naturelle. – V. aussi ▪ Paris, 11 sept. 1996 : *JurisData* n° 1996-023237 ; *RTD civ.* 1997, 96, obs. Hauser, pseudonyme dans l'art culinaire. ▪ Paris, 15 sept. 1999 : *JurisData* n° 1999-125778 ; *D.* 1999, inf. rap. 244 ; *RTD civ.* 2000, 83, obs. Hauser, pseudonyme constitué d'un diminutif du prénom. ▪ Paris, 26 sept. 2007, n° 07/03217 : *JurisData* n° 2007-346142 ; *RTD civ.* 2008, 77, obs. Hauser, pseudonyme dans le domaine du cinéma pornographique portant atteinte aux droits d'un tiers). Pour le pseudonyme d'un groupe musical, protégeable à l'égal d'un nom patronymique dès lors qu'il est démontré un usage manifeste, notoire et continu permettant d'identifier le groupe en cause, V. ▪ Paris, 15 févr. 2006 : *JCP 2006, IV, 1785 ; JurisData* n° 2006-294157.

2) Nom multiple. L'usage dans les familles dont le nom est multiple de ne porter que la dernière partie ne saurait prévaloir contre une disposition légale présentant un caractère d'ordre public (▪ Cass. 1re civ., 19 nov. 1957 : *D.* 1958, 283, note Ponsard).

3) Incorporation du nom de terres nobles. Sur le droit, consacré par l'usage avant la loi du 6 fructidor an II, d'incorporer le nom de terres nobles au nom patronymique, V. ▪ Cass. 1re civ., 23 juin 1982, n° 81-13.205 : *JurisData* n° 1982-701846 ; *JCP* 1982, IV, 316 ; *Bull. civ.* I, n° 239, p. 204.

4) Titres nobiliaires. Si les articles 34 et 57 du Code civil n'excluent pas d'autres mentions complétives, telles que de titres nobiliaires propres à mieux constater l'identité de ceux qui y sont dénommés, et s'il appartient aux tribunaux d'ordonner par voie de rectification l'addition de ces mentions dans ces actes, ce n'est que lorsqu'elles sont justifiées par des titres réguliers d'une autorité incontestable, dont l'application ne soulève aucune difficulté et n'exige aucune vérification (▪ Cass. req., 26 oct. 1897 : *DP* 1897, 1, 584). Tel n'est pas le cas lorsque les demanderesses demandent que leur mère soit désignée dans leurs actes de naissance avec le titre de comtesse, alors qu'il n'est pas prouvé que ce titre ait formé la propriété certaine, indéniable de leur mère (même arrêt). Il n'appartient pas à l'autorité judiciaire de connaître des questions relatives à la collation, à la reconnaissance ou à la vérification de titres nobiliaires (▪ Cass. req., 10 nov. 1897 : *DP* 1898, 1, 242). Mais le descendant d'un comte d'Empire est recevable à interdire à d'autres personnes du même nom, qui ne justifieraient pas du titre de comte, d'user de cette qualification qui est un élément d'identification des personnes et qui doit, par suite, être protégée à l'égard d'une possible confusion (▪ Paris, 5 déc. 1962 : *JCP* 1963, II, 13273). N'ont pas droit au port du titre de « prince de Bourbon » les demandeurs qui ne justifient ni d'une investiture par une autorité publique étrangère ni d'une autorisation du président de la République, à laquelle, par application des décrets des 5 et 12 mars 1859, est subordonnée le port en France par un Français d'un titre conféré par un souverain étranger (▪ Cass. 1re civ., 30 sept. 2003 : *JurisData* n° 2003-020391 ; *JCP* 2004, II, 10119, 2e arrêt, note Zelcevic-Duhamel ; *D.* 2004, 1551, note Agostini ; *Bull. civ.* I, n° 196, p. 153).

II – RÉGIME DU NOM

5) Le nom patronymique est la **propriété de la famille** qui le porte, chacun de ses membres étant en droit de défendre l'intégrité de ce nom (■ TGI ■ Aix-en-Provence, 23 mai 1991 : *JurisData* n° 1991-605435 ; *D.* 1994, 148, note Bout). La proximité d'un lieu public portant le nom de la famille des demandeurs ne saurait les priver de l'action qu'ils engagent pour la protection de ce nom (même jugement). Mais ne donne pas de base légale à sa décision l'arrêt qui fait droit à une requête en rectification d'état civil visant à compléter le patronyme du requérant en énonçant que jusqu'à son trisaïeul le nom patronymique de tous les ancêtres était bien celui revendiqué, alors qu'il lui appartenait de rechercher si, à défaut de titre de naissance, la filiation du trisaïeul était établie par la possession d'état (■ Cass. 1re civ., 5 mai 1987, n° 85-17.537 : *JurisData* n° 1987-000938 ; *Bull. civ.* I, n° 141, p. 111). V. M. Grimaldi, *Patronyme et famille, L'attribution du nom : Defrénois* 1987, 1425.

6) Titres nobiliaires. La défense contre toute usurpation d'un titre de noblesse ne peut appartenir qu'à celui qui le porte lui-même ou fait partie d'une famille à laquelle a été exclusivement reconnue cette distinction honorifique (■ TGI Paris, 21 déc. 1988 : *JurisData* n° 1988-050189 ; *JCP* 1989, II, 21213, note Ourliac, et ■ Paris, 22 nov. 1989 : *JurisData* n° 1989-025423 ; *JCP* 1990, II, 21460, à propos du titre de Duc d'Anjou). Un titre de baron enregistré par l'autorité française sous le roi Louis XVI ne pouvait être transmis à des héritiers français que de mâle en mâle, suivant les règles du droit nobiliaire français (■ CE, 25 févr. 1983, n° 30423 : *JurisData* n° 1983-040275 ; *D.* 1984, 161, note Texier). Le fait de faire usage d'un titre nobiliaire étranger sans y avoir été autorisé par le chef de l'État n'est pas constitutif du délit d'usurpation de titre (■ TGI Bordeaux, 17 févr. 2000 : *JurisData* n° 2000-156465 ; *D.* 2001, 2921, note Agostini). Sur l'absence de droit pour la femme autorisée par le jugement de divorce à conserver le nom marital de continuer à user du titre attaché au nom, V. ■ Bourges, 24 févr. 1998 : *JurisData* n° 1998-990083 ; *JurisData* n° 1998-990083 ; *JCP* 1998, II, 10072, note Ruet ; *RTD civ.* 1998, 654, obs. Hauser, infirmant ■ TGI Châteauroux, 26 sept. 1995 : *JurisData* n° 1995-600174 ; *JurisData* n° 1995-600174 ; *JCP* 1996, II, 22605, note Ruet.

7) Utilisation commerciale. Sur le droit de s'opposer à une usurpation du nom et à son utilisation illicite à des fins commerciales, V. ■ Cass. com., 9 avr. 1991, n° 89-18.500 : *JurisData* n° 1991-001046 ; *Bull. civ.* IV, n° 135, p. 97. Si une société a qualité pour défendre l'utilisation commerciale de *sa dénomination par un tiers, elle* ne la possède pas pour s'opposer à l'usurpation du nom patronymique de son fondateur (■ Cass. com., 28 avr. 1987, n° 85-13.864 : *Bull. civ.* IV, n° 100, p. 75). Mais le patronyme peut, par une cession implicite, devenir un signe distinctif se détachant de la personne physique qui le porte pour s'appliquer à la personne morale qu'il distingue et devenir ainsi objet de propriété incorporelle (■ Cass. com., 27 févr. 1990, n° 88-19.194 : *JurisData* n° 1990-000618 ; *Bull. civ.* IV, n° 58, p. 38 ; *JCP* 1990, II, 21545, note Pollaud-Dulian).

8) Imprescriptibilité. Le nom est imprescriptible (■ Cass. req., 14 avr. 1934 : *DH* 1934, 265). Mais le principe de l'immutabilité du nom ne fait pas obstacle à ce que la possession prolongée d'un nom puisse en permettre l'acquisition dès lors que cette possession n'a pas été déloyale (■ Cass. 1re civ., 31 janv. 1978, n° 75-13.011 : *JCP* 1979, II, 19035, note Nerac ; *D.* 1979, 182, note R. Savatier. Pour un exemple de possession très brève et rapidement contestée, V. ■ Cass. 1re civ., 30 sept. 2003 : *JurisData* n° 2003-020391 ; *JCP* 2004, II, 10119, 2e arrêt, note Zelcevic-Duhamel ; *D.* 2004, 86, 1re esp., note Loiseau ; *Bull. civ.* I, n° 196, p. 153). La connaissance d'un vice originel affectant l'usage du nom revendiqué est de nature à priver d'effet sa possession prolongée même revêtue de tous les attributs nécessaires (■ Paris, 11 janv. 2000, n° 1999/03589 : *JurisData* n° 2000-105477 ; *RTD civ.* 2000, 291, obs. Hauser). Le principe de l'inaliénabilité et de l'imprescriptibilité du nom patronymique, qui empêche son titulaire d'en disposer librement pour identifier au même titre une autre personne physique, ne s'oppose pas à la conclusion d'un accord portant sur l'utilisation de ce nom comme dénomination sociale ou nom commercial (■ Cass. com., 12 mars 1985, n° 84-17.163 : *JurisData* n° 1985-000693 ; *D.* 1985, 471, note Ghestin ; F. Terré et Y. Lequette, *Les grands arrêts de la jurisprudence civile*, t. 1, Dalloz, 13e éd., 2015, n° 24, p. 166).

9) Si la **possession loyale et prolongée** d'un nom est propre à conférer à l'individu qui le porte le droit à ce nom, elle ne fait pas obstacle à ce que celui-ci, renonçant à s'en prévaloir, revendique le nom de ses ancêtres, qu'il n'a pas perdu en raison de l'usage d'un autre nom par ses ascendants les plus proches (■ Cass. 1re civ., 15 mars 1988, n° 85-17.162 : *JurisData* n° 1988-000595 ; *D.* 1988, 549, note Massip ; *JCP* 1989, II, 21347, note Agostini ; F. Terré et Y. Lequette, *Les grands arrêts de la jurisprudence civile*, t. 1, Dalloz, 13e éd., 2015, n° 23, p. 162). Il appartient alors au juge, en considération notamment de la durée respective et de l'ancienneté des possessions invoquées, ainsi que des circonstances dans lesquelles elles se sont succédées, d'apprécier s'il y a lieu d'accueillir cette revendication (■ Cass. 1re civ., 25 mai 1992, n° 90-13.613 : *JurisData* n° 1992-001506 ; *Bull. civ.* I, n° 158, p. 108 ; *D.* 1992, 445, note Boulanger.

■ Cass. 1re civ., 6 avr. 1994, n° 92-15.170 : *JurisData* n° 1994-001026 ; *Bull. civ.* I, n° 141, p. 103 ; *RTD civ.* 1994, 563, obs. Hauser. ■ Cass. 1re civ., 17 déc. 2008 : *Bull. civ.* I, n° 290, p. 252 ; *D.* 2009, 747, obs. Chauvin ; *Dr. famille* 2009, 32, note Murat ; *RTD civ.* 2009, 91, obs. Hauser ; *JurisData* n° 2008-046275. Voir pour un refus de reprendre un nom non utilisé depuis plus de deux cents ans ■ Paris, 8 avr. 1999, n° 1998/26505 : *JurisData* n° 1999-023533 ; *RTD civ.* 1999, 600, obs. Hauser. – V. aussi pour le rejet de la demande tendant au rétablissement de la particule « de », ■ Cass. 1re civ., 10 mai 2005 : *JCP* 2005, IV, 2415 ; *JurisData* n° 2005-028321 ; *Bull. civ.* I, n° 202, p. 170 ; *RTD civ.* 2005, 570, obs. Hauser. – Comp., ordonnant la rectification de l'acte de naissance de l'intéressé, sur le fondement de l'article 544 du Code civil, pour lui adjoindre la particule « de », portée par sa famille pendant des siècles mais abandonnée sous la Révolution, ■ TGI Lille, 4 avr. 2006 : *D.* 2006, 2838, note Labbée ; *RTD civ.* 2007, 85, obs. Hauser. Pour l'abandon du nom de Bourbon par les descendants du fils cadet de Louis XIII, V. ■ Cass. 1re civ., 30 sept. 2003 : *JurisData* n° 2003-020392 ; *JCP* 2004, II, 10119, 1er arrêt, note Zelcevic-Duhamel ; *Rev. Lamy dr. civ.* 2004, n° 1, 25, note Le Doujet-Thomas ; *D.* 2004, 86, 2e esp., note Loiseau ; *Bull. civ.* I, n° 195, p. 152. Pour une possession du nom de la mère pendant dix ans jugée insuffisamment longue pour témoigner d'une volonté persistante de se l'approprier, V. ■ Cass. 1re civ., 23 juin 2010, n° 08-20.239 : *Bull. civ.* I, n° 148, p. 138 ; *RTD civ.* 2010, 523, obs. Hauser ; *LPA* 24 sept. 2010, 10, note Siffrein-Blanc, et 20 janv. 2011, 9, note Diaka, l'arrêt rappelant le pouvoir souverain des juges du fond pour apprécier la loyauté et les effets de la possession).

10) Adjonction à titre d'usage. La mère, investie de l'autorité parentale par le jugement de divorce, peut adjoindre à titre d'usage son nom à celui de l'enfant sans qu'une autorisation judiciaire soit pour cela nécessaire (■ Cass. 2e civ., 17 mai 1995, n° 93-16.379 : *JurisData* n° 1995-001117 ; *JCP* 1995, I, 3874, n° 4, obs. Teyssié ; *Bull. civ.* II, n° 138, p. 79 ; *RTD civ.* 1995, 861, obs. Hauser ; *D.* 1996, somm. 237, obs. Dubaele ; *Defrénois* 1996, 320, obs. Massip). Lorsque les deux parents sont investis conjointement de l'autorité parentale sur leur enfant mineur, l'un d'eux ne peut adjoindre seul, à titre d'usage, son nom à celui de l'autre sans recueillir, au préalable, l'accord de ce dernier ; à défaut, le juge peut autoriser cette adjonction (■ Cass. 1re civ., 3 mars 2009, n° 05-17.163 : *Bull. civ.* I, n° 42, p. 35 ; *JCP* 2009, act. 137, obs. Thouret, et II, 10062, note Garé ; *D.* 2009, 803, obs. Egéa, 1385, note Malaurie-Vignal, et 1923, obs. Gouttenoire ; *Defrénois* 2009, 1152, obs. Massip ; *Dr. famille* 2009, 57, note Murat ; *JCP* 2009, n° 28, chron. 115, n° 7, obs. Favier ; *RTD civ.* 2009, 294, obs. Hauser ; *LPA* 2 juill. 2010, 7, obs. Le Doujet-Thomas ; *JurisData* n° 2009-047352). – Voir aussi, sur cette question, J. Hauser, obs. in RTD civ. 1991, 293. L'article 43 de la loi du 23 décembre 1985 a seulement pour objet d'ajouter au patronyme le nom de celui des parents qui n'a pas été transmis. L'adopté ne peut l'invoquer pour prétendre ajouter au nom de l'adoptante le nom de son père qu'elle portait antérieurement à l'adoption (■ Cass. 1re civ., 9 janv. 1996, n° 94-20.800 : *JurisData* n° 1996-000050 ; *JCP* 1996, IV, 473 ; *Bull. civ.* I, n° 24, p. 15 ; *D.* 1996, 600, note Massip ; *RTD civ.* 1996, 357, obs. Hauser ; *Defrénois* 1996, 986, obs. Massip).

Sur la possibilité de prendre à titre d'usage, pendant le mariage, le nom de son conjoint (ajout ou substitution), V. art. 264, p. 237. Sur le fait que cette règle peut profiter à chacun des époux et qu'elle est indépendante de l'article 43 de la loi n° 85-1372 du 23 décembre 1985, qui n'est plus applicable sur ce point, V. Rép. min. n° 113910 : *JOAN* Q 18 oct. 2011, p. 11151. – Rép. min. n° 1463 : *JOAN* Q 9 oct. 2012, p. 5560. V. aussi, désormais, art. 225-1 *(L. n° 2013-404, 17 mai 2013)*, p. 207.

11) Sur le principe de **non-discrimination entre les sexes** au regard du nom, V. ■ CEDH, 22 févr. 1994 : *JurisData* n° 1994-603503 ; *D.* 1995, 6, note Marguenaud.

12) Femme mariée. Viole l'article 4 de la loi du 6 fructidor an II le tribunal qui rejette la demande en nullité de l'avis à tiers détenteur délivré à une femme mariée désignée par les prénom et nom de son mari (■ Cass. 1re civ., 6 févr. 2001, n° 98-22.895 : *JurisData* n° 2001-008039 ; *Bull. civ.* I, n° 25, p. 17 ; *RTD civ.* 2001, 327, obs. Hauser ; *Defrénois* 2001, 590, 2e esp., obs. Massip). Mais n'est pas nulle l'assignation délivrée à une épouse sous le nom de son mari dès lors que cette mention ne laisse aucun doute quant à l'identité de la destinataire (■ Cass. 3e civ., 24 janv. 2001 : *JCP* 2001, IV, 1493 ; *JurisData* n° 2001-007879 ; Defrénois 2001, 590, 1re esp.). Décidant, d'une manière générale, que la règle fixée par l'article 4 de la loi du 6 fructidor an II n'est pas prescrite à peine de nullité, V. ■ Cass. com., 17 mars 2004, n° 02-19.276 : *JurisData* n° 2004-022972 ; *Bull. civ.* IV, n° 57, p. 59 ; *RTD civ.* 2004, 262, obs. Hauser. ■ Cass. com., 22 nov. 2005, n° 04-14.780 : *Defrénois* 2006, 1052, obs. Massip ; *RTD civ.* 2006, 276, obs. Hauser. ■ Cass. 1re civ., 6 mars 2007 : *Bull. civ.* I, n° 97, p. 85 ; *JCP* 2007, IV, 1764 ; *JCP* 2007, II, 10094, note Loiseau ; *RTD civ.* 2007, 308, obs. Hauser ; *D.* 2007, 950, obs. Guiomard ; *JurisData* n° 2007-037780.

13) Convention internationale. Sur la preuve de l'identité des personnes qui, par suite de différences existant entre les législations de certains États, ne sont pas désignées par le même nom de famille, V. D. n° 88-978 du 11 oct. 1988 portant publication de la convention relative à la délivrance d'un certificat de diversité de noms de famille, signée à La Haye le 8 sept. 1982 (*JO* 15 oct.).

14) Obligation de désigner les citoyens par leur nom de famille. Sanction. La règle de l'article 4 de la loi du 6 fructidor an II n'est pas prescrite à peine de nullité (▪ Cass. com., 17 mars 2004 et ▪ Cass. 1re civ., 6 mars 2007, préc. note 12).

15) Élections politiques. Si certains des candidats se sont présentés à l'élection présidentielle sous un prénom ou un nom qui n'est ni celui de leur état civil ni celui dont ils ont l'autorisation de faire usage en vertu de la loi, cette circonstance ne saurait, en l'absence de toute confusion possible sur leur identité, être regardée comme ayant pu induire en erreur le corps électoral (▪ Cons. const., déc. 25 avr. 2012, n° 2012-152 PDR : *JO* 26 avr. 2012 ; *RTD civ.* 2012, 709, obs. Hauser).

Voir : L. 2 juill. 1923, perpétuant le nom des citoyens morts pour la patrie, p. 2776. – L. n° 72-964, 25 oct. 1972, relative à la francisation des noms et prénoms des personnes qui acquièrent ou recouvrent la nationalité française, p. 2994.

Art. 57-1 *(L. n° 96-604, 5 juill. 1996 ; Ord. n° 2005-759, 4 juill. 2005).* – Lorsque l'officier de l'état civil du lieu de naissance d'un enfant porte mention de la reconnaissance dudit enfant en marge de l'acte de naissance de celui-ci, il en avise l'autre parent par lettre recommandée avec demande d'avis de réception.

Si ce parent ne peut être avisé, l'officier de l'état civil en informe le procureur de la République, qui fait procéder aux diligences utiles.

Art. 58 *(Ord. n° 58-779, 23 août 1958).* – Toute personne qui aura trouvé un enfant nouveau-né est tenue d'en faire la déclaration à l'officier de l'état civil du lieu de la découverte. Si elle ne consent pas à se charger de l'enfant, elle doit le remettre, ainsi que les vêtements et autres effets trouvés avec lui, à l'officier de l'état civil.

Il est dressé un procès-verbal détaillé qui, outre les indications prévues à l'article 34 du présent code, énonce la date, l'heure, le lieu et les circonstances de la découverte, l'âge apparent et le sexe de l'enfant, toute particularité pouvant contribuer à son identification ainsi que l'autorité ou la personne à laquelle il est confié. Ce procès-verbal est inscrit à sa date sur les registres de l'état civil.

À la suite et séparément de ce procès-verbal, l'officier de l'état civil établit un acte tenant lieu d'acte de naissance. En plus des indications prévues à l'article 34, cet acte énonce le sexe de l'enfant ainsi que les prénoms et nom qui lui sont donnés ; il fixe une date de naissance pouvant correspondre à son âge apparent et désigne comme lieu de naissance la commune où l'enfant a été découvert.

Pareil acte doit être établi, sur déclaration des services de l'assistance à l'enfance, pour les enfants placés sous leur tutelle et dépourvus d'acte de naissance connu ou pour lesquels le secret de la naissance a été réclamé.

Les copies et extraits du procès-verbal de découverte ou de l'acte provisoire de naissance sont délivrés dans les conditions et selon les distinctions faites à l'article 57 du présent code.

Si l'acte de naissance de l'enfant vient à être retrouvé ou si la naissance est judiciairement déclarée, le procès-verbal de la découverte et l'acte provisoire de naissance sont annulés à la requête du procureur de la République ou des parties intéressées.

Le **défaut de tout renseignement** sur la date de naissance de l'enfant ne fait pas nécessairement obstacle à l'inscription sur les registres d'un document propre à remplacer l'acte de naissance (▪ Paris, 3 nov. 1927 : *DH* 1928, 41).

Art. 59 *(L. 7 févr. 1924 ; L. 8 juin 1893 ; mod., Ord. n° 2014-792, 10 juill. 2014 ; L. n° 2016-816, 20 juin 2016).* – En cas de naissance pendant un voyage maritime, il en sera dressé acte dans les trois jours de l'accouchement sur la déclaration du père, s'il est à bord.

Si la naissance a lieu pendant un arrêt dans un port, l'acte sera dressé dans les mêmes conditions, lorsqu'il y aura impossibilité de communiquer avec la terre, ou lorsqu'il n'existera pas dans le port, si l'on est à l'étranger, d'*agent diplomatique ou consulaire français investi* des fonctions d'officier de l'état civil.

Cet acte sera rédigé, savoir : sur les bâtiments de l'État, par le commissaire des armées du bâtiment ou, à son défaut, par le commandant ou celui qui en remplit les fonctions ; et sur les autres bâtiments, par le capitaine, maître ou patron, ou par celui qui en remplit les fonctions.

Il y sera fait mention de celle des circonstances ci-dessus prévues, dans laquelle l'acte a été dressé.

L'acte sera inscrit à la suite du livre de bord.

Section II. – Des changements de prénoms et de nom

(L. n° 93-22, 8 janv. 1993)

Art. 60 *(Mod., L. n° 2007-308, 5 mars 2007 ; L. n° 2011-525, 17 mai 2011 ; L. n° 2016-1547, 18 nov. 2016).* **– Toute personne peut demander à l'officier de l'état civil à changer de prénom. La demande est remise à l'officier de l'état civil du lieu de résidence ou du lieu où l'acte de naissance a été dressé. S'il s'agit d'un mineur ou d'un majeur en tutelle, la demande est remise par son représentant légal. L'adjonction, la suppression ou la modification de l'ordre des prénoms peut également être demandée.**

Si l'enfant est âgé de plus de treize ans, son consentement personnel est requis.

La décision de changement de prénom est inscrite sur le registre de l'état civil.

S'il estime que la demande ne revêt pas un intérêt légitime, en particulier lorsqu'elle est contraire à l'intérêt de l'enfant ou aux droits des tiers à voir protéger leur nom de famille, l'officier de l'état civil saisit sans délai le procureur de la République. Il en informe le demandeur. Si le procureur de la République s'oppose à ce changement, le demandeur, ou son représentant légal, peut alors saisir le juge aux affaires familiales.

Rédaction antérieure. Art. 60. – Toute personne qui justifie d'un intérêt légitime peut demander à changer de prénom. La demande est portée devant le juge aux affaires familiales à la requête de l'intéressé ou, s'il s'agit d'un mineur ou d'un majeur en tutelle, à la requête de son représentant légal. L'adjonction, la suppression ou la modification de l'ordre des prénoms peut pareillement être décidée.

Si l'enfant est âgé de plus de treize ans, son consentement personnel est requis.

Bibliographie : M.-Th. Cordier, *Changement de prénom(s) : Dr. famille*, oct. 2007, pan. jurispr. 2. • G. Hilger, *L'office du juge et le prénom : LPA* 13 juin 2013, 5. • B. Ancel, *L'état civil saisi par le religieux : la consécration juridique de l'intime ? : JCP* G 2015, 576.

Voir : CPC, art. 1055-1 et s. (procédure), p. 2331. V. M. Lamarche, *Changement de prénom... Après la circulaire, le décret : Dr. famille* 2017, Focus 34.

1) Usage prolongé. Jugé que l'intérêt légitime peut résulter d'un usage prolongé remontant à la première enfance (■ Paris, 7 déc. 1982 : *JurisData* n° 1982-028372 ; *Defrénois* 1983, 766, obs. Massip). Ne donne pas de base légale à sa décision la cour d'appel qui se borne, pour refuser la demande, à énoncer dans un motif d'ordre général que le seul usage d'un prénom ne suffit pas à caractériser l'intérêt légitime nécessaire (■ Cass. 1re civ., 14 févr. 1990, n° 88-13.947 : *JurisData* n° 1990-700806 ; *Bull. civ.* I, n° 48, p. 35. – V. aussi ■ Paris, 21 nov. 1995 : *JurisData* n° 1995-600491 ; *D.* 1996, 355, note Garé, usage prolongé du prénom « Slim »). Mais les juges du fond peuvent retenir que le désir de la demanderesse de substituer à ses prénoms leurs diminutifs, déjà habituellement utilisés dans la vie courante, ne repose pas sur un intérêt de nature à justifier sa demande (■ Cass. 1re civ., 20 févr. 1996, n° 93-17.115 : *JurisData* n° 1996-000536 ; *JCP* 1996, IV, 868 ; *Bull. civ.* I, n° 98, p. 67 ; *RTD civ.* 1996, 356, obs. Hauser ; *Defrénois* 1996, 985, obs. Massip, 1997, 1198, note Ruel. – V. en ce sens ■ TGI Agen, 19 juin 1992 : *JurisData* n° 1992-605211 ; *D.* 1994, 86, note Nicoleau ; *Defrénois* 1994, 772, obs. Massip, rejetant comme procédant d'une convenance personnelle la demande fondée sur un usage constant et prolongé de nouveaux prénoms par la requérante elle-même et ses proches). Jugé que le changement peut être refusé si l'intéressé porte en fait depuis toujours le prénom demandé (■ Toulouse, 27 mars 1996, n° 92-41.584 : *JurisData* n° 1996-001153 ; *RTD civ.* 1996, 580, obs. Hauser).

2) Changement de sexe (transsexualisme). V. art. 61-6, annot. n° 2, p. 124.

3) L'intérêt légitime auquel se réfère l'article 57, alinéa 3 (anc.) doit être apprécié en fonction des éléments existants au moment où le juge statue (■ Cass. 1re civ., 6 mars 1990, n° 87-14.293 : *JurisData* n° 1990-001216 ; *JCP* 1990, IV, 174 ; *Bull. civ.* I, n° 62, p. 46 ; *D.* 1990, 477, note Massip et, sur renvoi, ■ Orléans, 23 janv. 1992 : *JurisData* n° 1992-041527 ; *JCP* 1993, II, 22065, note de Monredon, demandeur de confession musulmane ayant été autorisé en 1976 à substituer à son prénom d'origine un prénom chrétien. – Rappr., pour un refus de revenir sur le prénom francisé, faute d'intérêt légitime, les motifs religieux invoqués étant purement généraux, ■ Cass. 1re civ., 6 oct. 2010, n° 09-10.240 : *Bull. civ.* I, n° 193, p. 181 ; *JCP* 2010, n° 50, note 1237, Garé ; *JurisData* n° 2010-017654 – Comp. ■ Paris, 17 sept. 1996 : *JCP* 1997, I, 4052, n° 5, obs. Teyssié, demanderesse obtenant la suppression d'un de ses prénoms à forte connotation chrétienne après conversion à la religion judaïque. – V. aussi dans la même hypothèse ■ Versailles, 26 sept. 1996 : *JurisData* n° 1996-023786 ; *Defrénois* 1997, 984, obs. Massip. ■ Cass. 1re civ., 2 mars 1999, n° 93-20.759 : *JCP* 1999, II, 10089, note Garé ; *Bull. civ.* I, n° 76, p. 51 ; *RTD civ.* 1999, 358, obs. Hauser ; *Defrénois* 1999, 934, obs. Massip, reprise de son prénom d'origine par un demandeur ayant épousé une femme de confession musulmane. ■ Cass. 1re civ., 22 juin 1999, n° 96-22.454 : *JurisData* n° 1999-002666 ; *JCP* 1999, IV, 2548 ; *Bull. civ.* I, n° 2112, p. 137, reprise du prénom d'origine conforme aux traditions musulmanes. ▪ Montpellier, 19 avr. 2007 : *JCP* 2007, IV, 2720 ; *JurisData* n° 2007-334941, abandon du prénom Alexandre, adopté lors de la naturalisation, notamment dans le but d'éviter des mesures de rétorsion à l'étranger. ▪ Caen, 28 juin 2007 : *JCP* 2008, IV, 1735 ; *JurisData* n° 2007-342896, abandon du prénom « Jésus », difficile à porter pour un homme de confession musulmane. ▪ Nancy, 8 sept. 2014, n° 14/01764 : *LPA* 7 août 2015, 7, obs. Le Doujet-Thomas, simple adjonction du prénom d'origine pour ne pas gommer le choix précédemment fait par l'intéressé de demander son intégration). La demande tendant à la suppression du premier prénom de Dominique et au seul maintien du second prénom de « Ginette » doit être rejetée. Le moyen tiré du caractère algérien des prénoms des autres enfants de la famille est inopérant, et il est paradoxal de vouloir conserver le prénom de « Ginette » au seul motif que sa consonance algérienne signifie « Paradis » (▪ Montpellier, 17 nov. 1997, n° 97/0000936 : *JurisData* n° 1997-034565 ; *JCP* 1998, IV, 3002. – V. aussi pour un refus de changement d'un prénom second ▪ Versailles, 27 mai 1999, n° 2921/97 : *JurisData* n° 1999-042526 ; *RTD civ.* 1999, 598, obs. Hauser). Pour le refus de substitution du prénom « Kannen » à celui de « Karim », V. ▪ Paris, 22 mars 2001, n° 2000/08187 : *JurisData* n° 2001-139760 ; *RTD civ.* 2001, 559, obs. Hauser. Pour le refus de substitution du prénom « Ilian » à celui de « Haroun », la demande de la mère ayant pour motif premier, non la consonance étrangère du prénom et l'intérêt de l'enfant de deux ans et demi, mais un conflit dans l'exercice de l'autorité parentale, V. ▪ Dijon, 22 nov. 2007 : *JCP* 2008, IV, 2157 ; *JurisData* n° 2007-358152. L'acte par lequel le ministre de l'Intérieur israélien autorise une personne ayant la double nationalité française et israélienne à changer son prénom caractérise à lui seul l'intérêt légitime requis par l'article 60 du Code civil (▪ Cass. 1re civ., 23 mars 2011, n° 10-16.761 : *Bull. civ.* I, n° 60, p. 59 ; *JCP* 2011, n° 15, act. 410, Garé ; *JurisData* n° 2011-004232. – Précédemment jugé que la décision judiciaire étrangère autorisant à porter le prénom constitue à elle seule un élément permettant de caractériser l'intérêt légitime, V. ▪ Cass. 1re civ., 25 oct. 2005 : *JCP* 2005, IV, 3511 ; *JurisData* n° 2005-030423 ; *Bull. civ.* I, n° 391, p. 326 ; *RTD civ.* 2006, 87, obs. Hauser).

Art. 61. – **Toute personne qui justifie d'un intérêt légitime peut demander à changer de nom.**

La demande de changement de nom peut avoir pour objet d'éviter l'extinction du nom porté par un ascendant ou un collatéral du demandeur jusqu'au quatrième degré.

Le changement de nom est autorisé par décret.

Voir : D. n° 94-52, 20 janv. 1994, relatif à la procédure de changement de nom, p. 3185.

Bibliographie : C. Marie, *Florilège législatif et jurisprudentiel en matière de nom : Dr. famille* 2018, étude 9.

1) Application dans le temps. Les dispositions relatives au changement de nom prévu aux articles 61 à 61-4 n'entreront en vigueur que le premier jour du treizième mois suivant le mois de la publication de la loi du 8 janvier 1993 (art. 64).

2) Procédure. Opposition. Il ne résulte d'aucune disposition législative ou réglementaire que le gouvernement doive, avant de prendre un décret autorisant un changement de nom, inviter les personnes portant le nom dont le port est ainsi accordé à présenter leurs observations (▪ CE, 21 avr. 1997, n° 160716 : *JurisData* n° 1997-050238 ; *JCP* 1997, I, 4052, n° 4, obs. Teyssié ; IV, 2098). L'intéressé ne peut utilement invoquer devant le juge le motif tiré de la volonté de franciser son nom dès lors qu'il ne l'avait pas fait, au préalable, devant l'Administration (▪ CE, 26 oct. 2007 : *JCP* 2007, act. 545 ; *RTD civ.* 2008, 78, obs. Hauser ; *JurisData* n° 2007-072550). Sur l'incidence en droit français d'un changement de nom obtenu à l'étranger, V. Rép. min. n° 48734 : *JOAN Q*, 30 juin 2009, 6671 ; *JCP* N 2009, act. 522.

3) Procédure. Autorité parentale. Eu égard à l'objet de la procédure de changement de nom, qui touche à l'état des personnes, aux intérêts en cause pour les parents et à la nature particulière du régime des changements de nom, qui implique l'intervention et le contrôle de l'autorité publique, l'exercice exclusif de l'autorité parentale ne peut à lui seul, alors que l'autre parent ne s'est pas vu retirer cette autorité, permettre à son titulaire de solliciter le changement de nom des enfants mineurs du couple, sans recueillir l'accord de l'autre parent ; en cas de désaccord, il appartient au parent qui souhaite engager la procédure de changement de nom de saisir le juge aux affaires familiales (▪ CE, 27 juill. 2005, n° 265340 : *RTD civ.* 2005, 753, obs. Hauser. ▪ CE, 4 déc. 2009, n° 309004 : *RTD civ.* 2010, 297, obs. Hauser, la notification n'est pas nécessaire, en revanche, pour le parent qui a fait l'objet d'un retrait de l'autorité parentale). – Précédemment jugé qu'aucune disposition réglementaire ne subordonne la régularité de la procédure préalable à l'intervention du décret portant changement de nom à l'accord et à la consultation de la mère de l'enfant (■ CE, 30 juin 2000, n° 189324 : *JurisData* n° 2000-060687 ; *D.* 2001, 3486, note Massip ; *RTD civ.* 2000, 799, obs. Hauser ; *Dr. famille* 2001, 44, note Murat ; *Defrénois* 2001, 1000, obs. Massip).

4) Nom à consonance étrangère. Une personne, en raison de la consonance étrangère de son patronyme, justifie d'un intérêt légitime pour demander à changer de nom. En dépit de la notoriété acquise, dans leur domaine respectif, par plusieurs membres de la famille des requérants qui s'opposent à ce changement, leur patronyme est suffisamment répandu pour que le préjudice allégué par eux ne puisse en l'espèce être regardé comme établi (■ CE, 21 avr. 1997, préc., annot. n° 1).

5) Francisation. V. L. n° 72-964, 25 oct. 1972, relative à la francisation des noms et prénoms des personnes qui acquièrent, recouvrent ou se font reconnaître la nationalité française, p. 2994.

Il résulte des termes mêmes de l'article 12-1 de la loi du 25 octobre 1972 que les noms francisés peuvent faire l'objet d'une procédure de changement de nom dans les conditions définies par l'article 61 du Code civil. Il s'ensuit qu'une personne dont le nom a été francisé, à l'occasion notamment de sa naturalisation, peut ultérieurement demander à changer de nom si elle justifie d'un intérêt légitime à cette fin ; la circonstance qu'elle a initialement demandé la francisation de nom ne fait pas ainsi, par elle-même, obstacle à ce qu'elle puisse faire valoir un intérêt légitime à reprendre son nom d'origine (■ CE, 22 juin 2012, deux décisions, n°s 335238 et 347939 : *D.* 2012, 1738 ; *JCP* N 2012, act. 702 ; *JurisData* n° 2012-013556).

6) Relèvement du nom. Le relèvement d'un nom afin d'éviter son extinction ne saurait s'appliquer à un nom d'usage mais suppose qu'il soit établi que le nom en cause a été légalement porté par un ascendant de celui qui demande à changer de nom ou par un collatéral jusqu'au quatrième degré (■ CE, 23 nov. 2011, n° 343068 : *JCP* 2011, act. 1359, obs. Dubreuil).

7) Citoyens morts pour la Patrie. V. L. 2 juill. 1923, perpétuant le nom des citoyens morts pour la Patrie, p. 2776.

8) Illustration du nom. La reprise d'un nom en raison de son illustration peut être demandée au titre de l'intérêt légitime mentionné au premier alinéa de l'article 61 du Code civil ; si ce nom doit avoir été porté dans la famille du demandeur par des personnes qui ont contribué à lui conférer une illustration certaine et durable, la reprise du nom n'est pas subordonnée à la condition que le demandeur soit leur seul descendant (■ CE, 22 avr. 2013, n° 359472 : *RTD civ.* 2013, 574, obs. Hauser).

9) Intérêt affectif. En admettant, après avoir souverainement caractérisé l'existence de circonstances exceptionnelles en rapport avec l'objet de la demande, que le motif d'ordre affectif allégué caractérisait, en l'espèce, un intérêt légitime à changer de nom au sens de l'article 61 du Code civil, la cour administrative d'appel n'a pas commis d'erreur de droit (■ CE, 12 déc. 2012, n° 357865 : *RTD civ.* 2013, 344, obs. Hauser ; *LPA* 5 août 2014, 10, 1re esp., obs. Dekeuwer-Défossez. – V., pour une précédente référence à des circonstances exceptionnelles, mais refusant le changement sollicité, ■ CE, 8 mars 2012, n° 342126 : *RTD civ.* 2012, 504, obs. Hauser). Des motifs d'ordre affectif peuvent, dans des circonstances exceptionnelles, caractériser l'intérêt légitime requis par l'article 61 du Code civil pour déroger aux principes de dévolution et de fixité du nom établis par la loi (■ CE, 31 janv. 2014, n° 362444 : *Dr. famille* 2014, Focus 10, obs. Lamarche ; *D.* 2014, 1175, obs. Granet-Lambrechts ; *RTD civ.* 2014, 332, obs. Hauser ; *LPA* 5 août 2014, 10, 5e esp., obs. Dekeuwer-Défossez ; *JurisData* n° 2014-001622, père ayant totalement abandonné ses enfants, élevés par leur mère seule. ■ TA Paris, 2 oct. 2014 : *Dr. famille* 2015, Focus 8, obs. Lamarche ; *RTD civ.* 2015, 100, obs. Hauser ; *JurisData* n° 2014-032980). – Sur l'importance des considérations affectives, V. aussi ■ CEDH, 5 déc. 2013, n° 32265/10, *Kismoun c/ France : JCP* G 2014, 78, n° 14, obs. Sudre ; *LPA* 5 août 2014, 10, 4e esp., obs. Dekeuwer-Défossez ; *D.* 2015, 1061, obs. Gaudemet-Tallon.

10) Patronyme du conjoint. Le changement de nom décidé en application de l'article 61 du Code civil a pour conséquence la modification définitive de l'état civil, alors que le nom du conjoint ne peut être porté qu'à titre d'usage tant que dure l'union matrimoniale, sous réserve, le cas échéant, de conventions entre époux divorcés ou de décisions de justice ; en raison de ces différences et afin d'éviter tout risque de confusion, le garde des Sceaux est tenu de s'opposer à ce qu'une personne, dont l'intérêt légitime à changer de nom a été reconnu, prenne le nom de son conjoint en application de l'article 61 du Code civil (■ CE, 18 nov. 2011, n° 346470 : *JCP* N 2011, 935, obs. Dubreuil ; *RTD civ.* 2012, 87, obs. Hauser ; *JurisData* n° 2011-025195). De même, lorsque le nouveau nom choisi par le demandeur s'apparente au nom du conjoint, le garde des Sceaux peut opposer, sous le contrôle du juge de l'excès de pouvoir, le risque de confusion pour refuser le nom proposé (même décision). Aucune règle ne fait par elle-même obstacle, en revanche, à ce que le nom demandé soit un nom appartenant au patrimoine onomastique de la famille du conjoint du demandeur (même décision, nom des ascendants de l'épouse).

Art. 61-1. – **Tout intéressé peut faire opposition devant le Conseil d'État au décret portant changement de nom dans un délai de deux mois à compter de sa publication au *Journal officiel*.**

Un décret portant changement de nom prend effet, s'il n'y a pas eu d'opposition, à l'expiration du délai pendant lequel l'opposition est recevable ou, dans le cas contraire, après le rejet de l'opposition.

Intérêt légitime. L'opposition à changement de nom (d'Artagnan) peut être rejetée en l'absence du risque de confusion allégué (▪ CE, 24 oct. 2005, n° 268006 : *JurisData* n° 2005-069124 ; *Dr. famille* 2006, 39, note de Silva).

Art. 61-2. – **Le changement de nom s'étend de plein droit aux enfants du bénéficiaire lorsqu'ils ont moins de treize ans.**

Art. 61-3 *(L. n° 2002-304, 4 mars 2002)*. – **Tout changement de nom de l'enfant de plus de treize ans nécessite son consentement personnel lorsque ce changement ne résulte pas de l'établissement ou d'une modification d'un lien de filiation.**

L'établissement ou la modification du lien de filiation n'emporte cependant le changement du nom de famille des enfants majeurs que sous réserve de leur consentement.

1) **Enfants majeurs.** Sur la nécessité du consentement des enfants majeurs, V. ▪ Cass. 1re civ., 27 nov. 2001 : *JCP* 2002, IV, 1046 ; *Bull. civ.* I, n° 293, p. 185 ; *D.* 2002, somm. 2019, obs. Granet ; *JurisData* n° 2001-011876 ; *RTD civ.* 2002, 71, obs. Hauser. V. aussi, ▪ Versailles, 29 avr. 1993, n° 2220/92 : *JurisData* n° 1993-041646 ; *Defrénois* 1994, 327, obs. crit. Massip ; *D.* 1993, somm. 328, obs. Granet-Lambrechts. ▪ TGI Chaumont, ord., 30 mars 2010 : *Dr. famille* 2010, 141, note Massip ; *JurisData* n° 2010-016704. L'article 61-3 ne précise pas que le lien de filiation établi ou modifié est nécessairement celui unissant l'enfant concerné à son père ou à sa mère. Il convient donc de considérer qu'il fait référence à tout lien de parenté en ligne directe (▪ Toulouse, 20 juin 2001 : *JurisData* n° 2001-162535 ; *D.* 2002, 131, note Mirabail ; *RTD civ.* 2002, 269, obs. Hauser). La majorité s'apprécie à la date du jugement modifiant le lien de filiation (▪ Cass. 1re civ., 5 sept. 2018, n° 17-21.140 : *Bull.* ; *JurisData* n° 2018-014932 ; *JCP* G 2018, act. 977, Salvage-Gerest ; *Dr. famille* 2019, chron. 1, n° 13, Egéa ; *LPA* 19 nov. 2018, 11, Kimmel-Alcover, cassation de l'arrêt ayant retenu la date d'introduction de l'action en annulation de la reconnaissance).

2) **Procédure.** La contestation de paternité légitime ayant été accueillie, et la cour d'appel ayant décidé, sans constater son consentement, que l'enfant majeur ne pourra plus porter le nom de l'époux, la mère ne peut contester cette disposition de l'arrêt qui ne lui fait pas grief (▪ Cass. 1re civ., 9 juill. 2008 : *Bull. civ.* I, n° 191, p. 164 ; *JCP* 2008, IV, 2476 ; *D.* 2008, inf. rap. 2145 ; *JurisData* n° 2008-044763).

3) **Adoption.** Il résulte de l'article 61-3, alinéa 2, du Code civil que l'établissement d'un lien de filiation n'emporte le changement de patronyme de l'enfant majeur que sous réserve de son consentement (▪ Cass. 1re civ., 11 juill. 2006 : *Bull. civ.* I, n° 383, p. 329 ; *Defrénois* 2006, 1780, obs. Massip ; *RTD civ.* 2006, 735, obs. Hauser ; *JurisData* n° 2006-034533, rejetant le pourvoi formé contre ▪ Colmar, 27 mars 2003 : *RTD civ.* 2006, 277, obs. Hauser).

Art. 61-3-1 *(L. n° 2016-1547, 18 nov. 2016)*. – **Toute personne qui justifie d'un nom inscrit sur le registre de l'état civil d'un autre État peut demander à l'officier de l'état civil dépositaire de son acte de naissance établi en France son changement de nom en vue de porter le nom acquis dans cet autre État. Lorsque la personne est mineure, la déclaration est effectuée conjointement par les deux parents exerçant l'autorité parentale ou par le parent exerçant seul l'autorité parentale, avec son consentement personnel si elle a plus de treize ans.**

Le changement de nom est autorisé par l'officier de l'état civil, qui le consigne dans le registre de naissance en cours.

En cas de difficultés, *l'officier de l'état civil saisit le* procureur de la République, qui peut s'opposer à la *demande. En ce cas*, l'intéressé en est avisé.

Saisi dans les mêmes conditions, le procureur de la République du lieu de naissance peut ordonner lui-même le changement de nom.

Le changement de nom acquis dans les conditions fixées aux quatre premiers alinéas s'étend de plein droit aux enfants du bénéficiaire lorsqu'ils ont moins de treize ans.

Art. 61-4 *(L. n° 93-22, 8 janv. 1993 ; L. n° 2016-1547, 18 nov. 2016)*. – **Mention des décisions de changement de prénoms et de nom est portée en marge des actes de l'état civil de l'intéressé et, le cas échéant, de ceux de son conjoint** *(Mots aj., L. n° 2016-1547, 18 nov. 2016)*, **« de son partenaire lié par un pacte civil de solidarité » et de ses enfants.**

De même, les décisions de changement de prénoms et de nom régulièrement acquises à l'étranger sont portées en marge des actes de l'état civil sur instructions du procureur de la République.

Les dispositions des articles 100 et 101 sont applicables aux modifications de prénoms et de nom.

Voir : D. n° 94-52, 20 janv. 1994, relatif à la procédure de changement de nom, p. 3185.

Section II *bis*. – De la modification de la mention du sexe à l'état civil

(L. n° 2016-1547, 18 nov. 2016)

Bibliographie : F. Vialla, *Transidentité : quid novi ? « Nihil, fere nihil, minus nihilo » ? : LPA* 29 juill. 2016, 8 (projet). • F. Vialla, *Loi de modernisation de la justice du XXIe siècle : changement de la mention de sexe à l'état civil : D.* 2016, 2351. • A. Marais, *Le sexe que je veux, quand je veux ! : JCP* G 2016, 1164. • Ph. Reigné, *Changement d'état civil et possession d'état du sexe dans la loi de modernisation de la justice du XXIe siècle : JCP* G 2016, 1378. • X. Labbée, *L'homme qui a accouché d'un enfant : D.* 2018, p. 1085.

Art. 61-5 *(L. n° 2016-1547, 18 nov. 2016)*. – **Toute personne majeure ou mineure émancipée qui démontre par une réunion suffisante de faits que la mention relative à son sexe dans les actes de l'état civil ne correspond pas à celui dans lequel elle se présente et dans lequel elle est connue peut en obtenir la modification.**

Les principaux de ces faits, dont la preuve peut être rapportée par tous moyens, peuvent être :

1° Qu'elle se présente publiquement comme appartenant au sexe revendiqué ;

2° Qu'elle est connue sous le sexe revendiqué de son entourage familial, amical ou professionnel ;

3° Qu'elle a obtenu le changement de son prénom afin qu'il corresponde au sexe revendiqué.

1) Transsexuels. Conditions du changement de sexe *(Jurisprudence antérieure à la loi n° 2016-1547 du 18 novembre 2016)*. Lorsque, à la suite d'un traitement médico-chirurgical, subi dans but thérapeutique, une personne présentant le syndrome du transsexualisme ne possède plus tous les caractères de son sexe d'origine et a pris une apparence physique la rapprochant de l'autre sexe, auquel correspond son comportement social, le principe du respect dû à la vie privée justifie que son état civil indique désormais le sexe dont elle a l'apparence ; le principe de l'indisponibilité de l'état des personnes ne fait pas obstacle à une telle modification (▪ Cass. ass. plén., 11 déc. 1992, 2 arrêts : *JurisData* n° 1992-002867 ; *JCP* 1993, II, 21991, concl. Jéol et note Mémeteau ; *RTD civ.* 1993, 97, obs. Hauser. – F. Terré et Y. Lequette, *Les grands arrêts de la jurisprudence civile*, t. 1, Dalloz, 13e éd., 2015, n 26-27, p. 178. ▪ Versailles, 13 mai 1994 : *Gaz. Pal.* 1994, 2, 532, concl. Duplat. ▪ Toulouse, 30 avr. 1996 : *JurisData* n° 1996-042890 ; *JCP* 1997, IV, 726. ▪ Rennes, 26 oct. 1998, n° 9707389 : *JurisData* n° 1998-049346 ; *D.* 1999, 508, note Friant-Perrot ; *RTD civ.* 1999, 811, obs. Hauser. ▪ Versailles, 22 juin 2000, n° 7799-99 : *JurisData* n° 2000-134595 ; *JCP* 2001, II, 10595, note Guez ; *RTD civ.* 2001, 849, obs. Hauser. ▪ Nîmes, 20 juin 2006 : *JCP* 2006, IV, 3276 ; *JurisData* n° 2006-313844. ▪ Poitiers, 20 déc. 2006 : *JCP* 2008, IV, 1199 ; *JurisData* n° 2006-330972, admettant la modification de l'état civil dès lors que la personne envisage une opération chirurgicale retardée pour des raisons financières. – Comp., imposant que soit établi le caractère irréversible du processus de changement de sexe, même s'il n'est pas nécessaire que soient avérées des modifications de nature chirurgicales. ▪ Nancy, 3 janv. 2011, n° 09/00931 : *JCP* 2011, n° 17, note 480, Reigné. – V. aussi ▪ Nancy, 11 oct. 2010 : *JCP* 2010, n° 49, note 1205, Reigné ; *JurisData* n° 2010-022249, insuffisance de l'attitude sociale, de l'apparence et des discriminations qu'elles peuvent susciter en l'absence de preuve du caractère irréversible du changement de sexe ou de genre. ▪ Limoges, 20 mars 2012 : *JCP* G 2012, act. 697, 2e esp., obs. Reigné ; *JurisData* n° 2012-005346. – Comp. ▪ Versailles, 22 mars 2012 : *JCP* G 2012, act. 697, 1re esp., obs. Reigné ; *JurisData* n° 2012-005712. ▪ Nancy, 2 sept. 2011 : *JCP* 2012, act. 124 ; *Dr. famille* 2012, 38, note Reigné ; *JurisData* n° 2011-031585, se fondant sur l'irréversibilité des effets du traitement hormonal. V. F. Vialla, *Du sexe au genre ? : JCP* 2012, act. 122). Pour justifier une demande de rectification de la mention du sexe figurant dans un acte de naissance, la personne doit établir, au regard de ce qui est communément admis par la communauté scientifique, la réalité du syndrome transsexuel dont elle est atteinte ainsi que le caractère irréversible de la transformation de son apparence (■ Cass. 1re civ., 7 juin 2012, deux arrêts, nos 11-22.490 et 10-26.947 : *Bull. civ.* I, n° 124, p. 113, et n° 123, p. 112 ; *D.* 2012, 1648, note Vialla ; *JCP* G 2012, act. 753, obs. Reigné ; *Dr. famille* 2012, 131, note Reigné ; *D.* 2013, 1097, obs. Lemouland et Vigneau ; *RTD civ.* 2012, 502, obs. Hauser, rejetant les pourvois formés contre des décisions ayant notamment fondé leur refus de modification des actes de l'état civil sur le refus de principe des intéressés de se prêter à des expertises ordonnées en justice. ■ Cass. 1re civ., 13 févr. 2013, deux arrêts, nos 12-11.949 et 11-14.515 : *Bull. civ.* I, n° 13, p. 13 et n° 14, p. 14 ; *D.* 2013, 499, obs. Gallmeister, et 1097, obs. Lemouland et Vigneau ; *JCP* G 2013, act. 227, obs. Reigné ; *Dr. famille* 2013, 48, note Reigné ; *RTD civ.* 2013, 344, obs. Hauser ; *JurisData* nos 2013-002071 et 2013-002068, précisant que ces conditions ne sont pas discriminatoires et ne portent pas atteinte aux principes posés par les articles 8 et 14 de la Convention européenne des droits de l'homme, 16 et 16-1 du Code civil, dès lors qu'elles se fondent sur un juste équilibre entre les impératifs de sécurité juridique et d'indisponibilité de l'état des personnes d'une part et, d'autre part, de protection de la vie privée et de respect dû au corps humain). V. aussi S. Le Gac-Pech, *Sexe, preuve et vérité : LPA* 26 sept. 2012, 5 ; S. Paricard, *Le transsexualisme, à quand la loi ? : Dr. famille* 2012, étude 2 ; Ph. Reigné, *La CNCDH et la situation des personnes transidentitaires : JCP* G 2013, act. 861 ; *Appartenance sexuelle et droit au respect de la vie privée : D.* 2015, 1875 (à propos de ■ CEDH, 10 mars 2015, n° 14793/08, *Y. Y. c/ Turquie* – V. aussi *RTD civ.* 2015, 331, obs. Marguénaud, et 349, obs. Hauser ; *JCP* G 2015, 845, n° 12, obs. Sudre ; *D.* 2016, 917, obs. Catto).

2) Loi du 18 novembre 2016. Application dans le temps. Sur l'application des nouveaux articles 61-5 et 61-6 aux affaires en cours (L. 18 nov. 2016, art. 114), V. ■ Montpellier, 15 mars 2017, n° 16/02691 : *D.* 2017, 816, obs. Vialla.

Art. 61-6 *(L. n° 2016-1547, 18 nov. 2016).* **– La demande est présentée devant le tribunal de grande instance.**

Le demandeur fait état de son consentement libre et éclairé à la modification de la mention relative à son sexe dans les actes de l'état civil et produit tous éléments de preuve au soutien de sa demande.

Le fait de ne pas avoir subi des traitements médicaux, une opération chirurgicale ou une stérilisation ne peut motiver le refus de faire droit à la demande.

Le tribunal constate que le demandeur satisfait aux conditions fixées à l'article 61-5 et ordonne la modification de la mention relative au sexe ainsi que, le cas échéant, des prénoms, dans les actes de l'état civil.

1) Traitement médicaux et opérations chirurgicales *(jurisprudence antérieure à la loi n° 2016-1547 du 18 novembre 2016).* Pour justifier une demande de rectification de la mention du sexe figurant dans un acte de naissance, la personne doit établir, au regard de ce qui est communément admis par la communauté scientifique, la réalité du syndrome transsexuel dont elle est atteinte ainsi que le caractère irréversible de la transformation de son apparence (■ Cass. 1re civ., 7 juin 2012, deux arrêts, nos 11-22.490 et 10-26.947, préc., C. civ. art. 61-5, annot. n° 1). Mais jugé par la Cour européenne des droits de l'homme que l'obligation de subir une opération stérilisante ou un traitement entraînant une très forte probabilité de stérilité pour changer la mention du sexe à l'état civil viole le droit au respect de la vie privée garanti par l'article 8 de la Convention (■ CEDH, 6 avr. 2017, n° 79885/12, *A. P., Garçon et Nicot c/ France* : *D.* 2017, 994, Moron-Puech, et 1027, Vauthier et Vialla ; *RTD civ.* 2017, 825, Marguénaud ; *JDI* 2018, 989, Dionisi-Peyrusse ; *AJF* 2017, p. 299, *Viney, condamnation* du droit français antérieur à la loi du 18 novembre 2016).

2) Changement de prénom *(jurisprudence antérieure à la loi n° 2016-1547 du 18 novembre 2016).* Pour l'admission d'une substitution d'un prénom masculin à des prénoms féminins en dépit du rejet de la demande de rattachement au sexe masculin, V. ■ Paris, 24 févr. 1978 : *JCP* 1979, II, 19202, note Penneau. – Rappr. ■ Rennes, 9 mai 2006 : *JCP* 2007, IV, 1801 ; *JurisData* n° 2006-321160, changement de prénom sans que soit sollicité le changement de sexe. – Comp., refusant le changement de prénom au motif que le syndrome du transsexualisme n'est pas suffisamment démontré, ■ Aix-en-Provence, 28 nov. 2007 : *JCP* 2008, IV, 2112 ; *JurisData* n° 2007-358582. – V. aussi, refusant le changement de prénom d'une mineure transsexuelle, non au motif de sa minorité, mais à défaut d'expertise judiciaire démontrant la réalité du syndrome et en raison de l'inadéquation de prénoms spécifiquement masculins avec le maintien de la mention de sexe féminin dans l'acte de naissance, ■ Montpellier, 18 janv. 2010 : *JCP* 2010, n° 24, act. 651 ; *RTD civ.* 2010, 759, obs. Hauser ; *JurisData* n° 2010-004283, demande contraire à l'intérêt légitime de l'intéressée.

Art. 61-7 *(L. n° 2016-1547, 18 nov. 2016).* **– Mention de la décision de modification du sexe et, le cas échéant, des prénoms est portée en marge de l'acte de naissance de l'intéressé, à la requête du procureur de la République, dans les quinze jours suivant la date à laquelle cette décision est passée en force de chose jugée.**

Par dérogation à l'article 61-4, les modifications de prénoms corrélatives à une décision de modification de sexe ne sont portées en marge des actes de l'état civil des conjoints et enfants qu'avec le consentement des intéressés ou de leurs représentants légaux.

Les articles 100 et 101 sont applicables aux modifications de sexe.

1) **Droit au mariage *(jurisprudence antérieure à la loi n° 2016-1547 du 18 novembre 2016).*** V. art. 143, annot. n° 5, p. 149. V. aussi art. 146, annot. n° 8, p. 152.

2) **Divorce pour faute *(jurisprudence antérieure à la loi n° 2016-1547 du 18 novembre 2016).*** V. art. 242, annot. n° 18, p. 217.

3) **Autorité parentale *(jurisprudence antérieure à la loi n° 2016-1547 du 18 novembre 2016).*** V. art. 373-2-1, annot. n° 9, p. 346.

4) **Sur les incidences du changement de sexe du mari de la mère pour l'établissement de l'acte de naissance des enfants nés postérieurement.** V. ▪ Montpellier, 14 nov. 2018, n° 16/06059 : *Dr. famille* 2019, n° 6, Fulchiron ; *D.* 2018, p. 2231, Dionisi-Peyrusse ; *D.* 2019, p. 110, Paricard ; *JCP* G 2019, 95, Vialla et Vauthier, et 215, Favier ; *AJF* 2018, p. 684, Kessler (désignation du mari de la mère, devenu l'épouse de sa femme, comme « parent biologique »). V. aussi Ph. Reigné et L. Brunet, *De la difficulté d'être mère… pour une femme transidentitaire : JCP* G 2019, 91).

Art. 61-8 *(L. n° 2016-1547, 18 nov. 2016).* – **La modification de la mention du sexe dans les actes de l'état civil est sans effet sur les obligations contractées à l'égard de tiers ni sur les filiations établies avant cette modification.**

1) **Changement de sexe. Effets *(jurisprudence antérieure à la loi n° 2016-1547 du 18 novembre 2016).*** La modification de la mention du sexe n'a qu'un effet constitutif et non déclaratif (▪ Lyon, 15 mai 2007 : *JCP* 2008, IV, 1032 ; *RTD civ.* 2008, 78, obs. Hauser ; *JurisData* n° 2007-346157. – V. aussi ▪ CEDH, 25 mars 1992 : *JCP* 1992, II, 21955, note Garé). Le droit au respect de la vie familiale ne permet pas au transsexuel de sexe féminin de se faire reconnaître comme le père de l'enfant né de sa compagne (▪ CEDH, 22 avr. 1997 : *JurisData* n° 1997-850210 ; *D.* 1997, 583, note Grataloup ; *RTD civ.* 1997, 1011, obs. Marguénaud ; *Defrénois* 1998, 311, obs. Massip ; *Dr. famille* 1998, 47, note de Lamy ; *RTD civ.* 1998, 92, obs. Hauser). Jugé que faire droit à la demande de modification de la mention du sexe à l'état civil circonviendrait le principe de l'interdiction des mariages entre homosexuels dans la mesure où un tel jugement rendrait le mariage dépourvu d'un élément juridique essentiel à sa continuation (▪ TGI Besançon, 19 mars 2009, n° 08/02219 : *JurisData* n° 2009-024072 ; *Dr. famille* 2011, 33, note Reigné ; *RTD civ.* 2011, 326, obs. Hauser. – Rappr. ▪ TGI Brest, 15 déc. 2011 : *JCP* 2012, note 100, Dubarry ; *RTD civ.* 2012, 502, obs. Hauser ; *JurisData* n° 2011-027855. – V. aussi ▪ Rennes, 16 oct. 2012 : *D.* 2013, 156, note Paricard ; *JCP* N 2013, 1009, note Azincourt ; *JCP* G 2013, 38, n° 2, obs. Lamarche ; *RTD civ.* 2013, 85, obs. Hauser ; *JurisData* n° 2012-023535, jugeant que le changement de sexe doit être mentionné dans l'acte de naissance de l'intéressé, mais non sur son acte de mariage, situation qui consacrerait de fait l'existence d'une union entre deux personnes de même sexe contraire à l'ordre public [décision antérieure à la loi n° 2013-404 du 17 mai 2013], non plus que sur les actes de naissance de ses enfants). En subordonnant la pleine reconnaissance du changement de sexe d'un transsexuel à la transformation de son mariage antérieur en un partenariat civil, la loi finlandaise n'est pas contraire aux articles 8 et 14 de la convention (▪ CEDH, 13 nov. 2012, n° 37359/09 : *D.* 2013, 152, note Marchadier, et, dans la même affaire, CEDH, gde ch., 16 juill. 2014, n° 37359/09 : *RTD civ.* 2014, 831, obs. Marguénaud, et 855, obs. Hauser). Sur le principe que la rectification prononcée n'a d'effet que pour l'avenir et ne produit pas d'effet sur l'état civil des enfants de l'intéressé, V. ▪ Paris, 2 juill. 1998, n° 97/07119 : *JurisData* n° 1998-022308 ; *JCP* 1999, II, 10005, note Garé ; *Dr. famille* 1999, 13, note Murat. V. aussi Dossier *Transsexualisme et droit de la famille* in *Dr. famille* mai 2013, p. 7, par F. Vialla, V. Larribau-Terneyre et D. Vigneau.

2) Sur la situation des **enfants nés postérieurement** à la modification de la mention du sexe à l'état civil, V. notamment J.-Ph. Vauthier et F. Vialla, *Matres semper certae sunt ? Un pluriel bien singulier : D.* 2017, 1373.

Voir : CPC, art. 1055-5 et s. (D. n° 2017-450, 29 mars 2017), p. 2332.

Section III. – De l'acte de reconnaissance

(L. n° 93-22, 8 janv. 1993 ; intitulé mod., Ord. n° 2005-759, 4 juill. 2005)

Art. 62 *(L. n° 93-22, 8 janv. 1993 ; mod., L. n° 2002-305, 4 mars 2002 ; Ord. n° 2005-759, 4 juill. 2005 ; L. n° 2006-728, 23 juin 2006 ; L. n° 2009-61, 16 janv. 2009).* – **L'acte de reconnaissance énonce les prénoms, nom, date de naissance ou, à défaut, âge, lieu de naissance et domicile de l'auteur de la reconnaissance.**

Il indique les date et lieu de naissance, le sexe et les prénoms de l'enfant ou, à défaut, tous renseignements utiles sur la naissance, sous réserve des dispositions de l'article 326.

L'acte de reconnaissance est inscrit à sa date sur les registres de l'état civil.

Seules les mentions prévues au premier alinéa sont portées, le cas échéant, en marge de l'acte de naissance de l'enfant.

Dans les circonstances prévues à l'article 59, la déclaration de reconnaissance peut être reçue par les officiers instrumentaires désignés en cet article et dans les formes qui y sont indiquées.

Lors de l'établissement de l'acte de reconnaissance, il est fait lecture à son auteur des articles 371-1 et 371-2.

1) **Mention en marge de l'acte de naissance.** La validité de la reconnaissance d'un enfant naturel faite dans les conditions de forme de l'article 335 du Code civil ne peut être subordonnée à l'existence d'une mention en marge de l'acte de naissance dès lors qu'il n'existe aucun doute sur l'identité de l'enfant faisant l'objet de cette reconnaissance avec celui dont la mère est accouchée (▪ Cass. 1re civ., 17 févr. 1982, n° 81-10.298 : *JurisData* n° 1982-700387 ; *Bull. civ.* I, n° 78, p. 67). Mais un acte de reconnaissance prénatale ne peut produire d'effet que s'il est mentionné ultérieurement en marge de l'acte de naissance pour qu'il se trouve ainsi complété, *a posteriori*, par les énonciations substantielles exigées par l'article 34 (▪ Versailles, 25 juin 1992, n° 1471/92 : *JurisData* n° 1992-044635 ; *JurisData* n° 1992-044635 ; *D.* 1993, somm. 169, obs. Granet-Lambrechts).

2) **Reconnaissance par un mandataire.** La reconnaissance peut être souscrite par un mandataire titulaire d'une procuration. L'impossibilité de retrouver la procuration n'affecte pas la validité de l'acte de reconnaissance dressé par l'officier de l'état civil, la mention par celui-ci d'une procuration spéciale et authentique faisant foi jusqu'à inscription de faux (▪ TGI Paris, 12 déc. 1995 : *JurisData* n° 1995-052886 ; *D.* 1996, somm. 382, obs. Granet ; *Dr. famille* 1997, 3, note Murat).

Art. 62-1 *(L. n° 2002-93, 22 janv. 2002).* **– Si la transcription de la reconnaissance paternelle s'avère impossible, du fait du secret de son identité opposé par la mère, le père peut en informer le procureur de la République. Celui-ci procède à la recherche des date et lieu d'établissement de l'acte de naissance de l'enfant.**

CHAPITRE III. – DES ACTES DE MARIAGE

Art. 63 *(L. 8 avr. 1927 ; mod., Ord. n° 45-270, 2 nov. 1945 ; L. n° 56-780, 4 août 1956 ; L. n° 2003-1119, 26 nov. 2003 ; L. n° 2006-399, 4 avr. 2006 ; L. n° 2006-1376, 14 nov. 2006 ; L. n° 2007-1787, 20 déc. 2007).* **– Avant la célébration du mariage, l'officier de l'état civil fera une publication par voie d'affiche apposée à la porte de la maison commune. Cette publication énoncera les prénoms, noms, professions, domiciles et résidences des futurs époux, ainsi que le lieu où le mariage devra être célébré.**

La publication prévue au premier alinéa ou, en cas de dispense de publication accordée conformément aux dispositions de l'article 169, la célébration du mariage est subordonnée :

1° À la remise, pour chacun des futurs époux, des indications ou pièces suivantes :

– les pièces exigées par les articles 70 ou 71 ;

– la justification de l'identité au moyen d'une pièce délivrée par une autorité publique ;

– l'indication des prénoms, nom, date et lieu de naissance, profession et domicile des témoins, sauf lorsque le mariage doit être célébré par une autorité étrangère ;

– *(Al. créé, L. n° 2019-222, 23 mars 2019)* **le cas échéant, la justification de l'information de la personne chargée de la mesure de protection prévue à l'article 460 ;**

2° À l'audition commune des futurs époux, sauf en cas d'impossibilité ou s'il apparaît, au vu des pièces fournies, que cette audition n'est pas nécessaire au regard des articles 146 et 180.

L'officier de l'état civil, s'il l'estime nécessaire, demande à s'entretenir séparément avec l'un ou l'autre des futurs époux.

***L'audition du futur conjoint mineur se fait hors* la présence de ses père et mère ou de son représentant légal et de son futur conjoint.**

L'officier de l'état civil peut déléguer à un ou plusieurs fonctionnaires titulaires du service de l'état civil de la commune la réalisation de l'audition commune ou des entretiens séparés. Lorsque l'un des futurs époux réside à l'étranger, l'officier de l'état civil peut demander à l'autorité diplomatique ou consulaire territorialement compétente de procéder à son audition.

L'autorité diplomatique ou consulaire peut déléguer à un ou plusieurs fonctionnaires titulaires chargés de l'état civil ou, le cas échéant, aux fonctionnaires dirigeant une chancellerie détachée ou aux consuls honoraires de nationalité française compétents la réalisation de l'audition commune ou des entretiens séparés. Lorsque l'un des futurs époux réside dans un pays autre que celui de la célébration, l'autorité diplomatique ou consulaire peut demander à l'officier de l'état civil territorialement compétent de procéder à son audition.

L'officier d'état civil qui ne se conformera pas aux prescriptions des alinéas précédents sera poursuivi devant le tribunal de grande instance et puni d'une amende de 3 à 30 € (1).

1) Sur la **compétence** des tribunaux civils pour prononcer la sanction prévue par l'article 63, voir ▪ Cass. crim., 23 nov. 1950 : *JCP* 1951, II, 5970.

2) Fausses déclarations. Encourent les peines de l'article 147 du Code pénal (C. pén., art. 441-4) ceux qui font de fausses déclarations au sujet des énonciations que doit contenir l'acte de publication (▪ Cass. crim., 28 mai 1857 : *DP* 1857, 1, 317).

3) Audition des futurs époux. Une cour d'appel peut valablement faire injonction à l'officier d'état civil de recevoir le dossier de mariage, de publier les bans et de fixer la date de la cérémonie, même en cas de suspicion de mariage fictif, dès lors qu'elle a souverainement retenu l'impossibilité, que l'officier d'état civil aurait dû constater, de procéder à l'audition commune des futurs époux, en raison de la non-obtention d'un visa (▪ Cass. 1re civ., 9 janv. 2007 : *Bull. civ.* I, n° 7, p. 6 ; *Dr. famille* 2007, 53 [1re esp.], note Larribau- Terneyre ; *RTD civ.* 2007, 313, obs. Hauser ; *D.* 2007, 449, obs. Delaporte-Carré ; *JurisData* n° 2007-036866).

4) Disposition d'application. Voir D. n° 2007-773, 10 mai 2007, p. 3276 (contrôle de la validité des mariages).

Art. 64 *(L. 21 juin 1907 ; L. 9 août 1919 ; L. 8 avr. 1927).* **– L'affiche prévue à l'article précédent restera apposée à la porte de la maison commune pendant dix jours.**

Le mariage ne pourra être célébré avant le dixième jour depuis et non compris celui de la publication.

Si l'affichage est interrompu avant l'expiration de ce délai, il en sera fait mention sur l'affiche qui aura cessé d'être apposée à la porte de la maison commune.

Art. 65 *(L. 21 juin 1907).* **– Si le mariage n'a pas été célébré dans l'année, à compter de l'expiration du délai de publication, il ne pourra plus être célébré qu'après une nouvelle publication faite dans la forme ci-dessus.**

Art. 66. – Les actes d'opposition au mariage seront signés sur l'original et sur la copie par les opposants ou par leurs fondés de procuration spéciale et authentique ; ils seront signifiés, avec la copie de la procuration, à la personne ou au domicile des parties, et à l'officier de l'état civil, qui mettra son visa sur l'original.

Signification par huissier. À peine de nullité, l'opposition à mariage doit être signifiée par huissier (▪ Paris, 18 déc. 1868, sous ▪ Cass. civ., 21 août 1872 : *DP* 1872, 1, 345. – V. aussi art. 172 et s., p. 161).

Art. 67 *(L. 8 avr. 1927).* **– L'officier de l'état civil fera, sans délai, une mention sommaire des oppositions sur le registre des mariages ; il fera aussi mention, en marge de l'inscription desdites oppositions, des jugements ou des actes de mainlevée dont expédition lui aura été remise.**

Art. 68 *(L. n° 46-2154, 7 oct. 1946 ; L. n° 2006-911, 24 juill. 2006).* **– En cas d'opposition, l'officier de l'état civil ne pourra célébrer le mariage avant qu'on lui en ait remis la mainlevée, sous peine de 3 000 € d'amende et de tous dommages-intérêts.**

1) Compétence. La contravention prévue à l'article 68 du Code civil est de la compétence des juridictions répressives (▪ Cass. crim., 23 nov. 1949 : *JCP* 1950, II, 5615).

2) Obligation de surseoir. L'officier d'état civil est tenu de surseoir à la célébration jusqu'à ce qu'elle soit levée (▪ Paris, 29 avr. 2003, n° 2003/03051 : *JurisData* n° 2003-218092 ; *D.* 2003, somm. 1938, obs. Lemouland).

Art. 69 *(L. 9 août 1919).* **– Si la publication a été faite dans plusieurs communes, l'officier de l'état civil de chaque commune transmettra sans délai à celui d'entre eux qui doit célébrer le mariage un certificat constatant qu'il n'existe point d'opposition.**

(1) Ces dispositions ne sont pas applicables aux mariages célébrés avant le 1er mars 2007 (L. n° 2006-1376, 14 nov. 2006).

Art. 70 *(L. 11 juill. 1929 ; L. 2 févr. 1933 ; L. n° 2006-1376, 14 nov. 2006 ; L. n° 2016-1547, 18 nov. 2016).* – **Chacun des futurs époux remet à l'officier de l'état civil qui doit célébrer le mariage l'extrait avec indication de la filiation de son acte de naissance, qui ne doit pas dater de plus de trois mois s'il a été délivré par un officier de l'état civil français.**

Toutefois, l'officier de l'état civil peut, après en avoir préalablement informé le futur époux, demander la vérification des données à caractère personnel contenues dans les actes de l'état civil auprès du dépositaire de l'acte de naissance du futur époux. Ce dernier est alors dispensé de la production de son extrait d'acte de naissance.

Lorsque l'acte de naissance n'est pas détenu par un officier de l'état civil français, l'extrait de cet acte ne doit pas dater de plus de six mois. Cette condition de délai ne s'applique pas lorsque l'acte émane d'un système d'état civil étranger ne procédant pas à la mise à jour des actes.

Art. 71 *(L. 11 juill. 1929 ; mod., L. n° 2011-331, 28 mars 2011).* – **Celui des futurs époux qui serait dans l'impossibilité de se procurer cet acte pourra le suppléer en rapportant un acte de notoriété délivré par un notaire ou, à l'étranger, par les autorités diplomatiques ou consulaires françaises compétentes.**

L'acte de notoriété est établi sur la foi des déclarations d'au moins trois témoins et de tout autre document produit qui attestent des prénoms, nom, profession et domicile du futur époux et de ceux de ses père et mère s'ils sont connus, du lieu et autant que possible, de l'époque de la naissance et des causes qui empêchent de produire l'acte de naissance. L'acte de notoriété est signé par le notaire ou l'autorité diplomatique ou consulaire et par les témoins.

Bibliographie : J. Massip, *Le rôle du notaire en matière d'état civil* : *JCP* N 2015, 1179.

1) **Naissance non déclarée.** L'article 71 ne vise pas l'hypothèse où aucun acte de naissance n'a été dressé par suite de l'omission de la déclaration de naissance (■ T. civ. Seine, 3 juill. 1936 : *DH* 1936, 486).

2) **Force probante.** L'acte de notoriété fait foi jusqu'à preuve contraire de la possession d'état (■ Cass. 1re civ., 20 févr. 2001, n° 99-14.566 : *Juris-Data* n° 2001-008329 ; *Defrénois* 2001, 1008, obs. Massip).

Art. 72 *(Abr., L. n° 2011-331, 28 mars 2011).*

Art. 73 *(L. 20 juin 1896 ; L. 9 août 1919 ; L. 28 févr. 1922).* – **L'acte authentique du consentement des père et mère ou aïeuls ou aïeules ou, à leur défaut, celui du conseil de famille, contiendra les prénoms, noms, professions et domicile des futurs époux et de tous ceux qui auront concouru à l'acte, ainsi que leur degré de parenté.**

Hors le cas prévu par l'article 159 du Code civil, cet acte de consentement est dressé, soit par un notaire, soit par l'officier de l'état civil du domicile ou de la résidence de l'ascendant, et, à l'étranger, par les agents diplomatiques ou consulaires français. Lorsqu'il est dressé par un officier de l'état civil, il ne doit être légalisé, sauf conventions internationales contraires que lorsqu'il y a lieu de le produire devant les autorités étrangères.

Art. 74 *(L. 21 juin 1907 ; mod., L. n° 2013-404, 17 mai 2013).* – (1) **Le mariage sera célébré, au choix des époux, dans la commune où l'un d'eux, ou l'un de leurs parents, aura son domicile ou sa résidence établie par un mois au moins d'habitation continue à la date de la publication prévue par la loi.**

1) **Étranger.** L'article 74 s'applique à tout citoyen, même étranger, souhaitant se marier en France (■ Bordeaux, 3 déc. 1992, n° 6004/92 : *Juris-Data* n° 1992-047818 ; *JCP* 1993, IV, 1765).

2) Sur l'absence de **clause de conscience** en matière de célébration d'un mariage entre personnes de même sexe, V. annot. sous art. 165, p. 157.

(1) Dispositions applicables en Nouvelle-Calédonie, dans les îles Wallis-et-Futuna et en Polynésie française, L. n° 2013-404, 17 mai 2013, art. 22.

Art. 74-1 *(L. n° 2006-1376, 14 nov. 2006).* – Avant la célébration du mariage, les futurs époux confirment l'identité des témoins déclarés en application de l'article 63 ou, le cas échéant, désignent les nouveaux témoins choisis par eux (1).

Art. 75 *(L. 10 juill. 1850 ; L. 9 août 1919 ; L. 15 déc. 1929 ; L. 2 févr. 1933 ; L. 22 sept. 1942, validée Ord. 9 oct. 1945 ; Ord. n° 58-779, 23 août 1958 ; Ord. n° 59-71, 7 janv. 1959 ; L. n° 63-758, 30 juill. 1963 ; L. n° 66-359, 9 juin 1966 ; L. n° 2002-305, 4 mars 2002 ; L. n° 2010-737, 1er juill. 2010 ; L. n° 2013-404, 17 mai 2013).* – Le jour désigné par les parties, après le délai de publication, l'officier de l'état civil, à la mairie, en présence d'au moins deux témoins, ou de quatre au plus, parents ou non des parties, fera lecture aux futurs époux des articles 212 (2) et 213, du premier alinéa des articles 214 et 215, et de l'article 371-1 du présent code.

Toutefois, en cas d'empêchement grave, le procureur de la République du lieu du mariage pourra requérir l'officier de l'état civil de se transporter au domicile ou à la résidence de l'une des parties pour célébrer le mariage. En cas de péril imminent de mort de l'un des futurs époux, l'officier de l'état civil pourra s'y transporter avant toute réquisition ou autorisation du procureur de la République, auquel il devra ensuite, dans le plus bref délai, faire part de la nécessité de cette célébration hors de la maison commune.

Mention en sera faite dans l'acte de mariage.

L'officier de l'état civil interpellera les futurs époux, et, s'ils sont mineurs, leurs ascendants présents à la célébration et autorisant le mariage, d'avoir à déclarer s'il a été fait un contrat de mariage et, dans le cas de l'affirmative, la date de ce contrat, ainsi que les nom et lieu de résidence du notaire qui l'aura reçu.

Si les pièces produites par l'un des futurs époux ne concordent point entre elles quant aux prénoms ou quant à l'orthographe des noms, il interpellera celui qu'elles concernent, et s'il est mineur, ses plus proches ascendants présents à la célébration, d'avoir à déclarer que le défaut de concordance résulte d'une omission ou d'une erreur.

Il recevra de chaque partie, l'une après l'autre, la déclaration qu'elles veulent se prendre pour (2) époux : il prononcera, au nom de la loi, qu'elles sont unies par le mariage, et il en dressera acte sur-le-champ.

Voir : D. n° 74-449, 15 mai 1974, relatif au livret de famille et à l'information des futurs époux sur le droit de la famille, p. 2996.

Conformité à la Constitution. Sur la conformité à la Constitution de l'interdiction, antérieure à la loi du 17 mai 2013, du mariage entre personnes de même sexe, V. : art. 143, annot. n° 2, p. 148. – Comp. désormais art. 143, p. 147.

Art. 76 *(L. 10 juill. 1850 ; L. 17 août 1897 ; L. 21 juin 1907 ; L. 9 août 1919 ; L. 28 avr. 1922 ; L. 4 févr. 1928 ; Ord. n° 59-71, 7 janv. 1959 ; L. n° 97-987, 28 oct. 1997 ; L. n° 2016-1547, 18 nov. 2016).* – L'acte de mariage énoncera :

1° Les prénoms, noms, professions, âges, dates et lieux de naissance, domiciles et résidences des époux ;

2° Les prénoms, noms, professions et domiciles des pères et mères ;

3° Le consentement des pères et mères, aïeuls ou aïeules, et celui du conseil de famille, dans le cas où ils sont requis ;

4° Les prénoms et nom du précédent conjoint de chacun des époux ;

5° *(Abr., L. 13 févr. 1932)* ;

6° La déclaration des contractants de se prendre pour époux, et le prononcé de leur union par l'officier de l'état civil ;

7° Les prénoms, noms, professions, domiciles des témoins et leur qualité de majeurs ;

8° La déclaration, faite sur l'interpellation prescrite par l'article précédent, qu'il a été ou qu'il n'a pas été fait de contrat de mariage, et, autant que possible, la date du contrat, s'il existe, ainsi que les nom et lieu de résidence du notaire qui l'aura reçu ; le tout à peine, contre l'officier de l'état civil, de l'amende fixée par l'article 50.

Dans le cas où la déclaration aurait été omise ou serait erronée, la rectification de l'acte, en ce qui touche l'omission ou l'erreur, pourra être effectuée conformément à l'article 99-1.

(1) Ces dispositions ne sont pas applicables aux mariages célébrés avant le 1er mars 2007 (L. n° 2006-1376, 14 nov. 2006).

(2) Dispositions applicables en Nouvelle-Calédonie, dans les îles Wallis-et-Futuna et en Polynésie française, L. n° 2013-404, 17 mai 2013, art. 22.

9° S'il y a lieu, la déclaration qu'il a été fait un acte de désignation de la loi applicable conformément à la convention sur la loi applicable aux régimes matrimoniaux, faite à La Haye le 14 mars 1978, ainsi que la date et le lieu de signature de cet acte et, le cas échéant, le nom et la qualité de la personne qui l'a établi.

En marge de l'acte de naissance de chaque époux, il sera fait mention de la célébration du mariage et du nom du conjoint.

1) **Force probante.** L'énonciation selon laquelle il n'a pas été fait de contrat de mariage fait foi jusqu'à preuve du contraire (▪ Cass. 1re civ., 6 mai 1985, n° 84-10.362 : *Bull. civ.* I, n° 138, p. 128).

2) **Mention « sans profession ».** Lorsqu'une personne n'exerce pas de profession, seule la mention « sans profession » peut être portée et non celle de « demandeur d'emploi » (Rép. min. n° 17112 : *JO* déb. Ass. nat. 23 mars 1987, p. 1701).

3) **Indication du précédent conjoint.** L'indication éventuelle des prénoms et nom du précédent conjoint de chacun des époux figure exclusivement sur l'acte de mariage et ne donne donc pas lieu à lecture lors de la célébration, eu égard au respect de la vie privée des personnes (Rép. min. n° 28817 : *JCP* 1995, V, 121).

CHAPITRE IV. – DES ACTES DE DÉCÈS

Art. 77 *(Abr., D. n° 60-285, 28 mars 1960 ; abr. en ce qui concerne la Nouvelle-Calédonie et la Polynésie française. – D. n° 99-201, 18 mars 1999).*

Art. 78 *(L. 7 févr. 1924 ; L. n° 2016-1547, 18 nov. 2016).* – **L'acte de décès sera dressé par l'officier de l'état civil de la commune où le décès a eu lieu, sur la déclaration d'un parent du défunt ou sur celle d'une personne possédant sur son état civil les renseignements les plus exacts et les plus complets qu'il sera possible.**

Pour s'assurer de l'exactitude des informations déclarées, l'officier de l'état civil peut demander la vérification des données à caractère personnel du défunt auprès du dépositaire de l'acte de naissance ou, à défaut d'acte de naissance détenu en France, de l'acte de mariage.

1) Sur les délais de l'inhumation, V. CGCT, art. R. 2213-33.

2) **Enfants âgés de moins de six ans.** Les officiers de l'état civil adressent un extrait d'acte de décès des enfants âgés de moins de six ans, dans les quarante-huit heures de la déclaration, au médecin responsable du service de protection maternelle et infantile du département dans lequel résident les parents (C. santé publ., art. R. 2112-21).

Art. 79 *(L. 7 févr. 1924 ; Ord. 29 mars 1945 ; mod., L. n° 2011-525, 17 mai 2011).* – **L'acte de décès énoncera :**

1° Le jour, l'heure et le lieu du décès ;

2° Les prénoms, nom, date et lieu de naissance, profession et domicile de la personne décédée ;

3° Les prénoms, noms, professions et domiciles de ses père et mère ;

4° Les prénoms et nom de l'autre époux, si la personne décédée était mariée, veuve ou divorcée ;

4° *bis* Les prénoms et nom de l'autre partenaire, si la personne décédée était liée par un pacte civil de solidarité ;

5° Les prénoms, nom, âge, profession et domicile du déclarant et, s'il y a lieu, son degré de parenté avec la personne décédée.

Le tout, autant qu'on pourra le savoir.

Il sera fait mention du décès en marge de l'acte de naissance de la personne décédée.

1) **Mention « mort pour la France ».** Sur le problème posé par la mention « mort pour la France », voir sous art. 34, p. 104.

2) *Le nom de l'époux survivant,* prédécédé ou divorcé est une énonciation substantielle de l'acte de décès imposée par la loi (▪ Alger, 28 oct. 1949 : *JCP* 1950, II, 5318).

3) **Force probante.** Les mentions relatives à l'âge du défunt ainsi qu'à l'heure et au jour du décès ne font foi que jusqu'à preuve du contraire (▪ Cass. civ., 9 déc. 1924 : *S.* 1925, 1, 24). À défaut de toute autre indication, le décès est présumé jusqu'à preuve du contraire s'être produit le jour où il est constaté par l'officier de l'état civil (▪ Cass. 1re civ., 28 janv. 1957 : *JCP* 1957, IV, 38 ; *Bull. civ.* I, n° 43, p. 36). Si la preuve est rapportée de l'antériorité du décès, il convient de rectifier l'acte d'état civil en ce sens en prenant en considération les éléments de fait et, en particulier,

l'autopsie (■ Metz, 15 mars 1991, n° 2103/90 : *JurisData* n° 1991-050088 ; *JCP* 1992, IV, 1842). Mais il appartient à celui qui conteste l'heure du décès d'en établir l'inexactitude (■ Cass. 1re civ., 19 oct. 1999, n° 97-19.845 : *JurisData* n° 1999-003621 ; *JCP* 1999, IV, 3015 ; *RTD civ.* 2000, 79, obs. Hauser, père décédé deux heures et demie avant son fils. ■ Cass. 1re civ., 3 févr. 2004, n° 01-03.414 : *JurisData* n° 2004-022092 ; *Bull. civ.* I, n° 35, p. 29 ; *RTD civ.* 2004, 261, obs. Hauser, corps découvert le 10 janvier 2000, décès fixé au 1er octobre 1999).

4) Moment de la mort. Sur le constat de la mort préalable au prélèvement d'organes, de tissus et de cellules à des fins thérapeutiques ou scientifiques, V. C. santé publ., art. R. 1232-1 et s. Comp. pour le cas d'un assuré sur la vie tombant dans le coma le jour de la cessation du contrat et déclaré décédé le lendemain, ■ Cass. 1re civ., 7 janv. 1997, n° 94-20.135 : *JurisData* n° 1997-000057 ; *JCP* 1997, II, 22830, note Beignier ; *RTD civ.* 1997, 393, obs. Hauser.

5) Prisonniers, déportés et réfugiés. Les actes dressés en vertu de l'article 3 de l'ordonnance du 30 oct. 1945 par les fonctionnaires du ministère chargé des prisonniers, déportés et réfugiés, conformément à l'article 79 du Code civil, constituent des actes de l'état civil dotés de la même force probante que ceux dressés par l'officier de l'état civil normalement compétent (■ Cass. 1re civ., 11 déc. 1956 : *JCP* 1957, II, 9741). V. L. n° 85-528 du 15 mai 1985 sur les actes et jugements déclaratifs de décès des personnes mortes en déportation (*JO* 18 mai ; *JCP* 1985, III, 57218).

Art. 79-1 *(L. n° 93-22, 8 janv. 1993).* **– Lorsqu'un enfant est décédé avant que sa naissance ait été déclarée à l'état civil, l'officier de l'état civil établit un acte de naissance et un acte de décès sur production d'un certificat médical indiquant que l'enfant est né vivant et viable et précisant les jours et heures de sa naissance et de son décès.**

À défaut du certificat médical prévu à l'alinéa précédent, l'officier de l'état civil établit un acte d'enfant sans vie. Cet acte est inscrit à sa date sur les registres de décès et il énonce les jour, heure et lieu de l'accouchement, les prénoms et noms, dates et lieux de naissance, professions et domiciles des père et mère et, s'il y a lieu, ceux du déclarant. L'acte dressé ne préjuge pas de savoir si l'enfant a vécu ou non ; tout intéressé pourra saisir le tribunal de grande instance à l'effet de statuer sur la question.

1) Viabilité. Devra faire l'objet d'un acte d'enfant sans vie, soit l'enfant né vivant mais non viable, quelle que soit sa durée de gestation, soit l'enfant mort-né après un terme de 22 semaines d'aménorrhée ou pesant plus de 500 grammes (Circ. 30 nov. 2001 : *Dr. famille* 2002, 48, obs. Murat). – Comp., décidant que l'article 79-1, alinéa 2, ne subordonne l'établissement d'un acte d'enfant sans vie ni au poids du fœtus, ni à la durée de la grossesse, ■ Cass. 1re civ., 6 févr. 2008, trois arrêts : *Bull. civ.* I, n° 41, p. 34 ; n° 42, p. 35 ; n° 43, p. 36 ; *D.* 2008, 483, obs. Guiomard, 638, obs. Chauvin, 1371, obs. Granet-Lambrechts, 1442, obs. Galloux, et 1862, note Roujou de Boubée et Vigneau ; *JCP* 2008, II, 10045, note Loiseau ; *Defrénois* 2008, 866, note Massip, et 1443, chron. Popu ; *LPA* 1er avr. 2008, 8, note Latina ; *Dr. famille* 2008, 34, note Murat ; *RTD civ.* 2008, 268, obs. Hauser ; *JurisData* nos 2008-042652, 2008-042653 et 2008-042654. ■ Douai, 23 nov. 2009, n° 08/09246 : *JurisData* n° 2009-020568 ; *JCP* 2010, n° 8, note 215, Binet ; *Dr. famille* 2010, 55, note Murat. – Voir désormais D. n° 2008-800, 20 août 2008, ci-après reproduit.

2) Enfant né sans vie. Sur la délivrance du livret de famille, V. D. n° 74-449, 15 mai 1974, art. 4, p. 2997, et A. 20 août 2008 modifiant l'arrêté du 1er juin 2006 fixant le modèle de livret de famille, Annexe I (*JO* 22 août 2008, texte 12, p. 13145).

3) Reconnaissance (non). Sur l'impossibilité de reconnaître l'enfant déclaré sans vie, V. les art. 461 et s. de l'Instruction générale relative à l'état civil : *Dr. famille* 1999, 112, note Murat. – Rép. min. n° 73498 : Defrénois 2006, 870.

Décret n° 2008-800 du 20 août 2008

relatif à l'application du second alinéa de l'article 79-1 du Code civil

Art. 1er. – L'acte d'enfant sans vie prévu par le second alinéa de l'article 79-1 du Code civil est dressé par l'officier de l'état civil sur production d'un certificat médical établi dans des conditions définies par arrêté du ministre chargé de la santé et mentionnant les heure, jour et lieu de l'accouchement.

Voir : A. 20 août 2008 relatif au modèle de certificat d'accouchement en vue de la demande d'établissement d'un acte d'enfant sans vie, p. 3302.

Bibliographie : J.-R. Binet, *Inscription à l'état civil des enfants nés sans vie : JCP* N 2008, act. 611. • J. Massip, *Actes d'enfants sans vie : les deux décrets du 20 août 2008 : Defrénois* 2008, 2148. • G. Rousset, *De l'état civil des enfants nés sans vie : JCP* 2008, act. 553. • G. Loiseau, *L'acte II d'enfant sans vie : Dr. famille* 2008, 135. • M. Lamarche, obs. *in Dr. famille* 2008, focus 67. • J. Hauser, obs. *in RTD civ.* 2008, 652. • F. Granet-Lambrechts, obs. *in D.* 2009, 773.

Sur la circulaire du 19 juin 2009. D. Dutrieux, *Enfants nés sans vie. Publication d'une nouvelle circulaire : JCP* N 2009, act. 583. • J. Hauser, *Actes d'enfant sans vie : retour à la case départ ? : RTD civ.* 2010, 75. • P. Murat, note *in Dr. famille* 2009, 123.

Art. 80 *(L. 8 juin 1893 ; L. 20 nov. 1919 ; Ord. n° 58-779, 23 août 1958 ; L. n° 93-22, 8 janv. 1993 ; L. n° 2009-526, 12 mai 2009).* – Lorsqu'un décès se sera produit ailleurs que dans la commune où le défunt était domicilié, l'officier de l'état civil qui aura dressé l'acte de décès enverra, dans le plus bref délai, à l'officier de l'état civil du dernier domicile du défunt, une expédition de cet acte, laquelle sera immédiatement transcrite sur les registres. Cette disposition ne s'applique pas aux villes divisées en arrondissements, lorsque le décès est survenu dans un arrondissement autre que celui où le défunt était domicilié.

En cas de décès dans les établissements de santé et dans les établissements sociaux et médico-sociaux qui accueillent des personnes âgées, les directeurs en donnent avis, par tous moyens, dans les vingt-quatre heures, à l'officier de l'état civil. Dans ces établissements, un registre est tenu sur lequel sont inscrits les déclarations et renseignements portés à la connaissance de l'officier de l'état civil.

En cas de difficulté, l'officier de l'état civil doit se rendre dans les établissements pour s'assurer, sur place, du décès et en dresser l'acte, conformément à l'article 79, sur la base des déclarations et renseignements qui lui sont communiqués.

Art. 81. – Lorsqu'il y aura des signes ou indices de mort violente, ou d'autres circonstances qui donneront lieu de le soupçonner, on ne pourra faire l'inhumation qu'après qu'un officier de police, assisté d'un docteur en médecine ou en chirurgie, aura dressé procès-verbal de l'état du cadavre et des circonstances y relatives, ainsi que des renseignements qu'il aura pu recueillir sur les prénoms, nom, âge, profession, lieu de naissance et domicile de la personne décédée.

Art. 82. – L'officier de police sera tenu de transmettre de suite à l'officier de l'état civil du lieu où la personne sera décédée, tous les renseignements énoncés dans son procès-verbal, d'après lesquels l'acte de décès sera rédigé.

L'officier de l'état civil en enverra une expédition à celui du domicile de la personne décédée, s'il est connu : cette expédition sera inscrite sur les registres.

Art. 83 *(Abr., L. n° 2011-525, 17 mai 2011).*

Art. 84. – En cas de décès dans les prisons ou maisons de réclusion ou de détention, il en sera donné avis sur-le-champ, par les concierges ou gardiens, à l'officier de l'état civil, qui s'y transportera comme il est dit en l'article 80, et rédigera l'acte de décès.

Art. 85 *(Mod., L. n° 2011-525, 17 mai 2011).* – Dans tous les cas de mort violente ou survenue dans un établissement pénitentiaire, il ne sera fait sur les registres aucune mention de ces circonstances, et les actes de décès seront simplement rédigés dans les formes prescrites par l'article 79.

Art. 86 *(L. 7 févr. 1924 ; D. n° 65-422, 1er juin 1965).* – En cas de décès pendant un voyage maritime et dans les circonstances prévues à l'article 59, il en sera, dans les vingt-quatre heures, dressé acte par les officiers instrumentaires désignés en cet article et dans les formes qui y sont prescrites.

Art. 87 *(L. 8 juin 1893 ; Ord. 30 oct. 1945 ; Ord. n° 58-779, 23 août 1958 ; L. n° 2011-267, 14 mars 2011 ; L. n° 2016-1547, 18 nov. 2016).* – Lorsque le corps d'une personne décédée est retrouvé et peut être *identifié, un acte de décès doit être dressé par* l'officier de l'état civil du lieu présumé du décès, quel que soit le temps écoulé entre le décès et la découverte du corps.

Si le défunt ne peut être identifié, l'acte de décès doit comporter son signalement le plus complet ; en cas d'identification ultérieure, l'acte est rectifié dans les conditions prévues à l'article 99-1 du présent code. L'officier d'état civil informe sans délai le procureur de la République du décès, afin qu'il puisse prendre les réquisitions nécessaires aux fins d'établir l'identité du défunt.

Art. 88 *(L. 8 juin 1893 ; Ord. 30 oct. 1945 ; Ord. n° 58-779, 23 août 1958).* – **Peut être judiciairement déclaré, à la requête du procureur de la République ou des parties intéressées, le décès de tout Français disparu en France ou hors de France, dans des circonstances de nature à mettre sa vie en danger, lorsque son corps n'a pu être retrouvé.**

Peut, dans les mêmes conditions, être judiciairement déclaré le décès de tout étranger ou apatride disparu soit sur un territoire relevant de l'autorité de la France, soit à bord d'un bâtiment ou aéronef français, soit même à l'étranger s'il avait son domicile ou sa résidence habituelle en France.

La procédure de déclaration judiciaire de décès est également applicable lorsque le décès est certain mais que le corps n'a pu être retrouvé.

1) **Décès d'une personne dont le corps a été retrouvé.** La loi n'interdit pas au juge de déclarer le décès d'une personne dont le corps a été retrouvé. Il peut notamment en être ainsi lorsqu'aucune déclaration de décès n'a été faite à l'officier de l'état civil ou lorsqu'il existe une contestation quant à l'identité du corps qui a été découvert (■ Cass. 1re civ., 30 avr. 1985, n° 84-11.581 : *D.* 1985, 451. – V. aussi ■ Paris, 8 avr. 1999, n° 1998/22631 : *JurisData* n° 1999-023530 ; *RTD civ.* 1999, 597, obs. Hauser).

2) **Disparition en mer.** Un individu doit être considéré comme disparu dès lors que le navire à bord duquel il se trouvait était au large, par mer agitée d'une température de neuf degrés, ces circonstances étant de nature à mettre sa vie en danger au sens de l'article 88 (■ Cass. 1re civ., 14 mars 1995, n° 92-21.226 : *JurisData* n° 1995-000606 ; *Bull.* I, n° 126, p. 89 ; *JCP* 1995, I, 3874, n° 5, obs. Teyssié ; *RTD civ.* 1995, 323, obs. Hauser).

3) **Déportés.** V. L. n° 85-528 du 15 mai 1985 sur les actes et jugements déclaratifs de décès des personnes mortes en déportation (*JO* 18 mai ; *JCP* 1985, III, 57218).

4) **Aéronef.** Sur le cas de la disparition sans nouvelles d'un aéronef, V. C. aviation, art. L. 142-3.

Art. 89 *(L. 8 juin 1893 ; Ord. 30 oct. 1945 ; Ord. n° 58-779, 23 août 1958 ; D. n° 67-914, 16 oct. 1967 ; L. n° 2011-525, 17 mai 2011).* – **La requête est présentée au tribunal de grande instance du lieu de la mort ou de la disparition, si celle-ci s'est produite sur un territoire relevant de l'autorité de la France, sinon au tribunal du domicile ou de la dernière résidence du défunt ou du disparu ou, à défaut, au tribunal du lieu du port d'attache de l'aéronef ou du bâtiment qui le transportait. À défaut de tout autre, le Tribunal de grande instance de Paris est compétent.**

Si plusieurs personnes ont disparu au cours du même événement, une requête collective peut être présentée au tribunal du lieu de la disparition, à celui du port d'attache du bâtiment ou de l'aéronef, au tribunal de grande instance de Paris ou à tout autre tribunal de grande instance que l'intérêt de la cause justifie.

Art. 90 *(L. 8 juin 1893 ; Ord. 30 oct. 1945 ; L. 30 avr. 1946 ; L. n° 52-26, 7 janv. 1952 ; Ord. n° 58-779, 23 août 1958 ; L. n° 2011-94, 25 janv. 2011).* – **Lorsqu'elle n'émane pas du procureur de la République, la requête est transmise par son intermédiaire au tribunal. L'affaire est instruite et jugée en chambre du conseil. Le ministère d'avocat n'est pas obligatoire et tous les actes de la procédure, ainsi que les expéditions et extraits desdits actes, sont dispensés du timbre et enregistrés gratis.**

Si le tribunal estime que le décès n'est pas suffisamment établi, il peut ordonner toute mesure d'information complémentaire et requérir notamment une enquête administrative sur les circonstances de la disparition.

Si le décès est déclaré, sa date doit être fixée en tenant compte des présomptions tirées des circonstances de la cause et, à défaut, au jour de la disparition. Cette date ne doit jamais être indéterminée.

Art. 91 *(L. 8 juin 1893 ; Ord. 30 oct. 1945 ; Ord. n° 58-779, 23 août 1958 ; L. n° 2016-1547, 18 nov. 2016).* – **Le dispositif du jugement déclaratif de décès est transcrit sur les registres de l'état civil du lieu réel ou présumé du décès et, le cas échéant, sur ceux du lieu du dernier domicile du défunt.**

Mention de la transcription est faite en marge des registres à la date du décès. En cas de jugement collectif, des extraits individuels du dispositif sont transmis aux officiers de l'état civil du dernier domicile de chacun des disparus, en vue de la transcription.

Les jugements déclaratifs de décès tiennent lieu d'actes de décès et sont opposables aux tiers, qui peuvent seulement en obtenir la rectification, ou l'annulation, conformément aux articles 99 et 99-1 du présent code.

Art. 92 *(L. 8 juin 1893 ; L. 20 nov. 1919 ; Ord. 30 oct. 1945 ; Ord. n° 58-779, 23 août 1958 ; L. n° 77-1447, 28 déc. 1977).* – **Si celui dont le décès a été judiciairement déclaré reparaît postérieurement**

au jugement déclaratif, le procureur de la République ou tout intéressé peut poursuivre, dans les formes prévues aux articles 89 et suivants, l'annulation du jugement.

Les dispositions des articles 130, 131 et 132 sont applicables, en tant que de besoin (1).

Mention de l'annulation du jugement déclaratif sera faite en marge de sa transcription.

CHAPITRE V. – DES ACTES DE L'ÉTAT CIVIL CONCERNANT LES MILITAIRES ET MARINS DANS CERTAINS CAS SPÉCIAUX

Art. 93 *(L. 20 déc. 1922 ; L. 11 déc. 1924 ; L. n° 57-1232, 28 nov. 1957 ; Ord. n° 58-779, 23 août 1958 ; Ord. n° 2007-465, 29 mars 2007)*. – Les actes de l'état civil concernant les militaires et les marins de l'État sont établis comme il est dit aux chapitres précédents.

Toutefois, en cas de guerre, d'opérations militaires conduites en dehors du territoire national ou de stationnement des forces armées françaises en territoire étranger, en occupation ou en vertu d'accords intergouvernementaux, ces actes peuvent être également reçus par les officiers de l'état civil militaires désignés par arrêté du ministre de la Défense. Lesdits officiers de l'état civil sont également compétents à l'égard des non-militaires lorsque les dispositions des chapitres précédents sont inapplicables.

Sur le territoire national, les officiers de l'état civil susmentionnés peuvent recevoir les actes concernant les militaires et les non-militaires, dans les parties du territoire où, par suite de mobilisation ou de siège, le service de l'état civil n'est plus régulièrement assuré.

Les déclarations de naissance aux armées sont faites dans les dix jours qui suivent l'accouchement.

Les actes de décès peuvent être dressés aux armées, bien que l'officier de l'état civil n'ait pu se transporter auprès de la personne décédée. Par dérogation aux dispositions de l'article 78, ils peuvent y être dressés sur l'attestation de deux déclarants.

Sur la transcription des actes dressés par l'officier de l'état civil militaire, voir D. n° 65-422, 1er juin 1965, art. 10, portant création d'un service central d'état civil au ministère des Affaires étrangères, p. 2867.

Art. 94 *(Abr., D. n° 65-422, 1er juin 1965)*.

Art. 95 *(L. 28 févr. 1922 ; L. n° 57-1232, 23 nov. 1957 ; Ord. n° 2007-465, 29 mars 2007)*. – Dans les cas prévus aux alinéas 2 et 3 de l'article 93, les actes de l'état civil sont dressés sur un registre spécial, dont la tenue et la conservation sont réglées par arrêté du ministre de la Défense.

Voir : A. 19 juill. 1958, art. 2.

Art. 96 *(L. 8 juin 1893 ; L. n° 57-1232, 23 nov. 1957 ; Ord. n° 2007-465, 29 mars 2007)*. – Lorsqu'un mariage est célébré dans l'un des cas prévus aux alinéas 2 et 3 de l'article 93, les publications sont faites, dans la mesure où les circonstances le permettent, au lieu du dernier domicile du futur époux ; elles sont en outre assurées, dans l'unité à laquelle l'intéressé appartient, dans les conditions fixées par arrêté du ministre de la Défense.

Voir : A. 19 juill. 1958, art. 3.

Art. 96-1 *(Ord. n° 2007-465, 29 mars 2007 ; mod., L. n° 2008-493 26 mai 2008)*. – En cas de guerre ou d'opérations militaires conduites en dehors du territoire national, pour causes graves et sur autorisation, d'une part, du garde des Sceaux, ministre de la Justice, et, d'autre part, du ministre de la Défense, il peut être procédé à la célébration du mariage des militaires, des marins de l'État, des personnes employées à la suite des armées ou embarquées à bord des bâtiments de l'État sans que le futur époux comparaisse en personne et même si le futur époux est décédé, à la condition que le consentement au mariage ait été constaté dans les formes ci-après :

1° Sur le territoire national, le consentement au mariage du futur époux est constaté par un acte dressé par l'officier de l'état civil du lieu où la personne se trouve en résidence ;

2° *Hors du territoire national ou dans tous les cas où le service de l'état civil ne serait plus assuré dans le lieu où la personne* se trouve en résidence, l'acte de consentement est dressé par les officiers de l'état civil désignés à l'article 93 ;

(1) Voir L. n° 77-1447, 28 déc. 1977, art. 7 à 10, p. 3016.

3° Lorsqu'il s'agit de militaires prisonniers de guerre ou internés, ce consentement peut être établi par les agents diplomatiques ou consulaires de l'État étranger chargé des intérêts français dans les pays où ces militaires sont retenus en captivité ou par les autorités diplomatiques ou consulaires françaises accréditées dans les pays où ils sont internés. Il peut également être établi soit par deux officiers ou sous-officiers français, soit par un officier ou un sous-officier français assisté de deux témoins de même nationalité ;

4° L'acte de consentement est lu par l'officier de l'état civil au moment de la célébration du mariage.

Les actes de procuration et les actes de consentement au mariage de leurs enfants mineurs passés par les personnes susmentionnées peuvent être dressés dans les mêmes conditions que l'acte de consentement prévu aux alinéas précédents.

Les modalités d'application du présent article sont fixées par voie réglementaire.

Art. 96-2 *(Ord. n° 2007-465, 29 mars 2007).* – Les effets du mariage mentionné à l'article 96-1 remontent à la date à laquelle le consentement du futur époux a été reçu.

Art. 97 *(L. 8 juin 1893 ; L. n° 57-1232, 23 nov. 1957 ; D. n° 65-422, 1er juin 1965).* – Les actes de décès reçus par l'autorité militaire, dans tous les cas prévus à l'article 93 ci-dessus, ou par l'autorité civile pour des membres des forces armées, des civils participant à leur action, en service commandé, ou des personnes employées à la suite des armées, peuvent être l'objet d'une rectification administrative dans des conditions fixées par décret, dans les périodes et sur les territoires où l'autorité militaire est habilitée, par ledit article 93, à recevoir éventuellement ces actes.

CHAPITRE VI. – DE L'ÉTAT CIVIL DE PERSONNES NÉES À L'ÉTRANGER QUI ACQUIÈRENT OU RECOUVRENT LA NATIONALITÉ FRANÇAISE

(L. n° 78-731, 12 juill. 1978)

Art. 98. – Un acte tenant lieu d'acte de naissance est dressé pour toute personne née à l'étranger qui acquiert ou recouvre la nationalité française à moins que l'acte dressé à sa naissance n'ait déjà été porté sur un registre conservé par une autorité française.

Cet acte énonce les nom, prénoms et sexe de l'intéressé et indique le lieu et la date de sa naissance, sa filiation, sa résidence à la date de l'acquisition de la nationalité française.

Art. 98-1. – De même, un acte tenant lieu d'acte de mariage est dressé lorsque la personne qui acquiert ou recouvre la nationalité française a contracté mariage antérieurement à l'étranger, à moins que la célébration du mariage n'ait déjà été constatée par un acte porté sur un registre conservé par une autorité française.

L'acte énonce :
- la date et le lieu de la célébration ;
- l'indication de l'autorité qui y a procédé ;
- les noms, prénoms, dates et lieux de naissance de chacun des époux ;
- la filiation des époux ;
- ainsi que, s'il y a lieu, le nom, la qualité et la résidence de l'autorité qui a reçu le contrat de mariage.

Art. 98-2. – *Un même* acte peut être dressé portant les énonciations relatives à la naissance et au mariage, à moins que la naissance et le mariage *n'aient déjà été* constatés par des actes portés sur un registre conservé par une autorité française.

Il tient lieu à la fois d'acte de naissance et d'acte de mariage.

Art. 98-3. – Les actes visés aux articles 98 à 98-2 indiquent en outre :
- la date à laquelle ils ont été dressés ;
- le nom et la signature de l'officier de l'état civil ;
- les mentions portées en marge de l'acte dont ils tiennent lieu ;
- l'indication des actes et décisions relatifs à la nationalité de la personne.

Mention est faite ultérieurement en marge :
- des indications prescrites pour chaque catégorie d'acte par le droit en vigueur.

Art. 98-4. – **Les personnes pour lesquelles des actes ont été dressés en application des articles 98 à 98-2 perdent la faculté de requérir la transcription de leur acte de naissance ou de mariage reçu par une autorité étrangère.**

En cas de désaccord entre les énonciations de l'acte de l'état civil étranger ou de l'acte de l'état civil consulaire français et celles de l'acte dressé selon les dispositions desdits articles, ces dernières feront foi jusqu'à décision de rectification.

Voir : D. n° 80-308, 25 avr. 1980, portant application des articles 98 à 98-4 et 99-1 du Code civil relatifs à l'état civil des personnes nées à l'étranger qui acquièrent ou recouvrent la nationalité française et des articles 115 et 116 du Code de la nationalité (C. civ., art. 28 et 28-1) relatifs aux mentions intéressant la nationalité portées en marge des actes de naissance, p. 3064.

CHAPITRE VII. – DE L'ANNULATION ET DE LA RECTIFICATION DES ACTES DE L'ÉTAT CIVIL

(Intitulé mod., L. n° 2016-1547, 18 nov. 2016)

Art. 99 *(L. 8 juin 1893 ; L. 20 nov. 1919 ; L. 10 mars 1938 ; Ord. n° 58-779, 23 août 1958 ; D. n° 81-500, 12 mai 1981 ; L. n° 2016-1547, 18 nov. 2016).* – **La rectification des actes de l'état civil est ordonnée par le président du tribunal.**

L'annulation des actes de l'état civil est ordonnée par le tribunal. Toutefois, le procureur de la République territorialement compétent peut faire procéder à l'annulation de l'acte lorsque celui-ci est irrégulièrement dressé.

Voir : CPC, art. 1046 à 1056, p. 2329 et s.

Rédaction antérieure. Art. 99. – La rectification des actes de l'état civil est ordonnée par le président du tribunal.

La rectification des jugements déclaratifs ou supplétifs d'actes de l'état civil est ordonnée par le tribunal.

La requête en rectification peut être présentée par toute personne intéressée ou par le procureur de la République ; celui-ci est tenu d'agir d'office quand l'erreur ou l'omission porte sur une indication essentielle de l'acte ou de la décision qui en tient lieu.

Le procureur de la République territorialement compétent peut procéder à la rectification administrative des erreurs et omissions purement matérielles des actes de l'état civil ; à cet effet, il donne directement les instructions utiles aux dépositaires des registres.

1) **Distinction avec la procédure de changement de nom.** Excède ses pouvoirs et viole les articles 99 et 61 du Code civil la cour d'appel qui, retenant que l'officier de l'état civil n'a pas commis d'erreur ni outrepassé les limites de sa compétence lors de l'attribution du nom de l'intéressé dans son acte de naissance, se prononce sur une demande de rectification de ce nom alors que celle-ci s'analyse en une demande de changement de nom (■ Cass. 1re civ., 8 juill. 2015,n° 13-50.062 : *Bull.* ; *D.* 2015, 1783, obs. Guyon-Renard ; *RTD civ.* 2015, 850, obs. Hauser ; *JurisData* n° 2015-016693).

2) **Erreurs involontaires.** L'article 99 ne distingue pas selon le caractère volontaire ou non des erreurs contenues dans les actes de l'état civil (■ Cass. 1re civ., 2 juin 1987, n° 85-16.381 : *JurisData* n° 1987-001034 ; *Bull. civ.* I, n° 175, p. 132).

3) **Transsexuels.** V. art. 61-5, p. 123 (L. n° 2016-1547, 18 nov. 2016).

4) ***Enfant né plus de 300 jours après l'ordonnance de non-conciliation.*** Sur la rectification à la requête du ministère public pour faire supprimer le nom du mari de la mère lorsque l'enfant est né plus de trois cents jours après l'ordonnance de non-conciliation, V. ■ TGI Paris, 11 mai 1973 et 4 janv. 1974 : *D.* 1974, 491, note Massip. – Comp. pour une rectification ordonnée à la demande de la femme divorcée faussement indiquée comme la mère de l'enfant issu du mari et de sa concubine, ■ Paris, 26 janv. 1982 : *JurisData* n° 1982-028328 ; *D.* 1983, inf. rap. 327, obs. Huet-Weiller.

5) **Reconnaissance prénatale.** Lorsqu'il n'a pas été indiqué à l'officier de l'état civil qui dresse l'acte de naissance que l'enfant a fait l'objet d'une reconnaissance prénatale, le procureur de la République est fondé à réparer cette omission en ordonnant la mention de la reconnaissance en marge de l'acte de naissance (■ Versailles, 25 juin 1992 : *JurisData* n° 1992-044635 ; *D.* 1993, somm. 169, obs. Granet-Lambrechts).

6) **Imprescriptibilité.** Le droit d'agir en rectification est imprescriptible (■ Caen, 23 févr. 1965 : *Gaz. Pal.* 1965, 2, 169).

7) **Respect de la vie privée et intérêt général.** Ayant souverainement relevé que les conséquences résultant, pour une personne, du rétablissement de l'exacte identité patronymique étaient relatives, tant pour lui-même que pour sa famille, dès lors qu'il était notoire que son nom était issu d'un patronyme adopté sciemment par son père dans la Résistance, que son

mariage et la naissance de ses filles étaient récents et que le risque de déconstruction de la personnalité et de lourdes répercussions psychologiques était peu sérieux, une cour d'appel a pu retenir que, malgré l'atteinte portée à la vie privée du demandeur, la rectification de son état civil prévue par la loi s'imposait pour la protection de l'intérêt général (▪ Cass. 1re civ., 11 juill. 2006 : *Bull. civ.* I, n° 377, p. 324 ; *JurisData* n° 2006-034538, rejetant le pourvoi formé contre ▪ Versailles, 24 oct. 2002 : *JurisData* n° 2002-193945 ; *RTD civ.* 2003, 266, obs. Hauser).

8) Actions d'état. Sur le principe que la voie de la rectification par requête n'est pas ouverte quand la prétention du réclamant soulève une question d'état, V. ▪ Amiens, 1er juill. 1974 : *JCP* 1975, IV, 140. – Sur la distinction entre les actions en rectification d'état civil et les actions d'état, V. ▪ Cass. 1re civ., 26 janv. 1983, n° 81-16.795 : *JurisData* n° 1983-700250 ; *JurisData* n° 1983-700078 ; *JurisData* n° 1983-700078 ; *D.* 1983, 436, note Massip. L'expertise biologique n'est pas de droit en matière de rectification d'état civil (▪ Cass. 1re civ., 19 mars 2008, n° 06-19.640 : *JurisData* n° 2008-043311). L'action ayant pour objet de faire supprimer de l'acte de naissance la mention erronée que la mère était à l'époque de la naissance l'épouse du père (alors qu'elle était divorcée) est une action en rectification d'état civil et non une action en contestation d'état (▪ Cass. 1re civ., 14 mai 1985, n° 84-10.437 : *JurisData* n° 1985-701522 ; *Bull. civ.* I, n° 150, p. 137).

9) Possession d'état. Ne donne pas de base légale à sa décision l'arrêt qui fait droit à une requête en rectification d'état civil visant à compléter le patronyme du requérant en énonçant que jusqu'à son trisaïeul le nom patronymique de tous les ancêtres était bien celui revendiqué, alors qu'il lui appartenait de rechercher si, à défaut de titre de naissance, la filiation du trisaïeul était établie par la possession d'état (▪ Cass. 1re civ., 5 mai 1987, n° 84-16.126 : *JurisData* n° 1987-000936 ; *Bull. civ.* I, n° 141, p. 111).

10) Acte de naissance dressé à l'étranger. Sur les conditions de la rectification d'un acte de naissance d'une personne née en Algérie et devenue française par déclaration, V. ▪ Cass. 1re civ., 29 nov. 1994, n° 93-10.760 : *Rev. crit. DIP* 1995, 543, note Droz. Comp., faisant application d'un protocole franco-marocain, ▪ Cass. soc., 26 févr. 1996 : *Rev. crit. DIP* 1996, 473, note Droz.

11) Reconnaissance mensongère. Rectification (non). L'annulation d'un acte de naissance en raison de la mention en marge de l'annulation d'une reconnaissance mensongère échappe au domaine de la rectification judiciaire de l'article 99 (▪ Paris, 19 oct. 2000, n° 1999/18513 : *JurisData* n° 2000-125014 ; *Dr. famille* 2001, 29, note Murat ; *D.* 2001, 1275, note Ardeeff ; *RTD civ.* 2001, 106, obs. Hauser).

12) Convention internationale. V. D. n° 83-883 du 27 sept. 1983 portant publication de la convention relative aux décisions de rectification d'actes de l'état civil, signée à Paris le 10 sept. 1964 (*JO* 6 oct. ; *JCP* 1983, III, 54796).

Art. 99-1

(*Rempl., L. n° 2016-1547, 18 nov. 2016*). – L'officier de l'état civil rectifie les erreurs ou omissions purement matérielles entachant les énonciations et mentions apposées en marge des actes de l'état civil dont il est dépositaire et dont la liste est fixée par le Code de procédure civile.

Si l'erreur entache d'autres actes de l'état civil, l'officier de l'état civil saisi procède ou fait procéder à leur rectification lorsqu'il n'est pas dépositaire de l'acte.

Les modalités de cette rectification sont précisées au même code.

Le procureur de la République territorialement compétent peut toujours faire procéder à la rectification administrative des erreurs et omissions purement matérielles des actes de l'état civil ; à cet effet, il donne directement les instructions utiles aux dépositaires des registres de l'acte erroné ainsi qu'à ceux qui détiennent les autres actes entachés par la même erreur.

1) Erreur matérielle. Une mention marginale portée par erreur dans un acte d'état civil peut être rectifiée par simple requête, lorsqu'elle est incompatible avec le contenu de l'acte et qu'elle conduit à établir un statut impossible ou interdit par la loi (▪ TGI Lille, 6 juill. 2002 : *D.* 2002, 2901, note Labbée, bigamie homosexuelle).

2) Rectification administrative. Viole l'article 99, alinéa 4 (anc.), du Code civil, la cour d'appel qui, saisie d'une demande portant sur le rétablissement de la particule du nom de famille, retient que le procureur de la République est fondé à donner instructions de procéder à la rectification administrative d'une erreur affectant l'acte de décès, alors que la suppression de la particule ne tendait pas à la rectification d'une erreur purement matérielle, de sorte qu'en procédant à une telle rectification, le procureur de la République avait excédé ses pouvoirs (▪ Cass. 1re civ., 5 nov. 2014, n° 14-11.407 : *Bull.* ; *D.* 2015, 512, obs. Guyon-Renard ; *RTD civ.* 2015, 98, obs. Hauser).

Art. 99-2 *(L. n° 78-731, 12 juill. 1978 ; L. n° 93-22, 8 janv. 1993 ; anc. art. 99-1, dénum. et mod., L. n° 2016-1547, 18 nov. 2016).* – **Les personnes habilitées à exercer les fonctions d'officier de l'état civil pour dresser les actes mentionnés aux articles 98 à 98-2 peuvent procéder à la rectification administrative des erreurs et omissions purement matérielles entachant les énonciations et mentions apposées en marge de ces actes conformément à l'article 99-1.**

Les personnes habilitées à exercer les fonctions d'officier de l'état civil auprès de l'Office français de protection des réfugiés et apatrides peuvent, dans les mêmes conditions, procéder à la rectification des certificats tenant lieu d'acte de l'état civil établis conformément au Code de l'entrée et du séjour des étrangers et du droit d'asile.

Art. 100 *(L. 20 nov. 1919 ; Ord. n° 58-779, 23 août 1958 ; mod., L. n° 2016-1547, 18 nov. 2016).* – **Toute rectification ou annulation judiciaire ou administrative d'un acte est opposable à tous à compter de sa publicité sur les registres de l'état civil.**

1) Droits conférés. Si les rectifications d'état civil, judiciaires ou administratives, sont opposables à tous, elles ne confèrent de droits qu'à ceux qui les ont requises et à leurs ayants cause (■ Cass. 1re civ., 25 mai 1992, n° 90-13.613 : *JurisData* n° 1992-001506 ; *Bull. civ.* I, n° 158, p. 108 ; *D.* 1992, 445, note Boulanger).

2) Interdiction du port d'un patronyme. Les décisions de justice qui interdisent à une personne de porter un patronyme sont, d'après l'article 100, opposables à tous (■ Paris, 17 mai 2001, n° 2002/02798 : *JurisData* n° 2002-182245 ; *D.* 2002, somm. 2376, obs. Lepage).

Art. 101 *(L. 8 juin 1893 ; L. 20 nov. 1919 ; Ord. n° 58-779, 23 août 1958 ; D. n° 81-500, 12 mai 1981).* – **Expédition de l'acte ne peut plus être délivrée qu'avec les rectifications ordonnées, à peine de l'amende édictée par l'article 50 du Code civil et de tous dommages-intérêts contre le dépositaire des registres.**

CHAPITRE VIII. – DE LA PUBLICITÉ DES ACTES DE L'ÉTAT CIVIL

(L. n° 2016-1547, 18 nov. 2016)

Art. 101-1 *(L. n° 2016-1547, 18 nov. 2016).* – **La publicité des actes de l'état civil est assurée par la délivrance des copies intégrales ou d'extraits faite par les officiers de l'état civil.**

Le contenu et les conditions de délivrance des copies intégrales et des extraits sont fixés par décret en Conseil d'État.

La procédure de vérification sécurisée des données à caractère personnel contenues dans les actes de l'état civil peut être mise en œuvre aux fins de suppléer à la délivrance des copies intégrales et des extraits, dans les conditions fixées par décret en Conseil d'État. Lorsque la procédure de vérification peut être mise en œuvre par voie dématérialisée, notamment par les notaires, elle se substitue à toute autre forme de délivrance de copie intégrale ou d'extrait mentionnée aux articles précédents.

(1)**La procédure de vérification par voie dématérialisée est obligatoirement mise en œuvre par les communes sur le territoire desquelles est située ou a été établie une maternité.**

Art. 101-2 *(L. n° 2016-1547, 18 nov. 2016).* – **La publicité des actes de l'état civil est également assurée par le livret de famille, dont le contenu, les règles de mise à jour et les conditions de délivrance et de sécurisation sont fixés par décret en Conseil d'État. Son modèle est défini par arrêté.**

TITRE III. – DU DOMICILE

Art. 102 *(L. 12 nov. 1938 ; Ord. n° 58-923, 7 oct. 1958 ; L. n° 69-3, 3 janv. 1969 ; L. n° 2014-366, 24 mars 2014).* – **Le domicile de tout Français,** ***quant à l'exercice de ses droits civils,*** **est au lieu où il a son** ***principal établissement.***

(1) Le dernier alinéa de l'article 101-1 dans sa rédaction résultant de l'article 53 de la loi du 18 novembre 2016 entre en vigueur au plus tard le premier jour du vingt-quatrième mois suivant la promulgation de la loi (L. n° 2016-1547, 18 nov. 2016, art. 114, XVII).

Le lieu d'exercice des droits civils d'une personne sans domicile stable est celui où elle a fait élection de domicile dans les conditions prévues à l'article L. 264-1 du Code de l'action sociale et des familles.

Les bateliers et autres personnes vivant à bord d'un bateau de navigation intérieure immatriculé en France, qui n'ont pas le domicile prévu à l'alinéa précédent ou un domicile légal, sont tenus de choisir un domicile dans l'une des communes dont le nom figure sur une liste établie par arrêté du garde des Sceaux, ministre de la Justice, du ministre de l'Intérieur et du ministre des Travaux publics, des Transports et du Tourisme. Toutefois, les bateliers salariés et les personnes vivant à bord avec eux peuvent se domicilier dans une autre commune à condition que l'entreprise qui exploite le bateau y ait son siège ou un établissement ; dans ce cas, le domicile est fixé dans les bureaux de cette entreprise ; à défaut de choix par eux exercé, ces bateliers et personnes ont leur domicile au siège de l'entreprise qui exploite le bateau et, si ce siège est à l'étranger, au bureau d'affrètement de Paris.

Bibliographie : A. Martin-Serf, *Du domicile à la résidence : RTD civ.* 1978, 535.

Voir : C. action soc. et fam., art. L. 264-1, ci-après reproduit, p. 140.

I – CARACTÈRES

1) La perte d'un domicile existant ne peut se réaliser que par l'acquisition d'un domicile nouveau (▪ Cass. civ., 23 janv. 1850 : *DP* 1850, 1, 61. ▪ Cass. civ., 25 mai 1951 : *D.* 1951, 509).

2) L'obligation d'habiter mise à la charge du légataire ne peut être considérée comme une condition illicite si elle ne présente qu'un caractère temporaire et est de nature à donner satisfaction à un sentiment légitime du testateur (▪ Cass. req., 17 mars 1925 : *S.* 1927, 1, 281, note Morel).

3) Libre choix. Selon l'article 8 de la Convention européenne des droits de l'homme, toute personne a droit au respect de son domicile, et le libre choix du domicile personnel est un attribut de ce droit. Une restriction à cette liberté par l'employeur n'est valable qu'à la condition d'être indispensable à la protection des intérêts légitimes de l'entreprise et proportionnée, compte tenu de l'emploi occupé et du travail demandé, au but recherché (▪ Cass. soc., 12 janv. 1999, n° 96-40.755 : *JurisData* n° 1999-000086 ; *D.* 1999, 645, note Marguénaud et Mouly ; *RTD civ.* 1999, 355, obs. Hauser, 395, obs. Mestre. ▪ Cass. soc., 23 sept. 2009, n° 08-40.434 : *Bull. civ.* V, n° 190, p. 202 ; *RTD civ.* 2010, 75, obs. Hauser ; *D.* 2009, 2431, restriction injustifiée imposée par un tiers, assureur de l'employeur. ▪ Cass. soc., 28 févr. 2012, n° 10-18.308 : *Bull. civ.* V, n° 78, p. 79 ; *JCP* 2012, doctr. 561, n° 2, obs. Mekki ; *JurisData* n° 2012-003036). Porte ainsi atteinte à la liberté individuelle de l'avocat salarié, la clause du contrat de travail faisant obligation à cet avocat de fixer son domicile au lieu d'implantation du cabinet, en justifiant cette obligation par la seule nécessité « d'une bonne intégration dans l'environnement local » (▪ Cass. soc., 12 juill. 2005, n° 04-13.342 : *JurisData* n° 2005-029503 ; *Bull. civ.* V, n° 241, p. 210 ; *RTD civ.* 2006, 109, obs. Mestre et Fages ; *D.* 2006, somm. 31, obs. Escande-Varniol, et somm. 2708, obs. Marino, cassation au visa des articles 9 du Code civil, L. 120-2 (désormais L. 1121-1) du Code du travail et 7 de la loi du 31 décembre 1971 de l'arrêt ayant admis la validité d'une telle clause. ▪ Cass. 1re civ., 7 févr. 2006, n° 05-12.113 : *JurisData* n° 2006-032055 ; *Bull. civ.* I, n° 52, p. 54 ; *RTD civ.* 2006, 280, obs. Hauser). Porte atteinte de façon disproportionnée à la liberté de choix du domicile d'un salarié (art. 8 Conv. EDH) l'employeur qui s'oppose sans raisons objectives à ce qu'un poste disponible dans une autre région soit proposé au salarié contraint de changer son domicile pour des raisons familiales sérieuses (▪ Cass. soc., 24 janv. 2007, n° 05-40.639 : *D.* 2007, 1480, note Loiseau ; *JCP* 2007, II, 10110, note Mouly ; *JurisData* n° 2007-037106).

4) Vie privée. V. art. 9, annot. n° 26 et s., p. 50.

5) Unicité du domicile. Nul ne peut avoir plus d'un domicile (▪ Cass. req., 1er févr. 1911 : *DP* 1913, 1, 400). Voir cependant C. élect., art. L. 11 (domicile électoral), C. civ., art. 74 et 165 (domicile matrimonial), C. civ., art. 111 (domicile élu). – V. aussi pour l'admission d'un domicile commercial, ▪ Cass. soc., 10 mars 1965 : *JurisData* n° 1965-098212 ; *JurisData* n° 1965-098212 ; *Bull. civ.* IV, n° 212, p. 174. Comp. pour le domicile fiscal CGI, art. 164-1 (▪ CE, 24 oct. 1973, n° 90195 : *D.* 1974, 444, note Tixier), pour le domicile au sens de l'article 184 du Code pénal (C. pén., art. 226-4). ▪ Cass. crim., 4 janv. 1977, n° 76-91.105 : *JurisData* n° 1977-094006 ; *Bull. crim.* 1977, n° 6.

II – DÉTERMINATION

6) Pouvoirs des juges du fond. La détermination du lieu du principal établissement est une question de fait relevant de l'appréciation souveraine des juges du fond (▪ Cass. req., 24 juill. 1941 : *DA* 1941, 357. ▪ Cass. 1re civ., 29 mai 1961, n° 59-10.734 : *JCP* 1961, IV, 106 ; *Bull. civ.* I, n° 274, p. 217. ▪ Cass. 3e civ., 18 févr. 1971, n° 69-11.693 : *Bull. civ.* III, n° 121, p. 87. ▪ Cass. 2e civ., 26 avr. 1990, n° 88-19.820 : *JurisData* n° 1990-701157 ; *Bull.* II, n° 77, p. 40). Ceux-ci ne sont pas tenus de suivre les parties dans le détail de leur argumentation

(■ Cass. 1re civ., 5 nov. 1958 : *Bull. civ.* I, n° 474, p. 385), mais ils doivent motiver leur décision (■ Cass. civ., 9 mai 1951 : *D.* 1951, 472). La mention dans le jugement de l'adresse donnée par le demandeur ne préjuge pas l'existence de son domicile réel dans la commune qu'il a indiquée (■ Cass. 2e civ., 12 mars 1981, n° 81-60.469 : *JurisData* n° 1981-701220 ; *Bull.* II, n° 60, p. 40).

7) Intention de fixer son établissement. Pour déterminer le domicile réel, il faut tenir compte avant tout de l'intention manifestée par l'intéressé de fixer son établissement principal dans un lieu donné (■ Cass. req., 11 avr. 1910 : *DP* 1913, 1, 159. ■ Cass. req., 29 juill. 1935 : *DH* 1935, 556. ■ Cass. civ., 17 juill. 1963, n° 61-12 646 : *Bull. civ.* I, n° 403, p. 344).

8) Critères. Les juges du fond peuvent localiser le principal établissement en utilisant différents critères, notamment en considérant la résidence habituelle de la personne, le siège de ses intérêts familiaux et pécuniaires ainsi que le lieu d'exercice de sa principale activité professionnelle (■ Cass. soc., 15 juin 1956 : *Bull. civ.* IV, n° 556, p. 414). Sur la distinction entre la résidence et l'habitation, V. ■ Cass. soc., 5 mars 1954 : *Bull. civ.* IV, n° 165, p. 128. Au cas où ces différents critères ne se recoupent pas, certaines décisions font prévaloir le lieu de la résidence effective (■ Cass. soc., 14 oct. 1955 : *D.* 1956, 42), d'autres le centre des affaires de l'intéressé (■ Paris, 28 oct. 1935 : *DH* 1936, 25), et notamment le lieu d'exercice de l'activité professionnelle (■ Cass. req., 11 avr. 1932 : *DH* 1932, 249. ■ Cass. com., 15 nov. 1965 : *JCP* 1965, IV, 162 ; *Bull. civ.* III, n° 575, p. 517).

9) Domicile apparent. Malgré le principe de l'unité du domicile, le défendeur peut être valablement assigné devant le tribunal du domicile apparent (■ Cass. req., 7 juin 1885 : *DP* 1887, 1, 12. ■ Cass. soc., 24 mars 1949 : *JCP* 1949, II, 4957. ■ Cass. 1re civ., 31 janv. 1968 : *Bull. civ.* I, n° 41, p. 32. – Comp. C. com., art. L. 210-3, alinéa 2).

10) Personnes sans domicile ni résidence fixe. Voir Décret n° 2017-1522 du 2 novembre 2017 relatif aux personnes n'ayant en France ni domicile ni résidence fixe et pris pour l'application des articles 150, 194 et 195 de la loi n° 2017-86 du 27 janvier 2017 relative à l'égalité et à la citoyenneté (dispositions tirant les conséquences de l'abrogation de la loi n° 69-3 du 3 janvier 1969 relative à l'exercice des activités ambulantes et au régime applicable aux personnes circulant en France sans domicile ni résidence fixe). P. Fadeuilhe, *La domiciliation des personnes sans domicile stable : Dr. famille* 2007, étude 33. – Sur la conformité à la Constitution du livret spécial de circulation institué par la loi du 3 janvier 1969, V. ■ Cons. const., 5 oct. 2012, déc. n° 2012-279 QPC : *JurisData* n° 2012-022658 ; *JO* 6 oct. 2012 ; *RTD civ.* 2012, 710, obs. Hauser.

Code de l'action sociale et des familles

Art. L. 264-1. – Pour prétendre au service des prestations sociales légales, réglementaires et conventionnelles, à l'exercice des droits civils qui leur sont reconnus par la loi, ainsi qu'à la délivrance d'un titre national d'identité, à l'inscription sur les listes électorales ou à l'aide juridictionnelle, les personnes sans domicile stable doivent élire domicile soit auprès d'un centre communal ou intercommunal d'action sociale, soit auprès d'un organisme agréé à cet effet.

(...)

Art. 103. – **Le changement de domicile s'opérera par le fait d'une habitation réelle dans un autre lieu, joint à l'intention d'y fixer son principal établissement.**

1) Déplacement effectif. Le déplacement de l'habitation doit être effectif (■ Cass. soc., 8 juin 1951 : *D.* 1951, 510, 2e esp. – Voir cependant ■ Cass. 1re civ., 17 juill. 1963, n° N° 61-12 646 : *Bull. civ.* I, n° 403, p. 344). Cette condition n'est pas remplie dans le cas de la location d'une chambre ne comportant qu'un mobilier sommaire (■ Cass. 2e civ., 4 juill. 1956 : *Bull. civ.* II, n° 428, p. 277) ou dans le cas d'une visite à l'étranger prolongée de quelques mois (■ Cass. 2e civ., 24 juin 1965 : *Bull. civ.* II, n° 562, p. 392).

2) Intention de transférer le principal établissement. L'intention de transférer le principal établissement doit être réelle (■ Cass. soc., 25 mai 1951 : *D.* 1951, 509). Peu importe que le nouveau domicile ne soit que temporaire (■ Cass. 2e civ., 4 juin 1966 : *JurisData* n° 1966-000645 ; *Bull. civ.* II, n° 645, p. 456). Mais si la preuve de l'intention n'est pas rapportée, la nouvelle habitation ne constitue qu'une simple résidence, l'intéressé conservant son domicile ancien (■ Cass. 2e civ., 20 janv. 1966 : *JurisData* n° 1966-099082 ; *JurisData* n° 1966-099082 ; *Bull. civ.* II, n° 505, p. 359. ■ Paris, 25 nov. 1948 : D. 1949, 35). Il en va de même si le transfert de l'habitation est imposé par la fonction (■ Cass. 1re civ., 21 juill. 1966 : *Bull. civ.* I, n° 128, p. 97), ou par l'état de santé (■ Cass. soc., 17 mai 1947 : *D.* 1947, 385). Sur le cas du placement dans un établissement psychiatrique, V. C. santé publ., art. L. 3211-7.

3) Pouvoir souverain des juges du fond. Les juges du fond disposent d'un pouvoir souverain pour apprécier si les conditions posées par l'article 103 sont réunies (▪ Cass. 1re civ., 24 juill. 1973 : *JurisData* n° 1973-000253 ; *JCP* 1973, IV, 335 ; *Bull. civ.* I, n° 253, p. 223. ▪ Cass. 2e civ., 26 févr. 1976, n° 75-11.186 : *JurisData* n° 1976-099069 ; *Bull. civ.* II, n° 69, p. 54. ▪ Poitiers, 11 janv. 1967 : *Gaz. Pal.* 1967, 1, 71).

4) Divorce, séparation de corps ou annulation du mariage. Sur l'obligation de notifier le changement de domicile qui pèse, après divorce, séparation de corps ou annulation du mariage, sur la personne ayant la garde de ses enfants ou sur la personne tenue, envers son conjoint ou ses enfants, de prestations ou pensions de toute nature, V. C. pén., art. 227-4 et 227-6.

5) Service national. Sur l'obligation pour les hommes soumis aux obligations du service national de faire connaître tout changement de domicile et de résidence, V. C. serv. nat., art. L. 21.

6) Instance judiciaire. Sur le principe que le changement de domicile en cours d'instance n'est pas opposable à l'adversaire s'il ne lui a pas été notifié, V. ▪ Cass. soc., 23 oct. 1947 : *D.* 1948, 43.

Art. 104. – **La preuve de l'intention résultera d'une déclaration expresse, faite tant à la municipalité du lieu que l'on quittera, qu'à celle du lieu où on aura transféré son domicile.**

1) Une **déclaration faite seulement à la mairie du domicile ancien** est inopérante au sens de l'article 104 du Code civil (▪ Cass. civ., 7 déc. 1885 : *DP* 1886, 1, 159. ▪ Cass. civ., 18 juill. 1933 : *S.* 1933, 1, 328).

2) Preuve de l'habitation réelle. Si la preuve de l'intention résulte de la double formalité prévue par l'article 104, celle de l'habitation réelle ne peut résulter que des circonstances appréciées souverainement par le juge du fond (▪ Cass. soc., 11 mai 1945 : *D.* 1945, 308). Les déclarations faites au maire de la commune du domicile d'origine et à celui de la commune où le domicile aurait été transféré ne créent qu'une présomption (▪ Paris, 8 avr. 1948 : *D.* 1948, 251).

3) **Le domicile d'un militaire** ne se transporte pas avec lui partout où son service l'appelle ; le lieu de garnison n'a le caractère d'un domicile que lorsque les circonstances de fait impliquent une intention évidente de changer de domicile (▪ Colmar, 19 juin 1957 : *D.* 1957, 592).

Art. 105. – **À défaut de déclaration expresse, la preuve de l'intention dépendra des circonstances.**

1) Principes. À défaut d'une manifestation expresse de volonté, les juges du fond doivent indiquer les circonstances qui leur paraissent démontrer l'intention de transférer le domicile (▪ Cass. 1re civ., 9 mai 1951 : *JCP* 1951, IV, 101 ; *Bull. civ.* I, n° 145, p. 113). Ces circonstances doivent être claires et non équivoques (▪ Cass. 2e civ., 26 févr. 1965 : *Bull. civ.* II, n° 208, p. 145), faute de quoi le domicile d'origine doit prévaloir (▪ Cass. 2e civ., 20 janv. 1966 : *Bull. civ.* II, n° 505, p. 359. ▪ Cass. soc., 8 juin 1951 : *D.* 1951, 510, 1re esp.).

2) Applications. Les énonciations selon lesquelles l'intéressé vivait et travaillait en France depuis plusieurs années impliquent nécessairement qu'il avait ainsi manifesté son intention de fixer son principal établissement en France (▪ Cass. 1re civ., 23 févr. 1982 : *Bull.* I, n° 83, p. 72).

Art. 106. – **Le citoyen appelé à une fonction publique temporaire ou révocable, conservera le domicile qu'il avait auparavant, s'il n'a pas manifesté d'intention contraire.**

Art. 107. – **L'acceptation de fonctions conférées à vie emportera translation immédiate du domicile du fonctionnaire dans le lieu où il doit exercer ces fonctions.**

1) Les **fonctionnaires révocables** n'ont pas de domicile légal (V. pour les membres de l'enseignement, ▪ Cass. 2e civ., 15 déc. 1960 : *JurisData* n° 1960-000776 ; *Bull. civ.* II, n° 776, p. 529. Comp. pour les militaires, ▪ Cass. 1re civ., 21 févr. 1966 : *JurisData* n° 1966-000128 ; *Bull. civ.* I, n° 128, p. 97). Mais le lieu d'exercice des fonctions peut être pris en considération parmi d'autres indices pour déterminer le domicile volontaire (▪ Cass. 2e civ., 4 nov. 1965 : *Bull. civ.* II, n° 844, p. 599).

2) Enseignant. On ne peut considérer comme conférées à vie au sens de l'article 107 du Code civil les fonctions de maître de conférences dans une faculté (▪ TGI Caen, 31 oct. 1962 : *JCP* A 1963, IV, 4192, 2e esp.).

Art. 108 *(L. 6 févr. 1893 ; L. n° 75-617, 11 juill. 1975).* – **Le mari et la femme peuvent avoir un domicile distinct sans qu'il soit pour autant porté atteinte aux règles relatives à la communauté de la vie.**

Toute notification faite à un époux, même séparé de corps, en matière d'état et de capacité des personnes, doit également être adressée à son conjoint, sous peine de nullité.

Bibliographie : A. Brunet, *Les incidences de la réforme du divorce sur la séparation de fait entre époux* : *D.* 1977, chron. 191.

Domicile distinct. V. pour une application ▪ Paris, 25 mars 1999, n° 1998/10003 : *JurisData* n° 1999-023528 ; *Dr. famille* 1999, 110, 2e esp., note Lécuyer, relevant que la dimension affective et intellectuelle de la communauté de vie permet de considérer que l'obligation de cohabitation est respectée. Pour des motifs d'ordre professionnel, les époux peuvent avoir un domicile distinct, sans qu'il soit pour autant porté atteinte à la communauté de vie (▪ Cass. 1re civ., 12 févr. 2014, n° 13-13.873 : *Bull. civ.* I, n° 25, p. 24 ; *Dr. famille* 2014, 72, note Binet ; *RTD civ.* 2013, 340, obs. Hauser ; *JCP* G 2014, 953, n° 1, obs. Coutant-Lapalus ; *D.* 2015, 452, obs. Boskovic ; *LPA* 1er juill. 2014, 11, note Koumdadji ; *JurisData* n° 2014-002131, décision rendue pour l'application de l'article 21-2 du Code civil).

Art. 108-1 *(L. n° 75-617, 11 juill. 1975)*. **– La résidence séparée des époux, au cours de la procédure de divorce ou de séparation de corps, entraîne de plein droit domicile distinct.**

Effets. L'article 108-1 n'oblige ni l'époux bénéficiaire de la jouissance du logement du ménage à y établir son domicile et à notifier son abandon à son conjoint, ni celui-ci à y signifier les actes de procédure lorsqu'il connaît le lieu de sa nouvelle résidence (▪ Cass. 2e civ., 26 févr. 1992, n° 90-19.981 : *JurisData* n° 1992-000355 ; *JCP* 1992, IV, 1258 ; *Bull. civ.* II, n° 71, p. 34).

Art. 108-2 *(L. n° 75-617, 11 juill. 1975)*. **– Le mineur non émancipé est domicilié chez ses père et mère.**
Si les père et mère ont des domiciles distincts, il est domicilié chez celui des parents avec lequel il réside.

1) Le placement des enfants dans un établissement scolaire, même éloigné, n'a pas pour effet de modifier leur domicile légal (▪ Cass. 2e civ., 6 déc. 1968 : *JurisData* n° 1968-099299 ; *JurisData* n° 1968-099299 ; *Bull. civ.* II, n° 299, p. 212. Comp. pour l'application de l'article L. 511 du Code de la sécurité sociale, ▪ Cass. 2e civ., 25 mai 1962 : *Bull. civ.* II, n° 475, p. 337. ▪ Cass. 2e civ., 24 nov. 1964 : *JurisData* n° 1964-000751 ; *Bull. civ.* II, n° 759, p. 556).

2) Distinction entre domicile et résidence. Une décision de justice ne peut imposer à une personne le choix d'un domicile, mais la décision qui fait obligation au titulaire de la garde résidant à l'étranger de placer les enfants dans un établissement en France en observant que sa situation de fortune et ses propriétés immobilières l'autoriseraient à fixer sans difficulté sa résidence en France et ainsi à ne pas perdre le contact avec ses enfants se réfère à la notion de résidence et non à celle de domicile (▪ Cass. 2e civ., 6 déc. 1968 : *Bull. civ.* II, n° 299, p. 212).

3) Sur la résidence alternée des enfants, V. art. 373-2-9, p. 351. Sur la détermination du domicile de l'enfant dans cette hypothèse, V. Rép. min. Justice : *JO* Sénat, 25 juin 2009, 1613 ; *JCP* 2009, n° 28, act. 93.

4) Voie de fait. Dans le cas où les père et mère ont des domiciles distincts, le mineur n'est domicilié chez celui avec lequel il réside que si cette résidence ne résulte pas d'une voie de fait (▪ Cass. 1re civ., 9 oct. 1991, n° 89-16.111 : *JurisData* n° 1991-002790 ; *JCP* 1991, IV, 428 ; *Bull. civ.* I, n° 257, p. 170).

5) Des enfants majeurs qui poursuivent leurs études étant libres de choisir leur résidence, le père ne peut subordonner sa contribution à l'obligation pour ses enfants de venir vivre avec lui (▪ Cass. 2e civ., 28 janv. 1981, n° 79-13.209 : *JurisData* n° 1981-700171 ; *Bull.* II, n° 19, p. 13).

6) Reprise pour habiter. Le droit de reprise du logement ne peut être exercé au nom d'un mineur de quinze ans, domicilié chez ses père et mère (▪ Paris, 2 juill. 1998 : *JurisData* n° 1998-993270 ; *Loyers et copr.* 1999, 34, note Vial-Pedroletti).

Art. 108-3 *(L. n° 75-167, 11 juill. 1975)*. **– Le majeur en tutelle est domicilié chez son tuteur.**

Le **placement d'un enfant**, à la suite d'une mesure d'assistance éducative, dans une famille installée dans le ressort d'un autre tribunal d'instance que celui dans le ressort duquel est domicilié le tuteur n'a pas pour effet de modifier le domicile légal du mineur, qui est fixé chez le tuteur (▪ Cass. 1re civ., 20 juin 1995, n° 93-17.865 : *JurisData* n° 1995-001593 ; *JCP* 1995, I, 3874, n° 6, obs. Teyssié ; *RTD civ.* 1995, 864, obs. Hauser ; *Defrénois* 1996, 340, obs. Massip ; *Gaz. Pal.* 1996, 1, somm. 242, obs. Massip).

Art. 109. **– Les majeurs qui servent ou travaillent habituellement chez autrui, auront le même domicile que la personne qu'ils servent ou chez laquelle ils travaillent, lorsqu'ils demeureront avec elle dans la même maison.**

1) Personnes visées. Étant généraux et absolus, les termes de l'article 109 du Code civil visent tous ceux qui se trouvent sous la dépendance et la direction du chef de la maison chez lequel ils demeurent et s'appliquent donc à un régisseur (▪ Cass. req., 28 févr. 1924 : *DH* 1924, 201) mais non aux personnes qui travaillent de façon indépendante, par exemple les fermiers (■ Cass. civ., 13 avr. 1897 : S. 1898, 1, 285, 3e esp.).

2) Condition de communauté d'habitation. L'article 109 ne s'applique que s'il y a communauté d'habitation (■ Cass. civ., 20 avr. 1901 : S. 1901, 1, 293) mais il importe peu que la cohabitation soit temporaire (■ Cass. civ., 3 avr. 1913 : *DP* 1915, 1, 93, 2e esp.).

3) Droit au maintien dans les lieux dans un autre résidence. La règle légale suivant laquelle le domestique a le même domicile que l'employeur ne peut priver une bonne à tout faire du droit au maintien dans les lieux dans une chambre louée par elle (■ Cass. soc., 6 avr. 1957 : *Bull. civ.* IV, n° 252, p. 191).

Art. 110 *(Abr., L. n° 2001-1135, 3 déc. 2001).*

Art. 111 *(D. n° 75-1122, 5 déc. 1975).* **– Lorsqu'un acte contiendra, de la part des parties ou de l'une d'elles, élection de domicile pour l'exécution de ce même acte dans un autre lieu que celui du domicile réel, les significations, demandes et poursuites relatives à cet acte, pourront être faites au domicile convenu, et, sous réserve des dispositions de l'article 48 du Code de procédure civile, devant le juge de ce domicile.**

1) Élection tacite. L'élection de domicile peut être tacite (■ Cass. soc., 10 mars 1965 : *Bull. civ.* IV, n° 212, p. 174), mais le choix d'un avocat ne fait pas présumer l'élection de domicile en son cabinet (■ Cass. crim., 23 déc. 1926 : *Gaz. Pal.* 1927, 1, 217).

2) Effets de la clause dans les relations entre les parties. Lorsque l'élection de domicile a été stipulée dans l'intérêt commun des deux parties ou dans l'intérêt exclusif de celui qui s'oblige, la clause s'impose au cocontractant qui doit signifier au seul domicile élu (■ Cass. civ., 14 juin 1875 : *DP* 1875, 1, 289. ■ Cass. civ., 17 juill. 1950 : *D.* 1950, 682. ■ Cass. 2e civ., 10 mars 1977, n° 74-15.012 : *JurisData* n° 1977-099072 ; *D.* 1977, inf. rap. 410). Mais si l'élection est faite dans l'intérêt exclusif d'une partie, celle-ci pourra signifier au domicile ordinaire (■ Cass. 1re civ., 7 oct. 1962 : *Gaz. Pal.* 1962, 2, 337). La question de savoir si la clause d'élection de domicile a été introduite dans l'intérêt commun relève du pouvoir souverain des juges du fond (■ Cass. 2e civ., 23 janv. 1974, n° 72-11.578 : *JurisData* n° 1974-099034 ; *Bull. civ.* 2, n° 34, p. 27), lesquels peuvent même décider qu'il s'agit d'une clause de pur style (■ Cass. 1re civ., 14 janv. 1952 : *Bull. civ.* I, n° 16, p. 13).

3) Inopposabilité aux tiers. Sur le principe que l'élection de domicile ne peut être opposée *aux tiers*, V. ■ Cass. req., 22 juin 1896 : *DP* 1898, 1, 83.

4) Actes visés. Les effets de l'élection de domicile doivent être limités aux significations, demandes et poursuites relatives à l'exécution de la convention, à l'exclusion de la signification des décisions par défaut rendues pour l'exécution de ladite convention (■ Cass. 2e civ., 21 janv. 1970, n° 68-13.608 : *JurisData* n° 1970-099018 ; *Bull. civ.* II, n° 22, p. 16). De même, on ne saurait étendre l'effet d'une élection de domicile à une autre procédure que celle pour laquelle elle a été prévue (■ Cass. 1re civ., 6 mai 1963 : *JurisData* n° 1963-000241 ; *JCP* 1963, IV, 82 ; *Bull. civ.* I, n° 241, p. 203. – V. aussi ■ Toulouse, 5 mai 1969 : *JCP* 1970, II, 16234), spécialement à l'instance d'appel lorsqu'elle a été prévue pour la procédure de première instance (■ Cass. 2e civ., 6 janv. 1977, n° 76-60.123 : *JurisData* n° 1977-099004 ; *Gaz. Pal.* 1977, 1, somm. 153). Jugé même que ne peuvent être signifiés à domicile élu le commandement aux fins de saisie immobilière et la sommation de prendre connaissance du cahier des charges (■ Cass. 2e civ., 16 nov. 1988, n° 87-15.163 : *JurisData* n° 1988-003542 ; *JCP* 1989, II, 21377, note Prévault).

5) Successeur de l'huissier désigné. L'élection de domicile s'impose non seulement à l'huissier désigné mais aussi à son successeur et au suppléant de celui-ci (■ Cass. 2e civ., 27 mai 1961, n° 58-12.349 : *JurisData* n° 1961-099386 ; *Bull. civ.* II, n° 386, p. 278).

TITRE IV. – DES ABSENTS

(L. n° 77-1447, 28 déc. 1977)

Bibliographie : B. Teyssié, *L'absence*, Litec 1980. ● A. Breton : *D.* 1978, chron. 241. ● M. Vivant, *Le régime juridique de la non-présence* : *RTD civ.* 1982, 1. ● G. Goubeaux, *À propos de la preuve de l'existence de la personne* in *Mélanges G. Wiederkehr*, Dalloz, 2009, 343.

CHAPITRE I. – DE LA PRÉSOMPTION D'ABSENCE

Art. 112. – Lorsqu'une personne a cessé de paraître au lieu de son domicile ou de sa résidence sans que l'on en ait eu de nouvelles, le juge des tutelles peut, à la demande des parties intéressées ou du ministère public, constater qu'il y a présomption d'absence.

1) **Pension de réversion.** Le service d'une pension de réversion du régime général de la sécurité sociale obéit à des règles propres et n'est dû qu'au bénéficiaire qui est en mesure de réclamer les arrérages de cet avantage, accordé à titre personnel et viager, auquel s'attache un caractère alimentaire ; l'obligation de verser ces arrérages cesse à partir du jour où le titulaire de la pension a disparu de son domicile, qu'il ait été ou non déclaré en état de présomption d'absence (▪ Cass. soc., 9 juill. 1992, n° 88-10.951 : *JurisData* n° 1992-003089 ; *D.* 1993, 377, note Massip. – V. aussi ▪ CE, 16 déc. 1998, n° 161115 : *JurisData* n° 1998-051116 ; *RTD civ.* 1999, 355, obs. Hauser). Jugé au contraire que l'avantage personnel de vieillesse et la pension de réversion sont dus à leur titulaire, non pas en exécution d'un contrat de rente viagère, mais en vertu des dispositions légales concernant l'assurance vieillesse des travailleurs salariés, et que la Caisse nationale d'assurance-vieillesse qui n'apporte pas la preuve du décès de la personne présumée absente, ne peut se prévaloir de ce décès pour interrompre le versement des pensions litigieuses (▪ Cass. soc., 27 janv. 1994, n° 89-12.143 : *JurisData* n° 1994-000156 ; *JCP* 1995, II, 22406, note Molin ; *RTD civ.* 1995, 595, obs. Hauser ; *Defrénois* 1996, 98, note Bernard de Saint Affrique. – V. aussi ▪ Cass. soc., 18 juill. 1997, n° 95-22.120 : *JurisData* n° 1997-003463 ; *RTD civ.* 1998, 339, obs.Hauser, le disparu doit être tenu pour vivant et percevoir les arrérages jusqu'à la liquidation de la pension de réversion du conjoint). L'annulation des dispositions relatives aux pensions de réversion ne peut résulter que de la réapparition de l'assuré à laquelle ne peut être assimilée la demande du représentant de l'absent tendant à la reprise du versement des arrérages de la pension de retraite au nom de son bénéficiaire (▪ Cass. 2e civ., 31 mai 2005, n° 03-30.770 : *Bull.* n° 140, p. 125 ; *RTD civ.* 2005, 570, obs. Hauser). L'organisme débiteur d'une pension de réversion ne peut se prévaloir de la présomption d'absence du créancier de cette prestation pour s'exonérer de son obligation (▪ Cass. 2e civ., 20 sept. 2005, n° 04-15.998 : *JurisData* n° 2005-029770 ; *Bull. civ.* I, n° 228, p. 203 ; *RTD civ.* 2006, 87, obs. Hauser).

2) **Préjudice subi par une victime présumée absente.** Lorsqu'une victime est présumée absente, elle ne peut être indemnisée que pour la partie de son préjudice correspondant à la période antérieure à la date à laquelle elle a cessé de paraître au lieu de son domicile ou de sa résidence (▪ Cass. crim., 26 avr. 1988, n° 87-83.511 : *JurisData* n° 1988-001406 ; *Bull. crim.* 1988, n° 173).

Art. 113 ***(L. n° 77-1447, 28 déc. 1977 ; mod. à compter du 1er janvier 2016, Ord. n° 2015-1288, 15 oct. 2015 ; mod., L. n° 2019-222, 23 mars 2019).*** **– Le juge peut désigner un ou plusieurs parents ou alliés, ou, le cas échéant, toutes autres personnes pour représenter la personne présumée absente dans l'exercice de ses droits ou dans tout acte auquel elle serait intéressée, ainsi que pour administrer tout ou partie de ses biens ; la représentation du présumé absent et l'administration de ses biens sont alors soumises, sous réserve des dispositions du présent chapitre, aux règles applicables à la tutelle des majeurs sans conseil de famille ou, à titre exceptionnel et sur décision expresse du juge, aux règles de l'habilitation familiale si le représentant est une des personnes mentionnées à l'article 494-1.**

En cas de **pluralité d'absents** ayant des intérêts opposés, il convient de désigner autant de représentants que d'absents (▪ Pau, 19 oct. 1953 : *D.* 1953, 640).

Art. 114. – Sans préjudice de la compétence particulière attribuée à d'autres juridictions, aux mêmes fins, le juge fixe, le cas échéant, suivant l'importance des biens, les sommes qu'il convient d'affecter annuellement à l'entretien de la famille ou aux charges du mariage.

Il détermine comment il est pourvu à l'établissement des enfants.

Il spécifie aussi comment sont réglées les **dépenses d'administration ainsi qu'éventuellement la rémunération qui peut être allouée à la personne chargée de la représentation du présumé absent et de l'administration de ses biens.**

Art. 115. – Le juge peut, à tout moment et même d'office, mettre fin à la mission de la personne ainsi désignée ; il peut également procéder à son remplacement.

Pouvoir souverain. Il résulte des dispositions combinées des articles 113 et 115 que le juge des tutelles a la faculté de désigner, pour administrer les biens du présumé absent, soit un parent ou allié de ce dernier, soit toute autre personne, en fonction des intérêts de l'absent, et qu'il dispose d'un pouvoir souverain pour apprécier s'il doit procéder ou non au remplacement de l'administrateur précédemment désigné (■ Cass. 1re civ., 17 mars 1987 : *Bull. civ.* I, n° 93, p. 71).

Art. 116 *(Rempl., L. n° 2006-728, 23 juin 2006).* – **Si le présumé absent est appelé à un partage, celui-ci peut être fait à l'amiable.**

(Al. rempl., L. n° 2019-222, 23 mars 2019) **En cas d'opposition d'intérêts entre le représentant et le présumé absent, le juge des tutelles autorise le partage, même partiel, en présence du remplaçant désigné conformément à l'article 115.**

(Al. créé, L. n° 2019-222, 23 mars 2019) **Dans tous les cas, l'état liquidatif est soumis à l'approbation du juge des tutelles.**

Le partage peut également être fait en justice conformément aux dispositions des articles 840 à 842.

Tout autre partage est considéré comme provisionnel.

Art. 117. – **Le ministère public est spécialement chargé de veiller aux intérêts des présumés absents ; il est entendu sur toutes les demandes les concernant ; il peut requérir d'office l'application ou la modification des mesures prévues au présent titre.**

Art. 118. – **Si un présumé absent reparaît ou donne de ses nouvelles, il est, sur sa demande, mis fin par le juge aux mesures prises pour sa représentation et l'administration de ses biens ; il recouvre alors les biens gérés ou acquis pour son compte durant la période de l'absence.**

Art. 119. – **Les droits acquis sans fraude, sur le fondement de la présomption d'absence, ne sont pas remis en cause lorsque le décès de l'absent vient à être établi ou judiciairement déclaré, quelle que soit la date retenue pour le décès.**

Bonne foi. Prive sa décision de base légale, au regard de l'article 119 du Code civil, l'arrêt qui énonce que cette disposition ne vise qu'à assurer la sécurité juridique des tiers de bonne foi auxquels ne peuvent être assimilés les enfants du présumé disparu à l'origine de la procédure de présomption d'absence et de déclaration de décès, et qui, en toute connaissance de cause, ont continué de percevoir en ses lieu et place des fonds dont ils savaient pertinemment qu'il ne pouvait en avoir l'usage, alors que la cour aurait dû rechercher si les enfants du disparu n'avaient pas perçu de bonne foi les arrérages des pensions de retraite de leur père pendant la période antérieure au jugement déclaratif de décès (■ Cass. 1re civ., 21 juin 2012, n° 11-16.050 : *Bull. civ.* I, n° 114, p. 114 ; *D.* 2012, 1738).

Art. 120. – **Les dispositions qui précèdent, relatives à la représentation des présumés absents et à l'administration de leurs biens, sont aussi applicables aux personnes qui, par suite d'éloignement, se trouvent malgré elles hors d'état de manifester leur volonté.**

Art. 121. – **Ces mêmes dispositions ne sont pas applicables aux présumés absents ou aux personnes mentionnées à l'article 120 lorsqu'ils ont laissé une procuration suffisante à l'effet de les représenter et d'administrer leurs biens.**

Il en est de même si **le conjoint peut pourvoir suffisamment aux intérêts en cause par l'application du régime matrimonial, et notamment par l'effet d'une décision obtenue en vertu des articles 217 et 219, 1426 et 1429.**

CHAPITRE II. – DE LA DÉCLARATION D'ABSENCE

Art. 122. – **Lorsqu'il se sera écoulé dix ans depuis le jugement qui a constaté la présomption d'absence, soit selon les modalités fixées par l'article 112, soit à l'occasion de l'une des procédures judiciaires prévues par les articles 217 et 219, 1426 et 1429, l'absence pourra être déclarée par le tribunal de grande instance à la requête de toute partie intéressée ou du ministère public.**

Il en sera de même quand, à défaut d'une telle constatation, la personne aura cessé de paraître au lieu de son domicile ou de sa résidence, sans que l'on en ait eu de nouvelles depuis plus de vingt ans.

Art. 123. – Des extraits de la requête aux fins de déclaration d'absence, après avoir été visés par le ministère public, sont publiés dans deux journaux diffusés dans le département ou, le cas échéant, dans le pays du domicile ou de la dernière résidence de la personne demeurée sans donner de nouvelles.

Le tribunal, saisi de la requête, peut en outre ordonner toute autre mesure de publicité dans tout lieu où il le juge utile.

Ces mesures de publicité sont assurées par la partie qui présente la requête.

Art. 124. – Dès que les extraits en ont été publiés, la requête est transmise, par l'intermédiaire du procureur de la République, au tribunal qui statue d'après les pièces et documents produits et eu égard aux conditions de la disparition, ainsi qu'aux circonstances qui peuvent expliquer le défaut de nouvelles.

Le tribunal peut ordonner toute mesure d'information complémentaire et prescrire, s'il y a lieu, qu'une enquête soit faite contradictoirement avec le procureur de la République, quand celui-ci n'est pas lui-même requérant, dans tout lieu où il le jugera utile, et notamment dans l'arrondissement du domicile ou dans ceux des dernières résidences, s'ils sont distincts.

Art. 125. – La requête introductive d'instance peut être présentée dès l'année précédant l'expiration des délais prévus aux alinéas 1 et 2 de l'article 122. Le jugement déclaratif d'absence est rendu un an au moins après la publication des extraits de cette requête. Il constate que la personne présumée absente n'a pas reparu au cours des délais visés à l'article 122.

Art. 126. – La requête aux fins de déclaration d'absence est considérée comme non avenue lorsque l'absent reparaît ou que la date de son décès vient à être établie, antérieurement au prononcé du jugement.

Art. 127. – *(Mod., L. n° 2016-1547, 18 nov. 2016)* Lorsque le jugement déclaratif d'absence est rendu, des extraits en sont publiés selon les modalités prévues à l'article 123, dans le délai fixé par le tribunal. La décision est réputée non avenue si elle n'a pas été publiée dans ce délai.

Quand le jugement est passé en force de chose jugée, son dispositif est transcrit à la requête du procureur de la République sur les registres des décès du lieu du domicile de l'absent ou de sa dernière résidence. Mention de cette transcription est faite en marge des registres à la date du jugement déclarant l'absence ; elle est également faite en marge de l'acte de naissance de la personne déclarée absente.

La transcription rend le jugement opposable aux tiers qui peuvent seulement en obtenir la rectification ou l'annulation, conformément aux articles 99 et 99-1.

Art. 128. – Le jugement déclaratif d'absence emporte, à partir de la transcription, tous les effets que le décès établi de l'absent aurait eus.

Les mesures prises pour l'administration des biens de l'absent conformément au chapitre I du présent titre prennent fin, sauf décision contraire du tribunal ou, à défaut, du juge qui les a ordonnées.

Le conjoint de l'absent peut contracter un nouveau mariage.

Art. 129. – Si l'absent reparaît ou si son existence est prouvée postérieurement au jugement déclaratif d'absence, l'annulation de ce jugement peut être poursuivie, à la requête du procureur de la République ou de toute partie intéressée.

Toutefois, si la partie intéressée entend se faire représenter, elle ne pourra le faire que par un avocat régulièrement inscrit au barreau.

Le dispositif du jugement d'annulation est publié sans délai, selon les modalités fixées par l'article 123. Mention de cette décision est portée, dès sa publication, en marge du jugement déclaratif d'absence et sur tout registre qui y fait référence.

Art. 130. – L'absent dont l'existence est judiciairement constatée recouvre ses biens et ceux qu'il aurait dû recueillir pendant son absence dans l'état où ils se trouvent, le prix de ceux qui auraient été aliénés ou les biens *acquis en emploi des capitaux ou des revenus échus à son profit.*

Art. 131. – Toute partie intéressée qui a provoqué par fraude une déclaration d'absence sera tenue de restituer à l'absent dont l'existence est judiciairement constatée les revenus des biens dont elle aura eu la jouissance et de lui en verser les intérêts légaux à compter du jour de la perception, sans préjudice, le cas échéant, de dommages-intérêts complémentaires.

Si la fraude est imputable au conjoint de la personne déclarée absente, celle-ci sera recevable à attaquer la liquidation du régime matrimonial auquel le jugement déclaratif d'absence aura mis fin.

Art. 132. – **Le mariage de l'absent reste dissous, même si le jugement déclaratif d'absence a été annulé.**

Art. 133 à 143 (ancien) *(Abr., L. n° 77-1447, 28 déc. 1977).*

Voir : L. n° 77-1447, 28 déc. 1977, portant réforme du titre IV du livre I du Code civil : Des absents, p. 3016. – CPC, art. 1062 à 1069, p. 2334. – L. n° 95-73, 21 janv. 1995, d'orientation et de programmation relative à la sécurité, art. 26, p. 3193.

TITRE V. – DU MARIAGE

Bibliographie : J. Carbonnier, *Terre et ciel dans le droit français du mariage* in *Études Georges Ripert*, LGDJ 1950, t. 1, 325. • R. Libchaber, *La notion de mariage, civil* in *Mélanges Philippe Jestaz*, Dalloz 2006, 325. • H. Fulchiron, *De l'institution aux droits de l'individu : réflexions sur le mariage au début du* XXI*e siècle* in *Mélanges Jacques Foyer*, Économica 2008, 395. • Y. Buffelan-Lanore, *Le mariage du droit canonique au droit contemporain* in *Mélanges Gérard Champenois : Defrénois* 2012, 113. • Y. Lequette, *Quelques remarques sur le pluralisme en droit de la famille* in *Mélanges Gérard Champenois : Defrénois* 2012, 523. • S. Mirabail, *Le mariage : entre modernité et traditions : Dr. famille* 2018, étude 7.

CHAPITRE I. – DES QUALITÉS ET CONDITIONS REQUISES POUR POUVOIR CONTRACTER MARIAGE

Art. 143 ***(Implicitement abrogé, L. n° 77-1446, 28 déc. 1977 ; rétabli, L. n° 2013-404, 17 mai 2013).*** – (1) **Le mariage est contracté par deux personnes de sexe différent ou de même sexe.**

NB : C. civ., art. 143. Le Conseil constitutionnel a déclaré le présent article conforme à la Constitution : V. ▪ Cons. const., déc. 17 mai 2013, n° 2013-669 DC (*JO* 18 mai 2013).

Bibliographie : ***Sur le projet de loi ouvrant le mariage aux couples de même sexe.*** V. E. Dubuisson, *Le mariage homosexuel et la place de la nature dans l'Homme : D.* 2012, 2618. • L. Aynès, *Le projet de loi ouvrant le mariage aux couples de personnes de même sexe : trop ou trop peu : D.* 2012, 2750. • A. Posez, *Le mariage pour tous, ou l'impossible égalité : D.* 2012, 2616. • Ph. Reigné, *Arsilda, regina di Ponto. Le mariage, les religions et la différence des sexes : JCP* G 2012, 1126. • J. Hauser, *Le projet de loi sur le mariage des personnes de même sexe. Le paradoxe de la tortue d'Achille : JCP* G 2012, 1185. • X. Labbée, *Le mariage homosexuel et l'union civile : JCP* G 2012, 977. • Ph. Malaurie, *Le mariage homosexuel et l'union civile. Réponse à Xavier Labbée : JCP* G 2012, 1096. • H. Fulchiron, *La reconnaissance de la famille homosexuelle : étude d'impact : D.* 2013, 100. • Ph. Malaurie, *Le mariage pour tous et la « décrétinomanie » contemporaine : LPA* 5 avr. 2013, 11. • V. aussi Dossier *in Dr. famille* 2013, étude 1 et s.

Sur les débats constitutionnels antérieurs au vote de la loi du 17 mai 2013. V. B. Daugeron, *Un référendum d'initiative partagée sur le « mariage homosexuel » est-il possible : D.* 1012, 2613. • F.-X. Bréchot, *La constitutionnalité du « mariage pour tous » en question : JCP* G 2012, 1388. • B. Daugeron, *Mariage « pour tous » : retour sur la constitutionnalité du référendum : D.* 2013, 320. • L. Candide (pseudonyme), *Le sexe, le mariage, la filiation et les principes supérieurs du droit français : Gaz. Pal.* 4 oct. 2012, 7. • B. Pauvert, *Sur une disputatio contemporaine et brûlante. Considérations sur la reconnaissance de l'altérité sexuelle des époux comme principe fondamental reconnu par les lois de la République : Dr. famille* 2013, étude 10. • D. Rousseau, *Le mariage pour tous relève bien de la compétence du législateur ordinaire : Gaz. Pal.* 13 déc. 2012, 5. • G. Drago, *Mariage entre personnes de même sexe : problématiques de constitutionnalité : LPA* 11 févr. 2013, 4. • F. Chénedé, *Le constitutionnalisme est un jusnaturalisme : brèves réflexions sur un débat doctrinal relatif au mariage entre personnes de même sexe : LPA* 20 févr. 2013, 6.

Sur le rôle de la doctrine. V. P. Brunet, V. Champeil-Desplats, S. Nennette-Vauchez et E. Millard, *Mariage pour tous : les juristes peuvent-ils parler « au nom du Droit » ? : D.* 2013, 784. • B. Daugeron, A.-M. Le Pourhiet, J. Roux et Ph. Stoffel-Munck (droit de réponse), *Mariage pour tous, silence pour quelques-uns... : D.* 2013, 933. • Ph. Brun, *Le lobbying doctrinal ou l'art de se cacher derrière son (petit ?) droit : JCP* G 2013, act. 404.

(1) Dispositions applicables en Nouvelle-Calédonie, dans les îles Wallis-et-Futuna et en Polynésie française, L. n° 2013-404, 17 mai 2013, art. 22.

Sur la loi du 17 mai 2013. V. H. Fulchiron, *Le mariage pour tous. Un enfant pour qui ? Loi n° 2013-404 du 17 mai 2013 : JCP* G 2013, étude 658. • J. Hauser, *Loi ouvrant le mariage aux couples de personnes de même sexe (et autres sujets) : JCP* N 2013, étude 1164. • A.-M. Leroyer, chron. *in RTD civ.* 2013, p. 675. • M. Grimaldi, *Brèves réflexions sur la loi instituant un mariage pour tous : Defrénois* 2013, 719. • J. Combret, *Couples de personnes de même sexe : se marier ou ne pas se marier ? : Defrénois* 2013, 723. • G. Raoul-Cormeil, *La consécration de la vie familiale homosexuelle par la loi du 17 mai 2013 : Gaz. Pal.* 23-24 août 2013, 9. • Dossier in *LPA* 4 juill. 2013, 3. • Dossier *in Dr. famille* juill.-août 2013, études 16 à 34. • P. Murat, *Pour une vraie réflexion prospective en droit de la famille*, in *Mélanges Raymond Le Guidec*, LexisNexis 2014, 777. • G. Choisel, *D'un changement de définition à un droit en attente de reconstruction : RTD civ.* 2015, 505.

Texte d'application. V. D. n° 2013-429, 24 mai 2013 portant application de la loi n° 2013-404 du 17 mai 2013 ouvrant le mariage aux couples de personnes de même sexe et modifiant diverses dispositions relatives à l'état civil et du Code de procédure civile.

Voir aussi : Circ. min. Justice n° JUSC1312455C, 29 mai 2013, p. 3413 : *BO Justice* n° 2013-05, 31 mai 2013 (C. Bidaud-Garon, *Mariage pour tous : la circulaire ! : JCP* G 2013, act. 729 ; *JCP* N 2013, act. 696).

1) Différence de sexe *(jurisprudence antérieure à la loi du 17 mai 2013).* Sur le principe, antérieur à la loi du 17 mai 2013, selon lequel le mariage ne peut être contracté qu'entre deux personnes appartenant l'une au sexe masculin, l'autre au sexe féminin, V. ▪ Cass. civ., 6 avr. 1903 : *DP* 1904, 1, 395, concl. Baudoin ; *S.* 1904, 1, 273, note Wahl. ▪ TGI Bordeaux, 27 juill. 2004 : *JurisData* n° 2004-246467 ; *JCP* 2004, II, 10169, note Kessler ; *D.* 2004, 2392, note Agostini, et somm. 2965, obs. Lemouland ; *Dr. famille* 2004, 166, note Larribau-Terneyre ; *RTD civ.* 2004, 719, obs. Hauser, confirmé par ▪ Bordeaux, 19 avr. 2005, n° 04/04683 : *JurisData* n° 2005-270040 ; *Dr. famille* 2005, 124, note Azavant ; *D.* 2005, 1687, note Agostini ; *D.* 2006, somm. 1414, obs. Lemouland et Vigneau ; *RTD civ.* 2005, 574, obs. Hauser, pourvoi rejeté par ▪ Cass. 1re civ., 13 mars 2007 : *Bull. civ.* I, n° 113, p. 98 ; *D.* 2007, 935, obs. Gallmeister, 1389, rapport Pluyette et note Agostini, et somm. 1561, obs. Lemouland et Vigneau ; *Dr. famille* 2007, 76, note Azavant ; *Defrénois* 2007, 781, obs. Massip ; *RTD civ.* 2007, 287, obs. Marguénaud, et 315, obs. Hauser ; *JurisData* n° 2007-037901, décidant que, selon la loi française, le mariage est l'union d'un homme et d'une femme et que ce principe n'est contredit par aucune des dispositions de la Convention européenne des droits de l'homme. V. aussi F. Terré et Y. Lequette, *Les grands arrêts de la jurisprudence civile*, t. 1, Dalloz, 13e éd., 2015, nos 33-34, p. 224. – Rappr. ▪ Cass. 1re civ., 19 déc. 2007 : *Bull. civ.* I, n° 392, p. 342 ; *D.* 2008, 1028, note Mauger-Vielpeau ; *Dr. famille* 2008, 28, note Murat ; *JurisData* n° 2007-041977. – V. H. Fulchiron, *Un homme, une femme : la Cour de cassation rejette le mariage homosexuel : D.* 2007, chron. 1375. – Sur le PACS, V. art. 515-1 et s. – P. Deumier, *Quand la Cour de cassation se prononce « selon la loi française » ou « en l'état de la législation française » : RTD civ.* 2008, 438.

2) Différence de sexe. Conformité à la Constitution et à la convention EDH *(jurisprudence antérieure à la loi du 17 mai 2013).* Le principe selon lequel le mariage est l'union d'un homme et d'une femme ne porte atteinte ni au de droit de mener une vie familiale normale, qui résulte du dixième alinéa du Préambule de la Constitution de 1946, ni au principe d'égalité posé par l'article 6 de la Déclaration des droits de l'homme et du citoyen, ni au principe de la liberté du mariage, ni à aucun autre droit ou liberté que la Constitution garantit (▪ Cons. const., 28 janv. 2011, déc. n° 2010-92 QPC : *JurisData* n° 2011-014580 ; *JCP* 2011, n° 6, act. 134, Mirkovic ; *D.* 2011, 1042, obs. Lemouland et Vigneau ; *Dr. famille* 2011, 32, note Ouedraogo ; *RTD civ.* 2011, 326, obs. Hauser). – Décision de renvoi : ▪ Cass. 1re civ., 16 nov. 2010, n° 10-40.042 : *D.* 2010, 2773, obs. Gallmeister ; *D.* 2011, 209, note Roux ; *JCP* 2011, n° 1-2, doctr. 29, n° 2, obs. Gouttenoire ; *Dr. famille* 2011, étude 4, Martel ; *JurisData* n° 2010-021615. – Rappr. pour la conformité à la Convention européenne des droits de l'homme de la loi autrichienne prohibant le mariage entre personnes de même sexe, ▪ CEDH, 24 juin 2010, *Schalk et Kopf c/ Autriche : JurisData n° 2010-025143 ; RTD civ.* 2010, 738, obs. Marguénaud, et 765, obs. Hauser ; *JCP* 2010, n° 30, doctr. 859, n° 30, Sudre ; *JCP* 2011, n° 1-2, doctr. 29, n° 1, obs. Gouttenoire ; *D.* 2011, 1042, obs. Lemouland et Vigneau ; *Dr. famille* 2010, 143, note Lagarde. ▪ CEDH, 9 juin 2016, n° 40183/07, *Chapin et Charpentier c/ France* : *JDI* 2017, 1146, La Hougue ; *JCP* G 2016, act. 760, obs. Sudre ; *RTD civ.* 2016, 590, obs. Hauser, et 797, obs. Marguénaud ; *D.* 2017, 1083, Lemouland et Vigneau. – Rappr. ▪ CEDH, 16 juill. 2014, n° 37359/09, *Hämäläinen c/ Finlande : Dr. famille* 2015, 1, note Binet ; *D.* 2015, 1408, obs. Lemouland et Vigneau ; *JCP* G 2015, 982, n° 2, obs. Lamarche. – Comp., pour le « pacte de vie commune » du droit grec, réservé aux couples hétérosexuels, ▪ CEDH, 7 nov. 2013, *Vallianatos c/ Grèce : D.* 2013, 2888, note Lafaille ; *JCP* G 2013, act. 1281, obs. Sudre, différence de traitement fondée sur l'orientation sexuelle contraire aux articles 8 et 14 de la convention EDH. V. aussi H. Fulchiron, Les États doivent offrir un statut légal aux couples homosexuels : *D.* 2015, 2160 (à propos de ▪ CEDH, 21 juill. 2015, n° 18766/11, *Oliari c/ Italie : JCP* G 2015, 927, obs. Sudre, et 982, n° 3, obs. Gouttenoire). V. aussi ▪ CEDH, 14 déc. 2017, n° 26431/12, *Orlandi et a. c/ Italie : D.* 2018, 446, Fulchiron, et

1106, Lemouland et Vigneau ; *Dr. famille* 2018, chron. 2 Gouttenoire et Marchadier ; *RTD civ.* 2018, p. 81, Leroyer ; *JCP* G 2018, 34, n° 6, Sudre.

3) Textes d'application. Sur le refus d'annuler pour excès de pouvoir le décret n° 2013-429 du 24 mai 2013 portant application de la loi n° 2013-404 du 17 mai 2013 ouvrant le mariage aux personnes de même sexe et modifiant diverses dispositions relatives à l'état civil et du Code de procédure civile, l'arrêté du 24 mai 2013 modifiant l'arrêté du 29 juillet 2011 modifiant l'arrêté du 1er juin 2006 fixant le modèle de livret de famille (rect.) et la circulaire du 29 mai 2013 de présentation de la loi ouvrant le mariage aux couples de personnes de même sexe, V. ▪ CE, 18 déc. 2015, n° 370459 : *JurisData* n° 2015-029514.

4) Mariage entre personnes de même sexe (L. n° 2013-404, 17 mai 2013). Conformité à la Constitution. Les règles relatives au mariage relèvent de l'état des personnes, de sorte qu'en application de l'article 34 de la Constitution, le législateur est compétent pour fixer les qualités et conditions requises pour pouvoir contracter mariage (consid. 20) ; si la législation républicaine antérieure à 1946 et les lois postérieures ont regardé le mariage comme l'union d'un homme et d'une femme, cette règle, qui n'intéresse ni les droits et libertés fondamentaux, ni la souveraineté nationale, ni l'organisation des pouvoirs publics, ne peut constituer un principe fondamental reconnu par les lois de la République ; doit en outre, en tout état de cause, être écarté le grief tiré de ce que le mariage serait « naturellement » l'union d'un homme et d'une femme (consid. 21) ; il n'appartient pas au Conseil constitutionnel de substituer son appréciation à celle du législateur sur la prise en compte, en matière de mariage, de la différence de situation entre les couples selon qu'ils sont formés d'un homme et d'une femme ou de personnes de même sexe (consid. 22) ; conformité de l'article 143 du Code civil à la Constitution (▪ Cons. const., déc. 17 mai 2013, n° 2013-669 DC : *JO* 18 mai 2013 ; *JCP* G 2013, act. 588, obs. Mathieu ; *RTD civ.* 2013, 579, obs. Hauser ; *AJF* 2013, 332, chron. Chénedé ; *Dr. famille* 2013, 98, note Binet ; *LPA* 4 juill. 2013, 5, note Larralde ; *Dr. famille* 2013, 98, note Binet ; *Nouv. Cah. Cons. const.* 2013, n° 41, 277, chron. Piazzon ; F. Terré et Y. Lequette, *Les grands arrêts de la jurisprudence civile*, t. 1, Dalloz, 13e éd., 2015, nos 33-34, p. 224).

5) Droit au mariage. Le droit au mariage est un droit individuel d'ordre public auquel il ne peut être dérogé dans un contrat à titre onéreux sauf raison impérieuse (▪ Paris, 30 avr. 1963 : *JCP* 1963, II, 13205 *bis*, à propos du règlement intérieur d'Air France) tirée de la nature des fonctions ou de leurs conditions d'exercice (▪ Cass. soc., 7 févr. 1968, n° 65-40.622 : *JurisData* n° 1968-097086 ; *D.* 1968, 429). Ne commet aucune faute l'institution religieuse qui rompt le contrat de travail de sa salariée ayant contracté après divorce un second mariage (▪ Cass. ass. plén., 19 mai 1978 : *D.* 1978, 541, concl. Schmelck ; *JCP* 1978, II, 18009, rapp. Sauvageot ; F. Terré et Y. Lequette, *Les grands arrêts de la jurisprudence civile*, t. 1, Dalloz, 13e éd., 2015, n° 31, p. 214). Sur l'illégalité de dispositions réglementaires apportant des restrictions au principe du libre choix de leur conjoint par les agents diplomatiques et consulaires, V. ▪ CE, 18 janv. 1980 : *D.* 1980, inf. rap. 297, obs. Delvolvé. S'il est vrai que l'atteinte au droit de se marier prévu notamment par les articles 12 et 14 de la Convention européenne des droits de l'homme peut entraîner la compétence du juge judiciaire, même statuant en référé, pour prescrire à une autorité administrative les mesures qui s'imposeraient, encore faut-il que cette atteinte soit nettement caractérisée (▪ Poitiers, 26 févr. 1992 : *JurisData* n° 1992-600577 ; *Clunet* 1993, 922, note Laferrière). Il ne peut être soutenu que l'atteinte à la liberté du mariage serait privée de toute sanction effective si le juge judiciaire des référés se déclarait incompétent, dès lors que cette atteinte ne peut être appréciée distinctement de la décision de refus de visa contre laquelle un recours, dont on ne peut préjuger l'issue, a été exercé (▪ TGI Paris, réf., 24 janv. 1994 : *JurisData* n° 1994-605900 ; *Gaz. Pal.* 1994, 1, 363, note Petit). L'empêchement à mariage existant entre un beau-père et sa belle-fille constitue une atteinte excessive au droit au mariage (▪ CEDH, 13 sept. 2005 : *Dr. famille* 2005, 234, note Gouttenoire et Lamarche ; *RTD civ.* 2005, 735, obs. Marguénaud, et 758, obs. Hauser).

Sur le principe que les transsexuels ne peuvent être privés en toutes circonstances du droit de se marier, V. ▪ CEDH, 11 juill. 2002, n° 28957/95 : *JurisData* n° 2002-400023 ; *Dr. famille* 2002, 133, note Gouttenoire-Cornut ; *JCP* 2003, I, 101, n° 1, obs. Favier ; *D.* 2003, 2032, note Chavent-Leclère, somm. 1935, obs. Lemouland ; *RTD civ.* 2002, 782, obs. Hauser ; *Defrénois* 2003, 1077, obs. Massip. V. aussi F. Marchadier, *Le genre ou l'union : le dilemme du transsexuel marié* : *D.* 2013, 152 (à propos de ▪ CEDH, 13 nov. 2012, n° 37359/09, jugeant qu'en subordonnant la pleine reconnaissance du changement de sexe d'un transsexuel à la transformation de son mariage antérieur en un partenariat civil, la loi finlandaise n'est pas contraire aux articles 8 et 14 de la convention). L'interdiction faite par une législation nationale de modifier l'état civil d'une personne du fait d'un changement de sexe, afin qu'elle puisse se marier, constitue une discrimination prohibée par l'article 141 CE (▪ CJCE, 7 janv. 2004, n° C-117/01 : *JurisData* n° 2004-240278 ; *D.* 2004, 979, note Icard ; *Dr. famille* 2004, 62, note Julien). V. aussi V. Larribau-Terneyre, *Transsexualisme et couple* : *Dr. famille* 2013, dossier, p. 11.

6) Legs subordonné à la condition de non-remariage. La condition de ne pas se marier, imposée par un testateur au légataire, ne peut être déclarée contraire aux mœurs lorsqu'elle a été inspirée soit par un sentiment de bienfaisant intérêt à l'égard du légataire, soit par l'attachement du disposant pour sa famille personnelle (■ Cass. req., 11 nov. 1912 : *DP* 1913, 1, 105, rappr. Lardenois, note Ripert). Mais il en va autrement si elle est insérée pour assouvir des rancœurs personnelles (■ Cass. 1re civ., 8 nov. 1965 : *JurisData* n° 1965-700593 ; *Bull.* I, n° 593, p. 450).

7) Promesse de mariage et fiançailles. Pour un exemple de rupture abusive de promesse de mariage, V. ■ Cass. 1re civ., 15 mars 1988, n° 86-16.152 : *Gaz. Pal.* 1989, 1, 374. V. aussi pour des fiançailles, ■ Cass. 1re civ., 18 janv. 1973 : *JCP* 1974, II, 17794. ■ Rouen, 15 juin 2005 et ■ Aix-en-Provence, 3 mars 2005, n° 03/07185 : *JurisData* n° 2005-271242 ; *Dr. famille* 2005, 235, note Larribau-Terneyre. Sur la distinction entre fiançailles et concubinage, à propos d'un « mariage » célébré selon la coutume musulmane, V. ■ Paris, 8 déc. 1992, n° 92/4417 : *Juris Data* n° 1992-023694 ; *D.* 1994, 272, note Hochart.

Art. 144 *(Rempl., L. n° 2006-399, 4 avr. 2006 ; L. n° 2013-404, 17 mai 2013).* – (1) **Le mariage ne peut être contracté avant dix-huit ans révolus.**

Art. 145 *(L. n° 70-1266, 23 déc. 1970).* – **Néanmoins, il est loisible au procureur de la République du lieu de célébration du mariage d'accorder des dispenses d'âge pour des motifs graves.**

Art. 146. – **Il n'y a pas de mariage lorsqu'il n'y a point de consentement.**

NB : C. civ., art. 146. Le Conseil constitutionnel a déclaré le présent article conforme à la Constitution : V. ■ Cons. const. n° 2012-261 QPC, 22 juin 2012 (*JO* 23 juin 2012). V. art. 175-1, annot. n° 1, p. 162.

1) Absence totale de consentement. Le mariage doit être annulé s'il est établi que, même à l'insu de l'officier de l'état civil ou de la fiancée, le futur conjoint n'était plus, au moment de la célébration, consentant au mariage (■ T. civ. Pau, 6 févr. 1948 : *JCP* 1948, II, 4337, note Laurens et Seignolle. ■ Paris, 23 janv. 2003, n° 2002/01979 : *JurisData* n° 2003-201115 ; *D.* 2003, somm. 1937, obs. Lemouland. V. aussi, se fondant sur la réunion d'un faisceau d'indices, ■ TGI Paris, 7 mai 1996, n° 6 674/95 : *JurisData* n° 1996-044391 ; *Dr. famille* 1997, 38, note Lécuyer). Mais la femme ne peut invoquer des pressions familiales alors qu'elle est âgée de 34 ans, vit en France depuis des années de manière totalement indépendante et libre (■ Riom, 26 nov. 2002, n° 01/02973 : *JurisData* n° 2002-202506 ; *Dr. famille* 2003, 84, note Lécuyer). C'est à celui qui conteste la validité du mariage de prouver l'absence de consentement d'un conjoint (■ Cass. 1re civ., 2 déc. 1992, n° 91-11.428 : *JurisData* n° 1992-002792 ; *JCP* 1993, IV, 401 ; *D.* 1993, inf. rap., p. 18). Ainsi, c'est au ministère public poursuivant la nullité du mariage de prouver le défaut de consentement ou à tout le moins de démontrer que l'union contractée l'a été dans un but étranger à l'intention matrimoniale qui anime le mariage (■ TGI Lille, 21 sept. 2005 : *D.* 2006, 709, note Labbée). Sur le droit d'opposition du ministère public, V. art. 175-1 du Code civil. Un mariage purement fictif ne relève pas de la sphère protégée par les *articles 8 et 12 de la Convention EDH*, en l'absence de toute intention matrimoniale et de toute vie familiale effective (■ Cass. 1re civ., 1er juin 2018, n° 16-13.441 : *Bull.*, mariage contracté à des fins successorales).

2) Insanité d'esprit. Le mariage est nul si l'un des conjoints est hors d'état de donner un consentement réfléchi (■ Paris, 1er juill. 1955 : *JCP* 1956, IV, 66. ■ Aix-en-Provence, 23 avr. 1996, n° 93/113 : *JurisData* n° 1996-041500 ; *Dr. famille* 1996, 17, note Lécuyer). La démence est appréciée souverainement par les juges du fond (■ Cass. 1re civ., 29 janv. 1975, n° 73-13.620 : *JurisData* n° 1975-000041 ; *D.* 1975, 668, note Hauser. ■ Cass. 1re civ., 28 mai 1980 : *JurisData* n° 1980-000159 ; *JCP* 1981, II, 19552, note Raymond. ■ Cass. 1re civ., 2 déc. 1992, n° 91-11.428 : *JurisData* n° 1992-002792 ; *JCP* G 1993, IV, 401 ; *JCP* N 1993, II, 182, obs. Camoz ; *D.* 1993, 409, note Boulanger ; *RTD civ.* 1993, 328, obs. Hauser). Elle ne peut être déduite du seul fait qu'un expert conclut à l'irresponsabilité d'un des conjoints pour des actes commis antérieurement à son internement et susceptibles d'être retenus comme causes de divorce (■ Paris, 31 janv. 1967 : *JCP* 1967, II, 15036, note R.B.). Jugé que l'absence de consentement du curateur ou du juge au mariage d'un majeur sous curatelle correspond à un défaut de consentement au sens de l'article 146 (■ Lyon, 4 juin 2009 : *Dr. famille* 2009, 161, note Maria ; *JurisData* n° 2009-006808, décidant que le ministère public peut donc agir pendant un délai de cinq ans en nullité du mariage). Pour l'annulation posthume du mariage d'une personne placée sous sauvegarde de justice, V. ■ Cass. 1re civ., 4 mai

(1) Dispositions applicables en Nouvelle-Calédonie, dans les îles Wallis-et-Futuna et en Polynésie française, L. n° 2013-404, 17 mai 2013, art. 22.

2011, n° 09-68.983 : *Bull. civ.* I, n° 82, p. 79 ; *D.* 2011, 2387, note Raoul-Cormeil, et 2505, obs. Plazy ; *JCP* N 2011, 1222, obs. Kervella ; *RTD civ.* 2011, 516, obs. Hauser ; *D.* 2012, 972, obs. Lemouland et Vigneau ; *Dr. famille* 2011, 145, note Larribau-Terneyre ; *JurisData* n° 2011-007702.

3) Majeur en curatelle. Si l'absence d'autorisation préalable du curateur au mariage du majeur en curatelle ne correspond pas à un défaut de consentement, au sens de l'article 146 du Code civil, mais à un défaut d'autorisation, au sens de l'article 182 du même code, sanctionné par la nullité relative et de nature à être couvert par l'approbation du curateur, en revanche, le défaut de consentement de l'époux lui-même est un motif de nullité absolue, lequel ouvre au ministère public une action en annulation du mariage, sur le fondement de l'article 146 du Code civil, et la voie de l'opposition prévue à l'article 171-4, lorsque la célébration est envisagée à l'étranger et que des indices sérieux laissent présumer une cause d'annulation (▪ Cass. 1re civ., 20 avr. 2017, n° 16-15.632 : *Bull.* ; *Dr. famille* 2017, 141, Maria ; *D.* 2017, 1496, Lemouland, et 1963, Raoul-Cormeil ; *D.* 2018, p. 1104, Lemouland et Vigneau ; *LPA* 17 nov. 2017, 11, Niel et Morin ; *JurisData* n° 2017-007013).

4) Époux incapable de parler. Il appartient au juge si, lors de la célébration du mariage, l'un des époux ne peut parler, de relever et interpréter les signes par lesquels il a entendu affirmer sa volonté (▪ Cass. 1re civ., 22 janv. 1968 : *JurisData* n° 1968-000027 ; *JCP* 1968, II, 15442, note R.B.).

5) Mariage simulé. Le mariage est nul lorsque les époux ne se sont prêtés à la cérémonie qu'en vue d'atteindre un but étranger à l'union matrimoniale (▪ Cass. 1re civ., 28 oct. 2003 : *JCP* 2003, IV, 2998 ; *JurisData* n° 2003-020634 ; *Dr. famille* 2004, 15, note Larribau-Terneyre ; *D.* 2004, 21, note Gridel, et somm. 2964, obs. Lemouland ; *Defrénois* 2004, 143, obs. Massip, avantages patrimoniaux pour l'épouse qu'un testament ne lui aurait pas donnés. ▪ Pau, 24 févr. 2009 : *Dr. famille* 2009, 136, note Larribau-Terneyre ; *JurisData* n° 2009-003139, *simple recherche* d'un avantage fiscal. – Comp., dans une hypothèse où l'épouse avait été instituée légataire universelle avant le mariage, de sorte que la fortune de son mari lui était déjà acquise, ▪ Cass. 1re civ., 12 oct. 2011, n° 10-21.914 : *D.* 2012, 973, obs. Lemouland et Vigneau ; *Dr. famille* 2011, 176 (1re esp.), note Larribau-Terneyre ; *JurisData* n° 2011-021722). Un mariage doit être annulé si la preuve est rapportée qu'il n'a constitué qu'un acte simulé et une simple apparence, ayant été conclu uniquement dans le but de permettre à l'un des conjoints d'acquérir une nationalité (▪ Paris, 16 oct. 1958 : *JCP* 1958, II, 10897. V. aussi pour une femme simple d'esprit, ayant donné son consentement sous la contrainte, ▪ Rennes, 5 avr. 1994 : *JurisData* n° 1994-045183 ; *JCP* 1994, IV, 2591). Plus généralement, la nullité est encourue si les conjoints ne se sont prêtés à la cérémonie qu'en vue d'un effet secondaire du mariage, étranger aux buts de l'institution, avec la volonté délibérée de se soustraire à toutes ses autres conséquences légales (▪ Paris, 11 juin 1974 : *Gaz. Pal.* 1974, 2, somm. 293. – V. aussi ▪ Paris, 9 juin 1995, n° 93. 3204 : *JurisData* n° 1995-023035 ; *D.* 1996, somm. 171, obs. Audit. ▪ TGI Lille, 5 déc. 2001 : *D.* 2002, 3236, note Labbée. ▪ Douai, 18 févr. 2002, n° 00/05941 : *JurisData* n° 2002-205255 ; *Dr. famille* 2003, 68, note Lécuyer. Comp. pour la nullité du mariage contracté par un homme de 93 ans dans le but d'obtenir un avantage fiscal, ▪ TGI Lyon, 21 mai 1999 : *RTD civ.* 1999, 605, obs. crit. Hauser), par exemple pour obtenir la régularisation d'un séjour en France (▪ Toulouse, 5 avr. 1994 : *JurisData* n° 1994-046370 ; *JurisData* n° 1994-046370 ; *JCP* 1995, II, 22462, 1re esp., note Boulanger, relevant aussi l'absence de relations sexuelles et de vie sous le même toit. ▪ Paris, 8 déc. 2005 : *JCP* 2006, IV, 1325 ; *JurisData* n° 2005-290409, relevant que le mari a quitté le domicile conjugal immédiatement après l'obtention de son titre de séjour, abandonnant sa femme enceinte. – V. aussi ▪ Grenoble, 3 nov. 1998, n° 00004563/97 : *JurisData* n° 1998-044493 ; *JCP* 1999, IV, 1812 ; *Dr. famille* 1999, 23, 2e arrêt, note Lécuyer. ▪ Paris, 27 janv. 1998, n° 95/21314 : *JurisData* n° 1998-021275 ; *Defrénois* 1998, 1385, obs. Massip. ▪ Rennes, 26 oct. 1998 : *JCP* 1999, IV, 2743. Comp. ▪ Cass. 1re civ., 17 nov. 1981, n° 80-11.498 : *JurisData* n° 1981-703324 ; *Bull. civ.* I, n° 338, p. 286 ; *D.* 1982, 573, note Guiho ; *JCP* 1982, II, 19842, note Gobert, décidant que le mariage simulé ne peut permettre l'acquisition de la nationalité française. ▪ Paris, 25 sept. 1986 : *JurisData* n° 1986-600016 ; *JurisData* n° 1986-600016 ; *JurisData* n° 1986-600016 ; *D.* 1987, 134, note Mayer et Cale, écartant en pareil cas l'obligation de contribuer aux charges du mariage). Ayant fait ressortir que l'épouse n'avait pas eu l'intention de se soumettre à toutes les obligations nées de l'union conjugale, c'est à bon droit que la cour d'appel, après avoir retenu que l'épouse s'était mariée dans le but exclusif d'appréhender le patrimoine du mari, en a déduit, sans méconnaître les exigences conventionnelles de la liberté du mariage (art. 12 de la Convention européenne des droits de l'homme), qu'il y avait lieu d'annuler celui-ci, faute de consentement (▪ Cass. 1re civ., 19 déc. 2012, n° 09-15.606 : *Bull. civ.* I, n° 267, p. 255 ; *JurisData* n° 2017-010235 ; *JCP* G 2013, 337, note Boulanger ; *Dr. famille* 2013, 24, note Larribau-Terneyre ; *D.* 2013, 1117, note Naudin ; *RTD civ.* 2013, 353, obs. Hauser ; *JurisData* n° 2012-030400). Un mariage purement fictif ne relève pas de la sphère protégée par les articles 8 et 12 de la Convention EDH, en l'absence de toute intention matrimoniale et de toute vie familiale effective (■ Cass. 1re civ., 1er juin 2017, n° 16-13.441 : *Bull.* ; *D.* 2017, 1191, Gallmeister, et 1451, Fulchiron ; *Dr. famille* 2017, 174, Gayet ; *RTD civ.* 2017, 617, Hauser ; *D.* 2018, p. 1105, Lemouland et Vigneau ; *LPA* 21 juill. 2017, 9, Hisquin, 3 oct. 2017, 10, Niel, et 12 oct. 2017, 10, Mattiussi).

Mais il en va autrement si le but recherché (droit au séjour, changement de nationalité par exemple) n'est pas exclusif de la volonté des futurs époux de vivre une véritable union matrimoniale sans éluder les conséquences légales du mariage (■ Versailles, 15 juin 1990 : *JurisData* n° 1990-046710 ; *JurisData* n° 1990-046710 ; *JCP* 1991, II, 21759, note Laroche-Gisserot ; *D.* 1991, 268, note Hauser). Pour l'absence d'intention matrimoniale chez le mari qui n'a jamais eu l'intention de fonder un foyer avec l'épouse qu'il a trompée sur ses intentions véritables et dont il a surpris le consentement, V. ■ Cass. 1re civ., 27 janv. 1998, n° 95-17.502 : *JurisData* n° 1998-000436 ; *Defrénois* 1998, 1017, 3e esp., obs. Massip. V. aussi pour le cas de l'homme qui ne s'est prêté à la cérémonie que dans le but d'obtenir un titre de séjour en France, ■ Cass. 1re civ., 19 janv. 1999, n° 97-14.678 : *JurisData* n° 1999-000293 ; *Dr. famille* 1999, 23, 1er arrêt, note Lécuyer. La preuve de ce que l'un des époux au moins poursuit exclusivement un résultat étranger à l'union matrimoniale doit être rapportée de manière certaine (■ Colmar, 24 juin 1994, n° 4667/93 : *JurisData* n° 1994-046693 ; *JCP* 1995, II, 22462, 2e esp., note Boulanger ; *RTD civ.* 1995, 329, obs. Hauser. – V. aussi ■ Cass. 1re civ., 12 nov. 1998, n° 96-17.147 : *JurisData* n° 1998-004246 ; *Dr. famille* 1999, 23, 3e arrêt, note Lécuyer. ■ Paris, 13 janv. 2005, n° 2004/11974 : *JurisData* n° 2005-261385 ; *JCP* 2005, II, 10068, 1re esp., note Boulanger ; rappr. ■ Dijon, 17 mars 2006 : *JCP* 2006, IV, 1927 ; *JurisData* n° 2006-296317, décidant que l'abandon du domicile conjugal deux jours avant l'obtention du titre de séjour n'est pas un élément suffisant pour prouver l'absence d'intention matrimoniale. ■ Caen, 11 janv. 2007 : *Dr. famille* 2007, 101, note Larribau-Terneyre ; *JurisData* n° 2007-329848, l'homosexualité de l'épouse et l'impuissance du mari ne constituent pas un obstacle à la fondation d'un foyer dès lors que l'intention des époux était de fonder une famille en s'apportant mutuellement affection, soutien et assistance). La preuve de l'absence d'intention matrimoniale peut résulter de l'enquête de police et de l'audition de l'épouse (■ Cass. 1re civ., 22 avr. 1997, n° 95-11.999 : *JurisData* n° 1997-001719 ; *Defrénois* 1997, 1326, obs. Massip). *Le mariage* est valable lorsque les conjoints ont cru pouvoir limiter ses effets légaux et notamment n'ont donné leur consentement que dans le but de conférer à l'enfant commun la situation d'enfant légitime (■ Cass. 1re civ., 20 nov. 1963 : *JurisData* n° 1963-000506 ; *JCP* 1964, II, 13498, note Mazeaud. – V. C. Foulon-Piganiol, *Mariage simulé ou mariage à effets limités : D.* 1965, chron. 9).

Sur l'exigence de vie commune entre les époux au regard de l'article 37-1 du Code de la nationalité française (C. civ., art. 21-2), V. ■ Cass. 1re civ., 5 mars 1991, n° 88-19.745 : *JurisData* n° 1991-000308 ; *JCP* 1992, II, 21789, note Laroche-Gisserot. Sur l'audition commune des futurs époux par l'officier de l'état civil, V. art. 63, p. 126 ; sur l'opposition du ministère public quand il apparaît que le mariage est susceptible d'être annulé au titre de l'article 146, V. art. 175-2, p. 162.

6) Loi personnelle. En l'absence de consentement réel du mari, de nationalité française, même un consentement valable de la femme au regard de sa loi personnelle (droit marocain) n'est pas susceptible de valider le mariage qui peut être annulé sur le seul fondement de l'article 146 (■ Cass. 1re civ., 9 juill. 2008 : *Bull. civ.* I, n° 193, p. 165 ; *RTD civ.* 2008, 659, obs. Hauser ; *JCP* 2008, IV, 2472 ; *JurisData* n° 2008-044760).

7) Mariage *in extremis*. Est nul comme n'étant pas l'œuvre d'une volonté libre et réfléchie le mariage *in extremis* dans lequel le malade, atteint d'une affection cérébrale, n'a manifesté son consentement que par les monosyllabes « oui » et « non » (■ Paris, 20 mars 1872 : *DP* 1872, 2, 109). Mais tel n'est pas le cas lorsque les juges du fond relèvent que l'ensemble des témoins directs a interprété le râle émis par le mari au moment où l'officier d'état lui a posé la question du consentement au mariage comme une volonté d'épouser (■ Cass. 1re civ., 31 janv. 2006, n° 02-19.398 : *JurisData* n° 2006-03190 ; *Dr. famille* 2006, 79, 2e esp., note Larribau-Terneyre ; *D.* 2006, somm. 1416, obs. Lemouland et Vigneau ; *RTD civ.* 2006, 283, obs. Hauser).

8) « Mariage » homosexuel *(jurisprudence antérieure à la loi du 17 mai 2013)*. Équivaut à un défaut de consentement au regard de ce qu'induit l'institution matrimoniale en l'état du droit positif, et justifie ainsi l'opposition à mariage du ministère public, le fait pour un transsexuel affichant une identité de femme de vouloir épouser une personne de sexe féminin pour des raisons essentiellement militantes (■ Versailles, 8 juill. 2005 : *D.* 2006, 772, note Bonnet, et somm. 1416, obs. Lemouland et Vigneau ; *RTD civ.* 2006, 93, obs. Hauser).

Art. 146-1 ***(L. n° 93-1027, 24 août 1993).*** **– Le mariage d'un Français, même contracté à l'étranger, requiert sa présence.**

Bibliographie : Ch. Bidaud-Garon, *La reconnaissance des mariages célébrés à l'étranger : JCP* N 2012, 1265.

1) Présence obligatoire. Sur la nullité d'un mariage célébré au Maroc hors la présence de l'époux, possédant les nationalités française et marocaine, V. ▪ Cass. 1re civ., 15 juill. 1999, n° 99-10.269 ; *JurisData* n° 1999-002914 ; *JCP* 1999, IV, 2687 ; *Bull. civ.* I, n° 244, p. 158 ; *Defrénois* 2000, 439, obs. Massip ; *Rev. crit. DIP* 2000, 207, note Gannagé. – V. aussi ▪ Dijon, 30 oct. 2001 : *JCP* 2002, IV, 1355 ; *JurisData* n° 159455. ▪ Paris, 18 oct. 2001, n° 2000/05581 : *JurisData* n° 2001-156071 ; *Dr. famille* 2002, 124, note Farge, admettant l'existence d'un mariage putatif. ▪ Cass. 1re civ., 28 mars 2006 : *Bull.* I, n° 184, p. 160 ; *JurisData* n° 2006-032901 ; *Defrénois* 2006, 1317, obs. Massip ; *Dr. famille* 2006, 118, note Larribau-Terneyre ; *D.* 2007, somm. 1564, obs. Lemouland et Vigneau.

2) Comparution personnelle et mariage clandestin. Le mariage clandestin s'analyse comme un mariage contracté dans le but de frauder la loi, particulièrement lorsqu'il est contracté à l'étranger, et l'action en nullité est soumise au délai d'un an prévu par l'article 190-1 (▪ Paris, 2 oct. 1997, n° 96/08225 : *JurisData* n° 1997-023968 ; *JCP* 1998, I, 101, n° 1, obs. crit. Farge ; *Dr. famille* 1998, 59, note Lécuyer ; *Rev. crit. DIP* 1998, 424, note de Vareilles-Sommières). – Comp. ▪ Cass. 1re civ., 28 mars 2006, préc., note 1, décidant que la nullité du mariage célébré au mépris de l'art. 146-1 est soumise au régime général de la prescription prévu par l'art. 184 C. civ. Jugé toutefois, et antérieurement, que le défaut de comparution d'un époux lors de la célébration équivaut à une absence de consentement et non à une fraude à la loi, de sorte que l'action en nullité est imprescriptible (▪ Grenoble, 20 janv. 1998, n° 00004897/96 : *JurisData* n° 1998-043398 ; *JCP* 1998, IV, 3538, mari représenté par son père).

3) Responsabilité civile. Une cour d'appel retient souverainement que l'époux, possédant la double nationalité française et algérienne, a pu croire que son mariage célébré par procuration était valable, la loi algérienne admettant ce mode d'expression du consentement, de sorte qu'aucune faute ne peut être retenue à son encontre (▪ Cass. 1re civ., 28 mars 2006, préc., note 1).

Art. 147. – On ne peut contracter un second mariage avant la dissolution du premier.

Bibliographie : G. Endréo, *Bigamie et double ménage : RTD civ.* 1991, 264.

1) Cas de bigamie. La bigamie existe et le mariage doit être annulé si, par suite d'une erreur, les registres de l'état civil font mention d'un divorce qui n'a pas été prononcé ou d'un décès qui ne s'est pas produit (▪ TGI Nanterre, 15 janv. 1975 : *Gaz. Pal.* 1975, 2, 577) ou si la preuve d'une répudiation coranique n'est pas rapportée (▪ Lyon, 21 mai 1974 : *D.* 1975, 9, note Guiho).

2) Incertitude sur la dissolution du précédent mariage. Mais la nullité ne peut être prononcée lorsqu'il existe une incertitude sur la question de savoir si le précédent mariage était dissous par le décès du mari au moment où la femme s'est remariée (▪ Paris, 18 mai 1956 : *JCP* 1957, IV, 31).

3) Divorce inopposable en France. Le mariage doit être annulé pour bigamie si le divorce mettant fin au précédent mariage a été prononcé à l'étranger dans des conditions frauduleuses et se trouve ainsi inopposable en France (▪ TGI Seine, 1er juill. 1965 : *Gaz. Pal.* 1965, 2, 411).

4) Sur l'**incidence de l'annulation d'un premier mariage postérieurement à la célébration du second**, V. annot. sous art. 189, p. 169.

5) Sur l'**autorité de la chose jugée au pénal sur le civil** (C. pén., art. 433-20 incriminant la bigamie), V. ▪ Cass. 1re civ., 23 mai 2012, n° 11-16.305 : *D.* 2013, 1094, obs. Lemouland et Vigneau).

6) Effets de la deuxième union. Sur le principe que la bigamie constitue une cause de nullité absolue, sans possibilité de régularisation a posteriori, V. ▪ Grenoble, 23 janv. 2001, n° 00/00267 : *JurisData* n° 2001-150549 ; *Dr. famille* 2002, 54, note Lécuyer. Un mariage contracté à l'étranger avec état de bigamie pour l'un des époux ou les deux n'est pas nécessairement nul en France et certains effets peuvent être reconnus à la deuxième union. Encore faut-il que celle-ci ait été valablement contractée à l'étranger au regard de la loi nationale de chaque époux et donc que les lois nationales ou statuts personnels éventuellement différents de chacun d'eux autorisent la bigamie (▪ Paris, 14 juin 1995 : *JurisData* n° 1995-600142 ; *JurisData* n° 1995-023492 ; *JurisData* n° 1995-023492 ; *D.* 1996, 156, note Boulanger, somm. 171, obs. Audit, mariage d'une Polonaise et d'un Libanais de confession grecque catholique devenu musulman sunnite). Si le mariage contracté à l'étranger en état de bigamie par l'un ou les deux époux n'est pas obligatoirement nul en France, c'est à la condition que les lois nationales de chacun d'eux autorisent la bigamie. Dès lors que l'épouse était française depuis 1985, elle se trouve soumise aux dispositions de l'article 147 qui édictent un empêchement au mariage bilatéral et absolu, et le mariage n'a pas d'effet en France en raison du défaut de dissolution de la première union du mari, préalablement marié selon le rite chrétien maronite (▪ Cass. 1re civ., 24 sept. 2002 : *JCP* 2003, II, 10007, concl. Sainte-Rose et note Devers ; *JurisData* n° 2002-015545 ;

Bull. civ. I, n° 214, p. 165 ; *D.* 2003, somm. 1935, obs. Lemouland ; *Defrénois* 2002, 1467, obs. Massip). Le délit de bigamie n'est pas constitué si le second mariage est nul, la nullité prenant naissance au jour de la célébration (■ Toulouse, 27 juin 2002, n° 01/01164 : *JurisData* n° 2002-185689 ; *Dr. famille* 2003, 6, note de Lamy).

7) Conjoint de bonne foi. L'épouse de bonne foi est fondée à réclamer au mari bigame de mauvaise foi une pension destinée à compenser le préjudice résultant pour elle de la perte du devoir de secours (■ Cass. 1re civ., 2 oct. 1984, n° 82-14.829 : *Bull.* I, n° 242, p. 204).

8) Second mariage contracté entre les mêmes époux. Le fait que le premier comme le second mariage aient été contractés entre les mêmes époux n'est pas de nature à faire obstacle à l'application de l'article 147 (■ Cass. 1re civ., 3 févr. 2004 : *JurisData* n° 2004-022089 ; *JCP* 2004, II,10074, note Bottini ; *Dr. famille* 2004, 47, note Larribau-Terneyre ; *D.* 2004, 3171, note Mahinga ; *Bull. civ.* I, n° 33, p. 28 ; *D.* 2004, somm. 2963, obs. Lemouland ; *Defrénois* 2004, 1067, note Revillard et 1229, obs. Massip ; *Rev. crit. DIP* 2004, 395, note B.A., premier mariage coutumier monogamique par procuration au Zaïre, second mariage civil en France).

Art. 148 *(L. 21 juin 1907 ; L. 17 juill. 1927 ; L. 2 févr. 1933).* **– Les mineurs ne peuvent contracter mariage sans le consentement de leurs père et mère ; en cas de dissentiment entre le père et la mère, ce partage emporte consentement.**

Caractère discrétionnaire. Le pouvoir des parents de consentir au mariage de leurs enfants mineurs est discrétionnaire (■ Rouen, 26 juill. 1949 : *D.* 1951, 532, note Lebrun), mais les parents peuvent engager leur responsabilité en retirant à la légère leur consentement (■ Lyon, 23 janv. 1907 : *DP* 1908, 2, 73, 3e esp., note Josserand).

Art. 149 *(L. 7 févr. 1924).* **– Si l'un des deux est mort ou s'il est dans l'impossibilité de manifester sa volonté, le consentement de l'autre suffit.**

Il n'est pas nécessaire de produire l'acte de décès du père ou de la mère de l'un des futurs époux lorsque le conjoint ou les père et mère du défunt attestent ce décès sous serment.

Si la résidence actuelle du père ou de la mère est inconnue, et s'il n'a pas donné de ses nouvelles depuis un an, il pourra être procédé à la célébration du mariage si l'enfant et celui de ses père et mère qui donnera son consentement en font la déclaration sous serment.

Du tout, il sera fait mention sur l'acte de mariage.

Le faux serment prêté dans les cas prévus au présent article et aux articles suivants du présent chapitre sera puni des peines édictées par l'article 363 du Code pénal (1).

Art. 150 *(L. 7 févr. 1924 ; L. 17 juill. 1927).* **– Si le père et la mère sont morts, ou s'ils sont dans l'impossibilité de manifester leur volonté, les aïeuls et aïeules les remplacent ; s'il y a dissentiment entre l'aïeul et l'aïeule de la même ligne, ou s'il y a dissentiment entre les deux lignes, ce partage emporte consentement.**

Si la résidence actuelle des père et mère est inconnue et s'ils n'ont pas donné de leurs nouvelles depuis un an, il pourra être procédé à la célébration du mariage si les aïeuls et aïeules ainsi que l'enfant lui-même en font la déclaration sous serment. Il en est de même si, un ou plusieurs aïeuls ou aïeules donnant leur consentement au mariage, la résidence actuelle des autres aïeuls ou aïeules est inconnue et s'ils n'ont pas donné de leurs nouvelles depuis un an.

Art. 151 *(L. 20 juin 1896 ; L. 21 juin 1907 ; L. 9 août 1919 ; L. 28 avr. 1922 ; L. 7 févr. 1924 ; L. 2 févr. 1933).* **– La production de l'expédition, réduite au dispositif, du jugement qui aurait déclaré l'absence ou aurait ordonné l'enquête sur l'absence des père et mère, aïeuls ou aïeules de l'un des futurs époux équivaudra à la production de leurs actes de décès dans les cas prévus aux articles 149, 150, 158 et 159 du présent code.**

Art. 152 (Abr., L. 17 juill. 1927).

Art. 153 *(Abr., L. n° 2011-525, 17 mai 2011).*

(1) C. pén., art. 434-13.

Art. 154 *(L. 21 juin 1907 ; L. 9 août 1919 ; L. 7 févr. 1924 ; L. 17 juill. 1927 ; L. 2 févr. 1933)*. – Le dissentiment entre le père et la mère, entre l'aïeul et l'aïeule de la même ligne, ou entre aïeuls des deux lignes peut être constaté par un notaire, requis par le futur époux et instrumentant sans le concours d'un deuxième notaire ni de témoins, qui notifiera l'union projetée à celui ou à ceux des père, mère ou aïeuls dont le consentement n'est pas encore obtenu.

L'acte de notification énonce les prénoms, noms, professions, domiciles et résidences des futurs époux, de leurs pères et mères, ou, le cas échéant, de leurs aïeuls, ainsi que le lieu où sera célébré le mariage.

Il contient aussi déclaration que cette notification est faite en vue d'obtenir le consentement non encore accordé et que, à défaut, il sera passé outre à la célébration du mariage.

Art. 155 *(L. 21 juin 1907 ; L. 7 févr. 1924 ; L. 2 févr. 1933 ; L. 4 févr. 1934)*. – Le dissentiment des ascendants peut également être constaté, soit par une lettre dont la signature est légalisée et qui est adressée à l'officier de l'état civil qui doit célébrer le mariage, soit par un acte dressé dans la forme prévue par l'article 73, alinéa 2.

Les actes énumérés au présent article et à l'article précédent sont visés pour timbre et enregistrés gratis.

Art. 156 *(L. 21 juin 1907)*. – Les officiers de l'état civil qui auraient procédé à la célébration des mariages contractés par des fils ou filles n'ayant pas atteint l'âge de dix-huit ans accomplis sans que le consentement des pères et mères, celui des aïeuls ou aïeules et celui du conseil de famille, dans le cas où il est requis, soit énoncé dans l'acte de mariage, seront, à la diligence des parties intéressées ou du procureur de la République près le tribunal de grande instance de l'arrondissement où le mariage aura été célébré, condamnés à l'amende portée en l'article 192 du Code civil.

Art. 157 *(L. 21 juin 1907 ; L. 11 déc. 1924 ; L. 4 févr. 1934)*. – L'officier de l'état civil qui n'aura pas exigé la justification de la notification prescrite par l'article 154, sera condamné à l'amende prévue en l'article précédent.

Art. 158 *(Abr., Ord. n° 2005-759, 4 juill. 2005)*.

Art. 159 *(L. 21 juin 1907 ; L. 10 mars 1913 ; L. n° 64-1230, 14 déc. 1964 ; Ord. n° 2005-759, 4 juill. 2005)*. – S'il n'y a ni père, ni mère, ni aïeuls, ni aïeules, ou s'ils se trouvent tous dans l'impossibilité de manifester leur volonté, les mineurs de dix-huit ans ne peuvent contracter mariage sans le consentement du conseil de famille.

Sur le cas de l'**aliénation mentale de la mère** non interdite d'un pupille constatée par le conseil de famille, V. ■ Paris, 5 mai 1964 : *JCP* 1965, II, 14272.

Art. 160 *(L. 10 mars 1913 ; L. 7 févr. 1924 ; L. n° 64-1230, 14 déc. 1964)*. – Si la résidence actuelle de ceux des ascendants du mineur de dix-huit ans dont le décès n'est pas établi est inconnue et si les ascendants n'ont pas donné de leurs nouvelles depuis un an, le mineur en fera la déclaration sous serment devant le juge des tutelles de sa résidence, assisté de son greffier, dans son cabinet, et le juge des tutelles en donnera acte.

Le juge des tutelles notifiera ce serment au conseil de famille, qui statuera sur la demande d'autorisation en mariage. Toutefois, le mineur pourra prêter directement serment en présence des membres du conseil de famille.

Art. 161 *(Ord. n° 2005-759, 4 juill. 2005)*. – En ligne directe, le mariage est prohibé entre tous les ascendants et descendants, et les alliés dans la même ligne.

Bibliographie : A. Batteur, *L'interdit de l'inceste, principe fondateur du droit de la famille : RTD civ.* 2000, 759.

1) Droit au mariage. Bien qu'elle poursuive un but légitime de protection de l'intégrité de la famille, la législation anglaise qui, sauf dispense du Parlement, prohibe le mariage entre certains alliés (beau-père et belle-fille) constitue une atteinte excessive au droit au mariage et viole l'article 12 de la convention européenne de sauvegarde des droits de l'homme et des libertés fondamentales (■ CEDH, 13 sept. 2005, n° 36536/02, *B. et L. c/ Royaume-Uni* : *Dr. famille* 2005, 234, note Gouttenoire et Lamarche ; *RTD civ.* 2005, 735, obs. Marguénaud, et 758, obs. Hauser. – V. aussi, ■ CEDH, 12 avr. 2012, n° 43547/08, *Stübing c/ Allemagne* : *RTD civ.* 2012, 285, obs. Marguénaud).

2) Droit au respect de la vie privée et familiale. Le prononcé de la nullité du mariage célébré entre un beau-père et sa belle-fille revêt, à l'égard de cette dernière, le caractère d'une ingérence injustifiée dans l'exercice de son droit au respect de sa vie privée et familiale (art. 8, Conv. EDH) dès lors que cette union, célébrée sans opposition, avait duré plus de vingt ans (▪ Cass. 1re civ., 4 déc. 2013, n° 12-26.066 : *Bull. civ.* I, n° 234, p. 231 ; *D.* 2014, 153, chron. Fulchiron, 179, note Chénedé, et 1344, obs. Lemouland et Vigneau ; *JCP* G 2014, 93, note Lamarche ; *Dr. famille* 2014, 1, note Binet ; *Defrénois* 2014, 140, note Bahurel ; *LPA* 7 févr. 2014, 9, note Hisquin ; *RTD civ.* 2014, 88, obs. Hauser, 307, obs. Marguénaud, et 829, Chénedé (droit de réponse) ; *JurisData* n° 2013-027409, cassation de l'arrêt ayant décidé, notamment, que la prohibition prévue par l'article 161 est justifiée en ce qu'elle répond à des finalités légitimes de sauvegarde de l'homogénéité de la famille en maintenant des relations saines et stables à l'intérieur du cercle familial et que cette interdiction permet de préserver les enfants, qui peuvent être affectés, voire perturbés, par le changement de statut et des liens entre les adultes autour d'eux. – Comp. ▪ Aix-en-Provence, 2 déc. 2014, n° 13/17939 : *Dr. famille* 2015, 44, note Binet ; *RTD civ.* 2015, 361, obs. Hauser ; *D.* 2015, 1412, obs. Lemouland et Vigneau ; *JurisData* n° 2014-029845). – V. aussi, jugeant que l'annulation du mariage d'un homme avec son ex-belle-fille ne constitue pas, en l'espèce, une atteinte disproportionnée au droit au respect de la vie privée et familiale de cette dernière, ▪ Cass. 1re civ., 8 déc. 2016, n° 15-27.201 : *Bull.* ; *D.* 2017, 953, Chénedé, et 1085, Lemouland et Vigneau ; *JCP* G 2017, 166, note Hauser, et 186, n° 1, obs. Lamarche ; *Dr. famille* 2017, 24, note Binet, et 25, avis Bernard de la Gatinais ; *D.* 2016, 2568, obs. Gallmeister ; *RTD civ.* 2017, 102, obs. Hauser ; *AJF* 2017, p. 71, Houssier ; *LPA* 10 mars 2017, 8, note Morin et Niel ; *JurisData* n° 2016-025730.

Art. 162 ***(L. 1er juill. 1914 ; L. n° 75-617, 11 juill. 1975 ; Ord. n° 2005-759, 4 juill. 2005 ; mod., L. n° 2013-404, 17 mai 2013).*** **– En ligne collatérale, le mariage est prohibé entre le frère et la sœur** (1)**, entre frères et entre sœurs.**

Adoption intrafamiliale. L'adoption intrafamiliale contrevient aux dispositions d'ordre public édictées par l'article 334-10 interdisant l'établissement du double lien de filiation en cas d'inceste absolu (▪ Cass. 1re civ., 6 janv. 2004, n° 01-11.214 : *JurisData* n° 2004-021684 ; *JCP* 2004, I, 109, n° 2, obs. Rubellin-Devichi ; *Dr. famille* 2004, 16, note Fenouillet, cassant ▪ Rennes, 24 janv. 2000, n° 99/02944 : *JurisData* n° 2000-110223 ; *D.* 2002, somm. 2020, obs. Granet. V. sur ce dernier arrêt D. Fenouillet, *L'adoption de l'enfant incestueux par le demi-frère de sa mère, ou comment l'intérêt prétendu de l'enfant tient lieu de seule règle de droit : Dr. famille* 2003, chron. 29).

Art. 163 ***(L. n° 72-3, 3 janv. 1972 ; Ord. n° 2005-759, 4 juill. 2005 ; rempl., L. n° 2013-404, 17 mai 2013).*** **–** (1) **Le mariage est prohibé entre l'oncle et la nièce ou le neveu, et entre la tante et le neveu ou la nièce.**

Auteurs communs. L'article 163 ne distingue pas selon que l'oncle et la nièce sont issus d'un seul ou de deux auteurs communs (▪ Rouen, 23 févr. 1982 : *D.* 1982, inf. rap. 211, mariage d'un homme avec la fille de sa sœur consanguine).

Art. 164 ***(L. 16 avr. 1832 ; L. 10 mars 1938 ; mod., L. n° 2013-404, 17 mai 2013).*** **– Néanmoins, il est loisible au président de la République de lever, pour des causes graves, les prohibitions portées :**

1° par l'article 161 aux mariages entre alliés en ligne directe lorsque la personne qui a créé l'alliance est décédée ;

2° ***(Abr., L. n° 75-617, 11 juill. 1975)*** **;**

3° (1) **[p]ar l'article 163.**

1) Nullité d'ordre public. La nullité résultant de la violation des articles 161 à 163 du Code civil étant absolue et d'ordre public, la dispense accordée après la célébration n'a pas pour effet de valider le mariage (▪ *T.* civ. Seine, 26 juill. 1894 : *DP* 1895, 2, 6).

2) Compétence judiciaire. Il n'appartient qu'aux tribunaux civils de se prononcer sur la requête en annulation de la décision prise par le président de la République en vertu de l'article 164 (▪ CE, 12 oct. 2005, n° 264446 : *JurisData* n° 2005-069078 ; *Dr. famille* 2005, 259, note Larri-

(1) Dispositions applicables en Nouvelle-Calédonie, dans les îles Wallis-et-Futuna et en Polynésie française, L. n° 2013-404, 17 mai 2013, art. 22.

bau-Terneyre ; *RTD civ.* 2006, 91, obs. Hauser ; *D.* 2006, 1433, note Glandier, et somm. 1418, obs. Lemouland et Vigneau). – Voir pour une application, ▪ Paris, 3 avr. 2008 : *Dr. famille* 2008, 81, note Larribau-Terneyre ; *RTD civ.* 2008, 658, obs. Hauser ; *D.* 2010, 730, obs. Lemouland et Vigneau ; *RJPF* 2008, 7-8, p. 17, obs. Leborgne ; *JurisData* n° 2008-359947, l'arrêt décidant par ailleurs que l'empêchement à mariage résultant des liens du sang entre un oncle et sa nièce ne porte pas une atteinte disproportionnée au droit au mariage.

CHAPITRE II. – DES FORMALITÉS RELATIVES À LA CÉLÉBRATION DU MARIAGE

Art. 165 *(L. 21 juin 1907 ; mod., L. n° 2013-404, 17 mai 2013).* – **Le mariage sera célébré publiquement** (1) **lors d'une cérémonie républicaine par l'officier de l'état civil de la commune** (1) **dans laquelle l'un des époux** (1)**, ou l'un de leurs parents, aura son domicile ou sa résidence à la date de la publication prévue par l'article 63, et, en cas de dispense de publication, à la date de la dispense prévue à l'article 169 ci-après.**

Mariage homosexuel. Clause de conscience (non). En ne permettant pas aux officiers de l'état civil de se prévaloir de leur désaccord avec les dispositions de la loi du 17 mai 2013 pour se soustraire à l'accomplissement des attributions qui leur sont confiées par la loi pour la célébration du mariage, le législateur a entendu assurer l'application de la loi relative au mariage et garantir ainsi le bon fonctionnement et la neutralité du service public de l'état civil ; qu'eu égard aux fonctions de l'officier de l'état civil dans la célébration du mariage, il n'a pas porté atteinte à la liberté de conscience (▪ Cons. const., déc. 18 oct. 2013, n° 2013-353 QPC : *JO* 20 oct. 2013 ; *Dr. famille* 2013, 159, note Binet ; *JCP* G 2013, act. 1122, obs. Tukov ; *Nouv. Cah. Cons. const.* 2014, n° 43, 159, chron. Piazzon. – Décision de renvoi : ▪ CE, 18 sept. 2013, n° 369834 : *RTD civ.* 2013, 820, obs. Hauser). Sur le refus de célébrer un mariage entre personnes de même sexe, V. aussi Circ. min. de l'Intérieur n° INT1300195C, 13 juin 2013 : *JCP* G 2013, act. 771, obs. Dieu ; *Dr. famille* 2013, focus 43, obs. Lamarche.

Art. 166 *(L. 21 juin 1907 ; Ord. n° 58-779, 23 août 1958).* – **La publication ordonnée à l'article 63 sera faite à la mairie du lieu du mariage et à celle du lieu où chacun des futurs époux a son domicile ou, à défaut de domicile, sa résidence.**

Art. 167 et 168 *(Abr., Ord. n° 58-779, 23 août 1958).*

Art. 169 *(L. 21 juin 1907 ; mod., L. 8 avr. 1927 ; L. 29 juill. 1943 ; Ord. n° 45-2720, 2 nov. 1945 ; L. n° 2006-1376, 14 nov. 2006 ; L. n° 2007-1787, 20 déc. 2007).* – **Le procureur de la République dans l'arrondissement duquel sera célébré le mariage peut dispenser, pour des causes graves, de la publication et de tout délai ou de l'affichage de la publication seulement.**

Art. 170 et 170-1 *(Abr., L. n° 2006-1376, 14 nov. 2006).*

Art. 171 *(L. n° 59-1583, 31 déc. 1959 ; mod., L. n° 2011-525, 17 mai 2011).* – **Le Président de la République peut, pour des motifs graves, autoriser la célébration du mariage en cas de décès de l'un des futurs époux, dès lors qu'une réunion suffisante de faits établit sans équivoque son consentement.**

Dans ce cas, les effets du mariage remontent à la date du jour précédant celui du décès de l'époux.

Toutefois, ce mariage n'entraîne aucun droit de succession *ab intestat* au profit de l'époux survivant et aucun régime matrimonial n'est réputé avoir existé entre les époux.

Bibliographie : I. Corpart, *Mariage à titre posthume : une prérogative présidentielle dépassée ? : JCP* N 2004, 1328. • B. Beignier, *Mariage posthume ou mariage avec un mort ? : Dr. famille* 2016, repère 6. • I. Corpart, *Mariage à titre posthume pour tous : LPA* 25 sept. 2017, 6.

1) Filiation naturelle établie en justice après le décès du père. L'enfant naturel dont la filiation est établie en justice après le décès du père peut être légitimé par le mariage posthume (▪ TGI Seine, 25 mai 1964 : *D.* 1964, 546, note Esmein).

(1) Dispositions applicables en Nouvelle-Calédonie, dans les îles Wallis-et-Futuna et en Polynésie française, L. n° 2013-404, 17 mai 2013, art. 22.

2) Autorisation du président de la République. Est irrecevable la demande en nullité du mariage posthume, fondée sur le défaut de consentement du conseil de famille, dès lors que le régime de la tutelle auquel était soumis le futur époux a pris fin à son décès, et que son mariage posthume pouvait être contracté sans autre autorisation que celle du président de la République (■ Cass. 1re civ., 6 déc. 1989, n° 88-11.994 : *JurisData* n° 1989-004417 ; *Bull. civ.* I, n° 380, p. 256 ; *JCP* 1990, II, 21557, note Boulanger ; *D.* 1990, 225, note Hauser ; *Defrénois* 1990, 292, obs. Massip). Il appartient au chef de l'État d'apprécier souverainement que les certificats prénuptiaux marquent sans équivoque le consentement au mariage du défunt (■ Paris, 20 janv. 1995, n° 94-8179 : *JurisData* n° 1995-020986 ; *D.* 1995, inf. rap. 192 ; *RTD civ.* 1995, 865, obs. Hauser. ■ Aix-en-Provence, 27 juin 1996, n° 96/7979 : *JurisData* n° 1996-044449 ; *JCP* 1997, I, 3996, n° 4, obs. Farge, et, sur pourvoi ■ Cass. 1re civ., 30 mars 1999, n° 96-20.989 : *JurisData* n° 1999-001366 ; *JCP* 1999, IV, 1986 ; *Dr. famille* 1999, 62, note Lécuyer ; *Bull. civ.* I, n° 114, p. 74 ; *RTD civ.* 1999, 606, obs. Hauser ; *Defrénois* 1999, 1256, obs. Massip). Mais s'il résulte de l'article 171 que le président de la République apprécie la réalité du consentement du futur époux décédé au moment des formalités officielles, il appartient au juge, saisi d'une demande d'annulation de mariage posthume, de vérifier si ce consentement a persisté jusqu'au décès (■ Cass. 1re civ., 28 févr. 2006 : *Dr. famille* 2006, 79, 1re esp., note Larribau-Terneyre ; *RTD civ.* 2006, 283, obs. Hauser ; *D.* 2006, 2085, note Raoul-Cormeil, et somm. 1417, obs. Lemouland et Vigneau ; *JurisData* n° 032402, cassant ■ Grenoble, 5 sept. 2001 : *JCP* 2002, IV, 1556 ; *Dr. famille* 2002, 139, 1er arrêt, note Lécuyer ; *RTD civ.* 2002, 272, obs. crit. Hauser ; *JurisData* n° 2001-159490. – V. enfin, sur renvoi, ■ Grenoble, 27 juin 2007, n° 06/01519A.R : *JurisData* n° 2007-343428 ; *Dr. famille* 2007, 217, note Larribau-Terneyre ; *RTD civ.* 2008, 84, obs. Hauser). Il appartient également au juge de vérifier l'existence de formalités officielles dont le chef de l'État apprécie souverainement si elles sont de nature à marquer sans équivoque le consentement au mariage de l'époux décédé (■ Cass. 1re civ., 17 oct. 2007 : *Bull. civ.* I, n° 324, p. 286 ; *D.* 2007, inf. rap. 2811 ; *JCP* 2007, IV, 3075 ; *Defrénois* 2008, 566, obs. Massip ; *Dr. famille* 2007, 197, note Larribau-Terneyre ; *RTD civ.* 2008, 84, obs. Hauser ; *JurisData* n° 2007-040861).

3) Motivation. Si la décision du président de la République est discrétionnaire, elle n'en doit pas moins être motivée (■ Nancy, 15 janv. 2016, n° 15/00048 : *Dr. famille* 2016, 43, note Binet ; *RTD civ.* 2016, 323, obs. Hauser ; *JurisData* n° 2016-001091). V. aussi ■ Cass. 1re civ., 17 oct. 2007, préc. annot. 2.

4) Réunion suffisante de faits (*L. 17 mai 2011*). V., pour une application, ■ Reims, 6 sept. 2013, n° 13/01127 ; *JCP* N 2013, act. 912 ; *Dr. famille* 2013, 149, obs. Binet ; *JurisData* n° 2013-018735.

5) L'opposition au mariage posthume, régulière en la forme, oblige l'officier d'état civil à surseoir à la célébration, mais le mariage célébré nonobstant cette opposition n'est pas nul, il est seulement annulable si le motif de l'opposition est de nature à entraîner la nullité (■ Paris, 20 janv. 1995, préc.).

6) Date d'effet. La date à laquelle s'est produit le décès doit, pour l'application des articles R. 356-4 et D. 356-2 du Code de la sécurité sociale (allocation veuvage), s'entendre de celle du mariage posthume (■ Cass. soc., 15 févr. 2001, n° 99-17.199 : *JurisData* n° 2001-008054 ; *Bull. civ.* I, n° 57, p. 43 ; *RTD civ.* 2001, 563, obs. Hauser). – Comp., retenant la date du jour précédant celui du décès pour l'application des articles L. 361-4, alinéa 2 et R. 361-5 du Code de la sécurité sociale (capital-décès), ■ Cass. 1re civ., 22 mai 2007 : *Bull. civ.* I, n° 206, p. 181 ; *Defrénois* 2007, 1309, obs. Massip ; *RTD civ.* 2007, 756, obs. Hauser ; *JurisData* n° 2007-038912. – Rappr., en matière d'accident du travail, ■ Cass. 2e civ., 8 janv. 2009, n° 07-15.390, rapportant un arrêt du 10 juillet 2008 : *Bull. civ.* II, n° 4, p. 3 ; *Defrénois* 2008, 2419, obs. Massip ; *LPA* 6 oct. 2008, 9, note Ondo ; *Dr. famille* 2008, 137, note Larribau-Terneyre, et 169, obs. Fadeuilhe ; *D.* 2010, 730, obs. Lemouland et Vigneau.

CHAPITRE II *BIS*. – DU MARIAGE DES FRANÇAIS À L'ÉTRANGER

(L. n° 2006-1376, 14 nov. 2006) (1)

Bibliographie : *Le mariage des Français à l'étranger : dossier in AJF* 2006, 440. • M. Revillard, *Le contrôle de la validité des mariages : incidences de droit international privé : Defrénois* 2007, 847. • Ch. Bidaud-Garon, *La reconnaissance des mariages célébrés à l'étranger : JCP* N 2012, 1265.

(1) Dispositions non applicables aux mariages célébrés avant leur entrée en vigueur (L. n° 2006-1376, 14 nov. 2006).

Section I. – Dispositions générales

Art. 171-1 *(L. n° 2006-1376, 14 nov. 2006).* **– Le mariage contracté en pays étranger entre Français, ou entre un Français et un étranger, est valable s'il a été célébré dans les formes usitées dans le pays de célébration et pourvu que le ou les Français n'aient point contrevenu aux dispositions contenues au chapitre I du présent titre.**

Il en est de même du mariage célébré par les autorités diplomatiques ou consulaires françaises, conformément aux lois françaises.

Toutefois, ces autorités ne peuvent procéder à la célébration du mariage entre un Français et un étranger que dans les pays qui sont désignés par décret.

Sur le **mariage des couples de personnes de même sexe**, V. art. 202-1 et 202-2 (L. n° 2013-404, 17 mai 2013), p. 173.

Section II. – Des formalités préalables au mariage célébré à l'étranger par une autorité étrangère

Art. 171-2 *(L. n° 2006-1376, 14 nov. 2006).* **– Lorsqu'il est célébré par une autorité étrangère, le mariage d'un Français doit être précédé de la délivrance d'un certificat de capacité à mariage établi après l'accomplissement, auprès de l'autorité diplomatique ou consulaire compétente au regard du lieu de célébration du mariage, des prescriptions prévues à l'article 63.**

Sous réserve des dispenses prévues à l'article 169, la publication prévue à l'article 63 est également faite auprès de l'officier de l'état civil ou de l'autorité diplomatique ou consulaire du lieu où le futur époux français a son domicile ou sa résidence.

Art. 171-3 *(L. n° 2006-1376, 14 nov. 2006).* **– À la demande de l'autorité diplomatique ou consulaire compétente au regard du lieu de célébration du mariage, l'audition des futurs époux prévue à l'article 63 est réalisée par l'officier de l'état civil du lieu du domicile ou de résidence en France du ou des futurs conjoints, ou par l'autorité diplomatique ou consulaire territorialement compétente en cas de domicile ou de résidence à l'étranger.**

Art. 171-4 *(L. n° 2006-1376, 14 nov. 2006).* **– Lorsque des indices sérieux laissent présumer que le mariage envisagé encourt la nullité au titre des articles 144, 146, 146-1, 147, 161, 162, 163, 180 ou 191, l'autorité diplomatique ou consulaire saisit sans délai le procureur de la République compétent et en informe les intéressés.**

Le procureur de la République peut, dans le délai de deux mois à compter de la saisine, faire connaître par une décision motivée, à l'autorité diplomatique ou consulaire du lieu où la célébration du mariage est envisagée et aux intéressés, qu'il s'oppose à cette célébration.

La mainlevée de l'opposition peut être demandée, à tout moment, devant le tribunal de grande instance conformément aux dispositions des articles 177 et 178 par les futurs époux, même mineurs.

Voir : pour une application, ■ Cass. 1re civ., 20 avr. 2017, n° 16-15.632 : *Bull.* ; *JurisData* n° 2017-007013, mariage d'un homme sous curatelle célébré avec une femme de nationalité algérienne en Algérie ; opposition pour défaut de consentement (C. civ., art. 146).

Section III. – De la transcription du mariage célébré à l'étranger par une autorité étrangère

Art. 171-5 *(L. n° 2006-1376, 14 nov. 2006).* **– Pour être opposable aux tiers en France, l'acte de mariage d'un Français célébré par une autorité étrangère doit être transcrit sur les registres de l'état civil français. En l'absence de transcription, le mariage d'un Français, valablement célébré par une autorité étrangère, produit ses effets civils en France à l'égard des époux et des enfants.**

Les futurs époux sont informés des règles prévues au premier alinéa à l'occasion de la délivrance du certificat de capacité à mariage.

La demande de transcription est faite auprès de l'autorité consulaire ou diplomatique compétente au regard du lieu de célébration du mariage.

Date d'opposabilité. Aux termes de l'article 171-1 du Code civil, le mariage contracté en pays étranger entre un Français et un étranger est valable s'il a été célébré selon les formes usitées dans le pays de célébration ; la transcription prescrite par l'article 171-5 du même code, qui n'est soumise à aucune exigence de délai, rend la qualité de conjoint opposable aux tiers depuis la date du mariage (▪ Cass. 1re civ., 7 déc. 2016, n° 15-22.996 ; *Bull.* ; *JCP* G 2016, act. 1380, Mailhé ; *JCP* G 2017, 136, Fongaro ; *RTD civ.* 2017, 93, Hauser ; *Dr. famille* 2017, 145, Ka ; *JDI* 2017, 877, Bourdelois ; *D.* 2017, 1088, Lemouland et Vigneau ; *Defrénois* 7 sept. 2017, n° 17, 51, Callé ; *LPA* 24 févr. 2017, 12, Morin et Niel ; *JurisData* n° 2016-025662).

Art. 171-6 *(L. n° 2006-1376, 14 nov. 2006).* – **Lorsque le mariage a été célébré malgré l'opposition du procureur de la République, l'officier de l'état civil consulaire ne peut transcrire l'acte de mariage étranger sur les registres de l'état civil français qu'après remise par les époux d'une décision de mainlevée judiciaire.**

Art. 171-7 *(L. n° 2006-1376, 14 nov. 2006).* – **Lorsque le mariage a été célébré en contravention aux dispositions de l'article 171-2, la transcription est précédée de l'audition des époux, ensemble ou séparément, par l'autorité diplomatique ou consulaire. Toutefois, si cette dernière dispose d'informations établissant que la validité du mariage n'est pas en cause au regard des articles 146 et 180, elle peut, par décision motivée, faire procéder à la transcription sans audition préalable des époux.**

À la demande de l'autorité diplomatique ou consulaire compétente au regard du lieu de célébration du mariage, l'audition est réalisée par l'officier de l'état civil du lieu du domicile ou de résidence en France des époux, ou par l'autorité diplomatique ou consulaire territorialement compétente si les époux ont leur domicile ou résidence à l'étranger. La réalisation de l'audition peut être déléguée à un ou plusieurs fonctionnaires titulaires chargés de l'état civil ou, le cas échéant, aux fonctionnaires dirigeant une chancellerie détachée ou aux consuls honoraires de nationalité française compétents.

Lorsque des indices sérieux laissent présumer que le mariage célébré devant une autorité étrangère encourt la nullité au titre des articles 144, 146, 146-1, 147, 161, 162, 163, 180 ou 191, l'autorité diplomatique ou consulaire chargée de transcrire l'acte en informe immédiatement le ministère public et sursoit à la transcription.

Le procureur de la République se prononce sur la transcription dans les six mois à compter de sa saisine.

S'il ne s'est pas prononcé à l'échéance de ce délai ou s'il s'oppose à la transcription, les époux peuvent saisir le tribunal de grande instance pour qu'il soit statué sur la transcription du mariage. Le tribunal de grande instance statue dans le mois. En cas d'appel, la cour statue dans le même délai.

Dans le cas où le procureur de la République demande, dans le délai de six mois, la nullité du mariage, il ordonne que la transcription soit limitée à la seule fin de saisine du juge. Jusqu'à la décision de celui-ci, une expédition de l'acte transcrit ne peut être délivrée qu'aux autorités judiciaires ou avec l'autorisation du procureur de la République.

Art. 171-8 *(L. n° 2006-1376, 14 nov. 2006).* – **Lorsque les formalités prévues à l'article 171-2 ont été respectées et que le mariage a été célébré dans les formes usitées dans le pays, il est procédé à sa transcription sur les registres de l'état civil à moins que des éléments nouveaux fondés sur des indices sérieux laissent présumer que le mariage encourt la nullité au titre des articles 144, 146, 146-1, 147, 161, 162, 163, 180 ou 191.**

Dans ce dernier cas, l'autorité diplomatique ou consulaire, après avoir procédé à l'audition des époux, ensemble ou séparément, informe immédiatement le ministère public et sursoit à la transcription.

À la demande de l'autorité diplomatique ou consulaire compétente au regard du lieu de célébration du mariage, l'audition est réalisée par l'officier de l'état civil du lieu du domicile ou de résidence en France des époux, ou par *l'autorité diplomatique ou consulaire* territorialement compétente si les époux ont leur domicile ou résidence à l'étranger. La réalisation de l'audition peut être déléguée à un ou plusieurs fonctionnaires titulaires chargés de l'état civil ou, le cas échéant, aux fonctionnaires dirigeant une chancellerie détachée ou aux consuls honoraires de nationalité française compétents.

Le procureur de la République dispose d'un délai de six mois à compter de sa saisine pour demander la nullité du mariage. Dans ce cas, les dispositions du dernier alinéa de l'article 171-7 sont applicables.

Si le procureur de la République ne s'est pas prononcé dans le délai de six mois, l'autorité diplomatique ou consulaire transcrit l'acte. La transcription ne fait pas obstacle à la possibilité de poursuivre ultérieurement l'annulation du mariage en application des articles 180 et 184.

Voir : D. n° 2007-773, 10 mai 2007, p. 3276 (contrôle de la validité des mariages).

Section IV. – De l'impossibilité pour les Français établis hors de France de célébrer leur mariage à l'étranger

(L. n° 2013-404, 17 mai 2013)

Art. 171-9 *(L. n° 2013-404, 17 mai 2013)*. – (1) **Par dérogation aux articles 74 et 165, lorsque les futurs époux de même sexe, dont l'un au moins a la nationalité française, ont leur domicile ou leur résidence dans un pays qui n'autorise pas le mariage entre deux personnes de même sexe et dans lequel les autorités diplomatiques et consulaires françaises ne peuvent procéder à sa célébration, le mariage est célébré publiquement par l'officier de l'état civil de la commune de naissance ou de dernière résidence de l'un des époux ou de la commune dans laquelle l'un de leurs parents a son domicile ou sa résidence établie dans les conditions prévues à l'article 74. À défaut, le mariage est célébré par l'officier de l'état civil de la commune de leur choix.**

La compétence territoriale de l'officier de l'état civil de la commune choisie par les futurs époux résulte du dépôt par ceux-ci d'un dossier constitué à cette fin au moins un mois avant la publication prévue à l'article 63. L'officier de l'état civil peut demander à l'autorité diplomatique ou consulaire territorialement compétente de procéder à l'audition prévue à ce même article 63.

Visa. Le refus de visa, en empêchant les futurs époux de célébrer leur mariage en France comme le prévoit l'article 171-9, porte une atteinte grave et manifestement illégale à l'exercice de la liberté fondamentale de se marier (■ CE, réf., 9 juill. 2014, n° 382145 : *RTD civ.* 2014, 861, obs. Hauser ; *JCP* N 2014, act. 820, obs. Erstein ; *JurisData* n° 2014-015246).

CHAPITRE III. – DES OPPOSITIONS AU MARIAGE

Art. 172. – **Le droit de former opposition à la célébration du mariage appartient à la personne engagée par mariage avec l'une des deux parties contractantes.**

Seul le **conjoint non divorcé** peut former une opposition fondée sur l'article 172 du Code civil (■ Cass. civ., 14 avr. 1902 : *DP* 1903, 1, 380. ■ Colmar, 8 juill. 1970 : *JCP* 1971, II, 16604, note J.A.).

Art. 173 *(L. 21 juin 1907 ; L. 9 août 1919)*. – **Le père, la mère, et, à défaut de père et de mère, les aïeuls et aïeules peuvent former opposition au mariage de leurs enfants et descendants, même majeurs.**

Après mainlevée judiciaire d'une opposition au mariage formée par un ascendant, aucune nouvelle opposition, formée par un ascendant, n'est recevable ni ne peut retarder la célébration.

Une **nouvelle opposition** est recevable lorsque la mainlevée de la première a été prononcée pour vice de forme (■ T. civ. Dinan, 25 août 1952 : *Gaz. Pal.* 1952, 2, 305).

Art. 174 *(L. 2 févr. 1933 ; mod., L. n° 2019-222, 23 mars 2019)*. – **À défaut d'ascendant, le frère ou la sœur, l'oncle ou la tante, le cousin ou la cousine germains, majeurs, ne peuvent former opposition que dans les deux cas suivants :**

1° Lorsque le consentement du conseil de famille, requis par l'article 159, n'a pas été obtenu ;

2° Lorsque l'opposition est fondée sur l'altération des facultés personnelles du futur époux ; cette opposition, dont le tribunal pourra prononcer mainlevée pure et simple, ne sera jamais reçue qu'à la charge, par l'opposant, de provoquer ou faire provoquer l'ouverture d'une mesure de protection juridique.

(1) Dispositions applicables en Nouvelle-Calédonie, dans les îles Wallis-et-Futuna et en Polynésie française, L. n° 2013-404, 17 mai 2013, art. 22.

Intervention des frères et sœurs dans l'instance. À défaut d'engager une procédure d'interdiction, les frères et sœurs sont sans droit pour faire opposition au mariage de leur sœur et pour intervenir dans une instance sur le bien-fondé de l'opposition faite par leur père (■ Paris, 4 juill. 1959 : *D.* 1960, 15).

Art. 175 *(Rempl., L. n° 2019-222, 23 mars 2019).* **– Le tuteur ou le curateur peut former opposition, dans les conditions prévues à l'article 173, au mariage de la personne qu'il assiste ou représente.**

Art. 175-1 *(L. n° 93-1027, 24 août 1993).* **– Le ministère public peut former opposition pour les cas où il pourrait demander la nullité du mariage.**

Bibliographie : C. Byk, *Le droit d'opposition à mariage du Parquet : une ingérence à la liberté individuelle : Dr. famille* 2013, étude 7.

NB : C. civ., art. 175-1. Le Conseil constitutionnel a déclaré le présent article conforme à la Constitution : V. ■ Cons. const. n° 2012-261 QPC, 22 juin 2012 (*JO* 25 juin 2012).

1) Conformité à la Constitution. La faculté de s'opposer aux mariages qui seraient célébrés en violation de l'ordre public, reconnue au ministère public en application des articles 146, 175-1 et 180 du Code civil, ne peut être regardée comme portant une atteinte excessive à la liberté du mariage (■ Cons. const., 22 juin 2012, déc. n° 2012-261 QPC : *JurisData* n° 2012-014290 ; *JO* 25 juin 2012 ; *Dr. famille* 2012, 132, note Larribau-Terneyre ; *RTD civ.* 2012, 510, obs. Hauser ; *JCP* N 2012, act. 677 ; *JCP* G 2013, 38, n° 1, obs. Lamarche ; *D.* 2013, 1092, obs. Lemouland et Vigneau. – Arrêt de renvoi : ■ Cass. 1re civ., 12 avr. 2012, n° 12-40.013 : *JurisData* n° 2012-007059).

2) Principe. Le ministère public pouvant attaquer un mariage qu'il croit avoir été contracté en contravention aux dispositions de la loi a le droit et même le devoir de s'opposer à sa célébration (■ Cass. req., 28 nov. 1877 : *DP* 1878, 1, 209. – V. aussi ■ Cass. civ., 21 mai 1856 : *DP* 1856, 1, 208. ■ Bordeaux, 3 déc. 1992, n° 6004/92 : *JurisData* n° 1992-047818 ; *JCP* 1993, IV, 1765). L'article 12 de la Convention européenne des droits de l'homme consacrant le droit au mariage ne peut être opposé au droit du ministère public de faire opposition (■ Orléans, 6 oct. 1992, n° 179.92 : *JurisData* n° 1992-049335 ; *JCP* 1993, IV, 1394).

3) Mariage de complaisance. Preuve. Dans le cadre de la lutte contre les mariages de complaisance, dans le but d'acquérir un titre de séjour et/ou la nationalité française, le doute doit profiter aux futurs époux. Il faut donc ordonner la mainlevée de l'opposition à mariage si le ministère public ne peut prouver que l'un, au moins, des époux poursuit exclusivement un but étranger au mariage, quand bien même un tel but serait également recherché (■ Colmar, 24 juin 1994 : *JurisData* n° 1994-046693 ; *JCP* 1995, IV, 379. – Rappr. ■ Nîmes, 9 avr. 2008 : *JCP* 2008, IV, 2540 ; *JurisData* n° 2008-364958). De même, le doute devant profiter aux futurs époux, et le respect de la liberté du mariage, composante de la liberté personnelle protégée par les articles 2 et 4 de la Déclaration des droits de l'homme et du citoyen de 1789, s'opposant à ce que le caractère irrégulier du séjour d'un étranger fasse obstacle, par lui-même, à son mariage, l'opposition ne peut qu'être rejetée et la mainlevée ordonnée, l'existence d'une vie commune déjà établie n'étant pas, par ailleurs, une condition préalable indispensable au mariage (■ Nîmes, 18 avr. 2006 : *JCP* 2006, IV, 3277 ; *JurisData* n° 2006-313847). Précisant qu'il appartient au ministère public de faire la preuve de l'absence de communauté de vie pour s'opposer à la mainlevée de l'opposition, V. ■ Cass. 1re civ., 4 juill. 2007, n° 06-11.232 : *Dr. famille* 2007, 162, obs. Larribau-Terneyre ; *JurisData* n° 2007-039962. – V. aussi sous art. 175-2, annot. n° 5, p. 163.

4) Célébration en dépit de l'opposition. Aux termes de l'article 423 CPC, le ministère public peut agir pour la défense de l'ordre public à l'occasion des faits qui portent atteinte à celui-ci ; la célébration du mariage au mépris de l'opposition du ministère public ouvre donc à celui-ci une action en contestation de sa validité (■ Cass. 1re civ., 13 mars 2007, n° 05-16.627 : *JurisData* n° 2007-037901 ; *Bull. civ.* I, n° 113, p. 98).

Art. 175-2 *(L. n° 2003-1119, 26 nov. 2003 ; L. n° 2006-399, 4 avr. 2006 ; L. n° 2006-1376, 14 nov. 2006).* **– Lorsqu'il existe** *des indices* **sérieux laissant présumer, le cas échéant au vu de l'audition prévue par** *l'article 63, que le* **mariage envisagé est susceptible d'être annulé au titre de l'article 146 ou de l'article 180, l'officier de l'état civil peut saisir sans délai le procureur de la République. Il en informe les intéressés.** *[Dispositions déclarées non conformes à la Constitution par décision du Conseil constitutionnel n° 2003-484 DC du 20 novembre 2003].*

Le procureur de la République est tenu, dans les quinze jours de sa saisine, soit de laisser procéder au mariage, soit de faire opposition à celui-ci, soit de décider qu'il sera sursis à sa célébration, dans l'attente des résultats de l'enquête à laquelle il fait procéder. Il fait connaître sa décision motivée à l'officier de l'état civil, aux intéressés *[Dispositions déclarées non conformes à la Constitution par décision du Conseil constitutionnel n° 2003-484 DC du 20 novembre 2003]*.

La durée du sursis décidé par le procureur de la République ne peut excéder un mois renouvelable une fois par décision spécialement motivée.

À l'expiration du sursis, le procureur de la République fait connaître par une décision motivée à l'officier de l'état civil s'il laisse procéder au mariage ou s'il s'oppose à sa célébration.

L'un ou l'autre des futurs époux, même mineur, peut contester la décision de sursis ou son renouvellement devant le président du tribunal de grande instance, qui statue dans les dix jours. La décision du président du tribunal de grande instance peut être déférée à la cour d'appel qui statue dans le même délai.

1) Forme de l'opposition. L'article 175-2 ne dispense pas le ministère public du respect des articles 66 et 176, et une opposition par lettre recommandée avec accusé de réception doit donc être déclarée irrecevable (■ Paris, 2 août 1996, n° 96.016232 : *JurisData* n° 1996-023911 ; *JCP* 1998, I, 101, n° 1, obs. Farge).

2) Voie de fait (non). Le maire qui sursoit au mariage ne commet pas de voie de fait (■ Paris, 25 avr. 1997, n° 96/4521 : *JurisData* n° 1997-022019 ; *JCP* 1998, I, 101, n° 1, obs. Farge. *Contra* ■ Paris, 14 mars 2003, n° 2003/02149 : *JurisData* n° 2003-224375 ; *Dr. famille* 2004, 46, 1er arrêt, note Larribau-Terneyre).

3) Délai de quinze jours. Le délai de quinze jours prévu pour le droit d'opposition du parquet court du jour où il est saisi par l'officier d'état civil (■ Paris, 13 nov. 1998, n° 1998/23228 : *JurisData* n° 1998-024255 ; *RTD civ.* 1999, 363, obs. Hauser).

4) Absence d'opposition. Si l'officier d'état civil peut, sur le fondement de l'article 175-2 du Code civil, saisir à nouveau le procureur de la République s'il a recueilli des indices nouveaux laissant présumer une absence de consentement au mariage, il ne peut pas, en ce cas, refuser de procéder à sa célébration à la date fixée, en l'absence d'opposition ou de décision de sursis du procureur de la République (■ Cass. 1re civ., 6 févr. 2007 : *Bull. civ.* I, n° 49, p. 43 ; *Dr. famille* 2007, 53 [2e esp.], note Larribau-Terneyre ; *D.* 2007, 893, obs. Chauvin ; *Defrénois* 2007, 535, note Massip ; *RTD civ.* 2007, 313, obs. Hauser ; *JurisData* n° 2007-037231).

5) Indices sérieux. Sur la notion d'indice sérieux, V. ■ TGI Paris, 5 juill. 2002 : *JurisData* n° 2002-201474 ; *Dr. famille* 2002, 138, note Lécuyer, étranger en situation irrégulière, différence d'âge de 18 ans, mainlevée du sursis à la célébration. V. en ce sens dans une espèce similaire ■ Paris, 14 mars 2003 : *D.* 2003, somm. 1937, obs. Lemouland. La fragilité psychologique de la future épouse, ses antécédents familiaux perturbés et la situation administrative du futur mari, en situation irrégulière sur le territoire français, ne suffisent pas à faire échec au droit de se marier que les intéressés revendiquent à juste titre dès lors qu'il constitue une liberté fondamentale (■ Paris, 23 avr. 2003, n° 2002/21392 : *JurisData* n° 2003-221399 ; *D.* 2003, 2716, note Lemouland). C'est au ministère public de prouver une absence de volonté matrimoniale de l'un ou l'autre des époux (■ Pau, 19 janv. 2004, n° 03/03978 : *JurisData* n° 2004-234875 ; *Dr. famille* 2004, 46, 2e arrêt, note Larribau-Terneyre. Comp., admettant que des indices sérieux laissant présumer un mariage blanc renversent la charge de la preuve, ■ Angers, 19 mai 2005 : *JurisData* n° 2005-282459 ; *Dr. famille* 2005, 260, note Larribau-Terneyre). Sur la charge de la preuve, V. aussi annot. n° 3, p. 162.

Art. 176 ***(L. 8 avr. 1927 ; L. 15 mars 1933 ; rempl., L. n° 2006-1376, 14 nov. 2006).*** **– Tout acte d'opposition énonce la qualité qui donne à l'opposant le droit de la former. Il contient également les motifs de l'opposition, reproduit le texte de loi sur lequel est fondée l'opposition et contient élection de domicile dans le lieu où le mariage doit être célébré. Toutefois, lorsque l'opposition est faite en application de l'article 171-4, le ministère public fait élection de domicile au siège de son tribunal.**

Les prescriptions mentionnées au premier alinéa sont prévues à peine de nullité et de l'interdiction de l'officier ministériel qui a signé l'acte contenant l'opposition.

Après une année révolue, l'acte d'opposition cesse de produire effet. Il peut être renouvelé, sauf dans le cas visé par le deuxième alinéa de l'article 173.

Toutefois, lorsque l'opposition est faite par le ministère public, elle ne cesse de produire effet que sur décision judiciaire.

1) Motifs de l'opposition. L'opposition, même formée par un ascendant, ne peut être simplement fondée sur des considérations d'ordre moral et familial, quelques graves et respectables qu'elles puissent paraître (▪ T. civ. Seine, 29 juin 1948 : *D.* 1948, 545. ▪ T. civ. Dinan, 29 avr. 1952 : *D.* 1952, 446. ▪ Paris, 4 juill. 1959 : *D.* 1960, 15. *Contra* ▪ Douai, 27 août 1943 : *Gaz. Pal.* 1943, 2, 212). Jugé en ce sens qu'en raison de l'atteinte grave portée au principe de la liberté du mariage entre personnes majeures, il doit être établi de manière certaine l'existence d'un empêchement au mariage et non des motifs d'ordre moral, religieux, familial ou de convenances personnelles (▪ Versailles, 15 juin 1990 : *JCP* 1991, II, 21759, note Laroche-Gisserot ; *D.* 1991, 268, note Hauser, mariage prétendument fictif. ▪ Aix-en-Provence, 22 nov. 1993 : *JurisData* n° 1993-047288 ; *JCP* 1994, IV, 627, mariage d'un jeune homme avec une prostituée beaucoup plus âgée que lui. Comp. ▪ Limoges, 19 déc. 1996 : *JurisData* n° 1996-049693 ; *Dr. famille* 1997, 95, note Lécuyer. ▪ Rennes, 25 oct. 1999 : *JurisData* n° 1999-109365 ; *Dr. famille* 2000, 71, note Lécuyer).

2) Obligation de surseoir à la célébration. Dès lors que l'opposition est régulière en la forme, l'officier d'état civil doit surseoir à la célébration, même s'il a la certitude que l'empêchement allégué n'existe pas, mais le mariage célébré nonobstant cette opposition n'est pas nul, il est seulement annulable si le motif de l'opposition est de nature à entraîner la nullité (▪ Paris, 20 janv. 1995 : *D.* 1995, inf. rap. 192 ; *RTD civ.* 1995, 865, obs. Hauser).

3) Acte d'opposition. L'article 176 n'exige pas que soit reproduit dans l'acte d'opposition le texte qui donne à l'opposant le droit d'agir (▪ Cass. 1re civ., 7 avr. 1998, n° 96-14.508 : *JurisData* n° 1998-001620 ; *Dr. famille* 1998, 130, note Lécuyer). L'acte d'opposition qui informe les futurs époux d'une possibilité de recours devant le président du tribunal de grande instance, alors qu'est compétent, en réalité, le tribunal de grande instance, est régulier en la forme, car aucun texte ne fait obligation à l'opposant de faire connaître les voies de recours existantes (▪ Nîmes, 18 avr. 2006 : *JCP* 2006, IV, 3277 ; *JurisData* n° 2006-313847).

Art. 177 ***(L. 15 mars 1933).*** **– Le tribunal de grande instance prononcera dans les dix jours sur la demande en mainlevée formée par les futurs époux, même mineurs.**

1) Demandeurs. L'action en mainlevée appartient simultanément aux deux futurs conjoints (▪ T. civ. Seine, 15 avr. 1897 : *DP* 1898, 2, 419. ▪ TGI Clermont-Ferrand, 5 févr. 1964 : *JCP* 1964, IV, 116. Voir cependant ▪ T. civ. Dinan, 29 avr. 1952 : *D.* 1952, 446).

2) Référés. Le juge des référés est incompétent pour accorder mainlevée (▪ Angers, 15 janv. 1879 : *DP* 1880, 2, 116).

3) Le **délai de dix jours** prévu par l'article 177 n'est pas prescrit à peine de nullité (▪ Cass. req., 26 juin 1911 : *DP* 1912, 1, 149).

4) Appel. L'action en mainlevée étant régie, en ce qui concerne les voies de recours, par le droit commun de la procédure civile, le jugement est susceptible d'appel (▪ Cass. 1re civ., 19 nov. 1991, n° 90-16.415 : *JurisData* n° 1991-002935 ; *JCP* 1992, IV, 292 ; *Bull.* I, n° 319, p. 208).

Art. 178 ***(L. 15 mars 1933).*** **– S'il y a appel, il y sera statué dans les dix jours et, si le jugement dont est appel a donné mainlevée de l'opposition, la cour devra statuer même d'office.**

Exécution par provision (non). Le jugement qui donne mainlevée de l'opposition ne peut être déclaré exécutoire par provision (▪ T. civ. Seine, 15 avr. 1897 : *DP* 1898, 2, 419. ▪ T. civ. Dinan, 25 août 1952 : *Gaz. Pal.* 1952, 2, 305).

Art. 179 ***(Mod., L. 20 juin 1896).*** **– Si l'opposition est rejetée, les opposants, autres néanmoins que les ascendants, pourront être condamnés à des dommages-intérêts.**

Les jugements et arrêts par défaut rejetant les oppositions à mariage ne sont pas susceptibles d'opposition.

CHAPITRE IV. – DES DEMANDES EN NULLITÉ DE MARIAGE

Art. 180 ***(Mod., L. n° 75-617, 11 juill. 1975 ; L. n° 2006-399, 4 avr. 2006).*** **– Le mariage qui a été contracté sans le consentement libre des deux époux, ou de l'un d'eux, ne peut être attaqué que par les époux, ou par celui des deux dont le consentement n'a pas été libre, ou par le ministère public. L'exercice d'une contrainte sur les époux ou l'un d'eux, y compris par crainte révérencielle envers un ascendant, constitue un cas de nullité du mariage.**

S'il y a eu erreur dans la personne, ou sur des qualités essentielles de la personne, l'autre époux peut demander la nullité du mariage.

NB : C. civ., art. 180. Le Conseil constitutionnel a déclaré le présent article conforme à la Constitution : V. ▪ Cons. const. n° 2012-261 QPC, 22 juin 2012 (*JO* 25 juin 2012). V. art. 175-1, annot. n° 1, p. 162.

Bibliographie : S. Neuville, *Le silence de l'article 180 du Code civil, un héritage équivoque : Dr. famille* 1999, étude 3.

1) Violence. Doit être annulé pour violence le mariage d'un époux ayant subi une contrainte morale émanant de ses père et mère ainsi que de son supérieur hiérarchique (▪ T. civ. Montpellier, 16 juill. 1946 : *Gaz. Pal.* 1946, 2, 183. – V. aussi ▪ Paris, 9 janv. 1996 : *RTD civ.* 1996, 365, obs. Hauser, pressions lors de la célébration. ▪ Montpellier, 30 janv. 1996 : *JurisData* n° 1996-034051 ; *Dr. famille* 1997, 1, note Lécuyer, personne handicapée au jugement défaillant et influençable, soustraite à tout contact avec sa famille. ▪ Cass. 1re civ., 2 déc. 1997, n° 96-10.498 : *JurisData* n° 1997-005192 ; *Defrénois* 1998, 1017, 2e esp., obs. Massip, menaces ayant amené l'épouse à consentir. ▪ Bordeaux, 21 mai 2003, n° 01/03859 : *JurisData* n° 2003-216430 ; *Dr. famille* 2004, 1, note Terneyre, pressions physiques et morales de la mère de la mariée. ▪ Colmar, 28 avr. 2005, n° 2A03/04615 : *JurisData* n° 2005-283869 ; *Dr. famille* 2006, 1, note Larribau-Terneyre. ▪ Bordeaux, 21 févr. 2006 : *JurisData* n° 2006-329876 ; *Dr. famille* 2007, 121, note Larribau-Terneyre, contrainte familiale et violences physiques), ou ayant reçu des menaces de mort (▪ Bastia, 27 juin 1949 : *JCP* 1949, II, 5083, note J.S. – V. aussi ▪ Cass. 1re civ., 17 mars 1959 : *D.* 1959, 540). La preuve de la violence est appréciée souverainement par les juges du fond (▪ Cass. 1re civ., 17 déc. 1968 : *JurisData* n° 1968-000325 ; *D.* 1969, 410). Elle doit être rapportée par l'époux qui l'invoque (▪ Douai, 17 janv. 2000 : *JurisData* n° 2000-113856 ; *Dr. famille* 2000, 124, 3e esp., note Lécuyer). Jugé que le mari qui, dans un état de dépression, a laissé se dérouler la cérémonie du mariage sur la seule insistance de son père et dans le seul souci de ne pas nuire à la renommée de sa famille qui avait invité près de sept cents personnes et plusieurs personnalités importantes qu'il était matériellement impossible de décommander, a subi une violence morale qui prive son consentement de toute efficacité (▪ TGI Versailles, 25 avr. 1979 : *JurisData* n° 1979-761830 ; *Gaz. Pal.* 1979, 2, 532 ; *RTD civ.* 1981, 142, obs. Nerson et Rubellin-Devichi. – V. aussi ▪ TGI Paris, 7 mai 1996 : *JurisData* n° 1996-044391 ; *JurisData* n° 1996-044391 ; *RTD civ.* 1996, 583, obs. Hauser ; *JCP* 1997, I, 3996, n° 6, obs. Farge).

2) Erreur sur l'identité civile. L'erreur sur l'identité civile du conjoint ne peut entraîner la nullité du mariage que si elle a été déterminante (▪ Bordeaux, 21 déc. 1954 : *D.* 1955, 242, note Esmein, conjoint divorcé. ▪ Paris, 12 juin 1957 : *JCP* 1957, II, 10110, note Lindon, état civil inexact. ▪ Lyon, 16 janv. 1980 : *D.* 1981, 577, note Guiho ; *Gaz. Pal.* 1980, 2, 428, note Viatte. ▪ Besançon, 11 sept. 2008 : *JCP* 2009, IV, 1229 ; *JurisData* n° 2008-003440, erreur sur le nom et sur l'âge). C'est au demandeur d'apporter la preuve qu'il n'aurait pas contracté mariage s'il avait connu l'état civil réel de son futur conjoint (▪ Paris, 7 juin 1973 : *JCP* 1973, II, 17539, note Goubeaux, et, sur pourvoi, ▪ Cass. 1re civ., 19 févr. 1975, n° 73-13.761 : *JurisData* n° 1975-000070 ; *JCP* 1975, IV, 119 ; *Bull. civ.* I, n° 70, p. 63, preuve non rapportée en l'espèce, mari ayant ignoré le nom d'origine arménienne de sa femme. ▪ Cass. 1re civ., 31 mars 2016, n° 15-15.081 : *D.* 2016, 1336, obs. Lemouland et Vigneau ; *JCP G* 2016, chron. 992, n° 4, obs. Gouttenoire et Lamarche. – V. pour des applications ▪ Paris, 12 mars 1903 : *DP* 1903, 2, 191, mari s'étant fait passer faussement pour le comte de Toulouse-Lautrec. ▪ T. civ. Seine, 4 avr. 1918 : *S.* 1920, 2, 129, note Rousseau, Allemand né à Darmstadt se prétendant d'origine alsacienne).

3) Erreur sur une qualité essentielle. A été considéré comme une erreur sur une qualité essentielle entraînant la nullité du mariage, le fait pour un époux nourrissant des sentiments religieux profonds d'ignorer que son conjoint se trouvait précédemment dans les liens d'un mariage religieux (▪ TGI Basse-Terre, 25 oct. 1973 : *D.* 1974, somm. 44. V. aussi pour un mari ayant caché à la fois qu'il avait contracté un mariage religieux et qu'il était divorcé, ▪ Cass. 1re civ., 2 déc. 1997, n° 95-17.508 : *JurisData* n° 1997-004830 ; *Dr. famille* 1998, 35, note Lécuyer ; *RTD civ.* 1998, 654, obs. Hauser ; *Defrénois* 1998, 1017, 1re esp., obs. Massip. Comp. pour une femme ayant dissimulé sa date de naissance et un précédent mariage, ▪ Paris, 17 déc. 1998, n° 1997/04750 : *JurisData* n° 1998-024365 ; *Dr. famille* 1999, 121, note Lécuyer ; pour un homme ayant poursuivi après le mariage une double vie cachée, ▪ Rennes, 11 déc. 2000 : *Dr. famille* 2001, 67, note Lécuyer ; *RTD civ.* 2001, 855, obs. Hauser ; *JurisData* n° 2000-136475 ; mais V., déboutant la femme qui ne rapporte pas la preuve qu'elle ne se serait pas mariée si elle avait su que son mari avait contracté des mariages antérieurs, ▪ Grenoble, 7 nov. 2001 : *JCP* 2002, IV, 1557 ; *JurisData* n° 2001-160546 ; V. en ce sens pour une liaison entretenue avant le mariage, ▪ Paris, 20 déc. 2001 : *Dr. famille* 2002, 40, note Lécuyer ; *JurisData* n° 2001-162552 ; *RTD civ.* 2002, 272, obs. Hauser, pourvoi rejeté par ▪ Cass. 1re civ., 13 déc. 2005 : *Bull. civ.* I, n° 495, p. 416 ; *D.* 2006, somm. 1417, obs. Lemouland et Vigneau ; *JCP* 2006, II, 10140, 1er arrêt, note Ben Hadj Yahia ; *Dr. famille* 2006, 22, obs. Larribau-Terneyre ; *RTD civ.* 2006, 285, obs. Hauser ; *JurisData* n° 2005-031264, la cour précisant qu'il n'était pas démontré que le mari ait eu l'intention de poursuivre cette liaison après son mariage. ▪ Lyon, 17 oct. 2011, n° 10/04754 : *JurisData* n° 2011-022101 ; *LPA* 9 févr. 2012, 6, note Hilger ; *Dr. famille* 2011, 176 (2e esp.), note Larribau-Terneyre ; *JurisData* n° 2011-022101 ; jugé que le mensonge de l'épouse sur sa vie sentimentale passée et sa virginité, qui n'est pas une qualité essentielle, ne peut justifier l'annulation du mariage, ▪ Douai, 17 nov. 2008 : *JCP* 2009, II, 10005, note Malaurie, et I, 102, n° 1, obs. Gouttenoire ; *D.* 2008, 2938, obs. Egéa ; *D.* 2010, 729, obs. Lemouland et Vigneau ; *Dr. famille* 2008, 167, note Larribau-Terneyre ; *RTD civ.* 2009, 98, obs. Hauser ; *JurisData* n° 2008-371528, infirmant ▪ TGI Lille, 1er avr. 2008 : *JCP* 2008, II, 10122, note Raoul-Cormeil ; *D.* 2008, 1389, note Labbée, 1465, obs. Rome, et 1788, obs. Lemouland et Vigneau ; *RTD civ.* 2008, 455, obs. Hauser ; *Dr. famille* 2008, 98, note Larribau-Terneyre. – V. aussi F. Terré, *Le libre choix du conjoint : JCP* 2008, act. 439. – Ph. Malaurie, *Mensonge sur la virginité et nullité du mariage : JCP* 2008, act. 440), ou qu'il s'agissait d'un condamné de droit commun (▪ TGI Paris, 8 févr. 1971 : *JCP* 1972, II, 17244, note Raymond. ▪ TGI Paris, 23 mars 1982 : *Defrénois* 1983, 313, obs. Massip. *Contra*, avant la loi du 12 juillet 1975, ▪ Cass. crim., 24 avr. 1862 : *DP* 1862, 1, 153, concl. Dupin. – Comp. ▪ Toulouse, 2 avr. 1997 : *Dr. famille* 1997, 79, note Lécuyer, écartant l'action de la femme ayant connu la situation judiciaire du mari), ou le fait d'ignorer que le conjoint se livrait à la prostitution (▪ TGI Paris, 13 févr. 2001 : *Dr. famille* 2002, 1, note Lécuyer ; *JurisData* n° 2001-151265), ou qu'il faisait l'objet d'une mesure de curatelle (▪ TGI Vesoul, 28 nov. 1989 : *JurisData* n° 1989-605273 ; *D.* 1990, 590, note Philippe) ou qu'il était atteint d'une infection VIH (▪ TGI Dinan, 4 avr. 2006, n° 05/00135 : *JurisData* n° 2006-331368 ; *D.* 2007, inf. rap. 1510 ; *RTD civ.* 2007, 550, obs. Hauser) ou qu'il était atteint d'impuissance (▪ T. civ. Grenoble, 13 mars et 20 nov. 1958 : *D.* 1959, 495, note Cornu. ▪ TGI Avranches, 10 juill. 1973 : *D.* 1974, 174, note Guiho. ▪ Paris, 26 mars 1982 : *JurisData* n° 1982-600934 ; *Defrénois* 1982, 1240, 2e esp., obs. Massip. ▪ Rouen, 6 mars 2008 : *JCP* 2008, IV, 2453 ; *RTD civ.* 2008, 659, obs. Hauser ; *JurisData* n° 2008-359226, erreur sur l'aptitude du conjoint à avoir des relations sexuelles normales ou à procréer. Mais V. en cas de preuve non rapportée du défaut d'aptitudes sexuelles du mari ▪ Grenoble, 3 avr. 2000, n° 98/04487 : *JurisData* n° 2000-119939 ; *Dr. famille* 2000, 124, 1re esp., note Lécuyer. – Comp., relevant que les époux ne peuvent ignorer que les aptitudes aux relations sexuelles peuvent diminuer avec l'âge, ▪ Pau, 26 avr. 2004, n° 02/03939 : *JurisData* n° 2004-242709 ; *Dr. famille* 2004, 117, note Larribau-Terneyre), ou d'une maladie mentale (▪ TGI Rennes, 9 nov. 1976 : *JurisData* n° 1976-760782 ; *D.* 1977, 539, note Cosnard. ▪ TGI Tarascon, 8 juill. 1981 : *Defrénois* 1982, 1240, 1re esp., obs. Massip), mais la preuve de l'existence des troubles mentaux à l'époque du mariage est appréciée souverainement par les juges du fond (▪ Cass. 1re civ., 29 janv. 1975 : *JurisData* n° 1975-000042 ; *JurisData* n° 1975-000042 ; *D.* 1975, 668, note Hauser). Sur la preuve de l'ignorance de la maladie mentale du conjoint, V. ▪ Pau, 30 août 1990 : *JurisData* n° 1990-044459 ; *RTD civ.* 1991, 708, obs. Hauser et Huet-Weiller. Doit être rejetée la demande en référé aux fins d'expertise psychiatrique présentée par le mari pour lui permettre de réunir les preuves qui appuieront sa demande en nullité du mariage pour erreur sur l'intégrité psychique de sa femme (▪ TGI Arras, réf., 9 oct. 1981 : *JurisData* n° 1981-000977 ; *JCP* 1982, II, 19852, note Raymond). Jugé en ce sens qu'une telle expertise, portant atteinte à l'intégrité physique et à la dignité de la personne concernée, ne peut être imposée en l'absence de fondement légal ou de motif justifiant cette atteinte à la liberté individuelle (▪ Paris, 1er déc. 1988 : *JurisData* n° 1988-026147 ; *JCP* 1989, IV, 188). Dès lors que le mari n'avait pas du tout l'intention de constituer un foyer, l'épouse, qui était animée de sentiments religieux profonds, a été trompée sur une des qualités essentielles de son conjoint (▪ TGI Le Mans, 7 déc. 1981 : *JCP* 1986, II, 20573, note Lemouland. – V. aussi ▪ TGI Paris, 7 mai 1996 : *RTD civ.* 1996, 583, obs. Hauser. ▪ Grenoble, 3 avr. 2002, n° 00/04184 : *JurisData* n° 2002-201646 ; *Dr. famille* 2003, 85, note Lécuyer. Comp. pour un mariage en réalité simulé, ▪ Toulouse, 2 mars 1993, n° 114/92 : *JurisData* n° 1993-040717 ; *RTD civ.* 1993, 563, obs. Hauser). Mais la nullité peut être écartée lorsque les convictions religieuses de l'épouse ne permettent pas d'établir que celle-ci n'aurait pas contracté mariage si elle avait eu connaissance de la liaison passée de son mari, dans la mesure où les aspirations de celui-ci à une union durable n'étaient nullement mises à mal par cette circonstance (▪ Cass. 1re civ., 13 déc. 2005, préc.). Sur ce que l'erreur sur l'évolution de la personnalité du conjoint ne peut être retenue, V. ▪ Aix-en-Provence, 31 mars 2005, n° 04/02270 : *JurisData* n° 2005-272593 ; *Dr. famille* 2005, 176, note Larribau-Terneyre (père incestueux). Jugé que lorsque deux époux sont musulmans, le mariage civil devant être obligatoirement suivi d'un mariage religieux, le consentement au mariage s'entend du consentement donné pour la totalité des cérémonies, tant civiles que religieuses, et que le refus d'un époux de se soumettre au mariage religieux constitue pour son conjoint une erreur sur les qualités substantielles justifiant l'annulation du mariage sur le fondement de l'article 180 du Code civil (▪ Aix-en-Provence, 15 nov. 2005 : *JCP* 2006, IV, 2366 ; *Dr. famille* 2006, 80, obs. Larribau-Terneyre ; *JurisData* n° 2005-293158).

4) Preuve de l'absence de consentement. C'est à celui qui conteste la validité du mariage de prouver l'absence de consentement d'un conjoint (■ Cass. 1re civ., 2 déc. 1992, n° 91-11.428 : *JurisData* n° 1992-002792 ; *JCP* 1993, IV, 401). Approuvant les juges du fond d'avoir souverainement estimé que le mari ne rapportait pas la preuve des faits allégués (prostitution de l'épouse qui aurait entretenu des relations avec le milieu du grand banditisme avant la célébration du mariage) et de ce que son consentement aurait été vicié, V. ■ Cass. 1re civ., 31 janv. 2006 : *JurisData* n° 2006-031961 ; *JCP* 2006, II, 10140, 2e arrêt, note Ben Hadj Yahia.

5) Titulaires de l'action en nullité. À la différence de l'action en nullité absolue pour défaut de consentement, ouverte à tous ceux qui y ont intérêt, l'action en nullité relative pour erreur sur la personne ou sur des qualités essentielles de la personne est exclusivement attachée à la personne et ne peut être exercée que par l'époux dont le consentement a été vicié (■ Cass. 1re civ., 4 juill. 1995, n° 93-13.532 : *JurisData* n° 1995-001787 ; *JCP* 1995, IV, 2182 ; *Bull.* I, n° 291, p. 203 ; *RTD civ.* 1995, 866, obs. Hauser ; *D.* 1996, 233, note Boulanger ; *Defrénois* 1996, 321, obs. Massip, 407, obs. Champenois ; *RTD civ.* 1997, 205, obs. Vareille).

6) Publicité des débats. L'article 248 du Code civil relatif au divorce étant d'interprétation stricte, l'action en nullité est soumise à la règle générale de la publicité des débats (■ Cass. 1re civ., 25 févr. 1964, n° 62-13.521 : *Bull. civ.* I, n° 112, p. 83).

Art. 181 ***(Mod., L. n° 2006-399, 4 avr. 2006 ; L. n° 2008-561, 17 juin 2008).*** **– Dans le cas de l'article précédent, la demande en nullité n'est plus recevable à l'issue d'un délai de cinq ans à compter du mariage.**

1) Confirmation du mariage. L'action en nullité n'est pas recevable si le mari, par une cohabitation continuée, autant que les circonstances de guerre l'ont permis, et par une abondante correspondance ensuite, a confirmé librement le mariage (■ Paris, 4 nov. 1954 : *D.* 1955, 43).

2) Ignorance de l'erreur. L'exception de l'article 181 ne peut être opposée à celui qui a pu ignorer l'erreur dont il se plaint (■ Paris, 12 juin 1957 : *JCP* 1957, II, 10110, note Lindon. – V. aussi ■ Bourges, 1er oct. 2003, n° 02/01639 : *JurisData* n° 2003-230103 ; *Dr. famille* 2004, 66, obs. Larribau-Terneyre).

3) Prescription de droit commun. Jugé, avant la loi du 4 avril 2006, qu'à défaut de cohabitation continue pendant six mois, l'action en nullité se trouve soumise à la prescription de droit commun prévue par l'article 1304 du Code civil (■ Cass. 1re civ., 17 nov. 1958 : *JCP* 1959, II, 10949, note Esmein. ■ Bastia, 24 oct. 1955 : *Gaz. Pal.* 1956, 1, 78).

Art. 182. – Le mariage contracté sans le consentement des père et mère, des ascendants, ou du conseil de famille, dans les cas où ce consentement était nécessaire, ne peut être attaqué que par ceux dont le consentement était requis, ou par celui des deux époux qui avait besoin de ce consentement.

L'absence d'autorisation préalable du curateur au mariage du majeur en curatelle ne correspond pas à un défaut de consentement, au sens de l'article 146 du Code civil, mais à un défaut d'autorisation, au sens de l'article 182 du même code, sanctionné par la nullité relative et de nature à être couvert par l'approbation du curateur (■ Cass. 1re civ., 20 avr. 2017, n° 16-15.632, préc., sous art. 146, annot. n° 4, p. 151 ; différence entre absence d'autorisation et défaut de consentement).

Art. 183 ***(Mod., L. n° 2006-399, 4 avr. 2006).*** **– L'action en nullité ne peut plus être intentée ni par les époux, ni par les parents dont le consentement était requis, toutes les fois que le mariage a été approuvé expressément ou tacitement par ceux dont le consentement était nécessaire, ou lorsqu'il s'est écoulé cinq années sans réclamation de leur part, depuis qu'ils ont eu connaissance du mariage. Elle ne peut être intentée non plus par l'époux, lorsqu'il s'est écoulé cinq années sans réclamation de sa part, depuis qu'il a atteint l'âge compétent pour consentir par lui-même au mariage.**

1) Sur la **confirmation tacite** de la part des parents, V. ■ Cass. req., 8 mars 1875 : *DP* 1875, 1, 482. ■ Cass. req., 5 juill. 1905 : *DP* 1905, 1, 471. ■ TGI Troyes, 9 nov. 1966 : *Gaz. Pal.* 1967, 1, 81.

2) Majeur en tutelle. Il résulte des articles 183 (ancienne rédaction) et 514 du Code civil que le curateur, dont le consentement est requis pour le mariage du majeur en tutelle, ne peut plus intenter l'action en nullité du mariage pour défaut de ce consentement lorsqu'il s'est écoulé une année sans réclamation de sa part depuis qu'il a eu connaissance du mariage (■ Cass. 1re civ., 17 mai 1988, n° 86-10.817 : *JurisData* n° 1988-701156 ; *JCP* 1989, II, 21197, note Boulanger. ■ Cass. 1re civ., 5 mai 1993, n° 91-11.700 : *JurisData* n° 1993-000986 ; *Bull. civ.* I, n° 156, p. 107 ; *JCP* 1993, IV, 1675).

Art. 184 *(L. 19 févr. 1933 ; L. n° 93-1027, 24 août 1993 ; mod., L. n° 2008-561, 17 juin 2008)*. **– Tout mariage contracté en contravention aux dispositions contenues aux articles 144, 146, 146-1, 147, 161, 162 et 163 peut être attaqué, dans un délai de trente ans à compter de sa célébration, soit par les époux eux-mêmes, soit par tous ceux qui y ont intérêt, soit par le ministère public.**

Bibliographie : V. Larribau-Terneyre, *Du nouveau sur la prescription des actions en nullité du mariage : Dr. famille* 2008, 97.

1) Incidence du divorce. Les époux étant divorcés, le mari n'a plus, lors de son action en nullité, la qualité de conjoint et, ne pouvant dès lors se prévaloir des dispositions de l'article 184 du Code civil, il doit justifier d'un intérêt à agir (▪ Cass. 1re civ., 12 avr. 2012, n° 11-11.116 : *Bull. civ.* I, n° 93, p. 83 ; *Dr. famille* 2012, 115, note Larribau-Terneyre ; *RTD civ.* 2012, 511, obs. Hauser ; *D.* 2013, 1095, obs. Lemouland et Vigneau ; *JurisData* n° 2012-006915). Jugé que le conjoint divorcé a un intérêt au moins moral à demander l'annulation de son mariage (▪ Paris, 12 juin 1957 : *JCP* 1957, II, 10110, note Lindon. ▪ TGI Paris, 8 févr. 1971 : *JCP* 1972, II, 17244, note Raymond. – Comp. pour l'action exercée après divorce par le ministère public, ▪ Cass. 1re civ., 10 mars 1998, n° 96-15.829 : *JurisData* n° 1998-001092 ; *Dr. famille* 1998, 147, note Lécuyer ; *Defrénois* 1998, 1017, 4e esp., obs. Massip. ▪ Grenoble, 3 nov. 1998 : *JCP* 1999, IV, 1812).

2) Les **créanciers et tiers acquéreurs** peuvent, s'ils y ont intérêt, faire constater la nullité du mariage (▪ Cass. civ., 30 juill. 1900 : *S.* 1902, 1, 225, note Wahl).

3) Petits-enfants. L'action en nullité du mariage exercée par les petits-enfants de l'un des conjoints n'est pas une action en nullité de droit d'un acte passé postérieurement au jugement d'ouverture de la tutelle. Elle n'est pas fondée sur l'article 506 et elle est recevable dès lors que les demandeurs ont un intérêt certain à attaquer le mariage (▪ Aix-en-Provence, 23 avr. 1996 : *JurisData* n° 1996-041500 ; *JurisData* n° 1996-041500 ; *Dr. famille* 1996, 17, note Lécuyer).

4) Règles de prescription. C'est à bon droit qu'une cour d'appel énonce que la loi n° 2008-561 du 17 juin 2008 a maintenu à trente ans le délai de prescription applicable à l'action en nullité absolue du mariage (▪ Cass. 1re civ., 29 mai 2013, n° 12-15.001 : *Bull. civ.* I, n° 109, p. 111 ; *D.* 2013, 2052, obs. Capitaine ; *RTD civ.* 2013, 578, obs. Hauser ; *LPA* 2 août 2013, 17, note Mikalef-Toudic, nullité du mariage pour bigamie). La règle selon laquelle la prescription ne court pas contre celui qui est dans l'impossibilité d'agir par suite d'un empêchement quelconque résultant soit de la loi, soit de la convention ou de la force majeure [C. civ., art. 2234], ne s'applique pas lorsque le titulaire de l'action disposait encore, au moment où cet empêchement a pris fin, du temps nécessaire pour agir avant l'expiration du délai de prescription (même décision).

Art. 185 et 186 *(Abr., L. n° 2007-1631, 20 nov. 2007)*.

Art. 187. – Dans tous les cas où, conformément à l'article 184, l'action en nullité peut être intentée par tous ceux qui y ont un intérêt, elle ne peut l'être par les parents collatéraux, ou par les enfants nés d'un autre mariage, du vivant des deux époux, mais seulement lorsqu'ils y ont un intérêt né et actuel.

1) Conformité à la Constitution. V. ▪ Cass. 1re civ., 4 mai 2017, n° 17-40.026 : *Bull.* ; *Dr. famille* 2017, 147, Binet ; *RTD civ.* 2017, 616, obs. Hauser ; *D.* 2018, p. 1108, Lemouland et Vigneau ; *JurisData* n° 2017-008300, non-renvoi au Conseil constitutionnel).

2) Intérêt à agir. Justifient d'un intérêt actuel à agir les parents collatéraux qui, à la date où la cour d'appel a statué, avaient vocation à recueillir, en l'absence de conjoint survivant, la partie de la succession de leur frère non incluse dans un testament (▪ Cass. 1re civ., 4 mai 2011, n° 09-68.983 : *Bull. civ.* I, n° 82, p. 79 ; *D.* 2011, 2387, note Raoul-Cormeil, et 2505, obs. Plazy ; *JCP* N 2011, 1222, obs. Kervella ; *RTD civ.* 2011, 516, obs. Hauser ; *D.* 2012, 972, obs. Lemouland et Vigneau ; *Dr. famille* 2011, 145, note Larribau-Terneyre ; *JurisData* n° 2011-007702). Précédemment jugé que l'intérêt à agir des enfants d'un premier lit ne peut être que pécuniaire (▪ Aix-en-Provence, 31 mars 2003, n° 01/17743 : *JurisData* n° 2003-223994 ; *Dr. famille* 2004, 32, note Larribau-Terneyre. V. aussi pour des sœurs ▪ Paris, 10 sept. 2003, n° 1998/19827 : *JurisData* n° 2003-234357 ; *Dr. famille* 2004, 65, note Larribau-Terneyre).

Art. 188. – L'époux au préjudice duquel a été contracté un second mariage, peut en demander la nullité, du vivant même de l'époux qui était engagé avec lui.

L'**épouse divorcée** ne peut agir en nullité du mariage contracté par son ex-mari qu'à la condition de justifier d'un intérêt à agir, pécuniaire ou moral (▪ Cass. 1re civ., 31 janv. 1990, n° 88-16.497 : *JurisData* n° 1990-000812 ; *JCP* 1990, IV, 121 ; *Bull. civ.* I, n° 30, p. 21 ; *D.* 1990, 449, note Massip).

Art. 189. – Si les nouveaux époux opposent la nullité du premier mariage, la validité ou la nullité de ce mariage doit être jugée préalablement.

Applications. Viole l'article 189 du Code civil la cour d'appel qui, pour rejeter la demande de sursis à statuer de l'épouse dans l'attente de la décision à intervenir sur l'action en annulation d'un précédent mariage et déclarer le nouveau conjoint recevable à invoquer une situation de bigamie, retient que, même si le premier mariage était annulé, cette annulation ne permettrait pas de régulariser *a posteriori* son nouveau mariage, la procédure pendante étant sans incidence (▪ Cass. 1re civ., 26 oct. 2011, n° 10-25.285 : *Bull. civ.* I, n° 184, p. 180 ; *D.* 2012, 258, note Raoul-Cormeil, et 974, obs. Lemouland et Vigneau ; *JCP* 2012, doctr. 31, n° 1, obs. Lamarche ; *Dr. famille* 2012, 2, note Larribau-Terneyre ; *RTD civ.* 2012, 94, obs. Hauser ; *LPA* 20 mars 2012, 10, note Gallardo ; *JurisData* n° 2011-023270. ▪ Cass. 1re civ., 11 avr. 2018, n° 17-17.530 : *Bull.* ; *Dr. famille* 2018, 145, Dumas-Lavenac ; *RTD civ.* 2018, p. 632, Leroyer ; *JurisData* n° 2018-005624 – Rapp. ▪ Cass. 1re civ., 25 sept. 2013, n° 12-26.041 : *Bull. civ.* I, n° 184, p. 183 ; *D.* 2014, 563, obs. Capitaine ; *JCP* G 2014, 43, n° 1, obs. Lamarche ; *Dr. famille* 2013, 148, note Binet ; *RTD civ.* 2014, 91, obs. Hauser ; *LPA* 10 janv. 2014, 10, note Hisquin ; *JurisData* n° 2013-020478, jugeant que la nullité du premier mariage entraînant sa disparition rétroactive, le second mariage célébré entre les mêmes personnes ne peut être annulé du chef de bigamie, quand bien même la nullité du premier serait prononcée après la célébration du second).

Art. 190 ***(Mod., L. n° 2007-1631, 20 nov. 2007).*** **– Le procureur de la République, dans tous les cas auxquels s'applique l'article 184, peut et doit demander la nullité du mariage, du vivant des deux époux, et les faire condamner à se séparer.**

Procédure. L'action en nullité ou en inopposabilité d'un mariage est subordonnée à la mise en cause des deux époux (▪ Cass. 1re civ., 6 mai 2009, n° 07-21.826 : *Bull. civ.* I, n° 89, p. 75 ; *D.* 2009, 1416, obs. Egéa ; *JCP* 2009, act. 274 ; *Defrénois* 2009, 1851 [1re esp.], obs. Massip ; *RTD civ.* 2009, 509, obs. Hauser ; *D.* 2010, 731, obs. Lemouland et Vigneau ; *JurisData* n° 2009-048037, fin de non-recevoir ayant un caractère d'ordre public).

Art. 190-1 ***(Abr., L. n° 2003-1119, 26 nov. 2003).***

Art. 191 ***(Mod., L. n° 2008-561, 17 juin 2008).*** **– Tout mariage qui n'a point été contracté publiquement, et qui n'a point été célébré devant l'officier public compétent, peut être attaqué, dans un délai de trente ans à compter de sa célébration, par les époux eux-mêmes, par les père et mère, par les ascendants et par tous ceux qui y ont un intérêt né et actuel, ainsi que par le ministère public.**

1) Clandestinité. Le mariage célébré au domicile de l'un des époux après dispense de publication accordée par le procureur de la République n'est pas un mariage clandestin dès lors qu'il a eu lieu dans les formes régulières, les portes étant ouvertes (▪ Cass. 1re civ., 10 mai 1955 : *JCP* 1955, IV, 90 ; *Bull. civ.* I, n° 192, p. 164. V. aussi pour un mariage célébré à l'hôpital en raison de l'état de santé du mari ▪ Paris, 3 mars 1998, n° 96/87660 : *JurisData* n° 1998-020583 ; *Dr. famille* 1999, 76, 2e esp., note Lécuyer). Le vice de clandestinité ne peut résulter de ce que le mariage est célébré par un officier de l'état civil incompétent, ni de ce que les époux ont tenu à garder leur union secrète, en particulier à l'égard de la famille du mari (▪ TGI Paris, 10 nov. 1992 : *JurisData* n° 1992-604193 ; *JurisData* n° 1992-051184 ; *D.* 1993, 467, note Beignier). Jugé que l'omission de la publicité préalable n'entraîne la nullité du mariage que si elle a été inspirée par une intention de fraude (▪ Grenoble, 5 sept. 2001 : *JCP* 2002, IV, 1556 ; *Dr. famille* 2002, 139, 1er arrêt, note Lécuyer ; *JurisData* n° 2001-159490).

2) Fraude à la loi française. L'inobservation des formalités de publicité prescrites par l'article 170 du Code civil pour le mariage contracté en pays étranger par un Français ne peut en entraîner la nullité que si les parties ont entendu faire fraude à la loi française et éluder la publicité prescrite par elle (▪ Cass. 1re civ., 13 févr. 1961 : *JurisData* n° 1961-000097 ; *D.* 1961, 349, note G. Holleaux. ▪ Paris, 2 déc. 1966 : *JCP* 1967, IV, 70 ; *Rev. crit. DIP* 1967, 530, note Malaurie, 1re esp. ▪ Nancy, 5 févr. 1999, n° 9701326 : *JurisData* n° 1999-041676 ; *Dr. famille* 1999, 76, 1re esp., note Lécuyer. ▪ Dijon, 29 nov. 2000 : *JCP* 2001, IV, 2383 ; *JurisData* n° 2000-142061. Mais V. pour la clandestinité destinée à empêcher l'opposition du père de la femme, ▪ Montpellier, 19 nov. 1996 : *JCP* 1998, IV, 1280 ; *RTD civ.* 1998, 346, obs. Hauser).

3) L'incompétence de l'officier de l'état civil n'entraîne qu'une nullité facultative (▪ Cass. civ., 7 août 1883 : *DP* 1884, 1, 5, concl. Barbier. ▪ Cass. crim., 18 févr. 1942 : *DA* 1942, 83. ▪ TGI Paris, 10 nov. 1992 : *RTD civ.* 1993, 562, obs. Hauser). Sur la nullité de l'union célébrée par-devant le consul général de l'Équateur entre une Française et un Équatorien, V. ▪ TGI Paris, 24 févr. 1975 : *D.* 1975, 379, concl. Paire, note Massip. Mais jugé qu'un mariage célébré en France uniquement devant une autorité religieuse (rite ismaélien) doit être tenu pour valable au regard du droit français et produire ses effets tant que sa nullité pour défaut de célébration devant l'officier d'état civil n'a pas été prononcée (▪ Cass. 1re civ., 9 oct. 1991, n° 90-14.415 : *JurisData* n° 1991-002936 ; *Bull. civ.* I, n° 256, p. 169 ; *Rev. crit. DIP* 1992, 61, note Lagarde. – V. aussi ▪ Versailles, 27 mai 1999 : *RTD civ.* 1999, 604, obs. Hauser).

4) Prescription. Si la demande d'annulation du mariage fondée sur les dispositions de l'article 190-1 (anc.) est soumise à un délai d'un an à compter de la date du mariage, celle fondée sur les dispositions de l'article 191 ne l'est pas (▪ Amiens, 9 mars 2005, n° 04/00735 : *JurisData* n° 2005-277844 ; *Dr. famille* 2005, 236, note Larribau-Terneyre).

Art. 192 ***(L. 21 juin 1907 ; L. n° 46-2154, 7 oct. 1946).*** **– Si le mariage n'a point été précédé de la publication requise ou s'il n'a pas été obtenu des dispenses permises par la loi, ou si les intervalles prescrits entre les publications et la célébration n'ont point été observés, le procureur de la République fera prononcer contre l'officier public une amende qui ne pourra excéder 4,5 euros et contre les parties contractantes, ou ceux sous la puissance desquels elles ont agi, une amende proportionnée à leur fortune.**

Compétence. Les amendes prévues par l'article 192 ne peuvent être prononcées que par les juridictions pénales (▪ Cass. crim., 23 nov. 1949 : *JCP* 1950, II, 5615, note Magnol).

Art. 193. – Les peines prononcées par l'article précédent seront encourues par les personnes qui y sont désignées, pour toute contravention aux règles prescrites par l'article 165, lors même que ces contraventions ne seraient pas jugées suffisantes pour faire prononcer la nullité du mariage.

V. pour une application à un mariage religieux non transcrit sur les registres de l'état civil ▪ Agen, 15 mars 2005 : *Dr. famille* 2005, 177, note Larribau-Terneyre.

Art. 194. – Nul ne peut réclamer le titre d'époux et les effets civils du mariage, s'il ne représente un acte de célébration inscrit sur le registre de l'état civil ; sauf les cas prévus par l'article 46, au titre *Des actes de l'état civil*.

Art. 195. – La possession d'état ne pourra dispenser les prétendus époux qui l'invoqueront respectivement, de représenter l'acte de célébration du mariage devant l'officier de l'état civil.

Art. 196. – Lorsqu'il y a possession d'état, et que l'acte de célébration du mariage devant l'officier de l'état civil est représenté, les époux sont respectivement non recevables à demander la nullité de cet acte.

1) Sur les éléments de la possession d'état d'époux, V. ▪ Cass. civ., 7 févr. 1860 : *DP* 1860, 1, 126. ▪ Cass. 1re civ., 11 oct. 1960 : *Bull. civ.* I, n° 428, p. 350.

2) Actions visées. La fin de non-recevoir édictée par l'article 196 est opposable à toute action par laquelle l'un des époux demande l'annulation du mariage à raison d'un vice de forme (▪ Cass. 1re civ., 1er août 1930 : *DP* 1931, 1, 169, note Lalou) sauf s'il s'agit d'un mariage contracté à l'étranger en fraude de la loi française (▪ Paris, 2 déc. 1966 : *JCP* 1967, IV, 70 : *Rev. crit. DIP* 1967, 530, note Malaurie, 1re esp.). Mais les époux ne peuvent se prévaloir de cette fin de non-recevoir à l'encontre d'un tiers agissant en nullité (▪ Cass. req., 16 juin 1915 : *S.* 1920, 1, 107).

Art. 197. – Si néanmoins, dans le cas des articles 194 et 195, il existe des enfants issus de deux individus qui ont vécu publiquement comme mari et femme, et qui soient tous deux décédés, la légitimité des enfants ne peut être contestée sous le seul prétexte du défaut de représentation de l'acte de célébration, toutes les fois que cette légitimité est prouvée par une possession d'état qui n'est point contredite par l'acte de naissance.

1) Possession d'état d'enfant commun et possession d'état d'époux. La possession d'état peut exister pour l'enfant sans que ses père et mère aient vécu publiquement comme mari et femme et la preuve du premier de ces faits ne dispense pas de la preuve du second (▪ Cass. civ., 19 juin 1867 : *DP* 1867, 1, 342).

2) Le **ministère public** peut se prévaloir de l'article 197 à l'encontre de l'enfant (▪ Cass. 1re civ., 8 janv. 1974, n° 73-13.023 : *JurisData* n° 1974-000011 ; *D.* 1975, 160, note Guimezanes).

Art. 198. – **Lorsque la preuve d'une célébration légale du mariage se trouve acquise par le résultat d'une procédure criminelle, l'inscription du jugement sur les registres de l'état civil assure au mariage, à compter du jour de sa célébration, tous les effets civils, tant à l'égard des époux, qu'à l'égard des enfants issus de ce mariage.**

Art. 199. – **Si les époux ou l'un d'eux sont décédés sans avoir découvert la fraude, l'action criminelle peut être intentée par tous ceux qui ont intérêt de faire déclarer le mariage valable, et par le procureur de la République.**

Art. 200. – **Si l'officier public est décédé lors de la découverte de la fraude, l'action sera dirigée au civil contre ses héritiers, par le procureur de la République, en présence des parties intéressées, et sur leur dénonciation.**

Art. 201 *(L. n° 72-3, 3 janv. 1972)*. – **Le mariage qui a été déclaré nul produit, néanmoins, ses effets à l'égard des époux, lorsqu'il a été contracté de bonne foi.**

Si la bonne foi n'existe que de la part de l'un des époux, le mariage ne produit ses effets qu'en faveur de cet époux.

I – CONDITIONS

1) Putativité résultant d'un jugement ultérieur. Le caractère putatif d'un mariage annulé peut être reconnu soit par le jugement même qui annule le mariage, soit par un jugement ultérieur lorsque la décision prononçant la nullité de l'union n'a pas statué sur la putativité (▪ Cass. 1re civ., 28 mai 1991, n° 89-19.335 : *JurisData* n° 1991-001746 ; *JCP* 1991, IV, 290 ; *Bull. civ.* I, n° 169, p. 111 ; *D.* 1992, 121, note Massip).

2) Annulation préalable (non). Il importe peu pour l'application des articles 201 et 202 du Code civil que la nullité du mariage ait été préalablement prononcée (▪ Cass. 1re civ., 18 oct. 1955 : *JCP* 1955, IV, 162 ; *Bull. civ.* I, n° 345, p. 283). Jugé au contraire qu'un mariage ne pouvant être considéré comme putatif qu'à la condition d'avoir été préalablement annulé, l'article 201 ne peut être utilement invoqué, même par un époux de bonne foi, lorsque la nullité du mariage est opposée par voie d'exception (▪ Paris, 3 juin 1947 : *JCP* 1948, II, 4237, note crit. J. Savatier).

3) Demande du conjoint de bonne foi. Il n'appartient pas aux juges du fond qui ont prononcé la nullité d'un mariage de déclarer ce mariage putatif à l'égard du second conjoint du bigame, dès lors que celui-ci n'en a pas sollicité le bénéfice (▪ Cass. 1re civ., 15 oct. 1958 : *Bull. civ.* I, n° 432, p. 347).

4) Bonne foi. La bonne foi est une condition nécessaire et suffisante (▪ Cass. 1re civ., 14 juin 1957 : *D.* 1957, 557). Elle doit être présumée (▪ Cass. civ., 5 nov. 1913 : *DP* 1914, 1, 281, note Binet ; F. Terré et Y. Lequette, *Les grands arrêts de la jurisprudence civile*, t. 1, Dalloz, 13e éd., 2015, n° 36, p. 255. ▪ Paris, 23 déc. 1958 : *D.* 1959, 271. V. pour l'admission de la putativité en cas de bigamie, ▪ Paris, 8 mars 1994 : *JurisData* n° 1994-020825 ; *RTD civ.* 1994, 326, obs. Hauser. ▪ Paris, 14 juin 1995 : *D.* 1996, 156, note Boulanger. ▪ Paris, 16 janv. 1997, n° 95/20784 : *JurisData* n° 1997-021639 ; *Dr. famille* 1998, 1, note Lécuyer). La mauvaise foi peut être déduite d'agissements antérieurs, concomitants ou postérieurs au mariage (▪ Cass. civ., 2 nov. 1949 : *JCP* 1949, IV, 178. – V. aussi ▪ Bastia, 27 juin 1949 : *JCP* 1949, II, 5083, note J.S.). La fraude à la loi n'exclut pas nécessairement la bonne foi (▪ Paris, 16 déc. 1959 : *JCP* 1960, II, 11460, concl. Combaldieu ; *D.* 1961, 241, note Cornu et, sur pourvoi, ▪ Cass. 1re civ., 8 janv. 1963 : *JCP* 1964, II, 13470, note Ph. F.).

5) Erreur de fait ou de droit. Le bénéfice du mariage putatif peut être accordé aussi bien en cas d'erreur de droit qu'en cas d'erreur de fait (▪ Cass. civ., 30 juill. 1900 : *DP* 1901, 1, 317, concl. Desjardins. ▪ Cass. 1re civ., 14 déc. 1972 : *D.* 1972, 179. ▪ Paris, 15 févr. 1950 : *JCP* 1950, II, 5578, note R. Savatier). Si l'état de bigamie constitue une cause de nullité absolue de la seconde union, les époux peuvent être considérés de bonne foi dès lors que le premier mariage a fait l'objet d'une séparation de corps dont les effets ont été mal compris (▪ Aix-en-Provence, 29 mars 2004, n° 03/13126 : *JurisData* n° 2004-251026 ; *Dr. famille* 2004, 216, note Larribau-Terneyre. V., plus sévère, invoquant la « culture » de l'épouse, ▪ Toulouse, 7 sept. 2004, n° 03/03841 : *JurisData* n° 2004-256223 ; *Dr. famille* 2005, 23, note Larribau-Terneyre).

6) Mariages inexistants. La théorie du mariage putatif s'applique même aux mariages inexistants (▪ Cass. 1re civ., 18 oct. 1955 : *JCP* 1955, IV, 162 ; *Bull. civ.* I, n° 345, p. 283. ▪ TGI Seine, 13 juin 1966 : *Gaz. Pal.* 1966, 2, 270. – Comp. ▪ Cass. civ., 30 juill. 1900 : *DP* 1901, 1, 317, concl. Desjardins. ▪ Bordeaux, 16 juin 1937 : *DH* 1937, 539), mais l'époux qui invoque le bénéfice de la putativité doit faire la preuve de la réalité de la célébration (▪ Lyon, 13 nov. 1924 : *DP* 1925, 2, 73, note Rouast. ▪ Aix-en-Provence, 19 nov. 1947 : *JCP* 1948, IV, 19). Jugé qu'il y a base suffisante pour un mariage putatif dès lors qu'il y a eu une célébration solennelle dont l'absence aurait été seule à même de démontrer la mauvaise foi (▪ Douai, 28 avr. 1997 : *JurisData* n° 1997-049340 ; *RTD civ.* 1998, 77, obs. Hauser, mariage d'un étranger avec un Français célébré en France devant un consul étranger de façon non publique).

7) Loi applicable. L'octroi du mariage putatif dépend de la loi d'où résulte la nullité du mariage (▪ Cass. 1re civ., 6 mars 1956 : *JCP* 1956, II, 9549, note Weill ; *D.* 1958, 709, note Batiffol. ▪ Cass. 1re civ., 8 janv. 1963 : *JCP* 1964, II, 13470, note Ph. F. ▪ TGI Seine, 13 juin 1966 : *Gaz. Pal.* 1966, 2, 270. ▪ Paris, 2 déc. 1966 : *Rev. crit. DIP* 1967, 530, note Malaurie, 1re esp.).

II – EFFETS

8) Principe. Lorsqu'un mariage annulé est déclaré putatif, tous les effets civils que produirait un mariage valable à l'égard des époux de bonne foi et de leurs ayants cause sont maintenus pour toute la période précédant la nullité (▪ Cass. req., 9 juill. 1935 : *DH* 1935, 43).

9) Droits héréditaires. La nullité du mariage déclaré putatif ne peut anéantir les droits héréditaires antérieurement acquis (▪ Cass. req., 9 juill. 1935, préc.).

10) Conjoint victime d'un accident avant l'annulation. L'épouse putative peut demander réparation du préjudice que lui a causé l'auteur de l'accident dont son conjoint a été victime alors que le mariage n'était pas encore annulé (▪ Cass. crim., 6 mars 1958 : *Gaz. Pal.* 1958, 2, 72).

11) Pension accordée à l'époux de bonne foi. Ayant prononcé l'annulation du mariage pour bigamie et admis qu'il avait été contracté de bonne foi par la femme, les juges du fond peuvent allouer à celle-ci une pension destinée à compenser le préjudice résultant pour elle de la perte du devoir de secours, indépendamment de la réparation accordée sous la forme d'un capital pour le préjudice matériel et moral (▪ Cass. 1re civ., 2 oct. 1984, n° 82-14.829 : *Bull. civ.* I, n° 242, p. 204. Comp., énonçant que l'épouse de bonne foi conserve le bénéfice du devoir d'aide et d'assistance né du mariage annulé, ▪ Paris, 17 févr. 1961 : *JCP* 1961, II, 12020, concl. Nepveu, note R.B. ▪ Paris, 8 mai 1964 : *JCP* A 1964, IV, 4466, note J.A. Sur la réparation du préjudice, V. aussi ▪ Agen, 5 mai 1987 : *JurisData* n° 1987-042122 ; *JCP* 1988, IV, 195). Sur la possibilité pour la femme d'obtenir une prestation compensatoire après l'annulation du mariage, par analogie avec les dispositions des articles 270 et suivants, V. ▪ Cass. 1re civ., 23 oct. 1990, n° 89-10.250 : *JurisData* n° 1990-002899 ; *JCP* 1991, II, 21774, note F. Monéger. ▪ Paris, 14 juin 1995 : *D.* 1996, 156, note Boulanger.

12) Pension de réversion. Dans le cas du mariage d'un assuré suivi d'un second mariage annulé après le décès de l'époux, mais déclaré putatif à l'égard de l'épouse, celle-ci a la qualité de conjoint survivant au sens des articles L. 353-1 et L. 353-3 du Code de la sécurité sociale. La pension de réversion est partagée entre les conjoints survivants non remariés au prorata de la durée respective de chaque mariage, et ce partage est opéré lors de la liquidation des droits du premier d'entre eux qui en fait la demande (▪ Cass. soc., 9 nov. 1995, n° 94-10.857 : *JurisData* n° 1995-002963 ; *Bull.* V, n° 296, p. 213). Sur l'octroi de la pension de réversion à l'époux de bonne foi, V. aussi ▪ Cass. 1re civ., 15 févr. 2012, n° 11-10.095 : *D.* 2012, 975, obs. Lemouland et Vigneau ; *RTD civ.* 2012, 295, obs. Hauser.

13) Nom. Sur le droit pour la femme de continuer à porter le nom de son ex-mari en cas de mariage putatif, V. ▪ Bordeaux, 16 juin 1937 : *DH* 1937, 539.

14) Nationalité. Sur les effets de l'annulation du mariage quant à la nationalité de l'époux de bonne foi, V. art. 21-5.

15) Régime matrimonial. Sur le choix du régime matrimonial en cas de mariage putatif entre une Polonaise et un Libanais converti à l'Islam, V. ▪ Paris, 14 juin 1995 : *D.* 1996, 156, note Boulanger. Sur la liquidation du régime matrimonial en cas de conflit entre les épouses de bonne foi d'un bigame, V. ▪ Toulouse, 22 mars 1982 : *JurisData* n° 1982-698128 ; *JCP* 1984, II, 20185, note Boulanger.

Art. 202 *(L. n° 72-3, 3 janv. 1972 ; L. n° 93-22, 8 janv. 1993).* **– Il produit aussi ses effets à l'égard des enfants, quand bien même aucun des époux n'aurait été de bonne foi.**

Le juge statue sur l'exercice de l'autorité parentale comme en matière de divorce.

Bibliographie : J. Foyer, *Réflexions sur l'article 202 du Code civil* in *Mélanges François Terré*, Dalloz-PUF-JurisClasseur 1999, 469.

1) V. pour une **application**, ▪ TGI Paris, 24 févr. 1975 : *D.* 1975, 379, concl. Paire, note Massip.

2) Enfants bénéficiaires. Les seuls enfants à pouvoir bénéficier de l'article 202 sont ceux qui sont issus du mariage, qu'ils soient légitimes ou aient été légitimés par celui-ci (■ Paris, 16 janv. 1997 : *JurisData* n° 1997-021639 ; *Dr. famille* 1998, 1, note Lécuyer).

3) Ordre public international. La conception française de l'ordre public international ne s'oppose pas à l'application de la loi allemande qui prévoit que le mariage célébré en Allemagne sans intervention d'un officier d'état civil est inexistant et ne produit aucun effet, notamment à l'égard des enfants, et qui a pour effet de refuser la légitimité à l'enfant qui n'a ni titre ni possession d'état d'enfant légitime (■ Cass. 1re civ., 16 juill. 1998, n° 96-11.970 : *JurisData* n° 1998-003252 ; *JCP* G 1999, II, 10032, note Muir Watt ; *JCP* N 1999, 279 ; *D.* 1999, 51, note Fauvarque-Cosson, somm. 201, obs. Granet, 294, obs. Audit ; *Rev. crit. DIP* 1999, 509, note Lequette, rejetant le pourvoi contre ■ Paris, 23 févr. 1996, n° 94.20662 : *JurisData* n° 1996-022569 ; *D.* 1997, somm. 278, obs. Bottiau).

CHAPITRE IV *BIS*. – DES RÈGLES DE CONFLIT DE LOIS

(L. n° 2013-404, 17 mai 2013) (1)

Art. 202-1 *(L. n° 2013-404, 17 mai 2013 ; L. n° 2014-873, 4 août 2014)*. **– Les qualités et conditions requises pour pouvoir contracter mariage sont régies, pour chacun des époux, par sa loi personnelle. Quelle que soit la loi personnelle applicable, le mariage requiert le consentement des époux, au sens de l'article 146 et du premier alinéa de l'article 180.**

Deux personnes de même sexe peuvent contracter mariage lorsque, pour au moins l'une d'elles, soit sa loi personnelle, soit la loi de l'État sur le territoire duquel elle a son domicile ou sa résidence le permet.

NB : C. civ., art. 202-1. Le Conseil constitutionnel a déclaré le présent article conforme à la Constitution : V. ■ Cons. const., déc. 17 mai 2013, n° 2013-669 DC (*JO* 18 mai 2013).

Bibliographie : *V., à propos du projet de loi.* M. Revillard, *Les unions entre personnes de même sexe : JCP* N 2012, 1267. • H. Fulchiron, *Le « mariage pour tous » en droit international privé : le législateur français à la peine... : JCP* G 2012, 1317 ; *Dr. famille* 2013, étude 9. • D. Sindres, *Brèves réflexions autour de l'article 202-1, alinéa 2, du projet de loi « ouvrant le mariage aux couples de personnes de même sexe » : LPA* 1er févr. 2013, 4.

Sur la loi du 17 mai 2013. S. Godechot-Patris et J. Guillaumé, *La loi n° 2013-404 du 17 mai 2013 ouvrant le mariage aux couples de personnes de même sexe. Perspectives de droit international privé : D.* 2013, 1756. • H. Fulchiron, *Le mariage entre personnes de même sexe en droit international privé au lendemain de la reconnaissance du « mariage pour tous » : JDI* 2013, doctr. 9, p. 1055. • P. Hammje, *« Mariage pour tous » et droit international privé : Rev. crit. DIP* 2013, 773. • C. Bidaud-Garon, *Mariage consulaire... pour tous ? : JCP* G 2013, act. 1325. • M. Schmitt, *« Mariage pour tous ». Nouvelles perspectives dans l'ordre international : JCP* N 2013, étude 1165. • M. Revillard, *Le mariage entre personnes de même sexe en droit international privé : Defrénois* 2013, 743. • P. Callé, chron. *in Defrénois* 2013, 916. • M. Devisme, chron. *in JCP* N 2013, 1242, n° 1. • A. Gosselin-Gorand, *La loi du 17 mai 2013 ou la promotion internationale du mariage des couples de personnes de même sexe : LPA* 4 juill. 2013, 24. • V. Legrand, *Les implications de la loi autorisant le mariage pour tous en droit international privé : LPA* 21 août 2013, 6. • A. Panet, *Le mariage homosexuel international en France : célébration et reconnaissance : Dr. famille* 2013, étude 29. • V. Parisot, *Les nouvelles règles de droit international privé en matière de mariage homosexuel : LPA* 17 nov. 2014, 6. • M. Farge, *La confusion législative des méthodes de règlement du conflit de lois : l'exemple de l'article 202-1 du Code civil* in *Mélanges Neirinck*, LexisNexis 2015, 349.

Sur la loi du 4 août 2014. H. Fulchiron, *Règle de conflit de lois et lutte contre les mariages forcés. Qui mal embrasse, trop étreint : JCP* G 2014, étude 171. • M. Farge, chron. *in Dr. famille*, comm. 139. • H. Gaudemet-Tallon, chron. *in D.* 2015, p. 1058. • J.-J. Lemouland et D. Vigneau, chron. *in D.* 2015, 1411. • J. Guillaumé, chron. in *LPA* 28 août 2015, 5.

1) Article 202-1, alinéa 2. Conformité à la Constitution. Il était loisible au législateur de permettre à deux personnes de même sexe de nationalité étrangère, dont la loi personnelle prohibe le mariage entre personnes de même sexe, de se marier en France dès lors que les autres conditions du mariage, et notamment la condition de résidence, sont remplies ; le législateur, qui n'était pas tenu de retenir les mêmes règles pour les mariages contractés entre personnes de sexe différent, n'a pas traité différemment des personnes se trouvant dans des situations semblables ; par suite, le grief tiré de l'atteinte que porterait l'article 202-1, alinéa 2, au principe d'égalité devant la loi, doit être écarté (consid. 29) ; l'éventualité d'un détournement de la loi ou d'abus lors de son application (contourner les empêchements de la loi nationale, favoriser des « mariages blancs ») n'en-

(1) Dispositions applicables en Nouvelle-Calédonie, dans les îles Wallis-et-Futuna et en Polynésie française, L. n° 2013-404, 17 mai 2013, art. 22.

tache pas celle-ci d'inconstitutionnalité ; il appartient aux juridictions compétentes d'empêcher, de priver d'effet et, le cas échéant, de réprimer de telles pratiques (consid. 30) ; le grief tiré de l'atteinte à la sécurité juridique (augmentation du nombre de mariages valables dans un pays et nuls dans l'autre) doit, en tout état de cause, être écarté (consid. 30) ; les dispositions de l'article 202-1 du Code civil, qui ne méconnaissent aucune exigence constitutionnelle, doivent par conséquent être déclarées conformes à la Constitution (▪ Cons. const., déc. 17 mai 2013, n° 2013-669 DC : *JO* 18 mai 2013 ; V. sous art. 143, annot. n° 4, p. 149).

2) Convention internationale bilatérale interdisant le mariage entre personnes de même sexe. Discrimination. Ordre public international. La non-application de la loi du 17 mai 2013 ouvrant le mariage aux couples de personnes de même sexe pour les ressortissants marocains en raison de l'existence de la convention bilatérale franco-marocaine de 1981 entraînerait une discrimination certaine au détriment de ces derniers ; les ressortissants étrangers vivant en France doivent pouvoir bénéficier de l'accès à des droits légitimes conformes au nouvel ordre public international dans des conditions équivalentes à celles des ressortissants de pays qui n'ont pas conclu de conventions bilatérales et dont les législations ne reconnaissent pas non plus le mariage homosexuel ; de sorte qu'il convient d'écarter la convention franco-marocaine au profit des principes supérieurs du nouvel ordre public international instauré par la loi du 17 mai 2013 et, en conséquence, de ne pas reconnaître une supériorité du traité sur la loi suivant le principe habituel de la hiérarchie des normes (▪ Chambéry, 22 oct. 2013, n° 13/02258 : *D.* 2013, 2576, entretien Fulchiron ; *JCP* 2013, act. 1159, obs. Devers, et act. 1233, obs. Boulanger ; *JCP* G 2014, 43, n° 1, obs. Lamarche ; *Dr. famille* 2013, Focus 58, obs. Lamarche, et comm. 158, note Binet ; *D.* 2014, 1060, obs. Gaudemet-Tallon ; *RTD civ.* 2014, 89, obs. Hauser ; *Defrénois* 2014, 634, obs. Callé ; *JurisData* n° 2013-022910, décision autorisant le mariage entre un Marocain et un Français, malgré l'opposition du ministère public, et confirmant ▪ TGI Chambéry, 11 oct. 2013, n° 13/01631 ; pourvoi formé par le Parquet général. – Comp. Circ. 29 mai 2013 : *JurisData* n° 2013-022324 ; *BO Justice* n° 2013-05, 31 mai 2013, p. 5. – V. aussi Rép. min. n° 28287 : *JOAN Q* 13 août 2013, p. 8634). – Pourvoi rejeté (substitution de motif) par ▪ Cass. 1re civ., 28 janv. 2015, n° 13-50.059 : *Bull.* ; *JCP G* 2015, 318, note Gannagé ; *D.* 2015, 264, obs. Gallmeister, 464, note Fulchiron, 1058, obs. Gaudemet-Tallon, et 1409, obs. Lemouland et Vigneau ; *Defrénois* 2015, 450, note Revillard ; *Dr. famille* 2015, 63, note Devers et Farge ; *LPA* 20 févr. 2015, 6, note Mahinga, et 27 févr. 2015, 6, obs.Legrand ; *RTD civ.* 2015, 91, obs. Puig, 343, obs. Usunier, et 359, obs. Hauser ; *LPA* 28 août 2015, 8, obs. Khiar ; *JurisData* n° 2015-000872, jugeant qu'est manifestement incompatible avec l'ordre public la loi marocaine compétente qui s'oppose au mariage de personnes de même sexe dès lors que, pour au moins l'une d'elles, soit la loi personnelle, soit la loi de l'État sur le territoire duquel elle a son domicile ou sa résidence le permet.

3) Sur l'**application dans le temps de la loi du 17 mai 2013**, V. L. n° 2013-404, 17 mai 2013, art. 21, ci-dessous reproduit.

Loi n° 2013-404 du 17 mai 2013

ouvrant le mariage aux couples de personnes de même sexe

CHAPITRE V. – DISPOSITIONS DIVERSES, TRANSITOIRES ET FINALES

Art. 21. – Le mariage entre personnes de même sexe contracté avant l'entrée en vigueur de la présente loi est reconnu, dans ses effets à l'égard des époux et des enfants, en France, sous réserve du respect des articles 144, 146, 146-1, 147, 161, 162, 163, 180 et 191 du Code civil. Il peut faire l'objet d'une transcription dans les conditions prévues aux articles 171-5 et 171-7 du même code. À compter de la date de transcription, il produit effet à l'égard des tiers.

Conformité à la Constitution. Il résulte des travaux législatifs préparatoires que, par les dispositions de l'article 21, le législateur a seulement entendu préciser les conditions de reconnaissance et de transcription des mariages contractés à l'étranger avant l'entrée en vigueur de la loi déférée ; ces dispositions ne portent atteinte à aucun droit acquis et il était loisible au législateur d'instaurer une exception à la règle selon laquelle la validité d'un mariage s'apprécie au jour de sa célébration, en faisant produire des effets en France aux mariages célébrés à l'étranger antérieurement à la promulgation de la loi (▪ Cons. const., déc. 17 mai 2013, n° 2013-669 DC, consid. 85 : *JO* 18 mai 2013. – V. sous art. 143, annot. n° 4, p. 149).

Art. 202-2 *(L. n° 2013-404, 17 mai 2013).* – **Le mariage est valablement célébré s'il l'a été conformément aux formalités prévues par la loi de l'État sur le territoire duquel la célébration a eu lieu.**

« Mariage homosexuel » célébré à l'étranger. Solutions antérieures à la loi du 17 mai 2013. Deux Français de même sexe ne pourront valablement se marier à l'étranger, même si la loi du lieu de célébration reconnaît ce mariage, dans la mesure où leur loi personnelle le prohibe ; il en va de même du mariage d'un Français à l'étranger avec une personne de même sexe ; en application de l'article 171-5, l'acte de mariage ne pourra pas être transcrit sur les registres de l'état civil français et ne sera pas opposable aux tiers en France, de sorte que la loi successorale française applicable à la dévolution de l'immeuble situé en France s'appliquera sans prendre en compte l'existence du mariage (Rép. min. Justice n° 886 : *JO Sénat Q*, 24 janv. 2008, 161. – V. E. Fongaro, *L'absence d'effets successoraux du mariage homosexuel d'un Français aux Pays-Bas : Dr. famille* 2008, étude 16).

CHAPITRE V. – DES OBLIGATIONS QUI NAISSENT DU MARIAGE

Art. 203. – **Les époux contractent ensemble, par le fait seul du mariage, l'obligation de nourrir, entretenir et élever leurs enfants.**

Bibliographie : C. Goldie-Genicon, *L'obligation alimentaire à l'heure des mutations familiales : Defrénois* 2015, 686. • C. Chabault, *Le financement des études par les parents : Dr. famille* 1999, étude 12. • *Les aliments, dossier* in *LPA* 24 juin 2010. • Ch. Eoche-Duval, *Le droit d'un enfant à être nourri, entretenu et élevé par sa mère et par son père est-il un principe à valeur constitutionnelle ? : D.* 2013, 786. • Y. Delecraz, *L'aide des parents envers les enfants. Le financement des études supérieures et la mise à disposition d'un logement : JCP* N 2013, 1114. • A.-C. Réglier, *La détermination de la contribution à l'entretien et à l'éducation de l'enfant en cas de désunion ou l'immixtion de l'analyse économique en droit de la famille : Dr. famille* 2015, dossier 55. • C. Rieubernet, *Proportionnalité et obligation alimentaire : Defrénois* 2016, 424. • F. Rogue, *Aliments et familles recomposées : LPA* 7-8 sept. 2017, 42.

Voir aussi : art. 371-2, p. 336 et art. 373-2-2, p. 346.

Pour l'expérimentation du renforcement des garanties contre les pensions alimentaires impayées, L. n° 2014-873, 4 août 2014, art. 27, p. 3421, et D. n° 2014-1226, 21 oct. 2014, p. 3424.

I – DÉBITEURS DE L'OBLIGATION D'ENTRETIEN

1) Obligation alimentaire des autres ascendants. Caractère subsidiaire. L'obligation que l'article 203 du Code civil met à la charge des père et mère n'exclut celle que les articles 205 et 207 imposent aux autres ascendants que dans la mesure où les parents peuvent y faire face (▪ Cass. 1re civ., 6 mars 1974 : *JurisData* n° 1974-000077 ; *JurisData* n° 1974-000077 ; *D.* 1974, 329, note Gaury. ▪ Cass. 1re civ., 6 mars 1990, n° 88-15.150 : *JurisData* n° 1990-001233 ; *JCP* 1991, II, 21664, 2e esp., note Garé ; *Bull. civ.* I, n° 58, p. 43 ; *Defrénois* 1990, 944, obs. Massip. – V. aussi ▪ Riom, 21 mars 1989, n° 1719/87 : *JurisData* n° 1989-051976 ; *JCP* 1991, II, 21664, 1re esp. ▪ Versailles, 29 sept. 1989, n° 5954/89 : *JurisData* n° 1989-050531 ; *D.* 1992, 67, 1re esp., note Garé ; *RTD civ.* 1991, 729, obs. Hauser et Huet-Weiller. V. pour la condamnation des grands-parents à compléter les aliments dus par les parents naturels, ▪ Versailles, 3 oct. 1996, n° 6366/94 : *JurisData* n° 1996-048826 ; *D.* 1998, somm. 30, obs. Granet). L'obligation alimentaire des grands-parents étant subsidiaire, il ne peut être imposé à l'enfant d'engager une action en recherche de paternité contre son père prétendu préalablement à l'action alimentaire intentée contre le grand-père maternel (▪ Nancy, 3 avr. 2006 : *Dr. famille* 2007, 56, note Murat ; *JurisData* n° 2006-323095).

2) Répartition entre les parents. L'obligation prévue par l'article 203 est unique au regard des enfants mais divisible entre les parents qui, dans leurs rapports entre eux, doivent en supporter les charges proportionnellement à leurs facultés respectives (▪ Cass. civ., 27 nov. 1935 : *DP* 1936, 1, 25, note Rouast. ▪ Cass. 2e civ., 28 avr. 1980 : *JurisData* n° 1980-700090 ; *Bull.* II, n° 90, p. 65. ▪ Paris, 3 nov. 1960 : *D.* 1961, 32), en prenant en compte leurs ressources réelles, le montant des impositions correspondant à leurs revenus pouvant légitimement être déduit mais non les abattements forfaitaires admis par l'administration fiscale (▪ Paris, 27 janv. 1961 : *JCP* 1961, II, 12037). Les facultés respectives doivent s'apprécier eu égard aux seules ressources dont disposait le débiteur à l'époque de la créance d'entretien (▪ Cass. 1re civ., 17 mai 1993, n° 91-15.658 : *JurisData* n° 1993-001156 ; *Bull.* I, n° 168, p. 116).

3) Disparition du lien de filiation. L'effet déclaratif attaché au jugement décidant qu'un homme n'est pas le père d'une enfant prive cette dernière de la qualité d'enfant légitime et fait donc disparaître rétroactivement l'obligation d'entretien qui pesait sur le mari de sa mère, en sorte que les paiements faits pour subvenir aux besoins de l'enfant se trouvent dépourvus de cause (▪ Cass. 1re civ., 13 févr. 1985 : *Bull. civ.* I, n° 62, p. 60). Mais dès lors qu'une reconnaissance a été librement souscrite, son annulation ne saurait priver de cause les aliments versés antérieurement et la répétition doit donc être refusée (■ Versailles, 29 mai 1985 : *JurisData* n° 1985-042843 ; *JurisData* n° 1985-042843 ; *D.* 1987, somm. 318, obs. Huet-Weiller, et, sur pourvoi, ■ Cass. 1re civ., 21 juill. 1987, n° 85-15.521 : *Bull. civ.* I, n° 246, p. 179).

4) Aide sociale à l'enfance. Le père, la mère et les ascendants d'un enfant pris en charge par le service de l'aide sociale à l'enfance restent tenus envers lui des obligations prévues aux articles 203 à 211 (C. action soc. et fam., art. L. 228-1, al. 1er, p. 1889).

5) Abandon. Le lien de filiation étant le fondement de l'obligation alimentaire, et aucun jugement d'adoption plénière n'ayant suivi l'abandon de l'enfant, la demande de pension alimentaire formée par l'enfant devenu majeur à l'encontre de ses parents est recevable, bien que ces derniers l'aient abandonné à la naissance (■ Besançon, 30 mai 2007 : *JCP* 2008, IV, 1129 ; *JurisData* n° 2007-345321).

II – CRÉANCIERS DE L'OBLIGATION D'ENTRETIEN

6) Enfants majeurs poursuivant des études. Si l'obligation prévue par l'article 203 cesse en principe à la majorité des enfants, les parents demeurent cependant tenus, après cette date, de leur donner, à proportion de leurs ressources, les moyens de poursuivre les études correspondant à la profession vers laquelle ils se dirigent (■ Cass. 2e civ., 18 mai 1967 : *D.* 1967, 633. ■ Cass. 1re civ., 18 mai 1972 : *JCP* 1972, II, 17234. ■ Paris, 9 déc. 1968 : *D.* 1969, 210. ■ Douai, 7 févr. 1991, n° 4458/90 : *JurisData* n° 1991-046744 ; *D.* 1992, somm. 69, obs. Blary-Clément. – V. aussi Gebler : *D.* 1976, chron. 131), à condition toutefois que ces études soient sérieuses (■ Metz, 3 nov. 1994 : *JurisData* n° 1994-053277 ; *JCP* 1996, IV, 322). Cette obligation ne cesse que lorsque les parents démontrent être dans l'impossibilité de s'en acquitter (■ Cass. 2e civ., 18 mars 1992, n° 90-20.535 : *JurisData* n° 1992-000639 ; *Bull. civ.* II, n° 91, p. 45). Elle s'analyse non seulement en une obligation envers les enfants majeurs eux-mêmes, mais également en une obligation entre époux permettant à celui qui en assume la charge entière de recourir contre l'autre pour la part lui incombant compte tenu de ses ressources (■ Cass. 2e civ., 18 mai 1967 : *D.* 1967, 633. ■ Cass. 2e civ., 12 juill. 1971 : *JurisData* n° 1971-099254 ; *D.* 1971, 689. ■ *TGI Paris, 4 févr. 1972* : *Gaz. Pal.* 1972, 1, 308. – V. en ce sens en cas d'émancipation ■ Cass. 2e civ., 9 juill. 1973, n° 71-14.745 : *JurisData* n° 1973-099221 ; *JCP* 1973, IV, 328 ; *Bull. civ.* II, n° 222, p. 174). Jugé que le père n'a pas à supporter la charge d'une contribution pour sa fille divorcée, majeure depuis longtemps, dès lors que celle-ci prétend juste rechercher un emploi (■ Poitiers, 27 mars 2001 : *JCP* 2002, IV, 1303 ; *JurisData* n° 2001-150584. – Rappr. ■ Dijon, 19 oct. 2007, n° 07/00306 : *JurisData* n° 2007-358181 ; *Dr. famille* 2008, 93, note Burgard ; *RTD civ.* 2008, 668, obs. Hauser. – Comp. ■ Nancy, 25 janv. 2016, nos 15/00145 et 16/00212 : *LPA* 2 août 2017, 10, Niemiec, maintien de l'obligation malgré la majorité et le mariage de l'enfant). Dès lors que la mère ne produit aucun justificatif de la situation de sa fille majeure et des dépenses engagées pour elle, la cour d'appel peut en déduire, sans inverser la charge de la preuve, qu'il ne résulte pas des circonstances de l'espèce que la fille est encore dans l'incapacité de subvenir elle-même à ses besoins et demeure de ce fait à la charge principale de sa mère (■ Cass. 2e civ., 26 sept. 2002, n° 00-21.234 : *JurisData* n° 2002-015561 ; *JCP* 2003, II, 10039, note Hocquet-Berg). Il appartient en effet au débiteur qui demande la suppression de sa contribution de prouver que l'enfant majeur a retrouvé des moyens suffisants d'existence (■ Cass. 1re civ., 27 juin 2018, n° 17-20.934 : *Dr. famille* 2018, 241, Molière ; *JurisData* n° 2018-011341).

7) Enfants majeurs. Exécution en nature (non). Des enfants majeurs qui poursuivent leurs études étant libres de choisir leur résidence, le père ne peut subordonner sa contribution à l'obligation pour ses enfants de venir vivre avec lui (■ Cass. 2e civ., 28 janv. 1981, n° 79-13.209 : *JurisData* n° 1981-700171 ; *Bull.* II, n° 19, p. 13. – V. aussi ■ Colmar, 27 juin 1994 : *JurisData* n° 1994-046694 ; *JCP* 1995, IV, 372. ■ Cass. 2e civ., 26 sept. 2002 : *JCP* 2003, IV, 2711 ; *JurisData* n° 2002-015551 ; *Bull. civ.* II, n° 191, p. 151).

8) Obstacle à l'obtention d'une indemnité d'occupation. L'occupation du domicile conjugal par les enfants majeurs, alors à la charge des parents, peut constituer une modalité d'exécution par leur père de son devoir de contribuer à leur entretien, de nature à exonérer l'épouse de toute indemnité d'occupation (C. civ., art. 815-9) ou à en diminuer le montant (■ Cass. 1re civ., 10 juill. 2013, n° 12-21.097 : *RTD civ.* 2013, 827, obs. Hauser).

9) Enfants majeurs. Condamnation à verser une pension. Sauf disposition contraire de la décision qui condamne le père ou la mère d'un enfant mineur à verser une pension alimentaire à titre de contribution à l'entretien de celui-ci, les effets de la condamnation ne cessent pas de plein droit à la majorité de l'enfant ; pour faire cesser l'obligation de contribuer à la charge d'entretien et d'éducation d'enfants devenus majeurs, il appartient au débiteur de solliciter cette suppression devant le juge compétent en faisant valoir que les enfants ne sont plus à la charge de l'autre parent (■ Cass. crim., 7 févr. 2007, n° 06-84.771 : *JurisData* n° 2007-037760 ; *Bull. crim.* 2007, n° 34, p. 234 ; *D.* 2007, inf. rap. 1022).

10) Enfants majeurs. Obligation naturelle (non). Jugé que le père non tenu d'une obligation d'entretien à l'égard de ses enfants majeurs qui effectue des paiements à la suite d'une procédure de paiement direct n'a pas agi en pleine connaissance de cause et avec la volonté d'acquitter une obligation naturelle, et qu'il peut donc poursuivre la répétition de ces paiements (■ Cass. 1re civ., 12 juill. 1994, n° 92-18.639 : *JCP* 1994, IV, 2303 ; *Bull. civ.* I, n° 253, p. 183 ; *RTD civ.* 1994, 847, obs. Hauser).

III – ÉTENDUE DE L'OBLIGATION D'ENTRETIEN

11) Principe. L'obligation d'entretien comprend tout ce qui est nécessaire à la vie de l'enfant (■ Cass. soc., 12 juin 1981, n° 79-15.361 : *JurisData* n° 1981-701922 ; *Bull.* V, n° 557, p. 418, frais de cantine scolaire). Mais les juges du fond fixent souverainement le montant de la contribution, après avoir déterminé les ressources des parties, sans avoir à rechercher les besoins de l'enfant (■ Cass. 2e civ., 2 mars 1994, n° 92-19.313 : *Bull. civ.* II, n° 77, p. 45).

12) Impossibilité matérielle. L'obligation d'entretenir et d'élever les enfants résulte d'une obligation légale à laquelle les parents ne peuvent échapper qu'en démontrant qu'ils sont dans l'impossibilité matérielle de le faire (■ Cass. 2e civ., 23 oct. 1985, n° 84-10.511 : *JurisData* n° 1985-702857 ; *Bull.* II, n° 158, p. 104. ■ Cass. 2e civ., 4 mars 1987, n° 86-10.453 : *JurisData* n° 1987-000438 ; *Bull. civ.* II, n° 60, p. 34. ■ Cass. 2e civ., 18 mars 1992, n° 90-20.535 : *JurisData* n° 1992-000639 ; *Bull.* II, n° 91, p. 45). Par suite, viole l'article 203 l'arrêt qui déboute la femme de sa demande en pension alimentaire pour l'entretien de l'enfant en relevant que la convention homologuée par le juge qui a prononcé le divorce sur requête conjointe ne peut être révisée que pour des motifs graves, ceux-ci devant consister dans la survenance d'événements indépendants de la volonté des souscripteurs de la convention (■ Cass. 2e civ., 4 mars 1987, préc.). L'obligation légale des parents de subvenir à l'entretien et l'éducation des enfants ne cesse que s'ils démontrent être dans l'impossibilité de s'en acquitter ; manque de base légale, au regard de l'article 373-2-2 du Code civil, l'arrêt qui relève une disparité sensible des facultés contributives des parties au détriment de la mère pour rejeter la demande en contribution formée par le père chez qui la résidence des enfants a été fixée (■ Cass. 1re civ., 21 nov. 2018, n° 17-27.054 : *Bull.*).

13) Obligation alimentaire et contribution aux charges du mariage. Lorsqu'il statue sur la contribution aux charges du mariage due à l'époux avec lequel réside habituellement l'enfant, le juge se prononce nécessairement sur toutes les charges afférentes à l'éducation et à l'entretien de celui-ci (■ Cass. 1re civ., 28 mars 2006 : *Dr. famille* 2006, 106, note Larribau-Terneyre ; *RTD civ.* 2006, 548, obs. Hauser ; *JCP* 2006, IV, 1946 ; *JurisData* n° 2006-032903, écartant une demande de pension alimentaire, le juge ayant fixé globalement la contribution aux charges du mariage).

14) Décharge. V. art. 209, p. 184.

Art. 204. – **L'enfant n'a pas d'action contre ses père et mère pour un établissement par mariage ou autrement.**

1) Notion d'établissement. Sur la distinction entre l'établissement visé à l'article 204 et l'obligation d'entretien prévue par l'article 203, V. ■ Cass. 2e civ., 19 oct. 1977, n° 76-14.683 : *Gaz. Pal.* 1978, 1, somm. 8.

2) Obligation naturelle. En faveur de l'existence d'une obligation naturelle d'établissement, V. ■ Paris, 26 avr. 1923 : *DP* 1923, 2, 121, note R. Savatier. Pour la négative, V. ■ Poitiers, 22 déc. 1924 : *Gaz. Pal.* 1925, 1, 272.

Art. 205 *(L. 9 mars 1891 ; L. n° 72-3, 3 janv. 1972).* – **Les enfants doivent des aliments à leurs père et mère ou autres ascendants qui sont dans le besoin.**

I – CARACTÈRE PERSONNEL DE L'OBLIGATION ALIMENTAIRE

1) Action oblique. Le droit de demander la révision ou la suppression d'une pension alimentaire, droit incessible et insaisissable qui a son fondement dans un intérêt moral, doit être considéré comme exclusivement attaché à la personne du titulaire et ne peut être exercé en vertu de l'article 1166 du Code civil par le créancier du débiteur (■ Cass. req., 26 mai 1941 : *DC* 1942, 133. ■ Cass. civ., 29 juin 1948, 2 arrêts : *D.* 1949, 129, note Ponsard). Jugé cependant que l'organisme qui a rapatrié une personne à la suite d'un accident peut, sur le fondement de l'article 1166, agir contre les parents de cette personne en invoquant les articles 205 et 207 (■ TGI Lyon, 20 juin 1975 : *JCP* 1976, IV, 364).

A – Pluralité de débiteurs

2) Absence de hiérarchie. Aucune disposition n'impose au demandeur d'une pension alimentaire une action commune ou des actions successives suivant un ordre déterminé contre les divers débiteurs d'aliments (■ Cass. civ., 2 janv. 1929 : *DP* 1929, 1, 137, note R. Savatier. ■ Cass. 1re civ., 18 mars 1968 : *JurisData* n° 1968-700102 ; *D.* 1968, 623. ■ Paris, 26 janv. 1963 : *JCP* 1963, II, 13123, note J.A.). Il n'y a ainsi pas lieu de diviser ou de limiter la dette en raison de l'existence d'un autre débiteur (■ Cass. 1re civ., 5 févr. 1991, n° 89-15.412 : *JurisData* n° 1991-000406 ; *Bull. civ.* I, n° 43, p. 27). De même, aucune disposition n'impose au créancier d'aliments d'engager une action à l'encontre de tous les codébiteurs ni de préciser la situation des autres coobligés (■ Cass. 1re civ., 25 avr. 2007 : *Bull. civ.* I, n° 155, p. 138 ; *D.* 2007, inf. rap. 1428 ; *JCP* 2007, II, 10167, note Eschylle ; *JCP* 2008, I, 102, n° 8, obs. Rebourg ; *Dr. famille* 2007, 147, note Ardoy ; *LPA* 29 janv. 2008, 12, note Massip ; *JurisData* n° 2007-038495). Mais l'époux est tenu à un devoir de secours qui prime l'obligation alimentaire découlant de la parenté (■ Cass. 1re civ., 4 nov. 2010, n° 09-16.839 : *Bull. civ.* I, n° 226, p. 212 ; *RTD civ.* 2011, 106, obs. Hauser ; *Dr. famille* 2010, 177, note Larribau-Terneyre ; *JurisData* n° 2010-020154. V. déjà ■ Douai, 28 juill. 1953 : *D.* 1954, 477, note R. Savatier, jugeant que l'autonomie et l'indivisibilité du ménage interdisent à l'un des époux de demander des aliments à une autre personne s'il peut les obtenir de son conjoint. ■ Paris, 20 mars 1952 : *JCP* 1952, II, 7219. V. aussi M. Rebourg, *La primauté du devoir de secours entre époux sur les obligations alimentaires découlant de la parenté : Dr. famille* 2011, étude 7). De même, l'obligation d'entretien mise à la charge des parents par l'article 203 passe avant l'obligation alimentaire des autres ascendants (■ Cass. 1re civ., 6 mars 1974 : *D.* 1974, 329, note Gaury). V. H. Lécuyer, *La pluralité de débiteurs de l'obligation alimentaire : Dr. famille* 1997, chron. 2.

3) Absence de solidarité. Il n'y a pas de solidarité entre les débiteurs d'aliments et le montant de la dette alimentaire de chacun d'eux doit être fixé en ayant égard à ses ressources personnelles (■ Cass. 1re civ., 5 févr. 1991, n° 89-15.412 : *JurisData* n° 1991-000406 ; *JCP* 1991, IV, 125 ; *Bull. civ.* I, n° 42, p. 27 ; *Defrénois* 1991, 667, obs. Massip. ■ Cass. 1re civ., 29 janv. 2002 : *JCP* 2002, IV, 1412 ; *JurisData* n° 2002-012758 ; *Bull. civ.* I, n° 28, p. 22. – V. aussi ■ Cass. 1re civ., 22 nov. 2005 : *Bull. civ.* I, n° 419, p. 351 ; *JurisData* n° 2005-030827 ; *RTD civ.* 2006, 104, obs. Hauser ; *Defrénois* 2006, 343, obs. Massip, décidant que le montant de la dette alimentaire de chacun des débiteurs *étant fixé en considération* de ses ressources et charges, il n'y a ni solidarité ni obligation *in solidum* entre les codébiteurs d'aliments). V. C. Rieubernet, *Vers une évolution de la solidarité familiale : Dr. famille* 2007, étude 9.

4) Recours entre codébiteurs. Le débiteur qui a payé dispose d'un recours contre ses coobligés pour les sommes excédant sa part contributive compte tenu des facultés respectives de chacun (■ Cass. 1re civ., 29 mai 1974 : *JurisData* n° 1974-000166 ; *D.* 1975, 482, note Magnin. V. par ex. pour le recours subrogatoire de la grand-mère contre le fils, ■ Versailles, 29 sept. 1989 : *JurisData* n° 1989-051216 ; *D.* 1992, 67, 2e esp., note Garé), recours contre les coobligés qui peut être exercé même après le décès du créancier (■ Cass. 1re civ., 16 mars 2016, n° 15-13.403 : *JCP* G 2016, 565, note Zelcevic-Duhamel ; *JurisData* n° 2016-004817). Si le parent qui a subvenu seul aux besoins des enfants communs dispose contre le parent défaillant d'un recours pour les sommes qu'il a payées excédant sa part contributive compte tenu de leurs facultés respectives, celles-ci doivent s'apprécier eu égard aux seules ressources dont disposait le débiteur à l'époque de la créance d'entretien (■ Cass. 1re civ., 17 mai 1993, n° 92-13.143 : *JurisData* n° 1993-000984 ; *Bull. civ.* I, n° 168, p. 116).

5) Recours contre la succession du créancier (non). Jugé que le débiteur n'a pas de recours contre la succession du créancier dès lors que le paiement est intervenu à un moment où celui-ci était dans le besoin, même s'il a cessé de l'être par la suite (■ Cass. 1re civ., 25 oct. 1967 : *JurisData* n° 1967-700313 ; *D.* 1967, 745, note Lindon. Comp. ■ TGI Avesnes, 23 janv. 1962 : *D.* 1963, 253 ; *JCP* 1963, II, 13279, note R. Savatier).

B – Intransmissibilité

6) Intransmissibilité de la créance alimentaire. Sur le principe de l'intransmissibilité de la créance alimentaire, V. ■ Cass. civ., 29 mars 1950 : *D.* 1950, 593, note Carbonnier. Mais lorsque l'actif successoral ne permet pas de faire face aux frais d'obsèques, l'enfant, tenu de l'obligation alimentaire à l'égard de ses ascendants, doit, même s'il a renoncé à leur succession, assumer la charge de ces frais dans la proportion de ses ressources (■ Cass. 1re civ., 14 mai 1992, n° 90-18.967 : *JurisData* n° 1992-001284 ; *JCP* 1993, II, 22097, note Tetsu ; *D.* 1993, 247, note Eschylle ; *Bull. civ.* I, n° 140, p. 95. ■ Cass. 1re civ., 21 sept. 2005, n° 04-10.278 : *JurisData* n° 2005-029759 ; *Dr. famille* 2005, 251, note Beignier. Comp., mettant à la charge de la veuve les frais d'inhumation, ■ TI Maubeuge, 26 févr. 1993 : *Defrénois* 1996, 1340, obs. Massip).

7) Intransmissibilité de la dette alimentaire. Sur le principe de l'intransmissibilité de la dette alimentaire, V. ■ Cass. civ., 8 juill. 1857 : *DP* 1857, 1, 351.

II – CARACTÈRE D'ORDRE PUBLIC DE L'OBLIGATION ALIMENTAIRE

8) Sur l'**indisponibilité** de l'obligation alimentaire, V. ▪ Cass. req., 26 juill. 1928 : *DP* 1929, 1, 9, 2e esp., note R. Savatier. – V. aussi ▪ Angers, 11 mars 1996, n° 9501166 : *JurisData* n° 1996-042920 ; *Dr. famille* 1997, 10, note Murat.

9) Suppression de garanties conventionnelles. Le droit des parents à une pension alimentaire est d'ordre public, et par suite incessible, mais si des garanties particulières ont été consenties par le débiteur, les parties peuvent, par une entente commune, les supprimer puisque c'est leur seul accord qui les a créées et qu'il n'existe aucun texte de loi qui s'y oppose (▪ Cass. civ., 11 janv. 1927 : *DP* 1927, 1, 129, note Capitant).

10) Caractère provisoire de l'accord des parties. Toute convention ayant pour objet la fixation d'une pension alimentaire présente un caractère provisoire et peut toujours être modifiée par le juge en raison du changement de situation des parties (▪ Cass. civ., 18 mars 1954 : *D.* 1954, 398). Ainsi la reconnaissance de dette (engagement à exécution successive) souscrite par le mari pour le paiement de la pension alimentaire de l'enfant commun, alors à la charge de la mère, est privée de cause et devient caduque dès lors que l'enfant est ensuite à la charge exclusive du père (▪ Cass. 1re civ., 30 oct. 2008 : *Bull. civ.* I, n° 241, p. 206 ; *RTD civ.* 2009, 111, obs. Hauser et 118, obs. Fages ; *Defrénois* 2009, 671, obs. Libchaber ; *JCP* 2009, II, 10000, note D. Houtcieff ; *JurisData* n° 2008-045575). Jugé que les père et mère peuvent fixer amiablement le montant de la part contributive à l'entretien de l'enfant commun de celui qui n'en a pas la garde, avec cette réserve que l'aménagement des susdites modalités soit en cas de conflit arbitré par les tribunaux qui peuvent soit les maintenir, soit les révoquer conformément à l'équité (▪ Rouen, 8 juin 1971 : *D.* 1971, 736, note Huet-Weiller).

III – RECOURS DES HÔPITAUX ET HOSPICES ET DES SERVICES D'AIDE SOCIALE

11) Principe. Sur l'action des hôpitaux et hospices contre les personnes désignées par les articles 205, 206, 207 et 212 du Code civil, V. C. santé publ., art. L. 6145-11 – P. Gulphe, *À propos d'une nouvelle lecture de l'article L. 708* (L. 6145-11) *du Code de la santé publique* : *JCP* 1988, I, 3329. – J. Massip, *Les recours contre les débiteurs d'aliments par les services de l'aide sociale ou les hôpitaux et hospices* : *Defrénois* 1990, 475.

12) Action directe. Le recours prévu par l'article L. 714-38 (L. 6145-11) du Code de la santé publique constitue une action directe contre les débiteurs d'aliments et non une action contre la succession de l'hospitalisé (▪ Cass. 1re civ., 3 juin 1980, n° 78-15.744 : *JurisData* n° 1980-000171 ; *JurisData* n° 1980-000169 ; *Bull. civ.* I, n° 171, p. 140. ▪ Cass. 1re civ., 14 janv. 2003 : *JCP* 2004, II, 10040, note Guerchoun ; *JurisData* n° 2003-017246 ; *D.* 2003, 2197, note Dagorne-Labbe).

13) Enrichissement sans cause. Jugé que l'Association française d'assistance aux aveugles civils qui s'est substituée aux débiteurs d'aliments, et ce sans cause légitime, est en droit de poursuivre auprès de ceux-ci le remboursement sur le fondement de l'action *de in rem verso* (▪ Versailles, 21 mars 1991, n° 9410/89 : *JurisData* n° 1991-041344 ; *JCP* 1992, IV, 2253). Admettant le recours d'une maison de retraite privée sur le fondement de l'enrichissement sans cause, V. ▪ Cass. 1re civ., 14 nov. 2007, n° 06-21.697 : *Dr. famille* 2007, 223, 2e esp., note Murat ; *D.* 2008, 1259, note Couturier ; *RTD civ.* 2008, 291, obs. Hauser ; *JurisData* n° 2007-041424.

14) Les **pupilles de l'État** élevés par le service de l'aide sociale à l'enfance sont normalement dispensés, jusqu'à la fin de leur scolarité obligatoire, des obligations énoncées aux articles 205 à 207 (C. action soc. et fam., art. L. 228-1, al. 2, p. 1889).

15) Allocation de soutien familial. Les versements effectués par une caisse d'allocations familiales en application de l'article L. 523-1 du Code de la sécurité sociale (allocation de soutien familial) n'exonèrent pas un ex-époux de son obligation alimentaire et il appartient à la caisse, le cas échéant, d'obtenir, par application de l'article L. 581-3, alinéa 2, du même code, le remboursement sur les sommes recouvrées par le bénéficiaire de l'allocation de soutien familial de celles versées à titre d'avance (▪ Cass. 1re civ., 3 déc. 2002, n° 00-12.164 : *Defrénois* 2003, 611, obs. Massip).

16) Compétence des tribunaux judiciaires. Quelles qu'en soient les modalités, et alors même qu'il s'agirait du recours direct prévu par l'article L. 708 (L. 6145-11) du Code de la santé publique, l'action exercée contre un débiteur d'aliments a toujours pour fondement les dispositions du Code civil régissant la dette d'aliments ; eu égard à la nature exclusivement civile de l'obligation alimentaire, il n'appartient qu'aux tribunaux de l'ordre judiciaire de se prononcer sur l'existence de cette obligation, tant en ce qui concerne son principe que son étendue (▪ Cass. 1re civ., 1er déc. 1987, n° 86-10.744 : *JurisData* n° 1987-002266 ; *Bull. civ.* I, n° 314, p. 225. V. aussi ▪ Cass. 1re civ., 22 juin 1999, n° 97-14.794 : *JurisData* n° 1999-002624 ; *D.* 2000, 146, note Massip ; *Defrénois* 1999, 1254, obs. Massip). Dès lors que l'intéressé est, en sa qualité de père naturel de l'enfant hospitalisé, débiteur d'une obligation alimentaire, le trésorier principal doit, pour exercer son action directe contre lui, saisir au préalable la juridiction compétente de l'ordre judiciaire pour fixer la dette d'aliments dans son montant (■ Cass. 1re civ., 8 juin 2004, n° 02-12.750 : *JurisData* n° 2004-024076 ; *JCP* 2005, II, 10023, note Rebourg ; *Bull. civ.* I, n° 163, p. 137, cassation de l'arrêt ayant admis l'émission de titres exécutoires au motif que le débiteur était tenu d'une obligation d'entretien).

17) Aliments ne s'arréragent pas. La pension fixée par application de l'article L. 708 (L. 6145-11) du Code de la santé publique ne peut en principe être attribuée au créancier ou à celui qui est subrogé dans ses droits que pour la période postérieure à l'assignation en justice (■ Cass. 1re civ., 11 oct. 1989, n° 88-13.631 : *JurisData* n° 1989-703607 ; *JCP* 1989, IV, 393. ■ Cass. 1re civ., 5 févr. 1991, n° 89-13.584 : *JurisData* n° 1991-000404 ; *Bull. civ.* I, n° 49, p. 31 ; *D.* 1991, jurispr. p. 469, note Massip. ■ Cass. 1re civ., 14 janv. 2003 : *JCP* 2004, II, 10040, note Guerchoun ; *D.* 2003, 2197, note Dagorne-Labbe ; *JurisData* n° 2003-017246. ■ Cass. 1re civ., 20 janv. 2004 : *Bull. civ.* I, n° 19, p. 15 ; *JurisData* n° 2004-021839 ; *JCP* 2004, II, 10043, note Casey. ■ Cass. 1re civ., 30 janv. 2013, n° 11-25.488 : *D.* 2013, 909, obs. Véron). Par suite, il n'y a pas lieu de fixer la dette alimentaire du débiteur dès lors que le créancier d'aliments est décédé avant que le juge compétent ait été saisi (■ Cass. 1re civ., 11 oct. 1989, n° 88-13.631 : *JurisData* n° 1989-703607 ; *JCP* 1989, IV, 393. ■ Cass. 1re civ., 19 déc. 1995, n° 93-10.582 : *JurisData* n° 1995-003736 ; *JCP* 1997, II, 22769, note Dagorne-Labbe ; *Bull. civ.* I, n° 471, p. 327 ; *Defrénois* 1996, 989, obs. Massip). Mais la règle ne fait pas obstacle à ce que l'établissement hospitalier puisse poursuivre son action aux fins de fixation de la dette d'aliments dans son principe et son montant à compter de l'assignation et jusqu'au décès du créancier (■ Cass. 1re civ., 14 juin 2005 : *JCP* 2005, IV, 2725 ; *JurisData* n° 2005-028915 ; *Bull. civ.* I, n° 265, p. 222, cassation de la décision ayant décidé que la faculté de saisir les juridictions judiciaires ne peut être exercée que du vivant de la personne hospitalisée). L'action de l'association, gérante d'un hôpital, exercée au titre de l'enrichissement sans cause, n'est ouverte que dans la limite de l'obligation alimentaire à laquelle le fils est tenu à l'égard de sa mère, en sorte que le fils n'avait pas à répondre des sommes litigieuses, lesquelles avaient été exposées avant l'introduction de la demande en justice (■ Cass. 1re civ., 30 janv. 2013, n° 11-25.488 : *RTD civ.* 2013, 364, obs. Hauser).

18) Étendue du recours. Si, en application de l'article L. 708 (L. 6145-11) du Code de la santé publique, les hôpitaux et hospices disposent, par voie d'action directe, d'un recours contre les débiteurs des personnes hospitalisées, et spécialement contre leurs débiteurs d'aliments, ce recours est à la mesure de ce dont ces débiteurs sont redevables par application de l'article 208 (■ Cass. 1re civ., 3 mars 1987, n° 85-13.986 : *JurisData* n° 1987-000425 ; *Bull. civ.* I, n° 80, p. 60. ■ Cass. 1re civ., 14 janv. 2003, n° 00-20.267 : *JurisData* n° 2003-017246 ; *Bull. civ.* I, n° 6, p. 4 ; *Dr. famille* 2003, 130, note Murat ; *D.* 2003, 2265, note Dagorne-Labbe. ■ Cass. 1re civ., 20 janv. 2004, n° 01-13.723 : *JurisData* n° 2004-021839 ; *Dr. famille* 2004, 73, note Murat. ■ Cass. 1re civ., 31 oct. 2007 : *Bull. civ.* I, n° 339, p. 298 ; *Defrénois* 2008, 564, obs. Massip ; *Dr. famille* 2007, 223, 1re esp., note Murat ; *RTD civ.* 2008, 97, obs. Hauser ; *JurisData* n° 2007-04116. ■ Cass. 1re civ., 14 nov. 2007, préc. note 13). Le recours d'un établissement public de santé contre les débiteurs alimentaires d'une personne hospitalisée est à la mesure de ce dont ces débiteurs sont redevables ; la règle « aliments ne s'arréragent pas » étant fondée sur l'absence de besoin et sur la présomption selon laquelle le créancier a renoncé à agir contre ses débiteurs alimentaires, elle s'apprécie en la seule personne du créancier d'aliments (■ Cass. 1re civ., 24 juin 2015, n° 14-15.538 : *Bull.* ; *JCP G* 2015, 982, n° 12, obs. Rebourg ; *JurisData* n° 2015-015332). L'article 208 n'impose pas de diviser ou de limiter la dette d'aliments en raison de l'existence d'un autre débiteur (■ Cass. 1re civ., 5 févr. 1991, n° 89-15.412 : *JurisData* n° 1991-000406 ; *JCP* 1991, IV, 125 ; *Bull. civ.* I, n° 43, p. 27). V. aussi C. Rieubernet, *Le recours des établissements publics de santé contre un débiteur d'aliments toujours soumis au droit privé : LPA* 20 sept. 2007, 3.

Voir : sur la règle « aliments ne s'arréragent pas », art. 208, annot. nos 11 et s., p. 183.

Art. 206 *(L. 9 août 1919).* **– Les gendres et belles-filles doivent également et dans les mêmes circonstances, des aliments à leur beau-père et belle-mère, mais cette obligation cesse lorsque celui des époux qui produisait l'affinité et les enfants issus de son union avec l'autre époux sont décédés.**

1) Conformité à la Constitution. V. ■ Cass. 1re civ., 11 avr. 2018, n° 18-40.010 (non-renvoi au Conseil constitutionnel) : *Bull.* ; *LPA* 10 juill. 2018, 10, Rieubernet ; *AJF* 2018, p. 342, Saulier.

2) Gendres et belles-filles. L'article 206 assimile entièrement les gendres et belles-filles aux enfants quant à l'obligation de fournir des aliments à leurs beau-père et belle-mère qui sont dans le besoin (■ Cass. civ., 2 janv. 1929 : *DP* 1929, 1, 137, note R. Savatier). Jugé que le législateur n'a pas entendu exclure du nombre des débiteurs les conjoints des petits-enfants du créancier d'aliments (■ Paris, 31 oct. 1980 : *JurisData* n° 1980-

098986 ; *Defrénois* 1981, 370, note Massip). Jugé au contraire que l'obligation ne s'applique qu'au premier degré, les gendres et belles-filles n'étant pas tenus de fournir des aliments aux grands-parents de leur conjoint (▪ Angers, 5 févr. 1974 : *D.* 1974, 585, note Martin. V. en ce sens ▪ Lyon, 13 nov. 1952 : *D.* 1953, 755, note Gervésie), bien que leurs propres ressources doivent être prises en considération pour la détermination des facultés respectives de chacun des petits-enfants dans la mesure où lesdites ressources contribuent à procurer à ces derniers des moyens d'existence ou un train de vie analogues à ceux que leur fourniraient des revenus personnels (▪ Amiens, 13 mai 1974 : *JCP* 1975, IV, 41). Comp., décidant que la dette du débiteur d'aliments étant personnelle, les revenus de son épouse ne peuvent être pris en considération que dans la mesure où ils réduisent les charges du débiteur, ▪ Cass. 1re civ., 25 avr. 2007 : *Bull. civ.* I, n° 155, p. 138 ; *D.* 2007, inf. rap. 1428 ; *JCP* 2007, II, 10167, note Eschylle ; *JCP* 2008, I, 102, n° 8, obs. Rebourg ; *Dr. famille* 2007, 147, note Ardoy ; *LPA* 29 janv. 2008, 12, note Massip ; *RTD civ.* 2007, 558, obs. Hauser ; *JurisData* n° 2007-038495.

3) Époux communs en biens. Si la communauté doit supporter à titre définitif les aliments dus par les époux, le créancier alimentaire ne peut agir, au cas où la dette est personnelle à la femme, que sur les biens propres de celle-ci (▪ Angers, 5 févr. 1974 : *D.* 1974, 585, note Martin). L'époux qui est personnellement obligé a qualité pour défendre à une action en paiement dirigée contre lui seul (▪ Cass. 1re civ., 29 janv. 1974 : *JurisData* n° 1974-000031 ; *D.* 1974, 308).

4) Cessation de l'obligation. L'obligation prévue par l'article 206 ne cesse qu'en cas de décès de l'époux qui produisait l'affinité et des enfants issus du ménage (▪ Lyon, 25 janv. 1967 : *D.* 1967, 443), ou en cas de divorce (▪ Cass. civ., 13 juill. 1891 : *DP* 1893, 1, 353. ▪ Orléans, 7 oct. 1964 : *Gaz. Pal.* 1964, 2, 409), mais les effets de l'alliance ne cessent pas dès la date de l'ordonnance de non-conciliation (▪ Bordeaux, 4 mai 1972 : *Gaz. Pal.* 1972, 2, 567).

Art. 207 *(L. n° 72-3, 3 janv. 1972).* – **Les obligations résultant de ces dispositions sont réciproques.**

Néanmoins, quand le créancier aura lui-même manqué gravement à ses obligations envers le débiteur, le juge pourra décharger celui-ci de tout ou partie de la dette alimentaire.

Bibliographie : A. Niemiec, *La dispense d'obligation alimentaire* : *LPA* 20-21 sept. 2016, 6.

1) Application dans le temps. La déchéance prévue par le nouvel article 207, alinéa 2, sera encourue même pour des causes antérieures à son entrée en vigueur (L. n° 72-3, 3 janv. 1972, art. 17, p. 2969).

2) Limitation aux dettes alimentaires. Si, lorsque le créancier a lui-même manqué gravement à ses obligations envers le débiteur, le juge peut décharger celui-ci de tout ou partie de sa dette, c'est seulement quand celle-ci est une dette alimentaire résultant des dispositions des articles 205, 206 et 207, alinéa 1er. Cette faculté ne s'étend pas à l'obligation d'entretien et d'éducation qui pèse sur les père et mère à l'égard de leurs enfants (▪ Cass. 2e civ., 17 juill. 1985, n° 83-13.552 : *Bull. civ.* II, n° 139, p. 93 ; *D.* 1986, inf. rap. 109, obs. Bénabent ; *Gaz. Pal.* 1987, 1, 175, note Massip) ni au devoir de secours entre époux (▪ Cass. 1re civ., 17 janv. 1995, n° 92-10.165 : *JurisData* n° 1995-000113 ; *JCP* G 1995, II, 22407, note Bénabent ; *JCP* N 1995, II, 1087, note Monéger ; *D.* 1995, somm. 328, obs. Grimaldi ; *Bull. civ.* I, n° 30, p. 21 ; *RTD civ.* 1996, 458, obs. Vareille. *Contra* ▪ Riom, 12 déc. 2000 : *Dr. famille* 2001, 91, note Lécuyer ; *JurisData* n° 2000-133155 ; *RTD civ.* 2002, 76, obs. Hauser).

3) Appréciation des manquements. Une mesure d'assistance éducative ne prouve pas les manquements de la mère (▪ Cass. 1re civ., 27 mars 1979 : *D.* 1979, inf. rap. 428). Sur les effets de la déchéance de l'autorité parentale, voir art. 379, p. 371. L'article 207, alinéa 2, ne concerne pas seulement les manquements à l'obligation alimentaire, mais aussi au devoir d'affection et d'éducation qui incombe à tout parent vis-à-vis de ses enfants (▪ Amiens, 1er juill. 1977 : *Gaz. Pal.* 1978, 1, somm. 111). Sur le pouvoir souverain des juges du fond, V. ▪ Cass. 1re civ., 3 janv. 1980 : *JCP* 1980, IV, 99. Le fait pour le père, veuf, d'avoir confié l'enfant à ses grands-parents maternels n'est pas un manquement grave (▪ Versailles, 14 mai 1998, n° 2222/97 : *JurisData* n° 1998-056017 ; *RTD civ.* 1999, 612, obs. Hauser). Le fils ayant exercé à diverses reprises des violences sur ses parents, manquant ainsi gravement à ses obligations d'honneur et de respect à leur égard, il ne peut reprocher au juge d'avoir déchargé ses parents de leur dette alimentaire (▪ Cass. 1re civ., 18 janv. 2007 : *Bull. civ.* I, n° 25, p. 23 ; *Dr. famille* 2007, 58, note Murat ; *RTD civ.* 2007, 328, obs. Hauser ; *JurisData* n° 2007-036918). Le père ayant laissé à ses enfants des messages téléphoniques réitérés contenant des propos humiliants et injurieux allant jusqu'au déni de paternité en ce qui concerne l'un d'eux, la cour d'appel a souverainement estimé que le père avait gravement manqué à ses obligations envers les débiteurs alimentaires (▪ Cass. 1re civ., 21 nov. 2012, n° 11-20.140 : *LPA* 19 août 2013, 9, obs. Niemiec).

4) L'autorité de chose jugée attachée à un jugement ayant fixé le montant de la pension alimentaire due par les enfants n'empêche pas ceux-ci de demander par la suite l'application de l'article 207, alinéa 2 (▪ Cass. 1re civ., 25 mai 1987, n° 85-17.710 : *JurisData* n° 1987-001083 ; *D.* 1987, 605, note Massip).

Art. 207-1 ***(Abr., L. n° 2001-1135, 3 déc. 2001).***

Art. 208 ***(L. n° 72-3, 3 janv. 1972).*** **– Les aliments ne sont accordés que dans la proportion du besoin de celui qui les réclame, et de la fortune de celui qui les doit.**

Le juge peut, même d'office, et selon les circonstances de l'espèce, assortir la pension alimentaire d'une clause de variation permise par les lois en vigueur.

I – OBJET DE L'OBLIGATION ALIMENTAIRE

A – Besoins du créancier

1) Principe. L'objet de l'obligation alimentaire est d'assurer au créancier tout ce qui est nécessaire à la vie (▪ Cass. civ., 28 févr. 1938 : *DH* 1938, 241), ce qui inclut, outre la nourriture, le vêtement et le logement, mais non l'éducation (▪ Douai, 28 juill. 1953 : *D.* 1954, 477, note R. Savatier. ▪ Aix-en-Provence, 20 mai 1970 : *D.* 1971, somm. 109).

2) Débiteur dans le besoin par sa faute. Les enfants restent tenus vis-à-vis de leurs parents même si ceux-ci se trouvent dans le besoin parleur propre faute (▪ Bordeaux, 20 janv. 1927 : *DP* 1927, 2, 95). Mais celui qui réclame des aliments doit prouver qu'il est dans le besoin, et, par là même, qu'il n'est pas en mesure d'assurer sa subsistance, spécialement en exerçant une activité rémunérée (▪ Cass. soc., 6 mars 1985, n° 83-15.053 : *JurisData* n° 1985-700767 ; *Bull.* V, n° 152, p. 111. Comp., suspendant le paiement de la contribution à l'entretien des enfants pendant la période de chômage du père, ▪ Cass. 2e civ., 8 juin 1979 : *D.* 1979, inf. rap. 538). Pour le refus d'aliments à un enfant majeur dont la situation d'impécuniosité lui est imputable, V. ▪ Cass. 1re civ., 25 juin 1996, n° 94-17.619 : *JurisData* n° 1996-002812 ; *D.* 1997, 455, 2e esp., note Bourgault-Coudevylle.

3) Ressources du créancier. Le droit d'obtenir des aliments n'est pas subordonné à la condition de ne posséder ni immeubles ni aucune ressource (▪ Cass. req., 23 févr. 1898 : *DP* 1898, 1, 303, rapp. Denis). Mais le créancier d'aliments ne saurait profiter du fait qu'il laisse ses capitaux improductifs (▪ Cass. 1re civ., 17 déc. 1965 : *D.* 1966, 465, note R. Savatier. ▪ Pau, 12 janv. 1998, n° 94003194 : *JurisData* n° 1998-041504 ; *JCP* 1998, IV, 3224. V. en ce sens pour la contribution aux charges du mariage ▪ Cass. 1re civ., 27 oct. 1992, n° 91-12.793 : *JurisData* n° 1992-002440 ; *JCP* 1993, IV, 27 ; *Bull. civ.* I, n° 266, p. *174 ; D. 1993, 422, note Philippe*).

B – Ressources du débiteur

4) Charge de la preuve. La preuve des ressources réelles du débiteur de l'obligation alimentaire n'incombe pas au créancier (▪ Grenoble, 18 janv. 1960 : *D.* 1960, 273). Les juges du fond peuvent estimer qu'en l'absence de tout renseignement précis quant à ces ressources, il y a lieu de considérer qu'eu égard à sa situation de gynécologue, l'intéressé est en mesure de payer les subsides réclamés d'un montant de 600 F par mois (▪ Cass. 1re civ., 22 juill. 1986, n° 84-15.563 : *JurisData* n° 1986-701568 ; *Bull. civ.* II, n° 220, p. 210).

5) Renseignements fiscaux. Les déclarations fiscales du débiteur ne s'imposent pas au juge (▪ Paris, 6 oct. 1959 : *D.* 1960, 143). Sur le droit pour les créanciers d'aliments, dont la qualité est reconnue par une décision de justice, de consulter la liste détenue par la direction des services fiscaux dans le ressort de laquelle l'imposition du débiteur est établie, V. Livre des procédures fiscales, art. L. 111, dernier alinéa.

6) Appréciation des ressources. Les juges du fond apprécient souverainement les ressources du débiteur d'aliments et peuvent tenir compte du legs dont il a été gratifié (▪ Cass. 1re civ., 17 févr. 1971, n° 69-13.442 : *JCP* 1971, IV, 77), ou des revenus qu'une gestion utile de son capital pourrait lui procurer (▪ Cass. 2e civ., 21 janv. 1976, n° 74-14.266 : *Bull. civ.* II, n° 17, p. 12), sans que l'on puisse toutefois exiger de lui qu'il change de profession et se livre à des occupations plus lucratives (▪ Paris, 13 nov. 1962 : *JCP* 1962, II, 12964), ni qu'il vende son capital (▪ Bordeaux, 10 janv. 1991, n° 2313/88 : *JurisData* n° 1991-040203 ; *JCP* 1992, IV, 1045). Mais le père, licencié pour faute grave en cours d'instance et qui ne justifie d'aucune recherche d'emploi, ne peut se prévaloir de cette circonstance pour demander la réduction du montant initial de la pension alimentaire (▪ Cass. 1re civ., 8 oct. 2008 : *Bull. civ.* I, n° 219, p. 187 ; *JCP* 2008, IV, 2741 ; *D.* 2008, inf. rap. 2669 ; *JurisData* n° 2008-045283). Il n'y a pas lieu de tenir compte des charges résultant de la constitution d'un patrimoine immobilier qui ne peuvent être opposées à une créance alimentaire (même arrêt).

7) Conjoint du débiteur. Jugé que les revenus personnels du conjoint d'un débiteur d'aliments, s'ils n'entrent pas en ligne de compte dans l'appréciation de ses ressources, peuvent cependant être retenus comme un apport permettant la diminution de ses charges par répartition des frais communs du mariage (■ Paris, 10 juin 1983 : *JurisData* n° 1983-601097 ; *Gaz. Pal.* 1984, 2, 690, note Brazier. ■ Cass. 1re civ., 11 juin 2008, n° 07-10.285 : *Dr. famille* 2008, 125, note Murat ; *JurisData* n° 2008-044328).

8) Pensions et allocations compensatrices. Si l'allocation compensatrice pour aide d'une tierce personne ou frais supplémentaires dans l'exercice d'une activité professionnelle est incessible et insaisissable sauf pour les frais d'entretien de l'handicapé, il n'en résulte pas nécessairement qu'elle doive être exclue du calcul des ressources de l'intéressé lorsque celui-ci dispose d'autres revenus sur lesquels peut être exécutée l'obligation alimentaire (■ Cass. 2e civ., 7 juin 1990, n° 89-12.740 : *JurisData* n° 1990-702132 ; *Bull. civ.* II, n° 127, p. 66. Comp. pour les pensions de retraite et d'invalidité ■ Cass. 1re civ., 5 févr. 1991, n° 89-13.559 : *JurisData* n° 1991-700402 ; *JCP* 1991, IV, 125 ; *Bull. civ.* I, n° 42, p. 27 ; *RTD civ.* 1991, 710, obs. Hauser et Huet-Weiller).

C – Situation des tiers.

9) Créances des établissements sociaux. En cas de recours d'un établissement social contre les obligés alimentaires de la personne hébergée, les aliments ne sont accordés que dans la proportion du besoin de celui qui les réclame et de la fortune de celui qui les doit et non en considération de la créance de l'établissement (■ Cass. 1re civ., 21 nov. 2018, n° 17-27.071 : *Bull.* ; *JCP* G 2019, 215, Rebourg ; n° 2018-020705).

II – RÉGIME DE L'OBLIGATION ALIMENTAIRE

A – Principes

10) Date d'appréciation des besoins et ressources. Le principe selon lequel le juge doit se placer au jour où il statue pour apprécier les besoins et les ressources du créancier et du débiteur d'aliments s'applique seulement lorsqu'il s'agit de fixer la pension alimentaire pour l'avenir, et non lorsqu'il s'agit de condamner le débiteur d'aliments à payer à une maison de santé la somme réclamée par celle-ci après le décès du créancier (■ Cass. 1re civ., 5 févr. 1991, n° 89-17.840 : *JCP* 1991, IV, 125 ; *Bull. civ.* I, n° 43, p. 27. – V. aussi ■ Cass. 1re civ., 12 juill. 1994, n° 92-16.659 : *JurisData* n° 1994-001236 ; *Bull.* I, n° 244, p. 177).

11) Cessation. Si la pension alimentaire ne cesse pas de plein droit avec sa cause, rien ne s'oppose à ce que sa suppression soit ordonnée en justice à dater de l'événement qui justifie cette suppression (■ Cass. 1re civ., 14 janv. 1969 : *JurisData* n° 1969-000022 ; *JurisData* n° 1969-000022 ; *D.* 1969, 217. ■ Cass. 2e civ., 2 déc. 1987, n° 86-17.248 : *Bull.* II, n° 257, p. 143). Mais le juge qui supprime la pension est libre de choisir une autre date (■ Cass. 2e civ., 23 juin 1993, n° 92-11.174 : *JurisData* n° 1993-001473 ; *JCP* 1993, IV, 2173 ; *RTD civ.* 1993, 816, obs. Hauser).

B – La règle « Aliments n'arréragent pas »

12) Principe. Il est de principe que les aliments sont dus à celui qui en réclame le paiement à compter de la demande en justice (■ Cass. 1re civ., 1er juill. 1986, n° 84-14.200 : *JurisData* n° 1919-002915 ; *Bull.* I, n° 189, p. 186). Le principe s'applique à la demande fondée sur l'article L. 714-38 (L. 6145-11) du Code de la santé publique (■ Cass. 1re civ., 19 déc. 1995, n° 93-18.939 : *JCP* 1996, IV, 344 ; *Bull. civ.* I, n° 471, p. 327 ; *Defrénois* 1996, 989, obs. Massip. ■ Cass. 1re civ., 29 janv. 2002, n° 99-21.395 : *JurisData* n° 2002-013086 ; *Defrénois* 2002, 683, obs. Massip. ■ Cass. 1re civ., 14 janv. 2003 : *JCP* 2002, IV, 1374 ; *JurisData* n° 2003-017246), mais non pour la contribution aux charges du mariage (■ Cass. 1re civ., 8 nov. 1989, n° 87-19.768 : *JurisData* n° 1989-003870 ; *JCP* 1990, IV, 1 ; *Bull. civ.* I, n° 341, p. 229 ; *Defrénois* 1990, 296, obs. Massip. ■ Angers, 6 oct. 1983 : *JurisData* n° 1983-699902 ; *JurisData* n° 1983-643683 ; *JCP* 1985, IV, 91. – V. aussi *infra* pour la contribution à l'entretien des enfants). Le droit pour l'Administration d'émettre des états exécutoires n'a pas d'incidence sur les conditions d'existence de sa créance (■ Cass. 1re civ., 21 mai 1997, n° 95-14.102 : *JurisData* n° 1997-002164 ; *JCP* 1997, IV, 1429 ; *Bull. civ.* I, n° 162, p. 109).

13) Fondement et portée. Si les pensions alimentaires ne s'arréragent pas, c'est parce que le créancier qui n'a pas réclamé les termes échus peut être considéré comme s'étant trouvé à l'abri du besoin et ayant renoncé à un paiement qui n'était pas indispensable à sa subsistance (■ Cass. req., 30 janv. 1933 : *Gaz. Pal.* 1933, 1, 618, rapp. Castet. ■ Cass. 1re civ., 28 avr. 1969 : *D.* 1969, 411), mais il ne s'agit que d'une présomption cédant devant la preuve contraire (mêmes arrêts), notamment devant la preuve de réclamations répétées et d'actes de poursuite exclusifs de toute inaction de la part du créancier (■ Cass. 1re civ., 9 mai 1975, n° 73-12.390 : *JurisData* n° 1975-000152 ; *JCP* 1975, IV, 199 ; *Bull. civ.* I, n° 152, p. 131. ■ Toulouse, 7 nov. 2006 : *JCP* 2007, IV, 1742 ; *JurisData* n° 2006-327141). Il appartient aux juges du fond de relever dans leur décision les faits de nature à tenir la présomption en échec (■ Cass. 1re civ., 28 janv. 1963 : *Gaz. Pal.* 1963, 1, 420).

14) Condamnation. La règle « aliments n'arréragent pas » ne saurait s'appliquer aux sommes que le débiteur d'aliments a été condamné à payer pour la période postérieure à la demande formée par le créancier (■ Cass. 1re civ., 1er juin 1976, n° 74-10.604 : *JurisData* n° 1976-000203 ; *Bull. civ.* I, n° 203, p. 164). En cas de condamnation, les arrérages de la pension fixée par le juge ne peuvent se prescrire que par le délai de cinq ans prévu par l'article 2277, sauf au débiteur à démontrer que le créancier n'était plus dans le besoin, ou avait entendu renoncer à poursuivre l'exécution du jugement (▪ Cass. 1re civ., 5 juill. 1988, n° 86-17.031 : *JurisData* n° 1988-002274 ; *D.* 1989, 51, rapp. Massip).

15) Contribution des époux à l'entretien des enfants. La règle « aliments n'arréragent pas » est sans application lorsque la pension a été accordée au titre de la contribution de l'autre époux à l'entretien et à l'éducation des enfants mineurs issus du mariage (▪ Cass. 2e civ., 29 oct. 1980, n° 79-15.301 : *Bull. civ.* II, n° 226, p. 154 ; *JCP* 1981, II, 19665, note Jambu-Merlin. ▪ Cass. 1re civ., 8 déc. 1993, n° 92-10.698 : *JurisData* n° 1993-003200 ; *Defrénois* 1994, 322, obs. Massip. ▪ Cass. 1re civ., 1er oct. 1996, n° 94-13.217 : *JurisData* n° 1996-003630 ; *Dr. famille* 1997, 25, note Murat. ▪ Cass. 2e civ., 4 mars 1998, n° 96-13.569 : *JurisData* n° 1998-000941 ; *JCP* 1998, IV, 1889 ; *Bull. civ.* II, n° 66, p. 41. ▪ Cass. 2e civ., 6 mars 2003, n° 01-14.664 : *JurisData* n° 2003-018012 ; *LPA* 15 oct. 2003, 18, note Massip ; *Bull. civ.* II, n° 46, p. 41 ; *Dr. famille* 2003, 142, note Murat ; *Defrénois* 2003, 1081, obs. Massip. ▪ Cass. 1re civ., 12 mai 2004 : *Dr. famille* 2004, 143, note Murat ; *JCP* 2004, IV, 2351 ; *JurisData* n° 2004-023606 ; *Bull. civ.* I, n° 128, p. 105. Comp. ▪ Cass. 1re civ., 9 déc. 2003, n° 01-03.927 : *JurisData* n° 2003-021336 ; *Dr. famille* 2004, 71, note Murat, cassation de l'arrêt fixant le point de départ de la pension mise à la charge du père à compter de la décision de justice).

C – Indexation

16) Liberté des juges. Les juges du fond disposent d'une liberté complète pour le choix de l'indice et peuvent décider d'indexer la contribution à l'entretien de l'enfant sur le SMIC (▪ Cass. 2e civ., 12 janv. 1977, n° 76-10.151 : *JurisData* n° 1977-099006 ; *Bull. civ.* II, n° 6, p. 5). Ils peuvent recourir d'office à l'indexation sans encourir le reproche d'avoir modifié les termes du débat et statué pour l'avenir en méconnaissant le principe du dessaisissement du juge après le prononcé de sa décision (▪ Cass. 2e civ., 2 oct. 1975 : *JurisData* n° 1975-099239 ; *JCP* 1975, IV, 336 ; *Bull. civ.* II, n° 233, p. 193). Mais lorsque le juge assortit la pension d'une clause de variation, il ne peut soumettre celle-ci à la condition que la variation annuelle de l'indice retenu soit égale ou supérieure à un certain taux (▪ Cass. 2e civ., 28 juin 1989, n° 88-14.442 : *JurisData* n° 1989-003338 ; *JCP* 1989, IV, 328).

Art. 209. – **Lorsque celui qui fournit ou celui qui reçoit des aliments est replacé dans un état tel que l'un ne puisse plus en donner, ou que l'autre n'en ait plus besoin en tout ou partie, la décharge ou réduction peut en être demandée.**

1) Caractère révisable. La décision judiciaire fixant une pension alimentaire ne possède l'autorité de la chose jugée qu'aussi longtemps que demeurent inchangées les circonstances au regard desquelles elle est intervenue. Une demande en révision peut être soumise aux tribunaux, dès lors qu'apparaissent des éléments nouveaux (▪ Cass. 1re civ., 16 juin 1993, n° 91-19.904 : *JurisData* n° 1993-001223 ; *Bull.* I, n° 216, p. 150). Jugé en ce sens que les décisions de justice qui définissent l'obligation alimentaire en fonction des facultés du débiteur et des besoins du créancier sont essentiellement révisables, comme le sont les données qui les fondent (▪ Paris, 26 janv. 1961 : *D.* 1961, 514, note R. Savatier). Le juge peut tout aussi bien augmenter que réduire ou supprimer la pension (▪ Cass. 2e civ., 20 mai 1954 : *Bull. civ.* II, n° 172, p. 122).

2) Charge de la preuve. Il appartient à celui qui demande la suppression d'une contribution à l'entretien d'un enfant de rapporter la preuve des circonstances permettant de l'en décharger (▪ Cass. 1re civ., 14 févr. 2006 : *Bull. civ.* I, n° 64, p. 64 ; *Dr. famille* 2006, 88, note Murat ; *JurisData* n° 2006-032273. ▪ Cass. 1re civ., 12 déc. 2006 : *Bull. civ.* I, n° 543, p. 483 ; *JCP* 2007, IV, 1135 ; *JurisData* n° 2006-036433).

3) Cessation. Si la pension alimentaire ne cesse pas de plein droit avec sa cause, rien ne s'oppose à ce que cette suppression soit ordonnée en justice à dater de l'événement qui justifie cette suppression (▪ Cass. 1re civ., 14 janv. 1969 : *D.* 1969, 217. ▪ Cass. 2e civ., 2 déc. 1987, n° 86-17.248 : *Bull. civ.* II, n° 257, p. 143. – Comp., pour une pension fixée dans une reconnaissance de dette, engagement à exécution successive, du fait de la disparition de sa cause, ▪ Cass. 1re civ., 30 oct. 2008, cité sous art. 205, annot. n° 10, p. 179). Mais le juge qui supprime la pension est libre de choisir une autre date (▪ Cass. 2e civ., 23 juin 1993, n° 92-11.174 : *JurisData* n° 1993-001473 ; *JCP* 1993, IV, 2173 ; *RTD civ.* 1993, 816, obs. Hauser).

4) Contribution et revenus de niveau très élevé. S'il est d'ordinaire légitime d'apprécier le montant de l'augmentation d'une prestation d'aliments en raison directe de l'accroissement des besoins du créancier et des ressources du débiteur, il en est autrement lorsque contribution et revenus se situent à un niveau si élevé que toute prestation supplémentaire ne servirait qu'à accroître la fortune personnelle du conjoint bénéficiaire et serait ainsi détournée de son but (■ Paris, 17 févr. 1966 : *D.* 1966, 546).

5) Dépenses exceptionnelles du créancier. Les juges ne sauraient prendre en considération les dépenses exceptionnelles exposées par le créancier de l'obligation alimentaire pour augmenter la pension (■ TGI Seine, 19 févr. 1966 : *D.* 1966, 428).

6) Nullité de la renonciation à l'augmentation. Est nulle d'une nullité d'ordre public la convention comportant renonciation de la part du créancier d'aliments à toute augmentation de la pension pendant trois ans (■ Paris, 20 déc. 1977, n° 76-41.265 : *JurisData* n° 1977-000715 ; *Gaz. Pal.* 1978, 2, somm. 10, obs. Bricout).

7) Action oblique. Sur le principe que le droit de demander la révision ou la suppression d'une pension alimentaire ne peut être exercé par voie oblique, V. ■ Cass. req., 26 mai 1941 et ■ Cass. civ., 29 juin 1948, sous art. 205, annot. n° 1, p. 177.

Art. 210 *(L. n° 93-22, 8 janv. 1993).* **– Si la personne qui doit fournir des aliments justifie qu'elle ne peut payer la pension alimentaire, le juge aux affaires familiales pourra, en connaissance de cause, ordonner qu'elle recevra dans sa demeure, qu'elle nourrira et entretiendra celui auquel elle devra des aliments.**

1) V. pour une **application**, ■ TGI Lille, 10 avr. 2007 : *JCP* 2007, II, 10121, note Labbée ; *JurisData* n° 2007-332972.

2) **Divorce.** L'article 210 est inapplicable au cas où les enfants sont confiés en vertu de l'article 287 (anc.) à la suite d'un divorce ou d'une séparation de corps (■ Cass. 2e civ., 26 nov. 1980, n° 79-16.014 : *JurisData* n° 1980-725165 ; *JCP* 1981, IV, 58 ; *Bull. civ.* II, n° 245, p. 167).

Art. 211 *(L. n° 93-22, 8 janv. 1993).* **– Le juge aux affaires familiales prononcera également si le père ou la mère qui offrira de recevoir, nourrir et entretenir dans sa demeure, l'enfant à qui il devra des aliments devra dans ce cas, être dispensé de payer la pension alimentaire.**

Voir : Sur le paiement direct de la pension alimentaire CPC ex., art. L. 213-1 à L. 213-6, p. 2400, art. R. 213-1 et s., p. 2409. - D. n° 75-1339, 31 déc. 1975, relatif aux modalités d'application de la loi n° 75-618 du 11 juillet 1975 relative au recouvrement public des pensions alimentaires, p. 3011. - CSS, art. L. 581-1 à L. 581-10, p. 2746 et s., et art. R. 581-1 à R. 581-9, p. 2750 et s. - D. n° 86-1073, 30 sept. 1986, relatif à l'intervention des organismes débiteurs des prestations familiales pour le recouvrement des créances alimentaires impayées, p. 3099.

CHAPITRE VI. – DES DEVOIRS ET DES DROITS RESPECTIFS DES ÉPOUX

Art. 212 *(L. 22 sept. 1942 ; L. n° 2006-399, 4 avr. 2006).* **– Les époux se doivent mutuellement respect, fidélité, secours, assistance.**

Bibliographie : C. Lefranc-Hamoniaux, *L'entraide entre les époux à l'épreuve du temps : Dr. famille* 1999, étude 13. • J. Roche-Dahan, *Les devoirs nés du mariage. Obligations réciproques ou obligations mutuelles : RTD civ.* 2000, 735. • N. Nefussy-Venta, *Plaidoyer pour la reconnaissance réelle d'un devoir unique d'entraide conjugale : LPA* 24 déc. 2009, 3. • C. Philippe, *L'article 212 du Code civil : du XXe au XXIe siècle* in *Mélanges G. Wiederkehr*, Dalloz, 2009, 627. • D. Chauvet, *La fidélité dans le mariage, un devoir en voie de disparition ! : AJF* 2016, 148.

1) Loi applicable. Sur le principe que les droits et devoirs des époux sont régis par la loi territoriale, V. ■ Cass. 1re civ., 20 oct. 1987, n° 85-18.877 : *JurisData* n° 1987-001640 ; *JCP* 1987, IV, 399 ; *Bull. civ. I, n° 275, p. 198 ; Rev. crit. DIP* 1988, 540, note Lequette.

I – DEVOIR DE FIDÉLITÉ

2) Sur l'**obligation de cohabitation**, V. art. 215, alinéa 1er.

3) Sur l'**adultère** comme cause de divorce, voir sous art. 242.

4) Fidélité et sentiment. Sur le principe que la loi impose la fidélité, non le sentiment, V. ■ Cass. 2e civ., 2 févr. 1972, n° 71-10.342 : *JurisData* n° 1972-099033 ; *D.* 1972, 295.

II – DEVOIR DE SECOURS

5) Durée. L'obligation alimentaire prévue par l'article 212 du Code civil subsiste entre les époux séparés de corps, même au profit de l'époux coupable envers qui le conjoint garde le devoir d'assistance (■ Cass. 2e civ., 20 juin 1962 : *D.* 1963, somm. 14). Elle subsiste jusqu'à ce que la décision prononçant le divorce soit devenue définitive (■ Cass. 2e civ., 12 juill. 1972, n° 71-14.452 : *JurisData* n° 1972-099216 ; *D.* 1973, 185, note Groslière. ■ Cass. 2e civ., 25 oct. 1973 : *JurisData* n° 1973-099275 ; *D.* 1974, 92).

6) Séparation de corps. À la suite de la séparation de corps, l'obligation de secours subsiste mais ne peut plus consister que dans le versement d'une pension alimentaire en faveur de l'époux qui est dans le besoin. La contribution aux charges du mariage prévue par l'article 214 du Code civil est distincte par son fondement et son but de l'obligation alimentaire. Par suite, une pension alimentaire ayant été allouée sur le fondement de l'article 212, la saisie-arrêt sur les arrérages d'une pension civile de retraite proportionnelle pour paiement des mensualités de pension alimentaire échues et impayées et des arrérages à échoir ne saurait être admise, l'article L. 56 du Code des pensions civiles et militaires de retraite, en sa rédaction antérieure à la loi du 2 janv. 1973, ne prévoyant une telle saisissabilité que dans les circonstances prévues par les articles 203, 205, 206, 207 et 214 du Code civil (▪ Cass. 2e civ., 5 janv. 1973 : *JurisData* n° 1973-099003 ; *Bull. civ.* II, n° 3, p. 2. Voir cependant, fondant l'obligation de contribuer aux charges du mariage sur le devoir de secours de l'article 212, ▪ Cass. 1re civ., 17 juill. 1985, n° 84-12.288 : *JurisData* n° 1985-001877 ; *Bull. civ.* I, n° 230, p. 205 ; *D.* 1987, somm. 122, obs. Martin). La pension accordée par le magistrat conciliateur dans le cadre d'une procédure de séparation de corps n'a pas à être imputée sur la part de la femme dans le partage de la communauté, alors même que l'ordonnance de non-conciliation a précisé qu'elle était « à valoir sur la communauté », dès lors que l'arrêt prononçant la séparation de corps laissait subsister le devoir de secours et que l'ordonnance, qui n'avait qu'un caractère provisoire, était dépourvue de l'autorité de chose jugée (▪ Cass. 1re civ., 18 nov. 1986, n° 85-11.360 : *JurisData* n° 1986-702121 ; *Bull. civ.* I, n° 271, p. 259).

7) Séparation de fait. L'épouse séparée de fait depuis plusieurs années, qui ne justifie pas de la persistance d'un lien d'affection entre elle et son mari, dont elle n'a jamais sollicité l'aide financière ne peut demander réparation du préjudice économique subi du fait du décès du mari, la chance qu'elle a perdu d'obtenir l'exécution du devoir de secours apparaissant trop incertaine (▪ Cass. 2e civ., 22 févr. 1989, n° 87-12.619 : *JurisData* n° 1989-700525 ; *Bull. civ.* II, n° 46, p. 23. Comp., relevant pour une séparation de fait durant depuis quinze ans, que le lien conjugal est si distendu qu'il ne peut plus servir de support à l'obligation de secours, ▪ Nîmes, 13 mars 1996 : *Dr. famille* 1997, 2, note crit. Lécuyer).

8) Frais d'inhumation. Sur le principe que la veuve doit assurer les frais d'inhumation de son conjoint, V. ▪ TI Maubeuge, 26 févr. 1993 : *Defrénois* 1996, 1340, obs. Massip.

III – DEVOIR D'ASSISTANCE

9) Attention et soins. Est gravement injurieux le comportement de la femme qui, absorbée par ses pratiques religieuses, ne donne pas à son mari l'attention et les soins que celui-ci, à raison de son âge, attend de son épouse (▪ Paris, 12 janv. 1972 : *D.* 1972, 217, note J.C.). Mais le devoir d'assistance entre époux ne va pas jusqu'aux actes matériels de soins nécessités par la tétraplégie du mari (▪ Grenoble, 10 nov. 2003, n° 02/00954 : *JurisData* n° 2003-240050 ; *Dr. famille* 2004, 145, note Larribau-Terneyre).

10) Aide médicale. Jugé qu'il appartient au mari de prendre toutes dispositions utiles pour guérir sa femme de ses habitudes d'intempérance, notamment en l'invitant à subir une cure de désintoxication ou un traitement médical (▪ T. civ. Valence, 16 mars 1955 : *D.* 1955, 585, note Breton).

11) Préjudice moral en cas d'accident. Viole l'article 1382 l'arrêt qui déboute l'épouse de sa demande en réparation du dommage subi par elle du fait de l'état de son mari blessé dans un accident, en énonçant qu'il n'y a pas de préjudice moral exceptionnel et que les difficultés d'existence consécutives à l'accident ne peuvent être considérées comme excédant de manière notable celles que le devoir d'assistance entre époux et les liens affectifs qui les unissent permettent de supporter sans trop de peine et de gêne (▪ Cass. 2e civ., 12 nov. 1986, n° 85-14.486 : *JurisData* n° 1986-701939 ; *Bull. civ.* II, n° 164, p. 111).

Art. 213 *(L. 18 févr. 1938 ; L. 22 sept. 1942 ; L. n° 70-459, 4 juin 1970)*. **– Les époux assurent ensemble la direction morale et matérielle de la famille. Ils pourvoient à l'éducation des enfants et préparent leur avenir.**

Art. 214 *(L. 18 févr. 1938 ; L. 22 sept. 1942 ; L. n° 65-570, 13 juill. 1965 ; L. n° 75-617, 11 juill. 1975)*. **– Si les conventions matrimoniales ne règlent pas la contribution des époux aux charges du mariage, ils y contribuent à proportion de leurs facultés respectives.**

Si l'un des époux ne remplit pas ses obligations, il peut y être contraint par l'autre dans les formes prévues au Code de procédure civile.

Bibliographie : D. Autem, *La fonction duale de la clause usuelle relative à la contribution aux charges du mariage des époux séparés de biens : Defrénois* 2010, 1336. • A. Faure et J.-M. Mathieu, *Les contributions dans le couple (ou « l'impossible qualification des flux financiers ») : JCP* N 2011, 1314. • A. Tisserand-Martin, *La contribution aux charges du mariage, mécanisme régulateur du régime matrimonial* in *Mélanges Gérard Champenois : Defrénois* 2012, 745. • J. Vassaux, *Financement du logement de la famille par un époux séparé de biens : JCP* N 2013, 1068. • J. Casey, *Le financement du logement de la famille en séparation de biens : Gaz. Pal.* 23-24 août 2013, 19. • A. Karm, *Financement du logement de la famille et contribution des époux séparés de biens aux charges du mariage*, in *Mélanges Raymond Le Guidec*, LexisNexis 2014, 89. • G. Champenois et N. Couzigou-Suhas, *Contrat de mariage, charges du mariage et acquisitions indivises. Analyse et formules : Defrénois* 2015, 367. • S. Lambert, *Couple et vacances : Dr. famille* 2015, étude 7. • I. Khayat, *Les conventions sur la preuve en matière de contribution aux charges du mariage : Defrénois* 11 avr. 2019, n° 15, 17.

I - DOMAINE DE L'ARTICLE 214

1) **Contribution des concubins.** Aucune disposition légale ne réglant la contribution des concubins aux charges de la vie commune, chacun d'eux doit, en l'absence de volonté expresse à cet égard, supporter les dépenses de la vie courante qu'il a exposées (▪ Cass. 1re civ., 19 mars 1991, n° 89-19.960 : *JurisData* n° 1991-000768 ; *Bull. civ.* I, n° 92, p. 60. ▪ Cass. 1re civ., 17 oct. 2000, n° 98-19.458 : *JCP* G 2001, II, 10568 et *JCP* N 2001, 1822, note Garé ; *D.* 2001, 497, note Cabrillac ; *Bull. civ.* I, n° 244, p. 160 ; *Defrénois* 2001, 93, obs. Massip ; *Dr. famille* 2000, 139, note Beignier ; *RTD civ.* 2001, 111, obs. Hauser. ▪ Pau, 17 déc. 2001, n° 00/00739 : *JurisData* n° 2001-175603 ; *Dr. famille* 2002, 79, note Lécuyer. ▪ Cass. 1re civ., 31 janv. 2006, n° 02-19.277 : *JurisData* n° 2006-031967 ; *Dr. famille* 2006, 83, note Larribau-Terneyre. ▪ Cass. 1re civ., 28 nov. 2006 : *Bull. civ.* I, n° 517, p. 458 ; *Dr. famille* 2007, 32, note Larribau-Terneyre ; *Defrénois* 2007, 297, obs. Massip ; *RTD civ.* 2007, 94, obs. Hauser ; *JurisData* n° 2006-036148, cassation, au visa des articles 214 et 1371 du Code civil, de l'arrêt décidant que les comptes entre concubins doivent être établis sur le fondement de l'enrichissement sans cause à défaut de toute autre action ouverte au demandeur). – V. toutefois, pour l'existence d'une volonté commune des concubins de partager les dépenses de la vie courante justifiant que l'ex-concubin conserve seul la charge des échéances du crédit immobilier ayant financé le logement indivis du couple et de leur enfant, ▪ Cass. 1re civ., 13 janv. 2016, n° 14-29.746 : *JCP* N 2016, 1132, note Barthelet et Guilloteau-Palisse ; *JurisData* n° 2016-007024. V. aussi V. Mikalef-Toudic, *Les charges du ménage : vers un droit commun des couples ? : LPA* 7-8 sept. 2017, 36. – Comp., en l'absence d'un accord entre les parties, ▪ Cass. 1re civ., 19 déc. 2018, n° 18-12.311 : *Bull.* ; *Dr. famille* 2019, n° 40, Ben Hadj Yahia ; *JurisData* n° 2018-023841 ; exclusion de la compensation avec une dette d'une autre nature. V. aussi A. Molière, *Le droit peut-il être pervers ? L'exemple de la contribution des concubins aux charges du ménage : D.* 2019, p. 721.

2) **Absence de cohabitation.** Le refus par l'un des époux de cohabiter avec son conjoint n'exclut pas nécessairement qu'il puisse obtenir de celui-ci une contribution aux charges du mariage (▪ Cass. 1re civ., 18 déc. 1978, n° 77-11.699 : *Bull. civ.* I, n° 393, p. 306), l'article 214, alinéa 2 n'impliquant pas l'existence d'une communauté de vie (▪ Cass. 1re civ., 1er juill. 1980, n° 78-16.258 : *JurisData* n° 1980-705052 ; *Bull. civ.* I, n° 206, p. 168. ▪ Cass. 1re civ., 19 nov. 1991, n° 90-16.415 : *JurisData* n° 1991-002935 ; *Gaz. Pal.* 1992, 2, somm. 458, obs. Massip. – V. pour un mari détenu ▪ Aix-en-Provence, 7 juin 2005, n° 04/03577 : *JurisData* n° 2005-278085 ; *Dr. famille* 2005, 204, note Larribau-Terneyre, et pour une jeune épouse retournée vivre chez ses parents, ▪ Douai, 8 janv. 2009 : *JCP* 2009, act. 81, obs. Labbée ; *JurisData* n° 2009-000138. – Voir cependant pour un mariage de complaisance, ▪ Paris, 25 sept. 1986 : *D.* 1987, 134, note Mayer et Cale), sauf la possibilité pour les juges du fond de tenir compte à cet égard des circonstances de la cause (▪ Cass. 1re civ., 6 janv. 1981, n° 79-14.105 : *JurisData* n° 1981-700016 ; *Bull. civ.* I, n° 6, p. 4. – V. aussi ▪ Cass. 1re civ., 16 févr. 1983, n° 81-16.162 : *JurisData* n° 1983-700451 ; *D.* 1984, 39, note Revel. ▪ Paris, 9 déc. 1997, n° 96/05788 : *JurisData* n° 1997-023977 ; *Dr. famille* 1998, 165, note Lécuyer). Une épouse, séparée de fait de son mari, vivant depuis trente-deux ans en concubinage, ne saurait reprocher à une cour d'appel de l'avoir déboutée de sa demande tendant à la condamnation de celui-ci au paiement d'une contribution aux charges du mariage, alors qu'elle n'établissait pas que son mari ait abandonné le domicile conjugal ou lui en ait refusé l'accès (▪ Cass. 1re civ., 8 mai 1979 : *Bull. civ.* I, n° 135, p. 109. – V. aussi ▪ Cass. 1re civ., 14 mars 1973 : *JurisData* n° 1973-000097 ; *JCP* 1973, II, 17430, note Lindon ; *D.* 1974, 453, note Rémy. ▪ Cass. 1re civ., 27 oct. 1976, n° 74-15.079 : *JurisData* n° 1976-000314 ; *Bull. civ.* I, n° 314, p. 252).

3) **Preuve de circonstances particulières.** C'est au conjoint tenu par principe du devoir de secours, en application des articles 212 et 214 du Code civil, de rapporter la preuve des circonstances particulières qui peuvent permettre de le dispenser des obligations qui en découlent (▪ Cass. 1re civ., 17 juill. 1985, n° 85-80.008 : *JurisData* n° 1985-001879 ; *Bull. civ.* I, n° 230, p. 205 ; *D.* 1987, somm.

122, obs. Martin. ▪ Cass. 1re civ., 19 nov. 1991, n° 90-16.950 : *JurisData* n° 1991-003418 ; *Gaz. Pal.* 1992, 2, somm. 458, obs. Massip).

II – NATURE ET CONTENU DE L'OBLIGATION

4) Contribution selon les facultés. Il résulte de l'article 214 du Code civil que chacun des époux est tenu de contribuer aux charges du ménage selon ses facultés, même si son conjoint n'est pas dans le besoin (▪ Cass. 1re civ., 23 juin 1970 : *JurisData* n° 1970-000220 ; *D.* 1971, 162, note Larroumet).

5) Distinction avec l'obligation alimentaire. La contribution des époux aux charges de son mariage est distincte par son fondement et but de l'obligation alimentaire (▪ Cass. 1re civ., 8 nov. 1989, n° 87-12.698 : *JurisData* n° 1989-704053 ; *JCP* 1990, IV, 1). Elle peut donc inclure des dépenses d'agrément (▪ Cass. 1re civ., 20 mai 1981, n° 79-17.171 : *JurisData* n° 1981-701912 ; *JCP* 1981, IV, 281 ; *Bull. civ.* I, n° 176, p. 143. V. en ce sens, évoquant « l'obligation faite à chaque époux de tenir son rang social », ▪ Bordeaux, 14 juin 2000, n° 99/03897 : *JurisData* n° 2000-121116 ; *Dr. famille* 2001, 1, note Lécuyer) ou des remboursements d'emprunts (▪ Cass. 1re civ., 6 mars 1996, n° 94-14.969 : *JurisData* n° 1996-000716 ; *D.* 1998, 163, note Claudel). Mais elle n'en doit pas moins être regardée comme une dette d'aliments au sens de l'article 79-3 de l'ordonnance du 30 déc. 1958 (C. monét. fin., art. L. 112-2). Elle peut donc être indexée sur l'indice des prix à la consommation (▪ Cass. 1re civ., 16 juill. 1986, n° 85-11.720 : *JurisData* n° 1986-701446 ; *Bull. civ.* I, n° 208, p. 199. ▪ Cass. 1re civ., 31 mai 1988, n° 86-14.019 : *Bull. civ.* I, n° 164, p. 114. ▪ Aix-en-Provence, 23 mars 1993 : *JurisData* n° 1993-041297 ; *JCP* 1993, IV, 2467).

6) Détermination des facultés contributives. Les facultés contributives de chaque époux sont déterminées en fonction de ses ressources et des dépenses lui incombant. Les juges du fond sont donc fondés à tenir compte du fait que le mari n'a à supporter aucun frais pour se loger, étant hébergé gracieusement par sa concubine (▪ Cass. 1re civ., 21 déc. 1981, n° 80-14.622 : *JurisData* n° 1981-703514 ; *JCP* 1982, IV, 96 ; *Bull. civ.* I, n° 392, p. 330). En revanche, l'époux vivant en concubinage ne peut en principe demander la réduction de son obligation à raison des dépenses que lui occasionne l'entretien d'une concubine et de ses enfants (▪ Poitiers, 8 sept. 1993 : *JurisData* n° 1993-049083 ; *JCP* 1994, I, 3785, n° 1, obs. Wiederkehr). Les juges du fond apprécient souverainement la date à laquelle un changement est survenu dans les facultés respectives des parties (▪ Cass. 1re civ., 22 nov. 1989, n° 88-10.596 : *JurisData* n° 1989-704421 ; *Bull. civ.* I, n° 360, p. 242). Prive sa décision de base légale la cour d'appel qui, pour déterminer si le remboursement de l'emprunt ayant permis aux époux d'acquérir un immeuble a été effectué par le mari au titre de sa contribution aux charges du mariage, ne recherche pas les facultés respectives des époux ni, alors qu'elle y était invitée, si les revenus de l'épouse n'avaient pas intégralement servi à contribuer aux charges du mariage (▪ Cass. 1re civ., 26 juin 2013, n° 12-13.366 : *Bull. civ.* I, n° 140, p. 139 ; *JurisData* n° 2013-013143).

7) Ressources du conjoint débiteur. Le juge doit prendre en considération l'ensemble des charges du débiteur correspondant à des dépenses utiles ou nécessaires (▪ Cass. 1re civ., 15 nov. 1989, n° 88-13.259 : *JurisData* n° 1989-004631 ; *JCP* 1990, IV, 15). Le mari séparé de fait ne saurait faire état de sa situation actuelle de demandeur d'emploi qu'il a contribué à créer, ayant volontairement quitté son emploi quinze jours après la décision l'ayant condamné au versement d'une contribution (▪ Paris, 16 mars 1988, n° 87-12.006 : *D.* 1988, 467, note Philippe. Comp. pour la fraude du mari s'appauvrissant volontairement par des donations aux enfants d'un premier lit, ▪ Cass. 1re civ., 7 nov. 1984, n° 83-15.064 : *JurisData* n° 1984-701723 ; *Gaz. Pal.* 1985, 1, 387, note J. M.) ni de la baisse de ses revenus due à une mauvaise gestion de son entreprise (▪ Cass. 2e civ., 19 nov. 1996, n° 95-12.838 : *JurisData* n° 1996-004580 ; *JCP* 1997, I, 4047, n° 1, obs. Wiederkehr ; *Dr. famille* 1997, 55, note Lécuyer).

8) Revenus du conjoint créancier. Une cour d'appel ne peut refuser de tenir compte de la valeur du domaine appartenant à l'épouse créancière sans rechercher si une gestion utile de ce domaine pouvait lui procurer des revenus (▪ Cass. 1re civ., 27 oct. 1992, n° 91-12.793 : *JurisData* n° 1992-002440 ; *JCP* 1993, IV, 27 ; *Bull. civ.* I, n° 266, p. 174 ; *D.* 1993, 422, note Philippe ; *RTD civ.* 1993, 181, obs. Lucet et Vareille).

9) Gestion du ménage et direction du foyer. L'activité de l'époux séparé de biens dans la gestion du ménage et la direction du foyer peut, quand, en raison de son importance excédant la contribution aux charges du mariage et de sa qualité, elle a été pour le conjoint une source d'économies, constituer la cause de versements de fonds faits par celui-ci au nom dudit époux à l'occasion d'achats de biens faits indivisément par les deux (▪ Cass. 1re civ., 2 oct. 1985, n° 84-13.136 : *JurisData* n° 1985-702606 ; *D.* 1986, 325, note Breton. – V. aussi ▪ Cass. 1re civ., 4 mars 1980, n° 78-12.900 : *JurisData* n° 1980-700076 ; *Bull. civ.* I, n° 76, p. 63. ▪ Cass. 1re civ., 20 mai 1981, n° 79-17.171 : *JurisData* n° 1981-701912 ; *JCP* 1981, IV, 281 ; *Defrénois* 1981,

1324, obs. Champenois. ■ Cass. 1re civ., 9 nov. 1993, n° 91-17.186 : *Bull. civ.* I, n° 317, p. 220 ; *JCP* 1994, II, 22300, note Philippe ; *Defrénois* 1994, 443, obs. Champenois ; *RTD civ.* 1994, 662, obs. Patarin. ■ Cass. 1re civ., 3 juin 1998, n° 96-14.529 : *JurisData* n° 1998-002524 ; *Dr. famille* 1999, 20, note Beignier ; *RJPF* 1999-1/41, obs. Vauvillé. ■ Cass. 1re civ., 8 févr. 2000, n° 98-10.836 : *JurisData* n° 2000-000605 ; *JCP* 2000, I, 245, n° 1, obs. Wiederkehr ; *Bull. civ.* I, n° 44, p. 30 ; *D.* 2000, somm. 428, obs. Nicod. ■ Cass. 1re civ., 25 juin 2002, n° 00-15.119 : *JurisData* n° 2002-015124 ; *Dr. famille* 2002, 149, note Beignier ; *Bull. civ.* I, n° 173, p. 132). Pour apprécier l'intention commune des parties au jour de la formation du contrat, on peut se référer à leur comportement ultérieur de nature à la révéler (■ Cass. 1re civ., 9 nov. 1993, préc.). Comp., admettant une demande d'indemnité fondée sur l'enrichissement sans cause du mari ■ Cass. 1re civ., 9 janv. 1979 : *JurisData* n° 1979-700011 ; *D.* 1981, 241, 1re esp., note Breton. ■ Aix-en-Provence, 6 sept. 1984 : *JurisData* n° 1984-601122 ; *Gaz. Pal.* 1985, 2, 756, note Lachaud. ■ Cass. 1re civ., 29 mai 2001, n° 98-21.991 : *JurisData* n° 2001-009904 ; *JCP* 2002, I, 103, n° 22, obs. Storck. Mais pour un refus d'indemnité au mari séparé de biens ayant réalisé des travaux modestes, V. ■ Cass. 1re civ., 14 janv. 2003, n° 00-16.612 : *JurisData* n° 2003-017344 ; *D.* 2003, somm. 1868, obs. Revel. V. A. Sinay-Cytermann, *Enrichissement sans cause et communauté de vie. Incidences de la loi du 10 juillet 1982* : *D.* 1983, chron. 159. – J. Revel, *L'article 214 du Code civil et le régime de la séparation de biens* : *D.* 1983, chron. 21. – J. Lafond, *L'enrichissement d'un époux séparé de biens dû à l'activité bénévole de son conjoint* : *JCP* N 1996, I, 1315.

10) Participation à l'activité professionnelle du conjoint. Jugé que pour évaluer l'appauvrissement de la femme séparée de biens qui a aidé sans rémunération son mari dans l'exercice de sa profession, ainsi que pour évaluer l'enrichissement du mari, il convient de se placer à la même date : celle de la demande en divorce, en raison de l'impossibilité morale pour la femme d'agir antérieurement contre son mari (■ Cass. 1re civ., 26 oct. 1982, n° 81-14.824 : *JurisData* n° 1982-702593 ; *JCP* 1983, II, 19992, note Terré). Si, en principe, l'octroi d'une prestation compensatoire ne rend pas irrecevable l'action *de in rem verso* exercée par le bénéficiaire de cette prestation pour l'indemnisation de son appauvrissement résultant de sa participation bénévole à l'activité professionnelle de son ancien conjoint, il en va différemment lorsqu'il ressort du jugement de divorce qu'il prend en compte cet appauvrissement en vue de l'évaluation de la prestation compensatoire (■ Cass. 1re civ., 5 avr. 1993, n° 91-15.669 : *JurisData* n° 1993-000742 ; *Bull. civ.* I, n° 139, p. 93). La femme commune en biens ne peut réclamer d'indemnité sur le fondement de l'enrichissement sans cause au titre de l'activité déployée dans la gestion d'un fonds de commerce commun, puisque l'enrichissement de la communauté, qui trouve son origine dans l'application des dispositions légales relatives à la composition de l'actif communautaire, n'est pas sans cause (■ Cass. 1re civ., 18 nov. 1997, n° 96-10.990 : *JurisData* n° 1997-004719 ; *Dr. famille* 1998, 11, note Beignier).

11) Dépense d'investissement ayant pour objet l'agrément et les loisirs. La contribution aux charges du mariage, distincte, par son fondement et par son but, de l'obligation alimentaire, peut inclure des dépenses d'investissement ayant pour objet l'agrément et les loisirs du ménage ; ayant relevé que l'activité stable de l'époux lui procurait des revenus très confortables lui permettant d'acquérir une résidence secondaire pour la famille, les juges du fond ont pu décider que le financement par le mari de l'acquisition d'un tel bien indivis participait de l'exécution de son obligation de contribuer aux charges du mariage (■ Cass. 1re civ., 18 déc. 2013, n° 12-17.420 : *Bull. civ.* I, n° 249, p. 244 ; *D.* 2014, 527, note Viney, 1350, obs. Lemouland et Vigneau et 1905, obs. Revel ; *JCP* N 2014, 1117, note Vauvillé ; *Dr. famille* 2014, 61, note Beignier ; *LPA* 27 mai 2014, 10, note Sfendla ; *RTD civ.* 2014, 698 et 704, obs. Vareille ; *Defrénois* 2014, 752, note Mouly-Guillemaud ; *LPA* 27 mai 2014, 10, note Sfendla ; *JurisData* n° 2013-029967. V. aussi, en présence d'une clause instituant une présomption irréfragable de contribution égale des époux séparés de biens aux charges du mariage, ■ Cass. 1re civ., 3 oct. 2018, n° 17-25.858 : *AJF* 2018, p. 697, Casey).

12) Le financement d'un **investissement locatif destiné à constituer une épargne** ne relève pas de la contribution aux charges du mariage (■ Cass. 1re civ., 5 oct. 2016, n° 15-25.944 : *Bull.* ; *Defrénois* 2017, 366, Champenois ; *RTD civ.* 2017, 105, Hauser, et 469, Vareille ; *D.* 2017, 1090, Lemouland et Vigneau, et 2119, Brémond ; *AJF* 2016, p. 544, Casey ; *JurisData* n° 2016-020279, époux mariés sous le régime de participation aux acquêts).

13) L'**impôt sur le revenu** constitue la charge directe des revenus personnels d'un époux, étrangère aux besoins de la vie familiale, et ne figure pas au nombre des charges du mariage auxquelles les deux époux doivent contribuer (■ Cass. 1re civ., 22 févr. 1978 : *JurisData* n° 1978-700074 ; *D.* 1978, 602, 1re esp., note Martin. ■ Paris, 4 oct. 1996 : *JurisData* n° 1996-023015 ; *Dr. famille* 1997, 145, note Beignier. V. en ce sens ■ Cass. 1re civ., 19 mars 2002 : *JCP* 2002, I, 167 et *JCP* N 2002, 1719, n° 15, obs. Storck ; *D.* 2002, somm. 2440, obs. Brémond ; *JurisData* n° 2002-013589 ; *Bull. civ.* I, n° 99,

p. 76 ; *Dr. famille* 2003, 134, 1er arrêt, note Beignier ; *RTD civ.* 2003, 137, obs. Patarin. ▪ Cass. 1re civ., 25 juin 2002, n° 00-17.497 : *Dr. famille* 2002, 149, note Beignier ; *JCP* 2003, I, 111, n° 22, obs. Storck ; *Bull. civ.* I, n° 173, p. 132).

III – EXÉCUTION DE L'OBLIGATION

14) Compétence. Le tribunal d'instance est compétent pour fixer la contribution aux charges du mariage ; en cas de procédure de divorce ou de séparation de corps, les décisions statuant sur la pension alimentaire n'ont d'effet que pour l'avenir (▪ Cass. 2e civ., 4 oct. 1974 : *JurisData* n° 1974-700253 ; *D.* 1975, 701, note Hébraud. – V. aussi ▪ Cass. 2e civ., 10 déc. 1975, n° 74-12.682 : *JurisData* n° 1975-099331 ; *Bull. civ.* II, n° 331, p. 266).

15) Date d'appréciation. Il résulte de l'article 214 du Code civil que le juge doit apprécier le bien-fondé de la demande de contribution aux charges du mariage au jour où il statue (▪ Cass. 1re civ., 18 févr. 1976, n° 74-14.288 : *JurisData* n° 1976-000077 ; *Bull. civ.* I, n° 77, p. 63), mais la règle ne vaut que lorsqu'il s'agit de fixer cette contribution pour l'avenir (▪ Cass. 1re civ., 5 juill. 1983 : *JurisData* n° 1983-701510 ; *Bull. civ.* I, n° 197, p. 174), et elle n'implique nullement que la juridiction saisie ne puisse statuer sur le montant de cette contribution pour une période antérieure à sa décision (▪ Cass. 1re civ., 14 févr. 1984, n° 82-16.117 : *JurisData* n° 1984-700261 ; *Bull. civ.* I, n° 63, p. 53).

16) Accord entre époux. L'engagement librement pris par un époux et accepté par l'autre, en dehors du contrat de mariage, pour déterminer la contribution aux charges du ménage est valable et son exécution peut être demandée en justice, sous réserve de la possibilité pour chacun des époux d'en faire modifier le montant à tout moment en considération de la situation des parties (▪ Cass. 1re civ., 3 févr. 1987, n° 86-80.016 : *JurisData* n° 1987-000163 ; *JurisData* n° 1987-701758 ; *Bull. civ.* I, n° 41, p. 30 ; *Gaz. Pal.* 1987, 2, 384, note J. M.). Sur la clause d'un contrat de séparation de biens stipulant que chacun des époux sera réputé avoir fourni au jour le jour sa part contributive, V. ▪ Cass. 1re civ., 3 mars 2010, n° 09-11.005 : *Bull. civ.* I, n° 50, p. 49 ; *RTD civ.* 2010, 363, obs. Vareille. ▪ Cass. 1re civ., 25 sept. 2013, n° 12-21.892 : *Bull. civ.* I, n° 189, p. 188 : *RTD civ.* 2013, 821, obs. Hauser ; *Dr. famille* 2014, 38, note Beignier ; *RTD civ.* 2014, 698 et 703, obs. Vareille ; *LPA* 8-11 mai 2015, 6, obs. Yildirim ; *JurisData* n° 2013-020492, application au financement de l'acquisition en indivision du logement familial. V. aussi ▪ Cass. 1re civ., 1er avr. 2015, n° 14-14.349 : *Bull.* ; *D.* 2015, 1415, obs. Lemouland et Vigneau, et 2094, obs. Revel ; *LPA* 29 mai 2015, note Hartman ; *RTD civ.* 2015, 362, obs. Hauser, et 687, obs. Vareille ; *JurisData* n° 2015-006961.

17) Gage du créancier. Si la loi ne prévoit le recouvrement de la part contributive de l'époux débiteur que par la voie de la saisie-arrêt sur ses salaires et revenus, rien n'interdit de tenir compte, dans le règlement des sommes que les époux peuvent se devoir, du montant total des échéances que l'un d'entre eux s'est abstenu de régler (▪ Cass. 1re civ., 7 juin 1974, n° 72-10.299 : *JurisData* n° 1974-000174 ; *JCP* 1975, II, 17974, note Patarin ; *D.* 1975, 461, note R. Savatier).

18) Liquidation du régime matrimonial. Tenu de fournir à sa femme, jusqu'à la dissolution du mariage, ce qui est nécessaire à son entretien, le mari ne peut, lors de la liquidation, que retenir à titre de compensation les revenus propres de la femme et sa part dans les revenus des biens communs, sans pouvoir prétendre au rapport des arrérages de la pension si ceux-ci excèdent lesdits revenus (▪ Cass. 2e civ., 10 juill. 1975 : *JurisData* n° 1975-700215 ; *Gaz. Pal.* 1976, 1, 77, note Plancqueel).

19) La règle **« aliments ne s'arréragent pas »** ne peut recevoir application en matière de participation aux charges du mariage (▪ Cass. 1re civ., 8 nov. 1989, n° 87-19.768 : *JurisData* n° 1989-003870 ; *JCP* 1990, IV, 1 ; *Bull. civ.* I, n° 341, p. 229 ; *Defrénois* 1990, 296, obs. Massip. ▪ Angers, 6 oct. 1983 : *JCP* 1985, IV, 91).

20) Occupation du logement familial. L'occupation par le mari et les enfants du logement familial après l'abandon par la femme du domicile conjugal peut constituer une modalité d'exécution par celle-ci de son obligation de contribuer aux charges du mariage, une telle contribution étant nécessairement compatible avec l'absence de ressources personnelles (▪ Cass. 1re civ., 6 mars 1990, n° 87-14.293 : *JurisData* n° 1990-001216 ; *Bull. civ.* I, n° 58, p. 43). Ne donne pas de base légale à sa décision la cour d'appel qui, pour déclarer l'épouse séparée de biens tenue à garantir le mari des loyers mis à la charge de ce dernier, se borne à énoncer qu'elle a la qualité d'occupant de l'appartement loué par son mari, alors qu'il convenait, le local ayant été loué pour l'entretien du ménage, de rechercher si son occupation par la femme et l'enfant commun était de nature à décharger le mari de toute contribution à la dette ainsi contractée (▪ Cass. 1re civ., 7 nov. 1995, n° 92-21.276 : *JurisData* n° 1995-002884 ; *JCP* 1995, IV, 2754 ; *Bull.* I, n° 394, p. 275 ; *RTD civ.* 1996, 225, obs. Vareille).

21) Dépenses afférentes au logement familial. Après avoir relevé que l'immeuble indivis constituait le logement de la famille, la cour d'appel a pu décider que le paiement des dépenses afférentes à l'acquisition et à l'aménagement de ce bien participait de l'exécution par le mari de son obligation de contribuer aux charges du mariage (■ Cass. 1re civ., 15 mai 2013, n° 11-26.933 : *Bull. civ.* I, n° 94, p. 96 ; *D.* 2013, 2243, obs. Brémond ; *RTD civ.* 2013, 582, obs. Hauser ; *JCP* G 2013, 1323, n° 1, obs. Wiederkehr ; *LPA* 25 sept. 2013, 11, note Le Gac-Pech ; *Dr. famille* 2013, 110, note Beignier ; *RTD civ.* 2014, 698, obs. Vareille ; *JurisData* n° 2013-009351, rejet de la demande formée par le mari séparé de biens en remboursement de l'emprunt ayant servi à financer ces dépenses. ■ Cass. 1re civ., 12 juin 2013, n° 11-26.748 : *Bull. civ.* I, n° 126, p. 128 ; *JCP* G 2013, 1323, n° 1, obs. Wiederkehr ; *D.* 2013, 2242, obs. Brémond ; *RTD civ.* 2014, 698, obs. Vareille ; *JurisData* n° 2013-011837). V. aussi J. Vassaux, *Financement du logement de la famille par un époux séparé de biens* : *JCP* G 2013, étude 518 ; *JCP* N 2013, 1068.

22) Fraude paulienne. Pour un exemple d'utilisation frauduleuse de l'action en contribution aux charges du mariage en vue de faire obstacle aux droits des créanciers, V. ■ Cass. 1re civ., 1er juill. 1997, n° 95-12.078 : *Defrénois* 1998, 709, obs. Massip. Mais un jugement ne peut être attaqué que par les voies de recours ouvertes par la loi au nombre desquelles ne figure pas l'action paulienne (■ Cass. 1re civ., 26 janv. 2012, n° 10-24.697 : *Bull. civ.* I, n° 12, p. 11 ; *Dr. famille* 2012, 40, note Larribau-Terneyre ; *RTD civ.* 2012, 295, obs. Hauser ; *D.* 2012, 641, obs. Creton ; *D.* 2013, 1095, obs. Lemouland et Vigneau ; *JurisData* n° 2012-000917). Sur la requalification en tierce opposition de l'action en inopposabilité paulienne engagée contre un jugement d'homologation d'une convention homologuée de divorce, V. ■ Cass. 2e civ., 9 janv. 1991, n° 89-18.877 : *Bull. civ.* II, n° 15 ; *D.* 1992, jurispr. p. 129, obs. Julien ; *JurisData* n° 1991-700046.

23) Convention internationale. Pour une application à la contribution aux charges du mariage de l'article 4 de la Convention de La Haye du 2 oct. 1973 sur la loi applicable aux obligations alimentaires, entrée en vigueur le 1er oct. 1977, soumettant à la loi interne de la résidence habituelle du créancier d'aliments les obligations alimentaires découlant du mariage, V. ■ Cass. 1re civ., 6 nov. 1990, n° 89-15.246 : *JurisData* n° 1990-003206 ; *Bull. civ.* I, n° 232, p. 166 ; *Gaz. Pal.* 1991, 2, 647, note Rémery.

Art. 215 *(Mod., L. n° 65-570, 13 juill. 1965 ; L. n° 70-459, 4 juin 1970 ; L. n° 75-617, 11 juill. 1975).* – **Les époux s'obligent mutuellement à une communauté de vie.**

La résidence de la famille est au lieu qu'ils choisissent d'un commun accord.

Les époux ne peuvent l'un sans l'autre disposer des droits par lesquels est assuré le logement de la famille, ni des meubles meublants dont il est garni. Celui des deux qui n'a pas donné son consentement à l'acte peut en demander l'annulation : l'action en nullité lui est ouverte dans l'année à partir du jour où il a eu connaissance de l'acte, sans pouvoir jamais être intentée plus d'un an après que le régime matrimonial s'est dissous.

I – L'OBLIGATION DE COHABITATION

1) Doctrine. M.-C. Manigne, *La communauté de vie* : *JCP* 1976, I, 2803.

2) Principe. Si les époux peuvent avoir temporairement des domiciles distincts, notamment pour des raisons professionnelles, l'intention matrimoniale implique la volonté d'une communauté de vie (■ Cass. 1re civ., 8 juin 1999, n° 97-15.520 : *JurisData* n° 1999-002431 ; *Dr. famille* 1999, 110, 1re esp., note Lécuyer ; *Defrénois* 1999, 1256, obs. Massip). Pour des motifs d'ordre professionnel, les époux peuvent avoir un domicile distinct, sans qu'il soit pour autant porté atteinte à la communauté de vie (■ Cass. 1re civ., 12 févr. 2014, n° 13-13.873 : *Bull. civ.* I, n° 25, p. 24 ; *JurisData* n° 2014-002131, décision rendue pour l'application de l'article 21-2 du Code civil). V. art. 108, p. 141.

3) Demande en séparation de corps. Le rejet d'une demande en séparation de corps n'implique pas l'absence de griefs de nature à justifier une dispense de cohabitation des époux (■ Cass. 1re civ., 24 oct. 1973 : *JurisData* n° 1973-000282 ; *D.* 1975, 724, note Bénabent).

4) Refus d'un époux. Devant le refus de l'un des époux de poursuivre la vie commune, une procédure de coercition, soit par condamnation à des dommages-intérêts, soit par astreinte, ne peut déboucher sur une réconciliation véritable et ne peut être inspirée que par une volonté malicieuse ou vindicative, si ce n'est pas par un esprit de profit ; par suite, il convient de débouter le mari d'une telle demande (■ TGI Brest, 9 juill. 1974, n° 73-11.450 : *JurisData* n° 1974-097224 ; *D.* 1975, 418, note Prévault). Sur le principe que l'article 215 a délibérément supprimé l'intervention de l'autorité judiciaire dans le choix de la résidence de la famille, V. ■ TGI Paris, 18 oct. 1977 : *JurisData* n° 1977-760973 ; *JurisData* n° 1977-760973 ; *JCP* 1978, II, 18820, 1re esp., note Lindon.

5) Relations sexuelles. L'obligation faite aux conjoints de cohabiter a pour raison d'être l'établissement de relations sexuelles normales permettant la procréation (■ Paris, 27 oct. 1959 : *D.* 1960, 144. – Comp. pour l'annulation d'un mariage simulé, ▪ Toulouse, 5 avr. 1994 : *JCP* 1995, II, 22462, 1re esp., note Boulanger, relevant l'absence de relations sexuelles et de vie sous le même toit). L'époux n'en est libéré que par le consentement de l'autre ou par des circonstances exceptionnelles assimilables à la force majeure (▪ Lyon, 28 mai 1956 : *D.* 1956, 647, note Breton). Les juges du fond doivent rechercher si la non-consommation du mariage est imputable à la faute du conjoint défendeur (▪ Cass. 2e civ., 5 nov. 1969 : *D.* 1970, 223, notre Wiederkehr). Les convictions religieuses de la femme ne peuvent retirer au refus son caractère fautif (▪ Amiens, 3 mars 1975 : *D.* 1975, 706, note Géraldy). Le mari qui refuse de consommer le mariage après cinq années de vie conjugale, alors que sa répugnance pourrait être surmontée par un traitement de psychothérapie manifeste ainsi une indifférence injurieuse (▪ Cass. 2e civ., 10 déc. 1963 : *JCP* 1964, II, 13360, note J. A. ; *D.* 1964, 227. V. aussi pour un refus opposé par la femme pendant plus d'un an, ▪ Amiens, 28 févr. 1996 : *JurisData* n° 1996-602016 ; *Gaz. Pal.* 1996, 2, 445). Mais jugé qu'en raison du caractère du fait allégué, qui touche à la vie intime, la preuve de la non-consommation fautive par la femme ne peut être établie par voie d'enquête (▪ Paris, 17 avr. 1961 : *Gaz. Pal.* 1961, 2, 67, femme vierge après vingt-cinq ans de mariage). Jugé que l'absence ou la limitation de relations sexuelles, qui peut avoir une toute autre origine que la volonté d'en priver son partenaire, n'est pas en soi une faute constitutive d'un manquement grave aux obligations du mariage (▪ Paris, 16 avr. 2015, n° 13/16028 : *Dr. famille* 2015, 141, note Binet ; *JurisData* n° 2015-008448. V. aussi J.-M. Bruguière, *Le devoir conjugal. Philosophie du code et morale du juge : D.* 2000, chron. 10).

6) Séparation amiable. Sur la nullité des conventions de séparation amiable, V. ▪ Cass. 2e civ., 22 avr. 1977, n° 76-11.259 : *JurisData* n° 1977-099104 ; *D.* 1978, inf. rap. 359. ▪ Pau, 25 mars 1996 : *JurisData* n° 1996-044285 ; *JCP* 1997, IV, 113. Jugé cependant que ne constitue pas une violation des obligations du mariage le comportement d'époux ayant renoncé depuis dix ans d'un commun accord à la vie commune pour incompatibilité de caractères et de modes de vie (▪ Aix-en-Provence, 15 sept. 1982 : *D.* 1984, 267, note Atias et Sériaux).

II – LA PROTECTION DU LOGEMENT FAMILIAL

7) Doctrine. M. Grimaldi, *Le logement de la famille : Defrénois* 1983, 1025 et 1105. – C. Watine-Drouin, *Le statut du logement familial : Études Philippe Simler*, Litec-Dalloz 2006, 253. – A. Tisserand-Martin, *La protection légale du logement familial : modèle pour un droit commun des couples ?* in *Mélanges G. Wiederkehr*, Dalloz, 2009, 829. – J.-B. Dassy et M.-G. Migeon Cros, *Est-il opportun d'étendre l'article 215 du Code civil aux partenaires ? : LPA* 19 mai 2010, 4. – G. Delavaquerie, *Le logement familial n'est pas soumis à cogestion : LPA* 19 févr. 2018, 7.

A – Domaine

1° *Le logement protégé*

8) Logement de la famille et domicile conjugal. Le logement de la famille ne s'identifie pas nécessairement avec le domicile conjugal (▪ Cass. 1re civ., 22 mars 1972, n° 70-14.049 : *JurisData* n° 1972-000093 ; *JCP* N 1972, II, 17182 *bis*, note J.A. ; *Bull. civ.* I, n° 93, p. 82). En droit, lorsque le mari, désireux de recouvrer sa liberté, sans recourir à justice, installe sa femme dans un logement où elle mène une vie séparée, mais où il continue à avoir accès, ce logement doit être considéré comme le logement de la famille au sens de l'article 215, alinéa 4, du Code civil (▪ Paris, 29 sept. 1972 : *JCP* 1974, II, 17620, note Théry ; *D.* 1975, 540, note Foulon-Piganiol, 1re esp.). Il en va de même, de manière générale, même si les époux ne vivent plus ensemble, pour le dernier logement choisi par eux et que la femme habite toujours (▪ Bourges, 26 févr. 2001, n° 00/00676 : *JurisData* n° 2001-141075 ; *JCP* 2002, I, 103, n° 1, obs. Wiederkehr).

9) Droit d'usage assurant le logement familial. L'article 215, alinéa 3, institue un régime de protection du logement familial visant les droits de toute nature de l'un des conjoints sur le logement de la famille (▪ Cass. 1re civ., 20 janv. 2004 : *JurisData* n° 2004-021843 ; *JCP* 2004, IV, 1512 ; *Bull. civ.* I, n° 21, p. 17 ; *D.* 2004, 2178, note Bicheron ; *Defrénois* 2005, 710, obs. Champenois, immeuble appartenant en nue-propriété au mari emprunteur et en usufruit à la mère de celui-ci).

10) Logement de fonctions. Sur la non-application de l'article 215, alinéa 3, au logement de fonctions, V. ▪ Cass. 1re civ., 4 oct. 1983, n° 82-14.093 : *JurisData* n° 1983-702295 ; *Bull. civ.* I, n° 217, p. 195 ; *Defrénois* 1983, 1596, obs. Champenois.

11) Occupation en vertu d'un titre d'associé. L'article 215 est applicable lorsque l'épouse a reçu de son mari l'autorisation expresse d'occuper l'appartement en vertu d'un droit d'associé conférant à celui-ci la jouissance des locaux (▪ Cass. 1re civ., 11 mars 1986, n° 84-12.489 : *Bull. civ.* I, n° 62, p. 59). Si l'article 215, alinéa 3, du Code civil, qui a pour objectif la protection du logement familial, subordonne au consentement des deux époux les actes de disposition portant sur les droits par lesquels ce logement est assuré, c'est à la condition, lorsque ces droits appartiennent à une société civile immobilière dont l'un des époux au moins est associé, que celui-ci soit autorisé à occuper le bien en raison d'un droit d'associé ou d'une décision prise à l'unanimité de ceux-ci, dans les conditions prévues aux articles 1853 et 1854 du Code civil (■ Cass. 1re civ., 14 mars 2018, n° 17-16.482 : *Bull.* ; *Defrénois* 11 oct. 2018, n° 40, Champenois ; *D.* 2018, 1111, Lemouland et Vigneau, et 1428, Sadi ; *Dr. famille* 2018, 152, Torricelli-Chrifi ; *RTD civ.* 2018, p. 469, Vareille ; *JCP* N 2018, 1275, Randoux ; *AJF* 2018, p. 300, Casey ; *JurisData* n° 2018-003607).

12) Résidence secondaire. Un immeuble qui sert de résidence secondaire aux époux ne constitue pas le logement familial (■ Cass. 1re civ., 19 oct. 1999, n° 97-21.466 : *JCP* 2000, I, 245, n° 4, obs. Wiederkehr ; *Bull. civ.* I, n° 284, p. 185 ; *Dr. famille* 2000, 42, 3e arrêt, note Beignier ; *Defrénois* 2000, 437, obs. Champenois).

2° La durée de la protection

13) Cessation. Le logement de la famille ne perd pas cette qualité lorsque sa jouissance a été attribuée, à titre provisoire, à l'un des époux pour la durée de l'instance en divorce (■ Cass. 1re civ., 26 janv. 2011, n° 09-13.138 : *Bull. civ.* I, n° 17, p. 15 ; *Dr. famille* 2011, 52, note Larribau-Terneyre ; *D.* 2011, 2624, obs. Revel ; *JCP* N 2011, 1240, note Massip ; *RTD civ.* 2011, 330, obs. Hauser ; *JCP* 2011, doctr. 839, n° 2, obs. Coutant-Lapalus ; *D.* 2012, 979, obs. Lemouland et Vigneau ; *JCP* N 2012, 1006, obs. Lesbats ; *LPA* 25 juill. 2011, 6 (2e esp.), note Yildirim ; *JurisData* n° 2011-000640). Déjà jugé que la protection de l'article 215 ne cessant qu'avec le mariage, ces prescriptions s'appliquent même au cas où la vente de meubles meublants a été réalisée par le mari après l'ordonnance de non-conciliation et où le logement familial lui a été attribué (■ Colmar, 11 juin 1974, n° 73-11.752 : *JurisData* n° 1974-098246 ; *D.* 1975, 540, note Foulon-Piganiol ; *Gaz. Pal.* 1974, 2, 871, note Viatte. – V. aussi ■ Aix-en-Provence, 22 févr. 1982 : *Gaz. Pal.* 1982, 1, 314, note Viatte. – Comp., pour un bien propre du mari devenu le logement de la famille pendant l'instance en divorce, ■ Limoges, 9 nov. 2004, n° 03/01677 : *JurisData* n° 2004-264595 ; *Dr. famille* 2005, 113, note Beignier).

3° Les actes visés

14) Actes de disposition volontaires. Sur le principe que l'article 215, alinéa 3, ne s'applique qu'aux actes de disposition volontaires de la part du conjoint, V. ■ Cass. 3e civ., 10 nov. 1993, n° 92-11.967 : *JurisData* n° 1993-003006 ; *JCP* 1994, I, 3785, n° 2, obs. Wiederkehr. Mais il vise tous les actes qui anéantissent ou réduisent les droits réels ou personnels de l'un des conjoints sur le logement de la famille (■ Cass. 1re civ., 16 mai 2000, n° 98-13.294 : *JurisData* n° 2000-002090 ; *JCP* G 2000, IV, 2176 ; *JCP* N 2001, 464, note Vial-Pedroletti ; *Bull. civ.* I, n° 144, p. 95 ; *Dr. famille* 2001, 2, note Beignier ; *RTD civ.* 2001, 416, obs. Vareille ; *Defrénois* 2001, 460, obs. Champenois, nullité du bail consenti par le mari seul après l'introduction d'une demande en divorce par la femme). L'article 215, alinéa 3, n'est applicable qu'aux actes de disposition et la promesse d'affectation hypothécaire ne constitue pas un acte de disposition (■ Cass. 3e civ., 29 mai 2002 : *JCP* 2002, IV, 2238 ; *JurisData* n° 2002-014496 ; *Bull. civ.* III, n° 118, p. 104 ; *Defrénois* 2002, 1317, obs. Champenois). Viole les articles 215 et 220 l'arrêt qui décide qu'un époux peut résilier seul le contrat d'assurance multirisques garantissant le logement familial (■ Cass. 1re civ., 10 mars 2004 : *Dr. famille* 2004, 64, note Larribau-Terneyre ; *JCP* 2004, I, 176, n° 3, obs. crit. Wiederkehr ; *RTD civ.* 2004, 538, obs. Vareille ; *D.* 2004, somm. 2963, obs. Vigneau ; *Defrénois* 2004, 1462, obs. Champenois ; *D.* 2004, somm. 2257, obs. Brémond. – Rappr. ■ Cass. 1re civ., 14 nov. 2006 : *Bull. civ.* I, n° 482, p. 414 ; *D.* 2007, 349, note Raoul-Cormeil, et somm. 1567, obs. Lemouland et Vigneau ; *RTD civ.* 2007, 376, obs. Vareille ; *JurisData* n° 2006-035886).

15) Hypothèque et cautionnement. Un époux agissant seul ne peut consentir une hypothèque sur un immeuble servant au logement de la famille mais, en l'absence d'allégation ou de constatation d'une fraude, son engagement de caution reste valable (■ Cass. 1re civ., 17 nov. 1981, n° 80-11.498 : *JurisData* n° 1981-703324 ; *JCP* 1982, IV, 48 ; *Bull. civ.* I, n° 337, p. 285. – V. en ce sens ■ Cass. 1re civ., 4 oct. 1983, n° 82-14.093 : *JurisData* n° 1983-702295 ; *JCP* 1983, IV, 339 ; *Bull. civ.* I, 216, p. 194 ; *Defrénois* 1983, 1593, obs. Champenois. ■ Paris, 30 juin 2000, n° 1999/19185 : *JurisData* n° 2000-121634 ; *Dr. famille* 2000, 129, note Beignier), à moins qu'il s'agisse d'un cautionnement hypothécaire (■ Cass. 1re civ., 17 déc. 1991, n° 90-15.687 : *JCP* G 1992, IV, 613 ; *JCP* N 1992, II, 373, obs. Wiederkehr ; *Bull. civ.* I, n° 357, p. 234). Jugé que le mari qui s'est prévalu, à l'insu de son épouse, pour être agréé comme caution, de la propriété d'un bien commun assurant le logement de la famille dont il ne pouvait disposer sans l'accord écrit de son épouse a commis une fraude susceptible d'entraîner la nullité de l'engagement de caution (■ Cass. 1re civ., 21 juin 1978, n° 76-14.524 : *JurisData* n° 1978-000236 ; *D.* 1979, 479, 1re esp., note Chartier).

16) Promesse de porte-fort et mandat. L'acte de vente est nul dans son entier lorsque le mari s'est porté fort de la ratification par son épouse, laquelle a refusé de ratifier (■ Cass. 1re civ., 11 oct. 1989, n° 88-14.326 : *JurisData* n° 1989-003868 ; *JCP* 1990, II, 21549, note Henry ; *Bull. civ.* I, n° 315, p. 210 ; *D.* 1990, 310, note Le Guidec. – V. aussi ■ Cass. 1re civ., 28 nov. 2006, n° 05-17.757 : *JCP*

2007, I, 142, n° 7, obs. Wiederkehr ; *RTD civ.* 2007, 375, obs. Vareille ; *Dr. famille* 2007, 16, 1re esp., note Beignier ; *JurisData* n° 2006-036180). Mais la femme qui a signé en même temps que son mari un mandat de vente avec un agent immobilier ne peut invoquer l'article 215, alinéa 3, pour demander la nullité de l'acte sous seing privé de vente signé par le mari seul (▪ Cass. 3e civ., 20 mars 1996, n° 94-10.759 : *JurisData* n° 1996-001078 ; *JCP* 1996, I, 3962, n° 1, obs. Wiederkehr).

17) Disposition à cause de mort. L'article 215 n'interdit pas la disposition du logement familial à cause de mort (▪ Cass. 1re civ., 22 oct. 1974, n° 73-12.402 : *JurisData* n° 1974-000274 ; *JCP* 1975, II, 18041, note Chartier ; *D.* 1975, 645, note Foulon-Piganiol).

18) Congé donné par le bailleur. L'article 215 ne concerne que les actes accomplis par les époux et non le congé donné par le bailleur (▪ Cass. 3e civ., 23 mai 1995, n° 93-17.537 : *Loyers et copr.* 1995, 409).

19) Inopposabilité aux créanciers. Les dispositions de l'article 215, alinéa 3, doivent, hors le cas de fraude, être considérées comme inopposables aux créanciers sous peine de frapper les biens d'une insaisissabilité contraire à la loi (▪ Cass. 1re civ., 4 juill. 1978 : *JurisData* n° 1978-799256 ; *D.* 1979, 479, 2e esp., note Chartier. ▪ Cass. 1re civ., 18 juin 1985, n° 83-14.915 : *JurisData* n° 1985-701966 ; *D.* 1986, 485, note J. Mouly. ▪ Versailles, 29 nov. 1993 : *JurisData* n° 1993-047375 ; *D.* 1994, somm. 216, obs. Fortis. V. par ex., pour un plan arrêté dans le cadre d'une procédure de redressement judiciaire civil prévoyant la vente du logement familial, ▪ Cass. 1re civ., 24 févr. 1993, n° 91-13.587 : *JurisData* n° 1993-000380 ; *JCP* 1994, I, 3733, n° 3, obs. Simler ; *RTD civ.* 1994, 664, obs. Vareille). La banque bénéficiant d'un cautionnement donné par le mari séparé de biens peut donc inscrire une hypothèque judiciaire sur l'immeuble servant au logement familial (▪ Cass. 1re civ., 4 oct. 1983, n° 82-13.781 : *JurisData* n° 1983-702145 ; *JCP* 1983, IV, 339 ; *Bull. civ.* I, n° 216, p. 194 ; *Defrénois* 1983, 1593, obs. Champenois. ▪ Cass. 1re civ., 5 févr. 1985, n° 83-14.697 : *JurisData* n° 1985-700601 ; *Bull. civ.* I, n° 53, p. 51. ▪ Cass. 1re civ., 1er juill. 1987 : *Bull. civ.* I, n° 191, p. 187). L'article 215 ne peut faire échec à la vente forcée du bien, sur demande du syndic, après un jugement de liquidation des biens (▪ Cass. 3e civ., 12 oct. 1977 : *JurisData* n° 1977-700345 ; *D.* 1978, 333, note Chartier. – V. aussi ▪ Cass. 1re civ., 21 mai 1997, n° 95-14.566 : *JurisData* n° 1997-002161 ; *JCP* 1997, IV, 1452 ; *Bull. civ.* I, n° 163, p. 109). Les dispositions de l'article 215, alinéa 3, ne font pas obstacle à une demande en partage des biens indivis dès lors que sont préservés les droits sur le logement de la famille (▪ Cass. 1re civ., 19 oct. 2004, n° 02-13.671 : *D.* 2005, somm. 812, obs. Lemouland et Vigneau).

20) Fraude d'un époux. La fraude qui peut rendre inopposable à un époux l'acte de cautionnement de son conjoint suppose un concert frauduleux entre celui-ci et le créancier (▪ Cass. 1re civ., 1er juill. 1986, n° 84-17.792 : *JurisData* n° 1986-002904 ; *Bull. civ.* I, n° 191, p. 187).

21) Créancier demandant le partage. Le créancier qui demande le partage au nom de son débiteur sur le fondement de l'article 815-17 ne peut se voir opposer l'article 215 (▪ Paris, 20 nov. 1984 : *JurisData* n° 1984-600815 ; *JCP* 1986, II, 20584, note Dagot ; *RTD civ.* 1987, 133, obs. Patarin. ▪ Cass. 1re civ., 3 déc. 1991, n° 90-13.311 : *JurisData* n° 1991-003191 ; *JCP* N 1992, II, 373, obs. Wiederkehr. ▪ Paris, 29 janv. 1997 : *JurisData* n° 1997-020824 ; *JCP* G 1998, I, 135 ; *JCP* N 1998, 1300, n° 1, obs. Wiederkehr).

B – Mise en œuvre

22) Effets. La nullité, sur le fondement de l'article 215 du Code civil, de la promesse de vente invoquée par l'épouse dont le consentement n'a pas été donné prive l'acte de tout effet, y compris dans les rapports du mari avec ses autres cocontractants (▪ Cass. 1re civ., 3 mars 2010, n° 08-18.947 : *Bull. civ.* I, n° 54, p. 52 ; *Defrénois* 2011, 368, obs. Champenois ; *Dr. famille* 2010, 72, note Larribau-Terneyre ; *RTD civ.* 2010, 367, obs. Vareille ; *D.* 2011, 1045, obs. Lemouland et Vigneau ; *JCP* N 2010, 1226, étude Brémond ; *JurisData* n° 2010-001121).

23) Consentement résultant d'un mandat. Le consentement de l'époux non propriétaire peut résulter d'un mandat de vente donné à un agent immobilier (▪ Lyon, 5 nov. 1980 : *JurisData* n° 1980-080439 ; *D.* 1982, inf. rap. 238).

24) Formes du consentement. L'article 215 n'exige pas que pour un acte de nature à priver la famille de son logement, le consentement de chaque conjoint soit constaté par écrit, il suffit que ce consentement soit certain (▪ Cass. 1re civ., 13 avr. 1983 : *JurisData* n° 1983-700946 ; *Bull. civ.* I, n° 120, p. 104. – V. aussi ▪ Cass. 1re civ., 7 avr. 1998, n° 96-12.785 : *JurisData* n° 1998-001761 ; *Dr. famille* 1998, 113, note Lécuyer). Il doit porter non seulement sur le principe de la disposition des droits par lesquels est assuré le logement de la famille, mais aussi sur les conditions de leur cession (▪ Cass. 1re civ., 16 juill. 1985, n° 83-17.393 : *JurisData* n° 1985-701871 ; *Bull. civ.* I, n° 223, p. 200).

25) Prescription. Sur le principe que l'action en nullité est prescrite un an après que l'autre époux a eu connaissance de l'acte, V. ▪ Cass. 1re civ., 6 avr. 1994, n° 93-05.024 : *JCP* 1995, I, 3821, n° 1, obs. Wiederkehr. L'assignation dont la caducité a été constatée n'a pu interrompre le cours de la prescription. La demande est donc irrecevable si la seconde assignation a été délivrée hors du délai prévu par l'article 215 (■ Cass. ass. plén., 3 avr. 1987, n° 86-11.536 : *JCP* 1987, II, 20792, concl. Cabannes). La nullité peut toujours être invoquée à titre d'exception même après l'expiration du délai (■ Paris, 9 oct. 1997 : *JurisData* n° 1997-023656 ; *JCP* G 1998, I, 135 ; *JCP* N 1998, 1300, n° 2, obs. Wiederkehr ; *Dr. famille* 1998, 73, note Beignier. V. en ce sens ■ Cass. 1re civ., 8 févr. 2000, n° 98-10.817 : *JurisData* n° 2000-000606 ; *Dr. famille* 2000, 89, note Beignier ; *RTD civ.* 2000, 888, obs. Vareille), mais seulement par l'époux qui a la qualité de défendeur (■ Cass. 1re civ., 28 févr. 2006 : *Bull. civ.* I, n° 121, p. 111 ; *D.* 2006, somm. 1421, obs. Lemouland et Vigneau, et somm. 2067, obs. Brémond ; *JurisData* n° 2006-032392). Sur le principe que l'action en nullité ne peut être intentée plus d'un an après la dissolution du régime matrimonial, quand bien même elle le serait dans l'année où l'époux a pris connaissance de l'acte litigieux, V. ■ Cass. 1re civ., 12 janv. 2011, n° 09-15.631 : *Bull. civ.* I, n° 12, p. 11 ; *Dr. famille* 2011, 31, note Larribau-Terneyre ; *D.* 2011, 1046, obs. Lemouland et Vigneau, et 2625, obs. Revel ; *JCP* N 2012, 1155, note Massip ; *JurisData* n° 2011-000145).

26) Intérêt actuel à agir. L'époux qui ne réside plus dans l'immeuble litigieux, quitté au cours de l'instance en divorce, n'a plus intérêt à agir en nullité de l'hypothèque conventionnelle consentie par son conjoint (■ Cass. 1re civ., 3 mars 2010, n° 08-13.500 : *Bull. civ.* I, n° 53, p. 51 ; *Defrénois* 2010, 1466, note Massip ; *Defrénois* 2011, 365, obs. Champenois ; *D.* 2010, 1608, note Mauger-Vielpeau ; *Dr. famille* 2010, 61, note Beignier ; *JCP* N 2010, 1370, obs. Lesbats ; *RTD civ.* 2010, 305, obs. Hauser, et 365, obs. Vareille ; *D.* 2011, 1046, obs. Lemouland et Vigneau ; *JCP* N 2010, 1226, étude Brémond ; *LPA* 25 juill. 2011, 6 (1re esp.), note Yildirim ; *JurisData* n° 2010-001109, précisant que l'époux doit justifier d'un intérêt actuel à demander l'annulation de l'acte).

27) Préjudice résultant de l'annulation. Celui qui acquiert en pleine connaissance des dispositions de l'article 215 et de la précarité de l'opération à laquelle il s'associe ne peut réclamer réparation du préjudice que lui cause l'annulation (■ Cass. 1re civ., 16 juin 1992, n° 89-17.305 : *JurisData* n° 1992-002065 ; *Bull. civ.* I, n° 185, p. 125 ; *JCP* N 1993, II, 109, obs. Wiederkehr ; *RTD civ.* 1993, obs. Lucet et Vareille, agent immobilier participant à la fraude du mari).

28) Évaluation fiscale. Sur le principe que le logement familial doit être évalué comme un bien occupé au regard de l'article 666 du Code général des impôts, V. ■ Cass. com., 16 déc. 1997 : *JurisData* n° 1997-122527 ; *JCP* 1998, IV, 1336 ; *Bull. civ.* IV, n° 340, p. 295 ; *Dr. famille* 1998, 57, note Grillet-Ponton.

Art. 216 *(L. n° 65-570, 13 juill. 1965).* **– Chaque époux a la pleine capacité de droit ; mais ses droits et pouvoirs peuvent être limités par l'effet du régime matrimonial et des dispositions du présent chapitre.**

Art. 217 *(L. n° 65-570, 13 juill. 1965).* **– Un époux peut être autorisé par justice à passer seul un acte pour lequel le concours ou le consentement de son conjoint serait nécessaire, si celui-ci est hors d'état de manifester sa volonté ou si son refus n'est pas justifié par l'intérêt de la famille.**

L'acte passé dans les conditions fixées par l'autorisation de justice est opposable à l'époux dont le concours ou le consentement a fait défaut, sans qu'il en résulte à sa charge aucune obligation personnelle.

Bibliographie : J.-C. Montanier, *L'autorisation de justice en droit matrimonial : RTD civ.* 1984, 1. • J.-F. Sagaut, *Et si le mandat de protection future intégrait le régime primaire en devenant un effet du mariage ? in Mélanges Gérard Champenois : Defrénois* 2012, 745. • C. Boismain, *Le refus non justifié par l'intérêt de la famille de l'article 217 du Code civil et les juges du fond : LPA* 10-11 sept. 2013, 4.

1) *Distinction entre représentation et habilitation judiciaire.* L'autorisation prévue par l'article 217 pour la passation d'un acte déterminé et isolé est distincte de l'habilitation judiciaire prévue par l'article 219, laquelle repose sur le mécanisme de la représentation du conjoint dans l'impossibilité de fait ou de droit de manifester sa volonté. L'époux demandeur peut invoquer l'état mental ou l'aliénation mentale de son conjoint sans avoir au préalable à obtenir l'autorisation du juge des tutelles ou la mise en œuvre de telle ou telle procédure destinée à assurer la protection de l'incapable majeur (■ TGI Nevers, 29 nov. 1972 : *D.* 1973, 415, note G.A.).

2) Intérêt de la famille. Les juges du fond apprécient souverainement si la vente projetée apparaît conforme aux intérêts de la famille (■ Cass. 1re civ., 22 nov. 2005 : *Bull. civ.* I, n° 440, p. 368 ; *JCP* 2006, I, 141, n° 5, obs. Wiederkehr ; *Dr. famille* 2006, 21, note Larribau-Terneyre ; *D.* 2006, somm. 1421, obs. Lemouland et Vigneau ; *JurisData* n° 2005-030840). Il n'y a pas lieu de faire droit à la demande du mari, séparé de fait de son épouse, tendant à être autorisé à vendre seul l'appartement qu'occupe son épouse, sur le fondement de l'article 217, si le refus de la femme est justifié par l'intérêt de la famille (■ Paris, 29 sept.

1972 : *JCP* 1974, II, 17620, note Théry ; *D.* 1975, 540, note Foulon-Piganiol, 1re esp. – V. aussi ▪ Grenoble, 8 juill. 1997 : *JurisData* n° 1997-045062 ; *JCP* G 1998, I, 135 ; *JCP* N 1998, 1301, n° 3, obs. Wiederkehr. ▪ Bordeaux, 7 oct. 1997 : *JurisData* n° 1997-047893 ; *Dr. famille* 1998, 122, note Beignier). Jugé, s'agissant de deux époux âgés de 75 et 69 ans, sans enfant commun, qu'il n'est pas de l'intérêt de la famille d'aliéner un immeuble qui constitue une garantie pour l'avenir (▪ TGI Paris, 16 oct. 1981 : *D.* 1983, inf. rap. 173, obs. D. Martin). C'est à l'époux demandeur de rapporter la preuve que le refus de son conjoint n'est pas justifié par l'intérêt de la famille (▪ Grenoble, 7 nov. 1972, n° 71-12.243 : *JurisData* n° 1972-000232 ; *Gaz. Pal.* 1973, 1, 286. – Comp. ▪ Cass. 1re civ., 31 janv. 1974, n° 71-14.700 : *JurisData* n° 1974-000037 ; *JCP* 1974, IV, 92 ; *Bull. civ.* I, n° 37, p. 32. ▪ Metz, 9 déc. 1993 : *JurisData* n° 1993-052073 ; *JCP* 1995, I, 3869, n° 1, obs. Wiederkehr. ▪ Cass. 1re civ., 22 nov. 2005, préc.). Les descendants des époux doivent être pris en compte pour l'appréciation objective qui doit être donnée de l'intérêt de la famille pris dans sa globalité (▪ Paris, 11 sept. 1997 : *JurisData* n° 1997-022796 ; *JurisData* n° 1997-022796 ; *JCP* G 1998, I, 135 ; *JCP* N 1998, 1301, n° 3, obs. Wiederkehr), même s'il ne sont plus à la charge des époux (▪ Versailles, 15 avr. 2010 : *JCP* N 2010, 1374, obs. Revel et Brémond ; *JurisData* n° 2010-006005).

3) **Désaccord entre époux.** Pour un désaccord entre époux sur la perception du prix de vente d'un fonds de commerce, V. ▪ TGI Grenoble, 25 juill. 1989 : *JurisData* n° 1989-600599 ; *D.* 1989, 536, note Champenois. Sur le cas d'un désaccord entre les époux, présumés colocataires (C. civ., art. 1751), au sujet de l'opportunité d'un échange d'appartements, V. ▪ Paris, 18 févr. 1964 : *JCP* 1964, II, 13598, note R.D. Pour l'application de l'article 217 à l'hypothèse du silence opposé par un époux, V. ▪ Montpellier, 13 juin 2006 : *JCP* G 2007, I, 142, n° 11, et *JCP* N 2007, I, 1178, n° 11, obs. Wiederkehr ; *JurisData* n° 2006-322785.

4) **Vente d'un immeuble indivis.** Un époux séparé de biens peut invoquer l'article 217 pour solliciter l'autorisation de vendre un immeuble acquis indivisément au cours du mariage (▪ TGI Paris, 12 févr. 1982 : *Defrénois* 1983, 1344, obs. Champenois. – V. aussi ▪ Paris, 11 sept. 1997 : *Dr. famille* 1998, 1re esp., note Beignier. ▪ Cass. 1re civ., 19 oct. 1999, n° 97-15.802 : *JurisData* n° 1999-003623 ; *JCP* 2000, I, 245, n° 4, obs. Wiederkehr ; *Bull. civ.* I, n° 284, p. 185 ; *Dr. famille* 2000, 42, 3e arrêt, note Beignier ; *Defrénois* 2000, 437, obs. Champenois. ▪ Lyon, 4 avr. 2017, n° 15/04816 : *Defrénois* 1er févr. 2018, n° 5, 31, Champenois ; *JCP* N 2017, 1194, Tani ; *Dr. famille* 2017, 134, Tani ; *JurisData* n° 2017-006540).

5) **Procédure de divorce.** L'attribution, à titre provisoire, de la jouissance du domicile conjugal à l'un des époux par le juge du divorce ne fait pas obstacle à une autorisation judiciaire de vente du logement familial à la demande de l'autre époux en application de l'article 217 du Code civil (▪ Cass. 1re civ., 30 sept. 2009, n° 08-13.220 : *Bull. civ.* I, n° 196, p. 178 ; *D.* 2009, 2489, obs. Egéa ; *Defrénois* 2010, 865, obs. Massip ; *Dr. famille* 2009, 150, note Larribau-Terneyre ; *RTD civ.* 2009, 703, obs. Hauser ; *D.* 2010, 1250, obs. Serra ; *JurisData* n° 2009-049663). Pour une application de l'article 217 pendant l'instance en divorce, V. ▪ Lyon, 4 avr. 2017, n° 15/04816, préc., annot. n° 4, p. 196.

6) **Référés.** La demande fondée sur l'article 217 ne peut être présentée devant le président du tribunal de grande instance statuant en référé (▪ Versailles, 29 nov. 1991, n° 7747/91 : *JurisData* n° 1991-047336 ; *JCP* 1992, IV, 817).

Art. 218 ***(L. n° 65-570, 13 juill. 1965 ; mod., L. n° 85-1372, 23 déc. 1985).*** **– Un époux peut donner mandat à l'autre de le représenter dans l'exercice des pouvoirs que le régime matrimonial lui attribue. Il peut, dans tous les cas, révoquer librement ce mandat.**

Art. 219 ***(L. n° 65-570, 13 juill. 1965).*** **– Si l'un des époux se trouve hors d'état de manifester sa volonté, l'autre peut se faire habiliter par justice à le représenter, d'une manière générale, ou pour certains actes particuliers, dans l'exercice des pouvoirs résultant du régime matrimonial, les conditions et l'étendue de cette représentation étant fixées par le juge.**

À défaut de pouvoir légal, de mandat ou d'habilitation par justice, les actes faits par un époux en représentation de l'autre ont effet, à l'égard de celui-ci, suivant les règles de la gestion d'affaires.

Bibliographie : J.-F. Sagaut, *Et si le mandat de protection future intégrait le régime primaire en devenant un effet du mariage ?* in *Mélanges Gérard Champenois : Defrénois 2012, 745.*

1) **Pouvoirs visés.** Quel que soit le régime matrimonial, le mariage crée entre les époux une association d'intérêts à raison de laquelle chacun d'eux a vocation à représenter l'autre sous le contrôle du juge ; l'article 219 vise tous les pouvoirs d'ordre patrimonial sans exclure ceux de l'époux séparé de biens sur ses biens personnels (▪ Cass. 1re civ., 1er oct. 1985, n° 84-12.476 : *JurisData* n° 1985-702599 ; *Bull. civ.* I, n° 237, p. 212). Pour une représentation en vue

de disposer des droits par lesquels est assuré le logement de la famille, V. ▪ Paris, 16 déc. 1999 : *JurisData* n° 1999-117344 ; *JCP* 2001, I, 309, n° 1, obs. Wiederkehr (femme atteinte de la maladie d'Alzheimer).

2) Habilitation judiciaire et gestion d'affaires. Pour un exemple d'application de la gestion d'affaires, V. ▪ Pau, 16 sept. 1996 : *JurisData* n° 1996-049390 ; *Dr. famille* 1998, 26, note Beignier. V. aussi, reprochant aux juges du fond de ne pas avoir recherché si le mari ayant consenti seul un bail rural n'a pas agi en tant que gérant d'affaires, ▪ Cass. 1re civ., 21 févr. 2001, n° 99-14.820 : *JCP* N 2001, 1122, note Casey ; *JCP* G 2002, I, 103, n° 18, obs. Simler. Les règles de la gestion d'affaires ne pouvant avoir pour effet de contraindre les tiers à accepter un débat judiciaire engagé par un demandeur agissant comme gérant d'affaires, doit être cassé l'arrêt qui déclare recevable l'action introduite par la femme en remboursement d'une créance dépendant de la communauté au motif que les actes faits par l'époux ont, aux termes de l'article 219, effet à l'égard de la communauté suivant les règles de la gestion d'affaires, alors que le mari avait seul qualité pour réclamer en justice le paiement de la créance et n'avait pas donné à sa femme mandat exprès de le représenter (▪ Cass. 1re civ., 19 déc. 1973, n° 71-11.240 : *JurisData* n° 1973-000362 ; *JCP* 1974, IV, 46 ; *Bull. civ.* I, n° 363, p. 320).

3) Conjoint déjà placé sous un régime de protection. L'article 219, alinéa 1er, est applicable même si le conjoint dont la représentation est demandée aurait pu, en raison de son état, être placé sous le régime de la tutelle (▪ Cass. 1re civ., 9 nov. 1981, n° 80-16.011 : *JurisData* n° 1981-703169 ; *JCP* 1982, II, 19808, note Prévault. V. aussi pour un mari hospitalisé pour tétraplégie quasi complète, ▪ TGI Paris, 11 oct. 1996 : *JurisData* n° 1996-600161 ; *D.* 1998, 39, note de Bechillon ; *Dr. famille* 1998, 43, 2e esp., note Beignier). Il est également applicable si ce conjoint est déjà placé sous l'un des régimes de protection de la loi du 3 janv. 1968 (▪ Cass. 1re civ., 18 févr. 1981, n° 79-16.417 : *JurisData* n° 1981-700493 ; *Bull. civ.* I, n° 60, p. 49 ; *RD rur.* 1981, 483, obs. Le Guidec).

Art. 220 *(L. n° 65-570, 13 juill. 1965 ; mod., L. n° 85-1372, 23 déc. 1985 ; L. n° 2014-344, 17 mars 2014).* **– Chacun des époux a pouvoir pour passer seul les contrats qui ont pour objet l'entretien du ménage ou l'éducation des enfants : toute dette ainsi contractée par l'un oblige l'autre solidairement.**

La solidarité n'a pas lieu, néanmoins, pour des dépenses manifestement excessives, eu égard au train de vie du ménage, à l'utilité ou à l'inutilité de l'opération, à la bonne ou mauvaise foi du tiers contractant.

Elle n'a pas lieu non plus, s'ils n'ont été conclus du consentement des deux époux, pour les achats à tempérament ni pour les emprunts à moins que ces derniers ne portent sur des sommes modestes nécessaires aux besoins de la vie courante et que le montant cumulé de ces sommes, en cas de pluralité d'emprunts, ne soit pas manifestement excessif eu égard au train de vie du ménage.

Bibliographie : C. Atias, *Le sort des dettes de ménage non solidaires en régime légal : D.* 1976, chron. 191. • G. Yamba, *Le sort de la solidarité ménagère en cas de séparation des époux : JCP* N 1996, I, 1505. • C. Alleaume, *Achats à crédit et solidarité des époux : Dr. famille* 1999, chron. 5. • N. Rzepecki, *Les opérations de crédit et la solidarité ménagère de l'article 220 du Code civil : JCP* 1999, I, 148.

Sur la loi du 17 mars 2014. B. Beignier, *Nouvelle protection des époux et des partenaires envers la solidarité en cas d'emprunts : Dr. famille* 2014, Focus 56.

1) Concubinage. L'article 220 n'est pas applicable en cas de concubinage (▪ Cass. 1re civ., 11 janv. 1984, n° 82-15.461 : *JurisData* n° 1984-700053 ; *JurisData* n° 1984-700361 ; *Bull. civ.* I, n° 12, p. 11 ; *D.* 1984, inf. rap. 275, obs. D. Martin. ▪ Cass. 1re civ., 17 oct. 2000, n° 98-19.527 : *JurisData* n° 2000-006289 ; *Dr. famille* 2000, 139, note Beignier ; *JCP* 2000, IV, 2781 ; *D.* 2001, 497, note Cabrillac ; *Bull. civ.* I, n° 244, p. 160 ; *Defrénois* 2001, 93, obs. Massip ; *RTD civ.*2001, 111, obs. Hauser. ▪ Cass. 1re civ., 2 mai 2001 : *JCP* 2002, II, 10009, note R. Cabrillac ; *Dr. famille* 2001, 79, note Perrouin ; *Bull. civ.* I, n° 111, p. 73 ; *RTD civ.* 2001, 565, obs. Hauser ; *Defrénois* 2001, 1003, obs. Massip ; *RTD civ.* 2002, 556, obs. Vareille, cassant ▪ Bourges, 8 déc. 1997 : *JurisData* n° 1997-046157 ; *JCP* 1998, IV, 2114 ; *Dr. famille* 1998, 89, note Beignier. ▪ Cass. 1re civ., 27 avr. 2004, n° 02-16.291 : *Bull. civ.* I, n° 110, p. 90 ; *JCP* 2005, II, 10008, note Cavalier ; *Dr. famille* 2004, 140, note Larribau-Terneyre ; *D.* 2004, somm. 2968, obs. Vigneau ; *Defrénois* 2004, 1232, obs. Massip. ▪ Paris, 21 sept. 1989 : *D.* 1990, 500, note Paisant. V. cependant ▪ Nancy, 15 déc. 1997 : *JurisData* n° 1997-056205 ; *Dr. famille* 1999, 2, note Lécuyer, retenant la solidarité pour une commande d'éléments de cuisine passée par deux concubins. – Comp. ▪ Cass. 1re civ., 7 nov. 2012, n° 11-25.430 : *Bull. civ.* I, n° 236, p. 227 ; *D.* 2012, 2659, jugeant qu'encourt la cassation le jugement qui, statuant sur une demande en remboursement d'un prêt formée par une société de crédit contre deux concubins, retient, après avoir constaté que la signature de l'un d'eux, qui contestait avoir souscrit le prêt, ne figurait pas sur l'acte le constatant, que si l'article 220 n'a pas vocation à recevoir application, ce concubin est néanmoins solidairement tenu à remboursement dès lors qu'il avait connaissance du contrat établi à partir d'agissements constitutifs de faux imputables à sa compagne et de l'utilisation du crédit pour financer des achats pendant la vie commune, de tels motifs étant impropres à caractériser un engagement solidaire du concubin). Mais le concubin peut être tenu sur le fondement d'un mandat apparent (■ Nancy, 20 sept. 1990 : *JurisData* n° 1990-050877. ■ Rouen, 27 sept. 2007 : *JCP* 2008, IV, 1317 ; *JurisData* n° 2007-343491). V. A. Prothais, *Dettes ménagères des concubins : solidaires,* in solidum, *indivisibles ou conjointes ? : D.* 1987, chron. 237. – A. Gogos-Gintrand, *Du raisonnement par analogie à la théorie de l'apparence : les résistances à la solidarité ménagère entre concubins : Dr. famille* 2012, étude 10.

2) Obligation et contribution à la dette. Sur le principe que l'article 220 concerne l'obligation et non la contribution à la dette, V. ■ Lyon, 27 juin 2000, n° 1999/04330 : *JurisData* n° 2000-134869 ; *Dr. famille* 2001, 7, 1re esp., note Beignier. ■ Cass. 1re civ., 17 juin 2003, n° 01-16.262 : *JurisData* n° 2003-019457 ; *Dr. famille* 2003, 97, note Lécuyer ; *Contrats, conc. consom.* 2003, 168, note Raymond ; *D.* 2004, 1118, note Lefranc ; *Bull. civ.* I, n° 146, p. 114 ; *Defrénois* 2004, 67, obs. Champenois. Dès lors que l'épouse est tenue solidairement de l'emprunt contracté par le mari pour l'entretien de la famille, le mari est en droit de demander qu'elle soit tenue de le garantir pour moitié, même si le créancier n'a pas requis condamnation contre elle (■ Cass. 1re civ., 12 juin 1990, n° 88-18.808 : *JurisData* n° 1990-001759 ; *Bull. civ.* I, n° 158, p. 112. Comp. exigeant que la dette n'ait pas été contractée après la prise d'effet du jugement de divorce dans les rapports entre époux, ■ Cass. 1re civ., 28 juin 2005, n° 02-21.275 : *JurisData* n° 2005-029169 ; *JCP* 2006, II, 10013, note Fruleux).

3) Renonciation du créancier à la solidarité au bénéfice d'un époux. Viole l'article 1165 du Code civil, ensemble son article 220, la cour d'appel qui, pour mettre hors de cause le mari et rejeter la demande de l'épouse tendant à voir celui-ci déclaré solidairement responsable de la dette locative, énonce que l'épouse ne peut invoquer une solidarité ménagère à laquelle le bailleur a renoncé, la convention par laquelle celui-ci avait déchargé le mari de ses obligations nées du bail portant sur le domicile conjugal et étant susceptible de nuire à l'épouse au titre de la créance résultant de la contribution à la dette locative (■ Cass. 1re civ., 17 juin 2015, n° 14-17.906 : *Bull.* ; *Defrénois* 2016, 471, note Champenois ; *LPA* 29 déc. 2015, 8, note Sérandour ; *JCP* G 2015, 994, note Casey ; *D.* 2015, 1756, note Nicolle ; *JCP* N 2015, 1185, note Mauger-Vielpeau ; *D.* 2016, 1341, obs. Lemouland et Vigneau ; *RTD civ.* 2016, 436, obs. Vareille ; *JurisData* n° 2015-014497).

4) Solidarité. Il résulte de la combinaison des articles 220 et 2249 du Code civil que la mise en demeure adressée par le créancier à un époux interrompt la prescription non seulement à l'égard de cet époux mais également à l'égard de son conjoint (■ Cass. 1re civ., 3 juin 2010, n° 09-11.429 : *Defrénois* 2011, 374, obs. Champenois).

I – NOTION DE DETTE MÉNAGÈRE

5) Sur ce que le créancier doit se prévaloir du **caractère ménager de la dette** pour bénéficier de la solidarité prévue par l'article 220, V. ■ Cass. 1re civ., 17 mai 2017, n° 16-16.732 : *Bull.* ; *Defrénois* 1er févr. 2018, n° 5, 32, Dauriac ; Lemouland et Vigneau ; *AJF* 2017, p. 422, Casey.

6) Entretien du ménage ou éducation des enfants. L'article 220 a vocation à s'appliquer à toute dette même non contractuelle ayant pour objet l'entretien du ménage ou l'éducation des enfants (■ Cass. 1re civ., 7 juin 1989, n° 87-14.212 : *JurisData* n° 1989-703003 ; *D.* 1990, 21, note Massip, indemnités d'occupation après cessation du bail. ■ Cass. 2e civ., 10 juill. 1996, n° 93-13.976 : *JCP* 1997, I, 4008, n° 1, obs. Wiederkehr ; *Bull. civ.* II, n° 204, p. 124, factures d'hospitalisation dans un CHU. ■ Paris, 5 juill. 1996 : *Dr. famille* 1997, 50, note Beignier). Sur l'application à une ouverture de crédit, V. ■ Nîmes, 21 mars 1996 : *JurisData* n° 1996-030026 ; *JCP* 1996, I, 3962, n° 4, obs. crit. Wiederkehr. Les soins dentaires dispensés à un époux constituent des dépenses engagées pour l'entretien du ménage, sauf au conjoint d'établir que la dépense est manifestement excessive au regard du train de vie du ménage et de l'utilité de l'opération (■ Cass. 1re civ., 10 mai 2006 : *Bull. civ.* I, n° 235, p. 207 ; *Dr. famille* 2006, 119, note Larribau-Terneyre ; *D.* 2007, somm. 1567, obs. Lemouland et Vigneau ; *JurisData* n° 2006-033379. – Décidant que les soins de prothèse dentaire effectués pendant le mariage ont été engagés dans l'intérêt exclusif de l'épouse, V. ■ Nîmes, 12 déc. 2002, n° 00/01394 : *JurisData* n° 2002-205557 ; *Dr. famille* 2003, 75, 3e esp., note Beignier). Jugé que chaque époux a qualité pour exercer seul, en demande ou en défense, les actions en justice concernant les dettes ménagères (■ Orléans, 1er févr. 2001, n° 00/02036 : *JurisData* n° 2001-149670 ; *JCP* 2002, I, 103, n° 4, obs. Wiederkehr). Il appartient aux juges du fond de rechercher si le contrat de travail conclu avec l'employée de maison occupée au domicile de l'épouse, alors en instance de divorce, n'avait pas pour objet l'entretien du ménage ou l'éducation des enfants communs (■ Cass. soc., 8 juin 2005, n° 02-47.689 : *Juris-*

Data n° 2005-028814 ; *D.* 2005, 2509, note Mouly ; *D.* 2006, somm. 1421, obs. Lemouland et Vigneau ; *RTD civ.* 2005, 818, obs. Vareille, au sujet de l'indemnité de licenciement. ▪ Cass. soc., 11 mars 2009, n° 07-43.977 : *Bull. civ.* V, n° 73, p. 77 ; *JCP* 2009, II, 10098 et *Dr. famille* 2009, 51, note Larribau-Terneyre ; *LPA* 13 déc. 2010, 7, note Yildirim ; *JurisData* n° 2009-047400, paiement des cotisations de retraite). Une dette de dommages-intérêts ayant pour objet de réparer le préjudice subi par une banque du fait des détournements de fonds commis par le mari n'entre pas dans la catégorie des dettes ménagères solidaires, même si les fonds détournés ont servi à des dépenses familiales (▪ Cass. 1re civ., 9 janv. 2008, n° 06-21.095 : *Dr. famille* 2008, 24, note Larribau-Terneyre ; *JurisData* n° 2008-042195).

7) Cotisations obligatoires. La créance d'une caisse d'allocations familiales ayant pris naissance au cours du mariage, font une exacte application de l'article 220 les juges qui décident que les ex-époux sont tenus solidairement (▪ Cass. soc., 25 oct. 1972 : *Bull. civ.* V, n° 589, p. 535. V. en ce sens pour des cotisations d'assurance vieillesse, ▪ Cass. 1re civ., 9 oct. 1991, n° 90-14.415 : *JurisData* n° 1991-002936 ; *JCP* 1992, I, 3567, n° 1, obs. Wiederkehr ; *Bull. civ.* I, n° 255, p. 168. ▪ Cass. soc., 5 mai 1995, n° 91-19.098 : *JurisData* n° 1995-001042 ; *Bull.* V, n° 142, p. 104. ▪ Cass. 1re civ., 24 oct. 1995, n° 93-21.071 : *JurisData* n° 1995-003036 ; *JCP* 1996, I, 3908, n° 2, obs. Wiederkehr. ▪ Cass. soc., 4 oct. 2001 : *Dr. famille* 2001, 118, note Beignier ; *JurisData* n° 2001-011144. – V. aussi ▪ Cass. 1re civ., 18 févr. 1992, n° 90-17.952 : *JurisData* n° 1992-000425 ; *JCP* 1993, II, 22084, note Noguerol ; *Bull. civ.* I, n° 53, p. 37. ▪ Cass. 1re civ., 20 nov. 2001 : *JCP* 2002, IV, 1003 ; *Dr. famille* 2002, 8, note Beignier ; *JurisData* n° 2002-011757 ; *Bull. civ.* I, n° 284, p. 180 ; *JurisData* n° 2002-011573, arriéré de cotisations obligatoires au titre d'un régime légal d'assurance maladie et maternité. ▪ Cass. 1re civ., 10 mars 1998, n° 95-21.491 : *JurisData* n° 1998-001181 ; *JCP* 1998, IV, 1991 ; *Bull. civ.* I, n° 101, p. 67 ; *Dr. famille* 1998, 71, note Beignier ; *Defrénois* 1998, 1462, obs. Champenois, cotisations de retraite. ▪ Cass. 1re civ., 28 oct. 2003 : *JCP* 2003, IV, 2997 ; *JurisData* n° 2003-020632 ; *Dr. famille* 2004, 22, note Beignier ; *Defrénois* 2004, 821, obs. Champenois, arriéré de cotisations dues par le mari à raison d'un régime de protection sociale agricole. ▪ Cass. 1re civ., 12 mai 2004 : *Dr. famille* 2004, 116, note Larribau-Terneyre, et 165, note Devers ; *JCP* 2004, IV, 2356 ; *JurisData* n° 2004-023613 ; *Bull. civ.* I, n° 137, p. 113 ; *D.* 2004, 2886, note Likillimba, et somm. 2966, obs. Vigneau, cotisations dues par le mari au titre d'un régime légal d'assurance. V. cependant ▪ Cass. 1re civ., 16 avr. 1996 : *JCP* 1996, I, 3962, n° 3, obs. Wiederkehr ; *RTD civ.* 1996, 584, obs. Hauser ; *Defrénois* 1996, 1443, obs. Champenois, écartant la solidarité pour des cotisations versées par le mari à une société mutuelle de retraite ayant pour objet la constitution d'une rente personnelle, dès lors que l'épouse n'a pas vocation à bénéficier de la réversion de cet avantage. – Rappr. ▪ Cass. 1re civ., 23 mai 2006, n° 05-17.533 : *JurisData* n° 2006-033601 ; *Bull. civ.* I, n° 259, p. 226 ; *JCP* 2006, I, 196, n° 11, obs. Simler. ▪ Cass. 1re civ., 31 oct. 2007, n° 06-18.572 : *JurisData* n° 2007-041110 ; *Bull. civ.* I, n° 333, p. 293 ; *RTD civ.* 2008, 141, obs. Vareille. ▪ Cass. 1re civ., 4 juin 2009, n° 07-13.122 : *Bull. civ.* I, n° 118, p. 105 ; *D.* 2009, 1610 ; *Defrénois* 2009, 2184, obs. Massip ; *Defrénois* 2010, 333, note Champenois ; *Dr. famille* 2009, 100, note Larribau-Terneyre ; *JCP* N 2009, act. 475 ; *RTD civ.* 2010, 800, obs. Vareille ; *LPA* 13 déc. 2010, 5, note Yildirim ; *JurisData* n° 2009-048459, précisant que le droit à réversion s'apprécie à la date où les cotisations sont dues. ▪ Cass. 1re civ., 29 juin 2011, n° 10-16.925 : *JCP* 2011, note 1017, Zelcevic-Duhamel ; *D.* 2012, 976, obs. Lemouland et Vigneau ; *JurisData* n° 2011-013252). La solidarité joue aussi pour les majorations de retard des cotisations (▪ Cass. soc., 5 mai 1995, préc.). Il importe peu que la femme possède son propre régime de prévoyance sociale, différent de celui de son époux (▪ Montpellier, 3 déc. 2002, n° 01/01961 : *JurisData* n° 2002-205555 ; *Dr. famille* 2003, 75, 1re esp., note Beignier). V. aussi G. Yildirim, *Prévoyance et solidarité ménagère ou l'influence du droit de la protection sociale sur des textes de droit civil*, in *Mélanges Raymond Le Guidec*, LexisNexis 2014, 293.

8) Loyers. Les époux sont solidairement tenus du paiement des loyers jusqu'à l'intervention d'un jugement de divorce régulièrement publié (▪ Cass. 1re civ., 13 oct. 1992, n° 91-05.058 : *JurisData* n° 1992-002183 ; *JCP* 1993, II, 22047, note Hauser ; *Bull. civ.* I, n° 251, p. 166 ; *RTD civ.* 1993, 180, obs. Lucet et Vareille. ▪ Cass. 3e civ., 27 mai 1998, n° 96-13.854 : *JCP* 1999, I, 154, n° 1, obs. Wiederkehr ; *Bull. civ.* III, n° 109, p. 73 ; *Dr. famille* 1998, 95, note Lécuyer ; *Loyers et copr.* 1998, 205, note Vial-Pedroletti. ▪ Paris, 3 mars 1995 : *JurisData* n° 1995-020386 ; *JCP* 1995, I, 3869, n° 3, obs. Wiederkehr. ▪ Bordeaux, 27 nov. 1996, n° 94-19.983 : JurisData n° 1996-004499 ; *JCP* 1997, I, 4047, n° 6, obs. Wiederkehr. ▪ Toulouse, 18 déc. 2001, n° 2000/04971 : *JurisData* n° 2001-184915 ; *Dr. famille* 2002, 148, note Beignier. V. aussi pour la séparation de corps, ▪ Cass. 3e civ., 2 juin 1993, n° 91-14.522 : *JurisData* n° 1993-001193 ; *Bull. civ.* III, n° 74, p. 49 ; *Defrénois* 1994, 880, obs. Vermelle), et il importe peu que le mari ait fait délivrer congé au bailleur (même arrêt) ou que celui-ci ait eu connaissance de la séparation de fait (▪ Rouen, 30 janv. 1990 : *JurisData* n° 1990-042280 ; *D.* 1992, somm. 219, obs. Lucet. ▪ Dijon,

9 mars 1994, n° 92-10.554 : *JurisData* n° 1994-001083 ; *JCP* 1995, I, 3821, n° 4, obs. Wiederkehr). Viole l'article 220 le jugement qui écarte la solidarité en retenant que le logement a cessé d'être familial du fait de l'ordonnance ayant autorisé l'épouse à habiter séparément avec les enfants (▪ Cass. 3e civ., 16 déc. 1998, n° 97-13.195 : *JurisData* n° 1998-004993 ; *JCP* 1999, II, 10105, note Garé. – V. aussi ▪ Cass. 3e civ., 2 févr. 2000, n° 97-14.935 : *JurisData* n° 2000-000234 ; *Dr. famille* 2000, 41, note Beignier ; *JCP* 2000, I, 245, n° 8, obs. Wiederkehr). Mais les juges du fond peuvent estimer que la dette dont le mari, resté seul dans les lieux loués, se trouve tenu envers le bailleur, après la résiliation, faute de paiement des loyers, du bail consenti aux époux pendant le mariage, n'est destinée ni à l'entretien du ménage ni à l'éducation de l'enfant commun (▪ Cass. 1re civ., 14 févr. 1995, n° 93-13.369 : *JurisData* n° 1995-004539 ; *Bull. civ.* I, n° 83, p. 59 ; *JCP* G 1995, II, 22498 ; *JCP* N 1996, II, 461, note Djigo ; *D.* 1995, somm. 325, obs. Lucet ; *RTD civ.* 1996, 223, obs. Vareille. V. aussi pour le bail conclu par le mari pour son usage exclusif après l'ordonnance de non-conciliation ▪ Cass. 2e civ., 24 nov. 1999, n° 97-19.079 : *JurisData* n° 1999-004047 ; *JCP* 2000, II, 10284, note Casey ; *Bull. civ.* II, n° 173, p. 119. ▪ Cass. 1re civ., 27 avr. 2004, n° 02-13.025 : *JurisData* n° 2004-023841 ; *Dr. famille* 2004, 94, note Larribau-Terneyre ; *RTD civ.* 2004, 763, obs. Vareille). Comp. pour l'abonnement téléphonique souscrit par la femme à son nom ▪ Cass. 1re civ., 15 nov. 1994, n° 92-18.971 : *Bull. civ.* I, n° 333, p. 240 ; *JCP* 1995, I, 3869, n° 2, obs. Wiederkehr ; *RTD civ.* 1995, 420, obs. Vareille, pour la dette contractée après la séparation, ▪ Lyon, 15 nov. 1995 : *JurisData* n° 1995-053770 ; *Dr. famille* 1997, 108, 1er arrêt). Mais la solidarité a pu être admise pour une indemnité d'occupation correspondant à la « jouissance du logement de la famille » (▪ Rouen, 28 mars 2000 : *JurisData* n° 2000-119732 ; *JCP* 2001, I, 309, n° 2, obs. Wiederkehr. – V. aussi ▪ Cass. 1re civ., 7 juill. 1989, préc., n° 3. V. cependant, affirmant que l'indemnité d'occupation est due par le seul occupant des lieux, ▪ Montpellier, 11 mars 2002 : *JurisData* n° 2002-190613 ; *JCP* 2003, I, 158, n° 3, obs. Wiederkehr).

9) Charges de copropriété. Si un lot de copropriété constitue le logement de la famille, les charges correspondantes peuvent être considérées comme des dettes ménagères (▪ Aix-en-Provence, 30 mars 1995 : *JurisData* n° 1995-041574 ; *JCP* G 1996, I, 3908, n° 5, obs. Wiederkehr. ▪ Cass. 3e civ., 1er déc. 1999, n° 98-11.726 : *JurisData* n° 1999-004296 ; *JCP* 2000, I, 245, n° 7, obs. Wiederkehr ; *JCP* N 2000, 643, obs. Djigo. V. par ex. pour les charges afférentes à l'ascenseur ▪ Paris, 7 mars 1996, n° 95-82.508 : *JurisData* n° 1996-002566 ; *JCP* 1997, II, 22755, note Djigo. V. en ce sens pour l'achat de matériaux en vue d'améliorer l'immeuble, propre à la femme, servant de logement familial, ▪ Versailles, 9 juin 1995 : *JurisData* n° 1995-042194 ; *JCP* 1996, I, 3908, n° 5, obs. Wiederkehr, mais V. en sens inverse pour la réalisation d'un mur de clôture autour d'une maison achetée en commun par les deux époux. ▪ Versailles, 16 févr. 2001 : *Dr. famille* 2001, 112, 2e arrêt, note Beignier ; *JCP* 2002, I, 103, n° 3, obs. Wiederkehr ; *JurisData* n° 2001-135516).

10) Contrat d'abonnement téléphonique. Jugé que le mari séparé de fait n'est pas tenu solidairement lorsque la femme a souscrit à son seul nom un contrat d'abonnement téléphonique (▪ Cass. 1re civ., 15 nov. 1994, n° 93-12.332 : *JurisData* n° 1994-002255 ; *JCP* 1995, IV, 130 ; *Bull. civ.* I, n° 333, p. 240 ; *JCP* 1995, I, 3869, n° 2, obs. Wiederkehr ; *RTD civ.* 1995, 420, obs. Vareille. Comp. pour l'application de la solidarité à des travaux de télésurveillance, ▪ Paris, 5 sept. 1996 : *JurisData* n° 1996-024060 ; *JCP* 1997, I, 4047, n° 4, obs. Wiederkehr).

11) Dettes de santé. Toute dette de santé contractée par un époux engage l'autre solidairement (▪ Cass. 1re civ., 17 déc. 2014, n° 13-25.117 : *Bull.* ; *JCP* G 2015, 253, note Casey ; *Dr. famille* 2015, 74, note Beignier ; *RTD civ.* 2015, 116, obs. Hauser ; *D.* 2015, 1416, obs. Lemouland et Vigneau, et 2095, obs. Revel ; *JurisData* n° 2014-031602).

12) Maison de retraite. Le contrat destiné à permettre l'accueil de l'épouse, atteinte d'une maladie mentale dégénérative, au sein d'un établissement approprié à son état de santé, a pour objet l'entretien du ménage au sens de l'article 220 du Code civil (▪ Toulouse, 23 avr. 2009 : *JCP* 2009, n° 42, act. 322 ; *JurisData* n° 2009-004344).

13) Emprunt et cautionnement dans l'intérêt d'une entreprise. Sur le principe que l'emprunt fait pour assurer le fonctionnement d'une entreprise appartenant à l'un des époux ne peut donner lieu à la solidarité prévue par l'article 220, V. ▪ Cass. 1re civ., 10 mai 1995, n° 93-14.375 : *JurisData* n° 1995-001015 ; *JCP* 1996, I, 3908, n° 3, obs. Wiederkehr. V. en ce sens ▪ Amiens, 19 avr. 1977 : *JCP* 1978, IV, 318. Il en va ainsi même si les revenus de l'entreprise commerciale contribuent indirectement à l'entretien du ménage et l'éducation des enfants (▪ Poitiers, 22 janv. 2002, n° 01/00920 : *JurisData* n° 2002-183884 ; *Dr. famille* 2002, 129, 3e arrêt, note Beignier ; *JCP* 2003, I, 111, n° 5, obs. Wiederkehr). De même, l'article 220 n'est pas applicable au cautionnement pour l'achat d'un véhicule destiné à la société gérée par le mari (▪ Versailles, 4 déc. 1991 : JurisData n° 1991-047137 ; *JCP* N 1992, II, 374, obs. Wiederkehr. Comp. pour les loyers d'un immeuble à usage professionnel ▪ Bourges, 7 déc. 1999, n° 9800880 : *JurisData* n° 1999-119736 ; *JCP* 2000, I, 245, n° 5, obs. Wiederkehr ; *Dr. famille* 2000, 80, 1re esp., note Beignier).

14) Les **opérations d'investissement** d'un ménage, et notamment celles qui ont pour objet de lui permettre de se constituer un patrimoine immobilier, n'entrent pas dans la catégorie des actes ménagers d'entretien ou d'éducation auxquels l'article 220 attache la solidarité de plein droit (▪ Cass. 1re civ., 11 janv. 1984 : *Bull. civ.* I, n° 13, p. 11 ; *D.* 1984, inf. rap. 276, obs. Martin. – V. aussi ▪ Pau, 24 sept. 1993 : *JurisData* n° 1993-047579 ; *JCP* 1994, I, 3785, n° 5, obs. Wiederkehr. Rappr., pour un marché de travaux portant sur la construction d'une maison individuelle destinée au logement de la famille, ▪ Cass. 1re civ., 4 juill. 2006 : *Bull. civ.* I, n° 351, p. 302 ; *RTD civ.* 2006, 811, obs. Hauser ; *Dr. famille* 2006, 183, note Larribau-Terneyre ; *JurisData* n° 2006-034416). La réalisation d'un mur de clôture, même d'une maison achetée en commun par deux époux, ne constitue pas un contrat ayant pour objet l'entretien du ménage (▪ Versailles, 16 févr. 2001 : *JCP* 2001, IV, 2813 ; *JurisData* n° 2001-135516).

15) Charge de la preuve du caractère ménager. Sur le principe que c'est au créancier de démontrer que la dette a pour objet les besoins du ménage, V. ▪ Cass. 1re civ., 9 mars 1994, n° 92-12.232 : *JurisData* n° 1994-000513 ; *JCP* 1994, I, 3785, n° 4, obs. Wiederkehr ; *RTD civ.* 1996, 221, obs. Vareille. ▪ Cass. 1re civ., 28 févr. 2006 : *Bull. civ.* I, n° 122, p. 112 ; *JurisData* n° 2006-032393. Comp. pour un emprunt ▪ Cass. 1re civ., 17 janv. 1990, n° 87-19.462 : *JurisData* n° 1990-700069 ; *JCP* 1990, IV, 101 ; *Bull. civ.* I, n° 18, p. 13. Le fait que le compte ouvert par le mari ait été unilatéralement mis par la banque au nom de « Monsieur ou Madame » ne la dispense pas de rapporter cette preuve (▪ Paris, 23 mai 1995 : *JCP* 1996, I, 3908, n° 4, obs. Wiederkehr). Sur le principe que la solidarité n'est pas liée à l'existence d'un compte joint des époux, V. ▪ Grenoble, 23 juin 1998 : *JurisData* n° 1998-042434 ; *Dr. famille* 1999, 7, 2e arrêt, note Beignier. ▪ Cass. 1re civ., 6 déc. 2005, n° 02-17.819 : *JurisData* n° 2005-031130 ; *Bull. civ.* I, n° 482 p. 405 ; *JCP* 2006, IV, 1015. Il appartient au mari, qui, poursuivi en remboursement d'un emprunt, appelle sa femme en garantie, de rapporter la preuve que le prêt porte sur des sommes modestes nécessaires à l'entretien du ménage ou à l'éducation des enfants (▪ Cass. 1re civ., 2 avr. 1996, n° 94-13.962 : *JurisData* n° 1996-001449 ; *JCP* 1997, I, 4008, n° 2, obs. Wiederkehr).

II – DÉPENSES EXCESSIVES

16) Applications. La solidarité peut être écartée pour l'achat de meubles d'un prix excessif (▪ Metz, 14 nov. 1978 : *JurisData* n° 1978-060002 ; *JCP* 1979, IV, 278. V. aussi pour une voiture de luxe ▪ Aix-en-Provence, 17 janv. 1994, n° 91/3507 : *JurisData* n° 1994-043925 ; *JCP* 1995, I, 3821, n° 7, obs. Wiederkehr, pour un second véhicule ▪ Rouen, 25 janv. 2000, n° 199801406 : *JurisData* n° 2000-119630 ; *Contrats, conc. consom.* 2001, 78, note Raymond) ou pour l'engagement de payer seule un loyer mensuel de 9 000 F pris par la femme qui était insolvable (▪ Paris, 9 févr. 1999, n° 1998/19573 : *JurisData* n° 1999-020364 ; *Dr. famille* 1999, 141, 2e esp., note Beignier). Mais la souscription d'une police d'assurance contre la maladie n'entraîne pas une dépense excessive dès lors que le montant des primes est en proportion du risque couvert, compte tenu des revenus du ménage (▪ Reims, 7 janv. 1980 : *JurisData* n° 1980-080207 ; *D.* 1980, inf. rap. 457. V. aussi pour du linge de maison et de la vaisselle, ▪ Orléans, 21 nov. 1995, n° 93002110 : *JurisData* n° 1995-052168 ; *JCP* 1997, I, 4008, n° 3, obs. Wiederkehr ; *Dr. famille* 1996, 15, 1re esp., et 1997, 108, 2e esp., note Beignier, pour un véhicule d'occasion, ▪ Grenoble, 5 nov. 1997, n° 96.2153 : *JurisData* n° 1997-047529 ; *Dr. famille* 1998, 138, note Beignier).

17) Charge de la preuve du caractère excessif. Dès lors que les soins dentaires dispensés à un époux constituent des dépenses engagées pour l'entretien du ménage, il appartient au conjoint qui entend écarter la solidarité d'établir que la dépense est manifestement excessive eu égard au train de vie du ménage et à l'utilité de l'opération (▪ Cass. 1re civ., 10 mai 2006, préc., note 3).

III – ACHATS À TEMPÉRAMENT ET EMPRUNTS

18) Emprunts excessifs. Sur le pouvoir souverain des juges du fond pour apprécier si l'emprunt porte sur une somme modeste nécessaire aux besoins de la vie courante, V. ▪ Cass. 1re civ., 2 avr. 1996, n° 94-13.962 : *JurisData* n° 1996-001449 ; *JCP* 1997, I, 4008, n° 4, obs. Wiederkehr. ▪ Cass. 1re civ., 3 janv. 2006, n° 03-14.542 : *JurisData* n° 2006-031478 ; *Dr. famille* 2006, 47, note Larribau-Terneyre. Mais ils doivent procéder à cette recherche (▪ Cass. 1re civ., 26 juin 2001 : *Dr. famille* 2001, 103, 1re esp., note Beignier ; *JurisData* n° 2001-010415 ; *RTD civ.* 2002, 557, obs. Vareille. ▪ Cass. 1re civ., 3 juin 2003 : *JurisData* n° 2003-019271 ; *JCP* 2003, IV, 2332 ; *Dr. famille* 2003, 148, 2e arrêt, note Beignier ; *Bull. civ.* I, n° 135, p. 106 ; *D.* 2003, somm. 1863, 2e esp., obs. Brémond ; *Defrénois* 2003, 1355, obs. Champenois ▪ Cass. 1re civ., 28 sept. 2004, n° 02-17.469 : *JurisData* n° 2004-025007 ; *Dr. famille* 2004, 195, note Larribau-Terneyre ; *D.* 2005, somm. 813, obs. Lemouland et Vigneau), par exemple préciser en quoi l'achat d'un véhicule automobile par le mari était nécessaire aux besoins de la vie courante du ménage (▪ Cass. 1re civ., 27 nov. 2001 : *JCP G* 2002, II, 10138 et *JCP N* 2003, 1156, concl. Petit ; *Dr. famille* 2002, 17, 2e arrêt, note Lécuyer ; *D.* 2002,

2910, note Baudin-Maurin ; *Bull. civ.* I, n° 294, p. 186 ; *JurisData* n° 011873 ; *Defrénois* 2002, 1017, obs. Champenois ; *RTD civ.* 2002, 558, obs. Vareille). Pour des hypothèses d'emprunt excessif au regard du train de vie du ménage, V. ▪ Paris, 9 mai 1970 : *Gaz. Pal.* 1970, 2, 177. ▪ Paris, 3 juin 1975 : *JurisData* n° 1975-615126 ; *Gaz. Pal.* 1975, 2, 739, note L. C. ▪ Toulouse, 14 févr. 1995, n° 3493/93 : *JurisData* n° 1995-044566 ; *JCP* 1996, I, 3908, n° 8, obs. Wiederkehr (80 000 F). ▪ Pau, 22 févr. 1996, n° 94003680 : *JurisData* n° 1996-041299 ; *JCP* 1997, I, 4008, n° 4, obs. Wiederkehr ; *Dr. famille* 1996, 15, 2e esp., note Beignier (70 000 F). ▪ Grenoble, 4 déc. 2000 : *Dr. famille* 2001, 103, 2e esp., note Beignier ; *JurisData* n° 2000-146639. ▪ Besançon, 29 mai 2002, n° 00/00333 : *JurisData* n° 2002-184806 ; *Dr. famille* 2002, 129, 1er arrêt, note Beignier. V. aussi F. Monéger, *L'emprunt contracté par un époux pour l'entretien du ménage et l'éducation des enfants* : *D.* 1975, chron. 165. V. aussi pour un contrat ne contenant aucune précision sur l'objet de l'emprunt, ▪ Dijon, 31 mars 1995, n° 00000653/94 : *JurisData* n° 1995-044558 ; *JCP* 1996, I, 3908, n° 8, obs. Wiederkehr. Mais justifient légalement leur décision, confirmant la validité d'une saisie-arrêt des salaires de l'épouse, en remboursement des emprunts contractés par le mari, les juges qui constatent que les prêts répétés avaient manifestement pour objet de faire face au jour le jour aux besoins les plus pressants du ménage (▪ Cass. 1re civ., 24 mars 1971 : *JurisData* n° 1971-000104 ; *D.* 1972, 360, note Abitbol. – V. aussi ▪ Orléans, 21 nov. 1995, n° 93002110 : *JurisData* n° 1995-052168 ; *JCP* 1997, I, 4008, n° 3, obs. Wiederkehr ; *Dr. famille* 1996, 15, 1re esp., et 1997, 108, 2e esp., note Beignier, achat à crédit de linge de maison et de vaisselle). Cassation de l'arrêt ayant débouté le prêteur au motif qu'il ne démontrait pas que l'emprunt ait été nécessaire dans l'économie familiale et que les époux aient été dans l'incapacité de couvrir directement l'ensemble des dépenses courantes du foyer, alors qu'il appartient seulement au juge de rechercher si les avances consenties portaient sur des sommes modestes destinées à satisfaire les besoins de la vie courante (▪ Cass. 1re civ., 4 juin 2007 : *Bull. civ.* I, n° 220, p. 192 ; *D.* 2007, 1790, obs. Guiomard ; *RTD civ.* 2007, 617, obs. Vareille ; *Dr. famille* 2007, 139, note Larribau-Terneyre ; *JCP* 2007, IV, 2427 ; *JurisData* n° 2007-039215).

19) Emprunt. Consentement des deux époux. Dès lors que l'emprunt a été conclu du *consentement* des deux époux pour l'entretien du ménage et que la dépense est conforme à leur train de vie, les juges n'ont pas à rechercher s'il porte sur des sommes modestes nécessaires aux besoins de la vie courante (▪ Cass. 1re civ., 3 juin 2003 : *Bull. civ.* 2003, I, n° 134, p. 105 ; *Defrénois* 2003, 1355, obs. Champenois ; *Dr. famille* 2003, 148, 1er arrêt, note Beignier ; *JurisData* n° 2003-019266. – Rappr. ▪ Cass. 1re civ., 14 avr. 2010, n° 08-15.930 : *Defrénois* 2011, 369, obs. Champenois), mais les emprunts conclus du consentement des deux époux n'engagent solidairement ceux-ci que s'ils ont pour objet l'entretien du ménage et l'éducation des enfants (▪ Cass. 1re civ., 28 nov. 2006, n° 05-14.412 ; *JCP* 2007, I, 142, n° 5, obs. Wiederkehr ; *JurisData* n° 2006-036187). V., déduisant des circonstances le consentement du conjoint de l'emprunteur, ▪ Grenoble, 10 mars 1998, n° 95.3441 : *JurisData* n° 1998-041135 ; *JCP* 1999, I, 154, n° 2, obs. Wiederkehr. Jugé sous l'empire du droit antérieur à la loi du 26 mai 2004 que l'emprunt contracté après l'assignation est une dette personnelle de l'époux emprunteur (▪ Cass. 1re civ., 28 juin 2005, n° 04-13.455 : *Dr. famille* 2005, 215, note Larribau-Terneyre).

20) Achats à tempérament. V., assimilant les achats à crédit à des emprunts, ▪ Cass. 1re civ., 2 avr. 1996, n° 94-14.149 : *JurisData* n° 1996-001339 ; *JCP* 1997, I, 4008, n° 5, obs. Wiederkehr. Dès lors qu'il s'agit d'un achat à tempérament, la solidarité n'a pas lieu, quelle que soit le peu d'importance de l'opération (▪ Cass. 1re civ., 12 juill. 1994, n° 92-17.461 : *JurisData* n° 1994-001754 ; *JCP* 1994, IV, 2291 ; *Bull. civ.* I, n° 252, p. 183 ; *D.* 1996, 117, note Guineret-Brobbel Dorsman ; *RTD civ.* 1996, 221, obs. Vareille. Voir cependant, prenant soin de relever que l'achat d'une cuisine à tempérament a été effectué pour un coût représentant près d'un an des ressources totales du ménage, ▪ Besançon, 10 mai 1994, n° 1657/92 : *JurisData* n° 1994-047485 ; *JCP* 1995, IV, 567).

21) Découvert bancaire. Pour l'application de l'article 220, alinéa 3, en cas d'emprunt portant sur des sommes modestes résultant d'un découvert constant sur un compte courant, avec le consentement tacite du mari, V. ▪ Lyon, 29 janv. 1997, n° 95/02591 : *JurisData* n° 1997-043833 ; *Dr. famille* 1998, 25, note Beignier. V. aussi pour une ouverture de crédit, ▪ Paris, 2 sept. 1997 et ▪ Bourges, 30 avr. 1996, n° 9500037 : *JurisData* n° 1996-056205 ; *Dr. famille* 1998, 70, note Beignier. L'article 220, alinéa 3, du Code civil est applicable au crédit consenti par découvert sur un compte bancaire (▪ Cass. 1re civ., 5 oct. 2016, n° 15-24.616 : *Bull.* ; *AJF* 2016, p. 547, Hilt ; *LPA* 23 déc. 2016, 10, note Morin et Niel ; *JurisData* n° 2016-020274).

22) Crédit renouvelable. Pour l'application de la solidarité prévue par l'article 220 à des crédits renouvelables (*revolving*) souscrits par un époux avant son mariage, dès lors que le contrat s'est renouvelé tous les ans pendant le mariage et que l'emprunt a été utilisé pour effectuer des achats ménagers, V. ▪ Cass. 1re civ., 13 nov. 2008, quatre arrêts, nos 07-19.281, 07-19.284, 07-19.286 et 07-19.289 : *D.* 2010, 733, obs. Lemouland et Vigneau.

23) Imitation de la signature du conjoint. Le conjoint dont la signature est imitée n'est tenu solidairement que si l'emprunt porte sur des sommes nécessaires aux besoins de la vie courante (■ Besançon, 22 avr. 1998, n° 2344/95 : *JurisData* n° 1998-042437 ; *Dr. famille* 1999, 7, 1er arrêt, note Beignier. – V. aussi ■ Lyon, 25 avr. 2001, n° 2000/01295 : *JurisData* n° 2001-154622 ; *Dr. famille* 2002, 129, 4e arrêt, note Beignier). La banque ne peut se prévaloir de la solidarité dès lors qu'elle n'a pas vérifié l'authenticité de la signature (■ Paris, 19 févr. 1998, n° 96/14323 : *JurisData* n° 1998-023104 ; *Dr. famille* 1999, 44, note Beigner) Dès lors qu'il est établi que les sommes prêtées ont été affectées à des dépenses ménagères, la demande du conjoint en vérification d'écriture est irrecevable car sans intérêt pour la solution du litige (■ Aix-en-Provence, 7 mars 2002, n° 01/03609 : *JurisData* n° 2002-184836 ; *Dr. famille* 2002, 129, 2e arrêt, note Beignier). Rappr. ■ Cass. 1re civ., 6 déc. 2005, n° 02-18.059 : *JurisData* n° 2005-031147 ; *Bull. civ.* I, n° 481 p. 404 ; *JCP* 2006, IV, 1037, pour une plainte déposée par le mari pour faux et usage de faux, la cour d'appel n'ayant pas à surseoir à statuer dès lors qu'elle se fonde sur la solidarité des dettes ménagères et non sur la qualité de coemprunteur du mari pour condamner celui-ci à rembourser le montant de l'ouverture de crédit contractée par son épouse.

Art. 220-1 *(L. n° 65-570, 13 juill. 1965 ; mod., L. n° 93-22, 8 janv. 1993 ; L. n° 2004-439, 26 mai 2004 ; L. n° 2010-769, 9 juill. 2010).* **– Si l'un des époux manque gravement à ses devoirs et met ainsi en péril les intérêts de la famille, le juge aux affaires familiales peut prescrire toutes les mesures urgentes que requièrent ces intérêts.**

Il peut notamment interdire à cet époux de faire, sans le consentement de l'autre, des actes de disposition sur ses propres biens ou sur ceux de la communauté, meubles ou immeubles. Il peut aussi interdire le déplacement des meubles, sauf à spécifier ceux dont il attribue l'usage personnel à l'un ou à l'autre des conjoints.

(Abr., L. n° 2010-769, 9 juill. 2010).

La durée des mesures prises en application du présent article doit être déterminée par le juge et ne saurait, prolongation éventuellement comprise, dépasser trois ans.

Voir : sur les violences au sein du couple (anc. al. 3), art. 515-9 et s., p. 450 (L. n° 2010-769, 9 juill. 2010).

I – DOMAINE DE L'INTERVENTION JUDICIAIRE

1) Instance en divorce. Rien n'interdit d'utiliser les articles 220-1 et suivants du Code civil au moment où s'engage une instance en divorce, dès l'instant où le magistrat conciliateur, au moment de la comparution des époux, n'a pas pris immédiatement certaines dispositions dont l'utilité peut n'apparaître que postérieurement (■ Nancy, 12 déc. 1968 : *D.* 1969, 300, note Foulon-Piganiol. – V. en ce sens ■ TGI Paris, JAM, 14 juin 1976 : *JCP* 1976, IV, 322).

2) Atteinte aux intérêts de la famille. Sur l'exigence d'une atteinte aux intérêts de la famille, V. ■ Versailles, 13 avr. 1992 : *RTD civ.* 1993, 183, obs. Lucet et Vareille.

3) Violences conjugales. Les dispositions de l'article 220-1 (anc. al. 3), relatives à l'éviction du conjoint violent, sont exclusivement applicables aux époux ; la demande formée par un concubin tendant à se voir attribuer le domicile indivis sur ce fondement ne peut donc qu'être rejetée, le juge ne pouvant statuer par analogie (■ TGI Lille, 21 févr. 2006 : *D.* 2006, 1350, note Labbée ; *Dr. famille* 2006, 141, note Corpart). – Comp. désormais art. 515-9 et s., p. 450. Prive sa décision de base légale la cour d'appel qui prescrit une mesure sur le fondement de l'article 220-1, alinéa 3 (anc.), au motif que l'épouse se trouve en état de choc à la suite d'une explication entre les conjoints au sujet de leur séparation, sans constater l'existence de violences exercées la mettant en danger (■ Cass. 1re civ., 6 févr. 2008 : *Bull. civ.* I, n° 36, p. 29 ; *JCP* 2008, IV, 1457 ; *D.* 2008, 546, obs. Gallmeister, et 1793, obs. Lemouland et Vigneau ; *Dr. famille* 2008, 39, note Larribau-Terneyre ; *RTD civ.* 2008, 278, obs. Hauser ; *JurisData* n° 2008-042647).

II – MESURES SUSCEPTIBLES D'ÊTRE ORDONNÉES

4) Mesures à caractère extrapatrimonial. Sur la possibilité de prescrire des mesures à caractère extrapatrimonial, V. ■ Nancy, 12 déc. 1968 : *D.* 1969, 300, note Foulon-Piganiol. ■ TGI Saintes, 21 oct. 1969 : *JCP* 1970, IV, 223. – *Contra* ■ TGI Pontoise, 23 mars 1966 : *D.* 1966, 516.

5) Gestion d'une société. Les dispositions de l'article 220-1 ne sauraient conduire l'épouse requérante à s'immiscer dans le fonctionnement et la gestion d'une société anonyme dont l'époux défendeur est président-directeur général (■ TGI Annecy, 13 mai 1966 : *Gaz. Pal.* 1966, 2, 87. V. en ce sens ■ Versailles, 25 juin 1996, n° 3370/95 : *JurisData* n° 1996-043325 ; *JCP* 1996, I, 3962, n° 5, obs. Wiederkehr). Mais lorsqu'il est démontré que, subjugé par une jeune maîtresse, le mari a entrepris de dilapider à son profit les biens de la communauté, l'épouse est fondée à s'inquiéter de son action au sein de la société anonyme dans laquelle la communauté possède d'importants intérêts, et il convient de faire droit à sa demande sollicitant l'autorisation de faire immatriculer à son propre nom trente-cinq des soixante et onze actions de la communauté (▪ TGI Digne, 1er juill. 1972 : *JCP* 1973, II, 17443, note Mayer ; *D.* 1973, 259, note Foulon-Piganiol. – Comp. ▪ TGI Nevers, 9 nov. 1973 : *JCP* 1974, IV, 195, note J. A.). La demande de désignation d'un administrateur provisoire d'une SARL dont le capital appartient entièrement, pour moitié pour chacun, aux époux, peut être ordonnée sur le fondement de l'article 220-1 du Code civil (▪ Bordeaux, 9 déc. 2010 : *Dr. famille* 2011, 92, note Larribau-Terneyre ; *JurisData* n° 2010-026893).

6) Déplacement des meubles. L'article 220-1 n'est pas limitatif et ne restreint pas les pouvoirs du juge aux seuls actes de disposition puisqu'il lui permet d'interdire le déplacement des meubles. La requête de la femme tendant à ce qu'il soit fait défense à son mari alcoolique d'utiliser la voiture automobile dépendant de la communauté entre dans l'esprit du texte susvisé (▪ TGI Saint-Brieuc, 1er juin 1967 : *Gaz. Pal.* 1967, 2, 13).

7) Contribution aux charges du mariage. La cause de l'action intentée par la femme séparée de fait en vue de faire fixer la contribution du mari aux charges du mariage est différente de la cause de la demande fondée sur l'article 220-1. Dès lors, la prorogation de séquestre des biens communs en application de ce texte jusqu'à l'acquittement des loyers afférents à l'appartement de la femme n'ajoute pas à la part contributive fixée par le tribunal d'instance au titre de la contribution aux charges du mariage (▪ Cass. 1re civ., 18 nov. 1970 : *JurisData* n° 1970-000307 ; *JCP* 1971, II, 16780, note Patarin).

8) Administrateur provisoire. L'épouse qui ne paye pas les charges afférentes aux immeubles communs dont elle assure la gestion commet un manquement grave à ses devoirs mettant en péril les intérêts de la famille, et les juges du fond peuvent estimer que l'urgence rend nécessaire la désignation d'un administrateur provisoire du patrimoine immobilier de la communauté (▪ Cass. 1re civ., 5 nov. 1996, n° 94-14.798 : *JurisData* n° 1996-004136 ; *JCP* 1997, I, 4047, n° 11, obs. Wiederkehr ; *Bull. civ.* I, n° 374, p. 262 ; *RTD civ.* 1997, 725, obs. Vareille ; *Defrénois* 1997, 814, obs. Champenois).

9) Caractère provisoire des mesures. L'obligation faite au juge par l'article 220-1 de déterminer la durée des mesures de sauvegarde qu'il ordonne n'est pas prévue à peine de la nullité de la décision qui a un caractère provisoire et dont les dispositions peuvent à tout moment être rapportées ou modifiées (▪ Cass. 1re civ., 25 oct. 1972, n° 71-13.073 : *JurisData* n° 1972-000222 ; *JCP* 1972, IV, 279 ; *Bull. civ.* I, n° 222, p. 194).

10) Actes de disposition. Le président du tribunal (le juge aux affaires familiales depuis la loi du 8 janv. 1993) n'ordonne que des mesures provisoires et n'a pas pouvoir général d'autoriser des actes de disposition, tels que la vente d'un immeuble indivis (▪ Versailles, 29 nov. 1991 : *JurisData* n° 1991-047336 ; *JCP* G 1992, IV, 817 ; *JCP* N 1992, II, 374, obs. Wiederkehr).

11) Séparation de biens. Une mesure urgente et provisoire prescrite en application de l'article 220-1 ne fait pas obstacle au prononcé d'une séparation de biens en application de l'article 1443, sans qu'il soit fait obligation d'attraire à l'instance l'administrateur désigné au titre de cette mesure (▪ Cass. 1re civ., 13 nov. 2003 : *JCP* 2004, IV, 1005 ; *JurisData* n° 2003-020903 ; *Bull. civ.* I, n° 228, p. 180 ; *Defrénois* 2005, 713, obs. Champenois).

Art. 220-2 *(L. n° 65-570, 13 juill. 1965).* – **Si l'ordonnance porte interdiction de faire des actes de disposition sur des biens dont l'aliénation est sujette à publicité, elle doit être publiée à la diligence de l'époux requérant. Cette publication cesse de produire effet à l'expiration de la période déterminée par l'ordonnance, sauf à la partie intéressée à obtenir dans l'intervalle une ordonnance modificative, qui sera publiée de la même manière.**

Si l'ordonnance porte interdiction de disposer des meubles corporels, ou de les déplacer, elle est signifiée par le requérant à son conjoint, et a pour effet de rendre celui-ci gardien responsable des meubles dans les mêmes conditions qu'un saisi. Signifiée à un tiers, elle le constitue de mauvaise foi.

Art. 220-3 *(L. n° 65-570, 13 juill. 1965).* – **Sont annulables, à la demande du conjoint requérant, tous les actes accomplis en violation de l'ordonnance, s'ils ont été passés avec un tiers de mauvaise foi, ou même s'agissant d'un bien dont l'aliénation est sujette à publicité, s'ils sont simplement postérieurs à la publication prévue par l'article précédent.**

L'action en nullité est ouverte à l'époux requérant pendant deux années à partir du jour où il a eu connaissance de l'acte, sans pouvoir jamais être intentée, si cet acte est sujet à publicité, plus de deux ans après sa publication.

Art. 221 *(L. n° 65-570, 13 juill. 1965 ; mod., L. n° 85-1372, 23 déc. 1985).* **– Chacun des époux peut se faire ouvrir, sans le consentement de l'autre, tout compte de dépôt et tout compte de titres en son nom personnel.**

À l'égard du dépositaire, le déposant est toujours réputé, même après la dissolution du mariage, avoir la libre disposition des fonds et des titres en dépôt.

Bibliographie : D. Martin, *L'indépendance bancaire des époux : D.* 1989, chron. 135.

1) Effets de la présomption à l'égard du banquier dépositaire. Engage sa responsabilité la caisse d'épargne qui a, sur la demande d'une cliente, transféré sur le compte de celle-ci des parts de SICAV figurant au compte ouvert au nom de son mari. En effet, si l'article 1421 reconnaît à chacun des époux le pouvoir d'administrer seul les biens communs, l'article 221 leur réserve la faculté de se faire ouvrir un compte personnel sans le consentement de l'autre et le banquier ne doit, aux termes de l'article 1937, restituer les fonds déposés qu'à celui au nom duquel le dépôt a été fait ou à celui qui a été indiqué pour les recevoir (■ Cass. 1re civ., 3 juill. 2001 : *JCP* 2002, I, 103, n° 17, obs. Simler ; *Dr. famille* 2001, 120, note Beignier ; *JurisData* n° 2001-010458 ; *Bull. civ.* I, n° 198, p. 126 ; *D.* 2002, 1102, note Comangès ; *RTD civ.* 2001, 941, 2e esp., obs. Vareille ; *Defrénois* 2002, 397, obs. Champenois. V. en ce sens ■ Cass. com., 11 mars 2003, n° 00-16.484 : *JurisData* n° 2003-018170 ; *D.* 2004, 1479, note Laugier. ■ Lyon, 20 sept. 2001, n° 1999/02875 : *JurisData* n° 2001-154205 ; *JCP* N 2003, 1007, note Brémond, admettant par ailleurs le recours du banquier contre le conjoint bénéficiaire du virement sur la base de l'enrichissement sans cause. ■ Cass. 1re civ., 8 juill. 2009, n° 08-17.300 : *Bull. civ.* I, n° 163, p. 144 ; *D.* 2009, 1970, obs. Egéa ; *D.* 2010, 360, note Chénedé, et 2394, obs. Brémond ; *JCP* N 2009, 1329, note Douville ; *JurisData* n° 2009-049070, décidant que la banque négligente, qui a indemnisé le mari dépositaire, est fondée à se prévaloir du bénéfice de la subrogation dès lors que le conjoint n'avait pas le pouvoir de disposer des fonds déposés sur le compte ouvert au seul nom du mari. – V. aussi M. Beaubrun, *L'autonomie bancaire des époux ou le droit matrimonial de demain : Defrénois* 2010, 913. – C. Assimopoulos, *Le point sur l'autonomie bancaire des époux : Dr. famille* 2009, étude 34).

2) *Prélèvement* automatique. Vérification du banquier (non). La banque n'est pas tenue de vérifier l'origine des fonds versés sur le compte personnel d'un époux commun en biens ; le prélèvement automatique effectué par la banque avec l'accord du titulaire du compte qui a la libre disposition des fonds versés sur ce compte a été valablement fait ; il n'est pas une mesure d'exécution mais n'est que la mise en œuvre d'une mesure de fonctionnement du compte (■ Paris, 5 sept. 2000 : *Dr. famille* 2001, 75, 4e arrêt, note Beignier ; *JCP* 2002, I, 103, n° 6, obs. Wiederkehr ; *JurisData* n° 136902).

3) Encaissement par un époux d'un chèque endossé par les deux époux. L'épouse a le pouvoir d'encaisser seule sur son compte personnel le montant du chèque provenant de la vente d'un bien indivis entre elle et son mari (■ Cass. com., 21 nov. 2000, n° 99-19.868 : *JurisData* n° 2001-010458 ; *JCP* G 2002, I, 103, n° 23, obs. Storck ; *JCP* N 2002, 1206, note Brémond ; *Defrénois* 2001, 1127, obs. Champenois ; *D.* 2001, somm. 2932, obs. Brémond ; *RTD civ.* 2001, 941, 1re esp., obs. Vareille. V. en sens inverse, sous l'empire de la loi du 13 juillet 1965, ■ Cass. 1re civ., 11 juin 1991, n° 89-20.878 : *JurisData* n° 1991-001747 ; *JCP* 1992, II, 21899, note crit. Paisant). Chacun des époux ayant, par application de l'article 221 du Code civil, le pouvoir d'encaisser sur son compte personnel le montant d'un chèque établi à son ordre et à celui de son conjoint, pourvu que celui-ci l'ait endossé, la banque qui a porté le montant d'un tel chèque au crédit du compte personnel de l'un des époux puis versé la moitié de ce montant à l'autre époux ne peut agir en répétition de l'indu du chef de ce versement à l'encontre du premier (■ Cass. 1re civ., 16 mai 2013, n° 12-12.207 : *Bull. civ.* I, n° 100, p. 101 ; *Defrénois* 2013, 1145, obs. Champenois ; *Gaz. Pal.* 5-6 juill. 2013, 9, obs. Houin-Bressand, et 18-19 sept. 2013, 17, note Tosi-Dupriet ; *D.* 2013, 2444, obs. Brémond).

4) Clôture par un époux du compte épargne-logement ouvert au nom de l'autre. Il appartient aux juges du fond de rechercher si l'épouse n'a pas ratifié la clôture du plan d'épargne-logement ouvert à son nom en accusant réception de l'attestation des intérêts acquis et en souscrivant avec son époux un prêt à l'aide de ces intérêts (■ Cass. 1re civ., 6 mai 2003 : *JurisData* n° 2003-018903 ; *JCP* G 2003, IV, 2140 ; *JCP* N 2003, 1608, obs. Casey ; *Dr. famille* 2003, 91, note Beignier ; *Bull. civ.* I, n° 106, p. 84 ; *D.* 2003, somm. p. 1865, obs. Brémond).

5) Ouverture de crédit consentie à chacun des époux. L'article 221, qui consacre l'autonomie bancaire des époux, s'oppose à ce que le banquier ayant consenti une ouverture de crédit à chacun des deux époux se fonde sur le total des retraits effectués par les deux époux pour suspendre le contrat au motif que le plafond global est dépassé (■ Douai, 31 mai 2006 : *JCP* G 2007, I, 142, n° 10 ; *JCP* N 2007, I, 1178, n° 10, obs. Wiederkehr ; *JurisData* n° 2006-317100).

6) **Don manuel.** Sur l'application de l'article 221 à un don manuel, V. ▪ Paris, 2 mai 2001, n° 1999/01257 : *JurisData* n° 2001-144144 ; *JCP* 2002, I, 103, n° 7, obs. Wiederkehr.

7) **Séparation de biens.** Sur la propriété des fonds déposés sur un compte joint ouvert par des époux séparés de biens, voir sous art. 1538.

Art. 222 ***(L. n° 65-570, 13 juill. 1965).*** **– Si l'un des époux se présente seul pour faire un acte d'administration, de jouissance ou de disposition sur un bien meuble qu'il détient individuellement, il est réputé, à l'égard des tiers de bonne foi, avoir le pouvoir de faire seul cet acte.**

Cette disposition n'est pas applicable aux meubles meublants visés à l'article 215, alinéa 3, non plus qu'aux meubles corporels dont la nature fait présumer la propriété de l'autre conjoint conformément à l'article 1404.

1) Pour une **application**, voir ▪ Lyon, 30 mai 1973 : *JCP* 1974, II, 17681, note Boulanger ; *D.* 1974, 264, note Massip.

2) Jugé que la **colocation d'un coffre en banque** par une femme mariée et sa fille ne saurait faire échec aux droits du mari, unique administrateur de la communauté, de prendre toutes mesures utiles pour vérifier la consistance de l'actif commun et notamment d'être autorisé judiciairement à faire procéder à l'inventaire des biens en dépôt dans le coffre (▪ Versailles, 27 janv. 1982 : *Defrénois* 1982, 1093, obs. Champenois).

3) **Acompte sur le prix d'un fonds de commerce.** L'épouse ayant acquis seule un fonds de commerce sous l'empire des textes antérieurs à la loi du 23 décembre 1985, il appartient aux juges du fond de rechercher si elle n'était pas réputée, selon l'art. 222, avoir la libre disposition des fonds versés à titre d'acompte (▪ Cass. 1re civ., 5 avr. 1993, n° 90-20.491 : *JurisData* n° 1993-000761 ; *JCP* 1994, I, 3733, n° 14, obs. Simler ; *RTD civ.* 1994, 403, obs. Vareille).

4) **Donation portant sur un bien commun.** Pour un refus d'application de l'article 222 à la donation par le mari d'un véhicule constituant un bien commun, V. ▪ Bordeaux, 14 nov. 2002, n° 01/02000 : *JurisData* n° 2002-204676 ; *Dr. famille* 2003, 149, note Beignier.

Art. 223 ***(L. n° 85-1372, 23 déc. 1985).*** **– Chaque époux peut librement exercer une profession, percevoir ses gains et salaires et en disposer après s'être acquitté des charges du mariage.**

Bibliographie : Ph. Simler, *La mesure de l'indépendance des époux dans la gestion de leurs gains et salaires : JCP* 1989, I, 3398.

Voir : C. com., art. L. 121-4 à L. 121-6, p. 1995. - C. rur., art. L. 321-1 à L. 321-5, p. 2590 et s., et art. L. 411-68, p. 2617.

1) **Disposition des gains et salaires.** Chaque époux, sous la seule condition de s'être acquitté des charges du mariage, a le pouvoir de disposer librement de ses gains et salaires, sans qu'aucune distinction soit faite suivant le régime matrimonial adopté ou selon que la disposition a eu lieu à titre onéreux ou à titre gratuit. Dès lors, les restrictions apportées aux pouvoirs du mari sur les biens communs par les articles 1421 et 1427 ne trouvent leur application qu'en ce qui touche les biens de communauté autres que les gains et salaires (▪ Paris, 19 nov. 1974 : *JurisData* n° 1974-615101 ; *D.* 1975, 614, concl. Cabannes ; *JCP* 1976, II, 18412, note Synvet. – V. en ce sens ▪ Cass. 1re civ., 29 févr. 1984, n° 83-10.092 : *JurisData* n° 1984-700268 ; *D.* 1984, 601, note D. Martin. V. aussi, validant le don manuel fait à la concubine, ▪ Toulouse, 29 mars 2000, n° 1999/00177 : *JurisData* n° 2000-116783 ; *Dr. famille* 2000, 100, note Beignier). Mais jugé que les bons de caisse *acquis avec le salaire du mari* et les économies réalisées sur les fruits et revenus de ses biens propres constituent au sens de l'article 1401 des acquêts de communauté auxquels ne s'appliquent pas les dispositions de l'article 224 (▪ Cass. 1re civ., 22 oct. 1980, n° 79-14.138 : *JurisData* n° 1980-705137 ; *JCP* 1982, II, 19757, note Le Guidec).

2) **Caractère commun des gains et salaires.** Sur le principe que les gains et salaires font partie de la communauté, V. ▪ Cass. 1re civ., 8 févr. 1978, n° 75-15.731 : *Bull. civ.* I, n° 53, p. 46. ▪ Paris, 20 oct. 1982 : *JurisData* n° 1982-600079 ; *D.* 1984, 126, note Paisant). Les salaires ayant le caractère de biens communs, leur remise entre les mains de l'épouse ne peut s'analyser en une libéralité faite à celle-ci ou en un avantage matrimonial et la communauté est seulement en droit de demander raison à la femme des sommes qu'elle aurait consommées frauduleusement (▪ Cass. 1re civ., 31 mars 1992, n° 90-18.760 : *JurisData* n° 1992-001067 ; *JCP* 1992, IV, 1619 ; *Bull. civ.* I, n° 95, p. 63).

3) **Achat d'un billet de loto.** Lorsque la femme a acheté un billet de loto à l'aide de deniers provenant de sa retraite, c'est-à-dire des revenus différés de son travail ou de son industrie, le gain qui en provient participe de la même nature et compose dès lors potentiellement la masse active de la communauté (▪ TGI Créteil, 18 janv. 1988 : *JurisData* n° 1988-605272 ; *JCP* 1989, II, 21385, note Simler ; *D.* 1989, 37, note Champenois).

4) Application dans le temps. Les dispositions des articles 214 à 226 s'appliquent à tous les époux, sans qu'il y ait lieu de considérer l'époque à laquelle le mariage a été célébré (■ Cass. 1re civ., 25 janv. 2005, n° 96-19.878 : *JurisData* n° 2005-026637 ; *Dr. famille* 2005, 95, note Larribau-Terneyre).

Art. 224 *(Abr., L. n° 85-1372, 23 déc. 1985).*

Art. 225 *(L. n° 85-1372, 23 déc. 1985).* – **Chacun des époux administre, oblige et aliène seul ses biens personnels.**

Art. 225-1 *(L. n° 2013-404, 17 mai 2013).* – (1) **Chacun des époux peut porter, à titre d'usage, le nom de l'autre époux, par substitution ou adjonction à son propre nom dans l'ordre qu'il choisit.**

Bibliographie : I. Corpart, *Le nom d'usage des époux dans tous ses états : Dr. famille* 2013, étude 13.

Art. 226 *(L. n° 65-570, 13 juill. 1965).* – **Les dispositions du présent chapitre, en tous les points où elles ne réservent pas l'application des conventions matrimoniales, sont applicables, par le seul effet du mariage, quel que soit le régime matrimonial des époux.**

Bibliographie : A. Karm, *Permanence et évolutions du régime primaire depuis 1965 : JCP* N 2015, 1120. • S. Deville, *La proportionnalité et le régime matrimonial primaire : Defrénois* 2016, 395.

1) Séparation amiable. Devoir de fidélité. Voir relevant que l'accord de séparation amiable ne dispensait pas les époux de leur obligation de fidélité, ■ Grenoble, 3 mai 2000, n° 99/01203 : *JurisData* n° 2000-119946 ; *Dr. famille* 2001, 28, 4e esp., note crit. Lécuyer.

2) Obligation d'entretien des enfants. L'obligation d'entretenir et d'élever les enfants est une obligation légale d'ordre public insusceptible de renonciation (■ Cass. 2e civ., 2 mai 2001, n° 99-15.714 : *JurisData* n° 2001-009372 ; *Dr. famille* 2001, 78, 1re esp., note Lécuyer ; *Bull. civ.* II, n° 80, p. 55 ; *Defrénois* 2001, 1353, obs. Massip).

CHAPITRE VII. – DE LA DISSOLUTION DU MARIAGE

Art. 227 *(Mod., L. 31 mai 1854).* – **Le mariage se dissout :**

1° Par la mort de l'un des époux ;

2° Par le divorce légalement prononcé.

CHAPITRE VIII. – DES SECONDS MARIAGES

(Abr., L. n° 2004-439, 26 mai 2004)

TITRE VI. – DU DIVORCE

Art. 228 *(Abr., L. n° 2009-526, 12 mai 2009).*

Voir : sur la compétence du juge aux affaires familiales, CPC, art. 1070 et s., p. 2334.

CHAPITRE I. – DES CAS DE DIVORCE

Bibliographie : H. Fulchiron, *Les métamorphoses des cas de divorce : Defrénois* 2004, 1103. • G. Serra, *De la question du divorce sans faute et sans juge* in *Mélanges Françoise Dekeuwer-Défossez*, Montchrestien 2012, 357.

Art. 229 *(Rempl., L. n° 2004-439, 26 mai 2004 ; mod., L. n° 2016-1547, 18 nov. 2016).* – **Les époux peuvent consentir mutuellement à leur divorce par acte sous signature privée contresigné par avocats, déposé au rang des minutes d'un notaire.**

(1) Dispositions applicables en Nouvelle-Calédonie, dans les îles Wallis-et-Futuna et en Polynésie française, L. n° 2013-404, 17 mai 2013, art. 22.

Le divorce peut être prononcé en cas :
- **soit de consentement mutuel, dans le cas prévu au 1° de l'article 229-2** (1) **;**
- **soit d'acceptation du principe de la rupture du mariage ;**
- **soit d'altération définitive du lien conjugal ;**
- **soit de faute.**

Rédaction antérieure. Art. 229. – Le divorce peut être prononcé en cas :
- soit de consentement mutuel ;
- soit d'acceptation du principe de la rupture du mariage ;
- soit d'altération définitive du lien conjugal ;
- soit de faute.

Sur la reconnaissance constitutionnelle de la **liberté de mettre fin au mariage**, V. ▪ Cons. const., déc. 29 juill. 2016, n° 2016-557 QPC : art. 274, annot. n° 2, p. 257. V. A. Gouëzel, *Réflexions sur la « liberté de mettre fin aux liens du mariage » : Dr. famille* 2017, étude 19. – Comp., en droit européen, ▪ CEDH, 10 janv. 2017, n° 1955/10, *Babiarz c/ Pologne : Dr. famille* déc. 2017, chron. 3, n° 1, Gouttenoire et Marchadier. V. aussi P. Hilt, *L'incontournable droit au divorce : LPA* 29 déc. 2017, 9.

Section I. – Du divorce par consentement mutuel

(L. n° 75-617, 11 juill. 1975 ; mod., L. n° 2004-439, 26 mai 2004 ; L. n° 2016-1547, 18 nov. 2016)

Bibliographie : *(L. n° 2016-1547, 18 nov. 2016).* N. Baillon-Wirtz, *La déjudiciarisation précipitée du divorce par consentement mutuel : JCP* G 2016, 643 (projet de loi). • Dossier in *Dr. famille* 2016, 23 et s. (projet de loi) et *Dr. famille* 2017, 1 et s. • Dossier in *AJF* janv. 2017, p. 13 (1re partie) et févr. 2017, p. 95 (2e partie). • H. Fulchiron, *Divorcer sans juge. À propos de la loi n° 2016-1547 du 18 novembre 2016 de modernisation de la justice du XXIe siècle : JCP* G 2016, 1267. • D. Filosa, *Divorce par acte d'avocats et enjeux liquidatifs : Defrénois* 2016, 1307. • J. Gautier, *Critique de la déjudiciarisation à marche forcée : l'exemple du divorce par consentement mutuel devant le notaire dans la loi de modernisation de la justice du XXIe siècle : LPA* 21 nov. 2016, 7. • C. Lienhard, *Le nouveau divorce par consentement mutuel. Une révolution culturelle : D.* 2017, 307. • S. Ferré-André, *Nouveau regard sur le divorce après la loi du 18 novembre 2016. Le divorce sans juge, entre évolution et régression : Defrénois* 2017, 125. • *Le Nouveau divorce « sans juge »,* Dossier in *JCP* N 2017, 1274 et s. • W. Nonnenmacher, *De quelques aspects de la force exécutoire du divorce non judiciaire : JCP* N 2017, 1338. • H. Fulchiron, *Le divorce par acte sous signature privée contresigné par avocat et enregistré par notaire : Defrénois* 2017, 613. • B. Mallevaey, *L'intérêt de l'enfant et la réforme du divorce par consentement mutuel : LPA* 29 juin 2017, 6 ; *Divorce sans juge : les risques à l'égard des époux : LPA* 27 nov. 2017, 14. • A. Cathelineau-Roulaud, *Le nouveau divorce sans juge : LPA* 15 déc. 2017, 10. • V. Poure, *La convention de divorce par consentement mutuel : un contrat à part, mais un contrat tout de même : Dr. famille* 2018, étude 5. • Dossier *Le divorce sans juge. Bilan après un an d'application : Dr. famille* 2018, dossier 21 et s. • Dossier *Divorce par consentement mutuel : le bilan : AJF* févr. 2018, p. 71 (1re partie) et mars 2018, p. 143 (2e partie).

Sur le rôle du notaire. C. Brenner, *Le nouveau divorce par consentement mutuel : retour à l'an II ? : JCP* G 2017, act. 195, et *JCP* N 2017, 262. • S. Torricelli-Chrifi, *Divorce contractuel : quel(s) acte(s) pour quelle(s) responsabilité(s) : JCP* N 2016, 1193 ; *Divorce contractuel : le notaire doit-il fermer les yeux ? : JCP* N 2017, 1159, et *Dr. famille* 2017, étude 12. • C. Blanchard, *La fonction du notaire dans le divorce déjudiciarisé : JCP* N 2017, 1002. • N. Couzigou-Suhas, *Réflexions pratiques sur le divorce sans juge. Les rôles complémentaires des avocats et du notaire : Defrénois* 2017, 131. • R. Dupuis-Bernard, *Divorce par consentement mutuel : le nouvel acte de dépôt, rôle et mission du notaire : Defrénois* 2017, 626. • C. Gijsbers, *Divorce sans juge : le notaire peut-il apposer la formule exécutoire ? : Defrénois* 14 sept. 2017, n° 18, 27.

Sur les aspects internationaux. D. Boulanger, *Divorce extrajudiciaire et extraterritorialité : faut-il s'inquiéter ? : JCP* N 2017, 263. • A. Devers, *Le divorce sans juge en droit international privé : Dr. famille* 2017, dossier 5. • P. Hammje, *Le divorce par consentement mutuel extrajudiciaire et le droit international privé. Les aléas d'un divorce sans for : Rev. crit. DIP* 2017, 143. • C. Nourissat, *Le divorce conventionnel à l'épreuve de l'ordre juridique de l'Union : JCP* N 2017, 548. • L. Galliez, *La reconnaissance du divorce par consentement mutuel en DIP : JCP* N 2017, 1319. • A. de Guillenchmidt-Guignot, *Divorce par consentement mutuel en droit international privé : brèves observations pour une modification du Code civil : Dr. famille* janv. 2018, dossier, 2. • J.-S. Quéguiner, Le divorce sans juge en droit international privé : Dr. famille 2018, dossier 23. • R. Crône, *« Nouveau divorce » par consentement mutuel : aspects internationaux : Defrénois 30 août 2018, n° 34, p. 27.*

(1) Les mots « dans le cas prévu au 1° de l'article 229-2 » ne sont pas applicables aux procédures en cours devant le juge lorsque les requêtes en divorce ont été déposées au greffe avant l'entrée en vigueur dudit article (L. n° 2016-1547, 18 nov. 2016, art. 114, V).

§ 1. – Du divorce par consentement mutuel par acte sous signature privée contresigné par avocats, déposé au rang des minutes d'un notaire

(Paragraphe créé à compter du 1er janvier 2017, L. n° 2016-1547, 18 nov. 2016)

Art. 229-1 *(L. n° 2016-1547, 18 nov. 2016)*. – Lorsque les époux s'entendent sur la rupture du mariage et ses effets, ils constatent, assistés chacun par un avocat, leur accord dans une convention prenant la forme d'un acte sous signature privée contresigné par leurs avocats et établi dans les conditions prévues à l'article 1374.

Cette convention est déposée au rang des minutes d'un notaire, qui contrôle le respect des exigences formelles prévues aux 1° à 6° de l'article 229-3. Il s'assure également que le projet de convention n'a pas été signé avant l'expiration du délai de réflexion prévu à l'article 229-4.

Ce dépôt donne ses effets à la convention en lui conférant date certaine et force exécutoire.

Sur la conformité à la Constitution du nouveau divorce par consentement mutuel, V. ■ Cons. const., déc. 17 nov. 2016, n° 2016-739 DC : *RTD civ.* 2017, 107, obs. Hauser ; *Nouv. Cah. Cons. const.* 2017, n° 55-56, 187, chron. Piazzon.

Art. 229-2 *(L. n° 2016-1547, 18 nov. 2016)*. – Les époux ne peuvent consentir mutuellement à leur divorce par acte sous signature privée contresigné par avocats lorsque :

1° Le mineur, informé par ses parents de son droit à être entendu par le juge dans les conditions prévues à l'article 388-1, demande son audition par le juge ;

2° L'un des époux se trouve placé sous l'un des régimes de protection prévus au chapitre II du titre XI du présent livre.

Art. 229-3 *(L. n° 2016-1547, 18 nov. 2016)*. – Le consentement au divorce et à ses effets ne se présume pas.

La convention comporte expressément, à peine de nullité :

1° Les nom, prénoms, profession, résidence, nationalité, date et lieu de naissance de chacun des époux, la date et le lieu de mariage, ainsi que les mêmes indications, le cas échéant, pour chacun de leurs enfants ;

2° Le nom, l'adresse professionnelle et la structure d'exercice professionnel des avocats chargés d'assister les époux ainsi que le barreau auquel ils sont inscrits ;

3° La mention de l'accord des époux sur la rupture du mariage et sur ses effets dans les termes énoncés par la convention ;

4° Les modalités du règlement complet des effets du divorce conformément au chapitre III du présent titre, notamment s'il y a lieu au versement d'une prestation compensatoire ;

5° L'état liquidatif du régime matrimonial, le cas échéant, en la forme authentique devant notaire lorsque la liquidation porte sur des biens soumis à publicité foncière, ou la déclaration qu'il n'y a pas lieu à liquidation ;

6° La mention que le mineur a été informé par ses parents de son droit à être entendu par le juge dans les conditions prévues à l'article 388-1 et qu'il ne souhaite pas faire usage de cette faculté.

Art. 229-4 *(L. n° 2016-1547, 18 nov. 2016)*. – L'avocat adresse à l'époux qu'il assiste, par lettre recommandée avec demande d'avis de réception, un projet de convention, qui ne peut être signé, à peine de nullité, avant l'expiration d'un délai de réflexion d'une durée de quinze jours à compter de la réception.

La convention a force exécutoire au jour où elle acquiert date certaine.

Bibliographie : L.-F. Pignarre, *Délai de réflexion et divorce sans juge : du bon usage de la condition* : *D.* 2018, 32.

Voir : CPC, art. 1144 et s., p. 2346 (D. n° 2016-1907, 28 déc. 2016 : *Dr. famille* 2017, 26, note Binet).

Voir aussi : Circ. min. Justice n° NOR JUSC1638274C, 26 janv. 2017 (C. Blanchard, *Éclaircissements sur l'application du nouveau divorce par consentement mutuel* : *JCP* N 2017, 237).

§ 2. – Du divorce par consentement mutuel judiciaire

(Intitulé créé à compter du 1er janvier 2017, L. n° 2016-1547, 18 nov. 2016)

Art. 230 *(Rempl., L. n° 2004-439, 26 mai 2004 ; mod., L. n° 2016-1547, 18 nov. 2016)*. – Dans le cas prévu au 1° de l'article 229-2 (1), le divorce peut être demandé conjointement par les époux lorsqu'ils

(1) Les mots « dans le cas prévu au 1° de l'article 229-2 » ne sont pas applicables aux procédures en cours devant le juge lorsque les requêtes en divorce ont été déposées au greffe avant l'entrée en vigueur dudit article (L. n° 2016-1547, 18 nov. 2016, art. 114, V).

s'entendent sur la rupture du mariage et ses effets en soumettant à l'approbation du juge une convention réglant les conséquences du divorce.

1) Indifférence des mobiles des époux. La décision de divorce prononcée sur la demande conjointe des deux époux ne peut être annulée, sur demande du Ministère public, en raison des mobiles qui ont pu inspirer les époux (■ Cass. 1re civ., 17 nov. 1981, n° 80-14.728 : *JurisData* n° 1981-703325 ; *Bull. civ.* I, n° 338, p. 286 ; *D.* 1982, 573, note Guiho ; *JCP* 1982, II, 19842, note Gobert).

2) Homologation de la convention. Les conventions des parties intéressant directement ou indirectement le règlement des effets du divorce ne sont valables que si elles sont soumises à homologation (■ Cass. 2e civ., 11 oct. 1989, n° 88-13.462 : *JurisData* n° 1989-003380 ; *Bull. civ.* II, n° 168, p. 86). La soumission au juge d'un projet de convention définitive est une condition de recevabilité (■ TGI Strasbourg, 26 mars 1979 : *JurisData* n° 1979-000115 ; *D.* 1981, 12, note Lienhard). Seule la convention homologuée fait la loi des parties, à l'exclusion de toute contre-lettre (■ Paris, 30 avr. 1982 : *JurisData* n° 1982-601263 ; *Gaz. Pal.* 1982, 2, 617, note J. M.). Le prononcé du divorce et l'homologation de la convention ont un caractère indissociable (■ Cass. 1re civ., 5 nov. 2008 : *Bull. civ.* I, n° 247, p. 211 ; *Defrénois* 2009, 547, obs. Massip ; *RTD civ.* 2009, 100, obs. Hauser ; *JCP* 2008, IV, 2937 ; *D.* 2008, inf. rap. 2939 ; *Dr. famille* 2008, 170, note Larribau-Terneyre ; *D.* 2009, somm. 837, obs. Serra ; *JCP* N 2010, 1363, obs. Lesbats ; *JurisData* n° 2008-045677, irrecevabilité du recours en révision partielle contre le jugement en ce qu'il a homologué la convention des parties relative au partage des biens). Sur la force exécutoire de la convention, V. art. 279, p. 265.

3) Biens soumis à la publicité foncière. Sur la nécessité de la forme authentique devant notaire lorsque la liquidation porte sur des biens soumis à la publicité foncière, voir CPC, art. 1091, p. 2338. – Voir pour une application du principe, ■ Cass. 2e civ., 28 mars 1979 : *JurisData* n° 1979-799097 ; *JCP* 1979, II, 19231, note Lindon. C'est au jour de la signature qu'il convient de se placer pour savoir si l'actif à partager comprend ou non des biens soumis à publicité foncière (■ Dijon, 18 mars 1981 : *JurisData* n° 1981-600772 ; *Gaz. Pal.* 1981, 1, 367, note Brazier).

4) État liquidatif. La convention annexée à la requête doit comporter un état liquidatif de l'ensemble de la communauté (■ Cass. 2e civ., 11 juill. 1985, n° 84-14.220 : *JurisData* n° 1985-002382 ; *Bull. civ.* II, n° 138, p. 92, convention notariée d'indivision portant sur trois immeubles communs). Des époux mariés sous un régime de séparation et propriétaires de biens indivis peuvent décider de maintenir ces biens dans l'indivision sans qu'il soit nécessaire d'établir un état liquidatif notarié (■ Bastia, 30 janv. 2008 : *JCP* 2008, IV, 2403 ; *JurisData* n° 2008-356677). La convention ne peut être homologuée si elle contient des stipulations devant être soumises à l'accord des parents de l'épouse et ne comprend qu'un « aperçu liquidatif » (■ Cass. 2e civ., 21 mars 1983, n° 81-11.776 : *JurisData* n° 1983-700597 ; *Bull. civ.* II, n° 85, p. 57).

5) Conseil commun. L'avocat qui a été le conseil commun des époux dans une procédure de divorce par requête conjointe manque à la délicatesse en acceptant d'être ensuite le conseil de l'épouse dans une autre procédure de divorce pour faute dans laquelle les intérêts pécuniaires des époux sont en opposition (■ Cass. 1re civ., 20 janv. 1993, n° 91-15.548 : *JurisData* n° 1993-000040 ; *JCP* 1993, IV, 695 ; *Bull. civ.* I, n° 22, p. 14).

Art. 231 *(Abr., L. n° 2004-439, 26 mai 2004).*

Art. 232 *(Rempl., L. n° 2004-439, 26 mai 2004).* – **Le juge homologue la convention et prononce le divorce s'il a acquis la conviction que la volonté de chacun des époux est réelle et que leur consentement est libre et éclairé.**

Il peut refuser l'homologation et ne pas prononcer le divorce s'il constate que la convention préserve insuffisamment les intérêts des enfants ou de l'un des époux.

1) Rejet de la demande. Tenu de s'assurer de la volonté réelle et du libre accord persistant des époux, le juge qui constate que cette condition mise par la loi au divorce sur demande conjointe n'est pas remplie est fondé à rejeter la demande (■ Cass. 2e civ., 29 sept. 1982 : *JurisData* n° 1982-702176 ; *Bull. civ.* II, n° 116, p. 86 ; *Gaz. Pal.* 1983, 2, 558, note Massip).

2) Intérêts des enfants et des époux. L'utilisation, dans une décision judiciaire, de motifs établis d'avance sur un formulaire n'étant prohibée par aucun texte, le juge peut énoncer, par des motifs imprimés, que les intéressés ont persisté dans leur libre accord et que la convention préserve suffisamment les intérêts des enfants et de chacun des époux (■ Cass. 2e civ., 14 févr. 1990, n° 88-12.648 : *JurisData* n° 1990-700243 ; *JCP* 1990, IV, 140). Mais jugé qu'il doit constater que la convention préserve suffisamment l'intérêt des enfants ou de l'un des époux sans se contenter d'énoncer qu'il échet de l'homologuer

(■ Cass. 1re civ., 27 mai 1998, n° 96-19.161 : *JurisData* n° 1998-002333 ; *JCP* 1998, IV, 2604 ; *Bull. civ.* II, n° 165, p. 98 ; *Dr. famille* 1998, 170, note Lécuyer). Il ne suffit pas de constater que les intérêts des époux sont suffisamment préservés, il faut aussi examiner si la convention préserve les intérêts des enfants (■ Cass. 2e civ., 24 févr. 2000, n° 98-19.177 : *JurisData* n° 2000-000592 ; *JCP* 2000, IV, 1633 ; *Bull. civ.* II, n° 33, p. 21 ; *Dr. famille* 2000, 57, note Lécuyer ; *Defrénois* 2000, 1050, obs. Massip).

3) Impôts. Le silence de la convention définitive sur la charge des impôts dus par le ménage peut être interprété comme un engagement pris par le mari, qui savait que des impositions étaient dues et qui était seul en relation avec l'Administration fiscale, d'acquitter la totalité de ces impôts (■ Cass. 2e civ., 18 juill. 1984 : *JurisData* n° 1984-701430 ; *Gaz. Pal.* 1985, 1, 245, note Massip).

4) Indivision entre les époux. S'il est certain que le divorce met fin à la communauté, il est toujours possible aux époux de maintenir l'indivision en se conformant aux règles édictées par les articles 1873-2 et suivants (■ Nîmes, 9 mars 1983 : *Gaz. Pal.* 1983, 2, 410, note Brazier).

Section II. – Du divorce accepté

(L. n° 75-617, 11 juill. 1975 ; intitulé rempl., L. n° 2004-439, 26 mai 2004)

Art. 233 ***(Rempl. et transféré à la présente sect., L. n° 2004-439, 26 mai 2004).*** **– Le divorce peut être demandé par l'un ou l'autre des époux ou par les deux lorsqu'ils acceptent le principe de la rupture du mariage sans considération des faits à l'origine de celle-ci.**

Cette acceptation n'est pas susceptible de rétractation, même par la voie de l'appel.

Rédaction future. Art. 233 ***(Rempl., à compter d'une date fixée par décret en Conseil d'État, et au plus tard le 1er septembre 2020, L. n° 2019-222, 23 mars 2019)*** (1). – Le divorce peut être demandé conjointement par les époux lorsqu'ils acceptent le principe de la rupture du mariage sans considération des faits à l'origine de celle-ci.

Il peut être demandé par l'un ou l'autre des époux ou par les deux lorsque chacun d'eux, assisté d'un avocat, a accepté le principe de la rupture du mariage par acte sous signature privée contresigné par avocats, qui peut être conclu avant l'introduction de l'instance.

Le principe de la rupture du mariage peut aussi être accepté par les époux à tout moment de la procédure.

L'acceptation n'est pas susceptible de rétractation, même par la voie de l'appel.

1) Interdiction de la rétractation. Voir, pour une application, ■ Agen, 22 mars 2007 : *JCP* 2007, IV, 2530 ; *JurisData* n° 2007-333677.

2) Irrecevabilité de l'appel contre l'ordonnance de non-conciliation. Voir, pour une application, ■ Douai, 15 oct. 2009 : *JCP* 2009, n° 47, act. 452, obs. Labbée ; *RTD civ.* 2010, 87, obs. Hauser ; *JurisData* n° 2009-012990.

3) Vices du consentement. Sur la possibilité de remettre en cause l'acceptation du principe de la rupture du mariage en cas de vice du consentement, V. ■ Cass., avis, 9 juin 2008 : *Bull. civ.* avis, n° 4, p. 5 ; *JCP* 2009, I, 102, n° 2, obs. Coutant-Lapalus ; *D.* 2008, 1827, obs. Gallmeister ; *RTD civ.* 2008, 461, obs. Hauser ; *Dr. famille* 2008, 119, note Azanant ; *JurisData* n° 2008-044396. – V. aussi ■ Agen, 13 mars 2008 : *Dr. famille* 2009, 22, note Larribau-Terneyre ; *JurisData* n° 2008-362060. ■ Bordeaux, 4 nov. 2009 : *Dr. famille* 2010, 20, obs. Larribau-Terneyre ; *JurisData* n° 2009-014507. ■ Douai, 17 févr. 2011 : *JCP* 2011, n° 19, note 552, Labbée ; *JurisData* n° 2011-002934.

4) Maintien du devoir de secours. L'appel général d'un jugement prononçant un divorce sur le fondement des articles 233 et 234 du Code civil ne met pas fin au devoir de secours, la décision n'acquérant force de chose jugée qu'après épuisement des voies de recours (■ Cass., avis, 9 juin 2008, préc., note 2).

5) Force de chose jugée. En cas d'appel général d'un jugement de divorce, la décision quant au divorce ne peut passer en force de chose jugée, sauf acquiescement ou désistement, avant le prononcé de l'arrêt, peu important, même en cas de divorce sur demande acceptée, que l'acceptation du principe de la rupture ne puisse plus être contestée, sauf vice du consentement (■ Cass. 1re civ., 14 mars 2012, n° 11-13.954 : *Bull. civ.* I, n° 55, p. 48 ; *RTD civ.* 2012, 298, obs. Hauser, et 573, obs. Perrot).

(1) Lorsque la requête initiale a été présentée avant l'entrée en vigueur prévue par la première phrase du VII de l'article 109 de la loi n° 2019-222 du 23 mars 2019, l'action en divorce ou en séparation de corps est poursuivie et jugée conformément aux dispositions du Code civil dans leur rédaction antérieure à la même entrée en vigueur. Dans ce cas, le jugement rendu après ladite entrée en vigueur produit les effets prévus par la loi ancienne, L. n° 2019-222, 23 mars 2019, art. 109, VII.

Art. 234 *(Rempl. et transféré à la présente sect., L. n° 2004-439, 26 mai 2004).* **– S'il a acquis la conviction que chacun des époux a donné librement son accord, le juge prononce le divorce et statue sur ses conséquences.**

Art. 235 et 236 *(Abr., L. n° 2004-439, 26 mai 2004).*

Section III. – Du divorce pour altération définitive du lien conjugal

(L. n° 75-617, 11 juill. 1975 ; mod., L. n° 92-1336, 16 déc. 1992 ; L. n° 93-22, 8 janv. 1993 ; rempl., L. n° 2004-439, 26 mai 2004)

Bibliographie : J. Hauser, *Le divorce pour l'altération définitive du lien conjugal et la société de la réalité : Dr. famille* 2005, chron. 3. • A. Alati, *Les opposants au divorce pour altération définitive du lien conjugal devant la Cour de cassation : stratégies variables pour déjouer le prononcé : LPA* 15 juin 2016, 7. • J. Guarrigue, *La réforme projetée du divorce pour altération définitive du lien conjugal : ultime étape avant la rupture purement discrétionnaire ? : LPA* 10 oct. 2018, 6.

Art. 237 *(Rempl. et transféré à la présente sect., L. n° 2004-439, 26 mai 2004).* **– Le divorce peut être demandé par l'un des époux lorsque le lien conjugal est définitivement altéré.**

1) Droits de l'homme. La question de la conformité à la Constitution des articles 237 et 238 du Code civil ne présente pas un caractère sérieux dès lors, d'abord, que le prononcé du divorce après constatation de l'altération définitive du lien conjugal ne contrevient pas au droit de mener une vie familiale normale, ensuite, qu'étant accordée à chacun des époux, cette possibilité de demander le divorce n'est pas contraire au principe d'égalité (▪ Cass. 1re civ., 6 juin 2012, n° 12-40.027 : *RTD civ.* 2012, 513, obs. Hauser ; *Dr. famille* 2012, 141, note Larribau-Terneyre ; *JurisData* n° 2012-012288). Pour le rejet du grief tiré de l'atteinte aux droits de la défense, V. ▪ Cass. 1re civ., 6 juin 2012, n° 12-40.028 : *Dr. famille* 2012, 166, note Larribau-Terneyre ; *JurisData* n° 2012-012298. Le prononcé du divorce pour rupture de la vie commune prévu par l'article 237 (anc.) n'est pas contraire aux dispositions de l'article 8 de la Convention européenne de sauvegarde des droits de l'homme et des libertés fondamentales (▪ Cass. 2e civ., 25 mars 1987, n° 85-12.262 : *JurisData* n° 1987-000607 ; *Bull. civ.* II, n° 76, p. 42). De même, le prononcé du divorce pour altération définitive du lien conjugal, qui implique une cessation de la communauté de vie entre des époux séparés depuis deux ans lors de l'assignation en divorce, ne peut être contraire aux dispositions de l'article 8 de la Conv. EDH (▪ Cass. 1re civ., 15 avr. 2015, n° 13-27.898 : *Bull.* ; *D.* 2015, 921, obs. Mésa ; *RTD civ.* 2015, 591, obs. Hauser ; *Dr. famille* 2015, 114, note Binet ; *JurisData* n° 2015-008103).

2) Renonciation au droit de demander le divorce. Nul ne peut valablement renoncer à un droit d'ordre public avant qu'il ne soit acquis. Dès lors, l'engagement du mari de ne pas demander le divorce pour rupture de la vie commune prévu par l'article 237 (anc.) avant l'expiration d'un certain délai, souscrit moins de six ans après la séparation de fait, ne peut faire obstacle au prononcé du divorce (▪ Cass. 2e civ., 25 mars 1991, n° 89-21.199 : *JurisData* n° 1991-000904 ; *Bull. civ.* II, n° 102, p. 54 ; *RTD civ.* 1991, 504, obs. Hauser et Huet-Weiller).

Art. 238 *(Rempl. et transféré à la présente sect., L. n° 2004-439, 26 mai 2004).* **– L'altération définitive du lien conjugal résulte de la cessation de la communauté de vie entre les époux, lorsqu'ils vivent séparés depuis deux ans lors de l'assignation en divorce.**

Nonobstant ces dispositions, le divorce est prononcé pour altération définitive du lien conjugal dans le cas prévu au second alinéa de l'article 246, dès lors que la demande présentée sur ce fondement est formée à titre reconventionnel.

Rédaction future. Art. 238 *(Rempl., à compter d'une date fixée par décret en Conseil d'État, et au plus tard le 1er septembre 2020, L. n° 2019-222, 23 mars 2019)* (1). – L'altération définitive du lien conjugal résulte de la cessation de la communauté de vie entre les époux, lorsqu'ils vivent séparés depuis un an lors de la demande en divorce.

Si le demandeur a introduit l'instance sans indiquer les motifs de sa demande, le délai caractérisant l'altération définitive du lien conjugal est apprécié au prononcé du divorce.

(1) Lorsque la requête initiale a été présentée avant l'entrée en vigueur prévue par la première phrase du VII de l'article 109 de la loi n° 2019-222 du 23 mars 2019, l'action en divorce ou en séparation de corps est poursuivie et jugée conformément aux dispositions du Code civil dans leur rédaction antérieure à la même entrée en vigueur. Dans ce cas, le jugement rendu après ladite entrée en vigueur produit les effets prévus par la loi ancienne, L. n° 2019-222, 23 mars 2019, art. 109, VII.

Toutefois, sans préjudice des dispositions de l'article 246, dès lors qu'une demande sur ce fondement et une autre demande en divorce sont concurremment présentées, le divorce est prononcé pour altération définitive du lien conjugal sans que le délai d'un an ne soit exigé.

1) Application dans le temps. Selon l'article 33, IV, de la loi n° 2004-439 du 26 mai 2004 (V. L. n° 2004-439, 26 mai 2004, art. 33, p. 3209), l'article 238 n'est pas applicable lorsqu'une décision de première instance a été rendue avant l'entrée en vigueur de cette loi (■ Cass. 1re civ., 5 mars 2008 : *Bull. civ.* I, n° 63, p. 53 ; *D.* 2008, inf. rap. 922 ; *JCP* 2008, IV, 1630 ; *Dr. famille* 2008, 54, note Larribau-Terneyre ; *RTD civ.* 2008, 280, obs. Hauser ; *JurisData* n° 2008-042985, cassation de l'arrêt ayant appliqué l'article 33, II, *b)* de la loi du 26 mai 2004).

2) Cessation de la communauté de vie. L'article 237 (anc.) n'effectuant aucune distinction quant aux circonstances ayant accompagné la séparation, il suffit que la communauté de vie tant matérielle qu'affective ait cessé entre les époux (■ Cass. 2e civ., 30 janv. 1980, n° 79-12.470 : *JurisData* n° 1980-000017 ; *JCP* 1981, II, 19521, note Lindon. ■ Cass. 2e civ., 2 oct. 1980 : *JurisData* n° 1980-705099 ; *D.* 1981, inf. rap., p. 70, 3e esp.). Il y a séparation de fait au sens de l'article 237 (anc.) quand un mari a quitté le foyer conjugal pour vivre avec sa maîtresse dont il avait eu un enfant, le fait de conserver avec son épouse de bonnes relations ne comportant ni cohabitation ni intimité d'existence et n'impliquant pas chez le mari l'intention de vivre autrement que séparé de sa femme (■ Cass. 2e civ., 11 juill. 1979, n° 78-11.518 : *Bull. civ.* II, n° 206, p. 142), mais il en va autrement si le mari, bien qu'habitant une résidence distincte, a cependant continué à fréquenter l'épouse chaque semaine en passant au moins une nuit au domicile conjugal et lui a adressé des lettres contenant des termes affectueux (■ Nancy, 27 avr. 1992 : *JurisData* n° 1992-041953 ; *JCP* 1992, IV, 2478). L'ordonnance du magistrat conciliateur autorisant les époux à résider séparément est sans incidence sur l'existence de la séparation (■ Cass. 2e civ., 31 janv. 1980 : *Gaz. Pal.* 1980, 1, 299, note Viatte). A souverainement admis que toute communauté de vie avait cessé entre les époux la cour d'appel qui a relevé que, peu après la décision ayant prononcé la séparation de corps, les conjoints ont demandé l'homologation du partage des meubles, de l'argent liquide et des fonds déposés en banque (■ Cass. 2e civ., 11 déc. 1991, n° 89-20.063 : *JurisData* n° 1991-003460 ; *JCP* 1992, IV, 550 ; *Bull. civ.* II, n° 343, p. 180 ; *RTD civ.* 1992, 542, obs. Hauser et Huet-Weiller). Le partage de la maison en deux espaces distincts (un étage pour chaque époux) n'établit pas la fin de la cohabitation et la cessation de toute communauté de vie justifiant le prononcé du divorce pour altération définitive du lien conjugal (■ Versailles, 31 mars 2011 : *Dr. famille* 2011, 94, note Larribau-Terneyre ; *JurisData* n° 2011-005774). Le fait de vivre en concubinage avec une tierce personne peut tout de même s'accommoder du maintien de la communauté affective lorsque l'un des époux conserve des relations familiales avec son conjoint, sans établir de façon évidente sa détermination à ne plus le rencontrer sauf à y être contraint pour des questions patrimoniales ou pour l'éducation des enfants mineurs (■ Versailles, 7 janv. 2016, n° 14/07589 : *AJF* avr. 2016, 209, obs. Berdeaux-Gacogne). Sur le pouvoir d'appréciation souverain des juges du fond pour apprécier l'existence d'une séparation de deux ans lors de l'assignation en vue de prononcer le divorce pour altération définitive du lien conjugal, V. ■ Cass. 1re civ., 25 nov. 2009, n° 08-17.117 : *Bull. civ.* I, n° 235, p. 217 ; *RTD civ.* 2010, 88, obs. Hauser ; *Defrénois* 2010, 863, obs. Massip.

3) Séparation de corps. Les articles 306 et 307 du Code civil réglementant la conversion de la séparation de corps en divorce n'excluent pas la possibilité d'une demande principale en divorce pour rupture de la vie commune (ancien art. 237) formée après le jugement de séparation de corps (■ Cass. 2e civ., 11 oct. 1989, n° 88-13.462 : *JurisData* n° 1989-003380 ; *JCP* 1989, IV, 395 ; *Bull. civ.* II, n° 179, p. 92 ; *Defrénois* 1990, 298, obs. Massip).

4) Rejet d'une première demande pour durée insuffisante. Le rejet d'une première demande en divorce à raison de la durée insuffisante de la séparation ne peut interdire à l'époux d'en introduire une seconde lorsque cette séparation a atteint la durée de six ans prévue à l'article 237 (anc.) du Code civil (■ Cass. 2e civ., 12 oct. 1988, n° 87-16.924 : *JurisData* n° 1988-002601 ; *Bull. civ.* II, n° 195, p. 105).

5) Renonciation à une précédente procédure. La renonciation du mari à une précédente procédure de divorce n'est pas un acte interruptif du délai de séparation (■ Paris, 30 avr. 1990 : *JurisData* n° 1990-021693).

6) Reconnaissance implicite de l'existence du délai. Le divorce pour rupture de la vie commune (ancien art. 237) doit être prononcé, bien que l'épouse, auteur de la demande, ne rapporte pas la preuve que la séparation a duré six ans, car l'acceptation par le mari de cette demande équivaut à une reconnaissance implicite de l'existence de ce délai (■ Bordeaux, 7 mars 1994 : *JurisData* n° 1994-040867).

7) Demande reconventionnelle. En cas de présentation d'une demande principale en divorce pour faute et d'une demande reconventionnelle en divorce pour altération définitive du lien conjugal, le rejet de la première emporte le prononcé du divorce du chef de la seconde, sans que les conditions posées par le premier alinéa del'article 238 aient à être remplies (▪ Cass. 1re civ., 5 janv. 2012, n° 10-16.359 : *Bull. civ.* I, n° 1, p. 1 ; *D.* 2012, 150, obs. Marrocchella, et 635, obs. Vassallo ; *JCP* 2012, act. 41, obs. Coutant-Lapalus, et note 206, Massip ; *Dr. famille* 2012, 41, note Larribau-Terneyre ; *RTD civ.* 2012, 99, obs. Hauser ; *JurisData* n° 2012-000005). Il résulte des articles 297-1, alinéa 1er et 238, alinéa 1er, du Code civil, que, l'épouse ayant assigné son mari en séparation de corps pour faute, c'est à bon droit que, pour apprécier la durée de la cessation de communauté de vie, la cour d'appel s'est placée à la date de la demande reconventionnelle en divorce du mari (▪ Cass. 1re civ., 28 mai 2015, n° 14-10.868 : *Bull.* ; *RTD civ.* 2015, 593, obs. Hauser, et, 857, note Hauser ; *JCP G* 2015, 982, n° 5, obs. Coutant-Lapalus ; *Dr. famille* 2015, 160, note Binet ; *JurisData* n° 2015-012524).

Section IV. – Du divorce pour faute

(L. n° 2004-439, 26 mai 2004)

Art. 239 à 241 *(Abr., L. n° 2004-439, 26 mai 2004).*

Art. 242 *(Rempl. et transféré à la présente sect., L. n° 2004-439, 26 mai 2004).* – **Le divorce peut être demandé par l'un des époux lorsque des faits constitutifs d'une violation grave ou renouvelée des devoirs et obligations du mariage sont imputables à son conjoint et rendent intolérable le maintien de la vie commune.**

I – PRINCIPES

1) Violation grave ou renouvelée. Sur le principe que les caractères de gravité et de répétition sont alternatifs, V. ▪ Cass. 1re civ., 21 janv. 1970 : *JCP* 1970, II, 16307. ▪ Cass. 2e civ., 25 oct. 1995, n° 93-13.773 : *JCP* 1995, IV, 2630 ; *Bull. civ.* II, n° 256, p. 150.

2) Rendant intolérable le maintien de la vie commune. Sur le principe que les torts invoqués doivent à la fois constituer une violation (grave ou renouvelée) des devoirs du mariage et rendre intolérable le maintien de la vie commune, V. ▪ Cass. 2e civ., 21 avr. 1982, n° 81-12.345 : *JurisData* n° 1982-701625 ; *Bull. civ.* II, n° 56, p. 39. ▪ Cass. 2e civ., 18 oct. 1995, 2 arrêts : *JurisData* n° 1995-002642 ; *Bull. civ.* II, n° 245, p. 143 ; *JCP* 1995, IV, 2566 et 2567. ▪ Cass. 2e civ., 13 déc. 1995, n° 94-10.290 : *JurisData* n° 1995-003421 ; *JCP* 1996, IV, 306 ; *Defrénois* 1997, 298, obs. Massip. Mais dès lors que les juges du fond ont retenu que les faits imputables à l'époux défendeur constituent des causes de divorce au sens de l'article 242, il en résulte que la double condition exigée par ce texte est constatée (▪ Cass. 2e civ., 30 nov. 2000, 2 arrêts : *JurisData* n° 2000-007101 ; *Dr. famille* 2001, 14, note Lécuyer ; *Bull. civ.* II, n° 157 ; *JCP* 2001, II, 10547, note Garé ; *RTD civ.* 2001, 114, obs. Hauser ; *Defrénois* 2001, 509, obs. Massip. – V. aussi ▪ Cass. 2e civ., 7 mai 2002, n° 01-01.812 : *JurisData* n° 2002-014170 ; *Bull. civ.* II, n° 88, p. 71. – Comp., paraissant bien supprimer les exigences formelles, ▪ Cass. 1re civ., 11 janv. 2005, 6 arrêts : *JurisData* n° 2005-026434 ; *Dr. famille* 2005, 53, note Larribau-Terneyre ; *D.* 2006, somm. 337, obs. Williatte-Pellitteri ; *RTD civ.* 2005, 370, obs. Hauser. V., nettement en ce sens, ▪ Cass. 1re civ., 6 juill. 2005, n° 03-18.038 : *JurisData* n° 2005-029325 ; *Dr. famille* 2005, 212, note Larribau-Terneyre).

3) Démence. Les faits reprochés au conjoint ne peuvent pas être pris en considération s'ils ont été commis en état de démence (▪ Cass. req., 5 août 1890 : *DP* 1891, 1, 365. – Comp. ▪ Cass. 2e civ., 12 juin 1963 : *Bull. civ.* II, n° 437, p. 325. ▪ Cass. 2e civ., 31 janv. 1979 : *D.* 1979, inf. rap., p. 284. ▪ Toulouse, 29 oct. 1997 : *JurisData* n° 1997-046287 ; *Dr. famille* 1998, 51, note Lécuyer. ▪ Grenoble, 10 janv. 2000 et ▪ Bordeaux, 8 janv. 2002, n° 99/01728 : *JurisData* n° 2002-170382 ; *Dr. famille* 2002, 84, note Oudin. – V. aussi pour une « instabilité morale » ▪ Toulouse, 2 mai 2002 : *JCP* 2002, IV, 2687 ; *JurisData* n° 185558), mais il en va autrement s'ils ont été commis dans une période de lucidité (▪ Cass. 2e civ., 4 janv. 1964 : *Bull. civ.* II, n° 12, p. 9). Il n'est pas nécessaire que l'auteur des faits ait eu l'intention de nuire à son conjoint, il suffit qu'il ait agi avec discernement (▪ Cass. 2e civ., 2 mai 1958 : *D.* 1958, 509, note Rouast).

4) Faits non invoqués dans les conclusions. Le juge du divorce ou de la séparation de corps ne peut fonder sa décision sur des faits qui n'ont pas été invoqués dans les conclusions (▪ Cass. 2e civ., 24 févr. 1988, n° 86-18.519 : *Bull. civ.* II, n° 52, p. 27). Mais il n'est pas nécessaire que ces faits soient invoqués dans la requête (▪ Cass. 1re civ., 8 juill. 1999 : *Dr. famille* 1999, 138, note Lécuyer).

5) Torts de l'époux demandeur. Il appartient au juge d'apprécier si les torts de l'époux demandeur ne sont pas de nature à excuser ou à atténuer ceux du conjoint défendeur (■ Cass. 2e civ., 9 oct. 1959 : *Gaz. Pal.* 1960, 1, 120. – Comp. ■ Cass. 2e civ., 3 oct. 1963 : *Bull. civ.* II, n° 577, p. 431). Mais les juges du fond ne sont pas tenus, en l'absence de conclusions les y invitant, de rechercher d'office si les torts de l'un des époux ne sont pas dépouillés de leur caractère fautif du fait du comportement de l'autre époux (■ Cass. 2e civ., 11 juill. 1979, n° 78-14.593 : *JurisData* n° 1979-700206 ; *JCP* 1979, IV, 315 ; *Bull. civ.* II, n° 208, p. 143). En relevant, à l'égard de chacun des époux, des fautes au sens de l'article 242, les juges ont nécessairement estimé que les faits retenus à la charge de l'épouse n'étaient pas dépouillés de leur caractère fautif par le comportement du mari (■ Cass. 1re civ., 28 févr. 2006 : *Bull. civ.* I, n° 116, p. 108 ; *JurisData* n° 2006-032411).

6) Faits postérieurs à l'instance. Peuvent justifier le prononcé du divorce des faits commis postérieurement à l'introduction de l'instance (■ Cass. 2e civ., 20 oct. 1955 : *JCP* 1955, II, 8982. ■ Cass. 2e civ., 31 janv. 1973 : *D.* 1974, 3, note L'Huillier. ■ Cass. 2e civ., 27 oct. 1993, n° 91-14.738 : *JCP* 1994, II, 22260, note Lemasson-Bernard ; *RTD civ.* 1994, 571, obs. Hauser), celle-ci ne conférant pas aux époux, encore dans les liens du mariage, une immunité faisant perdre leurs effets normaux aux torts invoqués (■ Cass. 1re civ., 9 nov. 2016, n° 15-27.968 : *Dr. famille* 2017, 1, note Binet ; *JurisData* n° 2016-023407. – V. déjà ■ Cass. 1re civ., 5 mars 2008 : *Bull. civ.* I, n° 63, p. 53 ; *D.* 2008, inf. rap. 922 ; *JCP* 2008, IV, 1630 ; *JurisData* n° 2008-042985, griefs postérieurs à l'ordonnance de non-conciliation. ■ Cass. 1re civ., 9 juill. 2008, n° 07-19.714 : *RTD civ.* 2008, 661, obs. Hauser ; *D.* 2009, somm. 833, obs. Williatte-Pellitteri). Pour un défaut de paiement des pensions alimentaires allouées par le juge conciliateur, V. ■ Cass. 2e civ., 2 févr. 1977, n° 75-13.059 : *JurisData* n° 1977-099023 ; *JCP* 1977, IV, 80 ; *Bull. civ.* II, n° 23, p. 18. Pour un comportement méprisant de l'épouse à l'égard de son mari dont elle a délibérément mis en danger, par volonté de nuire, l'avenir professionnel (■ Cass. 1re civ., 20 sept. 2006 : *Bull. civ.* I, n° 410, p. 354 ; *JurisData* n° 2006-034990).

7) Séparation de fait. L'existence d'une séparation de fait de six ans n'empêche pas de faire une demande en divorce pour faute (■ Cass. 2e civ., 25 mars 1991, n° 89-21.181 : *JurisData* n° 1991-000888 ; *Bull. civ.* II, n° 99, p. 53). Jugé que l'existence d'une séparation de fait entre époux, même imputable à la faute de l'un d'eux, et l'introduction consécutive d'une demande en divorce ne confèrent pas aux époux, encore dans les liens du mariage, une immunité privant de leurs effets normaux les offenses dont ils peuvent se rendre coupables l'un envers l'autre (■ Cass. 2e civ., 15 déc. 1982, n° 81-15.991 : *JurisData* n° 1982-702877 ; *Bull. civ.* II, n° 164, p. 119. – V. aussi ■ Cass. 2e civ., 3 mai 1995, n° 93-20.446 : *Bull. civ.* II, n° 130, p. 75 ; *Defrénois* 1996, 325, obs. Massip ; *Gaz. Pal.* 1996, 1, 236, obs. Massip. ■ Cass. 2e civ., 6 mars 1996, n° 94-15.107 : *JCP* 1996, IV, 987 ; *Bull. civ.* II, n° 60, p. 39. ■ Cass. 2e civ., 23 sept. 1999, n° 98-12.028 : *JurisData* n° 1999-003314 ; *JCP* 1999, IV, 2816 ; *Bull. civ.* II, n° 141, p. 100 ; *Dr. famille* 1999, 139, 1re esp., note Lécuyer. ■ Cass. 2e civ., 15 juin 2000, n° 98-20.622 : *JurisData* n° 2000-002545 ; *Dr. famille* 2000, 111, note Lécuyer. ■ Cass. 2e civ., 15 nov. et 13 déc. 2001, n° 00-11.186 : *JurisData* n° 2001-012224 ; *Dr. famille* 2002, 31, note Lécuyer). Mais la double condition prévue par l'article 242 n'en doit pas moins être prise en considération (■ Cass. 2e civ., 8 nov. 1989, n° 88-12.366 : *JurisData* n° 1989-704426 ; *JCP* 1990, IV, 2 ; *Bull. civ.* II, n° 202, p. 104, liaison du mari postérieure à l'ordonnance de non-conciliation. V. aussi *infra* sur l'adultère). L'obligation de fidélité perdurant au-delà de la séparation des époux, l'entretien par l'un d'eux d'une relation adultère constitue un motif de divorce à ses torts, même si l'autre n'y attache aucune importance (■ Paris, 17 nov. 2016, n° 14/14482 : *Dr. famille* 2017, 2, note Binet ; *JurisData* n° 2016-024336).

II – APPLICATIONS

8) Renvoi. Sur la nature des faits pouvant justifier le prononcé du divorce, V. *JCl. Civil*, Art. 242 à 246, fasc. 10 et 20.

9) Adultère. Sur ce que l'adultère peut justifier le prononcé du divorce pour faute, V. ■ Cass. 1re civ., 11 janv. 2005, n° 03-16.451 : *JurisData* n° 2005-026432 ; *Bull. civ.* I, n° 10, p. 7. L'adultère ne peut être une cause de divorce que s'il présente un caractère intentionnel (■ Cass. 2e civ., 7 avr. 1976 : *D.* 1976, inf. rap. 173, troubles mentaux. ■ TGI Niort, 21 nov. 1960 : *D.* 1961, 247, viol). Jugé que l'adultère peut, compte tenu des circonstances, ne pas présenter le caractère de gravité requis (■ Paris, 30 juin 1978 : *JurisData* n° 1978-615057 ; *Gaz. Pal.* 1980, 1, 231, obs. J. M. ■ Chambéry, 29 mai 1984 : *JurisData* n° 1984-699071 ; *JCP* 1985, II, 20347. ■ TGI Quimper, 20 avr. 2001, n° 99-15.714 : *JurisData* n° 2001-009372 ; *Dr. famille* 2001, 78, 2e esp., note Lécuyer. – V. Mayaud, *L'adultère, cause de divorce depuis la loi du 11 juillet 1975* : *RTD civ.* 1980, 494). Jugé que le juge peut écarter l'adultère en cas de connivence entre les époux (■ Cass. 2e civ., 29 janv. 1969, n° 67-14.703 : *Bull. civ.* II, n° 27, p. 19. – Comp., affirmant que l'adultère n'est pas en soi une cause de divorce, ■ Bordeaux, 19 nov. 1996, n° 95002280 : *JurisData* n° 1996-048077 ; *D.* 1997, 523, note crit. Garé ; *Dr. famille* 1997, 60, note Lécuyer), même si la connivence n'a pas été réciproque (■ Cass. 2e civ., 4 juill. 1973, n° 72-12.110 : *JurisData* n° 1973-099214 ; *JCP* 1973, IV, 317 ; *Bull. civ.* II, n° 214, p. 169). Jugé que le fait, pour l'épouse, d'avoir un enfant avec un autre homme que son mari ne saurait être regardé comme fautif, dès lors que ce dernier reconnaît qu'il a toujours refusé d'avoir un enfant, sans démontrer qu'il s'agit d'un choix commun du couple (■ Douai, 19 déc. 2013, n° 13/00009 : *Dr. famille* 2014, 22, note Binet ; *JurisData* n° 2013-030235). Les juges du fond peuvent estimer que l'adultère de l'épouse n'a pas eu d'influence sur la rupture du lien conjugal et que le comportement du mari lui enlève le caractère de gravité qui aurait pu en faire une cause de divorce (■ Cass. 2e civ., 5 févr. 1986, n° 84-14.467 : *JurisData* n° 1986-000248 ; *Bull. civ.* II, n° 9, p. 6. ■ Cass. 2e civ., 22 mars 1995, n° 93-10.599 : *JurisData* n° 1995-000681 ; *JCP* 1995, IV, 1249 ; *Bull. civ.* II, n° 98, p. 56). Une relation adultère ne peut être qualifiée de fautive alors qu'elle est postérieure d'environ vingt ans à la séparation des époux (■ Pau, 19 nov. 2012 : *Dr. famille* 2013, 36, 1re esp., note Larribau-Terneyre ; *JurisData* n° 2012-032115). Jugé aussi que l'adultère du mari ne constitue pas une violation grave des devoirs et obligations du mariage dès lors que le constat d'adultère a été établi plus de deux ans après l'ordonnance ayant autorisé les époux à résider séparément et alors que le devoir de fidélité est nécessairement moins contraignant du fait de la longueur de la procédure (■ Cass. 2e civ., 29 avr. 1994, n° 92-16.814 : *JurisData* n° 1994-001188 ; *JCP* 1994, IV, 1592 ; *Bull. civ.* II, n° 123, p. 71 ; *RTD civ.* 1994, 571, obs. Hauser. – V. aussi ■ Cass. 2e civ., 22 mars 1995, n° 93-10.599 : *JurisData* n° 1995-000681 ; *D.* 1996, somm. 64, 1re esp., obs. Blary-Clément. ■ Bordeaux, 29 mai 1991 : *JurisData* n° 1991-042881. ■ Douai, 28 janv. 1999, n° 97/05263 : *JurisData* n° 1999-042847 ; *Dr. famille* 1999, 139, 2e esp., note Lécuyer. ■ Paris, 4 oct. 2000, n° 2000/02920 : *JurisData* n° 2000-125767 ; *Dr. famille* 2001, 28, 3e esp., note Lécuyer. ■ Riom, 17 avr. 2007 : *JCP* 2008, IV, 1613 ; *JurisData* n° 2008-336865. – Comp., jugeant que la demande en divorce ne confère pas aux époux, encore dans les liens du mariage, une immunité faisant perdre leurs effets normaux aux griefs postérieurs à l'ordonnance de non-conciliation ou à l'assignation, ■ Pau, 29 mai 2012 : *Dr. famille* 2013, 36, 2e esp., note Larribau-Terneyre ; *JurisData* n° 2012-025054). Mais jugé que l'adultère commis après l'introduction de la demande en divorce, même s'il n'a pas déterminé la rupture, n'en constitue pas moins un obstacle à la reprise de la vie commune et justifie le prononcé d'un divorce aux torts partagés (■ Dijon, 19 déc. 1991 : *JCP* 1993, IV, 132. – V. aussi ■ Dijon, 23 sept. 1997, n° 00000654/96 : *JurisData* n° 1997-049493 ; *JurisData* n° 1997-049493 ; *JCP* 1998, IV, 3143. ■ Cass. 2e civ., 4 juin 1997, n° 95-17.854 : *JurisData* n° 1997-002464 ; *Dr. famille* 1997, 176, note Lécuyer. ■ Besançon, 7 sept. 1999 et ■ Riom, 12 sept. 2000, n° 00/00287 : *JurisData* n° 2000-125320 ; *Dr. famille* 2001, 28, 1re et 2e esp., note Lécuyer. – V. C. Chabault, *De la relativité de l'adultère dans le divorce pour faute : Dr. famille* 1998, chron. 11).

10) Fidélité et sentiment. Sur le principe que la loi impose la fidélité, non le sentiment, V. ■ Cass. 2e civ., 2 févr. 1972 : *D.* 1972, 295.

11) Abandon du domicile conjugal. La cour d'appel qui constate que le départ de l'épouse du domicile conjugal n'avait pas de caractère fautif ne peut prononcer le divorce aux torts de celle-ci en considérant que le refus de revenir au domicile conjugal sur la demande du mari constituait une faute grave alors qu'il lui appartenait de rechercher si la sommation délivrée par le mari traduisait une volonté réelle de sa part de reprendre la vie commune (■ Cass. 2e civ., 16 nov. 1994, n° 93-12.116 : *JurisData* n° 1994-002167 ; *JCP* 1995, IV, 124). Mais V. pour un abandon non justifié par le comportement du mari ■ Cass. 2e civ., 30 nov. 2000, n° 99-10.923 : *JurisData* n° 2000-007101 ; *JCP* 2001, IV, 1148 ; *Bull. civ.* II, n° 151, 2e arrêt. Les juges du fond peuvent estimer qu'eu égard aux circonstances particulières de l'espèce, le refus de l'épouse de rejoindre son époux à l'étranger constituait de sa part une cause de divorce (■ Cass. 2e civ., 12 sept. 2002 : *JCP* 2002, IV, 2672 ; *JurisData* n° 015482 ; *Bull. civ.* II, n° 180, p. 145 ; *Dr. famille* 2003, 26, note Lécuyer ; *Defrénois* 2003, 117, obs. Massip). L'aménagement par les parents de la présence en alternance auprès des enfants ne saurait être interprétée comme l'acceptation par le mari du départ de son épouse du domicile conjugal (■ Paris, 18 sept. 2003, n° 2002/17950 : *JurisData* n° 2003-222951 ; *Dr. famille* 2004, 5, note Terneyre). Fait une exacte application de l'article 242 la cour d'appel qui prononce le divorce aux torts de l'épouse ayant refusé, sans aucun motif, de partager la vie commune avec son mari, tenu de résider sur le lieu de son travail, et ayant fixé sa résidence et celle des enfants à une distance très éloignée de ce lieu de travail (■ Cass. 1re civ., 11 janv. 2005, n° 02-15.443 : *JurisData* n° 2005-026435 ; *Bull. civ.* I, n° 8, p. 7. – V. aussi pour un refus de reprendre la vie commune ■ Cass. 1re civ., 11 janv. 2005, n° 02-12.314 : *JurisData* n° 2005-026437 ; *Bull. civ.* I, n° 12, p. 8).

12) Communauté de vie (déménagement). En l'absence de motif légitime, commet une faute l'épouse qui refuse de suivre son mari à l'occasion d'une mutation professionnelle (■ Rennes, 27 févr. 2017, n° 16/01443 : *Dr. famille* 2017, 124, Binet ; *JurisData* n° 2017-003573).

13) Bigamie. Quand bien même la bigamie serait légitime au regard de la loi personnelle du mari, son second mariage constitue un grief que la femme française peut invoquer (▪ Colmar, 13 mai 1994 : *JurisData* n° 1994-051237 ; *JCP* 1995, IV, 377). La mise en mouvement de l'action publique du chef de bigamie par l'épouse ne prive pas la juridiction civile de sa faculté d'apprécier la gravité des fautes commises par un conjoint au regard des dispositions de l'article 242 (▪ Nîmes, 20 juill. 2004, n° 03/01475 : *JurisData* n° 2004-256282 ; *Dr. famille* 2005, 22, note Larribau-Terneyre).

14) Condamnation pénale. La dissimulation par le mari de son passé pénal constitue une violation de l'obligation de loyauté (▪ Pau, 14 déc. 1998, n° 97001058 : *JurisData* n° 1998-046490 ; *Dr. famille* 1999, 80, 1re esp., note Lécuyer).

15) Stérilité. Le refus de l'épouse de se prêter à une fécondation *in vitro* n'est pas une cause de divorce (▪ Bordeaux, 1er oct. 1991 : *JurisData* n° 1991-045563 ; *JCP* 1992, I, 3593, n° 1, obs. Garé). Mais l'épouse qui néglige pendant six ans de soigner sa stérilité manifeste un comportement fautif et injurieux (▪ Bordeaux, 7 juin 1994 : *JurisData* n° 1994-043523 ; *JCP* G 1996, II, 22590 et *JCP* N 1996, II, 1403, note Vassaux ; *D.* 1996, somm. 63, 2e esp., obs. Blary-Clément. – Comp. pour le refus de soigner un état dépressif, ▪ Lyon, 30 avr. 1996 : *JurisData* n° 1996-043124 ; *JCP* 1997, II, 22869, note Garé).

16) Conception d'un enfant. Jugé qu'en l'état des mœurs et des moyens de contraception existant dans la société française contemporaine, la conception d'un enfant à l'insu du mari peut constituer, de la part de l'épouse, dans des circonstances particulières (précédents décès de deux enfants en bas âge), un manquement au devoir de loyauté que se doivent les époux, constitutif d'une faute (▪ Nîmes, 21 mars 2007 : *JCP* 2007, II, 10149, note Vassaux ; *D.* 2007, 2587, note Lamoureux ; *Dr. famille* 2007, 189, note Mauger-Vielpeau ; *RTD civ.* 2008, 91, obs. Hauser ; *JurisData* n° 2007-332022). Jugé que la déclaration de l'enfant sous le nom de jeune fille de la mère peut constituer une faute cause de divorce (▪ Douai, 6 sept. 2007 : *Dr. famille* 2008, 26, obs. Larribau-Terneyre ; *RTD civ.* 2008, 280, obs. Hauser ; *JurisData* n° 2007-349694).

17) La **non-consommation du mariage** constitue une faute cause de divorce, aucune irrecevabilité ne pouvant être tirée de ce qu'elle pourrait aussi, selon l'appréciation du mari, être invoquée comme cause de nullité du mariage (▪ Bastia, 27 févr. 2008 : *JCP* 2008, IV, 2404 ; *JurisData* n° 2008-356657). Sur l'absence de relations sexuelles, V. aussi, art. 215, annot. n° 5, p. 191.

18) Transsexuel. Sur la faute du mari qui subit une opération chirurgicale pour changer de sexe, V. ▪ Toulouse, 28 mars 2000 : *Dr. famille* 2001, 3, note Lécuyer. – Comp., relevant l'absence de prise en compte des implications conjugales générées par le nouveau statut du transsexuel, ▪ TGI Caen, 28 mai 2001 : *D.* 2002, 124, note Mauger-Vielpeau ; *Dr. famille* 2002, 42, note Lécuyer ; *RTD civ.* 2002, 274, obs. Hauser ; *JurisData* n° 2002-162327. Pour des relations sexuelles homosexuelles avec tendance au transsexualisme, V. ▪ Orléans, 24 févr. 2009 : *JCP* 2009, n° 41, act. 299, obs. Leroy ; *JurisData* n° 2009-002705.

19) Incompatibilité entre époux. Viole l'article 242 la cour d'appel qui prononce le divorce aux torts partagés en se fondant uniquement sur l'existence d'une « véritable incompatibilité entre les époux » et d'une « rupture totalement consommée », tout en relevant que la situation ne peut être imputée avec certitude à l'un ou à l'autre (▪ Cass. 2e civ., 8 oct. 1986, n° 85-14.397 : *Bull. civ.* II, n° 144, p. 98. – Rappr. ▪ Cass. 1re civ., 25 avr. 2006, n° 04-19.040 : *Defrénois* 2006, 1320, obs. Massip. – Comp. pour un bilan équilibré, mais faisant apparaître les fautes des deux époux, ▪ Douai, 22 sept. 1994 : *JurisData* n° 1994-049557 ; *D.* 1996, somm. 63, obs. Blary-Clément).

20) Organisation conjugale mutuellement consentie. Dès lors que les deux époux ont adopté depuis de nombreuses années un mode de vie comportant pour chacun de grands espaces d'intimité hors du couple, ayant progressivement distendu leurs liens au point de les mener à une vie commune avant tout sociale, à s'autoriser l'adultère puis à vivre séparément, le seul choc psychologique constaté étant celui de l'épouse lors de l'épilogue constitué par le départ du mari, les violations que chacun aujourd'hui reproche à l'adversaire ne sont pas imputables à l'un ou l'autre mais procèdent de ce mode de vie tout comme elles ne rendent pas la vie commune intolérable puisqu'elles correspondent à l'inverse à une organisation conjugale mutuellement consentie (▪ Bordeaux, 19 nov. 1996 : *JurisData* n° 1996-613168 ; *D.* 1997, 523, note crit. Garé. – Comp., écartant la faute et suggérant aux époux de recourir au divorce sur double aveu, ▪ Bordeaux, 7 mai 2002, n° 00/04546 : *JurisData* n° 2002-175812 ; *Dr. famille* 2002, 85, note Lécuyer).

21) Religion. Si le mari ne peut, sous peine de porter atteinte à la liberté de conscience de sa femme, interdire à celle-ci de pratiquer la religion qu'elle a délibérément choisie, il est en droit d'exiger que ce choix n'ait pas d'incidence grave sur la vie conjugale et familiale (▪ Cass. 2e civ., 25 janv. 1978 : *Gaz. Pal.* 1978, 2, 505, note Barbier, appartenance à la secte des Témoins de Jéhovah. – V. aussi ▪ Bourges, 10 mars 1999, n° 9701312 : *JurisData* n° 1999-041101 ; *Dr. famille* 1999, 125, note Lécuyer). Ainsi le caractère excessif d'une pratique religieuse peut-elle constituer un abus, cause de divorce

(■ Cass. 1re civ., 19 juin 2007, n° 05-18.735 : *Dr. famille* 2007, 168, obs. Larribau-Terneyre ; *D.* 2008, 809, obs. Williatte-Pellitteri, atmosphère pesante de contrainte et de soumission permanente qui ne pouvait que nuire aux intérêts de l'épouse et perturber la vie quotidienne de la famille). Mais manque de base légale l'arrêt qui, pour accueillir la demande en divorce du mari, énonce que l'appartenance de la femme à une secte a eu un effet néfaste sur les relations conjugales sans apporter la moindre précision sur la détérioration des relations conjugales retenue à la charge de la femme (■ Cass. 2e civ., 8 nov. 1995, n° 94-10.685 : *JurisData* n° 1995-002980 ; *JCP* 1995, IV, 2752 ; *Bull. civ.* II, n° 271, p. 160 ; *Defrénois* 1997, 300, obs. Massip. – V. aussi ■ Grenoble, 4 juin 1991 : *JurisData* n° 1991-604695 ; *JCP* 1991, II, 21744, note Hauser). L'adhésion aux Témoins de Jéhovah ne constitue pas une faute en soi (■ Dijon, 23 sept. 1997 : *JCP* 1998, IV, 3143), mais il en va autrement du refus de participer aux fêtes de famille telles que les anniversaires des enfants, ainsi qu'aux fêtes religieuses, en particulier de Noël, malgré le caractère aussi familial que religieux de ces dernières (■ Montpellier, 7 nov. 1994, n° 93-4276 : *JurisData* n° 1994-034245 ; *JCP* G 1996, II, 22680 et *JCP* N 1997, II, 98, note Bruguière, et, sur pourvoi, ■ Cass. 2e civ., 9 oct. 1996, n° 95-10.461 : *JurisData* n° 1996-003682 ; *JCP* 1996, IV, 2314 ; *Bull. civ.* II, n° 224, p. 138 ; *RTD civ.* 1997, 103, obs. Hauser). L'épouse qui connaissait le rattachement de son mari à la religion juive ne peut lui reprocher son influence sur l'enfant commun, alors qu'elle-même ne s'est pas opposée en temps utile à la circoncision de son fils, la pratique religieuse du conjoint relevant d'un choix spirituel personnel qui ne saurait fonder une demande en divorce pour faute dès lors que le comportement de l'époux n'est pas de nature à générer de graves perturbations au sein de la vie familiale (■ Aix-en-Provence, 30 mai 2006, n° 05/09544 : *JurisData* n° 2006-311480 ; *JCP* 2006, IV, 3221).

22) Injures graves. L'insistance procédurière de l'épouse devant le juge des tutelles, afin de placer son mari sous un régime de protection, constitue une injure grave à l'égard de celui-ci et une violation grave et renouvelée des devoirs du mariage de nature à rendre intolérable le maintien de la vie commune (■ Cass. 2e civ., 14 nov. 2002 : *JCP* 2003, IV, 1010 ; *JurisData* n° 2003-016305. – Comp. pour le harcèlement moral de son épouse par le mari séparé de corps, ■ Agen, 10 mai 2001, n° 00/00577 : *JurisData* n° 2001-149735 ; *D.* 2003, 450, note Duvert). À défaut de constituer la preuve d'une réelle relation adultère, les documents reproduisant les conversations par voie électronique entretenues par l'épouse avec un autre homme sont révélateurs à la fois du désintérêt de la femme envers son mari et d'une attitude injurieuse envers lui (■ Metz, 28 juin 2005 : *JCP* 2006, IV, 1717 ; *JurisData* n° 2005-288220, divorce prononcé aux torts exclusifs de l'épouse, en dépit de la jalousie manifeste du mari, excusée par le comportement de sa femme). Même si l'adultère n'est pas établi, l'épouse qui se fait héberger au domicile d'un tiers adopte un comportement injurieux à l'égard de son mari justifiant un divorce à ses torts exclusifs (■ Cass. 1re civ., 1er déc. 2010, n° 09-70.138 : *Bull. civ.* I, n° 250, p. 234). Pour une attitude exhibitionniste, harceleuse et agressive sexuellement du mari à l'encontre de la femme de ménage, V. ■ Dijon, 29 sept. 2005 : *JCP* 2006, IV, 2882 ; *JurisData* n° 2005-303845. Pour une relation amicale envahissante entretenue par l'épouse, de sorte que le mari se sent évincé dans son propre foyer, V. ■ Rouen, 22 juin 2006 : *JCP* 2007, IV, 1458 ; *JurisData* n° 2006-309698. Pour des échanges de mails équivoques et de photos intimes sur un site internet de rencontre, V. ■ Cass. 1re civ., 30 avr. 2014, n° 13-16.649 : *Dr. famille* 2014, 95, note Binet ; *JurisData* n° 2014-009954. Pour la rédaction, à l'initiative du mari, d'un contrat de vie commune portant notamment atteinte à la liberté future d'aller et venir de son épouse, V. ■ Pau, 6 avr. 2009 : *JCP* 2009, n° 50, act. 523 ; *JurisData* n° 2009-011422).

23) Violences verbales. Des violences verbales traduisant un manque de respect de chacun des époux envers l'autre, et ayant traumatisé leur fils en raison de leur intensité, constituent une violation grave et renouvelée des devoirs et obligations du mariage rendant intolérable le maintien de la vie commune (■ Cass. 1re civ., 23 mai 2006, n° 05-11.512 : *Bull. civ.* I, n° 260, p. 228 ; *D.* 2007, somm. 609, obs. Williatte-Pellitteri).

24) Comportement déloyal. Jugé qu'un acte de concurrence déloyale commis entre époux commerçants et concurrents peut constituer une faute au sens de l'article 242 (■ Cass. 1re civ., 17 oct. 2007, n° 06-20.701 : *D.* 2008, 808, obs. Williatte-Pellitteri, et 961, note Blary-Clément ; *Dr. famille* 2007, 208, obs. Larribau-Terneyre).

Art. 243 *(Abr., L. n° 2004-439, 26 mai 2004).*

Art. 244 *(L. n° 75-617, 11 juill. 1975 ; transféré à la présente sect., L. n° 2004-439, 26 mai 2004).* **– La réconciliation des époux intervenue depuis les faits allégués empêche de les invoquer comme cause de divorce.**

Le juge déclare alors la demande irrecevable. Une nouvelle demande peut cependant être formée en raison de faits survenus ou découverts depuis la réconciliation, les faits anciens pouvant alors être rappelés à l'appui de cette nouvelle demande.

Le maintien ou la reprise temporaire de la vie commune ne sont pas considérés comme une réconciliation s'ils ne résultent que de la nécessité ou d'un effort de conciliation ou des besoins de l'éducation des enfants.

1) Pardon et réconciliation. Le pardon, fût-il inconditionnel et non équivoque, ne suffit pas à caractériser la réconciliation qui suppose une réciprocité de volonté de ne plus tenir compte des griefs antérieurs et connus, une volonté d'oubli en même temps que l'intention de reprendre la vie commune, ce qui exige de la part de l'époux pardonné une acceptation tacite, expresse ou présumée du pardon (■ Paris, 18 juin 1955 : *D.* 1956, 8, note Breton). La simple continuation de la vie commune n'implique pas nécessairement le pardon et n'équivaut pas à une réconciliation (■ Cass. 2e civ., 4 avr. 1962 : *JurisData* n° 1962-099370 ; *Bull. civ.* II, n° 370, p. 264), non plus que l'installation de la femme et des enfants dans le logement de fonction du mari, celui-ci résidant chez un tiers et rendant visite aux enfants (■ Paris, 29 janv. 1998, n° 96/07611 : *JurisData* n° 1998-021870 ; *Dr. famille* 1998, 153, 1er arrêt, note Lécuyer), ou de brèves reprises de la vie commune suivies d'une nouvelle séparation (■ Paris, 10 févr. 1998, n° 96/83763 : *JurisData* n° 1998-020403 ; *Dr. famille* 1998, 153, 2e arrêt), ou la volonté de l'épouse de conserver l'usage du nom de son mari (■ Montpellier, 17 févr. 2016, n° 14/09410 : *JCP* G 2016, 444, obs. Millaire ; *JurisData* n° 2016-005403). La certitude acquise par la femme ou la croyance de ses parents ou amis d'une reprise normale de la vie conjugale n'est pas démonstrative de la réconciliation dont elle se prévaut (■ Paris, 13 mars 1974 : *D.* 1974, 733, note A. D.).

2) Moyen d'ordre public. Le moyen tiré de la réconciliation est d'ordre public et doit être soulevé d'office par le juge (■ Cass. 2e civ., 30 nov. 1962 : *JurisData* n° 1962-000765 ; *Bull. civ.* II, n° 765, p. 560).

3) Faits postérieurs à la réconciliation. En vertu de l'article 244, alinéa 2, la recevabilité des griefs anciens est subordonnée à le preuve de faits ultérieurs à cette réconciliation ou découverts depuis celle-ci (■ Cass. 2e civ., 7 oct. 1987, n° 86-15.198 : *JurisData* n° 1987-002152 ; *Bull. civ.* II, n° 189, p. 107). Une cause nouvelle survenue ou découverte après réconciliation entre les époux ne peut être prise en considération et permettre de se prévaloir des anciennes causes de divorce que si elle présente un caractère injurieux (■ Cass. 2e civ., 17 déc. 1969 : *D.* 1970, 188). Mais il n'est pas nécessaire que les faits postérieurs à la réconciliation, pour faire revivre les anciens, soient assez graves à eux seuls pour justifier le divorce (■ Cass. req., 3 août 1937 : *DH* 1937, 517). Les juges du fond jouissent d'un pouvoir souverain pour apprécier si les faits nouveaux sont suffisamment graves pour faire revivre les anciens (même arrêt).

4) Autorité de la chose jugée au pénal. L'arrêt pénal décidant qu'il n'y a pas eu de réconciliation entre les époux et condamnant l'épouse pour adultère s'impose à la juridiction civile saisie de l'action en divorce (■ Cass. 2e civ., 5 mai 1971, n° 70-11.484 : *JurisData* n° 1971-099167 ; *Gaz. Pal.* 1971, 2, 603).

Art. 245 ***(L. n° 75-617, 11 juill. 1975 ; transféré à la présente sect., L. n° 2004-439, 26 mai 2004).*** **– Les fautes de l'époux qui a pris l'initiative du divorce n'empêchent pas d'examiner sa demande ; elles peuvent, cependant, enlever aux faits qu'il reproche à son conjoint le caractère de gravité qui en aurait fait une cause de divorce.**

Ces fautes peuvent aussi être invoquées par l'autre époux à l'appui d'une demande reconventionnelle en divorce. Si les deux demandes sont accueillies, le divorce est prononcé aux torts partagés.

Même en l'absence de demande reconventionnelle, le divorce peut être prononcé aux torts partagés des deux époux si les débats font apparaître des torts à la charge de l'un et de l'autre.

1) Antériorité des fautes du demandeur. À l'égard de la partie défenderesse à l'instance en divorce, les prétendues fautes adverses opposées à la demande principale ou fondant la demande reconventionnelle doivent être antérieures aux faits justifiant la demande primitive (■ Paris, 27 nov. 1980 : *JurisData* n° 1980-097776 ; *JCP* 1981, IV, 376).

2) Adultère et inconduite. Peuvent excuser les faits reprochés au défendeur, l'adultère du conjoint (■ Cass. 2e civ., 6 nov. 1974, n° 73-14.518 : *JurisData* n° 1974-099278 ; *JCP* 1974, IV, 415 ; *Bull. civ.* II, n° 278, p. 231), son inconduite notoire et prolongée (■ Cass. civ., 28 mai 1952 : *Gaz. Pal.* 1952, 2, 92), ses mauvais traitements (■ Cass. 2e civ., 20 févr. 1963 : *Bull. civ.* II, n° 163, p. 119). Mais jugé que l'infidélité d'un époux ne saurait excuser la liaison de l'autre, même si cette dernière lui est nettement postérieure (■ Paris, 25 mars 1991 : *JurisData* n° 1991-020990). Sur l'adultère comme cause de divorce, voir sous art. 242.

3) Pouvoirs des juges du fond. En l'absence de conclusions les y invitant, les juges du fond ne sont pas tenus de rechercher d'office si les torts d'un époux ne sont pas dépouillés de caractère fautif du fait du comportement de l'autre époux (■ Cass. 2e civ., 11 juill. 1979, n° 78-11.518 : *Bull. civ.* II, n° 208, p. 143). Mais ils peuvent toujours prendre en considération les torts de l'époux demandeur pour apprécier les faits que celui-ci invoque contre son conjoint (■ Cass. 2e civ., 11 déc. 1991, n° 90-13.374 : *JurisData* n° 1991-003462 ; *Bull. civ.* II, n° 340, p. 179).

4) Torts partagés en l'absence de demande reconventionnelle. Il résulte de l'article 245, alinéa 3, que si, même en l'absence de demande reconventionnelle, le divorce peut être prononcé aux torts partagés des deux époux lorsque les débats font apparaître des torts à la charge de l'un et de l'autre, c'est seulement si ces torts remplissent respectivement la double condition prévue à l'article 242 (■ Cass. 2e civ., 21 avr. 1982, n° 81-12.345 : *JurisData* n° 1982-701625 ; *Bull. civ.* II, n° 56, p. 39. ■ Cass. 2e civ., 22 nov. 1995, n° 93-21.551 : *Bull. civ.* II, n° 288, p. 170. ■ Cass. 1re civ., 23 janv. 2007, n° 06-13.939 : *RTD civ.* 2007, 319, obs. Hauser), et les juges doivent alors inviter les parties à présenter leurs observations sur les conséquences éventuelles d'un tel divorce et notamment sur le versement d'une prestation compensatoire (■ Cass. 2e civ., 7 févr. 1990, n° 88-16.349 : *JurisData* n° 1990-000810 ; *JCP* 1990, IV, 131 ; *Bull. civ.* II, n° 23, p. 14. ■ Cass. 2e civ., 29 avr. 1994, n° 92-16.056 : *JCP* 1994, IV, 1593. ■ Cass. 2e civ., 21 juin 2001 : *Dr. famille* 2001, 95, note Lécuyer ; *JurisData* n° 2001-010311. ■ Cass. 2e civ., 11 avr. 2002, n° 00-15.060 : *JurisData* n° 2002-014009 ; *Dr. famille* 2002, 110, note Lécuyer). L'application de l'article 245, alinéa 3, n'est qu'une faculté laissée à l'appréciation discrétionnaire du juge (■ Cass. 2e civ., 16 janv. 1991, n° 89-19.584 : *JurisData* n° 1991-700113 ; *JCP* 1991, IV, 95 ; *Bull. civ.* II, n° 18, p. 9. Voir cependant ■ Cass. 2e civ., 20 nov. 1996, n° 93-19.937 : *JurisData* n° 1996-004396 ; *Dr. famille* 1997, 31, note Lécuyer ; *Defrénois* 1997, 985, obs. Massip).

5) Demande principale en séparation de corps et demande reconventionnelle en divorce. Le juge saisi d'une demande en séparation de corps présentée par la femme et d'une demande reconventionnelle en divorce formée par le mari ne peut prononcer d'office le divorce aux torts exclusifs de la femme (■ Cass. 2e civ., 27 janv. 1983, n° 81-15.389 : *JurisData* n° 1983-700132 ; *JCP* 1984, II, 20199, note Lindon).

6) Indivisibilité des demandes visées par l'article 245. Les demandes respectives visées par l'article 245 forment un tout indivisible et la cassation prononcée sur l'une de ces demandes annule en son entier la décision rendue sur le fond du divorce (■ Cass. 2e civ., 10 janv. 1990, n° 88-17.642 : *JurisData* n° 1990-701754 ; *Bull. civ.* II, n° 7, p. 4). Les demandes principale et reconventionnelle en divorce sont indivisibles et le juge doit se prononcer sur elles par une même décision (■ Cass. 2e civ., 26 nov. 1997, n° 96-11.640 : *JurisData* n° 1997-004664 ; *Bull. civ.* II, n° 283, p. 168 ; *Dr. famille* 1998, 50, note Lécuyer ; *Defrénois* 1998, 1019, obs. Massip ; *RTD civ.* 1998, 83, obs. Hauser. ■ Cass. 1re civ., 19 juin 2007, n° 06-16.195 : *Defrénois* 2007, 1635, obs. Massip. – Comp. auparavant ■ Cass. 2e civ., 27 févr. 1991, n° 89-11.017 : *JurisData* n° 1991-700787 ; *Bull. civ.* II, n° 65, p. 34, décidant que les juges peuvent surseoir à statuer sur la demande principale en divorce du mari et prononcer le divorce sur la demande reconventionnelle de l'épouse).

7) Excuse de la faute d'un époux. Les juges du fond ne peuvent subordonner l'appréciation de l'excuse de la faute de l'épouse (abandon de famille) à la preuve d'une faute concomitante de son mari (violences) et à l'existence d'un état de nécessité, conditions que l'article 245 ne prévoit pas (■ Cass. 2e civ., 25 nov. 1999, n° 97-16.488 : *JurisData* n° 1999-004052 ; *JCP* G 2000, IV, 1041 ; *JCP* N 2000, 576 ; *Bull. civ.* II, n° 176, p. 121 ; *RTD civ.* 2000, 90, obs. Hauser).

Art. 245-1 *(Anc. art. 248-1 ; dénum., mod. et transféré à la présente sect. ; L. n° 2004-439, 26 mai 2004).* **– À la demande des conjoints, le juge peut se limiter à constater dans les motifs du jugement qu'il existe des faits constituant une cause de divorce, sans avoir à énoncer les torts et griefs des parties.**

1) Appel. Dès lors que le tribunal a prononcé le divorce pour faute, à la demande des époux, sans énoncer leurs torts et griefs, l'épouse qui a obtenu satisfaction est sans intérêt à interjeter appel (■ Cass. 2e civ., 20 mars 1991, n° 89-15.297 : *JurisData* n° 1991-700903 ; *Bull. civ.* II, n° 88, p. 48). Mais l'épouse ayant saisi le tribunal d'une demande en *divorce pour* faute aux torts du mari, et le premier juge ayant prononcé le divorce aux torts partagés des époux, il en résultait que l'épouse avait intérêt à contester l'attribution des torts, peu important l'existence de conclusions concordantes des parties sur l'application de l'article 248-1 (anc.) du Code civil (■ Cass. 1re civ., 25 avr. 2007 : *Bull. civ.* I, n° 161, p. 144 ; *RTD civ.* 2007, 552, obs. Hauser ; *Dr. famille* 2007, 127, note Larribau-Terneyre ; *JurisData* n° 2007-038497).

2) Demandes concordantes. Dès lors que les deux époux ont sollicité l'application de l'article 248-1 (anc.), il importe peu que le mari l'ait fait dans le cadre d'un divorce aux torts exclusifs de son épouse et que celle-ci ait demandé la confirmation du jugement ayant prononcé le divorce, sans énoncer de grief, aux torts exclusifs du mari (■ Cass. 2e civ., 1er avr. 1998, n° 96-16.888 : *JurisData* n° 1998-001482 ; *Bull. civ.* II, n° 116, p. 69 ; *Dr. famille* 1999, 5, note Lécuyer). Mais le juge n'est pas saisi de demandes expresses et concordantes quand seule l'épouse a expressément conclu en appel à l'application de l'article 248-1 (anc.) du Code civil, le mari, qui contestait la prestation compensatoire, ayant seulement sollicité la confirmation du jugement en ce qu'il avait prononcé le divorce aux torts partagés (▪ Cass. 1re civ., 24 sept. 2008, n° 06-20.611 : *RTD civ.* 2008, 661, obs. Hauser).

Art. 246 *(Rempl. et transféré à la présente sect., L. n° 2004-439, 26 mai 2004).* **– Si une demande pour altération définitive du lien conjugal et une demande pour faute sont concurremment présentées, le juge examine en premier lieu la demande pour faute.**

(Al. abr. à compter d'une date fixée par décret en Conseil d'État, et au plus tard le 1er septembre 2020, L. n° 2019-222, 23 mars 2019) (1) **S'il rejette celle-ci, le juge statue sur la demande en divorce pour altération définitive du lien conjugal.**

Demande subsidiaire. La règle posée par l'article 246 du Code civil s'applique même si la demande reconventionnelle en divorce pour faute est présentée à titre subsidiaire (▪ Cass. 1re civ., 16 déc. 2015, n° 14-29.322 : *Bull.* ; *Dr. famille* 2016, 19, note Binet ; *LPA* 5 avr. 2016, 11, note Veve ; *RTD civ.* 2016, 88, obs. Hauser ; *JurisData* n° 2015-028301).

Section V. – Des modifications du fondement d'une demande en divorce

(L. n° 2004-439, 26 mai 2004)

Art. 247 *(L. n° 2004-439, 26 mai 2004 ; rempl., L. n° 2016-1547, 18 nov. 2016).* **– Les époux peuvent, à tout moment de la procédure :**

1° Divorcer par consentement mutuel par acte sous signature privée contresigné par avocats, déposé au rang des minutes d'un notaire ;

2° Dans le cas prévu au 1° de l'article 229-2, demander au juge de constater leur accord pour voir prononcer le divorce par consentement mutuel en lui présentant une convention réglant les conséquences de celui-ci.

Art. 247-1 *(L. n° 2004-439, 26 mai 2004).* **– Les époux peuvent également, à tout moment de la procédure, lorsque le divorce aura été demandé pour altération définitive du lien conjugal ou pour faute, demander au juge de constater leur accord pour voir prononcer le divorce pour acceptation du principe de la rupture du mariage.**

1) Voir, pour une application : ▪ Aix-en-Provence, 19 mars 2007 : *JCP* 2007, IV, 3104 ; *JurisData* n° 2007-342279.

2) Application dans le temps. Selon l'article 33, IV, de la loi n° 2004-439 du 26 mai 2004 (V. L. n° 2004-439, 26 mai 2004, art. 33, p. 3209), les articles 247 et 247-1 ne sont pas applicables lorsqu'une décision de première instance a été rendue avant l'entrée en vigueur de cette loi (▪ Cass. 1re civ., 5 mars 2008 : *Bull. civ.* I, n° 63, p. 53 ; *D.* 2008, inf. rap. 922 ; *JCP* 2008, IV, 1630 ; *Dr. famille* 2008, 54, note Larribau-Terneyre ; *JurisData* n° 2008-042985, cassation de l'arrêt ayant appliqué l'article 33, II, *b)* de la loi du 26 mai 2004).

Art. 247-2 *(L. n° 2004-439, 26 mai 2004).* **– Si, dans le cadre d'une instance introduite pour altération définitive du lien conjugal, le défendeur demande reconventionnellement le divorce pour faute, le demandeur peut invoquer les fautes de son conjoint pour modifier le fondement de sa demande.**

Rédaction future. Art. 247-2 *(Rempl., à compter d'une date fixée par décret en Conseil d'État, et au plus tard le 1er septembre 2020, L. n° 2019-222, 23 mars 2019)* (1). – Si le demandeur forme une demande en divorce pour altération définitive du lien conjugal et que le défendeur demande reconventionnellement le divorce pour faute, le demandeur peut invoquer les fautes de son conjoint pour modifier le fondement de sa demande.

(1) Lorsque la requête initiale a été présentée avant l'entrée en vigueur prévue par la première phrase du VII de l'article 109 de la loi n° 2019-222 du 23 mars 2019, l'action en divorce ou en séparation de corps est poursuivie et jugée conformément aux dispositions du Code civil dans leur rédaction antérieure à la même entrée en vigueur. Dans ce cas, le jugement rendu après ladite entrée en vigueur produit les effets prévus par la loi ancienne, L. n° 2019-222, 23 mars 2019, art. 109, VII.

Procédure. L'article 247-2 ouvre au demandeur en divorce pour altération définitive du lien conjugal la possibilité de solliciter le prononcé du divorce aux torts partagés pour le cas où la demande reconventionnelle en divorce pour faute de son conjoint serait admise, sans le contraindre à renoncer à sa demande principale pour le cas où cette demande reconventionnelle serait rejetée, de sorte que sa demande tendant au prononcé du divorce aux torts partagés ne peut être regardée comme une demande formée à titre subsidiaire au sens de l'article 1077, al. 1er, du Code de procédure civile (■ Cass. 1re civ., 11 sept. 2013, n° 11-26.751 : *JCP* G 2013, 1130, note Thouret ; *RTD civ.* 2013, 824, obs. Hauser ; *D.* 2013, 2831, note Douville et Mauger-Vielpeau ; *JCP* G 2014, 43, n° 2, obs. Coutant-Lapalus ; *LPA* 15 oct. 2013, 20, note Massip ; *JurisData* n° 2013-019060).

CHAPITRE II. – DE LA PROCÉDURE DU DIVORCE JUDICIAIRE

(Intitulé mod., L. n° 2016-1547, 18 nov. 2016)

Section I. – Dispositions générales

Art. 248 ***(L. n° 75-617, 11 juill. 1975).*** **– Les débats sur la cause, les conséquences du divorce et les mesures provisoires ne sont pas publics.**

Art. 248-1 ***(Dénum. et transféré, L. n° 2004-439, 26 mai 2004).*** **– V. art. 245-1.**

Art. 249 ***(L. n° 75-617, 11 juill. 1975 ; mod., 2005, L. n° 2004-439, 26 mai 2004 ; L. n° 2007-308, 5 mars 2007; rempl., L. n° 2019-222, 23 mars 2019).*** **– Dans l'instance en divorce, le majeur en tutelle est représenté par son tuteur et le majeur en curatelle exerce l'action lui-même, avec l'assistance de son curateur. Toutefois, la personne protégée peut accepter seule le principe de la rupture du mariage sans considération des faits à l'origine de celle-ci.**

Autorisation du juge. Il n'appartient pas au juge, qui autorise le tuteur à former une demande en divorce au nom du majeur, de porter une appréciation préalable sur le bien-fondé d'une telle demande (■ Cass. 1re civ., 4 juill. 2012, n° 10-28.370 : *Dr. famille* 2012, 153, obs. Maria ; *JurisData* n° 2012-015134).

Art. 249-1 ***(Abr., L. n° 2019-222, 23 mars 2019)***

> **Rédaction antérieure. Art. 249-1.** – Si l'époux contre lequel la demande est formée est en tutelle, l'action est exercée contre le tuteur ; s'il est en curatelle, il se défend lui-même, avec l'assistance du curateur.

Bibliographie : R. Lindon et Ph. Bertin, *Un conflit fâcheux en matière de tutelle du conjoint assigné en divorce : JCP* 1980, I, 2995.

Art. 249-2 ***(L. n° 75-617, 11 juill. 1975 ; L. n° 2007-308, 5 mars 2007).*** **– Un tuteur ou un curateur *ad hoc* est nommé lorsque la tutelle ou la curatelle avait été confiée au conjoint de la personne protégée.**

Art. 249-3 ***(L. n° 75-617, 11 juill. 1975 ; mod., L. n° 2004-439, 26 mai 2004 ; rempl. L. n° 2019-222, 23 mars 2019).*** **– Si une demande de mesure de protection juridique est déposée ou en cours, la demande en divorce ne peut être examinée qu'après l'intervention du jugement se prononçant sur la mise en place d'une telle mesure de protection. Toutefois, le juge peut prendre les mesures provisoires prévues aux articles 254 et *255*.**

Art. 249-4 ***(L. n° 75-617, 11 juill. 1975 ; mod. , L. n° 2004-439, 26 mai 2004 ; L. n° 2007-308, 5 mars 2007).*** **– Lorsque l'un des époux se trouve placé sous l'un des régimes de protection prévus au chapitre II du titre XI du présent livre, aucune demande en divorce par consentement mutuel *(Mots suppr., L. n° 2019-222, 23 mars 2019)* « ... » ne peut être présentée.**

Section II. – De la procédure applicable au divorce par consentement mutuel judiciaire

(L. n° 75-617, 11 juill. 1975 ; rempl., L. n° 2004-439, 26 mai 2004 ; intitulé mod., L. n° 2016-1547, 18 nov. 2016)

Art. 250 *(Rempl. et transféré, L. n° 2004-439, 26 mai 2004)*. **– La demande en divorce est présentée par les avocats respectifs des parties ou par un avocat choisi d'un commun accord.**

Le juge examine la demande avec chacun des époux, puis les réunit. Il appelle ensuite le ou les avocats.

Art. 250-1 *(L. n° 2004-439, 26 mai 2004)*. **– Lorsque les conditions prévues à l'article 232 sont réunies, le juge homologue la convention réglant les conséquences du divorce et, par la même décision, prononce celui-ci.**

Art. 250-2 *(L. n° 2004-439, 26 mai 2004)*. **– En cas de refus d'homologation de la convention, le juge peut cependant homologuer les mesures provisoires au sens des articles 254 et 255 que les parties s'accordent à prendre jusqu'à la date à laquelle le jugement de divorce passe en force de chose jugée, sous réserve qu'elles soient conformes à l'intérêt du ou des enfants.**

Une nouvelle convention peut alors être présentée par les époux dans un délai maximum de six mois.

Art. 250-3 *(L. n° 2004-439, 26 mai 2004)*. **– À défaut de présentation d'une nouvelle convention dans le délai fixé à l'article 250-2 ou si le juge refuse une nouvelle fois l'homologation, la demande en divorce est caduque.**

Section III. – De la procédure applicable aux autres cas de divorce judiciaire

(L. n° 75-617, 11 juill. 1975 ; intitulé rempl., L. n° 2004-439, 26 mai 2004 ; intitulé mod., L. n° 2016-1547, 18 nov. 2016) (1)

§ 1. – De la requête initiale

Art. 251 *(L. n° 2004-439, 26 mai 2004)* (2). **– L'époux qui forme une demande en divorce présente, par avocat, une requête au juge, sans indiquer les motifs du divorce.**

§ 2. – De la conciliation

Art. 252 *(Anc. art. 251, dénum., mod. et transféré à la présente division, L. n° 2004-439, 26 mai 2004)* (2). **– Une tentative de conciliation est obligatoire avant l'instance judiciaire. Elle peut être renouvelée pendant l'instance.**

Le juge cherche à concilier les époux tant sur le principe du divorce que sur ses conséquences.

Caractère obligatoire. Viole l'article 252 du Code civil la cour d'appel qui, pour statuer sur la requête en divorce et fixer les mesures provisoires, après avoir relevé qu'aucune tentative de conciliation n'avait été réalisée par le premier juge, retient que le contexte exclut qu'une réconciliation puisse intervenir, de sorte qu'il y a lieu de constater la non-conciliation implicite des époux et leur volonté de divorcer et de les autoriser à assigner à cet effet (■ Cass. 1re civ., 16 déc. 2015, n° 14-28.296 : *Bull.* ; *Dr. famille* 2016, chron. 1, n° 10, obs. Égéa, et comm. 20, note Binet ; *JurisData* n° 2015-028470).

Art. 252-1 *(Anc. art. 252, dénum., mod. et transféré à la présente division, L. n° 2004-439, 26 mai 2004)* (3). **– Lorsque le juge cherche à concilier les époux, il doit s'entretenir personnellement avec chacun d'eux séparément avant de les réunir en sa présence.**

Les avocats sont ensuite appelés à assister et à participer à l'entretien.

Dans le cas où l'époux qui n'a pas formé la demande ne se présente pas à l'audience ou se trouve hors d'état de manifester sa volonté, le juge s'entretient avec l'autre conjoint et l'invite à la réflexion.

(1) Section modifiée à compter d'une date fixée par décret en Conseil d'État, et au plus tard le 1er septembre 2020 *(L. n° 2019-222, 23 mars 2019)*, V. la future section III issue de la loi n° 2019-222 du 23 mars 2019, p. 232.

(2) Remplacé à compter d'une date fixée par décret en Conseil d'État, et au plus tard le 1er septembre 2020 *(L. n° 2019-222, 23 mars 2019)*, V. la future section III issue de la loi n° 2019-222 du 23 mars 2019, p. 232.

(3) Abrogé à compter d'une date fixée par décret en Conseil d'État, et au plus tard le 1er septembre 2020 *(L. n° 2019-222, 23 mars 2019)*, V. la future section III issue de la loi n° 2019-222 du 23 mars 2019, p. 232.

Art. 252-2 *(Anc. art. 252-1, dénum. et transféré à la présente division, L. n° 2004-439, 26 mai 2004)* (1). – **La tentative de conciliation peut être suspendue et reprise sans formalité, en ménageant aux époux des temps de réflexion dans une limite de huit jours.**

Si un plus long délai paraît utile, le juge peut décider de suspendre la procédure et de recourir à une nouvelle tentative de conciliation dans les six mois au plus. Il ordonne, s'il y a lieu, les mesures provisoires nécessaires.

Art. 252-3 *(Anc. art. 252-2, dénum. et transféré à la présente division puis rempl., L. n° 2004-439, 26 mai 2004)* (1). – **Lorsque le juge constate que le demandeur maintient sa demande, il incite les époux à régler les conséquences du divorce à l'amiable.**

Il leur demande de présenter pour l'audience de jugement un projet de règlement des effets du divorce. À cet effet, il peut prendre les mesures provisoires prévues à l'article 255.

Art. 252-4 *(Anc. art. 252-3, dénum. et transféré à la présente division, L. n° 2004-439, 26 mai 2004)* (1). – **Ce qui a été dit ou écrit à l'occasion d'une tentative de conciliation, sous quelque forme qu'elle ait eu lieu, ne pourra pas être invoqué pour ou contre un époux ou un tiers dans la suite de la procédure.**

Art. 253 *(Rempl., L. n° 2004-439, 26 mai 2004)* (2). – **Les époux ne peuvent accepter le principe de la rupture du mariage et le prononcé du divorce sur le fondement de l'article 233 que s'ils sont chacun assistés par un avocat.**

§ 3. – Des mesures provisoires

Art. 254 *(Rempl., L. n° 2004-439, 26 mai 2004)* (2). – **Lors de l'audience prévue à l'article 252, le juge prescrit, en considération des accords éventuels des époux, les mesures nécessaires pour assurer leur existence et celle des enfants jusqu'à la date à laquelle le jugement passe en force de chose jugée.**

1) Droit de visite sur un animal. Le juge qui statue au titre des mesures provisoires telles qu'elles sont définies à l'article 254 n'a pas à réglementer, s'agissant d'un chien, des « droits de visite et d'hébergement » imaginés par une référence abusive à la législation sur l'enfance (▪ Paris, 11 janv. 1983 : *JurisData* n° 1983-020062 ; *Gaz. Pal.* 1983, 2, 412, note Dorsner-Dolivet et Scemama).

2) Durée des mesures provisoires. Sur le principe que les mesures provisoires ne peuvent plus être ordonnées lorsque l'instance en divorce a pris fin par une décision devenue irrévocable, V. ▪ Cass. 2e civ., 20 avr. 1983 : *JurisData* n° 1983-700929 ; *Bull. civ.* II, n° 95, p. 64. ▪ Paris, 20 juin 1996, n° 95/15248 : *JurisData* n° 1996-023860 ; *Defrénois* 1996, 1341, obs. Massip. L'ordonnance continue de produire ses effets tant que la procédure est en cours (▪ Cass. 2e civ., 10 avr. 1991, n° 90-12.170 : *JurisData* n° 1991-701010 ; *Bull. civ.* II, n° 120, p. 64). Ainsi, la pension alimentaire allouée à un époux au titre des mesures provisoires subsiste jusqu'à la date à laquelle le jugement sur le fond prend force de chose jugée (▪ Cass. 2e civ., 24 janv. 1990, n° 88-15.555 : *JurisData* n° 1990-700803 ; *Bull. civ.* II, *n° 15, p. 8. – V. aussi* ▪ *Cass.* 2e civ., 26 janv. 1984 : *JurisData* n° 1984-700157 ; *Gaz. Pal.* 1984, 2, pan. p. 247, obs. Grimaldi. – V. aussi ▪ Cass. 2e civ., 4 juill. 2002, n° 00-18.092 : *JurisData* n° 2002-015096 ; *Dr. famille* 2003, 30, note Lécuyer ; *Defrénois* 2002, 1471, obs. Massip. ▪ Cass. 1re civ., 15 mai 2013, n° 12-11.516 : *Bull. civ.* I, n° 90, p. 93 ; *RTD civ.* 2013, 583, obs. Hauser ; *Dr. famille* 2013, 115, note Binet ; *JurisData* n° 2013-009361, jugeant que la pension alimentaire allouée pendant la procédure de divorce prend fin à la date à laquelle le divorce devient irrévocable. V. en ce sens pour la contribution à l'entretien des enfants, même après la majorité de ceux-ci, ▪ Cass. 2e civ., 8 févr. 1989, n° 87-16.940 : *Bull. civ.* II, n° 31, p. 16). Sur l'effet suspensif du pourvoi incident, V. ▪ Cass. 2e civ., 18 déc. 1996, n° 93-16.173 : *Dr. famille* 1997, 61, note crit. Lécuyer. La pension cesse d'être due, en cas de pourvoi, à la date de signification du pourvoi incident ou d'expiration du délai ouvert pour former ce pourvoi lorsque sont seules remises en cause les dispositions relatives aux conséquences financières du divorce (▪ Cass. 2e civ., 18 mai 2000, n° 98-17.801 : *JurisData* n° 2000-001980 ; *JCP* 2000, IV, 2183 ; *Bull. civ.* II, n° 81, p. 56). Si les mesures provisoires ordonnées au cours d'une instance en divorce se substituent d'office à la contribution aux charges du mariage décidée par un

(1) Abrogé à compter d'une date fixée par décret en Conseil d'État, et au plus tard le 1er septembre 2020 *(L. n° 2019-222, 23 mars 2019)*, V. la future section III issue de la loi n° 2019-222 du 23 mars 2019, p. 232.

(2) Remplacé à compter d'une date fixée par décret en Conseil d'État, et au plus tard le 1er septembre 2020 *(L. n° 2019-222, 23 mars 2019)*, V. la future section III issue de la loi n° 2019-222 du 23 mars 2019, p. 232.

jugement antérieur dont les effets sont, de ce fait, suspendus, leur caducité met fin à cette suspension, le jugement reprenant dès lors son effet (■ Cass. ch. mixte, 12 mai 2000, n° 96-80.077 : *JurisData* n° 2000-001976 ; *Bull. civ.* n° 2, p. 1 ; *Defrénois* 2000, 1303, obs. Massip ; *RTD civ.* 2000, 549, obs. Hauser).

3) Survenance d'un fait nouveau. Sur le principe que les mesures provisoires ne peuvent être modifiées ou complétées qu'en cas de survenance d'un fait nouveau, V. ■ Cass. 2e civ., 11 févr. 1981, n° 79-14.612 : *JurisData* n° 1981-000989 ; *Gaz. Pal.* 1981, 1, 372, note Viatte (attribution à la femme de la jouissance du logement familial).

4) Caractère provisoire des mesures. Les mesures prescrites par le juge aux affaires matrimoniales (le juge aux affaires familiales depuis la loi du 8 janvier 1993) pour assurer l'existence des époux jusqu'à la date à laquelle le jugement de divorce prend force de chose jugée ont un caractère provisoire et doivent être exécutées comme telles sous réserve du règlement définitif de leurs rapports patrimoniaux (■ Cass. 1re civ., 12 janv. 1994, n° 91-11.221 : *JurisData* n° 1994-000034 ; *Bull. civ.* I, n° 15, p. 12).

5) Exécution provisoire. Si l'exécution forcée de l'ordonnance de non-conciliation doit être précédée de sa signification au débiteur, les mesures provisoires prises en application de l'article 255 sont exécutoires de plein droit dès leur prononcé (■ Cass. 2e civ., 8 juill. 1998, n° 96-22.732 : *JurisData* n° 1998-003162 ; *JCP* 1998, IV, 3024 ; *Bull. civ.* II, n° 239, p. 143 ; *RTD civ.* 1998, 887, obs. Hauser).

6) Révision du droit de visite. La femme ne peut obtenir la modification du droit de visite du père pour tenir compte du fait que son concubin prend ses vacances au mois d'août (■ Bordeaux, 19 août 1997, n° 95005648 : *JurisData* n° 1997-045540 ; *Dr. famille* 1998, 6, note Lécuyer).

7) Enfant conçu. Sur la possibilité pour le juge aux affaires familiales de confier conjointement aux parents l'autorité parentale sur l'enfant à naître, V. ■ TGI Lille, JAF, 13 févr. 1998 : *JurisData* n° 1998-933257 ; *D.* 1999, 177, note Labbée ; *RTD civ.* 1999, 356, obs. Hauser.

Art. 255 *(Rempl., L. n° 2004-439, 26 mai 2004)* (1). – Le juge peut notamment :

1° Proposer aux époux une mesure de médiation et, après avoir recueilli leur accord, désigner un médiateur familial pour y procéder ;

2° Enjoindre aux époux de rencontrer un médiateur familial qui les informera sur l'objet et le déroulement de la médiation ;

3° Statuer sur les modalités de la résidence séparée des époux ;

4° Attribuer à l'un d'eux la jouissance du logement et du mobilier du ménage ou partager entre eux cette jouissance, en précisant son caractère gratuit ou non et, le cas échéant, en constatant l'accord des époux sur le montant d'une indemnité d'occupation ;

5° Ordonner la remise des vêtements et objets personnels ;

6° Fixer la pension alimentaire et la provision pour frais d'instance que l'un des époux devra verser à son conjoint, désigner celui ou ceux des époux qui devront assurer le règlement provisoire de tout ou partie des dettes ;

7° Accorder à l'un des époux des provisions à valoir sur ses droits dans la liquidation du régime matrimonial si la situation le rend nécessaire ;

8° Statuer sur l'attribution de la jouissance ou de la gestion des biens communs ou indivis autres que ceux visés au 4°, sous réserve des droits de chacun des époux dans la liquidation du régime matrimonial ;

9° Désigner tout professionnel qualifié en vue de dresser un inventaire estimatif ou de faire des propositions quant au règlement des intérêts pécuniaires des époux ;

10° Désigner un notaire en vue d'élaborer un projet de liquidation du régime matrimonial et de formation des lots à partager.

Bibliographie : P.-J. Claux et S. David, *Divorce : le notaire nommé expert au cours de la procédure : Defrénois* 2008, 1413. • A. Cousin et A. Depondt, *Missions des articles 255, 9° et 10° du Code civil : impressions d'un notaire : Dr. famille* 2008, étude 26. • J.-P. Gilles, *Le notaire face à la procédure de divorce : JCP* N 2012, 1389. • S. Gaudemet et M. Klaa, *L'élaboration d'un projet de liquidation du régime matrimonial et de formation des lots à partager. Le notaire nommé au titre de l'article 255, 10° du Code civil : Defrénois* 2012, 1130. • V. Cordier, *Le notaire expert : quel rôle, quels actes, quelles rémunérations ? : Defrénois* 2017, 639.

(1) V. cet article à compter d'une date fixée par décret en Conseil d'État, et au plus tard le 1er septembre 2020, dans la future section III issue de la loi n° 2019-222 du 23 mars 2019, p. 232.

1) Compétence du tribunal. Seul le tribunal est compétent pour concéder le bail à l'un des conjoints (■ TGI Arras, 5 mai 1977 : *D.* 1978, inf. rap. 267) ou pour autoriser un époux à vendre sans l'accord de l'autre un bien dépendant de la communauté (■ TGI Paris, 14 juin 1976 : *Gaz. Pal.* 1976, 2, 718, note Brazier).

2) Juge conciliateur. Il entre dans les pouvoirs du juge conciliateur de se prononcer sur le régime matrimonial des époux (■ Cass. 1re civ., 24 févr. 2016, n° 15-14.887 : *Bull.* ; *Dr. famille* 2016, 98, note Devers, et 101, note Binet ; *AJF* avr. 2016, 217, obs. Hilt ; *RTD civ.* 2016, 326, obs. Hauser ; *JCP* N 2017, 1048, obs. Lesbats ; *JurisData* n° 2016-002777, cassation de l'arrêt ayant renvoyé les parties devant le juge du divorce).

3) Professionnel qualifié. L'article 115 du décret n° 91-1197 du 2 novembre 1991 organisant la profession d'avocat n'interdit pas la désignation d'un avocat en qualité de professionnel qualifié, au sens de l'article 255, 9°, du Code civil, dès lors que l'exercice de ces fonctions, confiées par un juge, ne caractérise pas celui d'une profession (■ Cass. 1re civ., 19 oct. 2016, n° 15-25.879 : *Bull.* ; *JCP* G 2016, 1200, obs. Mulon ; *Dr. famille* 2017, 12, note Beignier ; *JurisData* n° 2016-021484).

4) Montant de la pension alimentaire. Pour fixer le montant de la pension alimentaire allouée à un époux pour la durée de la procédure du divorce, il est tenu compte du niveau d'existence auquel il peut prétendre eu égard aux facultés du conjoint (■ Cass. 2e civ., 7 mai 1980, n° 78-15.739 : *JurisData* n° 1980-000097 ; *Bull. civ.* II, n° 97, p. 71).

5) Occupation du logement familial. Les juges du fond peuvent décider que la pension alimentaire a été fixée en tenant compte de l'attribution gratuite du logement et qu'une indemnité d'occupation n'est due qu'à compter de la date à laquelle le jugement de divorce est devenu définitif (■ Cass. 1re civ., 28 févr. 1989, n° 87-11.162 : *JurisData* n° 1989-700929 ; *Bull. civ.* I, n° 95, p. 61 ; *D.* 1990, somm. 117, 2e esp., obs. Bénabent. – V. aussi ■ Cass. 1re civ., 25 nov. 2003, n° 02-13.247 : *JurisData* n° 2003-021257 ; *Dr. famille* 2004, 35, note Larribau-Terneyre. ■ Cass. 1re civ., 3 févr. 2004, n° 00-17.126 : *JurisData* n° 2004-022093 ; *Dr. famille* 2004, 50,note Larribau-Terneyre. ■ Cass. 1re civ., 19 avr. 2005, n° 03-14.664 : *JurisData* n° 2005-028148 ; *Dr. famille* 2005, 160, note Larribau-Terneyre. ■ Cass. 1re civ., 21 sept. 2005, n° 02-15.586 : *Dr. famille* 2005, 243, note Murat), ou encore que l'occupation par le mari et les enfants du domicile conjugal abandonné par la femme constitue une modalité d'exécution, par celle-ci, de son obligation de contribuer aux charges du mariage (■ Cass. 1re civ., 6 mars 1990, n° 88-17.555 : *JurisData* n° 1990-701215 ; *Bull. civ.* I, n° 61, p. 45). Jugé qu'il appartient à la cour d'appel de rechercher, comme elle y est invitée par les conclusions de l'épouse, si, eu égard aux pensions alimentaires qui lui sont versées par le mari, la jouissance de l'immeuble ne lui a pas été laissée par celui-ci en exécution du devoir de secours (■ Cass. 1re civ., 25 juin 1991, n° 90-10.321 : *JurisData* n° 1991-002019 ; *Bull. civ.* I, n° 206, p. 135). Les juges du fond peuvent considérer que la prestation compensatoire a été fixée par une décision antérieure en tenant compte de l'occupation gracieuse de l'immeuble commun par l'épouse (■ Cass. 1re civ., 14 nov. 2000, n° 98-17.389 : *Defrénois* 2001, 595, 1re esp., obs. Massip. Mais v., condamnant la femme au paiement d'une indemnité d'occupation postérieurement au divorce pour rupture de la vie commune, sans s'arrêter à l'objection que la solution méconnaissait le devoir de secours, ■ Cass. 1re civ., 14 nov. 2000, n° 98-17.389 : *Defrénois* 2001, 595, 3e esp., obs. Massip). La jouissance privative, au sens de l'article 255, 2° (anc.), n'est pas liée nécessairement à l'occupation effective des lieux (■ Cass. 1re civ., 14 juin 2000, n° 98-20.285 : *JurisData* n° 2000-002467 ; *JCP* 2000, IV, 2348 ; *Bull. civ.* I, n° 183, p. 119 ; *Defrénois* 2000, 1308, 2e esp., obs. Massip. ■ Cass. 1re civ., 14 nov. 2000, n° 98-17.389 : *Defrénois* 2001, 595, 2e esp., obs. Massip). L'attribution de la jouissance du logement et du mobilier du ménage à l'un des époux ne saurait être à titre onéreux lorsque le bien immobilier appartient en propre à l'époux attributaire (■ Cass. 1re civ., 13 janv. 2016, n° 15-11.398 : *Dr. famille* 2016, 71, note Binet ; *JCP* N 2017, 1049, obs. Lesbats ; *JurisData* n° 2016-000340). Sur la nature de droit personnel, et non de droit réel d'usage et d'habitation, de l'attribution de la jouissance gratuite du logement, V. ■ Cass. 1re civ., 24 sept. 2008, n° 06-21.198 : *JurisData* n° 2008-045073 ; *Bull. civ.* I, n° 209, p. 178 ; *RTD civ.* 2009, 104, obs. Hauser.

6) Emprunts faits pour l'habitation de la famille. Sur la possibilité de condamner le mari à verser directement entre les mains des organismes prêteurs, à titre d'obligation alimentaire, les arrérages des emprunts faits pour l'habitation de la famille, V. ■ Cass. 2e civ., 16 juill. 1976 : *JurisData* n° 1976-700002 ; *D.* 1977, 333, note Chartier.

7) Avance sur la part de communauté. Pour des exemples d'attribution à la femme d'une somme à titre d'avance sur sa part de communauté, V. ■ Cass. 1re civ., 15 janv. 1983 : *JCP* 1983, IV, 87 ; *Bull. civ.* I, n° 8, p. 6. ■ Cass. 2e civ., 1er mars 1984 : *JurisData* n° 1984-700585 ; Bull. civ. II, n° 44, p. 31. La demande n'est pas subordonnée à la preuve du caractère liquide ou partageable de l'actif de la communauté (■ Paris, 2 déc. 1999, n° 1999/14337 : *JurisData* n° 1999-117028 ; *Dr. famille* 2000, 144, 2e esp., note Lécuyer).

8) Il n'entre pas dans les pouvoirs du juge d'attribuer à l'un des époux la **part du prix de vente d'un bien commun** ou indivis (■ Cass. 1re civ., 24 févr. 2016, n° 15-14.887, préc., annot. 2).

9) Substitution à la contribution aux charges du mariage. Les mesures provisoires ordonnées en application de l'article 255 se substituent d'office à la contribution aux charges du mariage dès le prononcé de l'ordonnance de non-conciliation (■ Cass. 2e civ., 30 nov. 1994, n° 92-20.656 : *JCP* 1995, IV, 271 ; *Bull. civ.* II, n° 245, p. 141). La pension due en vertu de cette ordonnance est due jusqu'au jour où le divorce passe en force de chose jugée (■ Paris, 4 févr. 1999, n° 1997/16817 : *JurisData* n° 1999-023663 ; *Dr. famille* 2000, 18, note Lécuyer).

10) Pension alimentaire. Avance à l'époux créancier (non). La pension allouée pendant l'instance en divorce, sur le fondement de l'article 255-4°, procède du seul devoir de secours entre époux, lequel ne prend fin que du jour où le jugement de divorce devient irrévocable ; l'époux débiteur de la pension ne peut réclamer, lors de la liquidation du régime matrimonial, le remboursement des arrérages de cette pension (■ Cass. 1re civ., 30 juin 1998, n° 96-14.157 : *JCP* G 1998, I, 183, n° 5, obs. Tisserand ; *JCP* N 1999, 393, note Casey ; *Dr. famille* 1998, 158, note Beignier ; *Defrénois* 1999, 180, note Bignon).

11) Jouissance partagée du logement. Pour la jouissance partagée du logement justifiée par le grand âge des époux, V. ■ Douai, 27 nov. 2003, n° 03/04463 : *JurisData* n° 2003-236158 ; *Dr. famille* 2004, 101, 2e esp., note Larribau-Terneyre, précisant qu'il n'y a pas lieu de statuer sur la jouissance de l'animal de compagnie.

12) Médiation. Voir : D. n° 2010-1395, 12 nov. 2010, relatif à la médiation et à l'activité judiciaire en matière familiale, p. 3354.

Art. 256 *(L. n° 2002-305, 4 mars 2002 ; mod., L. n° 2004-439, 26 mai 2004)* (1). **– Les mesures provisoires relatives aux enfants sont réglées selon les dispositions du chapitre I du titre IX du présent livre.**

Art. 257 *(L. n° 75-617, 11 juill. 1975 ; L. n° 2010-769, 9 juill. 2010)* (2). **– Le juge peut prendre, dès la requête initiale, des mesures d'urgence.**

Il peut, à ce titre, autoriser l'époux demandeur à résider séparément, s'il y a lieu avec ses enfants mineurs.

Il peut aussi, pour la garantie des droits d'un époux, ordonner toutes mesures conservatoires telles que l'apposition de scellés sur les biens communs. Les dispositions de l'article 220-1 et du titre XIV du présent livre et les autres sauvegardes instituées par le régime matrimonial demeurent cependant applicables.

1) V. pour la nomination d'un **administrateur judiciaire**, ■ TGI Paris, 10 mai 1976 : *JurisData* n° 1976-760712 ; *Gaz. Pal.* 1976, 2, 468.

2) Actes de disposition sur les biens propres. En vertu de l'article 220-1, auquel renvoie l'article 257, une cour d'appel peut imposer au mari d'obtenir, jusqu'à la fixation de la prestation compensatoire, le consentement de sa femme pour disposer de ses biens propres (■ Cass. 2e civ., 6 mai 1987, n° 86-11.106 : *JurisData* n° 1987-00093 ; *Bull. civ.* II, n° 99, p. 59).

3) Compétence du JAF. La compétence du juge aux affaires matrimoniales (du juge aux affaires familiales depuis la loi du 8 janvier 1993) est limitée, au stade de la présentation de la requête en divorce, aux mesures d'urgence prévues à l'article 257 et aux référés qui peuvent en découler (■ Cass. 2e civ., 16 avr. 1986, n° 84-17.097 : *JurisData* n° 1986-000709 ; *Bull. civ.* II, n° 56, p. 38. V. cependant, estimant que la liste est indicative, ■ TGI Bayonne, JAF, 17 nov. 1995 : *JurisData* n° 1995-052887 ; *RTD civ.* 1996, 587, obs. Hauser).

§ 4. – De l'introduction de l'instance en divorce

Art. 257-1 *(L. n° 2004-439, 26 mai 2004)* (2). **– Après l'ordonnance de non-conciliation, un époux peut introduire l'instance ou former une demande reconventionnelle pour acceptation du principe de la rupture du mariage, pour altération définitive du lien conjugal ou pour faute.**

Toutefois, lorsqu'à l'audience de conciliation les époux ont déclaré accepter le principe de la rupture du mariage et le prononcé du divorce sur le fondement de l'article 233, l'instance ne peut être engagée que sur ce même fondement.

Art. 257-2 *(L. n° 2004-439, 26 mai 2004)* (2). **– À peine d'irrecevabilité, la demande introductive d'instance comporte une proposition de règlement des intérêts pécuniaires et patrimoniaux des époux.**

---

(1) V. cet article à compter d'une date fixée par décret en Conseil d'État, et au plus tard le 1er septembre 2020, dans la future section III issue de la loi n° 2019-222 du 23 mars 2019, p. 232.

(2) Abrogé à compter d'une date fixée par décret en Conseil d'État, et au plus tard le 1er septembre 2020 *(L. n° 2019-222, 23 mars 2019)*, V. la future section III issue de la loi n° 2019-222 du 23 mars 2019, p. 232.

Régularisation. Ayant relevé que le demandeur au divorce avait présenté, par conclusions postérieures à l'acte introductif d'instance, une proposition de règlement des intérêts pécuniaires et patrimoniaux, la cour d'appel a exactement retenu qu'en application de l'article 126 du Code de procédure civile, la fin de non-recevoir tirée de l'article 257-2 du Code civil avait été régularisée au moment où le premier juge avait statué (■ Cass. 1re civ., 6 janv. 2012, n° 10-17.824 : *Bull.* ; *Dr. famille* 2012, 42, Larribau-Terneyre ; *JurisData* n° 2012-000031).

Art. 258 *(L. n° 75-617, 11 juill. 1975 ; mod., L. n° 87-570, 22 juill. 1987)* (1). **– Lorsqu'il rejette définitivement la demande en divorce, le juge peut statuer sur la contribution aux charges du mariage, la résidence de la famille et les modalités de l'exercice de l'autorité parentale.**

1) Obligation de statuer d'office (non). L'article 258 ne fait aucune obligation aux juges du fond de statuer d'office sur les conséquences du rejet de la demande en divorce (■ Cass. 2e civ., 19 janv. 1994, n° 92-17.275 : *JurisData* n° 1994-000032 ; *Bull. civ.* II, n° 31, p. 17). Ainsi, l'article 258, qui permet au juge de statuer sur la résidence de la famille, ne prévoit qu'une simple faculté, le choix de cette résidence incombant aux époux (■ Cass. 1re civ., 19 juin 2007 : *Bull. civ.* I, n° 241, p. 208 ; *JCP* 2007 , IV, 2540 ; *RTD civ.* 2007, 760, obs. Hauser ; *Dr. famille* 2007, 163, note Larribau-Terneyre ; *JurisData* n° 2007-039629, rejet de la demande du mari tendant à voir fixer la résidence de la famille dans le logement qu'il occupe et qui a constitué l'ancien domicile conjugal, ni l'épouse ni l'enfant commun n'y résidant).

2) Contribution aux charges du mariage. La cour d'appel qui rejette la demande ne fait qu'user de la faculté que lui donne l'article 258 en fixant la part contributive du mari aux charges du mariage, alors que la femme ne sollicitait que l'octroi d'une pension alimentaire pour le cas où le divorce serait prononcé (■ Cass. 2e civ., 1er juin 1983, n° 82-12.755 : *JurisData* n° 1983-701752 ; *Bull. civ.* II, n° 119, p. 83. ■ Cass. 2e civ., 28 oct. 1992, n° 91-12.786 : *JurisData* n° 1992-002369 ; *JCP* 1993, IV, 19 ; *Bull. civ.* II, n° 252, p. 125). Mais jugé que les parties doivent être invitées au préalable à présenter leurs observations (■ Cass. 2e civ., 20 juin 1984, n° 83-11.021 : *Bull. civ.* II, n° 114, p. 81. V. cependant, écartant toute possibilité d'application d'office, ■ Reims, 21 mars 1996 : *Dr. famille* 1997, 13, note Lécuyer). L'épouse qui n'a pas estimé nécessaire de solliciter une pension alimentaire devant le juge conciliateur, et qui n'invoque aucun élément nouveau survenu depuis, ne peut demander le versement d'une contribution aux charges du mariage (■ Bourges, 12 mars 1996 : *JurisData* n° 1996-043753 ; *Dr. famille* 1997, 48, note Lécuyer).

3) Résidence séparée. La fixation de la résidence de la famille est une mesure provisoire qui n'a pas pour effet de dispenser définitivement des époux mariés de leur obligation de communauté de vie. La demande de divorce ayant été rejetée, les juges du fond peuvent retenir que l'épouse n'invoque aucun motif pour justifier son refus de reprendre la vie commune, et prononcer le divorce à ses torts exclusifs (■ Cass. 2e civ., 25 nov. 1992, n° 91-14.177 : *JurisData* n° 1992-002606 ; *JCP* 1993, IV, 313). Mais l'article 258 n'autorise pas le tribunal à condamner l'un des époux à reprendre positivement la vie commune avec son conjoint (■ TGI Paris, 18 oct. 1977 : *JCP* 1978, II, 18820, 1re esp., note Lindon). Les juges du fond peuvent, après avoir autorisé les époux à résider séparément, estimer que la délivrance par le mari d'une sommation d'huissier ne constitue pas une véritable tentative de reprise de la vie commune (■ Cass. 2e civ., 20 mars 1989, n° 88-12.496 : *JurisData* n° 1989-701453 ; *D.* 1990, 129, note Batteur).

4) Caractère provisoire des mesures. L'article 258 n'autorisant le juge qu'à prononcer des mesures provisoires, viole cet article la cour d'appel qui rejette la demande en divorce du mari et, statuant sur la résidence de la famille, fixe la résidence de l'épouse, sa vie durant, dans un immeuble appartenant au mari (■ Cass. 2e civ., 15 janv. 1997, n° 95-14.549 : *JurisData* n° 1997-000088 ; *Bull. civ.* II, n° 8, p. 5 ; *Dr. famille* 1997, 32, note Lécuyer. ■ Cass. 1re civ., 11 juill. 2006 : *Bull. civ.* I, n° 380, p. 327 ; *Defrénois* 2006, 1773, obs. Massip ; *RTD civ.* 2006, 743, obs. Hauser ; *JurisData* n° 2006-034539).

5) Exécution provisoire (non). Les mesures ordonnées en vertu de l'article 258, ne pouvant prendre effet que lorsque le rejet du divorce est devenu définitif, ne peuvent être assorties de l'exécution provisoire (■ Cass. 2e civ., 25 nov. 1992, n° 91-12.208 : *JurisData* n° 1992-002607 ; *JCP* 1993, IV, 315).

6) Occupation du logement familial. En cas de séparation de biens, la contribution du mari aux charges du mariage peut être fixée, en

(1) Abrogé à compter d'une date fixée par décret en Conseil d'État, et au plus tard le 1er septembre 2020 *(L. n° 2019-222, 23 mars 2019)*, V. la future section III issue de la loi n° 2019-222 du 23 mars 2019, p. 232.

application de l'article 258, sous forme d'attribution à l'épouse du droit d'occuper la résidence de la famille fixée dans un immeuble propre au mari (■ Cass. 1re civ., 31 mars 1992, n° 90-16.343 : *JurisData* n° 1992-000854 ; *JCP* N 1992, II, 383, obs. Storck ; *RTD civ.* 1993, 635, obs. Lucet et Vareille).

7) Désistement d'action. Doit être cassé l'arrêt qui décide que l'article 258 n'est pas applicable lorsque la demande en divorce n'existe plus par suite d'un désistement d'action (■ Cass. 1re civ., 19 avr. 2005, n° 02-14.953 : *JurisData* n° 2005-028144 ; *Dr. famille* 2005, 125, note Larribau-Terneyre).

§ 5. – Des preuves

(Anc. sect. IV, L. n° 75-617, 11 juill. 1975 ; devenue paragraphe et transférée à la présente sect., L. n° 2004-439, 26 mai 2004)

Art. 259 *(L. n° 75-617, 11 juill. 1975 ; mod., L. n° 2004-439, 26 mai 2004)* (1). **– Les faits invoqués en tant que causes de divorce ou comme défenses à une demande peuvent être établis par tout mode de preuve, y compris l'aveu. Toutefois, les descendants ne peuvent jamais être entendus sur les griefs invoqués par les époux.**

Bibliographie : S. Mirabail, *L'interprétation extensive de la prohibition du témoignage des descendants édictée par les articles 205 du Code de procédure civile et 259 du Code civil* in *Mélanges Neirinck*, LexisNexis 2015, 377. • G. Kessler, *Divorce et réseaux sociaux : Dr. famille* 2016, étude 19.

1) Audition des descendants. Sur le principe que les descendants ne peuvent jamais être entendus sur les griefs invoqués par les époux à l'appui d'une demande en divorce, V. ■ Cass. 2e civ., 5 févr. 1986, n° 84-14.467 : *JurisData* n° 1986-000248 ; *Bull. civ.* II, n° 9, p. 6. ■ Cass. 2e civ., 4 janv. 1984 : *JurisData* n° 1984-700017 ; *D.* 1985, inf. rap. 149, obs. Groslière. Ne peut être retenue la déposition d'un témoin ne faisant que rapporter un propos tenu par l'enfant (■ Cass. 2e civ., 23 mars 1977 : *JurisData* n° 1977-799093 ; *D.* 1978, 5, note Meerpoel. ■ Cass. 1re civ., 3 nov. 2004, n° 01-15.176 : *JurisData* n° 2004-025436 ; *Bull. civ.* I, n° 239, p. 200). La prohibition s'applique aux déclarations recueillies en dehors de l'instance en divorce (■ Cass. 2e civ., 22 juin 1994, n° 93-11.252 : *JurisData* n° 1994-001350 ; *Bull. civ.* II, n° 168, p. 97. ■ Cass. 1re civ., 4 mai 2011, n° 10-30.706 : *Bull. civ.* I, n° 79, p. 78 ; *JCP* 2011, act. 576 ; *Dr. famille* 2011, 149, note Larribau-Terneyre ; *RTD civ.* 2011, 750, obs. Hauser ; *JurisData* n° 2011-007708. ■ Cass. 1re civ., 1er févr. 2012, n° 10-27.460 : *Bull. civ.* I, n° 16, p. 15 ; *JCP* N 2012, 1150, obs. Rivière ; *Dr. famille* 2012, 61, note Larribau-Terneyre ; *JurisData* n° 2012-001366, pas de prise en considération des déclarations des enfants recueillies lors d'une enquête de police étrangère à l'instance en divorce), et même à la lettre présentée comme élément de preuve des griefs (■ Cass. 2e civ., 5 juill. 2001 : *JCP* 2001, IV, 2618 ; *Dr. famille* 2001, 108, 2e arrêt, note Lécuyer ; *Dr. famille* 2002, 22, note Gouttenoire-Cornut ; *JurisData* n° 2001-010476 ; *Bull. civ.* II, n° 129, p. 86 ; *Defrénois* 2001, 1349, 2e esp., obs. Massip ; *RTD civ.* 2001, 861, 2e esp., obs. Hauser. ■ Cass. 2e civ., 23 janv. 2003 : *JCP* 2003, IV, 1424 ; *JurisData* n° 2003-017464 ; *Dr. famille* 2003, 73, note Lécuyer ; *Bull. civ.* II, n° 11, p. 9 ; *RTD civ.* 2003, 274, obs. Hauser ; *Defrénois* 2003, 1082, obs. Massip. V. déjà ■ Amiens, 1er juill. 1998, n° 9604949 : *JurisData* n° 1998-042917 ; *Dr. famille* 1999, 6, 1er arrêt, note Lécuyer. – *Contra*, ■ Cass. 2e civ., 19 janv. 1983, n° 81-15.909 : *JurisData* n° 1983-700123 ; *Bull. civ.* II, n° 12, p. 8). Elle ne saurait être tournée, même après le prononcé du divorce, par le recours à une procédure pénale (■ Cass. crim., 4 janv. 1985, n° 84-92.942 : *JurisData* n° 1985-700033 ; *JCP* 1985, II, 20521, note Lindon et Bénabent, plainte pour subornation de témoins).

2) Conjoints des descendants. La prohibition de l'audition des descendants d'un époux s'applique aux conjoints de ces descendants (■ Cass. 2e civ., 18 nov. 1987, n° 86-16.286 : *JurisData* n° 1987-001941 ; *Bull. civ.* II, n° 230, p. 128. ■ Cass. 2e civ., 30 sept. 1998, n° 96-21.110 : *JurisData* n° 1998-003633 ; *JCP* G 1998, IV, 3197 ; *JCP* N 1999, 279 ; *Dr. famille* 1999, 6, 2e arrêt, note Lécuyer ; *Bull. civ.* II, n° 250, p. 149 ; *RTD civ.* 1999, 71, obs. Hauser), ainsi qu'à leurs concubins (■ Cass. 2e civ., 10 mai 2001 : *Dr. famille* 2001, 108, 1er arrêt, note Lécuyer ; *Dr. famille* 2002, 21, note Griffon ; *JurisData* n° 2001-011309 ; *Bull. civ.* II, n° 94, p. 62 ; *Defrénois* 2001, 1349, 1re esp., obs. Massip ; *RTD civ.* 2001, 861, 1re esp., obs. Hauser. – *Contra*, antérieurement, ■ Cass. 2e civ., 25 nov. 1992, n° 91-12.208 : *JurisData* n° 1992-002607 ; *Bull. civ.* II, n° 276, p. 137) ou leurs conjoints divorcés (■ Cass. 1re civ., 14 févr. 2006 : *Bull. civ.* I, n° 71, p. 69 ; *Dr. famille* 2006, 90, note

(1) V. cet article à compter d'une date fixée par décret en Conseil d'État, et au plus tard le 1er septembre 2020, dans la future section III issue de la loi n° 2019-222 du 23 mars 2019, p. 232.

Larribau-Terneyre ; *RTD civ.* 2006, 288, obs. Hauser ; *JurisData* n° 2006-032178). Il importe peu que les attestations émanent d'enfants issus d'une précédente union (▪ Toulouse, 1er mars 2001 : *Dr. famille* 2001, 108, 3e arrêt, note Lécuyer ; *JurisData* n° 147918).

3) Faits précis rapportés dans les attestations. Ne donne pas de base légale à sa décision la cour d'appel qui retient que les attestations produites établissent que le comportement de l'épouse à l'encontre de son mari et dans la vie familiale a contribué à l'échec du mariage, sans apporter la moindre précision sur les faits rapportés dans les attestations (▪ Cass. 2e civ., 5 oct. 1994, n° 93-11.215 : *Bull. civ.* II, n° 189, p. 110).

4) Adultère établi par des éléments biologiques. Le grief d'infidélité de l'épouse peut être établi, sans remettre en cause la filiation des enfants, par le rapprochement des éléments biologiques et des témoignages versés aux débats par le mari, démontrant son impossibilité biologique d'être le père de deux enfants communs (▪ Cass. 1re civ., 28 févr. 2006 : *Bull. civ.* I, n° 113, p. 105 ; *Dr. famille* 2006, 91, note Larribau-Terneyre ; *D.* 2006, 2379, note Mirabail ; *D.* 2007, somm. 610, obs. Williatte-Pellitteri ; *JCP* 2006, II, 10098, note Lambert ; *RTD civ.* 2006, 287, obs. Hauser ; *JurisData* n° 2006-032391).

5) Enquête sociale (non). Aux termes de l'article 373-2-12, alinéa 3, du Code civil, l'enquête sociale ne peut être utilisée dans le débat sur la cause du divorce (▪ Cass. 1re civ., 13 déc. 2017, n° 16-25.256 : *Bull.* ; *Dr. famille* 2018, 59, Binet ; *AJF* 2018, p. 177, Casey ; *JurisData* n° 2017-025626).

Art. 259-1 *(Rempl., L. n° 2004-439, 26 mai 2004)* (1). – **Un époux ne peut verser aux débats un élément de preuve qu'il aurait obtenu par violence ou fraude.**

1) Nécessité d'une fraude ou d'une violence. Viole les articles 259 et 259-1 la cour d'appel qui écarte des débats des lettres adressées par la femme à des tiers ainsi que son journal intime et son carnet de bord en invoquant l'atteinte à la vie privée sans constater que le mari s'est procuré ces documents par fraude ou violence (▪ Cass. 2e civ., 29 janv. 1997, n° 94-22.100 : *JurisData* n° 1997-000310 ; *JCP* 1997, IV, 615 ; *Bull. civ.* II, n° 28, p. 15 ; *D.* 1997, 296, note Bénabent ; *RTD civ.* 1997, 640, obs. Hauser ; *Dr. famille* 1997, 85, note Lécuyer). Si le fait, pour le mari, d'avoir profité de l'opportunité de pouvoir accéder à la messagerie de son épouse après son départ du domicile conjugal est un manque de délicatesse, il ne constitue pas une fraude, de sorte que les éléments de preuve qui en sont issus sont recevables (▪ Paris, 17 nov. 2016, n° 14/14482 : *Dr. famille* 2017, 2, note Binet ; *JurisData* n° 2016-024336).

2) Interception. Doit être considérée comme irrégulière l'interception d'une lettre par un des époux avant qu'elle soit parvenue à l'autre (▪ Cass. civ., 25 juill. 1950 : *D.* 1951, 68. – Comp. pour une lettre adressée par la poste à la femme par erreur, ▪ Cass. 2e civ., 2 déc. 1998, n° 96-22.313 : *JurisData* n° 1998-004609 ; *JCP* 1999, IV, 1126 ; *Bull. civ.* II, n° 287, p. 173).

3) Preuve de la fraude. *C'est à l'époux destinataire de la lettre qu'il appartient de rapporter* la preuve de l'appréhension frauduleuse par son conjoint (▪ Cass. civ., 28 avr. 1949 : *Gaz. Pal.* 1949, 2, 98. ▪ Cass. 2e civ., 29 mars 1966 : *JurisData* n° 1966-099432 ; *Bull. civ.* II, n° 432, p. 308).

4) Sur le **pouvoir souverain des juges du fond** pour apprécier si la lettre a été régulièrement versée aux débats, V. ▪ Cass. 2e civ., 26 nov. 1975 : *D.* 1976, 371, note Bénabent.

5) L'**enregistrement d'une conversation téléphonique** en vue de procurer des preuves dans une instance en divorce constitue une atteinte illicite à la vie privée (▪ Cass. crim., 3 mars 1982, n° 80-95.226 : *JurisData* n° 1982-700609 ; *D.* 1982, 579, note Lindon).

6) Journal intime. L'épouse ne peut se borner à alléguer que son conjoint lui a subtilisé son journal intime (▪ Cass. 2e civ., 6 mai 1999, n° 97-12.437 : *JurisData* n° 1999-001948 ; *JCP* 1999, II, 10201, note Garé ; *Dr. famille* 1999, 79, note Lécuyer ; *RTD civ.* 1999, 608, obs. Hauser. – V. aussi ▪ Cass. 2e civ., 29 janv. 1997, préc., n° 1 ; pour l'admission de la preuve par courriel, V. ▪ Cass. 1re civ., 18 mai 2005 *Dr. famille* 2005, 185, note Larribau-Terneyre ; *Defrénois* 2005, 1342, obs. Massip). Les juges du fond peuvent tirer de la lecture de ce journal la conviction de la réalité des relations adultères nouées avec un autre homme (même arrêt). L'article 8, alinéa 2, de la Convention européenne des droits de l'homme ne peut être invoqué à l'encontre du versement aux débats du journal intime (▪ TGI Versailles, JAF, 18 déc. 2000 : *Dr. famille* 2001,

(1) V. cet article à compter d'une date fixée par décret en Conseil d'État, et au plus tard le 1er septembre 2020, dans la future section III issue de la loi n° 2019-222 du 23 mars 2019, p. 232.

57, note Lécuyer ; *JurisData* n° 2001-142021). Il est vainement soutenu que le seul fait de l'absence de remise volontaire des documents ferait présumer la fraude (même jugement). Jugé cependant que le journal intime, qui est par nature un document personnel non destiné à être lu par une autre personne que son auteur, doit être écarté des débats (■ Paris, 9 sept. 1999, n° 1998/00929 : *JurisData* n° 1999-024775 ; *Dr. famille* 2000, 24, note Lécuyer. V. en ce sens, retenant la violation de l'article 8 de la Convention européenne de sauvegarde des droits de l'homme, ■ TGI Caen, JAF, 9 juin 2000 : *Dr. famille* 2000, 87, note Lécuyer ; *RTD civ.* 2000, 812, obs. Hauser). L'article L. 122-4 du Code de la propriété intellectuelle reconnaissant à l'auteur un droit exclusif de représentation et de reproduction est sans application dans une procédure de divorce qui se déroule en chambre du conseil (■ Paris, 4 avr. 2001 : *Dr. famille* 2001, 96, note Lécuyer ; *JurisData* n° 2001-141368).

7) Courriers électroniques. Sur les éléments de preuve tirés de l'ordinateur utilisé par le conjoint, V. ■ Toulouse, 7 nov. 2006 : *Dr. famille* 2007, 106, note Larribau-Terneyre ; *JurisData* n° 2006-330019.

8) « Minimessages ». Sur la recevabilité de la preuve par SMS dès lors qu'ils n'ont pas été obtenus par violence ou fraude, V. ■ Cass. 1re civ., 17 juin 2009, n° 07-21.796 : *Bull. civ.* I, n° 132, p. 117 ; *D.* 2009, 1758, obs. Egéa ; *JCP* 2010, n° 1-2, doctr. 34, n° 5, obs. Gouttenoire ; *Dr. famille* 2009, 124, note Larribau-Terneyre ; *Defrénois* 2010, 864, obs. Massip ; *RTD civ.* 2009, 514, obs. Hauser ; *D.* 2010, 1245, obs. Williatte-Pellitteri ; *JurisData* n° 2009-048627. ■ Cass. 1re civ., 11 mai 2016, n° 15-16.410 : *RTD civ.* 2016, 592, obs. Hauser ; *Dr. famille* 2016, 133, note Binet ; *JurisData* n° 2016-008904. ■ Montpellier, 12 sept. 2017, n° 16/04163 : *Dr. famille* 2017, 237, Caro ; *JurisData* n° 2017-018835.

Art. 259-2 (1). **– Les constats dressés à la demande d'un époux sont écartés des débats s'il y a eu violation de domicile ou atteinte illicite à l'intimité de la vie privée.**

1) Constat d'adultère. Sur la licéité de principe du constat d'adultère dressé sur autorisation du président du tribunal, V. ■ Cass. 2e civ., 5 juin 1985, n° 83-14.268 : *Bull. civ.* II, n° 111, p. 74. ■ Cass. 1re civ., 18 nov. 1992, n° 90-19.368 : *JurisData* n° 1992-002510 ; *D.* 1993, inf. rap. 6. Ne viole pas l'article 259-2 la cour d'appel qui retient, pour prononcer le divorce aux torts partagés desépoux, un constat d'huissier dressé à la requête du mari dans un lieu dont il a la jouissance (■ Cass. 2e civ., 14 déc. 1983, n° 82-11.759 : *JurisData* n° 1983-702489 ; *Bull. civ.* II, n° 200, p. 141).

2) Serrurier. Sur les conditions de l'intervention d'un serrurier à l'occasion de l'établissement d'un constat d'adultère, V. ■ Paris, 14 nov. 1985 : *JurisData* n° 1985-600450 ; *JCP* 1986, II, 20643, note Lindon ; *D.* 1986, 296, note Vassaux-Vanoverschelde.

3) Constat dressé en dehors des heures légales. L'autorisation du président du tribunal de grande instance de faire constater l'adultère en tous lieux, à toute heure, y compris les jours fériés, ne permet pas à l'huissier d'intervenir en dehors des heures légales (■ Pau, 1er oct. 2001, n° 99/02777 : *JurisData* n° 2001-175535 ; *Dr. famille* 2002, 144, note Lécuyer, constat dressé à 3 h 15).

Art. 259-3 *(L. n° 75-617, 11 juill. 1975 ; mod., L. n° 2004-439, 26 mai 2004)* (1). **– Les époux doivent se communiquer et communiquer au juge ainsi qu'aux experts et autres personnes désignés par lui en application des 9° et 10° de l'article 255, tous renseignements et documents utiles pour fixer les prestations et pensions et liquider le régime matrimonial.**

Le juge peut faire procéder à toutes recherches utiles auprès des débiteurs ou de ceux qui détiennent des valeurs pour le compte des époux sans que le secret professionnel puisse être opposé.

Banque du débiteur d'un époux. Jugé sous l'empire du droit antérieur à la loi du 26 mai 2004 que l'article 259-3 n'est pas applicable et que le juge ne peut ordonner à la banque de communiquer l'identité et les coordonnées de la personne ayant encaissé, sur un compte ouvert dans ses livres, un chèque débité du compte joint ouvert au nom des époux dans un autre établissement, dès lors qu'il n'est pas prétendu que la banque avait été le débiteur des époux et qu'elle ne détenait aucune valeur pour leur compte (■ Cass. com., 18 févr. 2004, n° 01-11.728 : *JurisData* n° 2004-022391 ; *JCP* 2004, I, 176, n° 23, obs. Tisserand-Martin ; *Bull. civ.* IV, n° 33, p. 31).

(1) V. cet article à compter d'une date fixée par décret en Conseil d'État, et au plus tard le 1er septembre 2020, dans la future section III issue de la loi n° 2019-222 du 23 mars 2019, p. 232.

Section 3 (*Rédaction future*). – De la procédure applicable aux autres cas de divorce judiciaires

(Intitulé rempl. à compter du 1er janvier 2005, L. n° 2004-439, 26 mai 2004; mod. à compter du 1er janvier 2017, L. n° 2016-1547, 18 nov. 2016; mod. à compter d'une date fixée par décret en Conseil d'État, et au plus tard le 1er septembre 2020, L. n° 2019-222, 23 mars 2019) (1) (2)

§ 1. – De l'introduction de la demande en divorce

(§ créé à compter du 1er janvier 2005, L. n° 2004-439, 26 mai 2004; rempl. à compter d'une date fixée par décret en Conseil d'État, et au plus tard le 1er septembre 2020, L. n° 2019-222, 23 mars 2019) (1)

Rédaction future. Art. 251 *(Rempl., à compter d'une date fixée par décret en Conseil d'État, et au plus tard le 1er septembre 2020, L. n° 2019-222, 23 mars 2019)* (1). – L'époux qui introduit l'instance en divorce peut indiquer les motifs de sa demande si celle-ci est fondée sur l'acceptation du principe de la rupture du mariage ou l'altération définitive du lien conjugal. Hors ces deux cas, le fondement de la demande doit être exposé dans les premières conclusions au fond.

Rédaction future. Art. 252 *(Rempl., à compter d'une date fixée par décret en Conseil d'État, et au plus tard le 1er septembre 2020, L. n° 2019-222, 23 mars 2019)* (1). – La demande introductive d'instance comporte le rappel des dispositions relatives à :

1° La médiation en matière familiale et à la procédure participative ;

2° L'homologation des accords partiels ou complets des parties sur les modalités d'exercice de l'autorité parentale et les conséquences du divorce.

Elle comporte également, à peine d'irrecevabilité, une proposition de règlement des intérêts pécuniaires et patrimoniaux des époux.

Rédaction future. Art. 253 *(Rempl., à compter d'une date fixée par décret en Conseil d'État, et au plus tard le 1er septembre 2020, L. n° 2019-222, 23 mars 2019)* (1). – Lorsqu'il rejette définitivement la demande en divorce, le juge peut statuer sur la contribution aux charges du mariage, la résidence de la famille et les modalités de l'exercice de l'autorité parentale.

§ 2. – Des mesures provisoires

(Ancien § 3 créé à compter du 1er janvier 2005, L. n° 2004-439, 26 mai 2004 ; dénum., à compter d'une date fixée par décret en Conseil d'État, et au plus tard le 1er septembre 2020, L. n° 2019-222, 23 mars 2019) (1)

Rédaction future. Art. 254 *(Rempl. à compter d'une date fixée par décret en Conseil d'État, et au plus tard le 1er septembre 2020, L. n° 2019-222, 23 mars 2019)* (1). – Le juge tient, dès le début de la procédure, sauf si les parties ou la partie seule constituée y renoncent, une audience à l'issue de laquelle il prend les mesures nécessaires pour assurer l'existence des époux et des enfants de l'introduction de la demande en divorce à la date à laquelle le jugement passe en force de chose jugée, en considération des accords éventuels des époux.

Rédaction future. Art. 255 *(Rempl., L. n° 75-617, 11 juill. 1975 ; rempl. à compter du 1er janvier 2005, L. n° 2004-439, 26 mai 2004)*. – Le juge peut notamment :

1° Proposer aux époux une mesure de médiation et, après avoir recueilli leur accord, désigner un médiateur familial pour y procéder ;

2° Enjoindre aux époux de rencontrer un médiateur familial qui les informera sur l'objet et le déroulement de la médiation ;

3° Statuer sur les modalités de la résidence séparée des époux ;

4° Attribuer à l'un d'eux la jouissance du logement et du mobilier du ménage ou partager entre eux cette jouissance, en précisant son caractère gratuit ou non et, le cas échéant, en constatant l'accord des époux sur le montant d'une indemnité d'occupation ;

5° Ordonner la remise des vêtements et objets personnels ;

---

(1) Lorsque la requête initiale a été présentée avant l'entrée en vigueur prévue par la première phrase du VII de l'article 109 de la loi n° 2019-222 du 23 mars 2019, l'action en divorce ou en séparation de corps est poursuivie et jugée conformément aux dispositions du Code civil dans leur rédaction antérieure à la même entrée en vigueur. Dans ce cas, le jugement rendu après ladite entrée en vigueur produit les effets prévus par la loi ancienne. L. n° 2019-222, 23 mars 2019, art. 109, VII.

(2) Antérieurement aux modifications issues du *a* et *b* du 5° du I de l'article 22 de la loi n° 2019-222 du 23 mars 2019, la présente section était composé de cinq paragraphes comprenant respectivement les dispositions suivantes : § 1er, intitulé "De la requête initiale" [art. 251] ; § 2, intitulé "De la conciliation" [art. 252 à 253] ; § 3, intitulé "Des mesures provisoires" [art. 254 à 257] ; § 4, intitulé "De l'introduction de l'instance en divorce" [art. 257-1 à 258] ; § 5, intitulé "Des preuves" [art. 259 à 259-3]. – NDLR.

6° Fixer la pension alimentaire et la provision pour frais d'instance que l'un des époux devra verser à son conjoint, désigner celui ou ceux des époux qui devront assurer le règlement provisoire de tout ou partie des dettes ;

7° Accorder à l'un des époux des provisions à valoir sur ses droits dans la liquidation du régime matrimonial si la situation le rend nécessaire ;

8° Statuer sur l'attribution de la jouissance ou de la gestion des biens communs ou indivis autres que ceux visés au 4°, sous réserve des droits de chacun des époux dans la liquidation du régime matrimonial ;

9° Désigner tout professionnel qualifié en vue de dresser un inventaire estimatif ou de faire des propositions quant au règlement des intérêts pécuniaires des époux ;

10° Désigner un notaire en vue d'élaborer un projet de liquidation du régime matrimonial et de formation des lots à partager.

Rédaction future. Art. 256 *(Rempl., L. n° 2002-305, 4 mars 2002 ; mod. à compter du 1er janvier 2005, L. n° 2004-439, 26 mai 2004)*. – Les mesures provisoires relatives aux enfants sont réglées selon les dispositions du chapitre Ier du titre IX du présent livre.

Rédaction future. Art. 257 ***(Abr. à compter d'une date fixée par décret en Conseil d'État, et au plus tard le 1er septembre 2020, L. n° 2019-222, 23 mars 2019)*** (1).

§ 3. – Des preuves

(Ancienne section 4 créée, L. n° 75-617, 11 juill. 1975, art. 1er et 25 ; devenue le § 5 à compter du 1er janvier 2005, L. n° 2004-439, 26 mai 2004 ; § dénum. à compter d'une date fixée par décret en Conseil d'État, et au plus tard le 1er septembre 2020, L. n° 2019-222, 23 mars 2019) (1)

Rédaction future. Art. 259 *(Rempl., L. n° 75-617, 11 juill. 1975 ; mod. à compter du 1er janvier 2005, L. n° 2004-439, 26 mai 2004)*. – Les faits invoqués en tant que causes de divorce ou comme défenses à une demande peuvent être établis par tout mode de preuve, y compris l'aveu. Toutefois, les descendants ne peuvent jamais être entendus sur les griefs invoqués par les époux.

Rédaction future. Art. 259-1 *(Créé, L. n° 75-617, 11 juill. 1975 ; rempl. à compter du 1er janvier 2005, L. n° 2004-439, 26 mai 2004)*. – Un époux ne peut verser aux débats un élément de preuve qu'il aurait obtenu par violence ou fraude.

Rédaction future. Art. 259-2 *(Créé, L. n° 75-617, 11 juill. 1975)*. – Les constats dressés à la demande d'un époux sont écartés des débats s'il y a eu violation de domicile ou atteinte illicite à l'intimité de la vie privée.

Rédaction future. Art. 259-3 *(Créé, L. n° 75-617, 11 juill. 1975 ; modifié à compter du 1er janvier 2005, L. n° 2004-439, 26 mai 2004)*. – Les époux doivent se communiquer et communiquer au juge ainsi qu'aux experts et autres personnes désignés par lui en application des 9° et 10° de l'article 255, tous renseignements et documents utiles pour fixer les prestations et pensions et liquider le régime matrimonial.

Le juge peut faire procéder à toutes recherches utiles auprès des débiteurs ou de ceux qui détiennent des valeurs pour le compte des époux sans que le secret professionnel puisse être opposé.

CHAPITRE III. – DES CONSÉQUENCES DU DIVORCE

Section I. – De la date à laquelle se produisent les effets du divorce

Art. 260 *(L. n° 75-617, 11 juill. 1975 ; rempl., L. n° 2016-1547, 18 nov. 2016)*. – **Le mariage est dissous :**

1° Par la convention de divorce conclue par acte sous signature privée contresigné par avocats, à la date à laquelle elle acquiert force exécutoire ;

2° Par la décision qui prononce le divorce, à la date à laquelle elle prend force de chose jugée.

1) Pourvoi. Sur l'effet suspensif du délai de pourvoi et du pourvoi en cassation, voir CPC, art. 1086 et 1087, p. 2337. L'arrêt qui prononce le divorce pour faute dont seules les dispositions relatives aux conséquences financières sont frappées d'un pourvoi principal et d'un pourvoi inci-

(1) Lorsque la requête initiale a été présentée avant l'entrée en vigueur prévue par la première phrase du VII de l'article 109 de la loi n° 2019-222 du 23 mars 2019, l'action en divorce ou en séparation de corps est poursuivie et jugée conformément aux dispositions du Code civil dans leur rédaction antérieure à la même entrée en vigueur. Dans ce cas, le jugement rendu après ladite entrée en vigueur produit les effets prévus par la loi ancienne, L. n° 2019-222, 23 mars 2019, art. 109, VII.

dent, devient irrévocable à la date d'expiration du délai ouvert pour former pourvoi incident (■ Cass. 2e civ., 2 nov. 1994, n° 92-17.393 : *JurisData* n° 1994-002018 ; *Bull. civ.* II, n° 212, p. 122).

2) En cas d'**appel limité à la prestation compensatoire**, le prononcé du divorce ne prend force de chose jugée qu'à la date du dépôt des conclusions de l'intimé (■ Cass. 1re civ., 15 déc. 2010, n° 09-15.235 : *Dr. famille* 2011,18, note Larribau-Terneyre ; *JurisData* n° 2010-023853).

3) Décès. Sur le principe que l'action en divorce s'éteint par le décès de l'un des époux survenu avant que la décision prononçant le divorce ait acquis force de chose jugée, V. ■ Cass. 2e civ., 18 déc. 1995, n° 95-11.062 : *JurisData* n° 1995-004425 ; *D.* 1997, 208, note Overstake (rabat d'arrêt). Si l'un des époux décède après le prononcé du divorce mais avant que le jugement soit devenu définitif, le divorce devient caduc faute d'objet, le mariage étant dissous par le décès (■ Cass. 2e civ., 14 mars 1962 : *Bull. civ.* II, n° 298, p. 210. ■ Cass. 1re civ., 20 juin 2006 : *Bull. civ.* I, n° 317, p. 274 ; *JurisData* n° 2006-034131, non-lieu à statuer sur le pourvoi en cassation formé par un époux). Le décès de l'un des ex-époux survenu après que le jugement prononçant le divorce est passé en force de chose jugée n'éteint pas les actions relatives à la prestation compensatoire allouée par cette décision (■ Cass. 1re civ., 18 mai 1994, n° 91-20.730 : *Defrénois* 1994, 1089, obs. Massip).

4) Date d'évaluation de la prestation compensatoire. Sur le principe que la prestation compensatoire doit être fixée en tenant compte de la situation des époux au moment du divorce et non à la date de leur séparation de fait, V. ■ Cass. 2e civ., 4 févr. 1987, n° 85-16.374 : *JurisData* n° 1987-000167 ; *Bull. civ.* II, n° 35, p. 20 ; *D.* 1987, 497, 1re esp., note Bianco-Brun. ■ Cass. 2e civ., 11 déc. 1991, n° 90-18.793 : *JurisData* n° 1991-003461 ; *Bull. civ.* II, n° 338, p. 178. ■ Cass. 2e civ., 20 avr. 2000, n° 98-14.169 : *JurisData* n° 2000-001648 ; *Dr. famille* 2000, 76, note Lécuyer. Dès lors que les époux se bornent à conclure en appel sur les conséquences du divorce, la cour d'appel ne peut tenir compte pour ordonner le paiement d'une prestation compensatoire du licenciement de la femme intervenu après la date à laquelle le divorce a pris force de chose jugée (■ Cass. 2e civ., 3 déc. 1997, n° 95-16.246 : *JurisData* n° 1997-004853 ; *JCP* 1998, IV, 1133 ; *Bull. civ.* II, n° 295, p. 175 ; *Dr. famille* 1998, 8, 1er arrêt, note Lécuyer. – V. aussi ■ Cass. 2e civ., 2 mars 2004, 2 arrêts : *JurisData* n° 2004-022778 ; *Dr. famille* 2004, 75, note Larribau-Terneyre). Mais si l'appel est général, la cour d'appel peut prendre en considération la situation des époux jusqu'au jour des dernières conclusions (■ Cass. 2e civ., 3 déc. 1997, n° 95-18.461 : *JurisData* n° 1997-004857 ; *JCP* 1998, IV, 1135 ; *Bull. civ.* II, n° 296, p. 176 ; *Dr. famille* 1998, 8, 2e arrêt ; 1999, 43, note Mandin).

5) Sur **le point de départ des intérêts légaux** et sur l'**anatocisme en matière de prestation compensatoire**, V. ■ Cass. 1re civ., 20 févr. 2007 : *Bull. civ.* I, n° 69, p. 61 ; *JCP* 2007, IV, 1638 ; *Dr. famille* 2007, 83, note Larribau-Terneyre ; *Defrénois* 2007, 783, obs. Massip ; *RTD civ.* 2007, 554, obs. Hauser ; *JurisData* n° 2007-037465, application de l'article 1153-1 du Code civil. Il résulte des articles 260 et 1153-1 du Code civil que la prestation compensatoire, comme les intérêts qu'elle produit, est due à compter de la date à laquelle la décision prononçant le divorce est devenue irrévocable (■ Cass. 1re civ., 8 juill. 2010, n° 09-14.230 : *Bull. civ.* I, n° 166, p. 155 ; *Defrénois* 2010, 2024, obs. Massip ; *JCP* 2010, act. 811 ; *Dr. famille* 2010, 145, note Larribau-Terneyre ; *JurisData* n° 2010-011135. ■ Cass. 1re civ., 7 févr. 2018, n° 17-14.184 : *Bull.* ; *D.* 2018, 778, Sadi ; *AJF* 2018, p. 295, Thouret).

Art. 261 à 261-2 *(Abr., L. n° 2004-439, 26 mai 2004).*

Art. 262 *(L. n° 75-617, 11 juill. 1975 ; mod., L. n° 2016-1547, 18 nov. 2016).* **– La convention ou le jugement de divorce est opposable aux tiers, en ce qui concerne les biens des époux, à partir du jour où les formalités de mention en marge prescrites par les règles de l'état civil ont été accomplies.**

1) V. pour des **applications**, ■ Cass. 2e civ., 3 oct. 1990 : *Bull. civ.* II, n° 177, p. 90. ■ Cass. com., 9 nov. 1993, n° 91-20.382 : *Bull. civ.* IV, n° 388, p. 282. ■ Cass. 1re civ., 1er juin 1994, n° 92-17.465 : *JurisData* n° 1994-00133 ; *Bull. civ.* I, n° 193, p. 142 ; *D.* 1995, 225, note Le Guidec.

2) Publicité foncière (non). Viole l'article 262 du Code civil, ensemble les articles 28 et 30 du décret du 4 janvier 1955 portant réforme de la publicité foncière, l'arrêt qui retient que l'état liquidatif homologué par le jugement de divorce n'est opposable aux tiers qu'une fois effectuées les formalités de publicité foncière, alors que le partage de la communauté, contenu dans la convention définitive homologuée par le juge du divorce, est opposable aux tiers à compter de l'accomplissement des formalités de publicité du jugement (■ Cass. 1re civ., 12 avr. 2012, n° 11-13.456 : *Bull. civ.* I, n° 91, p. 82 ; *Dr. famille* 2012, 116, note Larribau-Terneyre ; *RTD civ.* 2012, 515, obs. Hauser ; *JCP* N 2013, 1142, obs. Lesbats ;

Defrénois 2012, 951, obs. Piedelièvre ; *JurisData* n° 2012-006916).

3) Extinction des dettes des époux (non). Même homologuée en justice, la convention des époux ne peut avoir pour effet, en l'absence d'un accord du créancier, d'éteindre la dette de l'un des conjoints et n'a de force obligatoire que dans leurs rapports réciproques (■ Cass. 1re civ., 2 juin 1992, n° 90-18.316 : *JurisData* n° 1992-001498 ; *Bull. civ.* I, n° 168, p. 115).

4) Surendettement. Viole l'article 262 le juge de l'exécution qui déclare irrecevable la demande de traitement de la situation de surendettement du mari, en relevant que l'intéressé est en instance de divorce et qu'il est indispensable que le partage des dettes de la communauté soit effectué avant le dépôt de la demande d'ouverture de la procédure, alors que le recouvrement de leurs créances par les créanciers n'était pas modifié par la simple existence d'une instance en divorce (■ Cass. 1re civ., 27 mai 1997, n° 96-04.016 : *JurisData* n° 1997-002403 ; *Dr. famille* 1997, 139, note Lécuyer).

5) Action paulienne. Sur l'irrecevabilité de l'action paulienne exercée par le créancier contre la convention définitive, V. ■ Paris, 19 mars 1997 : *JurisData* n° 1997-022695 ; *Dr. famille* 1998, chron. 3, obs. Lécuyer. ■ Cass. 2e civ., 25 nov. 1999, n° 97-21.929 : *JurisData* n° 1999-004054 ; *Bull. civ.* II, n° 177, p. 121 ; *JCP* 2000, II, 10338, note Guedj.

Art. 262-1 *(Rempl., L. n° 2004-439, 26 mai 2004 ; mod., L. n° 2016-1547, 18 nov. 2016).* **– La convention ou le jugement de divorce prend effet dans les rapports entre les époux, en ce qui concerne leurs biens :**

– lorsqu'il est constaté par consentement mutuel par acte sous signature privée contresigné par avocats déposé au rang des minutes d'un notaire, à la date à laquelle la convention réglant l'ensemble des conséquences du divorce acquiert force exécutoire, à moins que cette convention n'en stipule autrement ;

– lorsqu'il est prononcé par consentement mutuel dans le cas prévu au 1° de l'article 229-2, à la date de l'homologation de la convention réglant l'ensemble des conséquences du divorce, à moins que celle-ci n'en dispose autrement ;

– lorsqu'il est prononcé pour acceptation du principe de la rupture du mariage, pour altération définitive du lien conjugal ou pour faute, à la date de l'ordonnance de non-conciliation.

Rédaction future. lorsqu'il est prononcé pour acceptation du principe de la rupture du mariage, pour altération définitive du lien conjugal ou pour faute, à la date de *(Mots rempl. à compter d'une date fixée par décret en Conseil d'État, et au plus tard le 1er septembre 2020, L. n° 2019-222, 23 mars 2019)* (1) « la demande en divorce ».

À la demande de l'un des époux, le juge peut fixer les effets du jugement à la date à laquelle ils ont cessé de cohabiter et de collaborer. Cette demande ne peut être formée qu'à l'occasion de l'action en divorce. La jouissance du logement conjugal par un seul des époux conserve un caractère gratuit jusqu'à l'ordonnance de non-conciliation, sauf décision contraire du juge.

Rédaction future. À la demande de l'un des époux, le juge peut fixer les effets du jugement à la date à laquelle ils ont cessé de cohabiter et de collaborer. Cette demande ne peut être formée qu'à l'occasion de l'action en divorce. La jouissance du logement conjugal par un seul des époux conserve un caractère gratuit jusqu'à *(Mots rempl. à compter d'une date fixée par décret en Conseil d'État, et au plus tard le 1er septembre 2020, L. n° 2019-222, 23 mars 2019)* (1) « la demande en divorce », sauf décision contraire du juge.

1) Assignation ou instance antérieure. Les effets du divorce ne sauraient remonter à une précédente assignation suivie d'un désistement ou d'une autre instance qui n'avait pas abouti au prononcé du divorce (■ Cass. 1re civ., 5 déc. 1967 : *Bull. civ.* I, n° 355, p. 267).

2) Divorce prononcé sur demande reconventionnelle. Au cas où la demande principale est rejetée et la demande reconventionnelle accueillie, c'est à la date de la demande reconventionnelle qu'il faut faire rétroagir les effets du divorce (■ Paris, 21 juill. 1941 : *DC* 1942, 84, note Carbonnier).

3) Ordonnance de non-conciliation. Si l'ordonnance de non-conciliation visée par l'article 262-1 du Code civil est celle rendue dans la procédure ayant abouti au jugement de divorce, le juge peut, à la demande de l'un des époux, reporter les effets du jugement à la date à laquelle ils ont cessé de cohabiter et de collaborer (■ Cass. 1re civ., 25 mai 2016, n° 15-18.573 : *Bull.* ; *RTD civ.*

(1) Lorsque la requête initiale a été présentée avant l'entrée en vigueur prévue par la première phrase du VII de l'article 109 de la loi n° 2019-222 du 23 mars 2019, l'action en divorce ou en séparation de corps est poursuivie et jugée conformément aux dispositions du Code civil dans leur rédaction antérieure à la même entrée en vigueur. Dans ce cas, le jugement rendu après ladite entrée en vigueur produit les effets prévus par la loi ancienne, L. n° 2019-222, 23 mars 2019, art. 109, VII.

2016, 595, obs. Hauser ; *JurisData* n° 2016-009858, procédures successives).

4) Sur l'**interprétation jurisprudentielle** de l'article 262-1, alinéa 5 (cessation de la cohabitation et de la collaboration), voir sous art. 1442, p. 1303.

5) Divorce pour rupture de la vie commune. Jugé, sous l'empire du droit antérieur à la loi du 26 mai 2004, que l'article 262-1 est applicable en cas de divorce pour rupture de la vie commune (■ Montpellier, 10 nov. 1980 : *JurisData* n° 1980-699204 ; *D.* 1982, 203, note Massip).

6) Divorce par consentement mutuel. Jugé, sous l'empire du droit antérieur à la loi du 26 mai 2004, que, sauf convention contraire, les effets entre les époux du divorce sur leur demande conjointe remontent, s'agissant de leurs biens, à la date de la requête initiale qui, comme l'assignation, introduit l'instance (■ Cass. 1re civ., 9 nov. 2011, n° 10-24.427 : *Dr. famille* 2012, 26, note Larribau-Terneyre ; *JCP* N 2012, 1115, note Massip ; *JCP* N 2013, 1141, obs. Lesbats ; *RTD civ.* 2012, 101, obs. Hauser ; *JurisData* n° 2011-024593).

7) Inopposabilité des actes accomplis postérieurement sur les biens communs. Il résulte de l'article 262-1 (anc.) ensemble l'article 302, que, dans les rapports entre époux, le jugement de séparation de corps, qui emporte dissolution de la communauté, prend effet au jour de l'assignation, de sorte que la consistance de la communauté est fixée à cette date et que les actes accomplis sur les biens communs postérieurement à celle-ci par un seul des époux ne sont pas opposables à l'autre (■ Cass. 1re civ., 23 oct. 2013, n° 12-17.896 : *Bull. civ.* I, n° 206, p. 205 ; *Defrénois* 2014, 1197, obs. Champenois ; *JCP* N 2013, 1290, note Massip ; *D.* 2014, 522, note Brémond ; *JCP* G 2014, 43, n° 3, obs. Murat ; *RTD civ.* 2014, 98, obs. Hauser ; *JCP* N 2014, 1347, obs. Lesbats ; *JurisData* n° 2013-023205). V. aussi S. Lequette, *Report judiciaire de la date de dissolution de la communauté conjugale et pouvoirs des époux : LPA* 18-19 sept. 2014, 10.

8) Limitation des effets du report aux relations entre époux. Le report, par le jugement de divorce, de la date de dissolution de la communauté n'a d'effet qu'entre les époux et ne concerne que la contribution aux dettes (■ Cass. 1re civ., 1er juin 1994, n° 92-17.465 : *JurisData* n° 1994-001332 ; *Bull. civ.* I, n° 193, p. 142 ; *D.* 1995, 225, note Le Guidec).

9) Revendication de la qualité d'associé. La revendication de la qualité d'associé en application de l'article 1832-2 peut être exercée jusqu'à la date à laquelle le jugement de divorce passe en force de chose jugée (■ Cass. com., 18 nov. 1997, n° 95-16.371 : *JurisData* n° 1997-004536 ; *JCP* E 1998, 517, note Vidal).

10) Indemnité d'occupation (non). La décision du juge de reporter les effets patrimoniaux du divorce n'a pas pour effet de conférer à l'occupation du logement conjugal par l'un des époux un caractère onéreux avant la date de l'ordonnance de non-conciliation, sauf disposition en ce sens dans la décision de report (■ Cass. 1re civ., 23 oct. 2013, n° 12-21.556 : *Bull. civ.* I, n° 207, p. 206 ; *JurisData* n° 2013-023212).

Art. 262-2 *(L. n° 75-617, 11 juill. 1975).* **– Toute obligation contractée par l'un des époux à la charge de la communauté, toute aliénation de biens communs faite par l'un d'eux dans la limite de ses pouvoirs, postérieurement à la requête initiale, sera déclarée nulle, s'il est prouvé qu'il y a eu fraude aux droits de l'autre conjoint.**

Rédaction future. Art. 262-2 *(Créé, L. n° 75-617, 11 juill. 1975).* – Toute obligation contractée par l'un des époux à la charge de la communauté, toute aliénation de biens communs faite par l'un d'eux dans la limite de ses pouvoirs, postérieurement à la *(Mots rempl. à compter d'une date fixée par décret en Conseil d'État, et au plus tard le 1er septembre 2020, L. n° 2019-222, 23 mars 2019)* (1) « demande en divorce », sera déclarée nulle, s'il est prouvé qu'il y a eu fraude aux droits de l'autre conjoint.

1) Notion de fraude. Sur l'interprétation jurisprudentielle de la notion de fraude, voir sous art. 1421, p. 1286.

2) Tiers non complice. Si le tiers contractant n'est pas complice de la fraude du conjoint, l'acte est régulier à son égard et est seulement inopposable au conjoint victime de la fraude (■ Cass. 1re civ., 22 juin 1965 : *Bull. civ.* I, n° 417, p. 310).

3) Prescription. L'action en nullité pour fraude est soumise à la prescription trentenaire et non à celle de deux ans prévues par l'article 1427 (■ Paris, 9 juill. 1982 ; *D.* 1983, inf. rap. 346, obs. Martin ; *Journ. not.* 1983, 46, obs. Raison).

(1) Lorsque la requête initiale a été présentée avant l'entrée en vigueur prévue par la première phrase du VII de l'article 109 de la loi n° 2019-222 du 23 mars 2019, l'action en divorce ou en séparation de corps est poursuivie et jugée conformément aux dispositions du Code civil dans leur rédaction antérieure à la même entrée en vigueur. Dans ce cas, le jugement rendu après ladite entrée en vigueur produit les effets prévus par la loi ancienne, L. n° 2019-222, 23 mars 2019, art. 109, VII.

Section II. – Des conséquences du divorce pour les époux

§ 1. – Dispositions générales

Art. 263 *(L. n° 75-617, 11 juill. 1975)*. **– Si les époux divorcés veulent contracter entre eux une autre union, une nouvelle célébration du mariage est nécessaire.**

Art. 264 *(Rempl., L. n° 2004-439, 26 mai 2004)*. **– À la suite du divorce, chacun des époux perd l'usage du nom de son conjoint.**

L'un des époux peut néanmoins conserver l'usage du nom de l'autre, soit avec l'accord de celui-ci, soit avec l'autorisation du juge, s'il justifie d'un intérêt particulier pour lui ou pour les enfants.

Bibliographie : A. Breton, *Le nom de l'épouse divorcée : Études Rodière*, Dalloz 1981, p. 17. • I. Corpart, *Le nom d'usage des époux dans tous ses états : Dr. famille* 2013, étude 13.

1) Pseudonyme. La femme qui a adopté le pseudonyme de son mari mais avec un prénom différent au cours de son activité professionnelle conserve le droit de l'utiliser après le divorce (▪ Paris, 20 nov. 1969 : *D.* 1970, 194, concl. Lecourtier).

2) Réciprocité. Pour l'autorisation donnée au mari, connu dans l'exercice de sa profession sous le nom de son épouse (double nom), de porter ce dernier jusqu'à sa retraite, V. ▪ Rennes, 15 déc. 2015, n° 14/04313 : *Dr. famille* 2016, 59, note Beignier ; *JurisData* n° 2015-029060.

3) Forme de l'autorisation. Jugé que l'absence d'opposition du mari, qui avait connaissance de l'usage de son nom par son ex-épouse et qui n'a pas protesté, ne peut être considérée comme un accord tacite, faute de preuve d'acte positif démontrant sa volonté (▪ Reims, 27 févr. 2009 : *JCP* 2009, act., 281, obs. Hilt, et *JCP* 15 juin 2009, p. 20, note Garé ; *D.* 2010, 732, obs. Lemouland et Vigneau ; *RTD civ.* 2009, 499, obs. Hauser ; *JurisData* n° 2009-002391).

4) Révocation et caducité de l'autorisation du mari. Jugé, sous l'empire du droit antérieur à la loi du 26 mai 2004, que le mari ne peut révoquer son consentement que si l'épouse fait un usage abusif de l'autorisation qui lui a été donnée (▪ Paris, 9 mars 1979 : *JurisData* n° 1979-615181 ; *D.* 1980, 471, note Massip. ▪ Saint-Denis, 7 juin 2011 : *Dr. famille* 2011, 166 (1re esp.), note Larribau-Terneyre ; *JurisData* n° 2011-018893). Jugé que l'accord entre les époux est devenu de plein droit caduc par le remariage de l'ex-épouse (▪ TGI Paris, 10 févr. 1981 : *JurisData* n° 1981-000662 ; *JCP* 1981, II, 19624, note Huet-Weiller. – Comp., décidant que le remariage de l'épouse ne fait pas disparaître l'intérêt particulier qu'elle a à conserver le nom de son ex-mari, ▪ Reims, 27 févr. 2009, préc., annot. n° 4, p. 237).

5) Conditions de l'autorisation judiciaire. Les juges du fond déboutent à bon droit la femme de sa demande dès lors qu'elle ne justifie pas de l'existence pour ses enfants d'un intérêt précis, fondé sur des considérations d'ordre matériel, psychique ou affectif qui leur soient propres et surajoutées à la situation ordinaire dans laquelle se trouvent sur ce point tous les enfants de parents divorcés (▪ Cass. 1re civ., 26 mars 1980, n° 78-13.373 : *JurisData* n° 1980-700104 ; *JCP* 1980, IV, 224 ; *Bull. civ.* I, n° 104, p. 85. – V. aussi, exigeant la preuve d'un « intérêt particulier », ▪ Cass. 2e civ., 25 mai 1994, n° 92-21.782 : *Bull. civ.* II, n° 135, p. 78. – V. encore, estimant que la seule circonstance que le mariage ait duré cinquante-neuf ans est insuffisante, ▪ Toulouse, 2 déc. 2008 : *JCP* 2009, IV, 1524 ; *JurisData* n° 2008-003911. – Comp. ▪ Pau, 28 avr. 2011, n° 11/1940 : *Dr. famille* 2011, 166 (2e esp.), note Larribau-Terneyre ; *JurisData* n° 2011-014522). Mais jugé que la demande de l'épouse peut être accueillie sur la base du constat qu'elle continue de vivre dans le cadre qui était celui du couple, de sorte qu'elle justifie d'un intérêt particulier à conserver le nom de son époux (▪ Cass. 2e civ., 28 janv. 1999, n° 96-21.414 : *RJPF* 1999-1/15, obs. Valory). – Sur l'intérêt pour la femme de conserver le nom à consonance française de son mari, V. ▪ Agen, 28 mai 1985 : *JurisData* n° 1985-041985 ; *D.* 1987, somm. 43, obs. Bénabent. – V. aussi pour des illustrations, ▪ Paris, 3 avr. 24 juin, 30 juin et 1997 : *Dr. famille* 1998, 23, note Lécuyer. ▪ Aix-en-Provence, 9 sept. 1997, n° 96/20858 : *JurisData* n° 1997-048295 ; *JCP* 1998, IV, 1955. ▪ Dijon, 27 mai 1997, n° 00001233/96 : *JurisData* n° 1997-049492 ; *JCP* 1998, IV, 3144. ▪ Bourges, 16 juin 1998, n° 9701632 : *JurisData* n° 1998-043720 ; *Dr. famille* 1999, 27, note Lécuyer ; *RTD civ.* 2000, 303, obs. Hauser. ▪ Paris, 19 et 20 avr. 2000, n° 1998/26228, ▪ Rennes, 15 mai 2000 et ▪ Douai, 27 avr. 2000, n° 1999/01521 : *JurisData* n° 2000-119641 ; *Dr. famille* 2000, 128, note Lécuyer. ▪ Pau, 22 mars 2004, n° 03/00175 : *JurisData* n° 2004-240195 ; *Dr. famille* 2004, 101, 1re esp., note Larribau-Terneyre. ▪ Bordeaux, 8 févr. 2007, n° 05/03612 : *JurisData* n° 2007-329882 ; *Dr. famille* 2007, 128, obs. Larribau-Terneyre. ▪ Paris, 13 juin 2013, n° 11/20585 : *Dr. famille* 2013, 136, obs. Binet ; *JurisData* n° 2013-012479, raison de santé. Viole l'article 264, alinéa 3, la cour d'appel qui a exigé une condition qu'il ne comporte pas en énonçant que l'intérêt particulier auquel il se réfère doit s'entendre de l'utilisation du nom dans une profession ou une activité où la femme a acquis une certaine renommée sous le nom de son mari (▪ Cass. 2e civ., 16 juill. 1982, n° 81-11.604 : *JCP* 1982, IV, 338 ; *Bull. civ.* II, n° 106, p. 78. – V. cependant ▪ Paris, 31 oct. 1989, n° 88-11.612 : *JurisData* n° 1989-026195 ; *D.* 1990, somm. 115, obs. Bénabent). Le juge doit se placer au jour de la demande pour apprécier l'intérêt de la femme (▪ Cass. 2e civ., 7 juin 1990, n° 89-12.740 : *JurisData* n° 1990-702132 ; *Bull. civ.* II, n° 125, p. 66).

6) Demande postérieure au divorce. L'autorisation peut être demandée après le divorce (▪ Paris, 2 mars 1989 : *JurisData* n° 1989-021386 ; *D.* 1990, somm. 116, obs. Bénabent. ▪ Rennes, 6 mars 2007 : *Dr. famille* 2008, 8, note Larribau-Terneyre ; *JurisData* n° 2007-343386, l'intérêt du conjoint s'appréciant au jour de sa demande. ▪ Reims, 27 févr. 2009, préc., annot. n° 4, p. 237, demande formée 25 ans après le divorce).

7) Exécution provisoire. Aucune exécution provisoire ne peut être ordonnée quant à la disposition faisant défense à la femme de porter le nom de son mari (▪ Cass. 2e civ., 12 juill. 1972, n° 71-14.452 : *JurisData* n° 1972-099216 ; *Bull. civ.* II, n° 216, p. 175).

8) Divorce prononcé sur demande reconventionnelle. Dès lors que le mari a formé une demande en divorce pour rupture de la vie commune (ancien art. 237), le prononcé du divorce sur la demande reconventionnelle de la femme ne fait pas obstacle à l'application de l'article 264, alinéa 2 (▪ Cass. 2e civ., 4 juin 1986, n° 85-10.591 : *JurisData* n° 1986-701080 ; *JCP* 1987, II, 20751, note crit. Lindon et Bénabent ; *Gaz. Pal.* 1987, 2, 385, note crit. J. M. ▪ Cass. 2e civ., 16 nov. 1988, n° 87-16.307 : *JurisData* n° 1988-702453 ; *JCP* 1989, IV, 21 ; *Bull. civ.* II, n° 221, p. 119).

9) Intransmissibilité du droit d'usage. Sur le principe que le droit d'user du nom du mari n'est pas transmissible, V. ▪ Paris, 22 sept. 1993 : *RTD civ.* 1994, 73, obs. Hauser.

10) Titre attaché au nom. Sur l'absence de droit pour la femme autorisée par le jugement de divorce à conserver le nom marital de continuer à user du titre attaché au nom, V. ▪ Bourges, 24 févr. 1998 : *JCP* 1998, II, 10072, note Ruet, infirmant ▪ TGI Châteauroux, 26 sept. 1995 : *JCP G* 1996, II, 22605 et *JCP N* 1996, II, 1406, note Ruet.

Art. 264-1 *(Abr., L. n° 2004-439, 26 mai 2004).*

Art. 265 *(Rempl., L. n° 2004-439, 26 mai 2004 ; mod., L. n° 2006-728, 23 juin 2006 ; L. n° 2016-1547, 18 nov. 2016).*

– Le divorce est sans incidence sur les avantages matrimoniaux qui prennent effet au cours du mariage et sur les donations de biens présents quelle que soit leur forme.

Le divorce emporte révocation de plein droit des avantages matrimoniaux qui ne prennent effet qu'à la dissolution du régime matrimonial ou au décès de l'un des époux et des dispositions à cause de mort, accordés par un époux envers son conjoint par contrat de mariage ou pendant l'union, sauf volonté contraire de l'époux qui les a consentis. Cette volonté est constatée dans la convention signée par les époux et contresignée par les avocats ou par le juge au moment du prononcé du divorce et rend irrévocables l'avantage ou la disposition maintenus.

Toutefois, si le contrat de mariage le prévoit, les époux pourront toujours reprendre les biens qu'ils auront apportés à la communauté.

> **Rédaction antérieure. Art. 267. –** Quand le divorce est prononcé aux torts exclusifs de l'un des époux, celui-ci perd de plein droit toutes les donations et tous les avantages matrimoniaux que son conjoint lui avait consentis, soit lors du mariage, soit après.
> L'autre conjoint conserve les donations et avantages qui lui avaient été consentis, encore qu'ils aient été stipulés réciproques et que la réciprocité n'ait pas lieu.

Bibliographie : Ph. Simler, *La validité de la clause de liquidation alternative de la communauté universelle menacée par le nouvel article 265 du Code civil* : *JCP* 2005, I, 160 ; *JCP N* 2005, 1264. • J.-L. Puygauthier, *Les libéralités et les avantages matrimoniaux après la réforme du divorce du 26 mai 2004* : *JCP N* 2004, 1548. • F. Sauvage, *Des conséquences du divorce sur les libéralités entre époux et les avantages matrimoniaux* : *Defrénois* 2004, 1425. • J.-F. Pillebout, *Les clauses de contrat de mariage et de réversion d'usufruit ou de rente viagère après la réforme du divorce* : JCP N 2005, 1246. • C. Farge, J.-F. Desbuquois et E. Naudin, *Pour une réécriture de l'article 265, alinéa 2 du Code civil* : *JCP N* 2018, 1289.

1) Application dans le temps. Il résulte de l'article 33-I et II de la loi du 26 mai 2004 relative au divorce, que cette loi est applicable aux procédures introduites par une assignation délivrée après le 1er janvier 2005, date de son entrée en vigueur ; qu'en vertu de ces dispositions transitoires, la loi nouvelle a vocation à s'appliquer en toutes ses dispositions concernant les conséquences du divorce pour les époux, y compris celles afférentes au sort des avantages matrimoniaux, peu important la date à laquelle ceux-ci ont été stipulés ; ainsi, après avoir retenu, à bon droit, que l'instance en divorce pour faute est introduite par la délivrance de l'assignation et non par le dépôt de la requête, c'est sans méconnaître l'article 6, § 1er de la convention EDH que la cour d'appel, qui a constaté que l'assignation en divorce avait été délivrée après l'entrée en vigueur de la loi du 26 mai 2004, en a déduit que, cette loi étant applicable à l'instance, le divorce était, selon l'article 265 nouveau du Code civil, sans incidence sur l'avantage résultant de l'adoption de la communauté universelle (▪ Cass. 1re civ., 18 mai 2011, n° 10-17.943 : *Bull. civ.* I, n° 90, p. 88 ; *Defrénois* 2012, 353, obs. Champenois ; *Dr. famille* 2011, 107, note Larribau-Terneyre ; *RTD civ.* 2011, 522, obs. Hauser ; *JurisData* n° 2011-008867).

2) Cadeaux d'usage. La déchéance joue pour les donations indirectes (▪ Cass. 1re civ., 14 juin 1967 : *Bull. civ.* I, n° 216, p. 258), mais non pour les cadeaux d'usage (V. pour la bague de fiançailles, ▪ Cass. 1re civ., 19 déc. 1979 : *JurisData* n° 1979-799111 ; *D.* 1981, 449, note Foulon-Piganiol. ▪ Paris, 25 oct. 2001 : *Dr. famille* 2002, 24, note Beignier ; *JurisData* n° 157506). – Voir cependant ▪ Cass. 1re civ., 22 févr. 1983, n° 82-11.004 : *JurisData* n° 1983-700633 ; *Gaz. Pal.* 1983, 2, pan. p. 306, obs. Grimaldi). Sur la notion de cadeau d'usage, V. ▪ Cass. 1re civ., 30 déc. 1952 : *JCP* 1953, II, 7475, note Mihura. Sur la distinction entre cadeau d'usage et souvenir de famille (V. ▪ Cass. 1re civ., 20 juin 1961 : *JurisData* n° 1961-000326 ; *JCP* 1961, II, 12352, note Ponsard. ▪ Cass. 1re civ., 19 déc. 1979, préc.).

3) Prêt à usage. Sur la distinction entre don manuel et prêt à usage de bijoux de famille, V. ▪ Cass. 1re civ., 23 mars 1983 : *JurisData* n° 1983-700853 ; *JCP* 1984, II, 20202, note Barbièri.

4) Avantages matrimoniaux. L'article 267 (anc.) s'applique à tous les avantages que l'un des époux peut tirer d'une communauté conventionnelle et, notamment, de l'adoption, tant au moment du mariage que postérieurement, du régime de la communauté universelle (▪ Cass. 1re civ., 26 janv. 1988, n° 86-11.397 : *JurisData* n° 1988-000369 ; *Bull. civ.* I, n° 24, p. 16. ▪ Cass. 1re civ., 5 mars 2008 : *Bull. civ.* I, n° 62, p. 52 ; *D.* 2008, inf. rap. 850 ; *JCP* 2008, IV, 1625 ; *JurisData* n° 2008-042990, précisant que la perte de plein droit des avantages matrimoniaux n'a pas pour effet de modifier la qualification du bien apporté à la communauté universelle, mais seulement de permettre à l'époux innocent de reprendre son apport). La donation-partage consentie à des donataires mariés sous le régime légal avec stipulation expresse que les biens donnés doivent tomber dans la communauté de biens existant entre les donataires et leurs conjoints respectifs ne constitue pas un avantage matrimonial susceptible de révocation (▪ Cass. 1re civ., 3 déc. 2008, n° 07-19.348 : *Bull. civ.* I, n° 281, p. 243 ; *Dr. famille* 2009, 46, note Beignier ; *D.* 2009, 98, obs. Egéa, et 2513, obs. Revel ; *RTD civ.* 2009, 564, obs. Grimaldi ; *JCP* N 2009, 1203, chron. Deville ; *JurisData* n° 2008-046078). Ayant constaté que l'instance avait été introduite le 9 février 2007, de sorte que la loi du 26 mai 2004 était applicable au divorce, les juges du fond ont décidé à bon droit qu'en application de l'article 265 du Code civil, dans sa rédaction issue de cette loi, le divorce, bien que prononcé aux torts exclusifs de l'épouse, était sans incidence sur l'avantage résultant de l'adoption de la communauté universelle (▪ Cass. 1re civ., 1er déc. 2010, n° 09-70.138 : *Bull. civ.* I, n° 250, p. 234 ; *Defrénois* 2011, 828, obs. Massip ; *JCP* N 2011, 1142, note Massip ; *JurisData* n° 2010-022547). Seul le conjoint non fautif conservait auparavant ces avantages (▪ Cass. 1re civ., 12 juin 2001 : *JCP* G 2002, I, 167 et *JCP* N 2002, 1719, n° 13, obs. Tisserand ; *JurisData* n° 2001-010071 ; *Bull. civ.* I, n° 168, p. 109 ; *D.* 2002, 1713, note Sénéchal ; *Defrénois* 2001, 1516, obs. Champenois ; *RTD civ.* 2001, 863, obs. Hauser ; *RTD civ.* 2002, 134, obs. Vareille). – Sur la renonciation tacite à révoquer les donations consenties au conjoint pendant le mariage, V. ▪ Cass. 1re civ., 26 oct. 2011, n° 10-25.078 : *Gaz. Pal.* 23-24 mars 2012, 40, note Murat ; *JCP* N 2012, 1109, note Massip ; *JCP* N 2013, 1145, obs. Lesbats ; *Dr. famille* 2012, 6, note Larribau-Terneyre ; *RTD civ.* 2012, 102, obs. Hauser ; *JurisData* n° 2012-023280.

5) Clause de reprise des apports. L'article 267, alinéa 1er, dans sa rédaction antérieure à celle issue de la loi du 26 mai 2004, dispose que lorsque le divorce est prononcé aux torts exclusifs d'un époux, celui-ci perd de plein droit tous les avantages matrimoniaux que son conjoint lui avait consentis ; il en résulte que, la liquidation des intérêts pécuniaires des époux devant être faite sans tenir compte des avantages matrimoniaux consentis par l'époux innocent à son conjoint fautif, l'intéressé est fondé à reprendre ses apports ou la valeur de ceux-ci (▪ Cass. 1re civ., 25 sept. 2013, n° 12-11.967 : *Bull. civ.* I, n° 179, p. 179 ; *RTD civ.* 2013, 887, obs. Vareille ; *JCP* N 2014, 1169, note Massip ; *JurisData* n° 2013-020502). Précédemment jugé que la clause de reprise des apports stipulée au contrat de mariage portant adoption du régime de la communauté universelle ne confère aux époux aucun avantage matrimonial (▪ Cass. 1re civ., 17 nov. 2010, n° 09-68.292 : *Bull. civ.* I, n° 235,

p. 219 ; *D.* 2011, 351, note Bonnet ; *Defrénois* 2011, 828, obs. Massip ; *JCP* N 2011, 1161, note Massip ; *Dr. famille* 2011, 21, note Beignier ; *JurisData* n° 2010-021324). V. désormais art. 265, al. 3 (*L. n° 2006-728, 23 juin 2006*).

6) Libéralités antérieures au mariage. La déchéance s'applique aux libéralités antérieures au mariage et non comprises dans les conventions matrimoniales, lorsque ces libéralités ont été consenties en prévision du mariage (▪ Cass. 1re civ., 25 mars 1981, n° 79-15.773 : *JurisData* n° 1981-700974 ; *Gaz. Pal.* 1982, 1, 105, note Massip, application de l'ancien art. 299).

7) Donation déguisée. La déchéance n'est pas applicable à une donation déguisée faite aux époux par le père de la femme (▪ Cass. 1re civ., 18 nov. 1968 : *D.* 1969, 151).

8) Contribution ou participation aux charges du mariage. L'article 267 (anc.) suppose qu'il est prouvé que l'avantage consenti à l'époux coupable lui a été fourni sans contrepartie et avec une intention libérale, non en compensation de la contribution du mari aux charges du mariage ou encore de la participation de la femme aux mêmes charges dans des proportions supérieures à ses propres obligations (▪ Paris, 27 févr. 1984 : *JurisData* n° 1984-022236 ; *JCP* 1985, IV, 84).

9) Maintien de la donation dans la convention homologuée. En application des articles 268 (anc.) et 279 du Code civil, les donations faites entre époux pendant le mariage et qui sont maintenues de façon expresse dans la convention définitive de divorce homologuée par le juge deviennent irrévocables (▪ Cass. 1re civ., 6 févr. 2008 : *Bull. civ.* I, n° 40, p. 34 ; *JCP* 2009, I, 109, n° 9, obs. Le Guidec ; *Defrénois* 2008, 1115, obs. Massip ; *Dr. famille* 2008, 41, note Larribau-Terneyre ; *RTD civ.* 2008, 282, obs. Hauser, et 347, obs. Grimaldi ; *JCP* N 2008, 1199, chron. Casey ; *JCP* N 2009, 1146, obs. Lesbats ; *D.* 2009, 837, obs. Serra ; *JurisData* n° 2008-042651).

10) Assassinat de l'épouse. Application par analogie de l'article 267 ancien (non). Deux époux ayant adopté le régime de communauté universelle et le contrat prévoyant l'attribution des biens sous certaines conditions au survivant, les héritiers de l'épouse mortellement blessée par son mari ne peuvent invoquer l'article 267 (anc.) pour demander la révocation de l'avantage matrimonial (▪ Metz, 31 janv. 1996, pourvoi rejeté par ▪ Cass. 1re civ., 7 avr. 1998, n° 96-16.138 : *JurisData* n° 1998-001747 ; *Bull. civ.* I, n° 146, p. 97 ; *JCP* 1998, II, 10197, note Puigelier ; *Dr. famille* 1998, 102, note Beignier ; *RTD civ.* 1998, 457, obs. Vareille, et 881, obs. Hauser ; *Defrénois* 1998, 825, obs. Champenois).

11) Condition de non-divorce. Jugé, sous l'empire du droit antérieur à la loi du 26 mai 2004 que la clause par laquelle un époux subordonne la donation faite à son conjoint durant le mariage au cas où celui-ci lui survivrait, à la persistance du lien matrimonial ou à l'absence de toute action entreprise pour y mettre fin, n'est pas en soi illicite et est justifiée, sauf intention de nuire, par la nature même de cette libéralité (▪ Cass. 1re civ., 13 déc. 2005, n° 02-14.135 : *Bull. civ.* I, n° 491, p. 413 ; *JCP* 2006, II, 10136 et *JCP* N 2006, 1168, note Simler ; *Defrénois* 2006, 836, note Peterka ; *RTD civ.* 2006, 543, obs. Hauser ; *JCP* 2008, I, 108, n° 6, obs. Le Guidec ; *JurisData* n° 2005-031260. V. aussi J.-R. Binet, *Clause de non-divorce et libéralités conjugales : un heureux mariage* : *D.* 2006, chron. 1923 ; A. Niemiec, *L'admission des clauses de non-divorce dans les donations entre époux* : *LPA* 29 déc. 2011, 5). Mais les dispositions impératives de l'article 265, alinéa 1er, du Code civil font obstacle à l'insertion, dans une donation de biens présents prenant effet au cours du mariage, d'une clause résolutoire liée au prononcé du divorce ou à une demande en divorce (▪ Cass. 1re civ., 14 mars 2012, n° 11-13.791 : *Bull. civ.* I, n° 56, p. 50 ; *D.* 2012, 812, obs. Marrocchella, et 1386, note Posez ; *JCP* N 2012, act. 350, obs. Bosse-Platière, et 1182, note crit. Brenner ; *JCP* G 2012, doctr. 561, n° 1, obs. Mekki, et note 607, Brenner ; *Dr. famille* 2012, 83, note Beignier ; *LPA* 25 avr. 2012, 16, note Mahinga ; *Defrénois* 2012, 893, note Donzel-Taboucou ; *LPA* 20 juin 2012, 4, note Aklouche ; *D.* 2013, 1096, obs. Lemouland et Vigneau ; *JCP* N 2013, 1146, obs. Lesbats ; *LPA* 24 mai 2013, 6, note Massip ; *JurisData* n° 2012-004171. V. aussi B. Beignier, *Clause de révocation de la donation de biens présents en cas de divorce : « marche arrière toute ! »* : *JCP* N 2012, act. 430).

Art. 265-1 *(L. n° 2004-439, 26 mai 2004)*. – **Le divorce est sans incidence sur les droits que l'un ou l'autre des époux tient de la loi ou des conventions passées avec des tiers.**

Art. 265-2 *(Anc. art. 1450, dénum., mod. et transféré à la présente division, L. n° 2004-439, 26 mai 2004)*. – **Les époux peuvent, pendant l'instance en divorce, passer toutes conventions pour la liquidation et le partage de leur régime matrimonial.**

Lorsque la liquidation porte sur des biens soumis à la publicité foncière, la convention doit être passée par acte notarié.

1) Forme notariée. Viole l'article 1450 (anc.) l'arrêt qui, pour déclarer valable entre les parties une convention conclue pendant l'instance en divorce et qui n'a pas été passée par acte notarié, retient que la forme authentique n'est exigée que pour assurer les formalités de publicité (■ Cass. 2e civ., 11 mars 1982, n° 81-10.395 : *JurisData* n° 1982-700665 ; *Bull. civ.* II, n° 42, p. 29 ; *Defrénois* 1983, 320, obs. Massip. ■ Cass. 1re civ., 8 févr. 2000, n° 98-11.889 : *JurisData* n° 2000-000604 ; *Dr. famille* 2000, 58, note Lécuyer. V. aussi pour un protocole d'accord sous seing privé contenant renonciation de la femme à contester le partage ■ Paris, 4 nov. 1994, n° 93.009456 : *JurisData* n° 1994-024748 ; *JCP* 95, I, 3869, n° 13, obs. Tisserand). Un procès-verbal d'huissier de justice ne peut être assimilé à l'acte notarié exigé par la loi à peine de nullité (■ Cass. 1re civ., 25 janv. 1989, n° 87-12.217 : *JurisData* n° 1989-700684 ; *JCP* 89, IV, 110).

2) Conventions antérieures à l'instance en divorce. Si l'article 1450 (anc.) autorise les époux à passer par acte notarié, pendant l'instance en divorce, toutes conventions pour la liquidation et le partage (anc.) de la communauté, de telles conventions sont interdites en dehors d'une instance en divorce tant que la communauté n'est pas dissoute. Il s'ensuit qu'une convention de partage amiable passée avant l'introduction de l'instance en divorce et avant l'homologation judiciaire du changement de régime matrimonial se trouve frappée de nullité (■ Cass. 1re civ., 19 janv. 1982, n° 80-17.149 : *JurisData* n° 1982-700083 ; *Bull. civ.* I, n° 27, p. 22. – Rappr. ■ Cass. 1re civ., 8 avr. 2009, n° 07-15.945 : *Bull. civ.* I, n° 80, p. 66 ; *RTD civ.* 2009, 516, obs. Hauser, et 769, obs. Vareille ; *Defrénois* 2009, 1483, note Champenois. ■ Cass. 1re civ., 27 sept. 2017, n° 16-23.531 : *Bull.* ; *Dr. famille* 2017, 220, Binet, et 245, Torricelli-Chrifi ; *LPA* 25-26 déc. 2017, 19, Niel ; *RTD civ.* 2018, p. 84, Leroyer ; *JCP* N 2018, 1194, Lesbats ; *JurisData* n° 2017-018674, décidant qu'une convention comportant, ne serait-ce que pour partie, des stipulations relatives à la liquidation et au partage du régime matrimonial, ne peut être conclue avant l'assignation ou la requête conjointe en divorce, sous peine de nullité). Mais les parties peuvent renouveler leur accord en exécutant la convention après la date à laquelle le jugement de divorce est devenu irrévocable (■ Cass. 1re civ., 29 nov. 1983, n° 82-14.472 : *JurisData* n° 1983-702514 ; *Bull. civ.* I, n° 281, p. 252).

3) Convention de liquidation anticipée de la communauté. La convention passée entre époux pendant l'instance en divorce et qui règle tous les problèmes patrimoniaux pouvant exister entre eux, doit s'analyser en une convention de liquidation anticipée de la communauté conjugale (■ Cass. 1re civ., 23 oct. 1984, n° 83-14.719 : *JurisData* n° 1984-701730 ; *Bull. civ.* I, n° 274, p. 232). La convention par laquelle l'épouse se reconnaît débitrice d'une somme à l'égard de son époux au titre « de prêt pour l'acquisition » de son pavillon est relative à la liquidation de la communauté, le paiement devant être réputé fait, en application de l'article 1402 du Code civil, avec des deniers communs et la femme en devant récompense à la communauté. Dès lors, ladite convention doit être conclue par acte notarié (■ Cass. 1re civ., 18 nov. 1992, n° 91-11.742 : *JCP* 1993, II, 22143, note Kerkhove).

4) Partage amiable postérieur à la dissolution de la communauté. Dès lors que l'article 1450 (anc.) ne vise que les actes conclus pendant l'instance en divorce, et qu'aux termes de l'article 819, rendu applicable par l'article 1476 en cas de dissolution de la communauté par le divorce, le partage peut être fait dans la forme et par tel acte que les parties jugeront convenables, c'est à bon droit que, à défaut de contestation sur le caractère définitif du jugement de divorce, la cour d'appel a déclaré valable l'acte sous seing privé par lequel les anciens époux avaient réglé la dissolution de la communauté conjugale et décidé qu'il devait être entièrement exécuté (■ Cass. 1re civ., 16 nov. 1983, n° 82-13.638 : *JurisData* n° 1983-702448 ; *Bull. civ.* I, n° 272, p. 245).

5) Séparation de biens. Pour le règlement de leurs intérêts patrimoniaux, les époux séparés de biens ne sont pas tenus de se conformer aux dispositions de l'article 1450 (anc.) prescrivant la passation d'un acte notarié, dès lors que l'obligation contractée en vue de la liquidation du régime matrimonial n'a pas pour but d'inciter à la séparation (■ Cass. 1re civ., 6 mai 1997, n° 95-15.113 : *JurisData* n° 1997-002304 ; *JCP* 1997, I, 4047, n° 22, obs. Storck ; *Bull. civ.* I, n° 147, p. 98 ; *D.* 1998, 357, note Ravanas ; *Defrénois* 1997, 1194, note Chappert, 1090, 1re esp., obs. Champenois ; *Dr. famille* 1997, 123, note Lécuyer ; *RTD civ.* 1998, 729, obs. Vareille. ■ Cass. 1re civ., 30 juin 1998, n° 96-14.157 : *JurisData* n° 1998-002988 ; *Dr. famille* 1998, 117, 1er arrêt, note Lécuyer. ■ Cass. 1re civ., 29 janv. 2002 : *JCP* 2002, IV, 1417 ; *JurisData* n° 2002-012764 ; *Bull. civ.* I, n° 34, p. 27 ; *Dr. famille* 2002, 70, note Lécuyer ; *D.* 2002, somm. 2445, 1re esp., obs. Brémond ; *Defrénois* 2002, 1158, obs. Massip. – V. déjà ■ Toulouse, 1er juill. 1991 : *JurisData* n° 1991-049040 ; *JCP* 1992, I, 3614, n° 15, obs. Storck, décidant que l'article 1450 ne vise que la liquidation de communauté). Mais il résulte des articles 230 et 232 du Code civil, et de l'article 1097 du Code de procédure civile que, dans la procédure de divorce sur requête conjointe, et quelle que soit la nature du régime matrimonial des époux, la convention soumise à l'homologation du juge doit porter règlement complet des effets du divorce et que les conventions des parties intéressant ce règlement ne sont valables que si elles sont soumises à l'homologation (▪ Cass. 1re civ., 10 mars 1998, n° 95-19.692 : *JurisData* n° 1998-001094 ; *JCP* 1998, I, 183, n° 10, obs. Storck ; *Bull. civ.* I, n° 106, p. 70 ; *D.* 1998, 601, 1re esp., note Massip ; *Dr. famille* 1998, 74, note Beignier ; *RTD civ.* 1998, 888, obs. Hauser ; *Defrénois* 1998, 827, obs. Champenois, 1111, 1re esp., note Massip).

6) **Conventions relatives à l'attribution d'une prestation compensatoire.** Les accords relatifs à l'attribution à l'un des conjoints d'une prestation compensatoire n'entrent pas dans les prévisions de l'article 1450 (anc.) ; il en résulte qu'en cas de divorce sur demande acceptée (ancien art. 233), la prestation compensatoire ne peut être fixée que par le juge (▪ Cass. 1re civ., 23 mars 1994, n° 92-17.360 : *Bull. civ.* I, n° 103, p. 78 ; *JCP* 1994, IV, 1381 ; *Defrénois* 1994, 1090, obs. Massip. ▪ Cass. 1re civ., 24 avr. 2006 : *Bull. civ.* I, n° 201, p. 177). Mais la transaction postérieure au prononcé du divorce et portant liquidation des intérêts pécuniaires des époux échappe à la nullité (▪ Cass. 1re civ., 17 déc. 1996, n° 94-20.128 : *JurisData* n° 1996-005044 ; *JCP* 97, IV, 320 ; *Bull. civ.* I, n° 450, p. 316 ; *Defrénois* 1997, 455, note Bignon).

§ 2. – Des conséquences propres aux divorces autres que par consentement mutuel

(Intitulé rempl., L. n° 2004-439, 26 mai 2004)

Art. 266 *(Rempl., L. n° 2004-439, 26 mai 2004)*. **– Sans préjudice de l'application de l'article 270, des dommages et intérêts peuvent être accordés à un époux en réparation des conséquences d'une particulière gravité qu'il subit du fait de la dissolution du mariage soit lorsqu'il était défendeur à un divorce prononcé pour altération définitive du lien conjugal et qu'il n'avait lui-même formé aucune demande en divorce, soit lorsque le divorce est prononcé aux torts exclusifs de son conjoint.**

Cette demande ne peut être formée qu'à l'occasion de l'action en divorce.

Bibliographie : D. Piwnica, *Les dommages et intérêts de l'article 266 du Code civil dans la loi du 26 mai 2004 : JCP* 2009, n° 45, 407. • Dossier *Les dommages et intérêts entre époux : Dr. famille* 2015, études 33 à 37 (panorama et analyses de jurisprudence). • D. Sadi, *Pour une réécriture de l'article 266 du Code civil : RTD civ.* 2018, p. 591.

1) **Domaine.** Jugé que le divorce étant prononcé aux torts partagés des époux, la demande de dommages-intérêts formée par la femme ne peut prospérer que sur le fondement de l'article 1382 (▪ Paris, 20 sept. 2007 : *JCP* 2007, IV, 3016 ; *JurisData* n° 2007-341657).

2) **Nature du préjudice.** Sur le principe que le préjudice doit résulter de la dissolution du mariage (V. ▪ Cass. 2e civ., 31 mai 1995, n° 93-19.139 : *JurisData* n° 1995-001371 ; *RTD civ.* 1995, 870, obs. Hauser ; *D.* 1996, 424, note Puigelier. ▪ Cass. 2e civ., 28 sept. 2000, n° 98-22.952 : *JurisData* n° 2000-006057 ; *Dr. famille* 2001, 5, 1re esp., note Lécuyer. ▪ Cass. 2e civ., 11 avr. 2002, n° 00-13.417 : *JurisData* n° 2002-014010 ; *Dr. famille* 2002, 114, note Lécuyer). A légalement justifié sa décision la cour d'appel qui condamne le mari à payer des dommages-intérêts en relevant que le prononcé du divorce n'était pas pour la femme une simple officialisation de la situation de fait, mais le *déchirement d'une longue vie conjugale*, que de surcroît elle s'était vue expulser comme occupant sans droit ni titre du domicile conjugal auquel elle était très attachée et qu'elle avait souffert de l'inconduite affichée de son mari (▪ Cass. 2e civ., 16 nov. 1988, n° 87-15.163 : *JurisData* n° 1988-003542 ; *JCP* 1989, IV, 21. – V. aussi pour une dissolution intervenue après une longue période de vie commune, ▪ Cass. 2e civ., 27 janv. 2000, n° 97-14.657 : *JurisData* n° 2000-000245 ; *Bull. civ.* II, n° 17, p. 11 ; *RTD civ.* 2000, 303, obs. Hauser. – Comp., le mari n'ayant pas affiché sa nouvelle liaison sentimentale et ayant annoncé son intention de séparation avec tact et mesure, ▪ Dijon, 22 oct. 2007 : *JCP* 2008, IV, 2156 ; *JurisData* n° 2007-358178). Les dommages-intérêts prévus par l'article 266 réparent le préjudice causé par la rupture du lien conjugal, tandis que ceux prévus par l'article 1382 réparent le préjudice résultant de toute autre circonstance (▪ Cass. 1re civ., 6 juill. 2005, n° 04-10.081 : *JurisData* n° 2005-029336 ; *Dr. famille* 2005, 212, note Larribau-Terneyre ; *D.* 2006, somm. 343, obs. Serra ; *RTD civ.* 2005, 767, obs. Hauser. ▪ Cass. 1re civ., 9 janv. 2007 : *Bull. civ.* I, n° 6, p. 5 ; *Dr. famille* 2007, 37, note Larribau-Terneyre ; *RTD civ.* 2007, 321, obs. Hauser ; *D.* 2008, 815, obs. Serra ; *JurisData* n° 2007-036867). De sorte qu'en condamnant le mari à des dommages-intérêts sur le fondement de l'article 1382 du Code civil, alors que l'épouse sollicitait cette somme sur le fondement de l'article 266, la cour d'appel a modifié l'objet de la demande (▪ Cass. 1re civ., 6 mars 2013, n° 12-12.338 : *Dr. famille* 2013, 64, note Larribau-

Terneyre ; *JurisData* n° 2013-003934, violation des articles 4 et 12, alinéa 3, du CPC). Sur l'application de l'article 12 du Code de procédure civile, V. ▪ Cass. 1re civ., 26 juin 2013, n° 12-14.463 : *RTD civ.* 2013, 584, obs. Hauser.

3) Particulière gravité. Ne donne pas de base légale à sa décision au regard de l'article 266 du Code civil, dans sa rédaction issue de la loi du 26 mai 2004, la cour d'appel qui, pour condamner un époux à verser des dommages-intérêts, se borne à retenir que celui-ci a quitté son épouse après 39 ans de mariage, dans des conditions difficiles et en recherchant une nouvelle compagne, ce qui a entraîné pour son conjoint un préjudice moral, de tels motifs étant insuffisants à caractériser les conséquences d'une particulière gravité subies par l'épouse du fait de la dissolution du mariage (▪ Cass. 1re civ., 1er juill. 2009, n° 08-17.825 : *Bull. civ.* I, n° 145, p. 128 ; *D.* 2009, 1897, obs. Le Douaron ; *Dr. famille* 2009, 103, note Larribau-Terneyre ; *RTD civ.* 2009, 705, obs. Hauser ; *LPA* 28 janv. 2010, 11, note Massip ; *D.* 2010, 1253, obs. Serra ; *JurisData* n° 2009-048910). Ayant relevé les circonstances dans lesquelles l'épouse avait quitté le domicile conjugal, la charge quotidienne, assumée par le mari depuis plus de cinq ans, des deux jeunes enfants du couple dont l'un présente des troubles de la personnalité et les choix professionnels qu'il avait dû faire au détriment de sa carrière pour s'en occuper, la cour d'appel en a souverainement déduit que la dissolution du mariage causait à celui-ci un préjudice d'une particulière gravité qu'il convenait de réparer sur le fondement de l'article 266 du Code civil (▪ Cass. 1re civ., 12 sept. 2012, n° 11-12.140 : *JCP* G 2012, 1166, note Massip).

4) Indifférence des ressources des parties. Le seul élément d'appréciation doit être le préjudice subi, les ressources respectives des parties n'ayant pas à être prises en compte (▪ Cass. 2e civ., 4 juill. 1968 : *JurisData* n° 1968-000198 ; *D.* 1969, 114. ▪ Cass. 2e civ., 21 juill. 1982, n° 81-15.236 : *JurisData* n° 1982-701673 ; *Bull. civ.* II, n° 109, p. 80. ▪ Cass. 2e civ., 6 janv. 1993, n° 91-16.672 : *JurisData* n° 1993-000007 ; *Bull. civ.* II, n° 2, p. 1). Viole les articles 266 et 1382 la cour d'appel qui refuse à la femme des dommages-intérêts en énonçant que la prestation compensatoire répare les préjudices subis par elle du fait de la rupture du lien conjugal (▪ Cass. 2e civ., 12 juin 1996, n° 94-18.103 : *JurisData* n° 1996-002360 ; *JCP* 1996, IV, 1777 ; *Bull. civ.* II, n° 149, p. 90 ; *Dr. famille* 1996, 22, note Lécuyer). Si l'article 12 du Code de procédure civile permet au juge, lorsque les parties n'ont pas, en vertu d'un accord exprès, limité le débat, de changer la dénomination ou le fondement juridique de la demande, il ne lui en fait pas obligation. Ainsi, il ne peut être reproché à une cour d'appel, saisie d'une demande de dommages-intérêts fondée sur l'article 266 du Code civil., de n'avoir pas examiné d'office les faits invoqués au regard de l'article 1382 dudit code (▪ Cass. 2e civ., 8 juin 1995, n° 92-21.549 : *JurisData* n° 1995-001378 ; *D.* 1996, 247, note Eudier. Sur ce que l'article 266 ne vise que le préjudice résultant de la dissolution du mariage, V. ▪ Cass. 1re civ., 25 janv. 2005, n° 02-16.255 : *JurisData* n° 2005-026667 ; *Dr. famille* 2005, 104, note Larribau-Terneyre).

5) Attribution de biens. Aucun texte ne prévoit que les dommages-intérêts accordés en vertu de l'article 266 puissent être accordés sous la forme de l'attribution de droits immobiliers appartenant à l'autre époux (▪ Cass. 2e civ., 27 janv. 1993, n° 91-14.839 : *JurisData* n° 1993-000179 ; *D.* 1994, 97, note Espesson. *Contra*, attribuant au conjoint victime la totalité de la communauté, comprenant l'immeuble constituant la seule habitation des époux, ▪ Cass. 1re civ., 26 janv. 1983 : *D.* 1984, 17, 1re esp., note Massip). L'épouse ne peut prétendre à titre de dommages-intérêts à l'usufruit d'un immeuble, dès lors que la possibilité d'un tel usufruit n'est prévue par aucun texte et que le mari s'oppose à son attribution (▪ Cass. 2e civ., 11 oct. 1989, n° 88-13.364 : *JurisData* n° 1989-703078 ; *JCP* 1989, IV, 395 ; *Bull. civ.* II, n° 177, p. 90 ; *RTD civ.* 1991, 768, obs. Zenati), mais les juges du fond sont souverains pour apprécier les modalités de la réparation, et peuvent lui attribuer, pour une durée limitée, la jouissance à titre gratuit de deux immeubles (même arrêt). – Comp., accordant à la femme la jouissance de l'immeuble commun à titre de pension alimentaire, ▪ Angers, 1re ch, 20 janv. 1993 : *JurisData* n° 1993-042943). Les dommages-intérêts accordés à la femme en cas de divorce ne peuvent être cumulés avec la prestation compensatoire pour être globalement convertis en usufruit sur l'immeuble commun, la loi ne permettant pas de liquider les dommages-intérêts sous cette forme (▪ Bordeaux, 6e ch., 15 déc. 1992 : *JurisData* n° 1992-047819).

6) Intérêts des sommes allouées. Le pourvoi en cassation, qui a seulement pour effet de suspendre, jusqu'à ce que la décision prononçant le divorce soit devenue irrévocable, l'exigibilité des dommages-intérêts, n'interdit pas à la cour d'appel de fixer le point de départ des intérêts de la somme ainsi allouée à la date de sa décision (▪ Cass. 2e civ., 21 févr. 1990, n° 88-18.207 : *JurisData* n° 1990-000808 ; *Bull. civ.* II, n° 37, p. 21).

7) Séparation de corps. Pour l'allocation de dommages-intérêts à l'épouse en cas de séparation de corps aux torts exclusifs du mari, V. ▪ Cass. 1re civ., 9 déc. 2003, n° 02-12.245 : *JurisData* n° 2003-021458 ; *Defrénois* 2004, 588, obs. Massip.

Art. 267 *(Rempl., L. n° 2004-439, 26 mai 2004 ; à compter du 1er janvier 2016, Ord. n° 2015-1288, 15 oct. 2015)* (1). **– À défaut d'un règlement conventionnel par les époux, le juge statue sur leurs demandes de maintien dans l'indivision, d'attribution préférentielle et d'avance sur part de communauté ou de biens indivis.**

Il statue sur les demandes de liquidation et de partage des intérêts patrimoniaux, dans les conditions fixées aux articles 1361 à 1378 du Code de procédure civile, s'il est justifié par tous moyens des désaccords subsistant entre les parties, notamment en produisant :

– une déclaration commune d'acceptation d'un partage judiciaire, indiquant les points de désaccord entre les époux ;

– le projet établi par le notaire désigné sur le fondement du 10° de l'article 255.

Il peut, même d'office, statuer sur la détermination du régime matrimonial applicable aux époux.

Voir : CPC, art. 1116, p. 2340 (J. Combret et N. Baillon-Wirtz, *Réforme du droit de la famille, nouvelles procédures avec le décret du 23 février 2016 : JCP* N 2016, 1098).

Bibliographie : J. Combret et N. Baillon-Wirtz, *Liquidation et partage après divorce : l'appel à une clarification a-t-il été entendu ? : JCP* N 2015, 1220, et *Dr. famille* 2016, dossier 2. • Y. Puyo, *Le nouvel article 267 du Code civil : un compromis entre tradition et innovation : Dr. famille* 2016, dossier 3. • P. Chauvin et N. Couzigou-Suhas, *Nouveaux outils liquidatifs du juge aux affaires familiales et rôle du notaire : Defrénois* 2015, 1283. • S. Thouret, *Réforme du droit de la famille. Le juge du divorce et la liquidation : AJF* 2015, 598. • Ch. Lesbats, *L'ordonnance du 15 octobre 2015 : une clarification bienvenue sur la procédure de partage judiciaire en cas de divorce : JCP* N 2015, 1247. • A. Gilson-Maes, *Examen de la réforme des pouvoirs du juge en matière de divorce : entre petits succès et grades désillusions : RJPF* mars 2016, 8. • J. Picard, *Anticipation et renforcement des pouvoirs liquidatifs du juge dans le divorce : précisions sur le nouvel article 267 du Code civil : LPA* 6 juin 2016, 6. • Dossier *Divorce et liquidation : la réforme : AJF* juin 2016, p. 289 et s.

Rédaction antérieure. Art. 267. – À défaut d'un règlement conventionnel par les époux, le juge, en prononçant le divorce, ordonne la liquidation et le partage de leurs intérêts patrimoniaux.

Il statue sur les demandes de maintien dans l'indivision ou d'attribution préférentielle.

Il peut aussi accorder à l'un des époux ou aux deux une avance sur sa part de communauté ou de biens indivis.

Si le projet de liquidation du régime matrimonial établi par le notaire désigné sur le fondement du 10° de l'article 255 contient des informations suffisantes, le juge, à la demande de l'un ou l'autre des époux, statue sur les désaccords persistant entre eux.

1) Indifférence du régime matrimonial. La liquidation et le partage des intérêts patrimoniaux des époux doivent être ordonnés par le juge qui prononce le divorce, quel que soit le régime matrimonial adopté par les époux (▪ Cass. 2e civ., 7 nov. 1988, n° 87-11.008 : *JurisData* n° 1988-702670 ; *Bull. civ.* II, n° 211, p. 114).

2) Compétence. Il entre dans les pouvoirs dévolus au juge aux affaires familiales de se prononcer sur le régime matrimonial des époux (▪ Cass. 1re civ., 20 mars 2013, n° 11-27.845 : *Bull. civ.* I, n° 43, p. 43 ; *D.* 2013, 1451, note Le Gac-Pech, et 2050, obs. Capitaine ; *Dr. famille* 2013, 97, note Abadie ; *JurisData* n° 2013-004804, détermination de la loi applicable).

3) Office du juge (jurisprudence antérieure à l'ordonnance du 15 octobre 2015). Il résulte de l'article 267, alinéa 1er, que la liquidation et le partage des intérêts patrimoniaux des époux doivent être ordonnés par le juge qui prononce le divorce (▪ Cass. 1re civ., 7 nov. 2012, n° 11-10.449 : *Bull. civ.* I, n° 230, p. 222 ; *D.* 2013, 593, obs. Capitaine ; *JCP* G 2013, 38, n° 3, obs. Bosse-Platière ; *Dr. famille* 2012, 179, 2e esp., note Larribau-Terneyre ; *RTD civ.* 2013, 96, obs. Hauser ; *JurisData* n° 2012-024868). Méconnaît ainsi l'étendue de ses pouvoirs en violation des articles 267, alinéa 1er, du Code civil, et 1361, alinéa 2, du Code de procédure civile, la cour d'appel qui, pour infirmer la décision du juge aux affaires familiales désignant un notaire pour procéder à la liquidation et au partage des intérêts patrimoniaux des époux, a retenu qu'elle ne pouvait procéder à cette désignation (▪ Cass. 1re civ., 7 nov. 2012, n° 12-17.394 : *Bull. civ.* I, n° 231, p. 223 ; *D.* 2013, 593, obs. Capitaine ; *JCP* G 2013, 38, n° 3, obs. Bosse-Platière, et 262, note Bazin ; *Dr. famille* 2012, 179, 1re esp., note Larribau-Terneyre ; *RTD civ.* 2013, 96, obs. Hauser ; *JCP* N 2013, 1144, obs. Lesbats ; JurisData n° 2012-024866. ▪ Cass. 1re civ., 11 sept. 2013,

(1) Dispositions applicables aux requêtes en divorce introduites avant leur entrée en vigueur (le 1er janvier 2016) qui, au jour de celle-ci, n'ont pas donné lieu à une demande introductive d'instance (Ord. n° 2015-1288, 15 oct. 2015, art. 17).

n° 12-18.512 : *Bull. civ.* I, n° 164, p. 165 ; *RTD civ.* 2013, 826, obs. Hauser ; *JurisData* n° 2013-018920). V. déjà ▪ Cass. 1re civ., 12 avr. 2012, n° 11-20.195 : *D.* 2012, 2011, note Brenner ; *RTD civ.* 2012, 519, obs. Hauser ; *JCP* N 2012, 1302, chron. J. Combret et N. Baillon-Wirtz ; *JurisData* n° 2012-007083. – V. aussi J. Combret et N. Baillon-Wirtz, *Liquidation et partage après divorce : une réforme urgente s'impose* : *JCP* N 2013, 1036 ; *Dr. famille* 2013, étude 6. – Y. Delecraz, *La commise judiciaire du notaire dans le partage post-divorce* : *JCP* N 2015, étude 1084.

4) Informations suffisantes (art. 267, al. 4, antérieur à l'ordonnance du 15 octobre 2015). V. pour une application ▪ Cass. 1re civ., 23 sept. 2015, n° 14-21.525 : *Bull.* ; *RTD civ.* 2015, 859, obs. Hauser ; *LPA* 30 déc. 2015, 10, note Niel ; *Dr. famille* 2015, 221, note Puyo ; *AJF* 2015, 608, obs. Thouret ; *JurisData* n° 2015-021009. V. aussi ▪ Cass. 1re civ., 10 févr. 2016, n° 15-14.757 : *Bull.* ; *JCP* G 2016, chron. 992, n° 8, obs. Coutant-Lapalus ; *RTD civ.* 2016, 328, obs. Hauser ; *AJF* 2016, p. 384, David ; *JurisData* n° 2016-001962, cassation de la décision ayant retenu que les dispositions de l'article 267 ne privent pas le juge de la possibilité de dire que le notaire chargé de la liquidation prendra en considération les valeurs retenues par un expert qualifié.

5) Attribution préférentielle. Le juge du divorce est compétent pour ordonner une attribution préférentielle (▪ Cass. 2e civ., 5 juin 1991, n° 89-20.695 : *JurisData* n° 1991-001745 ; *D.* 1992, 385, 1re esp., note Massip. ▪ Cass. 1re civ., 22 mars 2005, n° 02-18.648 : *JurisData* n° 2005-027687 ; *Dr. famille* 2005, 106, 1re esp., note Larribau-Terneyre). La divergence des parties quant à l'évaluation de l'immeuble ne saurait avoir d'incidence sur le principe même de cette attribution (▪ Cass. 2e civ., 22 janv. 1992, n° 90-18.512 : *JurisData* n° 1992-000108 ; *JCP* 1993, II, 22031, note Hérail. – V. aussi ▪ Cass. 1re civ., 22 mars 2005, n° 02-18.648 : *JurisData* n° 2005-027687 ; *Dr. famille* 2005, 106, 2e esp., note Larribau-Terneyre. ▪ Cass. 1re civ., 16 mars 2016, n° 15-14.822 : *Bull.* ; *Dr. famille* 2016, 100, note Binet ; *AJF* avr. 2016, 206, note Thouret ; *RTD civ.* 2016, 328, obs. Hauser ; *LPA 21 juin 2016, 17, note Niel* ; *JurisData* n° 2016-004574). Dès lors que l'épouse remplit les conditions posées par l'article 831-2 du Code civil, le juge ne peut se fonder sur l'absence d'informations suffisantes et d'état liquidatif versé aux débats pour rejeter la demande d'attribution préférentielle (▪ Cass. 1re civ., 1er déc. 2010, n° 09-69.621 : *JCP* N 2011, 1165, note Massip ; *JurisData* n° 2010-022982).

6) Demandes relatives à la liquidation (jurisprudence antérieure à l'ordonnance du 15 octobre 2015). Les demandes du mari relatives à la restitution d'objets mobiliers et d'un dépôt de garantie de l'appartement et à l'obtention de l'autorisation de donner à bail un bien indivis ont trait à la liquidation du régime matrimonial et doivent être soumises aux juges chargés de cette liquidation (▪ Cass. 2e civ., 11 déc. 1991, n° 89-20.063 : *JurisData* n° 1991-003460 ; *D.* 1992, 385, 2e esp. ; *Bull. civ.* II, n° 339, p. 178. – V. en ce sens pour la demande d'une jouissance gratuite du domicile conjugal ▪ Cass. 2e civ., 6 juin 2002, n° 00-15.232 : *JurisData* n° 2002-014570 ; *Bull. civ.* II, n° 117, p. 94 ; *Dr. famille* 2003, 28, note Lécuyer ; *Defrénois* 2002, 1472, obs. Massip). La femme peut faire entrer dans le compte de liquidation partage les créances alimentaires dont elle se prévaut à l'encontre de son mari (▪ Cass. 1re civ., 11 déc. 2001, n° 99-21.851 : *JurisData* n° 2001-012211 ; *Defrénois* 2002, 401, obs. Champenois). Il résulte des articles 255, 10°, et 267, alinéa 4, que s'il a désigné un notaire lors de l'audience de conciliation pour élaborer un projet de liquidation du régime matrimonial et de formation des lots à partager et si celui-ci contient des informations suffisantes, le juge a le pouvoir, en cas de désaccord persistant, de fixer l'indemnité d'occupation à l'occasion du prononcé du divorce (▪ Cass. 1re civ., 7 nov. 2012, n° 11-17.377 : *Bull. civ.* I, n° 229, p. 222 ; *D.* 2013, 594, obs. Capitaine ; *JCP* G 2013, 38, n° 3, obs. Bosse-Platière ; *Dr. famille* 2012, 179, 3e esp., note Larribau-Terneyre ; *RTD civ.* 2013, 96, obs. Hauser ; *JurisData* n° 2012-024871). Hors le cas de l'article 267, alinéa 4, le juge aux affaires familiales ne peut, lorsqu'il prononce le divorce, statuer sur une demande de contribution aux charges du mariage portant sur une période antérieure à l'ordonnance de non-conciliation (▪ Cass. 1re civ., 9 juill. 2014, n° 13-19.130 : *Bull.* ; *D.* 2014, 1719, obs. Guyon-Renard ; *RTD civ.* 2014, 866, obs. Hauser ; *JCP* N 2015, 1114, note Le Guidec et avis Sarcelet ; *JurisData* n° 2014-015997).

7) Objet de la liquidation. Instance distincte. La liquidation à laquelle il est procédé en cas de divorce englobe tous les rapports pécuniaires entre les parties et il appartient à l'époux qui se prétend créancier de l'autre de faire valoir sa créance selon les règles applicables à la liquidation de leur régime matrimonial lors de l'établissement des comptes s'y rapportant (▪ Cass. 1re civ., 28 nov. 2000, n° 98-13.405 : *JurisData* n° 2000-007096 ; *Bull. civ.* I, n° 306, p. 198. – Rappr. ▪ Cass. 1re civ., 11 déc. 2001, préc. note 3, refusant une instance distincte de l'instance en divorce. – V. cependant, également au sujet d'une créance entre époux, ▪ Cass. 1re civ., 22 mai 2007 : *Bull. civ.* I, n° 201, p. 177 ; *Dr. famille* 2007, 149, note Larribau-Terneyre ;

RTD civ. 2007, 761, obs. Hauser ; *Defrénois* 2007, 1311, obs. Massip ; *JurisData* n° 2007-039034, admettant l'existence d'une instance distincte dès lors que le divorce n'a pas encore été prononcé par une décision irrévocable). Sur la prise en compte d'une créance entre époux antérieure au mariage, V. ▪ Cass. 1re civ., 30 janv. 2019, n° 18-14.150 : *Bull.* ; *Dr. famille* 2019, 80, Torricelli-Chrifi ; *JurisData* n° 2019-001015).

Art. 267-1 ***(Abr. à compter du 1er janvier 2016, Ord. n° 2015-1288, 15 oct. 2015).***

Art. 268 ***(Rempl., L. n° 2004-439, 26 mai 2004).*** **– Les époux peuvent, pendant l'instance, soumettre à l'homologation du juge des conventions réglant tout ou partie des conséquences du divorce.**

Le juge, après avoir vérifié que les intérêts de chacun des époux et des enfants sont préservés, homologue les conventions en prononçant le divorce.

Bibliographie : Y. Puyo, *Étude comparative des conventions de divorce* : *Dr. famille* 2015, étude 19.

Tierce opposition. La tierce opposition formée par un créancier contre les conséquences patrimoniales d'un jugement de divorce est recevable (▪ Cass. 1re civ., 5 nov. 2008, n° 06-21.256 : *Bull. civ.* I, n° 252, p. 215 ; *Dr. famille* 2009, 2, note Larribau-Terneyre ; *JCP* 2009, n° 28, chron. 115, n° 3, obs. Bosse-Platière ; *JurisData* n° 2008-045676). – Sur la spécificité de la tierce opposition dans le cas du divorce par consentement mutuel, V. CPC, art. 1104, p. 2339.

Art. 268-1 et 269 ***(Abr., L. n° 2004-439, 26 mai 2004).***

§ 3. – Des prestations compensatoires

Art. 270 ***(Rempl., L. n° 2004-439, 26 mai 2004).*** **– Le divorce met fin au devoir de secours entre époux.**

L'un des époux peut être tenu de verser à l'autre une prestation destinée à compenser, autant qu'il est possible, la disparité que la rupture du mariage crée dans les conditions de vie respectives. Cette prestation a un caractère forfaitaire. Elle prend la forme d'un capital dont le montant est fixé par le juge.

Toutefois, le juge peut refuser d'accorder une telle prestation si l'équité le commande, soit en considération des critères prévus à l'article 271, soit lorsque le divorce est prononcé aux torts exclusifs de l'époux qui demande le bénéfice de cette prestation, au regard des circonstances particulières de la rupture.

Bibliographie : A. Sériaux, *La nature juridique de la prestation compensatoire ou les mystères de Paris* : *RTD civ.* 1997, 54. • X. Labbée, *La femme adultère fait du bénéfice* : *D.* 2008, chron. 996. • Ph. Malaurie, *La prestation compensatoire* : *Defrénois* 2009, 2385, et *LPA* 26 avr. 2010, 6. • J. Hauser, obs. *in RTD civ.* 2010, 767, n° 14. • E. Clerget et C. Dessertenne-Brossard, *Les errements du calcul de la prestation compensatoire* : *JCP* N 2014, 1126. • L. Mauger-Vielpeau, *Fixation de la prestation compensatoire et anticipation du divorce* : *LPA* 3 juin 2014, 33. • G. Kessler, *Le refus de prestation compensatoire : panorama de jurisprudence* : *Dr. famille* 2015, étude 1. • S. Mirabail, *Proportionnalité et prestation compensatoire* : *Defrénois* 2016, 413.

I – CONDITIONS D'ATTRIBUTION

1) Nullité du mariage. Les dispositions des articles 270 et suivants sont applicables, en tant que de raison, lorsque la rupture du mariage résulte de la nullité de l'union (▪ Cass. 1re civ., 23 oct. 1990, n° 89-10.250 : *JurisData* n° 1990-002899 ; *JCP* G 1991, II, 21774, note F. Monéger ; *JCP* N 1992, II, p. 8 ; *D.* 1991, 214, note Mascala ; *Bull. civ.* I, n° 221, p. 157).

2) Remariage. Caducité. La prestation compensatoire allouée à l'épouse lors du premier divorce devient caduque à compter de son remariage avec son ex-mari (▪ Cass. 1re civ., 17 oct. 2007 : Bull. civ. I, n° 321, p. 283 ; *D.* 2008, 200, note Raoul-Cormeil, et 814, obs. Serra ; *Defrénois* 2008, 569, obs. Massip ; *JCP* 2008, I, 102, n° 1, obs. Bosse-Platière ; *JCP* N 2009, 1150, obs. Lesbats ; *RTD civ.* 2008, 88, obs. Hauser ; *JurisData* n° 2007-040857, l'épouse à nouveau divorcée ne peut donc obtenir le versement de la prestation compensatoire fixée lors du premier divorce).

3) Disparité résultant du libre choix des époux. Le mari ne peut réclamer une prestation compensatoire dans la mesure où la disparité des conditions de vie ne résulte pas de la rupture du lien conjugal mais du libre choix de chacun des époux dans la conduite de sa carrière professionnelle (▪ Bordeaux, 27 sept. 1993, n° 2987/92 : *JurisData* n° 1993-046582 ; *JCP* 1994, I, 3771, n° 10, obs. Ferré-André, retard à s'installer comme médecin). Jugé que les époux étant séparés de fait depuis trente-cinq ans et vivant en totale indépendance, la disparité qui pourrait exister dans leurs situations respectives ne tient pas à la rupture du lien conjugal (▪ Aix-en-Provence, 29 janv. 2007 : *JCP*

2007, IV, 3105 ; *JurisData* n° 2007-342278 ; *RTD civ.* 2008, 86, obs. Hauser, divorce pour altération définitive du lien conjugal). Tenant compte de la disparité dans les conditions de vie existant déjà avant le mariage en vue de limiter le montant de la prestation compensatoire allouée à l'épouse (V. ▪ Dijon, 22 oct. 2007 : *JCP* 2008, IV, 2156 ; *JurisData* n° 2007-358178).

4) Disparité antérieure au mariage. L'un des époux ne peut être tenu de verser à l'autre une prestation compensatoire que si la disparité dans leurs conditions de vie respectives est créée par la rupture du mariage et non si elle préexistait au mariage qui n'a eu aucune incidence sur les situations patrimoniales (▪ Cass. 1re civ., 9 déc. 2009, n° 08-16.180 : *Dr. famille* 2010, 17, note Larribau-Terneyre ; *JurisData* n° 2009-050721, époux séparés de biens, le mariage ayant duré six ans et la communauté de vie quatorze mois). Jugé au contraire que le motif tiré de l'appartenance des époux à des catégories socioprofessionnelles différentes, situation préexistante au mariage, ne peut justifier le refus d'accorder une prestation compensatoire (▪ Cass. 1re civ., 12 janv. 2011, n° 09-72.248 : *Dr. famille* 2011, 34 (2e arrêt), note Larribau-Terneyre ; *JurisData* n° 2011-000221, époux mariés vingt-neuf ans sous le régime de la participation aux acquêts). Viole ainsi les articles 270 et 271 du Code civil la cour d'appel qui, pour rejeter la demande de prestation compensatoire, énonce que, s'il existe entre les époux une différence sensible de revenus, il ressort néanmoins que celle-ci préexistait au mariage et qu'en aucune façon elle ne résulte des choix opérés en commun par les conjoints (▪ Cass. 1re civ., 18 mai 2011, n° 10-17.445 : *Bull. civ.* I, n° 91, p. 89 ; *Dr. famille* 2011, 108, note Larribau-Terneyre ; *RTD civ.* 2011, 520, obs. Hauser ; *JurisData* n° 2011-008860). V. aussi ▪ Cass. 1re civ., 11 avr. 2018, n° 17-18375 : *Dr. famille* 2018, 177, Binet, décidant que les juges ne peuvent se fonder sur des circonstances antérieures au mariage pour apprécier la disparité entre les situations financières des parties.

5) Disparité postérieure à la séparation. C'est en se plaçant au jour où elle statuait que la cour d'appel, qui pouvait ne prendre en considération que la durée de la vie commune postérieure au mariage, après avoir constaté que les époux étaient séparés de fait depuis 2003 (cessation de la cohabitation et de la collaboration), a souverainement estimé que la disparité dans les conditions de vie respectives des parties, alléguée par le mari, ne résultait pas de la rupture du mariage (▪ Cass. 1re civ., 18 déc. 2013, n° 12-26.541 : *Bull. civ.* I, n° 244, p. 240 ; *RTD civ.* 2014, 347, obs. Hauser ; *JurisData* n° 2013-029981).

6) Office du juge. Sur le pouvoir souverain des juges du fond pour apprécier la disparité que la rupture du mariage peut créer dans les conditions de vie respectives des époux, V. ▪ Cass. 2e civ., 23 avr. 1980, n° 79-11.261 : *JurisData* n° 1980-099079 ; *JCP* 1980, IV, 248 ; *Bull. civ.* II, n° 79, p. 59. V. aussi sous art. 271 et 272, p. 250. Mais il leur appartient de relever cette disparité (▪ Cass. 2e civ., 4 déc. 1996, n° 95-13.834 : *JurisData* n° 1996-004784 ; *JCP* 1997, IV, 203 ; *Bull. civ.* II, n° 276, p. 166, cassation de l'arrêt qui condamne la femme au versement d'une prestation compensatoire en retenant que la rupture du lien conjugal a créé, au détriment du mari, un déséquilibre certain et qu'il est équitable de condamner l'épouse au versement d'un capital). Même si l'une des parties, opposée au divorce, n'a demandé que le versement d'une pension alimentaire ou d'une contribution aux charges du mariage, le juge ne peut prononcer le divorce sans avoir, au préalable, invité les parties à s'expliquer sur le versement d'une prestation compensatoire (▪ Cass. 1re civ., 25 avr. 2006, n° 04-15.347 : *JurisData* n° 2006-033196 ; *Bull. civ.* I, n° 199, p. 175. ▪ Cass. 1re civ., 31 oct. 2007 : *Bull. civ.* I, n° 336, p. 295 ; *Dr. famille* 2007, 220, note Larribau-Terneyre ; *JurisData* n° 2007-041113). Mais en l'absence d'une telle demande, le juge peut prononcer le divorce des époux sans les avoir invités à s'expliquer sur le versement d'une prestation compensatoire (▪ Cass. 1re civ., 23 janv. 2008 : *Bull. civ.* I, n° 18, p. 15 ; *D.* 2008, inf. rap. 484 ; *JCP* 2008, IV, 1339 ; *Dr. famille* 2008, 40, note Larribau-Terneyre ; *RTD civ.* 2008, 281, obs. Hauser ; *Defrénois* 2008, 1110, obs. Massip ; *D.* 2009, 838, obs. Serra ; *JurisData* n° 2008-042368). Viole l'article 270 la cour d'appel qui, pour débouter la femme de sa demande de prestation compensatoire accordée par jugement, s'est placée à la date à laquelle elle statuait pour apprécier l'existence du droit à prestation compensatoire, alors que le jugement de divorce était, de ce chef, devenu irrévocable, l'appel étant limité aux mesures accessoires (▪ Cass. 2e civ., 4 déc. 1996, n° 94-11.181 : *JurisData* n° 1996-004677 ; *JCP* 1997, IV, 204 ; *Bull. civ.* II, n° 275, p. 166. – V. aussi ▪ Cass. 2e civ., 10 oct. 2002, n° 01-01.432 : *JurisData* n° 2002-015871 ; *Bull. civ.* II, n° 209, p. 165), ou celle qui énonce que les revenus déclarés par le mari ne caractérisent pas une disparité significative (▪ Cass. 2e civ., 5 mars 1997, n° 95-13.339 : *JurisData* n° 1997-000885 ; *JCP* 1997, IV, 908 ; *Bull. civ.* II, n° 64, p. 37 ; *RTD civ.* 1997, 404, obs. Hauser ; *Dr. famille* 1997, 104, note Lécuyer). Le juge ne peut ordonner une mesure d'instruction relative à la prestation compensatoire sans, au préalable, consacrer l'existence d'une disparité dans les conditions respectives des époux créée par la rupture du mariage (▪ Cass. 1re civ., 30 sept. 2003, n° 01-17.462 : *JurisData* n° 2003-020393 ; *Dr. famille*

2004, 6, note Terneyre ; *Defrénois* 2004, 145, obs. Massip). Sur l'office du juge, V. aussi : art. 271, annot. n° 1, p. 251.

7) Réserve d'équité (art. 270, al. 3). La cour d'appel, qui s'est déterminée au regard des critères posés par l'article 271 du Code civil relatifs à l'âge de l'épouse, sa situation au regard de l'emploi, aux choix professionnels faits par les époux et aux charges engendrées par l'entretien et l'éducation des enfants, s'est fondée sur des considérations d'équité pour refuser d'allouer à l'épouse une prestation compensatoire (▪ Cass. 1re civ., 8 juill. 2010, n° 09-66.186 : *Bull. civ.* I, n° 165, p. 155 ; *D.* 2010, 2952, note Mauger-Vielpeau ; *RTD civ.* 2010, 770, obs. Hauser ; *Dr. famille* 2010, 161, note Douris, et 162, obs. Larribau-Terneyre ; *JurisData* n° 2010-011143, divorce prononcé aux torts exclusifs de l'épouse qui ne rend que de rares visites aux quatre enfants communs, dont le mari a seul la charge, qui ne verse aucune contribution pour leur entretien et qui ne justifie d'aucun effort pour obtenir un emploi ; refus de prestation compensatoire. – Comp. ▪ Cass. 1re civ., 12 sept. 2012, n° 11-12.140 : *JCP* G 2012, 1166, note Massip). La demande de prestation compensatoire formée par le mari doit être rejetée, dès lors que la rupture a pour origine son comportement délictueux qui a donné lieu à condamnation pénale du chef de violences exercées sur son épouse qu'il savait vulnérable en raison de son âge (▪ Toulouse, 2 déc. 2008 : *JCP* 2009, IV, 1524 ; *JurisData* n° 2008-003911). Ayant prononcé le divorce aux torts partagés des époux, la cour d'appel ne pouvait justifier sa décision de rejeter la demande de prestation compensatoire que par des motifs d'équité, en considération des critères prévus à l'article 271 du Code civil (▪ Cass. 1re civ., 28 févr. 2018, n° 17-11.979 : *JCP* G 2018, 1160, Lamarche ; *Dr. famille* 2018, 123, Binet ; *AJF* 2018, p. 347, David ; *JurisData* n° 2018-002876). L'équité permet de refuser l'attribution d'une prestation compensatoire, non d'en limiter le montant (▪ Cass. 1re civ., 5 déc. 2018, n° 17-28.563 : *LPA* 4 avr. 2019, 12, Brusorio Aillaud).

8) Date d'exigibilité. Il résulte des articles 260 et 270 que la prestation compensatoire n'est due qu'à compter de la date à laquelle la décision prononçant le divorce prend force de chose jugée (▪ Cass. 2e civ., 18 oct. 1984 : *JurisData* n° 1984-701824 ; *Bull. civ.* II, n° 155, p. 108. ▪ Cass. 2e civ., 10 oct. 1985 et 28 mai 1986 : *JurisData* n° 1985-002838 ; *D.* 1987, somm. 47, obs. Bénabent). Mais le *montant de la prestation* n'en est pas moins fixé en tenant compte de la situation au moment du divorce (▪ Cass. 2e civ., 4 juill. 1990, n° 89-10.779 : *JurisData* n° 1990-702164 ; *Bull. civ.* II, n° 160, p. 81. ▪ Cass. 2e civ., 11 déc. 1991, n° 90-18.877 : *JurisData* n° 1991-003463 ; *Bull. civ.* II, n° 338, p. 178).

9) Sur l'effet suspensif du pourvoi en cassation, V. ▪ Cass. 2e civ., 31 janv. 1990, n° 88-10.268 : *JurisData* n° 1990-700322 ; *JCP* 1990, IV, 120 ; *Bull. civ.* II, n° 17, p. 9. ▪ Cass. 2e civ., 19 févr. 1992, n° 90-14.726 : *JurisData* n° 1992-000356 ; *Bull. civ.* II, n° 57, p. 28. La règle générale de l'effet non suspensif du pourvoi est seule applicable à l'arrêt ayant seulement statué sur la prestation compensatoire (▪ Cass. 2e civ., 24 févr. 1993, n° 91-18.213 : *JurisData* n° 1993-000540 ; *Bull. civ.* II, n° 73, p. 39 ; *JCP* 1994, I, 3729, n° 10, obs. Ferré-André).

10) Demande formée pendant la liquidation. La prestation compensatoire ne peut être demandée qu'au cours de la procédure de divorce et la demande ne peut donc être accueillie lorsqu'elle est seulement formée à l'occasion des opérations de liquidation et partage (▪ Cass. 1re civ., 8 nov. 1989, n° 87-19.768 : *JurisData* n° 1989-003870 ; *Bull. civ.* II, n° 340, p. 229 ; *D.* 1990, somm. 118, obs. Bénabent. – V. aussi ▪ Cass. 2e civ., 28 janv. 1987, n° 84-17.727 : *JurisData* n° 1987-000170 ; *Gaz. Pal.* 1988, 1, 113, note J. M. ▪ Cass. 2e civ., 18 sept. 1996, n° 94-12.526 : *JurisData* n° 1996-003469 ; *JCP* 1996, IV, 2203 ; *Bull. civ.* II, n° 211, p. 131). Mais il peut être statué sur cette demande après la dissolution (▪ Cass. 2e civ., 29 janv. 1997, n° 95-15.255 : *JurisData* n° 1997-000311 ; *JCP* 1997, IV, 677 ; *Bull. civ.* II, n° 26, p. 14 ; *Defrénois* 1997, 1329, 1re esp., obs. Massip, jugement ayant ordonné une mesure d'instruction).

11) Transaction. Un jugement de séparation de corps ne peut entériner l'accord des parties sur une éventuelle prestation compensatoire et, aucune procédure de divorce n'étant engagée lors de la signature de l'accord, les époux ne pouvaient valablement transiger sur leur droit futur à une telle prestation (▪ Cass. 2e civ., 10 mai 1991, n° 90-11.008 : *JurisData* n° 1991-001380 ; *Bull. civ.* II, n° 140, p. 75. – V. en ce sens ▪ Cass. 1re civ., 3 févr. 2004, n° 02-11.917 : *JurisData* n° 2004-022100 ; *Bull. civ.* I, n° 30, p. 26). Sauf lorsque le divorce est prononcé sur demande conjointe, la prestation compensatoire ne peut être fixée que par le juge ; il en résulte qu'aucune convention, fût-elle notariée, relative à l'attribution, à l'un d'entre eux, d'une prestation compensatoire ne peut être conclue par les époux (▪ Cass. 1re civ., 14 déc. 2004, n° 02-20.334 : *JurisData* n° 2004-026142 ; *Dr. famille* 2005, 32, note Larribau-Terneyre ; *D.* 2005, 1985, note Mathieu ; *Bull. civ.* I, n° 325, p. 270. ▪ Cass. 1re civ., 25 avr. 2006 : *Bull. civ.* I, n° 201, p. 177 ; *Dr. famille* 2006, 128, note Larribau-Terneyre). Si, dès lors qu'aucune instance en divorce n'est engagée, les époux ne peuvent valablement transiger sur leur droit futur à une prestation compensatoire, ils peuvent renoncer en tout ou partie aux effets de celle qui a été fixée judiciairement (▪ Cass. 1re civ., 8 févr. 2005, n° 03-17.923 : *JurisData* n° 2005-026873 ; *Dr. famille* 2005, 75, note Larribau-Terneyre ; *Defrénois* 2005, 1841, obs. Massip).

12) Demande formée en cause d'appel. Étant l'accessoire de la demande en divorce, la demande de prestation compensatoire peut être formée pour la première fois en cause d'appel (■ Cass. 2e civ., 25 juin 1986, n° 85-11.058 : *JurisData* n° 1986-001292 ; *D.* 1987, somm. 46, obs. Bénabent. ■ Cass. 2e civ., 9 janv. 1991 : *Bull. civ.* II, n° 10, p. 5. ■ Cass. 2e civ., 26 juin 1996, n° 94-17.991 : *JurisData* n° 1996-002779 ; *Bull. civ.* II, n° 182, p. 111 ; *Defrénois* 1997, 712, 4e esp., obs. Massip. ■ Cass. 2e civ., 31 mai 2000, n° 97-16.589 : *JurisData* n° 2000-002301 ; *JCP* G 2000, II, 10425, note Brière ; *JCP* N 2001, 252, note Brière ; *Dr. famille* 2000, 112, note Lécuyer. ■ Cass. 2e civ., 26 sept. 2002 : *JCP* 2002, IV, 2714 ; *JurisData* n° 2002-015555).

II – NATURE

13) Caractère indemnitaire et alimentaire. Si la prestation compensatoire a un caractère indemnitaire, elle a aussi un caractère alimentaire et elle est donc insaisissable (■ Cass. 2e civ., 27 juin 1985, n° 84-14.663 : *JurisData* n° 1985-001928 ; *D.* 1986, 230, note Philippe ; F. Terré et Y. Lequette, *Les grands arrêts de la jurisprudence civile*, t. 1, 13e éd., 2015, n° 40, p. 280. ■ Cass. 2e civ., 10 mars 2005, n° 02-14.268 : *Bull. civ.* II, n° 66, p. 60 ; *Defrénois* 2005, 1844, obs. Massip). Le caractère alimentaire interdit au débiteur d'invoquer la compensation (■ Cass. 2e civ., 9 juill. 1997, n° 95-21.038 : *JurisData* n° 1997-003266 ; *JCP* 1998, II, 10033, note Pataut ; *D.* 1998, 544, note Yamba ; *Bull. civ.* II, 220, p. 129 ; *Dr. famille* 1997, 161, note Lécuyer. ■ Cass. 2e civ., 2 oct. 1997, n° 95-19.358 : *JurisData* n° 1997-003781 ; *JCP* 1997, IV, 2208 ; *Bull. civ.* II, n° 239, p. 141 ; *Dr. famille* 1998, 10, note Lécuyer. ■ Cass. 2e civ., 2 déc. 1998, n° 97-15.650 : *Dr. famille* 1999, 28, note Lécuyer. ■ Cass. 2e civ., 23 mai 2002, n° 00-18.533 : *JurisData* n° 2002-014695 ; *Dr. famille* 2002, 126, note Lécuyer. – Comp. ■ Pau, 28 oct. 2014 : *JCP* G 2014, 1354, obs. Brus ; *JurisData* n° 2014-030427, compensation de plein droit avec le devoir de secours). La créance née de la prestation compensatoire, qui présente pour partie un caractère alimentaire, n'a pas à être déclarée au débiteur soumis à procédure collective (■ Cass. 1re civ., 8 oct. 2003, n° 99-21.682 : *JurisData* n° 2003-020467 ; *Dr. famille* 2003, 132, 1er arrêt, note Lécuyer ; *JCP* E 2004, 336, 1er arrêt, note Becqué-Ikowicz ; *JCP* N 2004, 1243, 1er arrêt, note Fosset-Lefebvre ; *Defrénois* 2004, 151, obs. Massip). Le caractère mixte de la prestation compensatoire, à la fois alimentaire et indemnitaire, fait obstacle à l'octroi de délais de paiement sur le fondement de l'article 1244-1 du Code civil (■ Cass. 1re civ., 29 juin 2011, n° 10-16.096 : *Bull. civ.* I, n° 128, p. 123 ; *Dr. famille* 2011, 124, note Larribau- Terneyre ; *RTD civ.* 2011, 524, obs. Hauser ; *JurisData* n° 2011-012941).

Sur les procédures de recouvrement, voir la loi n° 73-5 du 2 janvier 1973 relative au paiement direct de la pension alimentaire, article 1er, alinéa 3, p. et la loi n° 75-618 du 11 juillet 1975 relative au recouvrement public des pensions alimentaires, article 15.

14) Enrichissement sans cause. Si, en principe, l'octroi d'une prestation compensatoire ne rend pas irrecevable l'action de in rem verso exercée par le bénéficiaire de cette prestation pour l'indemnisation de son appauvrissement résultant de sa participation bénévole à l'activité professionnelle de son ancien conjoint, il en va différemment lorsqu'il ressort du jugement de divorce qu'il prend en compte cet appauvrissement en vue de l'évaluation de la prestation compensatoire (■ Cass. 1re civ., 5 avr. 1993, n° 91-15.669 : *JurisData* n° 1993-000742 ; *Bull. civ.* I, n° 139, p. 93). Mais jugé que la femme ne peut sur ce fondement remettre en cause la convention définitive homologuée, revêtue de l'autorité de la chose jugée, dans laquelle elle a renoncé à solliciter une prestation compensatoire (■ Cass. 1re civ., 10 févr. 1998, n° 96-11.845 : *JurisData* n° 1998-000736 ; *Dr. famille* 1998, 53, 2e arrêt, note Lécuyer).

15) Charge personnelle de l'époux débiteur. La prestation compensatoire est à la charge personnelle de l'époux qui la doit. Il ne peut donc être tenu compte, dans le partage de bénéfices commerciaux, de la prestation compensatoire perçue par l'épouse (■ Cass. 1re civ., 3 nov. 1988, n° 87-11.018 : *JurisData* n° 1988-702602 ; *Bull. civ.* I, n° 299, p. 204 ; *JCP* 1989, IV, 3 ; *Gaz. Pal.* 1989, 2, 629, note Massip).

III – CARACTÈRE FORFAITAIRE

16) Modalités d'exécution. En raison du caractère forfaitaire de la prestation compensatoire, les modalités de son exécution ne peuvent en principe être modifiées, et la demande de report d'échéance du versement de la dernière annuité du capital, qui vise à modifier un des éléments intrinsèques de la prestation fixée, correspond à une demande de révision, même s'il n'est pas sollicité de modification de son montant (■ Cass. 2e civ., 19 févr. 1992, n° 90-20.628 : *JurisData* n° 1992-000357 ; *D.* 1992, 397, note Hauser et Delmas Saint-Hilaire ; *Bull. civ.* II, n° 58, p. 28).

17) Interdiction des conditions. Ayant un caractère forfaitaire, la prestation compensatoire ne peut être assortie d'une condition (■ Cass. 2e civ., 5 nov. 1986, n° 85-12.860 : *JurisData* n° 1986-701942 ; *Bull. civ.* II, n° 158, p. 107, rente accordée à la femme à compter de la date à laquelle elle quitterait le domicile conjugal. ▪ Cass. 2e civ., 25 mai 1993, n° 91-20.247 : *JurisData* n° 1993-001114 ; *Bull. civ.* II, n° 182, p. 98, attribution de la jouissance de l'appartement constituant le domicile conjugal sous condition de payer des crédits et charges. ▪ Cass. 2e civ., 12 juin 1996, n° 94-13.713 : *JurisData* n° 1996-002445 ; *Dr. famille* 1997, 15, note Lécuyer, attribution de la prestation fixée à la condition que la femme acquitte les crédits souscrits pour l'achat des immeubles. V. aussi pour l'absence de remariage ou de concubinage notoire, ▪ Paris, 2 oct. 1997 : *JurisData* n° 1997-360506 ; *Dr. famille* 1998, 52, note Lécuyer).

18) Durée incertaine. La rente ne peut pas être attribuée pour une durée laissée incertaine (▪ Cass. 2e civ., 27 févr. 1985, n° 84-10.681 : *JurisData* n° 1985-700432 ; *Bull. civ.* II, n° 49, p. 35). Doit être cassé l'arrêt qui condamne le mari à payer une rente mensuelle qui cessera d'être servie le 1er mai 1999, alors qu'à la date à laquelle il intervenait, cet arrêt n'avait pas acquis force de chose jugée et que le point de départ du versement de la rente était incertain (▪ Cass. 2e civ., 29 avr. 1998, n° 94-17.486 : *JurisData* n° 1998-001924 ; *JCP* 1999, I, 101, n° 3, obs. Ferré-André ; *Bull. civ.* II, n° 132, p. 78 ; *Dr. famille* 1998, 135, 2e arrêt, note Lécuyer ; *RTD civ.* 1998, 662, obs. Hauser).

19) Prestation compensatoire et pension alimentaire. Dès lors que les époux sont convenus, dans leur convention définitive, de renoncer à toute prestation compensatoire mais que le mari s'est engagé à payer une pension alimentaire, les juges du fond peuvent retenir que, faute de stipulation contraire, cette pension est soumise aux dispositions des articles 208 et 209 du Code civil et que le mari peut en obtenir la réduction (▪ Cass. 2e civ., 25 janv. 1984 : *JurisData* n° 1984-700063 ; *D.* 1984, 442, note Philippe ; *JCP* 1986, II, 20540, note Batteur). L'ex-épouse peut renoncer à la pension alimentaire qui constitue pour elle un droit d'origine conventionnelle dont elle a la libre disposition (▪ Cass. 1re civ., 25 janv. 2005, n° 01-17.784 : *JurisData* n° 2005-028820 ; *JCP* 2005, II, 10104, avis Sainte-Rose et note Gaboriau).

IV – PRESTATIONS EN CAPITAL

20) Application immédiate de la loi du 30 juin 2000. Sur l'application immédiate de la loi du 30 juin 2000 aux instances en cours, V. ▪ Cass. 2e civ., 30 nov. 2000, n° 99-10.923 : *JurisData* n° 2000-007101 ; *JCP* 2001, II, 10499, note Garé ; *RTD civ.* 2001, 113, obs. Hauser, cassant un arrêt ayant condamné le mari à payer une rente viagère. – V. aussi ▪ Cass. 2e civ., 10 mai 2001, n° 99-10.991 : *RTD civ.* 2001, 569, obs. Hauser. ▪ Cass. 2e civ., 13 déc. 2001 : *Dr. famille* 2002, 32, 1er arrêt, note Lécuyer ; *JurisData* n° 2001-012223. ▪ Cass. 2e civ., 14 mars 2002 : *JCP* 2002, IV, 1712 ; *JurisData* n° 2002-013502 ; *Bull. civ.* II, n° 58, p. 47. ▪ Cass. 2e civ., 11 avr. 2002 : *Dr. famille* 2002, 127, note Lécuyer. ▪ Cass. 2e civ., 20 juin 2002, n° 00-21.653 : *JurisData* n° 2002-014861 ; *Bull. civ.* II, n° 139, p. 111 ; *Dr. famille* 2003, 26, note Lécuyer. – Comp. ▪ Paris, 20 sept. 2000, n° 1997/17384 : *JurisData* n° 2000-123653 ; *Dr. famille* 2001, 40, 2e esp., note Lécuyer, ordonnant la réouverture des débats. Mais il en va autrement lorsque le jugement de divorce est passé en force de chose jugée au jour de l'arrêt attaqué du fait des appels limités aux seules conséquences financières du divorce (▪ Cass. 1re civ., 17 juin 2003, n° 01-14.468 : *JurisData* n° 2003-019453 ; *Bull. civ.* I, n° 145, p. 114).

21) Montant du capital. Sur ce que le juge doit fixer le montant du capital, V., par application des articles 274 et 275 anciens, ▪ Cass. 1re civ., 22 mars 2005, n° 03-20.728 : *JurisData* n° 2005-027682 ; *Dr. famille* 2005, 105, note Larribau-Terneyre ; *Bull. civ.* I, n° 145, p. 124 ; Defrénois 2005, 1343, obs. Massip.

22) Sur le **point de départ des intérêts**, V. C. civ., art. 260, annot. n° 5, p. 211.

Art. 271 ***(L. n° 75-617, 11 juill. 1975 ; mod., L. n° 2000-596, 30 juin 2000 ; L. n° 2004-439, 26 mai 2004 ; L. n° 2010-1330, 9 nov. 2010).*** **– La prestation compensatoire est fixée selon les besoins de l'époux à qui elle est versée et les ressources de l'autre en tenant compte de la situation au moment du divorce et de l'évolution de celle-ci dans un avenir prévisible.**

À cet effet, le juge prend en considération notamment :

– la durée du mariage ;

– l'âge et l'état de santé des époux ;

– leur qualification et leur situation professionnelles ;

– *les conséquences des choix professionnels faits par* l'un des époux pendant la vie commune pour l'éducation des enfants et du temps qu'il faudra encore y consacrer ou pour favoriser la carrière de son conjoint au détriment de la sienne ;

– le patrimoine estimé ou prévisible des époux, tant en capital qu'en revenu, après la liquidation du régime matrimonial ;

– leurs droits existants et prévisibles ;

– leur situation respective en matière de pensions de retraite en ayant estimé, autant qu'il est possible, la diminution des droits à retraite qui aura pu être causée, pour l'époux créancier de la prestation compensatoire, par les circonstances visées au sixième alinéa.

Bibliographie : H. Lécuyer, *La loi n° 2000-596 du 30 juin 2000 relative à la prestation compensatoire en matière de divorce. Étude de droit civil : Dr. famille* 2000, chron. 17. • J.-B. Seube, *Dans l'ombre de la loi sur les prestations compensatoires : insuffisances, incertitudes, incohérences, paradoxes, effets pervers : Dr. famille* 2000, chron. 20. • G. Goffaux, *Liquidation de la communauté et fixation de la prestation compensatoire : Dr. famille* 2001, chron. 1.

1) Situation au moment du divorce. La prestation compensatoire doit être fixée en tenant compte de la situation des époux au moment du divorce et non à la date de leur séparation de fait (▪ Cass. 2e civ., 4 févr. 1987, n° 85-16.374 : *JurisData* n° 1987-000167 ; *Bull. civ.* II, n° 35, p. 20 ; *D.* 1987, 497, 1re esp., note Bianco-Brun) ou de leur séparation de corps (▪ Cass. 2e civ., 7 oct. 1987, n° 86-16.014 : *JurisData* n° 1987-001548 ; *Bull. civ.* II, n° 188, p. 106) ni à une date postérieure au prononcé du divorce (▪ Cass. 2e civ., 25 mars 1987, n° 85-11.102 : *JurisData* n° 1987-000608 ; *Bull. civ.* II, n° 74, p. 41. – V. aussi ▪ Cass. 2e civ., 11 déc. 1991, n° 90-13.925 : *JurisData* n° 1991-003417 ; *Bull. civ.* II, n° 338, p. 178). En prenant en considération l'avantage constitué par le loyer perçu au titre du devoir de secours, pendant la durée de l'instance, pour se prononcer sur l'existence d'une disparité dans les conditions de vie respectives des époux, créée par la rupture du mariage, la cour d'appel a violé les articles 270 et 271 du Code civil (▪ Cass. 1re civ., 15 févr. 2012, n° 11-14.187 : *Bull. civ.* I, n° 29, p. 24 ; *Dr. famille* 2012, 63 (1re esp.), note Larribau-Terneyre ; *JurisData* n° 2012-002052). Dès lors que la Cour de cassation a rejeté le moyen relatif aux torts du divorce et cassé uniquement en ce qui concerne les conséquences financières, la cour d'appel doit se placer à la date à laquelle la décision de divorce est devenue irrévocable, et non pas à la date à laquelle elle se prononce (▪ Cass. 2e civ., 23 mai 2002, n° 00-13.011 : *JurisData* n° 2002-014694 ; *Dr. famille* 2002, 128, note Lécuyer. – V. aussi en cas de pourvoi en cassation contre l'arrêt ayant prononcé le divorce ▪ Cass. 1re civ., 30 juin 2004, n° 03-11.620 : *JurisData* n° 2004-024484 ; *Dr. famille* 2004, 171, note Larribau-Terneyre). Il résulte de l'article 271 du Code civil que le juge doit se prononcer par une même décision sur le divorce et sur la disparité que celui-ci peut créer dans les conditions de vie respectives des époux, de sorte que la demande de prestation compensatoire introduite après que la cour d'appel a été dessaisie par l'effet du prononcé du divorce est irrecevable (▪ Cass. 1re civ., 23 juin 2010, n° 09-13.812 : *Bull. civ.* I, n° 142, p. 134 ; *JCP* 2010, note 1027, Bonnet et Bosse-Platière ; *Dr. famille* 2010, 127, note Larribau-Terneyre ; *RTD civ.* 2010, 536, obs. Hauser ; *JurisData* n° 2010-009986, la décision écartant également la demande subsidiaire fondée sur l'enrichissement sans cause).

Sur l'office du juge, V. aussi : art. 270, annot. n° 6, p. 247.

2) Prestation provisionnelle. La cour d'appel qui a constaté, dans sa décision, que la disparité des conditions de vie respectives des époux après le divorce est déjà établie, peut accorder à la femme une prestation provisionnelle, avant de fixer, au vu de l'expertise, le montant définitif de la prestation compensatoire (▪ Cass. 2e civ., 16 juill. 1987, n° 85-18.159 : *JurisData* n° 1987-001496 ; *Bull. civ.* II, n° 156, p. 89). Si seul le principe d'une prestation compensatoire a été admis, mais que le montant n'en est pas déterminé, le mari peut présenter une demande en diminution de l'avance en justifiant qu'il a perdu sa situation et que ses ressources ont diminué (▪ Riom, 15 mai 1986 : *D.* 1987, somm. 47, 2e esp., obs. Bénabent). Si la prestation définitive n'est pas accordée, la prestation provisionnelle doit être restituée (▪ Cass. 2e civ., 5 mai 1986, n° 84-17.189 : *JurisData* n° 1986-000862 ; *D.* 1987, somm. 47, 1re esp., obs. Bénabent).

3) Révision pour fraude. Le fait que la femme ait retrouvé un emploi après trois ans de chômage ne pouvait être sans conséquence dans l'appréciation du litige, la démonstration étant apportée de la persistance d'une chance, pour elle, d'exercer une activité rémunérée. En raison de l'importance toute particulière que revêtait la question dans le cadre de la demande spécialement contestée de la prestation compensatoire, qui n'avait cessé de donner lieu à des sommations de communiquer et à des incidents de procédure, son silence ne peut être regardé que comme l'intention d'obtenir des juges une décision plus favorable, et le recours en révision doit donc être admis (▪ Cass. 2e civ., 4 mars 1992, n° 90-20.339 : *JCP* 1993, II, 22092, note Martin ; *D.* 1993, 215, note Piotraut).

4) Mari en redressement judiciaire. Ne permet pas à la Cour de cassation d'exercer son contrôle la cour d'appel qui refuse de condamner le mari à verser une prestation compensatoire au motif qu'il a perdu son salaire confortable de gérant d'une société par suite du redressement judiciaire de celle-ci et que son activité actuelle ne lui procure que des revenus très limités (▪ Cass. 2e civ., 2 avr. 1996, n° 94-18.390 : *JurisData* n° 1996-001467 ; *Bull. civ.* II, n° 83, p. 53).

5) Avenir et droit prévisibles. Sur la nécessité de prendre en considération la situation du débiteur de la prestation compensatoire dans un avenir prévisible, V. ▪ Cass. 2e civ., 23 mai 2001 : *Dr. famille* 2002, 60, note Lécuyer. ▪ Cass. 1re civ., 30 juin 2004, n° 03-11.620 : *JurisData* n° 2004-024484 ; *Dr. famille* 2004, 146, note Larribau-Terneyre. La vocation successorale n'a pas à être prise en compte (▪ Cass. 1re civ., 21 sept. 2005 : *Dr. famille* 2006, 29, note Larribau-Terneyre ; *D.* 2006, 47, note Lefranc-Harmoniaux, et somm. 342, obs. Serra ; *JCP* 2006, II, 10099, note Zelcevic-Duhamel ; *Defrénois* 2006, 344, obs. Massip ; *JurisData* n° 2005-029758. ▪ Cass. 1re civ., 3 oct. 2006, n° 04-20.601 : *Defrénois* 2007, 302, obs. Massip ; *JurisData* n° 2006-035271. – *Contra* auparavant, ▪ Cass. 2e civ., 25 juin 1986 : *D.* 1987, somm. 46, obs. Bénabent), à la différence du montant de la retraite à venir des conjoints (▪ Cass. 1re civ., 14 mars 2006, n° 05-14.945 : *Bull. civ.* I, n° 154, p. 139 ; *JurisData* n° 2006-032652, épouse bénéficiant de revenus plus élevés, mais seulement jusqu'à la date prévisible de sa cessation d'activité. ▪ Cass. 1re civ., 10 sept. 2015, n° 13-15.456 : *Dr. famille* 2015, 197, note Binet ; *JurisData* n° 2015-020327). Sur les perspectives de versement d'une pension de réversion, V. ▪ Cass. 1re civ., 6 oct. 2010, n° 09-15.346 : *Bull. civ.* I, n° 187, p. 176 ; *Dr. famille* 2011, 5, note Larribau-Terneyre ; *JurisData* n° 2010-017651.

6) Incidence du régime matrimonial. Jugé que la prestation compensatoire n'a pas pour objet de corriger les effets du régime de séparation de biens choisi par les époux (▪ Cass. 1re civ., 26 janv. 2011, n° 10-30.262 : *RTD civ.* 2011, 332, obs. Hauser. ▪ Cass. 1re civ., 8 juill. 2015, n° 14-20.480 : *Bull.* ; *RTD civ.* 2015, 857, obs. Hauser ; *JurisData* n° 2015-016697). En prenant en considération, pour décider qu'il n'existe pas de disparité sensible dans les conditions de vie actuelles des époux, les revenus locatifs procurés par les biens dépendant de la communauté, alors que, pendant la durée du régime, ces revenus entrent en communauté et qu'après sa dissolution, ils accroissent à l'indivision, la cour d'appel a violé les articles 270 et 271 du Code civil (▪ Cass. 1re civ., 15 févr. 2012, n° 10-20.018 : *Bull. civ.* I, n° 30, p. 25 ; *Dr. famille* 2012, 63 (3e esp), note Larribau-Terneyre ; *JurisData* n° 2012-002047. ▪ Cass. 1re civ., 11 oct. 2017, n° 16-15.612 : *LPA* 9 avr. 2018, 14, Niel et Hamidi). Il n'y a pas lieu de tenir compte de l'origine des biens composant l'actif de la communauté pour apprécier la disparité résultant de la rupture du lien conjugal (▪ Cass. 1re civ., 21 oct. 2015, n° 14-25.316 : *Dr. famille* 2016, 1, note Binet ; *RTD civ.* 2016, 89, obs. Hauser ; *JurisData* n° 2015-023500, communauté exclusivement constituée par les apports du mari). S'agissant du partage de la communauté, V. *infra* note 7.

7) Biens et ressources du créancier. Les juges du fond peuvent refuser une prestation compensatoire à l'épouse dès lors que celle-ci, divorcée aux torts partagés, est appelée à recevoir lors du partage de biens indivis acquis des seuls deniers du mari des valeurs importantes équivalant largement à la prestation compensatoire à laquelle elle aurait pu prétendre (▪ Cass. 2e civ., 13 févr. 1980 : *JurisData* n° 1980-700033 ; *JCP* 1980, IV, 166 ; *Bull. civ.* II, n° 33, p. 23. – V. aussi, reprochant aux juges du fond de ne pas avoir recherché la valeur des biens propres de l'épouse, ▪ Cass. 1re civ., 30 nov. 2004, n° 03-18.158 : *JurisData* n° 2004-025906 ; *Dr. famille* 2005, 8, note Larribau-Terneyre). Mais jugé que la femme qui possède un capital immobilier supérieur à celui du mari n'en est pas moins fondée à demander une prestation compensatoire dès lors que ses revenus ne présentent pas le caractère de régularité, d'indexation et de sécurité des pensions de retraite perçues par le mari (▪ Versailles, 27 mai 1993 : *JurisData* n° 1993-043414 ; *JCP* 1994, I, 3771, n° 10, obs. Ferré-André). Il doit être tenu compte du fait que la femme vit avec un concubin qui gagne très largement sa vie (▪ Cass. 2e civ., 10 juill. 1991 : *Bull. civ.* II, n° 216, p. 114. – Comp. ▪ Cass. 1re civ., 2 juill. 1997 : *JCP* 1997, IV, 1877 ; *Bull. civ.* II, 211, p. 124 ; *Dr. famille* 1997, 140, note Lécuyer ; *Defrénois* 1998, 713, obs. Massip, épouse vivant « dans une luxueuse propriété avec le président-directeur général d'une société de travaux publics ». – V. en ce sens pour la pension alimentaire due au titre des mesures provisoires, ▪ TGI Lyon, 1er déc. 1997, n° 96/05083 : *JurisData* n° 1997-045908 ; *Dr. famille* 1998, 7, note Lécuyer). Une cour d'appel ne peut condamner un époux au paiement d'une prestation compensatoire en se fondant sur le fait que l'épouse ait un concubin ou un compagnon, ce qui n'exclut pas la précarité ou l'absence de pérennité de la relation, sans avoir recherché si la situation de concubinage n'avait pas une incidence sur l'appréciation de la disparité que la rupture du mariage était susceptible de créer dans les conditions de vie respectives des époux (▪ Cass. 1re civ., 25 avr. 2006 : *Bull. civ.* I, n° 203, p. 179 ; *Dr. famille* 2006, 130, obs. Larribau-Terneyre ; *RTD civ.* 2006, 545, obs. Hauser ; *JurisData* n° 2006-033191. ▪ Cass. 1re civ., 6 mars 2007, n° 06-12.176. ▪ Cass. 1re civ., 13 mars 2007, n° 06-16.565. Rappr., sur la prise en compte nécessaire de la situation de concubinage, dès lors que l'époux créancier partage ses charges avec son nouveau compagnon, ▪ Cass. 1re civ., 4 juill. 2018, n° 17-20.281 : *Bull.* ; *Dr. famille* 2018, 204, Colliot ; *JurisData* n° 2018-011766). En prenant en considération l'avantage constitué par le loyer perçu au titre du devoir de secours, pendant la durée de l'instance, pour se prononcer sur l'existence d'une disparité dans les conditions de vie respectives des époux, créée par la rupture du mariage, la cour d'appel a violé les articles 270 et 271 du Code civil (■ Cass. 1re civ., 15 févr. 2012, n° 11-14.187 : *Bull. civ.* I, n° 29, p. 24 ; *RTD civ.* 2012, 301, obs. Hauser. – Rappr., pour l'occupation gratuite du logement et le bénéfice d'une pension alimentaire, dans les mêmes conditions, ■ Cass. 1re civ., 29 févr. 2012, n° 11-14.872. – V. aussi ■ Cass. 1re civ., 15 janv. 2014, n° 12-35.265 : *JurisData* n° 2014-000339). Il en va de même pour le juge qui prend en considération les revenus locatifs procurés par les biens dépendant de la communauté, alors que, pendant la durée du régime, ces revenus entrent en communauté et qu'après sa dissolution, ils accroissent à l'indivision (■ Cass. 1re civ., 15 févr. 2012, n° 10-20.018 : *Bull. civ.* I, n° 30, p. 25 ; *RTD civ.* 2012, 301, obs. Hauser). La liquidation du régime matrimonial des époux étant égalitaire, il n'y a pas lieu, en l'absence de circonstances particulières, de tenir compte, pour apprécier la disparité créée par la rupture du lien conjugal, de la part de communauté devant revenir à l'épouse (■ Cass. 1re civ., 31 mars 2016, n° 15-18.065 : *Dr. famille* 2016, 117, note Binet ; *JurisData* n° 2016-005989).

Les revenus versés à l'épouse par la caisse d'allocations familiales, qui servent à financer l'entretien des enfants du couple, ne peuvent être considérés comme des revenus bénéficiant à l'épouse (■ Cass. 2e civ., 26 sept. 2002 : *JCP* 2002, IV, 2715 ; *Dr. famille* 2002, 145, note Lécuyer ; *JurisData* n° 015556 ; *Bull. civ.* II, n° 186, p. 148 ; *Defrénois* 2003, 122, obs. Massip. ■ Cass. 1re civ., 12 mai 2004 : *Dr. famille* 2004, 122, 1re esp., note Larribau-Terneyre ; *JCP* 2004, IV, 2353 ; *JurisData* n° 023607 ; *Bull. civ.* I, n° 133, p. 109. ■ Cass. 1re civ., 6 oct. 2010, n° 09-12.718 : *Bull. civ.* I, n° 188, p. 177 ; *Dr. famille* 2010, 178 (1er arrêt), note Larribau-Terneyre ; *JurisData* n° 2010-017659, décidant que les prestations destinées aux enfants ne constituent pas des revenus bénéficiant à un époux. ■ Cass. 1re civ., 15 févr. 2012, n° 11-11.000 : *Bull. civ.* I, n° 28, p. 24 ; *Dr. famille* 2012, 63 (2e esp.), note Larribau-Terneyre ; *RTD civ.* 2012, 301, obs. Hauser ; *JurisData* n° 2012-002050. ■ Cass. 1re civ., 7 déc. 2016, n° 15-28.990 : *Bull.* ; *JurisData* n° 2016-026002, décidant que l'allocation compensatrice tierce personne allouée à *un enfant majeur* du couple en raison de sa dépendance, qui est destinée à couvrir les besoins de l'enfant afin de pallier son défaut d'autonomie, ne constitue pas une source de revenus pour la mère. ■ Cass. 1re civ., 5 oct. 2016, n° 15-22.809 : *Dr. famille* 2016, 242, note Binet, indemnités perçues par l'épouse créancière pour l'entretien d'un enfant confié par l'ASE), à la différence des sommes allouées par la commission d'indemnisation des victimes d'infractions dont il doit être tenu compte pour apprécier le droit à prestation compensatoire (■ Cass. 1re civ., 25 oct. 2005, n° 04-12.234 : *JurisData* n° 2005-030426 ; *Bull. civ.* I, n° 383, p. 319 ; *Dr. famille* 2005, 269, note Larribau-Terneyre ; *RTD civ.* 2006, 97, obs. Hauser). De même, doit être pris en compte le montant du revenu minimum d'insertion perçu par l'époux créancier (■ Cass. 1re civ., 9 mars 2011, n° 10-11.053 : *Bull. civ.* I, n° 48, p. 48 ; *Dr. famille* 2011, 70, note Larribau-Terneyre ; *D.* 2011, 2142, obs. Vassallo ; *RTD civ.* 2011, 332, obs. Hauser ; *JurisData* n° 2011-003219).

8) Biens et ressources du débiteur. Il doit être tenu compte du fait que le mari débiteur bénéficie de la nue-propriété d'un important patrimoine immobilier dans la succession de son père (■ Cass. 2e civ., 14 juin 1989, n° 88-13.257 : *JurisData* n° 1989-702655 ; *JCP* 1989, IV, 303 ; *Bull. civ.* II, n° 128, p. 64. – V. en ce sens pour les « espérances successorales » de la femme, ■ TGI Paris, 13 févr. 1997, n° 95/35974 : *JurisData* n° 1997-040258 ; *Dr. famille* 1997, 62, note Lécuyer, pour la vente d'un bien propre par un époux ■ Cass. 2e civ., 25 nov. 1999, n° 96-14.494 : *JurisData* n° 1999-004057 ; *JCP* 2000, IV, 1043 ; *Bull. civ.* II, n° 175, p. 120 ; *Dr. famille* 2000, 23, note Lécuyer ; *RTD civ.* 2000, 94, obs. Hauser), ou d'une rente d'invalidité pour accident du travail (■ Cass. 2e civ., 24 mai 1984, n° 83-10.030 : *JurisData* n° 1984-701230 ; *Bull. civ.* II, n° 94, p. 67. – V. aussi ■ Cass. 2e civ., 23 juin 1993 : *Bull. civ.* II, n° 220, p. 119. ■ Cass. 1re civ., 14 nov. 2007 : *Bull. civ.* I, n° 354, p. 311 ; *Dr. famille* 2007, 219, note Larribau-Terneyre ; *JCP* 2007, IV, 3260 ; *JurisData* n° 2007-041362, prise en compte d'une rente invalidité et de l'allocation adulte handicapé. V. dans le même sens ■ Cass. 1re civ., 28 oct. 2009, n° 08-17.609 : *Bull. civ.* I, n° 214, p. 198 ; *D.* 2009, 2744, obs. Egéa ; *D.* 2010, 524, obs. Auroy, et 1252, obs. Serra ; *JCP* 2009, n° 47, act. 451, obs. Devers ; *JCP* 2010, n° 1-2, doctr. 34, n° 7, obs. Bosse-Platière, et n° 6, note 151, Dagorgne-Labbe ; *Dr. famille* 2009, 151, note Larribau-Terneyre ; *LPA* 11 mars 2010, 12, note Massip ; *RTD civ.* 2010, 91, obs. Hauser ; *JurisData* n° 2009-050047. – Comp. désormais, pour la rente accident du travail, C. civ.art. 272, al. 2 [dispositions déclarées contraires à la Constitution. V. ■ Cons. const., déc. 2 juin 2014, n° 2014-398 QPC. V. art. 272, annot. n° 8, et ■ Cass. 1re civ., 28 oct. 2009, préc.), ou d'une pension militaire d'invalidité (■ Cass. 1re civ., 9 nov. 2011, n° 10-15.381 : *Bull. civ.* I, n° 197, p. 193 ; *Dr. famille* 2012, 7, note Larribau-Terneyre ; *RTD civ.* 2012, 103, obs. Hauser ; *JurisData* n° 2011-024379. – V. aussi ■ Cass. 1re civ., 26 sept. 2012, n° 10-10.781 : *Bull. civ.* I, n° 178, p. 173 ; *JCP G* 2012, act. 1062 ; *Dr. famille* 2012, 165, note Larribau-Terneyre ; *RTD civ.* 2012, 717, obs. Hauser ; *JurisData* n° 2012-021476), ou d'une indemnité de fonctions perçue en qualité de maire (■ Cass. 2e civ., 14 janv. 1999, n° 96-22.150 : *JurisData* n° 1999-000110 ; *Dr. famille* 1999, 66, note Lécuyer ; *Bull. civ.* II, n° 10, p. 7. –

Comp. pour l'allocation compensatrice pour aide d'une tierce personne ou frais supplémentaires dans l'exercice d'une activité professionnelle, ■ Cass. 2e civ., 7 juin 1990, n° 89-12.536 : *JurisData* n° 1990-001832 ; *Gaz. Pal.* 1991, 1, 178, note Dagorne-Labbe), d'une allocation chômage (■ Cass. 2e civ., 5 nov. 1986, n° 85-15.421 : *JurisData* n° 1986-701945 ; *Bull. civ.* II, n° 159, p. 108).

Les juges du fond doivent rechercher si la nature de bien commun de l'officine de pharmacie exploitée par le mari n'aura pas une incidence sur sa situation financière dans un avenir prévisible du fait de la liquidation de la communauté (■ Cass. 2e civ., 17 mars 1993, n° 91-19.018 : *JurisData* n° 1993-000601 ; *Bull. civ.* II, n° 110, p. 58). Ne donne pas de base légale à sa décision la cour d'appel qui alloue à la femme une prestation compensatoire sous forme d'une rente mensuelle d'une durée de trois années en retenant que la liquidation de la communauté, qui comporte un immeuble, lui apportera un capital important, sans rechercher si le mari ne recevrait pas un capital du même montant (■ Cass. 2e civ., 17 juin 1998, n° 96-18.648 : *JurisData* n° 1998-002865 ; *JCP* 1998, IV, 2782 ; *Bull. civ.* II, n° 194, p. 115. – Comp., relevant qu'il n'y a pas lieu de tenir compte de la part de communauté devant revenir à chacun des époux, ■ Cass. 2e civ., 14 janv. 1998, n° 96-15.327 : *JurisData* n° 1998-000272 ; *JCP* 1998, IV, 1457 ; *RTD civ.* 1999, 161, obs. Vareille. ■ Cass. 1re civ., 1er juill. 2009, n° 08-18.486 : *Bull. civ.* I, n° 146, p. 129 ; *Dr. famille* 2009, 125, note Larribau-Terneyre ; *D.* 2010, 1251, obs. Serra ; *JurisData* n° 2009-048919). V. aussi Ch. Lesbats, *L'absence de prise en compte des résultats du partage pour déterminer la prestation compensatoire* : *JCP* N 2010, 1369.

Les sommes versées au titre de la contribution à l'entretien et à l'éducation des enfants du couple constituent des charges qui doivent venir en déduction des ressources de l'époux débiteur pour apprécier la disparité entre la situation respective des époux (■ Cass. 2e civ., 10 mai 2001 : *JCP* 2002, II, 10031, note Gaboriau ; *Dr. famille* 2001, 98, note Lécuyer, et 107, note Oudin ; *JurisData* n° 2002-009378 ; *Bull. civ.* II, n° 93, p. 62 ; *RTD civ.* 2001, 571, obs. Hauser ; *Defrénois* 2001, 1351, obs. Massip. – *Contra*, antérieurement, ■ Cass. 2e civ., 3 déc. 1997, n° 94-16.970 : *JurisData* n° 1997-004858 ; *JCP* 1998, II, 10077, note Garé ; *Bull. civ.* II, n° 295, p. 175 ; *Dr. famille* 1998, 65, note Lécuyer ; *D.* 1998, 441, note Everaert-Dumont ; *Defrénois* 1998, 1388, obs. Massip. ■ Cass. 2e civ., 15 avr. 1999, 2 arrêts : *Dr. famille* 2000, 38, note Oudin. ■ Cass. 2e civ., 27 mai 1999, n° 97-18.824 : *JurisData* n° 1999-002238 ; *Dr. famille* 1999, 81, note Lécuyer. ■ Cass. 2e civ., 25 nov. 1999, n° 96-14.494 : *JurisData* n° 1999-004057 ; *JCP* 2000, IV, 1042 ; *Bull. civ.* II, n° 178, p. 122 ; *RTD civ.* 2000, 94, obs. Hauser). La charge résultant de la prestation compensatoire sous forme de rente versée à sa précédente épouse doit être prise en compte pour la détermination des ressources de l'époux débiteur (■ Cass. 1re civ., 20 févr. 2007 : *Bull. civ.* I, n° 69, p. 61 ; *JCP* 2007, IV, 1638 ; *JurisData* n° 2007-037465).

9) Choix de vie des intéressés. Sur la question de la prise en compte des choix de vie personnels du créancier ou du débiteur pour l'appréciation des besoins et des ressources, V. ■ Cass. 1re civ., 6 mars 2007, n° 06-10.611, indifférence du choix de l'épouse créancière de quitter le Niger pour aller vivre en France. – Comp. ■ Cass. 1re civ., 6 mars 2007, n° 06-11.364, prise en compte des choix personnels de l'époux demandeur, et notamment du fait que celui-ci ait peu travaillé pendant sa vie professionnelle sans qu'il n'invoque aucun motif particulier à cette situation. V. *RTD civ.* 2007, 553, obs. Hauser ; *RJPF* juin 2007, p. 21, obs. Garé. Il peut être déduit du choix de vie effectué en commun par les époux durant l'union que la disparité constatée ne résulte pas de la rupture (■ Cass. 1re civ., 24 sept. 2014, n° 13-20.695 : *Bull.* ; *JCP G* 2014, 1073, note Casey ; *RTD civ.* 2014, 867, 3e esp., obs. Hauser ; *Dr. famille* 2014, 154, note Binet ; *JurisData* n° 2014-021540, séparation de fait depuis 20 ans, changement de régime matrimonial en faveur de la séparation de biens, liquidation de la communauté, pas de demande de contribution aux charges du mariage depuis la séparation ou de demande de secours lors de l'audience de conciliation ; appréciation souveraine des juges du fond). Il n'y a pas à tenir compte du fait que les choix professionnels aient été faits dans l'intérêt du ménage et d'un commun accord (■ Cass. 1re civ., 8 oct. 2014, n° 13-23.044 : *RTD civ.* 2015, 110, obs. Hauser ; *Dr. famille* 2014, 176, note Binet ; *JurisData* n° 2014-023366).

10) Caractère indicatif de l'énumération légale. L'énumération de l'article 272 (anc.) n'étant pas limitative, les juges du fond peuvent tenir compte, dans la détermination des besoins et des ressources des époux, d'éléments d'appréciation non prévus par ce texte (■ Cass. 2e civ., 1er avr. 1987, n° 85-18.368 : *JurisData* n° 1987-000661 ; *Bull. civ.* II, n° 77, p. 45). Dans l'appréciation de la disparité que la rupture du mariage crée dans les conditions de vie respectives des époux, le juge doit tenir compte de tous les composants de leur patrimoine (■ Cass. 2e civ., 14 mai 1996, n° 94-14.177 : *JurisData* n° 1996-001890 ; *Dr. famille* 1997, 14, 1re esp., note Lécuyer). Il doit rechercher par exemple si la nature de biens communs d'immeubles, dont la femme perçoit les loyers, n'aura pas une incidence sur sa situation financière dans un avenir prévisible du fait de la liquidation de la communauté (■ Cass. 2e civ., 20 mars 1996 : *Bull. civ.* II, n° 70, p. 44 ; *Defrénois* 1997, 712, 1re esp., obs. Massip). Jugé cependant qu'il n'a pas à tenir compte de la part de communauté revenant à chacun des époux (■ Cass. 2e civ., 20 mars 1996, n° 94-12.371 : *JurisData* n° 1996-005721 ; *Dr. famille* 1997, 14, 2e esp., note crit. Lécuyer. – V. aussi ■ Cass. 1re civ., 30 nov. 2004, n° 03-18.158 : *JurisData* n° 2004-025906 ; *Dr. famille* 2005, 8, note Larribau-Terneyre. ■ Cass. 1re civ., 31 mars 2016, n° 15-18.065, préc. annot. n° 7). Viole l'article 16 du Code de procédure civile la cour d'appel qui a diminué le montant de la prestation compensatoire due par le mari en retenant que l'épouse a volontairement donné un immeuble et que l'appauvrissement qui en est résulté pour elle ne saurait préjudicier à l'époux, sans avoir au préalable invité les parties à s'expliquer sur l'existence d'une fraude éventuelle (■ Cass. 2e civ., 28 févr. 1996, n° 94-11.349 : *JurisData* n° 1996-000744 ; *JCP* 1996, IV, 935 ; *Bull. civ.* II, n° 42, p. 27 ; *Defrénois* 1997, 712, 3e esp., obs. Massip). La collaboration du conjoint à l'activité professionnelle peut être prise en considération pour déterminer le montant de la prestation compensatoire (■ Bordeaux, 26 mars 1996 : *JurisData* n° 1996-040713 ; *Dr. famille* 1996, 11, note Lécuyer. ■ Cass. 2e civ., 19 nov. 1997, n° 96-10.995 : *JurisData* n° 1997-004736 ; *Dr. famille* 1998, 9, note Lécuyer. ■ Cass. 1re civ., 28 févr. 2006, n° 04-13.603 : *JurisData* n° 2006-032411 ; *Bull. civ.* I, n° 117, p. 108 ; *RTD civ.* 2006, 290, obs. Hauser, l'existence d'un régime de séparation de biens entre les époux étant sans incidence), à condition qu'elle excède l'obligation de contribuer aux charges du mariage (■ Cass. 1re civ., 31 janv. 2006, n° 05-12.876 : *JurisData* n° 2006-031905 ; *Bull. civ.* I, n° 41, p. 41).

11) Durée de la vie commune. L'énumération de l'article 272 (anc.) n'étant pas limitative, les juges du fond peuvent prendre en considération la durée de la vie commune, et non celle du mariage, pour allouer une prestation compensatoire (■ Cass. 1re civ., 14 mars 2006 : *Bull. civ.* I, n° 155, p. 140 ; *Defrénois* 2006, 1057, obs. Massip ; *RTD civ.* 2006, 544, obs. Hauser ; *JurisData* n° 2006-032661. – V. toutefois ■ Cass. 1re civ., 16 avr. 2008, n° 07-12.814 : *Bull. civ.* I, n° 112, p. 95 ; *D.* 2008, 1271, 1re esp., obs. Avena-Robardet ; *RTD civ.* 2008, 463, obs. Hauser ; *Defrénois* 2008, 1836, 2e esp., obs. Massip ; *JCP* 2009, I, 102, n° 3, obs. Bosse-Platière ; *Dr. famille* 2008, 83, 2e esp., note Larribau-Terneyre ; *JurisData* n° 2008-043629, précisant que les juges du fond n'ont pas à tenir compte de la vie commune antérieure au mariage pour déterminer les besoins et les ressources des époux. – Rappr. ■ Cass. 1re civ., 24 sept. 2008, n° 07-19.613 : *RTD civ.* 2008, 660, obs. Hauser.■ Cass. 1re civ., 1er juill. 2009, n° 08-18.147 : *RTD civ.* 2009, 706, obs. Hauser ; *D.* 2010, 1251, obs. Serra. ■ Cass. 1re civ., 8 juin 2016, n° 14-29.630 : *Dr. famille* 2016, 170, note Binet ; *JurisData* n° 2016-011190). Réciproquement, le juge peut prendre en considération la durée de la vie commune postérieure à la célébration du mariage pour déterminer les besoins et ressources des époux (■ Cass. 1re civ., 16 avr. 2008 : *Bull. civ.* I, n° 111, p. 94 ; *D.* 2008, 1271, 2e esp., obs. Avena-Robardet ; *RTD civ.* 2008, 463, obs. Hauser ; *Defrénois* 2008, 1836, 1re esp., obs. Massip ; *Dr. famille* 2008, 83, 1re esp., note Larribau-Terneyre ; *JCP* 2009, I, 102, n° 3, obs. Bosse-Platière ; *D.* 2009, somm. 839, obs. Serra ; *JurisData* n° 2008-043782, cassation de l'arrêt ayant refusé de tenir compte de la période de séparation intervenue pendant le mariage). Mais il n'y a pas lieu de tenir compte de l'aide apportée par le mari pendant la vie commune aux deux enfants majeurs de sa femme créancière de la prestation compensatoire (■ Cass. 1re civ., 28 févr. 2006 : *Bull. civ.* I, n° 112, p. 104 ; *JurisData* n° 2006-032409).

Art. 272 ***(Anc. al. 2 de l'art. 271, devenu art. 272, L. n° 2004-439, 26 mai 2004 ; mod., L. n° 2004-439, 26 mai 2004 ; L. n° 2005-102, 11 févr. 2005).* – Dans le cadre de la fixation d'une prestation compensatoire, par le juge ou par les parties, ou à l'occasion d'une demande de révision, les parties fournissent au juge une déclaration certifiant sur l'honneur l'exactitude de leurs ressources, revenus, patrimoine et conditions de vie.**

(Al. abr. à compter du 4 juin 2014, Cons. const. n° 2014-398 QPC, 2 juin 2014).

Bibliographie : H. Lécuyer, *De la prestation compensatoire en général et de la déclaration sur l'honneur en particulier (Brèves observations sur la circulaire du 25 novembre 2002 et sur le décret n° 2002-1436 du 3 décembre 2002 modifiant le Code de l'organisation judiciaire, le Code de procédure civile, le Nouveau Code de procédure civile et le décret n° 96-1080 du 12 décembre 1996 portant tarif des huissiers de justice en matière civile et commerciale)* : *Dr. famille* 2003, chron. 11.

1) Communication des renseignements et documents utiles. Voir art. 259-3.

2) Office du juge. Il appartient aux juges du fond d'inviter les parties à fournir la déclaration sur l'honneur visée par l'article 271 (■ Cass. 2e civ., 28 mars 2002, n° 00-21.071 : *JurisData* n° 2002-013707 ; *Dr. famille* 2002, 71, note Lécuyer ; *JCP* 2003, II, 10044, note Garé ; *RTD civ.* 2002, 491, obs. Hauser. – V. aussi ■ Cass. 2e civ., 14 nov. 2002, 2 arrêts : *JurisData* n° 2002-016427 ; *JCP* 2003, IV, 1011 et 1012 ; *JurisData* nos 2002-016307 et 2002-016427 ; *Bull. civ.* II, n° 254 et 255, p. 200 et 201 ; *Defrénois* 2003, 618, obs. Massip). Doit être déboutée de sa demande de prestation compensatoire la femme qui néglige de produire une déclaration sur l'honneur certifiant l'exactitude de ses ressources, de son patrimoine et des conditions de vie (■ Bourges, 19 déc. 2000 : *Dr. famille* 2001, 46, 1re esp., note Lécuyer ; *JurisData* n° 135771 ; *RTD civ.* 2001, 568, obs. Hauser. – Voir cependant, passant outre au défaut d'attestation de la part des deux époux, ■ Reims, 8 févr. 2001 : *Dr. famille* 2001, 97, note Lécuyer ; *JurisData* n° 143111. – Comp. pour un sursis à statuer ■ Bourges, 11 nov. 2000 : *Dr. famille* 2001, 46, 2e esp., note Lécuyer ; *JurisData* n° 135772 ; *RTD civ.* 2001, 568, obs. Hauser). Une cour d'appel n'est pas tenue de répondre au moyen tiré de la prétendue irrégularité en la forme de la déclaration sur l'honneur (■ Cass. 2e civ., 23 janv. 2003 : *JCP* 2003, IV, 1423 ; *JurisData* n° 017460 ; *Dr. famille* 2003, 72, note Lécuyer ; *Bull. civ.* II, n° 9, p. 7. – V. aussi ■ Cass. 1re civ., 22 mars 2005, n° 02-18.648 : *JurisData* n° 2005-027687 ; *Bull. civ.* I, n° 146, p. 124) ni à faire mention dans son arrêt de ce que la déclaration sur l'honneur a été ou non produite (■ Cass. 1re civ., 8 juill. 2003, n° 01-15.829 : *JurisData* n° 2003-019808 ; *Dr. famille* 2003, 119, 1er arrêt, note Lécuyer ; *Defrénois* 2003, 1487, obs. Massip ; *Bull. civ.* I, n° 161, p. 126), ni à enjoindre à une partie de produire cette déclaration (■ Cass. 1re civ., 2 mars 2004, n° 02-17.777 : *JurisData* n° 2004-022571 ; *Dr. famille* 2004, 121, 2e esp., note Larribau-Terneyre. Sur ce que la production de la déclaration n'est pas une condition de recevabilité de la demande de prestation compensatoire, V. ■ Cass. 1re civ., 11 janv. 2005, n° 03-12.805 : *JurisData* n° 2005-026438 ; *Dr. famille* 2005, 55, note Larribau-Terneyre).

3) **Silence des parties.** Le silence opposé à un fait ne valant pas à lui seul reconnaissance de ce fait, viole l'article 1315 du Code civil la cour d'appel qui fixe la prestation compensatoire en s'en tenant aux déclarations non contredites de l'épouse quant au patrimoine du mari (■ Cass. 1re civ., 24 mai 2007 : *Bull. civ.* I, n° 209, p. 183 ; *JCP* 2007, IV, 2304 ; *JurisData* n° 2007-038920).

4) **Fraude d'un époux. Révision.** La dissimulation par l'épouse de l'existence d'un patrimoine immobilier lui appartenant, élément d'appréciation expressément prévu par la loi, est nécessairement déterminante dans la fixation de la prestation compensatoire, si bien que le recours en révision ouvert par l'article 595, alinéa 1er du Code de procédure civile peut être exercé (■ Cass. 2e civ., 12 juin 2008 : *Bull. civ.* II, n° 141, p. 112 ; *JCP* 2008, IV, 2262 ; *D.* 2008, inf. rap. 1765 ; *RTD civ.* 2008, 462, obs. Hauser ; *Defrénois* 2008, 2424, obs. Massip ; *Dr. famille* 2008, 138, note Larribau-Terneyre ; *JurisData* n° 2008-044304). Même solution pour la dissimulation de l'existence de revenus (■ Cass. 2e civ., 21 févr. 2013, n° 12-14.440 : *Bull. civ.* I, n° 40, p. 38 ; *RTD civ.* 2013, 357, obs. Hauser ; *JurisData* n° 2013-002595). Sur la réparation du préjudice de l'époux victime de cette fraude, V. ■ Aix-en- Provence, 28 févr. 2008 : *JCP* 2008, IV, 2111 ; *RTD civ.* 2008, 462, obs. Hauser ; *JurisData* n° 2008-358431.

5) **Sommes versées pour la compensation d'un handicap. Application dans le temps.** Sur la possible soumission de l'article 272, alinéa 2, aux règles de droit transitoire édictées par la loi n° 2004-439 du 26 mai 2004 (V. en annexe), ■ Cass. 1re civ., 25 avr. 2007, n° 06-14.858 : *Bull. civ.* I, n° 162, p. 145 ; *RTD civ.* 2007, 551, obs. Hauser ; *Defrénois* 2007, 1318, obs. Massip).

6) **Sommes versées pour la compensation d'un handicap. Notion et preuve.** L'indemnité versée au titre de la réparation d'un préjudice corporel consécutif à un accident de la circulation ne figure au nombre des sommes exclues par l'article 272, alinéa 2, des ressources prises en considération par le juge pour fixer la prestation compensatoire, que dans la mesure où l'époux bénéficiaire établit qu'elle a compensé un handicap (■ Cass. 1re civ., 18 déc. 2013, n° 12-29.127 : *Bull. civ.* I, n° 245, p. 241 ; *D.* 2014, 567, obs. Capitaine ; *Dr. famille* 2014, 53, note Binet ; *JCP* G. 2014, 162, note Coutant-Lapalus ; *RTD civ.* 2014, 96, obs. Hauser ; *JurisData* n° 2013-029979).

7) Jugé que l'**allocation aux adultes handicapés** est destinée à assurer un minimum de ressources à son bénéficiaire et n'est pas versée au titre du droit à compensation d'un handicap, de sorte qu'il convient d'en tenir compte dans l'appréciation des ressources des parties (■ Paris, 20 févr. 2008 : *Dr. famille* 2008, 66, note Larribau-Terneyre ; *JurisData* n° 2008-356149). V. aussi sous art. 271, annot. n° 8, p. 253.

8) **Sommes versées pour la compensation d'un handicap. Inconstitutionnalité.** L'interdiction de prendre en considération, pour fixer le montant de la prestation compensatoire, les sommes versées à l'un des époux au titre de la réparation d'un accident du travail ou au titre de la compensation d'un handicap institue entre les époux des différences de traitement qui ne sont pas en rapport avec l'objet de la prestation compensatoire qui est de compenser la disparité que la rupture du mariage crée dans leurs conditions de vie respectives ; par suite, cette interdiction méconnaît l'égalité devant la loi, de sorte que le second alinéa de l'article 272 du Code civil doit être déclaré contraire à la Constitution (■ Cons. const., déc. 2 juin 2014, n° 2014-398 QPC, consid. 9 : *RTD civ.* 2014, 628, obs. Hauser ; *JCP G* 2014, 953, n° 9, obs. Bosse-Platière ; *Dr. famille* 2014, 108, note Binet). L'abrogation du second alinéa de l'article 272 du Code civil prend effet à compter de la publication de la présente décision et elle est applicable à toutes les affaires non jugées définitivement à cette

date ; les prestations compensatoires fixées par des décisions définitives en application des dispositions déclarées contraires à la Constitution ne peuvent être remises en cause sur le fondement de cette inconstitutionnalité (même déc., consid. 11). V., pour des applications, ▪ Cass. 1re civ., 22 oct. 2014, n° 13-24.802 : *Bull.* ; *JCP* G 2014, 1136, obs. Casey ; *Dr. famille* 2014, 175, note Binet ; *LPA* 1er-2 janv. 2015, 10, note Keita ; *JurisData* n° 2014-024923. ▪ Cass. 1re civ., 31 mars 2016, n° 15-15.753 : *Dr. famille* 2016, 120, obs. Réglier ; *JurisData* n° 2016-005988.

Art. 273 *(Abr., L. n° 2004-439, 26 mai 2004).*

Art. 274 *(Rempl., L. n° 2004-439, 26 mai 2004).* – **Le juge décide des modalités selon lesquelles s'exécutera la prestation compensatoire en capital parmi les formes suivantes :**

1° Versement d'une somme d'argent, le prononcé du divorce pouvant être subordonné à la constitution des garanties prévues à l'article 277 ;

2° Attribution de biens en propriété ou d'un droit temporaire ou viager d'usage, d'habitation ou d'usufruit, le jugement opérant cession forcée en faveur du créancier. Toutefois, l'accord de l'époux débiteur est exigé pour l'attribution en propriété de biens qu'il a reçus par succession ou donation.

1) Art. 274, 1°. Conformité à la Constitution (liberté de mettre fin au mariage) et à la Convention EDH (droit au remariage). Il résulte des articles 2 et 4 de la Déclaration des droits de l'homme et du citoyen de 1789 une liberté de mettre fin au mariage, composante de la liberté personnelle ; il est cependant loisible au législateur d'apporter à la liberté de mettre fin au mariage des limitations liées à des exigences constitutionnelles ou justifiées par l'intérêt général, à la condition qu'il n'en résulte pas d'atteintes disproportionnées au regard de l'objectif poursuivi ; les dispositions contestées poursuivent l'objectif d'intérêt général de garantir le versement à l'époux créancier du capital alloué au titre de la prestation compensatoire ; elles n'ont en outre pas d'autre effet que de retarder le prononcé du divorce. L'atteinte à la liberté de mettre fin aux liens du mariage résultant des dispositions contestées est dès lors proportionnée à l'objectif poursuivi (▪ Cons. const., déc. 29 juill. 2016, n° 2016-557 QPC : *Dr. famille* 2016, 194, note Binet ; *Nouv. Cah. Cons. const.* 2017, n° 54, chron. Piazzon ; *RTD civ.* 2016, 826, obs. Hauser ; *LPA* 29 nov. 2016, 7, note Daïmallah. – Arrêt de renvoi : ▪ Cass. 1re civ., 25 mai 2016, n° 15-29.368 : *Dr. famille* 2016, 134, note Binet ; *JurisData* n° 2016-010074). Jugé que l'ancien article 275, qui permet, lorsqu'il existe un risque de non-paiement volontaire de la prestation compensatoire, de différer provisoirement certains effets de la décision de divorce, n'instaure pas un empêchement au remariage et n'est pas contraire à l'article 12 de la Convention européenne des droits de l'homme (▪ Cass. 1re civ., 13 mars 2007 : *Bull. civ.* I, n° 106, p. 92 ; *RTD civ.* 2007, 320, obs. Hauser ; *D.* 2008, 814, obs. Serra ; *Dr. famille* 2007, 82, note Larribau-Terneyre ; *JCP* 2007, IV, 1811 ; *JurisData* n° 2007-037903. ▪ Cass. 1re civ., 20 mai 2009, n° 08-10.576 : *RTD civ.* 2009, 513, obs. Hauser ; *D.* 2010, 1252, obs. Serra). Jugé que l'ancien article 275, alinéa 2, ne peut s'appliquer lorsque le débiteur n'est pas en mesure de verser le capital dans les conditions prévues à l'article 275 (▪ Cass. 1re civ., 3 déc. 2008 : *Bull. civ.* I, n° 278, p. 241 ; *D.* 2009, 99, obs. Egéa ; *Dr. famille* 2009, 1, note Larribau-Terneyre ; *JCP* 2009, IV, 1058 ; *JurisData* n° 2008-046080).

2) Art. 274, 2°. Conformité sous réserve à la Constitution (droit de propriété). L'attribution forcée d'un bien à titre de prestation compensatoire, prévue par le 2° de l'article 274 du Code civil, n'est pas constitutive d'une violation du droit de propriété garanti par les articles 2 et 17 de la Déclaration de 1789 ; elle ne peut toutefois être regardée comme une mesure proportionnée au but d'intérêt général poursuivi que si elle constitue une modalité subsidiaire d'exécution de la prestation compensatoire en capital ; par conséquent, elle ne saurait être ordonnée par le juge que dans le cas où, au regard des circonstances de l'espèce, les modalités prévues au 1° n'apparaissent pas suffisantes pour garantir le versement de cette prestation (▪ Cons. const., déc. 13 juill. 2011, n° 2011-151 QPC : *RTD civ.* 2011, 565, obs. Revet, et 750, obs. Hauser ; *Dr. famille* 2011, 148, note Larribau-Terneyre ; *JCP* N 2011, 1297, note Massip ; *LPA* 30-31 août 2011, 19, note Ouedraogo ; *Gaz. Pal.* 2011, jurispr. p. 3018, obs. Piazzon. – Décision de renvoi : ▪ Cass. 1re civ., 17 mai 2011, n° 11-40.005 : *RTD civ.* 2011, 521, obs. Hauser ; *Dr. famille* 2011, 109, obs. Larribau-Terneyre ; *JurisData* n° 2011-009097). V., pour des applications de cette réserve, ▪ Cass. 1re civ., 28 mai 2014, n° 13-15.760 : *Bull. civ.* I, à paraître ; *JCP* G 2014, 641 ; *RTD civ.* 2014, 630, obs. Hauser, et 688, obs. Dross ; *Dr. famille* 2014, 107, note Binet ; *JurisData* n° 2014-012992. ▪ Cass. 1re civ., 15 avr. 2015, n° 14-11.575 : *Bull.* ; *RTD civ.* 2015, 594, obs. Hauser ; *Dr. famille* 2015, 116, obs. Réglier ; *JurisData* n° 2015-008098.

3) Art. 274, 2°. Convention EDH (droit au respect des biens). Jugeant que l'absence de choix offert au débiteur quant au moyen de régler la prestation compensatoire (abandon forcé de la propriété d'un bien) porte atteinte, au regard des circonstances de l'espèce, à l'article 1er du Protocole n° 1, V. ▪ CEDH, 10 juill. 2014, n° 04944/11, *Milhau c/ France : RTD civ.* 2014, 841, obs. Marguénaud, et 869, obs. Hauser ; *JCP* G 2014, 953, n° 8, obs. Bosse-Platière ; *JurisData* n° 2014-015390.

4) Exemples d'abandon en usufruit. Pour des applications, V. ▪ Cass. 2e civ., 27 févr. 1991 : *JurisData* n° 000826 (attribution à la femme de l'usufruit du domicile conjugal compte tenu de son âge, ainsi que de ses ressources propres et professionnelles). ▪ Cass. 2e civ., 1er avr. 1992, n° 90-15.816 : *JurisData* n° 1992-001065 ; *Bull. civ.* II, n° 113, p. 56 (attribution à la femme de l'usufruit de l'immeuble commun, dans des conditions telles qu'elle n'ait pas à acquitter une soulte compensatrice lors de la liquidation de la communauté). ▪ Bordeaux, 6e ch., 17 janv. 1991 : *JurisData* n° 1991-040199 (cession forcée justifiée par la prise en considération des ressources des parties). ▪ Paris, 24e ch., 10 févr. 1992 : *JurisData* n° 1992-020356 (abandon au profit du mari handicapé de la part de la femme en usufruit sur l'immeuble commun et les meubles meublants). ▪ Colmar, 2e ch., 5 oct. 1990 : *JurisData* n° 1990-048759 (abandon de l'usufruit du domicile conjugal à la femme atteinte d'une sclérose en plaques et à l'enfant handicapé moteur).

5) Biens propres ou communs. L'article 275 (anc.) n'établit aucune distinction entre les biens immobiliers, propres ou communs, dont l'usufruit peut être attribué à titre de prestation compensatoire (▪ Cass. 2e civ., 1er avr. 1992, n° 90-15.816 : *JurisData* n° 1992-001065 ; *JCP* 1992, IV, 1638 ; *Bull. civ.* II, n° 113, p. 56. ▪ Bordeaux, 6e ch., 28 juin 1990 : *JurisData* n° 1990-043761. ▪ Colmar, 2e ch., 11 oct. 1991 : *JurisData* n° 1991-048227).

6) Durée de l'usufruit. L'arrêt qui ne précise pas la durée de l'usufruit l'accorde nécessairement pour la durée de la vie de l'époux créancier de la prestation compensatoire (▪ Cass. 2e civ., 23 nov. 1994, n° 93-12.704 : *Bull. civ.* II, n° 239, p. 137). La limitation dans le temps de l'attribution d'une prestation compensatoire sous forme d'abandon en usufruit ne porte atteinte ni au caractère forfaitaire de celle-ci, ni à la possibilité pour le juge d'attribuer la prestation compensatoire sous forme d'usufruit (▪ Cass. 2e civ., 29 nov. 1989 : *JurisData* n° 004413).

7) Valeur de l'usufruit. Le montant du capital attribué sous forme d'usufruit doit être fixé par le juge (▪ Cass. 1re civ., 22 mars 2005, n° 02-13.214 : *JurisData* n° 2005-027694 ; *Bull. civ.* I, n° 145, p. 124 ; *Defrénois* 2005, 1343, obs. Massip. ▪ Cass. 1re civ., 19 mars 2008 : *Bull. civ.* I, n° 81, p. 69 ; *D.* 2008, inf. rap. 988 ; *JCP* 2008, IV, 1754 ; *Dr. famille* 2008, 67, note Larribau-Terneyre ; *JurisData* n° 2008-043229. ▪ Cass. 1re civ., 20 févr. 2008, n° 07-12.426 : *Defrénois* 2008, 1113, obs. Massip). V. aussi, à propos de l'office du juge, annot. n° 9, p. 259.

8) Vente du bien attribué en usufruit. Sur la nécessité de l'accord de l'usufruitier pour la vente du bien ayant donné lieu à une attribution en usufruit, voir sous art. 815-5.

9) Attribution en propriété. Pour l'attribution de biens en propriété à titre de prestation compensatoire, l'accord de l'époux débiteur n'est exigé que pour les biens qu'il a reçus par succession ou donation (▪ Cass. 1re civ., 12 nov. 2009, n° 08-19.166 : *Bull. civ.* I, n° 225, p. 208 ; *JCP* 2010, n° 1-2, doctr. 34, n° 6, obs. Bosse-Platière ; *Defrénois* 2010, 866, obs. Massip ; *RTD civ.* 2010, 90, obs. Hauser ; *Dr. famille* 2010, 15, note Larribau-Terneyre ; *JurisData* n° 2009-050244). Le jugement allouant la prestation compensatoire en capital sous forme d'un abandon de droits de l'époux débiteur sur l'immeuble ayant opéré cession forcée du bien attribué en pleine propriété à l'épouse créancière, la prestation compensatoire devait être réputée réglée dès sa date d'exigibilité et ne pouvait produire d'intérêts (▪ Cass. 1re civ., 20 nov. 2013, n° 12-28.353 : *JCP* N 2014, 1348, obs. Lesbats ; *Dr. famille* 2014, 55, obs. Binet ; *JurisData* n° 2013-026220). L'attribution d'un bien propre du conjoint en pleine propriété à titre de prestation compensatoire n'est pas contraire au droit au respect des biens garanti par l'article 1er du premier Protocole additionnel à la Convention européenne de sauvegarde des droits de l'homme (▪ Cass. 1re civ., 31 mars 2010, n° 09-13.811 : *Bull. civ.* I, n° 78, p. 73 ; *Dr. famille* 2010, 76, obs. Larribau-Terneyre ; *D.* 2010, 2400, obs. Revel ; *RTD civ.* 2010, 535, obs. Hauser ; *JurisData* n° 2010-002957). – Comp. ▪ CEDH, 10 juill. 2014, n° 4944/11, *Milhau c/ France*, annot. n° 2. V. aussi, sur la question prioritaire de constitutionnalité relative à la conformité du 2° de l'article 274 du Code civil à l'article 17 de la Déclaration de 1789 protégeant le droit de propriété, annot. n° 1.

10) Dérogations aux modalités d'exécution. Le juge ne peut déroger aux modalités d'exécution de la prestation compensatoire prévues par la loi qu'avec l'accord des parties (▪ Cass. 2e civ., 25 mai 1993, n° 91-20.247 : *JurisData* n° 1993-001114 ; *Bull. civ.* II, n° 182, p. 98. ▪ Cass. 1re civ., 23 juin 2010, n° 09-13.872 : *Dr. famille* 2010, 128, note Larribau-Terneyre ; *JCP* N 2012, 1009, obs. Lesbats ; *JurisData* n° 2010-010392).

11) Office du juge. Jugé sous l'empire du droit antérieur à la loi du 26 mai 2004 qu'en l'absence de conclusions les y invitant, les juges du fond ne sont pas tenus de fixer d'office des modalités pour le paiement du capital alloué au titre de la prestation compensatoire (▪ Cass. 1re civ., 12 mai 2004, n° 02-17.441 : *JurisData* n° 2004-023606 ; *Bull.*

civ. I, n° 134, p. 110). Lorsque la prestation compensatoire prend la forme d'une attribution de bien en pleine propriété, sa valeur doit être précisée dans la décision qui la fixe (■ Cass. 1re civ., 28 juin 2005 : *JCP* 2005, IV, 2883 ; *JurisData* n° 2005-029167 ; *Bull. civ.* I, n° 280, p. 233). Mais l'omission matérielle de cette mention peut toujours être réparée par la juridiction qui a rendu la décision ou par celle à laquelle elle est déférée si cette rectification ne modifie pas les droits et obligations reconnus aux parties (■ Cass. 1re civ., 1er juill. 2009, n° 08-18.344 : *Defrénois* 2009, 2190, obs. Massip).

12) Capital sous la forme d'une rente. V. pour l'attribution à l'épouse d'un capital de 250 000 F « sous la forme d'une rente indexée durant huit ans soit d'un montant de 2 500 F par mois », ■ Paris, 14 mars 2001 : *Dr. famille* 2001, 74, 1er arrêt, note Lécuyer ; *JurisData* n° 137838.

Art. 275 *(Anc. art. 275-1, dénum. et mod., L. n° 2004-439, 26 mai 2004).* **– Lorsque le débiteur n'est pas en mesure de verser le capital dans les conditions prévues par l'article 274, le juge fixe les modalités de paiement du capital, dans la limite de huit années, sous forme de versements périodiques indexés selon les règles applicables aux pensions alimentaires.**

Le débiteur peut demander la révision de ces modalités de paiement en cas de changement important de sa situation. À titre exceptionnel, le juge peut alors, par décision spéciale et motivée, autoriser le versement du capital sur une durée totale supérieure à huit ans.

Le débiteur peut se libérer à tout moment du solde du capital indexé.

Après la liquidation du régime matrimonial, le créancier de la prestation compensatoire peut saisir le juge d'une demande en paiement du solde du capital indexé.

1) Versement du capital différé jusqu'à la liquidation (non). Viole l'article 275-1 (anc.) la cour d'appel qui condamne le mari à payer à la femme une prestation compensatoire en capital dont elle diffère le versement jusqu'à la liquidation de la communauté (■ Cass. 2e civ., 19 nov. 1986, n° 85-15.247 : *JurisData* n° 1986-702126 ; *Bull. civ.* II, n° 169, p. 114. – V. aussi ■ Cass. 2e civ., 16 avr. 1996, n° 94-15.754 : *JurisData* n° 1996-001700 ; *JCP* 1996, IV, 1368 ; *Bull. civ.* II, n° 92, p. 58 ; *RTD civ.* 1996, 588, obs. Hauser ; *Defrénois* 1997, 712, 2e esp., obs. Massip. ■ Cass. 1re civ., 8 juill. 2010, n° 09-14.230 : *Bull. civ.* I, n° 166, p. 155 ; *Defrénois* 2010, 2024, obs. Massip).

2) Délai pour verser la première annuité (non). Le juge ne peut accorder un délai pour verser la première des annuités (■ Cass. 1re civ., 18 mars 1998 : *JCP* 1999, I, 101, n° 3, obs. Ferré-André ; *Bull. civ.* II, n° 90, p. 55 ; *RTD civ.* 1998, 353, obs. Hauser. – V. aussi ■ Cass. 1re civ., 31 mai 2005, n° 04-11.373 : *JurisData* n° 2005-028708 ; *Dr. famille* 2005, 183, note Larribau-Terneyre. ■ Cass. 1re civ., 6 juill. 2005 : *Bull. civ.* I, n° 308, p. 257 ; *Dr. famille* 2005, 214, note Larribau-Terneyre ; *Defrénois* 2006, 346, obs. Massip). ■ Cass. 1re civ., 7 déc. 2016, n° 15-27.900 : *Bull.* ; *JCP* G 2017, 186, n° 9, obs. Bosse-Platière ; *RTD civ.* 2017, 110, obs. Hauser ; *Dr. famille* 2017, 74, note Binet ; *AJF* 2017, p. 66, Casey ; *JurisData* n° 2016-026038

3) Motivation. Ayant réexaminé la situation financière et patrimoniale des parties et fixé au bénéfice de l'épouse une prestation compensatoire sous forme d'un capital payable par versements mensuels pendant huit ans, comme le demandait le mari, les juges du fond ont nécessairement estimé que celui-ci n'était pas en mesure de verser ce capital immédiatement (■ Cass. 1re civ., 4 juin 2009, n° 08-15.434 : *Defrénois* 2009, 1854, obs. Massip).

4) Demande en paiement du solde. Jugé que la demande en paiement du solde d'un capital échelonné n'est pas soumise à l'article 276-4 comme la demande de substitution d'un capital à une rente temporaire, mais à l'article 275 qui prévoit simplement que la demande faite par le créancier doit intervenir après la liquidation du régime matrimonial, et les modalités de calcul consistent à déterminer le solde du capital restant dû et à lui appliquer ensuite l'indexation ayant couru entre la date du début du paiement fractionné et la date de détermination de ce solde (■ Pau, 7 mars 2009 : *Dr. famille* 2009, 126, note Larribau-Terneyre).

Art. 275-1 *(Rempl., L. n° 2000-596, 30 juin 2000 ; dénum. en art. 275 puis rétabli dans la version suivante, L. n° 2004-439, 26 mai 2004).* **– Les modalités de versement prévues au premier alinéa de l'article 275 ne sont pas exclusives du versement d'une partie du capital dans les formes prévues par l'article 274.**

Art. 276 *(Rempl., L. n° 2004-439, 26 mai 2004).* **– À titre exceptionnel, le juge peut, par décision spécialement motivée, lorsque l'âge ou l'état de santé du créancier ne lui permet pas de subvenir à ses**

besoins, fixer la prestation compensatoire sous forme de rente viagère. Il prend en considération les éléments d'appréciation prévus à l'article 271.

Le montant de la rente peut être minoré, lorsque les circonstances l'imposent, par l'attribution d'une fraction en capital parmi les formes prévues à l'article 274.

1) Demande du créancier. Il résulte de l'article 276 du Code civil que seul le créancier peut demander l'allocation de la prestation compensatoire sous forme de rente viagère (▪ Cass. 1re civ., 23 oct. 2013, n° 12-17.492 : *Bull. civ.* I, n° 208, p. 206 ; *LPA* 24 janv. 2014, 9, note Hisquin ; *RTD civ.* 2014, 97, obs. Hauser ; *JurisData* n° 2013-023215).

2) Cumul d'un capital et d'une rente. Jugé sous l'empire du droit antérieur à la loi du 26 mai 2004 que viole les articles 274 et 276, dans leur rédaction issue de la loi du 30 juin 2000, la cour d'appel qui cumule l'allocation d'une rente et d'un capital (▪ Cass. 2e civ., 28 mars 2002, n° 00-18.050 : *JurisData* n° 2002-013714 ; *Dr. famille* 2002, 61, note Lécuyer ; *Bull. civ.* II, n° 57, p. 47 ; *Defrénois* 2002, 1159, obs. Massip ; *RTD civ.* 2002, 493, obs. Hauser. – V. aussi ▪ Cass. 2e civ., 26 sept. 2002, n° 01-01.925 : *JurisData* n° 2002-015562 ; *JCP* 2003, IV, 2713 ; *Bull. civ.* II, n° 187, p. 149 ; *Defrénois* 2003, 121, obs. Massip. – *Contra*, antérieurement, ▪ Cass. 2e civ., 13 nov. 1981, n° 80-14.243 : *JurisData* n° 1981-703133 ; *JCP* 1982, IV, 39 ; *Bull. civ.* II, n° 195, p. 127). Mais jugé que si les articles 274 et 276 (anciens) n'interdisent pas qu'une prestation compensatoire puisse être allouée sous forme d'un capital et d'une rente, c'est à la double condition que cette allocation soit exceptionnelle et soit spécialement motivée (▪ Cass. 1re civ., 16 mars 2004 : *Dr. famille* 2004, 74, note Larribau-Terneyre ; *JCP* 2004, IV, 1974 ; *JurisData* n° 2004-022833 ; *Bull. civ.* I, n° 87, p. 70 ; *D.* 2004, 2254, note Mirabail ; *RTD civ.* 2004, 273, obs. Hauser ; *Defrénois* 2004, 1233, obs. Massip).

3) Motivation de la décision. Sur la nécessité d'une motivation spéciale prenant en compte les éléments d'appréciation prévus à l'article 272 (anc.), V. ▪ Cass. 2e civ., 30 nov. 2000, n° 99-12.458 : *JurisData* n° 2000-007103 ; *JCP* 2001, IV, 1147 ▪ Cass. 2e civ., 13 déc. 2001 : *Dr. famille* 2002, 32, 2e arrêt, note Lécuyer ; *JurisData* n° 012336. ▪ Cass. 2e civ., 23 janv. 2003 : *JCP* 2003, IV, 1422 ; *JurisData* n° 017461 ; *Dr. famille* 2003, 71, 1re esp., note Lécuyer ; *Bull. civ.* II, n° 10, p. 8 ; *Defrénois* 2003, 1085, obs. Massip. Pour décider que la prestation compensatoire prendra la forme d'une rente viagère, le juge ne peut se contenter d'affirmer que la disparité dans les conditions de vie respectives des époux le justifie, compte tenu de l'âge et des ressources respectives de chacune des parties (▪ Cass. 1re civ., 23 sept. 2015, n° 14-19.949 : *Dr. famille* 2015, 198, note Binet ; *JurisData* n° 2015-021142). Un arrêt ne peut condamner le mari à payer une rente par le motif que l'épouse, âgée de 42 ans, sans emploi et sans formation, devrait assumer encore pendant de longues années l'éducation des cinq enfants issus du mariage, que ses chances de s'insérer professionnellement sont quasi inexistantes et que ses seules ressources sont constituées de prestations sociales, motifs qui ne sont pas compatibles avec les exigences des articles 274 et 276 (▪ Cass. 2e civ., 23 avr. 2003 : *JurisData* n° 2003-018748 ; *Dr. famille* 2003, 71, 2e esp. ; *Bull. civ.* I, n° 96, p. 74). Mais une cour d'appel qui constate que les charges de l'épouse, à la retraite, sont supérieures à ses ressources, ce dont il résulte qu'en raison de son âge, elle ne peut subvenir à ses besoins, a pu fixer sous forme de rente viagère la prestation compensatoire (▪ Cass. 1re civ., 13 nov. 2003, n° 02-13.386 : *JurisData* n° 2003-020950 ; *Dr. famille* 2004, 21, 1re esp., note Larribau-Terneyre. – V. aussi ▪ Cass. 1re civ., 9 déc. 2003, n° 01-03.927 : *JurisData* n° 2003-021336 ; *Dr. famille* 2004, 21, 2e esp., épouse âgée de 60 ans, justifiant d'un emploi d'assistance maternelle agréée pour un enfant, et ayant consacré son existence à la vie familiale et à l'éducation de ses deux enfants, sans s'être constitué de droit à la retraite. ▪ Cass. 1re civ., 6 oct. 2010, n° 09-15.346 : *Bull. civ.* I, n° 187, p. 176 ; *Dr. famille* 2011, 5, note Larribau-Terneyre ; *JurisData* n° 2010-017651, une cour d'appel, qui n'avait pas à tenir compte des perspectives de versement d'une pension de réversion en cas de prédécès du mari et qui a constaté que l'épouse, âgée de 65 ans, sans emploi et sans qualification, ne pouvait augmenter ses revenus modestes en raison de son âge, a pu fixer sous forme de rente viagère la prestation compensatoire).

4) Autres applications. V. pour le refus d'une rente viagère à l'épouse sur la base de la loi du 30 juin 2000, ▪ Paris, 1er févr. 2001 : *Dr. famille* 2001, 74, 2e arrêt, note Lécuyer ; *JurisData* n° 137766. ▪ Bourges, 31 janv. 2001 : *Dr. famille* 2001, 81, 4e esp., note Lécuyer ; *JurisData* n° 138557. ▪ Paris, 5 déc. 2007 : *JCP* 2008, IV, 1088 ; *JurisData* n° 2007-348317. Mais v., estimant que les conditions sont réunies, ▪ Rennes, 29 janv. 2001 et 30 oct. 2000, ▪ Nîmes, 7 mars 2001, n° 99/08319 : *JurisData* n° 2001-142411 ; *Dr. famille* 2001, 81, note Lécuyer. ▪ Cass. 2e civ., 23 mai 2002, n° 00-20.387 : *JurisData* n° 2002-014438 ; *Bull. civ.* II, n° 105, p. 83.

5) Pouvoir discrétionnaire du juge. Le juge dispose, pour fixer la prestation compensatoire sous forme de rente viagère, d'une simple faculté dont l'exercice est laissé à son pouvoir discrétionnaire (▪ Cass. 1re civ., 3 févr. 2004, n° 01-17.094 : *JurisData* n° 2004-022101 ; *Dr. famille* 2004, 51, note Larribau-Terneyre ; *Bull. civ.* I, n° 31, p. 26 ; *Defrénois* 2004, 586, obs. Massip).

6) Prescription de l'action en paiement. La prescription par cinq ans prévue à l'article 2277 du Code civil s'applique aux échéances d'une prestation compensatoire payable sous forme de rente viagère (■ Cass. 1re civ., 28 févr. 2006, n° 04-11.405 : *Defrénois* 2006, 1316, obs. Massip).

Art. 276-1 *(Mod., L. 2000-596, 30 juin 2000).* – **La rente est indexée ; l'indice est déterminé comme en matière de pension alimentaire.**

Le montant de la rente avant indexation est fixé de façon uniforme pour toute sa durée ou peut varier par périodes successives suivant l'évolution probable des ressources et des besoins.

I – DURÉE

1) Condition de non-remariage. Lorsque la prestation compensatoire prend la forme d'une rente, elle peut être attribuée pour une durée inférieure à la vie de l'époux créancier mais ne peut être subordonnée à la condition de non-remariage (■ Cass. 2e civ., 2 mai 1984, n° 82-16.275 : *JurisData* n° 1984-700813 ; *Bull. civ.* II, n° 76, p. 55 ; *JCP* 1985, II, 20494, note Philippe. ■ Grenoble, 20 mai 1981 : *JurisData* n° 1981-601039 ; *JCP* 1983, II, 20086, note de La Marnierre. ■ TGI Saint-Nazaire, 25 nov. 1985 : *JurisData* n° 1985-044345 ; *D.* 1987, somm. 45, obs. Bénabent).

2) Durée incertaine. La rente ne peut pas être attribuée pour une durée laissée incertaine (■ Cass. 2e civ., 27 févr. 1985, n° 84-10.681 : *JurisData* n° 1985-700432 ; *Bull. civ.* II, n° 49, p. 35). Doit être cassé l'arrêt qui condamne le mari à payer une rente mensuelle qui cessera d'être servie le 1er mai 1999, alors qu'à la date à laquelle il intervenait, cet arrêt n'avait pas acquis force de chose jugée et que le point de départ du versement de la rente était incertain (■ Cass. 2e civ., 29 avr. 1998, n° 94-19.753 : *JurisData* n° 1998-001871 ; *JCP* 1999, I, 101, n° 3, obs. Ferré-André ; *Bull. civ.* II, n° 132, p. 78 ; *Dr. famille* 1998, 135, 2e arrêt, note Lécuyer ; *RTD civ.* 1998, 662, obs. Hauser).

3) Durée de la vie du créancier ou du débiteur. Jugé sous l'empire du droit antérieur à la loi du 30 juin 2000 que la fixation de la rente pour la durée de la vie du créancier ou du débiteur n'est pas contraire aux exigences des articles 271, 273 et 276-1 (■ Cass. 2e civ., 28 oct. 1992, n° 91-13.821 : *JurisData* n° 1992-002438 ; *Bull. civ.* II, n° 251, p. 125 ; *D.* 1993, 423, note Massip ; *JCP* 1993, II, 22124, note Philippe. ■ Cass. 2e civ., 2 avr. 1996, n° 94-14.057 : *JurisData* n° 1996-001356 ; *JCP* 1996, IV, 1267 ; *Bull. civ.* II, n° 84, p. 53 ; *RTD civ.* 1997, 645, obs. Hauser ; *Defrénois* 1997, 712, 6e esp., obs. Massip). Mais jugé en sens inverse que la rente ne peut dépendre de l'espérance de vie du débiteur, dès lors que l'article 276-2 organise la transmission passive de la dette (■ Cass. 2e civ., 16 nov. 2000, n° 99-12.531 : *JurisData* n° 2000-006904 ; *Dr. famille* 2001, 18, note Lécuyer ; *Defrénois* 2001, 600, obs. Massip).

II – INDEXATION

4) Caractère obligatoire. Sur le principe que la rente attribuée à titre de prestation compensatoire doit être indexée, V. ■ Cass. 2e civ., 6 mai 1987, n° 86-12.463 : *Bull. civ.* II, n° 102, p. 60. Mais l'indexation n'est obligatoire que lorsque la prestation est fixée par le juge (■ Cass. 2e civ., 26 mai 1992, n° 90-21.016 : *JurisData* n° 1992-001111 ; *JCP* 1992, IV, 2128 ; *Bull. civ.* II, n° 153, p. 75. V. aussi ■ Aix-en-Provence, 12 févr. 1981 : *JurisData* n° 1981-041785 ; *Defrénois* 1983, 316, obs. Massip).

5) Omission du juge. La rente attribuée à titre de prestation compensatoire devant obligatoirement être indexée, l'omission par le juge de déterminer l'indice applicable constitue une simple omission matérielle et ne donne pas ouverture à cassation (■ Cass. 2e civ., 8 oct. 1980, n° 79-14.892 : *JurisData* n° 1980-799058 ; *Bull.* II, n° 202, p. 138).

6) Indexation subordonnée à une variation minimale. Viole l'article 276-1 l'arrêt qui soumet le jeu de l'indexation à la condition d'une variation annuelle de l'indice retenu égale ou supérieure à un certain taux (■ Cass. 2e civ., 18 janv. 1989, n° 87-17.191 : *Bull. civ.* II, n° 15, p. 7 ; *D.* 1990, somm. 117, obs. Bénabent).

7) Indice de référence. Les juges du fond peuvent fixer au moment du prononcé de leur décision la variation de la rente sur la base d'un indice antérieur au dernier publié (■ Cass. 2e civ., 15 juin 1994, n° 92-21.950 : *Bull. civ.* II, n° 157, p. 91). Mais la date d'effet de la première revalorisation résultant de l'indexation ne peut être antérieure au prononcé du divorce (■ Cass. 2e civ., 16 mai 1990, n° 88-12.572 : *JurisData* n° 1990-701608 ; Bull. civ. II, n° 100, p. 52). La revalorisation a lieu, sauf disposition contraire, dès la première variation de l'indice postérieure au prononcé du jugement (■ Cass. 2e civ., 16 févr. 1994, n° 92-19.650 : *JurisData* n° 1994-000505 ; *Bull. civ.* II, n° 59, p. 34). En se bornant à confirmer le jugement de divorce ayant décidé que la rente serait réévaluée le 1er janvier de chaque année, le dernier indice publié à la date de la décision étant retenu comme indice de base, la cour d'appel a nécessairement décidé que l'indice de base serait le dernier indice publié à la date à laquelle la décision serait devenue définitive (■ Cass. 2e civ., 28 juin 1995, n° 93-12.785 : *JurisData* n° 1995-001806 ; *Bull. civ.* II, n° 208, p. 120. – V. aussi ■ Cass. 2e civ., 4 juin 1997, n° 95-19.401 : *JurisData* n° 1997-002571 ; *Bull. civ.* II, n° 167, p. 99).

8) Pour une hypothèse de **modification judiciaire de l'indice**, V. ■ Cass. 1re civ., 30 sept. 2009, n° 08-11.952 : *RTD civ.* 2009, 704, obs. Hauser.

III – VARIATION PAR PÉRIODES

9) Fixation pour chaque période du montant de la rente. Il résulte de l'article 276-1 que si le juge peut faire varier la prestation compensatoire par périodes successives suivant l'évolution probable des ressources et des besoins, c'est à la condition de fixer pour chaque période le montant de ladite rente (■ Cass. 2e civ., 2 mai 1984, n° 83-11.556 : *JurisData* n° 1984-700815 ; *Bull. civ.* II, n° 77, p. 56. – V. aussi ■ Cass. 2e civ., 18 mai 2000, n° 98-21.028 : *JurisData* n° 2000-001978 ; *JCP* 2000, IV, 2180 ; *Bull. civ.* II, n° 80, p. 55 ; *Dr. famille* 2000, 75, note Lécuyer, cassation de l'arrêt ayant précisé que le montant de la rente serait fixé, à compter de la cessation d'activité professionnelle du mari, à 30 % de son revenu imposable).

10) Mise à la retraite du débiteur. Les juges ne sont pas tenus de prévoir la réduction de la rente à partir de l'année de la mise à la retraite du mari (■ Cass. 2e civ., 11 févr. 1981, n° 79-16.767 : *JurisData* n° 1981-700354 ; *JCP* 1981, IV, 144 ; *Bull. civ.* II, n° 30, p. 20).

Art. 276-2 *(Dénum., L. n° 2004-439, 26 mai 2004).* – V. art. 280-2.

Art. 276-3 *(L. n° 2000-596, 30 juin 2000 ; mod., L. n° 2004-439, 26 mai 2004).* – **La prestation compensatoire fixée sous forme de rente peut être révisée, suspendue ou supprimée en cas de changement important dans les ressources ou les besoins de l'une ou l'autre des parties.**

La révision ne peut avoir pour effet de porter la rente à un montant supérieur à celui fixé initialement par le juge.

1) Objet de la demande. La demande de suppression de la prestation compensatoire et celle de sa réduction n'ont pas le même objet (■ Cass. 1re civ., 20 mai 2010, n° 09-67.662 : *Bull. civ.* I, n° 97, p. 84 ; *Dr. famille* 2010, 146, note Larribau-Terneyre ; *JurisData* n° 2010-006541, cassation de l'arrêt ayant déclaré irrecevable une demande de réduction de la prestation compensatoire au motif qu'elle était identique à celle relative à la suppression de cette même prestation, dont l'ex-mari avait été débouté).

2) Changement important dans les ressources ou les besoins. Pour un exemple de suppression de la prestation compensatoire en cas d'amélioration notable des conditions de vie de l'ex-épouse, V. ■ Reims, 16 janv. 2003, n° 01/02337 : *JurisData* n° 2003-206682 ; *Dr. famille* 2003, 89, note Lécuyer. – Comp., dans le régime antérieur à la loi du 30 juin 2000, ■ Dijon, 27 sept. 1988 : *D.* 1989, inf. rap. 12 (pension absorbant plus de la moitié du salaire mensuel avant le licenciement). ■ Cass. 2e civ., 31 mars 1993, n° 91-18.832 : *JurisData* n° 1993-000745 ; *JCP* 1994, II, 22208, note Boulanger (chômeur ne percevant qu'une allocation de fin de droits). ■ Versailles, 4 févr. 1993 : *JurisData* n° 1993-040748 ; *JCP* 1993, IV, 1971 (perte d'emploi sans perspective sérieuse de reclassement). ■ Cass. 2e civ., 6 mars 1996, n° 94-19.493 : *JurisData* n° 1996-000876 ; *Dr. famille* 1996, 24, 1re esp., note Lécuyer (affection de longue durée entraînant une baisse significative des revenus). ■ Cass. 1re civ., 28 juin 2005, n° 02-21.275 : *JurisData* n° 2005-029169 ; *Dr. famille* 2005, 184, note Larribau-Terneyre (mari remarié et père d'un jeune enfant). Le débiteur de la prestation compensatoire ne peut se prévaloir d'un changement connu de lui au moment du divorce et pris en compte pour la fixation de la prestation compensatoire (■ Cass. 1re civ., 3 nov. 2004, n° 03-05.056 : *JurisData* n° 2004-025432 ; *Bull. civ.* I, n° 240, p. 201). Les juges du fond doivent tenir compte de la situation de concubinage de la bénéficiaire de la rente pour apprécier l'opportunité d'une révision de celle-ci à la baisse (■ Cass. 1re civ., 25 avr. 2006 : *Bull. civ.* I, n° 198, p. 174 ; *RTD civ.* 2006, 545, obs. Hauser ; *Dr. famille* 2006, 130, obs. Larribau-Terneyre ; *JurisData* n° 2006-033194, compagnon encore dans les liens du mariage mais pouvant participer aux dépenses de l'ex-épouse). Viole l'article 276-3 l'arrêt qui relève que les nouvelles charges de famille de l'ex-époux, remarié et devenu père d'un jeune enfant, n'avaient pas à être retenues pour apprécier les modifications apportées dans ses ressources et ses besoins (■ Cass. 1re civ., 28 juin 2005, n° 04-13.527 : *Dr. famille* 2005, 184, note Larribau-Terneyre). Jugé que la mise à la retraite du débiteur de la prestation compensatoire, qui subit de ce fait une diminution de moitié de ses revenus, justifie la réduction de la rente viagère dans les mêmes proportions (■ Riom, 4 avr. 2006 : *JCP* 2006, IV, 3032 ; *JurisData* n° 2006-302252. – Rappr., pour une mise en retraite anticipée, à condition qu'elle n'ait pas été prise en compte lors de la fixation du montant de la prestation compensatoire, ■ Cass. 1re civ. 19 juin 2007 : *Bull. civ.* I, n° 242, p. 209 ; *JCP* 2007, IV, 2542 ; *D.* 2007, 1967, obs. Delaporte-Carré ; *Defrénois* 2007, 1633, obs. Massip ; *Dr. famille* 2007, 164, note Larribau-Terneyre ; *JurisData* n° 2007-039628). L'absence de liquidation dans un délai raisonnable (vingt ans en l'espèce) de l'actif de communauté dont le montant devait permettre à chacun des époux de disposer d'un patrimoine conséquent peut constituer un changement important dans les ressources du mari justifiant une suspension de la rente (■ Cass. 1re civ., 25 juin 2008 : *Bull. civ.* I, n° 180, p. 153 ; *RTD civ.* 2008, 663, obs. Hauser ; *Dr. famille* 2008, 122, obs. Larribau-Terneyre ; *D.* 2009, somm. 840, obs. Serra ; *JCP* 2008, IV, 2364 ; *JurisData* n° 2008-044520). Sur l'absence d'incidence du caractère volontaire des changements importants dans les ressources ou les besoins de l'une ou l'autre des parties (choix d'épargner et de valoriser son patrimoine pour le créancier, augmentation des charges fiscales à la suite de la conclusion d'un pacs pour le débiteur), V. ■ Cass. 1re civ., 8 juin 2016, n° 15-19.892 : *Dr. famille* 2016, 169, note Binet ; *JurisData* n° 2016-011185. Il y a lieu de supprimer la rente viagère versée à l'épouse dès lors que les revenus que pourrait lui procurer une gestion utile de son patrimoine auraient pour effet de provoquer un avantage manifestement excessif au regard des critères posés par l'article 276 (ancien) du Code civil (■ Cass. 1re civ., 27 juin 2018, n° 17-20.181 : *Bull.* ; *JurisData* n° 2018-011159).

3) Prestation compensatoire à caractère mixte. L'article 276-3 est applicable à la révision, à la suspension et à la suppression des prestations compensatoires fixées en tout ou partie sous forme de rente viagère (■ Cass. 1re civ., 19 juin 2007, préc. note 1).

4) Révision. Point de départ. La prestation compensatoire judiciairement révisée, dont le montant est fixé à la date à laquelle le juge statue sur la demande de révision, est due à compter de cette date (■ Cass. 2e civ., 19 nov. 1998, n° 96-17.062 : *JurisData* n° 1998-004499 ; *JCP* 1999, IV, 1026 ; *Bull. civ.* II, n° 276, p. 167 ; *Dr. famille* 1999, 67, note Lécuyer ; *RTD civ.* 1999, 71, obs. Hauser). V. cependant, *fixant* désormais la prise d'effet à la date de la demande, ■ Cass. 1re civ., 19 avr. 2005, 3 arrêts : *JurisData* n° 2005-028140 ; *Dr. famille* 2005, 133, note Larribau-Terneyre ; *Bull. civ.* I, nos 193 à 195, p. 162 à 164 ; *Defrénois* 2005, 1352, obs. Massip ; *RTD civ.* 2005, 580, obs. Hauser. ■ Cass. 1re civ., 31 mai 2005, n° 04-12.758 : *JurisData* n° 2005-028672 ; *Bull. civ.* I, n° 232, p. 195 ; *Dr. famille* 2005, 162, note Larribau-Terneyre (daté du 30 mai 2005) ; *JCP* 2005, IV, 2617 ; *JurisData* n° 2005-028672. ■ Cass. 1re civ., 19 juin 2007, n° 06-13.086 : *JurisData* n° 2007-039633 ; *Bull. civ.* I, n° 243, p. 210 ; *D.* 2007, 1967, obs. Delaporte-Carré.

5) Suspension. Durée déterminée. La suspension du versement de la rente, qui est une des formes de la révision, ne peut être prononcée que pour une durée déterminée (■ Cass. 2e civ., 14 déc. 2000 : *Dr. famille* 2001, 47, note Lécuyer ; *JurisData* n° 2000-007407. – V. déjà ■ Cass. 2e civ., 31 mars 1993, n° 91-18.832 : *JurisData* n° 1993-000745 ; *JCP* 1994, II, 22208, note Boulanger. – V. pour une application ■ Lyon, 27 nov. 2001 : *RTD civ.* 2002, 80, obs. Hauser).

6) Suspension. Point de départ. La prestation compensatoire judiciairement suspendue, en fonction du changement important dans les ressources du débiteur, prend effet à la date de la demande de suspension (■ Cass. 1re civ. 15 juin 2017, n° 15-28.076 : *Bull.* ; *Dr. famille* 2017, 175, Binet ; *JurisData* n° 2017-011538).

7) Dissimulation de revenus. La dissimulation de revenus lors de la fixation de la prestation compensatoire ouvre au conjoint un recours en révision (CPC, art. 595), et non une action en révision pour changement important de situation sur le fondement de l'article 276-3 (■ Cass. 1re civ., 28 févr. 2006 : *Bull. civ.* I, n° 118, p. 109 ; *RTD civ.* 2006, 289, obs. Hauser ; *JurisData* n° 2006-032397. ■ Cass. 1re civ., 4 nov. 2010, n° 09-14.712 : *Bull. civ.* I, n° 221, p. 208 ; *RTD civ.* 2011, 111, obs. Hauser ; *Dr. famille* 2011, 4, note Larribau-Terneyre ; *JurisData* n° 2010-020199).

8) Droit transitoire. Sur la révision, la suppression ou la suspension des rentes viagères fixées avant l'entrée en vigueur de la loi n° 2000-596 du 30 juin 2000, à la demande du débiteur ou de ses héritiers, lorsque leur maintien en l'état procurerait au créancier un avantage manifestement excessif au regard des critères posés par l'article 276, voir L. n° 2004-439, 26 mai 2004, art. 33, VI, al. 1er, p. 3209. – Voir pour une application, ■ Bordeaux, 31 janv. 2006 : *Dr. famille* 2006, 92, note Larribau-Terneyre ; *JurisData* n° 2006-293260. – *Adde* ■ Cass. 1re civ., 19 sept. 2007 : *Bull. civ.* I, n° 284, p. 252 ; *JCP* 2007, IV, 2867 ; *Dr. famille* 2007, 206, note Larribau-Terneyre ; *JurisData* n° 2007-040391, décidant que ce cas de révision de la rente est autonome par rapport à celui de l'article 276-3. ■ Cass. 1re civ., 28 mars 2018, n° 17-14.389 : *Bull.* ; *Dr. famille* 2018, 148, Colliot, et chron. 3, Égéa ; *AJF* 2018, p. 395, Thouret ; *JurisData* n° 2018-004666, au sujet de la demande d'un héritier, la Cour jugeant que le fait que les héritiers du débiteur aient décidé ensemble, par acte notarié, de maintenir les formes et modalités de règlement de la prestation compensatoire n'exclut pas une révision ultérieure. – V. aussi S. Ben Hadj Yahia, *Un nouveau cas de révision de prestation compensatoire édictée par une disposition transitoire : Dr. famille* 2007, étude 10.

Art. 276-4 *(L. n° 2000-596, 30 juin 2000 ; mod., L. n° 2004-439, 26 mai 2004).* – **Le débiteur d'une prestation compensatoire sous forme de rente peut, à tout moment, saisir le juge d'une demande de substitution d'un capital à tout ou partie de la rente. La substitution s'effectue selon des modalités fixées par décret en Conseil d'État.**

Le créancier de la prestation compensatoire peut former la même demande s'il établit qu'une modification de la situation du débiteur permet cette substitution, notamment lors de la liquidation du régime matrimonial.

Les modalités d'exécution prévues aux articles 274, 275 et 275-1 sont applicables. Le refus du juge de substituer un capital à tout ou partie de la rente doit être spécialement motivé.

Voir : D. n° 2004-1157, 29 oct. 2004, pris en application des articles 276-4 et 280 du Code civil et fixant les modalités de substitution d'un capital à une rente allouée au titre de la prestation compensatoire, p. 3227.

1) **Pouvoir des juges du fond.** Saisi d'une demande de révision d'une prestation compensatoire sous forme de rente viagère et de substitution d'un capital à celle-ci, le juge doit d'abord statuer sur la révision avant de convertir la rente en capital sur la base des tables de conversion prévues par le décret du 29 octobre 2004 (■ Cass. 1re civ., 30 sept. 2009, n° 08-18.430 : *LPA* 3 mars 2010, 14, note Massip ; *Dr. famille* 2009, 139, obs. Larribau-Terneyre ; *JurisData* n° 2009-049732). Les juges du fond peuvent substituer un capital à la rente sans faire application de l'article 276-3, en se fondant sur l'article 276-4 invoqué seulement à titre subsidiaire (■ Cass. 1re civ., 11 janv. 2005, n° 02-14.490 : *JurisData* n° 2005-026436 ; *Dr. famille* 2005, 54, note Larribau-Terneyre ; *Bull. civ.* I, n° 18, p. 13).

2) **Contrôle des motifs.** Le juge saisi par le créancier d'une demande de substitution à la rente d'un capital déterminé doit relever en quoi une modification de la situation du débiteur permet cette substitution (■ Cass. 1re civ., 12 déc. 2006 : *Bull. civ.* I, n° 543, p. 483 ; *Dr. famille* 2007, 62, note Larribau-Terneyre ; *JurisData* n° 2006-036433). Est inopérant, pour rejeter une demande de substitution, le motif selon lequel, d'une part, les situations respectives des époux n'ont pas subi de modification depuis la fixation de la prestation compensatoire sous forme de rente, et selon lequel, d'autre part, une substitution s'effectuerait au détriment du créancier dès lors que la sécurité que représente la rente constitue un avantage par rapport aux aléas du placement du capital (■ Cass. 1re civ., 10 juill. 2013, n° 12-13.239 : *Bull. civ.* I, n° 149, p. 150 ; *RTD civ.* 2013, 826, obs. Hauser ; *JurisData* n° 2013-014432).

3) **Notion de rente.** Il n'y a pas lieu, pour apprécier le bien-fondé de la demande de substitution prévue par l'article 276-4 du Code civil, de distinguer selon la nature viagère ou temporaire de la rente (■ Cass. 1re civ., 20 mars 2019, n° 18-13.663 : *Bull.* ; *JurisData* n° 2019-004092, rente prenant fin au décès du débiteur).

Art. 277 *(L. n° 2000-596, 30 juin 2000).* – **Indépendamment de l'hypothèque légale ou judiciaire, le juge peut imposer à l'époux débiteur de constituer un gage, de donner caution ou de souscrire un contrat garantissant le paiement de la rente ou du capital.**

1) **Faculté pour le juge.** Sur le principe que la constitution d'un gage ou le fait d'imposer à l'époux débiteur de donner une caution est une faculté laissée à l'appréciation souveraine des juges du fond, V. ■ Cass. 2e civ., 25 mai 1994 : *JCP* 1994, IV, 1879 ; *Bull. civ.* II, n° 136, p. 78. L'épouse disposant de ressources régulières provenant de son activité professionnelle, et le mari ne s'étant jamais soustrait à ses obligations alimentaires ni désintéressé de sa famille, la cour d'appel décide souverainement de ne pas faire droit à la demande de l'épouse d'assortir de garanties particulières le paiement du capital alloué à titre de prestation compensatoire (■ Cass. 1re civ., 28 nov. 2006 : *Bull. civ.* I, n° 525, p. 464 ; *JurisData* n° 2006-036151).

2) **Demande de suppression d'une garantie.** La demande de suppression d'une garantie imposée à un conjoint est une demande en révision de la prestation compensatoire au sens de l'article 273 (■ Cass. 2e civ., 20 nov. 1996, n° 94-15.131 : *JurisData* n° 1996-005429 ; *JCP* 1997, II, 22947, note Casey ; *Bull. civ.* II, n° 252, p. 153 ; *RTD civ.* 1997, 107, obs. Hauser ; *Defrénois* 1997, 989, obs. Massip).

Art. 278 *(L. n° 75-617, 11 juill. 1975 ; mod., L. n° 2000-596, 30 juin 2000 ; L. n° 2004-439, 26 mai 2004 ; L. n° 2016-1547, 18 nov. 2016).* – **En cas de divorce par consentement mutuel, les époux fixent le montant et les modalités de la prestation compensatoire dans la convention établie par acte sous signature privée contresigné par avocats ou dans la convention qu'ils soumettent à l'homologation du juge. Ils peuvent prévoir que le versement de la prestation cessera à compter de la réalisation d'un évènement déterminé. La prestation peut prendre la forme d'une rente attribuée pour une durée limitée.**

Le juge, toutefois, refuse d'homologuer la convention si elle fixe inéquitablement les droits et obligations des époux.

1) Régime fiscal. Sur l'instruction du 25 avril 2002 relative au régime fiscal des rentes versées en application de l'article 278, V. F. Douet : *Dr. famille* 2002, 76.

2) Sur l'**interprétation d'une convention** prévoyant que la prestation compensatoire cessera d'être due en cas de remariage ou de concubinage notoire, V. ▪ Cass. 1re civ., 6 oct. 2010, n° 09-12.731 : *Bull. civ.* I, n° 189, p. 178 ; *JCP* 2010, act. 1024, Bosse-Platière ; *RTD civ.* 2010, 768, obs. Hauser ; *Dr. famille* 2010, 179, note Larribau-Terneyre ; *JCP* N 2012, 1004, obs. Lesbats ; *JurisData* n° 2010-017661. – V. également, en matière d'interprétation d'une clause par laquelle le mari s'engageait à verser à son épouse une rente mensuelle « toute sa vie durant », ▪ Cass. 1re civ., 11 mai 2012, n° 11-11.064 : *RTD civ.* 2012, 516, obs. Hauser, interprétation souveraine des juges du fond, sauf dénaturation.

Art. 279 *(L. n° 75-617, 11 juill. 1975 ; mod., L. n° 2000-596, 30 juin 2000 ; L. n° 2004-439, 26 mai 2004 ; L. n° 2016-1547, 18 nov. 2016).* – **La convention homologuée a la même force exécutoire qu'une décision de justice.**

Elle ne peut être modifiée que par une nouvelle convention entre des époux, également soumise à l'homologation.

Les époux ont néanmoins la faculté de prévoir dans leur convention que chacun d'eux pourra, en cas de changement important dans les ressources ou les besoins de l'une ou l'autre des parties, demander au juge de réviser la prestation compensatoire. Les dispositions prévues aux deuxième et troisième alinéas de l'article 275 ainsi qu'aux articles 276-3 et 276-4 sont également applicables, selon que la prestation compensatoire prend la forme d'un capital ou d'une rente temporaire ou viagère.

Sauf disposition particulière de la convention, les articles 280 à 280-2 sont applicables.

Les troisième et avant-dernier alinéas du présent article s'appliquent à la convention de divorce établie par acte sous signature privée contresigné par avocats, déposé au rang des minutes d'un notaire.

Bibliographie : M. Giacopelli-Mori, *L'autonomie de la volonté dans les conventions entre époux divorcés* : *RTD civ.* 2001, 505.

1) Nécessité d'une convention entre époux. Sur le principe que la convention homologuée ne peut être modifiée que par une nouvelle convention entre époux, V. ▪ Cass. 2e civ., 5 janv. 1994, n° 92-14.730 : *JurisData* n° 1994-000029 ; *Bull. civ.* II, n° 5, p. 3 ; *Defrénois* 1994, 943, 2e esp., note Forgeard. ▪ Cass. 2e civ., 21 mai 1997, n° 94-19.029 : *Dr. famille* 1997, 120, note Lécuyer. ▪ Cass. 2e civ., 5 juill. 2001 : *Dr. famille* 2002, 30, note Lécuyer ; *JurisData* n° 2001-010755. Sur le principe que cette convention est elle-même soumise à homologation, V. ▪ Cass. 2e civ., 26 juin 1996, n° 94-15.564 : *JurisData* n° 1996-002776 ; *JCP* 1996, IV, 1931 ; *Bull. civ.* II, n° 184, p. 112. Les époux peuvent, dans leur convention, lier l'existence et le montant de la prestation à l'évolution de leur situation respective (▪ Cass. 2e civ., 14 oct. 1987, n° 86-12.767 : *JurisData* n° 1987-001550 ; *Bull. civ.* II, n° 198, p. 110, clause prévoyant le versement à la femme d'une prestation révisable « si des modifications importantes devaient survenir dans la situation de l'une ou de l'autre des parties », lesquelles déclarent « adopter les dispositions de l'article 279, alinéa 3 »). Viole les articles 232 et 279 du Code civil, dans leur rédaction antérieure à la loi du 26 mai 2004, la cour d'appel qui, pour refuser l'homologation de la convention déjà exécutée, conclue en 1993 entre les parties et modifiant les modalités de paiement de la prestation compensatoire fixée dans la convention homologuée, énonce qu'il appartient au juge de vérifier si le consentement des parties persiste au jour où il statue, sans rechercher si, au moment où elle a été établie puis exécutée, la convention préservait les intérêts des parties, alors que la convention homologuée ne peut être modifiée que par une nouvelle convention entre les époux également soumise à homologation et que pour refuser l'homologation, le juge constate que la convention préserve insuffisamment les intérêts de l'un des époux (▪ Cass. 1re civ., 10 mai 2006 : *Bull. civ.* I, n° 227, p. 199 ; *Defrénois* 2006, 1319, obs. Massip ; *RTD civ.* 2006, 541, obs. Hauser ; *Dr. famille* 2006, 129, note Larribau-Terneyre ; *JurisData* n° 2006-033391).

2) Force exécutoire de la convention. La convention homologuée par le juge qui prononce le divorce sur demande conjointe a la même force exécutoire qu'une décision de justice. Par suite, si elle précise qu'une soulte a déjà été versée hors de la comptabilité du notaire, une demande en paiement ne peut plus être formée ultérieurement à ce titre (▪ Cass. 2e civ., 19 févr. 1986, n° 82-16.601 : *JurisData* n° 1986-000228 ; *D.* 1987, 441, note Théry). Ne fait que tirer les conséquences de l'autorité de la chose jugée attachée au jugement d'homologation la cour d'appel qui fait produire effet à la clause fixant le point de départ du versement de la prestation compensatoire à une date antérieure au jugement d'homologation (■ Cass. 2e civ., 28 janv. 1998, n° 96-13.940 : *JurisData* n° 1998-000407 ; *JCP* 1998, IV, 1599 ; *Bull. civ.* II, n° 33, p. 20 ; *Dr. famille* 1998, 135, 1er arrêt, note Lécuyer ; *RTD civ.* 1998, 352, obs. Hauser ; *Defrénois* 1998, 1389, obs. Massip). Les dons manuels, qui s'analysent comme des donations de biens présents, ayant nécessairement été pris en compte dans la convention définitive conclue par les époux et homologuée par le juge, participent au règlement global des effets du divorce et ne peuvent plus faire l'objet d'une révocation ultérieure, sauf clause contraire de la convention (■ Cass. 1re civ., 28 févr. 2006 : *Bull. civ.* I, n° 115, p. 107 ; *D.* 2006, 1426, concl. Sainte-Rose, et somm. 2074, obs. Revel ; *Dr. famille* 2006, 110, note Larribau-Terneyre ; *RTD civ.* 2006, 291, obs. Hauser ; *D.* 2007, somm. 613, obs. Serra ; *JCP* N 2007, 1275, 2e esp., obs. Lesbats ; *JurisData* n° 2006-032412).

3) Omission d'un bien. Viole l'article 279 la cour d'appel qui, postérieurement à la convention, a fait entrer un immeuble dans la composition du patrimoine commun, en énonçant que l'omission de toute mention du remploi et des biens acquis à l'aide de celui-ci dans la convention définitive de partage peut résulter d'une simple erreur (■ Cass. 2e civ., 18 mars 1992, n° 90-20.711 : *JCP* 1992, IV, 1496 ; *Bull. civ.* II, n° 90, p. 44. ■ Cass. 2e civ., 29 nov. 1995, n° 92-21.960 : *JurisData* n° 1995-003414 ; *Bull. civ.* II, n° 291, p. 171 ; *JCP* 1996, IV, 145 ; *D.* 1997, 164, 1re esp., note Bénabent ; *Defrénois* 1997, 301, obs. Massip. ■ Cass. 2e civ., 24 juin 1998 ; *JCP* 1998, I, 183, n° 8, obs. Tisserand ; *D.* 1998, 601, 2e esp., note Massip ; *Defrénois* 1998, 1111, 2e esp., note Massip ; *Dr. famille* 1998, 115, note Lécuyer ; *RTD civ.* 1998, 888, obs. Hauser). Jugé cependant qu'un époux divorcé demeure recevable à présenter une demande ultérieure tendant au partage complémentaire de biens communs omis dans l'état liquidatif homologué et à l'application éventuelle des sanctions du recel et au paiement de dommages-intérêts pour faute commise par son ex-conjoint lors de l'élaboration de la convention (■ Cass. 1re civ., 6 mars 2001 : *JCP* 2001, II, 10582, note Massip ; *JCP* G 2002, I, 103, n° 20, obs. Tisserand ; *JCP* N 2002, 1457, note Massip ; *Dr. famille* 2001, 72, note Lécuyer ; *JurisData* n° 2001-008570 ; *Bull. civ.* I, n° 55, p. 35 ; *RTD civ.* 2001, 341, obs. Hauser ; *Defrénois* 2001, 1004, obs. Massip. V. déjà ■ Cass. 1re civ., 14 juin 2000, n° 98-16.122 : *JurisData* n° 2000-002531 ; *Dr. famille* 2000, 110, note Lécuyer ; *JCP* 2001, I, 309, n° 12, obs. Storck ; *D.* 2001, somm. 2935, 1re esp., obs. Revel, admettant la demande en partage d'un bien indivis omis, sans relever le moyen tiré de l'intangibilité de la convention homologuée. ■ Cass. 2e civ., 27 janv. 2000, n° 96-11.410 : *JurisData* n° 2000-000244 ; *JCP* G 2000, I, 1455 ; *JCP* N 2000, 1613, note Lécuyer ; *D.* 2001, somm. 2935, 2e esp., obs. Revel ; *Bull. civ.* II, n° 18, p. 12 ; *Dr. famille* 2000, 86, note Lécuyer ; *Defrénois* 2000, 1305, obs. Massip ; *RTD civ.* 2000, 553, obs. Hauser, dispensant implicitement les époux de soumettre à nouveau leur accord à homologation. V. aussi en ce sens ■ Cass. 1re civ., 22 févr. 2005, n° 02-13.745 : *JurisData* n° 2005-027134 ; *Dr. famille* 2005, 103, note Larribau-Terneyre. ■ Cass. 1re civ., 30 sept. 2009, n° 07-12.592 : *Bull. civ.* I, n° 195, p. 177 ; *D.* 2010, 132, note Théron, et 1250, obs. Serra ; *RTD civ.* 2009, 707, obs. Hauser ; *Defrénois* 2010, 862, obs. Massip ; *JCP* N 2010, 1365, obs. Lesbats ; *Dr. famille* 2009, 137, note Larribau-Terneyre ; *JurisData* n° 2009-049662. ■ Cass. 1re civ., 13 déc. 2012, n° 11-19.098 : *Bull. civ.* I, n° 258, p. 246 ; *Dr. famille* 2013, 27, note Larribau-Terneyre ; *RTD civ.* 2013, 95, obs. Hauser, et 657, obs. Vareille ; *Defrénois* 2013, 413, note Massip ; *JCP* N 2013, 1101, note Nicod ; *JCP* N 2014, 1343, obs. Lesbats ; *JurisData* n° 2012-029111 [omission d'une récompense, responsabilité du notaire].

4) Omission d'un bien. Prescription de l'action. La cour d'appel, saisie, sur le fondement de l'article 892 du Code civil, d'une demande en partage complémentaire de biens communs omis par l'acte de partage, en a justement déduit que cette action n'était pas soumise au délai prévu par l'article 889, alinéa 2, du Code civil, et qu'elle était imprescriptible (■ Cass. 1re civ., 20 nov. 2013, n° 12-21.621 : *Bull.* ; *RTD civ.* 2014, 346, obs. Hauser.

5) Omission d'un bien. Responsabilité. Sur la possibilité pour l'ex-époux d'engager la responsabilité de son conjoint ayant commis une faute dans l'élaboration de la convention, par dissimulation d'une dette fiscale commune, V. ■ Cass. 1re civ., 23 janv. 2008, n° 06-22.017 : *Defrénois* 2008, 1117, obs. Massip. Comp. art. 1477, al. 2, p. 1315 (réd. L. n° 2004-439, 26 mai 2004). Sur la responsabilité du notaire, V. ■ Cass. 1re civ., 13 déc. 2012, n° 11-19.098, préc., annot. n° 3.

6) Tierce opposition contre la décision d'homologation. Sur la possibilité pour les créanciers de l'un et de l'autre époux de former tierce opposition contre la décision d'homologation, V. CPC, art. 1104, p. 2339.

7) Action paulienne. La convention définitive ne peut être attaquée par la voie de l'action paulienne (■ Cass. 2e civ., 25 nov. 1999, n° 98-10.555 : *JurisData* n° 1999-004055 ; *JCP* 2000, II, 10338, note Guedj ; *Bull. civ.* II, n° 177, p. 121 ; *Dr. famille* 2000, 22, note Lécuyer ; *Defrénois* 2000, 1051, obs. Massip ; *RTD civ.* 2000, 83, obs. Hauser. V. déjà ■ Versailles, 11 mars 1993 : *JurisData* n° 1993-040874 ; *D.* 1994, 303, note Revel). Après son homologation par le jugement prononçant le divorce, la convention définitive revêt la même force exécutoire que celle d'une décision de justice et ne peut plus être remise en cause hors des cas limitativement prévus par la loi, dans lesquels n'entre pas l'action en inopposabilité fondée sur la fraude (■ Cass. 1re civ., 23 nov. 2011, n° 10-26.802 : *Bull. civ.* I, n° 204, p. 198 ; *JCP* 2011, act. 1346 ; *Defrénois* 2012, 358, note Ould Aklouche ; *Dr. famille* 2011, 5, note Larribau-Terneyre ; *RTD civ.* 2012, 98, obs. Hauser ; *JCP* N 2013, 1143, obs. Lesbats ; *JurisData* n° 2011-025883. ■ Cass. 1re civ., 9 nov. 2016, n° 15-26.911 : *JCP* N 2018, 1192, Lesbats ; *JurisData* n° 2016-030411).

8) **Rescision pour lésion.** Le prononcé du divorce et l'homologation de la convention définitive ont un caractère indissociable et ne peuvent plus être remis en cause hors des cas prévus par la loi, d'où il résulte que la convention définitive ne peut faire l'objet d'une action en rescision pour lésion (■ Cass. 2e civ., 6 mai 1987, n° 86-10.107 : *JurisData* n° 1987-000934 ; *Bull. civ.* II, n° 103, p. 60 ; *D.* 1987, 358, note Groslière ; F. Terré et Y. Lequette, *Les grands arrêts de la jurisprudence civile*, t. 1, Dalloz, 13e éd., 2015, n° 42, p. 291. ■ Cass. 1re civ., 18 oct. 1994, n° 92-21.735 : *JurisData* n° 1994-002266 ; *JCP* 1994, IV, 2541 ; *Bull. civ.* I, n° 292, p. 212. ■ Cass. 1re civ., 3 mars 2010, deux arrêts, nos 08-12.395 et 08-70.214 : *JCP* N 2010, 1366 et 1367, obs. Lesbats, et 1250, note Massip ; *Dr. famille* 2010, 99, obs. Larribau-Terneyre ; *JurisData* nos 2010-001245 et 2010-001246). V. en ce sens, pour l'erreur, ■ Riom, 28 juin 1988 : *JurisData* n° 1988-049496 ; *D.* 1990, somm. 117, obs. Bénabent. V. aussi pour une convention portant atteinte à la vie privée, ■ Cass. 2e civ., 2 avr. 1997, n° 93-16.995 : *JurisData* n° 1997-001486 ; *JCP* 1997, IV, 1142 ; *Bull. civ.* II, n° 103, p. 59 ; *RTD civ.* 1997, 638, obs. Hauser ; *Defrénois* 1998, 302, 2e esp., obs. Massip.

9) **Liquidation judiciaire.** Le représentant des créanciers de l'époux déclaré en liquidation judiciaire peut demander la nullité de l'état liquidatif de la communauté compris dans la convention définitive homologuée (■ Cass. com., 28 avr. 1998, n° 95-19.436 : *JurisData* n° 1998-002009 ; *Dr. famille* 1998, 98, note Lécuyer. V. en ce sens ■ Cass. 1re civ., 25 janv. 2000 : *JCP* 2000, IV, 1447 ; *Bull. civ.* I, n° 19, p. 12 ; *Dr. famille* 2000, 48, note Lécuyer ; *RTD civ.* 2000, 553, obs. Hauser).

10) **Procédure de révision.** Sur la procédure à suivre lorsqu'il y a lieu à révision de la prestation compensatoire dans le cas prévu à l'alinéa 3, voir CPC, art. 1084, p. 2337.

11) **Objet de la révision.** Il résulte des articles 275, al. 2, et 279, al. 3, du Code civil que, sauf nouvelle convention modifiant la convention de divorce homologuée lors de son prononcé, seule la révision des modalités de paiement de la prestation compensatoire en capital peut être ordonnée (■ Cass. 1re civ., 11 sept. 2013, n° 12-25.753 : *Bull. civ.* I, n° 166, p. 167 ; *RTD civ.* 2013, 822, obs. Hauser, cassation de l'arrêt ayant condamné le débiteur à souscrire un contrat garantissant le paiement du capital restant dû).

12) **Loi du 30 juin 2000. Instances en cours.** Si la loi du 30 juin 2000 est applicable aux instances en cours, la nouvelle rédaction de l'article 279, alinéa 3, ne peut se substituer aux modalités de révision contractuellement prévues (■ Cass. 2e civ., 5 avr. 2001 : *Dr. famille* 2002, 6, note Lécuyer ; *JurisData* n° 2001-142091).

Art. 279-1 *(L. n° 2004-439, 26 mai 2004)*. **– Lorsqu'en application de l'article 268, les époux soumettent à l'homologation du juge une convention relative à la prestation compensatoire, les dispositions des articles 278 et 279 sont applicables.**

Art. 280 *(Rétabli, L. n° 2004-439, 26 mai 2004)*. **– À la mort de l'époux débiteur, le paiement de la prestation compensatoire, quelle que soit sa forme, est prélevé sur la succession. Le paiement est supporté par tous les héritiers, qui n'y sont pas tenus personnellement, dans la limite de l'actif successoral et, en cas d'insuffisance, par tous les légataires particuliers, proportionnellement à leur émolument, sous réserve de l'application de l'article 927.**

Lorsque la prestation compensatoire a été fixée sous forme d'un capital payable dans les conditions de l'article 275, le solde de ce capital indexé devient immédiatement exigible.

Lorsqu'elle a été fixée sous forme de rente, il lui est substitué un capital immédiatement exigible. La substitution s'effectue selon des modalités fixées par décret en Conseil d'État.

Voir : D. n° 2004-1157, 29 oct. 2004, pris en application des articles 276-4 et 280 du Code civil et fixant les modalités de substitution d'un capital à une rente allouée au titre de la prestation compensatoire, p. 3227.

Art. 280-1 *(Rempl., L. n° 2004-439, 26 mai 2004)*. **– Par dérogation à l'article 280, les héritiers peuvent décider ensemble de maintenir les formes et modalités de règlement de la prestation compensatoire qui incombaient à l'époux débiteur, en s'obligeant personnellement au paiement de cette prestation. À peine de nullité, l'accord est constaté par un acte notarié. Il est opposable aux tiers à compter de sa notification à l'époux créancier lorsque celui-ci n'est pas intervenu à l'acte.**

Lorsque les modalités de règlement de la prestation compensatoire ont été maintenues, les actions prévues au deuxième alinéa de l'article 275 et aux articles 276-3 et 276-4, selon que la prestation compensatoire prend la forme d'un capital ou d'une rente temporaire ou viagère, sont ouvertes aux héritiers du débiteur. Ceux-ci peuvent également se libérer à tout moment du solde du capital indexé lorsque la prestation compensatoire prend la forme prévue au premier alinéa de l'article 275.

En l'**absence d'accord des héritiers** pour maintenir les modalités de règlement de la prestation compensatoire sous forme de rente, comme le leur permet l'article 280-1 du Code civil, il doit lui être substitué un capital immédiatement exigible (■ Cass. 1re civ., 4 nov. 2015, n° 14-20.383 : *Bull.* ; *Dr. famille* 2016, 2, note Binet ; *JCP* G 2016, 35, n° 5, obs. Bosse-Platière ; *RTD civ.* 2016, 89, obs. Hauser ; *JurisData* n° 2015-024499).

Art. 280-2 *(Anc. art. 276-2, dénum. et mod., L. n° 2004-439, 26 mai 2004).* – **Les pensions de réversion éventuellement versées du chef du conjoint décédé sont déduites de plein droit du montant de la prestation compensatoire, lorsque celle-ci, au jour du décès, prenait la forme d'une rente. Si les héritiers usent de la faculté prévue à l'article 280-1 et sauf décision contraire du juge, une déduction du même montant continue à être opérée si le créancier perd son droit ou subit une variation de son droit à pension de réversion.**

Montant brut. Lorsqu'une pension de réversion du chef du débiteur décédé est versée au créancier de la prestation compensatoire, le montant brut de cette pension est déduit du capital substitué à la rente (■ Cass. 1re civ., 5 déc. 2018, n° 17-27.518 : *Bull.* ; *Dr. famille* 2019, n° 42, Gayet ; *JurisData* n° 2018-022041).

Art. 281 *(Anc. art. 280, dénum. et mod., L. n° 2004-439, 26 mai 2004).* – **Les transferts et abandons prévus au présent paragraphe sont, quelles que soient leurs modalités de versement, considérés comme participant du régime matrimonial. Ils ne sont pas assimilés à des donations.**

Fiscalité. V. sur le régime fiscal des prestations compensatoires, Instr. 20 déc. 2005 : *JCP* N 2006, 1010.

Art. 282 à 285 *(Abr., L. n° 2004-439, 26 mai 2004).*

§ 4. – Du logement
(Dénum., L. n° 2004-439, 26 mai 2004)

Art. 285-1 *(Rempl., L. n° 2004-439, 26 mai 2004).* – **Si le local servant de logement à la famille appartient en propre ou personnellement à l'un des époux, le juge peut le concéder à bail au conjoint qui exerce seul ou en commun l'autorité parentale sur un ou plusieurs de leurs enfants lorsque ceux-ci résident habituellement dans ce logement et que leur intérêt le commande.**

Le juge fixe la durée du bail et peut le renouveler jusqu'à la majorité du plus jeune des enfants.

Le juge peut résilier le bail si des circonstances nouvelles le justifient.

Bibliographie : J. Beauchard, *Le bail forcé du logement de la famille à la suite du divorce* : *JCP* N 1982, I, 63.

1) **Résidence séparée.** L'article 285-1 peut être appliqué à un local dans lequel l'un des époux vit de façon habituelle avec les enfants issus du mariage, même séparément de son conjoint (■ Paris, 4 mai 1979 : *D.* 1980, inf. rap. 437, pourvoi rejeté par ■ Cass. 2e civ., 8 juill. 1981, n° 79-14.847 : *Bull. civ.* II, n° 149, p. 96).

2) **Moment de la demande.** La demande de concession d'un bail formée sur le fondement de l'article 285-1 ne peut être présentée après le prononcé du divorce (■ Cass. 2e civ., 28 mars 2002, n° 00-18.187 : *JurisData* n° 2002-013708 ; *Dr. famille* 2002, 113, note Lécuyer ; *Bull. civ.* II, n° 59, p. 48 ; *Defrénois* 2002, 1161, obs. Massip).

Section III. – Des conséquences du divorce pour les enfants

Art. 286 *(L. n° 2002-305, 4 mars 2002).* – **Les conséquences du divorce pour les enfants sont réglées selon les dispositions du chapitre I du titre IX du présent livre.**

Art. 287 à 295 *(Abr., L. n° 2002-305, 4 mars 2002).*

CHAPITRE IV. – DE LA SÉPARATION DE CORPS

Bibliographie : S. Mirabail, *Repenser ou supprimer la séparation de corps* : *JCP* G 2018, 843.

Section I. – Des cas et de la procédure de la séparation de corps

Art. 296 *(L. n° 75-617, 11 juill. 1975 ; mod., L. n° 2016-1547, 18 nov. 2016 ; mod., L. n° 2019-222, 23 mars 2019).* – **La séparation de corps peut être prononcée ou constatée dans les mêmes cas et aux mêmes conditions que le divorce.**

Art. 297 *(L. n° 75-617, 11 juill. 1975 ; mod., L. n° 2004-439, 26 mai 2004).* – **L'époux contre lequel est présentée une demande en divorce peut former une demande reconventionnelle en séparation de corps. Toutefois, lorsque la demande principale en divorce est fondée sur l'altération définitive du lien conjugal, la demande reconventionnelle ne peut tendre qu'au divorce. L'époux contre lequel est présentée une demande en séparation de corps peut former une demande reconventionnelle en divorce.**

Art. 297-1 *(L. n° 2004-439, 26 mai 2004).* – **Lorsqu'une demande en divorce et une demande en séparation de corps sont concurremment présentées, le juge examine en premier lieu la demande en divorce. Il prononce celui-ci dès lors que les conditions en sont réunies. À défaut, il statue sur la demande en séparation de corps.**

Toutefois, lorsque ces demandes sont fondées sur la faute, le juge les examine simultanément et, s'il les accueille, prononce à l'égard des deux conjoints le divorce aux torts partagés.

Application dans le temps. Lorsqu'une demande en séparation de corps pour faute a été formée avant l'entrée en vigueur de la loi du 26 mai 2004 relative au divorce, et qu'une demande reconventionnelle en divorce pour altération définitive du lien conjugal est formée sur le fondement de la loi nouvelle, il y a lieu d'examiner en premier lieu la demande en divorce (■ Cass., avis, 3 avr. 2006 : *Bull. civ.* avis, n° 2, p. 3 ; *RTD civ.* 2006, 539, obs. Hauser ; *Dr. famille* 2006, 109, note Larribau-Terneyre ; *JurisData* n° 2006-033028). – V. C. Watine-Drouin, *Du concours des demandes en divorce et en séparation de corps* in *Mélanges Jacques Foyer*, Économica 2008, 1023.

Art. 298 *(L. n° 75-617, 11 juill. 1975 ; mod., L. n° 2004-439, 26 mai 2004).* – **En outre, les règles contenues** *(Réf. rempl., L. n° 2019-222, 23 mars 2019)* **« aux articles 229-1 à 229-4 » ainsi qu'au chapitre II ci-dessus sont applicables à la procédure de la séparation de corps.**

Section II. – Des conséquences de la séparation de corps

Art. 299. – **La séparation de corps ne dissout pas le mariage mais elle met fin au devoir de cohabitation.**

Art. 300 *(Rempl., L. n° 2004-439, 26 mai 2004).* – **Chacun des époux séparés conserve l'usage du nom de l'autre. Toutefois,** *(Mots aj., L. n° 2019-222, 23 mars 2019)* **« la convention de séparation de corps par acte sous signature privée contresigné par avocats déposé au rang des minutes d'un notaire, » le jugement de séparation de corps ou un jugement postérieur peut, compte tenu des intérêts respectifs des époux, le leur interdire.**

Art. 301 *(L. 75-617, 11 juill. 1975 ; mod., L. n° 2001-1135, 3 déc. 2001 ; L. n° 2004-439, 26 mai 2004 ; mod., L. n° 2019-222, 23 mars 2019).* – **En cas de décès de l'un des époux séparés de corps, l'autre époux conserve les droits que la loi accorde au conjoint survivant. En cas de séparation de corps par consentement mutuel, les époux peuvent inclure dans leur convention une renonciation aux droits successoraux qui leur sont conférés par les articles 756 à 757-3 et 764 à 766**

Art. 302. – **La séparation de corps entraîne toujours séparation de biens.**

En ce qui concerne les biens, la date à laquelle la séparation de corps produit ses effets est déterminée conformément aux dispositions des articles 262 à 262-2.

Date d'effet. Il résulte du renvoi opéré par l'article 302 à l'article 262-1 que le juge peut fixer les effets du jugement de séparation de corps à la date à laquelle les époux ont cessé de cohabiter et de collaborer (■ Cass. 1re civ., 12 juin 2014, n° 13-16.044 : *Bull. civ.* ; *RTD civ.* 2014, 633, obs. Hauser ; *Dr. famille* 2014, 177, note Binet ; *JurisData* n° 2014-012770).

Art. 303 *(L. n° 75-617, 11 juill. 1975 ; mod., L. n° 2004-439, 26 mai 2004). – (Al. mod., L. n° 2019-222, 23 mars 2019)* **La séparation de corps laisse subsister le devoir de secours ; le jugement qui la prononce ou un jugement postérieur fixe la pension alimentaire qui est due à l'époux dans le besoin. La pension alimentaire peut aussi être prévue par la convention de séparation de corps par consentement mutuel.**

Cette pension est attribuée sans considération des torts. L'époux débiteur peut néanmoins invoquer, s'il y a lieu, les dispositions de l'article 207, alinéa 2.

Cette pension est soumise aux règles des obligations alimentaires.

Toutefois, lorsque la consistance des biens de l'époux débiteur s'y prête, la pension alimentaire est remplacée, en tout ou partie, par la constitution d'un capital, selon les règles des articles 274 à 275-1, 277 et 281. Si ce capital devient insuffisant pour couvrir les besoins du créancier, celui-ci peut demander un complément sous forme de pension alimentaire.

1) Imputation sur la part de communauté (non). La pension accordée par le magistrat conciliateur dans le cadre d'une procédure de séparation de corps n'a pas à être imputée sur la part de la femme dans le partage de la communauté, alors même que l'ordonnance de non-conciliation a précisé qu'elle était « à valoir sur la communauté », dès lors que l'arrêt prononçant la séparation de corps laissait subsister le devoir de secours et que l'ordonnance, qui n'avait qu'un caractère provisoire, était dépourvue de l'autorité de chose jugée (▪ Cass. 1re civ., 18 nov. 1986, n° 85-15.254 : *JurisData* n° 1986-002164 ; *Bull. civ.* I, n° 271, p. 259).

2) Séparation pour rupture de la vie commune. L'époux demandeur en séparation de corps pour rupture de la vie commune peut prétendre, au titre du devoir de secours maintenu par l'article 303, à l'allocation d'une pension alimentaire (▪ Cass. 2e civ., 5 mars 1997, n° 95-13.339 : *JurisData* n° 1997-000885 ; *JCP* 1997, II, 22853, note Garé ; *Bull. civ.* II, n° 68, p. 39 ; *Defrénois* 1997, 1330, obs. Massip ; *Dr. famille* 1997, 86, note Lécuyer).

3) Attribution d'un capital. Lorsque la consistance des biens de l'époux débiteur de l'obligation de secours s'y prête, la combinaison des articles 285 (anc.) et 303 (anc.) du Code civil, dans leur rédaction antérieure à la loi du 26 mai 2004, permet de remplacer la pension alimentaire, en tout ou partie, par la constitution d'un capital qui peut être réalisée sous la forme d'un abandon de biens en usufruit (▪ Cass. 1re civ., 18 déc. 2013, n° 12-29.920 : *Bull. civ.* I, n° 242, p. 238 ; *RTD civ.* 2014, 351, obs. Hauser ; *JurisData* n° 2013-029982).

4) Manquements du créancier. Pour un exemple d'application de l'article 207, alinéa 2 du Code civil à la pension due en cas de séparation de corps, V. ▪ Cass. 2e civ., 11 févr. 1981 : *Bull. civ.* II, n° 34, p. 23.

Art. 304. – **Sous réserve des dispositions de la présente section, les conséquences de la séparation de corps obéissent aux mêmes règles que les conséquences du divorce énoncées au chapitre III ci-dessus.**

Section III. – De la fin de la séparation de corps

Art. 305 *(Mod., L. n° 85-1372, 13 déc. 1985).* – **La reprise volontaire de la vie commune met fin à la séparation de corps.**

Pour être opposable aux tiers, celle-ci doit, soit être constatée par acte notarié, soit faire l'objet d'une déclaration à l'officier d'état civil. Mention en est faite en marge de l'acte de mariage des époux, ainsi qu'en marge de leurs actes de naissance.

La séparation de biens subsiste sauf si les époux adoptent un nouveau régime matrimonial suivant les règles de l'article 1397.

Formalités de publicité. Les formalités de publicité prévues par l'article 305, alinéa 2, doivent avoir été effectuées pour rendre opposable au bailleur le maintien dans les lieux loués de l'épouse séparée de corps ayant repris la vie commune quelques mois avant le décès du mari (▪ Cass. 3e civ., 4 juill. 2001, n° 99-12.327 : *JurisData* n° 2001-010487 ; *JCP* N 2002, 1308, note Brémond).

Art. 306 *(L. n° 75-617, 11 juill. 1975 ; mod., L. n° 2004-439, 26 mai 2004).* – **À la demande de l'un des** *époux, le jugement de* **séparation de corps est converti de plein droit en jugement de divorce quand la séparation de corps a duré deux ans.**

1) La loi applicable à la conversion de séparation de corps en divorce est celle en vigueur lors de la requête initiale en séparation de corps (▪ Cass. 2e civ., 27 nov. 1980, n° 80-10.488 : *JurisData* n° 1980-725200 ; *Bull. civ.* II, n° 248, p. 170).

2) **Demande directe en divorce.** Dès lors qu'il n'est pas allégué que l'un des époux aurait formé une demande de conversion de la séparation de corps en divorce, jugé que la demande directe en divorce de l'épouse est recevable malgré l'existence d'un jugement antérieur de séparation de corps (■ Toulouse, 3 juin 2008 : *JCP* 2008, IV, 2648 ; *JurisData* n° 2008-368237).

Art. 307 *(L. n° 75-617, 11 juill. 1975 ; mod., L. n° 2004-439, 26 mai 2004).* – **Dans tous les cas de séparation de corps, celle-ci peut être convertie en divorce par consentement mutuel.**

(Al. rempl., L. n° 2019-222, 23 mars 2019) **En cas de séparation de corps par consentement mutuel, la conversion en divorce ne peut intervenir que par consentement mutuel.**

Demande principale en divorce. Les articles 306 et 307 n'excluent pas la possibilité d'une demande principale en divorce, formée pour d'autres causes, après le jugement de séparation de corps, spécialement celle formée pour rupture de la vie commune (■ Cass. 2e civ., 11 oct. 1989, n° 88-14.802 : *JurisData* n° 1989-003379 ; *JCP* 1989, IV, 395 ; *Bull. civ.* II, n° 179, p. 92 ; *Defrénois* 1990, 298, obs. Massip. ■ Cass. 2e civ., 11 déc. 1991, n° 90-13.374 : *JurisData* n° 1991-003462 ; *Bull. civ.* II, n° 343, p. 180) ou pour adultère (■ Paris, 10 févr. 1993 : *JurisData* n° 1993-020468. Sur le principe que les fautes doivent être postérieures au jugement de séparation de corps, V. ■ Cass. 2e civ., 19 juin 1996, n° 94-15.500 : *JCP* 1996, IV, 1933 ; *Bull. civ.* II, n° 190, p. 115). Mais une fois la demande en conversion présentée à l'expiration du délai de trois ans, aucune demande reconventionnelle n'est, aux termes de l'article 1142 du Code de procédure civile, recevable, sauf sur les conséquences du divorce (■ Paris, 15 nov. 1991 : *JurisData* n° 1991-024249).

Art. 308. – **Du fait de la conversion, la cause de la séparation de corps devient la cause du divorce ; l'attribution des torts n'est pas modifiée.**

Le juge fixe les conséquences du divorce. Les prestations et pensions entre époux sont déterminées selon les règles propres au divorce.

Séparation aux torts exclusifs du mari. Lorsque la séparation de corps a été prononcée aux torts exclusifs du mari, celui-ci ne peut obtenir, à l'occasion de la conversion, que le divorce soit prononcé aux torts partagés en invoquant l'adultère de la femme (■ Nîmes, 13 févr. 1992 : *JurisData* n° 1992-030108).

Art. 309 ancien *(Abr., L. n° 2004-439, 26 mai 2004).*

CHAPITRE V. – DU CONFLIT DES LOIS RELATIVES AU DIVORCE ET À LA SÉPARATION DE CORPS

Art. 309 *(Anc. art. 310 issu, dénum., Ord. n° 2005-759, 4 juill. 2005).* – **Le divorce et la séparation de corps sont régis par la loi française :**

- **lorsque l'un et l'autre époux sont de nationalité française ;**
- **lorsque les époux ont, l'un et l'autre, leur domicile sur le territoire français ;**
- **lorsque aucune loi étrangère ne se reconnaît compétence alors que les tribunaux français sont compétents pour connaître du divorce ou de la séparation de corps.**

Bibliographie : J. Foyer, *Tournant et retour aux sources en droit international privé* : *JCP* 1976, I, 2762. • C. Chalas et C. Butruille-Cardew, *Interrogations sur la validité en droit international privé des accords préparatoires de divorce (À propos de CA Paris, 21 mars 2007)* : *JCP* N 2007, 1257. • H. Gaudemet-Tallon, Le divorce international depuis la communication de Patrick Courbe au Comité français de droit international privé in *Mélanges Patrick Courbe*, Dalloz 2012, 245.

1) **Droit conventionnel.** V. à compter du 21 juin 2012, Règl. (UE) du Conseil n° 1259/2010, 20 déc. 2010 mettant en œuvre une coopération renforcée dans le domaine de la loi applicable au divorce et à la séparation de corps (Rome III), p. 3356 (et extrait ci-après reproduit). V. M. Revillard, *Divorce des couples internationaux : choix de la loi applicable* : *Defrénois* 2011, 445. – M. Velletti, E. Calò et D. Boulanger, *La discipline européenne du divorce* : *JCP* N 2011, 1160. – H. Péroz, *Choix de la loi applicable au divorce international et pratique notariale* : *JCP* N 2012, 592. – H. Péroz, *Le choix de la loi applicable au divorce international. Nouvelle perspective pour les praticiens* : *JCP* G 2012, 727. – A. Devers et M. Farge, *Le nouveau droit international privé du divorce. À propos du règlement Rome III sur la loi applicable au divorce* : *Dr. famille* 2012, étude 13. – R. Crône, *La loi applicable au divorce. Règlement CE n° 1259/2010 du 20 décembre 2010 Rome III* : *JCP* N 2012, 1269. – M. Revillard et

R. Crône, *Le règlement Rome III sur les divorces internationaux (analyse et formules)* : *Defrénois* 2012, 560. – E. Fongaro, *Le règlement Rome III et les conséquences patrimoniales du divorce* : *JCP* N 2012, 1274. – E. Fongaro et R. Crône, *Divorce international : le règlement Rome III et ses ramifications* : *JCP* N 2013, 1108. – X. Guédé et F. Letellier, *Désignation de la loi applicable au divorce : quand et comment en toute sécurité juridique ?* : *JCP* N 2015, étude 1109.

2) Compétence du JAF. Sur la compétence du juge aux affaires matrimoniales (du juge aux affaires familiales depuis la loi du 8 janv. 1993) pour déterminer la loi applicable au divorce et prescrire en application de cette loi les mesures provisoires, V. ▪ Versailles, 18 janv. 1982 : *JurisData* n° 1982-043551 ; *JurisData* n° 1982-043551 ; *Rev. crit. DIP* 1983, 442, note Gaudemet-Tallon.

3) Époux domiciliés en France. Sur le principe que la loi française est applicable lorsque les deux époux ont l'un et l'autre leur domicile sur le territoire français, V. ▪ Paris, 21 nov. 1978 : *D.* 1979, inf. rap. 341, obs. Audit. ▪ Cass. 1re civ., 11 janv. 1983 : *JurisData* n° 1983-700242 ; *JCP* 1983, II, 19939, concl. Gulphe. C'est au jour de l'introduction de l'instance en divorce que la condition doit être remplie (▪ Cass. 1re civ., 17 juill. 1980 : *JurisData* n° 1980-705063 ; *JCP* 1982, II, 19717, note Courbe ; *Clunet* 1981, 75, note Simon-Depitre. ▪ Cass. 1re civ., 11 janv. 1983, préc. ▪ Cass. 1re civ., 8 juill. 2010, n° 09-66.658 : *Bull. civ.* I, n° 163, p. 153 ; *Dr. famille* 2010, 157, note Farge ; *JurisData* n° 2010-011396, date de la requête en divorce. – Rappr., pour apprécier la nationalité des époux, ▪ Cass. 1re civ., 12 janv. 2011, n° 10-10.216 ; *Dr. famille* 2011, 48, note Farge ; *JurisData* n° 2011-000190). Le domicile s'entend d'un établissement effectif concrétisant l'intégration au milieu local (▪ Cass. 1re civ., 15 mai 1961, *Tarwid* : *D.* 1961, 437, 3e esp., note G. Holleaux. ▪ Metz, 28 janv. 1992 : *JurisData* n° 1992-041961 ; *Rev. crit. DIP* 1993, 29, note Muir Watt).

4) Époux étrangers, dont un seul est domicilié en France. Lorsque deux époux sont étrangers, dont un seul est domicilié en France, leur divorce est régi par la loi étrangère qui se reconnaît compétence (▪ Cass. 1re civ., 25 mai 1987, n° 85-16.578 : *JurisData* n° 1987-001081 ; *Bull. civ.* I, n° 168, p. 127 ; *JCP* 1988, II, 20976, note Courbe ; *D.* 1987, inf. rap. 142 ; *Rev. crit. DIP* 1988, 60, note Lequette). Dès lors que la loi espagnole se reconnaît compétence, le juge ne peut refuser d'en faire application même si celle-ci n'est pas réclamée par la demanderesse et ne l'est par le défendeur que pour écarter une demande fondée sur le droit français (même arrêt).

5) Renvoi de la loi étrangère. Pour une application de la loi française par renvoi de la loi étrangère en ce qui concerne le motif du divorce, V. ▪ Paris, 11 févr. 1994 : *D.* 1994, inf. rap. 354, obs. Audit.

6) Application de l'article 309, alinéa 3. Dès lors que le mari est de nationalité italienne et la femme de nationalité française et qu'ils ne sont pas tous les deux domiciliés en France, il appartient aux juges du fond de rechercher si la loi italienne se reconnaît compétente (▪ Cass. 1re civ., 1er juin 1994, n° 92-11.236 : *Rev. crit. DIP* 1995, 117, note Gaudemet-Tallon. ▪ Cass. 1re civ., 4 juin 2009, n° 08-11.872 : *Bull. civ.* I, n° 112, p. 99 ; *D.* 2009, 1695, obs. Egea ; *Defrénois* 2009, 2193, obs. Massip ; *Dr. famille* 2009, 96, note Farge ; *JurisData* n° 2009-048457, cassation de l'arrêt ayant retenu que l'épouse, de nationalité allemande et rentrée en Allemagne, n'excipait d'aucune disposition de la loi allemande se reconnaissant compétente pour connaître du divorce, sans jamais remettre en cause l'application de la loi française tout au long de la procédure, alors que le juge devait rechercher si la loi allemande ne se reconnaissait pas compétente. – V. déjà ▪ Cass. 1re civ., 25 mai 1987, préc., annot. n° 3. – V. aussi ▪ Cass. 1re civ., 3 mars 2010, n° 09-13.723 : *Bull. civ.* I, n° 52, p. 50 ; *D.* 2010, 709, obs. Gallmeister ; *D.* 2011, 1374, obs. Jault-Seseke, au sujet de deux époux portugais dont l'un seulement était domicilié en France). Sur l'application de la loi étrangère, en vertu de l'article 310 (anc.), alinéa 3, à des époux dont l'un est Français, V. ▪ TGI Paris, 23 févr. 1978 : *JurisData* n° 1978-761470 ; *Rev. crit. DIP* 1979, 598, note Poisson-Drocourt. ▪ Douai, 26 janv. 1979 : *D.* 1979, inf. rap. 340, obs. Audit. ▪ Versailles, 18 janv. 1982 : *Rev. crit. DIP* 1983, 442, note Gaudemet-Tallon. V. aussi, mais écartant la loi étrangère contraire à l'ordre public, ▪ Cass. 1re civ., 1er avr. 1981 : *JurisData* n° 1981-701018 ; *Bull. civ.* I, n° 117, p. 99. Mais jugé que la loi applicable au divorce d'une Française domiciliée en France et d'un Espagnol domicilié en Espagne est la loi française par application de l'article 3, alinéa 3 du Code civil (▪ TGI Paris, 24 oct. 1977 : *JurisData* n° 1977-761066 ; *Gaz. Pal.* 1978, 1, 236, note Sarraute ; *Rev. crit. DIP* 1978, 681, note P. L.) ou que la loi française doit être appliquée dès lors que la loi espagnole compétente prohibe le divorce (▪ Paris, 16 févr. 1979 : *Gaz. Pal.* 1979, 2, 385, note R.S. ; *Rev. crit. DIP* 1980, 568, 1re esp., note Lequette).

7) Binational. Le juge français ne peut tenir compte que de la nationalité française du binational pour déterminer si la loi étrangère se reconnaît compétente pour régir le divorce (▪ Cass. 1re civ., 13 oct. 1992, n° 90-18.404 : *JurisData* n° 1992-002184 ; *Bull. civ.* I, n° 246, p. 162 ; *JCP* 1993, II, 22036, note Béhar-Touchais ; *D.* 1993, 85, note Courbe. Voir cependant, admettant l'effet en France d'une répudiation prononcée au Maroc entre deux époux ayant la double nationalité française et marocaine, ■ TGI Paris, 27 sept. 1990 : *JurisData* n° 1990-600141 ; *Rev. crit. DIP* 1992, 91, note Lequette).

8) Office du juge et preuve de la loi étrangère. Il incombe au juge français, s'agissant de droits dont les parties n'ont pas la libre disposition, de mettre en œuvre, même d'office, la règle de conflit de lois et de rechercher, au besoin avec le concours des parties, la teneur du droit étranger applicable (■ Cass. 1re civ., 7 juin 2006 : *Bull. civ.* I, n° 288, p. 252 ; *JurisData* n° 2006-033847. ■ Cass. 1re civ., 20 juin 2006 : *Bull. civ.* I, n° 316, p. 273 ; *JurisData* n° 2006-034127. ■ Cass. 1re civ., 23 nov. 2011, n° 10-25.206 : *Bull. civ.* I, n° 203, p. 197 ; *D.* 2012, 638, obs. Vassallo ; *Dr. famille* 2012, 18, note Abadie ; *JurisData* n° 2011-025972). Mais si le juge français, qui reconnaît applicable une loi étrangère, se heurte à l'impossibilité d'obtenir la preuve de son contenu, il peut, même en matière de droits indisponibles, faire application de la loi française à titre subsidiaire (■ Cass. 1re civ., 21 nov. 2006 : *Bull. civ.* I, n° 500, p. 445 ; *JCP* 2006, IV, 3511 ; *Defrénois* 2007, 788, obs. Massip ; *D.* 2007, somm. 1751, obs. Courbe ; *Dr. famille* 2007, 135, note Farge ; *JurisData* n° 2006-036023, décision rendue en matière de filiation).

9) Droit transitoire. L'article 24-I de la loi du 11 juill. 1975 (disposant que les affaires introduites avant l'entrée en vigueur de la réforme sont poursuivies et jugées selon la loi ancienne) pose seulement des règles transitoires spéciales de la loi interne et ne régit pas la règle de conflit de lois, laquelle reste déterminée par les principes généraux du droit transitoire commandant l'application immédiate de la règle de conflit unilatérale exprimée par l'article 310 (anc.) (■ Cass. 1re civ., 13 janv. 1982, n° 80-12.525 : *Rev. crit. DIP* 1982, 551, note Batiffol ; *JCP* 1982, IV, 113. V. en ce sens ■ Paris, 23 févr. 1987 : *D.* 1987, somm. 348, obs. Audit).

10) Compétence exclusive de la loi française (non). L'article 310 (anc.), s'il prévoit l'application de la loi française à des époux domiciliés l'un et l'autre en France, n'édicte pas une compétence exclusive empêchant le recours au juge national et à la loi d'origine (■ Douai, 9 mars 1989 : *JurisData* n° 1989-052961 ; *JCP* 1989, II, 21388, note X. L., à propos de la Convention franco-marocaine du 10 août 1981).

11) Règlement communautaire. Voir Règlement (UE) n° 2201/2003 du Conseil du 17 nov. 2003 relatif à la compétence, la reconnaissance et l'exécution des décisions en matière matrimoniale et en matière de responsabilité parentale : *JOUE* n° L. 338, 23 déc. 2003, 1. – Règlement (UE) n° 1259/2010 du Conseil du 20 déc. 2010, p. 3356 mettant en œuvre une coopération renforcée dans le domaine de la loi applicable au divorce et à la séparation de corps (*JOUE* n° L. 343, 29 déc. 2010, 16), et extrait ci-dessous reproduit.

Règlement (UE) du Conseil n° 1259/2010 du 20 décembre 2010

mettant en œuvre une coopération renforcée dans le domaine de la loi applicable au divorce et à la séparation de corps

(extrait)

(...)

Chapitre II. – Règles uniformes sur la loi applicable au divorce et à la séparation de corps

Art. 5. – *Choix de la loi applicable par les parties.* 1. Les époux peuvent convenir de désigner la loi applicable au divorce et à la séparation de corps, pour autant qu'il s'agisse de l'une des lois suivantes :

a) la loi de l'État de la résidence habituelle des époux au moment de la conclusion de la convention ; ou

b) la loi de l'État de la dernière résidence habituelle des époux, pour autant que l'un d'eux y réside encore au moment de la conclusion de la convention ; ou

c) la loi de l'État de la nationalité de l'un des époux au moment de la conclusion de la convention ; ou

d) la loi du for.

2. Sans préjudice du paragraphe 3, une convention désignant la loi applicable peut être conclue et modifiée à tout moment, mais au plus tard au moment de la saisine de la juridiction.

3. Si la loi du for le prévoit, les époux peuvent également désigner la loi applicable devant la juridiction au cours de la procédure. Dans ce cas, la juridiction prend acte de la désignation conformément à la loi du for.

Art. 6. – *Consentement et validité matérielle.* 1. L'existence et la validité d'une convention sur le choix de la loi ou de toute clause de celle-ci sont soumises à la loi qui serait applicable en vertu du présent règlement si la convention ou la clause était valable.

2. Toutefois, pour établir son absence de consentement, un époux peut se fonder sur la loi du pays dans lequel il a sa résidence habituelle au moment où la juridiction est saisie si les circonstances indiquent qu'il ne serait pas raisonnable de déterminer l'effet du comportement de cet époux conformément à la loi visée au paragraphe 1.

Art. 7. – *Validité formelle.* 1. La convention visée à l'article 5, paragraphes 1 et 2, est formulée par écrit, datée et signée par les deux époux. Toute transmission par voie électronique qui permet de consigner durablement la convention est considérée comme revêtant une forme écrite.

2. Toutefois, si la loi de l'État membre participant dans lequel les deux époux ont leur résidence habituelle au moment de la conclusion de la convention prévoit des règles formelles supplémentaires pour ce type de convention, ces règles s'appliquent.

3. Si, au moment de la conclusion de la convention, les époux ont leur résidence habituelle dans des États membres participants différents et si les lois de ces États prévoient des règles formelles différentes, la convention est valable quant à la forme si elle satisfait aux conditions fixées par la loi de l'un de ces pays.

4. Si, au moment de la conclusion de la convention, seul l'un des époux a sa résidence habituelle dans un État membre participant et si cet État prévoit des règles formelles supplémentaires pour ce type de convention, ces règles s'appliquent.

Art. 8. – *Loi applicable à défaut de choix par les parties.* À défaut de choix conformément à l'article 5, le divorce et la séparation de corps sont soumis à la loi de l'État :

a) de la résidence habituelle des époux au moment de la saisine de la juridiction ; ou, à défaut,

b) de la dernière résidence habituelle des époux, pour autant que cette résidence n'ait pas pris fin plus d'un an avant la saisine de la juridiction et que l'un des époux réside encore dans cet État au moment de la saisine de la juridiction ; ou, à défaut,

c) de la nationalité des deux époux au moment de la saisine de la juridiction ; ou, à défaut,

d) dont la juridiction est saisie.

Art. 9. – *Conversion de la séparation de corps en divorce.* 1. En cas de conversion d'une séparation de corps en divorce, la loi applicable au divorce est la loi qui a été appliquée à la séparation de corps, sauf si les parties en sont convenues autrement conformément à l'article 5.

2. Toutefois, si la loi qui a été appliquée à la séparation de corps ne prévoit pas de conversion de la séparation de corps en divorce, l'article 8 s'applique, sauf si les parties en sont convenues autrement conformément à l'article 5.

Art. 10. – *Application de la loi du for.* Lorsque la loi applicable en vertu des articles 5 ou 8 ne prévoit pas le divorce ou n'accorde pas à l'un des époux, en raison de son appartenance à l'un ou l'autre sexe, une égalité d'accès au divorce ou à la séparation de corps, la loi du for s'applique.

(...)

TITRE VII. – DE LA FILIATION

(Rempl., Ord. n° 2005-759, 4 juill. 2005)

Bibliographie : P. Murat, *Prolégomènes à une hypothétique restructuration du droit des filiations* in *Mélanges Jean Hauser*, LexisNexis-Dalloz 2012, 405. • A. Cheynet de Beaupré, *Les liens du sang (filiation et vérité biologique)* in *Mélanges Neirinck*, LexisNexis 2015, 443. • J.-J. Lemouland, *La filiation désexuée : nouveau modèle pour la famille de demain ?* in *Mélanges Neirinck*, LexisNexis 2015, 561. • A. Chaigneau, *Pour un droit du lien. Le débat sur la gestation pour autrui comme catalyseur d'un droit de la filiation renouvelé : RTD civ.* 2016, 263. • A. Dionisi-Peyrusse, *Les fondements de la filiation : Dr. famille* 2016, étude 13. • F. Kernaleguen, *« Vos enfants ne sont pas vos enfants » : être institué parent ? : JCP* G 2017, 185. • S. Paricard, *Vers un droit spécial de la filiation ? : D.* 2018, 75.

Réforme du 4 juillet 2005. F. Granet-Lambrechts et J. Hauser, *Le nouveau droit de la filiation : D.* 2006, chron. 17. • J. Massip, *Le nouveau droit de la filiation : Defrénois* 2006, art. 38303 (1re partie), art. 38312 (2e partie) et art. 38324 (3e partie). • Th. Garé, *L'ordonnance portant réforme de la filiation : JCP 2006, I, 144.* • F. Dekeuwer-Défossez, *Le nouveau droit de la filiation : pas si simple ! : Rev. Lamy dr. civ. 2005*, n° 21, 34. • A.-M. Leroyer, *RTD* civ. 2005, 836. • J. Hauser, *Des filiations à la filiation : RJPF* 2005, n° 9, 6. • Dossier *in Dr. famille* 2006, études 1 et s. • *Le nouveau droit de la filiation* : dossier *in AJF* 2005, 424. • A. Batteur, *La filiation après la publication de l'ordonnance du 4 juillet 2005 et de la loi du 23 juin 2006 : JCP* N 2007, 1199. • Y. Lequette, *Observations sur le « nominalisme législatif » en matière de filiation* in *Études Geneviève Viney*, LGDJ 2008, 647. • Y. Lequette, *Quelques remarques sur le pluralisme en droit de la famille* in *Mélanges Gérard Champenois : Defrénois* 2012, 523.

Loi de ratification du 16 janvier 2009. J. Massip, *La loi du 16 janvier 2009 ratifiant l'ordonnance du 4 juillet 2005 réformant le droit de la filiation : Defrénois* 2009, 591 ; *LPA* 8 juin 2009, 3. • Th. Garé, *Réforme de la filiation. À propos de la loi du 16 janvier 2009 : JCP* 2009, act. 59 ; *JCP* N 2009, act. 188. • A. Dionisi-Peyrusse, *Le droit de la filiation issu de la loi du 16 janvier 2009 ratifiant l'ordonnance du 4 juillet 2005 : D.* 2009, chron. 966. • G. Vial, *La recevabilité des actions relatives à la filiation dans la loi n° 2009-61 du 16 janvier 2009 : Dr. famille* 2009, étude 18. • A.-M. Leroyer, chron. *in RTD civ.* 2009, 375.

Voir : Application de la réforme dans le temps : V. Ord. n° 2005-759, 4 juill. 2005, art. 20 et 21, p. 3247.

Art. 310 *(Anc. art. 310-1, dénum., Ord. n° 2005-759, 4 juill. 2005).* **– Tous les enfants dont la filiation est légalement établie ont les mêmes droits et les mêmes devoirs dans leurs rapports avec leur père et mère. Ils entrent dans la famille de chacun d'eux** (1).

CHAPITRE I. – DISPOSITIONS GÉNÉRALES

Art. 310-1 *(Ord. n° 2005-759, 4 juill. 2005)* (2) (3). **– La filiation est légalement établie, dans les conditions prévues au chapitre II du présent titre, par l'effet de la loi, par la reconnaissance volontaire ou par la possession d'état constatée par un acte de notoriété.**

Elle peut aussi l'être par jugement dans les conditions prévues au chapitre III du présent titre.

Art. 310-2 *(Ord. n° 2005-759, 4 juill. 2005).* **– S'il existe entre les père et mère de l'enfant un des empêchements à mariage prévus par les articles 161 et 162 pour cause de parenté, la filiation étant déjà établie à l'égard de l'un, il est interdit d'établir la filiation à l'égard de l'autre par quelque moyen que ce soit.**

Bibliographie : S. Perrin, *La filiation de l'enfant issu d'un inceste absolu : vers la fin d'une discrimination ? : Dr. famille* 2010, étude 16.

1) Adoption intrafamiliale. L'adoption intrafamiliale contrevient aux dispositions d'ordre public édictées par l'article 334-10 (anc.) interdisant l'établissement du double lien de filiation en cas d'inceste absolu (▪ Cass. 1re civ., 6 janv. 2004, n° 01-01.600 : *JurisData* n° 2004-021678 ; *JCP* 2004, I, 109, n° 2, obs. Rubellin-Devichi ; *JCP* 2004, II, 10064, note Labrusse-Riou ; *Dr. famille* 2004, 16, note Fenouillet ; *D.* 2004, 362, concl. Sainte-Rose et note Vigneau, et somm. 1419, obs. Granet-Lambrechts ; *Bull. civ.* I, n° 2, p. 2 ; *Defrénois* 2004, 594, obs. Massip, cassant ▪ Rennes, 24 janv. 2000, n° 99/02944 : *JurisData* n° 2000-110223 ; *JCP* 2000, IV, 2338 ; *D.* 2002, somm. 2020, obs. Granet. V. sur ce dernier arrêt D. Fenouillet, *L'adoption de l'enfant incestueux par le demi-frère de sa mère, ou comment l'intérêt prétendu de l'enfant tient lieu de seule règle de droit : Dr. famille* 2003, étude 29. – Voir sur renvoi ▪ Paris, 5 avr. 2005, n° 2004/02232 : *JurisData* n° 2005-268598 ; *Dr. famille* 2005, 242, note Murat). V. aussi F. Terré et Y. Lequette, *Les grands arrêts de la jurisprudence civile*, t. 1, Dalloz, 13e éd., 2015, n° 53, p. 352.

2) Intérêt de l'enfant. Décidant que l'intérêt de l'enfant né d'un frère et d'une sœur justifie l'établissement des deux liens de filiation et l'exercice en commun de l'autorité parentale, V. ▪ Caen, 8 juin 2017, n° 16/01314 ; *Dr. famille* 2017, 224, Fulchiron ; *D.* 2018, 529, Granet-Lambrechts ; *LPA* 17 déc. 2018, 7, Duhamel ; *AJF* 2017, p. 545, Houssier ; *JurisData* n° 2017-012460. V. aussi A. Batteur, *L'enfant né d'un inceste entre frère et sœur : nouvel exemple d'un conflit de filiation insoluble : D.* 2017, 2107.

Section I. – Des preuves et présomptions

Art. 310-3 *(Ord. n° 2005-759, 4 juill. 2005).* **– La filiation se prouve par l'acte de naissance de l'enfant, par l'acte de reconnaissance ou par l'acte de notoriété constatant la possession d'état.**

Si une action est engagée en application du chapitre III du présent titre, la filiation se prouve et se conteste par tous moyens, sous réserve de la recevabilité de l'action.

(1) Dispositions applicables aux instances en cours qui n'ont pas donné lieu à une décision passée en force de chose jugée (L. n° 2002-305, 4 mars 2002).

(2) Sur la condamnation du refus de transcription des actes de naissance des enfants nés de mères porteuses à l'étranger à la suite d'une convention de gestation pour autrui, en dépit des articles 16-7 et 16-9 du Code civil en vertu desquels ces conventions sont nulles, *V. CEDH, 26 juin 2014, n° 65192/11, aff. Menesson c. France JurisData n° 2014-015212 et CEDH, 26 juin 2014, n° 65941/11, aff. Labasse c. France. Sur la position de la Cour de cassation, V. Cass. 1re civ., 6 avr. 2011, n° 09-17.130, 09-66.486, 10-19.053 : JurisData n° 2011-005607 ; JurisData n° 2011-005609 et JurisData n° 2011-005611.* – NDLR.

(3) V. aussi note sous *C. civ., art. 343 et 345-1.* – NDLR.

1) Expertise biologique. L'expertise biologique est de droit en matière de filiation, sauf s'il existe un motif légitime de ne pas y procéder (■ Cass. 1re civ., 28 mars 2000, n° 98-12.806 : *JurisData* n° 2000-001227 ; *JCP* 2000, II, 10409, concl. Petit et note Monsallier-Saint Mleux ; *Bull. civ.* I, n° 103, p. 69 ; *Dr. famille* 2000, 72, note Murat ; *D.* 2000, 731, note Garé ; *D.* 2001, somm. 976, 1re esp., obs. Granet ; *Defrénois* 2000, 769, obs. Massip ; *RTD civ.* 2000, 304, obs. Hauser. ■ Cass. 1re civ., 30 mai 2000, n° 98-16.059 : *JurisData* n° 2000-002406 ; *JCP* 2000, II, 10410, note Garé ; *Dr. famille* 2000, 108, note Murat ; *D.* 2001, somm. 976, 2e esp., obs. Granet. ■ Cass. 1re civ., 29 mai 2001 : *JCP* 2001, II, 10605, concl. Sainte-Rose et note Arnaudin ; *Dr. famille* 2001, 93, note Murat ; *JurisData* n° 2001-009832 ; *Bull. civ.* I, n° 152, p. 99 ; *D.* 2002, 1588, note Cocteau-Senn, somm. 2018, obs. Granet ; *RTD civ.*2001, 572, obs. Hauser. ■ Cass. 1re civ., 17 sept. 2003, n° 01-03.408 : *JurisData* n° 2003-020309 ; *D.* 2004, 659, 1re esp., note Massip, et somm. 1419, obs. Granet-Lambrechts. ■ Cass. 1re civ., 12 mai 2004, n° 02-16.574 : *JurisData* n° 2004-023614 ; *D.* 2005, 1766, note Mirabail. V. en ce sens, cassant pour fausse application de l'article 146 du Code de procédure civile, des arrêts ayant refusé l'expertise au motif qu'il n'appartient pas aux juridictions du fond de suppléer la carence des parties dans l'administration de la preuve, ■ Cass. 1re civ., 9 déc. 2003, 17 févr. 2004 et 30 mars 2004 : *JurisData* n° 2003-021462 ; *Dr. famille* 2004, 96, note Murat). Sauf intention malveillante, la demande d'expertise biologique n'est pas un abus de droit (■ Paris, 25 sept. 2008 : *Dr. famille* 2009, 91, obs. Murat ; *JurisData* n° 2008-002264). V. aussi C. Jourdain-Fortier, *Les « enfants de la nature » au XXIe siècle : la possession d'état à l'épreuve de l'expertise biologique : Dr. famille* 2003, étude 23 ; O. Matocq, *Le rapport d'expertise biologique dans le droit de la filiation deviendra-t-il le passage obligé ? : Dr. famille* 2006, étude 7. Sur l'examen des caractéristiques génétiques d'une personne, V. art. 16-10 et s. Sur ce que l'intérêt supérieur de l'enfant est de connaître la vérité sur ses origines, V. ■ CEDH, 14 janv. 2016, n° 30955/12, *Mandet c/ France : JCP G* 2016, 305, note Garé, et chron. 992, n° 14, obs. Murat ; *RTD civ.* 2016, 331, obs. Hauser ; *Dr. famille* 2016, 47, note Fulchiron ; *Rev. Lamy dr. civ.* 2016, n° 136, 39, obs. Dekeuwer-Défossez ; *RJPF* mars 2016, 34, obs. Cheynet de Beaupré.

2) Motif légitime de ne pas procéder à l'expertise. Dès lors que les juges du fond ont estimé que les présomptions et indices graves qu'ils ont relevé sont suffisants en eux-mêmes pour établir la paternité, ils ont ainsi caractérisé le motif légitime de ne pas satisfaire à la demande d'expertise (■ Cass. 1re civ., 24 sept. 2002, n° 00-22.466 : *JurisData* n° 2002-015546 ; *Bull. civ.* I, n° 217, p. 167 ; *JCP* 2003, II, 10053, note Garé ; *Dr. famille* 2003, 25, note Murat ; *D.* 2003, 1793, note Cocteau-Senn, somm. 2117, obs. Granet-Lambrechts ; *Defrénois* 2003, 124, obs. Massip ; *RTD civ.* 2003, 71, obs. Hauser. – Rappr. ■ Cass. 1re civ., 31 mai 2005 : *JurisData* n° 2005-028713 ; *D.* 2006, somm. 1143, obs. Granet-Lambrechts). – Voir aussi pour une expertise biologique qui serait vouée à l'échec, ■ Cass. 1re civ., 14 juin 2005, n° 04-15.445 : *JurisData* n° 2005-028913 ; *JCP* 2005, IV, 2736 ; *JurisData* n° 2005-028926 ; *Bull. civ.* I, n° 250, p. 212. – Voir déjà ■ Cass. 1re civ., 7 juin 1995, n° 94-15.860 : *JurisData* n° 1995-001527 ; *JCP* 1995, IV, 1875 ; *Bull. civ.* I, n° 239, p. 168 ; *RTD civ.* 1995, 872, obs. Hauser ; *D.* 1996, somm. 156, 3e esp., obs. Granet-Lambrechts ; *Defrénois* 1996, 326, obs. Massip, le défendeur à l'action en recherche de paternité naturelle ayant sollicité de la cour d'appel, après qu'un examen comparé des sangs eut conclu à une probabilité de paternité de 1 pour 25 000, une nouvelle expertise selon la technique de l'empreinte génétique, la cour peut refuser cette expertise qui ne présente qu'une chance négligeable d'aboutir à un résultat différent. – Rappr. ■ Cass. 1re civ., 25 oct. 2005, n° 04-10.667, une première expertise biologique ayant abouti à ce qui, en l'état actuel de la science, constituait une quasi-certitude, il n'y a pas lieu d'ordonner de contre-expertise. Évoquant la nécessité d'éviter des « expertises de curiosité », V. ■ Bordeaux, 15 sept. 2004, n° 03/00614 : *JurisData* n° 2004-253878 ; *Dr. famille* 2005, 51, note Murat. – Rappr. ■ Bordeaux, 4 avr. 2006 : *JurisData* n° 2006-311683, demande de la mère à l'encontre de son ex-concubin jugée sans motif et humiliante. V. aussi, pour un refus d'expertise biologique en l'absence d'action possible (anc. art. 322), ■ Cass. 1re civ., 14 juin 2005, n° 02-18.654 : *Bull. civ.* I, n° 252, p. 213. ■ Cass. 1re civ., 20 févr. 2007, n° 06-10.046 : *D.* 2007, somm. 1463, obs. Granet-Lambrechts. – V. encore, pour une action en contestation de reconnaissance engagée par le grand-père, alors que le père, décédé, était animé d'une volonté ferme et continue d'assumer sa paternité, ■ Cass. 1re civ., 25 avr. 2007 : *Bull. civ.* I, n° 163, p. 146 ; *RTD civ.* 2007, 555, obs. Hauser ; *Defrénois* 2007, 1640, obs. Massip ; *JCP* 2008, I, 102, obs. Favier ; *Dr. famille* 2007, 170, note Murat ; *AJF* 2007, 273, obs. Chénedé ; *JurisData* n° 2007-038503. – Comp. ■ Cass. 1re civ., 28 mai 2008 : *Bull. civ.* I, n° 157, p. 135 ; *Defrénois* 2008, 2425, obs. Massip ; *RTD civ.* 2008, 464, obs. Hauser ; *D.* 2008, 1624, obs. Gallmeister ; *JCP* 2008, act. 409, obs. Favier ; *Dr. famille* 2008, 100, note Murat ; *JCP* 2009, I, 102, n° 5, obs. Favier ; *D.* 2009, somm. 776, obs. Granet-Lambrechts ;

JurisData n° 2008-044113, estimant que les présomptions et indices de paternité du défendeur, relevés par la cour d'appel, sont insuffisants pour faire échec à la demande d'expertise présentée par un tiers qui se prétend père de l'enfant et agit en contestation de reconnaissance. Jugé que les conséquences psychologiques qu'entraînerait de manière certaine sur l'enfant une mesure d'expertise constituent un motif légitime pour ne pas l'ordonner, en vertu des intérêts supérieurs de l'enfant, lesquels priment la démonstration, ou non, d'une vérité biologique (▪ TGI Lyon, 5 juill. 2007 : *D.* 2007, 3052, note Gouttenoire ; *RTD civ.* 2008, 93, obs. Hauser. – Comp., écartant les motifs tirés de l'âge de l'enfant et du possible « traumatisme » de celui-ci, ▪ Cass. 1re civ., 14 janv. 2015, n° 13-28.256 : *RTD civ.* 2015, 367, 2e esp., obs. Hauser). Après avoir constaté que l'auteur de la reconnaissance admet avoir au moins eu une relation sexuelle avec la mère de l'enfant et n'a pas contesté sa paternité pendant plus de soixante ans, déclarant même au notaire rédacteur de la donation sa qualité de père, caractérise l'existence d'un motif légitime pour ne pas procéder à l'expertise biologique une cour d'appel qui relève que la demande en annulation de la reconnaissance formée par le demi-frère, outre son caractère déstabilisateur sur une personne actuellement âgée de soixante-deux ans, n'est causée que par un intérêt strictement financier (▪ Cass. 1re civ., 30 sept. 2009, n° 08-18.398 : *Bull. civ.* I, n° 197, p. 179 ; *JCP* 2009, n° 50, 533, et *JCP* N 2010, 1013, note Brusorio-Aillaud ; *JCP* 2010, n° 1-2, doctr. 34, n° 8, obs. Favier ; *Dr. famille* 2009, 142, note Murat ; *RTD civ.* 2009, 712, obs. Hauser ; *JurisData* n° 2009-049668). L'identité partielle de patrimoine génétique entre deux frères biologiques ne constitue pas *a priori* un motif légitime de ne pas procéder à l'expertise (▪ Cass. 1re civ., 8 juill. 2009, n° 08-18.223 : *Bull. civ.* I, n° 159, p. 139 ; *LPA* 16 sept. 2009, 6, note Burgard, et 19 mars 2010, 11, note Massip ; *RTD civ.* 2009, 711, obs. Hauser ; *Dr. famille* 2009, 127, note Murat ; *JurisData* n° 2009-049077, au sujet d'une action à fins de subsides dirigée par une femme contre son beau-frère). Le caractère tardif de l'action est un motif inopérant et l'intérêt supérieur de l'enfant ne constitue pas en soi un motif légitime de refus de l'expertise biologique (▪ Cass. 1re civ., 13 juill. 2016, n° 15-22.848 : *Bull.* ; *JCP* G 2016, 1240, note Leveneur-Azémar ; *RTD civ.* 2016, 830, obs. Hauser ; *D.* 2017, 474, obs. Douchy-Oudot ; *LPA* 21 nov. 2016, 11, note Morin et Niel, et 1er août 2017, 20, obs. Vasseur-Lambry ; *JurisData* n° 2016-013619).

3) Refus de se soumettre à l'expertise. V. CPC, art. 11. En l'absence de toute demande de l'intéressé, représenté à l'instance, faisant état, tant d'un éloignement géographique l'empêchant de déférer aux convocations de l'expert désigné, que de son souhait de solliciter les autorités de son pays d'origine pour mettre en œuvre l'expertise, la cour d'appel, sans méconnaître le droit à un procès équitable (Convention EDH, art. 6), a, par une décision motivée et une appréciation souveraine des preuves produites, tiré du refus de se soumettre à l'expertise, qui n'est justifié par aucun motif légitime, confirmation de sa paternité (▪ Cass. 1re civ., 11 juill. 2006 : *Bull. civ.* I, n° 385, p. 331 ; *D.* 2006, inf. rap. 2275 ; *JurisData* n° 2006-034544). – Rappr. ▪ Cass. 1re civ., 7 juin 2006 : *Bull. civ.* I, n° 291, p. 254 ; *JurisData* n° 2006-033854, appréciation souveraine de la cour d'appel qui a estimé, après avoir relevé que la mère rapportait la preuve de relations amoureuses et d'un engagement du défendeur à verser à l'enfant un chèque tous les mois, que son nouveau refus de se soumettre à cette mesure d'instruction, en dépit de l'avertissement qui lui a été donné sur les conséquences légales qu'une telle attitude était susceptible d'entraîner, prouvait la crainte dans laquelle il se trouvait d'un résultat positif, de sorte que sa paternité était établie). – V. aussi ▪ CEDH, 7 févr. 2002, n° 53176/99, *Mikulic c/ Croatie* : *RTD civ.* 2002, 866, obs. Marguénaud, décidant que l'intérêt supérieur de l'enfant à connaître son identité personnelle et à établir un lien juridique avec son géniteur, au nom de l'article 8 de la Conv. EDH, suppose que le droit interne prévoie des dispositions procédurales adéquates et efficaces de nature à contourner le refus du défendeur de se soumettre à des tests ADN. ▪ CEDH, 25 juin 2015, n° 22037/13, *Mandet c/ France* : *RTD civ.* 2015, 596, obs. Hauser, jugeant qu'une déclaration judiciaire de paternité fondée notamment sur le refus de se soumettre à un test génétique n'est pas contraire à la Convention européenne des droits de l'homme. Jugé toutefois, au regard de l'ensemble des circonstances de fait, que le seul refus de l'auteur d'une reconnaissance paternelle de se soumettre, ainsi que l'enfant, à un examen comparé des sangs, même ordonné par plusieurs décisions judiciaires, ne suffit pas à établir le caractère mensonger de cette reconnaissance (▪ Cass. 1re civ., 23 janv. 2007, n° 06-10.461. – Rappr. ▪ Pau, 24 févr. 2009 : JCP 2009, n° 31-35, act. 150 ; *JurisData* n° 2009-003095). Pour un refus de l'enfant de se soumettre à une expertise biologique dans le cadre d'une action en contestation de paternité engagée par le mari de sa mère, V. ▪ Cass. 1re civ., 8 juill. 2010, n° 09-65.172 : *RTD civ.* 2010, 772, obs. Hauser. ▪ Cass. 1re civ., 24 oct. 2012, n° 11-22.202 : *JCP* G 2013, 38, n° 6, obs. Gouttenoire ; *RTD civ.* 2013, 103, obs. Hauser, déduisant notamment de ce refus la remise en cause de la filiation. – V. aussi ▪ Cass. 1re civ., 15 mai 2013, n° 11-12.569 : *Bull. civ.* I, n° 93, p. 95 ; *RTD civ.* 2013, 586, obs. Hauser ; *Dr. famille* 2013, 104, note Neirinck ; *JurisData* n° 2013-009352.

Bibliographie : S. Mirabail, *Le refus de se soumettre à l'expertise biologique en matière de filiation et d'action à fins de subsides : Dr. famille* 2013, étude 12.

Art. 311 *(L. n° 72-3, 3 janv. 1972).* – **La loi présume que l'enfant a été conçu pendant la période qui s'étend du trois centième au cent quatre-vingtième jour, inclusivement, avant la date de la naissance.**

La conception est présumée avoir eu lieu à un moment quelconque de cette période, suivant ce qui est demandé dans l'intérêt de l'enfant.

La preuve contraire est recevable pour combattre ces présomptions.

1) **Intérêt de l'enfant.** Sur l'appréciation *in concreto* de l'intérêt de l'enfant, V. ▪ Cass. 1re civ., 29 juin 1965 : *JCP* 1966, II, 14641, note I. Tallon.

2) **Action à fins de subsides.** Il résulte de la combinaison des articles 311 et 342 du Code civil que le défendeur à une action à fins de subsides est recevable à combattre la présomption d'après laquelle la conception de l'enfant est réputée avoir eu lieu à un moment quelconque de la période légale de cette conception (▪ Cass. 1re civ., 27 nov. 1979, n° 78-10.825 : *JCP* 1980, IV, 58 ; *Bull. civ.* I, n° 297, p. 240 ; *Gaz. Pal.* 1980, 1, 259, note J. M.).

3) ***Infans conceptus.*** Si les conditions d'application du contrat d'assurance-décès doivent être appréciées au moment de la réalisation du risque, la détermination des enfants à charge vivant au foyer doit être faite en se conformant aux principes généraux du droit, spécialement celui d'après lequel l'enfant conçu est réputé né chaque fois qu'il y va de son intérêt (▪ Cass. 1re civ., 10 déc. 1985, n° 84-14.328 : *JurisData* n° 1985-003360 ; *D.* 1987, 449, note Paire ; *RTD civ.* 1987, 309, obs. Mestre).

Art. 311-1 *(L. n° 72-3, 3 janv. 1972 ; mod. puis rempl., Ord. n° 2005-759, 4 juill. 2005).* – **La possession d'état s'établit par une réunion suffisante de faits qui révèlent le lien de filiation et de parenté entre une personne et la famille à laquelle elle est dite appartenir.**

Les principaux de ces faits sont :

1° Que cette personne a été traitée par celui ou ceux dont on la dit issue comme leur enfant et qu'elle-même les a traités comme son ou ses parents ;

2° Que ceux-ci ont, en cette qualité, pourvu à son éducation, à son entretien ou à son installation ;

3° Que cette personne est reconnue comme leur enfant, dans la société et par la famille ;

4° Qu'elle est considérée comme telle par l'autorité publique ;

5° Qu'elle porte le nom de celui ou ceux dont on la dit issue.

Bibliographie : M. Remond-Gouilloud, *La possession d'état d'enfant : RTD civ.* 1975, 459. • S. Mirabail, *Les différents rôles de la possession d'état en matière de filiation : Dr. famille* 2014, étude 2.

1) **Caractère indicatif de l'énumération légale.** La réunion de tous les éléments énumérés par l'article 311-2 n'est pas nécessaire pour que la possession d'état puisse être considérée comme établie (▪ Cass. 1re civ., 5 juill. 1988, n° 86-14.489 : *D.* 1989, 398, concl. Charbonnier. ▪ Cass. 1re civ., 6 mars 1996, n° 94-12.819 : *JurisData* n° 1996-000870 ; *JCP* 1996, IV, 990 ; *Bull. civ.* I, n° 120, p. 85 ; *RTD civ.* 1996, 374, obs. Hauser ; *D.* 1996, somm. 383, obs. Granet ; *D.* 1997, somm. 276, obs. Morgand ; *Defrénois* 1996, 995, obs. Massip ; *D.* 1997, 48, note Massip. ▪ Cass. 1re civ., 16 mars 1999, n° 97-11.717 : *JurisData* n° 1999-001109 ; *JCP* 1999, IV, 1890 ; *Bull. civ.* I, n° 98, p. 65 ; *D.* 1999, somm. 195, 2e esp., obs. Granet ; *Dr. famille* 1999, 122, note Murat). La possession d'état doit être appréciée en fonction des faits certes non limitativement énumérés par l'article 311-2 mais ayant un caractère objectif et déterminé en fonction de l'entourage familial et du milieu social (▪ Pau, 17 mars 1975 : *D.* 1975, 597, note Huet-Weiller). S'agissant d'un nouveau-né dont la reconnaissance litigieuse est intervenue au 14e jour de la naissance, la possession d'état d'enfant légitime ne peut se déduire que d'un ensemble de faits ne recouvrant pas complètement l'énumération donnée à titre indicatif par l'article 311-2 (▪ Paris, 5 févr. 1976 : *JurisData* n° 1976-515242 ; *JCP* 1976, II, 18487, note Groslière). Il y a lieu de prendre en considération notamment les faits qui ont immédiatement précédé l'accouchement (même arrêt).

2) **Contribution à l'entretien de l'enfant.** Une condamnation au paiement d'une contribution pour l'entretien de l'enfant n'est pas un élément suffisant pour caractériser la possession d'état (▪ Cass. 1re civ., 28 mai 1991, n° 89-19.818 : *JurisData* n° 1991-001409 ; *Bull. civ.* I, n° 166, p. 110. – V. aussi ▪ Paris, 15 oct. 1996 : *JurisData* n° 1996-023758 ; *D.* 1998, somm. 28, 1re esp., obs. Granet).

3) **Preuve.** La possession d'état se prouve par tous moyens. Se détermine donc par un motif

dépourvu de toute pertinence la cour d'appel qui énonce que la date de naissance des témoins entendus par le notaire n'a pas été précisée, et qu'il est douteux que ces personnes aient connu la mère quand elle est accouchée (■ Cass. 1re civ., 20 déc. 1993, n° 91-21.401 : *Bull. civ.* I, n° 377, p. 262 ; *D.* 1994, 398, note Massip ; *Defrénois* 1994, 774, obs. Massip). Sur ce que l'acte de notoriété fait preuve de la possession d'état jusqu'à preuve contraire, V. ■ Cass. 1re civ., 5 mars 2002, n° 00-16.598 : *JurisData* n° 2002-013459 ; *Dr. famille* 2002, 96, note Murat ; *Defrénois* 2002, 1163, obs. Massip ; *D.* 2003, somm. 2118, obs. Granet-Lambrechts. ■ Cass. 1re civ., 6 janv. 2004, n° 00-11.453 : *JurisData* n° 2004-021915 ; *D.* 2004, somm. 1423, obs. Granet-Lambrechts. Sur le pouvoir souverain des juges du fond pour apprécier la véracité d'un acte de notoriété, V. ■ Cass. 1re civ., 12 juin 1990, n° 88-12.622 : *JurisData* n° 1990-702136 ; *Bull. civ.* I, n° 157, p. 112. Sur ce que l'expertise biologique n'est pas de droit dans l'action en constatation de possession d'état, voir note sous art. 330, p. 299.

Art. 311-2 ***(Anc. al. 2 de l'art. 311-1 devenu le présent art., mod., Ord. n° 2005-759, 4 juill. 2005).*** **– La possession d'état doit être continue, paisible, publique et non équivoque.**

1) Principe de continuité. Sur le principe que la possession d'état, pour constituer une présomption légale, doit être continue et non équivoque, V. ■ Cass. 1re civ., 7 déc. 1983, n° 82-12.947 : *JurisData* n° 1983-702722 ; *Bull. civ.* I, n° 289, p. 259. ■ Cass. 1re civ., 19 mars 1985, n° 84-10.219 : *JurisData* n° 1985-701165 ; *D.* 1986, 34, note Massip. ■ Cass. 1re civ., 11 mars 1997 : *Dr. famille* 1997, 68, note Murat. Mais la continuité que doit présenter la possession d'état n'implique pas nécessairement une communauté de vie ou des relations constantes (■ Cass. 1re civ., 3 mars 1992, n° 90-15.313 : *JurisData* n° 1992-000637 ; *JCP* 1992, IV, 1344 ; *Bull. civ.* I, n° 69, p. 47 ; *D.* 1993, 133, note Massip). La continuité doit être appréciée en fonction de l'ensemble des faits dont la réunion indique le rapport de filiation sans qu'il soit nécessaire que chacun d'eux, considéré isolément, ait existé pendant toute la durée de la période considérée (■ Cass. 1re civ., 6 mars 1996, n° 94-14.969 : *JurisData* n° 1996-000716 ; *JCP* 1996, IV, 990 ; *Bull. civ.* I, n° 120, p. 85 ; *RTD civ.* 1996, 374, obs. Hauser ; *D.* 1996, somm. 383, obs. Granet ; *D.* 1997, somm. 276, obs. Morgand ; *Defrénois* 1996, 995, obs. Massip ; *D.* 1997, 48, note Massip. ■ Cass. 1re civ., 16 mars 1999, n° 96-20.877 : *JurisData* n° 1999-001196 ; *JCP* 1999, IV, 1890 ; *Bull. civ.* I, n° 98, p. 65 ; *D.* 1999, somm. 195, 2e esp., obs. Granet ; *Dr. famille* 1999, 122, note Murat).

2) Vice d'équivoque. Pour l'existence de deux possessions d'état concurrentes, viciant celles-ci d'équivoque, V. ■ Cass. 1re civ., 31 mars 2010, n° 08-70.171 : *RTD civ.* 2010, 316, obs. Hauser ; *Dr. famille* 2010, 148, note Massip ; *JurisData* n° 2010-015597. Dès lors que l'auteur de la reconnaissance a reconnu l'enfant moins de trois mois après sa naissance et a ensuite assigné les père et mère déclarés pour faire établir sa paternité, il peut en être déduit que la possession d'état de l'enfant à l'égard du père marié, qui n'était ni paisible ni dépourvue d'équivoque, ne remplissait pas les conditions prévues par l'article 311-2 du Code civil (■ Cass. 1re civ., 7 nov. 2018, n° 17-26.445 : *Bull.* ; *JurisData* n° 2018-019565).

3) Relations épisodiques. Les juges du fond peuvent estimer que le comportement du père prétendu à l'égard de l'enfant et de la mère ne l'a été qu'à l'occasion de relations épisodiques (■ Cass. 1re civ., 24 mars 1993, n° 91-18.646 : *JurisData* n° 1993-000637 ; *D.* 1994, 346, note Massip. V. aussi, relevant le « caractère particulièrement lâche des liens », ■ Cass. 1re civ., 12 juill. 2001, n° 99-14.644 : *JurisData* n° 2001-010792 ; *Dr. famille* 2002, 56, note Murat ; *D.* 2002, somm. 2019, obs. Granet). Jugé aussi que les quelques jours passés par la mère avec le prétendu père naturel et les heures consacrées à la liaison, même en présence de l'enfant, ne peuvent vicier la possession d'état d'enfant légitime (■ Cass. 1re civ., 18 nov. 1997, n° 95-20.777 : *JurisData* n° 1997-004712 ; *Defrénois* 1998, 1021, obs. Massip).

4) Sur l'incidence du **placement de l'enfant** dans la caractérisation de la possession d'état, V. ■ Cass. 1re civ., 28 mars 2012, n° 11-14.798 : *Dr. famille* 2012, 98, note Neirinck ; *JurisData* n° 2012-005911.

5) Enfant d'un homme condamné à mort et exécuté. Sur la possession d'état d'un enfant considéré par l'administration de l'assistance publique comme l'enfant d'un homme condamné à mort et exécuté alors qu'il était âgé de trois ans, V. ■ TGI Créteil, 21 févr. 2002 : *JurisData* n° 2002-175484 ; *JurisData* n° 2002-175484 ; *Dr. famille* 2002, 97, note Murat ; D. 2002, 1710, note Granet ; *RTD civ.* 2002, 495, obs. Hauser ; V., réformant, ■ Paris, 4 avr. 2003 : *Dr. famille* 2003, 141, note Murat ; mais V. encore, cassant pour manque de base légale, ■ Cass. 1re civ., 25 oct. 2005, n° 03-19.274 : *D.* 2006, somm. 1142, obs. Granet-Lambrechts ; *Dr. famille* 2006, 2, note Murat ; *RTD civ.* 2006, 100, obs. Hauser ; *JurisData* n° 2005-030465, considérant qu'il faut avoir égard au temps très bref s'étant écoulé entre la naissance de l'enfant et l'exécution du condamné.

Art. 311-3 *(Abr., Ord. n° 2005-759, 4 juill. 2005).*

Art. 311-4 à 311-6 *(Dénum., Ord. n° 2005-759, 4 juill. 2005).* – V. art. 318, 318-1 et 319.

Art. 311-7 et 311-8 *(Abr., Ord. n° 2005-759, 4 juill. 2005).*

Art. 311-9 à 311-10 *(Dénum., Ord. n° 2005-759, 4 juill. 2005).* – V. art. 323 et 324.

Art. 311-11 à 311-13 *(Abr., Ord. n° 2005-759, 4 juill. 2005).*

Section II. – Du conflit des lois relatives à la filiation

Art. 311-14 *(L. n° 72-3, 3 janv. 1972).* – **La filiation est régie par la loi personnelle de la mère au jour de la naissance de l'enfant ; si la mère n'est pas connue, par la loi personnelle de l'enfant.**

Bibliographie : J. Foyer, *Vingt ans d'application des articles 311-14 à 311-18 du Code civil* in *Mélanges Huet-Weiller*, LGDJ, 1994, 127. • F. Monéger, *Brèves remarques sur le droit international privé touché par l'ordonnance du 4 juillet 2005 portant réforme de la filiation : Dr. famille* 2005, étude 19. • M. Farge, *Le quarante-sixième anniversaire des articles 311-14 et suivants du Code civil : Dr. famille* janv. 2018, dossier, 4.

1) Conflits dans le temps. L'article 311-14 est applicable aux enfants nés avant l'entrée en vigueur de la loi du 3 janvier 1972 (▪ Cass. 1re civ., 11 juin 1996, n° 94-12.927 : *Bull. civ.* 1996, I, n° 244, p. 171 ; *Rev. crit. DIP* 1997, 291, note Lequette ; *JurisData* n° 1996-002377. ▪ Cass. 1re civ., 27 mai 2010, n° 09-14.881 : *Bull. civ.* I, n° 121, p. 114 ; *Dr. famille* 2010, 138, note Farge ; *JurisData* n° 2010-007282). L'article 311-14 a entendu déterminer le droit applicable en considération de la nationalité de la mère. En cas de modification ultérieure de la loi étrangère désignée, c'est à cette loi qu'il appartient de résoudre les conflits dans le temps (▪ Cass. 1re civ., 3 mars 1987, n° 85-12.693 : *JurisData* n° 1987-700447 ; *Bull. civ.* I, n° 78, p. 59 ; *JCP* 1989, II, 21209, note Agostini).

2) Mère connue. La mère mentionnée dans l'acte de naissance en cette qualité, étant ainsi identifiée, est connue au sens de l'article 311-14 (▪ Cass. 1re civ., 11 juin 1996, n° 94-14.293 : *JurisData* n° 1996-002373 ; *JCP* 1996, IV, 1783 ; *Bull. civ.* I, n° 244, p. 171 ; *D.* 1997, 3, note Monéger, somm. 156, obs. Granet ; *Defrénois* 1997, 307, obs. Massip). Mais la mère non connue au sens de l'article 311-14 peut être une mère seulement identifiée en fait (▪ TGI Paris, 18 nov. 1980 : *JCP* 1981, II, 19540, note Huet-Weiller et Huet ; *D.* 1981, 80, note Raynaud). Jugé, s'agissant d'un désaveu préventif de paternité, qu'il suffit que la filiation maternelle puisse être recherchée (▪ Lyon, 31 oct. 1979 : *JurisData* n° 1979-600197 ; *JurisData* n° 1979-600197 ; *JurisData* n° 1979-600197 ; *Clunet* 1981, 54, note Jacques Foyer, relevant aussi l'accord des parties pour *reconnaître la maternité*).

3) Domaine d'application de la règle. L'article 311-14 est applicable à la recherche de paternité naturelle (▪ Cass. 1re civ., 11 oct. 1988, n° 86-12.832 : *JurisData* n° 1988-701800 ; *Bull. civ.* I, n° 278, p. 190 ; *JCP* 1989, II, 21327, note Courbe), à la contestation de paternité légitime (▪ Cass. 1re civ., 24 mai 2018, n° 17-21.163 : *Bull.* ; *Jurisdata* n° 2018-008674. – V. déjà ▪ TGI Paris, 12 juill. 1982 : *JurisData* n° 1982-000333 ; *Rev. crit. DIP* 1983, 461, note Santa-Croce ; *Clunet* 1983, 374, note Huet. ▪ TGI Paris, 30 avr. 1985 : *JurisData* n° 1985-600726 ; *Rev. crit. DIP* 1986, 313, note Lequette), au désaveu préventif de paternité (▪ Lyon, 31 oct. 1979 : *Clunet* 1981, 54, note Jacques Foyer), mais non à la contestation d'une reconnaissance d'enfant naturel, soumise à l'article 311-17 (▪ Cass. 1re civ., 6 juill. 1999, n° 97-19.453 : *JurisData* n° 1999-002786 ; *D.* 1999, 483, concl. Sainte-Rose ; *Bull. civ.* I, n° 225, p. 146 ; *Defrénois* 2000, 109, obs. Massip ; *Dr. famille* 2000, 55, note Fulchiron. ▪ Cass. 1re civ., 15 mai 2013, n° 11-12.569 : *Bull. civ.* I, n° 93, p. 95. – Comp. toutefois ▪ Cass. 1re civ., 14 juin 2005, n° 04-13.913 : *JurisData* n° 2005-029157 ; *Bull. civ.* I, n° 243, p. 206 ; *Defrénois* 2005, 1851, obs. Massip, décidant que le juge doit appliquer la loi libanaise, qui est la loi personnelle de la mère, à l'action en contestation d'une reconnaissance paternelle).

4) Désignation directe et impérative de la loi applicable. L'article 311-14 ne laisse pas à la loi personnelle de la mère la faculté de déterminer les règles de conflit applicables à la filiation mais contient une désignation directe et impérative de la loi applicable et par suite l'application d'une loi différente de celle ainsi désignée aboutirait à violer la règle française de conflit (▪ Lyon, 31 oct. 1979, préc.).

5) Office du juge et preuve de la loi étrangère. Les juges du fond ont l'obligation de rechercher d'office quelle suite doit être donnée à l'action en recherche de paternité exercée par la mère en application de la loi nationale de celle-ci (▪ Cass. 1re civ., 11 oct. 1988, n° 87-11.198 : *JurisData* n° 1988-701804 ; *Bull. civ.* I, n° 278, p. 190 ; *JCP* 1989, II, 21327, note Courbe. – V. aussi ▪ Cass. 1re civ., 18 nov. 1992, n° 91-11.281 : *JurisData* n° 1992-002503 ; *D.* 1993, 213, note Courbe. ▪ Cass. 1re civ., 26 mai 1999, n° 97-16.684 : *JurisData* n° 1999-002103 ; *JCP* 1999, II, 10192, note Mélin ; *Bull. civ.* I, n° 174, p. 114 ; *Defrénois* 1999, 1261, obs. Massip. ▪ Cass. 1re civ., 14 juin 2005, préc. note 3, pour l'action en nullité d'une reconnaissance. ▪ Cass. 1re civ., 24 mai 2018, n° 17-21.163, préc. note 3, pour une action en contestation de paternité du mari et établissement de la filiation). Mais si le juge français, qui reconnaît applicable une loi étrangère, se heurte à l'impossibilité d'obtenir la preuve de son contenu, il peut, même en matière de droits indisponibles, faire application de la loi française à titre subsidiaire (▪ Cass. 1re civ., 21 nov. 2006 : *Bull. civ.* I, n° 500, p. 445 ; *JCP* 2006, IV, 3511 ; *Defrénois* 2007, 788, obs. Massip ; *D.* 2007, somm. 1751, obs. Courbe ; *Dr. famille* 2007, 135, note Farge ; *JurisData* n° 2006-036023, impossibilité de connaître la loi biélorusse applicable à l'action en recherche de paternité).

6) Ordre public. La conception française de l'ordre public international n'interdit pas la recherche en France de la paternité naturelle selon une loi étrangère compétente qui ne prévoit pas les cas d'ouverture énumérés par l'article 340 (anc.) du Code civil français, dès lors que cette loi présente de sérieuses garanties en ce qui concerne le respect de la vérité biologique et permet au père d'assurer efficacement sa défense (▪ Cass. 1re civ., 9 oct. 1984, n° 83-12.665 : *JurisData* n° 1984-701554 ; *Bull. civ.* I, n° 250, p. 213). Jugé que la loi belge ne heurte pas l'ordre public français en ce qu'elle ne permet pas la remise en question de la filiation légitime de l'enfant conçu pendant le mariage de sa mère, rendant ainsi impossible toute légitimation ultérieure (▪ TGI Paris, 30 avr. 1985 : *Rev. crit. DIP* 1986, 313, note Lequette). Les lois étrangères qui prohibent l'établissement de la filiation naturelle ne sont pas contraires à la conception française de l'ordre public international dont la seule exigence est d'assurer à l'enfant les subsides qui lui sont nécessaires (▪ Cass. 1re civ., 3 nov. 1988, n° 87-11.568 : *JurisData* n° 1988-702710 ; *Bull. civ.* I, n° 298, p. 204), non plus que la loi allemande, qui admet la contestation de reconnaissance mais en délimite plus strictement que la loi française les conditions d'exercice (▪ Cass. 1re civ., 6 juill. 1999, n° 97-19.453 : *JurisData* n° 1999-002786 ; *D.* 1999, 483, concl. Sainte-Rose ; *Bull. civ.* I, n° 225, p. 146 ; *Defrénois* 2000, 109, obs. Massip ; *Dr. famille* 2000, 55, note Fulchiron). Jugé cependant qu'il en est autrement lorsque ces lois ont pour effet de priver un enfant français ou résidant habituellement en France du droit d'établir sa filiation ; dans ce cas, cet ordre public s'oppose à l'application de la loi étrangère normalement compétente (loi tunisienne) ▪ Cass. 1re civ., 10 févr. 1993, n° 91-14.865 : *D.* 1994, 66, note Massip. V. en ce sens, écartant la loi marocaine, ▪ Paris, 13 janv. 2000 : *D.* 2000, 898, note S. Aubert. – V. aussi ▪ Cass. 1re civ., 10 mai 2006, n° 05-10.299 : *JurisData* n° 2006-033389 ; *Bull. civ.* I, n° 226, p. 198 ; *JCP* 2006, II, 10165 (1re esp.), note Azzi ; *D.* 2006, 2890, note Kessler et Salamé ; *D.* 2007, somm. 1752, obs. Courbe ; *Dr. famille* 2006, 177, note Farge ; *Defrénois* 2006, 1327, obs. Massip ; *JurisData* n° 2006-033389, décidant qu'une loi étrangère qui ne permet pas l'établissement d'une filiation naturelle n'est pas contraire à la conception française de l'ordre public international, dès lors qu'elle n'a pas pour effet de priver un enfant de nationalité française ou résidant habituellement en France du droit d'établir sa filiation.

7) Enfants nés avant l'entrée en vigueur de la loi de 1972. Sur le principe que l'article 311-14 est applicable aux enfants nés avant l'entrée en vigueur de la loi du 3 janvier 1972, V. ▪ Cass. 1re civ., 11 juin 1996, n° 94-12.926 : *JurisData* n° 1996-002377 ; *JCP* 1996, IV, 1783 ; *Bull. civ.* I, n° 244, p. 171 ; *D.* 1997, 3, note Monéger.

Art. 311-15 ***(L. n° 72-3, 3 janv. 1972 ; mod., Ord. n° 2005-759, 4 juill. 2005).*** **– Toutefois, si l'enfant et ses père et mère ou l'un d'eux ont en France leur résidence habituelle, commune ou séparée, la possession d'état produit toutes les conséquences qui en découlent selon la loi française, lors même que les autres *éléments de la filiation* auraient pu dépendre d'une loi étrangère.**

1) Modification de la situation de l'enfant. Lorsque l'action a pour objet une modification de la situation de l'enfant, on doit, pour déterminer les conditions d'application spatiale de l'article 311-15, se référer à sa situation actuelle (▪ TGI Paris, 30 avr. 1985 : *Rev. crit. DIP* 1986, 313, note Lequette. – Comp. ▪ Nîmes, 2 sept. 2009 : *Dr. famille* 2010, 91, note Farge ; *JurisData* n° 2009-015546).

2) Résidence habituelle. La notion de résidence habituelle s'apprécie au jour de l'introduction de l'instance (▪ Lyon, 31 oct. 1979 : *Rev. crit. DIP* 1980, 558, note Ancel. – Comp. ▪ Nîmes, 2 sept. 2009, préc., annot. n° 1).

3) Ordre public. Jugé que lorsque les conditions de résidence habituelle justifiant l'application des dispositions françaises relatives à la possession d'état ne sont pas remplies, la loi étrangère applicable ne peut pas être déclarée contraire à l'ordre public international français au prétexte qu'elle ne connaît pas d'action en constatation de possession d'état de l'enfant (▪ Nîmes, 2 sept. 2009, préc., annot. n° 1).

Art. 311-16 *(Abr., Ord. n° 2005-759, 4 juill. 2005).*

Art. 311-17 *(L. n° 72-3, 3 janv. 1972).* – **La reconnaissance volontaire de paternité ou de maternité est valable si elle a été faite en conformité, soit de la loi personnelle de son auteur, soit de la loi personnelle de l'enfant.**

1) **Règle de conflit.** Il incombe au juge de rechercher si la mention du nom du père dans l'acte de naissance de l'enfant ne vaut pas reconnaissance au regard de la loi étrangère qui est celle de son père ; cassation de l'arrêt d'appel ayant énoncé que l'article 311-17 ne définit pas une règle de conflit de lois, mais se contente de poser les conditions de validité de la reconnaissance au regard de la loi française (■ Cass. 1re civ., 14 avr. 2010, n° 09-14.335 : *Bull. civ.* I, n° 93, p. 86 ; *D.* 2010, 1076, obs. Gallmeister ; *Defrénois* 2010, 1247, note Revillard ; *Dr. famille* 2010, 137, note Farge ; *D.* 2011, 1376, obs. Jault-Seseke ; *JurisData* n° 2010-003984).

2) **Loi applicable à la contestation de la reconnaissance.** L'article 311-17 est applicable tant à l'action en nullité qu'à l'action en contestation de reconnaissance qui doivent être possibles à la fois au regard de la loi de l'auteur de celle-ci et de la loi de l'enfant (■ Cass. 1re civ., 6 juill. 1999, n° 97-19.453 : *JurisData* n° 1999-002786 ; *D.* 1999, 483, concl. Sainte-Rose ; *JCP* 2000, II, 10353, note Vignal ; *D.* 2000, somm. 162, obs. Bottiau). V. déjà ■ Paris, 16 avr. 1996 : *JurisData* n° 1996-022567 ; *D.* 1997, 344, note Aubert, et somm. 156, obs. Granet. – Comp. toutefois, en faveur de l'application de la règle de conflit édictée par l'article 311-14 du Code civil en matière de contestation de reconnaissance, ■ Cass. 1re civ., 14 juin 2005, n° 02-18.654 : *Bull. civ.* I, n° 243, p. 206 ; *Defrénois* 2005, 1851, obs. Massip. – Pour être recevable l'action en contestation d'une reconnaissance de paternité doit être possible tant au regard de la loi de l'auteur de celle-ci que de la loi de l'enfant et il incombe au juge français, pour les droits indisponibles, de mettre en application la règle de conflit de lois et de rechercher le droit étranger compétent (Cass. 1re civ., 15 mai 2019, n° 18-12.602, *Bull.*).

3) **Mise en œuvre de la règle de conflit.** Il résulte de l'article 311-17 que, pour pouvoir être déclarée non valable, une reconnaissance doit être entachée de nullité à la fois selon la loi personnelle de l'enfant et selon la loi personnelle de son auteur (■ Paris, 11 mai 1976, préc. – V. en ce sens ■ TGI Paris, 23 nov. 1993, 22 nov. et 29 nov. 1994 : *JurisData* n° 1993-600649 ; *Rev. crit. DIP* 1995, 703, note J. Foyer. ■ Paris, 2 juill. 2009 : *JCP* 2009, n° 43, act. 365, obs. Jehl ; *JurisData* n° 2009-007254).

4) **Renvoi.** Voir admettant le renvoi de la loi égyptienne, loi nationale de l'auteur de la reconnaissance, à la loi française, ■ Paris, 18 mars 2004, n° 2002/15241 : *JurisData* n° 2004-244303 ; *Dr. famille* 2005, 45, note Farge.

Art. 311-18 *(Abr., L. n° 2009-61, 16 janv. 2009).*

Section III. – De l'assistance médicale à la procréation

Bibliographie : C. Neirinck, *Les filiations électives à l'épreuve du droit : JCP* 1997, I, 4067. • M. Douchy-Oudot, *Les filiations électives à l'épreuve du droit, vingt ans après* in *Mélanges Neirinck*, LexisNexis 2015, 503.

Art. 311-19 *(L. n° 94-653, 29 juill. 1994).* – **En cas de procréation médicalement assistée avec tiers donneur, aucun lien de filiation ne peut être établi entre l'auteur du don et l'enfant issu de la procréation.**

Aucune action en responsabilité ne peut être exercée à l'encontre du donneur.

Bibliographie : V. Depadt-Sebag, *La place des tiers dans la conception d'un enfant né par AMP avec donneur : un secret d'ordre public : D.* 2010, 330.

1) **Droits de l'homme.** Aucune disposition ni aucun principe à valeur constitutionnelle ne prohibe les interdictions prescrites par le législateur d'établir un lien de filiation entre l'enfant issu de la procréation et l'auteur du don et d'exercer une action en responsabilité à l'encontre de celui-ci (■ Cons. const., déc. 27 juill. 1994, n° 94-343/344 DC, consid. 17 : *JO* 29 juill., 11024).

2) **Don de sperme.** Sur l'anonymat du don, V. C. santé publ., art. L. 1211-5, p. 2694. Jugé que la règle de l'anonymat du donneur de gamètes, qui répond notamment à l'objectif de respect de la vie familiale au sein de la famille légale de l'enfant conçu à partir de gamètes issues de ce don, ainsi qu'à l'objectif de préservation de la vie privée du donneur, n'implique, par elle-même, aucune atteinte à la vie privée de la personne ainsi conçue (■ TA Montreuil, 14 juin 2012 : *JCP G* 2012, act. 802, obs. Binet ; *RTD civ.* 2012, 520, obs. Hauser ; *LPA* 15-16 août 2013, 4, obs. Pomart ; *JurisData* n° 2012-012516. – V., dans le même sens, ■ CE, avis, 13 juin 2013, n° 362981 : *Dr. famille* 2013, 112, note Binet ; *D.* 2014, 1176, obs. Granet-Lambrechts ; *JurisData* n° 2013-011962). Celui qui a entretenu des relations intimes avec la mère pendant la période légale de conception ne peut alléguer la qualité de tiers donneur pour se prévaloir

de l'irrecevabilité tirée de l'article 311-19 (■ Paris, 5 mai 1998, n° 96/12392 : *JurisData* n° 1998-022785 ; *D.* 2000, somm. 160, obs.

3) Absence de tiers donneur. Les dispositions des articles 311-19 et 311-20 du Code civil ne sont pas applicables à l'action en établissement judiciaire de la filiation à la suite d'une procréation médicalement assistée sans tiers donneur (■ Cass. 1re civ., 16 mars 2016, n° 15-13.427 : *D.* 2016, 706, obs. Gallmeister, et 977, note Viney ; *JCP* G 2016, 532, note Binet ; *Dr. famille* 2016, 104, note Fulchiron ; *RTD civ.* 2016, 333, obs. Hauser ; *LPA* 9 mai 2016, 13, note Le Gac-Pech ; *AJF* avr. 2016, 212, obs. Saulier ; *D.* 2017, 730, obs. Granet-Lambrechts ; *Bull.* ; *JurisData* n° 2016-004389).

Art. 311-20 *(L. n° 94-653, 29 juill. 1994 ; mod., Ord. n° 2005-759, 4 juill. 2005).* **– Les époux ou les concubins qui, pour procréer, recourent à une assistance médicale nécessitant l'intervention d'un tiers donneur, doivent préalablement donner, dans des conditions garantissant le secret, leur consentement** *(Mots rempl., L. n° 2019-222, 23 mars 2019)* **« à un » notaire, qui les informe des conséquences de leur acte au regard de la filiation.**

Le consentement donné à une procréation médicalement assistée interdit toute action aux fins d'établissement ou de contestation de la filiation à moins qu'il ne soit soutenu que l'enfant n'est pas issu de la procréation médicalement assistée ou que le consentement a été privé d'effet.

Le consentement est privé d'effet en cas de décès, de dépôt d'une requête en divorce ou en séparation de corps ou de cessation de la communauté de vie, survenant avant la réalisation de la procréation médicalement assistée. Il est également privé d'effet lorsque l'homme ou la femme le révoque, par écrit et avant la réalisation de la procréation médicalement assistée, auprès du médecin chargé de mettre en œuvre cette assistance.

Rédaction future. Le consentement est privé d'effet en cas de décès, *(Mots rempl. à compter d'une date fixée par décret en Conseil d'État, et au plus tard le 1er septembre 2020, L. n° 2019-222, 23 mars 2019)* (1) « d'introduction d'une demande » en divorce ou en séparation de corps ou de cessation de la communauté de vie, survenant avant la réalisation de la procréation médicalement assistée. Il est également privé d'effet lorsque l'homme ou la femme le révoque, par écrit et avant la réalisation de la procréation médicalement assistée, auprès du médecin chargé de mettre en œuvre cette assistance.

Celui qui, après avoir consenti à l'assistance médicale à la procréation, ne reconnaît pas l'enfant qui en est issu engage sa responsabilité envers la mère et envers l'enfant.

En outre, sa paternité est judiciairement déclarée. L'action obéit aux dispositions des articles 328 et 331.

Voir : C. santé publ., art. L. 2141-1 et s., p. 2722.

1) Forme du consentement. Sur la forme du consentement à la procréation médicalement assistée, V. CPC, art. 1157-2 et 1157-3, p. 2348. Sur les conséquences du non-respect de ces formes, V. ■ Paris, 3 mars 2011 : *Dr. famille* 2012, 8, note Neirinck ; *JurisData* n° 2011-005135 (ouverture de l'action en contestation de paternité).

2) Enfant non issu de la procréation assistée. Sur la possession d'état d'enfant légitime de l'enfant non issu de la procréation assistée, V. ■ TGI Paris, 2 sept. 1997 : *JurisData* n° 1997-850552 ; *RTD civ.* 1997, 914, obs. Hauser.

3) Enfant conçu avant l'entrée en vigueur de la loi de 1994. V., déclarant irrecevable l'action en contestation d'un enfant conçu grâce à une assistance médicale à la procréation avec tiers donneur avant l'entrée en vigueur de la loi du 29 juillet 1994 sur la base de l'article 322, alinéa 2, *a contrario*, ■ Versailles, 5 févr. 1998, n° 96/0004857 : *JurisData* n° 1998-040460 ; *Dr. famille* 1999, 25, note Murat ; *JCP* N 1999, 682 ; *D.* 1999, somm. 196, obs. Granet, pourvoi rejeté par ■ Cass. 1re civ., 14 juin 2000 : *Dr. famille* 2000, 109, note Murat ; *Defrénois* 2000, 1313, obs. Massip ; *D.* 2001, somm. 969, obs. Granet. V. aussi, évinçant l'article 311-20 dans le cas de la reconnaissance par un transsexuel de l'enfant de sa concubine conçu grâce à une assistance médicale à la procréation réalisée avant la loi de 1994, ■ Aix-en-Provence, 12 mars 2002 : *JurisData* n° 2002-190443 ; *Dr. famille* 2003, 100, note Murat ; *D.* 2003, somm. 2121, obs. Granet-Lambrechts ; *RTD civ.* 2003, 72, obs. Hauser, pourvoi rejeté par ■ Cass. 1re civ., 18 mai 2005 : *Bull. civ.* I, n° 211, p. 179 ; *Dr. famille* 2005, 153, note Murat ; *RTD civ.* 2005, 583, obs. Hauser ; *D.* 2005, 2125, note Lemouland, et somm. 1147, obs. Granet-Lambrechts ; *Defrénois* 2005, 1493, note Massip.

(1) Lorsque la requête initiale a été présentée avant l'entrée en vigueur prévue par la première phrase du VII de l'article 109 de la loi n° 2019-222 du 23 mars 2019, l'action en divorce ou en séparation de corps est poursuivie et jugée conformément aux dispositions du Code civil dans leur rédaction antérieure à la même entrée en vigueur. Dans ce cas, le jugement rendu après ladite entrée en vigueur produit les effets prévus par la loi ancienne, *L. n° 2019-222, 23 mars 2019, art. 109, VII.*

4) **Révocation du consentement.** La législation anglaise qui permet expressément à l'homme comme à la femme de retirer son consentement à la FIV tant que les embryons n'ont pas été implantés n'est pas contraire à l'article 8 de la Convention européenne des droits de l'homme garantissant le droit au respect de la vie privée et familiale, article qui recouvre également « le droit au respect de la décision d'avoir un enfant ou de ne pas en avoir » (■ CEDH, 7 mars 2006, *Evans c/ Royaume-Uni* : *RTD civ.* 2006, 255, obs. Marguénaud et, dans le même sens, ■ CEDH, gde ch., 10 avr. 2007, n° 6339/05 : *D.* 2007, 1202, obs. Delaporte-Carré ; *JCP* 2007, II, 10097, note Mathieu. ■ CEDH, gde ch., 10 avr. 2007, même aff. : *D.* 2007, 1202, obs. Delaporte-Carré ; *RTD civ.* 2007, 295, obs. Marguénaud, et 545, obs. Hauser).

Section IV. – Des règles de dévolution du nom de famille

Bibliographie : J. Foyer, *Du nom patronymique au nom de famille. Progrès ou régression in Mélanges André Decocq*, Litec 2004, 241. ● H. Lécuyer, *L'identité de la personne (Pour l'abrogation des lois des 4 mars 2002 et 18 juin 2003 sur le nom de famille) : LPA* 1er juill. 2004, 31. ● *Le nouveau nom de famille* : dossier *in AJF* 2005, 44. ● J.-Ph. Borel, *Aperçu rapide sur le choix et le changement de nom de famille depuis le 1er juillet 2006 : LPA* 24 févr. 2012, 3. ● F. Rogue, *De la distinction entre nom composé et double nom : LPA* 1er juin 2012, 6. ● F. Le Doujet-Thomas, *Quelques nouveautés à propos du nom et de l'égalité des sexes* in *Mélanges Dekeuwer-Défossez*, Montchrestien 2012, 257. ● A.-S. Brun-Wauthier, *Le fabuleux destin du nom de famille (le nom de famille à l'épreuve de la convention EDH) : LPA* 27 mars 2013, 3. ● J. Massip, *Les incidences de la loi sur le mariage en matière de nom de famille : Defrénois* 2013, 737. ● F. Rogue, *Le nom de famille dans la loi du 17 mai 2013 ouvrant le mariage aux personnes de même sexe : LPA* 4 juill. 2013, 44. ● C. Bernard-Xémard, *Le nom de famille entre volontés individuelles et affections personnelles... : Dr. famille* 2014, étude 10. ● M.-L. Cicile-Delfosse, *Plaidoyer pour le rétablissement du changement judiciaire du nom de famille : Dr. famille* 2014, étude 11.

Art. 311-21 *(L. n° 2002-304, 4 mars 2002 ; mod., Ord. n° 2005-759, 4 juill. 2005 ; L. n° 2013-404, 17 mai 2013).* – (1) **Lorsque la filiation d'un enfant est établie à l'égard de ses deux parents au plus tard le jour de la déclaration de sa naissance ou par la suite mais simultanément, ces derniers choisissent le nom de famille qui lui est dévolu : soit le nom du père, soit le nom de la mère, soit leurs deux noms accolés dans l'ordre choisi par eux dans la limite d'un nom de famille pour chacun d'eux. En l'absence de déclaration conjointe à l'officier de l'état civil mentionnant le choix du nom de l'enfant, celui-ci prend le nom de celui de ses parents à l'égard duquel sa filiation est établie en premier lieu et le nom de son père si sa filiation est établie simultanément à l'égard de l'un et de l'autre. En cas de désaccord entre les parents, signalé par l'un d'eux à l'officier de l'état civil, au plus tard au jour de la déclaration de naissance ou après la naissance, lors de l'établissement simultané de la filiation, l'enfant prend leurs deux noms, dans la limite du premier nom de famille pour chacun d'eux, accolés selon l'ordre alphabétique.**

En cas de naissance à l'étranger d'un enfant dont l'un au moins des parents est français, les parents qui n'ont pas usé de la faculté de choix du nom dans les conditions du précédent alinéa peuvent effectuer une telle déclaration lors de la demande de transcription de l'acte, au plus tard dans les trois ans de la naissance de l'enfant.

Lorsqu'il a déjà été fait application du présent article (1)**, du deuxième alinéa de l'article 311-23 ou de l'article 357 à l'égard d'un enfant commun, le nom précédemment dévolu ou choisi vaut pour les autres enfants communs.**

Lorsque les parents ou l'un d'entre eux portent un double nom de famille, ils peuvent, par une déclaration écrite conjointe, ne transmettre qu'un seul nom à leurs enfants.

1) **Conformité à la Constitution.** Sur la conformité à la Constitution de l'article 311-21, alinéa 1er, dans sa rédaction issue de la loi n° 2013-404 du 17 mai 2013, V. ■ Cons. const., déc. 17 mai 2013, n° 2013-669 DC, consid. 64 et s. : *JO* 18 mai 2013 ; V. sous art. 143, annot. n° 4, p. 149. Précédemment *jugé que la question de la conformité aux droits et libertés que la Constitution garantit des articles 311-21 et 311-23 [dans leur rédaction antérieure à la loi précitée du 17 mai 2013] ne présente pas un caractère sérieux, dès lors, d'une part, qu'aucun texte de valeur constitutionnelle n'impose au législateur de laisser aux parents le choix du nom dévolu à leur enfant, et, d'autre part, que les règles différentes de dévolution du nom prévues par ces articles selon la date d'établissement de la filiation ne sont pas constitutives d'une rupture d'égalité dans la mesure où la dévo-*

(1) Dispositions applicables en Nouvelle-Calédonie, dans les îles Wallis-et-Futuna et en Polynésie française, L. n° 2013-404, 17 mai 2013, art. 22.

lution du nom de famille est déterminée par l'établissement du lien de filiation et que les textes contestés ont pour objet de concilier la possibilité donnée à tous les parents de choisir conjointement le nom attribué à leur enfant et la nécessité de préserver la stabilité du nom, répondant ainsi à un objectif d'intérêt général en rapport direct avec l'objet de la loi (■ Cass. 1re civ., 24 févr. 2011, n° 10-40.067 : *RTD civ.* 2011, 321, obs. Hauser).

2) Application de la loi dans le temps. V. : L. n° 2002-304, 4 mars 2002, relative au nom de famille, art. 23 et 25, p. 3207. Sur la conformité de ces dispositions transitoires à la Convention européenne des droits de l'homme, V. ■ CEDH, 27 août 2013, n° 38275/10, *De Ram et a. c/ France* : *RTD civ.* 2013, 812, obs. Marguénaud, et 817, obs. Hauser ; *D.* 2014, 1174, obs. Granet-Lambrechts ; *LPA* 5 août 2014, 17, obs. Vasseur-Lambry.

Le nom d'un parent décédé qui n'a pas été transmis ne peut être ajouté au nom de l'enfant, ni sur le fondement de l'ancien article 334-3 du Code civil, ni sur le fondement des dispositions transitoires des lois n° 2002-304 du 4 mars 2002 et n° 2003-516 du 8 juin 2003, qui exigent une déclaration conjointe des deux parents à l'officier d'état civil (■ Cass. 1re civ., 7 mai 2010, n° 09-10.997 : *Bull. civ.* I, n° 109, p. 102 ; *D.* 2010, 1281, obs. Egéa ; *Dr. famille* 2010, 113, note Murat ; *RTD civ.* 2010, 521, obs. Hauser ; *JurisData* n° 2010-005349). Déjà jugé que l'article 334-3 (anc.) du Code civil, dans sa rédaction issue de la loi du 8 janvier 1993 autorise l'enfant naturel à substituer le nom de son père à celui de sa mère, et inversement celui de sa mère à celui de son père, mais ne lui permet pas d'ajouter un des noms à l'autre (■ Cass. 1re civ., 6 janv. 2010, n° 08-18.871 : *Bull. civ.* I, n° 3, p. 2 ; *LPA* 30 mai 2011, 11, obs. Le Doujet-Thomas, absence de violation de l'article 8 de la CIDE et des articles 8 et 14 de la conv. EDH).

3) Modalités de la déclaration conjointe de choix. Voir : D. n° 2004-1159, 29 oct. 2004, p. 3236.

4) Transcription des noms accolés. L'article 311-21 du Code civil ne précisant pas selon quelles modalités précises doit s'effectuer la transcription du nom de famille de l'enfant lorsque les parents ont fait le choix d'accoler leurs deux noms de famille, la circulaire administrative du 6 décembre 2004, sans portée normative, ne saurait imposer aux particuliers ou au juge l'usage d'un double tiret entre ces deux noms afin de distinguer le régime des noms accolés de celui des noms composés (■ TGI Lille, 3 juill. 2008 : *Defrénois* 2008, 2064, note Massip ; *RTD civ.* 2009, 90, obs. Hauser. ■ TGI Angers, 20 mai 2009 : *Defrénois* 2010, 536, note Massip). Sur l'illégalité de la circulaire du 6 décembre 2004 imposant le double tiret, au motif que la loi prévoit uniquement d'accoler les deux noms sans mentionner la possibilité d'introduire entre les deux des signes particuliers, V. ■ CE, 4 déc. 2009, n° 315818, *Mme Lavergne* : *D.* 2010, 1447, obs. Granet-Lambrechts ; *JCP* 2009, n° 51, act. 571, obs. Rouault ; *Defrénois* 2010, 536, note Massip ; *JCP* N 2010, 1215, note Dieu ; *RTD civ.* 2010, 295, obs. Hauser ; *LPA* 1er juill. 2010, 17, obs. Pomart-Nomdédéo ; *JurisData* n° 2009-015423. V. aussi Rép. min. n° 50835 : *D.* 2010, 1020. – P. Murat, *La saga du séparateur « - - »* : *Dr. famille* 2010, repère 2. Sur la procédure en rectification du nom de famille aux fins de suppression du double tiret, V. Rép. min. n° 116599 : *JOAN* Q 22 nov. 2011, p. 12348.

V. aussi Circ. 25 oct. 2011 relative à la modification des modalités d'indication des « doubles noms » issus de la loi n° 2002-304 du 4 mars 2002 dans les actes de l'état civil : suppression du double tiret (*BOMJL* n° 2011-1, 30 nov. 2011 ; J. Massip, *Du nouveau dans l'état civil* : *Defrénois* 2012, 249 ; C. Petit, *Nouvelles modalités d'indication des « doubles noms » dans les actes de l'état civil* : *Dr. famille* 2012, étude 5 ; D. Pouyaud, *Le double tiret dans le double nom* in *Mélanges Gérard Champenois* : *Defrénois* 2012, 679 ; *RTD civ.* 2012, 288, obs. Hauser).

Art. 311-22 *(L. n° 2002-304, 4 mars 2002).* – **Les dispositions de l'article 311-21 sont applicables à l'enfant qui devient français en application des dispositions de l'article 22-1, dans les conditions fixées par un décret pris en Conseil d'État.**

Art. 311-23 *(Ord. n° 2005-759, 4 juill. 2005 ; mod., L. n° 2009-61, 16 janv. 2009 ; L. n° 2013-404, 17 mai 2013 ; L. n° 2016-1547, 18 nov. 2016).* – **Lorsque la filiation n'est établie qu'à l'égard d'un parent, l'enfant prend le nom de ce parent.**

Lors de l'établissement du second lien de filiation puis durant la minorité de l'enfant, les parents peuvent, par déclaration conjointe devant l'officier de l'état civil, choisir soit de lui substituer le nom de famille du parent à l'égard duquel la filiation a été établie en second lieu, soit d'accoler leurs deux noms, dans l'ordre choisi par eux, dans la limite d'un nom de famille pour chacun d'eux. Le changement de nom est mentionné en marge de l'acte de naissance. En cas d'empêchement grave, le parent peut être représenté par un fondé de procuration spéciale et authentique.

Toutefois, lorsqu'il a déjà été fait application de l'article 311-21 (1), **du deuxième alinéa du présent article ou de l'article 357 à l'égard d'un autre enfant commun, la déclaration de changement de nom ne peut avoir d'autre effet que de donner le nom précédemment dévolu ou choisi.**

Si l'enfant a plus de treize ans, son consentement personnel est nécessaire.

Bibliographie : L. Gareil-Sutter, *Du changement de nom de famille découlant d'un changement de filiation : appel au législateur pour un pas de plus... : D.* 2015, p. 744.

Voir : D. n° 2004-1159, 29 oct. 2004, p. 3236, sur les modalités de la déclaration conjointe de choix.

1) **Conformité à la Constitution.** V. art. 311-21, annot. n° 2, p. 285.

2) **Filiation établie en justice.** V. art. 331 et annot. n° 2, p. 299.

3) Jugé, avant l'entrée en vigueur de la loi du 4 mars 2002, qu'en cas de **reconnaissance prénatale par la mère**, l'enfant, reconnu par le père le jour de la déclaration de naissance, doit porter le nom de la mère (▪ Versailles, 25 juin 1992 : *D.* 1993, somm. 169, obs. Granet-Lambrechts. V. aussi ▪ Paris, 13 nov. 1990 : *JurisData* n° 1990-025057 ; *D.* 1991, inf. rap. 8).

4) **Reconnaissances simultanées.** Les reconnaissances faites à cinq minutes d'intervalle ne sont pas simultanées (▪ Toulouse, 28 mars 1995 : *JurisData* n° 1995-040326 ; *D.* 1996, somm. 152, obs. Granet-Lambrechts. ▪ Paris, 21 janv. 1999 : *JurisData* n° 1999-020218 ; *D.* 1999, somm. 197, obs. Granet ; *RTD civ.* 1999, 357, obs. Hauser). *Contra* ▪ Reims, 30 janv. 1997 : *JurisData* n° 1997-040445 ; *Dr. famille* 1997, 133, note Murat ; *Defrénois* 1998, 301, obs. Massip. – Voir même pour un écart de plus de trois heures ▪ Nîmes, 6 févr. 2002, n° 01/248 : *JurisData* n° 2002-171980 ; *Dr. famille* 2002, 82, note Murat). Jugé que les deux reconnaissances signées le même jour et à la même heure doivent être considérées comme simultanées, la différence de trente minutes correspondant au temps nécessaire à l'officier d'état civil pour les établir (▪ Nîmes, 24 févr. 1998, n° 4202/97 : *JurisData* n° 1998-030702 ; *JCP* 1999, IV, 1312).

5) **Adjonction à titre d'usage.** Sur la possibilité pour toute personne d'ajouter à son nom, à titre d'usage, le nom de celui de ses parents qui ne lui a pas transmis le sien, voir sous L. n° 85-1372, 23 déc. 1985, art. 43 et 57, p. 3091.

6) **Désaccord parental.** Sur la possibilité de saisir le juge aux affaires familiales, statuant comme juge des tutelles des mineurs, afin d'être autorisé à déposer une demande de changement de nom sur le fondement de l'article 61 du Code civil, en cas de désaccord parental, V. ▪ Cass. 1re civ., 9 sept. 2015, n° 14-19.876 : *Bull.* ; *RTD civ.* 2015, 850, 3e esp., obs. Hauser ; *D.* 2016, 1968, obs. Gouttenoire ; *JurisData* n° 2015-019884, décidant qu'il n'appartient pas au juge des tutelles d'apprécier l'existence d'un éventuel détournement de la procédure administrative de changement de nom prévue à l'article 61 du Code civil, ce contrôle relevant de la seule compétence de l'autorité administrative chargée d'apprécier l'intérêt légitime de la demande ; il incombe seulement au juge des tutelles d'apprécier si le changement envisagé, sans incidence sur le lien de filiation, présente un intérêt pour l'enfant.

Art. 311-24 *(Anc. art. 311-23, dénum. et mod., Ord. n° 2005-759, 4 juill. 2005).* **– La faculté de choix ouverte en application des articles 311-21 et 311-23 ne peut être exercée qu'une seule fois.**

Art. 311-24-1 *(L. n° 2016-1547, 18 nov. 2016).* **– En cas de naissance à l'étranger d'un enfant dont au moins l'un des parents est français, la transcription de l'acte de naissance de l'enfant doit retenir le nom de l'enfant tel qu'il résulte de l'acte de naissance étranger. Toutefois, au moment de la demande de transcription, les parents peuvent opter pour l'application de la loi française pour la détermination du nom de leur enfant, dans les conditions prévues à la présente section.**

CHAPITRE II. – DE L'ÉTABLISSEMENT DE LA FILIATION

Section I. – De l'établissement de la filiation par l'effet de la loi

§ 1. – De la désignation de la mère dans l'acte de naissance

Art. 311-25 *(Ord. n° 2005-759, 4 juill. 2005).* **– La filiation est établie, à l'égard de la mère, par la désignation de celle-ci dans l'acte de naissance de l'enfant.**

(1) Dispositions applicables en Nouvelle-Calédonie, dans les îles Wallis-et-Futuna et en Polynésie française, L. n° 2013-404, 17 mai 2013, art. 22.

Application rétrospective. Viole les articles 8 et 14 de la Convention européenne des droits de l'homme, une cour d'appel qui retient que, faute de reconnaissance et en l'absence de possession d'état, un acte de naissance ne peut suffire à établir la filiation maternelle alors que la désignation de la mère dans l'acte de naissance suffit à établir cette filiation (■ Cass. 1re civ., 14 févr. 2006 : *Bull. civ.* I, n° 73, p. 72 ; *D.* 2006, 1029, note Kessler, et somm. 1140, obs. Granet-Lambrechts ; *Defrénois* 2006, 1058, obs. Massip ; *Dr. famille* 2006, 107, note Murat ; *RTD civ.* 2006, 294, obs. Hauser ; *JCP* 2006, I, 199, n° 3, obs. Favier ; *JurisData* n° 2006-032179. ■ Bordeaux, 6 mars 2007 : *JurisData* n° 2007-331203 ; *RTD civ.* 2007, 763, obs. Hauser. ■ Cass. 1re civ., 25 févr. 2009, n° 06-21.097 : *RTD civ.* 2009, 304, obs. Hauser, application de la règle nouvelle à un acte d'état civil, mentionnant le nom de la mère, dressé en 1915. ■ Cass. 1re civ., 15 déc. 2010, n° 09-16.968 : *Bull. civ.* I, n° 264, p. 244 ; *RTD civ.* 2011, 114, obs. Hauser ; *Defrénois* 2011, 831, obs. Massip ; *JCP* N 2011, 1216, note Massip ; *Dr. famille* 2011, focus 6, obs. Lamarche ; *JurisData* n° 2010-023855, acte de naissance dressé en 1933, l'enfant ayant fait l'objet d'un abandon l'année de sa naissance et ayant été admis en qualité de pupille de l'État).

§ 2. – De la présomption de paternité

Art. 312 *(L. n° 72-3, 3 janv. 1972 ; mod., Ord. n° 2005-759, 4 juill. 2005).* **– L'enfant conçu ou né pendant le mariage a pour père le mari.**

Bibliographie : V. Bonnet, *Réflexions sur la présomption de paternité du XXIe siècle dans ses rapports avec le mariage : D.* 2013, 107.

Art. 313 *(Rempl., L. n° 2009-61, 16 janv. 2009)* (1). **– La présomption de paternité est écartée lorsque l'acte de naissance de l'enfant ne désigne pas le mari en qualité de père. Elle est encore écartée, en cas de demande en divorce ou en séparation de corps, lorsque l'enfant est né plus de trois cents jours après la date soit de l'homologation de la convention réglant l'ensemble des conséquences du divorce ou des mesures provisoires prises en application de l'article 250-2, soit de l'ordonnance de non-conciliation, et moins de cent quatre-vingts jours depuis le rejet définitif de la demande ou la réconciliation.**

> **Rédaction future. Art. 313** ***(Rempl., L. n° 2009-61, 16 janv. 2009 ; mod., à compter d'une date fixée par décret en Conseil d'État, et au plus tard le 1er septembre 2020, L. n° 2019-222, 23 mars 2019)*** (1). – La présomption de paternité est écartée lorsque l'acte de naissance de l'enfant ne désigne pas le mari en qualité de père. Elle est encore écartée lorsque l'enfant est né plus de trois cents jours après l'introduction de la demande en divorce ou en séparation de corps ou après le dépôt au rang des minutes d'un notaire de la convention réglant l'ensemble des conséquences du divorce, et moins de cent quatre-vingts jours depuis le rejet définitif de la demande ou la réconciliation.

I – SÉPARATION DE FAIT

1) **L'indication du nom du mari,** au sens de l'article 313-1 (anc.) est l'indication du nom de celui-ci dans l'acte de naissance en qualité de père (■ Cass. 1re civ., 3 juin 1980 : *D.* 1981, 119, note Massip). La transposition du nom du mari comme un second prénom n'est pas suffisante (■ Versailles, 29 nov. 1993 : *D.* 1994, somm. 113, obs. Granet-Lambrechts).

2) **Acte de naissance ne contenant ni le nom de la mère ni celui du père.** *L'article 313-1 (anc.) ne doit pas recevoir* application dans le cas où l'acte de naissance, passant sous silence aussi bien le nom de la mère que celui du père, met en cause non pas la légitimité de l'enfant, mais sa filiation même et où les demandeurs ayant conjointement et très tôt après la naissance de l'enfant manifesté leur volonté d'être tenus pour ses père et mère et ayant expressément persévéré dans cette intention, une possession d'état partielle a commencé à se constituer à leur égard (■ TGI Paris, 18 nov. 1980 : *D.* 1981, 80, note Raynaud).

3) **Défense à une action alimentaire.** Pour une application de l'article 313-1 (anc.) à la demande du mari en défense à une action alimentaire concernant l'enfant conçu avant le mariage, V. ■ Paris, 25 sept. 1986 : *D.* 1987, 134, note Mayer et Cale ; *D.* 1987, somm. 314, obs. Huet-Weiller.

4) **Présomption écartée de plein droit.** Dans le cas prévu à l'article 313-1 (anc.), la présomption de paternité est écartée de plein droit, sans qu'il y ait à intenter une action en justice (■ Cass. 1re civ., 7 juin

(1) Lorsque la requête initiale a été présentée avant l'entrée en vigueur prévue par la première phrase du VII de l'article 109 de la loi n° 2019-222 du 23 mars 2019, l'action en divorce ou en séparation de corps est poursuivie et jugée conformément aux dispositions du Code civil dans leur rédaction antérieure à la même entrée en vigueur. Dans ce cas, le jugement rendu après ladite entrée en vigueur produit les effets prévus par la loi ancienne, *L. n° 2019-222, 23 mars 2019, art. 109, VII.*

1989, n° 87-19.049 : *JurisData* n° 1989-702734 ; *JCP* 1989, IV, 293 ; *D.* 1989, 1re esp., somm. 362, obs. Huet-Weiller ; *D.* 1990, 33, note Massip, et, sur renvoi, ■ Amiens, 1er juill. 1991 : *JurisData* n° 1991-044321. ■ Paris, 31 mars 1998 : *D.* 1998, somm. 353, obs. Granet).

5) **Faute de la mère.** Jugé que la déclaration de l'enfant sous le nom de jeune fille de la mère peut constituer une faute cause de divorce (■ Douai, 6 sept. 2007 : *Dr. famille* 2008, 26, obs. Larribau-Terneyre ; *RTD civ.* 2008, 280, obs. Hauser ; *JurisData* n° 2007-349694). Jugé, à l'inverse, que la mère commet une faute en laissant déclarer à l'état civil l'enfant comme étant celui de son mari, alors qu'elle savait que ce dernier n'était pas le père et en attendant que l'enfant ait atteint l'âge de dix-sept ans pour contester la paternité (■ Nancy, 26 févr. 2007 : *RTD civ.* 2008, 283, obs. Hauser ; *JCP* 2008, IV, 1270 ; *JurisData* n° 2007-334301).

6) **Fraude de la mère.** Jugé que la déclaration du seul nom de la mère, à son initiative, dans l'acte de naissance de l'enfant doit être regardée comme faite en fraude des droits du mari, que la mère a eu la volonté d'évincer, dans le contexte d'une procédure de divorce qu'elle allait intenter ; la présomption de paternité n'a, par conséquent, pas été écartée (■ Nancy, 18 juin 2010 : *JCP* 2010, n° 50, act. 1231 ; *JurisData* n° 2010-016990, ajoutant qu'il convient de faire droit à la demande du père tendant à ce que l'enfant porte son seul nom).

II – SÉPARATION DE DROIT

7) **Preuve de la date de conception et présomption de paternité.** L'action tendant à faire constater que l'enfant est né plus de trois cents jours après l'ordonnance autorisant les époux à résider séparément ne s'attaque pas à la présomption de paternité édictée par l'article 312 (■ Cass. 1re civ., 10 mai 1988, n° 86-16.699 : *JurisData* n° 1988-001155 ; *Bull. civ.* I, n° 137, p. 95. V. aussi ■ Cass. 1re civ., 5 oct. 1994, n° 92-16.696 : *JurisData* n° 1994-002006 ; *Bull. civ.* I, n° 272, p. 198 ; *JCP* 1994, IV, 2410).

8) **Compétence du JAF.** Sur la compétence du juge aux affaires matrimoniales (du juge aux affaires familiales depuis la loi du 8 janvier 1993) pour constater que la présomption de paternité se trouve écartée de plein droit en vertu de l'(anc.) article 313, alinéa 1er, V. ■ Amiens, 1er juill. 1991 : *JurisData* n° 1991-044321.

9) **Ordonnance de non-conciliation non suivie d'un jugement de divorce.** L'enfant né plus de trois cents jours après l'ordonnance autorisant les époux à résider séparément doit être considéré comme un enfant naturel même s'il a été inscrit à l'état civil comme né du mari de la mère (■ Colmar, 20 nov. 1974 : *JCP* 1975, IV, 186). Sa légitimité est écartée même en l'absence de décision de justice (■ Cass. 1re civ., 13 avr. 1988, n° 86-16.882 : *JurisData* n° 1988-000740 ; *D.* 1988, 503, note de La Marnierre). Dès lors qu'elle n'est pas devenue caduque avant le début de la période légale de conception de l'enfant, l'ordonnance de non-conciliation qui n'a pas été suivie d'un jugement de divorce rend applicable l'article 313(■ TGI Paris, 11 févr. 1980 : *D.* 1980, inf. rap. 422, 1re esp., obs. Huet-Weiller). Mais il en va autrement en cas de désistement accepté de l'instance en divorce ayant pour conséquence de faire cesser les effets de l'autorisation de résidences séparées (■ Limoges, 11 mars 1993 : *JurisData* n° 1993-045530).

10) **Enfant né trois cents jours après l'ordonnance.** Sur le cas de l'enfant né très exactement trois cents jours après l'ordonnance de non-conciliation, V. ■ TGI Paris, 2 déc. 1975 : *Gaz. Pal.* 1976, 1, 156.

Art. 313-1 et 313-2 *(Implicitement abr., Ord. n° 2005-759, 4 juill. 2005).*

Art. 314 *(Rempl., L. n° 2009-61, 16 janv. 2009).* – **Si elle a été écartée en application de l'article 313, la présomption de paternité se trouve rétablie de plein droit si l'enfant a la possession d'état à l'égard du mari et s'il n'a pas une filiation paternelle déjà établie à l'égard d'un tiers.**

Art. 315 *(Rempl., Ord. n° 2005-759, 4 juill. 2005 ; mod., L. n° 2009-61, 16 janv. 2009).* – **Lorsque la présomption de paternité est écartée dans les conditions prévues à l'article 313, ses effets peuvent être rétablis en justice dans les conditions prévues à l'article 329. Le mari a également la possibilité de reconnaître l'enfant dans les conditions prévues aux articles 316 et 320.**

Reconnaissance par le mari de la mère. Sur la possibilité, pour le mari, de reconnaître l'enfant de son épouse dans les hypothèses où la présomption de paternité se trouve écartée, V. déjà Circ. 30 juin 2006 : *D.* 2007, somm. 1461, obs. Granet-Lambrechts.

Section II. – De l'établissement de la filiation par la reconnaissance

Art. 316 *(Rempl., Ord. n° 2005-759, 4 juill. 2005 ; mod., L. n° 2018-778, 10 sept. 2018).* – **Lorsque la filiation n'est pas établie dans les conditions prévues à la section I du présent chapitre, elle peut l'être par une reconnaissance de paternité ou de maternité, faite avant ou après la naissance.**

La reconnaissance n'établit la filiation qu'à l'égard de son auteur.
Elle est faite dans l'acte de naissance, par acte reçu par l'officier de l'état civil ou par tout autre acte authentique.
L'acte de reconnaissance est établi sur déclaration de son auteur, qui justifie :
1° De son identité par un document officiel délivré par une autorité publique comportant son nom, son prénom, sa date et son lieu de naissance, sa photographie et sa signature ainsi que l'identification de l'autorité qui a délivré le document, la date et le lieu de délivrance ;
2° De son domicile ou de sa résidence par la production d'une pièce justificative datée de moins de trois mois. Lorsqu'il n'est pas possible d'apporter la preuve d'un domicile ou d'une résidence et lorsque la loi n'a pas fixé une commune de rattachement, l'auteur fournit une attestation d'élection de domicile dans les conditions fixées à l'article L. 264-2 du Code de l'action sociale et des familles.

1) Acte authentique. Une reconnaissance d'enfant naturel peut être reçue par tout notaire dès lors que cet officier public agit dans les limites de sa compétence territoriale (■ Cass. 1re civ., 13 nov. 1973 : *JurisData* n° 1973-000305 ; *D.* 1974, 156). Une reconnaissance de paternité ne peut résulter d'un acte sous seing privé, même reproduit dans un arrêt qui en a vérifié la sincérité (■ Cass. 1re civ., 14 janv. 2003, n° 01-12.026 : *Defrénois* 2003, 619, obs. Massip). De même, la lettre manuscrite écrite par le père prétendu et remise à son avocat ne saurait valoir reconnaissance (■ TGI Créteil, 21 févr. 2002 : *Dr. famille* 2002, 97, note Murat ; *D.* 2002, 1710, note Granet).

2) Testament olographe. Une reconnaissance contenue dans un testament olographe déposé chez un notaire ne satisfait pas aux exigences de l'article 335 (anc.) qui prévoit un acte authentique (■ Cass. 1re civ., 2 févr. 1977, n° 75-14.101 : *JurisData* n° 1977-000063 ; *Bull. civ.* I, n° 63, p. 49).

3) Aveu judiciaire de paternité. L'acte authentique prévu pour la reconnaissance volontaire d'un enfant naturel peut être constitué par un aveu de paternité judiciairement constaté (■ Cass. 1re civ., 1er juill. 1981, n° 80-13.053 : *JurisData* n° 1981-002003 ; *JCP* 1981, IV, 340 ; *Bull. civ.* I, n° 244, p. 201). Mais il en va autrement si le jugement rendu ne donne pas acte d'un aveu exprès (■ Limoges, 27 févr. 1986 : *D.* 1987, somm. 319, obs. Huet-Weiller), ou s'il a été rendu par défaut (■ Cass. 1re civ., 24 mars 1993, n° 91-18.646 : *JurisData* n° 1993-000637 ; *D.* 1994, 346, note Massip). La reconnaissance ne peut résulter d'un acte sous seing privé, même reproduit par un jugement, ni être déduite d'une absence de contestation (■ Cass. 1re civ., 23 mars 1994, n° 93-05.011 : *JurisData* n° 1994-000763 ; *Bull. civ.* I, n° 106, p. 80 ; *JCP* 1994, IV, 1385 ; *RTD civ.* 1994, 577, obs. Hauser).

4) Déclaration à l'officier de l'état civil. Constitue une reconnaissance la déclaration de naissance faite à l'officier de l'état civil par un homme indiquant que les deux enfants sont issus de lui-même et de la mère (■ Cass. 1re civ., 19 juill. 1989, n° 87-14.187 : *JurisData* n° 1989-704149 ; *Bull. civ.* I, n° 299, p. 198). La reconnaissance peut aussi résulter d'une déclaration faite dans un acte authentique tel un acte de décès (■ Cass. 1re civ., 1er juill. 1981, n° 79-15.776 : *JurisData* n° 1981-702002 ; *D.* 1982, 105, note Huet-Weiller). Mais la simple indication de la filiation du défunt dans un acte de décès dressé sur les déclarations d'un tiers ne peut valoir reconnaissance (■ Cass. 1re civ., 14 janv. 2009, n° 07-11.555 : *Bull. civ.* I, n° 5, p. 4 ; *Dr. famille* 2009, 26, note Neirinck ; *RTD civ.* 2009, 304, obs. Hauser ; *JCP* 2009, IV, 1244 ; *D.* 2009, inf. rap. 298 ; *JurisData* n° 2009-046525).

5) Fécondation *in vitro*. Le procédé dit de fécondation *in vitro*, s'il révèle, de façon certaine, la filiation paternelle des enfants, ne peut être assimilé à l'acte authentique de reconnaissance de l'article 335 (anc.), mais il constitue l'un des éléments de fait de la possession d'état permettant de faire application de l'article 334-8 (anc.) (■ TGI Nanterre, 8 juin 1988 : *JurisData* n° 1988-600185 ; *D.* 1989, 248, note Paillet).

6) Mention en marge de l'acte de naissance. La validité de la reconnaissance d'un enfant naturel faite dans les conditions de forme de l'article 335 (anc.) ne peut être subordonnée à l'existence d'une mention en marge de l'acte de naissance dès lors qu'il n'existe aucun doute sur l'identité de l'enfant faisant l'objet de cette reconnaissance avec celui dont la mère est accouchée (■ Cass. 1re civ., 17 févr. 1982, n° 81-10.298 : *Bull. civ.* I, n° 78, p. 67).

7) Reconnaissance faite en pays étranger. Toute reconnaissance volontaire d'un enfant naturel faite en pays étranger produit de plein droit ses effets sans qu'il y ait lieu de soumettre à exequatur l'acte instrumentaire qui la contient de la même manière que font foi les actes de l'état civil, tant que son invalidité n'a pas été constatée judiciairement à l'initiative de celui qui y a intérêt (■ Cass. 1re civ., 12 janv. 1994, n° 91-15.460 : *JurisData* n° 1994-000030 ; *Bull. civ.* I, n° 16, p. 12).

8) Reconnaissance prénatale et accouchement sous X. Viole l'article 7, § 1, de la Convention de New York du 26 janvier 1990 relative aux droits de l'enfant, ainsi que les articles 335, 336, 341-1 [anciens], 348-1 et 352 du Code civil, la cour d'appel qui déclare irrecevable la demande de restitution d'un enfant formée par l'homme qui l'a reconnu avant sa naissance et dont la mère a décidé d'accoucher anonymement, qui donne effet au consentement à l'adoption du conseil de famille et prononce l'adoption plénière, alors que l'enfant ayant été identifié par son père naturel à une date antérieure au consentement à l'adoption, la reconnaissance prénatale avait établi la filiation paternelle de l'enfant avec effet au jour de sa naissance, de sorte que le conseil de famille des pupilles de l'État, qui était informé de cette reconnaissance, ne pouvait plus consentir valablement à l'adoption, ce qui relevait du seul pouvoir de son père naturel (▪ Cass. 1re civ., 7 avr. 2006, n° 05-11.286 : *JurisData* n° 2006-033113 ; *Bull. civ.* I, n° 195, p. 171 ; *D.* 2006, 2293, note Poisson-Drocourt ; *RTD civ.* 2006, 273, obs. Rémy-Corlay, et 292, obs. Hauser ; *Defrénois* 2006, 1127, note Massip ; *JCP* 2006, I, 199, n° 1, obs. Rubellin-Devichi ; *Dr. famille* 2006, 124, note Murat). V. aussi B. Mallet-Bricout, *Droits du père et accouchement sous X : La Cour de cassation prend position : D.* 2006, 1177 ; J. Revel : *Une nouvelle famille unilinéaire : l'enfant né sous X et son père : D.* 2006, 1707. – Comp. auparavant, ▪ Riom, 16 déc. 1997 : *JurisData* n° 1997-990084 ; *JurisData* n° 1997-990084 ; *JCP* 1998, II, 10147, note Garé ; *JCP* 1999, I, 101, n° 4, obs. Rubellin-Devichi ; *D.* 1998, somm. 301, obs. Bourgault-Coudevylle ; *D.* 1999, somm. 1999, obs. Granet ; *Dr. famille* 1998, 150, note Murat ; *RTD civ.* 1998, 891, obs. Hauser, décidant que la reconnaissance prénatale ayant désigné un enfant identifié par sa mère est privée de toute valeur dès lors que cet enfant est né de mère inconnue. *Contra*, ordonnant la restitution de l'enfant au père biologique, ▪ TGI Nancy, 16 mai 2003 : *JurisData* n° 2003-212727 ; *JCP* 2004, II, 10035, note Massip ; *D.* 2003, 2910, note Poisson-Drocourt ; *Dr. famille* 2003, 88, note Murat ; somm. 2120, obs. Granet-Lambrechts, réformé par ▪ Nancy, 23 févr. 2004, n° 03/01484 : *JurisData* n° 2004-232436 ; *Dr. famille* 2004, 48, 1er arrêt, note Murat. ; *JCP* 2004, II, 10073, 1er arrêt, note Garnier ; *D.* 2004, 2249, 1re esp., note Poisson-Drocourt, somm. 1422, 1re esp., obs. Granet-Lambrechts, arrêt cassé par ▪ Cass. 1re civ., 7 avr. 2006, préc. (V. enfin, sur renvoi, ▪ Reims, 12 déc. 2006, n° 06/01817 : *JurisData* n° 2006-325133 ; *Defrénois* 2007, 795, obs. Massip ; *RTD civ.* 2007, 558, obs. Hauser). ▪ TGI Grenoble, 22 janv. 2004 : *JurisData* n° 2004-235203 ; *JurisData* n° 2004-235203 ; *Dr. famille* 2004, 48, 3e arrêt, note crit. Murat ; *D.* 2004, somm. 1422, 3e esp., obs. Granet-Lambrechts. V. aussi C. Bernard-Xemard, *Naître sans mère... Et le père ?* in *Mélanges Gérard Champenois : Defrénois* 2012, 27.

Sur la recherche des date et lieu d'établissement de l'acte de naissance de l'enfant par le procureur de la République, V. art. 62-1, p. 126.

9) Changement de nom. La reconnaissance peut être effectuée devant le juge des tutelles à l'occasion de la procédure de changement de nom prévue par l'article 334-2 (anc.), mais à la condition que la déclaration de reconnaissance ne soit affectée d'aucune équivoque (▪ Bordeaux, 24 sept. 1997 : *JurisData* n° 1997-055733 ; *D.* 2000, somm. 157, obs. Granet).

10) Prévention des fraudes *(L. n° 2018-778, 10 sept. 2018).* V. F. Granet-Lambrechts, obs. in *D.* 2019, p. 665.

11) Convention internationale. V. D. n° 62-833 du 19 juillet 1962 portant publication de la convention du 14 septembre 1961 portant extension de la compétence des autorités qualifiées pour recevoir les reconnaissances d'enfants naturels (*JO* 24 juill. ; *JCP* 1962, III, 28217).

Art. 316-1 ***(Rétabli, L. n° 2018-778, 10 sept. 2018).*** – **Lorsqu'il existe des indices sérieux laissant présumer, le cas échéant au vu de l'audition par l'officier de l'état civil de l'auteur de la reconnaissance de l'enfant, que celle-ci est frauduleuse, l'officier de l'état civil saisit sans délai le procureur de la République et en informe l'auteur de la reconnaissance.**

Le procureur de la République est tenu de décider, dans un délai de quinze jours à compter de sa saisine, soit de laisser l'officier de l'état civil enregistrer la reconnaissance ou mentionner celle-ci en marge de l'acte de naissance, soit qu'il y est sursis dans l'attente des résultats de l'enquête à laquelle il fait procéder, soit d'y faire opposition.

La durée du sursis ainsi décidé ne peut excéder un mois, renouvelable une fois par décision spécialement motivée. Toutefois, lorsque l'enquête est menée, en totalité ou en partie, à l'étranger par l'autorité diplomatique *ou consulaire,* la durée du sursis est portée à deux mois, renouvelable une fois par décision spécialement motivée. Dans tous les cas, la décision de sursis et son renouvellement sont notifiés à l'officier de l'état civil et à l'auteur de la reconnaissance.

À l'expiration du sursis, le procureur de la République fait connaître à l'officier de l'état civil et aux intéressés, par décision motivée, s'il laisse procéder à l'enregistrement de la reconnaissance ou à sa mention en marge de l'acte de naissance de l'enfant.

L'auteur de la reconnaissance, même mineur, peut contester la décision de sursis ou de renouvellement de celui-ci devant le tribunal de grande instance, qui statue dans un délai de dix jours à compter de sa saisine. En cas d'appel, la cour statue dans le même délai.

Art. 316-2 *(Rétabli, L. n° 2018-778, 10 sept. 2018).* – Tout acte d'opposition du procureur de la République mentionne les prénoms et nom de l'auteur de la reconnaissance ainsi que les prénoms et nom, date et lieu de naissance de l'enfant concerné.

En cas de reconnaissance prénatale, l'acte d'opposition mentionne les prénoms et nom de l'auteur de la reconnaissance ainsi que toute indication communiquée à l'officier de l'état civil relative à l'identification de l'enfant à naître.

À peine de nullité, tout acte d'opposition à l'enregistrement d'une reconnaissance ou à sa mention en marge de l'acte de naissance de l'enfant énonce la qualité de l'auteur de l'opposition ainsi que les motifs de celle-ci. Il reproduit les dispositions législatives sur lesquelles est fondée l'opposition.

L'acte d'opposition est signé, sur l'original et sur la copie, par l'opposant et notifié à l'officier de l'état civil, qui met son visa sur l'original.

L'officier de l'état civil fait sans délai une mention sommaire de l'opposition sur le registre de l'état civil. Il mentionne également en marge de l'inscription de ladite opposition les éventuelles décisions de mainlevée dont expédition lui a été remise. L'auteur de la reconnaissance en est informé sans délai.

En cas d'opposition, l'officier de l'état civil ne peut, sous peine de l'amende prévue à l'article 68, enregistrer la reconnaissance ou la mentionner sur l'acte de naissance de l'enfant, sauf si une expédition de la mainlevée de l'opposition lui a été remise.

Art. 316-3 *(L. n° 2018-778, 10 sept. 2018).* – Le tribunal de grande instance se prononce, dans un délai de dix jours à compter de sa saisine, sur la demande en mainlevée de l'opposition formée par l'auteur de la reconnaissance, même mineur.

En cas d'appel, il est statué dans le même délai et, si le jugement dont il est fait appel a prononcé mainlevée de l'opposition, la cour doit statuer, même d'office.

Le jugement rendu par défaut rejetant l'opposition à l'enregistrement de la reconnaissance ou à sa mention en marge de l'acte de naissance de l'enfant ne peut être contesté.

Art. 316-4 *(L. n° 2018-778, 10 sept. 2018).* – Lorsque la saisine du procureur de la République concerne une reconnaissance prénatale ou concomitante à la déclaration de naissance, l'acte de naissance de l'enfant est dressé sans indication de cette reconnaissance.

Art. 316-5 *(L. n° 2018-778, 10 sept. 2018).* – Lorsque la reconnaissance est enregistrée, ses effets pour l'application des articles 311-21 ou 311-23 remontent à la date de la saisine du procureur de la République.

Section III. – De l'établissement de la filiation par la possession d'état

Art. 317 *(Rempl., Ord. n° 2005-759, 4 juill. 2005 ; mod., L. n° 2009-61, 16 janv. 2009 ; L. n° 2011-331, 28 mars 2011 ; L. n° 2011-1862, 13 déc. 2011).* – Chacun des parents ou l'enfant peut demander *(Mots rempl., L. n° 2019-222, 23 mars 2019)* « à un notaire » que lui soit délivré un acte de notoriété qui fera foi de la possession d'état jusqu'à preuve contraire.

(Al. mod., L. n° 2019-222, 23 mars 2019) L'acte de notoriété est établi sur la foi des déclarations d'au moins *trois témoins et de* tout autre document produit qui attestent une réunion suffisante de faits au sens de l'article 311-1. L'acte de notoriété est signé par le notaire et par les témoins.

La délivrance de l'acte de notoriété ne peut être demandée que dans un délai de cinq ans à compter de la cessation de la possession d'état alléguée ou à compter du décès du parent prétendu, y compris lorsque celui-ci est décédé avant la déclaration de naissance.

La filiation établie par la possession d'état constatée dans l'acte de notoriété est mentionnée en marge de l'acte de naissance de l'enfant.

(Al. abr., L. n° 2019-222, 23 mars 2019).

Bibliographie : J. Massip, *Possession d'état, nom et état civil : Dr. famille* 2000, chron. 19. • S. Mirabail, *Les différents rôles de la possession d'état en matière de filiation : Dr. famille* 2014, étude 2.

1) Présomption de filiation. L'acte de notoriété délivré par le juge des tutelles et constatant la possession d'état d'enfant légitime fait foi jusqu'à preuve contraire. Inverse la charge de la preuve et viole ce texte la cour d'appel qui, en l'absence de toute contestation, rejette une demande de rectification de l'acte de naissance d'un enfant au motif qu'il existe un doute sérieux sur le mariage des parents et sur leur communauté de vie, alors que ceux-ci produisaient un acte de mariage et un acte de notoriété constatant la possession d'état d'enfant légitime (■ Cass. 1re civ., 19 avr. 2005, n° 02-10.985 : *JurisData* n° 2005-028143 ; *Bull.* I, n° 196, p. 164 ; *D.* 2006, somm. 1140, obs. Granet-Lambrechts ; *Dr. famille* 2005, 181, note Murat). V. de même, pour une présomption de filiation naturelle, ■ Cass. 1re civ., 7 févr. 1989, n° 87-16.315 : *JurisData* n° 1989-701305 ; *Bull. civ.* I, n° 65, p. 42 ; *D.* 1989, 396, note Massip. Sur la contestation de la filiation telle qu'elle résulte de l'acte de notoriété, voir art. 335, p. 305.

2) Acte de notoriété. V. pour une application de l'article 311-3, alinéa 1er (anc.), ■ Cass. 1re civ., 7 févr. 1989, n° 86-19.537 : *JurisData* n° 1989-000482 ; *Bull. civ.* I, n° 66, p. 42 ; *D.* 1989, 396, note Massip, et, sur renvoi, ■ Riom, 24 juin 1993 : *JurisData* n° 1993-041678 ; *D.* 1994, somm. 117, obs. Granet-Lambrechts. ■ Cass. 1re civ., 29 mai 1996, n° 92-05.018 : *JurisData* n° 1996-002118 ; *D.* 1998, somm. 27, obs. Granet. Sur ce que l'acte de notoriété doit être délivré à la requête de l'enfant ou de ses parents, V. ■ Cass. 1re civ., 16 mai 2000, n° 98-13.441 : *JurisData* n° 2000-002009 ; *Dr. famille* 2000, 84, note Murat ; *D.* 2000, 771, note Massip ; *D.* 2001, somm. 975, obs. Granet ; *Defrénois* 2000, 1052, obs. Massip. Le juge d'instance ne peut délivrer un acte de notoriété faisant foi de la possession d'état au bénéfice du concubin de même sexe que le parent envers lequel la filiation est déjà établie (■ Cass. 1re civ., avis, 7 mars 2018, n° 17-70.039 : *Bull.* ; *D.* 2018, 983, Fulchiron ; *Dr. famille* mai 2018, 130, Bernard, Rapport, 1, Le Cotty et chron. 3, n° 13, Égéa ; *JurisData* n° 2018-003219).

3) Communication au ministère public (non). Les dispositions de l'article 425 du Code de procédure civile qui imposent que le ministère public ait communication des affaires relatives à la filiation n'ont pas lieu de s'appliquer aux demandes d'acte de notoriété adressées au juge des tutelles sur le fondement de l'article 311-3 (anc.) du Code civil (■ Cass. 1re civ., 4 juill. 2007, n° 05-20.204 : *JurisData* n° 2007-039913 ; *Bull. civ.* I, n° 256, p. 226 ; *Dr. famille* 2007, 169, note Murat).

Code de procédure civile

Art. 1157-1 *(D. n° 93-1091, 16 sept. 1993 ; mod., D. n° 2006-640, 1er juin 2006)*. – Le juge qui délivre l'acte de notoriété constatant la possession d'état d'enfant en donne aussitôt avis au procureur de la République du lieu où est détenu l'acte de naissance de l'intéressé.

Le procureur de la République fait procéder à la mention du lien de filiation ainsi établi en marge de l'acte de naissance de l'enfant.

CHAPITRE III. – DES ACTIONS RELATIVES À LA FILIATION

Section I. – Dispositions générales

Art. 318 *(Anc. art. 311-4, dénum., Ord. n° 2005-759, 4 juill. 2005)*. – **Aucune action n'est reçue quant à la filiation d'un enfant qui n'est pas né viable.**

Bibliographie : Ph. Salvage, *La viabilité de l'enfant nouveau-né : RTD civ.* 1976, 725.

Art. 318-1 *(Anc. art. 311-5, dénum., Ord. n° 2005-759, 4 juill. 2005)*. – **Le tribunal de grande instance, statuant en matière civile, est seul compétent pour connaître des actions relatives à la filiation.**

Communication au ministère public. La *règle* suivant laquelle le ministère public doit *avoir communication des causes relatives à la* filiation (CPC, art. 425, 1°) est d'ordre public (■ Cass. 1re civ., 12 mai 1987, n° 85-12.242 : *JurisData* n° 1987-000941 ; *Bull. civ.* I, n° 150, p. 117). Elle est applicable à l'action à fin de subsides (■ Cass. 1re civ., 12 mai 1987, n° 85-16.899 : *Bull. civ.* I, n° 149, p. 117), mais non lorsque la contestation, sans mettre en cause l'état de la personne, tend seulement à contester, dans le cadre d'une action en pétition d'hérédité, la continuité de la chaîne des parentés *la reliant au de cujus* (■ Cass. 1re civ., 2 juin 1987, n° 86-80.011 : *JurisData* n° 1987-001099 ; *Bull. civ.* I, n° 179, p. 134).

Art. 318-2 *(Abr., Ord. n° 2005-759, 4 juill. 2005).*

Art. 319 *(Anc. art. 311-6, dénum. et mod., Ord. n° 2005-759, 4 juill. 2005).* **– En cas d'infraction portant atteinte à la filiation d'une personne, il ne peut être statué sur l'action pénale qu'après le jugement passé en force de chose jugée sur la question de filiation.**

Art. 320 *(Rempl., Ord. n° 2005-759, 4 juill. 2005).* **– Tant qu'elle n'a pas été contestée en justice, la filiation légalement établie fait obstacle à l'établissement d'une autre filiation qui la contredirait.**

1) **Convention européenne des droits de l'homme. Contrôle de proportionnalité.** Si l'impossibilité pour une personne de faire reconnaître son lien de filiation paternelle constitue une ingérence dans l'exercice du droit au respect de sa vie privée et familiale garanti par l'article 8 de la Convention EDH, l'obstacle prévu à l'article 320 du Code civil poursuit un but légitime en ce qu'il tend à garantir la stabilité du lien de filiation et à mettre les enfants à l'abri des conflits de filiations ; l'arrêt relève que le mari de la mère a reconnu l'intéressée et l'a légitimée par mariage en 1965, qu'il a été son père aux yeux de tous jusqu'à son décès en 2001, sans que personne ne remette en cause ce lien de filiation conforté par la possession d'état ; l'arrêt ajoute que l'intéressée, elle-même, a disposé d'un délai de trente ans à compter de sa majorité pour contester cette paternité, ce qu'elle n'a pas fait, et qu'elle a hérité de ce dernier à son décès ; ayant ainsi constaté que l'intéressée avait disposé de procédures lui permettant de mettre sa situation juridique en conformité avec la réalité biologique, la cour d'appel a pu en déduire que l'atteinte portée au droit au respect de sa vie privée n'était pas disproportionnée au regard du but légitime poursuivi ; en déclarant irrecevable l'action en recherche de paternité et, par suite, la demande d'expertise biologique, elle n'a donc pas méconnu les exigences résultant de la Convention EDH (▪ Cass. 1re civ., 5 oct. 2016, n° 15-25.507 : *Bull.* ; *D.* 2016, 2496, note Fulchiron ; *JCP G* 2016, 1276, note Garé ; *RTD civ.* 2016, 831, obs. Hauser ; *JurisData* n° 2016-019909.– V. aussi ▪ Cass. 1re civ., 7 nov. 2018, n° 17-25.938 : *Bull.* ; *Dr. famille* 2019, n° 27, Fulchiron ; *AJF* 2018, p. 685, Houssier ; *JurisData* n° 2018-019560, pas d'atteinte disproportionnée au droit au respect de la vie privée, la Cour relevant que l'intéressée n'a jamais été empêchée d'exercer une action tendant à faire établir sa filiation biologique, mais s'est abstenue de le faire dans le délai légal ; qu'alors qu'elle avait des liens affectifs avec le père prétendu depuis sa petite enfance, elle a attendu son décès et l'ouverture de sa succession pour exercer l'action ; qu'elle a disposé de délais très importants pour agir et qu'elle disposait encore d'un délai lorsqu'elle a été rendue destinataire d'un test de paternité établissant, selon elle, de façon certaine, le lien de filiation biologique). – Rappr., au sujet de la prescription prévue par l'article 321 du Code civil, art. 321, annot. n° 3, p. 294, et, au sujet de la prescription prévue par l'article 333 du Code civil, art. 333, annot. n° 3, p. 303. *Adde* L. Mauger-Vielpeau, *La filiation paternelle à l'épreuve du contrôle de proportionnalité : D.* 2019, p. 207.

2) **Sur la prise en compte de l'intérêt supérieur de l'enfant et du droit au respect de la vie privée en matière de contestation de la paternité du mari de la mère, à la suite de la reconnaissance souscrite par le père biologique.** V. ▪ Cass. 1re civ., 7 nov. 2018, n° 17-26.445 : *Bull.* ; *JurisData* n° 2018-019565, décidant que statue dans le respect de ces principes, la cour d'appel relevant qu'il n'est pas de l'intérêt supérieur de l'enfant de dissimuler sa filiation biologique et de la faire vivre dans un mensonge portant sur un élément essentiel de son histoire et ajoutant qu'il sera peut-être difficile pour l'enfant de devoir considérer l'auteur de la reconnaissance comme son père, mais qu'il appartiendra aux époux de l'aider à appréhender cette situation.

Art. 321 *(Rempl., Ord. n° 2005-759, 4 juill. 2005).* **– Sauf lorsqu'elles sont enfermées par la loi dans un autre délai, les actions relatives à la filiation se prescrivent par dix ans à compter du jour où la personne a été privée de l'état qu'elle réclame, ou a commencé à jouir de l'état qui lui est contesté. À l'égard de l'enfant, ce délai est suspendu pendant sa minorité.**

Bibliographie : R. Savatier, *Parenté et prescription civile : RTD civ.* 1975, 1. • J. Garrigue, *Prescription, forclusion et filiation* in *Mélanges Marie-Stéphane Payet*, Dalloz 2011, 237.

1) **Application de la loi dans le temps.** En cas de réduction du délai de prescription, le nouveau délai court à compter du jour de l'entrée en vigueur de la loi nouvelle, sans que la durée totale puisse excéder la durée prévue par la loi antérieure (art. 2222, al. 2) ; la loi substituant le délai de prescription décennale au délai de prescription trentenaire étant entrée en vigueur le 1er juillet

2006, il en résulte que le nouveau délai court à compter de cette date (■ Cass. 1re civ., 6 mars 2013, n° 11-28.780 : *Bull. civ.* I, n° 37, p. 37 ; *RTD civ.* 2013, 359, obs. Hauser, et 433, obs. Perrot ; *LPA* 27 juin 2013, 11, note Hisquin ; *JurisData* n° 2013-003731, action en contestation de paternité. ■ Cass. 1re civ., 25 sept. 2013, n° 12-25.062 : *Dr. famille* 2013, 160, note Neirinck ; *JurisData* n° 2013-020719). L'action en recherche de paternité ayant été engagée après l'entrée en vigueur de l'ordonnance n° 2005-759 du 4 juillet 2005 portant réforme de la filiation, elle est soumise aux dispositions issues de ce texte ; il résulte de ces dispositions transitoires (Ord. 4 juill. 2005, art. 20, IV) que les enfants devenus majeurs moins de dix ans avant l'entrée en vigueur de l'ordonnance peuvent bénéficier du nouveau délai de dix ans, sans se voir opposer la forclusion tirée de l'expiration du délai de deux ans prévu par la loi ancienne (■ Cass. 1re civ., 9 nov. 2016, n° 15-25.068 : *Bull.* ; *JCP G* 2017, 46, note Larribau-Terneyre ; *Dr. famille*2017, 9, note Fulchiron ; *D.* 2017, 731, obs. Granet-Lambrechts ; *RTD civ.* 2017, 111, obs. Hauser ; *LPA* 31 juill. 2017, 18, obs. Pomart ; *JurisData* n° 2016-022982).

2) Convention européenne des droits de l'homme. Contrôle de proportionnalité. Si l'impossibilité pour une personne de faire reconnaître son lien de filiation paternelle constitue une ingérence dans l'exercice du droit au respect de sa vie privée et familiale garanti par l'article 8 de la Convention EDH, la prescription des actions relatives à la filiation est prévue par la loi et poursuit un but légitime en ce qu'elle tend à protéger les droits des tiers et la sécurité juridique ; s'agissant en particulier de l'action en recherche de paternité, l'ordonnance du 4 juillet 2005 a prévu des dispositions transitoires favorables, dérogeant à la règle selon laquelle la loi n'a pas, en principe, d'effet sur une prescription définitivement acquise, afin d'étendre aux enfants nés avant l'entrée en vigueur de l'ordonnance le nouveau délai de prescription de dix ans ; ainsi, ces dispositions, qui ménagent un juste équilibre entre le droit à la connaissance et à l'établissement de son ascendance, d'une part, les droits des tiers et la sécurité juridique, d'autre part, ne méconnaissent pas les exigences résultant de l'article 8 précité. Il appartient toutefois au juge d'apprécier si, concrètement, dans l'affaire qui lui est soumise, la mise en œuvre de ces dispositions ne porte pas au droit au respect de la vie privée et familiale, garanti par la Convention, une atteinte disproportionnée au regard du but légitime poursuivi (■ Cass. 1re civ., 9 nov. 2016, n° 15-25.068, préc., annot. n° 1, pas d'atteinte disproportionnée en l'espèce. – V. aussi ■ Cass. 1re civ., 21 nov. 2018, n° 17-21.095 : *Bull.* ; *Dr. famille* 2019, n° 28, Fulchiron ; *JCP* G 2018, 41, Douchy-Oudot ; *JurisData* n° 2018-020706). – Rapp., au sujet de la prescription prévue par l'article 333 du Code civil, art. 333, annot. n° 3, p. 303, et, au sujet de la fin de non-recevoir prévue par l'article 320 du Code civil, art. 320, annot. n° 1, p. 293.

3) Point de départ du délai de prescription de l'action en contestation d'état. La prescription d'une action en contestation d'état commence à courir du jour où l'état contesté a été créé (■ Cass. 1re civ., 13 nov. 1979 : *JurisData* n° 1979-710277 ; *Bull. civ.* I, n° 277, p. 225. – V. aussi ■ TGI Paris, 7 mars 2000 : *JurisData* n° 2000-128644 ; *Dr. famille* 2002, 66, note Desnoyer).

4) Le **point de départ du délai de prescription de l'action en recherche de paternité** exercée par l'enfant majeur se situe au jour de sa majorité (■ Cass. 1re civ., 9 nov. 2016, n° 15-25.068, préc., annot. n° 1).

5) Suspension. La prescription de trente ans instaurée par l'article 311-7 (anc.) est soumise au droit commun, de sorte que son cours est suspendu pendant la minorité (■ Cass. 1re civ., 10 janv. 1990, n° 88-14.404 : *JurisData* n° 1990-001605 ; *JCP* 1990, IV, 93 ; *Bull. civ.* I, n° 8, p. 7 ; *D.* 1990, 193, note Huet-Weiller. – V. aussi ■ Cass. 1re civ., 27 nov. 2001 : *Bull. civ.* I, n° 293, p. 185 ; *JurisData* n° 2001-011573. ■ Metz, 19 oct. 1999 : *RTD civ.* 2000, 96, obs. Hauser).

6) Office du juge. Les juges ne peuvent relever d'office le moyen tiré de la prescription instaurée par l'article 311-7 (anc.) (■ Cass. 1re civ., 6 mars 2007, n° 05-21.882 : *Dr. famille* 2007, 141, note Murat ; *RTD civ.* 2007, 762, obs. Hauser ; *JurisData* n° 2007-037815).

7) Action en constatation de possession d'état. Distincte de l'action en recherche de paternité, l'action en constatation de possession d'état n'est pas soumise au délai préfix de l'article 340-4 (anc.) mais à la prescription trentenaire de l'article 311-7 (anc.) (■ Cass. 1re civ., 10 févr. 1993, n° 89-21.997 : *JurisData* n° 1993-000239 ; *JCP* 1993, IV, 940 ; *D.* 1993, 490, note Hauser et Nicoleau ; *RTD civ.* 1993, 337, obs. Hauser). Lorsque l'individu a été élevé effectivement par son père naturel, le délai ne commence à courir que du jour où celui-ci est décédé, à moins qu'il ne soit établi que le père s'est désintéressé de l'enfant auparavant (■ Paris, 25 janv. 1994 : *JurisData* n° 1994-020210 ; *RTD civ.* 1994, 338, obs. Hauser). Jugé que l'établissement d'un acte de notoriété, en dehors de toute procédure contentieuse, à la différence de l'action en revendication ou en constatation d'état d'enfant naturel, n'est soumis à aucune prescription (■ Fort-de-France, 17 août 1995 : *JurisData* n° 1995-053312 ; *RTD civ.* 1996, 137, obs. Hauser ; *Dr. famille* 1997, 41, note Murat).

Art. 322 ***(Rempl., Ord. n° 2005-759, 4 juill. 2005).* – L'action peut être exercée par les héritiers d'une personne décédée avant l'expiration du délai qui était imparti à celle-ci pour agir.**

Les héritiers peuvent également poursuivre l'action déjà engagée, à moins qu'il n'y ait eu désistement ou péremption d'instance.

1) **Désistement.** Le désistement visé à l'article 311-8, alinéa 2, (anc.) est le désistement d'instance et non le désistement d'action (■ Cass. 1re civ., 20 janv. 1981 : *JurisData* n° 1981-700192 ; *JurisData* n° 1981-700192 ; *JCP* 1981, IV, 116 ; *Bull. civ.* I, n° 22, p. 17).

2) **Constatation de la possession d'état.** L'action tendant à constater la possession d'état d'enfant naturel n'est pas soumise au principe de l'intransmissibilité aux héritiers de l'action qui appartenait à un individu quant à sa filiation (■ Cass. 1re civ., 2 mars 1999, n° 97-15.958 : *JurisData* n° 1999-000917 ; *Dr. famille* 1999, 96, note Murat ; *D.* 2000, somm. 173, obs. Le Doujet-Thomas).

Art. 322-1 ***(Abr., Ord. n° 2005-759, 4 juill. 2005).***

Art. 323 ***(Anc. art. 311-9, dénum., Ord. n° 2005-759, 4 juill. 2005).* – Les actions relatives à la filiation ne peuvent faire l'objet de renonciation.**

1) **Désistement.** Est nul le désistement d'une action relative à la filiation par application de l'article 311-9 (anc.) (■ Cass. 1re civ., 20 janv. 1981 : *JCP* 1981, IV, 116 ; *Bull. civ.* I, n° 22, p. 17).

2) **Transaction.** Une transaction sur une éventuelle action à fins de subsides ne peut inclure une renonciation à exercer une action en recherche de paternité (■ Cass. 1re civ., 25 sept. 2013, n° 12-24.588 : *Dr. famille* 2013, 161, note Neirinck ; *D.* 2014, 1173, obs. Granet-Lambrechts ; *JurisData* n° 2013-020718).

3) **Mère porteuse.** Voir art. 16-7, p. 75. La convention par laquelle une femme s'engage, fût-ce à titre gratuit, à concevoir et à porter un enfant pour l'abandonner à sa naissance contrevient tant au principe d'ordre public de l'indisponibilité du corps humain qu'à celui de l'indisponibilité de l'état des personnes (■ Cass. ass. plén., 31 mai 1991, n° 90-20.105 : *JurisData* n° 1991-001378 ; *JCP* G 1991, II, 21752 et *JCP* N 1992, II, p. 18, note Terré ; *D.* 1991, 417, rapp. Chartier et note Thouvenin ; F. Terré et Y. Lequette, *Les grands arrêts de la jurisprudence civile*, t. 1, Dalloz, 13e éd., 2015, n° 51, p. 335. V. en ce sens ■ Cass. 1re civ., 29 juin 1994, n° 92-05.043 : *JurisData* n° 1994-001321 ; *D.* 1994, 581, note Chartier ; *JCP* 1995, II, 22362, note Rubellin-Devichi. ■ Cass. 1re civ., 9 déc. 2003, n° 01-10.140 : *JurisData* n° 2003-021463 ; *Dr. famille* 2004, 17, note Murat ; *Bull. civ.* I, n° 252, p. 201 ; *D.* 2004, 1998, note Poisson-Drocourt ; *Defrénois* 2004, 592, obs. Massip ; *JCP* 2004, I, 109, n° 3, obs. Rubellin-Devichi. ■ Rennes, 4 juill. 2002 : *Dr. famille* 2002, 142, note Murat ; *D.* 2002, 2902, note Grevet, précisant qu'en droit français la mère est celle qui porte l'enfant et lui donne la vie en le mettant au monde, de sorte que la réalité génétique seule ne crée pas la filiation). Sur la transcription dans les registres français de l'état civil d'actes de naissance résultant d'une convention de mère porteuse conclue aux États-Unis, V. ■ Paris, 25 oct. 2007, décision cassée par ■ Cass. 1re civ., 17 déc. 2008, annot. n° 1 sous art. 16-7, p. 75.

4) **Procréation médicalement assistée.** Sur le principe que le consentement donné à une procréation médicalement assistée interdit toute action en contestation de filiation, voir art. 311-20.

Art. 324 ***(Anc. art. 311-10, dénum. et mod., Ord. n° 2005-759, 4 juill. 2005).* – Les jugements rendus en matière de filiation sont opposables aux personnes qui n'y ont point été parties. Celles-ci ont le droit d'y former tierce opposition dans le délai mentionné à l'article 321 si l'action leur était ouverte.**

Les juges peuvent d'office ordonner que soient mis en cause tous les intéressés auxquels ils estiment que le jugement doit être rendu commun.

1) Un jugement de légitimation, fût-il rendu par une décision accueillant en même temps une action en contestation de paternité formée par la mère, est susceptible de tierce opposition par toute personne qui y a intérêt (■ Cass. 1re civ., 27 oct. 1981, n° 80-14.610 : *JurisData* n° 1981-003025 ; *D.* 1982, inf. rap. 253 ; *Bull. civ.* I, n° 309, p. 261).

2) **Tierce opposition par les ayants cause (non).** Il ne résulte nullement de la loi du 3 janvier 1972 que la tierce opposition puisse, par dérogation aux principes généraux qui la régissent, être exercée par les ayants cause d'une personne qui avait intérêt à contester la paternité d'un enfant (■ Cass. 1re civ., 29 janv. 1975 : *JCP* 1975, IV, 87 ; *Bull. civ.* I, n° 41, p. 39. – V. aussi ■ Cass. 1re civ., 7 mars 2000, n° 97-20.650 : *JurisData* n° 2000-000832 ; *Dr. famille* 2000, 94, note Murat).

3) Recherche de paternité contre les héritiers du père prétendu. L'action en recherche de paternité ayant été exercée contre un héritier du père prétendu, les autres héritiers peuvent être mis en cause ultérieurement, par le demandeur ou d'office par le juge, sans condition de délai (▪ Cass. 1re civ., 16 déc. 1992, n° 91-13.119 : *JurisData* n° 1992-003103 ; *Bull. civ.* I, n° 312, p. 204).

Section II. – Des actions aux fins d'établissement de la filiation

Art. 325 *(Rempl., Ord. n° 2005-759, 4 juill. 2005 ; mod., L. n° 2009-61, 16 janv. 2009).* – **À défaut de titre et de possession d'état, la recherche de maternité est admise.**

L'action est réservée à l'enfant qui est tenu de prouver qu'il est celui dont la mère prétendue a accouché.

Bibliographie : M.-P. et G. Champenois, *La preuve judiciaire de la maternité : quelques aspects de son évolution depuis la loi n° 72-3 du 3 janvier 1972* in *Mélanges François Terré*, Dalloz-PUF-JurisClasseur 1999, 485.

1) Sur la **conformité à la Constitution** des articles 325 et 327 du Code civil, dès lors que la maternité hors mariage est susceptible d'être judiciairement déclarée, comme la paternité hors mariage et dans les mêmes conditions procédurales, y compris en cas d'accouchement dans le secret, lequel ne constitue plus une fin de non-recevoir à l'action en recherche de maternité, V. ▪ Cass. 1re civ., 2 déc. 2015, n° 15-18.132 : *JurisData* n° 2015-027275.

2) Ancienne fin de non-recevoir tirée de l'accouchement anonyme. Situations en cours. Jugé que l'entrée en vigueur de la loi n° 2009-61 du 16 janvier 2009 ayant supprimé cette fin de non-recevoir marque le point de départ du délai de dix ans pendant lequel l'enfant peut agir en recherche de maternité, lorsque la mère prétendue a accouché « sous X » (▪ TGI Toulouse, 8 oct. 2012 : *RTD civ.* 2013, 587, obs. Hauser).

Art. 326 *(Anc. art. 341-1, dénum., Ord. n° 2005-759, 4 juill. 2005).* – **Lors de l'accouchement, la mère peut demander que le secret de son admission et de son identité soit préservé.**

Bibliographie : C. Neirinck, *L'accouchement sous X : le fait et le droit : JCP* 1996, I, 3922. • B. Mallet-Bricout, *Réforme de l'accouchement sous X, Quel équilibre entre les droits de l'enfant et les droits de la mère biologique ? : JCP* 2002, I, 119. • E. Poisson-Drocourt, *L'accouchement sous X* in *Mélanges Jacques Foyer*, Économica 2008, 811. • A. Coat et M. Jaffrennou, *Le secret des origines opposé à l'enfant : accouchement sous X et anonymat du don de gamètes : LPA* 11-14 nov. 2016, 18.

1) Fausse identité. Jugé que la mère peut accoucher et reconnaître l'enfant sous une fausse identité (▪ Grenoble, 23 févr. 1993, n° 91/2613 : *JurisData* n° 1993-044760 ; *RTD civ.* 1993, 809, obs. Hauser).

2) Reconnaissance prénatale. Voir , art. 316, annot. n° 8, p. 289.

3) Grands-parents. L'intervention volontaire des grands-parents de l'adopté est irrecevable au regard des dispositions des articles 31 et 66 du Code de procédure civile, dès lors que le lien de filiation unissant l'enfant à leur fille n'est pas établi, de même par conséquent que le lien entre l'enfant et eux, et ne peut l'être dès lors que la mère a souhaité que soit préservé le secret de son identité comme l'article 326 du Code civil l'y autorise (▪ Paris, 10 avr. 2008 : *RTD civ.* 2008, 466, obs. Hauser ; *AJF* 2008, 252, obs. Chénedé ; *JurisData* n° 2008-359901. – Pourvoi rejeté par ▪ Cass. 1re civ., 8 juill. 2009, n° 08-20.153 : *Bull. civ.* I, n° 158, p. 138 ; *D.* 2009, 1973, obs. Le Douaron ; *Dr. famille* 2009, 108, note Murat ; *JCP* 2009, n° 31, act. 152, obs. Favier ; *JCP* 2010, n° 1-2, doctr. 34, n° 10, obs. Gouttenoire, et n° 22, note 598, Massip ; *RTD civ.* 2009, 708, obs. Hauser ; *JurisData* n° 2009-049078, décidant que l'intervention volontaire dans une procédure d'adoption plénière de tiers se disant les grands-parents maternels d'un enfant immatriculé définitivement comme pupille de l'État et placé en vue de son adoption est irrecevable, faute de qualité à agir, dès lors que le lien de filiation entre leur fille et cet enfant dont la mère a décidé d'accoucher anonymement n'est pas établi, sans que la modification par la loi du 16 janvier 2009 de l'article 325 [ancien] soit susceptible de modifier cette situation. V. aussi P. Salvage-Gerest, *Les grands-parents et l'adoption de leurs petits-enfants : Dr. famille* 2009, étude 32. – J. Massip, *Les droits de la famille biologique en cas d'accouchement anonyme : JCP* 2010, n° 22, note 598. – Comp., prescrivant une mesure d'identification biologique, dans une hypothèse où il n'y a pas encore eu de placement ni de requête en adoption, ▪ TGI Angers, ord. prés., 8 oct. 2009 : *JCP* 2009, n° 49, 504, note Boulanger ; *JCP* 2010, n° 1-2, doctr. 34, n° 10, obs. Gouttenoire, et n° 22, note 598, Massip ; *RTD civ.* 2009, 708, obs. Hauser ; *Dr. famille* 2009, 152, note Murat ; *LPA* 1er juill. 2010, 14, obs. Dekeuwer-Défossez ; *JurisData* n° 2009-011061. – V. sur le fond, dans cette affaire, ▪ TGI Angers, 26 avr. 2010 : *Dr. famille* 2010, repère 6, obs. Murat, et 114, note Salvage-Gerest ; *RTD civ.* 2010, 540, obs. Hauser ; *LPA* 18 nov. 2010, 9, note Massip ; *JurisData* n° 2010-005904, décidant que le recours des grands-parents contre l'admission de leur petite-fille en qualité de pupille de l'état est irrecevable [C. action soc. et fam., art. L. 224-8 ancien ; V. sous art. 381-2, p. 372]. – Décision infirmée par ▪ Angers, 26 janv. 2011 : *D.* 2011, 442, obs. Gallmeister, 1053, note Garé, et 1586, obs. Granet-Lambrechts ; *JCP* 2011, act. 161, Gouttenoire ; *Dr. famille* 2011, 37, note Neirinck ; *RTD civ.* 2011, 336, obs. Hauser ; *LPA* 10 juill. 2012, 13, 1re esp., obs. Vasseur-Lambry ; *JurisData* n° 2011-000717, confiant l'enfant né sous X à ses grands-parents biologiques, au nom de son intérêt supérieur. V. aussi ▪ Metz, 22 janv. 2013 : *Dr. famille* 2013, 54, note Neirinck ; *JurisData* n° 2013-004027, recevabilité du recours en annulation du procès-verbal définitif constatant l'adoptabilité de l'enfant formé par la grand-mère à qui l'enfant peut être confié, dès lors qu'elle présente les garanties d'accueil et de prise en charge, au nom des articles 3-1 et 7-1 de la Convention internationale des droits de l'enfant).

4) Sur l'**accès aux origines** des personnes adoptées et pupilles de l'État, V. C. action soc. et fam., art. L. 147-1 et s. (Conseil national pour l'accès aux origines personnelles), p. 1865, L. 222-6, p. 1872, L. 223-7, p. 1876, L. 224-5, p. 1877, L. 224-7, p. 1878, L. 225-14-1, p. 1881 et L. 225-14-2, p. 1881.

Sur la conformité à la Constitution des articles L. 147-6 et L. 222-6 du Code de l'action sociale et des familles, voir ▪ Cons. const., déc. 16 mai 2012, n° 2012-248 QPC : *JCP* 2012, act. 630 ; *Dr. famille* 2012, 120, note Neirinck ; *RTD civ.* 2012, 520, obs. Hauser ; *D.* 2013, 1242, obs. Roman ; *LPA* 19 août 2013, 4, obs. Bourgault-Coudevylle.

Doit être rejetée la demande d'accès aux origines quand la mère biologique a refusé, de manière orale, la levée du secret de son identité, même *post-mortem* (▪ CAA Paris, 18 oct. 2018, n° 17PA01844 : *Dr. famille* 2019, n° 7, Camuzat ; *AJF* 2018, p. 689, Saulier ; *JurisData* n° 2018-021477). Sur la jurisprudence de la CEDH relative au droit de connaître ses origines, V. art. 359, annot. n° 4, p. 322.

Voir également : L. n° 2002-93, 22 janv. 2002, relative à l'accès aux origines des personnes adoptées et pupilles de l'État.

Art. 327 *(Anc. art. 340, dénum. et mod., Ord. n° 2005-759, 4 juill. 2005).* – **La paternité hors mariage peut être judiciairement déclarée.**

L'action en recherche de paternité est réservée à l'enfant.

1) La question de la **conformité à la Constitution** de l'article 327 qui, selon le requérant, empêche tout homme géniteur de se soustraire à l'établissement d'une filiation non désirée, ne présente pas un caractère sérieux au regard du principe d'égalité entre les hommes et les femmes, dès lors que la maternité hors mariage est susceptible d'être judiciairement déclarée, comme la paternité hors mariage et dans les mêmes conditions procédurales, y compris en cas d'accouchement dans le secret, lequel ne constitue plus une fin de non-recevoir à l'action en recherche de maternité depuis la loi n° 2009-61 du 16 janvier 2009 (▪ Cass. 1re civ., 28 mars 2013, n° 13-40.001 : *RTD civ.* 2013, 361, obs. Hauser. ▪ Cass. 1re civ., 9 nov. 2016, n° 15-20.547 : *JurisData* n° 2016-023661). Écartant également le grief tiré d'une violation de l'article 14 de la Conv. EDH (non-discrimination), V. ▪ Cass. 1re civ., 22 mars 2017, n° 15-20.547 : *Dr. famille* 2017, 126, Fulchiron ; *JurisData* n° 2017-009057. – V. aussi, jugeant qu'aucune disposition législative actuelle ne permet d'écarter la paternité au motif que le père aurait été manipulé par la mère, ▪ Versailles, 10 oct. 2016, n° 15/07061 : *LPA* 11 mai 2017, 11, Bernard-Xémard.

2) Procréation et responsabilité civile. Appréciant souverainement la valeur et la portée des éléments de preuve, une cour d'appel a pu en déduire qu'ayant librement et pleinement consenti à avoir avec la mère de l'enfant un rapport sexuel non protégé dès leur première rencontre, un homme sexuellement expérimenté, à qui il incombait, tout autant qu'à sa partenaire, de prendre les mesures propres à éviter une procréation, n'établissait ni la faute de la mère pour s'être prêtée à un tel rapport ou pour avoir ensuite agi en reconnaissance de paternité et en contribution à l'entretien de l'enfant, ni l'existence d'un préjudice direct ou indirect indemnisable sur le fondement de l'article 1382 du Code civil (▪ Cass. 2e civ., 12 juill. 2007, n° 06-16.869 : *Defrénois* 2008, 575, obs. Massip ; *JCP* 2008, I, 125, n° 1, obs. Stoffel-Munck ; *Dr. famille* 2007, 171, note Rouxel ; *RTD civ.* 2008, 91, obs. Hauser ; *JurisData* n° 2007-040220). – Comp., admettant l'indemnisation du préjudice moral du père, ▪ Pau, 16 déc. 2013, n° 13/00907 : *Dr. famille* 2014, 76, note Brus ; *JCP* G 2014, 503, note Etienney-de Sainte Marie ; *JurisData* n° 2013-032537. Jugé, à l'inverse, qu'en ne procédant pas à la reconnaissance d'un enfant qu'il savait être le sien, et en ne lui conférant pas le statut et les avantages attachés à une filiation légalement établie, celui dont la paternité est judiciairement déclarée a agi avec irresponsabilité, ce qui est constitutif d'un comportement fautif (▪ Caen, 29 mars 2012 : *Dr. famille* 2012, 168, note crit. Neirinck ; *JurisData* n° 2012-019170, allocation de dommages-intérêts à l'enfant majeur). – V. aussi Ch. Lassalas, *La paternité ne peut plus être imposée, question de responsabilité... : LPA* 16 juin 2016, 6.

Art. 328 *(L. n° 72-3, 3 janv. 1972 ; rempl., Ord. n° 2005-759, 4 juill. 2005 ; mod., L. n° 2011-525, 17 mai 2011).* **– Le parent, même mineur, à l'égard duquel la filiation est établie a, pendant la minorité de l'enfant, seul qualité pour exercer l'action en recherche de maternité ou de paternité.**

Si aucun lien de filiation n'est établi ou si ce parent est décédé ou dans l'impossibilité de manifester sa volonté, l'action est intentée par le tuteur conformément aux dispositions du deuxième alinéa de l'article 408.

L'action est exercée contre le parent prétendu ou ses héritiers. À défaut d'héritiers ou si ceux-ci ont renoncé à la succession, elle est dirigée contre l'État. Les héritiers renonçants sont appelés à la procédure pour y faire valoir leurs droits.

1) **Liberté de la preuve – Expertise biologique.** Voir notes sous art. 310-3, p. 275. L'expertise biologique peut être ordonnée même en l'absence d'adminicule (présomptions ou indices graves de l'ancien article 340) en matière de recherche de paternité (■ Cass. 1re civ., 12 mai 2004, n° 02-16.152 : *D.* 2005, 1766, note Mirabail. ■ Cass. 1re civ., 14 juin 2005, n° 04-16.942 : *Bull. civ.* I, n° 251, p. 213 ; *Dr. famille* 2005, 182, note Murat. ■ Cass. ass. plén., 23 nov. 2007 : *Bull. civ.* n° 8, p. 17 ; *JCP* 2007, II, 10204 ; *RTD civ.* 2008, 284, obs. Hauser ; *AJF* 2008, 36, obs. Chénedé ; *Dr. famille* 2008, 5, note Murat ; *JurisData* n° 2007-041612).

2) **Aveu implicite.** Pour des exemples d'aveu implicite mais non équivoque de paternité, sous l'empire de l'article 340 ancien, V. ■ Cass. 1re civ., 5 mai 1976 : *JCP* 1976, IV, 209 ; *Bull. civ.* I, n° 159, p. 126. ■ Cass. 1re civ., 24 mai 1976, n° 73-12.454 : *JCP* 1976, IV, 239 ; *Bull. civ.* I, n° 189, p. 151. Jugé que l'aveu implicite peut résulter de la demande faite par l'homme de bénéficier du doute existant quant à la stabilité et à la continuité des relations qu'il a eues avec la mère (■ Cass. 1re civ., 25 nov. 1981, n° 80-12.303 : *JurisData* n° 1981-703381 ; *Bull. civ.* I, n° 351, p. 297). Pour un exemple d'aveu explicite, V. ■ Cass. 1re civ., 9 juill. 1991, n° 90-10.294 : *JurisData* n° 1991-001952 ; *D.* 1992, somm. 175, obs. Granet-Lambrechts (lettre adressée à l'enfant dans laquelle l'intéressé se dit « son papa »). Comp. depuis l'entrée en vigueur de la loi du 8 janvier 1993, ■ Paris, 17 juin 1994 : *JurisData* n° 1994-021779. S'il appartient aux juges d'apprécier si l'écrit invoqué contient un aveu non équivoque de paternité, leur décision encourt la cassation s'ils en faussent le sens et la portée (■ Cass. 1re civ., 9 juill. 1991, n° 90-10.294 : *JurisData* n° 1991-001952 ; *Bull. civ.* I, n° 237, p. 156).

3) **Action à fins de subsides et action en recherche de paternité.** Le succès de l'action à fins de subsides implique la constatation de relations intimes pendant la période légale de conception, dont l'existence ne peut plus faire l'objet d'un autre débat lors de l'action en recherche de paternité exercée postérieurement (■ Cass. 1re civ., 4 janv. 1995, n° 93-10.870 : *JurisData* n° 1995-000084 ; *JCP* 1995, IV, 519 ; *Bull. civ.* I, n° 7, p. 5 ; *D.* 1996, 49, note Massip, somm. 231, 1re esp., obs. Dekeuwer-Défossez).

4) **Décès du père présumé.** Pour une expertise biologique ordonnée après le décès du père présumé, V. ■ Paris, 4 juill. 1996 : *JurisData* n° 1996-022061 ; *Dr. famille* 1997, 4, note Murat ; *D.* 1997, somm. 158, obs. Granet. ■ Paris, 6 nov. 1997 : *JCP* 1998, I, 101, n° 3, obs. Rubellin-Devichi ; *D.* 1998, 122, note Malaurie ; *Defrénois* 1998, 314, obs. Massip. – Voir désormais art. 16-11, p. 80.

5) **Réforme législative. Chose jugée.** L'autorité de chose jugée attachée à un jugement rendu en 1980 au regard des cas d'ouverture prévus par l'article 340 ancien n'interdit pas une action en recherche de paternité dès lors que la loi de 1993 a supprimé les cas d'ouverture (■ Rennes, 13 janv. 1997 : *JurisData* n° 1997-042640 ; *Dr. famille* 1998, 37, note Murat. – V. aussi ■ Cass. 1re civ., 21 sept. 2005, n° 03-10.679 : *JurisData* n° 2005-029760 ; *Dr. famille* 2005, 236, note Murat ; *D.* 2006, 207, note Lamarche et somm. 1145, obs. Granet-Lambrechts ; *Bull. civ.* I, n° 340, p. 282).

6) **Action en constatation de possession d'état.** L'échec d'une action fondée sur l'ancien article 340 ne rend pas irrecevable une action en constatation de possession d'état, laquelle est distincte de l'action en réclamation d'état (■ Cass. 1re civ., 27 juin 2000, n° 98-23.065 : *JurisData* n° 2000-002794 ; *Dr. famille* 2000, 140, note Murat ; *D.* 2001, somm. 974, obs. Granet ; *RTD civ.* 2001, 121, obs. Hauser).

Art. 329 *(Rempl., L. n° 93-22, 8 janv. 1993 ; Ord. n° 2005-759, 4 juill. 2005 ; L. n° 2011-525, 17 mai 2011).* **– Lorsque la présomption de paternité a été écartée en application de l'article 313, chacun des époux peut demander, durant la minorité de l'enfant, que ses effets soient rétablis en prouvant que le mari est le père. L'action est ouverte à l'enfant pendant les dix années qui suivent sa majorité.**

1) ***Preuve* de la non-paternité du mari.** La présomption de paternité ne peut être rétablie s'il est scientifiquement prouvé que le mari n'est pas le père (■ Douai, 30 juin 1992 : *JurisData* n° 1992-042403).

2) **Reconnaissance de l'enfant par un tiers.** En cas de reconnaissance de l'enfant par un tiers, le rétablissement des effets de la présomption de paternité prévu par l'article 313-2, alinéa 2, implique nécessairement la mise à néant simultanée de cette reconnaissance (■ Cass. 1re civ., 25 juin 1991, n° 90-05.006 : *JurisData* n° 1991-003405 ; *JCP* 1991, IV, 343 ; *Bull. civ.* I, n° 208, p. 137).

Art. 330 *(Rempl., Ord. n° 2005-759, 4 juill. 2005 ; mod., L. n° 2009-61, 16 janv. 2009).* – **La possession d'état peut être constatée, à la demande de toute personne qui y a intérêt, dans le délai de dix ans à compter de sa cessation ou du décès du parent prétendu.**

Bibliographie : S. Mirabail, *Les différents rôles de la possession d'état en matière de filiation : Dr. famille* 2014, étude 2.

1) Délai. Droit transitoire. Il résulte des articles 2222, alinéa 2, et 330 du Code civil (réd. Ord. n° 2005-759, 4 juill. 2005) que, la loi substituant le délai de prescription décennale de l'action en constatation de la possession d'état au délai de prescription trentenaire étant entrée en vigueur le 1er juillet 2006, le nouveau délai court à compter de cette date, sous réserve que la durée totale de prescription n'excède pas la durée prévue par la loi antérieure (▪ Cass. 1re civ., 16 mars 2016, n° 14-21.457 : *Bull.* ; *RTD civ.* 2016, 330, obs. Hauser ; *JurisData* n° 2016-004575).

2) Expertise biologique. En matière de constatation de possession d'état, la preuve s'établit par tous moyens, de sorte que l'expertise biologique n'est pas de droit (▪ Cass. 1re civ., 6 déc. 2005 : *Bull. civ.* I, n° 476, p. 400 ; *RTD civ.* 2006, 98, obs. Hauser ; *Dr. famille* 2006, 26, note Murat ; *D.* 2006, somm. 1141, obs. Granet-Lambrechts ; *Defrénois* 2006, 1061, obs. Massip ; *JurisData* n° 2005-031133). En matière de constatation de possession d'état, il ne peut y avoir lieu à prescription d'une expertise biologique (▪ Cass. 1re civ., 16 juin 2011, n° 08-20.475 : *Bull. civ.* I, n° 116, p. 113 ; *D.* 2011, 1757, obs. Siffrein-Blanc ; *Dr. famille* 2011, 150, note Neirinck ; *RTD civ.* 2011, 524, obs. Hauser ; *Defrénois* 2012, 139, note Coudoing ; *LPA* 11 juill. 2012, 7, obs. Pichard ; *JurisData* n° 2011-011609).

Art. 331 *(Rempl., Ord. n° 2005-759, 4 juill. 2005).* – **Lorsqu'une action est exercée en application de la présente section, le tribunal statue, s'il y a lieu, sur l'exercice de l'autorité parentale, la contribution à l'entretien et à l'éducation de l'enfant et l'attribution du nom.**

1) Aliments. Les effets d'une paternité légalement établie remontent à la naissance de l'enfant, de sorte que les aliments accordés le sont depuis cette date (▪ Cass. 1re civ., 12 juill. 1994, n° 92-15.735 : *Bull. civ.* I, n° 247, p. 179. ▪ Cass. 1re civ., 23 mai 2006, n° 05-18.644, exclusion corrélative de l'action aux fins de subsides), la règle « aliments ne s'arréragent pas » ne s'appliquant pas à la contribution d'un parent à l'entretien et à l'éducation de son enfant (▪ Cass. 1re civ., 12 mai 2004, n° 02-16.152 : *JurisData* n° 2004-023684 ; *Bull. civ.* I, n° 128, p. 105 ; *RTD civ.* 2004, 494, obs. Hauser ; *Dr. famille* 2004, 143, note Murat) et les parents ne pouvant renoncer au droit de réclamer des aliments pour l'entretien de leurs enfants (▪ Cass. 1re civ., 11 juill. 2006 : *Bull. civ.* I, n° 388, p. 333 ; *Dr. famille* 2006, 203, note Murat ; *JurisData* n° 2006-034535. ▪ Cass. 1re civ., 15 févr. 2012, n° 11-13.883 : *Dr. famille* 2012, 100, note Neirinck ; *JurisData* n° 2012-002193). Encourt ainsi la cassation l'arrêt qui, après avoir déclaré la paternité naturelle du défendeur, fixe à la date de la décision le point de départ de l'obligation de ce dernier, en énonçant que la mère, qui demandait une contribution à compter de la date de l'assignation, n'établit aucun élément particulier de nature à justifier qu'il soit fait droit à la rétroactivité sollicitée (▪ Cass. 1re civ., 14 févr. 2006 : *Bull. civ.* I, n° 79, p. 76 ; *Dr. famille* 2006, 87, note Murat ; *RTD civ.* 2006, 297, obs. Hauser ; *JurisData* n° 2006-032176). Si la règle « aliments ne s'arréragent pas » ne s'applique pas à l'obligation d'entretien, l'action en paiement d'une contribution à l'entretien et à l'éducation de l'enfant est soumise à la prescription quinquennale prévue par l'article 2224 du Code civil (▪ Cass. 1re civ., 25 mai 2016, n° 15-17.993 : *Bull.* ; *Dr. famille* 2016, 177, note Molière ; *D.* 2016, 1200, obs. Gallmeister, et 1884, obs. Guyon-Renard ; *RTD civ.* 2016, 601, obs. Hauser ; *LPA* 1er août 2017, 13, 2e esp., obs. Everaert-Dumont ; *JurisData* n° 2016-009857. ▪ Cass. 1re civ., 22 juin 2016, n° 15-21.783 : *Bull.* ; *D.* 2016, 1884, obs. Guyon-Renard ; *JCP* G 2016, chron. 992, n° 25, obs. Rebourg ; *LPA* 1er août 2017, 13, 4e esp., obs. Everaert-Dumont ; *JurisData* n° 2016-012092). Sur la recevabilité de la demande en contribution à l'entretien de l'enfant depuis sa naissance formée par la mère, bien que l'enfant devenu majeur ait engagé une action en recherche de paternité, V. ▪ Cass. 1re civ., 9 nov. 2016, n° 15-27.246, art. 371-2, annot. n° 3, p. 336.

2) Changement de nom. Le tribunal de grande instance, saisi par les parties d'une demande de changement de nom d'un enfant, formée à l'occasion d'une action aux fins d'établissement judiciaire d'un second lien de filiation, est compétent, sur le fondement de l'article 331 du Code civil, pour statuer sur l'attribution du nom de l'enfant en cas de désaccord entre les parents et peut décider, en considération de l'ensemble des intérêts en présence et plus particulièrement de celui supérieur de l'enfant, soit de la substitution du nom du parent à l'égard duquel la filiation est établie judiciairement en second lieu, au nom porté jusque-là porté par l'enfant, soit de l'adjonction de l'un des noms à l'autre (▪ Cass., avis, 13 sept. 2010, n° 10-00.004 : *JCP* 2011, n° 1-2, note 13, Garé ; *RTD civ.* 2010, 759, obs. Hauser ; *JurisData* n° 2010-016730). L'établissement de la filiation de l'enfant par test ADN ne constitue pas un motif suffisant, en l'absence de liens affectifs actuels avec son père et sa branche paternelle, pour justifier le changement de nom d'un enfant qui porte depuis huit ans le nom de sa mère avec laquelle il vit au quotidien (■ Aix-en-Provence, 23 août 2005 : *JCP* 2006, IV, 1440 ; *JurisData* n° 2005-282484). C'est par une appréciation souveraine des intérêts en présence, et plus particulièrement ceux de l'enfant, qu'après avoir relevé l'avis exprimé par l'enfant lors de son audition, la cour d'appel a estimé que la substitution de nom sollicitée était de nature à rattacher de manière apparente et symbolique l'enfant à un père qui refusait toute relation avec lui et persistait à nier sa paternité alors qu'il s'était abstenu de se soumettre à une mesure propre à l'établir ou à l'écarter avec certitude (■ Cass. 1re civ., 8 juill. 2015, n° 14-20.417 : *D.* 2016, 1967, obs. Gouttenoire). La cour d'appel a pris en considération l'ensemble des intérêts en présence, dont celui supérieur de l'enfant, et a relevé, d'une part, que son nom n'avait pas d'incidence sur le lien de filiation, qui était judiciairement établi et n'était plus contesté, d'autre part, qu'accoler au nom de la mère celui d'un père qui n'entendait pas s'impliquer dans la vie de l'enfant et s'intéresser à lui risquait de confronter en permanence ce dernier au rejet dont il était l'objet de la part de son père ; par ces motifs, la cour d'appel a souverainement estimé qu'au regard du contexte familial, il n'était pas de l'intérêt de l'enfant de porter le nom de son père (■ Cass. 1re civ., 11 mai 2016, n° 15-17.185 : *Bull.* ; *Dr. famille* 2016, 139, note Panet ; *D.* 2016, 1967, obs. Gouttenoire ; *JCP* G 2016, chron. 992, n° 24, obs. Gouttenoire ; *RTD civ.* 2016, 586, obs. Hauser ; *JurisData* n° 2016-008866).

3) **Exercice de l'autorité parentale.** C'est sans excéder ses pouvoirs ni méconnaître les dispositions de l'article 372 du Code civil que la cour d'appel, après avoir dit que l'intéressé était le père de l'enfant, a statué sur sa demande tendant à ce que l'autorité parentale soit exercée conjointement avec la mère (■ Cass. 1re civ., 3 oct. 2018, n° 17-23.627 : *Bull.* ; *JCP* G 2018, 1160, Gouttenoire ; *Dr. famille* 2019, n° 8, Molière, et chron. 1, n° 14, Egéa ; *AJF* 2018, p. 605, Houssier ; *JurisData* n° 2018-016873).

Art. 331-1 et 331-2 *(Abr., Ord. n° 2005-759, 4 juill. 2005).*

Section III. – Des actions en contestation de la filiation

Bibliographie : A. Gouëzel, *Les actions en contestation de filiation, nouveau champ d'intervention pour l'intérêt supérieur de l'enfant ? : Dr. famille* 2014, étude 6.

Art. 332 ***(L. n° 72-3, 3 janv. 1972 ; abr., L. n° 93-22, 8 janv. 1993 ; rétabli dans la version suivante, Ord. n° 2005-759, 4 juill. 2005).*** **– La maternité peut être contestée en rapportant la preuve que la mère n'a pas accouché de l'enfant.**

La paternité peut être contestée en rapportant la preuve que le mari ou l'auteur de la reconnaissance n'est pas le père.

I – RECEVABILITÉ DE L'ACTION EN CONTESTATION

1) **Épouse en premières noces du père naturel.** L'action en contestation de reconnaissance est ouverte à l'épouse en premières noces du père naturel (■ Cass. 1re civ., 7 janv. 1992, n° 90-10.192 : *JurisData* n° 1992-000080 ; *JCP* 1992, IV, 696 ; *Bull. civ.* I, n° 1, p. 1).

2) **Action dirigée par la petite-fille contre ses oncles et tantes.** L'action en contestation de reconnaissance peut être dirigée par la petite-fille contre ses oncles et tantes en vue de se voir déclarer seule héritière légitime de son grand-père (■ Cass. 1re civ., 5 nov. 1991, n° 89-16.591 : *JCP* 1992, IV, 95 ; *Bull. civ.* I, n° 299, p. 196. Comp. ■ Riom, 23 févr. 1999, n° 97/03261 : *JurisData n° 1999-045321 ; D. 2000,* somm. 158, obs. Granet).

3) **Grands-parents.** Les grands-parents n'ont aucun intérêt moral « de principe » leur permettant de contester la reconnaissance de leurs petits-enfants, et la seule volonté de voir respecter la vérité biologique ne constitue pas l'intérêt légitime au sens de l'article 339 (anc.) (■ Paris, 17 avr. 1992 : *JurisData* n° 1992-021223 ; *JCP* 1992, IV, 2176. Voir cependant, admettant l'action, ■ Dijon, 21 oct. 1998 : *D.* 1999, somm. 199, obs. Granet. ■ Paris, 8 avr. 1999, n° 1998/00493 : *JurisData* n° 1999-023525 ; *D.* 2000, somm. 171, obs. Desnoyer et Dumaine).

4) **Administrateur *ad hoc*.** Il y a lieu en matière d'action en contestation de reconnaissance de désigner un administrateur *ad hoc*, par application de l'article 389-3, alinéa 2, du Code civil, lorsque les intérêts de l'administrateur légal sont en opposition avec ceux du mineur (■ Cass. 1re civ., 18 mars 1981, n° 79-16.284 : *JCP* 1981, IV, 199 ; *Bull. civ.* I, n° 95, p. 81). Sur la possibilité pour le juge de procéder à cette désignation à la demande du ministère public, du mineur lui-même ou d'office, V. art. 389-3.

5) **Administration légale conjointe.** En cas d'administration légale conjointe, la mère n'a pas le pouvoir de représenter seule ses enfants mineurs dans l'action en contestation de reconnaissance et de légitimation (■ Paris, 10 déc. 1993 : *JurisData* n° 1993-024138).

II – CARACTÈRE MENSONGER DE LA RECONNAISSANCE

6) Preuve. La preuve du caractère mensonger d'une reconnaissance peut être faite par tous moyens et incombe au demandeur (■ Cass. 1re civ., 13 oct. 1970, n° 68-10.063 : *JurisData* n° 1970-000256 ; *JCP* 1970, IV, 284 ; *Bull. civ.* I, n° 256, p. 210. ■ Cass. 1re civ., 3 juin 1997, n° 95-15.158 : *Defrénois* 1998, 309, obs. Massip). Elle peut résulter d'un aveu de la mère corroboré par des témoignages (■ Dijon, 24 avr. 1991 : *JurisData* n° 1991-042725) ou de ce qu'il est établi que son auteur a rencontré la mère alors qu'elle était déjà enceinte (■ Bordeaux, 22 févr. 1994 : *JurisData* n° 1994-040259).

7) Expertise biologique. Sur le principe que l'expertise biologique est de droit en matière de filiation, sauf s'il existe un motif légitime de ne pas y procéder, voir sous , art. 310-3, p. 275. Les juges du fond qui relèvent que celui qui se prétend le père de l'enfant se comporte et est considéré comme tel par son entourage et que la mère et l'auteur de la reconnaissance de l'enfant ont, de façon réitérée et sans motif légitime, refusé de se soumettre et de présenter l'enfant à un examen comparatif des sangs, en déduisent souverainement le caractère mensonger de la reconnaissance de l'enfant (■ Cass. 1re civ., 31 janv. 2006, n° 02-18.297 : *JurisData* n° 2006-031903 ; *Bull. civ.* I, n° 46, p. 48 ; *Defrénois* 2006, 1062, obs. Massip).

8) Rétractation. L'auteur de la reconnaissance ne peut se rétracter par une simple dénégation, même formulée en accord avec la mère (■ Cass. 1re civ., 16 juin 1992, n° 90-20.467 : *JurisData* n° 1992-001520 ; *JCP* 1992, IV, 1379 ; *Bull. civ.* I, n° 183, p. 124. ■ Cass. 1re civ., 4 juill. 1995, n° 93-15.005 : *JurisData* n° 1995-001802 ; *Bull. civ.* I, n° 292, p. 205 ; *RTD civ.* 1995, 872, obs. Hauser ; *D.* 1996, somm. 152, obs. Granet-Lambrechts ; *Defrénois* 1996, 722, obs. Massip. Voir cependant, constatant que la non-paternité n'est pas discutée par les intéressés, ■ Toulouse, 8 mars 1994 : *JurisData* n° 1994-051776 ; *D.* 1996, somm. 154, 2e esp., obs. Granet-Lambrechts).

III – EFFETS DE L'ANNULATION DE LA RECONNAISSANCE

9) Dommages-intérêts. En reconnaissant volontairement et en légitimant une enfant qu'il savait ne pas être la sienne, l'homme contracte, vis-à-vis de l'enfant et de la mère, l'obligation de se comporter comme un père, en subvenant notamment aux besoins de celle qu'il a reconnue, et l'inexécution de cet engagement résultant de l'annulation de la reconnaissance et de la légitimation subséquente, peut être sanctionnée par l'octroi de dommages-intérêts (■ Cass. 1re civ., 6 déc. 1988, n° 87-13.884 : *JurisData* n° 1988-003227 ; *Bull. civ.* I, n° 348, p. 236 ; *D.* 1989, 317, note Massip. ■ Cass. 1re civ., 10 juill. 1990, n° 88-15.105 : *JurisData* n° 1990-002163 ; *JCP* 1990, IV, 342 ; *Bull. civ.* I, n° 196, p. 139 ; *D.* 1990, 517, note Huet-Weiller ; *Defrénois* 1990, 958, obs. Massip ; F. Terré et Y. Lequette, *Les grands arrêts de la jurisprudence civile*, t. 1, Dalloz, 13e éd., 2015, n° 49, p. 322. V. aussi ■ Aix-en-Provence, 7 oct. 1994 : *JurisData* n° 1994-049379 ; *D.* 1996, somm. 154, 3e esp., obs. Granet-Lambrechts. ■ Dijon, 3 nov. 1995 : *JurisData* n° 1995-052389 ; *D.* 1996, somm. 384, obs. Granet. ■ Paris, 20 nov. 1997 : *JurisData* n° 1997-024312 ; *D.* 1998, somm. 356, obs. Granet. ■ Rouen, 19 juin 2003, n° 02/00653 : *JurisData* n° 2003-234574 ; *Resp. civ. et assur.* 2003, 285, note Radé. ■ Paris, 29 déc. 2007 : *JCP* 2008, IV, 1226 ; *JurisData* n° 2007-347699). Mais il n'y a pas de préjudice si les relations entre l'auteur de la reconnaissance et l'enfant ont été inexistantes, qu'il n'y a eu entre eux aucun lien affectif et que l'enfant avait connaissance de la réalité de sa situation (■ Cass. 1re civ., 5 nov. 1996, n° 96-11.073 : *JurisData* n° 1996-004127 ; *D.* 1997, somm. 157, obs. Granet ; *Defrénois* 1997, 722, obs. Massip). Si l'action est intentée par les enfants légitimes de l'auteur de la reconnaissance, celui-ci ne peut être condamné (■ Paris, 9 avr. 1996 : *JurisData* n° 1996-021793 ; *RTD civ.* 1996, 592, obs. Hauser. ■ Toulouse, 6 janv. 2009 : *Dr. famille* 2009, 87, note Eynard ; *JurisData* n° 2009-000092, décidant que l'enfant n'est pas fondé à demander réparation du préjudice causé par l'annulation de la reconnaissance de paternité faute pour le père d'avoir pris l'initiative d'une telle action ; condamnation en revanche de la mère qui a agi en annulation dans le seul but de casser le lien unissant l'enfant à son ex-mari sans faire établir un autre lien de filiation conforme à la réalité biologique). La reconnaissance mensongère par le père de quatre autres enfants pour lesquels il devait une contribution à l'entretien et à l'éducation cause un préjudice à la mère de ceux-ci dont il est divorcé, en ce que cette reconnaissance a fondé pour partie la réduction de la contribution qu'il devait (■ Cass. 1re civ., 7 janv. 1992, n° 90-10.192 : *JurisData* n° 1992-000080 ; *Bull. civ.* I, n° 1, p. 1). Le père ne peut être condamné s'il est défendeur à l'instance en annulation de la reconnaissance sur le mérite de laquelle il s'est rapporté à justice (■ Cass. 1re civ., 16 juin 1998, n° 96-16.277 : *JurisData* n° 1998-002740 ; *JCP* 1998, II, 10157, note Gutmann ; *JCP* G 1999, I, 101, n° 7, obs. Farge ; *JCP* N 1999, 117 ; *Bull. civ.* I, n° 215, p. 149 ; *D.* 1998, somm. 355, obs. Granet ; *Dr. famille* 1998, 151, note Murat ; *RTD civ.* 1998, 879, obs. Hauser ; *RJPF* 1999-1/14, obs. Valory ; *Defrénois* 1999, 305, obs. Massip).

10) Répétition des aliments (non). Dès lors que la reconnaissance a été librement souscrite, son annulation ne saurait priver de cause les aliments versés antérieurement et la répétition doit donc être refusée (■ Versailles, 29 mai 1985 : *D.* 1987, somm. 318, obs. Huet-Weiller, et, sur pourvoi, ■ Cass. 1re civ., 21 juill. 1987, n° 85-16.887 : *Bull.*

civ. I, n° 246, p. 179 ; *D.* 1988, 225, note Massip. – V. aussi ■ Bordeaux, 24 juin 1991 : *JurisData* n° 1991-042884. ■ Dijon, 24 nov. 1999 : *JurisData* n° 1999-114498 ; *JCP* 2000, IV, 2585. – V. encore, pour le mari qui savait que l'enfant n'était pas son fils, mais qui a fait le choix de ne pas exercer une action en désaveu, ■ Lyon, 1er févr. 2010 : *JCP* 2010, n° 27, act. 745 ; *JurisData* n° 2010-001784).

11) Droit de visite. Sur l'attribution d'un droit de visite à l'auteur d'une reconnaissance de complaisance, sur le fondement de l'article 371-4, alinéa 2, V. ■ Douai, 13 avr. 1992 : *JurisData* n° 1992-041416.

12) Infraction de faux (non). La reconnaissance mensongère, déclaration unilatérale qui n'est pas susceptible de nuire à des tiers, ne constitue pas une infraction de faux (■ Cass. crim., 8 mars 1988, n° 87-92.108 : *JurisData* n° 1988-000665 ; *JCP* 1989, II, 21162, note Jeandidier ; *D.* 1989, 528, note de la Marnierre).

13) Nom. La possession d'état n'est pas un mode autonome d'acquisition du nom patronymique ; l'annulation de la reconnaissance d'enfant naturel entraîne donc le changement de patronyme de l'enfant mineur (■ Cass. 1re civ., 16 juin 1998, n° 96-16.277 : *JurisData* n° 1998-002740 ; *JCP* 1998, II, 10157, note Gutmann ; *JCP* G 1999, I, 101, n° 7, obs. Farge ; *JCP* N 1999, 117 ; *Bull. civ.* I, n° 215, p. 149 ; *D.* 1998, somm. 355, obs. Granet ; *Dr. famille* 1998, 151, note Murat ; *RTD civ.* 1998, 879, obs. Hauser ; *RJPF* 1999-1/14, obs. Valory). Sur la prise en compte de l'intérêt supérieur de l'enfant, conformément à l'article 3 de la Convention internationale des droits de l'enfant du 20 novembre 1989, directement applicable devant les tribunaux français, V. ■ Cass. 1re civ., 17 mars 2010, n° 08-14.619 : *Bull. civ.* I, n° 64, p. 61 ; *Dr. famille* 2010, 102, note Murat ; *D.* 2010, 1446, obs. Granet-Lambrechts, et 1905, obs. Gouttenoire ; *Defrénois* 2010, 1359, obs. Massip ; *RTD civ.* 2010, 521, obs. Hauser ; *JurisData* n° 2010-002011.

14) Apparence. Un acte d'état civil fait preuve de la filiation et s'impose à tous tant qu'il n'a pas été annulé par un jugement (■ Cass. 1re civ., 16 mars 1999 : *Dr. famille* 1999, 78, note Murat ; *Defrénois* 1999, 1260, obs. Massip ; *D.* 2000, somm. 175, obs. Bossu, maintien de la vente consentie par l'enfant dont la filiation a été ensuite annulée).

15) Autorité parentale. L'annulation de la reconnaissance a un effet rétroactif sur l'existence d'un lien de filiation et, par voie de conséquence, sur la responsabilité civile des parents du fait de leur enfant (■ Cass. crim., 8 déc. 2004, n° 03-84.715 : *JurisData* n° 2004-026416 ; *Dr. famille* 2005, 50, note Murat ; *Resp. civ. et assur.* 2005, 82 ; *JCP* 2005, I, 132, n° 4, obs. Viney ; *D.* 2005, 2267, note Paulin).

Art. 332-1 ***(Implicitement abr., Ord. n° 2005-759, 4 juill. 2005).***

Art. 333 ***(Rempl., Ord. n° 2005-759, 4 juill. 2005 ; mod., L. n° 2009-61, 16 janv. 2009).*** **– Lorsque la possession d'état est conforme au titre, seuls peuvent agir l'enfant, l'un de ses père et mère ou celui qui se prétend le parent véritable. L'action se prescrit par cinq ans à compter du jour où la possession d'état a cessé ou du décès du parent dont le lien de filiation est contesté.**

Nul, à l'exception du ministère public, ne peut contester la filiation lorsque la possession d'état conforme au titre a duré au moins cinq ans depuis la naissance ou la reconnaissance, si elle a été faite ultérieurement.

Bibliographie : F. Millet, *La vérité affective ou le nouveau dogme de la filiation : JCP* 2006, I, 112. • J. Garrigue, *Prescription, forclusion et filiation in Mélanges Marie-Stéphane Payet*, Dalloz, 2011, 237. • M.-P. Baudin-Maurin, *Délais quinquennaux de l'article 333 du Code civil prolongés par des points de départ incohérents : Dr. famille* 2014, étude 9. • M.-P. Baudin-Maurin, *Réforme urgente et simple de l'article 333 du Code civil : cavalier utile au projet de réforme du droit de la famille : Dr. famille* 2016, étude 17.

1) Conformité à la Constitution et à la Convention européenne des droits de l'homme. La question de la conformité de l'article 333 du Code civil aux droits et libertés que la Constitution garantit ne présente pas un caractère sérieux, dès lors que cette disposition, qui réglemente les conditions et les délais de l'action en contestation de la filiation, répond à une situation objective particulière dans laquelle se trouvent toutes les personnes bénéficiant d'une possession *d'état, en* distinguant selon la durée de celle-ci, afin de stabiliser *leur état, dans* un but d'intérêt général et en rapport avec l'objet de la loi qui a recherché un équilibre entre les composantes biologique et affective de la filiation, dans le respect de la vie privée et familiale des intéressés (■ Cass. 1re civ., 24 févr. 2011, n° 10-40.068 : *RTD civ.* 2011, 334, obs. Hauser). – V. aussi, en droit européen, ■ CEDH, 22 mars 2012, nos 45071/09 et 23338/09, *Ahrens et Kautzor : Dr. famille* 2012, 81, obs. Bruggeman. ■ Douai, 6 juin 2013, n° 12/05184 : *D.* 2013, 2958, note Fulchiron, jugeant que l'interdiction posée par l'article 333, alinéa 2, du Code civil de faire disparaître un lien de filiation établi depuis plus de cinq ans n'apparaît pas porter une atteinte disproportionnée au respect de la vie privée et familiale (art. 8, Conv. EDH) dès lors qu'il est de l'intérêt d'un enfant de s'inscrire dans deux lignées plutôt qu'une.

2) Convention européenne des droits de l'homme. Contrôle de proportionnalité. Jugé qu'en vertu de l'article 455 du Code de procédure civile, la cour d'appel doit répondre aux conclusions qui font valoir qu'un juste équilibre doit être ménagé, dans la mise en œuvre de l'article 8 de la Convention EDH, entre le droit de voir établir sa filiation biologique et les intérêts de ceux qui opposent un refus à ce qu'il hérite (■ Cass. 1re civ., 10 juin 2015, n° 14-20.790 : *D.* 2015, 2365, note Fulchiron ; *Dr. famille* 2015, 163, note Neirinck ; *D.* 2016, 862, obs. Granet-Lambrechts ; *LPA* 7 déc. 2016, 9, obs. Pomart ; *JurisData* n° 2015-013923, au sujet de l'action du ministère public sur le fondement de l'article 336. V aussi *D.* 2016, 137, chron. Bénabent). Si l'application d'un délai de prescription ou de forclusion, limitant le droit d'une personne à faire reconnaître son lien de filiation paternelle, constitue une ingérence dans l'exercice du droit au respect de sa vie privée et familiale garanti à l'article 8 de la Convention EDH, la fin de non-recevoir prévue à l'article 333 du Code civil poursuit un but légitime, en ce qu'elle tend à protéger les droits et libertés des tiers ainsi que la sécurité juridique ; la cour d'appel a constaté, d'une part, que la personne dont la filiation paternelle était concernée était décédée au jour où elle statuait ; qu'elle a relevé, d'autre part, que ses descendants ne soutenaient pas avoir subi, personnellement, une atteinte à leur vie privée du fait de l'impossibilité d'établir, au travers de celle de leur père, leur ascendance ; qu'après avoir retenu que cette considération était sans objet s'agissant de sa veuve, dont l'ascendance n'était pas en cause, elle en a déduit que l'action engagée ne poursuivait qu'un intérêt patrimonial ; qu'en l'état de ces énonciations, elle a pu décider que l'application des règles prévues à l'article 333 du Code civil ne portait pas au droit au respect de leur vie privée une atteinte excessive au regard du but légitime poursuivi, justifiant que ces règles fussent écartées et que l'action fût déclarée recevable (■ Cass. 1re civ., 6 juill. 2016, n° 15-19.853 : *Bull.* ; *D.* 2016, 1980, note Fulchiron ; *Dr. famille* 2016, 200, note Bernand ; *RTD civ.* 2016, 831, obs. Hauser ; *LPA* 17 nov. 2016, 10, note Niel ; *D.* 2017, 733, obs. Granet-Lambrechts ; *JurisData* n° 2016-012927). – Rappr., au sujet de la fin de non-recevoir tirée de l'article 320 du Code civil, art. 320, annot. n° 1, p. 293, et, au sujet de la prescription prévue par l'article 321 du Code civil, art. 321, annot. n° 3, p. 294.

3) Application dans le temps. L'ordonnance n° 2005-759 du 4 juillet 2005 étant *entrée en vigueur le 1er juillet 2006, le délai* de cinq ans prévu par *l'alinéa* 2 de l'article 333 du Code civil court à compter de cette date (■ Cass. 1re civ., 27 févr. 2013, deux arrêts, nos 12-15.017 et 12-13.326 : *Bull. civ.* I, n° 24, p. 25 ; *RTD civ.* 2013, 359, obs. Hauser ; *JurisData* nos 2013-003176 et 2013-003173. ■ Cass. 1re civ., 6 nov. 2013, n° 12-19.269 : *Bull. civ.* I, n° 215, p. 213 ; *Dr. famille* 2014, 5, note Neirinck ; *RTD civ.* 2014, 101, obs. Hauser ; *JurisData* n° 2013-024945). V. M.-P. Baudin-Maurin, *Délai de l'article 333, alinéa 2, du Code civil prolongé par un point de départ transitoire : Dr. famille* 2014, étude 3.

4) Interruption du délai. Conditions. Si le délai de forclusion prévu par l'article 333, alinéa 2, du Code civil peut être interrompu par une demande en justice, conformément à l'alinéa premier de l'article 2241 du même code, l'action en contestation de paternité doit, à peine d'irrecevabilité, être dirigée contre le père dont la filiation est contestée et contre l'enfant ; la cour d'appel ayant constaté que l'enfant n'avait pas été assigné dans le délai de cinq ans suivant sa naissance, il en résulte que l'action était irrecevable, l'assignation dirigée contre le seul père légal, à l'exclusion de l'enfant, n'ayant pu interrompre le délai de forclusion (■ Cass. 1re civ., 1er févr. 2017, n° 15-27.245 : *Bull.* ; *Dr. famille* 2017, 101, Fulchiron ; *D.* 2017, 599, Guyon-Renard ; *RTD civ.* 2017, 363, Hauser ; *LPA* 27 avr. 2017, 11, Niel ; *D.* 2018, 528, Granet-Lambrechts ; *AJF* 2017, 203, Houssier ; *JurisData* n° 2017-001396).

5) Absence de possession d'état conforme au titre. Sur le principe que la contestation de la paternité comme de la maternité (légitime) est recevable en l'absence de possession d'état conforme au titre, V. ■ Cass. 1re civ., 27 févr. 1985, 2 arrêts : *JurisData* n° 1985-799674 ; *JCP* 1985, II, 20460, note Fortis-Monjal et Paire ; *D.* 1985, 265, note Cornu. V. en ce sens ■ Cass. 1re civ., 14 mai 1985, n° 84-11.357 : *JurisData* n° 1985-001822 ; *Bull. civ.* I, n° 152, p. 139. – V. D. Huet-Weiller, *Requiem pour une présomption moribonde : D.* 1985, chron. 123. – P. Raynaud, *Le démantèlement de la présomption de paternité légitime : D.* 1985, chron. 205. C'est au mari demandeur de prouver que l'enfant n'a pas une possession d'état continue et dépourvue d'équivoque à son égard (■ Paris, 12 mai 1998, n° 96/82618 : *JurisData* n° 1998-023119 ; *D.* 1999, somm. 195, 2e esp., obs. Granet).

6) Possession d'état contraire au titre. Les juges du fond ne peuvent déclarer irrecevable la contestation de paternité fondée sur l'article 322, alinéa 2 (anc.), sans répondre au moyen par lequel le mari fait valoir que, depuis le départ de son épouse du domicile conjugal, l'enfant a, à l'égard de la personne chez laquelle elle s'est installée, une possession d'état contraire à son titre (■ Cass. 1re civ., 5 nov. 1991, n° 90-05.042 : *Bull. civ.* I, n° 298, p. 195 ; *D.* 1992, somm. 315, obs. Granet-Lambrechts).

7) Possession d'état viciée. L'épouse reconnaissant avoir entretenu, pendant la période légale de conception, des relations intimes avec l'auteur d'une reconnaissance prénatale, ce dernier ayant revendiqué sa paternité, et le mari, qui avait eu connaissance de cette revendication, ayant été assigné en contestation de paternité légitime moins de six mois après la naissance de l'enfant, la cour d'appel a pu en déduire qu'il ne s'était pas constitué une possession d'état d'enfant légitime paisible, sans équivoque et continue, et que dès lors la contestation de paternité légitime était recevable (■ Cass. 1re civ., 19 mars 2008 : *Bull.*

civ. I, n° 84, p. 71 ; *Dr. famille* 2008, 85, obs. Murat ; *D.* 2008, inf. rap. 988 ; *JCP* 2008, IV, 1757 ; *JCP* 2009, I, 102, n° 4, obs. Favier ; *JurisData* n° 2008-043228. – Rappr., pour une possession d'état qui n'a pas été continue, et le mari n'ayant pas eu un comportement de père, ▪ Cass. 1re civ., 9 juill. 2008, n° 07-16.253 : *Bull. civ.* I, n° 191, p. 164 ; *D.* 2008, inf. rap. 2145 ; *JCP* 2008, IV, 2476 ; *JurisData* n° 2008-044763). Mais dès lors qu'il est constaté une possession d'état d'enfant légitime conforme au titre de naissance, la reconnaissance prénatale d'enfant naturel, confirmée après la naissance, doit être annulée (▪ Douai, 19 mars 2001 : *JurisData* n° 2001-155911 ; *D.* 2001, 3008, note Labbée ; *RTD civ.* 2002, 81, obs. Hauser).

8) Possession d'état conforme au titre. Intérêt supérieur de l'enfant. Justifie légalement sa décision l'arrêt qui énonce que le législateur a choisi de faire prévaloir la réalité sociologique à l'expiration d'une période de cinq ans pendant laquelle le père légal s'est comporté de façon continue, paisible et non équivoque comme le père de l'enfant, ce qui ne saurait être considéré comme contraire à l'intérêt supérieur de celui-ci (▪ Cass. 1re civ., 1er févr. 2017, n° 15-27.245, préc., annot. n° 3).

9) Reprise de la vie commune. Dès lors qu'un enfant n'a jamais joui de la possession d'état d'enfant légitime, la non-paternité du mari de la mère peut être établie quand bien même les époux auraient repris la vie commune au moment de la conception (▪ Cass. 1re civ., 30 juin 1987, n° 85-13.982 : *JurisData* n° 1987-001469 ; *Bull. civ.* I, n° 212, p. 156).

10) Contestation de paternité par le mari de la mère. Une cour d'appel ne peut accueillir une demande en contestation de paternité présentée par le mari de la mère sans rechercher s'il est ou non le père biologique de l'enfant (▪ Cass. 1re civ., 13 déc. 1989, n° 87-20.205 : *JurisData* n° 1989-704587 ; *JCP* 1990, IV, 65 ; *Bull. civ.* I, n° 390, p. 262 ; *Defrénois* 1990, 299, obs. Massip).

11) Incidence du comportement de la mère. La mère ne peut se prévaloir de la révélation faite par elle à l'enfant de la non-paternité de son ancien mari ni de ses agissements tendant à rompre tous liens affectifs entre celui-ci et l'enfant, pour soutenir que la possession d'état n'est pas continue (▪ Cass. 1re civ., 30 juin 1992, n° 90-21.491 : *JurisData* n° 1992-001960 ; *Bull. civ.* I, n° 207, p. 138 ; *RTD civ.* 1993, 108, obs. Hauser). De même, une cour d'appel, saisie d'une action en contestation de paternité légitime fondée sur l'article 322, alinéa 2 (anc.), du Code civil, n'est pas tenue de répondre aux conclusions des demandeurs faisant valoir que le mari avait connaissance de sa stérilité et de l'adultère de son épouse, dès lors qu'il n'est pas soutenu que son attitude révélait sa volonté de ne pas considérer les enfants nés au cours du mariage comme les siens, et retient à bon droit que les agissements de l'épouse et de son compagnon, qui ont fait obstacle à l'exercice du droit de visite du père, ne sont pas de nature à vicier la possession d'état d'enfants légitimes, laquelle, étant conforme aux titres de naissance, rendait l'action irrecevable (▪ Cass. 1re civ., 14 févr. 2006 : *Bull. civ.* I, n° 70, p. 67 ; *RTD civ.* 2006, 293, obs. Hauser ; *JurisData* n° 2006-032177).

12) Incidence du comportement du mari de la mère. Les effets d'une possession d'état exempte de vice ne peuvent être mis à néant par la seule décision du mari de la mère de cesser de traiter l'enfant comme son enfant légitime en vue d'écarter la fin de non-recevoir édictée par l'(anc.) article 322, alinéa 2 (▪ Cass. 1re civ., 15 juill. 1993, n° 91-21.693 : *JurisData* n° 1993-001666 ; *D.* 1994, somm. 115, obs. Granet-Lambrechts ; *JCP* 1994, II, 22352, note X. Lagarde ; *RTD civ.* 1993, 806, obs. Hauser).

13) Le **légataire universel** du titulaire de l'action prévue par l'article 333 du Code civil, n'étant pas un héritier de celui-ci au sens de l'article 322 du même code, n'a pas qualité pour exercer cette action (▪ Cass. 1re civ., 2 avr. 2014, n° 13-12.480 : *Bull. civ.* I, n° 62, p. 64 ; *D.* 2014, 1174, obs. Granet-Lambrechts ; *RTD civ.* 2014, 353, obs. Hauser ; *JCP* G 2014, 953, n° 10, obs. Murat ; *JCP* N 2014, 1245, note Azincourt ; *Defrénois* 2014, 1035, note Massip ; *Dr. famille* 2014, 97, note Neirinck ; *JurisData* n° 2014-006443, irrecevabilité de l'action engagée par le légataire universel en présence d'une possession d'état conforme au titre).

14) Sur l'**action en contestation exercée par les enfants** eux-mêmes, V. ▪ Dijon, 25 oct. 1995 : *JurisData* n° 1995-052381 ; *RTD civ.* 1996, 590, obs. Hauser.

15) Possession d'état postérieure à la reconnaissance. Jugé sous l'empire du droit antérieur à l'ordonnance du 4 juillet 2005 que seule la possession d'état postérieure à la reconnaissance peut être prise en considération (▪ Bordeaux, 22 nov. 2001 : *JurisData* n° 2001-161770 ; *D.* 2002, somm. 2021, obs. Granet).

Art. 333-1 à 333-6 ***(Abr., Ord. n° 2005-759, 4 juill. 2005).***

Art. 334 ***(L. n° 72-3, 3 janv. 1972 ; abr., L. n° 2002-305, 4 mars 2002 ; rétabli, Ord. n° 2005-759, 4 juill. 2005).*** **– À défaut de possession d'état conforme au titre, l'action en contestation peut être engagée par toute personne qui y a intérêt dans le délai prévu à l'article 321.**

Art. 334-1 à 334-6 ***(Implicitement abr., Ord. n° 2005-759, 4 juill. 2005).***

Art. 334-7 *(Abr., L. n° 2001-1135, 3 déc. 2001).*

Art. 334-8 à 334-10 *(Implicitement abr., Ord. n° 2005-759, 4 juill. 2005).*

Art. 335 *(L. n° 93-22, 8 janv. 1993 ; rempl., Ord. n° 2005-759, 4 juill. 2005 ; mod., L. n° 2009-61, 16 janv. 2009).* – **La filiation établie par la possession d'état constatée par un acte de notoriété peut être contestée par toute personne qui y a intérêt en rapportant la preuve contraire, dans le délai de dix ans à compter de la délivrance de l'acte.**

Art. 336 *(L. n° 72-3, 3 janv. 1972 ; rempl., Ord. n° 2005-759, 4 juill. 2005).* – **La filiation légalement établie peut être contestée par le ministère public si des indices tirés des actes eux-mêmes la rendent invraisemblable ou en cas de fraude à la loi.**

Bibliographie : A. Leborgne, *Le ministère public partie principale à un contentieux de la filiation : réflexion sur la montée d'un ordre public de direction ?* in *Mélanges Jean Hauser*, LexisNexis-Dalloz 2012, 311.

1) **Indices tirés des actes.** Jugé, sous l'empire du droit antérieur à l'ordonnance du 4 juillet 2005, que le ministère public n'est pas recevable à agir, en tant que partie principale, en contestation d'une reconnaissance souscrite par une femme sous une fausse identité, dès lors que l'inexactitude de la reconnaissance n'est pas révélée par des indices tirés des actes eux-mêmes (▪ Grenoble, 23 févr. 1993 : *JurisData* n° 1993-040746 ; *RTD civ.* 1993, 809, obs. Hauser).

2) **Fraude à la loi.** Ayant relevé qu'un homme avait produit au consulat de France une déclaration mensongère attestant d'un faux accouchement de son épouse, c'est à bon droit que l'arrêt retient que l'intérêt supérieur de l'enfant ne saurait justifier un état civil et une filiation conférés en fraude à la loi, étant observé, en outre, que l'enfant, de nationalité marocaine et résidant au Maroc, reste titulaire d'un acte de naissance marocain (▪ Cass. 1re civ., 17 nov. 2010, n° 09-68.399 : *Bull. civ.* I, n° 236, p. 220 ; *JCP* 2011, n° 11-12, note 302, Martel ; *Dr. famille* 2011, 7, note Neirinck ; *LPA* 10 juill. 2012, 5, 1re esp., obs. Kerckhove ; *JurisData* n° 2010-021412). Jugé que l'intention frauduleuse doit être constituée par la volonté de procéder à une reconnaissance mensongère dans le seul but de lui faire produire des effets étrangers à la filiation (▪ Toulouse, 16 mai 2017, n° 15/05015 : *Dr. famille* 2017, 207, Fulchiron ; *JurisData* n° 2017-010440). Sur l'hypothèse d'un homme ayant reconnu, sur une période de deux ans et demi, six enfants nés de six femmes différentes, toutes de nationalité étrangère mais ayant pu obtenir une carte de résident en qualité de parent d'enfant français, V. ▪ Versailles, 14 mars 2013 : *JCP* G 2013, act. 517, obs. Bonneau ; *JurisData* n° 2013-004568.

Art. 336-1 *(L. n° 2009-61, 16 janv. 2009).* – **Lorsqu'il détient une reconnaissance paternelle prénatale dont les énonciations relatives à son auteur sont contredites par les informations concernant le père que lui communique le déclarant, l'officier de l'état civil compétent en application de l'article 55 établit l'acte de naissance au vu des informations communiquées par le déclarant. Il en avise sans délai le procureur de la République qui élève le conflit de paternité sur le fondement de l'article 336.**

Bibliographie : J. Massip, *Précisions sur les problèmes posés par la reconnaissance de l'enfant d'une femme mariée : Defrénois* 2006, 1883. • C. Neirinck, note *in Dr. famille* 2014, comm. 98.

Art. 337 *(L. n° 72-3, 3 janv. 1972 ; rempl., Ord. n° 2005-759, 4 juill. 2005).* – **Lorsqu'il accueille l'action en contestation, le tribunal peut, dans l'intérêt de l'enfant, fixer les modalités des relations de celui-ci avec la personne qui l'élevait.**

1) **Conditions.** L'article 311-13 du Code civil (*anc.*) *ne peut être invoqué par celui qui a succombé à l'action* en contestation de paternité lorsqu'il n'a jamais élevé l'enfant, que celui-ci a vécu, pendant les premières années de sa vie, avec ses grands-parents maternels et qu'il vit actuellement au foyer de sa mère et de son second mari (▪ Paris, 16 déc. 1976 : *JurisData* n° 1976-615014 ; *D.* 1977, 133, note Massip).

2) **Modalités du droit de visite.** Le Code civil ne donnant aucune définition du droit de visite, les juges du fond en déterminent les modalités, lesquelles n'excluent pas un droit de séjour de courte durée (▪ Paris, 11 janv. 1980 : *JurisData* n° 1980-610165 ; *Gaz. Pal.* 1980, 2, 781, 2e esp.).

3) **Contestation de paternité.** Pour l'attribution d'un droit de visite au mari divorcé de la mère de l'enfant né pendant le mariage (dont il a été jugé n'être pas le père), V. ▪ Cass. 1re civ., 17 mai 1993, n° 91-15.658 : *JurisData* n° 1993-001156 ; *D.* 1994, somm. 114, 1re esp., obs. Granet-Lambrechts ; *D.* 1995, 276, note Edimo Nana. Mais V. pour un refus justifié par l'intérêt de l'enfant, ▪ Metz, 20 févr. 1996, n° 00003642/95 : *JurisData* n° 1996-048442 ; *JCP* 1998, IV, 1411 ; *RTD civ.* 1998, 355, obs. Hauser.

Art. 338 à 340 *(Abr., Ord. n° 2005-759, 4 juill. 2005).*

Art. 340-1 *(Abr., L. n° 93-22, 8 janv. 1993).*

Art. 340-2 à 341-1 *(Abr., Ord. n° 2005-759, 4 juill. 2005).*

CHAPITRE IV. – DE L'ACTION À FINS DE SUBSIDES

Art. 342 *(L. n° 72-3, 3 janv. 1972 ; mod., L. n° 77-1456, 29 déc. 1977 ; Ord. n° 2005-759, 4 juill. 2005 ; L. n° 2009-61, 16 janv. 2009).* – **Tout enfant dont la filiation paternelle n'est pas légalement établie peut réclamer des subsides à celui qui a eu des relations avec sa mère pendant la période légale de la conception.**

L'action peut être exercée pendant toute la minorité de l'enfant ; celui-ci peut encore l'exercer dans les dix années qui suivent sa majorité si elle ne l'a pas été pendant sa minorité.

L'action est recevable même si le père ou la mère était, au temps de la conception, engagé dans les liens du mariage avec une autre personne, ou s'il existait entre eux un des empêchements à mariage réglés par les articles 161 à 164 du présent code.

Bibliographie : A. Meerpoel, *Les interférences entre l'action à fins de subsides de l'article 342 nouveau du Code civil et la recherche de paternité naturelle : RTD civ.* 1978, 782. • M.-C. Catala de Roton, *L'action à fins de subsides et la pratique des tribunaux : RTD civ.* 1990, 1. • C. Gonon, *Le rapprochement de l'action à fins de subsides et de l'action en recherche de paternité naturelle : JCP* 1998, I, 158. • S. Mirabail, *Repenser l'action à fins de subsides : JCP* 2011, doctr. 1063 ; *Dr. famille* 2011, étude 19.

I – RÉGIME DE L'ACTION À FINS DE SUBSIDES

A – Fondement

1) Possibilité de paternité. L'action à fins de subsides est fondée sur une simple possibilité de paternité de celui ou de ceux qui ont eu des relations intimes avec la mère pendant la période légale de conception (▪ Paris, 22 févr. 1991, n° 90-14 546 : *JurisData* n° 1991-020383 ; *JCP* 1991, II, 21777, note Mirabail. V. en ce sens ▪ Cass. 1re civ., 17 juill. 1979 : *JurisData* n° 1979-799214 ; *D.* 1980, 185, 2e esp., note Massip). Elle tend à réparer le préjudice subi par un enfant dont la filiation paternelle n'est pas établie en mettant son entretien à la charge de celui ou de ceux qui ont pris le risque de l'engendrer en ayant des relations intimes avec la mère durant la période légale de conception et implique ainsi seulement une paternité possible (▪ Paris, 27 sept. 1974 : *Gaz. Pal.* 1975, 1, 285, note Viatte).

2) Le rejet de la demande principale en recherche de paternité, dès lors qu'il n'est pas motivé par une exclusion de paternité, ne fait pas obstacle à une expertise sanguine susceptible de confirmer ou d'infirmer des présomptions graves de relations intimes entre le défendeur et la mère durant la période légale de conception (▪ TGI Paris, 22 avr. 1986 : *JurisData n° 1986-600172 ; D.* 1987, somm. 315, obs. Huet-Weiller).

B – Conditions

3) La preuve des relations prévues à l'article 342 du Code civil peut être faite par tous moyens et notamment par des attestations non conformes aux exigences de l'article 202 du Code de procédure civile (▪ Cass. 1re civ., 21 oct. 1980, n° 79-14.618 : *JurisData* n° 1980-705130 ; *JCP* 1981, IV, 13 ; *Bull. civ.* I, n° 262, p. 209) ou par présomptions (▪ Cass. 1re civ., 25 nov. 1981, n° 80-80.028 : *JurisData* n° 1981-703384 ; *JCP* 1982, IV, 61 ; *Bull. civ.* I, n° 351, p. 297). L'article 1353 ne s'oppose pas à ce que les juges forment leur conviction sur un fait unique tel le refus de se soumettre à un examen comparé des sangs (▪ Cass. 1re civ., 5 févr. 1991, n° 89-13.559 : *JurisData* n° 1991-700402 ; *JCP* 1991, IV, 127 ; *Bull. civ.* I, n° 48, p. 31 ; *D.* 1991, 456, note Massip ; *RTD civ.* 1991, 509, obs. Huet-Weiller. – V. aussi ▪ Paris, 22 févr. 1991, n° 90-14 546 : *JurisData* n° 1991-020383 ; *JCP* 1991, II, 21777, note Mirabail. ▪ Cass. 1re civ., 5 mai 1993, n° 91-11.700 : *JurisData* n° 1993-000986 ; *Bull. civ.* I, n° 155, p. 106), ou le résultat de l'analyse pratiquée (▪ Cass. 1re civ., 14 févr. 1995, n° 92-18.886 : *JurisData* n° 1995-000208 ; *JCP* G 1995, IV, 927 ; *JCP* N 1996, II, 835, note Puigelier ; *Bull. civ.* I, n° 81, p. 58 ; *D.* 1996, 111, note Massip. ▪ Cass. 1re civ., 3 juill. 1996 : *D.* 1998, somm. 31, obs. Granet ; *Defrénois* 1997, 724, obs. Massip). La preuve des relations intimes n'est pas subordonnée à l'existence de présomptions ou d'indices graves (▪ Colmar, 3 oct. 1997, n° 9601888 : *JurisData* n° 1997-057582 ; *D.* 1999, somm. 200, obs. Granet). L'expertise biologique est de droit en matière d'action à fins de subsides, sauf s'il existe un motif légitime de ne pas y procéder (▪ Cass. 1re civ., 14 juin 2005, 3 arrêts *JCP* 2005, IV, 2732 à 2734 ; *JurisData* nos 2005-028930, 2005-028922 et 2005-029157 ; *Dr. famille* 2005, 182, note Murat ; *Defrénois* 2005, 1848, obs. Massip. V. déjà

■ Paris, 22 févr. 2001 : *JurisData* n° 2001-149990 ; *JCP* 2001, II, 10558, note Garé). Mais jugé qu'en l'absence d'éléments probants, le seul refus de se soumettre à une expertise sanguine n'établit pas la nature des liens exigés par les textes pendant cette période pour recevoir l'action à fins de subsides (■ Cass. 1re civ., 17 sept. 2003 : *JurisData* n° 2003-020322 ; *Dr. famille* 2004, 3, note Murat ; *D.* 2004, 659, 2e esp., note Massip, et somm. 1420, obs. Granet-Lambrechts). V. aussi, à propos de l'expertise sollicitée en défense, art. 342-4, annot. n° 3, p. 308.

4) Présomption relative à la date de la conception. Il résulte de la combinaison des articles 311 et 342 du Code civil que le défendeur à une action à fins de subsides est recevable à combattre la présomption d'après laquelle la conception de l'enfant est réputée avoir eu lieu à un moment quelconque de la période légale de cette conception (■ Cass. 1re civ., 27 nov. 1979 : *JurisData* n° 1979-700297 ; *JurisData* n° 1979-700297 ; *JCP* 1980, IV, 58 ; *Bull. civ.* I, n° 297, p. 240 ; *Gaz. Pal.* 1980, 1, 259, note J. M.).

5) Action intentée après une reconnaissance. L'effet déclaratif de la reconnaissance précédant une légitimation s'oppose à ce qu'une action à fins de subsides soit accueillie pour la période allant de la naissance de l'enfant au jour de sa légitimation (■ Cass. 1re civ., 17 juill. 1980 : *Bull. civ.* I, n° 224, p. 181).

6) Situation matérielle de la mère. Le droit pour la mère de réclamer des subsides est indépendant de sa situation matérielle (■ Cass. 1re civ., 22 juill. 1986, n° 84-15.563 : *JurisData* n° 1986-701568 ; *Bull. civ.* I, n° 220, p. 210).

C – Procédure

7) Compétence territoriale. Il résulte de la combinaison des articles 311-5, 342 et 342-2 du Code civil et de l'article 46 du Code de procédure civile que si l'action à fins de subsides est assimilable à une action relative à la filiation relevant de la compétence exclusive du tribunal de grande instance, elle tend à l'attribution d'aliments au profit de l'enfant, d'où il suit que le demandeur *peut, à son choix, soit saisir le tribunal* de grande instance du lieu où il demeure, soit celui du lieu où demeure le défendeur (■ Cass. 1re civ., 27 oct. 1981, n° 80-14.537 : *JurisData* n° 1981-003023 ; *D.* 1982, 305, note Massip). Sur la compétence du juge aux affaires familiales, voir COJ, art. L. 213-3, p. 2292.

8) Communication au ministère public. La règle selon laquelle le ministère public doit avoir communication des causes relatives à la filiation est applicable à l'action à fin de subsides (■ Cass. 1re civ., 12 mai 1987, n° 85-16.899 : *Bull. civ.* I, n° 149, p. 117).

9) Enfants nés avant l'entrée en vigueur de la loi du 29 décembre 1977. Sur l'application de l'article 342, alinéa 2 aux enfants nés avant l'entrée en vigueur de la loi du 29 décembre 1977, V. Massip, *La loi du 29 décembre 1977 relative aux délais d'exercice de l'action à fins de subsides : D.* 1978, chron. 139.

10) Survie d'une obligation naturelle. Si l'action à fins de subsides doit être intentée dans un délai de deux ans à compter de la majorité de l'enfant, la cour d'appel doit néanmoins rechercher si, en s'engageant volontairement à verser à l'enfant une somme mensuelle jusqu'à la fin de ses études, le défendeur n'avait pas voulu exécuter un devoir de conscience et n'avait pas ainsi transformé une obligation naturelle en une obligation civile (■ Cass. 1re civ., 3 oct. 2006, n° 04-14.388 : *Bull. civ.* I, n° 428, p. 368 ; *Dr. famille* 2007, 3, note Murat ; *Defrénois*2007, 306, obs. Massip, et 467 (2e arrêt), obs. Libchaber ; *RTD civ.* 2007, 98, obs. Hauser ; *D.* 2007, 1465, obs. Granet-Lambrechts ; *JurisData* n° 2006-035240).

II – EFFETS DU JUGEMENT

11) Caractère constitutif. La décision accordant des subsides est, à la différence d'un jugement statuant sur un lien de filiation, constitutive et non déclarative de droit, d'où il résulte que le défendeur ne peut se voir réclamer des sommes pour une période antérieure à la date de l'assignation (■ Cass. 1re civ., 19 mars 1985, n° 83-16.858 : *Bull. civ.* I, n° 100, p. 92 ; *D.* 1985, inf. rap. 319 ; *JCP* 1986, II, 20665, note Joly. – V. aussi ■ Paris, 16 févr. 1993 : *JurisData* n° 1993-020290).

12) Absence de renseignement quant aux ressources du défendeur. Les juges du fond peuvent estimer qu'en l'absence de tout renseignement précis quant à ces ressources, il y a lieu de considérer qu'eu égard à sa situation de gynécologue, le défendeur est en mesure de payer les subsides réclamés d'un montant de 600 F par mois (■ Cass. 1re civ., 22 juill. 1986, n° 84-15.563 : *JurisData* n° 1986-701568 ; *Bull. civ.* I, n° 220, p. 210).

Art. 342-1 ***(Abr., Ord. n° 2005-759, 4 juill. 2005).***

Art. 342-2 ***(L. n° 72-3, 3 janv. 1972).*** **– Les subsides se règlent, en forme de pension, d'après les besoins de l'enfant, les ressources du débiteur, la situation familiale de celui-ci.**

La pension peut être due au-delà de la majorité de l'enfant, s'il est encore dans le besoin, à moins que cet état ne lui soit imputable à faute.

1) Sur le recouvrement des subsides, V. L. n° 73-5, 2 janv. 1973, relative au paiement direct de la pension alimentaire, art. 1er, al. 3 et L. n° 75-618, 11 juill. 1975, relative au recouvrement public des pensions alimentaires, art. 15.

2) **Motivation.** Pour maintenir la pension au-delà de la majorité de l'enfant, les juges doivent motiver leur décision au regard des deux exigences posées par l'article 342-2, alinéa 2 (■ Cass. 1re civ., 4 juill. 2006, n° 03-16.964 : *Dr. famille* 2006, 187, obs. Murat ; *JurisData* n° 2006-034640).

Art. 342-3 *(Abr., Ord. n° 2005-759, 4 juill. 2005).*

Art. 342-4 *(L. n° 72-3, 3 janv. 1972 ; rempl., L. n° 93-22, 8 janv. 1993).* – **Le défendeur peut écarter la demande en faisant la preuve par tous moyens qu'il ne peut être le père de l'enfant.**

1) **Présomption relative à la date de la conception.** Il résulte de la combinaison des articles 311 et 342 du Code civil que le défendeur à une action à fins de subsides est recevable à combattre la présomption d'après laquelle la conception de l'enfant est réputée avoir eu lieu à un moment quelconque de la période légale de cette conception (■ Cass. 1re civ., 27 nov. 1979 : *JCP* 1980, IV, 58 ; *Bull. civ.* I, n° 297, p. 240 ; *Gaz. Pal.* 1980, 1, 259, note J. M.).

2) **Impossibilité de paternité.** Sur le principe que l'impossibilité de paternité établie par un examen des sangs ou toute autre méthode médicale certaine est une fin de non-recevoir à l'action à fins de subsides, V. ■ Cass. 1re civ., 19 nov. 1991, n° 90-11.320 : *JurisData* n° 1991-003060 ; *JCP* 1992, IV, 281 ; *Bull. civ.* I, n° 317, p. 207 ; *D.* 1993, 17, 1re esp., note Massip.

3) **Expertise biologique.** Viole l'article 342-4, la cour d'appel qui, pour condamner au paiement de subsides celui que la mère désigne comme étant le père de l'enfant, retient que le seul aveu d'une cohabitation durant la période légale de conception suffit à établir l'existence de relations intimes et rend recevable la demande, alors que l'expertise biologique est de droit en matière d'action à fins de subsides, sauf s'il existe un motif légitime de ne pas y procéder et que la cour d'appel n'a donné aucun motif légitime de nature à justifier son refus d'ordonner l'expertise sollicitée (■ Cass. 1re civ., 6 déc. 2005 : *Bull. civ.* I, n° 478, p. 402 ; *RTD civ.* 2006, 98, obs. Hauser ; *Defrénois* 2006, 1065, obs. Massip ; *JurisData* n° 2005-031132). V. aussi notes sous art. 310-3.

Art. 342-5 *(L. n° 72-3, 3 janv. 1972 ; mod., L. n° 2001-1135, 3 déc. 2001).* – **La charge des subsides se transmet à la succession du débiteur suivant les règles de l'article 767.**

Art. 342-6 *(L. n° 72-3, 3 janv. 1972 ; mod., L. n° 77-1456, 29 déc. 1977 ; Ord. n° 2005-759, 4 juill. 2005).* – **Les articles 327, alinéa 2, et 328 ci-dessus sont applicables à l'action à fins de subsides.**

Minorité de l'enfant. L'action doit, pendant la minorité de l'enfant, être exercée seulement par la mère, même mineure (■ Paris, 27 sept. 1974 : *Gaz. Pal.* 1975, 1, 285 ; *D.* 1975, 507, note Massip).

Art. 342-7 *(L. n° 72-3, 3 janv. 1972).* – **Le jugement qui alloue les subsides crée entre le débiteur et le bénéficiaire, ainsi que, le cas échéant, entre chacun d'eux et les parents ou le conjoint de l'autre, les empêchements à mariage réglés par les articles 161 à 164 du présent code.**

Art. 342-8 *(L. n° 72-3, 3 janv. 1972).* – **La chose jugée sur l'action à fins de subsides n'élève aucune fin de non-recevoir contre une action ultérieure en recherche de paternité.**

L'allocation des subsides cessera d'avoir effet si la filiation paternelle de l'enfant vient à être établie par la suite à l'endroit d'un autre que le débiteur.

Bibliographie : A. Meerpoel, *Plaidoyer pour l'abrogation de l'article 342-8, alinéa 1er du Code civil : D.* 1983, chron. 183.

Action à fins de subsides et action en recherche de paternité. Le succès de l'action à fins de subsides implique la constatation de relations intimes pendant la période légale de conception, dont l'existence ne peut plus faire l'objet d'un autre débat lors de l'action en recherche de paternité exercée postérieurement (■ Cass. 1re civ., 4 janv. 1995, n° 92-20.682 : *JurisData* n° 1995-000126 ; *JCP* 1995, IV, 519 ; *Bull. civ.* I, n° 7, p. 5 ; *D.* 1996, 49, note Massip).

TITRE VIII. – DE LA FILIATION ADOPTIVE

(L. n° 66-500, 11 juill. 1966)

Bibliographie : J. Rubellin-Devichi, *L'adoption à la fin du xxe siècle : Études Pierre Catala*, Litec 2001, 341. • H. Bosse-Platière, *Premières réflexions pour une indispensable reconstruction du droit de l'adoption*, in *Mélanges Raymond Le Guidec*, LexisNexis 2014, 589. • F. Dekeuwer-Défossez, *Les chemins de l'adoptabilité* in *Mélanges Neirinck*, LexisNexis 2015, 483.

Sur la réforme opérée par la loi du 5 juillet 1996. F. Boulanger, *Le bilan mitigé d'une réforme : la loi n° 96-604 du 5 juillet 1996 modificatrice du droit de l'adoption : D.* 1996, chron. 307. • J. Massip, *Les nouvelles règles de l'adoption : Defrénois* 1997, 193. • P. Murat, *La loi du 6 juillet 1996 relative à l'adoption : une réforme technique dans la continuité de l'institution : Dr. famille* 1996, étude 2. • J. Rubellin-Devichi, *Permanence et modernité de l'adoption après la loi du 5 juillet 1996 : JCP* 1996, I, 3979.

CHAPITRE I. – DE L'ADOPTION PLÉNIÈRE

Section I. – Des conditions requises pour l'adoption plénière

Art. 343 *(L. n° 96-604, 5 juill. 1996).* **– L'adoption peut être demandée par deux époux non séparés de corps, mariés depuis plus de deux ans ou âgés l'un et l'autre de plus de vingt-huit ans.**

Bibliographie : G. Champenois, *L'adoption et la loi du 17 mai 2013. Quelques observations sur l'ouverture de l'adoption aux couples de personnes de même sexe : Defrénois* 2013, 731. • P. Murat, *L'ouverture de l'adoption aux couples de même sexe... ou l'art de se mettre au milieu du gué : Dr. famille* 2013, étude 24.

Mariage homosexuel (L. n° 2013-404 du 17 mai 2013). Adoption par des époux de même sexe. Conformité à la Constitution. Il n'appartient pas au Conseil constitutionnel de substituer son appréciation à celle du législateur sur la prise en compte, pour l'établissement d'un lien de filiation adoptive, de la différence entre les couples de personnes de même sexe et les couples formés d'un homme et d'une femme (consid. 49) ; aucune exigence constitutionnelle n'impose ni que le caractère adoptif de la filiation soit dissimulé ni que les liens de parenté établis par la filiation adoptive imitent ceux de la filiation biologique ; que, par suite, le grief tiré de ce que la possibilité d'une adoption par deux personnes de même sexe porterait atteinte au principe d'égalité et au droit à la protection de la vie privée doit être écarté (consid. 51) ; les dispositions contestées *n'ont ni pour objet ni pour effet de* reconnaître aux couples de personnes de même sexe un « droit à l'enfant » ; elles ne soustraient pas les couples de personnes de même sexe aux règles, conditions et contrôles institués en matière de filiation adoptive (consid. 52) ; doit en outre être écarté le grief tiré de la méconnaissance d'un principe fondamental reconnu par les lois de la République en matière de « caractère bilinéaire de la filiation fondé sur l'altérité sexuelle » ; il en va de même du grief tiré de la méconnaissance d'un principe constitutionnel garantissant le droit de tout enfant de voir sa filiation concurremment établie à l'égard d'un père et d'une mère (consid. 56) ; il en résulte que l'ouverture de l'adoption par des couples de personnes de même sexe et au sein de ces couples n'est pas contraire à la Constitution (▪ Cons. const., déc. 17 mai 2013, n° 2013-669 DC : *JO* 18 mai 2013 ; V. sous art. 143, annot. n° 4, p. 149).

Sur la réserve d'interprétation du juge constitutionnel relative à la prise en compte de l'**intérêt de l'enfant** dans la procédure d'agrément administratif (même décision), V. sous art. 343-1, annot. n° 3, p. 310.

Art. 343-1 *(Mod., L. n° 96-604, 5 juill. 1996).* **– L'adoption peut être aussi demandée par toute personne âgée de plus de vingt-huit ans.**

Si l'adoptant est marié et non séparé de corps, le consentement de son conjoint est nécessaire à moins que ce conjoint ne soit dans l'impossibilité de manifester sa volonté.

1) Époux mariés depuis moins de cinq ans. Il résulte du rapprochement des articles 343 et 343-1 que l'adoption peut être demandée par deux époux, même mariés depuis moins de cinq ans, s'ils sont l'un et l'autre âgés de plus de trente ans (▪ Cass. 1re civ., 5 mai 1982, n° 81-12.089 : *JurisData* n° 1982-

700887 ; *JCP* 1983, II, 20084 ; *D.* 1983, 227, note J. M. – V. en ce sens ■ Cass. 1re civ., 16 oct. 1985, n° 84-14.993 : *JurisData* n° 1985-002631 ; *Bull. civ.* I, n° 261, p. 233).

2) Homosexualité du requérant. Agrément administratif *(solutions antérieures à la loi n° 2013-404 du 17 mai 2013 ouvrant le mariage aux couples de personnes de même sexe).* Sur l'impact de l'homosexualité du requérant dans une procédure d'agrément administratif (sur laquelle V. C. action soc. et fam., art. L. 225-2 et s., p. 1880) en vue de l'adoption d'un pupille de l'État, V. ■ CE, 9 oct. 1996, n° 168342 : *JurisData* n° 1996-050851 ; *JCP* 1997, II, 22766, concl. Maugüé, I, 3996, n° 10, obs. Favier ; *Dr. famille* 1997, 6, note Murat ; *RTD civ.* 1997, 408, obs. Hauser ; *Defrénois* 1997, 726, obs. Massip, annulant ■ TA Paris, 25 janv. 1995 : *D.* 1995, 647, note Boulanger. ■ CAA Nancy, 21 déc. 2000 : *JurisData* n° 2000-145803 ; *D.* 2001, 1575, note Piastra et ■ CE, 5 juin 2002, n° 230533 : *JurisData* n° 2002-063816 ; *AJDA* 2002, 615, concl. Fombeur ; *Dr. famille* 2003, 24, note Murat ; *RTD civ.* 2002, 496, obs. Hauser. – *Contra* ■ CEDH, 22 janv. 2008, *E. B. c/ France : JurisData n° 2008-010483* ; *D.* 2008, 351, obs. Royer, 1794, obs. Lemouland et Vigneau, et 2038, note Hennion-Jacquet ; *JCP* 2008, II, 10071, note Gouttenoire et Sudre ; *LPA* 7 févr. 2008, 9, chron. Chaltiel ; *RTD civ.* 2008, 249, obs. Marguénaud, et 287, obs. Hauser, décidant que le rejet de la demande d'agrément pour des raisons tenant principalement à l'homosexualité de la requérante viole l'article 14 de la Convention européenne des droits de l'homme (interdiction des discriminations) combiné avec l'article 8 (respect de la vie privée et familiale). V. aussi ■ TA Besançon, 10 nov. 2009 : *RTD civ.* 2010, 95, obs. Hauser ; *D.* 2009, 2807, obs. Lavric ; *Dr. famille* 2010, 5, note Murat ; *JCP* 2009, n° 48, act. 475, obs. Favier ; *JurisData* n° 2009-013799). – Comp. auparavant ■ CEDH, 26 févr. 2002, *Fretté c/ France : JCP* 2002, II, 10074, note Gouttenoire-Cornut et Sudre ; *D.* 2002, somm. 2024, obs. Granet, et 2569, obs. Courtin ; *RTD civ.* 2002, 280, obs. Hauser, jugeant que si l'on tient compte de la grande marge d'appréciation à laisser ici aux États et de la nécessité de protéger les intérêts supérieurs des enfants pour atteindre à l'équilibre voulu, le refus d'agrément n'a pas transgressé le principe de proportionnalité.

Sur l'adoption par une femme des enfants conçus par insémination artificielle de sa compagne (ou, depuis la loi n° 2013-404 du 17 mai 2013, de son épouse), V. sous art. 365, annot. n° 6, p. 328.

V. également art. 365, annot. n° 2 et s., p. 326.

3) Procédure d'agrément administratif. Intérêt de l'enfant. Sur ce que le dixième alinéa du Préambule de la Constitution de 1946 implique le respect de l'exigence de conformité de l'adoption à l'intérêt de l'enfant, de sorte que les dispositions relatives à la procédure d'agrément administratif ne sauraient conduire à ce que celui-ci soit délivré à un ou à des adoptants, qu'ils soient de sexe différent ou de même sexe, sans que l'autorité administrative ait vérifié, dans chaque cas, le respect de l'exigence de conformité de l'adoption à l'intérêt de l'enfant, V. ■ Cons. const., déc. 17 mai 2013, n° 2013-669 DC, consid. 53 : *JO* 18 mai 2013 ; V. sous art. 143, annot. n° 4, p. 149 (réserve d'interprétation portant sur les articles L. 225-2 et L. 225-17 du Code de l'action sociale et des familles).

4) Consentement du conjoint. Forme. L'article 348-3 du Code civil ne s'applique pas au consentement, dépourvu de formalisme, du conjoint de l'adoptant (■ Cass. 1re civ., 13 mars 2007 : *Bull. civ.* I, n° 108, p. 93 ; *JCP* 2007, IV, 1806 ; *RTD civ.* 2007, 324, obs. Hauser ; *JurisData* n° 2007-037908, validité du consentement donné par acte sous seing privé).

Art. 343-2 ***(L. n° 76-1179, 22 déc. 1976).*** **– La condition d'âge prévue à l'article précédent n'est pas exigée en cas d'adoption de l'enfant du conjoint.**

Art. 344 ***(Mod., L. n° 76-1179, 22 déc. 1976).*** **– Les adoptants doivent avoir quinze ans de plus que les enfants qu'ils se proposent d'adopter. Si ces derniers sont les enfants de leur conjoint, la différence d'âge exigée n'est que de dix ans.**

Toutefois, le tribunal peut, s'il y a de justes motifs, prononcer l'adoption lorsque la différence d'âge est inférieure à celles que prévoit l'alinéa précédent.

1) Conjoint décédé au moment de la demande. L'article 344 n'exige pas que le conjoint soit encore vivant au moment de la demande pour que l'adoptant puisse se prévaloir de la réduction à dix ans de la différence d'âge entre l'enfant à adopter et le demandeur à l'adoption (■ Rouen, 26 nov. 1968 : *D.* 1969, 66).

2) Pour une illustration des **justes motifs** au sens de l'alinéa 2, V. ■ Rouen, 7 mai 2009 : *JCP* 2009, n° 40, act. 275, obs. Brière ; *JurisData* n° 2009-003176.

3) Adoption d'un frère par sa sœur. Pour l'adoption par une sœur de son frère âgé de treize ans de moins qu'elle, V. ■ Paris, 10 févr. 1998, n° 95/24745 : *JurisData* n° 1998-020734 ; *JCP* 1998, II, 10130, note Philippe ; *Dr. famille* 1998, 83, note Murat ; *RTD civ.* 1998, 893, obs. Hauser.

Art. 345 *(Mod., L. n° 76-1179, 22 déc. 1976 ; L. n° 96-604, 5 juill. 1996 ; L. n° 2010-1609, 22 déc. 2010).* – **L'adoption n'est permise qu'en faveur des enfants âgés de moins de quinze ans, accueillis au foyer du ou des adoptants depuis au moins six mois.**

Toutefois, si l'enfant a plus de quinze ans et a été accueilli avant d'avoir atteint cet âge par des personnes qui ne remplissaient pas les conditions légales pour adopter ou s'il a fait l'objet d'une adoption simple avant d'avoir atteint cet âge, l'adoption plénière pourra être demandée, si les conditions en sont remplies, pendant la minorité de l'enfant et dans les deux ans suivant sa majorité.

S'il a plus de treize ans, l'adopté doit consentir personnellement à son adoption plénière. Ce consentement est donné selon les formes prévues au premier alinéa de l'article 348-3. Il peut être rétracté à tout moment jusqu'au prononcé de l'adoption.

1) **Accueil au foyer depuis 6 mois.** Les juges du fond ne peuvent prononcer l'adoption plénière d'un enfant qui n'a pas vécu plus de six mois au foyer des adoptants au motif que le non-respect du délai, dû au décès de l'enfant, était indépendant de la volonté des adoptants et assimilable à un cas de force majeure (■ Cass. 1re civ., 4 oct. 1988, n° 87-12.427 : *JurisData* n° 1988-702603 ; *D.* 1989, 304, note Massip).

2) **Enfant inapte à exprimer son consentement.** Si l'enfant âgé de plus de treize ans est inapte à exprimer valablement son consentement, il y a lieu, à la requête du procureur de la République, de nommer un administrateur *ad hoc* et de l'autoriser à donner au nom de l'enfant le consentement nécessaire (■ Ord. Juge des tutelles Châlons-sur-Marne, 1er juin 1977 : *JurisData* n° 1977-600134 ; *Gaz. Pal.* 1978, 1, 175, note Decheix).

Art. 345-1 *(L. n° 96-604, 5 juill. 1996 ; mod., L. n° 2013-404, 17 mai 2013).* – **L'adoption plénière de l'enfant du conjoint est permise :**

1° Lorsque l'enfant n'a de filiation légalement établie qu'à l'égard de ce conjoint ;

1° *bis* (1) Lorsque l'enfant a fait l'objet d'une adoption plénière par ce seul conjoint et n'a de filiation établie qu'à son égard ;

2° Lorsque l'autre parent que le conjoint s'est vu retirer totalement l'autorité parentale ;

3° Lorsque l'autre parent que le conjoint est décédé et n'a pas laissé d'ascendants au premier degré ou lorsque ceux-ci se sont manifestement désintéressés de l'enfant.

Bibliographie : M. Beauruel, *L'adoption de l'enfant de l'autre membre du couple* : *LPA* 7-8 sept. 2017, 24.

1) **Application dans le temps.** Un jugement d'adoption étant constitutif d'un état nouveau, la loi du 8 janv. 1993 s'applique immédiatement. Doit donc être rejetée une requête en adoption plénière par le mari de l'enfant naturel de son épouse dès lors que cet enfant a été reconnu par son père (■ TGI Paris, 28 avr. 1993 : *JurisData* n° 1993-044444 ; *RTD civ.* 1993, 570, obs. Hauser).

2) **Ordre public international.** N'est pas contraire à la conception française de l'ordre public international, malgré les dispositions de l'article 345-1, l'article 1756 du Code civil allemand qui autorise l'adoption de l'enfant issu d'une union antérieure ayant pris fin par décès, cette adoption n'entraînant pas selon la loi allemande une rupture complète de l'enfant avec sa famille par le sang (■ Paris, 31 mars 1995 : *JurisData* n° 1996- 765106 ; *JurisData* n° 1996-765106 ; *Rev. crit. DIP* 1996, 314, note Muir-Watt).

3) **Article 345-1, 1° *bis*. Conformité à la Constitution.** Les modifications apportées aux articles 345-1 et 360 du Code civil par la loi n° 2013-404 du 17 mai 2013 ouvrant le mariage aux couples de personnes de même sexe, fixent les conditions dans lesquelles un enfant ayant déjà fait l'objet d'une adoption, peut ultérieurement être aussi adopté par le conjoint de l'adoptant ; en réservant cette possibilité à l'adoption de l'enfant du conjoint, le législateur a pris en compte, comme il lui était loisible de le faire, la différence entre les adoptions au sein du couple et les autres formes d'adoption ; par suite, le grief tiré de l'atteinte au principe d'égalité doit être écarté (■ Cons. const., déc. 17 mai 2013, n° 2013-669 DC, consid. 62 : *JO* 18 mai 2013 ; V. sous art. 143, annot. n° 4, p. 149).

Art. 346 *(Mod., L. n° 76-1179, 22 déc. 1976).* – **Nul ne peut être adopté par plusieurs personnes si ce n'est par deux époux.**

(1) Dispositions applicables en Nouvelle-Calédonie, dans les îles Wallis-et-Futuna et en Polynésie française, L. n° 2013-404, 17 mai 2013, art. 22.

Toutefois, une nouvelle adoption peut être prononcée soit après décès de l'adoptant, ou des deux adoptants, soit encore après décès de l'un des deux adoptants, si la demande est présentée par le nouveau conjoint du survivant d'entre eux.

Bibliographie : F. Boulanger, *Réflexions sur la requête en adoption de couples de concubins (étude prospective) : Dr. famille* 2008, étude 20. • G. Kessler, *L'adoption conjointe et les couples non mariés : LPA* 4 oct. 2018, 8.

1) Ordre public international (non). L'article 346 du Code civil, qui réserve l'adoption conjointe à des couples unis par le mariage, ne consacre pas un principe essentiel reconnu par le droit français (▪ Cass. 1re civ., 7 juin 2012, deux arrêts, nos 11-30.261 et 11-30. 262 : *Bull. civ.* I, n° 125, p. 115, et n° 126, p. 115 ; *JCP* G 2012, act. 728, obs. Devers, 856, avis Petit, et 857, note Chénedé ; *D.* 2012, 1973, obs. d'Avout, et 1992, note Vigneau ; *JCP* N 2012, 1314, note Azincourt, et 1358, n° 10, obs. Péroz ; *RTD civ.* 2012, 522, obs. Hauser ; *JurisData* nos 2012-011937 et 2012-011952, précisant qu'est en revanche contraire à un principe essentiel du droit français de la filiation [antérieur à la loi n° 2013-404 du 17 mai 2013 ouvrant le mariage aux couples de personnes de même sexe], la reconnaissance en France d'une décision étrangère dont la transcription sur les registres de l'état civil français, valant acte de naissance, emporte inscription d'un enfant comme né de deux parents du même sexe. – Décision cassant ▪ Paris, 24 févr. 2011, deux arrêts : *Dr. famille* 2011, 87, note Farge ; *JurisData* nos 2011-004061 et 2011-004062). – Comp. désormais P. Salvage-Gerest, *Les incidences de la loi du 17 mai 2013 sur l'adoption internationale* : *Dr. famille* 2013, étude 33. V aussi, sur renvoi de l'arrêt préc. du 7 juin 2012, ▪ Versailles, 20 mars 2014, n° 13/03655 : *RTD civ.* 2014, 637, obs. Hauser ; *AJF* 2014, 237, obs. Haftel.

2) Décès d'un parent adoptif. Sur l'abrogation implicite de l'article 346, alinéa 2, par l'article 345-1 quant à la possibilité d'adoption après décès d'un parent adoptif, V. ▪ Paris, 23 mai 1996 : *JCP* 1997, I, 3996, n° 11, obs. Favier.

3) Familles recomposées. Le droit au respect de la vie privée et familiale n'interdit pas de limiter le nombre d'adoptions successives dont une même personne peut faire l'objet, ni ne commande de consacrer, par une adoption, tous les liens d'affection, fussent-ils anciens et bien établis ; viole ainsi l'article 346, alinéa 1er, du Code civil, par refus d'application, la cour d'appel qui accueille la demande d'adoption simple formulée par la seconde épouse du père d'une personne préalablement adoptée par le second mari de sa mère (▪ Cass. 1re civ., 12 janv. 2011, n° 09-16.527 : *Bull. civ.* I, n° 9, p. 9 ; *JCP* 2011, n° 15, note 415, Bosse-Platière et Gouttenoire ; *Dr. famille* 2011, 20, note Neirinck ; *LPA* 11 mars 2011, 9, note Fraissinier-Amiot ; *RTD civ.* 2011, 337, obs. Hauser ; *LPA* 10 juill. 2012, 18, obs. Niemic ; *JurisData* n° 2011-000142. – Rappr. ▪ Poitiers, 27 juin 2012 : *JCP* G 2013, act. 156, obs. Hallouin ; *JurisData* n° 2012-031780).

4) Sur le mariage des **couples de personnes de même sexe**, V. art. 143, p. 147 (L. n° 2013-404, 17 mai 2013). Sur la jurisprudence, antérieure à cette loi, relative à l'adoption de l'enfant du conjoint, V. sous art. 365, annot. n° 2 et s., p. 326.

Art. 347 *(Mod., L. n° 2016-297, 14 mars 2016).* – **Peuvent être adoptés :**

1° Les enfants pour lesquels les père et mère ou le conseil de famille ont valablement consenti à l'adoption ;
2° Les pupilles de l'État ;
3° Les enfants déclarés abandonnés dans les conditions prévues aux articles 381-1 et 381-2.

Voir : Sur le rôle du **conseil de famille**, V. art. 348-4, p. 314, en note.

Art. 348. – **Lorsque la filiation d'un enfant est établie à l'égard de son père et de sa mère, ceux-ci doivent consentir l'un et l'autre à l'adoption.**

Si l'un des deux est mort ou dans l'impossibilité de manifester sa volonté, s'il a perdu ses droits d'autorité parentale, le consentement de l'autre suffit.

Il résulte de l'article 348 du Code civil que le consentement des parents à l'adoption simple de l'**adopté majeur**, qui n'est plus placé sous leur *autorité, n'est pas requis* (▪ Cass. 1re civ., 20 mars 2013, n° 12-16.401 : *Bull. civ.* I, n° 49, p. 47 ; *JCP* G 2013, act. 369 ; *Dr. famille* 2013, 67, 2e esp., note Neirinck ; *RTD civ.* 2013, 589, obs. Hauser ; *JurisData* n° 2013-004819).

Art. 348-1. – **Lorsque la filiation d'un enfant n'est établie qu'à l'égard d'un de ses auteurs, celui-ci donne le consentement à l'adoption.**

1) Consentement du conseil de famille avant la reconnaissance. Le consentement doit être donné personnellement par le père ayant reconnu l'enfant, même si, avant la reconnaissance, le conseil de famille avait donné son consentement par application de l'article 348-2 (■ TGI Avesnes-sur-Helpe, 29 sept. 1972 : *JCP* 1974, IV, 336).

2) Reconnaissance prénatale et accouchement sous X. V. art. 316, annot. n° 8, p. 289. – V. aussi P. Salvage-Gerest, *Un autre regard sur l'affaire « Benjamin »* : *D.* 2007, chron. 879.

Art. 348-2. – **Lorsque les père et mère de l'enfant sont décédés, dans l'impossibilité de manifester leur volonté ou s'ils ont perdu leurs droits d'autorité parentale, le consentement est donné par le conseil de famille, après avis de la personne qui, en fait, prend soin de l'enfant.**

Il en est de même lorsque la filiation de l'enfant n'est pas établie.

L'enfant ayant été déclaré « délaissé » faute pour sa mère de pouvoir subvenir à ses besoins, et non en raison d'un désintérêt volontaire de celle-ci, il en résulte que, la mère n'ayant pas perdu ses droits d'autorité parentale, le conseil de famille ne pouvait, faute de constatation de l'impossibilité pour celle-ci de manifester sa volonté, valablement consentir à l'adoption de l'enfant (■ Cass. 1re civ., 4 déc. 2013, n° 12-26.161 : *Bull. civ.* I, n° 235, p. 232 ; *JCP* G 2014, 43, n° 6, obs. Bosse-Platière ; *Dr. famille* 2014, 19, note Farge ; *LPA* 14 févr. 2014, 7, note Legrand ; *RTD civ.* 2014, 104, obs. Hauser ; *LPA* 19 juin 2014, 11, note Koumdadji ; *JurisData* n° 2013-027970).

Art. 348-3 *(Mod., L. n° 95-125, 8 févr. 1995 ; L. n° 96-604, 5 juill. 1996 ; L. n° 2010-1609, 22 déc. 2010).* – **Le consentement à l'adoption est donné devant un notaire français ou étranger, ou devant les agents diplomatiques ou consulaires français. Il peut également être reçu par le service de l'aide sociale à l'enfance lorsque l'enfant lui a été remis.**

Le consentement à l'adoption peut être rétracté pendant deux mois. La rétractation doit être faite par lettre recommandée avec demande d'avis de réception adressée à la personne ou au service qui a reçu le consentement à l'adoption. La remise de l'enfant à ses parents sur demande même verbale vaut également preuve de la rétractation.

Si à l'expiration du délai de deux mois, le consentement n'a pas été rétracté, les parents peuvent encore demander la restitution de l'enfant à condition que celui-ci n'ait pas été placé en vue de l'adoption. Si la personne qui l'a recueilli refuse de le rendre, les parents peuvent saisir le tribunal qui apprécie, compte tenu de l'intérêt de l'enfant, s'il y a lieu d'en ordonner la restitution. La restitution rend caduc le consentement à l'adoption.

1) Rétractation du consentement de la mère. La rétractation régulière d'un consentement à adoption équivaut à un refus de consentement et lorsque la filiation d'un enfant est établie à l'égard de son père et de sa mère, la rétractation du consentement de la mère fait obstacle à l'adoption (■ Cass. 1re civ., 22 avr. 1975 : *JurisData* n° 1975-000141 ; *D.* 1975, 496).

2) Délai de rétractation. Conventionnalité. Le délai de rétractation de deux mois, qui vise à atteindre un équilibre et une proportionnalité suffisants entre les intérêts de la mère biologique, *ceux de l'enfant, qui doivent primer, et ceux de la* famille d'adoption, n'est pas contraire au droit au respect de la vie privée et familiale de la mère biologique garanti par l'article 8 de la Convention européenne des droits de l'homme (■ CEDH, 10 janv. 2008, *Kearns c/ France* : *JurisData n° 2008-010474* ; *D.* 2008, 415, obs. Guiomard ; *RTD civ.* 2008, 252, obs. Marguénaud, et 285, obs. Hauser ; *Dr. famille* 2008, p. 5). C'est par une appréciation souveraine que la cour d'appel a estimé, sans méconnaître l'article 7, § 1, de la convention de New York du 26 janvier 1990 relative aux droits de l'enfant et l'article 8 de la convention EDH, que, passé un délai suffisant pour que les parents de naissance puissent manifester leur intérêt et souscrire une reconnaissance, il était contraire à l'intérêt supérieur de l'enfant de le priver de l'environnement familial stable que peut lui conférer le placement en vue d'adoption dans l'attente d'une hypothétique reconnaissance, intervenue 17 mois après la naissance sans manifestation antérieure d'intérêt (■ Cass. 1re civ., 1er juin 2011, n° 10-19.028 : *Bull. civ.* I, n° 105, p. 101 ; *D.* 2011, 2093, note Cadou ; *JCP* 2011, act. 677, et doctr. 839, n° 6, obs. Gouttenoire ; *JCP* 2012, doctr. 31, n° 6, obs. Favier ; *Dr. famille* 2011, 127 (2e esp.), note Neirinck ; *D.* 2012, 1437, obs. Granet-Lambrechts ; *JurisData* n° 2011-010219).

3) Rétractation de l'accord donné en dehors des formes prévues à l'article 348-3. L'adoption plénière de l'enfant qui souhaite l'adoption et qui vit depuis l'enfance dans un complet désintérêt de la mère naturelle pendant 15 ans, doit être prononcée en dépit du refus de la mère d'y consentir dans les formes prévues à l'article 348-3, dès lors que l'accord a été donné précédemment devant les gendarmes et le premier juge (■ Metz, 16 juin 1992 : *JurisData* n° 1992-049284).

4) Consentement du conjoint de l'adoptant. La faculté de rétractation ouverte aux parents de l'adopté ne peut être étendue au consentement donné par le conjoint de l'adoptant. Viole donc l'article 348-3 l'arrêt qui constate qu'à défaut de consentement du mari à l'adoption, la requête présentée par son épouse ne peut être accueillie (▪ Cass. 1re civ., 2 déc. 1997, n° 96-12.324 : *JurisData* n° 1997-005067 ; *JCP* 1998, II, 10028, concl. Sainte-Rose, 10038, note Dreifuss-Netter ; *Bull. civ.* I, n° 333, p. 227 ; *Dr. famille* 1998, 3, note Murat ; *RTD civ.* 1998, 357, obs. Hauser ; *Defrénois* 1998, 1026, obs. Massip). L'article 348-3 du Code civil ne s'applique pas au consentement, dépourvu de formalisme, du conjoint de l'adoptant (▪ Cass. 1re civ., 13 mars 2007 : *Bull. civ.* I, n° 108, p. 93 ; *JCP* 2007, IV, 1806 ; *Dr. famille* 2007, 123, note Eschylle ; *JurisData* n° 2007-037908).

5) Adopté majeur. L'absence de mention avertissant l'adopté majeur de sa faculté de rétractation n'est pas de nature à remettre en cause le consentement à l'adoption simple donné par un majeur devant notaire, seuls les parents d'un futur adopté mineur étant concernés par les dispositions de l'article 348-3 (▪ Bourges, 8 nov. 2000 : *JCP* 2001, IV, 1995 ; *JurisData* n° 135779 ; *RTD civ.* 2001, 577, obs. Hauser).

6) Intérêt de l'enfant. Le juge saisi d'une demande en restitution apprécie souverainement l'intérêt de l'enfant (▪ Cass. 1re civ., 22 nov. 1989 : *Bull. civ.* I, n° 357, p. 241).

7) Confirmation (non). Sur le principe que l'article 1338 est inapplicable, et que le consentement doit, après rétractation, être réitéré selon les formes prescrites par l'article 348-3, V. ▪ Cass. 1re civ., 24 févr. 1998, n° 95-20.450 : *JurisData* n° 1998-000817 ; *JCP* G 1998, IV, 1826 ; *JCP* N 1998, 1089 ; *Bull. civ.* I, n° 72, p. 48 ; *Dr. famille* 1998, 134, note Murat ; *Defrénois* 1998, 1025, obs. Massip.

Art. 348-4 ***(L. n° 96-604, 5 juill. 1996).*** **– Lorsque les père et mère ou le conseil de famille consentent à l'adoption de l'enfant en le remettant au service de l'aide sociale à l'enfance ou à un organisme autorisé pour l'adoption, le choix de l'adoptant est laissé au tuteur avec l'accord du conseil de famille des pupilles de l'État ou du conseil de famille de la tutelle organisée à l'initiative de l'organisme autorisé pour l'adoption.**

Procédure. Ayant relevé, d'une part, que l'organisme agréé pour l'adoption était autorisé à intervenir dans les départements concernés, et, d'autre part, qu'il convenait de distinguer selon que l'enfant avait été recueilli par l'aide sociale à l'enfance ou, comme en l'espèce, par un organisme agréé, c'est à bon droit que la cour d'appel a retenu qu'il y avait lieu d'ouvrir une tutelle pour cet enfant, sans qu'il soit besoin, des membres de l'organisme s'étant présentés, de la déclarer vacante et de la confier à l'État, le régime applicable à l'enfant n'étant pas celui des pupilles de l'État, de sorte qu'en application de l'article 347, 1°, du Code civil, le conseil de famille pouvait valablement consentir à son adoption (▪ Cass. 1re civ., 1er juin 2011, n° 10-20.554 : *Bull. civ.* I, n° 104, p. 99 ; *D.* 2011, 2093, note Cadou ; *JCP* 2011, act. 677, et doctr. 839, n° 6, obs. Gouttenoire ; *Dr. famille* 2011, 127 (1re esp.), note Neirinck ; *RTD civ.* 2011, 527, obs. Hauser ; *JCP* 2012, doctr. 31, n° 6, obs. Favier ; *D.* 2012, 1437, obs. Granet-Lambrechts ; *LPA* 10 juill. 2012, 21, obs. Niemic ; *JurisData* n° 2011-010221). – Comp. ▪ Toulouse, 25 mai 2011, n° 95-20.450 : *JurisData* n° 1998-000817 ; *JCP* 2011, act. 1012 ; *Dr. famille* 2011, 127 (3e esp.), note Neirinck ; *JurisData* n° 2011-014392.

Art. 348-5 ***(Mod., L. n° 96-604, 5 juill. 1996).*** **– Sauf le cas où il existe un lien de parenté ou d'alliance jusqu'au sixième degré inclus entre l'adoptant et l'adopté, le consentement à l'adoption des enfants de moins de deux ans n'est valable que si l'enfant a été effectivement remis au service de l'aide sociale à l'enfance ou à un organisme autorisé pour l'adoption.**

1) Consentement donné alors que l'enfant n'était plus confiée. Le consentement donné par un père à l'adoption de sa fille n'est pas valable dès lors qu'à l'époque où il a été donné, l'enfant n'avait pas encore deux ans et n'était plus confiée, même temporairement, au service de l'Aide sociale à l'enfance. En l'absence d'un nouveau consentement donné conformément aux dispositions de l'article 348-5, le délai de rétractation prévu au deuxième alinéa de l'article 348-3 n'a pas commencé à courir (▪ Cass. 1re civ., 5 juill. 1973 : *JurisData* n° 1973-000235 ; *D.* 1974, 289, note Raynaud).

2) Placement auprès d'une famille candidate à l'adoption. L'article 348-5 ne peut fonder la demande d'adoption par le grand-père de l'enfant, dès lors que celle-ci a fait l'objet d'un placement dans une famille candidate à l'adoption, l'article 352 faisant obstacle à toute demande d'adoption (▪ Riom, 16 oct. 2001, n° 01/01945 : *JurisData* n° 2001-171782 ; *Dr. famille* 2002, 99, 2e arrêt, note Murat).

Art. 348-6 *(Mod., Ord. n° 2005-759, 4 juill. 2005).* **– Le tribunal peut prononcer l'adoption s'il estime abusif le refus de consentement opposé par les parents ou par l'un d'entre eux seulement, lorsqu'ils se sont désintéressés de l'enfant au risque d'en compromettre la santé ou la moralité.**

Il en est de même en cas de refus abusif de consentement du conseil de famille.

1) Conditions. Si l'article 348-6 a pour principal fondement l'intérêt de l'enfant, son application est subordonnée à la réalisation des conditions qu'il prévoit (■ Cass. 1re civ., 16 déc. 1980 : *JurisData* n° 1980-715243 ; *JCP* 1981, IV, 83 ; *Bull. civ.* I, n° 334, p. 264).

2) Désintérêt volontaire. Le désintérêt prévu par l'article 348-6 doit être volontaire (■ Cass. 1re civ., 19 juill. 1989, n° 88-12.592 : *JurisData* n° 1989-702449 ; *Bull. civ.* I, n° 298, p. 197 ; *JCP* 1990, II, 21443, note Salvage-Gerest). Est abusif le refus du père de consentir à l'adoption de sa fille pour laquelle il n'a jamais payé la pension alimentaire mise à sa charge et dont il s'est totalement désintéressé (■ Paris, 10 nov. 1995 : *JurisData* n° 1995-024773 ; *D.* 1997, somm. 279, 1re esp., obs. Vauvillé. – V. aussi ■ Cass. 1re civ., 18 nov. 1997, n° 95-22.250 : *JurisData* n° 1997-004713 ; *Dr. famille* 1998, 20, note Murat ; *Defrénois* 1998, 722, obs. Massip).

3) Adoption par l'épouse de l'enfant conçu par insémination de la semence du mari. Dans le cas d'une conception, par une tierce personne, par insémination de la semence du mari, il n'y a pas lieu de rechercher s'il peut être passé outre ou non au consentement du père naturel, dès lors que la preuve est rapportée que la naissance de l'enfant a bien été voulue et organisée dans la perspective de lui donner le statut d'enfant commun et que le mari s'est donc implicitement mais nécessairement engagé à donner le consentement nécessaire pour que son épouse puisse en devenir la mère par adoption (■ Poitiers, 22 janv. 1992 : *JurisData* n° 1992-040325 ; *JCP* 1992, IV, 1446).

4) Pupilles de l'État. L'article 348-6 ne fait aucune distinction selon le statut juridique des enfants adoptables et n'exclut donc pas les pupilles de l'État (■ Rennes, 16 mars 1993 : *JurisData* n° 1993-046441 ; *D.* 1995, 113, note Geffroy et Desgue. – Rappr. ■ Bordeaux, 14 mai 2013, n° 11/07658 : *Dr. famille* 2013, 138, note Neirinck ; *JurisData* n° 2013-009515).

Art. 349. **– Pour les pupilles de l'État dont les parents n'ont pas consenti à l'adoption, le consentement est donné par le conseil de famille de ces pupilles.**

Art. 350 *(Abr., L. n° 2016-297, 14 mars 2016).*

V. désormais, art. 381-2, p. 372 (déclaration judiciaire de délaissement parental).

Section II. – Du placement en vue de l'adoption plénière et du jugement d'adoption plénière

Art. 351 *(Mod., L. n° 96-604, 5 juill. 1996).* **– Le placement en vue de l'adoption est réalisé par la remise effective aux futurs adoptants d'un enfant pour lequel il a été valablement et définitivement consenti à l'adoption, d'un pupille de l'État ou d'un enfant déclaré abandonné par décision judiciaire.**

Lorsque la filiation de l'enfant n'est pas établie, il ne peut y avoir de placement en vue de l'adoption pendant un délai de deux mois à compter du recueil de l'enfant.

Le placement ne peut avoir lieu lorsque les parents ont demandé la restitution de l'enfant tant qu'il n'a pas été statué sur le bien-fondé de cette demande à la requête de la partie la plus diligente.

1) Intervention des grands-parents. L'article 351, à la différence de l'article 350, ne prévoit pas la requête d'un membre de la famille en vue d'assumer la charge de l'enfant et l'intervention des grands-parents est donc irrecevable (■ Paris, 16 févr. 1972 : *D.* 1972, 449, note Fergani).

2) Demande présentée par les deux parents. La restitution doit être demandée en commun par les deux parents (■ Paris, 16 févr. 1972, préc.).

3) Reconnaissance prénatale et accouchement sous X. La reconnaissance prénatale ayant désigné un enfant identifié par sa mère est privée de toute valeur dès lors que cet enfant est né de mère inconnue avant d'être placé en vue de son adoption, et la seule possibilité ouverte au père est de réclamer la restitution de l'enfant dans le délai ouvert par l'article 351 et de prouver dans ce délai la coïncidence entre la reconnaissance et la naissance (■ Riom, 16 déc. 1997 : *JCP* 1998, II, 10147, note Garé ; *JCP* 1999, I, 101, n° 4, obs. Rubellin-Devichi ; *Dr. famille* 1998, 150, note Murat ; *D.* 1998, somm. 301, obs. Bourgault-Coudevylle ; *D.* 1999, somm. 1999, obs. Granet ; *RTD civ.* 1998, 891, obs. Hauser. *Contra* ■ TGI Grenoble, 22 janv. 2004 : *Dr. famille* 2004, 48, 3e arrêt, note crit. Murat). Sur la situation de l'enfant né sous X, V. aussi art. 316 (n° 8), p. 288.

4) **Intérêt de l'enfant.** V. art. 348-3, annot. n° 6, p. 314.

Art. 352. – **Le placement en vue de l'adoption met obstacle à toute restitution de l'enfant à sa famille d'origine. Il fait échec à toute déclaration de filiation et à toute reconnaissance.**

Si le placement en vue de l'adoption cesse ou si le tribunal a refusé de prononcer l'adoption, les effets de ce placement sont rétroactivement résolus.

1) **Délai de restitution de l'enfant. Arrêté d'admission en qualité de pupille de l'État.** Il résulte de l'article L. 224-8 du Code de l'action sociale et des familles et de l'article 352 du Code civil que le recours contre l'arrêté d'admission en qualité de pupille de l'État est formé, à peine de forclusion, devant le tribunal de grande instance dans un délai de trente jours, sans que ce délai puisse être interrompu ou suspendu ; toutefois, les titulaires de l'action, qui n'ont pas reçu notification de l'arrêté, peuvent agir jusqu'au placement de l'enfant aux fins d'adoption, lequel met fin à toute possibilité de restitution de celui-ci à sa famille d'origine (▪ Cass. 1re civ., 5 déc. 2018, n° 17-30.914 : *Bull.* ; *Dr. famille* 2019, n° 50, Bernand, et chron. 1, n° 21, Egéa ; *JCP* G 2018, act. 1370 ; *AJF* 2019, p. 43, Salvage-Gerest ; *JurisData* n° 2018-022045).

2) Une **mesure d'assistance éducative** prise à l'occasion d'une procédure d'adoption ne saurait priver celui à qui un enfant a été régulièrement confié des droits qu'il tient de l'article 352 (▪ Cass. crim., 30 juin 1981, n° 80-91.173 : *JurisData* n° 1981-002701 ; *JCP* 1981, IV, 337).

3) **Reconnaissance par un mari en instance de divorce.** Sur la nullité de la reconnaissance, souscrite par un mari en instance de divorce, de l'enfant qui avait été précédemment placé chez les époux en vue de son adoption plénière, V. ▪ Paris, 16 avr. 1982 : *JurisData* n° 1982-025523 ; *D.* 1983, inf. rap. 331, obs. Huet-Weiller.

4) **Restitution de l'enfant non placé.** Il résulte de la combinaison des articles 350, 351 et 352 que les parents d'un enfant déclaré judiciairement abandonné peuvent en demander la restitution lorsque l'enfant n'a pas été placé en vue de l'adoption (▪ Cass. 1re civ., 2 juin 1987, n° 85-15.159 : *JurisData* n° 1987-001033 ; *Bull. civ.* I, n° 176, p. 132).

5) **Enfant handicapé.** Pour le refus de restitution d'un enfant handicapé remis à l'Aide sociale à l'enfance en connaissance de cause, V. ▪ Rennes, 2 sept. 1996, n° 9505522 : *JurisData* n° 1996-048356 ; *Dr. famille* 1997, 174, note Murat.

6) **Accouchement sous X.** V. art. 316, annot. n° 8, p. 289. – V. aussi P. Salvage-Gerest, *Un autre regard sur l'affaire « Benjamin »* : *D.* 2007, chron. 879. – Comp., pour une reconnaissance postérieure au placement, ▪ Paris, 25 févr. 2010 : *JCP* 2010, n° 35, act. 839, obs. Kessler ; *JurisData* n° 2010-003533. – Pourvoi rejeté par ▪ Cass. 1re civ., 1er juin 2011, n° 10-19.028 : *Bull. civ.* I, n° 105.

Art. 353 *(Mod., L. n° 76-1179, 22 déc. 1976 ; L. n° 93-22, 8 janv. 1993 ; L. n° 96-604, 5 juill. 1996 ; L. n° 2016-297, 14 mars 2016).* – **L'adoption est prononcée à la requête de l'adoptant par le tribunal de grande instance qui vérifie dans un délai de six mois à compter de la saisine du tribunal si les conditions de la loi sont remplies et si l'adoption est conforme à l'intérêt de l'enfant.**

Le mineur capable de discernement est entendu par le tribunal ou, lorsque son intérêt le commande, par la personne désignée par le tribunal à cet effet. Il doit être entendu selon des modalités adaptées à son âge et à son degré de maturité. Lorsque le mineur refuse d'être entendu, le juge apprécie le bien-fondé de ce refus. Le mineur peut être entendu seul ou avec un avocat ou une personne de son choix. Si ce choix n'apparaît pas conforme à l'intérêt du mineur, le juge peut procéder à la désignation d'une autre personne.

Dans le cas où l'adoptant a des descendants le tribunal vérifie en outre si l'adoption n'est pas de nature à compromettre la vie familiale.

Si l'adoptant décède, après avoir régulièrement recueilli l'enfant en vue de son adoption, la requête peut être présentée en son nom par le conjoint survivant ou l'un des héritiers de l'adoptant.

Si l'enfant décède après avoir été régulièrement recueilli en vue de son adoption, la requête peut toutefois être présentée. Le jugement produit effet le jour précédant le décès et emporte uniquement modification de l'état civil de l'enfant.

Le jugement prononçant l'adoption n'est pas motivé.

1) **Intérêt de l'enfant.** Le fait pour l'adoptant de révéler qu'il considère être le père par le sang de l'enfant qu'il projette d'adopter ne peut avoir pour effet de lui interdire de recourir à l'adoption pour parvenir à créer un lien de filiation entre lui-même et l'enfant concerné ; il reste en effet à la juridiction

saisie à vérifier si cette adoption est conforme à l'intérêt de l'enfant (■ Paris, 4 mai 1984 : *JurisData* n° 1984-600481 ; *D.* 1985, 278, note Bétant-Robet). Sur la notion d'intérêt de l'enfant, V. ■ Paris, 26 févr. 1985 et ■ TGI Aix-en-Provence, 5 déc. 1984 : *JurisData* n° 1986-764821 ; *JCP* 1986, II, 20561, note Boulanger. ■ Nancy, 20 oct. 1995, n° 9402037 : *JurisData* n° 1995-051928 ; *Dr. famille* 1996, 7, note Murat. Cet intérêt doit s'entendre à la fois du point de vue matériel ou patrimonial et sous l'aspect moral (■ Paris, 8 janv. 1981 : *JurisData* n° 1981-601035 ; *JurisData* n° 1981-601035 ; *JurisData* n° 1981-601035 ; *Gaz. Pal.* 1981, 2, 572, note Viatte, adoptée devenant héritière réservataire). L'intérêt de l'enfant à être adopté par son grand-père maternel n'apparaît pas dès lors que cet enfant est élevé par sa mère au domicile de ses grands-parents maternels et risquerait d'être troublé dans ses repères généalogiques et biologiques (■ Bordeaux, 21 janv. 1988 : *JurisData* n° 1988-600846 ; *JurisData* n° 1988-600846 ; *D.* 1988, 453, note Hauser. Comp., admettant l'adoption par la grand-mère, ■ Paris, 26 mars 1996, n° 95.16301 : *JurisData* n° 1996-020958 ; *D.* 1997, somm. 279, 2ᵉ esp., obs. Vauvillé). L'adoption plénière ne saurait avoir pour but d'ériger une fin de non-recevoir à l'encontre d'une reconnaissance éventuelle du mineur par le père et de le déchoir préventivement de ses droits (même arrêt). Mais sur l'intérêt de l'enfant à être adopté par l'épouse de sa mère, l'éventualité d'une reconnaissance future par le père biologique étant purement hypothétique, V. ■ Versailles, 15 févr. 2018, n° 17/05285 : *RTD civ.* 2018, p. 371, Leroyer ; *LPA* 3 août 2018, 17, Dionisi-Peyrusse.

Sur la prise en compte de l'intérêt supérieur de l'enfant dans la jurisprudence de la Cour européenne des droits de l'homme, V. notamment ■ CEDH, 26 sept. 2013, n° 4962/11, *Zambotto Perrin c/ France* : *JCP* G 2013, act. 1080, obs. Blay-Grabarczyk ; *RTD civ.* 2013, 829, obs. Hauser ; *JCP* G 2014, 43, n° 5, obs. Gouttenoire ; *Dr. famille* 2014, 6, note Neirinck. – Sur cette affaire, V. déjà ■ Cass. 1ʳᵉ civ., 23 juin 2010, n° 09-15.129, sous art. 381-2, p. 372.

2) Mères porteuses. *Voir art. 16-7, p. 75.* La convention par laquelle une femme s'engage, fût-ce à titre gratuit, à concevoir et à porter un enfant pour l'abandonner à sa naissance contrevient tant au principe d'ordre public de l'indisponibilité du corps humain qu'à celui de l'indisponibilité de l'état des personnes. Viole les articles 6 et 1128, ensemble l'article 353, la cour d'appel qui a prononcé l'adoption plénière d'un enfant par une femme alors que cette adoption n'était que l'ultime phase d'un processus d'ensemble destiné à permettre à un couple l'accueil à son foyer d'un enfant, conçu en exécution d'un contrat tendant à l'abandon à sa naissance par sa mère et que, portant atteinte aux principes susvisés, ce processus constituait un détournement de l'institution de l'adoption (■ Cass. ass. plén., 31 mai 1991, n° 90-20.105 : *JurisData* n° 1991-001378 ; *JCP* G 1991, II, 21752 et *JCP* N 1992, II, 18, note Terré ; *D.* 1991, 417, rapp. Chartier et note Thouvenin. V. en ce sens ■ Cass. 1ʳᵉ civ., 29 juin 1994, n° 92-13.563 : *D.* 1994, 581, note Chartier ; *JCP* 1995, II, 22362, note Rubellin-Devichi). V. aussi, par application de l'article 16-7, ■ Cass. 1ʳᵉ civ., 9 déc. 2003, n° 01-16.796 : *JurisData* n° 2003-021949 ; *Dr. famille* 2004, 17, note Murat ; *Bull. civ.* I, n° 252, p. 201 ; *Defrénois* 2004, 592, obs. Massip ; *JCP* 2004, I, 109, n° 3, obs. Rubellin-Devichi. Sur l'adoption d'un enfant abandonné par une mère porteuse, V. ■ Pau, 19 févr. 1991 : *D.* 1991, 380, note Larribau-Terneyre.

3) Examen comparé des sangs. Sur la faculté pour le juge d'ordonner un examen comparé des sangs pour vérifier qu'il n'y a pas eu fraude aux conditions légales de l'adoption, V. ■ Cass. 1ʳᵉ civ., 16 févr. 1999, n° 96-21.223 : *JurisData* n° 1999-000687 ; *JCP* 1999, II, 10117, note Ardeeff ; *JCP* N 1999, 682 ; *Dr. famille* 1999, 51, note Murat ; *Bull. civ.* I, n° 53, p. 35 ; *D.* 1999, 692, note Massip, somm. 201, obs. Granet ; *RTD civ.* 1999, 372, obs. Hauser ; *Defrénois* 1999, 941, obs. Massip.

4) Adoption posthume. L'article 353, alinéa 3, que l'article 361 rend applicable en matière d'adoption simple, ne fait aucune distinction en fonction de l'âge de l'adopté et celui-ci doit avoir été recueilli avant le décès de l'adoptant même s'il est majeur (■ Cass. 1ʳᵉ civ., 20 nov. 1990, n° 89-13.726 : *JurisData* n° 1990-703271 ; *JCP* 1991, IV, 23 ; *D.* 1991, 230, note Bétant-Robet ; *Bull. civ.* I, n° 254, p. 180. V. aussi ■ Angers, 6 mai 1996 : *JurisData* n° 1996-047042 ; *Dr. famille* 1997, 135, note Murat). Mais il n'est pas applicable lorsque le décès de l'adoptant survient après qu'il a lui-même déposé la requête en adoption (■ Cass. 1ʳᵉ civ., 3 févr. 1981 : *JurisData* n° 1981-700304 ; *JurisData* n° 1981-700304 ; *JCP* 1982, II, 19771, note Chartier ; *Bull. civ.* I, n° 39, p. 31 ; *D.* 1981, 548, note J. M.). Ainsi, ce n'est que lorsque l'adoptant décède sans avoir déposé la requête en adoption qu'il est nécessaire, conformément aux dispositions de l'article 353, alinéa 3, du Code civil que les héritiers, qui sont censés représenter la personne du défunt, saisissent la juridiction ; dès lors que le tribunal de grande instance a été régulièrement saisi par l'adoptant, le décès de ce dernier survenu postérieurement à la présentation de la requête ne dessaisit pas le tribunal qui doit statuer sur l'adoption, laquelle produit ses effets au jour du dépôt de la requête (■ Cass. 1ʳᵉ civ., 11 juill. 2006 : *Bull. civ.* I, n° 384, p. 330 ; *Dr. famille* 2006, 205 [2ᵉ arrêt], note Murat ; *JurisData* n° 2006-034534. ■ Cass. 1ʳᵉ civ., 13 mars 2007 : *Bull. civ.* I, n° 108, p. 93 ; *JCP* 2007, IV, 1806 ; *Dr. famille* 2007, 123, note Eschylle ; *JurisData* n° 2007-037908). Le légataire universel, qui n'est pas un héritier au sens de l'article 353, alinéa 3, n'a pas qualité pour présenter une requête en adoption (▪ Cass. 1re civ., 17 mars 2010, n° 09-10.918 : *Bull. civ.* I, n° 65, p. 62 ; *RTD civ.* 2010, 543, obs. Hauser ; *Dr. famille* 2010, 103, note Murat ; *D.* 2010, 1448, obs. Granet-Lambrechts ; *JurisData* n° 2010-001997. – Solution jugée non contraire au principe d'égalité garanti par la Constitution, V. ▪ Cass. 1re civ., 19 déc. 2012, n° 12-40.082 : *RTD civ.* 2013, 362, obs. Hauser).

5) **Motivation de la décision.** La règle posée par l'article 353, alinéa 4 (al. 5 nouveau) s'applique aux décisions du tribunal mais non aux arrêts statuant sur l'appel d'une décision de rejet (▪ Paris, 22 sept. 1972 : *D.* 1974, 199, note Foulon-Piganiol).

6) **Incidence de l'adoption sur la vie familiale.** V. pour des illustrations ▪ Nancy, 28 juin 2002 et ▪ Paris, 27 févr. 2003, n° 2002/07383 : *JurisData* n° 2003-204961 ; *Dr. famille* 2003, 116, note Murat.

7) **Opposition des enfants.** Les juges du fond peuvent estimer que l'opposition de deux enfants légitimes est de nature à compromettre la vie familiale (▪ Cass. 1re civ., 2 mai 1990, n° 88-14.687 : *JurisData* n° 1990-001425 ; *Bull. civ.* I, n° 93, p. 69). Mais le désaccord ne peut être pris en considération de manière péremptoire (▪ Aix-en-Provence, 5 déc. 1995, n° 95/2056 : *JurisData* n° 1995-052194 ; *Dr. famille* 1996, 6, note Murat). De même, le préjudice patrimonial que l'adoption causerait nécessairement aux descendants de l'adoptant ne peut à lui seul justifier le rejet de la demande (▪ Aix-en-Provence, 18 mai 2006 : *JCP* 2006, IV, 3215 ; *JurisData* n° 2006-311412). En visant les « descendants », l'article 353, alinéa 2, n'exclut pas les enfants adoptés antérieurement (▪ Paris, 8 janv. 1981 : *Gaz. Pal.* 1981, 2, 572, note Viatte. – V. aussi, implicitement, ▪ Cass. 1re civ., 22 nov. 2005, n° 03-20.313).

8) Sur la **procédure d'adoption**, voir CPC, art. 1166 et s., p. 2349.

Art. 353-1 *(L. n° 96-604, 5 juill. 1996 ; mod., L. n° 2002-93, 22 janv. 2002).* – **Dans le cas de l'adoption d'un pupille de l'État, d'un enfant remis à un organisme autorisé pour l'adoption ou d'un enfant étranger qui n'est pas l'enfant du conjoint de l'adoptant, le tribunal vérifie avant de prononcer l'adoption que le ou les requérants ont obtenu l'agrément pour adopter ou en étaient dispensés.**

Si l'agrément a été refusé ou s'il n'a pas été délivré dans le délai légal, le tribunal peut prononcer l'adoption s'il estime que les requérants sont aptes à accueillir l'enfant et que celle-ci est conforme à son intérêt.

Art. 353-2 *(Anc. art. 353-1 ; mod., L. n° 2013-404, 17 mai 2013).* – **La tierce opposition à l'encontre du jugement d'adoption n'est recevable qu'en cas de dol ou de fraude imputable aux adoptants.**

(1) **Constitue un dol au sens du premier alinéa la dissimulation au tribunal du maintien des liens entre l'enfant adopté et un tiers, décidé par le juge aux affaires familiales sur le fondement de l'article 371-4.**

1) **Conformité à la Constitution.** L'article 353-2 du Code civil n'est pas contraire au principe constitutionnel selon lequel « la loi garantit à la femme, dans tous les domaines, des droits égaux à ceux de l'homme », dès lors que cet article ne contient aucune distinction entre homme et femme quant à l'exercice de cette voie de recours (▪ Cass. ass. plén., 8 juill. 2010, n° 10-40.003).

2) **Dol imputé à la directrice de l'institution d'accueil.** Est irrecevable la tierce opposition formée contre une décision prononçant l'adoption plénière d'une enfant si le dol est imputé à la directrice de l'œuvre à qui l'enfant avait été initialement confié (▪ Cass. 1re civ., 23 oct. 1973 : *JurisData* n° 1973-000278 ; *JCP* 1974, II, 17689, note de La Marnierre, 3e esp.).

3) **Descendants de l'adoptant.** Les descendants de l'adoptant pouvant être victimes de dol ou de fraude sont recevables à se prévaloir de l'article 353-1 du Code civil (▪ TGI La Rochelle, 16 oct. 1973 : *JCP* 1974, II, 17689, note de La Marnierre, 4e esp.).

4) **Notion de dol ou de fraude.** La recevabilité de la tierce opposition ne se confond pas avec le bien-fondé de la demande en adoption (▪ Cass. 1re civ., 6 févr. 2008 : *Bull. civ.* I, n° 46, p. 38 ; *D.* 2008, 643, obs. Chauvin ; *Dr. famille* 2008, 59, note Murat ; *RTD civ.* 2008, 286, obs. Hauser ; *JCP* 2008, IV, 1446 ; *JCP* 2009, I, 102, n° 7, obs. Gouttenoire ; *JurisData* n° 2008-042725, cassant ▪ Aix-en-Provence, 5 sept. 2006, n° 05/10398 : *JurisData* n° 2006-315175 ; *RTD civ.* 2007, 325, obs. Hauser). Constitue un dol au sens de l'article 353-2 le fait de s'être abstenu sciemment d'informer le tribunal appelé à statuer sur la requête en adoption de circonstances qui auraient pu influer de façon déterminante sur sa décision, comme le fait de dissimuler la procédure d'adoption aux grands-parents par le sang des adoptés, alors que ces grands-parents entendaient maintenir avec leurs petites-

(1) Dispositions applicables en Nouvelle-Calédonie, dans les îles Wallis-et-Futuna et en Polynésie française, L. n° 2013-404, 17 mai 2013, art. 22.

filles des liens affectifs (▪ Cass. 1re civ., 7 mars 1989, n° 87-16.302 : *JurisData* n° 1989-701306 ; *Bull. civ.* I, n° 112, p. 73 ; *D.* 1989, 477, note Hauser. – Rappr. ▪ Grenoble, 3 sept. 2007 : *JCP* 2007, IV, 3242 ; *JurisData* n° 344150, prononçant dans ce cas une adoption simple et, dans la même affaire, ▪ Cass. 1re civ., 5 nov. 2008 : *Bull. civ.* I, n° 248, p. 211 ; *JCP* 2008, IV, 2934 ; *Defrénois* 2009, 552, obs. Massip ; *RTD civ.* 2009, 107, obs. Hauser ; *JurisData* n° 2008-045679. – V. aussi pour une tromperie volontaire de l'adoptant, ▪ Nancy, 17 mai 2004, n° 03/01053 : *JurisData* n° 2004-247691 ; *Dr. famille* 2005, 28, note Murat. Pour des énonciations fausses de l'adoptant visant à éluder la compétence territoriale normale du juge, ▪ Cass. 1re civ., 22 juin 2004, n° 02-10.136 : *JurisData* n° 2004-026834 ; *Dr. famille* 2005, 30, note Murat). Mais le seul fait de consentir à sa nièce adoptée des avantages successifs ayant eu pour effet de réduire les droits d'un premier enfant adoptif ne peut constituer en soi une fraude (▪ Paris, 8 janv. 1981 : *Gaz. Pal.* 1981, 2, 572, note Viatte). La tierce opposition ne peut être admise si la preuve n'est pas rapportée qu'elle a été sollicitée pour permettre la création ou la poursuite de relations homosexuelles (▪ Cass. 1re civ., 8 juin 1999, n° 97-13.199 : *JurisData* n° 1999-002436 ; *JCP* 1999, IV, 2423 ; *Dr. famille* 1999, 124, note Murat ; *Bull. civ.* I, n° 195, p. 128 ; *RTD civ.* 1999, 610, obs. Hauser).

5) Décision substituant le nom de l'adoptant à celui des adoptés. Les dispositions de l'article 353-1 (353-2) ne concernent que la décision d'adoption elle-même. Doit être cassé l'arrêt qui a déclaré les grands-parents irrecevables en leur tierce opposition formée contre la décision substituant le nom de l'adoptant à celui des enfants adoptés au motif qu'ils ne justifieraient pas d'un intérêt protégé (▪ Cass. 1re civ., 21 mai 1974 : *JurisData* n° 1974-700153 ; *JurisData* n° 1974-700153 ; *JCP* 1976, II, 18227, note Betant-Robet ; *D.* 1976, 173, note Le Guidec).

6) Pupille de l'État. Jugé qu'est irrecevable la tierce opposition des grands-parents d'un enfant pupille de l'État dès lors qu'ils n'ont plus avec lui de lien légal (▪ Dijon, 19 mai 1998, n° 00000458/97 : *JurisData* n° 1998-045827 ; *D.* 2000, somm. 174, obs. Autem).

7) Accouchement sous X. Est irrecevable, en l'absence de dol ou de fraude imputable aux adoptants, la tierce opposition faite par l'homme ayant reconnu l'enfant, avant sa naissance sous X, contre le jugement ayant prononcé l'adoption simple (▪ Riom, 16 déc. 2003, n° 03/00724 : *JurisData* n° 2003-229169 ; *Dr. famille* 2004, 18, note Murat ; *RTD civ.* 2004, 74, obs. Hauser). Sur l'efficacité de la reconnaissance elle-même, voir art. 316, annot. n° 8, p. 289.

8) Tierce opposition de l'adopté. La tierce opposition formée par l'adopté contre le jugement d'adoption plénière est recevable (▪ Nancy, 17 mai 2004, n° 03/01053 : *JurisData* n° 2004-247691 ; *JCP* 2005, II, 10001, note Mahinga).

Art. 354 ***(Mod., L. n° 96-604, 5 juill. 1996 ; L. n° 2002-304, 4 mars 2002).*** **– Dans les quinze jours de la date à laquelle elle est passée en force de chose jugée, la décision prononçant l'adoption plénière est transcrite sur les registres de l'état civil du lieu de naissance de l'adopté, à la requête du procureur de la République.**

Lorsque l'adopté est né à l'étranger, la décision est transcrite sur les registres du service central d'état civil du ministère des Affaires étrangères.

La transcription énonce le jour, l'heure et le lieu de la naissance, le sexe de l'enfant ainsi que ses nom de famille et prénoms, tels qu'ils résultent du jugement d'adoption, les prénoms, noms, date et lieu de naissance, profession et domicile du ou des adoptants. Elle ne contient aucune indication relative à la filiation réelle de l'enfant.

La transcription tient lieu d'acte de naissance à l'adopté.

L'acte de naissance originaire conservé par un officier de l'état civil français et, le cas échéant, l'acte de naissance établi en application de l'article 58 sont, à la diligence du procureur de la République, revêtus de la mention « adoption » et considérés comme nuls.

1) Conversion en adoption plénière. Doit être transcrite la décision convertissant en adoption plénière une adoption emportant rupture du lien avec la famille d'origine (ancien art. 354) (▪ Paris, 28 janv. 1969 : *JCP* 1969, II, 16008, note Rajon).

2) Lieu de naissance réel. La décision prononçant l'adoption plénière doit, sauf les cas prévus par l'article 58 du Code civil, mentionner le lieu de naissance réel de l'adopté (▪ Cass. 1re civ., 12 nov. 1986, n° 85-10.183 : *JurisData* n° 1986-702001 ; *Bull. civ.* I, n° 258, p. 247. ▪ Cass. 1re civ., 20 nov. 1990, n° 89-13.726 : *JurisData* n° 1990-703271 ; *JCP* 1991, IV, 23 ; *Bull. civ.* I, n° 253, p. 179).

3) Copies intégrales révélant l'adoption, responsabilité de l'officier de l'état civil (non). En l'absence de secret de l'adoption imposé par la loi et de disposition légale ou réglementaire prévoyant que le caractère adoptif de la filiation soit dissimulé lors de la délivrance de copies intégrales d'actes de naissance, la cour d'appel a exactement décidé que l'officier de l'état civil n'avait pas commis de faute en délivrant des copies d'un acte révélant à la personne concernée sa filiation adoptive (■ Cass. 1re civ., 31 mars 2016, n° 15-13.147 : *Bull.* ; *D.* 2016, 1881, obs. Guyon-Renard ; *JCP* G 2016, chron. 992, n° 22, obs. Bosse-Platière ; *RTD civ.* 2016, 319, obs. Hauser ; *Dr. famille* 2016, 125, obs. Réglier ; *AJF* 2016, p. 257, Salvage-Gerest ; *D.* 2017, 474, obs. Douchy-Oudot ; *JurisData* n° 2016-005777).

Section III. – Des effets de l'adoption plénière

Art. 355. – L'adoption produit ses effets à compter du jour du dépôt de la requête en adoption.

1) Décès de l'adoptant. Le décès de l'adoptant, survenu postérieurement au dépôt de la requête, ne dessaisit pas le tribunal qui a l'obligation de statuer en vérifiant la légalité et l'opportunité de l'opération au jour où elle doit produire ses effets (■ Paris, 26 janv. 1978 : *JurisData* n° 1978-615029 ; *JCP* 1980, II, 19324, note Chartier. ■ Cass. 1re civ., 3 févr. 1981 : *JCP* 1982, II, 19771, note Chartier ; *Bull. civ.* I, n° 39, p. 31 ; *D.* 1981, 548, note J. M. V. même, étendant la solution au cas où le décès intervient avant le dépôt de la requête mais après l'envoi au directeur de l'action sociale de l'enfance d'une lettre faisant clairement état de la demande d'adoption plénière, ■ Paris, 24 avr. 1992, n° 92-655 : *JurisData* n° 1992-021224 ; *JCP* 1992, IV, 2338).

2) Décès de l'enfant. Il résulte de l'article 355 qu'aucune adoption ne peut être prononcée lorsque l'enfant dont l'adoption est envisagée est décédé antérieurement (■ Cass. 1re civ., 4 oct. 1988, n° 87-12.427 : *JurisData* n° 1988-702603 ; *Bull. civ.* I, n° 267, p. 184 ; *D.* 1989, 304, note Massip).

3) Capacité de l'adoptant. La capacité de l'adoptant s'apprécie au jour de la présentation de la requête (■ Cass. 1re civ., 10 juin 1981, n° 80-10.704 : *JurisData* n° 1981-701882 ; *JurisData* n° 1981-701885 ; *JurisData* n° 1981-701885 ; *Bull. civ.* I, n° 202, p. 167).

4) Succession ouverte avant le dépôt de la requête. L'adopté ne peut prétendre à aucune vocation successorale à l'égard de sa mère adoptive dont la succession s'est ouverte avant le dépôt de la requête (■ Versailles, 3 nov. 1987 : *JurisData* n° 1987-604269 ; *D.* 1989, 458, note Nicolas-Maguin).

Art. 356 ***(Mod., L. n° 76-1179, 22 déc. 1976).*** **– L'adoption confère à l'enfant une filiation qui se substitue à sa filiation d'origine : l'adopté cesse d'appartenir à sa famille par le sang, sous réserve des prohibitions au mariage visées aux articles 161 à 164.**

Toutefois l'adoption de l'enfant du conjoint laisse subsister sa filiation d'origine à l'égard de ce conjoint et de sa famille. Elle produit, pour le surplus, les effets d'une adoption par deux époux.

Bibliographie : P. Salvage-Gerest, *L'adoption plénière de l'enfant du conjoint après la loi du 22 décembre 1976 : JCP* 1982, I, 3071.

1) Légitimation *post nuptias* de l'enfant adopté plénièrement par le père. La règle selon laquelle l'adoption plénière fait obstacle à toute déclaration de filiation et à toute reconnaissance a pour but d'éviter que les parents adoptifs ne voient leurs droits remis en cause par les parents par le sang. Le principe de l'irrévocabilité de l'adoption ne tend qu'à empêcher les père et mère adoptifs de briser le lien de filiation qui les unit à l'adopté. Dès lors, ce serait détourner ces règles de leur finalité que d'en déduire qu'elles s'opposent à ce que soit proclamée la véritable nature du lien de filiation unissant l'adoptant lui-*même à l'adopté* (■ *Paris, 8 oct. 1976 : JurisData* n° 1976-615013 ; *D.* 1977, 42, note Raynaud, légitimation *post nuptias* de l'enfant reconnu puis adopté par le père).

2) Droit de visite des grands-parents par le sang. Pour la reconnaissance d'un droit de visite aux grands-parents par le sang, V. ■ Cass. 1re civ., 5 mai 1986, n° 84-16.901 : *JurisData* n° 1986-000850 ; *D.* 1986, 496, note Raynaud. ■ Cass. 1re civ., 21 juill. 1987, n° 86-80.024 : *Bull. civ.* I, n° 235, p. 172. ■ Pau, 21 avr. 1983 : *D.* 1984, 109, note Hauser. ■ Dijon, 22 juin 1993 : *JurisData* n° 1993-045003.

3) Adoption par le grand-père maternel (non). L'intérêt d'un enfant à être adopté par son grand-père maternel n'apparaît pas dès lors que cette adoption ferait immédiatement disparaître le lien de filiation de l'enfant vis-à-vis de sa mère (■ Bordeaux, 21 janv. 1988 : *D.* 1988, 453, note Hauser).

4) Enfant du concubin. Pour l'assimilation, en l'espèce, de l'enfant du concubin à l'enfant du conjoint en vue de l'instauration d'un double lien de filiation, V. ■ CEDH, 13 déc. 2007, *Emonet et a. c/ Suisse : JurisData n° 2007-007329 ; JurisData n° 2007-007329* ; *RTD civ.* 2008, 255, obs. Marguénaud, et 272, obs. Hauser ; *JCP* 2008, I, 110, n° 9, obs. Sudre. – Comp., jugeant que deux femmes n'étant pas mariées, l'adoption plénière de la fille de l'une par sa concubine mettrait fin au lien de filiation de l'enfant avec sa mère, qui n'a pas renoncé à ce lien, ce qui serait contraire à l'intérêt supérieur de l'enfant, lequel réside dans le maintien des liens avec sa mère biologique, ▪ Cass. 1re civ., 28 févr. 2018, n° 17-11.069 : *Bull.* ; *JCP* G 2018, 1160, Bosse Platière ; *Dr. famille* 2018, 131, Molière ; *RTD civ.* 2018, p. 373, Leroyer ; *JCP* N 2018, 1210, Vassaux ; *LPA* 29 juin 2018, 7, Niemiec ; *AJF* 2018, 226, Saulier ; *D.* 2019, p. 668, Granet-Lambrechts ; *JurisData* n° 2018-002685. – V. aussi H. Fulchiron, *Pour un aggiornamento des règles applicables aux « nouvelles » famille* : *D.* 2018, p. 1083).

5) Sur la conformité à la **Convention européenne des droits de l'homme** (droit au respect de la vie privée) d'une procédure d'adoption entraînant la rupture de tout lien avec le parent biologique, V. ▪ CEDH, 5 juin 2014, n° 31021/08, *I.S. c/ Allemagne* : *RTD civ.* 2014, 869, obs. Hauser.

Art. 357 *(Rempl., L. n° 2013-404, 17 mai 2013).* – (1) **L'adoption confère à l'enfant le nom de l'adoptant.**

En cas d'adoption de l'enfant du conjoint ou d'adoption d'un enfant par deux époux, l'adoptant et son conjoint ou les adoptants choisissent, par déclaration conjointe, le nom de famille dévolu à l'enfant : soit le nom de l'un d'eux, soit leurs deux noms accolés dans l'ordre choisi par eux, dans la limite d'un nom de famille pour chacun d'eux.

Cette faculté de choix ne peut être exercée qu'une seule fois.

En l'absence de déclaration conjointe mentionnant le choix de nom de l'enfant, celui-ci prend le nom de l'adoptant et de son conjoint ou de chacun des deux adoptants, dans la limite du premier nom de famille pour chacun d'eux, accolés selon l'ordre alphabétique.

Lorsqu'il a été fait application de l'article 311-21, du deuxième alinéa de l'article 311-23 ou du présent article à l'égard d'un enfant commun, le nom précédemment dévolu ou choisi vaut pour l'adopté.

Lorsque les adoptants ou l'un d'entre eux portent un double nom de famille, ils peuvent, par une déclaration écrite conjointe, ne transmettre qu'un seul nom à l'adopté.

Sur la demande du ou des adoptants, le tribunal peut modifier les prénoms de l'enfant.

1) Sur la **conformité à la Constitution** de l'article 357 dans sa rédaction issue de la loi n° 2013-404 du 17 mai 2013, V. ▪ Cons. const., déc. 17 mai 2013, n° 2013-669 DC, consid. 64 et s. : *JO* 18 mai 2013.

2) Voies de recours. L'article 357, alinéa 3, du Code civil, dans sa rédaction antérieure à la loi du 4 mars 2002, n'autorise le tribunal à décider que l'adopté portera le seul nom du mari de l'adoptante que dans le jugement d'adoption ; c'est donc à bon droit qu'une cour d'appel retient que les dispositions du jugement d'adoption relatives au nom ne peuvent être modifiées que par l'exercice des voies de recours dont le jugement peut faire l'objet (▪ Cass. 1re civ., 11 juill. 2006 : *Bull. civ.* I, n° 383, p. 329 ; *Defrénois* 2006, 1780, obs. Massip ; *JurisData* n° 2006-034533). Le jugement d'adoption n'ayant fait l'objet d'aucune voie de recours, ses dispositions relatives au nom de l'adopté ne peuvent, en l'absence de toute erreur matérielle, être modifiées (▪ Cass. 1re civ., 25 nov. 2009, n° 08-15.247 : *Bull. civ.* I, n° 233, p. 216 ; *RTD civ.* 2010, 77, obs. Hauser ; *LPA* 23 févr. 2010, 12, note Massip ; *Dr. famille* 2010, 41, note Murat ; *JurisData* n° 2009-050432).

Art. 357-1 *(L. n° 2002-304, 4 mars 2002 ; L. n° 2013-404, 17 mai 2013).* – (1) **À l'exception de son dernier alinéa, l'article 357 est applicable à l'enfant qui a fait l'objet d'une adoption régulièrement prononcée** *à l'étranger ayant en France* **les effets de l'adoption plénière.**

Les adoptants exercent l'option qui leur est ouverte par cet article lors de la demande de transcription du jugement d'adoption, par déclaration adressée au procureur de la République du lieu où cette transcription doit être opérée.

Lorsque les adoptants sollicitent l'exequatur du jugement d'adoption étranger, ils joignent la déclaration d'option à leur demande. Mention de cette déclaration est portée dans la décision.

La mention du nom choisi est opérée à la diligence du procureur de la République, dans l'acte de naissance de l'enfant.

(1) Dispositions applicables en Nouvelle-Calédonie, dans les îles Wallis-et-Futuna et en Polynésie française, L. n° 2013-404, 17 mai 2013, art. 22.

Art. 358 ***(Mod., L. n° 2002-305, 4 mars 2002).*** **– L'adopté a, dans la famille de l'adoptant, les mêmes droits et les mêmes obligations qu'un enfant dont la filiation est établie en application du titre VII du présent livre.**

1) **Droit de retour conventionnel (non).** Sur le principe que le droit de retour conventionnel ne peut jouer en cas d'adoption par le donataire, V. ▪ Paris, 7 nov. 1990, n° 89.22974 : *JurisData* n° 1990-024757 ; *JCP* N 1993, II, 175, obs. Camoz.

2) Sur les **droits successoraux de l'adopté** dans la famille de l'adoptant, voir art. 368, p. 329.

3) Sur l'identité des droits s'agissant d'**adoptants homosexuels**, V. art. 6-1, en note, p. 39.

Art. 359. **– L'adoption est irrévocable.**

1) **Jugement passé en force de chose jugée.** L'adoption n'est irrévocable que si le jugement qui la prononce est passé en force de chose jugée (▪ Cass. 1re civ., 7 mars 1989, n° 87-14.045 : *JurisData* n° 1989-701304 ; *Bull. civ.* I, n° 111, p. 73).

2) **Vice du consentement.** Le consentement à l'adoption et le jugement qui le constate et prononce l'adoption sont indivisibles. En conséquence, la contestation du consentement ne peut se faire qu'au moyen d'une remise en cause directe du jugement, et la demande en nullité du consentement à l'adoption simple sur le fondement de l'article 1109 est irrecevable (▪ Cass. 1re civ., 27 nov. 2001 : *JCP* 2002, IV, 1041 ; *Bull. civ.* I, n° 292, p. 184 ; *Dr. famille* 2002, 57, note Murat ; *RTD civ.* 2002, 82, obs. Hauser ; *JurisData* n° 011879. V. déjà ▪ Pau, 26 juin 1995 : *JurisData* n° 1996-765094 ; *D.* 1996, 214, note Larribau-Terneyre ; *RTD civ.* 1996, 594, obs. Hauser. Comp. ▪ TGI La Rochelle, 18 oct. 1995 : *JurisData* n° 1995-052890 ; *Dr. famille* 1997, 7, note Murat. *Contra* ▪ Pau, 30 mai 1990, n° 2496/89 : *JurisData* n° 1990-043200 ; *D.* 1991, 20, note Larribau-Terneyre).

3) **Recours en révision.** Le caractère irrévocable du jugement prononçant l'adoption plénière rend irrecevable le recours en révision qui tend à faire rétracter un jugement passé en force de chose jugée (▪ Pau, 26 juin 1995, préc.).

4) **Droit de connaître ses origines.** Sur le droit pour l'adopté de connaître ses origines biologiques, V. ▪ TGI Lille, 28 juill. 1997 : *JurisData* n° 1997-930260 ; *D.* 1998, 213, note Labbée (visant l'article 7 de la Convention internationale des droits de l'enfant du 26 janvier 1990). V. aussi C. action soc. et fam., art. L. 147-1 et s. (L. n° 2002-93, 22 janv. 2002), p. 1865. Le fait pour la fille adoptive d'entreprendre des démarches pour rechercher ses ascendants biologiques ne peut justifier une demande de révocation par les parents adoptifs (▪ Paris, 22 nov. 2001 : *Dr. famille* 2002, 29, note Murat ; *JurisData* n° 2001-161675). La France, en conservant le principe de l'accouchement sous X, n'a pas excédé la marge d'appréciation qui doit lui être reconnue en raison du caractère complexe et délicat de la question que soulève le secret des origines au regard du droit de chacun à son histoire, du choix des parents biologiques, du lien familial existant et des parents adoptifs (▪ CEDH, 13 févr. 2003, n° 42326/98, *Odièvre c/ France* : *JCP* 2003, II, 10049, note Gouttenoire-Cornut et Sudre ; *RTD civ.* 2003, 276, obs. Hauser, et 375, obs. Marguénaud. V. sur cet arrêt Ph. Malaurie, *La Cour européenne des droits de l'homme et le « droit » de connaître ses origines* : *JCP* 2003, I, 120 ; B. Mallet-Bricout, *Droit d'accès aux origines personnelles : l'embarras de la Cour européenne des droits de l'homme* : *D.* 2003, chron. 1240. – Comp., au sujet du droit italien, ▪ CEDH, 25 sept. 2012, n° 33783/09, *Godelli c/ Italie* : *D.* 2013, 1437, obs. Granet-Lambrechts ; *JCP* G 2012, act. 1083, obs. Blay-Grabarczyk ; *JCP* G 2013, 38, n° 8, obs. Gouttenoire ; *RTD civ.* 2013, 104, obs. Hauser ; *D.* 2013, 1242, obs. Roman).

CHAPITRE II. – DE L'ADOPTION SIMPLE

Bibliographie : J. Hauser, *Que faire de l'adoption simple ?* in *Mélanges Neirinck*, LexisNexis 2015, 523. • A. Gouttenoire, *Favoriser l'adoption simple de certains enfants placés* in *Mélanges Neirinck*, LexisNexis 2015, 513.

Section I. – Des conditions requises et du jugement

Art. 360 ***(Mod., L. n° 93-22, 8 janv. 1993 ; L. n° 96-604, 5 juill. 1996 ; L. n° 2013-404, 17 mai 2013).*** **– L'adoption simple est permise quel que soit l'âge de l'adopté.**

S'il est justifié de motifs graves, l'adoption simple d'un enfant ayant fait l'objet d'une adoption plénière est permise.

(1) **L'enfant précédemment adopté par une seule personne, en la forme simple ou plénière, peut l'être une seconde fois, par le conjoint de cette dernière, en la forme simple.**

Si l'adopté est âgé de plus de treize ans, il doit consentir personnellement à l'adoption.

1) Détournement de l'institution. La loi sur l'adoption a pour but de créer une filiation et ne doit pas être détournée de son esprit (▪ Riom, 9 juill. 1981 : *JurisData* n° 1981-600556 ; *JCP* 1982, II, 19799, note Almairac, rejet de la requête tendant à l'adoption simple de la personne avec laquelle vit le demandeur et dont il a eu un enfant. V. aussi pour deux hommes vivant en couple ▪ Versailles, 4 nov. 1999 : *Dr. famille* 2000, 141, note Murat ; *D.* 2000, 716, note Garé ; *RTD civ.* 2000, 309, obs. Hauser ; *Defrénois* 2001, 602, obs. Massip. V. encore ▪ Aix-en-Provence, 5 sept. 2006 : *Dr. famille* 2007, 54, note Gabriel ; *RTD civ.* 2007, 325, obs. Hauser ; *JCP* 2007, IV, 2281 ; *JurisData* n° 2006-315175. ▪ Cass. 1re civ., 4 mai 2011, n° 10-13.996 : *Bull. civ.* I, n° 81, p. 79 ; *Dr. famille* 2011, 110, note Neirinck ; *JCP* N 2011, 1323, note Massip ; *RTD civ.* 2011, 529, obs. Hauser ; *JurisData* n° 2011-007704). Ainsi l'institution de l'adoption n'a-t-elle pas vocation à créer un lien de filiation entre deux ex-époux (▪ Cass. 1re civ., 23 juin 2010, n° 09-66.782 : *Dr. famille* 2010, 150, note Neirinck ; *Defrénois* 2010, 2026, obs. Massip ; *RTD civ.* 2010, 542, obs. Hauser ; *JurisData* n° 2010-009999) ou vocation à réduire la part successorale de ses enfants et consacrer une relation amoureuse (▪ Montpellier, 2 mai 2018, n° 16/07205 : *Dr. famille* 2018, 212, Fulchiron ; *JurisData* n° 2018-007302). Mais cassation de l'arrêt décidant que l'adoption simple ne doit pas être prononcée lorsqu'elle vise à permettre la résidence en France d'un ressortissant marocain en situation irrégulière, sans répondre aux conclusions faisant valoir que cet objectif n'était pas incompatible avec la réalité de la volonté de l'adoptante, démontrée notamment par l'aide financière apportée à l'intéressé (▪ Cass. 1re civ., 14 mai 1996, n° 93-21.829 : *JurisData* n° 1996-001835 ; *JCP* 1996, IV, 1462 ; *Bull.* I, n° 204, p. 142 ; *RTD civ.* 1996, 597, obs. Hauser ; *Dr. famille* 1996, 8, 2e esp., note Murat. – Comp. ▪ Paris, 6 févr. 1996 : *JurisData* n° 1996-021088 ; *RTD civ.* 1996, 377, obs. Hauser ; *Dr. famille* 1996, 8, 1re esp. – V. aussi ▪ Cass. 1re civ., 10 févr. 2016, n° 14-23.326 : *Dr. famille* 2016, 77, note Tetard, motifs non exclusivement successoraux).

2) Motivation du refus. On ne peut refuser l'adoption pour des motifs purement hypothétiques, tels que le soi-disant caractère ambigu de ses relations avec l'adoptante, résultant de leurs âges respectifs, mais nullement établi (▪ Paris, 16 mai 1991 : *JurisData* n° 1991-021520. – V. aussi ▪ Paris, 19 janv. 1993 : *JurisData* n° 1993-020114 ; *JurisData* n° 1993-020114 ; *RTD civ.* 1993, 340, obs. Hauser).

3) Adoption par les grands-parents. Pour un exemple d'adoption par les grands-parents d'un enfant dont la mère est décédée, V. ▪ Paris, 22 mars 2001, n° 2000/12583 : *JurisData* n° 2001-139759 ; *RTD civ.* 2001, 576, obs. Hauser. Mais les juges du fond qui relèvent que l'adoption par la grand-mère de six petits-enfants est faite dans un but essentiellement successoral, étranger à l'esprit de la loi, qu'elle engendrerait une confusion des générations et qu'elle est inutile en présence d'un lien de parenté déjà très proche, estiment souverainement qu'elle n'est pas conforme à l'intérêt des personnes concernées, en dehors de leur intérêt financier (▪ Cass. 1re civ., 16 oct. 2001 : *JCP* 2001, IV, 2894 ; *Bull. civ.* I, n° 256, p. 162 ; *Dr. famille* 2002, 41, note Murat ; *D.* 2002, 1097, note Boulanger ; *JurisData* n° 2001-011281).

4) Article 360, alinéa 3. Conformité à la Constitution. Les modifications apportées aux articles 345-1 et 360 du Code civil par la loi n° 2013-404 du 17 mai 2013 ouvrant le mariage aux couples de personnes de même sexe, fixent les conditions dans lesquelles un enfant ayant déjà fait l'objet d'une adoption, peut ultérieurement être aussi adopté par le conjoint de l'adoptant ; en réservant cette possibilité à l'adoption de l'enfant du conjoint, le législateur a pris en compte, comme il lui était loisible de le faire, la différence entre les adoptions au sein du couple et les autres formes d'adoption ; par suite, le grief tiré de l'atteinte au principe d'égalité doit être écarté (▪ Cons. const., déc. 17 mai 2013, n° 2013-669 DC, consid. 62 : *JO* 18 mai 2013 ; V. sous art. 143, annot. n° 4, p. 149).

Art. 361 ***(L. n° 76-1179, 22 déc. 1976 ; L. n° 2001-111, 6 févr. 2001 ; L. n° 2002-304, 4 mars 2002 ; mod., L. n° 2010-1609, 22 déc. 2010 ; L. n° 2011-1862, 13 déc. 2011 ; L. n° 2013-404, 17 mai 2013).*** **– Les dispositions des articles 343 à 344, du dernier alinéa de l'article 345, des articles 346 à 350, 353, 353-1, 353-2, 355 et** (1) **du dernier alinéa de l'article 357 sont applicables à l'adoption simple.**

(1) Dispositions applicables en Nouvelle-Calédonie, dans les îles Wallis-et-Futuna et en Polynésie française, L. n° 2013-404, 17 mai 2013, art. 22.

Bibliographie : P. Raynaud, *Un abus de l'adoption simple. Les couples adoptifs : D.* 1983, chron. 39. • D. Ponton-Grillet, *Le détournement fiscal de l'adoption simple : entre le cœur et la raison... : Dr. famille* 1999, étude 2.

Intérêt de l'adopté. Ayant relevé, d'une part, que l'adoption projetée constituerait pour les parties un bouleversement anormal de l'ordre familial et aurait donc des effets plus négatifs que positifs, d'autre part, que même si leur consentement n'était pas exigé, la mère de l'intéressée faisait valoir que l'adoption nierait complètement son existence en tant que parent et que son père précisait qu'il avait à cœur de préserver les liens avec sa fille, la cour d'appel a, par une appréciation souveraine de la situation concrète des parties, estimé que l'adoption n'était pas conforme à l'intérêt de l'adoptée (■ Cass. 1re civ., 6 mars 2013, n° 12-17.183 : *Bull. civ.* I, n° 35, p. 36 ; *Dr. famille* 2013, 67, 1re esp., note Neirinck ; *D.* 2013, 1441, obs. Granet-Lambrechts ; *RTD civ.* 2013, 364, obs. Hauser ; *LPA* 6 août 2014, 7, obs. Ducrocq-Pauwels ; *JurisData* n° 2013-003732).

Art. 362. – **Dans les quinze jours de la date à laquelle elle est passée en force de chose jugée, la décision prononçant l'adoption simple est mentionnée ou transcrite sur les registres de l'état civil à la requête du procureur de la République.**

Section II. – Des effets de l'adoption simple

Art. 363 *(L. n° 93-22, 8 janv. 1993 ; mod., L. n° 2002-304, 4 mars 2002 ; rempl., L. n° 2013-404, 17 mai 2013).* – (1) **L'adoption simple confère le nom de l'adoptant à l'adopté en l'ajoutant au nom de ce dernier. Toutefois, si l'adopté est majeur, il doit consentir à cette adjonction.**

Lorsque l'adopté et l'adoptant, ou l'un d'eux, portent un double nom de famille, le nom conféré à l'adopté résulte de l'adjonction du nom de l'adoptant à son propre nom, dans la limite d'un seul nom pour chacun d'eux. Le choix du nom adjoint ainsi que l'ordre des deux noms appartient à l'adoptant, qui doit recueillir le consentement personnel de l'adopté âgé de plus de treize ans. En cas de désaccord ou à défaut de choix, le nom conféré à l'adopté résulte de l'adjonction en seconde position du premier nom de l'adoptant au premier nom de l'adopté.

En cas d'adoption par deux époux, le nom ajouté à celui de l'adopté est, à la demande des adoptants, celui de l'un d'eux, dans la limite d'un nom. Si l'adopté porte un double nom de famille, le choix du nom conservé et l'ordre des noms adjoints appartient aux adoptants, qui doivent recueillir le consentement personnel de l'adopté âgé de plus de treize ans. En cas de désaccord ou à défaut de choix, le nom conféré à l'adopté résulte de l'adjonction en seconde position du premier nom des adoptants selon l'ordre alphabétique, au premier nom de l'adopté.

Le tribunal peut, toutefois, à la demande de l'adoptant, décider que l'adopté ne portera que le nom de l'adoptant ou, en cas d'adoption de l'enfant du conjoint, que l'adopté conservera son nom d'origine. En cas d'adoption par deux époux, le nom de famille substitué à celui de l'adopté peut, au choix des adoptants, être soit celui de l'un d'eux, soit leurs deux noms accolés dans l'ordre choisi par eux et dans la limite d'un seul nom pour chacun d'eux. Cette demande peut également être formée postérieurement à l'adoption. Si l'adopté est âgé de plus de treize ans, son consentement personnel à cette substitution du nom de famille est nécessaire.

Bibliographie : A. Lapoyade-Deschamps, *Le nom de famille(s) de l'adopté simple : Dr. famille* 1998, chron. 15. • J. Massip, *L'adopté en la forme simple peut-il conserver son nom d'origine ? : Dr. famille* 2010, 80. • J. Hauser, *Le nom des adoptés simples : de la contribution du droit de l'adoption à la ponctuation en droit français : RTD civ.* 2010, 524.

1) Sur la **conformité à la Constitution** de l'article 363 dans sa rédaction issue de la loi n° 2013-404 du 17 mai 2013, V. ■ Cons. const., déc. 17 mai 2013, n° 2013-669 DC, consid. 64 et s. : *JO* 18 mai 2013.

2) Tierce opposition des grands-parents. Doit être cassé l'arrêt qui a déclaré les grands-parents irrecevables en leur tierce opposition formée contre la décision substituant le nom de l'adoptant à celui des enfants adoptés au motif qu'ils ne justifieraient pas d'un intérêt protégé (■ Cass. 1re civ., 21 mai 1974 : *JCP* 1976, II, 18227, note Betant-Robet ; *D.* 1976, 173, note Le Guidec).

3) Nom de l'adopté. Il résulte de l'article 61-3, alinéa 2 du Code civil que l'établissement d'un lien de filiation n'emporte le changement de patronyme de l'enfant majeur que sous réserve de son consentement (■ Cass. 1re civ., 11 juill. 2006 : *Bull. civ.* I, n° 383, p. 329 ; *Defrénois* 2006, 1780, obs. Massip ; *JurisData*

(1) Dispositions applicables en Nouvelle-Calédonie, dans les îles Wallis-et-Futuna et en Polynésie française, L. n° 2013-404, 17 mai 2013, art. 22.

n° 2006-034533. – Comp. auparavant ■ Cass. 1re civ., 22 févr. 2005, n° 03-14.332 : *JurisData* n° 2005-027074 ; *Bull. civ.* I, n° 92, p. 80 ; *Dr. famille* 2005, 72, note Murat ; *RTD civ.* 2005, 361, obs. Hauser ; *Defrénois* 2005, 1057, obs. Massip, décidant que le tribunal ne peut permettre de conserver à l'adopté son seul nom d'origine). L'article 363 du Code civil, qui prévoit la possibilité de substituer le nom de l'adoptant à celui de l'adopté, n'exclut pas la possibilité pour le juge de décider que le nom d'origine de l'adopté suivra celui de l'adoptant (■ Cass. 1re civ., 6 oct. 2010, deux arrêts, nos 09-15.092 et 09-15.114 : *Bull. civ.* I, n° 192, p. 180 (1er arrêt) ; *LPA* 5 nov. 2010, 9, avis Sarcelet ; *Defrénois* 2011, 819, obs. Massip ; *Dr. famille* 2010, 186, note Massip ; *RTD civ.* 2010, 757, obs. Hauser ; *JurisData* n° 2010-017649. – V. déjà ■ Douai, 10 mai 1989 : *JurisData* n° 1989-050188 ; *D.* 1991, 205, note Guiho ; *RTD civ.* 1991, 497, obs. Hauser. ■ Douai, 28 juin 1999, n° 99/02614 : *JurisData* n° 1999-045433 ; *Dr. famille* 2001, 30, note Murat ; *JCP* 2000, IV, 1611 ; *RTD civ.* 2000, 540, obs. Hauser). Sur le nom des enfants de l'adopté, voir sous art. 366, p. 328.

4) Nom de l'enfant. Conformité à la Constitution. L'article 363 du Code civil n'est pas contraire au principe constitutionnel selon lequel « la Nation assure à l'individu et à la famille les conditions nécessaires à leur développement », dès lors qu'il résulte des dispositions de l'article 61-3, alinéa 2, du Code civil, qui s'appliquent en matière d'adoption, que le nom de l'adopté majeur ne peut être modifié sans son consentement exprès (■ Cass. ass. plén., 8 juill. 2010, n° 10-40.003 : *RTD civ.* 2010, 757, obs. Hauser).

5) Adoption par une femme mariée. Moment de la demande. Lorsque l'adoptant est une femme mariée, la demande tendant à ce que l'adopté porte le nom du mari ne peut être présentée, conformément à l'article 357, qu'au moment de l'adoption (■ Dijon, 22 avr. 1993 : *JurisData* n° 1993-043513 ; *RTD civ.* 1994, 74, obs. Hauser).

6) Accord de l'adoptante et de l'adoptée. Dès lors que les juges du fond relèvent l'accord de l'adoptante et de l'adoptée, ils n'ont pas à caractériser les circonstances justifiant la substitution de nom demandée (■ Cass. 1re civ., 9 janv. 1996, n° 94-20.800 : *JurisData* n° 1996-000050 ; *D.* 1996, 600, note Massip ; *Dr. famille* 1996, 18, note Murat).

7) Consentement de l'adopté de plus de treize ans. Sur la nécessité de recueillir le consentement de l'adopté de plus de treize ans, V. ■ Aix-en-Provence, 1er avr. 1999, n° 98/3995 : *JurisData* n° 1999-041701 ; *Dr. famille* 2000, 35, note Murat. L'adopté de plus de treize ans n'a pas à consentir à l'adjonction de nom qui est la règle mais seulement à la substitution qui est l'exception (■ TGI Paris, 10 mai 1995 : *RTD civ.* 1995, 596, obs. Hauser ; *D.* 1996, somm. 157, obs. Granet-Lambrechts). Les juges du fond saisis d'une tierce opposition à un jugement d'adoption limitée au chef de décision concernant le nom statuent bien sur les effets du lien de filiation précédemment établi et l'adopté de plus de treize ans n'a donc pas à donner son consentement (■ Cass. 1re civ., 25 nov. 2003, n° 01-03.334 : *JurisData* n° 2003-021053 ; *Rev. Lamy dr. civ.* 2004/2, n° 67, note Le Boursicot ; *Bull. civ.* I, n° 240, p. 189 ; *Dr. famille* 2004, 69, note Murat).

Art. 363-1 *(L. n° 2002-304, 4 mars 2002)*. **– Les dispositions de l'article 363 sont applicables à l'enfant ayant fait l'objet d'une adoption régulièrement prononcée à l'étranger ayant en France les effets d'une adoption simple, lorsque l'acte de naissance de l'adopté est conservé par une autorité française.**

Les adoptants exercent l'option qui leur est ouverte par cet article par déclaration adressée au procureur de la République du lieu où l'acte de naissance est conservé à l'occasion de la demande de mise à jour de celui-ci.

La mention du nom choisi est portée à la diligence du procureur de la République dans l'acte de naissance de l'enfant.

Art. 364. – L'adopté reste dans sa famille d'origine et y conserve tous ses droits, notamment ses droits héréditaires.

Les prohibitions au mariage prévues aux articles 161 à 164 du présent code s'appliquent entre l'adopté et sa famille d'origine.

Un père ne peut pas se désister de son droit de visite et d'hébergement relatif à l'enfant naturel maintenu dans sa famille d'accueil suivant les dispositions de l'article 364 du Code civil, bien que l'adoption entraîne transfert de tous les droits de l'autorité parentale aux adoptants (■ Reims, 12 déc. 2006 : *JCP* 2007, IV, 1560 ; *JurisData* n° 2006-325133).

Art. 365 *(Mod., L. n° 2002-305, 4 mars 2002 ; L. n° 2011-1862, 13 déc. 2011 ; L. n° 2016-1547, 18 nov. 2016)* (1). **– L'adoptant est seul investi à l'égard de l'adopté de tous les droits d'autorité parentale,**

(1) Dispositions applicables aux instances en cours qui n'ont pas donné lieu à une décision passée en force de chose jugée (L. n° 2002-305, 4 mars 2002).

inclus celui de consentir au mariage de l'adopté, à moins qu'il ne soit le conjoint du père ou de la mère de l'adopté ; dans ce cas, l'adoptant a l'autorité parentale concurremment avec son conjoint, lequel en conserve seul l'exercice, sous réserve d'une déclaration conjointe avec l'adoptant adressée au directeur des services de greffe judiciaire du tribunal de grande instance aux fins d'un exercice en commun de cette autorité.

Les droits d'autorité parentale sont exercés par le ou les adoptants dans les conditions prévues par le chapitre Ier du titre IX du présent livre.

Les règles de l'administration légale et de la tutelle des mineurs s'appliquent à l'adopté.

1) Autorité parentale. Mère ayant consenti à l'adoption. Doit être cassée la décision qui a commis un expert pour rechercher la solution la plus conforme à l'intérêt de l'enfant alors que, par l'effet de l'adoption simple à laquelle elle avait consenti, la mère avait légalement perdu tous ses droits d'autorité parentale à l'égard de son fils et n'avait donc pas qualité pour contester les décisions prises par le père adoptif relativement à l'éducation du mineur (■ Cass. 1re civ., 11 mai 1977 : *JurisData* n° 1977-700223 ; *JCP* 1977, II, 18833, note Carbonnier). Sur le rejet de l'adoption simple de l'enfant par le mari de la mère, malgré le consentement du père biologique, dès lors que ce dernier n'entend pas renoncer à l'exercice effectif de l'autorité parentale, V. ■ Dijon, 4 mai 2017, n° 16/01237 : *Dr. famille* 2017, 179, Fulchiron ; *JurisData* n° 2017-008933.

2) Adoption par la compagne homosexuelle *(jurisprudence antérieure à la loi n° 2013-404 du 17 mai 2013 ouvrant le mariage aux couples de même sexe).* Viole l'article 365 du Code civil la cour d'appel qui prononce l'adoption simple par la compagne de la mère de l'enfant mineur de celle-ci, alors que l'adoption réalise un transfert des droits de l'autorité parentale et que la mère biologique entendait continuer à élever l'enfant (■ Cass. 1re civ., 20 févr. 2007, deux arrêts : *Bull. civ.* I, n° 70, p. 62, et n° 71, p. 63 ; *D.* 2007, 721, obs. Delaporte-Carré, 891, obs. Chauvin, et 1047, note Vigneau ; *JCP* 2007, II, 10068, note Neirinck ; *Dr. famille* 2007, 80, note Murat ; *Defrénois* 2007, 791, obs. Massip ; *RTD civ.* 2007, 325, obs. Hauser ; *JurisData* nos 2007-037455 et 2007-037456. ■ Cass. 1re civ., 19 déc. 2007 : *Bull. civ.* I, n° 392, p. 342 ; *D.* 2008, 291, obs. Luxembourg, 1028, note Mauger-Vielpeau, 1377, obs. Granet-Lambrechts, et 1794, obs. Lemouland et Vigneau ; *JCP* 2008, II, 10046, note Favier ; *Dr. famille* 2008, 28, note Murat ; *Defrénois* 2008, 1119, 1re esp., obs. Massip ; *RTD civ.* 2008, 287, obs. Hauser ; *JurisData* n° 2007-041977, au sujet de partenaires liés par un PACS, l'arrêt précisant que l'article 365 ne prévoit le partage de l'autorité parentale que dans le cas de l'adoption de l'enfant du conjoint, ce qui ne concerne que des personnes unies par les liens du mariage ; rejet du pourvoi formé contre ■ Riom, 27 juin 2006 : *Dr. famille* 2006, 204, note Murat ; *JCP* 2007, IV, 2042 ; *RTD civ.* 2007, 100, obs. Hauser ; *JurisData* n° 2006-315630. ■ Cass. 1re civ., 6 févr. 2008, n° 07-12.948 : *Defrénois* 2008, 1119, 2e esp., obs. Massip. ■ Cass. 1re civ., 9 mars 2011, n° 10-10.385 : *Bull. civ.* I, n° 52, p. 53 ; *D.* 2011, 876, obs. Siffrein-Blanc ; *Dr. famille* 2011, 74, note Neirinck ; *JCP* 2011, n° 21, note 615, Boulanger ; *D.* 2012, 1438, obs. Granet-Lambrechts ; *JurisData* n° 2011-003220, précisant que la solution, conforme à l'intérêt supérieur de l'enfant, ne viole pas la Convention européenne des droits de l'homme. – Comp., admettant l'adoption par la compagne suivie d'une délégation de l'autorité parentale, ■ Amiens, 14 févr. 2007, n° 06/03761 : *JurisData* n° 2007-325132 ; *RTD civ.* 2008, 97, obs. Hauser). – V. aussi X. Labbée, *L'enfant du couple de lesbiennes* : *D.* 2007, chron. 2882.

Sur la délégation de l'autorité parentale au sein d'un couple homosexuel, V. sous art. 377, annot. n° 6, p. 368.

3) Adoption par la compagne homosexuelle. Conformité à la Constitution *(jurisprudence antérieure à la loi n° 2013-404 du 17 mai 2013).* Le droit de mener une vie familiale normale n'implique pas que la relation entre un enfant et la personne qui vit en couple avec son père ou sa mère ouvre droit à l'établissement d'un lien de filiation adoptive. De plus, en maintenant le principe selon lequel la faculté d'une adoption au sein du couple est réservée aux conjoints, le législateur a estimé que la différence de situation entre les couples mariés et ceux qui ne le sont pas pouvait justifier, dans l'intérêt de l'enfant, une différence de traitement quant à l'établissement de la filiation adoptive à l'égard des enfants mineurs ; il n'appartient pas au Conseil constitutionnel de substituer son appréciation à celle du législateur sur les conséquences qu'il convient de tirer, en l'espèce, de la situation particulière des enfants élevés par deux personnes de même sexe ; absence de violation du principe d'égalité (■ Cons. const., déc. 6 oct. 2010, n° 2010-39 QPC : *D.* 2010, 2744, note Chénedé ; *Dr. famille* 2010, repère 10, obs. Larribau-Terneyre ; *RTD civ.* 2010, 776, obs. Hauser ; *LPA* 1er déc. 2010, 6, obs. Batteur, 17 janv. 2011, 4, étude Douris, et 30 mai 2011, 15, obs. Pomart-Nomdedeo). – Décision de renvoi : ■ Cass. ass. plén., 8 juill. 2010, n° 10-10.385 : *RTD civ.* 2010, 544, obs. Hauser.

Comp., en **droit européen**, ■ CEDH, 13 déc. 2007, *Emonet et a. c/ Suisse* : *RTD civ.* 2008, 255, obs. Marguénaud, et 272, obs. Hauser ; *JCP* 2008, I, 110, n° 9, obs. Sudre. – V. aussi, admettant la recevabilité d'une requête contestant la conformité à la Convention européenne de l'article 365 du Code civil, ▪ CEDH, 31 août 2010, n° 25951/07, *Gas et Dubois c/ France* : *RTD civ.* 2011, 114, obs. Hauser ; *LPA* 30 mai 2011, 15, obs. Pomart-Nomdedeo. Mais, sur le fond, la cour a jugé que l'article 365 du Code civil ne constitue pas une discrimination contraire aux articles 14 et 8 combinés de la convention (▪ CEDH, 15 mars 2012, n° 25951/07, *Gas et Dubois c/ France* : *D.* 2012, 814, obs. Gallmeister, et 1241, note Dionisi-Peyrusse ; *JCP* 2012, note 589, Gouttenoire et Sudre ; *Dr. famille* 2012, 82, obs. Neirinck ; *RTD civ.* 2012, 275, obs. Marguénaud, et 306, obs. Hauser ; *LPA* 13-14 août 2013, 18, obs. Vasseur-Lambry ; *JurisData* n° 2012-006488. – Comp., pour la condamnation de la loi autrichienne qui permet l'adoption de l'enfant de l'autre au sein d'un couple hétérosexuel non marié, mais non, dans les mêmes circonstances, au sein d'un couple homosexuel, ▪ CEDH, 19 févr. 2013, n° 19010/97, *X et a. c/ Autriche* : *RTD civ.* 2013, 329, obs. Marguénaud, et 363, obs. Hauser ; *D.* 2013, 502, obs. Gallmeister, et 1443, obs. Granet-Lambrechts ; *LPA* 13-14 août 2013, 18, obs. Vasseur-Lambry ; *JCP* G 2013, act. 246, obs. Byk, act. 316, obs. Surrel, et 855, n° 17, obs. Sudre ; *Dr. famille* 2013, 53, note Neirinck). V. aussi C. Tzutzuiano, *L'adoption simple des couples homosexuels au cœur d'un croisement des contrôles* : *Dr. famille* 2011, étude 17.

Sur la décision du Conseil constitutionnel relative à la **loi du 17 mai 2013 ouvrant le mariage aux couples de personnes de même sexe** (▪ Cons. const., 17 mai 2013, déc. n° 2013-669 DC), V. sous art. 143, annot. n° 4, p. 149, et sous art. 343, en note, p. 309.

4) Adoption homosexuelle. Jugement étranger. Le refus d'*exequatur* fondé sur la contrariété à l'ordre public international français de la décision étrangère, suppose que celle-ci comporte des dispositions qui heurtent des principes essentiels du droit français ; qu'il n'en est pas ainsi de la décision qui partage l'autorité parentale entre la mère et l'adoptante d'un enfant (adoption simple) ; cassation de l'arrêt qui, pour refuser d'accorder l'*exequatur* au jugement étranger d'adoption, se borne à énoncer que, selon les dispositions de l'article 365 du Code civil, l'adoptante est seule investie de l'autorité parentale, de sorte qu'il en résulte que la mère biologique est corrélativement privée de ses droits bien que vivant avec l'adoptante (▪ Cass. 1re civ., 8 juill. 2010, n° 08-21.740 : *Bull. civ.* I, n° 162, p. 153 ; *Defrénois* 2011, 833, obs. Massip ; *JCP* 2011, 1122, note Massip ; *D.* 2011, 1383, obs. Jault-Seseke ; *Dr. famille* 2010, repère 9, obs. Neirinck, et 156, note Farge ; *RTD civ.* 2010, 547, obs. Hauser ; *LPA* 1er juin 2011, 18, obs. Kerckhove ; *JCP* N 2011, 1256, n° 1, obs. Fongaro ; *LPA* 29 nov. 2011, 11, obs. Dionisi-Peyrusse ; *JurisData* n° 2010-011438). Si l'article 346 du Code civil, qui réserve l'adoption conjointe à des couples unis par le mariage, ne consacre pas un principe essentiel reconnu par le droit français, est en revanche contraire à un principe essentiel du droit français de la filiation [antérieur à la loi n° 2013-404 du 17 mai 2013], la reconnaissance en France d'une décision étrangère dont la transcription sur les registres de l'état civil français, valant acte de naissance, emporte inscription d'un enfant comme né de deux parents du même sexe (▪ Cass. 1re civ., 7 juin 2012, deux arrêts, nos 11-30.261 et 11-30.262 : *Bull. civ.* I, n° 125, p. 115, et n° 126, p. 115 ; *JCP* 2012, act. 728, obs. Devers, 856, avis Petit, et 857, note Chénedé ; *D.* 2012, 1973, obs. d'Avout, et 1992, note Vigneau ; *JCP* N 2012, 1314, note Azincourt, et 1358, n° 10, obs. Péroz ; *RTD civ.* 2012, 522, obs. Hauser ; *JurisData* nos 2012-011937 et 2012-011952, cassant ▪ Paris, 24 févr. 2011, deux arrêts : *Dr. famille* 2011, 87, note Farge ; *JurisData* nos 2011-004061 et 2011-004062).

5) Adoption homosexuelle. PMA pratiquée à l'étranger. Le recours à l'assistance médicale à la procréation à l'étranger, par insémination artificielle avec donneur anonyme, ne fait pas obstacle à ce que l'épouse de la mère puisse adopter l'enfant ainsi conçu, dès lors que les conditions légales de l'adoption sont réunies et que celle-ci est conforme à l'intérêt de l'enfant (▪ C. cass., avis, 22 sept. 2014, nos 14-70.006 et 14-70.007 : *Bull.* ; *D.* 2014, 2031, note Leroyer ; *RTD civ.* 2014, 872, obs. Hauser ; *D.* 2015, 706, obs. Granet-Lambrechts, et 1057, obs. Gaudemet-Tallon ; *JCP* G 2015, 982, n° 8, obs. Gouttenoire ; *LPA* 5 août 2015, 11, obs. Duhamel ; J. Hauser, *L'externalisation de la fabrique des enfants ?* : *JCP* G 2014, 1004 ; *Dr. famille* 2014, 160, note Neirinck ; *LPA* 25-26 déc. 2014, 7, note Litaize ; *JurisData* nos 2014-021251 et 2014-021255. V. aussi J. Roux, Vox clamantis *in* deserto. *L'appel ignoré du Conseil constitutionnel à « priver d'effet » le recours illicite à la PMA et à la GPA* : *JCP* G 2015, étude 483. – C. Neirinck, *L'adoption plénière par l'épouse de la mère : la marée noire de l'appel* : *Dr. famille* 2015, étude 12. – Comp., pour le rejet de l'adoption simple d'un enfant issu d'une gestation pour autrui par le mari de son père, au nom du respect des principes de l'indisponibilité du corps humain et de l'indisponibilité de l'état des personnes, V. ▪ Dijon, 24 mars 2016, n° 15/00057 : *D.* 2016, 783, obs. Gallmeister ; *JCP* G 2016, 422, obs. Mirkovic ; *Dr. famille* 2016, 137, note Fulchiron ; *JurisData* n° 2016-006014 ; décision partiellement cassée par ▪ Cass. 1re civ., 5 juill. 2017, n° 16-16.455, préc. sous art. 16-7, annot. n° 3, p. 79). Sur l'absence d'intérêt légitime à intervenir d'une association s'opposant à la demande d'adoption, V. ▪ Cass. 1re civ., 16 mars

2016, n° 15-10.577 : *Bull.* ; *RTD civ.* 2016, 334, obs. Hauser ; *D.* 2017, 475, obs. Douchy-Oudot. – V. aussi A. Gouttenoire, *L'intérêt de l'enfant n'est pas un intérêt collectif : Dr. famille* 2016, étude 11.

Précédemment jugé que le procédé qui consiste, pour un couple de femmes, à bénéficier d'une procréation médicalement assistée interdite en France, car réservée aux couples hétérosexuels dont l'état d'infertilité pathologique a été médicalement constaté, puis à demander l'adoption de l'enfant, constitue une fraude à la loi française et interdit l'adoption de l'enfant illégalement conçu (▪ TGI Versailles, 29 avr. 2014, n° 13/00168 : *D.* 2014, 1789, obs. Bonfils et Gouttenoire ; *RTD civ.* 2014, 637, obs. Hauser ; *Dr. famille* 2014, 113, note Reigné ; *JurisData* n° 2014-013016. V. aussi H. Fulchiron, *Adoption, fraus omnia corrumpit ?* : *D.* 2014, 1062. – Comp. ▪ TGI Nanterre, 8 juill. 2014, n°s 13/14803 et 13/14804 : *D.* 2014, 1669, note Reigné ; *D.* 2015, 705, obs. Granet-Lambrechts (adoption plénière prononcée). ▪ TGI Paris, 27 juin 2001 : *JCP* 2002, I, 101, n° 9, obs. Rubellin-Devichi ; *Dr. famille* 2001, 116, note Murat ; *D.* 2003, somm. 1941, obs. Lemouland ; *JurisData* n° 2001-156758. – V. aussi, C. Neirinck, *Homoparentalité et adoption : Études offertes à Pierre Catala*, Litec 2001, p. 353. – A. Debet, *La Cour européenne des droits de l'homme, les homosexuels et l'adoption : Dr. famille* 2002, chron. 19).

6) **Refus de visa.** L'adoptant étant seul investi, même en cas d'adoption simple, de tous les droits d'autorité parentale, le refus de visa opposé à une mineure résidant en Chine, alors que le père adoptif vit en France, porte par lui-même une atteinte effective au respect dû à la vie familiale tant de l'enfant que de son père et méconnaît l'article 8 de la Convention européenne des droits de l'homme (▪ CE, 8 juin 1998, n° 183053 : *JurisData* n° 1998-050590 ; *JCP* 1998, II, 10182, 2e esp., note Monéger ; *RTD civ.* 1998, 893, obs. Hauser).

Art. 366 ***(Mod., L. n° 76-1179, 22 déc. 1976 ; L. n° 96-604, 5 juill. 1996).*** **– Le lien de parenté résultant de l'adoption s'étend aux enfants de l'adopté.**

Le mariage est prohibé :

1° Entre l'adoptant, l'adopté et ses descendants ;

2° Entre l'adopté et le conjoint de l'adoptant ; réciproquement entre l'adoptant et le conjoint de l'adopté ;

3° Entre les enfants adoptifs du même individu ;

4° Entre l'adopté et les enfants de l'adoptant.

Néanmoins, les prohibitions au mariage portées aux 3° et 4° ci-dessus peuvent être levées par dispense du président de la République, s'il y a des causes graves.

La prohibition au mariage portée au 2° ci-dessus peut être levée dans les mêmes conditions lorsque la personne qui a créé l'alliance est décédée.

Nom de famille. Il résulte de l'article 366, alinéa 1er du Code civil que dès lors que le nom de famille de l'adopté est modifié à la suite de son adoption simple par l'adjonction du nom de l'adoptant, le nom de ses enfants mineurs nés avant cette adoption est modifié de la même façon (▪ Cass. 1re civ., 8 oct. 2008 : *Bull. civ.* I, n° 220, p. 188 ; *JCP* 2008, II, 10191, avis Mellottée ; *D.* 2008, 2598, obs. Egéa ; *RTD civ.* 2008, 652, obs. Hauser ; *Defrénois* 2008, 2417, obs. Massip ; *Dr. famille* 2009, 6, note Murat ; *JurisData* n° 2008-045281. ▪ Reims, 4 juin 2010 : *Dr. famille* 2010, 166, note Neirinck ; *JurisData* n° 2010-013655, précisant que les enfants portant un double nom, le nom de l'adoptant est placé après ce double nom). Ce changement de nom des enfants de l'adopté ne nécessite pas leur consentement personnel s'ils sont âgés de moins de treize ans au moment du jugement d'adoption (▪ Cass. 1re civ., 8 oct. 2008, préc.).

Art. 367 ***(Rempl., L. n° 2007-293, 5 mars 2007).*** **– L'adopté doit des aliments à l'adoptant s'il est dans le besoin et, réciproquement, l'adoptant doit des aliments à l'adopté. Les père et mère de l'adopté ne sont tenus de lui fournir des aliments que s'il ne peut les obtenir de l'adoptant. L'obligation de fournir des aliments à ses père et mère cesse pour l'adopté dès lors qu'il a été admis en qualité de pupille de l'État ou pris en charge dans les délais prescrits à l'article L. 132-6 du Code de l'action sociale et des familles.**

1) *Sur le* ***caractère subsidiaire*** *de l'obligation alimentaire pesant sur le père par le sang*, V. ▪ Cass. 1re civ., 22 mai 2007 : *Bull. civ.* I, n° 204, p. 179 ; *RTD civ.* 2007, 764, obs. Hauser ; *Defrénois* 2007, 1321, obs. Massip ; *JCP* 2007, IV, 2291 ; *Dr. famille* 2007, 173, note Murat ; *JurisData* n° 2007-038908, précisant que le père peut solliciter le remboursement des pensions versées depuis le jugement d'adoption. Mais si les père et mère d'un enfant ayant fait l'objet d'une adoption simple ne sont tenus qu'à titre subsidiaire de lui fournir des aliments, cette subsidiarité n'est pas exclusive d'une contribution partielle (▪ Cass. 1re civ., 14 avr. 2010, n° 09-12.456 : *Bull. civ.* I, n° 94, p. 87 ;

D. 2010, 1145, obs. Le Douaron ; *JCP* 2010, n° 17, act. 469, obs. Bosse-Platière ; *Dr. famille* 2010, 115, note Murat ; *RTD civ.* 2010, 545, obs. Hauser ; *Defrénois* 2010, 1368, obs. Massip ; *LPA* 19 nov. 2010, 5, obs. Rieubernet ; *JurisData* n° 2010-003992).

2) Sur le **caractère personnel** de l'obligation alimentaire pesant sur l'enfant adoptif, V. ▪ Paris, 30 mai 2013, n° 12/21197 : *Dr. famille* 2014, 58, note Neirinck ; *JurisData* n° 2013-011272.

Art. 368 ***(L. n° 96-604, 5 juill. 1996 ; mod., L. n° 2002-305, 4 mars 2002*** (1)***).*** **– L'adopté et ses descendants ont, dans la famille de l'adoptant, les droits successoraux prévus au chapitre III du titre I du livre III.**

L'adopté et ses descendants n'ont cependant pas la qualité d'héritier réservataire à l'égard des ascendants de l'adoptant.

Bibliographie : J. Prévault, *Les droits successoraux résultant de l'adoption depuis la loi du 11 juillet 1966 : D.* 1966, chron. 173. • V. David-Balestriero, *La succession de l'adopté après la loi du 23 juin 2006 : Defrénois* 2007, 1085. • C. Lacour, *L'incidence de la loi du 23 juin 2006 sur la succession de l'adopté simple : Dr. famille* 2007, étude 35. • G. Delavaquerie, *Calcul des droits de l'adopté simple dans la succession de l'ascendant de l'adoptant : Defrénois* 2010, 525.

1) **Principe d'égalité des droits.** Le principe selon lequel l'adopté a dans la famille de l'adoptant les mêmes droits successoraux que les enfants légitimes est général et doit donc s'appliquer dans les cas où il n'en est pas disposé autrement par la loi. L'enfant d'un époux adopté par l'autre époux a la qualité d'enfant commun des deux époux et doit en conséquence bénéficier de la protection prévue par les (anciens) articles 760 et 915 (▪ Paris, 26 juin 1981 : *JurisData* n° 1981-600205 ; *Defrénois* 1982, 257, note Flour et Grimaldi et, sur pourvoi, ▪ Cass. 1re civ., 8 nov. 1982, n° 80-12.309 : *JurisData* n° 1982-702558 ; *D.* 1983, 445, note Flour et Grimaldi). La loi ne distingue pas à cet égard entre les enfants adoptés, même si leur filiation antérieure est irrégulière (▪ Paris, 20 mars 1984 : *JurisData* n° 1984-600573 ; *JCP* 1985, II, 20414, note crit. Rémy et, sur pourvoi, ▪ Cass. 1re civ., 8 oct. 1985, n° 84-13.879 : *JurisData* n° 1985-002814 ; *Bull. civ.* I, n° 249, p. 224 ; *RTD civ.* 1986, 614, obs. Patarin).

2) **Action en retranchement (non).** L'enfant d'un époux prédécédé, adopté par le conjoint survivant, ne bénéficie pas de l'action en retranchement de l'article 1527, alinéa 2 du Code civil (▪ Cass. 1re civ., 7 juin 2006, n° 03-14.884 : *Bull. civ.* I, n° 295, p. 257 ; *D.* 2006, 1770 ; *Defrénois* 2006, 1614, obs. Champenois ; *RTD civ.* 2006, 749, obs. Hauser ; *JurisData* n° 2006-033849. ▪ Cass. 1re civ., 11 févr. 2009, n° 07-21.421 : *Bull. civ.* I, n° 30, p. 24 ; *Dr. famille* 2009, 44, note Bascugnana ; *RTD civ.* 2009, 519, obs. Hauser ; *JCP* 2009, IV, 1418 ; *JurisData* n° 2009-046981).

3) Sur les conséquences de la **révocation de l'adoption simple** pour l'exercice de l'action en retranchement de l'article 1527, alinéa 2, du Code civil, V. ▪ Cass. 1re civ., 9 juill. 2014, n° 13-19.013, art. 370-2, annot. n° 1, p. 331.

4) **Révocation d'un testament antérieur (non).** Sur le principe que l'adoption n'emporte pas révocation d'un testament antérieur, V. ▪ Cass. 1re civ., 25 nov. 1986, n° 85-11.126 : *JurisData* n° 1986-002372 ; *Bull. civ.* I, n° 281, p. 268 ; *Defrénois* 1987, 565, obs. Champenois.

Art. 368-1 ***(Rempl., L. n° 2006-728, 23 juin 2006).*** **– Dans la succession de l'adopté, à défaut de descendants et de conjoint survivant, les biens donnés par l'adoptant ou recueillis dans sa succession retournent à l'adoptant ou à ses descendants, s'ils existent encore en nature lors du décès de l'adopté, à charge de contribuer aux dettes et sous réserve de droits acquis par les tiers. Les biens que l'adopté avait reçus à titre gratuit de ses père et mère retournent pareillement à ces derniers ou à leurs descendants.**

Le surplus **des biens de l'adopté se divise par moitié entre la famille d'origine et la famille de l'adoptant.**

Rédaction antérieure. Art. 368-1. – Si l'adopté meurt sans descendants, les biens donnés par l'adoptant ou recueillis dans sa succession retournent à l'adoptant ou à ses descendants, s'ils existent encore en nature lors du décès de l'adopté, à charge de contribuer aux dettes et sous réserve des droits acquis par les tiers. Les biens que l'adopté avait reçus à titre gratuit de ses père et mère retournent pareillement à ces derniers ou à leurs descendants.

Le surplus des biens de l'adopté se divise par moitié entre la famille d'origine et la famille de l'adoptant, sans préjudice des droits du conjoint sur l'ensemble de la succession.

Art. 369. – L'adoption conserve tous ses effets, nonobstant l'établissement ultérieur d'un lien de filiation.

(1) Dispositions applicables aux instances en cours qui n'ont pas donné lieu à une décision passée en force de chose jugée (L. n° 2002-305, 4 mars 2002).

Art. 370 *(Mod., L. n° 96-604, 5 juill. 1996 ; rempl., L. n° 2016-297, 14 mars 2016).* **– S'il est justifié de motifs graves, l'adoption peut être révoquée, lorsque l'adopté est majeur, à la demande de ce dernier ou de l'adoptant.**

Lorsque l'adopté est mineur, la révocation de l'adoption ne peut être demandée que par le ministère public.

Bibliographie : M. Le Bihan-Guénolé, *La révocation de l'adoption* : *JCP* 1991, I, 3539.

1) **Motif grave.** Pour un exemple de motifs graves justifiant la révocation de l'adoption, V. ■ Cass. 1re civ., 20 mars 1978, n° 76-13.415 : *JurisData* n° 1978-000114 ; *JCP* 1978, IV, 165 ; *Bull. civ.* I, n° 114, p. 93. – Comp., renvoyant dos à dos l'adopté et le père adoptif, ■ Paris, 24 févr. 1994 : *JurisData* n° 1994-020985 ; *RTD civ.* 1994, 339, obs. Hauser. Est un motif grave de révocation la mésentente profonde entre les époux adoptants ayant des conséquences particulièrement graves pour les enfants (■ Limoges, 26 nov. 1992, n° 428/92 : *JurisData* n° 1992-048318 ; *D.* 1994, 207, note Berry). Mais la condition n'est pas remplie lorsque l'adopté est parti et a cessé ses relations avec l'adoptant depuis cinq ans, ne l'informant ni de son mariage ni de la naissance de son enfant (■ Paris, 2 juill. 1993 : *JurisData* n° 1993-022332. – Comp. pour un contentieux patrimonial laissant subsister des relations affectives, ■ TGI Paris, 21 nov. 1995, n° 22 921/94 : *JurisData* n° 1995-053684 ; *RTD civ.* 1996, 139, obs. Hauser, ou ne permettant pas d'exclure une future réconciliation, ■ Bordeaux, 8 nov. 2006 : *JCP* 2007, IV, 1393 ; *JurisData* n° 2006-318432). Le fait de tenir de manière habituelle et le cas échéant en public des propos fortement désobligeants à l'égard d'un parent adoptif est incompatible avec le maintien du lien de filiation (■ Bordeaux, 7 mars 2002, n° 00/02487 : *JurisData* n° 2002-172988 ; *Dr. famille* 2002, 83, note Murat ; *RTD civ.* 2002, 797, obs. Hauser). Pour un motif grave fondé sur le rapide désintérêt du père adoptif pour l'enfant, V. ■ Nancy, 20 sept. 2013 : *JCP* G 2013, act. 1289, obs. Henry ; *JurisData* n° 2013-020956.

2) **Décès de l'un des adoptants.** En cas de décès de l'un des adoptants, l'action en révocation formée par l'adoptant survivant est recevable, la révocation ayant alors des effets limités au seul lien adoptif le concernant (■ TGI Paris, 28 oct. 1980 : *JurisData* n° 1980-080551 ; *JCP* N 1983, II, 96).

3) **Poursuite de l'action par les héritiers.** L'action en révocation de l'adoption, si elle est personnelle à l'adoptant et à l'adopté, peut, lorsqu'elle a été intentée par eux, être poursuivie par leurs héritiers (■ Cass. 1re civ., 21 juin 1989, n° 87-19.742 : *JurisData* n° 1989-002730 ; *Bull. civ.* I, n° 249, p. 166 ; *JCP* 1990, II, 21547, note Charles ; *D.* 1990, 182, note Lesca). Viole l'article 370 du Code civil la cour d'appel qui, pour déclarer recevable puis bien-fondé un recours en révision d'un jugement de révocation d'adoption simple, retient que le droit de former un recours en révision a été transmis, lors du décès de l'adopté, à son fils, alors que ni l'adoptant, ni l'adopté n'ont engagé, de leur vivant, d'action en révision du jugement de révocation et que le recours en révision dirigé contre le jugement de révocation d'une adoption simple est exclusivement attaché à la personne de l'adoptant et de l'adopté, de sorte que l'héritier de l'adopté est irrecevable à l'exercer lorsque cette action n'a pas été engagée par l'adopté (■ Cass. 1re civ., 6 déc. 2005 : *Bull. civ.* I, n° 477, p. 401 ; *RTD civ.* 2006, 100, obs. Hauser ; *JurisData* n° 2005-031138). L'épouse, adoptante, n'a pas qualité pour poursuivre la révocation de l'adoption par son mari prédécédé, puisque seuls les héritiers peuvent exercer les droits qui lui appartenaient, de sorte que l'adopté n'a pas à cesser de faire usage du nom de l'adoptant (■ Besançon, 22 avr. 2010 : *JCP* 2011, n° 7, act. 167 ; *JurisData* n° 2010-009379, faits de violence, d'injures, de vols et dégradations à l'encontre de l'adoptante).

4) **Fraude de l'adoptant.** L'adoptant ne peut se prévaloir d'une fraude dont il est l'auteur pour solliciter la révocation de cette adoption (■ Cass. 1re civ., 19 nov. 1991, n° 90-11.216 : *JurisData* n° 1991-003055 ; *Bull. civ.* I, n° 316, p. 206. ■ Cass. 1re civ., 28 févr. 2006 : *Bull. civ.* I, n° 125, p. 114 ; *RTD civ.* 2006, 296, obs. Hauser ; *JurisData* n° 2006-032414. Comp. pour le grief, non démontré en l'espèce, tiré de l'existence de liens intimes entre l'adoptant et l'adoptée, ■ Paris, 19 janv. 1993 : *RTD civ.* 1993, 340, obs. Hauser).

5) **Accord entre les parties.** Sur la nécessité de motifs graves, même en cas d'accord entre les parties, V. ■ TGI Paris, 28 mai 1996, n° 94/1113 : *JurisData* n° 1996-043809 ; *RTD civ.* 1996, 595, obs. Hauser ; *D.* 1997, somm. 162, obs. Granet.

Art. 370-1. *– Le jugement* **révoquant l'adoption doit être motivé.**

Son dispositif est mentionné en marge de l'acte de naissance ou de la transcription du jugement d'adoption, dans les conditions prévues à l'article 362.

Art. 370-2 *(L. n° 66-500, 11 juill. 1966 ; mod., L. n° 2011-1862, 13 déc. 2011).* **– La révocation fait cesser pour l'avenir tous les effets de l'adoption, à l'exception de la modification des prénoms.**

Date d'effet de la révocation. De même que le prononcé de l'adoption produit ses effets au jour de la requête, sa révocation prend effet à la date de la demande, l'article 370-2 ayant seulement pour effet d'écarter une rétroactivité plus étendue ; il s'ensuit que le décès de l'adoptant n'empêche pas la juridiction saisie de statuer sur la révocation (■ Cass. 1re civ., 21 juin 1989, n° 87-19.742 : *JurisData* n° 1989-002730 ; *Bull. civ.* I, n° 249, p. 166 ; *JCP* 1990, II, 21547, note Charles ; *D.* 1990, 182, note Lesca). Sur les conséquences de la révocation de l'adoption simple pour l'exercice de l'action en retranchement de l'article 1527 du Code civil, V. ■ Cass. 1re civ., 9 juill. 2014, n° 13-19.013 : *Bull.* ; *RTD civ.* 2014, 870, obs. Hauser ; *JCP* G 2015, 101, n° 1 ; *JCP* N 2015, 1089, n° 1, obs. Le Guidec ; *Dr. famille* 2014, 143, note Neirinck, et 144, note Beignier et Nicod ; *LPA* 14-15 mai 2015, 11, obs. Yildirim ; *JurisData* n° 2014-015996).

Voir : L. n° 66-500, 11 juill. 1966, portant réforme de l'adoption, p. 2903. – CPC, art. 1158 à 1178, p. 2349 et s.

CHAPITRE III. – DU CONFLIT DES LOIS RELATIVES À LA FILIATION ADOPTIVE ET DE L'EFFET EN FRANCE DES ADOPTIONS PRONONCÉES À L'ÉTRANGER

(L. n° 2001-111, 6 févr. 2001)

Bibliographie : F. Monéger, *L'adoption internationale entre dans le Code civil : JCP* 2001, 667. • M. Revillard, *La loi du 6 février 2001 relative à l'adoption internationale : Defrénois* 2001, 333. • M. Josselin-Gall, *Adoption internationale : changement de logique : JCP* N 2002, 1255. • P. Salvage-Gerest, *Entrée dans l'ordre juridique français des adoptions prononcées à l'étranger : quand cessera-t-on de marcher sur la tête ? : Dr. famille* 2013, étude 11.

Projet de réforme. J. Rubellin-Devichi, *Premiers regards sur le Rapport Colombani : JCP* 2008, act. 261. • P. Salvage-Gerest, *Adoption : le rapport de la « mission Colombabi » : Dr. famille* 2008, étude 13. • F. Chaltiel, *Actualité du droit de l'adoption : LPA* 28 sept. 2010, 6.

Art. 370-3 *(L. n° 2001-111, 6 févr. 2001).* **– Les conditions de l'adoption sont soumises à la loi nationale de l'adoptant ou, en cas d'adoption par deux époux, par la loi qui régit les effets de leur union. L'adoption ne peut toutefois être prononcée si la loi nationale de l'un et l'autre époux la prohibe.**

L'adoption d'un mineur étranger ne peut être prononcée si sa loi personnelle prohibe cette institution, sauf si ce mineur est né et réside habituellement en France.

Quelle que soit la loi applicable, l'adoption requiert le consentement du représentant légal de l'enfant. Le consentement doit être libre, obtenu sans aucune contrepartie, après la naissance de l'enfant et éclairé sur les conséquences de l'adoption, en particulier, s'il est donné en vue d'une adoption plénière, sur le caractère complet et irrévocable de la rupture du lien de filiation préexistant.

Bibliographie : P. Salvage-Gerest, *Adoption internationale : halte à la présomption irréfragable de vice du consentement parental. Réflexions sur l'article 370-3, alinéa 3, du Code civil : Dr. famille* 2007, étude 8. • S. Godechot-Patris, *L'enfant venu d'ailleurs face à l'interdit. Perspective de droit international privé* in *Mélanges Marie-Stéphane Payet*, Dalloz, 2011, 293.

1) Application dans le temps. Les dispositions du deuxième alinéa de l'article 370-3 s'appliquent aux procédures engagées à compter de l'entrée en vigueur de la loi n° 2001-111 du 6 février 2001 (art. 3). *Sur ce qu'elles ne s'appliquent pas aux procédures engagées avant cette entrée en vigueur*, V. ■ Amiens, 20 mars 2002, n° 01/01389 : *JurisData* n° 2002-173554 ; *Dr. famille* 2003, 9, note Farge.

2) Majeur étranger. Après avoir relevé que la règle de conflit du premier alinéa de l'article 370-3 du Code civil dispose que les conditions de l'adoption sont soumises à la loi nationale de l'adoptant, c'est à bon droit que la cour d'appel retient que, l'adopté étant majeur à la date de la requête, la loi française, loi nationale de l'adoptante, est applicable, les dispositions de l'alinéa 2 de ce texte, qui visent exclusivement le mineur étranger, ne pouvant recevoir application (■ Cass. 1re civ., 6 avr. 2011, n° 10-30.821 : *Bull. civ.* I, n° 73, p. 72 ; *Dr. famille* 2011, 98, note Neirinck ; *LPA* 13-14 juin 2011, 17, note Niemiec ; *JurisData* n° 2011-005584).

3) La « kafala » marocaine ou algérienne n'est pas une adoption au sens de l'article 370-3, alinéa 2, du Code civil (■ Cass. 1re civ., 10 oct. 2006, deux arrêts : *JurisData* n° 2006-035302 ; *Bull. civ.* I, n° 432, p. 371 et n° 431, p. 370 ; *Defrénois* 2007, 133, note Revillard, et 307, obs. Massip ; *JCP* 2007, II, 10072, note Farge ; *Dr. famille* 2007, 96, note Farge ; *JurisData* nos 2006-035302 et 2006-035303, cassation dans l'intérêt de la loi des arrêts qui assimilent la kafala à l'adoption simple pour considérer que les lois marocaine et algérienne autorisent l'adoption simple, alors que la kafala ne crée aucun lien de filiation entre l'enfant et les personnes qui le prennent en charge). Voir H. Fulchiron, *Adoption sur kafala ne vaut* : *D.* 2007, chron. 816. V. aussi ▪ Aix-en-Provence, 13 sept. 2005 : *JCP* 2006, II, 10042 [2e arrêt], note Gabriel ; *JurisData* n° 2005-284722. – Comp. ▪ Aix-en-Provence, 24 oct. 2006 : *JCP* 2007, II, 10073, note Verdot ; *JurisData* n° 2006-322119. ▪ Limoges, 1er oct. 2007 : *JCP* 2008, IV, 1431 ; *JurisData* n° 2007-350320, prononçant l'adoption plénière de l'enfant au motif que la loi algérienne prohibe essentiellement la double filiation, les autorités algériennes confiant des enfants algériens à des étrangers ayant par ailleurs conscience que l'adoption sera prononcée ; arrêt cassé par ▪ Cass. 1re civ., 9 juill. 2008 : *Bull. civ.* I, n° 198, p. 169 ; *Defrénois* 2008, 2181, note Revillard, et 2429, obs. Massip ; *D.* 2008, 2144, obs. Egéa ; *RTD civ.* 2008, 665, obs. Hauser ; *Dr. famille* 2008, 133, note Farge ; *JCP* 2008, IV, 2463 ; *JurisData* n° 2008-044757. Jugé par ailleurs que les dispositions du Code de la famille algérien relatives à la *kafala* ne sont pas contraires à l'intérêt supérieur de l'enfant tel qu'il est défini par le droit international (▪ Lyon, 23 oct. 2007 : *JCP* 2008, IV, 2248 ; *RTD civ.* 2008, 470, obs. Hauser ; *JurisData* n° 2007-360304, pourvoi rejeté par ▪ Cass. 1re civ., 25 févr. 2009, n° 08-11.033 : *Bull. civ.* I, n° 41, p. 32 ; *JCP* 2009, act. 136, obs. Farge, et II, 10072, note Gouttenoire ; *Dr. famille* 2009, 82, note Farge ; *D.* 2009, 730, obs. Egéa ; *Defrénois* 2009, 1156, obs. Massip ; *RTD civ.* 2009, 308, obs. Hauser ; *JurisData* n° 2009-047181). Après avoir relevé que la règle de conflit de l'article 370-3, alinéa 2, du Code civil renvoyant à la loi personnelle de l'adopté, était la traduction, en droit interne, des règles édictées par la convention de la Haye du 29 mai 1993 relative à la protection des enfants et la coopération en matière d'adoption internationale qui dispose, notamment dans son article 4 *a)*, que l'adoption ne peut être prononcée que si l'enfant est adoptable, c'est sans méconnaître son intérêt primordial, ni établir de différence de traitement au regard de sa vie familiale, ni compromettre son intégration dans une famille, que l'arrêt, constatant que l'article 46 du Code de la famille algérien interdit l'adoption, tandis que l'article 116 de ce même code définit la kafala comme l'engagement bénévole de prendre en charge l'entretien, l'éducation et la protection de l'enfant comme le ferait un père pour son fils, a rejeté la requête en adoption, dès lors que la *kafala*, *expressément reconnue par l'article 20, alinéa 3*, de la convention de New York du 26 janvier 1990 relative aux droits de l'enfant, préserve son intérêt supérieur (▪ Cass. 1re civ., 15 déc. 2010, n° 09-10.439 : *Bull. civ.* I, n° 265, p. 245 ; *JCP* 2011, n° 11-12, note 301, Garé ; *Dr. famille* 2011, 62, note Farge ; *D.* 2011, 1997, obs. Gouttenoire ; *JCP* N 2011, 1256, n° 3, obs. Boulanger ; *LPA* 29 nov. 2011, 8, obs. Parisot ; *JurisData* n° 2010-023881). V. dossier consacré à la kafala *in Dr. famille* 2009, études 1 à 12.

Le refus d'adoption d'un enfant recueilli au titre de la kafala n'est pas contraire au respect de la vie familiale garanti par l'article 8 de la Convention européenne des droits de l'homme (▪ CEDH, 4 oct. 2012, n° 43631/09, *Harroudj c/ France* : *D.* 2012, 2947, note Hammje ; *RTD civ.* 2012, 705, obs. Marguénaud ; *Dr. famille* 2012, 187, note Farge ; *JCP* G 2012, act. 1145, obs. Gonzalez ; *JCP* G 2013, 38, n° 5, obs. Favier, et 64, n° 17, obs. Sudre ; *RTD civ.* 2013, 105, obs. Hauser. ▪ CEDH, 16 déc. 2014, n° 52265/10, *Chbihi Loudoudi c/ Belgique* : *JCP* G 2015, act. 63, obs. Gonzalez). V. aussi Rép. min. n° 2068 : *JOAN* Q 27 nov. 2012, p. 7006.

Voir aussi : Circ. 22 oct. 2014 relative aux effets juridiques du recueil légal en France : *BO Min. Justice* n° 2014-11, 28 nov. 2014 (JUSC1416688C).

4) L'adoption-protection du droit malien ne créant pas de lien de filiation entre l'adoptant et l'adopté, alors que la création d'un tel lien est de l'essence de l'adoption en droit français, le jugement malien déclaré exécutoire en France ne peut y produire les effets d'une adoption simple (▪ Cass. 1re civ., 12 janv. 2011, n° 09-68.504 : *Bull. civ.* I, n° 6, p. 6 ; *Dr. famille* 2011, 46, note Farge ; *JCP* N 2011, 1230, note Massip ; *D.* 2011, 2143, obs. Vassallo ; *LPA* 10 juill. 2012, 5, 2e esp., note Kerckhove ; *JurisData* nos 2011-000183 et 2011-000290. V. aussi ▪ Paris, 12 mars 2009, n° 07/18580 : *JurisData* n° 2009-001765 ; *LPA* 1er juill. 2010, 11, obs. Kerckhove).

5) Office du juge. Le juge ne peut prononcer une adoption simple alors que seule une adoption plénière a été sollicitée (▪ Cass. 1re civ., 8 mars 2005, n° 02-12.740 : *JurisData* n° 2005-027444 ; *Dr. famille* 2005, 98, note Murat ; *Bull. civ.* I, n° 119, p. 102 ; *Defrénois* 2005, 1219, note Revillard). Il ne peut non plus dénaturer les termes clairs et précis du consentement de la mère à l'abandon de l'enfant (même arrêt).

6) Formalités. Légalisation. Les actes établis par une autorité étrangère et destinés à être produits devant les juridictions françaises (consentement à une adoption plénière) doivent au préalable, selon la coutume internationale et sauf Convention internationale contraire, être légalisés pour y produire effet (▪ Cass. 1re civ., 23 mai 2012, n° 11-17.716 : Bull. civ. I, n° 114, p. 103 ; *D.* 2012, 1723, note Brière ; *JurisData* n° 2012-011050. ▪ Cass. 1re civ., 28 nov. 2012, deux arrêts, nos 11-28.645 et 12-30.090 : *Bull. civ.* I, n° 244, p. 233, et n° 245, p. 234 ; *D.* 2012, 2889, obs. Gallmeister ; *JurisData* nos 2012-027583 et 2012-026879 ; refus de conversion d'adoptions simples en adoptions plénières). V. E. Cadou, *Adoption internationale : variations autour de l'exigence de légalisation du consentement des représentants légaux en vue d'une adoption plénière* : *D.* 2012, 2260. – S. Alma-Delettre, *La conversion de l'adoption simple étrangère : pas si simple !* : *Dr. famille* 2013, étude 4.

Sur la procédure de légalisation, V. D. n° 2007-1205, 10 août 2007.

7) Conventions internationales. Au regard des conditions exigées par la Convention de la Haye du 29 mai 1993 sur la protection des enfants et la coopération en matière d'adoption internationale, la violation de l'article 370-3 du Code civil ne peut être opposée à la reconnaissance du jugement d'adoption étranger (■ Cass. 1re civ., 1er avr. 2015, n° 14-50.044). La violation de l'article 370-3 du Code civil ne peut être opposée à l'exequatur d'un jugement d'adoption ivoirien (■ Cass. 1re civ., 7 déc. 2016, n° 16-23.471 : *Bull.* ; *JCP* G 2016, act. 1408, obs. Mailhé ; *JurisData* n° 2016-025990, violation de l'article 36 de l'Accord de coopération en matière de justice signé entre la France et la Côte d'Ivoire le 24 avril 1961 et de l'article 370-3 du Code civil).

Art. 370-4 *(L. n° 2001-111, 6 févr. 2001)*. – **Les effets de l'adoption prononcée en France sont ceux de la loi française.**

Art. 370-5 *(L. n° 2001-111, 6 févr. 2001)*. – **L'adoption régulièrement prononcée à l'étranger produit en France les effets de l'adoption plénière si elle rompt de manière complète et irrévocable le lien de filiation préexistant. À défaut, elle produit les effets de l'adoption simple. Elle peut être convertie en adoption plénière si les consentements requis ont été donnés expressément en connaissance de cause.**

Bibliographie : P. Salvage-Gerest, *Adoption internationale posthume : un feuilleton déplorable* : *Dr. famille* 2011, étude 6.

1) Adoption par une seule personne. Jugé, sous l'empire du droit antérieur, que les conditions comme les effets de l'adoption sont régis, lorsque l'adoption est demandée par une seule personne, par la loi nationale de celle-ci, la loi de l'enfant devant seulement déterminer les conditions du consentement ou de la représentation de l'adopté (■ Cass. 1re civ., 7 nov. 1984, n° 83-12.897 : *JurisData* n° 1984-002404 ; *Bull. civ.* I, n° 294, p. 251 ; *Rev. crit. DIP* 1985, 533, note Simon-Depitre. – V. aussi ■ Versailles, 24 sept. 1992 : *JurisData* n° 1992-600361 ; *JCP* 1993, II, 22049, note Muir Watt. ■ Paris, 31 mars 1995 : *Rev. crit. DIP* 1996, 314, note Muir Watt).

2) Consentement à l'adoption. Jugé, sous l'empire du droit antérieur, que si le contenu même du consentement, savoir s'il a été donné en vue d'une adoption simple ou d'une adoption plénière, doit être apprécié indépendamment des dispositions de la loi nationale de l'adopté, le juge français doit s'attacher à la volonté, expresse ou présumée, de la personne qui a consenti (■ Cass. 1re civ., 31 janv. 1990, n° 87-18.955 : *JurisData* n° 1990-001180 ; *Bull. civ.* I, n° 29, p. 20 ; *Rev. crit. DIP* 1990, 519, note Poisson-Drocourt ; *JCP* 1991, II, 21635, note Muir Watt. – V. aussi ■ Paris, 12 juill. 1991 : *JurisData* n° 1991-600388 ; *Rev. crit. DIP* 1992, 309, note Muir Watt. ■ Cass. 1re civ., 3 oct. 2000, n° 99-05.072 : *JurisData* n° 2000-006097 ; *JCP* 2000, IV, 2708 ; *Bull. civ.* I, n° 229, p. 151 ; *Dr. famille* 2001, 38, note Murat ; *Defrénois* 2001, 96, obs. Massip. En matière d'adoption internationale, le juge doit vérifier que le consentement donné par l'adopté ou son représentant l'a été en pleine connaissance des effets attachés par la loi française à cette institution et, en particulier, dans le cas d'adoption en forme plénière, du caractère complet et irrévocable de la rupture des liens qui unissent l'enfant à sa famille par le sang (■ Cass. 1re civ., 1er juin 1994 : *Bull. civ.* I, n° 196, p. 144 ; *D.* 1995, 261, note Poisson-Drocourt ; *Defrénois* 1994, 1443, obs. Massip, consentement à une simple prise en charge par la « nourricière » conformément à la loi et aux coutumes marocaines. – V. aussi ■ Cass. 1re civ., 10 mai 1995, n° 93-17.634 : *JurisData* n° 1995-001019 ; *JCP* 1995, IV, 1594 ; *Bull. civ.* I, n° 198, p. 142 ; *D.* 1995, 544, 2e esp., note Larribau-Terneyre ; *Rev. crit. DIP* 1995, 547, note Muir Watt ; *Defrénois* 1996, 331, obs. Massip ; *Gaz. Pal.* 1996, 1, somm. 239, obs. Massip. ■ Cass. 1re civ., 30 sept. 2003, n° 01-17.462 : *JurisData* n° 2003-020393 ; *Defrénois* 2004, 155, 2e esp., obs. Massip. ■ Paris, 17 nov. 1995 : *D.* 1996, somm. 157, 2e esp., obs. Granet-Lambrechts. ■ Pau, 26 févr. 1996 : *Defrénois* 1996, 1346, obs. Massip. ■ Agen, 22 janv. 1996 : *JurisData* n° 1996-044282 ; *JCP* 1997, IV, 108. ■ Grenoble, 15 oct. 2008 : *JCP* 2009, n° 27, act. 66 ; *JurisData* n° 2008-007575). Ayant relevé qu'il ressortait de la chronologie des faits qu'un arrangement contractuel entre les adoptants, de nationalité française et résidant en France, et la mère, résidant aux États-Unis, avait manifestement précédé la naissance de l'enfant et avait conduit au consentement à l'adoption dès le lendemain de la naissance, que le caractère précipité de la procédure et notamment du consentement donné par la mère, était incompatible avec l'exigence d'un consentement libre et éclairé, que les conséquences de tous les actes réalisés en l'espace d'une heure et demie, n'avaient pu être évaluées par la mère qui n'avait, au moment de la signature de ces actes, pas pu faire l'expérience de la séparation, la cour d'appel en a déduit, par une appréciation souveraine, que le consentement à l'adoption donné par la mère ne revêtait pas le caractère du consentement libre et éclairé exigé par l'article 370-3, alinéa 3, du Code civil ; qu'elle a ainsi légalement justifié sa décision de rejeter la demande de transcription du jugement sur les registres de l'état civil français (▪ Cass. 1re civ., 9 mars 2011, n° 09-72.371 : *Defrénois* 2011, 519 ; *Dr. famille* 2011, 73, note Neirinck ; *RTD civ.* 2011, 338, obs. Hauser ; *JCP* 2011, doctr. 839, n° 9, obs. Favier ; *JurisData* n° 2011-005508). L'autorité publique étrangère, représentant légal du mineur, n'a pas le pouvoir de consentir à l'adoption dès lors que la loi nationale de l'enfant ne le permet pas (▪ Cass. 1re civ., 1er juill. 1997, n° 95-14.075 : *JurisData* n° 1997-003163 ; *JCP* 1997, II, 22916, note Garé, I, 101, n° 4, obs. Favier ; *D.* 1998, 187, note Poisson-Drocourt ; *Bull. civ.* I, n° 223, p. 149 ; *Dr. famille* 1997, 119, 1er arrêt, note Murat ; *Defrénois* 1998, 723, 1re esp., obs. Massip. – *Contra*, ▪ Cass. 1re civ., 16 déc. 1997, n° 97-05.020 : *JurisData* n° 1997-005367 ; *JCP* 1998, II, 10186, note Garé ; *Bull. civ.* I, n° 375, p. 254 ; *Rev. crit. DIP* 1998, 433, note Muir Watt ; *Dr. famille* 1998, 61, note Murat ; *Defrénois* 1998, 723, 2e esp., obs. Massip. ▪ Aix-en-Provence, 25 mars 1999 : *JurisData* n° 1999-104362 ; *JCP* 1999, IV, 3150 ; *D.* 2000, 45, note Donnier). Lorsque les conditions de l'adoption plénière sont régies par la loi française des adoptants, le consentement exprès et éclairé des parents de l'enfant, qui peut être recueilli par tous moyens, est une exigence de droit matériel qui ne peut être satisfaite par une délibération du conseil de famille selon la loi française (▪ Cass. 1re civ., 22 oct. 2002 : *JCP* 2002, IV, 2935 ; *JurisData* n° 2002-016290 ; *Bull. civ.* I, n° 236, p. 182). V. la circulaire du 16 févr. 1999 : *JCP* 1999, III, 20071 et le commentaire de J. Rubellin-Devichi : *JCP* 1999, I, 160, n° 4. – Y. Favier, *L'adoption de l'enfant étranger : statut de l'enfant et portée de sa loi personnelle : Dr. famille* 1999, chron. 9. Pour un rejet de la demande d'adoption d'un enfant brésilien justifié par unesuspicion de fraude à la loi brésilienne, V. ▪ Paris, 19 sept. 1995 : *JurisData* n° 1995-023268 ; *Rev. crit. DIP* 1996, 112, note Muir Watt. Sur la procédure de légalisation de l'acte authentique portant consentement à l'adoption, V. ▪ Cass., avis, 4 avr. 2011, n° 11-00.001 : *D.* 2011, 2016, note Guez ; *RTD civ.* 2011, 338, obs. Hauser.

3) Révocation de l'adoption. La révocation d'une adoption est soumise à la loi de l'adoptant, alors d'ailleurs que l'adopté a acquis la nationalité française de celui-ci (▪ Paris, 11 juill. 1975 : *JurisData* n° 1975-615162 ; *D.* 1976, 682, note Poisson, 2e esp. ; *Rev. crit. DIP* 1976, 695, note Jacques Foyer, 2e esp.).

TITRE IX. – DE L'AUTORITÉ PARENTALE

(L. n° 70-459, 4 juin 1970)

CHAPITRE I. – DE L'AUTORITÉ PARENTALE RELATIVE À LA PERSONNE DE L'ENFANT

Art. 371. – L'enfant, à tout âge, doit honneur et respect à ses père et mère.

1) Frais d'obsèques. Lorsque l'actif successoral ne permet pas de faire face aux frais d'obsèques, l'enfant, tenu de l'obligation alimentaire à l'égard de ses ascendants, doit, même s'il a renoncé à leur succession, assumer la charge de ces frais dans la proportion de ses ressources (▪ Cass. 1re civ., 14 mai 1992, n° 90-18.967 : *JurisData* n° 1992-001284 ; *JCP* 1993, II, 22097, note Tetsu ; *D.* 1993, 247, note Eschylle ; *Bull. civ.* I, n° 140, p. 95. – V. aussi ▪ Cass. 1re civ., 8 juin 2004, n° 02-12.131 : *JurisData* n° 2004-024003 ; *Dr. famille 2004, 152*, note Beignier. ▪ Cass. 1re civ., 21 sept. 2005, n° 03-10.679 : *JurisData* n° 2005-029760 ; *Dr. famille* 2005, 251, note Beignier. – V. désormais art. 806, p. 610). Il en va ainsi même dans l'hypothèse où l'enfant n'a pas connu son père pour être né peu après son décès (▪ Cass. 1re civ., 28 janv. 2009, n° 07-14.272 : *Bull. civ.* I, n° 12, p. 9 ; *JCP* 2009, IV, 1350 ; *D.* 2009, 1927, note Raoul-Cormeil, et 2514, obs. Brémond ; *JCP* N 2009, act. 250, obs. Dutrieux ; *Defrénois* 2009, 748, note Massip ; *RTD civ.* 2009, 307, obs. Hauser ; *JurisData* n° 2009-046743).

2) Enrichissement sans cause. Le devoir moral de l'enfant envers ses parents n'exclut pas que l'enfant puisse obtenir une indemnité pour l'aide et l'assistance apportées dans la mesure où, ayant excédé les exigences de la piété familiale, les prestations librement fournies ont réalisé à la fois un appauvrissement pour l'enfant et un enrichissement corrélatif des parents (▪ Cass. 1re civ., 12 juill. 1994, n° 92-17.461 : *JurisData* n° 1994-001754 ; *JCP* 1995, II, 22425, note Sériaux ; *Bull. civ.* I, n° 250, p. 181 ; *Defrénois* 1994, 1511, note X. Savatier ; *D.* 1995, 623, note Tchendjou. –

V. aussi ▪ Cass. 1re civ., 5 janv. 1999, n° 96-18.496 : *JurisData* n° 1999-000032 ; *JCP* N 1999, 722, note Pillebout ; *JCP* N 2000, 963, n° 3, obs. Le Guidec. ▪ Cass. 1re civ., 23 janv. 2001 : *JCP* G 2001, I, 366 et *JCP* N 2002, 1194, n° 1, obs. Le Guidec ; *JurisData* n° 2001-007870 ; *Bull. civ.* I, n° 9, p. 6 ; *Defrénois* 2001, 719, obs. Libchaber ; *D.* 2001, somm. 2940, obs. Vareille ; *Dr. famille* 2002, 63, note Chassagnard. ▪ Cass. 1re civ., 3 nov. 2004, n° 02-18.509 : *JurisData* n° 2004-025438 ; *JCP* 2005, II, 10024, note F. Boulanger ; *Bull. civ.* I, n° 248, p. 206. – V. B. Gelot, *Le règlement de la créance compensatrice d'assistance aux personnes âgées* : *Defrénois* 1996, 842).

Art. 371-1 *(L. n° 2002-305, 4 mars 2002 ; L. n° 2013-404, 17 mai 2013)* (1). **– L'autorité parentale est un ensemble de droits et de devoirs ayant pour finalité l'intérêt de l'enfant.**

Elle appartient aux (2) parents jusqu'à la majorité ou l'émancipation de l'enfant pour le protéger dans sa sécurité, sa santé et sa moralité, pour assurer son éducation et permettre son développement, dans le respect dû à sa personne.

Les parents associent l'enfant aux décisions qui le concernent, selon son âge et son degré de maturité.

Bibliographie : F. Boulanger, *Réflexions sur la portée et les limites du principe d'égalité des deux membres du couple dans l'attribution et l'exercice des droits parentaux* in *Mélanges Gérard Champenois* : *Defrénois* 2012, 59. • I. Maria, *Réflexions autour de la distinction entre titularité et exercice de l'autorité parentale* in *Mélanges Neirinck*, LexisNexis 2015, 735. • S. Paricard, *Quelle autonomie pour l'enfant au sein d'un couple parental uni ?* in *Mélanges Neirinck*, LexisNexis 2015, 755.

1) Œuf fécondé congelé. L'épouse ne peut se prévaloir de l'autorité parentale sur l'œuf fécondé congelé (▪ TGI Rennes, 30 juin 1993 : *JurisData* n° 1993-605679 ; *JCP* 1994, II, 22250, note Neirinck).

2) Parent mineur. Jugé que l'article 371-1 du Code civil n'impose pas de condition d'âge minimum pour qu'un père ou une mère exerce l'autorité parentale (▪ Dijon, 4 juill. 2012, n° 12/00315 : *LPA* 12 août 2013, 13, obs. Dekeuwer-Défossez).

3) Intérêt de l'enfant. Sur le principe que les juges du fond doivent prendre en considération l'intérêt de l'enfant, V. ▪ Cass. 1re civ., 16 janv. 1979, n° 78-80.002 : *JurisData* n° 1979-700022 ; *D.* 1980, 85, note Lanquetin. ▪ Cass. 1re civ., 24 juin 1986, n° 85-10.203 : *Gaz. Pal.* 1987, 1, 16. ▪ Cass. 1re civ., 16 juill. 1993, n° 92-19.618 : *JurisData* n° 1993-002497 ; *Bull. civ.* I, n° 265, p. 183. Prive sa décision de base légale au regard des articles 3-1 de la convention de New York du 26 janv. 1990 relative aux droits de l'enfant et 371-1 du Code civil, la cour d'appel qui, pour décider que des enfants ayant la double nationalité française et luxembourgeoise et résidant avec leur mère au Luxembourg devront poursuivre leur scolarité dans une école francophone, se détermine en considération de l'intérêt du père de nationalité française, sans rechercher quel est l'intérêt supérieur des enfants (▪ Cass. 1re civ., 8 nov. 2005 : *Bull. civ.* I, n° 404, p. 338 ; *D.* 2006, 554 [1re esp.], note Boulanger ; *RTD civ.* 2006, 101, obs. Hauser ; *Dr. famille* 2006, 28, 1re esp., note Gouttenoire ; *JurisData* n° 2005-030708).

4) Assistance éducative. Sur les cas dans lesquels une mesure d'assistance éducative peut être ordonnée, voir art. 375, p. 357. Les juges du fond peuvent estimer qu'une mineure doit être remise à sa mère par sa nourrice qui l'élevait depuis plusieurs années, dès lors qu'ils retiennent que la mère, malgré son état de concubinage, présente toutes les garanties désirables pour assurer normalement l'entretien, la santé, l'éducation, la sécurité de sa fille, et sauvegarder sa moralité (▪ Cass. 1re civ., 11 mai 1976 : *D.* 1976, 521, note Hovasse).

5) Obsèques de l'enfant. Sur le droit des parents de régler les obsèques de l'enfant, V. ▪ Paris, 24 mars 1922 : *DP* 1922, 2, 108.

6) IVG. Sur la nécessité du consentement de l'une des personnes qui exercent l'autorité parentale pour l'interruption volontaire de grossesse d'une mineure célibataire (V. C. santé publ., art. L. 2212-7, p. 2728). Le refus des parents de consentir à l'IVG de leur fille mineure peut être abusif mais le juge des enfants ne peut autoriser l'interruption que si l'état de grossesse est de nature à mettre en danger la mineure (▪ Bordeaux, 4 déc. 1991 : *JurisData* n° 1991-050482 ; *D.* 1993, 129, note Dubaele).

7) Droits de la personnalité. Un mineur ne peut, sans l'autorisation de la ou des personnes ayant autorité sur lui, conclure une convention relative à un droit de la personnalité, tel que le droit à l'image (▪ Cass. 1re civ., 27 mars 1990, n° 88-18.396 : *JurisData* n° 1990-701211 ; *Bull. civ.* I,

(1) Dispositions applicables aux instances en cours qui n'ont pas donné lieu à une décision passée en force de chose jugée (L. n° 2002-305, 4 mars 2002).

(2) Dispositions applicables en Nouvelle-Calédonie, dans les îles Wallis-et-Futuna et en Polynésie française, L. n° 2013-404, 17 mai 2013, art. 22.

n° 72, p. 52. V. déjà ■ Paris, 13 mars 1965 : *JCP* 1965, II, 14223. V. en ce sens pour la divulgation de faits relatifs à la vie privée du mineur, ■ Cass. 1re civ., 18 mai 1992 : *Bull. civ.* I, n° 134, p. 118).

8) Réseaux sociaux. Sur la suppression d'un compte Facebook ouvert au nom d'un enfant mineur, V. ■ Aix-en-Provence, 2 sept. 2014, n° 13/19371 : *JCP* G 2014, act. 1091, obs. Filippi ; *JurisData* n° 2014-019786.

9) Jugé que l'inscription de l'enfant dans une école confessionnelle, alors qu'il était inscrit dans une école publique, s'analyse comme un acte grave nécessitant que les parents y consentent conjointement (■ Aix-en-Provence, 27 oct. 2016, n° 15/19572 : *Dr. famille* 2017, 39, obs. Slimani ; *JurisData* n° 2016-022465).

10) Sur le choix de la **religion de l'enfant**, voir sous art. 373-2-11, p. 353.

Art. 371-2 *(L. n° 2002-305, 4 mars 2002)* (1). **– Chacun des parents contribue à l'entretien et à l'éducation des enfants à proportion de ses ressources, de celles de l'autre parent, ainsi que des besoins de l'enfant.**

Cette obligation ne cesse pas de plein droit lorsque l'enfant est majeur.

Bibliographie : Y. Delecraz et M. Chetaille, *Le financement par les parents des études supérieures de leurs enfants : JCP* N 2011, 1154. • *Les aliments*, dossier in *LPA* 24 juin 2010. • C. Neirinck, *Créance d'entretien de l'enfant et vie sentimentale des parents débiteurs* in *Mélanges Jean Hauser*, LexisNexis-Dalloz 2012, 443.

Voir aussi : art. 203, p. 175.

1) Principe. Sur l'obligation alimentaire, V. art. 203 et s., p. 175. L'obligation des parents de subvenir à l'entretien et à l'éducation des enfants à charge ne cesse que s'ils démontrent être dans l'impossibilité de s'en acquitter (■ Cass. 2e civ., 23 oct. 1985 : *Bull. civ.* II, n° 157, p. 103. ■ Cass. 2e civ., 18 mars 1992, n° 90-20.535 : *JurisData* n° 1992-000639 ; *Bull. civ.* II, n° 91, p. 45. ■ Cass. 2e civ., 1er avr. 1992, n° 90-21.724 : *JurisData* n° 1992-001064 ; *Bull. civ.* II, n° 114, p. 56).

2) Autonomie de l'action en contribution. La demande en contribution à l'entretien de l'enfant depuis sa naissance, formée par la mère, est recevable, bien que l'enfant, devenu majeur, ait engagé une action en recherche de paternité (■ Cass. 1re civ., 9 nov. 2016, n° 15-27.246 : *Bull.* ; *JCP* G 2016, act. 1272, obs. Favier ; *Dr. famille* 2017, 32, note Panet ; *RTD civ.* 2017, 115, obs. Hauser ; *LPA* 7 févr. 2017, 9, note Hisquin, et 22 févr. 2017, 11, note Morin et Niel ; *JurisData* n° 2016-022983).

3) Fixation du montant. Les juges du fond fixent souverainement le montant de la contribution (■ Cass. 2e civ., 2 mars 1994, n° 91-21.618 : *JurisData* n° 1994-001755 ; *Bull. civ.* II, n° 77, p. 45. ■ Aix-en-Provence, 17 déc. 1996 : *JCP* 1997, IV, 2308). Ils doivent rechercher quelles sont les ressources des parties et ne peuvent se borner à énoncer que le père n'en est pas dépourvu (■ Cass. 2e civ., 23 oct. 1985, préc.). – V. J.-C. Bardout et I. Lorthios, *La table de référence des contributions aux frais d'éducation et d'entretien* : *Dr. famille* 2010, étude 24. – J. Massip, obs. *in Defrénois* 2010, 2021. – J.-C. Bardout, *Les proportionnalités mises en œuvre dans la table de référence des pensions alimentaires pour enfant* : *Defrénois* 2016, 418.

4) Interdiction de se fonder sur une table de référence. En fondant sa décision sur une table de référence, fût-elle annexée à une circulaire [n° CIV/06/10, 12 avr. 2010], la cour d'appel, à laquelle il incombait de fixer le montant de la contribution litigieuse en considération des seules facultés contributives des parents de l'enfant et des besoins de celui-ci, a violé, par fausse application, l'article 371-2 du Code civil (■ Cass. 1re civ., 23 oct. 2013, n° 12-25.301 : *Bull. civ.* I, n° 203, p. 202 ; *JCP* G 2013, 1269, note Bazin ; *D.* 2014, 564, obs. Capitaine ; *Dr. famille* 2013, 162, note Neirinck et note Bardout ; *JCP* G 2014, 43, n° 10, obs. Rebourg, et 436, n° 5, obs. Libchaber ; *LPA* 5 déc. 2013, 12, note Massip, et 25-26 déc. 2013, 10, note Hisquin ; *RTD civ.* 2014, 77, obs. Deumier, et 105, obs. Hauser ; *JurisData* n° 2013-023208).

5) Ressources du débiteur. Jugé que si l'allocation compensatrice pour aide d'une tierce personne ou frais supplémentaires dans l'exercice d'une activité professionnelle est incessible et insaisissable sauf pour les frais d'entretien du handicapé, il n'en résulte pas nécessairement qu'elle doive être exclue du calcul des ressources de l'intéressé lorsque celui-ci dispose d'autres revenus sur lesquels peut être exécutée l'obligation alimentaire (■ Cass. 2e civ., 7 juin 1990, n° 89-12.740 : *JurisData* n° 1990-702132 ; Gaz. Pal. 1991, 1, 178, note Dagorne-Labbe). Pour la détermination de la contribution de chacun des parents à l'entretien

(1) Dispositions applicables aux instances en cours qui n'ont pas donné lieu à une décision passée en force de chose jugée (L. n° 2002-305, 4 mars 2002).

et à l'éducation des enfants, les allocations familiales peuvent être prises en compte au titre des ressources dont chacun d'eux disposent (■ Cass. 1re civ., 17 nov. 2010, n° 09-12.621 : *Bull. civ.* I, n° 234, p. 219 ; *LPA* 10 mai 2011, 6, note Aubry). Précédemment jugé qu'à défaut de dispositions contraires du jugement, la somme allouée au titre des allocations familiales ne s'imputait pas sur le montant de la somme versée pour la contribution à l'entretien et à l'éducation des enfants (■ Cass. 2e civ., 3 déc. 1997 : *JCP* 1998, II, 10077, note Garé). Cette contribution, étant étrangère à la prestation compensatoire mise à la charge personnelle de l'époux qui la doit, n'avait pas à être incluse dans l'appréciation de ses ressources et des besoins de l'époux à qui elle était versée (même arrêt). Sur l'absence de prise en compte des revenus du concubin du débiteur, qui n'est pas tenu d'une obligation alimentaire à l'égard de l'enfant, V. ■ Cass. 1re civ., 21 oct. 2015, n° 15-25.132 : *Dr. famille* 2016, étude 3, chron. Ancel ; *RTD civ.* 2016, 96, obs. Hauser ; *LPA* 2 déc. 2016, 4, obs. Livoir ; *JurisData* n° 2015-023498.

6) **Autres charges de famille.** Les nouvelles charges contractées par le débiteur doivent être prises en compte pour fixer le montant de la contribution de l'époux à l'entretien et à l'éducation de ses autres enfants issus d'un mariage (■ Cass. 1re civ., 16 avr. 2008, n° 07-10.663 : *JurisData* n° 2008-043625 ; *Bull. civ.* I, n° 111, p. 94 ; *D.* 2008, 1271, 2e esp., obs. Avena-Robardet ; *RTD civ.* 2008, 472, obs. Hauser, cassation, au visa des articles 310 et 371-2, de l'arrêt ayant décidé qu'il incombait à l'époux de faire son affaire personnelle des obligations contractées du fait de la naissance d'un enfant adultérin conçu au mépris de l'obligation de fidélité entre époux et dont les droits ne sauraient préjudicier à ceux des enfants légitimes).

7) **Ressources du créancier.** L'ensemble des ressources dont dispose le parent qui a la charge effective de l'enfant doit être pris en compte, au même titre que la situation spécifique de ce dernier ; c'est donc à bon droit que les juges du fond prennent en compte l'allocation d'éducation spéciale versée à la mère (■ Cass. 2e civ., 9 déc. 1999, n° 97-15.133 : *JurisData* n° 1999-004447 ; *Bull. civ.* II, n° 184, p. 126 ; *D.* 2000, 451, note Dagorne-Labbe). La prestation compensatoire, destinée à compenser la disparité dans les conditions de vie respectives des époux créée par la rupture du mariage, n'a pas à être incluse dans l'appréciation des ressources de l'époux à qui elle est versée pour la fixation de la contribution à l'entretien et à l'éducation des enfants (■ Cass. 1re civ., 19 nov. 2014, n° 13-23.732 : *Bull.* ; *Dr. famille* 2015, 26, note Binet ; *RTD civ.* 2015, 115, obs. Hauser ; *JurisData* n° 2014-027903).

8) **Patrimoine du créancier.** Jugé que le patrimoine des enfants n'est pas pris en compte pour fixer le montant de la contribution à leur entretien et leur éducation (■ Versailles, 17 févr. 2011 : *JCP* 2011, n° 13, act. 328, Kessler ; *JurisData* n° 2011-002015, enfants ayant bénéficié d'une donation de leur grand-père dans une intention libérale manifeste et qui n'a pas à pallier les carences du père dans l'exécution de ses propres obligations).

9) **Prise en compte de l'attitude des parents (non).** Viole les articles 371-2 et 373-2-2 du Code civil la cour d'appel qui se fonde sur l'attitude du débiteur (dissimulation de sa situation actuelle) pour augmenter sa contribution mensuelle à l'entretien et à l'éducation de son enfant, alors que celle-ci ne peut être fixée qu'en fonction des ressources des parents et des besoins des enfants (■ Cass. 1re civ., 19 juin 2006, n° 06-17.722 : *Dr. famille* 2007, 172, note Murat ; *JurisData* n° 2007-039671).

10) **Majorité.** Voir sous art. 203, annot. n° 6 et s., p. 176.

11) **Actions aux fins d'établissement de la filiation.** V. sous art. 331, annot. n° 1, p. 299.

Art. 371-3. – L'enfant ne peut, sans permission des père et mère, quitter la maison familiale et il ne peut en être retiré que dans les cas de nécessité que détermine la loi.

Art. 371-4 *(L. n° 2002-305, 4 mars 2002* (1) *; mod., L. n° 2007-293, 5 mars 2007 ; L. n° 2013-404, 17 mai 2013).* **– L'enfant a le droit d'entretenir des relations personnelles avec ses ascendants. Seul l'intérêt de l'enfant peut faire obstacle à l'exercice de ce droit.**

Si tel est l'intérêt de l'enfant, le juge aux affaires familiales fixe les modalités des relations entre l'enfant et un tiers, parent ou non (2)**, en particulier lorsque ce tiers a résidé de manière stable avec lui et l'un de ses parents, a pourvu à son éducation, à son entretien ou à son installation, et a noué avec lui des liens affectifs durables.**

(1) Dispositions applicables aux instances en cours qui n'ont pas donné lieu à une décision passée en force de chose jugée (L. n° 2002-305, 4 mars 2002).

(2) Dispositions applicables en Nouvelle-Calédonie, dans les îles Wallis-et-Futuna et en Polynésie française, L. n° 2013-404, 17 mai 2013, art. 22.

Bibliographie : H. Bosse-Platière, *La présence des grands-parents dans le contentieux familial : JCP* 1997, I, 4030. • S. Digard, *Les droits de visite et d'hébergement des grands-parents et les motifs graves de nature à y faire obstacle : JCP* N 1990, I, 128. • N. Rexand-Pourias, *Les relations entre grands-parents et petits-enfants depuis la loi du 4 mars 2002 sur l'autorité parentale : JCP* G 2003, I, 100 et *JCP* N 2003, 1307. • M.-Th. Cordier, *Autorité parentale, Grands-parents – Petits-enfants : Dr. famille* juin 2007, pan. jurispr. 1.

I – RÈGLES DE FOND

A – Relations avec les grands-parents

1) Principe. Seul l'intérêt de l'enfant doit être pris en considération pour faire obstacle à l'exercice du droit d'un enfant à entretenir des relations personnelles avec ses ascendants (▪ Cass. 1re civ., 14 janv. 2009, n° 08-11.035 : *D.* 2009, 372, obs. Egéa, et 1923, obs. Gouttenoire ; *RTD civ.* 2009, 309, obs. Hauser ; *JCP* 2009, n° 28, chron. 115, n° 9, obs. Favier ; *Dr. famille* 2009, 41, note Murat ; *JurisData* n° 2009-046523. V. aussi A. Molière, *Les droits de visite de l'article 371-4 du Code civil : l'intérêt de l'enfant, encore et toujours... : Dr. famille* 2016, 138). Jugé auparavant que l'article 371-4 présume qu'il est de l'intérêt des enfants d'entretenir des relations personnelles avec leurs grands-parents, à moins qu'il ne soit justifié de motifs graves de nature à y faire obstacle (▪ Cass. 1re civ., 1er déc. 1982, n° 81-14.627 : *Bull. civ.* I, n° 346, p. 297 ; F. Terré et Y. Lequette, *Les grands arrêts de la jurisprudence civile*, t. 1, Dalloz, 13e éd., 2015, nos 61-62, p. 382). Mais jugé qu'il ne peut être exigé que le mobile des grands-parents soit purement altruiste (▪ Grenoble, 10 mai 2017, n° 16/02617 : *Dr. famille* 2017, 227, Bernand ; *JurisData* n° 2017-011931). Les juges du fond peuvent estimer qu'il n'est pas opportun de prévoir une reprise de contact entre les enfants ayant fait l'objet d'une adoption plénière et la grand-mère par le sang (▪ Cass. 1re civ., 16 juill. 1997, n° 96-12.762 : *JurisData* n° 1997-003465 ; *Dr. famille* 1997, 173, note Murat ; *Defrénois* 1998, 720, obs. Massip. – V. aussi ▪ Bordeaux, 19 sept. 1996 : *JurisData* n° 1996-044191 ; *RTD civ.* 1998, 355, obs. Hauser). La cour d'appel ne peut décider que le droit de visite du père s'exercera, à défaut d'accord entre les parties, hors la présence des grands-parents paternels, alors que seul le comportement du grand-père a motivé une telle modalité (▪ Cass. 2e civ., 7 juin 2001 : *Dr. famille* 2001, 94, note Murat ; *JurisData* n° 2001-010124).

2) Arrière-grands-parents. Sur l'application de l'article 371-4 (anc.) aux arrière-grands-parents, V. ▪ TGI Paris, 3 juin 1976 : *JurisData* n° 1976-760628 ; *D.* 1977, 303, note Cazals. ▪ Bordeaux, 28 nov. 2000 : *JurisData* n° 2000-130313. ▪ Poitiers, 31 août 2005 : *JCP* 2006, IV, 2294 ; *JurisData* n° 2005-289559, refusant la demande de l'arrière-grand-mère pour motifs graves (troubles psychiatriques et agressivité à l'égard des autres membres de la famille).

3) Conflit avec les parents. Les juges du fond peuvent estimer qu'en raison du conflit aigu opposant les grands-parents et la mère de l'enfant, il ne convient pas d'accorder, dans les circonstances actuelles, un droit de visite aux grands-parents (▪ Cass. 1re civ., 13 déc. 1989, n° 88-16.575 : *JurisData* n° 1989-704588 ; *JCP* 1990, IV, 64 ; *Bull. civ.* I, n° 389, p. 261. – V. aussi ▪ Bordeaux, 6e ch., 27 juin 1994 : *JurisData* n° 1994-043223, grands-parents paternels faisant porter la responsabilité du suicide de leur fils sur leur belle-fille. ▪ Rennes, 12 sept. 1995 : *JurisData* n° 1995-052945 ; *Dr. famille* 1997, 8, note Murat, manque d'objectivité des grands-parents face à l'attentat à la pudeur commis par leur fils sur une de ses filles. Comp., décidant que le passé familial constitue en lui-même un motif grave, ▪ Lyon, 14 mars 2000, n° 1999/02269 : *JurisData* n° 2000-113346 ; *Dr. famille* 2000, 126, note Berthet. ▪ Rouen, 7 juin 2007 : *JCP* 2008, IV, 1320 ; *JurisData* n° 2007-337794, agressivité de la grand-mère paternelle à l'égard de la mère et climat général malsain. – Comp. ▪ Cass. 1re civ., 14 janv. 2009, préc. annot. n° 1). Sur la réouverture des débats pour entendre les explications du père absent dans la procédure, V. ▪ Nancy, 24 juin 1996 : *JurisData* n° 1996-046862 ; *Dr. famille* 1997, 137, note Murat.

4) Droit de visite limité. Le droit de visite peut être cantonné dans l'intérêt de l'enfant à une fois par mois (▪ Bordeaux, 6e ch., 27 juin 1994, préc.) ou par an (▪ Paris, 8 juin 1994 : *JurisData* n° 1994-021556).

5) Modalités particulières. Compte tenu du fait que le père des enfants est incarcéré pour violence sur ceux-ci et sur leur mère, il convient d'interdire à la grand-mère paternelle de mettre en contact directement ou indirectement les enfants avec leur père (▪ Dijon, 15 déc. 2005 : *JCP* 2006, IV, 1923 ; *JurisData* n° 2005-296316, autorisant par ailleurs la grand-mère à exercer un droit de visite et d'hébergement).

6) Décès du père. Malgré l'absence de motif grave, un droit d'hébergement des grands-parents paternels peut être refusé si l'enfant, depuis le décès de son père, n'a plus de contact avec eux depuis plusieurs années et est très réticente à leur égard (▪ Paris, 24e ch., 8 juin 1994, préc. – Comp., en cas de suicide du père et de conflit avec la mère, ▪ Bordeaux, 6e ch., 27 juin 1994, préc.). Mais jugé que les grands-parents paternels doivent bénéficier d'un droit de visite élargi après le décès du père dans la mesure où ils sont les représentants privilégiés de la branche paternelle (■ Bordeaux, 6e ch., 15 déc. 1993 : *JurisData* n° 1993-050637).

B – Relations avec d'autres personnes

7) Ex-grands-parents. Le droit d'hébergement, qui ne constitue qu'une modalité du droit de visite, peut être accordé à d'autres personnes que les grands-parents en considération de situations exceptionnelles (■ Cass. 1re civ., 5 mai 1986, n° 84-80.035 : *JurisData* n° 1986-000921 ; *D.* 1986, 496, note Massip ; *RTD civ.* 1986, 736, obs. Rubellin-Devichi, grand-mère maternelle d'un enfant adopté plénièrement par la femme de son père).

8) Tante maternelle. Sur l'octroi d'un droit de visite à une tante maternelle en raison de circonstances exceptionnelles résultant notamment du fait que les mineurs ont été abandonnés par leur mère, V. ■ Cass. 1re civ., 1er déc. 1982, n° 81-14.627 : *Bull. civ.* I, n° 346, p. 297.

9) Grands-parents par le sang. L'existence d'une parenté réelle, même si elle n'est plus reconnue juridiquement entre les grands-parents par le sang et leur petit-fils, adopté en la forme plénière, est constitutive d'une situation exceptionnelle au sens de l'article 371-4 (■ Cass. 1re civ., 21 juill. 1987, n° 85-16.887 : *JurisData* n° 1987-701747 ; *Bull. civ.* I, n° 235, p. 172. – V. aussi ■ Cass. 1re civ., 5 mai 1986, n° 84-80.035 : *JurisData* n° 1986-000921 ; *JurisData* n° 1986-702044 ; *D.* 1986, 496, note Raynaud. ■ Pau, 21 avr. 1983 : *JurisData* n° 1983-698077 ; *JurisData* n° 1983-698077 ; *D.* 1984, 109, note Hauser. V. déjà, accordant un droit de visite au père adultérin, ■ Cass. 1re civ., 29 mars 1966 : *JurisData* n° 1966-000214 ; *D.* 1966, 369, note Rouast). Mais les demandeurs doivent se fonder sur les dispositions de l'alinéa 2 de ce texte (■ Chambéry, 20 févr. 1992 : *JurisData* n° 1992-048803).

10) Mère naturelle d'un enfant abandonné. L'intérêt de l'enfant peut commander de refuser un droit de visite et d'hébergement à la mère naturelle à l'égard de son fils confié définitivement à une famille d'accueil et déclaré abandonné judiciairement par le tribunal (■ Besançon, 17 juin 1993, n° 2238/91 : *JurisData* n° *1993-046760* ; *JCP* 1994, IV, 562). L'intérêt supérieur des enfants peut justifier l'attribution de l'autorité parentale au couple ayant illégalement recueilli les enfants, prétendument nés sous X et aujourd'hui âgés de treize ans, tout en accordant à la mère naturelle, qui souffre de difficultés psychologiques et matérielles, un droit de visite et d'hébergement (■ Basse-Terre, 12 févr. 2007 : *JCP* 2007, IV, 2404 ; *JurisData* n° 2007-334664).

11) Concubin. Pour l'octroi d'un droit de visite à l'ancien concubin de la mère ayant cru être le père de l'enfant jusqu'à la contestation de sa reconnaissance, V. ■ Grenoble, 20 févr. 1996, n° 95/2838 : *JurisData* n° 1996-046695 ; *Dr. famille* 1997, 96, note Lécuyer. ■ Rennes, 11 mai 2000 : *JCP* 2001, IV, 2649 ; *JurisData* n° 2000-120016 ; *RTD civ.* 2001, 869, obs. Hauser. Comp. pour un droit de visite aux parents du concubin décédé avant la naissance de l'enfant et n'ayant pu le reconnaître ■ Riom, 13 mars 2001 : *JCP* 2002, IV, 1689 ; *JurisData* n° 2001-138053. Pour l'application de l'article 371-4, alinéa 2 (anc.), au concubin de la femme ayant adopté seule un enfant, V. ■ Grenoble, 15 déc. 1997, n° 00001741/97 : *JurisData* n° 1997-047673 ; *Dr. famille* 1998, 38, note Murat.

12) Concubin homosexuel. Pour un droit de visite et d'hébergement conféré à l'ex-concubine homosexuelle de la mère, au nom de l'intérêt supérieur des enfants qui sont issus d'une procréation médicalement assistée décidée dans le cadre d'un véritable projet de coparentalité, V. ■ Pau, 18 févr. 2006 : *JCP* 2007, IV, 2528 ; *JurisData* n° 2006-335878. – Rappr. ■ TGI Briey, 21 oct. 2010 : *D.* 2010, 2649, obs. Gallmeister ; *D.* 2011, 1060, note Bonnet ; *RTD civ.* 2011, 118, obs. Hauser ; *LPA* 31 mai 2011, 15, obs. Dekeuwer-Defossez. – V. aussi, en l'absence de projet de coparentalité et malgré les liens conflictuels entre les ex-compagnes, ■ Besançon, 1er sept. 2016, n° 15/00916 : *Dr. famille* 2016, 252, note Tétard ; *JurisData* n° 2016-021824. – Comp., refusant un droit de visite à l'ancienne compagne de la mère au nom de l'intérêt de l'enfant, ■ Cass. 1re civ., 23 oct. 2013, n° 12-20.560 : *JCP G* 2014, 43, n° 7, obs. Gouttenoire ; *Dr. famille* 2014, 36, note Neirinck ; *JurisData* n° 2013-030332. ■ Paris, 5 juin 2014, n° 14/01098 : *JCP G* 2014, act. 931, obs. Kessler ; *JurisData* n° 2014-012983. – Accordant au contraire un tel droit de visite, en considération de l'intérêt supérieur de l'enfant, pris en compte par la cour d'appel, V. ■ Cass. 1re civ., 13 juill. 2017, n° 16-24.084 : *Bull.* ; *Dr. famille* 2017, 209, Fulchiron ; *AJF* 2017, p. 478, Saulier ; *JurisData* n° 2017-013958.

13) Carence du débiteur d'aliments. L'article 371-4, alinéa 2 (anc.), ne subordonne en aucune façon le droit exceptionnel qu'il prévoit à l'exécution d'une obligation alimentaire. La carence du débiteur d'aliments peut simplement constituer en fait un élément d'appréciation (■ Paris, 30 juin 1972 : *D.* 1972, 754).

14) Enfant né de mère porteuse. L'enfant étant né dans le cadre d'un recours à une « mère porteuse » et reconnu par celle-ci et le père, un droit de visite et d'hébergement doit être reconnu à l'épouse divorcée du mari, mère affective de l'enfant (■ Poitiers, 27 mars 2001 : *JCP* 2002, IV, 1304 ; *JurisData* n° 2001-146595).

II – RÈGLES DE PROCÉDURE

15) Faculté pour le juge. Le droit de visite ne constitue qu'une simple faculté pour le juge dont la décision en la matière, dès lors qu'elle est motivée, échappe au contrôle de la Cour de cassation (■ Cass. 1re civ., 10 mai 1977, n° 76-12.038 : *JurisData* n° 1977-000213 ; *Bull. civ.* I, n° 213, p. 168).

16) JAF. C'est le juge aux affaires familiales qui est seul compétent pour trancher un litige relatif à la suppression du droit de visite de grands-parents (■ Agen, 24 juill. 1996 : *JurisData* n° 1996-613154 ; *D.* 1997, 578, note Nicoleau et Talbert). Mais il résulte de l'article 374-1, alinéa 2, du Code civil, ensemble les articles 375-1 et 375-7, alinéa 1er, que, si le JAF est en principe compétent pour fixer, dans l'intérêt de l'enfant, les modalités des relations entre l'enfant et un tiers, parent ou non, le juge des enfants est seul compétent, en cas de placement, pour statuer sur ces modalités (■ Cass. 1re civ., 9 juin 2010, n° 09-13.390 : *Bull. civ.* I, n° 130, p. 124 ; *D.* 2010, 2092, obs. Auroy, et 2343, note Huyette ; *RTD civ.* 2010, 546, obs. Hauser ; *LPA* 31 mai 2011, 17, obs. Autem).

17) Référés. Le juge des référés peut accorder un droit de visite aux grands-parents (■ Cass. 1re civ., 1er févr. 1983 : *JurisData* n° 1983-700118 ; *Bull. civ.* I, n° 46, p. 40. ■ Bordeaux, 6e ch., 15 déc. 1993 : *JurisData* n° 1993-050637).

18) Demandeur. Le conseil de famille ayant limité le droit de visite accordé à la sœur utérine mineure, le père de celle-ci a la faculté d'assigner la tutrice sur le fondement de l'article 371-4 (■ Cass. 1re civ., 4 nov. 1987, n° 85-18.190 : *JurisData* n° 1987-001943 ; *Bull. civ.* I, n° 284, p. 205).

19) Défendeurs. La demande d'une grand-mère est irrecevable si elle n'a pas mis en cause les deux parents mais s'est contentée d'agir contre celui qui a manifesté son désaccord (■ Nancy, 17 oct. 1994 : *JurisData* n° 1994-052921 ; *JCP* 1995, IV, 2535).

20) Tierce opposition. Sur la possibilité pour les grands-parents de faire tierce opposition aux jugements rendus en matière d'assistance éducative, V. ■ Cass. 1re civ., 17 juin 1986, n° 85-80.007 : *JurisData* n° 1986-001272 ; *Bull. civ.* I, n° 165, p. 166.

21) Médiateur. Sur la désignation d'une association familiale en tant que médiateur par l'intermédiaire duquel devront être recherchées les modalités d'une reprise des relations entre l'enfant et ses grands-parents, V. ■ TGI La Rochelle, 17 févr. 1988 : *JurisData* n° 1988-604357 ; *D.* 1989, 411, 2e esp., note Lienhard. – V. : D. n° 2010-1395, 12 nov. 2010 relatif à la médiation et à l'activité judiciaire en matière familiale, p. 3354.

22) Ministère public. Le ministère public doit avoir communication des demandes formées sur la base de l'article 371-4 (■ Cass. 1re civ., 13 déc. 1988, n° 87-13.897 : *JurisData* n° 1988-703186 ; *JCP* 1989, IV, 59 ; *Bull.* I, n° 355, p. 241).

23) Accord des petits-enfants. Il peut difficilement être imposé à des adolescents âgés de 15 et 14 ans de se rendre contre leur gré chez leurs grands-parents (■ Rennes, 18 juill. 1995 : *JurisData* n° 1995-053081 ; *Dr. famille* 1997, 58, 2e arrêt, note Murat).

Art. 371-5 *(L. n° 96-1238, 30 déc. 1996).* – **L'enfant ne doit pas être séparé de ses frères et sœurs, sauf si cela n'est pas possible ou si son intérêt commande une autre solution. S'il y a lieu, le juge statue sur les relations entre les frères et sœurs.**

Bibliographie : P. Murat, *La loi du 30 décembre 1996 relative au maintien des liens entre frères et sœurs, ou comment resurgit la question des droits de l'enfant : Dr. famille* 1997, étude 4. • V. David-Balestriero, *L'unité de la fratrie* in *Mélanges Gilles Goubeaux*, Dalloz-LGDJ, 2009, 71. • F. Dekeuwer-Défossez, chron. *in LPA* 9 juill. 2012, 17.

Applications. V. pour des applications, ■ Cass. 2e civ., 19 nov. 1998 et ■ Paris, 16 juin 1998, n° 95/23734 : *JurisData* n° 1998-022762 ; *Dr. famille* 1999, 26, note Murat. ■ Paris, 7 mai 2003, n° 2002/03326 : *JurisData* n° 2003-218180 ; *Dr. famille* 2003, 144, 1er arrêt, note Gouttenoire ; *RTD civ.* 2003, 494, obs. Hauser. Une cour d'appel estime souverainement que l'intérêt supérieur de l'enfant consiste en sa séparation d'avec ses demi-frères et sœurs, vu le besoin des enfants, à leur stade de développement, de se construire sur des bases stables et sécurisantes constituées par leurs repères familiaux, psychologiques, affectifs, sociaux et culturels (■ Cass. 1re civ., 19 nov. 2009, n° 09-68.179 : *Dr. famille* 2010, 24, note Murat).

Art. 371-6 *(Créé, L. n° 2016-731, 3 juin 2016).* – **L'enfant quittant le territoire national sans être accompagné d'un titulaire de l'autorité parentale est muni d'une autorisation de sortie du territoire signée d'un titulaire de l'autorité parentale.**

Un décret en Conseil d'État détermine les conditions d'application du présent article.

Voir : D. n° 2016-1483, 2 nov. 2016, p. 3436. V. M. Lamarche, *Autorisation de sortie du territoire : un retour cohérent à l'ancien régime : Dr. famille* 2017, Focus 10 ; C. Pomart, *Scepticisme autour de la renaissance de la formalité de l'autorisation de sortie du territoire pour les mineurs : LPA* 31 juill. 2017, 8.

Section I. – De l'exercice de l'autorité parentale

§ 1. – Principes généraux

(L. n° 2002-305, 4 mars 2002)

Art. 372 ***(L. n° 2002-305, 4 mars 2002 ; mod., L. n° 2011-1862, 13 déc. 2011 ; L. n° 2016-1547, 18 nov. 2016)*** (1). **– Les père et mère exercent en commun l'autorité parentale.**

Toutefois, lorsque la filiation est établie à l'égard de l'un d'entre eux plus d'un an après la naissance d'un enfant dont la filiation est déjà établie à l'égard de l'autre, celui-ci reste seul investi de l'exercice de l'autorité parentale. Il en est de même lorsque la filiation est judiciairement déclarée à l'égard du second parent de l'enfant.

L'autorité parentale pourra néanmoins être exercée en commun en cas de déclaration conjointe des père et mère adressée au directeur des services de greffe judiciaire du tribunal de grande instance ou sur décision du juge aux affaires familiales.

Bibliographie : F. Boulanger, *Réflexions sur la portée et les limites du principe d'égalité des deux membres du couple dans l'attribution et l'exercice des droits parentaux* in *Mélanges Gérard Champenois : Defrénois* 2012, 59.

1) Convention européenne des droits de l'homme. Jugé, sous l'empire du droit antérieur à la loi du 4 mars 2002 que les articles 371-2 et 374 (anciens) ne sont pas incompatibles avec les dispositions combinées des articles 8 et 14 de la CEDH en vertu desquelles le droit au respect de la vie familiale doit être assuré sans distinction aucune, fondée notamment sur le sexe, et que les dispositions de l'article 374 (anc.) qui déterminent, dans le seul intérêt de l'enfant, lequel de ses parents exercera à son égard l'autorité parentale, ne sont pas incompatibles avec les stipulations des articles 3-1 et 16 de la même convention qui proclament l'intérêt supérieur de l'enfant et son droit à la protection de la loi (▪ CE, 30 juin 1999, n° 182139 : *D.* 2000, 1, note Boulanger ; somm. 163, obs. Desnoyer).

2) Déclaration conjointe. Le juge des tutelles n'a pas le pouvoir d'apprécier, au regard de l'intérêt de l'enfant, l'opportunité de la déclaration faite par les père et mère en application de l'art. 374, alinéa 2 (anc.), ni celui de contrôler la légitimité des motifs de cette déclaration (▪ Cass. 1re civ., 26 juin 1990, n° 88-18.721 : *JCP* 1991, II, 21688, note Vauvillé ; *Bull. civ.* I, n° 178, p. 124 ; *Defrénois* 1990, 1295, obs. Massip). Sur les modalités de la déclaration conjointe, V. CPC, art. 1180-1 et s., p. 2350.

3) Homosexualité et PMA. L'enfant ayant été reconnu par ses deux parents dans l'année de sa naissance, l'autorité parentale doit s'exercer conjointement, peu important, au regard de l'intérêt supérieur de l'enfant, que celui-ci soit issu d'une PMA pratiquée en Espagne au moyen d'un don de sperme effectué par l'oncle de la mère, tous deux étant homosexuels (▪ Aix-en-Provence, 28 mai 2009 : *JCP* 2009, n° 48, act. 465, obs. Siffrein-Blanc ; *JurisData* n° 2009-012724).

Art. 372-1 et 372-1-1 ***(Abr., L. n° 2002-305, 4 mars 2002).***

Art. 372-2 ***(Mod., L. n° 93-22, 8 janv. 1993).*** **– À l'égard des tiers de bonne foi, chacun des parents est réputé agir avec l'accord de l'autre, quand il fait seul un acte usuel de l'autorité parentale relativement à la personne de l'enfant.**

1) Circoncision. Un médecin n'était pas tenu, avant de pratiquer une intervention relativement bénigne (circoncision) de recueillir d'autre autorisation que celle de la mère, si rien ne lui permettait de supposer un désaccord des parents et qu'au surplus le père n'aurait pu raisonnablement s'y opposer dès lors qu'elle était médicalement nécessaire (▪ TGI Paris, 6 nov. 1973 : *Gaz. Pal.* 1974, 1, 299, note Barbier. *Contra* ▪ Paris, 29 sept. 2000 : *D.* 2001, 1585, note Duvert).

2) Inscription sur le passeport des parents. Chacun des parents peut légalement obtenir l'inscription sur son passeport de ses enfants mineurs,

(1) Les dispositions du premier alinéa de l'article 372 du Code civil sont applicables aux enfants nés antérieurement à l'entrée en vigueur de la présente loi, dès lors qu'ils ont été reconnus par leurs père et mère dans l'année de leur naissance (L. n° 2002-305, 4 mars 2002).

sans qu'il soit besoin d'établir qu'il dispose de l'accord exprès de l'autre parent, dès lors qu'il justifie exercer, conjointement ou exclusivement, l'autorité parentale sur ces enfants, et qu'aucun élément ne permet à l'administration de mettre en doute l'accord réputé acquis de l'autre parent (▪ CE, 8 févr. 1999, n° 173126 : *JurisData* n° 1999-040147 ; *Dr. famille* 1999, 40, note Murat ; *RTD civ.* 1999, 361, obs. Hauser ; *Defrénois* 1999, 944, obs. Massip ; *D.* 2000, somm. 161, obs. Vauvillé). Mais les autorités françaises portent une atteinte grave à la liberté personnelle et à la liberté d'aller et de venir des membres de la famille en exigeant de façon générale, en cas de séparation et d'autorité parentale partagée, l'autorisation des deux parents pour que soit délivrés aux enfants des passeports individuels ou qu'ils soient inscrits sur le passeport de leurs parents (▪ CE, réf., 4 déc. 2002, n° 252051 : *JurisData* n° 2002-064675 ; *Dr. famille* 2003, 12, note Murat ; *RTD civ.* 2003, 59, obs. Hauser ; *Defrénois* 2003, 620, obs. Massip). Sur la possibilité pour le juge d'ordonner l'inscription sur le passeport de l'interdiction de sortie de l'enfant du territoire français sans l'autorisation des deux parents, V. art. 373-2-6.

3) **Droit à l'image.** La participation bénévole d'un enfant au tournage d'un film amateur, dans le cadre d'une association municipale, et dont la diffusion est très limitée et non commerciale, peut être assimilée à un acte usuel de l'autorité parentale au sens de l'article 372-2 du Code civil (▪ Orléans, 14 mars 2011 : *Dr. famille* 2011, 171, note Neirinck ; *JurisData* n° 2011-004434).

4) **Inscription scolaire.** Une demande de changement d'établissement scolaire présentée par le seul père de l'enfant peut être regardée comme revêtant le caractère d'un acte usuel de l'autorité parentale si, eu égard à la nature de cet acte, l'ensemble des circonstances dont l'Administration avait connaissance était de nature à la faire regarder comme régulièrement saisie de cette demande (▪ CE, 13 avr. 2018, n° 392949 : *RTD civ.* 2018, p. 633, Leroyer). V. aussi M. Cadiou, *Rentrée scolaire : autorité parentale et inscription / radiation de l'enfant mineur dans un établissement scolaire : Dr. famille* 2017, étude 8. V. aussi sous art. 371-1, annot. n° 9, p. 336 et sous art. 373-2-11, annot. n° 4 et s., p. 354.

Art. 373 ***(L. n° 2002-305, 4 mars 2002)*** **(1). – Est privé de l'exercice de l'autorité parentale le père ou la mère qui est hors d'état de manifester sa volonté, en raison de son incapacité, de son absence ou de toute autre cause.**

Bibliographie : F. Fresnel et I. Maria, *Majeurs protégés et autorité parentale : LPA* 15 mai 2014, 6.

1) **Détention du père.** Il appartient aux juges du fond de rechercher si le père est, malgré sa détention, en état d'exercer l'autorité parentale (▪ Cass. 1re civ., 8 nov. 1982, n° 80-12.309 : *JurisData* n° 1982-702558 ; *JurisData* n° 1982-702374 ; *Gaz. Pal.* 1983, 2, 517, note Massip).

2) **Abandon de famille.** La mère doit être relaxée des poursuites pour non-représentation d'enfant lorsque le père a été condamné pour abandon de famille sans que le jugement l'ait relevé de l'incapacité résultant de l'article 373-3° (anc.) (▪ Cass. crim., 4 déc. 1984, n° 83-90.626 : *D.* 1985, 414, note Massip).

3) **Ajournement de peine.** Le jugement de déclaration de culpabilité avec ajournement du prononcé de la peine ne constitue pas une condamnation au sens de l'article 373-3 (anc.) (▪ Cass. 1re civ., 15 juill. 1999, n° 97-17.530 : *JurisData* n° 1999-003073 ; *Bull. civ.* I, n° 234, p. 151).

4) **Homosexualité.** Pour la condamnation du refus d'autorité parentale fondée sur l'orientation sexuelle, V. ▪ CEDH, 21 déc. 1999 : *JurisData* n° 1999-125672 ; *Dr. famille* 2000, 45, note Gouttenoire-Cornut ; *RTD civ.* 2000, 313, obs. Hauser ; 433, obs. Marguenaud. V. A. Gouron Mazel, *Juge de la famille et homosexualité : Dr. famille* 2002, chron. 1. L'homosexualité non déniée du père n'est pas un motif pour restreindre son droit de visite et d'hébergement dès lors que la relation qu'il entretient avec son compagnon apparaît stable et que sa personnalité et son comportement habituel ne font l'objet d'aucune critique (▪ Poitiers, 28 avr. 1999 : *JCP* 2002, IV, 1305 ; *RTD civ.* 2002, 286, obs. Hauser ; *JurisData* n° 1999-156231). – V. aussi, art. 377, annot. n° 1 et s., p. 368.

Art. 373-1 ***(L. n° 2002-305, 4 mars 2002)*** **(1). – Si l'un des père et mère décède ou se trouve privé de l'exercice de l'autorité parentale, l'autre exerce seul cette autorité.**

Bibliographie : H. Fulchiron, *L'exercice de l'autorité parentale en cas de décès d'un des parents : JCP* 1990, I, 3462.

(1) Dispositions applicables aux instances en cours qui n'ont pas donné lieu à une décision passée en force de chose jugée (L. n° 2002-305, 4 mars 2002).

Tutelle. L'article 373-1 ne vise que l'incapacité de fait d'exercer les droits et devoirs relatifs à la garde, l'éducation et l'entretien de l'enfant, et non pas la simple constatation de l'incapacité juridique résultant de la tutelle (■ TI Saint-Omer, 3 mai 1989 : *JurisData* n° 1989-047184 ; *JurisData* n° 1989-047184 ; *JCP* 1990, II, 21514, note Fossier).

§ 2. - De l'exercice de l'autorité parentale par les parents séparés

(L. n° 2002-305, 4 mars 2002)

Art. 373-2 *(L. n° 2002-305, 4 mars 2002)* (1) (2). **– La séparation des parents est sans incidence sur les règles de dévolution de l'exercice de l'autorité parentale.**

Chacun des père et mère doit maintenir des relations personnelles avec l'enfant et respecter les liens de celui-ci avec l'autre parent.

(Al. créé, L. n° 2019-222, 23 mars 2019) **À cette fin, à titre exceptionnel, à la demande de la personne directement intéressée ou du juge aux affaires familiales, le procureur de la République peut requérir le concours de la force publique pour faire exécuter une décision du juge aux affaires familiales, une convention de divorce par consentement mutuel prenant la forme d'un acte sous signature privée contresigné par avocats déposé au rang des minutes d'un notaire ou une convention homologuée fixant les modalités d'exercice de l'autorité parentale.**

Tout changement de résidence de l'un des parents, dès lors qu'il modifie les modalités d'exercice de l'autorité parentale, doit faire l'objet d'une information préalable et en temps utile de l'autre parent. En cas de désaccord, le parent le plus diligent saisit le juge aux affaires familiales qui statue selon ce qu'exige l'intérêt de l'enfant. Le juge répartit les frais de déplacement et ajuste en conséquence le montant de la contribution à l'entretien et à l'éducation de l'enfant.

Bibliographie : M. Gomy, *Vers un devoir de visite et d'hébergement des enfants : JCP* N 1999, 310. • G. Kessler, *Les conséquences du déménagement de l'un des parents sur la détermination de la résidence habituelle de l'enfant : Dr. famille* mai 2016, dossier 12 (et dossier 13, Panorama de jurisprudence, par C. Lafon). • G. Kessler, *Les devoirs réciproques des parents séparés : Dr. famille* 2018, étude 4.

1) Déménagement. Il résulte des articles 373-2 et 373-2-11, 3°, du Code civil que chacun des père et mère doit maintenir des relations personnelles avec l'enfant et respecter les liens de celui-ci avec l'autre parent ; qu'à cette fin tout changement de résidence de l'un des parents, dès lors qu'il modifie les modalités d'exercice de l'autorité parentale, doit faire l'objet d'une information préalable et en temps utile de l'autre parent et le juge, lorsqu'il statue sur les modalités d'exercice de l'autorité parentale, doit notamment prendre en considération l'aptitude de chacun des parents à assumer ses devoirs et respecter les droits de l'autre. Prive ainsi sa décision de base légale la cour d'appel qui fixe la résidence des enfants chez leur mère, sans rechercher si le comportement de celle-ci, qui était partie s'installer avec les enfants en Nouvelle-Calédonie à l'insu de leur père et sans laisser d'adresse, ne traduisait pas son refus de respecter le droit des enfants à entretenir des relations régulières avec ce dernier (■ Cass. 1re civ., 4 juill. 2006 : *Bull. civ.* I, n° 339, p. 292 ; *JCP* 2006, II, 10177 [2e arrêt], note Boulanger ; *Dr. famille* 2006, 188, note Murat ; *RTD civ.* 2006, 751, obs. Hauser ; *JurisData* n° 2006-034424. – Rappr. ■ Toulouse, 26 juin 2007, n° 06/03773 : *JCP* 2007, IV, 2958 ; *JurisData* n° 2007-341301. ■ Cass. 1re civ., 29 nov. 2017, n° 17-24.015 : *Dr. famille* 2018, 32, Fulchiron, précisant qu'il résulte de l'article 373-2-11 du Code civil que, lorsqu'il se prononce sur les modalités d'exercice de l'autorité parentale, le juge prend en considération, notamment, l'aptitude de chacun des parents à assumer ses devoirs et respecter les droits de l'autre). Mais jugé, sous l'empire du droit antérieur à la loi du 4 mars 2002, qu'en cas d'exercice en commun de l'autorité parentale, le déménagement du parent gardien habituel de l'enfant ne peut à lui seul justifier un transfert de la résidence de l'enfant chez le parent titulaire d'un droit d'accueil qui est demeuré sur place (■ Toulouse, 27 juin 2000, n° 1999/05065 : *JurisData* n° 2000-117980 ; *Dr. famille* 2000, 95, note Murat).

2) Intérêt de l'enfant. Prive sa décision de base légale au regard des articles 3-1 de la convention de New York du 26 janv. 1990 relative

(1) Ces dispositions ne sont pas applicables aux mariages célébrés avant le 1er mars 2007 (L. n° 2006-1376, 14 nov. 2006).

(2) Le dispositions du présent article dans leur rédaction résultant de la loi n° 2019-222 du 23 mars 2019 sont applicables en Polynésie française, *L. n° 2019-222, 23 mars 2019, art. 110, II, B.*

aux droits de l'enfant et 373-2 du Code civil, la cour d'appel qui fixe la résidence de l'enfant chez sa mère et autorise celle-ci à quitter le territoire français pour résider au Canada, en se fondant uniquement sur le comportement des parents, de sorte que ses motifs sont sans rapport avec l'intérêt primordial de l'enfant (▪ Cass. 1re civ., 13 mars 2007 : *Bull. civ.* I, n° 103, p. 90 ; *JCP* 2008, I, 102, n° 5, obs. Favier ; *D.* 2007, somm. 2193, obs. A. Gouttenoire ; *RTD civ.* 2007, 330, obs. Hauser ; *Dr. famille* 2007, 125, note Murat ; *JurisData* n° 2007-037902. – Rappr. ▪ Cass. 1re civ., 13 avr. 2016, n° 14-24.841 : *Dr. famille* 2016, 122, note Fulchiron ; *JurisData* n° 2016-007133). Statue en considération primordiale de l'intérêt de l'enfant la cour d'appel qui relève que la mère empêche l'exercice en commun de l'autorité parentale et soustrait, depuis plus d'un an, l'enfant à son père, attitude qui constitue une violation manifeste des droits du père et de l'enfant et justifie, de manière provisoire et compte tenu de l'urgence, de rétablir des liens entre le père et sa fille en fixant la résidence de celle-ci au domicile du père (▪ Cass. 1re civ., 12 oct. 2017, n° 17-16.760 : *Dr. famille* 2018, 10, Dupin ; *JurisData* n° 2017-020015).

3) Sortie du territoire. V. art. 373-2-6, p. 348.

4) Sur l'obligation faite au parent séparé d'installer **un logiciel permettant des appels vidéo via internet** (Skype), V. ▪ Rouen, 22 oct. 2015, n° 14/04174 : *Dr. famille* 2016, 24, Fulchiron ; *JurisData* n° 2015-024924. Sur l'absence d'astreinte, dont les modalités d'exécution seraient difficiles à mettre en œuvre, V. ▪ Riom, 21 nov. 2017, n° 16/02266 : *Dr. famille* 2018, 97, 1re esp., Bernand ; *JurisData* n° 2017-027994.

5) Mesures en référé. En cas de désaccord de parents séparés sur le lieu de résidence des enfants, l'un d'eux peut saisir, dans les formes du référé, le juge aux affaires familiales pour qu'il statue comme juge du fond. Ce juge peut également être saisi en référé pour qu'il prenne, à titre provisoire, toutes mesures que justifie l'existence d'un différend en cas d'urgence ou qu'il prescrive les mesures conservatoires ou de remise en état qui s'imposent pour prévenir un dommage imminent ou faire cesser un trouble manifestement illicite. Dans tous les cas, le juge aux affaires familiales règle les questions qui lui sont soumises en veillant spécialement à la sauvegarde des intérêts des enfants mineurs (▪ Cass. 1re civ., 28 oct. 2009, n° 08-11.245 : *Bull. civ.* I, n° 213, p. 196).

Art. 373-2-1 *(L. n° 2002-305, 4 mars 2002 ; mod., L. n° 2007-293, 5 mars 2007 ; L. n° 2010-769, 9 juill. 2010)* (1). **– Si l'intérêt de l'enfant le commande, le juge peut confier l'exercice de l'autorité parentale à l'un des deux parents.**

L'exercice du droit de visite et d'hébergement ne peut être refusé à l'autre parent que pour des motifs graves.

Lorsque, conformément à l'intérêt de l'enfant, la continuité et l'effectivité des liens de l'enfant avec le parent qui n'a pas l'exercice de l'autorité parentale l'exigent, le juge aux affaires familiales peut organiser le droit de visite dans un espace de rencontre désigné à cet effet.

Lorsque l'intérêt de l'enfant le commande ou lorsque la remise directe de l'enfant à l'autre parent présente un danger pour l'un d'eux, le juge en organise les modalités pour qu'elle présente toutes les garanties nécessaires. Il peut prévoir qu'elle s'effectue dans un espace de rencontre qu'il désigne, ou avec l'assistance d'un tiers de confiance ou du représentant d'une personne morale qualifiée.

Le parent qui n'a pas l'exercice de l'autorité parentale conserve le droit et le devoir de surveiller l'entretien et l'éducation de l'enfant. Il doit être informé des choix importants relatifs à la vie de ce dernier. Il doit respecter l'obligation qui lui incombe en vertu de l'article 371-2.

1) Exécution provisoire. Sont exécutoires de droit à titre provisoire toutes décisions qui, telle la disposition du jugement de divorce, statuent sur la garde de l'enfant et sur ses conséquences, notamment l'attribution des prestations familiales (▪ Cass. soc., 16 janv. 1985, n° 83-11.453 : *JurisData* n° 1985-700320 ; *Bull. civ.* V, n° 36, p. 26).

2) Espaces de rencontre. V. CPC, art. 1180-5 et 1199-2, p. 2351 (D. n° 2012-1312, 27 nov. 2012, relatif à la fixation par le juge de l'exercice du droit de visite dans un espace de rencontre. V. A.-M. Leroyer, chron. *in RTD civ.* 2013, 183) et C. action soc. et fam., art. D. 216-1 et s. (D. n° 2012-1153, 15 oct. 2012, relatif aux espaces de rencontre destinés au maintien des liens entre un enfant et ses parents ou un tiers. V. C. Neirinck, obs. *in Dr. famille* 2012, étude 20. – V. aussi C. Neirinck, *L'ambiguïté des visites médiatisées : Dr. famille* 2012, étude 18. – M. Juston, *Les liens entre*

(1) Dispositions applicables aux instances en cours qui n'ont pas donné lieu à une décision passée en force de chose jugée (L. n° 2002-305, 4 mars 2002).

la justice et le dispositif espace rencontre : qu'attend le juge aux affaires familiales quand il désigne un espace rencontre ? : Dr. famille 2012, étude 19).

I – EXERCICE UNILATÉRAL

3) Intérêt de l'enfant. Sur le pouvoir souverain des juges du fond pour apprécier l'intérêt de l'enfant, V. ■ Cass. 2e civ., 14 nov. 1975, n° 74-12.515 : *JurisData* n° 1975-099291 ; *Bull. civ.* II, n° 291, p. 234. ■ Cass. 2e civ., 15 avr. 1981 : *JurisData* n° 1981-703423 ; *Gaz. Pal.* 1982, 2, 583, note Viatte. ■ Cass. 1re civ., 3 févr. 1982 : *JurisData* n° 1982-700865 ; *Bull. civ.* I, n° 61, p. 51. ■ Cass. 1re civ., 20 févr. 2007 : *Bull. civ.* I, n° 63, p. 57 ; *JCP* 2007, IV, 1643 ; *Dr. famille* 2007, 103, note Murat ; *JurisData* n° 2007-037462, précisant que l'exercice en commun de l'autorité parentale par les deux parents, même séparés, est le principe, et l'exercice unilatéral, l'exception.

4) Office du juge. Encourt la cassation l'arrêt qui, sous l'empire de l'article 287 (anc.) du Code civil, omet de relever en quoi l'intérêt de l'enfant commandait que l'autorité parentale fût confiée à un seul des deux parents (■ Cass. 2e civ., 31 mai 1995, n° 93-17.127 : *JurisData* n° 1995-001368 ; *Bull. civ.* II, n° 165, p. 93). Les juges du fond doivent caractériser, de manière concrète, en quoi l'intérêt de l'enfant commande l'exercice unilatéral de l'autorité parentale (■ Cass. 1re civ., 13 sept. 2017, n° 16-18.277 : *Dr. famille* 2017, 226, Fulchiron ; *JurisData* n° 2017-017793).

5) Applications. Justifie légalement sa décision au regard des articles 373-2 et 373-2-1 du Code civil, ensemble l'article 8 de la Convention européenne des droits de l'homme, de confier à la mère l'exercice de l'autorité parentale sur ses deux enfants, la cour d'appel qui relève que la décision unilatérale du père de garder son fils auprès de lui, au mépris d'une décision de justice exécutoire, a entraîné la séparation des deux enfants très attachés l'un à l'autre ainsi qu'une rupture radicale de chacun des enfants avec l'autre parent, et retient que la détermination du père *à imposer* sa propre loi est une source d'angoisse pour les enfants et permet de douter de ses capacités à appréhender les besoins essentiels des enfants dont l'intérêt est de normaliser, malgré la séparation, des relations avec chacun des parents dans le strict respect de la loi et des décisions de justice (■ Cass. 1re civ., 17 janv. 2006 : *Bull. civ.* I, n° 10, p. 9 ; *JCP* 2006, II, 10177 [1er arrêt], note Boulanger ; *JurisData* n° 2006-031667). Ayant constaté la permanence d'une difficulté du père à prendre en considération des impératifs légitimes autres que les siens, la cour d'appel en a souverainement déduit qu'un exercice conjoint de l'autorité parentale n'était pas conforme à l'intérêt de l'enfant (■ Cass. 1re civ., 26 juin 2013, n° 12-17.275 : *JurisData* n° 2013-013139 ; *Bull. civ.* I, n° 138, p. 138 ; *RTD civ.* 2013, 590, obs. Hauser).

II – DROIT DE VISITE ET D'HÉBERGEMENT

6) Droit d'hébergement. Sur le principe que le droit d'hébergement ne constitue que l'une des modalités du droit de visite, V. ■ Cass. 1re civ., 19 juill. 1989, n° 88-10.062 : *JurisData* n° 1989-702888 ; *JCP* 1989, IV, 357 ; *Bull. civ.* I, n° 299, p. 198.

7) Droit de visite subordonné à l'accord des enfants (non). Les juges, lorsqu'ils fixent les modalités d'exercice du droit de visite accordé sur ses enfants au parent non attributaire de la garde, ne peuvent déléguer sur ce point les pouvoirs que leur confère la loi. Viole l'article 288 (anc.) la cour d'appel qui accorde au père un droit de visite sur ses enfants mineurs, sous la condition expresse que ceux-ci acceptent de voir leur père, subordonnant ainsi l'exécution de sa décision à la discrétion des enfants (■ Cass. 2e civ., 7 oct. 1987, n° 85-17.683 : *Bull. civ.* II, n° 190, p. 107. – V. aussi ■ Cass. 2e civ., 22 oct. 1997, n° 96-12.011 : *JurisData* n° 1997-004145 ; *JCP* 1998, II, 10014, note Garé ; *Bull. civ.* II, 255, p. 150 ; *RTD civ.* 1998, 95, obs. Hauser ; *Defrénois* 1998, 1020, obs. Massip. ■ Cass. 1re civ., 9 nov. 2016, n° 15-20.610 : *JurisData* n° 2016-023408. V. cependant pour un adolescent de 16 ans, ■ Bourges, 28 mars 1995 : *JurisData* n° 1995-053470 ; *Dr. famille* 1997, 58, 1er arrêt, note Murat). Les juges, lorsqu'ils fixent les modalités d'exercice du droit de visite et d'hébergement ne peuvent déléguer les pouvoirs que leur confère la loi. Viole l'article 374 (anc.) la cour d'appel qui suspend l'exercice du droit de visite accordé au père sur ses enfants, alors tous deux mineurs, jusqu'à une manifestation contraire de la volonté de ceux-ci (■ Cass. 2e civ., 11 oct. 1995 : *JCP* 1995, IV, 2486).

8) Motifs graves. Seuls des motifs graves tenant à l'intérêt supérieur de l'enfant peuvent justifier le refus du droit de visite et d'hébergement au parent qui exerce conjointement l'autorité parentale ; viole ainsi les articles 371-1, 372 et 372-2-8 du Code civil, la cour d'appel qui, pour « réserver » le droit de visite et d'hébergement du mari sur son fils, retient que même en l'absence de motifs graves permettant de supprimer ce droit, instaurer un tel droit en faveur du père risquerait de perturber gravement l'équilibre psychologique de l'enfant (■ Cass. 1re civ., 14 mars 2006 : *Bull.* I, n° 147, p. 134 ; *RTD civ.* 2006, 300 et 549, obs. Hauser ; *Dr. famille* 2006, 157, note Murat ; *JurisData* n° 2006-032653, le divorce ayant par ailleurs été prononcé aux torts exclusifs du mari, reconnu coupable de violences sur son épouse, de manquement à son devoir de secours durant l'instance et de soustraction de l'enfant commun du domicile conjugal). Le fait que le père et ses enfants ne se soient pas vus depuis plus de deux ans et demi et que le premier habite dans un appartement de deux pièces ne constituent pas des motifs graves faisant obstacle au droit de visite et d'hébergement (■ Cass. 1re civ., 15 nov. 2017, n° 16-25.290 : *Dr. famille* 2018, 34, Dupin ; *JurisData* n° 2017-022983). Constituent des motifs graves, justifiant la suspension du droit de visite et d'hébergement du père, le fait pour celui-ci et sa nouvelle épouse de livrer leur intimité aux enfants et de les faire assister à la projection vidéo de scènes érotiques (■ Rennes, 3 mars 1994 : *JurisData* n° 1994-045185 ; *JCP* 1994, IV, 2586), le fait pour le père de faire peser sur ses filles des pressions morales et psychologiques, notamment en exigeant d'elles le port du voile islamique et le respect de l'interdiction de se baigner dans des piscines publiques (■ Cass. 1re civ., 24 oct. 2000, n° 98-14.386 : *JurisData* n° 2000-006367 ; *Bull. civ.* I, n° 262, p. 170, précisant que la solution ne méconnaît pas la liberté de religion garantie par l'article 9 de la CEDH. – Comp., admettant l'interdiction faite à une mère de mettre ses enfants en contact avec une secte, ■ Cass. 1re civ., 22 févr. 2000, n° 98-12.338 : *JurisData* n° 2000-000584 ; *D.* 2001, 422, note Courtin ; *RTD civ.* 2000, 558, obs. Hauser. Mais pour le rejet d'une demande de modification de la résidence habituelle fondée sur l'appartenance de la mère à un mouvement religieux non classé parmi les sectes ou religions aux pratiques condamnables, V. ■ Reims, 27 juin 2002, n° 01/01595 : *JurisData* n° 2002-199657 ; *Dr. famille* 2003, 42, note Gouttenoire), ou le fait de posséder à son domicile un python (■ Dijon, 21 janv. 1994 : *JurisData* n° 1994-040752 ; *JCP* 1994, IV, 1701), ou le fait d'imposer à ses enfants la circoncision dans des conditions menaçant leur équilibre (■ Cass. 1re civ., 26 janv. 1994, n° 92-10.838 : *JurisData* n° 1994-000447 ; *Bull. civ.* I, n° 31, p. 23). En raison des inquiétudes légitimes de la mère concernant la séropositivité de la concubine du père, il convient de n'accorder à celui-ci qu'un droit de visite provisoire qui s'exercera au domicile de la mère, dans l'attente des résultats d'une expertise médicale nécessaire à l'appréciation de la notion de danger encouru par l'enfant (■ Aix-en-Provence, 25 août 1991 : *JurisData* n° 1991-047497 et n° 1991-045583). Les juges du fond peuvent refuser au père naturel un droit d'hébergement en retenant qu'il s'agit encore d'un nourrisson (■ Cass. 1re civ., 25 mars 1997, n° 94-18.697 : *JurisData* n° 1997-001781 ; *Dr. famille* 1997, 99, note Murat ; *D.* 1998, somm. 91, obs. Dumont). Les propos inquiétants tenus par l'enfant et l'immense sentiment d'insécurité qu'il ressent caractérisent des motifs graves (■ Cass. 1re civ., 13 déc. 2017, n° 16-21.183 : *Dr. famille* 2018, 65, Bernand ; *JurisData* n° 2017-025804).

9) Transsexuels et homosexuels. La suppression du droit de visite et d'hébergement du père transsexuel exclurait toute référence au père dans l'éducation de l'enfant et serait pour celui-ci une source de souffrance supplémentaire. Il y a donc lieu d'ordonner une enquête sociale pour rechercher si l'enfant est capable d'assurer socialement le transsexualisme de son père (■ Nancy, 15 mai 1992, n° 3060/90 : *JurisData* n° 1992-044765 ; *JCP* 1992, IV, 2479). L'homosexualité non déniée du père n'est pas un motif pour restreindre son droit de visite et d'hébergement dès lors que la relation qu'il entretient avec son compagnon apparaît stable et que sa personnalité et son comportement habituel ne font l'objet d'aucune critique (■ Poitiers, 28 avr. 1999 : *JCP* 2002, IV, 1305 ; *JurisData* n° 1999-156231).

Art. 373-2-2 ***(L. n° 2002-305, 4 mars 2002 ; L. n° 2014-873, 4 août 2014 ; L. n° 2016-1827, 23 déc. 2016)*** (1). **– En cas de séparation entre les parents, ou entre ceux-ci et l'enfant, la contribution à son entretien et à son éducation prend la forme d'une pension alimentaire versée, selon le cas, par l'un des parents à l'autre, ou à la personne à laquelle l'enfant a été confié.**

Les modalités et les garanties de cette pension alimentaire sont fixées par la convention homologuée visée à l'article 373-2-7 ou, à défaut, par le juge. Cette convention ou, à défaut, le juge peut prévoir le versement de la pension alimentaire par virement bancaire ou par tout autre moyen de paiement.

Cette pension peut en tout ou partie prendre la forme d'une prise en charge directe de frais exposés au profit de l'enfant.

Elle peut être en tout ou partie servie sous forme d'un droit d'usage et d'habitation.

Lorsque le parent débiteur de la pension alimentaire **a fait l'objet d'une plainte déposée à la suite de menaces ou de violences volontaires sur le parent créancier ou l'enfant ou d'une condamnation pour de telles menaces ou**

(1) Dispositions applicables aux instances en cours qui n'ont pas donné lieu à une décision passée en force de chose jugée (L. n° 2002-305, 4 mars 2002).

violences ou lorsque de telles menaces ou violences sont mentionnées dans une décision de justice, le juge peut prévoir que cette pension est versée au directeur de l'organisme débiteur des prestations familiales.

Voir aussi : art. 203, p. 175 et art. 371-2, p. 336.

Pour l'expérimentation du renforcement des garanties contre les pensions alimentaires impayées, L. n° 2014-873, 4 août 2014, art. 27, p. 3421, et D. n° 2014-1226, 21 oct. 2014, p. 3424.

1) La règle « aliments n'arréragent pas ». est sans application lorsque la pension a été accordée au titre de la contribution de l'autre époux à l'entretien et à l'éducation des enfants mineurs issus du mariage (▪ Cass. 2e civ., 29 oct. 1980, n° 79-15.301 : *Bull. civ.* II, n° 226, p. 154 ; *JCP* 1981, II, 19665, note Jambu-Merlin. – V. aussi ▪ Cass. 1re civ., 8 déc. 1993, n° 91-20.740 : *JurisData* n° 1993-002648 ; *Defrénois* 1994, 322, obs. Massip. ▪ Cass. 1re civ., 1er oct. 1996, n° 94-13.217 : *JurisData* n° 1996-003630 ; *Dr. famille* 1997, 25, note Murat. ▪ Cass. 2e civ., 4 mars 1998, n° 96-13.569 : *JurisData* n° 1998-000941 ; *JCP* 1998, IV, 1889 ; *Bull. civ.* II, n° 66, p. 41. ▪ Cass. 2e civ., 6 mars 2003, n° 01-14.664 : *JurisData* n° 2003-018012 ; *LPA* 15 oct. 2003, 18, note Massip ; *Bull. civ.* II, n° 46, p. 41 ; *Dr. famille* 2003, 142, note Murat ; *Defrénois* 2003, 1081, obs. Massip. ▪ Cass. 1re civ., 12 mai 2004 : *JCP* 2004, IV, 2351 ; *JurisData* n° 2003-023606).

2) Exécution en nature de l'obligation alimentaire (non). L'article 210 du Code civil, disposant que si la personne qui doit fournir des aliments justifie qu'elle ne peut payer la pension alimentaire, le tribunal peut en connaissance de cause ordonner qu'elle recevra dans sa demeure, qu'elle nourrira et entretiendra celui auquel elle devra des aliments, est inapplicable au cas où les enfants sont confiés en vertu de l'article 287 (anc.) (▪ Cass. 2e civ., 26 nov. 1980, n° 79-16.014 : *JurisData* n° 1980-725165 ; *JCP* 1981, IV, 58 ; *Bull. civ.* II, n° 245, p. 167).

3) Droit d'usage et d'habitation (al. 4). Jugeant que le droit d'usage et d'habitation est subsidiaire par rapport à l'octroi d'une pension, V. ▪ Aix-en-Provence, 30 mars 2017, n° 16/04413 : *Dr. famille* 2017, 129, Molière ; *JurisData* n° 2017-006412.

4) Demande ultérieure. Même si la convention homologuée prévoit qu'il n'y a pas lieu à pension alimentaire pour l'enfant, la femme peut ultérieurement assigner son époux en paiement d'une pension alimentaire (▪ Cass. 2e civ., 17 oct. 1985, n° 84-15.135 : *JurisData* n° 1985-002845 ; *D.* 1987, somm. 43, obs. Bénabent).

5) Divorce sur demande conjointe. En cas de divorce prononcé sur demande conjointe, aucune disposition légale ne supprime ni ne soumet à des conditions particulières le droit pour les parties de modifier en considération des changements intervenus, le montant de la contribution à l'entretien et à l'éducation des enfants communs, mise par la convention homologuée à la charge de celui des parents qui n'en a pas la garde (▪ Cass. 2e civ., 21 avr. 1982, n° 81-11.162 : *JurisData* n° 1982-701002 ; *D.* 1983, 198, note Floro. ▪ Cass. 2e civ., 29 mai 1996, n° 94-10.520 : *JCP* 1996, IV, 1617 ; *Bull. civ.* II, n° 114, p. 71 ; *RTD civ.* 1996, 601, obs. Hauser). Le juge ne peut débouter la femme de sa demande en augmentation en retenant que la pension, contractuellement déterminée, n'est susceptible de révision qu'à la condition que survienne dans les ressources et les charges respectives des parents ou dans les besoins des enfants une modification substantielle et imprévisible (▪ Cass. 2e civ., 18 déc. 1996, n° 93-16.173 : *JCP* 1997, IV, 319 ; *Bull. civ.* II, n° 293, p. 176 ; *Dr. famille* 1997, 44, note Lécuyer).

6) Demande à titre conservatoire (non). L'obligation alimentaire est une obligation légale qui n'existe qu'à compter de la naissance de l'enfant (▪ TGI Lille, ord. non-conciliation, 6 déc. 2012 : *Dr. famille* 2013, 39, note Labbée ; *RTD civ.* 2013, 345, obs. Hauser ; *JurisData* n° 2012-032831, rejet de la demande de contribution à l'entretien et l'éducation au profit de l'enfant à naître, à compter de sa naissance).

Art. 373-2-3 *(L. n° 2002-305, 4 mars 2002)* (1). – **Lorsque la consistance des biens du débiteur s'y prête, la pension alimentaire peut être remplacée, en tout ou partie, sous les modalités et garanties prévues par la convention homologuée ou par le juge, par le versement d'une somme d'argent entre les mains d'un organisme accrédité chargé d'accorder en contrepartie à l'enfant une rente indexée, l'abandon de biens en usufruit ou l'affectation de biens productifs de revenus.**

(1) Dispositions applicables aux instances en cours qui n'ont pas donné lieu à une décision passée en force de chose jugée (L. n° 2002-305, 4 mars 2002).

Art. 373-2-4 *(L. n° 2002-305, 4 mars 2002)* (1). – **L'attribution d'un complément, notamment sous forme de pension alimentaire, peut, s'il y a lieu, être demandé ultérieurement.**

Art. 373-2-5 *(L. n° 2002-305, 4 mars 2002)* (1). – **Le parent qui assume à titre principal la charge d'un enfant majeur qui ne peut lui-même subvenir à ses besoins peut demander à l'autre parent de lui verser une contribution à son entretien et à son éducation. Le juge peut décider ou les parents convenir que cette contribution sera versée en tout ou partie entre les mains de l'enfant.**

1) Principe. Sur l'obligation alimentaire, voir art. 203 et s., p. 175. Ne donne pas de base légale à sa décision l'arrêt qui décide que le père n'est pas tenu de verser une contribution pour ses enfants devenus majeurs en retenant que les études menées par ces enfants ne sont pas sérieuses et que la mère ne justifie pas qu'ils soient dans l'incapacité de subvenir eux-mêmes à leurs besoins, sans rechercher si les enfants communs n'étaient plus à titre principal à la charge de leur mère (■ Cass. 2e civ., 11 déc. 1991, n° 90-18.141 : *Bull. civ.* II, n° 341, p. 179. – V. aussi ■ Cass. 2e civ., 29 mai 1996, n° 94-20.916 : *JurisData* n° 1996-002108 ; *JCP* 1996, IV, 1615 ; *Bull. civ.* II, n° 115, p. 72. ■ Cass. 2e civ., 27 janv. 2000, n° 96-11.410 : *JurisData* n° 2000-000244 ; *Dr. famille* 2000, 73, note Chabault). Mais c'est au parent ayant la charge de l'enfant de démontrer qu'il est dans l'incapacité de subvenir lui-même à ses besoins (■ Cass. 2e civ., 26 sept. 2002 : *JCP* 2002, IV, 2712 ; *JurisData* n° 2002-015561) et de démontrer, plus généralement, les circonstances permettant de la décharger de la contribution (■ Cass. 1re civ., 14 févr. 2006, n° 05-11.001 : *JurisData* n° 2006-032273 ; *Dr. famille* 2006, 88, note Murat. ■ Cass. 1re civ., 9 janv. 2008 : *Bull. civ.* I, n° 1, p. 1 ; *JCP* 2008, II, 10064, note Bazin ; *Dr. famille* 2008, 35, note Murat ; *Defrénois* 2008, 1122, obs. Massip ; *JurisData* n° 2008-042167).

2) Enfants majeurs au chômage. Pour l'admission de l'obligation d'entretien d'enfants majeurs au chômage, V. ■ Paris, 26 avr. 1994, n° 92.15511 : *JurisData* n° 1994-020980 ; *RTD civ.* 1994, 582, obs. Hauser.

Voir : art. 203, annot. n° 6 et s., p. 176.

3) Cohabitation avec l'enfant (non). Ajoute une condition non prévue par l'article 295 (anc.) la cour d'appel qui, pour dire que le père pourra verser la contribution à l'entretien d'un enfant majeur directement à celui-ci, et rejeter la demande de versement entre les mains de la mère, retient que celle-ci ne justifie pas vivre avec l'enfant, alors qu'il n'est pas contesté qu'elle assure à titre principal la charge de l'enfant (■ Cass. 2e civ., 22 janv. 1992, n° 90-19.682 : *JurisData* n° 1992-000109 ; *JCP* 1992, IV, 857 ; *Bull. civ.* II, n° 27, p. 13. – V. aussi ■ Cass. 2e civ., 26 sept. 2002 : *JCP* 2002, IV, 2711 ; *JurisData* n° 2002-015551 ; *Defrénois* 2003, 613, obs. Massip).

4) Destinataire de la contribution. Sur la possibilité de verser la contribution, en tout ou partie, entre les mains de l'enfant majeur, V. ■ Cass. 1re civ., 22 mars 2005, n° 03-13.842 : *JurisData* n° 2005-027683 ; *Bull. civ.* I, n° 141, p. 121. Cette faculté n'est pas subordonnée à une demande de l'enfant (■ Cass. 1re civ., 11 févr. 2009, n° 08-11.769 : *Bull. civ.* I, n° 26, p. 22 ; *D.* 2009, 630, obs. Egéa ; *Dr. famille* 2009, 42, note Murat ; *Defrénois* 2009, 1154, obs. Massip ; *JCP* 2009, IV, 1420 ; *JurisData* n° 2009-046985). C'est à bon droit qu'une cour d'appel a souverainement estimé qu'il n'y avait pas lieu de faire droit à la demande du père de verser la contribution entre les mains de l'enfant majeur qui continuait de résider chez sa mère et qui était défavorable à un versement direct entre ses mains (■ Cass. 1re civ., 4 juin 2009, n° 08-17.106 : *Bull. civ.* I, n° 111, p. 99 ; *Dr. famille* 2009, 107, note Murat ; *RTD civ.* 2009, 522, obs. Hauser ; *JurisData* n° 2009-048468).

§ 3. – De l'intervention du juge aux affaires familiales
(L. n° 2002-305, 4 mars 2002)

Art. 373-2-6 *(L. n° 2002-305, 4 mars 2002 ; mod., L. n° 2010-769, 9 juill. 2010)* (1) (2). – **Le juge du tribunal de grande instance délégué aux affaires familiales règle les questions qui lui sont soumises dans le cadre du présent chapitre en veillant spécialement à la sauvegarde des intérêts des enfants mineurs.**

Le juge peut prendre les mesures permettant de garantir la continuité et l'effectivité du maintien des liens de l'enfant avec chacun de ses ***parents.***

(1) Dispositions applicables aux instances en cours qui n'ont pas donné lieu à une décision passée en force de chose jugée (L. n° 2002-305, 4 mars 2002).

(2) Le dispositions du présent article dans leur rédaction résultant de la loi n° 2019-222 du 23 mars 2019 sont applicables en Polynésie française, *L. n° 2019-222, 23 mars 2019, art. 110, II, B.*

Il peut notamment ordonner l'interdiction de sortie de l'enfant du territoire français sans l'autorisation des deux parents. Cette interdiction de sortie du territoire sans l'autorisation des deux parents est inscrite au fichier des personnes recherchées par le procureur de la République.

***(Al. créé, L. n° 2019-222, 23 mars 2019)* Il peut, même d'office, ordonner une astreinte pour assurer l'exécution de sa décision. Si les circonstances en font apparaître la nécessité, il peut assortir d'une astreinte la décision rendue par un autre juge ainsi que l'accord parental constaté dans la convention de divorce par consentement mutuel. Les dispositions des articles L. 131-2 à L. 131-4 du Code des procédures civiles d'exécution sont applicables.**

***(Al. créé, L. n° 2019-222, 23 mars 2019)* Il peut également, lorsqu'un parent fait délibérément obstacle de façon grave ou renouvelée à l'exécution d'une décision, d'une convention de divorce par consentement mutuel prenant la forme d'un acte sous signature privée contresigné par avocats déposé au rang des minutes d'un notaire ou d'une convention homologuée fixant les modalités d'exercice de l'autorité parentale, le condamner au paiement d'une amende civile d'un montant qui ne peut excéder 10 000 €.**

Bibliographie : A. Gouttenoire-Cornut, *La consécration de la coparentalité par la loi du 4 mars 2002 : Dr. famille* 2002, chron. 24. • L. Talarico, *L'interdiction de sortie du territoire de l'enfant sans l'accord des deux parents : exigence légale ou pouvoir du juge ? : Dr. famille* 2011, étude 11. • Dossier *L'interdiction de sortie du territoire du mineur : Dr. famille* 2017, 13 et s.

Voir : CPC, art. 1180-3 et 1180-4, p. 2351 (D. n° 2012-1037, 10 sept. 2012, relatif à la mise en œuvre de l'interdiction de sortie du territoire du mineur sans l'autorisation des deux parents. V. *RTD civ.* 2012, 783, obs. Leroyer).

1) Sortie des enfants du territoire métropolitain. C'est dans l'exercice de son pouvoir souverain qu'après avoir relevé que les troubles psychologiques dont a souffert la mère ne présentent plus d'inconvénients pour l'enfant, que la mère est en mesure de résoudre les problèmes matériels et financiers posés par la présence de celui-ci, la cour d'appel estime qu'il n'existe aucun risque grave que le retour de l'enfant au Canada l'expose à un danger physique ou psychique au sens de la Convention de La Haye du 25 oct. 1980 sur les aspects civils de l'enlèvement international d'enfants (■ Cass. 1re civ., 16 déc. 1992, n° 91-12.096 : *JurisData* n° 1992-002851 ; *D.* 1993, 570, 2e esp., note Massip ; *Bull. civ.* I, n° 313, p. 205). La Convention de La Haye n'est applicable que si l'enlèvement est illicite (■ CEDH, 2 sept. 2003 : *Dr. famille* 2004, 98, note Gouttenoire). Est illicite au sens de l'article 3 de cette même convention tout déplacement d'un enfant fait en violation d'un droit de garde exercé effectivement et attribué à une personne par le droit ou le juge de l'État dans lequel l'enfant avait sa résidence habituelle avant son déplacement (■ Cass. 1re civ., 7 juin 1995, n° 93-17.374 : *JCP* 1995, IV, 1869 ; *Bull. civ. I, n° 234, p.* 164 ; *D.* 1996, 393, note Massip ; *Defrénois* 1996, 336, obs. Massip). Mais jugé que les conditions requises pour l'application de la convention ne sont pas réunies lorsque le père a obtenu un droit de visite pendant les vacances de Noël et que l'ordonnance transférant la résidence de l'enfant chez lui est intervenue pendant le séjour régulier de cet enfant en France (■ Cass. 1re civ., 19 mars 2002, n° 00-17.692 : *JurisData* n° 2002-013590 ; *Dr. famille* 2002, 137, note Farge ; *JCP* 2003, II, 10155, note Cashin-Ritaine. V. aussi, relevant le pouvoir souverain des juges du fond pour apprécier le lieu de la résidence habituelle, ■ Cass. 1re civ., 15 mai 2002, n° 99-14.029 : *JurisData* n° 2002-014398 ; *Dr. famille* 2003, 21, 2e arrêt, note Farge). Le danger physique ou psychique ainsi que la situation intolérable prévus par l'art. 13, alinéa 1er, *b*, de la convention, comme cas d'exception au retour d'un enfant illicitement déplacé, résultent aussi bien du nouveau changement des conditions de vie actuelles de l'enfant déplacé que des conditions, nouvelles ou retrouvées, dans l'État de sa résidence habituelle (■ Cass. 1re civ., 21 nov. 1995, n° 94-05.102 : *JurisData* n° 1995-003168 ; *D.* 1996, 468, note Massip ; *Defrénois* 1996, 729, obs. Massip. – V. aussi ■ Cass. 1re civ., 15 juin et 12 juill. 1994, n° 93-05.048 : *JurisData* n° 1994-001753 ; *Rev. crit. DIP* 1995, 96, note Muir Watt. ■ Rennes, 20 déc. 2001, n° 01/06562 : *JurisData* n° 2001-169553 ; *Dr. famille* 2003, 41, note Bigot). Constitue une violation du droit de garde, au sens de la Convention de La Haye, l'installation de la mère avec l'enfant dans un pays autre que celui fixé par la convention des parents (■ Cass. 1re civ., 22 avr. 1997, n° 95-13.578 : *JurisData* n° 1997-005601 ; *JCP* 1997, IV, 1186 ; *Bull. civ.* II, n° 123, p. 83 : *D.* 1998, 289, note Massip ; *Defrénois* 1997, 1336, obs. Massip). Après avoir relevé que le conflit parental restait très prégnant, la cour d'appel a estimé qu'eu égard aux événements survenus, qui avaient vu le père décider unilatéralement du lieu de vie et de scolarisation de l'enfant, il était nécessaire de continuer à soumettre la sortie du territoire français de l'enfant à l'accord de ses deux parents afin de garantir la continuité et l'effectivité du maintien de ses liens avec eux (■ Cass. 1re civ., 16 déc. 2015, n° 15-10.442 : *Bull.* ; *RTD civ.* 2016, 95, obs. Hauser ; *JurisData* n° 2015-027902).

2) Sortie du territoire. Principe de libre circulation. L'interdiction de sortie de l'enfant du territoire sans l'accord des deux parents est nécessaire à la protection des droits et libertés d'autrui en ce qu'elle vise à préserver les liens des enfants avec leurs deux parents et à prévenir les déplacements illicites, conformément aux objectifs poursuivis par le règlement (CE) n° 2201/2003 du Conseil du 27 novembre 2003 et la Convention de La Haye du 25 octobre 1980 sur les aspects civils de l'enlèvement international d'enfants ; qu'elle est également proportionnée aux buts poursuivis, dès lors que, n'interdisant la sortie du territoire de l'enfant que faute d'accord de l'autre parent, elle n'est pas absolue, et que, pouvant faire l'objet d'un réexamen à tout moment par le juge, elle n'est pas illimitée dans le temps ; qu'il en résulte qu'en prononçant une telle mesure, la cour d'appel n'a pas méconnu le principe de libre circulation (▪ Cass. 1re civ., 8 mars 2017, n° 15-26.664 : *Bull.* ; *JCP* G 2017, 467, Larribau-Terneyre ; *D.* 2017, 1730, Gouttenoire ; *Dr. famille* 2017, 146, Devers ; *RTD civ.* 2017, 370, Hauser ; *LPA* 5 oct. 2017, 8, Hisquin ; *AJF* 2017, p. 243, Saulier ; *JurisData* n° 2017-003892).

3) Transfert de la résidence de l'enfant. L'emprise affective de la mère sur l'enfant, l'empêchant de nouer des relations équilibrées avec son père, justifie le transfert de résidence chez ce dernier (▪ Versailles, 9 juin 2016, n° 15/04726 : *Dr. famille* 2016, 176, note Tétard ; *JurisData* n° 2016-013376).

Art. 373-2-7 *(L. n° 2002-305, 4 mars 2002)* (1). – **Les parents peuvent saisir le juge aux affaires familiales afin de faire homologuer la convention par laquelle ils organisent les modalités d'exercice de l'autorité parentale et fixent la contribution à l'entretien et à l'éducation de l'enfant.**

Le juge homologue la convention sauf s'il constate qu'elle ne préserve pas suffisamment l'intérêt de l'enfant ou que le consentement des parents n'a pas été donné librement.

Bibliographie : M. Rebourg, *Les conventions homologuées en matière d'autorité parentale et de contribution à l'entretien de l'enfant : Dr. famille* 2004, étude 17.

Ordre public. La convention de concubinage fixant la contribution à l'entretien et à l'éducation des enfants, non pas à proportion des ressources de chacun des parents et des besoins des enfants, mais selon un montant forfaitaire égal à la moitié des revenus du concubin, contrevient aux dispositions d'ordre public qui régissent l'obligation alimentaire et se trouve frappée de nullité, dès lors qu'elle risque de placer l'intéressé dans l'impossibilité d'exécuter ses obligations à l'égard d'autres créanciers d'aliments et constitue, par son caractère particulièrement contraignant, un moyen de dissuader un concubin de toute velléité de rupture contraire au principe de la liberté individuelle (▪ Cass. 1re civ., 20 juin 2006 : *Bull. civ.* I, n° 312, p. 270 ; *RTD civ.* 2006, 740, obs. Hauser ; *Dr. famille* 2006, 155, note Larribau-Terneyre ; *JCP* 2006, I, 199, n° 6, obs. Bosse-Platière ; *JurisData* n° 2006-034118).

Art. 373-2-8 *(L. n° 2002-305, 4 mars 2002)* (1). – **Le juge peut également être saisi par l'un des parents ou le ministère public, qui peut lui-même être saisi par un tiers, parent ou non, à l'effet de statuer sur les modalités d'exercice de l'autorité parentale et sur la contribution à l'entretien et à l'éducation de l'enfant.**

1) Office du juge. Le juge ne peut déléguer les pouvoirs que la loi lui confère lorsqu'il fixe les modalités du droit de visite d'un parent à l'égard de ses enfants (▪ Cass. 2e civ., 7 oct. 1987, n° 86-15.026 : *Bull. civ.* II, n° 190, p. 107, précisant que le droit de visite du père ne peut être accordé sous la réserve expresse que l'enfant accepte de le voir. ▪ Cass. 1re civ., 6 déc. 2005 : *Bull. civ.* I, n° 464, p. 391 ; *D.* 2006, 2149, note Herzog-Evans ; *RTD civ.* 2006, 105, obs. Hauser ; *Defrénois* 2006, 1066, obs. Massip ; *Dr. famille* 2006, 27, note Murat ; *JurisData* n° 2005-031140, cassation de l'arrêt ayant décidé que le droit mensuel de visite du père, détenu dans un établissement pénitentiaire, s'exercera selon l'accord entre les parties et les modalités à définir avec l'administration pénitentiaire. ▪ Cass. 1re civ., 3 déc. 2008 : *Bull. civ.* I, n° 276, p. 239 ; *JCP* 2008, act. 740, obs. Favier ; *JCP* 2009, II, 10032, note Rousset ; *Dr. famille* 2009, 17, note Murat ; *D.* 2009, 20, obs. Egéa, et 751, obs. Chauvin ; *JurisData* n° 2008-046077. ▪ Cass. 1re civ., 6 mars 2013, n° 11-22.770 : *Dr. famille* 2013, 68, note Neirinck ; *LPA* 5 déc. 2016, 3, 2e esp., obs. Mallevaey ; *JurisData* n° 2013-003928, pas d'exercice au gré de l'enfant. ▪ Cass. 1re civ., 28 mai 2015, n° 14-16.511 : *Bull.* ; *Dr. famille* 2015, 165, note Neirinck ; *JurisData* n° 2015-012530). Mais la cour d'appel qui décide qu'une reprise des relations, au besoin par l'intermédiaire d'une association, pourra être envisagée ultérieurement si les enfants en expriment le souhait, et à la condition que l'avis d'un expert soit requis

(1) Dispositions applicables aux instances en cours qui n'ont pas donné lieu à une décision passée en force de chose jugée (L. n° 2002-305, 4 mars 2002).

au préalable, ne délègue pas les pouvoirs que lui confère la loi quant à la fixation des modalités d'exercice du droit de visite et d'hébergement accordé sur les enfants au parent non attributaire de la garde, mais définit seulement, sans les subordonner au consentement des enfants, les circonstances dans lesquelles la reprise du droit de visite pourra être éventuellement accordée à la mère (■ Cass. 1re civ., 28 févr. 2006 : *Bull. civ.* I, n° 103, p. 97 ; *RTD civ.* 2006, 300, obs. Hauser ; *Dr. famille* 2006, 159, note Murat ; *JurisData* n° 2006-032399).

2) Saisine par le ministère public lui-même saisi par un tiers. V. pour une application, ■ Agen, 11 avr. 2013, n° 12/01488 : *RTD civ.* 2013, 830, obs. Hauser ; *Dr. famille* 2013, 103, note Neirinck ; *JurisData* n° 2013-008776, grands-parents bénéficiaires d'une délégation partielle de l'autorité parentale.

Art. 373-2-9 *(L. n° 2002-305, 4 mars 2002 ; mod., L. n° 2007-293, 5 mars 2007 ; L. n° 2010-769, 9 juill. 2010 ; L. n° 2016-297, 14 mars 2016)* (1). **– En application des deux articles précédents, la résidence de l'enfant peut être fixée en alternance au domicile de chacun des parents ou au domicile de l'un d'eux.**

À la demande de l'un des parents ou en cas de désaccord entre eux sur le mode de résidence de l'enfant, le juge peut ordonner à titre provisoire une résidence en alternance dont il détermine la durée. Au terme de celle-ci, le juge statue définitivement sur la résidence de l'enfant en alternance au domicile de chacun des parents ou au domicile de l'un d'eux.

Lorsque la résidence de l'enfant est fixée au domicile de l'un des parents, le juge aux affaires familiales statue sur les modalités du droit de visite de l'autre parent. Ce droit de visite, lorsque l'intérêt de l'enfant le commande, peut, par décision spécialement motivée, être exercé dans un espace de rencontre désigné par le juge.

Lorsque l'intérêt de l'enfant le commande ou lorsque la remise directe de l'enfant à l'autre parent présente un danger pour l'un d'eux, le juge en organise les modalités pour qu'elle présente toutes les garanties nécessaires. Il peut prévoir qu'elle s'effectue dans un espace de rencontre qu'il désigne, ou avec l'assistance d'un tiers de confiance ou du représentant d'une personne morale qualifiée.

Bibliographie : M.-Th. Cordier, *Séparation des parents et lieu de vie des enfants : Dr. famille* janv. 2008, pan. jurispr. 1 (résidence alternée). • A. Devers, *La résidence alternée en droit international privé : Dr. famille* 2008, étude 9. • H. Gaumont-Prat, *La résidence alternée à l'épreuve du droit comparé (France-Belgique) : Dr. famille* 2012, étude 15. • S. Ben Hadj Yahia, *La résidence de l'enfant*, in *Mélanges Raymond Le Guidec*, LexisNexis 2014, 547. • I. Corpart, *Quel avenir pour l'alternance des résidences des enfants de parents séparés ? : Dr. famille* 2014, étude 19. • S. Ben Hadj Yahia, *Conditions et effets de la résidence alternée : Dr. famille* 2016, étude 20. • Dossier : *AJF* mai 2018, p. 263 et s.

1) Office du juge. Le juge n'est pas tenu, en cas de désaccord des parents, d'ordonner la résidence en alternance à titre provisoire (■ Cass. 1re civ., 14 févr. 2006 : *Bull. civ.* I, n° 65, p. 64 ; *RTD civ.* 2006, 300, obs. Hauser ; *Dr. famille* 2006, 158, note Murat ; *JCP* 2006, I, 199, n° 13, obs. Bosse-Platière ; *JurisData* n° 2006-032171). L'article 373-2-9 n'impose pas, pour que la résidence soit fixée en alternance, que le temps passé par l'enfant auprès du père et de la mère soit de même durée (■ Cass. 1re civ., 25 avr. 2007 : *Bull. civ.* I, n° 156, p. 139 ; *Dr. famille* 2007, 143, note Murat ; *RTD civ.* 2007, 560, obs. Hauser ; *JCP* 2007, IV, 2077 ; *JurisData* n° 2007-038492). Faute de constatation d'un accord parental, il incombe au juge de fixer les modalités d'exercice du droit de visite du parent à l'égard de ses enfants, après avoir invité les parties à présenter leurs observations (■ Cass. 1re civ., 23 nov. 2011, n° 10-23.391 : *D.* 2012, 636, obs. Vassallo ; *JCP* 2012, doctr. 31, n° 8, obs. Rebourg ; *Dr. famille* 2012, 9, note Neirinck et note Bazin ; *RTD civ.* 2012, 111, obs. Hauser ; *JurisData* n° 2011-025887. ■ Cass. 1re civ., 26 juin 2013, n° 12-15.677 : *RTD civ.* 2013, 591, obs. Hauser, cassation d'un arrêt qui, constatant que le droit de visite restreint et médiatisé accordé au père réactivait les souffrances psychologiques de la mère et des enfants, s'est bornée à dire qu'à défaut d'éléments nouveaux, plutôt qu'une suspension demandée par la mère et afin d'adapter le droit de visite et d'hébergement à l'évolution des enfants suivie par le juge, l'exercice de ce droit sera laissé à l'accord des parties). Le juge qui accorde un droit de visite en lieu neutre doit en prévoir la périodicité et ne peut décider que ce droit s'exercera selon les modalités en vigueur dans le service de rencontre (■ Cass. 1re civ., 10 juin 2015, n° 14-12.592 : *Bull.* ; *Dr. famille* 2015, 164, note Neirinck ; *LPA* 5 déc. 2016, 3, 3e esp., obs. Mallevaey ; *JurisData* n° 2015-013663).

2) Résidence alternée. Applications. V. ■ Lyon, 4 juin 2002, n° 2000/06005, ■ Paris, 4 et 11 juill. 2002, n° 2001/14190 : *JurisData* n° 2002-187443 ; *Dr. famille* 2003, 2, 1er, 2e et 4e arrêts, note Oudin. ■ Rouen, 22 févr. 2007 : *JCP* 2007, IV, 2783 ;

(1) Dispositions applicables aux instances en cours qui n'ont pas donné lieu à une décision passée en force de chose jugée (L. n° 2002-305, 4 mars 2002).

JurisData n° 2007-330567. Il serait contraire à l'intérêt de l'enfant d'imposer la résidence alternée lorsque l'un des parents exprime son refus de l'accueillir de manière habituelle (■ Douai, 19 oct. 2006 : *JCP* 2007, IV, 2651 ; *JurisData* n° 2006-336700). Pour le refus de la garde alternée en raison du manque de dialogue entre les parents, V. ■ Riom, 25 juin 2002, n° 01/02262 : *JurisData* n° 2002-187117 ; *Dr. famille* 2003, 2, 3e arrêt. ■ Metz, 28 juin 2005 : *JCP* 2006, IV, 1717 ; *JurisData* n° 2005-288220, pas d'esprit de collaboration entre les parents et souhait exprimé par la fille aînée de vivre avec sa mère, alors qu'il n'est pas dans l'intérêt des enfants communs d'être séparés. – Rappr. ■ Cass. 1re civ., 19 sept. 2007 : *Bull. civ.* I, n° 286, p. 254 ; *D.* 2007, inf. rap. 2541 ; *JCP* 2008, I, 102, n° 6, obs. Bideau ; *JCP* 2007, IV, 2860 ; *JurisData* n° 2007-040379, tension quasi quotidienne et situations douloureuses en raison de l'absence totale de communication entre les parents. ■ Nîmes, 6 févr. 2008 : *JCP* 2008, IV, 2535 ; *JurisData* n° 2008-361472, modes de vie opposés des parents. – Comp. ■ Metz, 16 août 2005 : *JCP* 2006, IV, 3072 ; *JurisData* n° 2006-300940, prescrivant la résidence alternée, matériellement facile à mettre en œuvre, dans le but d'apaiser le conflit constant existant entre les parents. Jugé que les parents étant manifestement incapables de s'accorder sur la cohérence et la continuité d'une même éducation, dispensée tour à tour par chacun d'eux, au préjudice du développement de l'enfant qui nécessite le cadre rassurant d'un foyer unifié, il convient de mettre fin à la résidence alternée (■ Douai, 11 janv. 2007 : *JCP* 2007, IV, 2650 ; *JurisData* n° 2007-336716). La résidence alternée n'est pas adaptée aux besoins d'une enfant d'un an dont le père et la mère vivent chacun en couple homosexuel (■ Lyon, 28 juin 2010, n° 10/03083 : *JurisData* n° 2010-012457 ; *LPA* 31 mai 2011, 15, obs. Dekeuwer-Defossez), ni à ceux d'une enfant handicapée de quatre ans qui a besoin de stabilité et de continuité dans son cadre de vie (■ Lyon, 10 mai 2016, n° 15/02872 : *JurisData* n° 2016-008878).

3) Résidence alternée. Partage inégal. L'article 373-2-9 du Code civil n'impose pas que le temps passé par l'enfant auprès de son père et de sa mère soit de même durée ; les juges du fond peuvent donc, si l'intérêt de l'enfant le commande, décider d'une alternance aboutissant à un partage inégal du temps de présence de l'enfant auprès de chacun de ses parents (■ Cass. 1re civ., 25 avr. 2007, préc., note 1).

4) « Résidence alternée » des parents. Jugé que, dans l'intérêt des enfants, il convient d'instaurer une résidence alternée, les enfants demeurant dans le domicile familial et les parents y résidant alternativement chacun pendant une semaine (■ Paris, 26 sept. 2013, n° 12/12514 : *Dr. famille* 2013, 163, note Neirinck ; *JurisData* n° 2013-021242).

5) Prestations familiales. Il n'entre pas dans la compétence du juge aux affaires familiales de décider au bénéfice de quel parent doit être attribué le droit aux prestations familiales, cette compétence relevant du tribunal des affaires de sécurité sociale en vertu de l'article L. 142-1 du Code de la sécurité sociale ; mais le juge aux affaires familiales peut néanmoins constater l'accord des parents sur la désignation de l'allocataire ou l'attribution à l'un ou à l'autre du droit aux prestations familiales au moment où il statue (■ Cass. avis, 26 juin 2006, n° 06-00.004 : *Bull. civ.* avis, n° 3, p. 5 ; *RTD civ.* 2006, 752, obs. Hauser ; *Dr. famille* 2006, 179, note Devers). En cas de divorce, de séparation de droit ou de fait des époux ou de cessation de la vie commune des concubins, et lorsque les parents exercent conjointement l'autorité parentale et bénéficient d'un droit de résidence alternée sur leur enfant, qui est mis en œuvre de manière effective et équivalente, l'un et l'autre des parents doivent être considérés comme assumant la charge effective et permanente de leur enfant au sens de l'article L. 513-1 du Code de la sécurité sociale (■ Cass. avis, 26 juin 2006, n° 06-00.005 : *Bull. civ.* avis, n° 4, p. 5 ; *RTD civ.* 2006, 752, obs. Hauser ; *Dr. famille* 2006, 179, note Devers). La règle de l'unicité de l'allocataire prévue à l'article R. 513-1 du Code de la sécurité sociale ne s'oppose pas à ce que, lorsque la charge effective et permanente de l'enfant est partagée de manière égale entre les parents, en raison de la résidence alternée et de l'autorité parentale conjointe, le droit aux prestations familiales soit reconnu alternativement à chacun des parents en fonction de leur situation respective et des règles particulières à chaque prestation (■ Cass. avis, 26 juin 2006, n° 06-00.005 : *Bull. civ.* avis, n° 4, p. 5, préc.). – Comp., pour l'allocation de rentrée scolaire, ■ Reims, 13 mars 2009, n° 08/02317 : *JurisData* n° 2009-002916 ; *LPA* 2 juill. 2010, 10, obs. Everaert-Dumont. – V. aussi, au sujet de la répartition du quotient familial (CGI, art. 194), ■ Cass. 1re civ., 9 sept. 2015, n° 14-23.687 : *Bull.*

V. CSS, art. R. 513-1 et R. 521-2 et s. nouveaux (D. n° 2007-550, 13 avr. 2007).

Art. 373-2-9-1 ***(Créé, L. n° 2019-222, 23 mars 2019)*** (1). **– Lorsqu'il est saisi d'une requête relative aux modalités d'exercice de l'autorité parentale, le juge aux affaires familiales peut attribuer provisoirement la jouissance du logement de la famille à l'un des deux parents, le cas échéant en constatant l'accord des parties sur le montant d'une indemnité d'occupation.**

(1) Le dispositions du présent article dans leur rédaction résultant de la loi n° 2019-222 du 23 mars 2019 sont applicables en Polynésie française, *L. n° 2019-222, 23 mars 2019, art. 110, II, B.*

Le juge fixe la durée de cette jouissance pour une durée maximale de six mois.

Lorsque le bien appartient aux parents en indivision, la mesure peut être prorogée, à la demande de l'un ou l'autre des parents, si durant ce délai le tribunal a été saisi des opérations de liquidation partage par la partie la plus diligente.

Art. 373-2-10 ***(L. n° 2002-305, 4 mars 2002 ; mod., L. n° 2016-1547, 18 nov. 2016)*** (1) (2). **– En cas de désaccord, le juge s'efforce de concilier les parties.**

À l'effet de faciliter la recherche par les parents d'un exercice consensuel de l'autorité parentale, le juge peut leur proposer une mesure de médiation et, après avoir recueilli leur accord, désigner un médiateur familial pour y procéder ***(Mots aj., L. n° 2019-222, 23 mars 2019)*** **« , y compris » dans la décision statuant définitivement sur les modalités d'exercice de l'autorité parentale.**

Il peut ***(Mots aj., L. n° 2019-222, 23 mars 2019)*** **« de même » leur enjoindre, sauf si des violences ont été commises par l'un des parents sur l'autre parent ou sur l'enfant, de rencontrer un médiateur familial qui les informera sur l'objet et le déroulement de cette mesure.**

Bibliographie : M. Juston, *L'intérêt de la médiation familiale pour l'enfant : Dr. famille* 2008, étude 10.

Voir : D. n° 2010-1395, 12 nov. 2010 relatif à la médiation et à l'activité judiciaire en matière familiale, p. 3354.

Voir aussi : A. 16 mai 2013 : *JO* 31 mai 2013, p. 8959.

Art. 373-2-11 ***(L. n° 2002-305, 4 mars 2002 ; mod., L. n° 2010-769, 9 juill. 2010)*** (1). **– Lorsqu'il se prononce sur les modalités d'exercice de l'autorité parentale, le juge prend notamment en considération :**

1° La pratique que les parents avaient précédemment suivie ou les accords qu'ils avaient pu antérieurement conclure ;

2° Les sentiments exprimés par l'enfant mineur dans les conditions prévues à l'article 388-1 ;

3° L'aptitude de chacun des parents à assumer ses devoirs et respecter les droits de l'autre ;

4° Le résultat des expertises éventuellement effectuées, tenant compte notamment de l'âge de l'enfant ;

5° Les renseignements qui ont été recueillis dans les éventuelles enquêtes et contre-enquêtes sociales prévues à l'article 373-2-12 ;

6° Les pressions ou violences, à caractère physique ou psychologique, exercées par l'un des parents sur la personne de l'autre.

1) **Pratique antérieure.** Les juges du fond peuvent estimer qu'aucun élément ne permet de restreindre la pratique antérieure révélée par les termes de la convention temporaire conclue par les parents à l'occasion d'une procédure de divorce sur requête conjointe, atteinte de caducité (■ Cass. 1re civ., 11 juill. 1988, n° 86-18.200 : *JurisData* n° 1988-002455 ; *Bull. civ.* I, n° 234, p. 163).

2) **Audition de l'enfant.** L'enfant peut avoir été entendu au cours de l'enquête sociale (■ Cass. 2e civ., 14 janv. 1998, n° 95-22.059 : *JurisData* n° 1998-000041 ; *JCP* 1999, I, 101, n° 10, obs. Favier. V. déjà ■ Cass. 2e civ., 5 juin 1991, n° 90-14.109 : *JurisData* n° 1991-004087 ; *JCP* 1991, IV, 306 ; *Bull. civ.* II, *n° 173, p. 94 ; RTD civ.* 1991, 523, obs. Huet-Weiller. ■ Cass. 2e civ., 14 janv. 1998, n° 95-22.059 : *JurisData* n° 1998-000041 ; *JCP* 1999, I, 101, n° 10, obs. Favier). Son audition n'en fait pas une partie à l'instance qui oppose ses parents, de sorte qu'il ne peut ni intervenir ni faire appel (■ Poitiers, 11 déc. 1991 : *JurisData* n° 1991-049070 ; *JCP* 1992, IV, 1450. ■ Montpellier, 3 févr. 1992, n° 90-3175 : *JurisData* n° 1992-034028 ; *JCP* 1992, II, 21904, note Gouron-Mazel). C'est à bon droit et en considération de l'intérêt supérieur de l'enfant, au sens de l'article 3.1 de la convention de New York du 26 janv. 1990 et de son droit à être entendu dans toute la procédure le concernant consacré par l'article 12.2 du même traité, qu'une cour d'appel, sans accorder à l'enfant la qualité de partie à la procédure, prend l'initiative de lui faire désigner un avocat afin de recueillir ses sentiments et d'en faire état lors de l'audience, étant relevé que la juridiction saisie a toujours, en tout état de la procédure, la possibilité de procéder à l'audition personnelle de l'enfant soit à sa demande, soit si les circonstances rendent cette mesure utile ou nécessaire (■ Cass. 1re civ., 22 nov. 2005 : *Bull. civ.* I, n° 434, p. 364 ; *D.* 2006, 554 [2e esp.], note Boulanger ; *RTD civ.* 2006, 101, obs. Hauser ; *Dr. famille* 2006, 28 [2e esp.], note Murat ; *JurisData* n° 2005-030834). Manque de base légale, au regard de l'article 388-1, l'arrêt qui infirme l'or-

(1) Dispositions applicables aux instances en cours qui n'ont pas donné lieu à une décision passée en force de chose jugée (L. n° 2002-305, 4 mars 2002).

(2) Le dispositions du présent article dans leur rédaction résultant de la loi n° 2019-222 du 23 mars 2019 sont applicables en Polynésie française, *L. n° 2019-222, 23 mars 2019, art. 110, II, B.*

donnance du juge aux affaires matrimoniales sans préciser s'il a tenu compte des sentiments exprimés par l'enfant (■ Cass. 2e civ., 20 nov. 1996, n° 93-19.937 : *JurisData* n° 1996-004396 ; *JCP* 1997, IV, 69 ; *D.* 1997, 192, note Benhamou, somm. 279, obs. Descamps-Dubaele ; *Dr. famille* 1997, 26, note Murat ; *Bull. civ.* II, n° 253, p. 153 ; *RTD civ.* 1997, 112, obs. Hauser ; *Defrénois* 1997, 987, obs. Massip. – V. aussi ■ Cass. 2e civ., 10 juin 1998, n° 97-20.905 : *JurisData* n° 1998-002699 ; *JCP* 1999, I, 101, n° 10, obs. Favier). Mais le juge n'est pas tenu par cette expression (■ Cass. 1re civ., 8 juin 1999, n° 98-20.416 : *JurisData* n° 1999-002435 ; *Dr. famille* 1999, 136, note Gouttenoire-Cornut). Sur les modalités de l'audition, voir sous art. 388-1, p. 381.

3) Sur **l'aptitude de chacun des parents** à assumer ses devoirs et respecter les droits de l'autre, V. note 1 sous art. 373-2.

4) Religion. Baptême. Le conflit d'autorité parentale relatif au baptême des enfants devant être tranché en fonction du seul intérêt de ces derniers, la cour d'appel a relevé, par motifs propres et adoptés, d'une part, que les enfants, âgés de 6 et 7 ans, ne souhaitaient pas être baptisés car ils ne comprenaient pas le sens de cette démarche et, d'autre part, qu'ils ne souhaitaient pas, en l'état, revoir leur père dont les droits de visite avaient été suspendus en raison de son comportement menaçant et violent ; la cour d'appel en a souverainement déduit, sans méconnaître la liberté de conscience et de religion du père, qu'en l'état du refus de la mère, la demande de ce dernier, qui n'était pas guidée par l'intérêt supérieur des enfants, devait être rejetée (■ Cass. 1re civ., 23 sept. 2015, n° 14-23.724 : *Bull.* ; *RTD civ.* 2015, 861, obs. Hauser ; *D.* 2016, 1967, obs. Gouttenoire ; *LPA* 15 janv. 2016, 13, note Gaba, et 1er déc. 2016, 11, obs. Visade ; *Dr. famille* 2015, focus 69, obs. Lamarche ; *RJPF* nov. 2015, obs. Cheynet de Beaupré ; *Rev. Lamy dr. civ.* 2016, n° 134, 36, obs. Corpart ; *JurisData* n° 2015-021007). Ayant relevé que la mineure était née de parents catholiques et avait été baptisée dans leur religion, les juges du fond peuvent estimer qu'il convient d'attendre qu'elle soit majeure pour choisir de recevoir le baptême des Témoins de Jéhovah (■ Cass. 1re civ., 11 juin 1991, n° 89-21.305 : *JurisData* n° 1991-001742 ; *JCP* 1991, IV, 316 ; *Bull. civ.* I, n° 196, p. 129 ; *D.* 1991, 521, note Malaurie). L'opposition du père à l'inscription des enfants dans une école laïque et sa volonté de donner à l'enfant une éducation religieuse choisie en commun par les parents ne justifie pas la perte de l'exercice conjoint de l'autorité parentale (■ TGI Paris, 15 mars 1994, n° 93/27085 : *JurisData* n° 1994-041132). La prise en compte, pour apprécier l'intérêt de l'enfant, des répercussions négatives éventuelles de l'appartenance de la mère à la même communauté religieuse est contraire à la Convention européenne de sauvegarde des droits de l'homme et des libertés fondamentales (■ CEDH, 23 juin 1993, n° 15/1992/360/434 : *JurisData* n° 1993-620018 ; *D.* 1994, 326, note Hauser). – Voir J.-D. Bredin, *La religion de l'enfant* : *D.* 1960, chron. 73. – P. Muzny, *Pour que garde des enfants et pratique religieuse fassent bon ménage* in *Mélanges Jean Hauser*, LexisNexis-Dalloz 2012, 427. – F. Boulanger, *Autorité parentale et formation religieuse des mineurs (essai comparatif)* : *Dr. famille* 2013, étude 14.

Sur la présomption de danger liée à l'appartenance à une secte, V. ■ Cass. 1re civ., 28 mars 1995, n° 93-11.695 : *JurisData* n° 1995-000717 ; *Bull. civ.* I, n° 141, p. 101 ; *D.* 1996, somm. 239, obs. Vitse. ■ Montpellier, 27 nov. 2007 : *JCP* 2008, IV, 1799 ; *RTD civ.* 2008, 472, obs. Hauser ; *JurisData* n° 2007-353594. – Comp., pour des Témoins de Jéhovah, ■ Rennes, 10 mai 2007 : *JCP* 2008, IV, 1891 ; *JurisData* n° 2007-348540. ■ Lyon, 9 sept. 2008 : *RTD civ.* 2008, 666, obs. Hauser.

5) Inscription de l'enfant dans un établissement scolaire. L'article 288 (anc.) permet au parent non gardien de contester la décision de l'autre parent d'inscrire un des enfants dans un établissement scolaire dont l'éducation religieuse stricte et intransigeante présente des risques pour l'équilibre de l'enfant, est en rupture avec l'éducation religieuse reçue antérieurement et dont le courant de pensée, contraire aux opinions du parent non gardien, n'a pas été déterminant dans le choix de l'établissement (■ Paris, 25 oct. 1991, n° 91/20352 : *JurisData* n° 1991-023923 ; *JCP* 1992, IV, 203).

6) Procédure de divorce. Le litige portant sur la garde de l'enfant sur le fondement de l'article 372-1-1 (anc.) n'a pas le même objet que celui soumis au juge saisi d'une requête en divorce, de sorte que le tribunal n'est pas tenu d'accueillir l'exception de connexité dont l'admission n'est jamais qu'une simple faculté (■ Cass. 1re civ., 9 oct. 1991, n° 89-21.902 : *JurisData* n° 1991-003871 ; *JCP* 1991, IV, 428 ; *Bull. civ.* I, n° 257, p. 170). Les mesures qui ont pu être prises quant à l'exercice de l'autorité parentale en vertu de l'article 372-1-1 (anc.) ne cessent de produire effet en cas de procédure de divorce qu'au moment où le jugeconciliateur statue sur les mesures provisoires relatives à la garde des enfants mineurs et au droit de visite et d'hébergement (■ Cass. 1re civ., 11 juill. 1988, n° 86-18.200 : *JurisData* n° 1988-002455 ; *Bull. civ.* I, n° 234, p. 163).

7) Enquête sociale. Sur le principe qu'une enquête sociale ne peut être utilisée dans le débat sur la cause du divorce, V. ■ Cass. 2e civ., 5 juin 2003, n° 01-13.870 : *JurisData* n° 2003-019370 ; *Dr. famille* 2003, 145, note Gouttenoire ; *Bull. civ.* II, n° 171, p. 147 ; *Defrénois* 2003, 1485, obs. Massip.

Art. 373-2-12 *(L. n° 2002-305, 4 mars 2002)* (1). – **Avant toute décision fixant les modalités de l'exercice de l'autorité parentale et du droit de visite ou confiant les enfants à un tiers, le juge peut donner mission à toute personne qualifiée d'effectuer une enquête sociale. Celle-ci a pour but de recueillir des renseignements sur la situation de la famille et les conditions dans lesquelles vivent et sont élevés les enfants.**

Si l'un des parents conteste les conclusions de l'enquête sociale, une contre-enquête peut à sa demande être ordonnée.

L'enquête sociale ne peut être utilisée dans le débat sur la cause du divorce.

Bibliographie : T. Garé, *L'enquête sociale dans la désunion des parents : RTD civ.* 1987, 692.

1) **Contre-enquête.** Sur le droit pour chacun des époux de demander une contre-enquête, voir ▪ Cass. 1re civ., 6 févr. 1996, n° 93-21.053 : *JurisData* n° 1996-000398 ; *JCP* 1996, IV, 733 ; *Bull. civ.* I, n° 58, p. 39 ; *D.* 1996, 621, note Massip ; *Defrénois* 1996, 997, obs. Massip ; *Dr. famille* 1996, 20, note Murat.

2) **Utilisation de l'enquête sociale dans la procédure.** Pour une application de l'article 287-2 (373-2-12), alinéa 3, V. ▪ Cass. 2e civ., 13 janv. 1988, n° 86-17.136 : *Gaz. Pal.* 1989, 1, 38, note J. M. Si l'enquête sociale ne peut être utilisée dans le débat sur la cause de divorce, il en va différemment de l'appréciation des circonstances ayant présidé à la rupture qui ouvriraient droit à réparation (▪ Orléans, 27 sept. 1994 : *JurisData* n° 1994-600401 ; *JCP* N 1996, II, 575, note Yamba).

Art. 373-2-13 *(L. n° 2002-305, 4 mars 2002 ; L. n° 2016-1547, 18 nov. 2016)* (1). – **Les dispositions contenues dans la convention homologuée ou dans la convention de divorce par consentement mutuel prenant la forme d'un acte sous signature privée contresigné par avocats déposé au rang des minutes d'un notaire ainsi que les décisions relatives à l'exercice de l'autorité parentale peuvent être modifiées ou complétées à tout moment par le juge, à la demande des ou d'un parent ou du ministère public, qui peut lui-même être saisi par un tiers, parent ou non.**

1) **Droit d'action du ministère public.** La requête présentée par un procureur de la République pour demander au juge aux affaires matrimoniales (au juge aux affaires familiales depuis la loi du 8 janvier 1993) de modifier les dispositions d'un jugement de divorce qui ont organisé l'exercice de l'autorité parentale entre dans les prévisions de l'article 291 (anc.) du Code civil (▪ Caen, 20 déc. 1977 : *JurisData* n° 1977-600145 ; *Gaz. Pal.* 1978, 1, 287).

2) **Compétence du JAF.** Le droit de visite étant une contrepartie accordée à l'époux non attributaire de la garde des enfants, c'est le juge aux affaires matrimoniales (le juge aux affaires familiales depuis la loi du 8 janvier 1993), compétent pour modifier le droit de garde après le prononcé du divorce, qui est également compétent pour statuer sur la modification du droit de visite (▪ TGI *Toulouse, 6 janv. 1977 : JurisData* n° 1977-761116 ; *JCP* 1977, II, 18729).

3) **Intervention des enfants.** Les enfants ne sont pas compris dans les membres de la famille visés par les articles 289 et 291 (anciens) (▪ Cass. 1re civ., 4 janv. 1995, n° 93-10.870 : *JurisData* n° 1995-000084 ; *JCP* 1995, IV, 518 ; *Bull. civ.* I, n° 2, p. 1). Est irrecevable l'intervention d'un enfant majeur qui ne forme pas de demandes entrant dans le champ d'application des articles 289 et 291 (anciens), mais se borne à exprimer le désir d'obtenir le versement direct à son profit d'une pension alimentaire et de voir réunie la fratrie, chez lui, une fin de semaine par mois (▪ Versailles, 9 avr. 1992 : *JurisData* n° 1992-041759 ; *JCP* 1992, IV, 2257).

4) **Procédure. Fait nouveau.** Une cour d'appel, n'étant pas entièrement dessaisie du litige relatif aux modalités d'exercice de l'autorité parentale par un premier arrêt par lequel elle avait statué sur l'exercice en commun de celle-ci et la résidence de l'enfant tout en ordonnant sur le surplus une enquête sociale, peut, à la demande d'un des parents et au vu de cette enquête, qui constitue un fait nouveau, modifier sa décision sur la résidence (▪ Cass. 1re civ., 26 juin 2013, n° 12-14.392 : *Bull. civ.* I, n° 134, p. 134 ; *JCP* G 2013, act. 797 ; Dr. famille 2013, 152, note Paricard ; LPA 7 août 2014, 12, obs. Pomart ; *JurisData* n° 2013-013137, caractérisation d'un « syndrome d'aliénation parentale »).

5) **Médiation familiale.** Sur le recours expérimental et obligatoire à la médiation familiale, devant certains tribunaux de grande instance, V. L. n° 2011-1862, 13 déc. 2011, art. 15.

(1) Dispositions applicables aux instances en cours qui n'ont pas donné lieu à une décision passée en force de chose jugée (L. n° 2002-305, 4 mars 2002).

Loi n° 2016-1547 du 18 novembre 2016
de modernisation de la justice du XXIe siècle

Art. 7. – À titre expérimental et jusqu'au 31 décembre de la troisième année suivant celle de la promulgation de la présente loi, dans les tribunaux de grande instance désignés par un arrêté du garde des Sceaux, ministre de la Justice, les dispositions suivantes sont applicables, par dérogation à l'article 373-2-13 du Code civil.

Les décisions fixant les modalités de l'exercice de l'autorité parentale ou la contribution à l'entretien et à l'éducation de l'enfant ainsi que les stipulations contenues dans la convention homologuée peuvent être modifiées ou complétées à tout moment par le juge, à la demande du ou des parents ou du ministère public, qui peut lui-même être saisi par un tiers, parent ou non.

À peine d'irrecevabilité que le juge peut soulever d'office, la saisine du juge par le ou les parents doit être précédée d'une tentative de médiation familiale, sauf :

1° Si la demande émane conjointement des deux parents afin de solliciter l'homologation d'une convention selon les modalités fixées à l'article 373-2-7 du Code civil ;

2° Si l'absence de recours à la médiation est justifiée par un motif légitime ;

3° Si des violences ont été commises par l'un des parents sur l'autre parent ou sur l'enfant.

§ 4. – De l'intervention des tiers
(L. n° 2002-305, 4 mars 2002)

Art. 373-3 *(L. n° 87-570, 22 juill. 1987 ; L. n° 93-22, 8 janv. 1993 ; L. n° 2002-305, 4 mars 2002)* (1). – **La séparation des parents ne fait pas obstacle à la dévolution prévue à l'article 373-1, lors même que celui des père et mère qui demeure en état d'exercer l'autorité parentale aurait été privé de l'exercice de certains des attributs de cette autorité par l'effet du jugement prononcé contre lui.**

Le juge peut, à titre exceptionnel et si l'intérêt de l'enfant l'exige, notamment lorsqu'un des parents est privé de l'exercice de l'autorité parentale, décider de confier l'enfant à un tiers, choisi de préférence dans sa parenté. Il est saisi et statue conformément aux articles 373-2-8 et 373-2-11.

Dans des circonstances exceptionnelles, le juge aux affaires familiales qui statue sur les modalités de l'exercice de l'autorité parentale après séparation des parents peut décider, du vivant même des parents, qu'en cas de décès de celui d'entre eux qui exerce cette autorité, l'enfant n'est pas confié au survivant. Il peut, dans ce cas, désigner la personne à laquelle l'enfant est provisoirement confié.

Bibliographie : *Sur le rôle des tiers (« beau-parent »).* F. Dekeuwer-Défossez, *Familles éclatées, familles reconstituées : D.* 1992, chron. 133. • H. Fulchiron, *Autorité parentale et familles recomposées* in *Mélange D. Huet-Weiller*, 1995, 141. • A. Mirkovic, *Un statut pour le « beau-parent » : D.* 2008, 1709. • Ph. Malaurie, *Autorité parentale et droits des tiers : un avant-projet en patchwork : JCP* 2009, act. 167. • A. Mirkovic, *Statut du « beau-parent » : vivement le retrait d'un texte inutile et nuisible : Dr. famille* 2009, étude 28, et *Intérêt de l'enfant, autorité parentale et droits des tiers. À propos du rapport Leonetti : JCP* 2009, n° 43, act. 345. • S. Moracchini-Zeidenberg, *L'autorité parentale et les tiers : Dr. famille* 2010, étude 7. • D. Fenouillet et C. Mécary, *Un statut légal du beau-parent ? :* entretien *in Revue de droit d'Assas* janv. 2010, n° 1, 11. • Dossier « Faut-il réformer le rôle des tiers en droit de la famille ? », avec les contributions de D. Fenouillet, L. Leveneur, F. Monéger et H. Fulchiron : *LPA* 24 févr. 2010, 7. • D. Fenouillet, *La parentalité en question : LPA* 24 mars 2010, 7. • M.-L. Cicile-Delfosse, *Le beau-parent, serpent de mer du droit civil de la famille* in *Mélanges Gérard Champenois : Defrénois* 2012, 189. • Dossier *Les familles recomposées* in *JCP* N 2013, 1126 et s.

1) Circonstances exceptionnelles. Pour une application de l'article 373-3, alinéa 3, voir ▪ Pau, 12 déc. 1995 : *JurisData* n° 1995-051700 ; *Defrénois* 1997, 996, obs. Massip (père de nationalité étrangère condamné et expulsé à l'expiration de sa peine). – *V. aussi* ▪ *Pau, 26 juill. 2011 : JCP* 2011, act. 1437 ; *JurisData* n° 2011-021861 (conflit entre le père, remarié et vivant outre-mer, et les grands-parents maternels de l'enfant dont la mère est décédée). ▪ Toulouse, 26 mai 2011 : *JCP* 2011, act. 1011 ; *JurisData* n° 2011-015483 (enfant de seize ans confié à sa tante maternelle en raison de la maladie grave de sa mère et de l'absence de liens avec son père, éloigné géographique-

(1) Dispositions applicables aux instances en cours qui n'ont pas donné lieu à une décision passée en force de chose jugée (L. n° 2002-305, 4 mars 2002).

ment). ▪ Nancy, 28 sept. 2012 : *Dr. famille* 2013, 40, note Neirinck ; *RTD civ.* 2013, 365, obs. Hauser ; *JurisData* n° 2012-031029 (refus de l'enfant de voir son père, incarcéré).

2) Procédure. Si la faculté de confier l'enfant à un tiers, prévue par l'article 373-3, alinéa 2, n'est pas limitée au cas où l'un des parents est décédé ou se trouve privé de l'exercice de l'autorité parentale, seuls les parents et le ministère public, lui-même éventuellement saisi par un tiers, peuvent toutefois saisir le juge en vue de voir confier l'enfant à un tiers (▪ Cass. 1re civ., 25 févr. 2009, n° 07-14.849 : *Bull. civ.* I, n° 38, p. 30 ; *JCP* 2009, act. 138, et II, 10076, note Brusorio-Aillaud ; *D.* 2009, 811, obs. Egéa, 1665, note Servant, et 1923, obs. Gouttenoire ; *Dr. famille* 2009, 58, note Gareil-Sutter ; *RTD civ.* 2009, 309, obs. Hauser ; *JCP* 2009, n° 28, chron. 115, n° 8, obs. Favier ; *LPA* 2 juill. 2010, 13, obs. Autem ; *JurisData* n° 2009-047180, cassation de l'arrêt ayant accueilli la demande directement présentée par l'auteur de la reconnaissance de paternité annulée).

Art. 373-4 *(L. n° 87-570, 22 juill. 1987 ; mod., L. n° 93-22, 8 janv. 1993).* **– Lorsque l'enfant a été confié à un tiers, l'autorité parentale continue d'être exercée par les père et mère ; toutefois, la personne à qui l'enfant a été confié accomplit tous les actes usuels relatifs à sa surveillance et à son éducation.**

Le juge aux affaires familiales, en confiant l'enfant à titre provisoire à un tiers, peut décider qu'il devra requérir l'ouverture d'une tutelle.

Art. 373-5 *(Anc. art. 373-4, L. n° 87-570, 22 juill. 1987).* **– S'il ne reste plus ni père ni mère en état d'exercer l'autorité parentale, il y aura lieu à l'ouverture d'une tutelle ainsi qu'il est dit à l'article 390 ci-dessous.**

Art. 374 *(Abr., L. n° 2002-305, 4 mars 2002).*

Art. 374-1 *(L. n° 93-22, 8 janv. 1993 ; mod., Ord. n° 2005-759, 4 juill. 2005).* **– Le tribunal qui statue sur l'établissement d'une filiation peut décider de confier provisoirement l'enfant à un tiers qui sera chargé de requérir l'organisation de la tutelle.**

Art. 374-2. – Dans tous les cas prévus au présent titre, la tutelle peut être ouverte lors même qu'il n'y aurait pas de biens à administrer.

Elle est alors organisée selon les règles prévues au titre X.

Section II. – De l'assistance éducative

Art. 375 *(Mod., L. n° 86-17, 6 janv. 1986 ; L. n° 87-570, 22 juill. 1987 ; L. n° 2007-293, 5 mars 2007 ; L. n° 2013-403, 17 mai 2013 ; L. n° 2016-297, 14 mars 2016).* **– Si la santé, la sécurité ou la moralité d'un mineur non émancipé sont en danger, ou si les conditions de son éducation ou de son développement physique, affectif, intellectuel et social sont gravement compromises, des mesures d'assistance éducative peuvent être ordonnées par justice à la requête des père et mère conjointement, ou de l'un d'eux, de la personne ou du service à qui l'enfant a été confié ou du tuteur, du mineur lui-même ou du ministère public. Dans les cas où le ministère public a été avisé par le président du conseil départemental, il s'assure que la situation du mineur entre dans le champ d'application de l'article L. 226-4 du Code de l'action sociale et des familles. Le juge peut se saisir d'office à titre exceptionnel.**

Elles peuvent être ordonnées en même temps pour plusieurs enfants relevant de la même autorité parentale.

La décision fixe la durée de la mesure sans que celle-ci puisse excéder deux ans. La mesure peut être renouvelée par décision motivée.

Cependant, lorsque les parents présentent des difficultés relationnelles et éducatives graves, sévères et chroniques, évaluées comme telles dans l'état actuel des connaissances, affectant durablement leurs compétences dans l'exercice de leur responsabilité parentale, une mesure d'accueil exercée par un service ou une institution peut être ordonnée pour une durée supérieure, afin de permettre à l'enfant de bénéficier d'une continuité relationnelle, affective et géographique dans son lieu de vie dès lors qu'il est adapté à ses besoins immédiats et à venir.

Un rapport concernant la situation de l'enfant doit être transmis annuellement, ou tous les six mois pour les enfants de moins de deux ans, au juge des enfants.

Bibliographie : D. Artus, *Le mineur placé en application des articles 375 et suivants du Code civil et le contentieux de la responsabilité devant le juge administratif : D.* 2001, chron. 18. • *Placement de l'enfant* : dossier *in AJF* 2007, 54.

Voir : A. 2 févr. 2011 portant création de la mesure judiciaire d'investigation éducative, p. 3360.

I – PRINCIPES

1) **Domaine d'application.** Sur le principe que l'application de l'article 375 est subordonnée au constat que la santé, la sécurité ou la moralité du mineur sont en danger ou que les conditions de son éducation sont gravement compromises, V. ▪ Cass. 1re civ., 25 juin 1991, n° 89-18.617 : *JurisData* n° 1991-001793 ; *JCP* 1992, II, 21798, note Muir Watt ; *D.* 1992, 51, note Massip. ▪ Paris, 8 oct. 1986 : *Gaz. Pal.* 1987, 2, 385. La compétence du juge des enfants ne saurait être admise à défaut d'établir la carence et la défaillance des parents (▪ Nancy, 3 déc. 1982 : *JurisData* n° 1982-601037 ; *JCP* 1983, II, 20081, note Raymond). En dehors des cas prévus par l'article 375, le juge des enfants est sans compétence dans le conflit qui oppose deux époux au sujet de la garde d'un enfant commun (▪ Cass. 1re civ., 29 nov. 1965 : *JurisData* n° 1965-700653 ; *D.* 1966, 81), ou qui oppose un parent investi de l'autorité parentale sur les enfants aux personnes à qui il les a confiés (▪ Cass. 1re civ., 28 janv. 1969 : *JCP* 1969, II, 16111, 1re esp., note Mayer-Jack ; *D.* 1969, 276).

2) Sur le **pouvoir souverain des juges du fond** pour apprécier si la santé, la sécurité, la moralité d'un mineur non émancipé sont en danger ou si les conditions de son éducation sont gravement compromises, V. ▪ Cass. 1re civ., 11 mai 1976 : *D.* 1976, 521, note Hovasse. ▪ Cass. 1re civ., 22 mai 1985, n° 84-80.019 : *JurisData* n° 1985-001821 ; *Gaz. Pal.* 1985, 2, 756. ▪ Cass. 1re civ., 2 nov. 1994, n° 92-14.642 : *JurisData* n° 1994-002515 ; *JCP* 1995, IV, 2 ; *Bull.* I, n° 314, p. 228 ; *Gaz. Pal.* 1996, 1, somm. 13, obs. Massip. V. aussi A. Deiss, *Le juge des enfants et la santé des mineurs : JCP* 1983, I, 3125. Ils doivent apprécier l'état de danger en fonction des circonstances (▪ Cass. 1re civ., 14 févr. 1990, n° 87-05.074 : *JurisData* n° 1990-700805 ; *JCP* 1990, IV, 139 ; *Bull.* I, n° 47, p. 35) et peuvent recourir à tous les modes d'investigation qu'ils estiment expédients (▪ Cass. 1re civ., 1er juill. 1968 : *JCP* 1969, II, 16090, note Ph. Robert).

3) **Notion de gardien.** Les articles 375 C. civ. et 1191 CPC n'exigent pas que le gardien soit légalement et judiciairement investi du droit de garde (▪ Cass. 1re civ., 17 juill. 1985, n° 84-12.288 : *JurisData* n° 1985-001877 ; *Bull. civ.* I, n° 226, p. 202). Le service départemental de l'Aide sociale à l'enfance a la qualité de gardien des mineurs qui lui ont été confiés (▪ Cass. 1re civ., 28 mars 1995, n° 94-05.024 : *JCP* 1995, IV, 1313 ; *Bull.* I, n° 141, p. 101). Sur la responsabilité civile liée à cette garde, V. ▪ Cass. crim., 10 oct. 1996, n° 95-84.187 : *JCP* 1997, IV, 245.

4) **Durée de la mesure.** Dès lors qu'il ne s'agit pas d'une mesure à exercer par un service ou une institution, le juge des enfants qui prescrit que le mineur sera confié à des époux « jusqu'à ce qu'il en soit autrement ordonné » a, par là même, attribué à cette mesure son terme naturel, qui est la majorité de l'enfant, sous réserve de modifications qui peuvent être décidées à tout moment (▪ Cass. 1re civ., 12 janv. 1994, n° 91-14.567 : *Bull. civ.* I, n° 17, p. 13 ; *JCP* 1994, II, 22341, 1re esp., note Bernigaud). Mais l'arrêt qui ne fixe aucune durée viole l'article 375 (▪ Cass. 1re civ., 14 déc. 1999, n° 97-17.630 : *JurisData* n° 1999-004600 ; *Dr. famille* 2000, 21, note Murat ; *Bull. civ.* I, n° 343, p. 221).

5) **Ouverture d'une tutelle départementale.** Il n'y a plus lieu au maintien d'une mesure d'assistance éducative par suite de la désignation du service de l'aide sociale à l'enfance pour exercer la tutelle (▪ Cass. 1re civ., 3 nov. 2004, n° 03-05.056 : *Bull. civ.* I, n° 246, p. 205 ; *Dr. famille* 2005, 122, note Salvage-Gerest ; *JCP* 2006, II, 10008, note Geffroy et Nissabouri, appréciation souveraine par les juges du fond de la disparition de l'état de danger).

6) **Conflit de lois.** Les dispositions sur l'enfance en danger sont applicables sur tout le territoire français à tous les mineurs qui s'y trouvent, quelle que soit leur nationalité ou celle de leurs parents (▪ Cass. 1re civ., 27 oct. 1964 : *JurisData* n° 1964-700472 ; *D.* 1965, 81. ▪ Cass. crim., 4 nov. 1992, n° 91-86.938 : *JurisData* n° 1992-003113 ; *D.* 1994, 11, note Boulanger. V. en ce sens pour les articles 375 à 375-8 du Code civil relatifs à l'assistance éducative, ▪ Cass. 1re civ., 16 janv. 1979, n° 78-80.002 : *JurisData* n° 1979-700022 ; *Clunet* 1981, 65, note Jacques Foyer). Les lois relatives à l'assistance éducative étant d'application territoriale, les juridictions françaises sont en principe incompétentes pour prendre des mesures d'assistance éducative à l'égard de mineurs résidant à l'étranger (▪ Cass. 1re civ., 6 avr. 1994, n° 92-15.856 : *Bull. civ.* I, n° 139, p. 101 ; *Defrénois* 1994, 1099, obs. Massip).

7) Sur la **participation des parents du mineur aux frais** résultant de l'application des articles 375 à 375-8, V. ordonnance n° 58-1301 du 23 déc. 1958, art. 2, relative à la protection de l'enfance et de l'adolescence en danger (*JO* 24 déc. ; *JCP* 1959, III, 24199).

II – APPLICATIONS

8) Comportement de nature à compromettre l'éducation. Ayant relevé que la fillette adoptée par une femme âgée a été incapable de s'adapter aux méthodes éducatives auxquelles l'adoptante entendait la soumettre et que celle-ci n'est plus en mesure de faire l'effort nécessaire pour lui permettre d'éviter de heurter l'adoptée à tout propos, une cour d'appel a nécessairement admis que les conditions d'éducation de la mineure seraient gravement compromises dans le cas où elle reviendrait dans son milieu familial naturel (■ Cass. 1re civ., 31 mars 1981, n° 80-80.020 : *Bull. civ.* I, n° 107, p. 90. Comp. pour une enfant dont les parents sont incapables de s'occuper et dont la grand-mère a un comportement de nature à compromettre l'éducation, ■ Cass. 1re civ., 23 mars 1994, n° 93-05.011 : *JurisData* n° 1994-000763 ; *JCP* 1994, IV, 1367 ; *Bull. civ.* I, n° 110, p. 82).

9) Mineur étranger. Prive sa décision de base légale la cour d'appel qui, pour donner mainlevée du placement, retient, d'une part, que l'arrivée de l'intéressé sur le territoire français résulte d'une décision de ses parents, aucune situation de danger n'étant constatée à son encontre dans son pays d'origine, et qu'il reste soumis à l'autorité parentale que ses parents exercent depuis ce pays, d'autre part, qu'il dispose de relations sociales et familiales en France, de sorte qu'il ne relève pas de la protection des mineurs non accompagnés, alors qu'il lui incombait de rechercher si le mineur disposait d'un représentant légal sur le territoire national ou était effectivement pris en charge par une personne majeure (■ Cass. 1re civ., 16 nov. 2017, n° 17-24.072 : *Bull.* ; *LPA* 20 déc. 2018, 18, Autem ; *JurisData* n° 2017-022795). V. aussi ■ Cass. 1re civ., 10 janv. 2018, n° 17-26.903 : *Dr. famille* 2018, 95, Wurtz ; *JurisData* n° 2018-000088.

10) Une **mineure devenue mère à douze ans,** dont les relations avec le père de l'enfant, suspecté d'avoir abusé d'elle, compromettent l'équilibre psychologique et dont le niveau scolaire est insuffisant peut être considérée comme étant en danger (■ Cass. 1re civ., 3 déc. 1991, n° 90-05.011 : *JurisData* n° 1991-003572 ; *JCP* 1992, IV, 454 ; *Bull. civ.* I, n° 340, p. 222).

11) Relations perturbées de l'enfant avec ses parents. – V. aussi ■ Cass. 1re civ., 26 janv. 1994, n° 91-05.083 : *JurisData* n° 1994-000083 ; *Bull. civ.* I, n° 32, p. 24 ; *D.* 1994, 278, note Huyette ; *Defrénois* 1994, 781, obs. Massip (relations perturbées de l'enfant avec ses parents et caractère excessif des liens l'unissant à la mère).

12) Troubles psychologiques du père. – V. aussi ■ Cass. 1re civ., 10 juill. 1996, n° 95-05.027 : *JurisData* n° 1996-003066 ; *Bull. civ.* I, n° 313, p. 218 (expertise ordonnée par le juge des enfants établissant que le père est atteint de troubles graves se traduisant par une attitude pathologique constitutive d'un nouveau danger pour l'enfant, exposé à des risques de perturbation majeurs).

13) Mise en danger du fait de la mère. Pour un exemple de remise provisoire à son père de l'enfant mise en danger du fait de la mère, V. ■ Cass. 1re civ., 25 nov. 1981, n° 80-12.303 : *JurisData* n° 1981-703381 ; *JCP* 1983, II, 19952, 2e esp., note Boulanger (fillette atteinte de surdité, placée par son père dans un établissement spécialisé de rééducation, et que sa mère entend ramener au Gabon).

14) Appartenance à une secte. Sur la présomption de danger liée à l'appartenance à une secte, V. ■ Cass. 1re civ., 28 mars 1995, n° 94-05.024 : *JCP* 1995, IV, 1313 ; *Bull. civ.* I, n° 141, p. 101 ; *D.* 1996, somm. 239, obs. Vitse.

15) Liberté du choix éducatif des parents. Sur les limites de la liberté du choix éducatif des parents, V. ■ Cass. crim., 11 juill. 1994, n° 93-81.881 : *JurisData* n° 1994-00298 ; *JCP* 1995, II, 22441, note Eudier.

III – PROCÉDURE

16) Voir sous art. 375-1, p. 359.

Art. 375-1 *(Mod., L. n° 2004-1, 2 janv. 2004).* – **Le juge des enfants est compétent, à charge d'appel, pour tout ce qui concerne l'assistance éducative.**

Il doit toujours s'efforcer de recueillir l'adhésion de la famille à la mesure envisagée et se prononcer en stricte considération de l'intérêt de l'enfant.

Bibliographie : J. Massip, *L'audition des père et mère du mineur dans la procédure d'assistance éducative : Gaz. Pal.* 1985, 2, doctr. 668. • J.-F. Renucci, *L'efficacité de l'audition des parents et du mineur dans la procédure d'assistance éducative : D.* 1987, chron. 19.

1) Compétence. Le juge des enfants a seul le pouvoir d'ordonner des mesures d'assistance éducative. Une cour d'appel, statuant sur recours contre une ordonnance du juge aux affaires familiales, excède donc ses pouvoirs en ordonnant une telle mesure destinée à faciliter l'exercice du droit de visite et d'hébergement accordé aux grands-parents (■ Cass. 1re civ., 10 mai 1995, n° 90-21.365 :

JurisData n° 1995-002291 ; *JCP* 1995, IV, 1585 ; *Bull. civ.* I, n° 192, p. 138 ; *RTD civ.* 1995, 614, obs. Hauser ; *Defrénois* 1996, 339, obs. Massip ; *Gaz. Pal.* 1996, 1, somm. 242, obs. Massip. – V. aussi ■ Cass. 1re civ., 9 juin 2010, sous art. 371-4, annot. n° 16, p. 340). La circonstance que le mineur ait été placé, au cours de la procédure d'assistance éducative, sous la tutelle du service de l'aide sociale à l'enfance ne fait pas obstacle à ce que le juge des enfants poursuive son action en ordonnant les mesures appropriées lorsque les conditions prévues à l'article 375 demeurent réunies (■ Cass. 1re civ., 3 déc. 1991, n° 90-05.011 : *JurisData* n° 1991-003572 ; *JCP* 1992, IV, 454 ; *Bull. civ.* I, n° 340, p. 222). V. aussi art. 375-3, annot. n° 2 et s., p. 362 et art. 375-6, annot. n° 1 et s., p. 364.

2) Saisine par l'enfant. Le mineur peut lui-même saisir le juge des enfants pour lui demander d'ordonner des mesures et il peut également lui-même interjeter appel des décisions de ce juge. Il incombe seulement aux juges du fond de vérifier qu'il possède un discernement suffisant pour exercer ces prérogatives (■ Cass. 1re civ., 21 nov. 1995, n° 93-20.140 : *JurisData* n° 1995-003164 ; *JCP* 1996, IV, 67 ; *Bull.* I, n° 418, p. 292 ; *D.* 1996, 420, note Gouttenoire ; *Defrénois* 1996, 724, obs. Massip. V. en ce sens pour le choix d'un avocat, ■ TGI Basse-Terre, 30 mai 1996 : *Defrénois* 1996, 1350, obs. Massip).

3) Audition des parents du mineur. Sur le principe que les parents doivent être entendus, V. ■ Rennes, 18 sept. 1987 : *JurisData* n° 1987-600841 ; *D.* 1988, 440, note Renucci. Si, en application des articles 1183 et 1189 CPC, le juge des enfants doit entendre les père et mère du mineur avant de prendre ou de modifier une mesure d'assistance éducative, c'est à la condition que cette audition soit possible et compatible avec l'urgence de la mesure (■ Cass. 1re civ., 22 mai 1985, n° 84-80.019 : *JurisData* n° 1985-001821 ; *Gaz. Pal.* 1985, 2, 759).

4) Audition du mineur. Il résulte de l'art. 1183 CPC que si l'audition du mineur est de principe en matière d'assistance éducative, le juge peut décider de ne pas y procéder, non seulement lorsque l'âge, la santé ou les facultés intellectuelles de l'enfant rendent cette audition impossible, mais encore lorsque celle-ci serait de nature à compromettre sa santé ou son état mental (■ Cass. 1re civ., 20 févr. 1985, n° 83-80.055 : *JurisData* n° 1985-700591 ; *Gaz. Pal.* 1985, 2, 756). Les juges du fond *doivent constater l'existence de circonstances rendant l'audition inopportune* (■ Cass. 1re civ., 25 juin 1991, n° 89-20.152 : *JurisData* n° 1991-001958 ; *JCP* 1992, II, 21798, note Muir Watt ; *D.* 1992, 51, note Massip. Voir cependant, décidant que la convocation, l'assistance et l'audition du mineur étant facultatives, il ne peut être reproché à un arrêt de ne comporter aucune mention à cet égard, ■ Cass. 1re civ., 29 mai 1985, n° 84-80.026 : *JurisData* n° 1985-701508 ; *Gaz. Pal.* 1985, 2, 759. ■ Cass. 1re civ., 11 févr. 1986, n° 84-80.042 : *JurisData* n° 1986-000383 ; *Gaz. Pal.* 1986, 2, 609). Dès lors que l'enfant a reconnu que des membres de sa famille paternelle l'ont incité à proférer contre sa mère des accusations mensongères, puis a demandé à « être laissé en paix », une cour d'appel a par là même admis que son audition est de nature à compromettre son équilibre (■ Cass. 1re civ., 2 nov. 1994, n° 93-05.078 : *JCP* 1995, IV, 2 ; *Bull.* I, n° 314, p. 228 ; *Gaz. Pal.* 1996, 1, somm. 13, obs. Massip). Si le mineur a été entendu, aucune disposition n'impose de rapporter dans la décision les propos qu'il a pu tenir (■ Cass. 1re civ., 11 févr. 1986, préc.). V. aussi art. 388-1, p. 381.

5) Sur le **caractère contradictoire de la procédure** au regard de l'art. 6, 1, de la Convention européenne des droits de l'homme V. ■ CEDH, 24 févr. 1995 : *D.* 1995, 449, note Huyette ; *RTD civ.* 1995, 875, obs. Hauser (imposant la communication aux parents de documents essentiels tels que les rapports sociaux). Mais la nature des mesures d'instruction en matière d'assistance éducative exclut qu'il y soit procédé en présence de toutes les parties en cause. Il suffit que celles-ci aient été à même de les discuter avant que le juge statue (■ Cass. 1re civ., 4 oct. 1965 : *JurisData* n° 1965-700501 ; *D.* 1966, 193, enquête sociale non contradictoire. Comp., décidant qu'il appartient aux conseils du demandeur de consulter au greffe le rapport d'enquête sociale, ■ Cass. 1re civ., 2 nov. 1994, n° 93-05.078 : *JCP* 1995, IV, 2 ; *Bull. civ.* I, n° 314, p. 228 ; *Gaz. Pal.* 1996, 1, somm. 13, obs. Massip).

6) Appel. Si, en vertu de l'article 375-1, alinéa 1er, le juge des enfants est compétent à charge d'appel pour tout ce qui concerne l'assistance éducative, cette disposition ne déroge pas au principe posé par l'art. 150 CPC selon lequel la décision qui se borne à ordonner une mesure d'instruction ne peut être frappée d'appel indépendamment d'une décision sur le fond (■ Cass. 1re civ., 3 mars 1981, n° 80-80.021 : *JurisData* n° 1981-002326 ; *Bull. civ.* I, n° 74, p. 62. ■ Paris, 16 déc. 1986 : *JurisData* n° 1986-600011 ; *D.* 1988, 69, note Renucci). Sur le principe que le droit d'appel appartient à toute personne qui a été partie en première instance et qui y a intérêt, V. ■ Cass. 1re civ., 22 mai 1974 : *JurisData* n° 1974-000155 ; *Gaz. Pal.* 1974, 2, 726, note Verdier (service départemental de l'aide sociale à l'enfance). ■ Cass. 1re civ., 24 janv. 1978 : JurisData n° 1978-000031 ; *D.* 1978, 291 (parents nourriciers). Mais l'appel du président du conseil général, agissant en qualité d'organe de tutelle de la Direction des interventions sanitaires et sociales, contre la décision du juge des enfants plaçant un mineur dans un centre n'est pas recevable dès lors que le centre est une institution associative ne relevant pas de la direction des interventions sanitaires et sociales et que le président du conseil général ne peut se prévaloir de la qualité de gardien au sens de l'art. 1191 CPC (■ Cass. 1re civ., 21 juill. 1987 : *Bull.* I, n° 234, p. 171).

7) Sur la possibilité d'une **suspension de l'exécution provisoire** en application de l'art. 524 CPC, ■ Paris, 11 avr. 1980 : *JurisData* n° 1980-763571 ; *Gaz. Pal.* 1980, 2, 552, note du Rusquec. – *Contra*, ■ Rennes, 15 avr. 1976 : *JurisData* n° 1976-600269 ; *Gaz. Pal.* 1976, 2, 520, note du Rusquec. – Comp. CPC, art. 524, nouvelle rédaction.

8) La règle « **Le criminel tient le civil en l'état** » est sans application lorsqu'est en jeu le système de protection des mineurs institué par les articles 375 et suivants (■ Cass. 1re civ., 4 oct. 1965 : *D.* 1966, 193).

9) Sur les incidences de la **procédure de divorce**, V. art. 375-3, annot. n° 2 et s., p. 362.

Art. 375-2 *(Mod., L. n° 2007-293, 5 mars 2007 ; L. n° 2007-297, 5 mars 2007 ; L. n° 2013-403, 17 mai 2013).* **– Chaque fois qu'il est possible, le mineur doit être maintenu dans son milieu actuel. Dans ce cas, le juge désigne, soit une personne qualifiée, soit un service d'observation, d'éducation ou de rééducation en milieu ouvert, en lui donnant mission d'apporter aide et conseil à la famille, afin de surmonter les difficultés matérielles ou morales qu'elle rencontre. Cette personne ou ce service est chargé de suivre le développement de l'enfant et d'en faire rapport au juge périodiquement.**

Lorsqu'il confie un mineur à un service mentionné au premier alinéa, il peut autoriser ce dernier à lui assurer un hébergement exceptionnel ou périodique à condition que ce service soit spécifiquement habilité à cet effet. Chaque fois qu'il héberge le mineur en vertu de cette autorisation, le service en informe sans délai ses parents ou ses représentants légaux ainsi que le juge des enfants et le président du conseil départemental. Le juge est saisi de tout désaccord concernant cet hébergement.

Le juge peut aussi subordonner le maintien de l'enfant dans son milieu à des obligations particulières, telles que celle de fréquenter régulièrement un établissement sanitaire ou d'éducation, ordinaire ou spécialisé, le cas échéant sous régime de l'internat ou d'exercer une activité professionnelle.

1) Le **milieu actuel**, au sens de l'article 375-2, est en principe le milieu familial naturel de l'enfant (■ Cass. 1re civ., 6 janv. 1981, n° 79-80.032 : *JurisData* n° 1981-000071 ; *Bull. civ.* I, n° 1, p. 1. ■ Cass. 1re civ., 23 janv. 1985, n° 84-80.001 : *JurisData* n° 1985-700373 ; *Bull. civ.* I, n° 35, p. 34).

2) **Domaine d'application.** L'article 375-2 a seulement vocation à s'appliquer lorsqu'une mesure d'assistance éducative est ordonnée (■ Cass. 1re civ., 14 févr. 1990, n° 87-05.074 : *JurisData* n° 1990-700805 ; *JCP* 1990, IV, 139 ; *Bull. civ.* I, n° 47, p. 35).

3) **Examen médical.** Le juge peut subordonner le maintien de l'enfant dans son milieu à l'obligation de faire pratiquer sur lui un examen médical dont il n'est pas allégué qu'il présente un risque quelconque (■ Cass. 1re civ., 3 juin 1997, n° 96-05.112 : *JurisData* n° 1997-002567 ; *Defrénois* 1998, 320, obs. Massip ; *Dr. famille* 1997, 118, note Murat, suspicion de tuberculose et d'anorexie).

Art. 375-3 *(Mod., L. n° 87-570, 22 juill. 1987 ; L. n° 2007-293, 5 mars 2007 ; L. n° 2017-258, 28 févr. 2017).* **– Si la protection de l'enfant l'exige, le juge des enfants peut décider de le confier :**

1° À l'autre parent ;

2° À un autre membre de la famille ou à un tiers digne de confiance ;

3° *À un service départemental* de l'aide sociale à l'enfance ;

4° À un service ou à un établissement habilité pour l'accueil de mineurs à la journée ou suivant toute autre modalité de prise en charge ;

5° À un service ou à un établissement sanitaire ou d'éducation, ordinaire ou spécialisé.

Toutefois, lorsqu'une requête en divorce a été présentée ou un jugement de divorce rendu entre les père et mère ou lorsqu'une requête en vue de statuer sur la résidence et les droits de visite afférents à un enfant a été présentée ou une décision rendue entre les père et mère, ces mesures ne peuvent être prises que si un fait nouveau de nature à entraîner un danger pour le mineur s'est révélé postérieurement à la décision statuant sur les modalités de l'exercice de l'autorité parentale ou confiant l'enfant à un tiers. Elles ne peuvent faire obstacle à la faculté qu'aura le juge aux affaires familiales de décider, par application de l'article 373-3, à qui l'enfant devra être confié. Les mêmes règles sont applicables à la séparation de corps.

Rédaction future. *(Al. mod., à compter d'une date fixée par décret en Conseil d'État, et au plus tard le 1er septembre 2020, L. n° 2019-222, 23 mars 2019)* (1) Toutefois, lorsqu'une demande en divorce a été présentée ou un jugement de divorce rendu entre les père et mère, ou lorsqu'une demande en vue de statuer sur la résidence et les droits de visite afférents à un enfant a été présentée ou une décision rendue entre les père et mère, ces mesures ne peuvent être prises que si un fait nouveau de nature à entraîner un danger pour le mineur s'est révélé postérieurement à la décision statuant sur les modalités de l'exercice de l'autorité parentale ou confiant l'enfant à un tiers. Elles ne peuvent faire obstacle à la faculté qu'aura le juge aux affaires familiales de décider, par application de l'article 373-3, à qui l'enfant devra être confié. Les mêmes règles sont applicables à la séparation de corps.

Le procureur de la République peut requérir directement le concours de la force publique pour faire exécuter les décisions de placement rendues en assistance éducative.

1) **Enfant confié à l'autre parent.** Si la protection de l'enfant l'exige, le juge des enfants peut décider de le confier à l'autre parent, la circonstance que ce parent réside à l'étranger ne constituant pas un obstacle à la mise en œuvre de cette mesure (■ Cass. 1re civ., 14 sept. 2017, n° 17-12.518 : *Bull.* ; *JurrisData* n° 2017-017621).

2) **Œuvres privées.** Les services et établissements visés au 3° de l'article 375-3 peuvent être gérés par des œuvres privées (■ Cass. 1re civ., 6 mai 1980, n° 79-80.002 : *JurisData* n° 1980-000135 ; *Bull. civ.* I, n° 135, p. 110).

3) **Placement dans un établissement.** La fréquentation régulière d'un établissement d'éducation, qui figure parmi les obligations dont le juge des enfants peut assortir la remise d'un enfant au service départemental de l'aide sociale à l'enfance auquel il en confie la garde implique, le cas échéant, le placement de ce mineur dans l'établissement choisi par le juge et sur lequel l'administration doit exercer son pouvoir de surveillance et de contrôle (■ Cass. 1re civ., 10 mars 1993, n° 91-05.089 : *JurisData* n° 1993-000419 ; *JCP* 1994, II, 22244, note Allaix). Pour un exemple de placement destiné à sauvegarder les relations entre l'enfant et ses parents et à apporter à la mère l'assistance nécessaire pour permettre une prise en charge progressive de l'enfant, V. ■ Cass. 1re civ., 23 mars 1994, n° 92-15.525 : *JCP* 1994, IV, 1367 ; *Bull.* I, n° 110, p. 82. Le juge des enfants tient de l'article 375-3 le pouvoir de confier l'enfant à un établissement sanitaire spécialisé, la procédure administrative prévue pour l'hospitalisation d'office n'étant pas la seule applicable (■ Cass. 1re civ., 29 mai 1996, n° 94-14.084 : *JurisData* n° 1996-002153 ; *JCP* 1996, IV, 1596 ; *Bull.* I, n° 226, p. 157 ; *Defrénois* 1996, 1351, obs. Massip ; *Dr. famille* 1996, 9, note Murat). Sur l'absence de hiérarchie entre les différentes facultés dont dispose le juge, V. ■ Metz, 4 déc. 1995 : *JurisData* n° 1995-053311 ; *D.* 1997, somm. 283, 1re esp., obs. Autem.

4) **Assistance éducative et divorce.** Il résulte de l'article 375-3 que le juge de l'assistance éducative peut modifier la décision prise par le juge du divorce quant à la garde de l'enfant lorsqu'un fait nouveau de nature à entraîner un danger pour le mineur s'est révélé postérieurement à la décision statuant sur la garde (■ Cass. 1re civ., 14 juin 1988, n° 86-80.050 : *JurisData* n° 1988-002101 ; *Gaz. Pal.* 1988, 2, 859, note Massip. V. en ce sens ■ Cass. 1re civ., 3 févr. 1987 : *JurisData* n° 1987-701758 ; *D.* 1987, 513, 1re esp., note Massip. ■ Cass. 1re civ., 10 juill. 1996, n° 95-05.027 : *JurisData* n° 1996-003066 ; *JCP* 1996, IV, 2047 ; *Bull. civ.* I, n° 313, p. 218 ; *RTD civ.* 1997, 410, obs. Hauser. ■ Cass. 1re civ., 14 mars 2006 : *Bull. civ.* I, n° 161, p. 143 ; *D.* 2006, 1947, note Huyette ; *Dr. famille* 2006, 144, note Gouttenoire ; *RTD civ.* 2006, 299, obs. Hauser ; *JurisData* n° 2006-032669). Pour apprécier l'existence d'un fait nouveau, la cour d'appel doit se placer au jour où elle statue (même arrêt, rapport d'un expert faisant apparaître que la santé de l'enfant, englobant son évolution psychologique, serait compromise si la décision du juge du divorce attribuant la garde à la mère la veille était exécutée. Pour un exemple de fait postérieur au divorce de nature à entraîner un danger pour l'enfant, V. ■ Cass. 1re civ., 26 janv. 1994, n° 91-05.083 : *JurisData* n° 1994-000083 ; *Bull. civ.* I, n° 32, p. 24 ; *D.* 1994, 278, note Huyette ; *Defrénois* 1994, 781, obs. Massip, relations perturbées de l'enfant avec ses parents et caractère excessif des liens l'unissant à la mère). Mais jugé que même sans relever l'existence de faits nouveaux, le juge des enfants a le pouvoir en cas de danger d'ordonner toute mesure d'assistance éducative prévue par l'art. 375-2 permettant d'assurer l'exécution de la décision du juge aux affaires matrimoniales statuant sur les modalités d'exercice de l'autorité parentale (■ Cass. 1re civ., 23 févr. 1994, n° 93-05.003 : *JurisData* n° 1994-000510 ; *Bull. civ.* I, n° 78, p. 60 ; *JCP* 1994, II, 22341, 2e esp., note Bernigaud ; *Defrénois* 1994, 1094, obs. Massip, troubles

(1) Lorsque la requête initiale a été présentée avant l'entrée en vigueur prévue par la première phrase du VII de l'article 109 de la loi n° 2019-222 du 23 mars 2019, l'action en divorce ou en séparation de corps est poursuivie et jugée conformément aux dispositions du Code civil dans leur rédaction antérieure à la même entrée en vigueur. Dans ce cas, le jugement rendu après ladite entrée en vigueur produit les effets prévus par la loi ancienne, *L. n° 2019-222, 23 mars 2019, art. 109, VII*.

psychologiques constatés chez des enfants placés chez leur père par le juge aux affaires matrimoniales, nécessitant le rétablissement du droit de visite et d'hébergement attribué à la mère, la mise en œuvre d'une psychothérapie pour l'un des enfants et une mesure d'assistance éducative en milieu ouvert).

5) Sur le **pouvoir souverain des juges du fond** pour apprécier l'opportunité des mesures d'assistance éducative, V. art. 375, annot. n° 1 et s., p. 358.

6) Aide sociale à l'enfance. Il résulte des articles 1191 CPC et 375-3 C. civ. que le service départemental de l'Aide sociale à l'enfance, service non personnalisé du département, est gardien des mineurs qui lui ont été confiés par le juge des enfants, et qu'à ce titre, il est recevable à former un pourvoi contre les arrêts rendus par la chambre spéciale des mineurs de la cour d'appel (▪ Cass. 1re civ., 28 mars 1995, n° 93-11.695 : *JurisData* n° 1995-000717 ; *JCP* 1995, IV, 1313 ; *Bull. civ.* I, n° 141, p. 101 ; *Gaz. Pal.* 1996, 1, somm. 243, obs. Massip). C'est le directeur de ce service qui choisit les parents nourriciers (▪ Cass. 1re civ., 12 nov. 1985, n° 84-14.410 : *JurisData* n° 1985-003022 ; *Bull. civ.* I, n° 293, p. 261), sous réserve de la possibilité pour le juge d'obliger l'enfant à fréquenter régulièrement un établissement sanitaire ou d'éducation (▪ Cass. 1re civ., 15 mai 1990, n° 89-10.479 : *JurisData* n° 1990-701604 ; *JCP* 1991, II, 21666, note Curiel) et même de le placer dans un tel établissement (▪ Cass. 1re civ., 10 mars 1993, n° 91-11.310 : *JurisData* n° 1993-002501 ; *JCP* 1994, II, 22244, note Allaix). Une orientation en famille d'accueil, sans autre indication, est l'une des obligations particulières, au sens de l'article 375-2, dont le juge des enfants peut assortir la remise du mineur à l'Aide sociale à l'enfance auquel il le confie par application de l'article 375-3 (▪ Cass. 1re civ., 23 janv. 2001, n° 99-05.087 : *JurisData* n° 2001-007869 ; *JCP* 2001, IV, 1479 ; *Bull. civ.* I, n° 10, p. 6 ; *D.* 2002, 2151, note Huyette).

Art. 375-4 ***(L. n° 87-570, 22 juill. 1987 ; mod., L. n° 2007-293, 5 mars 2007).*** **– Dans les cas spécifiés aux 1°, 2°, 4° et 5° de l'article précédent, le juge peut charger, soit une personne qualifiée, soit un service d'observation, d'éducation ou de rééducation en milieu ouvert d'apporter aide et conseil à la personne ou au service à qui l'enfant a été confié ainsi qu'à la famille et de suivre le développement de l'enfant.**

Dans tous les cas, le juge peut assortir la remise de l'enfant des mêmes modalités que sous l'article 375-2, troisième alinéa. Il peut aussi décider qu'il lui sera rendu compte périodiquement de la situation de l'enfant.

1) Assistance éducative en milieu ouvert. Il résulte de l'article 375-4 que le juge des enfants ne peut pas ordonner une mesure d'assistance éducative en milieu ouvert lorsqu'en application de l'art. 375-3, alinéa 1er-4°, il a décidé de confier le mineur en danger à un service départemental de l'Aide sociale à l'enfance (▪ Cass. 1re civ., 29 juin 1994, n° 92-13.563 : *Bull. civ.* I, n° 229, p. 167. ▪ Cass. 1re civ., 3 oct. 2000, n° 98-22.784 : *JurisData* n° 2000-006098 ; *Bull. civ.* I, n° 230, p. 151 ; *D.* 2001, 1054, note Huyette. ▪ Cass. 1re civ., 27 mai 2003 : *JurisData* n° 2003-019176 ; *JCP* 2003, IV, 2280 ; *Dr. famille* 2003, 118, note Gouttenoire ; *Bull. civ.* I, n° 128, p. 99 ; *RTD civ.* 2003, 493, obs. Hauser ; *Defrénois* 2003, 1496, obs. Massip).

2) Fréquentation d'un établissement sanitaire ou d'éducation. *L'article 375-4, alinéa 2,* vise tous les cas prévus à l'article 375-3, y compris donc celui où le mineur a été confié au service départemental de l'Aide sociale à l'enfance. Le juge peut donc assortir la remise de l'enfant des modalités prévues par l'article 375-2, alinéa 2, parmi lesquelles figure l'obligation de fréquenter régulièrement un établissement sanitaire ou d'éducation, ordinaire ou spécialisé (▪ Cass. 1re civ., 15 mai 1990, n° 88-05.045 : *JurisData* n° 1990-701601 ; *JCP* 1991, II, 21666, note Curiel). Jugé même que la fréquentation régulière d'un établissement d'éducation, qui figure parmi les obligations dont le juge des enfants peut assortir la remise d'un enfant au service départemental de l'Aide sociale à l'enfance auquel il en confie la garde, implique, le cas échéant, le placement de ce mineur dans l'établissement choisi par le juge et sur lequel l'administration doit exercer son pouvoir de surveillance et de contrôle (▪ Cass. 1re civ., 10 mars 1993, n° 91-05.089 : *JurisData* n° 1993-000419 ; *JCP* 1994, II, 22244, note Allaix).

Art. 375-5 ***(Mod., L. n° 2007-293, 5 mars 2007 ; L. n° 2016-297, 14 mars 2016 ; L. n° 2016-731, 3 juin 2016).*** **– À titre provisoire mais à charge d'appel, le juge peut, pendant l'instance, soit ordonner la remise provisoire du mineur à un centre d'accueil ou d'observation, soit prendre l'une des mesures prévues aux articles 375-3 et 375-4.**

En cas d'urgence, le procureur de la République du lieu où le mineur a été trouvé a le même pouvoir, à charge de saisir dans les huit jours le juge compétent, qui maintiendra, modifiera ou rapportera la mesure. Si la situation de l'enfant le permet, le procureur de la République fixe la nature et la fréquence du droit de correspondance, de visite et d'hébergement des parents, sauf à les réserver si l'intérêt de l'enfant l'exige.

Lorsqu'un service de l'aide sociale à l'enfance signale la situation d'un mineur privé temporairement ou définitivement de la protection de sa famille, selon le cas, le procureur de la République ou le juge des enfants demande au ministère de la Justice de lui communiquer, pour chaque département, les informations permettant l'orientation du mineur concerné.

Le procureur de la République ou le juge des enfants prend sa décision en stricte considération de l'intérêt de l'enfant, qu'il apprécie notamment à partir des éléments ainsi transmis pour garantir des modalités d'accueil adaptées.

En cas d'urgence, dès lors qu'il existe des éléments sérieux laissant supposer que l'enfant s'apprête à quitter le territoire national dans des conditions qui le mettraient en danger et que l'un des détenteurs au moins de l'autorité parentale ne prend pas de mesure pour l'en protéger, le procureur de la République du lieu où demeure le mineur peut, par décision motivée, interdire la sortie du territoire de l'enfant. Il saisit dans les huit jours le juge compétent pour qu'il maintienne la mesure dans les conditions prévues au dernier alinéa de l'article 375-7 ou qu'il en prononce la mainlevée. La décision du procureur de la République fixe la durée de cette interdiction, qui ne peut excéder deux mois. Cette interdiction de sortie du territoire est inscrite au fichier des personnes recherchées.

1) **Durée des mesures provisoires.** Il résulte des articles 375-5 C. civ. et 1185 CPC que les mesures provisoires ordonnées pendant l'instruction de l'affaire, dans une procédure d'assistance éducative, prennent fin, au plus tard le jour où intervient une décision sur le fond. Il s'ensuit que l'appel de l'ordonnance du juge des enfants donnant mainlevée de l'ordonnance de placement provisoire ne peut avoir pour conséquence d'aboutir à un maintien de la mesure provisoire (■ Cass. 1re civ., 26 janv. 1982, n° 80-80.027 : *JurisData* n° 1982-700138 ; *Bull.* I, n° 38, p. 32). Dès lors que la cour d'appel statue en application de l'article 375-5, la durée de la mesure est limitée à six mois (■ Cass. 1re civ., 11 mars 1997 : *JCP* 1997, IV, 942 ; *Bull.* I, n° 90, p. 59).

2) **Appel.** Il résulte de l'article 375-5 que les décisions du juge des enfants prescrivant des mesures d'assistance éducative à titre provisoire, pendant l'instance, sont immédiatement susceptibles d'appel (■ Cass. 1re civ., 13 oct. 1992, n° 90-19.903 : *JurisData* n° 1992-002683 ; *Bull.* I, n° 252, p. 166).

3) Le **pourvoi en cassation** est ouvert contre les décisions prescrivant des mesures d'assistance éducative, sans qu'il y ait lieu de distinguer selon que ces mesures ont été édictées à titre provisoire, en application de l'article 375-5, alinéa 1er, ou qu'elles ont été prises par la décision sur le fond (■ Cass. 1re civ., 3 févr. 1987 : *D.* 1987, 513, 1re esp., note Massip), mais non contre les autres jugements provisoires pris en matière d'assistance éducative ni ceux qui prescrivent des mesures d'administration judiciaire ou des mesures d'instruction (■ Cass. 1re civ., 2 juin 1987, n° 85-13.542 : *JurisData* n° 1987-001035 ; *D.* 1987, 513, 2e esp., note Massip).

Art. 375-6 ***(Mod., L. n° 87-570, 22 juill. 1987).*** **– Les décisions prises en matière d'assistance éducative peuvent être, à tout moment, modifiées ou rapportées par le juge qui les a rendues soit d'office, soit à la requête des père et mère conjointement, ou de l'un d'eux de la personne ou du service à qui l'enfant a été confié ou du tuteur, du mineur lui-même ou du ministère public.**

1) **Motivation.** Doit être cassée la décision qui se borne à énoncer que l'intérêt des mineurs est d'être maintenus dans leur placement actuel sans préciser les raisons de nature à justifier le maintien du placement antérieurement ordonné (■ Cass. 1re civ., 26 janv. 1972 : *JurisData* n° 1972-000026 ; *D.* 1972, 553, note Massip). Si le juge des enfants peut à tout moment modifier ou rapporter ses décisions, il incombe à la cour d'appel de se placer au moment où elle statue pour apprécier *les faits* (■ Cass. 1re civ., 20 oct. 2010, n° 09-68.141 : *Bull. civ.* I, n° 210, p. 197 ; *D.* 2011, 622, obs. Auroy, et 574, note Huyette ; *JCP* 2010, n° 44, act. 1080 ; *Dr. famille* 2010, 184, note Neirinck ; *JurisData* n° 2010-018951, cassation de l'arrêt qui retient que l'effet dévolutif de l'appel n'autorise la cour d'appel qu'à apprécier le bien-fondé d'une décision d'assistance éducative au jour où elle a été prononcée sans prendre en compte l'évolution subséquente de la situation de l'enfant et de ses parents dont le juge des enfants reste saisi en application des dispositions de l'article 375-6 du Code civil. ■ Cass. 1re civ., 28 mars 2013, n° 11-28.301 : *Bull. civ.* I, n° 65, p. 63 ; *RTD civ.* 2013, 365, obs. Hauser).

2) **Compétence.** Il résulte de l'article 375-6, C. civ., ainsi que des articles 1181, alinéa 2, et 1184, alinéa 2, CPC que plusieurs juges des enfants ne peuvent être simultanément compétents pour statuer sur le fond, en matière d'assistance éducative, relativement à la situation d'un mineur déterminé. Celui qui a pris des mesures

provisoires commandées par l'urgence doit donc se dessaisir au profit du juge initialement saisi pour être statué sur le fond (■ Cass. 1re civ., 2 mars 1982 : *JurisData* n° 1982-700531 ; *Bull. civ.* I, n° 91, p. 79). Le juge initialement saisi peut se dessaisir au profit d'un autre juge également compétent dans l'intérêt d'une bonne administration de la justice (■ Cass. 1re civ., 11 oct. 1989, n° 88-14.326 : *JurisData* n° 1989-003868 ; *Bull. civ.* I, n° 310, p. 206). S'il a, en cas de changement de domicile du père, de la mère, du tuteur ou du gardien la faculté de se dessaisir au profit du juge du nouveau domicile, il n'y est pas tenu (■ Cass. 1re civ., 14 juin 1988, n° 86-80.050 : *JurisData* n° 1988-002101 ; *Gaz. Pal.* 1988, 2, 859, note Massip).

3) Durée. Ne sont pas soumises à la limitation dans le temps édictée par l'article 1185 CPC les décisions qui ne prescrivent pas des mesures provisoires prises sur le fondement de l'article 375-5 C. civ., mais qui s'analysent en des décisions modifiant ou rapportant, en application de l'article 375-6, de précédentes mesures éducatives (■ Cass. 1re civ., 10 mai 1989, n° 87-05.069 : *JurisData* n° 1989-702526 ; *Bull.* I, n° 192, p. 127).

Art. 375-7 *(Mod., L. n° 98-657, 29 juill. 1998 ; rempl., L. n° 2007-293, 5 mars 2007 ; mod., L. n° 2010-769, 9 juill. 2010 ; L. n° 2016-297, 14 mars 2016 ; L. n° 2016-731, 3 juin 2016).* **– Les père et mère de l'enfant bénéficiant d'une mesure d'assistance éducative continuent à exercer tous les attributs de l'autorité parentale qui ne sont pas inconciliables avec cette mesure. Ils ne peuvent, pendant la durée de cette mesure, émanciper l'enfant sans autorisation du juge des enfants.**

Sans préjudice de l'article 373-4 et des dispositions particulières autorisant un tiers à accomplir un acte non usuel sans l'accord des détenteurs de l'autorité parentale, le juge des enfants peut exceptionnellement, dans tous les cas où l'intérêt de l'enfant le justifie, autoriser la personne, le service ou l'établissement à qui est confié l'enfant à exercer un acte relevant de l'autorité parentale en cas de refus abusif ou injustifié ou en cas de négligence des détenteurs de l'autorité parentale, à charge pour le demandeur de rapporter la preuve de la nécessité de cette mesure.

Le lieu d'accueil de l'enfant doit être recherché dans l'intérêt de celui-ci et afin de faciliter l'exercice du droit de visite et d'hébergement par le ou les parents et le maintien de ses liens avec ses frères et sœurs en application de l'article 371-5.

S'il a été nécessaire de confier l'enfant à une personne ou un établissement, ses parents conservent un droit de correspondance ainsi qu'un droit de visite et d'hébergement. Le juge en fixe les modalités et peut, si l'intérêt de l'enfant l'exige, décider que l'exercice de ces droits, ou de l'un d'eux, est provisoirement suspendu. Il peut également, par décision spécialement motivée, imposer que le droit de visite du ou des parents ne peut être exercé qu'en présence d'un tiers qu'il désigne lorsque l'enfant est confié à une personne ou qui est désigné par l'établissement ou le service à qui l'enfant est confié. Les modalités d'organisation de la visite en présence d'un tiers sont précisées par décret en Conseil d'État.

Si la situation de l'enfant le permet, le juge fixe la nature et la fréquence des droits de visite et d'hébergement et peut décider que leurs conditions d'exercice sont déterminées conjointement entre les titulaires de l'autorité parentale et la personne, le service ou l'établissement à qui l'enfant est confié, dans un document qui lui est alors transmis. Il est saisi en cas de désaccord.

Le juge peut décider des modalités de l'accueil de l'enfant en considération de l'intérêt de celui-ci. Si l'intérêt de l'enfant le nécessite ou en cas de danger, le juge décide de l'anonymat du lieu d'accueil.

Lorsqu'il fait application de l'article 1183 du Code de procédure civile, des articles 375-2, 375-3 ou 375-5 du présent code, le juge peut également ordonner l'interdiction de sortie du territoire de l'enfant. La décision fixe la durée de cette interdiction qui ne saurait excéder deux ans. Cette interdiction de sortie du territoire est inscrite au fichier des personnes recherchées par le procureur de la République.

Voir : D. n° 2017-1572, 15 nov. 2017 relatif aux modalités d'organisation de la visite en présence d'un tiers prévue à l'article 375-7 du Code civil.

1) Action en responsabilité dirigée contre l'enfant. Sur le principe que les père et mère d'un enfant qui a fait l'objet d'une mesure d'assistance éducative ont seuls qualité pour le représenter dans l'action en responsabilité dirigée contre lui, V. ■ Cass. 1re civ., 18 nov. 1986, n° 85-15.254 : *Gaz. Pal.* 1987, 1, 228, note J.M. ; *Defrénois* 1987, 322, obs. Massip.

2) L'autorisation judiciaire prise sur le fondement de l'article 375-7, alinéa 2, doit être limitée dans le temps (■ Cass. 1re civ., 4 janv. 2017, n° 15-28.935 : *Bull.* ; *JCP* G 2017, 186, n° 15, obs. Favier ; *RTD civ.* 2017, 117, obs. Hauser ; *AJF* 2017, 138, Pedron ; *LPA* 20 mars 2017, 10, note Hisquin ; *JurisData* n° 2017-000002 ; transfert aux services de l'ASE du droit d'effectuer pour le mineur des démarches liées à la scolarité et aux loisirs).

3) Droit de visite. Fixation des modalités. Le juge doit fixer lui-même les modalités du droit de visite des parents et ne peut laisser ce soin au service de l'aide sociale à l'enfance auquel le mineur a été confié (■ Cass. 1re civ., 13 oct. 1998, n° 98-05.008 : *JurisData* n° 1998-003817 ; *JCP* 1998, IV, 3306 ; *Dr. famille* 1998, 168, note Murat ; *D.* 1999, 123, note Huyette ; *Defrénois*1999, 309, obs. Massip ; *Bull. civ.*I, n° 297, p. 206 ; *RTD civ.* 1999, 75, obs. Hauser. – V. aussi ■ Cass. 1re civ., 4 oct. 2001, n° 99-05.088 : *JurisData* n° 2001-011184 ; *Dr. famille* 2002, 58, note Murat). Méconnaît ainsi l'étendue de ses pouvoirs et viole l'article 375-7, alinéa 2 (ancienne rédaction) du Code civil, la cour d'appel qui accorde au père incarcéré « un droit de visite en milieu protégé en présence d'une tierce personne », alors qu'il incombait au juge de définir, compte tenu des contraintes inhérentes à la situation du père de l'enfant, la périodicité du droit de visite accordé (■ Cass. 1re civ., 13 mars 2007 : *Bull. civ.* I, n° 112, p. 97 ; *RTD civ.* 2007, 329, obs. Hauser ; *Dr. famille* 2007, 105, obs. Murat ; *JCP* 2007, IV, 1808 ; *JurisData* n° 2007-037909). Mais en précisant la fréquence et le lieu où s'exercera le droit de visite, la cour d'appel en fixe les modalités, sans avoir à les détailler plus amplement (■ Cass. 1re civ., 9 juill. 2008, n° 07-12.633 : *RTD civ.* 2008, 667, obs. Hauser).

4) Droit de visite. Suspension. Justifie légalement sa décision de suspendre un droit de visite au regard de l'article 375-7, alinéa 2, du Code civil (ancienne rédaction), une cour d'appel qui relève souverainement que l'attitude totalement désadaptée du père, lors de l'exercice de son droit de visite qu'il n'avait pas exercé depuis dix-huit mois, et irrespectueuse de la personne de la jeune fille, de son âge, de ses troubles d'anxiété, était contraire à l'intérêt de celle-ci et avait pour effet de majorer les troubles qu'elle présentait (■ Cass. 1re civ., 30 oct. 2006 : *Bull. civ.* I, n° 452, p. 388 ; *JurisData* n° 2006-035640).

5) Le **baptême de l'enfant** placé en assistance éducative relève de l'exercice de l'autorité parentale ; les services sociaux ou le juge des enfants ne peuvent donc s'y opposer qu'en démontrant que cela mettrait l'enfant en danger (■ Douai, 8 janv. 2013 : *Dr. famille* 2013, 69, note Neirinck ; *JurisData* n° 2013-000133).

6) Responsabilité civile. Sur la responsabilité civile du service éducatif et sur celle des titulaires de l'autorité parentale pendant les visites et l'hébergement, V. sous C. civ., art. 1384 ancien, annot. n° 118, p. 950.

Art. 375-8. – **Les frais d'entretien et d'éducation de l'enfant qui a fait l'objet d'une mesure d'assistance éducative continuent d'incomber à ses père et mère ainsi qu'aux ascendants auxquels des aliments peuvent être réclamés, sauf la faculté pour le juge de les en décharger en tout ou en partie.**

Art. 375-9 *(L. n° 2002-303, 4 mars 2002 ; mod., L. n° 2007-293, 5 mars 2007).* – **La décision confiant le mineur, sur le fondement du 5° de l'article 375-3, à un établissement recevant des personnes hospitalisées en raison de troubles mentaux, est ordonnée après avis médical circonstancié d'un médecin extérieur à l'établissement, pour une durée ne pouvant excéder quinze jours.**

La mesure peut être renouvelée, après avis médical conforme d'un psychiatre de l'établissement d'accueil, pour une durée d'un mois renouvelable.

Section II-1. – Mesure judiciaire d'aide à la gestion du budget familial

(L. n° 2007-293, 5 mars 2007)

Art. 375-9-1 *(L. n° 2007-293, 5 mars 2007 ; mod., L. n° 2007-308, 5 mars 2007 ; L. n° 2008-1249, 1er déc. 2008).* – **Lorsque les prestations familiales ou le revenu de solidarité active servi aux personnes isolées mentionnées à l'article L. 262-9 du Code de l'action sociale et des familles ne sont pas employés pour les besoins liés au logement, à l'entretien, à la santé et à l'éducation des enfants et que l'accompagnement en économie sociale et familiale prévu à l'article L. 222-3 du Code de l'action sociale et des familles n'apparaît pas suffisant, le juge des enfants peut ordonner qu'ils soient, en tout ou partie, versés à une personne *physique ou morale qualifiée, dite « délégué aux* prestations familiales ».**

Ce délégué prend toutes décisions, en s'efforçant de recueillir l'adhésion des bénéficiaires des prestations familiales ou de l'allocation mentionnée au premier alinéa et de répondre aux besoins liés à l'entretien, à la santé et à l'éducation des enfants ; il exerce auprès de la famille une action éducative visant à rétablir les conditions d'une gestion autonome des prestations.

La liste des personnes habilitées à saisir le juge aux fins d'ordonner cette mesure d'aide est fixée par décret.

La décision fixe la durée de la mesure. Celle-ci ne peut excéder deux ans. Elle peut être renouvelée par décision motivée.

Application dans le temps. Il résulte de la combinaison des articles 20 de la loi n° 2007-293 du 5 mars 2007, 31, III, et 45-1 de la loi n° 2007-308 du 5 mars 2007 que la nouvelle mesure d'aide à la gestion du budget familial instituée par l'article 375-9-1 du Code civil est immédiatement applicable, mais demeure régie, jusqu'au 1er janvier 2009, par les règles fixées par les articles L. 167-4, L. 167-5 et R. 167-1 à R. 167-31 du Code de la sécurité sociale (▪ Cass. 1re civ., 20 oct. 2010, n° 09-66.133 : *Bull. civ.* I, n° 205, p. 191 ; *RTD civ.* 2011, 101, obs. Hauser ; *Dr. famille* 2010, 193, note Maria ; *LPA* 2 févr. 2011, 7, note Rogue ; *JurisData* n° 2010-018914).

Art. 375-9-2 *(L. n° 2007-297, 5 mars 2007).* **– Le maire ou son représentant au sein du conseil pour les droits et devoirs des familles peut saisir le juge des enfants, conjointement avec l'organisme débiteur des prestations familiales, pour lui signaler, en application de l'article 375-9-1, les difficultés d'une famille. Lorsque le maire a désigné un coordonnateur en application de l'article L. 121-6-2 du Code de l'action sociale et des familles, il l'indique, après accord de l'autorité dont relève ce professionnel, au juge des enfants. Ce dernier peut désigner le coordonnateur pour exercer la fonction de délégué aux prestations familiales.**

L'exercice de la fonction de délégué aux prestations familiales par le coordonnateur obéit aux règles posées par l'article L. 474-3 et les premier et deuxième alinéas de l'article L. 474-5 du Code de l'action sociale et des familles ainsi que par l'article 375-9-1 du présent code.

Section III. – De la délégation de l'autorité parentale

Art. 376. – Aucune renonciation, aucune cession portant sur l'autorité parentale, ne peut avoir d'effet, si ce n'est en vertu d'un jugement dans les cas déterminés ci-dessous.

Bibliographie : A. Chapelle, *Les pactes de famille en matière extrapatrimoniale : RTD civ.* 1984, 411.

Appel. En raison du pouvoir de contrôle conféré au juge, les décisions qu'il rend ne sont pas des contrats judiciaires échappant à l'appel (▪ Cass. 2e civ., 16 avr. 1986, n° 84-15.485 : *JurisData* n° 1986-700703 ; *Bull. civ.* II, n° 51, p. 35).

Art. 376-1 *(L. n° 93-22, 8 janv. 1993 ; mod., L. n° 87-570, 22 juill. 1987).* **– Un juge aux affaires familiales peut, quand il est appelé à statuer sur les modalités de l'exercice de l'autorité parentale ou sur l'éducation d'un enfant mineur ou quand il décide de confier l'enfant à un tiers, avoir égard aux pactes que les père et mère ont pu librement conclure entre eux à ce sujet, à moins que l'un d'eux ne justifie de motifs graves qui l'autoriseraient à révoquer son consentement.**

Voir : pour une application ▪ Paris, 30 juin 1972 : *JCP* 1973, II, 17589, note Fournié.

Art. 377 *(L. n° 2002-305, 4 mars 2002 ; mod., L. n° 2010-769, 9 juill. 2010 ; L. n° 2016-297, 14 mars 2016)* (1). **– Les père et mère, ensemble ou séparément, peuvent, lorsque les circonstances l'exigent, saisir le juge en vue de voir déléguer tout ou partie de l'exercice de leur autorité parentale à un tiers, membre de la famille, *proche digne de confiance,* établissement agréé pour le recueil des enfants ou service départemental de l'aide sociale à l'enfance.**

En cas de désintérêt manifeste ou si les parents sont dans l'impossibilité d'exercer tout ou partie de l'autorité parentale, le particulier, l'établissement ou le service départemental de l'aide sociale à l'enfance qui a recueilli l'enfant ou un membre de la famille peut également saisir le juge aux fins de se faire déléguer totalement ou partiellement l'exercice de l'autorité parentale.

Dans ce dernier cas, le juge peut également être saisi par le ministère public, avec l'accord du tiers candidat à la délégation totale ou partielle de l'exercice de l'autorité parentale, à l'effet de statuer sur ladite délégation. Le cas

(1) Dispositions applicables aux instances en cours qui n'ont pas donné lieu à une décision passée en force de chose jugée (L. n° 2002-305, 4 mars 2002).

échéant, le ministère public est informé par transmission de la copie du dossier par le juge des enfants ou par avis de ce dernier.

Dans tous les cas visés au présent article, les deux parents doivent être appelés à l'instance. Lorsque l'enfant concerné fait l'objet d'une mesure d'assistance éducative, la délégation ne peut intervenir qu'après avis du juge des enfants.

1) Désintérêt des parents. La délégation des droits de puissance paternelle fondée sur l'art. 17 de la loi du 24 juill. 1889 suppose que les parents se soient désintéressés de l'enfant pendant une période d'au moins un an, ce qui explique que l'abandon existe encore au jour de la demande (▪ Cass. 1re civ., 3 févr. 1971 : *JurisData* n° 1971-000042 ; *D.* 1971, 627, 2e esp. ; *JCP* 1971, II, 16893, note Raynaud). Mais c'est la date à laquelle est présentée la requête qui constitue le point de départ du délai pendant lequel les parents se sont désintéressés de l'enfant (▪ Reims, 21 avr. 1975 : *JCP* 1975, IV, 338).

2) Exemples. Pour des exemples d'appréciation du désintérêt des parents à l'égard de l'enfant, V. ▪ Cass. 1re civ., 29 juin 1976, n° 74-12.851 : *JCP* 1976, IV, 280 ; *Bull. civ.* I, n° 230, p. 187. ▪ Rennes, 7 juill., 24 nov. et 15 déc. 1978 : *JCP* 1980, II, 19385, note Geffroy. ▪ Cass. 1re civ., 5 avr. 2005, n° 04-05.019 : *JurisData* n° 2005-027908 ; *Dr. famille* 2005, 155, note Murat. ▪ Paris, 6 oct. 2016, n° 16/04118 et 13 oct. 2016, n° 16/00656 : *LPA* 2 août 2017, 14, Niemiec.

3) Délégation partielle. Du seul fait qu'un droit de visite a été reconnu au père, la décision de déléguer à la direction départementale de l'action sanitaire et sociale les droits de l'autorité parentale sur un mineur s'analyse en une délégation partielle de l'autorité parentale (▪ Cass. 1re civ., 14 févr. 1989, n° 86-80.038 : *JurisData* n° 1989-703223 ; *JCP* 1989, IV, 139 ; *Bull. civ.* I, n° 77, p. 50).

4) Pupille de l'État. L'immatriculation définitive d'un enfant en qualité de pupille de l'État sous la tutelle du préfet, chef du service départemental de l'Aide sociale à l'enfance, prononcée d'office par arrêté préfectoral, crée une situation juridique nouvelle en vertu de laquelle l'autorité parentale n'est plus susceptible d'être déléguée (▪ T. confl., 2 avr. 1973 : *JCP* 1973, II, 17467, note Fournié ; *D.* 1973, 767, note Moderne).

5) Placement par autorité de justice. L'article 377, alinéa 3, (anc.) est également applicable lorsque l'enfant a été placé par autorité de justice (▪ Cass. 1re civ., 26 juin 2001 : *JCP* 2001, IV, 2552 ; *JurisData* n° 2001-010359 ; *Bull. civ.* I, n° 184, p. 117 ; *Dr. famille* 2002, 3, note Murat ; *D.* 2001, 3387, note Huyette ; *RTD civ.* 2001, 867, obs. Hauser).

6) Couple homosexuel. L'article 377, alinéa 1er, ne s'oppose pas à ce qu'une mère seule titulaire de l'autorité parentale en délègue tout ou partie de l'exercice à la femme avec laquelle elle vit en union stable et continue, dès lors que les circonstances l'exigent et que la mesure est conforme à l'intérêt supérieur de l'enfant (▪ Cass. 1re civ., 24 févr. 2006 : *Bull. civ.* I, n° 101, p. 95 ; *Dr. famille* 2006, 89, note Murat ; *D.* 2006, 897, note Vigneau, et somm. 1148, obs. Granet-Lambrechts ; *RTD civ.* 2006, 297, obs. Hauser ; *Defrénois* 2006, 1067, obs. Massip ; *JCP* 2006, I, 199, n° 16, obs. Rebourg ; *JurisData* n° 2006-032294. – V. aussi ▪ Lyon, 24 janv. 2006 : *JCP* 2006, IV, 2655 ; *JurisData* n° 2006-297381. ▪ TGI Lille, 18 déc. 2007 : *Dr. famille* 2008, 58, note Murat ; *D.* 2008, inf. rap. 292 ; *RTD civ.* 2008, 290, obs. Hauser ; *JCP* 2009, I, 102, n° 8, obs. Gouttenoire ; *JurisData* n° 2007-355272, admettant la délégation en cas de séparation du couple. ▪ Cass. 1re civ., 16 avr. 2008 : *Bull. civ.* I, n° 106, p. 90 ; *D.* 2008, 1410, obs. Luxembourg ; *RTD civ.* 2008, 470, obs. Hauser ; *Defrénois* 2008, 1846, obs. Massip ; *D.* 2009, somm. 779, obs. Granet-Lambrechts ; *JCP* 2009, I, 102, n° 9, obs. Rebourg ; *Dr. famille* 2008, 101, note Murat ; *JurisData* n° 2008-043626. ▪ Agen, 2 févr. 2012 : *JCP* 2012, act. 339, obs. Dulion ; *JurisData* n° 2012-002007). Rappelant, dans des circonstances similaires, que la délégation de l'autorité parentale ne peut être demandée que si les circonstances l'exigent, V. ▪ Cass. 1re civ., 20 févr. 2007, n° 06-15.647 : *Bull. civ.* I, n° 70, p. 62 ; *D.* 2007, 721, obs. Delaporte-Carré, et 891, obs. Chauvin. V. aussi ▪ Cass. 1re civ., 8 juill. 2010, n° 09-12.623 : *Bull. civ.* I, n° 158, p. 148 ; *JCP* 2010, n° 41, note 994, Gouttenoire ; *Defrénois* 2010, 2028, obs. Massip ; *RTD civ.* 2010, 547, obs. Hauser ; *JurisData* n° 2010-011139, précisant que la mesure ne permettrait pas d'avoir de meilleures conditions de vie ou une meilleure protection. – V. aussi, dans la même affaire, ▪ CEDH, 6 févr. 2018, n° 6290/11, *B. et L. c/ France* : *Dr. famille* 2018, 132, Fulchiron, jugeant qu'il n'y a pas de différence de traitement fondée sur l'orientation sexuelle. – Comp. ▪ Amiens, 14 févr. 2007, n° 06/03761 : *JurisData* n° 2007-325132 ; *RTD civ.* 2008, 97, obs. Hauser. ▪ Papeete, 10 avr. 2008 : *JCP* 2008, IV, 2695 ; *JurisData* n° 2008-361742. ▪ TGI Bayonne, 26 oct. 2011 : *JCP* 2012, doctr. 31, n° 7, obs. Rebourg ; *Dr. famille* 2011, 179, note Neirinck ; *JurisData* n° 2011-023498. V. aussi F. Terré et Y. Lequette, *Les grands arrêts de la jurisprudence civile*, t. 1, Dalloz, 13e éd., 2015, nos 54-56, p. 358.

Sur l'adoption simple de l'enfant mineur par la compagne homosexuelle de la mère, V. art. 365, annot. n° 2, p. 326.

Art. 377-1 *(L. n° 2002-305, 4 mars 2002)* (1). – **La délégation, totale ou partielle, de l'autorité parentale résultera du jugement rendu par le juge aux affaires familiales.**

Toutefois, le jugement de délégation peut prévoir, pour les besoins d'éducation de l'enfant, que les père et mère, ou l'un d'eux, partageront tout ou partie de l'exercice de l'autorité parentale avec le tiers délégataire. Le partage nécessite l'accord du ou des parents en tant qu'ils exercent l'autorité parentale. La présomption de l'article 372-2 est applicable à l'égard des actes accomplis par le ou les délégants et le délégataire.

Le juge peut être saisi des difficultés que l'exercice partagé de l'autorité parentale pourrait générer par les parents, l'un d'eux, le délégataire ou le ministère public. Il statue conformément aux dispositions de l'article 373-2-11.

1) **Couple homosexuel.** Pour une délégation de l'autorité parentale détenue, après adoption simple, par la compagne de la mère par le sang à cette dernière, aboutissant à un partage de l'exercice entre les deux femmes, V. ▪ TGI Paris, 2 juill. 2004 : *JurisData* n° 2004-256737 ; *Dr. famille* 2005, 4, note Murat.

2) **Partage entre la mère et la tante.** Pour un partage de l'autorité parentale entre la mère et la tante, V. ▪ Lyon, 16 nov. 2004, n° 03/05867 : *JurisData* n° 2004-267411 ; *Dr. famille* 2005, 266, note Murat.

Art. 377-2 *(Mod., L. n° 93-22, 8 janv. 1993)*. – **La délégation pourra, dans tous les cas, prendre fin ou être transférée par un nouveau jugement, s'il est justifié de circonstances nouvelles.**

Dans le cas où la restitution de l'enfant est accordée aux père et mère, le juge aux affaires familiales met à leur charge, s'ils ne sont indigents, le remboursement de tout ou partie des frais d'entretien.
(Al. abr., L. n° 2002-305, 4 mars 2002) (1).

Circonstances nouvelles. La révélation au père biologique de sa paternité et la reconnaissance de l'enfant constituent, au sens de l'article 377-2, des circonstances nouvelles justifiant la remise en cause de la délégation de l'autorité parentale consentie par la mère aux époux nourriciers (▪ Chambéry, 19 mars 1996 : *JurisData* n° 1996-044266 ; *JCP* 1996, IV, 2574). Il en va de même pour la séparation entre la compagne, bénéficiaire de la délégation, et la mère biologique (toutes deux à l'origine d'un « projet parental d'enfant »), la première ayant par ailleurs changé de sexe (▪ Caen, 10 mars 2016, n° 15/01208 : H. Fulchiron, *Quand la co-mère devient beau-père* : *Dr. famille* 2016, comm. 108 ; *RTD civ.* 2016, 603, obs. Hauser ; *JurisData* n° 2016-004282). La délégation doit au contraire être maintenue lorsque la volonté de la mère d'y mettre fin est exclusivement inspirée par des considérations d'ordre personnel, la séparation du couple n'ayant pas de répercussions négatives sur l'enfant (▪ Cass. 1re civ., 4 janv. 2017, n° 15-28.230 : *Dr. famille* 2017, 78, Fulchiron ; *D.* 2017, 1729, Gouttenoire ; *AJF* 2017, p. 297, Machez et Berdeaux ; *JurisData* n° 2017-004806).

Art. 377-3. – **Le droit de consentir à l'adoption du mineur n'est jamais délégué.**

Section IV. – Du retrait total ou partiel de l'autorité parentale

(Intitulé mod., L. n° 96-604, 5 juill. 1996)

Art. 378 *(Mod., L. n° 96-604, 5 juill. 1996 ; rempl., L. n° 2010-769, 9 juill. 2010 et rect. JO 28 juill. 2010)*. – **Peuvent se voir retirer totalement l'autorité parentale par une décision expresse du jugement pénal les père et mère qui sont condamnés, soit comme auteurs, coauteurs ou complices d'un crime ou délit commis sur la personne de leur enfant, soit comme coauteurs ou complices d'un crime ou délit commis par leur enfant, soit comme auteurs, coauteurs ou complices d'un crime sur la personne de l'autre parent.**

Ce retrait est applicable aux ascendants autres que les père et mère pour la part d'autorité parentale qui peut leur revenir sur leurs descendants.

1) **Nature de la mesure.** La déchéance prononcée en application de l'article 378-1 (anc.) ne constitue pas une sanction mais une mesure de protection (▪ Cass. 1re civ., 14 avr. 1982,

(1) Dispositions applicables aux instances en cours qui n'ont pas donné lieu à une décision passée en force de chose jugée (L. n° 2002-305, 4 mars 2002).

n° 80-80.014 : *JurisData* n° 1982-700746 ; *JCP* 1982, IV, 217 ; *Bull. civ.* I, n° 125, p. 110 ; *D.* 1983, 294, note J. M.). Cette mesure, d'ordre purement civil, échappe à la compétence des jurés et ne peut être prononcée que par la cour d'assises, statuant sans l'assistance du jury, ▪ Cass. crim., 4 janv. 1985, n° 82-93.066 : *JurisData* n° 1985-700003 ; *Gaz. Pal.* 1986, 1, 19). L'article 378 du Code civil institue non pas une peine accessoire frappant le condamné, mais une mesure de protection de ses enfants, d'ordre purement civil ; dès lors, le représentant légal des enfants victimes de violences parentales, constitué partie civile en leur nom, a la faculté de relever appel du refus opposé à sa demande de retrait de l'autorité parentale, qui fait grief à leurs intérêts civils (▪ Cass. crim., 23 sept. 2008, n° 08-80.489 : *JurisData* n° 2008-045454 ; *Bull. crim.*, n° 195, p. 874 ; *D.* 2008, inf. rap. 2724). Sur la compétence des juridictions civiles lorsque la juridiction répressive n'a pas usé de la faculté de prononcer le retrait, voir art. 378-1, annot. n° 1 et s., p. 370.

2) Abandon de famille. Le délit d'abandon de famille ne constitue pas une infraction commise sur la personne de l'enfant. Seul est applicable l'article 373-3° privant provisoirement de l'exercice de l'autorité parentale celui des parents qui a été condamné pour abandon de famille tant qu'il n'a pas recommencé à assumer ses obligations pendant une durée de six mois (▪ Cass. crim., 11 déc. 1984, n° 83-91.042 : *JurisData* n° 1984-702370 ; *Gaz. Pal.* 1985, 2, 654, note Doucet).

Art. 378-1 *(Mod., L. n° 96-604, 5 juill. 1996 ; L. n° 2016-297, 14 mars 2016).* **– Peuvent se voir retirer totalement l'autorité parentale, en dehors de toute condamnation pénale, les père et mère qui, soit par de mauvais traitements, soit par une consommation habituelle et excessive de boissons alcooliques ou un usage de stupéfiants, soit par une inconduite notoire ou des comportements délictueux, notamment lorsque l'enfant est témoin de pressions ou de violences, à caractère physique ou psychologique, exercées par l'un des parents sur la personne de l'autre, soit par un défaut de soins ou un manque de direction, mettent manifestement en danger la sécurité, la santé ou la moralité de l'enfant.**

Peuvent pareillement se voir retirer totalement l'autorité parentale, quand une mesure d'assistance éducative avait été prise à l'égard de l'enfant, les père et mère qui, pendant plus de deux ans, se sont volontairement abstenus d'exercer les droits et de remplir les devoirs que leur laissait l'article 375-7.

L'action en retrait total de l'autorité parentale est portée devant le tribunal de grande instance, soit par le ministère public, soit par un membre de la famille ou le tuteur de l'enfant, soit par le service départemental de l'aide sociale à l'enfance auquel l'enfant est confié.

1) Sur la **nature de la mesure**, voir sous art. 378.

2) Date d'appréciation des faits. Viole l'article 378-1, alinéa 1er, la cour d'appel qui se place au jour des faits ayant donné lieu à une condamnation du père de l'enfant pour apprécier l'existence d'un danger manifeste et non à la date à laquelle elle statue (▪ Cass. 1re civ., 20 févr. 2007 : *Bull. civ.* I, n° 64, p. 57 ; *D.* 2007, inf. rap. 732 ; *JCP* 2007, IV, 1629 ; *Dr. famille* 2007, 104, note Murat ; *RTD civ.* 2007, 328, obs. Hauser ; *JurisData* n° 2007-037469).

3) Motivation. Ne donne pas de base légale à sa décision l'arrêt qui prononce contre la mère la déchéance de l'autorité parentale en se fondant sur la fragilité de son état mental, sans rechercher si l'intéressée mettait manifestement en danger la sécurité, la santé et la moralité de l'enfant (▪ Cass. 1re civ., 14 juin 1988, n° 87-05.027 : *JurisData* n° 1988-001984 ; *Gaz. Pal.* 1988, 2, 797, note J. M. ; *Bull. civ.* I, n° 186, p. 129). *Le seul risque d'une éventuelle mise en danger de l'enfant ne suffit pas* (▪ Cass. 1re civ., 6 juill. 1999, n° 97-16.654 : *JurisData* n° 1999-003062 ; *Dr. famille* 2000, 4, note Murat). Un père qui a complètement abandonné son fils depuis sa naissance, tant au point de vue matériel que moral, ne peut être déchu de l'autorité parentale, s'il s'avère que l'enfant, grâce aux qualités de sa mère, n'est en danger ni sur le plan physique ni sur le plan moral (▪ Bordeaux, 1er févr. 1979 : *JurisData* n° 1979-070175 ; *JCP* 1979, IV, 337. – V. en ce sens pour un désintérêt manifeste de la mère ▪ Cass. 1re civ., 23 avr. 2003, n° 02-05.033 : *JurisData* n° 2003-023116 ; *Dr. famille* 2003, 143, note Murat ; *JCP* 2004, II, 10058, note Bourrat-Guéguen. ▪ Nîmes, 18 déc. 2008, et ▪ Nîmes, 12 févr. 2009 : *JCP* 2009, n° 28, chron. 115, n° 6, obs. Favier, pour un désintérêt manifeste du père justifiant le retrait de l'autorité parentale pour défaut de soin et de prise en charge mettant l'enfant manifestement en danger). A suffisamment caractérisé les conditions d'application de l'article 378-1 l'arrêt qui retient la réalité de mauvais traitements sur la personne de l'enfant, l'intention manifestée par le père de tuer son épouse et sa fille, le fait, médicalement établi, que la commission d'assassinats en présence de l'enfant, alors âgée de trois ans et demi, a causé à celle-ci un choc psychologique important, le fait qu'elle n'ait pas revu son père depuis l'incarcération (▪ Cass. 1re civ., 15 mai 1990, n° 87-05.071 : *JurisData* n° 1990-701603 ; *JCP* 1990, IV, 267 ; *Bull. civ.* I, n° 107, p. 77), ainsi que l'arrêt qui retient que l'enfant manifeste un profond traumatisme et une grande souffrance du fait des actes commis par son père sur son frère et ses demi-sœurs (■ Cass. 1re civ., 22 juin 2004, n° 02-05.079 : *JurisData* n° 2004-026340 ; *Dr. famille* 2005, 3, note Murat). Bien que le père ait été condamné pénalement pour atteintes sexuelles sur la personne de sa nièce, mineure de 15 ans, l'absence de preuve d'un quelconque fait ayant constitué pour ses deux enfants un danger justifie le rejet de la demande de retrait total d'autorité parentale (■ Lyon, 22 mai 2001, n° 2000/03453 : *JurisData* n° 2001-154462 ; *JCP* 2002, II, 10177, note Garé). L'enlèvement de l'enfant par sa mère justifie la perte de l'exercice de l'autorité parentale (■ Aix-en-Provence, 21 oct. 2009 : *JCP* 2010, n° 9-10, act. 240, obs. Gabriel ; *JurisData* n° 2009-019361).

4) **Juridictions civiles et juridictions pénales.** Les juridictions civiles peuvent se fonder pour prononcer la déchéance de l'autorité parentale, non seulement sur les causes prévues par l'article 378-1, mais aussi sur celles de l'article 378 lorsque la juridiction pénale n'a pas usé de la faculté qui lui était donnée de prononcer la déchéance (■ Cass. 1re civ., 16 févr. 1988, n° 86-14.183 : *JurisData* n° 1988-000481 ; *D.* 1988, 373, note Massip).

5) **Meurtre de la mère par le père.** La juridiction pénale qui a condamné le père meurtrier de la mère à 10 ans de réclusion criminelle n'ayant pas statué sur le retrait de l'autorité parentale, il convient d'écarter l'application de l'article 378 et de prononcer le retrait sur le fondement de l'article 378-1 (■ Pau, 15 déc. 1997 : *JurisData* n° 1997-055519 ; *JCP* 1998, IV, 3226).

6) **Troubles mentaux.** Ne tire pas les conséquences légales de ses propres constatations la cour d'appel qui retient que l'état de santé de la mère ne l'empêchait pas d'exercer ses droits et devoirs, après avoir relevé qu'elle présentait des troubles psychiatriques graves et durables (■ Cass. 1re civ., 13 janv. 1998, n° 96-05.136 : *JurisData* n° 1998-000265 ; *Dr. famille* 1998, 97, note Murat).

7) Sur une **maltraitance psychologique** justifiant un retrait de l'autorité parentale, V. ■ Cass. 1re civ., 27 mai 2010, n° 09-65.208 : *Bull. civ.* I, n° 120, p. 113 ; *JCP* 2010, n° 23, act. 620, obs. Favier ; *JurisData* n° 2010-007166. V. aussi ■ Paris, 5 mars 2015, n° 14/10247 : *JCP G* 2015, act. 454, obs. Kessler ; *JurisData* n° 2015-004669.

Art. 379 ***(Mod., L. n° 96-604, 5 juill. 1996).*** **– Le retrait total de l'autorité parentale prononcé en vertu de l'un des deux articles précédents porte de plein droit sur tous les attributs, tant patrimoniaux que personnels, se rattachant à l'autorité parentale ; à défaut d'autre détermination, il s'étend à tous les enfants mineurs déjà nés au moment du jugement.**

Il emporte, pour l'enfant, dispense de l'obligation alimentaire, par dérogation aux articles 205 à 207, sauf disposition contraire dans le jugement de retrait.

Art. 379-1 ***(Mod., L. n° 96-604, 5 juill. 1996).*** **– Le jugement peut, au lieu du retrait total, se borner à prononcer un retrait partiel de l'autorité parentale, limité aux attributs qu'il spécifie. Il peut aussi décider que le retrait total ou partiel de l'autorité parentale n'aura d'effet qu'à l'égard de certains des enfants déjà nés.**

Art. 380 ***(Mod., L. n° 87-570, 22 juill. 1987 ; L. n° 96-604, 5 juill. 1996).*** **– En prononçant le retrait total ou partiel de l'autorité parentale ou du droit de garde, la juridiction saisie devra, si l'autre parent est décédé ou s'il a perdu l'exercice de l'autorité parentale, soit désigner un tiers auquel l'enfant sera provisoirement confié à charge pour lui de requérir l'organisation de la tutelle, soit confier l'enfant au service départemental de l'aide sociale à l'enfance.**

Elle pourra prendre les mêmes mesures lorsque l'autorité parentale est dévolue à l'un des parents par l'effet du retrait total de l'autorité parentale prononcé contre l'autre.

Art. 381 ***(Mod., L. n° 96-604, 5 juill. 1996).*** **– Les père et mère qui ont fait l'objet d'un retrait total de l'autorité parentale ou d'un retrait de droits pour l'une des causes prévues aux articles 378 et 378-1, pourront, par requête, obtenir du tribunal de grande instance, en justifiant de circonstances nouvelles, que leur soient restitués, en tout ou partie, les droits dont ils avaient été privés.**

La demande en restitution ne pourra être formée qu'un an au plus tôt après que le jugement prononçant le retrait total ou partiel de l'autorité parentale est devenu irrévocable ; en cas de rejet, elle ne pourra être renouvelée qu'après une nouvelle période d'un an. Aucune demande ne sera recevable lorsque, avant le dépôt de la requête, l'enfant aura été placé en vue de l'adoption.

Si la restitution est accordée, le ministère public requerra, le cas échéant, des mesures d'assistance éducative.

Section V. – De la déclaration judiciaire de délaissement parental

(L. n° 2016-297, 14 mars 2016)

Art. 381-1 *(L. n° 2016-297, 14 mars 2016).* – **Un enfant est considéré comme délaissé lorsque ses parents n'ont pas entretenu avec lui les relations nécessaires à son éducation ou à son développement pendant l'année qui précède l'introduction de la requête, sans que ces derniers en aient été empêchés par quelque cause que ce soit.**

Art. 381-2 *(L. n° 2016-297, 14 mars 2016).* – **Le tribunal de grande instance déclare délaissé l'enfant recueilli par une personne, un établissement ou un service départemental de l'aide sociale à l'enfance qui se trouve dans la situation mentionnée à l'article 381-1 pendant l'année qui précède l'introduction de la demande en déclaration judiciaire de délaissement parental. La demande en déclaration de délaissement parental est obligatoirement transmise, à l'expiration du délai d'un an prévu à l'article 381-1, par la personne, l'établissement ou le service départemental de l'aide sociale à l'enfance qui a recueilli l'enfant, après que des mesures appropriées de soutien aux parents leur ont été proposées. La demande peut également être présentée par le ministère public agissant d'office ou, le cas échéant, sur proposition du juge des enfants.**

La simple rétractation du consentement à l'adoption, la demande de nouvelles ou l'intention exprimée mais non suivie d'effet de reprendre l'enfant ne constituent pas un acte suffisant pour rejeter de plein droit une demande en déclaration de délaissement parental et n'interrompent pas le délai mentionné au premier alinéa du présent article.

Le délaissement parental n'est pas déclaré si, au cours du délai mentionné au premier alinéa, un membre de la famille a demandé à assumer la charge de l'enfant et si cette demande est jugée conforme à l'intérêt de ce dernier.

Le délaissement parental peut être déclaré à l'endroit des deux parents ou d'un seul.

Lorsqu'il déclare l'enfant délaissé, le tribunal délègue par la même décision l'autorité parentale sur l'enfant à la personne, à l'établissement ou au service départemental de l'aide sociale à l'enfance qui a recueilli l'enfant ou à qui ce dernier a été confié.

La tierce opposition n'est recevable qu'en cas de dol, de fraude ou d'erreur sur l'identité de l'enfant.

Rédaction antérieure. Art. 350. – L'enfant recueilli par un particulier, un établissement ou un service de l'aide sociale à l'enfance, dont les parents se sont manifestement désintéressés pendant l'année qui précède l'introduction de la demande en déclaration d'abandon, est déclaré abandonné par le tribunal de grande instance sans préjudice des dispositions du quatrième alinéa. La demande en déclaration d'abandon est obligatoirement transmise par le particulier, l'établissement ou le service de l'aide sociale à l'enfance qui a recueilli l'enfant à l'expiration du délai d'un an dès lors que les parents se sont manifestement désintéressés de l'enfant.

Sont considérés comme s'étant manifestement désintéressés de leur enfant les parents qui n'ont pas entretenu avec lui les relations nécessaires au maintien de liens affectifs.

La simple rétractation du consentement à l'adoption, la demande de nouvelles ou l'intention exprimée mais non suivie d'effet de reprendre l'enfant n'est pas une marque d'intérêt suffisante pour motiver de plein droit le rejet d'une demande en déclaration d'abandon. Ces démarches n'interrompent pas le délai figurant au premier alinéa.

L'abandon n'est pas déclaré si, au cours du délai prévu au premier alinéa du présent article, un membre de la famille a demandé à assumer la charge de l'enfant et si cette demande est jugée conforme à l'intérêt de ce dernier.

Lorsqu'il déclare l'enfant abandonné, le tribunal délègue par la même décision les droits d'autorité parentale sur l'enfant au service de l'aide sociale à l'enfance, à l'établissement ou au particulier qui a recueilli l'enfant ou à qui ce dernier a été confié.

La tierce opposition n'est recevable qu'en cas de dol, de fraude ou d'erreur sur l'identité de l'enfant.

JURISPRUDENCE RELATIVE À L'ANCIEN ARTICLE 350 DU CODE CIVIL

1) Intérêt de l'enfant. L'intérêt de l'enfant doit être pris en considération par le juge, même lorsque les conditions d'application de l'article 350 du Code civil sont réunies ; la cour d'appel a relevé, d'une part, que, la déclaration judiciaire d'abandon ayant pour effet de rendre l'enfant adoptable, celui-ci risquait d'être confronté à une séparation douloureuse avec sa famille d'accueil, après avoir connu une rupture avec ses parents, dès lors qu'il n'existait aucun projet d'adoption par son assistante maternelle, à laquelle il était très attaché et chez laquelle il vivait depuis son plus jeune âge, d'autre part, que le mineur était perturbé et angoissé depuis le début de la procédure, ne l'acceptait pas et ne la comprenait pas, enfin, que l'article 377, alinéa 2, du Code civil permettait à l'aide sociale à l'enfance de se faire déléguer en tout ou partie l'exercice de l'autorité parentale ; qu'elle en a souverainement déduit que la déclaration judiciaire d'abandon sollicitée n'était pas conforme à l'intérêt de l'enfant (■ Cass. 1re civ.,

3 déc. 2014, n° 13-24.268 : *Bull.* ; *JCP* G 2015, 82, note Zelcevic-Duhamel ; *Dr. famille* 2015, 32, note Neirinck ; *D.* 2015, 1922, obs. Bonfils et Gouttenoire ; *LPA* 3 août 2015, 11, obs. Autem, et 15, 2e esp., obs. Niemiec ; *JurisData* n° 2014-029460).

2) Nécessité du désintérêt manifeste des parents. Dès lors que le désintérêt manifeste des parents n'est pas établi, l'intérêt de l'enfant ne constitue pas une condition suffisante permettant de déclarer judiciairement l'abandon (▪ Cass. 1re civ., 16 juill. 1992, n° 91-10.570 : *JurisData* n° 1992-001967 ; *Bull. civ.* I, n° 230, p. 152. ▪ Cass. 1re civ., 16 mars 2016, n° 15-10.780 : *Dr. famille* 2016, 107, note Molière ; *RTD civ.* 2016, 338, obs. Hauser ; *JurisData* n° 2016-004818, père incarcéré, ne sachant pas correctement écrire et atteint de troubles psychiatriques, qui ne saurait toutefois être considéré comme s'étant désintéressé de son fils. V. aussi, imposant au juge de vérifier que les conditions d'application de l'article 350 sont réunies, sans se borner à constater l'absence d'opposition de la mère au projet d'adoption de l'enfant, ▪ Cass. 1re civ., 28 nov. 2000 : *Dr. famille* 2001, 56, note Murat ; *JurisData* n° 2000-007147). Une déclaration judiciaire d'abandon exige que l'enfant ait été délaissé par ses deux parents (▪ Cass. 1re civ., 6 mai 2003 : *LPA* 2004, n° 29, p. 12, note Massip ; *Defrénois* 2003, 1494, obs. Massip, père ayant seulement signé une lettre de consentement à l'adoption).

3) Appréciation du désintérêt. Le manque d'intérêt doit découler d'un comportement volontaire et conscient (▪ Paris, 8 juin 1973 : *JCP* 1974, II, 17660, note Betant-Robet. ▪ Paris, 6 janv. 1977 : *JCP* 1977, II, 18762, note Fournié. ▪ Cass. 1re civ., 23 nov. 2011, n° 10-30.714 : *Dr. famille* 2012, 29, note Raymond ; *JurisData* n° 2011-026114). Tel n'est pas le cas si les enfants ont été retirés aux parents par des décisions de justice contre lesquelles tous les recours possibles ont été exercés (▪ Cass. 1re civ., 23 oct. 1973 : *D.* 1974, 135, note Gaury. ▪ Lyon, 27 févr. 1985 : *D.* 1987, 349, 1re esp., note Maymon-Goutaloy) ou si l'Administration n'a pas informé les parents du lieu de placement de l'enfant (▪ Paris, 8 nov. 1996 : *Dr. famille* 1997, 157, note Murat, pourvoi rejeté par ▪ Cass. 1re civ., 12 oct. 1999 : *Dr. famille* 2000, 3, note Murat ; *Defrénois* 2000, 662, obs. Massip). Le fait que la mère ait consenti à l'adoption est sans incidence (▪ Lyon, 17 sept. 2013, n° 13/00760 : *LPA* 7 août 2014, 16, obs. Niemiec). Mais les juges du fond peuvent décider que la mère s'est manifestement désintéressée de l'enfant si en trois ans elle ne lui a rendu que deux visites, si elle a pris des nouvelles de plus en plus rarement et si elle a omis de se présenter au rendez-vous qui était fixé sur sa demande en restitution de l'enfant (▪ Cass. 1re civ., 23 oct. 1973 : *D.* 1974, 616, note Raynaud). Le rythme d'une visite annuelle peut être considéré comme insuffisant (▪ Cass. 1re civ., 8 déc. 1998 : *Bull. civ.* I, n° 347, p. 239). La suspension du droit de visite découlant du comportement du père à l'égard de l'enfant (agressions sexuelles), il ne peut être soutenu que son désintérêt est involontaire (▪ Rennes, 22 janv. 2013 : *JCP* G 2013, act. 454, obs. Bonneau ; *JurisData* n° 2013-003688). S'il appartient au demandeur à l'action en déclaration d'abandon de prouver que les parents n'ont pas entretenu avec l'enfant les relations nécessaires au maintien de liens affectifs, c'est à ceux qui invoquent, en tant que moyen de défense, le caractère involontaire du désintérêt d'en établir la réalité (▪ Cass. 1re civ., 6 mars 1985 : *D.* 1986, 193, note J. M.).

4) Date d'appréciation. Le désintérêt des parents doit être apprécié à la date de présentation de la requête (▪ Cass. 1re civ., 1er mars 1977 : *JCP* 1977, II, 18763, note Fournié. – V. aussi ▪ Cass. 1re civ., 29 oct. 1979 : *JCP* 1980, II, 19366. ▪ Cass. 1re civ., 15 nov. 1994 : *Bull.* I, n° 329, p. 238).

5) Les enfants recueillis au sens de l'article 350 du Code civil dont la portée sur ce point est précisée par l'article 1er du décret n° 66-903 du 2 déc. 1966 (CPC, art. 1158, p. 2175) sont ceux dont un particulier, une œuvre privée ou l'Aide sociale à l'enfance ont la charge et ont ainsi qualité pour présenter une requête aux fins de déclaration d'abandon (▪ Cass. 1re civ., 4 janv. 1978, n° 75-14.031 : *JurisData* n° 1978-000003 ; *JCP* 1978, IV, 73 ; *Bull. civ.* I, n° 1, p. 1). Jugé qu'un membre de la famille ne peut être considéré comme un particulier au sens de l'article 350 (▪ TGI Paris, 2 juin 1978 et ▪ Paris, 8 juin 1979 : *JCP* 1980, II, 19297, note Fournié).

6) Enfant déjà pris en charge par un membre de la famille. Il résulte du 4e alinéa de l'article 350 que l'abandon ne peut pas être déclaré lorsqu'un membre de la famille (beau-frère et belle-sœur) assume déjà la charge de l'enfant (▪ Cass. 1re civ., 24 mars 1987 : *Bull. civ.* I, n° 107, p. 79 ; *JCP* 1988, II, 21076, note Salvage-Gerest ; *D.* 1988, 153, note M.-E. Roujou de Boubée).

7) Procédure d'abandon. Sur la procédure à suivre pour parvenir au jugement déclaratif d'abandon, V. CPC, art. 1158 et s., p. 2349. L'article 350 ne pose aucune condition de délai pour les recueillants qui présentent requête (▪ Cass. 1re civ., 16 nov. 1976 : *JCP* 1978, II, 18906, note Furkel). Le délai d'appel est d'un mois (▪ Nancy, 26 oct. 1976 : *JCP* 1978, IV, 67). Sur le principe que la représentation n'est pas obligatoire, V. ▪ Paris, 5 févr. 1981 : *Gaz. Pal.* 1981, 2, 473.

8) Procédure. L'article L. 224-8 (ancien) du Code de l'action sociale et des familles fixant le **délai pour recourir contre l'arrêté d'admission en qualité de pupille de l'État** a été jugé contraire à l'article 16 de la Déclaration des droits de l'homme et du citoyen qui garantit le droit à un recours effectif devant une juridiction, à compter du 1er janvier 2014 (▪ Cons. const., 27 juill. 2012, déc. n° 2012-268 QPC : *JO* 28 juill. 2012 ; *RTD civ.* 2012, 718, obs. Hauser ; *Dr. famille* 2012, 143, note Neirinck ; *LPA* 22 oct. 2012, 6, note Niemiec-Gombert ; *LPA* 19 août 2013, 4, obs. Bourgault-Coudevylle. – Décision de renvoi : ▪ Cass. 1re civ., 6 juin 2012, n° 11-27.071 : *RTD civ.* 2012, 523, obs. Hauser) et, dans la même affaire, contraire à l'article 6 de la Convention européenne des droits de l'homme (▪ Cass. 1re civ., 9 avr. 2013, n° 11-27.071 : *Bull. civ.* I, n° 66, p. 65 ; *D.* 2013, 1100, avis Chevalier, et 1106, note Douchy-Oudot ; *JCP* G 2013, 700, note Favier, et 699, note Dreyer ; *Dr. famille* 2013, 89, note Neirinck ; *JurisData* n° 2013-006701. – V aussi ▪ TGI Nantes, 24 avr. 2014, n° 14/00325 : *RTD civ.* 2014, 610, obs. Puig, et 635, obs. Hauser ; *Dr. famille* 2014, 100, note Neirinck ; *JurisData* n° 2014-009936. – Décision infirmée par ▪ Rennes, 25 nov. 2014, n° 14/04384 : *D.* 2015, 703, obs. Granet-Lambrechts ; *Dr. famille* 2015, 8, note Neirinck ; *RTD civ.* 2015, 112, obs. Hauser ; *LPA* 4 août 2015, 15, obs. Niemiec ; *JurisData* n° 2014-028241). – V. désormais C. action soc. et fam., art. L. 224-8 nouveau, p. 1878, issu de la loi n° 2013-673 du 26 juill. 2013 : *RTD civ.* 2013, 898, obs. Leroyer ; *Dr. famille* 2013, 137, obs. Neirinck.

9) Enfant non adoptable. Si la déclaration d'abandon constitue une des étapes de l'adoption, elle n'y conduit pas nécessairement. Un enfant musulman dont la loi nationale prohibe l'adoption peut être déclaré judiciairement abandonné (▪ Pau, 13 mai 1996 : *Dr. famille* 1997, 155, note Murat).

10) Tierce opposition. Sur le principe que la tierce opposition n'est recevable qu'en cas de dol, de fraude ou d'erreur sur l'identité de l'enfant, V. ▪ Cass. 1re civ., 2 déc. 1997 : *Dr. famille* 1998, 21, note Murat.

11) Grande détresse des parents. La mère ne saurait arguer d'une grande détresse alors que son mode de vie (SDF) est le fruit d'un libre choix, aucune circonstance particulière n'étant mise en avant par elle pour justifier l'obligation d'une telle existence et surtout d'un tel éloignement de l'enfant (▪ Agen, 13 oct. 2004 : *Dr. famille* 2005, 29, note Murat). Si la mère a, pendant la période de référence, été hospitalisée à plusieurs reprises, celle-ci a bénéficié de nombreux congés d'essai au cours desquels elle n'a fait aucune tentative pour établir des relations avec sa fille, soit par demande de visite, soit par appel téléphonique, soit par envoi de courriers ou colis ; il n'est pas démontré que ses troubles psychologiques l'empêchaient de chercher à établir avec sa fille des liens affectifs et aient été de nature à troubler son jugement et sa volonté dans ses décisions concernant le sort de sa fille ; une cour d'appel en déduit souverainement que la mère ne rapporte pas la preuve d'une grande détresse (▪ Cass. 1re civ., 23 juin 2010, n° 09-15.129 : *Bull. civ.* I, n° 143, p. 135 ; *LPA* 22 oct. 2010, 8, note Siffrein-Blanc. – V. dans la même affaire, ▪ CEDH, 26 sept. 2013, n° 4962/11, *Zambotto Perrin c/ France*, sous art. 353, annot. n° 1, p. 316).

CHAPITRE II. – DE L'AUTORITÉ PARENTALE RELATIVEMENT AUX BIENS DE L'ENFANT

(Rempl., Ord. n° 2015-1288, 15 oct. 2015)

Voir : Application dans le temps, Ord. n° 2015-1288, 15 oct. 2015, art. 17, p. 3426 (dispositions applicables aux administrations légales en cours au jour de leur entrée en vigueur).

Section I. – De l'administration légale

(Ord. n° 2015-1288, 15 oct. 2015)

Art. 382 *(Ord. n° 2015-1288, 15 oct. 2015)*. – **L'administration légale appartient aux parents. Si l'autorité parentale est exercée en commun par les deux parents, chacun d'entre eux est administrateur légal. Dans les autres cas, l'administration légale appartient à celui des parents qui exerce l'autorité parentale.**

Bibliographie : I. Tardy-Joubert, *L'administration légale des biens des mineurs : un droit aux oubliettes ?* : *Dr. famille* 2007, étude 22. • M. Bruggeman, *Retour sur l'administration légale...* in *Mélanges Neirinck*, LexisNexis 2015, 689.

Sur la réforme opérée par l'ordonnance du 15 octobre 2015. I. Maria et G. Raoul-Cormeil, *La nouvelle administration légale : 1 + 1 = 1 ?* : *Dr. famille* janv. 2016, dossier 4. • N. Peterka, *Déjudiciarisation de l'administration légale et renforcement du rôle de la famille dans la protection des majeurs* : *JCP* G 2015, 1160. • J. Combret et N. Baillon-Wirtz, *Quand modernisation rime avec confusion : l'administration légale selon l'ordonnance du 15 octobre 2015* : *JCP* N 2015, 1238. • A. Batteur et T. Douville, *Présentation critique de la réforme de l'administration légale* : *D.* 2015, 2330. • S. Mauclair, *De la rénovation des mécanismes de protection des intérêts de l'enfant mineur par l'ordonnance du 15 octobre 2015* : *RJPF* déc. 2015, 7. • D. Montoux, *Identification d'un mineur sous administration légale après l'ordonnance du 15 octobre 2015* : *JCP* N 2015, 1221 (formulaires).

Rédaction antérieure. Art. 382. – Les père et mère ont, sous les distinctions qui suivent, l'administration et la jouissance des biens de leur enfant.

Rédaction antérieure. Art. 383. – L'administration légale est exercée conjointement par le père et la mère lorsqu'ils exercent en commun l'autorité parentale et, dans les autres cas, sous le contrôle du juge, soit par le père, soit par la mère, selon les dispositions du chapitre précédent.

La jouissance légale est attachée à l'administration légale : elle appartient soit aux deux parents conjointement, soit à celui des père et mère qui a la charge de l'administration.

L'administration légale des biens de l'enfant mineur par ses parents **cesse de plein droit** à sa majorité, de sorte qu'un banquier ne peut exécuter un ordre de paiement émis par l'ancien représentant légal qui n'a plus qualité pour représenter le titulaire du compte (■ Cass. 1re civ., 9 janv. 2008 : *Bull. civ.* I, n° 7, p. 5 ; *D.* 2008, inf. rap. 353 ; *JCP* 2008, II, 10048, note Lasserre-Capdeville ; *JCP* N 2008, 1157, 1re esp., note Plazy ; *Dr. famille* 2008, 47, 2e esp., note Fossier ; *Defrénois* 2008, 1124, obs. Massip ; *RTD civ.* 2008, 274, obs. Hauser ; *JurisData* n° 2008-042166).

Art. 382-1 *(Ord. n° 2015-1288, 15 oct. 2015).* – **Lorsque l'administration légale est exercée en commun par les deux parents, chacun d'eux est réputé, à l'égard des tiers, avoir reçu de l'autre le pouvoir de faire seul les actes d'administration portant sur les biens du mineur.**

La liste des actes qui sont regardés comme des actes d'administration est définie dans les conditions de l'article 496.

Bibliographie : Ph. Conte, *L'article 389-4 du Code civil : JCP* 1991, I, 3513. • F. Dekeuwer-Défossez, *Utilisation des comptes bancaires ouverts au nom d'un enfant : rappel des principes : LPA* 10 août 2016, 15.

Rédaction antérieure. Art. 389-4. – Dans l'administration légale pure et simple, chacun des parents est réputé, à l'égard des tiers, avoir reçu de l'autre le pouvoir de faire seul les actes pour lesquels un tuteur n'aurait besoin d'aucune autorisation.

Assistance éducative. Pour une application à des parents dont l'enfant a fait l'objet d'une mesure d'assistance éducative, V. ■ Cass. 1re civ., 18 nov. 1986 : *Gaz. Pal.* 1987, 1, 228, note J. M. ; *Defrénois* 1987, 322, obs. Massip.

Art. 383 *(Ord. n° 2015-1288, 15 oct. 2015).* – **Lorsque les intérêts de l'administrateur légal unique ou, selon le cas, des deux administrateurs légaux sont en opposition avec ceux du mineur, ces derniers demandent la nomination d'un administrateur ad hoc par le juge des tutelles. À défaut de diligence des administrateurs légaux, le juge peut procéder à cette nomination à la demande du ministère public, du mineur lui-même ou d'office.**

Lorsque les intérêts d'un des deux administrateurs légaux sont en opposition avec ceux du mineur, le juge des tutelles peut autoriser l'autre administrateur légal à représenter l'enfant pour un ou plusieurs actes déterminés.

Voir : sur le choix de l'administrateur *ad hoc*, CPC, art. 1210-1, p. 2360.

Rédaction antérieure. Art. 389-3. – L'administrateur légal représentera le mineur dans tous les actes civils, sauf les cas dans lesquels la loi ou l'usage autorise les mineurs à agir eux-mêmes.

Quand ses intérêts sont en opposition avec ceux du mineur, il doit faire nommer un administrateur ad hoc par le juge des tutelles. À défaut de diligence de l'administrateur légal, le juge peut procéder à cette nomination à la demande du ministère public, du mineur lui-même ou d'office.

1) Opposition d'intérêts. Pour un exemple d'opposition d'intérêts justifiant la désignation d'un administrateur *ad hoc*, V. ■ Cass. 1re civ., 5 janv. 1999 : *Dr. famille* 1999, 58, note Beignier (disparité de fortune entre la mère et le mineur). Les juges du fond apprécient souverainement l'existence d'une opposition d'intérêts (■ Cass. 1re civ., 25 mars 2009, n° 08-11.552 : *Defrénois* 2009, 1161, obs. Massip ; *LPA* 30 juin 2010, 14, obs. Autem).

2) Pouvoirs de l'administrateur *ad hoc*. Il résulte de la combinaison des articles 389-3 et 389-6 (anciens) du Code civil que, comme l'administrateur légal, l'administrateur *ad hoc* a, dans les limites de la mission qui lui a été confiée, qualité pour accomplir seul tous les actes civils qu'un tuteur peut faire sans autorisation du conseil de famille (■ Cass. 1re civ., 8 mars 1988 : *Gaz. Pal.* 1989, 1, 43, note Massip). Mais il ne peut avoir plus de droits que le mineur qu'il représente et ne peut donc obtenir par la voie de la tierce opposition une modification des conditions d'exercice de l'autorité parentale par application de l'article 374, alinéa 3 (ancien) (■ Cass. ch. mixte, 9 févr. 2001 : *JCP* G 2001, II, 10514 et *JCP* N 2002, 1144, note Fossier ; *Dr. famille* 2001, 53, note Gouttenoire-Cornut ; *JurisData* n° 2001-008062 ; *Bull. civ.* 1, p. 1 ; *RTD civ.* 2001, 333, obs. Hauser).

3) Action en contestation de reconnaissance. Si seul un tuteur *ad hoc* doit être désigné pour défendre à l'action en désaveu de paternité (C. civ., art. 317 ancien), il y a lieu, en matière d'action en contestation de reconnaissance, de désigner un administrateur *ad hoc*, en application de l'article 389-3, alinéa 2 (ancien), lorsque les intérêts de l'administrateur légal sont en opposition avec ceux du mineur (■ Cass. 1re civ., 18 mars 1981 : *JCP* 1981, IV, 199 ; *Bull. civ.* I, n° 95, p. 81).

4) Conflit entre le mineur et sa mère. La nomination d'un administrateur spécial peut être justifiée en cas de conflit entre le mineur et sa mère dans le règlement de la succession du père, même si le rôle éducatif de la mère n'est pas discuté, par le fait que le mari n'a rien laissé à son épouse, ce qui crée une disparité de fortune et des conflits d'intérêts (■ Paris, 31 mai 1996 : *RTD civ.* 1996, 582, obs. Hauser, et ■ Cass. 1re civ., 5 janv. 1999 : *RTD civ.* 1999, 814, obs. Hauser).

5) Option successorale. La mère, administratrice légale sous contrôle judiciaire, ayant accepté sous bénéfice d'inventaire la succession du père de l'enfant, l'administrateur *ad hoc* nommé par le juge des tutelles ne peut plus, compte tenu de la règle énoncée par l'article 783, renoncer à la succession (■ Cass. 1re civ., 16 avr. 1991 : *JCP* 1991, IV, 236 ; *Bull. civ.* I, n° 143, p. 94 ; *RTD civ.* 1991, 500, obs. Hauser et ■ Cass. 1re civ., 5 janv. 1999 : *RTD civ.* 1999, 814, obs. Hauser).

6) Sur le **devoir de conseil du notaire** en cas de vente d'un immeuble indivis entre le mineur et son administrateur légal, V. ■ Cass. 1re civ., 7 déc. 1977 : *Bull. civ.* I, n° 465, p. 368.

Art. 384 ***(Ord. n° 2015-1288, 15 oct. 2015).*** **– Ne sont pas soumis à l'administration légale les biens donnés ou légués au mineur sous la condition qu'ils soient administrés par un tiers.**

Le tiers administrateur a les pouvoirs qui lui sont conférés par la donation, le testament ou, à défaut, ceux d'un administrateur légal.

Lorsque le tiers administrateur refuse cette fonction ou se trouve dans une des situations prévues aux articles 395 et 396, le juge des tutelles désigne un administrateur ad hoc pour le remplacer.

Bibliographie : J. Hauser, *L'administration aux biens légués ou donnés (une controverse séculaire) : Defrénois* 2009, 25. • Ph. Delmas Saint-Hilaire, *À propos de la clause d'exclusion de l'administration légale*, in *Mélanges Raymond Le Guidec*, LexisNexis 2014, 333. • B. Delesalle, J. Lotz et N. Gessey, *Encadrer la gestion des biens de l'enfant mineur après le décès : JCP* N 2017, 1238. • L. Mauger-Vielpeau, *La nouvelle clause d'exclusion de l'administration légale : LPA* 7-8 sept. 2017, 19.

Rédaction antérieure. Art. 389-3, al. 3. – Ne sont pas soumis à l'administration légale, les biens qui auraient été donnés ou légués au mineur sous la condition qu'ils seraient administrés par un tiers. Ce tiers administrateur aura les pouvoirs qui lui auront été conférés par la donation ou le testament ; à défaut, ceux d'un administrateur légal sous contrôle judiciaire.

1) Conformité à la Constitution. V. ■ Cass. 1re civ., 15 juin 2017, n° 17-40.035 (non-renvoi au Conseil constitutionnel) : *Bull.* ; *Dr. famille* 2017, 187, note Maria ; *AJF* 2017, p. 408, Corpart ; *JCP* N 2017, act. 652 ; *RTD civ.* 2017, 611, obs. Hauser ; *JurisData* n° 2017-011578, jugeant notamment que le droit de mener une vie familiale normale n'implique pas que l'administration des biens donnés ou légués à un mineur soit confiée à son père ou à sa mère, administrateur légal et titulaire de l'autorité parentale.

2) L'article 389-3 (anc.), qui permet au disposant, sans aucune distinction, de soustraire à l'administration légale des père et mère les biens qu'il donne ou lègue à un mineur, est une disposition générale qui ne comporte aucune exception pour la réserve héréditaire (■ Cass. 1re civ., 6 mars 2013, n° 11-26.728 : *Bull. civ. I, n° 36, p. 36 ; Dr. famille 2013, 57, note Mangiavillano* ; *LPA* 8 août 2014, 6, 1re esp., note Autem ; *Defrénois* 2013, 365, note Randoux ; *D.* 2013, 2075, obs. Gouttenoire ; *JCP* G 2013, act. 330 ; *JCP* N 2013, 1121, note Boulanger ; *Dr. famille* 2013, 73, note Bruggeman ; *RTD civ.* 2013, 346, obs. Hauser, et 421, obs. Grimaldi ; *Defrénois* 2014, 766, obs. Chamoulaud-Trapiers ; *JurisData* n° 2013-003729). L'arrêt qui répute non écrites les dispositions testamentaires désignant un administrateur des biens légués à un enfant mineur, au motif qu'elles sont contraires à l'intérêt de l'enfant, ajoute à la loi, en violation de celle-ci (■ Cass. 1re civ., 26 juin 2013, n° 11-25.946 : *Bull. civ.* I, n° 137, p. 137 ; *LPA* 8 août 2014, 6, 2e esp., note Autem ; *Dr. famille* 2013, 124, note Maria ; *D.* 2013, 2074, obs. Gouttenoire ; *RTD civ.* 2013, 575, obs. Hauser ; *Defrénois* 2013, 972, note Massip ; *JurisData* n° 2013-013140). La clause d'exclusion de l'administration légale, qui emportait privation de la jouissance légale de la mère, avait nécessairement pour effet d'augmenter les droits des mineurs sur leur émolument dans la succession de leur père, de sorte qu'une telle clause, stipulée par le testateur pour « mon patrimoine qui reviendra à mes enfants », caractérisait un legs (■ Cass. 1re civ., 11 févr. 2015, n° 13-27.586 : *Bull.* ; *Dr. famille* 2015, 75, note Nicod, et 80, note Maria ; *RTD civ.* 2015, 354, obs. Hauser ; *JCP* N 2015, 1176, n° 1, obs. Cermolacce ; *JCP* G 2016, 134, n° 4, obs. Le Guidec ; *LPA* 7 déc. 2016, 4, obs. Autem ; *JurisData* n° 2015-002219. – Rappr. ■ Cass. 1re civ., 10 juin 2015, nos 14-18.856 et 14-20.146 : *Bull.* ;

RTD civ. 2015, 584, obs. Hauser, et 668, obs. Grimaldi ; *JCP* G 2016, 134, n° 4, obs. Le Guidec ; *Dr. famille* 2015, 174, 2e esp., note Bruggeman ; *AJF* oct. 2015, 551, obs. Casey ; *JurisData* n° 2015-013656). Jugé que l'administrateur spécial désigné a qualité pour représenter les enfants en justice dans la gestion des biens provenant de la succession (■ Poitiers, 1er avr. 2015 : *RTD civ.* 2015, 852, obs. Hauser).

Art. 385 ***(Ord. n° 2015-1288, 15 oct. 2015).*** **– L'administrateur légal est tenu d'apporter dans la gestion des biens du mineur des soins prudents, diligents et avisés, dans le seul intérêt du mineur.**

Art. 386 ***(Ord. n° 2015-1288, 15 oct. 2015 ; mod., L. n° 2016-1547, 18 nov. 2016).*** **– L'administrateur légal est responsable de tout dommage résultant d'une faute quelconque qu'il commet dans la gestion des biens du mineur.**

Si l'administration légale est exercée en commun, les deux parents sont responsables solidairement.

L'État est responsable des dommages susceptibles d'être occasionnés par le juge des tutelles et le directeur des services de greffe judiciaire du tribunal de grande instance dans l'exercice de leurs fonctions en matière d'administration légale, dans les conditions prévues à l'article 412.

L'action en responsabilité se prescrit par cinq ans à compter de la majorité de l'intéressé ou de son émancipation.

Section II. – De la jouissance légale

(Ord. n° 2015-1288, 15 oct. 2015)

Art. 386-1 ***(Ord. n° 2015-1288, 15 oct. 2015).*** **– La jouissance légale est attachée à l'administration légale : elle appartient soit aux parents en commun, soit à celui d'entre eux qui a la charge de l'administration.**

Art. 386-2 ***(Ord. n° 2015-1288, 15 oct. 2015).*** **– Le droit de jouissance cesse :**

1° Dès que l'enfant a seize ans accomplis ou même plus tôt quand il contracte mariage ;

2° Par les causes qui mettent fin à l'autorité parentale ou par celles qui mettent fin à l'administration légale ;

3° Par les causes qui emportent l'extinction de tout usufruit.

Point de départ des intérêts des sommes dues par l'administrateur légal. Viole l'article 384, alinéa 1er (ancien), qui fait cesser le droit de jouissance légale dès que l'enfant a seize ans accomplis, la cour d'appel qui fixe le point de départ des intérêts des sommes dues par l'administratrice légale au mineur trois mois après la majorité de celui-ci (■ Cass. 1re civ., 19 déc. 1995, n° 93-17.682 : *JurisData* n° 1995-003801 ; *Defrénois* 1996, 1002, obs. Massip).

Art. 386-3 ***(Ord. n° 2015-1288, 15 oct. 2015).*** **– Les charges de cette jouissance sont :**

1° Celles auxquelles sont tenus les usufruitiers ;

2° La nourriture, l'entretien et l'éducation de l'enfant, selon sa fortune ;

3° Les dettes grevant la succession recueillie par l'enfant en tant qu'elles auraient dû être acquittées sur les revenus.

Obligation de restitution de l'administrateur légal. Sur l'obligation du titulaire de l'administration légale de restituer les sommes perçues *dans l'intérêt de l'enfant âgé de plus de seize ans* dont il ne justifie pas avoir eu l'emploi prévu par l'article 385-2° (anc.), V. ■ Paris, 11 mai 1993 : *JurisData* n° 1993-021997 ; *JCP* 1993, IV, 2140 ; *RTD civ.* 1993, 813, obs. Hauser.

Art. 386-4 ***(Ord. n° 2015-1288, 15 oct. 2015).*** **– La jouissance légale ne s'étend pas aux biens :**

1° Que l'enfant peut acquérir par son travail ;

2° Qui lui sont donnés ou légués sous la condition expresse que les parents n'en jouiront pas ;

3° Qu'il reçoit au titre de l'indemnisation d'un préjudice extrapatrimonial dont il a été victime.

Entretien et éducation de l'enfant. L'absence de droit de jouissance légale sur les gains et salaires de l'enfant mineur n'interdit pas à l'administrateur légal d'affecter tout ou partie de ces revenus à son entretien et à son éducation, seul l'excédent devant revenir au mineur (■ Cass. 1re civ., 9 janv. 2008 : *Bull. civ.* I, n° 7, p. 5 ; *D.* 2008, inf. rap. 353 ; *JCP* 2008, II, 10048, note Lasserre-Capdeville ; *JCP* N 2008, 1157, 1re esp., note Plazy ; *Dr. famille* 2008, 47, 2e esp., note Fossier ; *Defrénois* 2008, 1124, obs. Massip ; *RTD civ.* 2008, 274, obs. Hauser ; *JurisData* n° 2008-042166).

Section III. – De l'intervention du juge des tutelles

(Ord. n° 2015-1288, 15 oct. 2015)

Voir : sur l'intervention du juge des tutelles en matière d'administration légale, CPC, art. 1180-6 et s., p. 2351 (N. Peterka, *Procédure devant le juge des tutelles en cas d'administration légale et d'habilitation familiale : JCP* G 2016, act. 281. – J. Combret et N. Baillon-Wirtz, *Réforme du droit de la famille, nouvelles procédures avec le décret du 23 février 2016 : JCP* N 2016, 1098).

Art. 387 ***(Ord. n° 2015-1288, 15 oct. 2015).*** **– En cas de désaccord entre les administrateurs légaux, le juge des tutelles est saisi aux fins d'autorisation de l'acte.**

Art. 387-1 ***(Ord. n° 2015-1288, 15 oct. 2015).*** **– L'administrateur légal ne peut, sans l'autorisation préalable du juge des tutelles :**

1° Vendre de gré à gré un immeuble ou un fonds de commerce appartenant au mineur ;

2° Apporter en société un immeuble ou un fonds de commerce appartenant au mineur ;

3° Contracter un emprunt au nom du mineur ;

4° Renoncer pour le mineur à un droit, transiger ou compromettre en son nom ;

5° Accepter purement et simplement une succession revenant au mineur ;

6° Acheter les biens du mineur, les prendre à bail ; pour la conclusion de l'acte, l'administrateur légal est réputé être en opposition d'intérêts avec le mineur ;

7° Constituer gratuitement une sûreté au nom du mineur pour garantir la dette d'un tiers ;

8° Procéder à la réalisation d'un acte portant sur des valeurs mobilières ou instruments financiers au sens de l'article L. 211-1 du Code monétaire et financier, si celui-ci engage le patrimoine du mineur pour le présent ou l'avenir par une modification importante de son contenu, une dépréciation significative de sa valeur en capital ou une altération durable des prérogatives du mineur.

L'autorisation détermine les conditions de l'acte et, s'il y a lieu, le prix ou la mise à prix pour lequel l'acte est passé.

Art. 387-2 ***(Ord. n° 2015-1288, 15 oct. 2015).*** **– L'administrateur légal ne peut, même avec une autorisation :**

1° Aliéner gratuitement les biens ou les droits du mineur ;

2° Acquérir d'un tiers un droit ou une créance contre le mineur ;

3° Exercer le commerce ou une profession libérale au nom du mineur ;

4° Transférer dans un patrimoine fiduciaire les biens ou les droits du mineur.

> **Rédaction antérieure. Art. 389-5.** – Dans l'administration légale pure et simple, les parents accomplissent ensemble les actes qu'un tuteur ne pourrait faire qu'avec l'autorisation du conseil de famille.
>
> À défaut d'accord entre les parents, l'acte doit être autorisé par le juge des tutelles.
>
> Même d'un commun accord, les parents ne peuvent ni vendre de gré à gré, ni apporter en société un immeuble ou un fonds de commerce appartenant au mineur, ni contracter d'emprunt en son nom, ni renoncer pour lui à un droit, sans l'autorisation du juge des tutelles. La même autorisation est requise pour le partage amiable, et l'état liquidatif doit être approuvé par le juge des tutelles.
>
> Si l'acte cause un préjudice au mineur, les parents en sont responsables solidairement.

JURISPRUDENCE ANTÉRIEURE À L'ORDONNANCE DU 15 OCTOBRE 2015

1) Transactions et acquiescements. Doit être soumis à l'autorisation du juge des tutelles l'acte qui, tout en se présentant comme une transaction, constitue en réalité une renonciation à un droit au sens de l'alinéa 3 de l'article 389-5 (ancien) du Code civil (▪ Cass. ch. mixte, 29 janv. 1971 : *D. 1971, 301, concl. Lindon, note Hauser et Abitbol.* – Rappr. ▪ Cass. 1re civ., 9 janv. 2008 : *Bull. civ.* I, n° 6, p. 4 ; *Dr. famille* 2008, 47, 1re esp., note Fossier ; *JurisData* n° 2008-042164). L'administrateur légal ne peut, sans l'autorisation du juge des tutelles, acquiescer à un jugement qui n'a accueilli que partiellement la demande en réparation du préjudice subi par le mineur (▪ Cass. 1re civ., 6 déc. 1988, n° 87-15.431 : *JurisData* n° 1988-703225 ; *Bull. civ.* I, n° 342, p. 233. ▪ Cass. 1re civ., 3 mars 1992 : *Bull. civ.* I, n° 73, p. 50). Jugé que les tribunaux de grande instance n'ont pas compétence pour homologuer ou entériner des transactions concernant les mineurs, même si ces actes passés entre le père et a compagnie d'assurances sont qualifiés de protocoles d'accord (▪ Reims, 23 oct. 1975 : *D.* 1976, somm. 40).

2) La renonciation à la réduction d'un legs particulier par des mineurs légataires universels suppose une autorisation spéciale du juge des tutelles. Ne présente pas ce caractère l'autorisation donnée à un acte de partage dont la cour d'appel a seulement induit, par rapprochement avec un autre acte, non soumis au juge des tutelles, l'existence d'une renonciation tacite (■ Cass. 1re civ., 6 juill. 1982 : *Bull. civ.* I, n° 252, p. 217 ; *RTD civ.* 1983, 373, obs. Patarin).

3) Renonciation à une succession. C'est dans l'exercice de son pouvoir souverain d'appréciation de l'intérêt de la mineure protégée que le tribunal a estimé que nonobstant la modicité de la succession et le conflit familial expliquant la renonciation du père à la succession pour son propre compte, celui-ci ne pouvait être autorisé à y renoncer pour le compte de sa fille (■ Cass. 1re civ., 6 oct. 2010, n° 09-67.827 : *LPA* 9 juill. 2012, 10, obs. Autem).

4) Option de l'article 1094-1. Le choix de l'une des trois quotités disponibles prévues par l'article 1094-1 impliquant la renonciation aux deux autres, l'administrateur légal sous contrôle judiciaire d'un majeur incapable ne peut exercer l'option sans autorisation du juge des tutelles (■ Cass. 1re civ., 1er juin 1994 : *Bull. civ.* I, n° 194, p. 142 ; *Defrénois* 1994, 1452, obs. Massip ; *RTD civ.* 1995, 416, obs. Patarin).

5) Emprunt par une société civile. L'emprunt par une société civile dont l'associé majoritaire est mineur ne nécessite pas l'autorisation du juge des tutelles (■ Versailles, 29 janv. 1998 : *JCP* 1999, II, 10014, note Petit et Rouxel, pourvoi rejeté par ■ Cass. 1re civ., 14 juin 2000 : *JCP* 2000, IV, 2351 ; *Defrénois* 2000, 1315, obs. Massip, et 2001, 529, obs. Honorat).

6) La renonciation à un contrat d'assurance-vie s'analyse en un acte d'administration qui peut être exercé par la mère, en sa qualité d'administratrice légale de son fils mineur, seule, sans autorisation du juge des tutelles (■ Cass. 1re civ., 18 mai 2011, n° 10-23.114 : *Bull. civ.* I, n° 94, p. 92 ; *Dr. famille* 2011, 117, note Maria ; *RTD civ.* 2011, 509, obs. Hauser ; *LPA* 9 juill. 2012, 6, obs. Boffa).

7) Cession de droits sociaux. V. H. Hovasse, *La cession de droits sociaux appartenant à des mineurs sous administration légale pure et simple* : *JCP* N 2010, 1237.

Rédaction antérieure. Art. 389-6. – Dans l'administration légale sous contrôle judiciaire, l'administrateur doit se pourvoir d'une autorisation du juge des tutelles pour accomplir les actes qu'un tuteur ne pourrait faire qu'avec une autorisation.
Il peut faire seul les autres actes.

JURISPRUDENCE ANTÉRIEURE À L'ORDONNANCE DU 15 OCTOBRE 2015

1) Actes d'administration. Il résulte de la combinaison des articles 389-6, 389-7, 453, 455 et 456 (anciens) que l'administrateur légal, même placé sous contrôle judiciaire, a le pouvoir de faire seul les actes d'administration, qu'il peut à ce titre procéder à la réception des capitaux échus au mineur et les retirer de la banque dans laquelle il les a déposés (■ Cass. 1re civ., 20 mars 1989, n° 87-16.870 : *JurisData* n° 1989-701450 ; *Bull. civ.* I, n° 132, p. 87 ; *D.* 1989, 406, Massip. ■ Cass. 1re civ., 11 oct. 2017, n° 15-24.946 : *Bull.* ; *Dr. famille* 2017, 249, Maria ; *D.* 2017, 2405, Farge ; *JCP* G 2017, 1320, Lasserre Capdeville ; *RTD civ.* 2018, p. 76, Mazeaud ; *AJF* 2017, p. 645, Viney ; *JurisData* n° 2017-019866, précisant que la banque n'est pas *garante de l'emploi des capitaux). Mais* la conclusion d'une convention de compte bloqué avec versement anticipé des intérêts constitue un emploi de capitaux, pour lequel l'administrateur légal sous contrôle judiciaire doit se pourvoir d'une autorisation du juge des tutelles (■ Cass. 1re civ., 17 janv. 1978 : *D.* 1980, 17, note Champenois-Marmier). De même, il résulte de l'annexe 2 du décret n° 2008-1484 du 22 décembre 2008 que, sauf circonstances d'espèce, constitue un acte de disposition la détermination du vote sur l'ordre du jour relatif à la vente d'un élément d'actif immobilisé dans les groupements dotés de la personnalité morale, de sorte qu'il ne peut être fait exception à la nullité de l'acte de vente d'un bien immobilier appartenant à une SCI résultant de l'absence d'autorisation préalable du juge des tutelles à la délibération ayant décidé de cette vente, au motif que l'acquéreur aurait contracté dans la croyance erronée que le gérant de la SCI propriétaire du bien vendu avait le pouvoir de consentir à la vente (■ Cass. 1re civ., 17 mai 2017, n° 15-24.840 : *Bull.* ; *Dr. famille* 2017, 188, Maria ; *Defrénois* 2017, 757, Combret ; *RTD civ.* 2017, 610, Hauser ; *AJF* 2017, p. 406, Raoul-Cormeil ; *JurisData* n° 2017-009378).

2) Actions en justice. Comme l'administrateur légal, l'administrateur *ad hoc* a, dans les limites de la mission qui lui a été confiée, qualité pour accomplir seul tous les actes civils qu'un tuteur peut faire sans autorisation du conseil de famille, et peut notamment introduire, sans être tenu de se pourvoir d'une autorisation du juge des tutelles, une action en justice relative aux droits patrimoniaux du mineur (■ Cass. 1re civ., 8 mars 1988 : *Gaz. Pal.* 1989, 1, 43, note Massip).

3) Cession de droits successifs. La cession des droits successifs d'un mineur à ses cohéritiers ne peut être valablement accomplie qu'après autorisation du juge (■ Cass. 1re civ., 21 juill. 1987 : *Gaz. Pal.* 1988, 2, 854, note J. M.).

4) Ventes forcées. L'article 389-6 (ancien) ne s'applique pas aux ventes forcées décidées en vertu de dispositions légales ou de conventions valables, en l'absence de toute initiative prise par l'administrateur légal des mineurs (■ Cass. 1re civ., 18 déc. 1984 : *JurisData* n° 1984-701417 ; *Bull. civ.* I, n° 337, p. 287).

5) **Cautionnement hypothécaire.** Sur la validité du cautionnement hypothécaire consenti par l'administrateur légal au nom d'un mineur avec l'autorisation du juge des tutelles, V. ■ Cass. 1re civ., 2 déc. 1997 : *JCP* 1998, IV, 1141 ; *Bull. civ.* I, n° 338, p. 230 ; *Dr. famille* 1998, 31, note Fossier ; *D.* 1998, 469, note Delmas Saint-Hilaire, somm. 378, obs. Piedelièvre ; *RTD civ.* 1998, 342, obs. Hauser ; *Defrénois* 1998, 727, obs. Massip. – V. aussi ■ Montpellier, 18 déc. 1995 : *Defrénois* 1997, 322, obs. Massip. ■ Rennes, 24 oct. 1997 : *JCP* 1998, I, 149, n° 1, obs. Simler.

Art. 387-3 *(Ord. n° 2015-1288, 15 oct. 2015).* **– À l'occasion du contrôle des actes mentionnés à l'article 387-1, le juge peut, s'il l'estime indispensable à la sauvegarde des intérêts du mineur, en considération de la composition ou de la valeur du patrimoine, de l'âge du mineur ou de sa situation familiale, décider qu'un acte ou une série d'actes de disposition seront soumis à son autorisation préalable.**

Le juge est saisi aux mêmes fins par les parents ou l'un d'eux, le ministère public ou tout tiers ayant connaissance d'actes ou omissions qui compromettent manifestement et substantiellement les intérêts patrimoniaux du mineur ou d'une situation de nature à porter un préjudice grave à ceux-ci.

Les tiers qui ont informé le juge de la situation ne sont pas garants de la gestion des biens du mineur faite par l'administrateur légal.

Art. 387-4 *(Ord. n° 2015-1288, 15 oct. 2015).* **– À l'occasion du contrôle qu'il exerce en application des articles 387-1 et 387-3, le juge peut demander à l'administrateur légal qu'un inventaire du patrimoine du mineur lui soit transmis ainsi que, chaque année, un inventaire actualisé.**

Une copie de l'inventaire est remise au mineur âgé de seize ans révolus.

Art. 387-5 *(Ord. n° 2015-1288, 15 oct. 2015 ; mod., L. n° 2016-1547, 18 nov. 2016).* **– À l'occasion du contrôle mentionné à l'article précédent, le juge peut demander à l'administrateur légal de soumettre au directeur des services de greffe judiciaire du tribunal de grande instance un compte de gestion annuel, accompagné des pièces justificatives, en vue de sa vérification.**

Lorsque des comptes ont été demandés, l'administrateur légal doit remettre au directeur des services de greffe judiciaire, à la fin de sa mission, un compte définitif des opérations intervenues depuis l'établissement du dernier compte annuel.

Le directeur des services de greffe judiciaire peut être assisté dans sa mission de contrôle des comptes dans les conditions fixées par le Code de procédure civile. Il peut aussi solliciter des établissements auprès desquels des comptes sont ouverts au nom du mineur un relevé annuel de ceux-ci sans que puisse lui être opposé le secret professionnel ou le secret bancaire.

S'il refuse d'approuver le compte, le directeur des services de greffe judiciaire dresse un rapport des difficultés rencontrées, qu'il transmet au juge. Celui-ci statue sur la conformité du compte.

Si l'importance et la composition du patrimoine du mineur le justifient, le juge peut décider que la mission de vérification et d'approbation sera exercée, aux frais du mineur et selon les modalités qu'il fixe, par un technicien.

Une copie des comptes de gestion est remise au mineur âgé de seize ans révolus.

L'action en reddition de comptes, en revendication ou en paiement se prescrit par cinq ans à compter de la majorité de l'intéressé.

Art. 387-6 *(Ord. n° 2015-1288, 15 oct. 2015).* **– L'administrateur légal est tenu de déférer aux convocations du juge des tutelles et du procureur de la République et de leur communiquer toute information qu'ils requièrent.**

Le juge peut prononcer contre lui des injonctions et le condamner à l'amende civile prévue par le Code de procédure civile s'il n'a pas déféré.

TITRE X. – DE LA MINORITÉ, DE LA TUTELLE ET DE L'ÉMANCIPATION

(Rempl., L. n° 2007-308, 5 mars 2007 ; mod., Ord. n° 2015-1288, 15 oct. 2015)

Voir : Application dans le temps, L. n° 2007-308, 5 mars 2007, art. 45, p. 3276. – Ord. n° 2015-1288, 15 oct. 2015, art. 17, p. 3426 (dispositions applicables aux administrations légales en cours au jour de leur entrée en vigueur).

D. n° 2011-1572 du 18 novembre 2011 portant publication de la convention concernant la compétence, la loi applicable, la reconnaissance, l'exécution et la coopération en matière de responsabilité parentale et de mesures de protection des enfants, signée à La Haye le 19 octobre 1996 (*JO* 20 nov. 2011).

CHAPITRE Ier. – DE LA MINORITÉ

(L. n° 2007-308, 5 mars 2007 ; mod., Ord. n° 2015-1288, 15 oct. 2015)

Art. 388 *(L. n° 74-631, 5 juill. 1974 ; mod., L. n° 2016-297, 14 mars 2016).* – **Le mineur est l'individu de l'un ou l'autre sexe qui n'a point encore l'âge de dix-huit ans accomplis.**

Les examens radiologiques osseux aux fins de détermination de l'âge, en l'absence de documents d'identité valables et lorsque l'âge allégué n'est pas vraisemblable, ne peuvent être réalisés que sur décision de l'autorité judiciaire et après recueil de l'accord de l'intéressé.

Les conclusions de ces examens, qui doivent préciser la marge d'erreur, ne peuvent à elles seules permettre de déterminer si l'intéressé est mineur. Le doute profite à l'intéressé.

En cas de doute sur la minorité de l'intéressé, il ne peut être procédé à une évaluation de son âge à partir d'un examen du développement pubertaire des caractères sexuels primaires et secondaires.

Bibliographie : J.-J. Lemouland, *L'assistance du mineur, une voie possible entre l'autonomie et la représentation : RTD civ.* 1997, 1 ; *Le statut du mineur : plus de droits, plus de protections* : dossier (colloque juin 2011) : *LPA* 9 mars 2012.

1) Aides sociales. Viole l'article 388 du Code civil, ensemble l'article D. 245-8 du Code de l'action sociale et des familles, la Cour nationale de l'incapacité et de la tarification de l'assurance des accidents du travail qui, pour l'application du second texte, juge que le mot mineur doit être compris comme désignant une personne n'ayant pas atteint l'âge de 20 ans (▪ Cass. 2e civ., 22 janv. 2015, n° 13-27.912 : *Bull.* ; *RTD civ.* 2015, 351, obs. Hauser).

2) Examens radiologiques osseux. V., pour une application, ▪ Cass. 1re civ., 3 oct. 2018, n° 18-19.442 : *Bull.* ; *JCP* G 2018, act. 1106, Salvage-Gerest ; *Dr. famille AJF* 2018, p. 676, Gebler ; *JurisData* n° 2018-016890. Sur la conformité à la Constitution de l'article 388 du Code civil, V. ▪ Cons. const., 21 mars 2019, n° 2018-768 QPC : *D.* 2019, p. 709, Fulchiron, et 743, Parinet (décision de renvoi : ▪ Cass. 1re civ., 21 déc. 2018, n° 18-20.480 : *Dr. famille* 2019, n° 48, Fulchiron ; *JurisData* n° 2018-023334).

Art. 388-1 *(L. n° 93-22, 8 janv. 1993 ; mod., L. n° 2007-293, 5 mars 2007).* – **Dans toute procédure le concernant, le mineur capable de discernement peut, sans préjudice des dispositions prévoyant son intervention ou son consentement, être entendu par le juge ou, lorsque son intérêt le commande, par la personne désignée par le juge à cet effet.**

Cette audition est de droit lorsque le mineur en fait la demande. Lorsque le mineur refuse d'être entendu, le juge apprécie le bien-fondé de ce refus. Il peut être entendu seul, avec un avocat ou une personne de son choix. Si ce choix n'apparaît pas conforme à l'intérêt du mineur, le juge peut procéder à la désignation d'une autre personne.

***L'audition du mineur ne lui confère pas la qualité* de partie à la procédure.**

Le juge s'assure que le mineur a été informé de son droit à être entendu et à être assisté par un avocat.

Bibliographie : F. Alt-Maes, *Le discernement et la parole du mineur en justice : JCP* 1996, I, 3913. • P. Murat, *La participation de l'enfant aux procédures relatives à l'autorité parentale : bref regard critique sur la diversité des situations : Dr. famille* 2006, étude 31. • J.-R. Demarchi, *Une justice familiale en mutation (Bilan de l'évolution législative relative à l'audition de l'enfant) : LPA* 17 mars 2010, 3. • M. Juston et E. Teixeira, *La co-audition de l'enfant dans les séparations familiales : une réponse adaptée à la protection de l'enfant : Dr. famille* 2011, étude 16. • M.-P. Baudin-Maurin, *Audition du mineur à sa demande : réflexion inspirée par la jurisprudence : LPA* 21 juin 2013, 4. • B. Ancel, *L'intérêt supérieur de l'enfant : entre paternalisme et autonomie : LPA* 27 mars 2014, 6. • Dossier *La parole de l'enfant en justice* in *Dr. famille* mars 2016, dossiers 6 et s.

1) Convention de New York. Sur l'applicabilité directe de la Convention relative aux droits de l'enfant, signée à New York le 26 janvier 1990, V. ▪ Cass. 1re civ., 18 mai 2005 : *Bull. civ.* I, n° 212,

p. 180 ; *D.* 2005, 1909, note Egéa ; *RTD civ.* 2005, 585, obs. Hauser, et 627, obs. Théry ; *Dr. famille* 2005, 156, note Gouttenoire ; *JCP* 2005, II, 10081, note Granet-Lambrechts et Strickler ; *JurisData* n° 2005-028424. ▪ Cass. 1re civ., 14 juin 2005, n° 02-14.328 : *JurisData* n° 2005-028916 ; *Bull. civ.* I, n° 245, p. 207 ; *JCP* 2005, II, 10115, concl. Petit et note Chabert ; *D.* 2005, 2790, 2e esp., note Boulanger. – Voir en sens inverse, auparavant, ▪ Cass. 1re civ., 10 mars 1993 : *JCP* 1993, I, 3688, n° 4, obs. Rubellin-Devichi ; *RTD civ.* 1993, 341, obs. Hauser. ▪ Cass. 1re civ., 2 juin 1993, n° 91-17.487 : *JurisData* n° 1993-001633 ; *RTD civ.* 1993, 572, obs. Hauser. ▪ Cass. soc., 13 juill. 1994, n° 93-10.891 : *JCP* 1995, II, 22363, note Benhamou. ▪ Cass. 1re civ., 4 janv. 1995, n° 92-20.682 : *JurisData* n° 1995-000126 ; *JCP* 1995, IV, 518 ; *Bull. civ.* I, n° 2, p. 1. ▪ Cass. crim., 18 juin 1997, n° 97-82.008 : *JurisData* n° 1997-003449 ; *JCP* 1998, IV, 1244 ; *Defrénois* 1998, 321, obs. Massip ; *Dr. famille* 1998, 56, 1er arrêt, note Murat. – Voir pour une application ▪ Cass. 1re civ., 8 nov. 2005, n° 02-18.360 : *JurisData* n° 2005-030708 ; *Dr. famille* 2006, 28, 1re esp., note Gouttenoire ; *D.* 2007, 2193, obs. Gouttenoire (nécessité de rechercher « l'intérêt supérieur » des enfants en matière d'autorité parentale). – V. aussi P. Courbe, *L'application directe de la Convention des Nations unies sur les droits de l'enfant* : *D.* 2006, 1487. – Dossier « La Convention internationale des droits de l'enfant vingt ans après. Commentaire article par article », *in Dr. famille* nov. 2009, p. 11 et s. – Dossier « L'effectivité de la Convention internationale des droits de l'enfant », *in LPA* 7 oct. 2010.

Voir : D. n° 2008-36, 10 janv. 2008, portant publication de la Convention européenne sur l'exercice des droits des enfants, art. 3 et s., p. 3291.

2) Convention européenne des droits de l'homme. Pour la consécration du droit de l'enfant d'être entendu en justice, au nom de son droit à l'autonomie personnelle, V. ▪ CEDH, 3 sept. 2015, n° 10161/13, *M. et M. c/ Croatie* : *D.* 2016, 1971, obs. Gouttenoire ; *Dr. famille* 2016, chron. 2, n° 21, obs. Gouttenoire, art. 8 de la conv. EDH interprété à la lumière de l'article 12 de la CIDE. ▪ CEDH, 2 févr. 2016, n° 71776/12, *N.TS. c/ Géorgie* : *JCP* G 2016, chron. 834, n° 16, obs. Sudre.

3) La question de la **conformité à la Constitution** de l'article 388-1 ne présente pas de caractère sérieux en ce que cette disposition permet l'audition du mineur capable de discernement dans les procédures le concernant, sans préjudice des dispositions prévoyant son intervention ou son consentement ; étant ainsi sans incidence sur la qualité de partie à la procédure du mineur, laquelle dépend de la nature de l'instance et résulte de dispositions expresses, elle ne porte pas atteinte aux droits de la défense de ce dernier (▪ Cass. 1re civ., 23 oct. 2013, n° 13-40.054 : *RTD civ.* 2014, 82, obs. Hauser ; *LPA* 4 août 2014, 10, obs. Ducrocq-Pauwels).

4) Champ d'application. L'article 388-1 du Code civil a exclusivement vocation à régir l'audition du mineur par le juge, de sorte qu'il est inapplicable en matière d'expertise (▪ Cass. 1re civ., 23 mars 2011, n° 10-10.547 : *Bull. civ.* I, n° 59, p. 58 ; *RTD civ.* 2011, 322, obs. Hauser ; *JCP* 2011, doctr. 839, n° 3, obs. Favier ; *Dr. famille* 2011, 103, note Maria ; *JurisData* n° 2011-004228).

5) Pouvoirs et office des juges du fond. La cour d'appel peut estimer souverainement qu'il n'y a pas lieu de procéder de nouveau à l'audition d'un enfant de plus de treize ans déjà entendu en première instance (▪ Cass. 1re civ., 2 avr. 1996, n° 94-13.962 : *JurisData* n° 1996-001449 ; *Bull. civ.* I, n° 163, p. 115. ▪ Cass. 1re civ., 11 mars 1997 : *Dr. famille* 1997, 72, note Murat. ▪ Cass. 1re civ., 16 déc. 2015, n° 15-10.442 : *JCP* G 2016, 326, note Mallevaey ; *JurisData* n° 2015-027902, enfant de sept ans devant être préservé du conflit parental dont il subit déjà les conséquences. – Comp. pour un enfant de dix ans dont l'audition dans une procédure d'assistance éducative est de nature à compromettre l'équilibre, ▪ Cass. 1re civ., 2 nov. 1994, n° 92-14.642 : *JurisData* n° 1994-002515 ; *JCP* 1995, IV, 2 ; *Bull. civ.* I, n° 314, p. 228 ; *Gaz. Pal.* 1996, 1, somm. 13, obs. Massip). Lorsque la demande est formée par le mineur, le refus d'audition ne peut être fondé que sur son absence de discernement ou sur le fait que la procédure ne le concerne pas, de sorte que le refus d'audition ne peut être motivé par le juge en se bornant à se référer à l'âge du mineur, sans expliquer en quoi celui-ci n'est pas capable de discernement (▪ Cass. 1re civ., 18 mars 2015, n° 14-11.392 : *Bull.* ; *RTD civ.* 2015, 352, obs. Hauser ; *JCP* G 2015, 982, n° 10, obs. Favier ; *JurisData* n° 2015-005746, enfant âgé de 9 ans). Sur l'information délivrée à l'enfant de son droit à être entendu, V. ▪ Cass. 1re civ., 26 juin 2013, n° 12-17.275 : *Bull. civ.* I, n° 138, p. 138 ; *Dr. famille* 2013, 118, avis Petit et note Neirinck ; *JurisData* n° 2013-013139. La cour d'appel, qui a pris en considération les sentiments exprimés par l'enfant au cours de son audition, n'est pas tenue d'en préciser la teneur (▪ Cass. 1re civ., 22 oct. 2014, n° 13-24.945 : *Bull.* ; *D.* 2014, 2241, obs. Da Silva ; *RTD civ.* 2015, 117, obs. Hauser).

6) Prise en compte des sentiments exprimés par l'enfant. Manque de base légale l'arrêt qui infirme l'ordonnance du juge aux affaires matrimoniales sans préciser s'il a tenu compte des sentiments exprimés par l'enfant (▪ Cass. 2e civ., 20 nov. 1996, n° 95-13.374 : *JurisData* n° 1996-004621 ; *JCP* 1997, IV, 69 ; *D.* 1997, 192, note Benhamou, somm. 279, obs. Descamps-Dubaele ; *Dr. famille* 1997, 26, note Murat ; *Bull. civ.* II, n° 253,

p. 153 ; *RTD civ.* 1997, 112, obs. Hauser ; *Defrénois* 1997, 987, obs. Massip, précisant que la loi du 8 janvier 1993 est immédiatement applicable aux procédures en cours. – V. aussi ▪ Cass. 2e civ., 10 juin 1998, n° 97-20.905 : *JurisData* n° 1998-002699 ; *JCP* 1999, I, 101, n° 10, obs. Favier. ▪ Cass. 1re civ., 18 mai 2005 : *JCP* 2005, II, 10081, note Granet-Lambrechts et Strickler, et 10115, 1re esp., concl. Petit et note Chabert ; *Dr. famille* 2005, 156, note Gouttenoire ; *D.* 2005, 1909, note Egéa). Mais le juge n'est pas tenu par cette expression (▪ Cass. 1re civ., 8 juin 1999, n° 96-18.908 : *JurisData* n° 1999-002353 ; *Dr. famille* 1999, 136, note Gouttenoire-Cornut). Sur la façon d'apprécier le discernement de l'enfant, V. ▪ Toulouse, 21 avr. 1998 : *JurisData* n° 1998-100787 ; *RTD civ.* 1999, 830, obs. Hauser. ▪ Cass. 1re civ., 5 mars 2014, n° 13-13.530 : *JCP* G 2014, 953, n° 12, obs. Favier (appréciation *in concreto* de l'influence parentale).

7) Demande émanant d'un tiers. La demande d'audition du mineur devant être présentée au juge par l'intéressé, une cour d'appel n'est pas tenue de répondre, par une décision spécialement motivée, à une attestation rédigée par un tiers faisant indirectement état du souhait de l'enfant d'être entendu (▪ Cass. 1re civ., 19 sept. 2007 : *Bull. civ.* I, n° 286, p. 254 ; *D.* 2007, inf. rap. 2541 ; *JCP* 2008, I, 102, n° 6, obs. Bideau, et II, 10026, note Zelcevic-Duhamel ; *Dr. famille* 2007, 192, note Murat ; *RTD civ.* 2008, 100, obs. Hauser ; *JurisData* n° 2007-040379).

8) Intervention du mineur. L'intervention du mineur dans une procédure relative à la fixation des modalités d'exercice de l'autorité parentale est irrecevable ; n'est recevable qu'une demande d'audition à l'effet d'éclairer plus complètement sa situation (▪ Bordeaux, 18 févr. 1997, n° 95006976 : *JurisData* n° 1997-041235 ; *Dr. famille* 1997, 175, note Murat. – Comp., écartant des débats le dossier déposé par l'avocat de l'enfant entendu, ▪ Grenoble, 13 juill. 1999, n° 99/02275 : *JurisData* n° 1999-044739 ; *JCP* 2000, IV, 1567).

9) Modalités de l'audition. Sur la recevabilité des notes adressées au juge aux affaires familiales et sur l'extension, s'agissant du principe du contradictoire, des dispositions applicables en matière d'assistance éducative, V. ▪ TGI Versailles, 7 oct. 1999 et 23 janv. 2001 : *JurisData* n° 1999-139393 ; *Dr. famille* 2001, 45, note Lécuyer.

10) Moment de la demande d'audition. Sur ce que la demande d'audition peut être présentée en tout état de la procédure et même, pour la première fois, en cause d'appel, V. CPC, art. 338-2, p. 2327. – V. pour une application, ▪ Cass. 1re civ., 24 oct. 2012, n° 11-18.849 : *Bull. civ.* I, n° 212, p. 205 ; *JCP* G 2012, act. 1191, obs. Favier ; *Dr. famille* 2013, 9, note Neirinck ; *RTD civ.* 2013, 106, obs. Hauser ; *JurisData* n° 2012-023926, lettre reçue au greffe le lendemain de l'audience de plaidoirie.

Art. 388-1-1 *(Ord. n° 2015-1288, 15 oct. 2015).* – **L'administrateur légal représente le mineur dans tous les actes de la vie civile, sauf les cas dans lesquels la loi ou l'usage autorise les mineurs à agir eux-mêmes.**

Bibliographie : J.-C. Montanier, *Les actes de la vie courante en manière d'incapacités : JCP* 1982, I, 3076. • A. Gouttenoire, *La capacité usuelle du mineur* in *Mélanges Jean Hauser*, LexisNexis-Dalloz 2012, 163. • N. Couzigou-Suhas, *La gestion du patrimoine du mineur : JCP* N 2013, 1192.

Pouvoirs de l'administrateur légal. L'administrateur légal des biens d'un mineur a qualité pour le représenter, même dans les actions relatives à des droits qui ne sont point patrimoniaux, à moins qu'elles n'aient un caractère strictement personnel, ce qui n'est pas le cas des actions relatives au nom (▪ Cass. 1re civ., 6 nov. 1985 : *Bull. civ.* I, n° 291, p. 259). Est autorisé le démarchage, par un établissement de crédit, d'une personne majeure agissant en qualité de représentant légal d'un mineur (▪ Cass. 1re civ., 7 nov. 2006 : *Bull. civ.* I, n° 460, p. 396 ; *RTD civ.* 2007, 88, obs. Hauser ; *JurisData* n° 2006-035763, souscription de parts d'une SCPI).

Art. 388-1-2 *(Ord. n° 2015-1288, 15 oct. 2015).* – **Un mineur âgé de seize ans révolus peut être autorisé, par son ou ses administrateurs légaux, à accomplir seul les actes d'administration nécessaires à la création et à la gestion d'une entreprise individuelle à responsabilité limitée ou d'une société unipersonnelle. Les actes de disposition ne peuvent être effectués que par son ou ses administrateurs légaux.**

L'autorisation mentionnée au premier alinéa revêt la forme d'un acte sous seing privé ou d'un acte notarié et comporte la liste des actes d'administration pouvant être accomplis par le mineur.

Bibliographie : E. Blary-Clément, *Mineur entrepreneur : où est le problème ? À propos de l'article 2 de la loi du 15 juin 2010 : LPA* 31 mai 2011, 11.

Art. 388-2 *(L. n° 93-22, 8 janv. 1993 ; mod., Ord. n° 2015-1288, 15 oct. 2015 ; L. n° 2016-297, 14 mars 2016).* – **Lorsque, dans une procédure, les intérêts d'un mineur apparaissent en opposition avec ceux de ses**

représentants légaux, le juge des tutelles dans les conditions prévues à l'article 383 ou, à défaut, le juge saisi de l'instance lui désigne un administrateur *ad hoc* chargé de le représenter.

Dans le cadre d'une procédure d'assistance éducative, l'administrateur ad hoc désigné en application du premier alinéa du présent article doit être indépendant de la personne morale ou physique à laquelle le mineur est confié, le cas échéant.

Voir : sur le choix de l'administrateur *ad hoc*, CPC, art. 1210-1, p. 2360.

1) Désignation. Sur les modalités de désignation et d'indemnisation de l'administrateur *ad hoc*, V. CPC, art. 1210-1 à 1210-3, p. 2360. Dès lors que le juge des tutelles n'en a pas été saisi préalablement au début de l'instance, la juridiction de jugement peut d'office procéder à la désignation (▪ Cass. crim., 28 févr. 1996, n° 95-80.061 : *JurisData* n° 1996-002615 ; *JCP* 1996, II, 22707, note Raymond ; *RTD civ.* 1996, 597, obs. Hauser ; *Defrénois* 1996, 1354, obs. Massip ; *D.* 1997, somm. 280, obs. Desnoyer).

2) Enfant de deux ans. Le juge des enfants ne peut désigner directement un conseil à un enfant de deux ans objet d'une procédure d'assistance éducative (▪ Rouen, 25 mai 1993 : *JurisData* n° 1993-045317 ; *RTD civ.* 1994, 90, obs. Hauser).

3) Assistance éducative. Le mineur pouvant lui-même choisir un conseil dans la procédure d'assistance éducative, le juge des tutelles n'a pas à désigner un administrateur *ad hoc* (▪ TGI Basse-Terre, 30 mai 1996 : *Defrénois* 1996, 1350, obs. Massip).

4) Opposition d'intérêts. La désignation d'un administrateur *ad hoc* est seulement subordonnée à l'existence d'une opposition d'intérêts entre l'enfant et ses représentants légaux, et il importe peu que la filiation du mineur ne soit pas en cause dans l'instance (▪ Cass. 1re civ., 23 févr. 1999, n° 97-15.098 : *Dr. famille* 1999, 146, note Gouttenoire-Cornut ; *Bull. civ.* I, n° 66, p. 42 ; *RTD civ.* 1999, 601, obs. Hauser). Jugé qu'il n'y a pas d'opposition entre les intérêts de l'enfant et ceux de ses parents légitimes assignés en contestation d'état, sur le fondement de l'ancien article 334-9 du Code civil, par un tiers ayant effectué une reconnaissance prénatale (▪ Cass. 1re civ., 19 mars 2008 : *Bull. civ.* I, n° 84, p. 71 ; *RTD civ.* 2008, 289 et 467, obs. Hauser ; *Dr. famille* 2008, 85, note Murat ; *D.* 2008, somm. 1857, obs. Gouttenoire ; *D.* 2009, somm. 774, obs. Granet-Lambrechts ; *JurisData* n° 2008-043228).

5) Mineurs victimes d'infractions sexuelles. La désignation d'un administrateur *ad hoc* par application de l'article 706-50 du Code de procédure pénale relatif à la protection des mineurs victimes d'infractions sexuelles fait obstacle à ce que le représentant légal du mineur puisse également intervenir aux mêmes fins (▪ Cass. crim., 12 sept. 2000, n° 00-81.971 : *JurisData* n° 2000-006250 ; *RTD civ.* 2001, 110, obs. Hauser). Mais si l'article 706-50 du Code de procédure pénale permet au procureur de la République ou au juge d'instruction, saisis de faits commis volontairement à l'encontre d'un mineur, de désigner un administrateur *ad hoc* lorsque la protection des intérêts du mineur n'est pas complètement assurée par ses représentants légaux, ces dispositions ne sont pas exclusives, en l'absence de décision du juge d'instruction ou du procureur de la République, de celles de l'article 388-2 du Code civil, de portée générale, qui autorisent le juge des tutelles à procéder à cette désignation, dès lors que l'opposition d'intérêts entre l'enfant et ses représentants légaux a été constatée (▪ Cass. 1re civ., 25 oct. 2005 : *Bull. civ.* I, n° 390, p. 324 ; *RTD civ.* 2006, 103, obs. Hauser ; *JCP* 2005, I, 199, n° 12, obs. Fossier ; *Dr. famille* 2006, 77, note Gouttenoire ; *Defrénois* 2006, 350, obs. Massip ; *JurisData* n° 2005-030425).

6) Désignation d'un avocat. L'intérêt supérieur de l'enfant, au sens de l'article 3-1 de la Convention de New York, justifie l'intervention d'un avocat pour transmettre au juge les sentiments de l'intéressé (▪ Colmar, 28 avr. 2005, n° 03/02833 : *JurisData* n° 2005-281209 ; *Dr. famille* 2006, 28, 2e esp., note Gouttenoire). Voir : D. n° 2008-36, 10 janv. 2008, portant publication de la Convention européenne sur l'exercice des droits des enfants, art. 4, p. 3291.

Voir : CPC, art. 338-1 à 338-9, p. 2327 et s. – D. n° 2009-572, 20 mai 2009, et A. 20 mai 2009 pris en application de l'article 3 du décret, relatif à l'audition de l'enfant en justice (*JO* 24 mai 2009, p. 8650).

Bibliographie : L. Francoz-Terminal, *Le nouveau régime de l'audition en justice de l'enfant concerné par une procédure judiciaire : Dr. famille* 2009, étude 30. – J. Massip, *Quelques remarques à propos de l'audition de l'enfant en justice (observations sur le décret n° 2009-572 du 20 mai 2009 et sa circulaire d'application) : Dr. famille* 2010, étude 22. – F. Dekeuwer-Défossez, comm. *in LPA* 30 juin 2010, 10.

Art. 388-3 ***(Abr. à compter du 1er janvier 2016, Ord. n° 2015-1288, 15 oct. 2015).***

CHAPITRE II. – DE LA TUTELLE

(Ord. n° 2015-1288, 15 oct. 2015)

Section I. – Des cas d'ouverture et de fin de la tutelle

(Ord. n° 2015-1288, 15 oct. 2015)

Art. 390 *(L. n° 64-1230, 14 déc. 1964 ; mod., L. n° 2002-305, 4 mars 2002 ; L. n° 2009-61, 16 janv. 2009).* **– La tutelle s'ouvre lorsque le père et la mère sont tous deux décédés ou se trouvent privés de l'exercice de l'autorité parentale.**

Elle s'ouvre aussi à l'égard d'un enfant dont la filiation n'est pas légalement établie.

Il n'est pas dérogé aux lois particulières qui régissent le service de l'aide sociale à l'enfance.

Parents sous tutelle. Des parents eux-mêmes sous tutelle ne peuvent être administrateurs légaux des biens de leurs enfants. Une tutelle aux biens doit donc être organisée (■ TI Saint-Omer, 3 mai 1989 : *JCP* 1990, II, 21514, note Fossier).

Art. 391 *(Rempl., Ord. n° 2015-1288, 15 oct. 2015).* **– En cas d'administration légale, le juge des tutelles peut, à tout moment et pour cause grave, soit d'office, soit à la requête de parents ou alliés ou du ministère public, décider d'ouvrir la tutelle après avoir entendu ou appelé, sauf urgence, l'administrateur légal. Celui-ci ne peut faire aucun acte de disposition à partir de la demande et jusqu'au jugement définitif sauf en cas d'urgence.**

Si la tutelle est ouverte, le juge des tutelles convoque le conseil de famille, qui peut soit nommer comme tuteur l'administrateur légal, soit désigner un autre tuteur.

> **Rédaction antérieure. Art. 391.** – Dans le cas de l'administration légale sous contrôle judiciaire, le juge des tutelles peut, à tout moment, soit d'office, soit à la requête de parents ou alliés ou du ministère public, décider d'ouvrir la tutelle après avoir entendu ou appelé, sauf urgence, l'administrateur légal. Celui-ci ne peut faire, à partir de la demande et jusqu'au jugement définitif, sauf le cas d'urgence, aucun acte qui requerrait l'autorisation du conseil de famille si la tutelle était ouverte.
>
> Le juge des tutelles peut aussi décider, mais seulement pour cause grave, d'ouvrir la tutelle dans le cas d'administration légale pure et simple.
>
> Dans l'un et l'autre cas, si la tutelle est ouverte, le juge des tutelles convoque le conseil de famille qui pourra soit nommer tuteur l'administrateur légal, soit désigner un autre tuteur.

1) Effet sur l'autorité parentale (non). La décision d'ouvrir la tutelle en application de l'article 391 est sans effet sur l'autorité parentale (■ Cass. 1re civ., 13 déc. 1994, n° 92-16.106 : *RTD civ.* 1995, 599, obs. Hauser, ouverture d'une tutelle aux biens dans le cas où le père survivant prétend gérer le capital versé au décès de la mère de l'enfant mineur). V. aussi P. Salvage-Gerest, *Article 391 du Code civil : tutelle aux biens ou tutelle complète ? : Dr. famille* 2001, étude 19.

2) Détention du père. Ne donne pas de base légale à sa décision le tribunal qui, à la suite de l'incarcération du père, pour des faits ayant entraîné le décès de son épouse, fait droit à la demande d'ouverture d'une tutelle en limitant cette mesure à la gestion des biens des mineurs, sans préciser si le père est, malgré sa détention, en état d'exercer l'autorité parentale (■ Cass. 1re civ., 8 nov. 1982 : *Gaz. Pal.* 1983, 2, 517, note Massip).

3) Dilapidation du patrimoine du mineur. La présence d'un administrateur légal n'empêche pas l'ouverture d'une tutelle pour cause grave ; cet administrateur peut être nommé tuteur à la personne, conformément aux articles 391, alinéa 2 (anc.), et 405, alinéa 2, du Code civil, malgré ses négligences (■ Bordeaux, 17 mai 2017, n° 16/02447 : *Dr. famille* 2017, 214, Maria ; JurisData n° 2017-009797).

Art. 392 *(L. n° 64-1230, 14 déc. 1964 ; mod., Ord. n° 2005-759, 4 juill. 2005 ; Ord. n° 2015-1288, 15 oct. 2015).* **– Si un enfant vient à être reconnu par l'un de ses deux parents après l'ouverture de la tutelle, le juge des tutelles pourra, à la requête de ce parent, décider de substituer à la tutelle l'administration légale.**

Art. 393 *(L. n° 2007-308, 5 mars 2007).* **– Sans préjudice des dispositions de l'article 392, la tutelle prend fin à l'émancipation du mineur ou à sa majorité. Elle prend également fin en cas de jugement de mainlevée passé en force de chose jugée ou en cas de décès de l'intéressé.**

Section II. – De l'organisation et du fonctionnement de la tutelle

(Ord. n° 2015-1288, 15 oct. 2015)

§ 1. – Des charges tutélaires

(L. n° 2007-308, 5 mars 2007)

Art. 394 *(L. n° 2007-308, 5 mars 2007)*. – **La tutelle, protection due à l'enfant, est une charge publique. Elle est un devoir des familles et de la collectivité publique.**

Art. 395 *(L. n° 2007-308, 5 mars 2007)*. – **Ne peuvent exercer les différentes charges de la tutelle :**

1° Les mineurs non émancipés, sauf s'ils sont le père ou la mère du mineur en tutelle ;

2° Les majeurs qui bénéficient d'une mesure de protection juridique prévue par le présent code ;

3° Les personnes à qui l'autorité parentale a été retirée ;

4° Les personnes à qui l'exercice des charges tutélaires a été interdit en application de l'article 131-26 du Code pénal.

Art. 396 *(L. n° 2007-308, 5 mars 2007)*. – **Toute charge tutélaire peut être retirée en raison de l'inaptitude, de la négligence, de l'inconduite ou de la fraude de celui à qui elle a été confiée. Il en est de même lorsqu'un litige ou une contradiction d'intérêts empêche le titulaire de la charge de l'exercer dans l'intérêt du mineur.**

Il peut être procédé au remplacement de toute personne à qui une charge tutélaire a été confiée en cas de changement important dans sa situation.

1) Sur le **pouvoir souverain des juges du fond** pour apprécier la négligence habituelle ou l'inaptitude aux affaires, V. ■ Cass. 1re civ., 4 janv. 1978 : *JCP* 1978, IV, 78 ; *Bull. civ.* I, n° 3, p. 3. ■ Cass. 1re civ., 6 juill. 2000, n° 98-18.324 : *JurisData* n° 2000-002920 ; *JCP* G 2001, II, 10529 et *JCP* N 2001, 1862, 2e esp., note Fossier. V. aussi, précisant que le juge des tutelles peut décharger un administrateur légal même s'il n'existe aucune des causes de destitution prévues à l'article 444 (anc.), ■ Cass. 1re civ., 6 mars 2001, n° 99-10.928 : *JurisData* n° 2001-008561 ; *D.* 2002, somm. 2165, obs. Lemouland. ■ Cass. 1re civ., 28 mars 2006, n° 03-20.470 : *Defrénois* 2006, 1329, obs. Massip ; *D.* 2008, somm. 318, obs. Lemouland.

2) Application. Caractérise l'existence d'une cause d'exclusion le tribunal qui relève que la grand-mère naturelle des mineurs a encore trois enfants à la Réunion, qu'elle est sans ressources et ne sait ni lire ni écrire (■ Cass. 1re civ., 10 oct. 1984, n° 83-14.132 : *JurisData* n° 1984-701838 ; *Gaz. Pal.* 1985, 1, 11, note J. M.).

Art. 397 *(L. n° 2007-308, 5 mars 2007)*. – **Le conseil de famille statue sur les empêchements, les retraits et les remplacements qui intéressent le tuteur et le subrogé tuteur.**

Le juge des tutelles statue sur ceux qui intéressent les autres membres du conseil de famille.

Une charge tutélaire ne peut être retirée, par celui qui l'a confiée, qu'après que son titulaire a été entendu ou appelé.

Le juge peut, s'il estime qu'il y a urgence, prescrire des mesures provisoires dans l'intérêt du mineur.

§ 2. – Du conseil de famille

(L. n° 2007-308, 5 mars 2007)

Art. 398 *(L. n° 2007-308, 5 mars 2007)*. – **Même en présence d'un tuteur testamentaire et sauf vacance, la tutelle est organisée avec un conseil de famille.**

Art. 399 *(L. n° 2007-308, 5 mars 2007)*. – **Le juge des tutelles désigne les membres du conseil de famille pour la durée de la tutelle.**

Le conseil de famille est composé d'au moins quatre membres, y compris le tuteur et le subrogé tuteur, mais non ***le juge.***

Peuvent être membres du conseil de famille les parents et alliés des père et mère du mineur ainsi que toute personne, résidant en France ou à l'étranger, qui manifeste un intérêt pour lui.

Les membres du conseil de famille sont choisis en considération de l'intérêt du mineur et en fonction de leur aptitude, des relations habituelles qu'ils entretenaient avec le père ou la mère de celui-ci, des liens affectifs qu'ils ont avec lui ainsi que de la disponibilité qu'ils présentent.

Le juge doit éviter, dans la mesure du possible, de laisser l'une des deux branches, paternelle ou maternelle, sans représentation.

Bibliographie : I. Beyneix et J. Rovinski, *Des limites nécessaires aux pouvoirs du juge des tutelles dans l'application de l'article 408 [ancien] du Code civil : Dr. famille* 2007, étude 28.

1) Nombre maximal de membres. L'article 407 (anc.), en ce qu'il fixe à six le nombre maximal des membres du conseil de famille, n'édicte pas une formalité substantielle qui serait de nature à entraîner, en application de l'article 416 (anc.), la nullité de la délibération, la limitation des membres du conseil n'étant pas prescrite dans un souci de protection des intérêts de l'incapable (▪ Cass. 1re civ., 5 mai 1986, n° 84-16.901 : *JurisData* n° 1986-000850 ; *Gaz. Pal.* 1986, 2, 772, note Massip).

2) Recours. La décision par laquelle le juge des tutelles choisit les membres du conseil de famille n'a pas à être notifiée en application de l'article 882-1 du Code de procédure civile et par suite ne saurait faire l'objet du recours prévu par l'article 882-2 du même code (▪ Cass. 1re civ., 28 mars 1977, n° 75-15.241 : *JCP* 1977, IV, 144 ; *Bull. civ.* I, n° 164, p. 127. – V. aussi ▪ Cass. 1re civ., 2 nov. 1994, n° 93-05.078 : *Bull. civ.* I, n° 313, p. 227 ; *JCP* G 1995, II, 22555, 2e esp. et *JCP* N 1996, II, 676, 2e esp., note Fossier).

3) Règles de composition. Ordre public (non). Sur le principe que les règles édictées par les (anciens) articles 407 et suivants pour la composition des conseils de famille ne sont pas prescrites à peine de nullité, V. ▪ Cass. req., 21 juill. 1925 : *DH* 1925, 650.

4) Appréciation des circonstances du cas. Le juge des tutelles n'ayant pas été informé de l'existence de parents dans la ligne paternelle qui, au surplus, paraissaient s'intéresser à l'enfant, n'a pu se livrer à l'appréciation des circonstances du cas prévue par l'article 408 (anc.), et il peut en être déduit qu'une formalité substantielle a été omise lors de la composition du conseil (▪ Cass. 1re civ., 26 avr. 1988, n° 86-12.130 : *JurisData* n° 1988-701152 ; *Gaz. Pal.* 1989, 1, 142, note Massip). Mais le moyen de cassation tiré de l'impossibilité d'apprécier toutes les circonstances du cas n'est pas recevable s'il n'a pas été soutenu devant le tribunal (▪ Cass. 1re civ., 25 oct. 1989 : *JurisData* n° 1989-004429).

Art. 400 *(L. n° 2007-308, 5 mars 2007).* **– Le conseil de famille est présidé par le juge des tutelles. Ses délibérations sont adoptées par vote de ses membres.**

Toutefois, le tuteur ou le subrogé tuteur, dans le cas où il remplace le tuteur, ne vote pas.

En cas de partage des voix, celle du juge est prépondérante.

Art. 401 *(L. n° 2007-308, 5 mars 2007 ; mod., L. n° 2010-658, 15 juin 2010 ; L. n° 2012-387, 22 mars 2012).* **– Le conseil de famille règle les conditions générales de l'entretien et de l'éducation du mineur en ayant égard à la volonté que les père et mère avaient pu exprimer.**

Il apprécie les indemnités qui peuvent être allouées au tuteur.

Il prend les décisions et donne au tuteur les autorisations nécessaires pour la gestion des biens du mineur conformément aux dispositions du titre XII.

Le conseil de famille autorise le mineur âgé de seize ans révolus à accomplir seul les actes d'administration nécessaires pour les besoins de la création et de la gestion d'une entreprise individuelle à responsabilité limitée ou d'une société unipersonnelle.

L'autorisation visée à l'alinéa précédent revêt la forme d'un acte sous seing privé ou d'un acte notarié et comporte la liste des actes d'administration pouvant être accomplis par le mineur.

Lieu où l'enfant sera élevé. Le conseil de famille et, en cas de recours, le tribunal de grande instance qui statue en ses lieu et place, auxquels l'article 449 (anc.) donne mission de régler les conditions générales de l'éducation de l'enfant, ont qualité pour déterminer le lieu où il sera élevé. C'est dans l'exercice de son pouvoir souverain d'appréciation que le tribunal estime que l'intérêt d'un enfant orphelin de nationalité française est de vivre avec son tuteur, son grand-père maternel, au Portugal (▪ Cass. 1re civ., 5 mai 1986 : *Gaz. Pal.* 1986, 2, 772, note Massip).

Art. 402 *(L. n° 2007-308, 5 mars 2007 ; mod., Ord. n° 2016-131, 10 févr. 2016).* **– Les délibérations du conseil de famille sont nulles lorsqu'elles ont été surprises par dol ou fraude ou que des formalités substantielles ont été omises.**

La nullité est couverte par une nouvelle délibération valant confirmation selon l'article 1182.

L'action en nullité peut être exercée par le tuteur, le subrogé tuteur, les autres membres du conseil de famille et le procureur de la République dans les deux années de la délibération ainsi que par le mineur devenu majeur ou émancipé dans les deux années de sa majorité ou de son émancipation. La prescription ne court pas s'il y a eu dol ou fraude tant que le fait qui en est à l'origine n'est pas découvert.

Les actes accomplis en vertu d'une délibération annulée sont annulables de la même manière. Le délai court toutefois de l'acte et non de la délibération.

I – ACTION EN NULLITÉ DE L'ARTICLE 416 (ANCIEN) DU CODE CIVIL

1) Transmission de l'action aux héritiers. L'action en nullité prévue par l'article 416 (anc.) se transmet aux successeurs universels de l'incapable, dès lors que le droit objet de la délibération, dont le titulaire était seulement frappé d'une incapacité d'exercice, présente un caractère patrimonial (▪ Cass. 1re civ., 6 oct. 1982, n° 81-13.774 : *JurisData* n° 1982-702098 ; *Bull. civ.* I, n° 278, p. 240 ; *Defrénois* 1983, 1165, obs. Massip).

2) Appel. Le jugement statuant sur l'action en nullité est susceptible d'appel (▪ Cass. 1re civ., 28 mars 1977, n° 76-10.827 : *JurisData* n° 1977-000165 ; *Bull. civ.* I, n° 165, p. 128) et un pourvoi en cassation ne peut donc être formé à son encontre (▪ Cass. 1re civ., 26 sept. 2007, n° 05-12.371 : *Defrénois* 2007, 1646, obs. Massip ; *RTD civ.* 2008, 81, obs. Hauser). Il doit être rendu en chambre du conseil (▪ Cass. 1re civ., 13 févr. 1968 : *D.* 1968, 320).

3) Le **défaut de communication du rapport de l'enquête sociale** ordonnée par le juge des tutelles ne constitue pas l'omission d'une formalité substantielle au sens de l'(anc.) article 416 (▪ Cass. 1re civ., 26 juin 1984, n° 83-16.385 : *JurisData* n° 1984-701184 ; *Bull. civ.* I, n° 210, p. 177).

II – RECOURS AU FOND DE L'ARTICLE 1222 DU CODE DE PROCÉDURE CIVILE

4) Personnes pouvant exercer le recours. La liste des personnes admises par l'article 1222 à exercer un recours contre la délibération du conseil de famille est limitative (▪ Cass. 1re civ., 4 nov. 1987, n° 85-18.190 : *JurisData* n° 1987-001943 ; *Bull. civ.* I, n° 284, p. 205. ▪ Cass. 1re civ., 13 oct. 1993, n° 92-10.233 : *JurisData* n° 1993-002806 ; *Bull. civ.* I, n° 280, p. 194 ; *RTD civ.* 1994, 80, obs. Hauser. ▪ TGI Paris, 3 nov. 1989 : *JCP* 1990, IV, 60).

5) Tierce opposition (non). La délibération d'un conseil de famille, qui n'est susceptible que du recours spécial prévu par l'article 1222 du Code de procédure civile, ne peut faire l'objet d'une tierce opposition (▪ TGI Paris, 3 nov. 1989, préc., recours exercé par un marchand de biens dont l'offre n'a pas été acceptée).

6) Pouvoirs du tribunal. Saisi du recours au fond prévu par l'article 1222 du Code de procédure civile, le tribunal de grande instance tire des dispositions de l'article 1228 du même code le pouvoir d'imposer, même d'office, la décision qu'il estime conforme à l'intérêt de la personne protégée (▪ Cass. 1re civ., 19 nov. 1991, n° 90-19.377 : *JurisData* n° 1991-003048 ; *Bull. civ.* I, n° 319, p. 208).

§ 3. – Du tuteur
(L. n° 2007-308, 5 mars 2007)

Art. 403 *(L. n° 2007-308, 5 mars 2007)*. – **Le droit individuel de choisir un tuteur, qu'il soit ou non parent du mineur, n'appartient qu'au dernier vivant des père et mère s'il a conservé, au jour de son décès, l'exercice de l'autorité parentale.**

Cette désignation ne peut être faite que dans la forme d'un testament ou d'une déclaration spéciale devant notaire.

Elle s'impose au conseil de famille à moins que l'intérêt du mineur commande de l'écarter.

Le tuteur désigné par le père ou la mère n'est pas tenu d'accepter la tutelle.

Bibliographie : B. Delesalle, J. Lotz et N. Gessey, *Encadrer la gestion des biens de l'enfant mineur après le décès : JCP* N 2017, 1238.

1) Enfant naturel. La mère d'un enfant naturel, qui a conservé au jour de sa mort l'exercice de l'administration légale, a pu valablement désigner par testament, avant la naissance de l'enfant, une de ses cousines comme tuteur (▪ Cass. 1re civ., 9 févr. 1988, n° 86-17.727 : *JurisData* n° 1988-000961 ; *Gaz. Pal.* 1988, 2, 854, note J. M.).

2) Désignation par lettre. La désignation faite par la mère dans une lettre signée par elle, mais écrite et datée par un tiers ne peut valoir comme testament olographe et n'est donc pas valable (▪ Cass. 1re civ., 24 oct. 1995, n° 93-20.433 : *JurisData* n° 1995-002631 ; *Bull. civ.* I, n° 373, p. 260 ; *D.* 1996, somm. 235, 2e esp., obs. Vauvillé ; *RTD civ.* 1996, 131, obs. Hauser ; *Defrénois* 1996, 999, obs. Massip).

Art. 404 *(L. n° 2007-308, 5 mars 2007)*. – **S'il n'y a pas de tuteur testamentaire ou si celui qui a été désigné en cette qualité vient à cesser ses fonctions, le conseil de famille désigne un tuteur au mineur.**

Art. 405 *(L. n° 2007-308, 5 mars 2007)*. – **Le conseil de famille peut, en considération de la situation du mineur, des aptitudes des intéressés et de la consistance du patrimoine à administrer, désigner plusieurs tuteurs pour exercer en commun la mesure de protection. Chaque tuteur est réputé, à l'égard des tiers, avoir reçu des autres le pouvoir de faire seul les actes pour lesquels un tuteur n'aurait besoin d'aucune autorisation.**

Le conseil de famille peut décider que l'exercice de la tutelle sera divisé entre un tuteur chargé de la personne du mineur et un tuteur chargé de la gestion de ses biens ou que la gestion de certains biens particuliers sera confiée à un tuteur adjoint.

À moins qu'il en ait été autrement décidé par le conseil de famille, les tuteurs désignés en application du deuxième alinéa sont indépendants et ne sont pas responsables l'un envers l'autre. Ils s'informent toutefois des décisions qu'ils prennent.

Art. 406 *(L. n° 2007-308, 5 mars 2007)*. – **Le tuteur est désigné pour la durée de la tutelle.**

Art. 407 *(L. n° 2007-308, 5 mars 2007)*. – **La tutelle est une charge personnelle.**

Elle ne se transmet pas aux héritiers du tuteur.

Art. 408 *(L. n° 2007-308, 5 mars 2007 ; mod., L. n° 2010-658, 15 juin 2010)*. – **Le tuteur prend soin de la personne du mineur et le représente dans tous les actes de la vie civile, sauf les cas dans lesquels la loi ou l'usage autorise le mineur à agir lui-même.**

Il représente le mineur en justice. Toutefois, il ne peut agir, en demande ou en défense, pour faire valoir les droits extrapatrimoniaux qu'après autorisation ou sur injonction du conseil de famille. Celui-ci peut également enjoindre au tuteur de se désister de l'instance ou de l'action, ou de transiger.

Le tuteur gère les biens du mineur et rend compte de sa gestion conformément aux dispositions du titre XII.

Le tuteur, après autorisation du conseil de famille, effectue les actes de disposition nécessaires pour les besoins de la création et de la gestion d'une entreprise individuelle à responsabilité limitée ou d'une société unipersonnelle.

Bibliographie : J.-C. Montanier, *Les actes de la vie courante en matière d'incapacités* : *JCP* 1982, I, 3076.

1) Représentation de l'incapable. Sur le principe que les actes accomplis par le tuteur en représentation de la personne protégée sont réputés accomplis par celle-ci, V. ▪ Cass. com., 30 oct. 1989, n° 88-14.330 : *JurisData* n° 1989-703622 ; *Bull. civ.* IV, n° 266, p. 178.

2) Actes de la vie courante. Sur le point de savoir si l'ouverture d'un compte en banque est un acte de la vie courante, V. ▪ Cass. 1re civ., 12 nov. 1998, n° 96-19.814 : *JurisData* n° 1998-004248 ; *JCP* G 1999, II, 10053 ; *JCP* E 1999, 722, note Garé ; *Dr. famille* 1999, 35, note Fossier (non résolu).

3) Action en annulation d'un testament. *Il* résulte des articles 464 et 495 (anciens) du Code civil que le tuteur peut, sans autorisation, introduire en justice une action relative aux droits patrimoniaux de l'incapable ; l'action d'un héritier aux fins d'annulation d'un testament instituant un légataire universel ne supposant pas nécessairement son intention d'accepter la succession, une telle action, engagée au nom d'un héritier sous tutelle par son représentant légal, n'exige pas l'autorisation préalable du juge des tutelles (▪ Cass. 1re civ., 20 sept. 2006 : *Bull. civ.* I, n° 412, p. 355 ; *Defrénois* 2007, 312, obs. Massip ; *Dr. famille* 2006, 212, note Fossier ; *RTD civ.* 2007, 92, obs. Hauser ; *D.* 2008, somm. 319, obs. Lemouland ; *JurisData* n° 2006-034984).

4) L'action en diffamation, qui tend à la protection de l'honneur et de la considération de la personne diffamée, présente, quand bien même elle conduirait à l'allocation de dommages-intérêts, le caractère d'une action extrapatrimoniale à laquelle un majeur sous curatelle ne peut, en application des articles 510 et 464, alinéa 3 (anciens), du Code civil, défendre qu'avec l'assistance de son curateur (▪ Cass. 1re civ., 23 févr. 2011, n° 10-11.968 : *JCP* 2011, n° 10, p. 465 ; *RTD civ.* 2011, 324, obs. Hauser ; *JurisData* n° 2011-002128).

5) Tuteur représenté par un avocat. L'avocat n'ayant pas plus de pouvoir que la partie qu'il représente, il ne peut acquiescer au nom du tuteur (▪ Cass. 1re civ., 7 mars 2000, n° 97-21.278 : *JurisData* n° 2000-000932 ; *Bull. civ.* I, n° 78, p. 53 ; *Dr. famille* 2000, 103, note Fossier ; *Defrénois* 2000, 1058, obs. Massip ; *D.* 2001, somm. 1513, obs. Lemouland ; *RTD civ.* 2000, 294, obs. Hauser).

Art. 408-1 *(L. n° 2008-776, 4 août 2008).* **– Les biens ou droits d'un mineur ne peuvent être transférés dans un patrimoine fiduciaire.**

§ 4. – Du subrogé tuteur
(L. n° 2007-308, 5 mars 2007)

Art. 409 *(L. n° 2007-308, 5 mars 2007).* **– La tutelle comporte un subrogé tuteur nommé par le conseil de famille parmi ses membres.**

Si le tuteur est parent ou allié du mineur dans une branche, le subrogé tuteur est choisi, dans la mesure du possible, dans l'autre branche.

La charge du subrogé tuteur cesse à la même date que celle du tuteur.

Art. 410 *(L. n° 2007-308, 5 mars 2007).* **– Le subrogé tuteur surveille l'exercice de la mission tutélaire et représente le mineur lorsque les intérêts de celui-ci sont en opposition avec ceux du tuteur.**

Le subrogé tuteur est informé et consulté avant tout acte important accompli par le tuteur.

À peine d'engager sa responsabilité à l'égard du mineur, il surveille les actes passés par le tuteur en cette qualité et informe sans délai le juge des tutelles s'il constate des fautes dans l'exercice de la mission tutélaire.

Il ne remplace pas de plein droit le tuteur en cas de cessation des fonctions de celui-ci ; mais il est tenu, sous la même responsabilité, de provoquer la nomination d'un nouveau tuteur.

1) Risque de conflit. L'opposition d'intérêts visée par l'article 420, alinéa 2 (anc.) ne s'entend pas seulement d'un conflit actuel mais aussi des risques d'un conflit qui pourrait naître en raison du comportement du tuteur dans l'exercice même de ladite action (▪ Paris, 18 nov. 1965 : *JCP* 1966, II, 14817, note M. B.). – V., pour une illustration, ▪ TI Toulouse, 30 sept. 2013 : *Dr. famille* 2013, 170, note Raoul-Cormeil ; *JurisData* n° 2013-025515 (subrogé curateur).

2) Responsabilité du subrogé tuteur. Engage sa responsabilité le subrogé tuteur qui autorise le tuteur légal à retirer d'une banque des titres au porteur appartenant au mineur alors que rien ne justifiait ce retrait de titres d'une valeur importante (▪ Cass. 1re civ., 12 juill. 1967 : *Bull. civ.* I, n° 259, p. 193). En retenant que le subrogé tuteur ne justifie pas avoir rempli les obligations prévues par l'article 420 (anc.), dont l'exécution aurait permis de déceler le premier prélèvement opéré par le tuteur et donc de prendre les mesures nécessaires pour faire cesser les agissements de celui-ci, la cour d'appel a, sans inverser la charge de la preuve, caractérisé l'existence d'un lien de causalité entre l'inaction du subrogé tuteur et le préjudice subi par la mineure après la date susvisée (▪ Cass. 1re civ., 3 juill. 1996, n° 94-16.768 : *JurisData* n° 1996-002973 ; *JCP* 1996, IV, 2014 ; *JCP* 1997, I, 4052, n° 6, obs. Teyssié ; *Bull. civ.* I, n° 291, p. 203 ; *Defrénois* 1997, 320, obs. Massip ; *RTD civ.* 1996, 879, obs. Hauser).

§ 5. – De la vacance de la tutelle
(L. n° 2007-308, 5 mars 2007)

Art. 411 *(L. n° 2007-308, 5 mars 2007 ; mod., Ord. n° 2015-1288, 15 oct. 2015).* **– Si la tutelle reste vacante, le juge des tutelles la défère à la collectivité publique compétente en matière d'aide sociale à l'enfance.**

En ce cas, la tutelle ne comporte ni conseil de famille ni subrogé tuteur.

Bibliographie : C. Geffroy, *La tutelle des pupilles de l'État. Propos critiques et propositions pour l'avenir* : *JCP* 1999, I, 142.

1) Sur la tutelle des **pupilles de la nation**, V. C. pens. mil., art. L. 472 et s.

2) Sur la tutelle des **pupilles de l'État**, voir C. action soc. et fam., art. L. 224-1 et s., p. 1876. *Viole l'article 224-1, 1°, du Code de la famille et de l'aide sociale* (C. action soc. et fam., art. L. 224-4, 1°) la cour d'appel qui annule le procès-verbal de remise de l'enfant au service de l'aide sociale à l'enfance en vue de son admission en *qualité de pupille de l'État*, au motif que la mère, mineure, n'était pas assistée d'une personne ayant l'autorité parentale, alors qu'en l'absence de reconnaissance, la filiation n'était pas établie, de sorte que le consentement de la mère n'avait pas à être constaté lors de la remise de l'enfant (▪ Cass. 1re civ., 5 nov. 1996, n° 94-20.774 : JurisData n° 1996-004211 ; *Dr. famille* 1996, 19, cassant ▪ Agen, 14 déc. 1995 : *JurisData* n° 1995-051701 ; *JCP* 1997, II, 22749, note Ardeeff ; *RTD civ.* 1997, 98, obs. Hauser. – V. aussi, écartant l'argument tiré d'un vice du consentement, ▪ Cass. 1re civ., 6 avr.

2004, n° 03-19.026 : *JurisData* n° 2004-023203 ; *Dr. famille* 2004, 120, note Murat ; *Defrénois* 2004, 1238, obs. Massip ; *D.* 2005, somm. 1749, obs. Granet-Lambrechts). Sur l'absence de qualité du grand-père de l'enfant pour agir en annulation de l'arrêté d'admission d'un mineur en qualité de pupille de l'État, V. ▪ Riom, 16 oct. 2001, n° 01/01946 : *JurisData* n° 2001-171783 ; *Dr. famille* 2002, 99, 1er arrêt, note Murat.

3) Vacance de la tutelle. La tutelle n'est vacante au sens de l'article 433 (anc.) que lorsque nul n'est en mesure d'en assumer la charge (▪ Cass. 1re civ., 17 janv. 1990, n° 88-12.031 : *JurisData* n° 1990-000802 ; *Bull. civ.* I, n° 17, p. 13. ▪ Cass. 1re civ., 2 mai 1990, n° 88-16.664 : *JurisData* n° 1990-701259 ; *Bull. civ.* I, n° 94, p. 70 ; *D.* 1990, 493, note Massip ; *JCP* 1991, II, 21669, note Fossier et Geffroy. – Comp. pour un père se désintéressant de son fils après le décès de la mère, ▪ Cass. 1re civ., 3 nov. 2004, n° 03-19.079 : *JurisData* n° 2004-025426 ; *Dr. famille* 2005, 122, note Salvage-Gerest ; *JCP* 2006, II, 10008, note Geffroy et Nissabouri ; *Bull. civ.* I, n° 246, p. 205. – V. aussi en matière de curatelle, ▪ Cass. 1re civ., 2 févr. 1999, n° 96-21.994 : *D.* 2000, somm. 102, obs. Lemouland). Les juges du fond ne peuvent déclarer la tutelle vacante sans avoir constaté que la réunion d'un conseil de famille est impossible (▪ Cass. 1re civ., 30 mai 2000 : *JCP* G 2001, II, 10529 et *JCP* N 2001, 1862, 1re esp., note Fossier ; *D.* 2001, somm. 1512, note Delmas Saint-Hilaire. ▪ Cass. 1re civ., 28 mars 2006, n° 04-13.905 : *Defrénois* 2006, 1329, obs. Massip). Sur le recours de l'État et de son délégataire contre la décision déclarant la tutelle vacante, V. ▪ Cass. 1re civ., 11 déc. 1985, cité sous art. 432, p. 405.

4) Délégués à la tutelle ou à la curatelle d'État. Il résulte des articles 8 et 14 du décret du 6 novembre 1974 que la tutelle ou la curatelle d'État ne peut être confiée à une personne figurant sur la liste établie par le procureur de la République, après avis du préfet, que dans la mesure où elle accepte d'être déléguée à la tutelle ou à la curatelle d'État (▪ Cass. 1re civ., 5 mars 1991, n° 89-12.320 : *JurisData* n° 1991-000640 ; *D.* 1991, 393, note Massip).

Art. 411-1 ***(Ord. n° 2015-1288, 15 oct. 2015).*** **– Le juge des tutelles et le procureur de la République exercent une surveillance générale des tutelles de leur ressort.**

Les tuteurs et autres organes tutélaires sont tenus de déférer à leur convocation et de leur communiquer toute information qu'ils requièrent.

Le juge peut prononcer contre eux des injonctions et condamner à l'amende civile prévue par le Code de procédure civile ceux qui n'y ont pas déféré.

Voir : sur le montant de l'amende prévue par l'article 411-1, CPC, art. 1216, p. 2363.

§ 6. – De la responsabilité
(L. n° 2007-308, 5 mars 2007)

Art. 412 ***(Mod., L. n° 2009-525, 12 mai 2009 ; L. n° 2016-1547, 18 nov. 2016).*** **– Tous les organes de la tutelle sont responsables du dommage résultant d'une faute quelconque qu'ils commettent dans l'exercice de leur fonction.**

Lorsque la faute à l'origine du dommage a été commise dans l'organisation et le fonctionnement de la tutelle par le juge des tutelles, le directeur des services de greffe judiciaire du tribunal de grande instance ou le greffier, l'action en responsabilité est dirigée contre l'État qui dispose d'une action récursoire.

> **Rédaction antérieure. Art. 473. – […].**
> L'État est seul responsable à l'égard du pupille, sauf son recours s'il y a lieu, du dommage résultant d'une faute quelconque qui aurait été commise dans le fonctionnement de la tutelle, soit par le juge des tutelles ou son greffier, soit par le greffier en chef du tribunal d'instance, soit par l'administrateur public chargé d'une tutelle vacante en vertu de l'article 433.

1) Sur la **responsabilité de l'État** en cas de faute du juge des tutelles (avant 2010), V. ▪ Cass. 1re civ., 26 juin 1979, n° 78-11.654 : *JurisData* n° 1979-700192 ; *JurisData* n° 1979-700191 ; *Bull. civ.* I, n° 191, p. 153. ▪ Cass. 1re civ., 3 juill. 1996, n° 94-14.272 : *JurisData* n° 1996-005706 ; *JCP* 1996, IV, 2014 ; *Bull. civ.* I, n° 291, p. 203 ; *Resp. civ. et assur.* 1996, 358 ; *Defrénois* 1997, 320, obs. Massip. ▪ Paris, 21 janv. 1994 : *JurisData* n° 1994-020197 ; *Defrénois* 1994, 787, obs. Massip. ▪ Paris, 23 nov. 2007 : *JCP* N 2008, 1158, note Arbellot ; *JurisData* n° 2007-347701. – V. aussi pour la curatelle, ▪ Cass. 1re civ., 17 févr. 2004, n° 02-10.109 : *JurisData* n° 2004-022366 ; *Bull. civ.* I, n° 51, p. 41 ; *Resp. civ. et assur.* 2004, 145 ; *Defrénois* 2004, 1240, obs. Massip. – V. aussi, L. n° 64-1230, 14 déc. 1964, art. 15. La notion de faute dans le fonctionnement de la tutelle prévue à l'article 473, alinéa 2 (anc.), du Code civil, doit également être appréciée au regard de l'adéquation des contrôles exercés en fonction de la mesure choisie pour la protection de l'incapable (▪ Cass. 1re civ., 4 juill. 2006, n° 04-20.269 : *Bull. civ.* I, n° 348, p. 299 ; *RTD civ.*

2006, 739, obs. Hauser ; *D.* 2008, somm. 317 ; *JCP* N 2007, 1003, obs. Plazy). Sur la responsabilité de l'État, fondée sur l'article 473, alinéa 2 (ancien), en cas de faute commise dans le fonctionnement de la tutelle par l'administrateur public chargé d'une tutelle vacante, V. ▪ Cass. 1re civ., 27 févr. 2013, n° 11-17.025 : *Bull. civ.* I, n° 26, p. 27 ; *D.* 2013, 1320, note Raoul-Cormeil, et 2206, obs. Lemouland ; *RTD civ.* 2013, 352, obs. Hauser.

2) Titulaires de l'action. L'action en responsabilité ouverte contre l'État est réservée au majeur protégé, à son représentant légal ou à ses ayants droit ; ne peuvent dès lors agir en responsabilité contre l'État les nièces du majeur protégé qui avaient été bénéficiaires de précédents contrats d'assurance vie souscrits par leur oncle (▪ Cass. 1re civ., 17 mars 2010, n° 09-11.271 : *Bull. civ.* I, n° 68, p. 65 ; *Dr. famille* 2010, 89, note Maria ; *D.* 2010, 2123, obs. Plazy ; *RTD civ.* 2010, 532, obs. Hauser ; *JurisData* n° 2010-002026). Si l'action de l'article 473, alinéa 2, du Code civil, applicable aux majeurs en tutelle par renvoi de l'article 495 du même code, dans sa rédaction antérieure à celle issue de la loi du 5 mars 2007, est réservée au majeur protégé, à son représentant légal ou à ses ayants droit, les tiers sont recevables à rechercher la responsabilité du tuteur sur le fondement de l'article 1382 du Code civil (▪ Cass. 1re civ., 16 déc. 2015, n° 14-27.028 : *Bull.* ; *Dr. famille* 2016, 37, note Maria ; *RTD civ.* 2016, 85, obs. Hauser ; *D.* 2016, 1529, obs. Plazy ; *JurisData* n° 2015-027901). V. art. 422, p. 399.

Art. 413 *(L. n° 2007-308, 5 mars 2007)*. **– L'action en responsabilité se prescrit par cinq ans à compter de la majorité de l'intéressé, alors même que la gestion aurait continué au-delà, ou de la fin de la mesure si elle cesse avant.**

Rédaction antérieure. Art. 475. – Toute action du mineur contre le tuteur, les organes tutélaires ou l'État relativement aux faits de la tutelle, se prescrit par cinq ans, à compter de la majorité, lors même qu'il y aurait eu émancipation.

1) Point de départ de la prescription. Voir art. 515, p. 442. Jugé, sous l'empire du droit antérieur, que la prescription ne peut commencer à courir lorsque le tuteur continue à gérer le patrimoine de son pupille après la majorité de celui-ci, à moins que de l'ensemble des circonstances on ne doive reconnaître que c'est par suite d'un accord ayant opéré interversion de qualité dans la personne du tuteur que celui-ci a continué de gérer, comme mandataire ordinaire, les biens de son ancien pupille (▪ Cass. civ., 16 déc. 1913 : *DP* 1915, 1, 28. ▪ Cass. 1re civ., 19 févr. 1991, n° 89-14.418 : *JurisData* n° 1991-000638 ; *Bull. civ.* I, n° 66, p. 42 ; *RTD civ.* 1991, obs. Hauser et Huet-Weiller. – V. sur cet arrêt T. Fossier : *JCP* N 1991, I, 435. ▪ Cass. 1re civ., 16 avr. 2008, n° 07-17.652 : *JurisData* n° 2008-043782 ; *Bull. civ.* I, n° 120, p. 101 ; *D.* 2008, inf. rap. 1411, la prescription ne court qu'à partir du jour où l'administration a cessé. – Comp. art. 515 nouveau, p. 442). C'est au pupille qu'il appartient d'établir la réalité de cette situation (▪ Cass. 1re civ., 6 déc. 1988 : *Bull. civ.* I, n° 350, p. 237 ; *JCP* 1989, IV, 50). Il n'y a pas tutelle de fait quand il y a un mandat tacite (▪ Cass. 1re civ., 7 oct. 1997, n° 95-19.347 : *JurisData* n° 1997-003856 ; *Dr. famille* 1998, 30, note Fossier ; *JCP* 1997, IV, 2274 ; *Bull. civ.* I, n° 269, p. 182 ; *RTD civ.* 1998, 74, obs. Hauser).

***2) Reddition* de comptes en vertu d'un contrat judiciaire.** Les juges, saisis d'une instance en reddition des comptes de tutelle, qui énoncent que les parties étaient d'accord pour que ces comptes soient soumis à un expert puis présentés au notaire et ajoutent que la reddition a été ainsi ordonnée en vertu d'un jugement ayant le caractère d'un contrat judiciaire, justifient leur décision rejetant l'exception de prescription ultérieurement soulevée par une des parties sur le fondement de l'article 475 (anc.) du Code civil (▪ Cass. 1re civ., 15 févr. 1973 : *JurisData* n° 1973-000061 ; *Bull. civ.* I, n° 61, p. 56).

3) Fraude de l'administrateur légal. Dès lors qu'un père a créé et entretenu une situation frauduleuse jusqu'à son décès en omettant volontairement de révéler à sa fille dont il était le tuteur l'existence de ses droits de propriété indivise sur un immeuble, l'exception de prescription ne saurait être opposée à la demande de sa fille qui a réclamé à l'encontre des ses cohéritiers sa part indivise dans l'immeuble (▪ Cass. 1re civ., 30 janv. 1968 : *Bull. civ.* I, n° 40, p. 31. – V. aussi ▪ Cass. 1re civ., 19 déc. 1995, n° 93-17.682 : *JurisData* n° 1995-003801 ; *Defrénois* 1996, 1002, obs. Massip, administratrice légale ayant utilisé une part des fonds provenant d'un partage pour acquérir des biens en son nom personnel. ▪ Cass. 1re civ., 24 sept. 2008, n° 07-16.977 : *Defrénois* 2009, 553, obs. Massip).

4) Patrimoine indivis entre le tuteur et son pupille. La gestion par un tuteur d'un patrimoine indivis entre lui et son pupille n'en demeure pas moins une gestion tutélaire et l'action en reddition de comptes est soumise à la prescription de l'(anc.) article 475 (▪ Cass. 1re civ., 21 juill. 1980, n° 79-11.146 : *JurisData* n° 1980-705065 ; *Bull. civ.* I, n° 234, p. 188).

Voir : CPC, art. 1211 à 1261-1, p. 2362 et s. – L. n° 64-1230, 14 déc. 1964, portant modification des dispositions du Code civil relatives à la tutelle et à l'émancipation. – L. n° 2007-308, 5 mars 2007, portant réforme de la protection juridique des majeurs, p. 3275. – D. n° 65-961, 5 nov. 1965, pris pour l'application de certains articles du Code civil et relatif au dépôt et à la gestion des fonds et des valeurs mobilières des mineurs, p. 2903.

CHAPITRE III. – DE L'ÉMANCIPATION

(Ancien chapitre II devenu implicitement le chapitre III à compter du 1er janvier 2016, Ord. n° 2015-1288, 15 oct. 2015)

Bibliographie : I. Corpart, *Le déclin de l'émancipation des mineurs : JCP* N 2003, 1523.

Art. 413-1 *(Anc. art. 476, dénum., L. n° 2007-308, 5 mars 2007).* **– Le mineur est émancipé de plein droit par le mariage.**

Art. 413-2 *(Anc. art. 477, dénum., L. n° 2007-308, 5 mars 2007).* **– Le mineur, même non marié, pourra être émancipé lorsqu'il aura atteint l'âge de seize ans révolus.**

Après audition du mineur, cette émancipation sera prononcée, s'il y a de justes motifs, par le juge des tutelles, à la demande des père et mère ou de l'un d'eux.

Lorsque la demande sera présentée par un seul des parents, le juge décidera, après avoir entendu l'autre, à moins que ce dernier soit dans l'impossibilité de manifester sa volonté.

Juste motif. Application. V. ▪ Fort-de-France, 26 nov. 2010, n° 10/00032 : *JurisData* n° 2010-028234 ; *Dr. famille* 2011, 97, note Neirinck (poursuites des études à l'étranger).

Art. 413-3 *(Anc. art. 478, dénum., L. n° 2007-308, 5 mars 2007).* **– Le mineur resté sans père ni mère pourra de la même manière être émancipé à la demande du conseil de famille.**

Art. 413-4 *(Anc. art. 479, dénum., L. n° 2007-308, 5 mars 2007 ; L. n° 64-1230, 14 déc. 1964).* **– Lorsque, dans le cas de l'article précédent, aucune diligence n'ayant été faite par le tuteur, un membre du conseil de famille estimera que le mineur est capable d'être émancipé, il pourra requérir le juge des tutelles de convoquer le conseil pour délibérer à ce sujet. Le mineur lui-même pourra demander cette convocation.**

Art. 413-5 *(Anc. art. 480, dénum., L. n° 2007-308, 5 mars 2007 ; rempl., Ord. n° 2015-1288, 15 oct. 2015).* **– Le compte de l'administration, le cas échéant, ou de la tutelle est rendu au mineur émancipé dans les conditions prévues respectivement par les articles 387-5 et 514.**

Art. 413-6 *(Anc. art. 481, dénum., L. n° 2007-308, 5 mars 2007).* **– Le mineur émancipé est capable, comme un majeur, de tous les actes de la vie civile.**

Il doit néanmoins, pour se marier ou se donner en adoption, observer les mêmes règles que s'il n'était point émancipé.

1) **Action en recherche de paternité.** Il résulte de la combinaison des articles 340-4, alinéa 3, et 481 du Code civil que le mineur émancipé peut exercer, si elle ne l'a pas été antérieurement, une action en recherche de paternité à compter de son émancipation jusqu'à l'expiration des deux années qui suivent sa majorité (▪ Cass. 1re civ., 14 mars 1978 : *JurisData* n° 1978-799104 ; *JCP* 1978, IV, 160 ; *Bull. civ.* I, n° 104, p. 85).

2) **Mineur sous tutelle.** Sur le principe que l'émancipation met fin à la tutelle (V. ▪ Cass. ass. plén., 28 mai 1982 : *JurisData* n° 1982-701097 ; *D.* 1983, 117, concl. Cabannes, et 349, note Gaillard).

Art. 413-7 *(Anc. art. 482, dénum., L. n° 2007-308, 5 mars 2007).* **– Le mineur émancipé cesse d'être sous l'autorité de ses père et mère.**

Ceux-ci ne sont pas responsables de plein droit, en leur seule qualité de père ou de mère, du dommage qu'il pourra causer à autrui postérieurement à son émancipation.

Obligation alimentaire. L'obligation des père et mère de contribuer à proportion de leurs facultés à l'entretien et l'éducation de leurs enfants survit à l'émancipation (▪ Cass. 2e civ., 9 juill. 1973, n° 71-14.745 : *JurisData* n° 1973-099221 ; *JCP* 1973, IV, 328 ; *Bull. civ.* II, n° 222, p. 174).

Art. 413-8 *(Anc. art. 487, dénum., L. n° 2007-308, 5 mars 2007 ; rempl., L. n° 2010-658, 15 juin 2010).* – **Le mineur émancipé peut être commerçant sur autorisation du juge des tutelles au moment de la décision d'émancipation et du président du tribunal de grande instance s'il formule cette demande après avoir été émancipé.**

Bibliographie : E. Blary-Clément, *Mineur entrepreneur : où est le problème ? À propos de l'article 2 de la loi du 15 juin 2010 : LPA* 31 mai 2011, 11.

TITRE XI. – DE LA MAJORITÉ ET DES MAJEURS PROTÉGÉS PAR LA LOI

(Rempl., L. n° 2007-308, 5 mars 2007)

Voir : Application dans le temps, L. n° 2007-308, 5 mars 2007, art. 45, p. 3276.

Bibliographie : Ph. Malaurie, *Examen critique du projet de loi portant réforme de la protection juridique des majeurs : Defrénois* 2007, 13, et *La réforme de la protection juridique des majeurs : LPA* 28 mars 2007, 5 ; *Defrénois* 2007, 557. • Th. Fossier, *La réforme de la protection des majeurs : JCP* G 2007, I, 118 et *JCP* N 2007, 1128. • *La réforme des tutelles* : dossier *in AJF* 2007, 160. • A.-M. Leroyer, chron. *in RTD civ.* 2007, 394. • A. Delfosse et N. Baillon-Wirtz, *La protection des intérêts personnels et patrimoniaux de la personne vulnérable : JCP* N 2007, 1196 ; *La réforme du droit des majeurs protégés*, Litec 2009. • J.-J. Lemouland, *Réforme de la protection juridique des majeurs : D.* 2008, somm. 313. • *Réforme de la protection juridique des majeurs protégés : Dr. famille* mai 2007, n° spécial, études 14 à 22. • C. Geffroy, *Les ambivalences de la réforme du 5 mars 2007 relative à la protection juridique des majeurs* in *Mélanges G. Goubeaux*, Dalloz-LGDJ, 2009, 175. • N. Peterka, *La famille dans la réforme de la protection juridique des majeurs : JCP* 2010, n° 1-2, doctr. 33. • G. Raoul-Cormeil, *L'exclusion de la famille dans la protection d'une personne majeure : LPA* 10 mars 2010, 6. • Ph. Malaurie, *Les enjeux humains fondamentaux dans le droit des majeurs protégés : JCP* 2010, n° 16, act. 431. • D. Noguéro, *Les sanctions des actes juridiques irréguliers des majeurs protégés (1re Partie : Les sanctions hors mesures de protection organisées) : LPA* 23 déc. 2009, 6, et *(2e Partie : Les sanctions sous mesures de protection organisées) : LPA* 5 janv. 2010, 5. • A. Cathelineau-Roulaud, *Effets de la réglementation des incapacités sur les sociétés : JCP* N 2010, 1275. • M.-C. Monsallier-Saint Mleux, *Société civile et gestion de l'incapable : JCP* N 2010, 1391. • *La protection de la personne majeure vulnérable* : dossier *in Dr. famille* févr. 2011, études 1 et s. • *La protection des majeurs vulnérables : premier bilan de la réforme des tutelles : LPA* 4 nov. 2010. • J. Massip, *De quelques problèmes posés par la protection juridique des majeurs : JCP* N 2011, 1244. • H. Fulchiron, *Peut-on protéger la personne contre elle-même ? : JCP* N 2012, 1196. • H. Fulchiron, *Protéger la personne contre elle-même ? Réflexions autour de l'affaire Bettencourt* in *Mélanges Françoise Dekeuwer-Défossez*, Montchrestien 2012, 117. • E. Paillet, *L'opposition de la personne majeure vulnérable à sa protection* in *Mélanges Jean Hauser*, LexisNexis-Dalloz 2012, 535. • *La gestion du patrimoine d'autrui*, Rencontre Notariat-Université, 22 mars 2013, dossier *in JCP* N 2013, 1189 et s. • M. Guivier, *La réforme du droit des incapacités du 5 mars 2007 à l'épreuve de la pratique*, in *Mélanges Raymond Le Guidec*, LexisNexis 2014, 689. • *La fin de vie du majeur protégé*, dossier *in Dr. famille* 2014, études 22 et s. • J. Combret et N. Baillon-Wirtz, *La réforme de la protection juridique des majeurs du 5 mars 2007 a dix ans : quel bilan ? : JCP* N 2017, 1119. • M. Baudel, *Repenser la protection des majeurs protégés au regard de la Convention relative aux droits des personnes handicapées : Dr. famille* 2018, étude 8. • G. Raoul-Cormeil, *Les distorsions entre la théorie et la pratique du droit des majeurs protégés : JCP* G 2019, 121.

Voir aussi : Circ. Direction des affaires civiles et du sceau n° CIV/01/09/C1, 9 févr. 2009 : *BO Min. Justice* 28 févr. 2009.

CHAPITRE I. – DES DISPOSITIONS GÉNÉRALES

(L. n° 2007-308, 5 mars 2007)

Art. 414 *(Rempl., L. n° 2007-308, 5 mars 2007).* – **La majorité est fixée à dix-huit ans accomplis ; à cet âge, chacun est capable d'exercer les droits dont il a la jouissance.**

Bibliographie : J.-P. Gridel, *L'âge et la capacité civile : D.* 1998, chron. 90.

Voir : L. n° 74-631, 5 juill. 1974, fixant à dix-huit ans l'âge de la majorité, art. 11, 19, 24, 27 et 29, p. 3000 et s.

Pleine capacité des jeunes majeurs. Les jeunes gens et les jeunes filles de dix-huit ans n'ont plus besoin en aucune circonstance de l'autorisation de leurs parents (▪ CE, 22 mars 1996, n° 151719 : *JurisData* n° 1996-050066 ; *JCP* 1996, IV, 1347 ; *RTD civ.* 1996, 600, obs. Hauser, règlement d'un lycée soumettant le plein exercice de la majorité à la présentation par les élèves d'une lettre signée d'eux-mêmes et de leurs parents). Un pourvoi indivisible en raison de son objet et dirigé notamment contre l'administrateur légal d'un mineur devenu majeur entre le prononcé de l'arrêt attaqué et la déclaration de pourvoi est irrecevable (▪ Cass. 3e civ., 26 mai 2016, n° 14-14.566 : *Bull.*).

Sur la faculté pour les intéressés de demander au juge des enfants la prolongation ou l'organisation d'une action de protection judiciaire, V. D. n° 75-96, 18 févr. 1975, fixant les modalités de mise en œuvre d'une action de protection judiciaire en faveur de jeunes majeurs, p. 3002.

Section I. – Des dispositions indépendantes des mesures de protection

(L. n° 2007-308, 5 mars 2007)

Art. 414-1 *(L. n° 2007-308, 5 mars 2007).* **– Pour faire un acte valable, il faut être sain d'esprit. C'est à ceux qui agissent en nullité pour cette cause de prouver l'existence d'un trouble mental au moment de l'acte.**

Bibliographie : O. Simon, *La nullité des actes juridiques pour trouble mental : RTD civ.* 1974, 707. • J.-M. Plazy, *Les actes juridiques des majeurs protégés* in *Mélanges Jean Hauser*, LexisNexis-Dalloz 2012, 549.

1) Preuve de l'insanité d'esprit. Sur le principe que c'est à celui qui agit en nullité pour insanité d'esprit de prouver l'existence d'un trouble mental au moment de l'acte, V. ▪ Cass. 1re civ., 2 déc. 1992, n° 91-11.428 : *JurisData* n° 1992-002792 ; *JCP* G 1993, IV, 401 et *JCP* N 1993, II, 182, obs. Camoz ; *D.* 1993, 409, note Boulanger ; *RTD civ.* 1993, 328, obs. Hauser (action en nullité de mariage). Voir pour un acte fait en cours de curatelle, ▪ Paris, 11 juin 1999, n° 1998/00676 : *JurisData* n° 1999-024766 ; *D.* 2000, somm. 104, obs. Delmas Saint-Hilaire ; *RTD civ.* 1999, 815, obs. Hauser. Mais jugé que si la démence habituelle du testateur est prouvée, le testament doit être annulé sauf à établir que le rédacteur était exceptionnellement dans un intervalle lucide (▪ Cass. 1re civ., 11 juin 1980 : *JurisData* n° 1980-000184 ; *Bull. civ.* I, n° 184, p. 149). Voir pour des applications T. Fossier, *De la jurisprudence à la pratique notariale : JCP* N 2003, 1385 à 1390.

2) Conflit de lois. L'insanité d'esprit et la démence d'un contractant étant des cas d'incapacité naturelle soumis à la loi personnelle et non à celle qui régit l'acte juridique incriminé comme les vices du consentement, la sanction de cette incapacité, notamment le délai d'exercice de l'action en nullité, sont soumis à la loi personnelle (▪ Cass. 1re civ., 25 juin 1957 : *JCP* 1957, IV, 117 ; *Rev. crit. DIP* 1957, 680, note Batiffol).

3) Ouverture d'une curatelle. L'ouverture d'une sauvegarde de justice, puis d'une curatelle, ne suffisent pas à établir l'existence d'un trouble mental (▪ Cass. 1re civ., 25 mai 2004, n° 01-11.782 : *JurisData* n° 2004-023830 ; *Dr. famille* 2005, 20, note Fossier).

4) Sur la **responsabilité** éventuelle en cas d'annulation de l'acte, V. art. 414-3, annot. n° 2, p. 397.

Art. 414-2 *(L. n° 2007-308, 5 mars 2007 ; mod., Ord. n° 2015-1288, 15 oct. 2015 ; Ord. n° 2016-131, 10 févr. 2016).* **– De son vivant, l'action en nullité n'appartient qu'à l'intéressé.**

Après sa mort, les actes faits par lui, autres que la donation entre vifs et le testament, ne peuvent être attaqués par ses héritiers, pour insanité d'esprit, que dans les cas suivants :

1° Si l'acte porte en lui-même la preuve d'un trouble mental ;

2° ***S'il a été fait alors que l'intéressé était placé*** **sous sauvegarde de justice ;**

3° Si une action a été introduite avant son décès aux fins d'ouverture d'une curatelle ou d'une tutelle ou aux fins d'habilitation familiale ou si effet a été donné au mandat de protection future.

L'action en nullité s'éteint par le délai de cinq ans prévu à l'article 2224.

1) Conformité à la Constitution. Par l'article 414-2 du Code civil, le législateur a entendu assurer un équilibre entre, d'une part, les intérêts des héritiers et, d'autre part, la sécurité des actes conclus par le défunt et en particulier des transactions ; le législateur a également entendu, dans l'intérêt d'une bonne administration de la justice, éviter les difficultés liées à l'administration de la preuve de l'état mental d'une personne décédée ; le législateur a précisément fixé la portée des limites au droit des héritiers d'agir en nullité d'un acte juridique pour cause d'insanité d'esprit conclu par le défunt ; ces dispositions ne font pas obstacle à l'exercice, par les héritiers, des actions en nullité qui seraient fondées sur les règles du droit commun des contrats ; elles ne font ainsi pas obstacle à ce que des actes passés au moyen de violences, de fraudes ou d'abus de faiblesse puissent être annulés ; il en résulte que l'article 414-2 du Code civil ne porte atteinte à aucun droit ou liberté que la Constitution garantit (▪ Cons. const., 17 janv. 2013, déc. n° 2012-288 QPC : *JurisData* n° 2013-000684 ; *JO* 18 janv. 2013 ; *Dr. famille* 2013, 46, note Maria ; *Defrénois* 2013, 1141, obs. Massip ; *D.* 2013, 2197, obs. Plazy. – Décision de renvoi : ▪ Cass. 1re civ., 7 nov. 2012, n° 12-40.068 : *Bull. civ.* I, n° 235, p. 226 ; *Dr. famille* 2013, 12, note Maria ; *RTD civ.* 2013, 87, obs. Hauser ; *JurisData* n° 2012-024896).

2) Origine du trouble mental. L'article 489-1 (anc.) vise tous les troubles mentaux quelle que soit leur origine (▪ Cass. 1re civ., 12 nov. 1975, n° 74-12.097 : *Bull. civ.* I, n° 319, p. 264).

3) Signature d'un acte rédigé par un tiers. L'article 489-1 (anc.) est applicable même si le défunt s'est contenté de signer un acte rédigé par un tiers (▪ Cass. 1re civ., 12 nov. 1975, préc.).

4) Prescription. Le délai de cinq ans par lequel se prescrit l'action en nullité de l'article 489 (anc.) court à partir du jour de l'acte contesté, l'auteur de l'acte pouvant cependant prouver que la prescription a été suspendue en raison d'une impossibilité d'agir (▪ Cass. 1re civ., 19 nov. 1991, n° 90-10.997 : *JurisData* n° 1991-003006 ; *Bull. civ.* I, n° 318, p. 207 ; *D.* 1993, 277, 1re esp., note Massip. ▪ Cass. 1re civ., 18 févr. 1992, n° 89-14.552 : *Bull. civ.* I, n° 54, p. 38 ; *D.* 1993, 277, 2e esp., note Massip. ▪ Cass. 1re civ., 1er juill. 2009, n° 08-13.518 : *Bull. civ.* I, n° 150, p. 132 ; *LPA* 17 févr. 2010, 13, note Massip ; *Defrénois* 2010, 869, obs. Massip ; *Dr. famille* 2009, 116, note Maria ; *D.* 2009, 1896, obs. Egéa ; *JCP* 2009, n° 29-30, act. 126, obs. Favier ; *RTD civ.* 2009, 507, obs. Hauser ; *JurisData* n° 2009-048908). Mais en vertu du principe selon lequel l'exception de nullité est perpétuelle, l'héritier peut, même après l'expiration du délai prévu à l'article 1304 du Code civil, se prévaloir de la nullité du testament pour s'opposer aux prétentions de ses cohéritiers qui invoquent la qualité de légataire qu'ils tiennent de cet acte (▪ Cass. 1re civ., 14 janv. 2015, n° 13-26.279 : *Bull.* ; *JCP* N 2015, 1111, note Massip; *JurisData* n° 2015-000212). Sur le délai de l'action en nullité exercée par un héritier, V., sous art. 901, annot. n° 5, p. 714.

5) Qualité pour agir. La nullité du testament pour insanité d'esprit peut être demandée par les successeurs universels (▪ *Paris, 9 mai* 2001, n° 00/07217 : *JurisData* n° 2001-148652 ; *D.* 2002, somm. 2160, obs. Delmas Saint-Hilaire). Le légataire universel a qualité pour agir en nullité d'un acte à titre onéreux sur le fondement de l'article 489-1 (anc.) du Code civil (▪ Cass. 1re civ., 8 juill. 2015, n° 14-17.768 : *Bull.* ; *JCP* N 2015, 1203, note Moisdon-Chataigner ; *Dr. famille* 2015, 191, note Maria ; *D.* 2016, 1527, obs. Plazy ; *JurisData* n° 2015-016699).

6) Commerçants. L'action exercée par l'intéressé étant exclusivement attachée à sa personne, elle est recevable en dépit de la procédure de liquidation judiciaire ouverte à son égard (▪ Cass. com., 16 déc. 2014, n° 13-21.479 : *Bull.* ; *D.* 2015, 1570, obs. Plazy).

7) Majeur placé sous tutelle ou curatelle. Confirmation. Voir D. n° 2008-1484, 22 déc. 2008, p. 3303, la confirmation de l'acte nul pour insanité d'esprit est regardée comme un acte de disposition.

I – ACTE PORTANT LA PREUVE D'UN TROUBLE MENTAL

8) Principe. En l'absence d'une mesure de sauvegarde de justice et faute d'introduction, avant le décès de la venderesse, d'une action tendant à une mesure de tutelle ou de curatelle à son égard, l'action en nullité de la vente intentée par la légataire universelle de la venderesse ne peut être accueillie que si l'acte porte en lui-même la preuve d'un trouble mental (▪ Cass. 1re civ., 15 mars 1977, n° 75-14.642 : *JurisData* n° 1977-000131 ; *JCP* 1977, IV, 129 ; *Bull. civ.* I, n° 131, p. 100. ▪ Cass. 1re civ., 1er juill. 2009, n° 08-13.402 : *Bull. civ.* I, n° 151, p. 133 ; *Dr. famille* 2009, 117, note Maria ; *RTD civ.* 2009, 297, obs. Hauser ; *Defrénois* 2009, 2196, obs. Massip ; *JurisData* n° 2009-048916, au sujet de la modification des clauses relatives au bénéficiaire d'un contrat d'assurance vie). La nullité pour défaut de consentement dû à un trouble mental ne peut être invoquée par les ayants cause universels que dans les cas énumérés à l'(anc.) article 489-1 (▪ Cass. 3e civ., 20 oct. 2004 : *Contrats, conc. consom.* 2005, 23, note Leveneur ; *Dr. famille* 2005, 88, note Fossier ; *JCP* 2005, IV, 1610 ; *JurisData* n° 2005-026874 ; *D.* 2005, 257, note Noguéro).

9) Pouvoir souverain des juges du fond. La question de savoir si l'acte porte en lui-même la preuve d'un trouble mental relève du pouvoir souverain des juges du fond (▪ Cass. req., 13 nov. 1940 : *DA* 1941, 26).

10) Indifférence des éléments extrinsèques. Les juges du fond ne peuvent prononcer la nullité en se bornant à relever que les actes attaqués démontraient l'inconscience de leur auteur comme étant exclusivement conçus à l'encontre de ses intérêts (▪ Cass. 1re civ., 13 juill. 1960 : *JCP* 1960, II, 11798, note C. B. – V. en ce sens ▪ Cass. 3e civ., 2 déc. 1987, n° 86-10.793 : *JurisData* n° 1987-002407 ; *RTD civ.* 1988, 342, obs. Mestre), pas plus qu'ils ne peuvent ordonner une mesure d'instruction pour vérifier dans quelles conditions a été conclu un bail, prenant ainsi en considération des éléments extrinsèques à l'acte (■ Cass. 3e civ., 28 sept. 1982 : *JurisData* n° 1982-702187 ; *Gaz. Pal.* 1983, 1, pan. 53, note Dupichot).

11) Preuve intrinsèque. Les juges du fond peuvent estimer qu'un contrat de bail porte en lui-même la preuve du trouble mental du bailleur en relevant le très long intervalle ayant séparé la signature des parties, la durée du bail compte tenu de l'âge du bailleur, les avantages accordés au preneur et la modicité du loyer (■ Cass. 3e civ., 1er juill. 1987, n° 85-17.977 : *JurisData* n° 1987-001462 ; *Bull. civ.* III, n° 134, p. 79 ; *RTD civ.* 1988, 342, obs. Mestre).

II – ACTION AUX FINS D'OUVERTURE DE TUTELLE OU DE CURATELLE INTRODUITE AVANT LE DÉCÈS

12) Introduction de l'action. Il se déduit de la combinaison des articles 414-2, 3°, et 466 du Code civil que, dès lors qu'une action a été introduite aux fins d'ouverture d'une curatelle ou d'une tutelle au profit du contractant, les héritiers peuvent agir en nullité pour insanité d'esprit, que cette action ait ou non été menée à son terme, et, dans le premier cas, nonobstant le respect des règles régissant les actes passés sous un régime de tutelle ou de curatelle (■ Cass. 1re civ., 27 juin 2018, n° 17-20.428 : *Bull.* ; *Dr. famille* 2018, 222, Maria ; *D.* 2018, p. 1732, Lemouland ; *Defrénois* 8 nov. 2018, n° 44, p. 34, Noguéro ; *JCP N* 2018, 1333, Peterka ; *RTD civ.* 2018, p. 627, Mazeaud ; *JurisData* n° 2018-011158). Une action aux fins de curatelle ne peut être considérée comme introduite au sens de l'article 489-1 (anc.) si la requête n'est pas accompagnée du certificat médical exigé par l'article 890 du Code de procédure civile (CPC, art. 1244, p. 2368) (■ Cass. 1re civ., 11 mars 1975, n° 73-14.907 : *JurisData* n° 1975-000102 ; *Bull. civ.* I, n° 101, p. 88).

13) Date de l'introduction. Il importe peu que l'action aux fins de tutelle ait été introduite avant ou après l'acte litigieux (■ Cass. 1re civ., 27 janv. 1987, n° 84-15.371 : *JurisData* n° 1987-000062 ; *Bull. civ.* I, n° 30, p. 21 ; *JCP* 1988, II, 20981, 1re esp., note Fossier. – V. en ce sens ■ Cass. 1re civ., 27 janv. 1987, n° 84-15.371 : *JurisData* n° 1987-000062 ; *Bull. civ.* I, n° 31, p. 22 ; *JCP* 1988, II, 20981, 2e esp. – Rappr. ■ Cass. 1re civ., 13 mars 2007 : *Bull. civ.* I, n° 111, p. 96 ; *JCP* 2007, IV, 1814 ; *RTD civ.* 2007, 310, obs. Hauser ; *Dr. famille* 2007, 133, note Fossier ; *JurisData* n° 2007-037907).

14) Preuve de l'altération des facultés. Si, lorsque l'action aux fins de tutelle a été introduite avant le décès de la personne, l'acte peut être attaqué pour insanité d'esprit alors même qu'il ne porte pas en lui-même la preuve d'un trouble mental, il reste que le demandeur en nullité doit prouver l'altération des facultés au moment où l'acte a été conclu (■ Cass. 1re civ., 27 janv. 1987, n° 84-15.371 : *JurisData* n° 1987-000062 ; *Bull. civ.* I, n° 30, p. 21 ; *JCP* 1988, II, 20981, 1re esp., note Fossier). Cette preuve peut être faite par tous moyens (■ Cass. 1re civ., 18 déc. 1984 : *Gaz. Pal.* 1985, 1, 387, note Massip). Elle peut être déduite d'un certificat médical établi deux jours après l'acte attaqué (■ Cass. 1re civ., 27 janv. 1987, n° 84-15.371 : *JurisData* n° 1987-000062 ; *Bull. civ.* I, n° 31, p. 22).

Art. 414-3 *(Anc. art. 489-2, L. n° 2007-308, 5 mars 2007).* – **Celui qui a causé un dommage à autrui alors qu'il était sous l'empire d'un trouble mental n'en est pas moins obligé à réparation.**

Bibliographie : J.-F. Barbièri, *Inconscience et responsabilité dans la jurisprudence civile : l'incidence de l'article 489-2 [ancien] du Code civil après une décennie : JCP* 1982, I, 3057. ● M. Daury-Fauveau, *La faute de l'aliéné et le contrat : JCP* 1998, I, 160.

1) Fondement. L'article 489-2 (anc.) n'institue aucune responsabilité nouvelle (■ Cass. 2e civ., 24 juin 1987, n° 84-15.173 : *JurisData* n° 1987-001172 ; *Bull. civ.* II, n° 137, p. 78. ■ Cass. 2e civ., 4 mai 1977, n° 75-14.473 : *Bull. civ.* II, n° 113, p. 79). Par suite, doit être cassé l'arrêt qui retient la responsabilité des défendeurs en application de l'article 489-2 (anc.) en se bornant à constater que le préjudice était établi, sans rechercher si les agissements incriminés étaient constitutifs de faute (■ Cass. 2e civ., 24 juin 1987, préc.).

2) Cas de responsabilité. L'article 489-2 (anc.) s'applique à toutes les responsabilités prévues aux articles 1382 et suivants du Code civil (■ Cass. 2e civ., 4 mai 1977, n° 75-14.473 : *Bull. civ.* II, n° 113, p. 79. ■ Cass. 1re civ., 17 mai 1982, n° 81-12.126 : *JurisData* n° 1982-701040 ; *Bull. civ.* I, n° 177, p. 156. ■ Cass. 2e civ., 24 juin 1987, préc.). V. pour la responsabilité des parents du fait de leurs enfants mineurs, ■ Cass. 1re civ., 20 juill. 1976, n° 73-13.177 : *JurisData* n° 1976-000271 ; *JCP* 1978, II, 18793, 1re esp., note Dejean de La Bâtie. – V. pour la responsabilité des commettants du fait de leurs préposés, ■ Cass. 2e civ., 3 mars 1977 : *JurisData* n° 1977-798061 ; *D.* 1977, 501, note Larroumet. Jugé que si l'acheteur dont les facultés mentales sont profondément altérées à la date de la conclusion de la vente est bien fondé à demander l'annulation de ce contrat sur le fondement de l'(ancien) article 489, il doit cependant, en vertu de l'(ancien) article 489-2, assurer la réparation du préjudice subi par son cocontractant du fait de l'annulation du contrat pour insanité d'esprit (■ Reims, 16 févr. 2009 : *Dr. famille* 2009, 146, note Maria ; *JurisData* n° 2009-001722).

3) Malaise physique. Jugé que l'article 489-2 (anc.) n'est pas applicable en cas de crise cardiaque (■ Cass. 2e civ., 4 févr. 1981, n° 79-11.243 :

Bull. civ. II, n° 21, p. 15 ; *JCP* 1981, II, 19656 ; *D.* 1983, 1, note Gaudrat).

4) Incapable dirigeant social de fait. Sur la responsabilité d'un majeur en tutelle en qualité de dirigeant de fait d'une personne morale en état de liquidation des biens, V. ▪ Cass. 1re civ., 9 nov. 1983 : *JurisData* n° 1983-702359 ; *D.* 1984, 139, 2e esp., note Derrida.

5) Prescription. Sur la prescription de l'action fondée sur l'article 489-2 (anc.), V. ▪ Paris, 6 mars 1980 : *JurisData* n° 1980-608120 ; *D.* 1980, 467, note Legeais ; *JCP* 1981, II, 19544, note Dejean de La Bâtie. Il en va autrement si la procédure de mise sous tutelle ou curatelle était en cours au jour du décès (▪ Cass. 1re civ., 17 avr. 1985 : *Bull. civ.* I, n° 119, p. 111).

Section II. – Des dispositions communes aux majeurs protégés

(L. n° 2007-308, 5 mars 2007)

Bibliographie : Th. Fossier, *La réforme de la protection des majeurs. Guide de lecture de la loi du 5 mars 2007 : JCP* N 2007, 1128, et *JCP* 2007, I, 118. • A. Cermolacce, *Présentation générale des mesures de protection des majeurs : JCP* N 2008, 1268.

Art. 415 *(Rempl., L. n° 2007-308, 5 mars 2007).* **– Les personnes majeures reçoivent la protection de leur personne et de leurs biens que leur état ou leur situation rend nécessaire selon les modalités prévues au présent titre.**

Cette protection est instaurée et assurée dans le respect des libertés individuelles, des droits fondamentaux et de la dignité de la personne.

Elle a pour finalité l'intérêt de la personne protégée. Elle favorise, dans la mesure du possible, l'autonomie de celle-ci.

Elle est un devoir des familles et de la collectivité publique.

Bibliographie : M. Rebourg, *Les principes directeurs de la loi du 5 mars 2007 réformant la protection juridique des majeurs : Dr. famille* 2007, étude 16. • Th. Fossier, *Le statut civil de la personne vulnérable gouverné par des principes fondamentaux : JCP* N 2008, 1277. • S. Thouret, *Régimes de protection judiciaire : les dispositions générales et les dispositions communes aux nouveaux régimes de protection : Defrénois* 2009, 185. • R. Dijoux, *L'autonomie en droit de la protection des majeurs : critiques pratiques : LPA* 16 déc. 2011, 4. • D. Pollet, *Quels droits pour la famille d'un adulte dont la protection judiciaire a été confiée à un tiers ? : Dr. famille* 2011, étude 23.

1) Les juges du fond **apprécient souverainement** l'intérêt de la personne protégée au sens de l'article 415 (▪ Cass. 1re civ., 27 févr. 2013, n° 11-28.307 : *Bull. civ.* I, n° 25, p. 26 ; *Dr. famille* 2013, 58, note Maria ; *RTD civ.* 2013, 350, obs. Hauser ; *D.* 2013, 2201, obs. Noguéro ; *LPA* 14 juin 2013, 23, note Corpart ; *JurisData* n° 2013-003179, refus d'accorder au majeur sous curatelle renforcée l'autorisation d'acquérir un véhicule automobile au vu des avis médicaux).

2) Le juge ne peut rejeter une **demande de mainlevée** de la mesure sans constater la persistance de l'altération des facultés mentales de l'intéressé et la nécessité pour celui-ci d'être assisté ou contrôlé d'une manière continue dans les actes importants de la vie civile (▪ Cass. 1re civ., 15 avr. 2015, n° 14-16.666 : *Bull.* ; *RTD civ.* 2015, 587, obs. Hauser ; *D.* 2015, 1578, obs. Noguéro ; *Dr. famille* 2015, 131, obs. Maria ; *JurisData* n° 2015-008105).

Art. 416 *(Rempl., L. n° 2007-308, 5 mars 2007).* **– Le juge des tutelles et le procureur de la République exercent une surveillance générale des mesures de protection dans leur ressort.**

Ils peuvent visiter ou faire visiter les personnes protégées et celles qui font l'objet d'une demande de protection, quelle que soit la mesure prononcée ou sollicitée.

Les personnes chargées de la protection sont tenues de déférer à leur convocation et de leur communiquer toute information qu'ils requièrent.

Art. 417 *(Rempl., L. n° 2007-308, 5 mars 2007).* **– Le juge des tutelles peut prononcer des injonctions contre les personnes chargées de la protection et condamner à l'amende civile prévue par le Code de procédure civile** (1) **celles qui n'y ont pas déféré.**

(1) CPC, art. 1216, p. 2363.

Il peut les dessaisir de leur mission en cas de manquement caractérisé dans l'exercice de celle-ci, après les avoir entendues ou appelées.

Il peut, dans les mêmes conditions, demander au procureur de la République de solliciter la radiation d'un mandataire judiciaire à la protection des majeurs de la liste prévue à l'article L. 471-2 du Code de l'action sociale et des familles.

Art. 418 *(Rempl., L. n° 2007-308, 5 mars 2007).* **– Sans préjudice de l'application des règles de la gestion d'affaires, le décès de la personne protégée met fin à la mission de la personne chargée de la protection.**

Bibliographie : N. Peterka, *La gestion d'affaires au décès de la personne protégée. Brèves réflexions autour de l'article 418 du Code civil : Dr. famille* 2014, étude 24.

Art. 419 *(Rempl., L. n° 2007-308, 5 mars 2007).* **– Les personnes autres que le mandataire judiciaire à la protection des majeurs exercent à titre gratuit les mesures judiciaires de protection. Toutefois, le juge des tutelles ou le conseil de famille s'il a été constitué peut autoriser, selon l'importance des biens gérés ou la difficulté d'exercer la mesure, le versement d'une indemnité à la personne chargée de la protection. Il en fixe le montant. Cette indemnité est à la charge de la personne protégée.**

Si la mesure judiciaire de protection est exercée par un mandataire judiciaire à la protection des majeurs, son financement est à la charge totale ou partielle de la personne protégée en fonction de ses ressources et selon les modalités prévues par le Code de l'action sociale et des familles.

Lorsque le financement de la mesure ne peut être intégralement assuré par la personne protégée, il est pris en charge par la collectivité publique, selon des modalités de calcul communes à tous les mandataires judiciaires à la protection des majeurs et tenant compte des conditions de mise en œuvre de la mesure, quelles que soient les sources de financement. Ces modalités sont fixées par décret.

À titre exceptionnel, le juge ou le conseil de famille s'il a été constitué peut, après avoir recueilli l'avis du procureur de la République, allouer au mandataire judiciaire à la protection des majeurs, pour l'accomplissement d'un acte ou d'une série d'actes requis par la mesure de protection et impliquant des diligences particulièrement longues ou complexes, une indemnité en complément des sommes perçues au titre des deux alinéas précédents lorsqu'elles s'avèrent manifestement insuffisantes. Cette indemnité est à la charge de la personne protégée.

Le mandat de protection future s'exerce à titre gratuit sauf stipulations contraires.

Voir : D. n° 2008-1554, 31 déc. 2008, relatif aux modalités de participation des personnes protégées au financement de leur mesure de protection, p. 3309.

Sur la conformité à la Constitution de l'article 419 du Code civil, V. ▪ Cons. const., déc. 17 juin 2011, n° 2011-136 QPC : *Dr. famille* 2011, 157, note Maria.

Art. 420 *(Rempl., L. n° 2007-308, 5 mars 2007).* **– Sous réserve des aides ou subventions accordées par les collectivités publiques aux personnes morales pour leur fonctionnement général, les mandataires judiciaires à la protection des majeurs ne peuvent, à quelque titre et sous quelque forme que ce soit, percevoir aucune autre somme ou bénéficier d'aucun avantage financier en relation directe ou indirecte avec les missions dont ils ont la charge.**

Ils ne peuvent délivrer un mandat de recherche des héritiers de la personne protégée qu'après autorisation du juge des tutelles.

Art. 421 *(Rempl., L. n° 2007-308, 5 mars 2007).* **– Tous les organes de la mesure de protection judiciaire sont responsables du dommage résultant d'une faute quelconque qu'ils commettent dans l'exercice de leur fonction. Toutefois, sauf cas de curatelle renforcée, le curateur et le subrogé curateur n'engagent leur responsabilité, du fait des actes accomplis avec leur assistance, qu'en cas de dol ou de faute lourde.**

Bibliographie : M. Rebourg, *La responsabilité civile des mandataires judiciaires à la protection des majeurs dans l'exercice de leurs missions : Dr. famille* 2010, étude 17.

Art. 422 *(L. n° 2007-308, 5 mars 2007 ; mod., L. n° 2016-1547, 18 nov. 2016).* **– Lorsque la faute à l'origine du dommage a été commise dans l'organisation et le fonctionnement de la mesure de protection par**

le juge des tutelles, le directeur des services de greffe judiciaire du tribunal d'instance ou le greffier, l'action en responsabilité diligentée par la personne protégée ou ayant été protégée ou par ses héritiers est dirigée contre l'État qui dispose d'une action récursoire.

Lorsque la faute à l'origine du dommage a été commise par le mandataire judiciaire à la protection des majeurs, l'action en responsabilité peut être dirigée contre celui-ci ou contre l'État qui dispose d'une action récursoire.

Sur la **responsabilité de l'État** en cas de faute du juge des tutelles, V. note sous art. 412, p. 391.

Art. 423 *(Rempl., L. n° 2007-308, 5 mars 2007).* – **L'action en responsabilité se prescrit par cinq ans à compter de la fin de la mesure de protection alors même que la gestion aurait continué au-delà. Toutefois, lorsque la curatelle a cessé par l'ouverture d'une mesure de tutelle, le délai ne court qu'à compter de l'expiration de cette dernière.**

Voir : annot. sous art. 413, p. 392 et art. 515, p. 442.

Art. 424 *(Rempl., L. n° 2007-308, 5 mars 2007 ; mod., Ord. n° 2015-1288, 15 oct. 2015).* – **Le mandataire de protection future engage sa responsabilité pour l'exercice de son mandat dans les conditions prévues à l'article 1992.**

La personne habilitée en application des dispositions de la section 6 du chapitre II du présent titre engage sa responsabilité à l'égard de la personne représentée pour l'exercice de l'habilitation qui lui est conférée, dans les mêmes conditions.

CHAPITRE II. – DES MESURES DE PROTECTION JURIDIQUE DES MAJEURS

(L. n° 2007-308, 5 mars 2007)

Section I. – Des dispositions générales

(L. n° 2007-308, 5 mars 2007)

Art. 425 *(Rempl., L. n° 2007-308, 5 mars 2007).* – **Toute personne dans l'impossibilité de pourvoir seule à ses intérêts en raison d'une altération, médicalement constatée, soit de ses facultés mentales, soit de ses facultés corporelles de nature à empêcher l'expression de sa volonté peut bénéficier d'une mesure de protection juridique prévue au présent chapitre.**

S'il n'en est disposé autrement, la mesure est destinée à la protection tant de la personne que des intérêts patrimoniaux de celle-ci. Elle peut toutefois être limitée expressément à l'une de ces deux missions.

1) Altération des facultés corporelles. La mise en curatelle ne peut être prononcée en cas d'altération des facultés corporelles que si cette altération empêche l'intéressé d'exprimer sa volonté (■ Cass. 1re civ., 9 mars 1994, n° 92-12.232 : *JurisData* n° 1994-000513 ; *Bull. civ.* I, n° 93, p. 71 ; *Defrénois* 1994, 1103, obs. Massip. ■ Cass. 1re civ., 19 oct. 1999, n° 97-17.943 : *Dr. famille* 2000, 16, note Fossier. – V. en ce sens pour la mise en tutelle, ■ Cass. 1re civ., 12 mai 1981, n° 79-16.903 : *JurisData* n° 1981-701384 ; *Bull. civ.* I, n° 160, p. 131). Il ne suffit pas qu'elle gêne cette expression (■ Cass. 1re civ., 15 juill. 1999, n° 97-18.648 : *JurisData* n° 1999-002916 ; *Dr. famille* 1999, 130, note Fossier ; *Defrénois 2000, 113, obs. Massip*). Manque de base légale, au regard des articles 425 et 440 du Code civil, l'arrêt retenant qu'il résulte de l'expertise médicale que les fonctions cognitives de l'intéressé ne sont pas altérées, mais qu'il présente des difficultés d'autonomie physique qu'il minimise (■ Cass. 1re civ., 21 nov. 2018, n° 17-22.777 : *Bull.* ; *JurisData* n° 2018-020703).

Voir : annot. sous art. 440, p. 407.

2) Altération des facultés mentales. Sur le principe, antérieur à la réforme du 5 mars 2007, que l'altération des facultés mentales doit être causée par une maladie, une infirmité ou un affaiblissement dû à l'âge, V. ■ Cass. 1re civ., 2 oct. 2001 : *JCP* 2001, IV, 2822 ; *Bull. civ.* I, n° 238, p. 150 ; *D.* 2002, somm. 2161, obs. Delmas Saint-Hilaire ; *JurisData* n° 2001-011121 ; *RTD civ.* 2002, 74, obs. Hauser.

3) Constat médical. V. art. 431, p. 404.

4) Responsabilité du fait de l'incapable. Si la mesure de protection édictée par l'article 490 (anc.) en faveur du majeur dont les facultés mentales sont altérées concerne non seulement la gestion de ses biens, mais aussi la protection de sa personne, il ne s'ensuit pas que le tuteur ou l'administrateur légal est responsable des agissements de la personne protégée sur le fondement de l'article 1384, alinéa 1er (■ Cass. 2e civ., 25 févr. 1998, n° 95-20.419 : *JurisData* n° 1998-000935 ; *JCP* G 1998, II 10149, note Viney ; *JCP* N 1998, 1090 ; *D.* 1998, 315, concl. Kessous ; *Bull. civ.* II, n° 62, p. 38 ; *Resp. civ. et assur.* 1998, 183 ; *RTD civ.* 1998, 345, obs. Hauser et 388, obs. Jourdain ; *Defrénois* 1998, 1029, obs. Massip).

Art. 426 ***(Rempl., L. n° 2007-308, 5 mars 2007 ; mod., L. n° 2015-177, 16 févr. 2015).*** **– Le logement de la personne protégée et les meubles dont il est garni, qu'il s'agisse d'une résidence principale ou secondaire, sont conservés à la disposition de celle-ci aussi longtemps qu'il est possible.**

Le pouvoir d'administrer les biens mentionnés au premier alinéa ne permet que des conventions de jouissance précaire qui cessent, malgré toutes dispositions ou stipulations contraires, dès le retour de la personne protégée dans son logement.

S'il devient nécessaire ou s'il est de l'intérêt de la personne protégée qu'il soit disposé des droits relatifs à son logement ou à son mobilier par l'aliénation, la résiliation ou la conclusion d'un bail, l'acte est autorisé par le juge ou par le conseil de famille s'il a été constitué, sans préjudice des formalités que peut requérir la nature des biens. Si l'acte a pour finalité l'accueil de l'intéressé dans un établissement, l'avis préalable d'un médecin, n'exerçant pas une fonction ou n'occupant pas un emploi dans cet établissement, est requis. Dans tous les cas, les souvenirs, les objets à caractère personnel, ceux indispensables aux personnes handicapées ou destinés aux soins des personnes malades sont gardés à la disposition de l'intéressé, le cas échéant par les soins de l'établissement dans lequel celui-ci est hébergé.

Bibliographie : M. Bourassin, *Les sûretés sur le logement du majeur protégé : RTD civ.* 2011, 433. • J.-M. Plazy et F. Gémignani, *Le logement de la personne vulnérable : JCP* N 2012, 1193. • P. Dauptain, *Vers une simplification de la vente par une personne protégée : JCP* N 2013, 1247. • N. Peterka, *Le logement du majeur protégé. Brèves réflexions autour de l'articulation de l'autonomie et de la protection*, in *Mélanges Raymond Le Guidec*, LexisNexis 2015, 805.

1) Indivision. Les dispositions de l'article 490-2 (anc.) ne peuvent être étendues aux coïndivisaires de l'incapable protégé (■ Paris, 27 mai 1987 : *JurisData* n° 1987-023161 ; *JurisData* n° 1987-023161 ; *D.* 1988, 216, note Breton).

2) Droits des tiers. L'article 490-2, alinéa 3 (anc.) ne s'applique pas à l'exercice par les tiers des droits qu'ils peuvent avoir sur les biens servant à l'habitation de l'incapable, et notamment à l'exercice du droit pour l'épouse de demander l'attribution de la totalité de l'immeuble commun à titre de dommages-intérêts en vertu de l'article 266 (■ Cass. 1re civ., 26 janv. 1983 : *D.* 1984, 17, 1re esp., note Massip). Les dispositions de l'article 490-2 (anc.), qui imposent la conservation du logement de la personne protégée et des meubles le garnissant, ne peuvent créer une insaisissabilité de fait de ce logement et ne peuvent, au surplus, être étendues aux coïndivisaires de l'incapable protégé (■ Paris, 27 mai 1987 : *D. 1988, 216,* note Breton. Sur ce que l'(anc.) article 490-2 ne fait pas obstacle à la saisie par le créancier hypothécaire, voir ■ Paris, 18 sept. 2001, n° 2001/03250 : *JurisData* n° 2001-154240 ; *D.* 2002, somm. 2161, obs. Lemouland). Le bailleur peut demander la résiliation du bail pour défaut de paiement du loyer (■ Paris, 3 nov. 1993, n° 93-003965 : *JurisData* n° 1993-023039 ; *Loyers et copr.* 1994, 53).

3) Intérêt du majeur protégé. L'article 490-2 (anc.) permet de vendre l'appartement et les meubles du majeur protégé non seulement lorsque cette aliénation est nécessaire, mais aussi lorsqu'elle est conforme à l'intérêt du majeur (■ Cass. 1re civ., 7 avr. 1998, n° 96-12.560 : *Defrénois* 1998, 1394, obs. Massip).

4) Autorisation judiciaire. L'autorisation donnée par le juge des tutelles de vendre la résidence d'un majeur protégé ne fait pas obstacle à l'action en annulation, pour insanité d'esprit, de l'acte passé par celui-ci (■ Cass. 1re civ., 20 oct. 2010, n° 09-13.635 : *Bull. civ.* I, n° 209, p. 196 ; *D.* 2011, 50, note Raoul-Cormeil ; *RTD civ.* 2011, 103, obs. Hauser ; *Defrénois* 2011, 835, obs. Massip ; *Dr. famille* 2010, 191, note Maria ; *JCP* N 2011, 1008, note Coutant-Lapalus, et 1196, note Massip ; *LPA* 19 janv. 2011, 12, note Disa ; *JurisData* n° 2010-018908). Un tribunal retient justement que l'enlèvement prématuré des meubles opéré par le gérant de tutelle est régularisé par l'ordonnance autorisant leur vente et énonce exactement que, s'agissant d'une vente partielle de meubles de la personne protégée maintenue à son domicile, l'avis du médecin traitant prévu par l'article 490-2, al. 3 [ancien] n'est pas requis (■ Cass. 1re civ., 17 mars 2010, n° 08-20.771 : *Bull. civ.* I, n° 67, p. 64 ; *Defrénois* 2010, 1242, note Massip ; *RTD civ.* 2010, 530, obs. Hauser). Pour une autorisation judiciaire de vendre en raison des circonstances de la cause, V. ■ Nancy, 16 janv. 2012 : *Dr. famille* 2012,84, note Maria ; *JurisData* n° 2012-003255. Sur la responsabilité de l'État lorsque l'autorisation judiciaire n'est pas délivrée dans un délai raisonnable, V. ■ Paris, 9 avr. 2015, n° 13/06228 : *Dr.*

famille 2016, 157, obs. Maria ; *JurisData* n° 2015-013328.

5) Sur le libre choix de son lieu de résidence par le majeur protégé, V. art. 459-2, p. 417.

Art. 427 *(Rempl., L. n° 2007-308, 5 mars 2007). – (Al. rempl., L. n° 2019-222, 23 mars 2019)* **La personne chargée de la mesure de protection ne peut pas procéder à la clôture des comptes ou livrets ouverts, avant le prononcé de la mesure, au nom de la personne protégée. Elle ne peut pas non plus procéder à l'ouverture d'un autre compte ou livret auprès d'un nouvel établissement habilité à recevoir des fonds du public.**

Le juge des tutelles ou le conseil de famille s'il a été constitué peut toutefois l'y autoriser si l'intérêt de la personne protégée le commande.

Un compte est ouvert au nom de la personne protégée auprès de la Caisse des dépôts et consignations par la personne chargée de la protection si le juge ou le conseil de famille s'il a été constitué l'estime nécessaire.

Lorsque la personne protégée n'est titulaire d'aucun compte ou livret, la personne chargée de la mesure de protection lui en ouvre un.

Les opérations bancaires d'encaissement, de paiement et de gestion patrimoniale effectuées au nom et pour le compte de la personne protégée sont réalisées exclusivement au moyen des comptes ouverts au nom de celle-ci *(Mots suppr. à compter du 1er janvier 2020, L. n° 2019-222, 23 mars 2019)* **« , sous réserve des dispositions applicables aux mesures de protection confiées aux personnes ou services préposés des établissements de santé et des établissements sociaux ou médico-sociaux soumis aux règles de la comptabilité publique ».**

Les fruits, produits et plus-values générés par les fonds et les valeurs appartenant à la personne protégée lui reviennent exclusivement.

Si la personne protégée a fait l'objet d'une interdiction d'émettre des chèques, la personne chargée de la mesure de protection peut néanmoins, avec l'autorisation du juge ou du conseil de famille s'il a été constitué, faire fonctionner sous sa signature les comptes dont la personne protégée est titulaire et disposer de tous les moyens de paiement habituels.

Bibliographie : M. Couturier, *Le compte en banque de la personne vulnérable* : *JCP* N 2008, 1270.

1) **Curatelle.** V. aussi art. 468, p. 423.

2) **Tutelle.** V. aussi art. 498, p. 435 et 501, p. 436.

3) **Acte de disposition.** Les ouvertures et modifications de compte autorisées en vertu des alinéas 2 et 3 de l'article 427 sont regardées comme des actes de disposition (D. n° 2008-1484, 22 déc. 2008, p. 3303).

4) **Acte d'administration.** L'ouverture d'un premier compte ou livret prévue par l'article 427, alinéa 4, est regardée comme un acte d'administration (D. n° 2008-1484, 22 déc. 2008, p. 3303).

5) **Autorisation judiciaire.** L'article 427 du Code civil exige l'autorisation du juge des tutelles pour la modification ou la clôture des comptes ou livrets par la personne protégée assistée de son curateur, ainsi que pour l'ouverture d'un autre compte ou livret auprès d'un établissement habilité à recevoir des fonds du public (▪ Cass. 1re civ., avis n° 15016, 6 déc. 2018, n° 18-70.012 : *JCP* G 2018, 1374, Noguéro ; *D.* 2019, p. 365, 2e esp., Peterka ; *Dr. famille* 2019, n° 63, Maria ; *Defrénois* 21 févr. 2019, n° 8, p. 28, Noguéro ; *JCP* N 2019, 1113, Peterka ; *AJF* 2019, 39, Raoul-Cormeil ; *JurisData* n° 2018-022049).

6) **Intérêt de la personne protégée (art. 427, al. 2).** Sur l'exigence de motivation de la décision de justice, V. ▪ Cass. 1re civ., 28 janv. 2015, n° 13-26.363 : *RTD civ.* 2015, 357, obs. Hauser ; *Dr. famille* 2015, 58, note Maria ; *D.* 2015, 1573, obs. Plazy ; *JurisData* n° 2015-001596.

Section II. – Des dispositions communes aux mesures judiciaires

(L. n° 2007-308, 5 mars 2007)

Art. 428 *(Rempl., L. n° 2007-308, 5 mars 2007). – (Al. mod., L. n° 2019-222, 23 mars 2019)* **La mesure de protection judiciaire ne peut être ordonnée par le juge qu'en cas de nécessité et lorsqu'il ne peut être suffisamment pourvu aux intérêts de la personne par la mise en œuvre du mandat de protection future conclu par l'intéressé, par l'application des règles du droit commun de la représentation, de celles relatives aux droits et devoirs respectifs des époux et des règles des régimes matrimoniaux, en particulier celles prévues aux articles 217, 219, 1426 et 1429 ou par une autre mesure de protection moins contraignante.**

La mesure est proportionnée et individualisée en fonction du degré d'altération des facultés personnelles de l'intéressé.

Bibliographie : G. Raoul-Cormeil, *Le conjoint de la personne vulnérable (L'articulation du système matrimonial et du système tutélaire) : Defrénois* 2008, 1303. • N. Lescure, *Couple et protection des majeurs* in *Mélanges Neirinck*, LexisNexis 2015, 369.

1) Rapports entre les articles 498 (anc.) et 219. L'article 498 (anc.), destiné seulement en cas d'existence d'un conjoint à éviter dans la mesure du possible l'ouverture d'une tutelle, ne limite pas en droit le champ d'application de l'article 219 dont les dispositions sont générales (■ Cass. 1re civ., 9 nov. 1981, n° 80-16.011 : *Bull. civ.* I, n° 333, p. 282 ; *JCP* 1982, II, 19808, note Prévault, cassant ■ Paris, 9 juill. 1980 : *JCP* 1981, II, 19636, note Prévault). Jugé que la demande d'ouverture d'une tutelle, présentée par les enfants de l'intéressé, justifie que la demande d'habilitation générale fondée sur l'article 219, présentée par le conjoint, soit écartée au profit d'une habilitation spéciale à la vente d'un bien commun (■ Versailles, 20 sept. 2011 : *JCP* N 2012, 999, n° 4, obs. Wiederkehr ; *JurisData* n° 2011-022058).

2) Application. Une cour d'appel, constatant que les époux avaient opté, au moment de leur mariage, pour le régime de la communauté universelle, que l'épouse était depuis plusieurs années substituée à son mari dans l'exercice des pouvoirs résultant de ce régime, et que les actes qui lui étaient reprochés n'établissaient pas un risque de dilapidation des biens communs, a pu en déduire qu'il n'y avait pas lieu de placer le mari sous un régime de protection (■ Cass. 1re civ., 1er févr. 2012, n° 11-11.346 : *Bull. civ.* I, n° 19, p. 17 ; *D.* 2012, 921, note Raoul-Cormeil, et 2708, obs. Noguéro ; *JCP* N 2012, 1183, note Massip ; *Dr. famille* 2012, 53, note Maria ; *RTD civ.* 2012, 289, obs. Hauser ; *LPA* 4 févr. 2013, 5, obs. Yildirim ; *JurisData* n° 2012-001235).

Art. 429 ***(Rempl., L. n° 2007-308, 5 mars 2007).*** **– La mesure de protection judiciaire peut être ouverte pour un mineur émancipé comme pour un majeur.**

Pour un mineur non émancipé, la demande peut être introduite et jugée dans la dernière année de sa minorité. La mesure de protection judiciaire ne prend toutefois effet que du jour de sa majorité.

Art. 430 ***(L. n° 2007-308, 5 mars 2007).*** **– La demande d'ouverture de la mesure peut être présentée au juge par la personne qu'il y a lieu de protéger ou, selon le cas, par son conjoint, le partenaire avec qui elle a conclu un pacte civil de solidarité ou son concubin, à moins que la vie commune ait cessé entre eux, ou par un parent ou un allié, une personne entretenant avec le majeur des liens étroits et stables, ou la personne qui exerce à son égard une mesure de protection juridique.**

Elle peut être également présentée par le procureur de la République soit d'office, soit à la demande d'un tiers.

Bibliographie : C. Sévely-Fournié, *Quel rôle pour le parquet dans la protection juridique des majeurs ? : D.* 2009, chron. 1221.

1) Fins de non-recevoir. Le juge doit relever d'office les fins de non-recevoir fondées sur l'(anc.) article 493, alinéa 1er (■ Cass. 1re civ., 23 juin 1987, n° 85-17.126 : *JurisData* n° 1987-001092 ; *Bull. civ.* I, n° 207, p. 153. ■ Cass. 1re civ., 15 juill. 1993, n° 91-18.461 : *JurisData* n° 1993-001675 ; *JCP* 1993, IV, 2386 ; *Bull. civ.* I, n° 258, p. 178).

2) Transmission de l'action personnelle de l'incapable. Les héritiers et les légataires universels du titulaire d'une action à caractère personnel peuvent, sauf exception, poursuivre l'instance engagée par leur auteur ; il en est ainsi en ce qui concerne l'action par laquelle une personne qui a été placée sous le régime de la tutelle, ou de la curatelle, conteste la décision qui a ordonné cette mesure (■ Cass. 1re civ., 14 févr. 1995, n° 93-11.211 : *JurisData* n° 1995-000210 ; *Bull. civ.* I, n° 82, p. 59 ; *D.* 1996, 152, note Massip. ■ Cass. 1re civ., 5 janv. 2012, n° 11-10.246 : *D.* 2012, 2703, obs. Noguéro).

3) Communauté de vie entre les conjoints. Les juges du fond peuvent estimer que la communauté de vie, au sens de l'article 493 (anc.), n'a pas cessé entre les conjoints dès lors que le mari était sous l'empire de graves troubles altérant ses facultés mentales au moment où il a engagé une procédure de divorce et que c'était avec son accord que l'épouse s'était absentée (■ Cass. 1re civ., 23 mars 1994, n° 92-17.680 : *JurisData* n° 1994-000865 ; *JCP* 1995, II, 22439, note Paillet).

4) Tierce opposition. Après avoir retenu, à bon droit, que celui qui peut former un recours ou un appel contre un jugement n'est pas recevable à le critiquer par la voie de la tierce opposition et relevé que l'article 493, alinéa 3 (anc.), du Code civil, ouvrait un recours aux frères et sœurs du majeur protégé à l'encontre du jugement d'ouverture de la tutelle, même s'ils n'étaient pas intervenus à l'instance, l'arrêt en déduit exactement que la sœur du majeur protégé était irrecevable à former tierce opposition (■ Cass. 1re civ., 14 mai 2014, n° 12-35.035 : *Bull.* ; *D.* 2014, 2263, obs. Plazy ; *RTD civ.* 2014, 622, obs. Hauser ; *Dr. famille* 2014, 119, note Maria ; *JurisData* n° 2014-009873).

Art. 431 *(L. n° 2007-308, 5 mars 2007 ; L. n° 2015-177, 16 févr. 2015)*. – **La demande est accompagnée, à peine d'irrecevabilité, d'un certificat circonstancié rédigé par un médecin choisi sur une liste établie par le procureur de la République. Ce médecin peut solliciter l'avis du médecin traitant de la personne qu'il y a lieu de protéger.**

Le coût de ce certificat est fixé par décret en Conseil d'État (1).

(Al. créé, L. n° 2019-222, 23 mars 2019) **Lorsque le procureur de la République est saisi par une personne autre que l'une de celles de l'entourage du majeur énumérées au premier alinéa de l'article 430, la requête transmise au juge des tutelles comporte en outre, à peine d'irrecevabilité, les informations dont cette personne dispose sur la situation sociale et pécuniaire de la personne qu'il y a lieu de protéger et l'évaluation de son autonomie ainsi que, le cas échéant, un bilan des actions personnalisées menées auprès d'elle. La nature et les modalités de recueil des informations sont définies par voie réglementaire. Le procureur de la République peut solliciter du tiers qui l'a saisi des informations complémentaires.**

Bibliographie : C. Jonas, *Les aspects médicaux de la protection des majeurs : Dr. famille* 2007, étude 15.

1) **Procédure.** V. CPC, art. 1211 et s., p. 2362.

2) **Audition de l'intéressé.** Jugé, sous l'empire du droit antérieur, que le juge des tutelles peut décider, sur l'avis du médecin désigné par ses soins, qu'il n'y a pas lieu de procéder à l'audition de l'intéressé (▪ Cass. 1re civ., 23 mars 1994, n° 92-15.169 : *JurisData* n° 1994-000762 ; *JCP* 1995, II, 22439, note Paillet). – Voir désormais art. 432, p. 405.

3) **Certificat médical.** Sur la nécessité du certificat médical, V. ▪ Cass. 1re civ., 15 juin 1994, n° 93-83.929 : *JurisData* n° 1994-001520 ; *Bull. civ.* I, n° 213, p. 155 ; *Defrénois* 1994, 1450, obs. Massip ; *D.* 1995, 37, note Massip. ▪ Cass. 1re civ., 24 oct. 1995, n° 93-21.590 : *Bull. civ.* I, n° 371, p. 258 ; *Defrénois* 1996, 732, obs. Massip. Sur l'exigence d'un constat médical à l'occasion d'une décision se prononçant sur le maintien de la mesure de protection, voir ▪ Cass. 1re civ., 5 nov. 2008 : *Bull. civ.* I, n° 249, p. 212 ; *Defrénois* 2009, 557, obs. Massip ; *RTD civ.* 2009, 94, obs. Hauser ; *JCP* 2008, IV, 2940 ; *JurisData* n° 2008-045681. Il entre dans la mission du médecin de donner son avis sur l'opportunité d'une mesure de protection (▪ Cass. 1re civ., 24 janv. 1990, n° 87-13.902 : *JurisData* n° 1990-701179 ; *JCP* N 1990, II, 281, note Fossier). Si la constatation par un médecin de l'altération des facultés mentales ou corporelles du malade constitue une formalité substantielle préalable à l'ouverture d'une tutelle ou d'une curatelle, la personne qui fait l'objet de cette mesure ne saurait être fondée à se prévaloir du non-accomplissement de cette formalité alors que c'est par son propre fait que cet examen médical n'a pas eu lieu et le tribunal n'est pas tenu de prescrire au médecin d'émettre son avis sur *pièces, modalité que la loi ne* prévoit pas (▪ Cass. 1re civ., 18 janv. 1972 : *JurisData* n° 1972-000021 ; *D.* 1972, 373, note Contamine-Raynaud. ▪ Cass. 1re civ., 10 juill. 1984, n° 83-10.653 : *JurisData* n° 1984-701394 ; *D.* 1984, 547, note Massip ; *Bull. civ.* I, n° 223, p. 188. – Voir cependant ▪ Cass. 1re civ., 23 mai 1979, n° 77-10.082 : *D.* 1979, inf. rap. 407). Jugé de même, après l'entrée en vigueur de la loi du 5 mars 2007, que l'article 431 du Code civil ne saurait remettre en cause la jurisprudence établie selon laquelle la personne placée sous une mesure de protection n'est pas fondée à se prévaloir d'un défaut de certificat médical dans son dossier dès lors que c'est par son propre fait qu'elle a rendu impossible ce constat en se refusant à participer à tout examen médical (▪ TGI Mont-de-Marsan, 8 oct. 2009 : *D.* 2010, 2052, note Verheyde. V. aussi J. Massip, *L'affaire Bettencourt et la procédure de tutelle : JCP* 2010, n° 49, act. 1196). – Jugement cassé, pour refus d'application du nouvel article 431 du Code civil, par ▪ Cass. 1re civ., 29 juin 2011, n° 10-21.879 : *Bull. civ.* I, n° 133, p. 126 ; *D.* 2011, 2502, obs. Plazy ; *Dr. famille* 2011, 133, note Maria ; *LPA* 30-31 août 2011, 14, note Gatti ; *JCP* 2011, note 987, Peterka ; *RTD civ.* 2011, 511, obs. Hauser ; *JurisData* n° 2011-012939. V. aussi J. Massip, *De quelques problèmes posés par la protection juridique des majeurs : JCP* N 2011, 1244. – Comp., pour la résistance des juges du fond, ▪ Douai, 11 janv. 2013 et ▪ Paris, 8 janv. 2013, n° 11/1884 : *Dr. famille* 2013, 45, note Maria ; *D.* 2013, 2198, obs. Plazy ; *RTD civ.* 2013, 348, obs. Hauser ; *JurisData* nos 2013-001702 et 2013-001703. Finalement jugé par la **Cour de cassation** qu'au sens de l'article 431 du Code civil, le certificat circonstancié peut être établi sur pièces médicales, en cas de carence de l'intéressé (▪ Cass. 1re civ. 20 avr. 2017, n° 16-17.672 : *Bull.* ; *JCP* G 2017, 525, Noguéro ; *Dr. famille* 2017, 140, Maria ; *D.* 2017, 1455, Peterka, et 1495, Lemouland, et 1865, Le Cotty ; *RTD civ.* 2017, 612, Hauser ; *AJF* 2017,

(1) Voir D. n° 2008-1485, 22 déc. 2008.

p. 356, Montourcy ; *LPA* 28 juin 2017, 19, Hisquin ; *JurisData* n° 2017-007015, précisant que la demande d'ouverture d'une mesure de protection judiciaire doit, à peine d'irrecevabilité, être accompagnée d'un certificat circonstancié du médecin inscrit, fût-il établi sur pièces médicales).

4) Liste de médecins. La question de savoir si le médecin qui a constaté l'altération des facultés mentales de la personne à protéger figure ou non sur la liste des médecins établie par le procureur de la République est une question de fait qui ne peut être soulevée pour la première fois devant la Cour de cassation (■ Cass. 1re civ., 24 janv. 1990, n° 87-13.902 : *JurisData* n° 1990-701179 ; *JCP* N 1990, II, 281, note Fossier. ■ Cass. 1re civ., 17 déc. 1996, n° 95-12.956 : *JurisData* n° 1996-004972 ; *Defrénois* 1997, 999, obs. Massip).

5) Confidentialité de l'expertise. L'expert n'est pas tenu d'admettre les conseillers médicaux de l'une des parties à l'examen clinique du malade (■ Cass. 1re civ., 25 avr. 1989, n° 87-19.253 : *JurisData* n° 1989-702525 ; *JCP* 1989, IV, 240 ; *Bull. civ.* I, n° 169, p. 111).

6) Secret médical. Sur ce que le médecin est déchargé de son obligation au secret relativement aux faits dont il a eu connaissance dans l'exercice de sa profession, V. ■ Cass. 1re civ., 13 janv. 2004, n° 01-16.823 : *JurisData* n° 2004-021772 ; *Dr. famille* 2004, 58, note Fossier ; *D.* 2004, somm. 1853, obs. Lemouland.

Art. 431-1 *(Abr., L. n° 2015-177, 16 févr. 2015).*

Art. 432 *(Rempl., L. n° 2007-308, 5 mars 2007 ; mod., L. n° 2015-177, 16 févr. 2015).* **– Le juge statue, la personne entendue ou appelée. L'intéressé peut être accompagné par un avocat ou, sous réserve de l'accord du juge, par toute autre personne de son choix.**

Le juge peut toutefois, par décision spécialement motivée et sur avis d'un médecin inscrit sur la liste mentionnée à l'article 431, décider qu'il n'y a pas lieu de procéder à l'audition de l'intéressé si celle-ci est de nature à porter atteinte à sa santé ou s'il est hors d'état d'exprimer sa volonté.

1) Procédure. V. CPC, art. 1220 et s., p. 2363. Ayant régulièrement convoqué l'intéressée et entendu son avocat en ses observations, la cour d'appel, qui n'était pas tenue d'entendre la personne protégée, a fait une exacte application des articles 432 du Code civil et 1245 du Code de procédure civile (■ Cass. 1re civ., 23 oct. 2013, n° 11-28.113 : *Dr. famille* 2013, 168, note crit. Maria ; *JurisData* n° 2013-025489).

2) Sauvegarde de justice. V. art. 433, al. 3, p. 405.

Section III. – De la sauvegarde de justice

(L. n° 2007-308, 5 mars 2007)

Art. 433 *(Rempl., L. n° 2007-308, 5 mars 2007).* **– Le juge peut placer sous sauvegarde de justice la personne qui, pour l'une des causes prévues à l'article 425, a besoin d'une protection juridique temporaire ou d'être représentée pour l'accomplissement de certains actes déterminés.**

Cette mesure peut aussi être prononcée par le juge, saisi d'une procédure de curatelle ou de tutelle, pour la durée de l'instance.

Par dérogation à l'article 432, le juge peut, en cas d'urgence, statuer sans avoir procédé à l'audition de la personne. En ce cas, il entend celle-ci dans les meilleurs délais, sauf si, sur avis médical, son audition est de nature à porter préjudice à sa santé ou si elle est hors d'état d'exprimer sa volonté.

Art. 434 *(Rempl., L. n° 2007-308, 5 mars 2007).* **– La sauvegarde de justice peut également résulter d'une déclaration faite au procureur de la République dans les conditions prévues par l'article L. 3211-6 du Code de la santé publique.**

Art. 435 *(L. n° 2007-308, 5 mars 2007 ; Ord. n° 2016-131, 10 févr. 2016).* **– La personne placée sous sauvegarde de justice conserve l'exercice de ses droits. Toutefois, elle ne peut, à peine de nullité, faire un acte pour lequel un mandataire spécial a été désigné en application de l'article 437.**

Les actes qu'elle a passés et les engagements qu'elle a contractés pendant la durée de la mesure peuvent être rescindés pour simple lésion ou réduits en cas d'excès alors même qu'ils pourraient être annulés en vertu de

l'article 414-1. Les tribunaux prennent notamment en considération l'utilité ou l'inutilité de l'opération, l'importance ou la consistance du patrimoine de la personne protégée et la bonne ou mauvaise foi de ceux avec qui elle a contracté.

L'action en nullité, en rescision ou en réduction n'appartient qu'à la personne protégée et, après sa mort, à ses héritiers. Elle s'éteint par le délai de cinq ans prévu à l'article 2224.

1) **Conservation de l'exercice des droits.** V. pour une application, ▪ Cass. 1re civ., 24 févr. 2015, n° 15-14.328.

2) **Lésion.** Sur l'appréciation souveraine des juges du fond, V. ▪ Cass. 1re civ., 4 déc. 2013, n° 12-28.656 : *D.* 2014, 2264, obs. Noguéro.

Art. 436 *(L. n° 2007-308, 5 mars 2007).* – **Le mandat par lequel la personne protégée a chargé une autre personne de l'administration de ses biens continue à produire ses effets pendant la sauvegarde de justice à moins qu'il ne soit révoqué ou suspendu par le juge des tutelles, le mandataire étant entendu ou appelé.**

En l'absence de mandat, les règles de la gestion d'affaires sont applicables.

Ceux qui ont qualité pour demander l'ouverture d'une curatelle ou d'une tutelle sont tenus d'accomplir les actes conservatoires indispensables à la préservation du patrimoine de la personne protégée dès lors qu'ils ont connaissance tant de leur urgence que de l'ouverture de la mesure de sauvegarde. Les mêmes dispositions sont applicables à la personne ou à l'établissement qui héberge la personne placée sous sauvegarde.

1) **Mandat d'intérêt commun.** L'irrévocabilité d'un mandat d'intérêt commun, fût-elle expressément stipulée, ne lie pas le juge des tutelles au regard de l'(anc.) article 491-3, alinéa 3 (▪ Cass. 1re civ., 12 mai 1987, n° 84-14.472 : *JurisData* n° 1987-000984 ; *JCP* 1988, II, 21075, note Fossier).

2) **Motivation de la révocation du mandat.** Le juge des tutelles ne peut prononcer la révocation du mandat que dans l'intérêt de la protection de la personne placée sous sauvegarde de justice. Cette révocation ne peut être justifiée par le seul fait d'une procédure aux fins de tutelle ou de curatelle (▪ Cass. 1re civ., 15 mai 1990, n° 88-05.045 : *JurisData* n° 1990-701601 ; *JCP* G 1990, IV, 270 ; *JCP* N 1990, II, 310, note Fossier ; *RTD civ.* 1991, 295, obs. Hauser). Mais elle peut l'être en raison de la prodigalité du mandataire (▪ Cass. 1re civ., 17 juill. 1984 : *JurisData* n° 1984-701188 ; *JurisData* n° 1984-701188 ; *Gaz. Pal.* 1985, 1, 150, note J. M.), ou de l'existence de dissensions entre les deux enfants de l'intéressé, qui rend impossible de maintenir le mandat donné à l'un d'eux (▪ Cass. 1re civ., 8 déc. 1993, n° 91-20.740 : *JurisData* n° 1993-002648 ; *Bull. civ.* I, n° 360, p. 250 ; *D.* 1994, 360, note Massip ; *JCP* 1995, II, 22413, 1re esp., note Fossier).

Art. 437 *(Rempl., L. n° 2007-308, 5 mars 2007).* – **S'il y a lieu d'agir en dehors des cas définis à l'article 436, tout intéressé peut en donner avis au juge.**

Le juge peut désigner un mandataire spécial, dans les conditions et selon les modalités prévues aux articles 445 et 448 à 451, à l'effet d'accomplir un ou plusieurs actes déterminés, même de disposition, rendus nécessaires par la gestion du patrimoine de la personne protégée. Le mandataire peut, notamment, recevoir mission d'exercer les actions prévues à l'article 435.

Le mandataire spécial est tenu de rendre compte de l'exécution de son mandat à la personne protégée et au juge dans les conditions prévues aux articles 510 à 515.

1) **Choix du mandataire.** Le tribunal doit choisir le mandataire spécial en fonction de l'unique intérêt de la personne à protéger (▪ Cass. 1re civ., 17 juill. 1984 : *Gaz. Pal.* 1985, 1, 150, note J. M.).

2) **Motivation de la décision.** Sur le principe qu'un mandataire spécial ne peut être désigné que s'il y a nécessité d'agir pour le compte du majeur protégé, V. ▪ Cass. 1re civ., 30 nov. 1983, n° 83-14.712 : *JurisData* n° 1983-702426 ; *Bull. civ.* I, n° 285, p. 254. *Le juge doit préciser les circonstances de nature à rendre nécessaire cette désignation* (▪ Cass. 1re civ., 4 déc. 1990, n° 89-12.595 : *JCP* N 1991, II, 198, 1re esp., note Fossier. – V., pour une illustration, ▪ Cass. 1re civ., 20 mai 2009, n° 08-12.923 : *Dr. famille* 2009, 130, note Maria). Sur le contrôle de la Cour de cassation, V. ▪ Cass. 1re civ., 29 juin 2011, n° 10-18.960 : *Bull. civ.* I, n° 134, p. 127 ; *JCP* 2011, act. 1183, Massip ; *RTD civ.* 2011, 513, obs. Hauser ; *JurisData* n° 2011-012932).

3) **Pouvoirs du mandataire (antérieurs à la réforme du 5 mars 2007).** Il résulte de l'article 491-5 (anc.) que le mandataire spécial ne peut accomplir aucun acte que le tuteur du majeur en tutelle ne pourrait passer seul (▪ Cass. 1re civ., 10 juin 1981 : *Bull. civ.* I, n° 204, p. 168 ; *D.* 1982, 166, note Massip). Le mandataire spécial désigné en vertu de l'article 491-5 (anc.) ne peut recevoir un mandat général à l'effet d'administrer l'ensemble du patrimoine du majeur protégé (▪ Cass. 1re civ., 12 janv. 1988, n° 86-14.112 : *JurisData* n° 1988-

000388 ; *D.* 1988, 439, note Massip. ■ Cass. 1re civ., 8 janv. 1991, n° 89-19.291 : *JurisData* n° 1991-000264 ; *JCP* N 1991, II, 198, 2e esp., note Fossier). Mais la perception des revenus de la personne protégée ne constitue pas un mandat général d'administration du patrimoine (■ Cass. 1re civ., 16 juill. 1992 : *Bull. civ.* I, n° 233, p. 154). Jugé que le mandat peut porter sur les actes d'administration courante indispensables à la gestion du patrimoine, ainsi que ceux nécessaires à l'entretien de la personne protégée (■ Cass. 1re civ., 8 déc. 1993, n° 92-10.698 : *JurisData* n° 1993-003200 ; *Bull. civ.* I, n° 360, p. 250 ; *D.* 1994, 360, note crit. Massip ; *JCP* 1995, II, 22413, 1re esp., note Fossier). Le tribunal peut donner mission au mandataire de recevoir le courrier de l'intéressé (■ Cass. 1re civ., 11 juin 1991, n° 89-20.517 : *JurisData* n° 1991-001748 ; *Bull. civ.* I, n° 195, p. 128 ; *JCP* 1992, II, 21879, note Fossier).

4) **Situation de la personne protégée.** La désignation d'un mandataire spécial a pour effet de priver le majeur placé sous sauvegarde de justice du droit d'accomplir les actes entrant dans les pouvoirs du mandataire spécial (■ Cass. 1re civ., 9 nov. 1982, n° 81-15.205 : *JurisData* n° 1982-702376 ; *JurisData* n° 1982-702375 ; *D.* 1983, 358, note Massip). Mais la limitation ne joue que pour l'accomplissement de ces actes, et elle ne saurait avoir pour effet d'entraîner la substitution du mandataire au mandant au regard de sa qualité d'employeur et de le faire bénéficier de l'immunité accordée à ce dernier par la législation sur les accidents du travail (■ Cass. soc., 24 févr. 1988, n° 85-10.597 : *JurisData* n° 1988-000120 ; *Bull. civ.* V, n° 130, p. 86).

5) **Responsabilité du mandataire.** La faute commise par le préposé d'un centre hospitalier, mandataire spécial d'une personne placée sous sauvegarde de justice, dans l'exécution de la mission qui lui a été impartie en cette qualité ressortit aux juridictions de l'ordre judiciaire (■ T. confl., 13 janv. 1992, n° 2684 : *JurisData* n° 1992-640175 ; *JCP* G 1993, II, 22037 et *JCP* N 1993, II, 54, 2e esp., note Fossier. ■ TI Marseille, 18 sept. 1991 : *JCP* G 1993, II, 22037 et *JCP* N 1993, II, 54, 1re esp., note Fossier).

Art. 438 *(Rempl., L. n° 2007-308, 5 mars 2007).* **– Le mandataire spécial peut également se voir confier une mission de protection de la personne dans le respect des articles 457-1 à 463.**

Art. 439 *(Rempl., L. n° 2007-308, 5 mars 2007).* **– Sous peine de caducité, la mesure de sauvegarde de justice ne peut excéder un an, renouvelable une fois dans les conditions fixées au quatrième alinéa de l'article 442.**

Lorsque la sauvegarde de justice a été prononcée en application de l'article 433, le juge peut, à tout moment, en ordonner la mainlevée si le besoin de protection temporaire cesse.

Lorsque la sauvegarde de justice a été ouverte en application de l'article 434, elle peut prendre fin par déclaration faite au procureur de la République si le besoin de protection temporaire cesse ou par radiation de la déclaration médicale sur décision du procureur de la République.

Dans tous les cas, à défaut de mainlevée, de déclaration de cessation ou de radiation de la déclaration médicale, la sauvegarde de justice prend fin à l'expiration du délai ou après l'accomplissement des actes pour lesquels elle a été ordonnée. Elle prend également fin par l'ouverture d'une mesure de curatelle ou de tutelle à partir du jour où la nouvelle mesure de protection juridique prend effet.

Section IV. – De la curatelle et de la tutelle

(L. n° 2007-308, 5 mars 2007)

Art. 440 *(Rempl., L. n° 2007-308, 5 mars 2007).* **– La personne qui, sans être hors d'état d'agir elle-même, a besoin, pour l'une des causes prévues à l'article 425, d'être assistée ou contrôlée d'une manière continue dans les actes importants de la vie civile peut être placée en curatelle.**

La curatelle n'est prononcée que s'il est établi que la sauvegarde de justice ne peut assurer une protection suffisante.

La personne qui, pour l'une des causes prévues à l'article 425, doit être représentée d'une manière continue dans les actes de la vie civile, peut être placée en tutelle.

La tutelle n'est prononcée que s'il est établi que ni la sauvegarde de justice, ni la curatelle ne peuvent assurer une protection suffisante.

1) **Expertise. Débat contradictoire.** Le jugement de placement sous curatelle renforcée ayant été rendu au vu d'une expertise médicale et l'intéressée ayant été privée de la possibilité de connaître et de discuter les conclusions de l'expert, la procédure est dépourvue de caractère contradictoire et le tribunal a violé les articles 6 § 1 de la Convention européenne des droits de l'homme,

ensemble les articles 16 et 1250, alinéa 2 du Code de procédure civile (■ Cass. 1re civ., 28 nov. 2006, n° 04-18.266 : *JurisData* n° 2006-036141 ; *Bull. civ.* I, n° 526, p. 465 ; *Dr. famille* 2007, 21 [1re esp.], note Fossier ; *D.* 2008, somm. 316, obs. Plazy ; *RTD civ.* 2007, 91, obs. Hauser). Même solution dans le cas où le tribunal n'a pas avisé l'intéressé de la possibilité de consulter son dossier et ne lui a pas laissé le temps matériel pour préparer son argumentation (■ Cass. 1re civ., 28 nov. 2006, n° 05-13.004 : *JurisData* n° 2006-036145 ; *Bull. civ.* I, n° 527, p. 466 ; *Dr. famille* 2007, 21 [2e esp.], note Fossier ; *D.* 2008, somm. 316, obs. Plazy ; *RTD civ.* 2007, 91, obs. Hauser. ■ Cass. 1re civ., 11 mars 2009, n° 08-10.118 : *Bull. civ.* I, n° 56, p. 47 ; *D.* 2009, 1864, note Norguin, et 2189, obs. Plazy ; *RTD civ.* 2009, 296, obs. Hauser ; *Defrénois* 2009, 1158, obs. Massip).

I – CURATELLE

2) Opportunité de la curatelle. Les juges du fond doivent constater une altération des facultés corporelles de l'intéressé de nature à empêcher l'expression de sa volonté (■ Cass. 1re civ., 9 mars 1994, n° 91-17.139 : *JurisData* n° 1994-000524 ; *JCP* 1994, IV, 1246 ; *Bull. civ.* I, n° 93, p. 71 ; *Defrénois* 1994, 1103, obs. Massip, vision interdisant toute lecture), ainsi que la nécessité pour lui d'être conseillé ou contrôlé dans les actes de la vie civile (■ Cass. 1re civ., 24 oct. 1995, n° 93-21.484 : *JurisData* n° 1995-002630 ; *Bull. civ.* I, n° 371, p. 258 ; *Defrénois* 1996, 732, obs. Massip). – Sur le pouvoir souverain du juge du fond pour apprécier l'opportunité de l'ouverture d'une curatelle, V. ■ Cass. 1re civ., 14 déc. 1976, n° 74-14.249 : *JurisData* n° 1976-000405 ; *JCP* 1977, IV, 33. – Voir aussi pour le maintien de la mesure, ■ Cass. 1re civ., 2 juin 1992, n° 90-17.499 : *JurisData* n° 1992-001508 ; *Bull. civ.* I, n° 170, p. 116 (danger de voir l'intéressé aliéner l'immeuble dont les loyers lui permettent de payer la pension alimentaire de son épouse). Ne donne pas de base légale à sa décision le tribunal qui, pour placer une personne sous le régime de la curatelle, ne précise pas si les altérations de ses facultés corporelles empêchaient l'expression de sa volonté et si l'altération de ses facultés mentales avait été constatée par un médecin spécialiste choisi sur une liste établie par le procureur de la République (■ Cass. 1re civ., 3 janv. 2006 : *Bull. civ.* I, n° 4, p. 3 ; *RTD civ.* 2006, 282, obs. Hauser ; *JCP* 2006, II, 10154, note Geffroy et Nissabouri ; *JurisData* n° 2006-031477). Justifie au contraire sa décision le juge plaçant sous curatelle simple la personne qui présente un délire paranoïaque entraînant une altération de ses facultés mentales, état qui ne justifie pas une représentation continue, mais qui rend néanmoins manifeste le besoin d'être conseillé ou contrôlé dans les actes de la vie civile (■ Cass. 1re civ., 20 sept. 2006, n° 05-16.891 : *Dr. famille* 2007, 50, note Fossier ; *JurisData* n° 2006-035040). – V. aussi ■ TGI Sables-d'Olonne, 9 juin 2006 : *JurisData* n° 2006-325363 ; *JCP* 2007, II, 10053, note Geffroy et Nissabouri. Sur la substitution d'une curatelle à une tutelle, V. ■ Cass. 1re civ., 30 juin 1992, sous art. 443, p. 409.

3) Formes. La mention de l'identité du requérant dans le jugement d'ouverture n'est pas une condition de régularité de la décision (■ Cass. 1re civ., 25 juin 1991, n° 90-13.881 : *JurisData* n° 1991-001890 ; *Bull. civ.* I, n° 209, p. 137).

II – TUTELLE

4) Nécessité d'être représenté d'une manière continue. La mise sous tutelle prévue par les articles 490 et 492 (anciens) exige la constatation par les juges du fond, d'une part, de l'altération des facultés mentales ou corporelles de l'intéressé et, d'autre part, de la nécessité pour celui-ci d'être représenté d'une manière continue dans les actes de la vie civile (■ Cass. 1re civ., 31 janv. 1995, n° 92-20.224 : *JurisData* n° 1995-000290 ; *Bull. civ.* I, n° 61, p. 44 ; *D.* 1996, 123, note Verheyde. V. en ce sens ■ Cass. 1re civ., 12 mai 1981, n° 79-16.903 : *JurisData* n° 1981-701384 ; *Bull. civ.* I, n° 160, p. 131. ■ Cass. 1re civ., 16 juill. 1998 : *JCP* 1998, IV, 3106 ; *Bull. civ.* I, n° 253, p. 177 ; *RTD civ.* 1998, 882, obs. Hauser). Mais le tribunal qui a constaté l'altération des facultés personnelles d'un majeur trisomique a souverainement retenu l'existence des deux conditions (■ Cass. 1re civ., 17 déc. 1996, n° 94-20.128 : *JurisData* n° 1996-005044 ; *Defrénois* 1997, 999, obs. Massip).

5) Associé en nom collectif. Si la mise en tutelle d'un majeur associé en nom collectif le prive juridiquement de la capacité d'être commerçant, la poursuite de son activité commerciale, nonobstant la mesure d'incapacité prononcée à son égard, le laisse justiciable d'une procédure de liquidation judiciaire (■ Cass. com., 8 déc. 1998, n° 96-15.315 : *JurisData* n° 1998-004738 ; *JCP* 1999, II, 10130, note Gibirila ; *RJPF* 1999-1/13, note Valory. ■ Cass. com., 28 nov. 2000, n° 98-12.400 : *JurisData* n° 2000-007235 ; *D.* 2001, somm. 1514, obs. Lemouland).

Sous-section 1. – *De la durée de la mesure*

(L. n° 2007-308, 5 mars 2007)

Art. 441 ***(Rempl., L. n° 2007-308, 5 mars 2007 ; mod., L. n° 2015-177, 16 févr. 2015).*** **– Le juge fixe la durée de la mesure sans que celle-ci puisse excéder cinq ans.**

Le juge qui prononce une mesure de tutelle peut, par décision spécialement motivée et sur avis conforme d'un médecin inscrit sur la liste mentionnée à l'article 431 constatant que l'altération des facultés personnelles de l'intéressé décrites à l'article 425 n'apparaît manifestement pas susceptible de connaître une amélioration selon les données acquises de la science, fixer une durée plus longue, n'excédant pas dix ans.

1) Application dans le temps. Voir L. n° 2007-308, 5 mars 2007, art. 45, II (mod. L. n° 2009-526, 12 mai 2009, art. 116), p. 3276 (disposition applicable aux mesures ouvertes avant l'entrée en vigueur de la loi, à l'expiration d'un délai de cinq ans à compter de cette entrée en vigueur).

2) V. pour une des **applications**, ■ Cass. 1re civ., 8 déc. 2016, n° 16-20.298 (affaire « *Vincent L.* ») : *Bull.* ; *D.* 2016, 2569, obs. Vialla, et 332, note Saulier ; *D.* 2017, 1500, obs. Noguéro ; *Dr. famille* 2017, 48, note Maria ; *JCP* N 2017, 1139, note Peterka ; *JCP* G 2017, 79, note Hauser ; *RTD civ.* 2017, 97, obs. Hauser ; *AJF* 2017, p. 68, Raoul-Cormeil ; *JurisData* n° 2016-025731. ■ Cass. 1re civ., 4 mai 2017, n° 16-17.752 : *Dr. famille* 2017, 170, note Maria ; *JurisData* n° 2017-008234.

3) Avis médical. L'avis conforme visé par l'article 441 du Code civil ne concerne pas la durée de la mesure, laquelle relève de l'office du juge (■ Cass. 1re civ., 8 déc. 2016, n° 16-20.298, préc., annot. n° 2).

Art. 442 ***(Rempl., L. n° 2007-308, 5 mars 2007 ; mod., L. n° 2015-177, 16 févr. 2015).*** **– Le juge peut renouveler la mesure pour une même durée.**

Toutefois, lorsque l'altération des facultés personnelles de l'intéressé décrite à l'article 425 n'apparaît manifestement pas susceptible de connaître une amélioration selon les données acquises de la science, le juge peut, par décision spécialement motivée et sur avis conforme d'un médecin inscrit sur la liste mentionnée à l'article 431, renouveler la mesure pour une durée plus longue qu'il détermine, n'excédant pas vingt ans.

Le juge peut, à tout moment, mettre fin à la mesure, la modifier ou lui substituer une autre mesure prévue au présent titre, après avoir recueilli l'avis de la personne chargée de la mesure de protection.

Il statue d'office ou à la requête d'une des personnes mentionnées à l'article 430, au vu d'un certificat médical et dans les conditions prévues à l'article 432. Il ne peut toutefois renforcer le régime de protection de l'intéressé que s'il est saisi d'une requête en ce sens satisfaisant aux articles 430 et 431.

1) Application dans le temps. V. L. n° 2007-308, 5 mars 2007, art. 45, II (mod. L. n° 2009-526, 12 mai 2009, art. 116), p. 3276 (dispositions applicables aux mesures ouvertes avant l'entrée en vigueur de la loi, à l'expiration d'un délai de cinq ans à compter cette entrée en vigueur). V. aussi L. n° 2015-177, 16 févr. 2015, art. 26. Il ressort de cette dernière disposition et des travaux préparatoires que le législateur a entendu appliquer la limitation dans le temps de la durée des mesures renouvelées (art. 442, al. 2), plus protectrice des intéressés, à l'ensemble des renouvellements décidés après l'entrée en vigueur de la loi, le 18 février 2015, que les mesures initiales aient été prises avant ou après cette date (■ Cass. 1re civ., 15 juin 2017, n° 15-23.066 : *Bull.* ; *D.* 2017, 1506, Noguéro ; *JCP* G 2017, 858, Peterka ; *D.* 2018, p. 463, Lemouland ; *AJF* 2017, p. 549, Montourcy ; *JurisData* n° 2017-011302).

2) Renouvellement pour une durée plus longue (al. 2). Il résulte de l'article 442, alinéa 2, que le juge ne peut, par une décision spécialement motivée, renouveler une mesure de protection pour une durée supérieure à cinq ans que sur avis conforme d'un médecin choisi sur la liste établie par le procureur de la République ; ainsi, en rejetant la requête en mainlevée de la curatelle et en fixant la durée de celle-ci à dix années, sans constater que le certificat du médecin préconisait un renouvellement de la mesure pour une durée supérieure à cinq ans, le tribunal de grande instance n'a pas donné de base légale à sa décision (■ Cass. 1re civ., 10 oct. 2012, n° 11-14.441 : *Bull. civ.* I, n° 197, p. 190 ; *D.* 2012, 2723, note Raoul-Cormeil ; *D.* 2013, 2200, obs. Noguéro ; *Dr. famille* 2012, 184, note Maria ; *RTD civ.* 2013, 90, obs. Hauser ; *JCP* G 2012, act. 1100 ; *JurisData* n° 2012-022667. ■ Cass. 1re civ., 13 mai 2015, n° 14-14.904 : *Dr. famille* 2015, 154, note Maria ; *JurisData* n° 2015-010927).

3) La production d'un **certificat médical** n'est pas une condition de recevabilité de la demande de mainlevée de la mesure de placement sous tutelle (■ Cass. 1re civ., 9 nov. 2016, n° 14-17.735 : *Bull.* ; *Dr. famille* 2017, 18, note Maria ; *RTD civ.* 2017, 99, obs. Hauser ; *D.* 2017, 1495, obs. Lemouland ; *LPA* 19 janv. 2017, 10, note Hisquin ; *JurisData* n° 2016-022980).

Art. 443 ***(Rempl., L. n° 2007-308, 5 mars 2007).*** **– La mesure prend fin, en l'absence de renouvellement, à l'expiration du délai fixé, en cas de jugement de mainlevée passé en force de chose jugée ou en cas de décès de l'intéressé.**

Sans préjudice des articles 3 et 15, le juge peut également y mettre fin lorsque la personne protégée réside hors du territoire national, si cet éloignement empêche le suivi et le contrôle de la mesure.

Bibliographie : H. Péroz, *La fin des mesures de protection juridique* : *JCP* N 2008, 1276.

1) Liste limitative. Hormis dans l'hypothèse prévue par l'article 443, alinéa 2, du Code civil, le juge des tutelles ne peut donner mainlevée d'une mesure de protection juridique des majeurs que s'il constate que les causes ayant justifié son ouverture ont disparu (▪ Cass., avis, 13 avr. 2015, n° 15-70.001 : *Bull.* ; *D.* 2015, 1995, note Raoul-Cormeil, et 1574, obs. Noguéro ; *RTD civ.* 2015, 587, 3e esp., obs. Hauser ; *Dr. famille* 2015, 130, note Maria ; *JurisData* n° 2015-009037, réponse à la question de savoir si le juge peut mettre fin à une mesure de protection lorsqu'il constate l'impossibilité d'en confier l'exercice tant à un membre de la famille ou à un proche qu'à un quelconque mandataire judiciaire).

2) Disparition ou amélioration du trouble. Il résulte des articles 490, 492 et 507 (anciens) que la mainlevée de la tutelle exige la constatation par les juges du fond de la disparition médicalement établie des troubles mentaux et corporels ayant déterminé cette tutelle, ou du moins une amélioration de ces troubles telle que le majeur protégé n'ait plus besoin d'être représenté d'une manière continue dans les actes de la vie civile (▪ Cass. 1re civ., 30 juin 1992, n° 90-20.252 : *JurisData* n° 1992-001502 ; *Bull. civ.* I, n° 210, p. 140, cassation du jugement ayant substitué à la tutelle le régime de la curatelle).

Sous-section 2. – De la publicité de la mesure

(L. n° 2007-308, 5 mars 2007)

Art. 444 *(Rempl., L. n° 2007-308, 5 mars 2007)*. – **Les jugements portant ouverture, modification ou mainlevée de la curatelle ou de la tutelle ne sont opposables aux tiers que deux mois après que la mention en a été portée en marge de l'acte de naissance de la personne protégée selon les modalités prévues par le Code de procédure civile.**

Toutefois, même en l'absence de cette mention, ils sont opposables aux tiers qui en ont personnellement connaissance.

Bibliographie : D. Noguéro, *La publicité des mesures de protection des majeurs (ouverture, vie et fin des mesures)* in *Mélanges Jean Hauser*, LexisNexis 2012, 467.

1) Opposabilité. Application. En cas de placement d'un emprunteur sous curatelle, le juge doit vérifier si le jugement portant ouverture de la mesure de protection a fait l'objet des mesures de publicité légale le rendant opposable à l'établissement de crédit, de sorte que celui-ci est tenu de satisfaire, à l'égard du curateur de l'intéressé, à l'obligation annuelle d'information édictée par l'article L. 311-9 du Code de la consommation (▪ Cass. 1re civ., 9 nov. 2011, n° 10-14.375 : *Bull. civ.* I, n° 198, p. 194 ; *D.* 2011, 2862 ; *D.* 2012, 2704, obs. Noguéro ; *RTD civ.* 2012, 292, obs. Hauser ; *Dr. famille* 2012, 11, note Maria ; *Contrats, conc. consom.* 2012, 29, note Raymond ; *RD bancaire et fin.* 2012, 41, obs. Mathey ; *RJDA* 2012/2, n° 198 ; *JurisData* n° 2011-024380, cassation pour défaut de base légale de l'arrêt énonçant qu'il n'est pas contesté que l'emprunteur ne faisait pas l'objet d'une mesure de protection lors de la souscription du crédit, qu'il *ne saurait être reproché à la société* de ne pas *avoir transmis* les documents concernant le crédit au curateur dans la mesure où cette société n'a été officiellement avisée de la mise sous curatelle de l'intéressé qu'ultérieurement et qu'il ne saurait être exigé de la société, dont les clients sont nombreux, de vérifier pour chacun d'eux, s'il ne fait pas l'objet d'une mesure d'interdiction légale. – Rappr., en matière d'avertissement d'avoir à déclarer sa créance au passif d'une procédure collective, ▪ Cass. com., 6 déc. 2011, n° 10-19.959 : *Bull. civ.* IV, n° 200, p. 234 ; *RTD civ.* 2012, 292, obs. Hauser ; *Dr. famille* 2012, 34, obs. Maria. – V. aussi ▪ Cass. 1re civ., 29 janv. 2014, n° 12-29.853 : *D.* 2014, 2267, obs. Noguéro ; *RTD civ.* 2014, 339, obs. Hauser).

2) Décision portant modification de la mesure. Une décision portant modification d'une tutelle ou d'une curatelle, au sens de l'article 493-2 (anc.), est une décision qui modifie l'étendue de l'incapacité du majeur protégé, ce qui n'est pas le cas d'une ordonnance procédant au remplacement d'un curateur (▪ Cass. 1re civ., 18 déc. 1979 : *JurisData* n° 1979-000325 ; *Gaz. Pal.* 1980, 2, 433, note J. M.).

3) Connaissance personnelle de la tutelle. L'acte introductif d'une instance en rescision d'une vente pour lésion précisant que le tuteur avait été désigné en cette qualité par une délibération du conseil de famille prise sous la présidence du juge des tutelles, les juges du fond sont fondés à retenir que le défendeur avait personnellement connaissance de la décision portant ouverture de la tutelle et que le tuteur avait qualité pour agir au nom de l'incapable (■ Cass. 1re civ., 18 nov. 1975, n° 73-12.683 : *JurisData* n° 1975-000334 ; *Bull. civ.* I, n° 334, p. 275).

4) **Mainlevée. Défaut de publicité.** Le défaut de publicité d'une décision de mainlevée entraîne pour le seul majeur concerné un préjudice puisqu'il a pour conséquence de le laisser apparaître, aux yeux des tiers, soumis à des mesures de protection ; les tiers ne peuvent se prévaloir de cette situation, puisqu'elle n'est pas de nature à affecter la validité de la décision prise par le majeur qui n'est plus soumis à un régime de protection (■ Cass. 3e civ., 1er oct. 2008 : *Bull. civ.* III, n° 145, p. 136 ; *Defrénois* 2009, 326, note Noguéro ; *Dr. famille* 2008, 177, note Fossier ; *RTD civ.* 2009, obs. Hauser ; *JCP* 2008, IV, 2715 ; *JurisData* n° 2008-045182).

Sous-section 3. – Des organes de protection

(L. n° 2007-308, 5 mars 2007)

Art. 445 *(Rempl., L. n° 2007-308, 5 mars 2007 ; mod., L. n° 2008-776, 4 août 2008).* – **Les charges curatélaires et tutélaires sont soumises aux conditions prévues pour les charges tutélaires des mineurs par les articles 395 à 397. Toutefois, les pouvoirs dévolus par l'article 397 au conseil de famille sont exercés par le juge en l'absence de constitution de cet organe.**

Les membres des professions médicales et de la pharmacie, ainsi que les auxiliaires médicaux ne peuvent exercer une charge curatélaire ou tutélaire à l'égard de leurs patients.

Le fiduciaire désigné par le contrat de fiducie ne peut exercer une charge curatélaire ou tutélaire à l'égard du constituant.

§ 1. – Du curateur et du tuteur

(L. n° 2007-308, 5 mars 2007)

Art. 446 *(Rempl., L. n° 2007-308, 5 mars 2007).* – **Un curateur ou un tuteur est désigné pour la personne protégée dans les conditions prévues au présent paragraphe et sous réserve des pouvoirs conférés au conseil de famille s'il a été constitué.**

Art. 447 *(Rempl., L. n° 2007-308, 5 mars 2007).* – **Le curateur ou le tuteur est désigné par le juge.**

Celui-ci peut, en considération de la situation de la personne protégée, des aptitudes des intéressés et de la consistance du patrimoine à administrer, désigner plusieurs curateurs ou plusieurs tuteurs pour exercer en commun la mesure de protection. Chaque curateur ou tuteur est réputé, à l'égard des tiers, avoir reçu des autres le pouvoir de faire seul les actes pour lesquels un tuteur n'aurait besoin d'aucune autorisation.

Le juge peut diviser la mesure de protection entre un curateur ou un tuteur chargé de la protection de la personne et un curateur ou un tuteur chargé de la gestion patrimoniale. Il peut confier la gestion de certains biens à un curateur ou à un tuteur adjoint.

À moins que le juge en ait décidé autrement, les personnes désignées en application de l'alinéa précédent sont indépendantes et ne sont pas responsables l'une envers l'autre. Elles s'informent toutefois des décisions qu'elles prennent.

Art. 448 *(Rempl., L. n° 2007-308, 5 mars 2007).* – **La désignation par une personne d'une ou plusieurs personnes chargées d'exercer les fonctions de *curateur ou de tuteur* pour le cas où elle serait placée en curatelle ou en tutelle s'impose au juge, sauf si la personne désignée refuse la mission *ou est dans* l'impossibilité de l'exercer ou si l'intérêt de la personne protégée commande de l'écarter. En cas de difficulté, le juge statue.**

Il en est de même lorsque les parents ou le dernier vivant des père et mère, ne faisant pas l'objet d'une mesure de curatelle ou de tutelle, qui exercent l'autorité parentale sur leur enfant mineur ou assument la charge matérielle et affective de leur enfant majeur désignent une ou plusieurs personnes chargées d'exercer les fonctions de curateur ou de tuteur à compter du jour où eux-mêmes décéderont ou ne pourront plus continuer à prendre soin de l'intéressé.

Voir : Sur le mandat de protection future, art. 477 et s., p. 426.

Art. 449 *(Rempl., L. n° 2007-308, 5 mars 2007 ; mod., L. n° 2009-526, 12 mai 2009).* – **À défaut de désignation faite en application de l'article 448, le juge nomme, comme curateur ou tuteur, le conjoint de la personne protégée, le partenaire avec qui elle a conclu un pacte civil de solidarité ou son concubin, à moins que la vie commune ait cessé entre eux ou qu'une autre cause empêche de lui confier la mesure.**

À défaut de nomination faite en application de l'alinéa précédent et sous la dernière réserve qui y est mentionnée, le juge désigne un parent, un allié ou une personne résidant avec le majeur protégé ou entretenant avec lui des liens étroits et stables.

Le juge prend en considération les sentiments exprimés par celui-ci, ses relations habituelles, l'intérêt porté à son égard et les recommandations éventuelles de ses parents et alliés ainsi que de son entourage.

Voir : C. action soc. et fam., art. L. 215-4 et R. 215-14 à R. 215-17, pour l'information et le soutien des personnes appelées à exercer ou exerçant une mesure de protection des majeurs en application de l'article 449 du Code civil.

1) **Pouvoir souverain des juges du fond.** Il résulte de l'article 509-1 (anc.) que la décision d'écarter de la curatelle le conjoint de l'incapable est laissée à l'appréciation du juge, sans qu'il soit tenu de se limiter aux causes d'exclusion des différentes charges tutélaires énumérées aux (anciens) articles 444 et 445 (■ Cass. 1re civ., 29 févr. 1984 : *JurisData* n° 1984-700381 ; *D.* 1984, 423, note J. M.). V., pour des applications, J.-J. Lemouland, chron. *in D.* 2014, p. 2268.

2) **Mariage postérieur au jugement d'ouverture.** Le fait d'avoir contracté mariage postérieurement au jugement de curatelle, fût-ce pour bénéficier des dispositions de l'article 509-1 (anc.), ne peut à lui seul constituer une cause d'exclusion de la curatelle légale (■ Cass. 1re civ., 5 févr. 1991, n° 89-15.528 : *JurisData* n° 1991-000403 ; *JCP* 1991, IV, 127 ; *Bull. civ.* I, n° 50, p. 32 ; *RTD civ.* 1991, 296, obs. Hauser).

3) **Cause interdisant de confier la tutelle au conjoint.** Pour un exemple de situation conflictuelle conduisant à confier la tutelle à un tiers neutre, V. ■ Cass. 1re civ., 11 mai 1999, n° 97-16.058 : *JCP* 1999, II, 10143, note Fossier ; *D.* 2000, somm. 107, 2e esp., obs. Delmas Saint-Hilaire ; *RTD civ.* 1999, 814, obs. Hauser. ■ Cass. 1re civ., 14 avr. 2010, nos 08-21.560 et 09-10.092 : *Dr. famille* 2010, 132, note Maria ; *JurisData* n° 2010-011452. ■ Cass. 1re civ., 12 sept. 2012, n° 11-17.246 : *Dr. famille* 2012, 172, note Maria ; *RTD civ.* 2012, 712, obs. Hauser ; *D.* 2013, 2204, obs. Lemouland ; *JurisData* n° 2012-022831 (action en nullité du mariage que l'actuel tuteur a été autorisé à exercer). – Sur l'opposition caractérisée du conjoint, V. ■ Cass. 1re civ., 30 mai 2000, n° 98-13.609 : *D.* 2001, somm. 1512, obs. Delmas Saint-Hilaire.

4) **Office du juge. Éviction du conjoint.** Prive sa décision de base légale la cour d'appel qui, pour désigner un mandataire judiciaire en qualité de tuteur, énonce que, si rien ne peut être reproché à l'épouse sur la tenue du budget, il faut tenir compte des dissensions très vives au sein de cette famille recomposée et désigner un tiers pour que la situation apparaisse comme claire à tous (enfants, fratrie et conjoint), sans expliquer en quoi une telle décision était commandée par l'intérêt de la personne protégée (■ Cass. 1re civ., 9 juill. 2014, n° 13-20.077 : *Bull.* ; *Dr. famille* 2014, 149, note Maria ; *JurisData* n° 2014-016001). Sur la désignation de l'épouse comme tutrice, malgré le désaccord familial, fortement médiatisé, relatif à la décision médicale de l'arrêt des traitements pour obstination déraisonnable, V. ■ Cass. 1re civ., 8 déc. 2016, n° 16-20.298, préc., art. 441, annot. n° 2, p. 409.

5) **Office du juge. Sentiments du majeur protégé.** Prive sa décision de base légale au regard des articles 449 et 450 du Code civil, la cour d'appel qui rejette le recours d'une majeure sous curatelle renforcée demandant que sa nièce soit désignée comme curateur, sans préciser ce qui interdit, malgré les sentiments exprimés par la personne protégée, cette désignation (■ Cass. 1re civ., 5 déc. 2012, n° 11-26.611 : *Bull. civ.* I, n° 254, p. 242 ; *JCP* G 2013, 104, note Peterka ; *Dr. famille* 2013, 11, note Maria ; *LPA* 29 mars 2013, 12, 1re esp., note Massip ; *RTD civ.* 2013, 89, obs. Hauser ; *D.* 2013, 2200, obs. Noguéro ; *JCP* N 2012, act. 1102 ; *JurisData* n° 2012-028145). Sur la prise en compte de l'éloignement géographique du frère de la curatélaire, malgré les sentiments exprimés par celle-ci, pour refuser de faire jouer la préférence familiale, V. ■ Cass. 1re civ., 24 janv. 2018, n° 17-10.262 : *Bull.* ; *D.* 2018, 702, Noguéro ; *Dr. famille* 2018, 109, Maria ; *JCP* N 2018, 1220, Peterka ; *RTD civ.* 2018, p. 367, Mazeaud ; *AJF* 2018, p. 239, Pecqueur ; *JurisData* n° 2018-000620.

Art. 450 *(Rempl., L. n° 2007-308, 5 mars 2007).* – **Lorsqu'aucun membre de la famille ou aucun proche ne peut assumer la curatelle ou la tutelle, le juge désigne un mandataire judiciaire à la protection des majeurs inscrit sur la liste prévue à l'article L. 471-2 du Code de l'action sociale et des familles. Ce mandataire ne peut refuser d'accomplir les actes urgents que commande l'intérêt de la personne protégée, notamment les actes conservatoires indispensables à la préservation de son patrimoine.**

1) Mandataire judiciaire à la protection des majeurs. V. D. n° 2008-1508, 30 déc. 2008, relatif aux conditions d'âge, de formation et d'expérience professionnelle devant être satisfaites par les mandataires judiciaires à la protection des majeurs et par les délégués aux prestations familiales, p. 3308. – D. n° 2008-1511, 30 déc. 2008, portant diverses dispositions relatives aux mandataires judiciaires à la protection des majeurs et aux délégués aux prestations familiales. D. n° 2008-1512, 30 déc. 2008, fixant les modalités d'inscription sur les listes prévues aux articles L. 471-2, L. 471-3, L. 474-1 et L. 474-2 du Code de l'action sociale et des familles, p. 3308. – D. n° 2008-1556, 31 déc. 2008, relatif aux droits des usagers des mandataires judiciaires à la protection des majeurs et des délégués aux prestations familiales, p. 3310. – A. 2 janv. 2009 relatif à la formation complémentaire préparant aux certificats nationaux de compétence de mandataire judiciaire à la protection des majeurs et de délégué aux prestations familiales, p. 3311.

Voir dossier *Mandataire judiciaire à la protection des majeurs. État des lieux d'un statut professionnel et perspectives d'évolution*, dir. L. Mauger-Vielpeau et G. Raoul-Cormeil, *in Dr. famille* 2012, p. 13.

2) Office du juge. Les juges du fond apprécient souverainement le fait qu'aucun membre de la famille ou aucun proche ne puisse assumer la curatelle ou la tutelle (■ Cass. 1re civ., 9 nov. 2011, n° 10-23.019 : *D.* 2012, 2710, obs. Noguéro, intérêt à ce que la situation du majeur soit suivie par une personne ayant du recul sur l'histoire familiale).

Art. 451 *(Rempl., L. n° 2007-308, 5 mars 2007).* – **Si l'intérêt de la personne hébergée ou soignée dans un établissement de santé ou dans un établissement social ou médico-social le justifie, le juge peut désigner, en qualité de curateur ou de tuteur, une personne ou un service préposé de l'établissement inscrit sur la liste des mandataires judiciaires à la protection des majeurs au titre du 1° ou du 3° de l'article L. 471-2 du Code de l'action sociale et des familles, qui exerce ses fonctions dans les conditions fixées par décret en Conseil d'État.**

La mission confiée au mandataire s'étend à la protection de la personne, sauf décision contraire du juge.

Voir : C. action soc. et fam., art. L. 472-5 et s.

Art. 452 *(Rempl., L. n° 2007-308, 5 mars 2007).* – **La curatelle et la tutelle sont des charges personnelles.**

Le curateur et le tuteur peuvent toutefois s'adjoindre, sous leur propre responsabilité, le concours de tiers majeurs ne faisant pas l'objet d'une mesure de protection juridique pour l'accomplissement de certains actes dont la liste est fixée par décret en Conseil d'État.

Voir : D. n° 2008-1484, 22 déc. 2008, relatif aux actes de gestion du patrimoine des personnes placées en curatelle ou en tutelle, et pris en application des articles 452, 496 et 502 du Code civil, art. 3, p. 3303.

Art. 453 *(Rempl., L. n° 2007-308, 5 mars 2007).* – **Nul n'est tenu de conserver la curatelle ou la tutelle d'une personne au-delà de cinq ans, à l'exception du conjoint, du partenaire du pacte civil de solidarité et des enfants de l'intéressé ainsi que des mandataires judiciaires à la protection des majeurs.**

Durée des fonctions. La durée de la tutelle des majeurs et celle des fonctions du tuteur étant indépendantes, la cour d'appel, qui n'a pas fixé la durée de la mission du tuteur et a exactement rappelé qu'il pourrait à tout moment demander à en être déchargé, n'a pas méconnu les dispositions de l'article 453 du Code civil (■ Cass. 1re civ., 7 oct. 2015, n° 14-23.955 : *Bull.* ; *RTD civ.* 2015, 854, obs. Hauser ; *Dr. famille* 2015, 208, note Maria ; *D.* 2016, 1536, obs. Lemouland ; *JurisData* n° 2015-021839).

§ 2. – Du subrogé curateur et du subrogé tuteur
(L. n° 2007-308, 5 mars 2007)

Art. 454 *(Rempl., L. n° 2007-308, 5 mars 2007).* – **Le juge peut, s'il l'estime nécessaire et sous réserve des pouvoirs du conseil de famille s'il a été constitué, désigner un subrogé curateur ou un subrogé tuteur.**

Si le curateur ou le tuteur est parent ou allié de la personne protégée dans une branche, le subrogé curateur ou le subrogé tuteur est choisi, dans la mesure du possible, dans l'autre branche.

Lorsqu'aucun membre de la famille ou aucun proche ne peut assumer les fonctions de subrogé curateur ou de subrogé tuteur, un mandataire judiciaire à la protection des majeurs inscrit sur la liste prévue à l'article L. 471-2 du Code de l'action sociale et des familles peut être désigné.

À peine d'engager sa responsabilité à l'égard de la personne protégée, le subrogé curateur ou le subrogé tuteur surveille les actes passés par le curateur ou par le tuteur en cette qualité et informe sans délai le juge s'il constate des fautes dans l'exercice de sa mission.

Le subrogé curateur ou le subrogé tuteur assiste ou représente, selon le cas, la personne protégée lorsque les intérêts de celle-ci sont en opposition avec ceux du curateur ou du tuteur ou lorsque l'un ou l'autre ne peut lui apporter son assistance ou agir pour son compte en raison des limitations de sa mission.

Il est informé et consulté par le curateur ou le tuteur avant tout acte grave accompli par celui-ci.

La charge du subrogé curateur ou du subrogé tuteur cesse en même temps que celle du curateur ou du tuteur. Le subrogé curateur ou le subrogé tuteur est toutefois tenu de provoquer le remplacement du curateur ou du tuteur en cas de cessation des fonctions de celui-ci sous peine d'engager sa responsabilité à l'égard de la personne protégée.

Voir : art. 409 et 410, p. 390, tutelle des mineurs.

§ 3. – Du curateur *ad hoc* et du tuteur *ad hoc*
(L. n° 2007-308, 5 mars 2007)

Art. 455 *(Rempl., L. n° 2007-308, 5 mars 2007).* – En l'absence de subrogé curateur ou de subrogé tuteur, le curateur ou le tuteur dont les intérêts sont, à l'occasion d'un acte ou d'une série d'actes, en opposition avec ceux de la personne protégée ou qui ne peut lui apporter son assistance ou agir pour son compte en raison des limitations de sa mission fait nommer par le juge ou par le conseil de famille s'il a été constitué un curateur ou un tuteur *ad hoc*.

Cette nomination peut également être faite à la demande du procureur de la République, de tout intéressé ou d'office.

§ 4. – Du conseil de famille des majeurs en tutelle
(L. n° 2007-308, 5 mars 2007)

Art. 456 *(Rempl., L. n° 2007-308, 5 mars 2007).* – Le juge peut organiser la tutelle avec un conseil de famille si les nécessités de la protection de la personne ou la consistance de son patrimoine le justifient et si la composition de sa famille et de son entourage le permet.

Le juge désigne les membres du conseil de famille en considération des sentiments exprimés par la personne protégée, de ses relations habituelles, de l'intérêt porté à son égard et des recommandations éventuelles de ses parents et alliés ainsi que de son entourage.

Le conseil de famille désigne le tuteur, le subrogé tuteur et, le cas échéant, le tuteur *ad hoc* conformément aux articles 446 à 455.

Il est fait application des règles prescrites pour le conseil de famille des mineurs, à l'exclusion de celles prévues à l'article 398, au quatrième alinéa de l'article 399 et au premier alinéa de l'article 401. Pour l'application du troisième alinéa de l'article 402, le délai court, lorsque l'action est exercée par le majeur protégé, à compter du jour où la mesure de protection prend fin.

Art. 457 *(Rempl., L. n° 2007-308, 5 mars 2007).* – Le juge peut autoriser le conseil de famille à se réunir et délibérer hors de sa présence lorsque ce dernier a désigné un mandataire judiciaire à la protection des majeurs comme tuteur ou subrogé tuteur. Le conseil de famille désigne alors un président et un secrétaire parmi ses membres, à l'exclusion du tuteur et du subrogé tuteur.

Le président du conseil de famille *transmet préalablement au juge* l'ordre du jour de chaque réunion.

Les décisions prises par le conseil de famille ne prennent effet qu'à défaut d'opposition formée par le juge, dans les conditions fixées par le Code de procédure civile.

Le président exerce les missions dévolues au juge pour la convocation, la réunion et la délibération du conseil de famille. Le juge peut toutefois, à tout moment, convoquer une réunion du conseil de famille sous sa présidence.

Sous-section 4. – Des effets de la curatelle et de la tutelle quant à la protection de la personne

(L. n° 2007-308, 5 mars 2007)

Art. 457-1 *(L. n° 2007-308, 5 mars 2007).* **– La personne protégée reçoit de la personne chargée de sa protection, selon des modalités adaptées à son état et sans préjudice des informations que les tiers sont tenus de lui dispenser en vertu de la loi, toutes informations sur sa situation personnelle, les actes concernés, leur utilité, leur degré d'urgence, leurs effets et les conséquences d'un refus de sa part.**

Art. 458 *(Rempl., L. n° 2007-308, 5 mars 2007).* **– Sous réserve des dispositions particulières prévues par la loi, l'accomplissement des actes dont la nature implique un consentement strictement personnel ne peut jamais donner lieu à assistance ou représentation de la personne protégée.**

Sont réputés strictement personnels la déclaration de naissance d'un enfant, sa reconnaissance, les actes de l'autorité parentale relatifs à la personne d'un enfant, la déclaration du choix ou du changement du nom d'un enfant et le consentement donné à sa propre adoption ou à celle de son enfant.

Bibliographie : P. Salvage-Gerest, *Les actes dont la nature implique le consentement strictement personnel du majeur en tutelle : une catégorie à revoir d'urgence : Dr. famille* 2009, étude 17. • S. Moracchini-Zeidenberg, *L'acte personnel de la personne vulnérable : RTD civ.* 2012, 21. • C. Krief-Semitko, *L'adoption simple des majeurs protégés à l'épreuve de la Convention européenne des droits de l'homme : JCP* G 2012, 1353. • E. Mallet, *Actes à consentement strictement personnel et majeur protégé : JCP* N 2013, 1210 ; *Dr. famille* 2014, étude 4. • F. Fresnel et I. Maria, *Majeurs protégés et autorité parentale : LPA* 15 mai 2014, 6. • C. Bidaud-Garon, *Accompagnement et actes personnels : Dr. famille* 2017, dossier 21.

1) **Adoption.** Relevant que le psychiatre constate dans un certificat médical que le majeur protégé n'est pas en mesure d'organiser un raisonnement, un jugement ou d'exprimer une volonté élaborée et ne peut consentir à son adoption, c'est à bon droit qu'un tribunal en déduit que l'autisme dont souffre l'incapable majeur ne permet pas l'application des dispositions de l'article 501 (anc.) du Code civil, le consentement d'un majeur protégé à sa propre adoption qui est un acte strictement personnel ne pouvant être donné en ses lieu et place par son tuteur et seul le juge des tutelles, sur avis du médecin traitant, pouvant autoriser le majeur protégé, seul ou avec l'assistance du tuteur ou de la personne qui en tient lieu, à consentir à sa propre adoption (▪ Cass. 1re civ., 8 oct. 2008, n° 07-16.094 : *Bull. civ.* I, n° 223, p. 191 ; *JCP* 2008, act. 615, obs. Favier ; *JCP* 2009, II, 10012, note Favier ; *D.* 2008, 2663, obs. Egéa, et 2832, note Norguin ; *Dr. famille* 2008, 173, note Murat ; *RTD civ.* 2008, 655, obs. Hauser ; *D.* 2009, 2190, obs. Plazy ; *Defrénois* 2008, 2431, obs. Massip ; *JurisData* n° 2008-045278). La présentation d'une requête en adoption est une action dont la nature implique un consentement strictement personnel et qui ne peut donner lieu à représentation de l'adoptant placé sous tutelle (▪ Cass. 1re civ., 4 juin 2007 : *Bull. civ.* I, n° 218, p. 190 ; *D.* 2008, somm. 320, obs. Lemouland ; *JCP* 2007, IV, 2414 ; *JCP* N 2007, 1313, obs. Plazy ; *RTD civ.* 2007, 547, obs. Hauser ; *Defrénois* 2007, 1323, obs. Massip ; *Dr. famille* 2007, 153, note Fossier et 193, note Murat ; *JurisData* n° 2007-039206). – V. aussi I. Corpart, *L'adoption face aux troubles mentaux, une situation à risque* in *Mélanges Neirinck*, LexisNexis 2015, 461.

2) **Reconnaissance d'un enfant naturel par le tuteur.** Pour l'autorisation donnée par le juge des tutelles au tuteur d'un majeur dans le coma de reconnaître l'enfant de celui-ci, antérieurement à la réforme du 5 mars 2007, V. ▪ TI Quimperlé, 16 oct. 1999 : *JurisData* n° 1999-104325 ; *JCP* 2000, II, 10252, note Garé.

3) **Actes de l'autorité parentale.** L'appel d'une décision du juge des enfants qui restreint l'exercice des droits de l'autorité parentale d'un majeur protégé constitue un acte strictement personnel que celui-ci peut accomplir sans assistance ni représentation (▪ Cass. 1re civ., 6 nov. 2013, n° 12-23.766 : *Bull. civ.* I, n° 217, p. 214 ; *D.* 2014, 467, note Raoul-Cormeil, et 2261, obs. Plazy ; *Dr. famille* 2014, 9, note Maria ; *JCP* G 2014, 14, note Peterka, et 436, n° 3, obs. Libchaber ; *RTD civ.* 2014, 84, obs. Hauser ; *JurisData* n° 2013-025047).

4) **Mariage.** Il résulte des articles 458 et 460 du Code civil que si le mariage d'un majeur en tutelle doit être autorisé par le juge des tutelles, il constitue un acte dont la nature implique un consentement strictement personnel et qui ne peut donner lieu à représentation (▪ Cass. 1re civ., 2 déc. 2015, n° 14-25.777 : *Bull.* ; *D.* 2016, 875, note Raoul-Cormeil, 1337, obs. Lemouland et Vigneau, et 1530, obs. Plazy ; *RTD civ.* 2016, 83, obs. Hauser ; *RJPF* févr. 2016, 20, obs. Mauclair ; *Dr. famille* 2016, 36, note Maria ; *JurisData* n° 2015-026590). La demande d'autorisation présentée par la tutrice est ainsi irrecevable (même arrêt).

5) Jugé que la **désignation du bénéficiaire d'un contrat d'assurance-vie** et la substitution

de bénéficiaire, malgré leur caractère strictement personnel, sont des actes pouvant donner lieu à représentation de la personne protégée (■ Nancy, 22 juin 2015 : *Dr. famille* 2015, 190, note Maria ; *JurisData* n° 2015-017053, exclusion de l'art. 458).

Art. 459 *(Rempl., L. n° 2007-308, 5 mars 2007 ; mod., L. n° 2009-526, 12 mai 2009).* – **Hors les cas prévus à l'article 458, la personne protégée prend seule les décisions relatives à sa personne dans la mesure où son état le permet.**

(Al. mod., L. n° 2019-222, 23 mars 2019) **Lorsque l'état de la personne protégée ne lui permet pas de prendre seule une décision personnelle éclairée, le juge ou le conseil de famille s'il a été constitué peut prévoir qu'elle bénéficiera, pour l'ensemble des actes relatifs à sa personne ou ceux d'entre eux qu'il énumère, de l'assistance de la personne chargée de sa protection. Au cas où cette assistance ne suffirait pas, il peut, le cas échéant après le prononcé d'une habilitation familiale ou l'ouverture d'une mesure de tutelle, autoriser la personne chargée de cette habilitation ou de cette mesure à représenter l'intéressé, y compris pour les actes ayant pour effet de porter gravement atteinte à son intégrité corporelle. Sauf urgence, en cas de désaccord entre le majeur protégé et la personne chargée de sa protection, le juge autorise l'un ou l'autre à prendre la décision, à leur demande ou d'office.**

(Al. mod., L. n° 2019-222, 23 mars 2019) **Toutefois, sauf urgence, la personne chargée de la protection du majeur ne peut, sans l'autorisation du juge ou du conseil de famille s'il a été constitué, prendre une décision ayant pour effet de porter gravement atteinte à l'intimité de la vie privée de la personne protégée.**

La personne chargée de la protection du majeur peut prendre à l'égard de celui-ci les mesures de protection strictement nécessaires pour mettre fin au danger que son propre comportement ferait courir à l'intéressé. Elle en informe sans délai le juge ou le conseil de famille s'il a été constitué.

Bibliographie : J. Massip, *Les règles applicables aux actes personnels et médicaux concernant un majeur en tutelle : Dr. famille* 2010, étude 18. ● D. Guével, *La protection des actes personnels et familiaux des majeurs vulnérables : LPA* 4 nov. 2010, 30.

1) Examen médical. Jugé qu'aucune décision spéciale du juge des tutelles n'étant intervenue pour prévoir l'assistance ou la représentation d'une majeure protégée dans les actes touchant à sa personne, cette dernière peut prendre seule, sans assistance ni représentation, la décision (■ TI Nice, 4 févr. 2009 : *D.* 2009, 1397, note Verheyde ; *Dr. famille* 2009, 147, note Talarico ; *RTD civ.* 2010, 530, obs. Hauser, jugement appliquant les nouveaux articles 459 et 459-1 du Code civil [réd. L. 5 mars 2007] à une tutelle ouverte avant l'entrée en vigueur de la loi du 5 mars 2007). Une coloscopie, pratiquée sous anesthésie générale, ne saurait être considérée comme un acte portant gravement atteinte à l'intégrité corporelle de la personne protégée et ne nécessite donc pas l'autorisation du juge des tutelles (même jugement).

2) Hospitalisation à la demande d'un tiers. Jugé que l'autorisation du juge des tutelles est nécessaire pour que le curateur ou le tuteur, qui n'a été investi d'aucune mission de protection de la personne, puisse mettre en œuvre une hospitalisation à la demande d'un tiers urgente (■ Dijon, 9 nov. 2011 : *Dr. famille* 2012, 12, note Maria ; *JurisData* n° 2011-025581). – Comp. désormais C. santé publ., art. L. 3212-1 *(réd. L. n° 2011-803, 5 juill. 2011).*

3) Changement d'établissement de santé (art. 459, al. 3). Si tout intéressé peut saisir le juge des tutelles d'une difficulté relative à la fixation du lieu de la résidence de la personne protégée, sur le fondement de l'article 459-2 du Code civil, seul le tuteur, auquel a été confiée une mission de représentation du majeur pour les actes relatifs à sa personne, est recevable à saisir le juge des tutelles, sur le fondement de l'article 459, alinéa 3, d'une demande relative à une décision ayant pour effet de porter gravement atteinte à l'intégrité corporelle de la personne protégée ou à l'intimité de sa vie privée (■ Cass. 1re civ., 13 déc. 2017, n° 17-18.437 : *Bull.*, aff. Vincent L. ; *D.* 2018, 333, Peterka, et 1461, Lemouland ; *Dr. famille* 2018, 46, Maria ; *JCP* N 2018, 1221, Peterka ; *AJF* 2018, p. 124, Pecqueur ; *JurisData* n° 2017-025627). V. aussi D. Noguéro, *Pouvoirs du juge sur arrière-fond de fin de vie. Choix du lieu de vie, de l'établissement de santé, de l'organisation des visites du majeur protégé : JCP* G 2018, 156.

Art. 459-1 *(L. n° 2007-308, 5 mars 2007 ; mod., L. n° 2009-526, 12 mai 2009).* – **L'application de la** *présente sous-***section ne peut avoir pour effet de déroger aux dispositions particulières prévues par le Code de la santé publique et le Code de l'action sociale et des familles prévoyant l'intervention d'un représentant légal.**

Toutefois, lorsque la mesure de protection a été confiée à une personne ou un service préposé d'un établissement de santé ou d'un établissement social ou médico-social dans les conditions prévues à

l'article 451, et que cette personne ou ce service doit soit prendre une décision nécessitant l'autorisation du juge ou du conseil de famille en application du troisième alinéa de l'article 459, soit accomplir au bénéfice de la personne protégée une diligence ou un acte pour lequel le Code de la santé publique prévoit l'intervention du juge, ce dernier peut décider, s'il estime qu'il existe un conflit d'intérêts, d'en confier la charge au subrogé curateur ou au subrogé tuteur, s'il a été nommé, et à défaut à un curateur ou à un tuteur *ad hoc*.

Voir : C. santé publ., art. L. 1111-2 et s. (consentement à l'acte médical), L. 1121-8 (recherches biomédicales), L. 1211-2 (prélèvement d'éléments du corps humain), L. 1231-2 (prélèvement d'organes), L. 1241-2 et L. 1245-2 (prélèvement de tissus, cellules ou produits du corps humain), L. 1241-4 (prélèvement de moelle osseuse), art. L. 2123-2 (stérilisation à visée contraceptive), p. 2716.

Art. 459-2 *(L. n° 2007-308, 5 mars 2007)*. **– La personne protégée choisit le lieu de sa résidence.**

Elle entretient librement des relations personnelles avec tout tiers, parent ou non. Elle a le droit d'être visitée et, le cas échéant, hébergée par ceux-ci.

En cas de difficulté, le juge ou le conseil de famille s'il a été constitué statue.

Bibliographie : D. Noguéro, *Pouvoirs du juge sur arrière-fond de fin de vie. Choix du lieu de vie, de l'établissement de santé, de l'organisation des visites du majeur protégé : JCP* G 2018, 156.

1) Voir, pour une application du droit d'entretenir librement des **relations personnelles**, ▪ Versailles, 28 avr. 2011 : *JCP* 2011, act. 1265, obs. Kessler ; *JurisData* n° 2011-007482.

2) Voir, pour des applications du droit de choisir son **lieu de résidence**, ▪ Grenoble, 28 août 2012 : *Dr. famille* 2012, 177, obs. Maria ; *JurisData* n° 2012-019467. – V. aussi ▪ Douai, 8 févr. 2013 : *Dr. famille* 2013, 60, obs. Maria ; *JurisData* n° 2013-003868. ▪ Cass. 1re civ., 5 sept. 2018, n° 17-20.902 : *Defrénois* 21 févr. 2019, n° 8, p. 29, Noguéro.

3) Sur la **protection du logement** du majeur protégé, V. art. 426, p. 401.

Art. 460 *(Rempl., L. n° 2019-222, 23 mars 2019)*. **– La personne chargée de la mesure de protection est préalablement informée du projet de mariage du majeur qu'il assiste ou représente.**

> **Rédaction antérieure. Art. 460** *(Rempl., L. n° 2007-308, 5 mars 2007)*. – Le mariage d'une personne en curatelle n'est permis qu'avec l'autorisation du curateur ou, à défaut, celle du juge.
>
> Le mariage d'une personne en tutelle n'est permis qu'avec l'autorisation du juge ou du conseil de famille s'il a été constitué et après audition des futurs conjoints et recueil, le cas échéant, de l'avis des parents et de l'entourage.

NB : C. civ., art. 460 (1er al.). Le Conseil constitutionnel a déclaré le présent alinéa conforme à la Constitution : V. ▪ Cons. const. n° 2012-260 QPC, 29 juin 2012.

1) Conformité à la Constitution. En subordonnant le mariage du majeur sous curatelle à l'autorisation du curateur ou, à défaut, à celle du juge des tutelles, l'article 460, alinéa 1er, ne porte pas une atteinte disproportionnée à l'exercice de la liberté du mariage (▪ Cons. const., 29 juin 2012, déc. n° 2012-260 QPC : *JO* 3 juin 2012 ; *D.* 2012, 1899, note Raoul-Cormeil, et 2706, obs. Noguéro ; *D.* 2013, 1094, obs. Lemouland et Vigneau ; *Dr. famille* 2012, 136, note Bruggeman, et 148, note Maria ; *JCP N 2012, act. 701* ; *RTD civ.* 2012, 510, obs. Hauser ; *JCP* G 2013, 38, n° 1, obs. Lamarche. – Arrêt de renvoi : ▪ Cass. 1re civ., 12 avr. 2012, n° 11-25.158 : *Dr. famille* 2012, 102, note Maria ; *RTD civ.* 2012, 293, obs. Hauser ; *JurisData* n° 2012-007079).

2) Conformité à la Convention EDH. V. ▪ CEDH, 25 oct. 2018, n° 37646/13, *Delecolle c/ France* : *Dr. famille* 2018, chron. 4, Gouttenoire et Marchadier ; *Defrénois* 21 févr. 2019, n° 8, p. 31, Noguéro ; *JCP* N 2019, 1110, Peterka ; *AJF* 2018, 693, Raoul-Cormeil.

3) Sur la nature **strictement personnelle** du consentement au mariage, V. art. 458, annot. n° 4, p. 415.

I – CURATELLE

4) Prescription. Il résulte des articles 183 (ancienne rédaction) et 514 (anc.) du Code civil que le curateur ne peut plus intenter l'action en nullité du mariage auquel il n'a pas consenti lorsqu'il s'est écoulé plus d'une année sans réclamation de sa part depuis qu'il a eu connaissance du mariage (▪ Cass. 1re civ., 17 mai 1988, n° 86-10.817 : *JurisData* n° 1988-701156 ; *JCP* 1989, II, 21197, note Boulanger. ▪ Cass. 1re civ., 5 mai 1993, n° 91-18.575 : *JurisData* n° 1993-000861 ; *JCP* 1993, IV, 1675 ; *Bull. civ.* I, n° 156, p. 107. – V. aussi ▪ Paris, 18 févr. 1999, n° 1997/26028 : *JurisData* n° 1999-020553 ; *Dr. famille* 1999, 94, note Lécuyer ; *D.* 2000, somm. 103, obs. Lemouland ; *Defrénois* 2000, 112, obs. Massip ; *RTD civ.* 2000, 294, obs. Hauser).

5) Office du juge. Les juges du fond apprécient souverainement si l'intéressé est en mesure de donner un consentement éclairé au mariage (▪ Cass. 1re civ., 5 déc. 2012, n° 11-25.158 : *Bull. civ.* I, n° 255, p. 243 ; *JCP* G 2012, act. 1363 ; *Dr. famille* 2013, 14, obs. Maria ; *JurisData* n° 2012-028143, refus du juge fondé sur l'évolution psychopathologique des troubles présentés par l'intéressé et sur sa perte de maîtrise des réalités financières).

6) Changement de régime matrimonial. Jugé, avant la réforme opérée par la loi n° 2006-728 du 23 juin 2006, que le changement de régime matrimonial d'un époux sous curatelle ne peut être homologué si le curateur refuse son assistance, sauf à la personne en curatelle à demander au juge des tutelles une autorisation supplétive (▪ Cass. 1re civ., 6 janv. 2004, n° 01-01.600 : *JurisData* n° 2004-021678 ; *Bull. civ.* I, n° 3, p. 2 ; *Dr. famille* 2004, 57, note Fossier ; *JCP* N 2004, 1273, obs. Plazy et 1418, obs. Casey ; *Defrénois* 2004, 601, obs. Massip et 823, obs. Champenois ; *D.* 2004, somm. 1856, obs. Delmas Saint-Hilaire).

II – TUTELLE

7) Mariage posthume. Est irrecevable la demande en nullité du mariage posthume, fondée sur le défaut de consentement du conseil de famille, dès lors que le régime de la tutelle auquel était soumis le futur époux a pris fin à son décès, et que son mariage posthume pouvait être contracté sans autre autorisation que celle du président de la République (▪ Cass. 1re civ., 6 déc. 1989, n° 88-11.994 : *JurisData* n° 1989-004417 ; *Bull. civ.* I, n° 380, p. 256 ; *JCP* 1990, II, 21557, note Boulanger ; *D.* 1990, 225, note Hauser ; *Defrénois* 1990, 292, obs. Massip ; F. Terré et Y. Lequette, *Les grands arrêts de la jurisprudence civile*, t. 1, Dalloz, 13e éd., 2015, n° 37, p. 259).

8) Action en nullité exercée par les petits-enfants. L'action en nullité du mariage exercée par les petits-enfants de l'un des conjoints n'est pas une action en nullité de droit d'un acte passé postérieurement au jugement d'ouverture de la tutelle. Elle n'est pas fondée sur l'article 506 (anc.) et elle est recevable dès lors que les demandeurs ont un intérêt certain à attaquer le mariage (▪ Aix-en-Provence, 23 avr. 1996 : *Dr. famille* 1996, 17, note Lécuyer).

9) Audition et consentement de l'intéressé. Le majeur doit être auditionné par le conseil de famille et son consentement doit être recueilli (▪ Cass. 1re civ., 24 mars 1998, n° 97-11.252 : *JurisData* n° 1998-001372 ; *JCP* 1998, IV, 2147 ; *Bull. civ.* I, n° 124, p. 82 ; *D.* 1999, 19, note Lemouland ; *RTD civ.* 1998, 658, obs. Hauser ; *Defrénois* 1998, 1398, obs. Massip, incapable muet). V. aussi F. Terré et Y. Lequette, *Les grands arrêts de la jurisprudence civile*, t. 1, Dalloz, 13e éd., 2015, n° 65, p. 397.

Art. 461 *(Rempl., L. n° 2007-308, 5 mars 2007 ; mod., L. n° 2011-331, 28 mars 2011 ; L. n° 2016-1547, 18 nov. 2016).* **– La personne en curatelle ne peut, sans l'assistance du curateur, signer la convention par laquelle elle conclut un pacte civil de solidarité. Aucune assistance n'est requise lors de la déclaration conjointe devant l'officier de l'état civil ou devant le notaire instrumentaire prévue au premier alinéa de l'article 515-3.**

Les dispositions de l'alinéa précédent sont applicables en cas de modification de la convention.

La personne en curatelle peut rompre le pacte civil de solidarité par déclaration conjointe ou par décision unilatérale. L'assistance de son curateur n'est requise que pour procéder à la signification prévue au cinquième alinéa de l'article 515-7.

La personne en curatelle est assistée de son curateur dans les opérations prévues aux dixième et onzième alinéas de l'article 515-7.

Pour l'application du présent article, le curateur est réputé en opposition d'intérêts avec la personne protégée lorsque la curatelle est confiée à son partenaire.

Art. 462 *(Rempl., L. n° 2007-308, 5 mars 2007 ; mod., L. n° 2011-331, 28 mars 2011 ; L. n° 2016-1547, 18 nov. 2016). – (Al. abr., L. n° 2019-222, 23 mars 2019).*

(Al. mod. à compter du 1er novembre 2017, L. n° 2016-1547, 18 nov. 2016 ; mod., L. n° 2019-222, 23 mars 2019) **La personne en tutelle est assistée de son tuteur lors de la signature de la convention par laquelle elle conclut un pacte civil de solidarité. Aucune assistance ni représentation ne sont requises lors de la déclaration conjointe devant l'officier de l'état civil ou devant le notaire instrumentaire prévue au premier alinéa de l'article 515-3.**

Les dispositions *(Mots rempl., L. n° 2019-222, 23 mars 2019)* **« du premier alinéa du présent article » sont applicables en cas de modification de la convention.**

La personne en tutelle peut rompre le pacte civil de solidarité par déclaration conjointe ou par décision unilatérale. La formalité de signification prévue au cinquième alinéa de l'article 515-7 est opérée à la

diligence du tuteur. Lorsque l'initiative de la rupture émane de l'autre partenaire, cette signification est faite à la personne du tuteur.

La rupture unilatérale du pacte civil de solidarité peut également intervenir sur l'initiative du tuteur, autorisé par le juge ou le conseil de famille s'il a été constitué, après audition de l'intéressé et recueil, le cas échéant, de l'avis des parents et de l'entourage.

Aucune assistance ni représentation ne sont requises pour l'accomplissement des formalités relatives à la rupture par déclaration conjointe.

La personne en tutelle est représentée par son tuteur dans les opérations prévues aux dixième et onzième alinéas de l'article 515-7.

Pour l'application du présent article, le tuteur est réputé en opposition d'intérêts avec la personne protégée lorsque la tutelle est confiée à son partenaire.

Pour une autorisation délivrée par le juge des tutelles, V. ■ Cass. 1re civ., 15 nov. 2017, n° 16-24.832 : *Bull.* ; *D.* 2018, 403, Raoul-Cormeil, et 1460, Lemouland ; *JCP* N 2018, 1222, Tani ; *Dr. famille* 2018, 18, Maria, et 23, Dumas-Lavenac ; *Defrénois* 29 mars 2018, 26, Combret ; *RTD civ.* 2018, p. 78, Mazeaud ; *AJF* 2018, p. 45, Pecqueur ; *JurisData* n° 2017-022783, précisant que la seule opposition des enfants du premier lit ne peut justifier le refus d'une mesure conforme à la volonté exprimée par le majeur protégé.

Art. 463 ***(Rempl., L. n° 2007-308, 5 mars 2007).*** **– À l'ouverture de la mesure ou, à défaut, ultérieurement, le juge ou le conseil de famille s'il a été constitué décide des conditions dans lesquelles le curateur ou le tuteur chargé d'une mission de protection de la personne rend compte des diligences qu'il accomplit à ce titre.**

Sous-section 5. – De la régularité des actes

(L. n° 2007-308, 5 mars 2007)

Art. 464 ***(Rempl., L. n° 2007-308, 5 mars 2007).*** **– Les obligations résultant des actes accomplis par la personne protégée moins de deux ans avant la publicité du jugement d'ouverture de la mesure de protection peuvent être réduites sur la seule preuve que son inaptitude à défendre ses intérêts, par suite de l'altération de ses facultés personnelles, était notoire ou connue du cocontractant à l'époque où les actes ont été passés.**

Ces actes peuvent, dans les mêmes conditions, être annulés s'il est justifié d'un préjudice subi par la personne protégée.

Par dérogation à l'article 2252, l'action doit être introduite dans les cinq ans de la date du jugement d'ouverture de la mesure.

> **Rédaction antérieure. Art. 503.** – Les actes antérieurs pourront être annulés si la cause qui a déterminé l'ouverture de la tutelle existait notoirement à l'époque où ils ont été faits.

Bibliographie : J. Massip, *L'article 503 [ancien] du Code civil : Defrénois* 1985, 737. • A. Dumery, *Regards sur l'apparition du préjudice en droit des personnes protégées* in *Mélanges Françoise Dekeuwer-Défossez*, Montchrestien 2012, 81. • P. Murat, *Retour sur quelques difficultés d'interprétation de l'article 464 du Code civil : Defrénois* 2017, 879.

1) Application de la loi dans le temps. La loi nouvelle ne s'applique pas, sauf rétroactivité expressément décidée par le législateur, aux *actes juridiques* conclus antérieurement à son entrée en vigueur ; dès lors, les dispositions des articles 414-1 et 464 du Code civil, issues de la loi n° 2007-308 du 5 mars 2007, ne sont pas applicables aux actes juridiques accomplis avant l'entrée en vigueur de cette loi, le 1er janvier 2009 (■ Cass. 1re civ., 12 juin 2013, n° 12-15.688 : *Bull. civ.* I, n° 125, p. 127 : *RTD civ.* 2013, 577, obs. Hauser ; *D.* 2013, 1875, note Marais et Noguéro ; *JurisData* n° 2013-011834).

2) Rescision pour lésion. L'article 503 (anc.) ne visait que l'action en nullité pour cause d'altération des facultés mentales ou corporelles et ne faisait pas obstacle à l'exercice d'une action en rescision pour lésion (■ Cass. 1re civ., 18 nov. 1975, n° 73-12.683 : *JurisData* n° 1975-000334 ; *Bull. civ.* I, n° 334, p. 275).

I – CONDITIONS DE LA RÉDUCTION OU DE LA NULLITÉ

3) Notoriété du trouble. Sur la nécessité pour les juges du fond de rechercher si la cause ayant déterminé l'ouverture de la tutelle n'existait pas notoirement à l'époque du testament fait par l'intéressé, V. ■ Cass. 1re civ., 5 janv. 1999 : *Dr. famille* 1999, 59, note Fossier. Les conditions d'application de l'article 503 (anc.) et notamment la condition de notoriété, ne sont pas exigées lorsque l'existence d'un trouble mental au moment de l'acte est établie (■ Cass. 1re civ., 10 juin 1981 : *Bull. civ.* I, n° 202, p. 167). Il n'est pas nécessaire de rapporter la preuve de l'insanité d'esprit au moment de l'acte, il suffit que la cause qui a déterminé l'ouverture de la tutelle ait existé notoirement à l'époque (■ Cass. 1re civ., 14 mai 1985, n° 84-11.357 : *JurisData* n° 1985-001822 ; *Bull. civ.* I, n° 153, p. 139 ; *Gaz. Pal.* 1985, 2, 757. ■ Cass. 1re civ., 28 janv. 2003, n° 00-18.738 : *JurisData* n° 2003-017689 ; *JCP* N 2004, 1473, 1er arrêt, note Cermolacce. – Comp., passant sous silence l'exigence de notoriété, ■ Cass. 1re civ., 24 mai 2007 : *Bull. civ.* I, n° 208, p. 183 ; *D.* 2007, 1666, obs. Delaporte-Carré ; *D.* 2008, 320, obs. Lemouland ; *JCP* 2007, IV, 2309 ; *JurisData* n° 2007-038919). Sur le pouvoir souverain des juges du fond pour apprécier la notoriété de la cause ayant déterminé l'ouverture de la tutelle, V. ■ Cass. 1re civ., 22 juill. 1975, n° 72-13.746 : *JurisData* n° 1975-000245 ; *JCP* 1975, IV, 306 ; *Bull. civ.* I, n° 245, p. 205. ■ Cass. 1re civ., 26 juin 1979 : *Gaz. Pal.* 1980, 1, 225, note J. M. – Mais pour la cassation d'un arrêt n'ayant pas tiré les conséquences légales de ses propres constatations, V. ■ Cass. 1re civ., 25 févr. 1986, n° 84-11.256 : *JurisData* n° 1986-700932 ; *Gaz. Pal.* 1986, 2, 771, note J. M. Jugé que si la notoriété exigée par l'article 503 (anc.) dans un but de protection des tiers doit normalement s'entendre d'une notoriété générale, il convient d'y assimiler la connaissance personnelle que le bénéficiaire de l'acte litigieux avait, à l'époque de cet acte, de la situation de l'intéressé et qu'à cet égard aucune distinction ne doit être opérée entre les conventions et les actes unilatéraux (■ Cass. 1re civ., 9 mars 1982, n° 81-10.354 : *JCP* 1983, II, 19996, note Rémy ; *Defrénois* 1983, 328, obs. Massip ; *Bull. civ.* I, n° 102, p. 88).

4) Actes visés. L'article 503 (anc.) s'applique aux actes unilatéraux (■ Cass. 1re civ., 9 mars 1982, préc.), mais uniquement aux actes juridiques volontaires et non point à ceux auxquels l'incapable n'a pas participé (■ Cass. 1re civ., 8 nov. 1983, n° 82-14.144 : *JurisData* n° 1983-702215 ; *D.* 1984, 325, note J. M., procédure d'expropriation).

5) Jugement de mise en tutelle. L'article 503 (anc.) ne peut recevoir application lorsque, par suite du décès de l'intéressé, aucun jugement de mise sous tutelle n'a été prononcé (■ Cass. 1re civ., 12 févr. 1985, n° 83-14.717 : *JurisData* n° 1985-700600 ; *D.* 1985, inf. rap. 320 ; *Bull. civ.* I, n° 59, p. 57). Jugé, antérieurement à la réforme du 5 mars 2007, qu'il ne peut non plus être appliqué aux actes précédant l'ouverture d'une curatelle (■ Cass. 1re civ., 29 nov. 1983, n° 82-14.982 : *JurisData* n° 1983-702450 ; *Bull. civ.* I, 282, p. 252).

II – RÉGIME DE L'ACTION EN RÉDUCTION OU EN NULLITÉ

6) Sur le **caractère facultatif de la nullité encourue**, V. ■ Cass. 1re civ., 25 avr. 1989, n° 87-18.515 : *JurisData* n° 1989-701946 ; *Bull. civ.* I, n° 170, p. 112 ; *JCP* 1989, IV, 240. ■ Cass. 1re civ., 23 mars 1994 : *Defrénois* 1994, 1100, obs. Massip. ■ Cass. 1re civ., 4 juill. 2006, n° 05-12.005 : *Defrénois* 2007, 211, note Noguéro ; *Dr. famille* 2006, 198, note Brusorio ; *JurisData* n° 2006-034627, preuve non rapportée que la vente se serait déroulée dans des conditions anormales de consentement ou de prix). Voir cependant ■ Aix-en-Provence, 5 mars 1992 : *JurisData* n° 1992-040562 ; *JCP* 1992, IV, 1587.

7) Prescription. L'action en nullité spéciale prévue par l'article 503 (anc.) du Code civil ne prend naissance qu'à la date du jugement de mise sous tutelle dont elle dérive et ne peut donc se prescrire avant que n'intervienne cette décision (■ Cass. 1re civ., 9 mai 1978, n° 76-13.126 : *Bull. civ.* I, n° 181, p. 145, rejetant le pourvoi contre ■ Pau, 28 avr. 1976 : *JurisData* n° 1976-600168 ; *JCP* 1978, II, 18812, note Viatte). Mais jugé, avant la réforme du 5 mars 2007, que par application de l'article 2252 (anc.), ce délai se trouve suspendu à l'égard du majeur en tutelle (■ Cass. 1re civ., 17 févr. 1987, n° 85-16.011 : *JurisData* n° 1987-000262 ; *Bull. civ.* I, n° 59, p. 43 ; *D.* 1987, 417, note Massip).

8) Action exercée par le légataire universel. Un légataire universel a qualité pour agir en nullité du testament sur la base de l'(anc.) article 503 (■ Cass. 1re civ., 14 juin 2005 : *JurisData* n° 2005-028917 ; *Bull. civ.* I, n° 258, p. 216 ; *D.* 2006, somm. 1575, obs. Lemouland ; *RTD civ.* 2006, 89, obs. Hauser).

Art. 465 ***(Rempl., L. n° 2007-308, 5 mars 2007 ; Ord. n° 2016-131, 10 févr. 2016).*** **– À compter de la publicité du jugement d'ouverture, l'irrégularité des actes accomplis par la personne protégée ou par la personne chargée de la protection est sanctionnée dans les conditions suivantes :**

1° Si la personne protégée ***a accompli seule un acte qu'elle*** **pouvait faire sans l'assistance ou la représentation** ***de la*** **personne chargée de sa protection, l'acte reste sujet aux actions en rescision ou en réduction prévues à l'article 435 comme s'il avait été accompli par une personne placée sous sauvegarde de justice, à moins qu'il ait été expressément autorisé par le juge ou par le conseil de famille s'il a été constitué ;**

2° Si la personne protégée a accompli seule un acte pour lequel elle aurait dû être assistée, l'acte ne peut être annulé que s'il est établi que la personne protégée a subi un préjudice ;

3° Si la personne protégée a accompli seule un acte pour lequel elle aurait dû être représentée, l'acte est nul de plein droit sans qu'il soit nécessaire de justifier d'un préjudice ;

4° Si le tuteur ou le curateur a accompli seul un acte qui aurait dû être fait par la personne protégée soit seule, soit avec son assistance ou qui ne pouvait être accompli qu'avec l'autorisation du juge ou du conseil de famille s'il a été constitué, l'acte est nul de plein droit sans qu'il soit nécessaire de justifier d'un préjudice.

Le curateur ou le tuteur peut, avec l'autorisation du juge ou du conseil de famille s'il a été constitué, engager seul l'action en nullité, en rescision ou en réduction des actes prévus aux 1°, 2° et 3°.

Dans tous les cas, l'action s'éteint par le délai de cinq ans prévu à l'article 2224.

Pendant ce délai et tant que la mesure de protection est ouverte, l'acte prévu au 4° peut être confirmé avec l'autorisation du juge ou du conseil de famille s'il a été constitué.

Titulaires de l'action. L'action en nullité de droit des actes passés postérieurement au jugement d'ouverture de la curatelle par la personne protégée ou son curateur ne peut être exercée, hors le cas prévu à l'article 465, alinéa 2, du Code civil, que par le majeur protégé assisté du curateur pendant la durée de la curatelle, par le majeur protégé après la mainlevée de la mesure de protection, et par ses héritiers après son décès (■ Cass. 1re civ., 5 mars 2014, n° 12-29.974 : *Bull. civ.* I, n° 30, p. 30 ; *D.* 2014, 2267, obs. Noguéro ; *Dr. famille* 2014, 118, note Maria ; *LPA* 4 déc. 2014, 20, note Massip ; *JurisData* n° 2014-003808, irrecevabilité de l'action exercée par l'épouse du majeur protégé). V. aussi, dans l'hypothèse d'une opposition d'intérêts, ■ Cass. 3e civ., 5 oct. 2017, n° 16-21.973 : *Dr. famille* 2017, 250, Maria ; *AJF* 2017, p. 652, Raoul-Cormeil ; *JurisData* n° 2017-019411.

Art. 466 *(Rempl., L. n° 2007-308, 5 mars 2007)*. – **Les articles 464 et 465 ne font pas obstacle à l'application des articles 414-1 et 414-2.**

Sous-section 6. – Des actes faits dans la curatelle

(L. n° 2007-308, 5 mars 2007)

Art. 467 *(Rempl., L. n° 2007-308, 5 mars 2007)*. – **La personne en curatelle ne peut, sans l'assistance du curateur, faire aucun acte qui, en cas de tutelle, requerrait une autorisation du juge ou du conseil de famille.**

Lors de la conclusion d'un acte écrit, l'assistance du curateur se manifeste par l'apposition de sa signature à côté de celle de la personne protégée.

À peine de nullité, toute signification faite à cette dernière l'est également au curateur.

1) Exercice du commerce. Aucun texte n'interdit à la personne en curatelle d'exercer le commerce, celle-ci devant toutefois être assistée de son curateur pour accomplir les actes de disposition que requiert l'exercice de cette activité (■ Cass. 1re civ., avis n° 15015, 6 déc. 2018, n° 18-70.011 : *JCP* G 2018, 1338, Noguéro ; *D.* 2019, p. 365, 1re esp., Peterka ; *Dr. famille* 2019, n° 64, Maria ; *Defrénois* 14 févr. 2019, n° 7, p. 21, Gosselin-Gorand, et 21 févr. 2019, n° 8, Combret ; *AJF* 2019, 41, Raoul-Cormeil ; *JCP* N 2019, 1134, Moisdon-Chataignier ; *LPA* 28 févr. 2019, 6, Rieubernet ; *JurisData* n° 2018-022047, activité d'« apporteur d'affaires en agence immobilière » sous le régime de la micro-entreprise).

I – ASSISTANCE DU CURATEUR (JURISPRUDENCE ANTÉRIEURE À LA RÉFORME DU 5 MARS 2007)

2) Assistance. Le rôle du curateur est d'assister l'incapable, non de le représenter (■ Cass. 1re civ., 10 juill. 1990, n° 89-11.213 : *JurisData* n° 1990-703958 ; *Bull. civ.* I, n° 193, p. 137). Il résulte des articles 510 et 512 (anciens), que le curateur a pour mission d'assister le majeur protégé et que ses pouvoirs de représentation dans la curatelle renforcée sont limités à la perception des revenus et au paiement des dépenses et ne lui permettent pas de solliciter du juge des tutelles l'autorisation d'accomplir seul d'autres actes de disposition, fussent-ils nécessaires à la sauvegarde du majeur protégé (■ Cass. 1re civ., 8 juill. 2009, n° 07-18.522 : *Bull. civ.* I, n° 161, p. 141 ; *JurisData* n° 2009-049068. – V. aussi ■ Limoges, 29 nov. 2012 : *JCP* 2013, act. 482, obs. Chamoulaud-Trapiers ; *JurisData* n° 2012-028400, pour la souscription d'un contrat d'assurance-vie par le curateur seul).

3) Carte bleue. L'obtention d'une carte accréditive (carte bleue) nécessite l'assistance du curateur (■ Cass. 1re civ., 21 nov. 1984, n° 83-13.199 : *JurisData* n° 1984-701980 ; *JCP* 1985, IV, 41 ; *D.* 1985, 297, note Lucas de Leyssac).

4) Contrats de publicité. Pour la nullité de contrats de publicité souscrits par la personne protégée au profit d'une agence matrimoniale, V. ■ Paris, 4 nov. 1993 : *JurisData* n° 1993-024310 ; *Defrénois* 1994, 789, obs. Massip.

5) Actions en justice. Le juge pouvant relever d'office la nullité pour défaut de capacité d'ester en justice, peut être déclarée irrecevable l'action extrapatrimoniale exercée par l'incapable sans l'assistance de son curateur (▪ Cass. 1re civ., 2 nov. 1994, n° 93-05.078 : *Bull. civ.* I, n° 313, p. 227 ; *JCP* G 1995, II, 22555 et *JCP* N 1996, II, 676, 2e esp., note Fossier ; *RTD civ.* 1995, 327, obs. Hauser ; *Gaz. Pal.* 1996, 1, somm. 14, obs. Massip). Le majeur en curatelle peut, sauf application par le juge des tutelles des dispositions particulières prévues par les articles 511 et 512 (anciens) du Code civil, exercer seul les actions relatives à ses droits patrimoniaux et défendre à de telles actions (▪ Cass. 1re civ., 22 nov. 2005, n° 03-14.292 : *JurisData* n° 2005-030833 ; *Bull. civ.* I, n° 439, p. 368 ; *D.* 2006, somm. 1572, obs. Plazy ; *RTD civ.* 2006, 89, obs. Hauser ; *Defrénois* 2006, 355, obs. Massip, précisant que l'obligation d'information du curateur prévue à l'article 510-2 [anc.] du Code civil est sans incidence sur la capacité de la personne protégée qui s'apprécie selon le critère posé par l'article 464 auquel renvoient les articles 495 et 510. ▪ Paris, 4 sept. 2002 : *Dr. famille* 2003, 36, 3e esp., note Fossier. ▪ Cass. 1re civ., 9 déc. 2009, n° 08-16.836 : *Bull. civ.* I, n° 244, p. 225 : *D.* 2010, 636 [2e esp.], note Norguin, et 2124, obs. Lemouland ; *RTD civ.* 2010, 82, obs. Hauser ; *Dr. famille* 2010, 50 [2e esp.], note Maria ; *JurisData* n° 2009-050651, au sujet de l'action en justice introduite par un propriétaire en vue d'obtenir l'expulsion du vendeur, majeur sous curatelle renforcée, de l'immeuble qu'il lui a vendu. V. aussi ▪ Cass. 1re civ., 9 déc. 2009, n° 08-16.835 : *Bull. civ.* I, n° 243, p. 225 ; *D.* 2010, 636 [1re esp.], note Norguin, et 2124, obs. Lemouland ; *RTD civ.* 2010, 82, obs. Hauser ; *Dr. famille* 2010, 50 [1re esp.], note Maria ; *JurisData* n° 2009-050650). Sur le désistement d'une instance que le majeur en curatelle pouvait introduire sans l'assistance du curateur, V. ▪ Cass. 1re civ., 20 sept. 2006, n° 04-15.435 : *Dr. famille* 2007, 51, note Fossier ; *JurisData* n° 2006-035043.

6) Assurance vie. La modification du bénéficiaire d'un contrat d'assurance vie par un majeur en curatelle nécessite l'assistance du curateur ; la substitution du bénéficiaire au profit du curateur ne peut être faite qu'avec l'assistance d'un curateur *ad hoc* (▪ Cass. 1re civ., 8 juill. 2009, n° 08-16.153 : *Bull. civ.* I, n° 162, p. 143 ; *Dr. famille* 2009, 114 [1re esp.], note Maria ; *D.* 2009, 1971, obs. Egéa, et 2062, obs. Auroy ; *D.* 2010, 2125, obs. Lemouland ; *RTD civ.* 2009, 698, obs. Hauser ; *Defrénois 2009, 2200*, obs. Massip ; *LPA* 12 mai 2010, 18, note Hamadi ; *JurisData* n° 2009-049061). Même accomplis dans l'intérêt du curateur, les actes de disposition faits par le majeur en curatelle, seul, sans l'assistance d'un curateur *ad hoc*, sont susceptibles d'annulation sur le fondement de l'article 510-1 (anc.) du Code civil, dans sa rédaction issue de la loi du 3 janvier 1968 applicable en l'espèce ; que ce texte n'édicte pas une nullité de droit et laisse au juge la faculté d'apprécier s'il doit ou non prononcer la nullité, eu égard aux circonstances de la cause (▪ Cass. 1re civ., 17 mars 2010, n° 08-15.658 : *Bull. civ.* I, n° 66, p. 63 : *Defrénois* 2010, 1369, obs. Massip, et 1440, note Noguéro, modification du bénéficiaire au profit du curateur correspondant à la volonté lucide du majeur protégé).

7) Embauche d'un garde-malade. L'embauche d'un salarié en qualité de garde-malade entre dans les pouvoirs du majeur sous curatelle en tant qu'acte d'administration (▪ Dijon, 7 mai 1996 : *JurisData* n° 1996-043239 ; *RTD civ.* 1997, 397, obs. Hauser).

8) Achat d'un véhicule. L'achat d'un véhicule constitue un acte de disposition qui requiert l'assistance du curateur (▪ Dijon, 17 déc. 1999 : *JurisData* n° 1999-125532 ; *D.* 2001, somm. 1509, obs. Lemouland).

9) Contrat conclu avec un détective privé. Le contrat conclu, sans l'accord du curateur, entre le majeur sous curatelle et un détective privé doit être annulé pour défaut de capacité dès lors qu'il constitue un acte de disposition sur son patrimoine (▪ Toulouse, 2 oct. 2001 : *JCP* 2002, IV, 2015 ; *JurisData* n° 2001-169286 ; *RTD civ.* 2002, 486, obs. Hauser).

10) Mandat donné à l'incapable. Le fait que le curateur ait donné mandat à l'incapable n'altère pas la validité de ce mandat dès lors que le mandat peut être confié à un incapable dont les actes, accomplis pour le mandant, échappent aux causes de nullité qui affecteraient les siens, accomplis pour son propre compte (▪ Paris, 7 juin 2002, n° 2001/00094 : *JurisData* n° 2002-185144 ; *Dr. famille* 2002, 153, note crit. Fossier ; *RTD civ.* 2003, 269, obs. crit. Hauser, mandat donné pour souscrire un cautionnement hypothécaire).

II – SIGNIFICATION AU CURATEUR

11) Irrégularité de fond. L'omission de la signification de l'assignation au curateur constitue une irrégularité de fond que ne peut couvrir l'intervention volontaire de celui-ci en cause d'appel à l'effet de faire sanctionner cette irrégularité (▪ Cass. 1re civ., 23 févr. 2011, n° 09-13.867 : *Bull. civ.* I, n° 37, p. 3[illegible] ; D. 2011, 747, obs. Gallmeister, 1265, note Loir, et 2510, obs. Noguéro ; *Dr. famille* 2011, 58, note Maria ; *RTD civ.* 2011, 324, obs. Hauser ; *JurisData* n° 2011-002180). V. déjà ▪ Cass. 1re civ., 17 déc. 1991, n° 90-15.687 : *Bull. civ.* I, n° 356, p. 233 ; *D.* 1992, 373, note Massip. – Comp.

■ Cass. 1re civ., 8 juill. 2009, n° 07-19.465 : *Bull. civ.* I, n° 160, p. 140 ; *D.* 2009, 1970, obs. Egéa ; *RTD civ.* 2009, 700, obs. Hauser ; *Dr. famille* 2009, 115, note Maria ; *JurisData* n° 2009-049069 (vice de forme). L'absence d'acte d'appel déclaré contre le curateur constitue une irrégularité de fond qui ne peut être couverte qu'avant l'expiration du délai de recours (■ Cass. 2e civ., 28 févr. 2013, n° 11-19.685 : *Dr. famille* 2013, 76, note Maria ; *D.* 2013, 2201, obs. Noguéro ; *JurisData* n° 2013-003661).

12) Distinction entre les actes d'administration et les actes de disposition (non). Viole les articles 467, alinéa 3, et 468, alinéa 3, du Code civil, l'arrêt qui retient que la signification au curateur n'est pas nécessaire pour les actes que la personne en curatelle peut faire sans l'assistance de son curateur et que l'intéressé, placée sous curatelle simple, conservait sa capacité à agir pour les actes d'administration, dont celui de former un recours contre des ordonnances d'injonction de payer et des inscriptions d'hypothèque (■ Cass. 1re civ., 8 juin 2016, n° 15-19.715 : *Bull.* ; *Dr. famille* 2016, 188, note Maria ; *JCP* G 2016, act. 741, obs. Maria ; *D.* 2017, 1498, obs. Noguéro ; *RTD civ.* 2016, 588, obs. Hauser ; *JurisData* n° 2016-011064).

13) Voir pour l'**appel contre un jugement de divorce**, ■ Cass. 1re civ., 17 déc. 1991, n° 90-11.908 : *JurisData* n° 1991-003361 ; *D.* 1992, 373, note Massip. ■ Cass. 1re civ., 6 févr. 1996, n° 94-15.309 : *JurisData* n° 1996-000405 ; *Bull. civ.* I, n° 65, p. 43 ; *Defrénois* 1996, 1005, obs. Massip. – Voir aussi sur le principe ■ Cass. 1re civ., 20 déc. 2001, n° 01-04.022 : *Defrénois* 2002, 759, obs. Massip. ■ Metz, 4 févr. 2003, n° 01/00545 : *JurisData* n° 2003-217686 ; *Dr. famille* 2004, 21, 2e esp., note Fossier.

14) Signification au majeur incapable. La signification faite au majeur en curatelle conformément à l'article 510-2 (anc.) ne peut suppléer à l'absence d'acte d'appel contre le majeur lui-même (■ Cass. 1re civ., 5 oct. 1994 : *Bull. civ.* I, n° 264, p. 193 ; *JCP* N 1996, II, 676, 1re esp., note Fossier ; *D.* 1995, 358, 2e esp., note Massip).

Art. 468 ***(Rempl., L. n° 2007-308, 5 mars 2007 ; mod., L. n° 2008-776, 4 août 2008).*** **– Les capitaux revenant à la personne en curatelle sont versés directement sur un compte ouvert à son seul nom et mentionnant son régime de protection, auprès d'un établissement habilité à recevoir des fonds du public.**

La personne en curatelle ne peut, sans l'assistance du curateur, conclure un contrat de fiducie ni faire emploi de ses capitaux.

Cette assistance est également requise pour introduire une action en justice ou y défendre.

Appel. Viole l'article 468 du Code civil la cour d'appel qui statue postérieurement à l'ouverture d'une mesure de curatelle renforcée, alors que l'intéressé, placé sous curatelle après avoir formé appel, n'était pas assisté de son curateur (■ Cass. 1re civ., 4 juill. 2012, n° 11-18.475 : *Bull. civ.* I, n° 154, p. 139 ; *Dr. famille* 2012, 151, obs. Maria ; *RTD civ.* 2012, 712, obs. Hauser ; *JurisData* n° 2012-014921, action en résiliation d'un bail et expulsion du locataire placé sous curatelle).

Art. 469 ***(Rempl., L. n° 2007-308, 5 mars 2007).*** **– Le curateur ne peut se substituer à la personne en curatelle pour agir en son nom.**

Toutefois, le curateur peut, s'il constate que la personne en curatelle compromet gravement ses intérêts, saisir le juge pour être autorisé à accomplir seul un acte déterminé ou provoquer l'ouverture de la tutelle.

Si le curateur refuse son assistance à un acte pour lequel son concours est requis, la personne en curatelle peut demander au juge l'autorisation de l'accomplir seule.

Bibliographie : D. Viguier, *L'autorisation judiciaire du curateur ou la représentation de l'incapable par son curateur : D.* 2009, 1490.

Art. 470 ***(Rempl., L. n° 2007-308, 5 mars 2007).*** **– La personne en curatelle peut librement tester sous réserve des dispositions de l'article 901.**

Elle ne peut faire de donation qu'avec l'assistance du curateur.

Le curateur est réputé en opposition d'intérêts avec la personne protégée lorsqu'il est bénéficiaire de la donation.

Bibliographie : G. Raoul-Cormeil, *Les libéralités consenties à une personne vulnérable ou par elle : JCP* N 2008, 1272. • D. Boulanger, *Majeurs protégés et actes à titre gratuit : JCP* N 2009, 1240. • D. Noguéro, *Le testament des majeurs protégés : une liberté encadrée : Defrénois* 7 sept. 2017, n° 17, 17.

1) Testament révoquant une donation entre époux. Le testament fait par le majeur sous curatelle est valable en l'absence de preuve de son insanité d'esprit et vaut révocation de la donation entre époux (■ Paris, 4 mars 2003, n° 2001/02897 : *JurisData* n° 2003-224466 ; *JCP* N 2004, 1270, obs.

Fossier). Le seul fait que le testament ait été rédigé quatorze mois après l'examen médical justifiant la mesure de curatelle simple ne suffit pas à caractériser l'insanité d'esprit justifiant l'annulation de l'acte (■ Cass. 1re civ., 14 mars 2018, n° 17-15.406 : *Dr. famille* 2018, 137, Maria ; *RTD civ.* 2019, p. 368 ; Mazeaud ; *JCP* N 2018, 1223, Peterka ; *JurisData* n° 2018-003721).

2) Modification par testament de la clause bénéficiaire d'un contrat d'assurance vie. Il ressort de l'article L. 132-4-1, alinéa 1, du Code des assurances, qui déroge à l'article 470, alinéa 1, du Code civil, que si une personne en curatelle peut librement tester sous réserve des dispositions de l'article 901 du Code civil, ce n'est qu'avec l'assistance de son curateur qu'elle peut procéder à la substitution du bénéficiaire d'un contrat d'assurance sur la vie pour lequel elle avait stipulé (■ Cass. 2e civ., 8 juin 2017, n° 15-12.544 : *Bull.* ; *RDC* 2018/1, 82, Gaudemet ; *D.* 2017, 1819, Peterka ; *JCP* G 2017, 730, Noguéro ; *Defrénois* 12 oct. 2017, n° 22, 27, 2e esp., Combret ; *RTD civ.* 2017, 615, Hauser ; *JurisData* n° 2017-011036).

Art. 471 *(Rempl., L. n° 2007-308, 5 mars 2007)*. – **À tout moment, le juge peut, par dérogation à l'article 467, énumérer certains actes que la personne en curatelle a la capacité de faire seule ou, à l'inverse, ajouter d'autres actes à ceux pour lesquels l'assistance du curateur est exigée.**

1) Action en justice. Pour une interdiction d'ester en justice sans l'assistance du curateur, V. ■ Cass. 2e civ., 17 juin 1981, n° 81-00.002 : *JurisData* n° 1981-701840 ; *Bull. civ.* II, n° 137, p. 88 (nullité de la requête en récusation).

2) Demande de mainlevée. Le juge des tutelles saisi d'une demande de mainlevée de la curatelle n'a pas à rechercher d'office s'il convient de faire application de l'(anc.) article 511 (■ Cass. 1re civ., 27 janv. 1993, n° 90-21.219 : *JurisData* n° 1993-000213 ; *JCP* 1993, IV, 788 ; *Bull. civ.* I, n° 37, p. 24).

Art. 472 *(Rempl., L. n° 2007-308, 5 mars 2007)*. – **Le juge peut également, à tout moment, ordonner une curatelle renforcée. Dans ce cas, le curateur perçoit seul les revenus de la personne en curatelle sur un compte ouvert au nom de cette dernière. Il assure lui-même le règlement des dépenses auprès des tiers et dépose l'excédent sur un compte laissé à la disposition de l'intéressé ou le verse entre ses mains.**

Sans préjudice des dispositions de l'article 459-2, le juge peut autoriser le curateur à conclure seul un bail d'habitation ou une convention d'hébergement assurant le logement de la personne protégée.

La curatelle renforcée est soumise aux dispositions des articles 503 et 510 à 515.

1) Aptitude du majeur protégé. Pour déterminer s'il convient de conférer au curateur les pouvoirs de l'article 512 (anc.), les juges du fond ont seulement à rechercher si le majeur protégé est ou non apte à percevoir ses revenus et à en faire une utilisation normale (■ Cass. 1re civ., 1er juill. 1986 : *Bull. civ.* I, n° 190, p. 186. – V. aussi ■ Cass. 1re civ., 12 juill. 1994, n° 92-13.375 : *JurisData* n° 1994-002148 ; *JCP* 1994, IV, 2289 ; *Bull. civ.* I, n° 251, p. 182 ; *Defrénois* 1996, 342, obs. Massip. ■ Cass. 1re civ., 10 oct. 1995, n° 93-19.422 : *JurisData* n° 1995-003026 ; *Defrénois* 1996, 737, obs. Massip. ■ Cass. 1re civ., 1er juill. 2009, n° 08-12.747 : *Dr. famille* 2009, 145, note Maria ; *JurisData* n° 2009-048988. – V. aussi, sous l'empire de la loi nouvelle, ■ Cass. 1re civ., 29 févr. 2012, n° 10-28.822 : *D.* 2012, 2707, obs. Noguéro ; *RTD civ.* 2012, 290, obs. Hauser ; *Dr. famille* 2012, 88, note Maria). Ne donne pas de base légale à sa décision le tribunal qui, après avoir constaté la réunion des conditions justifiant le placement de l'intéressée sous le régime de la curatelle, décide que la curatelle s'exercera « dans le cadre de l'article 512 du Code civil » (■ Cass. 1re civ., 6 avr. 1994, n° 92-17.622 : *JurisData* n° 1994-000864 ; *Bull. civ.* I, n° 142, p. 104 ; *JCP* 1995, II, 22413, 2e esp., note Fossier ; *Defrénois* 1994, 1105, obs. Massip. – V. aussi ■ Cass. 1re civ., 24 oct. 1995, n° 93-20.433 : *JurisData* n° 1995-002631 ; *Bull. civ.* I, n° 371, p. 258 ; *Defrénois* 1996, 732, obs. Massip).

2) Vente d'un véhicule. Il résulte des articles 510 et 512 (anciens) que le curateur ne peut être appelé à représenter le majeur en curatelle que pour la perception de ses revenus et le règlement de ses dépenses, d'où il suit que le tribunal de grande instance ne peut l'autoriser à vendre un véhicule appartenant à l'incapable (■ Cass. 1re civ., 24 mai 1989, n° 87-20.157 : *JurisData* n° 1989-702658 ; *JCP* 1989, IV, 275 ; *Bull. civ.* I, n° 214, p. 143).

3) Maintien de la tutelle. Les juges du fond peuvent estimer qu'eu égard à son patrimoine important et à la fortune considérable qu'elle est appelée à recevoir, la personne protégée n'est pas apte à prendre les initiatives qui lui incomberaient sous le régime de la curatelle spéciale de l'article 512 et peuvent donc choisir de maintenir la tutelle aménagée en application de l'article 501 (■ Cass. 1re civ., 10 oct. 1995 : *Defrénois* 1996, 737, obs. Massip).

4) Bail d'habitation. Le majeur placé sous le régime de la curatelle aggravée de l'article 512 (anc.) peut conclure seul un bail d'habitation (■ Paris, 12 nov. 2002, n° 2000/23327 : *JurisData* n° 2002-196233 ; *Loyers et copr.* 2003, 102, note Vial-Pedroletti).

5) Responsabilité du curateur. Le propriétaire d'un appartement, donné à bail à un locataire assisté de son curateur, ayant assigné ceux-ci pour obtenir réparation de divers désordres, une cour d'appel a pu décider qu'aucune faute n'avait été commise par le curateur lequel, ayant agi dans l'exécution de sa mission, définie par l'article 512 (anc.) du Code civil, n'était pas responsable des actes de la personne protégée, mais de la gestion de ses biens (■ Cass. 1re civ., 29 mars 2006 : *Bull. civ.* I, n° 96, p. 90 ; *RTD civ.* 2006, 536, obs. Hauser ; *D.* 2008, somm. 318, obs. Plazy).

6) Contrat de travail. Le contrat de travail conclu par un majeur sous curatelle renforcée, en qualité d'employeur, nécessite l'assistance du curateur ou l'autorisation supplétive du juge, puisque cet acte engage le patrimoine (■ Cass. 1re civ., 3 oct. 2006, n° 04-13.198 : *Bull. civ.* I, n° 427, p. 367 ; *JCP* 2007, II, 10095, note Geffroy ; *RTD civ.* 2007, 93, obs. Hauser ; *D.* 2008, somm. 318, obs. Plazy).

Sous-section 7. – Des actes faits dans la tutelle

(L. n° 2007-308, 5 mars 2007)

Art. 473 *(Rempl., L. n° 2007-308, 5 mars 2007).* **– Sous réserve des cas où la loi ou l'usage autorise la personne en tutelle à agir elle-même, le tuteur la représente dans tous les actes de la vie civile.**

Toutefois, le juge peut, dans le jugement d'ouverture ou ultérieurement, énumérer certains actes que la personne en tutelle aura la capacité de faire seule ou avec l'assistance du tuteur.

1) Gérant de société. Le tuteur d'une personne protégée à laquelle a été dévolue la fonction de gérant d'une société civile n'est pas investi du pouvoir de représenter celle-ci (■ Cass. 1re civ., 12 juill. 2012, n° 11-13.161 : *Bull. civ.* I, n° 163, p. 152 ; *RTD civ.* 2012, 711, obs. Hauser ; *JCP* N 2012, 1365, note Azincourt ; *Dr. famille* 2012, 150, note Maria ; *D.* 2013, 2206, obs. Lemouland ; *JurisData* n° 2012-015713).

2) Usage. Pour déclarer nulles, en application de l'article 465, 3°, du Code civil, toutes les quittances de loyer produites postérieurement au jugement d'ouverture de la tutelle du bailleur, l'arrêt retient qu'elles sont toutes au nom du majeur protégé, qui les a signées seul alors qu'il aurait dû être représenté ; en statuant ainsi, sans rechercher, comme il le lui était demandé, si, en considération de la pratique qui avait été instituée et s'était poursuivie avec l'accord implicite de l'UDAF (tuteur), le versement du loyer entre les mains du majeur protégé ne pouvait être considéré comme un acte de la vie courante autorisé par l'usage, la cour d'appel n'a pas donné de base légale à sa décision (■ Cass. 1re civ., 4 juill. 2012, n° 11-18.637 : *JCP* N 2013, 1029, note Massip ; *Dr. famille* 2012, 152, obs. Maria ; *JurisData* n° 2012-015137).

3) Capacité électorale. Sur l'inéligibilité des majeurs sous tutelle ou curatelle, V. C. élect., art. L. 200 (conseils généraux) et art. L. 230 (communes). – V. aussi ■ CE, 22 août 2007, *Gugole* : *Dr. famille* 2008, 22, note Fossier ; *JurisData* n° 2007-072351. Sur le droit de vote de la personne protégée, V. C. élect., art. L. 5, ci-dessous reproduit. Jugé auparavant que l'article 501 (anc.) ne permet pas au juge de déroger à la règle selon laquelle le majeur en tutelle est radié de la liste électorale (■ Cass. 1re civ., 9 nov. 1982 : *D.* 1983, 388, note Massip) et qu'il n'entre pas dans les pouvoirs du tribunal d'instance, statuant en matière électorale, de relever un citoyen de cette incapacité (■ Cass. 2e civ., 7 mai 1981, n° 81-60.715 : *JurisData* n° 1981-702650 ; *Bull. civ.* II, n° 115, p. 74).

Code électoral

Art. L. 5 *(L. n° 2007-308, 5 mars 2007).* – Lorsqu'il ouvre ou renouvelle une mesure de tutelle, le juge statue sur le maintien ou la suppression du droit de vote de la personne protégée.

Art. 474 *(Rempl., L. n° 2007-308, 5 mars 2007).* **– La personne en tutelle est représentée dans les actes nécessaires à la gestion de son patrimoine dans les conditions et selon les modalités prévues au titre XII.**

Art. 475 *(Rempl., L. n° 2007-308, 5 mars 2007).* **– La personne en tutelle est représentée en justice par le tuteur.**

Celui-ci ne peut agir, en demande ou en défense, pour faire valoir les droits extrapatrimoniaux de la personne protégée qu'après autorisation ou sur injonction du juge ou du conseil de famille s'il a été constitué. Le juge ou le

conseil de famille peut enjoindre également au tuteur de se désister de l'instance ou de l'action ou de transiger.

Bibliographie : J. Hauser, *La distinction des actions personnelles et des actions patrimoniales à l'épreuve du droit des personnes protégées in Mélanges Gérard Champenois : Defrénois* 2012, 441.

Une cour d'appel, statuant postérieurement à l'ouverture de la mesure de protection, ne peut infirmer partiellement le jugement déféré sans qu'il résulte des énonciations de l'arrêt, ni d'aucune pièce de la procédure que l'intéressé ait été représenté par son tuteur (▪ Cass. 1re civ., 15 janv. 2016, n° 15-10.156 : *Bull.* ; *JurisData* n° 2016-000203).

Voir aussi : sous art. 408, p. 389 (tutelle des mineurs).

Art. 476 ancien à 482 ancien *(Dénum., L. n° 2007-308, 5 mars 2007 V. art. 413-1 à 413-8 nouveaux).*

Art. 476 *(L. n° 2007-308, 5 mars 2007).* – **La personne en tutelle peut, avec l'autorisation du juge ou du conseil de famille s'il a été constitué, être assistée ou au besoin représentée par le tuteur pour faire des donations.**

Elle ne peut faire seule son testament après l'ouverture de la tutelle qu'avec l'autorisation du juge ou du conseil de famille s'il a été constitué, à peine de nullité de l'acte. Le tuteur ne peut ni l'assister ni la représenter à cette occasion.

Toutefois, elle peut seule révoquer le testament fait avant ou après l'ouverture de la tutelle.

Le testament fait antérieurement à l'ouverture de la tutelle reste valable à moins qu'il ne soit établi que, depuis cette ouverture, la cause qui avait déterminé le testateur à disposer a disparu.

Bibliographie : N. Peterka, *Les libéralités du majeur protégé dans la loi du 5 mars 2007 : Dr. famille* 2007, étude 20. • G. Raoul-Cormeil, *L'incapable du nouveau droit des libéralités et des successions : JCP* N 2007, I, 1202 ; *Les libéralités consenties à une personne vulnérable ou par elle : JCP* N 2008, 1272. • D. Boulanger, *Majeurs protégés et actes à titre gratuit : JCP* N 2009, 1240. • D. Noguéro, *Le testament des majeurs protégés : une liberté encadrée : Defrénois* 7 sept. 2017, n° 17, 17.

1) Assurance vie. L'article 504 (anc.) n'est pas applicable au contrat d'assurance vie (▪ Cass. 1re civ., 11 juin 1996, n° 94-12.926 : *JurisData* n° 1996-002377 ; *JCP* 1996, IV, 1781 ; *Bull. civ.* I, n° 249, p. 176 ; *Defrénois* 1996, 1355, obs. Massip ; *RTD civ.* 1996, 877, obs. Hauser ; *D.* 1998, 21, note Delmas Saint-Hilaire).

2) Office du juge. Il n'incombe pas au juge, à l'occasion de la demande d'autorisation de tester dont il est saisi, d'examiner le contenu du testament établi par le majeur protégé (▪ Cass. 1re civ., 8 mars 2017, n° 16-10.340 : *Bull.* ; *RTD civ.* 2017, 354, Hauser, et 465, Grimaldi ; *Dr. famille* 2017, 109, 1re esp., Maria ; *AJF* 2017, 250, Raoul-Cormeil ; *JurisData* n° 2017-003895).

3) Prescription. L'action en nullité des actes faits par un majeur protégé est soumise à la prescription quinquennale de l'article 1304 (anc.) (▪ Cass. 1re civ., 4 juill. 2007, n° 06-16.639 : *RTD civ.* 2007, 755, obs. Hauser ; *JCP* N 2007, 1315, note Arbellot ; *JurisData* n° 2007-039973, cassation de l'arrêt ayant appliqué la prescription trentenaire à l'action en nullité d'une donation préciputaire consentie par un majeur sous tutelle).

4) Libéralités à une commune. Sur la responsabilité des organes de tutelle ayant consenti des libéralités à une commune, V. ▪ Cass. 1re civ., 18 juill. 1995, n° 93-18.724 : *Defrénois* 1996, 736, obs. Massip.

5) Donation faite au tuteur. Aucune disposition légale ne prohibe par principe une donation au profit du tuteur ; une telle donation ne doit toutefois pas être fondamentalement contraire à l'intérêt du donateur (▪ Douai, 5 oct. 2012 : *Dr. famille* 2012, 173, note Maria ; *JurisData* n° 2012-022418).

Section V. – Du mandat de protection future

(L. n° 2007-308, 5 mars 2007)

Voir : *Application dans le temps,* L. n° 2007-308, 5 mars 2007, art. 45, III), p. 3276.

Bibliographie : N. Couzigou-Suhas et Y. Le Levier, *Le mandat de protection future : Defrénois* 2006, art. 38371. • D. Noguéro, *Interrogations à propos du mandat de protection future : D.* 2006, chron. 1133. • A. Delfosse et N. Baillon-Wirtz, *Le mandat de protection future : JCP* G 2007, I, 147 ; *JCP* N 2007, 1140. • I. Omarjee, *Bref aperçu des mandats de protection future, de fin de vie et à effet posthume : Dr. et patrimoine* mars 2007, 20. • J. Combret et J. Casey, *Le mandat de protection future : RJPF* juill.-août 2007, 8 (1re partie) ; *RJPF* sept. 2007, 8 (2e partie). • M.-C. Forgeard et N. Levillain, *Mandat de protection future et pratique notariale : Defrénois* 2008, 529 et 640 (formules). • Ph. Potentier, *Le domaine du mandat de protection future : JCP* N 2007, 1262. • J. Klein, *Le mandat de protection future ou la protection juridique conventionnelle : Dr. famille* 2007, étude 21. • M. Revillard, *Le mandat de protection future en droit international privé : Defrénois* 2008, 1533. • J. Leprovaux, *Le mandat de protection future : JCP* N 2008, 1274. • J. Massip, *Le mandat de protection future : LPA* 27 juin 2008, 11. • D. Fenouillet, *Le mandat de protection future ou la double illusion : Defrénois* 2009, 142. • H. Fulchiron, *Le notaire et l'exécution du mandat de protection future : Defrénois* 2009, 178. • J. Combret et alii, *Mandat de protection future. Formule commentée : Defrénois* 2009, 294. • P. Carli, *Exactitude et probité. Le mandat notarié de protection future, instrument de la pérennité de gestion de patrimoine : JCP* N 2009, 1233. • L. Taudin, *Mandat de protection future. Itinéraire sinueux d'une représentation : JCP* N 2009, 1357. • J. Massip, *Quelques réflexions sur les formules de mandat de protection future : Defrénois* 2010, 441. • E. Delouis, *Le mandat de protection future : le point sur la mise en œuvre d'un contrat très attendu : LPA* 4 nov. 2010, 25. • F. Jourdain-Thomas, *Le mandat de protection future : aspects pratiques et société : JCP* N 2011, 1317. • D. Noguéro, *Privatisation procédurale de la protection des majeurs sans bémol (À propos d'un simple avis de la Cour de cassation du 20 juin 2011) : LPA* 22 juill. 2011, 10. • G. Calvet et H. Fabre, *Protection de la personne vulnérable : le recours aux mandats pour soi et pour autrui : JCP* N 2012, 1194. • L. Leveneur, *Intérêts et limites du mandat de protection future* in *Mélanges Gérard Champenois : Defrénois* 2012, 571. • J.-F. Sagaut, *Et si le mandat de protection future intégrait le régime primaire en devenant un effet du mariage ?* in *Mélanges Gérard Champenois : Defrénois* 2012, 745. • J. Hauser, *L'enfance du mandat de protection future*, in *Mélanges Raymond Le Guidec*, LexisNexis 2014, 709. • G. Raoul-Cormeil, *Le mandat de protection future, un contrat pour préserver les biens professionnels ou l'intérêt de la famille : LPA* 3 juin 2014, 43. • N. Peterka, *Le mandat de protection future : bilan et perspectives : Defrénois* 2017, 497. • F. Jourdain Thomas, *Actualité du mandat de protection future : JCP* N 2017, 1322. • E. Bendelac, *La place de l'habilitation familiale au sein du droit des majeurs protégés : LPA* 19 mai 2017, 6. • A. Batteur, *De quelques difficultés pratiques du mandat de protection future : LPA* 7-8 sept. 2017, 65. • Ph. Potentier, *Le mandat de protection future entre écriture et pratique : Defrénois* 8 mars 2018, n° 10, 22.

Sous-section 1. – Des dispositions communes

(L. n° 2007-308, 5 mars 2007)

Art. 477 ***(L. n° 2007-308, 5 mars 2007 ; mod., Ord. n° 2015-1288, 15 oct. 2015).*** **– Toute personne majeure ou mineure émancipée ne faisant pas l'objet d'une mesure de tutelle** ***(Mots aj., Ord. n° 2015-1288, 15 oct. 2015)*** **« ou d'une habilitation familiale » peut charger une ou plusieurs personnes, par un même mandat, de la représenter pour le cas où, pour l'une des causes prévues à l'article 425, elle ne pourrait plus pourvoir seule à ses intérêts.**

La personne en curatelle ne peut conclure un mandat de protection future qu'avec l'assistance de son curateur.

Les parents ou le dernier vivant des père et mère, ne faisant pas l'objet d'une mesure de curatelle ou de tutelle ou d'une habilitation familiale, qui exercent l'autorité parentale sur leur enfant mineur ou assument la charge matérielle et affective de leur enfant majeur peuvent, pour le cas où cet enfant ne pourrait plus pourvoir seul à ses intérêts pour l'une des causes prévues à l'article 425, désigner un ou plusieurs mandataires chargés de le représenter. Cette désignation prend effet à compter du jour où le mandant décède ou ne peut plus prendre soin de l'intéressé.

Le mandat est conclu par acte notarié ou par acte sous seing privé. Toutefois, le mandat prévu au troisième alinéa ne peut être conclu que par acte notarié.

Sur l'**absence de publicité** du mandat de protection future, V. Rép. min. n° 51358 : *JOAN Q*, 20 oct. 2009, p. 9989 ; *Dr. famille* 2009, 162, obs. Maria.

Art. 477-1 ***(L. n° 2015-1776, 28 déc. 2015).*** **– Le mandat de protection future est publié par une inscription sur un registre spécial dont les modalités et l'accès sont réglés par décret en Conseil d'État.**

Art. 478 ***(L. n° 2007-308, 5 mars 2007).*** **– Le mandat de protection future est soumis aux dispositions des articles 1984 à 2010 qui ne sont pas incompatibles avec celles de la présente section.**

Art. 479 ***(L. n° 2007-308, 5 mars 2007).*** **– Lorsque le mandat s'étend à la protection de la personne, les droits et obligations du mandataire sont définis par les articles 457-1 à 459-2. Toute stipulation contraire est réputée non écrite.**

Le mandat peut prévoir que le mandataire exercera les missions que le Code de la santé publique et le Code de l'action sociale et des familles confient au représentant de la personne en tutelle ou à la personne de confiance.

Le mandat fixe les modalités de contrôle de son exécution.

Art. 480 *(L. n° 2007-308, 5 mars 2007 ; mod., L. n° 2011-525, 17 mai 2011).* – **Le mandataire peut être toute personne physique choisie par le mandant ou une personne morale inscrite sur la liste des mandataires judiciaires à la protection des majeurs prévue à l'article L. 471-2 du Code de l'action sociale et des familles.**

Le mandataire doit, pendant toute l'exécution du mandat, jouir de la capacité civile et remplir les conditions prévues pour les charges tutélaires par l'article 395 et les deux derniers alinéas de l'article 445 du présent code.

Il ne peut, pendant cette exécution, être déchargé de ses fonctions qu'avec l'autorisation du juge des tutelles.

Art. 481 *(L. n° 2007-308, 5 mars 2007).* – **Le mandat prend effet lorsqu'il est établi que le mandant ne peut plus pourvoir seul à ses intérêts. Celui-ci en reçoit notification dans les conditions prévues par le Code de procédure civile.**

À cette fin, le mandataire produit au greffe du tribunal d'instance le mandat et un certificat médical émanant d'un médecin choisi sur la liste mentionnée à l'article 431 établissant que le mandant se trouve dans l'une des situations prévues à l'article 425. Le greffier vise le mandat et date sa prise d'effet, puis le restitue au mandataire.

Art. 482 *(L. n° 2007-308, 5 mars 2007).* – **Le mandataire exécute personnellement le mandat. Toutefois, il peut se substituer un tiers pour les actes de gestion du patrimoine mais seulement à titre spécial.**

Le mandataire répond de la personne qu'il s'est substituée dans les conditions de l'article 1994.

Art. 483 *(L. n° 2007-308, 5 mars 2007).* – **Le mandat mis à exécution prend fin par :**

1° Le rétablissement des facultés personnelles de l'intéressé constaté à la demande du mandant ou du mandataire, dans les formes prévues à l'article 481 ;

2° Le décès de la personne protégée ou son placement en curatelle ou en tutelle, sauf décision contraire du juge qui ouvre la mesure ;

3° Le décès du mandataire, son placement sous une mesure de protection ou sa déconfiture ;

4° Sa révocation prononcée par le juge des tutelles à la demande de tout intéressé, lorsqu'il s'avère que les conditions prévues par l'article 425 ne sont pas réunies *(Mots suppr., L. n° 2019-222, 23 mars 2019)* **« ... » ou lorsque l'exécution du mandat est de nature à porter atteinte aux intérêts du mandant.**

Le juge peut également suspendre les effets du mandat pour le temps d'une mesure de sauvegarde de justice.

1) Ouverture d'une curatelle. Le tribunal apprécie souverainement si l'intérêt de la personne protégée commande d'écarter le mandataire désigné par le mandat de protection future des fonctions de curateur (■ Cass. 1re civ., 12 janv. 2011, n° 09-16.519 : *Bull. civ.* I, n° 11, p. 10 ; *D.* 2011, 1204, note Noguéro ; *JCP* 2011, n° 15, note 416, Peterka ; *Defrénois* 2011, 690, note Massip ; *Dr. famille* 2011, 42, note Maria ; *JCP* N 2011, 1115, note Boulanger, et 1244, chron. Massip ; *LPA* 17 févr. 2011, 10, note Gatti ; *RTD civ.* 2011, 324, obs. Hauser ; *JurisData* n° 2011-000143). En application de l'article 483, 2°, du Code civil, le mandat de protection future mis à exécution prend fin par le placement en curatelle de la personne protégée, sauf décision contraire du juge qui ouvre la mesure ; il en résulte que le juge des tutelles ayant placé l'intéressé sous le régime de la curatelle renforcée sans qu'une décision contraire maintienne le mandat de protection future, est inopérant le moyen suivant lequel la *conclusion d'un mandat de* protection future peut être réalisé par un majeur placé sous sauvegarde de justice, pour autant que le mandataire spécial n'a pas expressément reçu pouvoir de le faire (■ Cass. 1re civ., 29 mai 2013, n° 12-19.851 : *D.* 2013, 1815, note Noguéro ; *JCP* G 2013, 908, note Peterka ; *Dr. famille* 2013, 155, note Maria ; *RTD civ.* 2013, 576, obs. Hauser ; *JurisData* n° 2013-017230).

2) Mise à exécution du mandat. Il résulte de la combinaison des articles 483, 2°, et 477, alinéa 2, du Code civil que seul le mandat de protection future mis à exécution prend fin par le placement en curatelle de la personne protégée, sauf décision contraire du juge qui ouvre la mesure ; la cour d'appel, qui a constaté que le mandat de protection future n'avait pas été mis à exécution lors de l'ouverture de la curatelle, en a déduit à bon droit que cette mesure n'avait pas eu pour effet d'y mettre fin (■ Cass. 1re civ., 4 janv. 2017, n° 15-28.669 : *Bull.* ; *D.* 2017, 191, Noguéro, et 1503, Noguéro ; *JCP* G 2017, 200, Peterka ; *Dr. famille* 2017, 49, Maria ; *Defrénois* 12 oct. 2017, n° 22, 28, Combret ; RTD civ. 2017, 100, Hauser ; *Defrénois* 2017, 245, Batteur ; *AJF* 2017, 144, Raoul-Cormeil ; *JurisData* n° 2017-000001).

Art. 484 *(L. n° 2007-308, 5 mars 2007).* – **Tout intéressé peut saisir le juge des tutelles aux fins de contester la mise en œuvre du mandat ou de voir statuer sur les conditions et modalités de son exécution.**

Art. 485 *(L. n° 2007-308, 5 mars 2007).* – Le juge qui met fin au mandat peut ouvrir une mesure de protection juridique dans les conditions et selon les modalités prévues aux sections 1 à 4 du présent chapitre.

Lorsque la mise en œuvre du mandat ne permet pas, en raison de son champ d'application, de protéger suffisamment les intérêts personnels ou patrimoniaux de la personne, le juge peut ouvrir une mesure de protection juridique complémentaire confiée, le cas échéant, au mandataire de protection future. Il peut aussi autoriser ce dernier ou un mandataire *ad hoc* à accomplir un ou plusieurs actes déterminés non couverts par le mandat.

Le mandataire de protection future et les personnes désignées par le juge sont indépendants et ne sont pas responsables l'un envers l'autre ; ils s'informent toutefois des décisions qu'ils prennent.

Art. 486 *(L. n° 2007-308, 5 mars 2007).* – Le mandataire chargé de l'administration des biens de la personne protégée fait procéder à leur inventaire lors de l'ouverture de la mesure. Il assure son actualisation au cours du mandat afin de maintenir à jour l'état du patrimoine.

Il établit annuellement le compte de sa gestion qui est vérifié selon les modalités définies par le mandat et que le juge peut en tout état de cause faire vérifier selon les modalités prévues à l'article *(Réf. rempl., L. n° 2019-222, 23 mars 2019)* (1) (2) « 512 ».

Art. 487 *(Rempl., L. n° 2007-308, 5 mars 2007).* – À l'expiration du mandat et dans les cinq ans qui suivent, le mandataire tient à la disposition de la personne qui est amenée à poursuivre la gestion, de la personne protégée si elle a recouvré ses facultés ou de ses héritiers l'inventaire des biens et les actualisations auxquelles il a donné lieu ainsi que les cinq derniers comptes de gestion et les pièces nécessaires pour continuer celle-ci ou assurer la liquidation de la succession de la personne protégée.

Art. 488 *(Rempl., L. n° 2007-308, 5 mars 2007 ; Ord. n° 2016-131, 10 févr. 2016).* – Les actes passés et les engagements contractés par une personne faisant l'objet d'un mandat de protection future mis à exécution, pendant la durée du mandat, peuvent être rescindés pour simple lésion ou réduits en cas d'excès alors même qu'ils pourraient être annulés en vertu de l'article 414-1. Les tribunaux prennent notamment en considération l'utilité ou l'inutilité de l'opération, l'importance ou la consistance du patrimoine de la personne protégée et la bonne ou mauvaise foi de ceux avec qui elle a contracté.

L'action n'appartient qu'à la personne protégée et, après sa mort, à ses héritiers. Elle s'éteint par le délai de cinq ans prévu à l'article 2224.

Sous-section 2. – Du mandat notarié

(L. n° 2007-308, 5 mars 2007)

Art. 489 *(Rempl., L. n° 2007-308, 5 mars 2007).* – Lorsque le mandat est établi par acte authentique, il est reçu par un notaire choisi par le mandant. L'acceptation du mandataire est faite dans les mêmes formes.

Tant que le mandat n'a pas pris effet, le mandant peut le modifier dans les mêmes formes ou le révoquer en notifiant sa révocation au mandataire et au notaire et le mandataire peut y renoncer en notifiant sa renonciation au mandant et au notaire.

Art. 489-1 et 489-2 *(Implicitement abr., L. n° 2007-308, 5 mars 2007).*

Art. 490 *(Rempl., L. n° 2007-308, 5 mars 2007).* – Par dérogation à l'article 1988, le mandat, même conçu en termes généraux, inclut tous les actes patrimoniaux que le tuteur a le pouvoir d'accomplir seul ou avec une autorisation.

Toutefois, le mandataire ne peut accomplir un acte de disposition à titre gratuit qu'avec l'autorisation du juge des tutelles.

Art. 490-1 à 490-3 *(Implicitement abr., L. n° 2007-308, 5 mars 2007).*

(1) Dispositions d'application particulières et transitoires : V. L. n° 2019-222, 23 mars 2019, art. 109, X.
(2) Dispositions applicables à compter du 25 mars 2019 aux mesures de protection ouvertes antérieurement, L. n° 2019-222, 23 mars 2019, art. 109, X.

Art. 491 *(Rempl., L. n° 2007-308, 5 mars 2007).* – **Pour l'application du second alinéa de l'article 486, le mandataire rend compte au notaire qui a établi le mandat en lui adressant ses comptes, auxquels sont annexées toutes pièces justificatives utiles. Celui-ci en assure la conservation ainsi que celle de l'inventaire des biens et de ses actualisations.**

Le notaire saisit le juge des tutelles de tout mouvement de fonds et de tout acte non justifiés ou n'apparaissant pas conformes aux stipulations du mandat.

Art. 491-1 à 491-6 *(Implicitement abr., L. n° 2007-308, 5 mars 2007).*

Sous-section 3. – Du mandat sous seing privé

(L. n° 2007-308, 5 mars 2007)

Art. 492 *(Rempl., L. n° 2007-308, 5 mars 2007).* – **Le mandat établi sous seing privé est daté et signé de la main du mandant. Il est soit contresigné par un avocat, soit établi selon un modèle défini par décret en Conseil d'État.**

Le mandataire accepte le mandat en y apposant sa signature.

Tant que le mandat n'a pas reçu exécution, le mandant peut le modifier ou le révoquer dans les mêmes formes et le mandataire peut y renoncer en notifiant sa renonciation au mandant.

Voir : D. n° 2009-1628, 23 déc. 2009, art. 18, instaurant un nouveau modèle de mandat de protection future sous seing privé, et A. 23 déc. 2009 relatif à la notice d'information jointe au modèle de mandat de protection future sous seing privé, p. 3320. V. au sujet du précédent modèle (D. n° 2007-1702, 30 nov. 2007, et A. 30 nov. 2007), A.-M. Leroyer, chron. *in RTD civ.* 2008, 167.

Art. 492-1 *(L. n° 2007-308, 5 mars 2007 ; Ord. n° 2016-131, 10 févr. 2016).* – **Le mandat n'acquiert date certaine que dans les conditions de l'article 1377.**

Art. 493 *(Rempl., L. n° 2007-308, 5 mars 2007).* – **Le mandat est limité, quant à la gestion du patrimoine, aux actes qu'un tuteur peut faire sans autorisation.**

Si l'accomplissement d'un acte qui est soumis à autorisation ou qui n'est pas prévu par le mandat s'avère nécessaire dans l'intérêt du mandant, le mandataire saisit le juge des tutelles pour le voir ordonner.

Art. 493-1 et 493-2 *(Implicitement abr., L. n° 2007-308, 5 mars 2007).*

Art. 494 *(Rempl., L. n° 2007-308, 5 mars 2007).* – **Pour l'application du dernier alinéa de l'article 486, le mandataire conserve l'inventaire des biens et ses actualisations, les cinq derniers comptes de gestion, les pièces justificatives ainsi que celles nécessaires à la continuation de celle-ci.**

Il est tenu de les présenter au juge des tutelles ou au procureur de la République dans les conditions prévues à l'article 416.

Section VI. – De l'habilitation familiale

(Ord. n° 2015-1288, 15 oct. 2015)

Voir : Application dans le temps, Ord. n° 2015-1288, 15 oct. 2015, art. 17, I, p. 3426 (entrée en vigueur le 1er janvier 2016).

Bibliographie : Dossier *L'habilitation familiale, examen critique d'une nouvelle mesure de protection juridique*, in *Dr. famille* 2016, 39 et s. • I. Maria, *L'habilitation familiale, une nouvelle mesure de protection qui doit faire ses preuves : Dr. famille* janv. 2016, dossier 5. • G. Raoul-Cormeil, *L'habilitation familiale : une tutelle adoucie, en la forme et au fond : D.* 2015, 2335. • N. Peterka, *Déjudiciarisation de l'administration légale et renforcement du rôle de la famille dans la protection des majeurs : JCP* G 2015, 1160. • J. Combret et N. Baillon-Wirtz, *L'habilitation familiale : une innovation à parfaire : JCP* N 2015, 1248. • P. Battistini, *L'habilitation familiale : LPA* 17 févr. 2016, 6. • S. Mauclair, *La modernisation du droit de la famille par l'instauration d'un dispositif d'habilitation familiale : RJPF* janv. 2016, 7. • B. Mallet-Bricout, *La nouvelle « habilitation familiale », ou le millefeuille de la représentation des majeurs protégés : RTD civ.* 2016, 190. • Dossier Majeurs protégés : les *nouveautés in AJF* avr. 2016, 181 (1re Partie). • D. Noguéro, Les conditions de mise en œuvre de l'habilitation familiale : D. 2016, 1510. • D. Guérin, *L'habilitation familiale, le relais des procurations bancaires ? : Dr. famille* 2017, étude 5. • . A. Chapron, *Habilitation familiale : entre mythe et réalité : Defrénois* 2017, 899. • G. Raoul-Cormeil, *L'habilitation familiale, entre tradition et modernité : LPA* 7-8 sept. 2017, 72. • N. Peterka, *Forces et faiblesses de l'habilitation familiale : Defrénois* 15 févr. 2018, n° 7, 15. • N. Baillon-Wirtz, *L'habilitation familiale : adaptations attendues et difficultés récurrentes : Defrénois* 10 janv. 2019, n° 1-2, p. 29.

Art. 494-1 *(Ord. n° 2015-1288, 15 oct. 2015 ; mod., L. n° 2016-1547, 18 nov. 2016). – (Al. mod., L. n° 2019-222, 23 mars 2019)* Lorsqu'une personne est dans l'impossibilité de pourvoir seule à ses intérêts en raison d'une altération, médicalement constatée soit de ses facultés mentales, soit de ses facultés corporelles de nature à empêcher l'expression de sa volonté, le juge des tutelles peut habiliter une ou plusieurs personnes choisies parmi ses ascendants ou descendants, frères et sœurs ou, à moins que la communauté de vie ait cessé entre eux, le conjoint, le partenaire auquel elle est liée par un pacte civil de solidarité ou le concubin à la représenter, à l'assister dans les conditions prévues à l'article 467 ou à passer un ou des actes en son nom dans les conditions et selon les modalités prévues à la présente section et à celles du titre XIII du livre III qui ne lui sont pas contraires, afin d'assurer la sauvegarde de ses intérêts.

La personne habilitée doit remplir les conditions pour exercer les charges tutélaires. Elle exerce sa mission à titre gratuit.

Office du juge. Aucune disposition légale n'autorise le juge des tutelles, saisi d'une requête aux fins d'ouverture d'une mesure de protection judiciaire (tutelle), à ouvrir une mesure d'habilitation familiale (■ Cass. 1re civ., 20 déc. 2017, n° 16-27.507 : *Bull.* ; D. 2018, 223 et 1469, Noguéro ; *Dr. famille* 2018, 73, Maria ; *Defrénois* 29 mars 2018, 28, Combret ; *RTD civ.* 2018, p. 74, Mazeaud ; *LPA* 25 avr. 2018, 13, 1re esp. ; *AJF* 2018, 125, Raoul-Cormeil ; *JCP* N 2018, 1228, Tani ; *JurisData* n° 2017-026461).

Art. 494-2 *(Ord. n° 2015-1288, 15 oct. 2015 ; mod., L. n° 2016-1547, 18 nov. 2016).* – L'habilitation familiale ne peut être ordonnée par le juge qu'en cas de nécessité et lorsqu'il ne peut être suffisamment pourvu aux intérêts de la personne par l'application des règles du droit commun de la représentation, de celles relatives aux droits et devoirs respectifs des époux et des règles des régimes matrimoniaux, en particulier celles prévues aux articles 217, 219, 1426 et 1429, ou par les stipulations du mandat de protection future conclu par l'intéressé.

Art. 494-3 *(Ord. n° 2015-1288, 15 oct. 2015).* – La demande aux fins de désignation d'une personne habilitée peut être présentée au juge par *(Mots aj., L. n° 2019-222, 23 mars 2019)* « la personne qu'il y a lieu de protéger, par » l'une des personnes mentionnées à l'article 494-1 ou par le procureur de la République à la demande de l'une d'elles.

La demande est introduite, instruite et jugée conformément aux règles du Code de procédure civile et dans le respect des dispositions des articles 429 et 431.

(Alinéa créé, L. n° 2019-222, 23 mars 2019) La désignation d'une personne habilitée est également possible à l'issue de l'instruction d'une requête aux fins d'ouverture d'une mesure de protection judiciaire ou lorsque, en application du troisième alinéa de l'article 442, le juge des tutelles substitue une habilitation familiale à une mesure de curatelle ou de tutelle.

Art. 494-4 *(Ord. n° 2015-1288, 15 oct. 2015).* – La personne à l'égard de qui l'habilitation est demandée est entendue ou appelée selon les modalités prévues au premier alinéa de l'article 432. Toutefois, le juge peut, par décision spécialement motivée et sur avis du médecin mentionné à l'article 431, décider qu'il n'y a pas lieu de procéder à son audition si celle-ci est de nature à porter atteinte à sa santé ou si la personne est hors d'état de s'exprimer.

Le juge s'assure de l'adhésion ou, à défaut, de l'absence d'opposition légitime à la mesure d'habilitation et au choix de la personne habilitée des proches mentionnés à l'article 494-1 qui entretiennent des liens étroits et stables avec la personne ou qui manifestent de l'intérêt à son égard et dont il connaît l'existence au moment où il statue.

Art. 494-5 *(Ord. n° 2015-1288, 15 oct. 2015).* – Le juge statue sur le choix de la personne habilitée et l'étendue de l'habilitation en s'assurant que le dispositif projeté est conforme aux intérêts patrimoniaux et, le cas échéant, personnels de l'intéressé.

(Al. créé, L. n° 2019-222, 23 mars 2019) Si l'habilitation familiale sollicitée ne permet pas d'assurer une protection suffisante, le juge peut ordonner une des mesures de protection judiciaire mentionnées aux sections 3 et 4 du présent chapitre.

Art. 494-6 *(Ord. n° 2015-1288, 15 oct. 2015 ; mod., L. n° 2016-1547, 18 nov. 2016).* – L'habilitation peut porter sur :

– un ou plusieurs des actes que le tuteur a le pouvoir d'accomplir, seul ou avec une autorisation, sur les biens de l'intéressé ;

– un ou plusieurs actes relatifs à la personne à protéger. Dans ce cas, l'habilitation s'exerce dans le respect des dispositions des articles 457-1 à 459-2 du Code civil.

La personne habilitée ne peut accomplir *(Mots aj., L. n° 2019-222, 23 mars 2019)* « en représentation » un acte de disposition à titre gratuit qu'avec l'autorisation du juge des tutelles.

Si l'intérêt de la personne à protéger l'implique, le juge peut délivrer une habilitation générale portant sur l'ensemble des actes ou l'une des deux catégories d'actes mentionnés aux deuxième et troisième alinéas.

La personne habilitée dans le cadre d'une habilitation générale ne peut accomplir un acte pour lequel elle serait en opposition d'intérêts avec la personne protégée. Toutefois, à titre exceptionnel et lorsque l'intérêt de celle-ci l'impose, le juge peut autoriser la personne habilitée à accomplir cet acte.

En cas d'habilitation générale, le juge fixe une durée au dispositif sans que celle-ci puisse excéder dix ans. Statuant sur requête de l'une des personnes mentionnées à l'article 494-1 ou du procureur de la République saisi à la demande de l'une d'elles, il peut renouveler l'habilitation lorsque les conditions prévues aux articles 431 et 494-5 sont remplies. Le renouvellement peut être prononcé pour la même durée ; toutefois, lorsque l'altération des facultés personnelles de la personne à l'égard de qui l'habilitation a été délivrée n'apparaît manifestement pas susceptible de connaître une amélioration selon les données acquises de la science, le juge peut, par décision spécialement motivée et sur avis conforme du médecin mentionné à l'article 431, renouveler le dispositif pour une durée plus longue qu'il détermine, n'excédant pas vingt ans.

Les jugements accordant, modifiant ou renouvelant une habilitation générale font l'objet d'une mention en marge de l'acte de naissance selon les conditions prévues à l'article 444. Il en est de même lorsqu'il est mis fin à l'habilitation pour l'une des causes prévues à l'article 494-11.

Bibliographie : D. Noguéro, *Les pouvoirs de la personne habilitée sur les biens du majeur protégé et les sanctions applicables : LPA* 25 nov. 2016, 7.

Art. 494-7 *(Créé à compter du 1er janvier 2016, Ord. n° 2015-1288, 15 oct. 2015).* – La personne habilitée *(Mots aj., L. n° 2019-222, 23 mars 2019)* « à représenter la personne protégée » peut, sauf décision contraire du juge, procéder sans autorisation aux actes mentionnés au premier alinéa de l'article 427.

Art. 494-8 *(Ord. n° 2015-1288, 15 oct. 2015 ; Mod., L. n° 2019-222, 23 mars 2019).* – La personne à l'égard de qui l'habilitation a été délivrée conserve l'exercice de ses droits autres que ceux dont l'exercice a été confié à la personne habilitée à la représenter en application de la présente section.

Toutefois, elle ne peut, en cas d'habilitation générale à la représenter, conclure un mandat de protection future pendant la durée de l'habilitation.

Art. 494-9 *(Ord. n° 2015-1288, 15 oct. 2015 ; Ord. n° 2016-131, 10 févr. 2016).* – Si la personne à l'égard de qui l'habilitation a été délivrée passe seule un acte dont l'accomplissement a été confié à la personne habilitée, celui-ci est nul de plein droit sans qu'il soit nécessaire de justifier d'un préjudice.

(Al. créé, L. n° 2019-222, 23 mars 2019) Si elle accomplit seule un acte dont l'accomplissement nécessitait une assistance de la personne habilitée, l'acte ne peut être annulé que s'il est établi que la personne protégée a subi un préjudice.

Les obligations résultant des actes accomplis par une personne à l'égard de qui une mesure d'habilitation familiale a été prononcée moins de deux ans avant le jugement délivrant l'habilitation peuvent être réduits ou annulés dans les conditions prévues à l'article 464.

La personne habilitée peut, avec l'autorisation du juge des tutelles, engager seule l'action en nullité ou en réduction prévue aux alinéas ci-dessus.

Si la personne habilitée accomplit seule, en cette qualité, un acte n'entrant pas dans le champ de l'habilitation qui lui a été délivrée ou qui ne pouvait être accompli qu'avec l'autorisation du juge, l'acte est nul de plein droit sans qu'il soit nécessaire de justifier d'un préjudice.

Dans tous les cas, l'action en nullité ou en réduction est exercée dans le délai de cinq ans prévu à l'article 2224 (1).

Pendant ce délai et tant que la mesure d'habilitation est en cours, l'acte contesté peut être confirmé avec l'autorisation du juge des tutelles.

Art. 494-10 *(Ord. n° 2015-1288, 15 oct. 2015)*. **– Le juge statue à la demande** *(Mots rempl., L. n° 2019-222, 23 mars 2019)* **« de tout intéressé » ou du procureur de la République sur les difficultés qui pourraient survenir dans la mise en œuvre du dispositif.**

Saisi à cette fin dans les conditions prévues au premier alinéa de l'article 494-3, le juge peut, à tout moment, modifier l'étendue de l'habilitation ou y mettre fin, après avoir entendu ou appelé la personne à l'égard de qui l'habilitation a été délivrée, dans les conditions prévues au premier alinéa de l'article 494-4 ainsi que la personne habilitée.

Art. 494-11 *(Ord. n° 2015-1288, 15 oct. 2015)*. **– Outre le décès de la personne à l'égard de qui l'habilitation familiale a été délivrée, celle-ci prend fin :**

1° Par le placement de l'intéressé sous sauvegarde de justice, sous curatelle ou sous tutelle ;

2° En cas de jugement de mainlevée passé en force de chose jugée prononcé par le juge à la demande *(Mots aj., L. n° 2019-222, 23 mars 2019)* **« de la personne protégée », de l'une des personnes mentionnées à l'article 494-1 ou du procureur de la République, lorsqu'il s'avère que les conditions prévues à cet article ne sont plus réunies ou lorsque l'exécution de l'habilitation familiale est de nature à porter atteinte aux intérêts de la personne protégée ;**

3° De plein droit en l'absence de renouvellement à l'expiration du délai fixé ;

4° Après l'accomplissement des actes pour lesquels l'habilitation avait été délivrée.

Art. 494-12 *(Ord. n° 2015-1288, 15 oct. 2015)*. **– Les modalités d'application de la présente section sont précisées par décret en Conseil d'État.**

Voir : sur l'intervention du juge des tutelles en matière d'habilitation familiale, CPC, art. 1260-1 et s., p. 2373 (N. Peterka, *Procédure devant le juge des tutelles en cas d'administration légale et d'habilitation familiale : JCP* G 2016, act. 281. - J. Combret et N. Baillon-Wirtz, *Réforme du droit de la famille, nouvelles procédures avec le décret du 23 février 2016 : JCP* N 2016, 1098).

CHAPITRE III. – DE LA MESURE D'ACCOMPAGNEMENT JUDICIAIRE

(L. n° 2007-308, 5 mars 2007)

Bibliographie : L. Mauger-Vielpeau, *Le retour du prodigue : JCP* N 2008, 1269.

Art. 495 *(Rempl., L. n° 2007-308, 5 mars 2007)*. **– Lorsque les mesures mises en œuvre en application des articles L. 271-1 à L. 271-5 du Code de l'action sociale et des familles au profit d'une personne majeure n'ont pas permis une gestion satisfaisante par celle-ci de ses prestations sociales et que sa santé ou sa sécurité en est compromise, le juge des tutelles peut ordonner une mesure d'accompagnement judiciaire destinée à rétablir l'autonomie de l'intéressé dans la gestion de ses ressources.**

Il n'y a pas lieu de prononcer cette mesure à l'égard d'une personne mariée lorsque l'application des règles relatives aux droits et devoirs respectifs des époux et aux régimes matrimoniaux permet une gestion satisfaisante des prestations sociales de l'intéressé par son conjoint.

Art. 495-1 *(L. n° 2007-308, 5 mars 2007)*. **– La mesure d'accompagnement judiciaire ne peut être prononcée si la personne bénéficie d'une mesure de protection juridique prévue au chapitre II du présent titre.**

Le prononcé d'une mesure de protection juridique met fin de plein droit à la mesure d'accompagnement judiciaire.

(1) Pour l'application en Polynésie française, les mots « dans le délai de cinq ans prévu à l'article 1304 » sont remplacés par les mots « dans un délai de cinq ans » (Ord. n° 2015-1288, 15 oct. 2015, art. 16).

Art. 495-2 *(L. n° 2007-308, 5 mars 2007).* – La mesure d'accompagnement judiciaire ne peut être prononcée qu'à la demande du procureur de la République qui en apprécie l'opportunité au vu du rapport des services sociaux prévu à l'article L. 271-6 du Code de l'action sociale et des familles.

Le juge statue, la personne entendue ou appelée.

Art. 495-3 *(L. n° 2007-308, 5 mars 2007).* – Sous réserve des dispositions de l'article 495-7, la mesure d'accompagnement judiciaire n'entraîne aucune incapacité.

Art. 495-4 *(L. n° 2007-308, 5 mars 2007).* – La mesure d'accompagnement judiciaire porte sur la gestion des prestations sociales choisies par le juge, lors du prononcé de celle-ci, dans une liste fixée par décret.

Le juge statue sur les difficultés qui pourraient survenir dans la mise en œuvre de la mesure. À tout moment, il peut, d'office ou à la demande de la personne protégée, du mandataire judiciaire à la protection des majeurs ou du procureur de la République, en modifier l'étendue ou y mettre fin, après avoir entendu ou appelé la personne.

Art. 495-5 *(L. n° 2007-308, 5 mars 2007 ; mod., L. n° 2008-1249, 1er déc. 2008).* – Les prestations pour lesquelles le juge des enfants a ordonné la mesure prévue à l'article 375-9-1 sont exclues de plein droit de la mesure d'accompagnement judiciaire.

Les personnes chargées respectivement de l'exécution d'une mesure prévue à l'article 375-9-1 et d'une mesure d'accompagnement judiciaire pour un même foyer s'informent mutuellement des décisions qu'elles prennent.

Art. 495-6 *(L. n° 2007-308, 5 mars 2007).* – Seul un mandataire judiciaire à la protection des majeurs inscrit sur la liste prévue à l'article L. 471-2 du Code de l'action sociale et des familles peut être désigné par le juge pour exercer la mesure d'accompagnement judiciaire.

Art. 495-7 *(L. n° 2007-308, 5 mars 2007).* – Le mandataire judiciaire à la protection des majeurs perçoit les prestations incluses dans la mesure d'accompagnement judiciaire sur un compte ouvert au nom de la personne auprès d'un établissement habilité à recevoir des fonds du public, dans les conditions prévues au premier alinéa de l'article 472, sous réserve des dispositions applicables aux mesures de protection confiées aux personnes ou services préposés des établissements de santé et des établissements sociaux ou médico-sociaux soumis aux règles de la comptabilité publique.

Il gère ces prestations dans l'intérêt de la personne en tenant compte de son avis et de sa situation familiale.

Il exerce auprès de celle-ci une action éducative tendant à rétablir les conditions d'une gestion autonome des prestations sociales.

Art. 495-8 *(L. n° 2007-308, 5 mars 2007).* – Le juge fixe la durée de la mesure qui ne peut excéder deux ans. Il peut, à la demande de la personne protégée, du mandataire ou du procureur de la République, la renouveler par décision spécialement motivée sans que la durée totale puisse excéder quatre ans.

Art. 495-9 *(L. n° 2007-308, 5 mars 2007).* – Les dispositions du titre XII relatives à l'établissement, la vérification et l'approbation des comptes et à la prescription qui ne sont pas incompatibles avec celles du présent chapitre sont applicables à la gestion des prestations sociales prévues à l'article 495-7.

TITRE XII. – DE LA GESTION DU PATRIMOINE DES MINEURS ET MAJEURS EN TUTELLE

(Rempl., L. n° 2007-308, 5 mars 2007)

Voir : Application dans le temps, L. n° 2007-308, 5 mars 2007, art. 45, p. 3276.

CHAPITRE I. – DES MODALITÉS DE LA GESTION

(L. n° 2007-308, 5 mars 2007)

Art. 496 *(Rempl., L. n° 2007-308, 5 mars 2007).* – **Le tuteur représente la personne protégée dans les actes nécessaires à la gestion de son patrimoine.**

Il est tenu d'apporter, dans celle-ci, des soins prudents, diligents et avisés, dans le seul intérêt de la personne protégée.

La liste des actes qui sont regardés, pour l'application du présent titre, comme des actes d'administration relatifs à la gestion courante du patrimoine et comme des actes de disposition qui engagent celui-ci de manière durable et substantielle est fixée par décret en Conseil d'État.

Voir : D. n° 2008-1484, 22 déc. 2008, relatif aux actes de gestion du patrimoine des personnes placées en curatelle ou en tutelle, et pris en application des articles 452, 496 et 502 du Code civil, p. 3303.

Bibliographie : Th. Fossier, *Actes de gestion du patrimoine des personnes protégées. D. n° 2008-1484, 22 déc. 2008 : JCP* 2009, act. 20 ; *JCP* N 2009, act. 101. • A.-M. Leroyer, chron. *in RTD civ.* 2009, 180. • I. Maria, *De la pertinence de la classification des actes de gestion du patrimoine des personnes protégées. Approche critique du décret n° 2008-1484 du 22 décembre 2008 : Dr. famille* 2009, étude 31.

Art. 496-1 et 496-2 *(Implicitement abr., L. n° 2007-308, 5 mars 2007).*

Art. 497 *(Rempl., L. n° 2007-308, 5 mars 2007).* – **Lorsqu'un subrogé tuteur a été nommé, celui-ci atteste auprès du juge du bon déroulement des opérations que le tuteur a l'obligation d'accomplir.**

Il en est notamment ainsi de l'emploi ou du remploi des capitaux opéré conformément aux prescriptions du conseil de famille ou, à défaut, du juge.

Voir : annot. sous art. 410, p. 390 (tutelle des mineurs).

Art. 498 *(Rempl., L. n° 2007-308, 5 mars 2007).* – **Les capitaux revenant à la personne protégée sont versés directement sur un compte ouvert à son seul nom et mentionnant la mesure de tutelle, auprès d'un établissement habilité à recevoir des fonds du public.**

Lorsque la mesure de tutelle est confiée aux personnes ou services préposés des établissements de santé et des établissements sociaux ou médico-sociaux soumis aux règles de la comptabilité publique, cette obligation de versement est réalisée dans des conditions fixées par décret en Conseil d'État.

Dépôt et gestion des fonds. V. D. n° 65-961, 5 nov. 1965, pris pour l'application de certains articles du Code civil et relatif au dépôt et à la gestion des fonds et des valeurs mobilières des mineurs, p. 2903.

Art. 499 *(Rempl., L. n° 2007-308, 5 mars 2007).* – **Les tiers peuvent informer le juge des actes ou omissions du tuteur qui leur paraissent de nature à porter préjudice aux intérêts de la personne protégée.**

Ils ne sont pas garants de l'emploi des capitaux. Toutefois, si à l'occasion de cet emploi ils ont connaissance d'actes ou omissions qui compromettent manifestement l'intérêt de la personne protégée, ils en avisent le juge.

La tierce opposition contre les autorisations du conseil de famille ou du juge ne peut être exercée que par les créanciers de la personne protégée et en cas de fraude à leurs droits.

Le **bénéficiaire d'une donation au dernier vivant** n'a pas la qualité de créancier de son *conjoint et ne peut donc exercer* la tierce-opposition prévue par le 3ᵉ alinéa de l'article 499 du Code civil (■ Cass. 1ʳᵉ civ., 5 déc. 2018, n° 18-10.058 : Bull.).

Section I. – Des décisions du conseil de famille ou du juge

(L. n° 2007-308, 5 mars 2007)

Art. 500 *(Rempl., L. n° 2007-308, 5 mars 2007 ; mod., L. n° 2015-177, 16 févr. 2015).* – **Le tuteur arrête le budget de la tutelle en déterminant, en fonction de l'importance des biens de la personne protégée et des opérations qu'implique leur gestion, les sommes annuellement nécessaires à l'entretien de celle-ci et au remboursement des frais d'administration de ses biens. Le tuteur en informe le conseil de famille ou, à défaut, le juge. En cas de difficultés, le budget est arrêté par le conseil de famille ou, à défaut, par le juge.**

(Al. rempl., L. n° 2019-222, 23 mars 2019) Sous sa propre responsabilité, le tuteur peut inclure dans les frais de gestion la rémunération des administrateurs particuliers dont il demande le concours.

(Al. mod., L. n° 2019-222, 23 mars 2019) Si le tuteur conclut un contrat avec un tiers pour la gestion des valeurs mobilières et instruments financiers de la personne protégée, [i]l choisit le tiers contractant en considération de son expérience professionnelle et de sa solvabilité. Le contrat peut, à tout moment et nonobstant toute stipulation contraire, être résilié au nom de la personne protégée.

Art. 501 *(Rempl., L. n° 2007-308, 5 mars 2007).* – Le conseil de famille ou, à défaut, le juge détermine la somme à partir de laquelle commence, pour le tuteur, l'obligation d'employer les capitaux liquides et l'excédent des revenus. *(Mots aj., L. n° 2019-222, 23 mars 2019)* « Le tuteur peut toutefois, sans autorisation, placer des fonds sur un compte. »

Le conseil de famille ou, à défaut, le juge prescrit toutes les mesures qu'il juge utiles quant à l'emploi ou au remploi des fonds soit par avance, soit à l'occasion de chaque opération. L'emploi ou le remploi est réalisé par le tuteur dans le délai fixé par la décision qui l'ordonne et de la manière qu'elle prescrit. Passé ce délai, le tuteur peut être déclaré débiteur des intérêts.

Le conseil de famille ou, à défaut, le juge peut ordonner que certains fonds soient déposés sur un compte indisponible.

Les comptes de gestion du patrimoine de la personne protégée sont exclusivement ouverts, si le conseil de famille ou, à défaut, le juge l'estime nécessaire compte tenu de la situation de celle-ci, auprès de la Caisse des dépôts et consignations.

Art. 502 *(Rempl., L. n° 2007-308, 5 mars 2007).* – Le conseil de famille ou, à défaut, le juge statue sur les autorisations que le tuteur sollicite pour les actes qu'il ne peut accomplir seul.

Toutefois, les autorisations du conseil de famille peuvent être suppléées par celles du juge si les actes portent sur des biens dont la valeur en capital n'excède pas une somme fixée par décret.

Sollicitation. Il résulte des articles 496, 502 et 505 du Code civil que le tuteur a seul qualité pour représenter la personne protégée dans la gestion de son patrimoine et, à cette fin, pour solliciter les autorisations du juge des tutelles pour les actes qu'il ne peut accomplir seul ; il en résulte que le compagnon de la personne placée sous tutelle n'avait pas qualité pour saisir le juge des tutelles d'une demande tendant à la modification, à son profit, de la clause bénéficiaire des contrats d'assurance-vie litigieux ■ Cass. 1re civ., 19 mars 2014, n° 13-12.016 : *Bull. civ.* I, n° 47, p. 47 ; *Dr. famille* 2014, 86, obs. Maria ; *D.* 2014, 2270, obs. Lemouland ; *RTD civ.* 2014, 336, obs. Hauser ; *JurisData* n° 2014-005226).

Décret n° 2008-1484 du 22 décembre 2008

relatif aux actes de gestion du patrimoine des personnes placées en curatelle ou en tutelle, et pris en application des articles 452, 496 et 502 du Code civil

Art. 4. – La valeur maximale en capital des biens sur lesquels portent les actes qui peuvent être autorisés par le juge en suppléance du conseil de famille est fixée à la somme de 50 000 €.

Section II. – Des actes du tuteur

(L. n° 2007-308, 5 mars 2007)

§ 1. – Des actes que le tuteur accomplit sans autorisation

(L. n° 2007-308, 5 mars 2007)

Art. 503 *(Rempl., L. n° 2007-308, 5 mars 2007). – (Al. mod., L. n° 2019-222, 23 mars 2019)* (1) (2) [L]e *tuteur fait procéder*, en présence du subrogé tuteur s'il a été désigné, à un inventaire des biens de la personne

(1) Dispositions applicables à compter du 25 mars 2019 aux mesures de protection ouvertes antérieurement, L. n° 2019-222, 23 mars 2019, art. 109, X.

(2) Dispositions d'application particulières et transitoires : V. L. n° 2019-222, 23 mars 2019, art. 109, X.

protégée, qui est transmis au juge dans les trois mois de l'ouverture de la tutelle pour les biens meubles corporels, et dans les six mois pour les autres biens, avec le budget prévisionnel. Il en assure l'actualisation au cours de la mesure.

Il peut obtenir communication de tous renseignements et documents nécessaires à l'établissement de l'inventaire auprès de toute personne publique ou privée, sans que puisse lui être opposé le secret professionnel ou le secret bancaire.

(Al. créé, L. n° 2019-222, 23 mars 2019) (1) (2) **Lorsque le juge l'estime nécessaire, il peut désigner dès l'ouverture de la mesure un commissaire-priseur judiciaire, un huissier de justice ou un notaire pour procéder, aux frais de la personne protégée, à l'inventaire des biens meubles corporels, dans le délai prévu au premier alinéa.**

Si l'inventaire n'a pas été établi ou se révèle incomplet ou inexact, la personne protégée et, après son décès, ses héritiers peuvent faire la preuve de la valeur et de la consistance de ses biens par tous moyens.

(Al. créé, L. n° 2019-222, 23 mars 2019) (1) (2) **En cas de retard dans la transmission de l'inventaire, le juge peut désigner un commissaire-priseur judiciaire, un huissier de justice, un notaire ou un mandataire judiciaire à la protection des majeurs pour y procéder aux frais du tuteur.**

Art. 504 *(Rempl., L. n° 2007-308, 5 mars 2007)*. – **Le tuteur accomplit seul les actes conservatoires et, sous réserve des dispositions du second alinéa de l'article 473, les actes d'administration nécessaires à la gestion du patrimoine de la personne protégée.**

Il agit seul en justice pour faire valoir les droits patrimoniaux de la personne protégée.

Les baux consentis par le tuteur ne confèrent au preneur, à l'encontre de la personne protégée devenue capable, aucun droit de renouvellement et aucun droit à se maintenir dans les lieux à l'expiration du bail, quand bien même il existerait des dispositions légales contraires. Ces dispositions ne sont toutefois pas applicables aux baux consentis avant l'ouverture de la tutelle et renouvelés par le tuteur.

Bibliographie : J. Hauser, *La distinction des actions personnelles et des actions patrimoniales à l'épreuve du droit des personnes protégées in Mélanges Gérard Champenois : Defrénois* 2012, 441.

Voir : tutelle des mineurs sous art. 408, p. 389.

1) **La location-gérance d'un fonds de commerce** appartenant à un mineur est un acte qui excède les pouvoirs d'administration du tuteur (■ Cass. 1re civ., 21 mars 1966 : *Bull. civ.* I, n° 199, p. 152).

2) **Absence de droit à renouvellement du bail.** L'article 456, alinéa 3 (anc.), du Code civil ne comporte aucune restriction quant à l'étendue des droits de propriété du mineur sur les biens objet d'un bail consenti par son tuteur, d'où il résulte que la location conclue par une mère agissant pour partie comme administratrice légale des biens de ses enfants mineurs ne confère au preneur, à l'encontre du mineur devenu majeur, aucun droit de renouvellement et aucun droit à se maintenir dans les lieux à l'expiration du bail (■ Cass. 3e civ., 10 nov. 1987, n° 86-11.580 : *JurisData* n° 1987-001792 ; *JCP* 1989, II, 21165, note Guihal et Fossier). Il résulte de la combinaison des articles 456, alinéa 3, et 495 (anciens) que seul le majeur ayant retrouvé sa capacité peut se prévaloir de l'inefficacité de la clause prévoyant le renouvellement de plein droit du bail à son expiration (■ Cass. 1re civ., 20 mars 1989 : *JCP* 1989, IV, 196 ; *D.* 1990, 169, note Massip). Il ne peut être fait exception à l'art. 456, alinéa 3 (anc.), au prétexte que le preneur aurait contracté dans la croyance erronée que le tuteur était propriétaire des lieux donnés à bail (■ Cass. 1re civ., 14 mai 1996, n° 94-10.693 : *JurisData* n° 1996-001840 ; *JCP* 1997, II, 22750, note Fossier ; *Defrénois* 1997, 319, obs. Massip).

3) **Baux comportant droit à renouvellement.** Sur le principe que le juge des tutelles ou le conseil de famille peut autoriser l'administrateur légal ou le tuteur à conclure des baux comportant droit à renouvellement, V. ■ Cass. 1re civ., 10 mai 1988, n° 86-16.497 : *JurisData* n° 1988-701153 ; *D.* 1988, 516, note Massip. ■ Cass. 1re civ., 21 juin 1989, n° 87-19.434 : *JurisData* n° 1989-002739 ; JCP 1989, IV, 318 ; *Bull. civ.* I, n° 244, p. 162. Jugé aussi que l'article 456, alinéa 3 (anc.), n'est applicable que lorsque le bail commercial a été consenti par l'administrateur légal ou par le tuteur agissant seul et sans autorisation du conseil de famille (■ Cass. 1re civ., 18 oct. 1994, n° 92-21.823 : *JCP* 1995, I, 3874, n° 7, obs. Teyssié ;

(1) Dispositions applicables à compter du 25 mars 2019 aux mesures de protection ouvertes antérieurement, L. n° 2019-222, 23 mars 2019, art. 109, X.

(2) Dispositions d'application particulières et transitoires : V. L. n° 2019-222, 23 mars 2019, art. 109, X.

Bull. civ. I, n° 294, p. 213 ; *D.* 1995, 529, note Massip ; *RTD civ.* 1995, 600, obs. Hauser). Sur l'absence de droit au renouvellement à l'expiration du bail, nonobstant toutes dispositions légales contraires, V., pour un bail rural consenti par les parents dans le régime de l'administration légale pure et simple, ▪ Cass. 1re civ., 4 juin 2009, n° 08-13.480 : *Bull. civ.* I, n° 119, p. 106 ; *LPA* 23 juin 2010, 4, étude M. Pichard ; *RTD civ.* 2009, 506, obs. Hauser ; *Dr. famille* 2009, 129, note Maria ; *Defrénois* 2009, 2198, obs. Massip ; *Juris-Data* n° 2009-048465.

4) Action en justice. Voir annot. sous art. 408, p. 389 (tutelle des mineurs).

Loi n° 65-570 du 13 juillet 1965
portant réforme des régimes matrimoniaux

Art. 22. – (2e al.) Les dispositions du troisième alinéa de l'article 456 [ancien] du Code civil ne sont pas non plus applicables aux baux en cours à la date d'entrée en vigueur de la loi n° 64-1230 du 14 décembre 1964 ni à leur renouvellement.

§ 2. – Des actes que le tuteur accomplit avec une autorisation
(L. n° 2007-308, 5 mars 2007)

Art. 505 *(Rempl., L. n° 2007-308, 5 mars 2007)*. – **Le tuteur ne peut, sans y être autorisé par le conseil de famille ou, à défaut, le juge, faire des actes de disposition au nom de la personne protégée.**

L'autorisation détermine les stipulations et, le cas échéant, le prix ou la mise à prix pour lequel l'acte est passé. L'autorisation n'est pas exigée en cas de vente forcée sur décision judiciaire ou en cas de vente amiable sur autorisation du juge.

L'autorisation de vendre ou d'apporter en société un immeuble, un fonds de commerce ou des instruments financiers non admis à la négociation sur un marché réglementé ne peut être donnée qu'après la réalisation d'une mesure d'instruction exécutée par un technicien ou le recueil de l'avis d'au moins deux professionnels qualifiés.

En cas d'urgence, le juge peut, par décision spécialement motivée prise à la requête du tuteur, autoriser, en lieu et place du conseil de famille, la vente d'instruments financiers à charge qu'il en soit rendu compte sans délai au conseil qui décide du remploi.

Forme de l'autorisation. Le juge des tutelles ne peut autoriser un acte de disposition que par une décision motivée soumise à recours ; une lettre dont résulte un simple accord de principe ne saurait donc tenir lieu d'autorisation (▪ Cass. 1re civ., 22 oct. 2008, n° 07-19.964 : *Bull. civ.* I, n° 239, p. 204 ; *D.* 2009, 406, note Norguin, et 2189, obs. Plazy ; *Defrénois* 2009, 555, obs. Massip ; *RTD civ.* 2009, 94, obs. Hauser ; *JCP* 2008, IV, 2829 ; *Juris-Data* n° 2008-045463).

Art. 506 *(Rempl., L. n° 2007-308, 5 mars 2007)*. – **Le tuteur ne peut transiger ou compromettre au nom de la personne protégée qu'après avoir fait approuver par le conseil de famille ou, à défaut, par le juge les clauses de la transaction ou du compromis et, le cas échéant, la clause compromissoire.**

Voir : pour une application, en matière d'accident de la circulation, ▪ Cass. 1re civ., 20 janv. 2010, n° 08-19.627 : *D.* 2010, 2128, obs. Lemouland ; *RTD civ.* 2010, 302, obs. Hauser. Sur la date d'acceptation de l'offre de l'assureur, V. ▪ Cass. 2e civ., 2 juill. 2015, n° 14-21.562 : *Bull.* ; *RTD civ.* 2015, 853, obs. Hauser ; *D.* 2016, 1537, obs. Lemouland.

Art. 506-1 *(Implicitement abr., L. n° 2007-308, 5 mars 2007)*.

Art. 507 *(Rempl., L. n° 2007-308, 5 mars 2007)*. – *(Al. mod., L. n° 2019-222, 23 mars 2019)* **En cas d'opposition d'intérêts avec la personne chargée de la mesure de protection, le partage à l'égard d'une personne protégée peut être fait à l'amiable sur autorisation du conseil de famille ou, à défaut, du juge. Il** *peut n'être que partiel.*

(Al. mod., L. n° 2019-222, 23 mars 2019) **Dans tous les cas, [l]'état liquidatif est soumis à l'approbation du conseil de famille ou, à défaut, du juge.**

Le partage peut également être fait en justice conformément aux articles 840 et 842.

Tout autre partage est considéré comme provisionnel.

1) Composition des lots. La disposition finale de l'article 978 du Code de procédure civile qui exige que, en présence d'un mineur, les lots soient composés par un expert commis par justice ne s'applique que dans le cas de partage judiciaire et non dans le cas de partage amiable prévu par l'article 466, alinéa 2 (anc.) du Code civil, cas où, si le partage doit être homologué, il n'en est pas moins l'œuvre de la volonté des parties (■ Cass. 1re civ., 9 juill. 1974 : *JurisData* n° 1974-000220 ; *D.* 1975, 99, note Ponsard).

2) Protocole limitant les droits du mineur. Le protocole autorisé par le juge des tutelles impartissant un délai pour exercer une action en justice est inopposable au mineur dès lors qu'il aurait pour effet de limiter ses droits dans le partage à intervenir, de sorte que seraient tenues en échec les dispositions de l'(anc.) article 466 (■ Cass. 1re civ., 3 déc. 1996, n° 94-17.863 : *JurisData* n° 1996-004675 ; *JCP* 1997, IV, 231 ; *Bull. civ.* I, n° 439, p. 305).

Art. 507-1 *(L. n° 2007-308, 5 mars 2007).* **– Par dérogation à l'article 768, le tuteur ne peut accepter une succession échue à la personne protégée qu'à concurrence de l'actif net.** *(Mots rempl., L. n° 2019-222, 23 mars 2019)* **« Toutefois, il peut l'accepter purement et simplement si l'actif dépasse manifestement le passif, après recueil d'une attestation du notaire chargé du règlement de la succession ou, à défaut, après autorisation du conseil de famille ou du juge. »**

Le tuteur ne peut renoncer à une succession échue à la personne protégée sans une autorisation du conseil de famille ou, à défaut, du juge.

Art. 507-2 *(L. n° 2007-308, 5 mars 2007).* **– Dans le cas où la succession à laquelle il a été renoncé au nom de la personne protégée n'a pas été acceptée par un autre héritier et tant que l'État n'a pas été envoyé en possession, la renonciation peut être révoquée soit par le tuteur autorisé à cet effet par une nouvelle délibération du conseil de famille ou, à défaut, une nouvelle décision du juge, soit par la personne protégée devenue capable. Le second alinéa de l'article 807 est applicable.**

Art. 508 *(L. n° 2007-308, 5 mars 2007).* **– À titre exceptionnel et dans l'intérêt de la personne protégée, le tuteur qui n'est pas mandataire judiciaire à la protection des majeurs peut, sur autorisation du conseil de famille ou, à défaut, du juge, acheter les biens de celle-ci ou les prendre à bail ou à ferme.**

Pour la conclusion de l'acte, le tuteur est réputé être en opposition d'intérêts avec la personne protégée.

Art. 508-1 *(Implicitement abr., L. n° 2007-308, 5 mars 2007).*

§ 3. – Des actes que le tuteur ne peut accomplir
(L. n° 2007-308, 5 mars 2007)

Art. 509 *(Rempl., L. n° 2007-308, 5 mars 2007 ; mod., L. n° 2008-776, 4 août 2008).* **– Le tuteur ne peut, même avec une autorisation :**

1° Accomplir des actes qui emportent une aliénation gratuite des biens ou des droits de la personne protégée sauf ce qui est dit à propos des donations, tels que la remise de dette, la renonciation gratuite à un droit acquis, la renonciation anticipée à l'action en réduction visée aux articles 929 à 930-5, la mainlevée d'hypothèque ou de sûreté sans paiement ou la constitution gratuite d'une servitude ou d'une sûreté pour garantir la dette d'un tiers ;

2° Acquérir d'un tiers un droit ou une créance que ce dernier détient contre la personne protégée ;

3° Exercer le commerce ou une profession libérale au nom de la personne protégée ;

4° Acheter les biens de la personne protégée ainsi que les prendre à bail ou à ferme, sous réserve des dispositions de l'article 508 ;

5° Transférer dans un patrimoine fiduciaire les biens ou droits d'un majeur protégé.

Bibliographie : A. Gosselin-Gorand, *L'incapacité commerciale après la réforme de la protection des majeurs protégés* : *JCP* N 2008, 1289.

Art. 509-1 et 509-2 *(Implicitement abr., L. n° 2007-308, 5 mars 2007).*

CHAPITRE II. – DE L'ÉTABLISSEMENT, DE LA VÉRIFICATION ET DE L'APPROBATION DES COMPTES

(L. n° 2007-308, 5 mars 2007)

Art. 510 *(Rempl., L. n° 2007-308, 5 mars 2007).* – **Le tuteur établit chaque année un compte de sa gestion auquel sont annexées toutes les pièces justificatives utiles.**

À cette fin, il sollicite des établissements auprès desquels un ou plusieurs comptes sont ouverts au nom de la personne protégée un relevé annuel de ceux-ci, sans que puisse lui être opposé le secret professionnel ou le secret bancaire.

Le tuteur est tenu d'assurer la confidentialité du compte de gestion. Toutefois, une copie du compte et des pièces justificatives est remise chaque année par le tuteur à la personne protégée lorsqu'elle est âgée d'au moins seize ans, ainsi qu'au subrogé tuteur s'il a été nommé et, si le tuteur l'estime utile, aux autres personnes chargées de la protection de l'intéressé.

En outre, le juge peut, après avoir entendu la personne protégée et recueilli son accord, si elle a atteint l'âge précité et si son état le permet, autoriser le conjoint, le partenaire du pacte civil de solidarité qu'elle a conclu, un parent, un allié de celle-ci ou un de ses proches, s'ils justifient d'un intérêt légitime, à se faire communiquer à leur charge par le tuteur une copie du compte et des pièces justificatives ou une partie de ces documents.

Art. 510-1 à 510-3 *(Implicitement abr., L. n° 2007-308, 5 mars 2007).*

Art. 511 *(Mod., L. n° 2009-526, 12 mai 2009 ; L. n° 2016-1547, 18 nov. 2016 ; rempl., L. n° 2019-222, 23 mars 2019)* (1) (2) (3). – **Pour les mineurs sous tutelle, le tuteur soumet au directeur des services de greffe judiciaires du tribunal de grande instance un compte de gestion annuel, accompagné des pièces justificatives, en vue de sa vérification.**

Le subrogé tuteur vérifie le compte avant de le transmettre avec ses observations au directeur des services de greffe judiciaires.

Le directeur des services de greffe judiciaires peut être assisté dans sa mission de contrôle des comptes dans les conditions fixées par le Code de procédure civile.

Le juge peut décider que la mission de vérification et d'approbation des comptes dévolue au directeur des services de greffe judiciaires sera exercée par le subrogé tuteur.

Si les ressources du mineur le permettent et si l'importance et la composition de son patrimoine le justifient, le juge peut décider que la mission de vérification et d'approbation sera exercée, aux frais du mineur et selon les modalités qu'il fixe, par un professionnel qualifié.

> **Rédaction antérieure.** Art. 511 *(Mod., L. n° 2009-526, 12 mai 2009 ; L. n° 2016-1547, 18 nov. 2016)* (3). – Le tuteur soumet chaque année le compte de gestion, accompagné des pièces justificatives, en vue de sa vérification, au directeur des services de greffe judiciaire :
>
> 1° Du tribunal de grande instance, s'agissant des mesures de protection juridique des mineurs ;
>
> 2° Du tribunal d'instance, s'agissant des mesures de protection juridique des majeurs.
>
> Lorsqu'un subrogé tuteur a été nommé, il vérifie le compte avant de le transmettre avec ses observations au directeur des services de greffe judiciaire.
>
> Pour la vérification du compte, le directeur des services de greffe judiciaire peut faire usage du droit de communication prévu au deuxième alinéa de l'article 510. Il peut être assisté dans sa mission de contrôle des comptes dans les conditions fixées par le Code de procédure civile.
>
> S'il refuse d'approuver le compte, le directeur des services de greffe judiciaire dresse un rapport des difficultés rencontrées qu'il transmet au juge. Celui-ci statue sur la conformité du compte.
>
> Le juge peut décider que la mission de vérification et d'approbation des comptes dévolue au directeur des services de greffe judiciaire sera exercée par le subrogé tuteur s'il en a été nommé un.

---

(1) *Dispositions d'application particulières et transitoires* : V. L. n° 2019-222, 23 mars 2019, art. 109, X.

(2) Dispositions applicables à compter du 25 mars 2019 aux mesures de protection ouvertes antérieurement, L. n° 2019-222, 23 mars 2019, art. 109, X.

(3) Le présent article, dans sa rédaction antérieure à la loi n° 2019-222 du 23 mars 2019, reste applicable dans les îles Wallis et Futuna et en Polynésie française jusqu'à l'entrée en vigueur du deuxième alinéa de l'article 512 du présent code, dans les conditions prévues à la seconde phrase du X de l'article 109 de la loi n° 2019-222 du 23 mars 2019, L. n° 2019-222, 23 mars 2019, art. 110, II, A.

Lorsqu'il est fait application de l'article 457, le juge peut décider que le conseil de famille vérifiera et approuvera les comptes en lieu et place du directeur des services de greffe judiciaire.

Art. 512 ***(Rempl., L. n° 2007-308, 5 mars 2007 ; mod., L. n° 2016-1547, 18 nov. 2016 ; rempl., L. n° 2019-222, 23 mars 2019)*** (1) (2). **– Pour les majeurs protégés, les comptes de gestion sont vérifiés et approuvés annuellement par le subrogé tuteur lorsqu'il en a été nommé un ou par le conseil de famille lorsqu'il est fait application de l'article 457. Lorsque plusieurs personnes ont été désignées dans les conditions de l'article 447 pour la gestion patrimoniale, les comptes annuels de gestion doivent être signés par chacune d'elles, ce qui vaut approbation. En cas de difficulté, le juge statue sur la conformité des comptes à la requête de l'une des personnes chargées de la mesure de protection.**

(3) **Par dérogation au premier alinéa du présent article, lorsque l'importance et la composition du patrimoine de la personne protégée le justifient, le juge désigne, dès réception de l'inventaire du budget prévisionnel, un professionnel qualifié chargé de la vérification et de l'approbation des comptes dans des conditions fixées par décret en Conseil d'État. Le juge fixe dans sa décision les modalités selon lesquelles le tuteur soumet à ce professionnel le compte de gestion, accompagné des pièces justificatives, en vue de ces opérations.**

En l'absence de désignation d'un subrogé tuteur, d'un co-tuteur, d'un tuteur adjoint ou d'un conseil de famille, le juge fait application du deuxième alinéa du présent article.

Rédaction antérieure. Art. 512 *(Rempl., L. n° 2007-308, 5 mars 2007 ; mod., L. n° 2016-1547, 18 nov. 2016)*. – Lorsque la tutelle n'a pas été confiée à un mandataire judiciaire à la protection des majeurs, le juge peut, par dérogation aux articles 510 et 511 et en considération de la modicité des revenus et du patrimoine de la personne protégée, dispenser le tuteur d'établir le compte de gestion et de soumettre celui-ci à l'approbation du directeur des services de greffe judiciaire.

Pouvoirs du juge. La dispense de compte de gestion n'étant qu'une faculté pour le juge, c'est dans l'exercice de son pouvoir souverain d'appréciation que la cour d'appel a estimé que l'établissement du compte de gestion devait permettre un contrôle des dépenses faites dans l'intérêt du majeur protégé (■ Cass. 1re civ., 7 oct. 2015, n° 14-23.955 : *Bull.*).

Art. 513 ***(Rempl., L. n° 2007-308, 5 mars 2007 ; rempl., L. n° 2019-222, 23 mars 2019)*** (1) (2). **– Par dérogation aux articles 510 à 512, le juge peut décider de dispenser le tuteur de soumettre le compte de gestion à approbation en considération de la modicité des revenus ou du patrimoine de la personne protégée.**

Lorsque la tutelle n'a pas été confiée à un mandataire judiciaire à la protection des majeurs, il peut également décider de le dispenser d'établir le compte de gestion.

Rédaction antérieure. Art. 513 *(Rempl., L. n° 2007-308, 5 mars 2007)*. – Si les ressources de la personne protégée le permettent et si l'importance et la composition de son patrimoine le justifient, le juge peut décider, en considération de l'intérêt patrimonial en cause, que la mission de vérification et d'approbation du compte de gestion sera exercée, aux frais de l'intéressée et selon les modalités qu'il fixe, par un technicien.

Art. 513-1 ***(Créé, L. n° 2019-222, 23 mars 2019)*** (1) (2). **– La personne chargée de vérifier et d'approuver les comptes peut faire usage du droit de communication prévu au deuxième alinéa de l'article 510, sans que puisse lui être opposé le secret professionnel ou le secret bancaire. Elle est tenue d'assurer la confidentialité du compte de gestion.**

À l'issue de la vérification du compte de gestion, un exemplaire est versé sans délai au dossier du tribunal par la personne chargée de cette mission.

En cas de refus d'approbation des comptes, le juge est saisi par un rapport de difficulté et statue sur la conformité du compte.

(1) Dispositions d'application particulières et transitoires : V. L. n° 2019-222, 23 mars 2019, art. 109, X.

(2) Dispositions applicables à compter du 25 mars 2019 aux mesures de protection ouvertes antérieurement, L. n° 2019-222, 23 mars 2019, art. 109, X.

(3) Le présent alinéa entre en vigueur à compter d'une date fixée par décret et au plus tard le 31 décembre 2023, L. n° 2019-222, 23 mars 2019, art. 109, X.

Art. 514 *(Rempl., L. n° 2007-308, 5 mars 2007). – (Al. mod., L. n° 2019-222, 23 mars 2019)* (1) (2) **Lorsque sa mission prend fin pour quelque cause que ce soit, le tuteur établit un compte de gestion des opérations intervenues depuis l'établissement du dernier compte et le soumet à la vérification et à l'approbation prévues aux articles 511 à 513-1.**

En outre, dans les trois mois qui suivent la fin de sa mission, le tuteur ou ses héritiers s'il est décédé remettent une copie des cinq derniers comptes de gestion et du compte mentionné au premier alinéa du présent article, selon le cas, à la personne devenue capable si elle n'en a pas déjà été destinataire, à la personne nouvellement chargée de la mesure de gestion ou aux héritiers de la personne protégée.

Les alinéas précédents ne sont pas applicables dans le cas prévu à l'article *(Réf. rempl., L. n° 2019-222, 23 mars 2019)* (1) (2) **« 513 ».**

Dans tous les cas, le tuteur remet aux personnes mentionnées au deuxième alinéa du présent article les pièces nécessaires pour continuer la gestion ou assurer la liquidation de la succession, ainsi que l'inventaire initial et les actualisations auxquelles il a donné lieu.

CHAPITRE III. – DE LA PRESCRIPTION

(L. n° 2007-308, 5 mars 2007)

Art. 515 *(L. n° 2007-308, 5 mars 2007).* – **L'action en reddition de comptes, en revendication ou en paiement diligentée par la personne protégée ou ayant été protégée ou par ses héritiers relativement aux faits de la tutelle se prescrit par cinq ans à compter de la fin de la mesure, alors même que la gestion aurait continué au-delà.**

Voir : annot. sous art. 413, p. 392 (tutelle des mineurs).

Voir aussi : L. n° 68-5, 3 janv. 1968, portant réforme du droit des incapables majeurs, p. 2943. – L. n° 2007-308, 5 mars 2007, p. 3275. – CPC, art. 1211 à 1263, p. 2362.

TITRE XIII. – DU PACTE CIVIL DE SOLIDARITÉ ET DU CONCUBINAGE (3)

(L. n° 99-944, 15 nov. 1999)

Bibliographie : N. Molfessis, *Pacte civil de solidarité, La réécriture de la loi par le Conseil constitutionnel : JCP* N 2000, 270. • R. Piastra, *Commentaire : D.* 2000, chron. 203. • Voir aussi *Dr. famille*, numéro spécial, déc. 1999. • J.-F. de Montgolfier, *Du PACS au mariage et retour : Commentaire* n° 123, 2008, 777. • L. Mauger-Vielpeau, *Les dix ans du PACS (la relecture de la décision du Conseil constitutionnel du 9 novembre 1999, dix ans plus tard) : LPA* 7 janv. 2010, 3. • J. Béguin, *Réflexions sur la concurrence entre le mariage et le PACS : JCP* 2011, n° 1-2, act. 2. • H. Fulchiron, *Le partenariat est-il soluble dans le mariage (et réciproquement) ?* in *Mélanges Jean Hauser*, LexisNexis-Dalloz 2012, 125. • X. Labbée, *Le Pacs in extremis : D.* 2012, 1625. • W. Baby, *Quel avenir pour le Pacs ? : JCP* N 2013, 263. • G. Yildirim, *L'aménagement du pacte civil de solidarité du chef d'entreprise : LPA* 8-9 mai 2014, 37. • W. Baby, *Réforme du Pacs : quand le bon sens ne suffit pas : JCP* N 2017, 903.

CHAPITRE I. – DU PACTE CIVIL DE SOLIDARITÉ

Art. 515-1 *(L. n° 99-944, 15 nov. 1999).* – **Un pacte civil de solidarité est un contrat conclu par deux personnes physiques majeures, de sexe différent ou de même sexe, pour organiser leur vie commune.**

(1) Dispositions d'application particulières et transitoires : V. L. n° 2019-222, 23 mars 2019, art. 109, X.

(2) Dispositions applicables à compter du 25 mars 2019 aux mesures de protection ouvertes antérieurement, L. n° 2019-222, 23 mars 2019, art. 109, X.

(3) Le Titre XII devient Titre XIII, à compter du 1er janvier 2009 (L. n° 2007-308, 5 mars 2007).

Bibliographie : B. Beignier, *À propos du pacte civil de solidarité : problème quant à l'acte authentique : Defrénois* 2000, 211. • B. Beignier, J. Combret et A. Fouquet, *Pacte civil de solidarité : formule de convention : Dr. famille* 2000, chron. 9. V. aussi *Defrénois* 2000, 630. • X. Labbée, *Et si le PACS réinstaurait l'esclavage ? : JCP* 2008, act. 280. • L. Mauger-Vielpeau, *L'autonomie du PACS : Dr. famille* 2008, étude 22. • D. Jacotot et S. Convers, *Le PACS et le droit des successions et des libéralités : JCP* N 2009, 1269. • D. Autem, *Les contrats entre partenaires au service de leur régime patrimonial* in *Mélanges Françoise Dekeuwer-Défossez*, Montchrestien 2012, 1. • J.-R. Binet, *Pacs : réaffirmation de sa nature purement contractuelle : Dr. famille* 2015, comm. 213 (Cons. const., 21 oct. 2015, n° 2015-9 LOM).

Sur la réforme opérée par la loi du 23 juin 2006. H. Fulchiron, *Le nouveau PACS est arrivé ! : Defrénois* 2006, 1621. • V. Larribau-Terneyre, *L'amélioration du PACS : un vrai contrat d'union civile : Dr. famille* 2007, étude 1. • De Benalcazar, *Éloge de la raison juridique, ou la remontée des enfers : Dr. famille* 2007, étude 2. • J. Rochfeld, *Réforme du PACS : RTD civ.* 2006, 624. • Ph. Simler et P. Hilt, *Le nouveau visage du PACS : un quasi mariage : JCP* 2006, I, 161. • L. Mauger-Vielpeau, *Le PACS après la loi du 23 juin 2006 : JCP* N 2007, 1201 • *PACS : derniers textes* : dossier *in AJF* 2007, 8. • M. Brusorio, *Réforme du PACS (tableau synoptique) : JCP* N 2007, 1042. • V. aussi Circ. n° 2007-03, 5 févr. 2007, relative à la présentation de la réforme du PACS : *BO* min. Justice n° 2007/01, 28 févr. 2007.

1) **Vocabulaire.** En l'état de la législation française, le terme « conjoint » ne désigne que la personne unie à une autre par les liens du mariage (▪ Cass. 2ᵉ civ., 5 mars 2008, n° 08-60.230 ; *Dr. famille* 2008, 51, note Larribau-Terneyre ; *JurisData* n° 2008-043040, une disposition législative en faveur d'un conjoint ne s'étend ni aux personnes vivant maritalement ni aux partenaires d'un PACS).

2) **Obligation de vie commune.** La notion de vie commune ne couvre pas seulement une communauté d'intérêts et ne se limite pas à l'exigence d'une simple cohabitation entre deuxpersonnes ; la vie commune suppose, outre une résidence commune, une vie de couple, qui seule justifie que le législateur ait prévu des causes de nullité du pacte qui, soit reprennent les empêchements à mariage visant à prévenir l'inceste, soit évitent une violation de l'obligation de fidélité découlant du mariage (▪ Cons. const., déc. 9 nov. 1999, n° 99-419 DC, consid. 26 : *JO* 16 nov., 16962). Cette obligation relative à la vie commune est obligatoire, les parties ne pouvant donc y déroger (même déc., consid. 28). – Comp. ▪ Cass. 1ʳᵉ civ., 8 mars 2017, n° 16-18.685 : *Dr. famille* 2017, 91, note Dumas-Lavenac, et 109, 2ᵉ esp., note Maria ; *D.* 2017, 1094, obs. Lemouland et Vigneau, 1292, note Saulier, et 1496, obs. Lemouland ; *RTD civ.* 2017, 358, obs. Hauser ; *AJF* 2017, p. 363, Hilt, décidant que viole les articles 515-1 et 515-2, 1° (empêchements) du Code civil la cour d'appel qui, pour rejeter la demande de l'intéressé tendant à être autorisé à conclure un pacs, à la suite du refus de son curateur de l'assister dans cette démarche, retient que la notion de filiation est étrangère à celle de couple et que la définition de leur relation par les intéressés, qui ont déclaré que le lien qui les unissait était celui d'un père à son fils, du fait de leur écart d'âge important (44 ans), ne correspondait pas à celle du pacs. V. A. Gouëzel, *Le PACS sans couple, une hérésie : D.* 2017, 2038.

3) **Adultère.** Il découle de l'article 515-1 du Code civil une obligation de vie commune entre partenaires d'un PACS, qui doit être exécutée loyalement (▪ TGI Lille, ord., 5 juin 2002 : *JurisData* n° 2002-202677 ; *D.* 2003, 515, note Labbée ; *RTD civ.* 2003, 270, obs. Hauser, constatant l'intérêt d'un des partenaires de faire constater les « relations adultères » de son compagnon). Mais le fait de faire épier, surveiller et suivre une personne étant illicite, il faut écarter des débats le rapport d'un détective privé diligenté à l'initiative d'un partenaire (▪ Paris, 9 nov. 2006 : *Dr. famille* 2007, 30, note Larribau-Terneyre ; *JurisData* n° 2006-314683). À les supposer avérées, les « incartades amoureuses » reprochées au partenaire ne sont pas susceptibles d'entacher le PACS de nullité (▪ Paris, 9 nov. 2006, préc.). Jugé que les infidélités ne sauraient être considérées comme fautives dès lors que les parties ne sont pas engagées dans les liens du mariage et qu'il n'est pas établi que le partenaire aurait fait une promesse en ce sens (▪ Montpellier, 4 janv. 2011 : *Dr. famille* 2011, 89, note Larribau-Terneyre ; *JurisData* n° 2011-005783. – Rappr. ▪ Rennes, 5 mai 2015, n° 14/01737 : *RTD civ.* 2015, 855, obs. Hauser ; *Dr. famille* 2015, 140, note Binet ; *D.* 2016, 1343, obs. Lemouland et Vigneau ; *JurisData* n° 2015-011466).

4) **Vices du consentement.** Les articles 1109 et suivants du Code civil, relatifs au consentement, sont applicables au pacte civil de solidarité (▪ Cons. const., déc. 9 nov. 1999, n° 99-419 DC, préc. annot. n° 2, consid. 28). Le partenaire qui soutient que son consentement a été vicié lors de la conclusion du PACS par une erreur sur les mobiles de son partenaire, lequel n'aurait recherché que son intérêt financier, doit démontrer de manière probante cette allégation (▪ Paris, 9 nov. 2006, préc. annot. n° 3). Sur l'hypothèse d'un Pacs prétendument conclu pour « permettre la régularisation de la situation administrative » de l'un des partenaires, V. ▪ TGI Lille, 30 mai 2012 : *JCP* G 2012, act. 783 et *JCP* N 2012, act. 700, obs. Labbée (rejet de la demande d'annulation).

Art. 515-2 ***(L. n° 99-944, 15 nov. 1999).*** **– À peine de nullité, il ne peut y avoir de pacte civil de solidarité :**

1° Entre ascendant et descendant en ligne directe, entre alliés en ligne directe et entre collatéraux jusqu'au troisième degré inclus ;

2° Entre deux personnes dont l'une au moins est engagée dans les liens du mariage ;

3° Entre deux personnes dont l'une au moins est déjà liée par un pacte civil de solidarité.

Nullité absolue. Eu égard à la nature des empêchements édictés par l'article 515-2, justifiés notamment par les mêmes motifs que ceux qui font obstacle au mariage, la nullité prévue par cette disposition ne peut être qu'absolue (■ Cons. const., déc. 9 nov. 1999, n° 99-419 DC, consid. 27 : *JO* 16 nov., 16962).

Art. 515-3 ***(L. n° 99-944, 15 nov. 1999 ; mod., L. n° 2006-728, 23 juin 2006*** (1) ***; L. n° 2009-1436, 24 nov. 2009 ; L. n° 2011-331, 28 mars 2011 ; L. n° 2016-1547, 18 nov. 2016).*** **– Les personnes qui concluent un pacte civil de solidarité en font la déclaration conjointe devant l'officier de l'état civil de la commune dans laquelle elles fixent leur résidence commune ou, en cas d'empêchement grave à la fixation de celle-ci, devant l'officier de l'état civil de la commune où se trouve la résidence de l'une des parties.**

En cas d'empêchement grave, l'officier de l'état civil se transporte au domicile ou à la résidence de l'une des parties pour enregistrer le pacte civil de solidarité.

À peine d'irrecevabilité, les personnes qui concluent un pacte civil de solidarité produisent la convention passée entre elles à l'officier de l'état civil, qui la vise avant de la leur restituer.

L'officier de l'état civil enregistre la déclaration et fait procéder aux formalités de publicité.

Lorsque la convention de pacte civil de solidarité est passée par acte notarié, le notaire instrumentaire recueille la déclaration conjointe, procède à l'enregistrement du pacte et fait procéder aux formalités de publicité prévues à l'alinéa précédent.

La convention par laquelle les partenaires modifient le pacte civil de solidarité est remise ou adressée à l'officier de l'état civil ou au notaire qui a reçu l'acte initial afin d'y être enregistrée.

À l'étranger, l'enregistrement de la déclaration conjointe d'un pacte liant deux partenaires dont l'un au moins est de nationalité française et les formalités prévues aux troisième et cinquième alinéas sont assurés par les agents diplomatiques et consulaires français ainsi que celles requises en cas de modification du pacte.

Bibliographie : F. Bicheron, *Déclaration et enregistrement du pacte civil de solidarité en mairie : Defrénois* 2016, 1319. ● V. Poure, *Le transfert du pacte civil de solidarité à l'officier de l'état civil : entre compétences nouvelles et naturelles : Dr. famille* 2017, dossier 6. ● J. Combret et N. Baillon-Wirtz, *Le transfert aux officiers de l'état civil de l'enregistrement des Pacs sous seing privé : JCP* N 2017, 570.

Voir : D. n° 2006-1806, 23 déc. 2006, p. 3267, et D. n° 2006-1807, 23 déc. 2006, p. 3270.

Voir : D. n° 2012-966, 20 août 2012, p. 3409.

1) Date certaine. L'inscription sur le registre tenu au greffe du tribunal d'instance confère date certaine au contrat et le rend opposable aux tiers (■ Cons. const., déc. 9 nov. 1999, n° 99-419 DC, consid. 34 : *JO* 16 nov., 16962).

2) Sur l'impossibilité d'un pacte posthume, V. Rép. min., n° 47405 : *Dr. famille* 2001, 35, note Beignier.

3) Sur la **conclusion d'un pacte à l'étranger**, V. ■ CE, ord., 18 déc. 2007, n° 310837, *Gisti et a. : JCP* 2008, II, 10013, note Devers, suspension partielle, en référé, de la circulaire du ministère des Affaires étrangères du 28 septembre 2007 relative au Pacs. – Comp. Circulaire du 19 janvier 2008 : *JCP* N 2008, act. 314.

4) Acte authentique. V. W. Baby, *Réforme du Pacs authentique : questions-réponses : JCP* N 2011, act. 476. V. aussi X. Labbée, *Enregistrement par le notaire : JCP* 2011, act. 806. – H. Bosse-Platière, *Pacs notarié : le Pacs a-t-il trouvé son officier public ? : JCP* 2011, doctr. 839, n° 1. – J.-J. Lemouland et D. Vigneau, *Enregistrement du Pacs par les notaires : D.* 2012, 982. – W. Baby et B. Beignier, *Le Pacs authentique, ou l'aventure à deux sans l'aventure en droit : JCP* N 2012, 1207.

Art. 515-3-1 ***(L. n° 2006-728, 23 juin 2006 ; L. n° 2016-1547, 18 nov. 2016)*** (1). **– Il est fait mention, en marge de l'acte de naissance de chaque partenaire, de la déclaration de pacte civil de solidarité, avec**

(1) Dispositions d'application : V. L. n° 2006-728, 23 juin 2006, art. 47, V, p. 107.

indication de l'identité de l'autre partenaire. Pour les personnes de nationalité étrangère nées à l'étranger, cette information est portée sur un registre tenu au service central d'état civil du ministère des Affaires étrangères. L'existence de conventions modificatives est soumise à la même publicité.

Le pacte civil de solidarité ne prend effet entre les parties qu'à compter de son enregistrement, qui lui confère date certaine. Il n'est opposable aux tiers qu'à compter du jour où les formalités de publicité sont accomplies. Il en va de même des conventions modificatives.

Voir : D. n° 2006-1806, 23 déc. 2006, p. 3267 (déclaration, modification, dissolution et publicité du Pacs) et D. n° 2006-1807, 23 déc. 2006, p. 3270 (enregistrement, conservation et traitement des données à caractère personnel relatives à la formation, la modification et la dissolution du Pacs).

Voir aussi : D. n° 2012-966, 20 août 2012, p. 3409 (enregistrement par le notaire. V. *RTD civ.* 2012, 780, obs. Leroyer ; *Dr. famille* 2012, Focus 49, obs. Lamarche ; *D.* 2013, 1098, obs. Lemouland et Vigneau. – N. Baillon-Wirtz, *Enregistrement et publicité du Pacs reçu par un notaire : JCP* N 2012, 1313).

Sur l'**impossibilité de supprimer** la mention relative au Pacs dans l'acte de naissance de l'un des deux ex-partenaires de même sexe, V. ■ Versailles, 28 avr. 2017, n° 16/01115 : *Dr. famille* 2017, 149, Binet, et 150, Beignier ; *D.* 2018, Lemouland et Vigneau ; *JurisData* n° 2017-008408.

Art. 515-4 ***(L. n° 99-944, 15 nov. 1999 ; L. n° 2006-728, 23 juin 2006 ; mod., L. n° 2010-737, 1er juill. 2010 ; L. n° 2014-344, 17 mars 2014).*** **– Les partenaires liés par un pacte civil de solidarité s'engagent à une vie commune, ainsi qu'à une aide matérielle et une assistance réciproques. Si les partenaires n'en disposent autrement, l'aide matérielle est proportionnelle à leurs facultés respectives.**

Les partenaires sont tenus solidairement à l'égard des tiers des dettes contractées par l'un d'eux pour les besoins de la vie courante. Toutefois, cette solidarité n'a pas lieu pour les dépenses manifestement excessives. Elle n'a pas lieu non plus, s'ils n'ont été conclus du consentement des deux partenaires, pour les achats à tempérament ni pour les emprunts à moins que ces derniers ne portent sur des sommes modestes nécessaires aux besoins de la vie courante et que le montant cumulé de ces sommes, en cas de pluralité d'emprunts, ne soit pas manifestement excessif eu égard au train de vie du ménage.

Bibliographie : X. Labbée, *L'aide matérielle a-t-elle un caractère alimentaire ? : JCP* 2008, I, 197. ● B. Beignier, *Simples propos sur la baguette de pain. Révision de l'article 515-4 du Code civil : curieuse extension de la solidarité des dettes entre partenaires : Dr. famille* 2011, 30.

Sur la réforme opérée par la loi du 1er juill. 2010 : V. L. Mauger-Vielpeau, *Le partenaire consommateur enfin assimilé à... l'époux consommateur : JCP* N 2010, 1321.

1) Vie commune. V. art. 515-1, annot. n° 3, p. 443.

2) Aide mutuelle et matérielle. L'aide mutuelle et matérielle s'analyse comme un devoir entre partenaires du pacte ; il en résulte implicitement mais nécessairement que, si la libre volonté des partenaires peut s'exprimer dans la détermination des modalités de cette aide, toute clause en méconnaissant le caractère obligatoire serait nulle (■ Cons. const., déc. 9 nov. 1999, n° 99-419 DC, consid. 31 : *JO* 16 nov., 16962). Dans le silence du pacte, il appartiendra au juge du contrat, en cas de litige, de définir les modalités de cette aide en fonction de la situation respective des partenaires (même décision).

3) Devoir de secours et d'assistance. V. pour des applications : ■ Paris, 9 nov. 2006 : *Dr. famille* 2007, 30, note Larribau-Terneyre ; *JurisData* n° 2006-314683. ■ Aix-en-Provence, 13 déc. 2017 : *Dr. famille* 2018, 55, Binet ; *JurisData* n° 2017-026720 (obstacle à l'efficacité d'une reconnaissance de dette relative au paiement du loyer).

4) Dettes solidaires. Pour une clause d'extension de la solidarité aux dettes contractées pour les besoins du couple antérieurement à la conclusion du pacte, V. ■ Montpellier, 7 déc. 2006, n° 05/05820 : *JurisData* n° 2006-327746 ; *JCP* 2007, IV, 2722 ; *RTD civ.* 2008, 85, obs. Hauser. À la différence du mariage, la solidarité des partenaires n'est pas écartée par la loi (art. 515-4 anc.) pour les achats à tempérament, les emprunts ou les dépenses manifestement excessives (même arrêt ; comp. art. 515-4 nouveau pour les dépenses manifestement excessives).

5) Dettes solidaires. Excès. L'instauration d'une solidarité des partenaires à l'égard des tiers pour les dettes contractées par l'un d'eux pour les besoins de la vie courante et pour les dépenses relatives au logement commun ne saurait faire obstacle, en cas d'excès commis par l'un des partenaires, à l'application des règles de droit commun relatives à la responsabilité civile (■ Cons. const., déc. 9 nov. 1999, n° 99-419 DC, préc. annot. n° 2, consid. 33). – V. désormais al. 2 modifié.

Art. 515-5 *(L. n° 99-944, 15 nov. 1999 ; mod., L. n° 2006-728, 23 juin 2006 ; L. n° 2009-1436, 24 nov. 2009)* (1). – **Sauf dispositions contraires de la convention visée au troisième alinéa de l'article 515-3, chacun des partenaires conserve l'administration, la jouissance et la libre disposition de ses biens personnels. Chacun d'eux reste seul tenu des dettes personnelles nées avant ou pendant le pacte, hors le cas du dernier alinéa de l'article 515-4.**

Chacun des partenaires peut prouver par tous les moyens, tant à l'égard de son partenaire que des tiers, qu'il a la propriété exclusive d'un bien. Les biens sur lesquels aucun des partenaires ne peut justifier d'une propriété exclusive sont réputés leur appartenir indivisément, à chacun pour moitié.

Le partenaire qui détient individuellement un bien meuble est réputé, à l'égard des tiers de bonne foi, avoir le pouvoir de faire seul sur ce bien tout acte d'administration, de jouissance ou de disposition.

> **Rédaction antérieure. Art. 515-5.** – Les partenaires d'un pacte civil de solidarité indiquent, dans la convention visée au deuxième alinéa de l'article 515-3, s'ils entendent soumettre au régime de l'indivision les meubles meublants dont ils feraient l'acquisition à titre onéreux postérieurement à la conclusion du pacte. À défaut, ces meubles sont présumés indivis par moitié. Il en est de même lorsque la date d'acquisition de ces biens ne peut être établie.
>
> Les autres biens dont les partenaires deviennent propriétaires à titre onéreux postérieurement à la conclusion du pacte sont présumés indivis par moitié si l'acte d'acquisition ou de souscription n'en dispose autrement.

Bibliographie : J. Charlin, *La fameuse indivision de l'article 515-5 du Code civil : JCP* N 2000, 1851. • B. Beignier, *Pacte civil de solidarité et indivision : visite aux enfers : Defrénois* 2000, 620. • J. Hauser, *Le pacte civil de solidarité est-il un contrat consensuel ou un contrat solennel ? : Defrénois* 2001, 673. • H. Fulchiron, *Les présomptions d'indivision et de communauté dans le couple : Defrénois* 2001, 949.

1) Application de la loi dans le temps. Les pacs conclus avant le 1er janvier 2007, date d'entrée en vigueur de la loi du 23 juin 2006, demeurent soumis à l'ancien article 515-5 du Code civil, sauf convention modificative par laquelle les partenaires se soumettent aux dispositions de la loi nouvelle (L. n° 2006-728, 23 juin 2006, art. 47, V). V. Rép. min. n° 94493 : *JOAN* Q 6 sept. 2016, 8006. – M. Nicod, *Prévoyance ou imprévoyance des premiers partenaires ? : Dr. famille* 2016, repère 10 ; *Dr. famille* 2016, 232, note Beignier ; *D.* 2017, 1095, obs. Lemouland et Vigneau.

2) Attestation de non-pacs. Sur ce que le notaire n'a pas à demander une attestation de non-pacs à chaque vendeur, V. Rép. min. n° 46367 : *Dr. famille* 2001, 26, note crit. Beignier.

3) Présomption d'indivision. Aucun inventaire contradictoire du mobilier meublant le domicile n'ayant été établi à la date de rupture du pacte, et aucun justificatif de la consistance du mobilier indivis à la date de la dissolution du pacte ne permettant de vérifier les allégations contraires des parties au sujet des meubles et objets mobiliers dont elles revendiquent le partage ou la restitution, les partenaires doivent être déboutés de leur demande respective de partage ou de restitution des meubles et objets mobiliers « propres », chacun d'eux étant réputé, ensuite de la dissolution du pacte, être en possession des meubles lui appartenant personnellement (■ Paris, 9 nov. 2006 : *Dr. famille* 2007, 30, note Larribau-Terneyre ; *JurisData* n° 2006-314683).

4) Bien acquis à l'insu du partenaire. La présomption d'indivision est applicable alors même que le bien aurait été acquis par l'un des partenaires à l'insu de l'autre (Rép. min. n° 23816 : *Dr. famille* 2001, 27, note Lécuyer).

Art. 515-5-1 *(L. n° 2006-728, 23 juin 2006)* (1). – **Les partenaires peuvent, dans la convention initiale ou dans une convention modificative, choisir de soumettre au régime de l'indivision les biens qu'ils acquièrent, ensemble ou séparément, à compter de l'enregistrement de ces conventions. Ces biens sont alors réputés indivis par moitié, sans recours de l'un des partenaires contre l'autre au titre d'une contribution inégale.**

Bibliographie : Ph. Van Steenlandt, *La soumission conventionnelle des partenaires pacsés au régime de l'indivision : JCP* N 2009, 1251. • H. Bosse-Platière, *Indivision et communauté dans le régime des biens du PACS aujourd'hui* in *Mélanges G. Goubeaux*, Dalloz-LGDJ, 2009, 37. • H. Lemaire, *Tontine et indivision « pacsale » : le cercle vicieux au secours de la vertu : JCP* N 2010, 631. • M. Lebeau, *Brèves remarques sur la nature de l'indivision d'acquêts des partenaires liés par un Pacs : Defrénois 2010, 2189*. • G. Hardy, *L'apport d'un bien en Pacs : JCP* N 2013, act. 405. • J. Picard, *Médiation et liquidation d'un Pacs en présence d'une convention d'indivision : LPA* 31 déc. 2018, 7. – S. Pellet, *De l'avantage conjugal : D.* 2019, p. 265.

(1) Dispositions d'application : V. L. n° 2006-728, 23 juin 2006, art. 47, V, p. 107.

Régime de l'indivision. Lorsque des biens entrent dans l'indivision dans les conditions prévues par l'article 515-5 (rédaction antérieure), chaque partenaire, qui a la qualité d'indivisaire, peut, à tout moment, provoquer le partage des biens indivis, nul ne pouvant être contraint, en application des dispositions de l'article 815 du Code civil, à demeurer dans l'indivision (■ Cons. const., déc. 9 nov. 1999, n° 99-419 DC, consid. 87 : *JO* 16 nov., 16962). Les créanciers peuvent se prévaloir de l'article 815-17 du Code civil (même déc.).

Art. 515-5-2 *(L. n° 2006-728, 23 juin 2006)* (1). **– Toutefois, demeurent la propriété exclusive de chaque partenaire :**

1° Les deniers perçus par chacun des partenaires, à quelque titre que ce soit, postérieurement à la conclusion du pacte et non employés à l'acquisition d'un bien ;

2° Les biens créés et leurs accessoires ;

3° Les biens à caractère personnel ;

4° Les biens ou portions de biens acquis au moyen de deniers appartenant à un partenaire antérieurement à l'enregistrement de la convention initiale ou modificative aux termes de laquelle ce régime a été choisi ;

5° Les biens ou portions de biens acquis au moyen de deniers reçus par donation ou succession ;

6° Les portions de biens acquises à titre de licitation de tout ou partie d'un bien dont l'un des partenaires était propriétaire au sein d'une indivision successorale ou par suite d'une donation.

L'emploi de deniers tels que définis aux 4° et 5° fait l'objet d'une mention dans l'acte d'acquisition. À défaut, le bien est réputé indivis par moitié et ne donne lieu qu'à une créance entre partenaires.

Bibliographie : C. Grare-Didier et M. Pichard, *Les deniers des partenaires dans l'indivision d'acquêts (commentaire de l'article 515-5-2, alinéa 1er et 1°, du Code civil)* in *Mélanges Patrick Courbe*, Dalloz 2012, 281.

Art. 515-5-3 *(L. n° 2006-728, 23 juin 2006 ; mod., Ord. n° 2010-638, 10 juin 2010)* (2) (1). **– À défaut de dispositions contraires dans la convention, chaque partenaire est gérant de l'indivision et peut exercer les pouvoirs reconnus par les articles 1873-6 à 1873-8.**

Pour l'administration des biens indivis, les partenaires peuvent conclure une convention relative à l'exercice de leurs droits indivis dans les conditions énoncées aux articles 1873-1 à 1873-15. À peine d'inopposabilité, cette convention est, à l'occasion de chaque acte d'acquisition d'un bien soumis à publicité foncière, publiée au fichier immobilier.

Par dérogation à l'article 1873-3, la convention d'indivision est réputée conclue pour la durée du pacte civil de solidarité. Toutefois, lors de la dissolution du pacte, les partenaires peuvent décider qu'elle continue de produire ses effets. Cette décision est soumise aux dispositions des articles 1873-1 à 1873-15.

Art. 515-6 *(L. n° 99-944, 15 nov. 1999 ; mod., L. n° 2006-728, 23 juin 2006)* (1). **– Les dispositions des articles 831, 831-2, 832-3 et 832-4 sont applicables entre partenaires d'un pacte civil de solidarité en cas de dissolution de celui-ci.**

Les dispositions du premier alinéa de l'article 831-3 sont applicables au partenaire survivant lorsque le défunt l'a expressément prévu par testament.

Lorsque le pacte civil de solidarité prend fin par le décès d'un des partenaires, le survivant peut se prévaloir des dispositions des deux premiers alinéas de l'article 763.

Art. 515-7 *(L. n° 99-944, 15 nov. 1999 ; mod., L. n° 2006-728, 23 juin 2006 ; L. n° 2011-331, 28 mars 2011 ; L. n° 2016-1547, 18 nov. 2016)* (1). **– Le pacte civil de solidarité se dissout par la mort de l'un des partenaires ou par le mariage des partenaires ou de l'un d'eux. En ce cas, la dissolution prend effet à la date de l'événement.**

L'officier de l'état civil du lieu d'enregistrement du pacte civil de solidarité ou le notaire instrumentaire qui a procédé à l'enregistrement du pacte, informé du mariage ou du décès par l'officier de l'état civil compétent, enregistre la dissolution et fait procéder aux formalités de publicité.

Le pacte civil de solidarité se dissout également par déclaration conjointe des partenaires ou décision unilatérale de l'un d'eux.

(1) Dispositions d'application : V. L. n° 2006-728, 23 juin 2006, art. 47, V, p. 107.
(2) Pour l'application du présent article en Nouvelle-Calédonie : V. Ord. n° 2013-516, 20 juin 2013, art. 2.

Les partenaires qui décident de mettre fin d'un commun accord au pacte civil de solidarité remettent ou adressent à l'officier de l'état civil du lieu de son enregistrement ou au notaire instrumentaire qui a procédé à l'enregistrement du pacte une déclaration conjointe à cette fin.

Le partenaire qui décide de mettre fin au pacte civil de solidarité le fait signifier à l'autre. Une copie de cette signification est remise ou adressée à l'officier de l'état civil du lieu de son enregistrement ou au notaire instrumentaire qui a procédé à l'enregistrement du pacte.

L'officier de l'état civil ou le notaire enregistre la dissolution et fait procéder aux formalités de publicité.

La dissolution du pacte civil de solidarité prend effet, dans les rapports entre les partenaires, à la date de son enregistrement.

Elle est opposable aux tiers à partir du jour où les formalités de publicité ont été accomplies.

À l'étranger, les fonctions confiées par le présent article à l'officier de l'état civil sont assurées par les agents diplomatiques et consulaires français, qui procèdent ou font procéder également aux formalités prévues au sixième alinéa.

Les partenaires procèdent eux-mêmes à la liquidation des droits et obligations résultant pour eux du pacte civil de solidarité. À défaut d'accord, le juge statue sur les conséquences patrimoniales de la rupture, sans préjudice de la réparation du dommage éventuellement subi.

Sauf convention contraire, les créances dont les partenaires sont titulaires l'un envers l'autre sont évaluées selon les règles prévues à l'article 1469. Ces créances peuvent être compensées avec les avantages que leur titulaire a pu retirer de la vie commune, notamment en ne contribuant pas à hauteur de ses facultés aux dettes contractées pour les besoins de la vie courante.

Bibliographie : P. Murat, *Les régimes matrimoniaux et les régimes « pacsimoniaux » à l'épreuve de la rupture des couples : JCP* N 2011, 1206. • I. Dauriac et S. Gaudemet, *La rupture ou le vrai visage du Pacs* in *Mélanges Patrick Courbe*, Dalloz 2012, 141. • X. Labbée, *PACS : l'injustice de la dissolution conventionnelle : JCP* 2012, act. 2. • W. Baby et M. Nicod, *La rupture volontaire du Pacs et le notaire : JCP* N 2013, 1104.

Voir : D. n° 2006-1806, 23 déc. 2006, p. 3267, et D. n° 2006-1807, 23 déc. 2006, p. 3270.

1) **Réparation du préjudice.** L'affirmation, par l'article 515-7, de la faculté d'agir en responsabilité met en œuvre l'exigence constitutionnelle dont il résulte que tout fait quelconque de l'homme qui cause à autrui un dommage oblige celui par la faute duquel il est arrivé à le réparer (■ Cons. const., déc. 9 nov. 1999, n° 99-419 DC, consid. 70 : *JO* 16 nov., 16962 ; *JCP* 2000, I, 280, n° 1, obs. Viney). Toute clause du pacte interdisant l'exercice de ce droit à réparation devra être réputée non écrite (même déc., consid. 62). – Pour la « résiliation » jugée non abusive d'un PACS, V. ■ Paris, 9 nov. 2006 : *Dr. famille* 2007, 30, note Larribau-Terneyre ; *JurisData* n° 2006-314683. V. aussi ■ TGI Lille, 7 sept. 2009 : *D.* 2010, 69, note Koumdadji et Labbée. ■ Montpellier, 4 janv. 2011 : *Dr. famille* 2011, 89, note Larribau-Terneyre ; *JurisData* n° 2011-005783, jugeant que la rupture fautive implique nécessairement une rupture brutale et que l'abandon de la compagne atteinte de maladie n'est pas constitutif de faute en l'absence d'autre circonstance. V. aussi ■ TGI Lille, 30 mai 2012 : *JCP* G 2012, act. 783 et *JCP* N 2012, act. 700, obs. Labbée (rupture brutale et « manquement aux obligations matérielles », allocation de dommages-intérêts).

2) **Clause aménageant la rupture.** Jugé que la clause prévoyant la possibilité pour le partenaire de se maintenir dans l'immeuble indivis, sans versement d'une indemnité d'occupation, jusqu'à sa mise en vente, est valable dès lors qu'elle ne constitue pas une indemnité ni une entrave à la liberté de rupture (■ Douai, 21 sept. 2017, n° 16/05927 : *Dr. famille* 2017, 235, Binet : *JurisData* n° 2017-018796).

3) **Compétence.** Sur la compétence du juge aux affaires familiales depuis la loi du 12 novembre 2009, V. COJ, art. L. 213-3.

Art. 515-7-1 *(L. n° 2009-526, 12 mai 2009).* **– Les conditions de formation et les effets d'un partenariat enregistré ainsi que les causes et les effets de sa dissolution sont soumis aux dispositions matérielles de l'État de l'autorité qui a procédé à son enregistrement.**

Bibliographie : V. Larribau-Terneyre, note *in Dr. famille* 2009, 84. • P. Callé, *Introduction en droit français d'une règle de conflit propre aux partenariats enregistrés : Defrénois* 2009, 1662. • N. Joubert et B. Morel, *Les partenariats enregistrés en droit international privé depuis la loi du 12 mai 2009 : JCP* N 2009, 1285. • J. Guillaumé, *Commentaire de l'article 515-7-1 du Code civil : LPA* 27 juill. 2010, 7. • A. Devers, *L'efficacité des partenariats enregistrés à l'étranger : JCP* N 2012, 1266. • F. Jault-Seseke, *Mariages et partenariats enregistrés : critique de la diversité des méthodes de droit international privé* in

Mélanges Patrick Courbe, Dalloz 2012, 311. • H. Péroz, *Proposition de règlement européen du 2 mars 2016. Partenariat et loi applicable aux effets patrimoniaux : JCP* N 2016, 1126.

Voir : D. n° 2012-966, 20 août 2012, p. 3409.

1) Droit européen. V. Règl. UE 2016/1104, 24 juin 2016 mettant en œuvre une coopération renforcée dans le domaine de la compétence, la loi applicable, la reconnaissance et l'exécution des décisions en matière d'effets patrimoniaux des partenariats enregistrés (*JOUE* n° L 183, 8 juill. 2016, entrée en vigueur le 29 janvier 2019). V. H. Péroz, *Effets patrimoniaux des partenariats enregistrés : le règlement du 24 juin 2016 : JCP* N 2016, act. 949. – C. Nourissat et M. Revillard, *Règlements européens du 24 juin 2016 sur les régimes matrimoniaux et les effets patrimoniaux des partenariats enregistrés : Defrénois* 2016, 878 – Dossier in *Dr. famille* mai 2017, études 27 et s. – Dossier : *AJF* janv. 2019, p. 13 et s. – V. Legrand, *Les rapports patrimoniaux des couples internationaux enregistrés : nouveau mode d'emploi à compter du 29 janvier 2019 : LPA* 21 déc. 2018, 14.

2) Sur les **conséquences fiscales** d'un partenariat civil régulièrement enregistré à l'étranger, V. Rép. min. n° 53004 : *JOAN* Q, 1er déc. 2009, p. 11428 ; *Dr. famille* 2010, 14, obs. Douet ; *JCP* N 2009, act. 809.

CHAPITRE II. – DU CONCUBINAGE

Art. 515-8 *(L. n° 99-944, 15 nov. 1999)*. – **Le concubinage est une union de fait, caractérisée par une vie commune présentant un caractère de stabilité et de continuité, entre deux personnes, de sexe différent ou de même sexe, qui vivent en couple.**

Bibliographie : R. Blough, *Le concubinage, dix ans après : Dr. famille* 2009, étude 19. • A. Molière, *Et si le concubinage était un acte juridique ? : RTD civ.* 2018, p. 21.

1) Notion de concubinage. Jugé que le concubinage suppose l'existence d'une relation stable et d'une vie maritale, consistant pour la femme à profiter des moyens matériels et financiers du prétendu concubin en qualité de compagne (▪ Toulouse, 6 mars 2000, n° 1998/02510 : *JurisData* n° 2000-116181 ; *Dr. famille* 2000, 106, note Lécuyer). Comp., appréciant de manière très libérale la condition de vie commune, ▪ Douai, 12 déc. 2002, n° 01/03255 : *JurisData* n° 2002-209889 ; *Dr. famille* 2003, 86, note Lécuyer. La définition du concubinage donnée par l'article 515-8 du Code civil (issu de la loi du 15 nov. 1999) étant postérieure à la convention de divorce homologuée prévoyant la suppression de la rente mensuelle versée à l'épouse en cas de concubinage notoire, c'est dans l'exercice de son pouvoir souverain d'interprétation de la commune intention des parties qu'une cour d'appel retient qu'il convient de se référer en l'espèce, pour caractériser la notion de concubinage, au but recherché par les parties dans la convention, et estime ensuite souverainement que l'existence d'un concubinage notoire, au sens de la convention, s'entend de la vie en commun avec un tiers impliquant une mise en commun de moyens matériels (▪ Cass. 1re civ., 28 févr. 2006, n° 04-13.786 : *JurisData* n° 2006-032386 ; *Bull.* I, n° 109, p. 101 ; *RTD civ.* 2006, 285, obs. Hauser). Pour la caractérisation d'un concubinage alors que les intéressés ne cohabitaient pas encore, V. ▪ Lyon, 2 juill. 2013, n° 13/03189 : *Dr. famille* 2013, 132, note Binet ; *JurisData* n° 2013-015269, compétence du juge aux affaires familiales pour la liquidation et le partage des intérêts patrimoniaux des concubins. Refusant au contraire la qualification de concubinage en l'absence de cohabitation, au sujet d'une relation entretenue pendant seize ans, V. ▪ Toulouse, 21 févr. 2017, n° 16/04775 : *Dr. famille* 2017, 120, Caro ; *JurisData* n° 2017-003506. Pour le refus de reconnaître la situation de concubinage, malgré la cohabitation, en l'absence de vie de couple, V. ▪ Versailles, 2 févr. 2017, n° 16/02584 : *D.* 2018, p. 1112, Lemouland et Vigneau.

2) Concubinage homosexuel. Sur le refus d'assimiler le concubinage homosexuel à la vie maritale au regard de la loi du 2 janv. 1978 relative à la généralisation de la sécurité sociale, V. ▪ Cass. soc., 11 juill. 1989, n° 85-46.008 : *JCP* 1990, II, 21553, note Meunier. ▪ Paris, 9 juin 1995, n° 94-008888 : *JurisData* n° 1995-022120 ; *RTD civ.* 1995, 607, obs. Hauser. V. aussi en matière de bail pour la loi du 6 juillet 1989, ▪ Cass. 3e civ., 17 déc. 1997, n° 95-20.779 : *JurisData* n° 1997-005144 ; *JCP* 1998, II, 10093, note Djigo ; *D.* 1998, 111, concl. Weber et note Aubert ; *Dr. famille* 1998, 36, note Lécuyer ; *Defrénois* 1998, 404, obs. Atias ; *RTD civ.* 1998, 347, obs. Hauser. ▪ Paris, 5 mai 1998 : *Loyers et copr.* 1998, 204, note Vial-Pedroletti, pour le refus par la SNCF de délivrer la « carte couple » ▪ CE, 4 mai 2001 : *Dr. famille* 2001, 68, note Lécuyer ; *JurisData* n° 2001-062293. Voir B. Beignier, *À propos du* *concubinage homosexuel : D.* 1998, chron. 215. Le refus par un employeur d'octroyer une réduction sur le prix des transports en faveur de la personne, de même sexe, avec laquelle un travailleur entretient une relation stable, lorsqu'une telle réduction est accordée en faveur du conjoint du travailleur ou de la personne, de sexe opposé, avec laquelle celui-ci entretient une relation stable hors mariage, ne constitue pas une discrimination prohibée par l'art. 119 du Traité CE ou par la directive CEE n° 75-117 du Conseil du 10 février 1975 concernant l'application du principe de l'égalité des rémunérations entre les travailleurs masculins et les travailleurs féminins (▪ CJCE, 17 févr. 1998 : *D.* 1998, inf. rap. 85 ; *Dr. famille* 1998, 60, note Lécuyer).

3) Convention de concubinage. V. art. 6, annot. n° 26, p. 37.

4) Contribution aux charges. V. art. 214, annot. n° 1, p. 187.

5) Sur l'application des règles de l'**enrichissement sans cause** aux concubins, V. art. 1371 ancien, annot. n° 14, p. 1236.

6) Sur la **société créée de fait**, V. art. 1873, annot. n° 5, p. 1571.

TITRE XIV. – DES MESURES DE PROTECTION DES VICTIMES DE VIOLENCE

(L. n° 2010-769, 9 juill. 2010)

Bibliographie : I. Corpart, *Intensification de la lutte contre les violences conjugales. Commentaire de la loi n° 2010-769 du 9 juillet 2010 : Dr. famille* 2010, étude 28. • E. Bazin, *Les nouveaux pouvoirs du JAF en matière de violences au sein des couples : JCP* 2010, n° 39, 957. • J.-J. Lemouland et D. Vigneau, obs. *in D.* 2011, 1050. • V. Larribau-Terneyre, *La protection civile contre les violences étendue aux couples non mariés et séparés : Dr. famille* 2010, 142. • J. Massip, *La protection des victimes de violences au sein des couples : LPA* 8 nov. 2010, 10. • C. Pomart-Nomdedeo, *Volte-face législative, ou chronique de la mort annoncée du principe de survie du couple parental au-delà du couple conjugal : LPA* 1er juin 2011, 8. • A.-M. Leroyer, chron. *in RTD civ.* 2014, 947 (L. n° 2014-873, 4 août 2014 pour l'égalité réelle entre les femmes et les hommes). • A. Bourrat-Guéguen, *Le renforcement de la protection des personnes victimes de violences au sein du couple dans le cadre de la loi du 4 août 2014 pour l'égalité réelle entre les femmes et les hommes : LPA* 12 févr. 2015, 7.

1) Sur l'**application aux instances en cours** de la loi du 9 juillet 2010, V. ▪ Pau, 30 nov. 2010 : *Dr. famille* 2011, 51, note Larribau-Terneyre ; *JurisData* n° 2010-028798.

2) Procédure. V. D. n° 2010-1134, 29 sept. 2010 : CPC, art. 1136-3 à 1136-13, p. 2343 (E. Bazin, *Violences dans les couples : procédure aux fins de mesures de protection des victimes : JCP* 2010, n° 41, 986).

Art. 515-9 *(L. n° 2010-769, 9 juill. 2010).* **– Lorsque les violences exercées au sein du couple ou par un ancien conjoint, un ancien partenaire lié par un pacte civil de solidarité ou un ancien concubin mettent en danger la personne qui en est victime, un ou plusieurs enfants, le juge aux affaires familiales peut délivrer en urgence à cette dernière une ordonnance de protection.**

Bibliographie : C. Sevely-Fournié, *L'ordonnance de protection, une prise de risque inédite pour le juge aux affaires familiales* in *Mélanges Neirinck*, LexisNexis 2015, 331. • G. Kessler, *La déconnexion de la situation de danger et du caractère vraisemblable des violences alléguées dans le cadre de l'ordonnance de protection : Dr. famille* 2017, étude 7.

Art. 515-10 *(L. n° 2010-769, 9 juill. 2010).* **– L'ordonnance de protection est délivrée par le juge, saisi par la personne en danger, si besoin assistée, ou, avec l'accord de celle-ci, par le ministère public.**

Dès la réception de la demande d'ordonnance de protection, le juge convoque, par tous moyens adaptés, pour une audition, la partie demanderesse et la partie défenderesse, assistées, le cas échéant, d'un avocat, ainsi que le ministère public. Ces auditions peuvent avoir lieu séparément. Elles peuvent se tenir en chambre *du conseil.*

Art. 515-11 *(L. n° 2010-769, 9 juill. 2010 ; mod., L. n° 2011-525, 17 mai 2011 ; L. n° 2014-873, 4 août 2014).* **– L'ordonnance de protection est délivrée, dans les meilleurs délais, par le juge aux affaires familiales, s'il estime, au vu des éléments produits devant lui et contradictoirement débattus, qu'il existe des raisons sérieuses de considérer comme vraisemblables la commission des faits de violence allégués et le danger**

auquel la victime ou un ou plusieurs enfants sont exposés. À l'occasion de sa délivrance, le juge aux affaires familiales est compétent pour :

1° Interdire à la partie défenderesse de recevoir ou de rencontrer certaines personnes spécialement désignées par le juge aux affaires familiales, ainsi que d'entrer en relation avec elles, de quelque façon que ce soit ;

2° Interdire à la partie défenderesse de détenir ou de porter une arme et, le cas échéant, lui ordonner de remettre au service de police ou de gendarmerie qu'il désigne les armes dont elle est détentrice en vue de leur dépôt au greffe ;

3° Statuer sur la résidence séparée des époux en précisant lequel des deux continuera à résider dans le logement conjugal et sur les modalités de prise en charge des frais afférents à ce logement. Sauf circonstances particulières, la jouissance de ce logement est attribuée au conjoint qui n'est pas l'auteur des violences, même s'il a bénéficié d'un hébergement d'urgence ;

4° Préciser lequel des partenaires liés par un pacte civil de solidarité ou des concubins continuera à résider dans le logement commun et statuer sur les modalités de prise en charge des frais afférents à ce logement. Sauf circonstances particulières, la jouissance de ce logement est attribuée au partenaire lié par un pacte civil de solidarité ou au concubin qui n'est pas l'auteur des violences, même s'il a bénéficié d'un hébergement d'urgence ;

5° Se prononcer sur les modalités d'exercice de l'autorité parentale et, le cas échéant, sur la contribution aux charges du mariage pour les couples mariés, sur l'aide matérielle au sens de l'article 515-4 pour les partenaires d'un pacte civil de solidarité et sur la contribution à l'entretien et à l'éducation des enfants ;

6° Autoriser la partie demanderesse à dissimuler son domicile ou sa résidence et à élire domicile chez l'avocat qui l'assiste ou la représente ou auprès du procureur de la République près le tribunal de grande instance pour toutes les instances civiles dans lesquelles elle est également partie. Si, pour les besoins de l'exécution d'une décision de justice, l'huissier chargé de cette exécution doit avoir connaissance de l'adresse de cette personne, celle-ci lui est communiquée, sans qu'il puisse la révéler à son mandant ;

6° *bis* Autoriser la partie demanderesse à dissimuler son domicile ou sa résidence et à élire domicile pour les besoins de la vie courante chez une personne morale qualifiée ;

7° Prononcer l'admission provisoire à l'aide juridictionnelle de la partie demanderesse en application du premier alinéa de l'article 20 de la loi n° 91-647 du 10 juillet 1991 relative à l'aide juridique.

Le cas échéant, le juge présente à la partie demanderesse une liste des personnes morales qualifiées susceptibles de l'accompagner pendant toute la durée de l'ordonnance de protection. Il peut, avec son accord, transmettre à la personne morale qualifiée les coordonnées de la partie demanderesse, afin qu'elle la contacte.

Lorsque le juge délivre une ordonnance de protection en raison de violences susceptibles de mettre en danger un ou plusieurs enfants, il en informe sans délai le procureur de la République.

Bibliographie : C. Gatto, *L'intérêt de l'enfant exposé aux violences conjugales : RTD civ.* 2014, 567.

Mesures limitativement énumérées. Lorsqu'il est saisi d'une demande de protection sur le fondement des articles 519-9 et 519-10 du Code civil, le juge aux affaires familiales ne peut prononcer que les mesures limitativement énoncées à l'article 515-11 (■ Cass. 1re civ., 13 juill. 2016, n° 14-26.203 : *Bull.* ; *JCP* G 2016, chron. 992, n° 5, obs. Gouttenoire et Lamarche ; *Dr. famille* 2016, 218, note Binet ; *RTD civ.* 2016, 825, obs. Hauser ; *JurisData* n° 2016-013621, précisant que la cour d'appel, saisie de l'appel d'une décision de cette nature, statue dans la limite des pouvoirs de ce juge).

Art. 515-12 *(L. n° 2010-769, 9 juill. 2010 ; L. n° 2014-873, 4 août 2014).* **– Les mesures mentionnées à l'article 515-11 sont prises pour une durée maximale de six mois à compter de la notification de l'ordonnance. Elles peuvent être prolongées au-delà si, durant ce délai, une requête en divorce ou en séparation de corps a été déposée ou si le juge aux affaires familiales a été saisi d'une requête relative à l'exercice de l'autorité parentale. Le juge aux affaires familiales peut, à tout moment, à la demande du ministère public ou de l'une ou l'autre des parties, ou après avoir fait procéder à toute mesure d'instruction utile, et après avoir invité chacune d'entre elles à s'exprimer, supprimer ou modifier tout ou partie des mesures énoncées dans l'ordonnance de protection, en décider de nouvelles, accorder à la personne défenderesse une dispense temporaire d'observer certaines des obligations qui lui ont été imposées ou rapporter l'ordonnance de protection.**

> **Rédaction future. Art. 515-12** *(Mod., à compter d'une date fixée par décret en Conseil d'État, et au plus tard le 1er septembre 2020, L. n° 2019-222, 23 mars 2019)* (1). – Les mesures mentionnées à l'article 515-11 sont prises pour une durée maximale de six mois à compter de la notification de l'ordonnance. Elles peuvent être prolongées au-delà si, durant ce délai, une demande en divorce ou en séparation de corps a été déposée ou si le juge aux affaires familiales a été saisi d'une demande relative à l'exercice de l'autorité parentale. Le juge aux affaires familiales peut, à tout moment, à la demande du ministère public ou de l'une ou l'autre des parties, ou après avoir fait procéder à toute mesure d'instruction utile, et après avoir invité chacune d'entre elles à s'exprimer, supprimer ou modifier tout ou partie des mesures énoncées dans l'ordonnance de protection, en décider de nouvelles, accorder à la personne défenderesse une dispense temporaire d'observer certaines des obligations qui lui ont été imposées ou rapporter l'ordonnance de protection.

Art. 515-13 *(L. n° 2010-769, 9 juill. 2010 ; L. n° 2014-873, 4 août 2014).* **– Une ordonnance de protection peut également être délivrée en urgence par le juge à la personne majeure menacée de mariage forcé, dans les conditions fixées à l'article 515-10.**

Le juge est compétent pour prendre les mesures mentionnées aux 1°, 2°, 6° et 7° de l'article 515-11. Il peut également ordonner, à sa demande, l'interdiction temporaire de sortie du territoire de la personne menacée. Cette interdiction de sortie du territoire est inscrite au fichier des personnes recherchées par le procureur de la République. L'article 515-12 est applicable aux mesures prises sur le fondement du présent article.

(1) Lorsque la requête initiale a été présentée avant l'entrée en vigueur prévue par la première phrase du VII de l'article 109 de la loi n° 2019-222 du 23 mars 2019, l'action en divorce ou en séparation de corps est poursuivie et jugée conformément aux dispositions du Code civil dans leur rédaction antérieure à la même entrée en vigueur. Dans ce cas, le jugement rendu après ladite entrée en vigueur produit les effets prévus par la loi ancienne, *L. n° 2019-222, 23 mars 2019, art. 109, VII.*

LIVRE DEUXIÈME

DES BIENS ET DES DIFFÉRENTES MODIFICATIONS DE LA PROPRIÉTÉ

Bibliographie : *Sur le droit des biens en général.* P. Berlioz, *La notion de bien*, LGDJ 2007. • N. Binctin, *Les biens intellectuels : contribution à l'étude des choses : Comm. com. électr.* 2006, étude 14. • P. Catala, *La matière et l'énergie* in *Mélanges Terré*, Dalloz-PUF-JurisClasseur 1999, p. 557. • M. Cornu, *L'espérance d'intangibilité dans la vie des œuvres, réflexions sur la longévité de certains biens : RTD civ.* 2000, p. 697. • P. Didier, *Les biens négociables* in *Mélanges Guyon*, Dalloz 2003, p. 341. • M. Jeantin, *Le droit financier des biens* in *Mélanges Jeantin*, Dalloz 1999, p. 3. • J. Laurent, *La propriété des droits*, thèse Paris I, 2009. • A.-V. Le Fur, *La protection de l'investisseur par le droit des biens. La notion de bien financier : RD bancaire et fin.* 2010, étude 32. • R. Libchaber, *Le portefeuille de valeurs mobilières : bien unique ou pluralité de biens*, Defrénois 1997, p. 65. • G. Loiseau, *Pour un droit des choses : D.* 2006, p. 3015. • J.-M. Mousseron, *Valeurs, biens et droits* in *Mélanges Breton/Derrida*, Dalloz 1991, p. 277. • H. Périnet-Marquet, *Regards sur les nouveaux biens : JCP* G 2010, I, p. 2071. • Th. Revet, *Le Code civil et le régime des biens : questions pour un bicentenaire : Dr. et patrimoine* mars 2004, p. 20. • R. Savatier, *Vers de nouveaux aspects de la conception de la classification juridique des biens corporels : RTD civ.* 1958, 1 et 331. • D.-R. Martin, *De la nature corporelle des valeurs mobilières (et autres droits scripturaux) : D.* 1996, p. 47 ; *Valeurs mobilières : défense d'une théorie : D.* 2001, p. 1228 ; *Du corporel : D.* 2004, chron. 2285. • J.-B. Seube, *Le droit des biens hors le Code civil : LPA* 15 juin 2005, p. 4. • Y. Strickler, *Droit des biens : évitons la dispersion : D.* 2007, p. 1149. • F.-G. Trébulle, *Le patrimoine commun : renouveau du domaine universel* in *Mélanges Malinvaud*, Litec 2007, p. 659.

Sur la proposition de réforme du droit des biens. Ch. Atias, *L'enracinement du droit des biens dans la nouvelle ère du droit civil français : D.* 2009, p. 1165. • W. Dross et B. Mallet-Bricout, *L'avant-projet de réforme du droit des biens : premier regard critique : D.* 2009, p. 508. • C. Fruteau, *Les « nouvelles » définitions de la proposition de réforme du Livre II du Code civil : LPA* 3 déc. 2010, p. 6. • H. Périnet-Marquet, *La proposition de réforme du droit des biens : D.* 2009, p. 152 ; *ibid. : JCP* G 2009, I, 127, n° 1. • B. Roman, *Le patrimoine dans l'avant-projet de réforme du droit des biens : Defrénois* 2009, p. 504. • F. Zenati-Castaing, *La proposition de refonte du livre II du Code civil, étude crit. : RTD civ.* 2009, p. 211 ; *Proposition de l'Association Henri Capitant pour une réforme du droit des biens*, Litec, coll. « Carré Droit », 2009.

Art. 515-14 *(L. n° 2015-177, 16 févr. 2015).* **– Les animaux sont des êtres vivants doués de sensibilité. Sous réserve des lois qui les protègent, les animaux sont soumis au régime des biens.**

Bibliographie : S. Antoine, *Un animal est-il une chose ? : Gaz. Pal.* 1994, 1, doctr. 594 ; *L'animal et le droit des biens : D.* 2003, p. 2651. • J. Carbonnier, *Sur les traces du non-sujet de droit : Arch. phil. dr.* 1989, p. 197, t. 34. • F. Dumont, *L'animal : un être juridiquement en devenir : Rev. Lamy dr. civ.* 2006, n° 975. • O. Le Bot, *La protection de l'animal en droit constitutionnel : étude de droit comparé : RRJ* avr. 2007, p. 1823. • J.-P. Marguénaud, *La personnalité juridique des animaux : D.* 1998, p. 459 ; *La protection juridique du lien d'affection envers un animal : D.* 2004, p. 3009 ; *Une révolution théorique : l'extraction masquée des animaux de la catégorie des biens : JCP* G 2015, doctr., 305. • R. Libchaber, *La souffrance et les droits, À propos d'un statut de l'animal : D.* 2014, p. 380. • J.-P. Marguénaud et O. Dubos, *Le droit communautaire et les produits cosmétiques expérimentés sur les animaux : D.* 2006, p. 1774. • F. Pasqualini, *L'animal et la famille : D.* 1997, p. 257. • G. Proutière-Maulion, *L'évolution de la nature juridique du poisson de mer : contribution à la notion juridique de bien : D.* 2000, p. 647. • F. Ringel et E. Putman, *L'animal aimé par le droit : RRJ* janv. 1995, p. 45.

TITRE PREMIER. – DE LA DISTINCTION DES BIENS

Art. 516. – Tous les biens sont meubles ou immeubles.

Bibliographie : R. Jambu-Merlin, *Le navire : hybride de meuble et d'immeuble ?* in *Mélanges Flour : Defrénois*, 1979, p. 305. • Y. Kalieu, *De la fongibilité des immeubles : LPA* 17 oct. 2001, p. 5. • Ph. Malinvaud, *La distinction des meubles et des immeubles à l'épreuve des sociétés d'attribution : Études Houin*, Dalloz 1985, p. 201. • H. Périnet-Marquet, *L'immeuble et le Code civil 1804-2004* in *Le Code civil*, Dalloz 2004, p. 395 ; *Évolution de la distinction des meubles et des immeubles depuis le Code civil* in *Mélanges Béguin*, Litec 2005, p. 642.

1) Notion de bien au regard de la CEDH. Un droit à pension est un bien et son retrait constitue une ingérence dans la propriété de son titulaire (▪ CEDH, 4e sect., 15 sept. 2009, n° 10373/05, *Moskal c/ Pologne : JCP* G 2009, 337, n° 1, obs. Périnet-Marquet, à propos d'une pension de retraite. V. égal. dans ce sens, ▪ CEDH, 4 juin 2002, *Vessels Berero-voet c/ Pays-Bas : JCP* G 2002, I, 157, n° 22, obs. Sudre, à propos d'une pension de vieillesse. ▪ CEDH, 11 juin 2002, *Willis c/ Royaume-Uni : JCP* G 2002, I, 157, n° 22, obs. Sudre quant à des allocations veuvage. ▪ CEDH, 16 sept. 1996, *Gaygusuz c/ Autriche : JCP* G 1997, I, 4000, n° 46, obs. Sudre, relatif à des allocations de chômage. ▪ CEDH, 29 mars 2010, *Triboulet c/ France : AJDA* 2010, p. 147 ; *RD imm.* 2010, p. 389, obs. Foulquier ; *JCP* G 2010, act. 451, obs. Gonzalez ; *JCP* G 2010, 859, n° 35, chron. Sudre ; *D.* 2010, p. 2469, obs. Trebulle, p. 2183, obs. Mallet-Bricout et Reboul Maupin ; *JCP* A 2010, 2140, note Yolka ; *Environnement* 2010, comm. 63, obs. Billet ; *JCP* G 2011, 1162, n° 9, obs. Périnet-Marquet, *Adde*, Ch. Quezel Ambrunaz, *L'acception européenne de bien en mal de définition : D.* 2010, p. 2024 à propos d'un titre d'occupation précaire sur le domaine public maritime).

2) Notion de bien pour la Cour de cassation. Pour la Haute juridiction, un quota laitier ne constitue qu'une autorisation administrative non patrimonialisée (▪ Cass. 3e civ., 31 oct. 2012, n° 10-17.851 : *RTD civ.* 2013, p. 157, note Dross). En revanche, elle considère que le droit pour un assureur de ne pas garantir, découlant d'une décision jurisprudentielle, est un bien au sens de l'article 1er du 1er protocole à la Convention EDH (▪ Cass. 1re civ., 17 févr. 2016, n° 15-12.805 : *JurisData* n° 2016-003580 ; *JCP* G 2016, 396, Knetsch ; *JCP* G 2016, 446, n° 1, obs. Périnet-Marquet).

CHAPITRE I. – DES IMMEUBLES

Art. 517. – Les biens sont immeubles, ou par leur nature, ou par leur destination, ou par l'objet auquel ils s'appliquent.

Bibliographie : J.-Ph. Tricoire, *Les concours d'action en matière immobilière*, préf. J.-L. Bergel, LGDJ, coll. « Bibl. droit privé », 2009.

Volonté des parties. La nature immobilière ou mobilière d'un bien est définie par la loi et la convention des parties ne peut avoir d'incidence à cet égard (▪ Cass. 3e civ., 26 juin 1991, n° 89-19.871 : *JurisData* n° 1991-003516 ; *Bull. civ.* III, n° 197, p. 115 ; *JCP* 1992, II, 21825, note Barbièri ; *D.* 1993, 93, note Freij-Dalloz).

Art. 518. – Les fonds de terre et les bâtiments sont immeubles par leur nature.

I – SOL ET SOUS-SOL

1) Améliorations d'un fonds de terre. Les améliorations apportées à un fonds de terre par les pratiques culturales, qui ne peuvent être matériellement dissociées du fonds auquel elles ont profité, *sont des immeubles par nature* (▪ Cass. com., 24 mars 1981, n° 79-15.258 : *Bull. civ.* IV, n° 159, p. 126). Par suite, le fermier sortant ne peut céder à son successeur que la créance mobilière qu'il a sur le bailleur à raison de ces améliorations (▪ Cass. com., 7 nov. 1983, n° 81-16.451 : *JurisData* n° 1983-702594 ; *Bull. civ.* IV, n° 294, p. 257. V. aussi ▪ Cass. com., 6 févr. 1985, n° 83-11.407 : *JurisData* n° 1985-700252 ; *Bull. civ.* IV, n° 51, p. 43).

2) Caractère immobilier des mines. Sur le caractère immobilier des mines, **Voir** : C. minier, art. L. 131-4.

II – VÉGÉTAUX ET CONSTRUCTIONS

3) Incorporation au sol. Un bien est immeuble par nature, même s'il est temporaire, dès lors que le dispositif de liaison, d'ancrage dans le sol ou defondation révèle qu'il ne repose pas simplement sur le sol et n'y est pas maintenu par son seul poids (■ Cass. com., 10 juin 1974, n° 73-10.696 : *Bull. civ.* IV, n° 183, p. 146). Doit être considérée comme un meuble une construction volante dont les éléments maîtres sont aménagés mais non scellés dans un massif de béton d'où ils peuvent sortir librement sans déprécier le fonds (■ Cass. 1re civ., 21 mars 1956 : *JCP* 56, IV, 70. V. aussi ■ Cass. com., 12 févr. 1991, n° 89-19.314 : *JurisData* n° 1991-000359 ; *Bull. civ.* IV, n° 69, p. 47, rotative dont le système de fixation n'a pas eu pour conséquence de la rendre indissociable de son support en béton de manière définitive et irrémédiable et ne peut donc empêcher son démontage), mais une chambre froide construite en briques, pierres ou moellons, incorporée au sol, constitue un bâtiment au sens de l'article 518 (■ Angers, 1er déc. 1964 : *JCP* 65, II, 14258, note Bulté).

4) Poteaux électriques. Sont immeubles par nature les poteaux destinés à supporter les câbles de transmission d'énergie électrique (■ Cass. civ., 4 mai 1937 : *DH* 1937, 471).

5) Serres. Sont immeubles par nature les serres d'un horticulteur (■ Cass. com., 1er févr. 1984, n° 82-15.900 : *JurisData* n° 1984-700566 ; *Bull. civ.* IV, n° 53, p. 43. ■ Cass. com., 9 juin 2004, n° 01-13.349 : *D.* 2004, somm. 2405, obs. Reboul-Maupin ; *Bull. civ.* IV, n° 119, p. 122).

6) Boiseries. Sont immeubles par nature les boiseries décorant une pièce dès lors qu'elles forment un tout indivisible avec le bâtiment et qu'elles ne sauraient être séparées de celui-ci sans porter atteinte à son intégrité (■ Cass. 1re civ., 19 mars 1963 : *JCP* 63, II, 13190, note Esmein. V. aussi pour des bas-reliefs encastrés ■ CE, 24 févr. 1999 : *JurisData* n° 1999-103500 ; *JCP* 99, I, 175, n° 1, obs. Périnet-Marquet ; *JCP* 2000, II, 10232, note Deumier), mais non les boiseries simplement posées sur le sol où elles restent fixées par leur seul poids ou pouvant être arrachées sans aucun dommage ni pour elles ni pour l'immeuble (■ Cass. 2e civ., 5 avr. 1965 : *JCP* 65, II, 14233. Comp. ■ Cass. ass. plén., 15 avr. 1988, n° 85-10.262 : *JurisData* n° 1988-700654 ; *JCP* 88, II, 21066, rapp. Grégoire et note Barbièri ; *D.* 1988, 325, concl. Cabannes et note Maury ; *RTD civ.* 1989, 345, obs. Zenati, décidant que des fresques, immeubles par nature, sont devenues des meubles du fait de leur arrachement).

7) Lot de copropriété. Un lot de copropriété composé du droit exclusif d'utiliser une surface déterminée du sol pour y édifier des constructions et d'une quote-part des parties communes constitue un immeuble par nature pouvant faire l'objet d'une saisie immobilière (■ Cass. 3e civ., 15 nov. 1989, n° 87-18.188 : *JurisData* n° 1989-703481 ; *JCP* 90, IV, 13 ; *D.* 1990, 216, note Capoulade et Giverdon ; *RTD civ.* 1990, 304, obs. Zenati).

8) Matériaux de construction. Tant que le bâtiment élevé par le constructeur sur le sol d'autrui n'a pas été effectivement démoli, les pierres qui le constituent ne prennent pas juridiquement le caractère de meubles, même dans les rapports entre le constructeur et le propriétaire du sol (■ Cass. 3e civ., 10 juin 1981 : *JurisData* n° 1981-701818 ; *JurisData* n° 1981-701818 ; *Bull. civ.* III, n° 119, p. 87).

Art. 519. – Les moulins à vent ou à eau, fixés sur piliers et faisant partie du bâtiment, sont aussi immeubles par leur nature.

1) Le **mécanisme d'un moulin** est immeuble par nature dès lors qu'il est incorporé au bâtiment (■ Cass. civ., 19 juill. 1893 : *DP* 1893, 1, 603).

2) Un **moteur simplement posé** sur des dalles avec des attaches et facile à enlever n'a pas le caractère d'un immeuble par nature (■ Cass. req., 27 oct. 1931 : *DH* 1931, 537).

Art. 520. – Les récoltes pendantes par les racines, et les fruits des arbres non encore recueillis, sont pareillement immeubles.

Dès que les grains sont coupés et les fruits détachés, quoique non enlevés, ils sont meubles.

Si une partie seulement de la récolte est coupée, cette partie seule est meuble.

1) La **vente de récoltes sur pied** a pour objet les récoltes détachées du sol et constitue ainsi une vente de meubles par anticipation (■ Montpellier, 23 juin 1927 : *DH* 1927, 472).

2) Fruits et produits. Le titulaire d'une sûreté immobilière doit supporter normalement la perception et l'aliénation des fruits qui n'entrent pas, lorsqu'ils sont détachés du sol, dans la valeur qui lui a été affectée en garantie, mais il en va autrement pour l'aliénation des produits qui affecte l'étendue de sa garantie puisque la valeur de l'immeuble s'en trouve dépréciée. En conséquence, il doit conserver son privilège sur l'indemnité d'arrachage de ceps de vigne (■ Bordeaux, 19 juin 1986 : *JurisData* n° 1986-600756 ; *D.* 1987, 295, note crit. Denis).

Art. 521. – Les coupes ordinaires des bois taillis ou de futaies mises en coupes réglées ne deviennent meubles qu'au fur et à mesure que les arbres sont abattus.

1) Meubles par anticipation. Sur l'application de la notion de meuble par anticipation dans les ventes de coupes de bois, V. ▪ Cass. com., 21 déc. 1971, n° 70-12.033 : *JurisData* n° 1971-097308 ; *Bull. civ.* IV, n° 308, p. 290. ▪ T. civ. Chambéry, 12 juill. 1951 : *Gaz. Pal.* 1951, 2, 266. – Comp. pour la vente de récolte sur pied ▪ Montpellier, 23 juin 1927, préc., sous art. 520, pour les matériaux à extraire d'une carrière. ▪ Cass. civ., 12 janv. 1954 : *JCP* 54, II, 8026, note Becqué. ▪ Cass. 1re civ., 13 juill. 1982, n° 79-13.276 : *JurisData* n° 1982-701864 ; *Bull. civ.* I, n° 262, p. 226 ; *Gaz. Pal.* 1982, 2, 670, note A. Piedelièvre. ▪ Cass. 3e civ., 25 oct. 1983, n° 81-15.530 : *JurisData* n° 1983-702304 ; *JCP* 84, IV, 3 ; *Bull. civ.* III, n° 197, p. 151, pour la vente d'un cabanon pouvant être techniquement détaché du sol ▪ Aix-en-Provence, 15 févr. 1985 : *JurisData* n° 1985-600559 ; *Gaz. Pal.* 1985, 2, 442, note Dureuil. Jugé que dès lors que l'acquéreur d'un bois n'a eu en vue que l'exploitation de sa superficie, les arbres à abattre peuvent être considérés comme ayant été mobilisés par anticipation, peu importe que certains de ces arbres fussent de haute futaie (▪ Cass. com., 24 nov. 1981, n° 80-13.395 : *JurisData* n° 1981-703294 ; *Defrénois* 1982, 413, obs. Souleau ; *Bull. civ.* IV, n° 408, p. 323). Mais jugé qu'une vente d'arbres à abattre ne saurait s'analyser qu'en une vente immobilière à l'égard de l'acquéreur du fonds et constitue une restriction au droit de disposer de celui-ci qui doit être publiée au bureau des hypothèques (▪ Reims, 10 mai 1982 : *JurisData* n° 1982-696055 ; *JCP* 84, II, 20225, note crit. Dagot. Comp. ▪ Agen, 9 déc. 1992 : *JurisData* n° 1992-048301 ; *JCP* 93, IV, 1772, faisant échapper la vente à la publicité foncière mais la déclarant inopposable à l'acquéreur de la propriété forestière dès lors qu'il est établi que celui-ci n'en a pas eu connaissance lors de la signature de son acte authentique d'acquisition).

2) Mise en coupe réglée se caractérise par la périodicité et la régularité (▪ TGI La Roche-sur-Yon, 7 déc. 1965 : *JCP* 66, II, 14670, note Bulté).

Art. 522 *(Mod., L. n° 2015-177, 16 févr. 2015).* – **Les animaux que le propriétaire du fonds livre au fermier ou au métayer pour la culture, estimés ou non, sont soumis au régime des immeubles tant qu'ils demeurent attachés au fonds par l'effet de la convention.**

Ceux qu'il donne à cheptel à d'autres qu'au fermier ou métayer sont soumis au régime des meubles.

Voir : sur les immeubles par destination, art. 524 et 525, p. 456.

Art. 523. – **Les tuyaux servant à la conduite des eaux dans une maison ou autre héritage sont immeubles et font partie du fonds auquel ils sont attachés.**

1) Installation de chauffage central. Une installation de chauffage central susceptible d'être déplacée conserve son caractère mobilier (▪ Cass. soc., 1er déc. 1944 : *D.* 1946, 56. Comp. pour des convecteurs électriques ▪ Cass. 3e civ., 23 janv. 2002 : *JurisData* n° 2002-012678 ; *JCP G* 2002, I, 176 et *JCP N* 2002, 1666, n° 1, obs. Périnet-Marquet ; *D.* 2002, 2365, note Depadt-Sebag ; somm. 2504, obs. Reboul-Maupin ; *Bull. civ.* III, n° 12, p. 10), mais elle est immeuble par nature si elle est incorporée au bâtiment (▪ Cass. crim., 29 mai 1925 : *S.* 1926, 1, 185, note Roux).

2) Canalisation sous la voie publique. Les tuyaux de fonte employés à la construction d'une canalisation sous les voies publiques se sont identifiés avec le sol et constituent comme lui un immeuble par nature (▪ Cass. req., 9 nov. 1898 : *DP* 1899, 1, 525).

Art. 524 *(Mod., L. n° 99-5, 6 janv. 1999 ; L. n° 84-512, 29 juin 1984 ; L. n° 2009-526, 12 mai 2009 ; L. n° 2015-177, 16 févr. 2015).* – **Les objets que le propriétaire d'un fonds y a placés pour le service et l'exploitation de ce fonds sont immeubles par destination.**

Les animaux que le propriétaire d'un fonds y a placés aux mêmes fins sont soumis au régime des immeubles par destination.

Ainsi, sont immeubles par destination, quand ils ont été placés par le propriétaire pour le service et l'exploitation du fonds :

Les ustensiles aratoires ;

Les semences données aux fermiers ou métayers ;

Les ruches à miel ;

Les pressoirs, chaudières, alambics, cuves et tonnes ;

Les ustensiles nécessaires à l'exploitation des forges, papeteries et autres usines ;

Les pailles et engrais.

Sont aussi immeubles par destination, tous effets mobiliers que le propriétaire a attachés au fonds à perpétuelle demeure.

I – CONDITIONS DE L'IMMOBILISATION PAR DESTINATION

1) Propriété de l'immeuble et du meuble affecté. Il résulte de l'article 524 que peut seul conférer à des objets mobiliers le caractère d'immeubles par destination celui qui est propriétaire à la fois des objets mobiliers et de l'immeuble au service duquel il les a placés (▪ Cass. 3e civ., 5 mars 1980, n° 78-15.535 : *JurisData* n° 1980-797051 ; *Bull. civ.* III, n° 51, p. 37 ; *D.* 1980, somm. 477, obs. A. Robert. – V. aussi ▪ Cass. 1re civ., 23 mars 1960 : *Bull. civ.* I, n° 176, p. 141. ▪ TGI Rodez, 20 avr. 1984 : *JurisData* n° 1984-044435 ; *JCP* 85, IV, 216 ; *D.* 1985, somm. 395, obs. A. Robert). Cette condition n'est pas remplie pour le cheptel et les instruments achetés pendant le mariage par le mari fermier, le propriétaire du domaine pouvant seul communiquer le caractère immobilier à ces meubles (▪ Cass. 1re civ., 18 févr. 1957 : *D.* 1957, 249). L'immobilisation par destination ne peut être admise lorsque la personne qui a procédé aux aménagements n'a pu être déterminée (▪ Reims, 1er déc. 1975 : *JCP* 77, IV, 42). Le meuble doit être situé en totalité sur un fonds appartenant au même propriétaire (▪ Paris, 26 nov. 1964 : *D.* 1965, somm. 49, passerelle au-dessus d'une voie ferrée).

2) Volonté d'affecter le meuble à l'immeuble. L'immobilisation suppose nécessairement la volonté du propriétaire d'affecter le meuble à l'immeuble (▪ Cass. 1re civ., 3 juin 1958 : *Bull. civ.* I, n° 283, p. 225), mais cette seule volonté est impuissante à créer arbitrairement des immeubles par destination (▪ Cass. civ., 27 juin 1944 : *DC* 1944, 93, note Chéron. Sur l'absence d'incidence de la volonté des parties, V. aussi ▪ Cass. 3e civ., 26 juin 1991, n° 89-18.638 : *JurisData* n° 1991-002037 ; *Bull. civ.* III, n° 197, p. 115 ; *JCP* 92, II, 21825, note crit. Barbièri. Voir cependant, tirant argument de la volonté expresse des parties, ▪ Paris, 8 avr. 1994 : *D.* 1995, somm. 191, obs. A. Robert). Les juges du fond peuvent décider souverainement que le simple dépôt d'une statue sur une pierre plate n'établit pas suffisamment la volonté du propriétaire d'affecter l'objet définitivement à l'immeuble (▪ Cass. 3e civ., 3 juill. 1968 : *JurisData* n° 1968-700316 ; *JCP* 68, II, 15685, note Goubeaux).

II – CESSATION DE L'IMMOBILISATION PAR DESTINATION

3) Conditions de la cessation. La cessation de l'immobilisation ne peut résulter de la seule volonté du propriétaire et suppose soit la séparation effective entre l'immeuble par nature et l'immeuble par destination, soit l'aliénation de l'un ou de l'autre (▪ Cass. civ., 27 juin 1944 : *DC* 1944, 93, note Chéron. ▪ Cass. 1re civ., 4 juin 1962 : *JCP* 62, IV, 102 ; *Bull. civ.* I, n° 284, p. 251. ▪ Cass. 1re civ., 7 avr. 1998, n° 95-20.504 : *JurisData* n° 1998-001627 ; *JCP* G 98, I, 171 ; *JCP* N 98, 1693, n° 1, obs. Périnet-Marquet ; *Bull. civ.* I, n° 143, p. 95 ; *Contrats, conc. consom.* 1998, 99, note Leveneur ; *D.* 1998, somm. 344, 2e esp., obs. A. Robert ; *Defrénois* 1998, 1173, obs. Atias). Le fait que les bâtiments et le fonds de commerce d'une scierie ont été vendus par deux actes distincts ne peut faire perdre au matériel et à l'outillage le caractère d'immeubles par destination, du moment qu'il est constant qu'ils ont été vendus le même jour et au même acquéreur que le bâtiment, qu'ils n'ont jamais été déplacés et qu'ils ont continué à être affectés par le nouveau propriétaire au service et à l'exploitation de la scierie (▪ Cass. req., 6 juill. 1925 : *DH* 1925, 610).

4) Preuve de la cessation. Pour l'appréciation de la portée du monopole des commissaires-priseurs, le point de savoir si des immeubles par destination non encore détachés de l'immeuble par nature à l'exploitation duquel ils sont affectés conservent cette qualité jusqu'au moment de la vente constitue une contestation sérieuse (▪ Cass. 1re civ., 20 juill. 1994, n° 92-14.665 : *JurisData* n° 1994-001576 ; *JCP* 94, IV, 2367 ; *Bull. civ.* I, n° 259, p. 188).

III – DOMAINE DE L'IMMOBILISATION PAR DESTINATION

5) Lien d'affectation. Ne sont immeubles par destination que les objets absolument indispensables et affectés directement à l'exploitation du fonds (▪ Cass. req., 23 mars 1926 : *DP* 1928, 1, 22. – Comp. ▪ Cass. req., 19 oct. 1938 : *DH* 1938, 613. – Voir cependant, moins exigeant, ▪ Agen, 1er déc. 1988 : *JurisData* n° 1988-049544 ; *RTD civ.* 1990, 107, obs. Zenati). Tel est le cas pour un matériel qui ne peut être retiré de l'exploitation sans qu'une partie de celle-ci s'arrête (▪ Cass. 1re civ., 11 juin 1965, n° 63-12.895 : *JCP* 65, IV, 101).

6) Affectation agricole. Les objets mobiliers et les animaux, y compris ceux de boucherie et de basse-cour, qui ont été attachés au fonds pour son service et son exploitation sont immeubles par destination (▪ Cass. req., 24 févr. 1926 : *DH* 1926, 206). Mais jugé qu'on ne peut étendre les dispositions de l'article 524 à d'autres animaux qu'à ceux qui ont été placés par le propriétaire sur son fonds à titre d'accessoires nécessaires à l'exploitation de ce fonds (▪ Cass. req., 19 oct. 1938 : *DH* 1938, 613. V. en ce sens pour des animaux destinés à la reproduction et à l'embouche ▪ Cass. com., 12 nov. 1996, n° 95-11.080 : *JurisData* n° 1996-004114 ; *JCP* 97, IV, 12). Sont immeubles par destination des serres incorporées à une propriété et affectées à son exploitation de manière définitive en dépit de leur mobilité très limitée sur des rails (■ Cass. 3e civ., 6 janv. 1972, n° 70-12.183 : *JurisData* n° 1972-098009 ; *D.* 1972, 398 – Comp. ■ Cass. 3e civ., 23 mai 1984, n° 83-10.313 : *JurisData* n° 1984-700858 ; *Bull. civ.* III, n° 104, p. 82), ou la terre de bruyère nécessaire à la culture des plantes dans laquelle un pépiniériste est spécialisé (■ Cass. 3e civ., 5 mai 1981, n° 79-15.966 : *JurisData* n° 1981-701437 ; *JCP* 81, IV, 255 ; *Bull. civ.* III, n° 89, p. 65 ; *Defrénois* 1981, 1302, obs. Souleau), mais non un stock de cognac destiné à être vendu (■ Cass. 1re civ., 1er déc. 1976 : *JurisData* n° 1976-000382 ; *JCP* 77, II, 18735, concl. Gulphe).

7) **Affectation industrielle.** Le matériel et l'outillage affectés au service et à l'exploitation de la scierie sont immeubles par destination (■ Cass. req., 6 juill. 1925 : *DH* 1925, 610. V. aussi ■ Cass. 1re civ., 11 juin 1965 : *JCP* 65, IV, 101), et plus généralement les objets qui sont les agents nécessaires de la production tels que les tonneaux d'une brasserie (■ Cass. civ., 24 janv. 1912 : *DP* 1913, 1, 337, note F. P.), mais non les fûts et bouteilles nécessaires à l'utilisation du matériel de fabrication d'une brasserie et destinés à être transportés d'un centre de fabrication à l'autre et soit remis aux clients à charge de restitution, soit facturés aux acheteurs pour lesquels ils deviennent ainsi l'un des éléments du marché (■ Cass. civ., 8 févr. 1926 : *DH* 1926, 162. Comp. pour un stock de cognac ■ Cass. 1re civ., 1er déc. 1976, préc.).

8) **Affectation commerciale.** Si l'énumération des meubles que l'article 524 considère comme immeubles par destination ne comprend que des objets affectés à une exploitation agricole ou industrielle, l'immobilisation s'étend aux meubles affectés à une exploitation commerciale lorsque les objets ont été placés dans l'immeuble par le propriétaire pour le service de son fonds (■ Cass. 3e civ., 29 oct. 1984, n° 82-14.037 : *JurisData* n° 1984-702167 ; *Bull. civ.* III, n° 177, p. 138, hôtel. V. aussi ■ Cass. req., 28 juill. 1937 : *DH* 1937, 534).

9) **Affectation au service d'un immeuble.** Sur le principe que seuls peuvent être immeubles par destination les objets absolument indispensables et affectés directement à l'exploitation d'un immeuble civil, V. ■ Cass. req., 23 mars 1926 : *DP* 1928, 1, 22. Jugé que l'ensemble des équipements ménagers d'une cuisine constitué par des meubles standard fabriqués industriellement ne présente pas le caractère d'immeuble par destination (■ Cass. 3e civ., 8 juin 1982, n° 81-13.729 : *JurisData* n° 1982-701982 ; *JCP* 82, IV, 298).

10) **Attachement à perpétuelle demeure.** Pour des applications, V. art. 525, annot. n° 1, p. 459.

IV – EFFETS DE L'IMMOBILISATION PAR DESTINATION

11) **Exclusion du nantissement.** Ne saurait être compris dans un nantissement qui porte sur un ensemble mobilier un objet devenu immeuble par destination (■ Cass. crim., 26 oct. 1960 : *JCP* 60, IV, 166. V. aussi ■ Cass. req., 28 juill. 1937 : *DH* 1937, 534. ■ Cass. civ., 27 juin 1944 : *DC* 1944, 93, note Chéron). Mais, par exception, les créanciers nantis sur l'outillage et le matériel d'équipement conservent leur privilège si le bien grevé devient immeuble par destination (C. com., art. L. 525-8. V. pour une application ■ Paris, 2e ch., 14 nov. 1983 : *JurisData* n° 1983-028304).

12) **Droits des créanciers hypothécaires.** L'hypothèque s'étend aux biens immobilisés par destination postérieurement à sa constitution (■ Cass. civ., 1er mai 1906 : *DP* 1909, 1, 345). Mais il appartient aux juges du fond de rechercher si, en laissant procéder à la vente séparée des immeubles par nature, les créanciers hypothécaires n'ont pas renoncé sans équivoque à se prévaloir de leur droit de préférence sur les immeubles par destination vendus séparément (■ Cass. com., 18 mai 1978, n° 76-12.892 : *JurisData* n° 1978-097138 ; *Bull. civ.* IV, n° 138).

13) **Saisie.** Les immeubles par destination ne peuvent être saisis indépendamment de l'immeuble, sauf pour paiement de leur prix. V. CPC ex., art. L. 112-3, p. 2399.

14) **Réserve de propriété.** Dès lors qu'un séchoir est rattaché à des éléments immobiliers spécialement édifiés pour le recevoir, les matériaux constitutifs ont été incorporés au fonds et n'existent plus en nature, de sorte qu'ils ne peuvent être revendiqués sur la base d'une clause de réserve de propriété (■ Cass. com., 6 janv. 1987, n° 85-16.577 : *JurisData* n° 1987-000211 ; *D.* 1987, 242, note Prévault). Mais jugé que viole l'article 517 du Code civil la cour d'appel qui, s'agissant du financement de la construction de trois vérandas par location-vente assortie d'une réserve de propriété, retient que les vérandas conservent un caractère mobilier jusqu'au paiement intégral du prix et n'appartiennent pas aux propriétaires du fonds dont elles deviendront ensuite l'accessoire en tant qu'immeubles par destination, alors que la nature immobilière ou mobilière d'un bien est définie par la loi et que la convention des parties ne peut avoir d'incidence à cet égard (■ Cass. 3e civ., 26 juin 1991, n° 89-18.242 : *JurisData* n° 1991-001643 ; *Bull. civ.* III, n° 197, p. 115 ; *JCP* 92, II, 21825, note Barbièri ; *D.* 1993, 93, note Freij-Dalloz).

Art. 525. – **Le propriétaire est censé avoir attaché à son fonds des effets mobiliers à perpétuelle demeure, quand ils y sont scellés en plâtre ou à chaux ou à ciment, ou lorsqu'ils ne peuvent être détachés sans être fracturés et détériorés, ou sans briser ou détériorer la partie du fonds à laquelle ils sont attachés.**

Les glaces d'un appartement sont censées mises à perpétuelle demeure, lorsque le parquet sur lequel elles sont attachées fait corps avec la boiserie.

Il en est de même des tableaux et autres ornements.

Quant aux statues, elles sont immeubles lorsqu'elles sont placées dans une niche pratiquée exprès pour les recevoir, encore qu'elles puissent être enlevées sans fracture ou détérioration.

1) **Attache à perpétuelle demeure.** Sur la nécessité d'éléments matériels de scellement et d'intégration, V. ▪ Cass. civ., 17 janv. 1859 : *DP* 1859, 1, 68 (glaces). ▪ Cass. civ., 18 oct. 1950 : *D.* 1950, 773 (tapisseries). ▪ Cass. 2e civ., 5 avr. 1965 : *JCP* 65, II, 14233 (boiseries). ▪ Cass. 1re civ., 18 mars 1968 : *Bull. civ.* I, n° 101, p. 80 (potiche). ▪ Poitiers, 23 avr. 1968 : *JCP* 69, II, 15867 (plaques de cheminée et trumeaux). Ne sont pas immeubles par destination des radiateurs électriques vissés et reliés à l'installation électrique par des dominos (▪ Cass. 3e civ., 7 juill. 1981, n° 80-12.516 : *JurisData* n° 1981-002223 ; *D.* 1983, inf. rap. 13, obs. A. Robert). Mais constitue un immeuble par destination attaché au fonds à perpétuelle demeure la bibliothèque masquant entièrement les murs sur lesquels elle est appuyée et construite aux dimensions exactes de la pièce dont elle épouse les particularités (▪ Cass. 1re civ., 5 mars 1991, n° 89-14.626 : *JurisData* n° 1991-000645 ; *Bull. civ.* I, n° 81, p. 53 ; *D.* 1991, somm. 304, 1re esp., obs. A. Robert. – V. aussi ▪ Paris, 16 avr. 1996 : *JurisData* n° 1996-020774 ; *D.* 1997, somm. 18, obs. A. Robert, boiseries).

2) **Immeubles par nature et immeubles par destination.** Sur le principe que l'incorporation des objets mobiliers en fait des immeubles par nature, V. ▪ Cass. 1re civ., 19 mars 1963 : *JCP* 63, II, 13190, note Esmein (boiseries). ▪ Cass. ass. plén., 15 avr. 1988, n° 85-10.262 : *JurisData* n° 1988-700654 ; *JCP* 88, II, 21066, rapp. Grégoire et note Barbièri ; *D.* 1988, 325, concl. Cabannes et note Maury ; *RTD civ.* 1989, 345, obs. Zenati (fresques). ▪ Cass. com., 6 janv. 1987, n° 85-16.577 : *JurisData* n° 1987-000211 ; *D.* 1987, 242, note Prévault (séchoir).

3) **Objets d'ornementation.** Jugé que les objets d'ornementation sont immeubles par destination à cette seule condition que l'intention du propriétaire de les attacher au fonds à perpétuelle demeure ne puisse être douteuse (▪ Paris, 27 mars 1963 : *D.* 1964, 27). Les juges du fond peuvent décider souverainement que le simple dépôt d'une statue sur une pierre plate n'établit pas suffisamment la volonté du propriétaire d'affecter l'objet définitivement à l'immeuble (▪ Cass. 3e civ., 3 juill. 1968 : *JCP* 68, II, 15685, note Goubeaux).

Art. 526. – **Sont immeubles, par l'objet auquel ils s'appliquent :**

L'usufruit des choses immobilières ;

Les servitudes ou services fonciers ;

Les actions qui tendent à revendiquer un immeuble.

Bibliographie : Ph. Pétel, *Les droits de plantation et le droit d'arracher la vigne in Mélanges Cabrillac*, Litec 1999, p. 799.

1) **Mesures de caractère réel.** La possibilité offerte au juge répressif de relever le condamné des interdictions, déchéances ou incapacités résultant de plein droit de la condamnation ne saurait s'appliquer aux mesures de caractère réel telles que la fermeture obligatoire d'un débit de boissons (▪ Cass. crim., 16 oct. 1973, n° 73-90.470 : *JCP* 74, II, 17755, note J. Robert), ou la démolition d'un immeuble construit sans permis (▪ Cass. crim., 14 avr. 1993, n° 92-85.597 : *JurisData* n° 1993-704836 ; *JCP* 93, IV, 1977).

2) **Obligation de donner immobilière.** L'accord créant à la charge de la société venderesse l'obligation de délivrer à l'acquéreur une superficie déterminée de terrain dans un domaine déterminé, c'est à bon droit que la cour d'appel a considéré que l'objet de la vente est lui-même déterminé (▪ Cass. 3e civ., 17 juill. 1968 : *JurisData* n° 1968-700354 ; *Gaz. Pal.* 1968, 2, 291. V. aussi ▪ Cass. 3e civ., 15 févr. 1984, n° 82-15.465 : *JurisData* n° 1984-700554 ; *Bull. civ.* III, n° 41, p. 31).

3) **Droit d'exploiter une source.** Le droit au bénéfice de l'arrêté ministériel autorisant l'exploitation d'une source d'eau minérale est destiné à permettre au propriétaire d'une richesse naturelle d'en assurer l'exploitation et ne peut exister indépendamment du bien en faveur duquel il a été institué, d'où il résulte qu'il prend le caractère réel immobilier de ce bien (▪ Cass. civ., 15 juill. 1952 : *D.* 1952, 702).

4) **Dommages de guerre afférents à des immeubles.** Les créances d'indemnités de dommages de guerre afférentes à des immeubles ont

par application de la loi du 28 oct. 1946 un caractère immobilier (■ Cass. 1re civ., 10 juill. 1968 : *Bull. civ.* I, n° 209, p. 158).

5) Droit à l'usage de l'eau. Les droits à l'usage de l'eau attachés à une usine autorisée ou fondée en titre sont des droits réels immobiliers (■ Cass. 3e civ., 6 févr. 1985, n° 83-70.248 : *JurisData* n° 1985-700343 ; *Bull. civ.* III, n° 24, p. 17 ; *RD imm.* 1986, 54, obs. Bergel).

6) Actions et parts sociales. Sur le caractère mobilier des actions et parts sociales, voir art. 529, annot. n° 3, p. 460.

CHAPITRE II. – DES MEUBLES

Art. 527. – **Les biens sont meubles par leur nature, ou par la détermination de la loi.**

Art. 528 *(L. n° 99-5, 6 janv. 1999 ; L. n° 2015-177, 16 févr. 2015).* – **Sont meubles par leur nature les biens qui peuvent se transporter d'un lieu à un autre.**

Art. 529. – **Sont meubles par la détermination de la loi, les obligations et actions qui ont pour objet des sommes exigibles ou des effets mobiliers, les actions ou intérêts dans les compagnies de finance, de commerce ou d'industrie, encore que des immeubles dépendant de ces entreprises appartiennent aux compagnies. Ces actions ou intérêts sont réputés meubles à l'égard de chaque associé seulement, tant que dure la société.**

Sont aussi meubles par la détermination de la loi, les rentes perpétuelles ou viagères, soit sur l'État, soit sur des particuliers.

1) Prix de vente d'un immeuble. La créance du prix de vente d'un immeuble a une nature mobilière (■ Poitiers, 21 mai 1906 : *DP* 1909, 2, 209).

2) Promesse unilatérale de vente d'un immeuble. A un caractère mobilier la créance du bénéficiaire d'une promesse unilatérale de vente relative à un immeuble (■ Cass. req., 26 nov.1935 : *DP* 1936, 1, 37, rapp. Pilon). Jugé que tant que les bénéficiaires n'ont pas déclaré acquérir, l'obligation du promettant ne constitue qu'une obligation de faire et que la levée de l'option, postérieure à la rétractation du promettant, exclut toute rencontre des volontés réciproques de vendre et d'acquérir (■ Cass. 3e civ., 15 déc. 1993, n° 91-10.199 : *JurisData* n° 1993-002405 ; *Bull. civ.* III, n° 174, p. 115 ; *D.* 1994, 507, note crit. Bénac-Schmidt ; *JCP* 95, II, 22366, note crit. D. Mazeaud ; *Defrénois* 1994, 795, obs. crit. Delebecque ; *RTD civ.* 1994, 588, obs. crit. Mestre. Comp., admettant que les juges du fond aient pu déduire des clauses de l'acte que le bénéficiaire était titulaire d'un « droit de caractère immobilier », ■ Cass. 3e civ., 12 janv. 1994, n° 91-17.185 : *D.* 1995, 52, note Macorig-Venier).

3) Actions et parts sociales. Les actions ou parts d'intérêt dans une société ont un caractère mobilier même si la société est propriétaire d'immeubles (■ Cass. req., 29 mai 1865 : *DP* 1865, 1, 380. ■ Cass. 3e civ., 23 oct. 1974, n° 73-12.024 : *JurisData* n° 1974-000375 ; *Bull. civ.* III, n° 375, p. 285), et ce jusqu'au partage (■ Cass. 2e civ., 27 oct. 1971 : *JurisData* n° 1971-099288 ; *D.* 1972, 473, note Donnier). La vente de parts d'une société civile immobilière ne peut donc être l'objet d'une action en rescision pour lésion (■ Cass. 3e civ., 9 avr. 1970, n° 68-12.838 : *JurisData* n° 1970-098240 ; *JCP* 71, II, 16925, note Petot-Fontaine). Mais jugé qu'après avoir constaté que l'objet de la vente est un appartement et que le vendeur n'est propriétaire que de parts donnant droit à la jouissance de l'appartement pendant le cours de la société civile immobilière et à sa pleine propriété seulement à la dissolution ou à la liquidation de cette société, un arrêt peut en déduire que le vendeur ne peut effectuer la remise des titres de propriété de l'appartement et que par suite il n'a pas satisfait à l'obligation de délivrance prescrite de l'article 1605 (■ Cass. 3e civ., 17 mars 1981, n° 79-15.428 : *JurisData* n° 1981-700786 ; *JCP* 81, IV, 203 ; *Bull. civ.* III, n° 57, p. 43). Le promoteur, vendeur de parts sociales d'une société civile immobilière, n'est pas tenu de la garantie des vices cachés édictée par l'article 1641 (■ Cass. 3e civ., 16 mai 1977 : *JurisData* n° 1977-799206 ; *JCP* 79, II, 19074, note J. Monéger). Mais jugé qu'il en va différemment pour une société de construction qui n'a été qu'une technique de commercialisation, la cession de parts sociales n'ayant été qu'une forme juridique dénuée d'effets réels et le montage ayant permis de vendre un immeuble achevé (■ Cass. 3e civ., 5 mai 1981, n° 79-17.115 : *Bull. civ.* III, n° 90, p. 65). Dès lors que des actions donnent la jouissance d'un droit d'occupation privatif pour l'amarrage et le mouillage d'un bateau de plaisance, la cession de ces actions donne aux acquéreurs un droit de jouissance d'un immeuble et entre donc dans le champ d'application de l'art. 728, CGI (■ Cass. com., 4 oct. 1994, n° 92-18.832 : *JCP* N 95, Prat. 3252).

Art. 530. – Toute rente établie à perpétuité pour le prix de la vente d'un immeuble, ou comme condition de la cession à titre onéreux ou gratuit d'un fonds immobilier, est essentiellement rachetable.

Il est néanmoins permis au créancier de régler les clauses et conditions du rachat.

Il lui est aussi permis de stipuler que la rente ne pourra lui être remboursée qu'après un certain terme, lequel ne peut jamais excéder trente ans ; toute stipulation contraire est nulle.

Art. 531. – Les bateaux, bacs, navires, moulins et bains sur bateaux, et généralement toutes usines non fixées par des piliers, et ne faisant point partie de la maison, sont meubles : la saisie de quelques-uns de ces objets peut cependant, à cause de leur importance, être soumise à des formes particulières, ainsi qu'il sera expliqué dans le Code de la procédure civile.

1) V. pour des barques lavandières ■ Cass. req., 27 mai 1878 : *DP* 1879, 1, 79.

2) Maison flottante. Le propriétaire d'une « maison flottante » ne peut être condamné pour avoir procédé, sans l'obtention préalable d'un permis de construire, à des travaux de surélévation du bateau (■ Versailles, 21 mai 1980 : *JurisData* n° 1980-600233 ; *JCP* 81, II, 19571, note Liet-Veaux).

Art. 532. – Les matériaux provenant de la démolition d'un édifice, ceux assemblés pour en construire un nouveau, sont meubles jusqu'à ce qu'ils soient employés par l'ouvrier dans une construction.

Incorporation des matériaux. Tant que le bâtiment élevé par le constructeur sur le sol d'autrui n'a pas été effectivement démoli, les pierres qui le constituent ne prennent pas juridiquement le caractère de meubles, même dans les rapports entre le constructeur et le propriétaire du sol (■ Cass. 3e civ., 10 juin 1981 : *Bull. civ.* III, n° 119, p. 87). Mais jugé que s'agissant de la vente d'un cabanon à emporter, les parties ont pu considérer l'immeuble par nature comme un meuble par anticipation (■ Aix-en-Provence, 15 févr. 1985 : *Gaz. Pal.* 1985, 2, 442, note Dureuil).

Art. 533. – Le mot meuble, employé seul dans les dispositions de la loi ou de l'homme, sans autre addition ni désignation, ne comprend pas l'argent comptant, les pierreries, les dettes actives, les livres, les médailles, les instruments des sciences, des arts et métiers, le linge de corps, les *(Mot suppr., L. n° 2015-177, 16 févr. 2015)* « ... » équipages, armes, grains, vins, foins et autres denrées ; il ne comprend pas aussi ce qui fait l'objet d'un commerce.

Art. 534. – Les mots *meubles meublants* ne comprennent que les meubles destinés à l'usage et à l'ornement des appartements, comme tapisseries, lits, sièges, glaces, pendules, tables, porcelaines et autres objets de cette nature.

Les tableaux et les statues qui font partie du meuble d'un appartement y sont aussi compris, mais non les collections de tableaux qui peuvent être dans les galeries ou pièces particulières.

Il en est de même des porcelaines : celles seulement qui font partie de la décoration d'un appartement sont comprises sous la dénomination de *meubles meublants*.

1) Notion de galerie. Si la notion de galerie ou de cabinet de tableaux doit être élargie pour répondre aux exigences de la vie moderne, on ne peut substituer au critère prévu par la loi celui de la simple *valeur du tableau* ou le fait qu'un tableau puisse occasionnellement figurer dans une exposition. On ne saurait donc soutenir que divers tableaux répartis dans les pièces d'une habitation ne peuvent être insérés dans l'inventaire d'une succession parmi les « meubles meublants » (■ Douai, 28 sept. 1965 : *JCP* 66, IV, 75 ; *D.* 1965, somm. 45).

2) Évaluation fiscale. L'administration fiscale ne peut prétendre compter un tableau en dehors du forfait d'évaluation des meubles meublants dans une succession, au motif qu'il serait susceptible d'être exposé dans des galeries ou dans des pièces particulières et qu'il répond à la définition des œuvres d'art originales donnée par le Code général des impôts, alors qu'il y a lieu, en l'absence de définition spéciale du texte fiscal, d'appliquer le droit commun de l'article 534 pour qualifier un meuble meublant et qu'il n'est pas prétendu que le *de cujus* ait possédé une collection de tableaux ou que le tableau litigieux n'ait pas orné son appartement (■ Cass. com., 17 oct. 1995, n° 94-10.196 : *JurisData* n° 1995-002556 ; *D.* 1996, 33, note A. Robert ; *RTD civ.* 1996, 650, obs. Zenati. V. sur cet arrêt B. Jadaud : *JCP* N 96, I, 451).

3) Meubles garnissant le logement familial. Sur le principe que les époux ne peuvent l'un sans l'autre disposer des meubles meublants garnissant le logement familial, voir art. 215, annot. n° 8, p. 192.

Art. 535. – **L'expression *biens meubles*, celle de *mobilier* ou d'*effets mobiliers*, comprennent généralement tout ce qui est censé meuble d'après les règles ci-dessus établies.**

La vente ou le don d'une maison meublée ne comprend que les meubles meublants.

1) Interprétation de legs. Lorsqu'un testateur lègue « sa maison sauf les créances », les juges du fond peuvent décider que son legs porte sur les meubles et l'argent existant dans la maison (▪ Cass. req., 16 juill. 1896 : *DP* 1897. 1. 370. – Comp. pour le legs de ce que « possède » une maison ▪ Cass. 1re civ., 22 juin 1964 : *Bull. civ.* I, n° 330, p. 257. V. aussi ▪ Cass. 1re civ., 22 mai 1973, préc.). Mais si la testatrice a légué tous les biens meublants et tout ce que la maison contient en objetsde toute nature, les juges du fond ne peuvent exclure du legs les bijoux, dentelles, argenteries et tapisseries contenus dans les placards et armoires (▪ Cass. civ., 22 déc. 1937 : *DH* 1938, 69).

2) Pièces d'or. Des pièces d'or peuvent être considérées comme objets mobiliers et non comme numéraire (▪ Cass. 1re civ., 9 juill. 1969 : *JCP* 70, II, 16171, note J. P.).

Art. 536. – **La vente ou le don d'une maison, avec tout ce qui s'y trouve, ne comprend pas l'argent comptant, ni les dettes actives et autres droits dont les titres peuvent être déposés dans la maison ; tous les autres effets mobiliers y sont compris.**

CHAPITRE III. – DES BIENS DANS LEUR RAPPORT AVEC CEUX QUI LES POSSÈDENT

Art. 537. – **Les particuliers ont la libre disposition des biens qui leur appartiennent, sous les modifications établies par les lois.**

Les biens qui n'appartiennent pas à des particuliers sont administrés et ne peuvent être aliénés que dans les formes et suivant les règles qui leur sont particulières.

Bibliographie : Ch. Combe, *Les droits réels sur le domaine public : ambiguïtés et limites* : *JCP* N 2002, p. 1295 et 1307. • L. De Gastines, *La distinction jurisprudentielle du domaine public par rapport au domaine privé* : *D.* 1978, chron. 249. • H. Simonian-Gineste, *L'avenir du principe de l'inaliénabilité du domaine public* : *RD imm.* 1989, p. 174.

Insaisissabilité des biens des personnes publiques. Sur le principe général du droit selon lequel les biens des personnes publiques sont insaisissables, même lorsqu'elles exercent une activité industrielle et commerciale, V. ▪ Cass. 1re civ., 21 déc. 1987, n° 86-14.167 : *JCP* 89, II, 21183, note Nicod.

Art. 538 ***(Abr., Ord. n° 2006-460, 21 avr. 2006).***

Rédaction antérieure. Art. 538. – Les chemins, routes et rues à la charge de l'État, les fleuves et rivières navigables ou flottables, les rivages, lais et relais de la mer, les ports, les havres, les rades, et généralement toutes les portions du territoire français qui ne sont pas susceptibles d'une propriété privée, sont considérés comme des dépendances du domaine public.

1) Sur la consistance du domaine public, V. CGPPP, art. L. 2111-1 et s., p. 2238.

2) Sentier du douanier. Sur la servitude de passage dite du « sentier du douanier », V. C. urb., art. L. 121-31.

Art. 539 ***(L. n° 2004-809, 13 août 2004).*** – **Les biens des personnes qui décèdent sans héritiers ou dont les successions sont abandonnées appartiennent à l'État.**

Voir : CGPPP, art. L. 1122-1 et s., p. 2235. V. aussi sur la circulaire du 8 mars 2006, S. Le Chuiton et D. Dutrieux : *JCP* N 2006, 289.

1) Déclaration de parcelle en état d'abandon. Sur la procédure de déclaration de parcelle en état d'abandon manifeste à l'intérieur du périmètre d'agglomération de la commune, V. CGCT, *art. L. 2243-1 et s.*

2) Association foncière agricole. Sur la procédure permettant de présumer un immeuble sans maître dans le cadre de la constitution d'une association foncière agricole autorisée, voir C. rur. pêche marit., art. L. 136-6.

3) Biens vacants et successions en déshérence. Un bien vacant depuis 1887 appartient à l'État même si la succession ne devient jamais en déshérence parce que non réclamée par l'État (▪ Cass. 1re civ., 22 mai 1970 : JurisData n° 1970-000167 ; *JCP* 70, II, 16482, note M. D.). L'article 539 n'établit aucune distinction entre les biens vacants et sans maître et ceux des personnes qui décèdent sans héritiers ou dont les successions sont abandonnées, ces deux catégories de biens appartenant au domaine public (▪ Cass. 1re civ., 6 avr.

1994, n° 92-13.462 : *JurisData* n° 1994-001177 ; *D.* 1994, 505, note Boulanger ; *JCP* 94, IV, 1561 ; *JCP* 95, I, 3876, n° 1, obs. Le Guidec ; *Bull. civ.* I, n° 146, p. 106 ; *RTD civ.* 1994, 652, obs. Patarin).

4) Objets laissés dans une sépulture. Abandon (non). Les objets laissés dans une sépulture ne sont pas abandonnés (▪ Cass. crim., 25 oct. 2000, n° 00-82.152 : *JurisData* n° 2000-006853 ; *D.* 2001, 1052, note Garé, condamnation de fossoyeurs pour vol).

5) Dissolution d'une association syndicale libre. Dès lors qu'il n'existe pas, dans les statuts de l'association syndicale libre, de disposition sur la dévolution de ses biens en cas de dissolution et que l'association a, lors de sa dissolution, décidé d'abandonner purement et simplement la parcelle lui appartenant, la propriété de ce bien sans maître est dévolue à l'État par application des articles 539 et 713 (▪ Cass. 3e civ., 18 juin 2003 : *JurisData* n° 2003-019472 ; *JCP* 2003, IV, 2434).

Art. 540 et 541 *(Abr., Ord. n° 2006-460, 21 avr. 2006).*

Rédaction antérieure. Art. 540. – Les portes, murs, fossés, remparts des places de guerre et des forteresses, font aussi partie du domaine public.

Rédaction antérieure. Art. 541. – Il en est de même des terrains, des fortifications et remparts des places qui ne sont plus places de guerre : ils appartiennent à l'État, s'ils n'ont été valablement aliénés, ou si la propriété n'en a pas été prescrite contre lui.

Art. 542. – Les biens communaux sont ceux à la propriété ou au produit desquels les habitants d'une ou plusieurs communes ont un droit acquis.

Art. 543. – On peut avoir sur les biens, ou un droit de propriété, ou un simple droit de jouissance, ou seulement des services fonciers à prétendre.

Bibliographie : B. Kan-Balivet, *La nature juridique du droit de jouissance exclusif sur les parties communes : Defrénois* 2008, p. 1765.

TITRE II. – DE LA PROPRIÉTÉ

Art. 544. – La propriété est le droit de jouir et disposer des choses de la manière la plus absolue, pourvu qu'on n'en fasse pas un usage prohibé par les lois ou par les règlements.

Bibliographie : P. Catala, *Immatériel et propriété : Arch. phil. dr.* 1999, p. 61, t. 43 ; *« Propriété » de l'information* in *Mélanges Raynaud*, Dalloz 1985, p. 97. • W. Dross, *Que l'article 544 du Code civil nous dit-il de la propriété ? : RTD civ.* 2015 p. 27. • B. Edelman, *De la propriété-personne à la valeur-désir : D.* 2004, chron. 155. • M. Fabre-Magnan, *Propriété, patrimoine et lien social : RTD civ.* 1997, p. 583. • M. Huet, *Le droit de jouir, Essai sur les métamorphoses de la propriété matérielle et immatérielle dans les domaines immobilier et urbain* in *Mélanges Malinvaud*, Litec 2007, p. 263. • M.-A. Frison-Roche, *Droit d'accès à l'information* in *Mélanges P. Catala*, Litec 2001, p. 759. • D.-R. Martin, *De la revendication des sommes d'argent : D.* 2002, p. 3279 ; *Surpropriété, subpropriété : D.* 2007, p. 1977. • V. Mazeaud, *Droit réel, propriété et créance dans la jurisprudence du Conseil constitutionnel : RTD civ.* 2014, p. 29. • J.-M. Mousseron, J. Raynard et Th. Revet, *De la propriété comme modèle* in *Mélanges Colomer*, Litec 1993, p. 281. • M. Storck, *La propriété d'un portefeuille de valeurs mobilières* in *Études P. Catala*, Litec 2001, p. 695. • F. Zenati, *Pour une rénovation de la théorie de la propriété : RTD civ.* 1993, 305 ; *La propriété, mécanisme fondamental du droit : RTD civ.* 2006, p. 445 ; *adde, Les destins du droit de propriété : Droits* 1985, n° 1. • *Dossier Renouveau du droit de propriété : Dr. et patrimoine* mars 2001. • G. Lardeux, Qu'est-ce que la propriété ? *Réponse de la jurisprudence récente éclairée par l'histoire : RTD civ.* 2013, p. 741.

• *Sommaire*

I – CARACTÈRES DU DROIT DE PROPRIÉTÉ

1) Perpétuité. Le droit de propriété ne se perd pas par le non-usage (▪ Cass. req., 12 juill. 1905, *Le Cohu c/ Morvan* : *DP* 1907, 1, 141, rapp. Potier. ▪ Cass. 3ᵉ civ., 9 juill. 1970 : *JurisData* n° 1970-000479 ; *JCP* 1971, II, 16579, note Goubeaux. ▪ Cass. 3ᵉ civ., 9 juill. 2003, n° 02-11.612 : *JurisData* n° 2003-019833 ; *Bull. civ.* III, n° 156, p. 139 ; *Defrénois* 2004, 816, obs. Atias. ▪ Cass. 3ᵉ civ., 22 juin 1983 : *JurisData* n° 1983-701552 ; *Gaz. Pal.* 1983, 2, pan. 309, obs. A. Piedelièvre ; *JCP* 1986, II, 20565, 1ʳᵉ esp., note Barbièri. ▪ Cass. 1ʳᵉ civ., 2 juin 1993, n° 90-21.982 : *JurisData* n° 1993-001013 ; *JCP* 1993, IV, 1943 ; *D.* 1994, 582, note Fauvarque-Cosson. – V. pour un droit d'usage sur un chemin d'exploitation ▪ Cass. 2ᵉ civ., 14 nov. 1979 : *JurisData* n° 1979-700092 ; *JurisData* n° 1979-700092 ; *JCP* 1981, II, 19507, note Goubeaux. – V. aussi pour un droit réel d'usage de l'eau ▪ Cass. 3ᵉ civ., 1ᵉʳ avr. 1992, n° 90-14.066 : *JurisData* n° 1992-000838 ; *JCP* 1992, IV, 1607 ; *Bull. civ.* III, n° 115, p. 70 ; *D.* 1993, somm. 35, obs. A. Robert ; *RTD civ.* 1993, 851, obs. Zenati). Viole les articles 544, 545 et 2262 du Code civil l'arrêt qui déclare prescrite l'action d'un propriétaire en démolition d'une construction empiétant sur son fonds en retenant que les ouvrages ont été construits plus de trente ans avant l'assignation introductive d'instance (▪ Cass. 3ᵉ civ., 5 juin 2002 : *JCP* 2002, II, 10190, note du Rusquec ; *JCP* 2003, I, 117, n° 1, obs. Périnet-Marquet ; *JurisData* n° 2003-014580 ; *Bull. civ.* III, n° 129, p. 112 ; *D.* 2003, 1461, note Pillet, somm. p. 2044, obs. Reboul-Maupin ; *Defrénois* 2002, 1310, obs. Atias). La solution est la même en matière mobilière, l'action en revendication n'étant pas susceptible de prescription extinctive (▪ Cass. 1ʳᵉ civ., 2 juin 1993, n° 90-21.982 : *JurisData* n° 1993-001013 ; *Bull. civ.* I, n° 197, p. 130 ; *JCP* 1994, I, 3750, n° 1, obs. Périnet-Marquet ; *D.* 1993, somm. 306, obs. A. Robert, tableaux de la succession d'Ambroise Vollard. V. aussi ▪ Paris, 30 mars 1990 : *JurisData* n° 1990-021284 ; *JCP* 1990, II, 21584, note Barbièri. *Contra*, ▪ Cass. civ., 7 févr. 1910 : *DP* 1910, 1, 201, motifs). Le classement d'un terrain en voirie communale ne fait pas obstacle à la perpétuité de l'action en revendication (▪ Cass. 3ᵉ civ., 7 janv. 2009, n° 07-19.917 : *JurisData* n° 2009-046462 ; *JCP* G 2009, I, 127, n° 3, obs. Périnet-Marquet). *Adde*, P. Hébraud, *Observations sur la notion du temps dans le droit civil* in *Mélanges Kayser*, PU Aix-Marseille 1979, t. 2, p. 1.

2) Perte naturelle temporaire d'un immeuble. En cas de perte d'un immeuble par le seul effet des forces de la nature, le propriétaire se trouve réintégré dans sa propriété lorsque l'obstacle qui l'en avait privé a disparu (▪ Cass. ass. plén., 23 juin 1972, n° 70-80.004 : *JCP* 1973, II, 17331, note Goubeaux et Jégouzo, étang réuni à la mer en 1872 à la suite d'une tempête, puis, le cordon littoral s'étant reconstitué, à nouveau séparé de la mer en 1942).

3) Abus du droit de propriété. L'exercice du droit de propriété qui a pour limite la satisfaction d'un intérêt sérieux et légitime ne saurait autoriser l'accomplissement d'actes malveillants ne se justifiant par aucune utilité appréciable et portant préjudice à autrui (▪ Cass. 1ʳᵉ civ., 20 janv. 1964 : *JCP* 65, II, 14035, note Oppetit. – V. aussi ▪ Cass. req., 3 août 1915 : *DP* 1917, 1, 79, *Clément Bayard*. ▪ Pau, 30 sept. 1986 : *D.* 1989, somm. 32, obs. A. Robert). Est abusif le fait d'entraver un passage afin d'empêcher des voisins d'accéder à leur fonds (▪ Cass. ass. plén., 28 juin 1996, n° 94-15.935 : *JurisData* n° 1996-002806 ; *D.* 1996, jurispr. p. 497, concl. Wéber, note Coulon), ou de refuser à son voisin le droit de « tour d'échelle » pour qu'il ne puisse pas effectuer des travaux de ravalement indispensables (▪ Cass. 3ᵉ civ., 15 févr. 2012, n° 10-22.899 : *JurisData* n° 2012-002044 ; *JCP* G 2012, 465, n° 13, obs. Périnet-Marquet, qui précise que le voisin ne peut refuser, sans abus de droit, le passage par son fonds s'il n'est pas possible de trouver une autre solution d'un coût proportionné. – V. aussi ▪ CA Paris, 8ᵉ ch. B, 20 nov. 1997 : *JurisData* n° 1997-024030), ou encore celui d'obstruer un chemin dont le demandeur avait l'usage (▪ Cass. 3ᵉ civ., 4 janv. 1990, *Payet c/ Teyssèdre*, non publié, cité par Weber dans ses concl. préc.), ou encore de déposer des parpaings devant les ouvertures de l'habitation des locataires (▪ CA Toulouse, 3ᵉ ch. sect. 1, 23 févr. 1999 : *JurisData* n° 1999-041817). L'édification d'un mur par un propriétaire afin d'empêcher son voisin d'utiliser la façade qu'il souhaitait exploiter en y faisant installer un panneau publicitaire constitue bien un abus de droit de propriété (▪ Cass. 3ᵉ civ., 2 nov. 2005 : *JurisData* n° 2005-030595 ; *JCP* G 2006, I, 166, n° 10, obs. Stoffel-Munck). Dans le même sens, la cour d'appel de Pau a estimé que relève de la malice et de l'intention de nuire le fait, pour le propriétaire d'une parcelle limitrophe d'un terrain utilisé comme piste privée d'atterrissage, de planter une rangée de peupliers au droit de l'axe de descente des avions, sans pouvoir justifier d'un intérêt sérieux et légitime (▪ CA Pau, 30 sept. 1986, n° 2537/86 : *JurisData* n° 1986-045578 ; *D.* 1989, somm. p. 32, obs. Robert). Sur le principe que l'abus peut consister dans la démolition d'un immeuble constituant une œuvre architecturale donnant prise au droit d'auteur, V. ▪ Versailles, 4 avr. 1996 : *JCP* 96, II, 22741, note Bécourt, écartant l'argument dans le cas d'un bâtiment à vocation essentiellement utilitaire. Le propriétaire ne peut sans commettre un abus de droit refuser à son voisin le passage sur son terrain pour procéder à des réparations sur un mur (▪ Versailles, 28 avr. 1986 : *D.* 1987, somm. 15, 3e esp., obs. A. Robert. ▪ Paris, 20 nov. 1997, n° 93/02515 : *Juris-Data* n° 1997-024030 ;*D.* 1998, somm. 351, obs. A. Robert). Mais ne constitue pas un abus le fait pour un propriétaire de réaliser sur son fonds un forage, même improductif, dès lors que n'était relevé ni absence d'utilité, ni intention de nuire, ni dommage causé (▪ Cass. 3e civ., 3 mars 2010, n° 08-18.187 : *Bull. civ.* 2010, III, n° 53 ; *D.* 2010, p. 706, obs. Forest ; p. 2183, obs. Mallet-Bricout et Reboul Maupin ; *JCP* G 2010, 658, note Tapinos ; *JCP* G 2010, 1162, n° 12, note Périnet-Marquet).

Voir : sur le principe selon lequel la défense du droit de propriété contre un empiétement ne saurait dégénérer en abus, art. 545, annot. n° 6, p. 479.

4) Glanage. Sur le droit de glanage et de grappillage, V. ▪ Cass. crim., 14 févr. 1867 : *DP* 1867, 1, 140.

5) Confiscation. La confiscation ne peut être ordonnée que dans les cas prévus par la loi (▪ Cass. 1re civ., 3 nov. 1988, n° 86-16.538 : *JurisData* n° 1988-702320 ; *Bull. civ.* I, n° 297, p. 203).

6) Renonciation. La renonciation à un droit réel ne peut résulter que d'actes manifestant sans équivoque la volonté de renoncer (▪ Cass. 3e civ., 12 avr. 1976 : *D.* 1976, inf. rap. p. 195, qui énonce que la perte du droit de propriété peut résulter de la renonciation non équivoque à ce droit ▪ Cass. 3e civ., 5 nov. 2015, n° 14-20.845 : *JurisData* n° 2015-024534 ; *RTD civ.* 2016, p. 150, note Dross ; *JCP* G 2016, 446, n° 3, obs. Périnet-Marquet, qui souligne que les sujets de droit en cause ne s'étaient prévalus d'aucun acte manifestant sans équivoque leur volonté de renoncer à leur droit de propriété et n'avaient pas invoqué les conditions dans lesquelles le bien litigieux aurait pu, dans ce cas, devenir sans maître). Ne donne pas de base légale à sa décision la cour d'appel qui retient que l'entretien d'un moulin n'est plus assuré de manière continue depuis 1944 et que l'ouvrage est ainsi devenu impropre à sa destination, ce qui implique nécessairement une renonciation de la part des propriétaires successifs, au cours de cette période, à se prévaloir d'un droit réel à l'usage de l'eau (▪ Cass. 3e civ., 1er avr. 1992, n° 90-14.066 : *JurisData* n° 1992-000838 ; *JCP* 92, IV, 1607 ; *Bull. civ.* III, n° 115, p. 70 ; *D.* 1993, somm. 35, obs. A. Robert ; *RTD civ.* 1993, 859, obs. Zenati). Dans la mesure où l'auteur du propriétaire actuel du moulin, fondé en titre, a renoncé à utiliser l'ouvrage en acceptant de le démonter contre indemnité, le droit à l'eau et les accessoires d'exploitation ne peuvent plus être revendiqués par le maître actuel dudit moulin (▪ Cass. 3e civ., 28 nov. 2012, n° 11-20.156 : *Rev. Lamy dr. civ.* 2013/102, note Perruchot-Triboulet). Sur le principe que le silence gardé par le propriétaire ne saurait à lui seul faire la preuve de son consentement à l'aliénation, V. ▪ Cass. 1re civ., 1er juill. 1965 : *JurisData* n° 1965-700442 ; *JurisData* n° 1965-700442 ; *JCP* 66, II, 14499, 2e esp., note R. L. ; *D.* 1965, 650.

7) Droit à l'image des biens. Le propriétaire d'une chose ne dispose pas d'un droit exclusif sur l'image de celle-ci ; il peut toutefois s'opposer à l'utilisation de cette image par un tiers lorsqu'elle cause un trouble anormal (▪ Cass. ass. plén., 7 mai 2004, n° 02-10.450 : *JurisData* n° 2004-023597 ; *JCP* G 2004, I, 163, n° 24, obs. Viney, et 171, n° 1, obs. Périnet-Marquet ; *JCP* E 2004, 1021, note Caron ; *D.* 2004, 1445, note Bruguière et Dreyer ; somm. 2406, obs. Reboul-Maupin ; *RTD civ.* 2004, 528, obs. Revet. V. sur cet arrêt C. Atias, *Les biens en propre et au figuré : destitution du propriétaire et disqualification de la propriété* : *D.* 2004, 1459). Tel n'est pas le cas lorsque les copropriétaires d'un immeuble photographié ne versent pas le moindre élément propre à établir que la reproduction litigieuse perturbe leur tranquillité et intimité ou que les indications de situation géographique permettent de redouter en l'espèce un trouble quelconque (▪ Cass. 1re civ., 5 juill. 2005 : *JCP* 2005, IV, 2982 ; *JurisData* n° 029321 ; *Bull. civ.* I, n° 297, p. 248). Jugé auparavant que l'exploitation d'un immeuble sous forme de photographies porte atteinte au droit de jouissance du propriétaire (▪ Cass. 1re civ., 10 mars 1999, n° 96-18.699 : *JurisData* n° 1999-001005 ; *JCP* G 99, II, 10078, note Gautier ; I, 175, n° 2, obs. Périnet-Marquet ; *JCP* E 99, 819, note Serna ; *D.* 1999, 319, concl. Sainte-Rose et note Agostini ; *Defrénois* 1999, 897, note Caron ; *Bull. civ.* I, n° 87, p. 58 ; *RTD civ.* 1999, 859, obs. Zenati. – Comp. ▪ Cass. 1re civ., 2 mai 2001 : *JurisData* n° 2001-009336 ; *JCP* 2001, II, 10553, note Caron ; *D.* 2001, 1973, note Gridel ; *Resp. civ. et assur.* 2001, 313 ; *Bull. civ.* I, n° 114, p. 74 ; *RTD civ.* 2001, 618, obs. Revet ; *Defrénois* 2002, 329, note Piedelièvre, reprochant aux juges du fond de ne pas avoir précisé en quoi l'exploitation de la photographie d'un îlot par les titulaires du droit d'auteur sur cette photographie portait un trouble certain au droit d'usage ou de jouissance du propriétaire. ▪ Cass. 2e civ., 5 juin 2003 : *JurisData* n° 2003-019369 ; *JCP* 2003, IV, 2344 ; *Comm. com. électr.* 2003, 91, note Caron ; D. 2003, 2461, note Dreyer ; *Bull. civ.* II, n° 175, p. 150 ; *Defrénois* 2003, 1577, obs. Massip, décidant que la publication d'une photographie d'une résidence accompagnée du nom du propriétaire et de sa localisation précise porte atteinte au droit au respect de la vie privée, tout en relevant le caractère erroné mais surabondant du motif selon lequel le droit à l'image serait un attribut du droit de propriété. ▪ Cass. 2e civ., 3 juill. 2003, n° 01-12.785 : *JurisData* n° 2003-019821 ; *Bull. civ.* II, n° 229, p. 190, affirmant qu'un hôtel ne peut prétendre posséder un droit de propriété sur la vue du cirque de Gavarnie).

Bibliographie : J.-F. Hamelin, *L'image des biens, pour un changement de perspective : LPA* 2013, n° 5, p. 5.

8) Accessoire du droit de propriété. Libre accès. Selon la Haute juridiction, le libre accès à sa propriété constitue un accessoire du droit de propriété (■ Cass. 1re civ., 28 nov. 2006 : *JurisData* n° 2006-036429 ; *JCP* G 2007, I, 117, n° 1, obs. Périnet-Marquet. ■ CE, 15 déc. 2016, n° 388335, *Cne d'Urou et Crennes : JurisData* n° 2016-02776 ; *JCP* G 2017, doctr. 454, n° 1, obs. Périnet-Marquet. – Comp. ■ CEDH, 10 mai 2001, *Chypre c/ Turquie : JurisData* n° 2001-174152).

9) Décomposition du droit de propriété (oui). Selon la Cour de cassation, les articles 544, 546 et 552 du Code civil sont déclaratifs du droit commun relativement à la nature et aux effets de la propriété, mais ne sont pas prohibitifs ; ni ces articles, ni aucune loi n'excluent les diverses modifications et décompositions dont le droit ordinaire de propriété est susceptible (■ Req. 13 févr. 1834, *Caquelard : DP* 1834, 1, 218 ; *S.* 1834, 1, 205 ; *GAJC*, 12e éd. 2007, n° 65). Dans la même veine, le juge a reconnu que le droit de jouissance exclusif et perpétuel sur une partie commune attribuée par un règlement de copropriété a un caractère réel (■ Cass. 3e civ., 4 mars 1992, n° 90-13.145 : *D.* 1992, p. 386, note Atias ; *AJDI* 1993, 87 ; *RD imm.* 1992, p. 240, obs. Capoulade et Giverdon ; *RTD civ.* 1993, 162, obs. Zenati). Par la suite, la Haute juridiction n'a pas hésité à admettre la validité d'un nouveau droit réel non prévu par le code, à savoir le droit de « crû et à croître » (■ Cass. 3e civ., 23 mai 2012, n° 11-13.202 : *D.* 2012, p. 1934, note L. d'Avout, et pan. 2128, obs. Mallet-Bricout et Reboul-Maupin ; *JCP* G 2012, 1186, n° 2, obs. Périnet-Marquet ; *RTD civ.* 2012, 553, obs. Revet ; *Dr. et patrimoine* déc. 2012, p. 93, obs. Seube et Revet). Pour la Cour de cassation, il résulte des articles 544 et 1134 du Code civil que le propriétaire demeure libre de consentir, sous réserve des règles d'ordre public, un droit réel conférant le bénéfice d'une jouissance spéciale de son bien (■ Cass. 3e civ., 31 oct. 2012, n° 11-16.304, *Maison de la poésie : D.* 2013, p. 53, note L. d'Avout et Mallet-Bricout ; *RD imm.* 2013, p. 80, note Bergel ; *RTD civ.* 2013, p. 141, obs. Dross ; *JCP* G 2013, 124, n° 2, obs. Mekki ; *JCP* G 2013, 429, n° 12, obs. Périnet-Marquet ; *D.* 2013, p. 53, note Tadros ; *JCP* G 2012, 1400, note Testu ; *Defrénois* 2013, p. 12, note Tranchant). Lorsque le propriétaire consent un droit réel qui confère le bénéfice d'une jouissance spéciale sur son bien, le droit sui generis en cause, quand bien même ne serait-il pas limité dans le temps par la volonté des parties, ne peut être perpétuel de sorte qu'il s'éteint conformément aux prescriptions des articles 619 et 625 du Code civil (■ Cass. 3e civ., 28 janv. 2015, n° 14-10.013 : *RD imm.* 2015, p. 175, obs. Bergel ; *JCP* G 2015, 250, note Feydeau ; *Construction – Urbanisme* 2015, comm. 55, obs. Juillet ; *JCP* N 2015, 1083, note Julienne et Dubarry ; *JCP* G 2015, 148, note Milleville ; *JCP* G 2015, 252, note Revet ; *JCP* G 2015, 251, note Sturlèse ; *D.* 2015, p. 599, note Mallet-Bricout ; *JCP* G 2015, doctr. 546, n° 7, obs. Périnet-Marquet). Cela étant, pour la Cour de cassation, au regard de la durée du droit réel de jouissance spéciale, la durée de vie d'une personne morale, quelle qu'elle soit, ne confine jamais à la perpétuité (■ Cass. 3e civ., 8 sept. 2016, n° 14-26.953, *Maison de la poésie 2 : JurisData* n° 2016-018129 ; *RTD civ.* 2016, p. 894, note Dross ; *JCP* N 2016, 1294, note Dubarry et Streiff ; *JCP* G 2016, 1172, note Laurent ; *JCP* G 2016, 978, obs. Milleville ; *JCP* G 2016, doctr. 1191, n° 5 obs. Périnet-Marquet).

Bibliographie : J.-L. Bergel, *Du numerus clausus des droits réels ? : RD imm.* 2010, p. 409.

II – TROUBLES DU VOISINAGE

Bibliographie : J.-V. Borel, *La responsabilité pour troubles anormaux de voisinage : de la réparation à la prévention : RDI.* 2007, p. 313. – R. Libchaber, *Le droit de propriété, un modèle pour la réparation des troubles du voisinage* in *Mélanges Mouly*, Litec 1999, p. 420. – H. Périnet-Marquet, *Remarques sur l'extension du champ d'application de la théorie des troubles du voisinage : RD imm.* 2005, 161. – N. Reboul-Maupin, *Constructeurs et troubles anormaux de voisinage : regards critiques sur la position jurisprudentielle en droit privé : LPA* 25 oct. 2007, p. 3.

A – Fondement de la responsabilité

10) Dépassement des inconvénients normaux du voisinage. L'exercice même légitime du droit de propriété devient générateur de responsabilité lorsque le trouble qui en résulte pour autrui dépasse la mesure des obligations ordinaires du voisinage (■ Cass. 2e civ., 24 mars 1966 : *JurisData* n° 1966-099403 ; *JurisData* n° 1966-099403 ; *D.* 1966, 435. ■ Cass. 3e civ., 18 juill. 1972 : *JurisData* n° 1972-000478 ; *JurisData* n° 1972-000478 ; *JCP* 72, II, 17203, rapp. Fabre ; *D.* 1974, 73, note de La Marnierre. V. en ce sens pour l'exercice d'une servitude ■ Cass. 3e civ., 26 juin 1996, n° 94-17.461 : *JurisData* n° 1996-002794 ; *Resp. civ. et assur.* 1996, 318 ; *JCP* 97, I, 4060, n° 3, obs. Périnet-Marquet. V. aussi ■ Cass. civ., 18 févr. 1907 : *DP* 1907, 1, 385, note Ripert, préjudice excédant la mesure des obligations ordinaires du voisinage. ■ Cass. 1re civ., 18 juill. 1961, n° 60-10.086 : *JCP* 61, II, 12301, note Esmein, locataire excédant les limites qu'imposent les obligations de voisinage. ■ Cass. 2e civ., 12 janv. 1966, n° 64-12.159 : *D.* 1966,

475, bruits excédant la mesure des obligations normales du voisinage. ▪ Cass. 2e civ., 30 mai 1969 : *JurisData* n° 1969-799170 ; *JurisData* n° 1969-799170 ; *JCP* 69, II, 16069, 2e esp., note Mourgeon, troubles excédant la mesure des obligations ordinaires du voisinage. ▪ Cass. 3e civ., 8 févr. 1972 : *JurisData* n° 1972-098089 ; *JCP* 72, II, 17176, note R. D., bruits dépassant les inconvénients normaux du voisinage. ▪ Cass. 2e civ., 2 déc. 1982, n° 80-13.159 : *JurisData* n° 1982-702991 ; *Bull. civ.* II, n° 160, p. 116, dommages excédant les inconvénients ordinaires du voisinage. ▪ Cass. 2e civ., 19 févr. 1992, n° 90-21.072 : *JurisData* n° 1992-000409 ; *Bull. civ.* II, n° 60, p. 29 ; *JCP* 92, I, 3619, n° 4, obs. Périnet-Marquet ; *D.* 1993, somm. 37, 1re esp., obs. A. Robert, nuisances excédant les inconvénients normaux du voisinage). Si le voisin de celui qui a construit légitimement sur son fonds est tenu de supporter les inconvénients normaux du voisinage, procédant de la construction nouvelle, il est en droit, en revanche, d'exiger une réparation dès lors que ces inconvénients excèdent cette limite (▪ Cass. 3e civ., 27 juin 1973, n° 72-70.188 : *JurisData* n° 1973-000449 ; *JCP* 75, II, 18014, 2 arrêts, note Jaubert. V. aussi ▪ Cass. 3e civ., 4 févr. 1971, n° 69-12.528 : *JurisData* n° 1971-098078 ; *JCP* 71, II, 16781, note Lindon. ▪ Lyon, 23 déc. 1980 : *JurisData* n° 1980-601200 ; *JurisData* n° 1980-601200 ; *JurisData* n° 1980-601200 ; *D.* 1983, 605, note Aubert). Le principe selon lequel nul ne doit causer à autrui aucun trouble anormal de voisinage ne constitue pas une atteinte disproportionnée au droit de propriété défini par l'article 544 du Code civil et protégé par l'article 1er du premier protocole additionnel à la Convention européenne de sauvegarde des droits de l'homme (▪ Cass. 2e civ., 23 oct. 2003, n° 02-14.372 : *JurisData* n° 2003-020697 ; *Resp. civ. et assur.* 2004, 8 ; *JCP* 2004, I, 125, n° 2, obs. Périnet-Marquet ; *D.* 2004, somm. 2467, obs. Mallet-Bricout).

11) Autonomie de la théorie. Une construction ayant entraîné l'effondrement partiel d'un immeuble mitoyen et été à l'origine d'un trouble anormal du voisinage, la condamnation de la société ayant entrepris la construction est légalement justifiée, indépendamment de toute faute mise à sa charge (▪ Cass. 1re civ., 23 mars 1982 : *Bull. civ.* I, n° 120, p. 104. V. en ce sens ▪ Cass. 2e civ., 11 févr. 1999, n° 97-11.832 : *JurisData* n° 1999-000643 ; *Resp. civ. et assur.* 1999, 101. ▪ Cass. 2e civ., 31 mai 2000, n° 98-17.532 : *JurisData* n° 2000-002299 ; *JCP* 2000, I, 265, n° 6, obs. Périnet-Marquet ; *Bull. civ.* II, n° 94, p. 64 ; *Defrénois* 2001, 607, note Archer. – V. aussi, affirmant le « principe selon lequel nul ne doit causer à autrui un trouble anormal de voisinage », ▪ Cass. 2e civ., 19 nov. 1986, n° 84-16.379 : *JurisData* n° 1986-702120 ; *Bull. civ.* II, n° 172, p. 116 ; *D.* 1988, somm. 15, 1re esp., obs. A. Robert. Comp., décidant que l'autorité de la chose jugée sur le trouble anormal de voisinage ne fait pas obstacle à une action fondée sur l'abus de droit, ▪ Caen, 21 févr. 2002, n° 01/00473 : *JurisData* n° 2002-171565 ; *D.* 2002, somm. 2512, obs. Reboul-Maupin). L'article 1384, al. 1er, du Code civil est étranger à la réparation des troubles du voisinage (▪ Cass. 2e civ., 20 juin 1990, n° 89-12.874 : *JurisData* n° 1990-701995 ; *Bull. civ.* II, n° 140, p. 72. V. aussi pour l'article 1386 du Code civil, ▪ Cass. 2e civ., 18 juill. 1984, n° 83-10.230 : *JurisData* n° 1984-701594 ; *Bull. civ.* II, n° 136, p. 95). La responsabilité du fait des troubles excédant les inconvénients normaux de voisinage ne peut être étendue au cas de communication d'un incendie entre immeubles voisins (▪ Cass. 2e civ., 7 févr. 2019, n° 18-10.727 : *JurisData* n° 2019-001541).

B – Conditions de la responsabilité

1° *Principes*

12) Gravité du trouble. La rue où est exercée l'activité de l'auto-école des défendeurs étant classée dans le domaine public, le stationnement des voitures entre dans la catégorie des troubles provoqués par la circulation des automobiles dans les grandes agglomérations. Il s'agit d'une nuisance commune à tous les citoyens de ces agglomérations, et elle ne peut pas être mise à la charge des demandeurs (▪ Cass. 2e civ., 9 oct. 1974 : *D.* 1975, 43). De même, une limitation d'ensoleillement n'excède pas les inconvénients normaux du voisinage en zone urbanisée (▪ Versailles, 9 juill. 1986 : *D.* 1988, somm. 15, 2e esp., obs. A. Robert). Le caractère excessif du trouble s'apprécie en fonction des circonstances de temps et de lieu (▪ Cass. 3e civ., 3 nov. 1977 : *JurisData* n° 1977-700367 ; *D.* 1978, 434, note Caballero. ▪ TGI Périgueux, 7 nov. 1989 : *JurisData* n° 1989-049266 ; *JurisData* n° 1989-049266 ; *D.* 1991, somm. 22, 4e esp., obs. A. Robert).

13) Antériorité de l'activité du responsable. L'antériorité de l'activité de l'auteur du trouble ne l'exonère pas de sa responsabilité à l'égard des voisins (▪ Cass. 3e civ., 10 oct. 1984, n° 83-70.211 : *JurisData* n° 1984-701659 ; *Bull. civ.* III, n° 165, p. 128. V. aussi ▪ Cass. civ., 18 févr. 1907 : *DP* 1907, 1, 385, note Ripert, dommages causés par le voisinage d'une tuilerie. ▪ Cass. 2e civ., 27 oct. 1964 : *JCP* 65, II, 14288, note Esmein, dommages causés par le voisinage d'une huilerie. ▪ Cass. 2e civ., 29 nov. 1995, n° 93-18.036 : *JurisData* n° 1995-003413 ; *JCP* 96, IV, 159 ; *Bull. civ.* II, n° 298, p. 175 ; *Resp. civ. et assur.* 1996, 52, nuisance d'ordre esthétique consécutive à l'exploitation d'une carrière d'argile). Mais les dommages causés aux occupants d'un bâtiment par des nuisances dues à des activités agricoles, industrielles, artisanales ou commerciales, n'entraînent pas droit à réparation lorsque le permis de construire afférent au bâtiment exposé à ces nuisances a été demandé ou l'acte authentique constatant l'aliénation ou la prise de bail établi postérieurement à l'existence des activités les occasionnant, dès lors que ces activités s'exercent en conformité avec les dispositions législatives ou réglementaires en vigueur et qu'elles se sont poursuivies dans les mêmes conditions (CCH, art. L. 112-16. – V. pour une application ▪ Cass. 3e civ., 27 avr. 2000 : *Bull. civ.* III, n° 92, p. 61 ; *Resp. civ. et assur.* 2000, 231). Ce texte ne peut être invoqué lorsque les conditions de l'exploitation agricole ont été modifiées radicalement (▪ Dijon, 29 juin 1989 : *D.* 1991, somm. 22, 1re esp., obs. A. Robert. – V. aussi pour une blanchisserie ▪ Cass. 2e civ., 3 févr. 1993, n° 91-14.715 : *JurisData* n° 1993-000144 ; *Bull. civ.* II, n° 44, p. 24, pour un ball-trap ▪ Cass. 2e civ., 29 avr. 1997 : *Resp. civ. et assur.* 1997, 228, pour une entreprise de transports ▪ Besançon, 2 déc. 1997 : *JurisData* n° 1997-046694 ; *JCP* 98, IV, 1771), et il n'est pas applicable aux aérodromes (▪ Cass. 3e civ., 8 juill. 1992, n° 90-11.170 : *JurisData* n° 1992-001768 ; *Bull. civ.* III, n° 245, p. 150 ; *JCP* 93, I, 3668, n° 2, obs. Périnet-Marquet), ni aux rapports des copropriétaires entre eux (▪ Cass. 3e civ., 23 janv. 1991, n° 89-14.243 : *JurisData* n° 1991-000101 ; *Bull. civ.* III, n° 31, p. 19). Jugé qu'en l'absence de texte définissant les règles d'exploitation d'un terrain de golf autre que le règlement du lotissement, les juges du fond peuvent estimer que la société exploitante du golf ne peut utilement invoquer en l'espèce les dispositions de l'article L. 112-16 qui ne prévoient une exonération de responsabilité que si l'activité génératrice du trouble s'exerce conformément aux dispositions législatives et réglementaires en vigueur, de sorte qu'il convient de faire application du principe général selon lequel l'exercice, même légitime, du droit de propriété devient générateur de responsabilité lorsque le trouble qui en résulte pour autrui dépasse la mesure des obligations ordinaires du voisinage (▪ Cass. 2e civ., 10 juin 2004 : *JCP* 2004, IV, 2625 ; *JurisData* n° 2004-024017 ; *Resp. civ. et assur.* 2004, 336 ; *Bull. civ.* II, n° 291, p. 245 ; *D.* 2005, somm. 186, obs. D. Mazeaud ; *RTD civ.* 2004, 738, obs. Jourdain, défaut de conception du tracé exposant le voisin à vivre sous la menace d'une projection de balles). V. G. Endréo, *La théorie des troubles de voisinage après les lois du 31 décembre 1976 et du 4 juillet 1980 (article L. 112-16 du Code de la construction et de l'habitation) : RD imm. 1981, 460.* – Y. Trémorin, *Le bénéfice de préoccupation et la réparation des troubles de voisinage* : *JCP* N 2004, 1327 et 1340.

14) Respect de la réglementation. La responsabilité du propriétaire qui a accompli des actes nuisibles aux voisins est engagée même si ces actes ont été autorisés par l'administration (▪ Cass. 2e civ., 27 oct. 1964 : *JCP* 65, II, 14288, note Esmein. V. aussi ▪ Cass. 1re civ., 15 mai 2001 : *JCP* G 2002, I, 126 et *JCP* N 2002, 1464, n° 5, obs. Périnet-Marquet). Le fait que le défendeur ait respecté les prescriptions d'urbanisme n'exclut pas sa responsabilité (▪ Cass. 3e civ., 27 juin 1973 : *JurisData* n° 1973-000451 ; *JCP* 75, II, 18014, note Jaubert. ▪ Versailles, 30 nov. 1989 : *D.* 1991, somm. 22, 2e esp., obs. A. Robert). Un transporteur aérien ne peut s'exonérer de sa responsabilité pour les troubles causés aux riverains des aéroports en faisant valoir que les appareils qu'il exploite ont reçu l'agrément de l'autorité de contrôle et qu'il respecte les procédures réglementaires pour l'atterrissage et le décollage (▪ Cass. 2e civ., 8 mai 1968, n° 66-11.568 : *JurisData* n° 1968-099122 ; *D.* 1968, 609 ; *JCP* 68, II, 15595, 1re esp., note de Juglart et du Pontavice. Comp. pour des nuisances sonores d'engins de chantier, sur le fondement de l'article 1384, al. 1er, ▪ Cass. 3e civ., 8 mars 1978 : *JurisData* n° 1978-799051 ; *D.* 1978, 641, note Larroumet). Voir cpdt l'exception prévue pour les dommages causés par des nuisances dues à des activités agricoles, industrielles, artisanales ou commerciales par CCH, art. L. 112-16, préc., n° 13, p. 467. Mais le texte ne peut être invoqué si l'établissement a négligé de prendre les mesures ordonnées par l'administration (▪ Cass. 3e civ., 10 oct. 1984, n° 83-14.811 : *JurisData* n° 1984-701653 ; *Bull. civ.* III, n° 165, p. 128).

15) Copropriété. Le principe selon lequel nul ne doit causer à autrui un trouble de voisinage s'applique à tous les occupants d'un immeuble en copropriété quel que soit le titre de leur occupation (▪ Cass. 2e civ., 17 mars 2005, n° 04-11.279 : *JurisData* n° 2005-027582 ; *Resp. civ. et assur.* 2005, 150 ; *Bull. civ.* II, n° 73, p. 66 ; *D.* 2005, somm. 2357, obs. Reboul-Maupin). Un syndicat des copropriétaires peut agir à l'encontre d'un copropriétaire sur le fondement d'un trouble anormal du voisinage (▪ Cass. 3e civ., 11 mai 2017, n° 16-14.339 : *JurisData* n° 2017-008883 ; *Constr.-Urb.* 2017, comm. 103, obs. Pagès de Varenne ; *JCP* G 2017, doctr. 1142, spéc. n° 9, obs. Périnet-Marquet).

16) Trouble provoqué par un locataire. Lorsque le trouble de voisinage émane d'un immeuble donné en location, la victime de ce trouble peut en demander réparation au propriétaire, qui dispose d'un recours contre son locataire lorsque les nuisances résultent d'un abus de jouissance ou d'un manquement aux obligations nées du bail (▪ Cass. 2e civ., 8 juill. 1987, n° 85-15.193 : *JurisData* n° 1987-001246 ; *Bull. civ.* II, n° 150, p. 86. ▪ Cass. 3e civ., 10 nov. 1998, n° 96-15.483 : *JurisData* n° 1998-004257 ; *D.* 1999, somm. 260, obs. Jourdain. – Comp., limitant la portée de la règle au cas où le trouble trouve son origine dans l'immeuble donné en location, ▪ Cass. 3e civ., 17 avr. 1996, n° 94-16.873 : *JurisData* n° 1996-001641 ; *JCP* 96, IV, 1381 ; *Bull. civ.* III, n° 108, p. 69 ; *RTD civ.* 1996, 638, obs. Jourdain ; *Resp. civ. et assur.* 1996, 251). Mais la victime du trouble a également une action directe contre le locataire (▪ Cass. 1re civ., 18 juill. 1961, n° 60-10.086 : *JCP* 61, II, 12301, note Esmein. V. aussi Corlay, *Les limites de l'obligation de garantie du bailleur en cas d'abus de jouissance d'un locataire au préjudice d'un autre locataire : D.* 1979, chron. 27). Pour la responsabilité encourue par le franchiseur à raison des fautes commises dans le choix d'un terrain pour l'installation d'une station de lavage automatique, V. ▪ Cass. 2e civ., 21 mai 1997, n° 95-17.743 : *JurisData* n° 1997-002173 ; *JCP* 98, II, 10057, note Mauger-Vielpeau ; *D.* 1998, 150, note Fages ; *Contrats, conc. consom.* 1997, 128, note Leveneur ; *RTD civ.* 1998, 115, obs. Jourdain. L'acquéreur d'un appartement situé en dessous d'un étage où est exploité un cours de danse peut à la fois assigner son vendeur en dommages-intérêts pour dol et les propriétaires du local en cessation de troubles anormaux du voisinage (▪ Cass. 3e civ., 11 févr. 1998, n° 96-10.257 : *JurisData* n° 1998-000538 ; *JCP* G 98, I, 171 ; *JCP* N 98, 1695, n° 7, obs. Périnet-Marquet ; *D.* 1999, 529, note Legendre).

17) Propriétaire non résident. Sur le principe qu'un propriétaire peut se plaindre des nuisances même s'il ne réside pas sur son fonds, V. ▪ Cass. 2e civ., 28 juin 1995, n° 93-12.681 : *JurisData* n° 1995-001716 ; *JCP* 95, II, 2134 ; *D.* 1996, somm. 59, obs. A. Robert ; *RTD civ.* 1996, 179, obs. Jourdain ; *RD imm.* 1996, 175, obs. Bergel.

2° *Applications*

18) Ensoleillement. La perte d'ensoleillement peut, selon les cas, être source de responsabilité (▪ Cass. 3e civ., 18 juill. 1972 : *JCP* 72, II, 17203, rapp. Frabre ; *D.* 1974, 73, note de La Marnierre. ▪ Cass. 3e civ., 9 mai 2001, n° 99-13.459 : *JurisData* n° 2001-009531 ; *Defrénois* 2001, 1123, 1re esp., obs. Atias. ▪ Paris 7 avr. 1987 : *JurisData* n° 1987-021999 ; *D.* 1988, somm. 15, 4e esp., obs. A. Robert. ▪ Versailles 30 nov. 1989 : *JurisData* n° 1989-049886 ; *D.* 1991, somm. 22, 2e esp., obs. A. Robert. ▪ Riom, 5 févr. 1998, n° 97/01370 : *JurisData* n° 1998-040464 ; *JCP* 99, IV, 1499) ou ne pas excéder les inconvénients normaux du voisinage (▪ Cass. 2e civ., 17 juill. 1991, n° 90-15.747 : *JurisData* n° 1991-002032 ; *JCP* 91, IV, 356 ; *Bull. civ.* II, n° 234, p. 122. ▪ Poitiers, 18 juin 1980 : *JurisData* n° 1980-699829 ; *D.* 1981, inf. rap. 233, obs. A. Robert. ▪ Versailles, 9 juill. 1986 : *D.* 1988, somm. 15, 2e esp., obs. A. Robert. ▪ Toulouse, 17 sept. 1991 : *JurisData* n° 1991-051284 ; *D.* 1993, somm. 37, 4e esp., obs. A. Robert).

19) Bruits. Viole le principe suivant lequel nul ne doit causer à autrui un trouble anormal du voisinage la cour d'appel qui constate que le bruit provenant d'un compresseur installé dans une cave est doux et régulier et qui ordonne cependant l'isolation de ce compresseur ainsi que la pose d'un capot de protection au motif que son propriétaire l'a fait pour un autre compresseur (▪ Cass. 2e civ., 19 nov. 1986, n° 84-16.379 : *JurisData* n° 1986-702120 ; *Bull. civ.* II, n° 172, p. 116 ; *D.* 1988, somm. 15, 1re esp., obs. A. Robert). L'usage quotidien du cornet à pistons dans un appartement par un élève du Conservatoire peut constituer un trouble excédant les inconvénients normaux du voisinage (▪ Lyon, 23 déc. 1980 : *D.* 1983, 605, note crit. Aubert. V. aussi pour l'usage abusif d'un poste de radio ▪ Cass. 1re civ., 18 juill. 1961 : *JCP* 61, II, 12301, note Esmein), de même que l'exploitation d'un ball-trap (▪ TGI Périgueux, 7 nov. 1989 : *D.* 1991, somm. 22, 4e esp., obs. A. Robert) ou d'un parc d'attractions (▪ Cass. 2e civ., 31 mai 2000, n° 98-17.532 : *JurisData* n° 2000-002299 ; *Resp. civ. et assur.* 2000, 262). Un boulanger doit réparer les dommages causés par les bruits produits par son activité professionnelle s'ils sont abusifs et dépassent les inconvénients normaux du voisinage (▪ Cass. 3e civ., 8 févr. 1972 : *JCP* 72, II, 17176, note R. D. V. aussi ▪ Cass. 2e civ., 30 nov. 1961 : *D.* 1962, 168. ▪ Cass. 2e civ., 30 mai 1969 : *JCP* 69, II, 16069, 2e esp., note Mourgeon). Il en va de même pour l'exploitant d'une carrière (▪ Cass. 3e civ., 28 janv. 1975 : *JurisData* n° 1975-700030 ; *JurisData* n° 1975-098030 ; *D.* 1976, 221, 1re esp.), ou d'un cinéma (▪ Cass. 2e civ., 12 janv. 1966, n° 64-12.159 : *D.* 1966, 475), ou d'un boucher pour les troubles causés par ses installations frigorifiques (▪ Cass. 3e civ., 15 avr. 1975 : *JurisData* n° 1975-700124 ; *D.* 1976, 221, 2e esp. Comp. pour un camion frigorifique ▪ Cass. 2e civ., 24 mars 1966 : *D.* 1966, 435), ou un hypermarché (▪ Cass. 2e civ., 15 janv. 1997, n° 95-11.326 : *Resp. civ. et assur.* 1997, 125), ou une entreprise de transport (▪ Cass. 2e civ., 20 janv. 2000, n° 96-13.763 : *JurisData* n° 2000-000342 ; *Resp. civ. et assur.* 2000, 119). Le seuil de 90 décibels est un seuil de danger et non de gêne, et les engins d'un chantier, même conformes à la réglementation en vigueur, peuvent, par l'utilisation qui en est faite, sa fréquence, leur nombre et l'emplacement où on les met en action, entraîner des dommages pour les tiers (▪ Cass. 3e civ., 8 mars 1978 : *D.* 1978, 641, note Larroumet, faisant application de l'article 1384, al. 1er). Le bailleur peut être condamné à réparer le préjudice causé aux locataires par le bruit des surpresseurs d'eau de l'immeuble, dès lors que ces bruits, s'ils ne sont pas supérieurs aux niveaux limites réglementaires, causent néanmoins un trouble de jouissance du fait de leur fréquence, de leur émergence et de leurs caractéristiques spectrales (▪ Cass. 3e civ., 4 déc.

1991, n° 89-14.921 : *JurisData* n° 1991-003045 ; *Loyers et copr.* 1992, 107). Sur la responsabilité des transporteurs aériens, V. ■ Aix-en-Provence, 17 févr. 1966 : *Gaz. Pal.* 1966, 1, 393, et, sur pourvoi, ■ Cass. 2e civ., 8 mai 1968, n° 66-11.568 : *D.* 1968, 609 ; *JCP* 68, II, 15595, 1re esp., note de Juglart et du Pontavice. ■ CE, 20 nov. 1992, n° 84223 : *JurisData* n° 1992-046671 ; *JCP* 93, IV, 150, obs. Rouaut. Comp. pour un club de modélisme installé sur un aérodrome, ■ Bordeaux, 15 juin 1998, n° 96000485 : *JurisData* n° 1998-042789 ; *JCP* 99, I, 120, n° 12, obs. Périnet-Marquet. Sur le tapage nocturne provoqué par un coq, V. ■ Bordeaux, 29 févr. 1996 : *JurisData* n° 1996-042496 ; *JCP* 97, IV, 112. V. aussi pour des paons ■ TGI Draguignan, 11 juill. 2000 : *JurisData* n° 2000-156481 ; *D.* 2001, 3004, note Bugada. Les cris poussés par une personne atteinte de troubles mentaux ne peuvent être assimilés à un trouble anormal du voisinage, la vie en société imposant à l'ensemble des membres du corps social diverses obligations, notamment celle d'accepter et de respecter les maladies dont certains d'entre eux peuvent être atteints (■ Nancy, 10 janv. 2002 : *JurisData* n° 2002-197356 ; *JCP* 2003, IV, 2813).

20) Odeurs. V. par ex. ■ Cass. soc., 9 juill. 1954 : *D.* 1954, 684 (ventilation à contresens des émanations d'une cuisine). ■ Dijon, 12 avr. 1991 : *JurisData* n° 1991-041172 ; *JurisData* n° 1991-041172 ; *D.* 1993, somm. 37, 7e esp., obs. A. Robert (odeurs émanant d'une usine). ■ Montpellier, 1re ch., 11 mai 1994 : *JurisData* n° 1994-034117 (appareils à gaufres engendrant des nuisances olfactives de nature à compromettre l'activité d'un maître-verrier). ■ Cass. 2e civ., 19 mars 1997, n° 95-15.922 : *JurisData* n° 1997-005611 ; *D.* 1998, somm. 60, obs. A. Robert (odeurs en provenance de porcheries). ■ Cass. 2e civ., 14 janv. 1999, n° 97-10.678 : *JurisData* n° 1999-000177 ; *Resp. civ. et assur.* 1999, 68 (odeurs et présence de mouches dues à la proximité d'un poney). Mais le trouble de voisinage résultant de la proximité d'un barbecue n'a pas été admis (■ Caen, 1re ch., 10 mars 1994 : *JurisData* n° 1994-042090).

21) Dommages causés par une construction. Ouvre droit à réparation au titre des troubles anormaux du voisinage le fait qu'un immeuble s'incline sur un autre (■ Cass. 2e civ., 18 juill. 1984, n° 83-10.230 : *JurisData* n° 1984-701594 ; *Bull. civ.* II, n° 136, p. 95), ou qu'une construction rende inutilisables les conduits de cheminée d'un immeuble voisin (■ Cass. 3e civ., 27 juin 1973 : *JCP* 75, II, 18014, note Jaubert. V. aussi ■ Cass. 2e civ., 3 déc. 1964 : *JurisData* n° 1964-700782 ; *JCP* 65, II, 14289, note Bulté). Dès lors que les travaux auxquels une société fait procéder sur son terrain, en vue d'y édifier un immeuble, occasionnent à la propriété voisine des dommages excédant les inconvénients ordinaires du voisinage, elle doit être condamnée à réparer le dommage, sans que les juges du fond aient à considérer que l'entrepreneur est le gardien du chantier et que le dommage est dû exclusivement à son exploitation (■ Cass. 2e civ., 2 déc. 1982, n° 80-13.159 : *JurisData* n° 1982-702991 ; *Bull. civ.* II, n° 160, p. 116. Comp., censurant les juges du fond qui avaient écarté la responsabilité du voisin au motif que le demandeur n'établissait pas que les ouvriers effectuant les travaux étaient sous les ordres de ce voisin ou que ce dernier les avait personnellement dirigés, ■ Cass. 2e civ., 19 févr. 1992, n° 90-21.072 : *JurisData* n° 1992-000409 ; *Bull. civ.* II, n° 60, p. 29 ; *JCP* 92, I, 3619, n° 4, obs. Périnet-Marquet ; *D.* 1993, somm. 37, 1re esp., obs. A. Robert). Le propriétaire de l'immeuble auteur des nuisances et les constructeurs à l'origine de celles-ci sont responsables de plein droit vis-à-vis des voisins victimes, sur le fondement de la prohibition du trouble anormal de voisinage, ces constructeurs étant, pendant le chantier, les voisins occasionnels des propriétaires lésés (■ Cass. 3e civ., 22 juin 2005, n° 03-20.068 : *D.* 2006, 40, note Karila ; *RD imm.* 2005, 339, obs. Malinvaud ; *Resp. civ. et assur.* 2005, 288 ; *RTD civ.* 2005, 788, obs. Jourdain. Comp. ■ Cass. 3e civ., 9 févr. 2011, n° 09-71.570 : *RDI* 2011, p. 227, obs. Malinvaud ; *RTD civ.* 2011, p. 361, obs. Jourdain ; *Dr. et patrimoine* juin 2011, p. 85, obs. Seube. V. dans le même sens ■ Cass. 3e civ., 28 avr. 2011, n° 10-14.516 : *D.* 2011, p. 1282 ; *RDI* 2011, p. 402, obs. P. Malinvaud. *Adde*, N. Reboul-Maupin, *Le voisin occasionnel : précision ou disparition d'une notion ? : D.* 2011 p. 2607). Pour la Haute Juridiction, le principe selon lequel nul ne doit causer à autrui un trouble anormal du voisinage conduit à admettre que l'entrepreneur, y compris de travaux publics, est responsable de plein droit pour avoir provoqué un dommage, nonobstant le fait que l'origine de celui-ci, causé par un véhicule, soit située sur le domaine public (■ Cass. 3e civ., 8 nov. 2018, n° 17-24.333 et 17-26.120 : *JurisData* n° 2018-019619).

Sur la responsabilité du sous-traitant ayant injecté du béton dans des locaux situés sur un fonds voisin, V. ■ Cass. 3e civ., 30 juin 1998, n° 96-13.039 : *JurisData* n° 1998-003015 ; *JCP* 99, I, 120, n° 13, obs. Périnet-Marquet ; *Bull. civ.* III, n° 144 ; *RTD civ.* 1999, 114, obs. Jourdain. – V. aussi pour la décompression du sol provoquée par les travaux d'une entreprise ■ Cass. 3e civ., 11 mai 2000, n° 98-18.249 : *JurisData* n° 2000-001858 ; Resp. civ. et assur. 2000, 263, note Groutel ; *D.* 2001, somm. 2231, obs. Jourdain. – Pour des travaux de démolition ■ Cass. 1re civ., 18 mars 2003, n° 99-18.720 : *JurisData* n° 2003-018248 ; *RD imm.* 2003, 284, obs. Malinvaud ; *RDC* 2003, 134, obs. Bénabent. – Sur l'action récursoire contractuelle du maître de l'ouvrage contre l'entrepreneur,

V. ■ Cass. 3e civ., 21 juill. 1999, 1er et 2e arrêts : *Resp. civ. et assur.* 1999, chron. 23. ■ Cass. 3e civ., 28 nov. 2001, n° 00-13.970 : *JurisData* n° 2001-011889 ; *D.* 2002, 3299, note Rabreau ; *RD imm.* 2002, 90, obs. Malinvaud. ■ Cass. 3e civ., 26 avr. 2006 : *JurisData* n° 2006-033201 ; *Bull. civ.* III, n° 100 ; *JCP* G 2007, I, 117, n° 4, obs. Périnet-Marquet ; *D.* 2006, p. 2504, obs. Karila. ■ Cass. 3e civ., 20 déc. 2006 : *JurisData* n° 2006-036641 ; *JCP* G 2007, I, 117, n° 4, obs. Périnet-Marquet ; *JCP* G 2007, IV, 1192.

22) Dommages causés par la végétation. Le propriétaire d'un arbre, même planté à la distance réglementaire, est responsable des dommages causés par les racines s'étendant sur les héritages voisins (■ Paris, 13 déc. 1960 : *JCP* 61, II, 11937, note J. Mazeaud, et, sur pourvoi, ■ Cass. 1re civ., 6 avr. 1965 : *D.* 1965, 432. – V. en ce sens ■ Cass. 3e civ., 20 nov. 1984 : *D.* 1985, inf. rap. 399, obs. A. Robert. V. aussi pour un propriétaire négligeant de nettoyer les arbres tombés sur le fonds voisin lors de la tempête de 1999, ■ Cass. 2e civ., 5 févr. 2004, n° 02-15.206 : *JurisData* n° 2004-022109 ; *Bull. civ.* II, n° 49, p. 40 ; *Resp. civ. et assur.* 2004, 137 ; *D.* 2004, somm. 2468, obs. Reboul-Maupin ; *RTD civ.* 2004, 740, obs. Jourdain). La chute d'une abondante quantité de feuilles mortes en provenance d'un arbre planté à proximité d'un mur mitoyen peut constituer un trouble excédant les inconvénients normaux du voisinage dans la mesure où les feuilles rendent glissante la rampe d'accès à un parking souterrain (■ Paris, 10 avr. 1992 : *D.* 1993, somm. 37, 6e esp., obs. A. Robert). Dans le même esprit, l'ombre générée par une haie de cyprès d'une hauteur de 7 à 8 mètres, qui a pour effet de priver d'ensoleillement une bande de terrain comportant de la vigne et des arbres fruitiers et qui, par conséquent, compromet le développement et la mise à fruits des végétaux en zone rurale constitue aussi un trouble du voisinage (■ Cass. 3e civ., 3 mai 2011, n° 09-70.291 : *AJDI* 2011, p. 473).

23) Dommages causés à la santé. V. par ex. ■ Cass. 2e civ., 27 oct. 1964 : *JCP* 65, II, 14288, note Esmein (poussières de ricin provoquant des troubles pathologiques). ■ Cass. 2e civ., 27 avr. 1979 : *JCP* 80, II, 19408, note Mourocq (bruit continu et excessif de nuit comme de jour entraînant pour les occupants d'un immeuble des troubles d'ordre physique et psychique). ■ Dijon, 12 avr. 1991 : *D.* 1993, somm. 37, 7e esp., obs. A. Robert (troubles de la santé dus aux nuisances très agressives provenant de l'usine voisine). ■ Aix-en-Provence, 8 juin 2004, n° 04/430 : *JurisData* n° 2004-252350 ; *D.* 2004, 2678, note Boutonnet (risques sanitaires liés au voisinage d'une antenne de type 900 MHz installée par une société de téléphonie).

24) Dommages d'ordre esthétique. V. par ex. ■ TGI Paris, 7 juin 1989 : *D.* 1991, somm. 22, 3e esp., obs. A. Robert (panneaux publicitaires). ■ Dijon, 29 juin 1989 : *D.* 1991, somm. 22, 1re esp., obs. A. Robert (constructions masquant complètement la vue à l'est et au sud). ■ Cass. 3e civ., 25 janv. 1993 : *JCP* 93, I, 3707, n° 4, obs. Périnet-Marquet (vue gâchée par deux immeubles de 10 étages et une cheminée de 30 mètres). ■ Cass. 2e civ., 29 nov. 1995, n° 93-18.036 : *JurisData* n° 1995-003413 ; *JCP* 96, IV, 159 ; *Bull. civ.* II, n° 298, p. 175 (transformation de l'environnement consécutive à l'exploitation d'une carrière d'argile). ■ Cass. 2e civ., 24 févr. 2005, n° 04-10.362 : *JurisData* n° 2005-027086 ; *JCP* 2005, II, 10100, note Trébulle ; *Bull. civ.* II, n° 50, p. 46, dépôts divers de ferrailles, planches et autres matériels usagés à moins de 25 mètres de la limite). En revanche, la Cour de cassation a pu considérer qu'une cour d'appel avait légalement justifié sa décision de ne pas condamner des propriétaires en paiement de dommages-intérêts pour trouble anormal de voisinage au motif d'une part, que la clôture litigieuse ne présentait pas un aspect inesthétique caractérisé et d'autre part, que ces propriétaires justifiaient de la conformité des travaux réalisés avec l'autorisation municipale (■ Cass. 3e civ., 18 janv. 2011, n° 09-17.459).

25) Autres applications. V. ■ Cass. 3e civ., 12 févr. 1992, n° 89-19.297 : *JurisData* n° 1992-000270 ; *Bull. civ.* III, n° 44, p. 27 ; *D.* 1993, somm. 37, 3e esp., obs. A. Robert (ensablement d'une propriété dû à la suppression, du fait de la construction d'une résidence, d'un des cordons dunaires protégeant la propriété voisine et à son remplacement par la surface lisse d'un parc de stationnement). ■ Dijon, 28 mai 1991 : *JurisData* n° 1991-050064 ; *D.* 1993, somm. 37, 5e esp., obs. A. Robert (inclusion de la flèche d'une grue dans l'espace aérien constituant une immixtion dans la vie privée n'excédant pas le seuil de tolérance). ■ Dijon, 29 janv. 1998, n° 00000668/96 : *JurisData* n° 1998-040525 ; *JCP* 98, IV, 3149 (fait de secouer des tapis ou objets divers par les fenêtres et balcons). ■ Cass. 3e civ., 9 mai 2001, n° 99-11.096 : *Defrénois* 2001, 1123, 2e esp., obs. Atias (édification d'une clôture pour rendre très difficile, voire impossible, l'exercice d'une servitude). La cour d'appel qui a relevé que les demandeurs ne pouvaient prétendre bénéficier d'un droit de vue sur la mer a exclu l'existence d'un trouble excédant les inconvénients normaux du voisinage résultant de la privation de vues sur la mer consécutive à la construction d'une villa (■ Cass. 1re civ., 2 juin 2004 : *Bull. civ.* I, n° 159, p. 133 ; *JCP* N 2005, 1219, note Liet-Veaux). Sur ce que l'existence d'un risque peut constituer un trouble de voisinage, V. ■ Cass. 2e civ., 24 févr. 2005, n° 04-10.362 : *JurisData* n° 2005-027086 ; *JCP* 2005, II, 10100, note Trébulle ; *JCP* 2005, I, 181, n° 5, obs. Périnet-Marquet ;

Bull. civ. II, n° 50, p. 46 (risque d'incendie lié au stockage de paille ou de foin).

C – Régime de la responsabilité

26) Dépréciation de l'immeuble. Le préjudice subi par le propriétaire d'une maison du fait de bruits excédant les inconvénients normaux du voisinage est réparé en tenant compte de la dépréciation de la maison, dépréciation dont l'existence n'est pas subordonnée à une éventuelle revente (■ Cass. 3e civ., 28 janv. 1975 : *D.* 1976, 221, 1re esp.).

27) Suppression de la cause du dommage. Les juges du fond peuvent interdire sous astreinte l'exercice dans les locaux en cause de l'activité à l'origine du trouble (■ Cass. 2e civ., 30 mai 1969 : *JCP* 69, II, 19069, 2e esp., note Mourgeon, boulanger-pâtissier). – V. aussi ■ Versailles, 27 janv. 1987 : *JurisData* n° 1987-040826 ; *D.* 1988, somm. 15, 3e esp., obs. A. Robert (interdiction à un commerçant de faire démarrer ses véhicules avant 7 heures du matin). ■ Paris, 7 avr. 1987 : *D.* 1988, somm. 15, 4e esp., obs. A. Robert (réduction d'une haie). ■ TGI Périgueux, 7 nov. 1989 : *D.* 1991, somm. 22, obs. A. Robert (déplacement d'un ball-trap). ■ Cass. 2e civ., 9 oct. 1996, n° 94-16.616 : *JurisData* n° 1996-003679 ; *JCP* 96, IV, 2329 ; *Bull. civ.* II, n° 231, p. 142 ; *Resp. civ. et assur.* 1996, 387 (interdiction à l'exploitant d'un circuit de karting d'organiser des épreuves, dans l'attente d'une mise en conformité). ■ Cass. 2e civ., 12 nov. 1997, n° 96-10.603 : *JurisData* n° 1997-004415 ; *JCP* 97, IV, 2563 ; *Bull. civ.* II, n° 273, p. 160 ; *Resp. civ. et assur.* 1998, 48 (installation d'un second dispositif de forage pour réenfouir les eaux dans leur gîte de prélèvement). Mais ils ne peuvent apporter à l'utilisation et à la jouissance des parties privatives d'un lot de copropriété aucune restriction excédant celles stipulées au règlement de copropriété et contraire au principe de la liberté d'usage et de jouissance de ces parties privatives (■ Cass. 3e civ., 17 janv. 1996, n° 94-13.702 : *JurisData* n° 1996-000093 ; *Resp. civ. et assur.* 1996, 89. V., interdisant toute activité de discothèque jusqu'à insonorisation des locaux, ■ Cass. 3e civ., 2 oct. 1996, n° 94-14.321 : *JCP* 97, I, 4010, n° 5, obs. Périnet-Marquet). Ils ne peuvent non plus ordonner la fermeture d'établissements classés (■ Cass. 1re civ., 23 janv. 1996 : *Resp. civ. et assur.* 1996, 129, entreprise de transport). Viole l'article 1143 en vertu duquel le créancier a le droit de demander que ce qui aurait été fait par contravention à l'engagement soit détruit, la cour d'appel qui refuse de faire droit à la demande de démolition d'une cabine de peinture d'automobiles, tout en constatant que les installations étaient les seules installations industrielles dans un quartier résidentiel, que la nouvelle cabine était bruyante et que les gaz rejetés des cheminées révélaient des odeurs d'hydrocarbures (■ Cass. 3e civ., 22 mai 1997, n° 93-20.957 : *JurisData* n° 1997-002176 ; *JCP* 97, IV, 1473 ; *Bull. civ.* III, n° 113, p. 75 ; *D.* 1998, somm. 61, obs. A. Robert ; *Defrénois* 1997, 1005, 1re esp., obs. Delebecque). Sur la nécessité de distinguer selon que la démolition est demandée sur le fondement de la théorie des troubles du voisinage ou sur celui de la violation d'une servitude d'urbanisme, V. ■ Cass. 3e civ., 11 févr. 1998 : *JCP* G 98, I, 171 ; *JCP* N 98, 1695, n° 6, obs. Périnet-Marquet ; *Bull. civ.* III, n° 34, p. 24 ; *Resp. civ. et assur.* 1998, 243 ; *D.* 1998, somm. 348, obs. A. Robert ; *RD imm.* 1998, 608, 1re esp., obs. Bergel. Sur la nécessité de rechercher si l'édification d'un ouvrage non conforme au permis de construire a causé un préjudice au propriétaire voisin, V. ■ Cass. 2e civ., 7 oct. 1998 : *Resp. civ. et assur.* 1999, 2, 1re esp.).

28) Tribunaux judiciaires et autorités administratives. Si les tribunaux judiciaires ont compétence pour se prononcer tant sur les dommages-intérêts à allouer aux tiers lésés par le voisinage d'un établissement dangereux, insalubre ou incommode que sur les mesures propres à faire cesser le préjudice qu'il pourrait causer dans l'avenir, c'est à la condition que lesdites mesures ne contrarieront point les prescriptions édictées par l'administration dans l'intérêt de la sûreté et de la salubrité publiques (■ Cass. 1re civ., 5 nov. 1963 : *JurisData* n° 1963-700477 ; *D.* 1964, 178).

29) Prescription. Sur le point de savoir si l'action fondée sur la théorie des troubles du voisinage se prescrit par le délai de dix ans prévu par l'article 2270-1, V. ■ Cass. 2e civ., 12 nov. 1997, n° 96-10.603 : *JurisData* n° 1997-004415 ; *JCP* G 98, I, 171 ; *JCP* N 98, 1694, n° 5, obs. Périnet-Marquet (non résolu).

30) Action récursoire. Viole le principe selon lequel nul ne doit causer à autrui un trouble anormal du voisinage la cour d'appel qui énonce que l'action contre l'entrepreneur pour troubles de voisinage est réservé au tiers lésé dans les droits duquel le maître de l'ouvrage ne peut prétendre être subrogé (■ Cass. 1re civ., 18 sept. 2002 : *JCP* 2002, IV, 2669 ; *JurisData* n° 2002-015494 ; *Bull. civ.* I, n° 200, p. 155. ■ Cass. 3e civ., 24 sept. 2003, n° 02-12.873 : *JurisData* n° 2003-020379 ; *Bull. civ.* III, n° 160, p. 143 ; *RD imm.* 2003, 582 obs. Malinvaud).

31) Force majeure. Pour la Haute Juridiction, une tempête qui se trouve être à l'origine directe de la chute d'arbres sur le fonds de la victime ne présente pas les caractères de la force majeure, argument pris que le propriétaire des végétaux avait, au préalable, fait l'objet de la part de ladite victime d'une sommation lui enjoignant de couper les arbres, cause du préjudice, lesquels penchaient déjà dangereusement (■ Cass. 3e civ., 10 déc. 2014, n° 12-26.361 : *D.* 2015, p. 362, note

Dubarry et Dubois ; *RTD civ.* 2015 p. 177, note Dross ; *RLDC* 2015/124, chron., obs. Parance).

III – PREUVE DE LA PROPRIÉTÉ

A – Principes

32) Office du juge. Il y a déni de justice lorsque le juge, tout en admettant qu'un immeuble appartient nécessairement à l'une des deux personnes qui en revendiquent la propriété, rejette l'ensemble des demandes sous prétexte qu'aucune des parties n'a prouvé la supériorité de son droit et que les données de l'expertise ne permettent pas d'appliquer les titres sur le terrain (■ Cass. 3e civ., 16 avr. 1970 : *JurisData* n° 1970-098249 ; *JCP* 70, II, 16459 ; *D.* 1970, 474, note Contamine-Raynaud). Il en va autrement s'il ne résulte pas de l'arrêt que la parcelle ne pouvait appartenir qu'à l'une ou à l'autre partie (■ Cass. 3e civ., 3 déc. 1980 : *JurisData* n° 1980-735311 ; *JurisData* n° 1980-735311 ; *Gaz. Pal.* 1981, 2, 481, note Piedelièvre. Mais le juge ne peut pas davantage, après avoir retenu qu'il n'était pas possible de déterminer laquelle des deux parties était propriétaire, décider qu'elles sont propriétaires pour moitié (■ Cass. 3e civ., 18 juin 1980 : *JurisData* n° 1980-035394 ; *JCP* 80, IV, 332 ; *D.* 1981, inf. rap. 233, obs. A. Robert). Dans une affaire où un acquéreur de différentes parcelles d'un ensemble immobilier, dont la moitié indivise d'une terrasse, revendiquait la propriété de l'intégralité de la terrasse auprès des acquéreurs d'autres parcelles de l'ensemble immobilier et de la moitié indivise de cette même terrasse, la Haute juridiction a confirmé l'arrêt de la cour d'appel, lequel avait constaté que les actes d'acquisition des parties concordaient parfaitement, et en avait déduit que les actes de propriété antérieurs ne pouvaient qu'être sans incidence (■ Cass. 3e civ., 2 avr. 2008 : *JurisData* n° 1980-035394 ; *JCP* G 2008, IV, 1864).

33) Présomption résultant de la possession. C'est à celui qui revendique la propriété de rapporter la preuve de son droit sur la parcelle qui se trouve en possession du défendeur (■ Cass. 3e civ., 11 juin 1992, n° 90-16.144 : *JurisData* n° 1992-001253 ; *Bull. civ.* III, n° 199, p. 122 ; *D.* 1993, somm. 302, 1re esp., obs. A. Robert. ■ Cass. 3e civ., 26 juin 1996, n° 93-21.820 : *JurisData* n° 1996-002829 ; *JCP* 96, IV, 1952 ; *Bull. civ.* III, n° 164, p. 105 ; *D.* 1997, somm. 19, obs. A. Robert. – Comp., énonçant que la possession ne peut céder qu'à un titre de propriété ou à la prescription, ■ Cass. civ., 10 janv. 1860 : *DP* 1860, 1, 74).

34) Liberté de la preuve. Viole l'article 712 la cour d'appel qui, pour déclarer le demandeur propriétaire, retient que ses titres sont les meilleurs, sans que les moyens subsidiaires tirés de la prescription puissent être examinés, sauf à violer la hiérarchie des preuves de propriété, alors qu'il est toujours possible de prescrire contre un titre (■ Cass. 3e civ., 4 déc. 1991, n° 90-14.600 : *JurisData* n° 1991-003116 ; *Bull. civ.* III, n° 306, p. 180 ; *JCP* G 92, I, 3591, n° 1, obs. Périnet-Marquet ; *JCP* N 93, II, 44 ; *D.* 1993, somm. 36, 3e esp., obs. A. Robert. Sur l'absence de hiérarchie des preuves, V. aussi ■ Cass. 3e civ., 5 mai 1970, n° 68-14.321 : *JurisData* n° 1970-098314 ; *Gaz. Pal.* 1971, 2, 529). Les modes de preuve de la propriété immobilière étant libres, la preuve d'un titre peut être rapportée par la production d'attestations (■ Cass. 3e civ., 20 juill. 1988, n° 87-10.998 : *JurisData* n° 1988-002054 ; *Bull. civ.* III, n° 136, p. 74 ; *RTD civ.* 1989, 776, note Zenati) ou de factures (■ Cass. 1re civ., 11 janv. 2000 : *JCP* G 2000, I, 265, n° 2, obs. Périnet-Marquet ; *JCP* E 2001, 33, note Ferries ; *D.* 2001, 890, note A. Donnier ; *Bull. civ.* I, n° 5, p. 2 ; *Defrénois* 2000, 779, obs. Atias ; *RTD civ.* 2002, 121, obs. Revet). Une cour d'appel ne peut se fonder exclusivement sur un procès-verbal de bornage, qui ne constitue pas un acte translatif de propriété (■ Cass. 3e civ., 8 déc. 2004 : *JCP* G 2005, IV, 1165 ; *JurisData* n° 2004-026067 ; *Defrénois* 2005, 1177, obs. Atias. – V. aussi ■ Cass. 3e civ., 18 oct. 2006, n° 05-13.852 : *JurisData* n° 2006-035404 ; *JCP* G 2007, I, 117, n° 2, obs. Périnet-Marquet, une action en bornage n'a pas le même objet qu'une action en revendication de propriété). Au demeurant, l'action en bornage a seulement pour effet de fixer les limites des fonds contigus sans en attribuer la propriété (■ Cass. 3e civ., 10 juill. 2013, n°s 12-19.416 et 12-19.610). En matière mobilière, les juges ne peuvent limiter par avance les preuves admissibles (■ Cass. 1re civ., 20 juin 1995, n° 93-15.371 : *JurisData* n° 1995-001592 ; *Bull. civ.* I, n° 271, p. 188, cassation de l'arrêt ayant décidé que les héritiers devaient établir la matérialité du mobilier dépendant de la succession de leur mère uniquement par des déclarations de successions ou par les factures des achats).

35) Opposabilité du titre. Déclarer opposables aux tiers les titres réguliers de propriété, ce n'est aucunement prétendre qu'il peut résulter de ces titres une modification quelconque aux droits des tiers, et la règle de l'article 1165 est sans application (■ Cass. civ., 22 juin 1864 : *DP* 1864, 1, 512. Sur le principe que la preuve de la propriété est étrangère à la question de l'opposabilité des actes aux tiers, V. aussi ■ Cass. civ., 5 mars 1913 : *S.* 1913, 1, 191. ■ Cass. 3e civ., 5 mai 1982, n° 81-11.228 : *JurisData* n° 1982-700984 ; *Bull. civ.* III, n° 116, p. 82. ■ Cass. 3e civ., 2 juill. 1997 : *JCP* 97, IV, 1888 ; *Bull. civ.* III, 161, p. 108 ; *Defrénois* 1997, 1420, obs. Atias. ■ Cass. 3e civ., 13 mai 2015, n°s 13-27.342 et 14-15.678 : *JurisData* n° 2015-011123 ; *JCP* G 2015, doctr. 1221, n° 4, obs. Périnet-Marquet ; *RDC* 2015, p. 949, note Tadros qui refuse de distinguer entre l'auteur des titres et donne la même valeur à ceux présentés par le demandeur et le défendeur), sauf si le procès relatif à la propriété du bien se déroule entre les ayants droit d'un auteur commun (■ Cass. 1re civ., 1er avr. 1981 : *JurisData* n° 1981-001075 ; *JCP* 82, II, 19897, note Tomasin). De même, la propriété étant un droit réel, l'arrêt qui déclare un individu propriétaire équivaut nécessairement à un titre susceptible, comme tout autre titre, d'être opposé à tous par celui qui l'a obtenu (■ Cass. civ., 27 déc. 1865 : *DP* 1866, 1, 5). Les actes de partage successoral, bien que non publiés, sont opposables aux tiers (■ Cass. 3e civ., 23 avr. 1981 : *JurisData* n° 1981-001207 ; *Bull. civ.* III, n° 80, p. 58 ; *RTD civ.* 1982, 168, obs. Giverdon). Si la transcription d'une vente doit être prise en considération au cas où les parties invoquent l'une et l'autre des titres de propriété émanant du même aliénateur, il ne saurait en être de même lorsque le titre, d'ailleurs reconnu régulier, est opposé à une prescription déclarée inefficace (■ Cass. 1re civ., 8 mars 1954 : *D.* 1954, 362).

B – Conflits de preuve

36) Demandeur et défendeur sans titre. Si les parties ne peuvent faire valoir aucun titre, il appartient aux juges du fond de rechercher dans les faits et circonstances du procès des indices de propriété et des éléments de décision qu'il leur est impossible de rencontrer ailleurs. Ils peuvent notamment accueillir l'action en revendication en se fondant sur la possession mieux caractérisée des demandeurs, les énonciations du cadastre, le payement de l'impôt, la déclaration des témoins, la topographie des lieux et un plan d'expert (■ Cass. civ., 16 avr. 1860 : *DP* 1860, 1, 251. ■ Cass. req., 19 avr. 1937 : *DP* 1939, 1, 24, note de Lagrange). Dans une action en revendication immobilière, le demandeur doit l'emporter s'il peut se prévaloir de présomptions meilleures et plus caractérisées, selon l'appréciation souveraine des juges du fond, que celles dont se réclame le défendeur (■ Cass. req., 28 avr. 1941 : *DA* 1941, 259. V. aussi ■ Cass. req., 14 avr. 1904 : *DP* 1904, 1, 247. ■ Cass. civ., 26 déc. 1921 : *DP* 1925, 1, 140. ■ Cass. 3e civ., 3 juin 1981 : *JurisData* n° 1981-702431 ; *D.* 1982, inf. rap. 183, obs. A. Robert. ■ Cass. 3e civ., 21 déc. et 28 oct. 1987, n° 86-14.143 : *D.* 1989, somm. 31, obs. A. Robert). Comp. ■ Cass. 3e civ., 14 janv. 2015, n° 13-22.256, qui énonce que l'opposition à un acte de notoriété acquisitive dirigée contre le possesseur de l'immeuble doit être déclarée infondée car son auteur n'est pas en mesure d'apporter la preuve de son droit de propriété.

37) Titre contre possession. La possession qui ne remplit pas les conditions permettant de se prévaloir de l'usucapion ne peut prévaloir contre le titre antérieur à elle (■ Cass. civ., 22 juin 1864 : *DP* 1864, 1, 512). Mais il en va autrement si la possession est antérieure au titre (■ Cass. civ., 14 juin 1904 : *DP* 1905, 1, 8. ■ Cass. req., 24 oct. 1938 : *DH* 1939, 3. ■ Cass. 1re civ., 7 oct. 1964 : *JurisData* n° 1964-700430 ; *JCP* 64, II, 13944, note Bulté. V. aussi, affirmant qu'on peut toujours prescrire contre un titre, ■ Cass. 3e civ., 4 déc. 1991, n° 89-14.921 : *JurisData* n° 1991-003045 ; *Bull. civ.* III, n° 306, p. 180 ; *JCP* G 92, I, 3591, n° 1, obs. Périnet-Marquet ; *JCP* N 93, II, 44 ; *D.* 1993, somm. 36, 3e esp., obs. A. Robert. – Comp. ■ Cass. 3e civ., 26 oct. 1988, n° 87-11.833 : *JCP* 88, IV, 410, énonçant que les titres ne constituent jamais que des présomptions, sauf à démontrer qu'ils émanent du véritable propriétaire). Viole l'article 1341 l'arrêt qui déclare le défendeur à l'action en revendication propriétaire de la parcelle litigieuse en retenant qu'il n'est reçu aucune preuve par témoins contre et outre le contenu aux actes et que les déclarations et attestations produites par la demanderesse pour établir ses droits sur le terrain sont en contradiction manifeste avec les énonciations figurant dans les actes produits par le défendeur, alors que la défense de prouver par témoins contre et outre le contenu de l'acte ne concerne que les parties contractantes et non les tiers (■ Cass. 3e civ., 17 avr. 1991, n° 89-20.680 : *JurisData* n° 1991-701053 ; *Bull. civ.* III, n° 124, p. 72 ; *RTD civ.* 1995, 400, obs. Zenati).

38) Titre contre titre. En matière de revendication immobilière, lorsque les parties produisent des titres émanant d'auteurs différents, les juges ne sont pas tenus de préférer le titre plus ancien et il leur appartient de se prononcer d'après les circonstances de la cause et les énonciations des actes (■ Cass. civ., 12 nov. 1907 : *DP* 1908, 1, 313, note Ripert. V. aussi ■ Cass. civ., 26 déc. 1921 : *DP* 1925, 1, 140. ■ Cass. 1re civ., 6 déc. 1955 : *JCP* 56, II, 9042, note Blin. ■ Fort-de-France, 26 mars 1993 : *JurisData* n° 1993-049917 ; *D.* 1993, somm. 303, obs. A. Robert). L'expression « fossé entre deux » mentionnée dans un acte en 1874 désigne usuellement une limite mitoyenne (■ Nîmes, 27 févr. 1990 : *JurisData* n° 1990-030022 ; *JCP* 91, IV, 123). Si deux personnes ont acquis du même auteur des droits concurrents en vertu d'actes ou de décisions soumis à la même obligation de publicité, il convient uniquement de rechercher quel acte a été publié en premier, rendant ainsi opposable aux tiers le droit réel immobilier en question, peu important la mauvaise foi de celui qui a publié en premier (■ Cass. 3e civ., 12 janv. 2011, n° 10-10.667 : *D.* 2011, 851, note L. Aynès ; *RTD civ.* 2011, 158, obs. Crocq ; *RTD civ.* 2011, p. 369, obs. Revet. Comp. ■ Cass. 3e civ., 10 févr. 2010, n° 08-21.656 : *Bull. civ.* III, n° 41 ; *JCP* N 2010, 1146, note Lamiaux. *Contra* antérieurement, ■ Cass. 3e civ., 22 mars 1968, n° 66-12.943 : *Bull. civ.* III, n° 129 ; *D.* 1968,

412, note J. Mazeaud ; *RTD civ.* 1968, 564, obs. Bredin ; *JCP* 1968, II, 15587, note Plancqueel).

IV – PROPRIÉTÉ APPARENTE

39) Principe. Les tiers de bonne foi qui agissent sous l'empire de l'erreur commune ne tiennent leur droit ni du propriétaire apparent, ni du propriétaire véritable. Ils sont investis par l'effet de la loi. La nullité du titre du propriétaire apparent, serait-elle d'ordre public, est sans influence sur la validité des aliénations ou constitutions d'hypothèques par lui consenties, dès lors que la cause de nullité est demeurée et devait nécessairement être ignorée de tous (■ Cass. 1re civ., 3 avr. 1963 : *JurisData* n° 1963-700204 ; *D.* 1964, 306, note Calais-Auloy. ■ Cass. 1re civ., 22 juill. 1986, n° 84-17.004 : *JurisData* n° 1986-701574 ; *Bull. civ.* I, n° 214, p. 205 ; *D.* 1987, somm. 13, obs. A. Robert). La théorie du propriétaire apparent ne s'applique pas à ceux qui ont acquis des biens à titre gratuit (■ Cass. 1re civ., 7 oct. 2015, n° 14-16.946 : *JurisData* n° 2015-022064 ; *RTD civ.* 2016, p. 146, note Dross ; *JCP* G 2016, 446, n° 4, obs. Périnet-Marquet). La Haute juridiction a refusé de transmettre une question prioritaire de constitutionnalité aux termes de laquelle l'atteinte que porte la théorie de l'apparence au droit de propriété serait contraire aux articles 2 et 17 de la Déclaration des droits de l'homme et du citoyen, et ce, au motif que sous le couvert d'une contestation de la constitutionnalité de la portée effective qu'une interprétation constante conférerait à l'article 544 du Code civil, le demandeur conteste en réalité la construction jurisprudentielle de la théorie de l'apparence en ce qu'elle est appliquée dans le domaine de la propriété immobilière (■ Cass. 3e civ., QPC, 30 mars 2017, n° 16-22058 : *JurisData* n° 2017-005632 ; *D.* 2017, p. 1344, note Lakssimi ; *JCP* G 2017, doctr. 1142, n° 2, obs. Périnet-Marquet).

40) Héritier apparent. Dès que l'erreur commune et invincible ainsi que la bonne foi des tiers sont établies, les aliénations consenties par l'héritier apparent échappent à toute action en résolution dirigée par l'héritier véritable (■ Cass. civ., *26 janv. 1897 : DP 1900, 1, 33,* 1re esp., note Sarrut. V. en ce sens ■ Cass. req., 6 janv. 1930 : *DP* 1931, 1, 43, note Laurent. V. aussi ■ Cass. 1re civ., 3 avr. 1963, préc., hypothèques constituées par le donataire avant annulation de la donation).

41) Bail consenti par le propriétaire apparent. Le bail de 12 ans consenti par une personne non propriétaire est valable et opposable au véritable propriétaire si le preneur a contracté de bonne foi et sous l'empire d'une erreur commune (■ Cass. 1re civ., 2 nov. 1959 : *Gaz. Pal.* 1960, 1, 30. Voir art. 595, annot. n° 21, p. 505).

42) Bonne foi. Celui qui acquiert de l'héritier apparent est de bonne foi dès lors qu'il ignorait, sinon l'existence, du moins la qualité des héritiers véritables (■ Cass. req., 6 janv. 1930 : *DP* 1931, 1, 43, note Laurent). La bonne foi, requise de celui qui traite avec le propriétaire apparent, n'est exigée qu'au moment de la conclusion de l'acte (■ Cass. 1re civ., 2 nov. 1959, préc. ■ Cass. 3e civ., 30 mars 2017 n° 15-21.790 : *JurisData* n° 2017-005630 ; *RDC* 2017, p. 512, note Danos ; *JCP* G 2017, doctr. 1142, n° 1, obs. Périnet-Marquet ; *Defrénois* 2017, n° 24-25, p. 27, obs. Tranchant). Lorsque la mauvaise foi de l'acquéreur est établie, la vente consentie par l'héritier apparent est nulle, sans qu'il y ait à tenir compte de l'erreur commune (■ Cass. req., 20 mai 1935 : *DP* 1935, 1, 97, rapp. Pilon).

43) Erreur commune. Sur la notion d'erreur commune et légitime, V. ■ Cass. 1re civ., 3 avr. 1963, préc. ■ Cass. 1re civ., 12 janv. 1988, n° 86-12.218 : *JurisData* n° 1988-700413 ; *Bull. civ.* I, n° 7, p. 6.

V – PROTECTION DE LA PROPRIÉTÉ

44) Valeur constitutionnelle. Le droit de propriété est un droit fondamental, de valeur constitutionnelle (■ Cass. 1re civ., 4 janv. 1995, n° 92-20.013 : *JurisData* n° 1995-000125 ; *Bull. civ.* I, n° 4, p. 2 ; *RTD civ.* 1996, 932, obs. Zenati). Les principes mêmes énoncés par la Déclaration des droits de l'homme ont pleine valeur constitutionnelle tant en ce qui concerne le caractère fondamental du droit de propriété dont la conservation constitue l'un des buts de la société politique et qui est mis au même rang que la liberté, la sûreté et la résistance à l'oppression, qu'en ce qui concerne les garanties données aux titulaires de ce droit et les prérogatives de la puissance publique (■ Cons. const., 16 janv. 1982, n° 81-132 DC : *JurisData* n° 1982-300012 ; *JCP* 82, II, 19788, note Nguyen Quoc Vinh et Franck ; *Gaz. Pal.* 1982, 1, 67, note Dupichot et Piedelièvre ; *D.* 1983, 169, note Hamon). Le législateur peut apporter au droit de propriété les limites qui lui paraissent nécessaires, mais à la condition que celles-ci n'aient pas un caractère de gravité tel que le sens et la portée de ce droit en soient dénaturés (■ Cons. const., 29 juill. 1998, n° 98-403 DC : *JurisData* n° 1998-933489 ; *JCP* G 98, I, 171 et *JCP* N 98, 1193, n° 2, obs. Périnet-Marquet ; *RTD civ.* 1999, 132, obs. Zenati, inconstitutionnalité de l'obligation faite par la loi sur les exclusions au créancier poursuivant d'acquérir l'immeuble au prix fixé par le juge). Mais la limitation à certaines modalités d'exercice du droit de propriété n'est pas contraire à la Constitution dès lors qu'elle n'a pas un caractère de gravité dénaturant le sens et la portée de ce droit (■ Cons. const., 4 juill. 1989, n° 89-254 DC : *D.* 1989, 209, note Luchaire ; *RTD civ.* 1990, 519, note Zenati). De même, jugé conforme à la Constitution l'article L. 160-5 du Code de l'urbanisme, relatif à la non-indemnisation des servitudes d'urbanisme (■ CE, 16 juill. 2010, n° 339342 : *JCP* G 2010, 1162, n° 3, note Périnet-Marquet). Le libre accès à sa propriété constitue un accessoire du droit de propriété, droit fondamental à valeur constitutionnelle (■ Cass. 1re civ., 28 nov. 2006, n° 04-19.134 : *JurisData* n° 2006-036429 ; *JCP* G 2007, I, 117, n° 1, obs. Périnet-Marquet). Selon le Conseil constitutionnel, l'article 544 du Code civil est conforme à la Constitution, en ce que le caractère absolu qu'il exprime conduit à ce que toute occupation sans droit ni titre du bien d'autrui soit considérée, par les juridictions civiles, comme un trouble manifestement illicite permettant aux propriétaires d'obtenir en référé, en application de l'article 809 du Code de procédure civile, l'expulsion des occupants (■ Cons. const., 30 sept. 2011, n° 2011-169 QPC : *JO* 1er oct. 2011). Reste que la question de la constitutionnalité de la prescription acquisitive n'est pas sérieuse dès lors que cette institution, qui n'a ni pour objet ni pour effet de priver une personne de son droit de propriété ou d'en limiter l'exercice, confère au possesseur un titre de propriété correspondant à la situation de fait qui n'a pas été contestée dans un certain délai et qu'elle répond à un motif d'intérêt général de sécurité juridique (■ Cass. 3e civ., 17 juin 2011, n° 11-40.055 : *D.* 2011, p. 2598, obs. Forest ; *JCP* G 2011, 1298, n° 1, obs. Périnet-Marquet). En subordonnant l'exercice du droit à la rétrocession, dans un délai de cinq ans, du bien préempté, le législateur a entendu garantir que ce droit ne soit utilisé que conformément au but d'intérêt général que doivent satisfaire les SAFER, le dépassement du délai prévu ne peut être sanctionné qu'au titre du droit commun, la juridiction compétente devant veiller à ce que la durée de détention du bien préempté ne conduise pas à la méconnaissance de l'objet pour lequel la loi a institué le droit de préemption (■ Cons. const., 25 mai 2018, n° 2018-707 QPC : *JCP* G 2018, doctr. 1093, n° 1, obs. Périnet-Marquet). La procédure d'expropriation pour risques naturels majeurs n'est pas contraire à la Constitution en ce qu'elle ne s'applique pas au propriétaire d'un bien exposé au risque d'érosion côtière (■ Cons. const., 6 avr. 2018, n° 2018-698 QPC : *JCP* G 2018, doctr. 1093, n° 1, obs. Périnet-Marquet). Selon le Conseil constitutionnel, si le droit de préemption reconnu *au locataire ou à l'occupant* de bonne foi d'un logement, dans le cadre d'une vente consécutive à la division initiale ou à la subdivision de l'immeuble, ne porte pas une atteinte disproportionnée au droit de propriété du bailleur, tel n'est pas le cas du droit de préemption de la commune, déclaré inconstitutionnel (■ Cons. const., 9 janv. 2018, n° 2017-683 QPC : *JCP* G 2018, doctr. 1093, n° 1, obs. Périnet-Marquet). Voir aussi : H. Pauliat, *Question prioritaire de constitutionnalité et droit de propriété : une jurisprudence insuffisamment protectrice ?* : *RJEP* 2012, n° 695, étude 2.

45) Convention européenne des droits de l'homme. L'apport forcé de leurs terrains par les propriétaires à des associations communales de chasse agréées, prévu par la loi Verdeille, place ces propriétaires dans une situation qui rompt le juste équilibre devant régner entre la sauvegarde du droit de propriété et les exigences de l'intérêt général (■ CEDH, 29 avr. 1999, n° 25088/94 : *JurisData* n° 1999-590022 ; *JCP* 99, II, 10172, note de Malafosse ; *RTD civ.* 2000, 360, obs. Revet). En revanche, l'État peut contraindre un propriétaire à laisser des tiers chasser sur ses terres (■ CEDH, gde ch., 4 oct. 2012, n° 57412/08, *Chabaudy c/ France* : *RTD civ.* 2013, p. 151, note Dross ; *RTD civ.* 2012, p. 703, note Marguénaud ; *JCP* G 2012, 2266, note Surrel). Sur la condamnation de la France pour refus abusif de concours de la force publique à une décision d'expulsion, V. ■ CEDH, 31 mars 2005 : *JCP* 2005, I, 181, n° 1, obs. Périnet-Marquet). La protection conventionnelle du droit de propriété se manifeste également dans le fait que la Cour EDH a condamné la France pour un transfert de propriété entre époux alors que le patrimoine du mari était qualifié de substantiel, ce qui, selon la Cour, aurait pu lui permettre de s'acquitter de sa dette par le versement d'une somme d'argent (■ CEDH, 10 juill. 2014, n° 4944/11, *Milhau c/ France* : *JurisData* n° 2014-015390 ; *JCP* G 2014, doctr. 1129, n° 1, obs. Périnet-Marquet. – Comp. ■ Cass. 1re civ., 28 mai 2014, n° 13-15.760 : *JurisData* n° 2014-012992 ; *JCP* G 2014, act. 641). En revanche, la Cour européenne des droits de l'homme a déclaré le mécanisme de l'usucapion conforme à l'article 1er du premier protocole additionnel à la Convention européenne de sauvegarde des droits de l'homme (■ CEDH, gde ch., 30 août 2007, n° 44302/02, *PYE LTD c/ Royaume-Uni* : *JCP* G 2008, I, 127, n° 1, obs. Périnet-Marquet).

46) Voie de fait – Notion. La voie de fait suppose des actes manifestement insusceptibles de se rattacher à l'exercice d'un pouvoir appartenant à l'Administration (■ T. confl., 4 juill. 1991, n° 2662, *Assoc. « MDC Boris Vian »* : *JurisData* n° 1991-644566 ; *Rec. CE* 1991, p. 468 ; *JCP* G 1991, IV, p. 391). Pour le tribunal des conflits, il n'y a voie de fait de la part de l'Administration, justifiant, par exception au principe de séparation des autorités administratives et judiciaires, la compétence des juridictions de l'ordre judiciaire pour en ordonner la cessation ou la réparation, que dans la mesure où l'Administration soit, a procédé à l'exécution forcée, dans des conditions irrégulières, d'une décision, même régulière, portant atteinte à la liberté individuelle ou aboutissant à l'extinction d'un droit de propriété, soit a pris une décision qui a les mêmes effets d'atteinte à la liberté individuelle ou d'extinction d'un droit de propriété et qui est manifestement insusceptible d'être rattachée à un pouvoir appartenant à l'autorité administrative ; de sorte que l'implantation, même sans titre, d'un ouvrage public sur le terrain d'une personne privée ne procède pas d'un acte manifestement insusceptible de se rattacher à un pouvoir dont dispose l'Administration (■ T. confl., 17 juin 2013, n° 3911, *Bergoend c/ Sté ERDF Annecy-Léman : JurisData* n° 2013-013087 ; *JCP* G 2013, 1057, S. Biagini-Girard ; *AJDA* 2013, p. 1568, chron. X. Domino et A. Brottoneaux ; *JCP* G 2013, 1060, n° 2, obs. Périnet-Marquet). La Cour de cassation s'est rangée à cette analyse et subordonne la reconnaissance d'une voie de fait à l'extinction du droit de propriété et non pas seulement à une atteinte à celui-ci (■ Cass. 1re civ., 13 mai 2014, n° 12-28.248 : *JurisData* n° 2014-009805 ; *RTD civ.* 2014, p. 688, note Dross ; *JCP* G 2014, doctr. 1129, n° 2, obs. Périnet-Marquet. ■ Cass. ass. plén., 19 juin 2015, n° 13-19.582 : *JurisData* n° 2015-014625 ; *JCP* G 2015, 909, Libchaber ; *JCP* G 2015, doctr. 1221, n° 2, obs. Périnet-Marquet. – V. également sur la reprise et l'application de la formule du Tribunal des conflits par la Cour de cassation, ■ Cass. 1re civ., 15 oct. 2014, n° 13-27.484 : *JurisData* n° 2014-024010 ; *JCP* G 2015, doctr. 546, n° 3, obs. Périnet-Marquet. ■ Cass. 3e civ., 15 oct. 2014, n° 13-27.484 : *JurisData* n° 2014-024010 ; *JCP* G 2015, doctr. 546, n° 3, obs. Périnet-Marquet. – Comp. ■ Cass. 3e civ., 19 déc. 2012, n° 11-21.616 : *JurisData* n° 2012-030500 ; *JCP* G 2013, 429, n° 1, obs. Périnet-Marquet, la Haute juridiction a considéré que, dans une affaire où il n'était pas contesté qu'une ligne électrique aérienne était ancienne, quand bien même ERDF ne pouvait justifier d'un titre, l'inaction, pendant de longues années, des propriétaires successifs des parcelles, en pleine connaissance de l'ouvrage réalisé, caractérisait une acceptation tacite de cet ouvrage de sorte que la qualification de voie de fait doit être écartée). Antérieurement, la position de la Haute juridiction était plus souple notamment en ce qu'elle considérait qu'en l'absence de toute procédure diligentée par l'Administration, devait être reconnue l'existence d'une voie de fait (■ Cass. 3e civ., 21 févr. 2007, n° 06-10.071 : *JurisData* n° 2007-037489 ; *Bull. civ.* III, n° 31). Dans la mesure où la construction d'un canal sur une propriété privée, en l'absence d'autorisation précise, ne se rattachait pas au pouvoir donné à l'Administration de construire le bassin en cause, le juge a pu reconnaître l'existence d'une voie de fait (■ Cass. 3e civ., 5 mai 2010, n° 09-66.131 : *JurisData* n° 2010-005327 ; *JCP* G 2010, 1162, n° 11, obs. Périnet-Marquet). De même, le juge a pu caractériser une voie de fait dans l'hypothèse où une commune a pris l'initiative de réaliser sur un fonds privé des travaux aux fins de lutte contre les incendies de forêt, sans l'autorisation de son propriétaire, ni observation des procédures palliatives (■ Cass. 3e civ., 20 févr. 2013, n° 12-11.994 : *JurisData* n° 2013-002815 ; *RD rur.* 2013, comm. 52, note Crevel ; *JCP* G 2013, 429, n° 1, obs. Périnet-Marquet). En revanche, les troubles subis dans le cadre d'une démolition d'office ne constituent pas une voie de fait (■ Cass. 3e civ., 9 sept. 2009, n° 07-20.189 : *JurisData* n° 2009-049437 ; *Procédures* 2009, comm. 367, obs. Junillon ; *JCP* G 2010, 336, n° 3, obs. Périnet-Marquet). Il en va de même de la perte, pour une terre à vigne, de l'appellation champagne (■ Cass. 1re civ., 30 sept. 2009, n° 08-17.438 : *JurisData* n° 2009-049664 ; *RD rur.* 2010, comm. 34, note Renard-Payen ; *Procédures* 2009, comm. 407, note Junillon ; *JCP* G 2010, 336, n° 3, obs. Périnet-Marquet).

47) Voie de fait – Compétence des tribunaux judiciaires. L'autorité judiciaire est compétente en cas de voie de fait (■ T. confl., 24 juill. 1947 : *D.* 1947, 414, note Fréjaville. ■ Cass. 1re civ., 15 janv. 1975 : *JurisData* n° 1975-000020 ; *D.* 1975, 691, note Drago. ■ Cass. 1re civ., 28 juin 1989, n° 87-15.999 : *JurisData* n° 1989-002369 ; *Bull. civ.* I, n° 267, p. 177. ■ Cass. 1re civ., 28 juin 2005, n° 03-14.165 : *JurisData* n° 2005-029168 ; *JCP* 2005, IV, 2889 ; *JurisData* n° 2005-029168 ; *Resp. civ. et assur.* 2005, 277. ■ Cass. 3e civ., 21 févr. 2007, n° 06-10.071 : *JurisData* n° 2007-037489 ; *Bull. civ.* III, n° 162. – Sur la compétence du juge des référés, V. ■ Cass. 3e civ., 22 mars 1993 : *Bull. civ.* III, n° 83, p. 66) ou de contestation sur le droit de propriété immobilière (■ Cass. 1re civ., 2 mai 1979, n° 77-15.222 : *D.* 1979, inf. rap. 409 ; *Bull. civ.* I, n° 123, p. 100). En cas d'atteinte à la propriété immobilière, qu'elle constitue une voie de fait ou seulement une emprise irrégulière, les juridictions judiciaires sont seules compétentes pour statuer sur la réparation de l'ensemble des préjudices qui en découlent (■ T. confl., 15 déc. 2003, n° 3378 : *JurisData* n° 2003-232522 ; *JCP* G 2004, I, 171, n° 2, obs. Périnet-Marquet ; *JCP* A 2004, p. 328, note Moreau. ■ Cass. 1re civ., 9 janv. 2007, n° 05-15.439 : *JurisData* n° 2007-036870 ; *Bull. civ.* I, n° 6 ; *Procédures* 2007, comm. 114, obs. Junillon). Peu importe ici que des travaux publics aient été réalisés (■ Cass. 1re civ., 1er oct. 1985, n° 84-12.103 : *JurisData* n° 1985-702479 ; *Bull. civ.* I, n° 243, p. 218. V. aussi ■ Cass. 1re civ., 12 juin 1990, n° 88-18.319 : *Bull. civ.* I, n° 163, p. 115. V. aussi ■ Cass. 3e civ., 30 avr. 2003, n° 01-14.148 : *JurisData* n° 2003-018806 ; *D.* 2003, 1932, note Petit). En outre, le juge judiciaire demeure compétent pour indemniser le propriétaire victime d'une voie de fait, même si une procédure de régularisation a été engagée (■ Cass. 1re civ., 25 nov. 2009, n° 08-18.655 : *JurisData* n° 2009-050433 ; *JCP* G 2010, 336, n° 1, obs. Périnet-Marquet). Néanmoins, à la différence d'une emprise irrégulière où seule l'attribution de dommages et intérêts sera envisageable, le juge judiciaire peut, sous certaines conditions, ordonner la destruction de l'ouvrage en cause lorsqu'une voie de fait se trouve caractérisée (■ T. confl., 6 mai 2002, n° C 3287 : *JCP* A 2002, p. 1163, note Dufeau. ■ Cass. 3e civ., 30 avr. 2003, n° 01-14.148 : *JurisData* n° 2003-018806 ; *D.* 2003, p. 1933, note Petit ; *JCP* G 2003, I, 172, n° 1, obs. Périnet-Marquet. ■ Cass. 1re civ., 28 juin 2005, n° 03-14.165 : *JurisData* n° 2005-029168 ; *JCP* A 2007, p. 2143, note Renard-Payen). Sur les risques encourus par le propriétaire qui tarde à agir pour se faire indemniser d'une emprise irrégulière et se heurte à la prescription très brève dont bénéficie une collectivité publique, V. ■ Cass. 3e civ., 5 déc. 2007 : *JurisData* n° 2007-041771 ; *JCP* G 2008, I, 127, n° 2, obs. Périnet-Marquet ; *JCP* G 2008, IV, 1052. Rien n'interdit au propriétaire, sur le fondement de l'article L. 521-2 du Code de justice administrative, de demander au juge administratif d'enjoindre à l'Administration de faire cesser une atteinte grave et manifestement illégale au droit de propriété, lequel a le caractère d'une liberté fondamentale, cette possibilité lui étant offerte quand bien même cette atteinte aurait le caractère d'une voie de fait (■ CE, 23 janv. 2013, n° 365262, *Cne de Chirongui* : *JurisData* n° 2013-000744 ; *JCP* G 2013, 429, n° 1, obs. Périnet-Marquet ; *Dr. adm.* 2013, comm. 24, note Gilbert ; *JCP* A 2013, 2048, note Le Bot ; *JCP* A 2013, 2047, note Pauliat).

48) Conciliation du droit de propriété et d'un droit de priorité. Le droit de priorité que se fait consentir une commune venderesse de pouvoir racheter un terrain à son prix de vente pendant vingt ans n'est pas une atteinte au droit de propriété (■ Cass. 3e civ., 23 sept. 2009, n° 08-18.187 : *JurisData* n° 2009-049551 ; *RTD civ.* 2009, p. 717, note Fages ; *RTD civ.* 2010, p. 127, note Gautier ; *RDC* 2010, p. 24, obs. Génicon ; *JCP* G 2009, note 479, Pillet ; *JCP* N 2010, 1071, note Leveneur ; *Defrénois* 2010, p. 104, note Libchaber ; *JCP* G 2010, 336, n° 5, note Périnet-Marquet).

49) Conciliation du droit de propriété et du droit au logement. Viole l'article 544 du Code civil la cour d'appel qui, tout en constatant une occupation sans titre d'un immeuble appartenant à autrui, refuse de prononcer l'expulsion des lieux, au motif que le propriétaire ne prouve pas d'atteinte à la sécurité des biens et des personnes, ni violence, ni dégradation (■ Cass. 3e civ., 20 janv. 2010, n° 08-16.088 : *Bull. civ.* 2010, III, n° 19 ; *JCP* G 2010, 1162, n° 10, note Périnet-Marquet).

Art. 545. – Nul ne peut être contraint de céder sa propriété, si ce n'est pour cause d'utilité publique, et moyennant une juste et préalable indemnité.

1) Expropriation de fait (non). Sur le principe que le transfert de propriété non demandé par le propriétaire ne peut intervenir qu'à la suite d'une procédure régulière d'expropriation, V. ■ Cass. ass. plén., 6 janv. 1994, n° 89-17.049 : *JurisData* n° 1994-000140 ; *Bull. civ.*, ■ Cass. ass. plén., n° 1, p. 1 ; *JCP* 94, II, 22207, concl. Jéol ; *RTD civ.* 1994, 888, obs. Zenati (cassation de l'arrêt qui, après annulation de la vente de terrains sur lesquels a été construit un barrage, énonce qu'en raison de l'intangibilité de l'ouvrage public, les terrains ont fait l'objet d'une expropriation de fait. V. aussi, condamnant l'expropriation dite indirecte, ■ CEDH, 13 oct., 15 et 17 nov., 6, 8 et 15 déc. 2005 : *JCP* G 2006, I, 178 et *JCP* N 2007, 1380, n° 1, obs. Périnet-Marquet). Le juge ne saurait imposer une perte de surface utile au propriétaire d'un appartement, laquelle résulte, en l'occurrence, du doublage d'une cloison mitoyenne, pour réparer un désordre sonore dont il est victime ; peu important ici que le responsable de ce trouble soit condamné au paiement des travaux, ainsi qu'au versement d'une somme correspondant au prix de la surface perdue (■ Cass. 3e civ., 11 juill. 2007 : *JurisData* n° 2007-040132 ; *JCP* G 2007, I, 197, n° 1, obs. Périnet-Marquet ; *Resp. civ. et assur.* 2007, comm. 320 ; *JCP* G 2007, IV, 2734).

2) Indemnisation du préjudice moral résultant de l'expropriation (non). Aucune exigence constitutionnelle n'impose que la collectivité expropriante, poursuivant un but d'utilité publique, soit tenue de réparer la douleur morale éprouvée par le propriétaire à raison de la perte des biens expropriés (■ Cons. const., déc. 21 janv. 2011, n° 2010-87 QPC : *JCP* G 2011, 323, n° 3, obs. Périnet-Marquet).

3) Indemnisation en l'absence de préjudice (oui). La Haute juridiction rappelle que la seule constatation d'une emprise irrégulière ayant pour effet l'extinction du droit de propriété devait donner lieu à indemnisation devant le juge judiciaire (■ Cass. 1re civ., 15 juin 2016, n° 15-21.628 : JurisData n° 2016-011558 ; RTD civ. 2016, p. 889, note Dross ; *JCP* G 2016, doctr. 1191, n° 1, obs. Périnet-Marquet).

4) Plus-value engendrée par le bien exproprié. Un exproprié ne peut être indûment privé d'une plus-value engendrée par le bien exproprié

(■ Cass. 3e civ., 19 oct. 2008 : *JCP* G 2009, I, 127, n° 2, obs. Périnet-Marquet. ■ Cass. 3e civ., 20 juin 2007, n° 06-12.569 : *Bull. civ.* III, n° 110, qui considère qu'à partir du moment où le droit à rétrocession avait été reconnu à des époux, ceux-ci étaient irrecevables à exercer une action en indemnisation pour charges excessives du fait de l'expropriation). Le juge français se range ici à la position adoptée par la Cour européenne des droits de l'homme (■ CEDH, 2 juill. 2002 : *AJDA* 2002, p. 1226, note Hostiou ; *JCP* G 2003, I, 109, n° 25, obs. Sudre).

5) Voie de fait. Sur la compétence des tribunaux judiciaires en cas de voie de fait, V. art. 544, annot. n° 47, p. 477.

6) Silence du propriétaire. Le silence gardé par un propriétaire jusqu'à l'achèvement par son voisin d'une construction empiétant sur son terrain ne saurait à lui seul faire la preuve de son consentement à l'aliénation de partie de son immeuble (■ Cass. 1re civ., 1er juill. 1965 : *JCP* 66, II, 14499, 2e esp., note R. L. ; *D.* 1965, 650).

7) Empiètement sur le terrain d'autrui. Les juges du fond ne peuvent refuser d'ordonner la démolition des constructions empiétant sur le terrain d'autrui (■ Cass. 3e civ., 5 mars 1970 : *JurisData* n° 1970-098176 ; *Bull. civ.* III, n° 176, p. 131), alors même que le constructeur aurait agi en toute bonne foi (■ Cass. 1re civ., 10 juill. 1962, n° 60-14.018 : *Bull. civ.* I, n° 359, p. 313. ■ Cass. 3e civ., 11 juill. 1969, n° 68-10.886 : *JurisData* n° 1969-000579 ; *JCP* 71, II, 16658, note Plancqueel. ■ Cass. 3e civ., 3 févr. 1982, n° 80-14.632 : *JurisData* n° 1982-700458 ; *JurisData* n° 1982-700406 ; *JurisData* n° 1982-700406 ; *D.* 1983, IR, 14, obs. A. Robert ; *Defrénois* 1983, 377, obs. Souleau) et même si l'empiètement est minime (■ Cass. 3e civ., 29 févr. 1984, n° 83-10.585 : *JurisData* n° 1984-700563 ; *Bull. civ.* III, n° 57, p. 44. ■ Cass. 3e civ., 8 févr. 1989, n° 87-13.141 : *JurisData* n° 1989-703017 ; *JCP* 89, IV, 133. ■ Cass. 3e civ., 23 mars 1999, n° 97-16.974 : *JurisData* n° 1999-001314 ; *JCP* 2000, I, 211, n° 4, obs. Périnet-Marquet ; *Resp. civ. et assur.* 1999, 165. ■ Cass. 3e civ., 20 mars 2002 : *JCP* G 2002, I, 176 et *JCP* N 2002, 1666, n° 6, obs. Périnet-Marquet ; *JCP* N 2002, 1648, note Planque ; *Bull. civ.* III, n° 71, p. 61 ; *D.* 2002, 2075, note Caron ; somm. 2507, 2e esp., obs. Mallet-Bricout ; *RTD civ.* 2002, 333, obs. Revet ; *JurisData* n° 2002-013615, et, sur renvoi, ■ Versailles, 11 févr. 2004, n° 02/02952 : *JurisData* n° 2004-284697 ; *D.* 2004, 2819, note Planque, empiètement de 0,5 cm. ■ Cass. 3e civ., 14 déc. 2005, n° 04-17.925 : *JurisData* n° 2005-031303 ; *JCP* G 2006, I, 127, n° 1, obs. Périnet-Marquet. V. cependant ■ Grenoble, 30 juin 1998, n° 96.3881 : *JurisData* n° 1998-043402 ; *JCP* 98, IV, 3541, refusant d'ordonner la démolition d'un mur de soutènement dont le sommet empiète de 5 à 19 centimètres sur l'espace situé au-dessus du fonds voisin, au motif qu'il n'est pas établi que cet empiètement constitue une gêne), et si le propriétaire voisin n'a pas élevé de protestation pendant la construction (■ Cass. 1re civ., 1er juill. 1965 : *JCP* 66, II, 14499, 2e esp., note R. L. ; *D.* 1965, 650). La démolition d'un bien construit sur le terrain d'autrui et l'expulsion de ses occupants ne sauraient être disproportionnées eu égard à la gravité de l'atteinte portée au droit de propriété (■ Cass. 3e civ., 17 mai 2018, n° 16-15.792 : *JurisData* n° 2018-008127 ; *JCP* G 2018, 790, note J. Laurent ; *JCP* G 2018, doctr. 1093, n° 2, obs. Périnet-Marquet ; *RDI* 2018, p. 446, obs. Bergel). Jugé que la seule condamnation à remettre en État une clôture n'est pas de nature à faire cesser l'empiètement réalisé par celle-ci (■ Cass. 3e civ., 13 nov. 2012, n° 11-27.197 : *AJDI* 2013, p. 132, note Le Rudulier). Dans ce contexte juridique, la Haute juridiction a refusé de transmettre au Conseil constitutionnel une question prioritaire de constitutionnalité relative à la liquidation d'une astreinte pour non-démolition d'un empiètement, mais au motif que la disposition contestée, en l'occurrence l'article 545 du Code civil tel qu'interprété par la jurisprudence, n'était pas applicable au litige (■ Cass. 3e civ., 11 févr. 2016, n° 15-21.949 : *JurisData* n° 2016-001944 ; *Constr.-Urb.* 2016, repère 3, Périnet-Marquet ; *JCP* G 2016, 446, n° 2, obs. Périnet-Marquet ; *JCP* G 2016, 363, avis Sturlèse. ■ Cass. 3e civ., 15 déc. 2016, n° 16-40.240 : *JurisData* n° 2016-027289 ; *JCP* G 2017, doctr. 454, n° 2, obs. Périnet-Marquet).

Il importe peu que l'empiètement s'exprime en surface ou ait un caractère souterrain (■ Cass. 3e civ., 10 nov. 2009, n° 08-17.526 : *JurisData* n° 2009-050344 ; *RD imm.* 2010, p. 204, note Bergel ; *JCP* G 2010, 336, note Périnet-Marquet, où un propriétaire se plaignait de ce que des tirants d'ancrage d'une construction voisine avaient été implantés, sans son accord, dans le tréfonds de sa propriété ■ Cass. 3e civ., 11 févr. 2015, n° 13-26.023 : *JCP* G 2015, doctr. 546, n° 4, obs. Périnet-Marquet, qui reconnaît qu'une activité d'extraction industrielle au-delà de la limite séparative d'une propriété constitue un empiètement par appropriation du sous-sol). Dans le même esprit, le propriétaire d'un terrain peut exiger la démolition des ouvrages qui, à une hauteur quelconque, débordent sur son fonds (■ Cass. 3e civ., 10 nov. 2016, n° 15-19.561 : *JurisData* n° 2016-023328 ; *JCP* G 2016, 1271, obs. Dubarry ; *JCP* G 2017, doctr. 454, n° 2, obs. Périnet-Marquet. ■ Cass. 3e civ., 10 nov. 2016, n° 15-21.949 : *JurisData* n° 2016-027804 ; *JCP* G 2017, doctr. 454, n° 2, obs. Périnet-Marquet. – Comp. ■ Cass. 3e civ., 10 nov. 2016, n° 15-25.113 : *JurisData* n° 2016-023289 ; *JCP* G 2016, 1271, obs. Dubarry ; *JCP* G 2017, doctr. 454, n° 2, obs. Périnet-Marquet). Il n'y a pas non plus à distinguer selon que l'auteur de l'empiètement possède ou non des droits indivis dans le fonds objet de l'empiètement (■ Versailles, 9 mai 1996 : *JurisData* n° 1996-044310 ; *JurisData* n° 1996-044310 ; *D.* 1998, somm. 58, obs. A. Robert), ni à rechercher la qualité de constructeur ou de maître de l'ouvrage du défendeur (■ Cass. 3e civ., 16 déc. 1998, n° 97-10.400 : *JurisData* n° 1998-004831 ; *JCP* G 1999, I, 120, n° 4, obs. Périnet-Marquet ; *JCP* N 1999, 423 ; *Resp. civ. et assur.* 1999, 31 ; *Bull. civ.* III, n° 252, p. 168 ; *RTD civ.* 1999, 638, obs. Jourdain). Une servitude ne peut conférer le droit d'empiéter sur la propriété d'autrui (■ Cass. 3e civ., 12 juin 2003, n° 01-14.371 : *JurisData* n° 2003-019569 ; *D.* 2003, 2111, note crit. Desgorces).

La défense du droit de propriété contre un empiètement ne saurait dégénérer en abus (■ Cass. 3e civ., 7 juin 1990, n° 88-16.277 : *JurisData* n° 1990-701720 ; *Bull. civ.* III, n° 140, p. 79. ■ Cass. 3e civ., 7 nov. 1990, n° 88-18.601 : *JurisData* n° 1990-702938 ; *Bull. civ.* III, n° 226, p. 129 ; *D.* 1991, somm. 308, 3e esp., obs. A. Robert ; *RTD civ.* 1991, 563, obs. Zenati. ■ Cass. 3e civ., 20 mars 2002 : *JurisData* n° 2002-013615 ; *Bull. civ.* III, n° 71 ; *D.* 2002, p. 2075, note Caron ; *D.* 2002, p. 2507, note Mallet-Bricout ; *JCP* G 2002, II, 10189, note Bonnet ; *JCP* N 2002, 1648, note Planque ; *RTD civ.* 2002, p. 333, obs. Revet. ■ Cass. 3e civ., 18 oct. 2006 : *JurisData* n° 2006-035405 ; *JCP* G 2007, I, 117, n° 3, obs. Périnet-Marquet ; *JCP* G 2006, IV, 3197). La démolition d'une semelle en béton empiétant sur un fonds doit être ordonnée si le propriétaire le demande, même si cela doit compromettre la solidité du mur construit par le voisin (■ Cass. 3e civ., 5 juin 1991, n° 89-20.031 : *JurisData* n° 1991-001541 ; *JCP* 91, IV, 307). Il n'y a pas non plus à tenir compte du coût des travaux à réaliser (■ Versailles, 9 mai 1996 : *D.* 1998, somm. 58, obs. A. Robert). Mais les juges du fond peuvent souverainement estimer que l'empiètement peut être supprimé en rétablissant la construction dans ses limites, sans qu'il y ait lieu de la démolir en son entier (■ Cass. 3e civ., 26 nov. 1975, n° 74-12.036 : *JurisData* n° 1975-099350 ; *Bull. civ.* III, n° 350, p. 265). Enfin, l'empiètement fait obstacle à l'acquisition de la mitoyenneté (■ Cass. 3e civ., 19 sept. 2007 : *JurisData* n° 2007-040404 ; *JCP* G 2008, I, 127, n° 6, obs. Périnet-Marquet ; *Constr.-urb.* 2007, comm. 223, obs. Chambord ; *JCP* G 2007, IV, 2869. ■ Cass. 3e civ., 5 avr. 2011, n° 10-12.840 : *AJDI* 2011, 398 ; *RDI* 2011, 392, obs. Gavin-Millan-Oosterlynck. ■ Cass. 3e civ., 19 févr. 2014, n° 13-12.107 : *JurisData* n° 2014-002790 ; *JCP* G 2014, 467, n° 2, note Périnet-Marquet). Sur le principe que l'empiètement est suffisant à caractériser la faute civile, – V. ■ Cass. 3e civ., 10 nov. 1992, n° 90-19.944 : *JurisData* n° 1992-002517 ; *JCP* 93, IV, 172 ; *RTD civ.* 1993, 850, obs. Zenati. – V. aussi ■ Cass. 3e civ., 19 déc. 2001 : *JCP* 2002, IV, 1220 ; *Bull. civ.* III, n° 160, p. 125 ; *JurisData* n° 2001-012289 (remplissage par du mortier du vide existant entre le mur de soutènement d'une véranda et le mur privatif de séparation). V. art. 661, p. 538.

Bibliographie : M. Raynal, *L'empiètement matériel sur le terrain d'autrui : JCP* 76, I, 2800. – S. Hennion-Moreau, *L'empiètement : RD imm.* 1983, 303. – Gioannotti, *L'abus du droit de propriété et l'empiètement sur le terrain d'autrui : RD imm.* 1991, 303. – R. Mevoungou Nsana, *Le préjudice causé par un ouvrage immobilier : réparation en nature ou par équivalent ? : RTD civ.* 1995, 733. – N. Reboul-Maupin, *Vers un renouveau de la sanction applicable à l'empiètement sur le terrain d'autrui : RTDI* n° 4, 2012, p. 5.

8) **Apport de matériaux.** Un propriétaire ne saurait être autorisé à combler un vide existant entre deux bâtiments dès lors que l'apport de matériaux se ferait non seulement sur le fonds du demandeur, mais aussi sur le fonds voisin (■ Versailles, 20 mai 1994 : *JurisData* n° 1994-048024 ; *JurisData* n° 1994-048024 ; *D.* 1996, somm. 58, obs. A. Robert).

Art. 546. – La propriété d'une chose, soit mobilière, soit immobilière, donne droit sur tout ce qu'elle produit, et sur ce qui s'y unit accessoirement, soit naturellement, soit artificiellement.

Ce droit s'appelle *droit d'accession*.

1) **Moulin et bief.** Si en vertu de l'article 546, le propriétaire d'un moulin est réputé être propriétaire du bief qui y amène l'eau et du canal de fuite par lequel elle s'écoule, cette présomption légale ne joue que lorsque le bras d'eau a été créé dans l'intérêt exclusif de l'usinier et qu'il est *seul à en tirer profit* (■ Cass. 3e civ., 3 oct. 1969 : *D.* 1970, 12. – V. aussi ■ Cass. 3e civ., 5 janv. 1978, n° 76-12.611 : *JurisData* n° 1978-098013 ; *Bull. civ.* III, n° 13, p. 10). Pour la Haute juridiction, la présomption légale en cause devait être écartée lorsque le bief n'était que l'aménagement direct ou la transformation rudimentaire d'un cours d'eau dont il recueillait toutes les eaux (■ Cass. 3e civ., 12 juill. 2006, n° 05-14.001 : *JurisData* n° 2006-034583). Jugé également que la présomption au terme de laquelle le propriétaire d'un moulin est réputé propriétaire par accession du bief et des francs-bords de ce dernier ne s'applique pas lorsque le bief est devenu un cours d'eau, peu important l'origine de son détournement, naturelle ou artificielle (■ Cass. 3e civ., 20 oct. 2016, n° 15-20.044 : *JurisData* n° 2016-021731 ; *JCP* G 2017, doctr. 454, n° 3, obs. Périnet-Marquet). À propos d'un bief, d'un vannage de décharge et des francs-bords d'un moulin, la

Haute Juridiction considère que l'article 546 instaure, en faveur de celui qui l'invoque, une présomption de propriété par accession qui peut être renversée par la preuve contraire résultant de la prescription (■ Cass. 3e civ., 27 avr. 2017, n° 16-10.753 : *JurisData* n° 2017-007830 ; *JCP* N 2017, 1253, note Colas ; *JCP* G 2017, doctr. 1142, n° 5, obs. Périnet-Marquet).

2) Conflit de lois dans le temps. Les faits susceptibles d'opérer l'accession sont réglés par la loi en vigueur au jour où ils se réalisent (■ Cass. civ., 23 mai 1964 : *JCP* 64, IV, 93 ; *Bull. civ.* III, n° 261, p. 224).

3) Baux commerciaux. V. Ph. Brault, *Le bail commercial et l'accession : Loyers et copr.* 2002, chron. 11.

CHAPITRE I. – DU DROIT D'ACCESSION SUR CE QUI EST PRODUIT PAR LA CHOSE

Art. 547. – **Les fruits naturels ou industriels de la terre,**
Les fruits civils,
Le croît des animaux,
appartiennent au propriétaire par droit d'accession.

Art. 548 *(L. n° 60-464, 17 mai 1960)*. – **Les fruits produits par la chose n'appartiennent au propriétaire qu'à la charge de rembourser les frais des labours, travaux et semences faits par des tiers et dont la valeur est estimée à la date du remboursement.**

1) Nécessité des travaux (non). Sur ce que le possesseur n'a pas à rapporter la preuve de la nécessité des travaux, V. ■ Cass. 3e civ., 12 févr. 2003, n° 01-03.176 : *JurisData* n° 2003-017773 ; *JCP* 2003, I, 172, n° 4, obs. Périnet-Marquet ; *Bull. civ.* III, n° 36, p. 35 ; *D.* 2003, somm. 2040, obs. Mallet-Bricout.

2) Évaluation des frais. Il appartient aux juges du fond d'apprécier le montant des frais et de les fixer à un pourcentage de la valeur de la récolte s'ils ne peuvent les évaluer autrement que de façon forfaitaire (■ Cass. 1re civ., 8 mai 1973, n° 71-12.120 : *D.* 1973, somm. 119).

Art. 549 *(L. n° 60-464, 17 mai 1960)*. – **Le simple possesseur ne fait les fruits siens que dans le cas où il possède de bonne foi. Dans le cas contraire, il est tenu de restituer les produits avec la chose au propriétaire qui la revendique ; si lesdits produits ne se retrouvent pas en nature, leur valeur est estimée à la date du remboursement.**

1) Annulation d'une vente. Sur le principe qu'après annulation d'une vente, l'acquéreur devient possesseur de la chose d'autrui et doit restituer les fruits, V. ■ Cass. civ., 21 déc. 1903 : *DP* 1908, 1, 377. – V. aussi ■ Paris, 7e ch., 6 nov. 1985 : *JurisData* n° 1985-025832 (contrat de fourniture d'animaux).

2) Fruits résultant de l'industrie du possesseur. Il résulte de l'article 549 que le propriétaire ne peut prétendre qu'aux fruits qu'aurait produits la chose dans l'état où le possesseur en a pris possession et non à ceux résultant de l'industrie du possesseur (■ Cass. 1re civ., 20 juin 1967 : *JurisData* n° 1967-700227 ; *D.* 1968, 32. Comp. pour les fruits résultant des améliorations apportées à l'immeuble par le possesseur ■ Cass. civ., 21 déc. 1903, préc.).

3) Fruits dus par le possesseur de mauvaise foi. Le possesseur de mauvaise foi doit restituer non seulement les fruits qu'il a effectivement perçus mais aussi ceux perçus de bonne foi par le tiers détenteur à qui il a livré la chose usurpée (■ Cass. civ., 9 févr. 1864 : *DP* 1864, 1, 72), ainsi que ceux qu'il aurait négligé de percevoir (■ Cass. req., 4 juill. 1882 : *DP* 1882, 1, 353). Mais il peut demander au propriétaire le remboursement des frais qu'il a engagés pour leur perception (■ Cass. 3e civ., 5 juill. 1978, n° 77-11.157 : *Bull. civ.* III, n° 281, p. 216).

4) Présomption de bonne foi. La mauvaise foi du possesseur ne se présume pas (■ Cass. civ., 7 janv. 1861 : *DP* 1861, 1, 384).

5) Possesseur de bonne foi. Fruits dus à compter de la demande. Il résulte de l'article 549 que le possesseur de bonne foi doit restituer les fruits au propriétaire qui revendique la chose à compter de la demande (■ Cass. 3e civ., 28 juin 1983, n° 81-14.889 : *JurisData* n° 1983-701554 ; *JCP* 83, IV, 289 ; *Bull. civ.* III, n° 148, p. 115. Pour une compensation entre les fruits produits par les améliorations et les intérêts des dépenses d'amélioration, V. ■ Cass. civ., 21 déc. 1903 : *DP* 1908, 1, 377).

Art. 550. – **Le possesseur est de bonne foi quand il possède comme propriétaire, en vertu d'un titre translatif de propriété dont il ignore les vices.**
Il cesse d'être de bonne foi du moment où ces vices lui sont connus.

1) Titre putatif. La bonne foi peut résulter d'un titre putatif (■ Cass. 1re civ., 5 déc. 1960 : *JCP* 61, IV, 6 ; *Bull. civ.* I, n° 527, p. 431. – V. aussi ■ Cass. 3e civ., 27 nov. 2002 : *JCP* 2003, IV, 1137 ; *JurisData* n° 2002-016562 ; *Bull. civ.* III, n° 244, p. 212).

2) Erreur. La bonne foi peut être la conséquence d'une erreur de droit aussi bien que d'une erreur de fait (■ Cass. 3e civ., 23 mars 1968 : *Bull. civ.* III, n° 138, p. 108).

3) Restitution des fruits perçus depuis la connaissance de la nullité du titre. Le possesseur doit restituer les fruits qu'il a perçus depuis qu'il a eu connaissance de la nullité de son titre (■ Cass. civ., 8 janv. 1936 : *DH* 1936, 97).

4) Travaux poursuivis après sommation. Le possesseur à titre de propriétaire d'un terrain a cessé d'être de bonne foi lorsqu'il a poursuivi les travaux de construction postérieurement à une sommation par laquelle un tiers, tout en lui demandant de supprimer l'ouvrage déjà édifié, lui communiquait les documents établissant la preuve de son droit de propriété. Par conséquent, viole l'article 550, al. 2, la cour d'appel qui condamne ce véritable propriétaire à payer une indemnité représentant la plus-value apportée à son fonds du fait de la construction litigieuse (■ Cass. 3e civ., 30 nov. 1988, n° 87-12.387 : *JurisData* n° 1988-703020 ; *JCP* 89, IV, 41 ; *Bull. civ.* III, n° 172, p. 93 ; *RTD civ.* 1989, 772, obs. Zenati ; *D.* 1990, somm. 85, obs. A. Robert).

5) Fruits perçus après la demande en résolution de la vente. À compter de la demande en justice tendant à la résolution de la vente, le possesseur ne peut invoquer la bonne foi (■ Cass. 3e civ., 27 nov. 2002 : *Bull. civ.* III, n° 244, p. 212).

CHAPITRE II. – DU DROIT D'ACCESSION SUR CE QUI S'UNIT ET S'INCORPORE À LA CHOSE

Art. 551. – **Tout ce qui s'unit et s'incorpore à la chose appartient au propriétaire, suivant les règles qui seront ci-après établies.**

1) Talus. Viole l'article 551 l'arrêt qui, pour décider que la limite de deux héritages doit être fixée au pied du talus, retient que celui-ci, étant en général formé par les tassements et bordements du fonds supérieur, doit par la nature même des choses être censé appartenir au fonds supérieur dont il est pour ainsi dire le mur d'appui (■ Cass. 3e civ., 19 déc. 1968 : *Bull. civ.* III, n° 567, p. 435).

2) Constructions élevées sur un immeuble indivis. Il résulte de l'article 551 que les constructions élevées sur un immeuble indivis par l'un des propriétaires deviennent propriété commune des indivisaires si leur démolition n'est pas demandée (■ Cass. 3e civ., 30 avr. 1975, n° 74-10.425 : *Bull. civ.* III, n° 147, p. 111. ■ Cass. 3e civ., 9 mars 1994, n° 92-12.971 : *Bull. civ.* III, n° 48, p. 29 ; *D.* 1994, somm. 162, obs. A. Robert ; *RTD civ.* 1995, 654, obs. Zenati).

3) Monument construit sur une sépulture. Le droit réel immobilier dont bénéficie le concessionnaire d'une sépulture s'étend, par accession, au monument construit sur la concession par un tiers. Le droit d'usage du monument, ainsi incorporé, est comme ce droit, hors du commerce en ce qu'il résulte de la concession et il ne peut donc être acquis par prescription (■ Cass. 1re civ., 13 mai 1980 : *JurisData* n° 1980-700147 ; *JurisData* n° 1980-700147 ; *JCP* 80, II, 19439, concl. Guphe).

4) Dalles de ciment construites durant la Seconde Guerre mondiale. La société propriétaire d'un terrain sur lequel a été construite par l'armée allemande une piste menant à des blockhaus est devenue propriétaire par accession des dalles de ciment constituant cette piste (■ Cass. 2e civ., 22 nov. 1973, n° 72-12.587 : *JurisData* n° 1973-099306 ; *D.* 1974, somm. 24).

5) Aérolithe. L'aérolithe qui, tombant du ciel, s'est enfoncé dans un champ est réputé s'être incorporé à la terre au point où il est tombé et en être devenu l'accessoire (■ Aix-en-Provence, 17 janv. 1898 : *DP* 1898, 2, 507).

6) Automaticité de l'accession. L'accession se réalise du seul fait de l'incorporation en dehors de la volonté du propriétaire (■ Cass. 2e civ., 22 mai 1973 : *D.* 1974, somm. 24. – V. aussi ■ Cass. 3e civ., 27 mars 2002 : *JCP* 2003, I, 111, n° 20, obs. Storck ; I, 117, n° 2, obs. Périnet-Marquet ; *JurisData* n° 2002-013716 ; *Bull. civ.* III, n° 78, p. 68).

7) Renonciation. L'article 551 n'est pas d'ordre public et peut être écarté par une renonciation expresse (■ Cass. 3e civ., 6 nov. 1970 : *JurisData* n° 1970-000592 ; *D.* 1971, 395).

Section I. – Du droit d'accession relativement aux choses immobilières

Art. 552. – **La propriété du sol emporte la propriété du dessus et du dessous.**

Le propriétaire peut faire au-dessus toutes les plantations et constructions qu'il juge à propos, sauf les exceptions établies au titre *Des servitudes ou services fonciers*.

Il peut faire au-dessous toutes les constructions et fouilles qu'il jugera à propos, et tirer de ces fouilles tous les produits qu'elles peuvent fournir, sauf les modifications résultant des lois et règlements relatifs aux mines, et des lois et règlements de police.

Bibliographie : J.-P. Bertrel, *L'accession artificielle immobilière, Contribution à la définition de la nature juridique du droit de superficie : RTD civ.* 1994, 737. • T. Lamarche, *L'accession différée : une nouvelle approche des grandes classifications : RTD civ.* 2006, 1.

I - ÉTENDUE DE LA PROPRIÉTÉ DU DESSUS ET DU DESSOUS

1) Empiètement sur l'espace au-dessus du fonds voisin. Le propriétaire du sol est fondé à demander la démolition d'un ouvrage empiétant sur l'espace situé au-dessus de son terrain, même si l'empiètement est infime (▪ Cass. civ., 3 juin 1941 : *Gaz. Pal.* 1941, 2, 65. ▪ Cass. 1re civ., 24 mai 1965 : *JCP* 1965, IV, 94 ; *Bull. civ.* I, n° 335, p. 247. – V. R. Savatier, *La propriété de l'espace : D.* 1965, chron. 213). Une servitude ne peut conférer le droit d'empiéter sur la propriété d'autrui (▪ Cass. 3e civ., 27 juin 2001, n° 99-21.017 : *JurisData* n° 2001-010351 ; *JCP* G 2002, I, 126 et *JCP* N 2002, 1464, n° 18, obs. Périnet-Marquet ; *JCP* 2003, II, 10141, note Elhoueiss ; *Bull. civ.* III, n° 87, p. 66, cassation de l'arrêt ayant refusé la démolition d'une véranda édifiée en surplomb d'un fonds en retenant l'existence d'une servitude par destination du père de famille. Comp. ▪ Cass. 3e civ., 12 mars 2008, n° 06-21.483 : *JurisData* n° 2008-043145 ; *RD imm.* 2008, p. 202, obs. Bergel ; *JCP* G 2008, II, 10161, note Dechenaud ; *D.* 2008, p. 919, note Forest ; *D.* 2008, p. 2462, obs. Mallet-Bricourt ; *D.* 2008, chron. 1224, Monge et Nési ; *Dr. et patrimoine* 2008, n° 172, p. 93, obs. Seube ; *JCP* G 2008, I, 194, n° 15, obs. Périnet-Marquet ; *RTD civ.* 2009, p. 142, note Revet, où un débordement aérien d'un immeuble a permis au juge de caractériser une servitude de surplomb, laquelle avait été créée par l'écoulement du temps). Constitue une voie de fait l'installation par une entreprise de construction d'une grue dont la flèche faisant contrepoids surplombe le fonds voisin, passant même au-dessus de la maison, alors qu'elle pourrait procéder autrement (▪ Rouen, 13 juin 1969 : *D.* 1969, 662. V. aussi pour des panneaux publicitaires ▪ *Rennes, 10 janv. 1984 : JurisData* n° 1984-040180. ▪ Paris, 12 juin 1987 : *JurisData* n° 1987-024299). Mais jugé que l'usage temporaire d'une grue dont le contre-pied se déplace à 15 ou 20 mètres de hauteur ne constitue pas une emprise illicite (▪ TGI Rouen, réf., 13 mai 1982 : *JurisData* n° 1982-043689 ; *Gaz. Pal.* 1983, 2, somm. 426).

2) Empiètement dans le sous-sol du fonds voisin. Sur le principe que l'empiètement dans le sous-sol du fonds voisin porte atteinte à la propriété du dessous ▪ Cass. 3e civ., 3 févr. 1982, n° 80-14.632 : *JurisData* n° 1982-700458 ; *D.* 1982, inf. rap. 14, obs. A. Robert. L'implantation de tirants d'ancrage pour la construction d'un immeuble dans le sous-sol du fonds voisin constitue une atteinte au droit de propriété (▪ Paris, 4 avr. 1991 : *JurisData* n° 1991-021054 ; *JCP* N 93, II, 36). Commet le délit de chasse sur le terrain d'autrui celui qui, se livrant à la chasse au furet, traque le gibier dans le tréfonds d'une parcelle sans le consentement du propriétaire (▪ Cass. crim., 4 juin 1957 : *D.* 1958, 39, note Bouché).

3) Droit à la vue sur l'horizon (non). Le droit français ne protège aucun droit à la vue sur l'horizon, droit qui réduirait considérablement le droit de propriété s'il était reconnu (▪ Aix-en-Provence, 13 mars 1992 : *JurisData* n° 1992-040564 ; *JCP* 92, IV, 1591).

4) Objets incorporés dans le sol. La propriété du sol comporte la propriété des objets qui s'y trouvent incorporés et qui, constituant des immeubles par nature, ne peuvent constituer des trésors au sens de l'article 716 du Code civil (▪ Cass. req., 13 déc. 1881 : *DP* 1882, 1, 55). Mais si l'article 716 relatif à la propriété du trésor est applicable, l'argumentation déduite des dispositions de l'article 552 s'avère inopérante (▪ Versailles, 11 mars 1986, n° 85-95.314 : *D.* 1987, somm. 14, obs. A. Robert).

5) Eaux de source et eaux souterraines. Le propriétaire du sol peut capter sur son fonds non seulement les eaux de source mais aussi les eaux souterraines qui s'infiltrent ou s'écoulent dans son héritage et ce quel que soit le dommage qui en résulte pour les fonds inférieurs à la condition toutefois de ne pas abuser de ce droit et notamment de ne pas agir par malveillance ou sans utilité pour lui-même (▪ Cass. 3e civ., 26 nov. 1974, n° 73-12.124 : *JurisData* n° 1974-000441 ; *JCP* 75, IV, 16 ; *Bull. civ.* III, n° 441, p. 341. ▪ Limoges, 2e ch., 24 févr. 1994 : *JurisData* n° 1994-044057).

6) Grottes. Une commune, propriétaire du sol couvrant une grotte, est présumée propriétaire de la grotte (▪ Cass. req., 27 déc. 1904 : *DP* 1905, 1, 75).

7) Limites apportées à la propriété du dessous. V. sur les vestiges archéologiques, C. patr., art. L. 541-1. Il a été jugé par le Conseil d'État que les dispositions de l'article L. 541-1 du Code du patrimoine sont incompatibles avec l'article 1er du Protocole n° 1 de la Convention européenne de sauvegarde des droits de l'homme et des libertés fondamentales, en ce qu'elles s'appliquent à des personnes propriétaires de terrains avant l'entrée en vigueur du texte tel qu'il résulte de la loi du 17 janvier 2001 ; elles opèrent en effet une privation de propriété qui ne paraît pas proportionnée à l'objectif poursuivi (■ CE, 24 avr. 2012, n° 346952, *min. Culture et Communication* : *JurisData* n° 2012-008215 ; *Dr. adm.* 2012, comm. 73, note Perroud ; *JCP* G 2012, 1186, n° 1, obs. Périnet-Marquet ; *JCP* A 2012, 295, obs. T. Divina). – V. égal. ■ Cass. crim., 23 nov. 1999, n° 98-85.684 : *JurisData* n° 1999-004766 ; *JCP* 2000, II, 10369, note Bruschi. V. aussi C. minier, art. L. 131-1 et L. 611-1, L. 131-2, L. 153-1, L. 153-2, L. 411-1, L. 411-3 et L. 412-2. Jugé que la société propriétaire d'une sablière ne peut, à défaut d'autorisation d'exploiter, prétendre à une indemnisation en cas de classement (■ Cass. 3e civ., 10 oct. 1984, n° 83-70.211 : *JurisData* n° 1984-701659 ; *AJPI* 1985, 154. V. aussi en cas d'expropriation ■ Cass. 3e civ., 15 juin 1988, n° 87-70.002 : *JurisData* n° 1988-001756 ; *JCP* 88, IV, 296). Sur l'indépendance de l'indemnité d'expropriation du tréfonds, V. ■ Cass. 3e civ., 20 nov. 1996, n° 95-70.091 : *JurisData* n° 1996-004390 ; *JCP* 97, I, 4010, n° 2, obs. Périnet-Marquet ; *RD imm.* 1998, 65, obs. Bergel. ■ Paris, 25 sept. 1997 : *JurisData* n° 1997-023502 ; *JCP* G 98, I, 117 ; *JCP* N 98, 1645, n° 1, obs. Périnet-Marquet ; *D.* 1997, inf. rap. 226 ; *RD imm.* 1998, 65, obs. Bergel.

II – PORTÉE DE LA PRÉSOMPTION DE PROPRIÉTÉ

8) Preuve contraire. La présomption de propriété de l'article 552 peut être détruite par la preuve contraire résultant d'un titre (■ Cass. civ., 14 nov. 1888 : *DP* 1889, 1, 469), quel qu'en soit le titulaire (■ Cass. 3e civ., 13 mai 2015, nos 13-27.342 et 14-15.678 : *JurisData* n° 2015-011123 ; *JCP* G 2015, doctr. 1221, n° 4, obs. Périnet-Marquet ; *RDC* 2015, p. 949, note Tadros), ou de la prescription acquisitive (■ Aix-en-Provence, 19 mars 1996 : *JurisData* n° 1996-041065 ; *JCP* 96, IV, 2371 ; *RD imm.* 1998, 66, obs. Bergel, et, sur pourvoi, ■ Cass. 3e civ., 7 oct. 1998, n° 96-18.748 : *JurisData* n° 1998-003718 ; *JCP* 98, IV, 3277 ; *Bull. civ.* III, n° 200, p. 133 ; *RD imm.* 1998, 605, obs. Bergel ; *RTD civ.* 1999, 142, obs. Zenati). Sur le principe que la présomption de propriété du dessous au profit du propriétaire du sol n'est susceptible d'être combattue que par la preuve contraire résultant d'un titre ou de la prescription, V. aussi ■ Cass. 1re civ., 18 déc. 1967, n° 65-12277 : *JurisData* n° 1967-000370 ; *D.* 1968, 244. ■ Cass. 3e civ., 26 mai 1992, n° 90-22.145 : *JurisData* n° 1992-001211 ; *JCP* 92, IV, 2140 ; *Bull. civ.* III, n° 172, p. 105 ; *D.* 1993, somm. 36, 5e esp., obs. A. Robert. ■ Cass. 3e civ., 12 juill. 2000, n° 98-18.393 : *JurisData* n° 2000-002963 ; *JCP* G 2000, IV, 2534 ; *JCP* N 2001, 1587, Lasserre-Kiesow ; *Bull. civ.* III, n° 144, p. 99 ; *Defrénois* 2001, 451, obs. Atias ; *RTD civ.* 2002, 539, obs. Revet. ■ Cass. 3e civ., 8 juin 2017 : *JurisData* n° 2017-011603 ; *RTD civ.* 2017, p. 699, note Dross). La portée du titre est appréciée souverainement par les juges du fond (■ Cass. 3e civ., 15 nov. 1977, n° 76-11.365 : *JurisData* n° 1977-099389 ; *Bull. civ.* III, n° 389, p. 297).

9) Propriétaire du dessus présumé propriétaire du sol (non). La règle suivant laquelle la propriété du sol comporte la propriété du dessus et du dessous ne doit pas être étendue au-delà de ses termes, et la présomption de l'article 552 ne saurait s'appliquer, en renversant cette règle, au propriétaire du dessus, qui n'est point, par principe, présumé propriétaire du sol (■ Cass. req., 24 juin 1941 : *DA* 1941, 293, auvents situés au-dessus d'un passage appartenant à la commune. V. en ce sens ■ Cass. 3e civ., 24 juin 1998, n° 96-16.707 : *JurisData* n° 1998-003090 ; *JCP* 99, I, 120, n° 1, obs. Périnet-Marquet).

10) Difficulté liée à la situation naturelle des lieux. Sur le cas où les parcelles forment deux sols distincts situés à des niveaux différents et séparés par une falaise infranchissable, V. ■ Cass. 3e civ., 29 févr. 1984, n° 83-10.040 : *JurisData* n° 1984-700562 ; *Bull. civ.* III, n° 58, p. 44 ; *JCP* 84, II, 20307, note Goubeaux, décidant qu'une source émergeant au pied de cette falaise, à 2,50 mètres à l'intérieur du surplomb, appartient au propriétaire de la parcelle située au bas de celle-ci et ne peut se rattacher au sous-sol du fonds supérieur.

11) Droit de superficie. L'octroi par une famille sur son héritage d'un droit perpétuel au bureau de bienfaisance constitue au profit de la commune un droit de superficie aussi bien en vertu des principes de l'ancien droit qu'en application du Code civil (■ Cass. 3e civ., 6 mars 1991, n° 89-14.374 : *JurisData* n° 1991-000393 ; *JCP* 91, IV, 172 ; *Bull. civ.* III, n° 84, p. 50 ; *D.* 1991, somm. 308, obs. A. Robert).

12) Rapports entre époux. Sur le principe que l'article 552 reçoit application dans les rapports entre époux, V. ■ Cass. 1re civ., 24 nov. 1987, n° 85-18.479 : *JurisData* n° 1987-001984 ; *Bull. civ.* I, n° 308, p. 221. Mais les époux peuvent écarter le principe de l'accession (■ Paris, 2e ch., 26 avr. 1989 : *JurisData* n° 1989-026111). L'article 1538 ne déroge pas aux règles de l'accession et celle-ci doit jouer au bénéfice de l'époux propriétaire du terrain sur lequel a été édifiée la plus grande partie de la construction (■ Cass. 1re civ., 25 févr. 1986, n° 84-14.208 : *JurisData* n° 1986-000402 ; *Bull. civ.* I, n° 42, p. 40 ; *JCP* 86, II, 20702, note crit. Simler. – V. aussi ■ Cass. 1re civ., 17 déc. 2002 : *JurisData* n° 2002-017006 ; *Bull. civ.* I, n° 308, p. 242 ; *JCP* N 2004, 1133, note Brémond ;

D. 2003, somm. 1869, obs. Revel ; *RTD civ.* 2003, 342, obs. Vareille, et 525, obs. Revet. ▪ Cass. 1re civ., 6 juill. 2005 : *JCP* 2005, IV, 2974 ; *JurisData* n° 2005-029334).

13) Personnes publiques. L'article 552 du Code civil s'applique aux personnes publiques (▪ Cass. 3e civ., 3 juill. 2013, n° 12-20.237 : *JurisData* n° 2013-013769 ; *Constr.-Urb.* 2013, comm. 135, obs. Cornille ; *JCP* G 2013, 1060, n° 3, obs. Périnet-Marquet).

14) Expropriation. Responsabilité du fait des choses. L'ordonnance d'expropriation éteignant par elle-même et à sa date tous droits réels et personnels existant sur les immeubles expropriés, les désordres affectant une canalisation d'eaux pluviales doivent être réparés par la commune devenue propriétaire des canalisations à la suite de l'expropriation de la parcelle. (▪ Cass. 3e civ., 14 nov. 2001, n° 00-14.795 : *JurisData* n° 2001-011846 ; *Resp. civ. et assur.* 2002, 50).

Art. 553. – **Toutes constructions, plantations et ouvrages sur un terrain ou dans l'intérieur, sont présumés faits par le propriétaire à ses frais et lui appartenir, si le contraire n'est prouvé ; sans préjudice de la propriété qu'un tiers pourrait avoir acquise ou pourrait acquérir par prescription, soit d'un souterrain sous le bâtiment d'autrui, soit de toute autre partie du bâtiment.**

1) Principe. Le principe consacré par les articles 552 et 553 et la présomption de droit qui en résulte constituent un titre légal (▪ Cass. req., 25 avr. 1882 : *DP* 1882, 1, 248).

2) Construction édifiée sur un terrain acquis par deux concubins. La construction édifiée sur un terrain acquis chacun pour moitié par deux concubins, doit, par application de la présomption de l'article 553, être réputée appartenir pour moitié à chacun d'eux, faute pour le concubin de rapporter la preuve contraire (▪ Cass. 1re civ., 7 déc. 1977, n° 76-13.044 : *JurisData* n° 1977-000469 ; *JCP* 78, IV, 46 ; *RTD civ.* 1978, 674, obs. Giverdon).

3) Preuve contraire. La preuve contraire peut être faite par tous moyens (▪ Cass. req., 7 juill. 1924 : *DH* 1924, 529), et non pas seulement par ceux qui seraient de nature à établir un droit de propriété (▪ Cass. 3e civ., 7 nov. 1978, n° 77-13.045 : *JurisData* n° 1978-099335 ; *Bull. civ.* III, n° 335, p. 257 ; *RTD civ.* 1980, 129, obs. Giverdon). Les juges du fond peuvent estimer que si les attestations produites ne permettent pas d'établir que les habitants d'un village ont acquis la propriété d'un puits, elles suffisent, en ce qui concerne ses superstructures, financées et entretenues par ces habitants, à faire tomber la présomption de l'article 552 (▪ Cass. 3e civ., 26 juin 1985, n° 83-14.357 : *JurisData* n° 1985-702364 ; *JCP* 85, IV, 310). La participation du gendre du propriétaire du sol au financement de la construction ne suffit pas à le rendre propriétaire (▪ Cass. 1re civ., 22 févr. 1977, n° 75-14.824 : *Gaz. Pal.* 1977, 1, pan. 151).

4) Construction édifiée avant la vente du terrain. Une construction élevée sur un terrain avant sa vente est réputée sauf preuve contraire avoir été faite par le propriétaire vendeur de ce terrain (▪ Cass. com., 28 juin 1983, n° 81-14.682 : *JurisData* n° 1983-701569 ; *JCP* 83, IV, 289 ; *Bull. civ.* IV, n° 193, p. 167). Jugé que la présomption de l'article 553 doit être inversée au profit du vendeur d'une parcelle sur laquelle des boxes pour automobiles ont été édifiés par lui et dont, après la cession, il est demeuré le paisible possesseur, les louant à son seul avantage (▪ Cass. 3e civ., 15 nov. 1977, n° 76-11.054 : *JurisData* n° 1977-099388 ; *JCP* 78, IV, 21 ; *Bull. civ.* III, n° 388, p. 296 ; *RTD civ.* 1978, 674, obs. Giverdon).

Art. 554 *(L. n° 60-464, 17 mai 1960)*. – **Le propriétaire du sol qui a fait des constructions, plantations et ouvrages avec des matériaux qui ne lui appartenaient pas, doit en payer la valeur estimée à la date du paiement ; il peut aussi être condamné à des dommages-intérêts, s'il y a lieu : mais le propriétaire des matériaux n'a pas le droit de les enlever.**

Art. 555 *(L. n° 60-464, 17 mai 1960)*. – **Lorsque les plantations, constructions et ouvrages ont été faits par un tiers et avec des matériaux appartenant à ce dernier, le propriétaire du fonds a le droit, sous réserve des dispositions de l'alinéa 4, soit d'en conserver la propriété, soit d'obliger le tiers à les enlever.**

Si le propriétaire du fonds exige la suppression des constructions, plantations et ouvrages, elle est exécutée aux frais du tiers, sans aucune indemnité pour lui ; le tiers peut, en outre, être condamné à des dommages-intérêts pour le préjudice éventuellement subi par le propriétaire du fonds.

Si le propriétaire du fonds préfère conserver la propriété des constructions, plantations et ouvrages, il doit, à son choix, rembourser au tiers, soit un somme égale à celle dont le fonds a augmenté de valeur, soit le coût des matériaux et le prix de la main-d'œuvre estimés à la date du remboursement, compte tenu de l'état dans lequel se trouvent lesdits constructions, plantations et ouvrages.

Si les plantations, constructions et ouvrages ont été faits par un tiers évincé qui n'aurait pas été condamné, en raison de sa bonne foi, à la restitution des fruits, le propriétaire ne pourra exiger la suppression desdits ouvrages, constructions et plantations, mais il aura le choix de rembourser au tiers l'une ou l'autre des sommes visées à l'alinéa précédent.

Bibliographie : J.-L. Bergel, *L'accession différée en matière immobilière* in *Mélanges Malinvaud*, Litec 2007, p. 17. • J.-P. Bertrel, *L'accession artificielle immobilière. Contribution à la définition de la nature juridique du droit de superficie : RTD civ.* 1994, p. 737. • M.-O. Gain, *La dissociation de la propriété du sol et des plantations ou constructions : JCP* N 2001, p. 1755. • T. Lamarche, *L'accession différée : une nouvelle approche des grandes classifications : RTD civ.* 2006, p. 1. • M. Mathieu, *Les conventions relatives à la construction sur le terrain d'autrui : JCP* N 2000, p. 484. • J. Patarin, *Observations sur quelques aménagements patrimoniaux singuliers dans les rapports entre époux* in *Mélanges Foyer*, PUF 1997, p. 417.

I – DOMAINE D'APPLICATION DE L'ARTICLE 555

A – Ouvrages concernés

1) Réparations ou améliorations. L'article 555 ne s'applique pas au cas où les travaux présentent le caractère de réparations ou de simples améliorations (▪ Cass. civ., 28 mars 1939 : *DC* 1942, 119, note F.G. ▪ Cass. 3e civ., 5 juin 1973, n° 72-12.323 : *JurisData* n° 1973-000405 ; *Bull. civ.* III, n° 405, p. 292. ▪ Versailles, 17 août 1987 : *JurisData* n° 1987-042316 ; *D.* 1989, somm. 28, obs. A. Robert. – V. pour des travaux de rénovation et de surélévation ▪ Cass. 1re civ., 18 juin 1970 : *JurisData* n° 1970-000213 ; *JCP* 72, II, 17165, note Thuillier. V. cependant pour une installation de chauffage central, ▪ Colmar 13 janv. 1966 : *JCP* 67, II, 14971, note Wiederkehr, pour des mosaïques apposées sur des murs et des sols d'un immeuble ▪ Paris, 29 janv. 2002, n° 2001/03573 : *JurisData* n° 2002-180027 ; *D.* 2002, somm. 2509, obs. Mallet-Bricout). Ne donne pas de base légale à sa décision la cour d'appel qui retient que l'article 555 trouve application dès lors que les travaux exécutés constituent davantage que de simples réparations ou améliorations, sans rechercher la nature exacte des travaux réalisés ni caractériser l'existence de constructions (▪ Cass. 3e civ., 7 nov. 2001, n° 98-17.101 : *JurisData* n° 2001-011706 ; *Loyers et copr.* 2002, 1, note Vial-Pedroletti).

2) Empiétement sur le sol d'autrui. L'article 555 n'est pas applicable à l'hypothèse de constructions empiétant sur le sol d'autrui (▪ Cass. 1re civ., 10 juill. 1962, n° 60-14.018 : *JurisData* n° 1962-000359 ; *Bull. civ.* I, n° 359, p. 313. ▪ Cass. 3e civ., 11 juill. 1969, n° 68-10.886 : *JurisData* n° 1969-000579 ; *JCP* 71, II, 16 658, note Plancqueel. ▪ Cass. 3e civ., 8 juill. 1980 : *JCP* 80, IV, 362 ; *Defrénois* 1981, 442, obs. Souleau. ▪ Cass. 3e civ., 5 déc. 2001 : *JCP* 2002, II, 10189, note Bonnet ; *D.* 2002, somm. 2507, 1re esp., obs. Mallet-Bricout ; *Bull. civ.* III, n° 147, p. 115 ; *JurisData* n° 1980-011994. ▪ Paris, 29 sept. 1983 : *JurisData* n° 1983-027836 ; *D.* 1983, inf. rap. 427, obs. A. Robert. – V. Raynal, *L'empiétement matériel sur le terrain d'autrui : JCP* 76, I, 2800. – S. Hennion-Moreau, *L'empiétement : RD imm.* 1983, 303.

B – Personnes visées

3) Constructions édifiées par un tiers. L'article 555 régit uniquement le cas où des constructions ont été édifiées sur un terrain par un tiers, c'est-à-dire par une personne qui n'est pas avec le propriétaire du terrain dans les liens d'un contrat se référant spécialement aux constructions, plantations ou travaux (▪ Cass. 1re civ., 15 juin 1953 : *D.* 1953, 613. – V. aussi ▪ Cass. 3e civ., 19 févr. 1975, n° 73-13.998 : *JurisData* n° 1975-098071 ; *JCP* 75, IV, 118 ; *Bull. civ.* III, n° 71, p. 54. ▪ Cass. 3e civ., 19 juin 1984 : *D.* 1984, inf. rap. 426, obs. A. Robert). Il n'est pas applicable lorsque les travaux ont été effectués en vertu d'une convention ou de tout autre acte faisant la loi des parties, notamment d'un arrêté préfectoral autorisant l'occupation de la parcelle litigieuse pour l'exploitation d'une mine (▪ Cass. 3e civ., 24 juin 1975, n° 74-10.520 : *JurisData* n° 1975-098215 ; *JCP* 75, IV, 269 ; *Bull. civ.* III, n° 215, p. 164. – V. en ce sens pour la construction d'un pavillon faite d'un commun accord entre époux séparés de biens ▪ Cass. 1re civ., 22 avr. 1981 : *JurisData* n° 1981-701236 ; *JurisData* n° 1981-701236 ; *JCP* 81, IV, 241 ; *Bull. civ.* I, n° 127, p. 107, et pour des travaux d'amélioration expressément autorisés par le propriétaire ▪ Cass. 3e civ., 8 janv. 1997, n° 95-10.339 : *JurisData* n° 1997-000018 ; *JCP* 1997, IV, 388 ; *Bull. civ.* III, n° 8, p. 5). L'article 555 du Code civil ne s'applique pas en cas d'annulation d'un contrat de construction de maisons individuelles dans la mesure où le constructeur ne saurait être regardé comme un tiers (▪ Cass. 3e civ., 24 avr. 2013, n° 12-11.640 : *JurisData* n° 2013-008022 ; *Constr.-Urb.* 2013, comm. 93, note Cornille ; *JCP G* 2013, 1060, n° 5, obs. Périnet-Marquet).

4) Mitoyenneté et copropriété. Les dispositions de l'article 555 sont étrangères au rapport né de la mitoyenneté (▪ Cass. 3e civ., 8 mars 1972, n° 71-10.315 : *Bull. civ.* III, n° 169, p. 120. V. en ce sens pour la copropriété ▪ Cass. 3e civ., 28 févr. 1969 :

JurisData n° 1969-098190 ; *JCP* 70, II, 16220, note Béchade).

5) Travaux pour le compte d'autrui. L'article 555 n'est pas applicable à l'entrepreneur qui a exécuté des travaux pour le compte d'autrui (▪ Cass. 1re civ., 21 nov. 1967 : *JurisData* n° 1967-000340 ; *D.* 1968, 134. ▪ Cass. 3e civ., 28 mai 1986, n° 85-10.367 : *JurisData* n° 1986-700995 ; *Bull. civ.* III, n° 83, p. 63 ; *RTD civ.* 1987, 366, obs. Rémy).

6) Application limitée aux rapports entre propriétaire du sol et constructeur. L'article 555, qui refuse au véritable propriétaire d'un terrain le droit d'exiger de l'acquéreur évincé, possesseur des ouvrages qu'il y a construits de bonne foi, leur suppression, n'est applicable que dans les rapports de ces deux parties entre elles. Il ne saurait donc être jugé qu'en application de ce texte, le propriétaire ne peut avoir cette exigence à l'égard de quiconque se trouvant de bonne foi (▪ Cass. 3e civ., 30 nov. 1988, n° 87-12.387 : *JurisData* n° 1988-703020 ; *JCP* 89, IV, 41 ; *Bull. civ.* III, n° 172, p. 93). Cela étant, le juge considère aussi que le droit à indemnisation du tiers évincé n'est pas attaché à la propriété d'un fonds mais à la personne qui accomplit l'acte de planter (▪ Cass. 3e civ., 13 mai 2015, n° 13-26.680 : *JurisData* n° 2015-011111 ; *JCP G* 2015, doctr. 1221, n° 5, obs. Périnet-Marquet ; *JCP G* 2015, 911, C. Simler).

7) Rapports entre bailleurs et preneurs. Les dispositions de l'article 555 sont applicables aux rapports entre bailleurs et preneurs (▪ Cass. 1re civ., 7 mars 1955 : *JCP* 56, II, 9053, note Weill et Becqué ; *D.* 1955, 590, note Saint-Alary), à défaut d'une convention réglant le sort des constructions réalisées par le locataire (▪ Cass. 3e civ., 10 nov. 1999, n° 97-15.606 : *JurisData* n° 1999-003927 ; *JCP* 99, IV, 3142 ; *Bull. civ.* III, n° 211, p. 149 ; *Defrénois* 2000, 312, obs. Atias. ▪ Cass. 3e civ., 12 juill. 2000, n° 97-13.107 : *JurisData* n° 2000-002873 ; *JCP* 2001, I, 305, n° 2, obs. Périnet-Marquet ; II, 10537, note Chalas ; *Loyers et copr.* 2000, 243, note Vial-Pedroletti ; *Bull. civ.* III, n° 143, p. 98), l'accession ne jouant qu'en fin de bail (▪ Cass. 1re civ., 1er déc. 1964, n° 58-11.561 : *JCP* 65, II, 14213, note Esmein. ▪ *Cass. 1re civ., 23 oct. 1990, n° 88-13.129 : JurisData* n° 1990-002707 ; *Bull. civ.* I, n° 217, p. 154. ▪ Cass. 3e civ., 4 avr. 2002, n° 00-14.556 : *D.* 2002, somm. 2508, obs. Mallet-Bricout ; *JCP E* 2003, 585, n° 9, obs. Raynard ; *RTD civ.* 2003, 114, obs. Revet. ▪ Rennes, 12 mars 1998, os 96PA01235, 96PA01629 : *JCP* 98, II, 10193, note Rochard), de sorte que l'indemnité de dommages de guerre revient au preneur ou à ses ayants droit (▪ Cass. 1re civ., 1er déc. 1964, préc.) et que le bailleur ne peut prétendre être indemnisé de la contre-valeur des améliorations détruites par un incendie avant la fin du bail (▪ Cass. 3e civ., 2 avr. 2003 : *Loyers et copr.* 2003, 113, note Brault et Pereira-Osouf). Un bail renouvelé étant un nouveau bail, l'accession joue dès le renouvellement (▪ Cass. 3e civ., 26 nov. 1985 : *Gaz. Pal.* 1986, 1, 114, note Brault. – V. dans le même sens, ▪ Cass. 3e civ., 27 sept. 2006 : *JCP G* 2007, I, 117, n° 5, obs. Périnet-Marquet ; *RDC* 2007, p. 371, obs. Lardeux ; *D.* 2007, p. 1188, note Tellier. ▪ Cass. 3e civ., 14 nov. 2012, n° 11-22.982 : *RTD civ.* 2013, p. 149, note Dross). C'est dire que le preneur reste propriétaire, pendant la durée de la location, des constructions qu'il a régulièrement édifiées sur le terrain loué (▪ Cass. 3e civ., 5 janv. 2012, n° 10-26.965 : *JurisData* n° 2012-000022 ; *Constr.-Urb.* 2012, comm. 45, note Santoni ; *JCP G* 2012, 465, n° 3, obs. Périnet-Marquet, qui précise également que la résiliation anticipée du bail du fait de l'expropriation ne prive pas le preneur de son droit à indemnité pour les constructions réalisées par lui).

Voir : pour le bail en général P. Hilt, *La date d'effet de l'accession dans les baux immobiliers : JCP* 2003, I, 183.

Voir : sur le cas particulier des baux ruraux, C. rur. pêche marit., art. L. 411-69 et s., p. 2617 ; pour les baux commerciaux, C. com., art. L. 145-46.

L'article 555 n'est pas applicable dans le cas du bail emphytéotique (▪ Cass. 3e civ., 16 avr. 1970 : *Bull. civ.* III, n° 251, p. 184). Les droits de plantation et replantation sont attachés à l'exploitation viticole et le preneur sortant ne peut à l'expiration du bail imposer au bailleur l'arrachage de plants de vigne devenus la propriété de ce dernier par voie d'accession (▪ Cass. 3e civ., 18 nov. 1998 : *JCP N* 99, 354, note Rochard ; *RTD civ.* 1999, 649, obs. Zenati. ▪ Cass. 3e civ., 10 nov. 1999, n° 97-21.942 : *JurisData* n° 1999-003931 ; *JCP* 2000, II, 10328, note Roussel ; *Bull. civ.* III, n° 212, p. 150. ▪ Cass. 3e civ., 10 nov. 2004, n° 03-14.592 : *JurisData* n° 2004-026992 ; *JCP* 2005, II, 10119, note Roussel).

8) Rapports entre usufruitier et nu-propriétaire. En cas de construction sur un terrain en usufruit, l'accession n'opère pas immédiatement au profit du nu-propriétaire (▪ Cass. 3e civ., 19 sept. 2012, n° 11-15.460 : *JurisData* n° 2012-020798 ; *JCP G* 2012, note 1267, Travely et F. Collard ; *RTD civ.* 2013, p. 148, note Dross ; *JCP G* 2013, 429, n° 5, obs. Périnet-Marquet ; *RTD civ.* 2012, p. 751, obs. Revet ; *D.* 2012, p. 2871, note Tadros ; *Dr. et patrimoine* déc. 2012, p. 97, obs. Seube et Revet).

9) Rapports entre indivisaires. L'article 555 ne s'applique pas aux impenses faites au cours d'une indivision post-communautaire (▪ Cass. 1re civ., 15 févr. 1973 : *JurisData* n° 1973-000060 ; *Bull. civ.* I, n° 61, p. 56).

10) Rapports entre époux et entre concubins. Pour le juge, l'article 555 du Code civil ne s'applique pas dans le régime de communauté

(■ Cass. 1re civ., 19 juill. 1966 : *JurisData* n° 1966-000443 ; *D.* 1966, p. 713, note Dedieu. ■ Cass. 1re civ., 6 juin 1990, n° 88-19.698 : *JurisData* n° 1990-001829 ; *JCP* G 1991, II, 21652, note Pillebout ; *Defrénois* 1991, 862, obs. G. Champenois. ■ Cass. 1re civ., 25 avr. 2006, n° 04-11.359 : *JurisData* n° 2006-033193 ; *D.* 2006, inf. rap. p. 1335). Dans un premier temps, il a toutefois reconnu que le texte avait vocation à régir les rapports entre séparés de biens (■ Cass. 1re civ., 22 avr. 1981 : *D.* 1981, p. 396. ■ Cass. 3e civ., 27 mars 2002, n° 00-20.840 : *JurisData* n° 2002-013859 ; *JCP* G 2003, I, 111, n° 20, obs. Storck ; *Bull. civ.* III, n° 78 ; *RD imm.* 2002, p. 384, obs. Bruschi). Par un arrêt de revirement important, la première chambre civile a déclaré que, même dans un régime de séparation, l'article 1469 du Code civil, applicable aux créances entre époux, l'emporte sur l'article 555 (■ Cass. 1re civ., 25 avr. 2006, n° 04-11.359 : *JurisData* n° 2006-033193 ; *Bull. civ.* I, n° 204 ; *D.* 2006, p. 2366, obs. Mallet-Bricout ; *JCP* G 2006, I, 193, n° 26, obs. Storck. V. égal. dans ce sens, ■ Cass. 1re civ., 8 avr. 2009, n° 07-20.029 : *JurisData* n° 2009-047832 ; *Dr. famille* 2009, comm. 60, obs. Beigner ; *D.* 2009, p. 2595, note Bonnet). Voir : art. 1469, p. 1307.

En revanche, l'article 555 a vocation à régir les rapports entre concubins (■ Cass. 3e civ., 29 avr. 2009, n° 08-11.431 : *JurisData* n° 2009-047967 ; *Bull. civ.* III, n° 97 ; *JCP* G 2009, I, 115, n° 11, obs. Favier ; *JCP* G 2009, 337, n° 3, obs. Périnet-Marquet ; *Constr.-urb.* 2009, comm. 102, obs. Sizaire. ■ Cass. 3e civ., 16 mars 2017 n° 15-12.384 : *JurisData* n° 2017-004532 ; *JCP* G 2017, doctr. 454, n° 4, obs. Périnet-Marquet) sauf le cas où il existe entre eux une convention réglant le sort de la construction et l'existence d'une telle convention ne peut se déduire de la seule situation de concubinage ou de l'installation dans l'immeuble litigieux dans le seul intérêt du concubin d'une société dont il est le gérant (■ Cass. 3e civ., 2 oct. 2002, n° 01-00.002 : *JurisData* n° 2002-015732 ; *Dr. famille* 2002, 141, note Farge ; *Defrénois* 2003, 116, obs. Massip. – V. aussi ■ Dijon, 7 mars 2006, n° 04/01940 : *JurisData* n° 2006-300900 ; *JCP* 2006, IV, 2884).

II – DROITS RESPECTIFS DU CONSTRUCTEUR ET DU PROPRIÉTAIRE DU SOL

11) Notion de constructeur de bonne foi. Le constructeur de bonne foi, au sens de l'article 555, est celui qui possède le terrain sur lequel il a bâti en vertu d'un titre translatif de propriété dont il ignore les vices (■ Cass. 3e civ., 28 janv. et 18 mars 1987, n° 85-12.176 : *D.* 1988, somm. 15, obs. A. Robert. ■ Cass. 3e civ., 29 mars 2000, n° 98-15.734 : *JurisData* n° 2000-001239 ; *JCP* 2000, I, 265, n° 3, obs. Périnet-Marquet ; *Bull. civ.* III, n° 75, p. 50. ■ Cass. 3e civ., 12 juill. 2000, n° 98-18.857 : *JurisData* n° 2000-002872 ; *JCP* 2000, II, 10537, note Chalas ; *Loyers et copr.* 2000, 243, note Vial-Pedroletti ; *Bull. civ.* III, n° 137, p. 94. ■ Cass. 3e civ., 14 nov. 2002, n° 01-00.699 : *JurisData* n° 2002-016315 ; *Loyers et copr.* 2003, 28, note Vial-Pedroletti). En cas de résolution de la vente pour non-paiement du prix, l'acquéreur ne peut prétendre à la qualité de tiers de bonne foi (■ Versailles, 28 nov. 1997 : *JurisData* n° 1997-048149 ; *D.* 1998, somm. 345, obs. A. Robert). Lorsque des constructions sont édifiées par le locataire, avec l'assentiment du propriétaire et en l'absence de toute convention réglant leur sort, l'article 555 du Code civil régit les relations entre les parties au terme du bail (■ Cass. 3e civ., 3 oct. 1990, n° 88-18.415 : *RTD civ.* 1993. 164, obs. Zenati. ■ Cass. 3e civ., 17 déc. 2013, n° 12-15.916 : *JurisData* n° 2013-029877 ; *JCP* G 2014, 467, n° 3, obs. Périnet-Marquet ; *JCP* G 2014, 232, Ravenne ; *RD imm.* 2014, p. 207, obs. C. Simler. – Comp. ■ Cass. 3e civ., 14 nov. 2002, n° 01-01.176 : *JurisData* n° 2002-016494 ; *AJDI* 2003, 343, obs. Laporte-Leconte. ■ Cass. 1er civ., 15 juin 2010, n° 09-67.178 : *RTD civ.* 2010, p. 590, obs. Revet qui considère que l'accord donné par le bailleur ne fait pas du locataire un constructeur de bonne foi).

12) Juste titre et titre putatif. Un acte de vente écarté comme juste titre au sens de l'ancien article 2265 du Code civil (C. civ., art. 2272) peut constituer pour l'acquéreur un titre putatif lui permettant d'invoquer la qualité de tiers évincé de bonne foi au sens des articles 550 et 555 (■ Cass. 3e civ., 8 oct. 1974 : *JurisData* n° 1974-000344 ; *JCP* 75, II, 17930, note Thuillier). De même, l'autorisation donnée par le propriétaire de demander le permis de construire, quoique n'étant pas de nature à rendre vraisemblable le fait allégué d'une vente d'ores et déjà parfaite, constitue un titre putatif conférant au bénéficiaire la qualité de constructeur de bonne foi au sens de l'article 555 (■ Cass. 3e civ., 3 mai 1983, n° 81-14.989 : *JurisData* n° 1983-701343 ; *Bull. civ.* III, n° 102, p. 81). Le titre de l'attributaire initial, maintenu en possession après l'annulation par la juridiction administrative jusqu'à la publication d'une nouvelle attribution par la commission de remembrement, a un caractère litigieux (■ Cass. 3e civ., 12 juin 1991, n° 89-21.737 : *JurisData* n° 1991-001531 ; *Bull. civ.* III, n° 174, p. 102).

13) Père construisant sur le terrain acquis par lui au nom de sa fille. Le père qui construit sur des terrains acquis par lui-même au nom de sa fille mineure n'a pas la qualité de constructeur de bonne foi (■ Cass. 3e civ., 1er mars 1995, n° 93-14.418 : *JurisData* n° 1995-000515 ; *Bull. civ.* III, n° 68, p. 46 ; *JCP* 95, I, 3878, n° 2, obs. Périnet-Marquet ; *D.* 1996, somm. 57, obs. A. Robert ; *RTD civ.* 1996, 631, obs. Jourdain).

14) Constructions édifiées par le preneur. Le bailleur n'est pas tenu, en l'absence de toute stipulation contractuelle réglant le sort des constructions autorisées, de conserver celles-ci en fin de bail et il est en droit de réclamer la restitution de la chose louée en son état primitif (■ Cass. 3e civ., 9 janv. 1979 : *Gaz. Pal.* 1979, 2, 309, note Plancqueel).

15) Possesseur cessant d'être de bonne foi. Le possesseur à titre de propriétaire d'un terrain a cessé d'être de bonne foi lorsqu'il a poursuivi les travaux de construction postérieurement à une sommation par laquelle un tiers, tout en lui demandant de supprimer l'ouvrage déjà édifié, lui communiquait les documents établissant la preuve de son droit de propriété (■ Cass. 3e civ., 30 nov. 1988, n° 87-12.387 : *JurisData* n° 1988-703020 ; *JCP* 89, IV, 41 ; *Bull. civ.* III, n° 172, p. 93). Le propriétaire peut exiger la démolition de ce qui a été construit postérieurement au jour où le possesseur a eu connaissance des vices de son titre (■ Cass. 3e civ., 1er juin 1977, n° 75-14.747 : *D.* 1978, inf. rap. 43).

16) Option du propriétaire pour le calcul de l'indemnité. Les paragraphes 3 et 4 de l'article 555 réservent au propriétaire du sol pour le calcul de l'indemnité due au constructeur la même option sans distinguer la bonne ou mauvaise foi de ce dernier (■ Cass. 3e civ., 23 avr. 1974 : *JurisData* n° 1974-700164 ; *JurisData* n° 1974-098164 ;*JCP* 75, II, 18170, note Thuillier). Il ne peut donc être condamné à une indemnité s'il n'a pas fait son choix (■ Cass. 3e civ., 13 oct. 1999, n° 97-18.010 : *JurisData* n° 1999-003413 ; *JCP* 2000, I, 211, n° 5, obs. Périnet-Marquet ; *Bull. civ.* III, n° 207, p. 144. V. aussi ■ Cass. 3e civ., 4 mai 2006 : *JurisData* n° 033312 ; *JCP* 2006, IV, 2151, cassant l'arrêt ayant retenu « la plus avantageuse des deux solutions »). L'option est irrévocable (■ Cass. 3e civ., 17 juill. 1996, n° 94-14.669 : *JurisData* n° 1996-003218 ; *JCP* 1996, IV, 2172 ; 1997, I, 4010, n° 1, obs. Périnet-Marquet ; *Bull. civ.* III, n° 196, p. 126 ; *D.* 1997, somm. 20, obs. A. Robert ; *RTD civ.* 1997, 457, obs. Zenati). Viole l'article 555, al. 4, la cour d'appel qui choisit la *solution lui paraissant* la plus équitable et prive ainsi le propriétaire de sa liberté de choix en retenant que cette prérogative n'a été exercée ni à l'amiable ni en justice (■ Cass. 3e civ., 24 oct. 1990, n° 89-12.280 : *JurisData* n° 1990-702672 ; *JCP* 90, IV, 415 ; *Bull. civ.* III, n° 204, p. 118 ; *RTD civ.* 1992, 795, obs. Zenati). Mais si le propriétaire du sol reste taisant malgré la mise en demeure, la demande des constructeurs tendant à l'application de l'un des deux critères d'évaluation est juridiquement fondée (■ Cass. 3e civ., 17 juill. 1996, préc.). Pour autant, si le véritable propriétaire opte pour le remboursement du coût des matériaux et du prix de la main d'œuvre, le tiers évincé peut prétendre, sur le fondement de l'article 555 du Code civil, au remboursement intégral de ses dépenses par ledit propriétaire, sans qu'il y ait lieu de tenir compte du profit subsistant (■ Cass. 3e civ., 27 oct. 2016, n° 15-21.495 : *JurisData* n° 2016-022764 ; *RTD civ.* 2017, p. 187, note Dross ; *JCP* G 2017, doctr. 454, n° 5, obs. Périnet-Marquet).

17) Date de l'évaluation de l'indemnité. La date de l'évaluation de l'indemnité n'est pas celle du transfert de la propriété des constructions au propriétaire du sol, ni celle où celui-ci manifeste son intention de les conserver, mais celle où il doit effectivement verser l'indemnité légale (■ Cass. 3e civ., 12 mars 1970, n° 68-13.805 : *D.* 1970, somm. 170. Comp., retenant la date à laquelle le juge statue, ■ Cass. 3e civ., 22 févr. 2006 : *JCP* G 2006, I, 178 et *JCP* N 2007, 1380, n° 2, obs. Périnet-Marquet).

18) Droit de rétention du possesseur évincé. Le possesseur évincé peut exercer son droit de rétention sur le fonds jusqu'à fixation du montant de l'indemnité (■ Cass. 3e civ., 12 mars 1985, n° 83-16.548 : *JurisData* n° 1985-700651 ; *Bull. civ.* III, n° 50, p. 38). Jugé que les juges du fond peuvent subordonner l'expulsion du possesseur évincé au paiement de l'indemnité (■ Cass. 3e civ., 23 avr. 1974 : *JCP* 75, II, 18170, note Thuillier. Voir cependant, paraissant subordonner le droit de rétention à la bonne foi du constructeur, ■ Cass. 3e civ., 3 oct. 1990, n° 88-18.415 : *JurisData* n° 1990-702512 ; *JCP* 90, IV, 377 ; *Bull. civ.* I, n° 180, p. 104 ; *RTD civ.* 1993, 164, obs. Zenati).

19) Obligation du constructeur de bonne foi (non). L'article 555 du Code civil ne peut créer d'obligations à l'égard d'un constructeur de bonne foi de sorte que l'on ne saurait imposer à celui-ci de verser une indemnité de moins-value au véritable propriétaire au motif que les constructions effectuées avaient conduit à une diminution de la valeur du terrain (■ Cass. 3e civ., 12 oct. 2011, n° 10-18.175 : *JurisData* n° 2011-021583 ; *JCP* G 2011, 1298, n° 3, obs. Périnet-Marquet).

20) Caractère facultatif de l'article 555, alinéa 4 du Code civil. La mise en œuvre de l'alinéa 4 de l'article 555 du Code civil est facultative pour celui qui peut y prétendre, de sorte que le notaire doit réparer l'intégralité du dommage, quand bien même la victime aurait disposé, dans le procès engagé contre elle par un tiers, d'un moyen de défense de nature à limiter les effets préjudiciables de la situation dommageable (■ Cass. 1re civ., 22 sept. 2016, n° 15-13.840 : *JurisData* n° 2016-019069 ; *JCP* G 2016, doctr. 1191, n° 2, obs. Périnet-Marquet).

Art. 556 ***(Mod., Ord. n° 2006-460, 21 avr. 2006).*** **– Les atterrissements et accroissements qui se forment successivement et imperceptiblement aux fonds riverains d'un cours d'eau s'appellent *alluvion*.**

L'alluvion profite au propriétaire riverain, qu'il s'agisse d'un cours d'eau domanial ou non ; à la charge, dans le premier cas, de laisser le marchepied ou chemin de halage, conformément aux règlements.

1) **Atterrissements récents, progressifs et sans maître.** L'article 556 caractérise les alluvions comme des atterrissements récents, progressifs et sans maître (▪ Cass. req., 1er août 1932 : *Gaz. Pal.* 1932, 2, 680). Il importe peu que les atterrissements soient l'œuvre de la nature ou soient déterminés par le travail de l'homme (▪ Cass. req., 15 juill. 1895 : *DP* 1896, 1, 118), mais ne peuvent être considérés comme terrains d'alluvion les atterrissements qui se sont formés d'une façon rapide et même soudaine à la suite des travaux effectués dans leur voisinage immédiat (▪ T. civ. Nantes, 7 juin 1933 : *Gaz. Pal.* 1933, 2, 489 – V. en ce sens ▪ Cass. 3e civ., 20 janv. 1988, n° 86-15.265 : *JurisData* n° 1988-000411 ; *Bull. civ.* III, n° 18, p. 8 ; *D.* 1989, somm. 27, obs. A. Robert). En revanche, ils ont le caractère d'alluvions s'ils se sont formés successivement et imperceptiblement sous l'effet de phénomènes naturels, les travaux hydrauliques postérieurs n'ayant pas été déterminants dans cette création (▪ Cass. 3e civ., 30 juin 1999, n° 96-21.752 : *JurisData* n° 1999-002703 ; *JCP* 2000, I, 211, n° 1, obs. Périnet-Marquet ; *Bull. civ.* III, n° 160, p. 110, lit de la Durance).

2) **Niveau des apports.** Pour constituer un atterrissement, les apports d'alluvions doivent dépasser le plus haut niveau qu'atteignent sans débordement les eaux de la rivière compte tenu du reflux périodique résultant des marées ordinaires (▪ Cass. 3e civ., 9 mars 1976, n° 74-15.228 : *JurisData* n° 1976-098107 ; *D.* 1978, 24, note Prévault).

3) **Preuve.** C'est au propriétaire du terrain riverain d'apporter la preuve que ces apports ont le caractère d'atterrissements (▪ Cass. 3e civ., 9 mars 1976, préc. – V. aussi ▪ Versailles, 12 janv. 1995 : *JurisData* n° 1995-040716 ; *D.* 1996, somm. 57, obs. A. Robert, rectification cadastrale contredisant les prétentions des propriétaires des terrains riverains).

4) **Domaine public.** L'action en revendication n'est recevable que dans la mesure où elle se rapporte à un terrain qui ne fait pas partie du domaine public de l'État. L'exception de domanialité publique ne peut être écartée par le juge judiciaire que s'il apparaît incontestablement que les terrains revendiqués ne font pas partie du domaine public (▪ Lyon, 11 mars 1980 : *JurisData* n° 1980-698154 ; *D.* 1980, inf. rap. 479, obs. crit. A. Robert). Voir : sur l'application de l'article 556 aux fleuves et rivières domaniaux, CGPPP, art. L. 2111-13, p. 2240. Les atterrissements provoqués par des travaux légalement entrepris ne font pas partie du domaine public en application de l'article 13 du Code du domaine public fluvial et de la navigation intérieure, même s'ils sont situés dans l'emprise d'un port (▪ CE, 11 avr. 1986, n° 60872 : *JurisData* n° 1986-605394 ; *JCP* 87, II, 20856, note Davignon). Dans la mesure où le propriétaire n'avait pas fait reconnaître son titre sur les ouvrages de canalisation litigieux dans les délais fixés par l'ancien article L. 90 du Code du domaine de l'État, il ne pouvait plus bénéficier de la présomption de propriété édictée par l'article 546 du Code civil et, dès lors que l'État disposait d'un titre par détermination de la loi et que l'ouvrage était uni indissociablement aux eaux qu'il canalisait, cette présomption devait jouer en sa faveur (▪ Cass. 3e civ., 3 mai 2007, n° 06-16.705 : *JurisData* n° 2007-038658 ; *Bull. civ.* III, n° 405 ; *contra* dans la même affaire, ▪ Cass. 3e civ., 14 nov. 2002, n° 01-02.596 : *Bull. civ.* III, n° 226).

5) **Canaux.** L'article 556 ne parle que de fleuves et rivières et n'est donc pas applicable lorsqu'il s'agit de canaux creusés par la main de l'homme (▪ Cass. req., 19 janv. 1875 : *DP* 1875, 1, 256. V. en ce sens pour les eaux visées par les articles 644 et 645 ▪ Rouen, 1re ch., 13 janv. 1993 : *JurisData* n° 1993-040530).

6) **Alluvions formées dans l'embouchure d'une rivière.** Si, par l'effet de certaines marées, le cours d'une rivière aboutissant à la mer se trouve refoulé par le flot montant, de telle sorte qu'il mêle momentanément ses eaux à celles de la mer et déborde alors sur ses rives, le terrain accidentellement submergé par ce reflux ne cesse pas de faire partie des rives de la rivière, et, à ce titre, reste susceptible de propriété privée (▪ Cass. civ., 28 juill. 1869 : *DP* 1869, 1, 489).

7) **Atterrissements séparés d'une île.** Les atterrissements formés successivement autour d'une île située dans un fleuve continuent d'appartenir au propriétaire de l'île, alors même qu'ils en ont été séparés par le déplacement des eaux (▪ Grenoble, 12 févr. 1872 : *DP* 1873, 5, 381).

Art. 557. – Il en est de même des relais que forme l'eau courante qui se retire insensiblement de l'une de ses rives en se portant sur l'autre : le propriétaire de la rive découverte profite de l'alluvion, sans que le riverain du côté opposé y puisse venir réclamer le terrain qu'il a perdu.

Ce droit n'a pas lieu à l'égard des relais de la mer.

Art. 558. – **L'alluvion n'a pas lieu à l'égard des lacs et étangs, dont le propriétaire conserve toujours le terrain que l'eau couvre quand elle est à la hauteur de la décharge de l'étang, encore que le volume de l'eau vienne à diminuer.**

Réciproquement, le propriétaire de l'étang n'acquiert aucun droit sur les terres riveraines que son eau vient à couvrir dans des crues extraordinaires.

1) **Présomption simple.** La présomption selon laquelle le propriétaire de l'étang conserve le terrain que l'eau couvre quand elle est à la hauteur de la décharge de l'étang même si le volume d'eau vient à diminuer est une présomption simple tombant devant la preuve contraire, et notamment par un titre (▪ Cass. req., 29 déc. 1924 : *DP* 1925, 1, 173 ; *Gaz. Pal.* 1925, 1, 443). Pour faire constater sa propriété sur partie du terrain immergé, celui qui combat la présomption doit établir, d'une part que la limite véritable de sa propriété a été franchie par les eaux, d'autre part que ce franchissement, qui profiterait finalement au propriétaire de l'étang, s'il avait été naturel et générateur d'une simple modification de l'assiette de la présomption, a été le fait, préjudiciable à la parcelle riveraine, du maître de l'étang (▪ Amiens, 18 mars 1988 : *JurisData* n° 1988-049053 ; *RD imm.* 1989, 33, obs. Bergel).

2) **Crues extraordinaires.** Les crues extraordinaires doivent s'entendre des crues accidentelles qui se meuvent en dehors de toutes les conditions de fixité et de régularité propres aux crues ordinaires (▪ Cass. civ., 13 mars 1867 : *DP* 1867, 1, 270).

3) **Travaux de dessèchement.** La présomption légale n'est établie que pour les étangs dans leur état normal, c'est-à-dire dont l'eau immobile est contenue, par sa nature même ou par sa destination, dans des limites fixes et invariables. Elle suppose aussi l'existence d'un déversoir marquant, d'une manière immuable, la hauteur de la décharge et opérant sans l'intervention de la main de l'homme. Par suite, l'article 558 ne peut être invoqué par le propriétaire d'un étang soumis à des travaux de dessèchement ayant pour but et pour résultat d'en diminuer la superficie et la ligne divisoire de cet étang et des propriétés riveraines est fixée, en l'absence de titre, selon la possession des parties, sans que les juges aient à rechercher la hauteur des eaux à l'état normal, le régime exceptionnel d'un tel étang ne permettant pas de la déterminer (▪ Cass. req., 25 mai 1868 : *DP* 1868, 1, 488).

4) **Lacs domaniaux.** Voir : sur l'application de l'article 558 aux lacs domaniaux, CGPPP, art. L. 2111-13, p. 2240. Sur le cas du lac Léman dans le régime antérieur à la loi du 16 décembre 1964, V. ▪ Cass. 1re civ., 4 janv. 1967 : *JurisData* n° 1967-700005 ; *D.* 1967, 187.

Art. 559 *(Mod., Ord. n° 2006-460, 21 avr. 2006).* – **Si un cours d'eau, domanial ou non, enlève par une force subite une partie considérable et reconnaissable d'un champ riverain, et la porte vers un champ inférieur ou sur la rive opposée, le propriétaire de la partie enlevée peut réclamer sa propriété ; mais il est tenu de former sa demande dans l'année : après ce délai, il n'y sera plus recevable, à moins que le propriétaire du champ auquel la partie enlevée a été unie, n'eût pas encore pris possession de celle-ci.**

Art. 560 *(Rempl., Ord. n° 2006-460, 21 avr. 2006).* – **Les îles, îlots, atterrissements, qui se forment dans le lit des cours d'eau domaniaux, appartiennent à la personne publique propriétaire du domaine concerné, en l'absence de titre ou de prescription contraire.**

1) **Propriétaire dépossédé par arrêté préfectoral.** Le particulier dépossédé par un arrêté préfectoral d'un îlot qu'il soutient avoir été incorporé à tort au domaine public ne peut prétendre à une indemnité que s'il établit que cet îlot n'était pas couvert par les plus hautes eaux navigables du fleuve et était ainsi susceptible de propriété privée (▪ Cass. civ., 20 juin 1895 : *DP* 1895, 1, 509).

2) **Compétence des tribunaux judiciaires.** La question de savoir si un terrain dépend des rivages de la mer ou s'il n'en fait pas partie, et, est, dès lors, susceptible de propriété privée, constitue une question de propriété de la compétence exclusive des tribunaux judiciaires (▪ Cass. civ., 28 juill. 1869 : *DP* 1869, 1, 489).

Art. 561 *(Mod., Ord. n° 2006-460, 21 avr. 2006).* – **Les îles et atterrissements qui se forment dans les cours d'eau non domaniaux, appartiennent aux propriétaires riverains du côté où l'île s'est formée : si l'île n'est pas formée d'un seul côté, elle appartient aux propriétaires riverains des deux côtés, à partir de la ligne qu'on suppose tracée au milieu du cours d'eau.**

1) Îles visées. L'article 561 ne s'applique qu'aux îles de formation récente dont la propriété est encore incertaine (■ Cass. req., 25 févr. 1907 : *DP* 1908, 1, 281. ■ Cass. 1re civ., 10 mars 1953 : *JCP* 53, II, 7842, note Weill).

2) Propriétaires visés. L'article 561 ne peut être réputé valoir titre que vis-à-vis de celui qui était propriétaire au moment où l'îlot s'est formé (■ Orléans, 15 janv. 1886 : *DP* 1886, 2, 230).

3) Îles submergées. Si le propriétaire perd ses prérogatives sur les îles ou îlots qui, submergés par suite d'un phénomène naturel, font partie du domaine public, il retrouve son droit lorsque les terres cessent d'appartenir au domaine public parce qu'elles ont émergé à nouveau naturellement ou par suite de travaux régulièrement autorisés qu'il aurait lui-même accomplis (■ Cass. 3e civ., 29 févr. 1968 : *JurisData* n° 1968-098083 ; *JurisData* n° 1968-700082 ; *D.* 1968, 454. Comp. à propos d'un étang du littoral temporairement incorporé au domaine public maritime ■ Cass. ass. plén., 23 juin 1972 : *JCP* 1973, II, 17331, note Goubeaux et Jégouzo).

Art. 562 ***(Rempl., Ord. n° 2006-460, 21 avr. 2006).*** **– Si un cours d'eau, en se formant un bras nouveau, coupe et embrasse le champ d'un propriétaire riverain, et en fait une île, ce propriétaire conserve la propriété de son champ, encore que l'île se soit formée dans un cours d'eau domanial.**

Art. 563 ***(L. 8 avr. 1898 ; mod., Ord. n° 2006-460, 21 avr. 2006).*** **– Si un cours d'eau domanial se forme un nouveau cours en abandonnant son ancien lit, les propriétaires riverains peuvent acquérir la propriété de cet ancien lit, chacun en droit soi, jusqu'à une ligne qu'on suppose tracée au milieu du cours d'eau. Le prix de l'ancien lit est fixé par des experts nommés par le président du tribunal de la situation des lieux, à la requête de l'autorité compétente.**

À défaut par les propriétaires riverains de déclarer, dans les trois mois de la notification qui leur sera faite par l'autorité compétente, l'intention de faire l'acquisition aux prix fixés par les experts, il est procédé à l'aliénation de l'ancien lit selon les règles qui président aux aliénations du domaine des personnes publiques.

Le prix provenant de la vente est distribué aux propriétaires des fonds occupés par le nouveau cours à titre d'indemnité dans la proportion de la valeur du terrain enlevé à chacun d'eux.

1) Inondation. Les déplacements nombreux et temporaires d'une rivière survenus à la suite d'orages et de pluies excessives constituent des inondations plutôt que des changements de lit et les terres momentanément submergées ne cessent pas d'appartenir à leurs propriétaires qui en recouvrent la possession après que la rivière a repris son ancien lit (■ Cass. req., 26 févr. 1896 : *DP* 1897, 1, 450). Mais jugé que l'article 563 est applicable, à l'exclusion de l'article 556, lorsqu'une rivière change de lit à la suite d'une inondation et se maintient de nombreuses années au nouvel emplacement (■ Riom, 30 janv. 1968 : *D.* 1969, 243, note Chavrier). S'il n'est pas cédé selon la procédure prévue par l'article 563, le lit abandonné reste dans le domaine privé de l'État et peut être usucapé par un tiers (même arrêt).

2) Déplacement artificiel. L'article 563 n'est pas applicable au cas de déplacement artificiel d'une portion du lit d'une rivière, effectué par suite d'une convention qui accorde au propriétaire du fonds nouvellement occupé par le cours d'eau le prix du terrain compris dans le nouveau tracé (■ Cass. req., 6 nov. 1867 : *DP* 1871, 1, 245). Voir, sur le droit de préemption des propriétaires riverains en cas de changement de lit résultant de travaux également exécutés, CGPPP, art. L. 3211-16, p. 2271.

3) Cours d'eau non domaniaux. Lorsque le lit d'un cours d'eau est abandonné, soit naturellement, soit par suite de travaux légalement exécutés, chaque riverain en reprend la libre disposition suivant les limites déterminées par l'article précédent (C. env. art. L. 215-3). Par application de l'ancien article 98 du Code rural (C. env., art. L. 215-2), le droit de chacun a pour limite la ligne médiane du lit abandonné (■ Cass. 3e civ., 6 févr. 1973, n° 71-13.623 : *JurisData* n° 1973-098099 ; *JCP* 1973, IV, 113). Sur le principe que les propriétaires des fonds riverains du nouveau lit sont tenus de souffrir les passages des eaux sans indemnité mais peuvent prendre dans l'année des mesures pour rétablir l'ancien cours, voir C. env., art. L. 215-4. V. pour une application ■ Cass. 3e civ., 4 oct. 1978, n° 77-10.767 : *JurisData* n° 1978-099302 ; *JCP* 78, IV, 335.

Art. 564 ***(Mod., L. n° 84-512, 29 juin 1984 ; L. n° 92-1283, 11 déc. 1992).*** **– Les pigeons, lapins, poissons, qui passent dans un autre colombier, garenne ou plan d'eau visé aux articles L. 431-6 et L. 431-7 du Code de l'environnement appartiennent au propriétaire de** ***(Mots rempl., L. n° 2015-177, 16 févr. 2015)*** **« ces derniers », pourvu qu'ils n'y aient point été attirés par fraude et artifice.**

Code rural et de la pêche maritime

Art. L. 211-4. – I. – Les volailles et autres animaux de basse-cour qui s'enfuient dans les propriétés voisines ne cessent pas d'appartenir à leur maître quoiqu'il les ait perdus de vue.

Néanmoins, celui-ci ne peut plus les réclamer un mois après la déclaration qui doit être faite à la mairie par les personnes chez lesquelles ces animaux se sont enfuis.

Art. L. 211-9. – Le propriétaire d'un essaim a le droit de le réclamer et de s'en ressaisir, tant qu'il n'a point cessé de le suivre ; autrement l'essaim appartient au propriétaire du terrain sur lequel il s'est fixé.

1) Trappes ou écluses. Ne constitue pas une faute le fait d'installer aux limites de son bois enclos des trappes mobiles permettant au gibier d'entrer mais non de sortir (■ Cass. req., 22 juill. 1861 : *DP* 1861, 1, 475. – V. en ce sens pour des écluses, ■ Bordeaux, 20 févr. 1888 : *DP* 1889, 2, 161).

2) Croît d'une jument. L'acquéreur d'une jument devient propriétaire, par voie d'accession, du croît de l'animal (■ TGI Seine, 14 oct. 1964 : *D.* 1965, somm. 30).

Section II. – Du droit d'accession relativement aux choses mobilières

Art. 565. – Le droit d'accession, quand il a pour objet deux choses mobilières appartenant à deux maîtres différents, est entièrement subordonné aux principes de l'équité naturelle.

Les règles suivantes serviront d'exemple au juge pour se déterminer, dans les cas non prévus, suivant les circonstances particulières.

Bibliographie : P.-Y. Gautier, *L'accession mobilière en matière d'œuvres de l'esprit : vers une nouvelle querelle des Proculéiens et des Sabiniens* : *D.* 1988, chron. 153.

1) Constitution d'un tout. Le droit d'accession en matière mobilière ne peut s'exercer que lorsque les deux choses appartenant à différents maîtres ont été adjointes de manière à former un tout. Un train de culture ne constitue pas une chose au sens des articles 565, 566 et 573 (■ Cass. civ., 20 avr. 1928 : *DH* 1928, 317).

2) Droit d'auteur. Sur le principe que les règles du Code civil gouvernant l'accession mobilière ne peuvent être invoquées en matière de droit d'auteur, V. ■ Paris, 13 janv. 1993 : *D.* 1993, inf. rap. 90.

Art. 566 *(L. n° 60-464, 17 mai 1960)*. **– Lorsque deux choses appartenant à différents maîtres, qui ont été unies de manière à former un tout, sont néanmoins séparables, en sorte que l'une puisse subsister sans l'autre, le tout appartient au maître de la chose qui forme la partie principale, à la charge de payer à l'autre la valeur, estimée à la date du paiement, de la chose qui a été unie.**

Art. 567. – Est réputée partie principale celle à laquelle l'autre n'a été unie que pour l'usage, l'ornement ou le complément de la première.

Art. 568. – Néanmoins, quand la chose unie est beaucoup plus précieuse que la chose principale, et quand elle a été employée à l'insu du propriétaire, celui-ci peut demander que la chose unie soit séparée pour lui être ***rendue, même quand il pourrait en résulter*** **quelque dégradation de la chose à laquelle elle a été jointe.**

Art. 569. – Si de deux choses unies pour former un seul tout, l'une ne peut point être regardée comme l'accessoire de l'autre, celle-là est réputée principale qui est la plus considérable en valeur, ou en volume si les valeurs sont à peu près égales.

Voir : pour une application, ■ Montpellier, 21 déc. 1922 : *Gaz. Pal.* 1923, 1, 242.

Art. 570 *(L. n° 60-464, 17 mai 1960)*. **– Si un artisan ou une personne quelconque a employé une matière qui ne lui appartenait pas à former une chose d'une nouvelle espèce, soit que la matière puisse ou non reprendre sa première forme, celui qui en était le propriétaire a le droit de réclamer la chose qui en a été formée en remboursant le prix de la main-d'œuvre estimée à la date du remboursement.**

Art. 571 *(L. n° 60-464, 17 mai 1960).* – Si, cependant, la main-d'œuvre était tellement importante qu'elle surpassât de beaucoup la valeur de la matière employée, l'industrie serait alors réputée la partie principale, et l'ouvrier aurait le droit de retenir la chose travaillée, en remboursant au propriétaire le prix de la matière, estimée à la date du remboursement.

Art. 572 *(L. n° 60-464, 17 mai 1960).* – Lorsqu'une personne a employé en partie la matière qui lui appartenait et en partie celle qui ne lui appartenait pas à former une chose d'une espèce nouvelle, sans que ni l'une ni l'autre des deux matières soit entièrement détruite, mais de manière qu'elles ne puissent pas se séparer sans inconvénient, la chose est commune aux deux propriétaires, en raison, quant à l'un, de la matière qui lui appartenait, quant à l'autre, en raison à la fois et de la matière qui lui appartenait et du prix de sa main-d'œuvre. Le prix de la main-d'œuvre est estimé à la date de la licitation prévue à l'article 575.

Art. 573. – Lorsqu'une chose a été formée par le mélange de plusieurs matières appartenant à différents propriétaires, mais dont aucune ne peut être regardée comme la matière principale, si les matières peuvent être séparées, celui à l'insu duquel les matières ont été mélangées peut en demander la division.

Si les matières ne peuvent plus être séparées sans inconvénient, ils en acquièrent en commun la propriété dans la proportion de la quantité, de la qualité et de la valeur des matières appartenant à chacun d'eux.

Art. 574 *(L. n° 60-464, 17 mai 1960).* – Si la matière appartenant à l'un des propriétaires était de beaucoup supérieure à l'autre par la quantité et le prix, en ce cas, le propriétaire de la matière supérieure en valeur pourrait réclamer la chose provenue du mélange en remboursant à l'autre la valeur de sa matière, estimée à la date du remboursement.

Art. 575. – Lorsque la chose reste en commun entre les propriétaires des matières dont elle a été formée, elle doit être licitée au profit commun.

Art. 576 *(L. n° 60-464, 17 mai 1960).* – Dans tous les cas où le propriétaire dont la matière a été employée, à son insu, à former une chose d'une autre espèce peut réclamer la propriété de cette chose, il a le choix de demander la restitution de sa matière en même nature, quantité, poids, mesure et bonté, ou sa valeur estimée à la date de la restitution.

Art. 577. – Ceux qui auront employé des matières appartenant à d'autres, et à leur insu, pourront aussi être condamnés à des dommages et intérêts, s'il y a lieu, sans préjudice des poursuites par voie extraordinaire, si le cas y échet.

TITRE III. – DE L'USUFRUIT, DE L'USAGE ET DE L'HABITATION

CHAPITRE I. – DE L'USUFRUIT

Art. 578. – L'usufruit est le droit de jouir des choses dont un autre a la propriété comme le propriétaire lui-même, mais à la charge d'en conserver la substance.

Bibliographie : L. Aynès, R. Gentilhomme, A. Peitrancosta, H. Lecuyer et C. Caron, *Démembrement : entre doutes et opportunités : Dr. et patrimoine* mai 2005. • L. Aynès, *Usufruit, droit d'usage, centre de recherches du droit des affaires et de l'économie de l'Université de Paris I*, ■ *Paris, 14 et 15 avr. 1999 : Rev. sociétés* 1999, p. 593. • E. Dockès, *Essai sur la notion d'usufruit : RTD civ.* 1995, 479. • A. Chappert, *Transmission d'usufruit et droits de mutation à titre gratuit, de quelques aspects fiscaux : Defrénois* 2007, p. 276. • J.-F. Pillebout, *Réflexions sur le droit d'usufruit : JCP* N 1977, I, 173 ; *Le sort du prix de vente d'un bien grevé d'usufruit : JCP N 1987*, *prat. 376*, p. 665 ; Conventions relatives à l'usufruit : JCP N 1997, I, 191. • M. Cozian, *Abus de droit, apport-cession et apport-donation (l'apport-donation d'une nue-propriété) : la Cour de cassation serait-elle en train de perdre le cap ? : JCP* G 2007, I, 180 ; *Du nu-propriétaire ou de l'usufruitier, qui a la qualité d'associé : JCP* E 1994, I, 374. • F. Deboissy, *Le sort des constructions nouvelles édifiées par l'usufruitier : retour sur une controverse ancienne* in *Mélanges Simler*, Dalloz-Litec 2006, p. 745. • V. Depadt-Sebag, *L'usufruit temporaire des personnes physiques : RTD civ.* 2010, p. 669. • W. Dross, *L'usufruit consenti par un nu-propriétaire est-il pleinement efficace ? : D.* 2004, p. 1253.

● S. Durand, *L'usufruit successif*, Defrénois, 2006, thèse, coll. « Doctorat et Notariat », t. XIV. ● G. Durand-Pasquier, *Du bail dans une convention d'usufruit : Loyers et copr.* 2007, alerte 37. ● Cl. Farge, *La clause de réversibilité d'usufruit, une technique souple à la disposition des praticiens : Defrénois* 2006, art. 38249. ● A. Françon, *L'usufruit des créances : RTD civ.* 1957, p. 1. ● B. Gelot, *La libre disposition de l'usufruit par le nu-propriétaire, du principe aux applications : Defrénois* 1997, I, p. 961. ● P. Le Cannu, *Sociétés, l'associé qui cède la nue-propriété de ses parts perd-il la qualité d'associé ? : Defrénois* 2007, art. 38582. ● R. Libchaber, *L'usufruit des créances existe-t-il ? : RTD civ.* 1997, p. 615 et s. ; *ibid., Une cession temporaire d'usufruit ? : Defrénois* 2008, p. 1656. ● R. Micha-Goudet, *Évaluation économique de l'usufruit et cession d'actions : JCP* E 1997, I, 690. ● Y. Paclot, *Remarques sur le démembrement des droits sociaux : JCP* E 1997, I, 674. ● F. Planckeel, *La combinaison de l'usufruit et du bail, éléments pour une nouvelle théorie du droit des biens : RTD civ.* 2009, p. 639. ● P. Sirinelli, *Le quasi-usufruit : LPA* 21 et 26 juill. 1993, n° 87-89. ● F. Zenati, *Pour une rénovation de la théorie de la propriété : RTD civ.* 1993, p. 306 et s. ; *La nature juridique du quasi-usufruit (ou la métempsycose de la valeur)* in *Études Catala*, Litec 2001, p. 605.

I – CARACTÈRE RÉEL

1) Principe. Le droit de superficie et le droit d'usufruit sont, comme l'emphytéose, des droits réels qui se détachent de l'immeuble lui-même et constituent, au profit de celui auquel ils sont conférés, une véritable propriété dont il a la libre disposition (■ Cass. req., 6 mars 1861 : *DP* 1865, 1, 417).

2) Jonction des possessions. L'usufruit étant un droit réel, démembrement du droit de propriété, le possesseur d'un tel droit peut joindre à la sienne la possession à titre de propriétaire de son auteur (■ Cass. 1re civ, 13 févr. 1963, n° 61-12.144 : *JurisData* n° 1963-000103 ; *Gaz. Pal.* 1963, 2, 82. V. aussi ■ Cass. 3e civ., 21 mars 1984, n° 83-10.473 : *JurisData* n° 1984-700628 ; *JCP* 86, II, 20640, 1re esp., note de La Marnierre).

3) Possessoire et pétitoire. Sur le principe que l'usufruitier bénéficie de la protection possessoire, V. ■ Nancy, 20 mai 1992 : *JurisData* n° 1992-047463. Sur la possibilité pour l'usufruitier d'exercer une action pétitoire, V. ■ Cass. 3e civ., 7 avr. 2004 : *JCP* 2004, I, 171, n° 8, obs. Périnet-Marquet ; *Bull. civ.* III, n° 85, p. 78.

4) Opposabilité aux tiers du droit de l'usufruitier. Saisie par les usufruitiers d'une tierce opposition à la décision constatant la perfection de la vente à laquelle ils n'ont pas consenti, une cour d'appel peut seulement constater que ladite vente leur est inopposable et non en prononcer la nullité (■ Cass. 3e civ., 28 mars 1990, n° 88-16.418 : *JurisData* n° 1990-000697 ; *Bull civ.* III, n° 92, p. 50 ; *RD imm.* 1990, 469, obs. Bergel ; *D.* 1991, somm. 163, obs. Paisant ; *RTD civ.* 1991, 564, obs. Zenati). Les droits de jouissance ou d'usage et d'habitation concédés à certains héritiers par le conjoint survivant usufruitier ne portent nulle atteinte aux droits des nus-propriétaires. Les occupants ne sont donc pas redevables envers l'indivision successorale d'une indemnité d'occupation (■ Cass. 1re civ., 14 janv. 1997, n° 94-16.813 *JurisData* n° 1997-000076 ; *JCP* 97, IV, 501 ; *RTD civ.* 1997, 483, obs. Patarin).

5) Distinction avec le droit d'usage et d'habitation. Lorsqu'un acte de vente réserve aux vendeurs un droit de jouissance viager, les juges du fond peuvent, en interprétant la volonté des parties, décider que ce droit constitue un usufruit et non un droit d'usage et d'habitation (■ Cass. 1re civ., 11 juill. 1962 : *JurisData* n° 1962-000362 ; *Bull. civ.* I, n° 362, p. 315. – Comp. pour un testament ■ TGI Avesnes-sur-Helpe, 26 févr. 1964 : *JCP* 64, II, 13904, note Désiry).

6) Distinction avec le droit de superficie. La prérogative concédée sous l'Ancien Régime par l'auteur de l'actuel propriétaire d'une parcelle, aujourd'hui boisée, qui a entendu octroyer sur son héritage un droit perpétuel au bureau de bienfaisance d'une localité est, aussi bien en vertu des principes de l'ancien droit qu'en application du Code civil, un droit de superficie au profit de celle-ci, ce qui exclut l'existence d'un droit d'usufruit (■ Cass. 3e civ., 6 mars 1991, n° 89-17.786 : *JurisData* n° 1991-000512 ; *JCP* 92, II, 21890, note Ourliac ; *Bull. civ.* III, n° 84, p. 50 ; *RTD civ.* 1991, 793, obs. Zenati).

7) Droit d'affichage. Le droit d'affichage réservé par une clause du règlement de copropriété ne confère pas un droit de propriété sur une partie privative de l'immeuble, mais seulement un droit d'usage des parties communes (■ Cass. 3e civ., 19 nov. 1985, n° 84-13.404 : *JurisData* n° 1985-003123 ; *D.* 1986, 497, note Zenati, et 575, note Saluden).

8) Concession funéraire. Jugé que le droit de concession funéraire est un droit complexe empruntant à la fois au droit de propriété et au droit d'usufruit (■ Bordeaux, 4 mars 1991 : *JurisData* n° 1991-042918 ; *JCP* 92, IV, 132).

II – CARACTÈRE AUTONOME

9) Indépendance de la nue-propriété et de l'usufruit. Le nu-propriétaire n'est pas recevable à exercer directement contre le locataire l'action en responsabilité de l'incendie prévue par l'article 1733 (■ Cass. civ., 16 nov. 1948 :

D. 1949, 26). Voir : sur le principe que l'usufruitier ne peut obliger le nu-propriétaire à faire les grosses réparations, art. 605, p. 508. V. : sur la conclusion de baux ruraux ou commerciaux, art. 595, p. 503.

10) Indivision. Sur le principe qu'il n'y a pas d'indivision entre le nu-propriétaire et l'usufruitier, V. ▪ Cass. req., 27 juill. 1869 : *DP* 1871, 1, 170. ▪ Cass. 1re civ., 25 nov. 1986, n° 85-10.548 : *JurisData* n° 1986-002362 ; *Bull. civ.* I, n° 282, p. 269 ; *Defrénois* 1987, 255, note Morin ; *D.* 1987, 141, note Morin. ▪ Cass. 2e civ., 18 oct. 1989, n° 88-13.878 : *JurisData* n° 1989-703297 ; *JCP* 90, II, 21502, note Pillebout. ▪ Agen, 1re ch., 6 janv. 1993 : *JurisData* n° 1993-040167. ▪ Grenoble, 11 avr. 1991 : *JurisData* n° 1991-040919. Mais jugé qu'il peut être procédé à la licitation de la pleine propriété si cette licitation apparaît nécessaire à l'assiette de l'usufruit ou seule protectrice de l'intérêt des parties (▪ Cass. req., 20 juill. 1932 : *DP* 1933, 1, 113, note R. Savatier. V. en ce sens ▪ Cass. 1re civ., 21 juin 1954 : *JCP* 55, II, 8574, note Meurisse. ▪ Cass. 1re civ., 22 janv. 1962, n° 60-11.480 : *JurisData* n° 1962-000046 ; *D.* 1962, 418, note Cornu). V. : sur l'impossibilité de principe pour le juge d'ordonner la vente de la pleine propriété d'un bien grevé d'usufruit contre la volonté de l'usufruitier, art. 815-5, p. 639.

11) Partage de la jouissance. Sur le principe que l'usufruitier a droit au partage en nature quant à la jouissance, V. ▪ Cass. 1re civ., 24 janv. 1979, n° 77-11.809 : *JurisData* n° 1979-000035 ; *Bull. civ.* I, n° 35, p. 30.

12) Expropriation. En cas d'expropriation d'un bien grevé d'usufruit, seul celui qui a la pleine propriété peut requérir l'emprise totale et, lorsque la nue-propriété et l'usufruit sont séparés, cette réquisition ne peut émaner du nu-propriétaire sans le consentement de l'usufruitier (▪ Cass. 3e civ., 19 juill. 1984, n° 83-70.164 : *JurisData* n° 1984-701350 ; *Bull. civ.* III, n° 148, p. 113. V. aussi pour l'exercice du droit de rétrocession visé par l'article L. 12-6 du Code de l'expropriation ▪ Cass. 3e civ., 4 juill. 1990, n° 89-11.707 : *JurisData* n° 1990-002033 ; *Bull. civ.* III, n° 168, p. 98). Le legs de l'universalité de l'usufruit des biens successoraux ne créant aucune indivision entre le conjoint survivant et l'héritier réservataire, l'acquisition d'un immeuble en emploi d'une indemnité d'expropriation dépendant de la succession n'a pas eu pour effet de créer une indivision conventionnelle entre les coacquéreurs mais a seulement réalisé un transfert de leurs droits d'usufruit et de nue-propriété à due concurrence du prix de vente (▪ Paris, 2e ch., 6 févr. 1991 : *JurisData* n° 1991-021026).

13) Vente forcée. La vente forcée de la pleine propriété pour dédommager les créanciers de l'usufruitier ne peut être imposée au nu-propriétaire (▪ Cass. 3e civ., 18 nov. 2009, n° 08-19.875 : *Bull. civ.* III, n° 225 ; *JurisData* n° 2009-050350 ; *Contrats, conc. consom.* 2010, comm. 64, note Raymond ; *JCP* G 2010, 336, n° 9, obs. Périnet-Marquet ; *RD bancaire et fin.* 2010, comm. 25, note Piedelièvre). Voir aussi art. 815-5, al. 2, p. 639.

14) Vente simultanée de la nue-propriété et de l'usufruit. Voir art. 621, p. 514.

III – CARACTÈRE TEMPORAIRE

15) Principe. Le droit d'affichage perpétuel n'est pas un usufruit (▪ Cass. 3e civ., 18 janv. 1984, n° 82-16.003 : *JurisData* n° 1984-700025 ; *Bull. civ.* III, n° 16, p. 12 ; *D.* 1985, 504, note Zenati ; *JCP* 86, II, 20547, note Barbièri).

16) Extinction au décès de l'usufruitier. Tout usufruit, fût-il constitué pour une durée fixe, s'éteint de plein droit par la mort de l'usufruitier (▪ Cass. ch. réunies, 16 juin 1933 : *DH* 1933, 393).

17) Usufruits successifs. V. art. 580, annot. n° 1, p. 498.

IV – CARACTÈRE ALÉATOIRE

18) Principe. Si la valeur d'un usufruit peut être appréciée *in abstracto* grâce à des données statistiques, l'usufruit établi au profit d'un individu déterminé reste soumis à l'aléa inhérent à la survie de celui-ci (▪ Orléans, 20 avr. 1966 : *JCP* 67, IV, 72).

19) Évaluation fiscale. Voir, sur l'évaluation de l'usufruit pour le calcul des droits de mutation, CGI, art. 669. Les barèmes de l'administration fiscale n'ont qu'un caractère indicatif servant de base au calcul des droits successoraux (▪ Bordeaux, 1re ch., 26 juin 1990 : *JurisData* n° 1990-049649). L'article 762 CGI (aujourd'hui abrogé) ne s'imposant qu'en matière fiscale, une cour d'appel peut retenir souverainement que l'évaluation doit se faire en tenant compte de l'âge de l'usufruitière et du revenu net qu'elle peut espérer obtenir des actions vendues (▪ Cass. 1re civ., 25 févr. 1997, n° 94-20.785 : *JurisData* n° 1997-000784 ; *JCP* 97, IV, 874 ; *Bull. civ.* I, n° 76, p. 50. – V. aussi A. Chappert, *Usufruit, nue-propriété et droits d'enregistrement : Defrénois* 1987, 1281. – D. Ponton-Grillet, *Les aspects fiscaux de la relation entre usufruitier et nu-propriétaire : D.* 1989, chron. 250. – N. Belzidsky, *Les biens grevés d'usufruit et l'impôt sur les grandes* fortunes : *Gaz. Pal.* 1982, 2, doctr. 494. – M. Giray, *Barèmes de l'usufruit et de la nue-propriété : JCP* N 2006, 1259. – C. Delory, *Renonciation à usufruit et plafonnement de l'assiette de l'impôt de mutation à titre gratuit : JCP* N 2007, 1263).

V – CHARGE DE CONSERVATION DE LA SUBSTANCE

20) Principe. L'usufruitier doit jouir de la chose soumise à son usufruit en bon père de famille, suivant l'usage auquel elle est destinée et à charge d'en conserver la substance (■ Cass. 1re civ., 10 juill. 1963 : *JCP* 64, II, 13592, note H.B.), la circonstance qu'il ait été dispensé de donner caution étant indifférente à cet égard (■ Cass. 1re civ., 12 nov. 1998, n° 96-18.041 : *JurisData* n° 1998-004245 ; *JCP* G 99, I, 120, n° 29, obs. Périnet-Marquet ; II, 10027, note S. Piedelièvre ; *JCP* E 99, 426, note Rouxel ; *JCP* N 99, 351, note Hovasse ; *Bull. civ.* I, n° 315, p. 217 ; *D.* 1999, 167, note Aynès et 633, note Fiorina ; *RTD civ.* 1999, 422, obs. Zenati, 674, obs. Patarin). Il ne doit pas modifier la manière d'être particulière de la chose (■ Cass. soc., 10 févr. 1955 : *D.* 1955, 379, rapp. Pépy. ■ Cass. 3e civ., 5 déc. 1968, n° 66-11.052 : *D.* 1969, 274, transformation des locaux d'habitation en locaux commerciaux).

21) Cessation d'activité. Il ne peut être fait grief à l'usufruitier d'un fonds de commerce d'avoir cessé son activité et d'avoir radié l'inscription du fonds du registre du commerce dès lors que cette mesure s'imposait et était indépendante de sa volonté (■ Cass. com., 28 janv. 1980, n° 78-15.532 : *JurisData* n° 1980-000037 ; *JCP* 80, II, 19416, note Atias ; *Journ. not.* 1981, 47, note Viatte ; *RTD civ.* 1980, 787, obs. crit. Giverdon).

22) Mode de jouissance adapté aux circonstances économiques. L'usufruitière qui, par le jeu des règles du cheptel de fer, voit son cheptel diminuer en raison de la dépréciation monétaire, doit adopter un mode de jouissance mieux adapté aux circonstances économiques (■ Cass. soc., 24 janv. 1963, n° 61-10.333 : *JurisData* n° 1963-097100 ; *Gaz. Pal.* 1963, 2, 147).

23) Transformations nécessaires. On ne peut faire grief à l'usufruitier d'adapter sa jouissance aux transformations que les facteurs économiques et sociaux ont fait subir à la substance de la chose sans intervention des usufruitiers et des nus-propriétaires (■ Grenoble, 15 févr. 1961 : *D.* 1961, 674, location d'une ancienne écurie et d'une cour attenante pour l'exploitation d'un commerce de bois et charbons).

24) Incendie. L'usufruitier d'un immeuble, qui a la charge de le conserver et de le rendre, est comptable de la perte éprouvée par le nu-propriétaire si l'immeuble objet de l'usufruit a péri dans un incendie, sauf à lui, comme tout débiteur de corps certain, de justifier que la chose a péri par cas fortuit (■ Cass. 3e civ., 26 juin 1991 : *Bull. civ.* III, n° 198, p. 115 ; *RTD civ.* 1993, 168, obs. Zenati. V. déjà ■ Cass. req., 4 juill. 1887 : *DP* 1887, 1, 321).

25) Recouvrement des créances. L'usufruitier dont le droit porte sur des créances a l'obligation d'en poursuivre le recouvrement et d'en empêcher la prescription (■ Cass. req., 21 mai 1930 : *DP* 1932, 1, 111. V. en ce sens ■ Cass. 1re civ., 4 oct. 1989, n° 87-11.142 : *JurisData* n° 1989-703208 ; *JCP* 90, II, 21519, note Pillebout ; *Bull. civ.* I, n° 308, p. 205). Il n'est pas exonéré par l'inaction du nu-propriétaire (même arrêt).

Art. 579. – L'usufruit est établi par la loi, ou par la volonté de l'homme.

1) Cession forcée. Voir : pour une hypothèse de jugement emportant cession forcée d'usufruit, art. 274, p. 257.

2) Attribution d'usufruit à titre de dommages-intérêts (non). *Une épouse* ne peut prétendre à l'usufruit d'un immeuble à titre de dommages-intérêts, dans une procédure de séparation de corps, dès lors que la possibilité d'un tel usufruit n'est prévue par aucun texte et que le mari s'oppose à son attribution (■ Cass. 2e civ., 11 oct. 1989, n° 88-13.364 : *JurisData* n° 1989-703078 ; *JCP* 89, IV, 395 ; *Bull. civ.* II, n° 177, p. 90 ; *RTD civ.* 1991, 768, obs. Zenati, mais les juges du fond sont souverains pour apprécier les modalités de la réparation, et peuvent lui attribuer, pour une durée limitée, la jouissance à titre gratuit de deux immeubles, même arrêt. Comp., accordant à la femme la jouissance de l'immeuble commun à titre de pension alimentaire, ■ Angers, 1re ch., 20 janv. 1993 : *JurisData* n° 1993-042943). Les dommages-intérêts accordés à la femme en cas de divorce ne peuvent être cumulés avec la prestation compensatoire pour être globalement convertis en usufruit sur l'immeuble commun, la loi ne permettant pas de liquider les dommages-intérêts sous cette forme (■ Bordeaux, 6e ch., 15 déc. 1992 : *JurisData* n° 1992-047819).

3) Don manuel avec réserve d'usufruit. Le don manuel de valeurs mobilières peut être accompagné d'une réserve d'usufruit (■ Cass. req., 15 nov. 1881 : *DP* 1882, 1, 67. ■ Lyon, 20 mars 1969 : *JCP* 70, II, 16492, note Rabut ; *Gaz. Pal.* 1970, 1, 346, note A. T.).

Code général des impôts

LIVRE PREMIER. – ASSIETTE ET LIQUIDATION DE L'IMPÔT

(L. n° 51-247, 1er mars 1951)

PREMIÈRE PARTIE. – IMPÔTS D'ÉTAT

TITRE IV. – ENREGISTREMENT, PUBLICITÉ FONCIÈRE, IMPÔT DE SOLIDARITÉ SUR LA FORTUNE, TIMBRE

CHAPITRE Ier. – DROITS D'ENREGISTREMENT ET TAXE DE PUBLICITÉ FONCIÈRE

Section I. – Dispositions générales

....

II. – Des impositions

....

B. – Assiette et liquidation

....

Art. 669. – I. – Pour la liquidation des droits d'enregistrement et de la taxe de publicité foncière, la valeur de la nue-propriété et de l'usufruit est déterminée par une quotité de la valeur de la propriété entière, conformément au barème ci-après :

ÂGE de l'usufruitier	VALEUR de l'usufruit	VALEUR de la nue-propriété
Moins de :		
21 ans révolus	90 %	10 %
31 ans révolus	80 %	20 %
41 ans révolus	70 %	30 %
51 ans révolus	60 %	40 %
61 ans révolus	50 %	50 %
71 ans révolus	40 %	60 %
81 ans révolus	30 %	70 %
91 ans révolus	20 %	80 %
Plus de 91 ans révolus	10 %	90 %

Pour déterminer la valeur de la nue-propriété, il n'est tenu compte que des usufruits ouverts au jour de la mutation de cette nue-propriété.

II. – L'usufruit constitué pour une durée fixe est estimé à 23 % de la valeur de la propriété entière pour chaque période de dix ans de la durée de l'usufruit, sans fraction et sans égard à l'âge de l'usufruitier.

Art. 580. – **L'usufruit peut être établi, ou purement, ou à certain jour, ou à condition.**

1) Usufruits successifs. Le propriétaire d'un immeuble peut librement disposer de l'usufruit sous la seule condition de respecter le caractère essentiellement temporaire ou viager de *l'usufruit; il peut notamment, en donnant la* nue-propriété, décider de se réserver l'usufruit sa vie durant et concéder sur l'immeuble un second usufruit, la jouissance du second usufruit ne commençant qu'à la date où celle du premier aura pris fin (▪ Cass. 1re civ., 4 avr. 1991, n° 89-17.351 : *JurisData* n° 1991-000936 ; *JCP* 1991, IV, 217 ; *Bull. civ.* I, n° 128, p. 86. V. aussi ▪ Cass. req., 15 mai 1865 : *DP* 1865, 1, 431. ▪ Cass. 1re civ., 25 oct. 1978, n° 76-13.775 : *JurisData* n° 1978-700324 ; D. 1979, 56. V. pour une analyse critique W. Dross, *L'usufruit consenti par un nu-propriétaire est-il pleinement efficace ?* : *D.* 2004, 1253). Jugé que la clause de réversibilité de l'usufruit au profit du conjoint survivant insérée dans une donation-partage s'analyse en une donation de biens à venir, l'usufruit, faisant l'objet de la libéralité, ne prenant effet qu'au décès du donateur (■ Cass. 1re civ., 20 avr. 1983 : *JurisData* n° 1983-700954 ; *JCP* 1984, II, 20257, note de La Marnierre ; *D.* 1986, 31, note Grimaldi ; *RTD civ.* 1984, 339, obs. Patarin). Mais des biens donnés en nue-propriété avec stipulation de retour conventionnel étant réputés, après exercice du droit de retour, n'être jamais entrés dans le patrimoine du donataire, celui-ci n'a pu, à quelque moment que ce soit, en donner l'usufruit à son épouse (■ Douai, 6 févr. 1980 : *JurisData* n° 1980-698062 ; *JCP* 1981, II, 19648, note Thuillier). Il résulte de l'article 617 que le nu-propriétaire d'un bien a vocation à la pleine propriété de ce bien, de telle sorte qu'il peut en léguer l'usufruit à un tiers, bien que n'étant pas encore titulaire de ce droit, la jouissance du second usufruitier ne commençant qu'à la date où le premier aura pris fin (■ Cass. 1re civ., 4 juill. 1995, n° 93-18.008 : *JCP* N 1996, II, 235, note D. F.). En cas d'usufruit réversible au décès du premier bénéficiaire sur la tête d'un second, il a pu être jugé que le deuxième usufruit est soumis à la condition suspensive de survie du second bénéficiaire (■ Cass. com., 2 déc. 1997, n° 96-10.072 : *JurisData* n° 1997-004882 ; *D.* 1998, 263, note Tixier). Mais, selon une chambre mixte, la clause qui stipule la réserve de l'usufruit au profit des donateurs et du survivant d'entre eux, avec donation éventuelle réciproque, doit s'analyser en une donation à terme de biens présents, de sorte que le droit du bénéficiaire lui était définitivement acquis dès le jour de l'acte (■ Cass., ch. mixte, 8 juin 2007 : *JurisData* n° 2007-039196 ; *Bull. inf. C. cass.* 6 sept. 2007, p. 56, publication intégrale, avec rapport du conseiller Rivière, p. 58, et avis de l'avocat général Legoux, p. 71 ; *JCP* G 2007, act. 285, p. 11, obs. Julienne et *JCP* G 2007, II, 10130, note Goubeaux ; *Dr. famille* 2007, comm. 151, note Beignier ; *AJF* 2007, p. 353, obs. Bicheron).

2) Droits de succession. La valeur imposable d'une donation avec réserve d'usufruit réversible au décès du premier bénéficiaire doit être déterminée en se plaçant, non au jour de la donation, mais à la date de la réalisation de la condition suspensive de survie du second bénéficiaire (■ Cass. com., 2 déc. 1997, préc.). Le paiement des droits de succession sur des biens dévolus en nue-propriété peut, par application de l'art. 1717 CGI, être différé, et ce différé dure jusqu'à l'expiration d'un délai de six mois à compter de la date de la réunion de l'usufruit à la nue-propriété (■ Cass. 1re civ., 4 juill. 1995, préc. V. aussi ■ Cass. com., 30 mai 1995, n° 93-16.978 : *JurisData* n° 1995-001328 ; *Bull. civ.* IV, n° 161, p. 150).

Art. 581. – **Il peut être établi sur toute espèce de biens meubles ou immeubles.**

Bibliographie : A. Françon, *L'usufruit des créances : RTD civ.* 1957, 1. ● R. Libchaber, *L'usufruit des créances existe-t-il ? : RTD civ.* 1997, 615. ● J. Le Calvez, *L'usufruit des valeurs mobilières de capitalisation (ou les bois taillis du xxe) : D.* 1994, chron. 125. ● D. Fiorina, *L'usufruit d'un portefeuille de valeurs mobilières : RTD civ.* 1995, 43. ● A. Le Bayon, *L'usufruit de parts sociales : Rev. sociétés* 1973, 435. ● J.-P. Chazal, *L'usufruitier et l'associé : Defrénois* 2000, 743.

1) Usufruit d'une sous-location. V., ■ Cass. com., 25 avr. 1974 : *JurisData* n° 1974-700133 ; *D.* 1974, 644, note Cozian.

2) Recouvrement des créances. Voir art. 578, annot. n° 25, p. 497.

3) Droits sociaux. V. : sur les pouvoirs respectifs de l'usufruitier et du nu-propriétaire en matière d'usufruit des parts sociales, art. 1844, al. 3, p. 1540. – Voir aussi : pour les actions et les obligations, C. com., art. L. 225-110 et L. 228-66.

4) Usufruit grevé d'usufruit. Sur la possibilité de constituer un droit d'usage et d'habitation sur un usufruit, V. ■ Cass. 1re civ., 14 janv. 1997, n° 94-16.813 : *JurisData* n° 1997-000076 ; *RTD civ.* 1998, 414, obs. Zenati.

Section I. – Des droits de l'usufruitier

Art. 582. – **L'usufruitier a le droit de jouir de toute espèce de fruits, soit naturels, soit industriels, soit civils, que peut produire l'objet dont il a l'usufruit.**

Art. 583. – **Les fruits naturels sont ceux qui sont le produit spontané de la terre. Le produit et le croît des animaux sont aussi des fruits naturels.**

Les fruits industriels d'un fonds sont ceux qu'on obtient par la culture.

1) Résine. L'usufruitier d'une forêt de pins a le droit de recueillir la résine qui est un produit naturel, régulier et périodique de ces arbres (■ Bordeaux, 28 mai 1912 : *DP* 1913, 2, 209, note Thomas).

2) Peupliers. Les peupliers entrent dans la catégorie des arbres de haute futaie et ne peuvent être considérés comme des fruits (■ Paris, 10 déc. 1959 : *Gaz. Pal.* 1959, 2, 264, et, sur pourvoi, ■ Cass. 1re civ., 3 déc. 1963 : *JurisData* n° 1963-700532 ; *JurisData* n° 1963-700532 ; *JCP* 64, II, 13487, note R. L.).

Art. 584. – Les fruits civils sont les loyers des maisons, les intérêts des sommes exigibles, les arrérages des rentes.

Les prix des baux à ferme sont aussi rangés dans la classe des fruits civils.

1) Loyers. Sur le principe que le droit de jouir de la chose vendue emporte celui de percevoir les loyers, V. ■ Cass. 3e civ., 19 juill. 1995, n° 93-12.325 : *JurisData* n° 1995-002102 ; *Bull. civ.* III, n° 208, p. 138 ; *Defrénois* 1996, 346, obs. Delebecque. ■ Bordeaux, 1re ch., 13 sept. 1993 : *JurisData* n° 1993-044613.

2) Actions et obligations. Sur le principe que le droit aux fruits sur les valeurs mobilières se limite aux dividendes pour les actions et aux intérêts pour les obligations, V. ■ Paris, 1re ch., 10 juin 1987 : *JurisData* n° 1987-022919. N'ont pas le caractère de fruits civils les primes et lots attribués aux obligataires d'une société (■ Cass. req., 14 mars 1877 : *DP* 1877, 1, 353), ni les actions qu'une société répartit entre ses actionnaires quand bien même les sommes déboursées pour la préemption de ces actions proviendraient d'économies réalisées sur les dividendes (■ T. civ. Seine, 28 mars 1930 : *S.* 1931, 2, 9, note Solus). Les sommes qui, faisant partie du bénéfice distribuable, sont, soit en vertu des statuts, soit après décision de l'assemblée générale, réparties entre les actionnaires, participent de la nature des fruits (■ Cass. com., 5 oct. 1999, n° 97-17.090 : *JCP* E 2000, 612, note Besnard Goudet ; *Bull. civ.* IV, n° 163, p. 1372 ; *D.* 2000, 552, note Morris-Becquet. V. déjà ■ Cass. com., 23 oct. 1990, n° 88-19.257 : *JurisData* n° 1990-702653 ; *JCP* E 91, II, 127, note Serlooten ; *D.* 1991, 173, note Reinhard).

Art. 585 *(Mod., L. n° 2009-526, 12 mai 2009)*. **– Les fruits naturels et industriels, pendants par branches ou par racines au moment où l'usufruit est ouvert, appartiennent à l'usufruitier.**

Ceux qui sont dans le même état au moment où finit l'usufruit, appartiennent au propriétaire, sans récompense de part ni d'autre des labours et des semences, mais aussi sans préjudice de la portion des fruits qui pourrait être acquise au métayer, s'il en existait un au commencement ou à la cessation de l'usufruit.

Fruits encore pendants au moment de la cessation de l'usufruit. La vente des fruits naturels et industriels échus est un acte d'administration qui doit être pleinement exécuté même pour ce qui serait encore pendant par branches ou par racines au moment de la cessation de l'usufruit, puisque autrement l'usufruitier ne trouverait pas d'acquéreurs ou n'en trouverait qu'à vil prix (■ Cass. req., 9 août 1881 : *DP* 1882, 1, 365).

Art. 586. – Les fruits civils sont réputés s'acquérir jour par jour, et appartiennent à l'usufruitier, à proportion de la durée de son usufruit. Cette règle s'applique aux prix des baux à ferme, comme aux loyers des maisons et autres fruits civils.

1) Loyers payables d'avance. L'usufruitier a droit aux loyers correspondant au temps de jouissance du locataire couru depuis la naissance de l'usufruit, même si les loyers ont été payés d'avance (■ Cass. civ., 20 juill. 1987 : *DP* 1897, 1, 17, note de Lanzac de Laborie).

2) Dividendes. Doivent être compris dans l'actif successoral d'un usufruitier les dividendes courus jusqu'au jour du décès même si ces dividendes n'ont été mis en paiement qu'au cours de l'exercice suivant (■ Cass. civ., 7 juill. 1941 : *DA* 1941, 370). Jugé au contraire que le droit aux dividendes sociaux ne naît que de la décision des associés d'affecter les bénéfices (■ Cass. com., 23 oct. 1984, n° 82-12.386 : *JurisData* n° 1984-701700 ; *Rev. sociétés* 1985, 97, note Daigre. ■ Cass. com., 23 oct. 1990, n° 89-13.999 : *JurisData* n° 1990-002943 ; *JCP* E 1991, II, 127, note Serlooten ; *D.* 1991, 173, note Reinhard. ■ Versailles, 23 févr. 1990 : *JurisData* n° 1990-041233 ; *JCP* E 91, II, 125, note Guyon).

Art. 587 *(L. n° 60-464, 17 mai 1960)*. **– Si l'usufruit comprend des choses dont on ne peut faire usage sans les consommer, comme l'argent, les grains, les liqueurs, l'usufruitier a le droit de s'en servir, mais à la charge de rendre, à la fin de l'usufruit, soit des choses de même quantité et qualité soit leur valeur estimée à la date de la restitution.**

Bibliographie : P. Bigière, *La loi du 17 mai 1960 et l'évaluation des indemnités relatives à l'exercice du droit d'accession, d'usufruit et de copropriété : JCP* 61, I, 1602. • S. Castagné, *Usufruit, quasi-usufruit : une nouvelle mise au point : JCP* N 2000, 537 et 577. • M. Grimaldi, *L'emploi des deniers grevés d'usufruit : Defrénois* 1999, 193. • M. Grimaldi et J.-F. Roux,

La donation de valeurs mobilières avec réserve de quasi-usufruit : D. 1994, chron. 219. • M. Fraunesque, *La nécessaire protection de l'héritier nu-propriétaire face au conjoint survivant quasi-usufruitier : JCP* N 95, Prat. 3226. • M.-F. Salle et Y. Chevallier, *Les risques fiscaux du quasi-usufruit dans les donations de titres : Droit et patrimoine*, janv. 1997, 26. • F. Sauvage, *Les nouvelles frontières du quasi-usufruit : JCP* N 2000, 691. • P. Sirinelli, *Le quasi-usufruit : LPA* 21 et 26 juill. 1993. • F. Zenati, *La nature juridique du quasi-usufruit (ou la métempsychose de la valeur) : Études offertes à P. Catala*, Litec 2001, p. 605.

1) Marchandises d'un fonds de commerce. La veuve saisie de son usufruit sur un fonds de commerce a sur les marchandises destinées par leur nature à être vendues un quasi-usufruit lui permettant de les aliéner (■ Cass. com., 18 nov. 1968 : *Bull. civ.* IV, n° 324, p. 293).

2) Fongibilité conventionnelle. Les choses qui ne sont pas fongibles par leur nature peuvent devenir telles par la convention des parties (■ Cass. req., 30 mars 1926 : *Gaz. Pal.* 1926, 2, 51).

3) Valeurs mobilières. Les dispositions de l'article 587 ne sont pas applicables à l'usufruit portant sur des titres au porteur, qui ne sont pas consomptibles par le premier usage (■ Cass. 1re civ., 4 avr. 1991, n° 89-18.361 : *JurisData* n° 1991-001011 ; *JCP* 91, IV, 217 ; *Bull. civ.* I, n° 129, p. 86. V. en ce sens ■ Cass. 1re civ., 12 nov. 1998, n° 96-18.041 : *JurisData* n° 1998-004245 ; *JCP* G 99, I, 120, n° 29, obs. Périnet-Marquet ; II, 10027, note S. Piedelièvre ; *JCP* E 99, 426, note Rouxel ; *JCP* N 99, 351, note Hovasse ; *Bull. civ.* I, n° 315, p. 217 ; *D.* 1999, 167, note Aynès et 633, note Fiorina ; *RTD civ.* 1999, 422, obs. Zenati, 674, obs. Patarin, l'usufruitier d'un portefeuille de valeurs mobilières est autorisé à gérer cette universalité en cédant des titres dans la mesure où ils sont remplacés. V. à propos de l'arrêt de renvoi D. Fiorina, *L'obligation pour l'usufruitier d'un portefeuille de titres d'en conserver la substance : Dr. famille* 2001, chron. 25). Les droits de l'usufruitier doivent s'exercer sur les titres selon des modalités sauvegardant ceux du nu-propriétaire (■ Cass. com., 12 juill. 1993, n° 91-15.667 : *JurisData* n° 1993-001501 ; *JCP* E 94, II, 559, note Lecène-Marénaud ; *RTD civ.* 1994, 381, obs. Zenati. V. aussi ■ Cass. 1re civ., 3 déc. 2002, n° 00-17.870 : *JCP* G 2003, II, 10158, *JCP* E 2003, 1511 et *JCP* N 2004, 1134, note Piedelièvre ; *D.* 2003, 2495, note Fiorina ; *RTD civ.* 2003, 118, obs. Revet, imposant à l'usufruitier de communiquer au nu-propriétaire tous renseignements sur l'évolution du portefeuille depuis l'ouverture de la succession jusqu'au jour du partage). Jugé qu'après une convention de quasi-usufruit, par laquelle le propriétaire de parts sociales a conféré à leur usufruitier le droit de disposition prévu par l'article 587, l'usufruitier devient, pendant la période de l'usufruit, titulaire de la totalité des droits de propriété sur lesdites parts, le nu-propriétaire restant seulement créancier à terme d'un montant égal à la valeur de ces parts (■ CE, 18 déc. 2002, n° 230605 : *JurisData* n° 2002-080269 ; *JCP* E 2003, 669, note D. F.).

Dans le cas où la collectivité des associés décide de distribuer un dividende par prélèvement sur les réserves, le droit de jouissance de l'usufruitier de droits sociaux s'exerce, sauf convention contraire entre celui-ci et le nu-propriétaire, sous la forme d'un quasi-usufruit, sur le produit de cette distribution revenant aux parts sociales grevées d'usufruit, de sorte que l'usufruitier se trouve tenu d'une dette de restitution exigible au terme de l'usufruit et qui, prenant sa source dans la loi, est déductible de l'actif successoral lorsque l'usufruit s'éteint par la mort de l'usufruitier (■ Cass. com., 27 mai 2015, n° 14-16.246).

4) Succession. Biens non consomptibles. L'usufruit ne revêt la forme d'un quasi-usufruit que lorsqu'il porte sur les deniers qui existaient dans la succession au jour du décès et non lorsqu'il s'exerce sur d'autres biens qui ne sont pas consomptibles par le premier usage (■ Cass. 1re civ., 7 juin 1988, n° 86-14.809 : *JurisData* n° 1988-703489 ; *Bull. civ.* I, n° 181, p. 126, vente simultanée par le nu-propriétaire et le légataire usufruitier).

5) Recouvrement de la créance. Il résulte de l'article 587 que l'usufruitier a qualité pour agir en recouvrement de la créance sur laquelle porte son usufruit (■ Cass. 1re civ., 4 oct. 1989, n° 87-11.142 : *JurisData* n° 1989-703208 ; *JCP* 90, II, 21519, note Pillebout ; *Bull. civ.* I, n° 308, p. 205. V. en ce sens ■ Cass. req., 21 mai 1930 : *DP* 1932, 1, 111).

6) Legs d'usage d'une somme d'argent. Le legs d'usage d'une somme d'argent servie chaque année par fractions mensuelles implique pour le bénéficiaire la possibilité d'user des biens légués et doit donner lieu à une restitution par équivalent entre les mains du légataire universel au moment du décès du bénéficiaire (■ Paris, 16 juin 1983 : *JurisData* n° 1983-025027 ; *JurisData* n° 1983-026672 ; *D.* 1983, inf. rap. 504).

Art. 588. – **L'usufruit d'une rente viagère donne aussi à l'usufruitier pendant la durée de son usufruit, le droit d'en percevoir les arrérages, sans être tenu à aucune restitution.**

Art. 589. – **Si l'usufruit comprend des choses qui, sans se consommer de suite, se détériorent peu à peu par l'usage, comme du linge, des meubles meublants, l'usufruitier a le droit de s'en servir pour l'usage auquel elles**

sont destinées, et n'est obligé de les rendre à la fin de l'usufruit, que dans l'état où elles se trouvent, non détériorées par son dol ou par sa faute.

Art. 590. – Si l'usufruit comprend des bois taillis, l'usufruitier est tenu d'observer l'ordre et la quotité des coupes, conformément à l'aménagement ou à l'usage constant des propriétaires ; sans indemnité toutefois en faveur de l'usufruitier ou de ses héritiers, pour les coupes ordinaires, soit de taillis, soit de baliveaux, soit de futaie, qu'il n'aurait pas faites pendant sa jouissance.

Les arbres qu'on peut tirer d'une pépinière, sans la dégrader, ne font aussi partie de l'usufruit qu'à la charge par l'usufruitier de se conformer aux usages des lieux pour le remplacement.

Bibliographie : Delobel, *L'usufruit des propriétés boisées : Journ. not.* 1981, 1345.

Droit sur les bois taillis. L'usufruitier peut prétendre à la valeur des taillis endommagés par l'abattage de chênes et au prix de vente présumé des taillis non exploités et des bois de houppier abandonnés sur place (▪ Paris, 2e ch., 16 janv. 1991 : *JurisData* n° 1991-020477).

Art. 591. – L'usufruitier profite encore, toujours en se conformant aux époques et à l'usage des anciens propriétaires, des parties de bois de haute futaie qui ont été mises en coupes réglées, soit que ces coupes se fassent périodiquement sur une certaine étendue de terrain, soit qu'elles se fassent d'une certaine quantité d'arbres pris indistinctement sur toute la surface du domaine.

1) **Coupe réglée.** Sur la notion de mise en coupe réglée, V. ▪ TGI La Roche-sur-Yon, 7 déc. 1965 : *JCP* 66, II, 14670, note Bulté. ▪ Pau, 24 juin 1993 : *JurisData* n° 1993-046715 ; *JCP N* 93, II, 368, note Cuvreau-Dauga et Mesplede (périodicité et régularité des coupes). ▪ Paris, 2e ch., 16 janv. 1991 : *JurisData* n° 1991-020477 (organisation d'un système de coupes partielles et successives). La seule intention de mise en coupe réglée ne suffit pas (▪ Pau, 24 juin 1993, préc.).

2) **Peupliers.** Les peupliers entrent dans la catégorie des arbres de haute futaie (▪ Paris, 10 oct. 1959 : *Gaz Pal.* 1959, 2, 264, et, sur pourvoi, ▪ Cass. 1re civ., 3 déc. 1963 : *JCP* 64, II, 13487, note R. L. ; *D.* 1964, 164, note Barrot. ▪ Pau 24 juin 1993, préc.). Mais jugé que lorsqu'une plantation de peupliers, qui constitue une haute futaie, est destinée à être coupée et renouvelée tous les 25 ans environ, selon un usage constant, l'usufruitier peut procéder à la coupe (▪ TGI Belley, 29 déc. 1961 : *D.* 1962, somm. 74).

3) **Pins.** L'usufruitier peut procéder à l'abattage des pins « d'éclaircissage » (▪ Bordeaux, 28 mai 1912 : *DP* 1913, 2, 209, note Thomas). Ne commet aucun abus de jouissance l'usufruitier qui, sur moins de la moitié de la superficie des immeubles soumis à l'usufruit, se conforme à l'usage constant pour les coupes de jeunes pins essentiellement destinés à l'industrie, qui est celui de la coupe rase (▪ Cass. 3e civ., 8 déc. 1981, n° 81-14.743 : *JCP* 82, IV, 84 ; *Bull. civ.* III, n° 208, p. 151).

4) **Arbres de futaie disséminés.** Les articles 591 et 592 sont applicables aux arbres de futaie disséminés dans un taillis (▪ Cass. req., 16 déc. 1874 : *DP* 1876, 1, 431. ▪ Paris, 2e ch., 16 janv. 1991 : *JurisData* n° 1991-020477) ou épars (▪ Cass. civ., 17 juill. 1911 : *DP* 1911, 1, 457).

5) **Renonciation à l'usufruit sur une partie des biens grevés.** Le fait que l'usufruitier ait renoncé à son droit sur une partie des biens grevés n'a pas pour conséquence de dissocier les deux parties du domaine au regard des articles 590 et 591, et le nu-propriétaire ne peut prétendre établir des règles différentes quant aux parcelles sur lesquelles a été conservé l'usufruit (▪ Cass. 3e civ., 30 janv. 1979, n° 77-12.641 : *JurisData* n° 1979-098028 ; *D.* 1979, inf. rap. 174 ; *RTD civ.* 1980, 132, obs. Giverdon).

Art. 592. – Dans tous les autres cas, l'usufruitier ne peut toucher aux arbres de haute futaie : il peut seulement employer, pour faire les réparations dont il est tenu, les arbres arrachés ou brisés par accident ; il peut même, pour cet objet, en faire abattre, s'il est nécessaire, mais à la charge d'en faire constater la nécessité avec le propriétaire.

Arbres abattus par une tempête. Une cour d'appel qui relève que des usufruitiers ont *employé des arbres abattus par une tempête* n'est pas tenue, en l'absence de toute contestation élevée sur ce point par les nus-propriétaires dans leurs conclusions, de rechercher si ces arbres ont été employés aux réparations dont les usufruitiers sont tenus (▪ Cass. 3e civ., 8 déc. 1981, n° 80-13.713 : *JurisData* n° 1981-703319 ; *JCP* 82, IV, 84 ; *Bull. civ.* III, n° 208, p. 151).

Art. 593. – Il peut prendre, dans les bois, des échalas pour les vignes ; il peut aussi prendre, sur les arbres, des produits annuels ou périodiques ; le tout suivant l'usage du pays ou la coutume des propriétaires.

Art. 594. – Les arbres fruitiers qui meurent, ceux mêmes qui sont arrachés ou brisés par accident, appartiennent à l'usufruitier, à la charge de les remplacer par d'autres.

Art. 595 *(L. n° 65-570, 13 juill. 1965)*. – L'usufruitier peut jouir par lui-même, donner à bail à un autre, même vendre ou céder son droit à titre gratuit.

Les baux que l'usufruitier seul a faits pour un temps qui excède neuf ans, ne sont, en cas de cessation de l'usufruit, obligatoires à l'égard du nu-propriétaire que pour le temps qui reste à courir, soit de la première période de neuf ans, si les parties s'y trouvent encore, soit de la seconde, et ainsi de suite de manière que le preneur n'ait que le droit d'achever la jouissance de la période de neuf ans où il se trouve.

Les baux de neuf ans ou au-dessous que l'usufruitier seul a passés ou renouvelés plus de trois ans avant l'expiration du bail courant s'il s'agit de biens ruraux, et plus de deux ans avant la même époque s'il s'agit de maisons, sont sans effet, à moins que leur exécution n'ait commencé avant la cessation de l'usufruit.

L'usufruitier ne peut, sans le concours du nu-propriétaire, donner à bail un fonds rural ou un immeuble à usage commercial, industriel ou artisanal. À défaut d'accord du nu-propriétaire, l'usufruitier peut être autorisé par justice à passer seul cet acte.

Bibliographie : J. Lachaud, *L'effritement du nouvel article 595 du Code civil sur les restrictions des pouvoirs de l'usufruitier : Gaz. Pal.* 1981, 2, doctr. 477.

I – BAUX EN GÉNÉRAL

1) Fonds de commerce. Il résulte de l'article 595 que l'usufruitier peut, sans le concours du nu-propriétaire, donner à bail un fonds de commerce (▪ Cass. 1re civ., 25 nov. 1986, n° 85-10.548 : *JurisData* n° 1986-002362 ; *Bull. civ.* I, n° 282, p. 269 ; *Defrénois* 1987, 255, note Morin ; *D.* 1987, 141, note Morin). Voir : sur les pouvoirs respectifs de l'usufruitier et du nu-propriétaire en matière d'usufruit des parts sociales, art. 1844, al. 3, p. 1540. – V. aussi : pour les actions et les obligations, C. com., art. L. 225-110 et L. 228-66.

2) Bail dissimulant une cession d'usufruit. Une cession d'usufruit opérée sous le couvert d'un bail apparent ne saurait être opposée au nu-propriétaire après le décès de l'usufruitier, date à laquelle l'usufruit a cessé de produire tous ses effets (▪ Cass. 3e civ., 22 févr. 1968 : *JurisData* n° 1968-098074 ; *Bull. civ.* III, n° 74, p. 60).

3) Bail de plus de neuf ans. Le nu-propriétaire n'est pas tenu de respecter le bail consenti par l'usufruitier pour une durée de plus de neuf ans, et il en est ainsi alors même que l'usufruit ayant pris fin par le décès de l'usufruitier, le nu-propriétaire est devenu l'héritier de celui-ci, car, les obligations de l'usufruitier cessant avec l'usufruit lui-même, il n'a pu transmettre à ses héritiers des obligations que l'extinction de l'usufruit avait fait disparaître (▪ Cass. req., 13 avr. 1897 : *DP* 1898, 1, 75). Mais il en est autrement lorsque l'usufruitier s'est présenté comme propriétaire de l'immeuble donné à bail ; dans ce cas, l'obligation résultant du bail ne s'est pas éteinte avec le décès de l'usufruitier, mais a été transmise avec sa succession ; le nu-propriétaire, devenu héritier du bailleur, ne peut évincer le preneur, auquel il doit garantir la jouissance de l'immeuble pendant tout le temps fixé par le contrat de bail (▪ Cass. req., 18 avr. 1921 : *DP* 1922, 1, 210).

4) Fraude aux droits du nu-propriétaire. Sur le principe que le nu-propriétaire peut contester le bail, même d'une durée inférieure à neuf ans, s'il prouve qu'il a été conclu dans l'intention de lui nuire, V. ▪ Cass. soc., 24 janv. 1963 : *Gaz. Pal.* 1963, 2, 147 (bail destiné à ne recevoir exécution au préjudice des nus-propriétaires qu'à l'expiration de l'usufruit).

II – BAUX RURAUX OU COMMERCIAUX

5) Application dans le temps de l'article 595, alinéa 4. Les dispositions du dernier alinéa de l'article 595 ne sont pas applicables aux baux en cours à la date d'entrée en vigueur de la loi n° 65-570 du 13 juill. 1965 ni à leur renouvellement (art. 22 de la loi). – V. pour des applications ▪ Cass. 3e civ., 9 oct. 1970, n° 69-10.993 : *JurisData* n° 1970-000511 ; *Bull. civ.* III, n° 511, p. 373. ▪ Cass. 3e civ., 4 févr. 1981 : *JurisData* n° 1981-700376 ; *Bull. civ.* III, n° 25, p. 20. ▪ Cass. 3e civ., 27 janv. 1993 : *JurisData* n° 1993-000952 (contrat établi le 19 février 1966, soit après l'entrée en vigueur de la loi du 13 juillet 1965, mais prenant effet dès le 1er septembre 1965). L'usufruitier peut consentir seul au renouvellement d'un bail commercial conclu avant l'entrée en vigueur de la loi (▪ Cass. 3e civ., 15 janv. 1992, n° 90-16.496 : *JurisData* n° 1992-000074 ; *JCP* 92, IV, 792 ; *Bull. civ.* III, n° 13, p. 9. Comp., décidant que la nullité du bail rural résultant d'une convention novatoire fait revivre le bail antérieur, ▪ Cass. 3e civ., 12 févr. 1986, n° 84-14.889 : *Bull. civ.* III, n° 9, p. 7).

A – Domaine d'application

6) Baux ruraux visés. L'al. 4 de l'article 595 est applicable à tous les baux de biens ruraux, qu'ils paraissent ou non soumis au statut du fermage à l'époque de la conclusion du contrat (■ Cass. 3e civ., 14 nov. 1972, n° 72-12.274 : *JurisData* n° 1973-000573 ; *D.* 1973, 252, note Chesné. – Comp. ■ Cass. 3e civ., 27 févr. 1973 : *JurisData* n° 1973-098152 ; *D.* 1974, 209, 1re esp., note R. Savatier). Ne peut qu'échapper au statut du fermage le bâtiment qui n'a pas d'usage agricole (■ Cass. 3e civ., 17 févr. 1993 : *JurisData* n° 1993-000953).

7) Conventions d'occupation précaire. Sur le principe que l'article 595 n'est pas applicable aux conventions d'occupation précaire, V. ■ Cass. 3e civ., 29 nov. 1995, n° 94-11.735 : *JurisData* n° 1995-003300 ; *Bull. civ.* III, n° 246, p. 164 ; *RD imm.* 1996, 177, obs. Bergel ; *D.* 1997, somm. 22, obs. A. Robert.

8) Renouvellement ou modification du bail. L'article 595, al. 4, est applicable au renouvellement d'un bail rural (■ Toulouse, 2e ch., 13 déc. 1990 : *JurisData* n° 1990-047558. V. aussi pour un bail commercial ■ Cass. 3e civ., 24 mars 1999, n° 97-14.329 : *JurisData* n° 1999-001308 ; *JCP* G 99, IV, 1944 ; *JCP* E 99, 1589, note Brault ; *JCP* N 99, 1081, note Pillebout ; *JCP* N 2000, 814, note de Saint Affrique ; *Bull. civ.* III, n° 78, p. 54). Ses dispositions font obstacle au droit pour l'usufruitier de modifier seul, dans l'un de ses éléments essentiels, le bail rural ou commercial accordé conjointement avec le nu-propriétaire. Il ne peut dès lors autoriser seul une déspécialisation ou un changement total d'activité, tel que l'utilisation comme bureau commercial pour toute activité de locaux affectés jusqu'alors exclusivement à une activité d'agence immobilière, ce qui constitue une extension de la destination pour laquelle ils les avaient loués (■ TGI Laval, 16 oct. 1989 : *JurisData* n° 1989-052871).

9) Cession de bail rural. L'usufruitier peut donner seul son autorisation à la cession d'un bail rural (■ Cass. 3e civ., 15 mars 2000, n° 98-18.322 : *JurisData* n° 2000-000965 ; *JCP* G 2000, IV, 1795 ; *JCP* N 2001, 1876, note Brelet ; *Bull. civ.* III, n° 57, p. 40).

10) Exécution de travaux. L'article 595 ne concernant pas l'exécution de travaux, une cour d'appel peut décider que le bailleur, usufruitier, a donné valablement son accord à la construction d'un atelier « hors sol » d'une chèvrerie et d'une salle de traite, sans l'autorisation du nu-propriétaire (■ Cass. 3e civ., 20 mai 1992, n° 90-18.090 : *JurisData* n° 1992-001826 ; *Bull. civ.* III, n° 163, p. 99 ; *D.* 1993, somm. 41, 2e esp., obs. A. Robert).

***11) Location* d'un emplacement publicitaire.** L'article 595, al. 4, ne peut trouver application dans le cas de la location d'un emplacement publicitaire au profit d'une société d'affichage (■ Rennes, 18 févr. 1981 : *JurisData* n° 1981-040292. ■ Orléans, 27 mars 1983 : *JurisData* n° 1983-042154).

12) Bail conclu sous condition de l'obtention du consentement du nu-propriétaire. Le bail conclu par l'usufruitier sous condition suspensive de l'obtention du consentement du nu-propriétaire ne peut faire naître au profit du preneur un droit de préemption dès lors qu'il n'a pas été ratifié par l'intéressé ou son syndic (■ Cass. 3e civ., 17 févr. 1993 : *JurisData* n° 1993-000953).

13) Congé délivré par l'usufruitier. Les dispositions de l'article 595, alinéa 4, n'interdisent pas à l'usufruitier de délivrer seul congé au preneur (■ Cass. 3e civ., 29 janv. 1974, n° 72-13.968 : *JurisData* n° 1974-098048 ; *Bull. civ.* III, n° 48, p. 36. ■ Cass. 3e civ., 8 mai 1979, n° 77-15.885 : *JurisData* n° 1979-700102 ; *JCP* 1979, IV, 224). Le refus de renouvellement ayant les mêmes effets qu'un congé, un tel refus peut être donné par le seul usufruitier (■ Cass. 3e civ., 9 déc. 2009, n° 08-20.512 : *JurisData* n° 2009-050666 ; *Loyers et copr.* 2010, comm. 43, note Brault ; *JCP* G 2010, 336, n° 10, obs. Périnet-Marquet).

14) Résiliation du bail. Si l'usufruitier ne peut pas procéder à des actes de disposition sans le concours des nus-propriétaires, il peut effectuer seul tous les actes d'administration. L'action en résiliation d'un bail rural sur le fondement des articles L. 411-31 ou L. 411-35 du Code rural ne tend qu'à évincer un preneur qui ne respecte pas les obligations nées de son bail. Elle constitue donc un acte d'administration qui peut être effectué par l'usufruitier (■ Amiens, 2e ch., 4 nov. 1993 : *JurisData* n° 1993-051706. V. en ce sens ■ Cass. 3e civ., 4 mai 1976 : *JurisData* n° 1976-098186 ; *D.* 1976, inf. rap. 235 ; *RTD civ.* 1976, 801, obs. Giverdon).

B – Contrôle du juge

15) Principe. Sur le pouvoir de contrôle du juge en cas de refus du nu-propriétaire, V. ■ TGI Bressuire, 8 juill. 1969 : *Gaz. Pal.* 1969, 2, 290, note Baranger. ■ Rouen, 28 sept. 1971 : *Gaz. Pal.* 1974, 1, 68. ■ TGI Épinal, 27 avr. 1973 : *JCP* 73, II, 17482, note Pierrard-Gisser. – V. aussi J. Lachaud, *Contrôle du juge sur le bail rural consenti par un usufruitier : Gaz. Pal.* 1974, 1, doctr. 57.

16) Indications nécessaires à l'appréciation du juge. Si l'usufruitier peut recevoir l'autorisation judiciaire de consentir un bail et passer outre le refus du nu-propriétaire, encore faut-il que l'usufruitier donne avec précision toutes les indications nécessaires à l'appréciation de ce projet (■ Poitiers, 30 sept. 1992 : *JurisData* n° 1992-047034).

17) Autorisation générale et préalable. Une cour d'appel peut autoriser l'usufruitier à conclure des baux avec le fermier de son choix (■ Cass. 3e civ., 29 nov. 1995, n° 94-11.735 : *JurisData* n° 1995-003300 ; *JCP* 96, I, 3921, n° 18, obs. Périnet-

Marquet ; *Bull. civ.* III, n° 246, p. 164 ; *RD imm.* 1996, 177, obs. Bergel ; *RTD civ.* 1996, 941, obs. Zenati).

18) Conditions du bail préjudiciables au nu-propriétaire. Les juges du fond peuvent refuser l'autorisation demandée par l'usufruitier en retenant que le bail rural envisagé permettait au preneur de jouir dans des conditions appelées à devenir préjudiciables à la nue-propriétaire (■ Cass. 3e civ., 4 mars 1987, n° 85-17.667 : *JurisData* n° 1987-702370 ; *Bull. civ.* III, n° 43, p. 26. V. aussi ■ Cass. 3e civ., 5 mars 1986, n° 84-14.147 : *Bull. civ.* III, n° 24, p. 18).

19) Procédure. Selon l'article 1270 du Code de procédure civile, la demande de l'usufruitier tendant à être autorisé à conclure seul un bail en application de l'article 595 du Code civil est formée, instruite et jugée suivant la procédure à jour fixe.

C – Sanctions

20) Nullité. L'infraction à la règle impérative de l'article 595, al. 4, est de nature à entraîner la nullité du bail à l'égard du nu-propriétaire qui peut agir en annulation sans attendre la fin de l'usufruit (■ Cass. 3e civ., 26 janv. 1972 : *JurisData* n° 1972-098069 ; *JurisData* n° 1972-098069 ; *JCP* 72, II, 17104, note G. G. ; *D.* 1975, 22, note Penneau. ■ Cass. 3e civ., 16 déc. 1987, n° 86-15.324 : *JurisData* n° 1987-002064 ; *Bull. civ.* III, n° 210, p. 124. V. aussi, précisant que la sanction est la nullité et non l'inopposabilité, ■ Bourges, 30 mai 1979 : *JurisData* n° 1979-600073 ; *JurisData* n° 1979-762008 ; *Gaz. Pal.* 1979, 2, 617, note Lachaud). Le point de départ du délai pour agir en nullité est la date à laquelle le nu-propriétaire a eu connaissance du bail (■ Toulouse, 2e ch., 13 déc. 1990 : *JurisData* n° 1990-047558. ■ Caen, 3e ch., 8 nov. 1993 : *JurisData* n° 1993-049674).

21) Apparence. Le bail rural consenti par l'usufruitier n'est pas nul s'il est établi que l'usufruitier s'est comporté en propriétaire apparent (■ Cass. 3e civ., 21 janv. 1981, n° 79-13.854 : *D.* 1983, 36, note Diener), ce qui implique que les circonstances caractérisent bien cette qualité (■ Cass. 3e civ., 18 janv. 1995, n° 92-11.572 : *JurisData* n° 1995-000033 ; *Bull. civ.* III, n° 24, p. 14 ; *D.* 1996, somm. 62, obs. A. Robert. ■ Cass. 3e civ., 4 févr. 1998, n° 96-12.302 : *JurisData* n° 1998-000403 ; *JCP* 98, IV, 1695 ; I, 171, n° 19, obs. Périnet-Marquet ; *Bull. civ.* III, n° 26, p. 20 ; *Defrénois* 1998, 812, obs. Atias. – V. aussi, exigeant que l'erreur soit commune et légitime, ■ Cass. 3e civ., 15 janv. 1992, n° 90-16.496 : *JurisData* n° 1992-000074 ; *JCP* 92, IV, 792 ; *Bull. civ.* III, n° 13, p. 9). L'ignorance par le preneur de la qualité d'usufruitier de son cocontractant ne prive pas le nu-propriétaire du droit de contester la validité du bail (■ Cass. 3e civ., 1er mars 1989, n° 87-19.328 : *JurisData* n° 1989-700577 ; *JCP* 89, IV, 164 ; *Bull. civ.* III, n° 53, p. 31 ; *RTD civ.* 1990, 103, obs. Rémy). Il appartient aux juges du fond de préciser les circonstances autorisant le preneur à croire à la qualité de propriétaire de l'usufruitier (■ Cass. 3e civ., 17 juill. 1992, n° 90-17.327 : *JurisData* n° 1992-001772 ; *Bull. civ.* III, n° 256, p. 157. ■ Cass. 3e civ., 4 févr. 1998, préc.). Jugé que le locataire a l'obligation de vérifier l'étendue des pouvoirs du signataire du bail dès lors qu'il sait qu'il n'est pas le seul propriétaire (■ Cass. 3e civ., 5 avr. 1995, n° 93-15.572 : *JurisData* n° 1995-000812 ; *JCP* 95, IV, 1414 ; *Bull. civ.* III, n° 99, p. 67, bail commercial consenti par l'usufruitier seul).

22) Confusion de la qualité d'usufruitier et de nu-propriétaire. Lorsque le nu-propriétaire devient par la suite plein propriétaire, cette modification de sa situation le rend toujours recevable à contester le non-respect des dispositions de l'article 595, alinéa 4, la confusion sur sa propre personne de la qualité de nu-propriétaire et d'usufruitier, du fait de la dévolution successorale, n'éteignant pas son droit personnel à se prévaloir de la nullité d'un bail rural consenti par la seule usufruitière (■ Cass. 3e civ., 9 déc. 2009, n° 08-20.133 : *JurisData* n° 2009-050776 ; *RD rur.* 2010, comm. 28, note Crevel ; *JCP* G 2010, 336, n° 10, obs. Périnet-Marquet).

23) Nullité relative. La nullité encourue est relative et le nu-propriétaire peut confirmer l'acte annulable (■ Bourges, 30 mai 1979 : *Gaz. Pal.* 1979, 2, 617, note Lachaud). Il a toujours un intérêt à agir (■ Caen, 1re ch., 11 mai 1993 : *JurisData* n° 1993-049676). Mais dès lors que le nu-propriétaire a eu connaissance du bail, dont il n'est pas contesté qu'il a été exécuté, plus de cinq ans avant la saisine du tribunal paritaire des baux ruraux, il ne peut en poursuivre la nullité, même agissant par voie d'exception (■ Cass. 3e civ., 9 juill. 2003, n° 02-15.061 : *JurisData* n° 2003-019834 ; *Bull. civ.* III, n° 149, p. 133).

24) Conséquences de la nullité. Indemnité d'occupation (non). L'usufruitier jouissant de tous les droits dont le propriétaire jouit et pouvant en jouir comme le propriétaire lui-même, viole les articles 578 et 597 l'arrêt qui, après avoir prononcé la nullité du bail commercial consenti par l'usufruitier, condamne le preneur à payer au nu-propriétaire une indemnité d'occupation (■ Cass. 3e civ., 5 mars 1986, n° 84-15.430 : *JurisData* n° 1986-700025 ; *Bull. civ.* III, n° 25, p. 18 ; *D.* 1987, somm. 17, obs. A. Robert).

25) Déchéance. En l'état d'un bail rural consenti par l'usufruitier sans qu'il ait sollicité le concours du nu-propriétaire, une cour d'appel, après l'avoir annulé, peut considérer qu'il n'y a pas lieu de prononcer la déchéance de l'usufruit (■ Bordeaux, 4e ch., 29 mars 1993 : *JurisData* n° 1993-040800).

Art. 596. – **L'usufruitier jouit de l'augmentation survenue par alluvion à l'objet dont il a l'usufruit.**

Art. 597. – **Il jouit des droits de servitude, de passage, et généralement de tous les droits dont le propriétaire peut jouir, et il en jouit comme le propriétaire lui-même.**

1) **Distance des plantations. Action en suppression.** Viole l'article 597 du Code civil le juge qui déclare irrecevable l'action en suppression d'une vigne vierge plantée contrairement aux prescriptions de l'article 671, intentée par l'usufruitier, au motif que la nature immobilière de cette action exclut qu'elle soit exercée par lui (▪ Cass. 3e civ., 29 févr. 1968 : *JCP* 68, IV, 60 ; *Bull. civ.* III, n° 84, p. 68. V. aussi, affirmant que l'usufruitier peut exercer aussi bien une action personnelle que réelle, ▪ Cass. 3e civ., 7 avr. 2004, n° 02-20.401 : *JCP* 2004, I, 171, n° 8, obs. Périnet-Marquet ; *Bull. civ.* III, n° 85, p. 78).

2) **Jonction des possessions.** L'usufruit étant un droit réel, démembrement du droit de propriété, le possesseur d'un tel droit peut joindre à la sienne la possession à titre de propriétaire de son auteur (▪ Cass. 1re civ., 13 févr. 1963 : *Gaz. Pal.* 1963, 2, 82).

3) **Indemnité d'occupation due par le preneur.** L'usufruitier jouissant de tous les droits dont le propriétaire jouit et pouvant en jouir comme le propriétaire lui-même, viole les articles 578 et 597 l'arrêt qui, après avoir prononcé la nullité du bail commercial consenti par l'usufruitier, condamne le preneur à payer au nu-propriétaire une indemnité d'occupation (▪ Cass. 3e civ., 5 mars 1986, n° 84-14.147 : *Bull. civ.* III, n° 25, p. 18 ; *D.* 1987, somm. 17, obs. A. Robert).

4) **Servitude.** Le titulaire d'un droit d'usage et d'habitation a les mêmes droits que l'usufruitier, notamment celui de faire respecter la servitude profitant au fonds (▪ Angers, 1re ch., 2 sept. 1991 : *JurisData* n° 1991-047057).

Art. 598. – **Il jouit aussi, de la même manière que le propriétaire, des mines et carrières qui sont en exploitation à l'ouverture de l'usufruit ; et néanmoins, s'il s'agit d'une exploitation qui ne puisse être faite sans une concession, l'usufruitier ne pourra en jouir qu'après en avoir obtenu la permission du Président de la République.**

Il n'a aucun droit aux mines et carrières non encore ouvertes, ni aux tourbières dont l'exploitation n'est point encore commencée, ni au trésor qui pourrait être découvert pendant la durée de l'usufruit.

Art. 599. – **Le propriétaire ne peut, par son fait, ni de quelque manière que ce soit, nuire aux droits de l'usufruitier.**

De son côté, l'usufruitier ne peut, à la cessation de l'usufruit, réclamer aucune indemnité pour les améliorations qu'il prétendrait avoir faites, encore que la valeur de la chose en fût augmentée.

Il peut cependant, ou ses héritiers, enlever les glaces, tableaux et autres ornements qu'il aurait fait placer, mais à la charge de rétablir les lieux dans leur premier état.

1) **Améliorations.** Les constructions nouvelles ajoutées par l'usufruitier au fonds soumis à l'usufruit et augmentant sa valeur, ainsi que les constructions destinées à achever un bâtiment commencé ou à agrandir un édifice préexistant, doivent être considérées comme des améliorations dans le sens de l'article 599 (▪ Cass. req., 4 nov. 1885 : *DP* 1886, 1, 361, rapp. Alméras-Latour). Mais une construction nouvelle ne constitue pas une amélioration si elle aboutit à créer une chose distincte du fonds sur lequel elle a été élevée (▪ Paris, 4 mars 1966 : *Gaz. Pal.* 1966, 2, 6, note Cabanac). Sur la distinction entre améliorations et ornements, V., à propos d'un droit d'usage et d'habitation, ▪ Nancy, 2e ch., 3 févr. 1986 : *JurisData n° 1986-041734*.

2) **Droit pour l'usufruitier d'exiger la remise de la chose.** Pour faire reconnaître l'existence de son droit d'usufruit, l'usufruitier dispose d'une action réelle, dite action confessoire, qu'il peut intenter contre tout possesseur de la chose soumise à son usufruit, même contre le propriétaire (▪ Cass. 1re civ., 8 mai 1973 : *JurisData* n° 1973-000159 ; *Bull. civ.* I, n° 159 ; *JCP* 73, II, 17566, note Goubeaux).

3) **Refus par l'usufruitier de voter la prorogation de la société.** L'usufruitier de parts sociales ne porte pas atteinte aux droits du nu-propriétaire en refusant de voter la prorogation de la société. En effet, portant sur des parts d'une société qui devait prendre fin à une date déterminée, l'usufruit ne pouvait, à partir de cette date, s'exercer que selon des modes différents (▪ Cass. 1re civ., 8 mars 1988, n° 86-11.144 : *JurisData* n° 1988-000469 ; *Bull. civ.* I, n° 67, p. 44).

4) **Travaux faits par l'usufruitier.** Sur le principe que l'usufruitier n'a droit à aucune indemnité pour des travaux ayant amélioré le confort et la sécurité des occupants de l'immeuble, V. ▪ Paris, 23e ch., 26 avr. 1983 : *JurisData* n° 1983-023254.

Section II. – Des obligations de l'usufruitier

Art. 600. – L'usufruitier prend les choses dans l'état où elles sont ; mais il ne peut entrer en jouissance qu'après avoir fait dresser, en présence du propriétaire, ou lui dûment appelé, un inventaire des meubles et un état des immeubles sujets à l'usufruit.

1) Biens pouvant être appréhendés par l'usufruitier. L'usufruitier n'a pas qualité pour intenter des actions ayant pour but de faire rentrer dans le patrimoine des héritiers des biens qui ne s'y trouvaient plus au moment de l'ouverture de l'usufruit (■ Cass. 1re civ., 26 nov. 1962 : *D.* 1963, 60).

2) Dispense d'inventaire. Malgré la clause de dispense d'inventaire contenue dans un testament, le nu-propriétaire peut faire procéder à l'inventaire pour la sauvegarde de ses droits (■ Cass. 1re civ., 4 janv. 1957 : *Bull. civ.* I, n° 1, p. 1).

3) Récolement et visite des biens grevés d'usufruit. Si les rapports de l'usufruitier et du nu-propriétaire sont conflictuels, ce dernier peut craindre une dégradation ou un détournement des biens grevés de l'usufruit, et il peut être autorisé à procéder au récolement des meubles et à la visite des immeubles (■ Orléans, 14 sept. 1988 : *JurisData* n° 1988-044585).

4) Sanctions du défaut d'inventaire. Le défaut d'inventaire n'entraîne pas déchéance de l'usufruit (■ Cass. req., 17 juill. 1861 : *DP* 1861, 1, 480), mais permet seulement au nu-propriétaire de prouver par tous moyens la consistance des biens soumis à usufruit lors de l'entrée en jouissance de l'usufruitier (■ Paris, 15 sept. 1993 : *JurisData* n° 1993-022412 ; *D.* 1994, somm. 162, obs. A. Robert. V. en ce sens ■ Cass. 1re civ., 13 oct. 1992 : *JurisData* n° 1992-002327).

Art. 601. – Il donne caution de jouir *(Mots rempl., L. n° 2014-873, 4 août 2014)* (1) « raisonnablement », s'il n'en est dispensé par l'acte constitutif de l'usufruit ; cependant, les père et mère ayant l'usufruit légal du bien de leurs enfants, le vendeur ou le donateur, sous réserve d'usufruit, ne sont pas tenus de donner caution.

1) Jouissance en bon père de famille. Jouissance « raisonnable ». Voir : sur le principe que l'usufruitier doit jouir de la chose soumise à son usufruit en bon père de famille, – « raisonnablement » aujourd'hui précise le texte – c'est-à-dire suivant l'usage auquel elle est destinée et à charge d'en conserver la substance, art. 578, annot. n° 1 et s., p. 495.

2) Remplacement de la caution par une hypothèque. Aux termes de l'article 2041 (2318), celui qui, étant tenu par la loi de fournir une caution, ne peut la trouver est reçu à donner à sa place un gage ou nantissement suffisant. La règle, qui s'entend aussi de la faculté de constituer, le cas échéant, une hypothèque suffisante, s'applique à tous les cas où un texte spécial n'en a pas autrement ordonné, et il en est ainsi notamment pour l'usufruitier, la loi n'ayant édicté à cet égard aucune disposition contraire. L'usufruitier peut donc remplacer la caution par la constitution d'une hypothèque (■ Cass. req., 3 févr. 1897 : *DP* 1897, 1, 601, note Planiol).

3) Dispense de donner caution. L'usufruitier peut être dispensé de donner caution même si l'usufruit porte sur des biens compris pour la nue-propriété dans la réserve des héritiers du donateur (■ Cass. civ., 5 juill. 1876 : *DP* 1877, 1, 277).

4) Mesures de sauvegarde. L'insolvabilité de l'usufruitier autorise le nu-propriétaire à demander des mesures de sauvegarde malgré la dispense contenue dans l'acte constitutif (■ Cass. req., 27 mars 1946 : *D.* 1946, 240).

Art. 602. – Si l'usufruitier ne trouve pas de caution, les immeubles sont donnés à ferme ou mis en séquestre ;

Les sommes comprises dans l'usufruit sont placées ;

Les denrées sont vendues, et le prix en provenant est pareillement placé ;

Les intérêts de ces sommes et les prix des fermes appartiennent, dans ce cas, à l'usufruitier.

1) Équivalent de la caution. Pour un exemple de placement des sommes comprises dans l'usufruit et de mise sous séquestre des valeurs ainsi acquises, V. ■ Paris, 1re ch., 26 mai 1982 : *JurisData* n° 1982-022962.

2) Demande de séquestre. Il n'y a pas lieu de faire droit en référé à la demande de désignation d'un séquestre des meubles et tableaux légués en usufruit, si l'usufruitier a rempli l'obligation de donner caution mise à sa charge. En effet, la

(1) Dispositions applicables dans les îles Wallis-et-Futuna, L. n° 2014-873, 4 août 2014, art. 77, II.

mesure de séquestre aurait pour effet de priver l'usufruitier de ses droits de jouissance et d'usage (■ Paris, 14e ch., 15 juin 1990 : *JurisData* n° 1990-024078).

Art. 603. – **À défaut d'une caution de la part de l'usufruitier, le propriétaire peut exiger que les meubles qui dépérissent par l'usage soient vendus, pour le prix en être placé comme celui des denrées ; et alors l'usufruitier jouit de l'intérêt pendant son usufruit : cependant, l'usufruitier pourra demander, et les juges pourront ordonner, suivant les circonstances, qu'une partie des meubles nécessaires pour son usage lui soit délaissée, sous sa simple caution juratoire, et à la charge de les représenter à l'extinction de l'usufruit.**

Art. 604. – **Le retard de donner caution ne prive pas l'usufruitier des fruits auxquels il peut avoir droit ; ils lui sont dus du moment où l'usufruit a été ouvert.**

Art. 605. – **L'usufruitier n'est tenu qu'aux réparations d'entretien.**

Les grosses réparations demeurent à la charge du propriétaire, à moins qu'elles n'aient été occasionnées par le défaut de réparations d'entretien, depuis l'ouverture de l'usufruit ; auquel cas l'usufruitier en est aussi tenu.

Bibliographie : P. Courbe, *L'entretien de la chose soumise à usufruit* : *JCP* 82, I, 3070.

1) Nu-propriétaire ayant joui de la chose. Les réparations commandées par le nu-propriétaire qui a bénéficié seul des avantages en résultant pendant la jouissance gratuite qu'il a eue en fait sont à sa charge (■ Cass. req., 27 avr. 1909 : *DP* 1912, 1, 245).

2) Bail consenti par l'usufruitier. L'usufruitier qui consent un bail est tenu de toutes les obligations du bailleur à l'égard de son locataire (■ Cass. 2e civ., 7 déc. 1961 : *Bull. civ.* II, n° 842, p. 593. – V. aussi ■ Cass. soc., 20 mai 1949 : *D.* 1949, 424. ■ Cass. 3e civ., 28 juin 2006, n° 05-15.563 : *JurisData* n° 2006-034260 ; *JCP* G 2006, I, 178 et *JCP* N 2007, 1380, n° 15, obs. Périnet-Marquet).

3) Action de l'usufruitier contre le nu-propriétaire. L'usufruitier n'a aucune action pour contraindre le nu-propriétaire à effectuer les grosses réparations (■ Cass. 3e civ., 30 janv. 1970, n° 68-13.334 : *JurisData* n° 1970-098078 ; *Bull. civ.* III, n° 83, p. 60. ■ Cass. 3e civ., 10 juill. 2002, n° 01-02.048 : *JurisData* n° 2002-015195 ; *Rev. loyers* 2002, p. 562, obs. Rémy. V. déjà ■ Cass. req., 10 déc. 1900 : *DP* 1901, 2, 209, note Guénée), à moins que l'acte constitutif de l'usufruit en ait décidé autrement (■ Cass. 3e civ., 9 oct. 1985, n° 84-13.548 : *JurisData* n° 1985-702685 ; *Bull. civ.* III, n° 119, p. 93. ■ Cass. 3e civ., 3 mai 1989, n° 88-10.716 : *JurisData* n° 1989-701462 ; *JCP* 89, IV, 251 ; *Bull. civ.* III, n° 100, p. 56. ■ Cass. 1re civ., 23 janv. 2007, n° 06-16.062 : *JurisData* n° 2007-037026 ; *Bull. civ.* I, n° 41 ; *JCP* G 2007, I, 197, n° 11, obs. Périnet-Marquet ; *Dr. famille* 2007, comm. 69, obs. Beignier). S'il a effectué lui-même ces réparations, il dispose contre le nu-propriétaire d'un recours pour le montant de la plus-value qui en résulte (■ Cass. civ., 17 juill. 1911 : *DP* 1911, 1, 457), mais cette action ne peut être exercée qu'en fin d'usufruit (■ Cass. civ., 17 juill. 1911, préc. ■ Paris, 31 oct. 1961 : *Gaz. Pal.* 1962, 1, 75. ■ Rouen, 31 oct. 1973 : *Gaz. Pal.* 1974, 1, somm. 115. V. même, mettant à la charge de l'usufruitier, en l'absence de cause étrangère, des grosses réparations résultant d'éboulements successifs, ■ Orléans, 27 mars 1990 : *JurisData* n° 1990-041309). Dès lors que, sauf clause contraire, l'usufruitier ne peut contraindre le nu-propriétaire à effectuer les grosses réparations visées aux articles 605 et 606 du Code civil, il ne saurait invoquer un trouble de jouissance dû à la carence dudit nu-propriétaire à effectuer les réparations en cause (■ Cass. 1re civ., 18 déc. 2013, n° 12-18.537 : *JurisData* n° 2013-029985 ; *JCP* G 2014, 467, n° 6, obs. Périnet-Marquet).

4) Admission d'un coefficient de vétusté. Le principe de l'imputation à l'usufruitier des dépenses d'entretien n'exclut pas la prise en compte d'un coefficient de vétusté (■ Aix-en-Provence, 24 juin 1982 : *JurisData* n° 1982-025032 ; *RD imm.* 1983, 323, obs. Bergel).

5) Testament ou donation déchargeant l'usufruitier de ses obligations. Le testament donnant aux usufruitiers tous pouvoirs pour jouir des biens, le nu-propriétaire ne devant intervenir qu'à leur décès pour entrer en possession des immeubles tels qu'ils les laisseraient, peut être interprété comme révélant la volonté du disposant de dispenser les usufruitiers de leur obligation d'entretien (■ Cass. 3e civ., 17 oct. 1984 : *JurisData* n° 1984-001646). La veuve qui a opté pour un quart en pleine propriété et les trois quarts en usufruit dans la succession de son mari ne peut prétendre au bénéfice d'une disposition testamentaire qui, la déchargeant de partie de ses obligations d'usufruitière, aboutirait à lui donner au-delà de ce dont son mari pouvait disposer conformément à l'article 1094-1 (■ Cass. 1re civ., 18 oct. 1994, n° 93-11.384 : *JurisData* n° 1994-002552 ; *JCP* 94, IV, 2552 ; *Bull. civ.* I, n° 302, p. 219 ; *RTD civ.* 1995, 414, obs. Patarin). Le nu-propriétaire ne peut s'exonérer en requérant l'application de la clause contenue dans l'acte de donation visant le cas où les grosses réparations résulteraient d'un défaut d'entretien du bien donné, dès lors que les parties ont entendu disposer pour l'avenir et que le défaut d'entretien est antérieur à la donation (■ Bordeaux, 1re ch., 28 nov. 1988 : *JurisData* n° 1988-046283).

6) Amélioration du confort. Ne constituent pas des grosses réparations mais des dépenses d'entretien celles afférentes à la moquette, à la chaudière et à l'entretien du jardin (■ Pau, 1re ch., 27 avr. 1994 : *JurisData* n° 1994-042024. Comp. pour les peintures et les tapisseries intérieures ■ Pau, 1re ch., 22 nov. 1990 : *JurisData* n° 1990-045724). Sur le principe que l'usufruitier n'a droit à aucune indemnité pour des travaux ayant amélioré le confort et la sécurité, V. ■ Paris, 23e ch., 26 avr. 1983 : *JurisData* n° 1983-023254.

7) Déchéance de l'usufruit pour défaut d'entretien. Un défaut d'entretien peut entraîner la déchéance de l'usufruit même si le nu-propriétaire a négligé de procéder aux travaux confortatifs (■ Cass. 3e civ., 12 mars 1970, n° 69-10.216 : *JurisData* n° 1970-098202 ; *JCP* 70, IV, 122 ; *Bull. civ.* III, n° 205, p. 151).

8) Indemnité due par l'usufruitier. L'expropriation de l'immeuble ne permettant plus de retenir à la charge de l'usufruitière l'exécution en nature des travaux de remise en état, il convient de rechercher, en se plaçant au jour de l'extinction de l'usufruit, les travaux d'entretien dont l'inexécution en temps utile a eu pour conséquence de diminuer la valeur vénale de la chose aliénée (■ Cass. 3e civ., 5 mars 1986, n° 84-14.147 : *Bull. civ.* III, n° 25, p. 18 ; *D.* 1987, somm. 17, obs. A. Robert).

Art. 606. – **Les grosses réparations sont celles des gros murs et des voûtes, le rétablissement des poutres et des couvertures entières ;**

Celui des digues et des murs de soutènement et de clôture aussi en entier.

Toutes les autres réparations sont d'entretien.

1) Les **souches de cheminée** font partie des gros murs qu'elles prolongent au-dessus des combles (■ Cass. 1re civ., 15 mars 1961 : *JurisData* n° 1961-000166 ; *Bull. civ.* I, n° 166, p. 132).

2) Un **élément de colombage** relève des grosses réparations de l'article 606 (■ Limoges, 1re ch., 25 avr. 1989 : *JurisData* n° 1989-041264).

3) Reconstitution d'un vignoble. Doit être assimilée à une grosse réparation la reconstitution d'un vignoble détruit par le phylloxéra (■ Cass. civ., 17 juill. 1911 : *DP* 1911, 1, 457).

4) Zingueries d'une toiture. Doit être assimilé à une grosse réparation le renouvellement intégral des zingueries d'une toiture (■ Cass. 1re civ., 2 févr. 1955 : *Bull. civ.* I, n° 55, p. 52).

5) Réparations et ravalement. Les réparations à opérer sur un gros mur sont de grosses réparations dès lors que les lézardes qui se sont produites compromettent l'aplomb du mur (■ Cass. req., 19 juill. 1911 : *DP* 1913, 1, 392), mais le simple ravalement est une réparation d'entretien dont la charge incombe à l'usufruitier (■ Cass. 1re civ., 21 mars 1962 : *JCP* 63, II, 13272, note H. G. V. aussi pour l'entretien d'une toiture ■ Cass. 3e civ., 18 déc. 1985, n° 84-13.570 : *JurisData* n° 1985-003406 ; *JCP* 86, IV, 82).

6) Enduits de protection. L'usufruitier n'est pas tenu de faire exécuter les enduits de protection qui n'existaient pas au moment de la constitution de l'usufruit (■ Cass. 3e civ., 5 mars 1986, n° 84-14.147 : *Bull. civ.* III, n° 25, p. 18 ; *D.* 1987, somm. 17, obs. A. Robert).

7) Caractère limitatif de la liste de l'article 606. L'article 606 énumère limitativement les grosses réparations (■ Cass. 3e civ., 25 oct. 1983 : *JurisData* n° 1983-702783 ; *Bull. civ.* III, n° 194, p. 149. ■ Cass. 3e civ., 27 nov. 2002, n° 01-03.936 : *JurisData* n° 2002-016561 ; *Bull. civ.* III, n° 235, p. 202 ; *Dr. et patrimoine* 2003, n° 113, 3238, note Chauvel. ■ Cass. com., 12 juin 2012, n° 11-11.424 : *JurisData* n° 2012-013138 ; *JCP* E 2012, 1493, note Hovasse ; *Dr. et patrimoine* déc. 2012, p. 96, obs. Seube et Revet ; *JCP* G 2012, 1186, n° 5, obs. Périnet Marquet). Mais jugé que la liste de l'article 606 n'est pas restrictive, et qu'il appartient au juge de rechercher, dans chaque cas d'espèce, si la réparation envisagée tend à remédier à un désordre grave qui, soit porte atteinte à l'un des éléments essentiels de l'immeuble, soit par sa généralité l'affecte dans son existence ou dans sa destination (■ Bordeaux, 1re ch., 28 nov. 1988 : *JurisData* n° 1988-046283). Les grosses réparations intéressent l'immeuble dans sa structure et sa solidité générale et les réparations d'entretien sont celles qui sont utiles au maintien permanent en bon état de cet immeuble (■ Cass. 3e civ., 13 juill. 2005 : *JCP* 2005, IV, 3096 ; *JurisData* n° 2005-029471 ; *Bull. civ.* III, n° 155, p. 144 ; *RTD civ.* 2005, 795, obs. Gautier).

Art. 607. – **Ni le propriétaire, ni l'usufruitier, ne sont tenus de rebâtir ce qui est tombé de vétusté, ou ce qui a été détruit par cas fortuit.**

Bibliographie : M.-P. Lucas de Leyssac, *L'article 607 du Code civil* : *RTD civ.* 1978, 757.

1) Vétusté. En cas de délabrement du bien grevé d'un droit d'usage et d'habitation assimilable à sa perte totale, l'obligation conventionnelle de réparer mise à la charge du propriétaire se trouve inopérante, celui-ci ne pouvant être tenu de rebâtir ce qui est tombé par vétusté (■ Paris, 6e ch., 9 mai 1990 : *JurisData* n° 1990-021516).

2) Tremblement de terre. Pour une application à un immeuble endommagé par un tremblement de terre, V. ■ Cass. 3e civ., 23 oct. 1979 : *RD imm.* 1980, 143, obs. Bergel ; *D.* 1980, inf. rap. 20.

Art. 608. – L'usufruitier est tenu, pendant sa jouissance, de toutes les charges annuelles de l'héritage, telles que les contributions et autres qui, dans l'usage, sont censées charges des fruits.

1) Remboursement d'un prêt ayant permis la construction. On ne saurait considérer comme des charges pesant sur les fruits les versements annuels affectés au remboursement d'un emprunt contracté par le constituant (■ Cass. civ., 20 juill. 1897 : *DP* 1899, 1, 17, note de Lanzac de Laborie).

2) Droit de garde des valeurs mobilières. Le droit de garde d'un portefeuille de valeurs mobilières doit être supporté par l'usufruitier (■ Paris, 1re ch., 10 juin 1987 : *JurisData* n° 1987-022919).

3) Caractère d'ordre public (non). Les dispositions de l'article 608 ne sont pas d'ordre public (■ Cass. 1re civ., 3 juin 1997, n° 95-16.484 : *JurisData* n° 1997-002461 ; *Bull. civ.* I, n° 189, p. 127).

Art. 609. – À l'égard des charges qui peuvent être imposées sur la propriété pendant la durée de l'usufruit, l'usufruitier et le propriétaire y contribuent ainsi qu'il suit :

Le propriétaire est obligé de les payer, et l'usufruitier doit lui tenir compte des intérêts ;

Si elles sont avancées par l'usufruitier, il a la répétition du capital à la fin de l'usufruit.

Art. 610. – Le legs fait par un testateur, d'une rente viagère ou pension alimentaire, doit être acquitté par le légataire universel de l'usufruit dans son intégrité, et par le légataire à titre universel de l'usufruit dans la proportion de sa jouissance, sans aucune répétition de leur part.

Bibliographie : F. Éliard, *L'article 610 du Code civil à l'heure du divorce : JCP* N 96, I, 669.

Prestation compensatoire. L'article 610 n'est pas applicable au cas d'une prestation compensatoire qui n'est pas une libéralité à cause de mort (■ Lyon, 16 sept. 1999, n° 97/07256 : *JurisData* n° 1999-115856 ; *JCP* N 2000, 653, pourvoi rejeté par ■ Cass. 1re civ., 8 juin 2004, n° 00-10.873 : *JCP* 2004, II, 10174, 2e arrêt, note Sauvage. *Contra*, faisant supporter la charge de la rente par la seconde épouse, légataire universelle, ■ Pau, 14 mars 2000 : *JurisData* n° 2000-116069 ; *RTD civ.* 2001, 570, obs. Hauser, mais censuré par ■ Cass. 1re civ., 8 juin2004 : *JCP* 2004, II, 10174, 1re arrêt, note Sauvage ; *JCP* G 2005, I, 187 et *JCP* N 2006, 1071, n° 1, obs. Le Guidec ; *JurisData* n° 2004-024010 ; *Dr. famille* 2004, 147, note Larribau-Terneyre ; *Bull. civ.* I, n° 168, p. 140 ; *RTD civ.* 2004, 720, obs. Hauser). V. aussi, rappelant que l'article 610 met à la charge du légataire universel de l'usufruit la seule rente viagère née de la volonté testamentaire du défunt, ■ Cass. 1re civ., 28 mars 2006 : *JCP* 2006, IV, 1952 ; *JurisData* n° 2006-032894).

Art. 611. – L'usufruitier à titre particulier n'est pas tenu des dettes auxquelles le fonds est hypothéqué : s'il est forcé de les payer, il a son recours contre le propriétaire, sauf ce qui est dit à l'article 1020, au titre *Des donations entre vifs et des testaments*.

Art. 612. – L'usufruitier, ou universel, ou à titre universel, doit contribuer avec le propriétaire au paiement des dettes, ainsi qu'il suit :

On estime la valeur du fonds sujet à usufruit ; on fixe ensuite la contribution aux dettes à raison de cette valeur.

Si l'usufruitier veut avancer la somme pour laquelle le fonds doit contribuer, le capital lui en est restitué à la fin de l'usufruit, sans aucun intérêt.

Si l'usufruitier ne veut pas faire cette avance, le propriétaire a le choix, ou de payer cette somme et, dans ce cas, l'usufruitier lui tient compte des intérêts pendant la durée de l'usufruit, ou de faire vendre jusqu'à due concurrence une portion des biens soumis à l'usufruit.

1) Passif successoral. Il résulte de la combinaison de l'article 724 du Code civil avec les articles 608 à 612 du même code que l'usufruitier universel ou à titre universel est tenu de contribuer aux dettes dans les conditions prévues par ces textes, peu important la nature de son titre (■ Cass. 1re civ., 16 févr. 1999, n° 96-21.097 : *JCP* 2000, I, 211, n° 14, obs. Périnet-Marquet ; *Bull. civ.* I, n° 58, p. 38 ; *RTD civ.* 1999, 449, obs. Patarin, arrérages d'une rente viagère). Mais si le créancier a le droit de le poursuivre directement dans ces limites, il n'en conserve pas moins celui de poursuivre directement l'héritier ou le légataire universel comme il aurait pu poursuivre le défunt dont ils sont les continuateurs (■ Cass. 1re civ., 16 mai 1960 : *JCP* 61, II, 12148, note Ponsard. – V. aussi ■ Cass. 1re civ., 8 avr. 1970, n° 68-14.050 : *Bull. civ.* I, n° 108, p. 87). ■ Cass. 2e civ., 18 janv. 2005, n° 02-30.577 : *JurisData* n° 2005-026516 ; *D.* 2005, somm. 2119, obs. Brémond), sauf tel recours que de droit de leur part (■ Cass. 1re civ., 16 mai 1960, préc. ■ Cass. 1re civ., 11 févr. 1981 : *JurisData* n° 1981-700491 ; *Bull. civ.* I, n° 54, p. 44 ; *JCP* 81, II, 19693, note Rémy). L'usufruitier n'est obligé qu'au paiement des intérêts (■ Cass. 1re civ., 11 févr. 1981, préc. ■ Cass. 1re civ., 16 juin 1993, n° 90-11.063 : *JurisData* n° 1993-001154 ; *Bull. civ.* I, n° 223, p. 155 ; *JCP* 94, I, 3791, n° 3, obs. Le Guidec ; *RTD civ.* 1994, 391, obs. Patarin. ■ Cass. 1re civ., 9 déc. 2003, n° 00-18.027 : *JurisData* n° 2003-021455 ; *Dr. famille* 2004, 53, note Nicod ; *JCP* G 2004, I, 155 et *JCP* N 2004, 1489, n° 3, obs. Le Guidec ; *Defrénois* 2004, 1218, note Fiorina ; *D.* 2004, somm. 2336, obs. Brémond). Mais jugé que le conjoint survivant usufruitier ne peut être poursuivi par les créanciers héréditaires et que seuls les héritiers peuvent exiger qu'il contribue au passif (■ Bordeaux, 6 janv. 1986 : *JurisData* n° 1986-601324 ; *D.* 1986, 599, note crit. Duclos).

2) Dettes non encore échues. L'article 612 n'oblige ni le nu-propriétaire ni l'usufruitier à subir la vente des biens soumis à l'usufruit pour payer les dettes qui ne sont pas encore exigibles (■ Cass. civ., 30 avr. 1895 : *DP* 1895, 1, 465, note Boistel).

3) Charges de copropriété. Sur la ventilation des charges de copropriété entre nu-propriétaire et usufruitier ou titulaire du droit d'usage et d'habitation, V. ■ Versailles, 1re ch., 28 juin 1990 : *JurisData* n° 1990-044647.

4) Licitation. Obstacle résultant de l'article 815-5, alinéa 2 (non). Dès lors que la valeur des biens dont la licitation a été ordonnée ne dépasse pas le montant en intérêts des dettes successorales, l'article 612, alinéa 4, permet au nu-propriétaire de faire vendre les biens soumis à l'usufruit. N'est donc pas fondé le moyen selon lequel les dispositions de l'article 815-5, alinéa 2, font obstacle à cette faculté (■ Cass. 1re civ., 6 mars 2001 : *JCP* 2001, I, 358, n° 13, obs. Périnet-Marquet ; *JurisData* n° 2001-008573 ; *Bull. civ.* I, n° 64, p. 41 ; *RTD civ.* 2001, 937, obs. Patarin).

Art. 613. – **L'usufruitier n'est tenu que des frais des procès qui concernent la jouissance, et des autres condamnations auxquelles ces procès pourraient donner lieu.**

Art. 614. – **Si, pendant la durée de l'usufruit, un tiers commet quelque usurpation sur le fonds, ou attente autrement aux droits du propriétaire, l'usufruitier est tenu de le dénoncer à celui-ci ; faute de ce, il est responsable de tout le dommage qui peut en résulter pour le propriétaire, comme il le serait de dégradations commises par lui-même.**

Occupant sans droit. L'occupant sans droit ni titre n'est pas tenu des obligations que l'article 614 du Code civil impose à l'usufruitier (■ Cass. 1re civ., 8 mai 1973 : *Bull. civ.* I, n° 152, p. 136).

Art. 615. – **Si l'usufruit n'est établi que sur un animal qui vient à périr sans la faute de l'usufruitier, celui-ci n'est pas tenu d'en rendre un autre, ni d'en payer l'estimation.**

Art. 616 *(L. n° 60-464, 17 mai 1960)*. – **Si le troupeau sur lequel un usufruit a été établi périt entièrement par accident ou par maladie et sans la faute de l'usufruitier, celui-ci n'est tenu envers le propriétaire que de lui rendre compte des cuirs, ou de leur valeur estimée à la date de la restitution.**

Si le troupeau ne périt pas entièrement, l'usufruitier est tenu de remplacer, jusqu'à concurrence du croît, les têtes des animaux qui ont péri.

Section III. – Comment l'usufruit prend fin

Art. 617 *(Mod., L. n° 2009-526, 12 mai 2009)*. – **L'usufruit s'éteint,**

Par la mort de l'usufruitier ;

Par l'expiration du temps pour lequel il a été accordé ;

Par la consolidation ou la réunion sur la même tête, des deux qualités d'usufruitier et de propriétaire ;

Par le non-usage du droit pendant trente ans ;
Par la perte totale de la chose sur laquelle l'usufruit est établi.

1) **Mort de l'usufruitier.** La réunion de la nue-propriété et de l'usufruit en la personne du nu-propriétaire à la suite du décès de l'usufruitier prive l'héritier de ce dernier du droit d'agir en nullité du bail rural consenti antérieurement par le seul nu-propriétaire (■ Cass. 3e civ., 6 juill. 2017, n° 15-22.482 : *JurisData* n° 2017-013608 ; *RDC* 2017, p. 95, note Danos ; *JCP* N 2017, 1293, note Dagorne-Labbe ; *RTD civ.* 2017, p. 903, note Dross ; *JCP* G 2017, doctr. 1142, n° 8, note Périnet-Marquet).

2) **Consolidation sur la tête d'un tiers (non).** La cession à un tiers de la nue-propriété et de l'usufruit par les deux titulaires respectifs n'éteint pas l'usufruit par consolidation, le cessionnaire de l'usufruit ne pouvant être assimilé à cet égard à l'usufruitier (■ Cass. 3e civ., 26 janv. 1972 : *JCP* 72, II, 17104, note G. G. ; *D.* 1975, 22, note Penneau).

3) **Vente simultanée de l'usufruit et de la nue-propriété.** Voir art. 621, annot. n° 2, p. 514.

4) **Usufruits successifs.** Voir sous art. 580, annot. n° 1, p. 498.

5) **Renonciation.** La renonciation à un usufruit n'est soumise à aucune forme particulière. Il suffit qu'elle soit certaine et non équivoque (■ Cass.3e civ., 7 févr. 1979 : *JurisData* n° 1979-098036 ; *D.* 1979, inf. rap. 396). Une absence d'exploitation d'un bois, même pendant une longue période, ne peut entraîner, compte tenu de l'intervalle de temps pouvant séparer deux coupes de bois, une extinction d'un droit d'usufruit (■ Paris, 2e ch., 16 janv. 1991 : *JurisData* n° 1991-020477). Un immeuble d'habitation ayant fait l'objet d'une donation avec réserve d'usufruit, la donatrice qui accepte que les donataires s'installent avec elle dans la maison selon un accord dont la durée écarte toute précarité, en sachant qu'ils ont fait à leurs frais des travaux importants, peut être considérée comme ayant manifesté sans équivoque sa volonté expresse de renoncer à l'usufruit total de cette maison (■ Cass. 1re civ., 15 juill. 1993 : *JurisData* n° 1993-001660). Mais le seul fait que l'usufruitier ait laissé le nu-propriétaire habiter l'immeuble gratuitement et faire des travaux de rénovation n'emporte pas extinction de l'usufruit (■ Metz, 19 mars 1990 : *JurisData* n° 1990-044768). Jugé que la résiliation d'une police d'assurance relative à un bien grevé d'usufruit par l'usufruitière, combinée avec des lettres notariales attestant que le principe de la renonciation à l'usufruit, bien que non encore matérialisé, est cependant acquis, constitue un acte certain et non équivoque de renonciation à l'usufruit (■ Bourges, 1re ch., 8 mars 1993 : *JurisData* n° 1993-040464).

6) **Expropriation.** À la suite de l'ordonnance d'expropriation, l'usufruit se trouve éteint en tant que droit réel et converti en un simple droit de créance inopposable à l'actuel propriétaire (■ Cass. 3e civ., 8 févr. 1990 : *JurisData* n° 1990-000722). L'expropriation de l'immeuble ne permettant plus de retenir à la charge de l'usufruitière l'exécution en nature des travaux de remise en état, il convient de rechercher, en se plaçant au jour de l'extinction de l'usufruit, les travaux d'entretien dont l'inexécution en temps utile a eu pour conséquence de diminuer la valeur vénale de la chose aliénée (■ Cass. 3e civ., 5 mars 1986 : *Bull. civ.* III, n° 25, p. 18 ; *D.* 1987, somm. 17, obs. A. Robert).

Art. 618. – **L'usufruit peut aussi cesser par l'abus que l'usufruitier fait de sa jouissance, soit en commettant des dégradations sur le fonds, soit en le laissant dépérir faute d'entretien.**

Les créanciers de l'usufruitier peuvent intervenir dans les contestations, pour la conservation de leurs droits ; ils peuvent offrir la réparation des dégradations commises, et des garanties pour l'avenir.

Les juges peuvent, suivant la gravité des circonstances, ou prononcer l'extinction absolue de l'usufruit, ou n'ordonner la rentrée du propriétaire dans la jouissance de l'objet qui en est grevé, que sous la charge de payer annuellement à l'usufruitier, ou à ses ayants cause, une somme déterminée jusqu'à l'instant où l'usufruit aurait dû cesser.

1) **Jouissance en bon père de famille.** Voir : sur le principe que l'usufruitier doit jouir de la chose soumise à son usufruit en bon père de famille, suivant l'usage auquel elle est destinée et à charge *d'en conserver la substance*, art. 578, annot. n° 20, p. 497. L'abus de jouissance ne peut être tiré des griefs retenus à l'appui du divorce compte tenu de l'accord verbal de cousage des époux et de la durée de leur cohabitation (■ Colmar, 1re ch., 28 mars 1990 : *JurisData* n° 1990-049177).

2) **Défaut d'entretien.** Un défaut d'entretien peut entraîner la déchéance de l'usufruit même si le nu-propriétaire a négligé de procéder aux travaux confortatifs (■ Cass. 3e civ., 12 mars 1970, n° 68-13.805 : JCP 70, IV, 122 ; *Bull. civ.* III, n° 205, p. 151. ■ Montpellier, 1re ch., 13 févr. 1992 : *JurisData* n° 1992-034387. V. aussi pour une exploitation agricole laissée à l'abandon par un usufruitier qui néglige de remployer au profit de la propriété une indemnité d'assurance ■ Douai, 1re ch., 4 sept. 1986 :

JurisData n° 1986-048322, pour une absence d'entretien courant et régulier par l'usufruitier depuis 25 ans ▪ Angers, 24 mai 2004, n° 04/00072 : *JurisData* n° 2004-243986 ; *Dr. famille* 2004, 189, obs. Beignier). La cessation de l'usufruit pour abus de jouissance implique que le nu-propriétaire établisse l'existence de dégradations sur l'immeuble ou un manque d'entretien tel qu'il ait entraîné la détérioration du gros œuvre de l'immeuble (▪ Pau, 1re ch., 22 nov. 1990 : *JurisData* n° 1990-045724, remise en état de peintures et de tapisseries intérieures).

3) Démolition de l'immeuble. La démolition de l'immeuble ne constitue pas un abus de jouissance si elle est dictée par la nécessité d'une isolation thermique et l'écroulement d'une partie du bâtiment (▪ Pau, 28 févr. 1979, n° 77-14.095 : *JurisData* n° 1979-099059 ; *D.* 1980, inf. rap. 84).

4) Abandon des lieux. Voir : sur l'hypothèse de l'abandon des lieux par le titulaire du droit d'usage et d'habitation, art. 625, annot. n° 24, p. 517.

5) Bail consenti par l'usufruitier. Sur le point de savoir si l'usufruitier peut commettre un abus de jouissance en donnant à bail le bien grevé d'usufruit, V. pour la négative ▪ Cass. 3e civ., 12 mars 1970, n° 68-13.805 : *Bull. civ.* III, n° 204, p. 150 ; *D.* 1970, 692, pour l'affirmative ▪ Cass. 3e civ., 4 juin 1975, n° 74-10.777 : *JCP* 75, IV, 242 ; *Bull. civ.* III, n° 194, p. 150 (bail commercial de lieux destinés à un autre usage).

6) Radiation de l'inscription du fonds de commerce. Il ne peut être fait grief à l'usufruitier d'un fonds de commerce d'avoir cessé son activité et d'avoir radié l'inscription du fonds du registre du commerce dès lors que cette mesure s'imposait et était indépendante de sa volonté (▪ Cass. com., 28 janv. 1980, n° 78-13.439 : *JurisData* n° 1980-798041 ; *JCP* 80, II, 19416, note Atias ; *Journ. not.* 1981, 47, note Viatte).

7) Coupes de bois selon l'usage. Ne commet aucun abus de jouissance l'usufruitier qui, sur moins de la moitié de la superficie des immeubles soumis à l'usufruit, se conforme à l'usage constant pour les coupes de jeunes pins essentiellement destinés à l'industrie, qui est celui de la coupe rase (▪ Cass. 3e civ., 8 déc. 1981, n° 81-14.743 : *JurisData* n° 1981-703320 ; *JCP* 82, IV, 84 ; *Bull. civ.* III, n° 208, p. 151). Mais il en va autrement pour l'usufruitier qui procède à une coupe des arbres de hautes futaies sans aviser préalablement le nu-propriétaire (▪ Orléans, 24 févr. 1987 : *JurisData* n° 1987-046808. ▪ Besançon, 1re ch., 28 juin 1994 : *JurisData* n° 1994-044709).

8) Effets de l'extinction. Malgré l'absence d'accord du nu-propriétaire aux travaux entrepris par l'usufruitier, il n'y a pas lieu de contraindre celui-ci à une remise en état de l'immeuble alors qu'il n'y a eu ni dégradation ni défaut d'entretien au sens de l'article 618 (▪ Paris, 2e ch., 27 mars 1991 : *JurisData* n° 1991-021078). Le nu-propriétaire d'un fonds rural loué qui a donné seul son accord du temps de l'usufruit à la réalisation de certaines constructions par le preneur, une fois héritier de l'usufruitier précédent bailleur et devenu lui-même bailleur, ne peut plus se prévaloir de l'absence d'autorisation de son auteur (▪ Cass. 3e civ., 20 mai 1992, n° 90-18.090 : *JurisData* n° 1992-001826 ; *JCP* 92, IV, 2034).

Art. 619. – **L'usufruit qui n'est pas accordé à des particuliers ne dure que trente ans.**

1) Droits de pâturage et d'usage en bois concédés à perpétuité. L'article 619 limitant à trente ans la durée de l'usufruit concédé à une personne morale ne saurait recevoir application dans le cas d'une convention de 1467 accordant des droits de pâturage et d'usage en bois aux habitants présents et à venir d'une communauté, aux droits de laquelle se trouve une commune, et à leurs successeurs (▪ Cass. civ., 10 mai 1950 : *D.* 1950, 482).

2) Usufruit accordé à une personne morale. Sur le principe que l'usufruit accordé à une personne morale ne peut excéder trente ans, V. ▪ Cass. 3e civ., 7 mars 2007, n° 06-12.568 : *JurisData* n° 2007-037924 ; *JCP* G 2007, I, 197, obs. Périnet-Marquet ; *JCP* G 2007, I, 179, n° 1, obs. Caussain, Deboissy et Wicker ; *JCP* N 2007, p. 1219, note Hovasse ; *JCP* 2007, IV, 1768). – Comp. une affaire où le juge avait décidé qu'une association pouvait donner la nue-propriété d'un bien en s'en réservant l'usufruit pendant le temps de sa propre durée (▪ CA Caen, 24 janv. 1995 : *JurisData* n° 1995-040417 ; *Defrénois* 1996, art. 36278, p. 392, obs. Atias). Cela étant, la Cour de cassation estime que l'usufruit en question étant de nature viagère dès lors qu'il n'est cédé que pour la durée de la survivance de la personne physique, il importe peu que l'usufruit entre des personnes morales ne puisse excéder 30 ans aux termes de l'article 619 du Code civil (▪ Cass. com., 26 sept. 2018, n° 16-26.503 : *JurisData* n° 2018-016986 ; *JCP* E 2019, 1145, n° 3, obs. Deboissy ; RTD civ. 2018, p. 952, note Dross ; *JCP* N 2018, act. 796, obs. Simon-Michel ; *JCP* E 2018, 1543, obs. Hovasse).

3) Droit réel de jouissance jusqu'à la disparition d'une fondation. Un propriétaire peut consentir à une fondation un droit réel conférant une jouissance spéciale de son bien (V. ▪ Cass. 3e civ., 31 oct. 2012, n° 11-16.304 : *Bull. civ.* 2012, III, n° 159). V. art. 554, annot., p. 485.

Art. 620. – **L'usufruit accordé jusqu'à ce qu'un tiers ait atteint un âge fixé dure jusqu'à cette époque, encore que le tiers soit mort avant l'âge fixé.**

Effet extinctif du décès. Tout usufruit, fût-il constitué pour une durée fixe, s'éteint de plein droit par la mort de l'usufruitier (■ Cass. ch. réunies, 16 juin 1933 : *DH* 1933, 393).

Art. 621 *(Rempl., L. n° 2006-728, 23 juin 2006).* – **En cas de vente simultanée de l'usufruit et de la nue-propriété d'un bien, le prix se répartit entre l'usufruit et la nue-propriété selon la valeur respective de chacun de ces droits, sauf accord des parties pour reporter l'usufruit sur le prix.**

La vente du bien grevé d'usufruit, sans l'accord de l'usufruitier, ne modifie pas le droit de ce dernier, qui continue à jouir de son usufruit sur le bien s'il n'y a pas expressément renoncé.

Rédaction antérieure. Art. 621. – La vente de la chose sujette à usufruit ne fait aucun changement dans le droit de l'usufruitier ; il continue de jouir de son usufruit s'il n'y a pas formellement renoncé.

1) Opposabilité aux tiers du droit de l'usufruitier. Saisie par les usufruitiers d'une tierce opposition à la décision constatant la perfection de la vente à laquelle ils n'ont pas consenti, une cour d'appel peut seulement constater que ladite vente leur est inopposable et non en prononcer la nullité (■ Cass. 3e civ., 28 mars 1990, n° 88-16.418 : *JurisData* n° 1990-000697 ; *Bull. civ.* III, n° 92, p. 50 ; *RD imm.* 1990, 469, obs. Bergel ; *D.* 1991, somm. 163, obs. Paisant ; *RTD civ.* 1991, 564, obs. Zenati).

2) Vente simultanée de la nue-propriété et de l'usufruit. Jugé déjà que si la chose vendue simultanément et pour un même prix appartient pour l'usufruit à l'un des vendeurs, pour la nue-propriété à l'autre, chacun d'eux a droit à une portion du prix total correspondant à la valeur comparative de l'usufruit avec la nue-propriété (■ Cass. 1re civ., 20 oct. 1987, n° 86-13.197 : *JurisData* n° 1987-001619 ; *D.* 1988, 85, note Morin ; *RTD civ.* 1988, 370, obs. Rémy. V. aussi ■ Cass. 1re civ., 7 juin 1988, n° 86-14.809 : *JurisData* n° 1988-703489 ; *Bull. civ.* I, n° 181, p. 126 ; pour une application à l'usufruit du conjoint survivant, V. ■ Cass. 1re civ., 22 juin 2004 : *Dr. famille* 2004, 205, note Beignier ; *JurisData* n° 2004-024256), et que les intérêts sur le prix de vente doivent être partagés dans les mêmes proportions sans que l'usufruitier puisse prétendre à la totalité de ceux-ci (■ Cass. 3e civ., 3 juill. 1991, n° 89-21.541 : *JurisData* n° 1991-001781 ; *Bull. civ.* III, n° 203, p. 119 ; *RTD civ.* 1993, 616, obs. Zenati). Dès lors que l'acte de vente de terres louées comporte simultanément acquisition de l'usufruit et de la nue-propriété et que ses effets ne peuvent être artificiellement dissociés dans le temps, le vendeur de l'usufruit ne peut se prévaloir de la qualité de nu-propriétaire de l'acquéreur pour échapper au droit de préemption du preneur (■ Cass. 3e civ., 16 janv. 1991, n° 89-11.418 : *JurisData* n° 1991-000231 ; *JCP* N 91, II, 210, note Gilardeau).

Art. 622. – **Les créanciers de l'usufruitier peuvent faire annuler la renonciation qu'il aurait faite à leur préjudice.**

Action paulienne. La renonciation du donateur à l'usufruit qu'il s'était réservé est une libéralité qui peut être attaquée sur la base de l'article 1167 du Code civil (■ Cass. req., 11 nov. 1878 : *DP* 1879, 1, 416).

Art. 623. – **Si une partie seulement de la chose soumise à l'usufruit est détruite, l'usufruit se conserve sur ce qui reste.**

Art. 624. – **Si l'usufruit n'est établi que sur un bâtiment, et que ce bâtiment soit détruit par un incendie ou autre accident, ou qu'il s'écroule de vétusté, l'usufruitier n'aura le droit de jouir ni du sol ni des matériaux.**

Si l'usufruit était établi sur un domaine dont le bâtiment faisait partie, l'usufruitier jouirait du sol et des matériaux.

Incendie. Voir sur le principe que l'usufruitier doit indemniser le propriétaire s'il n'établit pas que l'incendie est dû à un cas fortuit, art. 578, annot. n° 24, p. 497.

CHAPITRE II. – DE L'USAGE ET DE L'HABITATION

Bibliographie : J.-F. Pillebout, *Le contentieux du droit d'usage et d'habitation (ou les révélations de JurisData)* : *JCP* 81, I, 3049. • D. Ponton-Grillet, *Le renouveau familial du droit d'usage et d'habitation : éclairage civil et fiscal* : *Dr. famille* 2001, chron. 20. • A. Chappert, *Droit d'usage et d'habitation et pacte tontinier* : *Defrénois* 1999, p. 330.

Art. 625. – **Les droits d'usage et d'habitation s'établissent et se perdent de la même manière que l'usufruit.**

• ***Sommaire***

I – NATURE DES DROITS D'USAGE ET D'HABITATION

A – Droit réel

1) Principe. Sur le principe que le bénéficiaire du droit d'usage et d'habitation est titulaire d'un droit réel, V. ▪ Cass. 3e civ., 3 janv. 1978, n° 76-13.996 : *JurisData* n° 1978-098003 ; *Bull. civ.* III, n° 3, p. 3. ▪ Angers, 1re ch., 2 sept. 1991 : *JurisData* n° 1991-047057. ▪ Nîmes, 1re ch., 13 avr. 1993 : *JurisData* n° 1993-030352.

2) Distinction avec la servitude. Un droit d'usage constitue un droit réel mais ne peut être assimilé à une servitude telle que définie par l'article 637 du Code civil (▪ Cass. 3e civ., 3 janv. 1978, n° 76-13.996 : *JurisData* n° 1978-098003 ; *Bull. civ.* III, n° 3, p. 3). Le droit d'usage et d'habitation consistant dans la réserve de jouissance d'une pièce dans un immeuble vendu n'est pas une servitude personnelle prohibée ; en effet, la servitude suppose l'existence de deux propriétés, et le droit litigieux n'impose au propriétaire de l'immeuble aucun service personnel au bénéfice de ses titulaires (▪ Douai, 8e ch., 24 févr. 1983 : *JurisData* n° 1983-042029).

3) Opposabilité du règlement de copropriété. Les modifications du règlement de copropriété sont opposables au titulaire du droit d'usage et d'habitation, qui n'est qu'un diminutif de l'usufruit (▪ Aix-en-Provence, 4e ch., 12 sept. 1985 : *JurisData* n° 1985-044039).

4) Application des règles de la publicité foncière. La convention qui accorde à la venderesse le droit de maintenir son logement dans trois pièces déterminées de l'immeuble et à user de dépendances, d'une partie du garage et du jardin comporte la qualification de droit d'usage et d'habitation et confère à son bénéficiaire un droit réel immobilier qui, n'ayant pas été publié ni mentionné dans l'acte de vente, est inopposable au sous-acquéreur (▪ Cass. 3e civ., 23 juin 1981, n° 80-12.780 : *JurisData* n° 1981-702256 ; *JCP* 83, II, 19928, note Pillebout).

5) Protection possessoire. Le droit d'usage dans une forêt peut être protégé par l'action en complainte (▪ Cass. civ., 1er déc. 1880 : *DP* 1880, 1, 125). Le droit d'user d'un four pour faire cuire le pain nécessaire à la consommation familiale est un droit réel qui bénéficie de la protection possessoire, sans que le demandeur soit tenu de produire un titre qui établisse ce droit, l'article 691 n'étant pas applicable en la matière (▪ Cass. civ., 15 févr. 1926 : *DP* 1927, 1, 8. V. aussi pour le droit d'habitation ▪ T. civ. Melun, 2 avr. 1925 : *DP* 1927, 2, 59). Les droits d'usage et d'habitation ne sont qu'un usufruit restreint et l'usager a un droit réel sur l'immeuble. Dès lors, il bénéficie des mêmes droits que ceux que l'article 597 accorde à l'usufruitier, notamment celui de faire respecter la servitude profitant au fonds (▪ Angers, 1re ch., 2 sept. 1991 : *JurisData* n° 1991-047057). Mais le bénéficiaire doit justifier des conditions requises pour la protection possessoire (▪ Bordeaux, 1re ch., 27 févr. 1989 : *JurisData* n° 1989-042320).

6) Réquisition ou expropriation. Le titulaire du droit d'usage et d'habitation peut prétendre à être indemnisé en cas de réquisition de l'immeuble (▪ Agen, 13 mai 1949 : *JCP* 49, II, 5189). Le droit d'usage et d'habitation que s'est réservé l'ancien propriétaire dans l'immeuble exproprié constitue un droit réel dont la perte, même partielle, doit être indemnisée. L'immeuble est en outre grevé d'une indisponibilité qui justifie un abattement sur sa valeur diminuant l'indemnisation de l'actuel propriétaire (▪ Versailles, 11 janv. 1982 : *JurisData* n° 1982-000344).

7) Droit d'usage de la superficie. Le droit de jouissance perpétuelle sur la superficie d'un terrain est, comme le droit d'usage qu'il recouvre, un droit réel immobilier (▪ Paris, 1er mars 1982 : *JurisData* n° 1982-021951 ; *D.* 1983, inf. rap. 16, obs. A. Robert).

8) Droit d'usage spécial au profit d'un concierge. L'affectation d'un appartement privatif à l'usage de loge de concierge est une convention *sui generis* emportant constitution d'un droit spécial d'usage et d'habitation, au profit du syndicat de copropriété tenu d'affecter lui-même ce lot au logement du gardien ; il ne saurait emporter pour son bénéficiaire, en l'absence de toute stipulation contractuelle expresse en ce sens, obligation au paiement d'une indemnité d'occupation, s'agissant d'un droit issu d'un démembrement de propriété (▪ Versailles, 1re ch., 16 mai 1991 : *JurisData* n° 1991-041581).

B – *Intuitu personae*

9) Besoins du titulaire et de sa famille. Voir sur la limitation des droits d'usage et d'habitation aux besoins du titulaire et de la famille, art. 630, p. 519, 632, p. 519 et 633, p. 519.

10) Interdiction de cession et de location. Voir sur l'interdiction faite au titulaire du droit de céder et de louer, art. 631, p. 519 et 634, p. 520.

11) Exécution par un tiers de travaux. Le donateur qui s'est réservé l'usage et l'habitation du bien peut très bien faire exécuter par un tiers les travaux d'exploitation sans violer le principe du caractère personnel du droit d'usage (▪ Bordeaux, 1re ch., 5 avr. 1990 : *JurisData* n° 1990-041570).

12) Droit de préemption du preneur (non). Le droit de préemption du locataire ne s'applique pas en raison du caractère *intuitu personae* du droit d'usage et d'habitation (▪ Amiens, ch. réun., 2 nov. 1992 : *JurisData* n° 1992-048813).

II – ÉTABLISSEMENT DES DROITS D'USAGE ET D'HABITATION

13) Source légale (non). Sur le principe que les droits d'usage et d'habitation ne peuvent naître de la loi elle-même, V. ▪ Paris, 11 janv. 1993 : *JurisData* n° 1993-020324 ; *D.* 1993, somm. 303, obs. A. Robert.

14) Condition suspensive. Un droit d'usage et d'habitation peut être consenti sous la condition que celui qui l'accorde devienne propriétaire de l'immeuble en cause (▪ Cass. 3e civ., 8 janv. 1985 : *JurisData* n° 1985-000046).

15) Bâtiment à construire. Le droit d'usage et d'habitation peut porter sur un bâtiment à édifier par l'acquéreur de l'ensemble immobilier (▪ Bordeaux, 1re ch., 7 nov. 1988 : *JurisData* n° 1988-048429).

16) Nu-propriétaire habitant l'immeuble gratuitement. Le fait que l'usufruitier ait laissé le nu-propriétaire habiter l'immeuble gratuitement pendant plusieurs années ne suffit pas à créer un droit d'usage et d'habitation au profit de ce dernier (▪ Metz, 19 mars 1990 : *JurisData* n° 1990-044768).

17) Prescription. Le droit d'usage dans une forêt peut s'acquérir par prescription trentenaire (▪ Cass. civ., 1er déc. 1880 : *DP* 1880, 1, 125. V. aussi pour le droit d'habitation ▪ T. civ. Melun, 2 avr. 1925 : *DP* 1927, 2, 59). Mais le droit réel immobilier dont bénéficie le concessionnaire d'une sépulture s'étend par accession au monument construit sur la concession par un tiers. Il en résulte que le droit d'usage du monument, ainsi incorporé au droit du concessionnaire, est, comme ce droit, hors du commerce et qu'il ne peut donc être acquis par prescription (▪ Cass. 1re civ., 13 mai 1980 : *Bull. civ.* I, n° 147, p. 119).

18) Rescision pour lésion (non). Sur le principe que la vente consentie avec réserve du droit d'usage et d'habitation est aléatoire et n'est pas rescindable pour lésion, V. ▪ Cass. 1re civ., 19 juill. 1983, n° 82-13.162 : *JurisData* n° 1983-701592 ; *Bull. civ.* I, n° 212, p. 188.

III – DROITS ET OBLIGATIONS DU TITULAIRE DES DROITS D'USAGE ET D'HABITATION

19) Obligation d'entretien. Sur l'abus de jouissance, V. *infra*. L'opération de ravalement d'un immeuble visant à remettre les façades en état de propreté ne constitue pas une grosse réparation, mais une réparation d'entretien incombant au titulaire du droit d'usage et d'habitation (▪ Aix-en-Provence, 11e ch., 2 mars 1995 : *JurisData* n° 1995-046093). Il en va de même pour les travaux de plomberie ou de pose et dépose de stores (▪ Paris, 2e ch., 3 févr. 1995 : *JurisData* n° 1995-020452). Voir sur la distinction entre grosse réparation et réparation d'entretien, art. 605, p. 508 et 606, p. 509. Le titulaire du droit d'usage et d'habitation ne peut se voir reprocher un défaut d'entretien des immeubles dont la jouissance lui est réservée dans l'acte de vente dès lors que les travaux de remise en état sont modérés et que les immeubles ont été vendus dans l'état où ils se trouveraient lors du décès du bénéficiaire du droit, sans qu'il soit possible d'exiger des dommages-intérêts pour mauvais état des constructions (▪ Besançon, 1re ch., 14 janv. 1993 : *JurisData* n° 1993-040640).

20) Obligation de poser des compteurs distincts. Le titulaire d'un droit d'usage et d'habitation sur une pièce sise dans un immeuble est tenu de poser un compteur d'eau et un compteur d'électricité propres à la pièce (▪ Douai, 8e ch., 24 févr. 1983 : *JurisData* n° 1983-042029).

21) Conversion en rente viagère. Une cour d'appel a pu, dans une espèce où la dégradation des relations entre les parties s'opposait à l'exécution en nature du droit d'habitation, ordonner l'exécution par équivalent en convertissant ce droit en rente viagère (▪ Cass. 1re civ., 10 juin 1981, n° 80-10.524 : *JurisData* n° 1981-701878 ; *JCP* 81, IV, 311 ; *Bull. civ.* I, n° 201. V. aussi en cas de défaut d'entretien ▪ Bordeaux, 2 déc. 1996 : *Juris-*

Data n° 1996-055595 ; *D.* 1998, somm. 59, obs. A. Robert). Le départ du titulaire du droit justifié médicalement ayant rendu impossible l'exécution en nature de son droit, les juges peuvent décider que cette exécution se fera par équivalent par conversion en une rente viagère annuelle indexée (■ Besançon, 1re ch., 14 janv. 1993 : *JurisData* n° 1993-040640). Lorsque l'usager a été dépossédé des terres sur lesquelles porte son droit par le propriétaire agissant sans droit, les juges peuvent, après avoir constaté que la restitution des terres n'offre plus d'intérêt pour l'usager, convertir le droit en rente viagère (■ Caen, 1re ch., 17 mai 1994 : *JurisData* n° 1994-042655).

22) Impossibilité d'exercer le droit. Incidence sur les charges. Le mari en instance de divorce se trouve dans l'impossibilité juridique et morale d'exercer son droit d'usage et d'habitation sur l'immeuble dans lequel a été fixée la résidence de l'épouse, ledit immeuble ne comportant que deux pièces à usage d'habitation. Cette situation n'implique pas l'extinction définitive du droit, mais doit entraîner la dispense de participer aux charges fiscales et d'entretien lui incombant en vertu de l'acte de donation. Par contre, elle ne peut le dispenser du paiement de la quote-part du remboursement des prêts consentis pour l'acquisition de l'immeuble (■ Bordeaux, 1re ch., 26 mai 1986 : *JurisData* n° 1986-042453).

IV – EXTINCTION DES DROITS D'USAGE ET D'HABITATION

A – Causes d'extinction

23) Renonciation. Le non-usage personnel du droit d'usage et d'habitation n'entraîne pas une renonciation à ce droit, cette renonciation n'étant pas expresse et sans équivoque (■ Amiens, 9 sept. 1991 : *JurisData* n° 1991-043720 ; *JurisData* n° 1991-043720 ; *JCP* 92, IV, 974).

24) Abus de jouissance par défaut d'entretien. Le titulaire d'un droit d'usage et d'habitation portant sur une maison et le terrain attenant qui, dès son entrée dans les lieux, a laissé le jardin à l'abandon ne jouit pas des lieux en bon père de famille et peut être déchu de ses droits (■ Cass. 3e civ., 6 janv. 1981 : *JurisData* n° 1981-000032 ; *Bull. civ.* I, n° 1, p. 1. – Comp. ■ Cass. 3e civ., 12 juill. 1983, n° 82-13.682 : *JurisData* n° 1983-701622 ; *Bull. civ.* III, n° 166, p. 127). Jugé cependant que c'est l'abus de jouissance et non l'abandon des lieux qui peut entraîner l'extinction du droit d'habitation (■ Cass. 1re civ., 10 juin 1981, n° 80-10.524 : *JurisData* n° 1981-701878 ; *JCP* 81, IV, 311 ; *Bull. civ.* I, n° 201. – V. aussi ■ Cass. 3e civ., 2 févr. 2011, n° 09-17.108, bénéficiaire ayant dû partir en institution en raison de la maladie d'Alzheimer, tandis que l'état de saleté constaté n'était pas significatif d'une inexécution suffisamment grave pour établir le dépérissement de l'immeuble). Jugé aussi que ne tire pas les conséquences légales de ses propres constatations la cour d'appel qui, tout en constatant que le contrat intitulé « engagement de location » conférait en réalité à une partie un droit d'usage et d'habitation, consenti jusqu'à son décès de manière irréversible, prononce la résiliation du contrat au motif que les abus de jouissance commis par elle constituent un manquement grave aux obligations contractuelles mises à sa charge (■ Cass. 3e civ., 18 mai 1994, n° 92-19.763 : *JurisData* n° 1994-000922 ; *Bull. civ.* III, n° 106, p. 68 ; *JCP* 95, I, 3835, n° 31, obs. Périnet-Marquet ; *RTD civ.* 1995, 921, obs. Zenati ; *D.* 1996, somm. 363). La déchéance du droit d'habitation peut être prononcée si le bénéficiaire, qui n'habite pas les locaux, laisse la propriété fermée, n'entretient pas le jardin, et ne permet pas au propriétaire de procéder aux réparations urgentes (■ TGI Rouen, 13 nov. 1962 : *Gaz. Pal.* 1963, 2, 143). Mais elle n'est pas encourue si le défaut d'entretien résulte en grande partie de l'attitude du propriétaire de l'immeuble (■ Douai, 8e ch., 24 févr. 1983 : *JurisData* n° 1983-042029). La déchéance suppose des dégradations ou un défaut d'entretien entraînant le dépérissement du fonds (■ Paris, 2e ch., 13 oct. 1986 : *JurisData* n° 1986-025617).

25) Décès du titulaire. Sur le principe que tout usufruit s'éteint de plein droit par la mort de l'usufruitier, V. ■ Cass. ch. réunies, 16 juin 1933 : *DH* 1933, 693. Le droit d'usage et d'habitation n'est pas transmissible héréditairement (■ Cass. 1re civ., 29 janv. 1974 : *D.* 1974, 730). Le droit d'usage et d'habitation s'éteint au décès de son titulaire, et le légataire universel de ce dernier ne peut donc s'en prévaloir pour exercer un droit de rétention sur l'immeuble qui en a été l'objet (■ Cass. 1re civ., 24 févr. 1987, n° 85-13.682 : *JurisData* n° 1987-000382 ; *Bull. civ.* I, n° 66, p. 48). Sur la concession à perpétuité de droits de pâturage et d'usage en bois aux habitants d'une commune, V. ■ Cass. civ., 10 mai 1950 : *D.* 1950, 482.

26) Délabrement du bien. Doit être prononcée l'extinction d'un droit d'usage et d'habitation portant sur un baraquement aménagé sommairement dès lors que l'état de délabrement de ce local est assimilable à sa perte totale (■ Paris, 6e ch., 9 mai 1990 : *JurisData* n° 1990-021516).

27) Transfert sur un autre immeuble. Lorsque l'intention des parties de transférer un droit d'usage et d'habitation sur un autre immeuble n'est pas exprimée en termes formels, il n'y a pas novation (■ Douai, 8e ch., 27 sept. 1984 : *JurisData* n° 1984-042005).

28) Résolution de l'acte constitutif. La résolution de la vente entraîne la caducité de l'acte constatant la modification des conditions d'exercice du droit d'usage et d'habitation auquel il est indissolublement lié. Dès lors, le vendeur doit être considéré comme occupant sans droit (■ Nîmes, 1re ch., 22 oct. 1991 : *JurisData* n° 1991-030037).

29) Droit d'usage sur un chemin d'exploitation. Aux termes de l'article 94 du Code rural (C. rur. pêche marit., art. L. 162-3), les chemins et sentiers d'exploitation ne peuvent être supprimés que du consentement de tous les propriétaires qui ont le droit de s'en servir (■ Cass. 2e civ., 14 nov. 1979 : *JCP* 81, II, 19507, note Goubeaux). Dans une affaire où un propriétaire avait assigné son voisin en suppression de tout obstacle empêchant l'accès au chemin litigieux et son utilisation continue, la Cour de cassation a censuré la décision qui avait jugé que l'usage immémorial pouvait servir à caractériser l'existence d'un chemin d'exploitation (■ Cass. 3e civ., 21 janv. 2009, n° 08-10.208 : *JurisData* n° 2009-046751 ; *JCP* N 2009, act. 232). Sur le principe que le droit d'usage d'un chemin d'exploitation n'est pas lié à la propriété du sol, V. ■ Cass. 3e civ., 5 févr. 1997, n° 95-12.106 : *JurisData* n° 1997-000433 ; *JCP* 97, IV, 670 ; *Bull. civ.* III, n° 31, p. 19.

B – Conséquences de l'extinction

30) Legs d'usage d'une somme d'argent. Le legs d'usage d'une somme d'argent servie chaque année par fractions mensuelles implique pour le bénéficiaire la possibilité d'user des biens légués et doit donner lieu à une restitution par équivalent entre les mains du légataire universel au moment du décès du bénéficiaire (■ Paris, 16 juin 1983 : *D.* 1983, inf. rap. 504).

31) Remise en état des lieux. Conséquences de l'extinction. Le titulaire du droit d'usage et d'habitation doit être condamné à la remise en état des lieux lorsqu'il a procédé à des aménagements de la construction en cours et qu'il les a démontés et emportés lors de la cessation de son droit, alors qu'il s'agit d'améliorations au sens de l'article 599 et non d'ornements (■ Nancy, 2e ch., 3 févr. 1986 : *JurisData* n° 1986-041734).

32) Vétusté. En cas de délabrement du bien assimilable à sa perte totale, l'obligation conventionnelle de réparer mise à la charge du propriétaire se trouve inopérante, celui-ci ne pouvant être tenu de rebâtir ce qui est tombé par vétusté (■ Paris, 6e ch., 9 mai 1990 : *JurisData* n° 1990-021516).

33) Rente à la charge du propriétaire rentrant en jouissance. Les juges du fond peuvent, après avoir prononcé la déchéance pour défaut d'entretien, décider que le propriétaire ne rentrera en jouissance que sous la charge de payer une rente annuelle au titulaire du droit d'auteur (■ Bordeaux, 1re ch., 26 oct. 1993 : *JurisData* n° 1993-045196).

Art. 626. – **On ne peut en jouir, comme dans le cas de l'usufruit, sans donner préalablement caution, et sans faire des états et inventaires.**

Art. 627. – **L'usager, et celui qui a un droit d'habitation, doivent jouir** *(Mots rempl., L. n° 2014-873, 4 août 2014)* (1) **« raisonnablement ».**

Art. 628. – **Les droits d'usage et d'habitation se règlent par le titre qui les a établis, et reçoivent, d'après ses dispositions, plus ou moins d'étendue.**

1) Droit d'habitation et droit d'usage. Le droit d'habitation n'est que le droit d'usage appliqué à une maison (■ Douai, 26 mai 1976 : *JurisData* n° 1976-760900 ; *JurisData* n° 1976-760900 ; *JurisData* n° 1976-760900 ; *Gaz. Pal.* 1977, 1, somm. 62).

2) Obligation conventionnelle d'entretien à la charge de l'acquéreur. L'obligation souscrite par l'acquéreur d'un bien immobilier d'effectuer les réparations d'entretien qui deviendraient nécessaires à l'immeuble dont le vendeur s'est réservé un *droit d'usage et d'habitation* est une charge réelle dont l'exécution peut être imposée à tous les propriétaires successifs de l'immeuble (■ Cass. 3e civ., 14 oct. 1981, n° 80-12.717 : *JurisData* n° 1981-002910 ; *JCP* N 82, II, 113, note Pillebout ; *Bull. civ.* III, n° 158, p. 115).

3) Accession. Le droit d'usage et d'habitation portant sur une parcelle s'étend par accession à la villa construite (■ Pau, 1re ch., 30 mars 1994 : *JurisData* n° 1994-044721). Mais jugé que le droit constitué avant l'élévation d'un étage de la maison ne s'étend pas à l'étage surélevé et que son titulaire ne peut s'opposer au passage de l'occupant de l'étage rajouté (■ Metz, 28 févr. 1991 : *JurisData* n° 1991-045356).

4) Partage imposant une utilisation familiale. Un acte de partage attribuant à une per-

(1) Dispositions applicables dans les îles Wallis-et-Futuna, L. n° 2014-873, 4 août 2014, art. 77, II.

sonne un immeuble en réservant cependant à sa sœur un droit d'habitation ainsi qu'un droit d'usage sur les pièces nécessaires à la vie courante, l'héritier de l'attributaire principal ne peut sans l'autorisation du bénéficiaire du droit louer l'immeuble à un tiers, dès lors que cette location est incompatible avec la volonté d'utilisation commune strictement familiale résultant de l'interprétation de l'acte de partage (▪ Metz, 18 déc. 1991 : *JurisData* n° 1991-049137).

5) Interprétation de l'acte constitutif par le juge des référés (non). Le juge des référés est incompétent pour interpréter un acte de donation-partage ouvrant un droit d'usage et d'habitation à la veuve (▪ Toulouse, 13 mars 1989 : *JurisData* n° 1989-044244).

6) Divorce. Prestation compensatoire. L'article 275 ne s'oppose pas à une limitation du droit de l'époux créancier à l'habitation du bien (▪ Paris, 24e ch., 8 déc. 1987 : *JurisData* n° 1987-028291. V. aussi ▪ Cass. 3e civ., 12 juin 1991, n° 89-13.487 : *JurisData* n° 1991-001669 ; *JCP* G 91, IV, 318 et *JCP* N 91, II, 304, note Pillebout ; *Bull. civ.* III, n° 173, p. 102).

Art. 629. – **Si le titre ne s'explique pas sur l'étendue de ces droits, ils sont réglés ainsi qu'il suit.**

Art. 630. – **Celui qui a l'usage des fruits d'un fonds, ne peut en exiger qu'autant qu'il lui en faut pour ses besoins et ceux de sa famille.**

Il peut en exiger pour les besoins même des enfants qui lui sont survenus depuis la concession de l'usage.

1) Usage et usufruit. L'usage, droit réel de même nature que l'usufruit, en constitue un diminutif puisque à défaut d'explicitation dans son titre constitutif, il est limité aux besoins de l'usager (▪ Douai, 26 mai 1976 : *Gaz. Pal.* 1977, 1, somm. 62). L'usufruitier qui a consenti un droit d'usage et d'habitation conserve nécessairement l'usufruit (▪ Cass. 3e civ., 7 avr. 2004, n° 02-13.703 : *JurisData* n° 2004-023250 ; *JCP* 2004, I, 171, n° 7, obs. Périnet-Marquet ; *D.* 2004, somm. 2469, obs. Reboul-Maupin).

2) Usage d'un four. Sur le droit d'user d'un four pour faire cuire le pain nécessaire à la consommation familiale, V. ▪ Cass. civ., 15 févr. 1926 : *DP* 1927, 1, 8.

Art. 631. – **L'usager ne peut céder ni louer son droit à un autre.**

Voir : sous art. 634, annot. n° 1 et s., p. 520.

Art. 632. – **Celui qui a un droit d'habitation dans une maison, peut y demeurer avec sa famille, quand même il n'aurait pas été marié à l'époque où ce droit lui a été donné.**

1) Notion de famille. La famille peut comprendre le fils, la fille et le petit-fils du bénéficiaire (▪ Cass. 3e civ., 7 déc. 2005, n° 04-15.218 : *JurisData* n° 2005-031169 ; *JCP* G 2006, I, 127, n° 11, obs. Périnet-Marquet). Jugé auparavant que le droit d'usage et d'habitation est personnel et ne s'étend pas au descendant, les articles 632 et 633 ne visant que la famille au sens restreint, c'est-à-dire composée des parents et enfants à charge (▪ Douai, 8e ch., 24 févr. 1983 : *JurisData* n° 1983-042029).

2) Concubin. Le concubin ne peut être considéré comme un membre de la famille au sens de l'article 632 (▪ Besançon, 30 oct. 1956 : *Gaz. Pal.* 1956, 2, 425). Mais jugé que compte tenu des termes de l'article 632, le droit d'usage et d'habitation conféré par le propriétaire d'un immeuble à la concubine de son fils prédécédé ne saurait être contesté par le donataire de l'immeuble au motif que la femme, du fait de son mariage ultérieur, ne fait plus partie de la famille. En l'espèce, aucune disposition de l'acte n'imposait à la bénéficiaire de s'abstenir à l'avenir de toute union par mariage ou concubinage (▪ Bordeaux, 1re ch., 18 juin 1992 : *JurisData* n° 1992-042871).

Art. 633. – **Le droit d'habitation se restreint à ce qui est nécessaire pour l'habitation de celui à qui ce droit est concédé, et de sa famille.**

1) Occupation par un tiers à titre gratuit. À défaut de stipulation particulière dans l'acte de vente d'une chambre de service sur l'étendue du droit d'en user et de l'habiter conféré à un tiers, cet avantage se restreint, conformément aux dispositions de l'article 633 du Code civil, à ce qui est nécessaire pour l'habitation du bénéficiaire et de sa famille et ne saurait être étendu à un étranger à celle-ci occupant à titre gratuit (▪ Cass. 3e civ., 9 nov. 1988, n° 86-19.441 : *JCP* 89, IV, 12 ; *Bull. civ.* III, n° 158, p. 86 ; *D.* 1990, somm. 90, obs. A. Robert ; *RTD civ.* 1990, 308, obs. Zenati). L'occupation continue des lieux par un tiers, personne étrangère à la famille, fût-elle gratuite ou compensée par des contreparties en nature, constitue une infraction aux articles 631 et 634, qui doit entraîner la déchéance du droit d'usage et d'habitation (■ Amiens, 1re et 3e ch., 9 sept. 1991 : *JurisData* n° 1991-043720). Mais jugé que la seule présence dans une chambre de service d'un occupant à titre gratuit et précaire ne suffit pas à caractériser une location interdite ni un changement de destination des lieux incompatible avec le droit d'usage et d'habitation (■ Paris, 2e ch., 13 oct. 1986 : *JurisData* n° 1986-025617).

2) Droit d'habitation personnel accordé par le jugement de divorce. Dès lors qu'un jugement de divorce, décidant que le mari laissera à sa femme un droit d'habitation personnel, sa vie durant, sur une propriété, ne contient aucune disposition particulière sur l'étendue de la prérogative ainsi conférée, celle-ci se restreint, en application de l'article 633, à ce qui est nécessaire pour l'habitation du bénéficiaire et de sa famille, à l'exclusion des terres (■ Cass. 3e civ., 12 juin 1991, n° 89-21.737 : *JurisData* n° 1991-001531 ; *JCP* G 91, IV, 318 et *JCP* N 91 ; II, 304, note Pillebout ; *Bull. civ.* III, n° 173, p. 102).

3) Portée de l'acte constitutif. Dès lors que l'étendue du droit d'habitation est parfaitement déterminée, les dispositions de l'article 633, qui ne sont que supplétives, ne peuvent être appliquées (■ Rennes, 1re ch., 12 août 1981 : *JurisData* n° 1981-040559). Le droit porte sur l'ensemble du bien lorsque l'acte constitutif indique sans restriction la désignation de l'ensemble immobilier sur lequel il est conféré. Le propriétaire ne peut donc prétendre imposer sa présence, même sur une partie du bien (■ TGI Nevers, 5 mars 1991 : *JurisData* n° 1991-604749 ; *JCP* N 91, II, 279, note Pillebout).

4) Extension tacite du droit. Pour décider qu'un droit d'usage et d'habitation portant initialement sur trois pièces d'une maison a été tacitement concédé pour la totalité d'une parcelle, un arrêt retient que le propriétaire a lui-même donné à bail les constructions édifiées par l'usager sur la parcelle, en réservant expressément à celui-ci l'accès au poulailler depuis la maison et que l'usager a encaissé les loyers. En statuant ainsi, sans rechercher si cette extension était nécessaire à l'habitation et aux besoins personnels du bénéficiaire du droit d'usage et d'habitation, la cour d'appel n'a pas donné de base légale à sa décision au regard des articles 629, 630 et 633 (■ Cass. 3e civ., 11 déc. 1996 : *JurisData* n° 1996-005067).

Art. 634. – Le droit d'habitation ne peut être ni cédé ni loué.

1) Principe d'interdiction. Sur le principe, V. ■ Cass. 1re civ., 11 juill. 1962 : *Bull. civ.* I, n° 362, p. 315. ■ Douai, 26 mai 1976 : *Gaz Pal.* 1977, 1, somm. 62. L'interdiction de louer implique que l'usager ne peut percevoir que les fruits en nature, qui servent à sa consommation, et non les fruits civils, dénomination des revenus en argent tirés de la vente ou du louage de la chose (■ Douai, 26 mai 1976, préc.).

2) Renonciation contre paiement d'une rente viagère. La renonciation au droit d'habitation et d'usage consentie moyennant le paiement d'une rente viagère constitue une cession prohibée (■ Montpellier, 20 janv. 1925 : *DH* 1925, 262).

3) Substitution. L'usager ne peut substituer sa nièce dans l'exercice du droit (■ Nîmes, 1re ch., 13 avr. 1993 : *JurisData* n° 1993-030352). Mais jugé que les articles 631 et 634 sont de droit étroit et ne doivent pas recevoir application lorsque la substitution, prévue par les parties, a été rendue nécessaire pour la satisfaction des besoins mêmes que le droit réservé devait assurer (■ Cass. 3e civ., 5 mars 1971, n° 70-11.423 : *JurisData* n° 1971-098174 ; *JurisData* n° 1971-098176 ; *D.* 1971, *somm. 152).*

4) Sanction. Les juges du fond peuvent sanctionner la violation de l'interdiction formulée par l'article 634 par la déchéance du droit d'habitation (■ Cass. 3e civ., 16 juill. 1974, n° 73-12.580 : *JurisData* n° 1974-098309 ; *JurisData* n° 1974-098305 ; *Bull. civ.* III, n° 305, p. 231. V. en ce sens ■ Amiens, 9 sept. 1991 : *JCP* 92, IV, 974. *Contra* ■ Rennes, 1re ch., 12 août 1981 : *JurisData* n° 1981-040559).

5) Insaisissabilité. Le droit d'habitation ne peut être saisi par les créanciers (■ Montpellier, 20 janv. 1925 : *DH* 1925, 262). Il en va de même pour le droit d'usage (■ Paris, 21 mars 1928 : *Gaz. Pal.* 1928, 1, 711).

6) Titulaire du droit d'usage et d'habitation autorisé à consentir un bail. L'autorisation de consentir un bail transforme le droit d'usage et d'habitation en usufruit (■ Limoges, 1re ch., 6 mars 1989 : *JurisData* n° 1989-043106. – V. aussi ■ Cass. 1re civ., 11 juill. 1962 : *Bull. civ.* I, n° 362, p. 315). Mais il en va autrement en présence d'une clause stipulant une exception à l'interdiction de location au cas où le propriétaire donnerait un consentement exprès et écrit à cette location (■ Cass. 3e civ., 14 juin 1989 : *JurisData* n° 1989-002653). Constitue un véritable usufruit, non soumis aux dispositions de l'article 634, le droit conféré sur un immeuble d'habitation par un testament laissant à la bénéficiaire la jouissance des lieux sa vie durant, avec la précision qu'au cas où celle-ci ne l'habiterait pas elle-même, cette jouissance lui serait retirée et remplacée par une rente (■ TGI Avesnes, 26 févr. 1964 : *JCP* 64, II, 13904, note Désiry). Le contrat comportant droit d'utilisation et d'usage d'un lot de copropriété et des parties communes d'un ensemble immobilier édifié par une société titulaire d'un bail à construction entre dans la définition de l'usufruit dès lors qu'il comporte tous les attributs de ce démembrement du droit de propriété, le titulaire pouvant notamment donner à bail, et la procédure d'agrément s'expliquant par le souci de maintenir la vocation naturiste des lieux. Un tel droit est sans rapport avec la définition du droit d'usage et d'habitation qui oblige le titulaire à jouir lui-même et en nature (■ Bordeaux, 1re ch., 18 mars 1996 : *JurisData* n° 1996-005067 ; *D.* 1997, somm. 20, obs. A. Robert).

7) Appréciation des revenus du titulaire du droit. Pour l'appréciation des revenus de la femme créancière d'une contribution aux charges du mariage, il ne peut être tenu compte du droit d'usage et d'habitation dont elle est titulaire, ce droit ne pouvant être cédé ni loué (■ Bordeaux, 6e ch., 15 nov. 1989 : *JurisData* n° 1989-046661).

8) Impossibilité d'exercer le droit. Jugé que les articles 631 et 634 ne peuvent recevoir application lorsque l'âge, la maladie, l'infirmité ou une circonstance grave rendraient impossible l'exercice du droit (■ T. civ. Seine, 15 juill. 1932 : *Gaz. Pal.* 1932, 2, 695, bénéficiaire d'un droit d'habitation qui, en raison d'une infirmité, l'empêchant de jouir du premier étage de la maison, loue cette partie).

Art. 635. – Si l'usager absorbe tous les fruits du fonds, ou s'il occupe la totalité de la maison, il est assujetti aux frais de culture, aux réparations d'entretien, et au paiement des contributions, comme l'usufruitier.

S'il ne prend qu'une partie des fruits, ou s'il n'occupe qu'une partie de la maison, il contribue au prorata de ce dont il jouit.

1) Lots de copropriété. Viole les articles 635 et 1134 la cour d'appel qui décide que le titulaire d'un droit d'usage et d'habitation sur des lots de copropriété n'est tenu que des charges et frais d'entretien incombant normalement à un locataire, alors que le contrat prévoyait expressément l'application des dispositions légales et que le droit d'usage et d'habitation portait sur la totalité de l'appartement constituant les lots de copropriété (■ Cass. 1re civ., 13 nov. 1996, n° 93-17.919 : *JurisData* n° 1996-004241 ; *JCP* 97, IV, 56 ; I, 4010, n° 18, obs. Périnet-Marquet ; *Bull. civ.* III, n° 218, p. 143 ; *Loyers et copr.* 1997, 35).

2) Clause relative aux charges. Le fait que l'usager se soit engagé à régler les charges pendant une durée déterminée, en vertu d'une clause dérogatoire au droit commun, ne lui permet pas de soutenir qu'après cette date le propriétaire doit régler l'ensemble des charges d'entretien (■ Paris, 8e ch., 9 mai 1989 : *JurisData* n° 1989-022124).

3) Clause autorisant le propriétaire à effectuer des travaux. Le titulaire du droit d'usage doit entretenir l'immeuble même si l'acte de donation stipule que la donataire est autorisée à effectuer les travaux. Cette stipulation ne le dispense pas de faire les réparations mais vise seulement à faciliter l'exécution par la donataire des travaux lui incombant (■ Bordeaux, 1re ch., 26 oct. 1993 : *JurisData* n° 1993-045196).

4) Taxes foncières. Est rejetée la requête tendant à la décharge de cotisations de taxes foncières présentée par l'usufruitier au motif que ce serait au titulaire du droit d'usage et d'habitation à vie de supporter cette contribution. Il appartient au requérant d'exercer devant la juridiction compétente le recours que de droit (■ TA Montpellier, 16 juin 1994 : *JurisData* n° 1994-000282).

Art. 636. – L'usage des bois et forêts est réglé par des lois particulières.

1) Bandite. *Sur le droit de bandite, V.* ■ Cass. 3e civ., 30 avr. 1974, n° 72-13.727 : *JCP* 75, II, 17994, note Ourliac. Sur la suppression de ce droit dans le département des Alpes-Maritimes, V. L. n° 63-645, 8 juill. 1963 (*JO* 9 juill. ; *JCP* 63, III, 29271).

2) Droit d'usage forestier. Un arrêt de 1857 ayant décidé que les propriétaires d'une forêt devaient laisser s'exercer sur cette forêt un droit d'usage au profit des habitants, après avoir fait vérifier que cet usage était compatible avec les possibilités de la forêt, une cour d'appel peut en déduire que les prérogatives reconnues aux habitants s'analysent en un simple droit d'usage soumis à examen préalable, correspondant au droit d'usage forestier réglementé par le Code forestier (■ Cass. 3e civ., 26 mai 1987 : *Bull. civ.* III, n° 132, p. 93).

3) Indivisibilité du droit d'usage. Jugé que le droit d'usage affecte indivisiblement toute la forêt usagère et chaque partie de celle-ci et que la demande de cantonnement doit donc être formée par la totalité des propriétaires (■ Cass. 3e civ., 18 oct. 1983, n° 81-13.926 : *JurisData* n° 1983-702110 ; *Bull. civ.* III, n° 188, p. 144).

TITRE IV. – DES SERVITUDES OU SERVICES FONCIERS

Bibliographie : H. Aberkane, *Essai d'une théorie générale de l'obligation « propter rem » en droit positif français*, Thèse Alger, LGDJ, 1957. • C. Atias, *La mutabilité des servitudes conventionnelles : RTD civ.* 1979, p. 245. • M. Dagot, *La clause d'habitation bourgeoise, étude de jurisprudence : JCP* G 1967, I, 2108. • D. Ferru, *La notion de servitude*, LGDJ 1972. • S. Ginossar, *Droit réel, propriété et créance, élaboration d'un système rationnel des droits patrimoniaux*, LGDJ 1960. • L. Jacques, *Les servitudes dans la jurisprudence récente de la Cour de cassation*, Rapp. C. cass. 2006, Études et documents. • M. De Juglart, *Obligation réelle et servitudes en droit privé français*, Thèse Bordeaux 1937. • E. Meiller, *Contribution à la théorie des servitudes. Une approche objective du service foncier*, Thèse Lyon 3, 2009. • M. Kornprobst, *Étude sur la notion de servitude en droit privé français*, Thèse Strasbourg 1936. • S. Le Gac Pech, *L'outil contractuel au secours du droit des biens ou les limites apportées au caractère réel des servitudes : LPA* 19 juill. 2010, p. 5. • G. Mémeteau, *L'actualité du droit des servitudes : RTD civ.* 2008, p. 603. • E. Moreau, *La « servitude de non-concurrence », étude critique : D.* 1994, chron. p. 331. • J. Peyret, *L'évolution du droit des servitudes, in L'évolution contemporaine du droit des biens : Journées R. Savatier 1990*, PUF 1991, p. 69. • X. Pradel, *Réflexions sur les relations entre les servitudes et le droit des obligations : Defrénois* 2005, 829. • J.-J. Sarlat et A. Olivier, *La servitude conventionnelle environnementale : JCP* N 2011, 1089.

Art. 637. – **Une servitude est une charge imposée sur un héritage pour l'usage et l'utilité d'un héritage appartenant à un autre propriétaire.**

I – CONDITIONS D'EXISTENCE DE LA SERVITUDE

1) Pluralité de fonds. L'existence d'une servitude suppose une pluralité de fonds, condition qui n'est pas remplie lorsqu'un fonds unique fait l'objet d'un démembrement de la propriété (▪ Paris, 4 juin 1970, n° 69-60.135 : *JCP* 70, II, 16497, note G. G.). Les conditions de la constitution d'une servitude ne sont pas réunies lorsque le fonds dominant est seulement déterminable (▪ CA Paris, 2e ch., sect. A, 2 mai 2007 : *JurisData* n° 2007-333011 ; *JCP* G 2007, IV, 2468). En toute hypothèse, il ne saurait y avoir de véritable servitude en l'absence de fonds dominant de sorte que viole les articles 637 et 686 du Code civil, la cour d'appel qui énonce qu'une convention de bail doit s'analyser en une convention de servitude ayant pour objet d'instaurer une charge grevant le terrain en cause au profit d'un fonds dominant prétendument constitué par le réseau de distribution électrique alors que ce même réseau est insusceptible de constituer un fonds dominant (▪ Cass. 3e civ., 13 juin 2012, n° 10-21.788 : *JurisData* n° 2012-012796 ; *Constr.-Urb.* 2012, comm. 133, note Sizaire ; *JCP* G 2012, 1186, n° 9, obs. P. Marquet ; *Dr. et patrimoine* déc. 2012, p. 998, obs. Seube et Revet). Pour la même raison, le droit de seconde herbe, qui profite seulement aux habitants d'une entité territoriale, ne constitue pas une servitude (▪ Cass. 3e civ., 25 mars 1992, n° 89-21.866 : *JurisData* n° 1992-001873 ; *D.* 1993, jurispr. p. 65, note E. S. de *la Marnière ; D. 1993*, somm. p. 306, obs. Robert). Il en va de même d'un droit de passage stipulé au profit des habitants de la ville de Paris et de l'ensemble des passants (▪ Cass. 3e civ., 6 mars 1996, n° 94-10.742 : *RD imm.* 1996, p. 536, obs. Bergel) ou du droit aux bois bourgeois, droit personnel non transmissible par voie de succession (▪ Cass. 3e civ., 13 mai 2009, n° 08-16.525 : *JurisData* n° 2009-048168 ; *Bull. civ.* III, n° 111 ; *Environnement et dév. durable* 2009, comm. 94, note Reboul-Maupin ; *D.* 2009, p. 2300, obs. Mallet-Bricout ; *Dr. et patrimoine* janv. 2010, p. 71, obs. Seube et Revet). La solution est identique pour un droit de chasse (▪ Cass. 3e civ., 22 juin 1976, n° 74-14.148 : *JurisData* n° 1976-098280 ; *Defrénois* 1977, p. 46, note E.-E. Franck. ▪ Cass. 3e civ., 19 févr. 1980, n° 78-15.281 : *JurisData* n° 1980-098044 ; *Bull. civ.* III, n° 44). N'est pas davantage constitutive de servitude la clause d'un acte de vente par laquelle un médecin se réserve la faculté de s'opposer à la création d'un cabinet médical dans l'immeuble, car elle n'est pas prise en faveur de l'immeuble (▪ CA Paris, 7 juill. 1989 : *JurisData* n° 1989-023304 ; *D.* 1990, somm. p. 89, obs. A. Robert).

2) Contact entre les fonds (non). La servitude peut exister même s'il n'y a pas de contact entre le fonds servant et le fonds dominant (▪ Cass. 1re civ., 23 nov. 1960 : *JCP* 60, IV, 183. V. en ce sens ▪ Cass. req., 3 août 1852 : *DP* 1852, 1, 220. ▪ Cass. req., 21 juin 1909 : *DP* 1913, 5, 54).

3) Pluralité de propriétaires. Il ne peut y avoir de servitude si les deux fonds appartiennent à la même personne (▪ Cass. req., 23 mars 1908 : *DP* 1908, 1, 279. V. en ce sens ▪ Cass. 3e civ., 18 juin 1986, n° 84-16.964 : *JurisData* n° 1986-001183 ; *D.* 1987, somm. 16, obs. A. Robert. ▪ Cass. 3e civ., 28 févr. 1990, n° 88-16.953 : *JurisData* n° 1990-002359 ; *JCP* 90, IV, 166), sous réserve du cas où l'aménagement réalisé par le propriétaire unique se traduit par la création d'une servitude par destination du père de famille (art. 693, p. 566). Les juges du fond doivent rechercher si les fonds appartiennent de façon privative à des propriétaires différents (■ Cass. 3e civ., 29 juin 1994 : *JurisData* n° 1994-001305). Voir : sur l'extinction de la servitude au cas où le fonds dominant et le fonds servant sont réunis dans la même main, art. 705, p. 575.

4) Stipulation pour autrui. En application de l'article 1121, l'acquéreur d'une parcelle qui s'engage envers le vendeur d'un domaine immobilier ou envers ses ayants cause, au profit de tous les bénéficiaires précisés à l'acte, à respecter des clauses concernant notamment la limitation de hauteur des habitations à édifier sur sa parcelle, et qui bénéficie, en vertu de son acte d'acquisition, des mêmes stipulations imposées aux autres acquéreurs et acceptées par eux, possède contre ceux-ci ou leurs ayants cause une action directe pour les contraindre au respect des engagements pris (■ Cass. 3e civ., 11 janv. 1969 : *JCP* 69, II, 15982, 2e esp., note R. L.).

5) Copropriété. La division d'un immeuble en lots de copropriété n'est pas incompatible avec l'établissement de servitudes entre les parties privatives de deux lots, ces héritages appartenant à des propriétaires distincts (■ Cass. 3e civ., 30 juin 2004, n° 03-11.562 : *JurisData* n° 2004-024376 ; *JCP* G 2004, I, 171, n° 15, obs. Périnet-Marquet ; *RTD civ.* 2004, 753, obs. Revet ; *D.* 2005, somm. 2358, obs. Mallet-Bricout. V. aussi ■ Cass. 3e civ., 1er juill. 2009, n° 08-14.963 : *JurisData* n° 2009-048934 ; *D.* 2010, p. 112, obs. Atias ; *JCP* G 2009, 337, n° 9, obs. Périnet-Marquet, qui précise que l'existence de servitudes entre différentes parties d'un immeuble empêchait que celui-ci puisse être qualifié de copropriété. – V. en ce sens en matière de lotissement ■ Cass. 3e civ., 17 nov. 2004, n° 03-11.568 : *JCP* G 2005, I, 119, n° 15, obs. Périnet-Marquet ; *D.* 2005, somm. 2359, obs. Mallet-Bricout). Jugé au contraire auparavant qu'il existe une incompatibilité entre la division d'un immeuble en lots de copropriété et la création, au profit de la partie privative d'un lot, d'une servitude sur la partie privative d'un autre lot (■ Cass. 3e civ., 6 mars 1991, n° 89-17.786 : *JurisData* n° 1991-000512 ; *D.* 1991, 355, note Souleau ; *RTD civ.* 1991, 565, obs. Zenati. – V. aussi ■ Cass. 3e civ., 30 juin 1992, n° 91-11.311 : *JurisData* n° 1992-001441 ; *Bull. civ.* III, n° 231, p. 141 ; *JCP* 1993, II, 22131, note Giverdon ; *D.* 1993, 156, note Aubert, somm. 39, obs. A. Robert ; *RTD civ.* 1993, 618, obs. Zenati. ■ Cass. 3e civ., 19 juill. 1995, n° 92-20.367 : *JurisData* n° 1995-002102 ; *JCP* 1995, IV, 2294. ■ Cass. 3e civ., 18 juin 1997, n° 95-18.254 : *JurisData* n° 1997-002880 ; *Bull. civ.* III, n° 143, p. 96. V. en ce sens pour une copropriété horizontale ■ Cass. 3e civ., 21 mars 2001 : *JCP* 2001, I, 358, n° 14, obs. Périnet-Marquet ; *JurisData* n° 2001-008762 ; *Bull. civ.* III, n° 36, p. 28). Jugé aussi qu'une servitude ne peut exister à l'intérieur d'une copropriété, dès lors que les copropriétaires ont seulement la jouissance exclusive de leur lot dont la propriété demeure commune entre tous (■ Cass. 3e civ., 10 janv. 1984 : *JurisData* n° 1984-700076 ; *JurisData* n° 1984-700076 ; *D.* 1985, 335, note crit. Aubert).

6) Sur les **servitudes collectives communales**, V. ■ Cass. req., 4 janv. 1860 : *DP* 1860, 1, 14 (droits de chasse, de pacage et de glandée). ■ Cass. req., 23 mars 1926 : *S.* 1926, 1, 158 (servitude de pâturage et de pacage). ■ Cass. 1re civ., 26 janv. 1965, n° 63-10.117 : *JurisData* n° 1965-700081 ; *D.* 1965, 372 ; *RTD civ.* 1965, 681, obs. Bredin (droits de puisage, de lavage et d'abreuvage). Comp. pour une servitude intercommunale ■ T. civ. Béthune, 2 mai 1934 : *S.* 1935, 2, 51.

7) Utilité pour le fonds dominant. Sur la condition d'utilité pour le fonds dominant, V. ■ Pau, 1re ch., 26 avr. 1990 : *JurisData* n° 1990-042249 (précisant que la notion de nécessité est étrangère à la définition de la servitude). V. pour l'implantation d'un panneau publicitaire ■ Bordeaux, 5e ch., 19 oct. 1995 : *JurisData* n° 1995-046453. Voir sur l'interdiction de créer des servitudes pesant sur une personne, art. 686, p. 560.

8) Droit exclusif interdisant toute jouissance au propriétaire du fonds servant. Une servitude ne peut être constituée par un droit exclusif interdisant au propriétaire du fonds servant toute jouissance du fonds servant (■ Cass. 3e civ., 24 mai 2000, n° 98-11.005 : *JCP* 2000, I, 265, n° 21, obs. Périnet-Marquet ; *D.* 2001, 151, note crit. Libchaber ; *Bull. civ.* III, n° 113, p. 76 ; *Defrénois* 2000, 1170, obs. Atias).

9) Preuve du titre. Voir sous art. 690, annot. n° 4, p. 564.

10) Empiètement sur la propriété d'autrui. Bien que le propriétaire du bâtiment dont dépendait l'escalier litigieux avait été autorisé par le précédent propriétaire à effectuer tous travaux d'amélioration de nature à permettre l'exercice effectif de la servitude de passage, la Haute juridiction rappelle qu'une servitude ne saurait conférer le droit d'empiéter sur la propriété d'autrui (■ Cass. 3e civ., 1er avr. 2009, n° 08-11.079 : *JurisData* n° 2009-047778 ; *Bull. civ.* III, n° 77 ; *LPA* 2009, n° 135, p. 18, note Archer ; *D.* 2009, p. 2300, obs. Mallet-Bricout ; *JCP* G 2009, 337, n° 14, obs. Périnet-Marquet. – V. égal. ■ Cass. 3e civ., 27 juin 2001, n° 98-15.216 : *JurisData* n° 2001-010354 ; *JCP* G 2002, I, 126 et *JCP* N 2002, 1464, n° 18, obs. Périnet-Marquet ; *JCP* 2003, II, 10141, note Elhoueiss ; *Bull. civ.* III, n° 87, p. 66, cassation de l'arrêt ayant refusé la démolition d'une véranda édifiée en surplomb d'un fonds en retenant l'existence d'une servitude par destination du père de famille. V. égal. sous art. 637, annot. n° 11, p. 522).

11) Servitude de surplomb. Jugé qu'un débordement aérien d'un immeuble permet de caractériser une servitude de surplomb, laquelle avait été créée par l'écoulement du temps (■ Cass. 3e civ., 12 mars 2008 : *RD imm.* 2008, p. 202, obs. Bergel ; *JCP* G 2008, II, 10161, note Dechenaud ; *D.* 2008, p. 919, note Forest ; *D.* 2008, p. 2462, obs. Mallet-Bricourt ; *D.* 2008, chron. 1224, Monge et Nési ; *Dr. et patrimoine* 2008, n° 172, p. 93, obs. Seube ; *JCP* G 2008, I, 194, n° 15, obs. Périnet-Marquet ; *RTD civ.* 2009, p. 142, note Revet).

II – CARACTÈRES DE LA SERVITUDE

A – Caractère réel immobilier

12) Opposabilité à tous. Étant attachée au bien lui-même, la servitude le suit entre les mains des propriétaires successifs (■ Cass. 3e civ., 5 nov. 1970, n° 69-10.593 : *JCP* 70, IV, 309 ; *Bull. civ.* III, n° 578, p. 420. ■ Cass. 3e civ., 10 oct. 1990, n° 89-12.568 : *JurisData* n° 1990-702535 ; *JCP* 90, IV, 394 ; *Bull. civ.* III, n° 185, p. 107 ; *D.* 1991, somm. 311, obs. A. Robert ; *RTD civ.* 1992, 599, obs. Zenati). Il importe peu, lorsque le fonds bénéficiaire d'une servitude de passage est mis en vente, que la réclamation de la servitude émane du propriétaire vendeur ou du propriétaire acquéreur (■ Cass. 3e civ., 18 déc. 1991, n° 89-19.245 : *JurisData* n° 1991-003271 ; *Bull. civ.* III, n° 330, p. 194). Sur le droit du propriétaire du fonds dominant au maintien de la servitude, V. ■ Cass. 3e civ., 4 nov. 1998, n° 96-19.708 : *JurisData* n° 1998-004151 ; *Defrénois* 2001, 449, obs. Atias (cassation de l'arrêt déboutant le syndic des copropriétaires de sa demande en réparation du préjudice causé à ses membres par la suppression d'une « servitude de stationnement » au motif qu'il n'était pas établi qu'ils ne disposaient pas d'emplacements de stationnement suffisants par ailleurs) et, sur renvoi, ■ Paris, 14 juin 2000, n° 1999/02238 : *JurisData* n° 2000-118264 ; *ibid.* (retenant la responsabilité du lotisseur demeuré propriétaire des voies qui ne s'est pas opposé au classement dans le domaine public communal). Sur la distinction entre la servitude *non altius tollendi* et l'obligation personnelle, pesant sur un débiteur et ses successeurs, de ne pas construire au-delà d'une certaine hauteur, V. ■ Aix-en-Provence, 4e ch., 25 juin 1996 : *JurisData* n° 1996-043491. L'acte *constatant une renonciation* à une servitude conventionnelle ou légale comporte mutation d'un droit réel immobilier et doit donc, conformément à l'article 28-1° du décret du 4 janvier 1955, être obligatoirement publié au bureau des hypothèques, faute de quoi il peut, en application de l'article 30-1° du même texte, être déclaré inopposable à un ayant cause à titre particulier du renonçant (■ Cass. 3e civ., 5 févr. 1970, n° 68-11.416 : *JurisData* n° 1970-098093 ; *JCP* 70, II, 16404, note G. G.).

13) Servitude sur un fonds donné à bail. Un propriétaire ayant concédé, sur une parcelle précédemment louée, une servitude de passage au profit d'un voisin qui lui avait acheté une autre parcelle, celui-ci est acquéreur d'un droit réel grevant la propriété du fonds et doit à ce titre exécuter les obligations incombant au propriétaire du fonds en sa qualité de bailleur. Il ne peut donc revendiquer l'exercice de celle-ci, qui constitue une modification substantielle de la chose louée, pendant la durée du bail (■ Cass. 3e civ., 23 oct. 1991, n° 89-14.147 : *JurisData* n° 1991-002639 ; *JCP* 91, IV, 454 ; *Bull. civ.* III, n° 248, p. 146).

14) Servitude et autorisation temporaire de passage. En vertu des obligations normales du voisinage et en cas de nécessité, le propriétaire d'un mur peut être autorisé à passer, à titre temporaire, chez son voisin afin d'effectuer des réparations indispensables, mais l'arrêt qui donne cette autorisation ne reconnaît pas une servitude au profit du propriétaire du mur (■ Cass. 3e civ., 15 avr. 1982, n° 80-17.108 : *JurisData* n° 1982-700977 ; *Bull. civ.* III, n° 93, p. 65).

15) Droit d'usage et servitude. Un droit d'usage constitue un droit réel mais ne peut être assimilé à une servitude telle que définie par l'article 637 du Code civil (■ Cass. 3e civ., 3 janv. 1978, n° 76-13.996 : *JurisData* n° 1978-098003 ; *Bull. civ.* III, n° 3, p. 3).

16) Démolition des ouvrages irréguliers. Le propriétaire d'un fonds dominant bénéficiaire d'une servitude *non altius tollendi* est en droit d'obtenir la démolition de la partie de l'ouvrage édifié par son voisin sur le fonds servant qui dépasse la limite de hauteur autorisée, afin que soit maintenue en faveur de son héritage la plénitude du droit réel qui s'y rattache (■ Cass. 1re civ., 28 oct. 1964 : *JurisData* n° 1964-000480 ; *Gaz. Pal.* 1964, 2, 307. Voir sous art. 678, annot. n° 17, p. 550 et sous 701 annot. n° 2, p. 571).

17) Exception d'inexécution. Sur le principe que l'exception d'inexécution ne peut permettre de s'affranchir unilatéralement d'une servitude conventionnelle, V. ■ Cass. 3e civ., 21 janv. 1998, n° 95-16.630 : JurisData n° 1998-000132 ; D. 1998, somm. 351, obs. A. Robert.

B – Caractère indivisible

18) Indivisibilité des servitudes. V. art. 700, p. 571.

C – Caractère perpétuel

19) Non-usage. La servitude d'écoulement ne s'éteint pas par le non-usage (■ Angers, 9 déc. 1968 : *JCP* 69, II, 15783, note Goubeaux).

20) Servitude temporaire. La stipulation d'une servitude temporaire est licite (■ Cass. 3e civ., 22 mars 1989, n° 87-17.454 : *JurisData* n° 1989-700926 ; *Bull. civ.* III, n° 73, p. 40 ; *RTD civ.* 1989, 592, obs. Zenati ; *D.* 1990, somm. 90, obs. A. Robert).

21) Contrats organisant l'usage de la servitude. L'autorisation d'implanter un panneau publicitaire peut être constitutive d'une servitude. Le fait que les propriétaires successifs aient établi des contrats à durée déterminée avec la société de publicité n'exclut pas le caractère réel et perpétuel de la servitude dès lors que ces contrats ne concernent que l'usage de la servitude (■ Bordeaux, 5e ch., 19 oct. 1995 : *JurisData* n° 1995-046453).

Art. 638. – La servitude n'établit aucune prééminence d'un héritage sur l'autre.

Art. 639. – Elle dérive ou de la situation naturelle des lieux, ou des obligations imposées par la loi, ou des conventions entre les propriétaires.

Dommages causés au fonds servant. Réparation (non). Sur le principe que les servitudes naturelles ne donnent lieu à aucun règlement entre les propriétaires respectifs des fonds servant et dominant, V. ■ Cass. 3e civ., 14 déc. 1983, n° 82-14.476 : *JurisData* n° 1983-702629 ; *Bull. civ.* III, n° 264, p. 201.

CHAPITRE I. – DES SERVITUDES QUI DÉRIVENT DE LA SITUATION DES LIEUX

Art. 640. – Les fonds inférieurs sont assujettis envers ceux qui sont plus élevés, à recevoir les eaux qui en découlent naturellement sans que la main de l'homme y ait contribué.

Le propriétaire inférieur ne peut point élever de digue qui empêche cet écoulement.

Le propriétaire supérieur ne peut rien faire qui aggrave la servitude du fonds inférieur.

Bibliographie : A. Lescaillon, *De quelques difficultés soulevées par l'eau : Rev. huissiers* 1992, 1099.

I – CONDITIONS

1) Ruissellement sur le fonds servant. Pour bénéficier de la servitude de l'article 640, le demandeur doit prouver que les eaux ruissellent de son fonds sur le fonds servant (■ Riom, 27 oct. 1970 : *D.* 1971, 138, note A. Robert).

2) Eaux pluviales. La servitude prévue par l'article 640 ne s'applique qu'aux eaux dont l'écoulement est le résultat naturel de la configuration des lieux et notamment les eaux pluviales à l'exclusion des eaux ménagères ou résiduaires (■ Cass. 1re civ., 1er juin 1965 : *JurisData* n° 1965-000362 ; *JurisData* n° 1965-000362 ; *Gaz. Pal.* 1965, 2, 344. V. *en ce sens* ■ Cass. 3e civ., 6 déc. 1978 : *D.* 1979, inf. rap. 200. ■ Besançon, 1re ch., 2 déc. 1992 : *JurisData* n° 1992-048397. V. aussi ■ Cass. 3e civ., 4 juin 1975, n° 74-11.151 : *JurisData* n° 1975-098192 ; *JCP* 75, IV, 241 ; *Bull. civ.* III, n° 194, p. 150, eaux provenant du lavage de camions d'une entreprise de transport et du lavage industriel de légumes. ■ Aix-en-Provence, 4e ch., 30 mars 1995 : *JurisData* n° 1995-043865, eaux provenant d'un élevage de canards. Comp. ■ Cass. 1re civ., 4 déc. 1963 : *JurisData* n° 1963-000535 ; *JurisData* n° 1963-000535 ; *D.* 1964, 104, admettant l'extension aux eaux ménagères, mais non aux eaux altérées par le fait de l'homme, telles que les eaux industrielles, fétides ou insalubres), sous réserve d'un accord du propriétaire du fonds servant (■ Bourges, 1re ch., 22 avr. 1986 : *JurisData* n° 1986-042503, accord donné à la transformation et à la modernisation du système antérieur d'évacuation). Jugé cependant que l'aggravation d'une servitude légale d'écoulement des eaux, par le branchement de la canalisation des eaux usées du fonds dominant sur celle passant en sous-sol du fonds servant à l'occasion de la construction d'une maison moderne à la place d'une bâtisse en bois vétuste, est inhérente aux habitudes et usages nouveaux de la vie moderne (■ Bordeaux, 1re ch., 30 juin 1986 : *JurisData* n° 1986-042024, qui accorde tout de même une indemnité de 10 000 F au propriétaire du fonds servant. V. aussi, évoquant une servitude d'écoulement des eaux usées, ■ Caen, 1re ch., 10 mars 1994 : *JurisData* n° 1994-042090).

3) Fonds attenants (non). L'article 640 n'exige pas que l'héritage supérieur et l'héritage inférieur soient attenants l'un à l'autre et s'applique même si les deux fonds sont séparés par une portion de voie publique (■ Cass. req., 3 août 1852 : *DP* 1852, 1, 220).

4) Eaux collectées sur la voie publique (non). La servitude ne vise pas les eaux collectées par les caniveaux sur la voie publique et traversant les fonds supérieurs par un canal (■ Versailles, ch. réun., 11 mai 1983 : *JurisData* n° 042520 ; *RD imm.* 1984, 288, obs. Bergel).

5) Eaux de débordement des cours d'eau (non). L'article 640, alinéa 2, ne s'applique pas aux eaux de débordement des cours d'eau (■ Cass. 3e civ., 18 mars 1987, n° 85-17.752 : *JurisData* n° 1987-000568 ; *Bull. civ.* III, n° 56, p. 33 ; *JCP* 88, II, 20956, note Gazzaniga et Ourliac).

6) Acquisition par prescription. Voir sur le principe que la servitude d'écoulement peut s'acquérir par prescription sous art. 690, annot. n° 8, p. 564.

II – INTERDICTION D'EMPÊCHER L'ÉCOULEMENT DES EAUX

7) Principe. Sur le principe que le propriétaire du fonds inférieur ne peut élever de digue empêchant l'écoulement, V. ■ Cass. 3e civ., 18 juill. 1995 : *JurisData* n° 1995-002495. – Voir cependant pour les eaux de débordement des cours d'eau ■ Cass. 3e civ., 18 mars 1987, préc. Le propriétaire du fonds inférieur ne peut être condamné à faire disparaître les obstacles à l'écoulement naturel des eaux que s'ils sont la conséquence d'un fait qui lui est imputable (■ Cass. 1re civ., 1er juin 1965 : *Gaz. Pal.* 1965, 2, 344). Viole l'article 640 la cour d'appel qui ordonne la réalisation d'un réseau de drainage destiné à empêcher l'écoulement des eaux en retenant que les dommages subis du fait de la servitude légale d'écoulement excèdent les inconvénients normaux du voisinage alors qu'elle avait constaté que la main de l'homme n'avait pas contribué à l'écoulement des eaux de pluie sur la propriété des demandeurs (■ Cass. 3e civ., 2 févr. 2000, n° 97-14.935 : *JurisData* n° 2000-000234 ; *JCP* 2000, I, 265, n° 5, obs. Périnet-Marquet ; *Bull. civ.* III, n° 25, p. 17).

8) Eaux de débordement. L'article 640, alinéa 2, qui interdit au propriétaire du fonds inférieur d'élever des digues faisant obstacle à l'écoulement des eaux provenant du fonds supérieur, ne s'applique pas aux eaux de débordement des cours d'eau (■ Cass. 3e civ., 18 mars 1987, n° 85-16.692 : *JurisData* n° 1987-700566 ; *Bull. civ.* III, n° 56, p. 33 ; *JCP* 88, II, 20956, note Gazzaniga et Ourliac).

9) Direction des eaux. Le propriétaire du fonds inférieur a le droit de diriger à son gré les eaux provenant du fonds supérieur à condition de ne pas nuire à l'exercice de la servitude (■ Cass. civ., 5 juill. 1948 : *D.* 1948, 460).

III – INTERDICTION D'AGGRAVER LA SERVITUDE

10) Principes. Sur le principe que le propriétaire du fonds dominant ne doit procéder à aucune modification des lieux entraînant une aggravation de la condition du fonds servant, V. ■ Cass. 3e civ., 13 nov. 1970, n° 68-13.109 : *JurisData* n° 1970-000601 ; *JCP* 70, IV, 316 ; *Bull. civ.* III, n° 600, p. 438. ■ Cass. 3e civ., 18 juill. 1995 : *JurisData* n° 1995-002495 (eaux souillées rejetées par une porcherie). Mais jugé que l'article 640 ne prive pas le propriétaire du fonds dominant du droit de mettre en valeur son terrain ou d'en varier l'exploitation sous prétexte que les travaux envisagés apporteraient quelque changement au mode d'écoulement des eaux (■ Bourges, 1re ch., 4 juill. 1989 : *JurisData* n° 1989-044203).

11) Applications. Aggrave anormalement la servitude le propriétaire du fonds supérieur qui a fait édifier une maison d'habitation avec piscine, empêchant l'écoulement normal des eaux (■ Cass. 3e civ., 29 sept. 2010, n° 09-69.608 : *JurisData* n° 2010-017031 ; *Bull. civ.* 2010, III, n° 177 ; *JCP* G 2010, 1162, n° 24, obs. Périnet-Marquet), celui qui a comblé un fossé (■ Besançon, 1re ch., 2 déc. 1992 : *JurisData* n° 1992-048397. – V. aussi ■ Rennes, 1re ch., 23 mars 1993 : *JurisData* n° 1993-048887), celui qui a transformé une prairie en vigne, plantée dans le sens de la pente du terrain, le remblaiement ayant entraîné une allée creusée dans laquelle les eaux pluviales tombées lors d'un orage d'une rare violence se sont amassées en un point non destiné à les recevoir (■ Bordeaux, 1re ch., 23 janv. 1993 : *JurisData* n° 1993-043630), celui qui creuse pour drainer les eaux des rigoles qui contribuent à inonder le terrain et la maison d'habitation du propriétaire du fonds inférieur, par fortes pluies (■ Paris, 23e ch., 7 nov. 1994 : *JurisData* n° 1994-024246), celui qui a procédé à des travaux de remblayage contribuant à détourner l'écoulement (■ Besançon, 1re ch., 4 nov. 1993 : *JurisData* n° 1993-046709), celui qui, procédant à la vidange de sa piscine, inonde le fonds inférieur (■ Angers, 1re ch., 27 févr. 1995 : *JurisData* n° 1995-044391), celui qui détourne les eaux pluviales de son toit pour les faire écouler sur le toit et dans les gouttières de son voisin (■ Paris, 24 mars 1998 : *D.* 1998, somm. 351, obs. A. Robert). Il y a aggravation de la servitude lorsqu'aux eaux de ruissellement se sont ajoutées des eaux de toiture déversées par les gouttières vétustes d'un hangar et des eaux provenant d'un canal de collecte non étanche qui ont pénétré dans un mur séparant les deux propriétés et servant de soutènement au terrain de l'une d'elles situé légèrement en surplomb, entraînant sa dégradation et provoquant son éboulement à deux reprises (■ Besançon, 1re ch., 14 avr. 1992 : *JurisData* n° 1992-041745).

12) Pouvoirs du juge. Le propriétaire du fonds servant peut être condamné à supprimer les travaux irréguliers (■ Paris, 23e ch., 7 nov. 1994 : *JurisData* n° 1994-024246), ou à procéder à tous travaux pour rétablir l'écoulement naturel (■ Rennes, 1re ch., 13 oct. 1992 : *JurisData* n° 1992-049723. ■ Besançon, 1re ch., 2 déc. 1992 : *JurisData* n° 1992-048397. ■ Rennes, 1re ch., 23 mars 1993 : *JurisData* n° 1993-048887). Le propriétaire du fonds supérieur peut se voir ordonner de prendre les mesures nécessaires pour l'édification d'un véritable mur de soutènement, le mur construit laissant passer l'eau de pluie (■ Montpellier, 1re ch., 1er avr. 1992 : *JurisData* n° 1992-034055), ou à poser un drain (■ Besançon, 1re ch., 4 nov. 1993 : *JurisData* n° 046709). Le juge peut maintenir les branchements effectués par les riverains sur la canalisation d'écoulement à charge pour eux de participer aux frais (■ Chambéry, 2 nov. 1994 : *JurisData* n° 1994-046158).

13) Charges. Sur le principe qu'il ne saurait y avoir partage des charges qu'en cas de partage de la servitude d'écoulement, V. ■ Caen, 1re ch., 10 mars 1994 : *JurisData* n° 1994-042090. Voir sur l'indemnité due au propriétaire du fonds servant, art. 641, p. 527.

IV – EXTINCTION

14) Prescription. La servitude d'écoulement ne s'éteint pas par le non-usage (■ Angers, 9 déc. 1968 : *JCP* 69, II, 15783, note Goubeaux), mais le propriétaire du fonds servant peut se libérer de cette servitude par la prescription extinctive résultant d'un ouvrage construit depuis plus de trente ans (■ Cass. civ., 2 nov. 1953 : *D.* 1954, 39).

Art. 641 *(L. 8 avr. 1898)*. **– Tout propriétaire a le droit d'user et de disposer des eaux pluviales qui tombent sur son fonds.**

Si l'usage de ces eaux ou la direction qui leur est donnée aggrave la servitude naturelle d'écoulement établie par l'article 640, une indemnité est due au propriétaire du fonds inférieur.

La même disposition est applicable aux eaux de sources nées sur un fonds.

Lorsque, par des sondages ou des travaux souterrains, un propriétaire fait surgir des eaux dans son fonds, les propriétaires des fonds inférieurs doivent les recevoir ; mais ils ont droit à une indemnité en cas de dommages résultant de leur écoulement.

Les maisons, cours, jardins, parcs et enclos attenant aux habitations ne peuvent être assujettis à aucune aggravation de la servitude d'écoulement dans les cas prévus par les paragraphes précédents.

Les contestations auxquelles peuvent donner lieu l'établissement et l'exercice des servitudes prévues par ces paragraphes et le règlement, s'il y a lieu, des indemnités dues aux propriétaires des fonds inférieurs sont portées, en premier ressort, devant le juge du tribunal d'instance du canton qui, en prononçant, doit concilier les intérêts de l'agriculture et de l'industrie avec le respect dû à la propriété.

S'il y a lieu à expertise, il peut n'être nommé qu'un seul expert.

1) Propriété et usage. En matière d'eaux, il convient de distinguer la propriété des eaux comprenant les droits d'usage et de disposition et les droits d'usage appelés selon les cas droits d'eau ou de riveraineté (■ Grenoble, 1re ch., 17 mars 1992 : *JurisData* n° 1992-042253). En principe, la propriété de l'eau est transmise avec la propriété du fonds en l'absence de dispositions conventionnelles particulières (même arrêt).

2) Indemnité. Le versement de l'indemnité prévue par l'article 641, al. 2, est subordonné à l'existence d'un préjudice (■ Cass. req., 7 janv. 1895 : *DP* 1895, 1, 72). Cette condition est remplie si le propriétaire du fonds dominant restitue des eaux corrompues (■ Cass. req., 20 oct. 1913 : *DP* 1917, 1, 70. ■ Lyon, 15 nov. 1973 : *D.* 1974, 588, note Prévault. V. aussi pour une extension de la servitude aux eaux usées ■ Bordeaux, 1re ch., 30 juin 1986 : *JurisData* n° 1986-042024, accordant une indemnité de 10 000 F). En cas d'aggravation de la servitude, le propriétaire du fonds inférieur doit être indemnisé en totalité de son préjudice sans qu'il y ait lieu de retenir qu'un orage particulièrement violent puisse constituer un cas de force majeure (■ Reims, 17 mars 1994 : *JurisData* n° 1994-042000).

3) Compétence. Sur la compétence du tribunal d'instance pour statuer sur l'aggravation de la servitude, V. ■ Cass. 3e civ., 6 déc. 1978 : *D.* 1979, inf. rap. 200. V. aussi pour une action en complainte à propos d'une servitude d'usage des eaux de source en application de l'article 642 ■ Nancy, 2e ch., 13 sept. 1993 : *JurisData* n° 1993-050775. Cette compétence ne s'applique qu'aux contestations limitativement prévues par l'article 641 (■ Cass. req., 14 nov. 1928 : *DH* 1929, 4). S'agissant de dégâts causés à des voies publiques par des inondations imputables à la modification apportée par un propriétaire à l'écoulement des eaux pluviales, le juge d'instance est compétent pour connaître de l'action en dommages-intérêts et pour ordonner l'exécution de travaux (■ Cass. 1re civ., 17 janv. 1962 : *Bull. civ.* I, n° 39, p. 35).

4) Partage des eaux. Sur la possibilité pour le juge d'ordonner un partage des eaux dès la source, V. ■ Lyon, 15 nov. 1973 : *D.* 1974, 588, note Prévault.

5) Départements d'outre-mer. Voir : sur l'application de l'article 641 du Code civil en ce qui concerne les eaux pluviales dans les départements de la Guadeloupe, de la Guyane, de la Martinique et de la Réunion, L. n° 73-550, 28 juin 1973, art. 2 : *JO* 29 juin ; *JCP* 73, III, 40645.

Art. 642 *(L. 8 avr. 1898)*. **– Celui qui a une source dans son fonds peut toujours user des eaux à sa volonté dans les limites et pour les besoins de son héritage.**

Le propriétaire d'une source ne peut plus en user au préjudice des propriétaires des fonds inférieurs qui, depuis plus de trente ans, ont fait et terminé, sur le fonds où jaillit la source, des ouvrages apparents et permanents destinés à utiliser les eaux ou à en faciliter le passage dans leur propriété.

Il ne peut pas non plus en user de manière à enlever aux habitants d'une commune, village ou hameau, l'eau qui leur est nécessaire ; mais si les habitants n'en ont pas acquis ou prescrit l'usage, le propriétaire peut réclamer une indemnité, laquelle est réglée par experts.

1) Droit de disposer des eaux. Le propriétaire du fonds sur lequel jaillit la source peut disposer entièrement de l'eau à son gré (▪ Cass. req., 26 avr. 1928 : *DH* 1928, 269), à condition de ne pas restituer des eaux insalubres (▪ Cass. req., 7 juin 1869 : *DP* 1871, 1, 117). Et de fait, le propriétaire d'une source ne peut pas en user de manière à enlever aux habitants d'une commune, village ou hameau, l'eau qui leur est nécessaire, mais il peut réclamer une indemnité, réglée par experts, si les habitants n'en n'ont pas prescrit l'usage gratuit (▪ Cass. 3e civ., 6 juill. 2017, n° 16-19.539 : *JurisData* n° 2017-014142).

2) Prescription. Pour que la prescription prévue par l'article 642, al. 2, s'applique, il faut que les ouvrages soient faits de main d'homme (▪ Cass. civ., 5 juill. 1893 : *DP* 1893, 1, 595. ▪ Cass. 3e civ., 15 mai 1996, n° 94-10.378 : *JurisData* n° 1996-001798 ; *JCP* 96, IV, 1493 ; *Bull. civ.* III, n° 117, p. 75 ; *D.* 1996, 457, note A. Robert ; *Defrénois* 1996, 1070, obs. Atias ; *RTD civ.* 1997, 163, obs. Zenati). Cette prescription est applicable aux eaux d'un canal privé (▪ Cass. civ., 27 juin 1927 : *DH* 1927, 495).

3) Besoins des habitants d'un hameau. Les juges du fond disposent d'un pouvoir souverain pour reconnaître l'existence d'un hameau (▪ Cass. req., 4 déc. 1895 : *DP* 1896, 1, 342. V. aussi ▪ Cass. 3e civ., 19 janv. 2000, n° 97-13.207 : *JurisData* n° 2000-000064 ; *JCP* G 2000, IV, 1411 ; *JCP* N 2000,629, lieu-dit comportant une habitation et une exploitation agricole), ainsi que pour apprécier la nécessité de l'eau pour les habitants (▪ Cass. req., 18 févr. 1905 : *DP* 1906, 1, 253). Celui qui n'est propriétaire ni du fonds ni de la source ne peut réclamer l'application de l'article 642, al. 3 (▪ Grenoble, 1re ch., 17 mars 1992 : *JurisData* n° 1992-042253). Les juges du fond caractérisent la nécessité qu'exige l'article 642, alinéa 3, dès lors qu'ils relèvent qu'en dépit de l'installation d'un système public de distribution d'eau, l'eau d'une source demeurait toujours une nécessité pour l'arrosage des jardins, la satisfaction des besoins quotidiens des habitants du hameau et l'abreuvage des animaux (▪ Cass. 3e civ., 14 déc. 2005 : *JurisData* n° 2005-031302 ; *JCP* 2006, IV, 1096).

4) Droit de pénétrer sur le fonds d'où jaillit la source (non). Le droit d'usage reconnu aux habitants d'une commune, d'un village ou d'un hameau ne comporte pas celui de pénétrer sur le fonds où jaillit la source dont les eaux leur sont nécessaires (▪ Cass. 3e civ., 14 déc. 2005, préc.).

5) Limitation aux eaux courantes. La servitude imposée par l'article 642, al. 3, ne concerne que les eaux courantes, à l'exclusion des citernes, puits, mares et étangs (▪ Cass. civ., 21 juin 1909 : *DP* 1909, 1, 459).

6) Eaux souterraines. Le propriétaire du sol peut capter sur son fonds non seulement les eaux de source mais aussi les eaux souterraines qui s'infiltrent ou s'écoulent dans son héritage et ce quel que soit le dommage qui en résulte pour les fonds inférieurs à la condition toutefois de ne pas abuser de ce droit et notamment de ne pas agir par malveillance ou sans utilité pour lui-même (▪ Cass. 3e civ., 26 nov. 1974, n° 73-12.124 : *JurisData* n° 1974-000441 ; *JCP* 75, IV, 16 ; *Bull. civ.* III, n° 441, p. 341. ▪ Limoges, 2e ch., 24 févr. 1994 : *JurisData* n° 1994-044057).

Art. 643 *(L. 8 avr. 1898)*. **– Si, dès la sortie du fonds où elles surgissent, les eaux de source forment un cours d'eau offrant le caractère d'eaux publiques et courantes, le propriétaire ne peut les détourner de leur cours naturel au préjudice des usagers inférieurs.**

1) Débit *suffisant* de la source. L'article 643 ne peut s'appliquer que si le débit de la source est assez fort pour constituer un véritable cours d'eau (▪ Cass. civ., 11 févr. 1903 : *DP* 1904, 1, 13). Jugé que cette condition n'est pas remplie pour un courant d'eau d'un débit de douze litres à la seconde (▪ Nancy, 20 oct. 1954 : D. 1956, somm. 16).

2) Voie de fait. La commune qui détourne les eaux commet une voie de fait relevant du droit privé (▪ Riom, 1re ch., 12 oct. 1995 : *JurisData* n° 1995-052883).

Art. 644. – Celui dont la propriété borde une eau courante, autre que celle qui est déclarée dépendance du domaine public par l'article 538 au titre *De la distinction des biens*, peut s'en servir à son passage pour l'irrigation de ses propriétés.

Celui dont cette eau traverse l'héritage, peut même en user dans l'intervalle qu'elle y parcourt, mais à la charge de la rendre, à la sortie de ses fonds, à son cours ordinaire.

1) Eaux courantes. N'est pas une eau courante l'eau d'un canal amenée artificiellement dans un ruisseau, qui n'y coule point par l'effet d'une cause naturelle et permanente et dans un intérêt général ou pour un usage public, mais dans un intérêt privé (■ Cass. req., 20 avr. 1886 : *DP* 1887, 1, 253). Les dispositions des articles 644 et 645 ne sont pas applicables à un canal creusé par la main de l'homme (■ Rouen, 1re ch., 13 janv. 1993 : *JurisData* n° 1993-040530). Mais jugé que ce qu'il est convenu d'appeler en pays catalan une « agouille » n'est autre qu'un canal d'irrigation qui fait courir de l'eau destinée à l'arrosage des fonds successifs qu'il dessert et qui, de ce fait, doit être considéré comme un cours d'eau non domanial tant au sens littéral de ce terme qu'à celui de l'article 644 (■ Montpellier, 21 déc. 2000 : *JCP* 2002, IV, 1259 ; *JurisData* n° 2000-152127).

2) Riverains. Seuls les riverains ont droit à l'usage de l'eau courante (■ Cass. civ., 28 mars 1938 : *DH* 1938, 338).

3) Droit d'usage. Le propriétaire dont le fonds est bordé par une eau courante peut utiliser cette eau pour les besoins d'une usine (■ Cass. req., 4 mai 1887 : *DP* 1887, 1, 199. ■ Cass. civ., 6 juill. 1897 : *DP* 1897, 1, 536), à charge de ne pas porter atteinte aux droits des riverains inférieurs, notamment en dénaturant les eaux et en les rendant impropres à leur usage normal (■ Cass. civ., 6 juill. 1897, préc., élévation de la température endommageant le moulin d'un riverain inférieur), ou en rendant impossible l'irrigation de leurs terres agricoles (■ Cass. 3e civ., 21 févr. 2001, n° 99-16.821 : *Resp. civ. et assur.* 2001, 139). Si l'eau courante peut être utilisée non seulement pour l'irrigation, mais aussi pour faire fonctionner une usine hydroélectrique, la servitude d'appui (C. rur. pêche marit., art. L. 152-17 et s., p. 2587) ne peut être demandée que pour l'irrigation et non pour un usage industriel (■ Montpellier, 1re ch., 17 sept. 1985 : *JurisData* n° 1985-001253).

4) Restitution de l'excédent. Chaque riverain doit rendre l'excédent non absorbé (■ Grenoble, 6 août 1901 : *DP* 1902, 2, 225). La sécheresse qui frappe la région depuis plusieurs années, ainsi que les dispositions de l'article 644, obligent le propriétaire d'un fonds en amont d'un ruisseau alimentant des étangs en aval à ne pas porter atteinte de façon anormale au droit des voisins d'utiliser l'eau (■ Poitiers, 23 juill. 1992 : *JurisData* n° 1992-046317). Si en principe les eaux doivent être restituées à la sortie du fonds, il suffit, en cas d'obstacle résultant de la situation des lieux ou d'impossibilité matérielle, que ces eaux soient conduites à l'endroit le plus rapproché où la pente du sol rend possible la restitution (■ Cass. 3e civ., 6 janv. 1972, n° 70-11.806 : *JurisData* n° 1972-098013 ; *Bull. civ.* III, n° 9, p. 7).

5) Travaux. Il ne peut exécuter des travaux au-dessus du cours d'eau ou le joignant qu'à la condition de ne pas préjudicier à l'écoulement et de ne causer aucun dommage aux propriétés voisines (C. env., art. L. 215-9, p. 2194). Il a l'obligation d'effectuer les travaux d'entretien, de curage et de redressement (C. env., art. L. 215-2, p. 2193. ■ Cass. 2e civ., 11 déc. 1963 : *D.* 1964, 213). Mais la commune propriétaire du lit d'un canal doit assurer le curage en dépit de l'obligation qui en est faite aux riverains alors que les travaux s'avèrent impossibles pour ces derniers (■ Pau, 1re ch., 17 sept. 1987 : *JurisData* n° 1987-045342, réalisation de deux ponts, du busage du canal et clôture des berges). On peut conclure de l'article 644 que la loi autorise le riverain à employer les moyens nécessaires pour user de la servitude, et notamment à faire les ouvrages nécessaires, ce qui peut impliquer un droit d'accès sur le fonds d'un autre riverain (■ Cass. civ., 18 févr. 1931 : *DP* 1931, 1, 96).

6) Extinction du droit d'usage. Le droit d'usage de l'eau courante est un droit réel qui ne s'éteint pas par le non-usage (■ Grenoble, 28 janv. 1903 sous ■ Cass. req., 15 nov. 1904 : *DP* 1907, 1, 346), mais il peut disparaître par l'effet d'une prescription acquisitive accomplie au profit d'un tiers (même arrêt).

7) Protection possessoire. Jugé que le droit d'usage constitue une quasi-possession susceptible de donner ouverture à l'action possessoire (■ Rennes, 15 févr. 1980 : *D.* 1983, inf. rap. 13, obs. A. Robert).

8) Bail d'une propriété alimentée en eau. Bien qu'il n'ait pas été partie à l'acte établissant la servitude d'alimentation en eau d'un fonds inférieur par le trop-plein d'un abreuvoir situé sur un fonds supérieur, le preneur du fonds inférieur en a cependant été le bénéficiaire indirect et sa location lui a été consentie compte tenu de l'existence assurée de cette alimentation en eau. Lorsque à la suite d'un défaut d'entretien du trop-plein, l'eau n'arrive pas sur le fonds du preneur, ce dernier est en droit d'obtenir que le bailleur continue à lui assurer le service de l'eau tel qu'il existait à l'origine de la location, sans pouvoir pour autant prétendre lui faire effectuer d'autres aménagements ou des installations nouvelles (■ Reims, 20 juin 1982 : *JurisData* n° 1982-044074).

9) Rupture d'une digue. Responsabilité du propriétaire. Est irrecevable comme nouveau, mélangé de fait et de droit, le moyen selon lequel, la rupture d'une digue ayant rendu l'eau à son cours naturel, la cour d'appel aurait violé les articles 640, 643 et 644 en ne recherchant pas si la société propriétaire de la digue avait commis une faute et en la condamnant sur le fondement de l'article 1384, al. 1er (■ Cass. 3e civ., 18 mai 1989 : *JurisData* n° 1989-001883).

Art. 645. – **S'il s'élève une contestation entre les propriétaires auxquels ces eaux peuvent être utiles, les tribunaux, en prononçant, doivent concilier l'intérêt de l'agriculture avec le respect dû à la propriété ; et, dans tous les cas, les règlements particuliers et locaux sur le cours et l'usage des eaux doivent être observés.**

1) Compétence des tribunaux judiciaires. Les tribunaux judiciaires sont compétents pour statuer sur des contestations privées qui s'élèvent à raison de l'inexécution des règlements d'eau faits par l'autorité administrative (■ Cass. 1re civ., 29 janv. 1958 : *D.* 1958, 187). Si l'autorité administrative est chargée de la conservation et de la police des cours d'eau non domaniaux, il n'en appartient pas moins au juge civil, saisi d'un litige entre personnes privées, d'ordonner toutes mesures propres à faire cesser le dommage subi par le demandeur et trouvant sa source et son origine dans le comportement fautif de l'autre partie (■ Cass. 3e civ., 12 févr. 1974 : *JurisData* n° 1974-098072 ; *JurisData* n° 1974-098072 ; *JCP* 75, II, 18106, note Despax). L'article 645 investit les tribunaux de l'ordre judiciaire d'un pouvoir d'appréciation en matière de contestations relatives à l'usage des eaux, et, en l'état de la position d'expectative de l'autorité administrative, ils peuvent imposer un règlement judiciaire d'eau relatif aux modalités de la prise d'eau (■ Montpellier, 1re ch., 14 mai 1991 : *JurisData* n° 1991-034679).

2) Conditions du règlement judiciaire d'eau. L'organisation d'un règlement judiciaire d'eau ne se comprend qu'en présence de la nécessité d'organiser l'usage de l'eau en raison des pratiques des riverains génératrices de difficultés et dommages. En l'espèce, la dérivation du ruisseau alimentant les installations de la pisciculture n'entraînant aucune difficulté pour l'exploitation et aucune baisse de rendement, la demande d'établissement d'un règlement judiciaire doit être rejetée (■ Montpellier, 1re ch., 13 oct. 1992 : *JurisData* n° 1992-034637).

3) Règlement imposé d'office (non). Le juge qui n'est saisi par aucune des parties de conclusion à cette fin n'est pas tenu de leur imposer d'office un règlement d'eau (■ Cass. 3e civ., 4 févr. 1975, n° 73-13.101 : *JurisData* n° 1975-098039 ; *JCP* 75, IV, 100 ; *Bull. civ.* III, n° 39, p. 31).

4) Droit commun de la responsabilité délictuelle. Les articles 640 et 644 ne sont applicables que pour la période antérieure à la date à laquelle le propriétaire riverain a utilisé l'eau, mais les règles de droit commun sur la responsabilité civile quasi délictuelle sont applicables aux troubles subis postérieurement à cette date (■ Cass. 3e civ., 12 févr. 1974 : *JCP* 75, II, 18106, note Despax).

5) Conciliation des intérêts en cause. L'article 645 confère aux tribunaux un pouvoir souverain pour régler le mode de jouissance des eaux d'après les intérêts et les besoins des riverains (■ Cass. civ., 11 déc. 1907 : *DP* 1908, 1, 501). Sur le principe qu'ils doivent concilier les intérêts de l'agriculture avec les intérêts privés, en tenant compte des circonstances de temps et de lieu et en faisant observer les règlements et usages locaux, V. ■ Cass. req., 31 juill. 1907 : *DP* 1908, 1, 10. Le règlement d'eau peut être ensuite modifié suivant les circonstances (■ Cass. req., 16 juin 1884 : *DP* 1885, 1, 151).

6) Servitude d'aqueduc. Les dispositions de l'article 645 ne permettent pas de solliciter une servitude d'aqueduc (■ Rouen, 1re ch., 13 janv. 1993 : *JurisData* n° 1993-040530).

Art. 646. – **Tout propriétaire peut obliger son voisin au bornage de leurs propriétés contiguës. Le bornage se fait à frais communs.**

I – BORNAGE AMIABLE

1) Forme. Le bornage peut être effectué du commun accord des propriétaires intéressés et résulte alors d'une convention que la loi n'a soumise à aucune forme particulière (■ Cass. 3e civ., 16 févr. 1968 : *Bull. civ.* III, n° 64, p. 53).

2) Procès-verbal de bornage. Un procès-verbal de bornage n'est pas translatif de propriété et ne peut faire obstacle à une action pétitoire (■ Cass. 3e civ., 8 déc. 2004, n° 03-17.241 : *JurisData* n° 2004-026067 ; *Bull. civ.* 2004, III, n° 227 ; *Constr.-Urb.* 2005, comm. 41, obs. Rousseau ; *Defrénois* 2005, art. 38199, p. 1177, obs. Atias ; *RD imm.* 2005,

p. 333, obs. Bergel. ▪ Cass. 3e civ., 10 nov. 2009, n° 08-20.951 : *JurisData* n° 2009-050250 ; *Bull. civ.* III, n° 247 ; *JCP* G 2010, 336, n° 6, obs. Périnet-Marquet ; *Constr.-Urb.* 2010, comm. 6, note Sizaire ; *D.* 2010, p. 2183, obs. Reboul-Maupin ; *D.* 2010, p. 2671, obs. Delebecque ; *AJDI* 2010, p. 408, obs. É. Gavin-Millan-Oosterlynck. ▪ Cass. 3e civ., 10 juin 2015, nos 14-14.311 et 14-20.428 : *JurisData* n° 2015-014065 ; *JCP* G 2015, doctr. 1221, n° 3, obs. Périnet-Marquet. Comp. ▪ Cass. 3e civ.,9 mai 1968 : *JurisData* n° 1968-099193 ; *Bull. civ.* III, n° 193, p. 152, qui considère qu'un procès-verbal dont l'exécution n'a jamais été demandée ne fait pas obstacle à une action postérieure en bornage. Ainsi, l'accord des parties sur la délimitation des fonds n'implique pas à lui seul leur accord sur la propriété des parcelles litigieuses (▪ Cass. 3e civ., 23 mai 2013, n° 12-13.898 : *JurisData* n° 2013-009954 ; *JCP* G 2013, act. 668, obs. Dubarry ; *JCP* G 2013, 1060, n° 6, obs. Périnet-Marquet). V. néanmoins ▪ Paris, 19 déc. 1986 : *JurisData* n° 1986-028082 ; *D.* 1988, somm. 13, 6e esp., obs. A. Robert, qui relève qu'un bornage amiable concrétisé par la signature d'un procès-verbal constitue une transaction et a, à ce titre, l'autorité de la chose jugée par application de l'article 2052 du Code civil. V. aussi ▪ Fort-de-France, 28 avr. 1995, n° 882/94 : *JurisData* n° 1995-042008 ; *D.* 1997, somm. 17, obs. A. Robert, affirmant que le procès-verbal constitue un titre définitif qui s'impose au juge). Sur l'aspect civil et fiscal du procès-verbal de bornage, V. *JCP* N 1981, I, 350.

II – ACTION EN BORNAGE

A – Conditions

3) Contiguïté des fonds. L'action en bornage ne peut être exercée lorsque les fonds sont séparés par un ruisseau formant entre eux une limite naturelle (▪ Cass. civ., 11 déc. 1901 : *DP* 1902, 1, 353 ▪ Cass. 3e civ., 12 oct. 2004, n° 03-12.737). Il en va de même lorsque les fonds sont séparés par une limite naturelle, constituée par une falaise non seulement naturelle, mais encore infranchissable sans moyens techniques appropriés (▪Cass. 3e civ., 13 déc. 2018, n° 17-31.270 : *JurisData* n° 2018-022704 ; *Constr.-Urb.* 2019, comm. 24, obs. Sizaire). En revanche, l'existence d'un chemin d'exploitation ne fait pas obstacle à la condition de contiguïté de deux fonds de sorte qu'une demande en bornage demeure possible (▪ Cass. 3e civ., 8 déc. 2010, n° 09-17.005 : *JurisData* n° 2010-023214).

4) Fonds couverts de constructions. L'article 646 est applicable même si les héritages contigus sont en partie couverts de constructions, l'action en bornage ne cessant de pouvoir s'exercer que lorsqu'il s'agit de bâtiments qui se touchent (▪ Cass. 1re civ., 28 déc. 1957 : *D.* 1958, 95).

5) Fonds contigu indivis. Est recevable l'action en bornage de deux fonds contigus dont l'un appartient privativement au défendeur et l'autre est indivis entre le demandeur et quelques autres personnes (▪ Cass. 3e civ., 22 oct. 1980 : *JurisData* n° 1980-098148 ; *JCP* 81, IV, 10).

6) Copropriété. L'action en bornage, qui suppose des fonds et des propriétaires distincts, ne peut être exercée entre différents lots d'une copropriété, qu'il s'agisse de parties communes ou de parties privatives (▪ Cass. 3e civ., 27 avr. 2000, n° 98-17.693 : *JurisData* n° 2000-001572 ; *Bull. civ.* III, n° 89 ; *Defrénois* 2000, p. 1171, obs. Atias ; *RD imm.* 2000, p. 315, obs. Bergel ; *JCP* 2000, I, 265, n° 4, obs. Périnet-Marquet. ▪ Cass. 3e civ., 19 nov. 2015, n° 14-25.403 : *JurisData* n° 2015-025827 : *JCP* G 2016, 446, n° 15, obs. Périnet-Marquet).

7) Absence de bornage antérieur. La demande en bornage est sans objet en cas de bornage antérieur et régulier (▪ Cass. 3e civ., 18 déc. 1972, n° 71-13.203 : *JurisData* n° 1972-000680 ; *Bull. civ.* III, n° 680, p. 502). Mais l'action est recevable dès lors qu'il n'existe aucun accord antérieur des parties sur les limites de leurs propriétés respectives (▪ Rouen, 1re ch., 6 mai 1992 : *JurisData* n° 1992-046995). Viole l'article 646 du Code civil la cour d'appel qui déclare une action en bornage irrecevable en se fondant sur l'accord des parties portant sur les limites séparatives des fonds, alors qu'aucune limite divisoire n'a été matérialisée par des bornes (▪ Cass. 3e civ., 19 janv. 2011, n° 09-71.207), de même, un simple croquis ne peut s'analyser en un procès-verbal de bornage si l'expert n'a procédé à la délimitation qu'à partir d'un seul fonds, sans mentionner les contenances, sans avoir arpenté les terrains et sans avoir fait poser des bornes (▪ Reims, 3 juin 1993 : *JurisData* n° 1993-043158). Mais les opérations de bornage ne comprennent pas nécessairement l'arpentage des terrains (▪ Cass. 3e civ., 5 oct. 1994, n° 92-10.827 : *Bull. civ.* III, n° 162, p. 103).

8) Usufruit. Sur le droit pour l'usufruitier d'exercer l'action en bornage, V. ▪ Paris, 13 oct. 1986, n° L 11181 : *JurisData* n° 1986-026021 ; *D.* 1988, somm. 13, 5e esp., obs. A. Robert.

9) Indivisaires. Un indivisaire seul ne peut agir en bornage contre son voisin, sauf à rassembler les deux tiers des droits indivis (▪ Cass. 3e civ., 12 avr. 2018, n° 16-24.556 : *JurisData* n° 2018-005685 ; *JCP* G 2018, 859, note S. Ravenne ; *D.* 2018, p. 1582, note J. Laurent).

B – Compétence

10) Principe. Voir : sur la compétence du tribunal d'instance, COJ, art. R. 221-12. Il en résulte que le juge saisi d'une action en bornage est compétent pour statuer sur la revendication de propriété d'une parcelle, opposée comme moyen de défense à l'action (■ Cass. 3e civ., 7 janv. 2009 : *JCP* G I, 127, n° 4, obs. Périnet-Marquet. V. déjà, ■ Cass. 3e civ., 24 mai 1976, n° 75-10.290 : *JurisData* n° 1976-098219 ; *Bull. civ.* III, n° 219). Mais dès lors qu'il existe une incertitude sur la qualité de propriétaire des défendeurs de la parcelle contiguë, il n'appartient pas au tribunal d'instance, saisi d'une action en bornage, de trancher une question qui touche au fond du droit (■ Cass. 3e civ., 16 janv. 2002 : *JCP* 2002, I, 176, n° 3, obs. Périnet-Marquet ; *JurisData* n° 2002-012518 ; *Bull. civ.* III, n° 8, p. 7 ; *Defrénois* 2002, 393, obs. Atias).

11) Domaine public et domaine privé. Les tribunaux judiciaires sont compétents pour connaître d'une demande de bornage d'un chemin rural à usage public mais appartenant au domaine privé de la commune (■ Lyon, 8 févr. 1968 : *D.* 1968, 483). Mais l'action est irrecevable si la parcelle litigieuse a été incorporée dans le domaine public de la commune (■ Rouen, 1re ch., 4 nov. 1992 : *JurisData* n° 1992-049785). Le juge judiciaire ne peut, sous prétexte de méconnaissance d'éléments d'appréciation du litige, ignorer la décision d'un tribunal administratif classant le chemin rural dans le domaine privé de la commune et annuler une délibération du conseil municipal (■ Poitiers, 15 avr. 1992 : *JurisData* n° 1992-046318).

12) Remembrement. Une juridiction de l'ordre judiciaire ne peut pas remettre en cause les limites d'un remembrement dont les opérations ont été clôturées (■ Cass. 3e civ., 8 juin 1983, n° 81-13.795 : *JurisData* n° 1983-701224 ; *Bull. civ.* III, n° 133, p. 105).

C – Nature

13) Nature pétitoire de l'action. La prohibition édictée par l'article 25 du Code de procédure civile (règle du non-cumul du possessoire et du pétitoire, art. 1265 CPC), qui constitue une règle propre aux actions possessoires, est étrangère à l'action en bornage, de nature pétitoire (■ Cass. 1re civ., 4 nov. 1963 : *JurisData* n° 1963-000470 ; *JurisData* n° 1963-000469 ; *JurisData* n° 1963-000470 ; *JurisData* n° 1963-000470 ; *D.* 1964, 50).

14) Bornage et revendication. La distinction française entre action en bornage et action en revendication de propriété est conforme à l'article 1er du Premier Protocole (■ CEDH, 4 janv. 2012, n° 14819/08 : *JCP* G 2012, 465, n° 1, obs. Périnet-Marquet). En cas de distorsion flagrante entre les titres et la réalité, la juridiction en cause doit considérer qu'elle est saisie d'une action en revendication et rejeter la demande en bornage (■ Cass. 3e civ., 8 juill. 2009, n° 08-15.042 : *JurisData* n° 2009-049095 ; *JCP* G 2009, 337, n° 2, obs. Périnet-Marquet). Le juge saisi, à l'occasion d'un bornage, de la prétention de l'une des parties à la propriété d'une parcelle de terre, doit, s'il choisit de ne pas statuer sur cet incident pétitoire, réserver sa décision (■ Cass. 1re civ., 7 déc. 1964, n° 62 13 456 : *JurisData* n° 1964-700541 ; *D.* 1965, 50). Un jugement ayant statué sur une demande en bornage n'interdit pas d'accueillir une action en revendication fondée sur un titre de propriété (■ Cass. 3e civ., 28 oct. 1992, n° 90-18.573 : *JurisData* n° 1992-002388 ; *JCP* 1993, IV, 6 ; *Bull. civ.* III, n° 282, p. 173. V. aussi, affirmant que l'accord des parties sur la délimitation des fonds n'implique pas, à lui seul, leur accord sur la propriété des parcelles litigieuses, ■ Cass. 3e civ., 27 nov. 2002, n° 01-12.816 : *JurisData* n° 2002-016566 ; *Bull. civ.* III, n° 242, p. 210 ; *D.* 2003, somm. 2045, obs. Reboul-Maupin). En l'état de la contestation sérieuse quant à la propriété de la parcelle litigieuse, le tribunal ne peut sans se contredire lui-même, énoncer d'une part et à bon droit que l'action en bornage est distincte de l'action en revendication, et se fonder, pour débouter le demandeur, sur des signes apparents qui confortent l'argumentation de son adversaire (■ Montpellier, 1re ch., 14 mai 1991 : *JurisData* n° 1991-034246). Constitue une action en bornage la demande du propriétaire d'un terrain ayant pour objet non pas le délaissement d'une parcelle de terrain certaine et déterminée par sa situation, sa forme et sa contenance, mais la détermination de l'étendue et des limites de son fonds et des propriétés voisines (■ Rouen, 1re ch., 4 nov. 1992 : *JurisData* n° 1992-049785). Entache sa décision de contradiction la cour d'appel qui admet que l'action met en jeu une revendication immobilière, mais qu'elle s'analyse en une demande tendant au rétablissement de bornes à l'emplacement qu'elles avaient à la date du partage, alors qu'elle constate que le bornage était définitif (■ Cass. 3e civ., 24 avr. 1970, n° 68-13.313 : *JurisData* n° 1970-098280 ; *Bull. civ.* III, n° 280, p. 204). En toute hypothèse, l'action en bornage a seulement pour effet de fixer les limites des fonds contigus sans en attribuer la propriété (■ Cass. 3e civ., 10 juill. 2013, nos 12-19.416 et 12-19.610 : *JurisData* n° 2013-014573 ; *Defrénois* 2013, p. 847, obs. Tranchant ; *JCP* G 2013, 1060, n° 6, obs. Périnet-Marquet).

15) Bornage et échange. L'action en bornage a seulement pour effet de fixer la limite d'héritages contigus. Elle ne peut pas avoir pour objet d'imposer un échange de terrain ou de fixer une servitude au profit d'un fonds. Lorsque, depuis l'établissement du cadastre, la configuration des parcelles a tellement changé que l'on relève un empiétement réciproque des intéressés sur les parcelles contiguës à la leur, les juges ne peuvent confirmer la possession actuelle de ces intéressés, car cela impliquerait, pour le tribunal, de procéder à un échange de terrain (■ Caen, 1re ch., 6 janv. 1994 : *JurisData* n° 1994-040583).

16) Jugement valant titre de propriété. Le jugement passé en force de chose jugée qui statue sur le bornage des propriétés contiguës en adoptant le tracé de l'expert constitue pour chacun des voisins un titre de propriété définitif (■ Cass. civ., 21 juin 1944 : *D.* 1945, 159).

D – Procédure

17) Dépens. S'il y a contestation, la partie qui succombe doit supporter tout ou partie des dépens (■ Cass. 3e civ., 16 juin 1976, n° 75-11.167 : *D.* 1976, somm. 70).

18) Preuve. Sur la liberté des modes de preuve admissibles, V. ■ Cass. 3e civ., 18 févr. 1987 et 13 nov. 1986 : *D.* 1988, somm. 13, 1re et 2e esp., obs. A. Robert. Les énonciations du cadastre rénové ont valeur de simples présomptions (■ Cass. 3e civ., 20 déc. 1982, n° 81-13.828 : *JurisData* n° 1982-702943 ; *D.* 1983, inf. rap. 369, obs. A. Robert ; *Bull. civ.* III, n° 259, p. 194. V. aussi en matière de mitoyenneté ■ Bourges, 1re ch., 6 juin 1989 : *JurisData* n° 1989-046978. Sur la prise en compte de la ligne divisoire résultant du remembrement, V. ■ Dijon, 23 oct. 1997, n° 00001070/96 : *JurisData* n° 1997-056115 ; *D.* 1998, somm. 344, obs. A. Robert).

19) Diligences du juge. Il appartient au juge de fixer de façon précise les limites des propriétés contiguës lors d'un bornage de sorte qu'il ne saurait fixer la limite à la rive d'un étang dont le niveau d'étiage varie fortement en fonction de l'hygrométrie et des variations climatiques (■ Cass. 3e civ., 8 juill. 2009, n° 08-17.809 : *Bull. civ.* III, n° 174 ; *JurisData* n° 2009-049103 ; *JCP* G 2009, 337, n° 2, obs. Périnet-Marquet).

Art. 647. – Tout propriétaire peut clore son héritage, sauf l'exception portée en l'article 682.

1) Principe. Selon la Cour de cassation, l'article 647 du Code civil n'est pas d'ordre public, de sorte que le droit de se clore peut être conventionnellement aménagé, notamment par les dispositions d'un règlement de copropriété (■ Cass. 3e civ., 7 mars 2007, n° 06-12.702 : *JurisData* n° 2007-037927 ; *Loyers et copr.* 2007, comm. 111, obs. Vigneron ; *Procédures* 2007, comm. 141, obs. Junillon ; *LPA* 2007, n° 118, p. 20, note Barbièri ; *D.* 2007, p. 942, obs. Rouquet).

2) Enlèvement de la clôture aux fins de construction (non). Ne constitue pas un abus de droit le fait pour un propriétaire de s'opposer à l'enlèvement temporaire de la clôture que réclame le voisin afin de procéder aux affouillements nécessaires à l'édification d'un immeuble en limite séparative (■ TGI Beauvais, réf., 2 mars 1983 : *JurisData* n° 1983-000382 ; *Gaz. Pal.* 1983, 1, 250).

3) Libre écoulement des eaux naturelles. Le propriétaire ne peut se clore qu'à la condition de laisser dans sa clôture des ouvertures suffisantes pour permettre *le libre écoulement* des eaux naturelles provenant du fonds supérieur (■ Cass. req., 24 juin 1867 : *DP* 1867, 1, 503).

4) Servitude de passage. Le propriétaire du fonds grevé d'une servitude de passage conserve le droit de se clore à condition de ne pas porter atteinte au droit de passage et de ne pas en rendre l'exercice plus incommode (■ Cass. 3e civ., 6 juin 1969, n° 67-10.622 : *JurisData* n° 1969-000463 ; *JCP* 69, II, 16070, note G. G. ■ Cass. 3e civ., 21 mars 1972, n° 70-13.773 : *JurisData* n° 1972-098200 ; *JCP* 72, IV, 118 ; *Bull. civ.* III, n° 200, p. 142. – V. aussi ■ Poitiers, 17 févr. 1988 : *JurisData* n° 1988-04655. ■ Riom, 2e ch., 31 janv. 1995 : *JurisData* n° 1995-040770, refusant d'ordonner la suppression d'un portail en relevant qu'il n'est pas particulièrement incommode. V. cependant pour une servitude locale, dite « rouille » permettant l'exploitation ou la desserte d'un espace entre deux parcelles avec une brouette ■ Cass. 3e civ., 4 nov. 1987, n° 86-14.786 : *JurisData* n° 1987-799920 ; *D.* 1989, somm. 34, 1re esp., obs. A. Robert. – Comp. ■ Cass. 3e civ., 13 mai 1998, n° 95-18.501 : *JurisData* n° 1998-002259 ; *JCP* 99, I, 120, n° 26, obs. Périnet-Marquet, pour la suppression d'une barrière ne pouvant s'ouvrir qu'au moyen d'un code). Mais jugé qu'en cas de servitude de passage, le propriétaire du fonds servant doit être condamné à enlever portail, clôture et tout autre élément empiétant sur l'assiette du passage sans pouvoir opposer le droit de se clore (■ Colmar, 3e ch., 23 oct. 1995 : *JurisData* n° 1995-049446). Les juges du fond peuvent ordonner des mesures concernant une implantation différente du portail et son mode d'utilisation (■ Cass. 3e civ., 3 juin 1980 : *JurisData* n° 1980-035375 ; *D.* 1981, inf. rap. 234, obs. A. Robert) ou le déplacement de l'assiette de la servitude si le tracé actuel empêche la clôture, la nécessité de clôturer le fonds servant étant un motif grave (■ Aix-en-Provence, 24 juin 1975 : *JurisData* n° 1975-600228 ; *D.* 1975, p. 751).

5) Servitude de cour commune. Un propriétaire ne peut invoquer le droit de se clore pour tenir en échec une servitude conventionnelle de cour commune (■ Paris, 7e ch., 5 juill. 1995 : *JurisData* n° 1995-021765).

6) Abus de droit. Abuse du droit de se clore celui qui, en construisant un mur qui n'a d'autre utilité que de dissimuler à ses voisins les épaves et matériaux déposés sur son terrain, cherche à se dérober à une condamnation antérieure à enlever ces dépôts et à supprimer aux voisins toute vue autre que celle d'une maçonnerie brute et très proche (▪ Cass. 3e civ., 5 janv. 1993 : *JurisData* n° 1993-000452). Mais n'a pas abusé de son droit et n'a pas agi sous l'impulsion d'une intention malveillante le propriétaire qui a édifié une palissade en utilisant à une distance normale un matériau naturel disposé sur une hauteur de deux mètres propre à préserver par son opacité l'intimité de sa propriété (▪ Bordeaux, 1re ch., 20 mars 1995 : *JurisData* n° 1995-040576).

Art. 648. – Le propriétaire qui veut se clore perd son droit au parcours et vaine pâture, en proportion du terrain qu'il y soustrait.

1) Droit de vaine pâture. Voir : C. rur. pêche marit., art. L. 651-1 à L. 651-10.

2) Droit de bandite. V. ▪ Cass. 3e civ., 30 avr. 1974 : *JCP* 75, II, 17994, note Ourliac. Voir : sur la suppression du droit dit de bandite dans le département des Alpes-Maritimes, L. n° 63-945, 8 juill. 1963 (*JO* 9 juill. : *JCP* 63, III, 29271).

CHAPITRE II. – DES SERVITUDES ÉTABLIES PAR LA LOI

Art. 649. – Les servitudes établies par la loi ont pour objet l'utilité publique ou communale, ou l'utilité des particuliers.

Existence d'un fonds dominant (non). À l'inverse des servitudes conventionnelles, les servitudes légales ont pour objet l'utilité publique ou communale ou l'utilité des particuliers, d'où il résulte que de telles servitudes peuvent exister sans fonds dominant (▪ Cass. 1re civ., 30 avr. 1963 : *JurisData* n° 1963-000239 ; *Bull. civ.* I, n° 239. ▪ Cass. 3e civ., 15 déc. 1999 : *JurisData* n° 1999-004456 ; *Bull. civ.* III, n° 250 ; *JCP* G 2000, I, 265, n° 22, obs. Périnet-Marquet ; *JCP* N 2000, p. 682, obs. Sizaire ; *Defrénois* 2000, p. 314, obs. Atias ; *RD imm.* 2000, p. 147, obs. Bergel). Ces servitudes ne se périment pas par le non-usage (▪ Cass. 3e civ., 15 déc. 1999 : *JurisData* n° 1999-004456 ; *Bull. civ.* III, n° 250 ; *JCP* G 2000, I, 265, n° 22, obs. Périnet-Marquet ; *JCP* N 2000, p. 682, obs. Sizaire ; *Defrénois* 2000, p. 314, obs. Atias ; *RD imm.* 2000, p. 147, obs. Bergel. ▪ Cass. 3e civ., 18 déc. 2002, n° 00-14.176 : *JurisData* n° 2002-017036 ; *Bull. civ.* III, n° 272 ; *D.* 2003, p. 2048, obs. Reboul-Maupin ; *JCP* G 2003, I, 172, n° 14 obs. Périnet-Marquet ; *RD imm.* 2003, p. 171, obs. Bergel).

Art. 650 ***(Mod., Ord. n° 2006-460, 21 avr. 2006).*** **– Celles établies pour l'utilité publique ou communale ont pour objet le marchepied le long des cours d'eau domaniaux, la construction ou réparation des chemins et autres ouvrages publics ou communaux.**

Tout ce qui concerne cette espèce de servitude est déterminé par des lois ou des règlements particuliers.

1) Servitudes administratives. Voir : sur la servitude de halage et de marchepied, CGPPP, art. L. 2131-2 et suivants. L'ancienne affectation d'une bande de terrain à l'usage de chemin de halage ne saurait établir sur celle-ci l'existence d'une servitude de passage (▪ Bordeaux, 1re ch., 28 mai 1986 : *JurisData* n° 1986-0041077).

2) Canal creusé par la main de l'homme. L'article 650 ne parle que de fleuves et rivières et n'est donc pas applicable lorsqu'il s'agit de canaux creusés par la main de l'homme (▪ Cass. req., 19 janv. 1875 : *DP* 1875, 1, 256).

Art. 651. – La loi assujettit les propriétaires à différentes obligations l'un à l'égard de l'autre, indépendamment de toute convention.

Art. 652. – Partie de ces obligations est réglée par les lois sur la police rurale ;

Les autres sont relatives au mur et au fossé mitoyens, au cas où il y a lieu à contre-mur, aux vues sur la propriété du voisin, à l'égout des toits, au droit de passage.

Section I. – Du mur et du fossé mitoyens

Art. 653. – Dans les villes et les campagnes, tout mur servant de séparation entre bâtiments jusqu'à l'héberge, ou entre cours et jardins, et même entre enclos dans les champs, est présumé mitoyen, s'il n'y a titre ou marque du contraire.

1) Nature juridique de la mitoyenneté. La mitoyenneté est un droit de propriété dont deux personnes jouissent en commun et non une servitude (■ Cass. 3e civ., 20 juill. 1989, n° 88-12.883 : *JurisData* n° 1989-002558 ; *JCP* 89, IV, 359 ; *Bull. civ.* III, n° 173, p. 93).

I – CONDITIONS DE LA MITOYENNETÉ

2) Fonds contigus. La mitoyenneté supposant l'existence de deux fonds contigus, lorsque l'un d'eux disparaît, les effets attachés par la loi à la mitoyenneté cessent, laissant seuls subsister ceux résultant de l'indivision (■ Cass. 3e civ., 18 mai 1994, n° 92-16.570 : *JurisData* n° 1994-000972 ; *Bull. civ.* III, n° 107, p. 68 ; *RD imm.* 1995, 79, obs. Bergel. V. en ce sens ■ Cass. 3e civ., 10 juill. 1969 : *JCP* 70, II, 16172, note Goubeaux).

3) Mur édifié en biais. Si le mur a été édifié légèrement en biais par rapport à la ligne de séparation, les juges du fond apprécient souverainement si ce mur doit ou non être considéré comme mitoyen (■ Cass. 1re civ., 27 févr. 1957 : *Bull. civ.* I, n° 107, p. 88).

4) Mur de soutènement. Ayant constaté que la forme du mur litigieux était caractéristique de celle d'un mur de soutènement et que sa destination était de maintenir les terres d'une des parties, la cour d'appel a exactement retenu que ce mur était la propriété de celle-ci (■ Cass. 3e civ., 15 juin 1994, n° 92-13.487 : *JurisData* n° 1994-001192 ; *JCP* 94, IV, 2063 ; *Bull. civ.* III, n° 124, p. 79 ; *RD imm.* 1995, 80, obs. Bergel. V. aussi, affirmant que le mur de soutènement est présumé appartenir au propriétaire des terres en surplomb, ■ Cass. 3e civ., 4 janv. 1995, n° 92-19.818 : *JurisData* n° 1995-000027 ; *JCP* 95, IV, 523 ; *Bull. civ.* III, n° 6, p. 3 ; *D.* 1995, somm. 193, obs. A. Robert ; *RTD civ.* 1996, 426, obs. Zenati). Mais jugé que la fonction de soutènement des terres ne fait pas disparaître la mitoyenneté d'origine (■ Lyon, 27 janv. 1993 : *JurisData* n° 1993-043658 ; *D.* 1993, somm. 304, obs. A. Robert. Comp., relevant que la forme de demi-lune du mur de soutènement est un signe de mitoyenneté, ■ Aix-en-Provence, 4e ch., 19 mars 1996 : *JurisData* n° 1996-041061).

II – PREUVE DE LA MITOYENNETÉ

5) Titres communs aux deux parties (non). L'article 653 du Code civil n'exige pas que les titres dont il appartient aux juges du fond d'interpréter le sens et la portée soient communs aux deux parties (■ Cass. 3e civ., 3 juill. 1973, n° 72-10.877 : *JurisData* n° 1973-000458 ; *JCP* 73, IV, 317 ; *Bull. civ.* III, n° 459, p. 336).

6) Domaine de la présomption. La présomption de mitoyenneté de l'article 653 n'est pas applicable à un mur qui sépare un bâtiment d'une cour (■ Cass. 3e civ., 25 oct. 1972 : *JurisData* n° 1972-000559 ; *Bull. civ.* III, n° 559, p. 410. ■ Cass. 3e civ., 7 mars 1973, n° 72-10.554 : *JurisData* n° 1973-098186 ; *Bull. civ.* III, n° 186, p. 135. ■ Aix-en-Provence, 4e ch., 21 déc. 1988 : *JurisData* n° 1988-050974), ou d'un jardin (■ Toulouse, 1re ch., 27 févr. 1984 : *JurisData* n° 1984-042107), ni à un plafond (■ Cass. 3e civ., 8 juin 1988, n° 87-12.178 : *JurisData* n° 1988-702050 ; *Bull. civ.* III, n° 107, p. 60 ; *D.* 1989, somm. 33, obs. A. Robert). La base du mur étant la propriété privative de l'un des propriétaires des fonds contigus, son voisin ne saurait se prévaloir de la présomption de mitoyenneté pour la partie supérieure du mur servant de clôture aux premier et deuxième étages des immeubles (■ Rouen, 1re ch., 18 janv. 1995 : *JurisData* n° 1995-041377).

7) Preuve contraire. À défaut de titre ou de marque de non-mitoyenneté, la présomption légale édictée par l'article 653 cesse de produire son effet lorsque l'un des voisins prouve que son bâtiment a été construit avant celui de l'autre et à une époque où le mur litigieux ne pouvait être considéré que comme étant sa propriété exclusive (■ Cass. civ., 24 oct. 1951 : *D.* 1951, 772). Ne fait pas tomber la présomption de mitoyenneté la présence d'un pilier dans le prolongement du mur, ou l'existence d'une gouttière au-dessus de ce mur, quand bien même celle-ci évacuerait les eaux pluviales d'un immeuble privatif (■ Caen, 1re ch., 9 avr. 1996 : *JurisData* n° 1996-041558).

8) Héberge. Sur le principe que la mitoyenneté n'existe pas au-dessus de l'héberge, V. ■ Douai, 16 févr. 1989 : *D.* 1990, somm. 84, 2e esp., obs. A. Robert.

III – PRESCRIPTION

9) Acquisition par prescription. Le fait d'appuyer une construction contre un mur constitue un acte de possession caractérisé, car le propriétaire de ladite construction se comporte comme si le mur était sa propriété exclusive ou s'il était mitoyen ; le maintien de cette situation pendant 30 ans peut donner lieu à acquisition de la mitoyenneté par prescription (■ Cass. 3e civ., 8 déc. 1971, n° 70-12.340 : *JurisData* n° 1971-000620 ; *Gaz. Pal.* 1972, 2, 492). Il importe peu que dans l'ignorance du droit acquis par présomption trentenaire, le propriétaire mitoyen ait exprimé le souhait d'acquérir la mitoyenneté (■ Rennes, 1re ch., 30 mai 1996 : *JurisData* n° 1996-048975).

10) Perte de la mitoyenneté. En l'absence d'acte interruptif de prescription, la prescription trentenaire entraîne la perte de la mitoyenneté d'un mur qui ne sert plus d'appui à construction depuis 1944 et que l'un des propriétaires mitoyens a refusé d'entretenir (■ Metz, 19 nov. 1992 : *JurisData* n° 1992-048781).

Art. 654. – Il y a marque de non-mitoyenneté lorsque la sommité du mur est droite et à plomb de son parement d'un côté, et présente de l'autre un plan incliné.

Lors encore qu'il n'y a que d'un côté ou un chaperon ou des filets et corbeaux de pierre qui y auraient été mis en bâtissant le mur.

Dans ces cas, le mur est censé appartenir exclusivement au propriétaire du côté duquel sont l'égout ou les corbeaux et filets de pierre.

1) Caractère énonciatif de l'énumération. L'énumération des marques de non-mitoyenneté contenue dans l'article 654 n'est qu'énonciative (■ Cass. req., 19 juill. 1928 : *DP* 1930, 1, 8. – V. aussi ■ Cass. 3e civ., 19 avr. 1989, n° 88-10.797 : *JurisData* n° 1989-001197 ; *Bull. civ.* III, n° 87, p. 48 ; *D.* 1990, somm. 84, 1re esp., obs. A. Robert).

2) Preuve contraire. La marque de non-mitoyenneté prévue à l'article 654, al. 1er, ne peut suffire à combattre les marques matérielles contraires et les indications qui ressortent d'un acte écrit (■ Cass. 1re civ., 6 févr. 1967 : *D.* 1967, 430).

Art. 655. – La réparation et la reconstruction du mur mitoyen sont à la charge de tous ceux qui y ont droit, et proportionnellement au droit de chacun.

1) Murs construits sur l'emplacement de murs mitoyens. Lorsque des murs ont été construits sur l'emplacement des anciens murs mitoyens, les règles de la mitoyenneté sont applicables et non celles de l'accession (■ Cass. req., 15 mai 1933 : *Gaz. Pal.* 1933, 2, 361).

2) Réparations rendues nécessaires par le fait d'un copropriétaire. Le copropriétaire doit supporter seul les frais de réparation lorsqu'il a lui-même endommagé le mur au cours de travaux de démolition de son immeuble vétuste (■ Cass. 3e civ., 2 déc. 1975, n° 74-11.995 : *JurisData* n° 1975-099356 ; *JCP* 76, IV, 32 ; *Bull. civ.* III, n° 356, p. 270. ■ Cass. 3e civ., 4 janv. 1990, n° 88-17.269 : *JurisData* n° 1990-000701 ; *Bull. civ.* III, n° 3, p. 2), et de manière générale lorsque les réparations sont rendues nécessaires par son fait (■ Cass. 3e civ., 21 déc. 1988, n° 87-16.039 : *JurisData* n° 1988-003260 ; *Bull. civ.* III, n° 188, p. 101. ■ Cass. 3e civ., 23 janv. 1991, n° 89-16.867 : *JurisData* n° 1991-000100 ; *Bull. civ.* III, n° 37, p. 21. ■ Versailles, 14 nov. 1994 : *D.* 1996, somm. 55, obs. A. Robert. ■ Cass. 3e, 28 sept. 2005 : *JCP* 2005, IV, 3276 ; *JurisData* n° 2005-029918 ; *Bull. civ.* III, n° 185, p. 169) ou par celui des choses qu'il a sous sa garde (■ Cass. 3e civ., 19 oct. 2005 : *JCP* 2005, IV, 3438 ; *JurisData* n° 2005-030337 ; *Bull. civ.* III, n° 200, p. 182). Le propriétaire qui, agissant dans son intérêt exclusif, démolit la construction lui appartenant qui protégeait jusqu'alors le mur mitoyen contre les intempéries doit supporter seul les frais nécessaires pour assurer l'étanchéité du mur (■ Rennes, 4e ch., 10 juin 1982 : *JurisData* n° 1982-041180). Les frais de réparation sont à la charge du propriétaire qui, en aggravant la servitude d'écoulement pesant sur son fonds, a provoqué la dégradation du mur (■ Besançon, 1re ch., 14 avr. 1992 : *JurisData* n° 1992-041745).

3) Effondrement d'un mur de soutènement. Il n'y a pas de faute du copropriétaire lorsque le mur s'est effondré parce qu'à l'origine sa technique de construction ne permettait pas une fonction de soutènement et parce que la liaison des deux parties du mur s'est désolidarisée sous l'effet de la poussée des terres (■ Lyon, 27 janv. 1993 : *D.* 1993, somm. 304, obs. A. Robert).

Art. 656. – Cependant, tout copropriétaire d'un mur mitoyen peut se dispenser de contribuer aux réparations et reconstructions en abandonnant le droit de mitoyenneté pourvu que le mur mitoyen ne soutienne pas un bâtiment qui lui appartienne.

1) Défaut d'entretien. La faculté d'abandon ne peut être exercée par un copropriétaire lorsque les frais de remise en état sont rendus nécessaires par son défaut d'entretien (■ Cass. 3e civ., 23 nov. 1976 : *Bull. civ.* III, n° 419, p. 319. *V. en ce sens pour un mur de soutènement s'étant effondré par vétusté et par l'effet d'un ouragan* ■ Cass. 3e civ., 21 mars 1990 : *JurisData* n° 1990-000945), mais elle pourrait l'être par son acquéreur (■ Grenoble, 30 juin 1958 : *Gaz. Pal.* 1958, 2, 196).

2) Copropriétaire retirant du mur un avantage particulier. La faculté d'abandon ne peut être exercée par un copropriétaire qui retire du mur mitoyen un avantage particulier, notamment lorsque le mur constitue pour le propriétaire d'un fonds, surplombant celui qui lui est contigu, le soutien des terres de sa propriété (■ Cass. 3e civ., 23 nov. 1976, préc. ■ Cass. 3e civ., 20 déc. 1989, n° 88-15.480 : *JurisData* n° 1989-704099 ; *Bull. civ.* III, n° 249, p. 136 ; *Defrénois* 1990, 751, obs. Souleau.

– V. aussi ▪ Cass. 3e civ., 25 sept. 2002 : *JCP* 2003, I, 117, n° 3, obs. Périnet-Marquet ; *JurisData* n° 2002-015569 ; *Bull. civ.* III, n° 182, p. 154 ; *D.* 2003, somm. 2046, obs. Mallet-Bricout).

3) Clôture forcée. La faculté d'abandon peut être exercée même dans les lieux où la clôture est forcée (▪ Cass. civ., 26 juill. 1882 : *DP* 1883, 1, 342).

4) Preuve de l'abandon. V., déduisant l'abandon de ce que le propriétaire a utilisé l'expression « votre mur », ▪ Metz, 19 nov. 1992 : *JurisData* n° 1992-048781.

Art. 657. – Tout copropriétaire peut faire bâtir contre un mur mitoyen, et y faire placer des poutres ou solives dans toute l'épaisseur du mur, à cinquante-quatre millimètres près, sans préjudice du droit qu'a le voisin de faire réduire à l'ébauchoir la poutre jusqu'à la moitié du mur, dans le cas où il voudrait lui-même asseoir des poutres dans le même lieu, ou y adosser une cheminée.

1) Acquisition forcée de la mitoyenneté. En principe, le constructeur d'un mur séparatif ne peut contraindre son voisin à en acquérir la mitoyenneté (▪ Cass. 3e civ., 30 juin 1992, n° 91-11.311 : *JurisData* n° 1992-001441 ; *JCP* 92, IV, 2539 ; *Bull. civ.* III, n° 235, p. 143. ▪ Aix-en-Provence, 4e ch., 26 mars 1996 : *JurisData* n° 1996-041060). Spécialement, dès lors qu'il a pris l'initiative de faire édifier la séparation sans qu'ait été obtenu l'accord du propriétaire de la parcelle limitrophe, tant sur le principe de cet ouvrage que sur l'acquisition de la mitoyenneté, il ne peut prétendre au remboursement de la moitié du coût de la construction (▪ Cass. 3e civ., 30 juin 1992, préc.). Mais l'article 657 ne permettant de faire bâtir contre un mur que si ce mur est mitoyen, le propriétaire qui a utilisé le mur séparatif pour y appuyer des terres de remblai et y bâtir des clôtures est tenu d'en acquérir la mitoyenneté (▪ Cass. 3e civ., 9 juin 1982 : *JurisData* n° 1982-701514 ; *JCP* 82, IV, 298 ; *D.* 1982, inf. rap. 421). Le propriétaire qui a procédé à l'extension de son mur à usage de garage en prenant appui sur lemur privatif voisin doit être contraint d'en acquérir la mitoyenneté. Peu importe que les poutres nécessaires à la construction ne prennent plus directement appui sur le mur, du moment que la construction est adossée au mur (▪ Bordeaux, 1re ch., 23 oct. 1996 : *JurisData* n° 1996-045191). Jugé que la seule juxtaposition des murs, séparés par un interstice de quelques centimètres (dans lequel ont été glissées des plaques de polystyrène), ne constitue pas une emprise de mitoyenneté suffisante (▪ Cass. 3e civ., 18 févr. 1987, n° 85-16.657 : *JurisData* n° 1987-000341 ; *Bull. civ.* III, n° 32, p. 19).

2) Hangar permettant l'entretien du mur. La mitoyenneté confère à chacun des copropriétaires le droit de bâtir contre le mur mitoyen à condition de ne pas nuire aux droits de l'autre. Ne peut donc être démoli le hangar, en partie démontable, édifié par des copropriétaires, permettant de procéder de leur côté à l'entretien du mur séparatif mitoyen sur lequel il prenait appui (▪ Cass. 3e civ., 28 oct. 1992 : *JurisData* n° 1992-002395).

Art. 658 *(L. n° 60-464, 17 mai 1960).* **– Tout copropriétaire peut faire exhausser le mur mitoyen ; mais il doit payer seul la dépense de l'exhaussement et les réparations d'entretien au-dessus de la hauteur de la clôture commune ; il doit en outre payer seul les frais d'entretien de la partie commune du mur dus à l'exhaussement et rembourser au propriétaire voisin toutes les dépenses rendues nécessaires à ce dernier par l'exhaussement.**

1) Consentement du voisin (non). Le copropriétaire qui veut exhausser le mur mitoyen n'a pas à solliciter le consentement de son voisin (▪ Cass. req., 18 avr. 1866 : *DP* 1866, 1, 336), sauf, par application de l'article 662, s'il appuie une construction sur l'exhaussement (▪ Lyon, 28 avr. 1976 : *JurisData* n° 1976-600051 ; *D.* 1977, 268, note Prévault), ou si l'exhaussement est réalisé par l'appui des deux côtés latéraux de la surélévation sur deux murs pignons privatifs (▪ Cass. 3e civ., 3 juill. 1973, n° 72-10.877 : *JurisData* n° 1973-000458 ; *Bull. civ.* III, n° 458, p. 335).

2) Mur non mitoyen dans une partie de sa surface ou de sa hauteur. L'acquisition de la mitoyenneté par prescription résultant de l'appui d'un bâtiment contre le mur est limitée à la surface usucapée et ne s'étend pas au supplément de surface occupé par l'extension de la construction (▪ Cass. 3e civ., 7 oct. 1980 : *JurisData* n° 1980-705102 ; *D.* 1981, inf. rap. 234, obs. A. Robert ; *Bull. civ.* III, n° 150, p. 111). Les articles 653 et 658 ne sont pas applicables et l'exhaussement est irrégulier lorsque le mur supporte un chaperon en tuiles avec un égout dirigé vers le jardin d'un des copropriétaires qu'il surplombe, et qu'il n'est donc pas mitoyen dans sa partie terminale (▪ Douai, 16 févr. 1989 : *RD imm.* 1989, 445, obs. Bergel).

3) Assiette de l'exhaussement. Le copropriétaire qui exhausse à ses frais exclusifs le mur mitoyen dans les conditions autorisées par l'article 658 n'est pas obligé d'établir l'exhaussement sur toute l'épaisseur du mur (▪ Cass. 1re civ.,

1er mars 1961 : *JurisData* n° 1961-000135 ; *Bull. civ.* I, n° 135, p. 108).

4) Incidence sur le fonctionnement de cheminées. Le copropriétaire mitoyen peut prétendre au remboursement des frais de transformation ou de surélévation des cheminées placées à proximité du mur dès lors qu'il y a relation de cause à effet entre l'exhaussement de celui-ci et le mauvais fonctionnement des cheminées (▪ Cass. 1re civ., 28 juin 1967 : *JurisData* n° 1967-700243 ; *JurisData* n° 1967-700243 ; *JurisData* n° 1967-700242 ; *D.* 1967, 672. ▪ Cass. 3e civ., 9 oct. 1985, n° 84-10.202 : *JurisData* n° 1985-002684 ; *Bull. civ.* III, n° 118, p. 91).

5) Mitoyennetés antérieures à la loi de 1960. La loi du 17 mai 1960 s'applique aux mitoyennetés préexistantes mais ne peut, sans rétroagir, remettre en cause les effets définitivement réalisés de travaux de surélévation exécutés antérieurement à sa promulgation (▪ Cass. 3e civ., 13 juill. 1994, n° 92-18.021 : *JurisData* n° 1994-001598 ; *JCP* 94, IV, 2292 ; *Bull. civ.* III, n° 148, p. 93).

6) Empiètement. Pour la Cour de cassation, une construction réalisée en surplomb, dans la mesure où elle est autoportante, ne prend pas appui en l'espèce sur un mur mitoyen, de sorte qu'elle ne se trouve pas soumise aux règles de rehaussement propres à la matière mais réalise un empiétement sur le fonds du voisin, lequel justifie que soit ordonné le retrait jusqu'à la ligne divisoire de propriété située au milieu dudit mur mitoyen (▪ Cass. 3e civ., 6 juill. 2017, n° 15-17.278 : *JurisData* n° 2017-013598 ; *RD imm.* 2017, 526, obs. Bergel ; *RTD civ.* 2017, p. 891, note Dross ; *JCP* G 2017, doctr. 1142, n° 6, obs. Périnet-Marquet).

Art. 659. – Si le mur mitoyen n'est pas en état de supporter l'exhaussement, celui qui veut l'exhausser doit le faire reconstruire en entier à ses frais, et l'excédent d'épaisseur doit se prendre de son côté.

Illustration. ▪ Cass. 3e civ., 6 mars 1974 : *Bull. civ.* III, n° 107, p. 82.

Art. 660 *(L. n° 60-464, 17 mai 1960)*. **– Le voisin qui n'a pas contribué à l'exhaussement peut en acquérir la mitoyenneté en payant la moitié de la dépense qu'il a coûtée et la valeur de la moitié du sol fourni pour l'excédent d'épaisseur, s'il y en a. La dépense que l'exhaussement a coûtée est estimée à la date de l'acquisition, compte tenu de l'état dans lequel se trouve la partie exhaussée du mur.**

Art. 661 *(L. n° 60-464, 17 mai 1960)*. **– Tout propriétaire joignant un mur a la faculté de le rendre mitoyen en tout ou en partie, en remboursant au maître du mur la moitié de la dépense qu'il a coûté, ou la moitié de la dépense qu'a coûté la portion du mur qu'il veut rendre mitoyenne et la moitié de la valeur du sol sur lequel le mur est bâti. La dépense que le mur a coûtée est estimée à la date de l'acquisition de sa mitoyenneté, compte tenu de l'état dans lequel il se trouve.**

I – CONDITIONS

1) Constitutionnalité. L'atteinte portée aux conditions d'exercice du droit de propriété par l'article 661 ne méconnaît pas l'article 2 de la Déclaration de 1789 (▪ Cons. const., déc. 12 nov. 2010, n° 2010-60 QPC ; *JCP* G 2011, 323, n° 4, obs. Périnet-Marquet ; *D.* 2011, p. 652 ; note Cheynet de Beaupré ; *RTD civ.* 2011, 144, note Revet).

2) Faculté absolue. La faculté d'acquérir la mitoyenneté est absolue, la seule condition imposée étant de payer le prix (▪ Cass. civ., 11 mai 1925 : *DH* 1925, 449. ▪ Cass. 3e civ., 25 avr. 1972, n° 71-10.161 : *JurisData* n° 1972-098259 ; *JCP* 72, II, 17152). La faculté d'acquérir étant absolue, *l'existence d'un droit indivis* de propriété n'empêche pas l'établissement d'une mitoyenneté entre le terrain sur lequel il porte et le terrain voisin appartenant à un coïndivisaire (▪ Cass. 3e civ., 4 juin 1975, n° 74-10.777 : *Bull. civ.* III, n° 192, p. 149).

3) Mur chevauchant la ligne séparative. L'article 661 implique que le mur a été édifié sur le fonds voisin (▪ Cass. 1re civ., 9 oct. 1963, n° 60-11 744 : *Gaz. Pal.* 1964, 1, 22). Un mur bâti par un seul propriétaire de part et d'autre de la limite de deux héritages dans une ville a dès son origine vocation à la mitoyenneté et le voisin qui veut y appuyer un bâtiment doit donc verser l'indemnité prévue par l'article 663 du Code civil et non celle prévue par l'article 661 (▪ Cass. 3e civ., 7 janv. 1971 : *JurisData* n° 1971-098016 ; *JCP* 71, II, 16696, note Goubeaux. – V. aussi ▪ Paris, 23e ch., 4 juin 1982 : *JurisData* n° 1982-022980. ▪ Rennes, 1re ch., 30 mai 1996 : *JurisData* n° 1996-048975). Mais jugé que le mur qui empiète sur le terrain voisin n'est pas pour autant mitoyen s'il a été construit sans l'accord du propriétaire de la parcelle limitrophe (▪ Cass. 3e civ., 9 juill. 1984, n° 83-11.987 : *JurisData* n° 1984-701301 ; *D.* 1985, 409, note Souleau). Un empiètement, quel qu'en soit l'auteur, fait obstacle à l'acquisition de la mitoyenneté (▪ Cass. 1re civ., 19 févr. 2014, n° 13-12.107). Sur le principe que les dispositions de l'article 555 sont étrangères au rapport né de la mitoyenneté, V. ▪ Cass. 3e civ., 8 mars 1972, n° 71-10.315 : *Bull. civ.* III, n° 169, p. 120.

4) Adossement d'une construction. Cession forcée (non). L'adossement d'une construction sur le mur d'un voisin n'emporte pas acquisition de la mitoyenneté et constitue une entreprise de fait justifiant la condamnation du constructeur à la démolition (▪ Cass. civ., 22 janv. 1900 : *DP* 1900, I, 351), ou à des dommages-intérêts (▪ Cass. 1re civ., 30 juin 1965 : *JCP* 66, II, 14499, 1re esp., note R. L.).

5) Nécessité d'une demande. Sur le principe que l'article 661 ne prévoit que la cession forcée, et non l'acquisition forcée, V. ▪ Bordeaux, 1re ch., 26 oct. 1994 : *JurisData* n° 1994-046793. Voir sur l'acquisition forcée de la mitoyenneté en cas d'emprise, sous art. 657, note n° 1 et s., p. 537.

6) Acquisition partielle. L'article 661 autorise tout propriétaire joignant un mur à n'en acquérir la mitoyenneté que pour partie suivant les besoins de sa construction (▪ Cass. req., 27 févr. 1939 : *DH* 1939, 226). Mais l'acquisition partielle n'est possible que dans la mesure où le caractère mitoyen du mur peut être limité à une portion de sa longueur (▪ TGI Laval, 1er févr. 1972 : *Gaz. Pal.* 1972, 2, 498, offre de paiement d'une somme représentant la valeur de la mitoyenneté compte tenu de l'épaisseur moyenne des murs similaires).

7) Incompatibilité de la mitoyenneté avec une servitude. La mitoyenneté d'un mur ne peut être acquise lorsque l'exercice de ce droit est incompatible avec celui d'une servitude de vue (▪ Cass. 3e civ., 23 oct. 1985, n° 84-14.167 : *JurisData* n° 1985-702713 ; *Bull. civ.* III, n° 130, p. 99 ; *RD imm.* 1986, 183, obs. Bergel. – V. en ce sens ▪ Cass. req., 25 janv. 1869 : *DP* 1870, 1, 72. Pour une servitude de vue conciliable avec la mitoyenneté, V. ▪ Cass. req., 27 déc. 1933 : *DH* 1934, 68). Les propriétaires d'un mur contre lequel s'appuie un cabanon ne peuvent s'opposer à l'acquisition de la mitoyenneté et réclamer la démolition du cabanon en soutenant qu'il est incompatible avec l'exercice éventuel d'une servitude d'écoulement des eaux sur le fonds de leurs voisins, alors que cet inconvénient résulte de la seule édification du cabanon et existerait même s'il ne prenait pas appui sur le mur (▪ Rennes, 1re ch., 2 avr. 1996 : *JurisData* n° 1996-043367).

8) Incompatibilité de la mitoyenneté avec un empiétement. L'empiétement fait obstacle à l'acquisition de la mitoyenneté (▪ Cass. 3e civ., 19 sept. 2007 : *JurisData* n° 2007-040404 ; *JCP* G 2008, I, 127, n° 6, obs. Périnet-Marquet ; *Constr.-urb.* 2007, comm. 223, obs. Chambord ; *JCP* G 2007, IV, 2869. – Comp. ▪ Cass. 3e civ., 11 mai 1982 : *RTD civ.* 1983, p. 560, obs. Giverdon. ▪ Cass. 3e civ., 9 juill. 1984, n° 83-11.987 : *JurisData* n° 1984-701301 ; *D.* 1985, p. 409, obs. Souleau ; *RTD civ.* 1985, p. 740, obs. Giverdon).

9) Paiement du prix. Sur le principe que le prix à payer porte sur la portion du mur pour laquelle la mitoyenneté est réclamée et de la même portion du terrain sur lequel le mur est édifié, V. ▪ Cass. 1re civ., 29 mars 1965, n° 63-11.795 : *JCP* 66, II, 14695, note Bulté. La dépense est estimée à la date d'acquisition de la mitoyenneté, compte tenu de l'état dans lequel le mur se trouve (même arrêt. ▪ Paris, 2e ch., 11 juill. 1990 : *JurisData* n° 1990-023726). Le maître du mur ne peut prétendre qu'aux intérêts de droit à compter du prononcé de l'arrêt, en dehors de toute indexation du prix de la construction sur l'indice du coût de la construction (▪ Paris, 2e ch., 11 juill. 1990, préc.). Celui sur le sol duquel le mur séparatif a été en partie construit peut en acquérir la mitoyenneté en remboursant au constructeur la moitié du coût de sa construction actualisé au jour de l'acquisition, la valeur de la moitié du sol n'ayant pas à être remboursée puisqu'elle lui appartient déjà (▪ Cass. 3e civ., 11 mai 1982 : *JCP* 82, IV, 257).

II – EFFETS

10) Date de la cession. En l'absence d'une convention, la cession de la mitoyenneté s'opère par l'effet de la demande d'acquisition et à sa date (▪ Cass. 1re civ., 19 janv. 1954 : *D.* 1954, 240).

11) Droits de l'acquéreur. L'acquéreur de la mitoyenneté peut exiger la démolition d'ouvrages antérieurs incompatibles avec l'exercice de ses droits de mitoyenneté (▪ Cass. civ., 28 juill. 1936 : *Gaz. Pal.* 1936, 2, 836). Il peut également s'opposer à l'exécution du bail antérieurement consenti par le vendeur à une entreprise d'affichage (▪ T. civ. Laval, 16 janv. 1930 : *DP* 1930, 2, 127, note Voirin).

12) Application des règles relatives à la vente (non). Les dispositions des articles 1641 et suivants relatives à la garantie des vices cachés ne sont pas applicables au cas où le propriétaire joignant un mur use de la faculté de le rendre mitoyen ouverte à son profit par l'article 661 (▪ Cass. 3e civ., 2 oct. 1980 : *JurisData* n° 1980-799166 ; *Bull. civ.* III, n° 143, p. 107 ; *D.* 1981, inf. rap. 234, obs. Robert).

Art. 662. – **L'un des voisins ne peut pratiquer dans le corps d'un mur mitoyen aucun enfoncement, ni y appliquer ou appuyer aucun ouvrage sans le consentement de l'autre, ou sans avoir, à son refus, fait régler par experts les moyens nécessaires pour que le nouvel ouvrage ne soit pas nuisible aux droits de l'autre.**

1) Concession à un tiers d'un droit d'usage. Un copropriétaire ne peut à lui seul concéder à un propriétaire non contigu ni tolérer en sa faveur l'usage du mur mitoyen (■ Cass. 1re civ., 20 juin 1962, n° 60 10 432 : *D.* 1962, 607). Jugé cependant que chaque copropriétaire possède un droit d'usage exclusif sur la face du mur qui limite son héritage et peut, sous la seule condition de ne pas compromettre la solidité du mur, y apposer des affiches ou céder son droit d'usage à des tiers (■ Paris, 6 févr. 1962 : *D.* 1962, somm. 69).

2) Ouvrages irrégulièrement édifiés. Sanctions. Il appartient aux juges du fond d'apprécier souverainement s'il convient d'ordonner la destruction des ouvrages irrégulièrement édifiés ou d'allouer des dommages-intérêts (■ Cass. 3e civ., 3 oct. 1974, n° 73-12.634 : *JurisData* n° 1974-098333 ; *D.* 1975, 151, travaux de surélévation diminuant l'éclairement et la vue des voisins et augmentant l'humidité de leur jardin). Jugé que si la construction ne nuit pas aux intérêts du propriétaire voisin et si elle n'entraîne aucune dégradation ni aucun risque d'effondrement, le défaut de consentement ne peut justifier la démolition demandée ni même, en l'absence de préjudice, des dommages-intérêts (■ Lyon, 28 avr. 1976 : *D.* 1977, 268, note Prévault).

3) Conduit de fumée apposé à un mur mitoyen. Dès lors que la suppression d'un conduit de fumée apposé à un mur mitoyen entre deux immeubles n'a porté aucune atteinte à cette séparation et ne cause aucun préjudice aux droits du propriétaire voisin, l'accord de celui-ci n'est pas nécessaire (■ Cass. 3e civ., 11 déc. 1985 : *JurisData* n° 1985-003300).

4) Crépi du mur. Le copropriétaire mitoyen ne peut imposer à son voisin la façon dont le mur doit être crépi du côté de la propriété de son coïndivisaire (■ Cass. 3e civ., 30 juin 1981 : *JurisData* n° 1981-002235).

Art. 663.

– Chacun peut contraindre son voisin, dans les villes et faubourgs, à contribuer aux constructions et réparations de la clôture faisant séparation de leurs maisons, cours et jardins assis ès dites villes et faubourgs : la hauteur de la clôture sera fixée suivant les règlements particuliers ou les usages constants et reconnus, et, à défaut d'usages et de règlements, tout mur de séparation entre voisins, qui sera construit ou rétabli à l'avenir, doit avoir au moins trente-deux décimètres de hauteur, compris le chaperon, dans les villes de cinquante mille âmes et au-dessus, et vingt-six décimètres dans les autres.

1) Cours et jardins. Le propriétaire d'un terrain ne peut invoquer l'article 663 si son terrain n'est ni une cour ni un jardin et ne forme pas non plus une dépendance naturelle et nécessaire du bâtiment qui y est établi (■ Cass. req., 28 févr. 1905 : *DP* 1905, 1, 303). L'obligation prévue à l'article 663 s'étend aux passages en tant que ceux-ci constituent la dépendance d'une habitation (■ Cass. 3e civ., 3 oct. 1974 : *D.* 1975, somm. 4).

2) Villes et faubourgs. L'article 663 ne précisant pas le sens des mots « faubourgs » et « villes », il appartient aux juges de déterminer souverainement si une propriété se trouve à la ville, dans un faubourg ou à la campagne (■ Caen, 1re ch., 21 sept. 1989 : *JurisData* n° 1989-045284).

3) Mur pignon faisant partie d'un édifice. L'article 663 ne peut être étendu à un mur pignon faisant partie d'un édifice (■ Cass. 3e civ., 15 mars 1968 : *Bull. civ.* III, n° 120, p. 94).

4) Clôture déjà en place. L'article 663 n'est pas applicable lorqu'une clôture en dur, conforme au plan d'occupation des sols, est déjà en place (■ Bourges, 1re ch., 20 mars 1991 : *JurisData n° 1991-043653). En revanche,* il importe peu qu'existe déjà un mur ancien surmonté d'un grillage, en retrait de la limite séparative sur l'un des fonds, dès lors qu'aucune clôture n'avait été construite sur la limite de propriété (■ Cass. 3e civ., 19 mars 2008 : *LPA* 22 mai 2008, p. 12, note Barbièri).

5) Mur de soutènement. L'article 663 ne peut être étendu à un mur de soutènement soutenant les terres de l'un des propriétaires (■ Aix-en-Provence, 4e ch., 26 mars 1996 : *JurisData* n° 1996-041060).

6) Démolition de la clôture déjà ordonnée en justice. La clôture forcée peut se heurter à une décision judiciaire définitive ayant condamné le demandeur ou son auteur à démolir un muret déjà édifié (■ Paris, 23e ch., 21 juin 1988 : *JurisData* n° 1988-024534).

7) Modalités de la clôture. Il y a lieu de faire droit à la demande fondée sur l'article 663 et tendant au remplacement d'une clôture de grillage par un mur plein, dans le prolongement d'un mur déjà existant, dès lors que les parties n'entretiennent pas des relations de bon voisinage et que le demandeur accepte de prendre en charge tous les frais de ces travaux (■ Caen, 1re ch., 21 sept. 1989, préc.).

8) Frais de clôture. Mur séparatif déjà construit. Dans le silence de l'article 663, un propriétaire ne saurait imposer au propriétaire d'un fonds contigu l'obligation de rembourser la moitié du prix d'un mur séparatif déjà construit (■ Cass. req., 25 juill. 1928 : *DP* 1929, 1, 29, note Fréjaville. – V. aussi ■ Cass. 3e civ., 25 oct. 1983 : *Bull. civ.* III, n° 198, p. 151. ■ Cass. 3e civ., 30 juin 1992, n° 91-11.311 : *JurisData* n° 1992-001441 ; *Bull. civ.* III, n° 235, p. 143).

9) Construction à l'emplacement d'un mur mitoyen. Les règles de la mitoyenneté ne s'appliquent pas lorsqu'une habitation est construite à l'emplacement d'un mur mitoyen préalablement détruit et empiète sur le fonds voisin (■ Cass. 3e civ., 18 févr. 1998, n° 95-19.106 : *JurisData* n° 1998-000669 ; *JCP* 99, I, 120, n° 2 ; obs. Périnet-Marquet ; *Bull. civ.* III, n° 43, p. 29 ; *Defrénois* 1998, 810, obs. Atias).

Art. 664 *(Abr., L. 28 juin 1938 ; L. n° 65-557, 10 juill. 1965).*

Voir : sur le statut de la copropriété des immeubles bâtis, L. n° 65-557, 10 juill. 1965, p. 2868 et D. n° 67-223, 17 mars 1967, p. 2910.

Art. 665. – **Lorsqu'on reconstruit un mur mitoyen ou une maison, les servitudes actives et passives se continuent à l'égard du nouveau mur ou de la nouvelle maison, sans toutefois qu'elles puissent être aggravées, et pourvu que la reconstruction se fasse avant que la prescription soit acquise.**

Art. 666 *(L. 20 août 1881).* – **Toute clôture qui sépare des héritages est réputée mitoyenne, à moins qu'il n'y ait qu'un seul des héritages en état de clôture, ou s'il n'y a titre, prescription ou marque contraire.**

Pour les fossés, il y a marque de non-mitoyenneté lorsque la levée ou le rejet de la terre se trouve d'un côté seulement du fossé.

Le fossé est censé appartenir exclusivement à celui du côté duquel le rejet se trouve.

1) Pouvoir souverain des juges du fond. Les termes de l'alinéa 2 de l'article 666 du Code civil sont purement énonciatifs et il appartient aux juges du fond d'apprécier souverainement la valeur des présomptions de mitoyenneté ou de non-mitoyenneté d'un fossé (■ Cass. 1re civ., 9 avr. 1959 : *Bull. civ.* I, n° 173, p. 144. ■ Cass. 3e civ., 11 juin 1986 : *D.* 1987, somm. 12, obs. A. Robert).

2) Applications. La marque de non-mitoyenneté résultant de ce que le rejet des terres se trouve d'un seul côté du fossé n'est pas détruite par la constatation de dépôts de terres accidentels sur l'autre côté (■ Toulouse, 20 nov. 1933 : *Gaz. Pal.* 1934, 1, 53. – V. en ce sens ■ Cass. req., 22 juill. 1861 : *DP* 1861, 1, 475). La circonstance que le fossé ait été creusé à une époque fort ancienne par le propriétaire des deux fonds non encore divisés n'est pas de nature à priver de signification la marque de non-mitoyenneté résultant des rejets de terre (■ Paris, 9 juin 1976 : *JurisData* n° 1976-625107 ; *Gaz. Pal.* 1977, 1, 252). Jugé que les énonciations d'un rapport d'expertise peuvent être insuffisantes à renverser la présomption de l'article 666, al. 2, de même que des témoignages portant sur des faits de possession vieux de plus de trente ans, et non sur des faits d'exploitation de la haie et du talus (■ Caen, 1re ch., 14 janv. 1988 : *JurisData* n° 1988-042290. Comp. ■ Bourges, 1re ch., 6 juin 1989 : *JurisData* n° 1989-046978).

Art. 667 *(L. 20 août 1881).* – **La clôture mitoyenne doit être entretenue à frais communs ; mais le voisin peut se soustraire à cette obligation en renonçant à la mitoyenneté.**

Cette faculté cesse, si le fossé sert habituellement à l'écoulement des eaux.

Art. 668 *(L. 20 août 1881).* – **Le voisin dont l'héritage joint un fossé ou une haie non mitoyens ne peut contraindre le propriétaire de ce fossé ou de cette haie à lui céder la mitoyenneté.**

Le copropriétaire d'une haie mitoyenne peut la détruire jusqu'à la limite de sa propriété, à la charge de construire un mur sur cette limite.

La même règle est applicable au copropriétaire d'un fossé mitoyen qui ne sert qu'à la clôture.

Art. 669 *(L. 20 août 1881).* – **Tant que dure la mitoyenneté de la haie, les produits en appartiennent aux propriétaires par moitié.**

Art. 670 *(L. 20 août 1881).* – **Les arbres qui se trouvent dans la haie mitoyenne sont mitoyens comme la haie. Les arbres plantés sur la ligne séparative de deux héritages sont aussi réputés mitoyens. Lorsqu'ils meurent ou lorsqu'ils sont coupés ou arrachés, ces arbres sont partagés par moitié. Les fruits sont recueillis à frais communs et partagés aussi par moitié, soit qu'ils tombent naturellement, soit que la chute en ait été provoquée, soit qu'ils aient été cueillis.**

Chaque propriétaire a le droit d'exiger que les arbres mitoyens soient arrachés.

Bibliographie : J. Lachaud, *L'arbre et le voisin* : *Gaz. Pal.* 1994, doctr. 1089.

1) Emplacement du tronc. Un arbre ne peut être considéré comme mitoyen, s'il a crû presque entièrement sur le fonds sur lequel il a été planté et si son tronc n'a que depuis quelques années dépassé la ligne séparative (■ Cass. req., 1er mars 1939 : *DH* 1939, 338).

2) Arbustes constituant une haie. L'article 670, et singulièrement son alinéa 2, ne concerne que les arbres mitoyens isolés se trouvant dans une haie ou plantés sur la ligne séparative et non des arbustes, variété de cyprès, destinés à la clôture, dont les branches entrelacées et le feuillage épais constituent une haie clôturant un jardin (■ Cass. 3e civ., 11 févr. 1976, n° 74-13.863 : *JurisData* n° 1976-098065 ; *D.* 1976, 561, note Prévault).

3) Partage de l'arbre. Si l'un des propriétaires doit être considéré comme ayant reçu sa part dans le partage de l'arbre dont il a de son propre chef supprimé la moitié, cet arbre garde son caractère mitoyen et l'arrachage doit en être ordonné à frais communs, mais au profit exclusif de l'autre copropriétaire (■ Cass. 1re civ., 16 juill. 1963 : *JCP* 63, II, 13363, note R. L.).

4) Droit aux fruits. S'agissant d'émonde, les branches et feuillages provenant de l'élagage sont des fruits qui doivent être recueillis à frais communs et partagés par moitié (■ Cass. 3e civ., 25 janv. 1972, n° 70-12.137 : *JurisData* n° 1972-098054 ; *Bull. civ.* III, n° 54, p. 39).

5) Obligation d'action concertée. Si à défaut d'un usage local contraire, chaque propriétaire peut exiger l'arrachage des arbres mitoyens, il ne peut procéder de son seul et propre chef ; de même, s'il peut exiger de son voisin que l'on procède à l'élagage, la taille doit être effectuée en commun par les deux propriétaires (■ Cass. 3e civ., 25 janv. 1972, préc.).

Art. 671 *(L. 20 août 1881).* – (1) **Il n'est permis d'avoir des arbres, arbrisseaux et arbustes près de la limite de la propriété voisine qu'à la distance prescrite par les règlements particuliers actuellement existants, ou par des usages constants et reconnus, et à défaut de règlements et usages, qu'à la distance de deux mètres de la ligne séparative des deux héritages pour les plantations dont la hauteur dépasse deux mètres, et à la distance d'un demi-mètre pour les autres plantations.**

Les arbres, arbustes et arbrisseaux de toute espèce peuvent être plantés en espaliers, de chaque côté du mur séparatif, sans que l'on soit tenu d'observer aucune distance, mais ils ne pourront dépasser la crête du mur.

Si le mur n'est pas mitoyen, le propriétaire seul a le droit d'y appuyer les espaliers.

I – DOMAINE D'APPLICATION

1) Haies. L'obligation de respect de la distance légale relative aux plantations s'applique également aux haies (■ Orléans, 24 févr. 1993 : *JurisData* n° 1993-040110).

2) Hauteur effective. L'article 671 ne s'applique pas aux plantations susceptibles d'atteindre deux mètres de haut, mais à celles qui atteignent cette hauteur (■ Douai, 8e ch., 7 oct. 1982 : *JurisData* n° 1982-042543). Il n'y a pas à prendre en compte le relief des lieux, mais seulement la hauteur intrinsèque des arbres (■ Cass. 3e civ., 4 nov. 1998, n° 96-14.159 : *JurisData* n° 1998-004338 ; *JCP* G 99, I, 120, n° 8, obs. Périnet-Marquet ; *JCP* N 99, 512 ; *Bull. civ.* III, n° 208, p. 139).

3) Mode de culture. La règle posée par l'article 671, al. 1er, doit recevoir application même si le fonds dans l'intérêt duquel l'observation de la distance légale est réclamée ne peut être cultivé dans la partie de terrain contiguë à la ligne séparative (■ Cass. civ., 25 mars 1862 : *DP* 1862, 1, 174). Elle s'applique aussi aux arbres faisant partie d'un bois exploité en taillis (■ Cass. civ., 24 juill. 1860 : *DP* 1860, 1, 320).

4) Servitude de cour commune. Une servitude de cour commune, qui s'analyse en une servitude de ne pas bâtir ou de ne pas dépasser une certaine hauteur, ne contient pas en elle-même une restriction des droits du propriétaire du fonds servant quant aux plantations, si le document d'urbanisme ne le précise pas (■ Paris, 8e ch., 10 févr. 1988 : *JurisData* n° 1988-020352).

5) Caractère supplétif (oui). L'article 671 du Code civil ayant un caractère supplétif, il est permis d'y déroger notamment en imposant des hauteurs plus faibles (■ Cass. 3e civ., 27 mars 2013, n° 11-21.221 : *JurisData* n° 2013-005477 ; *JCP* N 2013, 470 ; *JCP* G 2013, 1060, n° 12, obs. Périnet-Marquet).

6) Défendeur à l'action. Dans la mesure où une servitude est une charge imposée sur un héritage pour l'usage et l'utilité d'un héritage appartenant à un autre propriétaire, l'action fondée sur les articles 671 et suivants du Code civil ne peut pas prospérer lorsqu'elle est dirigée contre le preneur

(1) Dispositions applicables en Nouvelle-Calédonie dans leur version en vigueur au 21 juin 2013, Ord. n° 2013-516, 20 juin 2013, art. 1er.

à bail (■ Cass. 3e civ., 5 févr. 2014, n° 12-28.701 : *JCP* G 2014, 467, n° 14, note Périnet-Marquet).

II – DISTANCE LÉGALE

7) Calcul de la distance. Selon la Cour de cassation, la distance existant entre les arbres et la ligne séparative des héritages doit être déterminée depuis cette ligne jusqu'à l'axe médian des troncs des arbres (■ Cass. 3e civ., 1er avr. 2009, n° 08-11.876 : *JurisData* n° 2009-047670 ; *D.* 2009, p. 1087, obs. Chenu ; *JCP* G 2009, 337, n° 16, obs. Périnet-Marquet ; *JCP* N 2009, act. 322).

8) Fonds séparés par un chemin. S'il existe un chemin d'exploitation entre les deux héritages, la largeur de ce dernier doit être comprise dans la distance légale (■ Cass. req., 12 avr. 1910 : *DP* 1913, 5, 28).

9) Plantations le long des chemins ruraux. Voir : sur les plantations d'arbres et de haies vives le long des chemins ruraux, C. rur. pêche marit., art. D. 161-22.

10) Suppression. La suppression des arbres qui ne sont pas plantés à la distance légale peut être réalisée autrement que par arrachage (■ Caen, 28 janv. 1999, n° 9703148 : *JurisData* n° 1999-042773 ; *JCP* 99, IV, 2977, injection dans les souches de produits chimiques).

III – USAGES LOCAUX

11) Caractère supplétif de l'art. 671. Sur le principe que l'article 671 n'a qu'un caractère supplétif et ne s'applique pas en présence d'usages locaux contraires, V. ■ Metz, 23 janv. 1986 : *JurisData* n° 1986-042377. ■ Versailles, 18 mars 1988 : *JurisData* n° 1988-041118 ; *D.* 1989, somm. 34, 3e esp., obs. A. Robert (précisant que les usages ont une portée générale pour la totalité d'une localité et que leur application ne peut être subordonnée à l'étendue de la propriété). ■ Nîmes, 2e ch., 24 oct. 1983 : *JurisData* n° 1983-000569. ■ CA Rouen, 17 oct. 2006 : *JurisData* n° 2006-322387 ; *JCP* G 2007, IV, 2788.

12) Preuve de l'usage. Les juges du fond ne sont pas tenus de préciser les éléments d'où résulte l'usage dont ils constatent souverainement l'existence (■ Cass. 3e civ., 14 févr. 1984 : *JurisData* n° 1984-700205 ; *Bull. civ.* III, n° 36, p. 27).

13) Usage augmentant la distance légale. L'article 671 ne peut être invoqué contre un usage local selon lequel dans les terrains de labour et de fauche les plantations se feront à six mètres de la ligne séparative et à huit mètres pour les peupliers (■ Lyon, 8 févr. 1961 : *Gaz. Pal.* 1961, 1, 261).

14) Usage dispensant de toute distance. L'article 671 ne peut être invoqué contre un usage local d'après lequel les plantations ne sont assujetties à aucune distance (■ Cass. 1re civ., 27 nov. 1963 : *JurisData* n° 1963-000521 ; *D.* 1964, 102. – V. aussi ■ Bordeaux, 30 janv. 1986 : *JurisData* n° 1986-040236 ; *D.* 1989, somm. 34, 4e esp., obs. A. Robert. ■ Bordeaux, 6e ch., 17 févr. 1987 : *JurisData* n° 1987-040553, précisant que la prescription trentenaire ne peut faire obstacle à l'élagage réservé par les usages). Jugé que l'usage autorisant dans les banlieues pavillonnaires de la région parisienne la plantation d'arbres et de haies jusqu'à l'extrême limite des jardins ne peut être admis que s'il ne cause pas une gêne excessive (■ Paris, 24 avr. 1985 : *JurisData* n° 1985-022622 ; *D.* 1985, inf. rap. 399, obs. A. Robert. ■ Versailles, 21 sept. 1990 : *JurisData* n° 1990-044446 ; *JCP* G 91, II, 21772 ; *JCP* N 92, II, 295, note Prévault. ■ Paris, 8e ch., 30 avr. 1993 : *JurisData* n° 1993-021415. Sur l'extension géographique de cet usage parisien, V. ■ Paris, 10 oct. 1990 : *JurisData* n° 1990-024299 ; *D.* 1991, somm. 313, obs. A. Robert. ■ Versailles, 21 nov. 1997 et ■ Paris, 23 oct. 1997 : *JurisData* n° 1997-023016 ; *D.* 1998, somm. 349, obs. A. Robert ; *RD imm.* 1998, 67, obs. Bergel).

IV – PRESCRIPTION

15) Point de départ du délai de prescription. Quant au point de départ de la prescription trentenaire pour la réduction des arbres d'une hauteur excessive, la Cour de cassation énonce qu'il se situe à la date à laquelle les arbres en cause ont dépassé la hauteur maximum autorisée (■ Cass. 3e civ., 8 déc. 1981, n° 80-13.713 : *JurisData* n° 1981-703319 ; *Bull. civ.* 1981, III, n° 207 ; *RTD civ.* 1982, p. 436, obs. Giverdon. ■ Cass. 3e civ., 13 juin 2007 : *JurisData* n° 2007-039490 ; *JCP* G 2007, I, 197, n° 13, obs. Périnet-Marquet ; *JCP* G 2007, IV, 2482).

Art. 672 *(L. 20 août 1881)*. – (1) **Le voisin peut exiger que les arbres, arbrisseaux et arbustes, plantés à une distance moindre que la distance légale, soient arrachés ou réduits à la hauteur déterminée dans l'article précédent, à moins qu'il n'y ait titre, destination du père de famille ou prescription trentenaire.**

(1) Dispositions applicables en Nouvelle-Calédonie dans leur version en vigueur au 21 juin 2013, Ord. n° 2013-516, 20 juin 2013, art. 1er.

Si les arbres meurent, ou s'ils sont coupés ou arrachés, le voisin ne peut les remplacer qu'en observant les distances légales.

1) Conformité à la Constitution (oui). La troisième chambre civile a décidé de renvoyer au Conseil constitutionnel la question de la validité des dispositions du Code civil qui autorisent l'arrachage ou la réduction d'arbres, d'arbustes ou d'arbrisseaux portés à une distance d'une ligne séparative moindre que la distance légale, sans que le voisin ait à justifier d'un préjudice particulier, dispositions susceptibles de heurter les articles 1 à 4 de la Charte de l'environnement (■ Cass. 3ᵉ civ., 5 mars 2014, n° 13-22.608 : *JurisData* n° 2014-003945 ; *JCP* G 2014, 467, n° 14, obs. Périnet-Marquet). Par suite, le Conseil constitutionnel a affirmé que les articles 671 et 672 du Code civil, relatifs aux distances et hauteurs des plantations en bordure d'un fonds voisin, ne méconnaissent pas la Charte de l'environnement et ne portent pas atteinte au droit de propriété (■ Cons. const., 7 mai 2014, n° 2014-394 QPC).

2) Option entre arrachage et élagage. L'option entre l'arrachage et l'élagage des arbres situés entre cinquante centimètres et deux mètres de la limite des fonds voisins appartient au propriétaire des arbres (■ Cass. 3ᵉ civ., 14 oct. 1987, n° 86-13.286 : *JurisData* n° 1987-001507 ; *Bull. civ.* III, n° 174, p. 101. V. en ce sens ■ Cass. 3ᵉ civ., 17 juill. 1985, n° 84-14.670 : *JurisData* n° 1985-701890 ; *Bull. civ.* III, n° 112, p. 86 ; *RD imm.* 1986, 184, obs. Bergel. ■ Dijon, 14 févr. 1992 : *JurisData* n° 1992-041271 ; *D.* 1993, somm. 40, obs. A. Robert).

3) Date de la mise en conformité. Il ne suffit pas que le propriétaire de la haie se soit mis en conformité à la date de l'audience de première instance dès lors que certains arbustes ont ensuite dépassé de dix à quinze centimètres la hauteur réglementaire de deux mètres (■ Cass. 3ᵉ civ., 19 mai 2004 : *JCP* 2004, I, 171, n° 21, obs. Périnet-Marquet ; *JurisData* n° 2004-023728 ; *Bull. civ.* III, n° 106, p. 96 ; *D.* 2004, somm. 2408, obs. Mallet-Bricout). La réduction d'une haie de thuyas peut être ordonnée pour une date postérieure pour tenir compte de la période idoine (■ Paris, 27 sept. 1989, n° 88 017318 : *JurisData* n° 1989-024867 ; *D.* 1991, somm. 27, 3ᵉ esp., obs. A. Robert).

4) Préjudice du propriétaire du fonds voisin. Toute infraction aux dispositions de l'article 671 porte atteinte à la jouissance du fonds du voisin et constitue en elle-même un préjudice (■ Bourges, 1ʳᵉ ch., 3 nov. 1992 : *JurisData* n° 1992-046096).

5) Point de départ de la prescription. Le point de départ de la prescription trentenaire pour la réduction des arbres près de la limite de la propriété voisine à la hauteur déterminée par l'article 671 n'est pas la date à laquelle ils ont été plantés mais celle à laquelle ils ont dépassé la hauteur maximum permise (■ Cass. 3ᵉ civ., 8 déc. 1981, n° 80-13.713 : *JurisData* n° 1981-703319 ; *JCP* 82, IV, 84 ; *Bull. civ.* III, n° 207, p. 151. ■ Cass. 3ᵉ civ., 13 juin 2007 : *JurisData* n° 2007-039490 ; *JCP* G 2007, 197, n° 13, obs. Périnet-Marquet ; *JCP* G 2007, IV, 2482. ■ Orléans, 24 févr. 1993 : *JurisData* n° 1993-040110). La prescription trentenaire n'est pas applicable aux rejets plus récents produits par les souches (■ Paris, 1ʳᵉ ch., 19 juin 1981 : *JurisData* n° 1981-024884).

6) Trouble du voisinage. Abattage des arbres plantés à la distance légale. Les juges du fond peuvent ordonner l'abattage des arbres plantés à la distance légale s'ils retiennent l'existence d'un trouble excédant les inconvénients normaux du voisinage (■ Cass. 3ᵉ civ., 4 janv. 1990, n° 88-16.702 : *JurisData* n° 1990-700024 ; *Bull. civ.* III, n° 4, p. 2. – V. aussi ■ Grenoble, 22 mai 2000, n° 98/02718 : *JurisData* n° 2000-121161 ; *JCP* 2001, IV, 1718).

Art. 673 *(L. 20 août 1881 ; L. 12 févr. 1921).* – **Celui sur la propriété duquel avancent les branches des arbres, arbustes et arbrisseaux du voisin peut contraindre celui-ci à les couper. Les fruits tombés naturellement de ces branches lui appartiennent.**

Si ce sont les racines, ronces ou brindilles qui avancent sur son héritage, il a le droit de les y couper lui-même à la limite de la ligne séparative.

Le droit de couper les racines, ronces et brindilles ou de faire couper les branches des arbres, arbustes ou arbrisseaux est imprescriptible.

1) Caractère constitutionnel de la disposition (oui). Selon la Cour de cassation, les dispositions de l'article 673 du Code civil, qui n'ont ni pour objet ni pour effet de priver le propriétaire des arbres de son droit de propriété, mais seulement d'en restreindre l'exercice, afin d'assurer des relations de bon voisinage par l'édiction de règles relatives aux végétaux débordant les limites de propriété, sont proportionnées à cet objectif d'intérêt général, étant entendu par ailleurs que, au regard des dispositions de la charte de l'environnement invocables à l'appui d'une question prioritaire de constitutionnalité, l'élagage des branches prévu par le texte du Code civil ne peut avoir de conséquences sur l'environnement (■ Cass. 3ᵉ civ., 3 mars 2015, n° 14-40.051, QPC).

2) Titulaire d'une servitude (oui). L'article 673 du Code civil ouvre l'exercice de l'action en élagage quelle que soit la nature du droit réel à protéger, y compris une servitude (■ Cass. 1re civ., 8 févr. 1965, n° 63-10.957 : *Bull. civ.* I, n° 106. ■ Cass. 3e civ., 5 juin 2013, n° 11-22.958).

3) Fonds séparés par un chemin. L'article 673, al. 1er, n'est pas applicable aux fonds séparés par un chemin privé dont l'usage commun par les riverains ne saurait être limité à la circulation et au passage (■ Cass. 3e civ., 2 févr. 1982, n° 81-12.532 : *JurisData* n° 1982-700161 ; *JCP* 82, IV, 143 ; *Bull. civ.* III, n° 34, p. 22). Voir : sur l'obligation pour les propriétaires dont les chemins et sentiers d'exploitation desservent les fonds de contribuer, dans la proportion de leur intérêt, aux travaux nécessaires à leur entretien et à leur mise en état de viabilité, C. rur. pêche marit., art. L. 162-2.

4) Arbres et racines visés. La rédaction de l'article 673 n'autorise pas à en restreindre l'application aux racines secondaires et aux arbres plantés à la distance prescrite par l'article 671 (■ Cass. 1re civ., 18 janv. 1960 : *JurisData* n° 1960-000031 ; *Bull. civ.* I, n° 31, p. 24). Le régime juridique des drageons, qui constituent des développements de la végétation à partir de l'extension des racines, doit être assimilé à celui des racines au sens de l'article 673 (■ TGI Bayonne, 30 nov. 1993 : *JurisData* n° 1993-051610 ; *RD imm.* 1995, 80, obs. Bergel).

5) Responsabilité du propriétaire de l'arbre. Le propriétaire d'un arbre, même planté à la distance réglementaire, est responsable des dommages causés par les racines s'étendant sur les héritages voisins (■ Paris, 13 déc. 1960 : *JCP* 61, II, 11937, note J. Mazeaud, et, sur pourvoi, ■ Cass. 1re civ., 6 avr. 1965 : *D.* 1965, 432, – V. en ce sens ■ Cass. 3e civ., 20 nov. 1984 : *D* 1985, inf. rap. 399, obs. A. Robert).

6) Droit imprescriptible. Le droit d'obtenir l'élagage est imprescriptible, il ne saurait être restreint à la possibilité d'un élagage qui ne mette pas en cause le droit d'être maintenu en place et en vie et que ces végétaux auraient acquis de l'article 672 (■ Cass. 3e civ., 16 janv. 1991, n° 89-13.698 : *JurisData* n° 1991-000061 ; *JCP* 91, IV, 97 ; *Bull. civ.* III, n° 25, p. 15 ; *D. 1991*, somm. *308*, 5e esp., obs. A. Robert. ■ Cass. 3e civ., 27 mai 1998, n° 95-16.465 : *JurisData* n° 1998-002406 ; *JCP* 99, I, 120, n° 8, obs. Périnet-Marquet. – V. aussi ■ Versailles, 12 janv. 1990 : *D.* 1991, somm. 27, 2e esp., obs. A. Robert). Le non-exercice de ce droit constitue, en l'absence de convention expresse, une tolérance qui ne peut caractériser une servitude dont la charge s'aggraverait avec les années (■ Cass. 3e civ., 17 juill. 1975, n° 74-11.217 : *JurisData* n° 1975-098262 ; *Bull. civ.* III, n° 262, p. 198. ■ Cass. 3e civ., 18 oct. 2006, n° 04-20.370 : *JurisData* n° 2006-035405 ; *Bull. civ.* III, n° 203 ; *Procédures* 2007, comm. 17, obs. Junillon ; *JCP* G 2007, I, 117, n° 3, obs. Périnet-Marquet ; *RD imm.* 2007, p. 148, obs. Gavin-Millan-Oosterlynck ; *Dr. et patrimoine* juill.-août 2007, p. 92, obs. Seube).

7) Lotissement. Interdiction d'abattage. La clause du cahier des charges d'un lotissement interdisant l'abattage des arbres ne saurait avoir pour effet de déroger à l'obligation du propriétaire de faire élaguer les branches des arbres qui dépassent de son fonds (■ Pau, 1re ch., 10 oct. 1991 : *JurisData* n° 1991-045449). De même, la circonstance que les propriétaires avaient acheté un terrain dans un lotissement créé dans un objectif de valorisation d'un site boisé autour d'un cèdre centenaire ne peut faire dégénérer en abus leur demande en réduction de la ramure (■ Cass. 3e civ., 30 juin 2010 : *JurisData* n° 2010-010653 ; *Bull. civ.* 2010, III, n° 137 ; *JCP* 2010, 1162, n° 25, obs. Périnet-Marquet).

8) Droit de demander l'élagage. Le droit de demander l'élagage persiste même au prix d'engendrer la mort de l'arbre (■ Cass. 3e civ., 30 juin 2010, n° 09-16.257 : *Bull. civ.* III, n° 137 ; *D.* 2011, 148, note Mémeteau ; *AJDI* 2011, p. 313, obs. Prigent). L'exercice ne saurait être paralysé au motif que l'arbre ne présente aucun danger pour le voisin, ni ne lui cause un trouble anormal (■ Cass. 3e civ., 31 mai 2012, n° 11-17.313 : *JurisData* n° 2012-013121 ; *D.* 2012, p. 2137, obs. Mallet-Bricout ; *Dr. et patrimoine* déc. 2012, p. 93, obs. Seube et Revet). En revanche, ne saurait contraindre le propriétaire de l'arbre à nettoyer les résidus végétaux tombés sur le fonds voisin (■ Cass. 3e civ., 30 mai 2012, n° 11-11.788 : *JurisData* n° 2012-011690 ; *D.* 2012, p. 2137, obs. Mallet-Bricout ; *Dr. et patrimoine* déc. 2012, p. 93, obs. Seube et Revet). Si l'obligation d'élaguer s'applique même dans un espace boisé classé, encore faut-il que l'élagage ne soit pas nuisible à la conservation des arbres objet du litige (■ Cass. 3e civ., 27 avr. 2017, n° 16-13.953 : *JurisData* n° 2017-007849 ; *JCP* G 2017, doctr. 1142, n° 13, obs. Périnet-Marquet ; *RD imm.* 2017 p. 428, note Revet).

9) Compétence. Voir : sur la compétence du tribunal d'instance pour les actions relatives à l'élagage des arbres, COJ, art. R. 221-16, mais l'action doit être portée devant le tribunal de grande instance s'il y a contestation sur les droits de propriété ou de servitude (■ Cass. civ., 18 juill. 1923 : *DP* 1926, 1, 118).

10) Ordre public (non). L'article 673 du Code civil n'est pas d'ordre public (■ Cass. 3e civ., 13 juin 2012, n° 11-18.791 : *JurisData* n° 2012-013121 ; *Constr.-Urb.* 2012, comm. 134, obs. Cornille ; *JCP* G 2012, 1186, n° 11, obs. Périnet-Marquet ; *Environnement et dév. durable* 2012, prat. 1, Sekaï ; *Dr. et patrimoine* déc. 2012, p. 93, obs. Seube et Revet).

Section II. – De la distance et des ouvrages intermédiaires requis pour certaines constructions

Art. 674. – **Celui qui fait creuser un puits ou une fosse d'aisance près d'un mur mitoyen ou non,**

Celui qui veut y construire cheminée ou âtre, forge, four ou fourneau,

Y adosser une étable,

Ou établir contre ce mur un magasin de sel ou amas de matières corrosives,

Est obligé à laisser la distance prescrite par les règlements et usages particuliers sur ces objets, ou à faire les ouvrages prescrits par les mêmes règlements et usages pour éviter de nuire au voisin.

1) **Construction conforme à un permis de construire.** Lorsqu'une construction a été édifiée conformément à un permis de construire, le propriétaire ne peut être condamné par un tribunal de l'ordre judiciaire du fait de la méconnaissance des règles d'urbanisme ou des servitudes d'utilité publique que si, préalablement, le permis a été annulé pour excès de pouvoir ou son illégalité constatée par la juridiction administrative (C. urb., art. L. 480-13). Le demandeur doit établir une relation directe entre l'infraction et le préjudice personnel qu'il invoque (■ Cass. 3e civ., 17 mars 1976 : *Bull. civ.* III, n° 294, p. 226).

2) **Servitude de cour commune.** Voir : sur la servitude judiciaire dite de « cours communes », C. urb., art. L. 471-1 à L. 471-3 et art. R. 471-1 à R. 471-5. Sur le droit à indemnité du propriétaire du fonds grevé, V. ■ Cass. 3e civ., 26 avr. 1977 : *JurisData* n° 1977-098176 ; *JCP* 78, II, 18791. Jugé que la servitude de cour commune ne profite pas à un fonds dominant, mais est prescrite dans l'intérêt de la collectivité (■ Paris, 26 nov. 1997 : *JurisData* n° 1997-023817 ; *JurisData* n° 1997-023817 ; *Defrénois* 1998, 812, obs. Atias ; *RD imm.* 1998, 67, obs. Bergel).

3) **Protection possessoire (non).** Les particuliers qui subissent un trouble résultant de la violation de servitudes d'urbanisme ne bénéficient pas de la protection possessoire (■ Cass. 3e civ., 27 janv. 1976, n° 74-14.430 : *JurisData* n° 1976-098037 ; *Bull. civ.* III, n° 37, p. 26).

4) **Barbecue construit près d'une clôture.** L'article 674 s'applique à certains ouvrages construits près d'un mur, mitoyen ou non. Il est donc inapplicable à un barbecue construit près d'une clôture (■ Caen, 1re ch., 10 mars 1994 : *JurisData* n° 1994-042090).

5) **Servitude d'urbanisme et trouble de voisinage.** Dès lors que la violation d'une servitude d'urbanisme cause à un voisin un préjudice personnel, les juges du fond n'ont pas à rechercher, pour condamner l'auteur de l'infraction, si ce préjudice excède les inconvénients normaux du voisinage (■ Cass. 3e civ., 29 nov. 1983, n° 82-14.155 : *JurisData* n° 1983-702649 ; *Bull. civ.* III, n° 247, p. 187).

Section III. – Des vues sur la propriété de son voisin

Art. 675. – **L'un des voisins ne peut, sans le consentement de l'autre, pratiquer dans le mur mitoyen aucune fenêtre ou ouverture, en quelque manière que ce soit, même à verre dormant.**

1) **Notion de jour. Briques translucides.** Des briques translucides ne peuvent constituer un « jour » prohibé par l'article 675 (■ Cass. 1re civ., 26 nov. 1964, n° 62-10-289 : *JCP* 65, II, 14185, note Bulté).

2) **Mur non mitoyen.** L'interdiction posée par l'article 675 n'est plus applicable lorsque le mur cesse d'être mitoyen (■ Cass. req., 17 mars 1891 : *DP* 1892, 1, 25).

3) **Servitude de vue. Acquisition par prescription.** L'ouverture pratiquée en violation de l'article 675 peut être acquise par prescription si elle constitue non pas un simple jour mais une servitude de vue (■ Cass. 3e civ., 10 avr. 1975, n° 73-14.136 : *JurisData* n° 1975-098117 ; *Bull. civ.* III, n° 117, p. 89).

4) **Copropriété.** Dans le régime de la copropriété des immeubles bâtis, les lots ne sont séparés par aucune ligne divisoire et la totalité du sol est partie commune. Viole les articles 675 du Code civil et 1er, al. 1er, de la loi du 10 juillet 1965 la cour d'appel qui, après avoir relevé que les pavillons se trouvent régis par le statut de la copropriété des immeubles bâtis, retient l'existence d'une vue directe sur le fonds voisin (■ Cass. 3e civ., 19 juill. 1995, n° 93-17.134 : *JurisData* n° 1995-002107 ; *JCP* 95, IV, 2294 ; *Bull. civ.* III, n° 201, p. 134). L'article 675 ne fait pas obstacle à ce qu'en application de l'article 30, al. 4, de la loi de 1965, l'autorité judiciaire accorde l'autorisation de pratiquer une ouverture sur le mur mitoyen que les assemblées générales des copropriétés concernées ont refusée (■ Paris, 23e ch., 5 déc. 1994 : *JurisData* n° 1994-024483).

Art. 676. – Le propriétaire d'un mur non mitoyen, joignant immédiatement l'héritage d'autrui, peut pratiquer dans ce mur des jours ou fenêtres à fer maillé et verre dormant.

Ces fenêtres doivent être garnies d'un treillis de fer, dont les mailles auront un décimètre (environ trois pouces huit lignes) d'ouverture au plus, et d'un châssis à verre dormant.

Art. 677. – Ces fenêtres ou jours ne peuvent être établis qu'à vingt-six décimètres (huit pieds) au-dessus du plancher ou sol de la chambre qu'on veut éclairer, si c'est au rez-de-chaussée, et à dix-neuf décimètres (six pieds) au-dessus du plancher pour les étages supérieurs.

1) Caractère de l'ouverture. La détermination du caractère des ouvertures est une question de fait qu'il appartient aux juges du fond de trancher souverainement, alors même que ces ouvertures ont été pratiquées en dehors de certaines des conditions prévues par les articles 676 et 677 du Code civil (▪ Cass. 3e civ., 17 déc. 1973, n° 72-13.809 : *JurisData* n° 1973-000633 ; *JCP* 74, IV, 47. ▪ Cass. 3e civ., 31 janv. 1984, n° 82-14.376 : *JurisData* n° 1984-700353 ; *Bull. civ.* III, n° 24, p. 18. – V. aussi ▪ Versailles, 12 nov. 1980 : *JurisData* n° 1980-698015 ; *JCP* 82, II, 19709, note Goubeaux).

2) Notions de jour et de vue. Voir sous art. 678, annot. n° 9, p. 549.

3) Jours irréguliers. Un propriétaire ayant créé deux ouvertures donnant directement sur la propriété de son voisin, ce dernier peut demander soit la mise en conformité avec les articles 676, alinéa 2, et 677, soit leur transformation en simples jours de souffrance ou fenêtres à fer maillé et verre dormant sans avoir à justifier d'un préjudice (▪ Aix-en-Provence, 4e ch., 17 oct. 1995 : *JurisData* n° 1995-046758). Le juge considère comme des jours valablement constitués des ouvertures au châssis fixe et garnies d'un treillis métallique sur lequel était monté un matériau translucide mais opaque, c'est dire qu'à partir du moment où ces ouvertures offrent au fonds servant des garanties de discrétion suffisantes, peu importe leur hauteur par rapport au plancher (▪ Cass. 3e civ., 27 mai 2009, n° 08-12.819 : *JurisData* n° 2009-048249 ; *JCP* G 2009, 337, n° 15, obs. Périnet-Marquet. V. égal. dans ce sens, ▪ Caen, 1re ch., 28 nov. 1995 : *JurisData* n° 1995-050592, qui juge que des ouvertures ne respectant pas à la lettre les articles 676 et 677 peuvent néanmoins être admises *dès lors qu*'elles ne permettent qu'une minime vue oblique, de sorte que l'esprit de ces articles est respecté). En revanche, la Cour de cassation avait décidé antérieurement que ne donne pas de base légale à sa décision la cour d'appel qui retient qu'une ouverture donnant sur le toit du bâtiment voisin, en l'absence de tout risque d'indiscrétion, échappe à la réglementation des servitudes de vue, sans rechercher si cette ouverture ne constitue pas un jour devant répondre aux exigences de l'article 676 (▪ Cass. 3e civ., 10 juill. 1996, n° 94-16.357 : *JurisData* n° 1996-003029 ; *JCP* 1996, IV, 2111 ; 1997, I, 4010, n° 20, obs. Périnet-Marquet ; *Bull. civ.* III, n° 182, p. 116 ; *RTD civ.* 1998, 417, obs. Zenati).

4) Tolérance attachée au jour. Aucun droit n'est conféré au propriétaire d'un simple jour de souffrance considéré comme une tolérance à laquelle s'attache un élément de précarité puisque le propriétaire du fonds voisin peut y mettre un terme à tout moment, notamment en élevant une construction en limite séparative (▪ Paris, 23e ch., 26 janv. 1996 : *JurisData* n° 020099). Le fait de pratiquer un jour dans un mur joignant immédiatement l'héritage d'autrui ne fait pas naître à la charge de cet héritage une servitude et n'entraîne pour son propriétaire aucune restriction à son droit de propriété (▪ Cass. 3e civ., 7 avr. 2004, n° 02-20.502 : *JurisData* n° 2004-023261 ; *JCP* 2004, II, 10195, note Pierroux ; *Bull. civ.* III, n° 84, p. 77 ; *D.* 2004, somm. 2466, obs. Mallet-Bricout). Sur le principe que les jours de tolérance ne peuvent être acquis par prescription, V. ▪ Cass. 1re civ., 31 janv. 1966 : *JurisData* n° 1966-700071 ; *D.* 1966, 433. ▪ Paris, 23e ch., 14 juin 1995 : *JurisData* n° 1995-022579. Voir sur l'acquisition par prescription des vues, sous art. 678, annot. n° 22, p. 551.

5) Servitude conventionnelle. La cour d'appel qui a relevé que la servitude conventionnelle comporte une vue sur le fonds voisin estime à bon droit que les conditions auxquelles est subordonnée par l'article 676 l'ouverture des jours de souffrance ne peuvent être imposées au titulaire d'une servitude dont l'exercice a été réglé par titre (▪ Cass. 3e civ., 11 févr. 1971, n° 69-12.735 : *JurisData* n° 1971-098111 ; *Bull. civ.* III, n° 111, p. 80).

6) Construction sur le fonds voisin. L'existence dans le mur pignon établi en limite séparative de jours de souffrance ou de tolérance ne fait pas obstacle à l'édification d'une construction sur le fonds voisin jusqu'à cette limite, même si elle a pour effet d'entraîner l'obstruction de ces jours (▪ Paris, 23e ch., 14 juin 1995 : *JurisData* n° 1995-022579).

Art. 678 ***(L. n° 67-1253, 30 déc. 1967).*** **– On ne peut avoir des vues droites ou fenêtres d'aspect, ni balcons ou autres semblables saillies sur l'héritage clos ou non clos de son voisin, s'il n'y a dix-neuf décimètres de distance**

entre le mur où on les pratique et ledit héritage, à moins que le fonds ou la partie du fonds sur lequel s'exerce la vue ne soit déjà grevé, au profit du fonds qui en bénéficie, d'une servitude de passage faisant obstacle à l'édification de constructions.

I – DOMAINE D'APPLICATION DE L'ARTICLE 678

A – Conditions relatives aux fonds

1) Fonds contigus. Les prescriptions relatives aux distances à respecter pour ouvrir des vues droites sur l'immeuble voisin ne concernent que les propriétés contiguës (▪ Cass. 3e civ., 22 mars 1989, n° 87-17.454 : *JurisData* n° 1989-700926 ; *Bull. civ.* III, n° 74, p. 41. V. aussi ▪ Cass. 3e civ., 21 déc. 1987 : *JurisData* n° 1987-002179). Ne sont pas voisins ou contigus deux fonds séparés par une venelle appartenant à un tiers (▪ Bordeaux, 7 janv. 1966 : *D.* 1966, 202). Le propriétaire d'une portion du sol d'une voie privée ouverte à la circulation du public ne peut opposer les prescriptions légales à son voisin qui a pratiqué une ouverture dans le mur de son fonds joignant le sien pour bénéficier d'un accès direct sur la voie privée dès lors que les deux propriétés ne sont pas contiguës (▪ Versailles, 1re ch., 22 juin 1995 : *JurisData* n° 1995-047564). Mais l'article 678 s'applique lorsque le fonds dans lequel la vue a été établie est séparé du fonds sur lequel elle donne par un espace privé commun, et la distance légale doit donc alors s'apprécier, non pas au milieu de la voie commune, mais de l'autre côté de celle-ci (▪ Cass. 3e civ., 14 janv. 2004 : *JurisData* n° 2004-021786 ; *JCP* 2004, I, 171, n° 17, obs. Périnet-Marquet ; *Bull. civ.* III, n° 9, p. 6 ; *D.* 2004, somm. 2409, obs. Reboul-Maupin). Cela étant, dans la mesure où les distances prescrites par l'article 678 du Code civil au titre des servitudes de vue ne trouvent à s'appliquer que si les fonds dominant et servant sont contigus, il en résulte que si les deux tènements sont séparés par une bande de terre qui n'est rattachée à la propriété ni de l'un ni de l'autre, les servitudes légales de vue ne sont pas applicables, quelle que soit la distance entre les fonds (▪ Cass. 3e civ., 23 nov. 2017, nos 15-26.240 et 15-26.761 : *JurisData* n° 2017-023610 ; *JCP* N 2017, act. 1011, obs. Meiller).

2) Copropriété ou indivision. Sur le principe qu'une servitude de vue ne peut exister à l'intérieur d'une copropriété, dès lors que les copropriétaires ont seulement la jouissance exclusive de leur lot dont la propriété demeure commune entre tous, V. ▪ Cass. 3e civ., 10 janv. 1984 : *D.* 1985, 335, note crit. Aubert. ▪ Cass. 3e civ., 19 juill. 1995, n° 93-12.325 : *JurisData* n° 1995-002102 ; *JCP 95, IV, 2294* ; *Bull. civ.* III, n° 201, p. 134. La destination de l'immeuble ne permet pas, dans le silence du règlement de copropriété, d'imposer au copropriétaire aucune aggravation des obligations résultant pour lui de l'application de l'article 678 (▪ Paris, 23e ch., 4 déc. 1990 : *JurisData* n° 1990-025113). Ne constituent pas des servitudes de vue des ouvertures donnant, non sur une propriété privative appartenant à un voisin, mais sur une parcelle indivise (▪ Cass. 3e civ., 24 oct. 1990, n° 88-15.667 : *JurisData* n° 1990-702671 ; *JCP* 90, IV, 417 ; *Bull. civ.* III, n° 207, p. 119).

3) Servitude de passage. Les articles 678 et 679 ne sont pas applicables au cas où le fonds ou la partie du fonds sur lequel s'exerce la vue droite ou oblique est déjà grevé, au profit du fonds qui en bénéficie, d'une servitude de passage faisant obstacle à l'édification de constructions (▪ Cass. 3e civ., 14 mars 1973, n° 72-10.676 : *JurisData* n° 1973-098208 ; *Bull. civ.* III, n° 208, p. 150. – V. aussi ▪ Cass. 3e civ., 23 févr. 2005 : *JCP* 2005, I, 181, n° 13, obs. Périnet-Marquet ; *Bull. civ.* III, n° 44, p. 37 ; *JurisData* n° 2005-027100).

B – Conditions relatives aux constructions

4) Caravane ou mobile home. Les règles relatives aux vues et aux jours s'appliquent aux constructions et non à une caravane ou à un mobile home (▪ Aix-en-Provence, 4e ch., 24 oct. 1989 : *JurisData* n° 050204. *Contra* ▪ Montpellier, 1er juin 2004 : *JCP* 2005, IV, 2240 ; *JurisData* n° 2004-262626).

5) Construction et couverture du sol. L'article 678 n'est pas applicable dès lors que la construction, constituée par une toiture de 19 sur 17 mètres, haute de 9,50 m, qui n'est fermée par aucun mur, constitue non un exhaussement mais seulement une couverture du sol exclusive à elle seule de toute possibilité commode de vue sur le fonds voisin (▪ Cass. 3e civ., 6 mars 1973, n° 71-13.787 : *JurisData* n° 1973-098173 ; *Bull. civ.* III, n° 173, p. 125).

C – Conditions relatives aux ouvertures

6) Caractère de l'ouverture. Voir sur le pouvoir souverain des juges du fond pour déterminer le caractère des ouvertures sous art. 677, annot. n° 1, p. 547.

7) Vue sur la voie publique. L'article 678 n'est pas applicable si la fenêtre litigieuse n'a vue que sur la voie publique (▪ Cass. 3e civ., 22 févr. 1965 : *JurisData* n° 1965-098139 ; *Bull. civ.* III, n° 146, p. 109. V. en ce sens ▪ Cass. req., 9 janv. 1934 : *DH* 1934, 149. ▪ Cass. 3e civ., 28 sept. 2005, n° 04-14.769 : *JurisData* n° 2005-029917 ; *JCP* G 2006, I, 127, n° 12, obs. Périnet-Marquet).

8) Vue sur la mer. L'atteinte à la perspective dont jouit le propriétaire d'une villa sur la mer ne constitue pas une infraction à une servitude de vue régie par les articles 678 et suivants, mais concerne un horizon lointain qui ne se trouve protégé en faveur des particuliers par aucune disposition légale ou réglementaire (■ Cass. 3e civ., 12 juill. 1976, n° 75-10.663 : *JCP* 76, IV, 302 ; *Bull. civ.* III, n° 315, p. 240).

9) Notion de vue. La condition essentielle de l'existence d'une servitude de vue réside dans la possibilité de regarder sans effort particulier, de manière constante et normale, sur le fonds voisin (■ Paris, 30 janv. 1990 : *JurisData* n° 1990-02027 ; *D.* 1991, somm. 27, 2e esp., obs. A. Robert). Mais jugé que la circonstance que la vue sur le fonds voisin n'est que partielle et que pour l'avoir on est contraint de se baisser ne saurait lui faire perdre le caractère de vue (■ Paris, 8e ch., 4 oct. 1991 : *JurisData* n° 1991-023387). En transformant un réduit qui n'avait que des panneaux fixes et opaques en lieu de vie éclairé par des vitres ordinaires montées sur des châssis coulissants, d'où s'exerce, en limite de parcelle, une vue droite et plongeante, le propriétaire aggrave la servitude qui pèse sur le fonds voisin (■ Cass. 3e civ., 8 janv. 1992, n° 90-11.852 : *JurisData* n° 1992-000002 ; *JCP* 92, IV, 718 ; *Bull. civ.* III, n° 7, p. 4). Le propriétaire d'un fonds grevé d'une servitude de vue droite est seulement tenu de ne pas édifier de construction à moins de dix-neuf décimètres du mur où l'ouverture se fait et il ne saurait subir d'autre restriction à son droit de propriété (■ Cass. 3e civ., 13 juill. 2005 : *JCP* G 2005, I, 127, n° 13, obs. Périnet-Marquet ; *JurisData* n° 029477 ; *Bull. civ.* III, n° 161, p. 149, cassation de l'arrêt ayant assimilé à la création d'une vue le stationnement de véhicules à moins de dix-neuf décimètres). V. également sur la notion de vue, Rép. min. n° 102575 : *JOAN* Q 7 févr. 2012, p. 1111 ; *JCP* N 2012, act. 268.

10) Terrasses. Les terrasses doivent être assimilées aux fenêtres ou balcons (■ Cass. 1re civ., 10 juill. 1957 : *D.* 1957, 616. ■ Cass. 3e civ., 23 oct. 1984 : *JurisData* n° 1984-701642 ; *JCP* 85, IV, 7), de même que les plates-formes ou autres exhaussements de terrain d'où l'on peut exercer une servitude de vue sur le fonds voisin (■ Cass. 3e civ., 29 nov. 1983, n° 82-14.155 : *JurisData* n° 1983-702649 ; *Bull. civ.* III, n° 247, p. 187. ■ Besançon, 31 mars 1998, n° 961170 : *JurisData* n° 1998-041226 ; *JCP* 99, I, 120, n° 10, obs. Périnet-Marquet). Mais une terrasse dépourvue de tout mode d'accès régulier et normal et qui n'a jamais servi comme terrasse n'a pas le caractère d'une vue sur l'immeuble voisin (■ Cass. req., 2 mars 1938 : *DH* 1938, 242. – V. aussi ■ Cass. 3e civ., 22 févr. 1965 : *Bull. civ.* III, n° 145, p. 108. ■ Cass. 3e civ., 4 mai 1994 : *JurisData* n° 1965-000861).

11) Ouverture sur un toit. L'article 678 est inapplicable à des vues s'exerçant sur un toit affectant la forme d'une terrasse dépourvue d'ouvertures (■ Cass. 3e civ., 3 juill. 1969 : *D.* 1969, 685. ■ Cass. 3e civ., 29 avr. 1986, n° 85-10.150 : *JurisData* n° 1986-000950 ; *Bull. civ.* III, n° 58, p. 44 ; *D.* 1987, somm. 16, obs. A. Robert ; *RD imm.* 1987, 40, obs. Bergel. ■ Paris, 5 avr. 1994 : *JurisData* n° 1994-021363 ; *D.* 1995, somm. 193, obs. A. Robert). Une fenêtre ouvrant sur un toit pourvu d'ouverture, lucarne ou ciel ouvert vitré, destinée à l'éclairage ou à l'aération des pièces disposées sous les combles constitue une vue dès lors qu'elle entraîne une incommodité et des risques d'indiscrétion, et le propriétaire de la maison a intérêt à dénoncer, en vue de sa suppression, la contradiction apportée à ses droits de propriétaire qui, si elle n'était pas relevée, permettrait aux propriétaires de l'autre fonds de se prévaloir de l'acquisition d'une servitude de vue par prescription trentenaire (■ Cass. 1re civ., 6 déc. 1965 : *D.* 1966, 839, note Voulet). Ne donne pas de base légale à sa décision la cour d'appel qui retient qu'une ouverture donnant sur le toit du bâtiment voisin, en l'absence de tout risque d'indiscrétion, échappe à la réglementation des servitudes de vue, sans rechercher si cette ouverture ne constitue pas un jour devant répondre aux exigences de l'article 676 (■ Cass. 3e civ., 10 juill. 1996, n° 94-16.357 : *JurisData* n° 1996-003029 ; *JCP* 96, IV, 2111 ; *Bull. civ.* III, n° 182, p. 116).

12) Ouverture ne permettant pas une vue réelle. L'article 678 est inapplicable à des ouvertures donnant sur un mur aveugle (■ Aix-en-Provence, 19 juin 1962 : *D.* 1962, 538). Une ouverture constituée d'un vasistas s'ouvrant vers l'extérieur, fait de verre martelé avec moustiquaire et barreaudage, ne permettant pas le jet d'objet ni une vue réelle vers l'extérieur ne constitue ni un jour au sens des articles 676 et 677 ni une vue au sens de l'article 678 (■ Aix-en-Provence, 4e ch., 14 nov. 1995 : *JurisData* n° 048441). Il n'y a pas de vue lorsque la hauteur entre le plancher et la partie la plus basse des tabatières et du châssis est de 2,10 m à 2,15 m, de sorte qu'il est impossible de voir autre chose que le ciel ou la cime des arbres (■ Cass. 3e civ., 4 avr. 1990 : *JurisData* n° 1990-000957).

13) Verre translucide. Des ouvertures munies de carreaux de verre translucides mais non transparents, scellés et ne pouvant s'ouvrir, ne constituent pas des vues ou jours au sens des articles 676 et s. du Code civil (■ Cass. 1re civ., 6 déc. 1955 : *JCP* 56, II, 9042, note Blin. ■ Douai, 8e ch., 8 mai 1995 : *JurisData* n° 1995-045655. V. aussi ■ Aix-en-Provence, 4e ch., 14 nov. 1995 : *JurisData* n° 1995-048441, pavé de jour scellé fait de verre martelé non transparent. Comp. ■ Cass. 1re civ., 22 juill. 1964 : *D.* 1964, 710. V. cependant pour du verre dépoli assez translucide pour que les feuillages et les toits restent visibles de l'intérieur et que de l'extérieur la présence d'une personne à l'intérieur soit visible, ■ Paris, 2e ch., 26 janv. 1996 : *JurisData* n° 1996-020113).

14) Distinction entre vues et jours. Doivent être considérées comme des jours de tolérance et non des vues deux ouvertures sous forme de châssis, dont l'un est fixe, l'autre mobile seulement vers le bout, d'une hauteur de 1,96 m au-dessus du sol, ainsi qu'une ouverture simplement taillée dans une cloison de bois, non munie de charnière, ne présentant pas le caractère de publicité indispensable à la prescription (■ Cass. 1re civ., 31 janv. 1966 : *D.* 1966, 433), de même qu'une ouverture située à plus de 2,60 m du plancher bas de l'immeuble et équipée de barreaux de défense et d'un grillage maillé (■ Agen, 1re ch., 16 avr. 1996 : *JurisData* n° 1996-042722), ou des ouvertures percées dans le mur pignon séparatif de deux fonds, à moins de 1,90 m de la ligne divisoire, se situant dans les étages de l'immeuble, toutes barreaudées et comportant des châssis dormants (■ Paris, 23e ch., 26 janv. 1996 : *JurisData* n° 1996-020099). Mais l'ouverture d'une fenêtre à vitrage clair donnant directement sur le fonds voisin est une vue droite (■ Caen, 1re ch., 2 avr. 1996 : *JurisData* n° 1996-041562). Constitue une fenêtre d'aspect et non un simple jour de souffrance la baie d'une cuisine située à moins de 1,90 m du sol de la pièce donnant sur le fonds voisin et pourvue d'un châssis mobile et de vitre transparente, laissant passer l'air et la lumière, et permettant également de voir à l'extérieur et de jeter des objets (■ Paris, 23e ch., 29 sept. 1995 : *JurisData* n° 1995-022758). La pose de « vélux » à l'étage d'un immeuble donnant sur un jardin privé ne crée pas de vue directe, même lorsque ces vélux sont en verre translucide. Ces ouvertures ne sont donc pas soumises à la hauteur de 26 décimètres (■ Caen, 1re ch., 31 janv. 1995 : *JurisData* n° 1995-040055). Mais jugé que doivent être modifiés des vélux ouvrants en verre transparent (■ Besançon, 1re ch., 13 nov. 1996 : *JurisData* n° 1996-046000).

15) Vues droites. Ne constituent pas des vues droites au sens de l'article 678 les intervalles existant entre les barreaux d'une grille de clôture dès lors qu'ils rendent possible la réciprocité de la vue (■ Cass. 3e civ., 17 janv. 1973, n° 72-10.224 : *JurisData* n° 1973-098059 ; *Bull. civ.* III, n° 59, p. 44), non plus qu'un vélux donnant seulement sur le ciel (■ Paris, 27 janv. 2000 : *JCP* 2000, I, 265, n° 19, obs. *Périnet-Marquet*). Mais caractérisent des vues droites les jours de souffrance composés de châssis ouvrants vitrés, en verre clair, d'une dimension suffisante pour permettre les regards (■ Cass. 3e civ., 2 déc. 1987, n° 86-10.760 : *D.* 1989, somm. 35, obs. A. Robert).

II – OUVERTURES IRRÉGULIÈRES

A – Sanctions

16) Prescription extinctive. La servitude légale fondée sur l'article 678 peut disparaître par l'effet de la prescription extinctive (■ Cass. 3e civ., 12 nov. 1975 : *JurisData* n° 1975-799329 ; *JurisData* n° 1975-799329 ; *JurisData* n° 1975-799329 ; *JCP* 76, II, 18400, note Goubeaux).

17) Démolition. Le propriétaire du fonds dominant est en droit d'obtenir la démolition du mur édifié en deçà de la distance légale pour maintenir la plénitude du droit réel qui se rattache à la servitude (■ Cass. 3e civ., 3 juill. 1973 : *Bull. civ.* III, n° 458, p. 335). Les juges du fond ont le devoir d'ordonner la suppression des vues illégales (■ Cass. 1re civ., 14 janv. 1963, n° 61-10.435 : *D.* 1963, 421. V. cependant ■ Cass. 3e civ., 11 mars 1970, n° 68-11.191 : *Bull. civ.* III, n° 187, p. 139), mais ils peuvent ordonner une expertise pour rechercher si la partie qui demande la dissolution justifie d'un trouble personnel et si une démolition partielle ne suffirait pas à supprimer ce préjudice (■ Cass. 3e civ., 6 janv. 1972 : *JurisData* n° 1972-098011 ; *Bull. civ.* III, n° 13, p. 11).

18) Autres mesures. Les juges peuvent condamner le propriétaire qui a ouvert une fenêtre à la fermer, en estimant que la pose envisagée de verres dormants ne présentera pas toutes les conditions requises, notamment en ce qui concerne la hauteur au-dessus du sol (■ Cass. 3e civ., 6 nov. 1975, n° 74-12.631 : *JurisData* n° 1975-098324 ; *JCP* 75, IV, 385 ; *Bull. civ.* III, n° 324, p. 245). Ils peuvent décider souverainement que la pose d'une cloison en matériaux translucides sur l'escalier et la terrasse d'où s'exerce la vue serait de nature à interdire toute vue plongeante ou oblique et décider qu'il n'est pas nécessaire dans ces conditions d'ordonner la démolition (■ Cass. 3e civ., 11 mars 1970, n° 68-10.040 : *JurisData* n° 1970-098187 ; *Bull. civ.* III, n° 187, p. 139), ou estimer que la pose de parois translucides sur la saillie de balcons supprime les vues droites à la distance prohibée par l'article 678 (■ Cass. 3e civ., 1er juill. 1975, n° 74-10.271 : *JurisData* n° 1975-098231 ; *Bull. civ.* III, n° 231, p. 177). Jugé toutefois que la solution préconisée par l'expert, qui consiste à poser des panneaux de plexiglas opaque pour empêcher toute vue droite, n'est pas conforme aux dispositions de l'article 678 et ne peut être imposée au propriétaire voisin (■ Lyon, 30 mars 1988 : *JurisData* n° 1988-605118 ; *JCP* 89, II, 21163, note Prévault).

19) Transformation des vues en jours. En modifiant l'ancienne ouverture et en y plaçant une fenêtre munie de deux vantaux ouvrants pourvus d'un vitrage transparent et situés à une hauteur inférieure à celle prévue par l'article 677, les maîtres de l'ouvrage ont entraîné un trouble possessoire. Mais ils ont mis fin à ce trouble en transformant ces vues irrégulières en jours conformes aux exigences de l'article 676 (■ Rouen, 1re ch., 10 juill. 1996 : *JurisData* n° 1996-046378). Il en va de même pour le propriétaire qui remplace un vitrage clair par une glace brouillée et transforme sa vue droite initiale en jour de souffrance (■ Caen, 1re ch., 2 avr. 1996 : *JurisData* n° 1996-041562).

20) Dommages-intérêts. Doit être cassé, comme violant l'article 701, l'arrêt qui se borne à allouer des dommages-intérêts au propriétaire du fonds dominant en se refusant à ordonner le reculement de la façade du bâtiment conformément aux dispositions de l'article 678 (■ Cass. 1re civ., 4 mai 1964, n° 62 14 012 : *JCP* 64, II, 13790, note Bulté). Mais jugé que les juges du fond peuvent estimer que la gravité du trouble ne justifie pas la suppression des travaux et préférer allouer une indemnité (■ Agen, 1re ch., 22 nov. 1989 : *JurisData* n° 1989-046198).

21) Débiteur de l'obligation de suppression. L'obligation de supprimer une servitude de vue créée sur un fonds au profit d'un autre fonds incombe au propriétaire du fonds dominant et non au tiers qui en a la jouissance perpétuelle (■ Cass. 3e civ., 17 juin 1970, n° 68-13.134 : *JurisData* n° 1970-000409 ; *Bull. civ.* III, n° 409, p. 296).

B – Prescription acquisitive

22) Principe. Le droit d'établir des vues non conformes aux articles 678 à 680 du Code civil peut résulter d'une servitude de vue acquise par prescription (■ Cass. 3e civ., 12 nov. 1975 : *JCP* 76, II, 18400, note Goubeaux. – V. aussi ■ Montpellier, 1re ch., 28 févr. 1995 : *JurisData* n° 1995-034255. ■ Paris, 23e ch., 29 sept. 1995 : *JurisData* n° 1995-022758). La servitude de vue est en effet continue et apparente et existe du fait même de la présence de l'ouverture donnant sur l'héritage d'autrui et dont la possession subsiste tant qu'il n'y est pas matériellement contredit (■ Cass. 3e civ., 22 févr. 1965 : *Bull. civ.* III, n° 146, p. 109). Des ouvertures irrégulières constituant de véritables vues peuvent conduire à l'acquisition d'une servitude par prescription, qui rend irrecevable la demande visant à rendre les ouvertures conformes aux dispositions de l'article 676 (■ Montpellier, 1re ch., 28 févr. 1995 : *JurisData* n° 1995-034255. – V. aussi ■ Paris, 23e ch., 29 sept. 1995 : *JurisData* n° 1995-022758).

23) Acte susceptible de provoquer la contradiction. Jugé que la prescription ne peut être acquise si les actes de possession ne sont pas de nature à éveiller l'attention du propriétaire du fonds voisin et à provoquer au besoin sa contradiction (■ Cass. 3e civ., 14 mars 1972, n° 70-13.340 : *JurisData* n° 1972-098179 ; *Bull. civ.* III, n° 179, p. 127, propriétaires du fonds servant ne pouvant se rendre compte de la hauteur du mur séparatif), ou si les vues donnent sur un toit aveugle et ne causent au voisin aucune gêne susceptible de provoquer sa contradiction (■ Cass. 3e civ., 12 avr. 1972 : *Bull. civ.* III, n° 220, p. 158. V. aussi pour une ouverture située à plus de deux mètres du plancher et entièrement masquée à l'extérieur par un grillage fixe, ■ Rennes, 22 déc. 1969 : *JCP* 70, IV, 278).

24) Doute sur la forme initiale de l'ouverture. La servitude peut être écartée s'il existe un doute sur la forme initiale de la fenêtre et l'absence d'élargissement depuis trente ans (■ Cass. 3e civ., 14 mars 1972, préc.).

Art. 679 *(L. n° 67-1253, 30 déc. 1967)*. **– On ne peut, sous la même réserve, avoir des vues par côté ou obliques sur le même héritage, s'il n'y a six décimètres de distance.**

Art. 680. – La distance dont il est parlé dans les deux articles précédents, se compte depuis le parement extérieur du mur où l'ouverture se fait, et, s'il y a balcons ou autres semblables saillies, depuis leur ligne extérieure jusqu'à la ligne de séparation des deux propriétés.

1) Illustrations. ■ Cass. 3e civ., 22 févr. 1965 : *JurisData* n° 1972-000560 ; *Bull. civ.* III, n° 146, p. 109 (cassant un arrêt qui avait calculé la distance à l'aplomb de la fenêtre). ■ Cass. 3e civ., 25 oct. 1972 : *JCP* 73, II, 17491, note Goubeaux. ■ Cass. 3e civ., 4 mai 1994 : *JurisData* n° 1994-000861. ■ Cass. 3e civ., 3 déc. 2003 : *JurisData* n° 2003-021224 ; *JCP* 2004, I, 171, n° 18, obs. Périnet-Marquet ; *Bull. civ.* III, n° 222, p. 197, précisant que l'interdiction vise toute construction à moins de 19 décimètres « d'un point quelconque » du parement.

2) Cours d'eau. Le propriétaire du fonds servant étant propriétaire de la moitié du lit d'un cours d'eau non domanial, les juges du fond peuvent compter la distance depuis laquelle les propriétaires du fonds dominant ne peuvent avoir de vues droites et obliques sur l'héritage voisin depuis la ligne tracée au milieu du cours d'eau (■ Cass. 3e civ., 24 janv. 1996 : *JurisData* n° 1996-000237).

3) Construction édifiée par le propriétaire du fonds servant. Le propriétaire du fonds grevé d'une servitude de vue droite est seulement tenu de ne pas édifier la construction dans un rayon de 19 décimètres à partir du parement extérieur du mur où l'ouverture est faite.

Ne saurait donc être admise la prétention du propriétaire du fonds dominant d'interdire toute construction en deçà de l'aplomb d'une ligne distante de 19 décimètres de la façade de l'immeuble édifié sur le fonds dominant où est située l'ouverture (■ Cass. 1re civ., 12 oct. 1966 : *JurisData* n° 1966-700468 ; *D.* 1966, 613, note Voulet).

4) Fonds séparés par un passage à usage commun. Lorsque les fonds sont séparés par un passage à usage commun, la distance légale se calcule depuis la limite du fonds voisin, située non pas au milieu de la voie commune, mais de l'autre côté de celle-ci (■ Cass. 1re civ., 4 oct. 1967 : *JCP* 67, IV, 159 ; *Bull. civ.* I, n° 278, p. 208. ■ Cass. 3e civ., 12 avr. 1972, n° 70-13.511 : *JurisData* n° 1972-098220 ; *Bull. civ.* III, n° 217, p. 155).

5) Mur mitoyen. La distance de 60 centimètres prévue pour les vues obliques se compte depuis le parement extérieur de l'ouverture jusqu'au milieu de l'épaisseur du mur mitoyen (■ Cass. 3e civ., 26 juin 1991 : *JurisData* n° 1991-001671).

Section IV. – De l'égout des toits

Art. 681. – Tout propriétaire doit établir des toits de manière que les eaux pluviales s'écoulent sur son terrain ou sur la voie publique ; il ne peut les faire verser sur le fonds de son voisin.

1) Écoulement ultérieur des eaux. Une fois tombées sur le terrain du propriétaire du toit, les eaux peuvent s'écouler sur le fonds voisin dans les conditions prévues par l'article 640 du Code civil (■ Cass. 3e civ., 7 nov. 1972, n° 71-10.699 : *JurisData* n° 1972-000583 ; *Bull. civ.* III, n° 583, p. 428. – V. aussi ■ Cass. 3e civ., 11 mai 1976, n° 74-14.746 : *JurisData* n° 1976-098197 ; *JCP* 76, IV, 224 ; *Bull. civ.* III, n° 195, p. 152). Le propriétaire d'un immeuble n'a pas à répondre du sort des eaux pluviales régulièrement déversées sur la voie publique quand bien même ces eaux rejailliraient ensuite sur le mur d'un voisin (■ Cass. 3e civ., 4 févr. 1976, n° 74-14.895 : *JurisData* n° 1976-098052 ; *Bull. civ.* III, n° 52, p. 41).

2) Déversement sur un terrain indivis. Le déversement des eaux pluviales sur un terrain indivis est possible pour autant qu'il reste conforme à la destination des lieux et compatible avec le droit du coïndivisaire (■ Cass. 3e civ., 9 janv. 1985, n° 83-14.000 : *JurisData* n° 1985-700052 ; *Bull. civ.* III, n° 9, p. 7 ; *D.* 1985, inf. rap. 398, obs. A. Robert).

3) Acquisition par prescription. Sur la possibilité d'acquérir par prescription le droit de déverser les eaux pluviales sur le fonds voisin, V. ■ Cass. 1re civ., 9 oct. 1963, n° 62-10 738 : *Bull. civ.* I, n° 425, p. 364. – V. aussi, sous art. 690, annot. n° 8, p. 564.

4) Eaux ménagères. Si l'application des articles 640 et 681 a été étendue aux eaux ménagères, les servitudes prévues par ces textes ne concernent pas les eaux qui ont été altérées par la main de l'homme, telles que les eaux industrielles, usées, fétides ou insalubres (■ Cass. 1re civ., 4 déc. 1963 : *D.* 1964, 104. Voir aussi sous art. 640, annot. n° 2 et s., p. 525).

5) Aménagement conventionnel. Opposabilité à l'acquéreur. La convention par laquelle le précédent propriétaire avait accepté le surplomb d'une partie de sa propriété par la toiture de son voisin en échange de la mitoyenneté d'un mur est opposable au propriétaire actuel qui ne peut avoir plus de droit que son vendeur (■ Rennes, 1re ch., 13 oct. 1992 : *JurisData* n° 1992-049723).

Section V. – Du droit de passage

Art. 682 *(L. 20 août 1881 ; L. n° 67-1253, 30 déc. 1967)*. **– Le propriétaire dont les fonds sont enclavés et qui n'a sur la voie publique aucune issue, ou qu'une issue insuffisante soit pour l'exploitation agricole, industrielle ou commerciale de sa propriété, soit pour la réalisation d'opérations de construction ou de lotissement, est fondé à réclamer sur les fonds de ses voisins un passage suffisant pour assurer la desserte complète de ses fonds, à charge d'une indemnité proportionnée au dommage qu'il peut occasionner.**

1) Tour d'échelle. A.-F. Debruche, *La restauration de l'intégrité du droit positif français à l'épreuve du tour d'échelle : luxe ou nécessité ?* : *RTD civ.* 2000, 507. Sur le principe que la servitude de « tour d'échelle » ne saurait avoir qu'un fondement contractuel, V. ■ Cass. 3e civ., 30 oct. 1978 : *JurisData* n° 1978-700326 ; *JurisData* n° 1978-700326 ; *D.* 1979, 654, note Prévault. Si la servitude de « tour d'échelle » n'existait que dans l'ancien droit, il reste que le propriétaire ne peut sans commettre un abus de droit refuser à son voisin le passage sur son terrain pour procéder à des réparations sur un mur (■ Versailles, 28 avr. 1986 : *D.* 1987, somm. 15, 3e esp., obs. A. Robert. ■ Paris, 20 nov. 1997, n° 95/18462 : *JurisData* n° 1997-024030 ; *D.* 1998, somm. 351, obs. A. Robert ; *RD imm.* 1998,

190, obs. Bergel) ou sur une toiture (■ Cass. 3e civ., 15 févr. 2012, n° 10-22.899 : *Bull. civ.* 2012, III, n° 32). En vertu des obligations normales du voisinage et en cas de nécessité, le propriétaire d'un mur peut être autorisé à passer, à titre temporaire, chez son voisin afin d'effectuer des réparations indispensables, mais l'arrêt qui donne cette autorisation ne reconnaît pas une servitude au profit du propriétaire du mur (■ Cass. 3e civ., 15 avr. 1982, n° 80-17.108 : *JurisData* n° 1982-700977 ; *Bull. civ.* III, n° 93, p. 65. – V. aussi ■ Cass. 2e civ., 8 janv. 1992, n° 90-17.870 : *Bull. civ.* II, n° 10, p. 5. ■ TI Martigues, réf., 25 juin 1986 : *RD imm.* 1986, 439, obs. Bergel). Pour une servitude locale dite d'échelage portant sur l'espace nécessaire à la pose d'échelle afin d'effectuer des réparations, V. ■ Paris, 19 oct. 1987 : *JurisData* n° 1987-026053 ; *D.* 1989, somm. 34, 2e esp., obs. A. Robert. Jugé que le non-respect strict de la distance prévue par les usages locaux n'est pas de nature à empêcher l'exercice de la servitude, dès lors que les progrès techniques et les échafaudages modernes permettent d'atteindre en toute sécurité le toit de la grange, au besoin en prenant appui sur l'immeuble voisin (■ Cass. 3e civ., 28 sept. 2005, n° 04-13.942 : *JurisData* n° 2005-029915 ; *JCP* 2006, II, 10192, note Nicoletti).

I – EXISTENCE DE LA SERVITUDE DE PASSAGE

A – Enclave

1° Principes

2) Voie d'eau. L'expression « voie publique » ne concerne pas seulement les voies terrestres mais aussi les voies d'eau (■ Lyon, 18 mai 1989 : *D.* 1989, inf. rap. 193 ; *RTD civ.* 1989, 783, obs. Zenati). Mais jugé que si une île est par principe une enclave au sens de l'article 682, bien que possédant un accès direct sur la voie publique constituée par le fleuve navigable, les parcelles de terre qui l'entourent mais ne la bornent pas immédiatement ne sont pas des fonds voisins au sens de ce même article. Une servitude de passage ne peut pas grever la parcelle sur laquelle aboutit la digue reliant l'île, dès lors que le fonds enclavé bénéficie d'un passage par un autre chemin plus court et carrossable constitué par un ponton, issue suffisante interdisant la recherche de tout autre passage (■ Angers, 1re ch., 26 juin 1991 : *JurisData* n° 1991-047055).

3) Tréfonds. Une cave à usage de champignonnière peut être considérée comme enclavée si elle n'est reliée au sol que par un puits d'aération et qu'elle est séparée du chemin rural qui borde la parcelle par une paroi rocheuse de plusieurs mètres d'épaisseur, que le puits constitue une issue insuffisante pour l'exploitation normale de la champignonnière et que le percement du rocher entraînerait des frais excessifs hors de proportion avec la valeur de la cave (■ Cass. 1re civ., 3 déc. 1962, n° 60-12 116 : *Bull. civ.* I, n° 515, p. 436).

4) Domaine public. Il résulte de l'inaliénabilité des biens du domaine public qu'ils ne peuvent être grevés de servitudes légales de droit privé, et notamment d'un droit de passage en cas d'enclave (■ Cass. 1re civ., 2 mars 1994, n° 87-16.932 : *JCP* 94, IV, 1177 ; *Bull. civ.* I, n° 85, p. 66).

5) Nécessité d'un passage. L'état d'enclave ne peut être juridiquement admis qu'autant qu'est constatée une nécessité et non pas une utilité ou une commodité (■ Bordeaux, 6e ch., 7 déc. 1988 : *JurisData* n° 1988-047363). La nécessité de la création d'un passage s'apprécie par rapport à une utilisation normale du fonds (■ Cass. 1re civ., 11 mai 1960 : *JCP* 60, II, 11838, note Dijol).

6) Issue insuffisante. Pour la Haute juridiction, l'accès par un véhicule automobile correspond à l'usage normal d'un fonds destiné à l'habitation de sorte qu'en l'espèce la desserte de la propriété par un escalier, de surcroît extrêmement pentu, ne pouvait être considérée comme suffisante, partant le fonds se trouvait bien enclavé (■ Cass. 3e civ., 14 janv. 2016, n° 14-25.089 : *JurisData* n° 2016-000204 ; *JCP G* 2016, 446, n° 16, obs. Périnet-Marquet. V. égal. en ce sens, ■ Cass. 3e civ., 28 oct. 1974, n° 73-12.270 : *JurisData* n° 1974-000387 ; *Bull. civ.* III, n° 387. ■ Cass. 3e civ., 19 mai 1993, n° 91-14.819 : *JurisData* n° 1993-000965 ; *Bull. civ.* III, n° 71 ; *D.* 1993, p. 307, obs. A. Robert). La servitude de l'article 682 suppose une issue insuffisante pour l'exploitation, soit agricole, soit industrielle, de sa propriété, ce qui englobe tout ce qui est nécessaire pour assurer l'utilisation normale du fonds enclavé (■ Cass. 3e civ., 6 juin 1969, n° 67-11.876 : *D.* 1969, 602). L'état d'enclave peut résulter de ce que l'issue existante est inutilisable en raison de son étroitesse et de son débouché devant un mur (■ Cass. 3e civ., 11 févr. 1975, n° 73-13.974 : *JurisData* n° 1975-098056 ; *Bull. civ.* III, n° 56, p. 44), ou de ce que les véhicules de secours ne peuvent accéder à la maison d'habitation du fonds dominant pour apporter des soins aux personnes (■ Douai, 24 janv. 2001 : *JCP* 2001, IV, 2599 ; *JurisData* n° 2001-134769). Une parcelle à destination agricole doit être considérée comme enclavée si les issues sur les voies publiques existantes ne permettent pas le passage des machines agricoles ni des gros animaux (■ Cass. 3e civ., 9 mars 1976 : *JurisData* n° 1976-799104 ; *Bull. civ.* III, n° 107, p. 84. V. aussi pour un puits considéré comme une issue insuffisante pour une cave à usage de champignonnière ■ Cass. 1re civ., 3 déc. 1962, n° 60-12 116 : *Bull. civ.* I, n° 515, p. 436). Mais les juges du fond peuvent estimer que n'est pas enclavée une propriété qui borde sur une grande longueur la voie publique (■ Cass. 1re civ., 14 juin 1965 : *JurisData* n° 1965-000387 ; *Bull. civ.* I, n° 387, p. 287). L'état d'enclave s'apprécie également au regard de l'ouverture au public de voies communales privées permettant l'accès au fonds (■ Cass. 3e civ., 13 mai 2009, n° 08-14.640 : *JurisData* n° 2009-048164 ; *JCP* G 2009, 337, n° 17, obs. Périnet-Marquet). Jugé aussi que la présence d'un ruisseau à traverser ne crée pas l'état d'enclave, le propriétaire ayant la possibilité de faire élargir le pont insuffisant pour permettre l'exploitation normale du fonds (■ Toulouse, 1re ch., 30 oct. 1990 : *JurisData* n° 1990-047870). Les dispositions du Code du travail réglementant les issues et dégagements des locaux d'entreprise n'édictent aucune obligation à la charge des fonds voisins de celui de l'entreprise dont elles réglementent l'aménagement (■ Cass. 3e civ., 8 juin 1988, n° 87-12.892 : *JurisData* n° 1988-002045 ; *Bull. civ.* III, n° 108, p. 60). Doit être considéré comme enclavé un terrain pour lequel le certificat d'urbanisme délivré précisait que l'accès sur la route départementale était interdit (■ Cass. 3e civ., 14 janv. 2016, n° 14-26.640 : *JurisData* n° 2016-000210 ; *JCP* G 2016, 446, n° 16, obs. Périnet-Marquet).

7) Frais de mise en état de l'issue. L'issue doit être considérée comme insuffisante si la mise en état des chemins pouvant desservir le fonds est hors de proportion avec l'usage qui en serait fait et avec la valeur du bien (■ Cass. 3e civ., 4 juin 1971, n° 70-11.857 : *JurisData* n° 1971-000359 ; *Bull. civ.* III, n° 359, p. 255. ■ Cass. 3e civ., 8 juill. 2009, n° 08-11.745 : *JurisData* n° 2009-049098 ; *JCP* G 2009, 337, n° 17, obs. Périnet-Marquet. V. aussi pour une cave à usage de champignonnière séparée du chemin rural qui borde la parcelle par une paroi rocheuse de plusieurs mètres d'épaisseur, qui ne pourrait être percée que moyennant des frais excessifs hors de proportion avec la valeur de la cave ■ Cass. 1re civ., 3 déc. 1962 : *Bull. civ.* I, n° 515, p. 436). Mais l'issue est réputée suffisante quand une dépense minime suffirait à la remettre en état (■ Cass. civ., 17 déc. 1928 : *Gaz. Pal.* 1929, 1, 421). Les juges du fond peuvent estimer que le coût d'aménagement d'un trajet n'est pas tel que la parcelle doive être considérée comme enclavée au sens de l'article 682 (■ Cass. 3e civ., 30 juin 1982 : *JurisData* n° 1982-701882 ; *D.* 1982, inf. rap. 302 ; *Bull. civ.* III, n° 136, p. 97). Tel est le cas lorsque le tracé d'un passage par le propriétaire du fonds dominant sur des parcelles voisines acquises par lui n'entraînerait que des aménagements minimes, la disparition d'une haie et d'une clôture dont la nécessité n'apparaît plus, et l'abattage d'un certain nombre d'arbres (■ Cass. 3e civ., 30 juin 1981, n° 80-13.324 : *JurisData* n° 1981-702234 ; *Bull. civ.* III, 136, p. 98). Ne peut être considérée comme enclavée la parcelle qui longe une voie publique sur toute sa façade dès lors que des travaux de terrassement permettent un accès direct à la parcelle, ces travaux estimés à 3 500 F ne présentant pas un caractère excessif (■ Colmar, 2e ch., 16 févr. 1990 : *JurisData* n° 1990-051636). Les juges du fond ne peuvent estimer qu'une parcelle est enclavée en retenant que les travaux nécessaires pour créer une issue seraient coûteux et seraient soumis à l'obtention d'une permission de voirie et d'un permis de construire, sans préciser si le coût des travaux était disproportionné à la valeur du fonds (■ Cass. 3e civ., 8 oct. 1986, n° 84-17.331 : *Bull. civ.* III, n° 138, p. 109 ; *RD imm.* 1987, 323).

8) Finalité du passage. L'article 682 ne distingue pas entre les divers modes d'exploitation dont peut être l'objet le fonds dominant (■ Cass. 3e civ., 8 juill. 1974, n° 73-11.181 : *JurisData* n° 1974-098297 ; *JCP* 74, IV, 317 ; *Bull. civ.* III, n° 297, p. 225. ■ Cass. 3e civ., 7 avr. 1994, n° 89-20.964 : *Bull. civ.* III, n° 81, p. 51 ; *Defrénois* 1994, 1160, obs. Defrénois-Souleau ; *D.* 1995, somm. 193, obs. A. Robert). Il est de principe que la servitude d'enclave s'applique aux bâtiments aussi bien qu'aux terrains (■ Colmar, 17 mai 1963 : *JCP* 65, II, 14228, note Landreau). L'article 682 n'interdit pas que l'utilisation du fonds justifiant la servitude soit mise en œuvre par un autre que le propriétaire, auquel celui-ci a donné son agrément (■ Cass. 3e civ., 6 juin 1969 : *D.* 1969, 602, fils vivant sous le toit de ses parents, où il a organisé son atelier artisanal).

9) Office du juge. L'état d'enclave est apprécié souverainement par les juges du fond (■ Cass. 3e civ., 11 déc. 1969, n° 68-11.387 : *JCP* 70, IV, 30 ; *Bull. civ.* III, n° 834, p. 631. ■ Cass. 3e civ., 11 févr. 1975, n° 73-13.974 : *JurisData* n° 1975-098056 ; *Bull. civ.* III, n° 56, p. 44). Il ne saurait résulter des énonciations d'un jugement du tribunal d'instance statuant au possessoire, lequel n'a pas autorité de chose jugée au pétitoire (■ Cass. 3e civ., 25 mars 1992, n° 90-15.995 : *JurisData* n° 1992-000786 ; *JCP* 92, IV, 1554 ; *Bull. civ.* III, n° 99, p. 58 ; *D.* 1993, somm. 32, obs. A. Robert).

2° *Exceptions au droit de réclamer le passage*

10) Enclave du fait du propriétaire du fonds enclavé. Le propriétaire d'une parcelle qui s'est enclavé de son fait et pour des raisons de commodité personnelle ne peut prétendre à une servitude légale de passage (■ Cass. 3e civ., 27 juin 1972, n° 71-10.820 : *JCP* 72, IV, 214 ; *Bull. civ.* III, n° 421, p. 306. ■ Metz, 30 avr. 1976 : *JCP* 76, IV, 386. – Comp. ■ Cass. 3e civ., 4 oct. 1989, n° 88-12.333 : *JurisData* n° 1989-703022 ; *Bull. civ.* III, n° 182, p. 100. ■ Versailles, 20 mai 1994 : *D.* 1996, somm. 58, obs. A. Robert). Ne donne pas de base légale à sa décision l'arrêt qui retient qu'un garage ouvert sur l'arrière d'un immeuble donnant sur une voie publique est enclavé et qu'il n'est pas possible de lui donner accès à cette voie sans une autorisation des services municipaux, sans rechercher si une telle autorisation avait été refusée par l'administration (■ Cass. 3e civ., 8 oct. 1985, n° 84-12.213 : *JurisData* n° 1985-702682 ; *Bull. civ.* III, n° 116, p. 90). Mais le caractère volontaire de l'enclave ne peut résulter de ce que le propriétaire du fonds n'est pas intervenu auprès de la commune pour que soit rendu praticable le seul chemin public desservant le fonds (■ Cass. 3e civ., 4 janv. 1973, n° 71-13.058 : *JurisData* n° 1973-099019 ; *JCP* 73, IV, 70 ; *Bull. civ.* III, n° 19, p. 14). Doit être cassé l'arrêt qui a débouté le propriétaire au motif qu'il a pris délibérément le risque de réaliser un ensemble dont il ne pouvait ignorer qu'il serait inaccessible par le passage existant, alors qu'il fallait rechercher si l'opération prévue par ce propriétaire permettait une utilisation normale de son bien (■ Cass. 3e civ., 29 avr. 1981 : *JurisData* n° 1981-001551 ; *JCP* 81, IV, 252. – V. aussi ■ Cass. 3e civ., 17 avr. 1991, n° 89-15.898 : *JurisData* n° 1991-000925 ; *Bull. civ.* III, n° 125, p. 72 ; *D.* 1991, somm. 312, obs. A. Robert. ■ Cass. 3e civ., 4 oct. 2000 : *JCP* 2001, I, 305, n° 14, obs. Périnet-Marquet). Le propriétaire du fonds dominant ne peut, pour des raisons de pure commodité qui le dispenseraient d'effectuer les travaux nécessaires, obtenir une seconde servitude pour accéder à une partie seulement de son fonds, et le passage existant doit alors être considéré comme suffisant (■ Cass. 3e civ., 20 juill. 1994 : *JurisData* n° 1994-001599).

11) Enclave du fait de l'auteur du propriétaire du fonds enclavé. Le propriétaire d'un fonds ne peut se prévaloir de l'enclave due à l'existence d'un chalet qui l'empêche d'utiliser la voie d'accès dont il bénéficie pour sa parcelle voisine, si cet état résulte du propre fait de son auteur (■ Cass. 3e civ., 17 juin 1992, n° 89-18.651 : *JurisData* n° 1992-001527 ; *JCP* 93, I, 3668, n° 12, obs. Périnet-Marquet ; *Bull. civ.* I, n° 215, p. 131).

12) Passage exercé en vertu d'une tolérance. Il n'y a pas d'enclave si la desserte du fonds est assurée par un passage qui s'exerce sur un héritage voisin en vertu d'une tolérance au moins aussi longtemps que celle-ci n'est pas supprimée (■ Cass. 3e civ., 29 mai 1968 : *JCP* 68, IV, 120 ; *Bull. civ.* III, n° 247, p. 189. ■ Cass. 3e civ., 16 juin 1981 : *JurisData* n° 1981-701990 ; *Bull. civ.* III, n° 126, p. 91. ■ Bordeaux, 6e ch., 25 août 1987 : *JurisData* n° 1987-043034).

13) Double passage (non). Le fonds enclavé ne saurait bénéficier de deux passages obtenus sur la base de l'article 682 du Code civil (■ Cass. req., 9 mai 1928 : *DP* 1930, 1, 144. ■ TGI Bordeaux, 24 juin 1969 : *JCP* 69, II, 16109, note Ghestin).

14) Enclave résultant de la division d'un fonds. Voir : sur le principe qu'en cas d'enclave résultant de la division d'un fonds, le passage ne peut être demandé que sur les terrains qui ont fait l'objet de ces actes, art. 684, p. 557.

15) Chemin d'exploitation (non). Le régime des servitudes n'est pas applicable aux chemins d'exploitation (■ Cass. 3e civ., 24 juin 2015, n° 14-12.999 : *JurisData* n° 2015-015334 ; *JCP* G 2015, doctr. 1221, n° 13, obs. Périnet-Marquet).

B – Fonds appartenant à des propriétaires différents

16) Principe. La servitude de passage prévue par l'article 682 n'existe pas si les deux fonds appartiennent au même propriétaire (■ Cass. 3e civ., 18 juin 1986, n° 84-16.964 : *JurisData* n° 1986-001183 ; *D.* 1987, somm. 16, obs. A. Robert. ■ Cass. 3e civ., 28 févr. 1990, n° 88-16.953 : *JurisData* n° 1990-002359 ; *JCP* 90, IV, 166).

C – Indemnité

17) Préjudice subi par le propriétaire du fonds servant. Le droit de passage n'est pas limité par l'importance du dommage causé au propriétaire du fonds servant (■ Cass. 3e civ., 25 janv. 1977, n° 75-14.544 : *JurisData* n° 1977-098042 ; *Bull. civ.* III, n° 42, p. 31), mais ce dernier a droit à une indemnité qui est fonction de son préjudice et non du profit procuré au propriétaire du fonds enclavé (■ Cass. 3e civ., 16 avr. 1973 : *JurisData* n° 1973-098302 ; *D.* 1973, 501), ni de la valeur vénale du terrain correspondant à l'assiette du passage (■ Cass. 3e civ., 9 févr. 1994 : *Bull. civ.* III, n° 20, p. 12 ; *D.* 1994, somm. 166, 2e esp., obs. A. Robert ; *Defrénois* 1994, 1160, obs. Defrénois-Souleau ; *RTD civ.* 1995, 157, obs. Zenati). Pour chiffrer l'indemnité proportionnée aux dommages causés au fonds servant par l'exercice de la servitude de passage, il faut tenir compte de la nature de la surface grevée, du fait que la propriété du sol n'est pas transférée et de la gêne résultant de l'utilisation saisonnière du passage (■ Poitiers, 9 avr. 1986 : *JurisData* n° 1986-043943). Jugé que le préjudice dont l'article 682 prévoit la réparation correspond à la perte de récolte de foin sur la parcelle de terrain assiette de la servitude, mais que le refus brutal et sans préavis de laisser le passage après une tolérance passée est constitutif d'un abus de droit, devant entraîner réparation (■ Pau, 1re ch., 17 déc. 1987 : *JurisData* n° 1987-047571).

18) Indemnité préalable (non). Le fondement légal de la servitude de passage en cas d'enclave justifie le droit du propriétaire du fonds enclavé avant toute indemnisation (■ Cass. crim., 26 oct. 1934 : *DH* 1934, 542).

19) Prescription acquisitive. Si le propriétaire du fonds enclavé a acquis par prescription une servitude de passage sur le fonds d'un tiers, celui-ci n'est pas fondé à réclamer une indemnité

(▪ Cass. 3e civ., 29 mai 1973, n° 72-10.147 : *JurisData* n° 1973-000379 ; *JCP* 1973, IV, 273 ; *Bull. civ.* III, n° 379, p. 272).

II – EXERCICE DE LA SERVITUDE DE PASSAGE

A – Demandeur

20) Titulaire d'un droit réel. Un fermier ne peut se prévaloir de l'état d'enclave pour réclamer une servitude de passage (▪ Cass. 3e civ., 2 mars 1983, n° 81-16.323 : *JurisData* n° 1983-700562 ; *Bull. civ.* III, n° 67, p. 56). De même, le locataire est sans qualité pour agir en fixation de l'assiette de la servitude (▪ Cass. 3e civ., 2 déc. 1992, n° 90-19.446 : *JurisData* n° 1992-002858 ; *JCP* 93, I, 3668, n° 11, obs. Périnet-Marquet ; *Bull. civ.* III, n° 317, p. 196).

21) Vendeur ou acquéreur. Toute servitude étant une charge imposée à un héritage pour l'usage et l'utilité d'un autre héritage, seules peuvent être prises en considération, pour reconnaître à un fonds le bénéfice d'une servitude, les conditions que les conventions ou la loi ont posées pour ce bénéfice. Il importe peu, lorsque le fonds est mis en vente, que la réclamation de la servitude émane du propriétaire vendeur ou du propriétaire acquéreur. Dès lors que le caractère de terrain à bâtir de la parcelle n'est pas discuté, la loi n'impose pas au propriétaire du fonds dominant de réaliser lui-même l'opération de construction projetée sur ce fonds (▪ Cass. 3e civ., 18 déc. 1991, n° 89-19.245 : *JurisData* n° 1991-003271 ; *Bull. civ.* III, n° 330, p. 194, élargissement d'une servitude conventionnelle de passage).

B – Assiette du passage

22) Fixation judiciaire de l'assiette du passage. Voir art. 683, p. 556.

C – Étendue et modalités du passage

23) Desserte entre elles des parcelles enclavées (non). Les exigences de desserte, entre elles, de deux parcelles enclavées sont étrangères à l'objet de la servitude établie par l'article 682 du Code civil (▪ Cass. 3e civ., 7 janv. 1987, n° 85-13.157 : *JurisData* n° 1987-000317 ; *Bull. civ.* III, n° 6, p. 4).

24) Passage souterrain. L'article 682 s'applique aux canalisations souterraines indispensables à l'utilisation normale du fonds enclavé (▪ Cass. civ., 22 nov. 1937 : *DP* 1938, 1, 62, note Voirin. ▪ Cass. 3e civ., 14 déc. 1977 : *Bull. civ.* III, n° 451, p. 344. ▪ Versailles, 25 janv. 1985 : *JurisData* n° 1985-040946 ; *D.* 1985, inf. rap. 398, obs. A. Robert).

25) Passage aérien. L'article 682 autorise un passage aérien (▪ Cass. civ., 24 févr. 1930 : *DP* 1932, 1, 9, note Besson).

26) Extension de la desserte. Les juges du fond peuvent prescrire une desserte plus importante du fonds enclavé pour tenir compte des conditions actuelles de la vie et aussi de la nécessité de permettre un secours rapide en cas d'incendie ou d'un quelconque danger (▪ Cass. 3e civ., 28 oct. 1974, n° 73-12.270 : *JurisData* n° 1974-000387 ; *Bull. civ.* III, n° 387, p. 295. – V. aussi ▪ Cass. 3e civ., 4 févr. 1987, n° 85-17.595 : *JurisData* n° 1987-000156 ; *Bull. civ.* III, n° 21, p. 13. ▪ Cass. 3e civ., 19 mai 1993, n° 91-14.819 : *JurisData* n° 1993-000965 ; *Bull. civ.* III, n° 71, p. 45 ; *D.* 1993, somm. 307, obs. A. Robert). Mais jugé qu'il y a lieu d'interdire à une société de construction de faire passer des engins sur un chemin (▪ Versailles, 14e ch., 22 nov. 1989 : *JurisData* n° 1989-050255). Voir sur l'aggravation de la servitude, art. 702, p. 573.

27) Forêts. Voir : sur la servitude de passage et d'aménagement établie par l'État pour assurer la continuité des voies de défense contre l'incendie dans certains bois et massifs forestiers, C. for., art. L. 134-2.

D – Protection possessoire

28) Action en réintégration. L'action en réintégration peut avoir pour objet une servitude de passage (▪ Cass. 3e civ., 15 févr. 1995, n° 93-13.102 : *JurisData* n° 1995-000229 ; *JCP* 95, IV, 905 ; *Bull. civ.* III, n° 45, p. 33 ; *RTD civ.* 1995, 925, obs. Zenati).

29) Enclave valant titre. Le fait même de l'enclave constitue le titre permettant d'exercer l'action possessoire (▪ Cass. 3e civ., 11 mai 1976, n° 75-10.927 : *JurisData* n° 1976-098198 ; *Bull. civ.* III, n° 197, p. 154).

30) Non-cumul du possessoire et du pétitoire. Viole la règle du non-cumul du possessoire et du pétitoire l'arrêt qui énonce dans son dispositif que les parcelles ne sont pas enclavées (▪ Cass. 3e civ., 4 janv. 1990, n° 87-18.724 : *JurisData* n° 1990-000023 ; *JCP* 90, IV, 83 ; *Bull. civ.* III, n° 1, p. 1), ou que le terrain appartenant au demandeur bénéficie d'une servitude de passage sur celui appartenant au défendeur (▪ Cass. 3e civ., 20 mars 1991, n° 89-12.578 : *JurisData* n° 1991-000745 ; *JCP* 91, IV, 189 ; *Bull. civ.* III, n° 93, p. 55).

Art. 683 *(L. 20 août 1881).* **– Le passage doit régulièrement être pris du côté où le trajet est le plus court du fonds enclavé à la voie publique.**

Néanmoins, il doit être fixé dans l'endroit le moins dommageable à celui sur le fonds duquel il est accordé.

1) Action contre les propriétaires des fonds voisins. Les propriétaires intéressés étant en cause, le juge est tenu de déterminer l'assiette de la servitude de passage en faveur d'un fonds enclavé (■ Cass. 3e civ., 23 avr. 1992, n° 90-13.071 : *JurisData* n° 1992-000823 ; *JCP* 92, IV, 1897 ; *Bull. civ.* III, n° 142, p. 87).

2) Action du locataire (non). Le locataire est sans qualité pour agir en fixation de l'assiette de la servitude (■ Cass. 3e civ., 2 déc. 1992, n° 90-19.446 : *JurisData* n° 1992-002858 ; *JCP* 93, I, 3668, n° 11, obs. Périnet-Marquet ; *Bull. civ.* III, n° 317, p. 196).

3) Servitude conventionnelle. La cour d'appel qui fonde sa décision sur l'extension d'une servitude conventionnelle de passage n'a pas, dès lors, à faire application des règles prescrites par l'article 683 (■ Cass. 3e civ., 21 nov. 1974, n° 73-12.397 : *JurisData* n° 1974-000432 ; *Bull. civ.* III, n° 432, p. 332). Mais l'existence d'une convention fixant l'assiette et l'aménagement du passage ne modifie pas le fondement légal de la servitude ; par suite, le titulaire peut réclamer un passage suffisant pour assurer la desserte de son fonds (■ Paris, 23e ch., 3 mars 1995 : *JurisData* n° 1995-020518).

4) Fixation judiciaire de l'assiette – Principe. Il appartient au juge et non au propriétaire du fonds servant de fixer l'assiette du passage pour la desserte d'une parcelle enclavée (■ Cass. 3e civ., 4 janv. 1991, n° 89-18.492 : *JurisData* n° 1991-000004 ; *Bull. civ.* III, n° 7, p. 5). Mais, compte tenu du fondement légal de la servitude, le propriétaire du fonds enclavé ne passe pas sans droit sur le terrain d'autrui, même si l'indemnité et le trajet à suivre n'ont pas été préalablement fixés (■ Cass. crim., 26 oct. 1934 : *DH* 1934, 542). Par principe, le juge doit rechercher l'issue la plus courte et la moins dommageable, V. ■ Paris, 2e ch., 29 mars 1996 : *JurisData* n° 1996-020617. ■ Pau, 1re ch., 16 oct. 1996 : *JurisData* n° 1996-045840.

5) Fixation judiciaire de l'assiette – Droit de l'urbanisme. Le juge judiciaire, dans l'exercice de son choix de desserte, ne saurait échapper aux contraintes tirées du droit de l'urbanisme, lesquelles s'imposent à lui (■ Cass. 3e civ., 5 sept. 2012, n° 11-22.276 : *JurisData* n° 2012-019546 ; *D.* 2012, p. 2093, *JCP* G 2012, 1186, n° 10, obs. Périnet-Marquet ; *RD rur.* 2012, comm. 97, note Grimonprez ; *Constr.-Urb.* 2012, comm. 151, note Sizaire ; *Dr. et patrimoine* déc. 2012, p. 99, obs. Seube et Revet). Les règles administratives résultant du classement des terrains ne sont destinées qu'à définir les conditions de constructibilité des parcelles et ne dérogent pas aux dispositions de l'article 683 du Code civil (■ Cass. 3e civ., 20 juill. 1989 : *JurisData* n° 1989-002946).

6) Fixation judiciaire de l'assiette – Moindre dommage. Ne donne pas de base légale à sa décision la cour d'appel qui retient que le chemin indiqué par l'expert constitue la solution de désenclavement la plus adéquate sans rechercher si le trajet est fixé à l'endroit le moins dommageable pour le fonds servant (■ Cass. 3e civ., 3 mars 1993 : *JurisData* n° 1993-000455). Le critère du tracé du moindre dommage prime sur le critère simpliste de la brièveté du trajet malgré l'ordre des critères fixés par l'article 683 (■ Poitiers, 15 avr. 1992 : *JurisData* n° 1992-046322).

7) Fixation judiciaire de l'assiette – Passage le plus court. Si un propriétaire enclavé ne dispose sur un fonds que d'un passage inadapté à l'utilisation normale de son propre fonds et s'il en réclame un autre, l'article 683 impose de prendre le passage du côté le plus court même s'il doit être établi sur une parcelle différente (■ Cass. 3e civ., 8 juill. 1974, n° 73-11.181 : *JurisData* n° 1974-098297 ; *JCP* 74, IV, 317 ; *Bull. civ.* III, n° 297, p. 225). Le juge peut écarter l'issue la plus courte en tenant compte de la configuration des lieux et des intérêts en présence (■ Cass. 1re civ., 29 juin 1953 : *D.* 1953, 597. ■ Cass. 3e civ., 24 oct. 1974 : *Bull. civ.* III, n° 376, p. 285).

8) Modification pour la commodité du propriétaire du fonds servant. Dès lors que la modification de l'assiette d'une servitude de passage dont bénéficie une parcelle enclavée sur une propriété n'intervient, sur la demande du propriétaire du fonds servant qui a changé l'usage de son terrain, que pour sa commodité, c'est à lui que reviennent les frais d'implantation afférents à la nouvelle assiette (■ Cass. 3e civ., 20 déc. 1989, n° 88-15.376 : *JurisData* n° 1989-704100 ; *JCP* 90, IV, 74 ; *Bull. civ.* III, n° 250, p. 136 ; *Defrénois* 1990, 752, obs. Souleau. V. en ce sens pour la modification intervenue à la requête du propriétaire du fonds servant en vue de l'agrandissement de sa maison ■ Cass. 3e civ., 27 oct. 1993, n° 91-16.433 : *JurisData* n° 1993-002071 ; *JCP* 93, IV, 2748 ; *Bull. civ.* III, n° 133, p. 87).

Art. 684 ***(L. 20 août 1881).*** **– Si l'enclave résulte de la division d'un fonds par suite d'une vente, d'un échange, d'un partage ou de tout autre contrat, le passage ne peut être demandé que sur les terrains qui ont fait l'objet de ces actes.**

Toutefois, dans le cas où un passage suffisant ne pourrait être établi sur les fonds divisés, l'article 682 serait applicable.

1) Fondement. L'article 684 trouve sa raison d'être dans l'obligation du vendeur de permettre l'accès du fonds vendu. Il est de plus dans l'esprit de l'article 684, al. 1er, de créer le passage nécessaire au désenclavement sur les parcelles du vendeur par préférence à celles qui appartiendraient à un tiers à la vente. C'est pourquoi c'est nécessairement en priorité sur le fonds originaire plutôt que sur les fonds voisins qu'il y a lieu de rechercher cette issue. En vertu de l'article 684, al. 2, la fixation du passage sur d'autres parcelles que celles qui ont fait l'objet de l'acte de division en recourant aux dispositions de l'article 682 ne peut être faite que si un passage suffisant ne pourrait être établi sur les fonds divisés (■ Aix-en-Provence, 4e ch., 7 mai 1996 : *JurisData* n° 1996-043490). L'état d'enclave de la parcelle litigieuse dont le propriétaire du fonds dominant s'est porté acquéreur lors d'une licitation partielle étant la conséquence des opérations de partage de la propriété, et une desserte suffisante pouvant être établie sur les fonds issus des fonds divisés, il s'ensuit que le propriétaire du fonds enclavé ne peut réclamer un passage que de ses copartageants (■ Cass. 3e civ., 3 mars 1993 : *JurisData* n° 1993-000456).

2) Division d'une même propriété. Il ne saurait être fait grief à un arrêt d'avoir retenu, sans se contredire, qu'un fonds dominant et un fonds servant, bien que temporairement réunis pendant douze ans au siècle dernier, n'étaient pas issus de la même propriété, circonstance dont les juges du fond ont exactement déduit que les dispositions de l'article 684 n'étaient pas applicables (■ Cass. 3e civ., 4 avr. 1990 : *JurisData* n° 1990-000955).

3) Division volontaire. L'article 684 ne s'applique que si le propriétaire du fonds enclavé a procédé volontairement à la division de son fonds, ce qui n'est pas le cas si la vente du fonds a été réalisée par le syndic à la liquidation des biens du propriétaire (■ Angers, 1re ch., 4 juin 1991 : *JurisData* n° 1991-047043).

4) Servitude conventionnelle. S'agissant d'un acte de vente réalisant la division d'un fonds en trois parcelles et reconnaissant au profit de l'une d'elles, qui s'est trouvée enclavée, une servitude de passage sur les deux autres, les juges du fond peuvent admettre que la convention, n'ayant eu pour fin que la fixation de l'assiette et l'aménagement du passage, n'a pas eu pour effet de modifier le fondement légal de la servitude et de lui conférer un caractère conventionnel (■ Cass. 3e civ., 23 nov. 1976, n° 75-11.367 : *JurisData* n° 1976-700419 ; *D.* 1977, 158, note Franck). Si l'enclave a disparu, le propriétaire du fonds servant peut invoquer l'extinction de la servitude constituée dans l'acte de vente constatant la division des fonds, à la condition que la desserte du fonds dominant soit assurée conformément aux dispositions de l'article 682 (■ Montpellier, 1re ch., 12 juill. 1995 : *JurisData* n° 1995-034188). L'article 684 ayant un caractère général et d'ordre public, la servitude de passage doit s'exercer sur l'autre fonds provenant de la division initiale qui a créé l'enclave, même si la servitude conventionnelle prévue dans l'acte de partage s'est éteinte par le non-usage pendant trente ans (■ Pau, 1re ch., 19 sept. 1991 : *JurisData* n° 1991-044418).

5) Enclave résultant directement de la convention. L'article 684 du Code civil n'est applicable que si l'état d'enclave est le résultat immédiat de la convention qui a entraîné la division du fonds (■ Cass. 3e civ., 5 févr. 1974, n° 72-13.679 : *JurisData* n° 1974-098058 ; *Bull. civ.* III, n° 58, p. 44). Peu importe dans quelles mains passent les parcelles enclavantes car seule importe ici la division d'origine (■ Cass. 3e civ., 17 oct. 2012, n° 11-24.811 : *Defrénois* 2013, p. 12, obs. Tranchant). Les dispositions de l'article 684 du Code civil doivent être écartées au profit de l'article 682 du même code lorsque l'état d'enclave n'est pas la conséquence directe de la division d'un fonds, tel est le cas lorsque cette enclave préexistait au partage (■ Cass. 3e civ., 31 mai 2007, n° 06-11.668 : *JurisData* n° 2007-039046 ; *Procédures* 2007, comm. 257, obs. Junillon ; *JCP* G 2007, IV, 2365).

6) Parcelle vendue antérieurement. Si l'enclave résulte de la division d'un fonds par suite d'une vente, d'un échange, d'un partage ou de tout autre contrat, le passage ne peut être demandé que sur les terrains qui ont fait l'objet de ces actes et la servitude pour cause d'enclave ne saurait donc concerner une parcelle vendue antérieurement (■ Cass. 3e civ., 17 juin 1992, n° 90-19.610 : *JurisData* n° 1992-001252 ; *JCP* 92, IV, 2397 ; *Bull. civ.* III, n° 214, p. 131).

7) Renonciation de l'auteur commun. Le fondement de la servitude étant légal, l'acquéreur de la parcelle devenue enclavée à la suite de la division d'un fonds ne peut invoquer une renonciation de l'auteur commun au bénéfice de la servitude (■ Cass. 3e civ., 21 juin 1983 : *Bull. civ.* III, n° 143, p. 112. ■ Cass. 3e civ., 27 mars 1991, n° 89-16.443 : *JurisData* n° 1991-002263 ; *JCP* 91, IV, 205).

8) Absence de passage suffisant. Jugé que c'est toujours l'article 682 qui doit être appliqué si un passage suffisant ne peut être établi sur le fonds divisé compte tenu de l'exploitation actuelle du fonds enclavé, même si celle-ci a été modifiée depuis la division des héritages (■ Cass. 3e civ., 11 mars 1970, n° 68-10.040 : *JurisData* n° 1970-098187 ; *Gaz. Pal.* 1970, 2, 76).

9) Indemnisation (oui). L'indemnisation du dommage éventuellement occasionné par la servitude de désenclavement est due par le propriétaire du fonds dominant, peu important que l'état d'enclave résulte de la division d'un même héritage conduisant à l'application de l'article 684 du Code civil (■ Cass. 3e civ., 15 oct. 2013, n° 12-19.563).

10) Usage trentenaire continu de l'assiette. La détermination de l'assiette d'un passage par trente ans d'usage continu rend inapplicables les dispositions de l'article 684 (■ Cass. 1re civ., 19 mars 2003 : *Bull. civ.* I, n° 69, p. 63).

Art. 685 *(L. 20 août 1881).* **– L'assiette et le mode de servitude de passage pour cause d'enclave sont déterminés par trente ans d'usage continu.**

L'action en indemnité, dans le cas prévu par l'article 682, est prescriptible, et le passage peut être continué, quoique l'action en indemnité ne soit plus recevable.

1) Principe. Sur le principe que l'assiette et le mode de la servitude peuvent être acquis par prescription trentenaire, V. ■ Cass. 3e civ., 4 juin 1971, n° 70-11.857 : *Bull. civ.* III, n° 359, p. 255. ■ Cass. 3e civ., 27 oct. 2004 : *JCP* G 2005, I, 119, n° 12, obs. Périnet-Marquet ; *JurisData* n° 2004-025381 ; *Bull. civ.* III, n° 185, p. 167 ; *Defrénois* 2005, 1176, obs. Atias. ■ Aix-en-Provence, 4e ch., 7 mai 1996 : *JurisData* n° 1996-043488.

2) Permanence du tracé. Peut être acquise par prescription l'assiette d'un passage emprunté depuis plus de trente ans suivant un tracé demeuré permanent dans sa direction malgré une certaine « plasticité » imposée par la nature même de la parcelle traversée (■ Cass. 1re civ., 7 juill. 1960 : *Bull. civ.* I, n° 379, p. 311. – V. aussi ■ Cass. 1re civ., 17 juin 1964 : *JCP* 65, II, 13882, note Bulté. ■ Montpellier, 1re ch., 24 juill. 1991 : *JurisData* n° 1991-034207).

3) Possession équivoque. Le passage s'exerçant en des points différents rend la possession équivoque et ne permet pas d'acquérir par prescription l'assiette d'une servitude de passage, même si les passages ont duré trente ans (■ Montpellier, 25 janv. 1984 : *Gaz. Pal.* 1984, 2, 218, note Alauze).

4) Usage continu. L'usage n'est pas continu si le passage a été emprunté en vertu d'autorisations spéciales et ponctuelles (■ Montpellier, 1re ch., 13 févr. 1996 : *JurisData* n° 1996-0340361).

5) Domaine public. Le propriétaire du fonds enclavé ne peut réclamer un passage portant pour partie sur le domaine public (■ Paris, 2e ch., 29 mars 1996 : *JurisData* n° 1996-020617).

6) Cassation. Moyen tiré de l'usucapion. Le moyen tiré de l'usucapion trentenaire d'une servitude fondée sur l'enclave étant mélangé de fait et de droit ne peut être présenté pour la première fois devant la Cour de cassation (■ Cass. 3e civ., 13 mai 1971, n° 69-14.001 : *Bull. civ.* III, n° 300, p. 214).

7) Non-usage. Extinction de la servitude (non). À la différence de l'assiette du passage, le droit découlant de la servitude légale de passage ne s'éteint pas par le non-usage (■ Cass. 3e civ., 11 févr. 1975, n° 73-13.974 : *JurisData* n° 1975-098056 ; *JCP* 75, IV, 115 ; *Bull. civ.* III, n° 56, p. 44).

Art. 685-1 *(L. n° 71-494, 25 juin 1971).* **– En cas de cessation de l'enclave et quelle que soit la manière dont l'assiette et le mode de la servitude ont été déterminés, le propriétaire du fonds servant peut, à tout moment, invoquer l'extinction de la servitude si la desserte du fonds dominant est assurée dans les conditions de l'article 682.**

À défaut d'accord amiable, cette disparition est constatée par une décision de justice.

Bibliographie : G. Goubeaux, *La loi du 25 juin 1971 relative à l'extinction de la servitude de passage pour cause d'enclave : JCP* 71, I, 2416. ● Ph. Bihr, *L'extinction de la servitude de passage en cas de cessation de l'enclave : D.* 1972, chron. 27.

1) Exercice trentenaire. En l'absence de toute convention ou *d'une décision judiciaire* devenue irrévocable, l'article 685-1 du Code civil permet de supprimer la servitude légale de passage en cas d'enclave après la cessation de cet état, bien que l'exercice de cette servitude se soit prolongé pendant plus de trente ans (■ Cass. 3e civ., 12 mai 1975 : *JurisData* n° 1975-798168 ; *JCP* 76, II, 18223, note Goubeaux).

2) Constatation judiciaire de la cessation. La servitude subsiste entre la disparition de l'enclave et le jugement la constatant (■ Cass. 3e civ., 1er juill. 1980, n° 79-11.264 : *JurisData* n° 1980-798075 ; *JCP* 81, II, 19626, note Goubeaux). Il en résulte que le propriétaire du fonds servant ne peut interdire le passage au propriétaire du fonds dominant tant que la cessation de l'état d'enclave n'a pas été constatée par décision du juge du pétitoire (même arrêt).

3) Conditions de la cessation. La cessation de l'état d'enclave n'implique ni que l'assiette du passage se situe exclusivement sur les fonds contigus de celui enclavé ni qu'elle doive grever un seul fonds (■ Cass. 3e civ., 18 janv. 1989, n° 87-15.269 : *JurisData* n° 1989-700063 ; *JCP* 89, IV, 105 ; *Bull. civ.* III, n° 17, p. 9). L'état d'enclave d'une parcelle ne cesse pas du fait de l'acquisition par le propriétaire du fonds enclavé d'une autre parcelle bénéficiant d'un accès sur un terrain voisin resté la propriété du vendeur, dès lors que le droit de passage accordé à l'occasion de la vente comporte une affectation spéciale et est uniquement destiné à la desserte de la parcelle cédée (■ Cass. 3e civ., 4 janv. 1991, n° 88-19.949 : *JurisData* n° 1991-700003 ; *JCP* 91, IV, 75 ; *Bull. civ.* III, n° 8, p. 5 ; *D.* 1991, somm. 312, obs. A. Robert). Mais il en va autrement si le fonds dominant a acquis un accès sur la voie publique, même s'il faut sortir en marche arrière (■ Toulouse, 22 juin 1998, n° 97/01504 : *JurisData* n° 1998-042049 ; *JCP* N 99, 69).

4) Impossibilité due au fait du propriétaire du fonds servant. Le propriétaire d'un fonds servant ne saurait se prévaloir de l'impossibilité pour le propriétaire du fonds dominant d'user de la servitude de passage pour en demander l'extinction alors que le chemin où la servitude s'exerce a été rendu inutilisable par ses propres agissements illicites (■ Versailles, 1re ch., 13 janv. 1988 : *JurisData* n° 1988-040668).

5) Servitudes conventionnelles. L'article 685-1 est inapplicable aux servitudes conventionnelles (■ Cass. 3e civ., 27 févr. 1974, n° 72-14.016 : *JurisData* n° 1974-098096 ; *Bull. civ.* III, n° 96, p. 73. ■ Cass. 3e civ., 5 mai 1993, n° 91-12.833 : *JurisData* n° 1993-000834 ; *JCP* 94, I, 3750, n° 13, obs. Périnet-Marquet ; *Bull. civ.* III, n° 62, p. 39), mais on ne saurait faire grief à une cour d'appel d'avoir constaté l'extinction d'une servitude de passage par suite de disparition de l'enclave dès lors qu'elle retient souverainement que le droit de passage était la conséquence de l'état d'enclave et que le titre invoqué par le propriétaire du fonds dominant était simplement recognitif de servitude (■ Cass. 3e civ., 16 juill. 1974 : *Bull. civ.* III, n° 310, p. 234. ■ Cass. 3e civ., 3 nov. 1982 : *JurisData* n° 1982-702565 ; *Defrénois* 1983, 1212, obs. Souleau. ■ Cass. 3e civ., 13 déc. 1983, n° 82-15.224 : *JurisData* n° 1983-702718 ; *Bull. civ.* III, n° 260, p. 198. ■ Nîmes, 1re ch., 23 nov. 1995 : *JurisData* n° 1995-030113. – Comp. ■ Cass. 3e civ., 23 nov. 1976 : *JurisData* n° 1976-799420 ; *JurisData* n° 1976-799420 ; *D.* 1977, 158, note Franck. ■ Cass. 3e civ., 27 oct. 1993, n° 91-19.874 : *JurisData* n° 1993-002064 ; *JCP* 94, IV, 2749 ; *Bull. civ.* III, n° 134, p. 87 ; *RTD civ.* 1995, 923, obs. Zenati ; *RD imm.* 1995, 143, obs. Delebecque et Simler).

6) Destination du père de famille. L'article 685-1 est inapplicable aux servitudes établies par destination du père de famille (■ Cass. 3e civ., 12 mars 1977 : *Bull. civ.* I, n° 142, p. 110. ■ Paris, 4 juin 1986 : *JurisData* n° 1986-022977 ; *D.* 1987, somm. 15, 1re esp., obs. A. Robert. ■ Bordeaux, 5 avr. 1994 : *JurisData* n° 1994-047878 ; *D.* 1996, somm. 61, obs. A. Robert).

7) Droit d'usage sur un chemin d'exploitation. L'article 685-1 est inapplicable au droit d'usage sur un chemin d'exploitation fondé sur l'article 98 (L. 162-1) du Code rural (■ Cass. 3e civ., 27 janv. 1982, n° 80-16.832 : *JurisData* n° 1982-700157 ; *Bull. civ.* III, n° 28, p. 18. Sur le principe que la nature de chemin d'exploitation ou de voie privée d'utilité commune exclut la qualification de servitude, V. ■ Versailles, 13 nov. 1997 : *JurisData* n° 1997-048145 ; *D.* 1998, somm. 351, obs. A. Robert).

8) Effet de l'extinction. L'extinction de la servitude de passage autorise le propriétaire du fonds servant à demander la suppression de tous les ouvrages installés en vertu de cette servitude (■ Cass. 3e civ., 14 déc. 2005 : *JurisData* n° 2005-031304 ; *JCP* 2006, IV, 1097).

CHAPITRE III. – DES SERVITUDES ÉTABLIES PAR LE FAIT DE L'HOMME

Section I. – Des diverses espèces de servitudes qui peuvent être établies sur les biens

Art. 686. – Il est permis aux propriétaires d'établir sur leurs propriétés, ou en faveur de leurs propriétés, telles servitudes que bon leur semble, pourvu néanmoins que les services établis ne soient imposés ni à la personne, ni en faveur de la personne, mais seulement à un fonds et pour un fonds, et pourvu que ces services n'aient d'ailleurs rien de contraire à l'ordre public.

L'usage et l'étendue des servitudes ainsi établies se règlent par le titre qui les constitue ; à défaut de titre, par les règles ci-après.

I – SERVICE IMPOSÉ À UN FONDS ET NON À UNE PERSONNE

1) Principe. Sur le principe que la servitude doit peser sur un fonds et non sur une personne, V. ■ Cass. civ., 30 juin 1936 : *S.* 1937, 1, 161, note Vialleton ; *DP* 1938, 1, 65, note Besson. ■ Cass. civ., 27 juill. 1938 : *Gaz. Pal.* 1938, 2, 669. ■ Cass. 1re civ., 4 nov. 1963 : *Bull. civ.* III, n° 470, p. 399. Le droit d'usage et d'habitation consistant dans la réserve de jouissance d'une pièce dans un immeuble vendu n'est pas une servitude personnelle prohibée ; en effet, la servitude suppose l'existence de deux propriétés, et le droit litigieux n'impose au propriétaire de l'immeuble aucun service personnel au bénéfice de ses titulaires (■ Douai, 8e ch., 24 févr. 1983 : *JurisData* n° 1983-042029).

2) Intention des parties. Les juges du fond sont souverains pour apprécier si les parties ont eu en vue l'établissement d'une servitude réelle ou une simple obligation personnelle (■ Cass. civ., 10 juin 1936, préc. ■ Cass. 3e civ., 5 mai 1975, n° 74-10.137 : *JurisData* n° 1975-098155 ; *JCP* 75, IV, 202 ; *Bull. civ.* III, n° 155, p. 118), sous le contrôle de la Cour de cassation quant à la qualification (■ Cass. 3e civ., 22 juin 1976, n° 74-14.148 : *JurisData* n° 1976-098280 ; *JCP* 76, IV, 277 ; *D.* 1976, inf. rap. 272 ; *Bull. civ.* III, n° 280, p. 215 ; *Defrénois* 1977, 46, note Franck). Jugé que la convention doit révéler sans équivoque possible l'intention des parties de constituer la servitude (■ Cass. 1re civ., 10 juill. 1957 : *D.* 1957, 616). Un acte de vente ayant imposé à l'acquéreur la construction d'un mur de clôture, les juges du fond peuvent, en interprétant la volonté des parties, retenir que la volonté de la venderesse a été d'assurer la pleine liberté de la partie de l'héritage qui lui restait, d'une part, en la séparant de la partie vendue, de l'autre en empêchant cette dernière d'avoir des vues sur son propre fonds (■ Cass. req., 24 oct. 1939 : *DH* 1940, 30).

3) Applications. Une exclusivité d'approvisionnement imposée à un commerçant ne constitue pas une servitude (■ Douai, 1er avr. 1911 : *DP* 1913, 2, 111), pas plus qu'une simple obligation de gardiennage (■ Paris, 2e ch., 23 nov. 1979 : *JurisData* n° 1979-0477) ou l'obligation imposée à un propriétaire de reconstruire sa façade en pierre de taille (■ Paris, 11 nov. 1908, et ■ Cass. req., 15 nov. 1910 : *DP* 1911, 1, 326). Mais jugé que c'est bien en vertu d'une servitude que le propriétaire du fonds a donné à une société de publicité, par contrat, l'autorisation d'implanter un panneau publicitaire (■ Bordeaux, 5e ch., 19 oct. 1995 : *JurisData* n° 1995-046453). Une voie privée affectée à la circulation des propriétaires ou locataires des lots en bordure de cette voie ne constitue pas une servitude de passage impliquant un fonds dominant, un fonds servant et une situation d'enclave (■ Versailles, 15 mai 1997 : *JurisData* n° 1997-045654 ; *D.* 1998, somm. 349, obs. A. Robert).

4) Servitudes *in faciendo*. Jugé que si la règle posée par l'article 686 ne prohibe pas absolument l'institution de servitudes *in faciendo* obligeant le propriétaire du fonds servant à accomplir une prestation positive, encore faut-il que cette prestation ne puisse être assurée que par ce propriétaire et puisse l'être indistinctement par tous les propriétaires successifs de ce fonds servant (■ Montpellier, 16 janv. 1967 : *Gaz. Pal.* 1967, 1, 233), ou que l'interdiction de l'article 686 ne s'applique pas lorsqu'un propriétaire de cave se voit imposer une prestation de vinification et de conservation des récoltes du vignoble voisin, dès lors qu'une telle prestation est stipulée au profit de tout acquéreur éventuel de ce vignoble (■ Cass. 1re civ., 14 avr. 1956 : *Bull. civ.* I, n° 161).

5) Interdiction à l'acquéreur du fonds de l'affecter à un usage déterminé. L'interdiction faite à l'acquéreur d'un fonds de l'affecter à un usage déterminé peut revêtir le caractère d'une servitude établie par le fait de l'homme attachée au fonds dans l'intérêt d'un autre fonds et est valable pourvu que ce service n'ait rien de contraire à l'ordre public, et une convention restreignant sans limitation de temps l'exercice d'une activité commerciale définie est licite si elle est restreinte à un lieu déterminé (■ Cass. com., 15 juill. 1987, n° 86-11.272 : *JurisData* n° 1987-001374 ; *D.* 1988, 360, note Atias et Mouly ; *RTD civ.* 1989, 351, obs. Zenati. V. en ce sens ■ Cass. 3e civ., 24 mars 1993, n° 91-11.690 : *JurisData* n° 1993-000555 ; *JCP* 93, IV, 1376 ; *Bull. civ.* III, n° 45, p. 29 ; *RTD civ.* 1993, 853, obs. Zenati, interdiction de la vente de carburants et d'huiles et de l'entretien de véhicules. Comp., plus hésitant, ■ Cass. com., 1er avr. 1997 : *JCP* 97, IV, 1146 ; *D.* 1998, somm. 111, obs. Libchaber ; *RTD civ.* 1999, 659, obs. Zenati). Jugé que l'interdiction faite à l'acquéreur d'un fonds immobilier de l'affecter à un usage déterminé peut revêtir le caractère d'une obligation personnelle (■ Cass. 3e civ., 4 juill. 2001 : *JCP* G 2002, I, 126 ; *JCP* N 2002, 146, n° 17, obs. Périnet-Marquet ; *JurisData* n° 2001-010489 ; *Bull. civ.* III, n° 94, p. 72 ; *D.* 2002, 433, note Libchaber ; somm. 2513, obs. Reboul-Maupin ; *RTD civ.* 2002, 125, obs. Revet). V. E. Moreau, *La « servitude de non-concurrence », étude critique* : *D.* 1994, chron. 331. – J.-F. Astruc, *La clause de non-concurrence accessoire au contrat de cession d'un bien immobilier* : *D.* 2002, 908.

6) Prestation accessoire imposée au propriétaire du fonds servant. Voir : sur la limite à l'interdiction des servitudes *in faciendo* résultant du caractère accessoire, par rapport à la servitude, de la prestation imposée au propriétaire du fonds servant, art. 698, p. 570.

II – SERVICE RENDU À UN FONDS ET NON À UNE PERSONNE

7) Principe. Sur l'interdiction de créer des servitudes qui ne profitent qu'à une personne, V. ■ Cass. civ., 30 juin 1936, préc. n° 1. ■ Cass. 3e civ., 22 juin 1976, n° 75-11.612 : *JurisData* n° 1976-098277 ; *JCP* 76, IV, 277 ; *D.* 1976, inf. rap. 272 ; *Bull. civ.* III, n° 280, p. 215.

8) Droit de passage personnel et servitude de passage. Sur la distinction entre droit de passage personnel et servitude de passage, V. ▪ Cass. 1re civ., 11 mai 1965 : *Bull. civ.* I, n° 317, p. 234. ▪ Cass. 3e civ., 5 mai 1975 : *JCP* 75, IV, 202 ; *Bull. civ.* III, n° 155, p. 118. ▪ Douai, 11 mai 1995 : *JurisData* n° 1995-052146 ; *D.* 1997, somm. 23, obs. A. Robert. Doit être cassé l'arrêt qui a qualifié de servitude le droit de passage conféré en vue de l'implantation d'un téléski, en affirmant que l'ensemble mécanique qu'est le remonte-pente peut être considéré comme le fonds dominant, alors qu'il appartenait à la cour d'appel de rechercher si le droit de passage avait été institué pour l'usage et l'utilité d'un autre héritage (▪ Cass. 3e civ., 12 déc. 1984 : *JurisData* n° 1984-702040 ; *JCP* 85, II, 20411, note Goubeaux).

9) Droit de chasse. La concession d'un droit de chasse ne saurait avoir le caractère d'une servitude réelle dès lors que le fonds en faveur duquel il est accordé n'en recueille aucune utilité et que le profit ou l'agrément que ce droit peut amener ne concerne que la personne du propriétaire du fonds et non le fonds lui-même (▪ Cass. crim., 9 janv. 1891 : *DP* 1891, 1, 89 ; *S.* 1891, 1, 489. V. en ce sens, écartant une servitude collective de pêche, ▪ Cass. civ., 2 juill. 1946 : *JCP* 46, II, 3164, note J. F. L. C. ; *D.* 1947, 405, note Ripert, et, condamnant une servitude individuelle de chasse, ▪ Cass. 3e civ., 22 juin 1976, préc., n° 7). Mais le droit de chasse est un droit réel immobilier (▪ Dijon, 16 juin 1994 : *JurisData* n° 1994-044707 ; *D.* 1995, somm. 189, obs. A. Robert).

10) Clause d'habitation bourgeoise. Une clause d'habitation bourgeoise peut parfaitement suivant les circonstances revêtir le caractère d'un service attaché au fonds lui-même dans l'intérêt d'un autre fonds (▪ Cass. civ., 30 juin 1936, préc. n° 1. V. en ce sens ▪ Cass. 3e civ., 6 nov. 1969, n° 67-13.094 : *D.* 1970, somm. 104. ▪ Cass. 3e civ., 10 oct. 1978, n° 77-11.263 : *JurisData* n° 1978-000309 ; *D.* 1979, 581, note Franck. Comp. ▪ Paris, 7 juill. 1989, n° 33946/88 : *JurisData* n° 1989-024494 ; *D.* 1990, somm. 89, obs. A. Robert, clause d'un acte de vente, reproduite au règlement de copropriété, par laquelle un médecin se réserve la faculté de s'opposer à la création d'un cabinet médical dans l'immeuble).

11) Servitude de puisage. En faveur des servitudes de puisage, V. ▪ Cass. 3e civ., 3 nov. 1981, n° 80-13.896 : *JurisData* n° 1981-703149 ; *Bull. civ.* III, n° 178, p. 129. Comp., pour une servitude de fouille destinée à l'alimentation d'une fontaine, ▪ Cass. 3e civ., 27 juin 1978 : *Gaz. Pal.* 1978, 2, somm. 430.

12) Pacage et droit de seconde herbe. En faveur des servitudes d'usage de bois et de pacage dans les bois et forêts, V. ▪ Cass. 3e civ., 18 juill. 1979 : *Bull. civ.* III, n° 161, p. 124. Mais le droit de « seconde herbe » profite seulement aux habitants d'une entité territoriale et l'exercice de ce droit n'implique pas d'être propriétaire foncier à l'endroit considéré, de sorte que la charge imposée au fonds n'est pas établie pour l'usage et l'utilité d'un autre fonds (▪ Cass. 3e civ., 25 mars 1992, n° 89-21.866 : *JurisData* n° 1992-001873 ; *Bull. civ.* III, n° 106, p. 62 ; *D.* 1993, 65, note de La Marnierre).

13) Droit de « dépaissance ». Pour la reconnaissance d'un droit de « dépaissance » (droit de faire paître ses bestiaux), V. ▪ Cass. 3e civ., 20 févr. 1979, n° 77-13.676 : *JurisData* n° 1979-099042 ; *Bull. civ.* III, n° 42, p. 31.

14) Utilité pour le fonds de commerce. L'existence d'une servitude impliquant l'installation, l'entretien et l'alimentation d'une chambre froide installée par une biscuiterie ne saurait être admise dès lors que cette chambre froide n'a d'utilité que pour le fonds de commerce et non pour l'immeuble où celui-ci est exploité (▪ Montpellier, 16 janv. 1967 : *Gaz. Pal.* 1967, 1, 233).

III – ORDRE PUBLIC

15) Servitudes d'urbanisme. Les particuliers ne peuvent déroger aux servitudes d'intérêt public et notamment aux servitudes d'urbanisme (▪ Cass. 3e civ., 3 févr. 1982 : *D.* 1982, inf. rap. 212 ; *Bull. civ.* III, n° 36, p. 23).

16) Servitudes de lotissement. Sur le principe que les servitudes de lotissement demeurent des servitudes privées, quand bien même le cahier des charges qui les institue aurait fait l'objet d'une autorisation administrative ou serait reproduit dans le règlement administratif du lotissement, V. ▪ Cass. 3e civ., 9 avr. 1974, n° 72-13.850 : *JurisData* n° 1974-098144 ; *Bull. civ.* III, n° 144, p. 108. ▪ Cass. 3e civ., 20 nov. 1974 : *JurisData* n° 1974-000423 ; *Bull. civ.* III, n° 423, p. 324 ; *D.* 1975, inf. rap. 46. Mais elles ne peuvent l'emporter sur les servitudes d'urbanisme lorsque celles-ci sont d'intérêt public (▪ Cass. 3e civ., 3 févr. 1982 : *Bull. civ.* n° 36, p. 23).

Art. 687. – **Les servitudes sont établies ou pour l'usage des bâtiments, ou pour celui des fonds de terre.**

Celles de la première espèce s'appellent *urbaines*, soit que les bâtiments auxquels elles sont dues soient situés à la ville ou à la campagne.

Celles de la seconde espèce se nomment *rurales*.

Art. 688. – **Les servitudes sont ou continues, ou discontinues.**

Les servitudes continues sont celles dont l'usage est ou peut être continuel sans avoir besoin du fait actuel de l'homme : tels sont les conduites d'eau, les égouts, les vues et autres de cette espèce.

Les servitudes discontinues sont celles qui ont besoin du fait actuel de l'homme pour être exercées : tels sont les droits de passage, puisage, pacage et autres semblables.

1) Servitude discontinue. Notion. Une servitude n'est discontinue que lorsque c'est dans le fait même de l'homme que réside son exercice et ne répond pas à cette définition celle qui peut s'exercer d'elle-même de façon continue au moyen d'ouvrages permanents aménagés à cet effet, encore que l'usage n'en soit qu'intermittent et comporte pour sa suspension ou sa reprise une intervention humaine (■ Cass. 3e civ., 23 juin 1981 : *JCP* 81, IV, 331 ; *Bull. civ.* III, n° 133, p. 95). Elle reste discontinue quand bien même elle serait rendue artificiellement permanente au moyen d'un outillage approprié, dès lors que cet outillage ne peut fonctionner que sous le contrôle de l'homme (■ Cass. 3e civ., 19 mai 2004, n° 03-12.451 : *JurisData* n° 2004-023735 ; *JCP* 2004, I, 171, n° 22, obs. Périnet-Marquet ; *Bull. civ.* III, n° 105, p. 95 ; *D.* 2004, somm. 2471, obs. Mallet-Bricout ; *Defrénois* 2005, 702, obs. Atias).

2) Servitude d'eaux usées. Une servitude d'eaux usées, fût-elle apparente, ne peut se perpétuer sans l'intervention renouvelée de l'homme et a donc un caractère discontinu (■ Cass. 3e civ., 11 mai 1976, n° 75-10.074 : *JurisData* n° 1976-098195 ; *Bull. civ.* III, n° 198, p. 155. ■ Cass. 3e civ., 15 févr. 1995, n° 93-13.093 : *JurisData* n° 1995-000225 ; *JCP* 95, IV, 949 ; *Bull. civ.* III, n° 54, p. 37. ■ Cass. 3e civ., 21 juin 2000, n° 97-22.064 : *JurisData* n° 2000-002497 ; *Bull. civ.* III, n° 127, p. 87 ; *JCP* N 2002, 1140. ■ Cass. 3e civ., 8 déc. 2004, n° 03-17.225 : *JurisData* n° 2004-026063 ; *Bull. civ.* III, n° 234, p. 209).

3) Servitude de vue. Une servitude de vue existe du fait même de l'ouverture donnant sur l'héritage d'autrui et a donc un caractère continu (■ Cass. 1re civ., 22 févr. 1965 : *JCP* 65, IV, 47 ; *Bull. civ.* I, n° 146, p. 109).

4) Puisage, lavage, abreuvage. Les droits de puisage, de lavage ou d'abreuvage présentent les caractères d'une servitude discontinue (■ Cass. 3e civ., 27 janv. 1976, n° 74-14.430 : *JurisData* n° 1976-098037 ; *Gaz. Pal.* 1976, 1, somm. 82). Mais jugé qu'il en va différemment lorsque l'équipement électrique de la station de pompage en permet l'usage continuel (■ Bordeaux, 17 avr. 2000 : *JurisData* n° 2000-112998 ; *JCP* 2001, IV, 1243).

5) Servitude d'aqueduc. La servitude d'aqueduc, lorsqu'elle s'exerce au moyen d'ouvrages apparents, est continue, alors même que le fait de l'homme est nécessaire. Il suffit que l'eau, une fois libre de tout obstacle, s'écoule sans le fait actuel de l'homme au moyen des appareils construits pour cet objet (■ Cass. civ., 25 oct. 1887 : *DP* 1888, 1, 106, concl. Petiton. ■ Cass. 3e civ., 29 juin 1983, n° 82-12.317 : *JurisData* n° 1983-701561 ; *Bull. civ.* III, n° 154, p. 120).

6) Panneau publicitaire. La servitude ayant pour objet l'implantation d'un panneau publicitaire est continue (■ Bordeaux, 5e ch., 19 oct. 1995 : *JurisData* n° 1995-046453).

Art. 689. – Les servitudes sont apparentes ou non apparentes.

Les servitudes apparentes sont celles qui s'annoncent par des ouvrages extérieurs, tels qu'une porte, une fenêtre, un aqueduc.

Les servitudes non apparentes sont celles qui n'ont pas de signe extérieur de leur existence, comme, par exemple, la prohibition de bâtir sur un fonds, ou de ne bâtir qu'à une hauteur déterminée.

1) Servitude apparente. Notion. Il n'est pas nécessaire que la servitude, pour être apparente, se révèle ostensiblement à l'attention de tous, il *suffit qu'elle se manifeste sans équivoque à celle* du propriétaire du fonds servant (■ Cass. 1re civ., 20 déc. 1955 : *D.* 1956, 214).

2) Servitude d'écoulement des eaux. Sur la nécessité d'un signe extérieur pour que la servitude d'écoulement d'eau devienne une servitude apparente, V. ■ Riom, 27 oct. 1970 : *D.* 1971, 138, note A. Robert.

3) Servitude d'aqueduc. Sur le caractère apparent de la servitude d'aqueduc, V. ■ Cass. 1re civ., 20 déc. 1955, préc. ■ Cass. 3e civ., 29 juin 1983, n° 82-12.317 : *JurisData* n° 1983-701561 ; *Bull. civ.* III, n° 154, p. 120. Mais jugé que le signe extérieur ne résulte pas nécessairement des extrémités de canalisations, fussent-elles visibles (■ Cass. 3e civ., 21 oct. 1975, n° 74-12.752 : *JurisData* n° 1975-098304 ; *D.* 1975, inf. rap. 264), ni de la présence, au fond d'une excavation, des restes d'une canalisation ancienne (■ Cass. 1re civ., 30 janv. 1963 : *Bull. civ.* I, n° 71, p. 62).

4) Panneau publicitaire. Sur le caractère apparent de la servitude ayant pour objet l'implantation d'un panneau publicitaire, V. ■ Bordeaux, 5e ch., 19 oct. 1995 : *JurisData* n° 1995-046453.

5) Servitude de prospect. La servitude de prospect est continue et non apparente (■ Cass. 1re civ., 22 mars 1966 : *JCP* 66, II, 14696, note H. G.).

Section II. – Comment s'établissent les servitudes

Art. 690. – Les servitudes continues et apparentes s'acquièrent par titre, ou par la possession de trente ans.

I – ÉTABLISSEMENT PAR TITRE

1) Servitude accessoire. Une servitude de passage, étant l'accessoire nécessaire de la servitude de puisage, n'a pas à être établie par un titre distinct (■ Cass. 3e civ., 7 mai 1986, n° 84-13.707 : *JurisData* n° 1986-000951 ; *D.* 1987, somm. 15, 2e esp., obs. A. Robert).

2) Acte de volonté privée. L'acte juridique visé par l'article 690 ne peut être une décision judiciaire ou arbitrale non constitutive de contrat judiciaire (■ Paris, 16e ch., 24 sept. 1981 : *JurisData* n° 1981-024716. ■ Montpellier, 6e ch., 9 nov. 1982 : *JurisData* n° 1982-1179) ni un permis de construire (■ Cass. 2e civ., 9 mai 1956 : *JCP* 56, IV, 90 ; *Bull. civ.* II, n° 242, p. 159).

3) Autorisation administrative. Voir : sur la nécessité d'une autorisation ministérielle pour établir par convention une servitude sur un immeuble classé, C. patr., art. L. 621-16. – Voir aussi : pour les monuments naturels et les sites classés, C. env., art. L. 341-14. Voir également : pour les réserves naturelles, C. env., art. L. 332-16.

4) Preuve du titre. La servitude étant un droit attaché aux deux fonds entre lesquels il a été constitué en quelque main que l'un ou l'autre passe, le propriétaire d'un fonds peut se prévaloir, pour établir l'existence ou la consistance de la servitude dont bénéficie son héritage, du titre du fonds servant, même si le titulaire du fonds dominant n'y a pas été partie (■ Cass. 3e civ., 10 oct. 1990, n° 89-12.568 : *JurisData* n° 1990-702535 ; *JCP* 90, IV, 394 ; *Bull. civ.* III, n° 125, p. 107 ; *D.* 1991, somm. 311, obs. A. Robert ; *RTD civ.* 1992, 599, obs. Zenati ■ Cass. 3e civ., 12 janv. 2005, n° 03-17.273 : *JurisData* n° 2005-026455 ; *Bull. civ.* III, n° 7, p. 6). Le titre constitutif ne doit pas émaner du seul propriétaire du fonds dominant (■ Cass. 3e civ., 26 sept. 1984 : *JCP* 84, IV, 328), à moins qu'il n'ait le même auteur que le propriétaire du fonds servant (■ Cass. 3e civ., 11 janv. 1992 : *JCP* 92, IV, 2321 ; *Bull. civ.* III, n° 202, p. 123 ; *D.* 1993, somm. 307, obs. A. Robert. ■ Douai, 8e ch., 7 oct. 1982 : *JurisData* n° 1982-042545). V. sur le principe que le titre constitutif d'une servitude de passage ne peut résulter d'un aveu du propriétaire du fonds asservi, art. 695, annot. n° 1, p. 568.

5) Opposabilité. Les servitudes établies par le *fait de l'homme ne sont* opposables aux acquéreurs que si elles sont mentionnées dans leur titre de propriété, ou si elles font l'objet de la publicité foncière (■ Cass. 3e civ., 27 oct. 1993, n° 91-17.024 : *JurisData* n° 1993-002067 ; *JCP* 1993, IV, 2747 ; *Bull. civ.* III, n° 132, p. 86). Outre la publication et la mention dans l'acte d'acquisition, doit être prise en compte la connaissance de l'existence de la servitude par l'acquéreur au moment de l'acquisition (■ Cass. 3e civ., 16 sept. 2009, n° 08-16.499 : *JurisData* n° 2009-049441 ; *Defrénois* 2010, p. 979, note Atias ; *JCP* G 2010, 336, n° 17, obs. Périnet-Marquet ; *Constr.-urb.* 2009, comm. 141, note Sizaire. ■ Cass. 3e civ., 16 mars 2011, n° 10-13.771 : *JurisData* n° 2011-003772 ; *Defrénois* 2011, p. 1683, note Atias ; *Constr.-Urb.* 2011, comm. 71, note Sizaire ; *JCP* G 2011, 1298, n° 16, obs. Périnet-Marquet. ■ Cass. 3e civ., 2 juill. 2013, n° 12-20.681 : *JurisData* n° 2013-013810 ; *RTD civ.* 2013, p. 865, note Dross). Jugé qu'une servitude non apparente ne constitue pas un vice caché mais relève des dispositions de l'article 1638 du Code civil (■ Cass. 3e civ., 27 févr. 2013, n° 11-28.783 : *JurisData* n° 2013-003184 ; *JCP* G 2013, 429, n° 13, obs. Périnet-Marquet). Si les servitudes de lotissement sont opposables aux acquéreurs même lorsqu'elles ne figurent pas dans leur titre de propriété, encore faut-il que les documents contenant ces règles, ou ceux modifiant les règles initiales du lotissement aient fait l'objet de la publicité foncière permettant aux intéressés de s'y référer (■ Cass. 3e civ., 23 mai 1991, n° 89-19.363 : *JurisData* n° 1991-001211 ; *JCP* 1991, IV, 277 ; *Bull. civ.* III, n° 151, p. 88). Mais l'absence de publication est sans incidence dans les rapports entre les parties (■ Cass. 3e civ., 9 déc. 1987, n° 86-16.694 : *D.* 1989, somm. 34, 1re esp., obs. A. Robert).

II – ÉTABLISSEMENT PAR PRESCRIPTION

6) Consolidation de certaines servitudes légales. Voir sur la consolidation par la prescription de certaines servitudes légales art. 642, p. 528 et 685, p. 559.

7) Servitudes continues et apparentes. Voir sur l'impossibilité d'acquérir par prescription les servitudes discontinues ou non apparentes, sous art. 691, annot. n° 1, p. 565. Il appartient aux juges de relever les caractères apparent et continu permettant l'acquisition de la servitude par la possession de trente ans (■ Cass. 3e civ., 9 janv. 1974, n° 72-14.075 : *JurisData* n° 1974-098008 ; *Bull. civ.* III, n° 8, p. 8).

8) Écoulement des eaux. Sur la possibilité d'acquérir par prescription le droit de déverser les eaux pluviales sur le fonds voisin, V. ■ Cass. 1re civ., 9 oct. 1963, n° 62-10 738 : *Bull. civ.* I, n° 425, p. 364. ■ Rennes, 4e ch., 10 juin 1982 : *JurisData* n° 1982-041180. Lorsque le débord d'un toit, sans gouttière ni chéneau, est contemporain de la construction d'une maison centenaire, son propriétaire peut prétendre à une servitude de déversement des eaux pluviales, acquise par prescription trentenaire, à l'encontre du fonds voisin (■ Toulouse, 1re ch., 27 févr. 1984 : *JurisData* n° 1984-042107). Une servitude d'écoulement des eaux de ruissellement, acquise par prescription trentenaire, s'étend aux eaux pluviales qui, tombées sur la couverture de tuiles de la maison du fonds supérieur dépourvu de gouttière, s'écoulent sur le sol et sont dirigées vers un caniveau en pierres plus que trentenaire qui canalise les eaux vers le fossé du fonds inférieur (■ Rennes, 1re ch., 23 mars 1993 : *JurisData* n° 1993-048887). Le déversement des eaux du trop-plein d'un puits communal qui s'est toujours fait par un fossé à ciel ouvert situé à la limite de deux fonds est à l'origine d'une servitude d'écoulement des eaux dont la possession est établie par de nombreuses attestations au profit de la commune (■ Besançon, 1re ch., 17 oct. 1995 : *JurisData* n° 1995-046474). V. sur l'impossibilité d'acquérir par prescription une servitude d'écoulement des eaux usées, sous art. 691, annot. n° 1, p. 565.

9) Vue. La servitude de vue est continue et apparente et existe du fait même de la présence de l'ouverture donnant sur l'héritage d'autrui et dont la possession subsiste tant qu'il n'y est pas matériellement contredit (■ Cass. 3e civ., 22 févr. 1965 : *Bull. civ.* III, n° 146, p. 109). Le droit d'établir des vues non conformes aux articles 678 à 680 du Code civil peut résulter d'une servitude de vue acquise par prescription (■ Cass. 3e civ., 12 nov. 1975 : *JCP* 76, II, 18400, note Goubeaux). Des ouvertures irrégulières constituant de véritables vues peuvent conduire à l'acquisition d'une servitude par prescription, ce qui rend irrecevable la demande visant à rendre les ouvertures conformes aux dispositions de l'article 676 (■ Montpellier, 1re ch., 28 févr. 1995 : *JurisData* n° 1995-034255. – V. aussi ■ Paris, 23e ch., 29 sept. 1995 : *JurisData* n° 1995-022758).

10) Actes de possession. Voir sur les caractères de la possession exigée, art. 2261 et s., p. 1683. Jugé que la prescription ne peut être acquise si les actes de possession ne sont pas de nature à éveiller l'attention du propriétaire du fonds voisin et à provoquer au besoin sa contradiction (■ Cass. 3e civ., 14 mars 1972, n° 70-13.340 : *JurisData* n° 1972-098179 ; *Bull. civ.* III, n° 179, p. 127, propriétaires du fonds servant ne pouvant se rendre compte de la hauteur du mur séparatif. V. aussi ■ Cass. 3e civ., 12 avr. 1972, n° 70-13.511 : *JurisData* n° 1972-098220 ; *Bull. civ.* III, n° 220, p. 158, vues donnant sur un toit aveugle et ne causant au voisin aucune gêne. ■ Cass. 3e civ., 29 avr. 1986, n° 85-10.150 : *JurisData* n° 1986-000950 ; *Bull. civ.* III, n° 58, p. 44 ; *D.* 1987, somm. 16, obs. A. Robert ; *RD imm.* 1987, 40, obs. Bergel, ouvertures donnant uniquement sur le toit voisin). La servitude peut être écartée s'il existe un doute sur la forme initiale de la fenêtre et l'absence d'élargissement depuis trente ans (■ Cass. 3e civ., 14 mars 1972, préc.). La possession exigée peut, par application de l'article 2228, être acquise par le fait du locataire (■ Bordeaux, 5e ch., 19 oct. 1995 : *JurisData* n° 1995-046453).

11) Interruption de la possession d'une servitude continue. La possession d'une servitude continue peut être interrompue sans que la servitude change de caractère (■ Cass. civ., 28 nov. 1984 : *JurisData* n° 1984-702221 ; *JCP* 85, IV, 53).

12) Prescription trentenaire. Une servitude ne peut s'acquérir par la prescription abrégée de l'ancien article 2265 (■ Cass. req., 23 nov. 1875 : *DP* 1876, 1, 423. ■ Cass. 1re civ., 26 oct. 1964 : *Bull. civ.* I, n° 469, p. 363. ■ Rouen, 1re ch., 26 mai 1981 : *JurisData* n° 1981-042696). La seule prescription applicable aux servitudes continues et apparentes est la prescription trentenaire à l'exclusion de toute autre prescription (■ Cass. 3e civ., 21 mai 1979, n° 77-14.873 : *Bull. civ.* III, n° 111, p. 83).

13) Application aux servitudes établies pour l'utilité publique (non). Selon la Haute juridiction, les servitudes spécifiques aux lignes électriques n'obéissent pas aux principes généraux du Code civil dans la mesure où les règles dérogatoires résultant de l'article 12 de la loi du 15 juin 1906 excluent le recours à celles régissant les servitudes de droit privé instituées pour l'utilité des particuliers (■ Cass. 3e civ., 7 mars 2007 : *JurisData* n° 2007-037925 ; *JCP* G 2007, I, 197, n° 12, obs. Périnet-Marquet ; *D.* 2007, p. 866, note Bigot de la Touanne ; *JCP* G 2007, IV, 1766).

Art. 691. – Les servitudes continues non apparentes, et les servitudes discontinues apparentes ou non apparentes, ne peuvent s'établir que par titres.

La possession même immémoriale ne suffit pas pour les établir, sans cependant qu'on puisse attaquer aujourd'hui les servitudes de cette nature déjà acquises par la possession, dans les pays où elles pouvaient s'acquérir de cette manière.

1) Servitudes discontinues. Ne peuvent s'acquérir par prescription les servitudes discontinues telles que les servitudes de passage (■ Cass. 3e civ., 6 juin 1969 : *JCP* 69, IV, 193 ; *Bull. civ.* III, n° 463, p. 352. ■ Cass. 3e civ., 7 mars 1984, n° 82-16.448 : *JurisData* n° 1984-700434 ; *JCP* 84, IV,156 ; *Bull. civ.* III, n° 66, p. 52. V. aussi pour des canalisations souterraines, ■ Cass. 3e civ., 8 janv. 1997 : *JurisData* n° 1997-000069. ■ Cass. 3e civ., 24 nov. 1999, n° 97-10.301 : *JurisData* n° 1999-004066 ; *JCP* 2000, IV, 1057 ; *Bull.*

civ. III, n° 227, p. 159), de puisage, de lavage et d'abreuvage (▪ Cass. 1re civ., 26 janv. 1965 : *JurisData* n° 1965-700081 ; *D.* 1965, 372 ; *RTD civ.* 1965, 681, obs. Bredin. ▪ Cass. 3e civ., 27 janv. 1976 : *D.* 1976, inf. rap. 235), de « tour d'échelle » (▪ Cass. 3e civ., 30 oct. 1978 : *D.* 1979, 654, note Prévault) ou d'écoulement des eaux usées (▪ Cass. 3e civ., 15 févr. 1995, n° 93-13.093 : *JurisData* n° 1995-000225 ; *JCP* 95, IV, 949 ; *Bull. civ.* III, n° 54, p. 37. ▪ Aix-en-Provence, 4e ch., 21 oct. 1986 : *JurisData* n° 1986-044552. V. aussi pour une servitude d'écoulement des eaux fluviales et usées, ▪ Bordeaux, 1re ch., 19 janv. 1995 : *JurisData* n° 1995-040516).

2) **Servitudes non apparentes.** Pour des applications du principe selon lequel les servitudes non apparentes ne peuvent s'acquérir par prescription, V. ▪ Cass. civ., 29 juin 1921 : *DP* 1925, 1, 31. ▪ Paris, 2e ch., 18 mai 1981 : *JurisData* n° 1981-024372. ▪ Bordeaux, 1re ch., 12 déc. 1985 : *JurisData* n° 1985-042875.

3) **Exercice de la servitude discontinue.** Le mode d'exercice d'une servitude discontinue ne peut, pas plus que le droit lui-même, faire l'objet d'une prescription acquisitive (▪ Cass. 1re civ., 8 nov. 1961, n° 60-10.485 : *JCP* 61, IV, 175 ; *Bull. civ.* I, n° 514, p. 405), pas plus que l'assiette d'une servitude de passage différente de celle originairement convenue (▪ Cass. 3e civ., 7 mars 1984, n° 82-16.448 : *JurisData* n° 1984-700434 ; *Bull. civ.* III, n° 66, p. 52. ▪ Cass. 3e civ., 19 janv. 2011, n° 10-10.528 : *JurisData* n° 2011-000421 ; *JCP G* 2011, 323, n° 16, obs. Périnet-Marquet), sous réserve de l'application de l'article 685 pour la servitude légale de passage en cas d'enclave (▪ Cass. 3e civ., 4 juin 1971, n° 70-11.857 : *Bull. civ.* III, n° 359, p. 255), mais la possession peut être prise en considération lorsque la servitude résulte de titres formels et qu'il ne s'agit que de fixer les limites de son exercice (▪ Cass. 1re civ., 5 janv. 1954 : *D.* 1954, 184).

4) **Possession immémoriale antérieure au Code civil.** Par exception au principe posé par l'article 691, une servitude même discontinue ou non apparente peut être acquise par prescription en cas de possession immémoriale prouvée acquise avant la promulgation du Code civil (▪ Cass. req., 1er mai 1888 : *DP* 1888, 1, 219).

5) **Servitude accessoire.** Une servitude même discontinue ou non apparente peut être acquise par prescription lorsqu'elle est l'accessoire d'une servitude qui a elle-même été acquise par prescription (▪ Cass. req., 10 nov. 1908 : *DP* 1909, 1, 268).

6) **Titre.** Sur l'exigence d'un titre récognitif, V. ▪ Cass. 3e civ., 7 avr. 2004 : *JCP* 2004, IV, 2192 ; *D.* 2004, somm. 2472, obs. Mallet-Bricout ; *JurisData* n° 2004-023253. L'exigence d'un titre pour l'établissement d'une servitude continue non apparente n'exclut pas que l'insuffisance de l'acte invoqué puisse être suppléée par un commencement de preuve par écrit (▪ Versailles, 16 nov. 1989 : *D.* 1991, somm. 24, obs. A. Robert). Le titre peut résulter d'un acte juridique, même non écrit, dès lors qu'il est non équivoque de l'existence de la servitude invoquée (▪ Versailles, 19 mai 1994 : *JurisData* n° 1994-041835 ; *D.* 1996, somm. 60, obs. A. Robert, plan établi par un géomètre à la demande du propriétaire du fonds dominant et signé par le propriétaire du fonds servant). Un procès-verbal de conciliation établi par le juge d'instance est propre à établir un droit de servitude de passage (▪ Cass. 3e civ., 8 nov. 1976, n° 75-10.779 : *JurisData* n° 1976-099389 ; *Bull. civ.* III, n° 389, p. 295). Le titre peut résulter de la reconnaissance explicite de la servitude de passage dans un bail passé entre les propriétaires des fonds servant et dominant (▪ Cass. 3e civ., 9 déc. 1987, n° 86-16.694 : *D.* 1989, somm. 34, 1re esp., obs. A. Robert). La servitude doit trouver son fondement dans le titre du fonds servant, et il importe peu qu'on n'en trouve pas mention dans les titres du fonds dominant (▪ Cass. 1re civ., 21 déc. 1964, n° 62.12.188 : *JurisData* n° 1964-000592 ; *Bull. civ.* I, n° 592, p. 456). Ne donne pas de base légale à sa décision la cour d'appel qui déboute le propriétaire du fonds dominant de sa demande en protection possessoire au motif que son acte d'acquisition ne fait pas mention de la servitude de passage, sans rechercher si cette servitude ne découlait pas aussi d'un titre relatif au fonds servant (▪ Cass. 3e civ., 9 juill. 2003 : *JCP* 2003, IV, 2600 ; *JurisData* n° 2003-019845 ; *Defrénois* 2004, 818, obs. Atias).

7) **Aveu.** Voir sur le principe que l'aveu de l'existence d'une servitude, portant sur un point de droit, ne peut être admis, sous art. 695, annot. n° 1, p. 568.

8) **Protection possessoire.** Voir sur la protection possessoire des servitudes, sous art. 2278, annot. n° 5, p. 1695.

Art. 692. – **La destination du père de famille vaut titre à l'égard des servitudes continues et apparentes.**

Pour des applications. V. ▪ Cass. 3e civ., 8 déc. 1976, n° 75-10.816 : *JurisData* n° 1976-000457 ; *JCP* 77, IV, 27 ; Bull. civ. III, n° 457, p. 347. ▪ Paris, 2e ch. B, 24 févr. 1984 : *JurisData* n° 1984-021299.

Art. 693. – **Il n'y a destination du père de famille que lorsqu'il est prouvé que les deux fonds actuellement divisés ont appartenu au même propriétaire, et que c'est par lui que les choses ont été mises dans l'état duquel résulte la servitude.**

Art. 694. – Si le propriétaire de deux héritages entre lesquels il existe un signe apparent de servitude, dispose de l'un des héritages sans que le contrat contienne aucune convention relative à la servitude, elle continue d'exister activement ou passivement en faveur du fonds aliéné ou sur le fonds aliéné.

Bibliographie : M.-F. Mialon, *La servitude par destination du père de famille* : *D.* 1974, chron. 15.

I – DOMAINE DE LA DESTINATION DU PÈRE DE FAMILLE

1) Signe apparent. La servitude ne peut être établie par destination du père de famille que si elle se révèle par un signe apparent (▪ Cass. 3e civ., 22 nov. 1977, n° 76-11.488 : *JurisData* n° 1977-099399 ; *Gaz. Pal.* 1978, 1, somm. 89. ▪ Cass. 3e civ., 13 mars 1984 : *D.* 1984, inf. rap. 429, obs. A. Robert. V. pour une application ▪ Aix-en-Provence, 4e ch., 4 août 1995 : *JurisData* n° 1995-046400, canalisation d'eaux usées révélée par un regard et un muret de ciment).

2) Servitude discontinue. Dès lors que l'exigence d'un signe apparent est satisfaite, il importe peu que la servitude soit discontinue (▪ Cass. req., 7 avr. 1863 : *DP* 1863, 1, 413. V. aussi ▪ Cass. 3e civ., 24 nov. 2004, n° 03-16.366 : *JurisData* n° 2004-025815 ; *Bull. civ.* III, n° 217, p. 193 ; *Defrénois* 2005, 1175, obs. Atias).

3) Absence de disposition contraire dans l'acte de séparation. La servitude par destination du père de famille n'existe que si l'acte de séparation ne contient aucune disposition contraire (▪ Cass. 1re civ., 23 mai 1959 : *D.* 1959, 473). Cet acte doit être produit (▪ Cass. 1re civ., 28 nov. 1962, n° 58-11 255 : *Bull. civ.* I, n° 498, p. 425. ▪ Cass. 3e civ., 25 avr. 1978 : *Gaz. Pal.* 1978, 2, somm. 275). Les juges du fond qui relèvent que l'acte de vente de la parcelle voisine de celle des demandeurs contient manifestement des dispositions contraires au maintien de la vue dont disposait une terrasse, avant la vente consécutive à la division, en déduisent justement que doit être écartée l'existence d'une servitude de vue par destination du père de famille (▪ Cass. 3e civ., 4 mai 1988, n° 86-18.284 : *D.* 1989, 446, note Fauré). La clause de style par laquelle les vendeurs d'un immeuble déclarent qu'ils n'ont personnellement créé ni laissé acquérir aucune servitude sur l'immeuble vendu et qu'à leur connaissance il n'en existe pas d'autres que celles pouvant résulter de la désignation ou de la situation dudit immeuble ne peut concerner une servitude de passage par destination du père de famille particulièrement apparente pour l'acquéreur et d'ailleurs mentionnée au plan joint à l'acte de vente (▪ Cass. 1re civ., 25 janv. 1965, n° 63-11.023 : *Bull. civ.* I, n° 60, p. 45).

4) Actes postérieurs à l'acte de division. Dans le silence de l'acte de division, il n'y a pas à prendre en compte des actes ultérieurs, même s'ils sont contraires à la servitude revendiquée (▪ Cass. 3e civ., 5 oct. 1971 : *JurisData* n° 1971-000474 ; *D.* 1972, 77 ; *RTD civ.* 1972, 423, obs. Bredin. ▪ Cass. 3e civ., 25 avr. 1972 : *JurisData* n° 1972-098258 ; *Bull. civ.* III, n° 144, p. 103. – V. aussi, constatant l'absence d'éléments de nature à démontrer la volonté de l'auteur commun d'écarter la présomption légale s'attachant à la situation de fait constatée, ▪ Cass. 3e civ., 27 mai 2003 : *JurisData* n° 2003-019189 ; *JCP* 2003, IV, 2301), mais l'acte de division peut lui-même être interprété à la lumière d'éléments extrinsèques, fussent-ils postérieurs (▪ Cass. 3e civ., 25 janv. 1972, n° 70-12.137 : *JurisData* n° 1972-098054 ; *JCP* 72, IV, 61 ; *Bull. civ.* III, n° 54, p. 39. ▪ Cass. 3e civ., 23 janv. 1991 : *JCP* 91, IV, 110 ; *Bull. civ.* III, n° 38, p. 22).

II – CONDITIONS DE LA DESTINATION DU PÈRE DE FAMILLE

5) Appartenance commune au même propriétaire. Sur le principe que la servitude par destination du père de famille suppose l'appartenance commune au même propriétaire, V. ▪ Cass. 3e civ., 10 oct. 1969, n° 67-12.343 : *JCP* 69, IV, 270 ; *Bull. civ.* III, n° 645, p. 487. Des propriétaires indivis ne peuvent constituer une servitude par destination du père de famille (▪ Cass. 3e civ., 6 juin 2007, n° 06-15.044 : *JurisData* n° 2007-039230 ; *Bull. civ.* III, n° 547 ; *JCP* G 2007, I, 197, n° 14, obs. Périnet-Marquet ; *Procédures* 2007, comm. 255, obs. Junillon).

6) Fonds contigus (non). Il importe peu que les deux fonds n'aient jamais été contigus (▪ Cass. civ., 7 juill. 1937 : *DH* 1937, 469).

7) Aménagement permanent. La servitude par destination du père de famille suppose un aménagement suffisamment permanent pour révéler la volonté du constituant d'assujettir les fonds l'un à l'autre (▪ Cass. 3e civ., 23 mai 1978 : *Gaz. Pal.* 1978, 2, somm. 353. ▪ Cass. 3e civ., 13 mars 1984 : *D.* 1984, inf. rap. 429, obs. A. Robert). Tel n'est pas le cas si le propriétaire de deux maisons contiguës a établi entre elles une porte de communication non pas dans l'intention de créer lors de la division des immeubles un droit de passage au profit de l'un et à la charge de l'autre, mais uniquement dans son intérêt personnel pour bénéficier d'une libre communication entre deux habitations suivant ses convenances (▪ Cass. req., 17 mai 1933 : *DH* 1933, 363). Les juges du fond doivent rechercher si, lors de la division, la situation des lieux révélait l'existence d'un signe apparent de servitude (■ Cass. 3e civ., 11 juin 1992, n° 90-16.439 : *JurisData* n° 1992-001240 ; *Bull. civ.* III, n° 201, p. 123 ; *D.* 1993, somm. 39, 1re esp., obs. A. Robert. ■ Cass. 3e civ., 19 févr. 2003, n° 00-21.465 : *JurisData* n° 2003-017799 ; *Bull. civ.* III, n° 45, p. 42). La cour d'appel qui constate qu'après avoir réuni entre ses mains deux fonds dont l'un est grevé d'une servitude de passage au profit de l'autre, le propriétaire a maintenu l'aménagement des lieux constitutifs de cet assujettissement, peut en déduire l'existence d'une servitude par destination du père de famille (■ Cass. 3e civ., 10 oct. 1984, n° 83-14.443 : *JurisData* n° 1984-702166 ; *Bull. civ.* III, n° 168, p. 131).

8) Aménagement antérieur à la division et fait par l'auteur commun. La servitude par destination du père de famille ne peut résulter que d'un aménagement antérieur à la division des fonds et réalisé par l'auteur commun (■ Cass. 3e civ., 30 nov. 1977 : *Gaz. Pal.* 1978, 1, somm. 89. ■ Montpellier, 20 févr. 1969 : *D.* 1969, 372. ■ Riom, 27 oct. 1970 : *D.* 1971, 138, note A. Robert). Les agissements d'un locataire ne peuvent, en l'absence d'autres circonstances, équivaloir à un aménagement des lieux de la part du propriétaire, la tolérance de ce dernier n'impliquant pas renonciation à un droit et ne pouvant faire obstacle aux dispositions de l'article 693 (■ Cass. 3e civ., 29 oct. 1973 : *JCP* 1973, IV, 404 ; *Bull. civ.* III, n° 556, p. 405. V. en ce sens ■ Cass. 3e civ., 26 juin 1979 : *Bull. civ.* III, n° 141, p. 106).

9) Aménagement subsistant lors de la division. Sur le principe que l'état des lieux doit subsister lors de la division, V. ■ Cass. 3e civ., 19 nov. 1986, n° 85-13.349 : *JurisData* n° 1986-002153 ; *Bull. civ.* III, n° 164, p. 127. ■ Cass. 3e civ., 10 janv. 1996, n° 94-13.194 : *JurisData* n° 1996-000020 ; *JCP* 96, I, 3972, n° 20, obs. Périnet-Marquet ; *Bull. civ.* III, n° 11, p. 7 ; *RD imm.* 1996, 338, obs. Bergel ; *D.* 1997, somm. 24, obs. A. Robert.

10) Intention du constituant. Sur l'obligation pour les juges du fond de constater la volonté du propriétaire, au moment de la division, d'établir la servitude, V. ■ Cass. 3e civ., 22 juill. 1987, n° 86-11.205 : *JurisData* n° 1987-001406 ; *Bull. civ.* III, n° 157, p. 91. L'état de fait créé par l'auteur commun ne suffit pas à l'établir (■ Cass. 3e civ., 15 mai 1991, n° 89-21.384 : *JurisData* n° 1991-001383 ; *Bull. civ.* III, n° 143, p. 84). L'intention du constituant est appréciée souverainement par les juges du fond (■ Cass. 3e civ., 10 oct. 1969, n° 67-12.343 : *JurisData* n° 1969-000645 ; *JCP* 69, IV, 270 ; *Bull. civ.* III, n° 645, p. 487. ■ Cass. 3e civ., 25 janv. 1972, n° 70-12.398 : *JurisData* n° 1972-098055 ; *Bull. civ.* III, n° 55, p. 40).

11) Division résultant d'un partage. La division du fonds peut résulter d'un partage entre héritiers (■ Cass. req., 7 avr. 1863 : *DP* 1863, 1, 413. ■ Paris, 23e ch., 8 juin 1983 : *JurisData* n° 1983-024551).

12) Publicité foncière (non). L'opposabilité de la servitude par destination du père de famille n'est pas subordonnée à sa publication (■ Cass. req., 10 nov. 1897 : *DP* 1898, 1, 177, note Boistel. ■ Lyon, 15 oct. 1974 : *JCP* 75, IV, 187).

13) Utilité pour le fonds dominant (non). La servitude par destination du père de famille ne saurait être éteinte du seul fait de son inutilité pour le fonds dominant (■ Cass. 1re civ., 19 déc. 1966 : *JurisData* n° 1966-000552 ; *JurisData* n° 1966-000552 ; *D.* 1967, 21, note Voulet).

14) Expropriation. Sur ce que l'ordonnance d'expropriation éteint les servitudes par destination du père de famille, V. ■ Cass. 3e civ., 20 juin 2001, n° 99-14.536 : *JurisData* n° 2001-010229 ; *JCP* 2002, II, 10040, note Bernard.

Art. 695. – Le titre constitutif de la servitude, à l'égard de celles qui ne peuvent s'acquérir par la prescription, ne peut être remplacé que par un titre récognitif de la servitude, et émané du propriétaire du fonds asservi.

1) Aveu. L'existence d'une servitude de passage ne peut résulter d'un aveu du propriétaire du fonds asservi (■ Cass. 3e civ., 15 déc. 1993, n° 91-20.085 : *JurisData* n° 1993-002369 ; *Bull. civ.* III, n° 173, p. 115 ; *D.* 1994, somm. 106, obs. A. Robert ; *Defrénois* 1994, 417, obs. Defrénois-Souleau ; *RTD civ.* 1994, 648, obs. Zenati. ■ Cass. 3e civ., 4 févr. 1998, n° 96-12.302 : *JurisData* n° 1998-000403 ; *JCP* 98, IV, 1694 ; *Bull. civ.* III, n° 25, p. 20 ; *RD imm.* 1998, 189, obs. Bergel ; *RTD civ.* 1999, 871, obs. Zenati. ■ Cass. 3e civ., 13 oct. 1999, n° 97-11.328 : *JurisData* n° 1999-003414 ; *Bull. civ.* III, n° 139, p. 99. ■ Cass. 3e civ., 7 avr. 2004, n° 03-10.047 : *JurisData* n° 2004-023253 ; *Bull. civ.* III, n° 83, p. 77. – V. en sens inverse, antérieurement, ■ Cass. 3e civ., 5 mars 1971 : *JCP* 71, IV, 102 ; *D.* 1971, 673. ■ Cass. 3e civ., 8 janv. 1980, n° 78-13.405 : *JurisData* n° 1980-099008 ; *JCP* 80, IV, 114 ; *D.* 1980, inf. rap. 482, obs. A. Robert. – V. déjà, faisant état de la règle selon laquelle l'aveu extrajudiciaire n'est admissible que s'il porte sur des points de fait et non sur des points de droit, ■ Cass. 3e civ., 27 avr. 1988, n° 86-17.472 : *JurisData* n° 1988-000808 ; *D.* 1989, 275, note Beignier ; *RTD civ.* 1989, 589, obs. Zenati. – V. cependant, plutôt laxistes, ■ Grenoble, 3 avr. 1995 et ■ Paris, 19 mai 1995 : *D.* 1996, somm. 60, obs. crit. A. Robert).

2) Contenu du titre récognitif. Le titre récognitif visé par l'article 695 n'étant pas soumis aux conditions exigées par l'article 1337 se suffit à lui-même et n'a pas à reproduire la teneur de l'acte initial (■ Cass. req., 21 nov. 1881 : *DP* 1882, 1, 478. ■ Grenoble, 3 avr. 1995 : *JurisData* n° 1995-041044 ; *D.* 1996, somm. 60, 1re esp., obs. A. Robert), fût-ce à partir d'un échange de correspondances entre avocats (■ Poitiers, 3 mars 1993 : *JurisData* n° 050255). Mais pour valoir reconnaissance de la servitude, il doit consacrer d'une façon certaine l'existence de cette servitude (■ Cass. civ., 29 mai 1894 : *DP* 1894, 1, 508. ■ Grenoble, 3 avr. 1995, préc. ■ Cass. 3e civ., 30 avr. 2003 : *JurisData* n° 2003-018803 ; *JCP* 2003, IV, 2100 ; *Bull. civ.* III, n° 93, p. 84).

3) Acte de partage. Un acte de partage peut constituer un acte récognitif de servitude pour la validité duquel il importe peu que le propriétaire de l'héritage dominant n'ait pas été partie (■ Cass. 3e civ., 18 nov. 1981, n° 80-10.958 : *JurisData* n° 1981-003084 ; *Bull. civ.* III, n° 193, p. 138. V. en ce sens ■ Cass. civ., 29 janv. 1913 : *DP* 1914, 1, 152).

4) Commencement de preuve par écrit. Sur le commencement de preuve par écrit du titre récognitif d'un titre antérieur établissant la servitude, V. ■ Cass. 3e civ., 15 nov. 2000, n° 98-17.808 : *JurisData* n° 2000-006874 ; *JCP* 2001, I, 305, n° 13, obs. Périnet-Marquet ; *Bull. civ.* III, n° 172.

Art. 696. – **Quand on établit une servitude, on est censé accorder tout ce qui est nécessaire pour en user. Ainsi la servitude de puiser de l'eau à la fontaine d'autrui emporte nécessairement le droit de passage.**

1) Volonté des parties. Sur le principe que l'étendue et les modalités d'exercice des servitudes se déterminent en fonction de la volonté, librement appréciée par les juges du fond, de ceux qui les ont instituées, V. ■ Cass. civ., 9 janv. 1901 : *DP* 1901, 1, 450.

2) Servitude de passage accessoire. Les juges du fond peuvent admettre l'existence d'un droit de passage à titre d'accessoire nécessaire d'une servitude de vue conventionnelle non contestée (■ Cass. 1re civ., 1er juin 1960, n° 58-12 997 : *Bull. civ.* I, n° 310, p. 255). Une servitude de passage est l'accessoire nécessaire de la servitude de puisage (■ Cass. 3e civ., 7 mai 1986, n° 84-13.707 : *JurisData* n° 1986-000951 ; *D.* 1987, somm. 15, 2e esp., obs. A. Robert).

3) Servitude de passage. Canalisations souterraines. Les juges du fond peuvent, en appréciant souverainement l'intention des parties, décider qu'une servitude conventionnelle de passage comprend le droit d'établir des canalisations d'eau souterraines (■ Cass. 1re civ., 14 oct. 1963, n° 61-12 861 : *D.* 1964, 513, note Tallon. V. aussi ■ Cass. 3e civ., 11 janv. 1977, n° 75-13.081 : *JurisData* n° 1977-098012 ; *Bull. civ.* III, n° 12, p. 10, invoquant l'article L. 33 (L. 1331-1) du Code de la santé publique relatif à l'évacuation des eaux usées. ■ Cass. 3e civ., 16 déc. 1998, n° 96-14.760 : *JurisData* n° 1998-004837 ; *Bull. civ.* III, n° 254, p. 169 ; *Defrénois* 2000, 313, 1re esp., obs. Atias. ■ Cass. 3e civ., 24 nov. 1999, n° 97-10.301 : *JurisData* n° 1999-004066 ; *JCP* 2000, IV, 1057 ; *Bull. civ.* III, n° 227, p. 159). Jugé toutefois qu'une servitude de passage ne confère le droit de faire passer des canalisations dans le sous-sol de l'assiette de la servitude que si le titre instituant cette servitude le prévoit (■ Cass. 3e civ., 14 juin 2018, n° 17-20.280 : *JurisData* n° 2018-010333 ; *JCP G* 2018, doctr. 1093, n° 13, obs. Périnet-Marquet).

4) Servitude de passage. Besoins du fonds. Une servitude de passage peut être utilisée pour tous les besoins du fonds alors même qu'ils auraient reçu plus d'extension (■ Cass. 1re civ., 4 juill. 1962, n° 60-13.673 : *JCP* 62, IV, 115 ; *Bull. civ.* I, n° 343, p. 302. ■ Rennes, 27 janv. 1966 : *JCP* 67, II, 14924, note J. A.). Les juges du fond peuvent estimer qu'en ayant énuméré tous les modes d'exercice de la servitude de passage alors connus (an XII) en vue d'une exploitation agricole (à pied, à cheval, charrue et charrette), la servitude s'exercera pour le passage des véhicules à moteur ou tractés (■ Cass. 1re civ., 28 juin 1967 : *D.* 1967, 726). Mais c'est à tort qu'ils s'arrêtent à l'expression « voitures attelées » pour justifier l'interdiction d'utiliser un tracteur sans rechercher si les parties, en créant la servitude de passage, n'ont pas entendu comprendre tout ce qui était nécessaire à l'utilisation normale du fonds dominant (■ Cass. 1re civ., 17 nov. 1953 : *D.* 1954, 660).

Section III. – Des droits du propriétaire du fonds auquel la servitude est due

Art. 697. – **Celui auquel est due une servitude, a droit de faire tous les ouvrages nécessaires pour en user et pour la conserver.**

1) Pouvoir souverain des juges du fond. Les juges du fond disposent d'un pouvoir souverain pour apprécier si les travaux réalisés par le propriétaire du fonds dominant sont restés dans les limites de la servitude existante et n'ont fait que rendre praticable et aisé l'exercice du droit de passage (▪ Cass. 3e civ., 16 déc. 1970, n° 69-11.712 : *JurisData* n° 1970-000713 ; *JurisData* n° 1970-000714 ; *JCP* 71, IV, 27 ; *Bull. civ.* III, n° 713, p. 517).

2) Applications. Pour des applications, V. ▪ Cass. 3e civ., 21 déc. 1971 : *JCP* 72, IV, 35 ; *Bull. civ.* III, n° 651, p. 465 (construction d'une murette délimitant un passage). ▪ Rennes, 1re ch., 7 oct. 1981 : *JurisData* n° 1981-040748 (pose d'un revêtement goudronné). ▪ Paris, 2e ch. B, 3 mai 1984 : *JurisData* n° 1984-022343 (installation d'une canalisation).

Art. 698. – **Ces ouvrages sont à ses frais, et non à ceux du propriétaire du fonds assujetti, à moins que le titre d'établissement de la servitude ne dise le contraire.**

1) Mode d'établissement de la servitude. La disposition s'applique quel que soit le mode d'établissement de la servitude, y compris dans une hypothèse où une servitude de passage avait été imposée, nécessitant, pour son exercice, la destruction d'un mur de soutènement entièrement situé sur le fonds servant (▪ Cass. 3e civ., 12 mars 2014, n° 12-28.152 : *JurisData* n° 2014-004507 ; *JCP* G 2014, 467, n° 15, obs. Périnet-Marquet).

2) Travaux rendus nécessaires par la faute du propriétaire du fonds servant. Les articles 697 et 698 sont étrangers au cas où les travaux doivent permettre à nouveau l'exercice du droit réel interrompu par suite d'une faute du débiteur (▪ Cass. 1re civ., 9 avr. 1959 : *Bull. civ.* I, n° 175, p. 146. ▪ Cass. 3e civ., 30 janv. 1970 : *JCP* 70, IV, 74 ; *Bull. civ.* III, n° 82, p. 59. ▪ Cass. 3e civ., 4 févr. 2009, n° 07-19.567 : *JCP* G 2009, I, 127, n° 15). Le propriétaire doit alors supporter la charge des travaux, qui, par son fait, sont devenus nécessaires à l'exercice de la servitude (▪ Cass. 3e civ., 8 juin 1982, n° 81-13.729 : *JurisData* n° 1982-701982 ; *Bull. civ.* III, n° 148).

3) Coutume locale contraire (non). Le propriétaire du fonds servant ne saurait se voir imposer un ouvrage quelconque utile à la conservation et à l'entretien d'une servitude sur le seul fondement d'une coutume locale (▪ Cass. 1re civ., 30 nov. 1953 : *JCP* 54, IV, 7 ; *Bull. civ.* I, n° 344, p. 283).

4) Charges accessoires. Les juges du fond peuvent, dans l'exercice de leur pouvoir souverain, décider que la prestation personnelle de curage d'un canal imposée au propriétaire d'un moulin est l'accessoire de la servitude portant sur la fourniture d'eau (▪ Cass. 1re civ., 4 nov. 1963 : *Bull. civ.* I, n° 470, p. 399). Une convention ayant permis à des usiniers d'élargir un barrage à charge pour eux d'établir un lavoir et de faire en sorte que, jour et nuit, le lavoir soit pourvu d'une quantité d'eau claire suffisante, il en résulte que les ouvrages nécessaires sont une charge réelle, accessoire de la servitude (▪ Cass. req., 22 févr. 1881 : *DP* 1881, 1, 407).

5) Communauté d'usage de l'assiette de la servitude. Les juges du fond qui relèvent l'existence d'une communauté d'usage de l'assiette de la servitude par le propriétaire du fonds dominant et celui du fonds servant décident à bon droit que ce dernier doit participer aux frais d'entretien et de réparation (▪ Cass. 3e civ., 22 mars 1989, n° 87-16.753 : *JurisData* n° 1989-705745 ; *Bull. civ.* III, n° 71, p. 40. ▪ Cass. 3e civ., 14 nov. 1990, n° 89-10.210 : *JurisData* n° 1990-703032 ; *Bull. civ.* III, n° 235, p. 134).

6) Modification pour la commodité du propriétaire du fonds servant. Dès lors que la modification de l'assiette d'une servitude de passage en cas d'enclave n'intervient, à la demande du propriétaire du fonds servant, que pour sa commodité, c'est à lui que reviennent les frais d'implantation afférents à la nouvelle assiette (▪ Cass. 3e civ., 20 déc. 1989, n° 88-15.376 : *JurisData* n° 1989-704100 ; *JCP* 90, IV, 74 ; *Bull. civ.* III, n° 250, p. 136 ; *Defrénois* 1990, 752, obs. Souleau. V. en ce sens pour la modification intervenue à la requête du propriétaire du fonds servant en vue de l'agrandissement de sa maison ▪ Cass. 3e civ., 27 oct. 1993, n° 91-17.024 : *JurisData* n° 1993-002067 ; *JCP* 93, IV, 2748 ; *Bull. civ.* III, n° 133, p. 87).

Art. 699. – **Dans le cas même où le propriétaire du fonds assujetti est chargé par le titre de faire à ses frais les ouvrages nécessaires pour l'usage ou la conservation de la servitude, il peut toujours s'affranchir de la charge, en abandonnant le fonds assujetti au propriétaire du fonds auquel la servitude est due.**

Bibliographie : B. Boubli, *La fonction libératoire du déguerpissement* : *JCP* 1973, I, 2518.

1) Conditions de l'abandon. Le propriétaire du fonds grevé peut se trouver privé du droit d'abandon si cet abandon ne porte pas sur l'ensemble du fonds grevé et si le propriétaire a commis une faute en s'abstenant de faire les travaux demandés malgré des mises en demeure répétées (▪ Cass. 1re civ., 4 nov. 1963 : *Bull. civ.* I, n° 470, p. 399. – V. aussi ▪ Amiens, 18 mars 1969 : *JCP* 69, II, 16045, note Goubeaux ; *RTD civ.* 1969, 808, obs. Bredin). Jugé que le propriétaire du fonds servant doit être sinon astreint à la remise en état, du moins passible de dommages-intérêts pour réparer avant tout abandon du fonds le préjudice causé par sa faute contractuelle (■ Lyon, 31 mars 1943 : *Gaz. Pal.* 1943, 1, 280).

2) Caractère unilatéral. Sur le caractère unilatéral du droit d'abandon, V. ■ Rouen, 2 mars 1937 : *Gaz. Pal.* 1937, 1, 872. ■ Amiens, 18 mars 1969, préc.

Art. 700. – **Si l'héritage pour lequel la servitude a été établie vient à être divisé, la servitude reste due pour chaque portion, sans néanmoins que la condition du fonds assujetti soit aggravée.**

Ainsi, par exemple, s'il s'agit d'un droit de passage, tous les copropriétaires seront obligés de l'exercer par le même endroit.

1) Indivisibilité au profit du fonds dominant. Sur le principe de l'indivisibilité des servitudes au regard du fonds dominant, V. ■ Cass. 1re civ., 15 juin 1967 : *Bull. civ.* I, n° 220, p. 162. ■ Cass. 3e civ., 25 juin 1974, n° 73-10.542 : *JurisData* n° 1974-098267 ; *Bull. civ.* III, n° 267, p. 201. Chaque copropriétaire pourra exercer toute la servitude si le fonds dominant formait lui-même un ensemble dont chaque partie bénéficiait de la servitude (■ Rennes, 1re ch., 1er juin 1983 : *JurisData* n° 1983-042220). Mais ce principe suppose que la servitude préexiste à la division de l'héritage (■ Cass. ass. plén., 23 mars 2001 : *JCP* G 2001, I, 358, n° 15, obs. Périnet-Marquet ; *JCP* N 2001, 1778, note Lochouarn ; *JurisData* n° 2001-008775 ; *Bull. civ.* 2001, ■ Cass. ass. plén., n° 7, p. 13 ; *D.* 2002, 1109, note Perrouin, non usage trentenaire d'une servitude *non aedificandi*).

2) Application au droit de passage. Sur l'application de l'article 700, al. 2, V. ■ Cass. 3e civ., 8 mai 1969 : *Bull. civ.* III, n° 372, p. 284.

3) Indivisibilité s'imposant au fonds servant. Sur le principe que l'indivisibilité s'impose au fonds servant, V. ■ Cass. civ., 13 avr. 1880 : *DP* 1880, 1, 248. ■ Paris, 2e ch. B, 17 mai 1985 : *JurisData* n° 1985-023456. Mais cette règle ne saurait avoir pour conséquence de faire supporter la servitude par voie d'extension à des fonds que le propriétaire de l'héritage assujetti y aurait ultérieurement réunis (■ Cass. 1re civ., 29 mai 1963 : *JurisData* n° 1963-000288 ; *D.* 1963, 718).

4) Pluralité de servitudes constatées dans un même acte. L'indivisibilité ne joue que pour les servitudes établies sur ou pour un immeuble qui est ultérieurement divisé, et non lorsque plusieurs servitudes ont été établies, même par un seul acte, au profit ou à la charge de divers immeubles appartenant à divers propriétaires (■ Cass. civ., 27 mai 1903 : *DP* 1905, 1, 110).

Art. 701. – **Le propriétaire du fonds débiteur de la servitude ne peut rien faire qui tende à en diminuer l'usage, ou à le rendre plus incommode.**

Ainsi, il ne peut changer l'état des lieux, ni transporter l'exercice de la servitude dans un endroit différent de celui où elle a été primitivement assignée.

Mais cependant, si cette assignation primitive était devenue plus onéreuse au propriétaire du fonds assujetti, ou si elle l'empêchait d'y faire des réparations avantageuses, il pourrait offrir au propriétaire de l'autre fonds un endroit aussi commode pour l'exercice de ses droits, et celui-ci ne pourrait pas le refuser.

Bibliographie : C. Atias, *La mutabilité des servitudes conventionnelles* : *RTD civ.* 1979, 245.

I – PRINCIPE D'UTILITÉ

1) Partage des avantages de la servitude avec son titulaire. Sur la possibilité pour le propriétaire du fonds servant de partager les avantages de la servitude avec son titulaire, V. ■ Cass. req., 3 nov. 1897 : *DP* 1898, 1, 298 ; *S.* 1898, 1, 335. ■ Cass. 3e civ., 11 mars 1975, n° 73-14.930 : *JurisData* n° 1975-098096 ; *JCP* 75, IV, 151 ; *Bull. civ.* III, n° 96, p. 72. ■ Cass. 3e civ., 11 juin 1975, n° 74-11.913 : *JurisData* n° 1975-098197 ; *Gaz. Pal.* 1975, 2, somm. 225. En ce cas, les charges doivent également être partagées (■ Cass. 1re civ., 10 juill. 1962, n° 60-14.018 : *JurisData* n° 1962-000359 ; *Bull. civ.* I, n° 390, p. 336. ■ Cass. 3e civ., 22 mars 1989, n° 87-17.029 : *JurisData* n° 1989-000925 ; *Bull. civ.* III, n° 71, p. 40. ■ Bordeaux, 1re ch., 27 juin 1985 : *JurisData* n° 1985-041951).

2) Démolition. Les juges du fond ont l'obligation d'ordonner la démolition des ouvrages empêchant ou gênant l'exercice de la servitude (■ Cass. 1re civ., 14 janv. 1963 : *D.* 1963, 421 ; *RTD civ.* 1963, 580, obs. Bredin. ■ Cass. 1re civ., 30 nov. 1965 : *JCP* 66, II, 14481. ■ Cass. 3e civ., 6 nov. 1969 : *JCP* 70, II, 16286, note G. G. ■ Paris, 23e ch., 24 avr. 1981 : *JurisData* n° 1981-021602), même si le préjudice est sans commune mesure avec la remise en état exigée (■ Cass. 1re civ., 14 janv. 1963, préc. ■ Cass. 1re civ., 4 mai 1964 : *JurisData* n° 1964-700229 ; *JCP* 64, II, 13790, note Bulté. ■ Paris, 24 avr. 1981, préc.), et même si cette remise en état impose au propriétaire du fonds servant des dépenses considérables (■ Cass. 1re civ., 30 nov. 1965, préc.). V. en ce sens, affirmant que la démolition est la sanction d'un droit réel transgressé, ■ Cass. 3e civ., 19 juill. 1995 : *Bull. civ.* III, n° 207, p. 138 ; *Defrénois* 1996,

798, obs. Atias ; *RD imm.* 1995, 716, obs. Bergel. ▪ Cass. 3e civ., 17 déc. 2003, n° 02-10.300 : *JurisData* n° 2003-021515 ; *Bull. civ.* III, n° 241, p. 215 ; *Defrénois* 2004, 544, obs. Atias. Le propriétaire d'un fonds dominant bénéficiaire d'une servitude *non altius tollendi* est en droit d'obtenir la démolition de la partie de l'ouvrage édifié par son voisin sur le fonds servant qui dépasse la limite de hauteur autorisée, afin que soit maintenue en faveur de son héritage la plénitude du droit réel qui s'y rattache (▪ Cass. 1re civ., 28 oct. 1964 : *Gaz. Pal.* 1964, 2, 307).

3) Obligation transmissible. L'obligation prévue par l'article 701 est une charge réelle pesant sur le fonds lui-même et le suivant en quelque main qu'il passe (▪ Cass. 3e civ., 26 nov. 1970, n° 69-12.769 : *JurisData* n° 1970-000646 ; *Bull. civ.* III, n° 646, p. 469. ▪ Versailles, 28 mai 1986 : *D.* 1987, somm. 14, 1re esp., obs. A. Robert). Mais l'action personnelle fondée sur la faute du propriétaire du fonds servant ne peut être exercée contre l'acquéreur du fonds (même arrêt. V. aussi ▪ Cass. 3e civ., 7 févr. 1979 : *JCP* 79, IV, 126).

4) Obstacle à l'exercice de la servitude. Dans une espèce, le juge a pu décider que des clients d'une clinique vétérinaire et leurs animaux font obstacle à l'exercice d'une servitude de passage (▪ CA Rouen, 12 mars 2008, n° 06/03134 : *LPA* 11 mars 2009, p. 13, obs. Mémeteau).

II – PRINCIPE DE FIXITÉ

5) Modifications. Pouvoir d'appréciation des juges du fond. Les juges du fond disposent d'un pouvoir souverain pour apprécier les circonstances modificatives de l'usage de la servitude (▪ Cass. req., 18 janv. 1932 : *DH* 1932, 99. ▪ Cass. 3e civ., 12 janv. 1977 : *Gaz. Pal.* 1977, 1, somm. 97), ainsi que pour décider s'il a été porté atteinte à l'exercice du droit du propriétaire du fonds dominant (▪ Cass. 3e civ., 11 mars 1975, n° 73-14.930 : *JurisData* n° 1975-098096 ; *JCP* 1975, IV, 151 ; *Bull. civ.* III, n° 96, p. 72). En toute hypothèse, le déplacement d'une servitude conventionnelle de passage ne peut être ordonné en application de l'article 701 du Code civil dès lors que cette servitude a été supprimée sans l'accord préalable des propriétaires du fonds dominant (▪ Cass. 3e civ., 8 juill. 2009, n° 08-15.763 : *JurisData* n° 2009-049099 ; *JCP G* 2009, 337, n° 17, obs. Périnet-Marquet ; *Dr. et patrimoine* 2010, n° 188, p. 80, note Seube).

6) Attitude passive du propriétaire du fonds servant. Il résulte du rapprochement des articles 697, 698, 701 et 1382 du Code civil que le propriétaire du fonds grevé d'une servitude de passage n'est pas tenu d'améliorer ou d'entretenir l'assiette de la servitude mais seulement d'observer une attitude purement passive (▪ Cass. 3e civ., 5 déc. 1972 : *Gaz. Pal.* 1973, 1, 136).

7) Servitude de passage. Droit de se clore. Voir sur le principe que le propriétaire du fonds grevé d'une servitude de passage conserve le droit de se clore à condition de ne pas porter atteinte au droit de passage et de ne pas en rendre l'exercice plus incommode sous art. 647, annot. n° 1, p. 533.

8) Modification de l'assiette. Conditions. Si le propriétaire du fonds assujetti peut demander la modification de l'assiette de la servitude, c'est à la double condition que l'assignation primitive soit devenue plus onéreuse pour lui et que le nouvel endroit proposé au propriétaire de l'autre fonds soit aussi commode pour l'exercice de ses droits (▪ Cass. 3e civ., 24 mars 1982 : *Bull. civ.* III, n° 83, p. 58). En ce cas, celui-ci ne peut le refuser (▪ Cass. 3e civ., 18 mars 1987, n° 85-16.692 : *Bull. civ.* III, n° 57, p. 34. – V. aussi ▪ Cass. 3e civ., 31 oct. 2006 : *JurisData* n° 2006-035653 ; *JCP* 2006, IV, 3290). Mais la demande de modification ne peut revenir à réclamer la suppression d'un passage existant conformément au titre (▪ Cass. 3e civ., 4 déc. 1991, n° 89-14.921 : *Bull. civ.* III, n° 307, p. 180). Jugé que le plaideur qui disposait d'une voie de servitude dont l'assiette était stabilisée subit une atteinte à son droit en cas de déplacement de cette assiette consécutif à la création d'un lotissement et qu'une telle atteinte n'est pas compensée par la simple mise à sa disposition d'un chemin d'herbe qui, au moment des pluies, devient un bourbier (▪ Cass. 3e civ., 8 juin 1982 : *JurisData* n° 1982-701275 ; *JCP* 82, IV, 299). Il en résulte que les propriétaires du fonds assujetti doivent supporter les travaux qui sont par leur fait devenus nécessaires à l'exercice de la servitude (même arrêt).

9) Voie de fait du propriétaire du fonds servant. L'article 701, al. 3, ne saurait trouver application si l'assiette de la servitude est devenue plus onéreuse en raison de la voie de fait commise par le propriétaire du fonds servant qui a modifié unilatéralement les lieux (▪ Versailles, 8 janv. 1986 : *JurisData* n° 1986-048536 ; *D.* 1987, somm. 14, 2e esp., obs. A. Robert).

10) Transfert de la charge sur un autre fonds (non). L'article 701 ne permet pas au propriétaire du fonds servant de demander que la charge de celle-ci soit imposée à un autre fonds (▪ Cass. 3e civ., 26 oct. 1983, n° 82-11.072 : *JurisData* n° 1983-702408 ; *Bull. civ.* III, n° 204, p. 156. – V. aussi ▪ Cass. 3e civ., 10 nov. 1999 : JCP 99, IV, 3146 ; *Bull. civ.* III, n° 216, p. 152).

11) Nécessité d'un accord du propriétaire du fonds dominant (non). Sur le principe que le propriétaire du fonds dominant ne peut refuser l'offre faite en application de l'art. 701, al. 3,

V. ■ Cass. 3e civ., 18 mars 1987, n° 85-17.752 : *JurisData* n° 1987-000568 ; *JCP* 88, II, 21127, note Benet. Les dispositions de ce texte étant de portée générale, il peut en être fait application même en cas de prescription de l'assiette (■ Cass. 3e civ., 10 mars 1993, n° 91-17.910 : *JurisData* n° 1993-000516 ; *Bull. civ.* III, n° 35, p. 23 ; *RTD civ.* 1996, 659, obs. Zenati).

Art. 702. – De son côté, celui qui a un droit de servitude ne peut en user que suivant son titre, sans pouvoir faire, ni dans le fonds qui doit la servitude, ni dans le fonds à qui elle est due, de changement qui aggrave la condition du premier.

1) Charge réelle. L'obligation imposée au propriétaire du fonds dominant par l'article 702 est une charge réelle pesant sur le fonds lui-même et le suivant en quelque main qu'il passe (■ Cass. civ., 7 févr. 1949 : *JCP* 49, II, 5159, note Becqué).

2) Action contre d'autres bénéficiaires de la servitude. Bien que n'étant pas propriétaires du fonds servant, les bénéficiaires d'une servitude de passage ont qualité pour agir contre ceux d'entre eux qui excèdent les limites déterminées par l'acte constitutif, aggravent la servitude et leur causent de ce fait un préjudice (■ Cass. 3e civ., 13 mai 1971, n° 69-14.001 : *Bull. civ.* III, n° 299, p. 213).

3) Appréciation de l'aggravation. Sur le pouvoir souverain des juges du fond, pour apprécier si une modification constitue une aggravation de la servitude, V. ■ Cass. 3e civ., 16 déc. 1970 : *JCP* 71, II, 16797, note Goubeaux. Tel est le cas lorsque le bénéficiaire d'une servitude de passage autorise le preneur de son local à installer une enseigne qui ne constitue pas un accessoire indispensable de la servitude, qui est incompatible avec le caractère discontinu de celle-ci, et qui aggrave la condition du fonds servant par un panneau qui en dépare l'accès et réduit sa hauteur (■ Rennes, 1re ch., 30 mai 1995 : *JurisData* n° 1995-049646). Jugé qu'une charge sur la servitude imprévue au moment de sa création est une cause d'aggravation d'icelle (■ Poitiers, 25 mars 1987 : *JurisData* n° 1987-0041573). Mais le propriétaire du fonds dominant à qui incombe l'entretien du passage ne peut se voir reprocher d'avoir goudronné le sol, alors que la pose de ce revêtement constitue le moyen le plus efficace pour assurer de façon durable la viabilité du chemin (■ Rennes, 1re ch., 7 oct. 1981 : *JurisData n° 1981-040748*). Le propriétaire du fonds dominant aggrave la servitude en aménageant le passage sans réserver au propriétaire du fonds servant la possibilité de communiquer entre les deux parties de son fonds (■ Cass. 3e civ., 19 nov. 1985 : *D.* 1987, somm. 16, obs. A. Robert). Les juges du fond peuvent estimer que, compte tenu de l'état des lieux et des besoins respectifs des fonds, les constructions qui doivent être édifiées au-dessus d'un passage ne sont pas de nature à gêner l'exercice de la servitude de passage et n'en diminuent pas l'usage (■ Cass. 3e civ., 13 mai 1971 : *Bull. civ.* III, n° 300, p. 214). Voir sur l'aggravation de la servitude d'écoulement, sous art. 640, annot. n° 12, p. 526.

4) Extension d'une servitude de passage. Sur le point de savoir si l'extension d'une servitude de passage du fait des progrès des moyens de transport aggrave la servitude, V. pour la négative ■ Cass. req., 3 août 1937 : *Gaz. Pal.* 1937, 2, 743. ■ Cass. 1re civ., 28 juin 1967 : *Bull. civ.* I, n° 243, p. 179. ■ Cass. 3e civ., 17 oct. 1969 : *Bull. civ.* III, n° 662, p. 498. ■ Cass. 3e civ., 21 nov. 1974, n° 73-12.397 : *JurisData* n° 1974-000432 ; *Bull. civ.* III, n° 432, p. 332. – Pour l'affirmative, V. ■ Cass. 1re civ., 3 juill. 1961, n° 59-13.341 : *Bull. civ.* I, n° 364, p. 291. L'installation d'une canalisation n'aggrave pas la servitude de passage (■ Cass. 3e civ., 14 oct. 1963 : *D.* 1964, 513, note Tallon). Pour la Haute Juridiction, la création sur l'un des fonds desservis par la servitude d'une ZAC devant conduire à la desserte de plusieurs centaines de logements était susceptible d'entraîner une aggravation de la servitude que les juges du fond auraient dû examiner (■ Cass. 3e civ., 14 juin 2018, n° 17-20.280 : *JurisData* n° 2018-010333 ; *JCP* G 2018, doctr. 1093, n° 13, obs. Périnet-Marquet).

5) Interdiction des changements non conformes au titre. Sur l'interdiction de principe des changements non conformes au titre, V. ■ Cass. req., 18 déc. 1880 : *DP* 1881, 1, 350. ■ Cass. civ., 21 janv. 1947 : *JCP* 47, II, 3754, note Becqué. ■ Montpellier, 1re ch., 7 mai 1985 : *JurisData* n° 0815. Mais les juges du fond peuvent estimer que la liste des modes d'exercice d'une servitude de passage est simplement énonciative (■ Cass. 1re civ., 28 juin 1967 : *D.* 1967, 726).

6) Absence de préjudice. La violation de la servitude peut aussi ne pas être sanctionnée en l'absence de véritable préjudice pour le propriétaire du fonds servant (■ Cass. req., 28 juin 1865 : *DP* 1866, 1, 153. ■ Poitiers, 4 oct. 1967 : *JCP* 68, IV, 111).

7) Modalités de la réparation. Les juges du fond sont souverains pour apprécier les modalités de la réparation des dommages résultant des eaux (■ Cass. 2e civ., 6 mai 1976, n° 75-12.619 : *JurisData* n° 1976-099150 ; *JCP* 76, IV, 211). Ils peuvent estimer que le bénéficiaire des servitudes aggravées doit seulement compenser les conséquences de ces aggravations moyennant une indemnité

(■ Cass. 3e civ., 11 juin 1974 : *JurisData* n° 1974-098247 ; *JCP* 75, II, 17902, note Goubeaux). Mais il leur appartient de réparer le dommage résultant de l'aggravation de la servitude (■ Cass. 3e civ., 16 juill. 1998, n° 96-13.662 : *JurisData* n° 1998-003273 ; *JCP* G 99, I, 120, n° 11, obs. Périnet-Marquet ; *JCP* N 99, 111 ; *Bull. civ.* III, n° 168, p. 111, cassation de l'arrêt décidant que l'aggravation de la servitude de vue déjà existante n'est pas telle qu'elle justifie la suppression des ouvertures et la substitution de jours avec verres dormants et fers maillés).

Section IV. – Comment les servitudes s'éteignent

Art. 703. – Les servitudes cessent lorsque les choses se trouvent en tel état qu'on ne peut plus en user.

1) Impossibilité absolue d'exercice. Sur l'extinction immédiate de la servitude en cas d'impossibilité absolue de l'exercer, V. ■ Cass. req., 7 févr. 1872 : *DP* 1872, 1, 200. ■ Cass. 1re civ., 3 nov. 1958 : *Gaz. Pal.* 1959, 1, 7 ; *RTD civ.* 1959, 129, obs. Solus. ■ Cass. 1re civ., 21 juin 1961, n° 59-12.822 : *JurisData* n° 1961-000333 ; *JCP* 61, IV, 119 ; *Bull. civ.* I, n° 333, p. 266. Jugé en ce sens que la servitude de passage est éteinte par application de l'article 703 dès lors qu'à la suite des aménagements réalisés par le propriétaire du fonds dominant les choses se trouvent en tel état qu'on ne peut plus en user conformément au titre (■ Cass. 3e civ., 10 févr. 1976, n° 74-13.597 : *JurisData* n° 1976-098060 ; *JCP* 76, IV, 119 ; *Bull. civ.* III, n° 60, p. 47.■ Cass. 3e civ., 9 juill. 2003, n° 01-00.876 : *JurisData* n° 2003-019847 ; *Bull. civ.* III, n° 157, p. 139 ; *D.* 2004, 1115, note Fernandez ; *RD imm.* 2003, 570, obs. Bruschi. Comp. ■ Cass. 3e civ., 3 avr. 1996, n° 94-15.350 : *JurisData* n° 1996-001367 ; *JCP* 96, IV, 1295 ; *Bull. civ.* III, n° 99, p. 64 ; *Defrénois* 1996, 1069, obs. Atias ; *D.* 1997, somm. 24, obs. A. Robert, création d'un trottoir sur le fonds dominant). Mais dès lors que l'impossibilité n'est pas absolue, la servitude n'est que suspendue (■ Cass. req., 22 févr. 1875 : *S.* 1875, 1, 293. ■ Cass. req., 26 juin 1933 : *Gaz. Pal.* 1933, 2, 565. – V. aussi ■ Cass. 3e civ., 28 sept. 2005 : *JCP* 2005, IV, 3280 ; *JurisData* n° 2005-029919 ; *Bull. civ.* III, n° 186, p. 170). Le non-respect des conditions d'exercice d'une servitude ne peut entraîner l'extinction de celle-ci (■ Cass. 3e civ., 10 mars 1999, n° 95-22.093 : *JurisData* n° 1999-000983 ; *JCP* 2000, I, 211, n° 22, obs. Périnet-Marquet ; *Bull. civ.* III, n° 98, p. 65. ■ Cass. 3e civ., 23 févr. 2005, n° 03-15.421 : *JurisData* n° 2005-027099 ; *Bull. civ.* III, n° 42, p. 36 ; *RTD civ.* 2005, 806, obs. Revet).

2) Inutilité de la servitude. L'inutilité de la servitude n'est pas une cause d'extinction de cette servitude (■ Cass. 3e civ., 25 oct. 2011, n° 10-25.906 : *JurisData* n° 2011-033155 ; *JCP* N 2012, 1154, note Meiller. ■ Cass. 3e civ., 3 nov. *1981, n° 80-13.896* : *JurisData* n° 1981-703149 ; *JCP* 82, II, 19909, note Barbièri ; *Bull. civ.* III, n° 178, p. 129. V. en ce sens ■ Cass. 1re civ., 19 déc. 1966 : *D.* 1967, 21, note Voulet. ■ Cass. 3e civ., 17 sept. 2013, n° 12-20.724 : *RD rur.* 2014, comm. 26, note Collard et Travely ; *RTD civ.* 2013, p. 868, note Dross ; *JCP* N 2013, 1287, note Grimonprez ; *Dr. et patrimoine* 2013, n° 231, p. 71, obs. Seube). Jugé cependant que lorsqu'une servitude, par suite d'une modification de l'état des lieux, ne présente plus aucune utilité, même la plus minime, pour le propriétaire du fonds dominant, celui-ci ne saurait continuer à en user sans un abus de droit manifeste (■ Pau, 17 déc. 1968 : *JCP* 69, II, 15878, note M. B. – V. en ce sens ■ Saint-Denis-de-la-Réunion, 18 mai 1973 : *JCP* 74, IV, 77).

3) Servitude conventionnelle de passage. Absence d'état d'enclave. L'absence d'état d'enclave n'est pas une cause d'extinction des servitudes conventionnelles de passage (■ Cass. 3e civ., 16 janv. 1991, n° 89-15.874 : *JurisData* n° 1991-700052 ; *JCP* 91, IV, 97 ; *Bull. civ.* III, n° 24, p. 15 ; *D.* 1991, somm. 313, 2e esp., obs. A. Robert).

4) Servitude conventionnelle de passage. Aggravation de la condition du fonds servant. L'aggravation de la condition du fonds servant n'est pas une cause d'extinction d'une servitude conventionnelle de passage (■ Cass. 3e civ., 7 nov. 1990, n° 88-14.886 : *JurisData* n° 1990-002879 ; *JCP* 91, IV, 6 ; *Bull. civ.* III, n° 227, p. 130 ; *D.* 1991, somm. 313, 1re esp., obs. A. Robert).

5) Agissements illicites du propriétaire du fonds servant. Le propriétaire d'un fonds servant ne saurait se prévaloir de l'impossibilité pour le propriétaire du fonds dominant d'user de la servitude de passage pour en demander l'extinction alors que le chemin où la servitude s'exerce a été rendu inutilisable par ses propres agissements illicites (■ Versailles, 1re ch., 13 janv. 1988 : *JurisData* n° 1988-040668).

6) Servitudes réciproques et interdépendantes. Dans le silence de l'acte de vente qui a opéré la séparation des deux fonds et de ce fait créé une servitude d'écoulement des eaux pluviales, la volonté des parties doit être recherchée dans l'analyse des circonstances extrinsèques et des éléments apparents. Il en ressort que si l'acte de vente a donné naissance à une servitude, celle-ci est fondée sur un accord bilatéral. L'économie générale de cette servitude est manifestement la réciprocité de l'interdépendance. Ainsi, si l'un des propriétaires a surélevé son immeuble et a supprimé la gouttière en édifiant une terrasse, il a fait cesser la servitude à sa charge. La servitude réciproque à la charge de son voisin se trouve donc par là même éteinte (■ Bordeaux, 6e ch., 3 déc. 1985 : *JurisData* n° 1988-042876).

7) Servitude temporaire. La stipulation d'une servitude temporaire est licite (■ Cass. 3e civ., 22 mars 1989, n° 87-17.029 : *JurisData* n° 1989-000925 ; *Bull. civ.* III, n° 73, p. 40 ; *RTD civ.* 1989, 592, obs. Zenati ; *D.* 1990, somm. 90, obs. A. Robert ; *RD imm.* 1989, 447, obs. Bergel).

Art. 704. – Elles revivent si les choses sont rétablies de manière qu'on puisse en user ; à moins qu'il ne se soit déjà écoulé un espace de temps suffisant pour faire présumer l'extinction de la servitude, ainsi qu'il est dit à l'article 707.

1) Impossibilité d'exercice durant trente ans. L'impossibilité d'exercer une servitude n'entraîne son extinction qu'autant qu'elle s'est prolongée pendant trente ans (■ Cass. 3e civ., 10 oct. 1984, n° 83-14.443 : *JurisData* n° 1984-702166 ; *Bull. civ.* III, n° 168, p. 131, interdiction pour des raisons de sécurité publique de l'utilisation d'un chemin).

2) Obstacle de droit. L'impossibilité d'user d'une servitude s'entend d'un obstacle de fait à l'exercice de la servitude alors que le droit lui-même n'a pas disparu. Tel n'est pas le cas pour l'extinction d'une servitude par confusion des fonds, qui constitue un obstacle de droit, nul ne pouvant avoir de servitude sur son propre fonds. La servitude ne peut alors revivre du seul fait d'une nouvelle division (■ Aix-en-Provence, 4e ch., 16 mai 1995 : *JurisData* n° 046390).

3) Rétablissement des lieux. Le rétablissement de l'ouverture faisant revivre la servitude de passage, ne saurait constituer une voie de fait puisque basée sur le titre, a opéré rétablissement des lieux au sens de l'article 704 (■ Nîmes, 1re ch., 10 janv. 1991 : *JurisData* n° 1991-030177. V. aussi pour le propriétaire profitant de la destruction d'un mur pour rendre à une baie sa destination première, ■ Montpellier, 1re ch., 9 juin 1987 : *JurisData* n° 1987-001465).

Art. 705. – Toute servitude est éteinte lorsque le fonds à qui elle est due, et celui qui la doit, sont réunis dans la même main.

1) Applications. Pour des applications, V. ■ Cass. civ., 26 janv. 1914 : *DP* 1917, 1, 175. ■ Cass. 3e civ., 25 janv. 1978 : *Gaz. Pal.* 1978, 1, somm. 175. ■ Paris, 1re ch., 2 oct. 1985 : *JurisData* n° 1985-025760.

2) Servitude au profit de copropriétaires sur le fonds indivis (non). Viole les articles 637 et 705 la cour d'appel qui décide qu'une languette de terre en copropriété est frappée d'une servitude de passage au profit de certains de ses copropriétaires indivis (■ Cass. 3e civ., 6 févr. 1973, n° 71-13.828 : *JurisData* n° 1973-098101 ; *Bull. civ.* III, n° 101, p. 72).

3) Acquisition par le propriétaire du fonds servant de la nue-propriété du fonds dominant. L'extinction des servitudes par confusion impose la réunion dans la même main de la pleine propriété des deux fonds, condition quin'est pas remplie en cas d'acquisition par le propriétaire du fonds servant de la seule nue-propriété du fonds dominant (■ Cass. 3e civ., 17 avr. 1996, n° 94-15.876 : *JCP* 96, IV, 1388 ; 97, I, 4010, n° 19, obs. Périnet-Marquet ; *Bull. civ.* III, n° 109, p. 70 ; *RTD civ.* 1997, 460, obs. Zenati).

4) Acquisition par le propriétaire du fonds dominant de parcelles issues de la division du fonds servant. Selon la Haute juridiction, l'acquisition par le propriétaire du fonds dominant de parcelles issues de la division du fonds servant éteint la servitude grevant ces parcelles (■ Cass. 3e civ., 8 sept. 2016, n° 15-20.371 : *JurisData* n° 2016-018134 ; *RDC* 2017, p. 130, note Danos ; *RTD civ.* 2016, p. 897, note Dross ; *JCP* G 2016, doctr. 1191, n° 12, obs. Périnet-Marquet).

Art. 706. – La servitude est éteinte par le non-usage pendant trente ans.

1) Servitudes légales et administratives. À la différence de l'assiette du passage, le droit découlant de la servitude de passage en cas d'enclave ne s'éteint pas par le non-usage (■ Cass. 3e civ., 11 févr. 1975 : *JCP* 75, IV, 115 ; *Bull. civ.* III, n° 56, p. 44). Jugé également que la servitude d'écoulement des eaux, attribut ou prolongement légal du droit de propriété, lequel est perpétuel, ne s'éteint pas par le non-usage (■ Angers, 9 déc. 1968 : *JCP* 69, II, 15783, note Goubeaux). Les servitudes imposées par l'autorité administrative lors de la division d'un fonds, poursuivant un intérêt général et ayant un caractère d'ordre public, ne sont pas éteintes par leur non-usage pendant trente ans (■ Cass. 3e civ., 18 déc. 2002, n° 00-14.176 : *JurisData* n° 2002-017036 ; *Bull. civ.* III, n° 272, p. 235).

2) Charge de la preuve. Il appartient au propriétaire du fonds dominant de démontrer que la servitude dont il n'a pas la possession actuelle a été exercée depuis moins de trente ans (■ Cass. 1re civ., 28 mai 1957 : *D.* 1957, 465. – V. en ce sens ■ Cass. req., 16 mars 1903 : *DP* 1903, 1, 294. ■ Cass. civ., 26 janv. 1944 : *DA* 1944, 58. ■ Cass. 3e civ., 17 juin 1987, n° 86-11.440 : *JurisData* n° 1987-001290 ; *Bull. civ.* III, n° 128, p. 75. ■ Cass. 3e civ., 17 févr. 1993, n° 90-19.364 : *JurisData* n° 1993-000158 ; *JCP* 93, IV, 1018 ; *Bull. civ.* III, n° 21, p. 13). Viole les articles 706, 707 et 708, la cour d'appel qui retient que c'est au propriétaire du fonds servant de prouver que l'assiette de la servitude de passage est restée sans utilisation pendant plus de trente ans par le propriétaire de la parcelle enclavée (■ Cass. 3e civ., 7 nov. 1984, n° 83-14.257 : *JurisData* n° 1984-701884 ; *Bull. civ.* III, n° 186, p. 146).

3) Reprise de l'exercice de la servitude. Une servitude conventionnelle de passage non exercée depuis plus de trente ans demeure éteinte par la prescription même si l'exercice en a été repris après ce délai, à moins que l'absence d'opposition à cet exercice puisse s'interpréter comme valant renonciation du propriétaire du fonds servant au bénéfice de la prescription (■ Cass. 1re civ., 7 juin 1961 : *JCP* 61, IV, 111 ; *Bull. civ.* I, n° 295, p. 235). Mais une telle renonciation ne peut se déduire de la seule inaction (■ Cass. civ., 3 déc. 1929 : *DP* 1931, 1, 119. ■ Cass. 1re civ., 27 févr. 1963 : *Bull. civ.* I, n° 133, p. 116 ; *D.* 1963, somm. 94. – Voir cependant ■ Cass. 1re civ., 9 juill. 1957 : *Bull. civ.* I, n° 318, p. 252).

4) Mitoyenneté. L'article 706 ne concerne que les servitudes et non la mitoyenneté qui constitue un droit de propriété indivise ne se perdant pas par le non-usage (■ Cass. 3e civ., 19 févr. 1985, n° 83-16.496 : *Bull. civ.* III, n° 37, p. 27 ; *JCP* 86, II, 20565, 2e esp., note Barbièri).

5) Travaux contraires à une servitude continue. L'établissement de travaux contraires à une servitude continue n'en fait légalement présumer l'extinction qu'autant que celui auquel elle est due a cessé d'en jouir pendant trente années à partir de la confection de ces travaux (■ Cass. 1re civ., 27 févr. 1963 : *Gaz. Pal.* 1963, 2, 161), à condition que les ouvrages ne soient pas entachés de précarité (■ Cass. req., 16 juin 1941 : *Gaz. Pal.* 1941, 2, 120).

6) Non-usage trentenaire d'une servitude *non aedificandi*. Un acte contraire à une servitude *non aedificandi* fait courir la prescription extinctive contre les deux fonds dominants issus de la division (■ Cass. 3e civ., 11 déc. 1996, n° 95-11.512 : *JurisData* n° 1996-004818 ; *JCP* 97, IV, 283 ; I, 4010, n° 19, obs. Périnet-Marquet ; *Bull. civ.* III, n° 238, p. 155 ; *Defrénois* 1997, 380, obs. Atias ; *RTD civ.* 1998, 939, obs. Zenati). Viole les articles 706 et 707 la cour d'appel qui condamne un propriétaire à supprimer une véranda construite en méconnaissance d'une servitude *non aedificandi* en retenant que cette véranda a été construite en 1988 après démolition d'un ouvrage plus petit et qu'il s'agit donc d'une construction nouvelle insusceptible de bénéficier de la prescription qui pouvait couvrir le petit ouvrage précédent édifié en 1953 (■ Cass. 3e civ., 27 févr. 2002, n° 00-13.907 : *Bull. civ.* III, n° 52, p. 44).

7) Servitude de cour commune. Une servitude de cour commune ayant été instituée par convention à perpétuité, ce caractère perpétuel s'oppose à toute possibilité de prescription (■ Paris, 26 nov. 1997 : *Defrénois* 1998, 812, obs. Atias ; *RD imm.* 1998, 67, obs. Bergel).

Art. 707. – **Les trente ans commencent à courir, selon les diverses espèces de servitudes, ou du jour où l'on a cessé d'en jouir, lorsqu'il s'agit de servitudes discontinues, ou du jour où il a été fait un acte contraire à la servitude, lorsqu'il s'agit de servitudes continues.**

1) Servitudes discontinues. Sur le principe que le délai de prescription extinctif d'une servitude discontinue commence à courir à compter du dernier acte d'exercice, V. ■ Cass. 3e civ., 11 janv. 2006, n° 04-16.400 : *JurisData* n° 2006-031584 ; *JCP G* 2006, I, 178 ; *JCP N* 2007, 1380, n° 16, obs. Périnet-Marquet. Si la servitude discontinue n'a jamais été exercée, la prescription a pour point de départ sa constitution (■ Cass. req., 12 nov. 1934 : *S.* 1935, 1, 62. ■ Rennes, 1re ch., 2 juin 1982 : *JurisData* n° 1982-040862).

2) Servitudes continues. En matière de servitudes continues, l'acte contraire à la servitude peut consister dans le commencement de travaux effectués au mépris de la servitude (■ Cass. 3e civ., 16 déc. 1970 : *Gaz. Pal.* 1971, 1, 219, servitude *non aedificandi*. ■ Cass. 3e civ., 29 juin 1983, n° 82-12.317 : *JurisData* n° 1983-701561 ; *JCP* 83, IV, 290 ; *Bull. civ.* III, n° 154, p. 120, servitude d'aqueduc).

Art. 708. – **Le mode de la servitude peut se prescrire comme la servitude même et de la même manière.**

1) Application. V. pour une application ■ Cass. 3e civ., 7 nov. 1984, n° 83-14.257 : *JurisData* n° 1984-701884 ; *Bull. civ.* III, n° 186, p. 146.

2) Usage restreint. L'usage restreint d'une servitude pendant le délai de trente ans peut en entraîner l'extinction partielle lorsque l'exercice limité de la servitude a notamment pour cause l'état matériel des lieux qui en rendait l'usage sans restriction impossible (■ Cass. civ., 31 mai 1944 : *DA* 1944, 85), mais l'usage d'une servitude discontinue ne doit pas nécessairement être considéré comme un usage restreint du seul fait que le propriétaire du fonds dominant n'a fait dans le fonds servant qu'une partie de ce que la servitude lui donnait le droit de faire (■ Cass. civ., 3 déc. 1929 : *DH* 1930, 18).

Art. 709. – **Si l'héritage en faveur duquel la servitude est établie appartient à plusieurs par indivis, la jouissance de l'un empêche la prescription à l'égard de tous.**

Art. 710. – **Si, parmi les copropriétaires, il s'en trouve un contre lequel la prescription n'ait pu courir, comme un mineur, il aura conservé le droit de tous les autres.**

TITRE V. – DE LA PUBLICITÉ FONCIÈRE (1)

(L. n° 2011-331, 28 mars 2011)

CHAPITRE UNIQUE. – DE LA FORME AUTHENTIQUE DES ACTES

Art. 710-1 *(L. n° 2011-331, 28 mars 2011)*. – **Tout acte ou droit doit, pour donner lieu aux formalités de publicité foncière, résulter d'un acte reçu en la forme authentique par un notaire exerçant en France, d'une décision juridictionnelle ou d'un acte authentique émanant d'une autorité administrative.**

Le dépôt au rang des minutes d'un notaire d'un acte sous seing privé, contresigné ou non, même avec reconnaissance d'écriture et de signature, ne peut donner lieu aux formalités de publicité foncière. Toutefois, même lorsqu'ils ne sont pas dressés en la forme authentique, les procès-verbaux des délibérations des assemblées générales préalables ou consécutives à l'apport de biens ou droits immobiliers à une société ou par une société ainsi que les procès-verbaux d'abornement peuvent être publiés au bureau des hypothèques à la condition d'être annexés à un acte qui en constate le dépôt au rang des minutes d'un notaire.

Le premier alinéa n'est pas applicable aux formalités de publicité foncière des assignations en justice, des commandements valant saisie, des différents actes de procédure qui s'y rattachent et des jugements d'adjudication, des documents portant limitation administrative au droit de propriété ou portant servitude administrative, des procès-verbaux établis par le service du cadastre, des documents d'arpentage établis par un géomètre et des modifications provenant de décisions administratives ou d'événements naturels.

(1) Sur les modifications du présent titre dans sa version applicable en Nouvelle-Calédonie : V. Ord. n° 2013-516, 20 juin 2013, art. 3, I.

LIVRE TROISIÈME

DES DIFFÉRENTES MANIÈRES DONT ON ACQUIERT LA PROPRIÉTÉ

TITRE . – DISPOSITIONS GÉNÉRALES

Art. 711. – La propriété des biens s'acquiert et se transmet par succession, par donation entre vifs ou testamentaire, et par l'effet des obligations.

Sur la **preuve** du droit de propriété, voir sous art. 544, p. 463.

Art. 712. – La propriété s'acquiert aussi par accession ou incorporation, et par prescription.

Hiérarchie des preuves (non). Viole l'article 712 la cour d'appel qui, pour déclarer le demandeur propriétaire, retient que ses titres sont les meilleurs, sans que les moyens subsidiaires tirés de la prescription puissent être examinés, sauf à violer la hiérarchie des preuves de propriété, alors qu'il est toujours possible de prescrire contre un titre (■ Cass. 3e civ., 4 déc. 1991, n° 89-14.921 : *Bull. civ.* III, n° 306, p. 180 ; *JCP* G 92, I, 3591, n° 1, obs. Périnet-Marquet ; *D.* 1993, somm. 36, 3e esp., obs. A. Robert).

Art. 713 *(L. n° 2004-809, 13 août 2004 ; rempl., L. n° 2014-366, 24 mars 2014 ; mod., L. n° 2016-1087, 8 août 2016).* **– Les biens qui n'ont pas de maître appartiennent à la commune sur le territoire de laquelle ils sont situés. Par délibération du conseil municipal, la commune peut renoncer à exercer ses droits, sur tout ou partie de son territoire, au profit de l'établissement public de coopération intercommunale à fiscalité propre dont elle est membre. Les biens sans maître sont alors réputés appartenir à l'établissement public de coopération intercommunale à fiscalité propre.**

Si la commune ou l'établissement public de coopération intercommunale à fiscalité propre renonce à exercer ses droits, la propriété est transférée de plein droit :

1° Pour les biens situés dans les zones définies à l'article L. 322-1 du Code de l'environnement, au Conservatoire de l'espace littoral et des rivages lacustres lorsqu'il en fait la demande ou, à défaut, au conservatoire régional d'espaces naturels agréé au titre de l'article L. 414-11 du même code lorsqu'il en fait la demande ou, à défaut, à l'État ;

2° Pour les autres biens, à l'État.

Voir : art. 539, p. 462.- CGPPP, art. 1123-1 et s., p. 2235.

Absence d'atteinte disproportionnée au droit de propriété. Le délai de 30 ans au-delà duquel les héritiers étaient présumés avoir renoncé à la succession était suffisamment long pour que les dispositions des articles 713 du Code civil et L. 1123-1 du CGPPP ne portent pas une atteinte disproportionnée au droit de propriété (■ Cass. 3e civ., 12 juill. 2018, n° 17-26.103 : *Bull.* ; *RDI* 2018, p. 547, Bergel).

Art. 714. – Il est des choses qui n'appartiennent à personne et dont l'usage est commun à tous.
Des lois de police règlent la manière d'en jouir.

Bibliographie : M. Rémond-Gouilloud, *Ressources naturelles et choses sans maître* : *D.* 1985, chron. 27.

Art. 715. – La faculté de chasser ou de pêcher est également réglée par des lois particulières.

1) **Réglementation de la chasse et de la pêche.** V. *JCl. Civil*, art. 715, Fasc. 10 et 20. V. aussi C. env., art. L. 422-1 et s., p. 2199.

2) **Notion de gibier.** Des faisans nés et élevés en captivité n'ont pas perdu leur qualité d'animaux domestiques par le seul fait de leur libération fortuite et, bien qu'appartenant à une espèce sauvage, ne sont pas devenus un gibier au sens de la loi sur la chasse, c'est-à-dire des animaux sans maître vivant à l'état sauvage (▪ Cass. 2ᵉ civ., 12 nov. 1986, n° 84-13.748 : *JurisData* n° 1986-701940 ; *Bull. civ.* II, n° 163, p. 110 ; *JCP* 87, II, 20731, note de Malafosse).

Art. 716. – La propriété d'un trésor appartient à celui qui le trouve dans son propre fonds ; si le trésor est trouvé dans le fonds d'autrui, il appartient pour moitié à celui qui l'a découvert, et pour l'autre moitié au propriétaire du fonds.
Le trésor est toute chose cachée ou enfouie sur laquelle personne ne peut justifier sa propriété, et qui est découverte par le pur effet du hasard.

I – DÉFINITION DU TRÉSOR

1) **Caractère mobilier.** Les objets incorporés dans le sol et qui constituent des immeubles par nature ne peuvent être qualifiés de trésors au sens de l'article 716 (▪ Cass. req., 13 déc. 1881 : *DP* 1882, 1, 55).

2) **Chose cachée.** Constituent un trésor les pièces d'or trouvées dans les décombres d'un immeuble sinistré dès lors que ces pièces, enfermées dans une cavité spéciale, n'ont pas été égarées ou ensevelies par un bombardement mais cachées par la volonté de l'homme (▪ Paris, 9 nov. 1948 : *JCP* 49, II, 4976, Carbonnier). Il en va de même pour les bijoux trouvés dans un poste téléphonique (▪ Rouen, 2 mai 1990 : *JurisData* n° 042067), pour un ensemble de 152 monnaies gauloises (▪ TGI Le Mans, 7 sept. 1999, n° 98-86.127 : *JurisData* n° 1999-003352 ; *JCP* 2000, II, 10258, Saujot).

3) **Chose enfouie.** La blende adhérente aux parois de fours, qui n'est ni enfouie ni cachée, ne constitue pas un trésor (▪ Montpellier, 21 déc. 1922 : *Gaz. Pal.* 1923, 1, 242). En revanche, des vertèbres fossilisées sont bien des choses cachées ou enfouies (▪ TGI Millau, 26 mai 1988 : *JurisData* n° 1988-050954 ; *D.* 1990, somm. 87, obs. Robert). Seules peuvent recevoir la qualification de trésor les choses corporelles matériellement dissociables du fonds dans lequel elles ont été trouvées : tel n'est pas le cas d'une peinture sur bois dissimulée sous la peinture visible la recouvrant (▪ Cass. 1ʳᵉ civ., 5 juill. 2017, n° 16-19.340 : *Bull.* ; *JCP* G 2017, 1142, H. Périnet-Marquet ; *RTD civ.* 2017, W. Dross ; *D.* 2017, 2196, Kilgus ; *RDC* 2017, 672, F. Danos).

4) **Propriétaire non identifiable.** Les pièces d'or découvertes dans un immeuble en démolition ne constituent pas un trésor si les héritiers de celui qui les a cachées justifient être aux droits actuels de leur légitime propriétaire (▪ T. civ. Seine, 1ᵉʳ juin 1949 : *D.* 1949, 350, Ripert. V. en ce sens ▪ TGI Paris, 1ʳᵉ ch., 15 mai 1996 : *JurisData* n° 041332). Mais le fait pour le vendeur d'un immeuble d'être l'héritier des anciens propriétaires n'exerce aucune influence sur la détermination de la propriété du trésor découvert après la vente (▪ Cass. 1ʳᵉ civ., 25 oct. 1955 : *JCP* 55, IV, 166 ; *Bull. civ.* I, n° 361, p. 295). La revendication de propriété du donataire, antérieure à la découverte, exclut la qualification de trésor (▪ Versailles, 25 sept. 1987 : *JurisData* n° 1987-047040 ; *D.* 1989, somm. 31, obs. A. Robert). Dès lors que le vendeur de la cuisinière dans laquelle ont été découverts des lingots, des titres et des pièces d'or justifie être propriétaire de ces biens, ceux-ci ne peuvent constituer un trésor (▪ Cass. 1ʳᵉ civ., 19 nov. 2002 : *JCP* 2003, I, 172, n° 2, Périnet-Marquet ; *JurisData* n° 2002-016418 ; *Bull. civ.* I, n° 279, p. 217 ; *D.* 2003, somm. 2049, Mallet-Bricout). Celui qui découvre, par le pur effet du hasard, une chose cachée ou enfouie a nécessairement conscience, au moment de la découverte, qu'il n'est pas le propriétaire de cette chose, et ne peut être considéré comme un possesseur de bonne foi et ne saurait donc se prévaloir de l'article 2276 du Code civil pour faire échec à l'action en revendication (▪ Cass. 1ʳᵉ civ., 6 juin 2018, n° 17-16.091 : Bull. ; RDC 2018, p. 444, F. Danos).

5) **Découverte par l'effet du hasard.** L'inventeur d'un trésor s'entend de celui qui, par le seul effet du hasard, met le trésor à découvert, serait-il au service d'une entreprise, dès lors que les tra-

vaux ayant conduit à la découverte n'ont pas été effectués à cette fin (▪ Cass. crim., 20 nov. 1990, n° 89-80.529 : *JurisData* n° 1990-703709 ; *JCP* 1991, IV, 75 ; *RTD civ.* 1991, 765, Zenati). Des vertèbres fossilisées ne peuvent constituer un trésor dès lors qu'elles ont été découvertes à la suite de recherches volontairement pratiquées (▪ TGI Millau, 26 mai 1988 : *D.* 1990, somm. 87, A. Robert). Les bijoux trouvés par hasard dans un poste téléphonique et dont personne ne peut justifier la propriété répondent à la définition du trésor (▪ Rouen, 2 mai 1990 : *JurisData* n° 1990-042067).

Les ouvriers qui ont trouvé le trésor en participant à des travaux étrangers à la recherche de ce trésor peuvent se voir attribuer la qualité d'inventeurs (▪ Paris, 9 nov. 1948 : *JCP* 49, II, 4976, note Carbonnier). Mais cette qualité appartient exclusivement à celui d'entre eux qui a directement fait la découverte même s'ils ont été tous associés pour l'exécution du même travail (▪ T. civ. Villefranche-sur-Saône, 11 févr. 1954 : *Gaz. Pal.* 1954, 1, 401). La décision d'un tiers de procéder aux fouilles dans une fosse, découverte au sous-sol d'un immeuble, avec l'accord du propriétaire, fait de lui l'inventeur des objets trouvés, la présence des objets et de la fosse étant ignorée, lors du déblaiement de la cave, tant par le tiers inventeur que par le propriétaire de l'immeuble (▪ Bourges, 1re ch., 18 janv. 1989 : *JurisData* n° 1989-041521).

II – ATTRIBUTION DU TRÉSOR

6) Qualité d'inventeur. C'est le contenant qui constitue au sens juridique du mot le trésor quel qu'en ait pu être le contenu, et l'inventeur du trésor est celui qui l'a aperçu le premier, l'a rendu visible, a averti le propriétaire de l'immeuble et l'a sorti de la cavité dans laquelle il se trouvait (▪ Rennes, 9 janv. 1951 : *D.* 1951, 443).

7) Renonciation de l'inventeur à ses droits (non). En se dessaisissant volontairement du trésor découvert au profit du propriétaire de l'immeuble et en acceptant de celui-ci une récompense pécuniaire, l'inventeur n'a pas renoncé à ses droits, une telle renonciation ne pouvant être qu'expresse (▪ Lyon, 29 oct. 1970 : *D.* 1971, 523, note Prévault).

8) Trésors archéologiques et biens culturels. Sur le régime des trésors présentant un caractère archéologique, V. C. patr., art. L. 531-1 à L. 531-19, p. 2308 ; V. aussi C. patr., art. L. 541-4 et s., p. 2312 (créés par L. n° 2016-925, 7 juill. 2016, art. 70 (V)). Sur les biens culturels maritimes, V. C. patr., art. L. 532-1 à L. 532-14, p. 2310.

Art. 717. – Les droits sur les effets jetés à la mer, sur les objets que la mer rejette, de quelque nature qu'ils puissent être, sur les plantes et herbages qui croissent sur les rivages de la mer, sont aussi réglés par des lois particulières.

Il en est de même des choses perdues dont le maître ne se représente pas.

1) Épave et trésor. Sur la distinction entre épave et trésor, V. ▪ Rouen, 30 juin 1949 : *JCP* 49, II, 5211, 2e esp.

2) Épave maritime. Sur les épaves maritimes, V. C. transports, art. L. 5142-1 et s. et art. R. 5142-1 et s.. – V. aussi, sur les biens culturels maritimes, C. patr., art. L. 532-1 et s., p. 2310, et modifiant la loi du 27 sept. 1941 portant réglementation des fouilles archéologiques.

3) Épave fluviale. Sur la notion d'épave fluviale, V. ▪ Rouen, 5 mars 1974 : *JCP* 74, II, 17739, concl. Meurant, et, sur pourvoi, ▪ Cass. 1re civ., 17 févr. 1976 : *JCP* 76, IV, 123 ; *Bull. civ.* I, n° 69, p. 55 ; *D.* 1976, 698.

TITRE PREMIER. – DES SUCCESSIONS

CHAPITRE I. – DE L'OUVERTURE DES SUCCESSIONS, DU TITRE UNIVERSEL ET DE LA SAISINE

(L. n° 2001-1135, 3 déc. 2001)

Bibliographie : M. Beaubrun, *La loi du 3 décembre 2001 portant réforme du droit des successions : Defrénois* 2003, 73. • P. Catala, *Prospective et perspectives en droit successoral : JCP* N 2007, 1206. • P. Catala, *Préparer sa succession : JCP* G 2012, n° 5. • 108e Congrès des notaires de France, *La transmission*, ACNF 2012.

Art. 720 ***(L. n° 2001-1135, 3 déc. 2001).*** **– Les successions s'ouvrent par la mort, au dernier domicile du défunt.**

Bibliographie : I. Corpart, *Les difficultés liées à la constatation des décès après la loi n° 2001-1135 du 3 décembre 2001 : JCP* N 2002, 1468.

1) Loi applicable. Sur le principe que le domicile du défunt doit être déterminé d'après la loi française, V. ▪ Cass. 1re civ., 17 nov. 1981, n° 80-14.728 : *Bull. civ.* I, n° 341, p. 289.

2) Absence de biens laissés par le défunt. La succession d'une personne, même mariée sous le régime de la communauté universelle avec attribution intégrale au survivant, s'étant ouverte à son décès, un héritier réservataire pouvait prétendre au rapport et à la réduction d'une libéralité qui, consentie par le défunt avant le changement de régime matrimonial, avait pour objet un bien qui n'était pas entré en communauté (▪ Cass. 1re civ., 19 déc. 2012, n° 11-23.378 : *RTD civ.* 2013, 161, obs. Grimaldi. ▪ Cass. 1re civ. 3 avr. 2019, n° 18-13.890, Bull., RJPF 2019-05/22, J. Dubarry).

3) Successions internationales. Loi de la dernière résidence du défunt. Certificat successoral européen. Sur les règles de conflit de juridiction et de conflit de lois applicables aux successions internationales ouvertes à partir du 17 août 2015, V. Règlement (UE) n° 650/2012 du 4 juill. 2012, *JOUE* 27 juill. 2012, p. 3386 ; D. n° 2015-1395, 2 nov. 2015, *JO* 4 nov. 2015 ; *Defrénois* 2016, 138, chron. C. Nourissat. Pour des études, V. IRDAP Bordeaux IV, *Successions internationales : maîtriser le Règlement du 4 juillet 2012 : JCP* N 2012, 1078-1086, dossier. – M. Revillard, *Successions internationales : le Règlement du Parlement européen et du Conseil du 4 juillet 2012 : Defrénois* 2012, 40564. – F. Boulanger, *Révolution juridique ou compromis en trompe-l'œil ? : JCP* G 2012, 1120. – G. Carducci, *Le Règlement du 4 juillet 2012 : ses principales nouveautés pour les successions internationales : JCP* G 2013, 550. – C. Nourissat et *alii*, *Le notaire et les règlements européens, Dossier : Defrénois* 2015, 115 et 985.

Art. 721 ***(L. n° 2001-1135, 3 déc. 2001).*** **– Les successions sont dévolues selon la loi lorsque le défunt n'a pas disposé de ses biens par des libéralités.**

Elles peuvent être dévolues par les libéralités du défunt dans la mesure compatible avec la réserve héréditaire.

Héritier exhérédé. Le legs universel consenti à d'autres personnes n'a pas pour effet de faire perdre aux héritiers non réservataires leur qualité d'héritiers, si bien que ces derniers, avant même l'annulation du testament, n'étaient pas dans l'impossibilité d'agir en nullité de contrats d'assurance-vie souscrits par le *de cujus* (▪ Cass. 1re civ., 4 déc. 2013, n° 12-13.401 : *RTD civ.* 2014, 419, Grimaldi).

Art. 722 ***(L. n° 2001-1135, 3 déc. 2001).*** **– Les conventions qui ont pour objet de créer des droits ou de renoncer à des droits sur tout ou partie d'une succession non encore ouverte ou d'un bien en dépendant ne produisent effet que dans les cas où elles sont autorisées par la loi.**

Voir : Prohibition des pactes sur succession future : art. 770, p. 603 ; art. 943, p. 740 ; art. 1389, p. 1254 ; art. 791 ancien, p. 624 et art. 1130 ancien, annot. nos 1 et s., p. 1081. - Pactes autorisés par la loi : art. 301, p. 269, 918, p. 722, 924-4, p. 730, 929, p. 732, 1078, p. 788, 1078-4, p. 789, 1082, p. 793, 1093, p. 795, 1390, p. 1254, 1870, p. 1567, 1873-13, p. 1575.

Renonciation anticipée à un droit de retour. Le droit de retour légal des père et mère étant un droit de nature successorale, il ne peut y être renoncé avant l'ouverture de la succession : ▪ Cass. 1re civ., 21 oct. 2015, n° 14-21.337 : *Bull.* ; *JCP* G 2016, 79, Ch. Goldie-Génicon ; *RTD civ.* 2015, 918, M. Grimaldi ; *RJPF* 2015-12/29, F. Sauvage.

Art. 723 ***(Abr., L. n° 2006-728, 23 juin 2006).***

Rédaction antérieure. Art. 723 ***(L. n° 2001-1135, 3 déc. 2001).*** – Les successeurs universels ou à titre universel sont tenus d'une obligation indéfinie aux dettes de la succession.

Voir : art. 785, p. 606.

Art. 724 ***(L. n° 2001-1135, 3 déc. 2001).*** **– Les héritiers désignés par la loi sont saisis de plein droit des biens, droits et actions du défunt.**

Les légataires et donataires universels sont saisis dans les conditions prévues au titre II du présent livre.

À leur défaut, la succession est acquise à l'État, qui doit se faire envoyer en possession.

Bibliographie : W. Dross, *La saisine successorale : Defrénois* 2004, 471.

1) Conjoint survivant. Le conjoint survivant est investi de la saisine : ▪ Cass. 1re civ., 20 mars 1984, n° 83-11.143 : *JurisData* n° 1984-700705 ; *Bull. civ.* I, n° 108, p. 90 ; *RTD civ.* 1985, 423, obs. Patarin. ▪ Cass. 1re civ., 20 nov. 2001 : *JCP* 2002, IV, 1006 ; *Dr. famille* 2002, 10 note Beignier ; *JurisData* n° 2001-011754 ; *Bull. civ.* I, n° 288, p. 182. ▪ Cass. soc., 29 oct. 2002 : *JCP* 2002, IV, 3025 ; *JurisData* n° 2002-016121. ▪ Cass. 1re civ., 3 févr. 2004, n° 01-11.555 : *JurisData* n° 2004-022102 ; *Dr. famille* 2004, 39, note Beignier ; *Bull. civ.* I, n° 40, p. 33 ; *D.* 2004, somm. 2337, obs. Vareille. Le conjoint survivant a la qualité d'héritier : la cession de parts sociales qui lui est consentie par les deux filles du défunt ne peut être considérée comme une cession faite à un tiers (▪ Cass. 1re civ., 19 févr. 2002 : *JCP* 2002, IV, 1568 ; *Dr. famille* 2002, 46, note Beignier ; *JurisData* n° 2002-012987 ; *Bull. civ.* I, n° 64, p. 48). Le conjoint survivant saisi peut poursuivre l'instance en liquidation du régime matrimonial de l'union de son époux avec sa précédente épouse divorcée (▪ Cass. 1re civ., 13 oct. 2017, n° 15-25.703 : *JurisData* n° 2017-017792).

2) Héritier également légataire. Dispense de délivrance. Un héritier investi de la saisine sur l'universalité de l'hérédité se trouve dispensé de demander à ses cohéritiers la délivrance du legs qui lui a été fait, en l'espèce du capital d'une assurance-vie (▪ Cass. 1re civ., 10 oct. 2012, n° 11-17.891 : *JCP* N 2012, 1369, note Van Steenlandt).

3) Fruits et intérêts du legs fait à un héritier légitime. Chacun des héritiers légitimes étant saisi de l'universalité de l'hérédité est, en vertu de cette saisine légale, en possession de toute l'hérédité (▪ Cass. 1re civ., 24 nov. 1969, n° 68-11.851 : *JCP* 70, II, 15506, note Dagot). Par suite doit être cassé l'arrêt décidant que le fils de la défunte ne peut prétendre aux fruits et intérêts du legs particulier que sa mère lui a fait que du jour où il a demandé la délivrance (même arrêt).

4) Jouissance du bien légué dès l'ouverture de la succession. Il résulte de la combinaison des articles 724, 1005 et 815-9 que l'héritier saisi de l'universalité de la succession est habile à prétendre à la jouissance du bien légué à compter du jour du décès et que cette jouissance est exclusive de toute indemnité au profit de l'indivision pour l'occupation du bien légué (▪ Cass. 1re civ., 2 juin 1987, n° 85-16.269 : *JurisData* n° 1987-001694 ; *Bull. civ.* I, n° 181, p. 135). V. en ce sens aussi pour le légataire de toute la quotité disponible qui fait porter son legs sur une maison qu'il habite depuis le décès, ▪ Cass. 1re civ., 24 sept. 2008 : *JurisData* n° 2008-045070 ; *Dr. famille* 2008, comm. 175, note Beignier. ▪ Cass. 1re civ., 24 sept. 2014 : *Bull.* ; *RTD civ.* 2014, 926, M. Grimaldi. Cette saisine et cette possession ne valent pas, en elles-mêmes, commencement d'exécution du testament dont est gratifié cet héritier, si bien que l'exception de nullité soulevée par ses cohéritiers n'est pas prescrite (▪ Cass. 1re civ., 25 oct. 2017, n° 16-24.766 : *Dr. famille* 2018, comm. 41 Tani ; *Bull.*).

5) Transmission immédiate des droits et actions du défunt. Pour la transmission aux héritiers par le seul effet du décès d'une option de vente de parts sociales prévue dans un contrat conclu par le défunt avec un tiers et stipulant un délai d'exercice de trois mois à partir du décès, sans que le délai de quatre mois de l'article 771 pendant lequel l'héritier ne peut être contraint de prendre parti sur la succession permette aux héritiers de s'affranchir des stipulations contractuelles, V. ▪ Cass. 1re civ., 4 juill. 2012, n° 11-10.594 : *JCP G* 2013, 250, obs. Le Guidec ; *RJPF* 2012, 9/46, obs. J.-C.

6) Saisine et indivision. Tout héritier est fondé, même sans le concours des autres indivisaires, à exercer toutes les actions de son auteur, sans que puisse lui être opposé le droit commun de l'indivision (▪ Cass. 1re civ., 13 sept. 2017, n° 16-24.318 : *JurisData* n° 2017-017791).

7) Action contre un tiers détenteur ou un donataire. Tout héritier est fondé, même avant partage et même sans le concours de ses coïndivisaires, à agir en cette qualité contre le tiers détenteur d'un bien qui aurait été soustrait à l'actif de la succession (▪ Cass. 1re civ., 20 mai 1981, n° 79-16.863 : *JurisData* n° 1981-701465 ; *JCP* 82, II, 19795, note Rémy. ▪ Cass. 1re civ., 21 mai 1990, n° 87-14.420 : *JurisData* n° 1990-701457 ; *Bull. civ.* I, n° 121, p. 86 ; *RTD civ.* 1991, 776, obs. Patarin. ▪ Cass. 1re civ., 5 nov. 2008 : *JurisData* n° 2008-045680 ; *JCP G* 2008, IV, 2946. ▪ Cass. 1re civ., 7 oct. 2015, n° 14-19.912). Il résulte de l'article 724 que chacun des héritiers, saisi de plein droit de l'action du défunt, a qualité pour poursuivre seul la révocation pour cause d'ingratitude de la donation faite par leur auteur décédé après avoir intenté l'action (▪ Cass. 1re civ., 8 janv. 1991, n° 89-12.384 : *JurisData* n° 1991-000047 ; *JCP* 91, IV, 83 ; *Bull. civ.* I, n° 10, p. 7 ; *RTD civ.* 1991, 776, obs. Patarin).

8) Action d'un tiers contre l'héritier. Saisi de plein droit des biens, droits et actions de sa mère décédée, le fils pouvait être poursuivi par les créanciers de la succession, sauf à lui à renoncer à celle-ci ou à démontrer qu'il était primé par des héritiers plus proches ou qu'il était exclu par un légataire universel ou encore que la dette devait être divisée entre les héritiers au prorata de leurs droits respectifs (▪ Cass. 1re civ., 7 juin 2006, n° 04-30.863 : *Bull. civ.* I, n° 298).

9) Lieu de situation des biens. L'héritier se trouve saisi des biens de la succession au lieu où ils se trouvent au moment du décès (■ Cass. 1re civ., 17 janv. 1995, n° 92-20.907 : *Bull. civ.* I, n° 42, p. 29).

10) Déclaration de succession. L'héritier, lorsqu'il est saisi de plein droit, a l'obligation de déposer la déclaration de succession dans les délais imposés par l'article 641 du Code général des impôts (■ Cass. com., 17 oct. 1995, n° 93-19.043 : *JurisData* n° 1995-002566 ; *Defrénois* 1996, 980, note Chappert). Il ne peut invoquer, pour se soustraire à cette obligation, l'existence d'un litige sur la dévolution de la succession (■ Cass. com., 26 mars 2008 : *D.* 2008, 1060).

11) Transmission des obligations de faire. La transmission aux héritiers de la situation passive du défunt ne se limite pas aux dettes de somme d'argent. Elle s'étend à certaines obligations de faire, telles que les obligations de délivrance et de garantie (■ Cass. 1re civ., 5 mai 1987, n° 85-14.558 : *JurisData* n° 1987-000937 ; *JCP* 87, IV, 236 ; *Bull. civ.* I, n° 142, p. 112). De même, les héritiers d'un architecte sont-ils tenus de son obligation de garantie (■ Cass. 3e civ., 30 janv. 2019, n° 18-10.941 : *Bull.* ; *RJPF* 2019, n° 4, G. Drouot).

12) Transmission d'une action en nullité. Pour la poursuite même par certains des héritiers seulement, mais chacun saisi de plein droit, d'une action en nullité d'un contrat introduite par leur auteur, V. ■ Cass. 1re civ., 28 mars 2012, n° 10-30.713 : *Dr. famille* 2012, comm. 101, note Beignier ; *JCP* N 2012, act. 411 ; *JurisData* n° 2012-005658.

13) Successions en déshérence. C'est en vertu de sa souveraineté que l'État recueille les biens d'une succession en déshérence, l'envoi en possession qu'il est tenu de demander ayant pour effet de lui conférer la saisine, mais non la qualité d'héritier. Il s'ensuit que cet envoi en possession ne met pas obstacle à la rétractation d'une renonciation effectuée antérieurement par un héritier (■ Cass. 1re civ., 6 avr. 1994, n° 92-13.462 : *JurisData* n° 1994-000863 ; *D.* 1994, 505, note Boulanger ; *JCP* 95, I, 3876, n° 1, obs. Le Guidec ; *Bull. civ.* I, n° 146, p. 106 ; *RTD civ.* 1994, 652, obs. Patarin).

14) Association légataire universelle. En l'absence d'héritier à réserve, une association instituée légataire universelle est saisie de plein droit dès l'ouverture de la succession, sous condition suspensive d'autorisation administrative ; elle est donc tenue au passif successoral et aux dettes nées de la conservation des biens de la succession (■ Cass. 1re civ., 16 juill. 1997, n° 95-18.978 : *JurisData* n° 1997-003347 ; *JCP* 97, IV, 2025 ; *Bull. civ.* I, n° 253, p. 169 ; *Dr. famille* 1997, 130, note Beignier).

15) Paiement de l'indu. Sur le principe que les sommes versées indûment sur le compte du *de cujus*, avant et après le décès, doivent être restituées, V. ■ Cass. ch. mixte, 12 mai 2000, n° 97-18.851 : *JurisData* n° 2000-001975 ; *JCP* 2000, IV, 2125 ; *Bull. civ.*, ch. mixte, n° 1, p. 1 ; *D.* 2001, 1210, note Mikaef-Toudic. ■ Cass. 1re civ., 1er févr. 2017, n° 16-12.307 : *D.* 2017, 2127, V. Brémond.

16) Indemnisation pour une maladie professionnelle du défunt. Certains des cohéritiers, saisis de plein droit des biens, droits et actions du défunt, ont qualité pour exercer, sans le secours des autres indivisaires, l'action tendant à obtenir, au bénéfice de la succession, l'indemnisation du préjudice subi par leur auteur au titre d'une maladie professionnelle occasionnée par l'amiante (■ Cass. 1re civ., 25 oct. 2005 : *JCP* 2005, IV, 3512 ; *JurisData* n° 2005-030427 ; *Bull. civ.* I, n° 393, p. 327).

17) Fondation. V. L. n° 87-571, 23 juill. 1987, art. 18-2, dern. al., p. 3110.

Art. 724-1 ***(L. n° 2001-1135, 3 déc. 2001).*** **– Les dispositions du présent titre, notamment celles qui concernent l'option, l'indivision et le partage, s'appliquent en tant que de raison aux légataires et donataires universels ou à titre universel, quand il n'y est pas dérogé par une règle particulière.**

1) Action en nullité pour insanité d'esprit. Le légataire universel a qualité pour agir en nullité d'un acte à titre onéreux sur le fondement de l'article 489-1 [actuel 414-2] du Code civil visant les héritiers : ■ Cass. 1re civ., 8 juill. 2015, n° 14-17.768 : *Bull.* ; *JCP* N 2015, 1203, S. Moisdon-Chataigner ; *Dr. famille* 2015, comm. 191, I. Maria.

2) Assurance-vie. V. ■ Cass. 1re civ., 10 févr. 2016, n° 14-27.057 : *Bull.* ; *JCP* N, 1119, comm. *M. Leroy ; RJPF 2016-4/31, J. Boisson,* qui invite à rechercher la volonté du défunt de faire bénéficier ses légataires universels de l'assurance-vie dont la clause bénéficiaire visait les héritiers : il convient de ne s'attacher exclusivement ni à l'acceptation du terme héritier dans le langage courant ni à la définition de ce terme en droit des successions (■ Cass. 1re civ., 14 déc. 2017, n° 16-27.206 : *JurisData* n° 2017-027546 ; *Dr. famille* 2018, comm. 69, M. Nicod). Il en va de même pour la répartition du capital garanti (■ Cass. 1re civ., 19 sept. 2018, n° 17-23.568 : *Bull.* ; *RJPF* 2018, n° 12, Péglion-Zika ; *AJ fam.* 2018, p. 622, Vernières).

CHAPITRE II. – DES QUALITÉS REQUISES POUR SUCCÉDER. DE LA PREUVE DE LA QUALITÉ D'HÉRITIER

(L. n° 2001-1135, 3 déc. 2001)

Section I. – Des qualités requises pour succéder

(L. n° 2001-1135, 3 déc. 2001)

Bibliographie : J.-B. Donnier, *JCl. Civil*, art. 725 à 729-1. • C.-M. Péglion-Zika, *Existe-t-il un droit de l'homme à hériter : RTD civ.* 2018, 1.

Art. 725 *(L. n° 2001-1135, 3 déc. 2001).* – **Pour succéder, il faut exister à l'instant de l'ouverture de la succession ou, ayant déjà été conçu, naître viable.**

Peut succéder celui dont l'absence est présumée selon l'article 112.

Art. 725-1 *(L. n° 2001-1135, 3 déc. 2001).* – **Lorsque deux personnes, dont l'une avait vocation à succéder à l'autre, périssent dans un même événement, l'ordre des décès est établi par tous moyens.**

Si cet ordre ne peut être déterminé, la succession de chacune d'elles est dévolue sans que l'autre y soit appelée.

Toutefois, si l'un des codécédés laisse des descendants, ceux-ci peuvent représenter leur auteur dans la succession de l'autre lorsque la représentation est admise.

Éléments de fait. Jugé sous l'empire du droit antérieur à la loi du 3 décembre 2001 que parmi les circonstances du fait à envisager en première ligne pour établir l'ordre des décès, les juges sont admis à comprendre celles qui tiennent à des particularités personnelles aux individus sous la seule condition qu'elles soient indépendantes de l'âge ou du sexe des comourants (■ Cass. civ., 6 mars 1928 : *S.* 1928, 1, 297, note Vialleton). Mais jugé aussi que, dès lors qu'aucune des présomptions de droit strict édictées par la loi n'est applicable à la situation d'ensemble des comourants, eu égard à leurs âges respectifs, la dévolution doit s'opérer sans tenir compte des droits successoraux réciproques de chacun des défunts (■ Cass. 1re civ., 8 févr. 2005 : *D.* 2005, 2055, note Corpart).

Art. 726 *(L. n° 2001-1135, 3 déc. 2001).* – **Sont indignes de succéder et, comme tels, exclus de la succession :**

1° Celui qui est condamné, comme auteur ou complice, à une peine criminelle pour avoir volontairement donné ou tenté de donner la mort au défunt ;

2° Celui qui est condamné, comme auteur ou complice, à une peine criminelle pour avoir volontairement porté des coups ou commis des violences ou voies de fait ayant entraîné la mort du défunt sans intention de la donner.

1) Sanction personnelle. L'indignité successorale est une peine civile de nature personnelle et d'interprétation stricte. Elle ne peut être appliquée au père du meurtrier (■ Cass. 1re civ., 18 déc. 1984, n° 83-16.152 : *JurisData* n° 1984-702361 ; *Bull. civ.* I, n° 340, p. 290).

2) Avantage matrimonial. Deux époux ayant adopté le régime de communauté universelle et le contrat prévoyant l'attribution des biens sous certaines conditions au survivant, les héritiers de l'épouse mortellement blessée par son mari ne peuvent invoquer l'article 727 (anc.) pour demander la révocation de l'avantage matrimonial (■ Cass. 1re civ., 7 avr. 1998, n° 96-14.508 : *JurisData* n° 1998-001620 ; *JCP* 98, II, 10197, Puigelier ; *Bull. civ.* I, n° 146, p. 97 ; *Dr. famille* 1998, 102, Beignier ; *RTD civ.* 1998, 457, Vareille, 881, Hauser ; *Defrénois* 1998, 825, Champenois ; V. aussi pour une donation de biens à venir ■ Toulouse, 26 oct. 2000 : *RTD civ.* 2001, 404, Patarin).

Art. 727 *(L. n° 2001-1135, 3 déc. 2001).* – **Peuvent être déclarés indignes de succéder :**

1° Celui qui est condamné, comme auteur ou complice, à une peine correctionnelle pour avoir volontairement donné ou tenté de donner la mort au défunt ;

2° Celui qui est condamné, comme auteur ou complice, à une peine correctionnelle pour avoir volontairement commis des violences ayant entraîné la mort du défunt sans intention de la donner ;

3° Celui qui est condamné pour témoignage mensonger porté contre le défunt dans une procédure criminelle ;

4° Celui qui est condamné pour s'être volontairement abstenu d'empêcher soit un crime soit un délit contre l'intégrité corporelle du défunt d'où il est résulté la mort, alors qu'il pouvait le faire sans risque pour lui ou pour les tiers ;

5° Celui qui est condamné pour dénonciation calomnieuse contre le défunt lorsque, pour les faits dénoncés, une peine criminelle était encourue ;

Peuvent également être déclarés indignes de succéder ceux qui ont commis les actes mentionnés aux 1° et 2° et à l'égard desquels, en raison de leur décès, l'action publique n'a pas pu être exercée ou s'est éteinte.

1) Donataire meurtrier. Sur l'application de l'article 727 (anc.) au cas d'un mari ayant tué l'épouse donatrice avant de se donner la mort, V. ▪ Riom, 15 mai 2001 : *JCP* 2002, IV, 1694 ; *JurisData* n° 2001-142774 ; *D.* 2001, somm. 2938, obs. Nicod.

2) Mort non intentionnellement donnée par l'héritier. Sur l'inapplicabilité de l'ancien article 727 au cas de coups et blessures ayant entraîné la mort sans intention de la donner, V. ▪ Cass. 1re civ., 3 oct. 2006, n° 04-11.910 : *Bull. civ.* I, n° 429 ; *RTD civ.* 2007, p. 600, obs. Grimaldi.

3) Mort donnée sous l'empire d'un trouble mental. Sur l'inapplicabilité de l'article 727 au cas d'un enfant parricide ayant bénéficié d'un non-lieu à l'issue de l'instruction pénale en raison de la pathologie psychiatrique dont il souffrait, V. ▪ Cass. 1re civ., 28 mars 2012, n° 11-10.393 : *RTD civ.* 2012, 757, obs. Grimaldi.

Art. 727-1 *(L. n° 2001-1135, 3 déc. 2001).* – **La déclaration d'indignité prévue à l'article 727 est prononcée après l'ouverture de la succession par le tribunal de grande instance à la demande d'un autre héritier. La demande doit être formée dans les six mois du décès si la décision de condamnation ou de déclaration de culpabilité est antérieure au décès, ou dans les six mois de cette décision si elle est postérieure au décès.**

En l'absence d'héritier, la demande peut être formée par le ministère public.

Art. 728 *(L. n° 2001-1135, 3 déc. 2001).* – **N'est pas exclu de la succession le successible frappé d'une cause d'indignité prévue aux articles 726 et 727, lorsque le défunt, postérieurement aux faits et à la connaissance qu'il en a eue, a précisé, par une déclaration expresse de volonté en la forme testamentaire, qu'il entend le maintenir dans ses droits héréditaires ou lui a fait une libéralité universelle ou à titre universel.**

Art. 729 *(L. n° 2001-1135, 3 déc. 2001).* – **L'héritier exclu de la succession pour cause d'indignité est tenu de rendre tous les fruits et tous les revenus dont il a eu la jouissance depuis l'ouverture de la succession.**

Art. 729-1 *(L. n° 2001-1135, 3 déc. 2001).* – **Les enfants de l'indigne ne sont pas exclus par la faute de leur auteur, soit qu'ils viennent à la succession de leur chef, soit qu'ils y viennent par l'effet de la représentation ; mais l'indigne ne peut, en aucun cas, réclamer, sur les biens de cette succession, la jouissance que la loi accorde aux père et mère sur les biens de leurs enfants.**

Section II. – De la preuve de la qualité d'héritier

(L. n° 2001-1135, 3 déc. 2001)

Bibliographie : M. Dagot, *De la preuve de la qualité d'héritier : JCP* N 2002, 1221. • J. Picard, *L'acte de notoriété preuve de la qualité d'héritier : JCP* N 2002, 1309. • B. Beignier, *La loi du 30 décembre 2001 : la qualité d'héritier et sa preuve : Dr. famille* 2002, chron. 10. • S. Gaudemet, *Identifier les successeurs : JCP* N 2011, 1130. • J.-F. Pillebout : *JCl. Civil*, art. 730 à 730-5. • E. Jacoby, *Acte de notoriété ou certificat successoral européen ? Du nouveau pour le notaire français chargé du règlement d'une succession internationale : JCP* N 2012, 1272 ; V. sous art. 730, annot. n° 3, p. 587. • F. Sauvage, *Un nouveau mode simplifié de preuve de la qualité d'héritier : RJPF* 2015-3/39.

Art. 730 *(L. n° 2001-1135, 3 déc. 2001).* – **La preuve de la qualité d'héritier s'établit par tous moyens.**

Il n'est pas dérogé aux dispositions ni aux usages concernant la délivrance de certificats de propriété ou d'hérédité par des autorités judiciaires ou administratives.

1) Alsace-Moselle. Il n'est pas porté atteinte aux dispositions des articles 74 à 77, relatifs aux certificats d'héritiers, de la loi du 1er juin 1924 mettant en vigueur la législation civile française dans les départements du Bas-Rhin, du Haut-Rhin et de la Moselle (L. n° 2001-1135, 3 déc. 2001, art. 20-II).

2) Certificats d'hérédité. Les maires appréciaient souverainement l'opportunité de délivrer les certificats en considération des éléments de preuve qui leur sont fournis ; en cas de refus, les usagers ne pouvaient que solliciter du notaire, exclusivement compétent, un acte de notoriété

(Rép. min. Justice : *JO Sénat Q*, 20 nov. 2008 ; *Defrénois* 2008, 2354. – Également Rép. min.n° 6967 : *JO Sénat Q*, 19 févr. 2009, p. 449 ; *JCP* N 2009, act. 235). Depuis la loi n° 2015-177 du 16 février 2015, les successibles en ligne directe peuvent également justifier de leur qualité d'héritier en produisant une attestation signée de tous, selon les modalités fixées à l'article L. 312-1-4 du Code monétaire et financier, auprès des établissements de crédit teneurs des comptes du défunt aux fins d'obtenir le paiement d'actes conservatoires.

3) **Certificat successoral européen.** V. Règlement (UE) n° 650/2012, 4 juill. 2012, art. 62, p. 3397. – D. n° 2015-1395, 2 nov. 2015 : *JO* 4 nov. 2015 ; *Defrénois* 2016. 138, chron. C. Nourissat.

Art. 730-1 ***(L. n° 2001-1135, 3 déc. 2001 ; mod., L. n° 2007-1787, 20 déc. 2007).*** **– La preuve de la qualité d'héritier peut résulter d'un acte de notoriété dressé par un notaire, à la demande d'un ou plusieurs ayants droit.**

L'acte de notoriété doit viser l'acte de décès de la personne dont la succession est ouverte et faire mention des pièces justificatives qui ont pu être produites, tels les actes de l'état civil et, éventuellement, les documents qui concernent l'existence de libéralités à cause de mort pouvant avoir une incidence sur la dévolution successorale.

Il contient l'affirmation, signée du ou des ayants droit auteurs de la demande, qu'ils ont vocation, seuls ou avec d'autres qu'ils désignent, à recueillir tout ou partie de la succession du défunt.

Toute personne dont les dires paraîtraient utiles peut être appelée à l'acte.

Il est fait mention de l'existence de l'acte de notoriété en marge de l'acte de décès.

1) **Recherche d'héritier.** Nécessité d'un mandat : L. n° 2006-728, 23 juin 2006, art. 36, p. 3260.

2) **Acte de notoriété.** Pour la justification de la compétence exclusive du notaire, V. Rép. min. Justice, n° 18555 : *JOAN Q*, 21 oct. 2008, p. 9072 ; *JCP* N 2008, act. 718. V. aussi sous art. 730, p. 586.

3) **Héritier omis.** L'inaction pendant plus de trente ans de la fille du défunt, non mentionnée dans l'acte de notoriété, rend irrecevable, en raison de la prescription, son action introduite contre ses frères (■ Cass. 1re civ., 28 janv. 2009, n° 07-19.573 : *JurisData* n° 2009-046748 ; *D.* 2009, p. 500, obs. Egéa ; *Dr. famille* 2009, 47, note Beignier ; *JCP* 2009, IV, 1356 ; *RJPF* 2009/4, p. 30, note Sauvage).

4) **Absence de pièce justificative.** En établissant un acte de notoriété (mentionnant seulement deux héritiers, alors que le défunt avait eu six enfants) sans le livret de famille qu'il avait demandé en vain aux deux enfants demandeurs et sans procéder à aucune démarche que la prudence imposait alors (déclaration sur l'honneur qu'ils ne connaissaient pas d'autres héritiers ; comparution d'une autre personne), le notaire a commis une faute qui engage sa responsabilité (■ CA Paris, 1re ch., 26 nov. 2014, n° 13/14046 : *JurisData* n° 2014-029249 ; *JCP* N 2015, act. 157).

Art. 730-2 ***(L. n° 2001-1135, 3 déc. 2001).*** **– L'affirmation contenue dans l'acte de notoriété n'emporte pas, par elle-même, acceptation de la succession.**

Art. 730-3 ***(L. n° 2001-1135, 3 déc. 2001).*** **– L'acte de notoriété ainsi établi fait foi jusqu'à preuve contraire.**

Celui qui s'en prévaut est présumé avoir des droits héréditaires dans la proportion qui s'y trouve indiquée.

1) **Force probante.** Jugé sous l'empire du droit *antérieur à la loi du 3 décembre 2001* que sauf lorsqu'il s'agit de l'exercice d'une action en pétition d'hérédité, l'acte de notoriété dressé par un notaire établit la qualité d'héritier dans la mesure où la véracité de ces énonciations n'est pas contestée (■ Cass. 1re civ., 24 oct. 1984, n° 83-12.096 : *Bull. civ.* I, n° 279, p. 237).

2) **Responsabilité du notaire.** Sur la responsabilité du notaire lorsqu'il dispose d'éléments de nature à faire douter de la véracité des énonciations dont il lui est demandé de faire état, V. ■ Cass. 1re civ., 15 déc. 1999, n° 97-16.041 : *JurisData* n° 1999-004437 ; *JCP* 2000, IV, 1221 ; *Defrénois* 2000, 1163, note Gelot ; *RTD civ.* 2001, 175, obs. Patarin.

Art. 730-4 ***(L. n° 2001-1135, 3 déc. 2001).*** **– Les héritiers désignés dans l'acte de notoriété ou leur mandataire commun sont réputés, à l'égard des tiers détenteurs de biens de la succession, avoir la libre disposition de ces biens et, s'il s'agit de fonds, la libre disposition de ceux-ci dans la proportion indiquée à l'acte.**

Art. 730-5 *(L. n° 2001-1135, 3 déc. 2001 ; mod., L. n° 2006-728, 23 juin 2006).* **– Celui qui, sciemment et de mauvaise foi, se prévaut d'un acte de notoriété inexact, encourt les pénalités de recel prévues à l'article 778, sans préjudice de dommages et intérêts.**

CHAPITRE III. – DES HÉRITIERS

(L. n° 2001-1135, 3 déc. 2001)

Dispositions transitoires : L. n° 2001-1135, 3 déc. 2001, art. 25, p. 3203.

Bibliographie : Y. Lequette, *La règle de l'unité de la succession après la loi du 3 décembre 2001 : continuité ou rupture ?* in *Mélanges Simler*, p. 167. • D. Arteil, *L'ascendant dans le nouveau droit des successions et des libéralités : Defrénois* 2007, 477.

Art. 731 *(L. n° 2001-1135, 3 déc. 2001).* **– La succession est dévolue par la loi aux parents et au conjoint successibles du défunt dans les conditions définies ci-après.**

1) **Vocation légale.** En l'absence de dons et legs, la succession est dévolue en totalité à l'unique héritier. Viole donc l'article 731 (anc.) la cour d'appel qui, pour rejeter la demande en restitution formée par l'héritière unique, retient qu'il lui incombe de démontrer qu'il a été porté atteinte à sa réserve (▪ Cass. 1re civ., 16 juin 1992, n° 90-17.886 : *JurisData* n° 1992-001329 ; *JCP* 92, IV, 2360 ; *Bull. civ.* I, n° 179, p. 122).

2) **Transmission d'un droit à réparation.** Le droit à réparation du dommage résultant de la souffrance morale éprouvée par une victime avant son décès, étant né dans son patrimoine, se transmet à son décès à ses héritiers : ▪ Cass. 1re civ., 31 mars 2016, n° 15-10.748, *Bull.*

Art. 732 *(L. n° 2001-1135, 3 déc. 2001 ; mod., L. n° 2006-728, 23 juin 2006).* **– Est conjoint successible le conjoint survivant non divorcé.**

1) **Droit transitoire.** Sur la contradiction entre l'article 301 issu de la loi du 26 mai 2004 et l'article 732 issu de la loi du 3 décembre 2001 jusqu'à sa modification par la loi du 23 juin 2006, et la solution du conflit de lois dans le temps, V. Rép. min. Justice : *JOAN Q*, 27 juin 2006, p. 6860 ; *Defrénois* 2006, 1881 (prévalence des dispositions de l'article 301, plus récentes).

2) **Mariage posthume.** Sur l'absence de droit *ab intestat* du conjoint en cas de mariage posthume, V. art. 171, al. 3, p. 157.

Section I. – Des droits des parents en l'absence de conjoint successible

(L. n° 2001-1135, 3 déc. 2001)

Art. 733 *(L. n° 2001-1135, 3 déc. 2001 ; mod., Ord. n° 2005-759, 4 juill. 2005).* **– La loi ne distingue pas selon les modes d'établissement de la filiation pour déterminer les parents appelés à succéder.**

Les droits résultant de la filiation adoptive sont réglés au titre de l'adoption.

1) **Filiation adultérine (droit antérieur).** Jugé sous l'empire du droit antérieur à la loi du 3 décembre 2001 que la vocation successorale est étrangère au respect de la vie privée et familiale dont le droit est reconnu par l'article 8 de la Conv. EDH et garanti sans distinction par l'article 14 de cette convention (▪ Cass. 1re civ., 25 juin 1996, n° 94-14.858 : *JurisData* n° 1996-002770 ; *JCP* 97, II, 22834, note Malaurie ; *Bull. civ.* I, n° 268, p. 188 ; *RTD civ.* 1996, 873, obs. Hauser ; *D.* 1997, somm. 275, obs. Dekeuwer-Défossez. V. *cependant, condamnant la France,* ▪ CEDH, 1er févr. 2000 : *JurisData* n° 2000-109825 ; *JCP* G 2000, II, 10286, note Gouttenoire-Cornut et Sudre ; I, 278, n° 1, obs. Le Guidec ; *D.* 2000, 332, note Thierry ; *Defrénois* 2000, 654, obs. Massip. ▪ CEDH, 22 déc. 2004 : *Dr. famille* 2005, étude 17, Annexe). V. sur l'ensemble de la question B. Vareille, *L'enfant de l'adultère et le juge des droits de l'homme : D.* 2000, chron. 626. – B. Beignier, *L'enfant adultérin et le conjoint trompé : le nœud gordien du droit patrimonial de la famille : Dr. famille* 2001, chron. 27. Pour l'inapplicabilité des nouveaux droits successoraux des enfants adultérins aux successions partagées avant le 4 décembre 2001, V. ▪ Cass. 1re civ., 7 juin 2006, n° 04-19.176 : *JurisData* n° 2006-033848 ; *Bull. civ.* I, n° 297, p. 259 ; *Dr. famille* 2006, 197, note Beignier. Sur le cas d'un partage antérieur mais contesté en justice par un recours toujours pendant en 2001, V. ▪ CEDH, 7 févr. 2013, cité *infra*, note 3.

2) **Filiation naturelle établie après la liquidation de la succession.** Les dispositions de la

loi du 25 juin 1982 (relatives à l'établissement de la filiation naturelle par la possession d'état) ne sont pas applicables aux successions ouvertes après son entrée en vigueur dès lors que celles-ci ont été liquidées avant l'introduction de la demande en constatation de l'état d'enfant naturel (■ Cass. 1re civ., 23 janv. 2008, n° 05-20.727 : *JurisData* n° 2008-042508 ; *Dr. famille* 2008, comm. 46, note Beignier ; *RTD civ.* 2008, p. 339, obs. Grimaldi).

3) Filiation adultérine (droit transitoire). Il résulte de l'article 25-II, 2, de la loi du 3 décembre 2001 que les dispositions relatives aux nouveaux droits successoraux des enfants naturels adultérins ne sont applicables qu'aux successions ouvertes au 4 décembre 2001 et n'ayant pas donné lieu à partage avant cette date, si bien qu'elles ne sont pas applicables lorsque les biens composant le patrimoine de la défunte ont été attribués aux deux enfants issus de son mariage par l'effet d'une donation-partage de 1970 et qu'elle est décédée en 1994 (■ Cass. 1re civ., 14 nov. 2007, n° 06-13.806 : *JurisData* n° 2007-041365 ; *D.* 2008, 133, note Mbotaingar ; *RTD civ.* 2008, 337, obs. Grimaldi. Comp. ■ CEDH, 7 févr. 2013 : *RJPF* 2013-3/38, retenant dans cette affaire une violation de l'article 14 de la CEDH combiné avec l'article 1er du Protocole n° 1, car un recours contre le partage était toujours pendant en 2001). La sécurité juridique d'un jugement, répartissant irrévocablement les droits successoraux des parties, satisfait un but légitime : l'application de l'article 25-II, 2, de la loi du 3 décembre 2001 ne porte pas une atteinte excessive aux droits garantis par les articles 8 et 14 de la CEDH et 1er du protocole n° 1 (■ Cass. 1re civ., 30 janv. 2019, n° 18-10.164 : *Bull.* ; *RJPF* 2019, n° 4, G. D.) ; une nouvelle demande de répartition ne peut être accueillie, fût-ce au regard d'une jurisprudence postérieure de la CEDH (■ Cass. 1re civ., 22 mars 2017, n° 16-13.946, *Bull.*). Mais les nouvelles dispositions sont applicables à toute succession n'ayant pas donné lieu à partage avant le 4 décembre 2001, même ouverte avant la loi du 3 janvier 1972 (■ Cass. 1re civ., 15 mai 2008, n° 06-19.331 : *JurisData* n° 2004-043894 ; *Bull. civ.* I, n° 139 ; *JCP* N 2008, 1287, note Brémond ; *RTD civ.* 2008, 708, obs. Grimaldi). Lorsqu'il n'existe qu'un unique héritier, la liquidation de la succession vaut partage (■ Cass. 1re civ., 30 janv. 2019, préc.).

4) Filiation adultérine, renonciation conventionnelle à l'égalité. Des héritiers étant convenus de procéder au règlement de la succession conformément aux dispositions des anciens articles 759 et 760, en connaissance de la teneur de l'arrêt du 1er février 2000 de la Cour européenne des droits de l'homme, l'accord amiable ainsi intervenu, à l'occasion duquel l'enfant adultérin avait, en connaissance de cause, renoncé à une partie de ses droits dans la succession, devait recevoir application conformément aux dispositions de l'article 25 II, 2°, de la loi de 2001, lesquelles ne sont pas incompatibles avec les dispositions de la CEDH (■ Cass. 1re civ., 20 nov. 2013, n° 12-23.118 : *JCP* N 2013, act. 1157).

5) Obligation naturelle. Une obligation naturelle peut se trouver caractérisée entre deux sœurs et leur frère lequel avait été omis du testament paternel rédigé avant la reconnaissance de celui-ci, exclu de la succession canadienne du défunt (■ Cass. 1re civ., 11 oct. 2017, n° 16-24.533 : *JurisData* n° 2017-019864 ; *Bull.* ; *RTD civ.* 2018, 194, M. Grimaldi).

§ 1. – Des ordres d'héritiers

Art. 734 *(L. n° 2001-1135, 3 déc. 2001).* **– En l'absence de conjoint successible, les parents sont appelés à succéder ainsi qu'il suit :**

1° Les enfants et leurs descendants ;

2° Les père et mère ; les frères et sœurs et les descendants de ces derniers ;

3° Les ascendants autres que les père et mère ;

4° Les collatéraux autres que les frères et sœurs et les descendants de ces derniers.

Chacune de ces quatre catégories constitue un ordre d'héritiers qui exclut les suivants.

Art. 735 *(L. n° 2001-1135, 3 déc. 2001).* **– Les enfants ou leurs descendants succèdent à leurs père et mère ou autres ascendants, sans distinction de sexe, ni de primogéniture, même s'ils sont issus d'unions différentes.**

Art. 736 *(L. n° 2001-1135, 3 déc. 2001).* **– Lorsque le défunt ne laisse ni postérité, ni frère, ni sœur, ni descendants de ces derniers, ses père et mère lui succèdent, chacun pour moitié.**

Art. 737 *(L. n° 2001-1135, 3 déc. 2001).* **– Lorsque les père et mère sont décédés avant le défunt et que celui-ci ne laisse pas de postérité, les frères et sœurs du défunt ou leurs descendants lui succèdent, à l'exclusion des autres parents, ascendants ou collatéraux.**

Art. 738 *(L. n° 2001-1135, 3 déc. 2001)*. – Lorsque les père et mère survivent au défunt et que celui-ci n'a pas de postérité, mais des frères et sœurs ou des descendants de ces derniers, la succession est dévolue, pour un quart, à chacun des père et mère et, pour la moitié restante, aux frères et sœurs ou à leurs descendants.

Lorsqu'un seul des père et mère survit, la succession est dévolue pour un quart à celui-ci et pour trois quarts aux frères et sœurs ou à leurs descendants.

Art. 738-1 *(L. n° 2006-728, 23 juin 2006)*. – Lorsque seul le père ou la mère survit et que le défunt n'a ni postérité ni frère ni sœur ni descendant de ces derniers, mais laisse un ou des ascendants de l'autre branche que celle de son père ou de sa mère survivant, la succession est dévolue pour moitié au père ou à la mère et pour moitié aux ascendants de l'autre branche.

Dispositions d'application : V. L. n° 2006-728, 23 juin 2006, art. 47, IV, p. 3262 (caractère interprétatif du nouveau texte).

Art. 738-2 *(L. n° 2006-728, 23 juin 2006)*. – Lorsque les père et mère ou l'un d'eux survivent au défunt et que celui-ci n'a pas de postérité, ils peuvent dans tous les cas exercer un droit de retour, à concurrence des quotes-parts fixées au premier alinéa de l'article 738, sur les biens que le défunt avait reçus d'eux par donation.

La valeur de la portion des biens soumise au droit de retour s'impute en priorité sur les droits successoraux des père et mère.

Lorsque le droit de retour ne peut s'exercer en nature, il s'exécute en valeur, dans la limite de l'actif successoral.

Bibliographie : N. Levillain, *Droit de retour légal de l'article 738-2 du Code civil : JCP* N 2007, 1135. • C. Lacour, *L'incidence de la loi du 23 juin 2006 sur la succession de l'adopté simple : Dr. famille* 2007, étude 35. • C. Blanchard, *Le conflit du droit viager au logement du conjoint et du droit de retour légal des père et mère : Defrénois* 2009, p. 2047. • G. Paris, *La détermination du montant du droit de retour de l'article 738-2 du Code civil : Defrénois* 2015, 12. • Y. Delecraz, *Les droits de retour, un mécanisme complexe : Defrénois* 2017, 823.

1) **Droit de retour conventionnel et droit de retour légal.** La renonciation des donateurs au droit de retour conventionnel est sans effet sur le droit de retour légal : ▪ Cass. 1re civ., 21 oct. 2015, n° 14-21.337 : *Bull.* ; *JCP* G 2016, 79, Ch. Goldie-Génicon ; *RTD civ.* 2015, 918, M. Grimaldi ; *RJPF* 2015-12/29, F. Sauvage.

2) **Droit de retour et renonciation à la succession.** Sur le jeu du droit de retour en cas de renonciation des descendants du donataire à sa succession, V. la jurisprudence citée sous art. 805, p. 610 et art. 951, p. 741.

Art. 739 *(L. n° 2001-1135, 3 déc. 2001)*. – À défaut d'héritier des deux premiers ordres, la succession est dévolue aux ascendants autres que les père et mère.

Art. 740 *(L. n° 2001-1135, 3 déc. 2001)*. – À défaut d'héritier des trois premiers ordres, la succession est dévolue aux parents collatéraux du défunt autres que les frères et sœurs et les descendants de ces derniers.

§ 2. – Des degrés

Art. 741 *(L. n° 2001-1135, 3 déc. 2001)*. – La proximité de parenté s'établit par le nombre de générations ; chaque génération s'appelle un degré.

Art. 742 *(L. n° 2001-1135, 3 déc. 2001)*. – La suite des degrés forme la ligne ; on appelle ligne directe la suite des degrés entre personnes qui descendent l'une de l'autre ; ligne collatérale, la suite des degrés entre personnes qui ne descendent pas les unes des autres, mais qui descendent d'un auteur commun.

On distingue la ligne directe descendante et la ligne directe ascendante.

Art. 743 *(L. n° 2001-1135, 3 déc. 2001 ; mod., L. n° 2009-526, 12 mai 2009)*. – En ligne directe, on compte autant de degrés qu'il y a de générations entre les personnes : ainsi, l'enfant est, à l'égard du père et de la mère, au premier degré, le petit-fils ou la petite-fille au second ; et réciproquement du père et de la mère à l'égard de l'enfant et des aïeuls à l'égard du petit-fils ou de la petite-fille ; ainsi de suite.

En ligne collatérale, les degrés se comptent par génération, depuis l'un des parents jusques et non compris l'auteur commun, et depuis celui-ci jusqu'à l'autre parent.

Ainsi, les frères et sœurs sont au deuxième degré ; l'oncle ou la tante et le neveu ou la nièce sont au troisième degré ; les cousins germains et cousines germaines au quatrième ; ainsi de suite.

Art. 744 ***(L. n° 2001-1135, 3 déc. 2001).*** **– Dans chaque ordre, l'héritier le plus proche exclut l'héritier plus éloigné en degré.**

À égalité de degré, les héritiers succèdent par égale portion et par tête.

Le tout sauf ce qui sera dit ci-après de la division par branches et de la représentation.

Art. 745 ***(L. n° 2001-1135, 3 déc. 2001).*** **– Les parents collatéraux *(Mots aj., L. n° 2015-177, 16 févr. 2015)* « relevant de l'ordre d'héritiers mentionné au 4° de l'article 734 » ne succèdent pas au-delà du sixième degré.**

Bibliographie : M. Nicod, *Succéder en ligne collatérale : Dr. famille* 2015, repère 2.

§ 3. – De la division par branches, paternelle et maternelle

Art. 746 ***(L. n° 2001-1135, 3 déc. 2001).*** **– La parenté se divise en deux branches, selon qu'elle procède du père ou de la mère.**

Art. 747 ***(L. n° 2001-1135, 3 déc. 2001).*** **– Lorsque la succession est dévolue à des ascendants, elle se divise par moitié entre ceux de la branche paternelle et ceux de la branche maternelle.**

Art. 748 ***(L. n° 2001-1135, 3 déc. 2001).*** **– Dans chaque branche succède, à l'exclusion de tout autre, l'ascendant qui se trouve au degré le plus proche.**

Les ascendants au même degré succèdent par tête.

À défaut d'ascendant dans une branche, les ascendants de l'autre branche recueillent toute la succession.

Art. 749 ***(L. n° 2001-1135, 3 déc. 2001).*** **– Lorsque la succession est dévolue à des collatéraux autres que les frères et sœurs ou leurs descendants, elle se divise par moitié entre ceux de la branche paternelle et ceux de la branche maternelle.**

Art. 750 ***(L. n° 2001-1135, 3 déc. 2001).*** **– Dans chaque branche succède, à l'exclusion de tout autre, le collatéral qui se trouve au degré le plus proche.**

Les collatéraux au même degré succèdent par tête.

À défaut de collatéral dans une branche, les collatéraux de l'autre branche recueillent toute la succession.

§ 4. – De la représentation

Bibliographie : S. Gaudemet, *La représentation successorale au lendemain de la loi du 23 juin 2006 : Defrénois* 2006, 1366. • A. Bertrand-Mirkovic, *La représentation de l'héritier renonçant : Dr. famille* 2006, étude 56. • M. Grimaldi, *La représentation de l'héritier renonçant : Defrénois* 2008, p. 25.

Art. 751 ***(L. n° 2001-1135, 3 déc. 2001 ; mod., L. n° 2006-728, 23 juin 2006).*** **– La représentation est *une fiction juridique qui a pour effet d'appeler à la succession les représentants aux droits du représenté.***

1) **Succession testamentaire.** La représentation est exclue dans la succession testamentaire (■ Cass. civ., 2 juill. 1924 : *DP* 1926, 1, 102). Mais le legs n'est pas caduc s'il est prouvé que le testateur a voulu gratifier les descendants du légataire comme le légataire lui-même (■ Cass. req., 8 nov. 1921 : *DP* 1922, 1, 183).

2) **Réserve du représenté.** Le représentant non réservataire a légalement vocation à recueillir la part qui eût été dévolue au représenté si celui-ci avait survécu, y compris la part de réserve (■ Cass. 1re civ., 15 juill. 1975 : *JurisData* n° 1975-700239 ; *D.* 1975, 757, note Donnier).

Art. 752 ***(L. n° 2001-1135, 3 déc. 2001).*** **– La représentation a lieu à l'infini dans la ligne directe descendante.**

Elle est admise dans tous les cas, soit que les enfants du défunt concourent avec les descendants d'un enfant prédécédé, soit que tous les enfants du défunt étant morts avant lui, les descendants desdits enfants se trouvent entre eux en degrés égaux ou inégaux.

Souche unique. Absence de représentation. Lorsque le défunt n'a eu qu'un fils, les deux enfants de ce fils unique, seuls héritiers de leur grand-père, viennent à la succession de celui-ci, non pas en représentation de leur père, mais de leur chef (▪ Cass. 1re civ., 25 sept. 2013, n° 12-17.556 : *Bull. civ.* ; *JCP* G 2013, 1040 ; *JCP* N 2013, 1279, note M. Nicod ; *RJPF* 2013, 11/33, note F. Sauvage ; *Defrénois* 2015, 387, obs. B. Vareille ; *RTD civ.* 2013, p. 875, obs. M. Grimaldi).

Art. 752-1 *(L. n° 2001-1135, 3 déc. 2001)*. – La représentation n'a pas lieu en faveur des ascendants ; le plus proche, dans chacune des deux lignes, exclut toujours le plus éloigné.

Art. 752-2 *(L. n° 2001-1135, 3 déc. 2001)*. – En ligne collatérale, la représentation est admise en faveur des enfants et descendants de frères ou sœurs du défunt, soit qu'ils viennent à sa succession concurremment avec des oncles ou tantes, soit que tous les frères et sœurs du défunt étant prédécédés, la succession se trouve dévolue à leurs descendants en degrés égaux ou inégaux.

Souche unique. Il ne peut y avoir représentation, en ligne collatérale, en présence d'une seule souche : les enfants d'une unique sœur prédécédée ne font valoir que leurs droits propres d'héritiers et sont soumis au taux d'imposition applicable aux parents jusqu'au 4e degré : ▪ Cass. 1re civ., 14 mars 2018, n° 17-14.583 : *Bull.* ; *Defrénois* 2018, n° 42, p. 41, S. Gaudemet.

Art. 753 *(L. n° 2001-1135, 3 déc. 2001)*. – Dans tous les cas où la représentation est admise, le partage s'opère par souche, comme si le représenté venait à la succession ; s'il y a lieu, il s'opère par subdivision de souche. À l'intérieur d'une souche ou d'une subdivision de souche, le partage se fait par tête.

Partage d'immeuble entre deux souches. Le partage d'un immeuble, lorsqu'il doit se faire entre deux souches, implique seulement la division de l'immeuble en deux lots, la subdivision entre les différents membres de l'une des souches ne devant être envisagée qu'ultérieurement (▪ Cass. 1re civ., 26 oct. 1982, n° 81-13.346 : *JurisData* n° 1982-702543 ; *Bull. civ.* I, n° 304, p. 259 ; *D.* 1983, inf. rap. 24).

Art. 754 *(L. n° 2001-1135, 3 déc. 2001 ; mod., L. n° 2006-728, 23 juin 2006)*. – On représente les prédécédés, on ne représente les renonçants que dans les successions dévolues en ligne directe ou collatérale.

Les enfants du renonçant conçus avant l'ouverture de la succession dont le renonçant a été exclu rapportent à la succession de ce dernier les biens dont ils ont hérité en son lieu et place, s'ils viennent en concours avec d'autres enfants conçus après l'ouverture de la succession. Le rapport se fait selon les dispositions énoncées à la section 2 du chapitre VIII du présent titre.

Sauf volonté contraire du disposant, en cas de représentation d'un renonçant, les donations faites à ce dernier s'imputent, le cas échéant, sur la part de réserve qui aurait dû lui revenir s'il n'avait pas renoncé.

On peut représenter celui à la succession duquel on a renoncé.

Art. 755 *(L. n° 2001-1135, 3 déc. 2001 ; mod., L. n° 2006-728, 23 juin 2006)*. – La représentation est admise en faveur des enfants et descendants de l'indigne, encore que celui-ci soit vivant à l'ouverture de la succession.

Les dispositions prévues au deuxième alinéa de l'article 754 sont applicables aux enfants de l'indigne de son vivant.

Exhérédation testamentaire. La loi ne prévoit pas la représentation de l'héritier exhérédé par testament : ▪ Cass. 1re civ. 17 avr. 2019, n° 17-11.508, *Bull.*

Section II. – Des droits du conjoint successible

(L. n° 2001-1135, 3 déc. 2001)

Bibliographie : P. Catala et L. Leveneur, *JCl. Civil*, art. 756 à 767, Fasc. 10 et 20. • B. Beignier, *La loi du 3 décembre 2001 : le conjoint héritier : Dr. famille* 2002, chron. 8. • J. Hauser et Ph. Delmas Saint-Hilaire, *Les quotités disponibles et la loi du 3 décembre 2001 : Defrénois* 2003, 739. • I. Dauriac, *Le conjoint survivant dans la loi du 23 juin 2006 : JCP* N 2007, 1203. • B. Vareille, *L'imputation en droit des successions : RTD civ.* 2009, 1. • G. Raoul-Cormeil, *Les droits du conjoint survivant face aux conflits de famille : Dr. famille* 2014, étude 14. • M. Grimaldi, *Les options du conjoint survivant : Defrénois* 2017, 439.

§ 1. – De la nature des droits, de leur montant et de leur exercice

Art. 756 *(L. n° 2001-1135, 3 déc. 2001)*. – **Le conjoint successible est appelé à la succession, soit seul, soit en concours avec les parents du défunt.**

Art. 757 *(L. n° 2001-1135, 3 déc. 2001)*. – **Si l'époux prédécédé laisse des enfants ou descendants, le conjoint survivant recueille, à son choix, l'usufruit de la totalité des biens existants ou la propriété du quart des biens lorsque tous les enfants sont issus des deux époux et la propriété du quart en présence d'un ou plusieurs enfants qui ne sont pas issus des deux époux.**

Bibliographie : M. Julienne, *L'assiette de l'usufruit légal du conjoint survivant* : *D.* 2013, 2283.

1) **Usufruit spécial en matière de propriété littéraire ou artistique.** Sur la possibilité de cumuler l'usufruit de l'article 757 avec l'usufruit résultant de la législation sur la propriété littéraire ou artistique, V. CPI, art. L. 123-6 et L. 123-7, p. 2480.

2) **Privation de tout droit en propriété.** La vocation légale ouverte par l'article 757 ne constituant pas une réserve héréditaire, le défunt peut priver son conjoint de tout ou partie de ses droits dans la succession, notamment en désignant dans un testament un ou plusieurs légataires universels. Et il est possible de limiter ses droits à l'usufruit, par une donation entre époux limitée à cet usufruit, suivie de la désignation par testament d'autres personnes, en particulier les descendants, comme légataires universels de la nue-propriété (Rép. min. Justice : *JOAN* Q, 11 avr. 2006, p. 3999, n° 76457 ; *Defrénois* 2006, 14440). La forme authentique n'est pas requise pour ce testament (■ Cass. 1re civ., 25 juin 2008 : *JurisData* n° 2008-044515 ; *JCP* G 2008, IV, 2371).

Art. 757-1 *(L. n° 2001-1135, 3 déc. 2001)*. – **Si, à défaut d'enfants ou de descendants, le défunt laisse ses père et mère, le conjoint survivant recueille la moitié des biens. L'autre moitié est dévolue pour un quart au père et pour un quart à la mère.**

Quand le père ou la mère est prédécédé, la part qui lui serait revenue échoit au conjoint survivant.

Art. 757-2 *(L. n° 2001-1135, 3 déc. 2001)*. – **En l'absence d'enfants ou de descendants du défunt et de ses père et mère, le conjoint survivant recueille toute la succession.**

Art. 757-3 *(L. n° 2001-1135, 3 déc. 2001 ; mod., L. n° 2006-728, 23 juin 2006)*. – **Par dérogation à l'article 757-2, en cas de prédécès des père et mère, les biens que le défunt avait reçus de ses ascendants par succession ou donation et qui se retrouvent en nature dans la succession sont, en l'absence de descendants, dévolus pour moitié aux frères et sœurs du défunt ou à leurs descendants, eux-mêmes descendants du ou des parents prédécédés à l'origine de la transmission.**

Bibliographie : G. Goubeaux, *Réforme des successions : l'inquiétant concours entre collatéraux privilégiés et conjoint survivant* : *Defrénois* 2002, 427. • L. Leveneur, *Pour le droit de retour de l'article 757-3, avec quelques modifications* in *Mélanges Simler*, p. 185. • Y. Delecraz, *Les droits de retour, un mécanisme complexe* : *Defrénois* 2017, 823.

1) **Possibilité de dispositions contraires.** L'application du droit de retour légal peut être évitée par la renonciation des frères et sœurs ou lorsque le défunt a disposé entre vifs ou à cause de mort des biens qui en font l'objet (Rép. min. Justice, n° 85443 : *JOAN* Q, 13 févr. 2007 ; *JCP* N 2007, 267 [rect. d'une erreur de la première réponse publiée au *JOAN* Q, 11 juill. 2006]). Un legs universel dont serait gratifié le conjoint ferait échec au droit de retour des collatéraux privilégiés (■ Cass. 1re civ., 28 janv. 2015, n° 14-20.587, QPC : *Dr. famille* 2015, 76, note Nicod).

2) **Indifférence de la soulte.** Le fait que les biens reçus de ses ascendants par le défunt l'aient été avec soulte n'empêche pas l'exercice du droit de retour au profit des collatéraux, et n'engendre pas la subordination de l'exercice de ce droit au versement d'une indemnité à la succession ordinaire (■ Cass. 1re civ., 28 févr. 2018, n° 17-12.040 : *JurisData* n° 2018-002684 ; *JCP* N 2018, n° 10, act. 270, M. Nicod ; *Bull.* ; Defrénois 2018, n° 42, p. 43, B. Vareille ; *RTD civ.* 2018, p. 717, M. Grimaldi).

3) **Absence d'indemnité pour améliorations.** Les améliorations apportées, par le défunt, aux biens objets du droit de retour, n'ouvrent pas droit à indemnisation au bénéfice de la succession ordinaire (même arrêt).

Art. 758 *(L. n° 2001-1135, 3 déc. 2001 ; mod., L. n° 2009-526, 12 mai 2009)*. – **Lorsque le conjoint survivant recueille la totalité ou les trois quarts des biens, les ascendants du défunt, autres que les père et mère, qui sont dans le besoin bénéficient d'une créance d'aliments contre la succession du prédécédé.**

Le délai pour la réclamer est d'un an à partir du décès ou du moment à partir duquel les héritiers cessent d'acquitter les prestations qu'ils fournissaient auparavant aux ascendants. Le délai se prolonge, en cas d'indivision, jusqu'à l'achèvement du partage.

La pension est prélevée sur la succession. Elle est supportée par tous les héritiers et, en cas d'insuffisance, par tous les légataires particuliers, proportionnellement à leur émolument.

Toutefois, si le défunt a expressément déclaré que tel legs sera acquitté de préférence aux autres, il sera fait application de l'article 927.

Art. 758-1 *(L. n° 2001-1135, 3 déc. 2001).* – **Lorsque le conjoint a le choix de la propriété ou de l'usufruit, ses droits sont incessibles tant qu'il n'a pas exercé son option.**

Art. 758-2 *(L. n° 2001-1135, 3 déc. 2001).* – **L'option du conjoint entre l'usufruit et la propriété se prouve par tout moyen.**

Art. 758-3 *(L. n° 2001-1135, 3 déc. 2001).* – **Tout héritier peut inviter par écrit le conjoint à exercer son option. Faute d'avoir pris parti par écrit dans les trois mois, le conjoint est réputé avoir opté pour l'usufruit.**

Voir : CPC, art. 1341, p. 2389.

Art. 758-4 *(L. n° 2001-1135, 3 déc. 2001).* – **Le conjoint est réputé avoir opté pour l'usufruit s'il décède sans avoir pris parti.**

Art. 758-5 *(L. n° 2001-1135, 3 déc. 2001).* – **Le calcul du droit en toute propriété du conjoint prévu aux articles 757 et 757-1 sera opéré sur une masse faite de tous les biens existant au décès de son époux auxquels seront réunis fictivement ceux dont il aurait disposé, soit par acte entre vifs, soit par acte testamentaire, au profit de successibles, sans dispense de rapport.**

Le conjoint ne pourra exercer son droit que sur les biens dont le prédécédé n'aura disposé ni par acte entre vifs, ni par acte testamentaire, et sans préjudicier aux droits de réserve ni aux droits de retour.

Bibliographie : J.-M. do Carmo Silva, *La liquidation des droits légaux du conjoint en concours avec les père et mère du défunt : Defrénois* 2011, p. 329. • M. Nicod, *Le traitement liquidatif d'un don manuel entre époux : Etudes offertes à Jacques Combret : Lextenso*, 2017, p. 157.

Biens faisant l'objet d'un droit de retour légal. Sur ce que la masse de calcul n'inclut pas les biens faisant l'objet d'un droit de retour légal, v., sous l'empire du droit antérieur, à propos de l'usufruit légal du conjoint survivant, ▪ Cass. civ., 22 juill. 1903 : *DP* 1904, 1, 33, concl. Baudouin et note Planiol.

Art. 758-6 *(L. n° 2006-728, 23 juin 2006).* – **Les libéralités reçues du défunt par le conjoint survivant s'imputent sur les droits de celui-ci dans la succession. Lorsque les libéralités ainsi reçues sont inférieures aux droits définis aux articles 757 et 757-1, le conjoint survivant peut en réclamer le complément, sans jamais recevoir une portion des biens supérieure à la quotité définie à l'article 1094-1.**

Bibliographie : V. Zalewski, *L'imputation des libéralités faites au conjoint survivant sur ses droits légaux : Defrénois* 2007, p. 1184. • B. Vareille, *L'imputation en droit des successions : RTD civ.* 2009, 1. • S. Gaudemet et D. Vincent, *La dévolution successorale : Defrénois* 2017, p. 8.

1) Cumul ou non-cumul (avant 2007). Dans les successions ouvertes entre le 1er juillet 2002 et le 31 décembre 2006, le conjoint peut cumuler les droits successoraux prévus aux articles 757, 757-1 et 757-2 avec une ou des libéralités, sans toutefois porter atteinte à la nue-propriété de la réserve ni dépasser l'une des quotités disponibles permises entre époux. V. pour une application du cumul s'agissant d'une succession ouverte en 2003, ▪ Cass. 1re civ., 4 juin 2009 : *JurisData* n° 2009-048466 ; *D.* 2009, 2516, obs. Nicod ; *Dr. famille* 2009, comm. 111, note Beignier ; *AJF* 2009, 306, obs. Tisserand-Martin ; *JCP* 2010, p. 374, obs. Le Guidec ; *JCP* N 2010, 1072, note Gilles ; *RTD civ.* 2010, p. 41, obs. crit. M. Grimaldi. – Et pour une succession ouverte en 2004, alors que le testament avait été rédigé avant la loi de 2001, la cour d'appel ayant par une appréciation souveraine analysé la volonté du testateur en ce sens, ▪ Cass. 1re civ., 18 mai 2011, n° 10-18.137 : *Dr. famille* 2011, comm. 115, note Beignier ; *Defrénois* 2012, 193, obs. Vareille. – Mais pour la découverte d'une volonté contraire du défunt dans un testament également rédigé avant la loi de 2001 (et décès en 2003), ▪ Cass. 1re civ., 15 déc. 2010, n° 09-68.076 : *Bull. civ.* I, n° 269 ; *Defrénois* 2012, 193, obs. Vareille. – Également, ▪ Cass. 1re civ., 23 mai 2012, n° 10-21.510 : *D.* 2012, 2485, note Nicod ; *JCP* G 2013, 250, obs. Le Guidec.

2) Cumul et non-cumul (à partir de 2007). S'agissant des successions ouvertes à compter du 1er janvier 2007, la loi du 23 juin 2006 ayant réintroduit la règle de l'imputation (art. 758-6), le conjoint survivant ne peut plus bénéficier du cumul (▪ Cass. avis, 25 sept. 2006 : *JurisData* n° 2006-035114 ; *Dr. famille* 2007, 18, note B. B. ; *JCP* G 2006, IV, 3051). Il bénéficie donc de sa vocation légale augmentée, le cas échéant, de la portion de la libéralité excédant cette vocation, dans la limite de la quotité disponible spéciale entre époux (▪ Cass. 1re civ., 25 oct. 2017, n° 17-10.644 : *JurisData* n° 2017-021016 ; *JCP* N 2018, n° 49, 1333, F. Sauvage ; *Dr. famille* 2018, comm. 15, M. Nicod ; *Bull.* ; *RTD civ.* 2018, 188, M. Grimaldi).

§ 2. – De la conversion de l'usufruit
(L. n° 2001-1135, 3 déc. 2001)

Art. 759 *(L. n° 2001-1135, 3 déc. 2001).* **– Tout usufruit appartenant au conjoint sur les biens du prédécédé, qu'il résulte de la loi, d'un testament ou d'une donation de biens à venir, donne ouverture à une faculté de conversion en rente viagère, à la demande de l'un des héritiers nus-propriétaires ou du conjoint successible lui-même.**

1) Licitation des immeubles soumis à usufruit. Dès lors que les immeubles de la succession ont été licités en pleine propriété avec l'accord de toutes les parties, l'usufruitier a droit sur le prix à la part correspondant à la valeur de son usufruit et celui-ci ne peut plus faire l'objet d'une demande de conversion en rente viagère (▪ Cass. 1re civ., 4 mai 1994, n° 92-14.762 : *JurisData* n° 1994-001203 ; *Bull. civ.* I, n° 162, p. 119 ; *RTD civ.* 1994, 660, obs. Patarin).

2) Effet déclaratif du partage. La demande de conversion de l'usufruit du conjoint survivant en rente viagère ne peut produire ses effets que pour l'avenir, sans porter atteinte à l'effet déclaratif du partage ; c'est donc à bon droit que les juges du fond n'ont pas fait remonter au jour du décès la prise d'effet de la conversion (▪ Cass. 1re civ., 24 nov. 1987, n° 86-10.635 : *JurisData* n° 1987-799979 ; *JurisData* n° 1987-051564 ; *JCP* 88, II, 21061, note Salvage).

3) Rescision pour lésion. La conversion de l'usufruit est rescindable pour lésion de plus d'un quart (▪ Cass. 1re civ., 18 oct. 1955 : *D.* 1956, 4. ▪ Cass. 1re civ., 24 mars 1965 : *JurisData* n° 1965-700219 ; *Gaz. Pal.* 1965, 2, 114. ▪ Angers, 4 juill. 1950 : *D.* 1951, 404).

4) Indexation de la rente. Les rentes constituées en exécution de l'article 759 sont regardées comme des dettes d'aliments pour l'application de l'article L. 112-2 du Code monétaire et financier.

5) Fixation provisionnelle. L'article 767 (anc.) n'interdit pas de fixer à titre provisionnel le montant de la rente viagère pour le temps nécessaire à la réalisation des opérations de partage de la communauté et de liquidation de la succession, qui permettront d'établir définitivement l'étendue de l'usufruit du conjoint survivant et le montant de la rente viagère qui lui sera substituée (▪ Cass. 1re civ., 23 nov. 1982, n° 81-15.265 : *Bull. civ.* I, n° 338, p. 289 ; *Defrénois* 1983, 929, obs. Champenois ; *RTD civ.* 1984, 129, obs. Patarin).

Art. 759-1 *(L. n° 2001-1135, 3 déc. 2001).* **– La faculté de conversion n'est pas susceptible de renonciation. Les cohéritiers ne peuvent en être privés par la volonté du prédécédé.**

Art. 760 *(L. n° 2001-1135, 3 déc. 2001).* **– À défaut d'accord entre les parties, la demande de conversion est soumise au juge. Elle peut être introduite jusqu'au partage définitif.**

S'il fait droit à la demande de conversion, le juge détermine le montant de la rente, les sûretés que devront fournir les cohéritiers débiteurs, ainsi que le type d'indexation propre à maintenir l'équivalence initiale de la rente à l'usufruit.

Toutefois, le juge ne peut ordonner contre la volonté du conjoint la conversion de l'usufruit portant sur le logement qu'il occupe à titre de résidence principale, ainsi que sur le mobilier le garnissant.

1) Partage partiel. Les héritiers ne peuvent plus demander la conversion de l'usufruit en rente viagère dès lors qu'une partie des éléments de la succession a fait l'objet entre eux d'un partage définitif (▪ Cass. civ., 22 avr. 1950 : *JCP* 50, II, 5811, note Mihura).

2) Équivalence de la rente à l'usufruit. Pour assurer l'équivalence de la rente et de l'usufruit,c'est sur le calcul de ce dernier que doit être établi le chiffre de la rente, en tenant compte dans les appréciations du revenu de toutes causes de nature à augmenter la valeur de l'usufruit, tant au jour de la conversion que même postérieurement, notamment en matière de biens en formation ou de loyers sujets à prorogation (▪ Cass. civ., 22 avr. 1931 : *DH* 1931, 347).

3) Résidence principale. La condition relative à la résidence n'est pas remplie dès lors que l'épouse a quitté les lieux en vertu de l'ordonnance de non-conciliation (▪ Cass. 1re civ., 11 janv. 2000, n° 97-19.136 : *JurisData* n° 2000-000023 ; *JCP* G 2000, I, 278, n° 10, Le Guidec ; *Dr. famille* 2000, 42, 2e arrêt, Beignier ; *Defrénois* 2000, 445, Champenois ; *Bull. civ.* I, n° 9, p. 5 ; *RTD civ.* 2000, 375, Patarin).

Art. 761 *(L. n° 2001-1135, 3 déc. 2001)* (1). **– Par accord entre les héritiers et le conjoint, il peut être procédé à la conversion de l'usufruit du conjoint en un capital.**

Conversion judiciaire (non). En l'absence d'accord des parties sur le prix de cession de l'usufruit, il n'appartient pas au juge de convertir l'usufruit en capital (▪ Cass. 1re civ.,6 juin 1990, n° 88-19.657 : *JurisData* n° 1990-701835 ; *Bull. civ.* I, n° 146, p. 104 ; *JCP* 91, II, 21686, note Pillebout. ▪ Cass. 1re civ., 20 nov. 2001 : *Dr. famille* 2002, 11, note Beignier ; *JurisData* n° 2001-011756 ; *JCP* G 2002, I, 178, Le Guidec ; *Bull. civ.* I, n° 287, p. 181).

Art. 762 *(L. n° 2001-1135, 3 déc. 2001)* (1). **– La conversion de l'usufruit est comprise dans les opérations de partage. Elle ne produit pas d'effet rétroactif, sauf stipulation contraire des parties.**

§ 3. – Du droit au logement temporaire et du droit viager au logement
(L. n° 2001-1135, 3 déc. 2001)

Bibliographie : B. Beignier, *La loi du 3 décembre 2001 : achèvement du statut du logement familial : Dr. famille* 2002, chron. 5. • F. Vauvillé, *Les droits au logement du conjoint survivant : Defrénois* 2002, 1277.

Art. 763 *(L. n° 2001-1135, 3 déc. 2001 ; mod., L. n° 2006-728, 23 juin 2006).* **– Si, à l'époque du décès, le conjoint successible occupe effectivement, à titre d'habitation principale, un logement appartenant aux époux ou dépendant totalement de la succession, il a de plein droit, pendant une année, la jouissance gratuite de ce logement, ainsi que du mobilier, compris dans la succession, qui le garnit.**

Si son habitation était assurée au moyen d'un bail à loyer, ou d'un logement appartenant pour partie indivise au défunt, les loyers ou l'indemnité d'occupation lui en seront remboursés par la succession pendant l'année, au fur et à mesure de leur acquittement.

Les droits prévus au présent article sont réputés effets directs du mariage et non droits successoraux.

Le présent article est d'ordre public.

Art. 764 *(L. n° 2001-1135, 3 déc. 2001).* **– Sauf volonté contraire du défunt exprimée dans les conditions de l'article 971, le conjoint successible qui occupait effectivement, à l'époque du décès, à titre d'habitation principale, un logement appartenant aux époux ou dépendant totalement de la succession, a sur ce logement, jusqu'à son décès, un droit d'habitation et un droit d'usage sur le mobilier, compris dans la succession, le garnissant.**

La privation de ces droits d'habitation et d'usage exprimée par le défunt dans les conditions mentionnées au premier alinéa est sans incidence sur les droits d'usufruit que le conjoint recueille en vertu de la loi ou d'une libéralité, qui continuent à obéir à leurs règles propres.

Ces droits d'habitation et d'usage s'exercent dans les conditions prévues aux articles 627, 631, 634 et 635.

Le conjoint, les autres héritiers ou l'un d'eux peuvent exiger qu'il soit dressé un inventaire des meubles et un état de l'immeuble soumis aux droits d'usage et d'habitation.

***Par dérogation aux articles* 631 et 634, lorsque la situation du conjoint fait que le logement grevé du droit d'habitation n'est plus adapté à ses besoins, le conjoint ou son représentant peut le louer à usage autre que commercial ou agricole afin de dégager les ressources nécessaires à de nouvelles conditions d'hébergement.**

(1) Dispositions immédiatement applicables (L. n° 2001-1135, 3 déc. 2001, art. 25-I, p. 3203).

Bibliographie : J.-P. Garçon, *Le droit au logement du conjoint survivant en cas de détention indirecte de la résidence principale : JCP* N 2002, 1402. • N. Levillain, *Le droit au logement temporaire du conjoint survivant : JCP* N 2002, 1440. • M. Monteillet-Geffroy, *L'attribution préférentielle du logement conjugal : JCP* N 2002, 1649. • C. Blanchard, *Le conflit du droit viager au logement du conjoint et du droit de retour légal des père et mère : Defrénois* 2009, p. 2047.

1) Habitation effective du conjoint. Les droits viagers de l'article 764 du Code civil sont limités aux locaux effectivement occupés à titre d'habitation principale par le conjoint l'époque du décès (■ Cass. 1re civ., 25 sept. 2013, n° 12-21.569 : *RTD civ.* 2013, p. 874, obs. M. Grimaldi : exclusion d'un studio indépendant occupé par la fille du conjoint).

2) Compatibilité avec le droit de retour. Le fait que le logement des époux soit soumis au droit de retour mis en place par l'article 757-3 ne fait pas obstacle au bénéfice du droit d'habitation viager dès lors que le conjoint survivant remplit toutes les conditions imposées par l'article 764 (Rép. min. Justice n° 104803 : *JOAN Q*, 14 nov. 2006 ; *Defrénois* 2007, p. 814). En revanche, en cas de prédécès du donataire, le conjoint ne peut bénéficier du droit viager au logement sur le bien donné avec clause de retour conventionnel : ■ Cass. 1re civ., 23 sept. 2015, n° 14-18.131 : *Bull.* ; *Dr. famille* 2015, comm. 204, M. Nicod.

3) Privation du droit viager au logement. Pour le rappel de la nécessité d'un testament authentique, V. ■ Cass. 1re civ., 15 déc. 2010, n° 09-68.076 : *Bull. civ.* I, n° 269 ; *D.* 2011, 578, Pérès ; *Defrénois* 2012, 194, Vareille ; *JCP* G 2011, 265, Sauvage et 2012, 228, obs. Le Guidec.

Art. 765 *(L. n° 2001-1135, 3 déc. 2001).* **– La valeur des droits d'habitation et d'usage s'impute sur la valeur des droits successoraux recueillis par le conjoint.**

Si la valeur des droits d'habitation et d'usage est inférieure à celle de ses droits successoraux, le conjoint peut prendre le complément sur les biens existants.

Si la valeur des droits d'habitation et d'usage est supérieure à celle de ses droits successoraux, le conjoint n'est pas tenu de récompenser la succession à raison de l'excédent.

Loi n° 2001-1135 du 3 décembre 2001

relative aux droits du conjoint survivant et des enfants adultérins et modernisant diverses dispositions de droit successoral

Art. 8. – « Pour la liquidation des droits de mutation à titre gratuit, la valeur des droits d'habitation et d'usage est de 60 % de la valeur de l'usufruit déterminée conformément au I de l'article 762 du Code général des impôts ».

Code général des impôts

Art. 762 *bis* *(Mod., L. 2003-1311, 30 déc. 2003).* **–** Pour la liquidation des droits de mutation à titre gratuit, la valeur des droits d'habitation et d'usage est de 60 % de la valeur de l'usufruit déterminée conformément au I de l'article 669.

Voir : le barème de l'article 669 du Code général des impôts, sous art. 579, p. 497.

Art. 765-1 *(L. n° 2001-1135, 3 déc. 2001).* **– Le conjoint dispose d'un an à partir du décès pour manifester sa volonté de bénéficier de ces droits d'habitation et d'usage.**

Manifestation tacite. La manifestation de volonté peut être tacite : ■ Cass. 1re civ., 13 févr. 2019, n° 18-10.171 : *Bull.*

Art. 765-2 *(L. n° 2001-1135, 3 déc. 2001).* **– Lorsque le logement faisait l'objet d'un bail à loyer, le conjoint successible qui, à l'époque du décès, occupait effectivement les lieux à titre d'habitation principale bénéficie du droit d'usage sur le mobilier, compris dans la succession, le garnissant.**

Art. 766 *(L. n° 2001-1135, 3 déc. 2001).* **– Le conjoint successible et les héritiers peuvent, par convention, convertir les droits d'habitation et d'usage en une rente viagère ou en capital.**

S'il est parmi les successibles parties à la convention un mineur ou un majeur protégé, la convention doit être autorisée par le juge des tutelles.

§ 4. – Du droit à pension

(L. n° 2001-1135, 3 déc. 2001)

Art. 767 *(L. n° 2001-1135, 3 déc. 2001 ; mod., L. n° 2009-526, 12 mai 2009).* – **La succession de l'époux prédécédé doit une pension au conjoint successible qui est dans le besoin. Le délai pour la réclamer est d'un an à partir du décès ou du moment où les héritiers cessent d'acquitter les prestations qu'ils fournissaient auparavant au conjoint. Le délai se prolonge, en cas d'indivision, jusqu'à l'achèvement du partage.**

La pension alimentaire est prélevée sur la succession. Elle est supportée par tous les héritiers et, en cas d'insuffisance, par tous les légataires particuliers, proportionnellement à leur émolument.

Toutefois, si le défunt a expressément déclaré que tel legs sera acquitté de préférence aux autres, il sera fait application de l'article 927.

Bibliographie : S. Mazeaud-Leveneur, *JCl. Civil*, art. 756 à 767, Fasc. 30.

1) **Droit antérieur.** Sur le droit à pension du conjoint survivant sous l'empire du droit antérieur à la loi du 3 décembre 2001, V. art. 207-1, p. 182.

2) **Action préalable contre les enfants (non).** La loi n'a nullement subordonné l'exercice de la demande du conjoint contre la succession à celui des actions dirigées contre les enfants (■ Cass. 1re civ., 17 mars 1964 : *Bull. civ.* I, n° 164), mais dans l'appréciation des besoins du créancier les juges peuvent tenir compte de l'existence de recours possibles contre d'autres débiteurs d'aliments (même arrêt. – V. R. Savatier, *Concours des héritiers du* de cujus *avec les créanciers alimentaires de la succession* : *D.* 1971, chron. 51).

3) **Besoins antérieurs au décès.** Le conjoint survivant n'est habilité à demander des aliments à la succession de son conjoint qu'à la condition que ses besoins aient été antérieurs au décès de ce dernier (■ Colmar, 16 avr. 1964 : *JCP* 64, IV, 123).

4) **Délai pour la réclamation.** Le délai d'un an se prolonge jusqu'à l'achèvement du partage (■ Cass. 1re civ., 10 janv. 1979, n° 77-14.209 : *JurisData* n° 1979-000018 ; *Bull. civ.* I, n° 18, p. 14) seulement au cas où les opérations de partage ont commencé dans l'année du décès (■ Cass. 1re civ., 27 mai 2010, n° 09-67.864).

5) **Indivision.** La prolongation du délai jusqu'à l'achèvement du partage ne s'applique que si le conjoint successible a des droits dans l'indivision (■ Cass. 1re civ., 26 janv. 2011, n° 09-71.840 : *Defrénois* 2012, 297, obs. Vareille).

6) **Durée du droit.** Le droit de l'époux survivant à des aliments ne s'éteint pas avec le partage de la succession de l'époux prédécédé (■ Cass. 1re civ., 1er mars 1988, n° 86-16.435 ; *D.* 1988, 447, note J. M. ; *RTD civ.* 1989, 117, obs. Patarin).

7) **Diminution ou suppression.** La pension prévue par l'article 207-1 (anc.) est due par la succession, et non par les héritiers ; son montant étant fixé en fonction des besoins du conjoint survivant et des forces de la succession au jour de l'ouverture de celle-ci, elle est seulement susceptible d'être diminuée ou supprimée, dans le cas où le créancier bénéficierait de ressources nouvelles (■ Cass. 1re civ., 9 mars 1994, n° 92-21.021 : *JurisData* n° 1994-000522 ; *Bull. civ.* I, n° 88, p. 68 ; *Defrénois* 1994, 1437, obs. Massip ; *JCP* 95, I, 3876, n° 3, obs. Le Guidec ; *D.* 1995, somm. 44, obs. Grimaldi ; *RTD civ.* 1995, 404, obs. Patarin).

8) **Cumul avec les droits successoraux.** La pension peut se cumuler avec les droits successoraux du conjoint survivant (■ Cass. 1re civ., 9 mars 1994, préc.).

9) **Indifférence de la composition de l'actif.** La nature des biens de la succession ne conditionne pas l'octroi de la pension alimentaire au conjoint survivant (■ Cass. 1re civ., 30 janv. 2019, n° 18-13.526 : actif principalement composé de droits indivis sur un immeuble occupé comme logement familial de l'un des héritiers).

CHAPITRE III (ANCIEN). – DES DIVERS ORDRES DE SUCCESSION

Section I (ancienne). – Dispositions générales

Art. 731 ancien *(Ord. n° 58-1307, 23 déc. 1958).* – Les successions sont déférées aux enfants et descendants du défunt, à ses ascendants, à ses parents collatéraux et à son conjoint survivant, dans l'ordre et suivant les règles ci-après déterminées.

Art. 732 ancien. – La loi ne considère ni la nature ni l'origine des biens pour en régler la succession.

Art. 733 ancien *(Mod., L. n° 57-379, 26 mars 1957 ; L. n° 72-3, 3 janv. 1972)*. **–** Toute succession échue à des ascendants ou à des collatéraux, qu'ils soient légitimes ou naturels, se divise en deux parts égales : l'une pour les parents de la ligne paternelle, l'autre pour les parents de la ligne maternelle.

Les parents utérins ou consanguins ne sont pas exclus par les germains ; mais ils ne prennent part que dans leur ligne, sauf ce qui sera dit à l'article 752. Les germains prennent part dans les deux lignes.

Sous réserve des dispositions de l'article 753, il ne se fait aucune dévolution d'une ligne à l'autre que lorsqu'il ne se trouve aucun ascendant ni collatéral de l'une des deux lignes.

Art. 734 ancien. – Cette première division opérée entre les lignes paternelle et maternelle, il ne se fait plus de division entre les diverses branches ; mais la moitié dévolue à chaque ligne appartient à l'héritier ou aux héritiers les plus proches en degrés, sauf le cas de la représentation, ainsi qu'il sera dit ci-après.

Art. 735 ancien. – La proximité de parenté s'établit par le nombre de générations ; chaque génération s'appelle un degré.

Art. 736 ancien. – La suite des degrés forme la ligne : on appelle ligne directe la suite des degrés entre personnes qui descendent l'une de l'autre ; ligne collatérale, la suite des degrés entre personnes qui ne descendent pas les unes des autres, mais qui descendent d'un auteur commun.

On distingue la ligne directe, en ligne directe descendante et ligne directe ascendante.

La première est celle qui lie le chef avec ceux qui descendent de lui ; la deuxième est celle qui lie une personne avec ceux dont elle descend.

Art. 737 ancien. – En ligne directe, on compte autant de degrés qu'il y a de générations entre les personnes : ainsi le fils est, à l'égard du père, au premier degré ; le petit-fils, au second ; et réciproquement du père et de l'aïeul à l'égard des fils et petits-fils.

Art. 738 ancien. – En ligne collatérale, les degrés se comptent par les générations, depuis l'un des parents jusques et non compris l'auteur commun, et depuis celui-ci jusqu'à l'autre parent.

Ainsi, deux frères sont au deuxième degré ; l'oncle et le neveu sont au troisième degré ; les cousins germains au quatrième ; ainsi de suite.

Section II (ancienne). – De la représentation

Art. 739 ancien. – La représentation est une fiction de la loi, dont l'effet est de faire entrer les représentants dans la place, dans le degré et dans les droits du représenté.

Art. 740 ancien. – La représentation a lieu à l'infini dans la ligne directe descendante.

Elle est admise dans tous les cas, soit que les enfants du défunt concourent avec les descendants d'un enfant prédécédé, soit que tous les enfants du défunt étant morts avant lui, les descendants desdits enfants se trouvent entre eux en degrés égaux ou inégaux.

Art. 741 ancien. – La représentation n'a pas lieu en faveur des ascendants ; le plus proche, dans chacune des deux lignes, exclut toujours le plus éloigné.

Art. 742 ancien. – En ligne collatérale, la représentation est admise en faveur des enfants et descendants de frères ou sœurs du défunt, soit qu'ils viennent à sa succession concurremment avec des oncles ou tantes, soit que tous les frères et sœurs du défunt étant prédécédés, la succession se trouve dévolue à leurs descendants en degrés égaux ou inégaux.

Art. 743 ancien. – Dans tous les cas où la représentation est admise, le partage s'opère par souche ; si une même souche a produit plusieurs branches, la subdivision se fait aussi par souche dans chaque branche, et les membres de la même branche partagent entre eux par tête.

Art. 744 ancien *(L. n° 72-3, 3 janv. 1972)*. **–** On ne représente pas les personnes vivantes, mais seulement celles qui sont mortes.

On peut représenter celui à la succession duquel on a renoncé.

La loi ne distingue pas, pour l'exercice de la représentation, entre la filiation légitime et la filiation naturelle.

Section III (ancienne). – Des successions déférées aux descendants

Art. 745 ancien. – Les enfants ou leurs descendants succèdent à leurs père et mère, aïeuls, aïeules, ou autres ascendants, sans distinction de sexe ni de primogéniture, et encore qu'ils soient issus de différents mariages.

Ils succèdent par égales portions et par tête, quand ils sont tous au premier degré et appelés de leur chef : ils succèdent par souche, lorsqu'ils viennent tous ou en partie par représentation.

Section IV (ancienne). – Des successions déférées aux ascendants

Art. 746 ancien. – Si le défunt n'a laissé ni postérité, ni frère ni sœur, ni descendants d'eux, la succession se divise par moitié entre les ascendants de la ligne paternelle et les ascendants de la ligne maternelle.

L'ascendant qui se trouve au degré le plus proche recueille la moitié affectée à sa ligne, à l'exclusion de tous autres.

Les ascendants au même degré succèdent par tête.

Art. 747 ancien *(Abr., L. n° 72-3, 3 janv. 1972).*

NB : article maintenu pour les donations consenties avant le 1er août 1972 : V. L. n° 72-3, 3 janv. 1972, art. 14, p. 2968.

Art. 748 ancien. – Lorsque les père et mère d'une personne morte sans postérité lui ont survécu, si elle a laissé des frères, sœurs, ou des descendants d'eux, la succession se divise en deux portions égales, dont moitié seulement est déférée au père et à la mère, qui la partagent entre eux également.

L'autre moitié appartient aux frères, sœurs ou descendants d'eux, ainsi qu'il sera expliqué dans la section V du présent chapitre.

Art. 749 ancien. – Dans le cas où la personne morte sans postérité laisse des frères, sœurs ou des descendants d'eux, si le père ou la mère est prédécédé, la portion qui lui aurait été dévolue conformément au précédent article, se réunit à la moitié déférée aux frères, sœurs ou à leurs représentants, ainsi qu'il sera expliqué à la section V du présent chapitre.

Section V (ancienne). – Des successions collatérales

Art. 750 ancien. – En cas de prédécès des père et mère d'une personne morte sans postérité, ses frères, sœurs ou leurs descendants sont appelés à la succession, à l'exclusion des ascendants et des autres collatéraux.

Ils succèdent, ou de leur chef, ou par représentation, ainsi qu'il a été réglé dans la section II du présent chapitre.

Descendants des frères et sœurs utérins. L'exclusion des ascendants et des autres collatéraux résultant de l'article 750 doit jouer en faveur des descendants des frères et sœurs utérins (■ Cass. 1re civ., 8 déc. 1959 : *Gaz. Pal.* 1960, 1, 110).

Art. 751 ancien. – Si les père et mère de la personne morte sans postérité lui ont survécu, ses frères, sœurs ou leurs représentants ne sont appelés qu'à la moitié de la succession. Si le père ou la mère seulement a survécu, ils sont appelés à recueillir les trois quarts.

Art. 752 ancien. – Le partage de la moitié ou des trois quarts dévolus aux frères ou sœurs, aux termes de l'article précédent, s'opère entre eux par égales portions, s'ils sont tous du même lit ; s'ils sont de lits différents, la division se fait par moitié entre les deux lignes paternelle et maternelle du défunt ; les germains prennent part dans les deux lignes, et les utérins ou consanguins chacun dans leur ligne seulement : s'il n'y a de frères ou sœurs que d'un côté, ils succèdent à la totalité, à l'exclusion de tous autres parents de l'autre ligne.

Art. 753 ancien *(L. n° 57-379, 26 mars 1957).* – À défaut de frères ou sœurs ou de descendants d'eux *et à défaut d'ascendants dans une ligne,* la succession est dévolue en totalité aux ascendants de l'autre ligne ; à défaut d'ascendants dans l'une et l'autre ligne, la succession est dévolue pour moitié aux parents les plus proches dans chaque ligne.

S'il y a concours de parents collatéraux au même degré, ils partagent par tête.

Art. 754 ancien *(Abr., L. n° 57-379, 26 mars 1957).*

Art. 755 ancien *(L. 31 déc. 1917 ; mod., L. 3 déc. 1930)*. **–** Les parents collatéraux au-delà du sixième degré ne succèdent pas, à l'exception, toutefois, des descendants des frères et sœurs du défunt.

Toutefois, les parents collatéraux succèdent jusqu'au douzième degré lorsque le défunt n'était pas capable de tester et n'était pas frappé d'interdiction légale.

À défaut de parents au degré successible dans une ligne et de conjoint contre lequel il n'existe pas de jugement de séparation de corps passé en force de chose jugée, les parents de l'autre ligne succèdent pour le tout.

Section VI (ancienne). – Des droits successoraux résultant de la filiation naturelle

Art. 756 ancien. – La filiation naturelle ne crée de droits successoraux qu'autant qu'elle est légalement établie.

Art. 757 ancien. – L'enfant naturel a, en général, dans la succession de ses père et mère et autres ascendants, ainsi que de ses frères et sœurs et autres collatéraux, les mêmes droits qu'un enfant légitime.

Art. 758 ancien. – Réciproquement, les père et mère et autres ascendants de l'enfant naturel, ainsi que ses frères et sœurs et autres collatéraux, viennent à sa succession comme s'il était un enfant légitime.

Art. 759 ancien. – Les enfants naturels dont le père ou la mère était, au temps de leur conception, engagé dans les liens du mariage avec une autre personne, n'excluent pas celle-ci de la succession de leur auteur, lorsque, à leur défaut, elle y eût été appelée par application des articles 765 et 766 ci-dessous.

En pareil cas, ils ne recevront, quel que soit leur nombre, que la moitié de ce qui, en leur absence, aurait été dévolu au conjoint selon les articles précités, le calcul étant fait ligne par ligne.

La répartition de la succession se fixe d'après l'état des vocations héréditaires au jour du décès, nonobstant toutes renonciations ultérieures.

Art. 760 ancien. – Les enfants naturels dont le père ou la mère était, au temps de leur conception, engagé dans les liens d'un mariage d'où sont issus des enfants légitimes, sont appelés à la succession de leur auteur en concours avec ces enfants ; mais chacun d'eux ne recevra que la moitié de la part à laquelle il aurait eu droit si tous les enfants du défunt, y compris lui-même, eussent été légitimes.

La fraction dont sa part héréditaire est ainsi diminuée accroîtra aux seuls enfants issus du mariage auquel l'adultère a porté atteinte ; elle se divisera entre eux à proportion de leurs parts héréditaires.

Art. 761 ancien. – Si le conjoint survivant ou les enfants issus du mariage demandent, à charge de soulte s'il y a lieu, que certains biens de la succession leur soient attribués par préférence dans les conditions de l'article 832, les enfants naturels visés aux deux articles précédents ne pourront s'opposer à cette attribution préférentielle. La même faculté s'étend au local d'habitation dans lequel le ou les demandeurs avaient leur résidence secondaire.

Le conjoint peut exercer ce droit lorsqu'il vient à la succession par application, soit de l'article 759, soit de l'article 767, et il peut, dans tous les cas, l'exercer en demandant une attribution préférentielle sur ces mêmes biens en usufruit seulement.

Art. 762 ancien. – Dans le cas des articles 759 et 760, le père ou la mère pourra écarter les enfants naturels de toute participation personnelle aux opérations futures de liquidation et de partage, en leur faisant, de son vivant, une attribution suffisante de biens, sous la stipulation expresse qu'elle a lieu en règlement anticipé de leurs droits successoraux.

Art. 763 ancien. – L'attribution se fait en la forme des donations. Elle emportera transfert de la propriété par l'acceptation de l'attributaire ou de son représentant légal.

Tant qu'elle n'est pas acceptée, elle peut être révoquée ou modifiée par son auteur dans les mêmes formes. Si l'attributaire ne veut ou ne peut en percevoir les revenus, ils seront employés pour son compte et à son nom.

L'attribution prend effet à l'ouverture de la succession lorsqu'elle n'a pas été antérieurement acceptée par l'attributaire.

Art. 763-1 ancien. – Si, à l'ouverture de la succession, les estimations ayant été faites comme en matière de rapport, il est constaté que la valeur des biens attribués excède les droits successoraux d'un attributaire, ou, à l'inverse, leur est inférieure, il y aura lieu à réduction ou à complément, selon le cas, sans toutefois que les autres héritiers ou l'enfant puissent élever aucune réclamation quant aux revenus perçus en trop ou en moins avant le décès.

S'il y a lieu à complément, celui-ci est fourni en argent ou en nature, au gré des autres héritiers.

Art. 763-2 ancien. – L'attribution ne vaut règlement anticipé de la succession que si elle confère à un tiers, désigné dans les catégories professionnelles qui seront agréées par décret, le pouvoir exclusif et irrévocable de représenter l'attributaire dans toutes les opérations à venir de liquidation et de partage, ainsi que d'agir et de défendre pour son compte dans toutes les instances qui pourraient s'élever au sujet de ses droits successoraux.

Art. 763-3 ancien. – Le tiers constitué par le défunt pour représenter un attributaire est tenu envers celui-ci de toutes les obligations d'un mandataire.

Art. 764 ancien. – Si, à l'ouverture de la succession, il n'y a ni conjoint survivant, ni enfant issu du mariage, ou s'ils renoncent, les pouvoirs du représentant cesseront de plein droit, et les attributions seront traitées comme avancements d'hoiries.

Section VII (ancienne). – Des droits du conjoint survivant

Art. 765 ancien. – Lorsque le défunt ne laisse pas de parenté au degré successible, ou s'il ne laisse que des collatéraux autres que des frères ou sœurs ou des descendants de ceux-ci, les biens de sa succession appartiennent en pleine propriété au conjoint non divorcé qui lui survit et contre lequel n'existe pas de jugement de séparation de corps passé en force de chose jugée.

Art. 766 ancien. – Lorsque le défunt ne laisse dans une ligne, paternelle ou maternelle, aucun parent au degré successible, ou s'il ne laisse, dans cette ligne, que des collatéraux autres que des frères ou sœurs ou des descendants de ceux-ci, la moitié de sa succession est dévolue, nonobstant les dispositions de l'article 753, au conjoint non divorcé qui lui survit et contre lequel n'existe pas de jugement de séparation de corps passé en force de chose jugée.

Art. 767 ancien *(Mod., L. 9 mars 1891 ; L. 3 avr. 1917 ; L. n° 63-699, 13 juill. 1963 ; L. n° 72-3, 3 janv. 1972)*. – Le conjoint survivant non divorcé, qui ne succède pas à la pleine propriété et contre lequel n'existe pas de jugement de séparation de corps passé en force de chose jugée a, sur la succession du prédécédé, un droit d'usufruit qui est :

D'un quart, si le défunt laisse un ou plusieurs enfants soit légitimes, issus ou non du mariage, soit naturels ;

De moitié, si le défunt laisse des frères et sœurs, des descendants de frères et sœurs, des ascendants ou des enfants naturels conçus pendant le mariage.

Le calcul sera opéré sur une masse faite de tous les biens existant au décès du *de cujus*, auxquels seront réunis fictivement ceux dont il aurait disposé, soit par acte entre vifs, soit par acte testamentaire, au profit de successibles, sans dispense de rapport.

Mais l'époux survivant ne pourra exercer son droit que sur les biens dont le prédécédé n'aura disposé ni par acte entre vifs, ni par acte testamentaire, et sans préjudicier aux droits de réserve ni aux droits de retour.

Il cessera de l'exercer dans le cas où il aurait reçu du défunt des libéralités, même faites par préciput et hors part, dont le montant atteindrait celui des droits que la présente loi lui attribue, et, si ce montant était inférieur, il ne pourrait réclamer que le complément de son usufruit.

Jusqu'au partage définitif, les héritiers peuvent exiger, moyennant sûretés suffisantes, et garantie du maintien de l'équivalence initiale, que l'usufruit de l'époux survivant soit converti en une rente viagère équivalente. S'ils sont en désaccord, la conversion sera facultative pour les tribunaux.

CHAPITRE IV. – DE L'OPTION DE L'HÉRITIER

(Rempl., L. n° 2006-728, 23 juin 2006)

Dispositions transitoires : L. n° 2006-728, 23 juin 2006, art. 47, p. 3262 : M. Nicod, *D.* 2006, 2587 ; P. Fleury-Legros, *Dr. famille 2006, étude 51* ; S. Le Chuiton : *JCP* N 2007, 1041.

Bibliographie : P. Catala, *La loi du 23 juin 2006 et les colonnes du temple : Dr. famille* 2006, étude 43. • A. Delfosse et J.-F. Peniguel, *La réforme des successions et des libéralités*, Litec 2006. • R. Crône, M.-C. Forgeard et B. Gelot, *Le nouveau droit des successions et des libéralités : Defrénois*, 2007. • M. Grimaldi, *Présentation de la loi : D.* 2006, 2551. • Ph. Malaurie, *La réforme des successions et des libéralités : Defrénois* 2006, 1719. • J. Prieur et *alii*, *La réforme des successions et des libéralités : quels enjeux pour la transmission de l'entreprise familiale ? : JCP* N 2006, 1296.

Section I. – Dispositions générales

Bibliographie : J.-R. Binet, *La sécurisation de l'option successorale : Dr. famille* 2006, étude 55. • C. Brenner, *La gestion de la succession : D* 2006, 2559. • V. Brémond, *Le nouveau régime du passif successoral : D* 2006, 2561. • *Les nouveaux tempéraments à l'obligation ultra vires successionis : JCP* N 2006, 1366. • D. Arteil, *Redressement ou liquidation judiciaire du débiteur décédé : quel intérêt pour les héritiers ? : Defrénois* 2008, 145. • S. Mazeaud-Leveneur, *La modernisation de l'option successorale : JCP* N 2008, 1247. • S. Mazeaud-Leveneur, *Les conséquences du silence de l'héritier sur l'option successorale : JCP* N 2012, 1399.

Art. 768 *(Rempl., L. n° 2006-728, 23 juin 2006).* – **L'héritier peut accepter la succession purement et simplement ou y renoncer. Il peut également accepter la succession à concurrence de l'actif net lorsqu'il a une vocation universelle ou à titre universel.**

Est nulle l'option conditionnelle ou à terme.

Art. 769 *(Rempl., L. n° 2006-728, 23 juin 2006).* – **L'option est indivisible.**

Toutefois, celui qui cumule plus d'une vocation successorale à la même succession a, pour chacune d'elles, un droit d'option distinct.

Legs universel et legs particulier. Un légataire, qui bénéficiait à la fois d'un legs universel et d'un legs particulier, pouvait répudier le premier sans renoncer au second, les juges du fond ayant souverainement estimé qu'il n'existait aucune indivisibilité entre les deux libéralités (■ Cass. 1re civ., 18 déc. 2013, n° 12-21.875 : *Bull. civ.* 2013, I, n° 252 ; *Dr. famille* 2014, comm. 45 ; *RTD civ.* 2014, 421, obs. Grimaldi).

Art. 770 *(Rempl., L. n° 2006-728, 23 juin 2006).* – **L'option ne peut être exercée avant l'ouverture de la succession, même par contrat de mariage.**

Art. 771 *(Rétabli, L. n° 2006-728, 23 juin 2006).* – **L'héritier ne peut être contraint à opter avant l'expiration d'un délai de quatre mois à compter de l'ouverture de la succession.**

À l'expiration de ce délai, il peut être sommé, par acte extrajudiciaire, de prendre parti à l'initiative d'un créancier de la succession, d'un cohéritier, d'un héritier de rang subséquent ou de l'État.

Art. 772 *(Rempl., L. n° 2006-728, 23 juin 2006).* – **Dans les deux mois qui suivent la sommation, l'héritier doit prendre parti ou solliciter un délai supplémentaire auprès du juge lorsqu'il n'a pas été en mesure de clôturer l'inventaire commencé ou lorsqu'il justifie d'autres motifs sérieux et légitimes. Ce délai est suspendu à compter de la demande de prorogation jusqu'à la décision du juge saisi.**

À défaut d'avoir pris parti à l'expiration du délai de deux mois ou du délai supplémentaire accordé, l'héritier est réputé acceptant pur et simple.

Art. 773 *(Rétabli, L. n° 2006-728, 23 juin 2006).* – **À défaut de sommation, l'héritier conserve la faculté d'opter, s'il n'a pas fait par ailleurs acte d'héritier et s'il n'est pas tenu pour héritier acceptant pur et simple en application des articles 778, 790 ou 800.**

Art. 774 *(Rempl., L. n° 2006-728, 23 juin 2006).* – **Les dispositions des articles 771, 772 et 773 s'appliquent à l'héritier de rang subséquent appelé à succéder lorsque l'héritier de premier rang renonce à la succession ou est indigne de succéder. Le délai de quatre mois prévu à l'article 771 court à compter du jour où l'héritier subséquent a eu connaissance de la renonciation ou de l'indignité.**

Art. 775 *(Rempl., L. n° 2006-728, 23 juin 2006).* – **Les dispositions visées à l'article 774 s'appliquent également aux héritiers de celui qui décède sans avoir opté. Le délai de quatre mois court à compter de l'ouverture de la succession de ce dernier.**

Les héritiers de celui qui décède sans avoir opté exercent l'option séparément, chacun pour sa part.

Art. 776 *(Rempl., L. n° 2006-728, 23 juin 2006).* – **L'option exercée a un effet rétroactif au jour de l'ouverture de la succession.**

Art. 777 *(Rempl., L. n° 2006-728, 23 juin 2006).* – **L'erreur, le dol ou la violence est une cause de nullité de l'option exercée par l'héritier.**

L'action en nullité se prescrit par cinq ans à compter du jour où l'erreur ou le dol a été découvert ou du jour où la violence a cessé.

Art. 778 *(Rempl., L. n° 2006-728, 23 juin 2006 ; mod., L. n° 2009-526, 12 mai 2009).* **– Sans préjudice de dommages et intérêts, l'héritier qui a recelé des biens ou des droits d'une succession ou dissimulé l'existence d'un cohéritier est réputé accepter purement et simplement la succession, nonobstant toute renonciation ou acceptation à concurrence de l'actif net, sans pouvoir prétendre à aucune part dans les biens ou les droits détournés ou recelés. Les droits revenant à l'héritier dissimulé et qui ont ou auraient pu augmenter ceux de l'auteur de la dissimulation sont réputés avoir été recelés par ce dernier.**

Lorsque le recel a porté sur une donation rapportable ou réductible, l'héritier doit le rapport ou la réduction de cette donation sans pouvoir y prétendre à aucune part.

L'héritier receleur est tenu de rendre tous les fruits et revenus produits par les biens recelés dont il a eu la jouissance depuis l'ouverture de la succession.

Voir : art. 792 ancien et jurisprudence, p. 624.

Bibliographie : E. Guilhermont, *La dissimulation d'un héritier, un nouveau délit civil ? : Dr. famille* 2007, étude 27.

1) Élément caractéristique du recel. Constituent des faits de recel les encaissements réalisés sur son propre compte par une petite fille qui, héritière de sa grand-mère dont elle est la tutrice, n'avait pas ouvert de compte de tutelle, manifestant ainsi son intention de porter atteinte à l'égalité du partage au détriment de son cohéritier (▪ Cass. 1re civ., 11 oct. 2017, n° 16-24.634 : *Defrénois* 2018, n° 13, p. 25, J. Combret). V. aussi sous art. 792 ancien, annot. n° 11, p. 626.

2) Conséquences fiscales du recel. Les biens recelés faisant partie de la succession mais étant attribués aux héritiers non receleurs, ils doivent être compris exclusivement dans la part de ces derniers pour le calcul des droits de mutation par décès (▪ Cass. com., 9 mars 2010, n° 08-21.080 : *JurisData* n° 2010-001535 ; *Bull. civ.* 2010, IV, n° 49 ; *Defrénois* 2010, p. 1680, note Douet ; *RTD civ.* 2010, 606, obs. M. Grimaldi).

3) Recel commis à plusieurs. La cour d'appel ayant caractérisé la connaissance qu'avait chacune des cohéritières receleuses du recel commis par l'autre en a exactement déduit que l'une et l'autre ne pouvaient prétendre à aucune part sur les sommes recelées (▪ Cass. 1re civ., 20 juin 2012, n° 11-17.383 : *JCP* N 2012, 1401, note Massip).

4) Dissimulation d'une donation. La dissimulation d'une donation consentie par le défunt est constitutive d'un recel successoral, que la donation soit ou non rapportable (▪ Cass. 1re civ., 4 mars 2015, n° 13-20.689 : *Dr. famille* 2015, comm. 103, Nicod). Mais la sanction prévue par l'article 778, alinéa 2 du Code civil n'est applicable à l'héritier donataire que si le recel a porté sur une donation rapportable ou réductible (▪ Cass. 1re civ., 25 mai 2016, n° 15-14.863 : *Bull. civ.* I ; *Dr. famille* 2016, comm. 163, M. Nicod ; *D.* 2016, 2092, V. Brémond ; *RTD civ.* 2016, 910, M. Grimaldi ; *AJF* 2016, p. 394, C. Vernières).

5) Nécessité d'une indivision. La dissimulation de fonds, par le donataire de l'usufruit de toute la succession, ne constitue pas un recel successoral à l'égard du nu-propriétaire car, leurs droits n'étant pas de même nature, il n'y a pas lieu à partage en l'absence d'indivision entre ces héritiers : ▪ Cass. 1re civ., 9 sept. 2015 : *Bull.* ; *Defrénois* 2015, 1295, B. V. ; *RTD civ.* 2015, 925, M. Grimaldi ; *Dr. famille* 2015, comm. 205, M. Nicod.

6) Nécessité d'un partage judiciaire. Les demandes en rapport d'une donation déguisée en application de la sanction du recel successoral ne peuvent être formées qu'à l'occasion d'une instance en partage judiciaire (▪ Cass. 1re civ., 30 janv. 2019, n° 18-11.078).

7) Recours du receleur contre le notaire (non). La sanction du recel successoral, qui suppose l'intention frauduleuse de rompre l'égalité du partage, ne constitue pas, pour celui qui le commet, un préjudice ouvrant droit à réparation (▪ Cass. 1re civ., 9 avr. 2014, n° 13-16.348 : *Bull. civ.* I, n° 70).

Art. 779 *(Rempl., L. n° 2006-728, 23 juin 2006).* **– Les créanciers personnels de celui qui s'abstient d'accepter une succession ou qui renonce à une succession au préjudice de leurs droits peuvent être autorisés en justice à accepter la succession du chef de leur débiteur, en son lieu et place.**

L'acceptation n'a lieu qu'en faveur de ces créanciers et jusqu'à concurrence de leurs créances. Elle ne produit pas d'autre effet à l'égard de l'héritier.

Conséquences de l'acceptation par un créancier personnel. Le créancier autorisé à accepter la succession en lieu et place de son débiteur, en application de l'article 788 (anc.), ne devient pas héritier du défunt et n'est pas tenu des dettes successorales dont le paiement incombe aux seuls héritiers acceptants (■ Cass. 1re civ., 14 nov. 2006, n° 03-30.230 : *Bull. civ.* I, n° 492, p. 438 ; *JCP* G 2008, I, 108, obs. Le Guidec ; *RTD civ.* 2007, p. 600, obs. Grimaldi).

Art. 780 *(Rempl., L. n° 2006-728, 23 juin 2006).* **– La faculté d'option se prescrit par dix ans à compter de l'ouverture de la succession.**

L'héritier qui n'a pas pris parti dans ce délai est réputé renonçant.

La prescription ne court contre l'héritier qui a laissé le conjoint survivant en jouissance des biens héréditaires qu'à compter de l'ouverture de la succession de ce dernier.

La prescription ne court contre l'héritier subséquent d'un héritier dont l'acceptation est annulée qu'à compter de la décision définitive constatant cette nullité.

La prescription ne court pas tant que le successible a des motifs légitimes d'ignorer la naissance de son droit, notamment l'ouverture de la succession.

Suspension et interruption (droit antérieur à la loi du 23 juin 2006). Le délai prévu par l'article 789 [anc.] est sujet aux causes légales de suspension et d'interruption de la prescription (■ Cass. 1re civ., 24 févr. 1970 : *D.* 1970, p. 336, note Breton ; *JCP* 71, II, 16790, note Patarin). L'ignorance légitime de l'ouverture de la succession, à l'exclusion de celle de l'existence d'un successible, peut suspendre le délai (■ Cass. 1re civ., 7 juin 2006, n° 04-11.141 : *Bull. civ.* I, n° 296, p. 258). Si l'ignorance de l'ouverture d'une succession peut empêcher de courir la prescription extinctive, c'est à la condition que le successible ait une juste raison d'ignorer la naissance de son droit (■ Cass. 1re civ., 1er avr. 2015, n° 14-11.937 : *JCP* N 2015, act. 512. V. aussi ■ Cass. 1re civ., 19 déc. 2018, n° 17-24.141 : *JurisData* n° 2018-024035).

Art. 781 *(Rempl., L. n° 2006-728, 23 juin 2006).* **– Lorsque le délai de prescription mentionné à l'article 780 est expiré, celui qui se prévaut de sa qualité d'héritier doit justifier que lui-même ou celui ou ceux dont il tient cette qualité ont accepté cette succession avant l'expiration de ce délai.**

Section II. – De l'acceptation pure et simple de la succession

Art. 782 *(Rempl., L. n° 2006-728, 23 juin 2006).* **– L'acceptation pure et simple peut être expresse ou tacite. Elle est expresse quand le successible prend le titre ou la qualité d'héritier acceptant dans un acte authentique ou sous seing privé. Elle est tacite quand le successible saisi fait un acte qui suppose nécessairement son intention d'accepter et qu'il n'aurait droit de faire qu'en qualité d'héritier acceptant.**

1) Exercice d'un usufruit antérieurement donné. La clause qui stipule la réserve de l'usufruit au profit des donateurs et du survivant d'entre eux, avec donation éventuelle réciproque, s'analysant en une donation à terme de biens présents, le droit d'usufruit du bénéficiaire lui étant définitivement acquis dès le jour de l'acte, l'exercice de ce droit, différé au jour du décès du donateur, ne constitue pas la manifestation de la volonté de son bénéficiaire d'accepter la succession du défunt (■ Cass. ch. mixte, 8 juin 2007, n° 05-10.727 : *JurisData* n° 2007-039196 ; *D.* 2007,1731, obs. Delaporte-Carré ; *JCP* G 2007, II, 10130, note Goubeaux ; *RTD civ.* 2007, p. 588, obs. Revet, p. 605, obs. Grimaldi).

2) Effets de l'acceptation. Des indivisaires, héritiers de leur coïndivisaire décédé, sont tenus, s'ils acceptent purement et simplement la succession, de garantir les conventions passées par leur auteur seul sur les biens indivis (■ Cass. 1re civ., 15 mai 2008, n° 07-14.655 : Bull. civ. I, n° 81 ; RTD civ. 2009, 154, obs. Grimaldi).

Art. 783 *(Rempl., L. n° 2006-728, 23 juin 2006).* **– Toute cession, à titre gratuit ou onéreux, faite par un héritier de tout ou partie de ses droits dans la succession emporte acceptation pure et simple.**

Il en est de même :

1° De la renonciation, même gratuite, que fait un héritier au profit d'un ou de plusieurs de ses cohéritiers ou héritiers de rang subséquent ;

2° De la renonciation qu'il fait, même au profit de tous ses cohéritiers ou héritiers de rang subséquent indistinctement, à titre onéreux.

Renonciation *in favorem*. Les renonciations concertées de tous les frères et sœurs du défunt, dans l'intention que l'ensemble de leurs droits revienne à leur mère, doivent être regardées comme des renonciations au profit d'un cohéritier emportant acceptation pure et simple, si bien que le département peut récupérer des prestations d'aide sociale sur la succession, dans la limite de la part d'actif net dévolue aux héritiers autres que la mère conformément à l'article L. 344-5 du Code de l'action sociale et des familles (■ CE, 8 avr. 2015, n° 370255 : *JCP N* 2015, act. 561).

Art. 784 ***(Rempl., L. n° 2006-728, 23 juin 2006).*** **– Les actes purement conservatoires ou de surveillance et les actes d'administration provisoire peuvent être accomplis sans emporter acceptation de la succession, si le successible n'y a pas pris le titre ou la qualité d'héritier.**

Tout autre acte que requiert l'intérêt de la succession et que le successible veut accomplir sans prendre le titre ou la qualité d'héritier doit être autorisé par le juge.

Sont réputés purement conservatoires :

1° Le paiement des frais funéraires et de dernière maladie, des impôts dus par le défunt, des loyers et autres dettes successorales dont le règlement est urgent ;

2° Le recouvrement des fruits et revenus des biens successoraux ou la vente des biens périssables, à charge de justifier que les fonds ont été employés à éteindre les dettes visées au 1° ou ont été déposés chez un notaire ou consignés ;

3° L'acte destiné à éviter l'aggravation du passif successoral.

4° ***(L. n° 2015-177, 16 févr. 2015)*** **Les actes liés à la rupture du contrat de travail du salarié du particulier employeur décédé, le paiement des salaires et indemnités dus au salarié ainsi que la remise des documents de fin de contrat.**

Sont réputés être des actes d'administration provisoire les opérations courantes nécessaires à la continuation à court terme de l'activité de l'entreprise dépendant de la succession.

Sont également réputés pouvoir être accomplis sans emporter acceptation tacite de la succession le renouvellement, en tant que bailleur ou preneur à bail, des baux qui, à défaut, donneraient lieu au paiement d'une indemnité, ainsi que la mise en œuvre de décisions d'administration ou de disposition engagées par le défunt et nécessaires au bon fonctionnement de l'entreprise.

Sur les paiements des actes conservatoires visés au 1° de l'article 784 au moyen du solde créditeur des comptes en banque du défunt, V. C. monét. fin., art. L. 312-1-4, p. 2281.

Bibliographie : M. Grimaldi et Ch. Vernières, *Les modifications du droit des successions par la loi du 16 février 2015 : Defrénois* 2015, 254.

Art. 785 ***(Rempl., L. n° 2006-728, 23 juin 2006).*** **– L'héritier universel ou à titre universel qui accepte purement et simplement la succession répond indéfiniment des dettes et charges qui en dépendent.**

Il n'est tenu des legs de sommes d'argent qu'à concurrence de l'actif successoral net des dettes.

Bibliographie : F. Sauvage, *Le legs de somme d'argent : Etudes offertes à Jacques Combret : Lextenso*, 2017, p. 129.

Obligation illimitée aux dettes. Lorsqu'une personne hospitalisée n'acquitte pas, avant son décès, les sommes dues à raison de son séjour, la créance de l'établissement public de santé figure au passif de la succession et son recours en paiement peut s'exercer sans être enfermé dans la limite de l'obligation alimentaire incombant aux débiteurs d'aliments (■ Cass. com., 11 mars 2014, n° 13-12.153 : *Bull. civ.* IV, n° 46 ; *Defrénois* 2015, 390, obs. A. C-T.).

Art. 786 ***(Rempl., L. n° 2006-728, 23 juin 2006).*** **– L'héritier acceptant purement et simplement ne peut plus renoncer à la succession ni l'accepter à concurrence de l'actif net.**

Toutefois, il peut demander à être déchargé en tout ou partie de son obligation à une dette successorale qu'il avait des motifs légitimes d'ignorer au moment de l'acceptation, lorsque l'acquittement de cette dette aurait pour effet d'obérer gravement son patrimoine personnel.

L'héritier doit introduire l'action dans les cinq mois du jour où il a eu connaissance de l'existence et de ***l'importance de la dette.***

1) Conditions de décharge. Distinction avec l'erreur. L'erreur substantielle du légataire qui n'a pas été informé, avant son acceptation pure et simple de la succession, de l'existence d'une dette bancaire du défunt, constitue un motif étranger aux conditions propres à le décharger de son obligation à la dette successorale : ■ Cass. 1re civ., 4 janv. 2017, n° 16-12.293, *Bull.* ; *RFPF* 2017-2/37, F. Sauvage ; *Defrénois* 2017, p. 384, V. Brémond ; *Dr. famille* 2017, comm. 65, Nicod ; *AJF* 2017, 205, Casey.

2) Objet de la décharge. Dettes successorales. La décharge prévue à l'article 786, alinéa 2 du Code civil, ne s'applique pas aux sommes servies au titre de l'allocation de solidarité aux personnes âgées, récupérables après le décès du bénéficiaire, qui ne constituent pas des dettes successorales, mais des charges de la succession nées après le décès de l'allocataire (■ Cass. 1re civ., 7 févr. 2018, n° 17-10.818 : *JurisData* n° 2018-001394 ; *JCP* N 2018, 1132, N. Peterka ; *Bull.*).

Section III. – De l'acceptation de la succession à concurrence de l'actif net

Bibliographie : M. Dagot, *Successions : acceptation à concurrence de l'actif net et conservation d'un bien par l'héritier : Defrénois* 2007, 337. • V. Brémond, *La nouvelle acceptation à concurrence de l'actif net : JCP* N 2006, 1331. • N. Levillain, *Les conséquences de l'acceptation à concurrence de l'actif net : JCP* N 2009, 1006. • F. Gasnier, *Les charmes cachés de l'acceptation à concurrence de l'actif : JCP* N 2014, 1354.

§ 1. – Des modalités de l'acceptation de la succession à concurrence de l'actif net

Art. 787 *(Rempl., L. n° 2006-728, 23 juin 2006)*. **– Un héritier peut déclarer qu'il n'entend prendre cette qualité qu'à concurrence de l'actif net.**

Art. 788 *(Rempl., L. n° 2006-728, 23 juin 2006)*. **– La déclaration doit être faite au greffe du tribunal de grande instance dans le ressort duquel la succession est ouverte *(Mots aj., à compter du 1er novembre 2017, L. n° 2016-1547, 18 nov. 2016)* « ou devant notaire ». Elle comporte élection d'un domicile unique, qui peut être le domicile de l'un des acceptants à concurrence de l'actif net, ou celui de la personne chargée du règlement de la succession. Le domicile doit être situé en France.**

La déclaration est enregistrée et fait l'objet d'une publicité nationale, qui peut être faite par voie électronique.

Voir : CPC, art. 1334 à 1338, p. 2388., et A. 9 nov. 2009 relatif aux modalités de diffusion par voie électronique de la déclaration, p. 3318.

Art. 789 *(Rempl., L. n° 2006-728, 23 juin 2006)*. **– La déclaration est accompagnée ou suivie de l'inventaire de la succession qui comporte une estimation, article par article, des éléments de l'actif et du passif.**

L'inventaire est établi par un commissaire-priseur judiciaire, un huissier ou un notaire, selon les lois et règlements applicables à ces professions.

Art. 790 *(Rempl., L. n° 2006-728, 23 juin 2006)*. **– L'inventaire est déposé au tribunal dans le délai de deux mois à compter de la déclaration.**

L'héritier peut solliciter du juge un délai supplémentaire s'il justifie de motifs sérieux et légitimes qui retardent le dépôt de l'inventaire. En ce cas, le délai de deux mois est suspendu à compter de la demande de prorogation.

Le dépôt de l'inventaire est soumis à la même publicité que la déclaration.

Faute d'avoir déposé l'inventaire dans le délai prévu, l'héritier est réputé acceptant pur et simple.

Les créanciers successoraux et légataires de sommes d'argent peuvent, sur justification de leur titre, consulter l'inventaire et en obtenir copie. Ils peuvent demander à être avisés de toute nouvelle publicité.

Voir : pour la publicité : A. 9 nov. 2009, p. 3318.

§ 2. – Des effets de l'acceptation de la succession à concurrence de l'actif net

Art. 791 *(Rempl., L. n° 2006-728, 23 juin 2006)*. **– L'acceptation à concurrence de l'actif net donne à l'héritier l'avantage :**

1° D'éviter la confusion de ses biens personnels avec ceux de la succession ;

2° De conserver contre celle-ci tous les droits qu'il avait antérieurement sur les biens du défunt ;

3° De n'être tenu au paiement des dettes de la succession que jusqu'à concurrence de la valeur des biens qu'il a recueillis.

Art. 792 *(Rempl., L. n° 2006-728, 23 juin 2006)*. – Les créanciers de la succession déclarent leurs créances en notifiant leur titre au domicile élu de la succession. Ils sont payés dans les conditions prévues à l'article 796. Les créances dont le montant n'est pas encore définitivement fixé sont déclarées à titre provisionnel sur la base d'une évaluation.

Faute de déclaration dans un délai de quinze mois à compter de la publicité prévue à l'article 788, les créances non assorties de sûretés sur les biens de la succession sont éteintes à l'égard de celle-ci. Cette disposition bénéficie également aux cautions et coobligés, ainsi qu'aux personnes ayant consenti une garantie autonome portant sur la créance ainsi éteinte.

1) **Créanciers concernés.** Même le créancier muni du titre exécutoire constitué par un jugement assorti de l'exécution provisoire doit déclarer sa créance, conformément à l'article 792 du Code civil (▪ Cass. 1re civ., 22 mars 2017, n° 15-25.545 : *Bull.* ; *D.* 2017, 2124, V. Brémond).

2) **Lieu de notification.** La créance doit être notifiée au domicile élu de la succession et non directement à l'héritier du débiteur décédé : ▪ Cass. 1re civ., 8 mars 2017, n° 16-14.360 : *Bull.* ▪ Cass. 1re civ., 16 janv. 2019, n° 18-11.916 : *Bull.* ; *AJ fam.* 2019, p. 224, J. Casey.

3) **Notification prématurée. Conséquences.** Le délai de déclaration des créances court à compter de la publication au *BODACC* de la déclaration d'acceptation de l'héritier à concurrence de l'actif net ; dès lors, entraîne extinction de la créance pour défaut de déclaration au sens de l'article 792 du Code civil une signification antérieure qui aurait pour effet de faire bénéficier le créancier d'une priorité illégitime : ▪ Cass. 1re civ., 31 mars 2016, n° 15-10.799 : *JCP* N 2016, act. 497 ; *RJPF* 2016-5/34, F. Sauvage ; *Dr. famille* 2016, comm. 128, M. Nicod ; *D.* 2016, 2091, V. Brémond ; *RTD civ.* 2016, 423, M. Grimaldi ; *AJF* 2016, p. 346, S. Ferré-André.

4) **Conformité à la constitution.** L'extinction des créances non déclarées dans un délai de 15 mois ne représente pas une atteinte disproportionnée au droit de propriété : ▪ Cons. const., 5 oct. 2016, n° 2016-574 QPC : *RTD civ.* 2016, 908, M. Grimaldi.

Art. 792-1 *(L. n° 2006-728, 23 juin 2006)*. – À compter de sa publication et pendant le délai prévu à l'article 792, la déclaration arrête ou interdit toute voie d'exécution et toute nouvelle inscription de sûreté de la part des créanciers de la succession, portant tant sur les meubles que sur les immeubles.

Toutefois, pour l'application des dispositions de la présente section et sous réserve de la signification prévue à l'article 877, les créanciers saisissants sont considérés comme titulaires de sûretés sur les biens et droits antérieurement saisis.

Art. 792-2 *(L. n° 2006-728, 23 juin 2006)*. – Lorsque la succession a été acceptée par un ou plusieurs héritiers purement et simplement et par un ou plusieurs autres à concurrence de l'actif net, les règles applicables à cette dernière option s'imposent à tous les héritiers jusqu'au jour du partage.

Les créanciers d'une succession acceptée par un ou plusieurs héritiers purement et simplement et par d'autres à concurrence de l'actif net peuvent provoquer le partage dès lors qu'ils justifient de difficultés dans le recouvrement de la part de leur créance incombant aux héritiers acceptants à concurrence de l'actif net.

Art. 793 *(Rempl., L. n° 2006-728, 23 juin 2006)*. – Dans le délai prévu à l'article 792, l'héritier peut déclarer qu'il conserve en nature un ou plusieurs biens de la succession. En ce cas, il doit la valeur du bien fixée dans l'inventaire.

Il peut vendre les biens qu'il n'entend pas conserver. En ce cas, il doit le prix de leur aliénation.

Art. 794 *(Rempl., L. n° 2006-728, 23 juin 2006 ; Ord. n° 2016-131, 10 févr. 2016)*. – La déclaration de l'aliénation ou de la conservation d'un ou de plusieurs biens est faite dans les quinze jours au tribunal qui en assure la publicité.

Sans préjudice des droits réservés aux créanciers munis de sûretés, tout créancier successoral peut contester *devant le juge, dans un délai de trois mois* après la publicité mentionnée au premier alinéa, la valeur du bien conservé ou, lorsque la vente a été faite à l'amiable, le prix de l'aliénation en prouvant que la valeur du bien est supérieure.

Lorsque la demande du créancier est accueillie, l'héritier est tenu du complément sur ses biens personnels, sauf à restituer à la succession le bien conservé et sans préjudice de l'action prévue à l'article 1341-2.

Voir : pour la publicité : A. 9 nov. 2009, p. 3318.

Art. 795 *(Rempl., L. n° 2006-728, 23 juin 2006).* – La déclaration de conserver un bien n'est pas opposable aux créanciers tant qu'elle n'a pas été publiée.

Le défaut de déclaration de l'aliénation d'un bien dans le délai prévu à l'article 794 engage l'héritier sur ses biens personnels à hauteur du prix de l'aliénation.

Art. 796 *(Rempl., L. n° 2006-728, 23 juin 2006).* – L'héritier règle le passif de la succession.

Il paye les créanciers inscrits selon le rang de la sûreté assortissant leur créance.

Les autres créanciers qui ont déclaré leur créance sont désintéressés dans l'ordre des déclarations.

Les legs de sommes d'argent sont délivrés après paiement des créanciers.

Art. 797 *(Rempl., L. n° 2006-728, 23 juin 2006).* – L'héritier doit payer les créanciers dans les deux mois suivant soit la déclaration de conserver le bien, soit le jour où le produit de l'aliénation est disponible.

Lorsqu'il ne peut s'en dessaisir au profit des créanciers dans ce délai, notamment en raison d'une contestation portant sur l'ordre ou la nature des créances, il consigne les sommes disponibles tant que la contestation subsiste.

Art. 798 *(Rempl., L. n° 2006-728, 23 juin 2006).* – Sans préjudice des droits des créanciers munis de sûretés, les créanciers de la succession et les légataires de sommes d'argent ne peuvent poursuivre le recouvrement que sur les biens recueillis de la succession qui n'ont été ni conservés ni aliénés dans les conditions prévues à l'article 793.

Les créanciers personnels de l'héritier ne peuvent poursuivre le recouvrement de leurs créances sur ces biens qu'à l'issue du délai prévu à l'article 792 et après le désintéressement intégral des créanciers successoraux et des légataires.

Art. 799 *(Rempl., L. n° 2006-728, 23 juin 2006).* – Les créanciers successoraux qui, dans le délai prévu à l'article 792, déclarent leurs créances après l'épuisement de l'actif n'ont de recours que contre les légataires qui ont été remplis de leurs droits.

Art. 800 *(Rempl., L. n° 2006-728, 23 juin 2006).* – L'héritier est chargé d'administrer les biens qu'il recueille dans la succession. Il tient le compte de son administration, des créances qu'il paye et des actes qui engagent les biens recueillis ou qui affectent leur valeur.

Il répond des fautes graves dans cette administration.

Il doit présenter le compte à tout créancier successoral qui en fait la demande et répondre dans un délai de deux mois à la sommation, signifiée par acte extrajudiciaire, de lui révéler où se trouvent les biens et droits recueillis dans la succession qu'il n'a pas aliénés ou conservés dans les conditions prévues à l'article 794. À défaut, il peut être contraint sur ses biens personnels.

L'héritier qui a omis, sciemment et de mauvaise foi, de comprendre dans l'inventaire des éléments actifs ou passifs de la succession ou qui n'a pas affecté au paiement des créanciers de la succession la valeur des biens conservés ou le prix des biens aliénés est déchu de l'acceptation à concurrence de l'actif net. Il est réputé acceptant pur et simple à compter de l'ouverture de la succession.

Art. 801 *(Rempl., L. n° 2006-728, 23 juin 2006).* – Tant que la prescription du droit d'accepter n'est pas acquise contre lui, l'héritier peut révoquer son acceptation à concurrence de l'actif net en acceptant purement *et simplement.* Cette acceptation rétroagit au jour de l'ouverture de la succession.

L'acceptation à concurrence de l'actif net empêche toute renonciation à la succession.

Application. L'héritier qui a accepté à concurrence de l'actif net ne peut plus renoncer à la succession : ▪ Cass. 1re civ., 11 févr. 2015, n° 14-14.419 : *Bull.* ; *D.* 2015, 2101, obs. V. B.

Art. 802 *(Rempl., L. n° 2006-728, 23 juin 2006).* – Malgré la déchéance ou la révocation de l'acceptation à concurrence de l'actif net, les créanciers successoraux et les légataires de sommes d'argent conservent l'exclusivité des poursuites sur les biens mentionnés au premier alinéa de l'article 798.

Art. 803 *(Rempl., L. n° 2006-728, 23 juin 2006).* – Les frais de scellés, d'inventaire et de compte sont à la charge de la succession. Ils sont payés en frais privilégiés de partage.

Section IV. – De la renonciation à la succession

Bibliographie : J.-M. Mathieu, *La renonciation comme mode d'optimisation de la transmission : JCP* N 2012, 1391.

Art. 804 *(Rempl., L. n° 2006-728, 23 juin 2006 ; mod., L. n° 2009-526, 12 mai 2009).* – **La renonciation à une succession ne se présume pas.**

Pour être opposable aux tiers, la renonciation opérée par l'héritier universel ou à titre universel doit être adressée ou déposée au tribunal dans le ressort duquel la succession s'est ouverte *(Mots aj. à compter du 1er novembre 2017, L. n° 2016-1547, 18 nov. 2016)* **« ou faite devant notaire ».**

(Al. aj. à compter du 1er novembre 2017, L. n° 2016-1547, 18 nov. 2016) **Dans le mois suivant la renonciation, le notaire qui l'a reçue en adresse copie au tribunal dans le ressort duquel la succession s'est ouverte.**

Voir : CPC, art. 1339, p. 2389.

Art. 805 *(Rempl., L. n° 2006-728, 23 juin 2006).* – **L'héritier qui renonce est censé n'avoir jamais été héritier.**

Sous réserve des dispositions de l'article 845, la part du renonçant échoit à ses représentants ; à défaut, elle accroît à ses cohéritiers ; s'il est seul, elle est dévolue au degré subséquent.

1) Rétroactivité du droit de l'héritier du degré subséquent. Il résulte de l'article 785 [ancien] qu'en cas de renonciation, l'héritier du degré subséquent à qui est dévolue la succession est censé avoir eu la qualité d'héritier dès le jour du décès (▪ Cass. soc., 19 nov. 1954 : *D.* 1955, 22).

2) Absence d'obligation du renonçant. Un conseil de prud'hommes ne peut condamner des héritiers sans qu'ait été constatée la nullité de leur renonciation à la succession (▪ Cass. soc., 25 avr. 1990, n° 86-44.975 : *JurisData* n° 1990-701278 ; *JCP* 91, II, 21696, note Beauchard). Le légataire ayant renoncé à son legs, même après le jugement ayant validé la saisie-arrêt pratiquée contre lui, la procédure de saisie n'est pas fondée (▪ Bordeaux, 1re ch., 10 juill. 1985 : *JurisData* n° 1985-042079).

3) Action en responsabilité. L'héritier renonçant échappe aux conséquences de la responsabilité civile du *de cujus* (▪ Cass. 1re civ., 17 janv. 1984, n° 82-16.270 ; *Bull. civ.* I, n° 24, p. 19).

4) Exceptions à la rétroactivité. Sur les cas dans lesquels le renonçant est pris en compte pour le calcul de la réserve, V. art. 913, al. 2, p. 720.

5) Obligation alimentaire. La renonciation du débiteur de l'obligation alimentaire à la succession du créancier ne fait pas disparaître l'obligation (▪ Lyon, 13 nov. 1952 : *D.* 1953, 755, note Gervesie).

6) Irrégularité d'une signification faite avant renonciation. L'irrégularité d'une signification peut être invoquée malgré la renonciation postérieure des héritiers auxquels elle avait été faite (▪ Amiens, 14 nov. 1961 : *Gaz. Pal.* 1962, 1, 97).

7) Renonçant bénéficiaire d'une assurance-vie. Est mal fondé dans sa demande de mise hors de cause des opérations de liquidation-partage le renonçant, par ailleurs bénéficiaire d'une assurance-vie, alors que les cohéritiers contestent l'application de l'article L. 132-13 du Code des assurances (▪ Cass. 1re civ., 6 mars 2007 : *JurisData* n° 2007-038067 ; *JCP* G 2007, IV, 1767 ; *RJPF* 2007-6/49, obs. P. D. S.-H.).

8) Renonciation et droit de retour. L'héritier renonçant étant censé n'avoir jamais été héritier, il en résulte que l'existence d'un descendant renonçant ne peut faire obstacle au droit de retour légal ou conventionnel au cas de prédécès du donataire (▪ Cass. 1re civ., 23 mai 2012, n° 11-14.104 : *Bull. civ.* I, n° 112. ▪ Cass. 1re civ., 16 sept. 2014, n° 13-16.164 : *Dr. famille* 2014, 163, note Nicod ; *RDC* 2015, 89, obs. Goldie-Genicon).

9) Renonciation *in favorem*. V. annot sous art. 783.

Art. 806 *(Rempl., L. n° 2006-728, 23 juin 2006).* – **Le renonçant n'est pas tenu au paiement des dettes et charges de la succession. Toutefois, il est tenu à proportion de ses moyens au paiement des frais funéraires de l'ascendant ou du descendant à la succession duquel il renonce.**

Frais d'obsèques. Lorsque l'actif successoral ne permet pas de faire face aux frais d'obsèques, l'enfant, tenu de l'obligation alimentaire à l'égard de ses ascendants, doit, même s'il a renoncé à leur succession, assumer la charge de ces frais dans la proportion de ses ressources (▪ Cass. 1re civ., 14 mai 1992, n° 90-20.498 : *JurisData* n° 1992-001279 ; *JCP* 93, II, 22097, note Tetsu ; *D.* 1993, 247, note Eschylle ; *Bull. civ.* I, n° 140, p. 95. ▪ Cass. 1re civ., 21 sept. 2005, *Bull.* n° 341).

Art. 807 *(Rempl., L. n° 2006-728, 23 juin 2006)*. – Tant que la prescription du droit d'accepter n'est pas acquise contre lui, l'héritier peut révoquer sa renonciation en acceptant la succession purement et simplement, si elle n'a pas été déjà acceptée par un autre héritier ou si l'État n'a pas déjà été envoyé en possession.

Cette acceptation rétroagit au jour de l'ouverture de la succession, sans toutefois remettre en cause les droits qui peuvent être acquis à des tiers sur les biens de la succession par prescription ou par actes valablement faits avec le curateur à la succession vacante.

Voir : CPC, art. 1340, p. 2389.

Art. 808 *(Rempl., L. n° 2006-728, 23 juin 2006)*. – Les frais légitimement engagés par l'héritier avant sa renonciation sont à la charge de la succession.

CHAPITRE V. – DES SUCCESSIONS VACANTES ET DES SUCCESSIONS EN DÉSHÉRENCE

(Rempl., L. n° 2006-728, 23 juin 2006)

Bibliographie : J. Leprovaux, *Les successions vacantes et en déshérence : Dr. famille* 2006, étude 57.

Section I. – Des successions vacantes

§ 1. – De l'ouverture de la vacance

Voir : CPC, art. 1342, p. 2389.

Art. 809 *(Rempl., L. n° 2006-728, 23 juin 2006)*. – La succession est vacante :

1° Lorsqu'il ne se présente personne pour réclamer la succession et qu'il n'y a pas d'héritier connu ;

2° Lorsque tous les héritiers connus ont renoncé à la succession ;

3° Lorsque, après l'expiration d'un délai de six mois depuis l'ouverture de la succession, les héritiers connus n'ont pas opté, de manière tacite ou expresse.

Art. 809-1 *(L. n° 2006-728, 23 juin 2006)*. – Le juge, saisi sur requête de tout créancier, de toute personne qui assurait, pour le compte de la personne décédée, l'administration de tout ou partie de son patrimoine, *(Mots aj. à compter du 20 novembre 2016, L. n° 2016-1547, 18 nov. 2016)* « d'un notaire, » de toute autre personne intéressée ou du ministère public, confie la curatelle de la succession vacante, dont le régime est défini à la présente section, à l'autorité administrative chargée du domaine.

L'ordonnance de curatelle fait l'objet d'une publicité.

Art. 809-2 *(L. n° 2006-728, 23 juin 2006)*. – Dès sa désignation, le curateur fait dresser un inventaire estimatif, article par article, de l'actif et du passif de la succession par un commissaire-priseur judiciaire, un huissier ou un notaire, selon les lois et règlements applicables à ces professions, ou par un fonctionnaire assermenté appartenant à l'administration chargée du domaine.

L'avis au tribunal, par le curateur, de l'établissement de l'inventaire est soumis à la même publicité que la décision de curatelle.

Les créanciers et légataires de sommes d'argent peuvent, sur justification de leur titre, consulter l'inventaire et en obtenir copie. Ils peuvent demander à être avisés de toute nouvelle publicité.

Art. 809-3 *(L. n° 2006-728, 23 juin 2006)*. – La déclaration des créances est faite au curateur.

§ 2. – Des pouvoirs du curateur

Voir : CPC, art. 1343 à 1349, p. 2389.

Art. 810 *(Rempl., L. n° 2006-728, 23 juin 2006)*. – Dès sa désignation, le curateur prend possession des valeurs et autres biens détenus par des tiers et poursuit le recouvrement des sommes dues à la succession.

Il peut poursuivre l'exploitation de l'entreprise individuelle dépendant de la succession, qu'elle soit commerciale, industrielle, agricole ou artisanale.

Après prélèvement des frais d'administration, de gestion et de vente, il consigne les sommes composant l'actif de la succession ainsi que les revenus des biens et les produits de leur réalisation. En cas de poursuite de l'activité de l'entreprise, seules les recettes qui excèdent le fonds de roulement nécessaire au fonctionnement de celle-ci sont consignées.

Les sommes provenant à un titre quelconque d'une succession vacante ne peuvent, en aucun cas, être consignées autrement que par l'intermédiaire du curateur.

Art. 810-1 *(L. n° 2006-728, 23 juin 2006)*. – Pendant les six mois qui suivent l'ouverture de la succession, le curateur ne peut procéder qu'aux actes purement conservatoires ou de surveillance, aux actes d'administration provisoire et à la vente des biens périssables.

Art. 810-2 *(L. n° 2006-728, 23 juin 2006)*. – À l'issue du délai mentionné à l'article 810-1, le curateur exerce l'ensemble des actes conservatoires et d'administration.

Il procède ou fait procéder à la vente des biens jusqu'à l'apurement du passif.

Il ne peut céder les immeubles que si le produit prévisible de la vente des meubles apparaît insuffisant. Il procède ou fait procéder à la vente des biens dont la conservation est difficile ou onéreuse, alors même que leur réalisation n'est pas nécessaire à l'acquittement du passif.

Art. 810-3 *(L. n° 2006-728, 23 juin 2006)*. – La vente a lieu soit par commissaire-priseur judiciaire, huissier ou notaire selon les lois et règlements applicables à ces professions, soit par le tribunal, soit dans les formes prévues par le Code général de la propriété des personnes publiques pour l'aliénation, à titre onéreux, du domaine immobilier ou du domaine mobilier appartenant à l'État.

Elle donne lieu à publicité.

Lorsqu'il est envisagé une vente amiable, tout créancier peut exiger que la vente soit faite par adjudication. Si la vente par adjudication a lieu pour un prix inférieur au prix convenu dans le projet de vente amiable, le créancier qui a demandé l'adjudication est tenu, à l'égard des autres créanciers, de la perte qu'ils ont subie.

Art. 810-4 *(L. n° 2006-728, 23 juin 2006)*. – Le curateur est seul habilité à payer les créanciers de la succession. Il n'est tenu d'acquitter les dettes de la succession que jusqu'à concurrence de l'actif.

Il ne peut payer, sans attendre le projet de règlement du passif, que les frais nécessaires à la conservation du patrimoine, les frais funéraires et de dernière maladie, les impôts dus par le défunt, les loyers et autres dettes successorales dont le règlement est urgent.

Art. 810-5 *(L. n° 2006-728, 23 juin 2006)*. – Le curateur dresse un projet de règlement du passif.

Le projet prévoit le paiement des créances dans l'ordre prévu à l'article 796.

Le projet de règlement est publié. Les créanciers qui ne sont pas intégralement désintéressés peuvent, dans le mois de la publicité, saisir le juge afin de contester le projet de règlement.

Art. 810-6 *(L. n° 2006-728, 23 juin 2006)*. – Les pouvoirs du curateur s'exercent sous réserve des dispositions applicables à la succession d'une personne faisant l'objet d'une procédure de sauvegarde, de redressement ou de liquidation judiciaires.

§ 3. – De la reddition des comptes et de la fin de la curatelle

Voir : CPC, art. 1350 à 1353, p. 2390.

Art. 810-7 *(L. n° 2006-728, 23 juin 2006)*. – Le curateur rend compte au juge des opérations effectuées par lui. Le dépôt du compte fait l'objet de publicité.

Le curateur présente le compte à tout créancier ou tout héritier qui en fait la demande.

Art. 810-8 *(L. n° 2006-728, 23 juin 2006)*. – Après réception du compte, le juge autorise le curateur à procéder à la réalisation de l'actif subsistant.

Le projet de réalisation est notifié aux héritiers connus. S'ils sont encore dans le délai pour accepter, ils peuvent s'y opposer dans les trois mois en réclamant la succession. La réalisation ne peut avoir lieu qu'à l'expiration de ce délai, selon les formes prescrites au premier alinéa de l'article 810-3.

Art. 810-9 *(L. n° 2006-728, 23 juin 2006)*. – Les créanciers qui déclarent leur créance postérieurement à la remise du compte ne peuvent prétendre qu'à l'actif subsistant. En cas d'insuffisance de cet actif, ils n'ont de recours que contre les légataires qui ont été remplis de leurs droits.

Ce recours se prescrit par deux ans à compter de la réalisation de la totalité de l'actif subsistant.

Art. 810-10 *(L. n° 2006-728, 23 juin 2006)*. – Le produit net de la réalisation de l'actif subsistant est consigné. Les héritiers, s'il s'en présente dans le délai pour réclamer la succession, sont admis à exercer leur droit sur ce produit.

Art. 810-11 *(L. n° 2006-728, 23 juin 2006)*. – Les frais d'administration, de gestion et de vente donnent lieu au privilège du 1° des articles 2331 et 2375.

Art. 810-12 *(L. n° 2006-728, 23 juin 2006)*. – La curatelle prend fin :

1° Par l'affectation intégrale de l'actif au paiement des dettes et des legs ;

2° Par la réalisation de la totalité de l'actif et la consignation du produit net ;

3° Par la restitution de la succession aux héritiers dont les droits sont reconnus ;

4° Par l'envoi en possession de l'État.

Section II. – Des successions en déshérence

Art. 811 *(Rempl., L. n° 2006-728, 23 juin 2006)*. – Lorsque l'État prétend à la succession d'une personne qui décède sans héritier ou à une succession abandonnée, il doit en demander l'envoi en possession au tribunal.

Voir : CPC, art. 1354, p. 2390.

Art. 811-1 *(L. n° 2006-728, 23 juin 2006)*. – Si l'inventaire prévu à l'article 809-2 n'a pas été établi, l'autorité administrative mentionnée à l'article 809-1 y fait procéder dans les formes prévues par l'article 809-2.

Art. 811-2 *(L. n° 2006-728, 23 juin 2006)*. – La déshérence de la succession prend fin en cas d'acceptation de la succession par un héritier.

Art. 811-3 *(L. n° 2006-728, 23 juin 2006)*. – Lorsqu'il n'a pas accompli les formalités qui lui incombent, l'État peut être condamné à des dommages et intérêts envers les héritiers, s'il s'en présente.

CHAPITRE VI. – DE L'ADMINISTRATION DE LA SUCCESSION PAR UN MANDATAIRE

(L. n° 2006-728, 23 juin 2006)

Section I. – Du mandat à effet posthume

Bibliographie : J. Casey, *Le mandat posthume : Dr. famille* 2006, étude 53. • A. Delfosse et J.-F. Peniguel, *Le mandat posthume : JCP* N 2006, 1371. • M. Grimaldi, *Le mandat à effet posthume : Defrénois* 2007, 3. • A. Aynès, *L'administration de la succession par autrui : JCP* N 2008, 1246.

§ 1. – Des conditions du mandat à effet posthume

Art. 812 *(Rempl., L. n° 2006-728, 23 juin 2006)*. – Toute personne peut donner à une ou plusieurs autres personnes, physiques ou morales, mandat d'administrer ou de gérer, sous réserve des pouvoirs confiés à l'exécuteur testamentaire, tout ou partie de sa succession pour le compte et dans l'intérêt d'un ou de plusieurs héritiers identifiés.

Le mandataire peut être un héritier.

Il doit jouir de la pleine capacité civile et ne pas être frappé d'une interdiction de gérer lorsque des biens professionnels sont compris dans le patrimoine successoral.

Le mandataire ne peut être le notaire chargé du règlement de la succession.

Disposition des biens par les héritiers. Les pouvoirs d'administration ou de gestion qui peuvent être conférés au mandataire posthume en vertu des articles 812, alinéa 1er et 812-1 du Code civil, ne lui permettent pas de s'opposer à l'aliénation par les héritiers des biens mentionnés dans le mandat, laquelle constitue l'une des causes d'extinction de celui-ci prévues par l'article 812-4 (■ Cass. 1re civ., 12 mai 2010, n° 09-10.556 : *AJF* 2010. 287, obs. C. Vernières ; *D.* 2010, 2401, obs. Nicod ; *Dr. famille* 2010, 104, note Beignier ; *Defrénois* 2010, p. 2373, obs. Chamoulaud-Trapiers ; *JCP* G 2011, p. 446, obs. Le Guidec ; *JCP* N 2010, 1351, note Mahinga ; *RJPF* sept. 2010, p. 26, note Leprovaux ; *RTD civ.* 2010, p. 602, obs. M. Grimaldi).

Art. 812-1 *(L. n° 2006-728, 23 juin 2006).* – **Le mandataire exerce ses pouvoirs alors même qu'il existe un mineur ou un majeur protégé parmi les héritiers.**

Art. 812-1-1 *(L. n° 2006-728, 23 juin 2006).* – **Le mandat n'est valable que s'il est justifié par un intérêt sérieux et légitime au regard de la personne de l'héritier ou du patrimoine successoral, précisément motivé.**

Il est donné pour une durée qui ne peut excéder deux ans, prorogeable une ou plusieurs fois par décision du juge, saisi par un héritier ou par le mandataire. Toutefois, il peut être donné pour une durée de cinq ans, prorogeable dans les mêmes conditions, en raison de l'inaptitude, de l'âge du ou des héritiers, ou de la nécessité de gérer des biens professionnels.

Il est donné et accepté en la forme authentique.

Il doit être accepté par le mandataire avant le décès du mandant.

Préalablement à son exécution, le mandant et le mandataire peuvent renoncer au mandat après avoir notifié leur décision à l'autre partie.

Art. 812-1-2 *(L. n° 2006-728, 23 juin 2006).* – **Les actes réalisés par le mandataire dans le cadre de sa mission sont sans effet sur l'option héréditaire.**

Art. 812-1-3 *(L. n° 2006-728, 23 juin 2006).* – **Tant qu'aucun héritier visé par le mandat n'a accepté la succession, le mandataire ne dispose que des pouvoirs reconnus au successible à l'article 784.**

Art. 812-1-4 *(L. n° 2006-728, 23 juin 2006).* – **Le mandat à effet posthume est soumis aux dispositions des articles 1984 à 2010 qui ne sont pas incompatibles avec les dispositions de la présente section.**

§ 2. – De la rémunération du mandataire

Art. 812-2 *(L. n° 2006-728, 23 juin 2006 ; mod., L. n° 2009-526, 12 mai 2009).* – **Le mandat est gratuit s'il n'y a convention contraire.**

S'il est prévu une rémunération, celle-ci doit être expressément déterminée dans le mandat. Elle correspond à une part des fruits et revenus perçus par la succession et résultant de la gestion ou de l'administration du mandataire. En cas d'insuffisance ou d'absence de fruits et revenus, elle peut être complétée par un capital ou prendre la forme d'un capital.

Art. 812-3 *(L. n° 2006-728, 23 juin 2006).* – **La rémunération du mandataire est une charge de la succession qui ouvre droit à réduction lorsqu'elle a pour effet de priver les héritiers de tout ou partie de leur réserve. Les héritiers visés par le mandat ou leurs représentants peuvent demander en justice la révision de la rémunération lorsqu'ils justifient de la nature excessive de celle-ci au regard de la durée ou de la charge résultant du mandat.**

§ 3. – De la fin du mandat à effet posthume

Art. 812-4 *(L. n° 2006-728, 23 juin 2006).* – **Le mandat prend fin par l'un des événements suivants :**

1° L'arrivée du terme prévu ;

2° La renonciation du mandataire ;

3° La révocation judiciaire, à la demande d'un héritier intéressé ou de son représentant, en cas d'absence ou de disparition de l'intérêt sérieux et légitime ou de mauvaise exécution par le mandataire de sa mission ;

4° La conclusion d'un mandat conventionnel entre les héritiers et le mandataire titulaire du mandat à effet posthume ;

5° L'aliénation par les héritiers des biens mentionnés dans le mandat ;

6° Le décès ou la mise sous mesure de protection du mandataire personne physique, ou la dissolution du mandataire personne morale ;

7° Le décès de l'héritier intéressé ou, en cas de mesure de protection, la décision du juge des tutelles de mettre fin au mandat.

Un même mandat donné pour le compte de plusieurs héritiers ne cesse pas entièrement pour une cause d'extinction qui ne concerne que l'un d'eux. De même, en cas de pluralité de mandataires, la fin du mandat intervenant à l'égard de l'un ne met pas fin à la mission des autres.

1) **Extinction du mandat.** L'aliénation par les héritiers des biens mentionnés dans le mandat constitue l'une des causes d'extinction de celui-ci (■ Cass. 1re civ., 12 mai 2010, cité *supra*, sous art. 812).

2) **Révocation judiciaire.** Pour le contrôle par la Cour de cassation de la révocation pour absence ou disparition de l'intérêt sérieux et légitime, V. ■ Cass. 1re civ., 10 juin 2015, n° 14-10.377 : *Bull.* ; *JCP* N 2015, 1186, obs. M. Nicod ; *RTD civ.* 2015, p. 670, obs. M. Grimaldi ; *RDC* 2015-4, 913, note Ch. Goldie-Génicon.

Art. 812-5 *(L. n° 2006-728, 23 juin 2006).* – **La révocation pour cause de disparition de l'intérêt sérieux et légitime ne donne pas lieu à la restitution par le mandataire de tout ou partie des sommes perçues au titre de sa rémunération, sauf si elles ont été excessives eu égard à la durée ou à la charge effectivement assumée par le mandataire.**

Sans préjudice de dommages et intérêts, lorsque la révocation est intervenue en raison d'une mauvaise exécution de sa mission, le mandataire peut être tenu de restituer tout ou partie des sommes perçues au titre de sa rémunération.

Art. 812-6 *(L. n° 2006-728, 23 juin 2006).* – **Le mandataire ne peut renoncer à poursuivre l'exécution du mandat qu'après avoir notifié sa décision aux héritiers intéressés ou à leurs représentants.**

Sauf convention contraire entre le mandataire et les héritiers intéressés ou leurs représentants, la renonciation prend effet à l'issue d'un délai de trois mois à compter de la notification.

Sans préjudice de dommages et intérêts, le mandataire rémunéré par un capital peut être tenu de restituer tout ou partie des sommes perçues.

Art. 812-7 *(L. n° 2006-728, 23 juin 2006).* – **Chaque année et en fin de mandat, le mandataire rend compte de sa gestion aux héritiers intéressés ou à leurs représentants et les informe de l'ensemble des actes accomplis. À défaut, une révocation judiciaire peut être demandée par tout intéressé.**

Si le mandat prend fin par suite du décès du mandataire, cette obligation incombe à ses héritiers.

Section II. – Du mandataire désigné par convention

Art. 813 *(Rempl., L. n° 2006-728, 23 juin 2006)* (1). – **Les héritiers peuvent, d'un commun accord, confier l'administration de la succession à l'un d'eux ou à un tiers. Le mandat est régi par les articles 1984 à 2010.**

Lorsqu'un héritier au moins a accepté la succession à concurrence de l'actif net, le mandataire ne peut, même avec l'accord de l'ensemble des héritiers, être désigné que par le juge. Le mandat est alors régi par les ***articles 813-1 à 814.***

Section III. – Du mandataire successoral désigné en justice

Voir : CPC, art. 1355 à 1357, p. 2390.

Bibliographie : J. Leprovaux, *L'intervention du juge dans la gestion de la succession : JCP* N 2007, 1204.

Art. 813-1 *(L. n° 2006-728, 23 juin 2006)* (1). – **Le juge peut désigner toute personne qualifiée, physique ou morale, en qualité de mandataire successoral, à l'effet d'administrer provisoirement la succession en raison**

(1) Dispositions d'application : V. L. n° 2006-728, 23 juin 2006, art. 47, II, p. 3262.

de l'inertie, de la carence ou de la faute d'un ou de plusieurs héritiers dans cette administration, de leur mésentente, d'une opposition d'intérêts entre eux ou de la complexité de la situation successorale.

La demande est formée par un héritier, un créancier, toute personne qui assurait, pour le compte de la personne décédée, l'administration de tout ou partie de son patrimoine de son vivant, toute autre personne intéressée ou par le ministère public.

1) Forme des référés. Il résulte de l'article 1380 du Code de procédure civile que la demande de désignation d'un mandataire successoral doit être portée devant le président du tribunal de grande instance qui statue en la forme des référés, si bien qu'une demande formée par requête ne peut qu'être écartée (■ Cass. 1re civ., 4 déc. 2013, n° 12-10.183 : *Dr. famille* 2014, comm. 24, note Nicod).

2) Mandataire de l'indivision. Le mandataire successoral nommé sur le fondement de l'article 813-1 du Code civil peut aussi, sur sa demande, être le mandataire de l'indivision prévu par l'article 815-6 du Code civil : ■ Cass. 1re civ., 10 juin 2015, n° 14-18.944 : *Bull.* ; *RTD civ.* 2015, 672, obs. M. Grimaldi.

Art. 813-2 *(L. n° 2006-728, 23 juin 2006)* (1). – **Le mandataire successoral ne peut agir que dans la mesure compatible avec les pouvoirs de celui qui a été désigné en application du troisième alinéa de l'article 815-6, du mandataire désigné en application de l'article 812 ou de l'exécuteur testamentaire, nommé par le testateur en application de l'article 1025.**

Art. 813-3 *(L. n° 2006-728, 23 juin 2006)* (1). – **La décision de nomination est enregistrée et publiée.**

Voir : CPC, art. 1355, p. 2390, et A. 9 nov. 2009, p. 3318.

Art. 813-4 *(L. n° 2006-728, 23 juin 2006)* (1). – **Tant qu'aucun héritier n'a accepté la succession, le mandataire successoral ne peut accomplir que les actes mentionnés à l'article 784, à l'exception de ceux prévus à son deuxième alinéa. Le juge peut également autoriser tout autre acte que requiert l'intérêt de la succession. Il peut autoriser le mandataire successoral à dresser un inventaire dans les formes prescrites à l'article 789, ou le demander d'office.**

Art. 813-5 *(L. n° 2006-728, 23 juin 2006)* (1). – **Dans la limite des pouvoirs qui lui sont conférés, le mandataire successoral représente l'ensemble des héritiers pour les actes de la vie civile et en justice.**

Il exerce ses pouvoirs alors même qu'il existe un mineur ou un majeur protégé parmi les héritiers.

Le paiement fait entre les mains du mandataire successoral est valable.

Dessaisissement des héritiers. La désignation d'un mandataire successoral, investi du pouvoir d'accomplir les actes prévus aux articles 813-4 et 813-5 du Code civil, notamment celui de dresser inventaire, dessaisit les héritiers de l'exercice des prérogatives entrant dans la mission qui lui a été conférée par le juge (■ Cass. 1re civ., 1er juin 2017, n° 16-18.314 : *Bull.* ; *Dr. famille* 2017, comm. 185, M. Nicod).

Art. 813-6 *(L. n° 2006-728, 23 juin 2006)* (1). – **Les actes visés à l'article 813-4 accomplis par le mandataire successoral dans le cadre de sa mission sont sans effet sur l'option héréditaire.**

Art. 813-7 *(L. n° 2006-728, 23 juin 2006)* (1). – **À la demande de toute personne intéressée ou du ministère public, le juge peut dessaisir le mandataire successoral de sa mission en cas de manquement caractérisé dans l'exercice de celle-ci. Il désigne alors un autre mandataire successoral, pour une durée qu'il définit.**

Art. 813-8 *(L. n° 2006-728, 23 juin 2006)* (1). – **Chaque héritier peut exiger du mandataire successoral la consultation, à tout moment, des documents relatifs à l'exécution de sa mission.**

(1) Dispositions d'application : V. L. n° 2006-728, 23 juin 2006, art. 47, II, p. 3262.

Chaque année et à la fin de sa mission, le mandataire successoral remet au juge et à chaque héritier sur sa demande un rapport sur l'exécution de sa mission.

Art. 813-9 *(L. n° 2006-728, 23 juin 2006)* (1). **– Le jugement désignant le mandataire successoral fixe la durée de sa mission ainsi que sa rémunération. À la demande de l'une des personnes mentionnées au deuxième alinéa de l'article 813-1 ou à l'article 814-1, il peut la proroger pour une durée qu'il détermine.**

La mission cesse de plein droit par l'effet d'une convention d'indivision entre les héritiers ou par la signature de l'acte de partage. Elle cesse également lorsque le juge constate l'exécution complète de la mission confiée au mandataire successoral.

Convention d'indivision. Une convention d'indivision, signée par une seule personne, ne peut mettre fin de plein droit à la mission du mandataire successoral (■ Cass. 1re civ., 25 oct. 2017, n° 16-25.525 : *JurisData* n° 2017-021014 ; *Bull.*).

Art. 814 *(Ord. n° 58-1007, 24 oct. 1958 ; rempl., L. n° 2006-728, 23 juin 2006)* (1). **– Lorsque la succession a été acceptée par au moins un héritier, soit purement et simplement, soit à concurrence de l'actif net, le juge qui désigne le mandataire successoral en application des articles 813-1 et 814-1 peut l'autoriser à effectuer l'ensemble des actes d'administration de la succession.**

Il peut également l'autoriser, à tout moment, à réaliser des actes de disposition nécessaires à la bonne administration de la succession et en déterminer les prix et stipulations.

Dépenses d'entretien. Sur l'étendue des pouvoirs du juge, V. ■ Cass. 1re civ., 27 janv. 2016, n° 14-19.816 : *Bull.*

Art. 814-1 *(L. n° 2006-728, 23 juin 2006)* (1). **– En toute circonstance, l'héritier acceptant à concurrence de l'actif net peut demander au juge de désigner toute personne qualifiée en qualité de mandataire successoral à l'effet de le substituer dans la charge d'administrer et de liquider la succession.**

CHAPITRE IV (ANCIEN). – DES DROITS DE L'ÉTAT

Art. 768 ancien *(Ord. n° 58-1307, 23 déc. 1958)*. – À défaut d'héritiers, la succession est acquise à l'État.

1) Clause d'exhérédation. Une clause par laquelle un testateur déclare exhéréder « qui que ce soit des ayants droit à sa succession » ne peut faire échec au droit de l'État de recueillir, en l'absence d'héritiers, la succession par voie de déshérence (■ Cass. 1re civ., 3 mars 1965, n° 63-11.221 : *JCP* 65, II, 14280, note Spiteri ; *D.* 1965, 428, note J. Mazeaud. ■ Cass. 1re civ., 11 mars 1968 : *D.* 1968, 541, note Voirin). Sur le principe que c'est en vertu de sa souveraineté *que l'État recueille les biens* d'une succession en déshérence, l'envoi en possession qu'il est tenu de demander ayant pour effet de lui conférer la saisine, mais non la qualité d'héritier, V. ■ Cass. 1re civ., 6 avr. 1994, n° 92-12.844 : *JurisData* n° 1994-001183 ; *D.* 1994, 505, note Boulanger ; *JCP* 95, I, 3876, n° 1, obs. Le Guidec ; *Bull. civ.* I, n° 146, p. 106 ; *RTD civ.* 1994, 652, obs. Patarin.

2) Appartenance au domaine public des biens recueillis. Sur le principe que les biens recueillis par voie de déshérence appartiennent au domaine public, V. ■ Cass. 1re civ., 6 avr. 1994, préc.

3) Déshérence et vacance. L'État qui recueille une succession par voie de déshérence a la faculté de s'opposer à l'attribution préférentielle dans les mêmes conditions que tout héritier, mais il en va autrement s'il intervient en qualité de curateur à une succession vacante (■ Cass. 1re civ., 21 juin 1988, n° 86-17.291 : *JurisData* n° 1988-701327 ; *Bull. civ.* I, n° 204, p. 142).

4) Sur la succession des pupilles de l'État, v. C. action soc. et fam., art. L. 224-9, p. 1879. ■ Paris, 5 juill. 1996, n° 95-25620 : *JurisData* n° 1996-023277 ; *Dr. famille* 1997, 52, note Beignier.

(1) Dispositions d'application : V. L. n° 2006-728, 23 juin 2006, art. 47, II, p. 3262.

Art. 769 ancien *(Ord. n° 58-1307, 23 déc. 1958)*. – L'administration des domaines qui prétend droit à la succession est tenue de faire apposer les scellés et de faire faire inventaire dans les formes prescrites pour l'acceptation des successions sous bénéfice d'inventaire.

Art. 770 ancien *(Ord. n° 58-1007, 24 oct. 1958)*. – Elle doit demander l'envoi en possession au tribunal de grande instance dans le ressort duquel la succession est ouverte.

Elle est dispensée de recourir au ministère d'un avoué (avocat) ; le tribunal statue sur la demande trois mois et quarante jours après une publication et affiche dans les formes usitées, et après avoir entendu le procureur de la République.

Lorsque, la vacance ayant été régulièrement déclarée, l'administration des domaines a été nommée curateur, elle peut, avant de former sa demande, procéder par elle-même aux formalités de publicité prévues à l'alinéa précédent.

Dans tous les cas, il sera justifié de l'affichage par un exemplaire du placard signé du directeur des domaines et revêtu d'un certificat du maire du lieu d'ouverture de la succession.

Art. 771 ancien *(Abr., Ord. n° 58-1307, 23 déc. 1958)*.

Art. 772 ancien *(Ord. n° 58-1307, 23 déc. 1958)*. – L'administration des domaines qui n'aurait pas rempli les formalités qui lui sont prescrites pourra être condamnée aux dommages et intérêts envers les héritiers, s'il s'en représente.

Art. 773 *(Abr., L. 25 mars 1896)*.

CHAPITRE V (ANCIEN). – DE L'ACCEPTATION ET DE LA RÉPUDIATION DES SUCCESSIONS

Section I. – De l'acceptation

Art. 774 ancien. – Une succession peut être acceptée purement et simplement, ou sous bénéfice d'inventaire.

1) Acceptation par anticipation. Tout parent au degré successible a sur l'hérédité un droit éventuel subordonné à la renonciation des parents plus proches ou à l'extinction de leur droit par l'effet de la prescription et peut, en cas d'inaction du premier appelé, accepter la succession tant que sa propre vocation héréditaire n'a pas elle-même pris fin de l'une ou de l'autre façon (■ Cass. 1re civ., 24 févr. 1970 : *JurisData* n° 1970-000072 ; *D.* 1970, 336, note Breton ; *JCP* 71, II, 16790, note Patarin).

2) Prise de qualité sous bénéfice d'inventaire. Sur le principe que l'héritier qui déclare ne prendre qualité que sous bénéfice d'inventaire accepte la succession, V. ■ Cass. 1re civ., 14 mai 1996, n° 94-14.667 : *JurisData* n° 1996-001837 ; *Bull. civ.* I, n° 211, p. 147 ; *Defrénois* 1996, 1095, obs. Champenois ; *RTD civ.* 1998, 162, obs. Patarin.

Art. 775 ancien. – Nul n'est tenu d'accepter une succession qui lui est échue.

1) Successible en liquidation judiciaire. Le débiteur en liquidation judiciaire exerce seul la faculté d'accepter une succession ou d'y renoncer, sans préjudice de la mise en œuvre éventuelle par le liquidateur de l'action prévue par l'article 788 (■ Cass. Com., 3 mai 2006, n° 04-10.115 : *JurisData* n° 2006-033404 ; *Bull. civ.* IV, n° 109, p. 109 ; *Dr. famille* 2006, 134, note Beignier).

2) Fraude. Une renonciation ne peut être jugée frauduleuse sans caractériser la règle obligatoire qu'elle aurait permis à l'héritier d'éluder (■ Cass. 1re civ., 15 mai 2008, n° 06-19.535 : *JurisData* n° 2008-043894 ; *Defrénois* 2008, 1685, note Malaurie ; *RTD civ.* 2008, 522, obs. Grimaldi).

Art. 776 ancien *(L. 18 févr. 1938)*. – Les successions échues aux mineurs et aux majeurs en tutelle ne pourront être valablement acceptées que conformément aux dispositions du titre *De la minorité, de la tutelle et de l'émancipation*.

Poursuite sur les biens personnels (non). Sur le principe que le mineur, réputé avoir *accepté sous bénéfice d'inventaire*, ne peut être poursuivi par un créancier de la succession sur ses biens personnels, V. ■ Cass. 1re civ., 30 juin 1998, n° 96-17.789 : *JurisData* n° 1998-002986 ; *Bull. civ.* I, n° 233, p. 161 ; *Defrénois* 1999, 311, obs. Massip.

Art. 777 ancien. – L'effet de l'acceptation remonte au jour de l'ouverture de la succession.

Donations de biens à venir. Les donations de biens à venir que se font les époux au cours du mariage, parce qu'elles sont révocables, sont, quant à leurs effets, soumises aux règles des legs. L'option exercée par le donataire remonte donc au jour du décès (■ Cass. 1re civ., 20 oct. 1992, n° 90-20.676 : *JurisData* n° 1992-002437 ; *Bull. civ.* I, n° 256, p. 168).

Art. 778 ancien. – L'acceptation peut être expresse ou tacite : elle est expresse, quand on prend le titre ou la qualité d'héritier dans un acte authentique ou privé ; elle est tacite, quand l'héritier fait un acte qui suppose nécessairement son intention d'accepter, et qu'il n'aurait droit de faire qu'en sa qualité d'héritier.

1) Pouvoir souverain des juges du fond. Il appartient aux juges du fond d'apprécier les faits d'où peut résulter l'acceptation tacite d'une succession (■ Cass. 1re civ., 12 oct. 1969 : *JCP* 70, II, 16235, note Dagot). Mais viole l'article 778 la cour d'appel qui condamne comme héritiers la mère et les frères et sœurs du défunt, tout en relevant qu'ils auraient renoncé à la succession de leur fils et frère s'ils avaient connu les conséquences de leur participation à la vente d'un bien dépendant de la succession, ce dont il résultait que la présomption d'acceptation de la succession posée par ce texte était détruite (■ Cass. 1re civ., 5 mars 2002 : *JCP* 2003, I, 180, n° 2, obs. Le Guidec ; *JurisData* n° 2002-013320 ; *Dr. famille* 2002, 119, note Beignier ; *Bull. civ.* I, n° 80, p. 61 ; *RTD civ.* 2002, 523, obs. Patarin).

2) Notion d'acceptation tacite. Accepte tacitement la succession l'héritier qui fait un acte supposant nécessairement son intention d'accepter, de sorte que l'inexécution de cet acte est sans effet sur son acceptation et ne lui permet pas de la rétracter (■ Cass. 1re civ., 7 juin 1995, n° 93-14.620 : *JurisData* n° 1995-001532 ; *Bull. civ.* I, n° 245, p. 173 ; *RTD civ.* 1995, 941, obs. Patarin). À la différence d'une demande reconventionnelle, une demande de garantie ne présente par elle-même qu'un caractère conservatoire et n'implique pas l'intention d'accepter une succession (■ Cass. 1re civ., 19 avr. 2005, n° 02-20.542 : *JurisData* n° 2005-028147 ; *Dr. famille* 2005, 145, note Beignier ; *Bull. civ.* I, n° 199, p. 166). L'acceptation tacite d'une succession n'est pas subordonnée à l'existence d'un écrit, et elle peut résulter de la délivrance d'un legs (■ Cass. 1re civ., 15 mai 2008, n° 06-20.822 : *JurisData* n° 2008-043887 ; *JCP* 2009, I, 109, obs. Le Guidec ; *Defrénois* 2008, 1685, note Malaurie ; *RTD civ.* 2008, 523, obs. Grimaldi).

3) *Partage judiciaire ou amiable.* Jugé qu'il y a acceptation tacite si l'héritier se joint à une demande en partage introduite par ses cohéritiers (■ Colmar, 1re ch., 8 nov. 1994 : *JurisData* n° 1994-052744), ou s'il participe à un partage amiable (■ Cass. 1re civ., 6 juin 1984, n° 83-12.655 : *JurisData* n° 1984-701661 ; *Bull. civ.* I, n° 190, p. 161). Mais la demande en liquidation et partage de la société d'acquêts ayant existé entre les époux et de la succession du mari n'implique pas nécessairement la volonté des héritiers bénéficiaires de renoncer au bénéfice d'inventaire et de se comporter en héritiers purs et simples (■ Cass. 1re civ., 14 mai 1996, n° 94-15.028 : *JurisData* n° 1996-001877 ; *JCP* 97, I, 4021, n° 2, obs. Le Guidec ; *Bull. civ.* I, n° 211, p. 147 ; *Defrénois* 1996, 1095, obs. Champenois).

4) Mainlevée d'une inscription hypothécaire. Jugé qu'il y a acceptation tacite si l'héritier donne mainlevée d'une inscription hypothécaire (■ Cass. com., 6 nov. 1968 : *Bull. civ.* IV, n° 313, p. 281).

5) Bail. Congé ou encaissement de loyers. L'héritier doit être considéré comme acceptant, s'il donne au locataire un congé valant offre de vente (■ Cass. 1re civ., 17 mars 1992, n° 90-14.547 : *JurisData* n° 1992-000418 ; *JCP* 93, I, 3676, n° 1, obs. Testu ; *RTD civ.* 1993, 863, obs. Patarin) ou s'il encaisse des loyers dus à la succession (■ Cass. req., 18 avr. 1921 : *DP* 1922, 1, 2104.

6) Actes de disposition. Il y a acceptation tacite si l'héritier dispose de biens dépendant de la succession (■ Paris, 27 avr. 1964 : *JCP* 64, II, 13812, note Patarin), sauf s'il est établi qu'il ignorait que le bien dont il a disposé dépendait en tout ou partie de la succession (■ Cass. 1re civ., 17 mai 1977, n° 75-11.673 : *Bull. civ.* I, n° 239, p. 187). V. aussi pour une transaction avec l'administration fiscale avec constitution d'hypothèques sur les immeubles successoraux, ■ Cass. 1re civ., 7 juin 1995, n° 93-14.596 : *JurisData* n° 1995-001525 ; *Bull. civ.* I, n° 245 ; *RTD civ.* 1995, 941, obs. Patarin.

7) Prorogation de terme. L'acceptation tacite peut résulter de la prorogation du terme d'une dette successorale (■ Cass. 1re civ., 3 juin 1986, n° 82-17.068 : *JurisData* n° 1986-701056 ; *D.* 1987, somm. 123, 1re esp., obs. Martin).

8) Détention des biens successoraux. Ayant relevé que la veuve a détenu jusqu'à son décès les biens successoraux, avec l'accord des cohéritiers tant pour leur compte que pour le sien propre, en sa qualité d'usufruitière, une cour d'appel peut en déduire que les héritiers ont accepté tacitement la succession avant l'expiration du délai de prescription (■ Cass. 1re civ., 19 déc. 1979, n° 78-15.049 : *JurisData* n° 1979-000332 ; *Bull. civ.* I, n° 332, p. 271. Mais le simple fait pour un membre de la famille du *de cujus* de disposer des clés de l'appartement après l'ouverture de la succession ne peut être considéré comme valant acceptation tacite (■ Paris, 12 juin 1997, n° 94/22936 : *JurisData* n° 1997-022702 ; *Dr. famille* 1998, 44, note Beignier).

Art. 779 ancien. – Les actes purement conservatoires, de surveillance et d'administration provisoire, ne sont pas des actes d'addition d'hérédité, si l'on n'y a pas pris le titre ou la qualité d'héritier.

1) **Mention de la qualité d'héritier.** La seule mention de la qualité d'héritier ne suffit pas à elle seule à déterminer si le successeur agit ou non en qualité d'héritier acceptant (▪ Cass. 1re civ., 12 oct. 1969 : *JCP* 1970, II, 16235, note Dagot). Jugé que le fait par un héritier de s'être qualifié d'ayant droit du défunt dans une instance dirigée contre lui en cette qualité ne suppose pas nécessairement qu'il a entendu accepter la succession dès lors qu'il n'a assuré sa défense qu'à des fins conservatoires (▪ Cass. 1re civ., 7 juin 1988, n° 86-14.471 : *Bull. civ.* I, n° 182, p. 127 ; *RTD civ.* 1989, 603, obs. Patarin. ▪ Cass. 1re civ., 19 déc. 1989, n° 88-10.830 : *JurisData* n° 1989-704020 ; *Bull. civ.* I, n° 401, p. 269). Ne peut être qualifiée « d'acte d'addition d'hérédité » une simple déclaration qui, en raison de son caractère équivoque, ne constitue pas une acceptation expresse (▪ Cass. 1re civ., 6 avr. 1994, n° 92-13.462 : *JurisData* n° 1994-001177 ; *Bull. civ.* I, n° 145, p. 106, intervention en défense à une action en justice en qualité de « seul héritier sous réserve d'inventaire »).

2) **Paiement des frais d'obsèques ou d'hospitalisation.** Le paiement par l'héritier des frais d'obsèques avec les fonds laissés par le défunt et la demande de remise de dette suggérée par le directeur de l'organisme créancier peuvent être considérés comme des actes accomplis à titre de gestionnaire n'impliquant pas une volonté non équivoque d'accepter (▪ Cass. 1re civ., 23 juin 1982, n° 81-13.205 : *JurisData* n° 1982-701846 ; *JCP* 82, IV, 318 ; *Bull. civ.* I, n° 240, p. 206). Le paiement, en partie à l'aide de deniers successoraux, des dettes urgentes de la défunte, telles que les frais inhérents à sa dernière hospitalisation ou à son décès, constitue un acte d'administration provisoire prévu par l'article 779. Il n'implique pas de la part des héritiers la volonté non équivoque d'accepter la succession (▪ Dijon, 15 janv. 1988 : *JurisData* n° 1988-045056).

3) **Conservation de la possession d'un immeuble.** Le simple fait de conserver la possession d'un immeuble après l'ouverture de la succession ne vaut pas à lui seul acceptation tacite (▪ TGI Beauvais, réf., 6 nov. 1980 : *D.* 1982, inf. rap. 22, obs. Martin).

4) **Actions en justice.** L'appel d'une décision condamnant le *de cujus* est un acte conservatoire qui ne prouve pas l'acceptation tacite de la succession (▪ Aix-en-Provence, 1re ch., 17 déc. 1987 : *JurisData* n° 1987-050266. V. cependant, retenant la responsabilité de l'avoué pour n'avoir pas attiré l'attention de ses clients sur les conséquences possibles d'une prise de qualité sans réserve, ▪ Cass. 1re civ., 18 janv. 1989, n° 87-11.001 : *JurisData* n° 1989-702747 ; *Bull. civ.* I, n° 17, p. 11). De même, il n'y a pas acceptation tacite lorsque le moyen de défense proposé par l'héritier dans une instance ouverte du vivant de sa mère a un caractère purement conservatoire ou de surveillance et n'implique pas l'intention d'accepter purement et simplement la succession (▪ Cass. 1re civ., 26 janv. 1994 : *JurisData* n° 1994-000075). Si la défense à une action en justice exercée par un créancier de la succession n'a, par elle-même, qu'un caractère accessoire et n'implique pas l'intention d'accepter la succession, il en est autrement si la défense au fond est accompagnée d'une demande principale et caractérise une acceptation tacite de la succession (▪ Cass. 1re civ., 3 déc. 2002, n° 00-13.785 : *JurisData* n° 2002-016607 ; *JCP* 2003, I, 180, n° 2, obs. Le Guidec ; *Bull. civ.* I, n° 298, p. 232 ; *D.* 2003, somm. 1872, obs. Nicod ; *RTD civ.* 2003, 334, obs. Patarin. V. sur cet arrêt J.-R. Binet, De l'intérêt pour l'héritier poursuivi de bien choisir sa défense : *Dr. famille* 2003, chron. 28).

Art. 780 ancien. – La donation, vente ou transport que fait de ses droits successifs un des cohéritiers, soit à un étranger, soit à tous ses cohéritiers, soit à quelques-uns d'eux, emporte de sa part acceptation de la succession.

Il en est de même :

1° de la renonciation, même gratuite, que fait un des héritiers au profit d'un ou de plusieurs de ses cohéritiers ;

2° de la renonciation qu'il fait même au profit de tous ses cohéritiers indistinctement, lorsqu'il reçoit le prix de sa *renonciation.*

1) **Renonciation payante. Situation de l'héritier.** La renonciation faite par un héritier en contrepartie d'une somme payée par une autre personne appelée à la succession valant acceptation tacite, l'héritier n'est donc pas sans qualité pour agir en rescision de l'acte de partage et en nullité de la donation déguisée faite par le *de cujus* à sa femme (▪ Cass. 1re civ., 22 oct. 1968 : *JCP* 68, IV, 191 ; *Bull. civ.* I, n° 244, p. 184).

2) Renonciation dans une transaction. Impôts. La renonciation faite, au profit des cohéritiers indistinctement, dans un accord transactionnel étant assortie de contreparties qui en constituaient le prix, elle emportait acceptation par le renonçant de sa part de succession, et les droits de mutation à titre gratuit étaient dus par celui-ci (▪ Cass. com., 26 juin 2012, n° 11-21.160 : *Dr. famille* 2012, comm. 135, note Mangiavillano ; *JCP* N 2012, act. 717).

3) Renonciation par acte sous seing privé. Absence de date certaine. L'acceptation tacite d'une succession résultant d'une renonciation faite en faveur d'un cohéritier et contenue dans un acte sous seing privé est soumise à l'article 1328 [V. art. 1377, p. 1022] du Code civil (▪ Cass. 1re civ., 14 nov. 1972 : *JurisData* n° 1972-000240 ; *D.* 1973, 109, note A. B.). Les cohéritiers sont donc en droit de ne pas se laisser opposer cet acte sous seing privé, lequel n'avait pas date certaine, et de se prévaloir de la renonciation faite par cet héritier postérieurement dans un acte authentique (même arrêt).

Art. 781 ancien. – Lorsque celui à qui une succession est échue est décédé sans l'avoir répudiée ou sans l'avoir acceptée expressément ou tacitement, ses héritiers peuvent l'accepter ou la répudier de son chef.

Transmission successorale du droit d'option. V. ▪ Cass. 1re civ., 13 juill. 2016, n° 15-23.053 : *Dr. famille* 2016, comm. 210, M. Nicod.

Art. 782 ancien. – Si ces héritiers ne sont pas d'accord pour accepter ou pour répudier la succession, elle doit être acceptée sous bénéfice d'inventaire.

Art. 783 ancien. – Le majeur ne peut attaquer l'acceptation expresse ou tacite qu'il a faite d'une succession, que dans le cas où cette acceptation aurait été la suite d'un dol pratiqué envers lui : il ne peut jamais réclamer sous prétexte de lésion, excepté seulement dans le cas où la succession se trouverait absorbée ou diminuée de plus de moitié, par la découverte d'un testament inconnu au moment de l'acceptation.

1) Irrévocabilité de l'acceptation. L'acceptation fixe définitivement sur la tête de son auteur à la fois la qualité d'héritier ou de légataire et la propriété de sa part dans l'hérédité ou des choses léguées dont la transmission ne peut dès lors s'opérer par voie d'accroissement ou de dévolution (▪ Cass. req., 29 oct. 1929 : *DP* 1930, 1, 19, rapp. Dumas). L'acceptation expresse d'une succession engage immédiatement l'héritier de façon complète et irrévocable, indépendamment de la décision ultérieure du tribunal quant à l'étendue des droits invoqués par lui (▪ Cass. com., 9 févr. 1949 : *JCP* 49, II, 4822, note L. D.).

2) Acceptation sous bénéfice d'inventaire. Celui qui a accepté une succession, fût-ce sous *bénéfice* d'inventaire, ne peut plus par la suite renoncer à l'hérédité (▪ Cass. 1re civ., 18 oct. 1994, n° 91-22.330 : *JurisData* n° 1994-002155 ; *JCP* 94, IV, 2577. ▪ Cass. 1re civ., 11 févr. 2015, n° 14-14.419 : *Bull. civ.* ; *Dr. famille* 2015, obs. S. T.-C.).

3) Erreur de l'optant. La théorie des vices du consentement est applicable aux actes unilatéraux et donc à une renonciation à succession déterminée par la fausse croyance chez l'héritier de conserver dans son patrimoine l'intégralité des biens provenant de deux donations-partages dont il avait été gratifié du vivant du *de cujus* (▪ Cass. civ., 24 mai 1948 : *D.* 1948, 517, note Lenoan. Pour d'autres exemples d'erreur de l'optant, V. ▪ Cass. 1re civ., 12 janv. 1953 : *D.* 1953, 234. ▪ Cass. 1re civ., 15 juin 1960 : *JurisData* n° 1960-700333 ; *JCP* 61, II, 12274, note Voirin.

4) Optant victime d'un dol. Pour un exemple de dissimulation volontaire et malveillante d'un testament, V. ▪ Angers, 3 nov. 2004, n° 03/01894 : *JurisData* n° 2004-264387 ; *Dr. famille* 2005, 118, note Beignier.

5) Fausse cause. Pour la nullité d'une renonciation déterminée par une fausse cause, en application de l'article 1131, V. ▪ Paris, 14 avr. 2005, n° 04/24633 : *JurisData* n° 2005-279740 ; *Dr. famille* 2006, 18, note Beignier.

Section II – De la renonciation aux successions

Art. 784 ancien. – La renonciation à une succession ne se présume pas ; elle ne peut plus être faite qu'au greffe du tribunal de grande instance, dans l'arrondissement duquel la succession s'est ouverte, sur un registre particulier tenu à cet effet.

1) Mandat de renoncer. Le mandataire doit justifier d'un mandat exprès de renoncer à la succession (■ Rouen, 31 mai 1950 : *D.* 1950, 742. V. aussi pour une renonciation à un legs ■ Paris, 17 nov. 1998, n° 1996/12155 : *JurisData* n° 1998-024368 ; *Dr. famille* 1999, 105, note Beignier).

2) Renonciation au profit d'un héritier ou d'un tiers. La renonciation à succession faite au profit d'un héritier ou d'un tiers présente le caractère d'une convention translative de propriété et n'est pas soumise aux règles de forme édictées par l'article 784 du Code civil (■ Cass. 1re civ., 20 avr. 1982, n° 81-11.158 : *JurisData* n° 1982-700876 ; *Bull. civ.* I, n° 139, p. 123).

3) Institution contractuelle et legs. L'article 784 n'est pas applicable en matière d'institution contractuelle (■ Cass. 1re civ., 22 janv. 1985, n° 83-11.346 : *JurisData* n° 1985-000429 ; *Bull. civ.* I, n° 32, p. 32, ni en matière de legs (■ Cass. 1re civ., 20 avr. 1982 : *JurisData* n° 1982-700877 ; *Bull. civ.* I, n° 139, p. 123. ■ Cass. 1re civ., 15 juin 2017, n° 16-21.874 : *Dr. famille* 2017, comm. 186, A. Tani). Mais l'inaction du légataire qui invoque pour la première fois un testament vieux de près de trente ans sans en avoir exécuté les charges ne caractérise pas suffisamment la renonciation tacite (■ Cass. 1re civ., 17 oct. 1984, n° 83-12.372 : *JurisData* n° 1984-701729 ; *Bull. civ.* I, n° 270, p. 230).

4) Renonciation à l'action en réduction. La renonciation à une succession ne peut se déduire de la renonciation à l'action en réduction prévue par l'article 920 (■ Cass. 1re civ., 19 nov. 1985, n° 84-14.638 : *Bull. civ.* I, n° 311, p. 276 ; *D.* 1987, somm. 124, obs. Martin).

5) Droit moral de l'auteur. Le second mari de la veuve d'un peintre ayant renoncé « purement et simplement » tant aux droits qu'il pouvait prétendre dans la succession de son épouse qu'au bénéfice de « toutes dispositions testamentaires » prises par celle-ci à son profit, une telle renonciation englobe le droit moral dont la veuve était titulaire en sa qualité de seule héritière de l'artiste (■ Paris, 1re ch., 11 déc. 2000 : *JCP* 2002, II, 10119, note Sauvage ; *JurisData* n° 2000-138487). Cependant, la volonté de la testatrice était insuffisante à rendre parfaite la transmission du droit moral ; il résulte en effet du caractère extrapatrimonial de ce droit que l'investiture de la personne gratifiée par testament ou par institution contractuelle est subordonnée à son acceptation. La condition est remplie en l'espèce, aucune rétractation tacite de la renonciation ne pouvant être déduite du comportement ultérieur de l'intéressé dès lors que la succession de la veuve du peintre a été acceptée entre-temps par sa fille unique (même arrêt, pourvoi rejeté sur ce point par ■ Cass. 1re civ., 3 déc. 2002 : *JurisData* n° 2002-016605 ; *Propriétés intellectuelles*, avr. 2003, n° 7, p. 167, obs. A. Lucas).

Art. 785 ancien. – L'héritier qui renonce est censé n'avoir jamais été héritier.

NB : V. la jurisprudence sous le nouvel art. 805, p. 610.

Art. 786 ancien. – La part du renonçant accroît à ses cohéritiers ; s'il est seul, elle est dévolue au degré subséquent.

Légataire universel. La renonciation d'un héritier à sa part de réserve doit profiter au légataire universel et ne peut rendre son droit héréditaire à un collatéral (■ Cass. req., 9 mai 1938 : *DH* 1938, 390).

Art. 787 ancien. – On ne vient jamais par représentation d'un héritier qui a renoncé : si le renonçant est seul héritier de son degré ou si tous ses cohéritiers renoncent, les enfants viennent de leur chef et succèdent par tête.

Art. 788 ancien. – Les créanciers de celui qui renonce au préjudice de leurs droits, peuvent se faire autoriser en justice à accepter la succession du chef de leur débiteur, en son lieu et place.

Dans ce cas, la renonciation n'est annulée qu'en faveur des créanciers, et jusqu'à concurrence seulement de leurs créances : elle ne l'est pas au profit de l'héritier qui a renoncé.

1) Créanciers personnels du défunt. Droit d'agir (non). La validité de la renonciation ne peut être contestée que par les créanciers personnels de l'héritier renonçant et non par les créanciers personnels du défunt (■ Cass. req., 29 mars 1909 : *DP* 1910, 1, 421, 2e et 3e esp. ■ Colmar, 2e ch., 11 sept. 1992 : *JurisData* n° 1992-047970).

2) Légataires. Les légataires du défunt ne peuvent invoquer le bénéfice de l'article 788 (■ Cass. req., 15 mars 1859 : *DP* 1859, 1, 321).

3) Application du principe *fraus omnia corrumpit*. Un héritier ayant renoncé à la succession de sa mère, en vue d'empêcher une transmission à son enfant naturel, viole le principe *fraus omnia corrumpit* la cour d'appel qui déboute l'enfant de sa demande en nullité de la renonciation, alors que toute personne victime d'une fraude peut demander que l'acte frauduleux lui soit déclaré inopposable, quand bien même la fraude aurait été dirigée contre d'autres (■ Cass. 1re civ., 4 déc. 1990, n° 87-18.256 : *JurisData* n° 1990-003424 ; *JCP* 91, IV, 44 ; *Bull. civ.* I, n° 278, p. 197 ; *RTD civ.* 1992, 157, obs. Patarin. V. cependant, sur renvoi, ■ Amiens, ch. réun., 18 juin 1993 : *JurisData* n° 1993-040168).

4) Préjudice causé au créancier. La fraude aux droits du créancier consiste dans la simple connaissance par l'héritier renonçant de son insolvabilité et du fait que cette insolvabilité va être aggravée par le parti qu'il prend (■ Cass. 1re civ., 24 mars 1993 : *JurisData* n° 1993-000605). Le créancier peut être autorisé à accepter la succession si la renonciation de l'héritier lui fait perdre le bénéfice d'un usufruit, même faible, ainsi que le droit de demander la réduction du legs (■ Cass. 1re civ., 7 nov. 1984, n° 83-15.433 : *Bull. civ.* I, n° 298, p. 254). Le créancier doit établir l'insolvabilité, au moins apparente, de son débiteur à la date de la renonciation à la succession (■ Cass. 1re civ., 19 déc. 2012, n° 11-25.578 : *JCP G* 2013, 11 ; *Defrénois* 2013, p. 478, note Autem ; *JCP N* 2013, 1261, note Massip).

Art. 789 ancien. – La faculté d'accepter ou de répudier une succession se prescrit par le laps de temps requis pour la prescription la plus longue des droits immobiliers.

1) Présomption irréfragable de renonciation. Passé le délai de trente ans, l'héritier prétendu resté inactif doit être considéré comme restant étranger à la succession (■ Cass. civ., 13 févr. 1911 : *DP* 1911, 1, 391. ■ Paris, 21 avr. 1937 : *DH* 1937, 305).

2) Prescription unique courant depuis l'ouverture de la succession. En cas d'inaction du premier appelé, celui qui vient à son défaut peut accepter la succession tant qu'il ne s'est pas écoulé trente ans depuis son ouverture (■ Cass. civ., 20 juin 1898 : *DP* 1899, 1, 441, note Capitant).

3) Suspension et interruption. V. jurisprudence ss art. 780 actuel, p. 605.

4) Charge de la preuve. Il appartient aux demandeurs en partage d'établir l'acceptation de la succession dans le délai légal (■ Cass. 1re civ., 18 janv. 1989, n° 87-10.136 : *JurisData* n° 1989-700282 ; *JCP* 89, IV, 105 ; *Bull. civ.* I, n° 34, p. 22 ; *RTD civ.* 1989, 606, obs. Patarin. ■ Cass. 1re civ., 27 oct. 1993, n° 91-13.946 : *JurisData* n° 1993-002613 ; *JCP* 93, IV, 337 ; *Bull. civ.* I, n° 304, p. 209. ■ Cass. 1re civ., 19 oct. 1999, n° 97-11.140 : *JurisData* n° 1999-003949 ; *Dr. famille* 2000, 31, note Beignier. Pour un exemple de renonciation par des indivisaires au bénéfice de l'usucapion, V. ■ Cass. 1re civ., 16 mai 2000, n° 97-20.839 : *JurisData* n° 2000-002006 ; *Dr. famille* 2000, 118, note Beignier.

5) Acceptation par anticipation. Tout parent au degré successible a sur l'hérédité un droit éventuel subordonné à la renonciation des parents plus proches ou à l'extinction de leur droit par l'effet de la prescription et peut, en cas d'inaction du premier appelé, accepter la succession tant que sa propre vocation héréditaire n'a pas elle-même pris fin de l'une ou de l'autre façon (■ Cass. 1re civ., 24 févr. 1970, préc.).

6) Usages locaux contraires (non). L'article 789 ne réserve aucune place aux usages locaux contraires (■ Cass. 1re civ., 25 mai 1981 : *JurisData* n° 1981-001903 ; *JCP N* 82, prat. 360).

7) Moyen relevé d'office (non). La prescription prévue par l'article 789 ne peut être relevée d'office (■ Cass. 1re civ., 17 mars 1987, n° 85-13.345 : *JurisData* n° 1987-000570 ; *Bull. civ.* I, n° 98, p. 74).

8) Délais pour faire inventaire et délibérer. Il résulte de l'article 789 que l'héritier, qui ne peut être tenu de prendre parti sur la succession qui lui est échue pendant les délais pour faire inventaire et délibérer, peut encore renoncer à la succession s'il n'a pas fait par ailleurs acte d'héritier, tant qu'il n'existe pas contre lui de jugement passé en force de chose jugée qui le condamne en qualité d'héritier pur et simple (■ Cass. 1re civ., 4 mars 1975, n° 73-14.821 : *JurisData* n° 1975-000092 ; *Gaz. Pal.* 1975, 2, 485).

Art. 790 ancien. – Tant que la prescription du droit d'accepter n'est pas acquise contre les héritiers qui ont renoncé, ils ont la faculté d'accepter encore la succession, si elle n'a pas été déjà acceptée par d'autres héritiers ; sans préjudice néanmoins des droits qui peuvent être acquis à des tiers sur les biens de la succession, soit par prescription, soit par actes valablement faits avec le curateur à la succession vacante.

1) Légataires universels. Par héritiers admis à se prévaloir de la faculté de rétracter leur renonciation, l'article 790 vise non seulement les héritiers du sang mais aussi les légataires universels, même non saisis (■ Cass. 1re civ., 1er févr. 1955 : *JCP* 55, II, 8646, note Becqué). Et il faut également comprendre le légataire universel au nombre des héritiers dont l'acceptation met obstacle à la rétractation des renonçants (▪ Cass. civ., 16 nov. 1927 : *DH* 1928, 103. ▪ Paris, 10 juin 1952 : *JCP* 52, II, 7252, note Becqué).

2) Acceptation d'un successible de rang subséquent. Toute acceptation d'un successible suffit à mettre obstacle à la rétractation de la renonciation d'un héritier antérieur, même si le successible n'est pas appelé immédiatement après le renonçant (▪ Paris, 23 nov. 1948 : *JCP* 49, II, 4777, note R. Savatier).

3) Héritiers ayant renoncé en même temps. L'acceptation par l'héritier qui a rétracté le premier sa renonciation fait obstacle à la rétractation postérieure de l'autre héritier, la circonstance selon laquelle les héritiers ont renoncé en même temps étant indifférente (▪ Cass. 1re civ., 23 janv. 1996, n° 94-10.790 : *JurisData* n° 1996-000122 ; *Bull. civ.* I, n° 44, p. 27 ; *JCP* 96, I, 3968, n° 1, obs. Le Guidec ; *RTD civ.* 1996, 959, obs. Patarin).

4) Envoi en possession de l'État. L'envoi en possession de l'État n'empêche pas la rétractation (▪ Cass. 1re civ., 6 avr. 1994, n° 92-13.462 : *JurisData* n° 1994-001177 ; *D.* 1994, 505, note Boulanger ; *Bull. civ.* I, n° 146, p. 106 ; *JCP* 1995, I, 3876, n° 1, obs. Le Guidec ; *RTD civ.* 1994, 652, obs. Patarin).

5) Réduction des libéralités. Droits acquis par les donataires. La renonciation de l'héritier réservataire ayant pour effet immédiat d'affranchir les donations de l'action en réduction, l'acceptation ultérieure de l'hérédité ne saurait modifier cette situation et anéantir les droits acquis par les donataires (▪ Cass. civ., 5 févr. 1878 : *DP* 1878, 1, 344).

6) Acceptation sous bénéfice d'inventaire. L'acceptation sous bénéfice d'inventaire fait obstacle, comme l'acceptation pure et simple, à la rétractation par un autre héritier de sa renonciation à la succession (▪ Cass. 1re civ., 4 oct. 1977, n° 75-15.581 : *JurisData* n° 1977-000354 ; *Bull. civ.* I, n° 354, p. 281).

7) Succession échue à un mineur en tutelle. Sur le cas où une succession échue à un mineur en tutelle a été répudiée et n'a pas été ensuite acceptée par un autre héritier, voir art. 462, p. 418.

Art. 791 ancien. – On ne peut, même par contrat de mariage, renoncer à la succession d'un homme vivant, ni aliéner les droits éventuels qu'on peut avoir à cette succession.

1) Sur la prohibition des pactes sur succession future, voir art. 1130 ancien, p. 1081.

2) Condition d'une renonciation à une succession non ouverte. Un legs est nul s'il est subordonné à la condition d'une renonciation à une succession non ouverte (▪ Cass. 1re civ., 30 avr. 1968 : *JurisData* n° 1968-700127 ; *JurisData* n° 1968-700127 ; *JCP* 68, II, 15580, note R. L.).

Art. 792 ancien. – Les héritiers qui auraient diverti ou recelé des effets d'une succession, sont déchus de la faculté d'y renoncer : ils demeurent héritiers purs et simples, nonobstant leur renonciation, sans pouvoir prétendre aucune part dans les objets divertis ou recelés.

I – CONDITIONS DU RECEL SUCCESSORAL

A – Personnes pouvant commettre le recel successoral

1) Personnes appelées en vertu d'un titre universel. Les peines édictées par l'article 792 s'appliquent à toutes les personnes appelées à venir au partage de la succession en vertu d'un titre universel (▪ Cass. 1re civ., 5 janv. 1983, n° 81-16.655 : *JurisData* n° 1983-700021 ; *Bull. civ.* I, n° 10 ; *RTD civ.* 1984, 340, obs. Patarin), aussi bien aux légataires universels qu'aux héritiers ab intestat (▪ Paris, 10 juill. 1946 : *JCP* 47, II, 3392, note R. Savatier). Mais l'usufruitière de la *totalité de la succession*, ne disposant pas de droits de même nature que ceux des autres héritiers (nus-propriétaires), de sorte qu'il n'y a pas lieu à partage entre elle et ces derniers, la dissimulation de fonds par l'usufruitière ne peut être qualifiée de recel successoral (▪ Cass. 1re civ., 29 juin 2011, n° 10-13.807 : *AJF* 2011, p. 507, note Vernières ; *Dr. famille* 2011, 154, note Beignier ; *JCP* G 2012, 228, obs. Le Guidec ; *RJPF* oct. 2011, p. 30, obs. Casey ; *RTD civ.* 2011, 788, obs. M. Grimaldi).

2) Personnes n'ayant pas la qualité de successeurs. L'article 792 n'est pas applicable à l'héritier exhérédé (▪ Cass. civ., 26 déc. 1951 : *JCP* 52, II, 6923, note Cavarroc), ni au légataire particulier (▪ Orléans, 15 avr. 1953 : *D.* 1953, 689), ni au donataire (▪ Cass. 1re civ., 1er avr. 1981 : *JurisData* n° 1981-701018 ; *JCP* 81, IV, 224 ; *Bull. civ.* I, n° 118, p. 101).

3) Conjoint survivant. Si les peines du recel successoral ne sont pas applicables au légataire particulier, elles peuvent néanmoins frapper le conjoint survivant lorsque le montant de son usufruit légal est inférieur à celui des legs particuliers qui lui ont été consentis (▪ Cass. 1re civ., 11 oct. 1988, n° 86-14.841 : *Bull. civ.* I, n° 287, p. 195 ;

JCP 89, II, 21321, note de La Marnierre ; *D.* 1990, 1, note Breton ; *RTD civ.* 1989, 362, obs. Patarin). Mais l'article 792 n'est pas applicable à la veuve qui prélève des sommes au préjudice de l'indivision conventionnelle ayant existé entre elle et son époux dès lors qu'elle est débitrice desdites sommes envers cette seule indivision, non en sa qualité d'héritière de son mari, mais comme indivisaire tenue au rapport de ce qu'elle a pris dans l'indivision avant le partage (■ Cass. 1re civ., 15 nov. 1994, n° 93-10.039 : *JurisData* n° 1994-002166 ; *Bull. civ.* I, n° 331, p. 239). Elle commet ainsi un recel de communauté et non un recel successoral (■ Cass. 1re civ., 27 sept. 2017, n° 16-22.150 : *JurisData* n° 2017-018675 ; *JCP* N 2018, 1098, B. Vareille ; *Dr. famille* 2017, comm. 229, M. Nicod ; *Bull.*).

B – Intention frauduleuse

4) Principe. Le recel successoral suppose l'intention frauduleuse du receleur (■ Cass. 1re civ., 7 juin 1995, n° 93-16.597 : *JurisData* n° 1995-001522 ; *JCP* 95, IV, 1910 ; *Bull. civ.* I, n° 247, p. 174. ■ Paris, 19 oct. 1953 : *JCP* 53, II, 7427, note H. Mazeaud. ■ Cass. 1re civ., 2 mars 1999, n° 97-13.165 : *Dr. famille* 1999, 46, 2e esp., note Beignier. V. aussi J. Patarin : *RTD civ.* 1996, 446, et les réf. cit.). Sur le pouvoir souverain des juges du fond pour apprécier l'existence de l'élément intentionnel du recel, V. ■ Cass. 1re civ., 4 juill. 2007, n° 06-17.310 : *JurisData* n° 2007-039918. Le repentir suppose une restitution spontanée et antérieure aux poursuites (■ Cass. 1re civ., 14 juin 2005 : *JCP* 2005, IV, 2750 ; *JurisData* n° 2005-028919 ; *Bull. civ.* I, n° 266, p. 223. ■ Cass. 1re civ., 17 janv. 2006, n° 04-17.675 : *JurisData* n° 2006-031674 ; *Bull. civ.* I, n° 25, p. 23 ; *Dr. famille* 2006, 112, note Binet).

5) Simulation. Présomption de recel (non). Il résulte de l'article 792 que la simulation n'emporte pas présomption de recel à l'égard du successible gratifié par une libéralité déguisée (■ Cass. 1re civ., 29 mai 1996, n° 94-13.736 : *JurisData* n° 1996-002117 ; *Bull. civ.* I, n° 229, p. 153 ; *D.* 1997, 163, note Malaurie. ■ Cass. 1re civ., 12 déc. 2006, n° 05-18.573 : *JurisData* n° 2006-036439 ; *Bull. civ.* I, n° 553, p. 493). Mais la dissimulation intentionnelle d'une donation déguisée, par un héritier qui renonce rapidement à la succession, peut caractériser l'existence d'une manœuvre dolosive, laquelle a pu se manifester avant même l'ouverture de la succession (■ Cass. 1re civ., 1er févr. 2017, n° 16-14.323 : *Bull.*).

6) Fraude concertée avec le *de cujus*. Il importe peu que la fraude aux droits des cohéritiers ait été commise de concert avec le *de cujus* (■ Cass. 1re civ., 11 janv. 1961 : *JCP* 61, IV, 27 ; *Bull. civ.* I, n° 31, p. 25), ou même organisée par celui-ci (■ Cass. 1re civ., 23 mai 1959 : *D.* 1959, 470).

7) Assurance vie. Dès lors que le capital ou la rente payables au décès du souscripteur et que les primes versées par lui ne sont pas soumis à rapport à la succession, la non-révélation de l'existence du contrat par un héritier n'est pas constitutive, par elle-même, d'un recel successoral, faute d'élément intentionnel (■ Cass. 1re civ., 12 déc. 2007, n° 06-19.653 : *Bull. civ.* I, n° 391, p. 342 ; *JurisData* n° 2007-041976 ; *JCP* G 2009, I, 109, obs. Le Guidec ; *RJPF* 2008-2/40, note Casey ; *RTD civ.* 2008, 135, obs. Grimaldi). Mais si les primes sont manifestement exagérées, les sommes versées constituent des libéralités dont la dissimulation volontaire par l'héritier gratifié constitue un recel (■ Cass. 1re civ., 4 juin 2009 : *JurisData* n° 2009-048464 ; *Dr. famille* 2009, comm. 110, note Beignier ; *JCP* 2009, p. 375, obs. Le Guidec ; *Resp. civ. et assur.* 2009, étude 12, Pierre).

C – Fait matériel de recel

8) Nécessité d'un fait matériel. Le recel n'est pas constitué, faute de fait matériel, lorsque les opérations antérieures au décès, bien qu'elles aient constitué une dissimulation de la réalité ayant eu pour effet d'éluder les droits de mutation, n'ont pas trompé les héritiers qui, propriétaires indivis de l'immeuble donné à bail commercial, disposaient des renseignements nécessaires (■ Cass. 1re civ., 20 févr. 1996, n° 94-10.262 : *JurisData* n° 1996-000541 ; *JCP* 96, IV, 888 ; *Bull. civ.* I, n° 102, p. 70).

9) Omission d'un héritier. L'article 792 s'applique à l'omission intentionnelle d'un héritier (■ Cass. 1re civ., 20 sept. 2006, n° 04-20.614 : *JurisData* n° 2006-034989 ; *Bull. civ.* I, n° 415, p. 357 ; *D.* 2006, 2969, note Jacotot ; *JCP* G 2007, II, 10014, note Eschylle ; *JCP* G 2008, I, 108, obs. Le Guidec). Revirement par rapport à ■ Cass. 1re civ., 25 mai 1987, n° 85-18.684 : *JurisData* n° 1987-001082 ; *Bull. civ.* I, n° 172, p. 130 ; *D.* 1987, 465, note Breton ; *RTD civ.* 1988, 154, obs. Patarin (Comp., moins net, ■ Cass. 1re civ., 16 juill. 1992, n° 90-19.471 : *JurisData* n° 1992-001847 ; *JCP* 93, I, 3713, n° 4, obs. Testu ; *RTD civ.* 1993, 388, obs. Patarin).

10) Faits antérieurs à l'ouverture de la succession. L'article 792 est applicable même si les manœuvres ont été commises antérieurement à l'ouverture de la succession (■ Cass. 1re civ., 10 nov. 1953 : *Gaz. Pal.* 1954, I, 158. ■ Cass. 1re civ., 1er févr. 2017, n° 16-14.323 : *Bull.* ; *Dr. famille* 2017, comm. 86, Nicod), mais le recel ne saurait exister s'il ne se maintient pas après son ouverture (■ Orléans, 15 avr. 1953 : *D.* 1953,

689. V. aussi pour une restitution du vivant du *de cujus* ■ Paris, 16 déc. 1991 : *D.* 1992, inf. rap. 95), à moins que le receleur ne reconnaisse détenir des valeurs de la succession qu'une fois interrogé par le juge d'instruction (■ Poitiers, 5 févr. 1935 : *DH* 1935, 235). Il n'y a pas de recel si les valeurs soustraites ont été restituées sur plainte du *de cujus* du vivant de celui-ci (■ Cass. civ., 17 oct. 1950 : *D.* 1950, 755).

11) Fait matériel de recel. Notion. Toute fraude qui a pour but de rompre l'égalité du partage entre cohéritiers ou de modifier leur vocation héréditaire constitue un divertissement ou un recel au sens de l'article 792 (■ Cass. req., 24 oct. 1932 : DH 1932, 537. – V. aussi ■ Cass. 1re civ., 4 mai 1977, n° 76-10.320 : *JurisData* n° 1977-000208 ; *Bull. civ.* I, n° 208, p. 164).

12) Dissimulation d'une donation. Le recel peut résulter par exemple de la dissimulation d'une donation non rapportable mais réductible (■ Cass. 1re civ., 5 nov. 2014, n° 13-28.416 : *Dr. famille* 2015, 17, obs. Nicod). Mais jugé que le simple fait d'une dissimulation passive par le silence ne suffit pas à caractériser l'intention frauduleuse (■ Toulouse, 18 mars 1998, n° 96/04594 : *JurisData* n° 1998-042042 ; *JCP* 98, IV, 3386). Le fait d'avoir conservé des fonds devant être rapportés à la succession ne peut suffire à établir leur dissimulation constitutive de recel (■ Cass. 1re civ., 26 mai 1999, n° 97-16.859 : *JurisData* n° 1999-002223 ; *Dr. famille* 1999, 106, 4e esp., note Fouquet). S'agissant de libéralités ni rapportables, car consenties à des légataires à titre universel non héritiers *ab intestat*, ni réductibles, en l'absence d'héritier réservataire, leur dissimulation ne peut être qualifiée de recel successoral au sens de l'ancien article 792 (■ Cass. 1re civ., 20 oct. 2010, n° 09-16157 : *AJF* 2010, 549, obs. Vernières ; *Defrénois* 2011, p. 733, obs. Vareille ; *Dr. famille* 2010, 190, note Beignier ; *RJPF* janv. 2011, p. 30, note Leprovaux ; *RTD civ.* 2011, 161, obs. M. Grimaldi. ■ Cass. 1re civ., 26 janv. 2011, n° 09-68.368 : *JurisData* n° 2011-000642 ; *Dr. famille* 2011, 38, note Beignier ; *JCP* G 2012, 228, obs. Le Guidec ; *JCP* N 2011, act. 186 ; *RJPF* avr. 2011, p. 27, note Donnier).

13) Encaissement de chèques ou retrait d'espèces. Le recel peut être constitué par le fait pour la veuve d'avoir encaissé sur son compte personnel la somme provenant de la vente d'un bien propre de son mari (■ Cass. 1re civ., 24 nov. 1998, n° 96-14.002 : *JurisData* n° 1998-004501 ; *Dr. famille* 1999, 46, 1re esp., note Beignier. V. aussi pour un cohéritier bénéficiaire d'une procuration sur des comptes bancaires de son père, ■ Cass. 1re civ., 28 juin 2005 : *JurisData* n° 2005-029161 ; *Bull. civ.* I, n° 290, p. 241), ou par la non-révélation de retraits d'espèces auxquels l'héritier a procédé en vertu d'une procuration avant le décès, alors que le montant de ces retraits aurait dû être rapporté à la masse à partager (■ Cass. 1re civ., 12 sept. 2012, n° 11-15.006 : *JCP* G 2012, 1167, note Y. Favier. Comp. pour l'héritier s'étant fait remettre des valeurs au porteur en exécution d'un ordre de « sortie totale d'un compte titres » signé par le *de cujus* la veille de sa mort, ■ Cass. 1re civ., 6 mars 1996, n° 94-14.222 : *JurisData* n° 1996-000717 ; *Bull. civ.* I, n° 127, p. 91). Le don manuel irrévocable n'est pas remis en cause par un testament postérieur instituant un légataire universel (■ Cass. 1re civ., 14 déc. 1999, n° 97-17.630 : *JurisData* n° 1999-004600 ; *Dr. famille* 2000, 28, note Beignier).

14) Vente par un héritier d'un bien successoral. L'article 792 est applicable dans le cas de la vente par un héritier d'un bien successoral hors la présence de son cohéritier pour lequel il s'est porté fort sans jamais demander la ratification de cette promesse (■ Cass. 1re civ., 10 mars 1993, n° 90-19.279 : *JurisData* n° 1993-000417 ; *JCP* 93, IV, 1243 ; *RTD civ.* 1994, 142, obs. Patarin).

15) Nécessité d'une distraction d'effets successoraux. La sanction de l'article 792 n'est pas applicable à un associé qui détourne des sommes au préjudice d'une personne morale (■ Cass. 1re civ., 18 mai 2011, n° 10-12.127 : *JCP* G 2012, 228, obs. Le Guidec ; *JCP* N 2012, 1270, note J.-Ch. Bonneau ; *RJPF* août 2011, p. 29, note Zalewski ; *RTD civ.* 2011, 572, obs. M. Grimaldi, à propos du détournement par un associé d'actifs d'une société constituée entre un défunt et ses enfants).

16) Nécessité d'un préjudice (non). Il n'est pas nécessaire de constater l'existence d'un préjudice (■ Cass. 1re civ., 12 juill. 1983, n° 82-13.199 : *JurisData* n° 1983-701587 ; *Bull. civ.* I, n° 208, p. 185 ; *D.* 1984, 237, note Souleau ; *RTD civ.* 1984, 339, obs. Patarin). Mais jugé qu'un héritier ne peut être déchu de sa part dans la quotité disponible dès lors que le faux testament qu'il produit ne peut avoir aucun effet, la quotité disponible ayant été entièrement absorbée par des libéralités antérieures irrévocables (■ Cass. 1re civ., 4 déc. 1990, n° 87-18.256 : *JurisData* n° 1990-003424 ; *JCP* 91, IV, 44 ; *Bull. civ.* I, n° 282, p. 199).

17) Perception de loyers. Les loyers d'un immeuble dépendant d'une indivision successorale qui ont été perçus après l'ouverture de la succession n'en constituent pas des effets et ne peuvent donc être recelés (■ Cass. 1re civ., 25 nov. 2003 : *Dr. famille* 2004, 9, note crit. Beignier ; *JCP* G 2004, I, 155 et *JCP* N 2004, 1489, n° 4, obs. Le Guidec ; *JurisData* n° 2003-021054 ; *Bull. civ.* I, n° 244, p. 193 ; *D.* 2004, somm. 2343, 1re esp., obs. Brémond).

II – EFFETS DU RECEL SUCCESSORAL

18) Héritier et créanciers. Les dispositions de l'article 792 ne peuvent être mises en œuvre que par les héritiers et les créanciers de la succession, et l'inaction pendant trente ans d'une héritière omise dans l'acte de notoriété lui a fait perdre la qualité d'héritier (■ Cass. 1re civ., 28 janv. 2009, n° 07-19.573 : *JurisData* n° 2009-046748 ; *D.* 2009, p. 500, obs. Egéa, p. 2514, obs. Nicod ; *Dr. famille* 2009, 47, note Beignier ; *JCP* 2009, IV, 1356 et p. 375, obs. Le Guidec ; *RJPF* 2009/4, p. 30, note Sauvage).

19) Acceptation. Action des créanciers. Les créanciers de la succession peuvent invoquer l'article 792 pour obtenir que le receleur soit déchu de la faculté de renoncer (■ Cass. civ., 28 oct. 1907 : *DP* 1910, 1, 292).

20) Perte des droits dans les objets recelés. Lorsque le recel porte sur des donations déguisées, le donataire ne peut rien garder des biens à lui donnés, sans qu'il y ait à rechercher si ces biens excèdent ou non la mesure de la quotité disponible (■ Cass. 1re civ., 30 mai 1973, n° 71-11.434 : *JurisData* n° 1973-000189 ; *JCP* 75, II, 17921, note Thuillier. – *Contra* ■ Cass. civ., 28 juill. 1913 : *DP* 1917, 1, 58).

21) Valeurs se trouvant à l'étranger. Si les valeurs recelées se trouvent à l'étranger, le receleur peut être condamné au paiement d'une somme égale à ses droits dans ces valeurs, par prélèvement sur les biens successoraux situés en France (■ Cass. req., 6 nov. 1945 : *D.* 1946, 154).

22) Recel au préjudice d'un héritier en usufruit. Le recel ne prive son auteur de sa part dans les biens recelés que dans la mesure où ces biens devaient être partagés ; il s'ensuit que lorsque l'héritier victime du recel n'avait de droit qu'en usufruit, la sanction du recel ne peut porter que sur la jouissance des biens détournés (■ Cass. 1re civ., 12 juill. 1983, n° 82-13.199 : *JurisData* n° 1983-701587 ; *Bull. civ.* I, n° 208, p. 185 ; *D.* 1984, 237, note Souleau ; *RTD civ.* 1984, 339, obs. Patarin).

23) Fruits et intérêts. L'héritier victime d'un recel a droit aux fruits depuis le décès mais ne peut, dès lors, prétendre aux intérêts au taux légal (■ Cass. 1re civ., 30 janv. 2019, n° 18-12.887). En l'absence de fruits, l'héritier recéleur doit les intérêts de la somme recelée à compter de leur perception (■ Cass. 1re civ., 18 oct. 1994 : *JCP* 94, IV, 2551 ; *Bull. civ.* I, n° 295, p. 214).

24) Compensation (non). Par application de l'article 1293-1° [V. art. 1347-2, p. 991], selon lequel la compensation ne peut s'opérer dans le cas de demande de restitution d'une chose dont le propriétaire a été injustement dépouillé, l'héritier receleur doit restituer l'intégralité des sommes diverties sans effectuer de compensation (■ Cass. 1re civ., 6 mai 1997, n° 94-15.510 : *JurisData* n° 1997-002025 ; *JCP* 97, II, 22932, note Loiseau ; *Bull. civ.* I, n° 150, p. 101).

25) Recel de sommes d'argent. Dès lors que le recel n'a porté que sur des sommes d'argent et non sur des biens successoraux en nature, le mécanisme de la dette de valeur n'est pas applicable et la sanction doit porter sur les sommes elles-mêmes (■ Cass. 1re civ., 31 mai 2005, n° 02-17.162 : *JurisData* n° 2005-028675 ; *Bull. civ.* I, n° 238, p. 200).

26) Bien vendu. Lorsqu'un héritier s'est rendu coupable de recel en vendant un bien à l'insu de ses cohéritiers, il doit en restituer la valeur actuelle et les intérêts de cette dette de valeur ne sont dus qu'à compter du jour où elle est déterminée (■ Cass. 1re civ., 19 nov. 2014, n° 13-24.644 : *Defrénois* 2015, 391, obs. A. C.-T. ; *Dr. famille* 2015, 16, note Nicod).

27) Recel d'une donation de sommes qui ont servi à acquérir un bien. Lorsqu'une donation a porté sur une somme d'argent et non sur les actions que les deniers ont permis d'acquérir, les cohéritiers du donataire ne peuvent prétendre, au titre d'un recel successoral, à la restitution des actions et dividendes (■ Cass. 1re civ., 8 oct. 2014, n° 13-10.074 : *Dr. famille* 2014, 187, note Nicod ; *JCP* G 2015, 163, obs. Le Guidec ; *RTD civ.* 2014, 930, obs. Grimaldi).

28) Impossibilité de restituer en nature. En cas d'impossibilité matérielle de restituer en nature les biens recelés, la restitution se fait en valeur (■ Cass. 1re civ., 19 déc. 2012, n° 11-27.407 : *Defrénois* 2013, 254, note Massip).

29) Sanction sans recours. La sanction du recel successoral, qui suppose l'intention frauduleuse de rompre l'égalité du partage, ne constitue pas, pour celui qui le commet, un préjudice ouvrant droit à réparation (■ Cass. 1re civ., 9 avr. 2014, n° 13-16.348 : *Dr. famille* 2014, 102, note Beignier).

Section III. – Du bénéfice d'inventaire, de ses effets
et des obligations de l'héritier bénéficiaire

Art. 793 ancien. – La déclaration d'un héritier, qu'il entend ne prendre cette qualité que sous bénéfice d'inventaire, doit être faite au greffe du tribunal de grande instance dans l'arrondissement duquel la succession s'est ouverte : elle doit être inscrite sur le registre destiné à recevoir les actes de renonciation.

1) **Légataire universel.** Sur le principe que le légataire universel peut accepter sous bénéfice d'inventaire, V. ▪ Cass. 1re civ., 28 mai 1968 : *JCP* 69, II, 15714, note Dagot ; *D.* 1969, 95.

2) **Mineur.** La succession échue au mineur ne pouvant être acceptée que sous bénéfice d'inventaire, celui-ci, tant qu'il est mineur, ne peut encourir aucune déchéance en ce qui concerne ce bénéfice (▪ Cass. civ., 27 mars 1888 : *DP* 1888, 1, 345), mais l'héritier devenu majeur rentre sous l'empire du droit commun et ne peut donc se prévaloir de la qualité d'héritier bénéficiaire que s'il a fait la déclaration prescrite par l'article 793 (même arrêt).

Art. 794 ancien. – Cette déclaration n'a d'effet qu'autant qu'elle est précédée ou suivie d'un inventaire fidèle et exact des biens de la succession, dans les formes réglées par les lois sur la procédure, et dans les délais qui seront ci-après déterminés.

Art. 795 ancien. – L'héritier a trois mois pour faire inventaire, à compter du jour de l'ouverture de la succession.

Il a de plus, pour délibérer sur son acceptation ou sur sa renonciation, un délai de quarante jours, qui commencent à courir du jour de l'expiration des trois mois donnés pour l'inventaire, ou du jour de la clôture de l'inventaire s'il a été terminé avant les trois mois.

1) **Conséquences de l'expiration du délai.** Si l'expiration du délai prévu par l'article 795 n'a pas pour effet de rendre acceptant pur et simple le successible qui n'a pas encore fait connaître sa position, elle l'oblige du moins à prendre parti, à défaut de quoi il doit être condamné comme héritier pur et simple à l'égard du créancier successoral qui l'a poursuivi (▪ Cass. 1re civ., 5 avr. 2005, n° 02-14.551 : *D.* 2005, 2373, note Brémond. ▪ Cass. 1re civ., 22 mars 2017, n° 16-13.365, *Bull.* V. aussi art. 800, p. 609).

2) **Absence de condamnation passée en force de chose jugée.** Il résulte de l'article 789 que l'héritier, qui ne peut être tenu de prendre parti sur la succession qui lui est échue pendant les délais pour faire inventaire et délibérer, peut encore renoncer à la succession s'il n'a pas fait par ailleurs acte d'héritier, tant qu'il n'existe pas contre lui de jugement passé en force de chose jugée qui le condamne en qualité d'héritier pur et simple (▪ Cass. 1re civ., 4 mars 1975 : *Gaz. Pal.* 1975, 2, 485. V. aussi ▪ Cass. 1re civ., 8 déc. 1987, n° 85-17.312 : *Bull. civ.* I, n° 344, p. 246 ; *RTD civ.* 1988, p. 553, obs. Patarin).

3) **Délai supplémentaire accordé par le juge.** Indépendamment du délai de trois mois et quarante jours, l'héritier peut, en cas de poursuite dirigée contre lui, demander un nouveau délai que le tribunal saisi de la contestation accorde ou refuse selon les circonstances (▪ Cass. 1re civ., 3 févr. 2004, n° 02-19.077 : *JurisData* n° 2004-022097 ; *Bull. civ.* I, n° 35, p. 29).

Art. 796 ancien. – Si cependant il existe dans la succession des objets susceptibles de dépérir ou dispendieux à conserver, l'héritier peut, en sa qualité d'habile à succéder, et sans qu'on puisse en induire de sa part une acceptation, se faire autoriser par justice à procéder à la vente de ces effets.

Cette vente doit être faite par officier public, après les affiches et publications réglées par les lois sur la procédure.

Art. 797 ancien. – Pendant la durée des délais pour faire inventaire et pour délibérer, l'héritier ne peut être contraint à prendre qualité, et il ne peut être obtenu contre lui de condamnation : s'il renonce lorsque les délais sont expirés ou avant, les frais par lui faits légitimement jusqu'à cette époque sont à la charge de la succession.

Art. 798 ancien. – Après l'expiration des délais ci-dessus, l'héritier, en cas de poursuite dirigée contre lui, peut demander un nouveau délai, que le tribunal saisi de la contestation accorde ou refuse suivant les circonstances.

Sur ce que l'instance doit être suspendue pendant la durée de la prorogation de délai, V. ▪ Cass. 1re civ., 6 juill. 2005 : *JCP* 2005, IV, 2978 ; *JurisData* n° 2005-029331 ; *Bull. civ.* I, n° 317, p. 264.

Art. 799 ancien. – Les frais de poursuite, dans le cas de l'article précédent, sont à la charge de la succession, si l'héritier justifie, ou qu'il n'avait pas eu connaissance du décès, ou que les délais ont été insuffisants, soit à raison de la situation des biens, soit à raison des contestations survenues : s'il n'en justifie pas, les frais restent à sa charge personnelle.

Art. 800 ancien. – L'héritier conserve néanmoins après l'expiration des délais accordés par l'article 795, même de ceux donnés par le juge, conformément à l'article 798, la faculté de faire encore inventaire et de se porter héritier bénéficiaire, s'il n'a pas fait d'ailleurs acte d'héritier, ou s'il n'existe pas contre lui de jugement passé en force de chose jugée, qui le condamne en qualité d'héritier pur et simple.

1) **Non-respect du délai. Condamnation comme héritier pur et simple.** Sur le principe que l'héritier bénéficiaire qui n'a pas fait inventaire dans le délai de la loi doit être condamné comme héritier pur et simple à l'égard du créancier successoral qui l'a poursuivi, V. ▪ Cass. 1re civ., 13 oct. 1982, n° 81-14.430 : *JurisData* n° 1982-702589 ; *Bull. civ.* I, n° 285, p. 245. ▪ Cass. 1re civ., 22 févr. 2000, n° 97-20.541 : *JCP* 2000, IV, 1628 ; *Bull. civ.* I, n° 60, p. 41. Ce créancier n'est pas tenu de le mettre en demeure de prendre parti (▪ Cass. 1re civ., 29 juin 1994, n° 92-15.253 : *JurisData* n° 1994-002929 ; *Bull. civ.* I, n° 232, p. 169). Mais lorsque l'inventaire est achevé en cause d'appel, la disposition du jugement condamnant en qualité d'héritiers purs et simples les défendeurs qui avaient déclaré dans le délai légal n'accepter la succession que sous bénéfice d'inventaire ne peut être maintenue (▪ Cass. 1re civ., 7 déc. 1976, n° 75-13.285 : *Bull. civ.* I, n° 391, p. 308).

2) **Renonciation au bénéfice d'inventaire.** Il n'est pas interdit aux tribunaux de rechercher, en considération des circonstances particulières à chaque espèce, s'il n'y a pas eu renonciation au bénéfice d'inventaire (▪ Cass. req., 16 janv. 1939 : *DH* 1939, 148). Elle doit résulter d'une volonté non équivoque (▪ Cass. 1re civ., 7 avr. 1998, n° 96-14.508 : *JurisData* n° 1998-001620 ; *Dr. famille* 1998, 139, 1er arrêt, note Beignier) et ne peut se déduire du silence ou de l'inaction (▪ Cass. 1re civ., 21 mars 1979, n° 77-15.689 : *JurisData* n° 1979-000100 ; *JCP* 79, IV, 186). Jugé qu'une telle renonciation ne peut se déduire du seul fait que les héritiers du bénéficiaire ont sollicité et obtenu du juge des référés une allocation alimentaire à prendre sur les revenus de la succession (▪ Cass. civ., 7 janv. 1936 : *DP* 1936, 1, 129, note Fréjaville), ni d'une demande en liquidation et partage de la société d'acquêts ayant existé entre les époux et de la succession du mari (▪ Cass. 1re civ., 14 mai 1996, n° 94-10.162 : *JurisData* n° 1996-001839 ; *JCP* 97, I, 4021, n° 2, obs. Le Guidec ; *Bull. civ.* I, n° 211, p. 147 ; *Defrénois* 1996, 1095, obs. Champenois). Ne donne pas de base légale à sa décision la cour d'appel qui décide qu'en prenant l'initiative de vendre le mobilier dépendant de la succession, les successibles ont fait acte d'héritier au sens de l'article 800 et ont perdu la possibilité d'accepter la succession sous bénéfice d'inventaire, sans rechercher si, comme il était soutenu, les meubles avaient été décrits et prisés au début des opérations d'inventaire et si le produit de la vente aux enchères publiques avait été déposé entre les mains du notaire chargé de liquider la succession, ce qui aurait pu rendre équivoque la volonté des intéressés de faire acte d'héritier pur et simple en procédant à la vente (▪ Cass. 1re civ., 8 déc. 1987, n° 85-11.769 : *JurisData* n° 1987-002037 ; *Bull. civ.* I, n° 344, p. 246 ; *RTD civ.* 1988, 553, obs. Patarin).

3) **Irrévocabilité de l'acceptation.** Celui qui a accepté une succession, fût-ce sous bénéfice d'inventaire, ne peut plus par la suite renoncer à l'hérédité (▪ Cass. 1re civ., 18 oct. 1994, n° 91-22.330 : *JurisData* n° 1994-002155 ; *JCP* 94, IV, 2577).

Art. 801 ancien. – L'héritier qui s'est rendu coupable de recel, ou qui a omis, sciemment et de mauvaise foi, de comprendre dans l'inventaire des effets de la succession, est déchu du bénéfice d'inventaire.

1) Sur le recel, V. art. 792, p. 608.

2) Sur la nécessité de la mauvaise foi, V. ▪ Cass. req., 11 janv. 1926 : *DH* 1926, 49. ▪ Cass. 1re civ., 8 juill. 1986, n° 85-10.997 : *JurisData* n° 1986-702924 ; *Bull. civ.* I, n° 207, p. 199.

Art. 802 ancien. – L'effet du bénéfice d'inventaire est de donner à l'héritier l'avantage :

1° De n'être tenu du paiement des dettes de la succession que jusqu'à concurrence de la valeur des biens qu'il a recueillis, même de pouvoir se décharger du paiement des dettes en abandonnant tous les biens de la succession aux créanciers et aux légataires ;

2° De ne pas confondre ses biens personnels avec ceux de la succession, et de conserver contre elle le droit de réclamer le paiement de ses créances.

1) Rapports entre cohéritiers. L'acceptation bénéficiaire demeure sans effet dans les rapports entre cohéritiers et la qualité d'héritier bénéficiaire n'empêche donc pas cet héritier de ratifier valablement les libéralités déguisées sous des cessions consenties par le défunt (■ Cass. 1re civ., 11 déc. 1973, n° 71-14.111 : *JurisData* n° 1973-000348 ; *JCP* 74, II, 17826, note Dagot).

2) Séparation des patrimoines. Déchéance du bénéfice d'inventaire. La séparation des patrimoines et le droit de préférence qui y est attaché résultant de plein droit de l'acceptation bénéficiaire au profit des créanciers du défunt et des légataires continuent de subsister malgré la déchéance encourue par l'héritier (■ Cass. civ., 20 juin 1908 : *DP* 1908, 1, 575).

3) Séparation des patrimoines. Conséquences. L'acceptation sous bénéfice d'inventaire entraînant la séparation des patrimoines, l'héritier bénéficiaire n'est pas tenu à garantie et peut agir en rescision pour cause de lésion de l'acte par lequel il a cédé au *de cujus* ses droits indivis dans un immeuble (■ Cass. 1re civ., 12 janv. 1988, n° 86-12.218 : *JurisData* n° 1988-700413 ; *Bull. civ.* I, n° 7, p. 6). Mais jugé que si le bénéfice d'inventaire permet à l'héritier de réclamer, en vertu de l'article 802-2° [V. art. 791, p. 607], le paiement des créances nées à son profit avant le décès du *de cujus*, l'intéressé ne peut plus acquérir de nouveaux droits contre la succession, spécialement comme salarié du défunt en état de règlement judiciaire (■ Cass. soc., 14 oct. 1982, n° 80-41.207 : *JurisData* n° 1982-702156 ; *JCP* 83, IV, 7 ; *Bull. civ.* V, n° 555, p. 408). Les tiers contre lesquels l'héritier bénéficiaire poursuit en son propre nom des droits ou des actions qui lui sont personnels ne peuvent lui opposer aucune exception du chef du défunt et prise de sa qualité d'héritier (■ Cass. civ., 15 juill. 1924 : *DP* 1926, 1, 127). Aucune compensation n'est possible entre les créances personnelles de l'héritier bénéficiaire et les dettes de la succession (■ Cass. 1re civ., 2 mai 2001, n° 98-22.637 : *JurisData* n° 2001-009339 ; *JCP* N 2003, 1007, n° 1, obs. Le Guidec ; *Bull. civ.* I, n° 116, p. 76 ; *RTD civ.* 2002, p. 131, obs. Patarin).

4) Effet déclaratif du partage. L'héritier bénéficiaire continue la personne du défunt et peut invoquer, tant qu'il n'a pas usé de la faculté d'abandon, la règle de l'effet déclaratif du partage (■ TGI Paris, 16 nov. 1972 : *JCP* 73, II, 17426, 2e esp., note Dagot).

5) Renonciation et abandon de biens. L'acte afférent à une renonciation à succession ne peut être considéré comme un abandon de biens au sens de l'article 802-1° [V. art. 791, p. 607] (■ Cass. 1re civ., 24 janv. 1990, n° 88-19.443 : *JurisData* n° 1990-700899 ; *Bull. civ.* I, n° 26, p. 18).

6) Formes de l'abandon. L'absence d'acte d'immixtion de la part de l'héritier dans une succession à laquelle il a cru pouvoir renoncer peut être interprétée comme une attitude équivalant à un abandon des biens de la succession (■ Paris, 2e ch., 18 févr. 1987 : *JurisData* n° 1987-021623).

7) Effets de l'abandon. Même si les héritiers sont déchargés du paiement des dettes de la succession par suite de l'abandon, les juges du fond doivent examiner le bien-fondé de la créance dont se prévaut un créancier à l'encontre de la succession dont ils demeurent héritiers, et se prononcer sur la validité des mesures conservatoires prises sur les biens successoraux (■ Cass. 1re civ., 28 mars 1995, n° 93-11.312 : *Defrénois* 1997, 174, note Bernard de Saint Affrique).

8) Situation fiscale. L'acceptation sous bénéfice d'inventaire ne prive pas l'héritier de la libre disposition des produits de la succession, et cet héritier est donc imposable au titre de l'impôt sur le revenu (■ CE, 9 janv. 1991, n° 65364 : *JCP* N 91, II, 235, note D. F.).

Art. 803 ancien. – L'héritier bénéficiaire est chargé d'administrer les biens de la succession, et doit rendre compte de son administration aux créanciers et aux légataires.

Il ne peut être contraint sur ses biens personnels qu'après avoir été mis en demeure de présenter son compte, et faute d'avoir satisfait à cette obligation.

Après l'apurement du compte, il ne peut être contraint sur ses biens personnels que jusqu'à concurrence seulement des sommes dont il se trouve reliquataire.

Administrateur judiciaire. La nomination d'un administrateur judiciaire peut être motivée par l'importance de la succession, la complexité de sa gestion, les nombreux procès en cours, les difficultés incessantes et les oppositions d'intérêts et d'opinions entre les intéressés (■ Cass. req., 1er juill. 1937 : *Gaz. Pal.* 1937, 2, 579). Il importe peu que les héritiers soient réservataires et que le testateur ait désigné un exécuteur testamentaire avec les pouvoirs les plus étendus (■ Cass. req., 15 avr. 1924 : *DP* 1924, 1, 169, notre Savatier).

Art. 804 ancien. – Il n'est tenu que des fautes graves dans l'administration dont il est chargé.

Art. 805 ancien. – Il ne peut vendre les meubles de la succession que par le ministère d'un officier public, aux enchères et après les affiches et publications accoutumées.

S'il les représente en nature, il n'est tenu que de la dépréciation ou de la détérioration causée par sa négligence.

Aliénation d'un fonds de commerce. L'héritier bénéficiaire doit obtenir une autorisation de justice pour aliéner un fonds de commerce dépendant de la succession (■ Cass. req., 13 avr. 1910 : *DP* 1913, 5, 29. – *Contra*, ■ T. civ. Seine, 5 mars 1954 : *JCP* 54, II, 8213, note Cohen).

Art. 806 ancien. – Il ne peut vendre les immeubles que dans les formes prescrites par les lois sur la procédure ; il est tenu d'en déléguer le prix aux créanciers hypothécaires qui se sont fait connaître.

Héritier mineur. Les dispositions de l'article 806 du Code civil s'appliquent à l'héritier mineur et interdisent donc toute vente amiable comme il est prévu à l'article 459, al. 2 (Ord. Juge des tutelles ■ Rouen, 27 nov. 1965 : *JCP* 66, II, 14530, note J. A., 2e esp.). 2) Sur les règles de procédure, V. CPC, art. 1271 à 1281, p. 2377.

Art. 807 ancien. – Il est tenu, si les créanciers ou autres personnes intéressées l'exigent, de donner caution bonne et solvable de la valeur du mobilier compris dans l'inventaire, et de la portion du prix des immeubles non déléguée aux créanciers hypothécaires.

Faute par lui de fournir cette caution, les meubles sont vendus et leur prix est déposé, ainsi que la portion non déléguée du prix des immeubles, pour être employés à l'acquit des charges de la succession.

Art. 808 ancien. – S'il y a des créanciers opposants, l'héritier bénéficiaire ne peut payer que dans l'ordre et de la manière réglés par le juge.

S'il n'y a pas de créanciers opposants, il paye les créanciers et les légataires à mesure qu'ils se présentent.

1) **Forme de l'opposition.** L'opposition peut résulter d'une demande amiable en délivrance formée par un légataire non payé (■ Angers, 16 nov. 1892 : *DP* 1894, 2, 374).

2) **Délivrance des legs.** La délivrance de legs entre dans les attributions normales d'un héritier bénéficiaire et ne peut entraîner à son égard une déchéance ou être tenue pour une renonciation à son bénéfice. Il n'y a donc pas lieu de surseoir à statuer jusqu'à ce que l'inventaire des biens de la succession ait été dressé pour ordonner la délivrance du legs qui est de droit (■ Paris, 2e ch., 26 nov. 1982 : *JurisData* n° 1982-029157 ; *JCP* N 84, II, 8).

3) **Inobservation des formes légales. Sanctions.** Les héritiers bénéficiaires qui, malgré l'existence de créanciers opposants, payent d'autres créanciers ne peuvent être déchus du bénéfice d'inventaire et condamnés à payer à ces créanciers la totalité des sommes leur restant dues que si c'est sciemment et de mauvaise foi qu'ils ont omis certains biens de l'inventaire et s'il est établi que, dans une procédure régulière de contribution, les créanciers auraient pu obtenir paiement de la totalité de leur créance (■ Cass. 1re civ., 22 nov. 1978, n° 77-11.629 : *JurisData* n° 1978-000359 ; *D.* 1979, inf. rap. 257, obs. D. Martin ; *JCP* 79, IV, 41 ; *RTD civ.* 1980, 141, obs. Savatier).

Art. 809 ancien. – Les créanciers non opposants qui ne se présentent qu'après l'apurement du compte et le payement du reliquat, n'ont de recours à exercer que contre les légataires.

Dans l'un et l'autre cas, le recours se prescrit par le laps de trois ans, à compter du jour de l'apurement du compte et du payement du reliquat.

Art. 810 ancien. – Les frais de scellés, s'il en a été apposé, d'inventaire et de compte, sont à la charge de la succession.

Section IV. – Des successions vacantes

Art. 811 ancien. – Lorsqu'après l'expiration des délais pour faire inventaire et pour délibérer, il ne se présente personne qui réclame une succession, qu'il n'y a pas d'héritiers connus ou que les héritiers connus y ont renoncé, cette succession est réputée vacante.

1) **Renonciation des héritiers les plus proches.** La vacance peut être déclarée lorsque les héritiers les plus proches ont renoncé, même si l'on connaît des héritiers subséquents (■ Cass. civ., 17 oct. 1933 : *DH* 1933, 553). Mais ces derniers peuvent faire cesser à tout moment les pouvoirs du curateur en réclamant l'hérédité (même arrêt).

2) Charge de la preuve du défaut de successeur universel. C'est à l'État auquel est demandée réparation du dommage causé par un fonds voisin et qui prétend ne pas être devenu propriétaire d'un terrain dépendant d'une succession vacante de prouver l'existence d'un héritier et non à son adversaire de prouver l'inexistence d'un héritier (■ Cass. 1re civ., 22 mai 1970, n° 69-10.623 : *JurisData* n° 1970-000167 ; *JCP* 70, II, 16482, note M. D.).

3) Déclaration judiciaire de vacance. Autorité de chose jugée (non). Dès lors que la succession n'est pas vacante, en raison de la présence d'héritiers acceptants, le jugement déclarant cette vacance et confiant la curatelle au service des Domaines, rendu en matière gracieuse et non revêtu de l'autorité de la chose jugée, doit être tenu pour non avenu (■ Cass. 1re civ., 27 oct. 1992, n° 91-13.449 : *JurisData* n° 1992-002443 ; *Bull. civ.* I, n° 272, p. 177 ; *JCP* 93, I, 3713, n° 1, obs. Testu).

Art. 812 ancien. – Le tribunal de grande instance dans l'arrondissement duquel elle est ouverte, nomme un curateur sur la demande des personnes intéressées, ou sur la réquisition du procureur de la République.

Art. 813 ancien. – Le curateur à une succession vacante est tenu, avant tout, d'en faire constater l'état par un inventaire : il en exerce et poursuit les droits ; il répond aux demandes formées contre elle ; il administre, sous la charge de faire verser le numéraire qui se trouve dans la succession, ainsi que les deniers provenant du prix des meubles ou immeubles vendus, dans la caisse du receveur de la régie nationale pour la conservation des droits et à la charge de rendre compte à qui il appartiendra.

1) Service des domaines. En sa qualité de curateur des successions vacantes de deux coïndivisaires, ce service exerce régulièrement le droit de préemption en cas de vente par un autre indivisaire de ses droits (■ Cass. 3e civ., 14 mars 2007, n° 06-16.618 : *JurisData* n° 2007-037929 ; *JCP* G 2007, IV, 1818).

2) Pouvoirs du curateur. Les pouvoirs du curateur à une succession vacante se limitent à l'administration de celle-ci et ne s'étendent pas à la représentation des créanciers héréditaires (■ Cass. 1re civ., 10 avr. 2014, n° 12-26.362 : irrecevabilité d'une action paulienne intentée par le curateur).

Art. 814 ancien *(Ord. n° 58-1007, 24 oct. 1958)*. – Les dispositions de la section III du présent chapitre, sur les formes de l'inventaire, sur le mode d'administration et sur les comptes à rendre de la part de l'héritier bénéficiaire, sont, au surplus, communes aux curateurs à successions vacantes, en ce qu'elles ne sont pas contraires aux dispositions des articles 1000 et 1001 du Code de procédure civile.

1) Suspension des poursuites individuelles (non). La vacance d'une succession n'a pas pour effet de suspendre l'exercice des poursuites individuelles des créanciers sur l'actif héréditaire (■ Cass. 1re civ., 15 juin 1994, n° 92-17.070 : *JurisData* n° 1994-001315 ; *JCP* 94, II, 22330, note Testu ; *Bull. civ.* I, n° 208, p. 151 ; *D.* 1995, somm. 331, obs. Grimaldi ; *RTD civ.* 1995, 409, obs. Patarin.).

2) Paiement des dettes dans la limite de l'actif. Dès lors que l'Administration est condamnée en qualité de curateur à une succession vacante, la cour d'appel n'est pas tenue de rappeler que cette condamnation est limitée au montant de l'actif recueilli (■ Cass. 1re civ., 5 oct. 1994, n° 92-19.132 : *JurisData* n° 1994-002007 ; *Bull. civ.* I, n° 264, p. 193 ; *D.* 1995, somm. 331, obs. Grimaldi).

CHAPITRE VII. – DU RÉGIME LÉGAL DE L'INDIVISION

(Anc. chap. VI, dénum. et intitulé rempl., L. n° 2006-728, 23 juin 2006)

Bibliographie : V. Commentaires de la loi n° 76-1286, 31 déc. 1976, P. Catala, *L'indivision : Defrénois* 1979, p. 3, 81, 1601 ; *Defrénois* 1980, p. 3 ; *Defrénois* 1981, p. 241 et 321. • Ph. Delmas Saint-Hilaire, *Il était une fois l'indivision familiale* in *Mélanges Hauser*, p. 59.

Art. 815 *(L. n° 76-1286, 31 déc. 1976 ; mod., L. n° 2006-728, 23 juin 2006)*. – **Nul ne peut être contraint** ***à demeurer dans l'indivision*** **et le partage peut être toujours provoqué, à moins qu'il n'y ait été sursis par jugement ou convention.**

Rédaction antérieure. Art. 815. – Nul ne peut être contraint à demeurer dans l'indivision et le partage peut être toujours provoqué, à moins qu'il n'y ait été sursis par jugement ou convention.

À la demande d'un indivisaire, le tribunal peut surseoir au partage pour deux années au plus si sa réalisation immédiate risque de porter atteinte à la valeur des biens indivis ou si l'un des indivisaires ne peut s'installer sur une exploitation agricole dépendant de la succession qu'à l'expiration de ce délai. Ce sursis peut s'appliquer à l'ensemble des biens indivis ou à certains d'entre eux seulement.

En outre, si des indivisaires entendent demeurer dans l'indivision, le tribunal peut, à la demande de l'un ou de plusieurs d'entre eux, en fonction des intérêts en présence, et sans préjudice de l'application des articles 832 à 832-3, attribuer sa part, après expertise, à celui qui a demandé le partage, soit en nature, si elle est aisément détachable du reste des biens indivis, soit en argent, si l'attribution en nature ne peut être commodément effectuée, ou si le demandeur en exprime la préférence ; s'il n'existe pas dans l'indivision une somme suffisante, le complément est versé par ceux des indivisaires qui ont concouru à la demande, sans préjudice de la possibilité pour les autres indivisaires d'y participer s'ils en expriment la volonté. La part de chacun dans l'indivision est augmentée en proportion de son versement.

I – RÈGLES GÉNÉRALES

1) Définition. L'indivision s'entend de la coexistence de droits de même nature sur un même bien : ▪ Cass. 3e civ., 7 juill. 2016, n° 15-10.278 : *Bull. civ.* III ; *JCP* G 2016, doctr. 1191, H. Périnet-Marquet ; *JCP* G 2016, 1102, B. Sturlèse ; *RD imm.* 2016, p. 541, Bergel.

2) Usufruit partiel, droit d'usage et d'habitation partiel et pleine propriété. Lorsque le droit de l'usufruitier porte sur une quote-part d'un bien, il y a indivision entre lui et le plein propriétaire du surplus quant à la jouissance et, au cas où celle-ci ne peut être commodément partagée, il peut être procédé à sa vente par licitation (▪ Cass. 1re civ., 25 juin 1974, n° 72-12.451 : *JurisData* n° 1974-000205). En principe, il ne peut s'agir que d'un partage de jouissance (▪ Cass. req., 20 juill. 1932 : *DP* 1933, 1, 113, note R. Savatier), mais il peut en aller autrement lorsque la licitation de la pleine propriété apparaît comme nécessaire à l'assiette de l'usufruit et comme seule protectrice de l'intérêt des parties (même arrêt). Pour l'indivision quant à la nue-propriété entre le plein propriétaire d'une quote-part de l'universalité des biens de la communauté et la nue-propriété du surplus, V. ▪ Cass. 1re civ., 6 févr. 1996, n° 94-11.909 : *JurisData* n° 1996-000436 ; *JCP* 96, IV, 750 ; *Bull. civ.* I, n° 64, p. 42 ; *RTD civ.* 1996, 683, obs. Patarin ; *RTD civ.* 1997, 172, obs. Zenati ; *Defrénois* 1996, 1425, obs. Atias. ▪ Cass. 1re civ., 19 janv. 1999, n° 96-18.303 : *JurisData* n° 1999-000215 ; *Bull. civ.* I, n° 24, p. 16 ; *JCP* N 2000, 963, n° 2, obs. Le Guidec. – V. aussi ▪ Cass. 1re civ., 2 mars 2004, n° 00-15.915 : *JurisData* n° 2004-022769 ; *Bull. civ.* I, n° 68, p. 54. ▪ Cass. 1re civ., 12 janv. 2011, n° 09-17.298 : *JurisData* n° 2011-000144 ; *Dr. famille* 2011, n° 41, note Beignier. En l'absence de tout partage entre les enfants du défunt et la veuve ayant opté pour le quart de la succession en pleine propriété et les trois autres quarts en usufruit, il existe une situation d'indivision légale quant au fonds de commerce dont la veuve a continué l'exploitation (▪ Cass. 1re civ., 3 juin 1997, n° 94-21.387 : *JurisData* n° 1997-002454 ; *D.* 1998, 201, rapp. Thierry). Sur l'impossibilité de principe pour le juge d'ordonner la vente de la pleine propriété d'un bien grevé d'usufruit contre la volonté de l'usufruitier, V. art. 815-5, p. 639. Pour une indivision entre un droit d'usage et d'habitation s'exerçant conjointement avec un droit de propriété, V. *supra* note n° 1, p. 639 (▪ Cass. 3e civ., 7 juill. 2016, n° 15-10.278).

3) Usufruit et nue-propriété. Sur le principe qu'il n'y a pas d'indivision entre le nu-propriétaire et l'usufruitier, V. sous art. 578, p. 494 et sous art. 778, annot. n° 5, p. 604.

4) Pluralité d'indivisions. Lorsqu'il existe entre les mêmes personnes plusieurs indivisions d'origines distinctes, certains des indivisaires ne peuvent imposer aux autres un partage unique englobant tous les biens indivis (▪ Cass. 1re civ., 30 juin 1969, n° 68-11.304 : *JCP* 69, IV, 226 ; *Bull. civ.* I, n° 251, p. 200. – Voir cependant ▪ Cass. 1re civ., 11 févr. 1969, n° 67-12.674 : *D.* 1969, 233, note Breton ; *JCP* 69, II, 15889, note Dagot). Jugé qu'à défaut de l'accord des parties majeures et capables, autorisant le notaire à confondre les diverses masses et à procéder à une division unique, lorsque la communauté de deux époux décédés est à partager en même temps que leur succession, on doit d'abord établir la masse active et la masse passive de cette communauté telle qu'elle se trouvait composée au moment de la dissolution, après quoi l'actif de la masse générale diminué du passif doit être divisé en deux parts attribuées l'une à la succession paternelle, l'autre à la succession de la mère, pour que chacune supporte séparément les imputations qui doivent la frapper (▪ Cass. 1re civ., 20 mai 1981, n° 79-17.171 : *JurisData* n° 1981-701912 ; *JCP* 82, II, 19831, note Dagot).

5) Nul n'est tenu de rester dans l'indivision. Sur la valeur constitutionnelle du droit de demander le partage, V., à propos du pacte civil de solidarité, ▪ Cons. const., 9 nov. 1999, n° 99-419 DC : *JCP* 2000, I, 210, obs. Molfessis ; *RTD civ.* 2000, 870, obs. Revet. Et sur le caractère absolu de ce droit, V. ▪ Cass. 1re civ., 13 avr. 2016, n° 15-13.312 : *Bull.* ; *JCP* G 2016, act. 527, M. Nicod ; *RTD civ.* 2016, 424, M. Grimaldi, réputant non écrite la clause pénale d'un testament, qui avait pour effet d'y porter une atteinte excessive. Le droit de demander le partage est imprescriptible (▪ Cass. 1re civ., 12 déc. 2007, n° 06-20.830 : *Bull. civ.* I, n° 387, p. 339 ; *JCP* G 2008, IV, 1100, arrêt relatif à une indivision ayant duré soixante-trois ans ; V. aussi, ▪ Cass. 1re civ., 24 mai 2018, n° 17-18.270).

6) Logement de la famille. L'article 215, alinéa 3 du Code civil est applicable à une demande en partage d'un bien indivis par lequel est assuré le logement de la famille (▪ Cass. 1re civ., 3 avr. 2019, n° 18-15.177 :*Bull.*).

7) Loi applicable. S'agissant d'époux italiens dont le régime matrimonial est régi par la loi italienne, le mari, demandeur, justifie d'un droit au partage du bien indivis qu'il peut exercer à tout moment et sans même attendre la dissolution, en vertu de l'article 815 du Code civil, applicable aux biens situés en France (▪ Cass. 1re civ., 22 oct. 1985, n° 84-11.468 : *JurisData* n° 1985-702639 ; *Bull. civ.* I, n° 267, p. 238 ; *D.* 1986, 241, note Breton ; *Clunet* 1986, 1005, note Wiederkehr).

8) Indivision et communauté universelle. Si les biens successoraux indivis recueillis par un époux marié sous le régime de la communauté universelle entrent en communauté, l'époux héritier appelé à la succession peut seul exercer, en demande et en défense, une action qui ne tend qu'au partage de ces biens (▪ Cass. 1re civ., 2 avr. 2008, n° 07-11.254 : *D.* 2008, 1146 ; *Dr. famille* 2008, 90, note Beignier ; *JCP* 2008, II, 10126, note Sauvage ; *RJPF* 2008/7, p. 15, note Vauvillé). Au décès de l'un des époux, l'action en retranchement des enfants d'une précédente union s'exerçant en valeur, ne crée pas d'indivision avec le conjoint survivant et ne permet pas d'ordonner le partage judiciaire, ▪ Cass. 1re civ., 7 déc. 2016, n° 16-12.216 : *Bull.*

9) Indifférence du financement de l'acquisition indivise. Les personnes qui ont acheté un bien en indivision en ont acquis la propriété, sans qu'il y ait lieu d'avoir égard à la façon dont cette acquisition a été financée (▪ Cass. 1re civ., 10 janv. 2018, n° 16-25.190 : *JurisData* n° 2018-000066 ; *Bull.*), et un concubin ne peut être débouté de sa demande de partage au motif que le bien acquis a été exclusivement financé par l'autre (▪ Cass. 1re civ., 19 mars 2014, n° 13-14.989 : *Bull. civ.* ; *JCP* N 2014, act. 498).

10) Indivision et legs universel. Le legs est en principe réductible en valeur, de sorte qu'il n'existe aucune indivision entre le légataire universel et l'héritier réservataire : ▪ Cass. 1re civ., 11 mai 2016, n° 14-16.967 : *Bull.* ; *JCP* N 2016, n° 35, N. Randoux ; *JCP* G 2016, 127, R. Le Guidec ; *Dr. famille* 2016, 151, M. Nicod ; *RTD civ.* 2016, 673, M. Grimaldi ; *AJF* 2016, 350, N. Levillain. – V., dans le même sens, ▪ Cass. 1re civ., 23 nov. 2016, *n° 15-28.931. – V. aussi, pour la* réduction d'un avantage matrimonial, *supra* note 7.

11) Clause d'accroissement. La clause relative à la condition de survie (dite clause d'accroissement) rend jusqu'au décès du prémourant incompatibles entre eux les droits des parties à la propriété du bien, puisque seul le survivant en est titulaire depuis la date d'acquisition. Il en résulte une absence d'indivision qui exclut le droit au partage (▪ Cass. 1re civ., 27 mai 1986, n° 85-10.031 : *JurisData* n° 1986-701072 ; *Defrénois* 1987, 257, note Morin ; *D.* 1987, 139, note Morin ; *RTD civ.* 1987, 382, obs. Patarin. ▪ Cass. 1re civ., 9 févr. 1994, n° 92-12.601 : *JurisData* n° 1994-000331 ; *Bull. civ.* I, n° 60, p. 47 ; *D.* 1994, p. 417, rapp. Thierry ; *D.* 1995, somm. 51, obs. Grimaldi ; *RTD civ.* 1995, 151, obs. Zenati, et 159, obs. Patarin, relevant cependant que les parties ont « des droits concurrents ». ▪ Cass. 1re civ., 9 nov. 2011, n° 10-21.710 : *Contrats, conc. consom.* 2012, 57 ; *Dr. famille* 2012, 10, note Beignier ; *Defrénois* 2012, 349, note Leblond ; *JCP* N 2012, 1123, note Leveneur). Le droit de gage général des créanciers ne pouvant s'exercer que sur les biens dont le débiteur est propriétaire, l'immeuble grevé d'une clause de tontine ne peut être saisi dès lors que la condition suspensive de survie n'est pas réalisée à la date du commandement (▪ Cass. 1re civ., 18 nov. 1997, n° 95-18.026 : *JurisData* n° 1997-004564 ; *JCP* G 98, II, 10051, note du Rusquec ; I, 171 ; *JCP* N 98, 1696, n° 10, obs. Périnet-Marquet ; *RTD civ.* 1998, 432, obs. Patarin ; *Defrénois* 1998, 377, note Mazeron). Pour le droit à une indemnité d'occupation. V. sous art. 815-9, annot. n° 17, p. 645). Sur la validité de la clause d'accroissement au regard de la prohibition des pactes sur succession future, V. aussi sous C. civ., art. 1130 ancien, annot. n° 4.

II – ATTRIBUTION ÉLIMINATOIRE

12) Ancien article 815, alinéa 3. V. désormais, art. 824, p. 658.

III – SOUVENIRS ET TOMBEAUX DE FAMILLE

13) Souvenirs de famille. Application des règles du partage (non). Les règles du partage entre héritiers ne sont pas applicables aux souvenirs de famille qui ont une valeur essentiellement morale (▪ Cass. req., 14 mars 1939 : *DP* 1940, 1, 9, note R. Savatier. ▪ Cass. 1re civ., 29 nov. 1994, n° 92-21.151 : *Bull. civ.* I, n° 354, p. 255 ; *RTD civ.* 1995, p. 665, obs. Patarin. ▪ Cass. 1re civ., 12 nov. 1998, n° 96-20.236 : *D.* 1999, 624, note Robichez ; *Dr. famille* 1999, 8, note Beignier ; *Bull. civ.* I, n° 311, p. 215. Les souvenirs de famille sont, indépendamment de leur valeur vénale, indisponibles entre les mains de leur attributaire [le Comte de Paris], ▪ Cass. 2e civ., 29 mars 1995, n° 93-18.769 : *JurisData* n° 1995-000893 ; *Bull. civ.* II, n° 115, p. 65 ; *JCP* 95, II, 22477, 2e esp., note Hovasse-Banget ; *D.* 1995, somm. 330, obs. Grimaldi ; *RTD civ.* 1996, 420, obs. Zenati). Mais l'exception aux règles normales ne saurait être étendue à des documents qui ne concernent pas la famille, n'émanent pas de ses membres et ne leur ont pas été adressés (■ Cass. 1re civ., 21 févr. 1978, préc., lettres émanant de personnages historiques). – V. aussi J.-F. Barbièri, *Les souvenirs de famille : mythe ou réalité juridique* : *JCP* 84, I, 3156.

14) Souvenirs de famille. Dépositaire. Les souvenirs de famille peuvent être confiés à titre de dépôt à celui des membres de la famille que les tribunaux estiment le plus qualifié (■ Cass. 1re civ., 21 févr. 1978 : *JurisData* n° 1978-000071 ; *JCP* 78, II, 18836, concl. Gulphe ; *D.* 1978, 505, note Lindon. ■ Cass. 1re civ., 29 nov. 1994, préc. ■ Montpellier, 10 sept. 2002, n° 00/04475 : *JurisData* n° 2002-199856 ; *Dr. famille* 2003, 53, note Beignier).

15) Tombeaux de famille. Les règles du partage entre héritiers ne sont pas applicables aux tombeaux de famille (■ Lyon, 27 mai 1932 : *DH* 1934, somm. 20. Les droits de sépulture attachés à une concession perpétuelle sont transmis aux descendants du concessionnaire, et, le cas échéant, aux conjoints de ceux-ci, à l'exclusion des tiers, fussent-ils légataires universels. Entre les intéressés se crée une indivision perpétuelle (■ Paris, 15 févr. 2000 : *JurisData* n° 2000-112364 ; *JCP* 2000, IV, 286 ; *Dr. famille* 2001, 9, 6e arrêt, note Beignier).

Art. 815-1 ***(Rempl., L. n° 2006-728, 23 juin 2006).*** **– Les indivisaires peuvent passer des conventions relatives à l'exercice de leurs droits indivis, conformément aux articles 1873-1 à 1873-18.**

Ancien art. 815-1. Les termes de l'ancien article 815-1 (L. 76-1286, 31 déc. 1976) sont repris sans changement dans les articles 821 à 823 du Code civil.

Section I. – Des actes relatifs aux biens indivis

(L. n° 2006-728, 23 juin 2006)

§ 1. – Des actes accomplis par les indivisaires

Art. 815-2 ***(L. n° 76-1286, 31 déc. 1976 ; mod., L. n° 2006-728, 23 juin 2006).*** **– Tout indivisaire peut prendre les mesures nécessaires à la conservation des biens indivis même si elles ne présentent pas un caractère d'urgence.**

Il peut employer à cet effet les fonds de l'indivision détenus par lui et il est réputé en avoir la libre disposition à l'égard des tiers.

À défaut de fonds de l'indivision, il peut obliger ses coïndivisaires à faire avec lui les dépenses nécessaires.

Lorsque des biens indivis sont grevés d'un usufruit, ces pouvoirs sont opposables à l'usufruitier dans la mesure où celui-ci est tenu des réparations.

1) Mesures nécessaires à la conservation de la chose. Notion. L'action en justice qui a pour objet la conservation des droits des indivisaires tels qu'ils sont définis dans un acte de vente entre dans la catégorie des actes conservatoires que tout indivisaire peut accomplir en application de l'article 815-2 (■ Cass. 1re civ., 3 juill. 1984, n° 83-10.461 : *JurisData* n° 1984-701352 ; *Bull. civ.* I, n° 216, p. 183). V. aussi pour les dépenses de remboursement d'emprunts, note 2 ss art. 815-13, p. 649. Mais tel n'est pas le cas pour une demande d'indemnité d'occupation (■ Cass. 1re civ., 25 nov. 2003 : *Dr. famille* 2004, 25, 2e esp., note Beignier ; *JCP* 2004, I, 125, n° 5, obs. Périnet-Marquet ; *JurisData* n° 2003-021059 ; *Bull. civ.* I, n° 241, p. 190).

2) Mise en demeure. Les mises en demeure de payer les fermages constituent des actes conservatoires et peuvent être valablement faites par un seul des propriétaires indivis d'un bien rural loué (■ Cass. 3e civ., 30 juin 1999, n° 97-17.010 : *JurisData* n° 1999-002705 ; *JCP* 2000, I, 211, n° 6, obs. Périnet-Marquet ; *Bull. civ.* III, n° 158, p. 109 ; *RTD civ.* 2000, 607, obs. Patarin).

3) Commandement de payer. Le commandement de payer visant la clause résolutoire d'un bail commercial constitue un acte conservatoire (■ Cass. 1re civ., 9 juill. 2014, n° 13-21.463 : *Bull. civ.* ; *JCP* N 2014, act. 922).

4) Déclaration d'une créance. Tout indivisaire peut déclarer une créance de l'indivision à la procédure collective du débiteur de l'indivision (■ Cass. 1re civ., 14 mars 2012, n° 10-10.006 : *Defrénois* 2012, 836, note N. Leblond).

5) Atteinte au droit réel. Un coïndivisaire peut former seul une demande visant à faire cesser des voies de fait (■ Cass. 3e civ., 7 avr. 1994, n° 92-13.200 : *JCP* 94, IV, 1535 ; *Bull. civ.* III, n° 79, p. 50, action en référé pour faire cesser des travaux effectués sur le terrain indivis par une commune). Viole l'article 815-2 l'arrêt qui déclare irrecevable, faute de mandat de leurs coïndivisaires, l'action d'indivisaires tendant à faire constater l'aggravation de la servitude de passage grevant le fonds indivis (■ Cass. 3e civ., 11 juin 1986, n° 84-16.552 : *JurisData* n° 1986-001277 ; *Bull. civ.* III, n° 96, p. 76 ; *RTD civ.* 1987, 384, obs. Patarin). Il en va de même de celui qui déclare irrecevable l'action engagée par un indivisaire tendant à l'expulsion d'un tiers se prétendant propriétaire de la parcelle (■ Cass. 3e civ., 17 avr. 1991, n° 89-15.898 : *JurisData* n° 1991-000925 ; *Bull. civ.* III, n° 124, p. 72). L'action en revendication d'une servitude de passage au profit d'un fonds indivis, qui ne peut que profiter aux autres membres de l'indivision et constitue un acte tendant à la conservation du bien, entre dans la catégorie des actes conservatoires (■ Cass. 3e civ., 4 déc. 1991 : *JCP* 92, IV, 473 ; *Bull. civ.* III, n° 305, p. 179. V. aussi pour l'action tendant à faire reconnaître le droit de copropriété indivis ■ Cass. 3e civ., 19 juin 2002, n° 00-21.869 : *JurisData* n° 2002-014868 ; *JCP* 2003, I, 117, n° 6, obs. Périnet-Marquet ; *Bull. civ.* III, n° 145, p. 123 ; *Defrénois* 2003, 35, obs. Atias).

6) **Résolution du bail.** L'action en résolution du bail s'analyse en un acte d'administration impliquant le consentement de tous les indivisaires (■ Cass. 3e civ., 23 mars 1994, n° 92-10.360 : *JurisData* n° 1994-000528 ; *JCP* 95, I, 3835, n° 15, obs. Périnet-Marquet). Le caractère d'ordre public des articles L. 411-35 et L. 411-37 du Code rural est sans incidence sur la nécessité d'un accord de chacun des indivisaires pour mettre fin au bail rural, fût-il consenti à l'un des indivisaires (■ Cass. 3e civ., 17 juill. 1995, n° 93-12.327 : *JurisData* n° 1995-002087 ; *JCP* 1996, IV, 2281 ; *Bull. civ.* III, n° 204, p. 136 ; *Defrénois* 1996, p. 404, obs. Grimaldi).

7) **Suppression de travaux réalisés par le preneur.** L'action exercée par un coïndivisaire en vue d'obtenir la suppression de travaux réalisés par le preneur excède la limite des actes conservatoires (■ Cass. 1re civ., 13 févr. 1991 : *JurisData* n° 1991-040930 ; *JCP* 91, IV, 140 ; *Bull. civ.* I, n° 56, p. 33).

8) **Éléments nécessaires au partage.** Une nue-propriétaire indivise de valeurs mobilières est fondée à demander à l'usufruitière du portefeuille de lui en indiquer la consistance et la valeur, éléments nécessaires pour que la nue-propriété soit partagée (■ Cass. 1re civ., 12 nov. 1998, n° 96-18.041 : *JurisData* n° 1998-004245 ; *JCP* G 99, II, 10027, note Piedelièvre ; *JCP* E 99, 426, note Rouxel ; *JCP* N 99, 351, note Hovasse ; *D.* 1999, 167, note Aynès et 633, note Fiorina ; *Bull. civ.* I, n° 315, p. 217 ; *RTD civ.* 1999, 422, obs. Zenati).

Art. 815-3 *(Rempl., L. n° 2006-728, 23 juin 2006).* **– Le ou les indivisaires titulaires d'au moins deux tiers des droits indivis peuvent, à cette majorité :**

1° Effectuer les actes d'administration relatifs aux biens indivis ;

2° Donner à l'un ou plusieurs des indivisaires ou à un tiers un mandat général d'administration ;

3° Vendre les meubles indivis pour payer les dettes et charges de l'indivision ;

4° Conclure et renouveler les baux autres que ceux portant sur un immeuble à usage agricole, commercial, industriel ou artisanal.

Ils sont tenus d'en informer les autres indivisaires. À défaut, les décisions prises sont inopposables à ces derniers.

Toutefois, le consentement de tous les indivisaires est requis pour effectuer tout acte qui ne ressortit pas à l'exploitation normale des biens indivis et pour effectuer tout acte de disposition autre que ceux visés au 3°.

Si un indivisaire prend en main la gestion des biens indivis, au su des autres et néanmoins sans opposition de leur part, il est censé avoir reçu un mandat tacite, couvrant les actes d'administration mais non les actes de disposition ni la conclusion ou le renouvellement des baux.

Rédaction antérieure. Art. 815-3 *(L. n° 76-1286, 31 déc. 1976).* **–** Les actes d'administration et de disposition relatifs aux biens indivis requièrent le consentement de tous les indivisaires. Ceux-ci peuvent donner à l'un ou à plusieurs d'entre eux un mandat général d'administration. Un mandat spécial est nécessaire pour tout acte qui ne ressortit pas à l'exploitation normale des biens indivis, ainsi que pour la conclusion et le renouvellement des baux.

Si un indivisaire prend en main la gestion des biens indivis, au su des autres et néanmoins sans opposition de leur part, il est censé avoir reçu un mandat tacite, couvrant les actes d'administration mais non les actes de disposition ni la conclusion ou le renouvellement des baux.

Code rural et de la pêche maritime

Art. L. 135-11. – L'indivisaire qui, en application de l'article 815-3 du Code civil, est censé avoir reçu un mandat tacite couvrant les actes d'administration des immeubles indivis peut valablement adhérer pour ces immeubles à une association foncière pastorale dans la mesure où cette adhésion n'entraîne pas d'obligation quant à la disposition des biens indivis.

Voir : L. n° 2017-285 du 6 mars 2017 pour les immeubles indivis situés en Corse et L. n° 2018-1244 du 27 décembre 2018 pour ceux situés dans l'Outremer (B. Mallet-Bricout, *JCP* N 2019, 1154).

Bibliographie : M. Dagot, *Le bail du bien indivis : JCP* 85, I, 3178. • C. Brenac et A. Chamoulaud-Tapiers, *Modalités de répartition du prix de vente d'un bien indivis acquis à l'aide d'un emprunt : Defrénois* 2013, p. 963.

1) Rapports entre usufruitier et nu-propriétaire. Il n'existe pas d'indivision entre l'usufruitier et le nu-propriétaire dont les droits sont de nature différente, de sorte que l'article 815-3 n'est pas applicable dans leurs rapports (▪ Cass. 1re civ., 25 nov. 1986, n° 85-10.548 : *JurisData* n° 1986-002362 ; *JCP* 87, II, 20866, note Cohen ; *Defrénois* 1987, 255, note Morin. ▪ Cass. 1re civ., 11 févr. 1997, n° 95-10.672 : *JurisData* n° 1997-000603 ; *Loyers et copr.* 1997, 95). V. sous art. 815, annot. n° 3, p. 633.

2) Expropriation. La créance d'indemnité d'expropriation n'étant pas indivisible, les règles édictées par les articles 815-3 et suivants ne sont pas applicables. Chacun des indivisaires a donc la faculté d'interjeter seul appel du jugement qui liquide l'indemnité (▪ Cass. 3e civ., 13 déc. 1995, n° 93-70.208 : *JurisData* n° 1995-003749 ; *JCP* 96, IV, 286 ; *Bull.* III, n° 260, p. 175 ; *Defrénois* 1996, 402, obs. Grimaldi ; *RD imm.* 1996, 335, obs. Bergel).

3) Absence de personnalité morale de l'indivision. L'indivision étant dépourvue de la personnalité juridique, un commandement délivré au nom d'une indivision, et non pas des indivisaires, est nul (▪ Cass. 2e civ., 9 juin 2011, n° 10-19.241 : *D.* 2011, 2188, note Julienne ; *Defrénois* 2012, 79, obs. Chamoulaud-Trapiers). Le bail conclu au nom d'une indivision dépourvue de personnalité juridique est nul de nullité absolue (▪ Cass. 3e civ., 16 mars 2017, n° 16-13.063, *Bull.*).

I – RÈGLE D'UNANIMITÉ

4) Bail d'un bien indivis. Sur le principe de l'inopposabilité du bail rural conclu par un coïndivisaire, V. ▪ Cass. 3e civ., 5 mai 1999, 2 arrêts : *JurisData* n° 1999-001967 ; *JCP* 2000, I, 278, n° 2, obs. Le Guidec ; *RTD civ.* 2000, 607, obs. Patarin. ▪ Cass. 3e civ., 26 janv. 2017, n° 14-29.272, *Bull.* V. aussi pour le refus de renouveler un bail commercial ▪ *Cass. 3e civ.*, 17 juill. 1991, n° 90-10.102 : *JurisData* n° 1991-002892 ; *Bull. civ.* III, n° 213, p. 124. La nullité du congé qui ne mentionne pas le nom d'un des copropriétaires indivis est couverte par l'intervention de celui-ci dans l'assignation devant le tribunal de grande instance et dans les actes subséquents (▪ Cass. 3e civ., 5 déc. 2001 : *JCP* G 2002, IV, 1114 ; *Bull. civ.* III, n° 141, p. 111 ; *JurisData* n° 2001-011992 ; *JCP* E 2002, 415, note Quément). Ne constitue pas le mandat spécial requis par l'article 815-3 pour la conclusion d'un bail rural le simple « pouvoir pour déclaration de succession » reçu par un père de sa fille en vue de l'accomplissement des formalités de liquidation (▪ Riom, 10 oct. 1988 : *JurisData* n° 1988-050506 ; *JCP* 89, IV, 6). Sur la nécessité d'un accord de chacun des indivisaires pour mettre fin au bail rural, fût-il consenti à l'un des indivisaires, V. ▪ Cass. 3e civ., 17 juill. 1995, cité sous art. 815-2. V. aussi pour un bail d'habitation ▪ Cass. 3e civ., 8 avr. 1999, n° 97-15.706 : *JurisData* n° 1999-001458 ; *JCP* 2000, I, 278, n° 3, obs. Le Guidec. La demande en paiement consécutive à l'inexécution des obligations nées du bail est un acte d'administration requérant le consentement de tous les indivisaires (▪ Cass. 3e civ., 30 juin 1999, n° 97-21.447 : *JurisData* n° 1999-002704 ; *JCP* 2000, I, 211, n° 6, obs. Périnet-Marquet ; 278, n° 4, obs. Le Guidec ;*Bull. civ.* III, n° 157, p. 109 ; *RTD civ.* 2000, 607, obs. Patarin).

5) Vente d'un bien indivis. Jugé autrefois que la vente d'un bien indivis faite sans le concours d'un ou de plusieurs communistes est nulle comme constituant à leur égard la vente de la chose d'autrui (▪ Cass. 1re civ., 7 janv. 1955 : *D.* 1955, 165), et que la nullité est encourue pour le tout si la vente ne devait, dans l'intention des parties, porter que sur l'ensemble du bien (▪ Cass. 1re civ., 21 mars 1962 : *Bull. civ.* I, n° 171, p. 152). Mais d'autres décisions retiennent qu'une telle vente reste valable en principe pour la part indivise du vendeur (▪ Cass. civ., 22 nov. 1926 : *DP* 1929, 1, 123, note Lalou. ▪ Cass. 1re civ., 3 mars 1953 : *D.* 1953, 301. ▪ Cass. 3e civ., 21 juin 1995, n° 92-16.671 : *Bull. civ.* III, n° 154, p. 103 ; *RD imm.* 1995, 715, obs. Bergel. ▪ Cass. 3e civ., 12 mai 2010, n° 08-17.186 : *JurisData* n° 2010-005882 ; *Defrénois* 2010, p. 2384, obs. A.C-T). – Sur le principe que l'opposabilité d'une vente de biens indivis à un coïndivisaire qui n'y a pas concouru dépend de l'attribution qui est faite de ce bien dans l'acte de partage, voir sous art. 883, p. 696. Pendant le cours de l'indivision, la vente de l'immeuble indivis est inopposable à l'indivisaire qui n'y a pas consenti (▪ Cass. 1re civ., 15 juin 1994, n° 91-20.633 : *JurisData* n° 1994-001310 ; *JCP* 94, IV, 2059 ; *Bull. civ.* I, n° 212, p. 154). La cession d'un bien indivis, sans le consentement de tous les indivisaires, n'est pas nulle, mais seulement inopposable à ceux qui n'y ont pas consenti, et son efficacité subordonnée au résultat du partage (▪ Cass. 1re civ., 3 févr. 2016, n° 14-26.060 : *JurisData* n° 2016-001631). Durant l'indivision post-communautaire, l'aliénation d'actions indivises par un époux seul est inopposable à l'autre, de sorte que doit être portée à l'actif de la masse à partager la valeur des actions au jour du partage : ▪ Cass.

1re civ., 7 oct. 2015, n° 14-22.224 : *Bull.* ; *RJPF* 2015-12/18, note V. Egéa ; *Defrénois* 2016, 236, obs. A. Tadros. - Comp. ▪ Cass. 1re civ., 5 avr. 2005 : *Bull. civ.* I, n° 169, p. 143 ; *D.* 2005, somm. p. 2121, obs. Brémond ; *RTD civ.* 2005, 801, obs. Revet : la cession d'un bien indivis par un seul indivisaire est opposable aux coïndivisaires à concurrence de la quote-part de son auteur.

6) Acte d'administration et acte de disposition. L'action relative à l'exécution des obligations nées d'un bail relève des actes d'administration normale du bien loué et n'exige pas que celui qui met en œuvre cette action justifie d'un mandat spécial (▪ Cass. 3e civ., 6 nov. 1986, n° 85-12.354 : *JurisData* n° 1986-701929 ; *Bull. civ.* III, n° 151, p. 117). Mais l'acceptation d'une notification mettant en œuvre la condition résolutoire contenue dans un acte de vente n'est pas un acte d'administration (▪ Cass. 3e civ., 23 mai 1995, n° 93-10.617 : *JurisData* n° 1995-001230 ; *Bull. civ.* III, n° 130, p. 87 ; *JCP* 95, IV, 1725 ; *Defrénois* 1996, 395, obs. Atias).

7) Action en justice. Viole l'article 815-3 l'arrêt qui déclare recevable l'appel formé par certains des indivisaires dans une instance en paiement de fermages, en retenant que la règle de l'unanimité ne joue que dans les rapports entre indivisaires appartenant à une même indivision et ne saurait être invoquée par un tiers à l'indivision successorale, alors que les défendeurs étaient en droit de se prévaloir de l'irrégularité de fond tenant au défaut de pouvoir des coïndivisaires (▪ Cass. 3e civ., 19 juin 2002 : *Bull. civ.* III, n° 146, p. 124). Conformément à la règle posée par l'article 815-3, il convient de surseoir à statuer, sur l'action en contrefaçon d'une œuvre d'un ascendant, jusqu'à l'appel en cause d'un coïndivisaire défaillant (▪ Paris, 1re ch., 26 juin 1996 : *JurisData* n° 1996-023903. V. aussi sous CPI, art. L. 113-3, p. 2447).

II – LIMITES À LA RÈGLE DE L'UNANIMITÉ

8) Poursuite d'une action introduite par le défunt. Les héritiers sont chacun saisis de plein droit des droits et actions de leur auteur défunt et peuvent poursuivre une action en nullité d'un contrat qu'il avait introduite sans que l'article 815-3 ait à s'appliquer (▪ Cass. 1re civ., 28 mars 2012, n° 10-30.713 : *Dr. famille* 2012, comm. 101, note Beignier ; *JCP* N 2012, act. 411 ; *JurisData* n° 2012-005658).

9) Action en responsabilité. L'action en responsabilité exercée par les héritiers de la victime décédée en cours d'instance est une action personnelle étrangère aux actes d'administration et de disposition relatifs aux biens indivis pour lesquels le consentement de tous les indivisaires est requis. Chacun des héritiers peut donc l'exercer dans son intégralité (▪ Cass. crim., 9 oct. 1985, n° 84-90.584 : *JurisData* n° 1985-002784 ; *D.* 1987, 93, note Breton). De même, un coïndivisaire agissant seul peut poursuivre seul la réparation du préjudice subi du fait de la dépréciation de l'immeuble indivis résultant de l'édification irrégulière d'une construction (▪ Cass. crim., 28 juin 1995, n° 93-85.047 : *JurisData* n° 1995-002038 ; *Bull. crim.* 1995, n° 238, p. 668).

10) Mandat de vendre un bien indivis. Effets entre les contractants. Le mandat de vendre un bien indivis donné à un tiers par un indivisaire agissant seul, s'il est inopposable, sauf ratification, aux coïndivisaires, n'est pas nul et produit ses effets entre les contractants (▪ Cass. 1re civ., 16 juin 1987, n° 84-17.840 : *JurisData* n° 1987-001044 ; *Bull. civ.* I, n° 197, p. 146).

11) Action contre un coïndivisaire. Tout indivisaire, pour assurer la protection de ses droits indivis, peut agir seul en justice à l'encontre d'un autre coïndivisaire ayant passé un acte sans son consentement et au mépris des dispositions de l'article 815-3 (▪ Cass. 3e civ., 15 juin 1994, n° 92-15.608 : *JurisData* n° 1994-001308 ; *JCP* 94, IV, 2058 ; *Bull. civ.* III, n° 124, p. 78). Mais le mari qui a donné congé sans avoir reçu mandat de sa femme coïndivisaire ne peut se prévaloir à l'égard de celle-ci de l'absence de mandat pour soutenir la nullité de l'acte (▪ Cass. 1re civ., 2 juin 1981 : *Bull.* I, n° 192, p. 157).

12) Mandat tacite. Pour des applications de l'article 815-3, al. 2 (V. dern. al.), V. ▪ Cass. 1re civ., 10 oct. 1995, n° 93-17.610 : *Bull. civ.* I, n° 350, p. 245 ; *Defrénois* 1996, 405, obs. Grimaldi ; *RD imm.* 1996, 335, obs. Bergel ; *RTD civ.* 1996, 963, obs. Patarin (coïndivisaire commandant des travaux de conservation ou d'amélioration du bien). ▪ Cass. 1re civ., 7 oct. 1997, n° 95-19.347 : *JurisData* n° 1997-003856 ; *Dr. famille* 1997, 185, note Beignier ; 1998, 30, note Fossier ; *JCP* 97, IV, 2274 ; *Bull. civ.* I, n° 269, p. 182 ; *Defrénois* 1998, 729, obs. Massip (coïndivisaire gérant les biens immobiliers indivis). ▪ Cass. 1re civ., 11 oct. 2000 : *Dr. famille* 2000, 148, note Beignier (coïndivisaire assignant le syndicat de copropriétaires en annulation d'une assemblée générale). ▪ Paris, 27 mars 2001 : *JurisData* n° 2001-149860 ; *JCP* N 2002, 1237, note F.-X. Lucas (représentation à l'assemblée de copropriétaires d'actions).

13) Recouvrement d'une créance commune par le conjoint usufruitier. Le conjoint survivant, en sa qualité d'usufruitier de la totalité de la succession, a seul le droit d'agir en recouvrement d'une créance de la communauté conjugale et peut se prévaloir des sanctions stipulées pour le cas de non-paiement de cette créance (▪ Cass.

1re civ., 4 oct. 1989, n° 87-11.142 : *JurisData* n° 1989-703208 ; *JCP* 90, II, 21519, note Pillebout ; *Bull. civ.* I, n° 308, p. 205).

14) Action en nullité d'un contrat. Tout indivisaire peut agir en justice pour la défense de ses droits indivis, et l'action en nullité d'un bail pour vice du consentement est une action personnelle étrangère aux dispositions de l'article 815-3 (▪ Cass. 1re civ., 6 mai 2009, n° 07-20.635 : *JurisData* n° 2009-048036 ; *JCP* 2009, IV, 1951).

15) Action d'un créancier contre un des indivisaires. L'action introduite par un créancier de l'indivision contre un seul indivisaire est recevable, la décision rendue sur celle-ci étant inopposable aux autres indivisaires à défaut de mise en cause de ceux-ci (▪ Cass. 1re civ., 18 déc. 2013, n° 12-27.059 : *JCP* G 2014, 755, obs. Périnet-Marquet ; *RTD civ.* 2014, 405, obs. Dross).

16) Qualité d'associé. La nue-propriétaire indivise de droits sociaux a la qualité d'associé ; elle est à ce titre recevable à agir en désignation d'un administrateur provisoire : ▪ Cass. 3e civ., 17 janv. 2019, n° 17-26.695 : *Bull.* ; *D.* 2019, p. 623, T. Ravel d'Esclapon.

III – MAJORITÉ DES DEUX TIERS (L. 23 JUIN 2006)

17) Action en résiliation d'un bail rural. Les indivisaires titulaires des deux tiers des droits indivis sont recevables à exercer cette action, qui ressortit à l'exploitation normale des biens indivis (▪ Cass. 3e civ., 29 juin 2011, n° 09-70.894 : *Defrénois* 2012, 81, obs. A. Chamoulaud-Trapiers).

18) Action en bornage. Est irrecevable l'action en bornage intentée par des indivisaires ne justifiant pas du consentement des titulaires d'au moins deux tiers des droits indivis (▪ Cass. 3e civ., 12 avr. 2018, n° 16-24.556 : *Bull.* ; *JCP* G 2018, 859, S. Ravenne).

§ 2. – Des actes autorisés en justice

Art. 815-4 *(L. n° 76-1286, 31 déc. 1976).* **– Si l'un des indivisaires se trouve hors d'état de manifester sa volonté, un autre peut se faire habiliter par justice à le représenter, d'une manière générale ou pour certains actes particuliers, les conditions et l'étendue de cette représentation étant fixées par le juge.**

À défaut de pouvoir légal, de mandat ou d'habilitation par justice, les actes faits par un indivisaire en représentation d'un autre ont effet à l'égard de celui-ci, suivant les règles de la gestion d'affaires.

Art. 815-5 *(L. n° 76-1286, 31 déc. 1976 ; mod., L. n° 87-498, 6 juill. 1987).* **– Un indivisaire peut être autorisé par justice à passer seul un acte pour lequel le consentement d'un coïndivisaire serait nécessaire, si le refus de celui-ci met en péril l'intérêt commun.**

Le juge ne peut, à la demande d'un nu-propriétaire, ordonner la vente de la pleine propriété d'un bien grevé d'usufruit contre la volonté de l'usufruitier (1).

L'acte passé dans les conditions fixées par l'autorisation de justice est opposable à l'indivisaire dont le consentement a fait défaut.

Rédaction antérieure. Art. 815-5. – Ancien al. 2. Le juge ne peut toutefois, sinon aux fins de partage, autoriser la vente de la pleine propriété d'un bien grevé d'usufruit, contre la volonté de l'usufruitier.

Bibliographie : M. Dagot, *La vente d'un bien grevé d'usufruit : JCP* N 87, I, 307. • G. Morin, *La situation de l'usufruitier en cas de demande en licitation du bien sur lequel porte son droit : Defrénois* 1987, I, 1025.

1) Dette personnelle. Poursuite affectant l'intérêt commun. Il importe peu que la dette dont le paiement est poursuivi soit personnelle à l'un des indivisaires dès lors que cette poursuite peut affecter le bien indivis et atteindre ainsi l'intérêt commun des indivisaires (▪ Cass. 1re civ., 6 nov. 1990, n° 89-13.220 : *JurisData* n° 1990-003070 ; *JCP* 91, IV, 5 ; *Bull. civ.* I, n° 236, p. 168 ; *RTD civ.* 1991, 378, obs. Patarin).

2) Mise en péril de l'intérêt commun. Il ne suffit pas au demandeur d'établir que l'opération projetée est avantageuse (▪ Paris, 25 janv. 1983 : *JurisData* n° 1983-024047 ; *Gaz. Pal.* 1983, 1, 190). – Ayant constaté que la seule issue ouverte à l'indivision, pour que demeure à son actif la valeur patrimoniale de l'exploitation commune, était le transfert de celle-ci au profit de l'enfant des intéressés, les juges du fond en ont déduit par une

(1) Dispositions applicables immédiatement aux usufruits constitués à partir de la date de l'entrée en vigueur de la loi et, sous réserve des décisions judiciaires passées en force de chose jugée et des accords amiables intervenus antérieurement, aux usufruits existant à cette date (art. 2).

appréciation souveraine que le refus d'un indivisaire de souscrire à cette cession de bail, seule alternative possible au refus de renouvellement, mettait en péril l'intérêt commun des indivisaires (■ Cass. 1re civ., 3 mars 1992, n° 90-16.420 : *JurisData* n° 1992-001874 ; *Bull. civ.* I, n° 71, p. 48 ; *JCP* 93, II, 22002, note J.-M. G. ; *RTD civ.* 1993, 392, obs. Patarin).

3) **Absence de condition d'urgence.** L'urgence n'est pas une condition requise par l'article 815-5, V. ■ Cass. 1re civ., 12 juill. 2001 : *Dr. famille* 2001, 113, 1er arrêt ; *JurisData* n° 2001-010790.

4) **Promesse de vente préalable.** Les juges du fond peuvent estimer souverainement que le refus d'une coïndivisaire met en péril l'intérêt commun et donner l'autorisation aux autres coïndivisaires de passer seuls l'acte de vente, peu important que la vente projetée ait été précédée d'une promesse de vente à laquelle la première n'avait pas donné son accord (■ Cass. 1re civ., 29 nov. 1988, n° 86-14.496 : *JurisData* n° 1988-703264 ; *Bull. civ.* I, n° 340, p. 230 ; *JCP* 89, II, 21364, note Testu ; *RTD civ.* 1989, 609, obs. Patarin). Mais pour la nullité d'une vente passée avec l'autorisation du juge des référés alors que l'acte que refusaient de signer certains indivisaires n'était pas conforme à la promesse de vente qu'avait conclue le défunt et que la cour d'appel le considérait comme contraire à l'intérêt commun, V. ■ Cass. 1re civ., 15 févr. 2012, n° 10-21.457 : *JCP* G 2012, 237.

5) **Effets de la cession. Application des règles du partage (non).** La cession des biens indivis autorisée sur le fondement de l'article 815-5 ne réalise pas un partage puisque le prix de vente va se substituer dans l'indivision au bien vendu. Il s'ensuit que les règles fixant les modalités du partage ne sont pas applicables (■ Cass. 1re civ., 30 juin 1992, n° 90-19.052 : *JurisData* n° 1992-001510 ; *JCP* 93, I, 3713, n° 2, obs. Testu ; *Bull. civ.* I, n° 208, p. 139).

6) **Licitation en propriété contre la volonté de l'usufruitier.** Viole l'article 815-5, al. 2, la cour d'appel qui prescrit, contre la volonté de l'épouse, la licitation en pleine propriété de l'immeuble dont elle était usufruitière au titre de l'article 275, à la demande de l'ex-mari nu-propriétaire (■ Cass. 1re civ., 13 oct. 1993, n° 91-20.707 : *JurisData* n° 1993-001801 ; *JCP* 93, IV, 2619 ; *RTD civ.* 1994, 85, obs. Hauser ; *D.* 1994, 409, note Ph. Delmas Saint-Hilaire. V. aussi, écartant l'abus de droit, ■ Cass. 1re civ., 8 déc. 1998, n° 96-14.070 : *JurisData* n° 1998-004918 ; *Dr. famille* 1999, 42, note Lécuyer ; *Defrénois 1999, 935, obs. Massip*). Mais s'agissant d'un usufruit de quotité, la licitation peut être ordonnée si elle est nécessaire à la détermination de l'usufruit et à la protection des intérêts de toutes les parties (■ Cass. 1re civ., 19 nov. 1996, n° 94-22.052 : *JurisData* n° 1996-004444 ; *RTD civ.* 1997, 198, obs. Patarin). Dès lors que la valeur des biens dont la licitation a été ordonnée ne dépasse pas le montant en intérêts des dettes successorales, l'article 612, alinéa 4, permet au nu-propriétaire de faire vendre les biens soumis à l'usufruit. N'est donc pas fondé le moyen selon lequel les dispositions de l'article 815-5, alinéa 2, font obstacle à cette faculté (■ Cass. 1re civ., 6 mars 2001 : *JCP* 2001, I, 358, n° 13, obs. Périnet-Marquet ; *JurisData* n° 2001-008573 ; *Bull. civ.* I, n° 64, p. 41 ; *RTD civ.* 2001, 937, obs. Patarin).

7) **Application dans le temps de la loi du 6 juillet 1987.** La loi du 6 juillet 1987 ne s'applique aux usufruits existant à la date de son entrée en vigueur qu'en l'absence de décision judiciaire passée en force de chose jugée (■ Cass. 1re civ., 13 déc. 1989, n° 87-17.323 : *JurisData* n° 1989-704634 ; *Bull. civ.* I, n° 392, p. 263 ; *D.* 1990, 214, 2e esp., note Morin). Dès lors que l'usufruit existait à la date d'entrée en vigueur de la loi de 1987 et que ne sont invoqués ni décision définitive passée en force de chose jugée, ni accord amiable antérieur à cette date, la licitation ne peut être prescrite conformément à l'article 815-5, al. 2, dans sa rédaction de la loi du 31 déc. 1976 (■ Cass. 1re civ., 14 mai 1992, n° 90-20.498 : *JurisData* n° 1992-001279 ; *JCP* 92, IV, 1979 ; *Bull. civ.* I, n° 143, p. 97 ; *D.* 1993, somm. p. 41, 2e esp., obs. A. Robert. - V. aussi ■ Cass. 1re civ., 2 févr. 1999, n° 96-22.563 : *JurisData* n° 1999-000454 ; *JCP* 1999, IV, 1577 ; *Bull. civ.* I, n° 42, p. 28 ; *RTD civ.* 1999, p. 891, obs. Patarin).

8) **Action en résolution de la vente d'un bien indivis.** Il résulte des articles 815-5 et 815-6 que seul le tribunal de grande instance, et non son président siégeant en la forme des référés, peut autoriser un coïndivisaire à intenter une action en résolution d'une vente, malgré la position de l'autre coïndivisaire (■ Paris 2 oct. 1997, n° 96/08213 : *JurisData* n° 1997-023146 ; *JCP* G 98, I, 117 et *JCP* N 98, 1646, n° 6, obs. Périnet-Marquet).

9) **Autorisation donnée en référé.** Lorsqu'il est saisi, en référé, sur le fondement de l'article 815-5, le président du tribunal de grande instance rend, par application du droit commun, une ordonnance de référé, qui n'a pas l'autorité de la chose jugée au fond, et la vente d'un bien indivis qui a été signée avec cette autorisation peut être annulée si le juge saisi ultérieurement au fond estime qu'il n'y avait pas lieu de l'ordonner (■ Cass. 1re civ., 15 févr. 2012, n° 10-21.457 : *Defrénois* 2012, 569, note N. Leblond).

Art. 815-5-1 *(L. n° 2009-526, 12 mai 2009).* **– Sauf en cas de démembrement de la propriété du bien ou si l'un des indivisaires se trouve dans l'un des cas prévus à l'article 836, l'aliénation d'un bien indivis peut être**

autorisée par le tribunal de grande instance, à la demande de l'un ou des indivisaires titulaires d'au moins deux tiers des droits indivis, suivant les conditions et modalités définies aux alinéas suivants.

Le ou les indivisaires titulaires d'au moins deux tiers des droits indivis expriment devant un notaire, à cette majorité, leur intention de procéder à l'aliénation du bien indivis.

Dans le délai d'un mois suivant son recueil, le notaire fait signifier cette intention aux autres indivisaires.

Si l'un ou plusieurs des indivisaires s'opposent à l'aliénation du bien indivis ou ne se manifestent pas dans un délai de trois mois à compter de la signification, le notaire le constate par procès-verbal.

Dans ce cas, le tribunal de grande instance peut autoriser l'aliénation du bien indivis si celle-ci ne porte pas une atteinte excessive aux droits des autres indivisaires.

Cette aliénation s'effectue par licitation. Les sommes qui en sont retirées ne peuvent faire l'objet d'un remploi sauf pour payer les dettes et charges de l'indivision.

L'aliénation effectuée dans les conditions fixées par l'autorisation du tribunal de grande instance est opposable à l'indivisaire dont le consentement a fait défaut, sauf si l'intention d'aliéner le bien du ou des indivisaires titulaires d'au moins deux tiers des droits indivis ne lui avait pas été signifiée selon les modalités prévues au troisième alinéa.

Bibliographie : J. Casey, *Le nouvel article 815-5-1 du Code civil : RJPF* 9/2009, p. 8. • N. Leblond, *La crise dans l'indivision : Defrénois* 2010, p. 2173.

Application dans le temps. L'article 815-5-1 du Code civil, dans sa rédaction issue de la loi du 12 mai 2009, est applicable aux effets à venir d'une indivision existante au jour de l'entrée en vigueur de cette loi (■ Cass. 1re civ., 15 janv. 2014, n° 12-28.378 : *JCP* N 2014, act. 218).

Art. 815-6 *(L. n° 76-1286, 31 déc. 1976)*. – **Le président du tribunal de grande instance peut prescrire ou autoriser toutes les mesures urgentes que requiert l'intérêt commun.**

Il peut, notamment, autoriser un indivisaire à percevoir des débiteurs de l'indivision ou des dépositaires de fonds indivis une provision destinée à faire face aux besoins urgents, en prescrivant, au besoin, les conditions de l'emploi. Cette autorisation n'entraîne pas prise de qualité pour le conjoint survivant ou pour l'héritier.

Il peut également soit désigner un indivisaire comme administrateur en l'obligeant s'il y a lieu à donner caution, soit nommer un séquestre. Les articles 1873-5 à 1873-9 du présent code s'appliquent en tant que de raison aux pouvoirs et aux obligations de l'administrateur, s'ils ne sont autrement définis par le juge.

1) **Indivisions visées.** Les dispositions de l'article 815-6 sont applicables à toutes les indivisions, quelles que soient leur origine et leur nature (■ Cass. 1re civ., 13 oct. 1993, n° 91-19.819 : *JurisData* n° 1993-001804 ; *JCP* 93, IV, 2618 ; *Bull. civ.* I, n° 278, p. 193 ; *Defrénois* 1994, 435, obs. Aynès). L'existence d'indivisions multiples ne constitue pas un obstacle à l'application de l'article 815-6 dès lors que l'une au moins de ces indivisions justifie que des mesures urgentes soient prescrites dans l'intérêt commun des indivisaires concernés (■ Paris, 6 juill. 2001 : *Dr. famille* 2001, 113, 3e arrêt, note Beignier ; *JurisData* n° 2001-152547).

2) **Notion d'intérêt commun.** L'intérêt commun doit se retrouver chez tous les indivisaires, l'indivision n'ayant pas un intérêt différent de celui de ses membres (■ Aix-en-Provence, 2 mars 1983 : *D.* 1984, 145, note Breton ; *RTD civ.* 1984, 344, obs. Patarin). Mais l'existence, chez certains indivisaires, d'intérêts divergents nés d'une circonstance étrangère à l'indivision (en l'espèce leur qualité d'associés de la société locataire de l'immeuble indivis) n'implique pas l'absence d'intérêt commun (■ Cass. 1re civ., 13 nov. 1984 : *JCP* 85, IV, 32 ; *D.* 1985, 104, note Breton).

3) **Action oblique (non).** L'intérêt commun visé par l'article 815-6 est seulement celui des indivisaires, et les créanciers ne peuvent agir par voie oblique sur le fondement de ce texte (■ Paris, 27 avr. 1983 : *JurisData* n° 1983-026633 ; *D.* 1987, somm. 121, obs. crit. Martin).

4) **Vente d'un immeuble indivis.** Il entre dans les pouvoirs que le président du tribunal de grande instance tient de l'article 815-6 du Code civil d'autoriser un indivisaire à conclure seul un acte de vente d'un bien indivis pourvu qu'une telle mesure soit justifiée par l'urgence et l'intérêt commun (■ Cass. 1re civ., 4 déc. 2013, n° 12-20.158 : *JCP* G 2013, 1330 ; *RJPF* 2014, 2/45, note F. Sauvage : autorisation de signer seul l'acte de réitération de la vente, après un compromis conclu par le *de cujus* avant son décès).

5) **Vente de biens indivis pour payer les frais de partage.** Le président du tribunal de grande instance peut ordonner la vente de titres pour payer les frais de partage (■ Cass. 1re civ., 16 févr. 1988, n° 86-16.489 : *Bull. civ.* I, n° 45, p. 29 ; *RTD civ.* 1989, 371, obs. Patarin et 777, obs. Zenati). La licitation des biens indivis, autorisée sur le fondement de l'article 815-6 du Code civil, ne réalisant

pas un partage, puisque le prix de vente se substitue dans l'indivision aux biens vendus, il n'y a pas à rechercher si ces biens étaient aisément partageables : ■ Cass. 1re civ., 2 déc. 2015, n° 15-10.978 : *Bull.* ; *JCP* G 2016, 446, H. Périnet-Marquet ; *D.* 2016, 1785, N. R.-M. ; *Dr. et patrimoine* 2016, p. 72, J.-B. Seube.

6) Mesures préjudiciant au principal. Les mesures prévues à l'article 815-6, qui concernent l'un des cas où le juge statue « en la forme de référés », permettent de préjudicier au principal (■ Cass. 1re civ., 16 févr. 1988, préc.).

7) Exécution provisoire de l'ordonnance. Appel. Une demande en vue de faire statuer sur l'exécution provisoire de l'ordonnance d'un président de tribunal de grande instance statuant sur le fondement de l'article 815-6 peut être adressée au premier président de la cour d'appel statuant en référé sur le fondement de l'article 526 du Code de procédure civile (■ Aix-en-Provence, 12 juill. 1991 : *JurisData* n° 1991-049212 ; *JCP* 92, II, 21949, note Henderycksen).

8) Adhésion à une société de gestion collective de droits d'auteur. L'apport des droits d'auteur à une société de gestion collective n'emportant pas aliénation du capital et ne modifiant pas de façon permanente et irrévocable les droits des indivisaires n'est pas un acte de disposition, et l'administrateur désigné par le juge peut donc adhérer à une telle société (■ Cass. 1re civ., 4 avr. 1991, n° 89-20.351 : *JurisData* n° 1991-000965 ; *D.* 1992, 261, note Gautier, succession de Picasso).

9) Décès d'un indivisaire. Seconde indivision. Le décès d'un indivisaire fait naître une seconde indivision. En l'absence de toute convention relative à cette indivision, le juge peut désigner un indivisaire comme administrateur (■ Cass. 1re civ., 13 oct. 1993, préc., n° 1).

10) Décision de justice étrangère nommant des exécuteurs testamentaires. L'existence d'un litige quant à la détermination de la loi successorale applicable n'empêche pas le juge des référés de prescrire, à titre conservatoire, les mesures urgentes nécessaires à la protection des droits éventuels que les héritiers peuvent tirer de la loi française (■ Cass. 1re civ., 4 mai 1994, n° 91-21.822 : *JurisData* n° 1994-001353 ; *Bull. civ.* I, n° 161, p. 118). L'existence d'une décision de justice étrangère nommant des exécuteurs français ne fait pas obstacle à ce que le juge français fasse usage de son pouvoir d'apprécier si cette mesure protège suffisamment les intérêts des descendants exhérédés au profit de ces mêmes personnes, en méconnaissance des dispositions du droit français (même arrêt).

11) Contradictoire. Doit être cassé l'arrêt qui retient que l'article 815-6 n'exige pas que l'autorisation du président du tribunal soit rendue au terme d'un débat contradictoire et qu'en toute hypothèse ce débat peut toujours avoir lieu en référé par le biais d'un recours en rétractation, alors que ces motifs ne suffisent pas à justifier une dérogation au principe de la contradiction (■ Cass. 3e civ., 27 mai 1998, n° 96-13.854 : *JCP* 98, IV, 2608 ; *Bull. civ.* III, n° 111, p. 74).

12) Articulation de l'article 815-5 et de l'article 815-6. L'article 815-5 n'exclut pas la faculté pour le président du tribunal de grande instance, saisi sur le fondement de l'article 815-6, de donner à l'administrateur qu'il désigne le pouvoir de conclure un bail rural, dès lors que les conditions prévues par ce texte sont réunies (■ Cass. 1re civ., 19 oct. 2004, n° 02-11.366 : *JCP* G 2005, I, 119, n° 3, obs. Périnet-Marquet ; *Bull. civ.* I, n° 226, p. 189).

13) Administrateur coïndivisaire en usufruit (non). L'indivisaire désigné comme administrateur ne peut disposer de plus de pouvoirs que ceux de l'indivision dont il est membre ; en cas de superposition de deux indivisions distinctes portant respectivement sur l'usufruit et sur la nue-propriété d'un bien, l'administrateur ne peut être choisi parmi les coïndivisaires en usufruit (■ Cass. 1re civ., 6 févr. 2001 : *JCP* 2001, I, 358, n° 4, obs. Périnet-Marquet ; *Dr. famille* 2001, 77, note Beignier ; *JurisData* n° 2001-008038 ; *Bull. civ.* I, n° 24, p. 16 ; *RTD civ.* 2001, 640, obs. Patarin ; *D.* 2001, somm. 2942, obs. Vareille. – Comp., paraissant admettre que l'administrateur puisse être une personne extérieure à l'indivision, ■ Cass. 1re civ., 19 oct. 2004, préc.).

14) Mandataire successoral. Le mandataire successoral nommé sur le fondement de l'article 813-1 du Code civil peut aussi, sur sa demande, être le mandataire de l'indivision prévu par l'article 815-6 du Code civil : ■ Cass. 1re civ., 10 juin 2015, n° 14-18.944 : *Bull.* ; *RTD civ.* 2015, 672, obs. M. Grimaldi.

15) Applicabilité des articles 1873-5 à 1873-9. Lorsque le président du tribunal de grande instance saisi sur le fondement de l'article 815-6 du Code civil définit les pouvoirs de l'administrateur, les articles 1873-5 à 1873-9 du même code ne s'appliquent pas (■ Cass. 1re civ., 19 oct. 2004, préc.).

Art. 815-7 *(L. n° 76-1286, 31 déc. 1976).* **– Le président du tribunal peut aussi interdire le déplacement des meubles corporels sauf à spécifier ceux dont il attribue l'usage personnel à l'un ou à l'autre des ayants droit, à charge pour ceux-ci de donner caution s'il l'estime nécessaire.**

Art. 815-7-1 *(L. n° 2009-594, 27 mai 2009).* – **En Guadeloupe, en Guyane, en Martinique, à La Réunion et à Saint-Martin, lorsqu'un immeuble indivis à usage d'habitation ou à usage mixte d'habitation et professionnel est vacant ou n'a pas fait l'objet d'une occupation effective depuis plus de deux années civiles, un indivisaire peut être autorisé en justice, dans les conditions prévues aux articles 813-1 à 813-9, à exécuter les travaux d'amélioration, de réhabilitation et de restauration de l'immeuble ainsi qu'à accomplir les actes d'administration et formalités de publicité, ayant pour seul objet de le donner à bail à titre d'habitation principale.**

Section II. – Des droits et des obligations des indivisaires

(L. n° 2006-728, 23 juin 2006)

Art. 815-8 *(L. n° 76-1286, 31 déc. 1976).* – **Quiconque perçoit des revenus ou expose des frais pour le compte de l'indivision doit en tenir un état qui est à la disposition des indivisaires.**

Art. 815-9 *(L. n° 76-1286, 31 déc. 1976).* – **Chaque indivisaire peut user et jouir des biens indivis conformément à leur destination, dans la mesure compatible avec le droit des autres indivisaires et avec l'effet des actes régulièrement passés au cours de l'indivision. À défaut d'accord entre les intéressés, l'exercice de ce droit est réglé, à titre provisoire, par le président du tribunal.**

L'indivisaire qui use ou jouit privativement de la chose indivise est, sauf convention contraire, redevable d'une indemnité.

Bibliographie : C. Atias, *Une convention au pays de l'indivision non conventionnelle : l'accord de l'article 815-9 et la jouissance privative d'un coïndivisaire : JCP* 79, I, 2937.

1) Usage des biens indivis. Action contre d'autres indivisaires. Il résulte de l'article 815-9 que tout copropriétaire est en droit de faire cesser les actes accomplis par un autre indivisaire qui ne respectent pas la destination de l'immeuble ou qui portent atteinte à ses droits égaux et concurrents sur la chose indivise et d'agir à cet effet ainsi que pour obtenir réparation du préjudice consécutif auxdits actes, sans attendre le partage (■ Cass. 1re civ., 15 avr. 1980 : *JurisData* n° 1980-700109 ; *JurisData* n° 1980-700109 ; *Bull. civ.* I, n° 109, p. 89 ; *D.* 1981, 101, note Breton). L'effet déclaratif du partage ne saurait effacer les conséquences de tels actes dans les rapports entre les indivisaires (même arrêt). Ainsi tout indivisaire peut agir en démolition d'un ouvrage édifié par un autre et qui empiète sur la parcelle indivise (■ Cass. 1re civ., 12 mai 2010, n° 08-19.150 : *Defrénois* 2010, p. 2077, note N. Pierre). Sur le principe que l'appropriation de biens d'une succession par un des coïndivisaires ne peut constituer le délit de vol, V. ■ Toulouse, 21 juin 1984 : *JurisData* n° 1984-044462. Mais l'accord donné par certains des coïndivisaires n'est pas opposable aux autres et ne fait pas obstacle à des poursuites pour vol (■ Cass. crim., 27 févr. 1996, n° 95-82.370 : *JurisData* n° 1996-001510 ; *JCP* 96, IV, 1244 ; *Bull. crim.* 1996, n° 96, p. 283 ; *RTD civ.* 1996, 932, obs. Zenati, abattage d'arbres sur pied). En matière de cour commune en pays rural de montagne, l'utilisation normale s'entend de l'entreposage de bois et d'engins agricoles dont un autre propriétaire indivis ne peut obtenir l'enlèvement que s'il rapporte la preuve d'une utilisation abusive gênant notamment la circulation de ses engins (■ Toulouse, 27 avr. 1998, n° 96/05409 : *JurisData* n° 1998-041512 ; *JCP* G 99, I, 120, n° 15, obs. Périnet-Marquet ; *JCP* N 1999, 56, note Sizaire). Le refus des indivisaires de consentir à l'acte est justifié dès lors que cet acte porterait atteinte à leur droit (■ Cass. 1re civ., 12 juill. 2000 : *JCP* 2001, I, 305, n° 6, obs. Périnet-Marquet).

2) Absence de versement de l'indemnité. Expulsion. Pour l'expulsion d'un indivisaire ayant occupé les lieux pendant plus de quinze ans sans avoir versé aucune somme, alors que son maintien dans les lieux est incompatible avec les droits concurrents de l'autre indivisaire, V. ■ Cass. 1re civ., 26 oct. 2011, n° 10-21.802 : *Defrénois* 2012, 84, obs. A. C.-T.- V. aussi, ■ Cass. 1re civ., 30 janv. 2019, n° 18-12.403 : *Bull.* ; *contra*, refusant l'expulsion pour une occupation privative de trente ans sans indemnité au motif que le propriétaire indivis peut user librement de l'immeuble sans le consentement de ses coïndivisaires (■ Cass. 1re civ., 7 nov. 2018, n° 17-22.280).

3) Indemnité d'occupation. Nécessité d'une occupation effective (non). L'indemnité de l'article 815-9 est due même en l'absence d'occupation effective des lieux (■ Cass. 1re civ., 12 janv. 1994, n° 91-18.104 : *JurisData* n° 1994-000080 ; *JCP* 94, I, 3785, n° 1, obs. Simler. ■ Cass. 1re civ., 14 juin 2000, 2 arrêts : *JurisData* n° 2000-002468 ; *Dr. famille* 2000, 117, Beignier ; *Bull.* ; *Defrénois* 2000, 1308, obs. Massip. ■ Cass. 1re civ., 23 juin 2010, n° 09-10.424 : *Defrénois* 2010, 2269, A. Chamoulaud-Trapiers. ■ Cass. 1re civ., 29 juin 2011, n° 10-20.229 : *Defrénois* 2012, 82, A. C.-T. ; ■ Cass. 1re civ., 12 juin 2018, n° 17-17.243 : *Dr. famille* 2018, comm. 203, Gayet). Il incombe au mari de prouver avoir remis à la disposition de l'indivision le bien dont la jouissance lui avait été attribuée pendant l'instance en divorce (■ Cass. 1re civ., 14 janv. 2015, n° 13-28.069 : *Dr. famille* 2015, 56, Q. G-S.).

4) Indemnité d'occupation. Nécessité d'une occupation privative. L'indemnité n'est pas due dès lors que l'occupation de l'immeuble indivis n'exclut pas la même utilisation par les autres indivisaires (■ Cass. 1re civ., 13 janv. 1998, n° 95-12.471 : *JurisData* n° 1998-000038 ; *JCP* G 98, I, 171, obs. Périnet-Marquet ; *Bull. civ.* I, n° 12 ; *RTD civ.* 1999, 168, obs. Patarin. ■ Cass. 1re civ., 5 nov. 2014, n° 13-11.304 : *Defrénois* 2015, 8, obs. Tranchant) ni dans le cas d'un immeuble occupé en vertu d'un contrat de location-accession qui n'a fait l'objet d'aucun acte translatif de propriété au profit de la société d'acquêts ayant existé entre les époux (■ Cass. 1re civ., 23 janv. 2001 : *JCP* N 2001, 963, note Casey ; *JurisData* n° 007920). L'indivisaire domicilié dans un immeuble indivis mais qui n'y réside pas ne doit pas, en l'absence de tout droit ou fait de jouissance privative, une indemnité d'occupation, mais il en va différemment pour celui qui, sans résider dans l'immeuble indivis, en détient seul les clés, ce qui lui permet d'avoir seul la libre disposition du bien indivis (■ Cass. 1re civ., 30 juin 2004, n° 02-13.623 : *JurisData* n° 2004-024480 ; *Bull. civ.* I, n° 194, p. 161) à moins que celles-ci ne puissent être mises à la disposition des autres indivisaires lors de leurs passage (■ Cass. 1re civ., 28 mars 2018, n° 17-14.104 : *Bull.*).

5) Indemnité d'occupation. Nécessité d'une indivision en jouissance. En l'absence d'indivision en jouissance, le conjoint survivant donataire de la quotité disponible ayant opté pour un quart des biens en propriété et trois quarts en usufruit, aucune indemnité d'occupation ne pouvait être mise à sa charge (■ Cass. 1re civ., 15 mai 2013, n° 11-24.217 : *JurisData* n° 2013-009360 ; *Defrénois* 2014, p. 125, obs. A. C.-T. ; *Dr. famille* 2013, comm. 106, note B. Beignier et J.-R. Binet ; *JCP* G 2013, 602 ; *RJPF* 2013, 7/34, obs. F. Sauvage).

6) Indemnité d'occupation. Impossibilité de droit ou de fait d'user de la chose. La jouissance privative d'un bien indivis résulte de l'impossibilité de droit ou de fait pour un ou plusieurs des coïndivisaires d'user de la chose. Pour un conjoint après une ordonnance de non-conciliation pendant l'instance en divorce, V. ■ Cass. *1re civ., 8 juill. 2009* : *JurisData* n° 2009-049069 ; *JCP* 2009, La semaine du droit, 157, obs. Bosse-Platière. Pour la détention de clés par certains indivisaires à l'exlusion des autres, V. ■ Cass. 1re civ., 31 mars 2016, n° 15-10.748 : *Bull.* ; V. *supra* note 3. En cas de depart d'un des deux indivisaires en maison de retraite (■ Cass. 1re civ., 3 oct. 2018, n° 17-26.020 : *Bull.*).

7) Divorce. Le fait que les enfants du mariage aient été, après le divorce, logés dans l'immeuble dépendant de la communauté avec l'accord du père n'exclut pas que la mère puisse devoir une indemnité pour l'occupation de ce logement avec eux (■ Cass. 1re civ., 9 oct. 1990, n° 89-11.425 : *JurisData* n° 1990-702559 ; *Bull. civ.* I, n° 207, p. 148). Il appartient aux juges du fond de rechercher dans quelle mesure cette mise à la disposition de l'immeuble constituait une contribution du père à son obligation d'entretien et d'éducation des enfants (même arrêt. V. aussi ■ Cass. 1re civ., 28 mai 2014, n° 13-14.884 : *D.* 2014, 1203. ■ Cass. 1re civ., 1er févr. 2017, n° 16-11.599 : *Bull.* – Comp. ■ Cass. 1re civ., 20 nov. 1990, n° 89-14.194 : *JurisData* n° 1990-703272 ; *Bull. civ.* I, n° 252, p. 178). Il résulte des dispositions combinées des articles 262-1 et 815-9 qu'à compter de la date de l'assignation en divorce, et sauf convention contraire, une indemnité est due par le conjoint qui jouit privativement d'un bien indivis (■ Cass. 2e civ., 11 févr. 1998, n° 96-14.901 : *JurisData* n° 1998-000544 ; *JCP* 98, IV, 1738 ; *Bull. civ.* II, n° 51, p. 31 ; *D.* 1998, 493, note Malaurie ; *Dr. famille* 1998, 154, 1er arrêt, note Lécuyer ; *Defrénois* 1999, 16, note Malaurie ; *RTD civ.* 1999, 68, obs. Hauser. V. en ce sens ■ Cass. 1re civ., 25 juin 2002, n° 98-22.882 : *JurisData* n° 2002-014961 ; *Dr. famille* 2002, 149, note Beignier ; *Bull. civ.* I, n° 173, p. 132). Mais il en va autrement si l'ex-épouse occupe l'immeuble en vertu d'un droit indivis d'accession à la propriété (■ Cass. 1re civ., 25 juin 2002, n° 98-22.882 : *JurisData* n° 2002-014961 ; *JCP* 2003, I, 111, n° 14, obs. Tisserand ; *D.* 2002, p. 2430, note Barberot ; *Bull. civ.* I, n° 172, p. 132. - V. aussi ■ Cass. 1re civ., 3 févr. 2004, n° 00-17.126 : *JurisData* n° 2004-022093 ; *Bull. civ.* I, n° 37, p. 31). V. A. Batteur, *L'indemnité d'occupation et la jouissance exclusive d'un bien indivis par un époux pendant la procédure de divorce* : *Dr. famille* 2001, chron. 14 et *JCP* N 2002, 1332.

8) Occupation sans indemnité. Remontée des effets du divorce. La décision, par laquelle le juge du divorce reporte ses effets patrimoniaux entre les époux à la date à laquelle ils ont cessé de cohabiter et de collaborer n'a pas pour effet de conférer à l'occupation du logement conjugal par l'un d'eux un caractère onéreux avant la date de l'ordonnance de non-conciliation, sauf disposition en ce sens dans la décision de report (■ Cass. 1re civ., 23 oct. 2013, n° 12-21.556 : *JCP* G 2013, 1163).

9) Occupation pendant une séparation de corps. Une indemnité d'occupation est due à compter du jugement de séparation de corps ayant rejeté la demande d'occupation gratuite présentée par l'épouse (■ Cass. 1re civ., 23 janv.

2008, n° 07-10.753 : *JurisData* n° 2008-042365 ; *JCP* G 2008, IV, 1341).

10) Contrat de location-attribution. Ayant constaté que l'appartement n'était pas devenu la propriété de la communauté conjugale avant la dissolution, et que l'épouse en jouissait moyennant le versement d'indemnités mensuelles, une cour d'appel en a justement déduit que l'occupation privative par cette dernière de ce bien, qui ne faisait pas partie de l'indivision post-communautaire, ne pouvait donner lieu à indemnité au profit de celle-ci (■ Cass. 1re civ., 17 mars 1992, n° 90-14.279 : *JurisData* n° 1992-000420 ; *JCP* 92, I, 3614, n° 7, obs. crit. Simler ; *Bull.* I, n° 83, p. 56).

11) Jouissance d'un tableau. La coïndivisaire qui a eu la jouissance d'un tableau ne doit pas d'indemnité (■ Paris, 22 sept. 1995 : *JurisData* n° 1995-023543 ; *JCP* 96, I, 3921, n° 7, obs. Périnet-Marquet).

12) Légataire universel. Il résulte de la combinaison des articles 724, 1005 et 815-9 que l'héritier saisi de l'universalité de la succession est habile à prétendre à la jouissance du bien légué à compter du jour du décès et que cette jouissance est exclusive de toute indemnité au profit de l'indivision pour l'occupation du bien légué (■ Cass. 1re civ., 2 juin 1987, n° 85-16.269 : *Bull. civ.* I, n° 181, p. 135. ■ Cass. 1re civ., 24 sept. 2014, n° 12-26.486 : *Dr. famille* 2014, 164, note Nicod ; *RJPF* 2014-12/44, obs. Sauvage ; *RTD civ.* 2014, 926, obs. Grimaldi).

13) Période pendant laquelle l'indemnité est due. Le jugement qui prononce ou l'accord qui décide l'attribution préférentielle ne confère pas à celui qui en bénéficie la propriété des biens qui en sont l'objet. C'est donc jusqu'à la date du partage que l'indivisaire qui use privativement des biens doit une indemnité (■ Cour de cassation 1re civ., 23 novembre 1982 : *Bull.*. ■ Cass. 1re civ., 15 mars 2018, n° 17-18.903 : *Dr. famille* 2018, comm. 220, A. Tani). L'indemnité d'occupation d'un immeuble indivis due en vertu de l'art. 815-9 par un époux séparé de biens commence à courir à compter du jour du jugement définitif de divorce et non du jour de l'assignation (■ Paris, 5 sept. 1994 : *JurisData* n° 1994-022767 ; *JCP* 95, I, 3821, n° 22, obs. Storck). *Mais elle n'est pas due par l'indivisaire adjudicataire* qui s'est prévalu d'une clause de substitution et est ainsi devenu propriétaire du jour de l'adjudication, faisant cesser l'indivision (■ Cass. 1re civ., 11 avr. 2018, n° 17-17.495 : *Bull.* ; *Defrénois* 2018, n° 36, p. 44, B. Vareille).

14) Évaluation de l'indemnité d'occupation. L'indemnité d'occupation mise à la charge de l'indivisaire doit être déterminée en ayant égard à la valeur locative des biens, l'enrichissement procuré à l'indivision par les dépenses effectuées par cet indivisaire pour la conservation et l'amélioration du bien occupé par lui étant compensé par l'indemnité fixée selon l'article 815-13 (■ Cass. 1re civ., 27 oct. 1992, n° 90-21.173 : *JurisData* n° 1992-002442 ; *JCP* 93, I, 3713, n° 3, obs. Testu ; *Bull. civ.* I, n° 265, p. 173 ; *RTD civ.* 1993, p. 630, obs. Patarin. ■ Cass. 1re civ., 25 juin 1996, n° 94-20.395 : *JurisData* n° 1996-002768 ;*JCP* 1996, IV, 1938 ; *Bull.* I, n° 267, p. 188. ■ Cass. 1re civ., 29 juin 2011, n° 10-20.229 : *Defrénois* 2012, p. 82, obs. A. C.-T. - V. aussi ■ Cass. 1re civ., 14 janv. 1997, n° 94-16.813 : *JurisData* n° 1997-000076 ; *JCP* 1997, I, 4060, n° 6, obs. Périnet-Marquet ; *Bull.* I, n° 17, p. 10, cassation de l'arrêt qui retient l'exiguïté des lieux et l'importance des travaux effectués par l'indivisaire, sans avoir égard à la valeur locative. ■ Cass. 1re civ., 17 févr. 2004, n° 01-17.789 : *JurisData* n° 2004-022493 ; *Dr. famille* 2004, 86, note Beignier, cassation de l'arrêt se basant sur la valeur du bien figurant dans la déclaration de succession sans tenir compte de sa valeur locative). Mais jugé que les juges du fond ne sont pas tenus de se fonder sur la seule valeur locative (■ Cass. 1re civ., 13 déc. 1994, n° 94-20.780 : *JurisData* n° 1994-002562 ; *JCP* 95, I, 3878, n° 16, obs. Périnet-Marquet ; *D.* 1995, 496 ; *RTD civ.* 1995, 659, obs. Patarin, 1997, 170, obs. Zenati). Ils ne peuvent renvoyer les parties devant le notaire liquidateur pour déterminer le montant de l'indemnité au motif qu'ils ne disposent pas des éléments suffisants pour l'évaluer, alors que la mission du notaire ne peut être sur ce point que de donner un avis de pur fait sur les éléments d'évaluation (■ Cass. 1re civ., 2 avr. 1996, n° 94-14.310 : *JurisData* n° 1996-001342 ; *Bull. civ.* I, n° 162, p. 115).

15) Intérêts de l'indemnité. L'indemnité porte intérêt à compter de la décision qui la détermine (■ Cass. 1re civ., 13 déc. 1994, préc.). Mais l'indivisaire débiteur peut être condamné à payer des intérêts au taux légal à compter d'une date antérieure au partage eu égard à son comportement dilatoire (■ Cass. 1re civ., 5 mai 1986, n° 84-14.847 : *JurisData* n° 1986-000920 ; *Bull.* I, n° 117, p. 119).

16) Forme des référés. Le président du tribunal de grande instance statue en la forme des référés, et non en référé, si bien que les articles 808 et 809 du Code de procédure civile ne sont pas applicables (■ Cass. 1re civ., 20 mai 2009, n° 07-21.679 : *D.* 2009, 1536. ■ Cass. 1re civ., 20 avr. 2017, nos 16-16.457 et 16-17.233 : *Bull.*).

17) Litige avec un tiers. Compétence. Sur l'incompétence du président du tribunal de grande instance pour statuer sur une demande dirigée contre un tiers étranger à l'indivision, V. ■ Cass. 1re civ., 16 mai 2000, n° 98-17.454 : *JurisData* n° 2000-002080 ; *Dr. famille* 2000, 116, note Beignier.

18) Clause d'accroissement. Cette clause est exclusive de l'indivision, mais tant que la condition de prédécès de l'une des parties n'est pas réalisée, elles n'ont que des droits concurrents, tel celui de jouir indivisément du bien, droit dont l'exercice peut être organisé par le juge, et la partie qui a la jouissance exclusive du bien peut être condamnée à une indemnité d'occupation (■ Cass. 1re civ., 9 nov. 2011, n° 10-21.710 : *Contrats, conc. consom.* 2012, 57 ; *Dr. famille* 2012, 10, note Beignier ; *Defrénois* 2012, 343, note Leblond ; *JCP* N 2012, 1123, note Leveneur). Et pour le droit à une indemnité pour l'autre titulaire du droit de jouissance en ce cas, ■ Cass. 3e civ., 17 déc. 2013, n° 12-15.453 : *Bull. civ.* ; *Contrats, conc. consom.* 2014, 62, obs. L. L. ; *D.* 2014,78 ; *RTD civ.* 2014, 407, obs. Dross.

Art. 815-10 ***(Mod., L. n° 76-1286, 31 déc. 1976 ; L. n° 2006-728, 23 juin 2006).*** **– Sont de plein droit indivis, par l'effet d'une subrogation réelle, les créances et indemnités qui remplacent des biens indivis, ainsi que les biens acquis, avec le consentement de l'ensemble des indivisaires, en emploi ou remploi des biens indivis.**

Les fruits et les revenus des biens indivis accroissent à l'indivision, à défaut de partage provisionnel ou de tout autre accord établissant la jouissance divise.

Aucune recherche relative aux fruits et revenus ne sera, toutefois, recevable plus de cinq ans après la date à laquelle ils ont été perçus ou auraient pu l'être.

Chaque indivisaire a droit aux bénéfices provenant des biens indivis et supporte les pertes proportionnellement à ses droits dans l'indivision.

1) **Clientèles et fonds de commerce.** La valeur du droit de présentation à la clientèle d'un chirurgien-dentiste faisant partie de la masse commune, l'indivision post-communautaire s'accroît de la plus-value de cet élément sous réserve de l'attribution à l'indivisaire gérant de la rémunération de son travail conformément à l'article 815-12 (■ Cass. 1re civ., 12 janv. 1994, n° 91-18.104 : *JurisData* n° 1994-000080 ; *D.* 1994, 311, 2e esp., note R. Cabrillac ; *JCP* 94, I, 3785, n° 1, obs. Simler ; *RTD civ.* 1994, 642, obs. Zenati. V. en ce sens ■ Cass. 1re civ., 17 déc. 1996, n° 94-18.985 : *JurisData* n° 1996-004962 ; *JCP* 97, IV, 330 ; *Bull. civ.* I, n° 449, p. 315 ; *Defrénois* 1997, 411, obs. Grimaldi ; *Dr. famille* 1997, 87, note Beignier. ■ Cass. 1re civ., 2 mai 2001 : *JCP* 2002, I, 103, n° 11, obs. Simler ; II, 10062, note Barret ; *Bull. civ.* I, n° 110 ; *D.* 2002, 759, note Dross ; *JurisData* n° 2001-009340 ; *Defrénois* 2001, 1519, obs. Champenois. V. aussi pour les parts d'une société civile professionnelle titulaire d'une charge d'huissier de justice ■ Cass. 1re civ., 10 févr. 1998, n° 96-16.735 : *JurisData* n° 1998-000554 ; *JCP* 98, IV, 1716 ; *Bull. civ.* I, n° 47, p. 31). L'activité de l'époux, gérant d'un fonds de commerce durant l'indivision post-communautaire, ne peut être assimilée à une dépense d'amélioration d'un bien indivis, dont le remboursement donnerait lieu à l'application de l'article 815-13. Il en résulte que la plus-value de ce fonds, constatée au jour du partage, accroît à l'indivision, l'époux ayant droit à une rémunération de gérance (■ Cass. 1re civ., 29 mai 1996, n° 94-14.632 : *JurisData* n° 1996-002110 ; *JCP* G 96, I, 3968, n° 4, obs. Le Guidec, 3972, n° 11, obs. Périnet-Marquet ; *JCP* E 96, II, 913, note Micha-Goudet ; *JCP* G 97, I, 4008, n° 17, obs. Tisserand ; *Bull. civ.* I, n° 222, p. 154 ; *RTD civ.* 1997, p. 714, obs. Patarin).

2) **Acquisitions à l'aide de deniers indivis.** Sur le principe que la masse indivise peut s'accroître des acquisitions réalisées à l'aide de deniers indivis, V. ■ Cass. 1re civ., 20 févr. 1996, n° 93-17.115 : *JurisData* n° 1996-000536 ; *JCP* 96, IV, 870 ; *Bull.* I, n° 95, p. 64 ; *RTD civ.* 1996, 961, obs. Patarin.

3) **Indemnité due pour l'occupation d'un bien indivis.** L'indemnité prévue à l'article 815-9, al. 2, doit être assimilée à un revenu et accroît donc à l'indivision (■ Cass. 1re civ., 14 nov. 1984, n° 83-14.866 : *JurisData* n° 1984-701974 ; *JCP* 85, IV, 32. V. aussi ■ Cass. 1re civ., 18 janv. 1989, n° 87-16.968 : *JCP* 89, IV, 102. ■ Cass. 1re civ., 5 févr. 1991, n° 89-15.234 : *JurisData* n° 1991-700405 ; *Bull. civ.* I, n° 54, p. 34. ■ Cass. 1re civ., 21 juin 2005 : *JCP* 2005, IV, 2809 ; *JurisData* n° 2005-029044 ; *Bull. civ.* I, n° 272, p. 226). L'indemnité versée par le mari qui a occupé seul des immeubles dépendant de la communauté après le prononcé du divorce doit revenir à l'indivision et non à l'ex-épouse, du moins pour une période de cinq ans (■ Cass. 1re civ., 22 mai 1984, n° 83-11.952 : *JurisData* n° 1984-701211 ; *Gaz. Pal.* 1984, 2, pan. 308, obs. Piedelièvre).

4) **Prescription quinquennale. Indemnité d'occupation.** L'article 815-10, al. 2 [al. 3], bénéficie à l'indivisaire qui a géré les biens indivis et s'applique aussi à l'indemnité mise par l'article 815-9 à la charge de l'indivisaire qui jouit privativement d'un bien indivis (■ Cass. 1re civ., 6 juill. 1983, n° 82-12.747 : *JurisData* n° 1983-701512 ; *Bull. civ.* I, n° 199, p. 175 ; *Defrénois* 1984, p. 273, note Morin ; *RTD civ.* 1984, p. 341, obs. Patarin. ■ Cass. 1re civ., 10 janv. 1990, n° 87-10.453 : *JurisData* n° 1990-700261 ; *Bull. civ.* I, n° 8, p. 7), ce qui exclut l'application de l'article 2277 (■ Cass. 1re civ., 5 févr. 1991, n° 89-11.136 : *JurisData* n° 1991-000401 ; *JCP* 91, IV, 127 ; *Bull. civ.* I, n° 53, p. 33). Seuls les arriérés échus postérieurement à une décision judiciaire, ayant force exécutoire, qui a reconnu une créance

d'indemnité d'occupation, échappent, en raison de la nature de la créance, à l'interversion de prescription résultant de cette décision et sont soumis à la prescription quinquennale de l'article 815-10 (■ Cass. 1re civ., 10 juill. 2013, n° 12-13.850 : *JCP* G 2013, 866 ; *RJPF* 2013, 10/35, note F. Sauvage).

5) Fruits de l'indivision postcommunautaire. Les bénéfices et dividendes de parts acquises par le mari au cours du mariage, perçus pendant l'indivision postcommunautaire, constituent des fruits qui accroissent à l'indivision (■ Cass. 1re civ., 28 mars 2018, n° 17-16.198 : *Bull.*).

6) Prescription quinquennale. Point de départ et interruption. C'est seulement à compter du jour où le jugement de divorce est passé en force de chose jugée que l'épouse pouvait réclamer les fruits et revenus perçus par son mari au cours de l'indivision post-communautaire et le délai de cinq ans n'a pu commencer à courir qu'à compter de cette date (■ Cass. 1re civ., 18 févr. 1992, n° 90-16.954 : *JurisData* n° 1992-000283 ; *Bull. civ.* I, n° 52, p. 37 ; *Defrénois* 1992, 1206, note Forgeard ; *RTD civ.* 1993, 165, obs. Zenati, 172, obs. Patarin). L'ex-époux qui demande le paiement de cette indemnité plus de cinq ans après cette date ne peut l'obtenir que pour les cinq années précédant sa demande (■ Cass. 1re civ., 15 mai 2008, n° 07-13.330 : *JurisData* n° 2008-043886 ; *Defrénois* 2009, 1620, obs. Chamoulaud-Trapiers). Cette prescription est interrompue par le procès-verbal de difficultés dressé par le notaire dès lors qu'il fait état des réclamations formulées de ce chef (■ Cass. 1re civ., 10 févr. 1998, n° 96-12.501 : *JurisData* n° 1998-000555 ; *JCP* 1998, IV, 1716 ; *Bull. civ.* I, n° 47, p. 31 ; *Defrénois* 1998, 1119, note Milhac. – Voir en ce sens ■ Cass. 1re civ., 18 févr. 1992, préc. *Contra*, ■ Cass. 1re civ., 4 mai 1994, n° 92-14.762 : *JurisData* n° 1994-001203 ; *RTD civ.* 1995, 661, obs. Patarin) tant que l'instance en partage se poursuit (■ Cass. 1re civ., 7 févr. 2018, n° 16-28.686 : *Defrénois* 2018, n° 36, p. 41, B. Vareille). L'interruption résulte également d'un projet d'acte liquidatif, récapitulant le montant de fermages, même non signé par l'un des héritiers dont la contestation a été annexée (■ Cass. 1re civ., 10 mai 2007 : *Bull. civ.* I, n° 176, p. 157 ; *JurisData* n° 2007-038794 ; *JCP* G 2007, IV, 2191), de même que d'une assignation introductive d'instance sollicitant une expertise pour évaluer la valeur locative de l'immeuble (■ Cass. 1re civ., 26 juin 2001 : *JCP* G 2002, I, 178 et *JCP* N 2003, 1007, n° 3, obs. Le Guidec ; *JurisData* n° 2001-010361 ; *Bull. civ.* I, n° 190, p. 121). Mais l'assignation en vue d'obtenir la désignation du notaire, qui ne mentionne pas une demande relative aux fruits et revenus, ne peut interrompre le délai (■ Cass. 1re civ., 10 févr. 1998, préc.). Pour l'application, à l'action en paiement d'une indemnité d'occupation, de l'article 2253 [2236] selon laquelle la prescription ne court pas entre époux, V. ■ Limoges, 6 nov. 2000 : *JurisData* n° 2000-184229 ; *Defrénois* 2002, 429, note Chamoulaud-Trapiers. Le délai de prescription demeure interrompu lorsque le tribunal, saisi d'une demande en paiement d'une indemnité d'occupation, ouvre les opérations de comptes, liquidation et partage de l'indivision et renvoie les parties devant le notaire qu'il désigne, car cette décision ne dessaisit pas le tribunal (■ Cass. 1re civ., 25 sept. 2013, n° 12-24.996 : *JCP* N 2013, act. 965). En revanche, une simple lettre adressée au notaire ne saurait interrompre la prescription (■ Cass. 1re civ., 5 oct. 2016, n° 15-25.944 : *Bull.* ; *Defrénois* 2018, A. Chamoulaud-Trapiers, p. 35).

7) Prescription quinquennale. Droit transitoire. La prescription quinquennale instituée par l'article 815-10 n'a pu commencer à courir avant le 1er juill. 1977, date de l'entrée en vigueur de la loi du 31 déc. 1976 (■ Cass. 1re civ., 6 nov. 1985, n° 84-13.609 : *JurisData* n° 1985-702758 ; *Bull. civ.* I, n° 289, p. 257 ; *D.* 1987, 125, note Breton. V. en ce sens ■ Cass. 1re civ., 27 janv. 1987, n° 85-15.336 : *JurisData* n° 1987-000066 ; *Bull. civ.* I, n° 36, p. 25. ■ Cass. 1re civ., 11 juin 1991, n° 89-11.269 : *JurisData* n° 1991-001936 ; *Bull. civ.* I, n° 194, p. 127).

8) Participation aux pertes. Sur le principe que l'article 815-10, al. 3 [al. 4], impose une répartition des frais et charges proportionnellement aux droits de chacun dans l'indivision, V. ■ Cass. 1re civ., 24 mai 1989, n° 87-17.587 : *JurisData* n° 1989-702004 ; *Bull.* I, n° 213, p. 143. Les juges du fond peuvent, après avoir caractérisé les fautes de l'indivisaire gérant le bien indivis, en déduire que l'autre indivisaire se trouve exonéré de son obligation de supporter les pertes nées, contre son gré et à son insu, pendant l'indivision et après l'attribution dont le gérant a bénéficié (■ Cass. 1re civ., 4 avr. 1991, n° 89-20.232 : *JurisData* n° 1991-000964 ; *JCP* 91, IV, 216 ; *Bull. civ.* I, n° 118, p. 79).

9) Prescription quinquennale. Convention dérogatoire. Rien n'empêche les indivisaires de déroger conventionnellement à la prescription quinquennale, laquelle n'opère pas de plein droit (■ Cass. 1re civ., 4 oct. 2005 : *JCP* 2005, IV, 3344 ; *JurisData* n° 2005-030061 ; *Bull. civ.* I, n° 358, p. 297).

Art. 815-11 *(L. n° 76-1286, 31 déc. 1976).* **– Tout indivisaire peut demander sa part annuelle dans les bénéfices, déduction faite des dépenses entraînées par les actes auxquels il a consenti ou qui lui sont opposables.**

À défaut d'autre titre, l'étendue des droits de chacun dans l'indivision résulte de l'acte de notoriété ou de l'intitulé d'inventaire établi par le notaire.

En cas de contestation, le président du tribunal de grande instance peut ordonner une répartition provisionnelle des bénéfices sous réserve d'un compte à établir lors de la liquidation définitive.

À concurrence des fonds disponibles, il peut semblablement ordonner une avance en capital sur les droits de l'indivisaire dans le partage à intervenir.

I – PART ANNUELLE DANS LES BÉNÉFICES

1) **Indemnité d'occupation.** L'indemnité d'occupation due par un indivisaire doit être assimilée à un revenu accroissant à l'indivision, et chaque indivisaire peut donc solliciter sa part annuelle dans les bénéfices en résultant (▪ Cass. 1re civ., 5 févr. 1991, n° 89-11.136 : *JurisData* n° 1991-000401 ; *JCP* 91, IV, 127 ; *Bull. civ.* I, n° 54, p. 34).

2) **Compte annuel de gestion.** La répartition provisionnelle des bénéfices suppose l'établissement préalable d'un compte annuel de gestion portant sur l'ensemble des biens de l'indivision (▪ Cass. 1re civ., 27 oct. 1993, n° 91-15.476 : *JurisData* n° 1993-002230 ; *Defrénois* 1994, 433, obs. Aynès ; *JCP* 94, I, 3801, n° 7, obs. Périnet-Marquet).

II – AVANCE EN CAPITAL

3) **Contestation sur le montant. Détermination de l'intérêt du litige.** La répartition provisionnelle de biens successoraux en application de l'article 815-11, dernier alinéa, entre certains héritiers et un autre héritier qui s'y opposait suppose la détermination de la portion des fonds disponibles de l'indivision dont le versement à titre d'avance est réclamé et la contestation de cette demande par un indivisaire, ce qui implique nécessairement que l'intérêt du litige est fixé par le montant du versement réclamé (▪ Cass. 2e civ., 9 juin 1982, n° 80-12.698 : *JurisData* n° 1982-701225 ; *JCP* 82, IV, 299 ; *Bull. civ.* II, n° 86, p. 62).

4) **Réévaluation au jour du partage.** Les sommes d'argent qu'un indivisaire a reçues à titre d'avance en capital sur ses droits dans le partage à intervenir et dont l'allocation ne constitue pas un partage partiel ne peuvent, en l'absence de disposition légale, faire l'objet d'une réévaluation au jour du partage que si celle-ci a été prévue par l'accord des parties (▪ Cass. 1re civ., 1er mars 1988, n° 86-13.374 : *JurisData* n° 1988-000572 ; *D.* 1988, 408, note Morin ; *RTD civ.* 1989, 586, obs. Zenati).

5) **Intérêts.** Le notaire n'étant pas propriétaire des fonds qu'il détient pour le compte de l'indivision, l'héritier qui se fait consentir des avances sur ces deniers contracte une dette envers ses coïndivisaires et leur doit des intérêts (▪ Cass. 1re civ., 29 nov. 1989, n° 87-11.680 : *JurisData* n° 1989-003923 ; *JCP* 90, II, 21590, note Salvage ; *RTD civ.* 1990, 536, obs. Patarin).

6) **Liquidités disponibles.** Le défaut actuel de liquidités indivises ne fait pas obstacle à l'octroi d'une avance en capital à la charge de l'un des indivisaires au profit de l'autre (▪ Cass. 1re civ., 24 mai 2018, n° 17-17.846 : *Bull.* ; *Defrénois* 2018, n° 36, p. 35, A. C.-T.).

III – POUVOIRS DU JUGE

7) **Faculté d'appréciation.** L'article 815-11, al. 3, confère au juge une faculté d'appréciation (▪ Cass. 1re civ., 16 mars 1999, n° 97-13.149 : *JurisData* n° 1999-001192 ; *JCP* 99, I, 175, n° 10, obs. Périnet-Marquet ; *JCP* 2000, I, 278, n° 5, obs. Le Guidec ; *Bull. civ.* I, n° 99, p. 65 ; *RTD civ.* 1999, 887, obs. Patarin).

Art. 815-12 *(L. n° 76-1286, 31 déc. 1976)*. – **L'indivisaire qui gère un ou plusieurs biens indivis est redevable des produits nets de sa gestion. Il a droit à la rémunération de son activité dans les conditions fixées à l'amiable, ou, à défaut, par décision de justice.**

1) **Détermination des produits nets.** Le forfait fiscal destiné à la taxation de l'exploitant en l'absence de comptabilité réelle ne peut valoir évaluation de la réalité des revenus et fruits tirés de l'exploitation agricole indivise (▪ Cass. 1re civ., 18 mai 2011, n° 10-14.518 : *Defrénois* 2012, 84, obs. A. C.-T. ; *RJPF* oct. 2011, p. 32, obs. Casey).

2) **Détermination de la rémunération. Résultats de la gestion.** Le pouvoir souverain des juges n'est pas limité par les résultats de la gestion, sauf à tenir compte, le cas échéant, de la responsabilité éventuelle du gérant pour ses actes de gestion (▪ Cass. 1re civ., 28 févr. 1984, n° 82-15.270 : *JurisData* n° 1984-700400 ; *D.* 1984, 549, note Breton ; *JCP* 86, II, 20558, note Fiorina).

3) **Rémunération et salaire.** La rémunération due à la femme pharmacienne pour la gestion de l'officine indivise ne doit pas être fixée par comparaison avec celle d'un pharmacien salarié exerçant des fonctions semblables, mais doit tenir

compte des responsabilités personnelles encourues (■ Cass. 1re civ., 16 mars 1982, n° 80-17.244 : *JurisData* n° 1982-700741 ; *JCP* 83, II, 20076, note de La Marnierre).

4) Période pendant laquelle est due la rémunération. L'indemnité à laquelle a droit l'indivisaire qui gère seul un bien indivis cesse d'être due à compter de la date de la jouissance divise (■ Cass. 1re civ., 7 juin 1988, n° 86-15.090 : *JurisData* n° 1988-701776 ; *Bull. civ.* I, n° 178, p. 123).

5) Point de départ des intérêts. Les intérêts de la somme due à l'indivisaire gérant courent de plein droit à partir du jour où l'indivision est constituée débiteur et non pas de la demande en justice (■ Cass. 1re civ., 11 juin 1996, n° 94-14.293 : *JurisData* n° 1996-002373 ; *JCP* 96, IV, 1780 ; *Bull. civ.* I, n° 248, p. 175 ; *RTD civ.* 1999, 147, obs. Zenati).

6) Créancier du solde du compte de l'indivision. Sur le principe que le solde résultant du compte de gestion de l'indivision est dû à l'indivision et non aux coïndivisaires, V. ■ Cass. 1re civ., 11 juin 1996, préc.

7) Faute de l'indivisaire gérant. C'est l'indivision, et non le coïndivisaire, qui doit bénéficier de l'indemnité correspondant aux loyers de l'immeuble indivis que le gérant a omis de réclamer (■ Cass. 1re civ., 15 mai 2008, n° 06-19.535 : *JurisData* n° 2008-043894 ; *JCP* 2008, IV, 2073).

8) Rémunération de l'indivisaire qui a amélioré un bien. L'indivisaire qui par son activité personnelle a contribué à améliorer un bien indivis peut seulement prétendre à la rémunération de son activité (■ Cass. 1re civ., 23 juin 2010, cité *infra*, sous l'art. 815-13).

Art. 815-13 *(L. n° 76-1286, 31 déc. 1976 ; mod., L. n° 2009-526, 12 mai 2009).* – **Lorsqu'un indivisaire a amélioré à ses frais l'état d'un bien indivis, il doit lui en être tenu compte selon l'équité, eu égard à ce dont la valeur du bien se trouve augmentée au temps du partage ou de l'aliénation. Il doit lui être pareillement tenu compte des dépenses nécessaires qu'il a faites de ses deniers personnels pour la conservation desdits biens, encore qu'elles ne les aient point améliorés.**

Inversement, l'indivisaire répond des dégradations et détériorations qui ont diminué la valeur des biens indivis par son fait ou par sa faute.

1) Clientèles et fonds de commerce. Sur le droit à rémunération de l'indivisaire en cas de plus-value acquise par le droit de présentation à une clientèle civile postérieurement à la dissolution de la communauté ou de plus-value du fonds de commerce dépendant de l'indivision post-communautaire, V. sous art. 815-10, annot. n° 1, p. 646.

2) Emprunts ayant permis la conservation de l'immeuble commun. Pour l'application de l'article 815-13 aux remboursements d'emprunts effectués par le mari postérieurement à l'assignation en divorce et ayant permis la conservation de l'immeuble commun en évitant la saisie, V. ■ Cass. 1re civ., 18 oct. 1983, n° 82-14.798 : *JurisData* n° 1983-702292 ; *Bull. civ.* I, n° 236, p. 211 ; *D.* 1984, 289, note Rambure. ■ Cass. 1re civ., 4 mars 1986, n° 84-15.071 : *JurisData* n° 1986-700122 ; *JCP* 86, II, 20701, note Simler ; *D. 1987, somm.* 45, obs. Bénabent ; *RTD civ.* 1987, 386, obs. Patarin. ■ Cass. 1re civ., 11 mai 2012, n° 11-17.497 : *Bull. civ.* I, n° 106 ; *Defrénois* 2014, p. 120, obs. A. C.-T. ■ Cass. 1re civ., 24 sept. 2014, n° 13-18.197 : *Bull. civ.* ; *Defrénois* 2014, 1324, note Massip. ■ Cass. 1re civ., 10 févr. 2015, n° 13-24.659 : *Bull.* ; *Defrénois* 2015, 1292, note A. C.-T. (règlement des échéances après la dissolution de la communauté). V. aussi, entre concubins, pour des impenses nécessaires à la conservation du bien indivis entre eux. ■ Cass. 1re civ., 1er juill. 2003, n° 02-20.305 : *JurisData* n° 2003-019990 ; *D.* 2004, somm. p. 2342, obs. Revel.

3) Financement par un époux de l'acquisition d'un bien indivis au-delà de sa part. Ses deniers personnels ayant servi au financement de l'acquisition d'un immeuble indivis entre les époux, le mari ne pouvait prétendre qu'à une indemnité à l'encontre de l'indivision évaluée selon les modalités prévues par l'article 815-13 (■ Cass. 1re civ., 26 sept. 2012, n° 11-22.929 : *Bull. civ.* I, n° 1084 ; *Defrénois* 2014, p. 121, obs. A. C.-T. et non à une indemnité due par le conjoint sur le fondement de l'article 1469 du Code civil (■ Cass. 1re civ., 19 déc. 2018, n° 17-27.822).

4) Mise d'un bien à la disposition de l'indivision. Il résulte de l'article 815-13 du Code civil que l'indivisaire qui est propriétaire ou usufruitier d'un bien utilisé en vue de l'exploitation d'un bien indivis a droit en principe à indemnité de ce chef (■ Cass. 1re civ., 27 avr. 1982, n° 81-10.992 : *JurisData* n° 1982-700973 ; *JCP* 82, IV, 237 ; *Bull. civ.* I, n° 146, p. 129). Mais il ne peut prétendre aux fruits du bien mis à disposition (■ Cass. 1re civ., 17 déc. 1996, n° 94-21.989 : *JurisData* n° 1996-004958 ; *D.* 1997, 547, note Le Guidec ; *JCP* 97, I, 4060, n° 5, obs. Périnet-Marquet ; *Bull.* I, n° 452, p. 317 ; *Defrénois* 1997, 415, obs. Grimaldi ; *RTD civ.* 1998, 943, obs. Zenati).

5) Dépenses faites dans l'intérêt de l'indivisaire. L'article 815-13 n'exclut pas les dépenses faites dans l'intérêt d'un seul des indivisaires pourvu qu'elles aient amélioré l'immeuble (■ Cass. 1re civ., 18 déc. 1990, n° 89-11.433 : *JurisData* n° 1990-003702 ; *JCP* N 92, II, 9 et *JCP* G 92, II, 21847, note Salvage ; *Bull. civ.* I, n° 291, p. 204. ▪ Cass. 1re civ., 29 nov. 1994, n° 93-11.317 : *JCP* 1995, IV, 265 ; *Bull. civ.* I, n° 346, p. 249. - V. aussi ▪ Cass. 3e civ., 14 janv. 1997 : *JCP* 1997, I, 4060, n° 5, obs. Périnet-Marquet. ▪ Cass. 1re civ., 24 nov. 1998, n° 96-14.002 : *JurisData* n° 1998-004501 ; *JCP* 99, I, 120, n° 10, obs. Périnet-Marquet ; 189, n° 1, obs. Le Guidec ; *Bull. civ.* I, n° 329, p. 227). Ce texte ne fait pas de distinction, ni selon que les dépenses ont été faites dans l'intérêt des indivisaires ou d'un seul, ni selon que le bien est ou n'est pas attribué à cet indivisaire. Il appartient aux juges du fond de rechercher si les améliorations faites par l'indivisaire à ses frais ont réalisé, pour l'indivision, un profit subsistant au jour du partage (▪ Cass. 1re civ., 14 janv. 1997, n° 95-10.679 : *JurisData* n° 1997-000084 ; *JCP* 97, IV, 480 ; *Bull. civ.* I, n° 12, p. 7). Mais les dépenses d'entretien exposées par l'indivisaire jouissant privativement du bien indivis ne constituent pas des dépenses d'amélioration ou de conservation ouvrant droit à indemnité (▪ Cass. 1re civ., 28 mars 2006, n° 04-10.596 : *JurisData* n° 2006-032895 ; *JCP* N 2006, n° 50, 1380, obs. H. Périnet-Marquet. ▪ Cass. 1re civ., 1er févr. 2017, n° 16-12.626 : *JurisData* n° 2017-001483).

6) **Évaluation de l'indemnité.** Sur la prise en compte de l'équité pour modérer le montant de l'indemnité due à l'indivisaire, V. ▪ Cass. 1re civ., 7 juin 1988, n° 86-10.399 : *JurisData* n° 1988-701788 ; *D.* 1989, 141, note Breton ; *RTD civ.* 1989, 120, obs. Patarin, et 779, obs. Zenati. Sur le pouvoir souverain des juges du fond de fixer, selon l'équité, l'indemnité due de ce chef par l'indivision à l'indivisaire à une somme, supérieure à la dépense, mais inférieure au profit subsistant, V. ▪ Cass. 1re civ., 24 sept. 2014, n° 13-18.197 : *Defrénois* 2014, 1324, note Massip. Sur le principe que l'indemnité due à l'indivisaire ayant amélioré le bien indivis se compense avec l'indemnité d'occupation mise à sa charge en application de l'article 815-9, V. ▪ Cass. 1re civ., 27 oct. 1992, n° 91-10.773 : *JurisData* n° 1992-002439 ; *JCP* 93, I, 3713, n° 3, obs. Testu ; *Bull. civ.* I, n° 265, p. 173 ; *RTD civ.* 1993, p. 630, obs. Patarin. Viole l'article 815-13, alinéa 1, la cour d'appel qui fixe l'indemnité au montant total des factures de travaux, sans rechercher si les améliorations réalisées n'avaient pas entraîné une augmentation de la valeur de l'immeuble indivis (▪ Cass. 1re civ., 15 mai 2008, n° 07-17.645 : *JurisData* n° 2008-043889 ; *JCP* 2008, IV, 2072). Le profit subsistant doit être calculé par rapport à la valeur du bien à sa date d'acquisition mais non pas au moment de la dissolution de la communauté (▪ Cass. 1re civ., 1er févr. 2017, n° 16-11.599 : *Bull.*).

7) **Inscription en compte.** S'agissant de créances sur l'indivision, les indemnités dues à un indivisaire doivent être inscrites dans leur totalité au passif de l'indivision (▪ Cass. 1re civ., 29 mai 2013, n° 12-13.638 : *Defrénois* 2014, p. 122, obs. A. C.-T.).

8) **Moment du règlement.** Selon l'article 815-13, le règlement ne peut intervenir qu'au moment du partage (▪ Cass. 1re civ., 27 oct. 1993, n° 91-13.286 : *JurisData* n° 1993-002223 ; *RTD civ.* 1994, 144, obs. Patarin).

9) **Dégradations ou détériorations excluant le remboursement.** Le remboursement des impenses de l'indivisaire n'est écarté qu'en cas de dégradations ou détériorations survenues par son fait ou sa faute, et non en cas d'abstention à réaliser les travaux nécessaires (▪ Cass. 1re civ., 8 déc. 1993, n° 91-22.165 : *Defrénois* 1994, 434, obs. Aynès ; *JCP* 94, I, 3801, n° 8, obs. Périnet-Marquet).

10) **Fonds de commerce en location-gérance.** L'indivisaire a droit à une indemnité même si son apport a été effectué après qu'il soit devenu locataire-gérant du fonds de commerce indivis (▪ Cass. 1re civ., 24 nov. 1998, n° 96-21.995 : *JurisData* n° 1998-004516 ; *JCP* 99, IV, 1069).

11) **Menues dépenses de conservation.** Il doit être tenu compte à l'indivisaire des dépenses nécessaires à la conservation du bien quelle que soit leur importance (▪ Cass. 1re civ., 20 janv. 2004 : *Dr. famille* 2004, 85, note Beignier ; *JurisData* n° 2004-021844 ; *JCP* 2004, IV, 1511 ; *Bull. civ.* I, n° 20, p. 15). Pour les dépenses d'entretien, V. note n° 5, p. 649.

12) **Assurance-habitation.** L'assurance-habitation, qui tend à la conservation de l'immeuble, incombe à l'indivision post-communautaire jusqu'au jour du partage en dépit de l'occupation privative (▪ Cass. 1re civ., 20 janv. 2004 : *Dr. famille* 2004, 85, note Beignier ; *JurisData* n° 2004-021844 ; *JCP* 2004, IV, 1511 ; *Bull. civ.* I, n° 20, p. 15).

13) **Charges.** Les impôts locaux et les charges de copropriété qui ne sont pas relatives à l'occupation privative et personnelle d'un indivisaire doivent figurer au passif du compte de l'indivision et seront supportés par les coïndivisaires proportionnellement à leurs droits dans l'indivision (▪ Cass. 1re civ., 16 avr. 2008 : *JurisData* n° 2008-043624 ; *JCP* 2008, IV, 1956). L'impôt foncier, qui tend à la conservation de l'immeuble indivis, incombe à l'indivision jusqu'au jour du partage en dépit de l'occupation privative : ▪ Cass. 1re civ., 13 janv. 2016, n° 14-24.767 : *Bull.* ; *AJF* 2016, 163, obs. J. Casey. – V. aussi, ▪ Cass. 1re civ., 27 janv. 2016, n° 15-11.151 : *JCP* N 2016, n° 36, 1266, J.-P. Maublanc. Il en va de même pour la taxe d'habitation (▪ Cass. 1re civ., 5 déc. 2018, n° 17-31.189 : *Bull.* ; *Dr. famille* 2019, comm. 52, Tani).

14) **Plus-value.** S'agissant d'une créance sur l'indivision, l'indemnité due au concubin qui a amélioré par ses travaux l'immeuble indivis doit

être déduite de l'actif net à partager (■ Cass. 1re civ., 13 mars 2007, n° 05-13.320 : *JurisData* n° 2007-037910 ; *Defrénois* 2008, 1093, note Fiorina).

15) Amélioration due à une activité personnelle mais sans dépense. L'activité personnelle déployée par un indivisaire ayant contribué à améliorer un bien indivis ne pouvant être assimilée à une dépense d'amélioration, dont le remboursement donnerait lieu à application de l'article 815-13, la plus-value de l'immeuble accroît à l'indivision, l'indivisaire pouvant seulement prétendre à la rémunération de son activité, conformément à l'article 815-12 (■ Cass. 1re civ., 23 juin 2010, n° 09-13.688 : *JurisData* n° 2010-009992 ; *Bull. civ.* 2010, I, n° 146 ; *Defrénois* 2010, p. 2380, obs. Fiorina).

Art. 815-14 *(L. n° 76-1286, 31 déc. 1976 ; mod., L. n° 2006-728, 23 juin 2006)*. – **L'indivisaire qui entend céder, à titre onéreux, à une personne étrangère à l'indivision, tout ou partie de ses droits dans les biens indivis ou dans un ou plusieurs de ces biens est tenu de notifier par acte extrajudiciaire aux autres indivisaires le prix et les conditions de la cession projetée ainsi que les nom, domicile et profession de la personne qui se propose d'acquérir.**

Tout indivisaire peut dans le délai d'un mois qui suit cette notification, faire connaître au cédant, par acte extrajudiciaire, qu'il exerce un droit de préemption aux prix et conditions qui lui ont été notifiés.

En cas de préemption, celui qui l'exerce dispose pour la réalisation de l'acte de vente d'un délai de deux mois à compter de la date d'envoi de sa réponse au vendeur. Passé ce délai, sa déclaration de préemption est nulle de plein droit, quinze jours après une mise en demeure restée sans effet, et sans préjudice des dommages-intérêts qui peuvent lui être demandés par le vendeur.

Si plusieurs indivisaires exercent leur droit de préemption, ils sont réputés, sauf convention contraire, acquérir ensemble la portion mise en vente en proportion de leur part respective dans l'indivision.

Lorsque des délais de paiement ont été consentis par le cédant, l'article 828 est applicable.

1) Cession de droits dans le bien indivis. L'article 815-14 n'est applicable que dans la mesure où l'opération porte sur des droits dans un ou plusieurs biens indivis, et non sur les biens indivis eux-mêmes (■ Cass. 1re civ., 30 juin 1992, n° 90-19.021 : *JurisData* n° 1992-001511 ; *JCP* 92, IV, 2531 ; 93, I, 3713, n° 2, obs. Testu ; *Bull. civ.* I, n° 208, p. 139).

2) Échange. Le droit de préemption ne peut pas être mis en œuvre en cas d'échange (■ Cass. 1re civ., 21 mai 1997, n° 95-19.121 : *JurisData* n° 1997-002162 ; *JCP* 97, I, 4060, n° 7, obs. Périnet-Marquet ; *Bull.* I, n° 163, p. 109 ; *RTD civ.* 1997, 973, obs. Patarin ; *JCP* G 98, I, 133 et *JCP* N 98, 1708, n° 3, obs. Le Guidec).

3) Apport en société. Le droit de préemption est nécessairement exclu dans le cas d'un apport en société, faute pour les autres coïndivisaires d'être en mesure de pouvoir fournir le même *avantage au cédant, à savoir* l'attribution de droits sociaux et non le paiement d'un prix (■ Paris, 11 sept. 1997 : *JurisData* n° 1997-150016 ; *Defrénois* 1998, 119, note Malaurie).

4) Notification. Les exigences de l'article 815-14 ne sont pas remplies si l'identité de l'acquéreur n'a pas été notifiée à l'indivisaire bénéficiaire du droit de préemption, et l'annulation de la vente est encourue (■ Cass. 1re civ., 28 janv. 2009, n° 07-18.120 : *JurisData* n° 2009-046742 ; *D.* 2009, p. 430 ; *Defrénois* 2009, p. 1622, obs. Chamoulaud-Trapiers ; *JCP* 2009, IV, 1354 et p. 377, obs. Le Guidec ; *JCP* N 2009, 1112, note Rivière ; *RJPF* 5/2009, p. 26, note Casey).

5) Portée de la notification. La notification ne vaut pas offre de vente et l'indivisaire qui l'a faite peut renoncer à son projet de vente malgré la manifestation de volonté d'un autre indivisaire d'exercer son droit de préemption (■ Cass. 1re civ., 5 juin 1984, n° 83-10.660 : *JurisData* n° 1984-701467 ; *Bull. civ.* I, n° 183, p. 156 ; *RTD civ.* 1985, 428, obs. Patarin. ■ Cass. 1re civ., 9 févr. 2011, n° 10-10.759 : *Defrénois* 2011, 1339, note S. Becqué-Ickowicz ; *RDC* 2011/3, 921, note Goldie-Genicon ; *RJPF* mai 2011, p. 26, note Sauvage).

6) Respect des conditions de la cession. L'indivisaire qui exerce le droit de préemption prévu par l'article 815-14, al. 2, doit non seulement payer le prix convenu mais également satisfaire aux autres conditions prévues pour la cession (■ Cass. 1re civ., 1er juin 1983, n° 82-10.759 : *JurisData* n° 1983-701250 ; *JCP* 83, IV, 252 ; *Bull. civ.* I, n° 166, p. 145. V. pour *la rémunération* de l'agent immobilier ■ Cass. 1re civ., 26 mars 1996, n° 93-17.574 : *JurisData* n° 1996-001176 ; *JCP* 97, I, 4010, n° 11, obs. Périnet-Marquet ; *Bull. civ.* I, n° 153, p. 107 ; *RTD civ.* 1997, 478, obs. Patarin). Jugé que la cession, par deux des trois nus-propriétaires, de leurs droits indivis à l'usufruitier est soumise au droit de préemption de l'article 815-14, dès lors que les engagements pris par le cessionnaire ne sont pas tels que le coïndivisaire ne puisse les remplir (■ Cass. 1re civ., 17 mai 1983 : *JurisData* n° 1983-701108 ; *Bull. civ.* I, n° 148, p. 130 ; *JCP* 84, II, 20311, note Dagot ; *D.* 1984, 83, note Morin ; *RTD civ.* 1984, 345, obs. Patarin).

7) Indivisions visées. Les dispositions de l'article 815-14 sont applicables à toutes les indivisions, qu'elles soient ou non d'origine successorale (▪ Cass. 1re civ., 23 avr. 1985, n° 83-16.703 : *JurisData* n° 1985-001304 ; *D.* 1985, 437, note Breton). Il appartient aux juges du fond de rechercher si une parcelle servant de desserte aux parcelles divises qui l'entourent a le caractère d'accessoire indispensable de l'ensemble qu'elle dessert et ne se trouve pas ainsi dans une indivision forcée et perpétuelle échappant aux dispositions des articles 815-14 et 815-16 (▪ Cass. 1re civ., 12 févr. 1985, n° 84-10.301 : *Bull. civ.* I, n° 58, p. 57. ▪ Cass. 1re civ., 28 févr. 2006, n° 04-15.937 : *JurisData* n° 2006-032405 ; *Bull. civ.* I, n° 120, p. 110).

8) Donation entre vifs de biens indivis. La donation entre vifs de biens indivis n'est pas soumise au droit de préemption de l'article 815-14 (▪ Cass. 1re civ., 11 déc. 1984 : *JurisData* n° 1984-002031 ; *Bull. civ.* I, n° 331, p. 282).

9) Caractère aléatoire. L'élément essentiel de l'exercice du droit de préemption est l'acte par lequel l'indivisaire fait connaître son intention de l'exercer aux prix et conditions qui lui ont été notifiés, et c'est donc à ce moment que doit être appréciée l'existence d'un aléa dans la cession (▪ Cass. 1re civ., 2 mai 1989, n° 87-14.416 : *Bull. civ.* I, n° 177, p. 118 ; *JCP* N 89, II, 341, note Salvage ; *RTD civ.* 1990, 533, obs. Patarin).

10) Obligation de soins. L'obligation de soins stipulée à l'acte de vente donne au contrat un caractère incompatible avec le droit de préemption (▪ Cass. 3e civ., 3 oct. 1985 : *D.* 1986, 373, note Breton).

11) Délai d'un mois. Seul le cédant peut se prévaloir de la nullité de la déclaration de préemption prévue par l'article 815-14, alinéa 3 (▪ Cass. 1re civ., 12 déc. 2007, n° 06-19.531 : *Bull. civ.* I, n° 386, p. 339 ; *D.* 2008, 293).

12) Délai de deux mois pour présenter un acte conforme. Pour la nullité de la déclaration de préemption d'un indivisaire qui n'a présenté ni dans les deux mois ni dans les quinze jours suivant la mise en demeure à lui délivrée un acte conforme aux conditions de la vente à lui notifiée, le projet d'acte qu'il a présenté stipulant une condition de prêt non prévue dans l'offre initiale (▪ Cass. 1re civ., 18 janv. 2012, n° 10-28.311 : *Defrénois* 2012, 509, note N. Leblond).

Art. 815-15 *(L. n° 76-1286, 31 déc. 1976 ; L. n° 78-627, 10 juin 1978 ; mod., Ord. n° 2006-461, 21 avr. 2006).* – **S'il y a lieu à l'adjudication de tout ou partie des droits d'un indivisaire dans les biens indivis ou dans un ou plusieurs de ces biens, l'avocat ou le notaire doit en informer les indivisaires par notification un mois avant la date prévue pour la vente. Chaque indivisaire peut se substituer à l'acquéreur dans un délai d'un mois à compter de l'adjudication, par déclaration au greffe ou auprès du notaire.**

Le cahier des conditions de vente établi en vue de la vente doit faire mention des droits de substitution.

1) Adjudication portant sur les biens indivis. La faculté pour l'indivisaire de se substituer à l'acquéreur ne peut s'exercer que dans le cas d'une adjudication portant sur les droits de l'indivisaire dans les biens indivis et non sur les biens indivis eux-mêmes (▪ Cass. 1re civ., 14 févr. 1989, n° 87-13.765 : *JCP* 89, IV, 141 ; *Bull. civ.* I, n° 80, p. 52 ; *D.* 1989, 278, note Morin ; *RTD civ.* 1989, 588, obs. Zenati, et 792, obs. Patarin. – V. en ce sens, visant à la fois les articles 815-14 et 815-15, ▪ Cass. 1re civ., 30 juin 1992, n° 90-19.052 : *JurisData* n° 1992-001510 ; *JCP* 92, IV, 2531 ; 93, I, 3713, n° 2, obs. Testu ; *Bull. civ.* I, n° 208, p. 139). Mais jugé que le cahier des charges peut licitement prévoir un droit de préemption et de substitution au profit de chacun des indivisaires même si l'adjudication porte sur l'ensemble du bien immobilier (▪ Cass. 3e civ., 3 mai 1989, n° 87-17.094 : *JurisData* n° 1989-701734 ; *Bull. civ.* III, n° 99, p. 55 ; *RTD civ.* 1990, 683, obs. Zenati. ▪ Cass. 1re civ., 18 mars 2015, n° 14-11.299 : *Bull. civ.* ; *D.* 2015, 734). Dès lors qu'un inidivisaire s'est prévalu de la faculté de subdivision, il a été déclaré adjudicataire du bien, ce qui emportait transfert de propiété à son profit et cessation de l'indivision à compter du jour de l'adjudication (▪ Cass. 1re civ., 11 avr. 2018, n° 17-17.495 : *Bull.* ; *Defrénois* 2018, n° 36, p. 44, B. Vareille).

2) Pluralité de déclarations de substitution. Sur le principe qu'au cas où plusieurs indivisaires effectuent successivement la déclaration de substitution, seul se trouve substitué le premier à avoir fait sa déclaration, V. ▪ Cass. 1re civ., 7 oct. 1997, n° 95-17.071 : *JurisData* n° 1997-003854 ; *JCP* G 99, I, 132, n° 1, obs. Le Guidec ; *JCP* N 98, 1647, n° 7, obs. Périnet-Marquet ; *D.* 1998, 145, concl. Sainte-Rose ; *Bull. civ.* I, n° 266, p. 180 ; *RTD civ.* 1998, p. 168, obs. Patarin).

Art. 815-16 *(L. n° 76-1286, 31 déc. 1976).* – **Est nulle toute cession ou toute licitation opérée au mépris des dispositions des articles 815-14 et 815-15. L'action en nullité se prescrit par cinq ans. Elle ne peut être exercée que par ceux à qui les notifications devaient être faites ou par leurs héritiers.**

1) **Irrégularité ne causant aucun grief.** La nullité est encourue dès lors que la notification prévue par l'article 815-14 est irrégulière, même si cette irrégularité ne cause aucun grief, l'article 114 CPC ne pouvant recevoir application concernant un acte extrajudiciaire (▪ Cass. 1re civ., 5 mars 2002 : *JCP* G 2002, I, 176 et *JCP* N 2002, 1666, n° 9, obs. Périnet-Marquet ; *JurisData* n° 2002-013313 ; *Bull. civ.* I, n° 77, p. 59).

2) **Point de départ de la prescription quinquennale.** Cette prescription court à compter du jour où le coïndivisaire du vendeur a eu connaissance de la vente opérée au mépris des dispositions de l'article 815-14 (▪ Cass. 1re civ., 5 mars 2014, n° 12-28.348 : *Bull. civ.* I, n° 29 ; *D.* 2014, 1259, note Traullé ; *JCP* N 2014, 1151, note Le Guidec).

Section III. – Du droit de poursuite des créanciers

(L. n° 2006-728, 23 juin 2006)

Art. 815-17 *(L. n° 76-1286, 31 déc. 1976).* – **Les créanciers qui auraient pu agir sur les biens indivis avant qu'il y eût indivision, et ceux dont la créance résulte de la conservation ou de la gestion des biens indivis, seront payés par prélèvement sur l'actif avant le partage. Ils peuvent en outre poursuivre la saisie et la vente des biens indivis.**

Les créanciers personnels d'un indivisaire ne peuvent saisir sa part dans les biens indivis, meubles ou immeubles.

Ils ont toutefois la faculté de provoquer le partage au nom de leur débiteur ou d'intervenir dans le partage provoqué par lui. Les coïndivisaires peuvent arrêter le cours de l'action en partage en acquittant l'obligation au nom et en l'acquit du débiteur. Ceux qui exerceront cette faculté se rembourseront par prélèvement sur les biens indivis.

Bibliographie : Y. Lequette, *Le privilège de la séparation des patrimoines à l'épreuve de l'article 815-17 du Code civil : Études Weill* 1983, p. 371. • I. Lemaire, *L'intérêt du privilège de la séparation des patrimoines pour les créanciers successoraux : JCP* 2001 N, 700. • A. Chamoulaud-Trapiers, *Liquidation d'indivision : du bon règlement du passif et des comptes : Defrénois* 2010, p. 2269.

1) **Inscription provisoire d'hypothèque judiciaire.** L'interdiction faite aux créanciers de saisir la part indivise de leur débiteur ne restreint pas leur droit de prendre des sûretés, notamment une inscription provisoire d'hypothèque judiciaire (▪ Cass. 2e civ., 17 févr. 1983, n° 81-15.566 : *JurisData* n° 1983-700304 ; *JCP* 83, IV, 138 ; *Bull. civ.* II, n° 42, p. 29. ▪ Cass. 3e civ., 2 nov. 1983, n° 82-11.547 : *JCP* 1985, II, 20354, note Joly ; *Bull. civ.* III, n° 212, p. 162).

2) **Constitution de sûreté.** L'article 815-17, al. 2, ne porte pas atteinte au pouvoir de disposition de l'indivisaire sur sa quote-part, notamment au pouvoir de constituer une hypothèque tel qu'il est défini par l'article 2125 [2414] (▪ Cass. 1re civ., 20 oct. 1982, n° 81-15.560 : *JurisData* n° 1982-702357 ; *JurisData* n° 1982-702308 ; *JCP* 83, IV, 12 ; *Bull. civ.* I, n° 297, p. 254). L'hypothèque consentie par un seul des indivisaires sur le bien indivis est reportée, en cas de vente de l'immeuble, sur la fraction du prix attribuée au constituant (▪ Cass. com., 20 juin 1995, n° 93-10.331 : *JurisData* n° 1995-001570 ; *D.* 1996, somm. 207, obs. S. Piedelièvre, 1997, 1, rapp. Rémery, immeuble acquis par des époux en indivision). Dès lors que la constitution d'hypothèque sur un bien indivis a été consentie par tous les indivisaires, le créancier hypothécaire, fût-il créancier de l'un seulement des indivisaires, peut poursuivre la saisie et la vente de cet immeuble avant le partage de l'indivision (▪ Cass. 1re civ., 20 nov. 1990, n° 89-13.876 : *JurisData* n° 1990-003366 ; *Bull. civ.* I, n° 259, p. 183 ; *Defrénois* 1991, 1054, note X. Savatier. V. aussi ▪ Cass. 1re civ., 14 juin 2000, n° 98-10.577 : *JCP* 2001, I, 309, n° 11, obs. Storck. ▪ Cass. com., 19 déc. 2000, n° 97-17.728 : *JurisData* n° 2000-007473 ; *JCP* E 2001, 1087, n° 11, obs. Delebecque. ▪ Cass. 1re civ., 6 nov. 2001 : *JCP* G 2002, I, 176 et *JCP* N 2002, 1666, n° 8, obs. Périnet-Marquet ; *JCP* G 2002, I, 178 et *JCP* N 2003, 1007, n° 4, obs. Le Guidec ; *Bull. civ.* I, n° 271, p. 172 ; *JurisData* n° 2001-011566. V. sur cet arrêt V. Brémond : *JCP* N 2002, 1583. ▪ Cass. 1re civ., 28 juin 2005, n° 02-20.452 : *JurisData* n° 2005-029160 ; *JCP* N 2006, 1026, note Brémond). Même dans l'hypothèse où un prêt est souscrit par l'un seulement des acquéreurs d'un bien immobilier, pour financer sa part, l'assiette du privilège de prêteur de deniers est constituée par la totalité de l'immeuble et le prêteur, titulaire d'une sûreté légale née antérieurement à l'indivision, peut se prévaloir des dispositions de l'article 815-17, alinéa 1er, du Code civil : ▪ Cass. 1re civ., 9 janv. 2019, n° 17-27.411 : *Bull.*

3) **Créancier de l'usufruitier. Saisie du prix de vente.** Il n'y a pas d'indivision quant à la propriété entre l'usufruitier et le nu-propriétaire. Par suite, en cas de vente simultanée et pour un même prix du bien, l'usufruitier a sur le prix total un droit

propre à la portion correspondant à la valeur de son usufruit, et son créancier peut pratiquer une saisie dans la limite de ce droit (■ Cass. 2e civ., 18 oct. 1989, n° 88-13.878 : *JurisData* n° 1989-703297 ; *JCP* 90, II, 21502, note Pillebout).

4) Action en paiement par prélèvement et demande en partage. L'action ouverte aux créanciers de la succession pour leur permettre d'être payés par prélèvement sur les biens indivis avant le partage ne tend pas aux mêmes fins que la demande en partage propre aux créanciers d'un coïndivisaire, qui est destinée à faire cesser l'indivision (■ Cass. 1re civ., 3 déc. 1996, n° 94-19.229 : *JurisData* n° 1996-004664 ; *JCP* 97, I, 4060, n° 8, obs. Périnet-Marquet ; *Bull. civ.* I, n° 430, p. 301 ; *Defrénois* 1997, 40, obs. Grimaldi ; *JCP* G 98, I, 133 et *JCP* N 98, 1707, n° 2, obs. Le Guidec, syndic n'ayant demandé la vente par licitation des biens indivis que pour parvenir au partage de l'indivision). Le créancier, qui a tous les coïndivisaires comme codébiteurs solidaires, n'est pas tenu de provoquer le partage du bien indivis sur lequel s'exerce la poursuite (■ Cass. 1re civ., 6 nov. 2001 : *JCP* 2001, IV, 3023 ; *JurisData* n° 2001-011566 ; *Dr. famille* 2002, 12, 2e arrêt, note Beignier).

5) Désintéressement du créancier. Les dispositions du troisième alinéa de l'article 815-17 ne permettent pas au coïndivisaire qui désire arrêter le cours de l'action en partage exercée par le créancier d'un autre indivisaire de contester le montant de la créance en vertu de laquelle le créancier poursuit le partage, mais seulement d'en acquitter le montant tel qu'il résulte des titres produits (■ Paris, 27 mai 1987 : *JurisData* n° 1987-023161 ; *D.* 1988, 216, note Breton). Mais l'absence d'une décision définitive d'admission des créances au passif de la liquidation judiciaire de l'indivisaire ne permet pas à l'épouse coïndivisaire de connaître le montant de la dette qu'elle doit payer pour arrêter le cours de l'action en partage et celui-ci ne peut donc être ordonné (■ Cass. 1re civ., 20 déc. 1993, n° 91-13.688 : *JurisData* n° 1993-002975 ; *Bull. civ.* I, n° 378, p. 262 ; *D.* 1994, 358, note Derrida et Honorat ; *Defrénois* 1994, 1084, note Derrida et Honorat ; *JCP* 94, I, 3791, n° 4, obs. Le Guidec ; *RTD civ.* 1994, 393, obs. Patarin, et 895, obs. Zenati). L'article 815-17 ne prévoit pas que les indivisaires puissent se borner à désintéresser le créancier dans la limite de la valeur des droits de leur coïndivisaire (■ Versailles, 21 mars 1983 : *JurisData* n° 1983-041169 ; *Defrénois* 1984, 1358, obs. Champenois).

6) Action oblique. Les créanciers ne peuvent exercer l'action en partage d'une indivision par voie oblique que si leurs débiteurs refusent d'en faire usage et si leur intérêt est compromis (■ Cass. 1re civ., 17 mai 1982, n° 81-12.312 : *JurisData* n° 1982-701043 ; *JCP* 82, IV, 263 ; *Bull. civ.* I, n° 176, p. 155. ■ Cass. 1re civ., 11 mars 2003 : *JCP* 2003, IV, 1819 ; *JurisData* n° 2003-018164 ; *Bull. civ.* I, n° 65, p. 50). Le créancier qui agit sur le fondement de l'action oblique n'a pas à préciser les diligences entreprises en vue de parvenir à un partage amiable (■ Cass. 1re civ., 13 janv. 2016, n° 14-29.534 : *JCP* G 2016, 108, S. Thouret, 446, H. Périnet-Marquet ; *Bull.*).

7) Action paulienne et donation de quote-part indivise. L'action paulienne ne peut avoir pour objet d'empêcher une action en partage entre coïndivisaires en niant le transfert de droits intervenu à leur profit (■ Cass. 1re civ., 17 oct. 2012, n° 11-10.786 : *Bull. civ.* I, n° 202 ; *RDC* 2013/1, 197, note Goldie-Genicon ; *JCP* N 2013, n° 3, 25, note Barbièri ; refoulement de l'action paulienne étendu à la donation de quote-part indivise précédant l'action en partage).

8) Passif de la communauté conjugale. Les droits reconnus aux créanciers de l'indivision par l'article 815-17 ne les privent pas pour autant de ceux qu'ils tiennent du droit des régimes matrimoniaux, et notamment de l'article 1483 (■ Cass. 1re civ., 1er mars 1988, n° 86-13.158 : *Bull. civ.* I, n° 53, p. 35 ; *JCP* 88, II, 21158, note Simler). Dès lors que la dette de réparation est une dette commune, comme étant née avant l'adoption par les époux du régime de séparation de biens, et faute de renonciation valide de la femme à la communauté, le créancier du mari doit être admis, en l'absence de partage, à exercer sur les biens indivis les droits qu'il tient de l'article 815-17 (■ Cass. 1re civ., 7 mars 1989, n° 86-18.786 : *JurisData* n° 1989-700927 ; *Bull. civ.* I, n° 110, p. 72 ; *JCP* 89, II, 21309, note Simler). Ayant retenu que les créanciers étaient titulaires de créances antérieures à la date à laquelle le changement de régime matrimonial était opposable aux tiers, une cour d'appel en a déduit exactement que ces créanciers auraient pu agir sur le bien objet de la poursuite avant la dissolution de la communauté dont il dépendait (■ Cass. 1re civ., 9 juill. 1991, n° 90-12.764 : *JurisData* n° 1991-001943 ; *Bull. civ.* I, n° 235, p. 154. V. aussi ■ Cass. 1re civ., 21 mai 1997, n° 95-12.460 : *JurisData* n° 1997-002159 ; *JCP* 97, IV, 1452 ; *Bull. civ.* I, n° 163, p. 109, liquidation judiciaire du mari antérieure à la transcription du jugement de divorce. ■ Cass. com., 18 févr. 2003, n° 00-11.008 : *JurisData* n° 2003-017808 ; *JCP* 2003, I, 180, n° 4, obs. Le Guidec ; *Bull. civ.* IV, n° 21, p. 26, liquidateur poursuivant la vente forcée d'un immeuble dépendant de l'indivision successorale, le décès étant postérieur à l'ouverture de la procédure collective).

9) Partage d'un bien dépendant de la communauté (non). L'application des règles de la communauté de biens exclut celle des dispositions relatives à l'indivision. L'art. 815-17 ne saurait donc être invoqué par un créancier personnel d'un époux pour demander le partage d'un immeuble commun (■ Cass. 1re civ., 9 nov. 1993, n° 91-17.756 : *JurisData* n° 1993-002639 ; *Bull. civ.* I, n° 314, p. 218 ; *Defrénois* 1994, 435, obs. Aynès ; *JCP* 94, I, 3801, n° 9, obs. Périnet-Marquet).

10) Consignation. Le créancier personnel d'un indivisaire ne peut saisir la part de son débiteur dans les biens indivis, ni prendre aucune mesure ayant pour effet de rendre cette part indisponible (■ Cass. 1re civ., 15 juill. 1999, n° 97-14.361 : *JurisData* n° 1999-002907 ; *JCP* 2000, I, 278, n° 6, obs. Le Guidec ; *Bull. civ.* I, n° 243, p. 157, consignation. V. aussi pour une saisie-vente ■ Cass. 1re civ., 1er déc. 1999, n° 97-20.965 : *JurisData* n° 1999-004179 ; *JCP* 2000, IV, 1099 ; *Dr. famille* 2000, 29, 1er arrêt, note Beignier ; *Bull. civ.* I, n° 331, p. 213). Il n'a que la faculté de provoquer le partage au nom de son débiteur ou d'intervenir dans le partage provoqué par lui (■ Cass. 1re civ., 7 déc. 2011, n° 10-16.857 : *JCP* N 2012, 1210, note Garçon ; *JurisData* n° 2011-033604).

11) Primauté du droit de l'indivision en cas de procédure collective d'un indivisaire. La banque, créancière de l'indivision qui préexistait à l'ouverture de la procédure collective de l'ex-épouse, pouvait poursuivre la saisie et la vente de l'immeuble indivis pour être payée, avant le partage, par prélèvement sur l'actif (■ Cass. 1re civ., 16 mai 2013, n° 12-16.216 : *Defrénois* 2014, p. 123, obs. A. C.-T. ; V. dans le même sens, ■ Cass. com., 2 juin 2015, n° 12-29.405 : *Bull.* ; *Defrénois* 2015, note A. C.-T. ; ■ Cass. 1re civ., 24 mai 2018, n° 16-26.378 : *Bull.* ; *Defrénois* 2018, n° 36, p. 37, A. C.-T.). Le liquidateur judiciaire d'un indivisaire ne peut obtenir la licitation d'un immeuble successoral avant l'examen des demandes de maintien dans l'indivision et d'attribution préférentielle formées par un autre indivisaire (■ Cass. com., 20 sept. 2017, n° 16-14.295 : *Bull.* ; *RTD civ.* 2017, 898, W. Dross).

12) Créance de l'indivisaire sur l'indivision. L'indivisaire titulaire d'une créance résultant de la conservation des biens indivis peut poursuivre la saisie de certains de ces biens, sans être tenu d'attendre l'issue des opérations de partage (■ Cass. 1re civ., 20 févr. 2001 : *JCP* 2001, I, 358, n° 5, obs. Périnet-Marquet ; *JurisData* n° 2001-008275 ; *Bull. civ.* I, n° 41, p. 26 ; *RTD civ.* 2001, 642, obs. Patarin ; *Dr. famille* 2002, 12, 1er arrêt, note Beignier ; *RTD civ.* 2001, 916, obs. Revet). Un coïndivisaire créancier de l'indivision peut être payé par prélèvement sur l'actif avant le partage (■ Cass. 1re civ., 4 juill. 2007, n° 06-13.770 : *JurisData* n° 2007-039915 ; *Defrénois* 2008, 399, note Chamoulaud-Trapiers, arrêt qui paraît aussi admettre le droit de prélèvement au profit des créanciers bénéficiaires d'un droit de gage général sur le patrimoine d'un indivisaire). Ayant remboursé personnellement une partie des emprunts, une ex-épouse était créancière personnelle de l'indivision pour avoir assuré des dépenses de conservation de l'immeuble indivis, et était, dès lors, fondée à faire valoir sa créance par prélèvement sur l'actif de l'indivision avant son partage (■ Cass. 1re civ., 26 juin 2013, n° 12-11.818 : *Defrénois* 2014, p. 122, obs. A. C.-T.).

13) Indivisaire débiteur aussi de l'indivision. Le créancier personnel d'un indivisaire est sans intérêt à intervenir au partage de son débiteur lorsque celui-ci est redevable envers l'indivision d'une somme supérieure au montant de ses droits qu'il y tient de sorte qu'aucune attribution ne peut lui être faite (■ Cass. 1re civ., 1er avr. 2015, n° 14-11.554 : *JCP* N 2015, act. 514).

Section IV. – De l'indivision en usufruit

(L. n° 2006-728, 23 juin 2006)

Art. 815-18 *(L. n° 76-1286, 31 déc. 1976)*. – **Les dispositions des articles 815 à 815-17 sont applicables aux indivisions en usufruit en tant qu'elles sont compatibles avec les règles de l'usufruit.**

Les notifications prévues par les articles 815-14, 815-15 et 815-16 doivent être adressées à tout nu-propriétaire et à tout usufruitier. Mais un usufruitier ne peut acquérir une part en nue-propriété que si aucun *nu-propriétaire ne s'en porte acquéreur* ; un nu-propriétaire ne peut acquérir une part en usufruit que si aucun usufruitier ne s'en porte acquéreur.

CHAPITRE VIII. – DU PARTAGE

(L. n° 2006-728, 23 juin 2006)

Section I. – Des opérations de partage

Bibliographie : J. Julien, *Les nouvelles règles en matière de partage : Dr. famille* 2006, étude 58. • G. Yildirim, *La modernisation des opérations de partage : D.* 2006, 2570. • M.-C. Forgeard, *Le droit au partage et ses limites après la réforme du 23 juin 2006 : JCP* N 2008, 1146. • Th. Le Bars, *Les nouvelles règles du partage : JCP* N 2007, 1205. • B. Vareille, *L'imputation en* *droit des successions : RTD civ.* 2009, 1. • M. Grimaldi, *Le partage : état des lieux : Defrénois* 2012, 1123. • H. Poivey-Leclercq, *Observations d'un praticien à propos de la réforme du partage : Defrénois* 2012, 1138. • B. Vareille et A. Kroell, *La liquidation et le partage de la succession : Defrénois* 2017, p. 49.

Sous-section 1. – Dispositions communes

§ 1. – Des demandes en partage

Art. 816 *(Rempl., L. n° 2006-728, 23 juin 2006)* (1). – **Le partage peut être demandé, même quand l'un des indivisaires a joui séparément de tout ou partie des biens indivis, s'il n'y a pas eu d'acte de partage ou une possession suffisante pour acquérir la prescription.**

1) **Partage partiel.** Le partage partiel suppose l'accord de tous les coïndivisaires, alors même que la demande en est faite au cours de l'instance en partage global des biens héréditaires ; même dans cette dernière hypothèse, le partage partiel peut avoir pour résultat d'empêcher la formation de lots égaux en nature ou en valeur dans le partage définitif en distrayant de la masse un certain nombre de biens dépendant de la succession (■ Cass. 1re civ., 11 déc. 1973, n° 71-14.111 : *JurisData* n° 1973-000348 ; *JCP* 74, II, 17826, note Dagot. – L'accord des indivisaires doit porter sur tous les éléments du partage : constitution et attribution des lots, estimation des valeurs et règlement des soultes (■ Grenoble, 21 avr. 1998, n° 95/4347 : *JurisData* n° 1998-043399 ; *JCP* 98, IV, 3543). Sur le partage judiciaire partiel, voir V. Grellière : *AJPI* 1984, 7.

2) **Usucapion.** L'héritier qui invoque le bénéfice de l'usucapion doit rapporter la preuve d'actes manifestant à l'encontre de ses cohéritiers son intention de se comporter en propriétaire exclusif (■ Cass. 1re civ., 27 oct. 1993, n° 91-13.286 : *JurisData* n° 1993-002223 ; *Bull. civ.* I, n° 304, p. 209). La possession d'un héritier, lorsqu'elle n'est pas exclusive et qu'elle est équivoque, ne peut conduire à l'usucapion et par suite ne peut être opposée à la demande en partage des cohéritiers (■ Cass. 1re civ., 10 déc. 1968, n° 66-14.597 : *JurisData* n° 1968-000320 ; *JurisData* n° 1968-700318 ; *JurisData* n° 1968-700319 ; *Bull. civ.* I, n° 320, p. 241). Le vice d'équivoque peut être opposé aux héritiers de l'indivisaire (■ Cass. 1re civ., 17 avr. 1985, n° 83-16.939 : *JurisData* n° 1985-701310 ; *Bull. civ.* I, n° 120, p. 111). Un indivisaire ne peut prescrire les biens de l'hérédité que s'il justifie de l'existence d'actes de possession incompatibles avec sa qualité d'indivisaire (■ Cass. 1re civ., 16 mai 2000, n° 98-11.977 : *JurisData* n° 2000-002003 ; *JCP* 2000, IV, 2172 ; *Bull. civ.* I, n° 149, p. 98). Pour une application de l'article 816 du Code civil à l'occasion d'un conflit de lois, V. ■ Cass. 1re civ., 25 mai 2016, n° 15-16.935 : *RTD civ.* 2016, 672, M. Grimaldi.

Art. 817 *(Rempl., L. n° 2006-728, 23 juin 2006)* (1). – **Celui qui est en indivision pour la jouissance peut demander le partage de l'usufruit indivis par voie de cantonnement sur un bien ou, en cas d'impossibilité, par voie de licitation de l'usufruit. Lorsqu'elle apparaît seule protectrice de l'intérêt de tous les titulaires de droits sur le bien indivis, la licitation peut porter sur la pleine propriété.**

Art. 818 *(Abr., L. n° 85-1372, 23 déc. 1985 ; rétabli, L. n° 2006-728, 23 juin 2006)* (1). – **La même faculté appartient à l'indivisaire en nue-propriété pour la nue-propriété indivise. En cas de licitation de la pleine propriété, le deuxième alinéa de l'article 815-5 est applicable.**

Art. 819 *(Rempl., L. n° 2006-728, 23 juin 2006)* (1). – **Celui qui est pour partie plein propriétaire et qui se trouve en indivision avec des usufruitiers et des nus-propriétaires peut user des facultés prévues aux articles 817 et 818.**

Le deuxième alinéa de l'article 815-5 n'est pas applicable en cas de licitation en pleine propriété.

Art. 820 *(Rempl., L. n° 2006-728, 23 juin 2006)* (1). – **À la demande d'un indivisaire, le tribunal peut surseoir au partage pour deux années au plus si sa réalisation immédiate risque de porter atteinte à la valeur des biens indivis ou si l'un des indivisaires ne peut reprendre l'entreprise agricole, commerciale, industrielle,**

(1) Dispositions d'application : V. L. n° 2006-728, 23 juin 2006, art. 47, II, p. 3262.

artisanale ou libérale dépendant de la succession qu'à l'expiration de ce délai. Ce sursis peut s'appliquer à l'ensemble des biens indivis ou à certains d'entre eux seulement.

S'il y a lieu, la demande de sursis au partage peut porter sur des droits sociaux.

Art. 821 ***(Abr., L. n° 85-1372, 23 déc. 1985 ; rétabli, L. n° 2006-728, 23 juin 2006)*** (1). **– À défaut d'accord amiable, l'indivision de toute entreprise agricole, commerciale, industrielle, artisanale ou libérale, dont l'exploitation était assurée par le défunt ou par son conjoint, peut être maintenue dans les conditions fixées par le tribunal à la demande des personnes mentionnées à l'article 822.**

S'il y a lieu, la demande de maintien de l'indivision peut porter sur des droits sociaux.

Le tribunal statue en fonction des intérêts en présence et des moyens d'existence que la famille peut tirer des biens indivis.

Le maintien de l'indivision demeure possible lors même que l'entreprise comprend des éléments dont l'héritier ou le conjoint était déjà propriétaire ou copropriétaire avant l'ouverture de la succession.

Art. 821-1 ***(L. n° 2006-728, 23 juin 2006)*** (1). **– L'indivision peut également être maintenue, à la demande des mêmes personnes et dans les conditions fixées par le tribunal, en ce qui concerne la propriété du local d'habitation ou à usage professionnel qui, à l'époque du décès, était effectivement utilisé pour cette habitation ou à cet usage par le défunt ou son conjoint. Il en est de même des objets mobiliers garnissant le local d'habitation ou servant à l'exercice de la profession.**

Art. 822 ***(Rempl., L. n° 2006-728, 23 juin 2006)*** (1). **– Si le défunt laisse un ou plusieurs descendants mineurs, le maintien de l'indivision peut être demandé soit par le conjoint survivant, soit par tout héritier, soit par le représentant légal des mineurs.**

À défaut de descendants mineurs, le maintien de l'indivision ne peut être demandé que par le conjoint survivant et à la condition qu'il ait été, avant le décès, ou soit devenu du fait du décès, copropriétaire de l'entreprise ou des locaux d'habitation ou à usage professionnel.

S'il s'agit d'un local d'habitation, le conjoint doit avoir résidé dans les lieux à l'époque du décès.

1) **Descendants mineurs héritiers.** L'article 815, alinéa 5 [art. 815-1, al. 3] concerne seulement les descendants mineurs que le défunt laisse pour héritiers (▪ Cass. 1re civ., 28 oct. 1969 : *D.* 1970, 41, note Breton).

2) **Vocation en usufruit.** Le legs de l'usufruit d'un immeuble ne confère pas au légataire la qualité d'héritier ; dès lors ce légataire, agissant en son nom personnel, qui n'est pas le conjoint survivant, est sans droit à demander le maintien dans l'indivision (▪ Cass. 1re civ., 21 juill. 1980, n° 79-12.347 : *JurisData* nos 1980-705069 et 1980-799956 ; *Bull. civ.* I, n° 230, p. 185). Quant à l'usufruit successoral dont *se prévaut* le conjoint survivant, il ne lui confère pas la qualité de copropriétaire (▪ Cass. 1re civ., 14 mars 1984, n° 83-11.028 : *JurisData* n° 1984-700703 ; *D.* 1984, 385, note Breton ; *JCP* 85, II, 20507, note Rémy. ▪ Cass. 1re civ., 13 févr. 1985 : *D.* 1985, inf. rap. 320).

3) **Condition de copropriété. Veuve commune en biens.** Suivant l'article 815-1 [822], si le défunt ne laisse aucun descendant mineur, le conjoint survivant peut demander le maintien dans l'indivision du local servant à son habitation, à la condition qu'il en ait été propriétaire avant le décès ou en soit devenu du fait du décès du copropriétaire. Ne donne pas de base légale à sa décision au regard de ce texte la cour d'appel qui rejette la demande de la veuve du *de cujus* sans rechercher si elle n'a pas, en sa qualité de *commune en biens*, un droit de copropriété (▪ Cass. 1re civ., 12 nov. 1986, n° 85-12.238 : *JurisData* n° 1986-702003 ; *JCP* 87, II, 20852, note Pillebout).

Art. 823 ***(Rempl., L. n° 2006-728, 23 juin 2006)*** (1). **– Le maintien dans l'indivision ne peut être prescrit pour une durée supérieure à cinq ans. Il peut être renouvelé, dans le cas prévu au premier alinéa de l'article 822, jusqu'à la majorité du plus jeune des descendants et, dans le cas prévu au deuxième alinéa du même article, jusqu'au décès du conjoint survivant.**

(1) Dispositions d'application : V. L. n° 2006-728, 23 juin 2006, art. 47, II, p. 3262.

Durée initiale. Le maintien dans l'indivision ne peut être prescrit pour une durée supérieure à cinq ans et peut être renouvelé jusqu'au décès du conjoint survivant (■ Cass. 1re civ., 12 juill. 2017, n° 16-20.915 : *Bull.* ; *Dr. famille* 2017, comm. 213 M. Nicod).

Art. 824 ***(Rempl., L. n° 2006-728, 23 juin 2006)*** (1). **– Si des indivisaires entendent demeurer dans l'indivision, le tribunal peut, à la demande de l'un ou de plusieurs d'entre eux, en fonction des intérêts en présence et sans préjudice de l'application des articles 831 à 832-3, attribuer sa part à celui qui a demandé le partage.**

S'il n'existe pas dans l'indivision une somme suffisante, le complément est versé par ceux des indivisaires qui ont concouru à la demande, sans préjudice de la possibilité pour les autres indivisaires d'y participer, s'ils en expriment la volonté. La part de chacun dans l'indivision est augmentée à proportion de son versement.

JURISPRUDENCE RENDUE SUR L'ANCIEN ART. 815, AL. 3

1) **Jugement antérieur ayant ordonné le partage.** L'attribution éliminatoire peut être demandée par les coïndivisaires du demandeur en partage même après un jugement ordonnant le partage et même après un jugement prescrivant la licitation des biens indivis mais non encore passé en force de chose jugée (■ Cass. 1re civ., 10 juill. 1990, n° 88-17.186 : *JurisData* n° 1990-703881 ; *RTD civ.* 1991, 576, obs. Patarin). Il n'existe aucune incompatibilité entre un jugement antérieur ordonnant la liquidation-partage de la succession sans prévoir de licitation et le maintien dans l'indivision de certains indivisaires à la suite de l'attribution éliminatoire effectuée en faveur de l'un d'eux et qui ne constitue qu'une opération de partage (■ Cass. 1re civ., 7 juin 1995, n° 93-13.256 : *JurisData* n° 1995-001531 ; *JCP* 95, IV, 1879 ; *Bull. civ.* I, n° 246, p. 173 ; *RTD civ.* 1995, 943, obs. Patarin).

2) **Opposition à une demande des cohéritiers en homologation d'un partage partiel.** L'attribution peut être ordonnée lorsque le défendeur répond par une demande en partage de toute la succession à la demande de ses cohéritiers en homologation d'un partage partiel (■ Cass. 1re civ., 8 oct. 1985 : *JurisData* n° 1985-799063 ; *D.* 1986, 277, note Breton).

3) **Demandeurs.** L'article 815, alinéa 3, ne peut être invoqué que par ceux contre lesquels est formée une demande en partage (■ Cass. 1re civ., 6 janv. 1987, n° 85-15.202 : *JurisData* n° 1987-000001 ; *Bull. civ.* I, n° 5, p. 4). L'attribution éliminatoire suppose que l'attributaire ait demandé un partage global et l'indivisaire qui sollicite l'attribution préférentielle, par voie de partage, de tous les biens dépendant de l'indivision est devenu demandeur au partage, s'exposant ainsi à une attribution éliminatoire (■ Cass. 1re civ., 15 mai 2008, n° 07-13.179 : *Bull. civ.* I, n° 133 ; *RTD civ.* 2009, p. 151, obs. Grimaldi).

4) **Nécessité d'une pluralité de biens (non).** L'application de l'article 815, alinéa 3, n'est pas subordonnée à l'existence de plusieurs biens dans la succession (■ Cass. 1re civ., 6 janv. 1987, préc.).

5) **Présence d'au moins trois indivisaires.** L'attribution éliminatoire implique nécessairement un maintien partiel de l'indivision et, en conséquence, la présence d'au moins trois indivisaires. S'agissant d'une indivision entre époux, les conditions d'application de l'article 815, alinéa 3, ne sont pas réunies et la licitation de l'immeuble dépendant de la communauté doit être ordonnée (■ Cass. 1re civ., 1er oct. 1996, n° 94-16.867 : *JurisData* n° 1996-003594 ; *JCP* 96, IV, 2246 ; *Bull. civ.* I, n° 333, p. 234 ; *D.* 1996, somm. 393, obs. Grimaldi).

6) **Condition d'intérêt à demeurer dans l'indivision (non).** L'application de ce texte n'est pas subordonnée à la justification par les indivisaires qui en font la demande d'un intérêt à demeurer entre eux dans l'indivision (■ Cass. 1re civ., 19 mars 2008, n° 06-17.805 : *JurisData* n° 2008-043226 ; *D.* 2008, 1060 ; *JCP* G 2008, IV, 1758).

7) **Convention d'indivision.** L'attribution éliminatoire peut être demandée, sous les conditions prévues par la loi, lors du partage d'une indivision conventionnelle (■ Cass. 1re civ., 3 déc. 2014, n° 13-27.627 : *Dr. famille* 2015, 37, note Nicod).

§ 2. – Des parts et des lots

Art. 825 ***(Rempl., L. n° 2006-728, 23 juin 2006)***. **– La masse partageable comprend les biens existant à l'ouverture de la succession, ou ceux qui leur ont été subrogés, et dont le défunt n'a pas disposé à cause de mort, ainsi que les fruits y afférents.**

(1) Dispositions d'application : V. L. n° 2006-728, 23 juin 2006, art. 47, II, p. 3262.

Elle est augmentée des valeurs soumises à rapport ou à réduction, ainsi que des dettes des copartageants envers le défunt ou envers l'indivision.

Art. 826 *(Rempl., L. n° 2006-728, 23 juin 2006)* (1). – L'égalité dans le partage est une égalité en valeur.

Chaque copartageant reçoit des biens pour une valeur égale à celle de ses droits dans l'indivision.

S'il y a lieu à tirage au sort, il est constitué autant de lots qu'il est nécessaire.

Si la consistance de la masse ne permet pas de former des lots d'égale valeur, leur inégalité se compense par une soulte.

Voir : art. 833 (anc.) et s., textes et jurisprudence, p. 663.

1) Date de naissance de la créance de soulte. Les soultes compensant l'inégalité des lots ne sont dues qu'au moment du partage, de sorte que la créance de soulte fixée dans un partage postérieur à la mise en liquidation judiciaire du coïndivisaire débiteur est postérieure à l'ouverture de la procédure collective (■ Cass. com., 3 nov. 2010, n° 09-14.600 : *RTD civ.* 2011, 160, obs. M. Grimaldi) et n'a pas à être déclarée au passif de la liquidation judiciaire (■ Cass. com., 21 nov. 2018, n° 17-12.761 : *Bull.*).

2) Tirage au sort des lots. V. ■ Cass. 1re civ., 13 janv. 2016, cité sous art. 834 (anc.), p. 663, rendu sous l'empire du droit antérieur, mais visant l'article 826 du Code civil.

Art. 827 *(Rempl., L. n° 2006-728, 23 juin 2006)* (1). – Le partage de la masse s'opère par tête. Toutefois, il se fait par souche quand il y a lieu à représentation. Une fois opéré le partage par souche, une répartition distincte est opérée, le cas échéant, entre les héritiers de chaque souche.

Art. 828 *(Rempl., L. n° 2006-728, 23 juin 2006)* (1). – Lorsque le débiteur d'une soulte a obtenu des délais de paiement et que, par suite des circonstances économiques, la valeur des biens qui lui sont échus a augmenté ou diminué de plus du quart depuis le partage, les sommes restant dues augmentent ou diminuent dans la même proportion, sauf exclusion de cette variation par les parties.

Art. 829 *(Rempl., L. n° 2006-728, 23 juin 2006)* (1). – En vue de leur répartition, les biens sont estimés à leur valeur à la date de la jouissance divise telle qu'elle est fixée par l'acte de partage, en tenant compte, s'il y a lieu, des charges les grevant.

Cette date est la plus proche possible du partage.

Cependant, le juge peut fixer la jouissance divise à une date plus ancienne si le choix de cette date apparaît plus favorable à la réalisation de l'égalité.

Estimation des biens. La cour d'appel, qui a constaté que la croissance du marché de l'immobilier était de nature à affecter les évaluations proposées par l'expert judiciaire, a pu décider que ces évaluations seraient majorées en fonction de la valeur de l'indice trimestriel du coût de la construction (■ Cass. 1re civ., 25 juin 2008, n° 07-17.766 : *Bull. civ.* I, n° 183 ; *RTD civ.* 2009, 153, obs. Grimaldi ; comp., antérieurement, ■ Cass. 1re civ., 4 oct. 2005 : *JurisData* n° 2005-030066 ; *Bull. civ.* I, n° 362, p. 301 ; *RTD civ.* 2005, 811, obs. Grimaldi).

Art. 830 *(Rempl., L. n° 2006-728, 23 juin 2006)* (1). – Dans la formation et la composition des lots, on s'efforce d'éviter de diviser les unités économiques et autres ensembles de biens dont le fractionnement entraînerait la dépréciation.

Voir : CPC, art. 1377, p. 2392.

(1) Dispositions d'application : V. L. n° 2006-728, 23 juin 2006, art. 47, II, p. 3262.

§ 3. – Des attributions préférentielles

Art. 831 *(Rempl., L. n° 2006-728, 23 juin 2006)* (1). – **Le conjoint survivant ou tout héritier copropriétaire peut demander l'attribution préférentielle par voie de partage, à charge de soulte s'il y a lieu, de toute entreprise, ou partie d'entreprise agricole, commerciale, industrielle, artisanale ou libérale ou quote-part indivise d'une telle entreprise, même formée pour une part de biens dont il était déjà propriétaire ou copropriétaire avant le décès, à l'exploitation de laquelle il participe ou a participé effectivement. Dans le cas de l'héritier, la condition de participation peut être ou avoir été remplie par son conjoint ou ses descendants.**

S'il y a lieu, la demande d'attribution préférentielle peut porter sur des droits sociaux, sans préjudice de l'application des dispositions légales ou des clauses statutaires sur la continuation d'une société avec le conjoint survivant ou un ou plusieurs héritiers.

Voir : C. rur., art. L. 321-24, p. 2593.

1) Participation effective. La participation effective à la mise en valeur de parcelles agricoles par l'un des descendants de l'héritier suffit à justifier l'attribution préférentielle de ces biens à ce dernier, peu important les conditions juridiques de l'exploitation, en l'espèce au sein d'une société (GAEC) : ▪ Cass. 1re civ., 2 déc. 2015, n° 14-25.622 : *Bull.*

2) Héritier copropriétaire. V. sous art. 831-2, annot. n° 1, p. 660.

3) Application de la loi nouvelle dans le temps. Il résulte de l'alinéa 2 de l'article 47, II, de la loi du 23 juin 2006, qu'en matière d'attributions préférentielles, lorsque l'instance a été introduite avant l'entrée en vigueur de la loi, elle est poursuivie conformément à la loi ancienne (▪ Cass. 1re civ., 17 juin 2009, n° 08-16.075 : *D.* 2009, 1826, obs. Egéa).

Art. 831-1 *(L. n° 2006-728, 23 juin 2006)* (1). – **Au cas où ni le conjoint survivant, ni aucun héritier copropriétaire ne demande l'application des dispositions prévues à l'article 831 ou de celles des articles 832 ou 832-1, l'attribution préférentielle prévue en matière agricole peut être accordée à tout copartageant sous la condition qu'il s'oblige à donner à bail dans un délai de six mois le bien considéré dans les conditions fixées au chapitre VI du titre I du livre IV du Code rural à un ou plusieurs des cohéritiers remplissant les conditions personnelles prévues à l'article 831 ou à un ou plusieurs descendants de ces cohéritiers remplissant ces mêmes conditions.**

Art. 831-2 *(L. n° 2006-728, 23 juin 2006 ; L. n° 2015-177, 16 févr. 2015)* (1). – **Le conjoint survivant ou tout héritier copropriétaire peut également demander l'attribution préférentielle :**

1° De la propriété ou du droit au bail du local qui lui sert effectivement d'habitation, s'il y avait sa résidence à l'époque du décès, et du mobilier le garnissant, ainsi que du véhicule du défunt dès lors que ce véhicule lui est nécessaire pour les besoins de la vie courante ;

2° De la propriété ou du droit au bail du local à usage professionnel servant effectivement à l'exercice de sa profession et des objets mobiliers nécessaires à l'exercice de sa profession ;

3° De l'ensemble des éléments mobiliers nécessaires à l'exploitation d'un bien rural cultivé par le défunt à titre de fermier ou de métayer lorsque le bail continue au profit du demandeur ou lorsqu'un nouveau bail est consenti à ce dernier.

1) Qualité du demandeur. L'attribution préférentielle légale ne pouvant être demandée que par le conjoint, le partenaire d'un PACS ou tout héritier, la demande présentée par l'un des deux indivisaires d'une indivision conventionnelle ne prévoyant pas elle-même cette attribution ne peut qu'être rejetée (▪ Cass. 1re civ., 26 sept. 2012, n° 11-12.838 : *AJF* 2012, 557, obs. N. Levillain ; *Defrénois* 2013, 246, note D. Autem. ▪ Cass. 1re civ., 6 nov. 2013, n° 12-26.446 : *RTD civ.* 2014, p. 92, obs. Hauser). L'héritier réservataire ne se trouve pas en indivision avec le légataire universel ; il ne peut, en présence de ce dernier, prétendre à l'attribution préférentielle : ▪ Cass. 1re civ., 11 mai 2016, n° 14-16.967 : *Bull.* ; *JCP* N 2016, n° 35, N. Randoux ; JCP G 2016, 127, R. Le Guidec ; *Dr. famille* 2016, 151, M. Nicod ; *RTD civ.* 2016, 673, M. Grimaldi ; *AJF* 2016, 350, N. Levillain. – V.,

(1) Dispositions d'application : V. L. n° 2006-728, 23 juin 2006, art. 47, II, p. 3262.

dans le même sens, ▪ Cass. 1re civ., 23 nov. 2016, n° 15-28.931.

2) Bien dépendant entièrement d'une indivision successorale. Un local servant d'habitation ne peut faire l'objet d'une attribution préférentielle lorsque ce bien appartient indivisément aux héritiers et à un tiers (▪ Cass. 1re civ., 15 janv. 2014, n° 12-25.322 : *JCP* N 2014, act. 215).

3) Résidence effective. Le départ du domicile conjugal ne peut faire obstacle à son attribution préférentielle après divorce sans rechercher si l'épouse n'y avait pas été contrainte pour échapper aux violences conjugales (▪ Cass. 1re civ., 15 mai 2018, n° 17-16.858).

4) Sur les modifications apportées par la loi du 16 février 2015, V. M. Grimaldi et Ch. Vernières : *Defrénois* 2015, 254.

5) Outremer. Pour l'application, dans les collectivités d'outremer, du 1° de l'article 831-2 du Code civil, l'attribution préférentielle peut également être admise si le demandeur démontre qu'il réside sur la propriété de manière continue, paisible et publique depuis plus de 10 ans au moment de l'introduction de la demande de partage en justice : loi n° 2018-1244 du 27 décembre 2018.

Art. 831-3 *(L. n° 2006-728, 23 juin 2006 ; L. n° 2015-177, 16 févr. 2015)* (1). **– L'attribution préférentielle visée au 1° de l'article 831-2 est de droit pour le conjoint survivant.**

Les droits résultant de l'attribution préférentielle ne préjudicient pas aux droits viagers d'habitation et d'usage que le conjoint peut exercer en vertu de l'article 764.

Art. 832 *(Rempl., L. n° 2006-728, 23 juin 2006)* (1). **– L'attribution préférentielle visée à l'article 831 est de droit pour toute exploitation agricole qui ne dépasse pas les limites de superficie fixées par décret en Conseil d'État, si le maintien dans l'indivision n'a pas été ordonné.**

Superficie. La superficie à prendre en considération en vue de l'attribution préférentielle de droit est celle des parcelles indivises, objet de la demande, jointe à celle dont le candidat est déjà propriétaire (▪ Cass. 3e civ., 22 mars 2018, n° 16-24.052 : *Bull.* ; *Defrénois* 2018, n° 36, p. 43, Chamoulaud-Trapiers).

Art. 832-1 *(Rempl., L. n° 2006-728, 23 juin 2006)* (1). **– Si le maintien dans l'indivision n'a pas été ordonné et à défaut d'attribution préférentielle en propriété dans les conditions prévues à l'article 831 ou à l'article 832, le conjoint survivant ou tout héritier copropriétaire peut demander l'attribution préférentielle de tout ou partie des biens et droits immobiliers à destination agricole dépendant de la succession en vue de constituer avec un ou plusieurs cohéritiers et, le cas échéant, un ou plusieurs tiers, un groupement foncier agricole.**

Cette attribution est de droit si le conjoint survivant ou un ou plusieurs des cohéritiers remplissant les conditions personnelles prévues à l'article 831, ou leurs descendants participant effectivement à l'exploitation, exigent que leur soit donné à bail, dans les conditions fixées au chapitre VI du titre I du livre IV du Code rural, tout ou partie des biens du groupement.

En cas de pluralité de demandes, les biens du groupement peuvent, si leur consistance le permet, faire l'objet de plusieurs baux bénéficiant à des cohéritiers différents.

Si les clauses et conditions de ce bail ou de ces baux n'ont pas fait l'objet d'un accord, elles sont fixées par le tribunal.

Les biens et droits immobiliers que les demandeurs n'envisagent pas d'apporter au groupement foncier agricole, ***ainsi que les autres*** **biens de la succession, sont attribués par priorité, dans les limites de leurs droits successoraux respectifs, aux indivisaires qui n'ont pas consenti à la formation du groupement. Si ces indivisaires ne sont pas remplis de leurs droits par l'attribution ainsi faite, une soulte doit leur être versée. Sauf accord amiable entre les copartageants, la soulte éventuellement due est payable dans l'année suivant le partage. Elle peut faire l'objet d'une dation en paiement sous la forme de parts du groupement foncier agricole, à moins que les intéressés, dans le mois suivant la proposition qui leur en est faite, n'aient fait connaître leur opposition à ce mode de règlement.**

Le partage n'est parfait qu'après la signature de l'acte constitutif du groupement foncier agricole et, s'il y a lieu, du ou des baux à long terme.

(1) Dispositions d'application : V. L. n° 2006-728, 23 juin 2006, art. 47, II, p. 3262.

Code rural et de la pêche maritime

Art. L. 323-6 *(Mod., L. n° 2006-728, 23 juin 2006)*. – Sous réserve des dispositions des articles 1870 et 1870-1 du Code civil, les dispositions des articles 821 à 824, 832-1 et 924 du Code civil permettant le maintien dans l'indivision, l'attribution préférentielle et la donation avec dispense de rapport en nature d'une exploitation agricole sont applicables à la dévolution successorale, aux partages de communautés conjugales et aux dons et legs de parts sociales d'un groupement agricole d'exploitation, lesdites parts étant, dans ce cas, considérées comme si elles constituaient l'exploitation agricole, objet du groupement.

Art. 832-2 *(Rempl., L. n° 2006-728, 23 juin 2006)* (1). – **Si une exploitation agricole constituant une unité économique et non exploitée sous forme sociale n'est pas maintenue dans l'indivision et n'a pas fait l'objet d'une attribution préférentielle dans les conditions prévues aux articles 831, 832 ou 832-1, le conjoint survivant ou tout héritier copropriétaire qui désire poursuivre l'exploitation à laquelle il participe ou a participé effectivement peut exiger, nonobstant toute demande de licitation, que le partage soit conclu sous la condition que ses copartageants lui consentent un bail à long terme dans les conditions fixées au chapitre VI du titre I du livre IV du Code rural, sur les terres de l'exploitation qui leur échoient. Dans le cas de l'héritier, la condition de participation peut avoir été remplie par son conjoint ou ses descendants. Sauf accord amiable entre les parties, celui qui demande à bénéficier de ces dispositions reçoit par priorité dans sa part les bâtiments d'exploitation et d'habitation.**

Les dispositions qui précèdent sont applicables à une partie de l'exploitation agricole pouvant constituer une unité économique. Cette unité économique peut être formée, pour une part, de biens dont le conjoint survivant ou l'héritier était déjà propriétaire ou copropriétaire avant le décès.

Il est tenu compte, s'il y a lieu, de la dépréciation due à l'existence du bail dans l'évaluation des terres incluses dans les différents lots.

Les articles L. 412-14 et L. 412-15 du Code rural déterminent les règles spécifiques au bail mentionné au premier alinéa du présent article.

Si, en raison de l'inaptitude manifeste du ou des demandeurs à gérer tout ou partie de l'exploitation, les intérêts des cohéritiers risquent d'être compromis, le tribunal peut décider qu'il n'y a pas lieu d'appliquer les trois premiers alinéas du présent article.

Unité économique. L'absence d'unité économique ne saurait résulter des modalités d'exploitation du domaine ou de la productivité des cultures qui y sont pratiquées ou encore du caractère non agricole des locaux d'habitation implantés sur le domaine (■ Cass. 1re civ., 20 sept. 2006, n° 04-18.798 : *JurisData* n° 2006-034978 ; *Bull. civ.* I, n° 414, p. 357 ; *Defrénois* 2007, p. 1628, obs. Gelot).

Art. 832-3 *(Rempl., L. n° 2006-728, 23 juin 2006)* (1). – **L'attribution préférentielle peut être demandée conjointement par plusieurs successibles afin de conserver ensemble le bien indivis.**

À défaut d'accord amiable, la demande d'attribution préférentielle est portée devant le tribunal qui se prononce en fonction des intérêts en présence.

En cas de demandes concurrentes, le tribunal tient compte de l'aptitude des différents postulants à gérer les biens en cause et à s'y maintenir. Pour l'entreprise, le tribunal tient compte en particulier de la durée de la participation personnelle à l'activité.

Art. 832-4 *(Rempl., L. n° 2006-728, 23 juin 2006)* (1). – **Les biens faisant l'objet de l'attribution sont estimés à leur valeur à la date fixée conformément à l'article 829.**

Sauf accord amiable entre les copartageants, la soulte éventuellement due est payable comptant. Toutefois, *dans les cas prévus aux articles 831-3 et 832*, **l'attributaire peut exiger de ses copartageants, pour le paiement d'une fraction de la soulte, égale au plus à la moitié, des délais ne pouvant excéder dix ans. Sauf convention contraire, les sommes restant dues portent intérêt au taux légal.**

(1) Dispositions d'application : V. L. n° 2006-728, 23 juin 2006, art. 47, II, p. 3262.

En cas de vente de la totalité des biens attribués, la fraction de la soulte y afférente devient immédiatement exigible ; en cas de ventes partielles, le produit de ces ventes est versé aux copartageants et imputé sur la fraction de la soulte encore due.

Art. 833 *(Rempl., L. n° 2006-728, 23 juin 2006)* (1). **– Les dispositions des articles 831 à 832-4 profitent au conjoint ou à tout héritier appelé à succéder en vertu de la loi, qu'il soit copropriétaire en pleine propriété ou en nue-propriété.**

Ces dispositions, à l'exception de celles de l'article 832, profitent aussi à l'héritier ayant une vocation universelle ou à titre universel à la succession en vertu d'un testament ou d'une institution contractuelle.

Art. 833-1 *(L. n° 71-523, 3 juill. 1971 ; implicitement abr., L. n° 2006-728, 23 juin 2006)* (1).

Art. 834 *(Rempl., L. n° 2006-728, 23 juin 2006)* (1). **– Le bénéficiaire de l'attribution préférentielle ne devient propriétaire exclusif du bien attribué qu'au jour du partage définitif.**

Jusqu'à cette date, il ne peut renoncer à l'attribution que lorsque la valeur du bien, telle que déterminée au jour de cette attribution, a augmenté de plus du quart au jour du partage indépendamment de son fait personnel.

Usage privatif. V. ss art. 815-9, note 12, p. 643.

Sous-section 2. – Du partage amiable

Art. 835 *(Rempl., L. n° 2006-728, 23 juin 2006)* (1). **– Si tous les indivisaires sont présents et capables, le partage peut intervenir dans la forme et selon les modalités choisies par les parties.**

Lorsque l'indivision porte sur des biens soumis à la publicité foncière, l'acte de partage est passé par acte notarié.

I – JURISPRUDENCE RENDUE SOUS L'EMPIRE DE L'ANCIEN ARTICLE 819

1) Force obligatoire de l'accord. Un acte sous seing privé prévoyant des modalités de règlement d'une succession et conclu par les trois héritiers coïndivisaires s'impose à ses signataires. Si une telle convention stipule le partage en nature des immeubles, elle fait obstacle à leur licitation (■ Cass. 1re civ., 20 janv. 1982, n° 80-17.105 : *JurisData* n° 1982-700088 ; *JurisData* n° 1982-700384 ; *Bull. civ.* I, n° 35, p. 30 ; *JCP* 83, II, 19989, 1re esp., note Rémy). Mais une convention amiable n'oblige que ses signataires (■ Cass. 1re civ., 3 févr. 1982 : *JurisData* n° 1982-799513 ; *JCP* 83, II, 19989, 2e esp., note Rémy). Des cohéritiers ne peuvent remettre en cause lors de l'instance en homologation l'accord qu'ils ont conclu (■ Cass. 1re civ., 29 mars 1978, n° 76-11.553 : *JurisData* n° 1978-700129 ; *JCP* 78, IV, 180). La résistance de certains héritiers à signer l'acte authentique réitérant l'accord relatif à un partage de succession n'étant pas justifiée, il y a lieu de dire qu'à défaut de réitération dans les deux mois de la signification de l'arrêt, celui-ci en tiendrait lieu (■ Dijon, 1re ch., 14 oct. 1987 : *JurisData* n° 1987-050914). Un acte de partage dressé par deux notaires en Tunisie entre tous les héritiers lie les parties pour les immeubles situés en France par application de l'article 819 (■ Cass. 1re civ., 19 nov. 2008, n° 05-16.203 : *JurisData* n° 2008-045872 ; *JCP* 2008, IV, 3050 ; *RTD civ.* 2009, 155, obs. Grimaldi).

2) Partage amiable postérieur à la dissolution de la communauté. Dès lors que l'article 1450, qui soumet à la forme notariée les conventions passées par les époux pour la liquidation et le partage de la communauté, ne vise que les actes conclus pendant l'instance en divorce, et qu'aux termes de l'article 819, rendu applicable par l'article 1476 en cas de dissolution de la communauté par le divorce, le partage peut être fait dans la forme et par tel acte que les parties jugeront convenables, c'est à bon droit que, à défaut de contestation sur le caractère définitif du jugement de divorce, la cour d'appel a déclaré valable l'acte sous seing privé par lequel les anciens époux avaient réglé la dissolution de la communauté conjugale et décidé qu'il devait être entièrement exécuté (■ Cass. 1re civ., 16 nov. 1983, n° 82-13.638 : *JurisData* n° 1983-702448 ; *Bull. civ.* I, n° 272, p. 245).

3) Écrit. La répartition effective des biens et la prise de possession des lots suffisent à rendre

(1) Dispositions d'application : V. L. n° 2006-728, 23 juin 2006, art. 47, II, p. 3262.

valable le partage sans qu'il soit besoin d'un écrit dont le rôle est limité à la preuve (▪ Chambéry, 30 nov. 1943 : *DA* 1944, 26. – V. en ce sens ▪ Cass. req., 2 janv. 1872 : *DP* 1872, 1, 119). Pour une acceptation tacite d'un projet de partage établi par le notaire, V. ▪ Cass. 1re civ., 13 oct. 1993, n° 91-20.511 : *JurisData* n° 1993-002225 ; *JCP* 93, IV, 2610 ; *Bull. civ.* I, n° 283, p. 196. Mais le partage doit résulter d'un écrit dès lors que la masse indivise comprend des immeubles ou fonds de commerce en raison des nécessités de la publicité légale (▪ Paris, 28 mai 1964 : *JCP* 64, II, 13916, note J. A.).

II – JURISPRUDENCE RENDUE SOUS L'EMPIRE DU NOUVEL ARTICLE 835

4) Consensualisme. Le partage convenu entre les indivisaires présents et capables n'est assujetti à aucune règle de forme de sorte qu'il peut être conclu par acte sous seing privé ; s'il doit être passé par acte notarié lorsqu'il porte sur des biens soumis à publicité foncière, cette formalité a pour but d'assurer l'effectivité de la publicité obligatoire, mais le défaut d'authenticité de l'acte n'affecte pas sa validité (▪ Cass. 1re civ., 24 oct. 2012, n° 11-19.855 : *Defrénois* 2013, 70, note Massip ; *Defrénois* 2014, 443, obs. Chassaing ; *JCP* N 2013, 1008, note Brenner ; *RTD civ.* 2013, 160, obs. Grimaldi).

5) Force obligatoire. Est irrecevable la demande d'inscription de faux, contre un acte de partage amiable, dès lors qu'il a été reconnu et vérifié par un jugement, passé en force de chose jugée, qui l'avait homologué (▪ Cass. 1re civ., 15 nov. 2017, n° 16-23.136 : *Bull.*).

Art. 836 ***(Rempl., L. n° 2006-728, 23 juin 2006)*** (1). **– Si un indivisaire est présumé absent ou, par suite d'éloignement, se trouve hors d'état de manifester sa volonté, un partage amiable peut intervenir dans les conditions prévues à l'article 116.**

De même, si un indivisaire fait l'objet d'un régime de protection, un partage amiable peut intervenir dans les conditions prévues aux titres X *(Mots rempl., L. n° 2019-222, 23 mars 2019)* « , XI et XII » du livre Ier.

Bibliographie : C. Gohlen, *La déjudiciarisation du partage et la protection des héritiers incapables, présumés absents ou défaillants : Defrénois* 2007, p. 1413.

Art. 837 ***(Rempl., L. n° 2006-728, 23 juin 2006)*** (1). **– Si un indivisaire est défaillant, sans qu'il soit néanmoins dans l'un des cas prévus à l'article 836, il peut, à la diligence d'un copartageant, être mis en demeure, par acte extrajudiciaire, de se faire représenter au partage amiable.**

Faute pour cet indivisaire d'avoir constitué mandataire dans les trois mois de la mise en demeure, un copartageant peut demander au juge de désigner toute personne qualifiée qui représentera le défaillant jusqu'à la réalisation complète du partage. Cette personne ne peut consentir au partage qu'avec l'autorisation du juge.

Voir : CPC, art. 1358, p. 2390.

Art. 838 ***(Rempl., L. n° 2006-728, 23 juin 2006)*** (1). **– Le partage amiable peut être total ou partiel. Il est partiel lorsqu'il laisse subsister l'indivision à l'égard de certains biens ou de certaines personnes.**

Partage partiel. Faute d'inclure les meubles garnissant l'habitation de la défunte, le partage peut n'être que partiel et justifier un partage complémentaire (▪ Cass. 1re civ., 24 mai 2018, n° 17-18.270).

Art. 839 ***(Rempl., L. n° 2006-728, 23 juin 2006)*** (1). **– Lorsque plusieurs indivisions existent exclusivement entre les mêmes personnes, qu'elles portent sur les mêmes biens ou sur des biens différents, un partage amiable unique peut intervenir.**

Sous-section 3. – Du partage judiciaire

Art. 840 ***(Rempl., L. n° 2006-728, 23 juin 2006)*** (1). **– Le partage est fait en justice lorsque l'un des indivisaires refuse de consentir au partage amiable ou s'il s'élève des contestations sur la manière d'y**

(1) Dispositions d'application : V. L. n° 2006-728, 23 juin 2006, art. 47, II, p. 3262.

procéder ou de le terminer ou lorsque le partage amiable n'a pas été autorisé ou approuvé dans l'un des cas prévus aux articles 836 et 837.

Voir : CPC, art. 1359 à 1381, p. 2391.

1) **Alsace-Lorraine.** Sur les règles applicables aux partages en Alsace-Lorraine, V. *JCl. Civil*, art. 815-842.

2) **Conditions de recevabilité.** L'assignation en partage judiciaire doit mentionner les diligences entreprises en vue de parvenir à un partage amiable : ▪ Cass. 1re civ., 21 sept. 2016, n° 15-23.250 : *Bull.* ; *RTD civ.* 2016, 913, M. Grimaldi.

3) **Absence d'indivision.** L'action en retranchement s'exerçant en valeur ne crée pas d'indivision et ne permet pas d'ordonner le partage judiciaire : ▪ Cass. 1re civ., 7 déc. 2016, n° 16-12.216 : *Bull.* ; *Defrénois* 2018, 132s2, n° 5, p. 24, Champenois.- V. aussi ▪ Cass. 1re civ., 19 déc. 2018, n° 18-10.244 : *Bull.* ; *Dr. famille* 2019, comm. 57, Nicod ; *Defrénois* 2019, n° 10, p. 31, B. Vareille.

Art. 840-1 *(L. n° 2006-728, 23 juin 2006)* (1). **– Lorsque plusieurs indivisions existent exclusivement entre les mêmes personnes, qu'elles portent sur les mêmes biens ou sur des biens différents, un partage unique peut intervenir.**

Partage unique. Pour une application de ce texte, V. ▪ Cass. 1re civ., 4 mai 2017, n° 16-20.025 : *Bull.* ; *Dr. famille* 2017, comm. 167, M. Nicod.

Art. 841 *(Abr., L. n° 76-1286, 31 déc. 1976 ; rétabli, L. n° 2006-728, 23 juin 2006)* (1). **– Le tribunal du lieu d'ouverture de la succession est exclusivement compétent pour connaître de l'action en partage et des contestations qui s'élèvent soit à l'occasion du maintien de l'indivision soit au cours des opérations de partage. Il ordonne les licitations et statue sur les demandes relatives à la garantie des lots entre les copartageants et sur celles en nullité de partage ou en complément de part.**

Art. 841-1 *(L. n° 2006-728, 23 juin 2006)* (1). **– Si le notaire commis pour établir l'état liquidatif se heurte à l'inertie d'un indivisaire, il peut le mettre en demeure, par acte extrajudiciaire, de se faire représenter.**

Faute pour l'indivisaire d'avoir constitué mandataire dans les trois mois de la mise en demeure, le notaire peut demander au juge de désigner toute personne qualifiée qui représentera le défaillant jusqu'à la réalisation complète des opérations.

Bibliographie : F. Meesemaecker, *Partage judiciaire : le notaire commis face à l'inertie d'un indivisaire : Defrénois* 2011, 1031.

Art. 842 *(Rempl., L. n° 2006-728, 23 juin 2006)* (1). **– À tout moment, les copartageants peuvent abandonner les voies judiciaires et poursuivre le partage à l'amiable si les conditions prévues pour un partage de cette nature sont réunies.**

Art. 816 ancien. – Le partage peut être demandé, même quand l'un des cohéritiers aurait joui séparément de partie des biens de la succession, s'il n'y a eu un acte de partage, ou possession suffisante pour acquérir la prescription.

Art. 817 ancien *(L. 15 déc. 1921 ; L. 19 juin 1939)*. – L'action en partage, à l'égard des cohéritiers mineurs ou majeurs en tutelle, peut être exercée par leurs tuteurs spécialement autorisés par un conseil de famille.

À l'égard des cohéritiers absents, l'action appartient aux parents envoyés en possession.

Art. 818 ancien *(Abr., L. n° 85-1372, 23 déc. 1985).*

Art. 819 ancien *(L. n° 85-1372, 23 déc. 1985)*. – Si tous les héritiers sont présents et capables, le partage peut être fait dans la forme et par tel acte que les parties jugent convenables.

(1) Dispositions d'application : V. L. n° 2006-728, 23 juin 2006, art. 47, II, p. 3262.

Art. 820 ancien *(L. n° 85-1372, 23 déc. 1985)*. **–** Les biens successoraux peuvent, en tout ou partie, faire l'objet de mesures conservatoires, telles que l'apposition de scellés, à la requête d'un intéressé ou du ministère public, dans les conditions et suivant les formes déterminées par le Code de procédure civile.

1) Créanciers personnels des héritiers. L'article 820 ne vise que les créanciers de la succession et non les créanciers personnels des héritiers (■ Douai, 18 juin 1903 : *DP* 1905, 2, 38. – *Contra* ■ Agen, 23 oct. 1893 : *DP* 1894, 2, 311).

2) Illégalité des scellés pratiqués après le partage. Dès lors que le partage a été effectué, les scellés ne peuvent plus être apposés (■ Cass. 1re civ., 13 mars 2001, n° 00-12.790 : *JurisData* n° 2001-008621 ; *JCP* 2001, IV, 1861 ; *Bull. civ.* I, n° 75, p. 48 ; *RTD civ.* 2001, 934, obs. Patarin).

Art. 821 ancien *(Abr., L. n° 85-1372, 23 déc. 1985).*

Art. 822 ancien *(L. 15 déc. 1921 ; L. 15 mars 1928 ; L. 19 juin 1939 ; D.-L. 17 juin 1938)*. **–** L'action en partage et les contestations qui s'élèvent, soit à l'occasion du maintien de l'indivision, soit au cours des opérations de partage, sont, à peine de nullité, soumises au seul tribunal du lieu de l'ouverture de la succession ; c'est devant ce tribunal qu'il est procédé aux licitations et que doivent être portées les demandes relatives à la garantie des lots entre copartageants et celles en rescision du partage. Dans le cas où il y aurait lieu à la tentative de conciliation prévue par l'article 48 du Code de procédure civile, le juge du tribunal d'instance du lieu de l'ouverture de la succession sera seul compétent à peine de nullité.

Si toutes les parties sont d'accord, le tribunal peut être saisi de la demande en partage par une requête collective signée par leurs avoués (avocats). S'il y a lieu à licitation, la requête contiendra une mise à prix qui servira d'estimation. Dans ce cas, le jugement est rendu en chambre du conseil et n'est pas susceptible d'appel si les conclusions de la requête sont admises par le tribunal sans modification.

Les dispositions des paragraphes précédents sont applicables sans qu'il soit besoin d'une autorisation préalable, quelle que soit la capacité de l'intéressé et même s'il est représenté par un mandataire de justice.

Art. 823 ancien. – Si l'un des cohéritiers refuse de consentir au partage, ou s'il s'élève des contestations soit sur le mode d'y procéder, soit sur la manière de le terminer, le tribunal prononce comme en matière sommaire, ou commet, s'il y a lieu, pour les opérations du partage, un des juges, sur le rapport duquel il décide les contestations.

Art. 824 ancien. – L'estimation des immeubles est faite par experts choisis par les parties intéressées, ou, à leur refus, nommés d'office.

Le procès-verbal des experts doit présenter les bases de l'estimation ; il doit indiquer si l'objet estimé peut être commodément partagé ; de quelle manière ; fixer enfin, en cas de division, chacune des parts qu'on peut en former, et leur valeur.

1) Évaluation des biens au jour de la jouissance divise. Sur le principe de l'évaluation des biens au jour de la jouissance divise, V. ■ Cass. civ., 11 janv. 1937 : *S.* 1938, 1, 377, note Batiffol. Il appartient aux juges du fond de déterminer souverainement, eu égard aux circonstances de la cause et en s'inspirant de l'intérêt respectif des copartageants, la date sans doute la plus rapprochée possible de l'acte de partage, à laquelle seront évalués les biens et d'où partira la jouissance divise (■ Cass. 1re civ., 18 déc. 1967 : *D.* 1968, 198. V. aussi ■ Cass. 1re civ., 11 juin 1991, n° 89-20.422 : *JurisData* n° 1991-002161 ; *JCP* 91, IV, 318). Ils peuvent retenir la date de l'expertise ordonnée pour l'évaluation de la masse partageable comme étant aussi proche que possible du partage (■ Cass. 1re civ., 18 mars 1975, *n° 73-10.500 : JCP 75, IV, 157 ; Bull. civ. I, n° 113,* p. 96). Mais rien ne leur interdit de fixer immuablement, en considération des circonstances de la cause, la date du partage au jour où ils statuent (■ Cass. 1re civ., 18 sept. 2002, n° 00-17.555 : *JurisData* n° 2002-015496 ; *Bull. civ.* I, n° 211, p. 163 ; *Dr. famille* 2002, 151, note Beignier ; *JCP* 2003, I, 180, n° 5, obs. Le Guidec ; *Defrénois* 2003, 1364, obs. Champenois). Sur la notion de jouissance divise, V. aussi ■ Cass. 1re civ., 20 nov. 1990, n° 89-14.616 : *JCP* 91, IV, 26 ; *Bull. civ.* I, n° 252, p. 178, éléments non réunis, malgré la remise des clefs, le prix n'étant pas payé ni même arrêté.

2) Parcelle de terre. Qualité de terrain à bâtir. Les juges du fond peuvent évaluer une parcelle de terre en tenant compte de la valeur qu'elle pourrait prendre si elle avait la qualité de terrain à bâtir (■ Cass. 1re civ., 9 juill. 1985, n° 84-12.478 : *JurisData* n° 1985-701855 ; *Bull. civ.* I, n° 214, p. 193).

3) Immeuble libre de bail. L'immeuble loué à un héritier qui en obtient l'attribution dans le partage doit être évalué libre de bail (■ Cass. 1re civ., 17 mars 1987, n° 85-14.007 : *JurisData* n° 1987-000575 ; *Bull. civ.* I, n° 100, p. 75. ■ Cass. 1re civ., 31 mars 1987, n° 85-13.040 : *Bull. civ.* I, n° 118, p. 88).

4) Indivision et usufruit. Ni leur état d'indivision ni le démembrement de leur propriété entre nus-propriétaires et usufruitier n'affectent, dans les rapports entre les copartageants, la valeur vénale des biens immobiliers dépendant de la succession : ■ Cass. 1re civ., 22 juin 2016, n° 15-19.471 : *Bull. civ.* I. – Comp. en matière fiscale, ■ Cass. com., 16 févr. 2016, n° 14-23.301 : *Defrénois* 2016, p. 1073, G. Bonnet.

Art. 825 ancien. – L'estimation des meubles, s'il n'y a pas eu de prisée faite dans un inventaire régulier, doit être faite par gens à ce connaissant, à juste prix et sans crue.

Art. 826 ancien. – Chacun des cohéritiers peut demander sa part en nature des meubles et immeubles de la succession : néanmoins, s'il y a des créanciers saisissants ou opposants, ou si la majorité des cohéritiers juge la vente nécessaire pour l'acquit des dettes et charges de la succession, les meubles sont vendus publiquement en la forme ordinaire.

1) Imputation des biens attribués sur la part en nature. L'article 826 ne dispense pas celui qui a bénéficié d'une attribution préférentielle en vertu de la loi, d'une décision judiciaire ou d'une convention, d'imputer sur sa part en nature les biens attribués (■ Cass. 1re civ., 5 mai 1981, n° 79-16.444 : *JurisData* n° 1981-701244 ; *Bull. civ.* I, n° 150, p. 124 ; *Journ. not.* 1983, 89, obs. Raison).

2) Action oblique des créanciers d'un indivisaire. Les créanciers d'un indivisaire agissant par l'action oblique ne peuvent avoir plus de droits que leur débiteur et, en demandant la vente d'un immeuble isolé dépendant de la succession, priver un des coïndivisaires de son droit qu'il tient de l'article 826 du Code civil de poursuivre le partage en nature de tous les immeubles indivis (■ Paris, 16 oct. 1987 : *JurisData* n° 1987-027082 ; *D.* 1988, 392, note Breton).

3) Cession de biens indivis. Application de l'art. 826 (non). La cession de biens indivis autorisée par l'article 815-5, al. 1er, ne réalise pas un partage puisque le prix de vente se substituedans l'indivision au bien vendu. Il ne saurait donc être fait droit à l'attribution en nature d'un nombre d'actions correspondant aux droits successoraux du demandeur calculé sur celles possédées par l'indivision successorale avant la vente (■ Cass. 1re civ., 3 déc. 1996, n° 94-21.799 : *JurisData* n° 1996-004663 ; *JCP* 97, IV, 231 ; *Bull. civ.* I, n° 439, p. 305).

4) Souvenirs de famille. Sur les règles relatives aux souvenirs de famille, voir sous art. 815, p. 632.

5) Deux successibles. Majorité (non). Au cas où il n'existe que deux successibles, il ne peut y avoir de majorité et il appartient au juge de se prononcer sur la nécessité de liciter les meubles (■ Cass. 1re civ., 24 févr. 1998, n° 95-18.936 : *JurisData* n° 1998-000815 ; *JCP* 98, IV, 1865 ; *Bull. civ.* I, n° 78, p. 52 ; *RTD civ.* 1999, 163, obs. Patarin).

Art. 827 ancien *(D.-L. 17 juin 1938)*. **–** Si les immeubles ne peuvent pas être commodément partagés ou attribués dans les conditions prévues par le présent code, il doit être procédé à la vente par licitation devant le tribunal.

Cependant les parties, si elles sont toutes majeures, peuvent consentir que la licitation soit faite devant un notaire, sur le choix duquel elles s'accordent.

1) Droit du créancier d'exiger la licitation. Viole les articles 815-17 et 827 la cour d'appel qui, pour débouter un créancier de la succession de sa demande de licitation, énonce qu'il apparaît de son intérêt que cette vente ait lieu à l'amiable plutôt qu'à la barre du tribunal (■ Cass. 1re civ., *29 nov. 1994 : JCP 95, IV, 288 ; Bull. civ.* I, n° 350, p. 252).

2) Commodité de la division. Office du juge. Les juges du fond disposent d'un pouvoir souverain pour apprécier si les biens indivis sont commodément partageables (■ Cass. 1re civ., 4 mai 1966 : *JurisData* n° 1966-000267 ; *JCP* 66, IV, 86 ; *Bull. civ.* I, n° 267, p. 207). Mais les juges du fond ne peuvent ordonner la vente publique des meubles sans fournir d'autres motifs que ceux implicitement adoptés du rapport de l'expert judiciaire ayant retenu la « diversité » de ces meubles et leur « valeur d'affectivité » (■ Cass. 1re civ., 22 janv. 1985, n° 83-12.994 : *JurisData* n° 1985-700612; *Bull. civ.* I, n° 34, p. 33). Ne donne pas de base légale à sa décision la cour d'appel qui prescrit la licitation de l'ensemble de la succession en se fondant uniquement sur la multiplicité et sur la diversité des biens et des droits respectifs des copartageants (■ Cass. 1re civ., 31 janv. 1989, n° 87-11.829 : *JCP* 89, IV, 121 ; *Bull. civ.* I, n° 54, p. 35).

3) Caractère impartageable de certains biens. Sur le principe que le seul critère à prendre en considération est de savoir si les immeubles sont ou non commodément partageables en nature, V. ■ Cass. 1re civ., 17 juin 1997, n° 95-15.006 : *JurisData* n° 1997-002911 ; *Dr. famille* 1997, 128, note Beignier. Pour le refus du partage en nature d'un immeuble faisant partie d'une demeure historique à raison du fait que la valorisation par lots serait inférieure à une valorisation du bien dans son intégralité, V. ▪ Cass. 1re civ., 13 oct. 1998, n° 96-15.256 : *JurisData* n° 1998-003822 ; *Dr. famille* 1998, 171, note Lécuyer ; *JCP* G 99, 189 et *JCP* N 2000, 965, n° 7, obs. Le Guidec ; *Bull. civ.* I, n° 303, p. 210 ; *RTD civ.* 1999, p. 446, obs. Patarin. V. aussi ▪ Cass. 1re civ., 3 mai 2000, n° 98-11.405 : *JCP* 2000, IV, 2083 ; *Bull. civ.* I, n° 126, p. 86 (division qui aurait pour conséquence une dépréciation certaine du terrain). ▪ Cass. 1re civ., 20 déc. 2000 : *Dr. famille* 2001, 50, note Beignier ; *JurisData* n° 2000-007586 (terres constituant une entité économique auquel un partage en nature porterait atteinte). Viole les articles 826 et 827 l'arrêt qui rejette la demande de partage en nature en retenant que les demandeurs n'apportent aucun élément de nature à justifier le « caractère commodément partageable » des immeubles dépendant de la succession (▪ Cass. 1re civ., 8 juin 1998, n° 1843/97 : *JurisData* n° 1998-056356 ; *Dr. famille* 1999, 88, note Beignier. V. aussi pour un partage de communauté, ▪ Cass. 1re civ., 19 oct. 1999, n° 97-15.957 : *JurisData* n° 1999-003956 ; *Dr. famille* 2000, 50, note Beignier). Le caractère impartageable de chaque immeuble pris séparément ne fait pas obstacle au partage en nature s'il apparaît que la totalité des immeubles peut se partager commodément (▪ Cass. 1re civ., 18 mai 1983, n° 82-12.305 : *JurisData* n° 1983-701110 ; *Bull. civ.* I, n° 153, p. 134). Par suite, viole les articles 826 et 827 l'arrêt qui retient que les droits des parties dans chacun des immeubles (pleine propriété de la moitié et usufruit de l'autre moitié pour une partie, nue-propriété d'une moitié pour l'autre partie) ne permettraient pas un partage en nature, alors qu'il appartenait à la cour d'appel de rechercher si tous les immeubles, réunis en une masse unique, pouvaient être commodément partagés quant à la nue-propriété (même arrêt). L'article 827 n'interdit pas aux juges, lorsqu'une succession comprend plusieurs immeubles, d'ordonner la licitation de celui ou de ceux qui ne peuvent être commodément inclus dans un lot et de prescrire le partage en nature des autres immeubles (▪ Cass. 1re civ., 11 juill. 1983, n° 82-11.815 : *JurisData* n° 1983-701518 ; *Bull. civ.* I, n° 203, p. 182).

4) **Biens donnés en location.** L'existence ou l'absence de location sur des biens dépendant de l'indivision successorale ne peut avoir d'incidence sur leur caractère commodément partageable en nature (▪ Cass. 1re civ., 19 mars 1991, n° 89-20.352 : *JCP* 91, IV, 193 ; *Bull. civ.* I, n° 90, p. 59).

5) **Indivisions visées.** La règle de l'article 827 s'applique à toutes les indivisions quelle qu'en soit l'origine (▪ Cass. civ., 8 déc. 1914 : *DP* 1917, 1, 78).

6) **Clause d'attribution.** La clause d'attribution s'analyse en une promesse synallagmatique obligeant seulement le colicitant adjudicataire à prendre l'immeuble dans son lot et les autres copartageants à lui en faire l'attribution dans le partage (▪ Cass. 1re civ., 4 mai 1983, n° 82-11.928 : *JurisData* n° 1983-701104 ; *Bull. civ.* I, n° 139, p. 120. V. aussi ▪ Cass. 1re civ., 9 févr. 1970, n° 68-11.497 : *JurisData* n° 1970-000049 ; *JCP* 70, II, 16394, note Savatier). La clause du cahier des charges prévoyant l'attribution d'un bien immobilier vendu aux enchères publiques au profit du colicitant déclaré adjudicataire, restée à l'état d'une simple promesse d'attribution non suivie d'une exécution anticipée, n'a pu réaliser un partage partiel, lequel fixe le point de départ de l'action en rescision pour cause de lésion et arrête définitivement la valeur d'attribution du bien (▪ Cass. 1re civ., 21 févr. 1989, n° 87-16.287 : *JurisData* n° 1989-700685 ; *JCP* 89, II, 21340, note Simler. V. aussi ▪ Cass. 1re civ., 4 mai 1983, n° 82-11.928 : *JurisData* n° 1983-701104 ; *Bull. civ.* I, n° 139, p. 120. ▪ Cass. 1re civ., 5 juill. 1989, n° 87-11.390 : *JurisData* n° 1989-002857 ; *Bull. civ.* I, n° 280, p. 186). La réalisation du partage n'est pas une condition de recevabilité de l'action en rescision, qui peut être exercée préventivement dès lors qu'il apparaît que l'attribution de l'immeuble pour la valeur de la dernière enchère opérerait la lésion alléguée (▪ Cass. 1re civ., 3 juin 1997, n° 94-21.387 : *JurisData* n° 1997-002454 ; *Bull. civ.* I, n° 188, p. 126 ; *RTD civ.* 1997, 979, obs. Patarin ; *D.* 1997, somm. 369, obs. Grimaldi). V. P. Catala, *Les maléfices de la promesse d'attribution* : *JCP* 71, I, 2441.

Art. 828 ancien. – Après que les meubles et immeubles ont été estimés et vendus, s'il y a lieu, le juge-commissaire renvoie les parties devant un notaire dont elles conviennent, ou nommé d'office, si les parties ne s'accordent pas sur le choix.

On procède, devant cet officier, aux comptes que les copartageants peuvent se devoir, à la formation de la masse générale, à la composition des lots, et aux fournissements à faire à chacun des copartageants.

1) **Choix du notaire.** Si les parties ne s'accordent pas sur le choix d'un notaire, les juges sont investis à cet égard d'un pouvoir discrétionnaire et peuvent se dispenser d'exprimer les motifs de leur décision (▪ Cass. 1re civ., 6 mars 1963, n° 61-12.730 : *JCP* 63, II, 13136, note J. Mazeaud).

2) **Nomination de deux notaires.** Les articles 828 du Code civil et 969 du Code de procé-

dure civile (anc.) n'excluent pas la faculté de nommer deux notaires si les circonstances l'exigent (■ Cass. req., 8 janv. 1947 : *D.* 1947, 117. ■ Cass. 2e civ., 20 févr. 2001 : *Dr. famille* 2001, 49, note Beignier ; *JurisData* n° 008334).

3) Reddition de comptes. L'article 828 du Code civil se suffit à lui-même et est exclusif de l'application des articles 526 et suivants du Code de procédure civile (anc.) en ce qui concerne la reddition des comptes entre copartageants (■ Cass. 1re civ., 11 juin 1958 : *D.* 1959, 4).

Art. 829 ancien. – Chaque cohéritier fait rapport à la masse, suivant les règles qui seront ci-après établies, des dons qui lui ont été faits, et des sommes dont il est débiteur.

1) Rapport des dettes. Principe. Le rapprochement de l'article 829 avec l'article 828, al. 2, et avec l'article 1872 prouve que cette disposition n'est que l'application du principe d'après lequel, préalablement à la formation de la masse commune à partager, il doit être procédé au règlement de la situation de chacun des copartageants et au compte de ce qu'ils peuvent réciproquement devoir à la masse. En conséquence, lorsque le débiteur d'une succession estun donataire (en l'espèce, de l'usufruit de la moitié de la succession), il y a lieu, pour le remplir de son droit, de lui attribuer, jusqu'à due concurrence et par voie d'imputation, sa propre dette envers la succession (■ Cass. civ., 9 févr. 1887 : *DP* 1887, 1, 193).

2) Compensation. Aucune compensation ne peut se produire entre le droit réel de copropriété qui appartient à l'héritier sur les biens composant la succession et la dette, obligation personnelle, dont il peut être tenu envers l'hérédité. Loin de s'éteindre à l'instant où s'ouvre la succession, la dette rapportable de cet héritier est, aux termes de l'article 856, productive d'intérêts depuis ce moment jusqu'au partage ; par voie de réciprocité, ledit héritier reste, jusqu'à l'acte mettant fin à l'indivision, investi de son droit de copropriété sur la totalité des biens successoraux (■ Cass. civ., 11 janv. 1937 : *S.* 1938, 1, 377, note Batiffol ; *DH* 1937, 101). Mais l'interposition de l'indivision successorale entre deux héritiers purs et simples n'empêche pas la compensation de jouer entre les dettes de chacun, l'indivision n'ayant pas de personnalité indépendante de celles des héritiers (■ Cass. 1re civ., 10 déc. 1968 : *D.* 1969, 165. V. en ce sens ■ Cass. 1re civ., 17 déc. 1991, n° 90-13.692 : *JCP* 92, IV, 620 ; *Bull. civ.* I, n° 355, p. 232).

3) Dettes envers l'indivision. Dans le compte établi préalablement au partage, doivent figurer les dettes dont les intéressés peuvent être tenus respectivement, à titre de copartageants, pour causes même postérieures à l'ouverture de la succession ou à la dissolution de la communauté conjugale, pourvu qu'elles soient relatives à l'indivision consécutive à ladite ouverture de succession ou dissolution de communauté (■ Cass. civ., 17 nov. 1936 : *DH* 1937, 3). Ne peuvent donner lieu à rapport les sommes dont les copartageants peuvent être créanciers ou débiteurs les uns envers les autres en dehors des relations nées de l'indivision successorale (■ Cass. 1re civ., 26 mars 1974 : *JurisData* n° 1974-00009 ; *JCP* 75, II, 17970, note Dagot). Mais il en va autrement si la dette est intimement liée à l'état d'indivision (■ Cass. 1re civ., 27 janv. 1987, n° 85-15.336 : *JurisData* n° 1987-000066 ; *Bull. civ.* I, n° 28, p. 19). Pour l'absence de rapport d'une dette d'un enfant du défunt à l'égard du conjoint survivant, ■ Cass. 1re civ., 29 févr. 2012, n° 10-20.999 : *Dr. famille* 2012, comm. 123, note Azincourt.

4) Rapport en moins prenant par imputation. Si le rapport de dettes prévu par l'article 829 n'est qu'une technique de règlement qui n'obéit pas aux règles de l'article 869, lequel concerne exclusivement le rapport de dons, le cohéritier débiteur n'en doit pas moins réaliser le rapport de sa dette en moins prenant, par imputation sur sa part, et non en effectuer le paiement (■ Cass. 1re civ., 29 juin 1994, n° 92-19.684 : *JurisData* n° 1994-001323 ; *Bull. civ.* I, n° 233, p. 169 ; *JCP* 95, I, 3876, n° 5, obs. Le Guidec ; *D.* 1995, 88, note Grimaldi ; *RTD civ.* 1995, 161, obs. Patarin. ■ Cass. 1re civ., 30 janv. 2019, n° 18-13.337). Mais lorsque l'héritier, personnellement tenu envers la succession, n'a pas demandé à s'acquitter de sa dette par un rapport en moins prenant et que ses cohéritiers lui ont demandé paiement après l'établissement de l'état liquidatif, les juges du fond sont autorisés à diviser le paiement de la dette entre ces cohéritiers (■ Cass. 1re civ., 10 oct. 1995, n° 93-17.610 : *JCP* 95, IV, 2524 ; *Bull. civ.* I, n° 359, p. 250 ; *RTD civ.* 1996, 448, obs. Patarin).

5) Dettes supérieures à la part héréditaire. Le rapport se faisant en moins prenant lors du règlement définitif de la succession, il s'ensuit que lorsqu'un héritier est débiteur envers la succession de sommes supérieures à sa part héréditaire, il ne peut lui être fait dans le partage aucune attribution et que ses créanciers personnels, agissant par l'action oblique, ne peuvent avoir plus de droit que lui (■ Cass. 1re civ., 14 déc. 1983 : *JurisData* n° 1983-702725 ; *D.* 1984, 310, note Breton ; *RTD civ.* 1985, 191, obs. Patarin).

Art. 830 ancien. – Si le rapport n'est pas fait en nature, les cohéritiers, à qui il est dû, prélèvent une portion égale sur la masse de la succession.

Les prélèvements se font, autant que possible, en objets de même nature, qualité et bonté que les objets non rapportés en nature.

Rapport en valeur d'un effet de la succession. Il résulte de la combinaison des articles 826 et 830 que la règle du partage en nature reçoit dérogation lorsqu'un héritier a pris quelque effet de la succession dont il doit le rapport en valeur et que les autres héritiers prélèvent sur la masse successorale une portion égale au montant du rapport (■ Cass. 1re civ., 1er déc. 1987, n° 85-17.277 : *JurisData* n° 1987-002220 ; *Bull. civ.* I, n° 323, p. 232).

Art. 831 ancien. – Après ces prélèvements, il est procédé, sur ce qui reste dans la masse, à la composition d'autant de lots égaux qu'il y a d'héritiers copartageants, ou de souches copartageantes.

1) **Partage d'un immeuble entre deux souches.** Le partage d'un immeuble, lorsqu'il doit se faire entre deux souches, implique seulement la division de l'immeuble en deux lots, la subdivision entre les différents membres de l'une des souches ne devant être envisagée qu'ultérieurement (■ Cass. 1re civ., 26 oct. 1982, n° 81-13.346 : *JurisData* n° 1982-702543 ; *Bull. civ.* I, n° 304, p. 259 ; *D.* 1983, inf. rap. 24).

2) **Nombre de lots.** Lorsque le défunt a disposé de la quotité disponible en faveur d'un tiers, il convient de former le nombre de lots nécessaire pour permettre l'attribution d'un lot à celui des copartageants qui reçoit la part la plus faible (■ Cass. 1re civ., 12 nov. 1987, n° 86-12.616 : *JurisData* n° 1987-001994 ; *Bull. civ.* I, n° 292, p. 210 ; *RTD civ.* 1989, 123, obs. Patarin).

Art. 832 ancien *(D.-L. 17 juin 1938 ; L. n° 61-1378, 19 déc. 1961 ; L. n° 80-502, 4 juill. 1980 ; L. n° 82-596, 10 juill. 1982)*. – Dans la formation et la composition des lots, on doit éviter de morceler les héritages et de diviser les exploitations.

Dans la mesure où le morcellement des héritages et la division des exploitations peuvent être évités, chaque lot doit, autant que possible, être composé, soit en totalité, soit en partie, de meubles ou d'immeubles, de droits ou de créances de valeur équivalente.

Le conjoint survivant ou tout héritier copropriétaire peut demander l'attribution préférentielle par voie de partage, à charge de soulte s'il y a lieu, de toute exploitation agricole, ou partie d'exploitation agricole, constituant une unité économique, ou quote-part indivise d'exploitation agricole, même formée pour une part de biens dont il était déjà propriétaire ou copropriétaire avant le décès, à la mise en valeur de laquelle il participe ou a participé effectivement ; dans le cas de l'héritier, la condition de participation peut avoir été remplie par son conjoint. S'il y a lieu, la demande d'attribution préférentielle peut porter sur des parts sociales, sans préjudice de l'application des dispositions légales ou des clauses statutaires sur la continuation d'une société avec le conjoint survivant ou un ou plusieurs héritiers.

Les mêmes règles sont applicables en ce qui concerne toute entreprise commerciale, industrielle ou artisanale, dont l'importance n'exclut pas un caractère familial.

Au cas où ni le conjoint survivant, ni aucun héritier copropriétaire ne demande l'application des dispositions prévues au troisième alinéa ci-dessus ou celles des articles 832-1 ou 832-2, l'attribution préférentielle peut être accordée à tout copartageant sous la condition qu'il s'oblige à donner à bail dans un délai de six mois le bien considéré dans les conditions fixées au chapitre VII du titre I du livre VI du Code rural [ancien] *[L. IV, T. I, ch. VI nouveau]* à un ou plusieurs des cohéritiers remplissant les conditions personnelles prévues au troisième alinéa ci-dessus ou à un ou plusieurs descendants de ces cohéritiers remplissant ces mêmes conditions.

Le conjoint survivant ou tout héritier copropriétaire peut également demander l'attribution préférentielle :

De la propriété ou du droit au bail du local qui lui sert effectivement d'habitation, s'il y avait sa résidence à l'époque du décès *(L. n° 2001-1135, 3 déc. 2001)* (1) et du mobilier le garnissant ;

De la propriété ou du droit au bail du local à usage professionnel servant effectivement à l'exercice de sa profession et des objets mobiliers à usage professionnel garnissant ce local ;

De l'ensemble des éléments mobiliers nécessaires à l'exploitation d'un bien rural cultivé par le défunt à titre de fermier ou de métayer lorsque le bail continue au profit du demandeur, ou lorsqu'un nouveau bail est consenti à ce dernier.

(1) Dispositions applicables à compter du 1er juillet 2002 (L. n° 2001-1135, 3 déc. 2001, art. 25, I, p. 3203).

L'attribution préférentielle peut être demandée conjointement par plusieurs successibles. *(L. n° 2001-1135, 3 déc. 2001)* (1) L'attribution préférentielle de la propriété du local et du mobilier le garnissant visée au septième alinéa est de droit pour le conjoint survivant.

(Al. 11 à 13, aj., L. n° 2001-1135, 3 déc. 2001) (1) Dans l'hypothèse prévue à l'alinéa précédent, le conjoint survivant attributaire peut exiger de ses copartageants pour le paiement d'une fraction de la soulte, égale au plus à la moitié, des délais ne pouvant excéder dix ans. Sauf convention contraire, les sommes restant dues portent intérêt au taux légal.

En cas de vente du local ou du mobilier le garnissant, la fraction de la soulte y afférente devient immédiatement exigible ; en cas de ventes partielles, le produit de ces ventes est versé aux copartageants et imputé sur la fraction de la soulte encore due.

Les droits résultant de l'attribution préférentielle ne préjudicient pas aux droits viagers d'habitation et d'usage que le conjoint peut exercer en vertu de l'article 764.

À défaut d'accord amiable, la demande d'attribution préférentielle est portée devant le tribunal, qui se prononce en fonction des intérêts en présence ; en cas de pluralité de demandes concernant une exploitation ou une entreprise, le tribunal tient compte de l'aptitude des différents postulants à gérer cette exploitation ou cette entreprise et à s'y maintenir et en particulier de la durée de leur participation personnelle à l'activité de l'exploitation ou de l'entreprise.

Les biens faisant l'objet de l'attribution sont estimés à leur valeur au jour du partage.

Sauf accord amiable entre les copartageants, la soulte éventuellement due est payable comptant.

Code rural et de la pêche maritime

Art. L. 323-6 *(Mod., L. n° 2006-728, 23 juin 2006)*. – V. sous C. civ., art. 832-1.

Bibliographie : M. Dagot, *Retouches 1980 au droit des partages successoraux (incidence de la loi du 4 juillet 1980 d'orientation agricole sur le droit des successions) : JCP* 80, I, 3000. • R. Savatier, *Réflexion sur l'attribution préférentielle de l'exploitation familiale agricole dans la loi d'orientation agricole du 4 juillet 1980 : D.* 1981, chron. 187.

I – CONDITIONS DE L'ATTRIBUTION PRÉFÉRENTIELLE RELATIVES AUX BIENS

A – Exploitations agricoles

1) Destination agricole. Des parcelles qui ne constituent qu'un espace forestier d'intérêt cynégétique, dépourvu de la vocation rurale qui implique la possibilité d'appropriation des produits du sol, ne constituent pas une exploitation agricole susceptible de faire l'objet d'une attribution préférentielle au sens de l'article 832 (▪ Cass. 1re civ., 24 févr. 1987, n° 84-12.573 : *Bull. civ.* I, n° 73, p. 53 ; *D.* 1988, 257, 1re esp., note Breton ; *RTD civ.* 1988, 557, obs. Patarin). Il en va de même pour une propriété en état d'abandon depuis de longues années et du vivant même du *de cujus* (▪ Cass. 1re civ., 24 nov. 1987, n° 86-11.682 : *JurisData* n° 1987-799983 ; *JCP* 89, II, 21208, note Testu. V. aussi pour une parcelle en état total d'abandon, ▪ Cass. 1re civ., 6 juill. 2005 : *JCP* 2005, IV, 29771 ; *JurisData* n° 2005-029328 ; *Bull. civ.* I, n° 313, p. 261).

2) Productivité (non). L'article 832 du Code civil ne subordonne plus, dans sa rédaction résultant de la loi du 19 déc. 1961, l'attribution préférentielle d'une exploitation agricole à la condition d'une productivité nécessaire à la vie d'une famille paysanne (▪ Cass. 1re civ., 24 avr. 1974, n° 72-14.577 : *JurisData* n° 1974-000114 ; *JCP* 74, IV, 208 ; *Bull. civ.* I, n° 114, p. 97). En exigeant que l'exploitation soit viable, les juges du fond ajoutent à la loi une condition (▪ Cass. 1re civ., 28 janv. 1997, n° 95-13.835 : *JurisData* n° 1997-000304 ; *JCP* 97, IV, 636 ; *Bull. civ.* I, n° 33, p. 21 ; *Defrénois* 1997, 1453, obs. Champenois ; *JCP* G 98, I, 133 et *JCP* N 98, 1709, n° 5, obs. Le Guidec ; *Dr. famille* 1997, 66, note Beignier ; *RTD civ.* 1998, 714, obs. Patarin).

3) Unité économique. Les juges du fond sont souverains pour apprécier si l'exploitation constitue ou non une unité économique (▪ Cass. 1re civ., 26 avr. 1967 : *JurisData* n° 1967-000150 ; *JurisData* n° 1967-000150 ; *JCP* 67, IV, 88 ; *Bull. civ.* I, n° 150, p. 108). C'est à la date de la demande qu'il convient d'apprécier si l'exploitation agricole dont l'attribution préférentielle est sollicitée constitue une unité économique (▪ Cass. 1re civ., 14 mai 1992, n° 90-12.275 : *JurisData* n° 1992-001280 ; *Bull. civ.* I, n° 141, p. 95. ▪ Cass. 1re civ., 13 déc. 1994, n° 93-10.875 : *JurisData* n° 1994-002339 ; *Bull. civ.* I, n° 376, p. 270).

(1) Dispositions applicables à compter du 1er juillet 2002 (L. n° 2001-1135, 3 déc. 2001, art. 25, I, p. 3203).

4) Consistance de l'exploitation. Les juges du fond sont souverains pour déterminer la consistance de l'exploitation soumise à attribution (■ Cass. 1re civ., 22 déc. 1971, n° 70-13.692 : *JurisData* n° 1971-000329 ; *Bull. civ.* I, n° 327, p. 278).

5) Pluralité d'exploitations agricoles. Si l'indivision successorale comporte plusieurs exploitations agricoles constituant des unités économiques distinctes, l'attribution préférentielle peut être demandée pour chacune d'entre elles (■ Cass. 1re civ., 8 mars 1977, n° 74-12.359 : *JurisData* n° 1977-700125 ; *Bull. civ.* I, n° 125, p. 96).

6) Maison d'habitation et dépendances. Dès lors qu'elles ne constituent pas un élément indissociable du domaine agricole, la maison d'habitation et ses dépendances peuvent en être détachées pour être attribuées à un autre héritier que celui qui s'est vu attribuer l'exploitation (■ Cass. 1re civ., 7 juill. 1982, n° 81-13.198 : *JurisData* n° 1982-701858 ; *Bull. civ.* I, n° 254, p. 219 ; *RTD civ.* 1983, p. 573, obs. Patarin).

7) Exploitation comportant des biens appartenant à des tiers. Une exploitation agricole constituant une unité économique ne peut faire dans son intégralité l'objet d'une attribution préférentielle lorsqu'elle est formée pour une part de biens dont la propriété appartient à des tiers et qui ne figurent à aucun titre dans la masse à partager (■ Cass. 1re civ., 13 nov. 1967 : *D.* 1968, 44, note Breton).

8) Biens appartenant au conjoint de l'héritier demandeur. Il peut être tenu compte pour l'appréciation de la consistance de l'exploitation de biens appartenant au conjoint de l'héritier demandeur et formant avec ceux dont cet héritier est copropriétaire l'unité économique exigée par la loi (■ Cass. 1re civ., 10 déc. 1980 : *JurisData* n° 1980-715238 ; *Bull. civ.* I, n° 326, p. 259 ; *D.* 1981, 85, note Breton).

9) Biens dont le demandeur est locataire. En prévoyant le cas où le demandeur à l'attribution préférentielle était déjà propriétaire ou copropriétaire avant le décès d'une partie des biens formant une unité économique, le législateur n'a pas entendu exclure l'hypothèse où il bénéficierait d'un bail rural (■ Cass. 1re civ., 18 mai 2005, n° 02-13.502 : *JurisData* n° 2005-028420 ; *Bull. civ. I, n° 222*, p. 188).

10) GAEC. Sur l'attribution préférentielle des parts sociales d'un groupement agricole d'exploitation en commun, V. C. rur., art. L. 323-6, al. 1er.

B – Entreprises commerciales, industrielles ou artisanales

11) Droit au bail. Élément nécessaire (non). Le droit au bail ne constituant pas un élément nécessaire du fonds de commerce qui peut exister en dehors de lui, les juges peuvent accorder l'attribution préférentielle, au mari divorcé, du fonds de commerce commun aux deux époux, mais exploité dans un immeuble propre à la femme et ensuite ordonner son expulsion de l'immeuble (■ Cass. 1re civ., 11 juin 1968 : *JurisData* n° 1968-700167 ; *D.* 1969, 1, note Voirin).

12) Attribution de l'immeuble dans lequel le fonds est exploité. Le bénéficiaire de l'attribution préférentielle peut obtenir, outre l'attribution du fonds de commerce, celle de l'immeuble dans lequel le fonds est exploité (■ Pau, 3 juill. 1963 : *JCP* 63, II, 13427, note Voirin). De même, les murs étant une composante de l'entreprise, ils peuvent être attribués préférentiellement à l'indivisaire qui y exploite un fonds privatif (■ Cass. 1re civ., 6 févr. 2008, n° 06-19.089 : *JCP* 2009, I, 109, obs. Le Guidec ; *RTD civ.* 2008, 341, obs. M. Grimaldi).

C – Local d'habitation ou à usage professionnel

13) Résidence effective. Sur la nécessité d'une résidence effective pour l'attribution du local d'habitation, V. ■ Cass. 1re civ., 7 déc. 1966 : *JurisData* n° 1966-700543 ; *JCP* 67, IV, 8 ; *Bull. civ.* I, n° 543, p. 411. ■ Cass. 1re civ., 21 avr. 1971 : *JurisData* n° 1971-000127 ; *JCP* 72, II, 17149, note M. D. ■ Cass. 1re civ., 27 juin 2000 : *Bull. civ.* I, n° 202, p. 131 ; *JCP* G 2001, I, 366 et *JCP* N 2002, 1194, n° 8, obs. Le Guidec ; *JurisData* n° 2000-002687. ■ TGI Nevers, 16 avr. 1975 : *JCP* 75, II, 18192, note Dagot.

14) Local dépendant de plusieurs successions. Pour l'attribution d'un local dépendant de plusieurs successions, la condition de résidence peut être remplie à l'époque de l'un ou de l'autre des décès (■ Cass. 1re civ., 20 nov. 1984, n° 83-10.865 : *JurisData* n° 1984-702085 ; *JCP* 85, IV, 44 ; *D.* 1985, 252, note Breton).

15) Abandon provisoire du logement familial. L'abandon provisoire par la femme du logement familial pour échapper aux sévices infligés par le mari ne manifeste pas son intention de fixer ailleurs son domicile et ne la prive pas du droit de demander l'attribution préférentielle (■ Cass. 1re civ., 19 févr. 1985, n° 83-16.316 : *JurisData* n° 1985-000413 ; *D.* 1985, 405, note Breton. ■ Cass. 1re civ., 13 avr. 1992, n° 90-15.431 : *Bull. civ.* I, n° 120, p. 81 ; *JCP* 1992, IV, 1782).

16) Occupation résultant d'une décision de justice. L'occupation des lieux peut résulter d'une décision de justice (■ Cass. 1re civ., 2 nov. 1994, n° 93-11.613 : *JurisData* n° 1994-002165 ; *JCP* 95, IV, 21).

17) Meubles garnissant le logement. L'attribution préférentielle de l'article 832, al. 6 (al. 7 nouveau) se limite au local d'habitation à l'exclusion des objets mobiliers qui le garnissent (■ Paris, 4 nov. 1969 : *JCP* 70, II, 16262, note Guimbellot, 2e esp.).

18) Dépendances. L'attribution préférentielle peut porter sur les bâtiments qui servent à l'habitation du demandeur avec leurs dépendances, cour et jardin qui en sont inséparables et qui sont nécessaires à son usage, compte tenu des modalités propres aux caractères de l'habitation (■ Cass. 1re civ., 4 juin 1980 : *JurisData* n° 1980-000176 ; *Bull. civ.* I, n° 176, p. 143).

19) Accessoires. La loi n'exclut pas l'attribution des accessoires, même si ceux-ci ne sont pas le complément nécessaire des locaux affectés à l'habitation principale de l'attributaire, lorsqu'ils n'en sont pas détachables (■ Cass. 1re civ., 10 mai 1984, n° 83-10.972 : *JurisData* n° 1984-701369 ; *D.* 1984, 505, note Breton. ■ Cass. 1re civ., 11 avr. 1995, n° 93-14.461 : *JurisData* n° 1995-004427 ; *JCP* 95, IV, 1491). Mais l'article 832 n'autorise pas l'attribution de la totalité d'un immeuble qui comprend des locaux distincts de ceux qu'habite le demandeur (■ Cass. 1re civ., 1er mars 1988, n° 86-13.337 : *JurisData* n° 1988-000574 ; *D.* 1988, 337, note Breton. V. aussi ■ Cass. 1re civ., 24 mars 1993, n° 91-15.929 : *JurisData* n° 1993-000605 ; *Bull. civ.* I, n° 130, p. 86 ; *JCP* 1994, I, 3791, n° 5, obs. Le Guidec ; *RTD civ.* 1994, 396, obs. Patarin).

20) Prise en compte des besoins de logement du demandeur (non). L'article 832 n'exige pas que le local corresponde aux besoins normaux de logement du demandeur en attribution (■ Cass. 1re civ., 9 juill. 1980, n° 79-12.135 : *JurisData* n° 1980-705058 ; *Bull. civ.* I, n° 213, p. 174. V. aussi ■ Cass. 1re civ., 24 mars 1993, préc.).

21) Droits sociaux donnant vocation à l'attribution du local. Pour l'interprétation de l'article 832, les dispositions relatives à la propriété d'un local d'habitation ou à usage professionnel doivent être considérées comme applicables lorsqu'il s'agit de droits sociaux donnant vocation à l'attribution de ce local en propriété ou en jouissance (L. n° 61-1378, 19 déc. 1961, art. 14).

II – CONDITIONS DE L'ATTRIBUTION PRÉFÉRENTIELLE RELATIVES AUX PERSONNES

22) Décès du bénéficiaire. La faculté de demander l'attribution préférentielle d'une exploitation agricole peut, lorsque son bénéficiaire, remplissant lui-même les conditions légales, décède sans s'en être prévalu, être exercée de son chef par son héritier, si toutefois celui-ci remplit lui-même les conditions légales pour s'en prévaloir (■ Cass. 1re civ., 1er févr. 1966 : *JurisData* n° 1966-700077 ; *D.* 1966, 329, note A. B. – V. toutefois, décidant que l'article 832 ne distingue pas selon que le copartageant tient ses droits du *de cujus* ou d'un héritier de celui-ci dès lors qu'il remplit les conditions légales, ■ Cass. 1re civ., 10 juin 1987, n° 85-17.000 : *JurisData* n° 1987-001037 ; *D.* 1987, 537, note crit. Breton ; *RTD civ.* 1988, 160, obs. crit. Patarin).

23) Condition de copropriété. Sur le principe que tout héritier coïndivisaire est copropriétaire des biens de l'indivision successorale, V. ■ Cass. 1re civ., 20 juin 1995, n° 93-15.795 : *JurisData* n° 1995-001602 ; *Bull. civ.* I, n° 274, p. 190. La condition de copropriété requise par l'article 832 doit être remplie par le demandeur en attribution préférentielle lors de l'ouverture de la succession dans le partage de laquelle sa demande est formée (■ Cass. 1re civ., 26 oct. 1971 : *JurisData* n° 1971-000276 ; *JCP* 72, II, 17109, note Dagot, 2e esp.). Le conjoint survivant ne peut invoquer son usufruit successoral pour prétendre à une attribution préférentielle en usufruit (■ Cass. 1re civ., 10 mai 1966 : *JurisData* n° 1966-000278 ; *D.* 1966, 467, note A. B.).

24) Participation effective à la mise en valeur de l'exploitation. La condition relative à la participation effective à la mise en valeur peut être remplie lors de l'ouverture de la succession, avant ou après (■ Cass. 1re civ., 4 mai 1977, n° 75-15.292 : *Bull. civ.* I, n° 207, p. 163. – V. aussi ■ Cass. 1re civ., 19 janv. 1980 : *Bull. civ.* I, n° 22, p. 18).

25) Pluralité de demandes. Sur le pouvoir souverain des juges du fond pour apprécier l'aptitude des demandeurs en cas de pluralité de demandes, V. ■ Cass. 1re civ., 3 janv. 1967 : *D.* 1967, p. 367. ■ Cass. 1re civ., 6 avr. 1994, n° 92-13.462 : *JurisData* n° 1994-001177 ; *Bull. civ.* I, n° 147, p. 107.

III – CONDITIONS DE L'ATTRIBUTION PRÉFÉRENTIELLE TENANT À LA NATURE DE L'INDIVISION

26) Indivisions de nature familiale. Il résulte des articles 832, 1476 et 1542 du Code civil que l'attribution préférentielle peut être demandée, sous les conditions prévues par la loi, dans le partage des indivisions de nature familiale et que le conjoint divorcé peut demander l'attribution préférentielle du local servant à son habitation et dont il est propriétaire par indivis, même si cette indivision a pris naissance par une convention antérieure au mariage (■ Cass. 1re civ., 7 juin 1988, n° 86-14.471 : *Bull. civ.* I, n° 174, p. 121 ; *D.* 1989, 141, note Breton ; *RTD civ.* 1989, 121, obs. Patarin. V. aussi pour des époux séparés de biens, ■ Cass. 1re civ., 9 oct. 1990, n° 87-19.969 : *JurisData* n° 1990-002574 ; *JCP* 91, II, 21641, note Simler ; *Bull. civ.* I, n° 209, p. 150 ; *RTD civ.* 1991, 380, obs. Patarin). Mais la demande ne peut être présentée que par le conjoint ou par tout héritier, et l'existence de liens de proche parenté entre les indivisaires ne suffit pas à la fonder (■ Cass. 1re civ., 23 mars 1994, n° 92-14.370 : *Bull. civ.* I, n° 111, p. 83 ; *RTD civ.* 1994, 653, obs. Patarin ; *Defrénois* 1994, 1543, obs. Champenois ; *D.* 1995, somm. 47, obs. Grimaldi. V. aussi ■ Cass. 1re civ., 3 avr. 2002 : *JCP* G 2002, I, 178 et *JCP* N 2003, 1007, n° 6, obs. Le Guidec ; *JurisData* n° 2002-013783 ; *D.* 2002, 1592, note Barberot ; *Bull. civ.* I, n° 107, p. 83, conjoint et héritiers du défunt n'étant unis à leurs coïndivisaires ni par le mariage ni par un héritage commun. ■ Cass. 1re civ., 9 déc. 2003, n° 91-19.357 : *JCP* 2004, II, 10035, note Devers ; *Dr. famille* 2004, 40, note Beignier ; *Bull. civ.* I, n° 253, p. 201 ; *D.* 2004, somm. 2967, obs. Vigneau ; *Defrénois* 2004, 585, obs. Massip, le concubin ne peut prétendre à l'attribution préférentielle).

27) Héritier copropriétaire pour une cause étrangère et antérieure à l'indivision successorale. Un héritier ne peut prétendre à l'attribution préférentielle d'un bien immobilier dès lors que son cohéritier en était déjà copropriétaire indivis pour une cause étrangère et antérieure à l'indivision successorale (■ Cass. 1re civ., 4 janv. 1977, n° 75-11.844 : *JurisData* n° 1977-000006 ; *D.* 1978, 2, note Chanteux-Bui. – Voir cependant ■ Cass. 1re civ., 17 oct. 1984, n° 83-15.107 : *JurisData* n° 1984-701728 ; *D.* 1985, 138, note crit. Breton ; *RTD civ.* 1985, 598, obs. Patarin). Mais la loi n'exige pas que l'attributaire ne soit devenu pour toute sa part indivise copropriétaire de ce bien que par vocation successorale (■ Cass. civ., 20 nov. 1950 : *D.* 1951, 95. ■ Cass. 1re civ., 18 févr. 1981 : *JurisData* n° 1981-000499 ; *Bull. civ.* I, n° 61, p. 50 ;*RD rur.* 1981, 486, obs. Le Guidec). Jugé dans le régime antérieur à la loi du 3 juill. 1971 que lorsque des parents ont fait donation de leurs biens, à titre de partage anticipé, les enfants ayant été gratifiés indivisément et chacun pour moitié, un tel acte ne fait pas obstacle à l'application de l'article 832, al. 3, dès lors qu'il *n'a créé, au profit* des descendants gratifiés en tant que tels, qu'un droit indivis sur un bien qui reste à partager (■ Cass. 1re civ., 20 janv. 1977, n° 83-15.107 : *JurisData* n° 1984-701728 ; *D.* 1977, 485, note Lucas de Leyssac ; *JCP* 78, II, 18953, note Dagot).

28) Partage de communauté et de biens indivis entre époux séparés de biens. Sur l'attribution préférentielle en matière de partage de communauté et de biens indivis entre époux séparés de biens, V. art. 1476, p. 1313 et 1542, p. 1332.

29) Partage de sociétés. Sur l'application des règles relatives à l'attribution préférentielle en matière de partage de sociétés, art. 1844-9.

30) Groupements fonciers agricoles. Sur l'application des règles relatives à l'attribution préférentielle aux partages de groupements fonciers agricoles, V. C. rur., art. L. 322-14.

IV – MISE EN ŒUVRE DE L'ATTRIBUTION PRÉFÉRENTIELLE

31) Renonciation. Le droit de demander l'attribution préférentielle peut faire l'objet d'une renonciation même avant le partage définitif (■ Cass. 1re civ., 29 avr. 1975 : *JurisData* n° 1975-700149 ; *Bull. civ.* I, n° 149, p. 128). Cette renonciation peut être tacite (même arrêt), mais elle ne se présume pas (■ Cass. 1re civ., 5 juill. 1977, n° 75-13.762 : *JurisData* n° 1977-000313 ; *JCP* 77, IV, 235 ; *Bull. civ.* I, n° 313, p. 248). La renonciation au bénéfice de l'attribution préférentielle est possible tant que le partage définitif n'est pas intervenu (■ Cass. 1re civ., 11 juin 1996, n° 94-16.608 : *JurisData* n° 1996-002375 ; *JCP* 97, I, 4021, n° 3, obs. crit. Le Guidec ; *Bull. civ.* I, n° 252, p. 177 ; *Defrénois* 1996, 1447, obs. crit. Champenois ; *RTD civ.* 1997, 195, obs. crit. Patarin ; *D.* 1997, somm. 369, obs. crit. Grimaldi. V. aussi ■ Cass. 1re civ., 18 avr. 2000 : *JCP* G 2001, I, 366 et *JCP* N 2002, 1194, n° 3, obs. Le Guidec ; *JurisData* n° 2000-001507 ; *RTD civ.* 2001, 178, obs. Patarin ; *Defrénois* 2001, 462, obs. Champenois. ■ Cass. 1re civ., 23 oct. 2013, n° 12-18.170 : *D.* 2013, 2901, note F. Julienne), même lorsque le droit à l'attribution préférentielle a été consacré par une décision de justice revêtue de l'autorité de la chose jugée (■ Cass. 1re civ., 20 févr. 2001 : *JCP* G 2001, I, 366 et *JCP* N 2002, 1194, n° 3, obs. Le Guidec ; *JCP* 2002, I, 103, n° 21, obs. Tisserand ; *JurisData* n° 2001-008273 ; *Bull. civ.* I, n° 38, p. 24 ; *Dr. famille* 2002, 7, note Beignier) mais elle ne peut se présumer (■ Cass. 1re civ., 2 déc. 1997, n° 96-11.085 : *JurisData* n° 1997-005069 ; *Dr. famille* 1998, 101, 1er arrêt, note Beignier).

32) Partage ou licitation faisant obstacle à l'attribution. L'attribution préférentielle, procédé d'allotissement qui met fin à l'indivision, peut être demandée tant que le partage n'a pas été ordonné, selon une autre modalité incompatible, par une décision judiciaire devenue irrévocable (■ Cass. 1re civ., 8 mars 1983 : *D.* 1983, 613, note Breton). Dès lors que la licitation d'un immeuble a été ordonnée par une telle décision, un tribunal ne peut, sans méconnaître l'autorité de la chose jugée, en prononcer l'attribution préférentielle (■ Cass. 1re civ., 9 mars 1971, n° 70-10.072 : *JurisData* n° 1971-000077 ; *Bull. civ.* I, n° 77, p. 65).

33) Appréciation des intérêts en présence. L'appréciation comparative des intérêts en présence est une question de fait qui échappe au contrôle de la Cour de cassation (■ Cass. 1re civ., 27 oct. 1971, n° 70-10.125 : *JurisData* n° 1971-000277 ; *Bull. civ.* I, n° 277, p. 234. ■ Cass. 1re civ., 2 nov. 1994, n° 93-11.613 : *JurisData* n° 1994-002165 ; *JCP* 1995, IV, 21 ; *Bull. civ.* I, n° 316, p. 229).

34) Risque d'insolvabilité de l'attributaire. Il n'est pas interdit aux juges du fond de tenir compte, pour rejeter une demande d'attribution préférentielle facultative, du risque que cette attribution ferait courir aux copartageants à raison de la situation financière difficile de l'attributaire (■ Cass. 1re civ., 21 juin 1988, n° 86-17.291 : *JurisData* n° 1988-701327 ; *Bull. civ.* I, n° 204, p. 142 ; *D.* 1989, 365, note Breton).

35) Acquisition de la propriété par l'effet du partage. L'héritier bénéficiaire d'une attribution préférentielle ne devient propriétaire des biens qui lui sont attribués que par l'effet du partage (■ Cass. 1re civ., 20 déc. 1976 : *JurisData* n° 1976-000419 ; *Bull. civ.* I, n° 419, p. 327. ■ Cass. 1re civ., 20 mars 1990, n° 88-17.470 : *JCP* G 91, II, 21671 et *JCP* N 92, II, 186, note de La Marnierre). Doit donc être cassé l'arrêt qui décide que l'attributaire d'un immeuble et d'un fonds de commerce peut, sans le concours de ses cohéritiers, donner congé à la gérante libre du fonds avant la réalisation du partage (■ Cass. 1re civ., 20 déc. 1976, préc.). Le jugement qui prononce ou l'accord qui décide l'attribution préférentielle ne confère pas à celui qui en bénéficie la propriété des biens qui en sont l'objet. C'est donc jusqu'à la date du partage que l'indivisaire qui use privativement des biens indivis doit une indemnité (■ Cass. 1re civ., 23 nov. 1982, n° 81-15.037 : *JurisData* n° 1982-702774 ; *Bull. civ.* I, n° 337, p. 288). La *vente, pendant les opérations de partage*, du bien attribué préférentiellement par une décision devenue irrévocable n'a pas pour effet de rendre caduque cette attribution, le bien ou la créance de prix qui lui est subrogé ayant été nécessairement et définitivement placé dans le lot de l'attributaire dont les héritiers ont recueilli les droits, de sorte que par l'effet du partage, ils en seront propriétaires depuis l'origine de l'indivision donnant lieu au partage (■ Cass. 1re civ., 4 avr. 1991, n° 89-15.856 : *JurisData* n° 1991-000939 ; *JCP* 91, IV, 216 ; *Bull. civ.* I, n° 118, p. 79).

36) Estimation des biens au jour du partage. Sur le principe que les biens attribués préférentiellement doivent être estimés à leur valeur au jour du partage, V. ■ Cass. 1re civ., 9 oct. 1990, n° 89-10.429 : *JurisData* n° 1990-702560 ; *Bull. civ.* I, n° 207, p. 148. L'arrêt qui attribue préférentiellement une exploitation agricole et fixe la valeur du bien au jour de son prononcé n'a pas statué sur cette valeur au jour de la jouissance divise et n'a donc pas l'autorité de la chose jugée quant à l'estimation définitive du bien qui doit être faite à la date la plus proche du partage à intervenir (■ Cass. 1re civ., 28 févr. 1978, n° 76-13.006 : *JurisData* n° 1978-000080 ; *Bull. civ.* I, n° 80, p. 66. - V. aussi ■ Cass. 1re civ., 24 janv. 1990, n° 87-18.575 : *JurisData* n° 1990-700788 ; *Bull. civ.* I, n° 24, p. 17). La demande d'attribution préférentielle n'est pas subordonnée à l'évaluation préalable du bien (■ Cass. 1re civ., 9 déc. 2009 : *JurisData* n° 2009-050654 ; *Dr. famille* 2010, comm. 26, note Beignier).

37) Estimation. Office du juge. Les juges du fond ne peuvent retenir le chiffre de l'expert en ajoutant que l'actualisation sera effectuée par le notaire (■ Cass. 1re civ., 8 déc. 1993, n° 91-19.846 : *JurisData* n° 1993-002634 ; *Bull. civ.* I, n° 359, p. 250 ; *D.* 1995, somm. 47, obs. Grimaldi). Les juges peuvent faire état de leurs connaissances d'ordre général en vue de déterminer la valeur des biens sans être tenus de recourir à l'expertise (■ Cass. 1re civ., 10 mars 1969 : *D.* 1969, 305, note Breton, 1re esp.). Aucun principe de droit ne leur commande de négliger la plus-value que procure aux parcelles dépendant d'une exploitation agricole le voisinage d'une grande ville et l'aptitude de certaines d'entre elles à devenir des terrains à bâtir (■ Cass. 1re civ., 10 janv. 1968 : *D.* 1968, 243). Jugé que les biens devant être évalués à la date du partage, il n'est pas interdit aux juges du fond de déterminer à l'avance la valeur d'une villa en utilisant l'indice du coût de la construction (■ Cass. 1re civ., 8 déc. 1981, n° 80-15.941 : *JurisData* n° 1981-703398 ; *Bull. civ.* I, n° 368, p. 311).

38) Estimation de l'exploitation libre de bail. Lorsqu'une exploitation agricole fait l'objet d'une attribution préférentielle, elle doit être estimée comme libre du bail (■ Cass. 1re civ., 8 déc. 1965 : *D.* 1967, 407, note R. Savatier. – V. en ce sens ■ Cass. 1re civ., 31 mars 1981, n° 80-11.795 : *JurisData* n° 1981-701005 ; *JCP* 82, II, 19812, note Rémy. V. même, précisant qu'il n'y a pas à distinguer selon que le bailleur est le *de cujus* lui-même ou un tiers, ■ Cass. 1re civ., 11 juin 1996, n° 94-16.608 : *JurisData* n° 1996-002375 ; *JCP* 97, I, 4021, n° 3, obs. crit. Le Guidec ; *Bull.* I, n° 252, p. 177 ; *Defrénois* 1996, 1447, obs. crit. Champenois ; *RTD civ.* 1997, 197, obs. Patarin). Mais lorsque l'héritier bénéficiaire de l'attribution remplit par son conjoint, fermier du domaine, la condition de participation à la mise en valeur de celui-ci, le bail rural est strictement personnel au preneur. Conformément à la règle de l'égalité du partage, l'évaluation du bien attribué ne peut donc être faite comme s'il était libre de toute occupation (■ Cass. 1re civ., 21 nov. 1995, n° 93-21.162 : *JurisData* n° 1995-003158 ; *JurisData* n° 1995-003154 ; *JCP* 96, IV, 97 ; *Bull. civ.* I, n° 427, p. 297 ; *RTD civ.* 1996, 450, obs. Patarin ; *Defrénois* 1996, 413, obs. Champenois. V. aussi ■ Cass. 1re civ., 11 déc. 2001 : *JCP* 2002, IV, 1149 ; *JCP* N 2002, 1275, note Gravillou ; *Bull. civ.* I, n° 318, p. 202 ; *JurisData* n° 2001-012090).

39) **Défaut de paiement de la soulte. Déchéance (non).** L'article 832 ne prévoyant aucune cause de déchéance du droit à l'attribution préférentielle, doit être cassé l'arrêt décidant que l'attributaire devrait payer dans le mois de la signification de l'arrêt la soulte dont il serait reconnu débiteur et que faute par lui de ce faire, il serait déchu du bénéfice de l'attribution préférentielle (■ Cass. 1re civ., 28 oct. 1975, n° 74-11.524 : *JurisData* n° 1975-000297 ; *JCP* 76, II, 18403, note Dagot).

40) **Succession en déshérence et succession vacante.** L'État qui recueille une succession par voie de déshérence a la faculté de s'opposer à l'attribution préférentielle dans les mêmes conditions que tout héritier, mais il en va autrement s'il intervient en qualité de curateur à une succession vacante (■ Cass. 1re civ., 21 juin 1988, n° 86-17.291 : *JurisData* n° 1988-701327 ; *Bull. civ.* I, n° 204, p. 142 ; *D.* 1989, 365, note Breton).

Art. 832-1 ancien *(Mod., L. n° 61-1378, 19 déc. 1961 ; L. n° 71-523, 3 juill. 1971 ; L. n° 80-502, 4 juill. 1980 ; L. n° 2001-1135, 3 déc. 2001).* – Par dérogation aux dispositions des alinéas quatorzième et seizième de l'article 832 et à moins que le maintien de l'indivision ne soit demandé en application des articles 815, deuxième alinéa, et 815-1, l'attribution préférentielle visée au troisième alinéa de l'article 832 est de droit pour toute exploitation agricole qui ne dépasse pas les limites de superficies fixées par décret en Conseil d'État (1). En cas de pluralité de demandes, le tribunal désigne l'attributaire ou les attributaires conjoints en fonction des intérêts en présence et de l'aptitude des différents postulants à gérer l'exploitation et à s'y maintenir.

Dans l'hypothèse prévue à l'alinéa précédent, même si l'attribution préférentielle a été accordée judiciairement, l'attributaire peut exiger de ses copartageants pour le paiement d'une fraction de la soulte, égale au plus à la moitié, des délais ne pouvant excéder dix ans. Sauf convention contraire, les sommes restant dues portent intérêt au taux légal.

En cas de vente de la totalité du bien attribué, la fraction de soulte restant due devient immédiatement exigible ; en cas de ventes partielles, le produit de ces ventes est versé aux copartageants et imputé sur la fraction de soulte encore due.

1) **Unité économique.** L'attribution préférentielle de droit, comme l'attribution préférentielle facultative, est subordonnée à la condition que l'exploitation constitue une unité économique (■ Cass. 1re civ., 26 avr. 1967 : *JCP* 67, IV, 88 ; *Bull. civ.* I, n° 150, p. 108).

2) **Pluralité de demandes.** Aux termes de la disposition finale de l'article 832-1, en cas de pluralité de demandes, le tribunal désigne l'attributaire ou les attributaires conjoints, en fonction des intérêts en présence et de l'aptitude des différents postulants à gérer l'exploitation et à s'y maintenir. Les termes de cette dispositionimpliquent une appréciation à faire en vue de l'avenir et en considération des personnes qui postulent effectivement l'attribution, et non des individus déjà décédés, aux droits desquels elles peuvent être (■ Cass. 1re civ., 7 juill. 1971 : *JurisData* n° 1971-000236 ; *D.* 1971, 650, note Breton. V. aussi ■ Cass. 1re civ., 22 févr. 2000, n° 98-10.153 : *JurisData* n° 2000-000706 ; *Dr. famille* 2000, 52, note Beignier. ■ Cass. 1re civ., 2 mai 2001 : *JCP* G 2002, I, 178 et *JCP* N 2003, 1007, n° 7, obs. Le Guidec ; *Bull. civ.* I, n° 117, p. 76 ; *Dr. famille* 2002, 34, note Perrouin ; *JurisData* n° 2001-009335).

Art. 832-2 ancien *(L. n° 80-502, 4 juill. 1980).* – Si le maintien dans l'indivision n'a pas été ordonné en application des articles 815, deuxième alinéa, et 815-1, et à défaut d'attribution préférentielle en propriété, prévue aux articles 832, troisième alinéa, ou 832-1, le conjoint survivant ou tout héritier copropriétaire peut *demander l'attribution préférentielle* de tout ou partie des biens et droits immobiliers à destination agricole dépendant de la succession en vue de constituer, avec un ou plusieurs cohéritiers et, le cas échéant, un ou plusieurs tiers, un groupement foncier agricole.

(1) V. les limites fixées par l'arrêté du 22 août 1975 (*JO* 1er oct.) dans le régime antérieur à la loi du 4 juillet 1980.

Cette attribution est de droit si le conjoint survivant ou un ou plusieurs des cohéritiers remplissant les conditions personnelles prévues à l'article 832, troisième alinéa, exigent que leur soit donné à bail, dans les conditions fixées au chapitre VII du titre I du livre VI du Code rural *[ancien] [L. IV, T. I, ch. VI nouveau]*, tout ou partie des biens du groupement.

En cas de pluralité de demandes, les biens du groupement peuvent, si leur consistance le permet, faire l'objet de plusieurs baux bénéficiant à des cohéritiers différents ; dans le cas contraire, et à défaut d'accord amiable le tribunal désigne le preneur en tenant compte de l'aptitude des différents postulants à gérer les biens concernés et à s'y maintenir. Si les clauses et conditions de ce bail ou de ces baux n'ont pas fait l'objet d'un accord, elles sont fixées par le tribunal.

Les biens et droits immobiliers que les demandeurs n'envisagent pas d'apporter au groupement foncier agricole, ainsi que les autres biens de la succession, sont attribués par priorité, dans les limites de leurs droits successoraux respectifs, aux indivisaires qui n'ont pas consenti à la formation du groupement. Si ces indivisaires ne sont pas remplis de leurs droits par l'attribution ainsi faite, une soulte doit leur être versée. Sauf accord amiable entre les copartageants, la soulte éventuellement due est payable dans l'année suivant le partage. Elle peut faire l'objet d'une dation en paiement sous la forme de parts du groupement foncier agricole, à moins que les intéressés, dans le mois suivant la proposition qui leur en est faite, n'aient fait connaître leur opposition à ce mode de règlement.

Le partage n'est parfait qu'après la signature de l'acte constitutif du groupement foncier agricole et, s'il y a lieu, du ou des baux à long terme.

Bibliographie : M. Beaubrun, *Le nouvel article 832-2 du Code civil : l'attribution préférentielle en vue de constituer un groupement foncier agricole : D.* 1981, chron. 71.

Art. 832-3 ancien *(L. n° 80-502, 4 juill. 1980).* **–** Si une exploitation agricole constituant une unité économique et non exploitée sous forme sociale n'est pas maintenue dans l'indivision en application des articles 815, deuxième alinéa et 815-1, et n'a pas fait l'objet d'une attribution préférentielle dans les conditions prévues aux articles 832, 832-1 ou 832-2, le conjoint survivant ou tout héritier copropriétaire qui désire poursuivre l'exploitation à laquelle il participe ou a participé effectivement peut exiger, nonobstant toute demande de licitation, que le partage soit conclu sous la condition que ses copartageants lui consentent un bail à long terme dans les conditions fixées au chapitre VII du titre I du livre VI du Code rural *[ancien] [L. IV, T. I, ch. VI nouveau]*, sur les terres de l'exploitation qui leur échoient. Sauf accord amiable entre les parties, celui qui demande à bénéficier de ces dispositions reçoit par priorité dans sa part les bâtiments d'exploitation et d'habitation.

Les dispositions qui précèdent sont applicables à une partie de l'exploitation agricole pouvant constituer une unité économique.

Il est tenu compte, s'il y a lieu, de la dépréciation due à l'existence du bail dans l'évaluation des terres incluses dans les différents lots.

Les articles 807 et 808 [L. 412-14 et L. 412-15] du Code rural déterminent les règles spécifiques au bail visé au premier alinéa du présent article.

S'il y a pluralité de demandes, le tribunal de grande instance désigne le ou les bénéficiaires en fonction des intérêts en présence et de l'aptitude des différents postulants à gérer tout ou partie de l'exploitation ou à s'y maintenir.

Si, en raison de l'inaptitude manifeste du ou des demandeurs à gérer tout ou partie de l'exploitation, les intérêts des cohéritiers risquent d'être compromis, le tribunal peut décider qu'il n'y a pas lieu d'appliquer les trois premiers alinéas du présent article.

L'unité économique prévue au premier alinéa peut être formée, pour une part, de biens dont le conjoint survivant ou l'héritier était déjà propriétaire ou copropriétaire avant le décès. Dans le cas de l'héritier la condition de participation peut avoir été remplie par son conjoint.

Art. 832-4 ancien *(L. n° 80-502, 4 juill. 1980).* **–** Les dispositions des articles 832, 832-1, 832-2 et 832-3 profitent au conjoint ou à tout héritier, qu'il soit copropriétaire en pleine propriété ou en nue-propriété.

Les dispositions des articles 832, 832-2 et 832-3 profitent aussi au gratifié ayant vocation universelle ou à titre universel à la succession en vertu d'un testament ou d'une institution contractuelle.

Voir : C. rur., art. L. 321-24, p. 2593.

1) Droit transitoire. L'effet immédiat de la loi du 4 juill. 1980 fait qu'elle s'applique aux successions déjà ouvertes dont les conditions de règlement n'étaient pas encore arrêtées lors de son entrée en vigueur, mais non en cas d'accord entre tous les héritiers incompatible avec les droits nouveaux qui ne sont conférés qu'en vue d'un partage non encore fixé (■ Aix-en- Provence, 22 sept. 1981 : *JurisData* n° 1981-699107 ; *JCP* 83, II, 20083, note Rémy).

2) Usufruit total. Une demande d'attribution préférentielle par octroi d'un bail peut être formée par l'un des cohéritiers en nue-propriété contre l'usufruitier (■ Cass. 3e civ., 10 juill. 2013, n° 12-16.698 : *JCP* N 2014, 1147, n° 4, obs. Le Guidec).

Art. 833 ancien. – L'inégalité des lots en nature se compense par un retour, soit en rente, soit en argent.

Exigibilité des soultes. Sur le principe que les soultes ne sont dues qu'au moment du partage, V. ■ Cass. 1re civ., 13 oct. 1998, n° 96-18.140 : *JurisData* n° 1998-003826 ; *JCP* G 99, I, 189 et *JCP* N 2000, 965, n° 6, obs. Le Guidec ; *Bull. civ.* I, n° 302, p. 209 ; *RTD civ.* 1999, p. 447, obs. Patarin.

Art. 833-1 ancien *(L. n° 71-523, 3 juill. 1971)*. – Lorsque le débiteur d'une soulte a obtenu des délais de paiement, et que, par suite des circonstances économiques, la valeur des biens mis dans son lot a augmenté ou diminué de plus du quart depuis le partage, les sommes restant dues augmentent ou diminuent dans la même proportion.

Les parties peuvent toutefois convenir que le montant de la soulte ne variera pas.

1) Vocation de terrain à bâtir du bien attribué comme bien rural. Sur la prise en considération de l'augmentation de valeur résultant de la vocation de terrain à bâtir du bien attribué comme bien rural, V. ■ Douai, 6 mars 1973 : *D.* 1974, 356, note Vouin.

2) Soultes stipulées payables à terme. Les dispositions de l'article 833-1 prévoyant la révision des soultes dans tout partage sont destinées à protéger le créancier de la soulte contre le risque économique résultant de son paiement différé et ont une portée générale ; dès lors, elles s'appliquent aux soultes stipulées payables à terme (■ Cass. 1re civ., 19 févr. 1980, n° 78-14.927 : *JurisData* n° 1980-000061 ; *Bull. civ.* I, n° 61, p. 51). Sur le principe que la réévaluation de la soulte ne peut intervenir que si la valeur des biens mis dans le lot du donataire a augmenté ou diminué de plus du quart depuis le partage par suite des circonstances économiques, V. ■ Cass. 1re civ., 30 janv. 2001 : *JCP* G 2001, I, 366 et *JCP* N 2002, 1194, n° 9, obs. Le Guidec ; *JurisData* n° 2001-007958 ; *Bull. civ.* I, n° 20, p. 12 ; *RTD civ.* 2001, p. 646, obs. Patarin. ■ Cass. 1re civ., 30 mars 2004, n° 01-14.542 : *JurisData* n° 2004-023080 ; *JCP* 2005, I, 187 et *JCP* N 2006, 1071, n° 5, obs. Le Guidec ; *Dr. famille* 2004, 110, note Beignier ; *Bull. civ.* I, n° 104, p. 84. ■ Cass. 1re civ., 11 sept. 2013, n° 12-14.843 : *Dr. famille* 2013, comm. 167, note Nicod ; *JurisData* n° 2013-018916 (l'augmentation de valeur d'actions constatée après le partage n'est pas une suite des circonstances économiques lorsqu'elle est le résultat de la vente en bloc de ces actions permettant au cessionnaire de prendre le contrôle de la société).

3) Licitation à un indivisaire. Le prix de la licitation à un indivisaire, dont le règlement pouvait être différé en vertu d'une clause du cahier des charges de l'adjudication, est assimilable à une soulte devant revenir divisément aux autres coïndivisaires pour l'application de l'article 833-1 ancien (■ Cass. 1re civ., 14 mai 2014, n° 13-10.830 : *Bull. civ.* ; *D.* 2014, p. 1152 ; *JCP* G 2014, 1518, note Sauvage ; *RTD civ.* 2014, 925, obs. Grimaldi).

4) Convention dérogatoire postérieure au décès des ascendants donateurs. L'article 1075-2 n'interdit pas les dérogations à l'article 833-1 dans la convention passée, après le décès des ascendants donateurs, entre les donataires copartagés (■ Cass. 1re civ., 19 janv. 1982, n° 81-10.608 : *JurisData* n° 1982-700082 ; *JCP* 1982, IV, 124 ; *Bull. civ.* I, n° 31, p. 26).

5) Nullité d'une clause de variabilité conventionnelle. Une telle clause, en ce qu'elle permet d'exclure la variabilité légale d'ordre public, doit être réputée non écrite (■ Cass. 1re civ., 6 juill. 2011, n° 10-21.134 : *Defrénois* 2012, 196, obs. Vareille ; *Dr. famille* 2011, 152, note Beignier ; *JCP* N 2011, 1278, note Sauvage ; *JurisData* n° 2011-013611).

6) Distinction avec la réduction. L'action en revalorisation d'une soulte prévue par une donation-partage est étrangère à l'action en réduction et l'article 1077-2 ne lui pas applicable (■ Cass. 1re civ., 9 mars 2011, n° 09-71.101 : *Defrénois* 2012, 197, obs. Vareille ; *RTD civ.* 2011, 575, obs. Grimaldi).

7) Droit transitoire. Les dispositions des articles 833-1 et 1075-2 sont applicables aux donations-partages antérieures à 1972 toutes les fois que le décès de l'ascendant donateur est survenu depuis le 1er janv. 1972 (■ Cass. 1re civ., 21 mars 1979 : *JCP* N 80, II, 209, note Thuillier).

Art. 834 ancien. – Les lots sont faits par l'un des cohéritiers, s'ils peuvent convenir entre eux sur le choix, *et si celui qu'ils avaient choisi* accepte la commission : dans le cas contraire, les lots sont faits par un expert que le juge-commissaire désigne.

Ils sont ensuite tirés au sort.

1) Présence d'un héritier incapable. Lorsqu'il y a parmi les héritiers un incapable, la formation des lots par un expert judiciaire est une formalité substantielle qui ne peut être remplacée par aucune autre (■ Cass. civ., 18 janv. 1927 : *DP* 1927, 1, 143).

2) Désignation comme expert du notaire chargé de liquider la succession. L'article 834 ne s'oppose pas à ce que le juge choisisse en qualité d'expert, pour composer les lots, le notaire chargé de la liquidation de la succession (■ Cass. 1re civ., 16 avr. 1991, n° 89-15.213 : *JurisData* n° 1991-001123 ; *JCP* 91, IV, 236 ; *Bull. civ.* I, n° 138, p. 92).

3) Recours obligatoire au tirage au sort en cas de désaccord. Violent l'article 834 les juges du fond qui se fondent sur des motifs d'équité ou d'opportunité pour ordonner l'attribution d'un bien successoral à l'un des héritiers malgré l'opposition de l'autre (■ Cass. 1re civ., 28 déc. 1962, n° 60-12.079 : *Bull. civ.* I, n° 571, p. 481. V. en ce sens ■ Cass. 1re civ., 22 juill. 1985, n° 84-12.963 : *JurisData* n° 1985-701884 ; *Bull. civ.* I, n° 235, p. 209 ; *D.* 1986, 261, note A. B. ■ Cass. 1re civ., 14 mai 1992, n° 90-14.807 : *Bull. civ.* I, n° 141, p. 95. ■ Cass. 1re civ., 18 juill. 1995, n° 93-18.109 : *Bull. civ.* I, n° 329, p. 231 ; *JCP* N 1996, II, 935, note Piedelièvre-Delgado. ■ Cass. 1re civ., 20 juin 2012, n° 10-26.022 : *JCP* N 2012, act. 703. V. aussi ■ Cass. 1re civ., 13 janv. 2016, n° 14-29.651 : *Bull.*. ■ Cass. 1re civ., 31 janv. 2018, n° 17-15.455 : *Dr. famille* 2018, comm. 104, A. Tani). Mais la règle du tirage au sort doit être écartée lorsque sa demande d'application est constitutive d'un abus de droit (■ Cass. 1re civ., 28 nov. 2007, n° 06-18.490 : *JurisData* n° 2007-041617 ;*Bull. civ.* I, n° 376 ; *RTD civ.* 2008, 525, obs. Grimaldi).

4) Attributions préférentielles. De par leur nature les attributions préférentielles échappent aux dispositions de l'article 834 (■ Cass. 1re civ., 5 nov. 1975, n° 74-12.200 : *JurisData* n° 1975-000317 ; *Bull. civ.* I, n° 317, p. 263).

5) Tirage au sort pour la composition des lots (non). La loi n'autorise le tirage au sort que pour l'attribution des lots et non pour leur composition (■ Cass. 1re civ., 11 mars 1986, n° 84-16.596 : *JurisData* n° 1986-700460 ; *Bull. civ.* I, n° 63, p. 60 ; *D.* 1987, somm. 11, obs. Robert ; *RTD civ.* 1987, 129, obs. Patarin).

Art. 835 ancien. – Avant de procéder au tirage des lots, chaque copartageant est admis à proposer ses réclamations contre leur formation.

Art. 836 ancien. – Les règles établies pour la division des masses à partager sont également observées dans la subdivision à faire entre les souches copartageantes.

Art. 837 ancien. – Si, dans les opérations renvoyées devant un notaire, il s'élève des contestations, le notaire dressera procès-verbal des difficultés et des dires respectifs des parties, les renverra devant le commissaire nommé pour le partage ; et, au surplus, il sera procédé suivant les formes prescrites par les lois sur la procédure.

1) Instance en homologation. Effet obligatoire de l'accord préalable. Des cohéritiers ne peuvent remettre en cause, lors de l'instance en homologation, l'accord qu'ils avaient préalablement conclu et qui portait sur la composition des lots et leur attribution (■ Cass. 1re civ., 29 mars 1978, n° 76-11.553 : *JurisData* n° 1978-700129 ; *Bull. civ.* I, n° 129, p. 103).

2) Contestations successives contre l'état liquidatif. Rien n'interdit à un copartageant de soulever successivement plusieurs contestations contre un même état liquidatif, à condition toutefois que le point qu'il conteste en second lieu soit différent du premier et n'ait pas déjà fait l'objet d'une décision passée en force de chose jugée (■ Paris, 18 juin 1966 : *D.* 1967, 30).

3) Inobservation des formalités prévues par l'article 837. Le moyen tiré de l'inobservation par un notaire liquidateur des formalités prévues par l'article 837 du Code civil ne constitue pas une fin de non-recevoir au sens de l'article 122 du Code de procédure civile pour l'action qu'un copartageant a introduite par voie d'assignation (■ Cass. 1re civ., 14 janv. 1981, n° 79-13.023 : *JurisData* n° 1981-700075 ; *Bull. civ.* I, n° 15, p. 12. - V. aussi ■ Cass. 1re civ., 20 déc. 1993, n° 92-11.189 : *JurisData* n° 1993-002635 ; *Bull. civ.* I, n° 379, p. 263). Mais il ne peut être renoncé aux dispositions de l'article 837 que du consentement de toutes les parties (■ Cass. 1re civ., 6 juill. 1982, n° 81-13.444 : *JurisData* nos 1982-701854 et 1982-701856 ; *JCP* 1982, IV, 329 ; *Bull. civ.* I, n° 251, p. 216). L'inobservation des formalités, qui n'est pas d'ordre public, et qui ne présente aucun caractère substantiel, n'est assortie d'aucune sanction (■ Cass. 1re civ., 16 juill. 1997, n° 95-18.978 : *JurisData* n° 1997-003347 ; *JCP* 97, IV, 2026 ; *Bull.* I, n° 252, p. 168).

4) Remplacement d'un des notaires par un associé dépourvu de qualité. La résistance de l'un des notaires désignés, qui ne s'est pas déplacé pour procéder aux opérations de formation des lots et de tirage au sort, se faisant remplacer par un associé qui n'avait aucune qualité pour procéder au partage, constitue une difficulté qui aurait dû être signalée au tribunal, et l'acte liquidatif dressé par deux des trois notaires désignés est nul (■ Cass. 1re civ., 6 juin 1990, n° 88-19.440 : *JurisData* n° 1990-001826 ; *Bull. civ.* I, n° 148, p. 105 ; *Defrénois* 1990, 1159, note X. Savatier).

Art. 838 ancien *(L. n° 64-1230, 14 déc. 1964)*. – Si tous les cohéritiers ne sont pas présents, le partage doit être fait en justice, suivant les règles des articles 819 à 837.

Il en est de même s'il y a parmi eux des mineurs non émancipés ou des majeurs en tutelle, sous réserve de l'article 466.

S'il y a plusieurs mineurs, il peut leur être donné à chacun un tuteur spécial et particulier.

Partage amiable. L'article 982 du Code de procédure civile (anc.), comme les autres dispositions relatives au partage judiciaire, n'est pas applicable au partage amiable dont l'homologation n'est rendue nécessaire que par suite de la présence d'incapables et qui ne comporte pas nécessairement un tirage au sort des lots (■ Cass. 1re civ., 9 juill. 1974 : *JurisData* n° 1974-000220 ; *D.* 1975, 99, note Ponsard). Le partage amiable auquel a participé une mineure vaut comme partage provisionnel en ce qui concerne la jouissance des choses partagées, mais est, en ce qui concerne les attributions faites aux cohéritiers, annulable pour absence des formes prescrites dans l'intérêt des incapables (■ Cass. 1re civ., 11 déc. 1985, n° 84-13.805 : *JurisData* n° 1985-703365 ; *D.* 1986, 356, note Massip).

Art. 839 ancien *(L. n° 64-1230, 14 déc. 1964)*. – S'il y a lieu à licitation, dans le cas prévu par l'alinéa 1er de l'article précédent, elle ne peut être faite qu'en justice avec les formalités prescrites pour l'aliénation des biens des mineurs. Les étrangers y sont toujours admis.

Art. 840 ancien *(L. n° 64-1230, 14 déc. 1964 ; L. n° 77-1447, 28 déc. 1977)*. – Les partages faits conformément aux règles ci-dessus prescrites au nom des présumés absents et non-présents sont définitifs ; ils ne sont que provisionnels si les règles prescrites n'ont pas été observées.

Art. 841 ancien *(Abr., L. n° 76-1286, 31 déc. 1976)*.

Art. 841 ancien. – Toute personne, même parente du défunt, qui n'est pas son successible, et à laquelle un cohéritier aurait cédé son droit à la succession, peut être écartée du partage soit par tous les cohéritiers, soit par un seul, en lui remboursant le prix de la cession.

Droit transitoire. L'article 19, al. 2, de la loi du 31 déc. 1976 ne peut permettre de méconnaître un droit antérieurement acquis au retrait successoral permettant d'évincer du partage l'indivisaire étranger à la succession, alors surtout que la protection des cohéritiers du cédant, assurée désormais par la loi nouvelle sous la forme d'un droit de préemption (C. civ., art. 815-14) ne peut jouer qu'en ce qui concerne les cessions consenties depuis la date de son entrée en vigueur (■ Cass. 1re civ., 17 juin 1981 : *JurisData* n° 1981-799847 ; *Bull. civ.* I, n° 224, p. 183 ; *Defrénois* 1981, 1330, obs. Champenois).

Art. 842 ancien. – Après le partage, remise doit être faite, à chacun des copartageants, des titres particuliers aux objets qui lui seront échus.

Les titres d'une propriété divisée restent à celui qui a la plus grande part, à la charge d'en aider ceux de ses copartageants qui y auront intérêt, quand il en sera requis.

Les titres communs à toute l'hérédité sont remis à celui que tous les héritiers ont choisi pour en être le dépositaire, à la charge d'en aider les copartageants, à toute réquisition. S'il y a difficulté sur ce choix, il est réglé par le juge.

Section II. – Du rapport des libéralités

(L. n° 2006-728, 23 juin 2006)

Bibliographie : V. commentaires de la loi n° 71-523 du 3 juillet 1971, M. Dagot : *JCP* 77, I, 2434. • P. Catala, *La réforme des liquidations successorales,* 3e éd., 1982. • Sur l'application dans le temps de la loi de 1971, V. art. 12 et 13, p. 63. • Commentaire de la loi du 23 juin 2006 : B. Vareille, *Nouveau rapport, nouvelle réduction* : *D.* 2006, 2565. • Sur l'application dans le temps de la loi du 23 juin 2006, V. L. n° 2006-728 23 juin 2006, art. 47, p. 3262,

Art. 843 ***(Mod., L. n° 2006-728, 23 juin 2006).*** **– Tout héritier, même ayant accepté à concurrence de l'actif, venant à une succession, doit rapporter à ses cohéritiers tout ce qu'il a reçu du défunt, par donations entre vifs, directement ou indirectement ; il ne peut retenir les dons à lui faits par le défunt, à moins qu'ils ne lui aient été faits expressément hors part successorale.**

Les legs faits à un héritier sont réputés faits hors part successorale, à moins que le testateur n'ait exprimé la volonté contraire, auquel cas le légataire ne peut réclamer son legs qu'en moins prenant.

Rédaction antérieure. Art. 843 *(L. 24 mars 1898).* – Tout héritier, même bénéficiaire, venant à une succession, doit rapporter à ses cohéritiers tout ce qu'il a reçu du défunt, par donations entre vifs, directement ou indirectement ; il ne peut retenir les dons à lui faits par le défunt, à moins qu'il ne lui aient été faits expressément par préciput et hors part, ou avec dispense de rapport.

Les legs faits à un héritier sont réputés faits par préciput et hors part, à moins que le testateur n'ait exprimé la volonté contraire, auquel cas le légataire ne peut réclamer son legs qu'en moins prenant.

I – OBLIGATION AU RAPPORT

1) Droit transitoire. L'obligation au rapport en matière de donations et ses modalités étant principalement d'ordre contractuel, le rapport est régi par la loi en vigueur au moment de la libéralité (■ Cass. req., 5 mai 1943 : *DC* 1944, 109, note Flour. ■ Cass. 1re civ., 12 mars 1968 : *JurisData* n° 1968-000097 ; *JCP* 1968, IV, 70 ; *Bull. civ.* I, n° 97, p. 78).

2) Donataires non héritiers. Le rapport prévu à l'article 843 du Code civil tend à assurer l'égalité entre les cohéritiers (■ Cass. 1re civ., 22 mars 2017, n° 16-16.894). Ne doivent pas être rapportés les dons faits à des personnes qui ne sont pas héritières (■ Cass. 1re civ., 4 juill. 2018, n° 17-22.269. ■ Cass. 1re civ., 30 janv. 2019, nos 18-13.337 et 18-12.045). En revanche, la qualité de réservataire est indifférente à l'obligation de rapport pesant sur tout héritier (■ Cass. 2e civ., 10 sept. 2015, n° 14-20.017 : *Bull.*).

3) Procuration bancaire. L'héritier, titulaire d'une procuration bancaire donnée par le *de cujus*, qui ne justifie pas de l'emploi des sommes retirées, en doit le rapport (■ Cass. 1re civ., 21 nov. 1995, n° 93-21.162 : *JurisData* n° 1995-003158 ; *JCP* 96, IV, 98. ■ Cass. 1re civ., 31 oct. 2007, n° 06-14.399 : *JurisData* n° 2007-041118 ; *JCP G* 2007, IV, 3168. ■ Cass. 1re civ., 20 févr. 2008, n° 06-21.980 : *JurisData* n° 2008-042817 ; *JCP G* 2008, IV, 1559).

4) Avantage indirect. L'avantage pécuniaire résultant pour un héritier de la situation privilégiée qui lui a permis de remplacer le défunt dans sa profession de représentant de commerce constitue une valeur patrimoniale qui doit figurer dans la masse successorale à laquelle il est éventuellement rapportable (■ Cass. 1re civ., 19 nov. 1968 : *JCP* 69, II, 15899, note M. D. – V. en ce sens, pour l'hypothèse du transfert par un chauffeur de taxi à l'un de ses héritiers de l'autorisation administrative de stationnement, ■ Cass. 1re civ., 27 déc. 1963 : *JurisData* n° 1963-000573 ; *JurisData* n° 1963-700569 ; *JCP* 64, II, 13513, note R. L., ou pour l'avantage indirect résultant d'un bail consenti sans contrepartie à un cohéritier, ■ Cass. 1re civ., 31 mars 1981, n° 80-11.795 : *JurisData* n° 1981-701005 ; *JCP* 82, II, 19812, note Rémy ; *Bull. civ.* I, n° 115, p. 97 ; *Defrénois* 1981, 1327, obs. Champenois. Comp., évaluant l'avantage dont a bénéficié l'indivisaire en reprenant le cabinet dentaire de son père décédé sans tenir compte de la baisse de clientèle et de valeur du cabinet résultant de son exploitation temporaire par un remplaçant, ■ Cass. 1re civ., 19 nov. 2002 : *JurisData* n° 2002-016422 ; *JCP* 2003, I, 180, n° 6, obs. Le Guidec ; *D.* 2003, 1590, note Mirabail). Mais ne donne pas de base légale à sa décision la cour d'appel qui se borne à affirmer que le bail consenti à l'héritier a entraîné une diminution de la valeur des terres louées, sans préciser en quoi cet héritier, légataire des terres qui lui avaient été antérieurement données à bail, a tiré un avantage indirect de cette location (■ Cass. 1re civ., 10 juill. 1996, n° 94-13.301 : *JurisData* n° 1996-003061 ; *JCP* 1996, IV, 2112 ; *Bull. civ.* I, n° 315, p. 219 ; *RTD civ.* 1997, p. 485, obs. Patarin ; *Defrénois* 1998, 465, note Bernard de Saint-Affrique) ; ni celle qui, sur le fondement du rapport des donations, considère que constitue un avantage indirect rapportable le défaut de paiement de sommes réclamées au titre de reconnaissances de dettes, sans rechercher si ces dettes étaient prescrites au jour de l'ouverture de la succession (■ Cass. 1re civ., 15 mai 2013, n° 12-11.577 : *Bull. civ.* ; *Dr. famille* 2013, n° 123, S. T.-C. ; *JCP G* 2013, 603 ; *RJPF* 2013, 7/33, F. Sauvage).

5) Donation indirecte des droits de mutation. La prise en charge par le donateur des frais, droits et émoluments de la donation constitue une donation indirecte, si bien qu'elle est rapportable à la succession (■ Cass. 1re civ., 25 févr. 2009, n° 07-20.010 : *JurisData* n° 2009-047182 ; *Bull. civ.* I, n° 40 ; *Defrénois* 2009, 1545, obs. Douet, 1598, obs. Vareille ; *JCP N* 2009, 1303, note Sauvage ; *RTD civ.* 2009, 559, obs. M. Grimaldi), du moins si l'intention libérale est établie (■ Cass. 1re civ., 18 janv. 2012, n° 11-12.863 : *Dr. famille* 2012, comm. 50, note Beignier).

6) Donation de fruits. L'article 843 n'opère aucune distinction selon que le défunt a donné un bien ou seulement les fruits de celui-ci (▪ Cass. 1re civ., 14 janv. 1997, n° 94-19.102 : *JurisData* n° 1997-000075 ; *Bull. civ.* I, n° 22). V. aussi art. 851, al. 2, p. 685.

7) Mise à disposition d'un logement. L'hébergement pendant dix ans d'un successible ne peut constituer un avantage indirect rapportable s'il a eu une contrepartie, excluant toute libéralité, dont la reconnaissance exige en outre la preuve d'une intention libérale (▪ Cass. 1re civ., 18 janv. 2012, n° 11-12.863 : *JCP* N 2012, 1188, note Y. Delecraz ; *RJPF* févr. 2012, p. 27, note D. Martel ; *RTD civ.* 2012, 353, obs. Grimaldi). Il incombe aux juges du fond de rechercher si les avantages indirects consentis par un parent à un enfant, et résultant de l'occupation gratuite d'un logement, constituent des libéralités rapportables, dont la reconnaissance exige la preuve de l'intention libérale (▪ Cass. 1re civ., 18 janv. 2012, n° 10-27.325 : *JCP* N 2012, 1188, note Y. Delecraz ; *Defrénois* 2014, 762, obs. A. C.-T. ; *RTD civ.* 2012, 353, obs. Grimaldi). Dans le même sens pour la nécessaire constatation de l'appauvrissement du disposant et l'intention de gratifier, ▪ Cass. 1re civ., 20 mars 2013, n° 11-21.368 : *Dr. famille* 2013, comm. 93, obs. S.T.-C. ▪ Cass. 1re civ., 2 avr. 2014, n° 13-14.767 ; *JCP* N 2014, act. 522. ▪ Cass. 1re civ., 25 juin 2014, n° 13-16.409 : *Dr. famille* 2014, 131, note Beignier ; *JCP* G 2015, 165, obs. Le Guidec. Sur cette jurisprudence, V. M. Grimaldi, *Retour sur les donations de fruits et revenus (à propos de la mise à disposition d'un logement)* in *Mélanges Champenois : Lextenso-éditions*, 2012, p. 431. – H. Fabre et C. Lisanti, *La mise à disposition à titre gratuit d'un bien dans la sphère familiale : difficultés de qualification* : *JCP* N 2015, 1102 et 1103. Mais lorsque la mise à disposition d'un appartement par un père à son fils sans contrepartie financière relève d'un prêt à usage, elle est incompatible avec la qualification d'avantage indirect rapportable (▪ Cass. 1re civ., 11 oct. 2017, n° 16-21.419 : *JurisData* n° 2017-01986 ; *Dr. famille* 2017, comm. 248, M. Nicod ; *JCP* G 2017, 1251, J. Casey).

8) Intention libérale. Dès lors qu'elle se fonde sur le rapport des donations, une cour d'appel doit constater l'intention libérale des donateurs : ▪ Cass. 1re civ., 21 oct. 2015, n° 14-24.847 : *Bull.* ; V. aussi ▪ Cass. 1re civ., 4 nov. 2015, n° 14-24.052 ; ▪ Cass. 1re civ., 24 janv. 2018, n° 16-26.971, et jurispr. sous art. 894, p. 704. N'est pas rapportable l'assistance financière versée à sa fille par une mère qui a entendu ainsi respecter son obligation alimentaire, sans que son intention libérale ne soit établie (▪ *Cass. 1re civ., 15 nov. 2017, n° 16-26.395* : *JurisData* n° 2017-025504 ; *Dr. famille* 2018, comm. 39, M. Nicod).

9) Modes de preuve de l'intention libérale. Tous les modes de preuve sont admissibles pour établir que c'est avec une intention libérale que le défunt a consenti à un héritier un avantage indirect (▪ Cass. 1re civ., 19 mars 2014, n° 13-14.139 : *RDC* 2014, p. 446, obs. Ch. Goldie-Genicon ; *Defrénois* 2014, 762, obs. A. C.-T. ; *RJPF* 2014-6/29, note Sauvage : ici preuve que l'intention libérale était la cause de l'avantage tiré de l'occupation gratuite d'un appartement trouvée dans la volonté expressément exprimée par le défunt dans un testament olographe que cet avantage soit rapporté à sa succession, peu important que ce testament ait été révoqué par un testament postérieur).

10) Assurance-vie. Le capital comme les primes du contrat d'assurance sur la vie (et pour cette qualification donnée aux assurances placement, V. ▪ Cass. ch. mixte, 23 nov. 2004, 4 arrêts cités *infra*, sous C. assur., art. L. 132-13, p. 1916) ne sont pas soumis aux règles du rapport, à moins que celles-ci n'aient été manifestement exagérées (un tel caractère s'apprécie au moment du versement, au regard de l'âge, des situations patrimoniale et familiale du souscripteur ainsi que de l'utilité du contrat pour celui-ci : V. par ex. ▪ Cass. 1re civ., 7 nov. 2018, n° 17-26.566 et V. *infra*, sous C. assur., art. L. 132-13, p. 1916) et que les bénéficiaires soient héritiers *ab intestat* du souscripteur (▪ Cass. 1re civ., 8 mars 2017, n° 16-10.384 : *Bull.*).

Mais les dispositions des art. L. 132-12 et L. 132-13 C. assur. ne s'appliquent pas aux contrats de capitalisation, et l'épargne investie à ce titre est donc soumise à rapport (▪ Cass. 1re civ., 18 juill. 2000, n° 97-21.535 : *JurisData* n° 2000-003006 ; *JCP* G 2001, II, 10434 ; *Dr. famille* 2000, 149, 1er arrêt, note Leroy. V. sur cet arrêt J. Bigot : *JCP* G 2001, act. 49. – F. Sauvage et D. Faucher : *JCP* N 2000, 1683). V. aussi pour l'exclusion de la qualification d'assurance-vie, faute d'aléa, au sujet d'un contrat conclu par un individu hospitalisé et dans un état avancé de maladie, ▪ Cass. 1re civ., 4 juill. 2007 : *Dr. famille* 2007, comm. 176, note V. Nicolas ; *JurisData* n° 2007-039916 ; *JCP* G 2007, IV, 2685 ; *RJPF* oct. 2007, n° 28, note Casey).

11) Interposition d'une société. L'interposition d'une société ne fait pas obstacle au rapport à la succession d'une donation. Le rapport est alors dû en proportion du capital détenu par l'héritier gratifié (▪ Cass. 1re civ., 24 janv. 2018, n° 17-13.017 : *JurisData* n° 2018-000619 ; *Dr. famille* 2018, M. Nicod, comm. 102 ; *Bull.*).

12) Charge de la preuve d'une donation déguisée. C'est à l'héritier qui demande le rapport de prouver que le paiement d'un prix mentionné dans un acte de vente comme intervenu hors la vue du notaire n'a pas été effectif (▪ Cass. 1re civ., 11 mars 2009 : *Bull. civ.* I, n° 58 ; *Defrénois* 2009, 1386, note Vareille ; *RTD civ.* 2009, p. 563, obs. M. Grimaldi). Il incombe aux cohéritiers alléguant l'existence d'une donation déguisée de prouver que leurs parents avaient financé avec une intention libérale l'acquisition d'un bien par leur frère (■ Cass. 1re civ., 26 sept. 2012, n° 11-10.960 : *RJPF* 2012, 11/48, note J. Casey).

13) Droit à la preuve. Lettre missive. Une lettre missive produite en vue de prouver une libéralité rapportable ne peut être écartée des débats au titre du secret des correspondances sans rechercher si cette production n'était pas indispensable à l'exercice du droit à la preuve du demandeur et proportionnée aux intérêts antinomiques en présence (■ Cass. 1re civ., 5 avr. 2012, n° 11-14.177 : *Dr. famille* 2012, comm. 159, note Nicoletti).

14) Absence de prescription. La demande de rapport ne peut se prescrire avant la clôture des opérations de partage (■ Cass. 1re civ., 22 mars 2017, n° 16-16.894 : *Bull.*).

15) Montant du rapport. La donation doit être évaluée sous déduction des seules charges qui la grèvent (■ Cass. 1re civ., 16 juill. 1981, n° 80-13.028 : *JurisData* n° 1981-002405 ; *JCP* 81, IV, 360 ; *Bull. civ.* I, n° 262. – V. aussi sous art. 856 (ancien), annot. n° 2, p. 686). S'agissant d'une donation avec charge de rente viagère, seuls les arrérages effectivement payés, diminués des revenus retirés du bien donné jusqu'au jour du partage, sont déductibles de la valeur du bien donné à cette même date. Ces arrérages n'ont donc pas à être réévalués au jour du partage (■ Cass. 1re civ., 23 mars 1994, n° 92-14.370 : *JCP* 94, IV, 1407 ; *Bull. civ.* I, n° 114, p. 84). Les dispositions de l'article 815-10 sont étrangères au rapport des libéralités : cassation de l'arrêt ayant limité à cinq ans de valeur locative le rapport d'un avantage constitué de l'occupation gratuite d'un immeuble du défunt (■ Cass. 1re civ., 18 janv. 2012, n° 10-25.685 : *JCP* N 2012, 1188, note Y. Delecraz ; *RJPF* févr. 2012, p. 28, obs. D. Martel). En cas de donation faite par le défunt à l'héritier par interposition d'une société dont ce dernier est associé, le rapport est dû à la succession en proportion du capital qu'il détient (■ Cass. 1re civ., 24 janv. 2018, n° 17-13.017 : *JurisData* n° 2018-000619 ; *Bull.* ; *Defrénois* 2018, n° 42, p. 44, Chamoulaud-Trapiers).

II – DISPENSE DE RAPPORT

16) Forme. La dispense de rapport doit être *expresse mais la loi n'exige pas qu'elle soit formulée* en termes sacramentels, il suffit que la volonté d'affranchir de l'obligation du rapport l'héritier donataire venant à la succession résulte soit d'une disposition précise et spéciale, soit de la combinaison entre elles des différentes clauses de l'acte de donation, et il n'est pas interdit aux juges du fond de tenir compte des circonstances extérieures pour s'éclairer sur l'intention du disposant (■ Cass. req., 28 juin 1882 : *DP* 1885, 1, 27. – V. en ce sens ■ Cass. 1re civ., 24 oct. 1960, n° 58-11 220 : *JurisData* n° 1960-000454 ; *Bull. civ.* I, n° 454, p. 371). Cependant, lorsque la dispense est postérieure à l'acte initial de donation, elle doit être expressément acceptée dans les formes prescrites pour les donations (■ Cass. 1re civ., 29 juin 2011, n° 10-17.562 : *Defrénois* 2012, 300, obs. Vareille).

17) Donation déguisée. Si la donation déguisée n'est pas par elle-même et à raison du seul déguisement nécessairement dispensée de rapport il appartient au juge du fait d'examiner si la volonté du donateur a été de l'en dispenser (■ Cass. req., 11 janv. 1897 : *DP* 1897, 1, 473, note Guinée. ■ Cass. 1re civ., 1er juill. 1997, n° 95-14.499 : *JurisData* n° 1997-003184 ; *Defrénois* 1998, 417, obs. Champenois. V. aussi, précisant qu'il doit constater cette volonté, ■ Cass. 1re civ., 17 janv. 1995, n° 92-20.907 : *JurisData* n° 1995-000275 ; *D.* 1995, 585, note S. Aubert ; *JCP* 96, I, 3968, n° 6, obs. Le Guidec ; *Defrénois* 1996, 828, obs. Champenois. ■ Cass. 1re civ., 20 févr. 2001, n° 99-15.378 : *JurisData* n° 2001-008321 ; *Dr. famille* 2001, 42, note Beignier ; *D.* 2001, somm. 2939, obs. Vareille).

18) Don manuel. En matière de dons manuels, la dispense n'a pas besoin d'être expresse, mais elle doit résulter de l'intention nettement établie du donateur (■ Cass. req., 19 oct. 1903 : *DP* 1903, 1, 600). Pour une dispense résultant d'une lettre adressée par le donateur à son notaire, V. ■ CA Caen, 21 janv. 2014 : *JCP* N 2014, act. 280 ; *JurisData* n° 2014-001642.

19) Donations entre époux. Pour la dispense du conjoint survivant de rapporter à la succession des dons reçus de son époux, V. ■ CA Paris, 15 mai 2013, pourvoi rejeté par ■ Cass. 1re civ., 16 sept. 2014, n° 13-21.126 : *Dr. famille* 2014, 165, obs. Nicod. Sur l'imputation des libéralités faites au conjoint sur ses droits légaux, cf. art. 758-6, p. 594.

Art. 844 ***(Mod., L. n° 2006-728, 23 juin 2006).*** **– Les dons faits hors part successorale ne peuvent être retenus ni les legs réclamés par l'héritier venant à partage que jusqu'à concurrence de la quotité disponible : l'excédent est sujet à réduction.**

Rédaction antérieure. Art. 844 ***(L. n° 71-523, 3 juill. 1971).*** **–** Les dons faits par préciput ou avec dispense de rapport ne peuvent être retenus ni les legs réclamés par l'héritier venant à partage que jusqu'à concurrence de la quotité disponible : l'excédent est sujet à réduction.

Clause de rapport forfaitaire. V. ■ Cass. 1re civ., 5 déc. 2018, n° 17-27.982 : *Bull.* ; *Dr. famille* 2019, comm. 58, Tani ; *RTD civ.* 2019, 158, M. Grimaldi.

Art. 845 *(Mod., L. n° 2006-728, 23 juin 2006)*. – **L'héritier qui renonce à la succession peut cependant retenir le don entre vifs ou réclamer le legs à lui fait jusqu'à concurrence de la portion disponible à moins que le disposant ait expressément exigé le rapport en cas de renonciation.**

Dans ce cas, le rapport se fait en valeur. Lorsque la valeur rapportée excède les droits qu'il aurait dû avoir dans le partage s'il y avait participé, l'héritier renonçant indemnise les héritiers acceptants à concurrence de cet excédent.

Rédaction antérieure. Art. 845. – L'héritier qui renonce à la succession peut cependant retenir le don entre vifs ou réclamer le legs à lui fait jusqu'à concurrence de la portion disponible.

Art. 846 *(Rempl., L. n° 2006-728, 23 juin 2006)*. – **Le donataire qui n'était pas héritier présomptif lors de la donation, mais qui se trouve successible au jour de l'ouverture de la succession, ne doit pas le rapport, à moins que le donateur ne l'ait expressément exigé.**

Rédaction antérieure. Art. 846. – Le donataire qui n'était pas héritier présomptif lors de la donation, mais qui se trouve successible au jour de l'ouverture de la succession, doit également le rapport, à moins que le donateur ne l'en ait dispensé.

Art. 847. – **Les dons et legs faits au fils de celui qui se trouve successible à l'époque de l'ouverture de la succession, sont toujours réputés faits avec dispense du rapport.**

Le père venant à la succession du donateur, n'est pas tenu de les rapporter.

Application. V. ■ Cass. 1re civ., 6 mars 2019, n° 18-13.236 : *Bull.* ; *AJ fam.* 2019, p. 223, N. Levillain.

Art. 848. – **Pareillement, le fils venant de son chef à la succession du donateur, n'est pas tenu de rapporter le don fait à son père, même quand il aurait accepté la succession de celui-ci ; mais si le fils ne vient que par représentation, il doit rapporter ce qui avait été donné à son père, même dans le cas où il aurait répudié sa succession.**

1) Héritier venant par représentation. Dans le cas où certains représentants ont accepté la succession et où d'autres y ont renoncé, l'obligation de rapporter pèse en totalité sur l'héritier qui vient à la succession par représentation de son père et cet héritier ne peut rien répéter contre ses frères et sœurs renonçants qui sont devenus étrangers à la souche comme à la succession (■ Pau, 9 févr. 1885 : *DP* 1886, 1, 241, note Poncet).

2) Héritiers venant de leur chef. Le défunt n'ayant eu qu'un fils, les deux enfants de ce fils unique, seuls héritiers de leur grand-père, venaient à la succession de celui-ci, non pas en représentation de leur père, mais de leur chef, de sorte qu'ils n'étaient pas tenus de rapporter les donations dont ce dernier avait bénéficié (■ Cass. 1re civ., 25 sept. 2013, n° 12-17.556 : *Bull. civ.* ; *JCP* G 2013, 1040 ; *JCP* N 2013,1279, note M. Nicod ; *RJPF* 2013, 11/33, note F. Sauvage ; *Defrénois* 2015, 387, obs. B. Vareille ; *RTD civ.* 2013, p. 875, obs. M. Grimaldi).

Art. 849. – **Les dons et legs faits au conjoint d'un époux successible, sont réputés faits avec dispense du rapport.**

Si les dons et legs sont faits conjointement à deux époux, dont l'un seulement est successible, celui-ci en rapporte la moitié ; si les dons sont faits à l'époux successible, il les rapporte en entier.

V. pour une application des articles 847 et 849, al. 1er, ■ Cass. 1re civ., 10 oct. 1995, n° 93-18.782 : *JurisData* n° 1995-002462 ; *JCP* 95, IV, 2524 ; *Bull. civ.* I, n° 359, p. 250 ; *RTD civ.* 1996, 448, obs. Patarin.

Art. 850. – **Le rapport ne se fait qu'à la succession du donateur.**

1) Donation de biens communs. Le rapport doit se faire partiellement à chacune des successions des donataires d'un bien commun (■ Cass. *1re civ., 12 juill. 1989, n° 88-13.446 : JurisData* n° 1989-702855 ; *JCP* 1989, IV, 350 ; *Bull. civ.* I, n° 292, p. 194 ; *D.* 1989, p. 525, 3e esp., note Morin. ■ Cass. 1re civ., 14 déc. 2004 : *JCP* G 2005, IV, 1222 ; *Bull. civ.* I, n° 324, p. 269 ; *JurisData* n° 2004-026153). Sauf clause particulière, la donation de biens communs est rapportable par moitié à la succession de chacun des époux codonateurs (■ Cass. 1re civ., 17 avr. 2019, n° 18-16.577 : *Bull.*).

2) Prescription de la demande. La demande de rapport ne peut se prescrire avant la clôture des opérations de partage (■ Cass. 1re civ., 22 mars 2017, n° 16-16.894 : *Bull.* ; *RTD civ.* 2017, 461, M. Grimaldi).

Art. 851 *(Mod., L. n° 2006-728, 23 juin 2006).* – **Le rapport est dû de ce qui a été employé pour l'établissement d'un des cohéritiers, ou pour le payement de ses dettes.**

Il est également dû en cas de donation de fruits ou de revenus, à moins que la libéralité n'ait été faite expressément hors part successorale.

Bibliographie : N. Randoux et P. Caignault, *Les fruits et revenus à l'épreuve du rapport : JCP* N 2012, 1241.

Acquisition par un père de ses deniers au nom de son fils. L'acquisition faite par un père de ses deniers au nom de son fils constitue un avantage indirect sujet à rapport bien que le prix ait été déclaré payé des deniers de l'enfant, dès lors qu'il est établi que celui-ci n'avait notoirement aucun moyen de l'acquitter (▪ Paris, 15 janv. 1957 : *JCP* 57, IV, 138).

Art. 852 *(Rempl., L. n° 2006-728, 23 juin 2006).* – **Les frais de nourriture, d'entretien, d'éducation, d'apprentissage, les frais ordinaires d'équipement, ceux de noces et les présents d'usage ne doivent pas être rapportés, sauf volonté contraire du disposant.**

Le caractère de présent d'usage s'apprécie à la date où il est consenti et compte tenu de la fortune du disposant.

Rédaction antérieure. Art. 852. – Les frais de nourriture, d'entretien, d'éducation, d'apprentissage, les frais ordinaires d'équipement, ceux de noces et présents d'usage, ne doivent pas être rapportés.

1) Obligation du défunt (non). Besoins du successible (non). La dispense de rapport prévue par l'article 852 peut être invoquée même s'il n'existait pour le défunt aucune obligation de payer les frais désignés par ce texte et si le successible avantagé avait les ressources suffisantes pour les acquitter (▪ Cass. civ., 27 janv. 1904 : *DP* 1904, 1, 521, 2e esp.).

2) Volonté contraire du défunt. Les frais d'entretien doivent être rapportés si le défunt en a manifesté la volonté (▪ Cass. req., 29 juin 1921 : *DP* 1922, 1, 66).

3) Présents d'usage. Les présents d'usage sont des cadeaux n'excédant pas une certaine valeur qui sont faits à l'occasion de certains événements et conformément à un certain usage, éléments qui doivent être relevés par les juges du fond (▪ Cass. 1re civ., 6 déc. 1988, n° 87-15.083 : *JurisData* n° 1988-703263 ; *Bull. civ.* I, n° 347, p. 236. – V. aussi ▪ Cass. 1re civ., 30 déc. 1952 : *JCP* 53, II, 7475, note Mihura. ▪ Cass. 1re civ., 10 mai 1995, n° 93-15.187 : *JurisData* n° 1995-001014 ; *JCP* 1996, I, 3968, n° 7, obs. Le Guidec ; *Bull.* I, n° 197, p. 141 ; *RTD civ.* 1995, 662, obs. Patarin ; *D.* 1996, 262, note Tendler ; *Defrénois* 1996, 1279, note Bernard de Saint Affrique, aquarelles d'une valeur de 70 000 F). Pour exclure la qualification de donation rapportable et retenir celle de présents d'usage les juges du fond doivent préciser à l'occasion de quel événement et selon quel usage les cadeaux ont été faits (▪ Cass. 1re civ., 25 sept. 2013, n° 12-17.556 : *JCP* G 2013, 1040 ; *Dr. famille* 2013, chron. Egéa ; *JCP* N 2013, 1279, note M. Nicod). Le caractère de présent d'usage doit s'apprécier en se plaçant à l'époque de la donation et en fonction de la fortune du donateur (▪ Paris, 11 avr. 2002, n° 2001/03791 : *JurisData* n° 2002-178548 ; *Dr. famille* 2002, 104, 1er arrêt, note Beignier, chèque de 100 000 F à chacun des enfants, présent d'usage admis. ▪ Montpellier, 16 août 2001, n° 00/01653 : *JurisData* n° 2001-175190 ; *Dr. famille* 2002, 104, 2e arrêt, solitaire acheté 135 000 F et donné à l'épouse, présent d'usage non admis). Sur la distinction entre cadeau d'usage et souvenir de famille, V. ▪ Cass. 1re civ., 20 juin 1961 : *JurisData* n° 1961-000326 ; *JurisData* n° 1961-000326 ; *JurisData* n° 1961-000326 ; *JCP* 61, II, 12352, note Ponsard. ▪ Cass. 1re civ., 19 déc. 1979 : *JurisData* n° 1979-799111 ; *D.* 1981, 449, note Foulon-Piganiol.

4) Frais de nourriture et d'entretien. Les sommes versées par le père à son fils qui l'héberge sont des frais de nourriture et d'entretien dispensés du rapport par l'article 852, lequel ne fait aucune distinction selon le bénéficiaire de ces frais (▪ Riom, 9 mai 2000, n° 99/02125 : *JurisData* n° 2000-122625 ; *Dr. famille* 2001, 21, note Beignier). Et pour l'absence de rapport des frais de nourriture et d'entretien de l'un des enfants resté chez ses parents jusqu'à leur décès, en l'absence de volonté de ceux-ci d'obliger leur fille au rapport, ▪ Cass. 1re civ., 3 mars 2010 : JurisData n° 2010-001113 ; *D.* 2010, 2402, obs. Nicod ; *Dr. famille* 2010, comm. 62, note Beignier ; *JCP* G 2011, p. 449, obs. Le Guidec ; *JCP* N 2010, 1184 note Barabé-Bouchard ; *Defrénois* 2011, p. 721, obs. Vareille ; *RTD civ.* 2010, p. 604, obs. M. Grimaldi. V. aussi pour l'absence de rapport de sommes constitutives de frais d'entretien représentant l'expression d'un devoir familial sans pour autant entraîner un appauvrissement significatif du disposant, ▪ Cass. 1re civ., 1er févr. 2012, n° 10-25.546 : *Dr. famille* 2012, 72, note Beignier ; *RTD civ.* 2012, 352, obs. M. Grimaldi).

Art. 853. – **Il en est de même des profits que l'héritier a pu retirer de conventions passées avec le défunt, si ces conventions ne présentaient aucun avantage indirect, lorsqu'elles ont été faites.**

Art. 854. – **Pareillement, il n'est pas dû de rapport pour les associations faites sans fraude entre le défunt et l'un de ses héritiers, lorsque les conditions en ont été réglées par un acte authentique.**

1) **Contrat de société. Absence d'acte authentique.** Si l'existence d'un acte authentique constitue une présomption de dispense de rapport pour les avantages consentis à un successible dans une société, la règle d'après laquelle les tribunaux peuvent décider que le donateur a eu l'intention de dispenser le donataire du rapport s'applique au cas où les avantages ne sont pas dispensés de rapport en vertu de l'article 854 (▪ Cass. req., 23 juin 1919 : *DP* 1920, 1, 159).

2) **Bénéfices constituant une rétribution pour l'héritier.** Même en l'absence d'acte authentique, les bénéfices obtenus par l'héritier n'ont pas à être rapportés s'il est établi qu'ils ne constituent pas des libéralités et doivent être considérés comme une juste rétribution du concours apporté par l'héritier dans l'administration des affaires sociales et des risques courus par ses capitaux (▪ Cass. civ., 17 août 1864 : *DP* 1865, 1, 304. – V. en ce sens ▪ Douai, 21 juin 1906 : *DP* 1908, 2, 225, note Planiol).

Art. 855 *(L. n° 71-523, 3 juill. 1971)*. – **Le bien qui a péri par cas fortuit et sans faute du donataire n'est pas sujet à rapport.**

Toutefois, si ce bien a été reconstitué au moyen d'une indemnité perçue en raison de sa perte, le donataire doit le rapporter dans la proportion où l'indemnité a servi à sa reconstitution.

Si l'indemnité n'a pas été utilisée à cette fin, elle est elle-même sujette à rapport.

Art. 856 *(Rempl., L. n° 2006-728, 23 juin 2006)*. – **Les fruits des choses sujettes à rapport sont dus à compter du jour de l'ouverture de la succession.**

Les intérêts ne sont dus qu'à compter du jour où le montant du rapport est déterminé.

Rédaction antérieure. Art. 856. – Les fruits et les intérêts des choses sujettes à rapport ne sont dus qu'à compter du jour de l'ouverture de la succession.

Bibliographie : C. Fénardon, *Les fruits et intérêts dans le rapport et la réduction* : *JCP* N 2008, 1300.

1) **Rapport en valeur sous forme d'indemnité (droit antérieur).** Lorsque le rapport se fait en valeur sous forme d'une indemnité, celle-ci n'est productive d'intérêts que du jour où elle est déterminée (▪ Cass. 1re civ., 27 janv. 1987, n° 85-15.336 : *JurisData* n° 1987-000066 ; *Bull. civ.* I, n° 36, p. 25 ; *D.* 1987, 253, note Morin ; *RTD civ.* 1987, 578, obs. Patarin. ▪ Cass. 1re civ., 4 oct. 1988, n° 86-15.243 : *JurisData* n° 1988-701693 ; *Bull. civ.* I, n° 272, p. 187 ; *D.* 1989, p. 119, note Morin ; *RTD civ.* 1990, p. 128, obs. Patarin. ▪ Cass. 1re civ., 16 oct. 2001 : *Dr. famille* 2002, 13, 2e arrêt, note Beignier ; *JurisData* n° 2001-011397). Viole l'article 856 la cour d'appel qui décide que les sommes à rapporter du chef des biens donnés en avancement d'hoirie porteraient intérêts à compter de l'arrêt attaqué et seulement dans la mesure où le total excéderait la part successorale du donataire, la fraction venant en dépassement étant seule productrice d'intérêts, alors que l'indemnité de rapport était de la valeur des biens donnés et que, dès lors, son montant se trouvait arrêté au jour de l'ouverture de la succession, de sorte qu'elle était productrice d'intérêts, dans son intégralité, à compter de ce jour (▪ Cass. 1re civ., 14 mai 1992 : *JCP* 92, IV, 1961 ; *Bull. civ.* I, n° 142, p. 96 ; *RTD civ.* 1993, 175, obs. Patarin). En cas de rapport en valeur, l'indemnité de rapport comprend une indemnité équivalente aux fruits perçus à compter du jour de l'ouverture de la succession (▪ Cass. 1re civ., 5 avr. 2005 : *Bull. civ.* I, n° 175, p. 148 ; *JurisData* n° 027911 ; *RTD civ.* 2005, 441, obs. Grimaldi).

2) **Déduction des charges. Prise en compte des revenus.** Pour l'évaluation d'une donation avec charge, le montant de cette charge n'est déductible qu'après avoir été diminué des revenus tirés par le donataire du bien donné (▪ Cass. 1re civ., 24 nov. 1987, n° 85-18.285 : *JurisData* n° 1987-001977 ; *D.* 1988, 260, note Morin ; *JCP* 89, II, 211932, note Testu).

3) **Point de départ des intérêts (droit antérieur).** Les intérêts des dettes sujettes à rapport, même si elles sont nées postérieurement à l'indivision, sont dus de plein droit à compter de l'ouverture de la succession (▪ Cass. 1re civ., 5 avr. 2005 : *JCP* 2005, IV, 2200 ; *JurisData* n° 027911 ; *Bull. civ.* I, n° 175, p. 148. ▪ Cass. 1re civ., 21 mars 2000, n° 98-15.650 : *JurisData* n° 2000-001120 ; *Bull. civ.* I, n° 96, p. 64).

4) **Date d'exigibilité des intérêts. Capitalisation. Droit antérieur.** Le paiement des som-

mes sujettes au rapport n'étant pas exigible avant le partage dont il constitue une opération, il ne peut être imposé à l'héritier tenu au rapport, pendant le cours de l'indivision, de s'acquitter des intérêts de la somme due (■ Cass. 1re civ., 23 mars 1994, n° 92-12.574 : *JCP* 94, IV, 1389 ; *Bull. civ.* I, n° 115, p. 85 ; *RTD civ.* 1994, 912, obs. Patarin). Mais cela ne fait pas obstacle à la capitalisation de ces intérêts (même arrêt).

5) Rapport dû à raison d'un don ou d'une autre cause (droit antérieur). Le sort des intérêts sur les choses sujettes à rapport n'est pas différent selon que le rapport est dû à raison d'un don ou d'une autre cause (■ Cass. 1re civ., 28 févr. 1995, n° 92-21.694 : *JurisData* n° 1995-000499 ; *JCP* 95, IV, 1068 ; *Bull. civ.* I, n° 108, p. 77, héritier ayant encaissé un bon de caisse postérieurement à l'ouverture de la succession). L'héritier mandataire tenu de restituer les sommes qu'il a perçues pour le compte du défunt doit les intérêts à compter de l'ouverture de la succession et non à compter de la sommation de payer (■ Cass. 1re civ., 21 nov. 1995 : *JCP* 96, IV, 98 ; *Bull. civ.* I, n° 426, p. 297). Le notaire n'étant pas propriétaire des fonds qu'il détient pour le compte de l'indivision, l'héritier qui se fait consentir des avances sur ces deniers contracte une dette envers ses coïndivisaires et leur doit des intérêts (■ Cass. 1re civ., 29 nov. 1989, n° 87-11.680 : *JurisData* n° 1989-003923 ; *JCP* 90, II, 21590, note Salvage ; *RTD civ.* 1990, 536, obs. Patarin. ■ Cass. 1re civ., 6 mai 1997, n° 94-18.446 : *JCP* 97, II, 22932, note Loiseau ; *Bull. civ.* I, n° 150, p. 101 ; *RTD civ.* 1998, 164, obs. Patarin).

6) État du bien donné. L'obligation de tenir compte à la succession des fruits et intérêts des choses sujettes à rapport suppose que le bien donné soit, au jour de la donation, dans un état lui permettant de produire un revenu (■ Cass. 1re civ., 14 mars 2006 : *Bull. civ.* I, n° 163, p. 145 ; *JCP* G 2006, IV, 1805 ; *JurisData* n° 2006-032651 ; *RTD civ.* 2006, 809, obs. Grimaldi, biens ne pouvant être loués en l'état et devenus frugifères du fait du donataire).

Art. 857. – Le rapport n'est dû que par le cohéritier à son cohéritier ; il n'est pas dû aux légataires, ni aux créanciers de la succession.

1) Légataires. Sur le principe que le rapport n'est pas dû aux légataires, V. ■ Cass. 1re civ., 1er juill. 2003 : *JurisData* n° 2003-019696 ; *JCP* G 2004, I, 155 ; *JCP* N 2004, n° 6, 1489, obs. Le Guidec ; *Dr. famille* 2003, 108, 1er arrêt, note Beignier ; *Bull. civ.* I, n° 155, p. 122 ; *D.* 2004, somm. 2339, obs. Vareille. Les légataires même universels ne peuvent ni réclamer le rapport ni même en profiter quand il est effectué à la requête de ceux à qui il était dû (■ Cass. civ., 8 janv. 1934 : *DH* 1934, 148).

2) Héritier créancier. Compensation (non). Il résulte du principe posé par l'article 857 que l'héritier qui se trouve en même temps créancier de la succession ne peut profiter du rapport que comme copartageant mais non pour se payer de sa créance (■ Cass. req., 8 mai 1867 : *DP* 1867, 1, 309, rapp. Nachet).

3) Action oblique. Le droit de demander le rapport peut être exercé au nom de chaque héritier par ses créanciers personnels suivant la voie oblique de l'article 1166 [1341-1] du Code civil (■ Cass. 1re civ., 12 mars 1968 : *JCP* 68, IV, 70 ; *Bull. civ.* I, n° 97, p. 78).

Art. 858 ***(Mod., L. n° 2006-728, 23 juin 2006).*** **– Le rapport se fait en moins prenant, sauf dans le cas du deuxième alinéa de l'article 845.**

Il ne peut être exigé en nature, sauf stipulation contraire de l'acte de donation.

Dans le cas d'une telle stipulation, les aliénations et constitutions de droits réels consenties par le donataire s'éteindront par l'effet du rapport à moins que le donateur n'y ait consenti.

> **Rédaction antérieure. Art. 858** ***(L. n° 71-523, 3 juill. 1971).*** – Le rapport se fait en moins prenant. Il ne peut être exigé en nature sauf stipulation contraire de l'acte de donation.
>
> Dans le cas d'une telle stipulation, les aliénations et constitutions de droits réels consenties par le donataire s'éteindront par l'effet du rapport à moins que le donateur n'y ait consenti.

Art. 859 ***(L. n° 71-523, 3 juill. 1971).*** **– L'héritier a aussi la faculté de rapporter en nature le bien donné qui lui appartient encore à condition que ce bien soit libre de toute charge ou occupation dont il n'aurait pas déjà été grevé à l'époque de la donation.**

1) Indivisibilité de l'option. L'héritier ne peut rapporter une partie du bien donné en nature et l'autre partie en valeur (■ Nancy, 14 févr. 1996 : *JurisData* n° 1996-045649 ; *Dr. famille* 1998, 45, note Beignier).

2) Clause contraire. Si l'acte de donation peut écarter la faculté offerte à l'héritier de rapporter en nature, tel n'est pas le cas d'une clause qui se borne à reproduire les dispositions légales du rapport en moins prenant en indiquant qu'il est de la valeur du bien à l'époque du partage d'après son état à l'époque de la donation (■ Cass. 1re civ., 12 janv. 2011, n° 09-15.298 : *Dr. famille* 2011, n° 40, note Beignier ; *Defrénois* 2011, p. 773, chron. Autem ; *RTD civ.* 2011, 573, obs. Grimaldi).

Art. 860 *(L. n° 71-523, 3 juill. 1971 ; mod., L. n° 2006-728, 23 juin 2006).* **– Le rapport est dû de la valeur du bien donné à l'époque du partage, d'après son état à l'époque de la donation.**

Si le bien a été aliéné avant le partage, on tient compte de la valeur qu'il avait à l'époque de l'aliénation. Si un nouveau bien a été subrogé au bien aliéné, on tient compte de la valeur de ce nouveau bien à l'époque du partage, d'après son état à l'époque de l'acquisition. Toutefois, si la dépréciation du nouveau bien était, en raison de sa nature, inéluctable au jour de son acquisition, il n'est pas tenu compte de la subrogation.

Le tout sauf stipulation contraire dans l'acte de donation.

S'il résulte d'une telle stipulation que la valeur sujette à rapport est inférieure à la valeur du bien déterminé selon les règles d'évaluation prévues par l'article 922 ci-dessous, cette différence forme un avantage indirect acquis au donataire et hors part successorale.

> **Rédaction antérieure. Art. 860** *(L. n° 71-523, 3 juill. 1971).* – Le rapport est dû de la valeur du bien donné à l'époque du partage, d'après son état à l'époque de la donation.
> Si le bien a été aliéné avant le partage, on tiendra compte de la valeur qu'il avait à l'époque de l'aliénation et, si un nouveau bien a été subrogé au bien aliéné, de la valeur de ce nouveau bien à l'époque du partage.
> Le tout sauf stipulation contraire dans l'acte de donation.
> S'il résulte d'une telle stipulation que la valeur sujette à rapport est inférieure à la valeur du bien déterminé selon les règles d'évaluation prévues par l'article 922 ci-dessous, cette différence forme un avantage indirect acquis au donataire par préciput et hors part.

Bibliographie : M. Grimaldi, *La portée des clauses diminuant le rapport dû par le donataire : Defrénois* 1990, 3. • M. Grimaldi, *Donation de titres sociaux et subrogation réelle : Defrénois* 2015, 295. • B. Vareille, *Étude critique de l'article 860, alinéa 4, du Code civil : Études offertes à P. Catala*, Litec 2001, p. 397. • B. Vareille, *L'état d'un terrain donné et la mise en œuvre de la liquidation successorale : Defrénois* 2015, 180. • Ch. Vernières, *La donation avec stipulation d'une clause de rapport forfaitaire : Dr. et patrimoine* 2016, 254.

1) Donation en nue-propriété. Doit être cassé l'arrêt qui a homologué l'état liquidatif dans lequel figurent à la masse active les droits immobiliers donnés en avancement d'hoirie avec réserve d'usufruit pour leur valeur en nue-propriété à la date de la donation alors qu'après extinction de l'usufruit le donataire se trouvait investi par l'effet même de la donation de la toute propriété des parts indivises dont il avait été gratifié (■ Cass. 1re civ., 5 févr. 1975 : *JurisData* n° 1975-000052 ; *JCP* 76, II, 18249, note Dagot). En cas de donation en nue-propriété avec réserve d'usufruit au profit du donateur, la valeur à prendre en compte est celle de la pleine propriété du bien (■ Cass. 1re civ., 28 sept. 2011, n° 10-20.354 : *Dr. famille* 2011, comm. 172, note Beignier).

2) Bien loué au moment de la donation. Sur la prise en compte du fait que le bien donné faisait l'objet d'un bail au moment de la donation, V. ■ Cass. 1re civ., 22 sept. 1982 : *JurisData* n° 1982-702088 ; *Defrénois* 1984, 110, note Guimbellot. Mais *le bien loué à* l'héritier débiteur du rapport doit être estimé comme libre de bail : ■ Cass. *1re civ.*, 21 oct. 2015, n° 14-24.926 : *Bull.* ; *Rev. Lamy dr. civ.* 2016, 133, obs. V. Zalewski-Sicard.

3) Avantage indirect résultant de l'article 860, al. 4. Même en l'absence d'intention libérale établie, l'avantage indirect résultant de la différence entre la valeur sujette à rapport et la valeur du bien calculée au jour de l'ouverture de la succession, conformément à l'article 922, est acquis au donataire par préciput et hors part (■ Cass. 1re civ., 1er oct. 1986, n° 94-18.019 : *JurisData* n° 1996-003617 ; *JCP* 87, II, 20867, note Dagot ; *Defrénois* 1987, 305, obs. Massip ; *D.* 1987, somm. 124, obs. Martin ; *RTD civ.* 1987, 582, obs. Patarin).

4) Changement dans la destination du bien depuis la donation. Il résulte de l'article 860, al. 1er, qu'en cas de changement dans la destination du bien depuis la date de la donation, il ne peut être tenu compte de ce changement que s'il résulte d'une cause fortuite et étrangère à l'industrie du gratifié, et non s'il résulte de l'initiative du donataire (■ Cass. 1re civ., 31 oct. 1989, n° 87-17.948 : *JurisData* n° 1989-703606 ; *JCP* 89, IV, 423 ; *Bull. civ.* I, n° 338, p. 226 ; *RTD civ.* 1990, 694, obs. Patarin). V. pour un terrain initialement constructible et devenu inconstructible par suite d'un classement en zone à vocation agricole, ■ Cass. 1re civ., 22 oct. *2014, n° 13-24.911 : Dr. famille* 2015, 18, obs. S.T.-C. ; *JCP* N 2014, act. 1158.

5) Disparition d'un facteur de diminution de la valeur du bien donné. Il n'y a pas lieu de retenir une moins-value dans l'évaluation de la valeur du bien donné à rapporter, dès lors qu'à l'époque du partage l'état de ce bien est modifié pour une cause étrangère à l'activité du gratifié (■ Cass. 1re civ., 29 mai 2013, n° 12-11.821 : *Dr. famille* 2013, comm. 122, note B. Beignier ; *JCP* N 2013, act. 677 ; *JurisData* n° 2013-010712).

6) Changement hypothétique de destination de l'objet de la donation. Des perspectives hypothétiques de constructibilité ne peuvent être prises en compte pour évaluer un terrain qui n'est toujours pas constructible à l'époque du partage (■ Cass. 1re civ., 13 févr. 2013, n° 11-24.138 : *RJPF* 2013-4/38, obs. D. Martel).

7) Travaux effectués par le donataire. Il incombe aux juges du fond de rechercher la valeur que le bien aurait eue à l'époque du partage dans l'état où il se trouvait au moment de la donation, sans qu'il y ait lieu de s'attacher aux travaux réalisés par le donataire (■ Cass. 1re civ., 14 janv. 2015, n° 13-24.921 : *Dr. famille* 2015, 54, note Nicod).

8) Clause pénale d'un testament. Demande d'évaluation du bien donné. Dès lors que la donation a été consentie en avancement d'hoirie, il est nécessaire d'évaluer le bien donné pour que le donataire en rapporte la valeur. La condition du testament prévoyant qu'en cas de contestation de la donation, la quotité disponible serait léguée au donataire ne peut recevoir application en cas de demande d'évaluation présentée par les cohéritiers qui n'ont pas contesté la validité de la donation (■ Cass. 1re civ., 19 mars 1996, n° 94-13.119 : *JurisData* n° 1996-005709 ; *JCP* 96, IV, 1154 ; *Bull.* I, n° 145, p. 101).

9) Clause de rapport forfaitaire. La circonstance que la somme donnée est destinée à acquérir un bien n'est pas de nature à priver d'effet la clause par laquelle les donateurs, dérogeant aux dispositions de l'article 860, ont prévu que le rapport sera de la valeur représentée par 779 quintaux de blé (■ Cass. 1re civ., 19 mai 1998, n° 96-12.408 : *JurisData* n° 1998-002139 ; *JCP* G 99, I, 132, n° 8, obs. Le Guidec ; *JCP* N 98, 1542 ; *Bull. civ.* I, n° 177, p. 118 ; *Dr. famille* 1998, 126, 1er arrêt, note Beignier ; *RTD civ.* 1998, 959, obs. Patarin). Pour la réduction, V. ■ Cass. 1re civ., 5 déc. 2018, n° 17-27.982 : *Bull.* ; *RTD civ.* 2019, 158, M. Grimaldi. V. *supra*, Bibliographie.

10) Alsace-Lorraine. L'article 73 de la loi civile d'introduction en Alsace-Lorraine de 1924, qui prévoit que l'estimation d'une exploitation agricole donnée ou léguée par un Alsacien-Lorrain à un successible en ligne directe se fait sur la base du revenu net moyen de l'exploitation à l'époque de l'ouverture de la succession, ne concerne que la réduction des libéralités et est étranger au rapport (■ Cass. 1re civ., 23 janv. 1996, n° 94-11.009 : *JurisData* n° 1996-000112 ; *JCP* 96, IV, 580 ; *Bull. civ.* I, n° 33, p. 21).

11) Aliénation du bien donné. Évaluation en fonction de l'état au jour de la donation. Il résulte de l'article 860, alinéas 1 et 2, que si le gratifié aliène le bien donné, le rapport portera sur la valeur de ce bien à l'époque de l'aliénation, d'après l'état qu'il avait au jour de la donation (■ Cass. 1re civ., 27 juin 2000, n° 98-14.886 : *JurisData* n° 2000-002687 ; *JCP* 2000, IV, 2426 ; *Dr. famille* 2000, 133, note Beignier ; *Bull. civ.* I, n° 202, p. 131 ; *D.* 2001, somm. 2941, obs. Vareille).

12) Valeur vénale du bien au jour du partage. La cour d'appel, qui a constaté que la croissance du marché de l'immobilier était de nature à affecter les évaluations proposées par l'expert judiciaire, a pu décider que ces évaluations seraient majorées en fonction de la valeur de l'indice trimestriel du coût de la construction (■ Cass. 1re civ., 25 juin 2008, n° 07-17.766 : *Bull. civ.* I, n° 183 ; *RTD civ.* 2009, 153, obs. Grimaldi). Comp. antérieurement, écartant l'indexation et estimant que la valeur vénale est constituée par le prix qui pourrait être obtenu par le jeu de l'offre et de la demande, dans un marché réel, compte tenu de l'état des biens avant la mutation et des clauses de l'acte le constatant (■ Cass. 1re civ., 4 oct. 2005, n° 02-16.576 : *JCP* 2005, IV, 3345 ; *JurisData* n° 2005-030066 ; *Bull. civ.* I, n° 362, p. 301 ; *RTD civ.* 2005, 811, obs. Grimaldi). La valeur à retenir est celle la plus proche du partage, donc celle où la cour d'appel statue et non celle du jugement de première instance : ■ Cass. 1re civ., 8 juin 2016, n° 15-21.535.

13) Clause de valeur au jour du décès. La clause d'une donation stipulant que le rapport serait dû de la valeur du bien donné au jour du décès du donateur ne visant que la valeur du bien, encourt la cassation l'arrêt qui refuse, pour l'évaluation, de tenir compte de l'état dans lequel se trouvait le bien au moment de la donation (■ Cass. 1re civ., 17 nov. 2010, n° 09-13.213 : *Defrénois* 2011, p. 724, obs. Vareille).

Art. 860-1 *(Anc. art. 869, dénum., L. n° 2006-728, 23 juin 2006).* **– Le rapport d'une somme d'argent est égal à son montant. Toutefois, si elle a servi à acquérir un bien, le rapport est dû de la valeur de ce bien, dans les conditions prévues à l'article 860.**

1) Rapport de somme d'argent. Principe. Sur le principe que le rapport d'une somme d'argent est égal au montant de celle-ci augmentée des intérêts au taux légal, V. ■ Cass. 1re civ., 29 juin 1983, n° 82-11.982 : *JurisData* n° 1983-701507 ; *JCP* 83, IV, 290.

2) **Rapport de dettes.** Le rapport de dettes prévu par l'article 829 (anc.) n'est qu'une technique de règlement qui n'obéit pas aux règles de l'article 869 (anc.), lequel concerne exclusivement le rapport de dons (■ Cass. 1re civ., 29 juin 1994, n° 92-15.253 : *JurisData* n° 1994-002929 ; *Bull. civ.* I, n° 233, p. 169 ; *D.* 1995, 88, note Grimaldi ; *JCP* 95, I, 3876, n° 5, obs. Le Guidec ; *RTD civ.* 1995, 161, obs. Patarin. V. en ce sens ■ Cass. 1re civ., 13 janv. 1998, n° 96-11.688 : *JurisData* n° 1998-000261 ; *Dr. famille* 1998, 126, 2e arrêt, note Beignier. ■ Cass. 1re civ., 4 juin 2007, n° 05-15.253 : *JurisData* n° 2007-039216 ; *JCP* G 2007, IV, 2435 : montant du rapport égal au nominal de la somme prêtée).

3) **Améliorations apportées depuis la donation.** Lorsqu'il a été fait don d'une somme d'argent ayant servi à acquérir un bien, il résulte des articles 860 et 869 que le rapport dû est de la valeur du bien à l'époque du partage, d'après son état à l'époque de l'acquisition, en tenant compte, à concurrence du profit subsistant, des améliorations qui lui ont été apportées, depuis la donation, pour une cause étrangère au fait du gratifié (■ Cass. 1re civ., 30 juin 1992, n° 90-19.052 : *JurisData* n° 1992-001510 ; *JCP* 92, IV, 2557 ; *Bull. civ.* I, n° 214, p. 142 ; *RTD civ.* 1993, 631, obs. Patarin). Mais jugé que l'auteur d'une donation-partage ne peut imposer par testament le rapport des améliorations apportées par lui dans les immeubles dont il s'est réservé l'usufruit (■ Paris, 2 mai 1994 : *JurisData* n° 1994-021540 ; *RTD civ.* 1994, 658, obs. Patarin).

4) **Conflit de juridictions.** Selon la loi française de qualification du for, au cas où les deniers litigieux ont servi à l'acquisition d'un bien, le rapport n'est dû que de la valeur de ce bien ; il s'agit, non pas d'une restitution en nature, mais d'une dette de valeur qui présente un caractère mobilier ; la compétence juridictionnelle est donc déterminée par le lieu de domicile du défunt (■ Cass. 1re civ., 3 déc. 1996, n° 94-13.744 : *JurisData* n° 1996-004660 ; *JCP* 97, IV, 187 ; *Bull. civ.* I, n° 426, p. 298).

5) **Dons manuels ayant financé une construction.** La donataire ayant acquis un terrain sans aide financière, et les dons manuels faits par ses parents ayant servi ensuite à financer la construction dans une proportion qui n'est pas établie, les juges du fond ont pu décider que les sommes reçues ne constituent pas l'acquisition d'un bien au sens de l'article 869 (■ Cass. 1re civ., 21 mai 1997, n° 95-15.017 : *JurisData* n° 1997-002277 ; *Bull. civ.* I, n° 167, p. 112 ; *RTD civ.* 1997, 976, obs. Patarin ; *Defrénois* 1997, 1136, 2e esp., note Malaurie ; *JCP* G 98, I, 133 et *JCP* N 98, 1711, n° 9, obs. Le Guidec. – Dans le même sens, ■ Cass. 1re civ., 14 mai 2014, n° 12-25.735 : *Bull. civ.* ; *Dr. famille* 2014, 133, note Nicod ; *JCP* G 2015, 165, obs. Le Guidec).

Art. 861 *(L. n° 71-523, 3 juill. 1971 ; mod., L. n° 2009-526, 12 mai 2009).* **– Lorsque le rapport se fait en nature et que l'état des objets donnés a été amélioré par le fait du donataire, il doit lui en être tenu compte, eu égard à ce dont leur valeur se trouve augmentée au temps du partage ou de l'aliénation.**

Il doit être pareillement tenu compte au donataire des dépenses nécessaires qu'il a faites pour la conservation du bien, encore qu'elles ne l'aient point amélioré.

Art. 862 *(L. n° 71-523, 3 juill. 1971 ; mod., L. n° 2009-526, 12 mai 2009).* **– Le cohéritier qui fait le rapport en nature peut retenir la possession du bien donné jusqu'au remboursement effectif des sommes qui lui sont dues pour dépenses ou améliorations.**

Art. 863 *(L. n° 71-523, 3 juill. 1971).* **– Le donataire, de son côté doit, en cas de rapport en nature, tenir compte des dégradations et détériorations qui ont diminué la valeur du bien donné par son fait ou par sa faute.**

Donation d'actions de société. Pour l'application de l'article 863 au rapport d'une donation portant sur des actions de société, V. ■ Paris, 22 févr. 1982 : *JurisData* n° 1982-023616 ; *JCP* 83, II, 19964, note Gobin.

Section III. – Du paiement des dettes

(L. n° 2006-728, 23 juin 2006)

§ 1. – Des dettes des copartageants

(L. n° 2006-728, 23 juin 2006)

Art. 864 *(Rempl., L. n° 2006-728, 23 juin 2006).* **– Lorsque la masse partageable comprend une créance à l'encontre de l'un des copartageants, exigible ou non, ce dernier en est alloti dans le partage à concurrence de ses droits dans la masse.**

À due concurrence, la dette s'éteint par confusion. Si son montant excède les droits du débiteur dans cette masse, il doit le paiement du solde sous les conditions et délais qui affectaient l'obligation.

Rapport des dettes. Pour une application à propos de sommes que l'un des héritiers devait à ses parents maintenant décédés pour l'entretien de ses deux enfants, V. ▪ Cass. 1re civ., 17 nov. 2010, n° 09-12.931 : *Defrénois* 2011, p. 726, obs. Vareille ; *RJPF* 2011, n° 2, p. 30, note Valory. V. sous art. 860-1, annot. n° 2, p. 690.

Art. 865 ***(Rempl., L. n° 2006-728, 23 juin 2006).*** **– Sauf lorsqu'elle est relative aux biens indivis, la créance n'est pas exigible avant la clôture des opérations de partage. Toutefois, l'héritier débiteur peut décider à tout moment de s'en acquitter volontairement.**

Inapplicabilité aux créances des copartageants. Les articles 864 et 865 du Code civil ne régissent pas les créances détenues par l'un des copargageants sur la succession, lesquelles relèvent de la prescription de droit commun de l'article 2224 du Code civil (▪ Cass. 1re civ., 28 mars 2018, n° 17-14.104 : *Bull.* ; *Defrénois* 2018, n° 36, p. 40, A. C.-T.).

Art. 866 ***(Rempl., L. n° 2006-728, 23 juin 2006).*** **– Les sommes rapportables produisent intérêt au taux légal, sauf stipulation contraire.**

Ces intérêts courent depuis l'ouverture de la succession lorsque l'héritier en était débiteur envers le défunt et à compter du jour où la dette est exigible, lorsque celle-ci est survenue durant l'indivision.

Voir : sous art. 860-1, annot. n° 2, p. 690.

Art. 867 ***(Rempl., L. n° 2006-728, 23 juin 2006).*** **– Lorsque le copartageant a lui-même une créance à faire valoir, il n'est alloti de sa dette que si, balance faite, le compte présente un solde en faveur de la masse indivise.**

Art. 868 ***(Dénum., L. n° 2006-728, 23 juin 2006).*** **– V. art. 924-3.**

Art. 869 ***(Dénum., L. n° 2006-728, 23 juin 2006).*** **– V. art. 860-1.**

Art. 864 ancien *(L. n° 71-523, 3 juill. 1971).* **–** La donation faite en avancement d'hoirie à un héritier réservataire qui accepte la succession s'impute sur sa part de réserve et, subsidiairement, sur la quotité disponible, s'il n'en a pas été autrement convenu dans l'acte de donation.

L'excédent est sujet à réduction.

La donation faite en avancement d'hoirie à un héritier réservataire qui renonce à la succession est traitée comme une donation préciputaire.

Art. 865 ancien *(L. n° 71-523, 3 juill. 1971).* **–** La libéralité faite par préciput et hors part s'impute sur la quotité disponible. L'excédent est sujet à réduction.

Voir : art. 919-2, p. 724.

Art. 866 ancien *(L. n° 71-523, 3 juill. 1971).* **–** Les dons faits à un successible, ou à des successibles conjointement, qui excèdent la portion disponible, peuvent être retenus en totalité par les gratifiés, quel que soit l'excédent, sauf à récompenser les cohéritiers en argent.

Art. 867 ancien *(L. n° 71-523, 3 juill. 1971).* **–** Lorsque le legs fait à un successible, ou à des *successibles conjointement, porte sur un bien ou sur plusieurs biens composant un ensemble,* dont la valeur excède la portion disponible, le ou les légataires peuvent, quel que soit cet excédent, réclamer en totalité l'objet de la libéralité, sauf à récompenser les cohéritiers en argent. Il en est de même si la libéralité porte sur des objets mobiliers ayant été à l'usage commun du défunt et du légataire.

1) Legs universel ou à titre universel. Si l'article 867 concerne d'abord le bénéficiaire d'un legs particulier, il peut aussi être invoqué par le bénéficiaire d'un legs universel ou à titre universel en vue de consolider l'attribution faite, lorsque le testateur a déterminé les biens qui doivent être attribués au légataire remplir de ses droits (▪ Cass. 1re civ., 29 oct. 1979 : *JurisData* n° 1979-798266 ; *JurisData* n° 1979-700266 ; *JCP* 81, II, 19527, note Dagot).

2) Legs fait à un successible. L'article 867 ne concerne que les legs faits à un successible ou des successibles conjointement et ne peut être invoqué par celui qui est exclu de la succession *ab intestat* par des héritiers plus proches et acceptants (■ Cass. 1re civ., 29 oct. 1979, préc.).

3) Legs à l'héritier réservataire. L'article 867 et l'article 924, al. 2, permettent à l'héritier réservataire gratifié de réclamer l'exécution du legs en nature tant que celui-ci n'excède pas ses droits héréditaires, quotité disponible et part de réserve cumulées (■ Cass. 1re civ., 18 juill. 1983 : *JurisData* n° 1983-701589 ; *JCP* 83, II, 20053 ; *Defrénois* 1984, 95, note Grimaldi ; *RTD civ.* 1984, 141, obs. Patarin).

4) Indemnité d'occupation. Elle ne peut être due par le successible ayant occupé, après le décès, une maison à lui léguée que s'il opte pour la réduction en nature, option qui créerait une indivision avec le réservataire, et dans l'attente de la levée de l'option, le frère du légataire ne peut prétendre d'ores et déjà à une telle indemnité (■ Cass. 1re civ., 5 mars 2008 : *JurisData* n° 2008-042983 ; *JCP* 2008, IV, 1632).

Art. 868 ancien *(L. n° 71-523, 3 juill. 1971).* – Lorsque la réduction n'est pas exigible en nature, le donataire ou légataire est débiteur d'une indemnité équivalente à la portion excessive de la libéralité réductible. Cette indemnité se calcule d'après la valeur des objets donnés ou légués à l'époque du partage, et leur état au jour où la libéralité a pris effet.

Elle est payable au moment du partage, sauf accord entre les cohéritiers. Toutefois, lorsque la libéralité a pour objet un des biens pouvant faire l'objet d'une attribution préférentielle, des délais peuvent être accordés par le tribunal, compte tenu des intérêts en présence, s'ils ne l'ont pas été par le disposant. L'octroi de ces délais ne peut, en aucun cas, avoir pour effet de différer le paiement de l'indemnité au-delà de dix années à compter de l'ouverture de la succession. Les dispositions de l'article 833-1 sont alors applicables au paiement des sommes dues.

À défaut de convention ou de stipulation contraire, ces sommes sont productives d'intérêts au taux légal en matière civile. Les avantages résultant des délais et modalités de paiement accordés ne constituent pas une libéralité.

En cas de vente de la totalité du bien donné ou légué, les sommes restant dues deviennent immédiatement exigibles ; en cas de ventes partielles, le produit de ces ventes est versé aux cohéritiers et imputé sur les sommes encore dues.

Voir : art. 924-2 et 924-3, p. 729.

§ 2. – Des autres dettes
(L. n° 2006-728, 23 juin 2006)

Art. 870. – Les cohéritiers contribuent entre eux au paiement des dettes et charges de la succession, chacun dans la proportion de ce qu'il y prend.

V. pour le recouvrement sur la succession de prestations sociales dont a bénéficié le *de cujus*, C. action soc. et fam., art. L. 132-8, p. 1864 et CSS, art. L. 815-28, p. 2749.

Art. 871. – Le légataire à titre universel contribue avec les héritiers au prorata de son émolument ; mais le légataire particulier n'est pas tenu des dettes et charges, sauf toutefois l'action hypothécaire sur l'immeuble légué.

Art. 872. – Lorsque des immeubles d'une succession sont grevés de rentes par hypothèque spéciale, chacun des cohéritiers peut exiger que les rentes soient remboursées et les immeubles rendus libres avant qu'il soit procédé à la formation des lots. Si les cohéritiers partagent la succession dans l'état où elle se trouve, l'immeuble grevé doit être estimé au même taux que les autres immeubles ; il est fait déduction du capital de la rente sur le prix total ; l'héritier dans le lot duquel tombe cet immeuble demeure seul chargé du *service de la rente, et il doit en garantir* ses cohéritiers.

Art. 873 *(Mod., L. n° 2006-728, 23 juin 2006).* – Les héritiers sont tenus des dettes et charges de la succession, personnellement pour leur part successorale, et hypothécairement pour le tout ; sauf leur recours soit contre leurs cohéritiers, soit contre les légataires universels, à raison de la part pour laquelle ils doivent y contribuer.

Rédaction antérieure. Art. 873. – Les héritiers sont tenus des dettes et charges de la succession, personnellement pour leur part et portion virile, et hypothécairement pour le tout ; sauf leur recours soit contre leurs cohéritiers, soit contre les légataires universels, à raison de la part pour laquelle ils doivent y contribuer.

1) Obligation au passif du légataire universel. La dette de répétition née du paiement indu fait postérieurement au décès de la crédirentière s'est transmise à sa légataire universelle (■ Cass. 1re civ., 19 déc. 1995, n° 93-21.426 : *JurisData* n° 1995-003743 ; *JCP* 96, IV, 383 ; *Bull. civ.* I, n° 476, p. 330. ■ Cass. 1re civ., 6 juill. 1999, n° 97-17.609 : *JurisData* n° 1999-003052 ; *Dr. famille* 1999, 129, note Beignier). Sur le principe que le légataire universel est tenu *ultra vires*, V. ■ Cass. civ., 13 août 1851 : *DP* 1851, 1, 281. ■ Cass. 1re civ., 28 mai 1968 : *JCP* 69, II, 15714, note Dagot ; *D.* 1969, 95. ■ Cass. 1re civ., 16 janv. 1974, n° 72-14.125 : *JurisData* n° 1974-000025 ; *Bull. civ.* I, n° 25, p. 23.

2) Division des dettes successorales. Sur le principe que l'héritier est personnellement tenu des dettes successorales pour les parts dont il est saisi, V. ■ Cass. 1re civ., 10 oct. 1995, n° 93-14.788 : *JurisData* n° 1995-002453 ; *Bull.* I, n° 358, p. 250 (cassation de l'arrêt ayant rejeté comme « mal dirigée » la demande formée contre l'héritier personnellement et non à l'encontre de la succession). En vertu de l'article 1220 du Code civil, l'obligation du débiteur décédé se divise de plein droit entre ses héritiers. Ainsi, viole les articles 873 et 1220 la cour d'appel qui condamne solidairement les héritiers à payer un arriéré de charges au motif qu'il concerne un appartement dépendant de la succession (■ Cass. 1re civ., 16 juill. 1992, n° 90-19.471 : *JurisData* n° 1992-001847 ; *Bull. civ.* I, n° 236, p. 156 ; *D.* 1993, p. 171, note de La Marnierre. V. aussi ■ Cass. 1re civ., 13 déc. 1988, n° 87-10.269 : *JurisData* n° 1988-703190. ■ Cass. 1re civ., 10 févr. 1993, n° 91-14.865 : *JurisData* n° 1993-000377. De même, lorsque la dette du défunt est solidaire, bien qu'elle conserve ce caractère à l'égard de l'hérédité et au regard des codébiteurs originaires, chacun des héritiers ne recueillant qu'une part de la succession n'est tenu qu'au prorata de cette part (■ Cass. civ., 2 janv. 1924 : *DP* 1924, 1, 14. - ■ Cass. 1re civ., 10 mai 1988, n° 86-15.278 : *JurisData* n° 1988-001195 ; *Bull. civ.* I, n° 140, p. 97. ■ Cass. 1re civ., 19 mars 1996, n° 94-13.884 : *JurisData* n° 1996-005708. ■ Cass. 1re civ., 14 mars 2018, n° 17-14.583 : *Bull.* ; *Defrénois* 2018, n° 42, p. 47, S. Gaudemet).

3) Passif garanti par l'hérédité tout entière. Malgré la division légale entre les héritiers des dettes de la succession, l'intégralité de chacune de ces dettes, tant que le partage n'a pas été effectué, est garantie par l'hérédité tout entière (■ Cass. 1re civ., 4 avr. 1962 : *JurisData* n° 1962-000199 ; *Gaz. Pal.* 1962, 2, 29. ■ Cass. 1re civ., 19 juill. 1976, n° 75-11.210 : *JurisData* n° 1976-700264 ; *Bull. civ.* I, n° 264, p. 214. – V. en ce sens art. 815-17, p. 653). Mais les créanciers ne sont pas obligés d'user de cette garantie et peuvent valablement poursuivre chacun des héritiers au prorata de leurs droits respectifs, la mise en cause des cohéritiers qui ont renoncé à contester la dette et ont réglé leur quote-part ne se justifiant nullement (■ Cass. 1re civ., 14 mars 1972 : *JurisData* n° 1972-000083 ; *Gaz. Pal.* 1972, 2, 638). Le créancier qui entend bénéficier de la garantie doit, hors le cas de solidarité entre les héritiers, exercer les poursuites conjointement à l'encontre de ceux-ci (■ Cass. com., 28 avr. 1987, n° 85-16.679 : *JurisData* n° 1987-000875 ; *Bull. civ.* IV, n° 98, p. 74).

4) Paiement indu au *de cujus*. Des indemnités journalières indûment versées à un assuré constituent une dette de sa succession (■ Cass. 2e civ., 9 avr. 2009, n° 08-12.873 : *D.* 2009, 1357 ; *JCP* G 2009, IV, 1833).

Art. 874 *(Mod., L. n° 2006-728, 23 juin 2006).* – **Le légataire particulier qui a acquitté la dette dont l'immeuble légué était grevé, demeure subrogé aux droits du créancier contre les héritiers.**

Rédaction antérieure. Art. 874. – Le légataire particulier qui a acquitté la dette dont l'immeuble légué était grevé, demeure subrogé aux droits du créancier contre les héritiers et successeurs à titre universel.

Art. 875 *(Mod., L. n° 2006-728, 23 juin 2006).* – **Le cohéritier qui, par l'effet de l'hypothèque, a payé au-delà de sa part de la dette commune, n'a de recours contre les autres cohéritiers, que pour la part que chacun d'eux doit personnellement en supporter, même dans le cas où le cohéritier qui a payé la dette se serait fait subroger aux droits des créanciers ; sans préjudice néanmoins des droits d'un cohéritier qui, par l'effet de l'acceptation à concurrence de l'actif net, aurait conservé la faculté de réclamer le paiement de sa créance personnelle, comme tout autre créancier.**

Rédaction antérieure. Art. 875. – Le cohéritier ou successeur à titre universel qui, par l'effet de l'hypothèque, a payé au-delà de sa part de la dette commune, n'a de recours contre les autres cohéritiers ou successeurs à titre universel, que pour la part que chacun d'eux doit personnellement en supporter, même dans le cas où le cohéritier qui a payé la dette se serait fait subroger aux droits des créanciers ; sans préjudice néanmoins des droits d'un cohéritier qui, par l'effet du bénéfice d'inventaire, aurait conservé la faculté de réclamer le paiement de sa créance personnelle, comme tout autre créancier.

Art. 876 *(Mod., L. n° 2006-728, 23 juin 2006)*. **– En cas d'insolvabilité d'un des cohéritiers sa part dans la dette hypothécaire est répartie sur tous les autres, au marc le franc.**

Rédaction antérieure. Art. 876. – En cas d'insolvabilité d'un des cohéritiers ou successeurs à titre universel, sa part dans la dette hypothécaire est répartie sur tous les autres, au marc le franc.

Art. 877 *(Rempl., L. n° 2006-728, 23 juin 2006)*. **– Le titre exécutoire contre le défunt l'est aussi contre l'héritier, huit jours après que la signification lui en a été faite.**

Rédaction antérieure. Art. 877. – Les titres exécutoires contre le défunt sont pareillement exécutoires contre l'héritier personnellement ; et néanmoins les créanciers ne pourront en poursuivre l'exécution que huit jours après la signification de ces titres à la personne ou au domicile de l'héritier.

V. pour des applications, ▪ Cass. 1re civ., 15 janv. 1974 : *D.* 1974, 307. ▪ Cass. 2e civ., 18 mars 1987, n° 85-17.392 : *JurisData* n° 1987-000559 ; *Bull. civ.* II, n° 69, p. 39.

Art. 878 *(Rempl., L. n° 2006-728, 23 juin 2006)*. **– Les créanciers du défunt et les légataires de sommes d'argent peuvent demander à être préférés sur l'actif successoral à tout créancier personnel de l'héritier.**

Réciproquement, les créanciers personnels de l'héritier peuvent demander à être préférés à tout créancier du défunt sur les biens de l'héritier non recueillis au titre de la succession.

Le droit de préférence donne lieu au privilège sur les immeubles prévu au 6° de l'article 2374 et il est sujet à inscription conformément à l'article 2383.

Rédaction antérieure. Art. 878. – Ils peuvent demander, dans tous les cas, et contre tout créancier, la séparation du patrimoine du défunt d'avec le patrimoine de l'héritier.

1) Rapports entre créanciers du défunt. La séparation des patrimoines ne confère de privilège que contre les créanciers de l'héritier mais ne modifie en rien les rapports et les droits respectifs des créanciers du défunt, lesquels doivent partager proportionnellement à leurs créances les biens du défunt réservés par la séparation des patrimoines (▪ Cass. req., 4 déc. 1871 : *DP* 1871, 1, 249, concl. Reverchon).

2) Créanciers personnels de l'héritier inconnus. La séparation des patrimoines peut être réclamée par tout créancier de la succession alors même que les créanciers personnels de l'héritier ne seraient pas connus (▪ Paris, 2 nov. 1889 : *DP* 1890, 2, 285).

3) Sur le **privilège de la séparation des patrimoines**, V. art. 2374, 6°, p. 1808.

Art. 879 *(Rempl., L. n° 2006-728, 23 juin 2006)*. **– Ce droit peut s'exercer par tout acte par lequel un créancier manifeste au créancier concurrent son intention d'être préféré sur un bien déterminé.**

Rédaction antérieure. Art. 879. – Ce droit ne peut cependant plus être exercé, lorsqu'il y a novation dans la créance contre le défunt, par l'acceptation de l'héritier pour débiteur.

1) Perte des privilèges et hypothèques (non). À la différence de la novation ordinaire, la novation qui emporte déchéance du privilège de séparation des patrimoines n'entraîne pas la perte des privilèges et hypothèques attachés à l'ancienne créance (▪ Cass. civ., 5 déc. 1924 : *S.* 1927, 1, 5, note Hubert).

2) Acceptation des héritiers pour débiteurs. Le créancier héréditaire, qui poursuit l'exécution contre les héritiers en spécifiant que chacun d'eux était tenu pour sa part héréditaire, a accepté ces héritiers pour débiteurs et opéré la novation particulière prévue par l'article 879 du Code civil (▪ Grenoble, 24 mars 1896 : *DP* 1898, 2, 89, note De Loynes).

Art. 880 *(Rempl., L. n° 2006-728, 23 juin 2006)*. **– Il ne peut pas être exercé lorsque le créancier demandeur y a renoncé.**

Rédaction antérieure. Art. 880. – Il se prescrit, relativement aux meubles, par le laps de trois ans.

À l'égard des immeubles, l'action peut être exercée tant qu'ils existent dans la main de l'héritier.

Art. 881 *(Rempl., L. n° 2006-728, 23 juin 2006)*. **– Il se prescrit, relativement aux meubles, par deux ans à compter de l'ouverture de la succession.**

À l'égard des immeubles, l'action peut être exercée tant qu'ils demeurent entre les mains de l'héritier.

Rédaction antérieure. Art. 881. – Les créanciers de l'héritier ne sont point admis à demander la séparation des patrimoines contre les créanciers de la succession.

Interruption de la prescription. La prescription de l'article 880 (anc.) peut être interrompue soit par une demande en justice, soit par toute autre mesure conservatoire (■ Cass. req., 30 mars 1897 : *DP* 1898, 1, 153, note Guinée).

Art. 882. – **Les créanciers d'un copartageant, pour éviter que le partage ne soit fait en fraude de leurs droits, peuvent s'opposer à ce qu'il y soit procédé hors de leur présence : ils ont le droit d'y intervenir à leurs frais ; mais ils ne peuvent attaquer un partage consommé, à moins toutefois qu'il n'y ait été procédé sans eux et au préjudice d'une opposition qu'ils auraient formée.**

1) Toute personne justifiant d'un intérêt légitime. peut invoquer l'article 882 du Code civil pour s'opposer à ce qu'il soit procédé au partage hors sa présence (■ Cass. 1re civ., 7 déc. 1964, n° 63.10.330 : *Bull. civ.* I, n° 545, p. 423).

2) Indivision créée à la suite d'une acquisition en commun. L'article 882 n'est pas applicable au partage qui a pour but de mettre fin à une indivision créée par la volonté seule des parties à la suite d'une acquisition en commun (■ Montpellier, 7 juill. 1932 : *DP* 1933, 2, 97, note Nast). Voir cependant en matière de séparation de biens (art. 1542, p. 1332).

3) Partage dissimulant une donation pure et simple. L'article 882 est inapplicable si le prétendu partage dissimule une donation pure et simple et l'action paulienne est alors recevable dans les mêmes conditions que contre les actes à titre gratuit (■ Paris, 21 mars 1984 : *JurisData* n° 1984-600194 ; *D.* 1986, 131, note Potiron ; *RTD civ.* 1987, 136, obs. Patarin. V. en ce sens ■ Cass. 1re civ., 6 mars 1996, n° 94-12.819 : *JurisData* n° 1996-000870 ; *JCP* 96, IV, 969 ; *Bull. civ.* I, n° 125, p. 89 ; *Defrénois* 1996, 1438, obs. Champenois. ■ Cass. 1re civ., 24 mars 1998, n° 96-10.777 : *JurisData* n° 1998-001599 ; *JCP* 99, I, 154, n° 5, obs. Wiederkehr. Sur ce que l'article 882 est inapplicable à la donation-partage, V. ■ Cass. 1re civ., 8 juin 2004 : *JCP* 2004, IV, 2602 ; *JurisData* n° 2004-024002 ; *Bull. civ.* I, n° 165, p. 138).

4) Opposition résultant d'une assignation en partage. L'opposition à partage peut résulter d'une assignation en partage délivrée aux héritiers à la requête des créanciers de l'un d'eux (■ Cass. 1re civ., 10 avr. 1973, n° 71-14.796 : *Bull. civ.* I, n° 137, p. 123).

5) Droit de préférence du créancier opposant (non). Le créancier opposant peut critiquer les opérations de partage pour faire rentrer dans le lot du cohéritier, son débiteur, tous les biens qui auraient dû y être compris, mais son lot une fois fixé devient le gage commun de tous les autres créanciers sans qu'il y ait au profit de l'intervenant aucun droit de préférence (■ Cass. 1re civ., 16 mai 1972, n° 70-13.553 : *JurisData* n° 1972-000130 ; *Bull. civ.* I, n° 130, p. 115).

6) Partage fait au mépris de l'opposition. Préjudice du créancier. Un créancier opposant ne peut attaquer le partage fait au mépris de son opposition que s'il justifie d'un intérêt (■ Cass. req., 22 déc. 1869 : *DP* 1870, 1, 253). Tel est le cas lorsque le partage a été conçu de telle sorte que l'héritier débiteur ne reçoive qu'une part réduite et sous forme d'argent liquide payé dès avant le partage et que l'estimation de la part de cet héritier est dépourvue de toute garantie de sincérité (■ Cass. 1re civ., 2 févr. 1977, n° 75-10.438 : *JurisData* n° 1977-000068 ; *Bull. civ.* I, n° 68, p. 54).

7) Indisponibilité de la part indivise. L'opposition à partage met un obstacle à ce que le copartageant débiteur puisse disposer de ses droits dans la succession au préjudice des opposants et rende ainsi illusoire la mesure conservatoire prise par ses créanciers (■ Cass. civ., 30 juill. 1895 : *DP* 1896, 1, 369, note Glasson).

8) Absence d'opposition. Fraude. Le créancier qui n'a pas fait opposition peut néanmoins attaquer le partage s'il apporte la preuve qu'il a été mis dans l'impossibilité de faire opposition en temps utile en raison des manœuvres frauduleuses des copartageants (■ Cass. 1re civ., 25 janv. 1965, n° 63-10.849 : *Bull. civ.* I, n° 74, p. 55. ■ Cass. 1re civ., 16 juin 1981, n° 80-12.768 : *JurisData* n° 1981-701869 ; *JCP* 81, IV, 313. V. pour une cession de droits indivis à un coïndivisaire, ■ Cass. 1re civ., 3 déc. 1985, n° 84-11.556 : *JurisData* n° 1985-703286 ; *Bull. civ.* I, n° 334, p. 300). Pour un exemple de partage hâtif mettant dans le lot d'un des copartageants (époux) tous les biens ayant une valeur réelle, V. ■ Cass. 1re civ., 17 févr. 1987, n° 85-11.114 : *JurisData* n° 1987-000264 ; *Bull. civ.* I, n° 61, p. 44 ; *Gaz. Pal.* 1987, 1, 295.

9) Vente par l'héritier bénéficiaire dans les formes légales. L'opposition à partage ne saurait être valablement formée par les créanciers d'une succession acceptée sous bénéfice d'inventaire en vue de porter atteinte aux pouvoirs accordés par la loi à l'héritier bénéficiaire quant à l'administration et à la liquidation des biens successoraux. En particulier, cette opposition ne peut avoir pour effet d'entraver l'exercice des droits de l'adjudicataire d'un bien successoral régulièrement mis en vente selon les formes légales (■ Cass. 1re civ., 30 janv. 1979, n° 77-13.228 : *Bull. civ.* I, n° 39, p. 33 ; *JCP* 80, II, 19456, note Dagot).

Section IV. – Des effets du partage et de la garantie des lots

Art. 883 *(L. n° 76-1286, 31 déc. 1976)*. – **Chaque cohéritier est censé avoir succédé seul et immédiatement à tous les effets compris dans son lot, ou à lui échus sur licitation, et n'avoir jamais eu la propriété des autres effets de la succession.**

Il en est de même des biens qui lui sont advenus par tout autre acte ayant pour effet de faire cesser l'indivision. Il n'est pas distingué selon que l'acte fait cesser l'indivision en tout ou partie, à l'égard de certains biens ou de certains héritiers seulement.

Toutefois, les actes valablement accomplis soit en vertu d'un mandat des coïndivisaires, soit en vertu d'une autorisation judiciaire, conservent leurs effets quelle que soit, lors du partage, l'attribution des biens qui en ont fait l'objet.

1) **Licitation au profit d'un tiers étranger à l'indivision.** Dans les rapports des copartageants, la licitation au profit d'un tiers étranger à l'indivision est une opération préliminaire au partage et la créance du prix entre dans l'actif à partager, d'où il suit que sur le prix d'adjudication le droit qui appartient en principe à chaque héritier n'est pas dès le jour de la vente fixé pour lui définitivement à l'égard de ses cohéritiers mais reste subordonné aux résultats de la liquidation et du partage (▪ Cass. ch. réunies, 5 déc. 1907 : *DP* 1908, 1, 113, concl. Baudoin, note Colin).

2) **Licitation au profit d'un indivisaire.** Par l'effet déclaratif du partage, l'héritier adjudicataire d'un immeuble successoral en devient propriétaire dès le jour du décès et titulaire des droits qui s'y sont trouvés attachés dès leur entrée dans l'indivision (▪ Cass. 1re civ., 14 janv. 1981, n° 79-14.913 : *JurisData* n° 1981-000024 ; *Bull. civ.* I, n° 17, p. 13, droit de préférence accordé à l'indivision par l'acquéreur d'une partie de l'immeuble, pour le cas où il revendrait).

3) **Acquisition par un cohéritier des parts de ses coïndivisaires.** De la combinaison des articles 790 (L. 412-1) du Code rural et 883 du Code civil, il résulte que l'acquisition par un cohéritier des parts de ses coïndivisaires ne constitue pas, en raison de l'effet déclaratif du partage, une aliénation à titre onéreux donnant au preneur en place le bénéfice du droit de préemption (▪ Cass. 1re civ., 16 avr. 1970 : *JCP* 71, II, 16863, note Ourliac et de Juglart. V. aussi ▪ Cass. 1re civ., 25 juin 1996, n° 94-18.579 : *JurisData* n° 1996-002763 ; *JCP* 96, IV, 1922 ; *Bull.* I, n° 273, p. 191. ▪ Cass. 3e civ., 30 sept. 1998, n° 96-21.322 : *JurisData* n° 1998-003641 ; *JCP* 98, IV, 3193 ; *Bull. civ.* III, n° 184, p. 122 ; *Defrénois* 1999, 189, note Levillain).

4) **Vente, donation, bail de biens indivis par un indivisaire seul.** Il résulte de l'article 883 que l'opposabilité d'une vente de biens indivis à un coïndivisaire qui n'y a pas concouru dépend de l'attribution qui est faite de ce bien dans l'acte de partage (▪ Cass. 1re civ., 9 mai 1978 : *JurisData* n° 1978-000180 ; *JurisData* n° 1978-799183 ; *JCP* N 79, II, 19257, note Dagot. ▪ Cass. 1re civ., 7 juill. 1987, n° 85-16.968 : *JurisData* n° 1987-001375 ; *Bull. civ.* I, n° 221, p. 163 ; *JCP* 88, II, 20999, note Jourdain. V. en ce sens pour la donation de biens indivis ▪ Cass. 1re civ., 4 juill. 1984, n° 83-10.020 : *JurisData* n° 1984-701353 ; *Bull. civ.* I, n° 218, p. 185 ; *D.* 1985, 214, note A. B., pour le bail consenti par un seul des indivisaires, ▪ Cass. 1re civ., 27 oct. 1992, n° 91-10.773 : *JurisData* n° 1992-002439 ; *Bull. civ.* I, n° 264, p. 173 ; *RTD civ.* 1993, 614, obs. Zenati. Sur ce que le bail consenti par un seul des indivisaires est inopposable à l'acquéreur du bien en ayant fait l'objet, V. ▪ Cass. 1re civ., 30 juin 2004, n° 99-15.294 : *JurisData* n° 2004-024348 ; *Bull. civ.* I, n° 193, p. 160). Pendant le cours de l'indivision, la vente de l'immeuble indivis est inopposable à l'indivisaire qui n'y a pas consenti (▪ Cass. 1re civ., 15 juin 1994, n° 91-20.633 : *JurisData* n° 1994-001310 ; *JCP* 94, IV, 2059 ; *Bull. civ.* I, n° 212, p. 154). L'efficacité de la cession ou de la donation par un indivisaire d'un bien indivis est subordonnée au résultat du partage (▪ Cass. 1re civ., 23 oct. 2013, n° 12-18.170 : *D.* 2013, 2901, note F. Julienne).

5) **Legs par un indivisaire du bien indivis.** Le legs par un indivisaire d'un bien indivis peut s'exécuter en nature si, par l'événement du partage, le bien légué tombe au lot de cet indivisaire ou de sa succession. Un arrêt ne peut donc ordonner, dans une opération de partage unique, la licitation de tous les biens indivis sans réserver l'éventualité de l'exécution en nature du legs (▪ Cass. 1re civ., 2 juin 1987, n° 85-16.269 : *Bull. civ.* I, n° 181, p. 135 ; *D.* 1988, 137, note Breton).

6) **Hypothèque consentie par un indivisaire sur le bien indivis.** S'il est vrai qu'un coïndivisaire peut valablement consentir seul, au bénéfice de l'un de ses créanciers, une hypothèque sur le bien indivis, les effets de cette sûreté sont subordonnés au sort des droits du débiteur lors du partage, et dans l'éventualité où l'immeuble grevé n'est pas attribué en tout ou partie au débiteur, l'effet déclaratif des parties anéantit rétroactivement les droits qu'il pouvait avoir sur le bien (▪ Cass. 3e civ., 7 mai 1986, n° 84-16.950 : *JurisData* n° 1986-000953 ; *JCP* 87, II, 20737, note Dagot).

7) Hypothèque sur les parts indivises. Constitution de lots divis de copropriété. Lorsqu'un partage en nature met fin à l'indivision par la constitution d'une copropriété comportant attribution aux coïndivisaires d'un nombre de lots, l'hypothèque qui, au cours de l'indivision, avait été inscrite sur les parts indivises continue à grever les lots divis de copropriété (■ Cass. 3e civ., 21 oct. 1980, n° 79-11.163 : *JurisData* n° 1980-705151 ; *Gaz. Pal.* 1981, 1, pan. 46, obs. Piedelièvre). V. pour une application de cette jurisprudence ■ Paris, 2e ch., 1er févr. 1985 : *JurisData* n° 1985-021300.

8) Charges des frais de gestion. Les charges résultant de la gestion des biens de la succession sont comprises dans le passif de l'indivision. Applique faussement l'article 883 la cour d'appel qui laisse ces frais à la charge de l'héritier adjudicataire au motif que par l'effet déclaratif du partage, il doit être considéré comme propriétaire du jour de l'ouverture de la succession (■ Cass. 1re civ., 23 juin 1964 : *JCP* 64, II, 13819, note Patarin. V. cependant ■ Riom, 3 avr. 1995 : *JurisData* n° 1995-041413).

9) Usage du bien indivis. Il résulte de l'article 815-9 que tout copropriétaire est en droit de faire cesser les actes accomplis par un autre indivisaire qui ne respectent pas la destination de l'immeuble ou qui portent atteinte à ses droits égaux et concurrents sur la chose indivise et d'agir à cet effet ainsi que pour obtenir réparation du préjudice consécutif auxdits actes, sans attendre le partage. L'effet déclaratif du partage ne saurait effacer les conséquences de tels actes dans les rapports entre les indivisaires (■ Cass. 1re civ., 15 avr. 1980 : *Bull. civ.* I, n° 109, p. 89 ; *D.* 1981, 101, note Breton).

10) Fruits et revenus. L'effet déclaratif du partage ne s'applique pas aux fruits et revenus produits par les biens indivis avant le partage (■ Cass. 1re civ., 10 mai 2007, n° 05-12.031 : *Bull. civ.* I, n° 179, p. 159 ; *JCP* G 2007, IV, 2199 ; *JCP* N 2007, act. 408 ; *RTD civ.* 2007, 593, obs. Revet).

11) Préjudice causé par un bien au cours de l'indivision. L'effet déclaratif du partage ne prive pas le tiers qui invoque un tel préjudice (voisin victime de dégâts causés par l'effondrement d'un mur de soutènement d'une propriété indivise) du droit d'agir à l'encontre des anciens indivisaires (■ Cass. 1re civ., 31 oct. 2007, n° 06-14.399 : *JurisData* n° 2007-041108 ; *JCP* G 2007, IV, 3169 ; *JCP* N 2008, 1006, note Alfroy ; *JCP* G 2009, I, 109, obs. Le Guidec ; *RTD civ.* 2008, 131, obs. Grimaldi).

12) Biens reçus à charge de soulte. En raison de l'effet déclaratif du partage, les biens reçus dans la succession de ses parents, à charge de soulte, par leur fils, sont censés lui avoir appartenus dès leur décès ; par la suite, à son propre décès, cette soulte ne fait pas obstacle à l'exercice du droit de retour de ces biens au profit de ses collatéraux (■ Cass 1re civ., 28 févr. 2018, n° 17-12. 040 : *JurisData* n° 2018-002684 ; *JCP* N 2018, n° 10, act. 270 ; *Bull.*).

Art. 884 *(Mod., L. n° 2006-728, 23 juin 2006).* – **Les cohéritiers demeurent respectivement garants, les uns envers les autres, des troubles et évictions seulement qui procèdent d'une cause antérieure au partage.** (1) **Ils sont également garants de l'insolvabilité du débiteur d'une dette mise dans le lot d'un copartageant, révélée avant le partage.**

La garantie n'a pas lieu, si l'espèce d'éviction soufferte a été exceptée par une clause particulière et expresse de l'acte de partage ; elle cesse, si c'est par sa faute que le cohéritier souffre l'éviction.

1) Cause antérieure au partage. L'article 884 déclare les cohéritiers respectivement garants, les uns envers les autres, des seuls troubles et évictions qui procèdent d'une cause antérieure au partage (■ Cass. 1re civ., 23 mars 1983 : *JurisData* n° 1983-700853 ; *JCP* 83, IV, 180. V. en ce sens pour une donation-partage ■ Cass. 3e civ., 22 mai 1990, n° 89-10.200 : *JurisData* n° 1990-001734 ; *JCP* 90, IV, 276 ; *Bull. civ.* III, n° 124, p. 69). Lorsque dans une donation-partage l'un des descendants a été alloti avec des biens que l'ascendant avait reçus par donation assortie d'une charge et que la donation est révoquée pour cause d'inexécution de la charge, cette révocation, bien que postérieure au partage, constitue une cause d'éviction antérieure au partage (■ Cass. 1re civ., 3 mars 1976, n° 74-13.722 : *JurisData* n° 1976-000095 ; *Bull. civ.* I, n° 95, p. 78).

2) Inefficacité de la simple déclaration d'un copartageant. Sur l'inefficacité de la simple déclaration faite dans le cahier des charges de la licitation par l'un des copartageants qu'il entend restreindre son obligation de garantie relativement au bien licité, V. ■ Cass. com., 4 févr. 1970 : *JurisData* n° 1970-097045 ; *Bull. civ.* IV, n° 45, p. 45.

(1) Dispositions d'application : V. L. n° 2006-728, 23 juin 2006, art. 47, II, p. 3262.

Art. 885 *(Mod., L. n° 2006-728, 23 juin 2006)* (1). – **Chacun des cohéritiers est personnellement obligé, à proportion de son émolument, d'indemniser le cohéritier évincé de la perte qu'il a subie, évaluée au jour de l'éviction.**

Si l'un des cohéritiers se trouve insolvable, la portion dont il est tenu doit être également répartie entre le garanti et tous les cohéritiers solvables.

Rédaction antérieure. Art. 885. – Chacun des cohéritiers est personnellement obligé, en proportion de sa part héréditaire, d'indemniser son cohéritier de la perte que lui a causée l'éviction.

Si l'un des cohéritiers se trouve insolvable, la portion dont il est tenu doit être également répartie entre le garanti et tous les cohéritiers solvables.

Calcul de l'indemnité. L'indemnité due en vertu de l'article 885 devant être calculée d'après le préjudice réel que souffre l'héritier du fait de l'éviction, la perte doit être appréciée eu égard à la valeur du bien au moment de l'éviction (■ Cass. 1re civ., 9 juin 1970 : *JurisData* n° 1970-000196 ; *D.* 1970, 545, note Breton). L'indemnité doit tenir compte de tous les éléments qui peuvent modifier le préjudice réel, même après l'éviction (■ Cass. 1re civ., 18 janv. 1983, n° 81-12.638 : *JurisData* n° 1983-700075 ; *JCP* 83, IV, 104 ; *Bull. civ.* I, n° 25, p. 24 ; *RTD civ.* 1984, 144, obs. Patarin).

Art. 886 *(Mod., L. n° 2006-728, 23 juin 2006)* (1). – **L'action en garantie se prescrit par deux ans à compter de l'éviction ou de la découverte du trouble.**

Rédaction antérieure. Art. 886. – La garantie de solvabilité du débiteur d'une rente ne peut être exercée que dans les cinq ans qui suivent le partage. Il n'y a pas lieu à garantie à raison de l'insolvabilité du débiteur, quand elle n'est survenue que depuis le partage consommé.

Section V. – Des actions en nullité du partage ou en complément de part

(L. n° 2006-728, 23 juin 2006)

§ 1. – Des actions en nullité du partage

(L. n° 2006-728, 23 juin 2006)

Art. 887 *(Rempl., L. n° 2006-728, 23 juin 2006).* – **Le partage peut être annulé pour cause de violence ou de dol.**

Il peut aussi être annulé pour cause d'erreur, si celle-ci a porté sur l'existence ou la quotité des droits des copartageants ou sur la propriété des biens compris dans la masse partageable.

S'il apparaît que les conséquences de la violence, du dol ou de l'erreur peuvent être réparées autrement que par l'annulation du partage, le tribunal peut, à la demande de l'une des parties, ordonner un partage complémentaire ou rectificatif.

1) **Nullité pour erreur.** L'omission de l'indemnité de réduction éventuellement due par les héritiers réservataires n'est pas de nature à entraîner la nullité d'un partage partiel pour cause d'erreur (■ Cass. 1re civ., 19 mars 2014, n° 13-10.033 : *Bull. civ.* I, n° 50 ; *JCP* G 2015, 164, obs. Le Guidec ; *JCP* N 2014, act. 473 ; *RDC* 2014, 711, obs. Goldie-Genicon).

2) **Rejet de l'erreur sur la valeur.** Ni une différence importante entre la valeur du lot attribué et celle des biens partagés (■ Cass. 1re civ., 17 oct. 2018, n° 17-26.945 : *Bull.* ; *JCP* G 2018, doctr. 1259, Sérinet), ni une évaluation erronée des biens à partager n'entraînent la nullité du partage pour erreur mais ouvrent droit à une action en complément de part pour lésion si les conditions en sont réunies : ■ Cass. 1re civ., 7 févr. 2018, n° 17-12.480 : *Bull.* ; *Dr. famille* 2018, comm. 136, A. Tani ; *Defrénois* 2018, n° 42, p. 49, B. Vareille).

Art. 887-1 *(L. n° 2006-728, 23 juin 2006).* – **Le partage peut être également annulé si un des cohéritiers y a été omis.**

L'héritier omis peut toutefois demander de recevoir sa part, soit en nature, soit en valeur, sans annulation du partage.

(1) Dispositions d'application : V. L. n° 2006-728, 23 juin 2006, art. 47, II, p. 3262.

Pour déterminer cette part, les biens et droits sur lesquels a porté le partage déjà réalisé sont réévalués de la même manière que s'il s'agissait d'un nouveau partage.

1) **Application dans le temps.** L'article 887-1 du Code civil n'est pas applicable aux successions partagées avant l'entrée en vigueur de la loi du 23 juin 2006 (■ Cass. 1re civ., 11 avr. 2018, n° 17-19.313 : *Bull.* ; *RTD civ.* 2018, p. 720, M. Grimaldi).

2) **Outremer.** Dans les collectivités d'outremer, « par dérogation au premier alinéa de l'article 887-1 du Code civil, lorsque l'omission d'un héritier résulte de la simple ignorance ou de l'erreur, si le partage judiciaire a déjà été soumis à la formalité de la publicité foncière ou exécuté par l'entrée en possession des lots, l'héritier omis ne peut solliciter qu'à recevoir sa part soit en nature, soit en valeur, sans annulation du partage » : loi n° 2018-1244 du 27 décembre 2018.

Art. 888 *(Rempl., L. n° 2006-728, 23 juin 2006).* **– Le copartageant qui a aliéné son lot en tout ou partie n'est plus recevable à intenter une action fondée sur le dol, l'erreur ou la violence, si l'aliénation qu'il a faite est postérieure à la découverte du dol ou de l'erreur ou à la cessation de la violence.**

§ 2. – De l'action en complément de part
(L. n° 2006-728, 23 juin 2006)

Art. 889 *(Rempl., L. n° 2006-728, 23 juin 2006).* **– Lorsque l'un des copartageants établit avoir subi une lésion de plus du quart, le complément de sa part lui est fourni, au choix du défendeur, soit en numéraire, soit en nature. Pour apprécier s'il y a eu lésion, on estime les objets suivant leur valeur à l'époque du partage.**

L'action en complément de part se prescrit par deux ans à compter du partage.

1) **Instance introduite avant le 1er janvier 2007.** Il résulte de l'article 47, II., alinéa 2, de la loi n° 2006-728 du 23 juin 2006 que lorsque l'instance a été introduite avant le 1er janvier 2007, l'action est poursuivie et jugée conformément à la loi ancienne, même en cassation, et l'article 889, dans sa rédaction issue de la loi de 2006, n'est pas applicable (■ Cass. 1re civ., 18 mars 2015, n° 14-11.631 : *JCP* N 2015, act. 448).

2) **Détermination de la valeur des objets.** Lorsqu'un copartageant a vendu aux enchères, après le partage, un tableau mis dans son lot, seul le prix d'adjudication doit être pris en considération pour le calcul de la lésion, sans déduction des honoraires de vente et d'expertise (■ Cass. 1re civ., 22 oct. 2014, n° 13-24.227 : *RJPF* 2015-1/29).

3) **Appréciation de la lésion.** Pour apprécier le caractère lésionnaire du partage, il faut reconstituer, à la date de l'acte litigieux, la masse à partager dans tous ses éléments actifs et passifs (■ Cass. 1re civ., 18 mars 2015, n° 14-10.730 : *Bull. civ.* ; *JCP* N 2015, act. 447).

Art. 890 *(Rempl., L. n° 2006-728, 23 juin 2006).* **– L'action en complément de part est admise contre tout acte, quelle que soit sa dénomination, dont l'objet est de faire cesser l'indivision entre copartageants.**

L'action n'est plus admise lorsqu'une transaction est intervenue à la suite du partage ou de l'acte qui en tient lieu sur les difficultés que présentait ce partage ou cet acte.

En cas de partages partiels successifs, la lésion s'apprécie sans tenir compte ni du partage partiel déjà intervenu lorsque celui-ci a rempli les parties de leurs droits par parts égales ni des biens non encore partagés.

Art. 891 *(Rempl., L. n° 2006-728, 23 juin 2006)* (1). **– L'action en complément de part n'est pas admise contre une vente de droits indivis faite sans fraude à un indivisaire par ses coïndivisaires ou par l'un d'eux, lorsque la cession comporte un aléa défini dans l'acte et expressément accepté par le cessionnaire.**

Art. 892 *(Rempl., L. n° 2006-728, 23 juin 2006).* **– La simple omission d'un bien indivis donne lieu à un partage complémentaire portant sur ce bien.**

Omission d'une indemnité de réduction. L'omission de cette indemnité éventuellement due par des héritiers réservataires n'est pas de nature à entraîner la nullité d'un partage partiel pour cause d'erreur (■ Cass. 1re civ., 19 mars 2014, n° 13-10.033 : *RTD civ.* 2014, 423, obs. Grimaldi).

(1) Dispositions d'application : V. L. n° 2006-728, 23 juin 2006, art. 47, II, p. 3262.

Art. 887 ancien. – Les partages peuvent être rescindés pour cause de violence ou de dol.

Il peut aussi y avoir lieu à rescision, lorsqu'un des cohéritiers établit, à son préjudice, une lésion de plus du quart. La simple omission d'un objet de la succession ne donne pas ouverture à l'action en rescision, mais seulement à un supplément à l'acte de partage.

1) Annulation pour erreur. Si d'une façon générale en matière de partage l'erreur se confond le plus souvent avec la lésion réglementée et sanctionnée par l'article 887 du Code civil et n'engendre pas la nullité, il en est autrement lorsque l'erreur alléguée porte à la fois sur la quotité des droits et la cause du partage (■ Cass. 1re civ., 27 janv. 1953 : *D.* 1953, 334, note M. F.). Tel est le cas lorsque, portant sur l'inclusion dans la masse partageable d'une parcelle étrangère à l'indivision, elle détruit l'équilibre et le fondement du partage envisagé (■ Cass. 1re civ., 6 janv. 1987, n° 85-10.175 : *JurisData* n° 1987-002723 ; *D.* 1987, 377, note Breton.). V. aussi pour une erreur sur la consistance de la masse à partager ■ Aix-en-Provence, 20 déc. 2001 : *JurisData* n° 2001-172136 ; *JCP* G 2002, I, 167 et *JCP* N 2002, 1719, n° 14, obs. Tisserand. Et pour la méconnaissance par un copartageant d'un testament lui attribuant en toute propriété un bien incorporé par erreur dans la masse à partager, ■ Cass. 1re civ., 3 févr. 2010, n° 09-10.857 : *JCP* G 2011, 497 et *JCP* N 2010, 1236, note Ghestin. Tout héritier est fondé en cette qualité à réclamer des tiers détenteurs de biens héréditaires le délaissement desdits biens pour exercer sur eux ses droits successoraux, alors même que ces tiers détenteurs, étrangers à l'hérédité, les tiendraient d'un partage où ils auraient été compris à tort (■ Cass. 1re civ., 19 déc. 1962, n° 60-11 125 : *JCP* 63, II, 13115, note Esmein).

2) Cause de la rescision. La lésion peut être due à une erreur dans l'établissement de l'actif partageable aussi bien qu'à une mauvaise évaluation de certains biens (■ Cass. 1re civ., 18 déc. 1990, n° 89-10.396 : *JurisData* n° 1990-003700 ; *JCP* 91, IV, 69 ; *Bull. civ.* I, n° 302, p. 211 ; *RTD civ.* 1991, 578, obs. Patarin).

3) Calcul de la lésion. La lésion de plus du quart prévue par l'article 887 du Code civil est calculée sur la valeur de la part qui, dans un partage égal, aurait été attribuée à celui qui prétend avoir été désavantagé (■ Cass. 1re civ., 7 avr. 1998, n° 96-15.015 : *Bull. civ.* I, n° 149. Il doit être tenu compte, pour apprécier le caractère lésionnaire du partage, de la créance que l'un des indivisaires peut invoquer à l'encontre de l'indivision, par application de l'article 815-13, en raison de la plus-value apportée aux biens indivis par les travaux effectués par lui (■ Cass. 1re civ., 5 mars 1991, n° 89-18.311 : *Bull. civ.* I, n° 84, p. 55 ; *D.* 1992, somm. 227, obs. Grimaldi). Le calcul de la lésion dans un partage conventionnel entre époux doit prendre en compte le solde créditeur du compte des récompenses (■ Cass. 1re civ., 16 juin 2011, n° 10-18.562 : *Bull. civ.* 2011, I, n° 177). Sur le principe que l'évaluation doit se faire à la date du partage, V. art. 890, p. 699.

4) Partage partiel. Si lorsqu'un partage partiel est lésionnaire, il est possible pour écarter la rescision, de tenir compte de l'avantage contenu au profit du copartageant lésé dans d'autres partages partiels, il n'y a pas lieu d'en tenir compte lorsqu'ils ont constitué des lots égaux (■ Cass. 1re civ., 23 avr. 1975 : *D.* 1975, somm. 90).

5) Demande préventive. La réalisation du partage n'est pas une condition de recevabilité de l'action en rescision, qui peut être exercée préventivement dès lors qu'il apparaît que l'attribution de l'immeuble pour la valeur de la dernière enchère opérerait la lésion alléguée (■ Cass. 1re civ., 3 juin 1997, n° 94-21.387 : *JurisData* n° 1997-002454 ; *Bull.* I, n° 188, p. 126 ; *RTD civ.* 1997, 979, obs. Patarin ; *D.* 1997, somm. 369, obs. Grimaldi).

6) Point de départ de la prescription de l'action en rescision. La lésion s'appréciant à la date du partage, le point de départ de la prescription de l'action en rescision se situe à la date à laquelle a été conclu l'acte de partage (■ Cass. 1re civ., 20 janv. 1982 : *Bull. civ.* I, n° 36, p. 30. ■ Cass. 1re civ., 22 févr. 2007, n° 05-21.157 : *JurisData* n° 2007-037470 ; *JCP* 2007, IV, 1653). Ni l'apposition d'un terme incertain au paiement du prix d'une vente équivalant à une licitation ni l'indexation du montant de ce prix n'interdisent d'agir en rescision dans les termes des articles 887 et 888. Par suite, elles ne peuvent donc retarder le point de départ de la prescription à laquelle est soumise l'action en rescision pour lésion (■ Cass. 1re civ., 16 mai 1972 : *JurisData* n° 1972-000129 ; *Bull. civ.* I, n° 129, p. 114). La clause d'attribution s'analyse en une promesse synallagmatique obligeant seulement le colicitant adjudicataire à prendre l'immeuble dans son lot et les autres copartageants à lui en faire l'attribution dans le partage. Elle n'emporte pas à elle seule partage et la prescription de l'action en rescision ne commence à courir que du jour du partage total ou partiel. ■ Cass. 1re civ., 3 juin 1997, n° 95-18.448 : *JurisData* n° 1997-002565 ; *Bull. civ.* I, n° 188, p. 126 ; *RTD civ.* 1997, 979, obs. Patarin ; *D.* 1997, somm. 369, obs. Grimaldi). Si, en principe, l'interruption de la prescription ne peut s'étendre d'une action à une autre, il en est autrement lorsque les deux actions, bien qu'ayant une cause distincte, tendent à un seul et même but, de sorte que la seconde est virtuellement comprise dans la première : ■ Cass. 1re civ., 5 oct. 2016, n° 15-25.459 : *Bull.* ; *JCP* G 2017, 168, F. Sauvage ; *AJF* 2016, 550, J. Casey.

7) Nécessité d'une expertise (non). Le tribunal n'est pas tenu comme en matière de vente d'immeuble de vérifier par voie d'expertise l'existence de la lésion (■ Cass. 1re civ., 13 avr. 1988, n° 86-17.318 : *JurisData* n° 1988-000635 ; *Bull.* I, n° 99, p. 67).

8) Divorce sur requête conjointe. Convention entre époux. Sur l'irrecevabilité de l'action en rescision dirigée contre la convention définitive de divorce, en cas de divorce sur requête conjointe, voir sous art. 279, p. 265.

9) Droits des copartageants dans le nouveau partage. La rescision pour lésion, qui anéantit le partage, doit en principe entraîner un nouveau partage, indépendamment de toute faute de celui qui a profité de la lésion. Il en résulte que si ce nouveau partage est fait en valeur, les droits de chacun doivent être évalués en fonction de la valeur actuelle des biens, même si ceux-ci ont été aliénés (■ Cass. 1re civ., 17 juin 1986, n° 84-17.082 : *JurisData* n° 1986-701271 ; *Bull. civ.* I, n° 173, p. 172).

10) Renonciation à l'exercice de l'action en rescision. La renonciation à l'exercice de l'action en rescision ne peut résulter que d'actes postérieurs au partage et manifestant sans équivoque la volonté de renoncer en connaissance du vice affectant le partage (■ Cass. 1re civ., 12 janv. 1994, n° 91-11.221 : *JurisData* n° 1994-000034; *Bull. civ.* I, n° 19, p. 15; *D.* 1995, somm. 47, obs. Grimaldi).

11) Clause autorisant une réévaluation des biens à l'avenir. La clause d'un acte de partage autorisant une réévaluation des terres agricoles susceptibles d'être classées à l'avenir en zone constructible contrevient à la règle relative à l'évaluation des biens à la date du partage ou de la jouissance divise et à la règle d'ordre public relative à la rescision pour lésion de plus du quart, outre qu'elle permet de remettre en cause indéfiniment le partage (■ Cass. 1re civ., 8 juin 2004, n° 01-16.230 : *JurisData* n° 2004-024008 ; *Bull. civ.* I, n° 164, p. 137).

Art. 888 ancien. – L'action en rescision est admise contre tout acte qui a pour objet de faire cesser l'indivision entre cohéritiers, encore qu'il fût qualifié de vente, d'échange et de transaction, ou de toute autre manière.

Mais après le partage, ou l'acte qui en tient lieu, l'action en rescision n'est plus admissible contre la transaction faite sur les difficultés réelles que présentait le premier acte, même quand il n'y aurait pas eu à ce sujet de procès commencé.

1) Convention mettant fin à l'indivision. L'action en rescision est recevable non seulement contre les partages proprement dits, mais également contre les actes qui, en vue du partage et concourant à sa réalisation, même sans comporter de décompte de soulte ni lotissement des copartageants, attribuent des biens successoraux à certains cohéritiers moyennant fixation d'un prix déterminé, dès lors que par cette opération assimilable à un partage, lesdits biens sont définitivement sortis de l'indivision entre les parties qui y ont figuré (■ Cass. 1re civ., 9 mars 1966 : *JurisData* n° 1966-000180 ; *JCP* 66, II, 14738, note Voirin ; *D.* 1966, 573, note Frank. Comp. pour une convention analysée par les juges du fond comme une dation en paiement, mais mettant fin à l'indivision, ■ Cass. 3e civ., 25 mai 1983, n° 81-13.214 : *JurisData* n° 1983-701286 ; *Bull. civ.* III, n° 120, p. 94). Sur l'application de l'article 888 au partage d'une indivision conventionnelle, V. ■ Pau, 27 oct. 1965 : *JCP* 65, II, 14453. La cession à titre onéreux d'un droit indivis d'usufruit n'est pas assimilable à un partage et n'est donc pas rescindable pour lésion de plus du quart (■ Cass. 1re civ., 1er juill. 1986, n° 85-10.780 : *JurisData* n° 1986-702928 ; *Bull. civ.* I, n° 192, p. 188). La convention ayant pour objet de faire cesser l'indivision est rescindable même si elle comporte des concessions réciproques et constitue une transaction (■ Cass. 1re civ., 9 janv. 2008, n° 06-16.454 : *JurisData* n° 2008-042169 ; *D.* 2008, 293 ; *Defrénois* 2008, 786, note Malaurie ; *JCP* 2009, I, 109, obs. Le Guidec ; *RTD civ.* 2008, 342, obs. Grimaldi).

2) Transaction. Difficultés réelles. Viole l'article 888, alinéa 2, l'arrêt qui déclare irrecevable l'action en rescision formée contre une convention entre héritiers au motif que cette convention constitue une transaction mettant fin aux difficultés réelles présentées par l'exécution d'un testament-partage sans rechercher si les contestations soulevées par les demandeurs présentaient le caractère de difficultés réelles (■ Cass. 1re civ., 4 févr. 1976 : *JurisData* n° 1976-700056 ; *Bull. civ.* I, n° 56, p. 45. – Comp. ■ Cass. 1re civ., 5 déc. 1978, n° 77-12.330 : *Defrénois* 1979, 645, note Ponsard. ■ Cass. 1re civ., 6 juill. 1982, n° 82-00.000 : *JurisData* n° 1982-701855 ; *Bull. civ.* I, n° 250, p. 216).

3) Conversion de l'usufruit du conjoint survivant. Le conjoint survivant, même lorsque son droit d'usufruit a été converti en rente viagère, peut, comme tout copartageant, exercer contre son cohéritier l'action en rescision d'un partage réalisé entre ce dernier et le défunt (■ Cass. 1re civ., 24 mars 1965 : *Gaz. Pal.* 1965, 2, 114).

Art. 889 ancien. – L'action n'est pas admise contre une vente de droits successifs faite sans fraude à l'un des cohéritiers, à ses risques et périls, par ses autres cohéritiers, ou par l'un d'eux.

1) Caractère aléatoire de la cession. Doit être cassé l'arrêt qui décide qu'il y a cession aléatoire sans constater un accord exprès ou tacite par lequel les contractants auraient mis effectivement à la charge du cessionnaire les risques et périls d'une opération réellement aléatoire à raison de l'incertitude qui aurait existé sur la consistance et la valeur des droits cédés (■ Cass. 1re civ., 28 avr. 1982, n° 81-12.073 : *JurisData* n° 1982-700882 ; *JCP* 82, IV, 240 ; *Bull. civ.* I, n° 153, p. 134). Une clause de l'acte le déclarant aléatoire ne suffit pas par elle seule à lui conférer ce caractère, l'aléa devant être réel et résulter des circonstances (■ Cass. 1re civ., 7 janv. 1964 : *Bull. civ.* I, n° 17, p. 13). Sur le pouvoir souverain des juges du fond en cette matière, V. ■ Cass. 1re civ., 13 avr. 1988, n° 86-17.736 : *JurisData* n° 1988-000634 ; *Bull. civ.* I, n° 99, p. 67. Jugé que le caractère aléatoire peut résulter de ce que le cessionnaire a promis de payer la portion du passif successoral incombant au cédant ainsi que les frais et taxes alors indéterminés (■ Cass. 1re civ., 4 févr. 1981, n° 79-15.831 : *JurisData* n° 1981-700310 ; *JCP* 81, II, 19694, note Rémy ; *Bull. civ.* I, n° 46, p. 37).

2) Droit de préemption de l'article 814-14. Moment de l'appréciation du caractère aléatoire. L'élément essentiel de l'exercice du droit de préemption est l'acte par lequel l'indivisaire fait connaître son intention de l'exercer aux prix et conditions qui lui ont été notifiés, et c'est donc à ce moment que doit être appréciée l'existence d'un aléa dans la cession (■ Cass. 1re civ., 2 mai 1989, n° 87-14.416 : *Bull. civ.* I, n° 177, p. 118 ; *JCP* N 89, II, 341, note Salvage ; *RTD civ.* 1990, 533, obs. Patarin).

Art. 890 ancien. – Pour juger s'il y a eu lésion, on estime les objets suivant leur valeur à l'époque du partage.

1) Voir **pour des applications**, ■ Cass. 1re civ., 13 avr. 1999, *RTD civ.* 1999, 671, obs. Patarin. ■ Cass. 1re civ., 14 nov. 2006 : *Bull. civ.* I, n° 484, p. 415. ■ Cass. 1re civ., 7 nov. 2012 : *JurisData* n° 2012-025155.

2) Cession de droits successifs. Viole l'article 890 l'arrêt qui décide que pour apprécier le caractère lésionnaire de la cession des droits successifs d'un mineur consentie à ses cohéritiers par son administrateur légal, il convient de se placer à l'époque de l'échange des consentements et non à la date de l'acte notarié de cession (■ Cass. 1re civ., 21 juill. 1987, n° 86-10.490 : *Gaz. Pal.* 1988, 2, 854, note J. M.).

3) Prise en compte de la nature et de l'usage du bien. Il appartient aux juges du fond de rechercher quels sont la nature et l'usage du terrain au jour le plus proche possible du partage pour en fixer la valeur en fonction de cette nature et de cet usage (■ Cass. 1re civ., 13 oct. 1981, n° 79-17.973 : *Bull. civ.* I, n° 288, p. 241).

4) Prise en compte de la consistance à l'ouverture de la succession (non). Il n'y a pas lieu de prendre en compte l'état et la consistance du bien au jour de l'ouverture de la succession alors que la plus-value acquise ou la moins-value soufferte par les biens de la succession, pendant le cours de l'indivision, profite ou préjudicie à tous les indivisaires et que les lots sont composés en considération de la consistance et de la valeur de leurs éléments au jour du partage, de sorte que leur état au jour de l'ouverture de la succession ne doit être pris en considération ni pour procéder au partage, ni pour apprécier si celui-ci est lésionnaire (■ Cass. 1re civ., 7 avr. 1998, n° 96-15.015 : *JurisData* n° 1998-001619 ; *JCP* G 99, I, 132, n° 3, obs. Le Guidec ; *Bull. civ.* I, n° 149, p. 98).

Art. 891 ancien. – Le défendeur à la demande en rescision peut en arrêter le cours et empêcher un nouveau partage en offrant et en fournissant au demandeur le supplément de sa portion héréditaire, soit en numéraire, soit en nature.

1) Évaluation du complément. Si l'existence et l'étendue de la lésion doivent être appréciées à la date du partage, il résulte tant du principe de l'égalité entre copartageants que de l'équivalence des deux modes de libération prévus par l'article 891 que le complément versé au copartageant lésé doit être apprécié à sa valeur actuelle (■ Cass. ass. plén., 9 mars 1961 : *JCP* 61, II, 12091, note Voirin).

2) **Intérêts du complément.** Si la rescision d'un partage pour cause de lésion efface en principe rétroactivement les attributions résultant du partage, l'héritier peut cependant conserver les fruits des biens à lui attribués qu'il a perçus de bonne foi jusqu'au jour de la demande en rescision et il résulte de l'équivalence des deux modes de libération prévus par l'article 891 que le complément de part versé au copartageant lésé ne peut produire intérêts que dans les mêmes conditions (■ Cass. 1re civ., 19 avr. 1977, n° 75-14.966 : *JurisData* n° 1977-000176 ; *Bull. civ.* I, n° 176, p. 137).

3) **Rescision prononcée par une décision devenue irrévocable.** La faculté prévue par l'article 891 n'est plus ouverte lorsque la rescision a été prononcée par une décision devenue irrévocable (■ Cass. 1re civ., 9 juill. 1968 : *JCP* 68, II, 15635, note Dagot).

4) **Offre de droits dans une autre indivision.** Le défendeur à l'action en rescision ne peut offrir à titre de supplément de part des droits dans une indivision à laquelle une autre personne est également intéressée (■ Cass. 1re civ., 19 mars 1975, n° 74-10.965 : *JurisData* n° 1975-000118 ; *Bull. civ.* I, n° 118, p. 101).

Art. 892 ancien. – Le cohéritier qui a aliéné son lot en tout ou partie, n'est plus recevable à intenter l'action en rescision pour dol ou violence, si l'aliénation qu'il a faite est postérieure à la découverte du dol, ou à la cessation de la violence.

Application à la rescision pour lésion (non). L'article 892 ne s'applique qu'en cas de dol ou de violence et ne peut être étendu à l'action fondée sur une lésion de plus du quart (■ Cass. 1re civ., 11 févr. 1981, n° 79-15.857 : *JurisData* n° 1981-700314 ; *JCP* 81, IV, 145 ; *Bull. civ.* I, n° 46, p. 37).

TITRE II. – DES LIBÉRALITÉS

(Intitulé rempl., L. n° 2006-728, 23 juin 2006)

Rédaction antérieure. Titre II. – Des donations entre vifs et des testaments

CHAPITRE I. – DISPOSITIONS GÉNÉRALES

Art. 893 *(Rempl., L. n° 2006-728, 23 juin 2006).* – **La libéralité est l'acte par lequel une personne dispose à titre gratuit de tout ou partie de ses biens ou de ses droits au profit d'une autre personne.**

Il ne peut être fait de libéralité que par donation entre vifs ou par testament.

Bibliographie : M. Nicod, *De la libéralité selon le Code civil* in *Mélanges en l'honneur de François Chabas*, Bruylant, 2011, p. 709 et s. ● C. Goldie-Genicon, *Les libéralités rémunératoires* in *Mélanges G. Champenois : Defrénois* 2012, 347. ● N. Peterka, *Les libéralités du majeur protégé dans la loi du 5 mars 2007 : Dr. famille* mai 2007, étude 20. ● A. Arnault, *Les libéralités du débiteur en difficulté après la loi du 26 juillet 2005 : Dr. famille* mai 2009, étude 21. ● M.-Ch. Monsallier-Saint Mleux, *Une contractualisation certaine mais contrôlée du droit des incapacités, des successions et des libéralités : JCP N 2010, 1062.* ● 108e congrès des notaires de France, *La transmission*, ACNF 2012. ● P. Catala, *Préparer sa succession : JCP* G 2011, 5.

Rédaction antérieure. Art. 893. – On ne pourra disposer de ses biens, à titre gratuit, que par donation entre vifs ou par testament, dans les formes ci-après établies.

1) **Donation à cause de mort.** Il est permis au donateur d'insérer dans l'acte de libéralité telle modalité qui lui convient, cette modalité se rattachât-elle à l'événement de son décès, pourvu qu'elle ne soit pas contraire à la règle de l'irrévocabilité (■ Paris, 6 avr. 1962 : *D.* 1962, 617, note Malaurie). Pour un exemple de donation à cause de mort prohibée par l'article 893 du Code civil, V. ■ Cass. req., 14 mai 1900 : *DP* 1900, 1, 358.

2) **Présent d'usage (renvoi).** V. sous art. 852, p. 685.

Art. 894. – **La donation entre vifs est un acte par lequel le donateur se dépouille actuellement et irrévocablement de la chose donnée, en faveur du donataire qui l'accepte.**

Bibliographie : H. Lécuyer, *L'irrévocabilité spéciale des donations : Études offertes à P. Catala*, Litec 2001, p. 405. • W. Dross, *L'irrévocabilité spéciale des donations existe-t-elle ? : RTD civ.* 2011, 25. • T. Genicon, *De l'irrévocabilité spéciale des donations à l'ordre public des transferts de propriété à titre gratuit* in *Mélanges G. Champenois : Defrénois* 2012, 303. • C. Brenner, *La donation de biens communs* in *Mélanges G. Champenois : Defrénois* 2012, 91. • M. Grimaldi, *Retour sur les donations de fruits et de revenus (à propos de la mise à disposition d'un logement)* in *Mélanges G. Champenois : Defrénois* 2012, 431. • C. Grimaldi, *Mystérieuse tontine* in *Mélanges G. Champenois : Defrénois* 2012, 417. • A.-M. Leroyer, *Réflexions sur la qualification de donations indirectes soumises au rapport* in *Mélanges G. Champenois : Defrénois* 2012, 551. • R. Gentilhomme et M. Grimaldi, *Les donations de droits sociaux : Defrénois* 2015, p. 295 et s. • F. Douet, *Aspects civils et fiscaux des donations d'usufruit temporaire : JCP* N 2013, 1077.

I – NÉCESSITÉ D'UNE INTENTION LIBÉRALE

1) Nécessité de l'intention libérale. Une libéralité suppose l'appauvrissement du donateur dans l'intention de gratifier son héritier : ▪ Cass. 1re civ., 2 avr. 2014, n° 13-14.767. – V. ▪ Cass. req., 27 juin 1887 : *DP* 1888, 1, 303. ▪ Cass. req., 9 déc. 1913 : *DP* 1919, 1, 29. Le déséquilibre, dans un contrat de vente, entre les engagements respectifs des parties, ne suffit pas à lui seul à prouver l'existence de l'intention libérale du vendeur (▪ Cass. 1re civ., 14 févr. 1989, n° 87-14.392 : *JurisData* n° 1989-703085 ; *JCP* 89, IV, 140). Les juges du fond peuvent estimer que le mari ayant acquis avec son épouse une propriété dont il a seul payé le prix ne fait pas la preuve de son intention libérale dès lors qu'il a pu vouloir rétribuer à l'avance la collaboration à la bonne marche de l'exploitation qu'il escomptait de son épouse et qui allait être effective pendant toute la durée de la vie commune (▪ Cass. 1re civ., 9 nov. 1993, n° 91-20.290 : *JurisData* n° 1993-002643 ; *Bull. civ.* I, n° 317, p. 220 ; *JCP* 94, II, 22300, note Philippe. V. aussi ▪ Cass. 1re civ., 6 mars 1996, n° 94-14.222 : *JurisData* n° 1996-000717 ; *D.* 1998, 163, note Claudel, le mari qui contribue au paiement du prix de l'immeuble acquis par sa femme séparée de biens peut avoir un intérêt personnel dans l'acquisition de l'immeuble dont le couple entendait faire sa résidence secondaire. ▪ Cass. 1re civ., 19 févr. 2002, n° 99-16.086 : *JurisData* n° 2002-013267 ; *Defrénois* 2002, 681, 2e esp., obs. Massip, concubine ayant remboursé l'emprunt et participé à la restauration du bien donné, exécution par le concubin d'une obligation naturelle. ▪ Paris, 20 janv. 1998, n° 95/21939 : *JurisData* n° 1998-021276 ; *D.* 1998, 309, note Najjar, mari ayant acquis des biens indivisément en payant seul le prix, voulant ainsi faire participer son épouse aux économies réalisées du fait de son travail au foyer et de son concours et exécuter un devoir moral constituant une obligation naturelle. ▪ Cass. 1re civ., 18 déc. 2013, n° 12-28.737 : *Bull. civ.* I, n° 249, il incombe au mari de prouver avoir financé les acquisitions litigieuses dans une intention libérale). La satisfaction morale et religieuse du disposant suffit à exclure l'intention libérale et à valider ainsi l'apport fait à une association incapable de recevoir à titre gratuit (▪ Cass. 1re civ., 1er mars 1988, n° 86-13.337 : *JCP* 89, II, 21373, note crit. Béhar-Touchais). L'intention libérale s'apprécie au moment de la conclusion de l'acte et elle est exclue dans le cas de la souscription solidaire d'un emprunt par les deux époux, même si par la suite le mari a assumé seul de ses deniers personnels le remboursement du prêt (▪ Paris, 23 févr. 1984 : *JurisData* n° 1984-020775 ; *D.* 1984, inf. rap. 477, obs. D. Martin). Ne donne pas base légale à sa décision la cour d'appel qui déduit l'existence d'une intention libérale de la seule absence d'équivalence des prestations (▪ Cass. 1re civ., 24 sept. 2002, n° 00-21.035 : *JurisData* n° 2002-015811 ; *Dr. famille* 2003, 16, 2e arrêt, note Beignier), du paiement des frais de donation, d'un hébergement gratuit ou encore du financement de travaux sans caractériser en outre l'intention de gratifier (▪ Cass. 1re civ., 18 janv. 2012, nos 11-12.863 et 09-72.542 : *Bull. civ.* I, n° 8, 10-25.685 : *Bull. civ.* I, n° 7 et 10-27.325 : *Bull. civ.* I, n° 9 ; *Dr. famille* 2012, 50, note Beignier ; *JCP* G 2012, 513, note F. Sauvage ; *JCP* N 2012, 1188, note Y. Delecraz, *RTD civ.* 2012. 353, obs. M. Grimaldi ; *JCP* G 2013, doctr. 250, n° 6, obs. Le Guidec ; *JCP* N 2012, 1187, étude Barrabé-Bouchard ; *D.* 2012, 2476, obs. Nicod. – *Adde*, M. Grimaldi, *Retour sur les donations de fruits et de revenus (à propos de la mise à disposition d'un logement)*, in *Mélanges G. Champenois : Defrénois* 2012, 431). L'absence de réclamation d'un quelconque paiement par les vendeurs ne suffit pas à établir l'intention libérale (▪ Cass. 1re civ., 19 mars 2014, n° 13-14.795 : *Bull. civ.*). V. aussi jurispr. sous art. 843, p. 681.

2) Mode de preuve. Tous les modes de preuve sont admissibles pour établir que c'est avec une intention libérale que le défunt a consenti un avantage indirect (preuve par un testament révoqué : ▪ Cass. 1re civ., 19 mars 2014, n° 13-14.139 : *Bull. civ.* ; *Dr. famille* 2014, comm. 77, note Nicod).

II – NÉCESSITÉ D'UN DÉPOUILLEMENT ACTUEL ET IRRÉVOCABLE

3) Signification. Le double caractère d'actualité et d'irrévocabilité existe dans une donation entre vifs par cela seul qu'un droit est réellement transmis par le donateur au donataire sur les objets donnés, bien que l'exécution de la donation ne soit pas immédiate (■ Cass. req., 19 févr. 1878 : *DP* 1878, 1, 377). La nécessité d'un dépouillement actuel et irrévocable de la chose donnée n'a pas pour corollaire obligatoire le paiement de la somme donnée, lequel ne constitue qu'une modalité, librement arrêtée entre les parties, du transfert de sa jouissance (■ Cass. 1re civ., 22 févr. 2005 : *Dr. famille* 2005, 115, note Beignier ; *Bull. civ.* I, n° 91, p. 80 ; *D.* 2005, somm. 2123, obs. Nicod). Le donateur avec clause de réserve de quasi-usufruit doit être regardé comme s'étant effectivement et irrévocablement dessaisi des biens donnés (■ CE, 10 févr. 2017, n° 387960).

4) Condition potestative. Le principe de l'irrévocabilité des donations interdit tout pacte affectant la donation d'une condition même simplement potestative, et, par application de l'article 944, la violation de cette prohibition est sanctionnée par la nullité de l'acte dans son entier et non pas seulement de la condition (■ Cass. 1re civ., 25 nov. 1986, n° 85-11.126 : *JurisData* n° 1986-002372 ; *Bull. civ.* I, n° 280, p. 267).

5) Don manuel. Sur l'exigence de tradition en matière de don manuel, V. sous art. 931, annot. n° 10, p. 734. Le don manuel d'une somme d'argent fait au moyen de la remise d'un chèque suppose, pour qu'il y ait dépouillement actuel et irrévocable de la part du donateur, l'existence d'une provision dont le bénéficiaire acquiert la propriété (■ Cass. 1re civ., 20 nov. 1985, n° 84-13.940 : *JurisData* n° 1985-003097 ; *Bull. civ.* I, n° 314, p. 278 ; *RTD civ.* 1987, 137, obs. Patarin) et les juges du fond doivent rechercher l'intention libérale lorsque celle-ci est contestée (■ Cass. 1re civ., 4 juill. 2018, nos 17-16.515 et 17-16.522 : *Bull.* ; *Dr. famille* 2018, comm. 242, Nicod). La remise d'une procuration sur des livrets de caisse d'épargne n'entraîne pas par elle-même une renonciation du mandant à la propriété des fonds déposés et n'opère pas tradition, mais les juges du fond peuvent en déduire que le mandant a été animé d'une intention libérale, dont la preuve n'est pas soumise à l'article 1341, et que l'opération constitue un don manuel (■ Cass. 1re civ., 14 mai 1996, n° 93-20.972 : *JurisData* n° 1996-001846 ; *JCP* 97, I, 4021, n° 5, obs. Le Guidec ; *Bull. civ.* I, n° 203, p. 142 ; *Defrénois* 1996, 1089, obs. crit. Champenois. – V. aussi ■ Toulouse, 5 janv. 1999, n° 97/04096 : *JurisData* n° 1999-040198 ; *Dr. famille* 1999, 53, 2e esp., note Beignier). Mais le virement fait à un compte sur lequel le *solvens* a procuration ne réalise pas une dépossession irrévocable (■ Cass. 1re civ., 14 déc. 2004, n° 03-18.413 : *JurisData* n° 2004-026141 ; *Dr. famille* 2005, 38, note Beignier ; *D.* 2005, 626, note Noblot ; *Bull. civ.* I, n° 317, p. 265 ; *JCP* 2005, I, 187, n° 8, obs. Le Guidec). Une cour d'appel peut sans contradiction admettre l'existence, par l'effet d'un pacte adjoint, de l'usufruit conventionnel d'une somme d'argent, l'usufruitier disposant librement de cette somme remise par le nu-propriétaire (■ Cass. 1re civ., 25 févr. 1997, n° 94-22.022 : *JurisData* n° 1997-000787 ; *JCP* 97, IV, 869 ; *Bull. civ.* I, n° 70, p. 45 ; *D.* 1999, somm. 309, obs. Nicod ; *Defrénois* 1997, 1448, obs. Champenois ; *Dr. famille* 1997, 116, note Lécuyer ; *RTD civ.* 1998, 439, obs. Patarin ; 1999, 655, obs. Zenati).

6) Société. Participer à une décision sociale modifiant la répartition des bénéfices n'est pas consentir une donation (■ Cass. com., 18 déc. 2012, n° 11-27.745 : *Bull. civ.* I, n° 230 ; *JCP* N 2013, 1040, note Garçon ; *RFP* 2013/2, 31, obs. Mortier ; *RDC* 2013/3, p. 1015, obs. Ch. Goldie-Génicon).

7) Construction par l'usufruitier. Absence de donation indirecte au profit du nu-propriétaire. En cas de construction effectuée par l'usufruitier, l'accession n'opère pas immédiatement au profit du nu-propriétaire, il n'existe par conséquent aucun enrichissement du nu-propriétaire qui n'entrera en possession des constructions qu'à l'extinction de l'usufruit (■ Cass. 3e civ., 19 sept. 2012, n° 11-15.460 : *Bull. civ.* I, n° 128 ; *Defrénois* 2013/1, 12, obs. Tranchant ; *JCP* G 2013, doctr. 429, n° 5, obs. Périnet-Marquet ; *JCP* N 2013, 1011, note V. Steenlandt).

III – CARACTÈRE NÉCESSAIREMENT GRATUIT

8) Appauvrissement. Une libéralité suppose l'appauvrissement du donateur dans l'intention de gratifier son héritier : ■ Cass. 1re civ., 2 avr. 2014, n° 13-14.767. – V. aussi, ■ Cass. 1re civ., 22 juin 2016, n° 15-18.086.

9) Donation avec charges. Sur le caractère onéreux de l'acte présenté comme une donation avec charges lorsque les charges atteignent la valeur des biens transmis, V. ■ Cass. civ., 28 nov. 1938 : *DH* 1939, 17.

10) Clause de tontine. Sur le caractère onéreux de la clause de tontine, V. ■ Cass. 1re civ., 14 déc. 2004 : *Dr. famille* 2005, 53, note Beignier ; *JCP* G 2005, I, 187 et *JCP* N 2006, 1071, n° 8, obs. Le Guidec ; *JurisData* n° 2004-026140 ; *Bull. civ.* I, n° 313, p. 262 ; *RDC* 2005/3, 693, obs. Bénabent ; *D.* 2005, somm. 2122, obs. Nicod, et 2263, note Le Gallou ; *Defrénois* 2005, 617, obs. Libchaber.

11) Donation et commodat. La convention permettant au mari d'occuper gratuitement pendant 30 ans un appartement dont sa femme était propriétaire et l'autorisant à sous-louer ne peut s'analyser comme un commodat qui suppose que l'emprunteur doit se servir personnellement de la chose. La faculté de sous-louer constitue au profit du mari une donation éventuelle des fruits qu'il était susceptible de recevoir. Il appartenait dès lors aux juges du fond de rechercher dans quelle mesure une telle faculté avait conféré à l'acte complexe passé entre les époux le caractère de donation (▪ Cass. 1re civ., 3 nov. 1988, n° 87-13.319 : *JurisData* n° 1988-702408 ; *Bull. civ.* I, n° 300, p. 205 ; *JCP* 89, IV, 3 ; *RTD civ.* 1989, 570, obs. Rémy).

12) Indifférence de la modicité. L'article 894 n'opère pas de distinction selon la valeur de la chose aliénée (▪ Cass. com., 5 oct. 2004 : *D.* 2005, somm. 2123, obs. Nicod). V. toutefois, pour les présents d'usage, C. civ., art. 852, annot. n° 3.

13) Paiement hors la vue du notaire. La mention du paiement hors la vue du notaire du prix du bien vendu exclut, jusqu'à preuve du contraire, la qualification de donation. Il incombe donc au tiers à l'acte, qui se prévaut de l'existence d'une donation, de démontrer par tous moyens l'absence de paiement effectif (▪ Cass. 1re civ., 11 mars 2009, n° 07-20.132 : *Bull. civ.* I, n° 58 ; *RTD civ.* 2009, 563, obs. Grimaldi ; *RTD civ.* 2009, 872, obs. Gautier ; *Defrénois* 2009, 1386, obs. Vareille ; *AJF* 2009, 222, obs. Tisserand-Martin).

Art. 895 ***(Mod., L. n° 2006-728, 23 juin 2006).*** **– Le testament est un acte par lequel le testateur dispose, pour le temps où il n'existera plus, de tout ou partie de ses biens ou de ses droits, et qu'il peut révoquer.**

Bibliographie : Ph. Delmas Saint Hilaire, *Le testament, pour quoi faire ? : Etudes offertes à Jacques Combret : Lextenso*, 2017, p. 115.

1) Sur la **forme du testament olographe,** voir art. 970, p. 751.

2) Sur l'**interprétation des testaments,** voir sous art. 1002 et s., p. 762.

3) Funérailles. Sur le règlement par le testateur de ses funérailles, voir sur le principe de liberté, L. 15 nov. 1887 (laquelle est une loi de police applicable aux funérailles de toute personne qui décède sur le territoire français : ▪ Cass. 1re civ., 19 sept. 2018, n° 18-20.693 : *Bull.* ; *RJPF* 2018, n° 11, Vigneau) et jurispr., p. 2768 ; et sur ses restrictions : ▪ CE, 29 juill. 2002, n° 222180 et ▪ CE, 6 janv. 2006, n° 260307. V. en l'absence de volonté exprimée du défunt, le pouvoir souverain des juges du fond préférant la mère à la veuve, ▪ Cass. 1re civ., 30 avr. 2014, n° 13-18.951.

4) Sépulture. Un document non daté comportant les volontés du défunt relatives à son lieu de sépulture ne peut être assimilé à un écrit fait sous forme testamentaire dès lors que sa période de rédaction ne peut être précisément délimitée : ▪ Cass. 1re civ., 8 avr. 2009, n° 08-12.217 (V. sur la date du testament, jurisprudence sous art. 970, p. 751).

5) Intention libérale et volonté d'exhéréder. La volonté de priver un héritier réservataire de la quotité disponible n'exclut pas l'intention libérale du testateur vis-à-vis d'une tierce personne (▪ Cass. 1re civ., 30 sept. 2009, n° 08-17.919 : *Bull. civ.* I, n° 200 ; *Defrénois* 2010, 95, obs. Libchaber ; *ibid.* 2011, 698, obs. B. Vareille ; *RTD civ.* 2011, 162, obs. M. Grimaldi ; *AJF* 2009, 460, obs. F. Bicheron ; *Dr. famille* 2009, comm. 144, obs. Beignier ; *JCP* 2010, n° 7, 203, n° 10, obs. Le Guidec).

6) Procuration. L'acte par lequel le *de cujus* autorise un tiers à prélever avant sa mort le montant de son compte bancaire n'est pas un testament et ne peut donc révoquer un testament antérieur, mais une telle autorisation s'analyse en une libéralité échappant aux règles de forme de l'article 931 (▪ Paris, 16 déc. 1986 : *JurisData* n° 1986-027271 ; *D.* 1987, somm. 125). Ne constitue pas un testament une procuration générale sous seing privé par laquelle un homme a accordé, peu de jours avant sa mort, à sa concubine le pouvoir de prélever des sommes sur ses livrets de caisse d'épargne (▪ Bordeaux, 1re ch., 27 sept. 1984 : *JurisData* n° 1984-041447).

7) Chèque valant testament (non). La remise d'un chèque ne peut en aucune façon constituer un testament au sens de l'article 895 (▪ Cass. 1re civ., 5 févr. 2002 : *JCP* 2002, IV, 1477 ; *Dr. famille* 2002, 47, note Beignier ; *JurisData* n° 2002-012808 ; *Bull. civ.* I, n° 39, p. 32 ; *Defrénois* 2003, 43, obs. Champenois ; *RTD civ.* 2002, p. 551, obs. Patarin).

Art. 896 ***(Rempl., L. n° 2006-728, 23 juin 2006).*** **– La disposition par laquelle une personne est chargée de conserver et de rendre à un tiers ne produit d'effet que dans le cas où elle est autorisée par la loi.**

Libéralités graduelles et résiduelles. *V. art.* 1048 et s., p. 779.

> **Rédaction antérieure. Art. 896** *(Mod., L. 13 mai 1835 ; L. 11 mai 1849).* – Les substitutions sont prohibées.
> Toute disposition par laquelle le donataire, l'héritier institué, ou le légataire, sera chargé de conserver et de rendre à un tiers, sera nulle, même à l'égard du donataire, de l'héritier institué, ou du légataire.

I – DOMAINE DE LA PROHIBITION (DROIT ANTÉRIEUR)

1) Quotité de la succession ou biens individualisés. Une substitution est prohibée si elle a pour objet aussi bien une quotité de la succession que des biens individualisés (■ Cass. 1re civ., 13 févr. 1973 : *JurisData* n° 1973-000053 ; *D.* 1973, 633, note Breton).

2) Obligation de transmettre l'actif à une fondation à créer. En prescrivant à l'unique héritière de transmettre à une fondation à créer l'actif successoral, après délivrance des libéralités particulières consenties par la testatrice et prélèvement des biens légués par celle-ci, les juges du fond n'ont pas validé une substitution prohibée par l'article 896 (■ Cass. 1re civ., 14 mai 1991, n° 90-13.135 : *JurisData* n° 1991-001315 ; *JCP* 91, IV, 269 ; *Bull. civ.* I, n° 159, p. 104 ; *D.* 1992, 149, note Agostini).

3) Obligation pour le gratifié de conserver et de rendre à sa mort. Pour qu'il y ait substitution, il faut que le premier gratifié soit tenu d'une obligation de conserver et de rendre à sa mort les biens légués (■ Cass. 1re civ., 19 mars 1963, n° 61-10.173 : *JurisData* n° 1963-000172 ; *JCP* 63, IV, 59 ; *Bull. civ.* I, n° 172, p. 151). Est entaché d'une substitution prohibée le legs de tous ses biens fait par un conjoint à l'autre à titre temporel et viager avec l'obligation de ne pas disposer des biens légués, ces biens devant passer après la mort du légataire à une personne morale (■ Cass. 1re civ., 6 mai 1952 : *D.* 1953, somm. 20).

4) Condition de survie. La prohibition s'applique lorsque la charge de rendre est subordonnée à la fois à la condition de survie de l'appelé ou grevé et à une autre condition (■ Cass. civ., 2 déc. 1903 : *DP* 1904, 1, 182). Mais le double legs conditionnel est valable (■ Cass. req., 24 mai 1927 : *DH* 1927, 402).

5) Legs *de residuo*. Il y a legs *de residuo* valable et non substitution prohibée si la testatrice a précisé que le gratifié resterait de son vivant seul propriétaire des biens légués, ce qui implique le pouvoir de disposition (■ Cass. 1re civ., 3 nov. 1958 : *JCP* 59, II, 11136, note Voirin, 3e esp. – Comp. ■ *Cass. 1re civ., 23 avr. 1981 : JurisData n° 1981-*001390 ; *Bull. civ.* I, n° 133). Pour une admission de la subrogation réelle, V. ■ Cass. 1re civ., 2 juin 1993, n° 91-16.370 : *JurisData* n° 1993-001155 ; *JCP* 94, II, 22206, note Couturier). En cas de réalisation de la condition, seul le second légataire est tenu des dettes et charges de la succession du testateur (■ Cass. 1re civ., 8 févr. 2005 : *Dr. famille* 2005, 85, note Beignier ; *JurisData* n° 026874 ; *Bull. civ.* I, n° 80). Dans l'hypothèse d'un legs *de residuo* portant sur des valeurs mobilières, le premier gratifié qui réalise les valeurs mobilières et les place sur le compte de succession à l'étude du notaire n'effectue pas un acte de disposition, mais une simple opération de gestion, de sorte que la somme détenue par le notaire doit être versée au second gratifié (■ Cass. 1re civ., 7 juin 2006 : *Bull. civ.* I, n° 300 ; *JurisData* n° 2006-033863 ; *JCP* 2008, I, 108, n° 7, obs. Le Guidec). Comp. ■ Cass. 1re civ., 20 févr. 2008 : *Bull. civ.* I, n° 59, cité sous art. 1058, C. civ.

6) Libéralité à une personne morale. Interruption de l'œuvre. La libéralité qui n'envisage pas la fin de l'existence légale de la personne morale première bénéficiaire de ladite libéralité mais prévoit seulement une interruption momentanée de son œuvre n'établit pas un ordre successif et ne tombe pas sous le coup de l'article 896 (■ Cass. civ., 18 juin 1913 : *DP* 1918, 1, 100).

II – SANCTION DE LA PROHIBITION (DROIT ANTÉRIEUR)

7) Nullité d'ordre public. La nullité prévue par l'article 896 est une nullité d'ordre public qui vise tout héritier institué, même si la part qu'il recueille dans la succession n'excède pas celle qui lui eût été dévolue *ab intestat* (■ Paris, 13 déc. 1957 : *JCP* 58, IV, 151).

8) Portée de la nullité. La nullité de la substitution n'atteint que les biens frappés de substitution (■ Cass. 1re civ., 6 juin 1961 : *JCP* 61, II, 12338, note C. B.).

9) Prédécès, du vivant du testateur, du légataire institué. Le prédécès, du vivant du testateur, du légataire institué à charge de substitution a pour effet de donner ouverture, dès le moment du décès du testateur, aux droits du seul gratifié, lequel recueille directement dans la succession du testateur les biens à lui légués, le vice de substitution se trouvant ainsi effacé (■ Cass. 1re civ., 22 oct. 1968 : *JCP* 69, II, 15782 ; *D.* 1969, 3, note A. B. – V. en ce sens ■ Cass. 1re civ., 12 juin 1968 : *JCP* 68, II, 15657, note M. D.).

Art. 897 *(Abr., L. n° 2006-728, 23 juin 2006).*

Rédaction antérieure. Art. 897. – Sont exceptées des deux premiers paragraphes de l'article précédent les dispositions permises aux pères et mères et aux frères et sœurs, au chapitre VI du présent titre.

Art. 898 *(Mod., L. n° 2009-526, 12 mai 2009).* **– La disposition par laquelle un tiers serait appelé à recueillir le don, la succession ou le legs, dans le cas où le donataire, l'héritier institué ou le légataire ne le recueillerait pas, ne sera pas regardée comme une substitution, et sera valable.**

Art. 899. – Il en sera de même de la disposition entre vifs ou testamentaire par laquelle l'usufruit sera donné à l'un, et la nue-propriété à l'autre.

1) V. pour une application ▪ Cass. req., 7 nov. 1911 : *DP* 1915, 1, 85.

2) Interprétation. Sur le pouvoir souverain d'interprétation des juges du fond admettant la qualification de double legs d'usufruit et de nue-propriété, alors que le testateur a utilisé l'expression « en toute propriété », ▪ TGI Paris, 9 nov. 1981 : *JurisData* n° 1981-000196 ; *JCP* 83, II, 20071, note Rémy.

Art. 900. – Dans toute disposition entre vifs ou testamentaire, les conditions impossibles, celles qui sont contraires aux lois ou aux mœurs, seront réputées non écrites.

1) Condition de viduité. La condition de viduité ne doit pas en règle générale être considérée comme contraire aux mœurs et ne peut être réputée non écrite que dans le cas où elle a été dictée par des motifs répréhensibles dont la preuve incombe à la partie qui en demande l'annulation (▪ Cass. civ., 30 mai 1927 : *DH* 1927, 448), par exemple par une jalousie posthume (▪ Cass. civ., 24 oct. 1939 : S. 1940, 1, 33), ou par des rancœurs personnelles (▪ Cass. 1re civ., 8 nov. 1965 : *Gaz. Pal.* 1966, 1, 55). Sur la validité de la clause de non-concubinage, V. ▪ TGI Chaumont, 25 sept. 1969 : *JCP* 70, II, 16213, note M. D.

2) Condition que le legs universel fait au fils profite à la bru. Est justifiée par un motif légitime la condition mise par un père que le legs universel fait à son fils profite à sa bru, même en cas de divorce, dès lors que cette clause est inspirée non par son désir d'empêcher son fils de divorcer ou pour marquer son opposition de principe à l'institution du divorce, mais par le souci d'assurer à sa bru, vis-à-vis de laquelle il estimait avoir contracté une dette de reconnaissance, la jouissance des biens légués, quelles que soient les vicissitudes de son ménage (▪ Rennes, 14 févr. 1972 : *JurisData* n° 1972-600054 ; *JCP* 75, II, 17934, note Bénabent).

3) Clause de célibat (non). N'est pas une atteinte à la liberté de se marier la clause d'un testament qui prévoit que le legs fait au fils reviendra à une association si, au jour du décès du testateur, le fils est marié « avec qui que ce soit » (▪ Poitiers, 17 févr. 1998, n° 9501603 : *JurisData* n° 1998-046715 ; *Dr. famille* 1999, 56, note Beignier).

4) Formation, continuation, reprise, rémunération de rapports immoraux. N'est pas *contraire aux* bonnes mœurs la cause de la libéralité dont l'auteur entend maintenir la relation adultère qu'il entretient avec le bénéficiaire (▪ Cass. 1re civ., 3 févr. 1999, n° 96-11.946 : *JurisData* n° 1999-000755 ; *JCP* G 99, I, 143, n° 4, obs. Labarthe, II, 10083, note Billiau et Loiseau ; *JCP* N 99, 618 ; *D.* 1999, 267, rapp. X. Savatier et note Langlade-O'Sughrue, somm. 307, obs. Grimaldi ; *Contrats, conc. consom.* 1999, 105, note Leveneur ; *Dr. famille* 1999, 54, 1re esp., note Beignier ; *Bull. civ.* I, n° 43, p. 29 ; *RTD civ.* 1999, 364, obs. Hauser, 892, obs. Patarin ; *Defrénois* 1999, 738, obs. D. Mazeaud, 814, obs. Champenois. V. aussi ▪ Cass. 1re civ., 29 janv. 2002, n° 00-12.967 : *JurisData* n° 2002-012765 ; *Dr. famille* 2002, 28, note Lécuyer ; *Defrénois* 2002, 681, 1re esp., obs. Massip. ▪ Cass. ass. plén., 29 oct. 2004, n° 03-11.238 : *JurisData* n° 2004-025408 ; *Bull.* 2004, A. P., n° 12 ; V. L. Leveneur, *Une libéralité consentie pour maintenir une relation adultère peut-elle être valable ? : JCP* 99, I, 152. – C. Larroumet, *La libéralité consentie par un concubin adultère : D.* 1999, chron. 351). Jugé auparavant qu'une libéralité ne saurait être invalidée par le seul fait de l'existence entre son auteur et sa bénéficiaire de relations illicites, mais elle se trouve frappée de nullité si elle a eu pour cause soit la formation, la continuation ou la reprise des rapports immoraux, soit leur rémunération (▪ Cass. req., 8 juin 1926 : *DP* 1927, 1, 113, note Savatier. ▪ Cass. civ., 14 oct. 1940 : *Gaz. Pal.* 1940, 2, 165. – V. en ce sens ▪ Cass. req., 26 mars 1860 : *DP* 1860, 1, 255. ▪ Cass. civ., 8 oct. 1957 : *D.* 1957, 317, note Esmein. ▪ Cass. 1re civ., 6 janv. 1964, n° 62 10.542 : *Gaz. Pal.* 1964, 1, 215. ▪ Cass. 1re civ., 8 nov. 1982, n° 81-13.815 : *JurisData* n° 1982-702373 ; *JCP* 83, IV, 31 ; *Bull. civ.* I, n° 321, p. 275. TGI Paris, 28 juin 1985 : *Defrénois* 1985, 1161, obs. Champenois, legs au profit de trois concubins homosexuels). Jugé aussi auparavant que la nullité n'est pas encourue lorsque la libéralité faite à la concubine apparaît comme l'exécution d'un devoir de conscience (▪ Cass. 1re civ., 6 oct. 1959 : *D.* 1960, 515, note Malaurie. ▪ Cass. 1re civ., 16 oct. 1967 : *JCP* 67, II, 15287), ou la marque d'une reconnaissance pour les soins et l'affection prodigués dans des circonstances difficiles (▪ Cass. 1re civ., 4 nov. 1982, n° 81-15.738 : *JurisData* n° 1982-702371 ; *JCP* 83, IV, 27 ; *Bull. civ.* I, n° 319, p. 274) ou que les juges du fond peuvent souverainement estimer que la permanence et la stabilité des liens sentimentaux ayant existé entre le disposant et la défenderesse excluaient que le motif déterminant du legs ait été la rétribution des relations sexuelles ou un encouragement à les maintenir (▪ Cass. 1re civ., 22 oct. 1980, n° 79-14.744 : *JurisData* n° 1980-705138 ; *JCP* 81, IV, 15 ; *Bull. civ.* I, n° 269, p. 214. Comp. ▪ Cass. 1re civ., 28 janv. 1997, n° 95-15.003 : *JurisData* n° 1997-000305 ; *Dr. famille* 1997, 184, note Beignier).

5) Vengeance à l'encontre de victimes d'incestes. Est nul de nullité absolue le testament par lequel le testateur cherche à se venger du refus de ses enfants de lui pardonner un comportement incestueux (▪ TGI La Roche-sur-Yon, 2 mai 1995 : *JurisData* n° 1995-053286 ; *D.* 1997, 13, note Vray ; *Dr. famille* 1997, 37, note Beignier).

6) Clause pénale. Aucune disposition légale ne prohibe l'insertion, dans un testament, d'une condition faisant dépendre le droit d'un héritier dans la quotité disponible d'un évènement qu'il est du pouvoir de l'autre de faire arriver ou d'empêcher : ▪ Cass. 1re civ., 5 oct. 2016, n° 15-25.459 : *Bull.* ; *JCP* N 2017, 1005, M. Nicod ; *Dr. famille* 2016, comm. 259, Nicod ; *JCP* G 2017, 168, F. Sauvage ; *AJF* 2016, 550, J. Casey : *RDC* 2017, 95, Golide-Génicon. Mais doit être réputée non écrite la clause qui a pour effet de porter une atteinte excessive au droit absolu de demander le partage : ▪ Cass. 1re civ., 13 avr. 2016, n° 15-13.312 : *Bull.* ; *JCP* G 2016, act. 527, M. Nicod ; *RTD civ.* 2016, 424, M. Grimaldi, ou une atteinte excessive au droit d'agir en justice (V. dans une donation-partage, ▪ Cass. 1re civ., 16 déc. 2015, n° 14-29.285 : *Bull.* ; *JCP* N 2016, 1159, Ch. Goldie-Génicon ; *Dr. famille* 2016, comm. 33, M. Nicod ; *D.* 2016, 578, note T. Le Bars ; *RJPF* 2016-2/37, note F. Sauvage). Comp., auparavant, ▪ Cass. civ., 25 févr. 1925 : *DP* 1925, 1, 185, note R. Savatier et ▪ Cass. 1re civ., 10 mars 1970 : *JurisData* n° 1970-000088 ; *JurisData* n° 1970-000089 ; *D.* 1970, 584, note A. B. : la clause pénale par laquelle un testateur entend assurer l'exécution de ses dernières volontés est licite et obligatoire lorsque la disposition ainsi imposée aux héritiers ne porte atteinte qu'à des intérêts privés. Elle doit être réputée non écrite lorsqu'elle tend à assurer l'exécution de dispositions portant effectivement atteinte à la part réservataire de l'héritier (▪ Cass. 1re civ., 25 juin 2002 : *Dr. famille* 2003, 18, note Beignier ; *Bull. civ.* I, n° 175, p. 134 ; *JurisData* n° 2002-014960 ; *D.* 2003, somm. 1875, obs. Nicod) ou à d'autres dispositions d'ordre public (révocation pour ingratitude). Toutefois, cet héritier encourt les effets de la clause si sa contestation est jugée infondée (▪ Cass. 1re civ., 20 févr. 2007, n° 04-16.461 : *JurisData* n° 2007-037467 ; *Bull. civ.* I, n° 74 ; *RTD civ.* 2008, 134, obs. Grimaldi.

7) Condition de renonciation à une succession future. Le legs subordonné à la condition d'une renonciation à une succession non ouverte est nul (▪ Cass. 1re civ., 30 avr. 1968 : *JCP* 68, II, 15580, note R. L.).

8) Condition de conversion à une religion. Les juges du fond doivent rechercher si une telle condition ne porte pas atteinte à l'ordre public interne au regard des articles 8 et 9 de la CEDH : ▪ Cass. 1re civ., 21 nov. 2012, n° 10-17.365, *Bull. civ.* I, n° 243 ; *RTD civ.* 2013, 162, obs. M. Grimaldi ; *JCP* G 2013, note 46, Sauvage ; *Defrénois* 2013/2, 63, obs. Callé ; *LPA* 30 janv. 2013, 7, note Mahinga ; *Gaz. Pal.* 22 févr. 2013, 33, note Dumont.

9) Condition immorale ou illicite. Nullité de la donation. La condition immorale ou illicite entraîne la nullité de la donation ou du legs lorsqu'elle a été la cause impulsive et déterminante de la libéralité (▪ Cass. req., 28 déc. 1938 : *DH* 1939, 132).

Art. 900-1

Art. 900-1 *(L. n° 71-526, 3 juill. 1971 ; mod., L. n° 84-562, 4 juill. 1984).* – **Les clauses d'inaliénabilité affectant un bien donné ou légué ne sont valables que si elles sont temporaires et justifiées par un intérêt sérieux et légitime. Même dans ce cas, le donataire ou le légataire peut être judiciairement autorisé à disposer du bien si l'intérêt qui avait justifié la clause a disparu ou s'il advient qu'un intérêt plus important l'exige.**

Les dispositions du présent article ne préjudicient pas aux libéralités consenties à des personnes morales ou même à des personnes physiques à charge de constituer des personnes morales.

Bibliographie : Ph. Simler, *Les clauses d'inaliénabilité* : *D.* 1971, L. 416-1. ● G. Morin, *Les clauses d'inaliénabilité dans les donations et les testaments* : *Defrénois* 1971, art. 29982, p. 1185. ● C. Ferry, *La caducité de la clause d'inaliénabilité* : *D.* 2019, p. 270.

I – DOMAINE

1) Actes à titre onéreux. Dès lors qu'elle est limitée dans le temps et qu'elle est justifiée par un intérêt sérieux et légitime, une clause d'inaliénabilité peut être stipulée dans un acte à titre onéreux (▪ Cass. 1re civ., 31 oct. 2007, n° 05-14.238 ; *Bull. civ.* I, n° 337 ; *RDC* 2008, 248, obs. Laithier ; *Defrénois* 2008, 1485, note Thullier ; *JCP* N 2008, 26, obs. Mortier ; *RTD civ.* 2008, 126, obs. Revet ; *RJPF* 2007, 29, obs. Delmas Saint-Hilaire et Casey).

II – CARACTÈRE TEMPORAIRE

2) Inaliénabilité pour la durée de la vie du donateur. Est temporaire l'inaliénabilité stipulée pour la durée de la vie du donateur (▪ Cass. 1re civ.,

8 janv. 1975 : *JurisData* n° 1975-000008 ; *JCP* 76, II, 18240, note Thuillier).

3) Clause de tontine. Viole l'article 900-1 la cour d'appel qui décide que la clause de tontine n'est pas temporaire en ce qu'elle interdit toute aliénation pendant toute la vie de l'une ou l'autre des gratifiées, alors qu'une telle clause, qui prend fin au décès du prémourant, a par là-même un caractère temporaire (■ Cass. 1re civ., 8 janv. 2002 : *JCP* 2002, II, 10036, note Chartier ; *JurisData* n° 2002-012480).

III – INTÉRÊT SÉRIEUX ET LÉGITIME

4) Intérêt du donateur. Le fait que les donateurs se sont réservés l'usufruit du bien donné n'exclut pas le caractère sérieux et légitime de la clause d'inaliénabilité dont il est soutenu qu'elle a été stipulée pour garantir aux usufruitiers que le nu-propriétaire serait leur fils plutôt qu'un tiers (■ Cass. 1re civ., 15 juin 1994, n° 92-12.139 : *Bull. civ.* I, n° 211, p. 153 ; *JCP* 95, I, 3876, n° 8, obs. Le Guidec ; *D.* 1995, 342, note Leborgne, somm. 50, 2e esp., obs. Grimaldi ; *RTD civ.* 1995, 667, obs. Patarin, 919, obs. Zenati). Ne donne pas de base légale à sa décision la cour d'appel qui estime que la clause de tontine ne remplit pas la condition d'un intérêt sérieux et légitime en ce qu'elle peut avoir pour effet d'éviter que les créanciers des donataires puissent obtenir paiement de leurs dettes, en se déterminant ainsi au regard des effets de la clause, sans rechercher si celle-ci n'est pas justifiée par l'intérêt sérieux et légitime visé par l'article 900-1 (■ Cass. 1re civ., 8 janv. 2002 : *JCP* G 2002, II, 10036, Chartier ; *JurisData* n° 2002-012480 ; *Bull. civ.* I, n° 3).

5) Intérêt du codonateur. L'intérêt visé par l'article 900-1 peut ne pas être celui du donateur lui-même et il peut être notamment, en cas de donation-partage conjonctive faite par deux époux, l'intérêt du codonateur (■ Cass. 1re civ., 20 juill. 1982 : *Bull. civ.* I, n° 267, p. 229 ; *RTD civ.* 1983, 376, obs. Patarin).

IV – AUTORISATION JUDICIAIRE D'ALIÉNER

6) Caractère personnel de l'action. L'opportunité de demander au juge l'autorisation de disposer du bien que le gratifié a accepté de recevoir frappé d'inaliénabilité est subordonnée à des *considérations personnelles d'ordre moral et familial inhérentes à la donation* ; l'action prévue par l'article 900-1 est exclusivement attachée à la personne du donataire et ne peut être exercée par un créancier à la place de son débiteur : ■ Cass. 1re civ., 3 juin 1998, n° 96-12.372 : *JurisData* n° 1998-002435 ; *JCP* 98, II, 10167, note Casey ; *Dr. famille* 1998, 90, 1er arrêt, note Beignier. V. en ce sens ■ Cass. 1re civ., 29 mai 2001 : *JurisData* n° 2001-009836 ; *Bull. civ.* I, n° 150 ; *RTD civ.* 2001, 644, obs. Patarin. ■ Cass. 1re civ., 3 avr. 2002, n° 99-20.527 : *JurisData* n° 2002-013782 ; *Dr. famille* 2002, 92, note Beignier. ■ Cass. 1re civ., 25 mai 2004, n° 02-12.268 : *JurisData* n° 2004-023789 ; *Dr. famille* 2004, 129, note Beignier ; *Bull. civ.* I, n° 149. – V. aussi, refusant l'action du liquidateur judiciaire du donataire, ■ Cass. 1re civ., 4 juill. 2006 : *Bull. civ.* I, n° 345 ; *JurisData* n° 2006-034414 ; *JCP* 2006, IV, 2676. ■ Cass. com., 9 nov. 2004, n° 02-18.617 : *JurisData* n° 2004-025596 ; *Bull. civ.* IV, n° 191 (*contra*, ■ Cass. 1re civ., 11 janv. 2000, n° 97-20.722 : *JurisData* n° 2000-000021 ; *JCP* G 2000, I, 215, n° 19, obs. Loiseau ; 278, n° 9, obs. Le Guidec ; *JCP* N 2001, 250, obs. Le Guidec ; *Dr. famille* 2000, 26, note Beignier ; *Bull. civ.* I, n° 3). Le liquidateur judiciaire peut se borner à solliciter des donateurs la renonciation à la clause d'inaliénabilité car il n'agit pas en main-levée judiciaire de celle-ci (■ Cass. 1re civ., 19 déc. 2018, n° 17-17.551).

7) Appréciation des intérêts en cause. Sur le pouvoir souverain des juges du fond pour apprécier les intérêts en cause, V. ■ Cass. 1re civ., 25 juin 1980, n° 79-12.149 : *JurisData* n° 1980-000198 ; *Bull. civ.* I, n° 198, p. 160. ■ Cass. 1re civ., 10 juill. 1990, n° 87-16.773 : *JurisData* n° 1990-702171 ; *JCP* 90, IV, 342 ; *RTD civ.* 1991, 141, obs. Zenati, et 580, obs. Patarin. Pour une application, V. ■ Nancy, 2 sept. 1997 : *JCP* 98, IV, 2354 : L'intérêt du gratifié à rembourser ses dettes n'est pas plus important que celui du donateur de conserver l'exercice de ses droits d'usufruit, d'usage et d'habitation ainsi que de son droit de retour conventionnel. V. aussi, pour des souvenirs de famille, ■ Paris, 7 déc. 1987 : *JCP* 1988, II, 21148, note Barbièri.

8) Disparition de l'intérêt. La disparition de l'intérêt sérieux et légitime du donateur n'affecte pas la validité de la clause d'inaliénabilité mais permet seulement au juge d'autoriser le donataire à disposer du bien (■ Cass. 1re civ., 8 déc. 1998 : *Dr. famille* 1999, 31, note Beignier ; *JCP* G 99, I, 189, n° 10 ; *JCP* N 2000, 967, n° 10, obs. Le Guidec ; *Bull. civ.* I, n° 351, p. 242 ; *RTD civ.* 2000, 148, obs. Patarin). – Pour une illustration de la disparition de l'intérêt légitime, V. ■ Cass. 3e civ., 5 juin 2012, n° 11-19.294 (la clause imposant au légataire d'une parcelle de vendre en priorité cette parcelle au légataire de la parcelle contiguë n'a plus de raison de s'appliquer lorsque le légataire de la parcelle contiguë l'a vendue).

V – EFFET DE L'INALIÉNABILITÉ

9) Inscription d'hypothèque et saisie. L'inscription d'hypothèque judiciaire ne tient pas en échec une clause d'inaliénabilité en ce sens qu'elle ne permet pas la saisie tant que cette clause est en vigueur (■ Cass. 1re civ., 9 oct. 1985, n° 84-12.073 : *JurisData* n° 1985-702620 ; *Bull. civ.* I, n° 252, p. 226 ; *RTD civ.* 1986, 622, obs. Patarin. - V. aussi ■ Cass. 1re civ., 15 juin 1994 : *Bull. civ.* I, n° 211, p. 153 ; *JCP* 1995, I, 3876, n° 8, obs. Le Guidec ; *D.* 1995, 342, note Leborgne, somm. 50, 2e esp., obs. Grimaldi ; *RTD civ.* 1995, 667, obs. Patarin, 919, obs. Zenati). Les biens frappés d'inaliénabilité ne sont pas susceptibles d'hypothèque conventionnelle, comme ne se trouvant pas dans le commerce au sens de l'article 2397 du Code civil (pour une clause d'inaliénabilité dans un acte à titre onéreux, V. ■ Cass. 1re civ., 23 févr. 2012, n° 09-13.113 : *Bull. civ.* I, n° 39 ; *Contrats, conc. consom.* 2012, comm. 116, obs. Leveneur ; *RTD civ.* 2012, 346, obs. Crocq ; *JCP* N 2012, note 1294, Piedelièvre ; *JCP* N 2012, 1379, n° 36, obs. Boffa ; *Defrénois* 2013/6, 291, obs. Cabrillac) à moins que les donateurs n'acceptent expressément la constitution d'hypothèque (■ Cass. 1re civ., 5 déc. 2018, n° 17-28.130 : *Defrénois* 2019, n° 11, p. 24, Gijsbers).

10) Communauté universelle. Une clause d'inaliénabilité affectant un droit ne fait pas obstacle à son entrée dans la communauté universelle du donataire et de son conjoint (■ Cass. 1re civ., 18 mars 2015 : *Bull.* ; *RTD civ.* 2015, 676, note M. Grimaldi).

11) Sanction du non-respect de la clause d'inaliénabilité. La révocation d'une donation pour inexécution des charges n'est légalement possible qu'en cas d'inobservation par le donataire lui-même de la clause d'inaliénabilité (■ Cass. 1re civ., 25 juin 1980 : *JurisData* n° 1980-000200 ; *JCP* 80, IV, 340 ; *Bull. civ.* I, n° 200, p. 162).

VI – LIBÉRALITÉ À UNE PERSONNE MORALE

12) Libéralité au profit d'une personne morale. Viole l'article 900-1, alinéa 2, l'arrêt qui autorise une association à disposer des biens qui lui ont été apportés, au mépris d'une clause restreignant sa liberté d'en disposer, au motif que ces aliénations avaient permis à l'association de continuer à fonctionner et correspondu à un intérêt plus important que celui pour lequel la clause d'inaliénabilité avait été prévue (■ Cass. 1re civ., 23 janv. 2008, n° 06-16.120 : *Bull. civ.* I, n° 19 ; *Defrénois* 2008, 971, note Malaurie ; *Dr. famille* mars 2008, comm. 44, note Beignier ; *JCP* 2008, II, 10107, note Mahinga).

13) Legs à la Fondation de France. Acceptation subordonnée à la levée de la clause d'inaliénabilité. La circonstance que le décret autorisant l'acceptation d'un legs universel à la Fondation de France ait rappelé l'intention de celle-ci de demander l'annulation de la clause d'inaliénabilité n'est pas, par elle-même, constitutive d'une illégalité (■ CE, 8 déc. 2000 : *JCP* G 2001, II, 10616 et *JCP* N 2002, 1468, concl. Maugüe ; *JurisData* n° 2000-061482).

Art. 900-2 *(L. n° 84-562, 4 juill. 1984).* – **Tout gratifié peut demander que soient révisées en justice les conditions et charges grevant les donations ou legs qu'il a reçus, lorsque, par suite d'un changement de circonstances, l'exécution en est devenue pour lui soit extrêmement difficile, soit sérieusement dommageable.**

Bibliographie : F. Boulanger, *La loi du 4 juillet 1984 sur la révision des charges dans les libéralités : JCP* 85, I, 3177. ● C. Witz, *La révision des charges et conditions en matière de libéralités après la loi du 4 juillet 1984 : D.* 1985, chron. 101.

1) Personnes morales de droit public. « La révision des conditions et charges grevant les donations ou legs consentis au profit des collectivités territoriales, de leurs groupements et de leurs établissements publics est régie par les articles 900-2 à 900-8 du Code civil » (CGCT, art. L. 1311-17). La modification des charges et conditions grevant un bien légué à une commune ou l'aliénation de ce bien ne peuvent avoir lieu que dans les conditions et selon la procédure définies par les articles 900-2 à 900-8 du Code civil, sans que la commune bénéficiaire du legs puisse se prévaloir des dispositions des articles 954, 955 et 1046 du même code, ni faire état de l'accord éventuel du légataire universel sur la modification des charges et conditions grevant le legs fait à la commune (■ CE, 19 févr. 1990, n° 73923 : *JurisData* n° 1990-640457 ; *JCP* 90, II, 21535, note Boulanger ; *D.* 1992, somm. 231, obs. Grimaldi).

2) Évolution des circonstances. Faute d'indication des donateurs, le simple bon sens amène à penser qu'ils ont voulu s'assurer, à travers la persistance du bien (une maison de retraite) dans le patrimoine du gratifié, de ce que le legs serait affecté de façon durable au bien-être des pensionnaires de la maison de retraite ; ce n'est donc pas faire injure à cette dernière volonté, compte tenu de l'évolution des circonstances (entretien coûteux, absence de revenus du bien) d'annuler la clause d'inaliénabilité pour permettre la vente de l'immeuble et d'affecter le prix à un projet d'humanisation (■ Orléans 25 mars 1997 : *JurisData* n° 1997-040158 ; *Dr. famille* 1997, 167, note Beignier. – V. aussi ■ Cass. 1re civ., 7 mars 2000, n° 97-20.038 ; *JCP* 2000, IV, 1726 ; *Bull. civ.* I, n° 84, p. 56 ; *Dr. famille* 2000, 82, 2e esp., note Beignier ; *D.* 2000, somm. 431, obs. Vareille ; *RTD civ.* 2001, 413, obs. Patarin).

3) Travaux de rénovation. L'état de délabrement de l'immeuble légué, qui nécessite une rénovation estimée à un montant disproportionné par rapport à la valeur vénale du bien, justifie que son aliénation soit autorisée (▪ TGI Paris, 10 mars 1997 : *JurisData* n° 1997-056807 ; *Dr. famille* 1999, 144, 1re esp., note Beignier). Mais la simple inadaptation des locaux ne suffit pas (▪ Grenoble, 23 mai 2000, n° 98/04429 : *JurisData* n° 2000-116778 ; *Dr. famille* 2000, 101, note Beignier).

4) Impossibilité d'exécution. L'impossibilité d'exécution de la charge entre dans le champ d'application de l'article 900-2 tout aussi bien que la difficulté d'exécution (▪ Cass. 1re civ., 6 avr. 1994, n° 92-12.844 : *JCP* 95, II, 22387, note Brun ; *Bull. civ.* I, n° 140, p. 102 ; *RTD civ.* 1995, 167, obs. Patarin ; *D.* 1995, somm. 48, 2e esp., obs. Grimaldi. ▪ Cass. 1re civ., 28 févr. 2018, n° 17-13.630).

5) Pouvoir souverain des juges du fond. Les juges du fond peuvent estimer souverainement que le légataire chargé d'attribuer les revenus du legs à des élèves du Prytanée de condition modeste devait, non pas attendre les candidatures, mais choisir lui-même les élèves répondant aux critères fixés par le legs (▪ Cass. 1re civ., 25 janv. 2005 : *Dr. famille* 2005, 64, note Beignier ; *JCP* G 2005, IV, 1450 ; *JurisData* n° 2005-026640 ; *Bull. civ.* I, n° 51, p. 41).

Art. 900-3 *(L. n° 84-562, 4 juill. 1984).* **– La demande en révision est formée par voie principale ; elle peut l'être aussi par voie reconventionnelle, en réponse à l'action en exécution ou en révocation que les héritiers du disposant ont introduite.**

Elle est formée contre les héritiers ; elle l'est en même temps contre le ministère public s'il y a doute sur l'existence ou l'identité de certains d'entre eux ; s'il n'y a pas d'héritier connu, elle est formée contre le ministère public.

Celui-ci doit, dans tous les cas, avoir communication de l'affaire.

Publication de la révision. La publication prévue par l'article 1er du décret n° 84-943 du 19 octobre 1984 (V. D. n° 84-943 du 19 oct. 1984, p. 3072) n'est pas exigée lorsque la demande en révision est formée par voie reconventionnelle : ▪ Cass. 1re civ., 28 janv. 2015, n° 13-27.125 : *Bull. civ.* ; *JCP* G 2015, 399, note Sérinet.

Art. 900-4 *(L. n° 84-562, 4 juill. 1984).* **– Le juge saisi de la demande en révision peut, selon les cas et même d'office, soit réduire en quantité ou périodicité les prestations grevant la libéralité, soit en modifier l'objet en s'inspirant de l'intention du disposant, soit même les regrouper, avec des prestations analogues résultant d'autres libéralités.**

Il peut autoriser l'aliénation de tout ou partie des biens faisant l'objet de la libéralité en ordonnant que le prix en sera employé à des fins en rapport avec la volonté du disposant.

Il prescrit les mesures propres à maintenir, autant qu'il est possible, l'appellation que le disposant avait entendu donner à sa libéralité.

Voir : L. n° 2019-486, art. 177, IV, p. 3462.

Autorisation d'aliéner. V. autorisant l'aliénation du bien objet de la libéralité, ▪ TGI Paris, 10 mars 1997, cité sous art. 900-2, p. 711.

Art. 900-5 *(L. n° 84-562, 4 juill. 1984).* **– La demande n'est recevable que dix années après la mort du disposant ou, en cas de demandes successives, dix années après le jugement qui a ordonné la précédente révision.**

La personne gratifiée doit justifier des diligences qu'elle a faites, dans l'intervalle, pour exécuter ses obligations.

Diligences. V. ▪ Cass. 1re civ., 6 avr. 1994, n° 92-12.844 : *Bull.* ▪ Cass. 1re civ., 28 févr. 2018, n° 17-13.630.

Art. 900-6 *(L. n° 84-562, 4 juill. 1984).* **– La tierce opposition à l'encontre du jugement faisant droit à la demande en révision n'est recevable qu'en cas de fraude imputable au donataire ou légataire.**

La rétractation ou la réformation du jugement attaqué n'ouvre droit à aucune action contre le tiers acquéreur de bonne foi.

Art. 900-7 *(L. n° 84-562, 4 juill. 1984).* **– Si, postérieurement à la révision, l'exécution des conditions ou des charges, telle qu'elle était prévue à l'origine, redevient possible, elle pourra être demandée par les héritiers.**

Art. 900-8 *(L. n° 84-562, 4 juill. 1984).* – **Est réputée non écrite toute clause par laquelle le disposant prive de la libéralité celui qui mettrait en cause la validité d'une clause d'inaliénabilité ou demanderait l'autorisation d'aliéner.**

Voir : D. n° 84-943, 19 oct. 1984, relatif à la publicité des actions en révision prévues par les articles 900-2 à 900-5 du Code civil, p. 3072. – L. du 15 nov. 1887, sur la liberté des funérailles, art. 3, p. 2768.

CHAPITRE II. – DE LA CAPACITÉ DE DISPOSER OU DE RECEVOIR PAR DONATION ENTRE VIFS OU PAR TESTAMENT

Art. 901 *(Rempl., L. n° 2006-728, 23 juin 2006).* – **Pour faire une libéralité, il faut être sain d'esprit. La libéralité est nulle lorsque le consentement a été vicié par l'erreur, le dol ou la violence.**

1) **Notion d'insanité d'esprit.** L'insanité d'esprit prévue par l'article 901 comprend toutes les variétés d'affections mentales par l'effet desquelles l'intelligence du disposant aurait été obnubilée ou sa faculté de discernement déréglée (▪ Cass. civ., 4 févr. 1941 : *DA* 1941, 113). Elle est une notion autonome par rapport aux causes légales d'ouverture des régimes de protection des majeurs (▪ Lyon, 13 sept. 2001, n° 1999/02120 : *JurisData* n° 2001-174133 ; *Dr. famille* 2002, 105, note Beignier). Les juges du fond disposent à cet égard d'un souverain pouvoir d'appréciation (▪ Cass. req., 13 janv. 1926 : *DH* 1926, 66. ▪ Cass. 1re civ., 6 mars 2013, n° 12-17.360 : *Bull. civ.* I, n° 39. V. pour des applications ▪ TGI Paris, 5 mars 1997 et ▪ Paris, 17 févr. 1998, n° 95/25075 : *JurisData* n° 1998-024175 ; *Dr. famille* 2000, 14, note Beignier. ▪ Paris, 25 mars 1999 et ▪ Bordeaux, 9 févr. 1999, n° 96000921 : *JurisData* n° 1999-042208 ; *Dr. famille* 2000, 92, note Beignier). Pour une application de l'insanité d'esprit dans une hypothèse où une donation et un testament olographe avaient été signés par un majeur souffrant d'une altération de ses capacités physiques et mentales de type maladie d'Alzheimer (mise sous tutelle postérieure à ces actes), V. ▪ Cass. 1re civ., 6 janv. 2010, n° 08-14.002 ; *Dr. famille* 2010, comm. 107, obs. I. Maria ; *RGDA* 2010, 391, obs. L. Mayaux ; *RJPF* avr. 2010, 28, obs. Ph. Delmas Saint-Hilaire. – Comp. ▪ Cass. 1re civ., 30 avr. 2014, 13-11.912 : *JurisData* n° 2014-008684 ; *RJPF* 2014-7/42, obs. F. Sauvage (fondé sur l'art. 503 anc. C. civ.). La dépression et le suicide ne constituent pas en eux-mêmes des signes de dérèglement mental du testateur (▪ Caen, 11 janv. 2000, n° 98/00216 : *JurisData* n° 2000-128563 ; *Dr. famille* 2001, 24, note Beignier), non plus que des accidents vasculaires cérébraux et une extrême fatigue limitant les échanges verbaux (▪ Paris, 12 sept. 2000 : *JurisData* n° 125001 ; *JCP* 2001, IV, 1404). La simple constatation que le testament a été rédigé plus de quatorze mois après l'examen médical ayant conduit au prononcé de la curatelle est impropre à caractériser l'insanité d'esprit lors de la rédaction du testament (▪ Cass. 1re civ., 14 mars 2018, n° 17-15.406).

2) **Charge de la preuve de l'insanité d'esprit.** La charge de la preuve de l'insanité d'esprit du testateur incombe au demandeur en annulation du testament (▪ Cass. 1re civ., 7 févr. 1984 : *JurisData* n° 1984-700258 ; *Gaz. Pal.* 1984, 2, 433, note J. M. ▪ Paris, 16 sept. 1997 : *JurisData* n° 1997-023088 ; *Dr. famille* 1998, 55, 1er arrêt, note Beignier) ou de la donation entre vifs (▪ Cass. 1re civ., 6 juill. 2000, n° 98-22.654 : *D.* 2001, somm. 1506, obs. Delmas Saint-Hilaire). Mais jugé que si la démence habituelle du testateur est prouvée, le testament doit être annulé sauf à établir que le rédacteur était exceptionnellement dans un intervalle lucide (▪ Cass. 1re civ., 11 juin 1980 : *JurisData* n° 1980-000184 ; *Bull. civ.* I, n° 184, p. 149.). Sur la nécessité pour les juges du fond de rechercher, par application de l'article 503 [(anc.) : V. art. 464, p. 419], si la cause ayant déterminé l'ouverture de la tutelle n'existait pas notoirement à l'époque du testament fait par l'intéressé, V. ▪ Cass. 1re civ., 5 janv. 1999, n° 96-18.496 : *JurisData* n° 1999-000032 ; *Dr. famille* 1999, 59, note Fossier.

3) **Secret professionnel.** Il ne peut être reproché aux juges du fond d'avoir violé les règles du secret professionnel lorsqu'ils ont tenu compte des constatations des médecins relatives à la maladie mentale dont le testateur était atteint (▪ Cass. 1re civ., 26 mai 1964 : *JCP* 64, II, 13751, concl. Lindon). L'article 901 du Code civil vaut autorisation au sens de l'article 226-14 du Code pénal et le professionnel est déchargé de son obligation au secret relativement aux faits dont il a eu connaissance dans l'exercice de sa profession (▪ Cass. 1re civ., 22 mai 2002 : *JCP* 2002, IV, 2147 ; *JurisData* n° 2002-014431 ; *Bull. civ.* I, n° 144, p. 111 ; *Defrénois* 2002, 1477, obs. Massip. ▪ Cass. 1re civ., 2 mars 2004, n° 01-16.001 : *JurisData* n° 2004-022569 ; *Bull. civ.* I, n° 69, p. 55 ; *Defrénois* 2004, 1244, obs. Massip. V. aussi ▪ Cass. 1re civ., 8 mars 2005, n° 03-12.044 : *JurisData* n° 2005-027493 ; *Dr. famille* 2005, 253, 1re esp., note Couturier).

4) **Personnes pouvant agir en nullité.** L'action en nullité du testament pour insanité d'esprit du testateur n'est ouverte qu'aux successeurs uni-

versels légaux et testamentaires (■ Cass. 1re civ., 4 nov. 2010, n° 09-68.276 ; *Dr. famille* 2011, comm. 10, obs. B. Beignier. Dans le même sens ■ Cass. 1re civ., 3 mars 1969, n° 67-10.903 : *JurisData* n° 1969-000093 ; *D.* 1969, 585).

5) Délai de l'action en nullité. L'action en nullité d'un acte à titre gratuit pour insanité d'esprit ne peut être introduite par les héritiers, et donc la prescription courir, qu'à compter du décès du disposant et non à compter de l'acte (V. pour un testament, ■ Cass. 1re civ., 20 mars 2013, n° 11-28.318, 314 : *Bull. civ.* I, n° 56 ; *JurisData* n° 2013-004813 ; *JCP* N 2013, 1284, Massip ; *RJPF* 2013-5/43, F. Sauvage ; et pour une donation, ■ Cass. 1re civ., 29 janv. 2014, n° 12-35.341 : *Bull. civ.* ; *RJPF* 2014-4/33, A. Cheynet de Beaupré ; ■ Cass. 1re civ., 8 mars 2017, n° 16-12.607 : *Bull.* ; comp. pour un acte rédigé avant l'entrée en vigueur de la loi du 17 juin 2008 réformant la prescription : ■ Cass. 1re civ., 18 janv. 2017, n° 15-27.535 : *Dr. famille* 2017, comm. 66, Nicod). L'exception de nullité est perpétuelle (pour un testament olographe : ■ Cass. 1re civ., 14 janv. 2015, n° 13-26.279 : *Bull. civ.*) dès lors que le testament n'a pas déjà reçu un commencement d'exécution, lequel ne résulte pas de la seule saisine : ■ Cass. 1re civ., 25 oct. 2017, n° 16-24.766 : *Dr. famille* 2018, comm. 41, Tani ; *Bull.* ; *RTD civ.* 2018, 192, M. Grimaldi).

6) Testament authentique. Énonciations du testateur. Le notaire qui énonce que le testateur a déclaré que le testament contenait bien ses volontés ne fait que relater les déclarations de ce testateur. On peut donc, sans recourir à la voie de l'inscription de faux, être admis à prouver, en dépit des énonciations du testament authentique, que le testateur n'était pas sain d'esprit (■ Cass. 1re civ., 25 mai 1987, n° 85-18.684 : *JurisData* n° 1987-001082 ; *Bull. civ.* I, n° 171, p. 129). Le testament nul pour insanité d'esprit ne peut valoir comme testament international : ■ Cass. 1re civ., 12 juin 2014, n° 13-24.389 : *Bull. civ.* I, n° 109 (2). – Comp. ■ Cass. 1re civ., 12 juin 2014, n° 13-18.383 : *Bull. civ.* I, n° 109 (1).

7) Manœuvres dolosives. Pour une application, V. ■ Cass. 1re civ., 17 févr. 2010, n° 08-950 : *Dr. famille* 2010, comm. 107, obs. I. Maria (codicille d'un testament rédigé par un majeur sous curatelle victime de manœuvres frauduleuses). Sur ce que la prescription de l'action en nullité pour dol du testament court à compter de la découverte du dol et non à compter du décès du testateur, V. ■ Cass. 1re civ., 6 oct. 2010, n° 09-67.215 : *Dr. famille* 2010, comm. 189, obs. B. Beignier.

8) Abus de faiblesse. Pour déclarer les gratifiés coupables du délit d'abus de faiblesse, la juridiction pénale avait retenu, par un motif qui en était le soutien nécessaire, que la testatrice ne pouvait manifester sa volonté, caractérisant ainsi son insanité d'esprit lors de la rédaction du testament (■ Cass. 1re civ., 24 oct. 2012, n° 11-20.442 : *Bull. civ.* I, n° 209 ; *D.* 2013, 68, note Rials ; *Defrénois* 2013/4, 191, note Massip ; *JCP* G 2013, doctr. 360, n° 15, obs. Maron). Constitue un acte gravement préjudiciable ouvrant droit à réparation le fait pour une personne vulnérable de disposer de ses biens par testament en faveur de la personne l'ayant conduite à cette disposition : ■ Cass. crim., 16 déc. 2014, 13-86.620 : *JurisData* n° 2014-031310 ; *Bull. crim.*

Art. 902. – **Toutes personnes peuvent disposer et recevoir, soit par donation entre vifs, soit par testament, excepté celles que la loi en déclare incapables.**

Le principe est la capacité, l'exception l'incapacité. Une aide-ménagère, même si le contrat qui la lie à l'association qui l'emploie stipule qu'elle ne doit recevoir aucune gratification de la personne âgée, n'est pas frappée d'une incapacité de recevoir à titre gratuit (■ Cass. 1re civ., 25 sept. 2013, n° 12-25.160 : *Bull. civ.* I, n° 193 ; *JCP* G 2013, 1167, avis J.-P. Jean, note Leroyer ; *JCP* N 2014, 1058, note Massip).

Art. 903. – **Le mineur âgé de moins de seize ans ne pourra aucunement disposer, sauf ce qui est réglé au chapitre IX du présent titre.**

Voir : art. 1095, p. 797.

Art. 904 *(L. 28 oct. 1916 ; mod., L. n° 64-1230, 14 déc. 1964).* – **Le mineur, parvenu à l'âge de seize ans** ***et non émancipé, ne pourra*** **disposer que par testament, et jusqu'à concurrence seulement de la moitié des biens dont la loi permet au majeur de disposer.**

Toutefois, s'il est appelé sous les drapeaux pour une campagne de guerre, il pourra, pendant la durée des hostilités, disposer de la même quotité que s'il était majeur, en faveur de l'un quelconque de ses parents ou de plusieurs d'entre eux et jusqu'au sixième degré inclusivement ou encore en faveur de son conjoint survivant.

À défaut de parents au sixième degré inclusivement, le mineur pourra disposer comme le ferait un majeur.

Ratification. Les dispositions testamentaires dépassant la quotité prévue par l'article 904 peuvent être rendues valables lorsqu'elles ont été ratifiées par le testateur à une époque où son incapacité avait cessé (■ Paris, 25 mai 1938 : *S.* 1938, 2, 186).

Art. 905 *(Abr., L. 18 févr. 1938).*

Art. 906. – Pour être capable de recevoir entre vifs, il suffit d'être conçu au moment de la donation.

Pour être capable de recevoir par testament, il suffit d'être conçu à l'époque du décès du testateur.

Néanmoins, la donation ou le testament n'auront leur effet qu'autant que l'enfant sera né viable.

1) Legs à une fondation non existante. « Un legs peut être fait au profit d'une fondation qui n'existe pas au jour de l'ouverture de la succession sous la condition qu'elle obtienne, après les formalités de constitution, la reconnaissance d'utilité publique » : V. L. n° 87-571, 23 juill. 1987, art. 18-2, p. 3110. Comp., avant cette loi : sur le principe que le legs fait à une fondation non existante au jour du décès du disposant était nul, V. ■ Cass. 1re civ., 22 juill. 1987, n° 85-13.907 : *Bull. civ.* I, n° 258, p. 187. Mais il appartient toujours aux tribunaux d'interpréter les testaments et d'en dégager le sens et la portée véritable et de rechercher notamment si, sous l'apparence d'une libéralité à l'adresse d'une fondation qui comporte la création d'un établissement nouveau, le testateur n'a pas voulu gratifier certaines catégories de personnes déjà existantes et imposer à sa succession la charge d'y pourvoir par la réalisation d'une fondation (■ Paris, 1er juill. 1926 : *DP* 1928, 2, 121, note R. Savatier, 1re esp.). Pour des exemples d'admission indirecte de fondations, V. ■ Cass. civ., 12 mai 1902 : *DP* 1902, 1, 425. ■ Nancy, 28 avr. 1976 : *JurisData* n° 1976-600105 ; *JurisData* n° 1976-600105 ; *JCP* 1979, II, 19123, note Brimo. – Comp. ■ Cass. 1re civ., 15 févr. 1983, n° 81-15.951 : *JurisData* n° 1983-700449 ; *Bull. civ.* I, n° 61, p. 53 ; *Rev. crit. DIP* 1983, 645, note B. Ancel ; *RTD civ.* 1984, p. 350, obs. Patarin. ■ Cass. 1re civ., 13 mai 1985, n° 84-13.481 : *JurisData* n° 1985-701528 ; *Bull. civ.* I, n° 148, p. 136 ; *RTD civ.* 1986, 401, obs. Patarin. V. *JCl. Civil*, Annexes, V° *Fondations*.

2) Legs à une fondation étrangère. Pour pouvoir recueillir le legs fait à son profit, la fondation étrangère doit bénéficier, au jour du décès, de la personnalité morale selon la loi régissant son statut, sans être tenue de la reconnaissance d'utilité publique en France : ■ Cass. 1re civ., 15 avr. 2015, n° 14-10.661 : *Bull. civ.* ; *RJPF* 2015-6/35, note F. Sauvage. V. D. n° 2007-807, 11 mai 2007, art. 6-1 et s., p. 3280.

Art. 907 *(Mod., L. n° 64-1230, 14 déc. 1964).* **– Le mineur, quoique parvenu à l'âge de seize ans, ne pourra, même par testament, disposer au profit de son tuteur.**

Le mineur, devenu majeur ou émancipé, ne pourra disposer, soit par donation entre vifs, soit par testament, au profit de celui qui aura été son tuteur, si le compte définitif de la tutelle n'a été préalablement rendu et apuré.

Sont exceptés, dans les deux cas ci-dessus, les ascendants des mineurs, qui sont ou qui ont été leurs tuteurs.

1) Sur les formes de la reddition du compte, voir art. 514, p. 442. – V. aussi ■ Cass. req., 30 juin 1920 : *DP* 1921, 1, 157.

2) **Nullité relative.** La nullité de la libéralité faite en violation de l'article 907 est une nullité relative et ne frappe que le legs consenti à la personne incapable sans s'étendre aux autres dispositions, normalement valables, contenues dans le testament (■ Cass. 1re civ., 13 mai 1958 : *JCP* 58, IV, 95 ; *Bull. civ.* I, n° 242, p. 192).

Art. 908 *(Abr., L. n° 2001-1135, 3 déc. 2001).*

> ***Rédaction antérieure.*** *Art. 908 (Mod., L. n° 72-3, 3 janv. 1972).* – Les enfants naturels ne peuvent rien recevoir par donations entre vifs ou par testament de leur père ou de leur mère au-delà de ce qui leur est accordé par les articles 759 et 760 ci-dessus lorsque le disposant était, au temps de leur conception, engagé dans les liens du mariage avec une autre personne.
>
> L'action en réduction ne pourra être exercée, néanmoins, que par le conjoint ou par les enfants issus de ce mariage, selon les cas, et seulement après l'ouverture de la succession.

Art. 908-1 *(Abr., L. n° 2001-1135, 3 déc. 2001).*

> **Rédaction antérieure.** Art. 908-1 *(L. n° 72-3, 3 janv. 1972).* – Les dispositions de l'article précédent sont applicables quand bien même la filiation des gratifiés ne serait pas légalement établie, si par des indices tirés de l'acte lui-même, il est prouvé qu'elle a été la cause de la libéralité.

Art. 908-2 *(Abr., L. n° 2009-61, 16 janv. 2009).*

Art. 909 *(Mod., L. n° 2007-308, 5 mars 2007).* – Les membres des professions médicales et de la pharmacie, ainsi que les auxiliaires médicaux qui ont prodigué des soins à une personne pendant la maladie dont elle meurt ne peuvent profiter des dispositions entre vifs ou testamentaires qu'elle aurait faites en leur faveur pendant le cours de celle-ci.

Les mandataires judiciaires à la protection des majeurs et les personnes morales au nom desquelles ils exercent leurs fonctions ne peuvent pareillement profiter des dispositions entre vifs ou testamentaires que les personnes dont ils assurent la protection auraient faites en leur faveur quelle que soit la date de la libéralité.

Sont exceptées :

1° Les dispositions rémunératoires faites à titre particulier, eu égard aux facultés du disposant et aux services rendus ;

2° Les dispositions universelles, dans le cas de parenté jusqu'au quatrième degré inclusivement, pourvu toutefois que le décédé n'ait pas d'héritiers en ligne directe ; à moins que celui au profit de qui la disposition a été faite, ne soit lui-même du nombre de ces héritiers.

Les mêmes règles seront observées à l'égard du ministre du culte.

Rédaction antérieure. Art. 909. – Les docteurs en médecine ou en chirurgie, les officiers de santé et les pharmaciens qui auront traité une personne pendant la maladie dont elle meurt, ne pourront profiter des dispositions entre vifs ou testamentaires qu'elle aurait faites en leur faveur pendant le cours de cette maladie.

Sont exceptées :

1° Les dispositions rémunératoires faites à titre particulier, eu égard aux facultés du disposant et aux services rendus ;

2° Les dispositions universelles, dans le cas de parenté jusqu'au quatrième degré inclusivement, pourvu toutefois que le décédé n'ait pas d'héritiers en ligne directe ; à moins que celui au profit de qui la disposition a été faite, ne soit lui-même du nombre de ces héritiers.

Les mêmes règles seront observées à l'égard du ministre du culte.

Pour les dispositions transitoires, voir L. 5 mars 2007, n° 2007-308, art. 45, I, p. 3276.

Code de l'action sociale et des familles

Art. L. 116-4 *(L. n° 2015-1776, 28 déc. 2015, abrogeant art. L. 331-4).* – Les personnes physiques propriétaires, gestionnaires, administrateurs ou employés d'un établissement ou service soumis à autorisation ou à déclaration en application du présent code ou d'un service soumis à agrément ou à déclaration mentionné au 2° de l'article L. 7231-1 du Code du travail, ainsi que les bénévoles ou les volontaires qui agissent en leur sein ou y exercent une responsabilité, ne peuvent profiter de dispositions à titre gratuit entre vifs ou testamentaires faites en leur faveur par les personnes prises en charge par l'établissement ou le service pendant la durée de cette prise en charge, sous réserve des exceptions prévues aux 1° et 2° de l'article 909 du Code civil. L'article 911 du même code est applicable aux libéralités en cause.

L'interdiction prévue au premier alinéa du présent article est applicable au couple ou à l'accueillant familial soumis à un agrément en application de l'article L. 441-1 du présent code et à son conjoint, à la personne avec laquelle il a conclu un pacte civil de solidarité ou à son concubin, à ses ascendants ou descendants en ligne directe, ainsi qu'aux salariés mentionnés à l'article L. 7221-1 du Code du travail accomplissant des services à la personne définis au 2° de l'article L. 7231-1 du même code, s'agissant des dispositions à titre gratuit entre vifs ou testamentaires faites en leur faveur par les personnes qu'ils accueillent ou accompagnent pendant la durée de cet accueil ou de cet accompagnement.

(Créé à compter du 1er octobre 2016, Ord. n° 2016-131, 10 févr. 2016) II. – Sauf autorisation de justice, il est interdit, à peine de nullité, à quiconque est frappé de l'interdiction prévue au I de se rendre acquéreur d'un bien ou cessionnaire d'un droit appartenant à une personne prise en charge, accueillie ou accompagnée dans les conditions prévues par le I ou de prendre à bail le logement occupé par cette personne avant sa prise en charge ou son accueil.

Pour l'application du présent II, sont réputées personnes interposées, le conjoint, le partenaire d'un pacte civil de solidarité, le concubin, les ascendants et les descendants des personnes auxquelles s'appliquent les interdictions ci-dessus édictées.

Bibliographie : C. Lacour, *L'extension de l'incapacité spéciale de recevoir de l'article 909 du Code civil : droit positif et prospectif : Dr. famille* 2010, étude 35. • Ch. Goldie-Génicon, *Les libéralités rémunératoires* in *Mélanges en l'honneur du professeur Champenois : Defrénois* Lextenso 2012, p. 347 et s.

1) Article 331-4 C. action soc. et fam. (anc.). L'article 209 *bis* du Code de la famille et de l'aide sociale (C. action soc. et fam., art. L. 331-4, rempl., art. L. 116-4 : L. 28 déc. 2015), dont le but est de protéger des risques de captation les personnes hébergées dans certains établissements, qui vivent le plus souvent dans une situation de dépendance à l'égard des membres de l'établissement, ne comporte aucune référence à la dernière maladie, et l'incapacité de recevoir à titre gratuit n'est limitée que par les exceptions prévues par l'article 909 du Code civil pour les libéralités rémunératoires ou celles faites à des parents (▪ Cass. 1re civ., 20 mars 1990, n° 88-16.454 : *JurisData* n° 1990-001255 ; *JCP* 90, IV, 195 ; *Bull. civ.* I, n° 67, p. 49 ; *D.* 1991, 213, note Massip ; *Defrénois* 1990, 1301, obs. Massip. Est cassé l'arrêt qui n'a pas recherché si le legs consenti à une maison de retraite ne dissimulait une libéralité par personne interposée faite au détenteur de la totalité des parts dans cette maison avec sa femme et qui y exerçait les fonctions de médecin (▪ Cass. 1re civ., 9 févr. 2011, n° 1-13.616 : *Dr. famille* 2011, comm. 77, obs. B. Beignier ; *RJPF* 2001/4, 30, obs. D. Martel). Pour une libéralité faite au directeur d'une maison de retraite par l'intermédiaire de sa concubine, V. ▪ Bordeaux, 29 févr. 2000, n° 97/01869 : *JurisData* n° 2000-113418 ; *Dr. famille* 2000, 120, note Beignier.

2) Professions visées. La profession de magnétiseur doit être assimilée à celle de médecin (▪ Cass. 1re civ., 10 oct. 1978, n° 77-10.547 : *JurisData* n° 1978-000293 ; *JCP* 80, II, 19341, note Dagot). Mais l'article 909 ne peut être étendu à d'autres professions que celles énumérées au texte (▪ Cass. req., 12 mai 1931 : S. 1931, 1, 400, avocats).

3) Famille. Les membres de la famille du défunt, lorsqu'ils exercent les fonctions de tuteur, curateur, mandataire spécial désigné lors d'une mesure de sauvegarde de justice, personne habilitée ou mandataire de protection future, n'entrent pas dans le champ d'application de l'incapacité de recevoir à titre gratuit (▪ Cass. 1re civ., 17 oct. 2018, n° 16-24.331 : *Bull.* ; *D.* 2019, p. 682, Raoul-Cormeil).

4) Dernière maladie. La dernière maladie est celle dont le malade ne se relève pas malgré les périodes d'amélioration passagère (▪ Nancy, 27 mai 1935 : *DH* 1935, 388. ▪ Paris, 30 mai 1988 : *JurisData* n° 1988-027293 ; *JCP* 90, II, 21399, note Salvage. Comp. pour un œdème pulmonaire lié à une affection cardiaque, ▪ Paris, 24 oct. 1996, n° 95.01618 : *JurisData* n° 1996-024301 ; *Dr. famille* 1997, 110, note Beignier). Les juges du fond disposent à cet égard d'un souverain pouvoir d'appréciation (▪ Cass. req., 21 avr. 1913 : *DP* 1913, 1, 421). Sur l'extension de l'incapacité de l'article 909 du Code civil à celui qui a soigné le disposant pour une pathologie secondaire, dérivant de la maladie principale dont il est mort, V. ▪ Cass. 1re civ., 4 nov. 2010, n° 07-21.303 : *Bull. civ.* I, n° 222 ; *RTD civ.* 2011, 163, obs. M. Grimaldi ; *JCP* G 2010, act. 1143, obs. J.-C. Bonneau ; *JCP* G 2011, doctr. 251, n° 7, obs. Le Guidec ; *RDC* 2011/2, 555, obs. C. Goldie-Genicon ; *Dr. famille* 2011, comm. 9, obs. B. Beignier (pour un psychiatre-psychanalyste ayant apporté à sa patiente, atteinte d'un cancer, un traitement accessoire mais associé au traitement purement médical d'oncologie). Comp., auparavant, qui exigeait l'établissement d'un rapport certain entre les soins prodigués par le médecin bénéficiaire et la maladie dont le disposant est mort (▪ Cass. 1re civ., 1er juill. 2003, n° 00-20.305 : *JurisData* n° 2003-019993 ; *Dr. famille* 2003, 122, note Beignier ; *D.* 2003, 2404, concl. Sainte-Rose ; *Defrénois* 2004, 31, note Peterka).

5) Indifférence de la date du testament. L'incapacité prévue par l'article 909 ne suppose pas nécessairement que le testament soit contemporain du traitement (▪ Paris, 8 mars 1867 : *DP* 1867, 2, 145, concl. de Vallée).

6) Notion de traitement. Art. 909 anc. Le traitement médical, au sens de l'article 909 anc., s'entend d'un ensemble d'actes médicaux coordonnés, c'est-à-dire de soins donnés d'une manière régulière et habituelle en vue d'assurer la guérison du patient ou le maintien sinon l'amélioration de sa santé, ce qui n'est pas le cas pour la prescription épisodique d'un médicament par un psychiatre (▪ Paris, 3 nov. 1982 : *JurisData* n° 1982-029854 ; *D.* 1983, inf. rap. 174, obs. Martin. V. aussi pour un radiologue dont la qualité exclut normalement toute notion de traitement ▪ Orléans, 21 févr. 1995, n° 92002647 : *JurisData* n° 1995-040179 ; *JCP* 96, IV, 1666 ; *Dr. famille* 1996, 28, note Beignier. Comp. pour un psychiatre ayant prodigué des soins réguliers et durables : ▪ Cass. 1re civ., 4 nov. 2010, n° 07-21.303 : *Bull. civ.* I, n° 222, préc. note 3). Les juges du fond peuvent estimer que les soins donnés par le médecin ne lui donnent pas la qualité de médecin traitant dès lors qu'ils ont été prodigués en raison des liens d'amitié unissant le praticien à sa patiente et qu'ils ont été secondaires par rapport aux soins spécifiques prodigués par les médecins spécialistes responsables du traitement (▪ Cass. 1re civ., 15 janv. 2014, n° 12-22.950 : *Bull. civ.* ; *RJPF* 2014-3/31, note F. Sauvage).

7) Présomption de captation. Preuve contraire. La présomption de captation contenue dans l'article 909 ne peut être combattue par la preuve contraire (■ Cass. req., 7 avr. 1863 : *DP* 1863, 1, 231. ■ TGI Seine, 4 juin 1964 : *D.* 1965, 271).

8) Libéralité rémunératoire. Le caractère excessif d'une libéralité par rapport au service rendu ne lui fait pas perdre son caractère rémunératoire (■ Cass. 1re civ., 8 juill. 2010, n° 09-67.135 : *Bull. civ.* 2010, I, n° 169 ; *RDC* 2011/1, 99, obs. Dauriac ; *JCP* G 2010, note 967, A. Sériaux ; *JCP* G 2011, doctr. 251, n° 9, obs. L. Guidec ; *Defrénois* 2011, 706, obs. B. Vareille ; *Gaz. Pal.* 11 nov. 2010, 55, obs. J. Casey). V. sur cette question, C. Goldie-Genicon, *Les libéralités rémunératoires* in *Mélanges G. Champenois : Defrénois* 2012, 347.

Art. 910 *(Ord. n° 2005-856, 28 juill. 2005 ; L. n° 2006-728, 23 juin 2006 ; rempl., L. n° 2009-526, 12 mai 2009 ; mod., Ord. n° 2010-177, 23 févr. 2010 ; L. n° 2011-525, 17 mai 2011 ; Ord. n° 2015-904, 23 juill. 2015).* **– I. – Les dispositions entre vifs ou par testament au profit des établissements de santé, des établissements sociaux et médico-sociaux ou d'établissements d'utilité publique n'ont leur effet qu'autant qu'elles sont autorisées par arrêté du représentant de l'État dans le département.**

II. – Toutefois, les dispositions entre vifs ou par testament au profit des fondations, des congrégations et des associations ayant la capacité à recevoir des libéralités et, dans les départements du Bas-Rhin, du Haut-Rhin et de la Moselle, des établissements publics du culte et des associations inscrites de droit local, à l'exception des associations ou fondations dont les activités ou celles de leurs dirigeants sont visées à l'article 1er de la loi n° 2001-504 du 12 juin 2001 tendant à renforcer la prévention et la répression des mouvements sectaires portant atteinte aux droits de l'homme et aux libertés fondamentales, sont acceptées librement par celles-ci.

Si le représentant de l'État dans le département constate que l'organisme légataire ou donataire ne satisfait pas aux conditions légales exigées pour avoir la capacité juridique à recevoir des libéralités ou qu'il n'est pas apte à utiliser la libéralité conformément à son objet statutaire, il peut former opposition à la libéralité, dans des conditions précisées par décret, la privant ainsi d'effet.

Le troisième alinéa n'est pas applicable aux dispositions entre vifs ou par testament au profit des associations et fondations reconnues d'utilité publique, des associations dont la mission a été reconnue d'utilité publique et des fondations relevant des articles 80 à 88 du Code civil local applicable aux départements du Bas-Rhin, du Haut-Rhin et de la Moselle.

III. – Les libéralités consenties à des États étrangers ou à des établissements étrangers habilités par leur droit national à recevoir des libéralités sont acceptées librement par ces États ou par ces établissements, sauf opposition formée par l'autorité compétente, dans des conditions fixées par décret en Conseil d'État.

Voir : art. 937, p. 739. D. n° 2007-807, 11 mai 2007 relatif aux associations, fondations, congrégations et établissements publics du culte et portant application de l'article 910 du Code civil, modif. D. n° 2012-377, 19 mars 2012 relatif au régime des libéralités consenties aux États et aux établissements étrangers habilités par leur droit national à recevoir des libéralités, p. 3278, modif. D. n° 2015-832, 7 juill. 2015 pris pour l'application de la loi du 31 juillet 2014 sur l'économie sociale et solidaire et relatif aux associations. – CGPPP, art. L. 1121-1 et s., p. 2234 pour les dons et legs faits à l'État et à ses établissements publics. – CGCT, art. L. 2242-1, p. 2228, art. L. 3213-6, p. 2228 et art. L. 4221-6, p. 2228 pour les dons et legs aux collectivités locales. – C. santé publ., art. L. 6145-10-1, p. 2746 pour les dons et legs aux établissements publics de santé. – L. n° 2019-486, art. 177, IV, p. 3462.

Bibliographie : J.-F. Sagaut, *Regard notarial sur le nouveau régime des libéralités faites aux associations, congrégations et fondations : JCP* N 2007, 1208. • C. Colle, *Donations et legs faits aux associations, congrégations et fondations : JCP* N 2007, act. 511. • C. Rieubernet, *De la liberté des associations d'accepter une libéralité : Dr. famille* 2009, étude 27.

Rédaction antérieure. Art. 910. – Les dispositions entre vifs ou par testament, au profit des établissements de santé, des établissements sociaux et médico-sociaux, des pauvres d'une commune, ou d'établissements d'utilité publique, n'auront leur effet qu'autant qu'elles seront autorisées par décret.

(Ord. n° 2005-856, 28 juill. 2005) Toutefois les dispositions entre vifs ou par testament, au profit des fondations, des congrégations et des associations ayant la capacité à recevoir des libéralités, à l'exception des associations ou fondations dont les activités ou celles de leurs dirigeants sont visées à l'article 1er de la loi [n° 2001-504] du 12 juin 2001 tendant à renforcer la prévention et la répression des mouvements sectaires portant atteinte aux droits de l'homme et aux libertés fondamentales, sont acceptées librement par celles-ci, sauf opposition motivée par l'inaptitude de l'organisme légataire ou *donataire à utiliser la libéralité conformément à son objet statutaire. L'opposition est formée par l'autorité administrative à laquelle la libéralité est déclarée, dans des conditions fixées par décret en Conseil d'État. L'opposition prive d'effet cette* acceptation.

1) Sur la tutelle administrative des associations, fondations et congrégations. Jugé, sous l'empire du droit antérieur, que la condition posée par l'autorité administrative pour autoriser la donation en application de l'article 910 ne peut être invoquée que par l'Administration ou les parties à l'acte dans leurs rapports contractuels (■ Cass. 3e civ., 18 déc. 1991, n° 89-19.245 : *JurisData* n° 1991-003271 ; *JCP* 92, IV, 638). Sur le pouvoir d'appréciation de l'autorité de tutelle, V. ■ CE, 8 nov. 2000 : *JCP* G 2001, II, 10624 et *JCP* N 2002, 1441, concl. Mitjaville ; *JurisData* n° 2000-061420 ; *Defrénois* 2001, 686, note Pézerat-Santoni.

2) Saisine. Jugé, sous l'empire du droit antérieur, qu'en l'absence d'héritier à réserve, une association instituée légataire universelle est saisie de plein droit dès l'ouverture de la succession, sous condition suspensive d'autorisation administrative (■ Cass. 1re civ., 16 juill. 1997, n° 95-13.316 : *JurisData* n° 1997-003352 ; *JCP* 97, IV, 2025 ; *Bull.* I, 253, p. 169 ; *Defrénois* 1998, 188, note X. Savatier ; *JCP* G 98, I, 133 et *JCP* N 98, 1707, n° 1, obs. Le Guidec).

Art. 911 ***(Rempl., L. n° 2006-728, 23 juin 2006).*** **– Toute libéralité au profit d'une personne physique *(Mots aj., L. n° 2015-1776, 28 déc. 2015)* « ou d'une personne morale », frappée d'une incapacité de recevoir à titre gratuit, est nulle, qu'elle soit déguisée sous la forme d'un contrat onéreux ou faite sous le nom de personnes interposées, physiques ou morales.**

Sont présumés personnes interposées, jusqu'à preuve contraire, les père et mère, les enfants et descendants, ainsi que l'époux de la personne incapable.

Rédaction antérieure. Art. 911. – Toute disposition au profit d'un incapable sera nulle, soit qu'on la déguise sous la forme d'un contrat onéreux, soit qu'on la fasse sous le nom de personnes interposées.

Seront réputées personnes interposées les père et mère, les enfants et descendants, et l'époux de la personne incapable.

1) Pouvoir souverain des juges du fond. La question de savoir si un acte qui présente les apparences d'un acte onéreux constitue une donation déguisée relève du pouvoir souverain des juges du fond (■ Cass. 1re civ., 5 avr. 1965 : *JurisData* n° 1965-700244 ; *JCP* 66, II, 14479, note Voirin). Il en va de même en ce qui concerne l'interposition de personnes (■ Cass. civ., 4 nov. 1913 : *DP* 1917, 1, 142).

2) Présomption d'interposition. Preuve contraire (non). Sous l'empire de l'ancien article 911 C. civ., la présomption d'interposition était irréfragable (■ Cass. civ., 22 janv. 1884 : *DP* 1884, 1, 117. ■ Orléans, 30 nov. 1998, n° 97000316 : *JurisData* n° 1998-055556 ; *Dr. famille* 2000, 62, note Beignier).

3) Incidence de la bonne foi du légataire apparent. La nullité peut être prononcée malgré l'absence de toute collusion entre le testateur et le légataire apparent (■ Grenoble, 8 déc. 1874 et, sur pourvoi, ■ Cass. req., 15 déc. 1875 : *DP* 1876, 1, 325. ■ Cass. req., 20 juin 1888 : *DP* 1889, 1, 25), mais il faut des présomptions graves, précises et concordantes pour montrer que, dans la volonté du testateur, le légataire n'a été qu'un instrument de transmission (■ Grenoble, 8 déc. 1874, préc.), et la bonne foi *de ce dernier peut être retenue* comme une présomption de fait tendant à prouver que le testateur n'avait aucune intention, de faire fraude à la loi (■ Cass. req., 20 juin 1888, préc.).

4) Legs à une personne morale incapable. Le legs fait au profit d'une personne morale incapable échappe à la nullité s'il est possible de l'analyser comme un legs avec charge au légataire désigné (■ Cass. req., 8 avr. 1876 : *DP* 1876, 1, 225). Respecte la volonté du testateur, sans qu'il y ait interposition prohibée de personnes au sens de l'article 911 du Code civil, l'autorité administrative qui autorise l'organisme d'utilité publique, auquel l'association gratifiée – non reconnue d'utilité publique et incapable de recevoir – est affiliée, à accepter le legs, à charge pour lui d'en affecter le montant à une œuvre ou une action de cette association (■ Cass. 1re civ., 16 sept. 2010, n° 09-68.221 : *Dr. famille* 2010, comm. 167, obs. B. Beignier, legs à la « Société des amis de chats de Toulon », legs accepté par la CNSPA).

5) Donation faite à un mineur non émancipé. La nullité édictée par l'article 911 du Code civil, sanctionnant la violation d'une incapacité spéciale de recevoir privant la personne visée du droit de bénéficier d'une libéralité, ne s'applique pas à la donation faite à un mineur non émancipé, capable de recevoir au sens de l'article 902 du même code, et qui n'est atteint que d'une simple incapacité générale d'exercice de ses droits (■ Cass. 1re civ., 7 janv. 1982 : *JurisData* n° 1982-700077 ; *JCP* 82, IV, 105 ; *Bull. civ.* I, n° 7, p. 7 ; *D.* 1983, 205, note Grimaldi).

6) Libéralité au concubin d'un incapable. Ne donne pas de base légale, au regard de l'article 1131 (anc.) du Code civil, la cour d'appel qui énonce que la nullité de l'avenant est globale et frappe le concubin du psychiatre (incapable de recevoir à titre gratuit au sens de l'article 909 du Code civil), désigné comme bénéficiaire en second du contrat d'assurance, sans se prononcer sur la cause ayant déterminé le disposant à souscrire l'avenant au bénéfice de ce concubin (■ Cass. 1re civ., 4 nov. 2010, cité *supra* sous C. civ.art. 909, annot. n° 3). *Adde* ■ Bordeaux, 29 févr. 2000, n° 97/01869 : *JurisData* n° 2000-113418 ; *Dr. famille* 2000, comm. 120, obs. B. Beignier ; *RJPF* 2000-11/49, 24, note J. Casey, qui admet la nullité de la libéralité adressée à la concubine du directeur d'une maison de retraite pour interposition de personnes ; – V. C. action soc. et fam., art. L. 116-4, p. 1862 (L. n° 2015-1776, 28 déc. 2015, modif. Ord. n° 2016-131, 10 févr. 2016).

CHAPITRE III. – DE LA RÉSERVE HÉRÉDITAIRE, DE LA QUOTITÉ DISPONIBLE ET DE LA RÉDUCTION

(Intitulé rempl., L. n° 2006-728, 23 juin 2006)

Bibliographie : M. Grimaldi, *Présentation de la loi du 23 juin 2006 portant réforme des successions et libéralités : D.* 2006, chron. 2551. • R. Le Guidec, *La loi du 23 juin 2006 portant réforme des successions et des libéralités, Vue panoramique : JCP* G 2006, I, 160. • P. Catala, *La loi du 23 juin 2006 et les colonnes du temple : Droit de la famille*, nov. 2006, étude 43. • F. Guerchoun et S. Piedelièvre, *La réforme des successions et des libéralités par la loi du 23 juin 2006 : Gaz. Pal.* 24 août 2006, 2. • A.-M. Leroyer, *Loi n° 2006-728 du 23 juin 2006 portant réforme des successions et des libéralités : RTD civ.* 2006, chron. 612. • J. Casey, *Libéralités entre époux et avantages matrimoniaux : nouvelles donnes ? : Droit de la famille* 2006, étude 49. • M. Grimaldi, *Brèves réflexions sur l'ordre public et la réserve héréditaire : Defrénois* 2012, 40563, p. 755.

Voir : Pour les dispositions transitoires, L. n° 2006-728, du 23 juin 2006, art. 47, I et II, p. 3262.

Section I. – De la réserve héréditaire et de la quotité disponible

(L. n° 2006-728, 23 juin 2006)

Art. 912 *(Abr., L. 14 juill. 1819 ; rétabli, L. n° 2006-728, 23 juin 2006).* – **La réserve héréditaire est la part des biens et droits successoraux dont la loi assure la dévolution libre de charges à certains héritiers dits réservataires, s'ils sont appelés à la succession et s'ils l'acceptent.**

La quotité disponible est la part des biens et droits successoraux qui n'est pas réservée par la loi et dont le défunt a pu disposer librement par des libéralités.

Absence de charge pesant sur la réserve. Portée. Un père peut, par testament, soustraire à l'administration légale de son épouse avec laquelle il était en instance de divorce, les biens légués à leur fils mineur, sans exception pour la réserve héréditaire : ▪ Cass. 1re civ., 6 mars 2013, n° 11-26.728 : *Bull. civ.* I, n° 36 ; *RTD civ.* 2013, 421, note M. Grimaldi ; *Defrénois* 2013, 365, obs. N. Randoux. Le mandat conféré à un tiers pour administrer les biens donnés à un mineur peut porter sur les biens composant la réserve de l'enfant : ▪ Cass. 1re civ., 10 juin 2015, n°s 14-18.856 et 14-20.146 : *Bull.* ; *RTD civ.* 2015, 668, note M. Grimaldi. V. sous art. 967, note 2, p. 749.

Art. 913 *(L. n° 72-3, 3 janv. 1972 ; mod., L. n° 2001-1135, 3 déc. 2001 ; Ord. n° 2005-759, 4 juill. 2005 ; L. n° 2006-728, 23 juin 2006).* – **Les libéralités, soit par actes entre vifs, soit par testament, ne pourront excéder la moitié des biens du disposant, s'il ne laisse à son décès qu'un enfant ; le tiers, s'il laisse deux enfants ; le quart, s'il en laisse trois ou un plus grand nombre.**

L'enfant qui renonce à la succession n'est compris dans le nombre d'enfants laissés par le défunt que s'il est représenté ou s'il est tenu au rapport d'une libéralité en application des dispositions de l'article 845.

> **Rédaction antérieure. Art. 913** *(L. n° 72-3, 3 janv. 1972 ; mod., L. n° 2001-1135, 3 déc. 2001).* – Les libéralités, soit par actes entre vifs, soit par testament, ne pourront excéder la moitié des biens du disposant, s'il ne laisse à son décès qu'un enfant ; le tiers, s'il laisse deux enfants ; le quart, s'il en laisse trois ou un plus grand nombre sans qu'il y ait lieu de distinguer entre les enfants légitimes et les enfants naturels.

1) Nature de la réserve (droit antérieur). Il résulte de l'article 913 que la réserve n'est autre chose que la succession elle-même diminuée de la quotité disponible (▪ Cass. ch. réunies, 27 nov. 1863 : *DP* 1864, 1, 5, rapp. Hélie, concl. Dupin et note Bresillion). Jugé cependant que la part de succession réservée par l'article 913 à certains héritiers leur est affectée privativement à l'exclusion de toutes autres personnes ayant vocation à la succession et notamment des successibles n'ayant pas la qualité de réservataires (▪ Cass. 1re civ., 1er mars 1977 : *JurisData* n° 1977-700113 ; *JurisData* n° 1977-700113 ; *D.* 1977, 541, note Donnier).

2) Caractère d'ordre public. Aucune disposition testamentaire ne peut modifier les droits que les héritiers réservataires tiennent de la loi (▪ Cass. 1re civ., 11 sept. 2013, n° 12-11.694 : *Bull. civ.* I, n° 175 ; *RTD civ.* 2013, 878, note M. Grimaldi ; *JCP* G 2013, 1070, note F. Sauvage : l'enfant unique, bénéficiaire d'un legs avec charge que celui-ci entre en communauté peut ensuite, lors de l'instance en liquidation de sa communauté après divorce, demander le cantonnement de cette charge à la quotité disponible). La réserve ne peut pas non plus être atteinte indirectement par le jeu de clauses pénales (■ Cass. 1re civ., 10 mars 1970 : *D.* 1970, 584, note A. B. ; V. art. 900, note n° 6, p. 709) ou d'une renonciation frauduleuse du père à exercer toute action en réduction des libéralités consenties par sa mère au préjudice des droits de ses propres héritiers réservataires (■ Cass. 1re civ., 4 févr. 1992, n° 90-15.760 : *JurisData* n° 1992-000158 ; *JCP* 92, II, 21946, note Salvage ; *Bull. civ.* I, n° 41, p. 30). Mais les héritiers réservataires peuvent après l'ouverture de la succession renoncer à tout ou partie de leur réserve (■ Cass. civ., 21 mars 1934 : *DH* 1934, 282). Une loi étrangère désignée par la règle de conflit qui ignore la réserve héréditaire n'est pas en soi contraire à l'ordre public international français (■ Cass. 1re civ., 27 sept. 2017, nos 16-13.151 et 16-17.198 : *Bull.* ; *JCP* N 2017, 1305, E. Fongaro ; *Dr. famille* 2017, comm. 230, M. Nicod ; *Defrénois* 2017, n° 22, p. 23, M. Goré ; *D.* 2017, 2185, J. Guillaumé ; *RTD civ.* 2018, 189, M. Grimaldi ; *Defrénois* 2018, n° 3, p. 13, X. Meyer). L'ordre public interne oblige, pour les immeubles soumis à la loi française, à tenir compte de la réserve qui ne peut être écartée par un testament établi selon la loi régissant le statut personnel du défunt (■ Cass. 1re civ., 4 juill. 2018, nos 17-16.515 et 17-16.522 : *Bull.* ; *JCP* N 2019, 1122, A. Tani).

3) Caractère global de la réserve (droit antérieur). La quotité disponible, déterminée par la loi sur des bases invariables, ne peut être modifiée par des événements postérieurs qui, survenant après le décès du testateur, ne sauraient accroître ou restreindre les droits qu'il pouvait exercer de son vivant. (■ Cass. civ., 23 juin 1926 : *DP* 1927, 1, 65, note Radouant. V. en ce sens ■ Cass. civ., 13 août 1866 : *DP* 1866, 1, 465). V. toutefois art. 913 al. 2, p. 720 *mod., L. n° 2001-1135, 3 déc. 2001.*

Art. 913-1 *(L. n° 72-3, 3 janv. 1972).* **– Sont compris dans l'article 913, sous le nom d'enfants, les descendants en quelque degré que ce soit, encore qu'ils ne doivent être comptés que pour l'enfant dont ils tiennent la place dans la succession du disposant.**

Art. 914 *(Abr., L. n° 2006-728, 23 juin 2006).*

Rédaction antérieure. Art. 914. – Les libéralités, par actes entre vifs ou par testament, ne pourront excéder la moitié des biens, si, à défaut d'enfant, le défunt laisse un ou plusieurs ascendants dans chacune des lignes, paternelle et maternelle, et les trois quarts s'il ne laisse d'ascendants que dans une ligne.

Les biens ainsi réservés au profit des ascendants seront par eux recueillis dans l'ordre où la loi les appelle à succéder : ils auront seuls droit à cette réserve dans tous les cas où un partage en concurrence avec des collatéraux ne leur donnerait pas la quotité de biens à laquelle elle est fixée.

Quotité disponible entre époux. L'article 914 (anc.), al. 1er, est relatif à la réserve des ascendants en présence de gratifiés autres que le conjoint survivant (■ Cass. 1re civ., 11 oct. 1983, n° 82-13.451 : *JurisData* n° 1983-702052 ; *Bull. civ.* I, n° 226, p. 202). Voir art. 1094, p. 795.

Art. 914-1 *(L. n° 2001-1135, 3 déc. 2001 ; mod., L. n° 2006-728, 23 juin 2006).* **– Les libéralités, par actes entre vifs ou par testament, ne pourront excéder les trois quarts des biens si, à défaut de descendant, le défunt laisse un conjoint survivant, non divorcé.**

Rédaction antérieure. Art. 914-1 *(L. n° 2001-1135, 3 déc. 2001).* – Les libéralités, par actes entre vifs ou par testament, ne pourront excéder les trois quarts des biens si, à défaut de descendant et d'ascendant, le défunt laisse un conjoint survivant, non divorcé, contre lequel n'existe pas de jugement de séparation de corps passé en force de chose jugée et qui n'est pas engagé dans une instance en divorce ou séparation de corps.

Art. 915 à 915-2 *(Abr., L. n° 2001-1135, 3 déc. 2001).*

Rédaction antérieure. Art. 915 *(L. n° 72-3, 3 janv. 1972).* – Quand un enfant naturel dont le père ou la mère était, au temps de la conception, engagé dans les liens du mariage avec une autre personne, est appelé à la succession de son auteur en concours avec les enfants légitimes issus de ce mariage, il compte par sa présence pour le calcul de la quotité disponible ; mais sa part dans la réserve héréditaire n'est égale qu'à la moitié de celle qu'il aurait eue si tous les enfants, y compris lui-même, eussent été légitimes.

La fraction dont sa part dans la réserve est ainsi diminuée accroîtra aux seuls enfants issus du mariage auquel l'adultère a porté atteinte ; elle se divisera entre eux par égales portions.

Rédaction antérieure. Art. 915-1 *(L. n° 72-3, 3 janv. 1972).* – Quand l'enfant naturel visé à l'article précédent est appelé seul à la succession de son auteur, ou en concours avec d'autres enfants qui ne sont pas issus du mariage auquel l'adultère avait porté atteinte, la quotité disponible en faveur de toute autre personne que le conjoint protégé est celle de l'article 913.

Rédaction antérieure. Art. 915-2 *(L. n° 72-3, 3 janv. 1972).* – S'il est dans le besoin, l'enfant naturel dont la vocation se trouve réduite par application des articles 759 et 760 peut, contre l'abandon de ses droits aux héritiers, réclamer de la succession une pension alimentaire.

Cette pension obéit aux règles de l'article 207-1 du présent code.

Les héritiers peuvent, toutefois, écarter cette réclamation en accordant au demandeur une part égale à celle dont il eût bénéficié sans l'application des articles 759 et 760.

Art. 916 ***(Mod., L. n° 2001-1135, 3 déc. 2001 ; L. n° 2006-728, 23 juin 2006).*** **– À défaut de descendant, et de conjoint survivant non divorcé, les libéralités par actes entre vifs ou testamentaires pourront épuiser la totalité des biens.**

Rédaction antérieure. Art. 916 *(Mod., L. n° 2001-1135, 3 déc. 2001).* – À défaut de descendant, d'ascendant et de conjoint survivant non divorcé, contre lequel n'existe pas de jugement de séparation de corps passé en force de chose jugée et qui n'est pas engagé dans une instance en divorce ou séparation de corps, les libéralités par actes entre vifs ou testamentaires pourront épuiser la totalité des biens.

Art. 917. – Si la disposition par acte entre vifs ou par testament est d'un usufruit ou d'une rente viagère dont la valeur excède la quotité disponible, les héritiers au profit desquels la loi fait une réserve, auront l'option, ou d'exécuter cette disposition, ou de faire l'abandon de la propriété de la quotité disponible.

Bibliographie : M. Grimaldi, *Réflexions sur la réduction des libéralités en usufruit et l'article 917 du Code civil : Defrénois* 1984, 1441. • N. Duchange, *Démembrements de propriété et libéralités : recherche d'un système cohérent d'imputation : RTD civ.* 2001, 795. • H. Leyrat, *Les difficultés pratiques posées par l'article 917 du Code civil : Defrénois* 2019, n° 8, p. 13.

1) **Caractère d'ordre public de l'article 917 (non).** L'article 917 n'est pas d'ordre public et le donateur ou le testateur peut en interdire l'application (▪ Cass. req., 1er juill. 1873 : *DP* 1874, 1, 26. – *Contra* ▪ T. civ. Seine, 22 juin 1956 : *Gaz. Pal.* 1956, 2, 345).

2) **Application aux seules libéralités en usufruit.** L'article 917 est inapplicable aux libéralités en nue-propriété (▪ Cass. civ., 6 mai 1878 : *DP* 1880, 1, 345), ainsi qu'aux libéralités qui portent à la fois sur des biens en toute propriété et sur un usufruit (▪ Cass. 1re civ., 11 juill. 1977, n° 75-13.425 : *Bull. civ.* I, n° 323, p. 256 ; *D.* 1978, inf. rap. 43. ▪ Cass. 1re civ., 3 mars 1992, n° 90-16.201 : *JurisData* n° 1992-000419 ; *JCP* 92, IV, 1368 ; *Bull. civ.* I, n° 74, p. 50), ou aux libéralités portant sur le droit d'usage ou d'habitation (▪ Cass. civ., 19 déc. 1882 : *DP* 1883, 1, 343).

3) **Revenus excédant ceux de la quotité disponible.** L'option prévue à l'article 917 est recevable dès lors que les revenus légués à l'usufruitier excèdent ceux de la quotité disponible (▪ Cass. 1re civ., 21 mai 1963 : *JCP* 63, IV, 91 ; *Bull. civ.* I, n° 266, p. 225. ▪ Paris, 15 juin 1974 : *JCP* 75, II, 18110, note Dagot).

4) **Exercice de l'option.** L'option peut être exercée par les héritiers ou l'un d'eux seulement (▪ Paris, 15 juin 1974, préc.). Elle n'est soumise à aucune condition de forme de la part de l'intéressé (▪ Cass. 1re civ., 22 nov. 1954 : *JCP* 54, IV, 178).

5) **Délais pouvant être accordés par le tribunal.** S'il est exact qu'aucun délai n'est assigné par les textes pour l'exercice de l'option de l'article 917, rien n'interdit à la juridiction qui a ordonné les opérations de compte, liquidation et partage, d'assigner en cette matière des délais sans lesquels la délivrance des legs pourrait être indéfiniment paralysée (▪ Cass. 1re civ., 7 janv. 1981, n° 79-16.097 : *JurisData* n° 1981-700022 ; *Bull. civ.* I, n° 9, p. 6).

6) **Estimation en capital des legs d'usufruit.** Sur la méthode à employer pour l'estimation en capital des legs d'usufruit, V. ▪ Paris, 3 mai 1985 : *JCP* 85, IV, 86.

Section II. – De la réduction des libéralités excessives

(L. n° 2006-728, 23 juin 2006)

§ 1. – Des opérations préliminaires à la réduction

(L. n° 2006-728, 23 juin 2006)

Art. 918 ***(Rempl., L. n° 2006-728, 23 juin 2006).*** **– La valeur en pleine propriété des biens aliénés, soit à charge de rente viagère, soit à fonds perdus, ou avec réserve d'usufruit à l'un des successibles en ligne directe,**

est imputée sur la quotité disponible. L'éventuel excédent est sujet à réduction. Cette imputation et cette réduction ne peuvent être demandées que par ceux des autres successibles en ligne directe qui n'ont pas consenti à ces aliénations.

Rédaction antérieure. Art. 918. – La valeur en pleine propriété des biens aliénés, soit à charge de rente viagère, soit à fonds perdu, ou avec réserve d'usufruit, à l'un des successibles en ligne directe, sera imputée sur la portion disponible ; et l'excédent, s'il y en a, sera rapporté à la masse. Cette imputation et ce rapport ne pourront être demandés par ceux des autres successibles en ligne directe qui auraient consenti à ces aliénations, ni, dans aucun cas, par les successibles en ligne collatérale.

1) Bail à nourriture. Le contrat dit bail à nourriture n'est pas un contrat de rente viagère mais il s'analyse en un contrat à fonds perdu, l'aliénation qu'il implique étant faite moyennant des prestations annuelles qui doivent s'éteindre avec la vie du vendeur (■ Cass. civ., 13 mai 1952 : *JCP* 52, II, 7173, note Becqué. – V. aussi ■ Cass. 1re civ., 21 févr. 1979 : *JurisData* n° 1979-000070 ; *Bull. civ.* I, n° 70, p. 57). V. sur ce contrat, N. Couzigou-Suhas et Y. Le Levier : *JCP* N 2006, 1160.

2) Notion de vente à fonds perdu. Une cour d'appel ne peut décider qu'une vente est intervenue à fonds perdu lorsqu'au décès de la venderesse subsiste dans son patrimoine une créance contre l'acquéreur en raison de la stipulation faite au profit du conjoint de ladite venderesse cobénéficiaire du droit d'usage et d'habitation ainsi que du bail à nourriture, et lorsqu'il a été convenu que, pour partie, le prix était payé par compensation avec la créance de salaire différé attribuée dans l'acte (■ Cass. 1re civ., 10 juill. 1996, n° 94-13.301 : *JurisData* n° 1996-003061 ; *JCP* 1997, I, 4021, n° 6, obs. Le Guidec ; *Bull.* I, n° 315, p. 219 ; *RTD civ.* 1997, 489, obs. Patarin ; *Defrénois* 1998, 465, note Bernard de Sainte Affrique).

3) Vente avec réserve d'usufruit. L'article 918 établit une présomption de gratuité à l'encontre de toute aliénation avec réserve d'usufruit consentie à un successible en ligne directe, sans distinguer selon que la disposition a eu lieu ou non à fonds perdu ni suivant le moment auquel le prix a été stipulé payable entre les mains de l'aliénateur ou entre celles de ses héritiers (■ Cass. civ., 28 déc. 1937 : *DP* 1940, 1, 41, note Holleaux). Mais la vente contre un prix en capital payable à la mort du vendeur n'est pas une vente avec réserve d'usufruit ni une vente moyennant constitution d'une rente viagère (■ Cass. civ., 16 sept. 1940 : *DH* 1940, 173). Par suite, l'article 918 autorisant les héritiers présomptifs à renoncer à l'avance à toute demande en réduction n'est pas applicable (même arrêt). La vente de la nue-propriété implique que le vendeur a nécessairement conservé l'usufruit et l'article 918 est alors applicable (■ Cass. 1re civ., 16 juin 1992, n° 90-18.209 : *JurisData* n° 1992-001352 ; *Bull. civ.* I, n° 187, p. 126 ; *JCP* G 93, II, 22011 et *JCP* N 93, II, 23, note Salvage ; *RTD civ.* 1993, 394, obs. Patarin).

4) Vente avec réserve du droit d'usage et d'habitation. L'énumération de l'article 918 est limitative (■ Cass. 1re civ., 16 juin 1992, préc.). Un droit d'habitation limité dans le temps ne peut être assimilé à la réserve d'usufruit prévue par l'article 918 (■ Cass. 1re civ., 5 févr. 2002 : *JCP* 2002, IV, 1479 ; *JurisData* n° 2002-012943 ; *Bull. civ.* I, n° 42, p. 34, relevant qu'il importe peu que le droit d'usage et d'habitation soit viager ou d'une durée inférieure).

5) Donation consentie moyennant des prestations viagères. Si la disposition exceptionnelle de l'article 918 ne peut s'appliquer aux donations pures et simples limitées à la nue-propriété non plus qu'à des donations en pleine propriété faites moyennant des charges inférieures à la valeur du bien donné, le caractère de libéralité étant alors directement exprimé et défini par l'acte même, cette disposition trouve application, au contraire, lorsque l'aliénation, même faite en forme de donation, est consentie moyennant des prestations viagères pouvant apparemment excéder la valeur du bien donné (■ Cass. 1re civ., 15 déc. 1981, n° 80-11.782 : *JurisData* n° 1981-703400 ; *Defrénois* 1982, 434, obs. Champenois ; *Bull. civ.* I, n° 383, p. 322).

6) Échange à charge de rente viagère. L'article 918 ayant un caractère limitatif, il ne s'applique pas à un échange de la nue-propriété contre l'usufruit, moyennant une soulte convertie en rente viagère : ■ Cass. 1re civ., 25 sept. 2013, n° 12-20.541 : *Bull. civ.* I, n° 190 : *Defrénois* 2014, 761 obs. A. C.-T.

7) Qualité de successible en ligne directe. La présomption de l'article 918 ne s'applique qu'aux héritiers présomptifs en ligne directe au moment de l'acte d'aliénation et non à la personne qui acquiert un immeuble de son grand-père du vivant de son père (■ Cass. 1re civ., 17 mars 1982, n° 81-11.007 : *JCP* 1982, IV, 197 ; *Bull. civ.* I, n° 117, p. 102 ; *Journ. not.* 1983, 45). Mais la filiation établie entraînant vocation rétroactive, le texte peut s'appliquer à la vente consentie par le père à l'enfant adultérin avant la constatation de la filiation (■ Cass. 1re civ., 23 févr. 1994, n° 91-19.208 : *JurisData* n° 1994-000509 ; *Bull. civ.* I, n° 77, p. 59 ; *JCP* 1995, I, 3876, n° 7, obs. Le Guidec ; *Defrénois* 1994, 904, obs. Champenois ; *RTD civ.* 1994, 339, obs.

Hauser, et 921, obs. Patarin). La présomption de l'article 918 ne s'applique pas à la vente contre rente viagère consentie à une société civile immobilière, peu important que cette société ait pour associé un successible en ligne directe, les deux ayant une personnalité juridique distincte (▪ Cass. 1re civ., 30 sept. 2009, n° 08-17.411 : *Bull. civ.* I, n° 199 ; *Dr. famille* 2009, comm. 143, obs. Beignier ; *JCP* 2010, n° 7, 203, n° 8, obs. Le Guidec ; *JCP* N 2009, 1340, note Garçon).

8) **Présomption de gratuité irréfragable.** La présomption de gratuité posée par l'article 918 est irréfragable (▪ Cass. civ., 13 mai 1952 : *JCP* 52, II, 7173, note Becqué. ▪ Cass. 1re civ., 29 janv. 2014, nos 12-14.509 et 13-16.511 : *Bull. civ.* ; *Dr. famille* 2014, 64, note M. Nicod ; *Defrénois* 2014, 1280, note D. Autem), ce qui n'emporte pas privation de propriété au sens de l'article 17 DDH mais une atteinte justifiée par un motif d'intérêt général et proportionnée aux conditions d'exercice du droit de propriété et à la liberté contractuelle non contraire aux articles 2 et 4 de la DDH (▪ Cons. const., 1er août 2013, n° 2013-337 QPC : *Dr. famille* 2013, 142 ; *Dr. famille* 2014, étude 8, S. Deville).

9) **Objet de l'aliénation.** L'article 918 du Code civil qui constitue une exception au principe de l'interdiction des pactes sur succession future, ne distingue pas selon que l'aliénation porte sur tout ou partie des biens que le disposant laissera à son décès (▪ Cass. 1re civ., 1er juill. 2009, n° 08-12.868 : *Bull. civ.* I, n° 155 ; *Rev. Lamy dr. civ.* 2009, n° 64, p. 57, obs. Pouliquen).

Art. 919 *(L. 24 mars 1898 ; mod., L. n° 2006-728, 23 juin 2006).* **– La quotité disponible pourra être donnée en tout ou en partie, soit par acte entre vifs, soit par testament, aux enfants ou autres successibles du donateur, sans être sujette au rapport par le donataire ou le légataire venant à la succession, pourvu qu'en ce qui touche les dons la disposition ait été faite expressément hors part successorale.**

La déclaration que la donation est hors part successorale pourra être faite, soit par l'acte qui contiendra la disposition, soit postérieurement, dans la forme des dispositions entre vifs ou testamentaires.

Rédaction antérieure. Art. 919. – La quotité disponible pourra être donnée en tout ou en partie, soit par acte entre vifs, soit par testament, aux enfants ou autres successibles du donateur, sans être sujette au rapport par le donataire ou le légataire venant à la succession, pourvu qu'en ce qui touche les dons la disposition ait été faite expressément à titre de préciput et hors part.

La déclaration que le don est à titre de préciput et hors part pourra être faite, soit par l'acte qui contiendra la disposition, soit postérieurement, dans la forme des dispositions entre vifs ou testamentaires.

Transformation en donation hors part. La modification d'une donation en avancement de part successorale en donation hors part successorale nécessite l'acceptation du donataire en la forme authentique (▪ Cass. 1re civ., 29 juin 2011, n° 10-17.562 : *Bull. civ.* 2011, I, n° 129 ; *D.* 2011, 2633, obs. M. N. ; *Dr. famille* 2011, 153, note Beignier ; *JCP* N 2012, 1108, note Bourdaire-Mignot).

Art. 919-1 *(L. n° 2006-728, 23 juin 2006).* **– La donation faite en avancement de part successorale à un héritier réservataire qui accepte la succession s'impute sur sa part de réserve et, subsidiairement, sur la quotité disponible, s'il n'en a pas été autrement convenu dans l'acte de donation. L'excédent est sujet à réduction.**

La donation faite en avancement de part successorale à un héritier réservataire qui renonce à la succession est traitée comme une donation faite hors part successorale. Toutefois, lorsqu'il est astreint au rapport en application des dispositions de l'article 845, l'héritier qui renonce est traité comme un héritier acceptant pour la réunion fictive, l'imputation et, le cas échéant, la réduction de la libéralité qui lui a été consentie.

Bibliographie : H. Thuillier, *Imputation, réduction et rapport des donations en avancement d'hoirie : JCP* N 1980, I, 239. • N. Duchange, *La clause d'imputation sur la réserve globale et la protection des héritiers réservataires : JCP* N 1991, I, 373. • B. Vareille, *Réflexions sur l'imputation en droit des successions : RTD civ.* 2009, 1.

Art. 919-2 *(L. n° 2006-728, 23 juin 2006).* **– La libéralité faite hors part successorale s'impute sur la quotité disponible. L'excédent est sujet à réduction.**

Art. 920 *(Rempl., L. n° 2006-728, 23 juin 2006).* **– Les libéralités, directes ou indirectes, qui portent *atteinte à la réserve d'un ou plusieurs héritiers*, sont réductibles à la quotité disponible lors de l'ouverture de la succession.**

Rédaction antérieure. Art. 920. – Les dispositions soit entre vifs, soit à cause de mort, qui excéderont la quotité disponible, seront réductibles à cette quotité lors de l'ouverture de la succession.

Voir : L. n° 87-571, 23 juill. 1987, sur le développement du mécénat, art. 23, p. 3114.

1) Nécessité d'exercer l'action en réduction. Il résulte de l'article 920 que les libéralités excessives existent et produisent effet tant qu'elles n'ont pas été réduites (▪ Cass. 1re civ., 21 janv. 1969, n° 67-10.693 : *JCP* 69, II, 15961, note M. D.). En conséquence, violent cette disposition les juges qui attachent à la qualité d'héritier réservataire l'effet d'anéantir par elle-même et avant tout exercice d'une action en réduction l'institution contractuelle faite par la mère au profit du mari survivant dans la mesure où elle excède la quotité disponible (même arrêt).

2) Donation portant sur des gains ou salaires ou prélevée sur des revenus. Toute donation, même portant sur des gains ou salaires ou prélevée sur des revenus est réductible pour atteinte à la réserve lorsqu'elle ne constitue pas une libéralité modique ou un cadeau d'usage (▪ Paris, 19 nov. 1974 : *JurisData* n° 1974-615101 ; *D.* 1975, 614, concl. Cabannes).

3) Nullité des libéralités excessives (non). En cas de dépassement de la quotité disponible, la seule sanction prévue par la loi est la réduction des libéralités et les héritiers réservataires sont donc mal fondés à arguer de nullité des donations déguisées faites par leur père, même si celles-ci excèdent la quotité disponible (▪ Cass. 1re civ., 2 févr. 1971 : *JurisData* n° 1971-000040 ; *JurisData* n° 1971-000038 ; *D.* 1971, 590, note Ghestin. – V. aussi ▪ Cass. 1re civ., 11 juill. 1977, n° 75-10.977 : *JurisData* n° 1977-000323 ; *Bull. civ.* I, n° 324, p. 257.

4) Nature de l'action en réduction. L'action en réduction concourt au partage de la succession dont elle constitue un acte préparatoire (▪ Cass. 1re civ., 26 nov. 1980, n° 79-12.566 : *JurisData* n° 1980-715194 ; *Bull. civ.* I, n° 200, p. 162).

5) Objet de l'action en réduction. Restauration de la quotité disponible (non). Le légataire de la quotité disponible ne peut prétendre qu'aux biens laissés au décès et ne dispose d'aucun droit à faire réintégrer les donations antérieures dans cette quotité (▪ Cass. 1re civ., 7 oct. 2015, n° 14-24.996).

6) Prescription acquisitive trentenaire. Le bénéfice de la prescription abrégée de l'article 2265 [art. 2272 depuis L. 23 juin 2008] du Code civil, réservé aux tiers acquéreurs de biens donnés, ne saurait être étendu aux donataires qui, en face d'un héritier réservataire, ne peuvent se prévaloir que de la prescription acquisitive trentenaire (▪ Cass. 1re civ., 24 nov. 1982, n° 81-13.426 : *JurisData* n° 1982-702923 ; *Bull. civ.* I, n° 340, p. 291).

7) Effet de la réduction partielle en nature. Il résulte de l'article 920 que la réduction partielle en nature d'une donation n'a pour effet que de créer un état d'indivision entre le gratifié et l'héritier réservataire (▪ Cass. 1re civ., 9 oct. 1985 : *Bull. civ.* I, n° 254, p. 227).

8) Clause pénale d'un testament. Une clause pénale, privant de quotité disponible un héritier qui conteste, doit être réputée non écrite lorsqu'elle tend à assurer l'exécution de dispositions portant effectivement atteinte à la part réservataire de cet héritier et non lorsqu'elle serait seulement susceptible de comporter une telle atteinte (▪ Cass. 1re civ., 25 juin 2002 : *JCP* 2002, IV, 2420 ; *JurisData* n° 2002-014960 ; *Dr. famille* 2003, 18, note Beignier ; *Bull. civ.* I, n° 175, p. 134). V. art. 900, note n° 6, p. 709.

§ 2. – De l'exercice de la réduction
(L. n° 2006-728, 23 juin 2006)

Art. 921 *(Mod., L. n° 2006-728, 23 juin 2006)*. **– La réduction des dispositions entre vifs ne pourra être demandée que par ceux au profit desquels la loi fait la réserve, par leurs héritiers ou ayants cause : les donataires, les légataires, ni les créanciers du défunt ne pourront demander cette réduction, ni en profiter.**

Le délai de prescription de l'action en réduction est fixé à cinq ans à compter de l'ouverture de la succession, ou à deux ans à compter du jour où les héritiers ont eu connaissance de l'atteinte portée à leur réserve, sans jamais pouvoir excéder dix ans à compter du décès.

1) Disposition à cause de mort. L'héritier d'un réservataire peut demander du chef de son auteur la réduction d'une libéralité excessive aussi bien lorsqu'elle a été faite à cause de mort que lorsqu'elle l'a été entre vifs, seule hypothèse expressément prévue par l'article 921 (▪ Cass. 1re civ., 17 déc. 1968 : *JurisData* n° 1968-700326 ; *D.* 1969, 149, note Breton). Il peut de même demander la nullité d'une disposition, fût-elle à cause de mort, par laquelle il a été porté atteinte au droit de son auteur de recevoir la réserve libre de toute charge (même arrêt).

2) Qualité pour agir. Le cessionnaire de droits successifs, en tant qu'ayant-cause de l'héritier réservataire cédant, peut demander la réduction des legs (▪ Cass. 1re civ., 25 oct. 2017, n° 16-20.156 : *JurisData* n° 2017-021013 ; *JCP* N, 1046, N. Randoux).

3) Absence de formalisme de la demande. La demande en réduction d'une libéralité excessive n'est soumise à aucun formalisme particulier. Elle peut résulter d'une demande de liquidation et de partage d'une succession et de rapport des donations (■ Cass. 1re civ., 10 janv. 2018, n° 16-27.894 : *JurisData* n° 2018-000024 ; *Bull.*).

4) Délivrance d'un legs. Renonciation à l'action en réduction (non). La délivrance d'un legs particulier, mesure essentiellement provisoire, ne peut en aucune façon entraver l'exercice ultérieur des droits et spécialement du droit éventuel à réduction des héritiers légitimes (■ Cass. 1re civ., 16 juin 1969, n° 67-14.178 : *JurisData* n° 1969-000231 ; *JurisData* n° 1969-000231 ; *Bull. civ.* I, n° 231, p. 184. Voir cependant ■ Orléans, 13 nov. 1975 : *JurisData* n° 1975-760438 ; *JCP* 76, II, 18349, note Boursigot).

5) Renonciation à l'action en réduction et renonciation à succession. La renonciation à une succession ne peut se déduire de la renonciation à l'action en réduction (■ Cass. 1re civ., 19 nov. 1985, n° 84-14.638 : *Bull. civ.* I, n° 311, p. 276 ; *D.* 1987, somm. 124, obs. Martin).

6) Renonciation tacite à l'action en réduction. En raison du terme « réductible » utilisé par le législateur, l'exercice de l'action en réduction est facultatif et la renonciation de l'héritier à faire obstacle à la volonté du donateur, n'étant soumise à aucune forme, peut être tacite (■ Dijon, 1re ch., 29 juin 1991 : *JurisData* n° 1991-050349, volonté tacite déduite de la tardiveté de l'action et de l'acceptation par l'héritier d'une donation-partage faite par le conjoint survivant et mentionnant la donation entre époux litigieuse).

7) Action oblique. Sur le principe que le créancier peut demander la réduction par la voie de l'action oblique, V. ■ Cass. 1re civ., 20 oct. 1982 : *D.* 1983, 120, note Rémy.

8) Communauté conjugale. L'époux du gratifié ne peut revendiquer des biens compris dans la réserve de son conjoint au profit de la communauté qui ne possède sur ces biens aucun droit préexistant à leur transmission (■ Cass. 1re civ., 10 juin 1975 : *JurisData* n° 1975-000193 ; *JCP* 75, II, 18141, note R. Savatier, clause du testament par laquelle le père dispose de tous ses biens en faveur de sa fille, en spécifiant que tous les biens recueillis par elle lui resteraient personnels et seraient exclus de la communauté universelle existant entre elle et son mari).

9) Délai de prescription. L'action par laquelle les héritiers réservataires font valoir la simulation en vue d'obtenir la réduction des donations constitue pour eux l'exercice d'un droit propre, d'où il résulte que la prescription ne commence à courir que du jour où ces héritiers ont eu la faculté d'exercer cette action, c'est-à-dire du jour du décès de leur auteur (■ Cass. 1re civ., 24 nov. 1987, n° 86-11.682 : *JurisData* n° 1987-799983 ; *Bull. civ.* I, n° 309, p. 221 ; *JCP* 89, II, 21214, note Testu. ■ Cass. 1re civ., 23 mars 1994, n° 92-13.345 : *Bull. civ.* I, n° 113, p. 84). Le délai de prescription quinquennale pour agir en réduction des libéralités n'est applicable qu'aux successions ouvertes à compter du 1er janvier 2007 (■ Cass. 1re civ., 22 févr. 2017, n° 16-11.961 : *Bull.* ; *RJPF* 2017-4/42, Sauvage).

Art. 922 ***(L. n° 71-523, 3 juill. 1971 ; mod., L. n° 2006-728, 23 juin 2006).*** **– La réduction se détermine en formant une masse de tous les biens existant au décès du donateur ou testateur.**

Les biens dont il a été disposé par donation entre vifs sont fictivement réunis à cette masse, d'après leur état à l'époque de la donation et leur valeur à l'ouverture de la succession, après qu'en ont été déduites les dettes ou les charges les grevant. Si les biens ont été aliénés, il est tenu compte de leur valeur à l'époque de l'aliénation. S'il y a eu subrogation, il est tenu compte de la valeur des nouveaux biens au jour de l'ouverture de la succession, d'après leur état à l'époque de l'acquisition. Toutefois, si la dépréciation des nouveaux biens était, en raison de leur nature, inéluctable au jour de leur acquisition, il n'est pas tenu compte de la subrogation.

On calcule sur tous ces biens, eu égard à la qualité des héritiers qu'il laisse, quelle est la quotité dont le défunt a pu disposer.

Rédaction antérieure. (al. 2) On y réunit fictivement, après en avoir déduit les dettes, ceux dont il a été disposé par donation entre vifs d'après leur état à l'époque de la donation et leur valeur à l'ouverture de la succession. Si les biens ont été aliénés, il est tenu compte de leur valeur à l'époque de l'aliénation et, s'il y a eu subrogation, de la valeur des nouveaux biens au jour de l'ouverture de la succession.

1) Créances irrécouvrables. Les créances *irrécouvrables du défunt ne doivent* pas être prises en compte pour le calcul de la quotité disponible (■ Cass. req., 28 juin 1910 : *DP* 1914, 1, 219).

2) Capital d'une assurance sur la vie. Sur l'exclusion du capital d'une assurance sur la vie contractée par le défunt, voir C. assur., art. L. 132-13, p. 1916. Mais le capital d'une assurance-vie peut être réuni à la masse de calcul de la réserve et de la quotité disponible si le souscripteur a exprimé la volonté que ce capital fasse partie de la succession (■ Cass. 1re civ., 8 juill. 2010, n° 09-12.491 : *Bull. civ.* I, n° 170 ; *RTD civ.* 2011, 167, obs. M. Grimaldi ; *Defrénois* 2011, 703, obs. B. Vareille ; *AJF* 2010, 445, obs. F. Bicheron ; *Gaz. Pal.* 24 déc. 2010, 36, note X. Leducq ; *JCP* N 2010, n° 48, 45, note S. Hovasse ; P. Delmas-Saint-Hilaire, *Dr. et patrimoine* 2011, n° 201, 90). Dans le même sens, ▪ Cass. 1re civ., 10 oct. 2012, n° 11-17.891 : *Bull. civ.* I, n° 200 ; *Gaz. Pal.* 30 nov. 2012, 38, obs. Leducq ; *JCP* N 2012, 1369, note Van Steenlandt ; *Resp. civ. et assur.* 2013, comm. 72, obs. Pierre.

3) Présents d'usage. Les présents d'usage ne doivent pas être réunis à la masse de calcul de l'article 922 (▪ Cass. 1re civ., 19 sept. 2018, n° 17-24.205 : *Dr. famille* 2018, comm. 283, Nicod).

4) Frais funéraires, frais de liquidation et de partage. Il faut comprendre au nombre des dettes dont l'article 922 prescrit la déduction en vue du calcul de la quotité disponible et de la réserve les frais funéraires et les frais de liquidation et de partage de la succession (▪ Cass. 1re civ., 10 déc. 1968 : *D.* 1969, 133, note Breton).

5) Réunion fictive des donations indirectes. Les donations indirectes doivent être réunies fictivement à la masse (▪ Cass. 1re civ., 27 mai 1961, n° 57-11.873 : *JurisData* n° 1961-000268 ; *D.* 1962, 657, note Boulanger).

6) État et valeur du bien au jour de la donation. Il doit être tenu compte du changement d'état du bien depuis la date de la donation s'il résulte d'une cause fortuite et étrangère à l'industrie du gratifié (▪ Cass. 1re civ., 11 sept. 2013, n° 12-17.277 : *Bull. civ.* I, n° 168 ; *JurisData* n° 2013-018921 ; *RTD civ.* 2013, 879, note M. Grimaldi ; *RJPF* 2013-12/35, note F. Sauvage), mais non s'il résulte de l'initiative du donataire. Pour une application en matière de droits sociaux, V. ▪ Cass. 1re civ., 8 juill. 2009, n° 07-18.041 : *Bull. civ.* I, n° 168 ; *RTD civ.* 2009, 762, obs. Grimaldi ; *Defrénois* 2009, 2173, note Stoclet ; *Defrénois* 2010, 210, note Rabreau qui reproche aux juges du fond de ne pas avoir recherché si la disparition du passif grevant une société et la plus-value prise par les droits sociaux depuis la donation ne résultait pas indirectement de l'activité déployée par les donataires, de sorte que les droits sociaux donnés devaient être évalués sans tenir compte de la plus-value intervenue entre la donation et le décès. *Adde*, ▪ Cass. 1re civ., 24 oct. 2012, n° 11-21.839 : *Bull. civ.* I, n° 219 ; *Rev. sociétés* 2013, n° 235, note Naudin : pour la détermination de la valeur de parts sociales données, il y a lieu d'avoir égard à l'état du patrimoine social dont ces parts sont représentatives et il ne peut être tenu compte de la plus-value que si elle résulte d'une cause étrangère au gratifié. V. cependant, affirmant que la destination du bien à l'époque de la donation n'entre pas en compte pour la détermination de son état au sens de l'article 922, ▪ Cass. 1re civ., 1er mai 1977 : *JCP* 1978, II, 18927, note Dagot. V. P. Catala, *L'état d'un bien donné exploité sous forme sociale : Études Rodière*, 1981, p. 55. Pour un rappel de la règle selon laquelle, pour déterminer la quotité disponible, il convient d'apprécier les biens donnés d'après leur état à l'époque de la donation et leur valeur à l'ouverture de la succession et non à l'époque du partage, V. ▪ Cass. 1re civ., 22 oct. 2014, n° 13-24.034 : *Bull. civ.* I. Les juges doivent rechercher la valeur que le bien donné aurait eue au décès dans son état au jour de la donation sans s'attacher aux travaux réalisés par le donataire : ▪ Cass. 1re civ., 14 janv. 2015, n° 13-24.921 : *Bull. civ.* I ; *AJF* 2015, 111, obs. C. Vernières.

7) Libéralités entre vifs effectuées par le seul défunt. Il résulte de l'article 922 que la masse successorale servant au calcul de la réserve et de la quotité disponible comprend les biens objet des libéralités entre vifs effectuées par le seul défunt (▪ Cass. 1re civ., 2 déc. 1981, n° 80-15.972 : *JurisData* n° 1981-703674 ; *Bull. civ.* I, n° 363, p. 307).

8) Donation avec charge. Pour l'évaluation d'une donation avec charge, le montant de cette charge n'est déductible qu'après avoir été diminué des revenus tirés par le donataire du bien donné (▪ Cass. 1re civ., 24 nov. 1987 : *D.* 1988, 260, note Morin ; *JCP* 89, II, 21193, note Testu). Lorsqu'une donation est assortie, au profit du donateur, d'une charge d'entretien, seul l'émolument net procuré par la libéralité doit être compris dans la masse de calcul de la réserve, le montant de la charge déductible devant être déterminé au jour de son exécution (▪ Cass. 1re civ., 17 déc. 1991, n° 90-12.191 : *JurisData* n° 1991-003772 ; *JCP* G 93, II, 21995, note Salvage ; *Bull. civ.* I, n° 355, p. 232. ▪ Cass. 1re civ., 11 oct. 2017, n° 16-21.692 : *Bull.*).

9) Avantage indirect. Doit être réunie aux biens existant au jour du décès la valeur, à l'ouverture de la succession, de ce qui a été jugé être un avantage indirect (▪ Cass. 1re civ., 19 nov. 1991, n° 90-14.216 : *JurisData* n° 1991-003193 ; *D.* 1992, somm. 224, obs. Grimaldi).

10) Donation d'une récompense due à la communauté. Dans l'hypothèse d'une donation portant sur un immeuble et sur la récompense due à la communauté au titre des travaux afférents au bien et financés par elle, pour procéder à la réunion fictive édictée par l'art. 922 C. civ., la récompense doit être calculée, en application de l'art. 1469, al. 3, C. civ., en fonction du profit subsistant évalué au jour de la donation s'analysant en une aliénation (▪ Cass. 1re civ., 6 févr. 2007 : n° 04-13.282 ; *JurisData* n° 2007-037228 ; *JCP*

N 2007, 1147, note Rivière ; *JCP* G 2007, II, 10113, note Sauvage).

11) Intérêts sur l'indemnité de rapport. La masse de calcul se compose des biens existant au décès selon leur valeur à l'ouverture de la succession, de sorte que les intérêts dus à compter de cette date sur l'indemnité de rapport convenue ne peuvent être pris en considération (■ Cass. 1re civ., 6 nov. 2013, n° 12-16.625 : *Bull. civ.* I, n° 214 ; *Dr. famille* 2014 n° 8, note S. Deville ; *RJPF* 2014-1/40, p. 46, note Sauvage).

Art. 923. – **Il n'y aura jamais lieu à réduire les donations entre vifs, qu'après avoir épuisé la valeur de tous les biens compris dans les dispositions testamentaires ; et lorsqu'il y aura lieu à cette réduction, elle se fera en commençant par la dernière donation, et ainsi de suite en remontant des dernières aux plus anciennes.**

1) Donataires les plus récents insolvables ou inconnus. Dans le cas où les donataires les plus récents sont insolvables ou inconnus, l'action en réduction doit nécessairement atteindre les donataires antérieurs (■ Cass. civ., 11 janv. 1882 : *DP* 1882, 1, 313, concl. Desjardins).

2) Donation entre époux. Les donations de biens à venir que se sont faites les époux au cours du mariage, avant l'entrée en vigueur de la loi n° 2004-439 du 26 mai 2004, parce qu'elles sont révocables, sont, quant à leurs effets, soumises aux règles des legs (■ Cass. 1re civ., 10 févr. 1998, n° 96-16.735 : *JurisData* n° 1998-000554 ; *Bull. civ.* I, n° 52, p. 34 ; *RTD civ.* 1998, 444, obs. Patarin ; *Defrénois* 1998, 832, obs. Champenois ; *JCP* 99, I, 132, n° 9, obs. Le Guidec ; *Dr. famille* 1999, 103, 1re esp., note Beignier).

3) Donations faites le même jour sans indication d'heure. Les donations faites le même jour sans indication d'heure doivent être réduites proportionnellement, à moins que le donateur ait manifesté la volonté de donner la priorité à l'une d'elles (■ Cass. civ., 20 avr. 1915 : *DP* 1920, 1, 154).

4) Bien donné ayant cessé d'exister. Lorsque le donataire a demandé que la réduction portât, en suivant l'ordre des dates, sur la donation déguisée d'un fonds de commerce, doit être cassée la décision qui écarte cette demande au motif que n'est pas satisfactoire l'offre d'attribuer un bien qui n'existe plus (■ Cass. 1re civ., 16 mars 1971 : *JurisData* n° 1971-000088 ; *D.* 1971, 357, note A. B.).

5) Accord entre gratifiés. Inopposabilité à l'héritier réservataire. S'il est loisible aux gratifiés de convenir entre eux d'une répartition de la charge de la réduction, un tel accord n'est pas opposable au réservataire qui est en droit d'exiger l'application des dispositions impératives de l'article 923 (■ Cass. 1re civ., 24 nov. 1993, n° 91-21.724 : *JurisData* n° 1993-002640 ; *JCP* 94, I, 3791, n° 10, obs. Le Guidec ; *Bull. civ.* I, n° 343, p. 238 ; *Defrénois* 1994, 445, obs. Champenois ; *RTD civ.* 1994, 150, obs. Patarin ; *D.* 1995, somm. 48, obs. Grimaldi).

6) Réduction des legs avant les donations. Il résulte des articles 894 et 923 qu'un legs doit être réduit avant une donation qui, même dépourvue de date certaine, a dessaisi le donateur de son vivant (■ Cass. 1re civ., 12 nov. 1998, n° 96-19.814 : *JurisData* n° 1998-004248 ; *JCP* G 99, I, 189, n° 11, obs. Le Guidec ; *JCP* N 99, 592, note Duchange ; *D.* 1999, 325, note Langlade O'Sughrue ; *Dr. famille* 1999, 30, note Beignier ; *Bull. civ.* I, n° 314, p. 217 ; *RTD civ.* 1999, 680, obs. Patarin).

Art. 924 *(L. n° 71-523, 3 juill. 1971 ; rempl., L. n° 2006-728, 23 juin 2006)*. – **Lorsque la libéralité excède la quotité disponible, le gratifié, successible ou non successible, doit indemniser les héritiers réservataires à concurrence de la portion excessive de la libéralité, quel que soit cet excédent.**

Le paiement de l'indemnité par l'héritier réservataire se fait en moins prenant et en priorité par voie d'imputation sur ses droits dans la réserve.

Bibliographie : S. Ferré-André et H. Mazeron-Gabriel, *La réduction en valeur des libéralités : évolution ou révolution : Etudes offertes à Jacques Combret : Lextenso*, 2017, p. 141.

Rédaction antérieure. Art. 924. – L'héritier réservataire gratifié par préciput au-delà de la quotité disponible et qui accepte la succession supporte la réduction en valeur, comme il est dit à l'article 866 ; à concurrence de ses droits dans la réserve, cette réduction se fera en moins prenant.

Il peut réclamer la totalité des objets légués, lorsque la portion réductible n'excède pas sa part de réserve.

1) Réduction en valeur. En principe, le legs est réductible en valeur et non en nature, de sorte qu'il *n'existe aucune indivision entre le légataire universel et l'héritier réservataire* : ■ Cass. 1re civ., 11 mai 2016, n° 14-16.967 : *Bull.* ; *Dr. famille* 2016, comm. 151, M. Nicod ; *JCP* N 2016, n° 35, N. Randoux ; *JCP* G 2016, 127, R. Le Guidec ; *Dr. famille* 2016, 151, M. Nicod ; *RTD civ.* 2016, 673, M. Grimaldi ; *AJF* 2016, 350, N. Levillain. – V., dans le même sens, ■ Cass. 1re civ., 15 mai 2018, n° 17-16.039. – V. aussi, pour la réduction d'un avantage matrimonial, ■ Cass. 1re civ., 7 déc. 2016, n° 16-12.216 : *Bull.*

2) Mode de fixation de l'indemnité. L'indemnité de réduction d'une libéralité préciputaire excédant la quotité disponible doit être fixée à la fraction excessive de la libéralité réductible (■ Cass. 1re civ., 22 mars 2017, n° 16-15.484 : *Bull.*).

3) Legs à l'héritier réservataire. L'héritier réservataire, bénéficiaire d'un contrat d'assurance-vie à titre de legs, peut s'acquitter de l'éventuelle indemnité de réduction mise à sa charge en moins prenant lors du partage (■ Cass. 1re civ., 10 oct. 2012, n° 11-17.891 : *Bull. civ.* I, n° 200 ; *JCP* N 2012, 1369, note Van Steenlandt).

Art. 924-1 *(L. n° 2006-728, 23 juin 2006).* **– Le gratifié peut exécuter la réduction en nature, par dérogation à l'article 924, lorsque le bien donné ou légué lui appartient encore et qu'il est libre de toute charge dont il n'aurait pas déjà été grevé à la date de la libéralité, ainsi que de toute occupation dont il n'aurait pas déjà fait l'objet à cette même date.**

Cette faculté s'éteint s'il n'exprime pas son choix pour cette modalité de réduction dans un délai de trois mois à compter de la date à laquelle un héritier réservataire l'a mis en demeure de prendre parti.

Art. 924-2 *(L. n° 2006-728, 23 juin 2006).* **– Le montant de l'indemnité de réduction se calcule d'après la valeur des biens donnés ou légués à l'époque du partage ou de leur aliénation par le gratifié et en fonction de leur état au jour où la libéralité a pris effet. S'il y a eu subrogation, le calcul de l'indemnité de réduction tient compte de la valeur des nouveaux biens à l'époque du partage, d'après leur état à l'époque de l'acquisition. Toutefois, si la dépréciation des nouveaux biens était, en raison de leur nature, inéluctable au jour de leur acquisition, il n'est pas tenu compte de la subrogation.**

Voir : art. 868 anc., p. 691.

1) Préalable indispensable. La détermination de l'indemnité de réduction suppose au préalable d'avoir déterminé la proportion dans laquelle la libéralité était réductible, selon les règles de l'article 922 du Code civil (■ Cass. 1re civ., 6 nov. 2013, n° 12-16.625 : *Bull. civ.* I, n° 214 ; *Dr. famille* 2014, 8, note S. Deville ; *RJPF* 2014-1/40, p. 46, note F. Sauvage).

2) État du bien. En présence d'héritiers réservataires, à défaut d'une demande en délivrance dans l'année du décès, le legs ne prend effet que du jour de la demande en justice ou celui de la délivrance volontaire : ■ Cass. 1re civ., 28 mai 2015, 14-15.115 : *Bull.* ; *RTD civ.* 2015, 673, note M. Grimaldi.

3) Indemnité de réduction. Valeur des biens au jour du partage. L'indemnité équivalente à la portion excessive du legs réductible doit se calculer d'après la valeur des biens légués, non au jour du décès, mais au jour du partage (■ Cass. 1re civ., 10 oct. 1984, n° 83-13.725 : *JurisData* n° 1984-701840 ; *Bull. civ.* I, n° 257, p. 218. V. aussi, précisant que l'arrêt qui attribue un bien à un héritier et fixe la valeur de ce bien au jour de son prononcé n'a pas l'autorité de la chose jugée quant à l'estimation définitive de celui-ci, ■ Cass. 1re civ., 25 févr. 2003 : *JCP* G 2004, I, 155 et *JCP* N 2004, 1489, n° 7, 1er arrêt, obs. Le Guidec ; *JurisData* n° 2003-017899 ; *Dr. famille* 2003, 51, note Beignier ; *Bull. civ.* I, n° 52, p. 40 ; *Defrénois* 2003, 1365, obs. Champenois), ou tout au moins à la date la plus proche possible de celui-ci (■ Cass. 1re civ., 11 janv. 1989, n° 87-13.436 : *JurisData* n° 1989-700283 ; *JCP* 89, IV, 94 ; *Bull. civ.* I, n° 11, p. 7). Viole l'ancien art. 868 C. civ., la cour d'appel qui fixe l'indemnité à la valeur de l'immeuble au jour du décès en jugeant que cette somme serait actualisée au jour du partage d'après l'évolution du coût de la construction (■ Cass. 1re civ., 3 févr. 2004, n° 01-03.414 : *JurisData* n° 2004-022092 ; *JCP* 2004, I, 155 et *JCP* N 2004, 1489, n° 7, obs. Le Guidec ; *Bull. civ.* I, n° 36, p. 30 ; *Defrénois* 2004, 874, obs. Vareille).

4) Plus-values du bien. La valeur des biens donnés doit être déterminée compte tenu des plus-values du bien provenant d'une cause étrangère au gratifié. Viole donc l'[art. 924-2] (868 anc.), la cour d'appel qui, constatant que les terres données étaient grevées d'un bail au jour de la libéralité, a décidé qu'elles devaient être évaluées en cet état à l'époque du partage bien que libérées de la location qui les grevait au jour de la donation (■ Cass. 1re civ., 14 févr. 1990, n° 88-16.193 : *JurisData* n° 1990-000898 ; *JCP* 91, II, 21767, note de La Marnierre ; *Bull. civ.* I, n° 50, p. 36 ; *D.* 1990, 359, 2e esp., note Maury ; *Defrénois* 1990, 559, obs. Champenois). En revanche, si des travaux d'amélioration ont été réalisés par le donataire sur l'immeuble donné, celui-ci doit être évalué au jour du partage en recherchant la valeur qu'il aurait eue sans ces travaux (■ Cass. 1re civ., 6 nov. 2013, n° 12-16.625 : *Bull. civ.* I, n° 214 ; *Dr. famille* 2014, 8, note S. Deville ; RJPF 2014-1/40, p. 46, note F. Sauvage).

5) Aliénation des biens donnés. En cas d'aliénation des biens donnés, l'indemnité de réduction est déterminée en fonction de la valeur qu'avaient les biens à l'époque de l'aliénation et, si de nouveaux biens ont été subrogés, en fonction de la valeur de ces nouveaux biens à l'époque du partage (■ Cass. 1re civ., 29 mai 2001 : *JCP* 2001, IV, 2340 ; *Dr. famille* 2002, 33, note Perrouin ; *JurisData* n° 2001-009831 ; *Bull. civ.* I, n° 151, p. 98 ; *RTD civ.* 2001, 938, obs. Patarin).

6) Pluralité de libéralités et de donateurs. La portion excessive des différentes libéralités faites à une héritière doit être déterminée pour chacune d'elles dans le cadre de la liquidation de chaque succession des donateurs (père et mère) et compte tenu de l'origine des biens donnés suivant qu'ils sont propres ou communs ; l'indemnité correspondant à la portion excessive ainsi établie, doit alors être calculée, en fonction des biens compris dans chacune des libéralités concernées, à l'époque du partage (▪ Cass. 1re civ., 21 juin 1989, n° 87-15.986 : *JCP* 90, II, 21574, note Salvage ; *Bull. civ.* I, n° 245, p. 163 ; *D.* 1989, 525, 2e esp., note Morin ; *RTD civ.* 1990, 130, obs. Patarin).

7) Indemnité d'occupation. La réduction partielle pour atteinte à la réserve, lorsqu'elle se fait en valeur, est exclusive de toute indemnité d'occupation due par le légataire. Il en va différemment lorsque la réduction se fait en nature. Dès lors, tant que le légataire n'a pas opté entre réduction en valeur ou en nature, aucune indemnité ne peut être mise à sa charge (▪ Cass. 1re civ., 5 mars 2008, n° 06-18.043 : *Bull. civ.* I, n° 68 ; *AJF* 2008, n° 171, obs. Bicheron ; *RTD civ.* 2008, 709, obs. Grimaldi. – *Adde* ▪ Cass. 1re civ., 24 sept. 2008, n° 06-21.445 : *Bull. civ.* I, n° 214 ; *AJF* 2008, 439, obs. Bicheron ; *D.* 2008, 2431, obs. Egéa ; *RTD civ.* 2008, 709, obs. Grimaldi ; *Dr. famille* 2008, comm. 175 ; obs. Beignier, qui décide que la légataire n'était redevable d'aucune indemnité d'occupation, la propriété du bien légué lui étant définitivement acquise au jour du décès).

Art. 924-3 *(Anc. art. 868, dénum. et mod., L. n° 2006-728, 23 juin 2006).* – **L'indemnité de réduction est payable au moment du partage, sauf accord entre les cohéritiers. Toutefois, lorsque la libéralité a pour objet un des biens pouvant faire l'objet d'une attribution préférentielle, des délais peuvent être accordés par le tribunal, compte tenu des intérêts en présence, s'ils ne l'ont pas été par le disposant. L'octroi de ces délais ne peut, en aucun cas, avoir pour effet de différer le paiement de l'indemnité au-delà de dix années à compter de l'ouverture de la succession. Les dispositions de l'article 828 sont alors applicables au paiement des sommes dues.**

À défaut de convention ou de stipulation contraire, ces sommes sont productives d'intérêts au taux légal à compter de la date à laquelle le montant de l'indemnité de réduction a été fixé. Les avantages résultant des délais et modalités de paiement accordés ne constituent pas une libéralité.

En cas de vente de la totalité du bien donné ou légué, les sommes restant dues deviennent immédiatement exigibles ; en cas de ventes partielles, le produit de ces ventes est versé aux cohéritiers et imputé sur les sommes encore dues.

Voir : art. 868 anc., p. 691.

Intérêts de l'indemnité de réduction. L'indemnité de réduction ne produit intérêt au taux légal qu'à compter du jour où elle est déterminée, c'est-à-dire du partage (▪ Cass. 1re civ., 21 mai 1985, n° 83-16.590 : *JurisData* n° 1985-701995 ; *Bull. civ.* I, n° 157, p. 143 ; *RTD civ.* 1986, 394, obs. Patarin ; *D.* 1987, 65, note Morin).

Art. 924-4 *(L. n° 2006-728, 23 juin 2006 ; mod., L. n° 2008-561, 17 juin 2008).* – **Après discussion préalable des biens du débiteur de l'indemnité en réduction et en cas d'insolvabilité de ce dernier, les héritiers réservataires peuvent exercer l'action en réduction ou revendication contre les tiers détenteurs des immeubles faisant partie des libéralités et aliénés par le gratifié. L'action est exercée de la même manière que contre les gratifiés eux-mêmes et suivant l'ordre des dates des aliénations, en commençant par la plus récente. Elle peut être exercée contre les tiers détenteurs de meubles lorsque l'article 2276 ne peut être invoqué.**

Lorsque, au jour de la donation ou postérieurement, le donateur et tous les héritiers réservataires présomptifs ont consenti à l'aliénation du bien donné, aucun héritier réservataire, même né après que le consentement de tous les héritiers intéressés a été recueilli, ne peut exercer l'action contre les tiers détenteurs. S'agissant des biens légués, cette action ne peut plus être exercée lorsque les héritiers réservataires ont consenti à l'aliénation.

Bibliographie : S. de la Taille et S. Pezard, *La menace virtuelle de l'article 924-4 du Code civil : JCP* N 2009, 1321.

Voir : art. 930 anc., p. 732.

Bibliographie : M. Grimaldi, *De la clause stipulée dans une donation-partage pour protéger les ayants cause des donataires contre les effets de la réduction pour atteinte à la réserve :* Defrénois 1996, 3.

1) Option pour le paiement d'une indemnité de réduction. L'article 930 (anc.) subordonne l'action en réduction à la discussion préalable des biens des donateurs et ouvre ainsi à ces derniers ou, à leur défaut, aux tiers détenteurs la faculté d'échapper à la réduction en nature en indemnisant les demandeurs (▪ Cass. 1re civ., 18 oct. 1966 : *JurisData* n° 1966-700474 ; *D.* 1966,

709, note Breton). Par suite, il importe peu que ne soient pas remplies les conditions auxquelles d'autres textes et notamment les articles 866 (anc.) et 924 (anc.) soumettent en d'autres cas la réduction en valeur (même arrêt). Les héritiers réservataires sont recevables à agir, sur le fondement de l'article 930 (anc.), même postérieurement au partage, contre les tiers acquéreurs, lesquels sont tenus de leur payer l'indemnité de réduction dont ils ne contestaient pas le contenu et qui avait été fixée par transaction entre les héritiers (■ Cass. 1re civ., 16 déc. 2015, n° 14-29.758 : *RJPF* 2016-4/32, F. Sauvage.

2) Fruits. Le tiers acquéreur ne doit les fruits que du jour de la demande en délaissement formée contre lui (■ Cass. req., 15 janv. 1908 : *DP* 1909, 1, 153, note de Loynes).

Art. 925 ***(Abr., L. n° 2006-728, 23 juin 2006).***

Rédaction antérieure. Art. 925. – Lorsque la valeur des donations entre vifs excédera ou égalera la quotité disponible, toutes les dispositions testamentaires seront caduques.

Art. 926. – Lorsque les dispositions testamentaires excéderont, soit la quotité disponible, soit la portion de cette quotité qui resterait après avoir déduit la valeur des donations entre vifs, la réduction sera faite au marc le franc, sans aucune distinction entre les legs universels et les legs particuliers.

1) Légataire universel en présence d'un héritier coréservataire. S'il n'y a pas lieu à la réduction proportionnelle des legs lorsque le légataire universel est en même temps seul héritier réservataire, il en va autrement lorsque ce légataire universel est lui-même en présence d'un héritier coréservataire. En effet, son legs universel subissant alors une réduction dans la mesure de sa part de réserve attribuée au cohéritier, il peut faire subir dans la même proportion une réduction aux légataires particuliers (■ Cass. civ., 5 févr. 1952 : *JCP* 52, II, 6906).

2) Application aux seuls rapports entre légataires. Le mode de réduction prévu par l'article 926 intéresse seulement les légataires entre eux et non les réservataires remplis de leur réserve (■ Cass. civ., 12 juill. 1848 : *DP* 1848, 1, 164).

3) Renonciation. La renonciation à la règle de réduction proportionnelle édictée par l'article 926 ne peut résulter que d'actes manifestant sans équivoque la volonté de renoncer (■ Cass. 1re civ., 6 juill. 1982 : *JCP* 82, IV, 334 ; *Bull. civ.* I, n° 252, p. 217).

4) Application au *trust inter vivos* (non). La constitution d'un *trust* par lequel une ressortissante américaine s'est dépouillée d'un capital pour en percevoir les revenus sa vie durant, tout en chargeant le *trustee* de le remettre à sa mort aux bénéficiaires désignés par elle a réalisé une donation indirecte qui, ayant reçu effet au moment du décès de la donatrice par la réunion de tous ses éléments, a donc pris date à ce jour, de sorte que l'article 926 du Code civil n'est pas applicable à cette libéralité (■ Cass. 1re civ., 20 févr. 1996, n° 93-19.855 : *JurisData* n° 1996-000478 ; *Bull. civ.* I, n° 93, p. 62 ; *JCP* 96, II, 22647, note Béhar-Touchais ; *D.* 1996, 390 ; *Defrénois* 1997, 26, note Vignal ; *RTD civ.* 1996, 454, obs. Patarin). V. Y. Lequette, *De l'ordre de réduction des libéralités réalisées au moyen d'un trust entre vifs* : *D.* 1996, chron. 231. V. aussi ■ Cass. com. 15 mai 2007, n° 05-18.268 ; *JCP* 2007, act. 243 ; *D.* 2007, 1941, note Douet ; *D.* 2007, 2764, n° 7, obs. Bélaval, Orsini et Salomon ; *RTD com.* 2007, 852, obs. J.-P. Le Gall ; *Defrénois* 2007, 1697, note Chappert (un trust successoral irrévocable opère une mutation à titre gratuit des biens à la clôture du trust provoqué par le décès du constituant et non au jour de la constitution du trust, de sorte que les droits de mutation sont dus au décès du constituant).

Art. 927. – Néanmoins, dans tous les cas où le testateur aura expressément déclaré qu'il entend que tel legs soit acquitté de préférence aux autres, cette préférence aura lieu ; et le legs qui en sera l'objet ne sera réduit qu'autant que la valeur des autres ne remplirait pas la réserve légale.

Volonté implicite. Les juges du fond peuvent décider qu'en gratifiant d'abord son épouse avant de disposer à l'égard de ses enfants, le de cujus avait entendu que le premier legs soit acquitté par préférence aux autres (■ Cass. 1re civ., 4 juin 1962, n° 60-10.564 : *D.* 1962, somm. 134).

Art. 928 ***(Rempl., L. n° 2006-728, 23 juin 2006).*** **– Lorsque la réduction s'exécute en nature, le donataire restitue les fruits de ce qui excède la portion disponible, à compter du jour du décès du donateur, si la demande en réduction est faite dans l'année ; sinon, du jour de la demande.**

Rédaction antérieure. Art. 928. – Le donataire restituera les fruits de ce qui excédera la portion disponible, à compter du jour du décès du donateur, si la demande en réduction a été faite dans l'année ; sinon, du jour de la demande.

1) Donations par contrat de mariage. L'article 928 s'applique aux donations par contrat de mariage comme aux donations ordinaires (■ Cass. civ., 26 avr. 1870 : *DP* 1871, 1, 358).

2) Libéralité faite ou non à un successible. L'article 928 ne fait aucune distinction selon que la libéralité a été faite ou non à un successible (▪ Cass. 1re civ., 7 nov. 1979 : *JurisData* n° 1979-000273 ; *JCP* 80, IV, 28 ; *Bull. civ.* I, n° 273, p. 221).

3) Réduction en valeur. Art. 928 ancien. Il résulte de l'article 928 (anc.) qu'en cas de réduction en valeur de la libéralité, le donataire doit restituer, à compter du jour du décès du donateur, l'équivalent des fruits perçus de la portion des biens donnés, sur laquelle porte la réduction (▪ Cass. 1re civ., 21 juin 1989, n° 87-15.986 : *JCP* 89, IV, 317 ; *Bull. civ.* I, n° 245, p. 163 ; *D.* 1989, 525, 2e esp., note Morin. – V. aussi ▪ Cass. 1re civ., 2 juin 1992, n° 90-17.034 : *JurisData* n° 1992-001554 ; *Bull. civ.* I, n° 172, p. 117 ; *JCP* 93, I, 3713, n° 8, obs. Testu ; *RTD civ.* 1993, 178, obs. Patarin).

§ 3. – De la renonciation anticipée à l'action en réduction
(L. n° 2006-728, 23 juin 2006)

Art. 929 *(L. n° 71-523, 3 juill. 1971 ; rempl., L. n° 2006-728, 23 juin 2006).* **– Tout héritier réservataire présomptif peut renoncer à exercer une action en réduction dans une succession non ouverte. Cette renonciation doit être faite au profit d'une ou de plusieurs personnes déterminées. La renonciation n'engage le renonçant que du jour où elle a été acceptée par celui dont il a vocation à hériter.**

La renonciation peut viser une atteinte portant sur la totalité de la réserve ou sur une fraction seulement. Elle peut également ne viser que la réduction d'une libéralité portant sur un bien déterminé.

L'acte de renonciation ne peut créer d'obligations à la charge de celui dont on a vocation à hériter ou être conditionné à un acte émanant de ce dernier.

Bibliographie : I. Dauriac, *La renonciation anticipée à l'action en réduction : D.* 2006, 2574. • J. Hérail, *L'information dans la renonciation anticipée à l'action en réduction : JCP* N 2007, 1214. • J.-F. Pillebout, *À propos de la renonciation à l'action en réduction – Une fâcheuse controverse : JCP* N 2008, act. 279. • F. Sauvage, *Les prolongements liquidatifs de la renonciation anticipée à l'action en réduction – Retour sur une « fâcheuse controverse » : JCP* N 2008, act. 328. • B. Vareille, *Portée liquidative de la renonciation anticipée à l'action en réduction : attention, danger ! : Defrénois* 2008, 159. • V. Zalewski, *La renonciation anticipée à l'action en réduction : imputation et/ou réduction ? : Defrénois* 2007, 1587. • J.-M. Mathieu, *Les enjeux de la renonciation anticipée à l'action en réduction : vers une contractualisation de la transmission successorale : JCP* N 2010, 1060.

Rédaction antérieure. Art. 929. – Les droits réels créés par le donataire s'éteindront par l'effet de la réduction. Ces droits conserveront néanmoins leurs effets lorsque le donateur y aura consenti dans l'acte même de constitution ou dans un acte postérieur. Le donataire répondra alors de la dépréciation en résultant.

Art. 930 *(L. n° 71-523, 3 juill. 1971 ; rempl., L. n° 2006-728, 23 juin 2006).* **– La renonciation est établie par acte authentique spécifique reçu par deux notaires. Elle est signée séparément par chaque renonçant en présence des seuls notaires. Elle mentionne précisément ses conséquences juridiques futures pour chaque renonçant.**

La renonciation est nulle lorsqu'elle n'a pas été établie dans les conditions fixées au précédent alinéa, ou lorsque le consentement du renonçant a été vicié par l'erreur, le dol ou la violence.

La renonciation peut être faite dans le même acte par plusieurs héritiers réservataires.

Rédaction antérieure. Art. 930. – L'action en réduction ou revendication pourra être exercée par les héritiers contre les tiers détenteurs des immeubles faisant partie des donations et aliénés par les donataires, de la même manière et dans le même ordre que contre les donataires eux-mêmes, et discussion préalablement faite de leurs biens. Cette action devra être exercée suivant l'ordre des dates des aliénations, en commençant par la plus récente.

(L. n° 71-523, 3 juill. 1971) Lorsque le donateur aura consenti à l'aliénation avec l'accord de tous les réservataires nés et vivants au moment de celle-ci, l'action ne pourra plus être exercée contre les tiers détenteurs.

Art. 930-1 *(L. n° 2006-728, 23 juin 2006).* **– La capacité requise du renonçant est celle exigée pour consentir une donation entre vifs. Toutefois, le mineur émancipé ne peut renoncer par anticipation à l'action en réduction.**

***La renonciation*, quelles que soient ses modalités, ne constitue pas une libéralité.**

Bibliographie : G.-R. Cormeil, *L'incapable et le nouveau droit des successions et libéralités : JCP* N 2007, 1202.

Art. 930-2 *(L. n° 2006-728, 23 juin 2006).* **– La renonciation ne produit aucun effet s'il n'a pas été porté atteinte à la réserve héréditaire du renonçant. Si l'atteinte à la réserve héréditaire n'a été exercée que**

partiellement, la renonciation ne produit d'effets qu'à hauteur de l'atteinte à la réserve du renonçant résultant de la libéralité consentie. Si l'atteinte à la réserve porte sur une fraction supérieure à celle prévue dans la renonciation, l'excédent est sujet à réduction.

La renonciation relative à la réduction d'une libéralité portant sur un bien déterminé est caduque si la libéralité attentatoire à la réserve ne porte pas sur ce bien. Il en va de même si la libéralité n'a pas été faite au profit de la ou des personnes déterminées.

Art. 930-3 *(L. n° 2006-728, 23 juin 2006)*. **– Le renonçant ne peut demander la révocation de sa renonciation que si :**

1° Celui dont il a vocation à hériter ne remplit pas ses obligations alimentaires envers lui ;

2° Au jour de l'ouverture de la succession, il est dans un état de besoin qui disparaîtrait s'il n'avait pas renoncé à ses droits réservataires ;

3° Le bénéficiaire de la renonciation s'est rendu coupable d'un crime ou d'un délit contre sa personne.

Art. 930-4 *(L. n° 2006-728, 23 juin 2006)*. **– La révocation n'a jamais lieu de plein droit.**

La demande en révocation est formée dans l'année, à compter du jour de l'ouverture de la succession, si elle est fondée sur l'état de besoin. Elle est formée dans l'année, à compter du jour du fait imputé par le renonçant ou du jour où le fait a pu être connu par ses héritiers, si elle est fondée sur le manquement aux obligations alimentaires ou sur l'un des faits visés au 3° de l'article 930-3.

La révocation en application du 2° de l'article 930-3 n'est prononcée qu'à concurrence des besoins de celui qui avait renoncé.

Art. 930-5 *(L. n° 2006-728, 23 juin 2006)*. **– La renonciation est opposable aux représentants du renonçant.**

CHAPITRE IV. – DES DONATIONS ENTRE VIFS

Section I. – De la forme des donations entre vifs

Art. 931. – Tous actes portant donation entre vifs seront passés devant notaires, dans la forme ordinaire des contrats ; et il en restera minute, sous peine de nullité.

Bibliographie : M. Nicod, *Le formalisme en droit des libéralités*, thèse éd. La Mouette 2000 • X. Lagarde, *Réflexions sur le fondement de l'article 931 du Code civil : RTD civ.* 1997, 25. • M. Dagot, *Des donations non solennelles : JCP* G 2000, I, 248 ; *JCP* N 2000, 1392.

• Sommaire

I – RÈGLES DE FORME

1) Signature. Le défaut de signature par l'une des parties, fût-elle simplement l'un des codonataires, constitue un vice de forme infectant l'acte de nullité absolue (▪ Cass. 1re civ., 28 nov. 1972 : *JurisData* n° 1972-000260 ; *JCP* 73, II, 17461, note Dagot). Les signatures ou paraphes apposés par les témoins en marge ou au bas des pages de l'acte ne peuvent tenir lieu de la signature finale qui constitue un des éléments essentiels exigés par la loi pour conférer à l'acte son caractère authentique obligatoire (▪ Cass. 1re civ., 15 juin 1962, n° 57-11.838 : *JurisData* n° 1962-000302 ; *Bull.*, n° 302 ; *Gaz. Pal.* 1962, 2, 181). – V. aussi L. 25 ventôse an XI, p. 2766 et D. n° 71-941, 26 nov. 1971 relatif aux actes établis par les notaires, p. 2954.

2) Donation-partage. Forme authentique. Sur la nécessité de la forme authentique en matière de donation-partage, V. ▪ Cass. 1re civ., 6 déc. 1978, n° 77-10.801 : *JurisData* n° 1978-710380 ; *JurisData* n° 1978-799379 ; *JCP* 80, II, 19263, note Dagot. ■ Cass. 1re civ., 3 janv. 2006, n° 02-17.656 : *JurisData* n° 2006-031479 ; *Dr. famille* 2006, 38, note Beignier.

3) Violation des règles de forme. Nullité d'ordre public. La nullité des donations faites en violation des règles de forme de l'article 931 est une nullité d'ordre public ne pouvant être confirmée par une transaction (■ Cass. 1re civ., 12 juin 1967 : *JurisData* n° 1967-700208 ; *JCP* 67, II, 15225, note R. L.), ni par l'accomplissement ultérieur de la formalité omise (■ Cass. 1re civ., 15 juin 1962, préc. C. civ., art. 931, annot. n° 1).

4) Promesse de donation. L'engagement de signer un acte de donation est, comme la libéralité elle-même, soumis à la forme authentique ; le dispositif du jugement de divorce qui donne acte à un époux de son engagement de donner un bien ne saurait produire effet (■ Cass. 1re civ., 17 oct. 2018, n° 17-22.021 : *Dr. famille* 2019, comm. 14, Nicod). Est nul l'engagement sous seing privé par une mère envers son époux de donner un bien immobilier à leur fille à charge pour lui de rembourser le solde de l'emprunt (■ Cass. 1re civ. 22 févr. 2017, n° 16-14.351, Dr. Famille 2017, comm. 104 M. Nicod). Comp., admettant la validité d'une promesse de donation sous seing privé réalisée par uns stipulation pour autrui acceptée par le bénéficiaire, ■ Cass. 1re civ., 8 déc. 1987, n° 85-17.312 : *JurisData* n° 1987-002034 ; *Bull. civ.* I, n° 343, p. 246 ; *RTD civ.* 1988, p. 382, obs. Patarin.

5) Renonciation du donateur à une clause de l'acte. Aucun texte n'oblige le donateur, qui entend renoncer à une clause de l'acte de donation, fût-elle protectrice de ses intérêts, à utiliser la forme authentique (■ Cass. 1re civ., 5 avr. 2005 : *Dr. famille* 2005, 144, note Beignier ; *JurisData* n° 2005-027912 ; *Bull. civ.* I, n° 168, p. 143. ■ Cass., 1re civ., 20 févr. 2007, n° 04-16.817 ; *JCP* N 2007, act. 253).

6) Clauses et conditions de la donation. Les clauses et conditions d'une donation passée en la forme notariée doivent revêtir la même forme. Lorsqu'une donation a été consentie par acte authentique et que les conditions en ont été stipulées par acte sous seing privé, la nullité de ces conditions entraîne celle de la donation, dès lors que celle-ci fait référence à ces conditions (■ Cass. 1re civ., 17 oct. 2007, n° 05-14.818 : *JurisData* n° 2007-040855 ; *Bull. civ.* I, n° 322 ; *Dr. famille* 2007, comm. 226, note Beignier ; *Defrénois* 2008, 557, note Malaurie ; *Defrénois* 2007, 1733, obs. Libchaber ; *AJF* 2007, 435, obs. Bicheron ; *RTD civ.* 2008, 132, obs. Grimaldi ; *JCP* G 2009, I, 109, n° 7, obs. Le Guidec ; *RDC* 2008, 450, obs. Gaudemet. – Van Steenlandt, *L'arrêt du 17 octobre 2007 : un nouveau cas de nullité des donations* : *JCP* N 2008, I, 1281).

7) Engagement de verser une somme d'argent à la concubine (non). Un concubin ayant promis à sa concubine, par acte sous seing privé et lors de la rupture de la vie commune, de lui verser une somme pour la réalisation d'un pavillon sur un terrain appartenant à cette dernière, la cour d'appel, qui n'a pas caractérisé d'intention libérale de la part du concubin, n'était pas tenu d'appliquer l'article 931 (■ Cass. 1re civ., 20 févr. 2008, n° 07-15.978 : *D.* 2008, 1794, obs. Lemouland et Vigneau ; *AJF* 2008, 208, obs. Bicheron ; *RDC* 2008, 1303, obs. S. Gaudemet).

II – DONATIONS DISPENSÉES

A – Donations manuelles

8) Doctrine. R. Tendler, *Le don manuel : une institution anachronique ?* : *D.* 1989, chron. 245.

9) Nécessité d'une tradition réelle. À défaut de tradition, il n'y a pas de don manuel (■ Cass. 1re civ., 13 janv. 1969 : *Bull. civ.* I, n° 17, p. 12). Le don manuel n'a d'existence que par la tradition réelle que fait le donateur de la chose donnée, effectuée dans des conditions telles qu'elle assure la dépossession de celui-ci et assure l'irrévocabilité de la donation (■ Cass. 1re civ., 11 juill. 1960 : *D.* 1960, 702, note Voirin. ■ Cass. 1re civ., 3 avr. 2002, n° 98-21.097 : *JurisData* n° 2002-013880 ; *Bull. civ.* I, n° 105, p. 82 ; *Defrénois* 2003, 43, obs. Champenois ; *RTD civ.* 2002, 554, obs. Patarin : chèque déposé dans un coffre dont il n'est pas établi que le bénéficiaire en ait eu l'accès. ■ Cass. 1re civ., 10 oct. 2012, n° 10-28.363 : meubles donnés restés au domicile des prétendus donateurs, étant prévu qu'il ne serait procédé à leur partage que par une convention ultérieure : *Bull. civ.* I, n° 195 ; *RDC* 2013/1, 202, note Goldie-Genicon ; *RTD civ.* 2012, 760, obs. Grimaldi ; *RJPF* 2012-11/50, obs. Casey). Il est de principe que les biens incorporels ne sont pas susceptibles de faire l'objet d'un don manuel et il n'y a d'exception que pour les titres au porteur transmissibles par simple tradition (■ Riom, 1er févr. 1973 : *Gaz. Pal.* 1973, 2, 797, note Martin). Les titres au porteur étant désormais dématérialisés, ils sont inscrits en compte et se transmettent par virement de compte à compte ; il s'ensuit qu'ils peuvent être transmis par don manuel (■ Cass. com., 19 mai 1998, n° 96-16.253 : *D.* 1998, 551, note D. R. Martin ; *D.* 1999, somm. 308, obs. Nicod ; *JCP* G 99, I, 118 et *JCP* E 99, 29, n° 8, obs. Viandier et Caussain ; *Defrénois* 1999, 26, obs. Chappert ; *RTD civ.* 1999, 677, obs. Patarin).

10) Tradition à un représentant. La tradition peut être faite à un tiers représentant le donataire (■ Cass. 1re civ., 20 juin 1961 : *JCP* 61, II, 12352, note Ponsard. V. par ex. pour un virement de fonds ■ Cass. 1re civ., 12 juill. 1966 : *JurisData* n° 1966-700424 ; *D.* 1966, 614, note J. Mazeaud).

11) Tradition du vivant du donateur. La tradition doit avoir lieu du vivant du donateur (■ Cass. req., 23 juin 1947 : *D.* 1947, 463. - V. aussi

■ Cass. 1re civ., 23 janv. 1980, n° 78-14.378 : *JurisData* n° 1980-000036 ; *Bull. civ.* I, n° 36, p. 29. ■ Cass. 1re civ., 6 mars 1996, n° 93-17.910 : *JurisData* n° 1996-000718 ; *Bull. civ.* I, n° 119, p. 85).

12) Remise d'un chèque. Sur la possibilité d'un don manuel par remise d'un chèque, V. ■ Cass. 1re civ., 24 mai 1976 : *JurisData* n° 1976-700188 ; *JCP* 78, II, 18806, note Gavalda. ■ Cass. 1re civ., 4 nov. 1981, n° 80-11.749 : *JurisData* n° 1981-703167 ; *Bull. civ.* I, n° 327, p. 277. Jugé que le don manuel d'une somme d'argent fait au moyen de la remise d'un chèque suppose, pour qu'il y ait dépouillement actuel et irrévocable de la part du donateur, l'existence d'une provision dont le bénéficiaire acquiert la propriété (■ Cass. 1re civ., 20 nov. 1985, n° 83-14.005 : *JurisData* n° 1985-703098 ; *Bull. civ.* I, n° 314, p. 278 ; *RTD civ.* 1987, 137, obs. Patarin. ■ Cass. 1re civ., 5 févr. 2002 : *JurisData* n° 2002-012808 ; *Bull. civ.* I, n° 39, p. 32 ; *D.* 2002, somm. 2447, obs. Nicod ; *RTD civ.* 2002, 551, obs. Patarin). Le bénéficiaire du chèque objet du don manuel peut se retrancher derrière la présomption de l'article 2279 [2276] du Code civil et c'est à celui qui réclame restitution d'établir l'existence d'un contrat de prêt (■ Paris, 1er déc. 1983 : *JurisData* n° 1983-600199 ; *JCP* N 84, II, 69).

13) Versement ou virement sur un compte. Jugé que la tradition peut être réalisée par le versement des fonds sur un compte ouvert au nom de la donataire et par l'achat de titres avec ces fonds (■ Cass. 1re civ., 4 nov. 1981, n° 80-12.926 : *JurisData* n° 1981-703166 ; *Bull. civ.* I, n° 328, p. 277), ou que les virements de compte à compte entre époux excédant manifestement les besoins du ménage constituent des dons manuels (■ Poitiers, 21 mars 1983 : *JCP* 85, IV, 84). Pour l'admission d'un don manuel portant sur les fonds placés sur un compte d'épargne ouvert au nom des enfants ou des petits-enfants, alors mineurs, du donateur, V. ■ Cass. 1re civ., 6 janv. 2010, nos 08-20.055 et 08-12.684 : *D.* 2010, 2392, n° 12, obs. M. Nicod ; *RTD civ.* 2010, 300, obs. J. Hauser ; *AJF* 2010, 193, obs. P. Hilt. – V. ■ Reims, 24 nov. 2008 : *JurisData* n° 2008-006356 ; *Dr. famille* juin 2009, n° 67, obs. Larribeau-Terneyre, qui admet l'existence d'une présomption de don manuel dans une hypothèse où l'époux à l'origine du virement ne bénéficiait pas d'une procuration sur le compte destinataire des fonds. Mais le virement effectué au profit d'un compte joint ouvert au nom du donneur d'ordre ne constitue pas un don manuel (■ Cass. 1re civ., 17 avr. 1985, n° 84-11.908 : *JurisData* n° 1985-001309 ; *Bull. civ.* I, n° 117, p. 109 ; *D.* 1986, 21, note Muller ; *RTD civ.* 1986, 400, obs. Patarin. *Adde*, pour le don manuel de titres par virement, ■ Cass. com., 19 mai 1998, cité *supra* annot. n° 9, p. 734.

14) Procuration. La procuration donnée pour l'accès à un coffre-fort ne vaut pas don manuel (■ Cass. 1re civ., 19 nov. 1996, n° 95-10.242 : *JurisData* n° 1996-004438 ; *Dr. famille* 1997, 19, note Beignier ; *D.* 1997, somm. 365, obs. Nicod. Le virement fait à un compte sur lequel le *solvens* a procuration ne réalise pas une dépossession irrévocable (■ Cass. 1re civ., 14 déc. 2004 : *JCP* G 2005, IV, 1218 ; *JurisData* n° 2004-026141 ; *Dr. famille* 2005, 27, note Larribau-Terneyre). La procuration sur un compte bancaire, n'entraînant pas la renonciation du mandant à la propriété des fonds retirés, n'opère pas de ce fait tradition, et il appartient à celui qui a obtenu les sommes provenant du compte d'établir l'intention libérale qui aurait animé le mandant (■ Cass. 1re civ., 3 mai 2006, n° 04-20.423 : *JurisData* n° 2006-033299, et ■ Cass. 1re civ., 7 juin 2006, n° 04-19.658 : *JurisData* n° 2006-033856 ; *Dr. famille* 2006, 196, note Beignier). Mais les juges du fond peuvent déduire de la remise d'une procuration sur des livrets de caisse d'épargne que le mandant a été animé d'une intention libérale, dont la preuve n'est pas soumise à l'article 1341, et que l'opération constitue un don manuel (■ Cass. 1re civ., 14 mai 1996, n° 93-20.972 : *JurisData* n° 1996-001846 ; *JCP* 96, IV, 1477 ; *Bull.* I, n° 203, p. 142 ; *Defrénois* 1996, 1089, obs. crit. Champenois ; *D.* 1996, somm. 393, obs. crit. Grimaldi. ■ Cass. 1re civ., 19 févr. 2002, n° 99-19.706 : *JurisData* n° 2002-012987 ; *Dr. famille* 2002, 103, 1er arrêt, note Beignier. ■ Paris, 4 févr. 2003, n° 2002/05572 : *JurisData* n° 2003-201531 ; *Dr. famille* 2003, 80, 2e esp., note Beignier).

15) Preuve. La preuve d'un don manuel consenti à un héritier peut être faite librement par les cohéritiers qui font valoir des droits personnels sur la succession (■ Cass. 1re civ., 31 mars 1992, n° 90-17.714 : *JurisData* n° 1992-000855 ; *Bull. civ.* I, n° 98, p. 65 ; *JCP* 1993, I, 3676, n° 3, obs. Testu. Sur la preuve du don manuel d'un chat ainsi exclu de la succession du propriétaire de l'animal, V. ■ Paris, 15 sept. 2005, n° 05/09059 : *JurisData* n° 2005-280448 ; *D.* 2005, 2918, note Nicod). Le possesseur qui prétend avoir reçu une chose en don manuel bénéficie d'une présomption et il appartient à la partie adverse de rapporter la preuve de l'absence d'un tel don (■ Cass. req., 5 déc. 1893 : *DP* 1894, 1, 48. ■ Cass. 1re civ., 30 mars 1999, n° 97-11.948 : *JurisData* n° 1999-001372 ; *JCP* G 2000, II, 10274, note Cagnoli ; *JCP* N 2001, 249, obs. Le Guidec. ■ Cass. 1re civ., 3 févr. 2010, n° 08-19.293 : *Bull. civ.* I, n° 28 ; *Defrénois* 2011, 709, obs. A. C.-T. V. en ce sens pour le don d'un animal de compagnie à la concubine ■ Riom, 24 sept. 2002, n° 01/02259 : *JurisData* n° 2002-191248 ; *Dr. famille* 2003, 38, note Lécuyer), mais il n'est dispensé de rapporter cette preuve que si sa possession n'est entachée d'aucun des vices énoncés par l'article 2229 (2261 nouveau) du Code civil (■ Cass. 1re civ., 16 juin 1971, n° 70-10.258 : *Bull. civ.* I, n° 199, p. 167. ■ Cass. 1re civ., 19 oct. 1983, n° 82-13.153 : *JurisData* n° 1983-702288 ; *Bull. civ.* I, n° 241, p. 215. ■ Cass. 1re civ., 4 janv. 1984 : *D.* 1984, inf. rap. 476, obs. Martin). Celui qui perçoit une somme d'argent au moyen d'une procuration sur un compte bancaire n'en est que détenteur et ne peut se prévaloir des règles de la possession pour établir l'intention libérale du titulaire du compte à son profit (■ Cass. 1re civ., 13 févr. 2013, n° 12-13.538). Dès lors qu'il existait des relations d'affaires entre un fils et ses parents, ceux-ci ne peuvent invoquer l'impossibilité morale de se procurer un écrit pour soutenir que les sommes reçues par leur fils l'ont été à titre de prêt (■ Nîmes, 4 déc. 1997, n° 5265/96 : *JurisData* n° 1997-030459 ; *Dr. famille* 1998, 124, 1er arrêt, note Beignier). Sur la mise à l'écart de la présomption de l'article 2276 du Code civil entre époux séparés de biens, V. art. 1538, annot. n° 5, p. 1330.

16) Don manuel et prêt. Sur le principe que c'est à celui qui revendique les sommes qu'il prétend avoir prêtée de rapporter la preuve du prêt, V. ■ Nîmes, 4 déc. 1997, préc. La preuve du prêt fait par la mère à sa fille et à son gendre peut résulter de l'aveu extrajudiciaire contenu dans le projet d'état liquidatif de la communauté (■ Orléans, 23 oct. 1997, n° 96001573 : *JurisData* n° 1997-045958 ; *Dr. famille* 1998, 124, 2e arrêt, note Beignier). Sur la distinction entre le don manuel et le prêt à usage de bijoux de famille, V. ■ Cass. 1re civ., 23 mars 1983 : *Bull. civ.* I, n° 111, p. 97 ; *D.* 1984, 81, note Breton ; *JCP* 84, II, 20202, note Barbièri.

17) Droits de mutation. La révélation du don manuel à l'administration fiscale doit être volontaire et ne saurait résulter de sa découverte à l'occasion d'une procédure de vérification de comptabilité : ■ Cass. com., 16 avr. 2013, n° 12-17.414 : *Bull. civ.* IV, n° 60 ; *Dr. Famille* 2013, 108, obs. S. Torricelli-Chrifi. Les dons manuels non révélés sont inclus dans l'actif successoral imposable et génèrent des droits de mutation par décès auxquels les cohéritiers sont solidairement tenus (■ Cass. com., 31 mars 2004 : *Defrénois* 2004, 1214, note Douet).

18) Pactes adjoints. Est valable le don manuel avec réserve d'usufruit (■ Cass. civ., 11 août 1880 : *DP* 1880, 1, 461). Mais il n'y a pas don manuel si l'acte prévoit que les biens gardés par les donateurs ne seront partagés que par une convention ultérieure (■ Cass. 1re civ., 10 oct. 2012, n° 10-28.363 : *Bull. civ.* I, n° 195 ; *RDC* 2013/1, 202, note Goldie-Genicon ; *RTD civ.* 2012, 760, obs. Grimaldi ; *RJPF* 2012, 11/50, obs. J.-C.). Un don manuel de somme d'argent peut être assorti d'un pacte adjoint dont l'effet est de limiter la libéralité à un usufruit conventionnel sur la somme remise (■ Cass. 1re civ., 25 févr. 1997, n° 94-22.022 : *JurisData* n° 1997-000787 ; *Bull. civ.* I, n° 70 ; *D.* 1999, somm. comm. 309, obs. Nicod ; *Defrénois* 1997, 1448, obs. Champenois ; *Dr. famille* 1997, n° 116, note Lécuyer ; *RTD civ.* 1998, 439, obs. Patarin ; *RTD civ.* 1999, 655, obs. Zenati). Est valable le don manuel avec charge (■ Cass. 1re civ., 20 juin 1961 : *D.* 1961, 641, note Savatier ; *JCP* 1961, II, 12352, note Ponsard). V. aussi pour les conventions aménageant le rapport des dons manuels reçus, n° 3 ss art. 1130.

B – Donations déguisées

19) Validité. Sur le principe de la validité des donations déguisées, V. ■ Cass. req., 1er juin 1932 : *DP* 1932, 1, 169, note R. Savatier, 2e esp. V. en ce sens, pour une vente de terrain consentie au prix de 1 F, ■ Cass. 1re civ., 29 mai 1980 : *JurisData* n° 1980-700165 ; *JurisData* n° 1980-000164 ; *JCP* 80, IV, 297 ; *D.* 1981, 273, note Najjar.

20) Preuve. C'est à ceux qui invoquent l'existence d'une donation déguisée de prouver que l'acquisition litigieuse a été financée par le vendeur dans une intention libérale (■ Cass. 1re civ., 26 sept. 2012, n° 11-10.960 : *Bull. civ.* I, n° 189 ; *RJPF* 2012, 11/48, obs. J. Casey).

21) Règles de forme. Les libéralités faites sous la forme de contrats à titre onéreux ne sont soumises quant à la forme qu'aux règles des contrats dont elles empruntent l'apparence (■ Cass. req., 22 avr. 1913 : *DP* 1914, 1, 193. ■ Cass. 1re civ., 22 oct. 1975, n° 73-14.076 : *JurisData* n° 1975-000288 ; *JCP* 75, IV, 364 ; *Bull. civ.* I, n° 288, p. 241. ■ Cass. 1re civ., 29 mai 1980, préc. ■ Cass. 1re civ., 6 nov. 2013, n° 12-23.363 : *Dr. famille* 2014, 42, obs. M. Nicod).

22) Pacte tontinier. L'opération par laquelle le *de cujus* procède à une augmentation de capital de la SCI constituée avec sa compagne, et stipule que les parts sociales et les droits attachés à ces parts seront mis en tontine, ne présente aucun aléa et constitue une donation déguisée, dès lors que le défunt a seul financé le capital initial et son augmentation et que, vu son état de santé à l'époque de la constitution de la société et la différence d'âge entre les associés, il était probable qu'il décéderait avant son associée (■ Cass. 1re civ., 10 mai 2007, n° 05-21.011 : *JCP* N 2007, 1215, note Garçon).

C – Donations indirectes

23) Validité. Les libéralités faites sous couvert d'actes à titre onéreux sont valables lorsqu'elles réunissent les conditions de forme requises pour la constitution des actes dont elles empruntent l'apparence, les règles auxquelles elles sont assujetties quant au fond étant celles propres aux actes à titre gratuit (à propos d'une donation improprement qualifiée donation déguisée : ■ Cass. 1re civ., 6 nov. 2013, n° 12-23.363 : *Dr. famille* 2014, 42, obs. M. Nicod).

24) Application de l'article 931 (non). Les donations indirectes, comme les donations déguisées, échappent aux règles de forme édictées par l'article 931 du Code civil (■ Cass. 1re civ., 27 nov. 1961, n° 59-13.331 : *JurisData* n° 1961-000553 ; *JCP* 62 ; *Bull. civ.* I, n° 553, p. 440. ■ Cass. 1re civ., 1er juin 1994, n° 92-11.910 : *JurisData* n° 1994-002930 ; *Bull. civ.* I, n° 195, p. 143 ; *Defrénois* 1994, 1539, obs. Champenois, 1re esp.).

25) Acte juridique impliquant un dessaisissement irrévocable. Même si l'intention libérale existe, il faut, pour qu'il y ait donation indirecte, qu'il y ait un acte juridique impliquant un dessaisissement irrévocable (▪ Cass. 1re civ., 20 nov. 1984, n° 83-12.510 : *JurisData* n° 1984-701978 ; *JCP* 86, II, 20571, note Dagot. V. aussi ▪ Cass. 1re civ., 17 sept. 2003, n° 01-11.001 : *JurisData* n° 2003-020161 ; *D.* 2003, 2986, note Nicod). Pour une application en matière d'assurance-vie, V. ▪ Cass. ch. mixte, 21 déc. 2007, n° 06-12.769 : *Bull. civ.*, ch. mixte, n° 13 ; *Bull. inf. C. cass.* 1er mai 2008, p. 6, rapp. Falcone et avis Sarcelet ; *JCP* 2008, II, 10029, note Mayaux ; *JCP* N 2008, 1174, note Riche ; *Dr. famille* 2008, comm. 30, obs. Beignier et chron. 11, Nicolas ; *D.* 2008, 218, obs. Brugière-Fontenille ; *ibid.*, 1314, note Douet ; *JCP* E 2008, 1265, note Hovasse ; *AJF* 2008, 79, obs. Bicheron ; *RTD civ.* 2008, 137, obs. Grimaldi ; *JCP* G 2009, I, 109, n° 10, obs. Le Guidec : un contrat d'assurance-vie peut être requalifié en donation si les circonstances dans lesquelles son bénéficiaire a été désigné révèlent la volonté du souscripteur de se dépouiller de manière irrévocable (bénéficiaire désigné quelques jours avant le décès du souscripteur en raison d'un cancer dont il avait connaissance depuis plusieurs années). Le bénéficiaire du contrat peut alors être imposé au titre des donations à titre gratuit. *Adde* dans le même sens, ▪ Cass. com., 26 oct. 2010, n° 09-70.927 : *Defrénois* 2011, 1165, obs. F. Douet. V. aussi, pour la requalification d'un contrat d'assurance-vie en donation devant les juridictions de l'aide sociale : ▪ CE, 19 nov. 2004, n° 254797 : *JurisData* n° 2004-067609 ; *JCP* G 2005, II, 10019 ; *JCP* N 2005, 1207, 2e arrêt, concl. Devys. *Adde*, N. Peterka, *L'assurance-vie à l'épreuve de la protection juridique des majeurs* in *Mélanges G. Champenois* : *Defrénois* 2012, 641.

26) Donation indirecte et donation pure et simple. L'acte par lequel le propriétaire d'un immeuble autorise sans contrepartie son voisin à exercer à titre gratuit un droit de passage sur son propre fonds n'est pas une donation indirecte mais une libéralité pure et simple dont la validité est subordonnée à l'observation des règles de forme de l'article 931 (▪ Cass. 1re civ., 23 mai 1973, n° 72-10.588 : *JurisData* n° 1973-000179 ; *Bull. civ.* I, 178, p. 159).

27) Stipulation pour autrui. La stipulation pour autrui contenant libéralité ou avantage indirect n'est pas soumise aux formalités de l'article 931 (▪ Montpellier, 22 déc. 1932 : *S.* 1934, 2, 25, note Geny).

28) Cautionnement. Sur une donation indirecte résultant d'un cautionnement, V. ▪ Cass. 1re civ., 12 mai 1982, n° 81-12.735 : *JurisData* n° 1982-701036 ; *JCP* 83, II, 20060, note Aubertin.

29) Renonciation à un droit. La renonciation à une succession faite en vue d'augmenter la part des cohéritiers constitue une donation indirecte si elle procède d'une intention libérale (▪ Cass. 1re civ., 7 déc. 2016, n° 15-28.154 : *RJPF* 2017-3/41, Sauvage). Une renonciation à un droit constitue une donation directe lorsqu'elle réalise la transmission, sans contrepartie et avec une intention libérale, de ce droit lui-même du patrimoine du disposant dans celui du bénéficiaire qui l'accepte (▪ Versailles, 20 janv. 1987 : *JurisData* n° 1987-046697 ; *D.* 1988, somm. 207, obs. Colombet. V. aussi ▪ Cass. 1re civ., 2 mars 2004 : *Dr. famille* 2004, 89, note Beignier, renonciation à la perception d'une rente viagère). Mais tel n'est pas le cas lorsque cette intention n'existe pas (▪ Cass. 1re civ., 16 mars 1999, n° 96-22.140 : *JurisData* n° 1999-001201 ; *Dr. famille* 1999, 71, note Beignier). Pour un rejet de la qualification de donation indirecte et une application de l'article 931 du Code civil dans une hypothèse où le caractère gratuit de la renonciation apparaissait ostensiblement, V. ▪ Cass. 1re civ., 15 févr. 2012, n° 11-11.636 : *D.* 2012, 2482, obs. Nicod.

30) Paiement des droits de mutation par le donateur. Le paiement par le donateur des droits, frais et émoluments d'une donation constitue une donation indirecte rapportable à la succession (▪ Cass. 1re civ., 25 févr. 2009, n° 07-20.010 : *Bull. civ.* I, n° 40 ; *RTD civ.* 2009, 559, obs. Grimaldi ; *JCP* 2010, n° 7, 203, n° 7, obs. Le Guidec ; *JCP* N 2009, 1303, note Sauvage ; *JCP* N 2010, 1171, n° 7, obs. Le Guidec ; *ibid.*, n° 13, p. 34, note Garçon ; *ibid.*, n° 45, p. 20, note Sauvage ; *Defrénois* 2009, 1545, obs. Douet ; *ibid.* 1598, obs. Vareille) du moins si l'intention libérale du disposant est établie (▪ Cass. 1re civ., 18 janv. 2012, n° 11-12.863 : *Bull. civ.* I, n° 8 ; *Dr. famille* 2012, 50, note Beignier ; *JCP* G 2012, 51, note F. Sauvage).

31) Doctrine. V. R. Libchaber, *Pour une redéfinition de la donation indirecte* : *Defrénois* 2000, 1409. – A.-M. Leroyer, *Réflexions sur la qualification de donations indirectes soumises au rapport* in *Mélanges G. Champenois* : *Defrénois* 2012, 551.

32) Estoppel. Pour l'irrecevabilité, en application du principe de l'estoppel, d'une action tendant à reconnaître l'existence d'une donation indirecte, V. ▪ Cass. 1re civ., 24 sept. 2014, n° 13-14.534 : *JurisData* n° 2014-021768 ; pub. *Bull.* ; *JCP* G 2014, 1141, obs. D. Houtcieff.

Art. 931-1 ***(Créé à compter du 1er octobre 2016, Ord. n° 2016-131, 10 févr. 2016).*** **– En cas de vice de forme, une donation entre vifs ne peut faire l'objet d'une confirmation. Elle doit être refaite en la forme légale.**

Après le décès du donateur, la confirmation ou exécution volontaire d'une donation par les héritiers ou ayant cause du donateur emporte leur renonciation à opposer les vices de forme ou toute autre cause de nullité.

V. art. 1339 ancien et 1340 ancien, p. 1224.

Art. 932. – **La donation entre vifs n'engagera le donateur, et ne produira aucun effet, que du jour qu'elle aura été acceptée en termes exprès.**

L'acceptation pourra être faite du vivant du donateur, par un acte postérieur et authentique, dont il restera minute ; mais alors la donation n'aura d'effet, à l'égard du donateur, que du jour où l'acte qui constatera cette acceptation lui aura été notifié.

1) **Renonciation à une donation. Forme authentique.** La renonciation à une donation doit revêtir la même forme authentique que l'acceptation qu'elle entend rétracter (▪ Cass. 1re civ., 2 juin 1970 : *JurisData* n° 1970-000187 ; *JCP* 72, II, 17095, note Dagot). Il en va de même pour une donation-partage (▪ Cass. 1re civ., 7 juin 2006, n° 04-14.652 : *Bull.*).

2) **Notification de l'acceptation.** Le donateur n'est pas engagé tant qu'il n'a pas reçu notification de l'acceptation (▪ Cass. req., 4 mars 1902 : *DP* 1902, 1, 214).

3) **Acceptation en termes exprès.** L'absence de mention de l'acceptation en termes exprès par le donataire ne peut être suppléée par la circonstance que le donataire a accepté les servitudes constituées par les donateurs dans l'acte de donation qu'il a signé et par le fait qu'il a cédé le bien objet de la donation (▪ Cass. 1re civ., 3 mars 1998, n° 95-12.053 : *JurisData* n° 1998-000956 ; *JCP* G 99, I, 132, n° 4, obs. Le Guidec ; *JCP* N 98, 1089 ; *Bull. civ.* I, n° 89, p. 60 ; *Dr. famille* 1998, 108, note Beignier ; *RTD civ.* 1998, 716, obs. Patarin ; *Defrénois* 1998, 830, obs. Champenois. V. en ce sens ▪ Cass. 1re civ., 2 mars 1999, n° 97-11.430 : *JurisData* n° 1999-000921 ; *JCP* 99, IV, 1776 ; *Bull. civ.* I, n° 74, p. 51).

4) **Non-application aux donations non notariées.** L'acceptation d'une donation dans les formes prescrites par la loi n'est exigée que pour la donation passée en la forme authentique et peut résulter de l'attribution du bénéfice du contrat d'assurance-vie (▪ Cass. ch. mixte, 21 déc. 2007, n° 06-12.769). V. dans le même sens pour le don manuel d'un tableau à une commune, sans l'acceptation par le conseil municipal, requise par l'article L. 2242-1 du Code général des collectivités territoriales (▪ Cass. 1re civ., 13 janv. 2016, n° 14-28.297 : *Bull.*).

Art. 933. – **Si le donataire est majeur, l'acceptation doit être faite par lui, ou, en son nom, par la personne fondée de sa procuration, portant pouvoir d'accepter la donation faite, ou un pouvoir général d'accepter les donations qui auraient été ou qui pourraient être faites.**

Cette procuration devra être passée devant notaires ; et une expédition devra en être annexée à la minute de la donation, ou à la minute de l'acceptation qui serait faite par acte séparé.

1) **Acceptation par le donataire lui-même.** L'acceptation d'une donation, à défaut de laquelle celle-ci ne produit aucun effet, doit être faite par le donataire lui-même, sauf mandat donné par celui-ci dans les formes prévus à l'art. 933. La donation acceptée par le mari seul ne peut donc avoir effet à l'égard de la femme (▪ Cass. 1re civ., 17 mai 1993, n° 91-17.907 : *JurisData* n° 1993-001162 ; *JCP* 94, II, 22269, note Pillebout ; *RTD civ.* 1994, 925, obs. Vareille). Nullité absolue de la donation acceptée par un clerc de notaire investi d'une procuration établie sous seing privé (▪ Cass. 1re civ., 11 sept. 2013, n° 12-15.618 : *Bull. civ.* I, n° 167 ; *Dr. famille* 2013, 153, note M. Nicod ; *Defrénois* 2013, 1090, note C. Vernières ; *RTD civ.* 2014, 424, obs. M. Grimaldi).

2) **Substitution de mandataire.** En matière d'acceptation de donation, seul le mandataire désigné peut, en la forme notariée, faire usage de la faculté de substitution prévue dans une procuration (▪ Cass. 1re civ., 23 janv. 2008, n° 06-17.489 : *JCP* N 2008, act. 207 ; *Defrénois* 2008, 712, note Libchaber).

Art. 934 *(Abr., L. 18 févr. 1938).*

Art. 935 *(Mod., L. n° 64-1230, 14 déc. 1964).* – **La donation faite à un mineur non émancipé ou à un majeur en tutelle devra être acceptée par son tuteur, conformément à l'article 463, au titre *De la minorité, de la tutelle et de l'émancipation.***

Néanmoins, les père et mère du mineur non émancipé, ou les autres ascendants, même du vivant des père et mère, quoiqu'ils ne soient pas tuteurs du mineur, pourront accepter pour lui.

Acceptation par la mère contre la volonté du mari. La mère peut valablement accepter le legs fait à sa fille malgré la volonté contraire de son mari (▪ Cass. req., 22 janv. 1896 : *DP* 1896, 1, 184).

Art. 936. – Le sourd-muet qui saura écrire, pourra accepter lui-même ou par un fondé de pouvoir.

S'il ne sait pas écrire, l'acceptation doit être faite par un curateur nommé à cet effet, suivant les règles établies au titre *De la minorité, de la tutelle et de l'émancipation*.

Art. 937 ***(Mod., Ord. n° 2005-856, 28 juill. 2005 ; L. n° 2006-728, 23 juin 2006 ; rempl., L. n° 2009-526, 12 mai 2009).*** **– Sous réserve des dispositions des deuxième et troisième alinéas de l'article 910, les donations faites au profit d'établissements d'utilité publique sont acceptées par les administrateurs de ces établissements, après y avoir été dûment autorisés.**

Rédaction antérieure. Art. 937. – Les donations faites au profit d'établissements de santé, d'établissements sociaux et médico-sociaux, des pauvres d'une commune ou, sous réserve du deuxième alinéa de l'article 910, d'établissements d'utilité publique, seront acceptées par les administrateurs de ces communes ou établissements, après y avoir été dûment autorisés.

Voir : sous art. 910, p. 718. – D. n° 2007-807, 11 mai 2007 relatif aux associations, fondations, congrégations et établissements publics du culte, p. 3278.

Rédaction antérieure. Art. 937 ***(Mod., Ord. n° 2005-856, 28 juill. 2005).*** **–** Les donations faites au profit d'hospices, des pauvres d'une commune ou, sous réserve du deuxième alinéa de l'article 910, d'établissements d'utilité publique, seront acceptées par les administrateurs de ces communes ou établissements, après y avoir été dûment autorisés.

Art. 938. – La donation dûment acceptée sera parfaite par le seul consentement des parties ; et la propriété des objets donnés sera transférée au donataire, sans qu'il soit besoin d'autre tradition.

Art. 939 ***(Ord. n° 59-71, 7 janv. 1959 ; mod. à compter du 1er janvier 2013, Ord. n° 2010-638, 10 juin 2010)*** (1). **– Lorsqu'il y aura donation de biens susceptibles d'hypothèques, la publication des actes contenant la donation et l'acceptation, ainsi que la notification de l'acceptation, qui aurait eu lieu par acte séparé, devra être faite au service chargé de la publicité foncière de la situation des biens.**

Voir : D. n° 55-22, 4 janv. 1955, art. 30, p. 2811.

Clause de réversion d'usufruit. La clause de réversion d'usufruit contenue dans un acte de donation s'analyse en une donation à terme de biens présents, le droit d'usufruit du bénéficiaire lui étant définitivement acquis dès le jour de l'acte et seul l'exercice de ce droit d'usufruit s'en trouve différé au décès du donateur. Viole les articles 938 et 939 l'arrêt qui décide que le bénéficiaire d'une telle clause contenue dans un acte de donation régulièrement publié à la conservation des hypothèques doit faire établir et publier une attestation notariée constatant la transmission à son profit de l'usufruit après le décès du titulaire initial (▪ Cass. 3e civ., 6 nov. 2002, n° 01-00.681 : *JurisData* n° 2002-016238 ; *Bull. civ.* III, n° 220, p. 189 ; *JCP* N 2003, 1448, note Dagot ; *RTD civ.* 2003, 134, obs. Hauser). Sur les autres conséquences de la nature de la réversion d'usufruit, V. art. 949, annot. n° 2, p. 741.

Art. 940 ***(Mod., L. n° 85-1372, 23 déc. 1985).*** **– Lorsque la donation sera faite à des mineurs, à des majeurs en tutelle, ou à des établissements publics, la publication sera faite à la diligence des tuteurs, *curateurs, ou administrateurs.***

Art. 941 ***(Ord. n° 59-71, 7 janv. 1959).*** **– Le défaut de publication pourra être opposé par toutes personnes ayant intérêt, excepté toutefois celles qui sont chargées de faire faire la publication, ou leurs ayants cause, et le donateur.**

1) Opposabilité au preneur de l'immeuble donné. La publicité de la donation n'est requise qu'à l'égard des tiers titulaires d'un droit réel sur l'immeuble et n'a donc pas à être observée vis-à-

(1) Dispositions applicables en Nouvelle-Calédonie dans leur version en vigueur au 21 juin 2013, Ord. n° 2013-516, 20 juin 2013, art. 1er.

vis du preneur qui ne saurait se prévaloir de la qualité de tiers au regard du donataire de l'immeuble (▪ Cass. soc., 10 nov. 1965, n° 64-10.642 : *JCP* 65, IV, 159 ; *Bull. civ.* IV, n° 778, p. 662. V. en ce sens ▪ Cass. 3e civ., 17 juin 1980 : *JCP* 81, II, 19584, note Dagot. – *Contra* ▪ Cass. 1re civ., 19 oct. 1966 : *JurisData* n° 1966-700477 ; *D.* 1967, 77, note J. Mazeaud).

2) Héritiers du donateur. Les héritiers du donateur ne peuvent invoquer le défaut de publication (▪ Cass. civ., 1er juin 1897 : *DP* 1897, 1, 58).

Art. 942 ***(Ord. n° 59-71, 7 janv. 1959 ; L. n° 85-1372, 23 déc. 1985).*** **– Les mineurs, les majeurs en tutelle ne seront point restitués contre le défaut d'acceptation ou de publication des donations ; sauf leur recours contre leurs tuteurs, s'il y échet, et sans que la restitution puisse avoir lieu, dans le cas même où lesdits tuteurs se trouveraient insolvables.**

Art. 943. – La donation entre vifs ne pourra comprendre que les biens présents du donateur ; si elle comprend des biens à venir, elle sera nulle à cet égard.

1) Donation d'une somme d'argent à payer sur l'actif héréditaire. La donation d'une somme d'argent à payer après la mort du donateur sur l'actif héréditaire peut être ou bien une donation de biens à venir rentrant dans le cadre des articles 943 et 947 ou au contraire une donation de biens présents soumise aux règles ordinaires en matière de disposition entre vifs, suivant que le donateur entend ne conférer au gratifié qu'un simple droit éventuel à exercer par lui à titre de successible après l'ouverture de la succession ou qu'il lui attribue au contraire un droit de créance actuel et irrévocable dont l'exercice seul est retardé par un terme jusqu'au décès dudit donateur (▪ Cass. civ., 30 nov. 1937 : *DH* 1938, 19).

2) Stipulation pour autrui réalisant une donation de biens à venir. Sur la nullité d'une donation de biens à venir réalisée par le moyen d'une stipulation pour autrui, V. ▪ Besançon, 12 mars 1951 : *JCP* 52, II, 6667, note Voirin.

Art. 944. – Toute donation entre vifs faite sous des conditions dont l'exécution dépend de la seule volonté du donateur, sera nulle.

Bibliographie : T. Génicon, *De l'irrévocabilité spéciale des donations à l'ordre public des transferts de propriété à titre gratuit* in *Mélanges en l'honneur du professeur Gérard Champenois : Defrénois Lextenso* 2012, p. 91 et s. • H. Lécuyer, *L'irrévocabilité spéciale des donations : Études offertes à Pierre Catala, Le droit privé à la fin du XXe siècle*, Litec 2001, p. 405. • W. Dross, *L'irrévocabilité spéciale des donations existe-t-elle ? : RTD civ.* 2011, 25.

1) Condition de maintien d'une liaison. Le don manuel subordonné à la persistance de la liaison entre donatrice et donataire est nul par application de l'article 944 (▪ Cass. 1re civ., 25 nov. 1986, n° 84-12.796 : *JurisData* n° 1986-002361 ; *Bull. civ.* I, n° 280, p. 267 ; *RTD civ.* 1987, 753, obs. Mestre).

2) Clause de substitution. Visant seulement la libéralité faite sous une condition qui dépend de la seule volonté du donateur, l'article 944 est inapplicable à une clause de substitution (▪ Cass. 1re civ., 6 mai 1997, n° 94-15.510 : *JurisData* n° 1997-002025 ; *JCP* 97, IV, 1365 ; *Bull. civ.* I, n° 149, p. 100).

3) Testament. Aucune disposition légale ne prohibe l'insertion, dans un testament, d'une condition faisant dépendre le droit d'un héritier dans la quotité disponible d'un évènement qu'il est du pouvoir de l'autre de faire arriver ou d'empêcher : ▪ Cass. 1re civ., 5 oct. 2016, n° 15-25.459 : *Bull.* ; *JCP* G 2017, 168, F. Sauvage ; *JCP* G 2017, 127, R. Le Guidec ; *JCP* N 2017, 1005, M. Nicod ; *Dr. famille* 2016, comm. 259, Nicod ; *AJF* 2016, 550, J. Casey ; *RDC* 2017, 95, Goldie-Génicon.

Art. 945. – Elle sera pareillement nulle si elle a été faite sous la condition d'acquitter d'autres dettes ou charges que celles qui existaient à l'époque de la donation, ou qui seraient exprimées, soit dans l'acte de donation, soit dans l'état qui devrait y être annexé.

Dette antérieure à la donation. Appréciation *des juges du fond.* *La question* de savoir si le donataire est obligé au paiement d'une dette du donateur antérieure à la donation rentre dans le domaine des juges du fait (▪ Cass. req., 17 juin 1913 : *DP* 1914, 1, 280).

Art. 946. – En cas que le donateur se soit réservé la liberté de disposer d'un effet compris dans la donation, ou d'une somme fixe sur les biens donnés, s'il meurt sans en avoir disposé, ledit effet ou ladite somme appartiendra aux héritiers du donateur, nonobstant toutes clauses et stipulations à ce contraires.

Art. 947. – **Les quatre articles précédents ne s'appliquent point aux donations dont est mention aux chapitres VIII et IX du présent titre.**

Art. 948. – **Tout acte de donation d'effets mobiliers ne sera valable que pour les effets dont un état estimatif, signé du donateur et du donataire, ou de ceux qui acceptent pour lui, aura été annexé à la minute de la donation.**

1) **Donation-partage.** L'article 948 s'applique à la donation-partage (■ Cass. 1re civ., 10 juin 1970 : *JurisData* n° 1970-000198 ; *JCP* 71, II, 16656, note M. D.).

2) **Contenu de l'état estimatif.** Les juges du fond peuvent admettre qu'un état estimatif joint à un acte notarié de donation comportant seulement une classification par catégories des éléments d'une collection, suivie d'une estimation globale de l'ensemble, répond aux prescriptions de l'article 948 dès lors qu'ils constatent souverainement qu'en l'espèce la donation portait sur l'ensemble d'une collection formant un tout indivisible donné sans exception ni réserve et qu'ils relèvent en outre que la collection ne tirait sa valeur que de la réunion des objets qu'elle contenait (■ Cass. 1re civ., 2 nov. 1954 : *JCP* 54, II, 8443, note Esmein. V. aussi pour une donation de tableaux et de mobiliers constituant un ensemble exceptionnel, ■ Paris, 25 mars 1991, n° 90/11.018 : *JurisData* n° 1991-020798 ; *D.* 1992, somm. 230, obs. Grimaldi).

Art. 949. – **Il est permis au donateur de faire la réserve à son profit ou de disposer au profit d'un autre, de la jouissance ou de l'usufruit des biens meubles ou immeubles donnés.**

Bibliographie : Delmas Saint-Hilaire, *Réflexions sur les mécanismes de rétention dans les donations : JCP* N 2011, 45975. • Mouzon-Gabriel, *Retenir pour donner mieux : JCP* N 2013, 1042.

1) **Nécessité d'un dessaisissement actuel et irrévocable.** Si le donateur peut valablement se réserver l'usufruit avec des droits d'administration et de jouissance plus étendus que ceux dont les limites sont tracées par la loi, c'est à la condition expresse qu'un dessaisissement actuel et irrévocable s'opère au profit du donataire, en conformité de l'article 894 (■ Cass. req., 1er avr. 1895 : *DP* 1895, 1, 335).

2) **Nature de la réversion d'usufruit.** Jugé que la clause de réversibilité d'usufruit au profit du conjoint survivant s'analyse en une donation à terme de biens présents, le droit d'usufruit du bénéficiaire lui étant définitivement acquis dès le jour de l'acte et que c'est donc au jour de cette donation que doit être désigné le donataire (■ Cass. 1re civ., 21 oct. 1997, n° 95-19.759 : *JurisData* n° 1997-004159 ; *JCP* 1997, II, 22969, note Harel-Dutirou ; *RTD civ.* 1998, 721, obs. Patarin, 937, obs. Zenati ; *JCP* 1999, I, 132, n° 5, obs. Le Guidec. – V. aussi ■ Cass. 3e civ., 6 nov. 2002, n° 01-00.681 : *JurisData* n° 2002-016238 ; *Bull. civ.* III, n° 220, p. 189, cité sous art. 939, p. 739. ■ Cass. ch. mixte, 8 juin 2007, n° 05-10.727 : *JurisData* n° 2007-039196 ; *Bull. inf. C. cass.* 15 sept. 2007, rapp. Rivière, avis Legoux ; *JCP* 2007, act. 285, obs. Julienne ; *JCP* 2007, II, 10130, obs. Goubeaux ; *JCP* N 2007, act. 472 ; *Dr. famille* juill. 2007, comm. 151, note Beignier ; *Defrénois* 2007, 1688, obs. Chappert ; *D.* 2007, 1731, obs. Delaporte-Carré ; *D.* 2008, 812, obs. Serra ; *AJF* 2007, 353, obs. Bicheron ; *RDC* 2007, 1166, obs. I. Dauriac ; *RTD civ.* 2007, 588, obs. T. Revet et 605, obs. Grimaldi ; *JCP* G 2009, I, 109, n° 8, obs. Le Guidec).

Art. 950. – **Lorsque la donation d'effets mobiliers aura été faite avec réserve d'usufruit, le donataire sera tenu, à l'expiration de l'usufruit, de prendre les effets donnés qui se trouveront en nature, dans l'état où ils seront ; et il aura action contre le donateur ou ses héritiers pour raison des objets non existants, jusqu'à** ***concurrence de la valeur qui leur aura été donnée*** **dans l'état estimatif.**

Aliénation ou perte des biens donnés. Si l'auteur d'une donation mobilière avec réserve d'usufruit vient à aliéner ou à laisser périr par la fraude les choses ayant fait l'objet de sa libéralité irrévocable, l'indemnité ne peut, aux termes de l'article 950, être supérieure à la valeur d'estimation desdites choses, telle que fixée lors de la donation (■ Cass. civ., 28 mars 1938 : *DH* 1938, 290).

Art. 951. – **Le donateur pourra stipuler le droit de retour des objets donnés, soit pour le cas du prédécès du donataire seul, soit pour le cas du prédécès du donataire et de ses descendants.**

Ce droit ne pourra être stipulé qu'au profit du donateur seul.

Bibliographie : Y. Delecraz, *Les droits de retour, un mécanisme complexe : Defrénois* 2017, 823.

1) Donation-partage des biens de deux époux. Le donateur ne pouvant, aux termes de l'article 951 du Code civil, exercer son droit de retour conventionnel que sur les biens qu'il a lui-même donnés, en cas de donation-partage par deux époux de tous leurs biens, l'époux survivant ne peut prétendre après le décès de son conjoint reprendre tous les biens qu'avait reçus le donataire prédécédé (■ Cass. 1re civ., 28 juin 1961 : *JurisData* n° 1961-000353 ; *JCP* 61, II, 12275 ; *D.* 1962, 81, note R. Savatier). Mais il est loisible à l'ascendant donateur, avec le consentement de ses enfants majeurs, de constituer une masse commune comprenant à la fois ses propres biens et ceux qui proviennent de la succession de son époux prédécédé ou de la communauté ayant existé entre les deux époux, puis d'exercer son droit de retour sur les biens attribués à l'enfant donataire prédécédé, non en considération de l'origine des biens, mais en proportion de ceux qui ont été apportés par lui dans la constitution de la masse commune (■ Cass. 1re civ., 14 févr. 1962 : *JCP* 62, II, 12662, note Voirin ; *D.* 1963, 75, note R. Savatier). Comp. pour la révocation d'une donation-partage faite par deux époux pour inexécution des charges, sous art. 954, p. 743.

2) Subrogation. En cas d'incorporation d'une donation de somme d'argent -ayant servi à acquérir une parcelle-, dans une donation-partage avec clause de retour, ce retour s'exerce sur cette parcelle et le legs qu'en avait fait le donataire est caduc (■ Cass. 1re civ., 14 mars 2018, n° 17-15.589 : *Dr. famille* 2018, comm. 154, M. Nicod ; *D.* 2018, p. 2392, S. Godechot-Patris et C. Grare-Didier).

3) Donation avec réserve d'usufruit. Si un bien a été donné avec réserve d'usufruit et stipulation d'un droit de retour, seule la nue-propriété du bien ayant fait l'objet de la donation peut revenir au disposant au décès du donataire et, par suite, si le donateur avait loué à celui-ci le bien dont il s'agit, cette location ne s'en trouve pas affectée (■ Cass. 1re civ., 20 oct. 1970 : *JurisData* n° 1970-000270 ; *JurisData* n° 1970-000273 ; *D.* 1971, 161, note Dedieu).

4) Renonciation à la succession. La renonciation à la succession du donataire n'emporte pas de la part du donateur renonciation à l'exercice de son droit de retour qui opère résolution rétroactive de la donation (■ Cass. 1re civ., 18 févr. 1975, n° 72-14.587 : *JurisData* n° 1975-799068 ; *Bull. civ.* I, n° 67, p. 60). En revanche, en cas de prédécès du donataire et de renonciation de ses descendants à sa succession, les biens à lui donnés avec clause de retour conventionnel en cas de prédécès sans postérité, se retrouvent de plein droit dans le patrimoine de la donatrice (■ Cass. 1re civ., 23 mai 2012, n° 11-14.104 : *Bull. civ.* I, n° 112 ; *RTD civ.* 2012, 762, obs. Grimaldi ; *JCP* G 2012, note 988, Sauvage, et 2013, doctr. 250, n° 5, obs. Le Guidec ; *Defrénois* 2012, 1023, note Dauriac ; *D.* 2012, 2276, note Autem ; *LPA* 4-5 sept. 2012, 8, note Mahinga. ■ Cass. 1re civ., 16 sept. 2014, n° 13-16.164 : *Bull. civ.* ; *RDC* 2015, p. 89, obs. Ch. Goldie-Genicon ; *Dr. famille* 2014, 163 note Nicod).

Art. 952 *(Rempl., L. n° 2006-728, 23 juin 2006)*. **– L'effet du droit de retour est de résoudre toutes les aliénations des biens et des droits donnés, et de faire revenir ces biens et droits au donateur, libres de toutes charges et hypothèques, exceptée l'hypothèque légale des époux si les autres biens de l'époux donataire ne suffisent pas à l'accomplissement de ce retour et que la donation lui a été faite par le contrat de mariage dont résultent ces charges et hypothèques.**

1) Résolution rétroactive. Sur le principe que l'exercice du droit de retour conventionnel opère résolution rétroactive, V. ■ Cass. 1re civ., 18 févr. 1975, préc. ■ Cass. 1re civ., 7 juin 1995, n° 93-14.766 : *JurisData* n° 1995-001526 ; *Bull.* I, n° 236, p. 166 ; *JCP* N 1996, II, 1475, note Hérail ; *RTD civ.* 1995, 951, obs. Patarin.

2) Donation de somme d'argent ou de chose mobilière. L'exception prévue par l'article 952 au cas où la donation a pour objet des biens immobiliers sur lesquels l'hypothèque légale de la femme peut être assise ne saurait être étendue à celui où l'objet de la donation est une somme d'argent ou des choses mobilières, lesquelles ne sont pas susceptibles d'hypothèque (■ Cass. req., 2 juill. 1912 : *DP* 1912, 1, 360).

3) Hypothèque judiciaire. Sur ce que la clause de retour conventionnel ne s'oppose pas à l'inscription d'une hypothèque judiciaire, du chef du donataire, sur l'immeuble ayant fait l'objet de la donation, V. ■ Toulouse, 24 janv. 2002 : *JCP* 2002, IV, 2688 ; *JurisData* n° 2002-184917. – Mais, en cas de décès du donataire et de l'un des deux donateurs, l'immeuble donné devient, par l'effet du droit de retour conventionnel, indivis entre le donateur survivant et la succession du donataire, si bien que le sort des créanciers hypothécaires inscrits du chef du donataire dépend du sort du bien dans le partage : ■ Cass. 1re civ., 10 juill. 2013, n° 12-20.885 : *Bull. civ.* I, n° 150 ; *JCP* G 2013, doctr. 1256, n° 11, obs. Ph. Simler et Ph. Delebecque ; *JCP* N 2013, 1244, obs. S. Piédelièvre ; *D.* 2013, 2156, note F. Julienne ; *Defrénois* 2014, p. 437, obs. S. Cabrillac.

4) Communauté universelle. La clause de droit de retour et d'inaliénabilité affectant les droits d'un donataire sur un bien ne fait pas obstacle à l'entrée de ces droits dans la communauté universelle formée entre lui-même et son épouse : ■ Cass. 1re civ., 18 mars 2015, n° 13-16.567 : *Bull. civ.* ; *JCP* G 2015, 690, note F. Sauvage. Mais en cas de prédécès du donataire, le bien donné réintègre quand même le patrimoine du donateur : ■ Cass. 1re civ., 23 sept. 2015, n° 14-18.131 : *Bull.* ; *Dr. famille* 2015, comm. 204, M. Nicod.

Section II. – Des exceptions à la règle de l'irrévocabilité des donations entre vifs

Art. 953. – La donation entre vifs ne pourra être révoquée que pour cause d'inexécution des conditions sous lesquelles elle aura été faite, pour cause d'ingratitude, et pour cause de survenance d'enfants.

Bibliographie : J. Hauser, *Révocation des donations pour survenance d'enfant : quelles donations et quels enfants ? : Defrénois* 2001, 1379. ● L. Mauger-Vielpeau, *La révocation pour cause de survenance d'enfant après la loi n° 2006-728 du 23 juin 2006 portant réforme des successions et des libéralités : JCP* N 2007, 1146.

1) Cause impulsive et déterminante. La révocation d'une donation pour cause d'inexécution des conditions sous lesquelles elle a été faite ne peut être prononcée en application de l'article 953 que si l'exécution de la charge a été la cause impulsive et déterminante de la libéralité (■ TGI Paris, 7 avr. 1999 : *JurisData* n° 1999-044712 ; *Dr. famille* 1999, 118, 1re esp., note Beignier. ■ Toulouse, 3 août 2000 : *JCP* 2001, IV, 1517 ; *RTD civ.* 2001, 179, obs. Patarin). Comp. pour une donation-partage cumulative, ■ Cass. 1re civ., 28 mai 2015, n° 14-13.479 : *Bull.* ; *RTD civ.* 2015, 677, note M. Grimaldi ; *RDC* 2015/4, p. 909, note Ch. Goldie-Génicon.

2) Avantage matrimonial. Application par analogie de l'article 953 (non). Deux époux ayant adopté le régime de communauté universelle et le contrat prévoyant l'attribution des biens sous certaines conditions au survivant, les héritiers de l'épouse mortellement blessée par son mari ne peuvent invoquer l'article 953 pour demander la révocation de l'avantage matrimonial (■ Cass. 1re civ., 7 avr. 1998, n° 96-15.015 : *JurisData* n° 1998-001619 ; *JCP* 98, II, 10197, note Puigelier ; *Bull. civ.* I, n° 146, p. 97 ; *Dr. famille* 1998, 102, note Beignier ; *RTD civ.* 1998, 457, obs. Vareille, 881, obs. Hauser ; *Defrénois* 1998, 825, obs. Champenois. V. aussi pour une donation de biens à venir ■ Toulouse, 26 oct. 2000 : *RTD civ.* 2001, 404, obs. Patarin).

Art. 954. – Dans le cas de la révocation pour cause d'inexécution des conditions, les biens rentreront dans les mains du donateur, libres de toutes charges et hypothèques du chef du donataire : et le donateur aura, contre les tiers détenteurs des immeubles donnés, tous les droits qu'il aurait contre le donataire lui-même.

1) Effet rétroactif de la révocation. Il résulte de l'article 954 que la révocation d'une donation pour inexécution des charges a un effet rétroactif. Elle entraîne restitutions réciproques, de sorte que la demande tendant au remboursement des impenses supportées par le donataire est la conséquence de la demande en révocation et peut être présentée pour la première fois en appel (■ Cass. 1re civ., 28 janv. 2015, n° 13-27.125 : *Bull. civ.* ; *JCP* G 2015, 399, note Sérinet). Mais la révocation ne prend effet, dans le cas où la charge consiste dans le paiement d'une rente viagère, qu'à partir du moment où le débirentier a cessé d'exécuter son obligation (■ Cass. 1re civ., 17 déc. 1980, n° 79-13.420 : *JurisData* n° 1980-715252 ; *JCP* 81, IV, 86 ; *Bull. civ.* I, n° 336, p. 265. ■ Cass. 1re civ., 12 mai 1982, n° 81-11.446 : *JurisData* n° 1982-701642 ; *JCP* 1982, IV, 255 ; *Bull. civ.* I, n° 174, p. 154. ■ Cass. 1re civ., 20 nov. 1985, n° 83-14.005 : *JurisData* n° 1985-703098 ; *Bull. civ.* I, n° 313, p. 277).

2) Révocation d'une donation-partage. La révocation d'une donation-partage prononcée contre un copartageant pour cause d'inexécution des charges, si elle rompt l'égalité du partage du fait du retour dans le patrimoine du donateur des biens donnés et entrés dans le lot de ce copartageant, n'anéantit pas le partage ; elle laisse subsister à l'égard des autres copartageants l'effet de la transmission de propriété qui en est résulté, même pour la soulte versée par le donataire évincé (■ Cass. 1re civ., 4 juill. 2006 : *Bull. civ.* I, n° 346 ; *JurisData* n° 2006-034410 ; *JCP* 2006, IV, 2675 ; *RJPF* nov. 2006, 44, note Casey ; *JCP* 2008, I, 108, n° 9, obs. Le Guidec).

3) Révocation d'une donation-partage cumulative ou conjonctive. Lorsqu'un partage d'ascendant porte à la fois sur les droits qui sont donnés par l'un des père et mère et sur les droits que les gratifiés ont recueillis dans la succession de leur autre auteur, la révocation pour inexécution ne permet au donateur de reprendre que les droits dont il était antérieurement titulaire et qu'il a personnellement donnés, à l'exclusion de ceux qui appartenaient à son conjoint (■ Cass. 1re civ., 19 mars 1973, n° 72-10.545 : *JurisData* n° 1973-000106 ; *D.* 1973, 593, note Breton. ■ Cass.

1re civ., 29 mai 1980 : *Bull. civ.* I, n° 165, p. 132 ; *D.* 1982, 18, note crit. Flour et Grimaldi. ▪ Cass. 1re civ., 22 juin 1983, n° 82-13.811 : *JurisData* n° 1983-701421 ; *Bull. civ.* I, n° 183, p. 160. Seul le parent survivant ayant la qualité de donateur, peu importe que les charges aient été déterminantes ou non du consentement à l'acte des enfants : ▪ Cass. 1re civ., 28 mai 2015, n° 14-13.479 : *Bull.* ; *RTD civ.* 2015. 677, note M. Grimaldi. – V. aussi pour une donation cumulative avec charges ▪ Cass. 1re civ., 13 avr. 1999, n° 97-11.877 : *JurisData* n° 1999-001714 ; *Dr. famille* 1999, 70, note Beignier). Jugé cependant, à propos d'une donation-partage conjonctive, que s'il est loisible aux ascendants donateurs, avec le consentement de leurs enfants majeurs et maîtres de leurs droits, de constituer une masse commune comprenant à la fois des biens propres et des biens de communauté et de stipuler une clause d'indivisibilité permettant, en cas de révocation, de reprendre des biens reçus par le donataire quelle qu'en soit l'origine, cette révocation ne peut s'exercer qu'en proportion de ce que l'ascendant qui la demande a mis dans la masse globale des biens partagés (▪ Cass. 1re civ., 4 oct. 1988, n° 87-11.338 : *JurisData* n° 1988-701702 ; *Bull. civ.* I, n° 265, p. 183 ; *JCP* 89, II, 21266, note Salvage ; *D.* 1989, 33, note Breton).

4) Situation des créanciers hypothécaires. Sur l'opposabilité de la révocation aux créanciers hypothécaires, V. ▪ Cass. 1re civ., 5 oct. 1976, n° 75-10.306 : *JurisData* n° 1976-000281 ; *JCP* 76, IV, 343 ; *Bull. civ.* I, n° 281, p. 227. Mais viole l'article 1236 [1342-1] la cour d'appel qui écarte l'offre d'une banque de payer aux donateurs les arrérages impayés de la rente viagère au lieu et place des donataires, alors que le créancier hypothécaire est en droit de se substituer au donataire pour empêcher la révocation de la donation pour inexécution des charges, révocation qui aurait pour effet d'anéantir rétroactivement l'hypothèque (▪ Cass. 1re civ., 17 déc. 1996, n° 93-17.602 : *JurisData* n° 1996-004965 ; *JCP* 97, IV, 324 ; *Bull.* I, n° 459, p. 323. V. aussi ▪ Cass. 1re civ., 7 mars 2000, n° 94-17.120 : *JurisData* n° 2000-001072 ; *Dr. famille* 2001, 22, note Beignier).

5) Remboursement des frais de remise en état du bien. Le donataire doit rembourser au disposant ou à son successeur universel les dépenses que nécessite la remise en état du bien, indépendamment de toute faute de sa part (▪ Cass. 1re civ., 6 avr. 1994, n° 92-12.844 : *JurisData* n° 1994-001183 ; *JCP* 95, II, 22387, note Brun ; *Bull. civ.* I, n° 140, p. 102 ; *RTD civ.* 1995, 167, obs. Patarin ; *D.* 1995, somm. 48, 2e esp., obs. Grimaldi).

6) Qualité pour agir. L'action en révocation d'une donation pour inexécution des charges peut être intentée par le donateur ou ses héritiers. Le conjoint survivant, bien que non titulaire du droit moral, peut agir en révocation d'une donation d'œuvres d'art pour inexécution des charges en vue d'obtenir leur restitution (▪ Cass. 1re civ., 16 janv. 2019, n° 18-10.603 : *Bull.* ; *AJ fam.* 2019, p. 220, N. Levillain).

Art. 955. – **La donation entre vifs ne pourra être révoquée pour cause d'ingratitude que dans les cas suivants :**

1° Si le donataire a attenté à la vie du donateur ;
2° S'il s'est rendu coupable envers lui de sévices, délits ou injures graves ;
3° S'il lui refuse des aliments.

1) Défaut de soins et d'assistance. Un simple défaut de soins et d'assistance ne constitue pas l'attentat prévu par l'article 955 (▪ Cass. req., 1er déc. 1885 : *DP* 1886, 1, 222). Pour un exemple de révocation d'une donation assortie d'une obligation de soins, V. ▪ Pau, 17 juin 1997 : *JurisData* n° 1997-046307 ; *Dr. famille* 1998, 107, note Beignier.

2) Appréciation de la gravité des injures. Les juges du fond sont souverains pour apprécier si les injures présentent un caractère de gravité propre à justifier la révocation de la donation pourcause d'ingratitude (▪ Cass. 1re civ., 13 déc. 1965, n° 64-10.721 : *JurisData* n° 1965-000700 ; *Bull. civ.* I, n° 700, p. 536. ▪ Cass. 1re civ., 9 févr. 1994, n° 92-11.111 : *JurisData* n° 1994-000504 ; *Bull. civ.* I, n° 52, p. 40 ; *RTD civ.* 1994, 397, obs. Patarin. N ▪ Grenoble, 18 août 1999 et ▪ Toulouse, 5 mai 1999, n° 97/05874 : *JurisData* n° 1999-041955 ; *Dr. famille* 2000, 81, note Beignier). Le caractère injurieux s'apprécie au regard du milieu social et du contexte familial (▪ Bordeaux, 11 déc. 2000 : *Dr. famille* 2001, 59, note Beignier ; *JurisData* n° 132353). Jugé que ne peuvent fonder une action en révocation les lettres injurieuses écrites par une fille à son père dès lors que ces lettres ont été adressées à la suite d'un jugement ordonnant le remboursement du prêt, à une époque où le père ne se considérait pas comme un donateur (▪ Lyon, 29 mai 1973 : *JurisData* n° 1973-600006 ; *Gaz. Pal.* 1973, 2, 901, note Martin ; *D.* 1976, 14, note Vouin). De même, notamment en raison du manque d'affection de sa mère envers elle, l'attitude injurieuse d'une fille ne justifie pas la révocation : ▪ Cass. 1re civ., 4 mars 2015, n° 14-13.329. Il en va autrement pour un comportement gravement injurieux du fils à l'égard de ses parents (▪ Poitiers, 16 sept. 1997 : *JurisData* n° 1997-056825 ; *Dr. famille* 1999, 145, note Beignier ▪ Bordeaux, 14 janv. 2003, n° 00/03385 : *JurisData* n° 2003-209407 ; *Dr. famille* 2003, 79, note Beignier). Les juges du fond peuvent estimer, eu égard au grave conflit relationnel existant entre la mère donatrice et le fils donataire, que les vols commis ne justifiaient pas la révocation de la donation (▪ Cass. 1re civ., 14 janv. 2003 : *JCP* 2003, IV, 1379 ; *JurisData* n° 2003-017236 ; *Dr. famille* 2003, 34, note Beignier ; *Bull. civ.* I, n° 5, p. 4 ; *RTD civ.* 2003, 530, obs. Patarin). Pour une révocation pour cause d'ingratitude dans une hypothèse où le donataire n'a pas fait cesser les injures proférées par son épouse envers la donatrice, V. ▪ Aix-en-Provence, 14 sept. 2006 : *Dr. famille* juin 2007, comm. 132, note Lambert.

3) **Adultère.** Les juges du fond dans leur pouvoir souverain d'appréciation ont reconnu à l'adultère du mari le caractère d'injure grave au sens de l'article 955 du Code civil (▪ Cass. 1re civ., 19 mars 1985, n° 84-10.237 : *Bull. civ.* 1985, I, n° 99 ; *D.* 1986, p. 9 ; *RTD civ.* 1986, p. 626, obs. Patarin. ▪ Cass. 1re civ., 25 oct. 2017, n° 16-21.136 : *JurisData* n° 2017-021017 ; *Dr. famille* 2017, comm. 247, B. Beignier).

4) **Refus d'aliments.** L'article 955 ne relève le refus d'aliments que comme un cas d'ingratitude entraînant la révocation des donations et ne crée nullement une dette alimentaire exigible directement par le donateur à la charge du donataire (▪ Cass. req., 1er déc. 1919 : *DP* 1920, 1, 5, note Ripert). Le donateur dénué de ressources ou ne disposant que de ressources insuffisantes peut s'adresser au donataire qui doit pour éviter la révocation faire une offre telle qu'il ne puisse être taxé d'ingratitude (▪ Paris, 15 déc. 1955 : *JCP* 56, II, 9498, note A. P.).

5) **Gravité des violences physiques.** En cas de violences physiques sur la personne du donateur, la révocation de la donation pour ingratitude ne peut être prononcée que si ces faits ont un caractère de gravité suffisant, l'article 955 n'établissant pas de distinction entre les différentes causes énumérées à son deuxième alinéa (▪ Cass. 1re civ., 16 juin 1998, n° 96-15.366 : *JurisData* n° 1998-002745 ; *JCP* G 99, I, 132, n° 7, obs. Le Guidec ; *JCP* N 98, 1542 ; *Bull. civ.* I, n° 209, p. 143 ; *Dr. famille* 1999, 19, note Beignier ; *RTD civ.* 1998, 965, obs. Patarin. – V. en ce sens ▪ Montpellier, 30 mars 1998, n° 96/0000088 : *JurisData* n° 1998-034954 ; *Dr. famille* 1999, 45, note Beignier).

6) **Faits commis postérieurement à la donation.** La révocation d'un acte de donation pour ingratitude ne peut être prononcée que pour des faits commis par le donataire postérieurement à sa réalisation (▪ Cass. 1re civ., 9 janv. 2008, n° 06-20.108 : *Bull. civ.* I, n° 3 ; *JCP* N 2008, act. 168 ; *Dr. famille* avr. 2008, comm. 62, note Julienne ; *RTD civ.* 2008, 133, obs. Grimaldi ; *AJF* 2008, 122, obs. Bicheron). Mais rien n'interdit aux juges du fond de fonder leur décision de révocation pour ingratitude sur un comportement postérieur à l'assignation en révocation dès lors que, n'étant que la suite du comportement antérieur du donataire, il confirme les faits énoncés dans l'acte introductif d'instance et l'attitude injurieuse du donataire (▪ Cass. 1re civ., 9 févr. 1994, n° 92-12.601 : *JurisData* n° 1994-000331 ; *Bull. civ.* I, n° 52).

7) **Faits commis à l'encontre du donateur.** La révocation d'un acte de donation pour ingratitude ne peut être prononcée que pour des faits commis à l'encontre du donateur et non d'un tiers (▪ Cass. 1re civ., 19 oct. 2016, n° 15-25.879 : *Bull.* ; *Dr. famille* 2016, comm. 260, Tani) ni d'une société même si le donateur en est associé (▪ Cass. 1re civ., 30 janv. 2019, n° 18-10.091 : *Bull.* ; *Dr. famille* 2019, 82, Nicod).

Art. 956. – La révocation pour cause d'inexécution des conditions, ou pour cause d'ingratitude, n'aura jamais lieu de plein droit.

1) **Appréciation de l'importance de l'inexécution.** Les juges du fond apprécient souverainement si l'importance de l'inexécution est suffisante pour légitimer la révocation (▪ Cass. req., 3 mai 1921 : *DP* 1921, 1, 143. – V. pour un legs à une congrégation religieuse, ▪ Cass. 1re civ., 14 mai 1974 : *JurisData* n° 1974-000140 ; *Gaz. Pal.* 1974, 2, 633, note Viatte). Ils peuvent accorder des délais de grâce (▪ Cass. req., 31 janv. 1899 : *DP* 1899, 1, 272). Pour un exemple de révocation partielle, V. ▪ Cass. req., 26 nov. 1912 : *S.* 1914, 1, 207. Pour une inexécution portant sur des conditions « secondaires », V. ▪ Cass. 1re civ., 24 oct. 2000 : *Dr. famille* 2000, 147, note Beignier. – *Adde* ▪ Cass. 1re civ., 23 janv. 2008, n° 07-10.163 : *JurisData* n° 2008-042421 ; *Dr. famille* mars 2008, comm. 45, note Beignier, qui reproche aux juges du fond de n'avoir pas recherché si le donataire n'avait pas été mis dans l'impossibilité d'exécuter l'obligation mise à sa charge.

2) **Charge constituant la cause impulsive et déterminante de la libéralité.** La révocation n'est encourue, lorsque l'inexécution ne résulte pas d'une faute du gratifié, que dans le cas où l'exécution de la charge a été la cause impulsive et déterminante de la libéralité (▪ Cass. 1re civ., 27 janv. 1981, n° 79-16.156 : *JurisData* n° 1981-700300 ; *JCP* 81, IV, 128 ; *Bull. civ.* I, n° 32, p. 27). Tel est le cas pour l'absence de versement d'une pension alimentaire par une fille à ses parents perce-

vant de faibles revenus (■ Bordeaux, 9 oct. 2001, n° 00/06021 : *JurisData* n° 2001-158877 ; *Dr. famille* 2002, 118, 4e arrêt, note Beignier).

3) Inobservation d'une clause d'inaliénabilité. Jugé dans le cas d'une clause d'inaliénabilité que la révocation n'est possible qu'en cas d'inobservation par le donataire lui-même de la clause (■ Cass. 1re civ., 25 juin 1980 : *JCP* 80, IV, 340 ; *Bull. civ.* I, n° 200, p. 162).

4) Limitation aux charges prévues dans l'acte de donation. Seules les charges prévues dans l'acte de donation lui-même peuvent être retenues pour apprécier les manquements du donataire (■ Montpellier, 12 janv. 1984 : *JurisData* n° 1984-699056 ; *D.* 1984, inf. rap. 481).

5) Clause de révocation de plein droit en cas d'inexécution. En dépit des termes en apparence prohibitifs de l'article 956, les parties peuvent stipuler que la révocation aura lieu de plein droit en cas d'inexécution des charges (■ Cass. 1re civ., 14 févr. 1956 : *JCP* 56, II, 9343, note Voirin. ■ Cass. 1re civ., 25 sept. 2013, n° 12-13.747 : *Bull. civ.* I, n° 181 ; *JurisData* n° 2013-020483 ; *RTD civ.* 2013, 880, obs. M. Grimaldi). Mais cette clause, dérogatoire au droit commun, doit marquer clairement la volonté des parties de rendre inutile l'intervention du juge (■ Cass. 1re civ., 20 juin 1960, n° 58-12366 : *JCP* 60, IV, 122 ; *Bull. civ.* I, n° 335, p. 276).

6) Donations entre époux. Jugé sous l'empire du droit antérieur à la loi du 26 mai 2004 que l'article 956 est inapplicable aux donations faites entre époux pendant le mariage, lesquelles sont librement et à tout moment révocables (■ Cass. 1re civ., 13 déc. 2005 : *JCP* 2006, IV, 1086 ; *JurisData* n° 2005-031260).

7) Délai accordé au donataire. Le juge qui constate l'inexécution des conditions peut accorder au donataire un délai qui, aux termes de l'article 1184, alinéa 3 [1228], doit emprunter sa mesure aux circonstances. Ce délai peut être suspendu en cas de force majeure mais ne peut être renouvelé (■ Cass. 1re civ., 19 déc. 1984, n° 83-14.083 : *JurisData* n° 1984-702364 ; *Bull. civ.* I, n° 343, p. 291).

8) Action contre le donataire ou contre ses héritiers. L'action révocatoire et l'action personnelle en exécution peuvent être intentées contre le donataire lui-même ou contre ses héritiers (■ Cass. civ., 24 mai 1913 : *DP* 1915, 1, 5).

9) Sur la **révision judiciaire des charges**, V. art. 900-2 et s., p. 711.

Art. 957. – **La demande en révocation pour cause d'ingratitude devra être formée dans l'année, à compter du jour du délit imputé par le donateur au donataire, ou du jour que le délit aura pu être connu par le donateur.**

Cette révocation ne pourra être demandée par le donateur contre les héritiers du donataire, ni par les héritiers du donateur contre le donataire, à moins que, dans ce dernier cas, l'action n'ait été intentée par le donateur, ou qu'il ne soit décédé dans l'année du délit.

1) Faits successifs. Point de départ du délai. Lorsque l'ingratitude est constituée de faits successifs, le délai d'un an court à compter de la date du dernier de ces faits (■ Cass. req., 21 déc. 1897 : *DP* 1898, 1, 347. – V. aussi ■ Paris, 25 janv. 1946 : *Gaz. Pal.* 1946, 1, 146).

2) Infraction pénale. Point de départ du délai. Si l'article 957 du Code civil n'exclut pas que, lorsque le fait invoqué constitue une infraction pénale, le point de départ de l'action en révocation pour ingratitude soit retardé au jour où la condamnation pénale aura établi la réalité des faits reprochés au gratifié et sera devenue définitive (■ Cass. 1re civ., 19 mars 2014, n° 13-15.662 : *Bull. civ.* ; *JurisData* n° 2014-005212 ; *Dr. famille* 2014, comm. 80 ; *RTD civ.* 2014, 429, obs. M. Grimaldi. ■ Cass. 1re civ., 30 janv. 2019, n° 18-10.091 : *Bull.*), *c'est à la condition que le délai d'un an ne soit* pas expiré au jour de la mise en mouvement de l'action publique par le demandeur à la révocation (■ Cass. 1re civ., 20 oct. 2010, n° 09-16.451 : *Bull. civ.* I, n° 208 ; *JCP* N 2011, n° 10, 37, obs. J.-C. Bonneau ; *Dr. famille* 2010, comm. 188, obs. B. Beignier ; *Rev. Lamy dr. civ.* janv. 2011, 52, obs. C. Campels). V. auparavant, ■ Cass. 1re civ., 22 nov. 1977, n° 76-12.847 : *Bull. civ.* I, n° 432, p. 342 ; *JCP* 1979, II, 19023, note Surun ; *Defrénois* 1979, art. 1950, p. 581, note Ponsard). Dans l'hypothèse d'accusations mensongères formulées par le donataire à l'encontre du donateur, le délai de prescription de l'action en révocation pour ingratitude n'a commencé à courir qu'à la date à laquelle l'arrêt de la chambre de l'instruction a définitivement constaté le caractère mensonger de ces accusations (■ Cass. 1re civ., 19 mars 2008, n° 07-11.861 : *JCP* N 2008, act. 353 ; *Rev. Lamy dr. civ.* 5/2008, n° 3003). Le délai d'un an fixé par l'article 957 du Code civil pour former cette demande est un délai préfix non susceptible d'interruption ni de prolongation (■ Cass. 1re civ., 18 déc. 2013, n° 12-26.571 : *Bull. civ.* I, n° 246).

3) Action en expulsion intentée contre le donateur. Point de départ du délai. L'action en expulsion intentée par le donataire contre le donateur présente un caractère instantané. Doit par conséquent être cassé l'arrêt qui décide de repousser le point de départ du délai de l'action en révocation en raison du maintien prolongé de l'action en expulsion (■ Cass. 1re civ., 20 mai 2009, n° 08-14.761 : *Bull. civ.* I, n° 97 ; *RTD civ.* 2009, 565, obs. Grimaldi ; *AJF* 2009, 301, obs. Bicheron ; *JCP* N 2009, 28, note Brémond ; *JCP* 2010, n° 7, 203, n° 9, obs. Le Guidec ; *JCP* N 2009, 1135, note Brémond ; *JCP* N 2010, 1171, n° 9 ; *RJPF* 7/2009, 28, obs. Casey ; *Rev. Lamy dr. civ.* 62/2009, 45, obs. Pouliquen ; *Dr. famille* 2009, comm. 95, obs. Beignier). Le délai de prescription de l'action en révocation d'une donation pour cause d'ingratitude n'est susceptible ni de suspension, ni d'interruption (■ Cass. 1re civ., 1er févr. 2012, n° 10-27.276 : *Bull. civ.* I, n° 17).

4) Appel contre un jugement condamnant à verser des aliments. L'appel d'un jugement condamnant le donataire à verser des aliments constitue un refus d'aliments si le donataire entend contester non seulement le *quantum* mais aussi la nécessité de la pension alimentaire (■ Cass. 1re civ., 21 avr. 1969, n° 68-10.221 : *D.* 1969, 525, note Breton).

5) Décès du donateur. Poursuite de l'action par ses héritiers. Il résulte de l'article 957, al. 2, que la révocation pour cause d'ingratitude peut être demandée, contre le donataire, par les héritiers légitimes du donateur, décédé après avoir intenté l'action en révocation, chacun de ces héritiers, saisi de plein droit de l'action du défunt, ayant qualité pour la poursuivre seul (■ Cass. 1re civ., 8 janv. 1991, n° 89-12.384 : *JurisData* n° 1991-000047 ; *JCP* 91, IV, 83 ; *Bull. civ.* I, n° 10, p. 7 ; *RTD civ.* 1991, 776, obs. Patarin).

6) Décès du donateur. Introduction de l'action par ses héritiers. Les relations extraconjugales de la donataire ayant perduré jusqu'au décès de son époux donateur, qui n'en avait pas eu connaissance plus d'un an avant sa disparition, l'action en révocation de la donation, introduite par les autres héritiers dans l'année du décès, n'était pas prescrite (■ Cass. 1re civ., 25 oct. 2017, n° 16-21.136 : *JurisData* n° 2017-021017 ; *Dr. famille* 2017, comm. 247, B. Beignier).

7) Renonciation anticipée du donateur (non). Le donateur ne peut renoncer à l'action en révocation avant que le fait constitutif d'ingratitude se soit produit (■ Cass. 1re civ., 22 nov. 1977, préc.).

8) Exercice de l'action par les créanciers et légataires (non). Les créanciers et légataires particuliers n'ont pas qualité pour intenter contre le donataire une action en révocation pour cause d'ingratitude (■ Douai, 27 juill. 1937 : *S.* 1938, 2, 109).

9) Action en révocation d'une disposition testamentaire. Sur l'application du délai prévu par l'article 957 à l'action en révocation d'une disposition testamentaire, voir sous art. 1046, p. 778.

Art. 958 ***(Ord. n° 59-71, 7 janv. 1959 ; mod. à compter du 1er janvier 2013, Ord. n° 2010-638, 10 juin 2010).*** **– La révocation pour cause d'ingratitude ne préjudiciera ni aux aliénations faites par le donataire, ni aux hypothèques et autres charges réelles qu'il aura pu imposer sur l'objet de la donation, pourvu que le tout soit antérieur à la publication, au fichier immobilier, de la demande en révocation.**

Dans le cas de révocation, le donataire sera condamné à restituer la valeur des objets aliénés, eu égard au temps de la demande, et les fruits, à compter du jour de cette demande.

Art. 959. – Les donations en faveur de mariage ne seront pas révocables pour cause d'ingratitude.

Donations entre futurs époux à l'occasion du mariage. Les donations entre futurs époux à l'occasion du mariage échappent à la règle de l'article 959 (■ Cass. civ., 17 févr. 1873 : *DP* 1873, 1, 483. ■ Cass. 1re civ., 1er mars 1977 : *Bull. civ.* I, n° 109, p. 84 ; *D.* 1977, inf. rap. 223).

Art. 960 ***(Mod., Ord. n° 2005-759, 4 juill. 2005 ; L. n° 2006-728, 23 juin 2006)*** (1). **– Toutes donations entre vifs faites par personnes qui n'avaient point d'enfants ou de descendants actuellement vivants dans le temps de la donation, de quelque valeur que ces donations puissent être, et à quelque titre qu'elles aient été faites, et encore qu'elles fussent mutuelles ou rémunératoires, même celles qui auraient été faites en faveur de mariage par autres que par les conjoints l'un à l'autre, peuvent être révoquées, si l'acte de donation le prévoit, par la survenance d'un enfant issu du donateur, même après son décès, ou adopté par lui dans les formes et conditions prévues au chapitre I du titre VIII du livre I.**

Rédaction antérieure. Art. 960 *(Mod., Ord. n° 2005-759, 4 juill. 2005).* – Toutes donations entre vifs faites par personnes qui n'avaient point d'enfants ou de descendants actuellement vivants dans le temps de la donation, de quelque valeur que ces donations puissent être, et à quelque titre qu'elles aient été faites, et encore qu'elles fussent mutuelles ou rémunératoires, même celles qui auraient été faites en faveur de mariage par autres que par les ascendants aux conjoints, ou par les conjoints l'un à l'autre, demeureront révoquées de plein droit par la survenance d'un enfant du donateur, même posthume.

(1) Dispositions transitoires : V. L. n° 2006-728, 23 juin 2006, art. 47-II, al. 3, p. 3262.

Bibliographie : J. Hauser, *Révocation des donations pour survenance d'enfants : quelles donations et quels enfants ? : Defrénois* 2001, 1379. • M. Nicod, *Les dispositions transitoires et interprétatives de la loi du 23 juin 2006 : D.* 2006, 2587, n°s 2 et 8. • L. Mauger-Vielpeau, *La révocation pour cause de survenance d'enfant : JCP* N 2007, p. 23.

1) Naissance et reconnaissance. La survenance d'un enfant au sens de l'article 960 s'entend de la naissance elle-même et non de la reconnaissance de l'enfant (▪ TGI Saintes, 7 mai 1996 : *JurisData* n° 1996-056567 ; *RTD civ.* 1998, 86, obs. Hauser et 718, obs. Patarin).

2) Don manuel. Sur le principe que l'article 960 s'applique aux dons manuels, V. ▪ Rouen, 28 janv. 1998, n° 9505410 : *JurisData* n° 1998-043661 ; *Dr. famille* 1999, 104, note Beignier.

Art. 961 *(Mod., L. n° 2006-728, 23 juin 2006).* **– Cette révocation peut avoir lieu, encore que l'enfant du donateur ou de la donatrice fût conçu au temps de la donation.**

Rédaction antérieure. Art. 961. – Cette révocation aura lieu, encore que l'enfant du donateur ou de la donatrice fût conçu au temps de la donation.

Art. 962 *(Mod., Ord. n° 2005-759, 4 juill. 2005 ; rempl., L. n° 2006-728, 23 juin 2006).* **– La donation peut pareillement être révoquée, même si le donataire est entré en possession des biens donnés et qu'il y a été laissé par le donateur depuis la survenance de l'enfant. Toutefois, le donataire n'est pas tenu de restituer les fruits qu'il a perçus, de quelque nature qu'ils soient, si ce n'est du jour auquel la naissance de l'enfant ou son adoption en la forme plénière lui a été notifiée par exploit ou autre acte en bonne forme, même si la demande pour rentrer dans les biens donnés a été formée après cette notification.**

Rédaction antérieure. Art. 962 *(Mod., Ord. n° 2005-759, 4 juill. 2005).* – La donation demeurera pareillement révoquée lors même que le donataire serait entré en possession des biens donnés, et qu'il y aurait été laissé par le donateur depuis la survenance de l'enfant ; sans néanmoins que le donataire soit tenu de restituer les fruits par lui perçus, de quelque nature qu'ils soient, si ce n'est du jour que la naissance de l'enfant ou sa légitimation par mariage subséquent lui aura été notifiée par exploit ou autre acte en bonne forme ; et ce, quand même la demande pour rentrer dans les biens donnés n'aurait été formée que postérieurement à cette notification.

Art. 963 *(Rempl., L. n° 2006-728, 23 juin 2006).* **– Les biens et droits compris dans la donation révoquée rentrent dans le patrimoine du donateur, libres de toutes charges et hypothèques du chef du donataire, sans qu'ils puissent demeurer affectés, même subsidiairement, à l'hypothèque légale des époux ; il en est ainsi même si la donation a été faite en faveur du mariage du donataire et insérée dans le contrat de mariage.**

Rédaction antérieure. Art. 963. – Les biens compris dans la donation révoquée de plein droit, rentreront dans le patrimoine du donateur, libres de toutes charges et hypothèques du chef du donataire, sans qu'ils puissent demeurer affectés, même subsidiairement, à la restitution de la dot de la femme de ce donataire, de ses reprises ou autres conventions matrimoniales ; ce qui aura lieu quand même la donation aurait été faite en faveur du mariage du donataire et insérée dans le contrat, et que le donateur se serait obligé comme caution, par la donation, à l'exécution du contrat de mariage.

Art. 964 *(Rempl., L. n° 2006-728, 23 juin 2006).* **– La mort de l'enfant du donateur est sans effet sur la révocation des donations prévue à l'article 960.**

Rédaction antérieure. Art. 964. – Les donations ainsi révoquées ne pourront revivre ou avoir de nouveau leur effet, ni par la mort de l'enfant du donateur, ni par aucun acte confirmatif ; et si le donateur veut donner les mêmes biens au même donataire, soit avant ou après la mort de l'enfant par la naissance duquel la donation avait été révoquée, il ne le pourra faire que par une nouvelle disposition.

Art. 965 *(Rempl., L. n° 2006-728, 23 juin 2006).* **– Le donateur peut, à tout moment, renoncer à exercer la révocation pour survenance d'enfant.**

Rédaction antérieure. Art. 965. – Toute clause ou convention par laquelle le donateur aurait renoncé à la révocation de la donation pour survenance d'enfant, sera regardée comme nulle et ne pourra produire aucun effet.

Art. 966 *(Rempl., L. n° 2006-728, 23 juin 2006).* **– L'action en révocation se prescrit par cinq ans à compter de la naissance ou de l'adoption du dernier enfant.** ***Elle ne peut être exercée que par le donateur.***

Rédaction antérieure. Art. 966. – Le donataire, ses héritiers ou ayants cause, ou autres détenteurs des choses données, ne pourront opposer la prescription pour faire valoir la donation révoquée par la survenance d'enfant, qu'après une possession de trente années, qui ne pourront commencer à courir que du jour de la naissance du dernier enfant du donateur, même posthume ; et ce, sans préjudice des interruptions, telles que de droit.

CHAPITRE V. – DES DISPOSITIONS TESTAMENTAIRES

Section I. – Des règles générales sur la forme des testaments

Voir : ***annexes*** : D. n° 94-990, 8 nov. 1994, p. 3190, portant publication de la convention portant loi uniforme sur la forme d'un testament international, faite à Washington le 26 octobre 1973 et signée par la France le 29 novembre 1974.

Voir aussi : L. n° 94-337, 29 avr. 1994, p. 3187, désignant les personnes habilitées à instrumenter en matière de testament international.

Testament international. La nullité du testament international résulte du non-respect de l'article 6 de la loi uniforme exigeant le paraphe de chaque feuillet. En effet, cet article est indissociable des articles 2 à 5 exigeant la signature du testateur pour la validité du testament international (■ Cass. 1re civ., 10 oct. 2012, n° 11-20.702 : *Bull. civ.* I, n° 201 ; *RTD civ.* 2012, 761, obs. Grimaldi ; *Defrénois* 2013/2, 63, obs. Callé ; *D.* 2013, 591, obs. Capitaine ; *AJF* 2012, 618, obs. Levillain ; *LPA* 7 déc. 2012, 6, note Mahinga ; *D.* 2013.591, obs. C. C.). L'annulation d'un testament authentique ne fait pas obstacle à la validité de l'acte en tant que testament international : V. sous C. civ., art. 972 (ancien), note n° 1. L'obligation faite par l'article 6 de la loi uniforme, de signer chaque feuillet, est satisfaite par l'apposition du paraphe du testateur composé de ses initiales : ■ Cass. 1re civ., 25 nov. 2015, n° 14-21.287 : *Bull.* ; *Dr. famille* 2016, comm. 32, M. Nicod ; *RPJF* 2016-1/27, note F. Sauvage.

Art. 967. – **Toute personne pourra disposer par testament, soit sous le titre d'institution d'héritier, soit sous le titre de legs, soit sous toute autre dénomination propre à manifester sa volonté.**

Voir : art. 1002, p. 762.

1) Acte ne contenant aucune attribution de biens. Un acte se bornant à exhéréder la famille du testateur et ne contenant aucune attribution de biens ne cesse pas d'être un testament (■ Cass. req., 20 juill. 1943 : *JCP* 43, II, 2450, note Voirin). De même pour un acte réglant les conditions des funérailles L. 15 nov. 1887, art. 3 et jurisprudence citée.

2) Clause. La clause d'exclusion de l'administration légale, qui emportait privation de la jouissance légale de la mère, avait nécessairement pour effet d'augmenter les droits des mineurs sur leur émolument dans la succession de leur père, de sorte qu'une telle clause stipulée par le testateur pour « mon patrimoine qui reviendra à mes enfants », caractérisait un legs (■ Cass. 1re civ., 11 févr. 2015, n° 13-27.586 : *Bull. civ.* ; *Dr. famille* 2015, comm. 75, M. Nicod et 80, I. Maria).

Art. 968. – **Un testament ne pourra être fait dans le même acte par deux ou plusieurs personnes, soit au profit d'un tiers, soit à titre de disposition réciproque ou mutuelle.**

Bibliographie : M. Mathieu, *Le « testament commun » du droit allemand : un exemple à suivre ? : JCP* N 2004, 1227.

1) Notion de testament conjonctif. Deux testaments, même faits en contemplation l'un de l'autre par deux époux, ne peuvent être considérés comme réalisant une opération unique ; ils doivent être envisagés séparément et indépendamment lorsqu'il s'agit de statuer sur leur validité et sur leurs effets (■ Cass. civ., 25 févr. 1925 : *DP* 1925, 1, 185 note R. Savatier. ■ Pau, 30 mars 2000 : *JurisData* n° 2000-116067 ; *JCP* 2001, IV, 1244 ; *Dr. famille* 2000, 121, note Beignier. Comp. ■ Cass. 1re civ., 12 juill. 1960 : *JurisData* n° 1960-000391 ; *D.* 1960, 558). En revanche, doit être annulé le testament qui contient non seulement les dispositions de la femme mais aussi celles de son époux dès lors que la femme, si elle a tenu la plume, n'a fait qu'exprimer en son nom et au nom de son mari les dispositions qu'en accord commun ils entendaient prendre pour la période postérieure à leur décès à tous deux et que le mari, en apposant sa signature sur cet écrit, après celle de son épouse, s'est approprié l'œuvre testamentaire que celle-ci venait de rédiger au nom des deux époux (■ Cass. 1re civ., 21 avr. 1971 : *JCP* 73, II, 17328, note Dagot. V. en ce sens ■ Cass. req., 3 févr. 1873 : *DP* 1873, I, 467.

2) Testament conjonctif rédigé à l'étranger. Est valable en la forme le testament conjonctif rédigé dans un pays admettant un tel testament (■ Cass. 1re civ., 21 nov. 2012, n° 11-17.871 : *Bull. civ.* I, nos 10-17.365 et 10-30.845 ; *Bull. civ.* I, n° 243 ; *RTD civ.* 2013. 162, obs. M. Grimaldi ; *Defrénois* 2013/2, 63, obs. Callé ; *LPA* 30 janv. 2013, 7, note Mahinga ; *Gaz. Pal.* 22 févr. 2013, 33, note Dumont ; *D.* 2013, 880, note Meyzeaud-Garaud ; *JCP* G 2013, 46, note F. Sauvage).

3) Absence d'effet. Un testament nul comme contraire aux règles de forme édictées par l'article 968 n'a pu produire aucun effet et notamment n'a pu révoquer les testaments antérieurs (■ Cass.

1re civ., 9 janv. 1979, n° 77-10.405 : *Bull. civ.* I, n° 16, p. 13). Il appartient aux héritiers du testateur de ratifier et exécuter valablement les dispositions nulles contenues dans un testament conjonctif, par un acte notarié portant consentement à l'exécution des legs (■ Paris, 1er juill. 1980 : *JurisData* n° 1980-000811). V. sous art. 1037, note n° 1, p. 775. La réitération, par un testament régulier, d'un premier testament nul en la forme, ne peut faire revivre que celles des dispositions de ce premier testament que le second rappelle en termes exprès (■ Cass. 1re civ., 31 mars 2016, n° 15-17.039, *Bull.* ; *RDC* 2016, 712, S. Gaudemet).

4) Absence d'atteinte aux libertés fondamentales. La prohibition des testaments conjonctifs ne porte atteinte ni au respect au droit de la vie privée et familiale ni au droit de propriété (V. pour des partenaires de PACS, ■ Cass. 1re civ., 4 juill. 2018, n° 17-22.934 : *Bull.* ; *JCP* N 2018, 774, C. Brenner ; *Dr. famille* 2018, comm. 244, Nicod ; *D.* 2018, p. 2389, S. Godechot-Patris et C. Grare-Didier).

Art. 969. – **Un testament pourra être olographe, ou fait par acte public ou dans la forme mystique.**

1) Legs verbal. Un legs purement verbal, nul à ce titre, emporte cependant à la charge de l'héritier ou du légataire universel une obligation naturelle qui peut servir de cause à une obligation civile valable (■ Cass. 1re civ., 27 déc. 1963 : *JCP* 64, IV, 19 ; *Bull. civ.* I, n° 573, p. 481. ■ Cass. 1re civ., 22 juin 2004 : *JCP* 2004, II, 10165, note Sériaux ; *JurisData* n° 2004-024257 ; *D.* 2004, 2953, note Nicod ; *Bull. civ.* I, n° 180, p. 149. ■ Cass. 1re civ., 4 janv. 2005 : *JurisData* n° 2005-026355 ; *JCP* G 2005, II, 10159 et *JCP* N 2005, 1509, note Mekki ; *D.* 2005, 1393, note Loiseau ; *Bull. civ.* I, n° 4, p. 3), à condition que soit démontrée l'intention du disposant (■ Toulouse, 13 déc. 2004, n° 04/00950 : *JurisData* n° 2004-264559 ; *Dr. famille* 2005, 116, note Beignier). Sur la validité du testament verbal fait par un Français déporté en Allemagne, V. ■ Cass. 1re civ., 21 avr. 1959 : *D.* 1959, 521, note Malaurie. – V. A. Huis, *Le legs verbal* : *JCP* N 96, prat. 3740. La responsabilité du notaire n'est pas engagée dès lors que l'acte de délivrance du legs verbal est suffisamment clair et précis (■ Paris, 4 juin 2002, n° 2001/12393 : *JurisData* n° 2002-180956 ; *Dr. famille* 2003, 5, note Nicod).

2) Destruction du testament. La preuve de l'existence, de la teneur et de la régularité d'un testament détruit par un tiers peut être établie par tous les moyens (■ Cass. 1re civ., 29 janv. 1957 : *Gaz. Pal.* 1957, 1, 373). Jugé que la destruction par un héritier ne fait présumer la régularité du testament que contre cet héritier seulement (■ Nancy, 17 nov. 1949 : *JCP* 50, II, 5596, note Voirin).

3) Perte de l'original d'un testament olographe par cas fortuit. Seule la perte de l'original d'un testament olographe par suite d'un cas fortuit ou d'une force majeure autorise celui qui s'en prévaut à rapporter par tous moyens la preuve de son existence et de son contenu. Ne constitue pas un cas fortuit l'impossibilité pour le bénéficiaire d'un legs de produire l'original d'un testament, égaré par son avocat (■ Cass. 1re civ., 12 nov. 2009, nos 08-17.791 et 08-18.898 : *Bull. civ.* I, n° 227 ; *Dr. famille* 2009, comm. 153, obs. Beignier ; *JCP* 2009, n° 52, 584, note Binet ; *JCP* 2010, n° 7, 203, n° 12, obs. Le Guidec ; *JCP* N 2010, 1171, n° 12, obs. Le Guidec ; *ibid.*, 1166, note Mahinga ; *D.* 2010, 522, obs. Auroy et Creton ; *ibid.*, 688, note Dagorne-Labbé ; *RJPF* 2/2010, 30, obs. Casey ; *D.* 2010, p. 2392, n° 13, obs. M. Nicod ; *AJF* 2010, 41, obs. F. Bicheron). Comp., considérée comme un cas de force majeure, la perte d'un testament à la suite du décès de l'expert judiciaire à qui il avait été remis : ■ Cass. 1re civ., 31 mars 2016, n° 15-12.773 : *Bull.* ; *JCP* N 2016, n° 26, 1212, Binet, permettant d'apporter la preuve par photocopies.

4) Conventions internationales. Voir D. n° 67-1122, 12 décembre 1967, portant publication de la Convention de La Haye sur les conflits de lois en matière de forme des dispositions testamentaires du 5 octobre 1961 (*JO* 24 déc. ; *JCP* 68, III, 33870). – Pour une application de cette Convention, V. ■ Cass. 1re civ., 14 nov. 2007, n° 06-16.636 : *JurisData* n° 2007-041368 ; *JCP* N 2007, act. 774 ; *Dr. famille* 2008, comm. 16, obs. Fongaro ; *Defrénois* 2008, 1326, note Revillard : aux termes de l'article 1er de la Convention de La Haye du 5 octobre 1961, une disposition testamentaire est valable quant à la forme si celle-ci répond à la loi interne d'un État dans lequel le testateur avait son domicile, ou sa résidence habituelle, soit au moment où il a disposé, soit au moment de son décès. La question de savoir si le testateur avait son domicile dans un État déterminé est régie par la loi de ce même lieu. V. aussi ■ Cass. 1re civ., 21 nov. 2012 : *Bull. civ.* I, nos 10-17.365 et 10-30.845, *Bull. civ.* I, n° 243 ; *RTD civ.* 2013, 162, obs. M. Grimaldi ; *JCP* G 2013, note 46, Sauvage ; *Defrénois* 2013/2, 63, obs. Callé ; *LPA* 30 janv. 2013, 7, note Mahinga ; *Gaz. Pal.* 22 févr. 2013, 33, note Dumont. – D. n° 76-424, 6 mai 1976, portant publication de la convention du Conseil de l'Europe relative à l'établissement d'un système d'inscription des testaments signée à Bâle le 16 mai 1972 (*JO* 16 mai ; *JCP* 76, III, 44316) : V. en France, le fichier central des dispositions de dernières volontés. – D. n° 94-990, 8 nov. 1994, portant publication de la convention portant loi uniforme sur la forme d'un testament international, faite à Washington le 26 octobre 1973 et signée par la France le 29 novembre 1974 (V. annexes).

5) Règlement européen. Règlement n° 650/2012 du Parlement européen et du Conseil du 4 juillet 2012 relatif à la compétence, la loi applicable, la reconnaissance et l'exécution des décisions, et l'acceptation et l'exécution des actes authentiques en matière de successions et à la création d'un certificat successoral européen. – V. M. Revillard, *Defrénois* 2012, p. 743 ; P. Callé, *Defrénois* 2013, p. 65 ; G. Carducci, *JCP* G 2013, 550. – Ce règlement valide les testaments écrits dès lors qu'ils respectent la forme permise par la loi d'un pays avec lequel le testateur ou ses biens ont un lien (art. 27). V. aussi D. n° 2015-1395, 2 nov. 2015 : *Defrénois* 2016, 138, C. Nourissat.

Art. 970. – **Le testament olographe ne sera point valable, s'il n'est écrit en entier, daté et signé de la main du testateur : il n'est assujetti à aucune autre forme.**

Bibliographie : J. Flour et H. Souleau, *Le testament olographe* : *Defrénois* 1983, 354. • S. Mazeaud-Leveneur, *JCl. Civil*, art. 970, fasc. 10 et 20.

I – ÉCRITURE

1) Type d'écriture. Le type d'écriture utilisé important peu, un testament rédigé en lettres d'imprimerie est valable (■ Cass. 1re civ., 22 nov. 1966 : *JurisData* n° 1966-000519 ; *Bull. civ.* I, n° 519, p. 392). V. Ph. Malaurie, *Sur les testaments rédigés par un aveugle en écriture braille* : *Defrénois* 2001, 347.

2) Encre ou crayon. Le testament peut être écrit au crayon (■ Poitiers, 24 janv. 1916 : *DP* 1920, 2, 135).

3) Testament dactylographié. Un testament dactylographié est nul (■ Cass. civ., 18 mai 1936 : *DH* 1936, 345. ■ Cass. 1re civ., 8 févr. 1978, n° 76-11.565 : *JurisData* n° 1978-000054 ; *JCP* 1978, IV, 119 ; *Bull. civ.* I, n° 54, p. 47. ■ Cass. 1re civ., 23 oct. 1984, n° 83-14.398 : *JurisData* n° 1984-702047 ; *JCP* 1985, IV, 8 ; *Bull. civ.* I, n° 278, p. 236. ■ Cass. 1re civ., 24 févr. 1998, n° 95-22.260 : *JurisData* n° 1998-000813 ; *Bull. civ.* I, n° 79, p. 53 ; *D.* 2000, somm. 428, obs. Nicod), même si le testateur, par une mention manuscrite datée et signée, en a présenté globalement le contenu comme répondant à sa volonté (■ Cass. civ., 18 mai 1936, préc. V. en ce sens ■ Cass. 1re civ., 1er mars 1961 : *JurisData* n° 1961-70013 ; *JCP* 1961, II, 12271, note Tarabeux). Sur l'utilisation par le testateur d'une formule imprimée, V. ■ Cass. 1re civ., 17 juill. 1968, n° 66-14 544 : *JurisData* n° 1968-700217 ; *JCP* 1969, II, 15710 *bis*. Le décalque au carbone d'un testament ne saurait être considéré comme le testament lui-même (■ Nîmes, 27 juill. 1999, n° 3317/97 : *JurisData* n° 1999-030157 ; *JCP* 2000, IV, 1438 ; *Dr. famille* 2000, 65, note Beignier). *Est en revanche* valable le testament manuscrit accompagné d'une transcription dactylographiée du contenu du manuscrit, qui ne contenait aucune autre disposition (■ Cass. 1re civ., 17 juin 2009, n° 08-15.894 : *D.* 2009, 2508, n° 12, obs. Nicod, dans une espèce où le testateur, atteint de la maladie de Parkinson, avait craint que son écriture soit difficilement lisible).

4) Testament partiellement dicté par le testateur. Doit être annulé le testament dont seulement trois lignes et la signature étaient écrites de la main du testateur, sans qu'il y ait lieu de rechercher si cet acte était l'expression de la volonté de son signataire (■ Cass. 1re civ., 20 sept. 2006 : *Bull. civ.* I, n° 415 ; *JurisData* n° 2006-034989 ; *JCP* 2006, IV, 2998).

5) Support matériel. Le testament peut être écrit sur des feuillets séparés s'il existe entre ces feuillets un lien matériel et intellectuel suffisant pour considérer l'ensemble comme un seul et même acte (■ Cass. req., 28 mai 1894 : *DP* 1894, 1, 533). Tel n'est pas le cas pour un testament se présentant sous la forme de cinq enveloppes, deux cartes de visite et une feuille de papier, toutes datées du même jour (■ Cass. 1re civ., 7 mars 2000, n° 97-20.038 : *JurisData* n° 2000-000836 ; *Dr. famille* 2000, 53, note Beignier). Pour un testament rédigé sur la page de garde d'un livre, V. ■ Paris, 2 nov. 1999, n° 1997/24027 : *JurisData* n° 1999-128555 ; *Dr. famille* 2001, 25, note Beignier.

6) Lettre missive. Les juges du fond disposent d'un pouvoir souverain pour décider si une lettre missive sert de cadre à un véritable testament (■ Cass. civ., 24 juin 1952 : *JCP* 52, II, 7179, note Voirin. ■ Aix-en-Provence, 2 oct. 1973 : *D.* 1974, 745, note Bihr. – Comp. pour une lettre missive adressée à un tiers ■ Versailles, 1er juin 1989 : *JurisData* n° 1989-042282 ; *D.* 1990, 221, concl. Duplat. ■ Paris, 23 janv. 2001 : *Dr. famille* 2001, 86, note Beignier ; *JurisData* n° 133616. V. aussi pour un document en « la forme d'une lettre » remis au notaire, ■ Cass. 1re civ., 11 janv. 2005 : *Dr. famille* 2005, 62, note Beignier ; *JurisData* n° 2005-026425 ; *JCP* 2005, IV, 1347 ; *D.* 2005, 1064, note Nicod ; Bull. civ. I, n° 24, p. 18), ou si elle ne constitue qu'un projet (■ Cass. 1re civ., 25 nov. 1975, n° 74-13.467 : *JurisData* n° 1975-000344 ; *Bull. civ.* I, n° 344, p. 283. ■ Pau, 20 avr. 1961 : *D.* 1961, 397).

7) Esquisse ou projet. S'agissant d'un écrit rédigé de la main du testateur, daté et signé, les juges du fond peuvent déduire de l'examen du texte et des éléments extrinsèques à celui-ci que ce document incomplet, désordonné, difficilement exécutable, n'a été qu'une esquisse (■ Cass. 1re civ., 12 janv. 1970, n° 68-12.637 : *JCP* 70, IV, 56 ; *Bull. civ.* I, n° 12, p. 9). Jugé qu'un document non daté ni signé, portant en tête « Ceci est mon testament », accompagné d'une lettre adressée par la rédactrice au notaire, ne constitue qu'un projet de testament, dès lors que la lettre révèle l'intention de la rédactrice de subordonner l'expression définitive de sa volonté, concrétisée par la signature, à l'accord de son notaire (■ Cass. 1re civ., 9 nov. 1982, n° 81-14.085 : *Bull. civ.* I, n° 327, p. 279. Comp. ■ Angers, 9 oct. 1995, n° 9400114 : *JurisData* n° 1995-052878 ; *Dr. famille* 1997, 92, note Beignier, lettre faisant renvoi à un testament introuvable). Mais il en va autrement si l'intéressé a indiqué « vouloir commencer à faire son testament » et faire don d'un bien « en dehors de la distribution de l'héritage » (■ Cass. 1re civ., 5 nov. 1996, n° 94-15.886 : *JurisData* n° 1996-004128 ; *JCP* G 96, IV, 2556 ; *Bull.* I, n° 384, p. 269 ; *Dr. famille* 1997, 54, note Beignier ; *D.* 1997, somm. 366, obs. Nicod ; *JCP* G 98, I, 133 et *JCP* N 98, 1710, n° 7, obs. Le Guidec ; *RTD civ.* 1999, 169, obs. Patarin).

8) Copie d'un modèle. Si le testament demeure valable lorsque son auteur qui n'a fait que recopier un modèle l'a transcrit en connaissance de cause et ainsi s'en est approprié le contenu, sa validité implique que le scripteur avait la conscience de son œuvre et l'intelligence de la valeur des caractères que formait sa main (■ Cass. 1re civ., 5 nov. 1956 : *JCP* 1956, II, 9665. – Voir pour des applications ■ Cass. 1re civ., 6 oct. 1959 : *JCP* 1959, II, 11323, note Voirin, 3e esp. ■ Lyon, 24 mars 1970 : *JCP* 70, IV, 216). Est nul le testament qui, bien qu'écrit de la main de la testatrice, n'est pas, en raison de l'assistance d'un tiers qui en est le véritable auteur, l'expression de la volonté propre de la signataire (■ Cass. 1re civ., 9 janv. 2008, n° 07-10599 : *Dr. famille* févr. 2008, comm. 31, obs. Beignier ; *Defrénois* 2009, 319, note Letellier ; *RJPF* 3/2008, 25, obs. Casey et Delmas Saint-Hilaire, testament rédigé au stylo à bille par la testatrice, débile moyenne de naissance, en surlignant un texte préécrit au crayon de papier par son père qui exerçait sur elle une forte influence).

9) Testament à main guidée. Le testament est valable même si la main du testateur a été guidée dès lors que le testament est bien l'œuvre réfléchie de celui qui l'a écrit et que le tiers n'a aucunement influencé la volonté du scripteur (■ Cass. 1re civ., 4 janv. 1973, n° 71-13.534 : *JurisData* n° 1973-000006 ; *Bull. civ.* I, n° 6, p. 6. V. aussi ■ Cass. 1re civ., 11 janv. 2000, n° 97-19.136 : *JurisData* n° 2000-000023 ; *Dr. famille 2000, 32, 2e arrêt, note Beignier*). Manque de base légale l'arrêt qui retient que le principe même de la main guidée ne se justifiait pas en raison de la relative bonne santé physique de la testatrice, alors que la cour d'appel n'a pas constaté que le testament, écrit de la main de la testatrice, n'était plus, du fait de l'assistance d'un tiers, l'expression de la volonté propre de la signataire (■ Cass. 1re civ., 11 févr. 1997, n° 95-12.382 : *JurisData* n° 1997-000533 ; *Bull. civ.* I, n° 57, p. 36 ; *D.* 1997, somm. 365, obs. Nicod ; *Defrénois* 1997, 1452, obs. Champenois ; *JCP* G 98, I, 133 et *JCP* N 98, 1709, n° 6, obs. Le Guidec ; *Dr. famille* 1997, 78, note Beignier. V. cependant, laxiste, ■ Bordeaux, 20 janv. 2004, n° 00/04071 : *JurisData* n° 2004-232816 ; *Dr. famille* 2004, 54, 2e arrêt, note Beignier). *Adde*, ■ Cass. 1re civ., 25 mai 2004, n° 01-00.889 : *RJPF* sept. 2004, n° 52, obs. P. D. S.-H. (aide matérielle et intellectuelle ; nullité du testament).

10) Charge de la preuve de la fausseté de l'écriture. La charge de la preuve de la fausseté de l'écriture et de la signature d'un testament incombe à l'héritier non réservataire qui conteste le testament lorsque le légataire universel a obtenu l'ordonnance d'envoi en possession prescrite par l'article 1008 du Code civil, cette règle ne souffrant d'exceptions que lorsqu'il existe des circonstances qui rendent le testament suspect (■ Cass. 1re civ., 11 févr. 1976, n° 74-13.190 : *JurisData* n° 1976-700065 ; *D.* 1976, 557, note Boulanger).

11) Mentions par un tiers. La validité du testament n'est pas affectée par le fait que la légataire y a mentionné son nom et son numéro de téléphone dès lors que cette inscription est distincte du corps de l'acte (■ Aix-en-Provence, 24 mars 1998, n° 94/18470 : *JurisData* n° 1998-043208 ; *Dr. famille* 1999, 127, 1re esp., note Beignier).

12) Droit moral d'un auteur. La volonté de l'auteur de transmettre le droit moral sur son œuvre doit être exprimée selon les formes testamentaires : le testament olographe doit être écrit de la main du testateur à peine de nullité : ■ Cass. 1re civ., 28 mai 2015, n° 14-14.506 : *Bull.* ; *RTD civ.* 2015, 676, note M. Grimaldi ; *D.* 2015, 2104, note M. Nicod ; *RPJF* 2015, 32, note F. Sauvage.

II – DATE

13) Doctrine. M. Grimaldi, *La jurisprudence et la date du testament olographe* : *D.* 1984, chron. 253. – C. Feddal, *La date dans le testament olographe* : *JCP* 89, I, 3423.

14) Emplacement de la date. Le testament peut être rédigé, aussi bien que sur divers feuillets, sur les faces opposées d'un même feuillet et sa date peut être apposée après ces dispositions pourvu qu'il existe entre cette date, ces feuillets ou faces opposées d'un feuillet et les dispositions écrites une liaison qui n'en forme qu'un seul et même acte (■ Cass. 1re civ., 19 mars 1973 : *JurisData* n° 1973-000101 ; *Bull. civ.* I, n° 106, p. 96. – V. aussi ■ Bordeaux, 14 oct. 2002 : *JurisData* n° 2002-212243 ;

Dr. famille 2003, 109, note Beignier). La date peut figurer sur l'enveloppe contenant le testament si l'enveloppe constitue un tout avec le testament qu'elle contient (■ Cass. req., 9 janv. 1900 : *DP* 1900, 1, 97). Lorsque la date est intercalée au milieu du texte, la deuxième partie doit être considérée comme non datée (■ Cass. 1re civ., 9 déc. 1986, n° 85-12.256 : *JurisData* n° 1986-002604 ; *Bull. civ.* I, n° 297, p. 283).

15) Addition non datée. L'addition faisant corps avec le testament est valable même si elle n'est ni datée ni signée (■ Cass. 1re civ., 15 nov. 1972, n° 68-11.299 : *JurisData* n° 1972-000248 ; *Bull. civ.* I, n° 248, p. 216), mais doit être cassé l'arrêt qui admet la validité de l'ensemble des dispositions testamentaires après avoir estimé que le codicille était antidaté (■ Cass. 1re civ., 25 oct. 1972, n° 70-14.453 : *JurisData* n° 1972-000224 ; *Bull. civ.* I, n° 224, p. 196).

16) Absence de date. Reconstitution de la date à partir d'éléments extrinsèques. Les faits et circonstances extrinsèques au testament peuvent, dans la mesure où ils corroborent les éléments intrinsèques dans lesquels doit avoir son principe et sa racine la preuve de la date, servir à établir cette date ou à la compléter (■ Cass. civ., 24 juin 1952 : *JCP* 1952, II, 7179, note Voirin. ■ Cass. 1re civ., 27 avr. 1971 : *JurisData* n° 1971-000131 ; *Gaz. Pal.* 1971, 2, 553. ■ Cass. 1re civ., 4 févr. 1982 : *JCP* 1982, II, 19715, note Rémy). Mais les juges du fond ne peuvent retenir à titre d'élément intrinsèque les termes « en cas de décès », par lesquels débute le testament, comme indiquant que la testatrice avait rédigé ses dernières volontés en raison du voyage qu'elle allait entreprendre le lendemain (■ Cass. 1re civ., 14 mars 1984, n° 83-10.196 : *Bull. civ.* I, n° 103, p. 85 ; *JCP* 1985, II, 20506, note Rémy). Pour une erreur de datation constatée mais non rectifiée par le testateur, V. ■ Paris, 26 mars 1996, n° 93.16091 : *JurisData* n° 1996-021814 ; *Dr. famille* 1997, 94, note Beignier).

17) Absence de date. Indifférence de la date. Jugé que l'omission du seul quantième du mois ne saurait à elle seule entraîner la nullité du testament, dès lors que la capacité du testateur et sa volonté de gratifier ne font aucun doute, qu'il n'a pas établi d'autre testament, et qu'il a déposé le testament litigieux chez un notaire le mois suivant (■ Cass. 1re civ., 9 mars 1983 : *JurisData* n° 1983-700447 ; *Bull. civ.* I, n° 95, p. 84 ; *Defrénois* 1983, 1448, note Souleau ; *JCP* 1984, II, 20277, note Dagot ; *RTD civ.* 1985, 200, obs. Patarin. ■ Cass. 1re civ., 1er juill. 1986, n° 84-17.298 : *JurisData* n° 1986-702067 ; *Bull. civ.* I, n° 193, p. 189 ; *D.* 1986, p. 542, note Grimaldi. - V. aussi ■ Cass. 1re civ., 30 juin 1992, n° 90-20.699 : *JurisData* n° 1992-001845 ; *JCP* G 1993, I, 3713, n° 6, obs. Testu ; *JCP* N 1993, II, 181, note Camoz ; *Bull. civ.* I, n° 215, p. 143 ; *D.* 1993, p. 325, note Maury ; *RTD civ.* 1993, 398, obs. Patarin, éléments permettant d'établir que le testament a été rédigé entre le 21 et le 25 décembre. ■ Cass. 1re civ., 1er juin 1994, n° 92-14.272 : *JurisData* n° 1994-001271 ; *Bull. civ.* I, n° 200, p. 146 ; *D.* 1995, somm. 52, obs. Grimaldi ; *RTD civ.* 1995, 670, obs. Patarin, testament rédigé sur une enveloppe portant le cachet de La Poste, dans les dix jours avant le décès, cassation de l'arrêt qui ne recherche pas si le testateur a été atteint, dans ce délai, d'une altération de ses facultés mentales le rendant incapable de tester ou s'il a rédigé un testament révocatoire. ■ Caen, 19 mars 1996 : *JurisData* n° 1996-040910 ; *JCP* 1996, IV, 1307 ; *Dr. famille* 1996, 16, note Beignier, omission de la date résultant d'une simple inadvertance, démonstration ayant été faite que le testateur a conservé sa pleine capacité toute sa vie et n'a rédigé qu'un testament. ■ Reims, 27 nov. 1997 : *JurisData* n° 1997-049086 ; *Dr. famille* 1998, 143, note Beignier, testament nécessairement confectionné dans les instants précédant une tentative de suicide. En dépit de son absence de date, un testament olographe n'encourt pas la nullité dès lors que des éléments intrinsèques à l'acte, corroborés par des éléments extrinsèques, établissent qu'il a été rédigé au cours d'une période déterminée et qu'il n'est pas démontré qu'au cours de cette période, le testateur ait été frappé d'une incapacité de tester ou ait rédigé un testament révocatoire ou incompatible (■ Cass. 1re civ., 10 mai 2007, n° 05-14.366 : *Bull. civ.* I, n° 182 ; *RTD civ.* 2007, 604, obs. Grimaldi ; *D.* 2007, chron. 2330, n° 3, obs. Chauvin ; *D.* 2007, pan. 2135, obs. Nicod ; *Dr. famille* juin 2007, comm. 131, note Beignier ; *Defrénois* 2007, 1432, note Beaubrun ; *RJPF* 2007, nos 7-8, 42, obs. Casey ; *AJF* 2007, 315, obs. Bicheron ; *LPA* 19 mars 2008, obs. Chamoulaud-Trapiers, période de plus de dix mois en l'espèce). Validité d'un testament non daté au profit de l'aide-ménagère du défunt, les éléments intrinsèques à l'acte corroborés par des éléments extrinsèques établissant qu'il avait été rédigé entre la date de l'embauche et la date du décès (période de six ans et demi) : ■ Cass. 1re civ., 5 mars 2014, n° 13-14.093 : *Bull. civ.* ; *Dr. famille* 2014, comm. 78, note Beignier ; *RTD civ.* 2014, 428, obs. M. Grimaldi. V. cependant, plus restrictifs, ■ Cass. 1re civ., 8 mars 1988, n° 86-14.944 : *JurisData* n° 1988-700593 ; *JCP* 1988, II, 21077, note Montredon ; *D.* 1989, 110, note Malaurie ; *RTD civ.* 1989, 123, obs. Patarin. ■ Cass. 1re civ., 9 nov. 1993, n° 91-22.059 : *JurisData* n° 1993-002644 ; *Bull. civ.* I, n° 322, p. 223 ; *D.* 1994, p. 315, note Berry ; *RTD civ.* 1994, 400, obs. Patarin).

18) Fausseté de la date. Éléments intrinsèques. La fausseté de la date énoncée équivaut à son absence et entraîne la nullité du testament lorsque les éléments émanés de celui-ci ne fournissent pas le moyen de lui restituer sa date véritable (▪ Cass. 1re civ., 11 févr. 2003 : *JCP* G 2004, II, 10032 et *JCP* N 2004, 1299, 2e esp., note Boulanger ; *JurisData* n° 2003-017572 ; *Dr. famille* 2003, 54, note Beignier ; *Bull. civ.* I, n° 46, p. 36). Lorsque la date d'un testament olographe est inexacte, elle ne peut être rectifiée qu'à l'aide d'éléments intrinsèques de l'acte, éventuellement complétés par des éléments extrinsèques tirés des circonstances de l'espèce (▪ Cass. 1re civ., 7 juin 2006 : *Bull. civ.* I, n° 301 ; *JurisData* n° 2006-033851 ; *JCP* 2006, IV, 2441. ▪ Cass. 1re civ., 13 juill. 2016 : *RTD civ.* 2016, 914, M. Grimaldi ; pour un codicille olographe, V. ▪ Cass. 1re civ., 9 juill. 2014, 13-18.685 : *JurisData* n° 2014-015998 ; *Bull. civ.* I, n° 135 ; *RJPF* 2014-10/33, obs. F. Sauvage). Les faits et circonstances extrinsèques au testament peuvent être invoqués comme preuve de l'inexactitude de sa date à condition que cette preuve ait son principe et sa racine soit dans les autres énonciations, soit dans l'état matériel du testament (▪ Cass. civ., 11 juin 1902 : *DP* 1902, 1, 434, note L. S. – V. aussi ▪ Cass. 1re civ., 5 févr. 1980, n° 78-13.783 : *JurisData* n° 1980-000046 ; *Bull. civ.* I, n° 46, p. 39. ▪ Cass. 1re civ., 4 févr. 1981, n° 79-15.798 : *JurisData* n° 1981-700309 ; *JCP* 82, II, 19715, note Rémy. ▪ Cass. 1re civ., 24 sept. 2002 : *JCP* G 2002, IV, 2708 ; *JCP* N 2003, 1399 ; *JurisData* n° 2002-015543 ; *Bull. civ.* I, n° 221, p. 169). S'il n'est pas établi que le testateur n'était pas au lieu indiqué par lui sur le testament, les juges du fond en déduisent justement que la date de ce testament doit être tenue pour exacte (▪ Cass. 1re civ., 17 janv. 1984, n° 82-16.270 : *JurisData* n° 1984-700171 ; *Bull. civ.* I, n° 25, p. 19). La seule discordance entre la date figurant sur le testament et l'indication du lieu de sa rédaction ne prouve pas la fausseté de la date et n'affecte pas la validité du testament (▪ Cass. 1re civ., 6 oct. 1998, n° 96-17.624 : *JurisData* n° 1998-003837 ; *Dr. famille* 1998, 175, note Beignier). Dès lors que le testament comporte l'indication d'une date, l'ambiguïté sur le quantième et sur le mois (janvier ou juin) ne peut permettre de l'annuler, dès lors qu'il y a des éléments intrinsèques qu'il appartient aux juges du fond d'interpréter à l'aide d'éléments extrinsèques (▪ Cass. 1re civ., 18 nov. 1997, n° 95-20.842 : *JurisData* n° 1997-004561 ; *JCP* 98, IV, 1039 ; *Bull. civ.* I, n° 320, p. 217 ; *D.* 1999, somm. 310, obs. Nicod ; *Dr. famille* 1998, 46, note Gozzi. V., sur renvoi, ▪ Agen, 5 janv. 2000 : *Dr. famille* 2001, 85, note Beignier ; *JurisData* n° 2000-107072). Sur l'hypothèse d'une contradiction entre la date apposée par le testateur et le filigrane du papier timbré sur lequel est écrit le testament, V. ▪ Cass. 1re civ., 27 déc. 1957 : *D.* 1958, 111.

19) Divisibilité de la date. La date du testament étant divisible, l'irrégularité portant sur l'un des éléments (jour, mois, année) n'atteint pas les autres (▪ Cass. req., 5 nov. 1913 : *DP* 1914, 1, 233, note Picard. ▪ Limoges, 24 oct. 1969 : *D.* 1969, 715).

20) Date apposée par un tiers. Un testament daté par un tiers ne peut valoir comme testament (▪ Cass. 1re civ., 19 avr. 1988, n° 86-16.160 : *JurisData* n° 1988-001194 ; *Bull. civ.* I, n° 114, p. 78).

21) Indication de l'heure (non). La loi n'exige pas l'indication de l'heure (▪ Toulouse, 12 mai 1997 : *JurisData* n° 1997-056985 ; *Dr. famille* 1999, 127, 2e esp., note Beignier).

III – SIGNATURE

22) Formalité substantielle. La signature est une formalité substantielle à laquelle il ne peut être suppléé (▪ Cass. 1re civ., 7 juin 1995, n° 93-14.596 : *JurisData* n° 1995-001525 ; *Bull. civ.* I, n° 248, p. 175 ; *RTD civ.* 1995, 946, obs. Patarin ; *Defrénois* 1996, 389, note Hauser.

23) Signature par le seul prénom. La signature par le seul prénom répond suffisamment aux exigences de l'article 970 dès lors qu'elle permet d'établir avec certitude l'identité de l'auteur du testament et sa volonté d'en approuver les dispositions (▪ Cass. civ., 24 juin 1952 : *JCP* 52, II, 7179, note Voirin).

24) Simple mention des nom, prénom et domicile. Le testament n'est pas nul lorsque le testateur mentionne ses nom, prénom et domicile sans utiliser sa signature habituelle (▪ Cass. 1re civ., 5 oct. 1959 : *JCP* 59, II, 11323, note Voirin, 2e esp. ▪ Cass. 1re civ., 25 janv. 1977, n° 75-13.487 : *JurisData* n° 1977-000046 ; *Bull. civ.* I, n° 46, p. 35. ▪ Cass. 1re civ., 21 juill. 1980 : *JCP* 1980, IV, 385 ; *Bull. civ.* I, n° 233, p. 187. ▪ Cass. 1re civ., 22 juin 2004 : *JCP* 2004, II, 10165, note Sériaux ; *D.* 2004, 2953, note Nicot ; *JurisData* n° 2004-024257 ; *Bull. civ.* I, n° 180, p. 149), même si cette mention ne figure pas à la fin des dispositions (▪ Cass. 1re civ., 17 avr. 1961 : *JurisData* n° 1961-000206 ; *D.* 1961, 447. – V. aussi ▪ Paris, 27 janv. 1939 : *DH* 1939, 217. ▪ Paris, 22 nov. 1991, n° 90-13092 : *JurisData* n° 1991-024532 ; *JCP* 92, IV, 1076). Jugé cependant que ne peut être tenue pour une véritable signature la simple mention des nom et prénom du testateur dans le contexte des dispositions testamentaires, une telle mention ne caractérisant pas la signature qui est la marque de l'approbation personnelle et définitive du contenu de l'acte et de la volonté de s'en approprier les termes (▪ Cass. 1re civ., 14 févr. 1968 : *JurisData* n° 1968-000068 ; *Bull. civ.* I, n° 68, p. 53. V. en ce sens ▪ Cass. 1re civ., 14 janv. 2003 : *JCP* G 2004, II, 10032 et *JCP* N 2004, 1299, 1re esp., note Boulanger ; *JurisData* n° 2003-017238 ; *Dr. famille* 2003, 35, note Beignier ; *Bull.*

civ. I, n° 14, p. 9 ; *D.* 2003, somm. 1874, obs. Nicod ; *Defrénois* 2003, 550, obs. Champenois. ▪ Cass. 1re civ., 17 févr. 2004 : *JurisData* n° 2004-022371 ; *JCP* N 2004, 1490, note Ruel ; *Dr. famille* 2004, 54, 1er arrêt, note Beignier ; *Bull. civ.* I, n° 55, p. 43 ; *D.* 2004, somm. p. 2340, 1re esp., obs. Nicod. ▪ Cass. 1re civ., 22 mars 2005, n° 03-19.907 : *JurisData* n° 2005-027693 ; *Bull. civ.* I, n° 154, p. 131).

25) Enveloppe. La signature peut être apposée sur l'enveloppe contenant le testament, pourvu qu'il n'existe pas de doute sur l'identité de l'auteur de l'acte et sa volonté d'en approuver les dispositions. V. not. ▪ Rouen, 9 déc. 1957 : *JCP* G 1958, II, 10688, note Voiron. ▪ Bordeaux 14 oct. 2002, n° 000-01.837. ▪ Basse-Terre, 22 mars 2010, n° 09-01.601 : *Dr. famille* 2010, comm. 169, obs. B. Beignier. Mais ne constitue pas une signature valable le paraphe apposé sur l'enveloppe correspondant à un geste machinal du testateur (▪ Paris, 6 juill. 1982 : *JurisData* n° 1982-601282 ; *JCP* 83, II, 20007, note M. C.).

26) Présence sur le testament de la signature d'un tiers. Le simple fait de la présence sur un testament d'ailleurs régulier de la signature de tiers ne saurait par lui-même le vicier de nullité (▪ Cass. 1re civ., 5 oct. 1959 : *JCP* 59, II, 11323, note Voirin, 1re esp. ; *D.* 1959, 507, note Holleaux, 3e esp.).

27) Emplacement de la signature. La signature, qui est la marque de l'approbation personnelle et définitive du contenu de l'acte, doit être apposée à la suite du testament (▪ Cass. 1re civ., 18 déc. 1984, n° 83-16.028 : *JurisData* n° 1984-702360 ; *JCP* 1985, IV, 81 ; *Bull. civ.* I, n° 341, p. 290. V. en ce sens ▪ Cass. 1re civ., 9 déc. 1986, n° 85-12.256 : *JurisData* n° 1986-002604 ; *Bull. civ.* I, n° 297, p. 283. ▪ Cass. 1re civ., 24 févr. 1998, n° 96-12.336 : *JurisData* n° 1998-000995 ; *Dr. famille* 1998, 144, note Beignier. ▪ Cass. 1re civ., 14 janv. 2003, n° 00-18.526 : *Bull. civ.* I, n° 14 ; *JCP* 2004, II, 10032, note Boulanger ; *Defrénois* 2003, 550, obs. Champenois et ▪ Cass. 1re civ., 17 févr. 2004, n° 01-15.223 : *Bull. civ.* I, n° 55 ; *JCP* N 2004, 1490, note Ruel ; *D.* 2004, 2341, obs. Nicod ; *Dr. famille* 2004, comm. 54, note Beignier, qui décident que la simple mention des nom et prénom du testateur au début de l'acte ne peut être assimilée à une signature. Dans le même sens, ▪ Cass. 1re civ., 17 juin 2009, n° 08-12.896 : *Bull. civ.* I, n° 137 ; *JCP* N 2009, 1290, note Mahinga ; *RJPF* 10/2009, 44, obs. Casey ; *D.* 2009, 2058, obs. Auroy ; *ibid.*, 2508, obs. Nicod : la signature, qui est la marque de l'approbation personnelle et définitive par le testateur du contenu de l'acte et de la volonté de s'en approprier les termes, doit nécessairement être apposée à sa suite. Par conséquent, ne constitue pas un testament valable le texte manuscrit dans lequel la signature du défunt avait été insérée après ce qui s'analysait comme une lettre d'adieu à sa famille, mais avant un *post-scriptum* par lequel le défunt entendait partager ses biens, les deux parties du manuscrit ne formant pas un tout indivisible).

28) Devoir de conseil du notaire. Il n'appartient pas au notaire d'ouvrir le pli fermé remis par le testateur pour vérifier que la signature n'a pas été omise (▪ Cass. 1re civ., 22 mars 2005 : *JurisData* n° 2005-027693 ; *Dr. famille* 2005, 170, note Beignier).

Art. 971 ***(L. n° 50-1513, 8 déc. 1950).*** **– Le testament par acte public est reçu par deux notaires ou par un notaire assisté de deux témoins.**

1) Assistance à la dictée et à la rédaction. Les témoins instrumentaires doivent assister à la dictée du testament et à sa rédaction et non pas seulement à sa lecture (▪ Cass. 1re civ., 18 déc. 1973, n° 72-13.590 : *JurisData* n° 1973-000356 ; *Bull. civ.* I, n° 356, p. 316. ▪ Cass. 1re civ., 29 juin 2011, n° 10-17.168 : *Bull. civ.* I, n° 139 ; *Dr. famille* 2011, 132, obs. Beignier ; *JCP* N 2011, 1257, obs. G. Rivière ; *RTD civ.* 2011, 791, obs. M. Grimaldi). Mais ces exigences ne concernent que la partie testamentaire proprement dite (▪ Cass. 1re civ., *1er févr. 2012, n° 10-31.129 : Bull. civ. I, n° 24 ; Dr. famille* 2012, comm. 71 ; *JCP* N 2012, 1230, obs. G. Rivière ; *RTD civ.* 2012, p. 360, obs. M. Grimaldi).

2) Choix des témoins. Aucune disposition légale ne précise par qui et comment les deux témoins doivent être choisis, l'article 975 interdisant seulement de les prendre parmi les légataires ou leurs parents et alliés (▪ Cass. 1re civ., 18 sept. 2002 : *JCP* G 2002, I, 180, n° 7, obs. Le Guidec ; *JCP* N 2003, 1398 ; *Dr. famille* 2002, 152, note Beignier ; *JurisData* n° 2002-015489 ; *Bull. civ.* I, n° 212, p. 163 ; *Defrénois* 2003, 554, obs. Champenois).

3) Testament international. Par équivalence des conditions prévues en droit interne à l'article 971 du Code civil, la présence de deux notaires équivaut à celle d'un notaire et deux témoins exigée pour le testament international (▪ Cass. 1re civ., 5 sept. 2018, n° 17-26.010 : *Bull.* ; *Dr. famille* 2018, comm. 263, Nicod).

Art. 972 ***(L. n° 50-1513, 8 déc. 1950 ; mod., L. n° 2015-177, 16 févr. 2015)*** (1). **– Si le testament est reçu par deux notaires, il leur est dicté par le testateur ; l'un de ces notaires l'écrit lui-même ou le fait écrire à la main ou mécaniquement.**

(1) Dispositions applicables en Polynésie française et dans les îles Wallis-et-Futuna, L. n° 2015-177, 16 févr. 2015, art. 25.

S'il n'y a qu'un notaire, il doit également être dicté par le testateur ; le notaire l'écrit lui-même ou le fait écrire à la main ou mécaniquement.

Dans tous les cas, il doit en être donné lecture au testateur.

Lorsque le testateur ne peut s'exprimer en langue française, la dictée et la lecture peuvent être accomplies par un interprète que le testateur choisit sur la liste nationale des experts judiciaires dressée par la Cour de cassation ou sur la liste des experts judiciaires dressée par chaque cour d'appel. L'interprète veille à l'exacte traduction des propos tenus. Le notaire n'est pas tenu de recourir à un interprète lorsque lui-même ainsi que, selon le cas, l'autre notaire ou les témoins comprennent la langue dans laquelle s'exprime le testateur.

Lorsque le testateur peut écrire en langue française mais ne peut parler, le notaire écrit lui-même le testament ou le fait écrire à la main ou mécaniquement d'après les notes rédigées devant lui par le testateur, puis en donne lecture à ce dernier. Lorsque le testateur ne peut entendre, il prend connaissance du testament en le lisant lui-même, après lecture faite par le notaire.

Lorsque le testateur ne peut ni parler ou entendre, ni lire ou écrire, la dictée ou la lecture sont accomplies dans les conditions décrites au quatrième alinéa.

Il est fait du tout mention expresse.

Bibliographie : (art. 972 nouv.) : M. Grimaldi et C. Vernières, *Les modifications du droit des successions par la loi du 16 février 2015 : Defrénois* 2015, p. 250. • F. Sauvage, *L'allègement des solennités de la dictée et de la lecture du testament authentique : RJPF* 2015-3/38.

Rédaction antérieure. Art. 972. – Si le testament est reçu par deux notaires, il leur est dicté par le testateur ; l'un de ces notaires l'écrit lui-même ou le fait écrire à la main ou mécaniquement.

S'il n'y a qu'un notaire, il doit également être dicté par le testateur ; le notaire l'écrit lui-même ou le fait écrire à la main ou mécaniquement.

Dans l'un et l'autre cas, il doit en être donné lecture au testateur.

Il est fait du tout mention expresse.

Bibliographie : (art. 972 anc.) : G. Rivière, *La dictée du testament authentique : Defrénois* 2013, 239 et *Mélanges G. Champenois : Defrénois* 2012, 701. • M. Grimaldi, *Vive le formalisme du testament authentique ! : Defrénois* 2013, 245. • N. Laurent-Bonne, *Le testament du sourd-muet, RTD civ.* 2013, p. 797.

1) Dictée. L'obligation de dicter le testament est requise à peine de nullité (▪ Cass. 1re civ., 7 juill. 1965 : *JurisData* n° 1965-700463 ; *JCP* 65, II, 14385, note Voirin) du moins pour la partie proprement testamentaire de l'acte (validité d'un testament comportant une partie dactylographiée prérédigée et une partie manuscrite rédigée sous la dictée du testateur et relative à ses dernières volontés : ▪ Cass. 1re civ., 1er févr. 2012, n° 10-31.129 : *Bull.* ; *RTD civ.* 2012, 360, M. Grimaldi ; *JCP* N 2012, 1230, Rivière ; *Dr. famille* 2012, 71, Beignier ; *Defrénois* 2012, 462, A. Chamoulaud-Trapiers ; *AJF* 2012, 148, Levillain. – Dans le même sens, ▪ Cass. 1re civ., 19 déc. 2012, n° 11-26.340 et ▪ Cass. 1re civ., 4 mars 2015, n° 14-12.165). Il ne peut y être suppléé par de simples signes, fussent-ils aussi expressifs et aussi peu équivoques que possible (même arrêt). Les dispositions peuvent être dictées par le testateur, à l'aide d'un brouillon rédigé à l'avance (▪ Cass. 1re civ., 22 mai 1973, n° 72-11.236 : *JurisData* n° 1973-000175 ; *Bull.*. ▪ Cass. 1re civ., 6 juin 1990, n° 88-19.440 : *JurisData* n° 1990-701835 ; *Bull.* ; *Defrénois* 1991, III, X. Savatier), mais il n'y a pas dictée si le notaire a rédigé seul à l'avance non point de simples notes mais le testament dans son intégralité (▪ Cass. 1re civ., 20 mai 1968 : *Bull.*. – V. aussi ▪ Cass. 1re civ., 26 sept. 2007, n° 05-19.909 : *JCP* 2008, II, 10051, Mahinga ; *JCP* N 2007, 1304, Mortier, testament dactylographié et rédigé à l'avance par le notaire, absence de dictée ; *Dr. famille* déc. 2007, comm. 224, Beignier). Ne satisfait pas non plus à l'exigence de dictée le fait pour la testatrice de répéter, commenter et approuver chacune des phrases du testament présentée par le notaire (▪ Cass. 1re civ., 29 juin 2011, n° 10-17.168 : *Bull.* ; *Dr. famille* 2011, 132, Beignier ; *JCP* N 2011, 1257, G. Rivière ; *RJPF* 2011, 9/40, J. Casey ; *RTD civ.* 2011, 791, M. Grimaldi). C'est le testateur qui doit énoncer lui-même, oralement, les dispositions testamentaires qu'il prend (▪ Cass. 1re civ., 18 mai 2011, n° 09-15.231 : *D.* 2011, 2633, M. N. ; *Dr. famille* 2011, 114, Beignier). En application de l'article 1319 du Code civil, la mention du testament selon laquelle le défunt avait dicté au notaire ses dernières volontés ne peut être contestée sans recourir à la procédure d'inscription de faux : ▪ Cass. 1re civ., 18 déc. 2013, n° 12-12.210. L'annulation d'un testament authentique pour non-respect des dispositions des articles 971 à 975 du Code civil ne fait pas obstacle à la validité de l'acte en tant que testament international dès lors que les formalités prescrites par la Convention de Washington du 26 octobre 1973 ont été accomplies : ▪ Cass. 1re civ., 12 juin 2014, n° 13-18.383 : *Bull.* ; *RTD civ.* 2014, 927, M. Grimaldi ; *Defrénois* 2014, p. 968, M. Nicod et p. 974, C. Vernières et J.-F. Sagaut. ▪ Cass. 1re civ.,

1er avr. 2015, n° 13-22.367 : *RPJF* 2015-6/36, F. Sauvage. ▪ Cass. 1re civ., 25 nov. 2015, n° 14-21.287 : *Bull.* ; *Dr. famille* 2016, comm. 32, M. Nicod ; *RPJF* 2016-1/27, F. Sauvage. ▪ Cass. 1re civ., 5 sept. 2018, n° 17-26.010. Mais il en va autrement lorsque l'annulation de ce testament a été prononcée également pour insanité d'esprit en application des dispositions de l'article 901 du Code civil : ▪ Cass. 1re civ., 12 juin 2014, nos 13-20.582, 13-21.118, 13-21.119, 13-24.389 et 13-24.390 : *Bull. civ.* I, n° 109.

2) Questions du notaire. Le notaire rédacteur peut poser certaines questions ou donner certaines précisions au disposant, pourvu que sa rédaction corresponde exactement à la volonté exprimée oralement du testateur (▪ Cass. 1re civ., 28 juin 1961 : *Bull. civ.* I, n° 353, p. 281), et que les interpellations n'aient pas pour objet de suggérer des dispositions auxquelles le testateur n'avait pas songé (▪ Riom, 8 janv. 1951 : *D.* 1951, 211).

3) Recours à un interprète. Droit antérieur à la loi du 16 février 2015. Le testament est nul si le notaire, ignorant la langue dans laquelle s'exprime le testateur, a recouru aux services d'un interprète (▪ Cass. 1re civ., 18 déc. 1956 : *JCP* 57, II, 9718, Jaquillard. V. en ce sens ▪ Cass. 1re civ., 12 juin 2018, n° 17-14.461 : *RTD civ.* 2018, p. 721, M. Grimaldi).

4) Surdité du testateur. Droit antérieur à la loi du 16 février 2015. La lecture doit être considérée comme non avenue lorsque le testateur n'a pu l'entendre en raison de sa surdité (▪ Cass. req., 28 nov. 1898 : *DP* 1899, 1, 273). V. N. Laurent-Bonne, Le testament du sourd-muet, *RTD civ.* 2013, p. 797.

5) Notes prises par le notaire. Le notaire qui fait écrire un testament sous la dictée du testateur peut s'aider de notes prises lors de l'exposé par le testateur des dispositions que celui-ci entend prendre, pourvu qu'il reproduise fidèlement ses volontés (▪ Cass. 1re civ., 24 nov. 1998, n° 96-20.145 : *JurisData* n° 1998-004511 ; *Dr. famille* 1999, 9, note Beignier. – V. aussi ▪ Paris, 18 nov. 1999, n° 1998/09828 : *JurisData* n° 1999-104448 ; *Dr. famille* 2000, 64, 1re esp., note Beignier).

6) Lecture par le notaire. La mention selon laquelle le testament a été lu au testateur fait présumer que cette lecture a été faite par le notaire lui-même (▪ Rouen, 8 mars 2000 : *Dr. famille* 2001, 52, note Beignier ; *JurisData* n° 2000-136041, pourvoi rejeté par ▪ Cass. 1re civ., 5 févr. 2002 : *JCP* 2002, IV, 1479 ; *JurisData* n° 2002-012942 ; *Bull. civ.* I, n° 45, p. 36 ; *Defrénois* 2003, 552, obs. Champenois).

7) Insanité d'esprit ou pression morale. Force probante des énonciations. Le notaire qui énonce que le testateur a déclaré que le testament contenait bien ses volontés ne fait que relater les déclarations de ce testateur. On peut donc, sans recourir à la voie de l'inscription de faux, être admis à prouver, en dépit des énonciations du testament authentique, que le testateur n'était pas sain d'esprit (▪ Cass. 1re civ., 25 mai 1987, n° 85-15.478 : *JurisData* n° 1987-001080 ; *Bull. civ.* I, n° 171, p. 129), ou qu'il a établi son testament sous la pression morale (▪ Cass. 1re civ., 6 juin 1990, n° 88-19.440 : *JurisData* n° 1990-001826 ; *Bull. civ.* I, n° 149, p. 106 ; *Defrénois* 1991, 111, note X. Savatier). La demande en nullité du testament ne peut justifier une demande en dommages-intérêts du notaire puisque ce dernier n'a fait que relater les déclarations du testateur qui a déclaré avoir compris la portée de ce qu'il dictait (▪ Cass. 1re civ., 14 nov. 2000, n° 99-11.910 : *JCP* N 2001, 1612, note Pillebout).

8) Responsabilité du notaire. Le notaire doit s'assurer que l'état de santé du testateur permet l'établissement d'un testament authentique. Engage sa responsabilité le notaire qui accepte d'établir un testament authentique alors que le testateur ne pouvait s'exprimer que par quatre mots et des mimiques en raison d'une hémiplégie et d'une aphasie et n'avait donc pu lui dicter le testament (▪ Cass. 1re civ., 4 juin 2007 : *JurisData* n° 2007-039209 ; *JCP* N 2007, act. 489 ; *Dr. famille* juill. 2007, comm. 152, note Beignier).

Art. 973 ***(L. n° 50-1513, 8 déc. 1950).*** **– Ce testament doit être signé par le testateur en présence des *témoins et du notaire* ; si le testateur déclare qu'il ne sait ou ne peut signer, il sera fait dans l'acte mention expresse de sa déclaration, ainsi que de la cause qui l'empêche de signer.**

1) Déclaration de ne pouvoir signer. Forme. La déclaration du testateur de ne pouvoir signer doit être expressément mentionnée dans l'acte (▪ Cass. req., 29 juill. 1875 : *DP* 1876, 1, 79. ▪ Cass. 1re civ., 4 juin 2007, n° 06-12765 : *JCP* 2007, IV, 2436 ; *JCP* N 2007, act. 469 ; *Dr. famille* juill. 2007, comm. 152, note Beignier). Jugé que la déclaration de ne savoir écrire est suffisante (▪ Cass. civ., 1er févr. 1859 : *DP* 1859, 1, 85), de même que la déclaration de ne pouvoir signer en raison de son infirmité sans préciser laquelle, alors qu'il s'agissait d'une cécité, infirmité essentiellement apparente (▪ Cass. 1re civ., 6 mai 1957 : *JCP* 57, II, 10057, note Ancel), ou la déclaration de ne pouvoir signer en raison de sa grande faiblesse (▪ Orléans, 22 sept. 1997 : *Dr. famille* 2000, 64, 2e esp., note Beignier) ou la déclaration de ne pouvoir signer en raison de sa maladie, sans préciser laquelle, alors que cette maladie était connue de tous (▪ Cass. 1re civ., 12 sept. 2012, n° 11-18.542).

2) Déclaration de ne savoir signer. Refus de signature (non). La déclaration de ne savoir signer n'équivaut pas à un refus de signature dès lors qu'il n'est pas établi que la disposante ait été capable de signer et qu'aucun doute n'existe sur l'identité de la testatrice ni sur sa qualité d'auteur de la déclaration (■ Cass. 1re civ., 23 mai 1995, n° 93-14.911 : *JurisData* n° 1995-001222 ; *JCP* 95, IV, 1749 ; *Bull. civ.* I, n° 215, p. 152 ; *D.* 1996, 209, note Ruel ; *RTD civ.* 1995, 671, obs. Patarin).

3) Force probante. Sur la force probante des affirmations contenues dans l'acte, V. ■ Cass. 1re civ., 29 mai 1962 : *D.* 1962, 627.

4) Paraphe. La signature d'un testament authentique implique le paraphe de chaque feuille (■ Cass. 1re civ., 10 oct. 2012, n° 11-20.702 : *Bull. civ.* I, n° 201 ; *RTD civ.* 2012, 761, obs. Grimaldi ; *Defrénois* 2013/2, 63, obs. Callé ; *D.* 2013, 591, obs. Capitaine ; *AJF* 2012, 618, obs. Levillain ; *LPA* 7 déc. 2012, 6, note Mahinga).

Art. 974 *(L. n° 50-1513, 8 déc. 1950)*. – **Le testament devra être signé par les témoins et par le notaire.**

Art. 975. – **Ne pourront être pris pour témoins du testament par acte public, ni les légataires, à quelque titre qu'ils soient, ni leurs parents ou alliés jusqu'au quatrième degré inclusivement, ni les clercs des notaires par lesquels les actes seront reçus.**

1) Légataire. Dans le cas d'un legs profitant à une commune, la qualité de conseiller municipal et d'adjoint au maire n'emporte pas incapacité à être témoin lors de l'établissement du testament authentique, le témoin n'étant pas personnellement gratifié par le legs (■ Cass. 1re civ., 14 nov. 2007, n° 06-20.074 : *JCP* 2007, IV, 3268 ; *Dr. famille* janv. 2008, comm. 17, obs. Beignier).

2) Alliés du légataire. Les alliés des alliés du légataire ne sont pas visés par la prohibition de l'article 975 (■ Paris, 19 janv. 1903 : *DP* 1904, 2, 133) ; ni le partenaire de pacs du légataire car l'alliance est établie par le seul effet du mariage (■ Cass. 1re civ., 28 févr. 2018, n° 17-10.876 : *JurisData* n° 2018-002683 ; *JCP* N 2018, n° 10, act. 271 ; *Bull.*).

3) Clerc de notaire. Sur le pouvoir souverain des juges du fond pour dire si une personne travaillant chez un notaire doit ou non être considérée comme un clerc au sens de l'article 975, V. ■ Cass. civ., 25 janv. 1858 : *DP* 1858, 1, 63. Mais l'article 975 n'interdit pas de désigner comme témoin une étudiante effectuant un stage temporaire au sein d'un office notarial (■ Cass. 1re civ., 3 févr. 2010, n° 09-10.205 : *Bull. civ.* 2010, I, n° 34 ; *Dr. famille* 2010, comm. 49, obs. Beignier ; *JCP* N 2010, 1165, note Rivière).

4) Déclaration d'un légataire. Les dispositions de l'article 975 ne concernant que les témoins instrumentaires, la cour d'appel a pu se référer aux déclarations d'un des légataires pour juger que la mention surabondante de l'acte selon laquelle les témoins avaient été choisis et appelés par la testatrice n'était pas fausse, dès lors qu'en demandant à son notaire de « faire le nécessaire » pour recevoir son testament, elle l'avait implicitement chargé de choisir et d'appeler les témoins devant l'assister (■ Cass. 1re civ., 18 sept. 2002 : *JCP* 2002, IV, 2671 ; *Dr. famille* 2002, 152, note Beignier ; *JurisData* n° 015489).

5) Exécution volontaire du testament. Le testament dans lequel a figuré comme témoin un cousin germain du légataire peut être ratifié tacitement par l'exécution volontaire de la part des héritiers (■ Cass. civ., 10 janv. 1949 : *D.* 1949, 118).

Art. 976 *(L. n° 50-1513, 8 déc. 1950)*. – **Lorsque le testateur voudra faire un testament mystique, le papier qui contiendra les dispositions ou le papier qui servira d'enveloppe, s'il y en a une, sera clos, cacheté et scellé.**

Le testateur le présentera ainsi clos, cacheté et scellé au notaire et à deux témoins, ou il le fera clore, cacheter et sceller en leur présence, et il déclarera que le contenu de ce papier est son testament, signé de lui, et écrit par lui ou par un autre, en affirmant, dans ce dernier cas, qu'il en a personnellement vérifié le libellé ; il indiquera, dans tous les cas, le mode d'écriture employé (à la main ou mécanique).

Le notaire en dressera, en brevet, l'acte de suscription qu'il écrira ou fera écrire à la main ou mécaniquement sur ce papier ou sur la feuille qui servira d'enveloppe et portera la date et l'indication du lieu où il a été passé, la description du pli et de l'empreinte du sceau, et mention de toutes les formalités ci-dessus ; cet acte sera signé tant par le testateur que par le notaire et les témoins.

Tout ce que dessus sera fait de suite et sans divertir à autres actes.

En cas que le testateur par un empêchement survenu depuis la signature du testament ne puisse signer l'acte de suscription, il sera fait mention de la déclaration qu'il en aura faite et du motif qu'il en aura donné.

1) Date du testament. Le testament mystique ne prend date que du jour où est dressé l'acte de suscription (■ Toulouse, 7 juin 1880 : *DP* 1881, 2, 53).

2) Contestation des signatures apposées sur le testament. Les signatures apposées sur le corps de l'acte testamentaire peuvent être contestées sans qu'il soit nécessaire de recourir à l'inscription de faux (■ Bordeaux, 4 juill. 1900 sous ■ Cass. req., 10 déc. 1902 : S. 1903, 1, 285. ■ Toulouse, 30 juin 1930 : *DP* 1931, 2, 25).

3) Nullité de l'acte de suscription. Sur la nullité du testament authentique pour manquement aux règles de forme dans la rédaction de l'acte de suscription, V. ■ Lyon, 1er juill. 1980 : *JurisData* n° 1980-699516 ; *JCP* 81, II, 19675, note Dagot ; *Defrénois* 1981, 764, note Roux.

Art. 977 ***(L. n° 50-1513, 8 déc. 1950).*** **– Si le testateur ne sait signer ou s'il n'a pu le faire lorsqu'il a fait écrire ses dispositions, il sera procédé comme il est dit à l'article précédent ; il sera fait, en outre, mention à l'acte de suscription que le testateur a déclaré ne savoir signer ou n'avoir pu le faire lorsqu'il a fait écrire ses dispositions.**

Art. 978. – Ceux qui ne savent ou ne peuvent lire, ne pourront faire de dispositions dans la forme du testament mystique.

Art. 979 ***(L. n° 50-1513, 8 déc. 1950).*** **– En cas que le testateur ne puisse parler, mais qu'il puisse écrire, il pourra faire un testament mystique, à la charge expresse que le testament sera signé de lui et écrit par lui ou par un autre, qu'il le présentera au notaire et aux témoins, et qu'en haut de l'acte de suscription il écrira, en leur présence, que le papier qu'il présente est son testament et signera. Il sera fait mention dans l'acte de suscription que le testateur a écrit et signé ces mots en présence du notaire et des témoins et sera, au surplus, observé tout ce qui est prescrit par l'article 976 et n'est pas contraire au présent article.**

Dans tous les cas prévus au présent article et aux articles précédents, le testament mystique dans lequel n'auront point été observées les formalités légales, et qui sera nul comme tel, vaudra cependant comme testament olographe, si toutes les conditions requises pour sa validité comme testament olographe sont remplies, même s'il a été qualifié de testament mystique.

Art. 980 ***(L. 7 déc. 1897 ; L. n° 50-1513, 8 déc. 1950 ; mod., L. n° 2006-728, 23 juin 2006).*** **– Les témoins appelés pour être présents aux testaments devront comprendre la langue française et être majeurs, savoir signer et avoir la jouissance de leurs droits civils. Ils pourront être de l'un ou de l'autre sexe, mais le mari et la femme ne pourront être témoins dans le même acte.**

> **Rédaction antérieure. Art. 980.** – Les témoins appelés pour être présents aux testaments devront être Français et majeurs, savoir signer et avoir la jouissance de leurs droits civils. Ils pourront être de l'un ou de l'autre sexe, mais le mari et la femme ne pourront être témoins dans le même acte.

Apparence. Sur l'application de la théorie de l'apparence dans le cas où le témoin n'était pas de nationalité française, mais passait pour Français, V. ■ Cass. 1re civ., 20 oct. 1970 : *JCP* 71, II, 16657, note R. L. ■ Cass. 1re civ., 16 mai 1980 : *D.* 1980, inf. rap. 141.

Section II. – Des règles particulières sur la forme de certains testaments

Art. 981 ***(L. 17 mai 1900 ; Ord. n° 2014-792, 10 juill. 2014).*** **– Les testaments des militaires, des marins de l'État et des personnes employées à la suite des armées pourront être reçus dans les cas et conditions prévus à l'article 93 soit par un officier supérieur en présence de deux témoins ; soit par deux commissaires des armées ; soit par un commissaire des armées en présence de deux témoins ; soit enfin, dans un détachement isolé, par l'officier commandant ce détachement, assisté de deux témoins, s'il n'existe pas dans le détachement d'officier supérieur ou de commissaire des armées.**

Le testament de l'officier commandant un détachement isolé pourra être reçu par l'officier qui vient après lui dans l'ordre du service.

La faculté de tester dans les conditions prévues au présent article s'étendra aux prisonniers chez l'ennemi.

Art. 982 *(L. 17 mai 1900).* – Les testaments mentionnés à l'article précédent pourront encore, si le testateur est malade ou blessé, être reçus dans les hôpitaux ou les formations sanitaires militaires telles que les définissent les règlements de l'armée, par le médecin chef, quel que soit son grade, assisté de l'officier d'administration gestionnaire.

À défaut de cet officier d'administration, la présence de deux témoins sera nécessaire.

Art. 983 *(L. 8 juin 1893 ; rempl., L. n° 2006-728, 23 juin 2006).* – Dans tous les cas, il est fait un double original des testaments mentionnés aux articles 981 et 982.

Si cette formalité n'a pu être accomplie en raison de l'état de santé du testateur, il est dressé une expédition du testament, signée par les témoins et par les officiers instrumentaires, pour tenir lieu du second original. Il y est fait mention des causes qui ont empêché de dresser le second original.

Dès que leur communication est possible, et dans le plus bref délai, les deux originaux, ou l'original et l'expédition du testament, sont adressés par courriers distincts, sous pli clos et cacheté, au ministre chargé de la défense nationale ou de la mer, pour être déposés chez le notaire indiqué par le testateur ou, à défaut d'indication, chez le président de la chambre des notaires de l'arrondissement du dernier domicile du testateur.

Art. 984 *(L. 8 juin 1893).* – Le testament fait dans la forme ci-dessus établie sera nul six mois après que le testateur sera venu dans un lieu où il aura la liberté d'employer les formes ordinaires, à moins que, avant l'expiration de ce délai, il n'ait été de nouveau placé dans une des situations spéciales prévues à l'article 93. Le testament sera alors valable pendant la durée de cette situation spéciale et pendant un nouveau délai de six mois après son expiration.

Art. 985 *(L. 28 juill. 1915 ; rempl., L. n° 2006-728, 23 juin 2006).* – Les testaments faits dans un lieu avec lequel toute communication est impossible à cause d'une maladie contagieuse peuvent être faits par toute personne atteinte de cette maladie ou située dans des lieux qui en sont infectés, devant le juge d'instance ou devant l'un des officiers municipaux de la commune, en présence de deux témoins.

Art. 986 *(L. 28 juill. 1915 ; rempl., L. n° 2006-728, 23 juin 2006).* – Les testaments faits dans une île du territoire *(Mot rempl., L. n° 2015-177, 16 févr. 2015)* français, où il n'existe pas d'office notarial, peuvent, lorsque toute communication avec le territoire auquel cette île est rattachée est impossible, être reçus dans les formes prévues à l'article 985. L'impossibilité des communications est attestée dans l'acte par le juge d'instance ou l'officier municipal qui reçoit le testament.

Polynésie. L'article 986 (anc.) n'est pas applicable à la Polynésie française (Papeete, 23 oct. 1997 : *Dr. famille* 1998, 127, note Beignier).

Art. 987. – Les testaments mentionnés aux deux précédents articles deviendront nuls six mois après que les communications auront été rétablies dans le lieu où le testateur se trouve, ou six mois après qu'il aura passé dans un lieu où elles ne seront point interrompues.

Art. 988 *(L. 8 juin 1893).* – Au cours d'un voyage maritime, soit en route, soit pendant un arrêt dans un port, lorsqu'il y aura impossibilité de communiquer avec la terre ou lorsqu'il n'existera pas dans le port, si l'on est à l'étranger, d'agent diplomatique ou consulaire français investi des fonctions de notaire, les testaments des personnes présentes à bord seront reçus, en présence de deux témoins : sur les bâtiments de l'État, par l'officier d'administration ou, à son défaut, par le commandant ou celui qui en remplit les fonctions, et sur les autres bâtiments, par le capitaine, maître ou patron, assisté du second du navire, ou, à leur défaut, par ceux qui les remplacent.

L'acte indiquera celle des circonstances ci-dessus prévues dans laquelle il aura été reçu.

Art. 989 *(L. 8 juin 1893).* – Sur les bâtiments de l'État, le testament de l'officier d'administration sera, dans les circonstances prévues à l'article précédent, reçu par le commandant ou par celui qui en remplit les fonctions, et s'il n'y a pas d'officier d'administration, le testament du commandant sera reçu par celui qui vient après lui dans l'ordre du service.

Sur les autres bâtiments, le testament du capitaine, maître ou patron, ou celui du second, seront, dans les mêmes circonstances, reçus par les personnes qui viennent après eux dans l'ordre du service.

Art. 990 *(L. 8 juin 1893)*. – Dans tous les cas, il sera fait un double original des testaments mentionnés aux deux articles précédents.

Si cette formalité n'a pu être remplie à raison de l'état de santé du testateur, il sera dressé une expédition du testament pour tenir lieu du second original ; cette expédition sera signée par les témoins et par les officiers instrumentaires. Il y sera fait mention des causes qui ont empêché de dresser le second original.

Art. 991 *(L. 8 juin 1893 ; rempl., L. n° 2006-728, 23 juin 2006)*. – Au premier arrêt dans un port étranger où se trouve un agent diplomatique ou consulaire français, l'un des originaux ou l'expédition du testament est remis, sous pli clos et cacheté, à celui-ci. Cet agent adresse ce pli au ministre chargé de la mer, afin que le dépôt prévu à l'article 983 soit effectué.

Art. 992 *(L. 8 juin 1893 ; rempl., L. n° 2006-728, 23 juin 2006)*. – À l'arrivée du bâtiment dans un port du territoire national, les deux originaux du testament, ou l'original et son expédition, ou l'original qui reste, en cas de transmission ou de remise effectuée pendant le cours du voyage, sont déposés, sous pli clos et cacheté, pour les bâtiments de l'État au ministre chargé de la défense nationale et, pour les autres bâtiments, au ministre chargé de la mer. Chacune de ces pièces est adressée, séparément et par courriers différents, au ministre chargé de la mer, qui les transmet conformément à l'article 983.

Art. 993 *(L. 8 juin 1893 ; rempl., L. n° 2006-728, 23 juin 2006)*. – Le *(mots rempl. à compter d'une date fixée par décret en Conseil d'État et au plus tard le 20 décembre 2016, L. n° 2016-816, 20 juin 2016)* « livre de bord » du bâtiment mentionne, en regard du nom du testateur, la remise des originaux ou l'expédition du testament faite, selon le cas, au consulat, au ministre chargé de la défense nationale ou au ministre chargé de la mer.

Art. 994 *(L. 8 juin 1893)*. – Le testament fait au cours d'un voyage maritime, en la forme prescrite par les articles 988 et suivants, ne sera valable qu'autant que le testateur mourra à bord ou dans les six mois après qu'il sera débarqué dans un lieu où il aura pu le refaire dans les formes ordinaires.

Toutefois, si le testateur entreprend un nouveau voyage maritime avant l'expiration de ce délai, le testament sera valable pendant la durée de ce voyage et pendant un nouveau délai de six mois après que le testateur sera de nouveau débarqué.

Art. 995 *(L. 8 juin 1893)*. – Les dispositions insérées dans un testament fait, au cours d'un voyage maritime, au profit des officiers du bâtiment autres que ceux qui seraient parents ou alliés du testateur, seront nulles et non avenues.

Il en sera ainsi, que le testament soit fait en la forme olographe ou qu'il soit reçu conformément aux articles 988 et suivants.

Art. 996 *(L. 8 juin 1893)*. – Il sera donné lecture au testateur, en présence des témoins, des dispositions de l'article 984, 987 ou 994, suivant les cas, et mention de cette lecture sera faite dans le testament.

Art. 997 *(L. 8 juin 1893)*. – Les testaments compris dans les articles ci-dessus de la présente section seront signés par le testateur, par ceux qui les auront reçus et par les témoins.

Art. 998 *(L. 8 juin 1893)*. – Si le testateur déclare qu'il ne peut ou ne sait signer, il sera fait mention de sa *déclaration, ainsi que de la cause qui l'empêche* de signer.

Dans le cas où la présence de deux témoins est requise, le testament sera signé au moins par l'un d'eux, et il sera fait mention de la cause pour laquelle l'autre n'aura pas signé.

Art. 999. – Un Français qui se trouvera en pays étranger pourra faire ses dispositions testamentaires par acte sous signature privée, ainsi qu'il est prescrit en l'article 970, ou par acte authentique, avec les formes usitées dans le lieu où cet acte sera passé.

Voir : D. n° 91-152, 7 févr. 1991, relatif aux attributions notariales des agents diplomatiques et consulaires.

Art. 1000. – Les testaments faits en pays étranger ne pourront être exécutés sur les biens situés en France, qu'après avoir été enregistrés au bureau du domicile du testateur, s'il en a conservé un, sinon au bureau de son dernier domicile connu en France ; et, dans le cas où le testament contiendrait des dispositions d'immeubles

qui y seraient situés, il devra être, en outre, enregistré au bureau de la situation de ces immeubles, sans qu'il puisse être exigé un double droit.

Art. 1001. – Les formalités auxquelles les divers testaments sont assujettis par les dispositions de la présente section et de la précédente doivent être observées à peine de nullité.

Section III. – Des institutions d'héritier et des legs en général

Art. 1002. – Les dispositions testamentaires sont ou universelles, ou à titre universel, ou à titre particulier.

Chacune de ces dispositions, soit qu'elle ait été faite sous la dénomination d'institution d'héritier, soit qu'elle ait été faite sous la dénomination de legs, produira son effet suivant les règles ci-après établies pour les legs universels, pour les legs à titre universel, et pour les legs particuliers.

Voir : art. 967, p. 749.

1) Disposition au profit d'une personne non dénommée. La loi ne déclarant pas nulle la disposition testamentaire faite au profit d'une personne non dénommée, il appartient au juge, pour lui donner effet, de discerner d'après les énonciations du testament et les circonstances extrinsèques de la cause quelle est la personne que le testateur a voulu gratifier (▪ Cass. req., 21 févr. 1934 : *DP* 1934, 1, 69, rapp. Pilon. – V. aussi ▪ Nancy, 28 avr. 1976 : *JCP* 1979, II, 19123, note Brimo. ▪ Rouen, 5 sept. 2001 et ▪ Aix-en-Provence, 30 avr. 2002, n° 97/14982 : *JurisData* n° 2002-193026 ; *Dr. famille* 2003, 19, note Beignier). Il peut recourir aux énonciations d'un document dactylographié postérieur au testament (▪ Cass. 1re civ., 8 déc. 1998 : *JCP* G 1999, IV, 1205 ; *JCP* E 99, 521 ; *Bull. civ.* I, n° 353, p. 243 ; *RTD civ.* 2000, 146, obs. Patarin ; *JurisData* n° 2000-004768). Jugé que le legs fait au « profit de la lutte contre le cancer » doit bénéficier conjointement par parts égales à trois organismes accomplissant la mission voulue par le testateur (▪ Bordeaux, 14 janv. 1992 : *JurisData* n° 1992-041995 ; *JCP* 1993, IV, 193. – V. aussi ▪ Rouen, 22 févr. 1995, n° 9302481 : *JurisData* n° 1995-041697 ; *JCP* 1996, IV, 401. ▪ TGI Paris, 28 janv. 1998, n° 21114/95 : *JurisData* n° 1998-040277 ; *Dr. famille* 1998, 142, note Beignier. ▪ Paris, 17 et 28 nov. 2000 : *Dr. famille* 2001, 88, note Beignier ; *JurisData* n° 2001-138505 et n° 2002-132149. Comp., attribuant le legs à la Fondation de France, ▪ Nancy, 15 janv. 1997, n° 2251/96 : *JurisData* n° 1997-048326 ; *JCP* 1998, IV, 2361 ; *Dr. famille* 1998, 91, note Beignier, ou à l'ARC ▪ Paris, 17 mars et 26 mai 1998, n° 97/09449 : *JurisData* n° 1998-022069 ; *Dr. famille* 1998, 173, 2e et 3e arrêts, note Beignier). Un legs adressé à « l'Institut du cancer » doit bénéficier à l'Institut Gustave Roussy (▪ Paris, 3 sept. 1997, n° 95/17155 : *JurisData* n° 1997-022639 ; *Dr. famille* 1998, 29, note Beignier. Comp. pour un legs à « l'ARC ligue contre le cancer », ▪ Paris, 7 mai 1998, n° 97/11472 : *JurisData* n° 1998-022067 ; *Dr. famille* 1998, 173, 1er arrêt, note Beignier, pour un legs à « l'Institut national pour la lutte contre le cancer », ▪ Poitiers, 20 nov. 1998 : *Dr. famille* 1999, 48, note Beignier, pour un legs à « l'Association pour le cancer à Villejuif », ▪ TGI Paris, 4 juin 1997, n° 14 454/96 : *JurisData* n° 1997-057081 ; *Dr. famille* 1999, 57, 1re esp., note Beignier, pour un legs au « Centre de recherche contre le cancer à Villejuif », ▪ Paris, 11 mars 2003, n° 2001/06770 : *JurisData* n° 2003-218612 ; *Dr. famille* 2003, 125, note Beignier. V. pour le legs à la structure centrale de l'œuvre de l'Abbé Pierre et non à un établissement particulier local ▪ Aix-en-Provence, 6 avr. 2000, n° 97/09647 : *JurisData* n° 2000-121195 ; *Dr. famille* 2000, 132, note Beignier). Pour un legs en faveur de la « SPA », V. ▪ Lyon, 5 mars 2009, n° 08/00573 : *JurisData* n° 2009-010796 ; *Dr. famille* 2009, comm. 159, obs. Beignier, qui décide d'attribuer le legs à la SPA de Lyon, domicile de la testatrice. ▪ Cass. 1re civ., 4 mars 2015, n° 14-11.962 : *RJPF* 2015-4/43, obs. F. Sauvage, qui s'en remet à l'appréciation souveraine des juges du fond ayant opté pour la SPA parisienne. Mais le bénéficiaire d'un legs fait à « une association de bienfaisance pour des enfants sans famille et malheureux » n'est pas déterminable et le testament ne peut être exécuté (▪ Paris, 29 juin 1990, n° 89-6347 : *JurisData* n° 1990-024077 ; *JCP* N 1993, II, 40, note Camoz).

2) Legs au profit d'une association non reconnue d'utilité publique. V. sous C. civ. art. 911 (ancien), annot. n° 4.

3) Legs avec faculté d'élire. Le legs avec faculté d'élire est nul (▪ Cass. civ., 12 avr. 1863 : *DP* 1863, 1, 356. ▪ Cass. 1re civ., 25 nov. 1952 : *JCP* 53, II, 7696 *bis*, note Voirin. ▪ Cass. 1re civ., 8 nov. 2005, n° 02-21.177 : *JurisData* n° 2005-030629 ; *Dr. famille* 2005, 277, note Beignier. ▪ Dijon, 1er avr. 1998, n° 00001369/97 : *JurisData* n° 1998-044811 ; Dr. famille 1999, 21, note Beignier. Voir cependant ▪ Riom, 28 oct. 1964 : *D.* 1965, 202, note Verdot, et, sur pourvoi ▪ Cass. 1re civ., 14 nov. 1966 : *JurisData* n° 1966-700507 ; *JCP* 67, II, 14973, note Voirin). Sur la distinction entre le legs avec faculté d'élire et le legs avec charges, V. ▪ Cass. req., 14 janv. 1941 : *JCP* 41, II, 1699, note Voirin.

4) Désignation du légataire par un tiers. La désignation du légataire doit être l'œuvre du testateur lui-même, mais rien ne lui interdit de donner à un tiers mission de partager la somme léguée entre les différents légataires (▪ Cass. civ., 17 juill. 1922 : *DP* 1924, 1, 5, note Bartin). Mais jugé qu'il n'y a pas de testament valable si le testateur donne à son exécuteur testamentaire tous pouvoirs pour apprécier s'il est opportun de délivrer tout ou partie du legs (▪ Cass. 1re civ., 6 mars 1984, n° 83-10.892 : *JurisData* n° 1984-700384 ; *Bull. civ.* I, n° 88, p. 72 ; *D.* 1985, 5, note Breton ; *RTD civ.* 1985, 431, obs. Patarin).

5) Pluralité de legs à une même personne. Une même personne peut bénéficier à la fois d'un legs universel et d'un legs particulier, sans indivisibilité entre eux (▪ Cass. 1re civ., 18 déc. 2013, n° 12-21.875 : *Bull. civ.* 2013, I, n° 252 ; *Dr. famille* 2014, comm. 45)

6) Objet du legs. Interprétation de la volonté du testateur. Sur le pouvoir souverain des juges du fond pour déterminer les intentions véritables du testateur relativement à l'objet du legs, V. ▪ Cass. 1re civ., 6 janv. 1971 : *JurisData* n° 1971-000007 ; *JCP* 71, II, 16709, note M. D., anciens et nouveaux francs. Il n'est pas interdit aux juges pour interpréter un testament d'avoir recours à des éléments extrinsèques, notamment aux usages locaux de l'époque de la rédaction de l'écrit (▪ Cass. 1re civ., 19 janv. 1982, n° 81-10.608 : *JurisData* n° 1982-700082 ; *Bull. civ.* I, n° 33, p. 28 ; *D.* 1982, 539, note Prévault). Sur le principe que l'objet du legs doit être déterminable, V. ▪ Cass. 1re civ., 16 mars 1999, n° 97-11.972 : *JurisData* n° 1999-001104 ; *JCP* N 99, 1015, note Beignier ; *Dr. famille* 1999, 47, note Beignier.

7) Legs et assurance-vie. Sur le pouvoir souverain des juges du fond pour déterminer la volonté du testateur relativement à l'existence d'un legs, V. ▪ Cass. 1re civ., 10 oct. 2012, n° 11-17.891 : *Bull. civ.* I, n° 200 ; *JCP* N 2012, 1369, note Van Steenlandt, pour un testament qui désigne les bénéficiaires d'un contrat d'assurance-vie en déclarant leur léguer le capital de ce contrat. Il incombe aux juges du fond de rechercher si la testatrice avait eu la volonté, ou non, de faire bénéficier les légataires universels des capitaux garantis par le contrat d'assurance sur la vie qu'elle avait souscrit : ▪ Cass. 1re civ., 10 févr. 2016, nos 14-27.057 et 14-28.272 : *Bull.* ; *JCP* N 2016, 1119, comm. M. Leroy ; *RJPF* 2016-4/31, J. Boisson ; *AJF* 2016, 214, J. Casey ; *RTD civ.* 2016, 430, M. Grimaldi ; *RDC* 2016, 714, S. Godechot-Patris.

8) Legs du restant. Viole l'article 1002 du Code civil l'arrêt qui retient qu'aucun bien particulier n'a été donné ou légué à son fils par le testateur qui a institué son conjoint légataire universelle et légataire particulière d'un certain nombre de biens, en indiquant que « tout le reste de ses biens et œuvres d'art » reviendrait à son fils : ▪ Cass. 1re civ., 10 juin 2015, nos 14-18.856 et 14-20.146 : *Bull.*

9) Legs et simple vœu. Sur la distinction entre le legs et le simple vœu (ou disposition précative), V. ▪ TGI Aix-en-Provence, 20 mars 1975 : *Gaz. Pal.* 1975, 2, 439. ▪ Paris, 22 sept. 1986 : *D.* 1987, 150, note Najjar. Le testateur ne peut imposer la vente de son immeuble après sa mort afin que son prix soit partagé (▪ Cass. 1re civ., 5 nov. 1996, n° 94-21.089 : *JurisData* n° 1996-004141 ; *Dr. famille* 1997, 113, note Beignier).

10) Legs sous condition de décès (non). L'équivoque sur la volonté du testateur de faire de son décès lors d'une intervention chirurgicale une condition du legs peut être dissipée par l'attitude manifestée jusqu'à la fin de sa vie à l'égard de la bénéficiaire (▪ Caen, 10 mars 1998, n° 96-14.744 : *JCP* G 98, IV, 2933 ; *JCP* N 98, 1497).

11) Pacte sur succession future (non). Le legs d'un bien dépendant d'une succession non encore ouverte ne constitue pas un pacte sur succession future. En ce sens ▪ Cass. 1re civ., 28 mai 2008, n° 07-14.066 : *JurisData* n° 2008-044119 ; *Bull. civ.* I, n° 161 ; *AJF* 2008, 353, obs. Bicheron ; *RTD civ.* 2008, 711, obs. Grimaldi (cassation de l'arrêt ayant déclaré nul le legs consenti par deux époux sur un bien commun au motif que chacun léguait ainsi la moitié du bien qu'il recueillerait dans la succession de l'autre s'il lui survivait).

Art. 1002-1 *(L. n° 2006-728, 23 juin 2006).* **– Sauf volonté contraire du disposant, lorsque la succession a été acceptée par au moins un héritier désigné par la loi, le légataire peut cantonner son émolument sur une partie des biens dont il a été disposé en sa faveur. Ce cantonnement ne constitue pas une libéralité faite par le légataire aux autres successibles.**

Bibliographie : F. Sauvage, *Le cantonnement des libéralités : Defrénois* 2010, 1027. • E. Galhaud, *Stratégie du cantonnement : JCP* N 2010, 1061. • P. Murat, *Les choix des héritiers quant à l'objet reçu : l'exemple du cantonnement : Defrénois* 2017, p. 17. • J.-F. Sagaut, *Option et cantonnement : l'émolument successoral au menu ou à la carte ? : Defrénois* 2017, p. 27.

Section IV. – Du legs universel

Art. 1003. – Le legs universel est la disposition testamentaire par laquelle le testateur donne à une ou plusieurs personnes l'universalité des biens qu'il laissera à son décès.

1) **Forme de l'institution d'un légataire universel.** L'institution d'un légataire universel n'est liée à aucune formule sacramentelle, il suffit que la personne instituée ait au moins vocation éventuelle à la totalité des biens du testateur (■ Paris, 6 avr. 1946 : *D.* 1946, 405. V. en ce sens ■ Colmar, 16 sept. 1974 : *D.* 1975, somm. 19). Les juges du fond disposent à cet égard d'un souverain pouvoir d'appréciation et peuvent estimer que l'expression exécuteur testamentaire est impropre et emporte en réalité vocation à l'universalité héréditaire (■ Cass. 1re civ., 11 oct. 1955 : *D.* 1956, somm. 26). Mais ils ne peuvent méconnaître le sens des dispositions dépourvues d'ambiguïté (■ Cass. 1re civ., 9 juill. 1958 : *D.* 1958, 583).

2) **Nécessité de l'attribution d'un émolument (non).** La validité d'un legs universel n'est pas subordonnée à l'attribution d'un émolument à celui que le testateur désigne comme bénéficiaire, ce legs pouvant être absorbé par la charge imposée par le gratifiant d'exécuter des legs particuliers (■ Cass. 1re civ., 8 mai 1973, n° 71-12.120 : *Gaz. Pal.* 1973, 2, 893. V. en ce sens ■ Cass. 1re civ., 25 mars 1981, n° 79-16.986 : *JurisData* n° 1981-700906 ; *JCP* 82, II, 19787, note Rémy. ■ Paris, 13 déc. 1965 : *D.* 1966, 275, note Malaurie).

3) **Legs universels sans assignation de parts.** L'institution de plusieurs légataires universels sans assignation de parts confère à tous des droits égaux et ne rend pas cette institution sans objet (■ Cass. 1re civ., 12 mai 2004 : *JCP* G 2005, II, 10001 et *JCP* N 2005, 1222, note Mahinga ; *JCP* G 2005, I, 187 et *JCP* N 2006, 1071, n° 10, obs. Le Guidec ; *JurisData* n° 2004-023608 ; *Bull. civ.* I, n° 138, p. 114).

4) Sur la distinction entre legs universel et legs à titre universel, voir sous art. 1010, annot. n° 6, p. 767.

5) **Sur la distinction entre légataire universel et héritier.** Le légataire universel n'est pas un héritier au sens des textes relatifs aux actions en matière de filiation (pour l'article 322 du Code civil, V. ■ Cass. 1re civ., 2 avr. 2014, n° 13-12.480 : *AJF* 2014, p. 309 ; pour l'article 353, alinéa 3 du Code civil, V. ■ Cass. 1re civ., 17 mars 2010, n° 09-10.918 : *JurisData* n° 2010-001997 ; *Bull. civ.* 2010, I, n° 65 ; *Dr. famille* 2010, comm. 103 ; *D.* 2010, p. 1422, obs. Granet). Comp. l'article 724-1 du Code civil qui assimile les légataires et les donataires universels ou à titre universel à des héritiers quant au régime des successions. V. ■ Cass. 1re civ., 10 févr. 2016, n° 14-27.057 : *Bull.* ; *JCP* N 2016, 1119, comm. M. Leroy ; *RJPF* 2016-4/31, J. Boisson, qui invite à rechercher la volonté du défunt de faire bénéficier ses légataires universels de l'assurance-vie dont la clause bénéficiaire visait les héritiers.

6) **Incidence de la renonciation d'un ascendant réservataire (droit antérieur).** Lorsqu'un héritier collatéral a été écarté de la succession par l'institution d'un légataire universel, la renonciation par l'ascendant du défunt à sa part de réserve est impuissante à rendre à ce collatéral son droit héréditaire et à lui faire attribuer les biens revenant nécessairement au légataire universel, lequel, de par la nature même de son titre, a la vocation éventuelle à recueillir tous les biens qui, en raison d'événements postérieurs au décès, restent ou rentrent dans l'héritage (■ Cass. req., 9 mars 1938 : *DP* 1939, 1, 65, note E. P.).

7) **Donation de l'universalité des biens à venir.** Le donataire de l'universalité des biens à venir est assimilé à un légataire universel (■ Cass. 1re civ., 5 mai 1987, n° 85-14.558 : *JurisData* n° 1987-000958 ; *Bull. civ.* I, n° 143, p. 112 ; *RTD civ.* 1988, 560, obs. Patarin).

8) **Droit moral de l'auteur.** Le légataire universel, ayant vocation à recevoir l'universalité héréditaire, devient titulaire du droit moral de l'auteur, même en présence d'héritiers réservataires (■ Cass. 1re civ., 17 déc. 1996, n° 94-17.120 : *JurisData* n° 1996-004959 ; *JCP* 97, II, 22888, note Beignier ; *D.* 1997, 445, note Ravanas ; *Bull.* I, n° 461, p. 324 ; *Dr. famille* 1997, 77, note Beignier ; *RTD civ.* 1998, 446, obs. Patarin).

Art. 1004. – Lorsqu'au décès du testateur il y a des héritiers auxquels une quotité de ses biens est réservée par la loi, ces héritiers sont saisis de plein droit, par sa mort, de tous les biens de la succession ; et le légataire *universel est tenu de leur demander* la délivrance des biens compris dans le testament.

1) **Nature juridique de la délivrance.** La délivrance s'analyse juridiquement comme la reconnaissance et comme la consécration des droits du légataire universel, et permet seule l'entrée en possession et l'acquisition des fruits (■ Cass. 1re civ., 28 janv. 1997, n° 94-20.922 : *JurisData* n° 1997-000342 ; *JCP* 97, IV, 638 ; *Bull.* I, n° 37, p. 23 ; *Dr. famille* 1997, 91, note Beignier). La transmission

d'une quote-part du patrimoine du défunt à son légataire à titre universel s'opère de plein droit par le seul effet du décès du testateur, la délivrance ne portant que sur la possession, de sorte que l'héritier réservataire se trouve en état d'indivision avec le bénéficiaire du legs jusqu'au partage (■ Cass. 1re civ., 5 mars 2002 : *JCP* 2002, IV, 1660 ; *D.* 2002, 2555, note Libchaber ; *JurisData* n° 2002-013314 ; *Bull. civ.* I, n° 81, p. 62 ; *Defrénois* 2002, 1275, obs. Aubert).

2) Délivrance et paiement du legs. La délivrance du legs, qui a pour seul objet de reconnaître les droits du légataire, doit être distinguée du paiement du legs, lequel ne peut intervenir qu'au cours des opérations de partage par l'attribution au légataire de biens le remplissant de ses droits ; dans l'attente du partage, l'héritier réservataire n'a d'autre obligation que de conserver les fruits et revenus des biens entrant dans la masse partageable afin de pouvoir les remettre au légataire universel dans la proportion de ses droits (■ Cass. 1re civ., 10 mai 1988, n° 86-15.278 : *JurisData* n° 1988-001182 ; *Bull. civ.* I, n° 141, p. 97. V. aussi, précisant que jusqu'au partage, le légataire universel ne peut prétendre à la jouissance divise des biens légués, ■ Cass. 1re civ., 3 oct. 2000, n° 98-18.834 : *JurisData* n° 2000-006127 ; *Dr. famille* 2001, 33, note Beignier ; *D.* 2001, somm. 2939, obs. Vareille).

3) Biens prétendument détournés. Étant une opération purement juridique, la délivrance doit porter également sur les biens prétendument détournés qui sont l'objet d'informations pénales en cours (■ Paris, 8 févr. 1990 : *JurisData* n° 1990-020446 ; *RTD civ.* 1991, 381, obs. Patarin).

4) Forme de la délivrance. La délivrance d'un legs n'est soumise à aucune forme particulière et peut résulter de la prise de possession du légataire sans opposition de l'héritier légitime (■ Cass. 1re civ., 18 nov. 1968 : *D.* 1969, 112). La déclaration par laquelle le légataire universel (ou le donataire de l'universalité) opte pour l'une des quotités disponibles, souscrite dans l'année du décès et acceptée par les héritiers réservataires, s'analyse en une demande de délivrance de legs (■ Cass. 1re civ., 5 mai 1987, n° 85-15.392 : *JurisData* n° 1987-000937 ; *Bull. civ.* I, n° 143, p. 112 ; *RTD civ.* 1988, 560, obs. Patarin).

5) Effets de la délivrance. La délivrance d'un legs est une mesure essentiellement provisoire qui n'enlève aux héritiers et aux autres intéressés aucun des moyens de forme et de fond qu'ils peuvent avoir à proposer pour faire établir leurs droits dans la succession (■ Cass. 1re civ., 10 juill. 1968 : *D.* 1968, 669, note Breton).

6) Légataire universel primé dans la succession de son grand-père par les fils de celui-ci. Le légataire universel primé dans la succession de son grand-père par les fils de celui-ci n'a pas la qualité d'héritier et n'est donc pas dispensé de demander la délivrance (■ Cass. 1re civ., 29 oct. 1979 : *JCP* 81, II, 19527, note Dagot).

Art. 1005. – **Néanmoins, dans les mêmes cas, le légataire universel aura la jouissance des biens compris dans le testament, à compter du jour du décès, si la demande en délivrance a été faite dans l'année, depuis cette époque ; sinon, cette jouissance ne commencera que du jour de la demande formée en justice, ou du jour que la délivrance aurait été volontairement consentie.**

1) Indemnité d'occupation (non). Il résulte de la combinaison des articles 724, 1005 et 815-9 que l'héritier saisi de l'universalité de la succession est habile à prétendre à la jouissance du bien légué à compter du jour du décès et que cette jouissance est exclusive de toute indemnité au profit de l'indivision pour l'occupation du bien légué (■ Cass. 1re civ., 2 juin 1987, n° 85-16.269 : *Bull. civ.* I, n° 181, p. 135). Dans le même sens, ■ Cass. 1re civ., 24 sept. 2008, n° 06-21.445 : *Bull. civ.* I, n° 214 ; *AJF* 2008, 439, obs. Bicheron ; *D.* 2008, 2431, obs. Egéa ; *RTD civ.* 2008, 709, obs. Grimaldi ; *Dr. famille* 2008, comm. 175, obs. Beignier ; *Defrénois* 2009, 1613, obs. Vareille, qui décide, dans une hypothèse de réduction en valeur, que la légataire n'était redevable d'aucune indemnité d'occupation envers l'indivision, la propriété du bien légué lui restant définitivement acquise au jour du décès. V. aussi, ■ Cass. 1re civ., 24 sept. 2014, n° 12-26.486 : *Bull.* ; *RTD civ.* 2014, 426, obs. M. Grimaldi. ■ Cass. 1re civ., 16 mars 2016, n° 14-28.865.

2) Calcul de l'indemnité de réduction. En vertu des articles 924-2 et 1005 du Code civil, en présence d'héritiers réservataires et à défaut de demande en délivrance dans l'année du décès, l'état du bien légué à prendre en compte pour le calcul de l'indemnité de réduction est celui au jour de la demande en justice : ■ Cass. 1re civ., 28 mai 2015, n° 14-15.115 : *Bull.* ; *RTD civ.* 2015, 673, obs. M. Grimaldi.

Art. 1006. – **Lorsqu'au décès du testateur il n'y aura pas d'héritiers auxquels une quotité de ses biens soit réservée par la loi, le légataire universel sera saisi de plein droit par la mort du testateur, sans être tenu de demander la délivrance.**

Art. 1007 *(L. 25 mars 1899 ; L. 8 déc. 1950 ; L. n° 66-1012, 28 déc. 1966).* **– Tout testament olographe ou mystique sera, avant d'être mis à exécution, déposé entre les mains d'un notaire. Le testament sera ouvert, s'il est cacheté. Le notaire dressera sur-le-champ procès-verbal de l'ouverture et de l'état du testament, en précisant les circonstances du dépôt.** *(Aj. à compter du 1er novembre 2017, L. n° 2016-1547, 18 nov. 2016)* **« Dans le cas prévu à l'article 1006, le notaire vérifiera les conditions de la saisine du légataire au regard du caractère universel de sa vocation et de l'absence d'héritiers réservataires. Il portera mention de ces vérifications sur le procès-verbal. Le testament ainsi que le procès-verbal seront conservés au rang des minutes du dépositaire ».**

Dans le mois qui suivra la date du procès-verbal, le notaire adressera une expédition de celui-ci et une copie figurée du testament au greffier du tribunal de grande instance du lieu d'ouverture de la succession, qui lui accusera réception de ces documents et les conservera au rang de ses minutes.

(Al. créé à compter du 1er novembre 2017, L. n° 2016-1547, 18 nov. 2016) **Dans le mois suivant cette réception, tout intéressé pourra s'opposer à l'exercice de ses droits par le légataire universel saisi de plein droit en vertu du même article 1006. En cas d'opposition, ce légataire se fera envoyer en possession. Les modalités d'application du présent alinéa sont déterminées par décret en Conseil d'État.**

V. CPC, art. 1378-1 et 1378-2, p. 2393 (D. n° 2016-1907, 28 déc. 2016) pour les successions ouvertes à compter du 1er novembre 2017.

Testament en faveur d'un notaire. Prohibition. Pour l'exécution des formalités de l'article 1007, le notaire dresse seulement un procès-verbal de dépôt et de description, qui n'est pas assimilable à un acte reçu par un notaire au sens de l'article 2 du décret du 26 novembre 1971 (■ Paris, 23 juin 1998, n° 97/15184 : *JurisData* n° 1998-021815 ; *Dr. famille* 1999, 34, note Beignier). Le fait qu'il ait conservé ensuite le testament dans son coffre n'est pas non plus contraire à la prohibition (même arrêt).

Rédaction antérieure. Art. 1008 *(Abr. à compter du 1er novembre 2017, L. n° 2016-1547, 18 nov. 2016).* – Dans le cas de l'article 1006, si le testament est olographe ou mystique, le légataire universel sera tenu de se faire envoyer en possession, par une ordonnance du président, mise au bas d'une requête, à laquelle sera joint l'acte de dépôt.

Bibliographie : X. Savatier, *Quand un légataire universel institué par testament olographe doit-il se faire envoyer en possession ? : Defrénois* 1994, 145.

1) Conjoint survivant. Sur le point de savoir si le conjoint survivant héritier et institué légataire universel doit demander l'envoi en possession, V. pour l'affirmative ■ Montpellier, 15 nov. 1965 : *D.* 1966, 419, note Malaurie. ■ Paris, 16 déc. 1967 : *D.* 1968, 572, note de La Marnierre. ■ Lyon, 6 févr. 1968 : *D.* 1968, 554, pour la négative ■ Cass. 1re civ., 10 févr. 1964, n° 62-11.132 : *D.* 1965, 118. ■ Aix-en-Provence, 15 juin 1962 : *JCP* 62, II, 12784, note Voirin. ■ Besançon, 11 oct. 1967 : *D.* 1968, 572, note de La Marnierre. V. aussi Vasseur : *D.* 1965, chron. 31.

2) Office du juge. Le juge doit seulement s'assurer de la validité apparente des dispositions testamentaires (■ Cass. 1re civ., 24 nov. 1976, n° 75-15.196 : *JurisData* n° 1976-000369 ; *Bull. civ.* I, n° 369, p. 290). Il ne peut refuser l'envoi en possession en se fondant sur des éléments extrinsèques (■ Cass. 1re civ., 11 déc. 1956 : *JCP* 57, II, 9747, note G. M.), mais il peut surseoir à statuer jusqu'à la décision à intervenir sur la contestation (■ Cass. 1re civ., 2 févr. 1960 : *JurisData* n° 1960-000069 ; *Bull. civ.* I, n° 70, p. 57). Le légataire universel agit par requête sans avoir à appeler la partie adverse (■ CA Paris, 5 févr. 2015 : *JurisData* n° 2015-003735 ; *JCP G* 2015, 435 note Foulon et Strickler).

3) Nature et exécution de l'ordonnance d'envoi en possession. L'ordonnance d'envoi en possession est un acte de juridiction contentieuse (■ Cass. civ., 3 avr. 1895 : *DP* 1896, 1, 5, note Glasson. ■ Cass. 1re civ., 11 déc. 1956 : *JCP* 57, II, 9747, note G. M.). Elle est exécutoire sur minute et le légataire universel peut obtenir du juge des référés l'autorisation d'aliéner les biens héréditaires en vue d'acquitter les droits de mutation (■ Cass. 1re civ., 15 déc. 1976 : *JurisData* n° 1976-700411 ; *Bull. civ.* I, n° 411, p. 321).

4) Contestation sur l'écriture et la signature du testament. Dès lors que le légataire universel a été envoyé en possession conformément à l'article 1008, la charge de la preuve de la fausseté de l'écriture et de la signature du testament incombe à l'héritier, cette règle ne souffrant d'exception que lorsqu'il existe des circonstances rendant le testament suspect (■ Cass. 1re civ., 11 févr. 1976, n° 74-13.190 : *Bull. civ.* I, n° 65, p. 51. ■ Cass. 1re civ., 6 juin 1990, n° 88-19.686 : *JurisData* n° 1990-702131 ; *Bull. civ.* I, n° 150, p. 107 ; *Defrénois* 1990, 1162, note X. Savatier. Dans le même sens, ■ Cass. 1re civ., 29 févr. 2012, n° 10-27.332 : *Bull. civ.* I, n° 45 ; *D.* 2012, 2483, obs. Nicod).

5) Validation rétroactive des actes faits par le légataire universel. L'envoi en possession a pour effet de valider rétroactivement les actes faits par le légataire universel en cette qualité (■ Cass. 1re civ., 12 déc. 1973, n° 72-13.284 : *JurisData* n° 1973-000352 ; *Gaz. Pal.* 1974, 1, 381).

Art. 1009. – Le légataire universel qui sera en concours avec un héritier auquel la loi réserve une quotité des biens, sera tenu des dettes et charges de la succession du testateur, personnellement pour sa part et portion, et hypothécairement pour le tout ; et il sera tenu d'acquitter tous les legs, sauf le cas de réduction, ainsi qu'il est expliqué aux articles 926 et 927.

1) Obligation au passif du légataire universel. La dette de répétition née du paiement indu fait postérieurement au décès de la crédirentière s'est transmise à sa légataire universelle (■ Cass. 1re civ., 19 déc. 1995, n° 92-20.116 : *JurisData* n° 1995-003707 ; *JCP* 96, IV, 383 ; *Bull. civ.* I, n° 476, p. 330).

2) Obligation *ultra vires*. Sur le principe de l'obligation aux dettes *ultra vires* du légataire non saisi, V. ■ Cass. civ., 13 août 1851 : *DP* 1851, 1, 281. ■ Cass. 1re civ., 16 janv. 1974, n° 72-14.125 : *JurisData* n° 1974-000025 ; *Bull. civ.* I, n° 25, p. 23. Le légataire universel, saisi ou non saisi, est tenu *ultra vires* des legs consentis par le *de cujus* (■ Cass. 1re civ., 28 mai 1968 : *JCP* 69, II, 15714, note Dagot ; *D.* 1969, 95), mais il peut limiter son obligation en acceptant sous bénéfice d'inventaire (même arrêt).

3) Legs universel avec charge de transmettre le capital d'une assurance-vie. Le capital-décès provenant d'une assurance-vie ne fait pas partie de la succession de l'assuré, et dès lors n'entre pas dans la masse de calcul de la réserve et de la quotité disponible. En conséquence, le legs universel avec charge ayant pour objet ce capital-décès ne peut faire l'objet d'une réduction du capital garanti à hauteur de la quotité disponible (■ Cass. 1re civ., 20 mai 2009, n° 08-11.355).

Section V. – Du legs à titre universel

Art. 1010. – Le legs à titre universel est celui par lequel le testateur lègue une quote-part des biens dont la loi lui permet de disposer, telle qu'une moitié, un tiers, ou tous ses immeubles, ou tout son mobilier, ou une quotité fixe de tous ses immeubles ou de tout son mobilier.

Tout autre legs ne forme qu'une disposition à titre particulier.

1) Notion de legs à titre universel. Ne constitue qu'un legs particulier le legs concernant une partie de l'hérédité qui ne s'exprime pas sous la forme d'une quote-part ou d'une fraction (biens situés en France) (■ Cass. 1re civ., 13 févr. 1973 : *D.* 1973, 656, note Breton. – V. en ce sens ■ Colmar, 16 sept. 1974 : *D.* 1975, somm. 19).

2) Legs de la quotité disponible. Le legs de la quotité disponible est un legs universel (■ Cass. 1re civ., 5 mai 1987 : *Bull. civ.* I, n° 143, p. 112. ■ Cass. 1re civ., 28 oct. 2015, n° 12-12.263 : *JurisData* n° 2015-024654 ; *JCP* N 2016, 1092, note P. Noual).

3) Legs d'usufruit. Un legs d'usufruit, qu'il porte sur la totalité ou sur une quote-part de la succession, est un legs à titre universel (■ Cass. req., 29 juin 1910 : *DP* 1911, 1, 49, note Capitant. ■ Paris, 12 juill. 1979 : *JurisData* n° 1979-615062 ; *JCP* 80, II, 19363, note de La Marnierre).

4) Legs de la nue-propriété. Les legs portant sur la nue-propriété de l'ensemble des biens composant la succession constituent des legs universels : ■ Cass. 1re civ., 10 févr. 2016, n° 14-27.057 : *Bull.* ; *JCP* N 2016, 1119, comm. M. Leroy ; *RJPF* 2016-4/31, J. Boisson ; *RTD civ.* 2016, 430, M. Grimaldi.

5) Legs d'une part de la communauté. Un legs particulier peut porter à la fois sur un ou plusieurs biens désignés ou sur une catégorie de biens quel que soit leur nombre dans le patrimoine du disposant ; le legs par lequel le testateur lègue à son frère sa part dans la communauté ne porte pas sur une quote-part de la succession, mais sur une quote-part (la moitié) des biens qui, dans la succession, proviennent de la communauté dissoute, ce dont il résulte que ce legs est un legs particulier (■ Cass. 1re civ., 11 juill. 2006 : *Bull. civ.* I, n° 391 ; *JurisData* n° 2006-034531 ; *JCP* 2006, IV, 2772).

6) Institution de légataires universels par parts égales. Doit être considérée comme un legs universel et non à titre universel la disposition testamentaire par laquelle un oncle laisse toute sa fortune à ses neveux et nièces par parts égales si cette dernière mention n'a pas eu pour but de restreindre la vocation héréditaire de ses neveux et nièces mais seulement de régler l'exécution du legs et de prévenir toute discussion en écartant expressément le partage par souches et en imposant le partage par tête (■ Amiens, 3 juill. 1912 : *DP* 1913, 2, 250. – V. en ce sens ■ Cass. req., 10 juill. 1905 : *DP* 1906, 1, 397).

7) Indivision avec l'héritier réservataire jusqu'au partage. La transmission d'une quote-part du patrimoine du défunt à son légataire à titre universel s'opérant de plein droit par le seul effet du décès du testateur, indépendamment de la délivrance qui ne porte que sur la possession, l'héritier réservataire se trouve en état d'indivision avec le bénéficiaire du legs jusqu'au partage (■ Cass. 1re civ., 5 mars 2002 : *JurisData* n° 2002-013314 ; V. art. 1004, note n° 1, p. 764).

Art. 1011. – Les légataires à titre universel seront tenus de demander la délivrance aux héritiers auxquels une quotité des biens est réservée par la loi ; à leur défaut, aux légataires universels ; et, à défaut de ceux-ci, aux héritiers appelés dans l'ordre établi au titre *Des successions*.

1) **Sursis à la délivrance jusqu'à détermination de la quotité disponible (non).** L'héritier réservataire n'est pas fondé à surseoir à la délivrance d'un legs à titre universel, avec faculté de choisir les biens légués, jusqu'à ce que la quotité disponible ait été déterminée, et cela surtout lorsque les juges du fait constatent que rien ne donne à penser que la réserve légale puisse être atteinte (■ Cass. 1re civ., 10 juill. 1968 : *D.* 1968, 669, note Breton).

2) **Fruits et intérêts.** Le légataire à titre universel a droit aux fruits et intérêts à partir du jour du décès sous la seule condition de former sa demande en délivrance dans l'année (■ Cass. civ., 6 avr. 1891 : *DP* 1892, 1, 279).

Art. 1012. – Le légataire à titre universel sera tenu, comme le légataire universel, des dettes et charges de la succession du testateur, personnellement pour sa part et portion, et hypothécairement pour le tout.

Art. 1013. – Lorsque le testateur n'aura disposé que d'une quotité de la portion disponible, et qu'il l'aura fait à titre universel, ce légataire sera tenu d'acquitter les legs particuliers par contribution avec les héritiers naturels.

Section VI. – Des legs particuliers

Art. 1014. – Tout legs pur et simple donnera au légataire, du jour du décès du testateur, un droit à la chose léguée, droit transmissible à ses héritiers ou ayants cause.

Néanmoins, le légataire particulier ne pourra se mettre en possession de la chose léguée, ni en prétendre les fruits ou intérêts, qu'à compter du jour de sa demande en délivrance, formée suivant l'ordre établi par l'article 1011, ou du jour auquel cette délivrance lui aurait été volontairement consentie.

1) **Héritier saisi.** L'héritier saisi n'a pas à demander la délivrance de son legs particulier (■ Cass. 1re civ., 24 nov. 1969 : *JCP* 70, II, 16506, note Dagot. ■ Cass. 1re civ., 31 mars 1971, n° 70-10.594 : *Bull. civ.* I, n° 119, p. 97). Il a droit aux fruits et intérêts à compter de l'ouverture de la succession (■ Cass. 1re civ., 24 nov. 1969, préc.).

2) **Délivrance du legs. Renonciation à l'action en réduction.** La délivrance d'un legs particulier, mesure essentiellement provisoire, ne peut en aucune façon entraver l'exercice ultérieur des droits et spécialement du droit éventuel à réduction des héritiers légitimes. Par suite, doit être cassé l'arrêt qui refuse de faire droit à la demande en délivrance au motif que la communauté ayant existé entre le défunt et son épouse n'est pas encore partagée (■ Cass. 1re civ., 16 juin 1969 : *Bull. civ.* I, n° 231, p. 184. – Voir cependant ■ Orléans, 13 nov. 1975 : *JCP* 76, II, 18349, note Boursigot). – Voir cependant ■ Cass. 1re civ., 15 mai 2008, n° 07-17.407 : *JurisData* n° *2008-043888* ; *D.* 2008, 1482, obs. Brémond et *alii* ; *LPA* 23 juill. 2008, note Malaurie ; *Defrénois* 2008, 1685, Malaurie ; *RTD civ.* 2008, 523, obs. Grimaldi, qui décide que la délivrance d'un legs vaut renonciation à se prévaloir des causes d'inefficacité du legs.

3) **Prescription trentenaire (droit antérieur).** Sur la prescription trentenaire de l'action en délivrance d'un legs particulier, V. ■ Cass. 1re civ., 22 oct. 1975, n° 74-11.694 : *JurisData* n° 1975-000293 ; *Bull. civ.* I, n° 293, p. 244. Cependant, V. désormais, L. 17 juin 2008 : art. 2224, p. 1657 et art. 2227, p. 1667.

4) **Sursis à la délivrance jusqu'à détermination de la quotité disponible (non).** Sur le principe que l'héritier réservataire n'est pas fondé à surseoir à la délivrance du legs jusqu'à ce que la quotité disponible ait été déterminée, V. ■ Cass. req., 5 déc. 1932 : *DH* 1933, 99.

5) **Irrévocabilité de l'acceptation.** Le légataire à titre particulier qui a obtenu, à sa demande, délivrance de son legs, a ainsi irrévocablement accepté celui-ci et ne peut plus renoncer à ses droits successoraux (■ Cass. 1re civ., 26 sept. 2007, n° 06-15.191 : *JCP* 2007, IV, 2933 ; *JCP* N 2007, act. 646 ; Dr. famille déc. 2007, comm. 225, note Beignier).

6) **Legs de somme d'argent.** Le legs d'une somme d'argent, fût-elle représentative du prix de vente d'un bien déjà réinvesti dans un contrat d'assurance-vie, a nécessairement pour effet de

rendre le légataire créancier de la succession (■ Cass. 1re civ., 26 sept. 2012, n° 11-16.244 : *Bull. civ.* I, n° 190 ; *RTD civ.* 2012, 763, obs. M. Grimaldi).

7) Abus du droit du légataire d'ester en justice. Pour la caractérisation de la faute du légataire dans une hypothèse où l'action en délivrance du legs s'inscrivait dans une machination mise en œuvre avec la complicité d'un notaire peu scrupuleux, V. ■ Cass. 1re civ., 20 mars 2013, n° 11-27.285 : *Bull. civ.* I, n° 42.

Art. 1015. – **Les intérêts ou fruits de la chose léguée courront au profit du légataire, dès le jour du décès, et sans qu'il ait formé sa demande en justice :**

1° Lorsque le testateur aura expressément déclaré sa volonté, à cet égard, dans le testament ;

2° Lorsqu'une rente viagère ou une pension aura été léguée à titre d'aliments.

Calcul des intérêts. Les intérêts de la soulte attribuée au légataire dans le partage avec l'héritier doivent suivre les variations de la valeur de la chose léguée (■ Cass. 1re civ., 12 janv. 1983, n° 81-16.343 : *JurisData* n° 1983-700069 ; *D.* 1983, inf. rap. 177, obs. Martin ; *Bull. civ.* I, n° 20, p. 18).

Art. 1016. – **Les frais de la demande en délivrance seront à la charge de la succession, sans néanmoins qu'il puisse en résulter de réduction de la réserve légale.**

Les droits d'enregistrement seront dus par le légataire.

Le tout, s'il n'en a été autrement ordonné par le testament.

Chaque legs pourra être enregistré séparément, sans que cet enregistrement puisse profiter à aucun autre qu'au légataire ou à ses ayants cause.

1) Dispense implicite. La dispense de payer prévue par le défunt peut être implicite (■ Cass. 1re civ., 20 oct. 1971, n° 70-12.701 : *JurisData* n° 1971-000270 ; *Bull. civ.* I, n° 271, p. 229).

2) Légataire élevant une contestation mal fondée. L'article 1016 ne s'applique pas au cas où le légataire particulier qui demande la délivrance a élevé à cette occasion des difficultés sur lesquelles il succombe (■ Cass. civ., 5 mars 1900 : *DP* 1900, 1, 409, note Colin).

3) Frais entamant la réserve. Il y a lieu à réduction si le montant des droits dont le légataire est dispensé entame la réserve des héritiers (■ Paris, 23 févr. 1982 : *JurisData* n° 1982-023620 ; *JCP* 83, II, 19988, note Rémy).

Art. 1017. – **Les héritiers du testateur, ou autres débiteurs d'un legs, seront personnellement tenus de l'acquitter, chacun au prorata de la part et portion dont ils profiteront dans la succession.**

Ils en seront tenus hypothécairement pour le tout, jusqu'à concurrence de la valeur des immeubles de la succession dont ils seront détenteurs.

Clause pénale. Viole l'article 1017 la cour d'appel qui condamne *in solidum* l'appelé, légataire universel, et un tiers au paiement d'une somme à titre de clause pénale en cas de contestation du legs d'usufruit, alors qu'elle retient que l'appelé a recueilli l'entière succession de sa mère, à charge de délivrer les legs particuliers, ce dont se déduit nécessairement que seul le légataire universel est tenu d'acquitter le legs conditionnel prévu par la testatrice à titre de clause pénale (■ Cass. 1re civ., 1er oct. 1996, n° 94-16.867 : *JurisData* n° 1996-003594 ; *JCP* 97, I, 4021, n° 7, obs. Le Guidec ; *Bull. civ.* I, n° 337, p. 236 ; *Defrénois* 1997, 458, obs. X. Savatier).

Art. 1018. – **La chose léguée sera délivrée avec les accessoires nécessaires, et dans l'état où elle se trouvera au jour du décès du donateur.**

Notion d'accessoire. Par accessoire nécessaire de la chose léguée, il faut entendre les objets sans lesquels cette chose ne pourrait servir à son usage habituel et ceux qui y sont attachés par une disposition de la loi ou par la volonté du testateur (■ Cass. civ., 24 janv. 1923 : *S.* 1923, 1, 80). Jugé ainsi que le legs d'un château peut comprendre le mobilier dont le château est garni (■ TGI Nevers, 5 mars 1975 : *JCP* 76, II, 18324, note Dagot et, sur appel, ■ Bourges, 15 nov. 1976 : *JCP* 77, IV, 269).

Art. 1019. – **Lorsque celui qui a légué la propriété d'un immeuble, l'a ensuite augmentée par des acquisitions, ces acquisitions, fussent-elles contiguës, ne seront pas censées, sans une nouvelle disposition, faire partie du legs.**

Il en sera autrement des embellissements, ou des constructions nouvelles faites sur le fonds légué, ou d'un enclos dont le testateur aurait augmenté l'enceinte.

1) Terres réunies au domaine légué après le testament. Le legs par un testateur d'un domaine « tel qu'il sera à l'époque de son décès » doit comprendre tous les fonds de terre qu'il y a inclus, fût-ce après la rédaction de son testament (■ Bourges, 15 nov. 1976 : *JCP* 77, IV, 269).

2) Valeurs mobilières achetées à terme par le *de cujus*. Sur le point de savoir si le légataire de valeurs mobilières peut prétendre aux valeurs achetées à terme par le *de cujus*, V. ■ Amiens, 7 nov. 1962 : *JCP* 63, II, 13018, note Voirin.

Art. 1020. – **Si, avant le testament ou depuis, la chose léguée a été hypothéquée pour une dette de la succession, ou même pour la dette d'un tiers, ou si elle est grevée d'un usufruit, celui qui doit acquitter le legs n'est point tenu de la dégager, à moins qu'il n'ait été chargé de le faire par une disposition expresse du testateur.**

Art. 1021. – **Lorsque le testateur aura légué la chose d'autrui, le legs sera nul, soit que le testateur ait connu ou non qu'elle ne lui appartenait pas.**

1) Legs de la jouissance d'un local constituant l'actif d'une société. Est nul le legs par lequel le testateur a consenti au légataire la jouissance gratuite d'un local constituant l'actif d'une société civile immobilière alors qu'il ne possédait que 50 % des parts de la société (■ Paris, 9 févr. 1984 : *JurisData* n° 1984-020767), ou la propriété d'un appartement appartenant à une société en nom collectif dont le testateur ne disposait que de la majorité des parts (■ Cass. 1re civ., 15 mai 2018, 14-11.123 : *Dr. famille* 2018, comm. 216, Nicod ; *RTD civ.* 2018, p. 723, M. Grimaldi ; *RJPF* 2018, n° 9, p. 46, Péglion).

2) Clause pénale assurant l'exécution du legs de la chose d'autrui. L'article 1021 n'est pas d'ordre public et n'interdit pas au testateur d'imposer à ses héritiers ou à ses légataires universels une obligation de faire en insérant dans son testament une clause pénale par laquelle il les prive de sa succession, de leur legs ou, s'ils sont réservataires, de toute part dans la quotité disponible, pour le cas où ils n'exécuteraient pas cette obligation (■ Cass. 1re civ., 9 oct. 1961 : *JurisData* n° 1961-000442 ; *Gaz. Pal.* 1961, 2, 304. – V. en ce sens ■ Cass. civ., 25 févr. 1925 : *DP* 1925, 1, 185, note R. Savatier).

3) Droit indivis. Le testateur, alors même qu'il n'a que des droits indivis sur le bien légué, peut imposer à ses héritiers la charge d'en procurer la propriété entière au légataire (■ Cass. 1re civ., 8 oct. 2014, n° 13-19.399). Cette volonté peut être déduite de l'ensemble des dispositions testamentaires sans avoir à être expressément formulée (■ Cass. 1re civ., 28 mars 2006 : *Bull. civ.* I, n° 186 ; *JCP* 2006, IV, 1944 ; *JurisData* n° 2006-032895 ; *Defrénois* 2006, 1586, note Farge).

4) Legs de biens communs. Le legs de biens communs consenti par l'épouse ne peut être tenu pour un legs de la chose d'autrui au sens de l'article 1021 du fait que la testatrice est titulaire d'un droit de copropriété par indivis sur les biens légués (■ Cass. 1re civ., 28 mai 1968 : *JCP* 69, II, 15714, note Dagot ; *D.* 1969, 95). Voir art. 1423, p. 1290.

Art. 1022. – **Lorsque le legs sera d'une chose indéterminée, l'héritier ne sera pas obligé de la donner de la meilleure qualité, et il ne pourra l'offrir de la plus mauvaise.**

Art. 1023. – **Le legs fait au créancier ne sera pas censé en compensation de sa créance, ni le legs fait au domestique en compensation de ses gages.**

Art. 1024. – **Le légataire à titre particulier ne sera point tenu des dettes de la succession, sauf la réduction du legs ainsi qu'il est dit ci-dessus, et sauf l'action hypothécaire des créanciers.**

V. pour une application ■ Cass. 1re civ., 22 juin 2004, n° 02-20.398 : *JurisData* n° 2004-024253 ; *D.* 2005, somm. 2120, obs. Brémond. V. aussi ■ Cass. 1re civ., 19 sept. 2007 : *JurisData* n° 2007-040378 ; n° 05-18386 ; *JCP* 2007, IV, 2878 (dans le cas du legs à titre particulier du solde d'un compte bancaire, le montant des sommes indûment perçues, de son vivant, par le *de cujus*, titulaire du compte, constitue un passif successoral non déductible du legs).

Section VII. – Des exécuteurs testamentaires

(Rempl., L. n° 2006-728, 23 juin 2006)

Bibliographie : F. Letellier, *La réforme de l'exécution testamentaire : Dr. famille* 2006, études 47. • F. Letellier, *La refonte de l'exécution testamentaire : participation au débat sur une offre de loi : LPA*, 2 mai 2005, 5. • S. Mazeaud-Leveneur, *L'exécuteur testamentaire : Dr. et patrimoine* 2007, n° 162, p. 58 et s. • A. Chamoulaud-Trapiers, *Les exécuteurs testamentaires : D.* 2006, 2577. • J. Casey, *Commentaire de la réforme du droit des successions : RJPF* 2007, n° 1, 10. • M. Grimaldi, *L'exécuteur testamentaire : Defrénois* 2000, 7 (droit antérieur à la loi du 23 juin 2006). • F. Letellier, *Les pouvoirs de l'exécuteur testamentaire, approche pratique : JCP* N 2001, 1548 (droit antérieur à la loi du 23 juin 2006).

Pour les dispositions transitoires. Voir L. n° 2006-728, 23 juin 2006, art. 47, I et II, p. 3262.

Art. 1025 *(Rempl., L. n° 2006-728, 23 juin 2006).* **– Le testateur peut nommer un ou plusieurs exécuteurs testamentaires jouissant de la pleine capacité civile pour veiller ou procéder à l'exécution de ses volontés.**

L'exécuteur testamentaire qui a accepté sa mission est tenu de l'accomplir.

Les pouvoirs de l'exécuteur testamentaire ne sont pas transmissibles à cause de mort.

1) Lettre missive. Jugé, sous l'empire du droit antérieur à la loi du 23 juin 2006, que la nomination peut être valablement faite dans une lettre adressée à l'exécuteur et tout entière écrite, datée et signée de la main du *de cujus* (▪ Aix-en-Provence, 30 déc. 1907 : *DP* 1908, 2, 103). Il importe peu pour sa validité que l'acte qui la contient ne fasse mention d'aucun legs (même arrêt).

2) Exécuteur testamentaire et légataire universel. Les juges du fond peuvent décider que la personne désignée comme légataire universel n'est en réalité qu'exécuteur testamentaire (▪ Cass. req., 29 juin 1899 : *DP* 1899, 1, 472). Jugé, sous l'empire du droit antérieur à la loi du 23 juin 2006, qu'une personne choisie pour distribuer le patrimoine du testateur aux pauvres est un exécuteur testamentaire (▪ Paris, 9 févr. 1962 : *D.* 1962, somm. 78).

3) Substitution d'un tiers. Faute de l'exécuteur. Jugé, sous l'empire du droit antérieur à la loi du 23 juin 2006, qu'en se substituant un tiers pour l'accomplissement de la mission qui lui avait été confiée personnellement, l'exécuteur testamentaire a commis une faute justifiant sa destitution par le tribunal (▪ TGI Seine, 19 mai 1962 : *Gaz. Pal.* 1962, 2, 222).

4) Exécution des charges par le légataire universel. Jugé, sous l'empire du droit antérieur à la loi du 23 juin 2006, qu'en cas de prédécès de l'exécuteur testamentaire, il appartient au légataire universel d'exécuter les charges qui étaient imposées audit exécuteur (▪ T. civ. Cusset, 12 déc. 1962 : *JCP* 63, II, 13056, note Voirin et, sur appel, ▪ Riom, 26 oct. 1964 : *D.* 1965, 202, note Verdot).

Art. 1026 *(Rempl., L. n° 2006-728, 23 juin 2006).* **– L'exécuteur testamentaire peut être relevé de sa mission pour motifs graves par le tribunal.**

Art. 1027 *(Rempl., L. n° 2006-728, 23 juin 2006).* **– S'il y a plusieurs exécuteurs testamentaires acceptant, l'un d'eux peut agir à défaut des autres, à moins que le testateur en ait disposé autrement ou qu'il ait divisé leur fonction.**

Art. 1028 *(Rempl., L. n° 2006-728, 23 juin 2006).* **– L'exécuteur testamentaire est mis en cause en cas de contestation sur la validité ou l'exécution d'un testament ou d'un legs.**

Dans tous les cas, il intervient pour soutenir la validité ou exiger l'exécution des dispositions litigieuses.

Art. 1029 *(Abr., L. 18 févr. 1938 ; rétabli, L. n° 2006-728, 23 juin 2006).* **– L'exécuteur testamentaire prend les mesures conservatoires utiles à la bonne exécution du testament.**

Il peut faire procéder, dans les formes prévues à l'article 789, à l'inventaire de la succession en présence ou non des héritiers, après les avoir dûment appelés.

Il peut provoquer la vente du mobilier à défaut de liquidités suffisantes pour acquitter les dettes urgentes de la succession.

1) Obligations de l'exécuteur. Jugé, sous l'empire du droit antérieur à la loi du 23 juin 2006, que les juges ne peuvent soumettre les exécuteurs testamentaires à des responsabilités qui ne sont écrites ni dans le testament ni dans la loi (▪ Cass. civ., 24 janv. 1899 : *S.* 1900, 1, 342, 2ᵉ esp.).

2) Vente sans formalité de justice. Minorité d'un des légataires. Jugé, sous l'empire du droit antérieur à la loi du 23 juin 2006, que le testateur peut charger l'exécuteur testamentaire de réaliser les biens meubles et immeubles sans formalités de justice nonobstant la minorité de l'un des légataires (■ Paris, 22 juill. 1901 : *DP* 1907, 2, 385, note crit. Boistel).

3) Paiement d'une pension alimentaire. Jugé, sous l'empire du droit antérieur à la loi du 23 juin 2006, que l'action en paiement d'une pension alimentaire ne peut être dirigée contre les exécuteurs testamentaires, bien qu'ils aient la saisine, dès lors qu'ils n'ont pas reçu mandat du testateur d'acquitter cette dette (■ Cass. civ., 23 janv. 1940 : *DC* 1941, 104, note Trasbot).

Art. 1030 *(Rempl., L. n° 2006-728, 23 juin 2006)*. – **Le testateur peut habiliter l'exécuteur testamentaire à prendre possession en tout ou partie du mobilier de la succession et à le vendre s'il est nécessaire pour acquitter les legs particuliers dans la limite de la quotité disponible.**

Pouvoir de vendre. Limitation aux meubles. Jugé, sous l'empire du droit antérieur à la loi du 23 juin 2006, que si le testateur a donné à l'exécuteur testamentaire le pouvoir de vendre en termes généraux sans spécifier qu'il s'appliquerait aux immeubles, ce pouvoir doit être interprété comme ne s'appliquant qu'aux meubles comme conséquence de la saisine de ceux-ci (■ Amiens, 22 févr. 1955 : *D.* 1956, somm. 34).

Art. 1030-1 *(L. n° 2006-728, 23 juin 2006)*. – **En l'absence d'héritier réservataire acceptant, le testateur peut habiliter l'exécuteur testamentaire à disposer en tout ou partie des immeubles de la succession, recevoir et placer les capitaux, payer les dettes et les charges et procéder à l'attribution ou au partage des biens subsistants entre les héritiers et les légataires.**

À peine d'inopposabilité, la vente d'un immeuble de la succession ne peut intervenir qu'après information des héritiers par l'exécuteur testamentaire.

Art. 1030-2 *(L. n° 2006-728, 23 juin 2006)*. – **Lorsque le testament a revêtu la forme authentique, l'envoi en possession** *(Mots abr. à compter du 1er novembre 2017, L. n° 2016-1547, 18 nov. 2016)* **« prévu à l'article 1008 » n'est pas requis pour l'exécution des pouvoirs mentionnés aux articles 1030 et 1030-1.**

Bibliographie : F. Letellier, *L'envoi en possession de l'exécuteur testamentaire : JCP* N 2008, n° 47, n° 1331, p. 26.

Art. 1031 *(Rempl., L. n° 2006-728, 23 juin 2006)*. – **Les habilitations mentionnées aux articles 1030 et 1030-1 sont données par le testateur pour une durée qui ne peut excéder deux années à compter de l'ouverture du testament. Une prorogation d'une année au plus peut être accordée par le juge.**

Art. 1032 *(Rempl., L. n° 2006-728, 23 juin 2006)*. – **La mission de l'exécuteur testamentaire prend fin au plus tard deux ans après l'ouverture du testament sauf prorogation par le juge.**

Art. 1033 *(Rempl., L. n° 2006-728, 23 juin 2006)*. – **L'exécuteur testamentaire rend compte dans les six mois suivant la fin de sa mission.**

Si l'exécution testamentaire prend fin par le décès de l'exécuteur, l'obligation de rendre des comptes incombe à ses héritiers.

Il assume la responsabilité d'un mandataire à titre gratuit.

Art. 1033-1 *(L. n° 2006-728, 23 juin 2006)*. – **La mission d'exécuteur testamentaire est gratuite, sauf libéralité faite à titre particulier eu égard aux facultés du disposant et aux services rendus.**

Art. 1034 *(Rempl., L. n° 2006-728, 23 juin 2006)*. – **Les frais supportés par l'exécuteur testamentaire dans l'exercice de sa mission sont à la charge de la succession.**

Section VII (ancienne). – Des exécuteurs testamentaires

Art. 1025 ancien. – Le testateur pourra nommer un ou plusieurs exécuteurs testamentaires.

Art. 1026 ancien. – Il pourra leur donner la saisine du tout, ou seulement d'une partie de son mobilier ; mais elle ne pourra durer au-delà de l'an et jour à compter de son décès.

S'il ne la leur a pas donnée, ils ne pourront l'exiger.

1) **Point de départ du délai.** Le délai d'un an ne commence à courir que du jour où les contestations relatives à la validité du testament ont été jugées (▪ Paris, 22 juill. 1901 : *DP* 1907, 2, 385, note Boistel).

2) **Papiers intimes du testateur.** L'exécuteur testamentaire qui reçoit mission de trier et détruire les papiers intimes du testateur a non seulement la saisine mais la propriété de ces papiers et lettres et n'a pas l'obligation de les communiquer aux héritiers (▪ Cass. civ., 11 juin 1890 : *DP* 1890, 1, 324).

3) **Prolongation du délai.** Le testateur ne peut prolonger la saisine au-delà du délai d'un an (▪ Cass. civ., 20 mai 1867 : *DP* 1867, 1, 200), mais l'exécuteur testamentaire peut être chargé par décision de justice de continuer à gérer les biens dépendant de la succession en qualité d'administrateur (▪ Cass. req., 10 févr. 1903 : *DP* 1904, 1, 113. ▪ Bordeaux, 16 nov. 1903 : *DP* 1904, 5, 331).

Art. 1027 ancien. – L'héritier pourra faire cesser la saisine, en offrant de remettre aux exécuteurs testamentaires somme suffisante pour le paiement des legs mobiliers, ou en justifiant de ce paiement.

Art. 1028 ancien. – Celui qui ne peut s'obliger ne peut pas être exécuteur testamentaire.

Art. 1029 ancien *(Abr., L. 18 févr. 1938).*

Art. 1030 ancien. – Le mineur ne pourra être exécuteur testamentaire, même avec l'autorisation de son tuteur ou curateur (1).

Art. 1031 ancien. – Les exécuteurstestamentaires feront apposer les scellés, s'il y a des héritiers mineurs, majeurs en tutelle ou absents.

Ils feront faire, en présence de l'héritier présomptif, ou lui dûment appelé, l'inventaire des biens de la succession.

Ils provoqueront la vente du mobilier, à défaut de deniers suffisants pour acquitter les legs.

Ils veilleront à ce que le testament soit exécuté ; et ils pourront, en cas de contestation sur son exécution, intervenir pour en soutenir la validité.

Ils devront, à l'expiration de l'année du décès du testateur, rendre compte de leur gestion.

Art. 1032 ancien. – Les pouvoirs de l'exécuteur testamentaire ne passeront point à ses héritiers.

Art. 1033 ancien. – S'il y a plusieurs exécuteurs testamentaires qui aient accepté, un seul pourra agir au défaut des autres ; et ils seront solidairement responsables du compte du mobilier qui leur a été confié, à moins que le testateur n'ait divisé leurs fonctions, et que chacun d'eux ne se soit renfermé dans celle qui lui était attribuée.

Art. 1034 ancien. – Les frais faits par l'exécuteur testamentaire pour l'apposition des scellés, l'inventaire, le compte et les autres frais relatifs à ses fonctions, seront à la charge de la succession.

Section VIII. – *De la révocation* des testaments et de leur caducité

Art. 1035. – **Les testaments ne pourront être révoqués, en tout ou en partie, que par un testament postérieur, ou par un acte devant notaires, portant déclaration du changement de volonté.**

1) **Révocation verbale (non).** Un testament ou tout autre acte révocatoire purement verbaux sont nuls et de nul effet (▪ Cass. req., 19 nov. 1867 : *DP* 1868, 1, 216. ▪ Douai, 1er févr. 1960 : *JCP* 60, II, 11662, note Voirin).

2) **Forme de la révocation.** La révocation ne peut être déduite de simples présomptions (▪ Cass. req., 23 févr. 1914 : *DP* 1914, 1, 311). Jugé qu'elle ne peut résulter que d'un acte exprès ou d'une situation de fait créée par le testateur lui-

(1) La curatelle du mineur émancipé a été supprimée par la loi n° 64-1230 du 14 décembre 1964.

même dans le dessein de rendre impossible l'exécution des legs antérieurement consentis par lui (■ Cass. 1re civ., 25 mai 1959 : *JCP* 59, II, 11188, note R. Savatier). Le testateur qui a choisi l'un des deux modes de révocation prévus par l'article 1035 doit se conformer aux règles propres à l'acte choisi (■ Cass. req., 29 janv. 1908 : *DP* 1911, 1, 61). Mais l'acte qui ne contient aucune disposition de biens nouvelle peut opérer révocation s'il vaut comme acte notarié, alors même qu'il serait nul pour vice de forme en tant que testament authentique (même arrêt).

3) Testament révocatoire ne contenant aucun legs. Il n'est pas nécessaire que le testament révocatoire contienne des legs nouveaux (■ Cass. req., 10 janv. 1865 : *DP* 1865, 1, 185).

4) Révocation tacite. La révocation tacite d'un testament ne peut résulter que de la rédaction d'un nouveau testament incompatible, de l'aliénation de la chose léguée ou de la destruction ou de l'altération volontaire du testament (■ Cass. 1re civ., 4 juill. 2007, n° 05-16.023 : *JCP* 2007, IV, 2688 ; *JCP* N 2007, act. 530 ; *Dr. famille* 2007, comm. 174, note Beignier). La volonté manifestée par le testateur de diviser en deux lots le terrain qu'il avait précédemment légué à un de ses fils ne suffit pas à caractériser l'existence d'une révocation tacite (même arrêt). V. aussi, ■ Cass. 1re civ., 8 juill. 2015, n° 14-18.875 : *Bull.* ; *RDC* 2016/1, 88, note Ch. Goldie-Genicon pour une donation dont les dispositions se cumulaient sans doute involontairement avec un legs antérieur.

5) Révocation expresse par une donation (non). Cassation de l'arrêt qui a considéré qu'une donation, non reçue par deux notaires, emportait révocation expresse du testament antérieur, lequel demeure valable dans celles de ses dispositions qui ne sont pas incompatibles avec la donation : ■ Cass. 1re civ., 22 juin 2004, n° 02-20.398 : *Bull.*

6) Assurance-vie. La désignation initiale, par testament, des bénéficiaires d'une assurance-vie peut être modifiée par avenant au contrat sans que soit respecté un parallélisme des formes : ■ Cass. 1re civ., 3 avr. 2019, n° 18-14.640 : *Bull.* ; *JCP* N 2019, act. 382, S. Le Chuiton.

7) Portée de la clause révocatoire. Sur le pouvoir souverain des juges du fond pour apprécier la portée de la clause révocatoire, V. ■ Cass. req., 14 avr. 1885 : *DP* 1886, 1, 300. Les juges du fond peuvent estimer que la révocation d'un testament n'avait pu, en l'absence de volonté clairement manifestée par la défunte, avoir pour effet de remettre en vigueur un précédent testament révoqué (■ Cass. 1re civ., 17 mai 2017, n° 16-17.123 : *Dr. famille* 2017, comm. 166, M. Nicod ; *Defrénois* 2017, n° 23, p. 25, Ch. Bahurel).

8) Lacération ou destruction du testament. La lacération d'un testament n'emporte pas présomption légale de révocation de cet acte et il appartient aux juges du fond de rechercher d'après les circonstances de la cause et celles de la lacération elle-même si la volonté du testateur a été d'anéantir des dispositions testamentaires antérieures (■ Cass. 1re civ., 28 avr. 1969, n° 67-13.520 : *JurisData* n° 1969-000152 ; *JCP* 69, II, 16034, note Dagot ; *D.* 1969, 541, note Lindon. V. en ce sens ■ Cass. 1re civ., 2 févr. 1971 : *JCP* 72, II, 17000, note M. D. ■ Paris, 21 mai 1996, n° 95.008563 : *JurisData* n° 1996-021811 ; *Dr. famille* 1997, 93, note Beignier). La destruction de l'un seulement des exemplaires laisse subsister un doute sur la volonté de révoquer (■ Cass. 1re civ., 5 mai 1965, n° 63-12.226 : *JCP* 65, II, 14311, note R. Savatier). La destruction doit être présumée l'œuvre du testateur lui-même (■ Cass. 1re civ., 18 juill. 1956 : *D.* 1957, 17, note Blanc).

9) Ratures et cancellations. Les ratures et cancellations ne valent révocation que si elles sont datées et signées (■ Cass. civ., 4 déc. 1922 : *S.* 1923, 1, 97, note Chavegrin). La signification et la portée des cancellations dépendent de la façon de procéder du testateur, variable selon les cas (■ Paris, 17 mars 1941 : *DA* 1941, 169). La question de savoir si l'addition ou la rature apportée à un testament olographe constitue un simple accessoire s'incorporant à l'acte, ou au contraire une disposition nouvelle ou modificative, échappe au contrôle de la Cour de cassation (■ Cass. 1re civ., 26 mai 1982, n° 81-12.696 : *JurisData* n° 1982-701202 ; *JCP* 82, IV, 280 ; *Bull. civ.* I, n° 202, p. 175).

10) Révocation fautive (non). La faculté de révoquer un testament constitue un droit discrétionnaire exclusif de toute action en responsabilité (■ Cass. 1re civ., 30 nov. 2004, n° 02-20. 883 : *JurisData* n° 2004-025905 ; *JCP* 2005, II, 10179, note Binet ; *Dr. famille* 2005, 27, note Larribau-Terneyre ; *RTD civ.* 2005, 443, obs. Grimaldi, révocation dissimulée pendant les trois années de vie commune jusqu'au décès du concubin testateur. V. sur cet arrêt G. Raoul-Cormeil : *Defrénois* 2005, 761).

Art. 1036. – **Les testaments postérieurs qui ne révoqueront pas d'une manière expresse les précédents n'annuleront, dans ceux-ci, que celles des dispositions y contenues qui se trouveront incompatibles avec les nouvelles, ou qui seront contraires.**

1) Institution contractuelle révoquant un testament. Une institution contractuelle peut emporter révocation d'un testament avec lequel elle est incompatible (■ Cass. 1re civ., 30 mai 1960 :

JCP 60, IV, 111 ; *Bull. civ.* I, n° 298, p. 244. – V. en ce sens ▪ Cass. 1re civ., 24 avr. 1968 : *JurisData* n° 1968-700117 ; *JCP* 68, II, 15564, note M. D.). Mais jugé que l'acte de donation n'emporte révocation expresse d'un testament antérieur en raison de la clause qu'il comporte que si cet acte répond aux exigences de forme de l'article 9-2° de la loi du 25 ventôse an XI (▪ Cass. 1re civ., 22 juin 2004, n° 01-13.160 : *Dr. famille* 2004, 155, note Beignier ; *Defrénois* 2004, 1386, note Beignier ; *Bull. civ.* I, n° 179, p. 148).

2) Incompatibilité morale ou matérielle. L'article 1036 du Code civil ne distingue pas entre l'incompatibilité ou contrariété morale et l'incompatibilité ou contrariété matérielle (▪ Cass. req., 25 juill. 1921 : *DP* 1922, 1, 182).

3) Pouvoir souverain des juges du fond. Les juges du fond disposent d'un pouvoir souverain pour apprécier l'existence de l'incompatibilité en fonction de l'intention du testateur (▪ Cass. req., 23 avr. 1912 : *DP* 1913, 1, 41, note Capitant. ▪ Cass. 1re civ., 22 mai 1970, n° 69-10.623 : *JCP* 1970, IV, 183 ; *Bull. civ.* I, n° 168, p. 135).

4) Application de deux testaments successifs conciliables. Sur le principe que deux testaments successifs doivent être exécutés simultanément s'ils ne sont pas inconciliables, V. ▪ Cass. 1re civ., 6 mars 1984 : *JurisData* n° 1984-700403 ; *D.* 1985, 17, note Breton.

5) Legs universels successifs. Jugé que la disposition par laquelle la testatrice institue une personne légataire universelle de tous ses biens est incompatible avec un legs universel et des legs particuliers antérieurs (▪ Rouen, 31 janv. 1984 : *JurisData* n° 1984-601155 ; *JCP* 84, II, 20319, note Dagot). Les juges du fond peuvent décider que le dernier testament, qui traduit la volonté de son auteur de léguer la totalité de la quotité disponible, a révoqué le précédent, qui n'instituait les personnes désignées que légataires universels à charge de délivrer un legs particulier qui absorbait la quotité disponible (▪ Cass. 1re civ., 14 mai 1996, n° 94-10.162 : *JurisData* n° 1996-001839 ; *JCP* 96, IV, 1496 ; *Bull.* I, n° 212, p. 147 ; *RTD civ.* 1997, 722, obs. Patarin).

6) Legs universel faisant suite à des legs particuliers. Un legs universel faisant suite à des legs particuliers n'a généralement pas pour effet de les révoquer (▪ Cass. req., 4 juin 1867 : *DP* 1867, 1, 331. ▪ Orléans, 15 avr. 1953 : *D.* 1953, 689). Mais jugé que le legs de la quotité disponible révoque des legs particuliers faits antérieurement dans la limite du disponible (▪ Paris, 7 avr. 1936 : *Gaz. Pal.* 1936, 2, 127, et, sur pourvoi, ▪ Cass. req., 1er févr. 1939 : *Gaz. Pal.* 1939, 1, 638).

7) Portée de la révocation. La circonstance qu'un testament olographe a été révoqué par un testament postérieur n'empêche pas que les juges du fond puissent estimer souverainement qu'il contient la preuve que la testatrice a conféré à l'un de ses héritiers un avantage causé par une intention libérale (▪ Cass. 1re civ., 19 mars 2014, n° 13-14.139 : *Bull. civ.* ; *Dr. famille* 2014, comm. 77, note M. Nicod ; *JCP* G 2015, 165, obs. Le Guidec).

8) Adoption. Révocation d'un testament antérieur (non). L'adoption n'emporte pas révocation d'un testament antérieur, et les legs universels contenus dans ce testament ne peuvent s'exécuter que sur la quotité disponible déterminée au jour du décès (▪ Cass. 1re civ., 25 nov. 1986, n° 84-12.796 : *JurisData* n° 1986-002361 ; *Bull. civ.* I, n° 281, p. 268 ; *Defrénois* 1987, 565, obs. Champenois).

Art. 1037. – **La révocation faite dans un testament postérieur aura tout son effet, quoique ce nouvel acte reste sans exécution par l'incapacité de l'héritier institué ou du légataire, ou par leur refus de recueillir.**

1) Testament révocatoire nul. La révocation est maintenue même si le testament qui la contient est annulé comme contenant une substitution prohibée (▪ Cass. civ., 23 juill. 1867 : *DP* 1867, 1, 329) ou comme fait à personne incertaine (▪ Nîmes, 16 déc. 1901, sous ▪ Cass. req., 9 mars 1903 : S. 1904, 1, 69) ou *au profit d'un enfant adultérin dans le régime antérieur* à la loi du 3 janv. 1972 sur la filiation (▪ Cass. civ., 16 juill. 1906 : *DP* 1906, 1, 367). Mais il en va autrement si ce testament est atteint d'un vice de forme : un testament qui n'est pas valable en la forme ne peut emporter révocation de legs antérieurs (▪ Cass. 1re civ., 9 janv. 1979, n° 77-10.405 : *Bull. civ.* I, n° 16, p. 13). V. sous art. 968, note n° 3, p. 749.

2) Révocation subordonnée à l'efficacité des legs du testament révocatoire. Les juges du fond disposent d'un pouvoir souverain pour déterminer si le testateur a entendu subordonner la révocation à l'efficacité des legs du testament révocatoire (▪ Cass. req., 5 juill. 1858 : *DP* 1858, 1, 385. ▪ T. civ. Seine, 1er févr. 1956 : *JCP* 56, IV, 83).

Art. 1038. – **Toute aliénation, celle même par vente avec faculté de rachat ou par échange, que fera le testateur de tout ou de partie de la chose léguée, emportera la révocation du legs pour tout ce qui a été aliéné, encore que l'aliénation postérieure soit nulle, et que l'objet soit rentré dans la main du testateur.**

1) Application aux legs universels (non). L'article 1038 ne s'applique pas aux legs portant sur une universalité de biens (▪ Cass. 1re civ., 18 nov. 1986, n° 84-14.793 : *JurisData* n° 1986-

002159 ; *Bull. civ.* I, n° 273, p. 261 ; *D.* 1987, somm. 126. – Comp. pour un testament instituant à la fois, pour un même bien, un légataire universel et un légataire à titre particulier, ▪ Cass. 1re civ., 30 juin 2004, n° 02-20.085 : *JurisData* n° 2004-024345 ; *Dr. famille* 2004, 186, note Beignier).

2) **Application aux legs particuliers portant sur une catégorie de biens (non).** L'art. 1038 C. civ., n'est pas applicable aux legs particuliers portant sur une catégorie de biens (legs d'une part de la communauté), puisqu'il ne concerne que les legs particuliers ayant pour objet un ou des corps certains (▪ Cass. 1re civ., 11 juill. 2006 : *Bull. civ.* I, n° 391 ; *JurisData* n° 2006-034531 ; *JCP* 2006, IV, 2772).

3) **Simple intention d'aliéner.** La simple intention d'aliéner ne suffit pas à emporter la révocation du legs (▪ Cass. req., 31 mai 1907 : *DP* 1909, 1, 377, note Guénée).

4) **Aliénation sous condition suspensive.** L'aliénation faite sous condition suspensive rend la révocation elle-même conditionnelle et subordonne celle-ci à la survenance de la condition (▪ Paris, 30 juin 1961 : *D.* 1961, 767. – V. en ce sens ▪ Cass. 1re civ., 23 mai 1962 : *JurisData* n° 1962-000262 ; *Bull. civ.* I, n° 262, p. 234. ▪ Cass. 1re civ., 24 avr. 1985 : *JurisData* n° 1985-799058 ; *D.* 1986, 153, note A. B.).

5) **Nullité de l'aliénation.** La révocation se produit même si l'aliénation est nulle (▪ Cass. 3e civ., 4 juill. 1979 : *JurisData* n° 1979-700150 ; *D.* 1980, inf. rap. 139 ; *Bull. civ.* III, n° 150, p. 116). Mais l'acte doit réunir les éléments essentiels indispensables à son existence (▪ Cass. civ., 6 janv. 1930 : *DH* 1930, 180 ; *S.* 1931, 1, 289, note Simonnet).

6) **Aliénation volontaire.** L'article 1038 n'est pas applicable si le testateur s'est trouvé contraint à l'aliénation, par exemple en cas de conversion de titres obligatoire (▪ T. civ. Charleville, 11 mai 1905, sous ▪ Cass. req., 31 mai 1907 : *DP* 1909, 1, 377) sauf si le testateur, usant de la faculté à lui réservée par la loi, a demandé le remboursement des titres convertis (▪ Montpellier, 3 juin 1947 : *D.* 1947, 469) ou s'il a demandé la conversion (▪ TGI Nevers, 7 juill. 1976 : *JurisData* n° 1976-760783 ; *JCP* 78, II, 18802, note Dagot).

7) **Testateur partie au jugement ordonnant licitation.** Le fait par le propriétaire indivis d'un immeuble d'être partie tant au jugement en ordonnant la licitation avec clause d'attribution au colicitant dernier enchérisseur qu'au jugement d'adjudication qui s'en est suivi constitue un acte de disposition en vertu duquel ce bien est ainsi mis en vente au profit du plus offrant, qui peut être un tiers. Une telle aliénation emporte donc, en application de l'article 1038, révocation du legs précédemment consenti sur le même bien par ce propriétaire (▪ Riom, 23 juin 1988 : *JurisData* n° 1988-050775 ; *JCP* 89, IV, 223 ; *D.* 1989, 568, note Prévault).

8) **Présomption simple de révocation.** L'article 1038 édicte une présomption légale de révocation qui ne cède que devant une intention contraire formellement exprimée par le testateur (▪ Cass. 1re civ., 6 févr. 1968, n° 66-11 886 : *JurisData* n° 1968-000052 ; *JCP* 68, IV, 44 ; *Bull. civ.* I, n° 52, p. 42. ▪ Paris, 22 juin 1987 : *JurisData* n° 1987-024045 ; *D.* 1989, 242, note Tjouen. Comp. ▪ Cass. 1re civ., 11 mars 2003 : *JCP* 2003, I, 180, n° 9, obs. Le Guidec ; *JurisData* n° 018171 ; *Bull. civ.* I, n° 73, p. 54, relevant que la présomption peut céder devant la preuve contraire « d'une absence de volonté de révocation »).

Art. 1039. – **Toute disposition testamentaire sera caduque si celui en faveur de qui elle est faite n'a pas survécu au testateur.**

1) **Dissolution d'une personne morale.** L'article 1039 s'appliquant aux personnes morales comme aux personnes physiques, est caduc le legs fait à une œuvre dissoute avant le décès de la testatrice (▪ Bordeaux, 31 mars 1952 : *D.* 1953, 41, note Lalou).

2) **Représentation (non).** La représentation est exclue dans la succession testamentaire (▪ Cass. civ., 2 juill. 1924 : *DP* 1926, 1, 102).

3) **Intention du testateur d'appeler les descendants du légataire.** L'article 1039 reste sans application lorsque l'intention du testateur d'appeler les descendants du légataire, en cas de prédécès de ce dernier, au bénéfice du legs résulte clairement soit des termes de la disposition, soit de l'ensemble des clauses du testament (▪ Cass. req., 8 nov. 1921 : *DP* 1922, 1, 183. ▪ Lyon, 5 déc. 1962 : *D.* 1963, somm. 61).

4) **Accord des légataires survivants pour partager avec les héritiers du légataire prédécédé.** Dès lors qu'au lieu d'accroître leurs propres parts de celle dévolue à leur frère, décédé avant la testatrice, les deux légataires universels survivants ont, pour respecter ce qu'ils estimaient être la volonté de la testatrice, expressément tenu à associer le fils de celui-ci aux opérations de partage et que leur accord a été confirmé par l'occupation des lots attribués, les juges du fond peuvent entériner l'acte de partage (▪ Cass. 1re civ., 24 oct. 2000, n° 98-18.038 : *JurisData* n° 2000-006611 ; *JCP* 2000, IV, 2832 ; *Bull. civ.* I, n° 271, p. 175 ; *RTD civ.* 2001, 410, obs. Patarin).

5) Absence de caducité du testament pour disparition de la cause. Il appartient exclusivement au testateur, capable, de tirer les conséquences de la disparition prétendue de la cause qui l'a déterminé à disposer ; viole par conséquent les articles 1131 et 1039 à 1043 du Code civil la cour d'appel qui ajoute aux cas légaux de caducité du testament (■ Cass. 1re civ., 15 déc. 2010, n° 09-70.834 : *Bull. civ.* I, n° 270 ; *RTD civ.* 2011, 165, obs. M. Grimaldi ; *D.* 2011, 795, note E. Naudin ; *AJF* 2011, 109, obs. C. Vernières ; *JCP* N 2011, n° 7-8, 41, note G. Rivière ; *Defrénois* 2011, 684, obs. A. Rabreau ; *RJPF* févr. 2011, 32, obs. D. Martel). Dans le même sens, ■ Cass. 1re civ., 15 févr. 2012, n° 10-23.026 : *Bull. civ.* I, n° 34 ; *RDC* 2012/4, 1287, note Goldie-Genicon ; *JCP* N 2012, 1256, note Naudin ; *Defrénois* 2012, 459, obs. Lécuyer ; *JCP* G 2012, 734, obs. Le Normand ; *LPA* 22 juin 2012, p. 15, note Mahinga ; *RJPF* 2012/4, obs. Donnier. Comp. pour un majeur sous tutelle, art. 476, al. 4, p. 426. En revanche, peut être annulé le legs reposant *ab initio* sur la croyance erronée d'un déséquilibre à compenser (sol. implic. ■ Cass. 1re civ., 29 janv. 2014, n° 12-28.751 : *RTD civ.* 2014, 426, obs. M. Grimaldi ; *RDC* 2014, p. 450, obs. S. Gaudemet.

Art. 1040. – **Toute disposition testamentaire faite sous une condition dépendante d'un événement incertain, et telle que, dans l'intention du testateur, cette disposition ne doive être exécutée qu'autant que l'événement arrivera ou n'arrivera pas, sera caduque, si l'héritier institué ou le légataire décède avant l'accomplissement de la condition.**

Pour des applications, V. ■ Cass. 1re civ., 29 avr. 1981, n° 79-14.852 : *JurisData* n° 1981-701254 ; *JCP* 81, IV, 252 ; *Bull. civ.* I, n° 145, p. 120. ■ Angers, 10 déc. 1990 : *JurisData* n° 1990-052289 ; *JCP* 92, IV, 2669.

Art. 1041. – **La condition qui, dans l'intention du testateur, ne fait que suspendre l'exécution de la disposition, n'empêchera pas l'héritier institué, ou le légataire, d'avoir un droit acquis et transmissible à ses héritiers.**

Art. 1042. – **Le legs sera caduc, si la chose léguée a totalement péri pendant la vie du testateur.**

Il en sera de même, si elle a péri depuis sa mort, sans le fait et la faute de l'héritier, quoique celui-ci ait été mis en retard de la délivrer, lorsqu'elle eût également dû périr entre les mains du légataire.

1) Bien sorti du patrimoine de la testatrice. Dès lors que la parcelle léguée n'existe plus dans le patrimoine de la testatrice au jour de son décès, le legs ne peut produire d'effet (■ Cass. 1re civ., 30 juin 2004 : *JCP* 2004, IV, 2804 ; *JurisData* n° 2004-024350 ; *Bull. civ.* I, n° 198, p. 164 ; *RTD civ.* 2004, 716, obs. Hauser) ; V. par application d'une clause de retour dans une donation-partage, sous art. 951, note 2.

2) Bien vendu. Le legs est caduc lorsque l'immeuble, vendu du vivant de la testatrice, a disparu du patrimoine de celle-ci au jour de son décès (■ Cass. 1re civ., 7 juin 2006 : *Bull. civ.* I, n° 299 ; *JurisData* n° 2006-033846 ; *JCP* 2006, IV, 2439).

Art. 1043. – **La disposition testamentaire sera caduque, lorsque l'héritier institué ou le légataire la répudiera, ou se trouvera incapable de la recueillir.**

1) Renonciation tacite. La renonciation à un legs peut être tacite (■ Cass. req., 3 déc. 1900 : *DP* 1902, 1, 121. ■ Cass. civ., 31 juill. 1950 : *JCP* 51, II, 6395, note Laurent). L'inaction de la légataire, qui ne s'est pas prévalue du testament dont elle avait connaissance, ne caractérisait pas l'existence d'actes manifestant sans équivoque sa volonté de renoncer à son legs (■ Cass. 1re civ., 17 mai 2017, n° 16-12.310 : *Dr. famille* 2017, comm. 168, A. Tani).

2) Rétractation de la renonciation. Le légataire universel, même non saisi, peut rétracter sa renonciation conformément à l'article 790 du Code civil (■ Cass. 1re civ., 1er févr. 1955 : *JCP* 55, II, 8676, note Becqué ; *D.* 1955, 437, rapp. Chavanne).

3) Charge grevant le legs devenu caduc. En cas de renonciation par un légataire au legs qui lui a été consenti, l'héritier recueille la succession en son entier en vertu de la disposition légale, de sorte qu'il ne peut être tenu d'exécuter la charge dont est assortie la disposition testamentaire devenue caduque (■ Cass. 1re civ., 1er juill. 2003 : *JurisData* n° 2003-019695 ; *JCP* G 2004, I, II, 10161 et *JCP* N 2004, 1314, note Mahinga ; *JCP* G 2004, I, 155 et *JCP* N 2004, 1489, n° 5, obs. Le Guidec ; *Dr. famille* 2003, 107, 1er arrêt, note Beignier ; *D.* 2003, 2031, note Beignier ; *Bull. civ.* I, n° 156, p. 122). Dans le même sens, ■ Cass. 1re civ., 19 sept. 2007, n° 06-18.082 : *RTD civ.* 2008, 342, obs. Grimaldi).

Art. 1044. – **Il y aura lieu à accroissement au profit des légataires, dans le cas où le legs sera fait à plusieurs conjointement.**

Le legs sera réputé fait conjointement, lorsqu'il le sera par une seule et même disposition, et que le testateur n'aura pas assigné la part de chacun des colégataires dans la chose léguée.

1) Assignation de parts. L'assignation de parts n'exclut pas le droit d'accroissement si le partage n'a pour but que de régler l'exécution des legs (▪ Cass. req., 10 juill. 1905 : *DP* 1906, 1, 397). En l'absence d'assignation de parts, V. C. civ.art. 1002, annot. n° 10, p. 763.

2) Legs conjoint à des héritiers du sang ayant des vocations *ab intestat* inégales. En cas de legs conjoint sans assignation de parts, les légataires reçoivent des parts égales, alors même qu'il s'agit d'héritiers du sang dont les parts *ab intestat* seraient inégales, sauf à prouver l'intention du testateur de favoriser certains légataires au détriment des autres (▪ Versailles, 21 mars 1983 : *Gaz. Pal.* 1984, 1, somm. 43).

Art. 1045. – **Il sera encore réputé fait conjointement quand une chose qui n'est pas susceptible d'être divisée sans détérioration, aura été donnée par le même acte à plusieurs personnes, même séparément.**

Art. 1046. – **Les mêmes causes qui, suivant l'article 954 et les deux premières dispositions de l'article 955, autoriseront la demande en révocation de la donation entre vifs, seront admises pour la demande en révocation des dispositions testamentaires.**

1) Action contre les héritiers du légataire. L'action en révocation d'un legs pour cause d'attentat par le légataire à la vie du testateur peut être intentée par les héritiers du testateur contre les héritiers du légataire, sans que ces derniers puissent se prévaloir de l'article 957, al. 2, dont la disposition exceptionnelle, déclarant irrecevable l'action en révocation contre les héritiers du donataire, ne peut être appliquée en matière testamentaire (▪ Lyon, 11 juin 1951 : *D.* 1952, 345, note Chavrier et Gervésie).

2) Délai d'un an. L'action en révocation d'une disposition testamentaire doit être formée, en application de l'article 957, dans l'année à compter du jour du délit imputé au bénéficiaire de la libéralité ou du jour où le délit aura pu être connu par le gratifiant (▪ Cass. 1re civ., 22 mai 1970 : *JCP* 70, IV, 183 ; *Bull. civ.* I, n° 168, p. 135. ▪ Paris, 8 mars 1976 : *JurisData* n° 1976-615095 ; *JCP* 76, II, 18486, note Surun, et, sur pourvoi, ▪ Cass. 1re civ., 22 nov. 1977, n° 76-12.847 : *JurisData* n° 1977-799432 ; *JCP* 79, II, 19023, note Surun. – *Contra* ▪ Paris, 10 juill. 1967 : *D.* 1968, 36), mais l'article 957 n'exclut pas que lorsque le fait invoqué constitue une infraction pénale, ce point de départ soit retardé jusqu'au jour où la condamnation pénale aura établi la réalité des faits reprochés au gratifié (▪ Cass. 1re civ., 22 nov. 1977, préc.). Jugé que lorsque le disposant s'est trouvé dans l'impossibilité de révoquer son testament avant son décès, l'action en révocation peut être exercée par ses héritiers dans l'année où ils ont eu à la fois connaissance du délit imputé au légataire et du testament fait en faveur de celui-ci (▪ Cass. 1re civ., 14 févr. 1990, n° 88-12.486 : *JurisData* n° 1990-700262 ; *Bull. civ.* I, n° 45, p. 34 ; *Defrénois* 1990, 1156, note Morin).

3) Survenance d'enfants (avant la loi n° 2006-728, 23 juin 2008). La survenance d'enfants ne figure pas parmi les causes de révocation des legs prévues aux articles 1046 et 1047 et ne peut être assimilée à la réalisation d'une condition résolutoire (▪ Paris, 12 déc. 1980 : *D.* 1982, inf. rap. 20, 1re esp. Voir cependant, admettant la caducité pour absence de cause, ▪ Rennes, 11 avr. 1905 : *DP* 1906, 2, 257, note Planiol).

Art. 1047. – **Si cette demande est fondée sur une injure grave faite à la mémoire du testateur, elle doit être intentée dans l'année, à compter du jour du délit.**

1) Légataire universel se prévalant d'un testament faux. Le fait qu'un légataire universel s'est prévalu, pour évincer des légataires particuliers, d'un testament faux ne permet pas de révoquer pour ingratitude l'institution de légataire universel (▪ Paris, 10 juill. 1958 : *D.* 1958, 646).

2) Adultère. Les héritiers du testateur ne peuvent se prévaloir de l'adultère de la femme (▪ Cass. civ., 21 juill. 1875 : *DP* 1875, 1, 449).

CHAPITRE VI. – DES LIBÉRALITÉS GRADUELLES ET RÉSIDUELLES

(Rempl., L. n° 2006-728, 23 juin 2006)

Bibliographie : Ph. Delmas Saint-Hilaire, *Réflexions sur les mécanismes de rétention dans les donations : JCP* N 2011, 1207. • F. Sauvage, *La donation-partage graduelle ou résiduelle* in *Mélanges G. Champenois : Defrénois* 2012, 771. • M. Nicod, *Le réveil des libéralités substitutives : les libéralités graduelles et résiduelles du Code civil : Dr. famille* 2006, études 45. • P. Malaurie, *Les libéralités graduelles et résiduelles : Defrénois* 2006, 1801. • M. Grimaldi, *Les libéralités graduelles et les* *libéralités résiduelles : JCP* N 2006, 1387. • N. Peterka, *Les libéralités graduelles et résiduelles, entre rupture et continuité : D.* 2006, 2580. • P. Murat, *Le choix du support d'une clause graduelle ou résiduelle : JCP* N 2012, 1202. • I. Omarjee et J. Lapierre, *La libéralisation des libéralités avec charge de transmettre : les libéralités graduelles et résiduelles : LPA* 5 févr. 2007, 6. • J.-F. Sagaut, *Les donations graduelles et résiduelles : JCP* N 2006, 1388. • R. Le Guidec, *La loi du 23 juin 2006 portant réforme des successions et des libéralités, Vue panoramique : JCP* G 2006, I, 160. • P. Catala, *La loi du 23 juin 2006 et les colonnes du temple : Dr. famille* nov. 2006, études 43. • P. Catala, *Prospective et perspectives en droit successoral : JCP* N 2007, 1206. • F. Collard et B. Travely, *L'obligation de conservation en valeur au secours de la libéralité graduelle : JCP* N 2012, 1177. • F. Fruleux, *Vers un renouveau de la libéralité résiduelle ? : JCP* N 2008, 1004. • Hude et Brenner, *Les libéralités graduelles et résiduelles : du sommeil au réveil ? : JCP* N 2016, 1196. • Vernières et Bonnet, *Réflexions pratiques sur les libéralités graduelles ou résiduelles : Defrénois* 2017, p. 59.

Pour les dispositions transitoires. Voir L. n° 2006-728, 23 juin 2006, art. 47, I et II, p. 3262.

Section I. – Des libéralités graduelles

(L. n° 2006-728, 23 juin 2006)

Art. 1048 *(Rempl., L. n° 2006-728, 23 juin 2006).* – **Une libéralité peut être grevée d'une charge comportant l'obligation pour le donataire ou le légataire de conserver les biens ou droits qui en sont l'objet et de les transmettre, à son décès, à un second gratifié, désigné dans l'acte.**

1) **Capitalisation des revenus.** Jugé, sous l'empire de l'ancien art. 1048, C. civ., que la charge de capitaliser les revenus jusqu'à ce que les petits-enfants du disposant aient atteint un certain âge n'est pas contraire à l'ordre public (▪ Caen, 15 nov. 1906 : *DP* 1907, 2, 265, note Planiol, et, sur pourvoi, ▪ Cass. req., 6 mai 1908 : *DP* 1909, 1, 285, concl. Feuilloley. – *Contra* Alger, 20 janv. 1879 : *DP* 1879, 2, 143).

2) **Caractère éventuel du droit de l'appelé.** Jugé, sous l'empire de l'ancien art. 1048 C. civ., que le droit de l'appelé est avant l'ouverture de la substitution un droit conditionnel, subordonné à la survie de l'appelé au grevé ; il procède directement du disposant et non d'une vocation à la succession du grevé, l'appelé ne devant pas recevoir du chef de celui-ci les biens objet de la substitution (▪ Paris, 14 janv. 1926 : *DP* 1928, 2, 9, note Plassard. Sur le principe que jusqu'à son décès, le grevé est pleinement propriétaire du bien sur lequel les appelés ne disposent que d'un droit éventuel, V. ▪ Cass. 1re civ., 6 mai 1997, n° 94-15.510 : *JurisData* n° 1997-002025 ; *Bull. civ.* I, n° 149 ; *D.* 1997, 483, rapp. Thierry ; *RTD civ.* 1998, 171, obs. Patarin).

3) **Attribution d'un immeuble pour partie de sa valeur.** Jugé, sous l'empire de l'ancien art. 1048 C. civ., que l'attribution d'un immeuble au testateur ayant été faite, pour partie seulement de sa valeur, à titre d'emploi de la somme léguée par son père avec clause de substitution, la charge de restitution ne porte que sur cette portion, et le disposant peut donc disposer du surplus (▪ Cass. 1re civ., 1er oct. 1996, n° 94-19.097 : *JurisData* n° 1996-003592 ; *Bull. civ.* I, n° 337).

4) **CEDH, interprétation de la clause testamentaire instituant une substitution.** Viole les articles 8 et 14 de la CEDH la juridiction qui, interprétant une clause testamentaire instituant une substitution fidéicommissaire, consacre une discrimination au détriment de la filiation adoptive par rapport à la filiation biologique légitime (▪ CEDH, 13 juill. 2004, *P. et P. c/ Andorre*, req. n° 69498/01 : *JCP* 2005, II, 10052, note Boulanger ; *Defrénois* 2005, 1909, note Malaurie).

Art. 1049 *(Rempl., L. n° 2006-728, 23 juin 2006).* – **La libéralité ainsi consentie ne peut produire son effet que sur des biens ou des droits identifiables à la date de la transmission et subsistant en nature au décès du grevé.**

Lorsqu'elle porte sur **des valeurs mobilières, la libéralité produit également son effet, en cas d'aliénation, sur les valeurs mobilières qui y ont été subrogées.**

Lorsqu'elle concerne un immeuble, la charge grevant la libéralité est soumise à publicité.

Art. 1050 *(Rempl., L. n° 2006-728, 23 juin 2006).* – **Les droits du second gratifié s'ouvrent à la mort du grevé.**

Toutefois, le grevé peut abandonner, au profit du second gratifié, la jouissance du bien ou du droit objet de la libéralité.

Cet abandon anticipé ne peut préjudicier aux créanciers du grevé antérieurs à l'abandon, ni aux tiers ayant acquis, de ce dernier, un droit sur le bien ou le droit abandonné.

Art. 1051 *(Rempl., L. n° 2006-728, 23 juin 2006).* – Le second gratifié est réputé tenir ses droits de l'auteur de la libéralité. Il en va de même de ses héritiers lorsque ceux-ci recueillent la libéralité dans les conditions prévues à l'article 1056.

Art. 1052 *(Rempl., L. n° 2006-728, 23 juin 2006).* – Il appartient au disposant de prescrire des garanties et des sûretés pour la bonne exécution de la charge.

Art. 1053 *(Rempl., L. n° 2006-728, 23 juin 2006).* – Le second gratifié ne peut être soumis à l'obligation de conserver et de transmettre.

Si la charge a été stipulée au-delà du premier degré, elle demeure valable mais pour le premier degré seulement.

Art. 1054 *(Rempl., L. n° 2006-728, 23 juin 2006).* – Si le grevé est héritier réservataire du disposant, la charge ne peut être imposée que sur la quotité disponible.

Le donataire peut toutefois accepter, dans l'acte de donation ou postérieurement dans un acte établi dans les conditions prévues à l'article 930, que la charge grève tout ou partie de sa réserve.

Le légataire peut, dans un délai d'un an à compter du jour où il a eu connaissance du testament, demander que sa part de réserve soit, en tout ou partie, libérée de la charge. À défaut, il doit en assumer l'exécution.

La charge portant sur la part de réserve du grevé, avec son consentement, bénéficie de plein droit, dans cette mesure, à l'ensemble de ses enfants nés et à naître.

Art. 1055 *(Rempl., L. n° 2006-728, 23 juin 2006).* – L'auteur d'une donation graduelle peut la révoquer à l'égard du second gratifié tant que celui-ci n'a pas notifié, dans les formes requises en matière de donation, son acceptation au donateur.

Par dérogation à l'article 932, la donation graduelle peut être acceptée par le second gratifié après le décès du donateur.

Art. 1056 *(Rempl., L. n° 2006-728, 23 juin 2006).* – Lorsque le second gratifié prédécède au grevé ou renonce au bénéfice de la libéralité graduelle, les biens ou droits qui en faisaient l'objet dépendent de la succession du grevé, à moins que l'acte prévoit expressément que ses héritiers pourront la recueillir ou désigne un autre second gratifié.

Section II. – Des libéralités résiduelles

Art. 1057 *(Rempl., L. n° 2006-728, 23 juin 2006).* – Il peut être prévu dans une libéralité qu'une personne sera appelée à recueillir ce qui subsistera du don ou legs fait à un premier gratifié à la mort de celui-ci.

Art. 1058 *(Rempl., L. n° 2006-728, 23 juin 2006).* – La libéralité résiduelle n'oblige pas le premier gratifié à conserver les biens reçus. Elle l'oblige à transmettre les biens subsistants.

Lorsque les biens, objets de la libéralité résiduelle, ont été aliénés par le premier gratifié, les droits du second bénéficiaire ne se reportent ni sur le produit de ces aliénations ni sur les nouveaux biens acquis.

Aliénation des biens objets d'un legs de *residuo*. Jugé, sous l'empire du droit antérieur à la loi du 23 juin 2006, que les droits du second gratifié d'un legs *de residuo* portant sur des immeubles ne se reportent ni sur le produit de l'aliénation de ces immeubles, ni sur les nouveaux biens acquis (■ Cass. 1re civ., 20 févr. 2008, n° 06-14.704 : *Bull. civ.* I, n° 59 ; *JCP* 2008, IV, 1560 ; *JCP* N 2008, act. 286 ; *Defrénois* 2008, 873, note Malaurie ; *LPA* 31 juill. 2008, p. 23, note Denizot ; *RTD civ.* 2008, 345, obs. Grimaldi ; *JCP* G 2009, I, 109, n° 11, obs. Le Guidec).

Art. 1059 *(Rempl., L. n° 2006-728, 23 juin 2006).* – Le premier gratifié ne peut disposer par testament des biens donnés ou légués à titre résiduel.

La libéralité résiduelle peut interdire au premier gratifié de disposer des biens par donation entre vifs.

Toutefois, lorsqu'il est héritier réservataire, le premier gratifié conserve la possibilité de disposer entre vifs ou à cause de mort des biens qui ont été donnés en avancement de part successorale.

Art. 1060 *(Rempl., L. n° 2006-728, 23 juin 2006).* – Le premier gratifié n'est pas tenu de rendre compte de sa gestion au disposant ou à ses héritiers.

Art. 1061 ***(Rempl., L. n° 2006-728, 23 juin 2006).*** **– Les dispositions prévues aux articles 1049, 1051, 1052, 1055 et 1056 sont applicables aux libéralités résiduelles.**

Art. 1062 à 1074 ***(Implicitement abr., L. n° 2006-728, 23 juin 2006).***

Code général des impôts

Art. 784 C *(D. n° 2007-484, 30 mars 2007).* **–** Dans le cas de libéralités graduelles et résiduelles telles que visées aux articles 1048 à 1061 du Code civil, lors de la transmission, le légataire ou le donataire institué en premier est redevable des droits de mutation à titre gratuit sur l'actif transmis dans les conditions de droit commun. Le légataire ou donataire institué en second n'est redevable d'aucun droit.

Au décès du premier légataire ou donataire, l'actif transmis est taxé d'après le degré de parenté existant entre le testateur ou le donateur et le second légataire ou donataire. Le régime fiscal applicable et la valeur imposable des biens transmis au second légataire ou donataire sont déterminés en se plaçant à la date du décès du premier gratifié.

Les droits acquittés par le premier légataire ou donataire sont imputés sur les droits dus sur les mêmes biens par le second légataire ou donataire.

CHAPITRE VI (RÉDACTION ANTÉRIEURE). – DES DISPOSITIONS PERMISES EN FAVEUR DES PETITS-ENFANTS DU DONATEUR OU TESTATEUR OU DES ENFANTS DE SES FRÈRES ET SŒURS

Art. 1048 ancien. – Les biens dont les père et mère ont la faculté de disposer, pourront être par eux donnés, en tout ou en partie, à un ou plusieurs de leurs enfants, par actes entre vifs ou testamentaires, avec la charge de rendre ces biens aux enfants nés et à naître, au premier degré seulement, desdits donataires.

1) **Filiation adoptive.** La substitution autorisée par l'article 1048 bénéficie à tous les enfants qui ont même vocation successorale que les enfants légitimes, y compris l'adopté simple (■ Aix-en-Provence, 9 févr. 1982 : *JurisData* n° 1982-042248 ; *Journ. not.* 1983, 418, et, sur pourvoi, ■ Cass. 1re civ., 29 juin 1983, n° 82-12.319 : *JurisData* n° 1983-701800; *Bull. civ.* I, n° 193, p. 169).

2) **Affectation du bien au lot d'un héritier sans enfant.** S'il est exact que le domaine objet de la clause de substitution pouvait être placé dans le lot de la sœur de l'héritière grevée, ce qui aurait rendu la clause sans objet puisque celle-ci n'avait pas d'enfant, cette circonstance ne saurait entraîner la nullité d'une telle clause qui n'est contraire à aucune des dispositions des articles 1048 et suivants (■ Cass. 1re civ., 6 mai 1997, n° 94-15.510 : *JurisData* n° 1997-002025 ; *JCP* 97, IV, 1365 ; *Bull. civ.* I, n° 149, p. 100 ; *D.* 1997, 483, rapp. Thierry ; *RTD civ.* 1998, 171, obs. Patarin).

Art. 1049 ancien. – Sera valable, en cas de mort sans enfants, la disposition que le défunt aura faite par acte entre vifs ou testamentaire, au profit d'un ou plusieurs de ses frères ou sœurs, de tout ou partie des biens qui ne sont point réservés par la loi dans sa succession, avec la charge de rendre ces biens aux enfants nés et à naître, au premier degré seulement, desdits frères ou sœurs donataires.

Art. 1050 ancien. – Les dispositions permises par les deux articles précédents ne seront valables qu'autant que la charge de restitution sera au profit de tous les enfants nés et à naître du grevé, sans exception ni préférence d'âge ou de sexe.

Clause stipulant qu'un des biens sera attribué à l'un des enfants. Est nulle la disposition contenant une clause stipulant qu'un des biens compris dans une substitution sera obligatoirement attribué à l'un des enfants nommément désigné du grevé (■ Paris, 20 janv. 1937 : *DP* 1938, 2, 70).

Art. 1051 ancien. – Si, dans les cas ci-dessus, le grevé de restitution au profit de ses enfants meurt, laissant des enfants au premier degré et des descendants d'un enfant prédécédé, ces derniers recueilleront, par représentation, la portion de l'enfant prédécédé.

Art. 1052 ancien. – Si l'enfant, le frère ou la sœur auxquels des biens auraient été donnés par acte entre vifs, sans charge de restitution, acceptent une nouvelle libéralité faite par acte entre vifs ou testamentaire, sous la condition que les biens précédemment donnés demeureront grevés de cette charge, il ne leur est plus permis de diviser les deux dispositions faites à leur profit, et de renoncer à la seconde pour s'en tenir à la première, quand même ils offriraient de rendre les biens compris dans la seconde disposition.

Art. 1053 ancien. – Les droits des appelés seront ouverts à l'époque où, par quelque cause que ce soit, la jouissance de l'enfant, du frère ou de la sœur, grevés de restitution, cessera : l'abandon anticipé de la jouissance au profit des appelés ne pourra préjudicier aux créanciers du grevé antérieurs à l'abandon.

Art. 1054 ancien. – Les femmes des grevés ne pourront avoir, sur les biens à rendre, de recours subsidiaire, en cas d'insuffisance des biens libres, que pour le capital des deniers dotaux, et dans le cas seulement où le testateur l'aurait expressément ordonné.

Art. 1055 ancien *(L. n° 64-1230, 14 déc. 1964)*. – Celui qui fera les dispositions autorisées par les articles précédents pourra, par le même acte, ou par un acte postérieur, en forme authentique, nommer un tuteur chargé de l'exécution de ces dispositions : ce tuteur ne pourra être dispensé que pour une des causes exprimées aux articles 428 et suivants.

Art. 1056 ancien. – À défaut de ce tuteur, il en sera nommé un à la diligence du grevé, ou de son tuteur s'il est mineur, dans le délai d'un mois à compter du jour du décès du donateur ou testateur, ou du jour que, depuis cette mort, l'acte contenant la disposition aura été connu.

Art. 1057 ancien. – Le grevé qui n'aura pas satisfait à l'article précédent sera déchu du bénéfice de la disposition ; et, dans ce cas, le droit pourra être déclaré ouvert au profit des appelés, à la diligence, soit des appelés s'ils sont majeurs, soit de leur tuteur ou curateur, s'ils sont mineurs ou majeurs en tutelle, soit de tout parent des appelés majeurs, mineurs ou majeurs en tutelle, ou même d'office, à la diligence du procureur de la République près le tribunal de grande instance du lieu où la succession est ouverte.

1) Défaut de remplacement du tuteur. La déchéance n'est pas encourue lorsque le grevé a négligé de provoquer le remplacement d'un premier tuteur régulièrement nommé et décédé après sa nomination (■ Cass. req., 22 déc. 1875 : *DP* 1876, 1, 208).

2) Appelés en indivision. Règle d'unanimité (non). Jusqu'à son décès, le grevé est pleinement propriétaire du bien, sur lequel les appelés ne disposent que d'un droit éventuel ; la formation de l'indivision ne devant être que la conséquence de l'action en déchéance, l'exercice de cette action n'est pas soumis aux dispositions de l'article 815-3 (■ Cass. 1re civ., 6 mai 1997, n° 94-18.446 : *JCP* 97, IV, 1365 ; *Bull. civ.* I, n° 149, p. 100 ; *D.* 1997, 483, rapp. Thierry).

Art. 1058 ancien. – Après le décès de celui qui aura disposé à la charge de restitution, il sera procédé, dans les formes ordinaires, à l'inventaire de tous les biens et effets qui composeront sa succession, excepté néanmoins le cas où il ne s'agirait que d'un legs particulier. Cet inventaire contiendra la prisée à juste prix des meubles et effets mobiliers.

Art. 1059 ancien. – Il sera fait à la requête du grevé de restitution, et dans le délai fixé au titre *Des successions*, en présence du tuteur nommé pour l'exécution. Les frais seront pris sur les biens compris dans la disposition.

Art. 1060 ancien. – Si l'inventaire n'a pas été fait à la requête du grevé dans le délai ci-dessus, il y sera procédé dans le mois suivant, à la diligence du tuteur nommé pour l'exécution, en présence du grevé ou de son tuteur.

Art. 1061 ancien. – S'il n'a point été satisfait aux deux articles précédents, il sera procédé au même inventaire, à la diligence des personnes désignées en l'article 1057, en y appelant le grevé ou son tuteur, et le tuteur nommé pour l'exécution.

Art. 1062 ancien. – Le grevé de restitution sera tenu de faire procéder à la vente, par affiches et enchères, de tous les meubles et effets compris dans la disposition, à l'exception néanmoins de ceux dont il est mention dans les deux articles suivants.

Art. 1063 ancien. – Les meubles meublants et autres choses mobilières qui auraient été compris dans la disposition, à la condition expresse de les conserver en nature, seront rendus dans l'état où ils se trouveront lors de la restitution.

Art. 1064 ancien. – Les bestiaux et ustensiles servant à faire valoir les terres seront censés compris dans les donations entre vifs ou testamentaires desdites terres ; et le grevé sera seulement tenu de les faire priser et estimer, pour en rendre une égale valeur lors de la restitution.

Art. 1065 ancien. – Il sera fait par le grevé, dans le délai de six mois à compter du jour de la clôture de l'inventaire, un emploi des deniers comptants, de ceux provenant du prix des meubles et effets qui auront été vendus, et de ce qui aura été reçu des effets actifs.

Ce délai pourra être prolongé, s'il y a lieu.

Art. 1066 ancien. – Le grevé sera pareillement tenu de faire emploi des deniers provenant des effets actifs qui seront recouvrés et des remboursements de rentes ; et ce, dans trois mois au plus tard après qu'il aura reçu ces deniers.

Art. 1067 ancien. – Cet emploi sera fait conformément à ce qui aura été ordonné par l'auteur de la disposition, s'il a désigné la nature des effets dans lesquels l'emploi doit être fait ; sinon, il ne pourra l'être qu'en immeubles, ou avec privilège sur des immeubles.

Art. 1068 ancien. – L'emploi ordonné par les articles précédents sera fait en présence et à la diligence du tuteur nommé pour l'exécution.

Art. 1069 ancien *(Ord. n° 59-71, 7 janv. 1959)*. – Les dispositions par actes entre vifs ou testamentaires, à charge de restitution, seront, à la diligence soit du grevé, soit du tuteur nommé pour l'exécution, rendues publiques, quant aux immeubles conformément aux lois et règlements concernant la publicité foncière, et quant aux créances privilégiées ou hypothécaires, suivant les prescriptions des articles 2148 et 2149, 2e alinéa, du présent code.

Art. 1070 ancien *(Ord. n° 59-71, 7 janv. 1959)*. – Le défaut de publication de l'acte contenant la disposition pourra être opposé par les créanciers et tiers acquéreurs, même aux mineurs ou majeurs en tutelle, sauf le recours contre le grevé et contre le tuteur à l'exécution, et sans que les mineurs ou majeurs en tutelle puissent être restitués contre ce défaut de publication, quand même le grevé et le tuteur se trouveraient insolvables.

Art. 1071 ancien. – Le défaut de publication ne pourra être suppléé ni regardé comme couvert par la connaissance que les créanciers ou les tiers acquéreurs pourraient avoir eue de la disposition par d'autres voies que celle de la publication.

Art. 1072 ancien. – Les donataires, les légataires, ni même les héritiers *(Mot suppr., L. n° 2002-305, 4 mars 2002)* (1) « légitimes » de celui qui aura fait la disposition, ni pareillement leurs donataires, légataires ou héritiers, ne pourront, en aucun cas, opposer aux appelés le défaut de publication ou inscription.

Art. 1073 ancien. – Le tuteur nommé pour l'exécution sera personnellement responsable, s'il ne s'est pas, en tout point, conformé aux règles ci-dessus établies pour constater les biens, pour la vente du mobilier, pour l'emploi des deniers, pour la publication et l'inscription et, en général, s'il n'a pas fait toutes les diligences nécessaires pour que la charge de restitution soit bien et fidèlement acquittée.

Art. 1074 ancien. – Si le grevé est mineur, il ne pourra, dans le cas même de l'insolvabilité de son tuteur, être restitué contre l'inexécution des règles qui lui sont prescrites par les articles du présent chapitre.

CHAPITRE VII. – DES LIBÉRALITÉS-PARTAGES

(Intitulé rempl., L. n° 2006-728, 23 juin 2006)

Bibliographie : P. Catala, *Préparer sa succession : JCP* G 2011, 5. • L. Leveneur, *Les nouveaux visages des libéralités-partages* in *Mélanges Foyer*, p. 637. • M. Grimaldi, *Des donations-partages et des testaments-partages au lendemain de la loi du 23 juin 2006 : JCP* G 2006, I, 179 ; *JCP* N 2006, 1320. • F. Sauvage, *La donation-partage graduelle ou résiduelle* in *Mélanges G. Champenois : Defrénois* 2012, 771. • D. Vigneau, *La nouvelle donation-partage : Dr. famille* 2006, étude 46. • P. Catala,

(1) Dispositions applicables aux instances en cours qui n'ont pas donné lieu à une décision passée en force de chose jugée (L. n° 2002-305, 4 mars 2002).

La loi du 23 juin 2006 et les colonnes du temple : Dr. famille nov. 2006, étude 43. • P. Catala, *Prospective et perspectives en droit successoral : JCP* N 2007, 1206. • R. Gentilhomme, *Vive la réincorporation à la masse d'une donation-partage transgénérationnelle : Defrénois* 2011, art. 39192, p. 153 ; *Donation-partage transgénérationnelle et usufruit successif : Defrénois* 2015, n° 9, p. 496. • S. Arnaud, S. Ginon et F. Petit, *Quelques aspects spécifiques de la donation-partage transgénérationnelle : JCP* N 2012, 1301. • Divers auteurs, *Les libéralités-partages, Defrénois* 2014, dossier p. 343 et s. • B. Vareille, *L'ouverture de la donation-partage à des bénficiaires autres que les descendants : Etudes offertes à Jacques Combret : Lextenso*, 2017, p. 167.

Pour les dispositions transitoires. Voir L. n° 2006-728, 23 juin 2006, art. 47, I et II, p. 3262.

Section I. – Dispositions générales

(L. n° 2006-728, 23 juin 2006)

Art. 1075 *(Rempl., L. n° 2006-728, 23 juin 2006).* – **Toute personne peut faire, entre ses héritiers présomptifs, la distribution et le partage de ses biens et de ses droits.**

Cet acte peut se faire sous forme de donation-partage ou de testament-partage. Il est soumis aux formalités, conditions et règles prescrites pour les donations entre vifs dans le premier cas et pour les testaments dans le second.

Clause pénale. En vertu de l'article 6, § 1 CEDH, il convient de rechercher si l'application de la clause d'une donation-partage privant de la quotité disponible les donataires qui attaqueraient l'acte n'a pas pour effet de porter une atteinte excessive au droit d'agir en justice : ▪ Cass. 1re civ., 16 déc. 2015, n° 14-29.285 : *Bull.* ; *JCP* N 2016, 1159, Ch. Goldie-Génicon ; *Dr. famille* 2016, comm. 33, M. Nicod ; *D.* 2016.578, note T. Le Bars ; *RJPF* 2016-2/37, note F. Sauvage. V. aussi, pour la clause d'un testament portant une atteinte excessive au droit absolu de tout indivisaire de demander le partage : ▪ Cass. 1re civ., 13 avr. 2016, n° 15-13.312 : *Bull.* ; *JCP* G 2016, act. 527, M. Nicod ; *RTD civ.* 2016, 424, M. Grimaldi. V. art. 900, note n° 6, p. 709.

Art. 1075-1 *(L. n° 2006-728, 23 juin 2006).* – **Toute personne peut également faire la distribution et le partage de ses biens et de ses droits entre des descendants de degrés différents, qu'ils soient ou non ses héritiers présomptifs.**

Testament-partage transgénérationnel. Si l'article 1075 du Code civil dispose que toute personne peut faire, entre ses héritiers présomptifs, la distribution et le partage de ses biens et de ses droits sous forme de donation-partage ou de testament-partage, l'article 1075-1 prévoit que toute personne peut faire la distribution et le partage de ses biens et de ses droits entre des descendants de degrés différents, qu'ils soient ou non ses héritiers présomptifs, de sorte, qu'en l'absence de toute distinction entre ces libéralités, un ascendant peut valablement partager ses biens entre ses enfants et ses petits-enfants par un testament-partage régi par l'article 1079 (▪ Cass. 1re civ., 7 nov. 2012, n° 11-23.396 : *Bull. civ.* I, n° 237 ; *RTD civ.* 2013, 164, obs. Grimaldi ; *JCP* G 2013, doctr. 250, n° 8, obs. Le Guidec et note 203, Sauvage ; *JCP* N 2013, n° 11, 69, note Azincourt). V. B. Vareille, *Le testament-partage transgénérationnel : Defrénois* 2013, 531.

Art. 1075-2 *(L. n° 2006-728, 23 juin 2006).* – **Si ses biens comprennent une entreprise individuelle à caractère industriel, commercial, artisanal, agricole ou libéral ou des droits sociaux d'une société exerçant une activité à caractère industriel, commercial, artisanal, agricole ou libéral et dans laquelle il exerce une fonction dirigeante, le disposant peut en faire, sous forme de donation-partage et dans les conditions prévues aux articles 1075 et 1075-1, la distribution et le partage entre le ou les donataires visés auxdits articles et une ou plusieurs autres personnes, sous réserve des conditions propres à chaque forme de société ou stipulées dans les statuts.**

Cette libéralité est faite sous réserve que les biens corporels et incorporels affectés à l'exploitation de l'entreprise ou les droits sociaux entrent dans cette distribution et ce partage, et que cette distribution et ce partage aient pour effet de n'attribuer à ces autres personnes que la propriété ou la jouissance de tout ou partie de ces biens ou droits.

Art. 1075-3 *(Anc. art. 1075-1, dénum. et rempl., L. n° 2006-728, 23 juin 2006).* – **L'action en complément de part pour cause de lésion ne peut être exercée contre les donations-partages et les testaments-partages.**

Donation-partage cumulative. La donation-partage cumulative, qui réalise par un même acte un partage amiable des biens de la succession ouverte et une donation-partage des biens du parent survivant à la condition que tous les enfants majeurs et capables acceptent ce partage, est soumise aux règles qui gouvernent les partages d'ascendants, et ne peut donc être attaquée pour cause de lésion (■ Cass. 1re civ., 22 nov. 2005, n° 02-17.708 : *JurisData* n° 2005-030825 ; *Bull. civ.* I, n° 437 ; *JCP* 2006, II, 10026, note Sauvage ; *D.* 2006, 902, note Mahinga ; *JCP* 2008, I, 108, n° 9, obs. Le Guidec. V. sur cet arrêt, G. Rivière : *JCP* N 2006, 1155). Pour une confirmation de la validité de la donation-partage cumulative, V. ■ Cass. 1re civ., 11 févr. 2008, cité sous art. 1076, p. 785.

Art. 1075-4 *(Anc. art. 1075-2, dénum. et mod., L. n° 2006-728, 23 juin 2006).* **– Les dispositions de l'article 828, sont applicables aux soultes mises à la charge des donataires, nonobstant toute convention contraire.**

Convention dérogatoire postérieure au décès des ascendants. L'article 1075-2 [auj. a. 1075-4] n'interdit pas les dérogations à l'article 833-1 [auj. a. 828] dans la convention passée, après le décès des ascendants donateurs, entre les donataires copartagés (■ Cass. 1re civ., 19 janv. 1982, n° 81-10.760 : *JurisData* n° 1982-700086 ; *JCP* 82, IV, 124 ; *Bull. civ.* I, n° 31, p. 26). En revanche, doit être déclarée non écrite la clause insérée dans la donation-partage et prévoyant une variabilité conventionnelle dérogeant à la variabilité légale de l'article 833-1 [auj. a. 828] du Code civil qui est d'ordre public (■ Cass. 1re civ., 6 juill. 2011, n° 10-21.134 : *Bull. civ.* I, n° 140 ; *RDC* 2012/1, 163, note Goldie-Genicon ; *Defrénois* 2011, 1533, obs. Autem et 2012, 196, obs. B. V. ; *JCP* N 2011, 1278, note F. Sauvage ; *Dr. famille* 2011, 152, note Beignier ; *JCP* G 2012, doctr. 1234, n° 6, obs. Le Guidec).

Art. 1075-5 *(Anc. art. 1075-3, dénum. et rempl., L. n° 2006-728, 23 juin 2006).* **– Si tous les biens ou droits que le disposant laisse au jour de son décès n'ont pas été compris dans le partage, ceux de ses biens ou droits qui n'y ont pas été compris sont attribués ou partagés conformément à la loi.**

Section II. – Des donations-partages

(L. n° 2006-728, 23 juin 2006)

§ 1. – Des donations-partages faites aux héritiers présomptifs

(L. n° 2006-728, 23 juin 2006)

Art. 1076 *(Mod., L. n° 2006-728, 23 juin 2006).* **– La donation-partage ne peut avoir pour objet que les biens présents.**

La donation et le partage peuvent être faits par actes séparés pourvu que le disposant intervienne aux deux actes.

1) Pluralité d'actes de donation indissociables (non). La donation-partage qui réalise la volonté répartitrice de toutes les parties ne peut résulter, sous réserve de l'alinéa 2 de l'art. 1076 C. civ., que d'un acte authentique prenant en compte la totalité des biens donnés (■ Cass. 1re civ., 6 févr. 2007, n° 04-20.029 : *JurisData* n° 2007-037226 ; *Bull. civ.* I, n° 51 ; *JCP* 2008, I, 108, n° 9, obs. Le Guidec ; *Defrénois* 2007, 1294, note Gelot ; *AJF*, n° 3/2007, 142, obs. Bicheron). *Contra*, auparavant : il peut y avoir donation-partage lorsque les actes de donation, quoique distincts, apparaissent indissociables et donc indivisibles dans la mesure où ils reflètent la volonté clairement exprimée du donateur de distribuer en totalité ou en partie ses biens entre ses enfants ou descendants (■ Cass. 1re civ., 17 avr. 1985, n° 83-14.683 : *JurisData* n° 1985-701311 ; *Bull. civ.* I, n° 118, p. 110 ; *D.* 1986, 243, note Groslière).

2) Donation-partage par actes séparés. La donation-partage, qui peut être faite en deux temps, ne constitue pas un partage ordinaire que les attributaires pourraient contester. Elle se forme dès que l'un d'eux a accepté son lot ; le refus de certains bénéficiaires est sans effet sur sa validité et son opposabilité. ■ Cass. 1re civ., 13 févr. 2019, n° 18-11.642 : *Bull.*

3) Acte notarié. La donation-partage doit être passée devant le notaire et ne peut être réalisée par voie de conclusions (■ Cass. 1re civ., 1er déc. 1999 : *JCP* G 2000, I, 278, n° 8, obs. Le Guidec ; *JCP* N 2000, 1844, note Dagot ; *Dr. famille* 2000, 44, note Beignier ; *RTD civ.* 2000, 884, obs. Patarin). Dans le même sens, ■ Cass. 1re civ., 3 janv. 2006 : *Bull. civ.* I, n° 3 ; *D.* 2006, pan. 2073, obs. Nicod ; *Dr. famille* 2006, comm. 38, note Beignier ; *JCP* 2008, I, 108, n° 9, obs. Le Guidec. En conséquence, la renonciation à cette donation doit revêtir la même forme authentique que l'acceptation qu'elle entend rétracter (■ Cass. 1re civ., 7 juin 2006 : *Bull. civ.* I, n° 289 ; *JurisData* n° 2006-033861 ; *JCP* 2006, IV,

2429 ; *RJPF* oct. 2006, 52, obs. Casey). – Comp., ▪ Cass. 1re civ., 9 nov. 1976 : *Bull. civ.* I, n° 341, qui admet une donation-partage déguisée, sans forme particulière.

4) Exclusion de la donation-partage attribuant des droit indivis. Ne constitue pas une donation-partage mais une donation l'acte qui n'attribue aux gratifiés que des droits indivis : ▪ Cass. 1re civ., 6 mars 2013, n° 11-21.892 : *Bull. civ.* I, n° 34 ; *JCP* N 2014, 1168, étude Ph. Potentier ; *Defrénois* 2013, p. 463, note F. Sauvage ; *RTD civ.* 2013, 424, note M. Grimaldi ; *Defrénois* 2014, 348, M. Nicod ; *Defrénois* 2014, 353, étude M. Grimaldi ; *AJF* 2013, 301, note C. Vernières. ▪ Cass. 1re civ., 20 nov. 2013, n° 12-25.681 : *Bull. civ.* I, n° 223 ; *JCP* N 2014, 1168, étude Ph. Potentier ; *Defrénois* 2013, 1259, note M. Grimaldi ; *Defrénois* 2014, 348, M. Nicod ; *Defrénois* 2014, 353, étude M. Grimaldi. *Adde* F. Letellier, *Donation-partage et inidivision : le mariage impossible ? : Etudes offertes à Jacques Combret : Lextenso*, 2017, p. 179.

5) Donation-partage cumulative. Sur la validité de la donation-partage cumulative V. ▪ Cass. 1re civ., 20 juin 1955 : *JCP* 1955, II, 8781, note Blin ; *D.* 1955, 737 (en cas de prédécès de son conjoint, l'ascendant peut, avec l'accord de tous ses enfants majeurs et capables, former une seule masse de l'ensemble des biens du ménage). ▪ Cass. 1re civ., 21 nov. 1979 : *D.* 1980, inf. rap. p. 400, obs. Martin. ▪ Cass. 1re civ., 22 nov. 2005, préc. sous art. 1075-3, p. 784. ▪ Cass. 1re civ., 11 févr. 2008, n° 07-14.795 : *RTD civ.* 2008, 712, obs. Grimaldi, qui décide que la donation-partage cumulative ne peut subsister dans l'une de ses composantes lorsque l'autre est remise en cause. En cas de donation-partage cumulative, seul le parent survivant a la qualité de donateur : ▪ Cass. 1re civ., 28 mai 2015, n° 14-13.479 : *Bull.* ; *RDC* 2015-4, p. 909, note Ch. Goldie-Genicon ; *Dr. famille* 2015, comm. 172, M. Nicod.

6) Donation-partage à des fins fiscales. Peut être déclarée nulle pour absence de cause la donation-partage à laquelle ont recouru les parties à des fins fiscales, dès lors que l'application rétroactive d'une loi de finances a eu pour conséquence que l'acte ne se trouvait plus justifié par le mobile qui avait incité les parties à y recourir (▪ Cass. 1re civ., 11 févr. 1986, n° 84-15.513 : *JurisData* n° 1986-000386 ; *Bull. civ.* I, n° 25, p. 21 ; *RTD civ.* 1987, 586, obs. Patarin).

7) Lot composé de deniers. Doit être cassé l'arrêt qui annule une donation-partage au motif que l'une des donataires a été allotie sous forme d'une soulte exigible six mois après le décès du donateur, alors que ladite soulte procurait à la donataire un avantage immédiat sous la forme d'une créance certaine dont seule l'exigibilité était reportée à la date du décès du disposant et qui pouvait être révisée en application des articles 1075-2 et 833-1 (▪ Cass. 1re civ., 30 nov. 1982, n° 81-15.519 : *JurisData* n° 1982-702695 ; *D.* 1983, 195, note Morin).

8) Étendue de la donation-partage. Une donation-partage ne portant que sur les droits d'associés, sans autre précision, ne peut s'étendre, en l'absence de clause particulière, au solde créditeur du compte courant (▪ Cass. 3e civ., 18 nov. 2009, n° 08-18.740 : *Bull. civ.* III, n° 257 ; *JCP* 2010, n° 7, 203, n° 13, obs. Le Guidec).

9) Pacte sur succession future (non). Une donation-partage valablement faite échappe à la prohibition des pactes sur succession future (▪ Cass. 1re civ., 10 oct. 1979 : *JurisData* n° 1979-000244 ; *Bull. civ.* I, n° 244, p. 195). Mais jugé que la clause de réversibilité de l'usufruit au profit du conjoint survivant insérée dans une donation-partage confère à l'épouse survivante dans la succession de son mari un droit auquel elle ne peut renoncer tant que cette succession ne s'est pas ouverte (▪ Cass. 1re civ., 20 avr. 1983 : *JurisData* n° 1983-700954 ; *JurisData* n° 1983-700954 ; *Bull. civ.* I, n° 124, p. 108 ; *JCP* 84, II, 20257, note de La Marnierre ; *D.* 1986, 31, note Grimaldi ; *RTD civ.* 1984, 349, obs. Patarin). Jugé cependant que cette clause s'analyse en une donation à terme de biens présents, le droit d'usufruit du bénéficiaire lui étant définitivement acquis dès le jour de l'acte et que c'est donc au jour de cette donation que doit être désigné le donataire (▪ Cass. 1re civ., 21 oct. 1997, n° 95-19.759 : *JurisData* n° 1997-004159 ; *JCP* 97, II, 22969, note Harel-Dutirou ; *RTD civ.* 1998, 721, obs. Patarin, 937, obs. Zenati ; *JCP* 99, I, 132, n° 5, obs. Le Guidec. – V. aussi ▪ Cass. 3e civ., 6 nov. 2002, n° 01-00.681 : *JurisData* n° 2002-016238 ; *Bull. civ.* III, n° 220, p. 189, cité sous C. civ., art. 939. ▪ Cass. ch. mixte, 8 juin 2007, n° 05-10.727 : *JurisData* n° 2007-039196 ; *Bull. inf. C. cass.* 15 sept. 2007, rapp. Rivière, avis Legoux ; *JCP* 2007, act. 285, obs. Julienne ; *JCP* 2007, II, 10130, obs. Goubeaux ; *JCP* N 2007, act. 472 ; *Dr. famille* 2007, comm. 151, note Beignier ; *Defrénois* 2007, 1688, obs. Chappert ; *D.* 2007, 1731, obs. Delaporte-Carre ; *D.* 2008, 812, obs. Serra ; *AJF* 2007, 353, obs. Bicheron ; *RDC* 2007, 1166, obs. I. Dauriac ; *RTD civ.* 2007, 588, obs. T. Revet et 605, obs. Grimaldi ; *JCP* G 2009, I, 109, n° 8, obs. Le Guidec).

10) Droit international privé. V. P Callé, Les donations-partages en droit international privé, *Defrénois* 2014, 399.

Art. 1076-1 *(L. n° 2006-728, 23 juin 2006)*. – **En cas de donation-partage faite conjointement par deux époux, l'enfant non commun peut être alloti du chef de son auteur en biens propres de celui-ci ou en biens communs, sans que le conjoint puisse toutefois être codonateur des biens communs.**

Bibliographie : C. Brenner, *La donation de biens communs* in *Mélanges en l'honneur du professeur Gérard Champenois : Defrénois Lextenso* 2012, p. 91 et s. • M. Klaa, *Donation-partage conjonctive de biens communs et enfants de lits différents : JCP* N 2008, 1068. • G. Champenois et M. Klaa, *Les donations-partages conjonctives et cumulatives : Defrénois* 2014, p. 374.

1) **Nécessité de deux enfants communs.** La donation-partage conjonctive nécessite que les donateurs aient au moins deux enfants communs. En effet, dans la mesure où l'enfant non commun ne peut être alloti que du seul chef de son auteur, la libéralité-partage consentie, qui est conjonctive à l'égard des enfants communs, est ordinaire à l'égard des enfants non communs. Par conséquent, l'article 1076-1 du Code civil précité ne peut recevoir application lorsque les époux n'ont pas d'enfants communs (Rép. min. n° 12920 : *JOAN* Q, 11 mars 2008, p. 2136 ; *JCP* N 2008, act. 313).

2) **Donation-partage conjonctive et réserve d'usufruit.** La donation-partage conjonctive avec réserve d'usufruit portant sur les biens communs n'a pas pour effet de diviser cet usufruit entre les époux, cet usufruit leur demeurant commun : ▪ Cass. 1re civ., 11 mai 2016, n° 14-28.321 : *Bull.* ; *Dr. sociétés* 2016, comm. 162, H. Hovasse ; *D.* 2016, p. 1631, V. Bonnet ; *AJF* 2016, p. 348, N. Levillain ; *Bull. Joly Sociétés* 2016, n° 10, p. 9, R. Mortier ; *RTD civ.* 2016, p. 675, note M. Grimaldi ; *JCP* N 2017, n° 1, 1003, n° 5, Fruleux et Sauvage.

Art. 1077 *(Rempl., L. n° 2006-728, 23 juin 2006)*. – **Les biens reçus à titre de partage anticipé par un héritier réservataire présomptif s'imputent sur sa part de réserve, à moins qu'ils n'aient été donnés expressément hors part.**

Obligation au rapport (non). Les biens qui font l'objet d'une donation-partage ne sont pas soumis au rapport qui n'est qu'une opération préliminaire au partage en ce qu'il tend à constituer une masse partageable (▪ Cass. 1re civ., 16 juill. 1997, n° 95-13.316 : *JurisData* n° 1997-003352 ; *JCP* 97, IV, 2026 ; *Bull. civ.* I, n° 252, p. 168 ; *D.* 1997, somm. 370, obs. Grimaldi).

Art. 1077-1 *(Mod., L. n° 2006-728, 23 juin 2006)*. – **L'héritier réservataire, qui n'a pas concouru à la donation-partage, ou qui a reçu un lot inférieur à sa part de réserve, peut exercer l'action en réduction, s'il n'existe pas à l'ouverture de la succession des biens non compris dans le partage et suffisants pour composer ou compléter sa réserve, compte tenu des libéralités dont il a pu bénéficier.**

1) **Héritier sous-alloti.** L'héritier sous-alloti peut former sa part réservataire en prenant d'abord le manquant sur la masse indivise à partager (▪ TGI Carpentras, 4 mai 1999 : *JurisData* n° 1999-124465 ; *JCP* 2000, II, 10380, note Sauvage ; *RTD civ.* 2001, 182, obs. Patarin).

2) **Omission d'un ou plusieurs enfants.** Il résulte des articles 1077-1 et 1078 que l'omission d'un ou plusieurs enfants dans un partage d'ascendant n'est pas une cause de nullité de la libéralité mais permet seulement au descendant qui n'a pas concouru à la donation-partage d'exercer éventuellement l'action en réduction (▪ Cass. 1re civ., 4 nov. 1981, n° 80-13.191 : *JurisData* n° 1981-703377 ; *JCP* 82, IV, 31 ; *Bull. civ.* I, n° 330, p. 279). La donation-partage, dont la validité n'est pas affectée par l'omission ou la non-acceptation d'un descendant, constitue un partage anticipé, de sorte que l'allotissement qu'elle a opéré est opposable aux cohéritiers des allotis (▪ Cass. 1re civ., 16 juill. 1997 : *JCP* 97, IV, 2026 ; *Bull. civ.* I, n° 252, p. 168 ; *D.* 1997, somm. 370, obs. Grimaldi). Le décès du disposant réalise le partage successoral des biens composant son patrimoine et ayant déjà été attribués par donation-partage ; dès lors, l'enfant adultérin non attributaire ne peut invoquer la loi du 3 décembre 2001 pour demander la réduction de la donation-partage réalisée au profit des seuls enfants légitimes (▪ Cass. 1re civ., 14 nov. 2007, n° 06-13.806 : *JurisData* n° 2007-041365 ; *Bull. civ.* I, n° 360 ; *RTD civ.* 2008, 90, obs. Hauser et 337, obs. M. Grimaldi) ; cette solution n'est pas contraire à la convention européenne des droits de l'Homme (▪ CEDH, 21 juill. 2011, § 58, n° 16574/081 : *Defrénois* 2012, 298, obs. A. C.-T. ; *RTD civ.* 2011, obs. Marguénaud et 2036, obs. Hauser).

Art. 1077-2 *(Mod., L. n° 2006-728, 23 juin 2006)*. – **Les donations-partages suivent les règles des donations entre vifs pour tout ce qui concerne l'imputation, le calcul de la réserve et la réduction.**

L'action en réduction ne peut être introduite qu'après le décès du disposant qui a fait le partage. En cas de donation-partage faite conjointement par les deux époux, l'action en réduction ne peut être introduite qu'après le

décès du survivant des disposants, sauf pour l'enfant non commun qui peut agir dès le décès de son auteur. L'action se prescrit par cinq ans à compter de ce décès.

L'héritier présomptif non encore conçu au moment de la donation-partage dispose d'une semblable action pour composer ou compléter sa part héréditaire.

1) **Donation-partage conjonctive.** L'évaluation, en vue du calcul de la réserve et de la quotité disponible, des biens donnés par donation-partage conjonctive, doit être réalisée au décès du survivant des donateurs (■ Cass. 1re civ., 16 juin 2011, n° 10-17.499 : *Bull. civ.* I, n° 114 ; *JCP* N 2011, 1237, note V. Zalewski ; *RTD civ.* 2011, 789, obs. M. Grimaldi ; *JCP* G 2012, doctr. 1234, n° 6, obs. Le Guidec).

2) **Non-application à l'action en revalorisation.** Les règles de l'article 1077-2 relatives à l'action en réduction ne s'appliquent pas à l'action en revalorisation d'une soulte ou d'une indemnité de réduction (■ Cass. 1re civ., 9 mars 2011, n° 09-71.101 : *Bull. civ.* I, n° 53 ; *Defrénois* 2012, 197, obs. B. V. ; *RJPF* 2011, 6/51, note Zalewski ; *RTD civ.* 2011, 575, note M. Grimaldi).

3) **Droit de prélèvement.** Sur l'application de la prescription de l'article 1077-2 au prélèvement exercé par l'héritier français en vertu de l'article 2 de la loi du 14 juillet 1819 après qu'une juridiction suisse a rejeté comme périmée l'action en réduction portant sur les biens situés en Suisse, V. ■ Caen, 27 avr. 1999 : *JurisData* n° 1999-110550 ; *D.* 2000, somm. 431, obs. Vareille.

4) **Prescription quinquennale. Principe.** La nullité ne peut être que relative en dépit du fait que le principe d'égalité dans le partage est une règle d'intérêt général, V. ■ Cass. 1re civ., 29 sept. 2004, n° 03-10.766 : *JurisData* n° 2004-024948 ; *Dr. famille* 2004, 206, note Beignier.

5) **Réduction invoquée par voie d'exception.** La prescription de l'action en réduction n'empêche pas d'invoquer la réduction comme moyen de défense (■ Montpellier, 4 févr. 1988 : *JurisData* n° 1988-034036 ; *JCP* N 89, II, 233, note Salvage ; *RTD civ.* 1989, 801, obs. Patarin).

6) **Interruption de la prescription.** La prescription édictée par l'article 1077-2 ne peut être interrompue que par des circonstances mettant celui qui l'invoque dans l'impossibilité d'agir, V. ■ Cass. 1re civ., 3 oct. 2000, n° 98-18.492 : *JurisData* n° 2000-006132 ; *Dr. famille* 2001, 34, note Beignier.

Art. 1078 *(Mod., L. n° 2006-728, 23 juin 2006).* – **Nonobstant les règles applicables aux donations entre vifs, les biens donnés seront, sauf convention contraire, évalués au jour de la donation-partage pour l'imputation et le calcul de la réserve, à condition que tous les héritiers réservataires vivants ou représentés au décès de l'ascendant aient reçu un lot dans le partage anticipé et l'aient expressément accepté, et qu'il n'ait pas été prévu de réserve d'usufruit portant sur une somme d'argent.**

Bibliographie : P. Sautjeau et B. Vareille, *Mérites et maléfices de l'article 1078 du Code civil : Defrénois* 2014, p. 356.

1) **Réserve d'usufruit portant sur une somme d'argent.** L'article 1078 ne prévoit l'évaluation des biens au jour de la donation-partage qu'à la condition qu'il n'ait pas été prévu de réserve d'usufruit portant sur une somme d'argent ; cette condition n'est pas remplie lorsqu'un des lots comprend une créance ayant pour objet une somme d'argent et dont l'ascendant s'est réservé l'usufruit ; dans ce cas, l'évaluation des biens doit se faire au jour de l'ouverture de la succession (■ Cass. 1re civ., 18 mai 1978, n° 76-15.168 : *JurisData* n° 1978-000200 ; *Bull. civ.* I, n° 196, p. 157 ; *JCP* 80, II, 19349, note Dagot).

2) **Calcul de l'indemnité de réduction.** Les dispositions de l'article 1078, texte d'exception, ne concernent que l'imputation et le calcul de la *réserve, et non* l'action en réduction pour l'exercice de laquelle l'article 1077-2 renvoie aux règles des donations entre vifs, spécialement à celles édictées par l'article 868 [auj. a. 924-2] (■ Cass. 1re civ., 17 déc. 1996, n° 94-17.911 : *JurisData* n° 1996-004967 ; *Bull. civ.* I, n° 462, p. 325 ; *D.* 1997, somm. 367, obs. Vareille ; *JCP* G 98, I, 133 et *JCP* N 98, 1713, n° 13, obs. Le Guidec).

3) **Évaluation des biens.** L'article 1078, texte d'exception, prévoit une évaluation des biens au jour de la donation-partage et n'impose pas de retenir celle figurant dans l'acte : ■ Cass. 1re civ., 4 nov. 2015, n° 14-23.662 : *Bull.* ; *RPJF* 2016-1/28, note F. Sauvage. Les biens donnés doivent être estimés à leur valeur réelle au jour de la donation-partage, quelles qu'aient pu être celles énoncées à l'acte : ■ Cass. 1re civ., 25 mai 2016, n° 15-16.160 : *Bull.* ; *Dr. famille* 2016, comm. 184, M. Nicod.

Art. 1078-1 *(Mod., L. n° 2006-728, 23 juin 2006).* – **Le lot de certains gratifiés pourra être formé, en totalité ou en partie, des donations, soit rapportables, soit faites hors part, déjà reçues par eux du disposant, eu égard éventuellement aux emplois et remplois qu'ils auront pu faire dans l'intervalle.**

La date d'évaluation applicable au partage anticipé sera également applicable aux donations antérieures qui lui auront été ainsi incorporées. Toute stipulation contraire sera réputée non écrite.

Voir : CGI, art. 776 A, p. 603, sur l'exonération de droits de mutation à titre gratuit.

Bibliographie : S. Gaudemet et Th. Semere, *L'incorporation des donations antérieures : Defrénois* 2014, p. 366. • J.-F. Sagaut, *Libres propos sur les articles 1078-1 à 1078-3 du Code civil (ou les charmes discrets de l'incorporation des donations antérieures) : Defrénois* 2001, 1018. • M. Grimaldi et R. Gentilhomme, *Rendre transgénérationnelle une donation-partage antérieure : Defrénois* 2011, 1344.

1) Validité de l'incorporation d'une donation antérieure avec changement de bénéficiaire. L'article 1078-1 n'interdit pas qu'un bien antérieurement donné indivisément à des enfants soit attribué à l'un d'eux dans un acte de donation-partage : ▪ Cass. 1re civ., 15 janv. 2014, nos 11-18.693 et 12-29.267 : *Dr. famille* 2014, 43, obs. M. Nicod.

2) Silence non dolosif sur une donation antérieure. L'absence de mention, dans une donation-partage, d'une donation antérieure consentie à un non-successible n'est pas constitutive de dol : ▪ Cass. 1re civ., 16 déc. 2015, n° 14-29.285 : *Bull.* ; *JCP* N 2016, 1159, Ch. Goldie-Génicon, préc. sous art. 1075.

3) Subrogation. V. art. 951 note 2, p. 741.

4) Absence de rapport. Les biens donnés en avancement de part successorale, inclus dans une donation-partage postérieure, ne sont pas soumis au rapport (▪ Cass. 1re civ., 4 juill. 2018, n° 15-15.915 : *RTD civ.* 2018, p. 726, M. Grimaldi).

Art. 1078-2 *(Mod., L. n° 2006-728, 23 juin 2006).* – **Les parties peuvent aussi convenir qu'une donation antérieure faite hors part sera incorporée au partage et imputée sur la part de réserve du donataire à titre d'avancement de part successorale.**

Art. 1078-3 *(Mod., L. n° 2006-728, 23 juin 2006).* – **Les conventions dont il est parlé aux deux articles précédents peuvent avoir lieu même en l'absence de nouvelles donations du disposant. Elles ne sont pas regardées comme des libéralités entre les héritiers présomptifs, mais comme un partage fait par le disposant.**

§ 2. – Des donations-partages faites à des descendants de degrés différents

(L. n° 2006-728, 23 juin 2006)

Bibliographie : *Pratique de la donation-partage transgénérationnelle : Defrénois* 2016, dossier p. 991 et s.

Art. 1078-4 *(L. n° 2006-728, 23 juin 2006).* – **Lorsque l'ascendant procède à une donation-partage, ses enfants peuvent consentir à ce que leurs propres descendants y soient allotis en leur lieu et place, en tout ou partie.**

Les descendants d'un degré subséquent peuvent, dans le partage anticipé, être allotis séparément ou conjointement entre eux.

Art. 1078-5 *(L. n° 2006-728, 23 juin 2006).* – **Cette libéralité constitue une donation-partage alors même que l'ascendant donateur n'aurait qu'un enfant, que le partage se fasse entre celui-ci et ses descendants ou entre ses descendants seulement.**

Elle requiert le consentement, dans l'acte, de l'enfant qui renonce à tout ou partie de ses droits, ainsi que de ses descendants qui en bénéficient. La libéralité est nulle lorsque le consentement du renonçant a été vicié par l'erreur, le dol ou la violence.

Art. 1078-6 *(L. n° 2006-728, 23 juin 2006).* – **Lorsque des descendants de degrés différents concourent à la même donation-partage, le partage s'opère par souche.**

Des attributions peuvent être faites à des descendants de degrés différents dans certaines souches et non dans d'autres.

Art. 1078-7 *(L. n° 2006-728, 23 juin 2006).* – **Les donations-partages faites à des descendants de degrés différents peuvent comporter les conventions prévues par les articles 1078-1 à 1078-3.**

Art. 1078-8 *(L. n° 2006-728, 23 juin 2006).* – **Dans la succession de l'ascendant donateur, les biens reçus par les enfants ou leurs descendants à titre de partage anticipé s'imputent sur la part de réserve revenant à leur souche et subsidiairement sur la quotité disponible.**

Toutes les donations faites aux membres d'une même souche sont imputées ensemble, quel que soit le degré de parenté avec le défunt.

Lorsque tous les enfants de l'ascendant donateur ont donné leur consentement au partage anticipé et qu'il n'a pas été prévu de réserve d'usufruit portant sur une somme d'argent, les biens dont les gratifiés ont été allotis sont évalués selon la règle prévue à l'article 1078.

Si les descendants d'une souche n'ont pas reçu de lot dans la donation-partage ou n'y ont reçu qu'un lot inférieur à leur part de réserve, ils sont remplis de leurs droits selon les règles prévues par les articles 1077-1 et 1077-2.

Art. 1078-9 *(L. n° 2006-728, 23 juin 2006).* **– Dans la succession de l'enfant qui a consenti à ce que ses propres descendants soient allotis en son lieu et place, les biens reçus par eux de l'ascendant sont traités comme s'ils les tenaient de leur auteur direct.**

Ces biens sont soumis aux règles dont relèvent les donations entre vifs pour la réunion fictive, l'imputation, le rapport et, le cas échéant, la réduction.

Toutefois, lorsque tous les descendants ont reçu et accepté un lot dans le partage anticipé et qu'il n'a pas été prévu d'usufruit portant sur une somme d'argent, les biens dont ont été allotis les gratifiés sont traités comme s'ils les avaient reçus de leur auteur par donation-partage.

Art. 1078-10 *(L. n° 2006-728, 23 juin 2006).* **– Les règles édictées à l'article 1078-9 ne s'appliquent pas lorsque l'enfant qui a consenti à ce que ses propres descendants soient allotis en son lieu et place procède ensuite lui-même, avec ces derniers, à une donation-partage à laquelle sont incorporés les biens antérieurement reçus dans les conditions prévues à l'article 1078-4.**

Cette nouvelle donation-partage peut comporter les conventions prévues par les articles 1078-1 et 1078-2.

Code général des impôts

Art. 784 B *(L. n° 2006-1771, 30 déc. 2006).* **–** En cas de donation-partage faite à des descendants de degrés différents, les droits sont liquidés en fonction du lien de parenté entre l'ascendant donateur et les descendants allotis.

Art. 776 *ter* *(L. n° 2012-958, 16 août 2012).* **–** Les donations de moins de quinze ans consenties aux petits-enfants en application de l'article 1078-4 du Code civil ne sont pas rapportables dans la succession de leur père ou mère. (1)

Rédaction antérieure. Art. 776 *ter* ***(L. n° 2006-1771, 30 déc. 2006).*** **–** Les donations de moins de six ans consenties aux petits-enfants en application de l'article 1078-4 du Code civil ne sont pas rapportables dans la succession de leur père ou mère.

Section III. – Des testaments-partages

(L. n° 2006-728, 23 juin 2006)

Bibliographie : M. Nicod, *Les perspectives actuelles des testaments-partages* : *JCP* N 2014, 1186.

Art. 1079 *(Rempl., L. n° 2006-728, 23 juin 2006).* **– Le testament-partage produit les effets d'un partage. Ses bénéficiaires ne peuvent renoncer à se prévaloir du testament pour réclamer un nouveau partage de la succession.**

1) **Nécessité d'attribution de lots.** Jugé, sous l'empire du droit antérieur à la loi du 23 juin 2006, qu'il résulte des termes de l'article 1075 qu'il n'y a testament-partage que dans la mesure où le testateur lui-même a attribué un lot à ses descendants (■ Cass. 1re civ., 5 déc. 1978 : *JurisData n° 1978-799376* ; *Defrénois* 1979, art. 31956, p. 645, note Ponsard).

2) **Testament complétant une donation-partage.** Jugé, sous l'empire du droit antérieur à la loi du 23 juin 2006, que constitue un testament-partage le testament qui procède d'intentions analogues à celles qui avaient inspiré une donation-partage antérieure dont il est un complément (■ Cass. 1re civ., 5 juill. 1989, n° 87-16.476 :

(1) *Loi n° 2012-958 du 16 août 2012 de finances rectificative pour 2012, art. 5, IV : Ces dispositions s'appliquent, selon les cas, aux successions ouvertes et aux donations consenties à compter de la date de publication de la présente loi.*

JurisData n° 1989-002856 ; *Bull. civ.* I, n° 282, p. 187).

3) Sur la distinction entre testament-partage et legs particuliers, V. ■ Cass. 1re civ., 4 janv. 1980, n° 78-13.596 : *JurisData* n° 1980-700009 ; *JCP* N 80, prat. 630. ■ Cass. 1re civ., 17 avr. 1985, n° 84-11.064 : *JurisData* n° 1985-701308 ; *Bull. civ.* I, n° 121, p. 112 ; *RTD civ.* 1986, 166, obs. Patarin. Une cour d'appel, dans son pouvoir souverain d'interprétation, peut déduire qu'un codicille, en ce qu'il organisait la distribution et le partage par le défunt, entre deux de ses héritières, d'un élément prépondérant de son patrimoine, devait être qualifié de testament-partage, même s'il ne concernait que certaines des héritières et ne portait que sur une partie des biens successoraux : ■ Cass. 1re civ., 6 mars 2019, n° 18-11.640 : *Bull.*

4) Testament-partage conjonctif. Des testaments-partages portant sur la totalité des biens communs sont entachés de nullité (■ Cass. 1re civ., 5 déc. 2018, n° 17-17.493 : *Bull.* ; *RJPF* 2019, n° 2, G. Drouot ; *Defrénois* 2019, n° 13, p. 29, Champenois).

5) Testament-partage transgénérationnel. Est valable le testament-partage répartissant le patrimoine successoral entre des descendants de différents degrés (■ Cass. 1re civ., 7 nov. 2012, n° 11-23.396, préc. sous art. 1075-1).

Art. 1080 *(Mod., L. n° 2006-728, 23 juin 2006)*. **– Le bénéficiaire qui n'a pas reçu un lot égal à sa part de réserve peut exercer l'action en réduction conformément à l'article 1077-2.**

CHAPITRE VII (RÉDACTION ANTÉRIEURE). – DES PARTAGES FAITS PAR LES ASCENDANTS
(L. n° 71-523, 3 juill. 1971)

Art. 1075 ancien *(Mod., L. n° 88-15, 5 janv. 1988)*. – Les père et mère et autres ascendants peuvent faire, entre leurs enfants et descendants, la distribution et le partage de leurs biens.

Cet acte peut se faire sous forme de donation-partage ou de testament-partage. Il est soumis aux formalités, conditions et règles prescrites pour les donations entre vifs dans le premier cas et des testaments dans le second, sous réserve de l'application des dispositions qui suivent.

Si leurs biens comprennent une entreprise individuelle à caractère industriel, commercial, artisanal, agricole ou libéral, les père et mère et autres ascendants peuvent, dans les mêmes conditions et avec les mêmes effets, en faire, sous forme de donation-partage, la distribution et le partage entre leurs enfants et descendants et d'autres personnes, sous réserve que les biens corporels et incorporels affectés à l'exploitation de l'entreprise entrent dans cette distribution et ce partage et que cette distribution et ce partage aient pour effet de n'attribuer à ces autres personnes que la propriété de tout ou partie de ces biens ou leur jouissance.

1) Donation-partage conjonctive en présence d'enfants de lits différents. L'épouse en troisièmes noces, qui n'est pas l'ascendante des enfants du second lit, ne peut inclure ces derniers parmi les bénéficiaires d'une donation-partage, fût-elle conjonctive, portant sur les biens des deux époux (■ Cass. 1re civ., 14 oct. 1981, n° 80-12.283 : *JurisData* n° 1981-003018 ; *Defrénois* 1982, 431, obs. Champenois ; *Bull. civ.* I, n° 292, p. 245. – V. J.-M. Bez, *La donation-partage par deux époux en présence d'enfants de plusieurs lits* : *JCP* N 83, I, 283).

2) Attribution préférentielle. Lorsque des parents ont fait donation à leurs enfants de leurs biens, à titre de partage anticipé, les enfants ayant été gratifiés indivisément et chacun pour moitié, un tel acte ne fait pas obstacle à une attribution préférentielle dès lors qu'il n'a créé, au profit des descendants gratifiés en tant que tels, qu'un droit indivis sur un bien qui reste à partager (■ Cass. 1re civ., 20 janv. 1977 : *D.* 1977, 485, note Lucas de Leyssac ; *JCP* 78, II, 18953, note Dagot).

3) Partage de biens appartenant à l'ascendant donateur. Jugé, sous l'empire du droit antérieur à la loi du 23 juin 2006, qu'une convention ne peut être qualifiée partage d'ascendant que si l'ascendant donateur procède au partage entre ses enfants des biens lui appartenant personnellement (■ Cass. 1re civ., 7 juin 1974, n° 72-10.299 : *JurisData* n° 1974-000174 ; *Bull. civ.* I, n° 174, p. 151). Sur la nullité d'un testament-partage portant sur un bien commun, V. ■ Cass. 1re civ., 16 mai 2000 : *Bull. civ.* I, n° 149, p. 98 ; *JCP* 2001, I, 309, n° 8, obs. Simler ; *ibid.* 366, n° 7, obs. Le Guidec ; *RTD civ.* 2000, 883, obs. Patarin ; *RJPF* 10/2000, 41, obs. Casey. ■ Cass. 1re civ., 6 mars 2001, n° 99-11.308 : *JurisData* n° 2001-008569 ; *Bull. civ.* I, n° 53 ; *JCP* 2001, I, 366, obs. Le Guidec ; *JCP* N 2001, 1232, note Maury ; *RTD civ.* 2001, 648, obs. Vareille ; *Dr. famille* 2001, comm. 62. – Dans le même sens, ■ Cass. 1re civ., 9 déc. 2009, nos 08-17.351 et 08-18.677 : *Bull. civ.* 2009, I, nos 247 et 248 ; *Dr. famille* 2010, comm. 27, obs. Beignier ; *JCP* 2010, n° 7, 203, n° 14, obs. Le Guidec ; *JCP* N 2010, 1171, n° 14, obs. Le Guidec ; *RJPF* 3/2010, 23, obs. Casey ; *Rev. Lamy dr. civ.* 2010, n° 68, p. 49, obs. Pouliquen ; *adde*, D. Autem, *Par-*

tage testamentaire de biens indivis : jusqu'où peut-on aller ? : Defrénois 2010, 923, qui juge, sous l'empire du droit antérieur à 2006, que le testament-partage réalisé par un conjoint survivant incluant les biens dépendant de la communauté dissoute, mais non encore partagée entre lui et le défunt, est entaché de nullité relative soumise à la prescription abrégée de l'article 1304 du Code civil (■ Cass. 1re civ., 3 févr. 2010, n° 08-18.196 : *Bull. civ.* 2010, I, n° 35 ; *Dr. famille* 2010, comm. 48, obs. Beignier ; *RTD civ.* 2010, 607, obs. M. Grimaldi ; *JCP* G 2011, doctr. 251, n° 11, obs. R. Le Guidec ; *Gaz. Pal.* 11 nov. 2010, 48, obs. J. Casey ; *Rev. Lamy dr. civ.* avr. 2010, p. 56, obs. E. Pouliquen ; *RJPF* 2010/4, 26, obs. F. Sauvage). Constitue une donation-partage l'acte par lequel le mari abandonne non seulement son droit d'usufruit sur la part de communauté de son épouse décédée, mais aussi sa propre part de communauté en pleine propriété (■ Cass. 1re civ., 6 déc. 1978 : *JCP* 1980, II, 19263, note Dagot). Sur la distinction entre donation-partage et transaction, V. ■ Cass. 1re civ., 4 mai 1976, n° 74-11.776 : *Bull. civ.* I, n° 157, p. 124.

Art. 1075-1 ancien. – Le partage fait par un ascendant ne peut être attaqué pour cause de lésion.

Art. 1075-2 ancien. – Les dispositions de l'article 833-1, premier alinéa, sont applicables aux soultes mises à la charge des donataires, nonobstant toute convention contraire.

Droit transitoire. Les dispositions des articles 833-1 et 1075-2 sont applicables aux donations-partages antérieures à 1972 toutes les fois que le décès de l'ascendant donateur est survenu depuis le 1er janv. 1972 (■ Cass. 1re civ., 21 mars 1979 : *JCP* N 80, II, 209, note Thuillier).

Art. 1075-3 ancien. – Si tous les biens que l'ascendant laisse au jour de son décès n'ont pas été compris dans le partage, ceux de ses biens qui n'y auront pas été compris seront attribués ou partagés conformément à la loi.

Section I (ancien). – Des donations-partages

Art. 1076 ancien. – La donation-partage ne peut avoir pour objet que des biens présents.

La donation et le partage peuvent être faits par actes séparés pourvu que l'ascendant intervienne aux deux actes.

Art. 1077 ancien. – Les biens reçus par les descendants à titre de partage anticipé constituent un avancement d'hoirie imputable sur leur part de réserve, à moins qu'ils n'aient été donnés expressément par préciput et hors part.

Art. 1077-1 ancien. – Le descendant qui n'a pas concouru à la donation-partage, ou qui a reçu un lot inférieur à sa part de réserve, peut exercer l'action en réduction, s'il n'existe pas à l'ouverture de la succession des biens non compris dans le partage et suffisants pour composer ou compléter sa réserve, compte tenu des libéralités dont il a pu bénéficier.

Art. 1077-2 ancien. – Les donations-partages suivent les règles des donations entre vifs pour tout ce qui concerne l'imputation, le calcul de la réserve et la réduction.

L'action en réduction ne peut être introduite qu'après le décès de l'ascendant qui a fait le partage ou du survivant des ascendants en cas de partage conjonctif. Elle se prescrit par cinq ans à compter dudit décès.

L'enfant non encore conçu au moment de la donation-partage dispose d'une semblable action pour composer ou compléter sa part héréditaire.

Art. 1078 ancien. – Nonobstant les règles applicables aux donations entre vifs, les biens donnés seront, sauf convention contraire, évalués au jour de la donation-partage pour l'imputation et le calcul de la réserve, à condition que tous les enfants vivants ou représentés au décès de l'ascendant aient reçu un lot dans le partage anticipé et l'aient expressément accepté, et qu'il n'ait pas été prévu de réserve d'usufruit portant sur une somme d'argent.

Art. 1078-1 ancien *(Mod., L. n° 88-15, 5 janv. 1988)*. **–** Le lot de certains gratifiés pourra être formé, en totalité ou en partie, des donations, soit rapportables, soit préciputaires, déjà reçues par eux de l'ascendant, *eu égard éventuellement* aux emplois et remplois qu'ils auront pu faire dans l'intervalle.

La date d'évaluation applicable au partage anticipé sera également applicable aux donations *antérieures qui* lui auront été ainsi incorporées. Toute stipulation contraire sera réputée non écrite.

Art. 1078-2 ancien. – Les parties peuvent aussi convenir qu'une donation préciputaire antérieure sera incorporée au partage et imputée sur la part de réserve du donataire à titre d'avancement d'hoirie.

Art. 1078-3 ancien. – Les conventions dont il est parlé aux deux articles précédents peuvent avoir lieu même en l'absence de nouvelles donations de l'ascendant. Elles ne sont pas regardées comme des libéralités entre les descendants, mais comme un partage fait par l'ascendant.

Section II (ancienne). – Des testaments-partages

Art. 1079 ancien. – Le testament-partage ne produit que les effets d'un partage. Ses bénéficiaires ont qualité d'héritiers et ne peuvent renoncer à se prévaloir du testament pour réclamer un nouveau partage de la succession.

Art. 1080 ancien. – L'enfant ou le descendant qui n'a pas reçu un lot égal à sa part de réserve peut exercer l'action en réduction conformément à l'article 1077-2.

CHAPITRE VIII. – DES DONATIONS FAITES PAR CONTRAT DE MARIAGE AUX ÉPOUX ET AUX ENFANTS À NAÎTRE DU MARIAGE

Art. 1081. – **Toute donation entre vifs de biens présents, quoique faite par contrat de mariage aux époux, ou à l'un d'eux, sera soumise aux règles générales prescrites pour les donations faites à ce titre.**

Elle ne pourra avoir lieu au profit des enfants à naître si ce n'est dans les cas énoncés au chapitre VI du présent titre.

Art. 1082. – **Les père et mère, les autres ascendants, les parents collatéraux des époux, et même les étrangers, pourront, par contrat de mariage, disposer de tout ou partie des biens qu'ils laisseront au jour de leur décès, tant au profit desdits époux, qu'au profit des enfants à naître de leur mariage, dans le cas où le donateur survivrait à l'époux donataire.**

Pareille donation, quoique faite au profit seulement des époux ou de l'un d'eux, sera toujours, dans ledit cas de survie du donateur, présumée faite au profit des enfants et descendants à naître du mariage.

1) Renonciation du vivant de l'instituant (non). Il résulte de l'article 1082 que le bénéficiaire d'une institution contractuelle, titulaire sur la succession du disposant d'un droit seulement éventuel quant à son objet, n'acquiert l'entier bénéfice de la libéralité qu'au décès de l'instituant et ne peut donc y renoncer avant cette date (■ Cass. 1re civ., 16 juill. 1981, n° 80-11.285 : *JurisData* n° 1981-002407 ; *JCP* 81, IV, 359 ; *Bull. civ.* I, n° 261, p. 215 ; *D.* 1983, 333, note Grimaldi, et, sur renvoi, ■ Agen, 6 oct. 1982 : *Journ. not.* 1983, 1496, obs. Raison).

2) Renonciation après le décès de l'instituant. L'article 784 [auj. a. 804] du Code civil prescrivant la déclaration au greffe de la renonciation à succession n'est pas applicable en matière d'institution contractuelle (■ Cass. req., 29 mai 1888 : *DP* 1889, 1, 349, rapp. Lepelletier. – *Contra* ■ Poitiers, 12 déc. 1887 : *DP* 1889, 2, 113, 2e esp. ; V. aussi art. 724-1, réd. L. n° 2001-1135, 3 déc. 2001, p. 584).

Art. 1083. – **La donation, dans la forme portée au précédent article, sera irrévocable, en ce sens seulement que le donateur ne pourra plus disposer, à titre gratuit, des objets compris dans la donation, si ce n'est pour sommes modiques, à titre de récompense ou autrement.**

1) Interdiction de disposer à titre gratuit. Du *rapprochement des articles 1082 et 1083, il résulte* que si l'auteur d'une institution contractuelle conserve jusqu'à son décès la propriété de tous les biens composant son patrimoine, l'institution a néanmoins pour effet de restreindre l'exercice de son droit de propriété en ce qu'elle rend inefficaces les dispositions à titre gratuit par lui faites ultérieurement lorsqu'elles sont de nature à anéantir ou à réduire les droits de succession irrévocablement conférés à ce dernier (■ Cass. 1re civ., 24 févr. 1969, n° 67-12.923 : *JurisData* n° 1969-700085 ; *D.* 1969, 409, note A. B.) mais la clause par laquelle l'instituant renoncerait au droit d'aliéner à titre onéreux serait nulle comme constituant un pacte sur succession future non autorisé par la loi (■ Cass. civ., 5 juill. 1928 : *DP* 1929, 1, 43).

2) Révocation tacite d'un legs antérieur. Pour une institution contractuelle révoquant tacitement un legs antérieur, V. ■ Cass. 1re civ., 24 avr. 1968 : *JCP* 68, II, 15564, note M. D.

Art. 1084. – **La donation par contrat de mariage pourra être faite cumulativement des biens présents et à venir, en tout ou partie, à la charge qu'il sera annexé à l'acte un état des dettes et charges du donateur**

existantes au jour de la donation ; auquel cas, il sera libre au donataire, lors du décès du donateur, de s'en tenir aux biens présents, en renonçant au surplus des biens du donateur.

1) Appréciation de l'intention du disposant. Sur le pouvoir souverain des juges du fond pour apprécier l'intention du disposant, V. ▪ Cass. req., 3 avr. 1905 : *DP* 1905, 1, 224.

2) Mention du défaut de dettes. La cour d'appel qui a constaté que la donatrice avait déclaré à l'acte de donation qu'elle n'avait pas de dettes a pu en déduire que cette mention satisfait aux prescriptions de l'article 1084 (▪ Cass. 1re civ., 22 févr. 2000 : *JCP* G 2001, I, 366 et *JCP* N 2002, 1194, n° 5, obs. Le Guidec ; *Bull. civ.* I, n° 56, p. 38 ; *D.* 2000, somm. 429, obs. Nicod ; *RTD civ.* 2000, 378, obs. Patarin ; *JurisData* n° 2000-000580).

Art. 1085. – **Si l'état dont est mention au précédent article n'a point été annexé à l'acte contenant donation des biens présents et à venir, le donataire sera obligé d'accepter ou de répudier cette donation pour le tout. En cas d'acceptation, il ne pourra réclamer que les biens qui se trouveront existants au jour du décès du donateur, et il sera soumis au paiement de toutes les dettes et charges de la succession.**

Art. 1086. – **La donation par contrat de mariage en faveur des époux et des enfants à naître de leur mariage pourra encore être faite, à condition de payer indistinctement toutes les dettes et charges de la succession du donateur, ou sous d'autres conditions dont l'exécution dépendrait de sa volonté, par quelque personne que la donation soit faite : le donataire sera tenu d'accomplir ces conditions, s'il n'aime mieux renoncer à la donation ; et en cas que le donateur par contrat de mariage se soit réservé la liberté de disposer d'un effet compris dans la donation de ses biens présents, ou d'une somme fixe à prendre sur ces mêmes biens, l'effet ou la somme, s'il meurt sans en avoir disposé, seront censés compris dans la donation, et appartiendront au donataire ou à ses héritiers.**

Réserve du droit de disposer. Sur la possibilité pour le donateur, en cas de donation en avancement d'hoirie faite par contrat de mariage, de se réserver la faculté de disposer au profit d'une autre personne de ce qui excédera la réserve du futur époux donataire dans sa succession, V. ▪ Cass. civ., 8 févr. 1898 : *DP* 1899, 1, 265, concl. Sarrut.

Art. 1087. – **Les donations faites par contrat de mariage ne pourront être attaquées ni déclarées nulles sous prétexte de défaut d'acceptation.**

Art. 1088. – **Toute donation faite en faveur du mariage sera caduque, si le mariage ne s'ensuit pas.**

Dons manuels entre fiancés et cadeaux d'usage. Sur le principe que l'article 1088 est applicable aux dons manuels entre fiancés, V. ▪ Cass. civ., 9 août 1887 : *DP* 1888, 1, 133. ▪ Douai, 17 sept. 1985 : *D.* 1986, 301, note Langlade. ▪ Montpellier, 19 févr. 1987 : *JurisData* n° 1987-034029 ; *RTD civ.* 1989, 278, obs. Rubellin-Devichi. Mais il en va autrement pour de simples cadeaux d'usage (▪ T. civ. Seine, 18 juill. 1923 : *DP* 1923, 2, 206. ▪ Paris, 3 déc. 1976 : *JurisData* n° 1976-685070 ; *D.* 1978, 339, note Foulon-Piganiol).

Art. 1089. – **Les donations faites à l'un des époux, dans les termes des articles 1082, 1084 et 1086 ci-dessus, deviendront caduques, si le donateur survit à l'époux donataire et à sa postérité.**

Art. 1090. – **Toutes donations faites aux époux par leur contrat de mariage, seront, lors de l'ouverture de la succession du donateur, réductibles à la portion dont la loi lui permettait de disposer.**

CHAPITRE IX. – DES DISPOSITIONS ENTRE ÉPOUX, SOIT PAR CONTRAT DE MARIAGE, SOIT PENDANT LE MARIAGE

Bibliographie : J. Casey, *Libéralités entre époux et avantages matrimoniaux : nouvelles donnes ? : Dr. famille* 2006, études 49. • B. Pavy, *Présent et futur de la donation entre époux : JCP* N 2007, 1174. • J. Hauser et Ph. Delmas Saint-Hilaire, *Vive les libéralités entre époux : Defrénois* 2003, 3. • D. Vincent, *La loi applicable aux donations entre époux : Defrénois* 2008, 378.

Art. 1091. – **Les époux pourront, par contrat de mariage, se faire réciproquement, ou l'un des deux à l'autre, telle donation qu'ils jugeront à propos, sous les modifications ci-après exprimées.**

Art. 1092. – **Toute donation entre vifs de biens présents, faite entre époux par contrat de mariage, ne sera point censée faite sous la condition de survie du donataire, si cette condition n'est formellement exprimée ; et elle sera soumise à toutes les règles et formes ci-dessus prescrites pour ces sortes de donations.**

Changement de régime matrimonial. Le changement de régime matrimonial n'entraîne pas *ipso facto* la caducité des donations que s'étaient consenties les époux dans le contrat de mariage initial (■ Cass. 1re civ., 29 oct. 1974 : *JurisData* n° 1974-000288 ; *JCP* 75, II, 18015, note Patarin).

Art. 1093. – **La donation de biens à venir, ou de biens présents et à venir, faite entre époux par contrat de mariage, soit simple, soit réciproque, sera soumise aux règles établies par le chapitre précédent, à l'égard des donations pareilles qui leur seront faites par un tiers, sauf qu'elle ne sera point transmissible aux enfants issus du mariage, en cas de décès de l'époux donataire avant l'époux donateur.**

Nature de l'institution contractuelle entre époux. L'institution contractuelle consentie entre époux est une libéralité à la fois révocable et de biens à venir. Ce double caractère implique qu'elle ne soit pas traitée comme une donation entre vifs au regard des dispositions de l'article 14, alinéa 2, de la loi du 3 janvier 1972 (L. n° 72-3, 3 janv. 1972, art. 14, p. 2968) (■ Cass. 1re civ., 8 nov. 1982 : *D.* 1983, 445, note Flour et Grimaldi ; il n'en est pas de même pour l'institution contractuelle consentie par contrat de mariage : ■ Cass. 1re civ., 23 juin 1987 : *Bull. civ.* I, n° 206, p. 153). Le bénéficiaire d'une donation au dernier vivant n'a pas la qualité de créancier de son conjoint (■ Cass. 1re civ., 5 déc. 2018, n° 18-10.058 : *Bull.* ; *RJPF* 2019-3, Péglion-Zika : irrecevabilité de son action en tierce opposition contre les ordonnances du juge des tutelles autorisant son ancien époux à souscrire des contrats d'assurance-vie au profit de son fils).

Art. 1094 *(L. n° 72-3, 3 janv. 1972 ; mod., Ord. n° 2005-759, 4 juill. 2005 ; L. n° 2006-728, 23 juin 2006).* – **L'époux, soit par contrat de mariage, soit pendant le mariage, pourra, pour le cas où il ne laisserait point d'enfant ni de descendant, disposer en faveur de l'autre époux en propriété, de tout ce dont il pourrait disposer en faveur d'un étranger.**

> **Rédaction antérieure. Art. 1094** *(L. n° 72-3, 3 janv. 1972 ; mod., Ord. n° 2005-759, 4 juill. 2004).* – L'époux, soit par contrat de mariage, soit pendant le mariage, pourra, pour le cas où il ne laisserait point d'enfant ni de descendant légitime ou naturel disposer en faveur de l'autre époux en propriété, de tout ce dont il pourrait disposer en faveur d'un étranger, et, en outre, de la nue-propriété de la portion réservée aux ascendants par l'article 914 du présent code.

Application aux libéralités entre vifs ou testamentaires. L'article 1094 s'applique aussi bien aux libéralités entre vifs qu'à celles résultant de testaments (■ Cass. 1re civ., 11 oct. 1983, n° 82-13.451 : *JurisData* n° 1983-702052 ; *Bull. civ.* I, n° 226, p. 202).

Art. 1094-1 *(L. n° 72-3, 3 janv. 1972 ; mod., Ord. n° 2005-759, 4 juill. 2005 ; L. n° 2006-728, 23 juin 2006).* – **Pour le cas où l'époux laisserait des enfants ou descendants, issus ou non du mariage, il pourra disposer en faveur de l'autre époux, soit de la propriété de ce dont il pourrait disposer en faveur d'un étranger, soit d'un quart de ses biens en propriété et des trois autres quarts en usufruit, soit encore de la totalité de ses biens en usufruit seulement.**

Sauf stipulation contraire du disposant, le conjoint survivant peut cantonner son émolument sur une partie des biens dont il a été disposé en sa faveur. Cette limitation ne peut être considérée comme une libéralité faite aux autres successibles.

Bibliographie : S. Prigent, *Les limites de la quotité disponible entre époux : réponse ministérielle du 3 mars 2003 : Dr. famille 2003, chron. 33.* • *W. Dross, À quoi sert la quotité disponible spéciale entre époux ? Pour une abrogation de l'art. 1094-1, alinéa 1er du Code civil*, in *Mélanges Le Guidec*, LexisNexis 2014, p. 359. • E. Galhaud, *Stratégie du cantonnement : JCP* N 2010, 1061. • P. Murat, *Les choix des héritiers quant à l'objet reçu : l'exemple du cantonnement : Defrénois* 2017, p. 17. • J.-F. Sagaut, *Option et cantonnement : l'émolument successoral au menu ou à la carte ? : Defrénois* 2017, p. 27.

1) Combinaison du disponible ordinaire et du disponible entre époux. L'époux qui a disposé en faveur de son conjoint de l'usufruit de la totalité des biens composant sa succession conserve la faculté de disposer au profit d'un tiers de la nue-propriété de la quotité disponible ordinaire de l'article 913 (■ Cass. 1re civ., 26 avr. 1984, n° 83-11.839 : *JurisData* n° 1984-700837 ; *GAJ civ.*, t. 1, n° 141 ; *D.* 1985, 133, note Morin ; *RTD civ.* 1985, 194, obs. Patarin ; *Defrénois* 1985, art. 33565. V. aussi ■ Cass. 1re civ., 20 févr. 1996, n° 93-21.141 : *JurisData* n° 1996-000530 ; *JCP* 96, I, 3968, n° 9, obs. Le Guidec ; *Bull. civ.* 1996, I, n° 99, p. 68 ; *RTD civ.* 1996, 452, obs. Patarin . ■ Cass. 1re civ., 12 mai 2010, n° 09-11.133 : *Defrénois* 2011, 729, obs. B. Vareille ; *Dr. famille* 2010, comm. 105, obs. B. Beignier ; *Rev. Lamy dr. civ.* juill. 2010, 56, obs. E. Pouliquen ; *ibid.* sept. 2010, p. 50, obs. C. Campels ; *D.* 2010, 2392, n° 14, obs. M. Nicod ; *AJF* 2010, 331, obs. F. Bicheron).

2) Exercice de l'option par l'héritier. Il résulte des articles 724, 781 et 1094-1 que si le conjoint n'a pas exercé de son vivant l'option dont il pouvait se prévaloir en cas de réduction de la libéralité à la demande d'un réservataire, son héritier peut le faire dans les conditions où lui-même en avait la faculté (■ Cass. 1re civ., 7 juin 1989 : *JCP* 90, II, 21400, note H. T. ; *RTD civ.* 1990, 132, obs. Patarin. ■ Cass. 1re civ., 15 nov. 1989, n° 88-12.678 : *JurisData* n° 1989-703593 ; *Bull. civ.* I, n° 350, p. 236. ■ Rennes, 5 janv. 2000 : *Dr. famille* 2001, 48, note Beignier ; *JurisData* n° 2000-128744. Comp. ■ Dijon, 1er juin 1983 : *JCP* 83, II, 20109, note Névot ; *RTD civ.* 1984, 541, obs. Patarin).

3) Testament ou donation réservant l'option au conjoint gratifié. Si le droit d'option prévu à l'article 1094-1 revêt un caractère patrimonial et est transmissible aux héritiers du conjoint gratifié, décédé sans avoir effectué ce choix, il en est autrement lorsque le testament ou l'acte de donation stipule que l'exercice de ce droit appartiendra au survivant seulement, excluant la transmissibilité du droit (■ Cass. 1re civ., 10 janv. 1990, n° 88-10.343 : *JurisData* n° 1990-000063 ; *JCP* 1990, IV, 96 ; *Bull. civ.* I, n° 7, p. 6 ; *D.* 1991, 372, note Mazeron ; *RTD civ.* 1991, 784, obs. Patarin. ■ Cass. 1re civ., 1er juill. 2009, n° 08-16.851 : *Bull. civ.* I, n° 847 ; *RTD civ.* 2010, 145, obs. Grimaldi ; *Dr. famille* 2009, comm. 112, obs. Beignier ; *RJPF* 10/2009, 28, obs. Casey ; *JCP* N 2010, 1171, n° 2, obs. Le Guidec). Si le conjoint survivant décède sans avoir opté, la libéralité qui lui est accordée est alors caduque (■ Cass. 1re civ., 1er juill. 2009, préc.). Voir cependant, dans une espèce où le donateur a mentionné que le droit d'option appartenait exclusivement à son épouse, ■ Amiens, 23 nov. 1990 : *JurisData* n° 1990-600223 ; *JCP* N 1992, II, 133, note Thuillier).

4) Option tacite. L'option entre les trois quotités disponibles de l'article 1094-1 peut être tacite mais doit être certaine et non équivoque. L'occupation privative des immeubles de l'indivision post-communautaire par le conjoint survivant gratifié n'implique pas nécessairement le choix de la quotité disponible en usufruit seulement (■ Bordeaux, 15 oct. 1991 : *JurisData* n° 1991-047735 ; *JCP* 92, IV, 1046).

5) Testament déchargeant le conjoint de partie de ses obligations d'usufruitier. La veuve qui a opté pour un quart en pleine propriété et les trois quarts en usufruit ne peut prétendre au bénéfice d'une disposition testamentaire qui, la déchargeant de partie de ses obligations d'usufruitière, aboutirait à lui donner au-delà de ce dont son mari pouvait disposer conformément à l'article 1094-1 (■ Cass. 1re civ., 18 oct. 1994, n° 92-21.692 : *JurisData* n° 1994-002162 ; *JCP* 94, IV, 2552 ; *Bull. civ.* I, n° 302, p. 219 ; *RTD civ.* 1995, 414, obs. Patarin).

6) Incapable majeur. Option soumise à autorisation du juge des tutelles. Le choix de l'une des trois quotités disponibles impliquant la renonciation aux deux autres, l'administrateur légal sous contrôle judiciaire ne peut exercer l'option sans autorisation du juge des tutelles (■ Cass. 1re civ., 1er juin 1994, n° 92-16.823 : *JurisData* n° 1994-001312 ; *Bull. civ.* I, n° 194, p. 142 ; *Defrénois* 1994, 1452, obs. Massip ; *RTD civ.* 1995, 416, obs. Patarin).

7) Date d'effet de l'option. Les donations de biens à venir que se font les époux au cours du mariage, parce qu'elles sont révocables, sont, quant à leurs effets, soumises aux règles des legs. L'option exercée par le donataire remonte donc au jour du décès (■ Cass. 1re civ., 20 oct. 1992, n° 90-20.676 : *JurisData* n° 1992-002437 ; *JCP* 92, IV, 3103 ; *Bull. civ.* I, n° 256, p. 168).

8) Cumul ou non-cumul de la vocation successorale et d'une libéralité au profit du conjoint survivant. V. sous art. 758-6, annot. nos 1 et 2, p. 594.

9) Qualité de conjoint survivant. La qualité d'épouse ouvrant droit au disponible élargi de l'article 1094-1 du Code civil s'apprécie au jour du décès du testateur et non au jour du testament où la légataire n'était que la concubine du disposant (■ Cass. 1re civ., 26 oct. 2011, n° 10-20.217 : *Bull. civ.* I, n° 180 ; *AJF* 2011, 609, obs. C. Vernières ; *Dr. famille* 2011, 181, note Beignier ; *JCP* N 2012, 1114, note F. Sauvage ; *RJPF* 2011, 12/41, obs. Casey ; *RTD civ.* 2011, 793, obs. M. Grimaldi).

10) Droits d'auteur. L'usufruit du droit d'exploitation dont bénéficie le conjoint survivant en application de l'article L. 123-6 du Code de la propriété intellectuelle n'est pas réductible lorsque ce conjoint est donataire de l'usufruit de la totalité des biens de la succession (■ Cass. 1re civ., 8 juill. 2015, n° 14-18.850 : *Bull.* ; *JCP* G 2015, 1128, note F. Sauvage ; *Dr. et patrimoine* 2015, 69, Ch. Blanchard).

Art. 1094-2 *(Abr., L. n° 2001-1135, 3 déc. 2001).*

Rédaction antérieure. Art. 1094-2 *(L. n° 72-3, 3 janv. 1972).* – Lorsque la libéralité faite, soit en propriété et en usufruit, soit en usufruit seulement, portera sur plus de la moitié des biens, chacun des enfants ou descendants aura, en ce qui concerne sa part de succession, la faculté d'exiger, moyennant sûretés suffisantes et garantie du maintien de l'équivalence initiale, que l'usufruit soit converti en une rente viagère d'égale valeur.

Toutefois cette faculté ne pourra pas s'exercer quant à l'usufruit du local d'habitation où le conjoint gratifié avait sa résidence principale à l'époque du décès, ni quant à l'usufruit des meubles meublants qui garnissent ce local.

1) Non-application du délai de l'article 767 (anc.). La condition de délai qui impose de demander la conversion de l'usufruit légal de l'article 767 [auj. 760] avant la consommation du partage définitif ne s'impose pas à la conversion prévue par l'article 1094-2 des usufruits donnés ou légués (■ Cass. 1re civ., 9 janv. 1979, n° 77-12.386 : *JurisData* n° 1979-000015 ; *Defrénois* 1979, 957, obs. Champenois).

2) Licitation des immeubles de la succession. Dès lors que les immeubles de la succession ont été licités en pleine propriété avec l'accord de toutes les parties, l'usufruitier a droit sur le prix à la part correspondant à la valeur de son usufruit et celui-ci ne peut plus faire l'objet d'une demande de conversion en rente viagère (■ Cass. 1re civ., 4 mai 1994, n° 92-10.671 : *JurisData* n° 1994-001335 ; *JCP* 94, IV, 1658 ; *Bull. civ.* I, n° 162, p. 119 ; *RTD civ.* 1994, 660, obs. Patarin).

3) Résidence principale. La condition relative à la résidence n'est pas remplie dès lors que l'épouse a quitté les lieux en vertu de l'ordonnance de non-conciliation (■ Cass. 1re civ., 11 janv. 2000, n° 97-21.829 : *JurisData* n° 2000-000090 ; *JCP* G 2000, I, 278 et *JCP* N 2001, 250, n° 10, obs. Le Guidec ; *Dr. famille* 2000, 42, 2e arrêt, note Beignier ; *Defrénois* 2000, 445, obs. Champenois ; *Bull. civ.* I, n° 9, p. 5 ; *RTD civ.* 2000, 375, obs. Patarin).

Art. 1094-3 *(L. n° 72-3, 3 janv. 1972).* **– Les enfants ou descendants pourront, nonobstant toute stipulation contraire du disposant, exiger, quant aux biens soumis à l'usufruit, qu'il soit dressé inventaire des meubles ainsi qu'état des immeubles, qu'il soit fait emploi des sommes et que les titres au porteur soient, au choix de l'usufruitier, convertis en titres nominatifs ou déposés chez un dépositaire agréé.**

Pour une application de ce texte, V. ■ Paris, 19 déc. 2007 : *RTD civ.* 2008, 340, obs. Grimaldi, qui accueille la demande de l'héritière réservataire quant à l'emploi des fonds soumis à l'usufruit de sa mère en valeurs garanties par l'État. ■ Cass. 1re civ., 6 mars 2019, n° 18-11640 : *Bull.*, pour le droit pour des filles du défunt, nues-propriétaires, d'exiger l'inventaire des œuvres d'art objets de l'usufruit de leur mère.

Art. 1095. – Le mineur ne pourra, par contrat de mariage, donner à l'autre époux, soit par donation simple, soit par donation réciproque, qu'avec le consentement et l'assistance de ceux dont le consentement est requis pour la validité de son mariage ; et, avec ce consentement, il pourra donner tout ce que la loi permet à l'époux majeur de donner à l'autre conjoint.

Art. 1096 *(Rempl., L. n° 2004-439, 26 mai 2004 ; mod., L. n° 2006-728, 23 juin 2006).* **– La donation de biens à venir faite entre époux pendant le mariage est toujours révocable.**

La donation de biens présents qui prend effet au cours du mariage faite entre époux n'est révocable que dans les conditions prévues par les articles 953 à 958.

Les donations faites entre époux de biens présents ou de biens à venir ne sont pas révoquées par la survenance d'enfants.

Pour les dispositions transitoires, V. L. n° 2006-728, 23 juin 2006, art. 46 et 47, III, p. 3262.

Rédaction antérieure. Art. 1096 *(L. n° 2004-439, 26 mai 2004).* – La donation de biens à venir faite entre époux pendant le mariage sera toujours révocable.

La donation de biens présents faite entre époux ne sera révocable que dans les conditions prévues par les articles 953 à 958.

Les donations faites entre époux de biens présents ou de biens à venir ne sont pas révoquées par la survenance d'enfants.

Art. 1096 ancien. – Toutes donations faites entre époux pendant le mariage, quoique qualifiées entre vifs, seront toujours révocables.

(Al. 2, abr., L. 18 févr. 1938).

Ces donations ne seront point révoquées par la survenance d'enfants.

Bibliographie : P. Buffeteau, *Réflexions sur les articles 1096 du Code civil et L. 132-9 du Code des assurances : JCP* N 98, 1578. J.-L. Puygauthier, *Les libéralités et les avantages matrimoniaux après la réforme du divorce du 26 mai 2004 : JCP* N 2004, 1548. ● J.-G. Mahinga, *Les libéralités entre époux après la loi n° 2004-439 du 26 mai 2004 réformant le divorce : JCP* G 2005, I, 104. ● C. Brenner, *Brèves observations sur la révocation des donations entre époux après la loi du 26 mai 2004 relative au divorce : Defrénois* 2005, 93. ● B. Beignier et M. Nicod, *Donations entre époux : d'un droit à l'autre (La* *réforme des donations de biens présents entre époux s'applique-t-elle aux donations déjà réalisées ?) : Defrénois* 2005, 265. • S. Gaudemet, *Révocation ou maintien de la réversion d'usufruit et des avantages matrimoniaux lors d'un divorce, la mise en ordre proposée par le Congrès des notaires : RDC* 2010/4, 1363.

1) Présents d'usage. L'article 1096 ne s'applique pas aux présents d'usage (■ Cass. 1re civ., 15 oct. 1963 : *JurisData* n° 1963-000433 ; *Bull. civ.* I, n° 433, p. 370. ■ Paris, 1er juin 1965 : *JCP* 66, II, 14762, note Vié). Sur la notion de cadeau d'usage, voir sous art. 852, p. 685.

2) Révocation tacite. Droit antérieur. La révocation des donations entre époux peut résulter de tous les faits ou actes de l'époux donateur qui indiquent d'une manière non équivoque son intention de révoquer la donation (■ Cass. 1re civ., 14 déc. 1960 : *Bull. civ.* I, n° 545, p. 444. ■ Cass. 1re civ., 4 nov. 2015, n° 15-10.774 : *Bull.*). La donationde meubles par préciput à l'un des enfants vaut révocation partielle de la donation antérieure faite au conjoint et ayant épuisé la quotité disponible (■ Cass. 1re civ., 18 janv. 1965, n° 63-10.949 : *D.* 1965, 536). L'action en nullité exercée par l'époux donateur vaut nécessairement révocation, quelle que soit la qualification qui doive être reconnue à cette donation (■ Cass. 1re civ., 29 févr. 1984, n° 82-16.769 : *JurisData* n° 1984-700382 ; *Bull. civ.* I, n° 82, p. 66). Mais la révocation doit être volontaire (■ TGI Carpentras, 27 juin 2000 : *Dr. famille* 2001, 98, note Beignier ; *JurisData* n° 2000-148072). Jugé que les violences mortelles dont la femme a été la victime de la part de son mari suffisent à établir la révocation tacite (■ Riom, 15 mai 2001 : *D.* 2001, somm. 2938, obs. Nicod ; *JurisData* n° 2001-142774).

3) Révocation par testament olographe. Droit antérieur. Une donation consentie entre époux pendant le mariage pour le cas de prédécès de l'un d'eux peut être révoquée par testament olographe (■ Cass. 1re civ., 29 mai 1990, n° 88-15.057 : *JurisData* n° 1990-001736 ; *JCP* 90, IV, 288 ; *Bull. civ.* I, n° 125, p. 89 ; *Defrénois* 1990, 1368, obs. Champenois).

4) Stipulation de réversibilité d'une rente viagère. Droit antérieur. La veuve du bénéficiaire d'une rente viagère, se fondant sur la clause de réversion à son profit inscrite dans l'acte constitutif, ayant demandé aux débirentiers le paiement des arrérages demeurés impayés depuis le décès de son mari, viole les articles 1973 (anc.) et 1096 (anc.) la cour d'appel qui rejette la demande au motif que la stipulation de réversibilité de la rente, acceptée par l'intéressée dans l'acte constitutif, était nulle comme contraire au principe de la révocabilité des donations entre époux, alors que l'acceptation expresse de la stipulation ne pouvait porter atteinte à la révocabilité de celle-ci (■ Cass. 1re civ., 25 avr. 1989, n° 87-14.536 : *JCP* 89, II, 21730, note de La Marnierre ; *D.* 1989, 445, note Morin ; *Bull.* I, n° 167, p. 110).

5) Institution contractuelle. Sur la révocabilité de l'institution contractuelle entre époux, v. sous art. 1093, p. 795.

6) Concubins. Sur ce que l'article 1096 n'est pas applicable aux donations entre concubins, V. ■ Aix-en-Provence, 16 mars 2000 : *JurisData* n° 2000-121196 ; *Dr. famille* 2000, 131, note Beignier.

7) Clause de non-divorce. Les dispositions impératives de l'article 265, alinéa 1er du Code civil font obstacle à l'insertion, dans une donation de *biens présents prenant effet au cours du mariage*, d'une clause résolutoire liée au prononcé du divorce ou à une demande en divorce (■ Cass. 1re civ., 14 mars 2012 (n° 11-13.791 : *JurisData* n° 2012-004171 ; *Bull. civ.* I, n° 56 ; *JCP* G 2012, 607, note critique Brenner ; *Dr. famille* 2012, 83, note critique B. B. ; *RTD civ.* 2012, 357, note M. Grimaldi ; V. sous art. 265, p. 238). Comp., sous l'empire du droit antérieur à la loi du 26 mai 2004 : la clause par laquelle un époux subordonne la donation faite à son conjoint durant le mariage *au cas où celui-ci lui survivrait*, à la persistance du lien matrimonial ou à l'absence de toute action entreprise pour y mettre fin, n'est pas en soi illicite et est justifiée, sauf intention de nuire, par la nature même de cette libéralité (■ Cass. 1re civ., 13 déc. 2005, donation de biens à venir : *Bull. civ.* I, n° 491 ; *JCP* 2006, II, 10136, note Simler ; *Defrénois* 2006, 836, note Peterka ; *RJPF* avr. 2006, 42, obs. Casey ; *RTD civ.* 2006, 543, obs. Hauser ; *D.* 2006, 1923, *Clause de non-divorce et libéralités conjugales : un heureux mariage*, Binet ; *JCP* 2008, I, 108, n° 6, obs. Le Guidec).

8) Clause de réversion d'usufruit. La clause de réversion d'usufruit contenue dans un acte de donation s'analyse en une donation à terme de biens présents, le droit d'usufruit du bénéficiaire lui étant définitivement acquis dès le jour de l'acte, seul l'exercice de ce droit d'usufruit s'en trouvant différé au décès du donateur (■ Cass. 1re civ., 21 oct. 1997, n° 95-19.759 : *JurisData* n° 1997-004159 ; *Bull. civ.* I, n° 291 ; *JCP* 1999, I, 132, n° 17, obs. Le Guidec ; *RTD civ.* 1998, 721, obs. Patarin ; *ibid.*, 937, obs. Zenati. ■ Cass. 3e civ., 6 nov. 2002, n° 01-00.681 : *JurisData* n° 2002-016238 ; *Bull. civ.* III, n° 220 ; *JCP* N 2003, 1448, note Dagot ; *RTD civ.* 2003, p. 134, obs. Hauser. ■ Cass. ch. mixte, 8 juin 2007, n° 05-10.727 : *Bull. inf. C. cass.* 15 sept. 2007, rapp. Rivière, avis Legoux ; JCP 2007, act. 285, obs. Julienne ; *JCP* 2007, II, 10130, obs. Goubeaux ; *JCP* N 2007, act. 472 ; *Dr. famille* juill. 2007, comm. 151, note Beignier ; *Defrénois* 2007, 1688, obs. Chappert ; *D.* 2007, 1731, obs. Delaporte-Carre ; *D.* 2008, 812, obs. Serra ; *AJF* 2007, 353, obs. Bicheron ; *RDC* 2007, 1166, obs. I. Dauriac ; *RTD civ.* 2007,

588, obs. T. Revet et 605, obs. Grimaldi ; *JCP* G 2009, I, 109, n° 8, obs. Le Guidec ; *adde, Comment traiter fiscalement une donation stipulant une réversion d'usufruit ?* : *JCP* N 2008, 1073. ▪ Cass. 1re civ., 31 oct. 2007, n° 06-18.996 : *Bull. civ.* I, n° 342 ; *Defrénois* 2008, 983, note Chappert ; *JCP* G 2009, I, 109, n° 8, obs. Le Guidec ; *RJPF* janv. 2008, 49, obs. Delmas Saint-Hilaire). Le bénéficiaire doit donc être déterminé au jour de la donation (▪ Cass. 1re civ., 21 oct. 1997, préc.). Viole également les articles 938 et 939 l'arrêt qui décide que le bénéficiaire d'une telle clause contenue dans un acte de donation régulièrement publié à la conservation des hypothèques doit faire établir et publier une attestation notariée constatant la transmission à son profit de l'usufruit après le décès du titulaire initial (▪ Cass. 3e civ., 6 nov. 2002, préc.). L'exercice de ce droit d'usufruit, différé au jour du décès du donateur, ne constitue pas la manifestation de la volonté de son bénéficiaire d'accepter la succession du défunt (▪ Cass. ch. mixte, 8 juin 2007, préc.). L'extinction de l'usufruit viager que la donatrice s'était réservé sa vie durant ne constitue pas une opération par laquelle les droits de mutation par décès sont exigibles (▪ Cass. 1re civ., 31 oct. 2007, préc.). *Contra*, auparavant, analysant la clause de réversion d'usufruit en une donation de biens à venir (▪ Cass. 1re civ., 20 avr. 1983 : *Bull. civ.* I, n° 124 ; *D.* 1986, 31, note Grimaldi ; *JCP* N 1985, II, 30, note Rémy ; *RTD civ.* 1984, 349, obs. Patarin).

Art. 1097 *(Abr., L. n° 2001-1135, 3 déc. 2001).*

Rédaction antérieure. Art. 1097 *(Mod., L. n° 72-3, 3 janv. 1972).* – Si l'époux ne laisse que des enfants naturels qu'il a eus pendant le mariage, il pourra disposer, en faveur de son conjoint, soit des trois quarts de ses biens en propriété, soit de la moitié en propriété et de l'autre moitié en usufruit, soit encore de la totalité en usufruit.

S'il laisse à la fois des enfants naturels visés à l'alinéa précédent et d'autres enfants, issus ou non du mariage, il pourra disposer en faveur du conjoint de tout ce dont l'article 1094-1 ci-dessus lui permet de disposer.

Art. 1097-1 *(Abr., L. n° 2001-1135, 3 déc. 2001).*

Rédaction antérieure. Art. 1097-1 *(L. n° 72-3, 3 janv. 1972).* – Les enfants naturels conçus pendant le mariage, d'un autre que de l'époux, ne pourront se prévaloir contre celui-ci de la faculté ouverte aux enfants par l'article 1094-2 ci-dessus.

Art. 1098 *(L. n° 72-3, 3 janv. 1972 ; mod., L. n° 2006-728, 23 juin 2006).* – **Si un époux a fait à son conjoint, dans les limites de l'article 1094-1, une libéralité en propriété, chacun des enfants qui ne sont pas issus des deux époux aura, en ce qui le concerne, sauf volonté contraire et non équivoque du disposant, la faculté de substituer à l'exécution de cette libéralité l'abandon de l'usufruit de la part de succession qu'il eût recueillie en l'absence de conjoint survivant.**

Ceux qui auront exercé cette faculté pourront exiger que soient appliquées les dispositions de l'article 1094-3.

Rédaction antérieure. Art. 1098. – Si un époux remarié a fait à son second conjoint, dans les limites de l'article 1094-1, une libéralité en propriété, chacun des enfants du premier lit aura, en ce qui le concerne, sauf volonté contraire et non équivoque du disposant, la faculté de substituer à l'exécution de cette libéralité l'abandon de l'usufruit de la part de succession qu'il eût recueillie en l'absence de conjoint survivant.

Ceux qui auront exercé cette faculté pourront exiger que soient appliquées les dispositions de l'article 1094-3.

1) Application aux seules libéralités en propriété. L'article 1098, reprenant la disposition de l'article 1098, al. 2, dans la rédaction de la loi du 13 juill. 1963, à une époque où la quotité disponible en faveur du conjoint était uniquement celle de droit commun, ne peut s'appliquer que dans les cas où les libéralités ont été faites dans les limites de cette quotité disponible en propriété et ne saurait avoir pour résultat de priver le second conjoint *de la quotité disponible à laquelle il a droit* en vertu de l'article 1094-1, laquelle peut atteindre un quart en propriété et trois quarts en usufruit (▪ Cass. 1re civ., 3 juin 1986 : *Bull. civ.* I, n° 154, p. 154 ; *D.* 1987, 33, note Morin ; *D.* 1987, somm. 121, obs. Martin ; *RTD civ.* 1987, p. 580, obs. Patarin. ▪ Cass. 1re civ., 4 oct. 1988, n° 87-11.916 : *JurisData* n° 1988-701704 ; *Bull. civ.* I, n° 270, p. 185 ; *RTD civ.* 1989, p. 610, obs. Patarin. - V. aussi ▪ Cass. 1re civ., 3 déc. 1996, n° 94-17.863 : *JurisData* n° 1996-004675 ; *Bull.* I, n° 437, p. 304 ; *RTD civ.* 1997, 981, obs. Patarin ; *D.* 1997, somm. 366, obs. Vareille ; *Defrénois* 1997, 817, obs. Champenois ; *JCP* 98, I, 13, : n° 12, obs. Le Guidec).

2) Droit transitoire. La faculté d'abandonner l'usufruit de la part successorale et de le substituer à l'exécution de la libéralité en propriété s'applique même aux donations faites antérieurement à l'entrée en vigueur de la loi du 13 juill. 1963 lorsque le décès du donateur est postérieur à celle-ci (▪ Cass. 1re civ., 30 mars 1971 : *JurisData* n° 1971-000109 ; *D.* 1971, 469, note Breton).

Art. 1099 *(Mod., L. n° 2004-439, 26 mai 2004).* – **Les époux ne pourront se donner indirectement au-delà de ce qui leur est permis par les dispositions ci-dessus.**

Bibliographie : J.-L. Puygauthier, *Les libéralités et les avantages matrimoniaux après la réforme du divorce du 26 mai 2004* : *JCP* N 2004, 1548.

Rédaction antérieure. 1099. – *(Al. 2 abr., L. n° 2004-439, 26 mai 2004).* Toute donation, ou déguisée, ou faite à personnes interposées, sera nulle.

1) Nullité des donations déguisées entre époux conclues avant le 1er janvier 2005. À défaut de mention expresse de rétroactivité, les dispositions de la loi du 26 mai 2004, abrogeant l'article 1099, alinéa 2 du Code civil ne sont pas applicables aux donations déguisées conclues avant le 1er janvier 2005 (■ Cass. 1re civ., 9 déc. 2009, n° 08-20.570 : *Bull. civ.* 2009, I, n° 242 ; *RTD civ.* 2009, 764, obs. Grimaldi ; *Dr. famille* 2010, comm. 16, obs. Larribau-Terneyre et comm. 25, obs. Beignier ; *Defrénois* 2010, 605, obs. Massip ; *RJPF* 3/2010, 25, obs. Casey).

2) Libéralités faites en prévision de l'union. La nullité de l'article 1099, al. 2, s'applique non seulement aux libéralités faites pendant le mariage mais aussi à celles qui, antérieures à celui-ci, ont été faites en prévision de l'union (■ Cass. 1re civ., 8 mars 1972 : *JurisData* n° 1972-000077 ; *D.* 1972, 460, note A. B. – Comp. ■ Cass. 1re civ., 24 oct. 1979, n° 78-11.486 : *JurisData* n° 1979-000255 ; *D.* 1980, IR p. 398, 1re esp. ; *Journ. not.* 1980, 597).

3) Libéralités entre vifs ou testamentaires. La nullité de l'article 1099, al. 2, vise aussi bien les libéralités testamentaires que les donations entre vifs (■ Orléans, 13 janv. 1977 : *JurisData* n° 1977-600008 ; *D.* 1978, 138, note Breton).

4) Virement de compte à compte. Les virements de compte à compte entre époux, portant sur des sommes importantes excédant manifestement les besoins du ménage et remises sans contrepartie justifiée, constituent non des donations déguisées, mais des dons manuels (■ Poitiers, 21 mars 1983 : *JCP* 85, IV, 84).

5) Intention libérale. Sur ce que la nullité de l'article 1099, al. 2, ne peut être écartée qu'en l'absence d'intention libérale, V. ■ Cass. 1re civ., 29 janv. 2002 : *JCP* G 2002, I, 178 et *JCP* N 2003, 1007, n° 12, obs. Le Guidec ; *JurisData* n° 2002-012759 ; *Bull. civ.* I, n° 31, p. 23 (précisant qu'il importe peu que le prix stipulé dans la vente ne soit pas dérisoire dès lors que l'action n'est pas fondée sur la nullité pour défaut de prix). L'aveu que le financement d'acquisitions de biens immobiliers par l'épouse a été réalisé exclusivement pour des raisons fiscales exclut toute intention libérale (■ Versailles, 7 mars 1996, n° 4287/94 : *JurisData* n° 1996-044502 ; Dr. famille 1997, 65, note Beignier).

6) Affirmation mensongère relative à l'origine des fonds. Il ne peut y avoir de donation déguisée sanctionnée par la nullité de l'article 1099, al. 2, que si l'acte contient des affirmations mensongères relatives à l'origine des fonds, l'absence d'indication relative à la provenance de ces fonds ne constituant pas un mensonge (■ Cass. 1re civ., 6 janv. 1987, n° 85-14.147 : *JurisData* n° 1987-701745 ; *Bull. civ.* I, n° 4, p. 4. ■ Cass. 1re civ., 8 nov. 1988, n° 86-19.231 : *JurisData* n° 1988-702973 ; *Bull. civ.* I, n° 311, p. 212 ; *JCP* 1989, IV, 12. ■ Cass. 1re civ., 7 févr. 1989, n° 86-18.898 : *JurisData* n° 1989-700686 ; *Bull. civ.* I, n° 71, p. 46 ; *RTD civ.* 1989, 800, obs. Patarin. ■ Paris, 30 nov. 1971 : *JCP* 72, II, 17047, note Dagot, 2e esp. Voir cependant, retenant l'existence de donations déguisées sans constater des déclarations mensongères, ■ Cass. 1re civ., 27 janv. 1987, n° 85-15.336 : *JurisData* n° 1987-000066 ; *Bull. civ.* I, n° 28, p. 19. ■ Cass. 1re civ., 17 mars 1987 : *Bull. civ.* I, n° 96, p. 73. Pour un déguisement résultant de l'intervention d'une société civile immobilière constituée par les deux époux, V. ■ Cass. 1re civ., 17 mars 1987, n° 85-14.007 : *JurisData* n° 1987-000575 ; *JCP* 88, II, 20959, note Dagot).

7) Interposition de personnes. La nullité prévue par l'article 1099, al. 2, vise soit la donation déguisée, ce qui suppose dans le cas visé par l'article 1099-1 la dissimulation mensongère de l'origine des fonds, soit la donation faite par personne interposée (■ Cass. 1re civ., 24 janv. 1990, n° 88-14.455 : *JurisData* n° 1990-700064 ; *JCP* 90, IV, 111 ; *Bull. civ.* I, n° 22, p. 15 ; *Defrénois* 1990, 557, obs. Champenois ; *RTD civ.* 1990, 697, obs. Patarin). C'est dans l'exercice de son pouvoir souverain d'appréciation qu'une cour d'appel estime que les ventes consenties par l'intéressé à la fille de son épouse dissimulaient en réalité des libéralités faites à sa mère par personne interposée (même arrêt). La preuve de l'interposition de personnes peut être faite par tous moyens (■ Cass. 1re civ., 13 nov. 1968 : *D.* 1969, 97).

8) Nécessité d'une atteinte à la réserve (non). La nullité prévue par l'article 1099, al. 2, est applicable même si la réserve n'est pas entamée (■ Cass. civ., 30 avr. 1941 : *DC* 1942, 6, note M. N.).

9) Demandeurs à l'action en nullité. L'article 1099, al. 2, n'interdit pas à l'époux donateur de faire déclarer en même temps que le déguisement la nullité de la donation (■ Cass. 1re civ., 29 avr. 1965, n° 63-10.905 : JCP 66, II, 14604, note Malaurie). La nullité prévue par l'article 1099, al. 2, ne peut pas être invoquée par les héritiers non réservataires (■ Cass. req., 25 juill. 1881 : *DP* 1882, 1, 177. – V. en ce sens ■ Cass. 1re civ., 30 nov.

1983, n° 82-14.375 : *JurisData* n° 1983-702425 ; *JCP* 84, IV, 45 ; *Bull. civ.* I, n° 283, p. 253 ; *Defrénois* 1984, 576, note Rondeau-Rivier ; *RTD civ.* 1985, 197, obs. Patarin. ▪ Paris, 27 oct. 1982 : *JurisData* n° 1982-026049 ; *D.* 1982, inf. rap. 175, obs. Martin).

10) Caractère absolu de la nullité. La nullité est absolue et soumise à la prescription trentenaire (▪ Cass. 1re civ., 10 mars 1970 : *D.* 1970, 661, note Breton).

11) Maintien des donations déguisées après la dissolution. Les époux peuvent, après la dissolution du mariage, maintenir leur commune volonté de faire produire effet aux donations déguisées qu'ils avaient pu se consentir pendant le cours de l'union conjugale ou en prévision de cette union (▪ Cass. 1re civ., 1er déc. 1976 : *JurisData* n° 1976-700381 ; *JCP* 77, II, 18625, note Patarin).

Art. 1099-1 *(L. n° 67-1179, 28 déc. 1967).* **– Quand un époux acquiert un bien avec des deniers qui lui ont été donnés par l'autre à cette fin, la donation n'est que des deniers et non du bien auquel ils sont employés.**

En ce cas, les droits du donateur ou de ses héritiers n'ont pour objet qu'une somme d'argent suivant la valeur actuelle du bien. Si le bien a été aliéné, on considère la valeur qu'il avait au jour de l'aliénation, et si un nouveau bien a été subrogé au bien aliéné, la valeur de ce nouveau bien.

Bibliographie : M. Dagot, *Réflexions sur l'article 1099-1 du Code civil : JCP* 71, I, 2397. ● S. Piedelièvre, *Réflexions sur l'achat pour autrui entre époux : JCP* 91, I, 3484.

1) Affirmation mensongère sur l'origine des fonds. Sur le principe que la donation déguisée implique une affirmation mensongère sur l'origine des fonds, V. sous art. 1099, al. 2 (anc.), p. 799.

2) Indivisibilité entre la donation de deniers et l'achat du bien (non). L'article 1099-1 n'implique ni qu'il existe un lien d'indivisibilité entre la donation des deniers et l'achat du bien ni que le donateur doit avoir versé l'intégralité du prix d'achat de ce bien (▪ Cass. 1re civ., 14 juin 1972 : *JurisData* n° 1972-000151 ; *JCP* 72, II, 17212, note Dagot. – V. aussi ▪ Cass. 1re civ., 9 mai 1978 : *JCP* 80, II, 19276, note Dagot).

3) Application à toute remise gratuite de deniers en vue de l'acquisition. L'article 1099-1 s'applique à toute remise gratuite de deniers par un époux à l'autre en vue de procurer à celui-ci l'entrée, dans son patrimoine, d'un bien qui ne s'y trouvait pas déjà, sans qu'il y ait lieu de distinguer suivant la cause juridique, le mode de réalisation et la date d'effet du transfert de propriété (▪ Cass. 1re civ., 2 mars 1976, n° 74-11.916 : *JurisData* n° 1976-000088 ; *JCP* 77, II, 18699, note Dagot. – *V. aussi* ▪ *Cass. 1re civ., 23 janv. 1980*, n° 78-15.040 : *JurisData* n° 1980-000035 ; *Gaz. Pal.* 1980, 2, 706, note Plancqueel. V. pour une application à une donation de deniers nulle comme déguisée (art. 1099 al. 2 anc.) : ▪ Cass. 1re civ., 9 févr. 1994, n° 92-11.111 : *JurisData* n° 1994-000504 ; *Bull. civ.* I, n° 60, p. 47 ; *D.* 1994, 417, rapp. Thierry ; *D.* 1995, somm. 51, obs. Grimaldi ; *JCP* 95, I, 3876, n° 10, obs. Le Guidec). Il doit recevoir application lorsque la donation des deniers, antérieure au mariage, a été faite en prévision de celui-ci (▪ Cass. 1re civ., 21 juill. 1987, n° 86-10.054 : *Bull. civ.* I, n° 243, p. 178).

4) Collaboration entre époux. Deux époux s'étant rendus acquéreurs de plusieurs immeubles chacun pour moitié et le prix ayant été payé par le mari, la demande d'annulation des acquisitions faites au nom de la femme comme constituant des donations déguisées [art. 1099 al. 2 anc.] peut être déclarée mal fondée dès lors que les juges du fond relèvent que la collaboration apportée par la femme à son ex-époux excédait sa contribution aux charges du mariage et ouvrait droit au profit de la femme à une rémunération qui pouvait être affectée au règlement de ses parts indivises (▪ Cass. 1re civ., 24 oct. 1978 : *JurisData* n° 1978-700316 ; *JCP* 79, II, 19220, note Patarin). V. en ce sens pour l'activité de l'épouse dans la direction du foyer ▪ Cass. 1re civ., 20 mai 1981, n° 80-10.507 : *JurisData* n° 1981-001911 ; *JCP* 81, IV, 281 ; *Defrénois* 1981, 1324, obs. Champenois. V. aussi ▪ Cass. 1re civ., 9 nov. 1993, n° 91-22.059 : *JurisData* n° 1993-002644 ; *Bull. civ.* I, n° 317, p. 220 ; *JCP* 94, II, 22300, note Philippe ; *Defrénois* 1994, 443, obs. Champenois ; *RTD civ.* 1994, 662, obs. Patarin, et 1995, 173, obs. Vareille, rétribution anticipée, par un époux séparé de biens, de la collaboration de son épouse à l'exploitation agricole. ▪ Paris, 9 avr. 1996 : *JurisData* n° 1996-021790 ; *Dr. famille* 1996, 29, note Beignier, sacrifice par la femme d'une vie professionnelle personnelle génératrice de revenus personnels. ▪ Bordeaux, 21 oct. 1999 : *Dr. famille* 2001, 83, note Beignier ; *JurisData* n° 107108. ▪ Bourges, 25 févr. 2002 : *JurisData* n° 2002-172978 ; *Dr. famille* 2002, 117, 1er arrêt, note Beignier. ▪ Cass. 1re civ., 21 oct. 1997, 3 juin, 13 janv. et 24 févr. 1998 : *JurisData* n° 1997-004184 ; *Dr. famille* 1998, 123, note Beignier. Comp., mettant à la charge du mari une obligation naturelle de rémunération ▪ TGI Nice, 12 mars 1980 : *JurisData* n° 1980-000990 ; *JCP* 82, II, 19843, 3e esp., note Rémy.

■ Cass. 1re civ., 6 mars 1996, n° 93-17.910 : *JurisData* n° 1996-000718 ; *D.* 1996, 163, note Claudel, contestant l'intention libérale du mari ayant contribué au paiement de l'immeuble acquis par sa femme séparée de biens, dont le couple entendait faire sa résidence secondaire. V. en ce sens en droit libanais pour l'acquisition d'appartements ■ Paris, 20 janv. 1998 : *JurisData* n° 1998-930230 ; *D.* 1998, 309, note Najjar. Jugé qu'il appartient à l'épouse d'établir que les biens reçus par son mari excèdent son droit à la juste rémunération d'une activité qui a fourni une plus-value aux biens personnels de la femme (■ Cass. 1re civ., 25 févr. 1981, n° 79-15.773 : *JurisData* n° 1981-700974 ; *JCP* 82, II, 19843, 1re esp., note Rémy). V. A. Sinay-Cytermann, *Enrichissement sans cause et communauté de vie. Incidence de la loi du 10 juillet 1982* : *D.* 1983, chron. 159. L'aide apportée par la femme séparée de biens ne peut donner lieu à indemnisation à la fois au titre de l'article 1099-1 et de l'enrichissement sans cause (■ Cass. 1re civ., 21 oct. 1997, n° 93-19.090 : *JurisData* n° 1997-004184 ; *Dr. famille* 1998, 15, note Beignier).

5) Somme à restituer. Sur le principe que les droits du donateur ou de ses héritiers n'ont pour objet qu'une somme d'argent, V. ■ Cass. 1re civ., 13 mars 2001 : *JCP* 2001, IV, 1862 ; *Dr. famille* 2001, 76, note Beignier ; *JurisData* n° 2001-008620 ; *Bull. civ.* I, n° 71, p. 45 ; *RTD civ.* 2001, 935, obs. Patarin (cassation de l'arrêt ayant ordonné la mise sous séquestre de comptes de titres et valeurs mobilières). La somme à restituer doit représenter la valeur actuelle qu'aurait eue l'immeuble sans les améliorations que le donataire lui a apportées (■ Cass. 1re civ., 18 oct. 1994, n° 93-11.384 : *JurisData* n° 1994-002552 ; *JCP* G 94, IV, 2551 ; *JCP* N 96, II, 179, note Pillebout). La valeur actuelle du bien doit être appréciée en faisant abstraction des circonstances entraînant une modification momentanée du prix de réalisation, et notamment du fait que l'appartement litigieux est occupé à titre de logement familial par l'époux donataire (■ Paris, 7 juin 1974 : *Gaz. Pal.* 1974, 2, 504, note Viatte).

6) Intérêts. En cas de révocation d'une donation entre époux, portant sur des deniers employés à l'acquisition d'un bien, la somme d'argent représentative de sa valeur, à laquelle peuvent prétendre le donateur ou ses héritiers, n'est productive d'intérêts qu'à compter du jour où elle est déterminée (■ Cass. 1re civ., 3 déc. 1991, n° 90-12.469 : *JurisData* n° 1991-003192 ; *Bull. civ.* I, n° 339, p. 221).

7) Clause d'accroissement. Libéralité (non). L'acquisition d'un bien avec clause d'accroissement constitue un contrat aléatoire et non une libéralité (■ Cass. 1re civ., 14 déc. 2004 : *Dr. famille* 2005, 53, note Beignier ; *JCP* G 2005, I, 187, n° 8, obs. Le Guidec ; *JurisData* n° 2004-026140 ; *Bull. civ.* I, n° 313, p. 262 ; *RDC* 2005/3, 693, obs. Bénabent ; *D.* 2005, somm. 2122, obs. Nicod, et 2263, note Le Gallou).

8) Indemnité d'occupation (non). L'époux qui a acquis un bien au moyen de deniers donnés par son conjoint à cette fin ne doit aucune indemnité à raison de son occupation postérieure au décès, étant propriétaire du bien acquis (■ Cass. 1re civ., 20 mai 2009, n° 08-13.907 : *RTD civ.* 2009, 563, obs. Grimaldi).

Art. 1100 *(Abr., L. n° 2002-305, 4 mars 2002).* (1)

Rédaction antérieure. Art. 1100. – Seront réputées faites à personnes interposées, les donations de l'un des époux aux enfants ou à l'un des enfants de l'autre époux issus d'un autre mariage, et celles faites par le donateur aux parents dont l'autre époux sera héritier présomptif au jour de la donation, encore que ce dernier n'ait point survécu à son parent donataire.

Bibliographie : F. Sauvage, *La discrète abrogation de l'article 1100 du Code civil* : *JCP* N 2002, 1347.

Instances en cours. L'abrogation de l'article 1100 du Code civil par la loi du 4 mars 2002 s'impose dans les instances en cours qui n'ont pas donné lieu à une décision passée en force de chose jugée (■ Cass. 1re civ., 28 mai 2014, n° 13-16.340 : *JurisData* n° 2014-011285 ; publié au Bulletin ; *RDC* 2015/2, p. 325, note S. Gaudemet).

(1) Dispositions applicables aux instances en cours qui n'ont pas donné lieu à une décision passée en force de chose jugée (L. n° 2002-305, 4 mars 2002).

TABLE DE RAPPROCHEMENT DES ARTICLES DES TITRES III, IV ET IV *BIS* DU LIVRE III DU CODE CIVIL

Des nouveaux articles créés par l'ordonnance n° 2016-131 du 10 février 2016 et modifiés, le cas échéant, par la loi n° 2018-287 du 20 avril 2018 vers les articles anciens

Consultez le livret comparatif de la réforme du droit des contrats, du régime général et de la preuve des obligations à l'adresse http://web.lexisnexis.fr/Fb/LivretCC2020.

Nouvel article (au 1er oct. 2016)	Rappr. Ancien article
Art. 1100	Art. 1370 Art. 1235, al. 2
Art. 1100-1	-
Art. 1100-2	-
Art. 1101	Art. 1101
Art. 1102	-
Art. 1103	Art. 1134, al. 1er
Art. 1104	Art. 1134, al. 3
Art. 1105	Art. 1107
Art. 1106	Art. 1102 Art. 1103
Art. 1107	Art. 1106 Art. 1105
Art. 1108	Art. 1104
Art. 1109	-
Art. 1110	-
Art. 1111	-
Art. 1111-1	-
Art. 1112	-
Art. 1112-1	-
Art. 1112-2	-
Art. 1113	-
Art. 1114	-
Art. 1115	-
Art. 1116	-
Art. 1117	-
Art. 1118	-
Art. 1119	-
Art. 1120	-
Art. 1121	-
Art. 1122	-
Art. 1123	-
Art. 1124	-
Art. 1125	Art. 1369-1
Art. 1126	Art. 1369-2
Art. 1127	Art. 1369-3
Art. 1127-1	Art. 1369-4
Art. 1127-2	Art. 1369-5
Art. 1127-3	Art. 1369-6
Art. 1127-4	Art. 1369-7
Art. 1127-5	Art. 1369-8
Art. 1127-6	Art. 1369-9
Art. 1128	Art. 1108
Art. 1129	-
Art. 1130	Art. 1109
Art. 1131	-
Art. 1132	Art. 1110
Art. 1133	Art. 1110
Art. 1134	Art. 1110
Art. 1135	Art. 1131
Art. 1136	-
Art. 1137	Art. 1116
Art. 1138	-
Art. 1139	-
Art. 1140	Art. 1112 Art. 1113
Art. 1141	-
Art. 1142	Art. 1111
Art. 1143	-
Art. 1144	Art. 1304
Art. 1145	Art. 1123
Art. 1146	Art. 1124
Art. 1147	Art. 1125
Art. 1148	-
Art. 1149	Art. 1305 Art. 1306 Art. 1307 Art. 1308
Art. 1150	-
Art. 1151	Art. 1311 Art. 1312
Art. 1152	Art. 1304, al. 3
Art. 1153	-
Art. 1154	-
Art. 1155	-
Art. 1156	-

Nouvel article (au 1er oct. 2016)	Rappr. Ancien article
Art. 1157	–
Art. 1158	–
Art. 1159	–
Art. 1160	–
Art. 1161	–
Art. 1162	Art. 1131 Art. 1133
Art. 1163	Art. 1129 Art. 1130
Art. 1164	–
Art. 1165	–
Art. 1166	Art. 1246
Art. 1167	–
Art. 1168	Art. 1118
Art. 1169	Art. 1131
Art. 1170	–
Art. 1171	–
Art. 1172	–
Art. 1173	–
Art. 1174	Art. 1108-1
Art. 1175	Art. 1108-2
Art. 1176	Art. 1369-10
Art. 1177	Art. 1369-11
Art. 1178	Art. 1117
Art. 1179	–
Art. 1180	–
Art. 1181	–
Art. 1182	Art. 1338
Art. 1183	–
Art. 1184	–
Art. 1185	–
Art. 1186	–
Art. 1187	–
Art. 1188	Art. 1156
Art. 1189	Art. 1161
Art. 1190	Art. 1162
Art. 1191	Art. 1157
Art. 1192	–
Art. 1193	Art. 1134
Art. 1194	Art. 1135
Art. 1195	–
Art. 1196	Art. 1138
Art. 1197	Art. 1136 Art. 1137
Art. 1198	Art. 1141
Art. 1199	Art. 1165
Art. 1200	–
Art. 1201	Art. 1321
Art. 1202	Art. 1321-1
Art. 1203	Art. 1119
Art. 1204	Art. 1120
Art. 1205	Art. 1121

Nouvel article (au 1er oct. 2016)	Rappr. Ancien article
Art. 1206	Art. 1121
Art. 1207	–
Art. 1208	–
Art. 1209	–
Art. 1210	–
Art. 1211	–
Art. 1212	–
Art. 1213	–
Art. 1214	–
Art. 1215	–
Art. 1216	–
Art. 1216-1	–
Art. 1216-2	–
Art. 1216-3	–
Art. 1217	–
Art. 1218	Art. 1148 Art. 1184
Art. 1219	–
Art. 1220	–
Art. 1221	Art. 1142 Art. 1184, al. 2
Art. 1222	Art. 1143 Art. 1144
Art. 1223	–
Art. 1224	Art. 1184
Art. 1225	–
Art. 1226	–
Art. 1227	Art. 1184, al. 3
Art. 1228	
Art. 1229	–
Art. 1230	–
Art. 1231	Art. 1145 Art. 1146
Art. 1231-1	Art. 1147
Art. 1231-2	Art. 1149
Art. 1231-3	Art. 1150
Art. 1231-4	Art. 1151
Art. 1231-5	Art. 1152
Art. 1231-6	Art. 1153
Art. 1231-7	Art. 1153-1
Art. 1240	Art. 1382
Art. 1241	Art. 1383
Art. 1242	Art. 1384
Art. 1243	Art. 1385
Art. 1244	Art. 1386
Art. 1245	Art. 1386-1
Art. 1245-1	Art. 1386-2
Art. 1245-2	Art. 1386-3
Art. 1245-3	Art. 1386-4
Art. 1245-4	Art. 1386-5
Art. 1245-5	Art. 1386-6
Art. 1245-6	Art. 1386-7

Nouvel article (au 1er oct. 2016)	Rappr. Ancien article
Art. 1245-7	Art. 1386-8
Art. 1245-8	Art. 1386-9
Art. 1245-9	Art. 1386-10
Art. 1245-10	Art. 1386-11
Art. 1245-11	Art. 1386-12
Art. 1245-12	Art. 1386-13
Art. 1245-13	Art. 1386-14
Art. 1245-14	Art. 1386-15
Art. 1245-15	Art. 1386-16
Art. 1245-16	Art. 1386-17
Art. 1245-17	Art. 1386-18
Art. 1300	Art. 1371
Art. 1301	Art. 1372
Art. 1301-1	Art. 1373 Art. 1374
Art. 1301-2	Art. 1375
Art. 1301-3	–
Art. 1301-4	–
Art. 1301-5	–
Art. 1302	Art. 1235
Art. 1302-1	Art. 1376
Art. 1302-2	Art. 1377
Art. 1302-3	–
Art. 1303	–
Art. 1303-1	–
Art. 1303-2	–
Art. 1303-3	–
Art. 1303-4	–
Art. 1304	Art. 1168 Art. 1183
Art. 1304-1	Art. 1172
Art. 1304-2	Art. 1170 Art. 1174
Art. 1304-3	Art. 1178
Art. 1304-4	–
Art. 1304-5	Art. 1180
Art. 1304-6	Art. 1179 Art. 1182
Art. 1304-7	Art. 1183
Art. 1305	Art. 1185
Art. 1305-1	–
Art. 1305-2	Art. 1186
Art. 1305-3	Art. 1187
Art. 1305-4	Art. 1188
Art. 1305-5	–
Art. 1306	–
Art. 1307	Art. 1189
Art. 1307-1	Art. 1190
Art. 1307-2 Art. 1307-3	Art. 1193
Art. 1307-4	Art. 1194
Art. 1307-5	Art. 1195

Nouvel article (au 1er oct. 2016)	Rappr. Ancien article
Art. 1308	–
Art. 1309	Art. 1220
Art. 1310	Art. 1202
Art. 1311	Art. 1197 Art. 1198
Art. 1312	Art. 1199
Art. 1313	Art. 1200 Art. 1203 Art. 1204
Art. 1314	Art. 1207
Art. 1315	Art. 1208
Art. 1316	Art. 1210
Art. 1317	Art. 1213 Art. 1214 Art. 1215
Art. 1318	Art. 1216
Art. 1319	–
Art. 1320	Art. 1217 Art. 1218 Art. 1222 Art. 1223 Art. 1224
Art. 1321	–
Art. 1322	–
Art. 1323	–
Art. 1324	–
Art. 1325	–
Art. 1326	–
Art. 1327	–
Art. 1327-1	–
Art. 1327-2	–
Art. 1328	–
Art. 1328-1	–
Art. 1329	Art. 1271
Art. 1330	Art. 1273
Art. 1331	–
Art. 1332	Art. 1274
Art. 1333	–
Art. 1334	Art. 1278
Art. 1335	Art. 1281
Art. 1336	Art. 1275
Art. 1337	Art. 1276
Art. 1338	Art. 1275
Art. 1339	–
Art. 1340	Art. 1277
Art. 1341	–
Art. 1341-1	Art. 1166
Art. 1341-2	Art. 1167
Art. 1341-3	–
Art. 1342	–
Art. 1342-1	Art. 1236 Art. 1237

Nouvel article (au 1er oct. 2016)	Rappr. Ancien article
Art. 1342-2	Art. 1239 Art. 1241
Art. 1342-3	Art. 1240
Art. 1342-4	Art. 1243 Art. 1244
Art. 1342-5	Art. 1245 Art. 1246
Art. 1342-6	Art. 1247
Art. 1342-7	Art. 1248
Art. 1342-8	–
Art. 1342-9	Art. 1282
Art. 1342-10	Art. 1253 Art. 1255 Art. 1256
Art. 1343	–
Art. 1343-1	Art. 1254
Art. 1343-2	Art. 1154
Art. 1343-3	–
Art. 1343-4	Art. 1247
Art. 1343-5	Art. 1244-1 Art. 1244-2 Art. 1244-3
Art. 1344	Art. 1139
Art. 1344-1	Art. 1153
Art. 1344-2	Art. 1138 Art. 1302, al. 1er à 3
Art. 1345	–
Art. 1345-1	Art. 1257 Art. 1258
Art. 1345-2	–
Art. 1345-3	Art. 1260
Art. 1346	Art. 1249 Art. 1251
Art. 1346-1	Art. 1250
Art. 1346-2	Art. 1250
Art. 1346-3	Art. 1252
Art. 1346-4	–
Art. 1346-5	–
Art. 1347	Art. 1289 Art. 1290
Art. 1347-1	Art. 1291
Art. 1347-2	Art. 1293
Art. 1347-3	Art. 1292
Art. 1347-4	Art. 1297
Art. 1347-5	Art. 1295
Art. 1347-6	Art. 1294
Art. 1347-7	Art. 1298 Art. 1299
Art. 1348	–
Art. 1348-1	–
Art. 1348-2	–
Art. 1349	Art. 1300
Art. 1349-1	Art. 1209

Nouvel article (au 1er oct. 2016)	Rappr. Ancien article
	Art. 1301
Art. 1350	–
Art. 1350-1	Art. 1198 Art. 1285 Art. 1286
Art. 1350-2	Art. 1287 Art. 1288
Art. 1351	Art. 1302
Art. 1351-1	Art. 1302, al. 2 Art. 1303
Art. 1352 Art. 1352-1	Art. 1379
Art. 1352-2	Art. 1380
Art. 1352-3	–
Art. 1352-4	Art. 1312
Art. 1352-5	Art. 1381
Art. 1352-6	–
Art. 1352-7	Art. 1378
Art. 1352-8	–
Art. 1352-9	–
Art. 1353	Art. 1315
Art. 1354	Art. 1350 Art. 1352
Art. 1355	Art. 1351
Art. 1356	–
Art. 1357	–
Art. 1358	Art. 1348, al. 1er
Art. 1359	Art. 1341 Art. 1343 Art. 1344
Art. 1360	Art. 1348, al. 1er
Art. 1361	–
Art. 1362	Art. 1347
Art. 1363	–
Art. 1364	–
Art. 1365	Art. 1316
Art. 1366	Art. 1316-1 Art. 1316-3
Art. 1367	Art. 1316-4
Art. 1368	Art. 1316-2
Art. 1369	Art. 1317 Art. 1317-1
Art. 1370	Art. 1318
Art. 1371	Art. 1319
Art. 1372	Art. 1322
Art. 1373	Art. 1323 Art. 1324
Art. 1374	*L. n° 71-1130, 31 déc. 1971, art. 66-3-2 et 66-3-3*
Art. 1375	Art. 1325
Art. 1376	Art. 1326
Art. 1377	Art. 1328

Nouvel article (au 1er oct. 2016)	Rappr. Ancien article
Art. 1378	Art. 1329 Art. 1330
Art. 1378-1	Art. 1331
Art. 1378-2	Art. 1332
Art. 1379	Art. 1334 Art. 1335 Art. 1348, al. 2
Art. 1380	Art. 1337
Art. 1381	–
Art. 1382	Art. 1353
Art. 1383	Art. 1354
Art. 1383-1	Art. 1355
Art. 1383-2	Art. 1356

Nouvel article (au 1er oct. 2016)	Rappr. Ancien article
Art. 1384	Art. 1357
Art. 1385	Art. 1358 Art. 1360
Art. 1385-1	Art. 1359 Art. 1362
Art. 1385-2	Art. 1361
Art. 1385-3	Art. 1363 Art. 1364
Art. 1385-4	Art. 1365
Art. 1386	Art. 1366 Art. 1368
Art. 1386-1	Art. 1367

TITRE III. – DES SOURCES D'OBLIGATIONS

(Titre rempl. à compter du 1er octobre 2016, Ord. n° 2016-131, 10 févr. 2016) (1) (2)

Ordonnance n° 2016-131 du 10 février 2016

portant réforme du droit des contrats, du régime général et de la preuve des obligations

Art. 9. – Les dispositions de la présente ordonnance entreront en vigueur le 1er octobre 2016.

Les contrats conclus avant cette date dem²eurent soumis à la loi ancienne *(Mots aj., L. n° 2018-287, 20 avr. 2018)* « y compris pour leurs effets légaux et pour les dispositions d'ordre public ».

Toutefois, les dispositions des troisième et quatrième alinéas de l'article 1123 et celles des articles 1158 et 1183 sont applicables dès l'entrée en vigueur de la présente ordonnance.

Lorsqu'une instance a été introduite avant l'entrée en vigueur de la présente ordonnance, l'action est poursuivie et jugée conformément à la loi ancienne. Cette loi s'applique également en appel et en cassation.

Décret n° 2016-1278 du 29 septembre 2016

portant coordination des textes réglementaires avec l'ordonnance n° 2016-131 portant réforme du droit des contrats, du régime général et de la preuve des obligations

(JO 30 sept. 2016)

Art. 1er. – Les références à des dispositions abrogées, modifiées ou déplacées par l'ordonnance du 10 février 2016 susvisée contenues dans des dispositions de nature réglementaire sont remplacées par les références aux dispositions ayant le même objet du livre III du Code civil, du Code de l'action sociale et des familles, du Code des procédures civiles d'exécution et du Code de la santé publique, dans leur rédaction résultant de cette ordonnance.

Art. 2. – Les dispositions réglementaires modifiées par le présent décret peuvent être modifiées par des actes pris dans les mêmes formes que les actes dont elles étaient issues antérieurement à l'entrée en vigueur du présent décret.

Loi n° 2018-287 du 20 avril 2018

ratifiant l'ordonnance n° 2016-131 du 10 février 2016 portant réforme du droit des contrats, du régime général et de la preuve des obligations

(JO 21 avr. 2018)

Art. 16. – I. - La présente loi entre en vigueur le 1er octobre 2018.

Les articles 1110, 1117, 1137, 1145, 1161, 1171, 1223, 1327 et 1343-3 du Code civil et les articles L. 112-5-1 et L. 211-40-1 du Code monétaire et financier, dans leur rédaction résultant de la présente loi, sont applicables aux actes juridiques conclus ou établis à compter de son entrée en vigueur.

Les modifications apportées par la présente loi aux articles 1112, 1143, 1165, 1216-3, 1217, 1221, 1304-4, 1305-5, 1327-1, 1328-1, 1347-6 et 1352-4 du Code civil ont un caractère interprétatif.

II. - A. - La présente loi est applicable dans les îles Wallis et Futuna.

B. - Pour l'application de l'article 1343-3 du Code civil dans les îles Wallis et Futuna, le mot : « euros » est remplacé par les mots : « francs CFP ».

C. - Le titre VI du livre VII du code monétaire et financier est ainsi modifié : (V. C. mon. fin., art. L. 761-1 et L. 762-1).

---

(1) Dispositions applicables à Wallis-et-Futuna *(Ord. n° 2016-131, 10 févr. 2016)*.

(2) Antérieurement aux modifications issues de l'ordonnance n° 2016-131 du 10 février 2016, le présent titre était intitulé « Des contrats ou des obligations conventionnelles en général » et comprenait les articles 1101 à 1369-11. Il était divisé en sept chapitres respectivement intitulés : « Dispositions préliminaires », « Des conditions essentielles pour la validité des conventions », « De l'effet des obligations », « Des diverses espèces d'obligations », « De l'extinction des obligations », « De la preuve des obligations et de celle du paiement » et « Des contrats sous forme électronique ». - NDLR.

III. - Le deuxième alinéa de l'article 9 de l'ordonnance n° 2016-131 du 10 février 2016 portant réforme du droit des contrats, du régime général et de la preuve des obligations est complété par les mots : « , y compris pour leurs effets légaux et pour les dispositions d'ordre public ».

Le présent III est applicable à compter du 1er octobre 2016.

Bibliographie : Sur la préparation de la réforme, V. la bibliographie citée *infra*, en tête de l'ancien Titre III du Livre III.

Sur l'ordonnance du 10 février 2016. A Bénabent et L. Aynès, *Réforme du droit des contrats et des obligations : aperçu général : D.* 2016, p. 434. • H. Barbier, *Les grands mouvements du droit commun des contrats après l'ordonnance du 10 février 2016 : RTD civ.* 2016, 247. • L. Leveneur, *Présentation générale de la réforme : Contrats, conc. consom.* 2016, dossier 2. • N. Molfessis, *Droit des contrats : que vive la réforme : JCP* G 2016, 180. • M. Mekki, *Le volet droit des contrats : D.* 2016, p. 494. • *Le volet régime des obligations : D.* 2016, p. 608. • C. Brenner, *Sources des obligations dans le Code civil : passage à l'acte ou acte manqué ? : JCP* G 2016, 524. • B. Demont, *Le regard du praticien : Contrats, conc. consom.* 2016, dossier 9. • S. Gaudemet, *Dits et non-dits sur l'application dans le temps de l'ordonnance du 10 février 2016 : JCP* G 2016, 559. • C. Grimaldi, *En attendant la loi de ratification : D.* 2016, p. 606. • M. Mignot, *Commentaire article par article de l'ordonnance du 10 février 2016 portant réforme du droit des contrats, du régime général et de la preuve des obligations : LPA* 2016, nos 41, 47, 52, 58, 64, 67, 74, 80, 83, 90, 96. • C. Pérès, *Règles impératives et supplétives dans le nouveau droit des contrats : JCP* G 2016, 454. • Y. Gaudemet, *Des oubliés de la réforme ? Le nouveau droit des contrats et les contrats de l'administration : RDC* 2016, 641. • F. Viney, *L'expansion du raisonnable dans la réforme du droit des obligations : un usage déraisonnable : D.* 2016, 1940. • S. Lequette, *Réforme du droit commun des contrats et contrats d'intérêt commun : D.* 2016, 1148. • J. Moury et B. François, *De quelques incidences majeures de la réforme du droit des contrats sur les cessions de droit sociaux : D.* 2016, 2225. • A. Etienney-de Sainte Marie, *La validité des prérogatives contractuelles après la réforme du droit des contrats : D.* 2017, p. 1312. • C. Coulon, *L'influence de la réforme du droit des contrats sur la rédaction des mandats immobiliers : JCP* N 2017, 1272. • *Colloque du 16 février 2016, Réforme du droit des contrats, quelles innovations ? : RDC* 2016/ Hors-série. • Colloque Cour de cassation – Paris 13, 15 avr. 2016, *Le juge auteur et acteur de la réforme du droit des contrats : RDC* 2016, 351 et s. • Colloque Pau, 20 mai 2016, *Quel renouveau pour le droit des contrats ?* : PU Pau, 2016. • Colloque Lille 2, 10 juin 2016, *Le nouveau discours contractuel : RDC* 2016, 571 et s., 751 et s. • Dossier spécial, *L'Ordonnance n° 2016-131 du 10 février 2016 portant réforme du droit des contrats, du régime général et de la preuve des obligations : Contrats, conc. consom.* 2016. • Dossier, *JCP* N 2016, n° 13. • Dossier, *Le nouveau droit des obligations : Dr. et patrimoine* 2016, n° 258. • Colloque Lyon 2, 24 mars 2017, *La réforme du droit des contrats. Incidences sur la vie des affaires*, LexisNexis 2017. Colloque Paris, 27 mars 2018, *Les nouveaux pouvoirs unilatéraux du contractant : RDC* 2018, 502. – M. Lagelée-Heymann, *Le « raisonnable » dans le nouveau droit des contrats : RDC* 2018, 473.

Sur la préparation de la ratification de l'ordonnance. Dossier, *Améliorer les textes issus de la réforme du droit des contrats : RDC* 2017, 165. • S. Schiller, *Avis du comité juridique de la FNDP relatifs à l'ordonnance de réforme du droit des obligations : JCP* N 2017, 1266. • N. Molfessis, *Pour une ratification sèche de l'ordonnance du 10 février 2016 portant réforme du droit des contrats : JCP* G 2017, 1045. • L. Leveneur, *Réforme du droit des contrats et des obligations : un nouveau projet de loi de ratification est entré au Parlement : Contrats, conc. consom.* 2017, repère 9. • F. Chénedé, *Interprétation et amélioration du nouveau droit des contrats : D.* 2017, p. 2214. • F. Pillet, *Réforme du droit des contrats : le Sénat responsable et constructif : D.* 2018, p. 64.

Sur la loi de ratification du 20 avril 2018. . A. Bénabent, *Application dans le temps : D.* 2018, p. 1024. – O. Deshayes, T. Genicon et Y.-M. Laithier, *Ratification de l'ordonnance portant réforme du droit des contrats du régime gén. et de la preuve des obligations : JCP G* 2018, 529. – L. Leveneur, *Loi de ratification de l'ordonnance de réforme du droit des contrats et des obligations : des ajustements, mais pas de bouleversement : Contrats, conc. consom.* 2018, étude 11 ; *JCP N* 2018, 752. – L. Andreu, L. Thibierge et alii, *La réforme de la réforme : AJ Contrat* 2018, 248 et 303. – D. Mainguy, L'étrange rétroactivité de *la survie de la loi ancienne : JCP G* 2018, 964. – D. Mazeaud, *Quelques mots sur la réforme de la réforme du droit des obligations : D.* 2018, p. 912. – M. Mekki, *Une réforme de la réforme ? : D.* 2018, p. 900. – A. Tadros, *Quelques incidences sur la pratique des affaires : D.* 2018, p. 1162. – B. Saintourens, *Les incidences sur les cessions de droits sociaux : Defrénois* 2018, n° 40, p. 23.

Ouvrages. F. Chénedé, *Le nouveau droit des contrats et des obligations*, Dalloz, 2016. • O. Deshayes, T. Genicon et Y-M. Laithier, *Réforme du droit des contrats et du régime général et de la preuve des obligations, Commentaire article par article*, LexisNexis, 2e éd., 2018. • Th. Douville *et alii*, *La réforme du droit des contrats, Commentaire article par article*, Gualino, 2e éd., 2018. • G. Chantepie et M. Latina, *La réforme du droit des obligations*, Dalloz, 2016. • Ph. Simler, *Commentaire de la réforme du droit des contrats et des obligations*, LexisNexis, 2016. • F. Terré, *La réforme du droit des obligations, L'ordonnance du 10 février 2016 commentée article par article*, Dalloz, 2016. • F. Ancel, B. Fauvarque-Cosson et J. Gest, *Aux sources de la réforme du droit des contrats*, Dalloz, 2017.

Art. 1100 ***(Créé à compter du 1er octobre 2016, Ord. n° 2016-131, 10 févr. 2016).*** **– Les obligations naissent d'actes juridiques, de faits juridiques ou de l'autorité seule de la loi.**

Elles peuvent naître de l'exécution volontaire ou de la promesse d'exécution d'un devoir de conscience envers autrui.

NB : Rappr. art. 1235 ancien, 1370 ancien, p. 1178.

Art. 1100-1 ***(Créé à compter du 1er octobre 2016, Ord. n° 2016-131, 10 févr. 2016).*** **– Les actes juridiques sont des manifestations de volonté destinées à produire des effets de droit. Ils peuvent être conventionnels ou unilatéraux.**

Ils obéissent, en tant que de raison, pour leur validité et leurs effets, aux règles qui gouvernent les contrats.

Bibliographie : J. Antippas, *L'engagement unilatéral dans les limbes du droit civil : RDC* 2018, 272.

Jurisprudence. V. ss art. 1101 ancien.

Art. 1100-2 ***(Créé à compter du 1er octobre 2016, Ord. n° 2016-131, 10 févr. 2016).*** **– Les faits juridiques sont des agissements ou des événements auxquels la loi attache des effets de droit.**

Les obligations qui naissent d'un fait juridique sont régies, selon le cas, par le sous-titre relatif à la responsabilité extracontractuelle ou le sous-titre relatif aux autres sources d'obligations.

Sous-titre Ier. – Le contrat

CHAPITRE Ier. – DISPOSITIONS LIMINAIRES

Art. 1101 ***(Créé à compter du 1er octobre 2016, Ord. n° 2016-131, 10 févr. 2016).*** **– Le contrat est un accord de volontés entre deux ou plusieurs personnes destiné à créer, modifier, transmettre ou éteindre des obligations.**

NB : Rappr. art. 1101 ancien, p. 1038 et la jurisprudence citée sous cet article.

Bibliographie : S. Lequette, *La notion de contrat : RTD civ.* 2018, p. 541.

Art. 1102 ***(Créé à compter du 1er octobre 2016, Ord. n° 2016-131, 10 févr. 2016).*** **– Chacun est libre de contracter ou de ne pas contracter, de choisir son cocontractant et de déterminer le contenu et la forme du contrat dans les limites fixées par la loi.**

La liberté contractuelle ne permet pas de déroger aux règles qui intéressent l'ordre public.

Protection constitutionnelle de la liberté contractuelle. S'il est loisible au législateur d'apporter à la liberté d'entreprendre et à la liberté contractuelle qui découlent de l'article 4 de la Déclaration de 1789, des limitations liées à des exigences constitutionnelles ou justifiées par l'intérêt général, c'est à la condition qu'il n'en résulte pas d'atteintes disproportionnées au regard de l'objectif poursuivi. Pour une telle atteinte par la loi sur la sécurisation de l'emploi (l'atteinte, portée par l'article L. 912-1 du Code de la sécurité sociale, tenant à ce que l'entreprise soit liée avec un cocontractant déjà désigné par un contrat négocié au niveau de la branche et au contenu totalement prédéfini) : ▪ Cons. const., 13 juin 2013, n° 2013-672 DC : *JO* 16 juin 2013, p. 9958 ; *RDC* 2013/4, p. 1285, note Pérès ; *JCP G* 2013, n° 37, p. 1614, note Ghestin ; *RTD civ.* 2013, p. 832, obs. Barbier.

Art. 1103 ***(Créé à compter du 1er octobre 2016, Ord. n° 2016-131, 10 févr. 2016).*** **– Les contrats légalement formés tiennent lieu de loi à ceux qui les ont faits.**

***NB :** Rappr. art. 1134 ancien, p. 1096, et la jurisprudence citée sous cet article.*

Art. 1104 ***(Créé à compter du 1er octobre 2016, Ord. n° 2016-131, 10 févr. 2016).*** **– Les contrats doivent être négociés, formés et exécutés de bonne foi.**

Cette disposition est d'ordre public.

Bibliographie : N. Balat, *Le juge contrôlera-t-il d'office la bonne foi des contractants ? : D.* 2018, p. 2099.

NB : Rappr. art. 1134 ancien, p. 1096, et la jurisprudence citée sous cet article.

Art. 1105 ***(Créé à compter du 1er octobre 2016, Ord. n° 2016-131, 10 févr. 2016).*** **– Les contrats, qu'ils aient ou non une dénomination propre, sont soumis à des règles générales, qui sont l'objet du présent sous-titre.**

Les règles particulières à certains contrats sont établies dans les dispositions propres à chacun d'eux.

Les règles générales s'appliquent sous réserve de ces règles particulières.

NB : Rappr. art. 1107 ancien, p. 1041.

Art. 1106 ***(Créé à compter du 1er octobre 2016, Ord. n° 2016-131, 10 févr. 2016).*** **– Le contrat est synallagmatique lorsque les contractants s'obligent réciproquement les uns envers les autres.**

Il est unilatéral lorsqu'une ou plusieurs personnes s'obligent envers une ou plusieurs autres sans qu'il y ait d'engagement réciproque de celles-ci.

NB : Rappr. art. 1102 ancien, 1103 ancien, p. 1040, et la jurisprudence citée sous cet article.

Art. 1107 ***(Créé à compter du 1er octobre 2016, Ord. n° 2016-131, 10 févr. 2016).*** **– Le contrat est à titre onéreux lorsque chacune des parties reçoit de l'autre un avantage en contrepartie de celui qu'elle procure.**

Il est à titre gratuit lorsque l'une des parties procure à l'autre un avantage sans attendre ni recevoir de contrepartie.

NB : Rappr. art. 1106 ancien, 1105 ancien, p. 1041, et la jurisprudence citée sous cet article.

Art. 1108 ***(Créé à compter du 1er octobre 2016, Ord. n° 2016-131, 10 févr. 2016).*** **– Le contrat est commutatif lorsque chacune des parties s'engage à procurer à l'autre un avantage qui est regardé comme l'équivalent de celui qu'elle reçoit.**

Il est aléatoire lorsque les parties acceptent de faire dépendre les effets du contrat, quant aux avantages et aux pertes qui en résulteront, d'un événement incertain.

NB : Rappr. art. 1104 ancien, p. 1040.

Art. 1109 ***(Créé à compter du 1er octobre 2016, Ord. n° 2016-131, 10 févr. 2016).*** **– Le contrat est consensuel lorsqu'il se forme par le seul échange des consentements quel qu'en soit le mode d'expression.**

Le contrat est solennel lorsque sa validité est subordonnée à des formes déterminées par la loi.

Le contrat est réel lorsque sa formation est subordonnée à la remise d'une chose.

Art. 1110 ***(Créé à compter du 1er octobre 2016, Ord. n° 2016-131, 10 févr. 2016 ; mod. à compter du 1er octobre 2018, L. n° 2018-287, 20 avr. 2018)*** (1) (2). **– Le contrat de gré à gré est celui dont les stipulations sont négociables entre les parties.**

Le contrat d'adhésion est celui qui comporte un ensemble de clauses non négociables, déterminées à l'avance par l'une des parties.

Rédaction antérieure. Art. 1110 ***(Créé à compter du 1er octobre 2016 et en vigueur jusqu'au 30 septembre 2018, Ord. n° 2016-131, 10 févr. 2016).*** – Le contrat de gré à gré est celui dont les stipulations sont librement négociées entre les parties.

Le contrat d'adhésion est celui dont les conditions générales, soustraites à la négociation, sont déterminées à l'avance par *l'une des parties.*

Bibliographie : F. Chénedé, *Le contrat d'adhésion de l'article 1110 du Code civil : JCP* G 2016, 776. • T. Revet, *Les critères du contrat d'adhésion : D.* 2016, 1771. • A. Tadros, *« L'adhésion » du cessionnaire des droits sociaux au pacte d'associés : D.* 2017, p. 171. • S. Pellet, *Contrat d'adhésion et clauses abusives : Defrénois* 2018, n° 40, p. 17.

Art. 1111 ***(Créé à compter du 1er octobre 2016, Ord. n° 2016-131, 10 févr. 2016).*** **– Le contrat cadre est un accord par lequel les parties conviennent des caractéristiques générales de leurs relations contractuelles futures. Des contrats d'application en précisent les modalités d'exécution.**

---

(1) Dispositions applicables dans les îles Wallis et Futuna, L. n° 2018-287, 20 avr. 2018.

(2) Dispositions applicables aux actes juridiques conclus ou établis à compter du 1er octobre 2018, L. n° 2018-287, 20 avr. 2018.

Art. 1111-1 *(Créé à compter du 1er octobre 2016, Ord. n° 2016-131, 10 févr. 2016).* – **Le contrat à exécution instantanée est celui dont les obligations peuvent s'exécuter en une prestation unique.**

Le contrat à exécution successive est celui dont les obligations d'au moins une partie s'exécutent en plusieurs prestations échelonnées dans le temps.

CHAPITRE II. – LA FORMATION DU CONTRAT

Section I. – La conclusion du contrat

Sous-section 1. – Les négociations

Art. 1112 *(Créé à compter du 1er octobre 2016, Ord. n° 2016-131, 10 févr. 2016).* – **L'initiative, le déroulement et la rupture des négociations précontractuelles sont libres. Ils doivent impérativement satisfaire aux exigences de la bonne foi.**

(Al. mod. à compter du 1er octobre 2018, L. n° 2018-287, 20 avr. 2018) (1) (2) **En cas de faute commise dans les négociations, la réparation du préjudice qui en résulte ne peut avoir pour objet de compenser ni la perte des avantages attendus du contrat non conclu, ni la perte de chance d'obtenir ces avantages.**

Préjudice réparable en cas de rupture de pourparlers (jurisprudence antérieure). V. Cass. com., 26 nov. 2003, n° 00-10.243, *Manoukian* (les circonstances constitutives d'une faute commise dans l'exercice du droit de rupture unilatérale des pourparlers précontractuels ne sont pas la cause du préjudice consistant dans la perte d'une chance de réaliser les gains que permettait d'espérer la conclusion du contrat), et les autres décisons citées sous art. 1109 ancien, p. 1042.

Art. 1112-1 *(Créé à compter du 1er octobre 2016, Ord. n° 2016-131, 10 févr. 2016).* – **Celle des parties qui connaît une information dont l'importance est déterminante pour le consentement de l'autre doit l'en informer dès lors que, légitimement, cette dernière ignore cette information ou fait confiance à son cocontractant.**

Néanmoins, ce devoir d'information ne porte pas sur l'estimation de la valeur de la prestation.

Ont une importance déterminante les informations qui ont un lien direct et nécessaire avec le contenu du contrat ou la qualité des parties.

Il incombe à celui qui prétend qu'une information lui était due de prouver que l'autre partie la lui devait, à charge pour cette autre partie de prouver qu'elle l'a fournie.

Les parties ne peuvent ni limiter, ni exclure ce devoir.

Outre la responsabilité de celui qui en était tenu, le manquement à ce devoir d'information peut entraîner l'annulation du contrat dans les conditions prévues aux articles 1130 et suivants.

Bibliographie : C. Grimaldi, *Quand une obligation d'information en cache une autre : inquiétudes à l'horizon : D.* 2016, 1009. • M. Fabre-Magnan, *Le devoir d'information dans les contrats : essai de tableau général après la réforme : JCP* G 2016, 706.

1 **Absence d'obligation d'information sur la valeur (droit antérieur).** V. Cass. 1re civ., 3 mai 2000, n° 98-11.381, *Baldus.* ▪ Cass. 3e civ., 10 janv. 2007, n° 06-10.442 (l'acquéreur, même professionnel, n'est pas tenu d'une obligation d'information au profit du vendeur sur la valeur du bien acquis), et les autres décisions citées sous art. 1116 ancien, p. 1062.

Art. 1112-2 *(Créé à compter du 1er octobre 2016, Ord. n° 2016-131, 10 févr. 2016).* – **Celui qui utilise ou divulgue sans autorisation une information confidentielle obtenue à l'occasion des négociations engage sa responsabilité dans les conditions du droit commun.**

(1) Dispositions applicables dans les îles Wallis et Futuna, L. n° 2018-287, 20 avr. 2018.
(2) Les modifications apportées au présent article ont un caractère interprétatif, L. n° 2018-287, 20 avr. 2018.

Sous-section 2. – L'offre et l'acceptation

Art. 1113 *(Créé à compter du 1er octobre 2016, Ord. n° 2016-131, 10 févr. 2016).* **– Le contrat est formé par la rencontre d'une offre et d'une acceptation par lesquelles les parties manifestent leur volonté de s'engager.**

Cette volonté peut résulter d'une déclaration ou d'un comportement non équivoque de son auteur.

Jurisprudence antérieure relative à l'offre et l'acceptation. V. art. 1109 ancien, p. 1042.

Art. 1114 *(Créé à compter du 1er octobre 2016, Ord. n° 2016-131, 10 févr. 2016).* **– L'offre, faite à personne déterminée ou indéterminée, comprend les éléments essentiels du contrat envisagé et exprime la volonté de son auteur d'être lié en cas d'acceptation. À défaut, il y a seulement invitation à entrer en négociation.**

Art. 1115 *(Créé à compter du 1er octobre 2016, Ord. n° 2016-131, 10 févr. 2016).* **– Elle peut être librement rétractée tant qu'elle n'est pas parvenue à son destinataire.**

Art. 1116 *(Créé à compter du 1er octobre 2016, Ord. n° 2016-131, 10 févr. 2016).* **– Elle ne peut être rétractée avant l'expiration du délai fixé par son auteur ou, à défaut, l'issue d'un délai raisonnable.**

La rétractation de l'offre en violation de cette interdiction empêche la conclusion du contrat.

Elle engage la responsabilité extracontractuelle de son auteur dans les conditions du droit commun sans l'obliger à compenser la perte des avantages attendus du contrat.

Distinction de l'offre et de la promesse unilatérale de contrat. L'évolution du droit des obligations, résultant de l'ordonnance du 10 février 2016, conduit à apprécier différemment, dans les relations de travail, la portée des offres et promesses de contrat de travail; l'acte par lequel un employeur propose un engagement précisant l'emploi, la rémunération et la date d'entrée en fonction et exprime la volonté de son auteur d'être lié en cas d'acceptation, constitue une offre de contrat de travail, qui peut être librement rétractée tant qu'elle n'est pas parvenue à son destinataire; la rétractation de l'offre avant l'expiration du délai fixé par son auteur ou, à défaut, l'issue d'un délai raisonnable, fait obstacle à la conclusion du contrat de travail et engage la responsabilité extracontractuelle de son auteur (■ Cass. soc., 21 sept. 2017, n° 16-20.103 : *Bull.*; *AJ Contrat* 2017, 480, Bucher; *Contrats, conc. consom.* 2017, comm. 238, Leveneur; *D.* 2017, p. 2007, D. Mazeaud, p. 2289, Bauduin et Dubarry; *Gaz. Pal.* 10 oct. 2017, p. 13, Latina; *JCP G* 2017, 1238, Molfessis, 1269, Loiseau; *RTD civ.* 2017, p. 837, Barbier). Comp. Cass. soc., 21 sept. 2018, n° 17-18.560 : *JCP G* 2018, 1259, Loiseau.

Art. 1117 *(Créé à compter du 1er octobre 2016, Ord. n° 2016-131, 10 févr. 2016).* **– L'offre est caduque à l'expiration du délai fixé par son auteur ou, à défaut, à l'issue d'un délai raisonnable.**

Elle l'est également en cas d'incapacité ou de décès de son auteur *(Mots aj. à compter du 1er octobre 2018, L. n° 2018-287, 20 avr. 2018)* (1) (2) **« , ou de décès de son destinataire ».**

Caducité de l'offre. Jugé sous l'empire du droit antérieur à l'ordonnance de 2016 que seul l'offrant peut se prévaloir d'un délai d'expiration de l'offre (■ Cass. soc., 30 mai 2018, n° 17-10.888 : *JCP G* 2018, 782, Loiseau ; *RTD civ.* 2018, p. 652, Barbier).

Art. 1118 *(Créé à compter du 1er octobre 2016, Ord. n° 2016-131, 10 févr. 2016).* **– L'acceptation est la manifestation de volonté de son auteur d'être lié dans les termes de l'offre.**

Tant que l'acceptation n'est pas parvenue à l'offrant, elle peut être librement rétractée, pourvu que la rétractation parvienne à l'offrant avant l'acceptation.

L'acceptation non conforme à l'offre est dépourvue d'effet, sauf à constituer une offre nouvelle.

---

(1) Dispositions applicables dans les îles Wallis et Futuna, L. n° 2018-287, 20 avr. 2018.

(2) Dispositions applicables aux actes juridiques conclus ou établis à compter du 1er octobre 2018, L. n° 2018-287, 20 avr. 2018.

Art. 1119 *(Créé à compter du 1er octobre 2016, Ord. n° 2016-131, 10 févr. 2016).* – Les conditions générales invoquées par une partie n'ont effet à l'égard de l'autre que si elles ont été portées à la connaissance de celle-ci et si elle les a acceptées.

En cas de discordance entre des conditions générales invoquées par l'une et l'autre des parties, les clauses incompatibles sont sans effet.

En cas de discordance entre des conditions générales et des conditions particulières, les secondes l'emportent sur les premières.

Art. 1120 *(Créé à compter du 1er octobre 2016, Ord. n° 2016-131, 10 févr. 2016).* – Le silence ne vaut pas acceptation, à moins qu'il n'en résulte autrement de la loi, des usages, des relations d'affaires ou de circonstances particulières.

Art. 1121 *(Créé à compter du 1er octobre 2016, Ord. n° 2016-131, 10 févr. 2016).* – Le contrat est conclu dès que l'acceptation parvient à l'offrant. Il est réputé l'être au lieu où l'acceptation est parvenue.

Art. 1122 *(Créé à compter du 1er octobre 2016, Ord. n° 2016-131, 10 févr. 2016).* – La loi ou le contrat peuvent prévoir un délai de réflexion, qui est le délai avant l'expiration duquel le destinataire de l'offre ne peut manifester son acceptation ou un délai de rétractation, qui est le délai avant l'expiration duquel son bénéficiaire peut rétracter son consentement.

Sous-section 3. – Le pacte de préférence et la promesse unilatérale

Art. 1123. – *(Créé à compter du 1er octobre 2016, Ord. n° 2016-131, 10 févr. 2016)* Le pacte de préférence est le contrat par lequel une partie s'engage à proposer prioritairement à son bénéficiaire de traiter avec lui pour le cas où elle déciderait de contracter.

Lorsqu'un contrat est conclu avec un tiers en violation d'un pacte de préférence, le bénéficiaire peut obtenir la réparation du préjudice subi. Lorsque le tiers connaissait l'existence du pacte et l'intention du bénéficiaire de s'en prévaloir, ce dernier peut également agir en nullité ou demander au juge de le substituer au tiers dans le contrat conclu.

Le tiers peut demander par écrit au bénéficiaire de confirmer dans un délai qu'il fixe et qui doit être raisonnable, l'existence d'un pacte de préférence et s'il entend s'en prévaloir (1).

L'écrit mentionne qu'à défaut de réponse dans ce délai, le bénéficiaire du pacte ne pourra plus solliciter sa substitution au contrat conclu avec le tiers ou la nullité du contrat (1).

Bibliographie : E. Jeuland, *Les actions interrogatoires en question : JCP G* 2016, 737. • M. de Fontmichel, *Les nouvelles actions interrogatoires : D.* 2016, 1665. • W. Chaiehloudj, *Du risque contractuel au risque concurrentiel : le cas du pacte de préférence inclus dans le contrat de franchise : JCP G* 2018, 1128.

Art. 1124 *(Créé à compter du 1er octobre 2016, Ord. n° 2016-131, 10 févr. 2016).* – La promesse unilatérale est le contrat par lequel une partie, le promettant, accorde à l'autre, le bénéficiaire, le droit d'opter pour la conclusion d'un contrat dont les éléments essentiels sont déterminés, et pour la formation duquel ne manque que le consentement du bénéficiaire.

La révocation de la promesse pendant le temps laissé au bénéficiaire pour opter n'empêche pas la formation du contrat promis.

Le contrat conclu en violation de la promesse unilatérale avec un tiers qui en connaissait l'existence est nul.

Bibliographie : I. Najjar, *La sanction de la promesse de contrat : D.* 2016, p. 848. *Le droit de révocation, Pour un lifting de circonstance : JCP G* 2018, 633.

1) Distinction de la promesse unilatérale de contrat et de l'offre. V. ▪ Cass. soc., 21 sept. 2017, cité sous art. 1116, p. 813.

2) Rétractation du promettant. Maintien de la jurisprudence antérieure lorsque la réforme de 2016 n'est pas applicable. La levée de l'option par le bénéficiaire de la promesse unilatérale postérieurement à la rétracta-

(1) Ces dispositions sont applicables à compter du 1er octobre 2016, y compris pour les contrats en cours *(Ord. n° 2016-131, 10 févr. 2016, art. 9).*

tion du promettant excluant toute rencontre des volontés réciproques de vendre et d'acquérir, la réalisation forcée de la vente ne peut être ordonnée (■ Cass. 3e civ., 6 déc. 2018, n° 17-21.170 et 17-21.171 : *Contrats, conc. consom.* 2019, comm. 39, Leveneur ; *RDC* 2019, 22, Laithier).

3) Jurisprudence antérieure. V. ss art. 1589, p. 1347.

Sous-section 4. – Dispositions propres au contrat conclu par voie électronique

Art. 1125 *(Créé à compter du 1er octobre 2016, Ord. n° 2016-131, 10 févr. 2016).* – **La voie électronique peut être utilisée pour mettre à disposition des stipulations contractuelles ou des informations sur des biens ou services.**

NB : Rappr. art. 1369-1 ancien, p. 1230.

Art. 1126 *(Créé à compter du 1er octobre 2016, Ord. n° 2016-131, 10 févr. 2016).* – **Les informations qui sont demandées en vue de la conclusion d'un contrat ou celles qui sont adressées au cours de son exécution peuvent être transmises par courrier électronique si leur destinataire a accepté l'usage de ce moyen.**

NB : Rappr. art. 1369-2 ancien, p. 1230.

Art. 1127 *(Créé à compter du 1er octobre 2016, Ord. n° 2016-131, 10 févr. 2016).* – **Les informations destinées à un professionnel peuvent lui être adressées par courrier électronique, dès lors qu'il a communiqué son adresse électronique.**

Si ces informations doivent être portées sur un formulaire, celui-ci est mis, par voie électronique, à la disposition de la personne qui doit le remplir.

NB : Rappr. art. 1369-3 ancien, p. 1230.

Art. 1127-1 *(Créé à compter du 1er octobre 2016, Ord. n° 2016-131, 10 févr. 2016).* – **Quiconque propose à titre professionnel, par voie électronique, la fourniture de biens ou la prestation de services, met à disposition les stipulations contractuelles applicables d'une manière qui permette leur conservation et leur reproduction.**

L'auteur d'une offre reste engagé par elle tant qu'elle est accessible par voie électronique de son fait.

L'offre énonce en outre :

1° Les différentes étapes à suivre pour conclure le contrat par voie électronique ;

2° Les moyens techniques permettant au destinataire de l'offre, avant la conclusion du contrat, d'identifier d'éventuelles erreurs commises dans la saisie des données et de les corriger ;

3° Les langues proposées pour la conclusion du contrat au nombre desquelles doit figurer la langue française ;

4° Le cas échéant, les modalités d'archivage du contrat par l'auteur de l'offre et les conditions d'accès au contrat archivé ;

5° Les moyens de consulter par voie électronique les règles professionnelles et commerciales auxquelles l'auteur de l'offre entend, le cas échéant, se soumettre.

NB : Rappr. art. 1369-4 ancien, p. 1231.

Art. 1127-2 *(Créé à compter du 1er octobre 2016, Ord. n° 2016-131, 10 févr. 2016).* – **Le contrat n'est valablement conclu que si le destinataire de l'offre a eu la possibilité de vérifier le détail de sa commande et son prix total et de corriger d'éventuelles erreurs avant de confirmer celle-ci pour exprimer son acceptation définitive.**

L'auteur de l'offre doit accuser réception sans délai injustifié, par voie électronique, de la commande qui lui a été adressée.

La commande, la confirmation de l'acceptation de l'offre et l'accusé de réception sont considérés comme reçus lorsque les parties auxquelles ils sont adressés peuvent y avoir accès.

NB : Rappr. art. 1369-5 ancien, p. 1231.

Art. 1127-3 *(Créé à compter du 1er octobre 2016, Ord. n° 2016-131, 10 févr. 2016).* – **Il est fait exception aux obligations visées aux 1° à 5° de l'article 1127-1 et aux deux premiers alinéas de l'article 1127-2 pour les contrats de fourniture de biens ou de prestation de services qui sont conclus exclusivement par échange de courriers électroniques.**

Il peut, en outre, être dérogé aux dispositions des 1° à 5° de l'article 1127-1 et de l'article 1127-2 dans les contrats conclus entre professionnels.

NB : Rappr. art. 1369-6 ancien, p. 1231.

Art. 1127-4 *(Ancien article 1127-6 créé à compter du 1er octobre 2016, Ord. n° 2016-131, 10 févr. 2016, art. 2 et 9 ; dénum., L. n° 2016-1321, 7 oct. 2016).* **– Hors les cas prévus aux articles 1125 et 1126, la remise d'un écrit électronique est effective lorsque le destinataire, après avoir pu en prendre connaissance, en a accusé réception.**

Si une disposition prévoit que l'écrit doit être lu au destinataire, la remise d'un écrit électronique à l'intéressé dans les conditions prévues au premier alinéa vaut lecture.

NB : Rappr. art. 1369-9 ancien, p. 1232.

Rédaction antérieure. Art. 1127-5 *(Créé à compter du 1er octobre 2016, Ord. n° 2016-131, 10 févr. 2016 ; abr., L. n° 2016-1321, 7 oct. 2016).* – Une lettre recommandée relative à la conclusion ou à l'exécution d'un contrat peut être envoyée par courrier électronique à condition que ce courrier soit acheminé par un tiers selon un procédé permettant d'identifier le tiers, de désigner l'expéditeur, de garantir l'identité du destinataire et d'établir si la lettre a été remise ou non au destinataire.

Le contenu de cette lettre, au choix de l'expéditeur, peut être imprimé par le tiers sur papier pour être distribué au destinataire ou peut être adressé à celui-ci par voie électronique. Dans ce dernier cas, si le destinataire n'est pas un professionnel, il doit avoir demandé l'envoi par ce moyen ou en avoir accepté l'usage au cours d'échanges antérieurs.

Lorsque l'apposition de la date d'expédition ou de réception résulte d'un procédé électronique, la fiabilité de celui-ci est présumée, jusqu'à preuve contraire, s'il satisfait à des exigences fixées par un décret en Conseil d'État.

Un avis de réception peut être adressé à l'expéditeur par voie électronique ou par tout autre dispositif lui permettant de le conserver.

Les modalités d'application du présent article sont fixées par décret en Conseil d'État.

NB : Rappr. art. 1369-8 ancien, p. 1231.

Rédaction antérieure. Art. 1127-6 *(Créé à compter du 1er octobre 2016, Ord. n° 2016-131, 10 févr. 2016 ; abr., L. n° 2016-1321, 7 oct. 2016).* – Hors les cas prévus aux articles 1125 et 1126, la remise d'un écrit électronique est effective lorsque le destinataire, après avoir pu en prendre connaissance, en a accusé réception.

Si une disposition prévoit que l'écrit doit être lu au destinataire, la remise d'un écrit électronique à l'intéressé dans les conditions prévues au premier alinéa vaut lecture.

Section II. – La validité du contrat

Art. 1128 *(Créé à compter du 1er octobre 2016, Ord. n° 2016-131, 10 févr. 2016).* **– Sont nécessaires à la validité d'un contrat :**

1° Le consentement des parties ;

2° Leur capacité de contracter ;

3° Un contenu licite et certain.

NB : Rappr. art. 1108 ancien, p. 1041, et la jurisprudence citée sous cet article.

Sous-section 1. – Le consentement

§ 1. – L'existence du consentement

Art. 1129 *(Créé à compter du 1er octobre 2016, Ord. n° 2016-131, 10 févr. 2016).* **– Conformément à l'article 414-1, il faut être sain d'esprit pour consentir valablement à un contrat.**

§ 2. – *Les vices du consentement*

Bibliographie : G. Loiseau, *Les vices du consentement : Contrats, conc. consom.* 2016, dossier 3.

Art. 1130 *(Créé à compter du 1er octobre 2016, Ord. n° 2016-131, 10 févr. 2016).* **– L'erreur, le dol et la violence vicient le consentement lorsqu'ils sont de telle nature que, sans eux, l'une des parties n'aurait pas contracté ou aurait contracté à des conditions substantiellement différentes.**

Leur caractère déterminant s'apprécie eu égard aux personnes et aux circonstances dans lesquelles le consentement a été donné.

NB : Rappr. art. 1109 ancien, p. 1042, et la jurisprudence citée sous cet article.

Art. 1131 *(Créé à compter du 1er octobre 2016, Ord. n° 2016-131, 10 févr. 2016).* **– Les vices du consentement sont une cause de nullité relative du contrat.**

Art. 1132 *(Créé à compter du 1er octobre 2016, Ord. n° 2016-131, 10 févr. 2016).* **– L'erreur de droit ou de fait, à moins qu'elle ne soit inexcusable, est une cause de nullité du contrat lorsqu'elle porte sur les qualités essentielles de la prestation due ou sur celles du cocontractant.**

NB : Rappr. art. 1110 ancien, p. 1049, et la jurisprudence citée sous cet article.

Art. 1133 *(Créé à compter du 1er octobre 2016, Ord. n° 2016-131, 10 févr. 2016).* **– Les qualités essentielles de la prestation sont celles qui ont été expressément ou tacitement convenues et en considération desquelles les parties ont contracté.**

L'erreur est une cause de nullité qu'elle porte sur la prestation de l'une ou de l'autre partie.

L'acceptation d'un aléa sur une qualité de la prestation exclut l'erreur relative à cette qualité.

NB : Rappr. art. 1110 ancien, p. 1049, et la jurisprudence citée sous cet article.

Art. 1134 *(Créé à compter du 1er octobre 2016, Ord. n° 2016-131, 10 févr. 2016).* **– L'erreur sur les qualités essentielles du cocontractant n'est une cause de nullité que dans les contrats conclus en considération de la personne.**

NB : Rappr. art. 1110 ancien, p. 1049, et la jurisprudence citée sous cet article.

Art. 1135 *(Créé à compter du 1er octobre 2016, Ord. n° 2016-131, 10 févr. 2016).* **– L'erreur sur un simple motif, étranger aux qualités essentielles de la prestation due ou du cocontractant, n'est pas une cause de nullité, à moins que les parties n'en aient fait expressément un élément déterminant de leur consentement.**

Néanmoins l'erreur sur le motif d'une libéralité, en l'absence duquel son auteur n'aurait pas disposé, est une cause de nullité.

NB : Rappr. art. 1110 ancien, p. 1049 et art. 1131 ancien, p. 1083, et la jurisprudence citée sous ces articles.

Art. 1136 *(Créé à compter du 1er octobre 2016, Ord. n° 2016-131, 10 févr. 2016).* **– L'erreur sur la valeur par laquelle, sans se tromper sur les qualités essentielles de la prestation, un contractant fait seulement de celle-ci une appréciation économique inexacte, n'est pas une cause de nullité.**

Jurisprudence antérieure. V. ss art. 1110 ancien, p. 1049.

Art. 1137 *(Créé à compter du 1er octobre 2016, Ord. n° 2016-131, 10 févr. 2016).* **– Le dol est le fait pour un contractant d'obtenir le consentement de l'autre par des manœuvres ou des mensonges.**

Constitue également un dol la dissimulation intentionnelle par l'un des contractants d'une information dont il sait le caractère déterminant pour l'autre partie.

(Al. créé à compter du 1er octobre 2018, L. n° 2018-287, 20 avr. 2018) (1) (2) **Néanmoins, ne constitue pas un dol le fait pour une partie de ne pas révéler à son cocontractant son estimation de la valeur de la prestation.**

NB : Rappr. art. 1116 ancien, p. 1062, et la jurisprudence citée sous cet article.

Absence de dol par réticence sur la valeur (droit antérieur). V. Cass. 1re civ., 3 mai 2000, n° 98-11.381, *Baldus*. ■ Cass. 3e civ., 10 janv. 2007, n° 06-10.442 (l'acquéreur, même professionnel, n'est pas tenu d'une obligation d'information au profit du vendeur sur la valeur du bien acquis), et les autres décisions citées sous art. 1116 ancien, p. 1062.

(1) Dispositions applicables dans les îles Wallis et Futuna, L. n° 2018-287, 20 avr. 2018.

(2) Dispositions applicables aux actes juridiques conclus ou établis à compter du 1er octobre 2018, L. n° 2018-287, 20 avr. 2018.

Art. 1138 *(Créé à compter du 1er octobre 2016, Ord. n° 2016-131, 10 févr. 2016).* **– Le dol est également constitué s'il émane du représentant, gérant d'affaires, préposé ou porte-fort du contractant.**

Il l'est encore lorsqu'il émane d'un tiers de connivence.

Jurisprudence antérieure. V. ss art. 1116 ancien, p. 1062.

Art. 1139 *(Créé à compter du 1er octobre 2016, Ord. n° 2016-131, 10 févr. 2016).* **– L'erreur qui résulte d'un dol est toujours excusable ; elle est une cause de nullité alors même qu'elle porterait sur la valeur de la prestation ou sur un simple motif du contrat.**

Jurisprudence antérieure. V. ss art. 1110 ancien, p. 1049.

Art. 1140 *(Créé à compter du 1er octobre 2016, Ord. n° 2016-131, 10 févr. 2016).* **– Il y a violence lorsqu'une partie s'engage sous la pression d'une contrainte qui lui inspire la crainte d'exposer sa personne, sa fortune ou celles de ses proches à un mal considérable.**

NB : Rappr. art. 1112 ancien, 1113 ancien, p. 1059, et la jurisprudence citée.

Art. 1141 *(Créé à compter du 1er octobre 2016, Ord. n° 2016-131, 10 févr. 2016).* **– La menace d'une voie de droit ne constitue pas une violence. Il en va autrement lorsque la voie de droit est détournée de son but ou lorsqu'elle est invoquée ou exercée pour obtenir un avantage manifestement excessif.**

Jurisprudence antérieure. V. ss art. 1112 ancien, p. 1059.

Art. 1142 *(Créé à compter du 1er octobre 2016, Ord. n° 2016-131, 10 févr. 2016).* **– La violence est une cause de nullité qu'elle ait été exercée par une partie ou par un tiers.**

NB : Rappr. art. 1111 ancien, p. 1059, et la jurisprudence citée sous cet article.

Art. 1143 *(Créé à compter du 1er octobre 2016, Ord. n° 2016-131, 10 févr. 2016).* **– Il y a également violence lorsqu'une partie, abusant de l'état de dépendance dans lequel se trouve son cocontractant** *(Mots aj. à compter du 1er octobre 2018, L. n° 2018-287, 20 avr. 2018)* (1) (2) **« à son égard », obtient de lui un engagement qu'il n'aurait pas souscrit en l'absence d'une telle contrainte et en tire un avantage manifestement excessif.**

Bibliographie : H. Barbier, *La violence par abus de dépendance : JCP* G 2016, 421. • F. Rogue, *Abus d'état de dépendance : la réforme de la réforme a-t-elle accouché d'une souris ? : D.* 2018, p. 1559.

Jurisprudence antérieure. V. ss art. 1112 ancien, p. 1059.

Art. 1144 *(Créé à compter du 1er octobre 2016, Ord. n° 2016-131, 10 févr. 2016).* **– Le délai de l'action en nullité ne court, en cas d'erreur ou de dol, que du jour où ils ont été découverts et, en cas de violence, que du jour où elle a cessé.**

NB : Rappr. art. 1304 ancien, p. 1211, et la jurisprudence citée sous cet article.

Sous-section 2. – La capacité et la représentation

§ 1. – La capacité

Art. 1145 *(Créé à compter du 1er octobre 2016, Ord. n° 2016-131, 10 févr. 2016).* **– Toute personne physique peut contracter sauf en cas d'incapacité prévue par la loi.**

(1) Dispositions applicables dans les îles Wallis et Futuna, L. n° 2018-287, 20 avr. 2018.
(2) Les modifications apportées au présent article ont un caractère interprétatif, L. n° 2018-287, 20 avr. 2018.

La capacité des personnes morales est limitée *(Mots rempl. à compter du 1er octobre 2018, L. n° 2018-287, 20 avr. 2018)* (1) (2) **« par les règles » applicables à chacune d'entre elles.**

NB : Rappr. art. 1123 ancien, p. 1074.

Bibliographie : P. Mousseron, *Le nouveau régime de la capacité contractuelle des sociétés : la boussole de l'objet social : D.* 2016, p. 906. • B. Joyeux et Ph. Viudès, *Les ventes immobilières par les sociétés civiles : de la nullité des actes passés en violation de l'article 1145 du Code civil : Defrénois* 2017, n° 127 m². • J.-R. André, *Validité de la vente n'entrant pas dans l'objet social mais autorisée à l'unanimité des associés : JCP N* 2017, 1316. • E. Schlumberger, *La modification de la capacité des personnes morales par la loi de ratification du 20 avr. 2018 : Defrénois* 2018, n° 37, p.15.

Art. 1146 ***(Créé à compter du 1er octobre 2016, Ord. n° 2016-131, 10 févr. 2016).*** **– Sont incapables de contracter, dans la mesure définie par la loi :**

1° Les mineurs non émancipés ;

2° Les majeurs protégés au sens de l'article 425.

NB : Rappr. art. 1124 ancien, p. 1074.

Art. 1147 ***(Créé à compter du 1er octobre 2016, Ord. n° 2016-131, 10 févr. 2016).*** **– L'incapacité de contracter est une cause de nullité relative.**

NB : Rappr. art. 1125 ancien, p. 1074, et la jurisprudence citée sous cet article.

Art. 1148 ***(Créé à compter du 1er octobre 2016, Ord. n° 2016-131, 10 févr. 2016).*** **– Toute personne incapable de contracter peut néanmoins accomplir seule les actes courants autorisés par la loi ou l'usage, pourvu qu'ils soient conclus à des conditions normales.**

Voir aussi : sur les actes courants, art. 388-1-1, p. 383, art. 408, p. 389 et art. 473, p. 425.

Art. 1149 ***(Créé à compter du 1er octobre 2016, Ord. n° 2016-131, 10 févr. 2016).*** **– Les actes courants accomplis par le mineur peuvent être annulés pour simple lésion. Toutefois, la nullité n'est pas encourue lorsque la lésion résulte d'un événement imprévisible.**

La simple déclaration de majorité faite par le mineur ne fait pas obstacle à l'annulation.

Le mineur ne peut se soustraire aux engagements qu'il a pris dans l'exercice de sa profession.

NB : Rappr. art. 1305 ancien, 1306 ancien, 1307 ancien, 1308 ancien, p. 1217.

Art. 1150 ***(Créé à compter du 1er octobre 2016, Ord. n° 2016-131, 10 févr. 2016).*** **– Les actes accomplis par les majeurs protégés sont régis par les articles 435,465 et 494-9 sans préjudice des articles 1148,1151 et 1352-4.**

Art. 1151 ***(Créé à compter du 1er octobre 2016, Ord. n° 2016-131, 10 févr. 2016).*** **– Le contractant capable peut faire obstacle à l'action en nullité engagée contre lui en établissant que l'acte était utile à la personne protégée et exempt de lésion ou qu'il a profité à celle-ci.**

Il peut aussi opposer à l'action en nullité la confirmation de l'acte par son cocontractant devenu ou redevenu capable.

NB : Rappr. art. 1311 ancien, 1312 ancien, p. 1217.

Art. 1152 ***(Créé à compter du 1er octobre 2016, Ord. n° 2016-131, 10 févr. 2016).*** **– La prescription de l'action court :**

1° À l'égard des actes faits par un mineur, du jour de la majorité ou de l'émancipation ;

2° À l'égard des actes faits par un majeur protégé, du jour où il en a eu connaissance alors qu'il était en situation de les refaire valablement ;

3° À l'égard des héritiers de la personne en tutelle ou en curatelle ou de la personne faisant l'objet d'une habilitation familiale, du jour du décès si elle n'a commencé à courir auparavant.

NB : Rappr. art. 1304 ancien, p. 1211, et la jurisprudence citée sous cet article.

(1) Dispositions applicables dans les îles Wallis et Futuna, L. n° 2018-287, 20 avr. 2018.

(2) Dispositions applicables aux actes juridiques conclus ou établis à compter du 1er octobre 2018, L. n° 2018-287, 20 avr. 2018.

§ 2. – La représentation

Bibliographie : Ph. Didier, *La représentation dans le nouveau droit des obligations : JCP* G 2016, 580. • G. Wicker, *Le nouveau droit de la représentation : D.* 2016, 1942. • A. Molière, *Les sanctions en matière de représentation : point trop n'en faut ! : D.* 2017, p. 1547. • J. François, *L'acte accompli par le mandataire en dehors de ses pouvoirs et le contrat de mandat : D.* 2018, p. 1215.

Art. 1153 *(Créé à compter du 1er octobre 2016, Ord. n° 2016-131, 10 févr. 2016)*. – **Le représentant légal, judiciaire ou conventionnel n'est fondé à agir que dans la limite des pouvoirs qui lui ont été conférés.**

Art. 1154 *(Créé à compter du 1er octobre 2016, Ord. n° 2016-131, 10 févr. 2016)*. – **Lorsque le représentant agit dans la limite de ses pouvoirs au nom et pour le compte du représenté, celui-ci est seul tenu de l'engagement ainsi contracté.**

Lorsque le représentant déclare agir pour le compte d'autrui mais contracte en son propre nom, il est seul engagé à l'égard du cocontractant.

Art. 1155 *(Créé à compter du 1er octobre 2016, Ord. n° 2016-131, 10 févr. 2016)*. – **Lorsque le pouvoir du représentant est défini en termes généraux, il ne couvre que les actes conservatoires et d'administration.**

Lorsque le pouvoir est spécialement déterminé, le représentant ne peut accomplir que les actes pour lesquels il est habilité et ceux qui en sont l'accessoire.

Art. 1156 *(Créé à compter du 1er octobre 2016, Ord. n° 2016-131, 10 févr. 2016)*. – **L'acte accompli par un représentant sans pouvoir ou au-delà de ses pouvoirs est inopposable au représenté, sauf si le tiers contractant a légitimement cru en la réalité des pouvoirs du représentant, notamment en raison du comportement ou des déclarations du représenté.**

Lorsqu'il ignorait que l'acte était accompli par un représentant sans pouvoir ou au-delà de ses pouvoirs, le tiers contractant peut en invoquer la nullité.

L'inopposabilité comme la nullité de l'acte ne peuvent plus être invoquées dès lors que le représenté l'a ratifié.

Art. 1157 *(Créé à compter du 1er octobre 2016, Ord. n° 2016-131, 10 févr. 2016)*. – **Lorsque le représentant détourne ses pouvoirs au détriment du représenté, ce dernier peut invoquer la nullité de l'acte accompli si le tiers avait connaissance du détournement ou ne pouvait l'ignorer.**

Art. 1158 (1) *(Créé à compter du 1er octobre 2016, Ord. n° 2016-131, 10 févr. 2016)*. – **Le tiers qui doute de l'étendue du pouvoir du représentant conventionnel à l'occasion d'un acte qu'il s'apprête à conclure, peut demander par écrit au représenté de lui confirmer, dans un délai qu'il fixe et qui doit être raisonnable, que le représentant est habilité à conclure cet acte.**

L'écrit mentionne qu'à défaut de réponse dans ce délai, le représentant est réputé habilité à conclure cet acte.

Bibliographie : E. Jeuland, *Les actions interrogatoires en question : JCP* G 2016, 737. • M. de Fontmichel, *Les nouvelles actions interrogatoires : D.* 2016, 1665.

Art. 1159 *(Créé à compter du 1er octobre 2016, Ord. n° 2016-131, 10 févr. 2016)*. – **L'établissement d'une représentation légale ou judiciaire dessaisit pendant sa durée le représenté des pouvoirs transférés au représentant.**

La représentation conventionnelle laisse au représenté l'exercice de ses droits.

Bibliographie : N. Reichling, *Éffets de la représentation : analyse crit. de l'art. 1159 : Defrénois* 2019, n° 4, p.15.

Art. 1160 *(Créé à compter du 1er octobre 2016, Ord. n° 2016-131, 10 févr. 2016)*. – **Les pouvoirs du représentant cessent s'il est atteint d'une incapacité ou frappé d'une interdiction.**

---

(1) Ces dispositions sont applicables à compter du 1er octobre 2016, y compris pour les contrats en cours *(Ord. n° 2016-131, 10 févr. 2016, art. 9)*.

Art. 1161 *(Créé à compter du 1er octobre 2016, Ord. n° 2016-131, 10 févr. 2016 ; mod. à compter du 1er octobre 2018, L. n° 2018-287, 20 avr. 2018)* (1) (2). – **En matière de représentation des personnes physiques, un représentant ne peut agir pour le compte de plusieurs parties au contrat en opposition d'intérêts ni contracter pour son propre compte avec le représenté.**

En ces cas, l'acte accompli est nul à moins que la loi ne l'autorise ou que le représenté ne l'ait autorisé ou ratifié.

> **Rédaction antérieure. Art. 1161** *(Créé à compter du 1er octobre 2016 et en vigueur jusqu'au 30 septembre 2018, Ord. n° 2016-131, 10 févr. 2016).* – Un représentant ne peut agir pour le compte des deux parties au contrat ni contracter pour son propre compte avec le représenté.
> En ces cas, l'acte accompli est nul à moins que la loi ne l'autorise ou que le représenté ne l'ait autorisé ou ratifié.

Bibliographie : A. Couret et A. Reygrobellet, *Le droit des sociétés menacé par le nouvel article 1161 du Code civil ? : D.* 2016, 1867.

Sous-section 3. – Le contenu du contrat

Bibliographie : F. Bellivier et Ch. Noiville, *L'adieu à l'article 1128 du Code civil : l'ordre public suffit-il à protéger le corps humain ? : RDC* 2016, 505. • F. Chénedé, *La cause est morte...vive la cause ? : Contrats, conc. consom.* 2016, dossier 4. • F. Labarthe, *La fixation unilatérale du prix dans les contrats cadre et prestations de service : JCP* G 2016, 642. • J. Moury, *La détermination du prix dans le « nouveau droit commun des contrats » : D.* 2016, p. 1013. • *Retour sur le prix : le champ de l'article 1163 alinéa 2 du Code civil : D.* 2017, p. 1209. • Colloque 23 mars 2017, *Le prix dans les contrats après la réforme : RDC* 2017, p. 557.

Art. 1162 *(Créé à compter du 1er octobre 2016, Ord. n° 2016-131, 10 févr. 2016).* – **Le contrat ne peut déroger à l'ordre public ni par ses stipulations, ni par son but, que ce dernier ait été connu ou non par toutes les parties.**

NB : Rappr. art. 1131 ancien, 1133 ancien, p. 1083, et la jurisprudence citée sous ces articles.

Art. 1163 *(Créé à compter du 1er octobre 2016, Ord. n° 2016-131, 10 févr. 2016).* – **L'obligation a pour objet une prestation présente ou future.**

Celle-ci doit être possible et déterminée ou déterminable.

La prestation est déterminable lorsqu'elle peut être déduite du contrat ou par référence aux usages ou aux relations antérieures des parties, sans qu'un nouvel accord des parties soit nécessaire.

NB : Rappr. art. 1129 ancien, 1130 ancien, p. 1078, et la jurisprudence citée sous ces articles.

Art. 1164 *(Créé à compter du 1er octobre 2016, Ord. n° 2016-131, 10 févr. 2016).* – **Dans les contrats cadre, il peut être convenu que le prix sera fixé unilatéralement par l'une des parties, à charge pour elle d'en motiver le montant en cas de contestation.**

En cas d'abus dans la fixation du prix, le juge peut être saisi d'une demande tendant à obtenir des dommages et intérêts et le cas échéant la résolution du contrat.

Jurisprudence antérieure. V. ▪ Cass. ass. plén., 1er déc. 1995, n° 91-15.578, 91-15.999 et 91-19.563 et les autres décisions citées sous art. 1129 ancien, p. 1078.

Art. 1165 *(Créé à compter du 1er octobre 2016, Ord. n° 2016-131, 10 févr. 2016 ; mod. à compter du 1er octobre 2018, L. n° 2018-287, 20 avr. 2018)* (1) (3). – **Dans les contrats de prestation de service, à** ***défaut d'accord des parties avant leur exécution,*** **le prix peut être fixé par le créancier, à charge pour lui d'en motiver le montant en cas de contestation.**

En cas d'abus dans la fixation du prix, le juge peut être saisi d'une demande tendant à obtenir des dommages et intérêts et, le cas échéant, la résolution du contrat.

> **Rédaction antérieure. Art. 1165** *(Créé à compter du 1er octobre 2016 et en vigueur jusqu'au 30 septembre 2018, Ord. n° 2016-131, 10 févr. 2016).* – Dans les contrats de prestation de service, à défaut d'accord des parties avant leur

(1) Dispositions applicables dans les îles Wallis et Futuna, L. n° 2018-287, 20 avr. 2018.
(2) Dispositions applicables aux actes juridiques conclus ou établis à compter du 1er octobre 2018, L. n° 2018-287, 20 avr. 2018.
(3) Les modifications apportées au présent article ont un caractère interprétatif, L. n° 2018-287, 20 avr. 2018.

exécution, le prix peut être fixé par le créancier, à charge pour lui d'en motiver le montant en cas de contestation. En cas d'abus dans la fixation du prix, le juge peut être saisi d'une demande en dommages et intérêts.

Bibliographie : G. Lardeux, *Le contrat de prestation de service dans les nouvelles dispositions du Code civil : D.* 2016, 1659.

Jurisprudence antérieure. Comp. les décisions relatives au contrat d'entreprise citées sous art. 1787, p. 1487.

Art. 1166 ***(Créé à compter du 1er octobre 2016, Ord. n° 2016-131, 10 févr. 2016).*** **– Lorsque la qualité de la prestation n'est pas déterminée ou déterminable en vertu du contrat, le débiteur doit offrir une prestation de qualité conforme aux attentes légitimes des parties en considération de sa nature, des usages et du montant de la contrepartie.**

NB : Rappr. art. 1246 ancien, p. 1187.

Art. 1167 ***(Créé à compter du 1er octobre 2016, Ord. n° 2016-131, 10 févr. 2016).*** **– Lorsque le prix ou tout autre élément du contrat doit être déterminé par référence à un indice qui n'existe pas ou a cessé d'exister ou d'être accessible, celui-ci est remplacé par l'indice qui s'en rapproche le plus.**

Art. 1168 ***(Créé à compter du 1er octobre 2016, Ord. n° 2016-131, 10 févr. 2016).*** **– Dans les contrats synallagmatiques, le défaut d'équivalence des prestations n'est pas une cause de nullité du contrat, à moins que la loi n'en dispose autrement.**

NB : Rappr. art. 1118 ancien, p. 1069, et la jurisprudence citée sous cet article.

Art. 1169 ***(Créé à compter du 1er octobre 2016, Ord. n° 2016-131, 10 févr. 2016).*** **– Un contrat à titre onéreux est nul lorsque, au moment de sa formation, la contrepartie convenue au profit de celui qui s'engage est illusoire ou dérisoire.**

NB : Rappr. art. 1131 ancien, p. 1083, et la jurisprudence citée sous cet article.

Art. 1170 ***(Créé à compter du 1er octobre 2016, Ord. n° 2016-131, 10 févr. 2016).*** **– Toute clause qui prive de sa substance l'obligation essentielle du débiteur est réputée non écrite.**

Jurisprudence antérieure. V. ▪ Cass. com., 22 oct. 1996, n° 93-18.632, *Chronopost* (la clause limitative de responsabilité, qui contredit la portée de l'engagement pris, doit être réputée non écrite en cas de manquement à cette obligation essentielle). ▪ Cass. com., 29 juin 2010, n° 09-11.841, *Faurecia* (seule est réputée non écrite la clause limitative de réparation qui contredit la portée de l'obligation essentielle souscrite par le débiteur), et les autres décisions citées art. 1231-1, p. 1114.

Art. 1171 ***(Créé à compter du 1er octobre 2016, Ord. n° 2016-131, 10 févr. 2016).*** **– Dans un contrat d'adhésion, toute clause** ***(Mots aj. à compter du 1er octobre 2018, L. n° 2018-287, 20 avr. 2018)*** (1) (2) **« non négociable, déterminée à l'avance par l'une des parties, » qui crée un déséquilibre significatif entre les droits et obligations des parties au contrat est réputée non écrite.**

L'appréciation du déséquilibre significatif ne porte ni sur l'objet principal du contrat ni sur l'adéquation du prix à la prestation.

Bibliographie : S. Gaudemet, *Quand la clause abusive fait son entrée dans le Code civil : Contrats, conc. consom.* 2016, dossier 5. • M. Behar-Touchais, *Le déséquilibre significatif dans le Code civil : JCP G* 2016, 391. • A. Hontebeyrie, *1171 contre L. 442-6 : la prescription dans la balance : D.* 2016, 2180. • X. Lagarde, *Questions autour de l'article 1171 du Code civil : D.* 2016, 2174.

Rappr. *C. consom., art. L. 212-1, p. 2027. – Et C.* com., art. L. 442-6 ; I, 2°, p. 1997.

(1) Dispositions applicables dans les îles Wallis et Futuna, L. n° 2018-287, 20 avr. 2018.

(2) Dispositions applicables aux actes juridiques conclus ou établis à compter du 1er octobre 2018, L. n° 2018-287, 20 avr. 2018.

Section III. – La forme du contrat

Sous-section 1. – Dispositions générales

Art. 1172 *(Créé à compter du 1er octobre 2016, Ord. n° 2016-131, 10 févr. 2016).* – Les contrats sont par principe consensuels.

Par exception, la validité des contrats solennels est subordonnée à l'observation de formes déterminées par la loi à défaut de laquelle le contrat est nul, sauf possible régularisation.

En outre, la loi subordonne la formation de certains contrats à la remise d'une chose.

Art. 1173 *(Créé à compter du 1er octobre 2016, Ord. n° 2016-131, 10 févr. 2016).* – Les formes exigées aux fins de preuve ou d'opposabilité sont sans effet sur la validité des contrats.

Sous-section 2. – Dispositions propres au contrat conclu par voie électronique

Art. 1174 *(Créé à compter du 1er octobre 2016, Ord. n° 2016-131, 10 févr. 2016).* – Lorsqu'un écrit est exigé pour la validité d'un contrat, il peut être établi et conservé sous forme électronique dans les conditions prévues aux articles 1366 et 1367 et, lorsqu'un acte authentique est requis, au deuxième alinéa de l'article 1369.

Lorsqu'est exigée une mention écrite de la main même de celui qui s'oblige, ce dernier peut l'apposer sous forme électronique si les conditions de cette apposition sont de nature à garantir qu'elle ne peut être effectuée que par lui-même.

NB : Rappr. art. 1108-1 ancien, p. 1041.

Art. 1175 *(Créé à compter du 1er octobre 2016, Ord. n° 2016-131, 10 févr. 2016).* – Il est fait exception aux dispositions de l'article précédent pour :

1° Les actes sous signature privée relatifs au droit de la famille et des successions *(Mots aj., L. n° 2019-222, 23 mars 2019)* « , sauf les conventions sous signature privée contresignées par avocats en présence des parties et déposées au rang des minutes d'un notaire selon les modalités prévues aux articles 229-1 à 229-4 ou à l'article 298 » ;

2° Les actes sous signature privée relatifs à des sûretés personnelles ou réelles, de nature civile ou commerciale, sauf s'ils sont passés par une personne pour les besoins de sa profession.

NB : Rappr. art. 1108-2 ancien, p. 1041.

Art. 1176 *(Créé à compter du 1er octobre 2016, Ord. n° 2016-131, 10 févr. 2016).* – Lorsque l'écrit sur papier est soumis à des conditions particulières de lisibilité ou de présentation, l'écrit électronique doit répondre à des exigences équivalentes.

L'exigence d'un formulaire détachable est satisfaite par un procédé électronique qui permet d'accéder au formulaire et de le renvoyer par la même voie.

NB : Rappr. art. 1369-10 ancien, p. 1232.

Art. 1177 *(Créé à compter du 1er octobre 2016, Ord. n° 2016-131, 10 févr. 2016).* – L'exigence d'un envoi en plusieurs exemplaires est réputée satisfaite par voie électronique si l'écrit peut être imprimé par le destinataire.

NB : Rappr. art. 1369-11 ancien, p. 1232.

Section IV. – Les sanctions

Sous-section 1. – La nullité

Art. 1178 *(Créé à compter du 1er octobre 2016, Ord. n° 2016-131, 10 févr. 2016).* – Un contrat qui ne remplit pas les conditions requises pour sa validité est nul. La nullité doit être prononcée par le juge, à moins que les parties ne la constatent d'un commun accord.

Le contrat annulé est censé n'avoir jamais existé.

Les prestations exécutées donnent lieu à restitution dans les conditions prévues aux articles 1352 à 1352-9.
Indépendamment de l'annulation du contrat, la partie lésée peut demander réparation du dommage subi dans les conditions du droit commun de la responsabilité extra-contractuelle.

NB : Rappr. art. 1117 ancien, p. 1069.

Bibliographie : Y.-M. Serinet, *La constatation de la nullité par les parties : une entorse limitée au caractère judiciaire de la nullité* : *JCP* G 2016, 845.

Art. 1179 *(Créé à compter du 1er octobre 2016, Ord. n° 2016-131, 10 févr. 2016).* **– La nullité est absolue lorsque la règle violée a pour objet la sauvegarde de l'intérêt général.**
Elle est relative lorsque la règle violée a pour seul objet la sauvegarde d'un intérêt privé.

1) **Inobservation de règles de forme.** Les dispositions relatives aux prescriptions formelles que doit respecter le mandat de l'agent immobilier visent la seule protection du mandant dans ses rapports avec le mandataire, si bien que leur méconnaissance doit être sanctionnée par une nullité relative (■ Cass. ch. mixte, 24 févr. 2017, n° 15-20.411 : *D.* 2017, p. 793, Fauvarque-Cosson ; *Contrats, conc. consom.* 2017, comm. 93, Leveneur ; *JCP* G 2017, 305, avis Sturlèse et note Pignarre ; *JCP* G 2017, 325, p. 575, Serinet ; *Defrénois* 2017, n° 128a8, Seube ; *RDC* 2017, p. 415, Genicon).

2) **Protection de l'acquéreur.** La nullité d'ordre public encourue pour le non-respect des règles impératives régissant la vente d'immeuble à construire est relative, l'objet étant d'assurer la seule protection de l'acquéreur (■ Cass. 3e civ., 4 oct. 2018, n° 16-22.095 : *Bull.* ; *JCP* G 2018, 1259, Sérinet ; *RTD civ.* 2018, p. 886, Barbier).

Art. 1180 *(Créé à compter du 1er octobre 2016, Ord. n° 2016-131, 10 févr. 2016).* **– La nullité absolue peut être demandée par toute personne justifiant d'un intérêt, ainsi que par le ministère public.**
Elle ne peut être couverte par la confirmation du contrat.

Art. 1181 *(Créé à compter du 1er octobre 2016, Ord. n° 2016-131, 10 févr. 2016).* **– La nullité relative ne peut être demandée que par la partie que la loi entend protéger.**
Elle peut être couverte par la confirmation.
Si l'action en nullité relative a plusieurs titulaires, la renonciation de l'un n'empêche pas les autres d'agir.

Art. 1182 *(Créé à compter du 1er octobre 2016, Ord. n° 2016-131, 10 févr. 2016).* **– La confirmation est l'acte par lequel celui qui pourrait se prévaloir de la nullité y renonce. Cet acte mentionne l'objet de l'obligation et le vice affectant le contrat.**
La confirmation ne peut intervenir qu'après la conclusion du contrat.
L'exécution volontaire du contrat, en connaissance de la cause de nullité, vaut confirmation. En cas de violence, la confirmation ne peut intervenir qu'après que la violence a cessé.
La confirmation emporte renonciation aux moyens et exceptions qui pouvaient être opposés, sans préjudice néanmoins des droits des tiers.

NB : Rappr. art. 1338 ancien, p. 1224.

JURISPRUDENCE RELATIVE À L'ANCIEN ARTICLE 1338.

1) **Conditions légales.** Le document qui ne comporte pas les caractères exigés par l'article 1338, alinéa 1er, ne fait pas preuve de la confirmation (■ Cass. req., 16 janv. 1882 : *DP* 1882, 1, 412. – V. aussi ■ Cass. civ., 10 févr. 1915 : *DP* 1919, 1, 28). Sur le pouvoir souverain *des juges du fond pour apprécier la* double exigence légale, V. ■ Cass. 1re civ., 11 févr. 1981, n° 79-15.857 : *JurisData* n° 1981-700314 ; *JCP* 1981, IV, 145. S'agissant de la vente d'un immeuble, par personne morale interposée, à l'agent immobilier chargé de le vendre, une cour d'appel ne peut retenir que la nullité relative de la vente a été couverte par l'acquiescement du mandant qui ne peut prétendre ne pas avoir au moins fait le rapprochement entre le nom de l'agence à laquelle il avait donné un mandat de vente dès lors que, la confirmation d'un acte nul exigeant à la fois la connaissance du vice l'affectant et l'intention de le réparer, la réalisation de ces conditions ne pouvait résulter de la connaissance, avant la conclusion de l'acte, de l'identité de dirigeants de la société mandataire et de la société acquéreur (■ Cass. 3e civ., 2 juill. 2008, n° 07-15.509 : *Bull. civ.* III, n° 120). S'agissant d'une transaction conclue avec un salarié, V. ■ Cass. soc., 1er juill. 2009, n° 08-43.179 : *Bull. civ.* V, n° 171 ; *JCP* 2009, n° 39, 273 ; *JCP* S 2009, act. 386, obs. L. Dauxerre.

2) Actes d'exécution équivoques. La confirmation d'un acte nul exige à la fois la connaissance du vice l'affectant et l'intention de le réparer (■ Cass. com., 29 mars 1994, n° 92-14.245 : *Bull. civ.* IV, n° 134, p. 104). Des actes d'exécution équivoques ne sauraient avoir un effet confirmatif (■ Cass. civ., 16 mars 1948 : *JCP* 48, II, 4319, note R. C. – V. aussi ■ Cass. 1re civ., 6 févr. 1957 : *Bull. civ.* I, n° 60, p. 50).

3) Exécution volontaire. Nécessité de l'intention de réparer. V. pour l'absence de confirmation lorsque l'exécution volontaire par une partie s'est accompagnée de la manifestation de la volonté de poursuivre l'annulation du contrat sans intention de réparer le vice l'affectant, ■ Cass. 1re civ., 24 oct. 2018, n° 17-21.317 : *Contrats, conc. consom.* 2019, comm. 2, Leveneur ; *JCP G* 2019, p. 334, Serinet.

4) Règle d'ordre public. Une partie peut toujours, après la naissance de son droit, renoncer à l'application d'une loi, fût-elle d'ordre public (■ Cass. 3e civ., 27 oct. 1975 : *JurisData* n° 1975-700309 ; *Bull. civ.* III, n° 310, p. 234. – V. pour le droit de la consommation ■ Cass. 1re civ., 17 mars 1998, n° 96-13.972 : *JurisData* n° 1998-001284 ; *JCP G* 98, II, 10148 ; *JCP E* 98, 1731, 2e esp., note Piedelièvre ; *Bull. civ.* I, n° 120, p. 79 ; *Contrats, conc. consom.* 1998, 86, note Leveneur ; *Defrénois* 1998, 749, obs. Aubert ; *RTD civ.* 1999, p. 378, obs. Mestre).

5) Qualité de tiers du donataire. Un donataire doit être considéré comme un tiers au sens de l'article 1338 même si la donation a été réalisée sous forme d'un partage en avancement d'hoirie (■ Cass. civ., 24 nov. 1880 : *DP* 1881, 1, 374).

Art. 1183 (1) ***(Créé à compter du 1er octobre 2016, Ord. n° 2016-131, 10 févr. 2016).*** **– Une partie peut demander par écrit à celle qui pourrait se prévaloir de la nullité soit de confirmer le contrat soit d'agir en nullité dans un délai de six mois à peine de forclusion. La cause de la nullité doit avoir cessé.**

L'écrit mentionne expressément qu'à défaut d'action en nullité exercée avant l'expiration du délai de six mois, le contrat sera réputé confirmé.

Art. 1184 ***(Créé à compter du 1er octobre 2016, Ord. n° 2016-131, 10 févr. 2016).*** **– Lorsque la cause de nullité n'affecte qu'une ou plusieurs clauses du contrat, elle n'emporte nullité de l'acte tout entier que si cette ou ces clauses ont constitué un élément déterminant de l'engagement des parties ou de l'une d'elles.**

Le contrat est maintenu lorsque la loi répute la clause non écrite, ou lorsque les fins de la règle méconnue exigent son maintien.

Art. 1185 ***(Créé à compter du 1er octobre 2016, Ord. n° 2016-131, 10 févr. 2016).*** **– L'exception de nullité ne se prescrit pas si elle se rapporte à un contrat qui n'a reçu aucune exécution.**

Jurisprudence antérieure. V. ss art. 1304 ancien, p. 1211.

Sous-section 2. – La caducité

Art. 1186 ***(Créé à compter du 1er octobre 2016, Ord. n° 2016-131, 10 févr. 2016).*** **– Un contrat valablement formé devient caduc si l'un de ses éléments essentiels disparaît.**

Lorsque l'exécution de plusieurs contrats est nécessaire à la réalisation d'une même opération et que l'un d'eux disparaît, sont caducs les contrats dont l'exécution est rendue impossible par cette disparition et ceux pour lesquels l'exécution du contrat disparu était une condition déterminante du consentement d'une partie.

La caducité n'intervient toutefois que si le contractant contre lequel elle est invoquée connaissait l'existence de l'opération d'ensemble lorsqu'il a donné son consentement.

Bibliographie : S. Bros, *Les contrats interdépendants dans l'ordonnance du 10 février 2016 : JCP* G 2016, 975.

1) Application dans le temps. En faisant application de l'article 1186 du Code civil dans sa rédaction issue de l'ordonnance n° 2016-131 du 10 février 2016 à un contrat dont il ressortait de ses propres constatations qu'il avait été conclu avant le 1er octobre 2016, le juge du fond viole l'article 9 de cette ordonnance (■ Cass. 1re civ., 19 sept. 2018, n° 17-24.347 : *Bull.* ; *AJ Contrat*, 2018, 477, Chantepie ; *JCP G* 2018, 1259, Houtcieff ; *JurisData* n° 2018-015915).

---

(1) Ces dispositions sont applicables à compter du 1er octobre 2016, y compris pour les contrats en cours *(Ord. n° 2016-131, 10 févr. 2016, art. 9).*

2) Disparition d'un élément essentiel. Droit antérieur. V., même si l'article 1186 n'était pas encore applicable, pour la caducité d'un crédit-bail par disparition d'un élément essentiel, en cas de résolution de la vente par laquelle le crédit-bailleur avait acheté le bien objet du crédit-bail, ▪ Cass. ch. mixte, 13 avr. 2018, n° 16-21.345 : *Bull.* ; *Contrats, conc. consom.* 2018, comm. 126, Leveneur ; *D.* 2018, p. 1185, Barbier ; *AJ Contrat*, 2018, 277, Bucher ; *JCP G* 2018, 543, Buy ; *RDC* 2018, 367, Seube. – V. également pour la disparition de l'objet d'une convention de cocourtage d'assurance, ▪ Cass. 1re civ., 7 nov. 2018, n° 16-26.354 : *Contrats, conc. consom.* 2019, comm. 20, Leveneur. Et pour la disparition de la cause d'un engagement contractuel à exécution successive, ▪ Cass. 1re civ. 30 oct. 2008, n° 07-17.646 : *Bull. civ.* I, n° 241 ; *RDC* 2009, p. 50, D. Mazeaud). – V. aussi les autres décisions citées sous art., 1131 ancien, p. 1083.

3) Interdépendance des contrats d'une même opération. Jurisprudence antérieure. V. ▪ Cass. ch. mixte, 17 mai 2013, n° 11-22.768 (les contrats concomitants ou successifs qui s'inscrivent dans une opération incluant une location financière, sont interdépendants) et les autres décisions citées sous art. 1131 ancien, p. 1083.

Art. 1187 ***(Créé à compter du 1er octobre 2016, Ord. n° 2016-131, 10 févr. 2016).*** **– La caducité met fin au contrat.**

Elle peut donner lieu à restitution dans les conditions prévues aux articles 1352 à 1352-9.

CHAPITRE III. – L'INTERPRÉTATION DU CONTRAT

Art. 1188 ***(Créé à compter du 1er octobre 2016, Ord. n° 2016-131, 10 févr. 2016).*** **– Le contrat s'interprète d'après la commune intention des parties plutôt qu'en s'arrêtant au sens littéral de ses termes.**

Lorsque cette intention ne peut être décelée, le contrat s'interprète selon le sens que lui donnerait une personne raisonnable placée dans la même situation.

NB : Rappr. art. 1156 ancien, p. 1123, et la jurisprudence citée sous cet article.

Art. 1189 ***(Créé à compter du 1er octobre 2016, Ord. n° 2016-131, 10 févr. 2016).*** **– Toutes les clauses d'un contrat s'interprètent les unes par rapport aux autres, en donnant à chacune le sens qui respecte la cohérence de l'acte tout entier.**

Lorsque, dans l'intention commune des parties, plusieurs contrats concourent à une même opération, ils s'interprètent en fonction de celle-ci.

NB : Rappr. art. 1161 ancien, p. 1124.

Art. 1190 ***(Créé à compter du 1er octobre 2016, Ord. n° 2016-131, 10 févr. 2016).*** **– Dans le doute, le contrat de gré à gré s'interprète contre le créancier et en faveur du débiteur, et le contrat d'adhésion contre celui qui l'a proposé.**

NB : Rappr. art. 1162 ancien, p. 1124.

Art. 1191 ***(Créé à compter du 1er octobre 2016, Ord. n° 2016-131, 10 févr. 2016).*** **– Lorsqu'une clause est susceptible de deux sens, celui qui lui confère un effet l'emporte sur celui qui ne lui en fait produire aucun.**

NB : Rappr. art. 1157 ancien, p. 1123, et la jurisprudence citée sous cet article.

Art. 1192 ***(Créé à compter du 1er octobre 2016, Ord. n° 2016-131, 10 févr. 2016).*** **– On ne peut interpréter les clauses claires et précises à peine de dénaturation.**

Jurisprudence antérieure. V. ▪ Cass. civ., 15 avr. 1872 (*Foucault et Coulombe*, *DP* 1872, I, 176), et les autres dcécisions citées sous art. 1134 ancien, p.1096.

CHAPITRE IV. – LES EFFETS DU CONTRAT

Section I. – Les effets du contrat entre les parties

Sous-section 1. – Force obligatoire

Art. 1193 ***(Créé à compter du 1er octobre 2016, Ord. n° 2016-131, 10 févr. 2016).*** **– Les contrats ne peuvent être modifiés ou révoqués que du consentement mutuel des parties, ou pour les causes que la loi autorise.**

NB : Rappr. art. 1134 ancien, p. 1096, et la jurisprudence citée sous cet article.

Art. 1194 ***(Créé à compter du 1er octobre 2016, Ord. n° 2016-131, 10 févr. 2016).*** **– Les contrats obligent non seulement à ce qui y est exprimé, mais encore à toutes les suites que leur donnent l'équité, l'usage ou la loi.**

NB : Rappr. art. 1135 ancien, p. 1107.

JURISPRUDENCE RELATIVE À L'ANCIEN ARTICLE 1135.

1) Engagements clairs et précis. Le juge ne saurait faire état de l'équité et de l'usage pour soustraire l'un des contractants à l'accomplissement des engagements clairs et précis qu'il a librement assumés (■ Cass. com., 2 déc. 1947 : *Gaz. Pal.* 1948, n° 1, p. 36).

2) Obligation d'information. Un contrat d'entretien d'une installation soumise à réglementation oblige à informer le client des modifications intervenues dans celle-ci de manière à lui permettre de les respecter (■ Cass. 1re civ., 15 mars 1988, n° 86-14.941 : *JurisData* n° 1988-000610 ; *Bull. civ.* I, n° 80, p. 52. – V. en ce sens ■ Cass. 1re civ., 28 févr. 1989, n° 87-18.036 : *JurisData* n° 1989-000877 ; *JCP* 89, IV, 162 ; *Bull. civ.* I, n° 102, p. 65).

3) Usages. Ne donne pas de base légale à sa décision la cour d'appel qui condamne le débiteur à payer, en sus de l'indemnité forfaitaire convenue, la TVA afférente à cette somme, en se fondant sur l'usage selon lequel entre commerçants les prix s'entendent hors taxes, sans rechercher si la stipulation d'un prix forfaitaire n'interdisait pas de se référer à un usage qui, au surplus, ne peut être retenu que lorsque les parties ont entendu expressément l'adopter (■ Cass. com., 8 oct. 1991, n° 89-15.193 : *JurisData* n° 1991-003544 ; *JCP E* 92, II, 285, note Leveneur. Mais V., admettant cet « usage constant entre commerçants », sans constater une stipulation expresse, ■ Cass. com., 9 janv. 2001, n° 97-16.781 : *JCP E* 2001, 1337, 1re esp., note Leveneur ; *Contrats, conc. consom.* 2001, 70, 1re esp., note Leveneur ; *RTD civ.* 2001, p. 870, obs. Mestre et Fages. – V. aussi, décidant que les usages, ayant valeur supplétive, doivent être appliqués, ■ Cass. com., 19 févr. 2002, n° 98-21.839 : *Contrats, conc. consom.* 2002, 91, note Leveneur). Les avantages résultant pour les salariés d'un usage d'entreprise ne sont pas incorporés aux contrats de travail ; les avantages qui en résultent ne peuvent être dénoncés régulièrement qu'après une information permettant d'éventuelles négociations (■ Cass. soc., 3 déc. 1996, n° 94-19.466 : *JurisData* n° 1996-004639 ; *JCP* 97, IV, 199 ; *Bull.* V, n° 412, p. 296. Sur ce qu'un usage d'entreprise ne peut être imposé au salarié, V. ■ Cass. soc., 6 juill. 1999, n° 97-41.290 : *JurisData* n° 1999-002815 ; *Bull. civ.* V, n° 324, p. 237). Lorsqu'un accord collectif ayant le même objet qu'un usage d'entreprise est conclu entre l'employeur et une ou plusieurs organisations représentatives de l'entreprise, cet accord a pour effet de mettre fin à cet usage (■ Cass. soc., 19 nov. 1997, n° 95-40.932 : *JurisData* n° 1997-004548 ; *JCP* 98, IV, 1015 ; *Bull. civ.* V, n° 391, p. 281. ■ Cass. soc., 28 janv. 1998, n° 95-45.220 : *JurisData* n° 1998-000363 ; *JCP* 98, IV, 1593 ; *Bull. civ.* V, n° 50, p. 37). Dès lors que l'employeur a sollicité l'accord des salariés pour remettre en cause l'avantage, celui-ci a un caractère contractuel et ne peut être remis en cause que par un accord collectif plus favorable (■ Cass. soc., 5 oct. 1999, n° 97-45.733 : *JurisData* n° 1999-003357 ; *JCP* 2000, II, 10283, note Duquesne). Sur l'application au « contrat de confié » du Code des usages de la bijouterie-joaillerie-orfèvrerie-cadeaux, V. ■ Cass. com., 6 juill. 1999, n° 97-10.302 : *JurisData* n° 1999-002825 ; *Contrats, conc. consom.* 2000, 2 ; *Bull. civ.* IV, n° 148, p. 125. Une société de presse ayant exposé sous la forme d'affiches publicitaires des fac-similés de la couverture d'un magazine édité par elle, jugé que la prohibition contractuelle de l'emploi publicitaire d'un cliché dont le droit de reproduction avait été acquis pour illustrer la couverture d'un magazine ne s'étend pas, eu égard à la suite que l'usage donne à l'obligation d'après sa nature et sauf clause contraire spéciale expresse non relevée en l'espèce, à l'exposition publique de celle-là lorsqu'elle est faite pour la promotion des ventes de celui-ci (■ Cass. 1re civ., 15 mai 2002 : *JurisData* n° 2002-014336 ; *JCP* 2002, IV, 2086 ; *Bull. civ.* I, n° 130, p. 100 ; *Propr. intell.* 2002, n° 4, p. 58, 2e esp., obs. Sirinelli).

4) **Une convention d'assistance** emporte nécessairement pour l'assisté l'obligation de réparer les conséquences des dommages corporels subis par celui auquel il fait appel (■ Cass. 1re civ., 27 janv. 1993, n° 91-11.302 : *JurisData* n° 1993-000039 ; *JCP* 93, I, 3727, obs. Viney ; *RTD civ.* 1993, p. 584, obs. Jourdain. ■ Cass. 1re civ., 10 oct. 1995, n° 93-20.300 : *Contrats, conc. consom.* 1996, 1, note Leveneur ; *Resp. civ. et assur.* 1996, 3).

5) **Obligation de conseil.** Sur l'obligation de conseil du vendeur professionnel, V. sous art. 1604, n° 23 et s., p. 1371. – V., fondant de façon générale l'obligation de conseil du vendeur sur l'article 1135, ■ Cass. 1re civ., 5 déc. 1995, n° 93-12.096 : *JurisData* n° 1995-003524 ; *JCP* 96, IV, 263 ; *Bull. civ.* I, n° 453, p. 315 ; *Defrénois* 1996, 746, obs. Delebecque. – V. aussi pour l'obligation accessoire d'information et de conseil du vendeur de matériel informatique ■ Cass. 1re civ., 25 juin 1996, n° 94-11.745 : *JurisData* n° 1996-002769 ; *JCP* 96, IV, 1964 ; *Bull.* I, n° 274, p. 192. Mais jugé que viole l'article 1134 la cour d'appel qui reproche à l'entrepreneur d'avoir manqué à son obligation de moyens en omettant de se renseigner sur le niveau de la nappe phréatique alors qu'elle avait constaté qu'en vertu des stipulations que le client avait approuvées l'entrepreneur qui était exclusivement chargé de travaux de forage, ne garantissait pas la présence d'eau dans le sous-sol du terrain de sorte qu'il ne pouvait lui être fait reproche d'avoir manqué à une obligation qui ne lui incombait pas (■ Cass. 1re civ., 3 mars 2011, n° 09-70.754 : *Bull.*, n° 43 ; *RDC* 2011, p. 841, note Deshayes ; *D.* 2011, p. 818 ; *JCP* 2011, 955, obs. Ghestin).

6) **Obligation de protection juridique du salarié.** L'article 1135 du Code civil et l'art. L. 121-1 du Code du travail imposent à l'employeur de garantir ses salariés à raison des actes ou faits qu'ils passent ou accomplissent en exécution du contrat de travail ce qui est le cas lorsque le salarié a dû assurer sa défense à un contentieux pénal dont l'objet était lié à l'exercice de ses fonctions (remboursement des frais engagés lors de la procédure pénale, ■ Cass. soc., 18 oct. 2006, n° 04-48.612 : *JurisData* n° 2006-035411 ; *RDC* 2007/3, p. 714, obs. Laithier ; *D.* 2007, p. 695, note Mouly).

7) **Pour une condition suspensive non écrite** mais constituant, au sens de l'article 1135 du Code civil, une suite évidente et naturelle de l'accord, ■ Cass. 3e civ., 9 déc. 2009, n° 08-18.559 : *Bull. civ.* III, n° 272 ; *RDC* 2010, 670, note Seube.

8) **Obligation d'assurance du locataire (non).** L'obligation pour le locataire d'un local meublé de s'assurer contre les risques dont il doit répondre est, sauf stipulation expresse contraire, facultative (■ Cass. 3e civ., 20 janv. 2010, n° 09-65.791 : *Bull. civ.* III, n° 15 ; *RDC* 2010, 904, obs. Lardeux). – Mais pour des obligations légales d'assurance du locataire, V. L. n° 89-462, 6 juill. 1989, art. 6-1 et art. 25-3, p. 3126.

Art. 1195 ***(Créé à compter du 1er octobre 2016, Ord. n° 2016-131, 10 févr. 2016).*** **– Si un changement de circonstances imprévisible lors de la conclusion du contrat rend l'exécution excessivement onéreuse pour une partie qui n'avait pas accepté d'en assumer le risque, celle-ci peut demander une renégociation du contrat à son cocontractant. Elle continue à exécuter ses obligations durant la renégociation.**

En cas de refus ou d'échec de la renégociation, les parties peuvent convenir de la résolution du contrat, à la date et aux conditions qu'elles déterminent, ou demander d'un commun accord au juge de procéder à son adaptation. À défaut d'accord dans un délai raisonnable, le juge peut, à la demande d'une partie, réviser le contrat ou y mettre fin, à la date et aux conditions qu'il fixe.

Bibliographie : C.-E. Bucher, *Le traitement des situations d'imprévision dans l'ordonnance : il manque la notice : Contrats, conc. consom.* 2016, dossier 8.

Jurisprudence antérieure (sens contraire). V. ■ Cass. civ., 6 mars 1876, *Canal de Craponne* : *DP* 1876, 1, 193 (il n'appartient pas aux tribunaux de prendre en considération le temps et les circonstances pour modifier les conventions des parties et substituer des clauses nouvelles à celles qui ont été librement acceptées par les contractants), et les autres décisions citées sous art. 1134 ancien, p. 1096.

Sous-section 2. – Effet translatif

Art. 1196 ***(Créé à compter du 1er octobre 2016, Ord. n° 2016-131, 10 févr. 2016).*** **– Dans les contrats ayant pour objet l'aliénation de la propriété ou la cession d'un autre droit, le transfert s'opère lors de la conclusion du contrat.**

Ce transfert peut être différé par la volonté des parties, la nature des choses ou par l'effet de la loi.

Le transfert de propriété emporte transfert des risques de la chose. Toutefois le débiteur de l'obligation de délivrer en retrouve la charge à compter de sa mise en demeure, conformément à l'article 1344-2 et sous réserve des règles prévues à l'article 1351-1.

NB : Rappr. art. 1138 ancien, p. 1108, et la jurisprudence citée sous cet article.

Art. 1197 ***(Créé à compter du 1er octobre 2016, Ord. n° 2016-131, 10 févr. 2016).*** **– L'obligation de délivrer la chose emporte obligation de la conserver jusqu'à la délivrance, en y apportant tous les soins d'une personne raisonnable.**

NB : Rappr. art. 1136 ancien, 1137 ancien, p. 1107.

Art. 1198 ***(Créé à compter du 1er octobre 2016, Ord. n° 2016-131, 10 févr. 2016).*** **– Lorsque deux acquéreurs successifs d'un même meuble corporel tiennent leur droit d'une même personne, celui qui a pris possession de ce meuble en premier est préféré, même si son droit est postérieur, à condition qu'il soit de bonne foi.**

Lorsque deux acquéreurs successifs de droits portant sur un même immeuble tiennent leur droit d'une même personne, celui qui a, le premier, publié son titre d'acquisition passé en la forme authentique au fichier immobilier est préféré, même si son droit est postérieur, à condition qu'il soit de bonne foi.

NB : Rappr. art. 1141 ancien, p. 1109.

Section II. – Les effets du contrat à l'égard des tiers

Sous-section 1. – Dispositions générales

Art. 1199 ***(Créé à compter du 1er octobre 2016, Ord. n° 2016-131, 10 févr. 2016).*** **– Le contrat ne crée d'obligations qu'entre les parties.**

Les tiers ne peuvent ni demander l'exécution du contrat ni se voir contraints de l'exécuter, sous réserve des dispositions de la présente section et de celles du chapitre III du titre IV.

NB : Rappr. art. 1165 ancien, p. 1125, et la jurisprudence citée sous cet article.

Art. 1200 ***(Créé à compter du 1er octobre 2016, Ord. n° 2016-131, 10 févr. 2016).*** **– Les tiers doivent respecter la situation juridique créée par le contrat.**

Ils peuvent s'en prévaloir notamment pour apporter la preuve d'un fait.

Jurisprudence antérieure. V. ss art. 1165 ancien, p. 1125.

Art. 1201 ***(Créé à compter du 1er octobre 2016, Ord. n° 2016-131, 10 févr. 2016).*** **– Lorsque les parties ont conclu un contrat apparent qui dissimule un contrat occulte, ce dernier, appelé aussi contre-lettre, produit effet entre les parties. Il n'est pas opposable aux tiers, qui peuvent néanmoins s'en prévaloir.**

NB : Rappr. art. 1321 ancien, p. 1220.

I – JURISPRUDENCE RELATIVE À L'ANCIEN ARTICLE 1321.

A – Notion de contre-lettre.

1) Existence d'un acte ostensible et d'un acte occulte. La notion de contre-lettre suppose l'existence de deux conventions, l'une ostensible, l'autre occulte, intervenues entre les mêmes parties, dont la seconde est destinée à modifier ou à annuler les stipulations de la première (▪ Cass. 1re civ., 13 janv. 1953 : *Bull. civ.* I, n° 15, p. 12). Jugé cependant que l'interposition de personnes ne suppose pas que l'acte ostensible et l'acte secret aient été conclus entre les mêmes personnes (▪ Cass. 1re civ., 28 nov. 2000, n° 98-14.618 : *JurisData* n° 2000-007093 ; *JCP* 2001, II, 10645, note Azzi ; *Bull. civ.* I, n° 311 ; *Defrénois* 2001, 237, obs. Libchaber ; *D.* 2001, Somm., p. 1139, obs. Delebecque ; *RTD civ.* 2001, p. 134, obs. Mestre). La qualification de donation déguisée ne peut être retenue qu'en présence, dans l'acte, d'une affirmation mensongère quant à l'origine des fonds (■ Cass. 1re civ., 5 avr. 2005, n° 69-11.340 : *JurisData* n° 1970-000186 ; *Bull. civ.* I, n° 167, p. 142). Sur le pouvoir souverain des juges du fond pour décider si un acte sous seing privé constitue une contre-lettre, V. ■ Cass. 3e civ., 3 janv. 1969 : *Bull. civ.* III, n° 6, p. 5. V. aussi ■ Cass. 1re civ., 24 févr. 1970, n° 69-10.059 : *JurisData* n° 1970-000071 ; *Bull. civ.* I, n° 71, p. 58. L'acte secret n'a pas besoin d'avoir une existence matérielle (■ Cass. 3e civ., 5 mars 1997, n° 95-14.838 : *JurisData* n° 1997-000890 ; *JCP* 97, IV, 924 ; *Bull. civ.* III, n° 51, p. 32 ; *Defrénois* 1997, 744, obs. Delebecque).

2) Chronologie des actes. L'acte secret et l'acte ostensible peuvent ne pas être contemporains (■ Chambéry, 12 avr. 1996 : *JurisData* n° 1996-041290 ; *JCP* 96, IV, 2578). La contre-lettre peut être antérieure à l'acte ostensible (■ Cass. 1re civ., 2 juin 1970, n° 69-11.340 : *JurisData* n° 1970-000186 ; *Bull. civ.* I, n° 186, p. 150. – *Contra* ■ Paris, 9 déc. 1929 : *DP* 1930, 2, 139).

3) Absence de rigueur dans l'exécution. En l'absence d'invocation d'un écrit, l'absence de rigueur au cours de l'exécution du bail ne permettait pas de dire que les parties avaient passé une convention simulée (■ Cass. 3e civ., 15 sept. 2010, n° 09-68.656 : *Bull. civ.* 2010, III, n° 160 ; *RDC* 2011/1, 43, obs. Laithier ; *JCP* 2010, n° 1112, note Dagorne-Labbé ; *RTD civ.* 2010, p. 781, obs. Fages).

B – Effets des contre-lettres.

4) Validité de la contre-lettre. Sur le principe de la validité de la contre-lettre et de sa force obligatoire entre les parties, V. ■ Cass. req., 6 mars 1883 : *DP* 1884, 1, 11. ■ Cass. 1re civ., 2 juin 1970, n° 69-11.340 : *JurisData* n° 1970-000186 ; *JurisData* n° 1970-000188 ; *Bull. civ.* I, n° 186, p. 150. V. aussi pour une vente déguisée ■ Cass. 1re civ., 18 oct. 2005 : *JCP* 2005, IV, 3436 ; *JurisData* n° 2005-030304. L'acquisition de parts sociales par prête-nom ne constitue pas en elle-même une cause de nullité de la cession (■ Cass. com., 26 mars 1996, n° 93-17.895 : *JurisData* n° 1996-001167 ; *Defrénois* 1996, 933, obs. Le Cannu).

5) Ayants cause à titre universel. Sur l'opposabilité de la contre-lettre aux ayants cause à titre universel, V. ■ Cass. 3e civ., 21 mai 1979 : *Bull. civ.* III, n° 112, p. 84.

6) Fraude fiscale : nullité. Article 1840 CGI (ancien). V. art. 1202, p. 831.

***7) Inopposabilité* de la contre-lettre aux tiers.** Sur le principe de l'inopposabilité de la contre-lettre aux tiers, V. ■ Cass. req., 8 mars 1893 : *DP* 1893, 1, 243. Pour une application au cessionnaire de bonne foi d'une créance, V. ■ Cass. civ., 15 mai 1944 : *DC* 1944, 86. Mais le prêteur qui a participé sciemment à la simulation ne peut invoquer l'acte ostensible contre le prête-nom (■ Cass. 3e civ., 8 juill. 1992, n° 90-12.452 : *JurisData* n° 1992-001700 ; *JCP* 93, II, 21982, note Wiederkehr ; *RTD civ.* 1993, p. 352, obs. Mestre. Comp., réservant aussi l'hypothèse de la participation active à la simulation, ■ Cass. 1re civ., 17 nov. 1999, n° 97-21.823 : *JurisData* n° 1999-004002 ; *Contrats, conc. consom.* 2000, 42, note Leveneur ; *Defrénois* 2000, 716, obs. Delebecque).

8) Tiers subrogé. Viole l'article 1321 la cour d'appel qui décide qu'une compagnie d'assurances, subrogée dans les droits de ceux qui avaient acquis un immeuble du chef du propriétaire apparent, ne peut invoquer leur créance qu'à l'encontre du propriétaire véritable (■ Cass. 1re civ., 31 janv. 1989, n° 87-11.346 : *JurisData* n° 1989-700237 ; *JCP* 89, IV, 118 ; *Bull. civ.* I, n° 52, p. 34).

9) Tiers se prévalant des contre-lettres. Les tiers peuvent se prévaloir des contre-lettres lorsqu'elles leur sont profitables (■ Cass. civ., 25 févr. 1946 : *D.* 1946, p. 254). Notamment, l'acquéreur d'un immeuble peut, en cas de dissimulation de partie du prix du loyer porté au contrat de bail ostensible dudit immeuble, exciper de la contre-lettre intervenue entre le vendeur et le preneur pour réclamer à ce dernier le supplément du loyer (même arrêt).

10) Conflit entre tiers quant à l'exercice de l'option. En cas de conflit entre deux tiers exerçant en sens opposé cette faculté d'option, les juges du fond peuvent donner la préférence à celui qui se prévaut de l'acte ostensible (■ Cass. civ., 25 avr. 1939 : *DP* 1940, 1, 12). Jugé qu'en cas de conflit entre cohéritiers sur l'inopposabilité de la contre-lettre, l'article 1321 ne permet pas à certains d'entre eux de l'opposer aux autres (ce qui serait leur nuire), dès lors du moins que ceux-ci sont de bonne foi (■ Cass. 1re civ., 22 févr. 1983 : *JurisData* n° 1983-700632 ; *JCP* 85, II, 20359, note Verschave).

11) Action oblique. La contre-lettre est opposable aux créanciers du débiteur qui exercent l'action oblique (■ Cass. 1re civ., 12 oct. 1982, n° 81-14.844 : *JurisData* n° 1982-702299 ; *Gaz. Pal.* 1983, 1, somm. 89, note Dupichot).

C – Déclaration de simulation.

12) Action en déclaration de simulation. Les tiers peuvent agir en déclaration de simulation même lorsqu'ils n'invoquent pas la fraude des parties (■ Cass. 1re civ., 7 févr. 1967 : *D.* 1967, p. 278. – V. aussi ■ Cass. 2e civ., 14 déc. 1983, n° 82-16.776 : *JurisData* n° 1983-702557 ; *RTD civ.* 1985, p. 369, obs. Mestre. ■ Cass. 3e civ., 4 juin 2003, n° 02-12.275 : *JurisData* n° 2003-019276 ; *Bull. civ.* III, n° 123, p. 110 ; *JCP G* 2004, II, 10136, et

JCP N 2004, 1269, note Dagot), et même si leur droit est né après l'acte simulé (■ Cass. civ., 11 avr. 1927 : *Gaz. Pal.* 1927, 2, 163.■ Cass. 1re civ., 17 sept. 2003, n° 01-11.318 : *Bull. civ.* I, n° 181, p. 141. ■ Paris, 13 déc. 2001, n° 2000/07070 : *JurisData* n° 2001-165493 ; *RTD civ.* 2002, p. 301, obs. Mestre et Fages).

13) Fraude fiscale. Prête-nom. Se trouve légalement justifié par application du principe selon lequel la fraude fait échec à toutes les règles, moyen de pur droit relevé d'office, l'arrêt qui fait droit à une action en déclaration de simulation intentée par l'administration fiscale afin que lui soit déclaré inopposable un acte, autorisé par le juge des tutelles, par lequel des mineurs représentés par leur père avaient acquis un immeuble de vacances en constatant que l'intéressé, mu par une volonté délibérée et persistante de ne pas s'acquitter de ses impôts et d'échapper aux poursuites dont il faisait l'objet à ce titre, avait usé du prête-nom de ses enfants démunis de toutes ressources personnelles et avait payé la totalité du prix, en relevant en outre que l'autorisation initiale du juge des tutelles n'empêchait pas d'établir les manœuvres dissimulatrices du père pour acquérir à la montagne l'immeuble dont il conservait la maîtrise et l'usage du fait du bas âge de ses enfants avec lesquels il était lié par une communauté d'intérêts (■ Cass. 1re civ., 19 sept. 2007, n° 06-14.550 : *JurisData* n° 2007-040383 ; *Contrats, conc. consom.* 2008, 2, note Leveneur).

14) Prescription. L'action en déclaration de simulation se prescrit par trente ans (■ Cass. 1re civ., 9 nov. 1971 : *D.* 1972, p. 302. – V. en ce sens ■ Cass. 1re civ., 3 juin 1975, n° 74-10.592 : *JurisData* n° 1975-000191 ; *D.* 1975, IR, p. 186 ; *Bull. civ.* I, n° 191, p. 162).

15) Preuve de la simulation par les tiers. Les tiers peuvent prouver librement la simulation (■ Cass. civ., 10 mai 1905 : *DP* 1908, 1, 276. ■ Cass. com., 19 nov. 2002 : *JCP* 2003, IV, 1084 ; *JurisData* n° 2002-016457. ■ Paris, 11 juill. 1990 : *D.* 1991, p. 33, note Larroumet), même s'il s'agit d'un acte authentique, dès lors qu'ils ne remettent pas en question un fait constaté personnellement par l'officier public rédacteur de l'acte (■ Cass. 1re civ., 20 oct. 1971, n° 70-12.701 : *JurisData* n° 1971-000270 ; *JCP* 71, IV, 268 ; *Bull. civ.* I, n° 270, p. 228).

16) Preuve de la simulation dans les rapports entre les parties. Dans les rapports entre les parties, la preuve de la simulation doit être faite conformément au droit commun (■ Cass. 1re civ., 24 mars 1953 : *D.* 1953, p. 367), dès lors qu'une telle preuve ne va pas contre la foi due aux constatations faites en la forme authentique (■ Cass. com., 19 nov. 2002, n° 00-21.620 : *JurisData* n° 2002-016457 ; *Bull. civ.* IV, n° 174, p. 199). Seule la constatation d'une circonstance constitutive de fraude et non la simple allégation d'une fraude peut permettre aux juges du fond, en dehors de tout commencement de preuve par écrit, d'autoriser la preuve par témoins de la simulation invoquée (■ Cass. 1re civ., 15 juin 1961, n° 59-10132 : *Bull. civ.* I, n° 319, p. 253. V. pour le cas d'une atteinte à la réserve successorale ■ Cass. 1re civ., 20 nov. 1964 : *Gaz. Pal.* 1965, 1, 68).

Art. 1202 ***(Créé à compter du 1er octobre 2016, Ord. n° 2016-131, 10 févr. 2016).*** **– Est nulle toute contre-lettre ayant pour objet une augmentation du prix stipulé dans le traité de cession d'un office ministériel.**

Est également nul tout contrat ayant pour but de dissimuler une partie du prix, lorsqu'elle porte sur une vente d'immeubles, une cession de fonds de commerce ou de clientèle, une cession d'un droit à un bail, ou le bénéfice d'une promesse de bail portant sur tout ou partie d'un immeuble et tout ou partie de la soulte d'un échange ou d'un partage comprenant des biens immeubles, un fonds de commerce ou une clientèle.

NB : Rappr. art. 1321-1 ancien, p. 1220.

JURISPRUDENCE RELATIVE À L'ANCIEN ARTICLE 1321-1 (CGI, ART. 1840 ANCIEN)

1) Domaine. La cession d'un droit d'usage et d'habitation ne figure pas parmi les contrats énumérés par l'article 1840 (■ Cass. 3e civ., 20 mars 1996, n° 94-14.015 : *Bull. civ.* III, n° 83, p. 54 ; *Defrénois* 1996, 1438, obs. Bénabent).

2) Invocation de la nullité par l'acheteur responsable. La nullité d'ordre public prévue par l'article 1840 (ancien) du CGI interdit au juge de lui faire produire effet, et l'acheteur peut s'en prévaloir même s'il en a été responsable (■ Cass. 3e civ., 25 juin 1985, n° 84-13.160 : *JurisData* n° 1985-702360 ; *D.* 1986, p. 212, note Agostini).

3) Preuve libre. En cas de fraude, la simulation peut être prouvée par tous moyens ; il en est ainsi de la dissimulation d'une partie du prix d'une vente d'immeuble, laquelle a notamment pour finalité d'éluder l'application des règles fiscales relatives à l'imposition des transactions immobilières (■ Cass. 1re civ., 17 déc. 2009, n° 08-13.276 : *Bull. civ.* 2009, I, n° 254 ; *JCP* 2010, n° 12, 315 ; *JCP N* 2010, n° 11, 1125, note L. Leveneur).

4) Effet. Viole le texte la cour d'appel qui accueille la demande en paiement du supplément de prix au motif qu'il faut restaurer l'usage du principe de bonne foi entre les parties (■ Cass. com., 18 janv. 1994, n° 91-22.237 : *JurisData* n° 1994-000125 ; *Bull. civ.* IV, n° 29, p. 23 ; *Defrénois* 1994, 808, obs. Delebecque ; *D.* 1996, p. 235, note Orsini). La nullité d'un acte ayant pour effet de remettre les parties dans la situation initiale, la somme remise en exécution d'une convention organisant une fraude fiscale doit être restituée (■ Cass. 1re civ., 4 avr. 2001 : *JCP* 2001, IV, 2014 ; *JurisData* n° 2001-009014 ; *Bull. civ.* I, n° 103, p. 66). La nullité laisse subsister l'acte ostensible (■ Cass. civ., 10 juill. 1929 : *D.* 1929, 442, cession d'office ministériel. ■ Cass. 1re civ., 20 déc. 1961, n° 60-10.896 : *Bull. civ.* I, n° 621, p. 493, vente d'immeuble. ■ Cass. com., 26 févr. 1973, n° 72-10.605 : *JurisData* n° 1973-097099 ; *Bull. civ.* IV, n° 99, p. 84, cession de fonds de commerce. ■ Cass. ch. mixte, 12 juin 1981 : *JurisData* n° 1981-701618 ; *D.* 1981, p. 413, concl. J. Cabannes ; *Defrénois* 1981, art. 32787, p. 1571, n° 115, obs. J.-L. Aubert). Jugé qu'elle ne s'applique qu'à la convention secrète sans porter atteinte à la validité de la convention ostensible, cette règle devant recevoir application nonobstant l'existence entre les deux conventions d'une indivisibilité que les juges du fond n'ont pas à rechercher (■ Cass. com., 8 mai 1979, n° 77-15.294 : *JCP* 1979, II, 19192, note A. S. ■ Cass. ch. mixte, 12 juin 1981 : *JurisData* n° 1981-701618 ; *JurisData* n° 1981-701618 ; *D.* 1981, p. 413, concl. Cabannes. – *Contra*, ■ Cass. 3e civ., 28 oct. 1974 : *JurisData* n° 1974-000389 ; *JCP* 1976, II, 18401, note Simler, 1re esp.). Jugé que la cause de la remise des chèques correspondant à une contre-lettre augmentative du prix présente un caractère illicite (■ Cass. 3e civ., 4 oct. 2018, n° 17-23.235 : *Contrats, conc. consom.* 2019, comm. 3, Leveneur ; *JCP G* 2018, 1259, Houtcieff).

Sous-section 2. – Le porte-fort et la stipulation pour autrui

Art. 1203 ***(Créé à compter du 1er octobre 2016, Ord. n° 2016-131, 10 févr. 2016).*** **– On ne peut s'engager en son propre nom que pour soi-même.**

NB : Rappr. art. 1119 ancien, p. 1069.

JURISPRUDENCE RELATIVE À L'ANCIEN ARTICLE 1119.

Création d'une obligation. La stipulation pour autrui n'exclut pas, dans le cas d'acceptation par le bénéficiaire, qu'il soit tenu de certaines obligations (■ Cass. 1re civ., 8 déc. 1987, n° 85-15.767 : *JurisData* n° 1987-002035 ; *Bull. civ.* I, n° 343, p. 246 ; *RTD civ.* 1988, p. 532, obs. Mestre. – *Contra* ■ Cass. 3e civ., 10 avr. 1973, n° 72-11.791 : *JurisData* n° 1973-098273 ; *D.* 1974, p. 21, note Larroumet).

Art. 1204 ***(Créé à compter du 1er octobre 2016, Ord. n° 2016-131, 10 févr. 2016).*** **– On peut se porter fort en promettant le fait d'un tiers.**

Le promettant est libéré de toute obligation si le tiers accomplit le fait promis. Dans le cas contraire, il peut être condamné à des dommages et intérêts.

Lorsque le porte-fort a pour objet la ratification d'un engagement, celui-ci est rétroactivement validé à la date à laquelle le porte-fort a été souscrit.

NB : Rappr. art. 1120 ancien, p. 1069, et la jurisprudence citée sous cet article.

Art. 1205 ***(Créé à compter du 1er octobre 2016, Ord. n° 2016-131, 10 févr. 2016).*** **– On peut stipuler pour autrui.**

L'un des contractants, le stipulant, peut faire promettre à l'autre, le promettant, d'accomplir une prestation au profit d'un tiers, le bénéficiaire. Ce dernier peut être une personne future mais doit être précisément désigné ou pouvoir être déterminé lors de l'exécution de la promesse.

NB : Rappr. art. 1121 ancien, p. 1071, et la jurisprudence citée sous cet article.

Art. 1206 ***(Créé à compter du 1er octobre 2016, Ord. n° 2016-131, 10 févr. 2016).*** **– Le bénéficiaire est investi d'un droit direct à la prestation contre le promettant dès la stipulation.**

Néanmoins le stipulant peut librement révoquer la stipulation tant que le bénéficiaire ne l'a pas acceptée.

La stipulation devient irrévocable au moment où l'acceptation parvient au stipulant ou au promettant.

NB : Rappr. art. 1121 ancien, p. 1071, et la jurisprudence citée sous cet article.

Art. 1207 *(Créé à compter du 1er octobre 2016, Ord. n° 2016-131, 10 févr. 2016).* – La révocation ne peut émaner que du stipulant ou, après son décès, de ses héritiers. Ces derniers ne peuvent y procéder qu'à l'expiration d'un délai de trois mois à compter du jour où ils ont mis le bénéficiaire en demeure de l'accepter.

Si elle n'est pas assortie de la désignation d'un nouveau bénéficiaire, la révocation profite, selon le cas, au stipulant ou à ses héritiers.

La révocation produit effet dès lors que le tiers bénéficiaire ou le promettant en a eu connaissance.

Lorsqu'elle est faite par testament, elle prend effet au moment du décès.

Le tiers initialement désigné est censé n'avoir jamais bénéficié de la stipulation faite à son profit.

Art. 1208 *(Créé à compter du 1er octobre 2016, Ord. n° 2016-131, 10 févr. 2016).* – L'acceptation peut émaner du bénéficiaire ou, après son décès, de ses héritiers. Elle peut être expresse ou tacite. Elle peut intervenir même après le décès du stipulant ou du promettant.

Art. 1209 *(Créé à compter du 1er octobre 2016, Ord. n° 2016-131, 10 févr. 2016).* – Le stipulant peut lui-même exiger du promettant l'exécution de son engagement envers le bénéficiaire.

Section III. – La durée du contrat

Art. 1210 *(Créé à compter du 1er octobre 2016, Ord. n° 2016-131, 10 févr. 2016).* – Les engagements perpétuels sont prohibés.

Chaque contractant peut y mettre fin dans les conditions prévues pour le contrat à durée indéterminée.

Art. 1211 *(Créé à compter du 1er octobre 2016, Ord. n° 2016-131, 10 févr. 2016).* – Lorsque le contrat est conclu pour une durée indéterminée, chaque partie peut y mettre fin à tout moment, sous réserve de respecter le délai de préavis contractuellement prévu ou, à défaut, un délai raisonnable.

Jurisprudence antérieure. V. ss art. 1134 ancien, p. 1096.

Art. 1212 *(Créé à compter du 1er octobre 2016, Ord. n° 2016-131, 10 févr. 2016).* – Lorsque le contrat est conclu pour une durée déterminée, chaque partie doit l'exécuter jusqu'à son terme.

Nul ne peut exiger le renouvellement du contrat.

Art. 1213 *(Créé à compter du 1er octobre 2016, Ord. n° 2016-131, 10 févr. 2016).* – Le contrat peut être prorogé si les contractants en manifestent la volonté avant son expiration. La prorogation ne peut porter atteinte aux droits des tiers.

Art. 1214 *(Créé à compter du 1er octobre 2016, Ord. n° 2016-131, 10 févr. 2016).* – Le contrat à durée déterminée peut être renouvelé par l'effet de la loi ou par l'accord des parties.

Le renouvellement donne naissance à un nouveau contrat dont le contenu est identique au précédent mais dont la durée est indéterminée.

Art. 1215 *(Créé à compter du 1er octobre 2016, Ord. n° 2016-131, 10 févr. 2016).* – Lorsqu'à l'expiration du terme d'un contrat conclu à durée déterminée, les contractants continuent d'en exécuter les obligations, il y a tacite reconduction. Celle-ci produit les mêmes effets que le renouvellement du contrat.

Section IV. – La cession de contrat

Bibliographie : Ph. Simler, *Cession de créance, cession de dette, cession de contrat : Contrats, conc. consom.* 2016, dossier 8. • J. Antippas, *Regards comparatistes internes sur la cession conventionnelle de contrat : RTD civ.* 2017, p. 43. • F. Danos, *La notion d'exception inhérente à la dette : D.* 2017, p. 1319. • Dossier, *La cession de contrat après la réforme, quels usages, quelles précautions ? : RDC* 2017, p. 369.

Art. 1216 *(Créé à compter du 1er octobre 2016, Ord. n° 2016-131, 10 févr. 2016).* – Un contractant, le cédant, peut céder sa qualité de partie au contrat à un tiers, le cessionnaire, avec l'accord de son cocontractant, le cédé.

Cet accord peut être donné par avance, notamment dans le contrat conclu entre les futurs cédant et cédé, auquel cas la cession produit effet à l'égard du cédé lorsque le contrat conclu entre le cédant et le cessionnaire lui est notifié ou lorsqu'il en prend acte.

La cession doit être constatée par écrit, à peine de nullité.

Art. 1216-1 *(Créé à compter du 1er octobre 2016, Ord. n° 2016-131, 10 févr. 2016).* – Si le cédé y a expressément consenti, la cession de contrat libère le cédant pour l'avenir.

À défaut, et sauf clause contraire, le cédant est tenu solidairement à l'exécution du contrat.

Art. 1216-2 *(Créé à compter du 1er octobre 2016, Ord. n° 2016-131, 10 févr. 2016).* – Le cessionnaire peut opposer au cédé les exceptions inhérentes à la dette, telles que la nullité, l'exception d'inexécution, la résolution ou la compensation de dettes connexes. Il ne peut lui opposer les exceptions personnelles au cédant.

Le cédé peut opposer au cessionnaire toutes les exceptions qu'il aurait pu opposer au cédant.

Art. 1216-3 *(Créé à compter du 1er octobre 2016, Ord. n° 2016-131, 10 févr. 2016).* – Si le cédant n'est pas libéré par le cédé, les sûretés qui ont pu être consenties subsistent. Dans le cas contraire, les sûretés consenties par *(Mots aj. à compter du 1er octobre 2018, L. n° 2018-287, 20 avr. 2018)* (1) (2) « le cédant ou par » des tiers ne subsistent qu'avec leur accord.

Si le cédant est libéré, ses codébiteurs solidaires restent tenus déduction faite de sa part dans la dette.

Section V. – L'inexécution du contrat

Bibliographie : H. Lécuyer, *L'inexécution du contrat : Contrats, conc. consom.* 2016, dossier 7. • W. Dross, *La déception contractuelle, Prposition d'un droit commun : RTD civ.* 2018, p.787. • O. Deshayes, *La mise en demeure préalable aux sanctions de l'inexécution contractuelle : état des lieux critique après la réforme de 2016 : RDC* 2019, p. 29.

Art. 1217 *(Créé à compter du 1er octobre 2016, Ord. n° 2016-131, 10 févr. 2016).* – La partie envers laquelle l'engagement n'a pas été exécuté, ou l'a été imparfaitement, peut :

- refuser d'exécuter ou suspendre l'exécution de sa propre obligation ;
- poursuivre l'exécution forcée en nature de l'obligation ;
- *(Mot rempl. à compter du 1er octobre 2018, L. n° 2018-287, 20 avr. 2018)* (1) (2) « obtenir » une réduction du prix ;
- provoquer la résolution du contrat ;
- demander réparation des conséquences de l'inexécution.

Les sanctions qui ne sont pas incompatibles peuvent être cumulées ; des dommages et intérêts peuvent toujours s'y ajouter.

Art. 1218 *(Créé à compter du 1er octobre 2016, Ord. n° 2016-131, 10 févr. 2016).* – Il y a force majeure en matière contractuelle lorsqu'un événement échappant au contrôle du débiteur, qui ne pouvait être raisonnablement prévu lors de la conclusion du contrat et dont les effets ne peuvent être évités par des mesures appropriées, empêche l'exécution de son obligation par le débiteur.

Si l'empêchement est temporaire, l'exécution de l'obligation est suspendue à moins que le retard qui en résulterait ne justifie la résolution du contrat. Si l'empêchement est définitif, le contrat est résolu de plein droit et les parties sont libérées de leurs obligations dans les conditions prévues aux articles 1351 et 1351-1.

NB : Rappr. art. 1148 ancien, 1184 ancien, p. 1115, et la jurisprudence citée sous ces articles.

---

(1) Dispositions applicables dans les îles Wallis et Futuna, L. n° 2018-287, 20 avr. 2018.
(2) Les modifications apportées au présent article ont un caractère interprétatif, L. n° 2018-287, 20 avr. 2018.

Sous-section 1. – L'exception d'inexécution

Art. 1219 *(Créé à compter du 1er octobre 2016, Ord. n° 2016-131, 10 févr. 2016)*. – **Une partie peut refuser d'exécuter son obligation, alors même que celle-ci est exigible, si l'autre n'exécute pas la sienne et si cette inexécution est suffisamment grave.**

Jurisprudence antérieure. V. ss art. 1131 ancien, p. 1083. – art. 1184 ancien, p. 1148.

Art. 1220 *(Créé à compter du 1er octobre 2016, Ord. n° 2016-131, 10 févr. 2016)*. – **Une partie peut suspendre l'exécution de son obligation dès lors qu'il est manifeste que son cocontractant ne s'exécutera pas à l'échéance et que les conséquences de cette inexécution sont suffisamment graves pour elle. Cette suspension doit être notifiée dans les meilleurs délais.**

Bibliographie : J.-D. Bretzner, *Les conditions de l'exception d'inexécution par anticipation : JCP* G 2016, 999.

Sous-section 2. – L'exécution forcée en nature

Art. 1221 *(Créé à compter du 1er octobre 2016, Ord. n° 2016-131, 10 févr. 2016)*. – **Le créancier d'une obligation peut, après mise en demeure, en poursuivre l'exécution en nature sauf si cette exécution est impossible ou s'il existe une disproportion manifeste entre son coût pour le débiteur** *(Mots aj. à compter du 1er octobre 2018, L. n° 2018-287, 20 avr. 2018)* (1) (2) **« de bonne foi » et son intérêt pour le créancier.**

NB : Rappr. art. 1142 ancien, 1184 ancien, p. 1109.

Bibliographie : D. Mazeaud, *L'exécution forcée en nature dans la réforme du droit des contrats : D.* 2016, 2477.

Art. 1222 *(Créé à compter du 1er octobre 2016, Ord. n° 2016-131, 10 févr. 2016)*. – **Après mise en demeure, le créancier peut aussi, dans un délai et à un coût raisonnables, faire exécuter lui-même l'obligation ou, sur autorisation préalable du juge, détruire ce qui a été fait en violation de celle-ci. Il peut demander au débiteur le remboursement des sommes engagées à cette fin.**

Il peut aussi demander en justice que le débiteur avance les sommes nécessaires à cette exécution ou à cette destruction.

NB : Rappr. art. 1143 ancien, 1144 ancien, p. 1111, et la jurisprudence citée.

Sous-section 3. – La réduction du prix

Art. 1223 *(Créé à compter du 1er octobre 2016, Ord. n° 2016-131, 10 févr. 2016 ; rempl. à compter du 1er octobre 2018, L. n° 2018-287)* (1) (3). – **En cas d'exécution imparfaite de la prestation, le créancier peut, après mise en demeure et s'il n'a pas encore payé tout ou partie de la prestation, notifier dans les meilleurs délais au débiteur sa décision d'en réduire de manière proportionnelle le prix. L'acceptation par le débiteur de la décision de réduction de prix du créancier doit être rédigée par écrit.**

Si le créancier a déjà payé, à défaut d'accord entre les parties, il peut demander au juge la réduction de prix.

> ***Rédaction antérieure.*** **Art. 1223** *(Créé à compter du 1er octobre 2016 et en vigueur jusqu'au 30 septembre 2018, Ord. n° 2016-131, 10 févr. 2016)*. – Le créancier peut, après mise en demeure, accepter une exécution imparfaite du contrat et solliciter une réduction proportionnelle du prix.
>
> S'il n'a pas encore payé, le créancier notifie sa décision de réduire le prix dans les meilleurs délais.

Bibliographie : P.-Y. Gautier, *La réduction proportionnelle du prix. Exercices critiques de vocabulaire et de cohérence : JCP* G 2016, 947. • P. Lemay, *La réduction du prix du contrat en cas d'inexécution imparfaite : un pas en avant, deux pas en arrière ? : D.* 2018, p. 567.

---

(1) Dispositions applicables dans les îles Wallis et Futuna, L. n° 2018-287, 20 avr. 2018.

(2) Les modifications apportées au présent article ont un caractère interprétatif, L. n° 2018-287, 20 avr. 2018.

(3) Dispositions applicables aux actes juridiques conclus ou établis à compter du 1er octobre 2018, L. n° 2018-287, 20 avr. 2018.

Sous-section 4. – La résolution

Art. 1224 *(Créé à compter du 1er octobre 2016, Ord. n° 2016-131, 10 févr. 2016).* **– La résolution résulte soit de l'application d'une clause résolutoire soit, en cas d'inexécution suffisamment grave, d'une notification du créancier au débiteur ou d'une décision de justice.**

NB : Rappr. art. 1184 ancien, p. 1148, et la jurisprudence citée sous cet article.

Art. 1225 *(Créé à compter du 1er octobre 2016, Ord. n° 2016-131, 10 févr. 2016).* **– La clause résolutoire précise les engagements dont l'inexécution entraînera la résolution du contrat.**

La résolution est subordonnée à une mise en demeure infructueuse, s'il n'a pas été convenu que celle-ci résulterait du seul fait de l'inexécution. La mise en demeure ne produit effet que si elle mentionne expressément la clause résolutoire.

Art. 1226 *(Créé à compter du 1er octobre 2016, Ord. n° 2016-131, 10 févr. 2016).* **– Le créancier peut, à ses risques et périls, résoudre le contrat par voie de notification. Sauf urgence, il doit préalablement mettre en demeure le débiteur défaillant de satisfaire à son engagement dans un délai raisonnable.**

La mise en demeure mentionne expressément qu'à défaut pour le débiteur de satisfaire à son obligation, le créancier sera en droit de résoudre le contrat.

Lorsque l'inexécution persiste, le créancier notifie au débiteur la résolution du contrat et les raisons qui la motivent.

Le débiteur peut à tout moment saisir le juge pour contester la résolution. Le créancier doit alors prouver la gravité de l'inexécution.

Bibliographie : O. Salvat, *La résolution des baux d'habitation pour non-paiement du loyer et des charges depuis la réforme du droit des contrats : D.* 2017, p. 2049. • J. Lafond, *La résolution unilatérale des contrats : application aux baux commerciaux : JCP* N 2018, 1093.

Jurisprudence antérieure. V. ■ Cass. 1re civ. 13 oct. 1998, n° 96-21.485, *Tocqueville*, et les autres décisions citées sous art. 1184 ancien, p. 1148.

Art. 1227 *(Créé à compter du 1er octobre 2016, Ord. n° 2016-131, 10 févr. 2016).* **– La résolution peut, en toute hypothèse, être demandée en justice.**

NB : Rappr. art. 1184 ancien, p. 1148.

Art. 1228 *(Créé à compter du 1er octobre 2016, Ord. n° 2016-131, 10 févr. 2016).* **– Le juge peut, selon les circonstances, constater ou prononcer la résolution ou ordonner l'exécution du contrat, en accordant éventuellement un délai au débiteur, ou allouer seulement des dommages et intérêts.**

NB : Rappr. art. 1184 ancien, p. 1148.

Art. 1229 *(Créé à compter du 1er octobre 2016, Ord. n° 2016-131, 10 févr. 2016).* **– La résolution met fin au contrat.**

La résolution prend effet, selon les cas, soit dans les conditions prévues par la clause résolutoire, soit à la date de la réception par le débiteur de la notification faite par le créancier, soit à la date fixée par le juge ou, à défaut, au jour de l'assignation en justice.

Lorsque les prestations échangées ne pouvaient trouver leur utilité que par l'exécution complète du contrat résolu, les parties doivent restituer l'intégralité de ce qu'elles se sont procuré l'une à l'autre. Lorsque les prestations échangées ont trouvé leur utilité au fur et à mesure de l'exécution réciproque du contrat, il n'y a pas lieu à restitution pour la période antérieure à la dernière prestation n'ayant pas reçu sa contrepartie ; dans ce cas, la résolution est qualifiée de résiliation.

Les restitutions ont lieu dans les conditions prévues aux articles 1352 à 1352-9.

Jurisprudence antérieure. V. ss art. 1184 ancien, p. 1148.

Art. 1230 *(Créé à compter du 1er octobre 2016, Ord. n° 2016-131, 10 févr. 2016).* **– La résolution n'affecte ni les clauses relatives au règlement des différends, ni celles destinées à produire effet même en cas de résolution, telles les clauses de confidentialité et de non-concurrence.**

Clause limitative de réparation. V., alors que l'article 1230 n'était pas encore applicable ▪ Cass. com., 7 févr. 2018, n° 16-20.352 : *Bull.* ; *D.* 2018, p. 537, note D. Mazeaud ; *JCP G* 2018, 415 avis Le Mesle, 416 note Leveneur-Azémar ; p. 564, obs. Grosser ; *Contrats, conc., consom.* 2018, comm. 84, note L. Leveneur ; *RDC* 2018, 196, Knetsch ; *RTD civ.* 2018, p. 401, Barbier (en cas de résolution d'un contrat pour inexécution, les clauses limitatives de réparation des conséquences de cette inexécution demeurent applicables). V. également les décisions citées sous art. 1184 ancien, p. 1148.

Sous-section 5. – La réparation du préjudice résultant de l'inexécution du contrat

Bibliographie : P. Jourdain, *Quel avenir pour la distinction des obligations de résultat et de moyens ? : JCP* G 2016, 909.

Art. 1231 ***(Créé à compter du 1er octobre 2016, Ord. n° 2016-131, 10 févr. 2016).*** **– À moins que l'inexécution soit définitive, les dommages et intérêts ne sont dus que si le débiteur a préalablement été mis en demeure de s'exécuter dans un délai raisonnable.**

NB : Rappr. art. 1145 ancien, 1146 ancien, p. 1113, et la jurisprudence citée sous ces articles.

Art. 1231-1 ***(Créé à compter du 1er octobre 2016, Ord. n° 2016-131, 10 févr. 2016).*** **– Le débiteur est condamné, s'il y a lieu, au paiement de dommages et intérêts soit à raison de l'inexécution de l'obligation, soit à raison du retard dans l'exécution, s'il ne justifie pas que l'exécution a été empêchée par la force majeure.**

NB : Rappr. art. 1147 ancien, p. 1114.

• *Sommaire*

JURISPRUDENCE RELATIVE A L'ARTICLE 1147 ANCIEN

I – PRINCIPES GÉNÉRAUX

1) Prescription. La prescription d'une action en responsabilité contractuelle ne court qu'à compter de la réalisation du dommage ou de la date à laquelle il est révélé à la victime si celle-ci établit qu'elle n'en avait pas eu précédemment connaissance (▪ Cass. soc., 26 avr. 2006 : *JurisData* n° 2006-033218 ; *Bull. civ.* V, n° 146, p. 142 ; *RDC* 2006/4, p. 1217, obs. Borghetti. – V. aussi ▪ Cass. 3e civ., 24 mai 2006 ;*Bull. civ.* III n° 132, p. 109).

2) Préjudice. Des dommages-intérêts ne peuvent être alloués que si le juge, au moment où il statue, constate qu'il est résulté un préjudice de la faute contractuelle (▪ Cass. 3e civ., 3 déc. 2003, n° 02-18.033 : *Bull. civ.* III, n° 221 ; *RDC* 2004, p. 280, obs. Stoffel-Munck. ▪ Cass. 1re civ., 22 nov. 2017, n° 16-27.551 : *Contrats, conc. consom.* 2018, comm. 23, Leveneur). V. aussi, affirmant qu'une faute contractuelle n'implique pas nécessairement par elle-même l'existence d'un dommage en relation de cause à effet avec cette faute et que le créancier doit rapporter la preuve du préjudice allégué (▪ Cass. 2e civ., 11 sept. 2008, n° 07-20.857 : *Bull. civ.* II, n° 191 ; *RDC* 2009/1, p. 77, obs. Deshayes). Mais, pour l'inexécution de l'obligation de ne pas faire, voir sous art. 1145. – Antérieurement, V. ▪ Cass. 3e civ., 30 janv. 2002, n° 00-18.682 : *JurisData* n° 2002-012783 ; *Bull. civ.* III, n° 17 ; *RTD civ.* 2002, p. 321, obs. Gautier et p. 816, obs. Jourdain ;

D. 2002, p. 2288, note Elhoueiss ; *LPA* 2002, n° 230, p. 10, note Stoffel-Munck (l'indemnisation du bailleur en raison de l'inexécution par le preneur des réparations locatives prévues au bail n'est subordonnée ni à l'exécution de ces réparations ni à la justification d'un préjudice). Sur le préjudice constitué d'une perte de chance, V. annotations sous art. 1383 ancien, p. 1248. Ph. Stoffel-Munck (sous dir.), *L'évaluation du préjudice économique : Journ. sociétés* juin 2007, p. 19. – F. Bélot, *L'évaluation du préjudice économique : D.* 2007, p. 1681.

3) Devoir d'accepter l'offre de réparation en nature ? Viole l'article 1147 du Code civil, l'arrêt qui retient qu'il est de principe que la réparation se fait par équivalent, le créancier ne pouvant être contraint à accepter une réparation en nature qu'il n'a pas demandée ; alors que le propre de la responsabilité civile est de rétablir aussi exactement que possible l'équilibre détruit par le dommage et de replacer la victime dans la situation où elle se serait trouvée si l'acte dommageable ne s'était pas produit (■ Cass. com., 10 janv. 2012, n° 10-26.837 : *RDC* 2012/3, p. 782, obs. Laithier). Pour l'offre d'exécution en nature, V. ■ Cass. 3e civ., 27 mars 2013, n° 12-13.734 : *Bull.* ; *RDC* 2013/3, p. 890, obs. Th. Genicon, p. 903, obs. Viney et p. 974, obs. Seube ; *Dr. et pat.* 2014, n° 234, p. 58, obs. Aynès et Stoffel-Munck ; *G. P.* 2013, n° 156, p. 17, obs. Mekki et n° 184, p. 17, obs. Houtcieff ; *RTD civ.* 2013, p. 60, obs. Barbier (le preneur à bail de locaux à usage d'habitation, qui recherche la responsabilité du bailleur pour défaut d'exécution de son obligation d'entretien, ne pouvant refuser l'offre de ce dernier d'exécuter son obligation en nature, la cour d'appel, qui a constaté que le bailleur offrait de réaliser les travaux, a pu en déduire, sans modifier l'objet du litige, que le locataire ne pouvait demander une réparation en équivalent).

4) Devoir de minimiser le dommage (non). Une société tenue, en application de l'article L. 231-6, III, du Code de la construction et de l'habitation, de désigner la personne chargée de terminer les travaux, ne peut utilement reprocher aux maîtres de l'ouvrage de n'avoir pas fait dans un délai raisonnable les démarches qu'elle était elle-même tenue de faire (■ Cass. 3e civ., 19 mai 2009, n° 08-16.002 : *RDC* 2010/1, p. 52, obs. Laithier ; *LEDC* oct. 2009, p. 6, obs. O. Deshayes).

5) Exonération (faute de la victime). Le transporteur tenu d'une obligation de sécurité de résultat envers un voyageur ne peut s'en exonérer partiellement et la faute de la victime, à condition de présenter le caractère de la force majeure, ne peut jamais emporter qu'exonération totale (■ Cass. 1re civ., 13 mars 2008, n° 05-12.551 : *RDC* 2008/3, p. 743, obs. Mazeaud et p. 763, obs. Viney ; *JCP* 2008, II, 10085, note Grosser, I, 186, obs. Stoffel-Munck ; *D.* 2008, p. 1582, note Viney ; *Contrats, conc. consom.* 2008, 173, note Leveneur ; *RTD civ.* 2008, p. 312, obs. Jourdain. *Adde*, ■ Cass. ch. mixte, 28 nov. 2008, n° 06-12.307 : *Bull. civ.*, ch. mixte, n° 3 ; *JCP* 2009, II, 10011, note. P. Grosser et I, 123, obs. Ph. Stoffel-Munck ; *D.* 2008, p. 3079, note I. Gallmeister ; *D.* 2009, p. 461, note Viney ; *Resp. civ. et assur.* 2009, comm. 4, note S. Hocquet-Berg ; *RTD civ.* 2009, p. 129, obs. Jourdain ; *RDC* 2009/2, p. 487, obs. Th. Genicon ; *D.* 2010, p. 49, obs. Gout et p. 224, obs. Fauvarque-Cosson ; *D.* 2009, p. 461, note Viney, et pan. p. 972, obs. Kenfack ; *RTD civ.* 2009, p. 129, obs. P. Jourdain, qui décide que le transporteur ferroviaire, tenu envers les voyageurs d'une obligation de sécurité de résultat, ne peut s'exonérer de sa responsabilité en invoquant la faute d'imprudence de la victime que si cette faute, quelle qu'en soit la gravité, présente les caractères de la force majeure).

Mais jugé qu'après avoir relevé que la victime, qui ne pouvait ignorer les précautions particulières imposées par le passage du bateau sous le pont, avait effectué un geste imprudent, la cour d'appel a ainsi caractérisé une faute de la victime ayant contribué à la réalisation du dommage ; qu'ayant retenu que cette faute ne constituait pas un cas de force majeure pour le transporteur, elle en a exactement déduit que le droit à réparation de la victime devait être limité dans une proportion qu'elle a appréciée dans l'exercice de son pouvoir souverain (■ Cass. 1re civ., 16 avr. 2015, n° 14-13.440 : *Bull.* ; *D.* 2015 p. 1137, note D. Mazeaud ; *Contrats, conc. consom.* 2015, n° 165, note Leveneur ; *RTD civ.* 2015, p. 628, obs. Jourdain).

6) Exonération (fait de la victime). Seule la faute du patient peut exonérer, totalement ou partiellement, le médecin de sa responsabilité. Dès lors, viole l'article 1147 du Code civil l'arrêt qui ordonne un partage de responsabilité en se fondant sur les agissements non fautifs du patient qui a, par son fait, aggravé le préjudice imputable à la faute médicale (■ Cass. 1re civ., 17 janv. 2008, n° 06-10.107 : *Bull. civ.* I, n° 14 ; *D.* 2008, p. 1256, note Dumery ; *LPA* 4 avr. 2008, p. 10, note Youengo ; *Resp. civ. et assur.* 2008, comm. 110, note Radé ; *JCP* 2008, I, 186, obs. Stoffel-Munck).

7) Pluralité d'auteurs. Chaque responsable d'un même dommage doit être condamné à le réparer en totalité (■ Cass. 1re civ., 30 sept. 2015, n° 14-10.870 : *RDC* 2016, p. 21, note Deshayes).

8) Absence de subsidiarité. La responsabilité des professionnels du droit ne présente pas un caractère subsidiaire, de sorte que la mise en jeu de la responsabilité d'un avocat n'est pas subordonnée au succès de poursuites préalables contre un autre débiteur et qu'est certain le dommage subi par sa faute, quand bien même la victime disposerait, contre un tiers, d'une action consécutive à la situation dommageable née de cette faute et propre à assurer la réparation du préjudice (■ Cass. 1re civ., 22 sept. 2016, n° 15-20.565 : *Bull.* ; *JCP* G 2016, 1239, Grayot-Dirx ; *RDC* 2017, 44, Knetsch ; *JurisData* n° 2016-019066 ; *RTD civ.* 2017, 154, Jourdain). Pour le même principe de non-subsidiarité appliqué à la responsabilité d'un notaire sur le terrain de l'article 1382, V. ■ Cass. 1re civ., 25 nov. 2015, n° 14-26.245 : *Bull.* ; *RTD civ.* 2016, 351, Barbier. ■ Cass. 1re civ., 22 sept. 2016, n° 15-13.840 : *Bull.* ; *JCP* G 2016, 1239, Grayot-Dirx ; *JurisData* n° 2016-019069 ; *RTD civ.* 2017, 154, Jourdain).

II – DISTINCTION ENTRE OBLIGATIONS DE MOYENS ET OBLIGATIONS DE RÉSULTAT

9) Doctrine. H. Mazeaud, *Essai de classification des obligations : RTD civ.* 1936, 1. – A. Tunc, *La distinction des obligations de résultat et des obligations de diligence : JCP* 45, I, 449.

10) Obligations de moyens et obligations de résultat. Pour des applications de la distinction entre les obligations de moyens et les obligations de résultat, V. *JCL Civil,* art. 1136-1145, fasc. 20-1 et 20-2. Pour la stipulation d'une clause mettant à la charge du débiteur d'une obligation de moyens renforcée, la preuve d'une faute du créancier, V. ■ Cass. 1re civ., 30 oct. 2007, n° 06-19.390 : *JurisData* n° 2007-041103 ; *RDC* 2008/2, p. 252, obs. Laithier.

A – Professions médicales

1° *Médecins*

11) Doctrine. M. Harichaux, *L'obligation du médecin de respecter les données de la science : JCP* 87, I, 3306. – V. Haïm, *De l'information du patient à l'indemnisation de la victime par ricochet, Réflexion sur quelques questions d'actualité : D.* 1997, chron. 125. – C. Lapoyade Deschamps, *Les médecins à l'épreuve : Resp. civ. et assur.* 1997, chron. 8. – G. Viney et P. Jourdain, *L'indemnisation des accidents médicaux : que peut faire la Cour de cassation ? : JCP* 97, I, 4016. – L. Leveneur, *Le risque thérapeutique devant la Cour de cassation : la recherche de l'équilibre : Contrats, conc. consom.* 1997, chron. 5. – Numéro spécial *Droit de la responsabilité médicale : Resp. civ. et assur.* juill. 1999. – P. Sargos, *L'aléa thérapeutique devant le juge judiciaire : JCP* 2000, I, 202. – C. Radé, Alea jacta est : *Resp. civ. et assur.* 2001, chron. 13. – D. Dendoncker, *L'essor de l'obligation d'information médicale : Contrats, conc. consom.* 2001, chron. 9. – Y. Lambert-Faivre, *La réparation de l'accident médical, obligation de sécurité : oui ; aléa thérapeutique : non : D.* 2001, chron. 570. – L. Neyret, *Spécificité de la responsabilité médicale à la croisée du droit commun et du droit de la santé : Rev. Lamy dr. civ.* févr. 2009, p. 14. – L. Grynbaum, *Le lien de causalité en matière de santé : un élément de la vérité judiciaire : D.* 2008, p. 1928. – P. Sargos, *La causalité en matière de responsabilité ou le « droit Schtroumpf » : D.* 2008, p. 1935. – M. Bacache, *Pour une indemnisation au-delà de la perte de chance : D.* 2008, p. 1908.

12) Responsabilité du médecin. Nature. Classiquement, la responsabilité du médecin est de nature contractuelle, ■ Cass. civ., 20 mai 1936 : *DP* 1936, 1, 88, concl. Matter, rapp. Josserand et note E. P. Mais, semblant dégager un fondement autonome, au visa des articles 16, 16-3, alinéa 2, et 1382 du Code civil, ■ Cass. 1re civ., 3 juin 2010, n° 09-14.896 : *JurisData* n° 2010-007947 ; *RDC* 2010/4, p. 1235, obs. Borghetti ; *D.* 2010, 1522, note Sargos ; chron. C. cass. 2092, obs. Creton ; *D.* 2011, 35, obs. Gout ; *JCP* 2010, n° 788, note Porchy-Simon ; n° 1015, obs. Stoffel-Munck ; *Resp. civ. et assur.* 2010, n° 222, obs. Hocquet-Berg ; *Rev. Lamy dr. civ.* 2010/75, n° 3958, note Corgas-Bernard ; *RTD civ.* 2010. 571, obs. Jourdain. Mais V., renouant clairement avec l'article 1147, ■ Cass. 1re civ., 5 mars 2015, n° 14-13.292 : *JCP* G 2015, n° 555, note M. Bacache.

Sur cette question, V. Débats, *Feu l'arrêt Mercier ? : RDC* 2011/1, p. 335 (contributions Bacache, Leduc, Pierre).

13) Obligation de moyens du médecin. Principe. Sur le principe que le médecin est tenu d'une obligation de moyens, v. ■ Cass. civ., 20 mai 1936 : *DP* 1936, 1, 88, concl. Matter, rapp. Josserand et note E. P. ■ Cass. 1re civ., 28 juin 1989, n° 86-16.645 : *JurisData* n° 1989-002470 ; *Bull. civ.* I, n° 266, p. 177 ; *D.* 1990, 413, note Dagorne-Labbe. ■ Cass. 1re civ., 15 mars 2005, n° 01-13.018 : *JurisData* n° 2005-027571 ; *JCP* 2005, II, 10061, note Mistretta. V. en ce sens pour le vétérinaire ■ Cass. 1re civ., 31 janv. 1989, n° 86-16.408 : *JurisData* n° 1989-700511 ; *JCP* 89, IV, 120 ; *Bull. civ.* I, n° 56, p. 36. L'obligation pesant sur un médecin est de donner des soins conformes aux données acquises de la science à la date de ses soins ; le moyen qui se réfère à la notion, erronée, de données actuelles, est donc inopérant (■ Cass. 1re civ., 6 juin 2000, n° 98-19.295 : *JurisData* n° 2000-002337 ; *JCP* 2001, II, 10447, note Mémeteau ; *Resp. civ. et assur.* 2000, 303 ; *Bull. civ.* I, n° 176, p. 114). Mais le médecin est fondé à invoquer le fait qu'il a prodigué des soins conformes à des recommandations émises postérieurement (■ Cass. 1re civ., 5 avr. 2018, n° 17-15.620 : *Bull.* ; *D.* 2018, p. 1156, Viala ; *RTD civ.* 2018, p. 685, Jourdain). Sur la nécessité d'identifier l'auteur d'une négligence fautive, V. ■ Cass. 1re civ., 3 nov. 2016, n° 15-25.348 : *Bull.* ; *Contrats,* *conc. consom.* 2017, 29, Leveneur ; *JCP* G 2016, 1205, Sargos ; *JCP* G 2017, 257, p. 458, Bacache ; *RDC* 2017, p. 250, Viney ; *Resp. civ. et assur.* 2017, 19, Bloch ; *RTD civ.* 2017, 163, Jourdain (oubli d'une compresse dans l'abdomen d'une patiente opérée deux fois par deux chirurgiens différents). Sur le principe que les professionnels de santé ne sont responsables qu'en cas de faute, hors les cas où leur responsabilité est encourue en raison d'un défaut de produit de santé, voir C. santé publ., art. L. 1142-1, I (L. n° 2002-303, 4 mars 2002), p. 2676.

14) Obligation de moyens du médecin. Applications. La faute ne peut se déduire de la seule absence de réussite de l'acte médical et de l'apparition d'un préjudice, lequel peut être en relation avec l'acte médical pratiqué sans l'être pour autant avec une faute (▪ Cass. 1re civ., 12 déc. 1995, n° 93-19.437 : *JurisData* n° 1995-003719 ; *JCP* 96, IV, 316 ; *Bull.* I, n° 461, p. 321). L'existence d'une faute ne peut se déduire de la seule anormalité d'un dommage et de sa gravité (▪ Cass. 1re civ., 27 mai 1998, n° 96-19.161 : *JurisData* n° 1998-002333 ; *JCP* 98, I, 187, n° 32, obs. Viney ; *Bull. civ.* I, n° 185, p. 125 ; *D.* 1999, 21, note Porchy). Jugé qu'une erreur de diagnostic ne constitue pas en elle-même une faute, notamment lorsqu'elle a été partagée par plusieurs médecins (▪ Orléans, 6 août 1992 : *JurisData* n° 1992-043146 ; *JCP* 92, IV, 2788). Mais un diagnostic trop optimiste engage la responsabilité délictuelle du médecin (▪ Metz, 17 avr. 2003, n° 02/00752 : *JurisData* n° 2003-211579 ; *JCP* 2004, II, 10100, note Mistretta).

14 *bis*) Obligation de se renseigner sur l'état de santé du patient. V. ▪ Cass. 1re civ., 5 mars 2015, n° 14-13.292 : *JCP* G 2015, n° 555, note Bacache. Le médecin qui a prescrit un test de dépistage commet une faute en ne s'assurant pas du résultat de ce test (▪ Cass. 1re civ., 3 mai 2018, n° 16-27.506 : *Bull.* ; *RTD civ.* 2018, p. 681, Jourdain).

15) Obligation d'information du médecin. Hormis les cas d'urgence, d'impossibilité ou de refus du patient d'être informé, un médecin est tenu de lui donner une information loyale, claire et appropriée sur les risques graves afférents aux investigations et soins proposés et il n'est pas dispensé de cette obligation par le seul fait que ces risques ne se réalisent qu'exceptionnellement (▪ Cass. 1re civ., 7 oct. 1998, n° 96-14.359 : *JCP* 98, II, 10179, 1re esp., concl. Sainte-Rose et note Sargos ; I, 147, n° 14, obs. Viney ; *D.* 1999, 145, note Porchy, somm. 259, obs. D. Mazeaud ; *Contrats, conc. consom.* 1998, 160, note Leveneur ; *RTD civ.* 1999, 86, obs. Mestre, 111, obs. Jourdain ; complication de thrombophlébite du sinus caverneux à la suite d'une intervention chirurgicale concernant la colonne vertébrale. V. aussi ▪ Cass. 1re civ., 7 oct. 1998, n° 96-18.096 : *JCP* 98, II, 10179, 2e esp. ; *Resp. civ. et assur.* 1998, 393, 3e esp., risque d'atteinte du nerf sciatique lors d'une opération du genou. ▪ Cass. 1re civ., 7 déc. 1999, n° 96-21.902 : *Resp. civ. et assur.* 2000, 92, explosion de gaz intestinaux provoquant une perforation intestinale. ▪ CE, 5 janv. 2000, n° 198530 : *JurisData* n° 2000-060001 ; *JCP* 2000, II, 10271, note Moreau ; I, 243, n° 21, obs. Viney. ▪ CE, 17 mai 2000 : *JCP* 2001, II, 10462, note E. Savatier. ▪ Cass. 1re civ., 9 oct. 2001 : *JCP* 2002, II, 10045, note Cachard ; *Bull. civ.* I, n° 249, p. 157 ; *D.* 2001, 3470, rapp. Sargos et note Thouvenin ; *Contrats, conc. consom.* 2002, 22, 1er arrêt, note Leveneur ; *JurisData* n° 011237, fondant le devoir d'information sur le principe constitutionnel de sauvegarde de la dignité de la personne humaine ▪ Cass. 1re civ., 3 juin 2010, préc.), ni par le seul fait que l'intervention serait médicalement nécessaire (▪ Cass. 1re civ., 18 juill. 2000, n° 99-10.886 : *JurisData* n° 2000-002998 ; *JCP* 2000, IV, 2585 ; *Resp. civ. et assur.* 2000, 336 ; *Bull. civ.* I, n° 227, p. 149). Mais le médecin n'est pas tenu de réussir à convaincre son patient du danger de l'acte médical qu'il demande (▪ Cass. 1re civ., 18 janv. 2000, n° 97-17.716 : *JurisData* n° 2000-000077 ; *JCP* 2000, I, 243, n° 25, obs. Viney ; *JCP* 2001, II, 10473, note Dorsner-Dolivet ; *Resp. civ. et assur.* 2000, 128 ; *Bull. civ.* I, n° 13, p. 8 ; *D.* 2001, 3559, note Mathieu-Izorche ; *Defrénois* 2001, 700, obs. Libchaber ; *Defrénois* 2000, 722, obs. D. Mazeaud, refus d'une anesthésie générale pour une opération de la cataracte). En ne procédant pas aux examens supplémentaires qui leur auraient permis d'informer les époux des risques que présentait l'état de grossesse de l'épouse, les médecins n'ont pas rempli leur obligation de renseignement (▪ Cass. 1re civ., 16 juill. 1991, n° 90-14.645 : *JurisData* n° 1991-001982 ; *JCP* 92, II, 21947, note Dorsner-Dolivet ; *Bull. civ.* I, n° 248, p. 162. V. en ce sens pour la faute commise par un laboratoire dans la recherche d'anticorps rubéoleux chez une femme enceinte et par le médecin au titre d'un manquement au devoir d'information et de conseil ▪ Cass. 1re civ., 26 mars 1996, n° 94-11.791 : *JurisData* n° 1996-001183 ; *JCP* 96, I, 3985, n° 19, obs. Viney ; *Bull. civ.* I, n° 156, p. 109 ; *D.* 1997, 3, note Roche-Dahan ; *RTD civ.* 1996, 623, obs. Jourdain ; *JCP* 96, IV, 1214 ; *Bull. civ.* I, n° 156, p. 109). V. F. Chabas, *L'obligation médicale d'information en danger* : *JCP* 2000, I, 212. – C. Radé, *L'obligation d'information en matière médicale et l'office du juge* : *Resp. civ. et assur.* 2003, chron. 7. Sur l'information des usagers du système de santé, voir CGPPP, art. L. 1111-1 et s.

16) Limites du devoir d'information du médecin. Le médecin peut limiter l'information pour des raisons légitimes et dans l'intérêt du patient (▪ Cass. 1re civ., 23 mai 2000, n° 97-20.848 : *JurisData* n° 2000-002110 ; *JCP* 2000, II, 10342, rapp. Sargos ; *Bull. civ.* I, n° 159, p. 103 ; *Resp. civ. et* *assur.* 2000, 271, psychose maniaco dépressive). C'est à l'époque des soins qu'il convient de se placer pour apprécier l'information qu'il doit donner (■ Cass. 1re civ., 7 juill. 1998, n° 96-19.927 : *JurisData* n° 1998-003296 ; *Resp. civ. et assur.* 1998, 393, 1re esp.). L'obligation d'information qui incombe au médecin ne concerne que les risques liés à l'intervention qu'il préconise (■ Cass. 2e civ., 18 déc. 2002 : *Resp. civ. et assur.* 2003, 76 ; *Bull. civ.* I, n° 314, p. 246).

17) Défaut d'information. Préjudice. Le non-respect du devoir d'information du médecin cause à celui auquel l'information était légalement due un préjudice que le juge ne peut, sur le fondement de l'article 1382 du Code civil, laisser sans réparation (■ Cass. 1re civ., 3 juin 2010, préc.). Mais jugé que indépendamment des cas dans lesquels le défaut d'information sur les risques inhérents à un acte d'investigation, de traitement ou de prévention a fait perdre au patient une chance d'éviter le dommage résultant de la réalisation de l'un de ces risques, en refusant qu'il soit pratiqué, le non-respect, par un professionnel de santé, de son devoir d'information cause à celui auquel l'information était due, lorsque ce risque se réalise, un préjudice résultant du défaut de préparation aux conséquences d'un tel risque, que le juge ne peut laisser sans réparation (■ Cass. 1re civ., 23 janv. 2014, n° 12-22.123 : *Bull.* ; *JCP* G 2014, n° 5, p. 188, note Quézel-Ambrunaz ; *RCA* 2014, n° 4, comm. 116, note Hocquet-Berg ; *D.* 2014, p. 590, note Bacache ; CCC 2014, n° 86, note L.L. ■ Cass. 1re civ., 14 nov. 2018, n° 17-27.980 : *Bull.*). La perte de chance d'éviter le dommage et le préjudice d'impréparation étant distincts, ils peuvent être l'un et l'autre indemnisés (■ Cass. 1re civ., 25 janv. 2017, n° 15-27.898 : *Bull.* ; *D.* 2017, p. 555, S.-M. Ferrié ; *Contrats, conc. consom.* 2017, comm. 71, Leveneur ; *JCP* G 2017, 257, p. 457, Bacache ; *RDC* 2017, p. 231, Borghetti ; *Resp. civ. et assur.* 2017, 115, Hocquet-Berg ; *RTD civ.* 2017, p. 403, Jourdain).

Jugé antérieurement que le patient ne justifie d'aucun préjudice indemnisable dès lors que les juges du fond estiment qu'informé du risque de perforation, il n'aurait refusé ni l'examen ni l'exérèse du polype (■ Cass. 1re civ., 20 juin 2000, n° 98-23.046 : *JurisData* n° 2000-002487 ; *Resp. civ. et assur.* 2000, 302 ; *Bull. civ.* I, n° 193, p. 125 ; *Defrénois* 2000, 1121, obs. D. Mazeaud. – V. aussi pour le chirurgien ■ Cass. 1re civ., 13 nov. 2002, cité annot. n° 22, p. 842). Sur la preuve de l'exécution de l'obligation de conseil du médecin, v. n° 79, p. 853. Le seul préjudice indemnisable à la suite du non-respect de l'obligation d'information du médecin, laquelle a pour objet d'obtenir le consentement éclairé du patient, est la perte d'une chance d'échapper au risque qui s'est finalement réalisé. En conséquence, les juges du fond, après avoir écarté toute perte de chance d'échapper au risque qui s'est réalisé, ne peuvent allouer au malade une indemnité au titre du préjudice moral éprouvé par lui du fait du manquement à l'obligation d'information, au motif que le malade non informé n'avait pu anticiper le risque qui s'est réalisé (■ Cass. 1re civ., 6 déc. 2007, n° 06-19.301 : *RDC* 2008/3, p. 769, obs. Borghetti ; *D.* 2008, p. 192, note P. Sargos ; *JCP* 2008 ; *ibid.*, I, 125, obs. Stoffel-Munck ; *D.* 2008, p. 2894, obs. Brun et Jourdain. – Sur cet arrêt, v. aussi Neyret, *La Cour de cassation neutralise l'obligation d'information de certains professionnels : D.* 2008, p. 804 et C. Corgas-Bernard, *Nouvelle approche de l'obligation d'information du médecin : Rev. Lamy dr. civ.* 2008, n° 50, p. 19).

18) Sur la **preuve de l'exécution de l'obligation d'information du médecin,** v. , annot. n° 79, p. 853.

19) Obligation de sécurité du médecin. Le contrat formé entre le patient et son médecin met à la charge de ce dernier, sans préjudice de son recours en garantie, une obligation de sécurité de résultat en ce qui concerne les matériels qu'il utilise pour l'exécution d'un acte médical d'investigation ou de soins (■ Cass. 1re civ., 9 nov. 1999, n° 97-16.454 : *JurisData* n° 1999-003913 ; *JCP* 2000, II, 10251, note Brun ; I, 243, n° 26, obs. Viney ; *Bull. civ.* I, n° 300, p. 195 ; *D.* 2000, somm. 117, obs. Jourdain ; *Defrénois* 2000, 251, obs. D. Mazeaud). Mais le patient doit démontrer que ces matériels sont à l'origine de son dommage (même arrêt). Le médecin est tenu d'une obligation de moyens lorsqu'il procède à la pose d'un appareil sur la personne du patient. Il n'est tenu d'une obligation de sécurité de résultat qu'en ce qui concerne les matériels utilisés pour l'exécution d'un acte médical d'investigation ou de soins, sous réserve que le patient prouve qu'ils sont à l'origine de son dommage (■ Cass. 1re civ., 4 févr. 2003 : *JCP* 2003, IV, 1564 ; *JurisData* n° 2003-017447 ; *Resp. civ. et assur.* 2003, 143).

20) Aléa thérapeutique. La réparation des conséquences de l'aléa thérapeutique n'entre pas dans le champ des obligations dont un médecin est tenu contractuellement (■ Cass. 1re civ., 8 nov. 2000 : *JurisData* n° 2000-006741 ; *JCP* 2001, II, 10493, rapp. Sargos et note Chabas ; I, 340, n° 19, obs. Viney ; *Contrats, conc. consom.* 2001, 3, note Leveneur ; *Resp. civ. et assur.* 2000, 375 ; *Bull. civ.* I, n° 287, p. 186 ; *Defrénois* 2001, 267, obs. Aubert ; *RTD civ.* 2001, 154, obs. Jourdain ; *D.* 2001, somm. 2236, obs. D. Mazeaud ; *JurisData* n° 2000-006741, risque accidentel inhérent à l'acte médical et ne pouvant être maîtrisé. V. en ce sens ■ Cass. 1re civ., 27 mars 2001 : *JCP* 2001, IV, 1973 ; *JurisData* n° 2001-008906 ; *Bull. civ.* I, n° 86, p. 56). *Adde* ■ Cass. 1re civ., 22 nov. 2007, n° 05-20.974 : *RDC* 2008/2, p. 320, obs.

Borghetti ; *JCP* 2008, II, 10069, note Corpart ; *D.* 2008, p. 816, note Bacache : la réparation des conséquences de l'aléa thérapeutique n'entrant pas dans le champ des obligations dont le médecin est contractuellement tenu, viole l'article 1147 du Code civil la cour d'appel qui déclare un médecin responsable des conséquences de la réaction allergique provoquée chez sa patiente par le contact des gants en latex utilisés lors de l'intervention, après avoir constaté l'absence de fautes du praticien ou de vice des gants utilisés, ce dont il se déduisait que le préjudice allégué était la conséquence d'un risque accidentel, inhérent à l'acte médical, et qui ne pouvait être maîtrisé.

21) Médecin salarié. La responsabilité du médecin ne peut être retenue sur le fondement de l'article 1147 lorsque le contrat de soins a été conclu avec la fondation dont le médecin est salarié (▪ Cass. 1re civ., 4 juin 1991, n° 89-10.446 : *JurisData* n° 1991-001476 ; *JCP* 91, II, 21730, note J. Savatier). Si un établissement de santé privé peut être déclaré responsable de fautes commises par un praticien à l'occasion d'actes médicaux d'investigations ou de soins pratiqués sur un patient, c'est à la condition que ce médecin soit son salarié (▪ Cass. 1re civ., 26 mai 1999, n° 97-18.115 : *JCP* 99, II, 10112, concl. Sargos ; *JCP* 2000, I, 199, n° 18, obs. Viney ; *Bull. civ.* I, n° 175, p. 115 ; *RTD civ.* 1999, 634, obs. Jourdain).

2° *Chirurgiens*

22) Obligation de moyen du chirurgien. Le chirurgien, alors même qu'il procède à la pose d'un appareil sur la personne du patient, n'est tenu qu'à une obligation de moyens (▪ Cass. 1re civ., 25 févr. 1997, n° 95-11.205 : *JurisData* n° 1997-000782 ; *JCP* 97, IV, 880 ; *Bull. civ.* I, n° 72, p. 47 ; *Resp. civ. et assur.* 1997, 169). Jugé cependant que le chirurgien a une obligation de sécurité qui l'oblige à réparer le dommage causé à son patient par un acte chirurgical nécessaire au traitement, même en l'absence de faute, lorsque le dommage est sans rapport avec l'état antérieur du patient ni avec l'évolution prévisible de cet état (▪ Paris, 15 janv. 1999 : *JurisData* n° 1999-993369 ; *JCP* 99, II, 10068, note Boy. – V. aussi ▪ TGI Paris, 5 mai 1997 : *JurisData* n° 1997-930177 ; *D.* 1998, 558, 1re esp., note Boy). Les juges du fond, ayant relevé que la cause de la lésion constatée à la suite d'une intervention chirurgicale était indéterminable, peuvent en déduire qu'il s'agit d'un aléa inhérent à l'acte médical exclusif de faute (▪ Cass. 1re civ., 13 nov. 2002 : *Contrats, conc. consom.* 2003, 52, note Leveneur ; *JCP* 2003, IV, 1008 ; *JurisData* n° 2002-016297 ; *Bull. civ.* I, n° 265, p. 206 ; *Resp. civ. et assur.* 2003, 77).

23) Maladresses du chirurgien. Sur la responsabilité du chirurgien en cas de maladresse, V. ▪ Cass. 1re civ., 13 oct. 1999, n° 97-21.451 : *JurisData* n° 1999-003553 ; *JCP* 2000, II, 10270, note Dorsner-Dolivet. ▪ Cass. 1re civ., 23 mai 2000, 2 arrêts : *JurisData* n° 2000-002108 ; *JCP* 2000, I, 280, n° 12, obs. Viney ; *Bull. civ.* I, n° 153, p. 100 ; *Resp. civ. et assur.* 2000, 270 et 272 ; *RTD civ.* 2000, 840, obs. Jourdain. ▪ Cass. 1re civ., 18 juill. 2000, n° 98-22.032 : *JurisData* n° 2000-003057 ; *Resp. civ. et assur.* 2000, 370. Dès lors que la blessure d'une artère est le fait du chirurgien, sa responsabilité est engagée (▪ Cass. 1re civ., 7 janv. 1997, n° 94-16.151 : *D.* 1997, 146, rapp. Sargos et note Thouvenin ; *Bull. civ.* I, n° 7, p. 4 ; *Resp. civ. et assur.* 1997, 134. V. aussi ▪ Cass. 1re civ., 13 mai 1998, n° 96-22.920 : *JurisData* n° 1998-002131 ; *JCP* 98, IV, 2493 ; *Bull. civ.* I, n° 174, p. 116, fait anormal imputable au chirurgien.

24) Surveillance post-opératoire. Si la surveillance post-opératoire incombe au médecin anesthésiste pour ce qui concerne sa spécialité, le chirurgien n'en demeure pas moins tenu à cet égard d'une obligation générale de prudence et de diligence (▪ Cass. ass. plén., 30 mai 1986, n° 85-91.432 : *JurisData* n° 1986-001117 ; *D.* 1987, 109, note Penneau).

25) Information sur les risques. Les obligations du chirurgien ne peuvent se limiter aux seuls gestes chirurgicaux dès lors que, suivant depuis plusieurs années le patient dont le globe oculaire était plus allongé du fait d'une grande myopie, il se devait d'aviser le médecin anesthésiste des risques que comportait une anesthésie locale par injection rétrobulbaire (▪ Cass. 1re civ., 28 oct. 1997, n° 95-17.274 : *JurisData* n° 1997-004220 ; *JCP* 97, IV, 2448 ; *Bull. civ.* I, n° 298, p. 200 ; *Resp. civ. et assur.* 1998, 24). Il ne doit pas par exemple, s'il est hors de la clinique, se contenter des indications succinctes que peut fournir une infirmière mais recueillir auprès des médecins présents dans l'établissement tous renseignements utiles (▪ Paris, 21 nov. 1991 : *JurisData* n° 1991-024033 ; *JCP* 92, II, 21862, note Atias). S'agissant d'une intervention qui n'était pas imposée par un caractère d'urgence ou par un danger immédiat pour la patiente et qui comportait une importante mutilation (prélèvement cutané sur la cuisse) dont celle-ci n'a pas été avisée, les juges du fond justifient légalement leur décision en estimant qu'elle n'a pas bénéficié de la totale information qu'elle était en droit d'exiger (▪ Cass. 1re civ., 14 janv. 1992, n° 90-10.870 : *JurisData* n° 1992-000058 ; *JCP* 93, II, 21996, note Dorsner-Dolivet). Le médecin ne peut, sans le consentement libre et éclairé de son malade, procéder à une intervention chirurgicale qui n'est pas imposée par une nécessité évidente ou un danger immédiat pour le patient (▪ Cass. 1re civ., 11 oct. 1988, n° 87-12.584 : *Bull. civ.* I, n° 280, p. 192 ; *JCP* 89, II, 21358, note Dorsner-Dolivet, ligature des trompes). Il doit aussi l'éclairer sur les risques encourus en cas d'opposition au traitement préconisé (■ Cass. 1re civ., 15 nov. 2005, n° 04-18.180 : *JurisData* n° 2005-030720 ; *JCP* 2006, II, 10045, note Mistretta). Sur la perte d'une chance de survie, voir sous art. 1383, n° 50-51 et 74. Le chirurgien est dispensé de son obligation d'information en cas d'impossibilité, lorsque le geste chirurgical s'est imposé en cours d'intervention, comme une nécessité anatomique (■ Cass. 1re civ., 22 mai 2002, n° 00-19.817 : *JurisData* n° 2002-014428 ; *Bull. civ.* I, n° 142, p. 109 ; *JCP* 2003, I, 152, n° 16, obs. Viney). Ayant relevé qu'il n'est pas démontré qu'informée du risque exceptionnel tenant à l'acte chirurgical dont la nécessité est admise par l'expert, la patiente aurait refusé l'intervention, la cour d'appel peut en déduire qu'elle ne démontre pas que l'absence d'information lui a causé un préjudice indemnisable (■ Cass. 1re civ., 13 nov. 2002 : *Contrats, conc. consom.* 2003, 52, note Leveneur ; *JCP* 2003, IV, 1008 ; *JurisData* n° 2002-016297 ; *Bull. civ.* I, n° 265, p. 206 ; *Resp. civ. et assur.* 2003, 77 ; *JCP* 2003, I, 152, n° 17, obs. Viney ; *RTD civ.* 2003, 98, obs. Jourdain ; *RDC* 2003, 47, obs. D. Mazeaud).

26) Chirurgie esthétique. Sur l'obligation de prudence en matière de chirurgie esthétique, V. ■ Versailles, 17 janv. 1991 : *JurisData* n° 1991-040047 ; *JCP* 92, II, 21929, note Mémeteau. Le chirurgien doit refuser d'opérer s'il y a disproportion manifeste entre les risques encourus et les résultats aléatoires envisagés (■ Paris, 16 juin 1995 : *JurisData* n° 1995-603607 ; *JCP* 96, I, 3985, n° 23, obs. Viney). Mais dès lors que le résultat inesthétique est dû à la méthode elle-même, les résultats des prothèses mammaires étant encore statistiquement aléatoires, et que la décision de la patiente a été « raisonnée », aucune faute ne peut être reprochée au chirurgien (■ Cass. 1re civ., 7 oct. 1992, n° 90-21.141 : *JurisData* n° 1992-002315 ; *Bull. civ.* I, n° 243, p. 161 ; *JCP* 93, II, 22071, note Chabas). L'obligation d'information du praticien doit porter non seulement sur les risques graves de l'intervention, mais aussi sur tous les inconvénients pouvant en résulter (■ Cass. 1re civ., 17 févr. 1998, n° 95-21.715 : *JurisData* n° 1998-000677 ; *JCP* 98, IV, 144, n° 20, obs. Viney ; *Bull. civ.* I, n° 67, p. 45 ; *Resp. civ. et assur.* 1998, 166 ; *RTD civ.* 1998, 681, obs. Jourdain, lipoaspiration ayant entraîné des incisions plus importantes que prévu et provoqué des complications. ■ Cass. 1re civ., 26 janv. 1999, n° 96-20.782 : *Resp. civ. et assur.* 1999, 146, remplacement de prothèses mammaires).

3° *Établissements de soins*

27) Mise à disposition de médecins. Sur l'obligation pour la clinique de mettre au service de ses clients des médecins pouvant intervenir dans les délais imposés par leur état, v. ■ Cass. 1re civ., 15 déc. 1999, n° 97-22.652 : *JurisData* n° 1999-004439 ; *JCP* 2000, II, 10384, note Mémeteau ; *Resp. civ. et assur.* 2000, 89 ; *Bull. civ.* I, n° 351, p. 225 (relevant une « faute dans l'organisation »). ■ Cass. 1re civ., 13 nov. 2008, n° 07-15.049 : *Bull. civ.* I, n° 255 ; *RDC* 2009/2, p. 533, obs. Borghetti ; *JCP* 2009, II, 10030, note Sargos (manque de rigueur dans l'organisation des gardes ou permanences auxquelles étaient astreints les médecins libéraux intervenant dans la clinique). La circonstance que les médecins libéraux engagent leur responsabilité, au titre de l'exécution du contrat de soin qui les lie au patient, n'est pas de nature à exonérer l'établissement de santé privé de la responsabilité qu'il encourt en raison des fautes commises dans l'organisation de son service (■ Cass. 1re civ., 13 nov. 2008, préc.).

28) Obligation de sécurité quant aux produits et au matériel. Le contrat d'hospitalisation et de soins liant un patient à un établissement de santé met à la charge de ce dernier, sans préjudice de son recours en garantie, une obligation de sécurité de résultat en ce qui concerne les produits, tels les médicaments, qu'il fournit (■ Cass. 1re civ., 7 nov. 2000 : *JCP* 2001, I, 340, n° 23, obs. Viney ; *Resp. civ. et assur.* 2001, 50, note Groutel ; *Contrats, conc. consom.* 2001, 4, note Leveneur ; *Bull. civ.* I, n° 279, p. 181 ; *RTD civ.* 2001, 151, obs. Jourdain ; *Defrénois* 2001, 268, obs. Savaux ; *D.* 2001, somm. 2236, obs. D. Mazeaud ; *JurisData* n° 2000-006732. – V. aussi C. santé publ., art. L. 1142-1, I, réd. L. n° 2002-303, 4 mars 2002, p. 2676). Sur l'obligation de résultat des établissements thermaux en ce qui concerne la mise à la disposition de leurs clients des locaux, du matériel et du personnel, v. ■ Cass. 1re civ., 28 févr. 1995, n° 93-15.853 : *Bull.* I, n° 103, p. 74. V. aussi pour une contamination par le virus de la légionellose ■ Poitiers, 6 oct. 1999 : *JCP* 2002, IV, 2214 ; *JurisData* n° 1995-157158.

29) Infection nosocomiale. Le contrat d'hospitalisation et de soins conclu entre un patient et un établissement de santé met à la charge de ce dernier, en matière d'infection nosocomiale, une obligation de sécurité de résultat dont il ne peut se libérer qu'en rapportant la preuve d'une cause étrangère (■ Cass. 1re civ., 29 juin 1999, n° 96-20.647 : *JurisData* n° 1999-002692 ; *JCP* 1999, II, 10138, rapp. Sargos, 1er arrêt ; *JCP* 2000, I, 199, n° 15, obs. Viney ; *Bull. civ.* I, n° 220, p. 141 ; *RTD civ.* 1999, 841, obs. Jourdain ; *Defrénois* 1999, 994, obs. D. Mazeaud), ce que n'est pas un risque connu de complication lié à l'intervention, fût-elle non fautive, du praticien (■ Cass. 1re civ., 18 févr. 2009, n° 08-15.979 : *Bull. civ.* I, n° 37). V. aussi C. santé publ., art. L. 1142-1, réd. L. n° 2002-303, 4 mars 2002, p. 2676. Jugé, sous l'empire du droit antérieur à la loi du 4 mars 2002, que la responsabilité de plein droit pesant sur le médecin et l'établissement de santé en matière d'infection nosocomiale n'est pas limitée aux infections d'origine exogène (■ Cass. 1re civ., 4 avr. 2006, n° 04-17.491 : *JurisData* n° 2006-033043 ; *Bull. civ.* I, n° 191, p. 167. ■ Cass. 1re civ., 5 déc. 2006, n° 05-16.240 : *JurisData* n° 2006-036354 ; *Contrats, conc. consom.* 2007, comm. 88, note Leveneur. ■ Cass. 1re civ., 14 juin 2007, n° 06-10.812 : *JurisData* n° 2007-039462 ; *Contrats, conc. consom.* 2007, 271, note Leveneur. – Comp., antérieurement, se bornant à poser une présomption de faute, ■ Cass. 1re civ., 21 mai 1996, n° 94-16.586 : *JurisData* n° 1996-001983 ; *JCP* 1996, I, 3985, n° 24, obs. Viney ; *Bull. civ.* I, n° 219, p. 152 ; *Resp. civ. et assur.* 1996, 265 ; *RTD civ.* 1996, 912, obs. Jourdain ; *D.* 1997, somm. 287, obs. D. Mazeaud ; *Defrénois* 1997, 749, obs. D. Mazeaud. ■ Cass. 1re civ., 16 juin 1998, n° 96-15.437 : *JurisData* n° 1998-002738 ; *JCP* 1998, I, 187, n° 34, obs. Viney ; 1999, II, 10122, note Denis-Chaubet ; *Bull. civ.* I, n° 210, p. 144 ; *Resp. civ. et assur.* 1998, 318 ; *RTD civ.* 1999, 842, obs. Jourdain). Il en va de même pour le chirurgien (■ Cass. 1re civ., 29 juin 1999, n° 97-14.254 : *JurisData* n° 1999-002690 ; *JCP* 1999, II, 10138, 2e arrêt. ■ Cass. 1re civ., 1er févr. 2005, n° 03-18.052 : *JurisData* n° 2005-026804 ; *Resp. civ. et assur.* 2005, 101, note Radé) et le médecin (■ Cass. 1re civ., 29 juin 1999, n° 97-14.254 : *JurisData* n° 1999-002690 ; *JCP* 1999, II, 10138, 3e arrêt. – Voir en ce sens ■ Cass. 1re civ., 13 févr. 2001, n° 98-15.092 : *JurisData* n° 2001-008272 ; *Bull. civ.* I, n° 32, p. 20). Il appartient au patient de démontrer que l'infection dont il est atteint présente un caractère nosocomial (■ Cass. 1re civ., 27 mars 2001 : *JCP* 2001, IV, 1972 ; *Contrats, conc. consom.* 2001, 105, note Leveneur ; *Resp. civ. et assur.* 2001, 195 ; *JurisData* n° 2001-008907 ; *RTD civ.* 2001, 596, obs. Jourdain. ■ Cass. 1re civ., 1er mars 2005, n° 02-16.280 : *JurisData* n° 2005-027267 ; *Bull. civ.* I, n° 111, p. 96. ■ Cass. 1re civ., 30 oct. 2008, n° 07-13.791 : *Bull. civ.* I, n° 245 ; *RDC* 2009/2, p. 533, obs. Borghetti). Lorsque la preuve d'une infection nosocomiale est apportée mais que celle-ci est susceptible d'avoir été contractée dans plusieurs établissements de santé, il appartient à chacun de ceux dont la responsabilité est recherchée d'établir qu'il n'est pas à l'origine de cette infection (■ Cass. 1re civ., 17 juin 2010, n° 09-67.011 : *JCP* 2010, n° 41, 1015, obs. Bloch). V. aussi, D. Duval-Arnould, *Les infections nosocomiales. Point de jurisprudence : D.* 2007, p. 1675.

30) Sur l'**indemnisation des accidents médicaux au titre de la solidarité nationale**, v. *C. santé publ., art. L. 1142-1*, réd. L. n° 2002-303, 4 mars 2002, p. 2676. Les préjudices ayant pour origine un accident médical non fautif ne peuvent être exclus du bénéfice de la réparation au titre de la solidarité nationale en dépit de la responsabilité d'un chirurgien condamné, pour manquement à son devoir d'information, à réparer le préjudice né d'une perte de chance d'éviter l'accident (■ Cass. 1re civ., 11 mars 2010, n° 09-11.270 : *Bull. civ.* 2010, I, n° 63 ; *RDC* 2010/3, obs. Viney, 855 ; *JCP* 2010, n° 14, 379, note Jourdain ; *D.* 2010, p. 1119, note Bacache).

31) Surveillance du patient. Sur le principe qu'un établissement psychiatrique n'est tenu que d'une obligation de surveillance de moyens en fonction de la pathologie du malade et de sa situation administrative, V. ■ Cass. 1re civ., 13 oct. 1999, n° 97-16.216 : *JurisData* n° 1999-003437 ; *Bull. civ.* I, n° 274, p. 179. Mais les exigences afférentes à cette obligation sont fonction de l'état du patient (■ Cass. 1re civ., 18 juill. 2000, n° 99-12.135 : *JurisData* n° 2000-003005 ; *JCP* 2000, II, 10415, rapp. Sargos ; *Contrats, conc. consom.* 2000, 175, note Leveneur ; *Resp. civ. et assur.* 2000, 372 ; *Bull. civ.* I, n° 221, p. 144, patiente ligotée sur son lit et laissée sans surveillance). Pour l'absence de faute d'une clinique lors d'une tentative de suicide, V. ■ Cass. 1re civ., 3 mars 1998, n° 95-20.637 : *JurisData* n° 1998-000958 ; *JCP* 98, IV, 1935 ; *Bull. civ.* I, n° 90, p. 60 ; *Resp. civ. et assur.* 1998, 200.

32) Association en charge de personnes handicapées mentales. Une cour d'appel énonce, à bon droit, qu'une association en charge de personnes handicapées mentales n'est tenue que d'une obligation de moyens à l'égard de la personne qui lui est confiée (■ Cass. 1re civ., 5 juill. 2006 : *JurisData* n° 2006-034431 ; *JCP* G 2006, II 10169, note Brusorio).

33) Risques sanitaires résultant du fonctionnement du système de santé. Sur l'indemnisation des risques sanitaires résultant du fonctionnement du système de santé, V. C. santé publ., art. L. 1142-1 et s. (L. n° 2002-303, 4 mars 2002), p. 2676.

34) Responsabilité du fait des produits défectueux. Sur l'application en matière médicale des articles 1386-1 et suivants relatifs à la responsabilité du fait des produits défectueux, V. ■ CJCE, 10 mai 2001, cité sous art. 1386-5.

35) Obligation de renseignement concernant les prestations assurées. Une clinique, liée par un contrat d'hospitalisation et de soins, est tenue à l'égard de ses patients d'une obligation de renseignement concernant les prestations qu'elle est en mesure d'assurer (■ Cass. 1re civ., 14 oct. 1997, n° 95-19.609 : *JurisData* n° 1997-003978 ; *JCP* 98, I, 144, n° 22, obs. Viney ; *Bull. civ.* I, n° 276, p. 187 ; *Resp. civ. et assur.* 1997, 372 ; *RTD civ.* 1998, 120, obs. Jourdain).

4° *Transfusion sanguine et produits de santé*

36) Obligation de sécurité. Les centres de transfusion sanguine sont tenus de fournir aux receveurs des produits exempts de vices et ils ne peuvent s'exonérer de cette obligation de sécurité que par la preuve d'une cause étrangère qui ne puisse leur être imputée (■ Cass. 1re civ., 12 avr. 1995, n° 92-11.950 : *JurisData* n° 1995-000887 ; *JCP* 1995, II, 22467, 1re esp., note Jourdain. ■ Cass. 1re civ., 14 nov. 1995, n° 93-16.650 : *JurisData* n° 1995-002971 ; *JCP* 1996, IV, 18 ; *Bull. civ.* I, n° 414, p. 289. ■ Cass. 1re civ., 9 juill. 1996, 2 arrêts : *JurisData* n° 1996-003054 ; *JCP* 1996, IV, 2108 et 2109 ; *D.* 1996, 611, note Lambert-Faivre ; *Bull. civ.* I, n° 303 et 304, p. 210 et 211. – Précisant que le fournisseur de produits sanguins est soumis à une obligation de résultat et ne peut s'exonérer de sa responsabilité, à l'égard de la victime, que par la preuve d'un cas de force majeure, V. ■ Cass. 2e civ., 25 janv. 2007, n° 06-12.106 : *JurisData* n° 2007-037038 ; *RDC* 2007/3, p. 723, obs. Borghetti ; *D.* 2007, p. 443, obs. Gallmeister ; *JCP* 2007, I, 185, obs. Stoffel-Munck ; *ibid.*, II, 10035, note Radé ; *Resp. civ. et assur.* 2007, 116, obs. Groutel).

37) Cause étrangère. Le vice interne du sang, même indécelable, ne constitue pas pour l'organisme fournisseur une cause qui lui est étrangère (■ Cass. 1re civ., 12 avr. 1995, n° 92-20.747 : *JurisData* n° 1995-000886 ; *JCP* 1995, II, 22467, 2e esp., note Jourdain, I, 3893, n° 20, obs. Viney ; *Bull. civ.* I, n° 180, p. 130. ■ Cass. 1re civ., 9 juill. 1996, préc. ■ Cass. 1re civ., 27 mai 1997, n° 95-13.817 : *JurisData* n° 1997-002397 ; *Contrats, conc. consom.* 1997, 145, note Leveneur), non plus que le fait que le donneur contaminant ait dissimulé son homosexualité lors de l'entretien préalable à la collecte (■ Paris, 10 nov. 1995 : *JurisData* n° 1995-023562 ; *Gaz. Pal.* 1996, 1, 152), non plus que des fautes imputées aux pouvoirs publics à raison d'une information insuffisante (■ Cass. 1re civ., 9 juill. 1996, n° 93-20.412, préc., 1er arrêt).

38) Preuve de la contamination par transfusion sanguine (présomption de causalité). *Lorsqu'une personne démontre*, d'une part, que la contamination virale dont elle est atteinte est survenue à la suite de transfusions sanguines, d'autre part, qu'elle ne présente aucun mode de contamination qui lui soit propre, il appartient au centre de transfusion sanguine, dont la responsabilité est recherchée, de prouver que les produits sanguins qu'il a fournis étaient exempts de tout vice (■ Cass. 1re civ., 9 mai 2001, n° 98-23.144 : *JurisData* n° 2001-009367 ; *JCP* 2002, I, 124, n° 12, obs. Viney ; *Bull. civ.*, I, n° 130, p. 85 ; *D.* 2002, 2149, rapp. Sargos. ■ Cass. 1re civ., 17 juill. 2001, 2 arrêts : *JCP* 2002, I, 124, n° 12, obs. Viney ; *Resp. civ. et assur.* 2001, 363, note Agard ; *JurisData* n° 2001-010675 et n° 2001-010676 ; *Bull. civ.* I, n° 234, p. 147 ; *RTD civ.* 2001, 889, obs. Jourdain. ■ Cass. 1re civ., 2 juill. 2002 : *JCP* 2002, IV, 2476 ; *JurisData* n° 2002-015089 ; *Bull. civ.* I, n° 182, p. 139 ; *JCP* 2003, I, 152, n° 27, obs. Viney. ■ Cass. 1re civ., 10 juill. 2002 : *Contrats, conc. consom.* 2002, 171, note Leveneur ; *JCP* 2002, IV, 2530 ; *JurisData* n° 2002-015152 ; *Bull. civ.* I, n° 198, p. 152. Comp., antérieurement, relevant que la preuve de la contamination par des produits sanguins peut être rapportée par tous moyens, y compris par présomptions, ■ Cass. 1re civ., 23 nov. 1999, n° 97-18.640 : *JCP* 2000, IV, 1039 ; *Bull. civ.* I, n° 324, p. 210. ■ Cass. 2e civ., 28 mars 2000 : *JCP* 2000, I, 241, n° 8, obs. Viney ; *RTD civ.* 2000, 575, obs. Jourdain. Mais dès lors que la victime persiste à ne pas s'expliquer sur les autres séjours hospitaliers, interventions ou soins invasifs qu'elle a pu subir, et à ne produire aucune pièce démontrant qu'elle n'a pas été exposée à d'autres modes de contamination de l'hépatite C médicalement reconnus, tels que séjour dans un pays endémique ou les contacts répétés avec des personnes infectées, c'est sans inverser la charge de la preuve que la cour d'appel a décidé que le centre régional de transfusion sanguine ne pouvait être tenu pour responsable de la contamination, bien qu'il ne démontrât pas l'innocuité de ses produits (■ Cass. 1re civ., 18 juin 2002 : *JCP* 2003, I, 152, n° 27, obs. Viney ; *JurisData* n° 2002-014853 ; *Bull. civ.* I, n° 169, p. 130.

Sur la présomption de causalité qui concerne la contamination par le virus de l'hépatite C, voir L. n° 2002-303, 4 mars 2002, art. 102, p. 3206. Selon l'article 102 de la loi du 4 mars 2002 qui est applicable aux instances n'ayant pas donné lieu à une décision irrévocable, en cas de contestation relative à l'imputabilité d'une contamination par le virus de l'hépatite C antérieure à la date d'entrée en vigueur de la loi, le demandeur apporte des éléments qui permettent de présumer que cette contamination a pour origine une transfusion de produits sanguins labiles ou une injection de médicaments dérivés du sang. Pour débouter la victime d'une contamination par le virus de l'hépatite C détectée en 1991 de son action en responsabilité, l'arrêt attaqué relève que si, en application de l'article 102 de la loi du 4 mars 2002, il appartenait à l'Établissement français du sang de prouver que les transfusions n'étaient pas à l'origine de la contamination, il appartenait au préalable à la victime de rapporter la preuve du lien de causalité entre les transfusions et la contamination, conformément aux dispositions de l'article 1315 du Code civil ; que cette preuve pouvait être faite par tous moyens y compris par présomptions conformément aux dispositions de l'article 1353 du Code civil ; que s'agissant des produits administrés, si une imprécision subsistait après une étude minutieuse sur un produit sanguin administré en 1987, laquelle interdisait d'écarter fermement l'étiologie transfusionnelle, les éléments présentés par la victime étaient néanmoins insuffisants pour constituer des présomptions graves, précises et concordantes de nature à établir un lien de causalité entre la transfusion des produits sanguins et les contaminations dont elle souffrait. En se déterminant ainsi, alors, qu'au vu de ces éléments, il incombait à la partie défenderesse de prouver que cette transfusion ou cette injection n'était pas à l'origine de la contamination ; que le juge forme sa conviction après avoir ordonné, en cas de besoin, toutes les mesures d'instruction qu'il estime utiles, et que le doute profite au demandeur, la cour d'appel a méconnu les règles de preuve instaurées par l'article 102 de la loi du 4 mars 2002 par refus d'application, et les articles 1315 et 1353 du Code civil par fausse application (▪ Cass. 1re civ., 3 avr. 2007, n° 06-18.647 : *JurisData* n° 2007-038326 ; *JCP* G 2007, IV, 1978). En présence d'une possibilité de contamination par les produits sanguins dont six donneurs n'ont pu être retrouvés, l'existence d'un doute devant bénéficier au demandeur, une cour d'appel ne peut refuser d'appliquer l'article 102 de la loi n° 2002-303 du 4 mars 2002 (▪ Cass. 1re civ., 5 mars 2009, n° 08-14.729 : *Bull. civ.* I, n° 47).

39) « Distilbène » (présomption de causalité). ▪ Cass. 1re civ., 7 mars 2006, n° 04-16.179 : *Bull. civ.* I, n° 142 ; *JCP* 2006, I, 166, n° 8, obs. Stoffel-Munck ; *Resp. civ. et assur.* 2006, 164, note Radé ; *RDC* 2006, 844, obs. Borghetti, qui met une obligation de vigilance à la charge des fabricants de produits pharmaceutiques. *Adde* C. Radé, *Distilbène : le laboratoire jugé responsable et coupable !* : *Resp. civ. et assur.* 2004, chron. 22. ▪ Cass. 1re civ., 24 sept. 2009, nos 08-10.081 et 08-16.305 : *RDC* 2010/1, 90, obs. Borghetti ; *Resp. civ. et assur.* 2009, étude 15, obs. Radé ; *JCP* 2009, 304, obs. Mistretta ; *ibid.* 381, note Hocquet-Berg ; *JCP* 2010, n° 16, 456, p. 844, obs. Stoffel-Munck ; *D.* 2010, p. 50, obs. Brun et p. 391, chron. Viney), qui décident qu'il appartient à la victime de prouver qu'elle a été exposée *in utero* à la molécule DES et que cette molécule est bien la cause de la maladie dont elle souffre mais que, dès lors que cette preuve est rapportée, il appartient à chacun des laboratoires mis en cause de prouver que son produit n'est pas à l'origine du dommage. Dans le même sens, ▪ Cass. 1re civ., 28 janv. 2010, n° 08-18.837 : *Bull. civ.* 2010, I, n° 22 ; *Resp. civ. et assur. 2010*, comm. 80, obs. Radé. Sur cette question, v. aussi C. Quézel-Ambrunaz, *La fiction de la causalité alternative, Fondement et perspectives de la jurisprudence « Distilbène »* : *D.* 2010, p. 1162. Dans ses rapports avec son coresponsable, l'un des laboratoires est bien fondé à demander que la contribution à la dette soit proportionnelle au risque qui lui est imputable, par référence à leurs parts de marché respectives (▪ CA Versailles, 14 avr. 2016, n° 16/00296 : *JCP* G 2016, 1117, Stoffel-Munck ; *RDC* 2017, 36, Borghetti).

40) Vaccins. Présomptions graves, précises et concordantes. V. sous art. 1386-9 ancien, p. 1251.

5° *Chirurgiens-dentistes*

41) Obligation de moyens quant aux soins dispensés. Sur le principe que le chirurgien-dentiste est tenu d'une obligation de moyens quant aux soins qu'il dispense, V. ▪ Cass. 1re civ., 15 nov. 1988, n° 86-16.443 : *JurisData* n° 1988-002734 ; *Bull. civ.* I, n° 319, p. 217 ; *JCP* 89, IV, 21. ▪ Cass. 1re civ., 17 oct. 1995, n° 93-14.939 : *JurisData* n° 1995-002622 ; *JCP* 95, IV, 2582 ; *Bull. civ.* I, n° 369, p. 257. ▪ Rennes, 15 juill. 1997 : *JurisData* n° 1997-048798 ; *JCP* 98, IV, 2171.

42) Exemples de fautes. Viole son obligation contractuelle le chirurgien-dentiste qui provoque une fracture du maxillaire en extrayant une dent de sagesse (▪ Cass. 1re civ., 3 févr. 1998, n° 96-10.264 : *JurisData* n° 1998-000431 ; *JCP* 98, IV, 1687 ; *Bull. civ.* I, n° 46, p. 31 ; *Resp. civ. et assur.* 1998, 165, note Groutel. V. aussi ▪ Cass. 1re civ., 9 oct. 2001 : *JCP* 2001, IV, 2865 ; *Bull. civ.* I, n° 248, p. 157 ; *JurisData* n° 2001-011243, extraction de dents de sagesse provoquant des cicatrices labiales et une altération du nerf mentonnier).

43) Prise en compte des possibilités financières du patient (non). La prise en compte des possibilités financières du patient ne peut autoriser un chirurgien-dentiste à dispenser des soins non conformes aux données acquises de la science (▪ Cass. 1re civ., 19 déc. 2000, n° 98-14.105 : *JurisData* n° 2000-007501 ; *Resp. civ. et assur.* 2001, 121 ; *Bull. civ.* I, n° 331, p. 214).

44) Obligation de résultat quant aux prothèses fournies. Si un chirurgien-dentiste est tenu à une simple obligation de moyens quant aux soins qu'il prodigue, il est tenu à une obligation de résultat comme fournisseur d'une prothèse, et doit délivrer un appareil sans défaut (▪ Cass. 1re civ., 15 nov. 1988, préc. ▪ Cass. 1re civ., 12 juin 1990, n° 88-14.297 : *JurisData* n° 1990-001722 ; *JCP* 90, IV, 306 ; *Bull. civ.* I, n° 162, p. 115. ▪ Cass. 1re civ., 17 oct. 1995 , préc. ▪ Rennes, 15 juill. 1997 , préc.). L'obligation inclut la conception et la confection de l'appareillage (▪ Cass. 1re civ., 23 nov. 2004 : *JurisData* n° 2004-025790 ; *JCP* 2005, IV, 1014 ; *Resp. civ. et assur.* 2005, 25 ; *RTD civ.* 2005, 139, obs. Jourdain).

45) Lien de causalité. Il appartient au patient de démontrer que les troubles dont il se plaint sont en relation avec l'intervention du praticien

(■ Paris, 8 févr. 1991 : *JurisData* n° 1991-020252 ; *JCP* 92, II, note Mémeteau). Lorsque la prothèse est inadaptée, le dentiste ne peut être condamné comme ayant contrevenu à son obligation de résultat dès lors que les difficultés peuvent être corrigées à l'occasion d'une consultation du praticien que le patient n'a pas sollicitée (■ Cass. 1re civ., 10 déc. 1996, n° 95-13.154 : *JurisData* n° 1996-004778 ; *JCP* 97, IV, 278 ; *Bull.* I, n° 445, p. 311).

46) Obligation de renseignement. Sur le manquement du chirurgien-dentiste à son obligation de renseignement, V. ■ Cass. 1re civ., 22 nov. 1994, n° 92-16.423 : *JurisData* n° 1994-002115 ; *JCP* 95, IV, 204 ; *Bull.* I, n° 340, p. 245 ; *RTD civ.* 1995, 375, obs. Jourdain (appareil présentant un danger certain).

47) Responsabilité du fait du remplaçant. Sur la responsabilité partielle du chirurgien-dentiste du fait de son remplaçant, V. ■ Paris, 1er déc. 1995 : *JCP* 97, II, 22760, note Vray. Toute maladresse d'un praticien engage sa responsabilité et est, par là même, exclusive de la notion de risque inhérent à un acte médical (■ Cass. 1re civ., 30 sept. 1997, n° 95-16.500 : *JurisData* n° 1997-003765 ; *JCP* 98, I, 144, n° 21, obs. Viney ; *Bull. civ.* I, n° 259, p. 175. Comp. ■ Amiens, 11 oct. 2001 : *Resp. civ. et assur.* 2002, 32, note Grynbaum ; *JurisData* n° 1997-154949).

B – Transporteurs et exploitants de télésiège ou de remonte-pente

48) Obligation de sécurité résultat du transporteur. Sur le principe que le transporteur est tenu d'une obligation de résultat, V. ■ Cass. civ., 21 nov. 1911 : *DP* 1913, 1, 249, note Sarrut. ■ Cass. 1re civ., 21 oct. 1997, n° 95-19.755 : *JurisData* n° 1997-004155 ; *JCP* 97, IV, 2394 ; *Bull. civ.* I, n° 288, p. 194 ; *Resp. civ. et assur.* 1997, 356. ■ Cass. 2e civ., 12 janv. 2017, n° 15-22.066 : *Resp. civ. et assur.* 2017, 64, Groutel (passagère qui s'est blessée à la cheville dans le train en poursuivant le voleur de son sac).

49) Durée de l'obligation contractuelle. Cette obligation de transporter le voyageur sain et sauf n'existe que pendant l'exécution du contrat de transport, c'est-à-dire à partir du moment où le voyageur commence à monter dans le véhicule et jusqu'au moment où il achève d'en descendre (■ Cass. 1re civ., 1er juill. 1969 : *JurisData* n° 1969-000260 ; *JCP* 69, II, 16091, concl. Lindon. ■ Cass. 1re civ., 26 juin 1990, n° 88-18.721 : *Bull. civ.* I, n° 181, p. 126). Avant et après, la responsabilité encourue par le transporteur est de nature délictuelle (■ Cass. 1re civ., 7 mars 1989, n° 86-18.786 : *JurisData* n° 1989-700927 ; *Bull. civ.* I, n° 118, p. 77 ; *D.* 1991, 1, note Malaurie ; *RTD civ.* 1989, 548, obs. Jourdain. V. sur cet arrêt C. Mascada, *Accidents de quai : le « déraillement » de l'obligation de sécurité : D.* 1991, chron. 80. V. aussi pour l'accident survenu sur l'escalator d'une gare ■ Paris, 25 avr. 2000 : *JCP* 2002, II, 10032, note Delagarde ; *JurisData* n° 2000-111952). Le moment du débarquement du télésiège est le moment où l'usager doit quitter le siège (■ Cass. 1re civ., 11 juin 2002 : *Contrats, conc. consom.* 2002, 154, note Leveneur ; *JurisData* n° 2002-014738 ; *Bull. civ.* I, n° 166, p. 127 ; *JCP* 2003, I, 152, n° 13, obs. Viney, usager tombé sur le sol douze mètres avant l'aire de débarquement, après avoir relevé le garde-corps). Le contrat de transport se formant par la délivrance du billet et la victime n'ayant pas rapporté la preuve qu'elle était en possession d'un titre de transport au moment de l'accident ni allégué qu'elle n'aurait pu en obtenir un en raison de la fermeture des guichets pour cause de grève, l'action exercée ne peut avoir de fondement contractuel (■ Cass. 1re civ., 6 oct. 1998, n° 96-14.660 : *JurisData* n° 1998-003846 ; *JCP* 99, II, 10186, note Aubrée ; *Bull. civ.* I, n° 269, p. 188).

50) Obligation de ponctualité. Sur la responsabilité de la SNCF pour manquement à l'obligation de ponctualité, V. ■ Cass. 1re civ., 14 janv. 2016, n° 14-28.227 : *Bull.* ; Contrats, conc., consom., 2016, n° 87, note L. L. ; *D.* 2017, Gout ; *RDC* 2016, 210, Genicon (obligation de résultat). ■ Paris, 4 oct. 1996, n° 95.007346 : *JurisData* n° 1996-023909 ; *JCP* 97, II, 22811, note Paisant et Brun et ■ Paris, 22 sept. 2010, n° 08/14438 : *JurisData* n° 2010-023260 ; *D.* 2011, act. 12, obs. Gallmeister ; *JCP* 2011, n° 47, note Clerc. Mais sur ce que seul le dommage prévisible est indemnisable (V. ■ Cass. 1re civ., 14 janv. 2016, préc.) et que, dans l'hypothèse de voyageurs devant ensuite prendre un avion, les juges du fond doivent rechercher si la SNCF pouvait prévoir, lors de la conclusion du contrat, que le terme du voyage en train n'était pas la destination finale et que des contrats de transport aérien avaient été conclus, V. ■ Cass. 1re civ., 28 avr. 2011, n° 10-15.056 : *Bull.*, n° 77 ; *RDC* 2011, p. 1157, obs. Laithier ; *ibid.* 1163, obs. Viney ; *D.* 2011, p. 1725, note Bacache ; *D.* 2012, pan. p. 47, obs. Gout ; *ibid.*, pan. p. 459, obs. Amrani Mekki et Mekki ; *JCP* 2011, 1253, obs. Bernheim-Van de Casteele ; *RTD civ.* 2011, p. 547, obs. Jourdain ; Contrats, *conc. consom.* 2011, n° 154, obs. Leveneur ; *RCA* 2011, n° 242, obs. Hocquet-Berg. Jugé, par application des conditions générales figurant sur le billet d'avion, que les heures indiquées sur les horaires ou ailleurs ne sont pas garanties et ne font pas partie du contrat conclu avec Air France (■ Cass. 1re civ., 5 juill. 2005, n° 02-21.452 : *JurisData* n° 2005-029321 ; *Contrats, conc. consom.* 2005, 200, note Leveneur ; *RDC* 2006/2, p. 328, obs. Mazeaud). Mais pour l'application du Règlement européen n° 261/2004 prévoyant une indemnisation des passagers en cas de retard de plus de 3 heures,

V. ▪ Cass. 1re civ., 30 nov. 2016, n° 15-21.290 : *Resp. civ. et assur.* 2017, 53, Bloch.

51) Obligation de sécurité de moyens. Si un transporteur aérien n'est tenu d'une obligation de sécurité de résultat vis-à-vis de ses passagers qu'en ce qui concerne, outre le vol proprement dit, les opérations d'embarquement et de débarquement, il reste tenu à leur égard d'une obligation de sécurité de moyens dans l'exécution du contrat le liant à ses clients. A failli à cette obligation la compagnie qui a réalisé une escale non contractuelle au Koweït sans tenir compte de l'imminence d'un conflit armé hautement prévisible, exposant ainsi ses passagers sans raison valable à un risque de guerre (▪ Cass. 1re civ., 15 juill. 1999, n° 97-16.136 : *JurisData* n° 1999-003077 ; *JCP* 99, IV, 2724 ; *Bull. civ.* I, n° 242, p. 156). La SNCF manque à son obligation de renseignement et de conseil dès lors qu'elle n'indique pas de façon précise à l'usager quels trains sont équipés de prises permettant de brancher son appareil respiratoire (▪ Paris, 14 mars 2005, n° 03/15894 : *JurisData* n° 2005-265829 ; *D.* 2005, 1913, note Noblot).

52) Bagages. Ne donne pas de base légale à sa décision le tribunal qui condamne la SNCF à réparer le préjudice subi du fait du vol d'un bagage à main déposé à l'emplacement destiné à cet effet dans le TGV, sans préciser le fondement de la responsabilité retenue (▪ Cass. 2e civ., 6 mars 1996, n° 94-13.666 : *JurisData* n° 1996-000974 ; *Bull. civ.* II, n° 58, p. 38. V. aussi ▪ Cass. 1re civ., 9 juill. 1996, n° 94-18.666 : *JurisData* n° 1996-003052 ; *JCP* 96, IV, 2107 ; *Bull. civ.* I, n° 307, p. 215 ; *D.* 1997, somm. 25, obs. Delebecque ; *RTD civ.* 1997, 139, obs. Jourdain, relevant que les énonciations des juges du fond excluent que la surveillance du bagage, en l'absence d'enregistrement, ait été contractuellement prise en charge par la SNCF). Sauf texte ou stipulation contraire, l'obligation de transport d'un véhicule n'étend ni son objet ni son régime aux bagages qui s'y trouvent enfermés (▪ Cass. 1re civ., 25 févr. 2003 : *JurisData* n° 2003-017898 ; *JCP* 2003, IV, 1727 ; *Bull. civ.* I, n° 56, p. 42). Le transporteur de voyageurs est accessoirement tenu d'une obligation de résultat relativement au transport des bagages placés en soute, de sorte qu'il est tenu de répondre de leur disparition (▪ Cass. 1re civ., 26 sept. 2006 : *JurisData* n° 2006-035127, *JCP* 2006, II, 10026, note Mignot ; *RDC* 2007/2, p. 391, obs. Delebecque). Dans le même sens, ▪ Cass. 1re civ., 9 juill. 2015, n° 14-13.423 (l'action subrogatoire de l'assureur des voyageurs les ayant indemnisés de la perte de leurs bagages incendiés dans la soute peut être exercée contre le transporteur, tenu d'une obligation de sécurité de résultat, sans être tenu de démontrer sa faute).

53) Voyage organisé par une agence de voyages. Responsabilité contractuelle du transporteur. La nature du contrat liant les touristes à l'agence de voyages est sans incidence sur la responsabilité du transporteur contractuellement tenu envers les clients pour le compte desquels un contrat de transport a été conclu (▪ Cass. 1re civ., 3 juin 1998, n° 96-11.971 : *JurisData* n° 1998-002516 ; *JCP* G 99, II, 10010, note Rzepecki ; *JCP* E 99, 225, note Youego ; *Bull. civ.* I, n° 199, p. 137). C'est par une appréciation souveraine que les juges du fond ont estimé que, s'agissant d'un voyage organisé en car, tous les bagages accompagnant les touristes pendant la durée de leur séjour ont fait l'objet d'un contrat accessoire au contrat de transport (même arrêt).

54) Obligation de sécurité de l'entreprise de manutention. Sur le principe que l'obligation de sécurité de l'entreprise de manutention n'est qu'une obligation de moyens, V. ▪ Cass. 1re civ., 24 nov. 1993, n° 91-21.724 : *JurisData* n° 1993-002640 ; *Bull. civ.* I, n° 344, p. 238 ; *JCP* 94, I, 3773, n° 1, obs. crit. Viney.

55) Télésiège et remonte-pente. L'exploitant d'un télésiège est tenu d'une simple obligation de moyens pour les opérations d'embarquement et de débarquement au cours desquelles le skieur a un rôle actif à jouer (▪ Cass. 1re civ., 11 mars 1986, n° 84-13.656 : *JurisData* n° 1986-700467 ; *Bull. civ.* I, n° 65, p. 62. ▪ Cass. 1re civ., 10 mars 1998, n° 96-13.458 : *JurisData* n° 1998-001090 ; *JCP* 98, IV, 2002 ; *Bull. civ.* I, n° 110, p. 73 ; *Resp. civ. et assur.* 1998, 182. ▪ Cass. 1re civ., 15 juill. 1999, n° 97-14.361 : *JurisData* n° 1999-002907 ; *Resp. civ. et assur.* 1999, 315). V. aussi pour un remonte-pente, ▪ Cass. 1re civ., 4 nov. 1992, n° 90-21.535 : *JurisData* n° 1992-002412 ; *JCP* 93, II, 22058, note Sarraz-Bournet ; *D.* 1994, 45, note Brun ; *RTD civ.* 1993, 364, obs. Jourdain (« en raison de la participation active que l'usager d'un remonte-pente, tiré sur ses skis, était tenu d'apporter à l'opération, spécialement au départ et à l'arrivée »). ▪ Grenoble, 27 juin 2000 : *JurisData* n° 2000-124073 ; *JCP* 2001, IV, 1471. Comp., se bornant à affirmer que l'exploitant d'un appareil de remontée mécanique du type télésiège est contractuellement tenu d'assurer la sécurité des utilisateurs, ▪ Cass. 1re civ., 4 juill. 1995, n° 93-18.662 : *JurisData* n° 1995-001794 ; *JCP* 96, II, 22620, 2e esp., note Paisant et Brun ; *Bull.* I, n° 301, p. 210 ; *Resp. civ. et assur.* 1995, comm. 334, qui énonce que les juges du fond n'ont pas caractérisé une faute du créancier de l'obligation de sécurité. V. aussi ▪ Cass. 1re civ., 4 juill. 1995, n° 93-18.662 : *JurisData* n° 1995-001794 ; *Bull.* I, n° 300, p. 210 ; *JCP* 96, II, 22620, 1re esp., note Paisant et Brun, retenant la responsabilité de l'exploitant à l'égard de l'usager qui, ayant emprunté le télésiège aux alentours de l'heure de fermeture, s'est trouvé bloqué et a sauté de crainte d'avoir à passer la nuit. Lorsque l'exploitant du télésiège accepte de transporter un non-skieur, il modifie la destination initiale du télésiège et l'étendue de ses obligations, l'obligation de sécurité dont il est débiteur se transformant en obligation de résultat (▪ TGI Albertville, 6 févr. 1996 : *JurisData* n° 1996-040160 ; *JCP* 96, IV, 2581).

56) Une société d'auto-école est tenue envers ses élèves d'une obligation contractuelle de sécurité, qui est de moyens (▪ Cass. 1re civ., 15 oct. 2014, n° 13-20.851 : *Bull.* ; *D.* 2014, p. 2386, note Da Silva ; *Gaz. Pal.* 2015, n° 14, p. 10, obs. Mekki ; *JCP* G 2015, p. 1236, obs. Bloch).

57) Maintenance d'un ascenseur. Celui qui est chargé de la maintenance et de l'entretien complet d'un ascenseur est tenu d'une obligation de résultat en ce qui concerne la sécurité (▪ Cass. 3e civ., 1er avr. 2009, n° 08-10.070 : *Bull. civ.* III, n° 71 ; *RDC* 2009/4, p. 1367, obs. Carval).

C – Agences de voyages

58) Agence mandataire. Pour un exemple d'agence jouant seulement un rôle de mandataire dans la fourniture de billets d'avion, V. ▪ Cass. 1re civ., 28 mars 1995, n° 93-12.678 : *JurisData* n° 1995-000708 ; *D.* 1995, 434, note Dagorne-Labbe. Sur le principe que l'agence de voyages est tenue en ce cas d'une obligation de moyens, V. ▪ Cass. 1re civ., 24 juin 1964 : *Bull. civ.* I, n° 341, p. 265. ▪ Cass. 1re civ., 22 oct. 2002, n° 99-15.766 : *JurisData* n° 2002-016054 ; *Resp. civ. et assur.* 2003, 8 ; *Contrats, conc. consom.* 2003, 35, note Leveneur. ▪ Cass. 1re civ., 30 oct. 2007, n° 06-18.510 : *JCP* 2008, II, 10039, note Bazin, pour une méconnaissance de l'obligation d'informer le client qu'il doit déclarer sa créance au passif de la procédure collective alors que l'agence de voyages avait averti ledit client de la liquidation judiciaire de la compagnie aérienne. Mais elle doit assurer l'efficacité du titre qu'elle délivre (▪ Cass. 1re civ., 31 mai 1978, n° 76-13.667 : *JurisData* n° 1978-000213 ; *D.* 1979, 48, note Foulon-Piganiol. ▪ Paris, 10 juin 1997 : *D.* 1998, 252, 1re esp., note Dagorne-Labbe), à moins que l'inefficacité du titre résulte de circonstances extérieures au contrat (▪ Cass. 1re civ., 12 juin 1985, n° 84-12.019 : *JurisData* n° 1985-701964 ; *Bull. civ.* I, n° 185, p. 167. ▪ Cass. 1re civ., 30 janv. 2007, n° 05-20.050 : *JurisData* n° 2007-037168 ; *JCP* G 2007, II, 10060, note Poumarède : est une circonstance extérieure au contrat le fait que le vol de retour ait été annulé en raison de la mise en liquidation judiciaire de la compagnie aérienne, et alors que la solution de remplacement proposée, à savoir l'achat par le client d'un nouveau titre auprès de deux autres compagnies aériennes dont le surcoût, négocié, serait immédiatement remboursé, avait été refusée par le client, la preuve d'une faute de l'agence n'étant pas rapportée. – V. encore ▪ Cass. 1re civ., 12 juin 2012, n° 10-26.328 : *Bull.* : viole l'article 455 du Code de procédure civile le jugement qui condamne une agence de voyages à rembourser des billets délivrés par elle et inutilisables en raison des motifs particuliers du déplacement de ses clients, sans établir la connaissance qu'elle en avait ou aurait dû en avoir). Mais il entre dans les obligations de l'agence de voyages, en tant que professionnel mandataire de son client, à qui elle vend un billet d'avion, de l'informer des conditions précises d'utilisation du billet, parmi lesquelles figurent les formalités d'entrée sur le territoire de l'État de destination (▪ Cass. 1re civ., 7 févr. 2006 : *JurisData* n° 2006-032054 ; *Bull. civ.* I, n° 63, p. 63 ; *D.* 2006, p. 1807, obs. Dagorne-Labbe ; *Contrats, conc. consom.* 2006, 104, note Leveneur ; *RDC* 2006/4, p. 1161, obs. Delebecque).

59) Agence entrepreneur. Sur le principe que l'agent vendeur ou organisateur de voyages ou de séjours est responsable de plein droit à l'égard de son client de la bonne exécution des obligations résultant du contrat, V. C. tourisme, art. L. 211-17, p. 2758. ▪ Cass. 1re civ., 16 févr. 1999, n° 96-21.883 : *JurisData* n° 1999-000829 ; *JCP* G 2000, II, 10323 ; *JCP* E 2000, 1043, note Lachassagne ; *Resp. civ. et assur.* 1999, 140. ▪ Cass. 1re civ., 2 nov. 2005, n° 02-18.723 : *JurisData* n° 2005-030523 ; *JCP* 2006, II, 10018, note Poumarède ; *Contrats, conc. consom.* 2006, 41, note Leveneur. ▪ Cass. 1re civ., 9 déc. 2015, n° 14-20.533 : *Bull.* ; *Contrats, conc. consom.* 2016, n° 63 ; *JurisData* n° 2015-027532 (croisiériste tombée sur le pont du navire). V. aussi, par application du droit antérieur, ▪ Versailles, 31 mai 1996 : *JurisData* n° 1996-044197 ; *D.* 1997, 229, note Dagorne-Labbe. ▪ Cass. 1re civ., 3 mai 2000, n° 97-20.329 : *JurisData* n° 2000-001684 ; *JCP* 2000, IV, 2077 ; *Bull. civ.* I, n° 129, p. 87 ; *D.* 2001, 670, note Dagorne-Labbe ; *Resp. civ. et assur.* 2000, 235, note Groutel. ▪ Paris, 15 mars 2004 : *JurisData* n° 2004-246667 ; *D.* 2004, 2006, note Dagorne-Labbe). Tout parent doit s'informer en temps utile des formalités légales qu'entraîne le déplacement de son enfant en dehors du territoire français et aucune obligation particulière ne pèse à cet égard sur l'agence de voyages (▪ Cass. 1re civ., 24 nov. 1998, n° 96-21.995 : *JurisData* n° 1998-004516 ; *JCP* 99, II, 10106, 1re esp., note Dagorne-Labbe ; *Bull. civ.* I, n° 330, p. 228 ; *D.* 1999, 156, note Boulanger). L'agence n'est pas tenue de rembourser les sommes à sa cliente qui a rompu unilatéralement le contrat en raison de l'aggravation de la crise du Golfe, laquelle n'était pas constitutive de force majeure (▪ Cass. 1re civ., 8 déc. 1998, n° 96-22.139 : *JurisData* n° 1998-004769 ; *JCP* 99, II, 10106, 2e esp., note Dagorne-Labbe ; *Contrats, conc. consom.* 1999, 36, note Leveneur ; *Bull. civ.* I, n° 346, p. 238 ;

Defrénois 1999, 370, obs. Delebecque). La panne électrique sur un paquebot ne constitue pas le fait d'un tiers susceptible d'exonérer l'organisateur de voyages ni un cas de force majeure (■ Paris, 1er juin 2001 : *D.* 2002, somm. 1319, obs. Delebecque). Jugé que le législateur de 1992 n'a pas voulu étendre la présomption de responsabilité de plein droit aux activités dans lesquelles les participants ont un rôle actif et dont l'agence n'a pas la maîtrise mais que l'organisateur d'une excursion de pêche en mer a une obligation de moyens en ce qui concerne la sécurité et la santé des touristes, dont il ne peut s'exonérer qu'en établissant une cause étrangère (■ Paris, 16 févr. 2001, n° 1999/22736 : *JurisData* n° 2001-143512 ; *D.* 2002, 2343, note Dagorne-Labbe, décidant que le comportement intempestif d'un touriste n'a pas été en l'espèce imprévisible).

60) Responsabilité contractuelle du fait d'autrui. La responsabilité de plein droit de la bonne exécution des obligations résultant du contrat s'applique, que ces obligations soient à exécuter par l'agence elle-même ou par d'autres prestataires de services, sans préjudice de son droit de recours contre ceux-ci (L. n° 92-645, 13 juill. 1992, art. 23). Sur la responsabilité de l'agence organisatrice de séjours à raison de la fourniture d'une eau non potable par le prestataire de services local, V. ■ Paris, 12 juin 1997, n° 96PA01090 : *JurisData* n° 1997-050414 ; *D.* 1998, 252, 2e esp., note Dagorne-Labbe ; pour une intoxication alimentaire lors d'une croisière, V. ■ Cass. 1re civ., 15 déc. 2011, n° 10-10.585 : *Bull.*, n° 221 ; *Resp. civ. et assur.* 2012, n° 68, obs. Bloch. Jugé que l'article 23 de la loi du 13 juillet 1992 n'a fait que traduire les principes déjà admis par la jurisprudence et résultant implicitement de la législation antérieure (■ Paris, 5 nov. 1996, n° 94/19663 : *JurisData* n° 1996-022896 ; *D.* 1997, 292, note Dagorne-Labbe). V. par ex. ■ Cass. 1re civ., 10 mai 1989 : *Bull. civ.* I, n° 183, p. 122 ; *RTD civ.* 1989, 755, obs. Jourdain (valise vidée de son contenu lors du transport aérien). ■ Cass. 1re civ., 15 janv. 1991, n° 89-16.370 : *JurisData* n° 1991-000132 ; *D.* 1992, 242, note Dagorne-Labbe et 435, 1re esp., note Diener (enfant blessé en tombant dans des plantes épineuses). V. aussi A. Batteur, *De la responsabilité des agences de voyages organisés. Vers un cas autonome de responsabilité contractuelle du fait d'autrui* : *JCP* E 92, I, 131. La responsabilité de l'agence de voyages ne saurait être supérieure à celle du prestataire de services local dont les obligations s'apprécient en fonction du droit et des circonstances locaux. Dès lors qu'il n'est ni prouvé ni même allégué qu'une faute du loueur de véhicule ait concouru à la survenance de l'accident, que sa seule faute concerne le défaut de conclusion d'un contrat d'assurance relatif à une garantie incluse dans le prix de la location, l'agence ne peut être condamnée au paiement d'une somme supérieure au montant de la garantie à laquelle les clients avaient contractuellement droit (■ Paris, 5 nov. 1996, préc.).

61) Surveillance des prestataires de services. L'agence de voyages qui fait appel à l'étranger à un transporteur local reste tenue d'une obligation de surveillance de ce transporteur, et a notamment l'obligation de veiller à ce que ledit transport soit exécuté dans des conditions de sécurité suffisantes (■ Cass. 1re civ., 23 févr. 1983, n° 82-11.128 : *JurisData* n° 1983-700457 ; *JCP* 83, II, 19967, concl. Gulphe ; *D.* 1983, 481, note Couvrat ; *RTD civ.* 1984, 322, obs. Durry, imprudence d'un chauffeur de car. V. en ce sens dans la même hypothèse ■ Cass. 1re civ., 29 janv. 1991, n° 89-17.227 : *JurisData* n° 1991-000219 ; *Bull. civ.* I, n° 40, p. 24). Une agence de voyages peut être déclarée responsable de la négligence consistant à n'avoir pas vérifié si l'hôtelier avait souscrit une assurance de responsabilité (■ Cass. 1re civ., 3 nov. 1983, n° 82-12.729 : *JurisData* n° 1983-702356 ; *JCP* 84, II, 20147, concl. Gulphe : *RTD civ.* 1984, 322, obs. Durry).

D – Sports et spectacles

62) Obligation de moyens du club sportif et de ses moniteurs. Le club sportif et ses moniteurs ne sont tenus que d'une obligation de moyens en ce qui concerne la sécurité de leurs adhérents dans la pratique de leur sport (■ Cass. 1re civ., 21 nov. 1995 : *JCP* 96, IV, 92 ; *Bull.* I, n° 424, p. 296 ; *Resp. civ. et assur.* 1996, 28). V. aussi ■ Cass. 1re civ., 9 févr. 1994, n° 91-17.202 : *JurisData* n° 1994-000289 ; *JCP* 94, II, 22313, note Veaux, moniteur de ski dirigeant un cours collectif. ■ Cass. 1re civ., 22 juin 2004 : *JCP* 2004, IV, 2720 ; *JurisData* n° 2004-024260 ; *Bull. civ.* I, n° 176, p. 146, organisateur d'un stage de parachutisme. ■ Cass. 1re civ., 16 nov. 2004, n° 02-10.628 : *Bull. civ.* I, n° 278, p. 233, moniteur de karaté. ais v. pour un accident au cours d'une plongée organisée par un club de vacances, exigeant que les juges du fond relèvent le caractère imprévisible et irrésistible de la présence d'une murène sur les lieux de la plongée, ■ Cass. crim., 1er juill. 1997, n° 96-85.320 : *JurisData* n° 1997-003661 ; *D.* 1997, inf. rap. 212 ; *RTD civ.* 1998, 117, obs. Jourdain ; *D.* 1998, somm. 197, 1re esp., obs. Jourdain). Les juges du fond doivent rechercher si le seul fait de n'avoir pas informé le membre du club de son intérêt à souscrire une assurance complémentaire n'a pas privé celui-ci de la perte d'une chance d'obtenir une meilleure réparation (■ Cass. 1re civ., 7 avr. 1998, n° 96-18.210 : *JurisData* n° 1998-001622 ; *JCP* 98, IV, 2289 ; *Bull. civ.* I, n° 147, p. 97).

63) Portée de l'obligation. Caractère dangereux du sport. Le moniteur de sports est tenu, en ce qui concerne la sécurité des participants, à une obligation de moyens, cependant appréciée avec plus de rigueur lorsqu'il s'agit d'un sport dangereux (▪ Cass. 1re civ., 16 oct. 2001 : *JCP* 2002, II, 10194, note Lièvremont ; *Bull. civ.* I, n° 260, p. 164 ; *Resp. civ. et assur.* 2002, 33 ; *Contrats, conc. consom.* 2002, 21, note Leveneur ; *RTD civ.* 2002, 107, obs. Jourdain ; *JurisData* n° 2001-011276). V. pour l'obligation de moyens renforcée de l'entraîneur de lutte, ▪ Cass. 1re civ., 16 mai 2018, n° 17-17.904 : *Bull. civ.* ; *Contrats, conc. consom.* 2018, comm. 148.

64) Alpinisme. En énonçant qu'une organisation d'activités sportives a eu recours à un premier de cordée dont les aptitudes physiques et techniques se sont révélées insuffisantes, et qu'ainsi elle n'a pas mis en œuvre les moyens propres à exécuter son obligation, une cour d'appel n'a pas mis à sa charge une obligation de résultat (▪ Cass. 1re civ., 10 mars 1992, n° 87-17.824 : *JurisData* n° 1992-000562 ; *JCP* 92, IV, 1441 ; *Bull. civ.* I, n° 80, p. 53).

65) Randonnée. L'association organisatrice d'une randonnée pédestre qui inscrit les ruines d'un château dans son programme de randonnée doit avertir les participants du danger constitué par l'état d'un pont (▪ Cass. 2e civ., 18 déc. 1995, n° 94-13.069 : *JCP* 96, IV, 380 ; *Bull. civ.* II, n° 315, p. 185 ; *Resp. civ. et assur.* 1996, 77). Mais l'organisateur n'engage pas sa responsabilité dès lors que le parcours choisi pour une randonnée en VTT ne présente pas de difficultés particulières et a déjà été emprunté par la victime l'année précédente (▪ Cass. 1re civ., 2 févr. 1999, n° 96-21.220 : *JurisData* n° 1999-000504 ; *Resp. civ. et assur.* 1999, 108).

66) Stage d'initiation au vol en ULM ou en parapente. L'obligation de moyens à laquelle sont tenus les organisateurs d'un stage d'initiation au vol en ULM doit s'apprécier avec d'autant plus de sévérité qu'il s'agit d'un sport dangereux. Elle comporte le devoir non seulement de faire assimiler aux élèves les consignes techniques mais aussi *de tester leurs capacités psychologiques* (▪ Cass. 1re civ., 29 nov. 1994, n° 92-11.332 : *JCP* 95, IV, 285 ; *Bull. civ.* I, n° 351, p. 253. V. en ce sens pour le parapente ▪ Cass. 1re civ., 5 nov. 1996, n° 94-21.975 : *JurisData* n° 1996-004129 ; *Resp. civ. et assur.* 1997, 30 ; *Bull. civ.* I, n° 380, p. 266. ▪ Grenoble, 21 avr. 1998, n° 96.5143 : *JurisData* n° 1998-043400 ; *JCP* 98, IV, 3542. V. aussi, relevant l'existence d'une obligation de sécurité de résultat pendant les vols en parapente biplace, ▪ Cass. 1re civ., 21 oct. 1997, n° 95-19.759 : *JurisData* n° 1997-004159 ; *JCP* 98, II, 10103, note Varet : *D.* 1998, 271, note Brun ; somm. 197, 2e esp., obs. Jourdain ; *Bull. civ.* I, n° 287, p. 193 ; *Resp. civ. et assur.* 1997, 355 ; *RTD civ.* 1998, 118, obs. Jourdain. Et pour une obligation de sécurité de résultat en ce qui concerne le matériel utilisé lors du stage de parapente, ▪ Cass. 1re civ., 11 janv. 2017, n° 15-24.696 : *JCP* G 2017, 1174, C. Bloch (radio tombée en panne lors d'un vol en solo, ce qui a troublé le stagiaire lors de l'atterrissage).

67) Organisation de compétitions sportives. Sur le principe que l'organisateur de compétitions sportives n'est tenu que d'une obligation de moyens, V. ▪ Cass. 1re civ., 12 juin 1990, n° 89-11.815 : *JurisData* n° 1990-701858 ; *JCP* 90, IV, 307 (matchs de football). ▪ Cass. 1re civ., 22 juin 1999, n° 97-10.126 : *JurisData* n° 1999-002628 ; *Resp. civ. et assur.* 1999, 303 ; *JCP* 99, IV, 2552 ; *Bull. civ.* I, n° 214, p. 138 (« combat de sumo »). ▪ TGI Versailles, 10 sept. 1999 : *JurisData* n° 1999-113369 ; *JCP* 2000, II, 10329, note Carius (compétition d'équitation). ▪ Cass. 1re civ., 7 mars 2000, n° 94-17.120 : *JurisData* n° 2000-001072 ; *Resp. civ. et assur.* 2000, 194 (jeu sportif de type inter-villages). ▪ Cass. 1re civ, 25 janv. 2005 : *Resp. civ. et assur.* 2005, 80, note Hoquet-Berg ; *JCP* G 2005, IV, 1458 ; *JurisData* n° 026633 ; *Bull. civ.* I, n° 46, p. 36 (rallye automobile). Le fait qu'un arbitre soit frappé après un match ne démontre pas à lui seul la faute du club organisateur (▪ Cass. 1re civ., 18 nov. 1997, n° 95-12.698 : *JurisData* n° 1997-004567 ; *Resp. civ. et assur.* 1998, 60). Mais l'organisateur d'une course cycliste est tenu de réparer le dommage subi par un participant heurté alors qu'il circulait sur la voie gauche, étant en droit de penser que des mesures avaient été prises qui l'autorisaient à emprunter cette voie (▪ Cass. 1re civ., 16 déc. 1997, n° 95-19.119 : *JurisData* n° 1997-005170 ; *JCP* 98, IV, 1350 ; *Bull. civ.* I, n° 377, p. 255), peu important à cet égard la qualification donnée à la nature de la responsabilité encourue (même arrêt). Jugé qu'un club de rugby contracte envers ses adhérents une obligation de moyens lui imposant de mettre en œuvre toute précaution appropriée en vue d'assurer leur sécurité dans l'exercice de cette activité (▪ Grenoble, 4 févr. 2003, n° 00/04649 : *JurisData* n° 2003-201118 ; *Resp. civ. et assur.* 2003, 182, note Radé, responsabilité du club ayant choisi un joueur inexpérimenté pour occuper le poste de pilier). Le seul respect des obligations de sécurité fixées par les instances sportives est insuffisant pour exonérer une association de ses devoirs en matière de sécurité et, au-delà d'un strict respect des prescriptions sportives, il existe à la charge de cette association une obligation de prudence et de diligence. Aussi, l'arrêt qui, sans se borner à constater que l'installation de filets protecteurs était insuffisante, relève qu'il existait d'autres solutions techniques récentes satisfaisantes, tant en ce qui concernait l'exercice du sport qu'en ce qui concernait la sécurité, a pu décider que l'association avait commis un manquement à son obligation contractuelle de sécurité (■ Cass. 1re civ., 16 mai 2006 : *JurisData* n° 2006-033511 ; *Bull. civ.* I, n° 249, p. 218).

68) Karting et moto. Manque à son obligation de sécurité l'exploitant d'un circuit de karting qui n'a pas équipé ce circuit pour tenir compte de ce qu'il reçoit des conducteurs sans aucune expérience (■ Cass. 1re civ., 6 janv. 1998, n° 96-10.463 : *JurisData* n° 1998-000106 ; *Resp. civ. et assur.* 1998, 129, absence de bottes de paille ; mais v. en sens inverse pour l'absence de filet de sécurité ■ Cass. 1re civ., 1er déc. 1999, n° 98-11.829 : *JurisData* n° 1999-004182 ; *JCP* 2000, IV, 1101 ; *Resp. civ. et assur.* 2000, 93, 2e esp. ; *Bull. civ.* I, n° 329, p. 212 ; *D.* 2000, 287, 1re esp., note Mouly ; *Contrats, conc. consom.* 2000, 59, note Leveneur) ou l'organisateur d'une épreuve d'endurance à moto qui n'a pas mis en place des aménagements permettant d'éviter que les participants heurtent des arbres en bordure de piste (■ Cass. 1re civ., 15 juill. 1999, n° 97-15.984 : *JurisData* n° 1999-002908 ; *Resp. civ. et assur.* 1999, 335 ; *Bull. civ.* I, n° 251, p. 162). Sur l'obligation de surveillance permanente du comportement des utilisateurs pesant sur l'exploitant du centre de karting, V. ■ Cass. 1re civ., 1er déc. 1999, n° 98-11.829 : *JurisData* n° 1999-004182 ; *JCP* 2000, IV, 1100 ; *Resp. civ. et assur.* 2000, 93, 1re esp. ; *Bull. civ.* I, n° 330, p. 213 ; *D.* 2000, 287, 2e esp., note Mouly).

69) Manèges et jeux. L'exploitant d'un manège forain est débiteur d'une obligation de résultat (■ Cass. 1re civ., 13 nov. 1974 : *JurisData* n° 1974-000305 ; *JCP* 76, II, 18344, note crit. Rodière). Il en va de même pour l'exploitant d'un manège de balançoires pendant le jeu (■ Cass. 1re civ., 18 févr. 1986, n° 84-17.528 : *JurisData* n° 1986-700397 ; *JCP* 86, IV, 121 ; *Bull. civ.* I, n° 32, p. 28), ou pour l'exploitant d'une patinoire (■ Paris, 24 mai 1983 : *JurisData* n° 1983-023977 ; *D.* 1984, inf. rap. 486, obs. Baron). Au contraire, l'exploitant d'un parc de jeux d'enfants est tenu d'une simple obligation de moyens (■ Cass. 1re civ., 8 nov. 1976, n° 75-11.326 : *JurisData* n° 1976-000334 ; *JCP* 76, IV, 395), de même que l'exploitant d'un parc zoologique (■ Cass. 1re civ., 30 mars 1994, n° 92-12.930 : *JurisData* n° 1994-000868 ; *Bull. civ.* I, n° 134, p. 98 ; *JCP* 94, IV, 1488, jets de pierres par des éléphants), mais l'exploitant d'un toboggan est, pendant la descente, tenu d'une obligation de résultat (■ Cass. 1re civ., 28 oct. 1991, n° 90-14.713 : *JurisData* n° 1991-002813 ; *D.* 1992, somm. 271, obs. Fortis ; *Bull. civ.* I, n° 289, p. 190. ■ Cass. 1re civ., 3 févr. 2011, n° 09-72.325 : *RCA* 2011, n° 165), l'obligation n'étant plus que de moyens après cette phase (■ Cass. 1re civ., 30 oct. 1995, n° 93-20.544 : *Resp. civ. et assur.* 1996, 5). L'organisateur d'un laser-game, activité au cours de laquelle les joueurs gardent une autonomie physique et peuvent faire preuve d'initiative puisque les personnes se déplacent en marchant librement dans l'aire de jeu et font usage de pistolets laser, n'est tenu que d'une obligation de sécurité de moyens (■ Cass. 2e civ., 22 oct. 2015, n° 14-17.813 : *Contrats, conc. consom.* 2016, n° 2, note Leveneur ; *JurisData* n° 2015-023778).

70) Colonies de vacances. L'organisateur d'une colonie de vacances n'est tenu que d'une obligation de moyens (■ Cass. 1re civ., 10 févr. 1998, n° 96-14.623 : *JurisData* n° 1998-000561 ; *JCP* 98, IV, 1752 ; *Bull. civ.* I, n° 57, p. 37 ; *Resp. civ. et assur.* 1998, 167). Celle-ci lui impose de surveiller l'activité des enfants pour éviter qu'il ne s'exposent à des dangers (■ Cass. 1re civ., 11 mars 1997, n° 95-12.891 : *JurisData* n° 1997-001041 ; *JCP* 97, IV, 981 ; *Bull. civ.* I, n° 89, p. 58 ; *Resp. civ. et assur.* 1997, 206 ; *RTD civ.* 1997, 947, obs. Jourdain, pratique du VTT à proximité d'un plan d'eau).

71) Exploitant d'une piste de bob-luge. L'exploitant d'une piste de bob-luge est tenu d'une obligation de résultat dès lors que ses clients ne peuvent décider librement de la trajectoire de l'engin (■ Cass. 2e civ., 17 mars 1993, n° 91-17.345 : *JurisData* n° 1993-000639 ; *JCP* 93, IV, 1317).

72) Organisateur de saut à l'élastique. Le participant ne jouant aucun rôle actif au cours du saut, l'obligation contractuelle de sécurité de l'organisateur est de résultat (■ Cass. 1re civ., 30 nov. 2016, n° 15-25.249 : *Bull.* ; *Contrats, conc. consom.* 2017, comm. 31 ; *D.* 2017, p. 198, D. Mazeaud ; *RDC* 2017, p. 235, Borghetti).

73) Salle d'escalade. Une association sportive est tenue d'une obligation contractuelle de sécurité, de prudence et de diligence envers les sportifs exerçant une activité dans ses locaux et sur des installations mises à leur disposition, quand bien même ceux-ci pratiquent librement cette activité, sans formation et sans encadrement (■ Cass. 1re civ., 15 déc. 2011, nos 10-23.528 et 10-24.545 : *RDC* 2012/2, p. 430, obs. Borghetti ; *RTD civ.* 2012, p. 121, obs. Jourdain ; *D.* 2012, p. 539, note Develay ; *Rev. Lamy dr. civ.* 2012/90, n° 4542, obs. Pouliquen). L'obligation contractuelle de sécurité de l'exploitant d'une salle d'escalade est une obligation de moyens dans la mesure où la pratique de l'escalade implique un rôle actif de chaque participant (■ Cass. 1re civ., 25 janv. 2017, n° 16-11.953 : *Contrats, conc. consom.* 2017, comm. 70, note Leveneur).

74) Club hippique. Un club hippique n'est tenu que d'une obligation de moyens pendant les reprises qu'il organise (■ Cass. 1re civ., 12 févr. 1980, n° 78-15.509 : *JurisData* n° 1980-000055 ; *JCP* 80, IV, 168. ■ Cass. 1re civ., 16 mai 2000, n° 98-12.533 : *JurisData* n° 2000-002086 ;

Resp. civ. et assur. 2000, 274). Il en va de même pour l'entrepreneur de promenades équestres, mais la responsabilité de ce dernier doit être appréciée en tenant compte de ce que, à la différence du loueur de chevaux, il s'adresse à de simples touristes ignorant tout de l'équitation pour leur procurer le divertissement d'un transport à dos de cheval selon un itinéraire déterminé (■ Cass. 1re civ., 27 mars 1985, n° 83-16.468 : *JurisData* n° 1985-701153 ; *Bull. civ.* I, n° 111, p. 102. V. aussi ■ Cass. 1re civ., 3 mai 1988, n° 86-18.778 : *JurisData* n° 1988-000837 ; *Bull. civ.* I, n° 126, p. 87. ■ Cass. 1re civ., 29 juin 1994, n° 92-16.442 : *JurisData* n° 1994-001582 ; *Bull. civ.* I, n° 231, p. 168. ■ Cass. 1re civ., 22 juin 2004, 2 arrêts : *JurisData* n° 2004-024326 ; *Resp. civ. et assur.* 2004, 294. ■ Nîmes, 29 mars 2000 : *JurisData* n° 2000-113445 ; *JCP* 2001, IV, 1554). Ne donne pas de base légale à sa décision la cour d'appel qui retient la responsabilité d'un centre équestre, pour une chute survenue à l'occasion d'une promenade en forêt, au motif qu'en imprimant aux chevaux un mouvement de galop sans s'assurer que la configuration et l'état du terrain le permettaient sans risques pour les participants, l'instructeur a commis une erreur d'appréciation, alors qu'il ne résulte de ces constatations ni que l'allure de galop ait été à l'origine du trébuchement du cheval ni, à supposer qu'elle l'ait été, que le sol du sentier sur lequel évoluaient les chevaux ne permettait pas l'allure du galop (■ Cass. 1re civ., 14 mars 1995, n° 93-12.028 : *JurisData* n° 1995-000601 ; *Bull. civ.* I, n° 128, p. 91 ; *JCP* 96, I, 3944, n° 7, obs. Viney ; *RTD civ.* 1996, 634, obs. Jourdain). Le défaut de qualification du moniteur constitue un manquement à l'obligation du club (■ Cass. 1re civ., 5 mai 1998, n° 96-17.429 : *JurisData* n° 1998-001921 ; *JCP* 98, IV, 2442 ; *Bull. civ.* I, n° 160, p. 107 ; *Contrats, conc. consom.* 1998, 110, note Leveneur ; *Resp. civ. et assur.* 1998, 219). Dès lors que l'enfant n'est pas une débutante et qu'il s'agit d'un cours collectif, il ne peut être reproché au moniteur, présent au moment de l'accident, de ne pas être aux côtés de chacun des enfants (■ Cass. 1re civ., 28 nov. 2000, n° 98-10.290 : *JurisData* n° 2000-007098 ; *JCP* 2002, II, 10010, note Lievremont ; *Resp. civ. et assur.* 2001, 51 ; *Bull. civ.* I, n° 310).

75) Contrat d'entraînement de cheval. Le contrat d'entraînement de cheval ne comporte, sauf clause contraire, qu'une obligation de moyens quant à la sécurité de l'animal, alors même que l'accident se serait produit en dehors de l'entraînement (■ Cass. 1re civ., 13 déc. 1988, n° 86-16.290 : *JurisData* n° 1988-702853 ; *JCP* 89, IV, 63 ; *Bull. civ.* I, n° 359, p. 243. – V. en ce sens pour une location de cheval de course ■ Cass. 1re civ., 10 mai 1989 : *JCP* 89, IV, 259 ; *Bull. civ.* I, n° 193, p. 128).

76) Un **entrepreneur de spectacles** n'est tenu, sauf circonstances exceptionnelles découlant de la nature du spectacle, que d'une obligation de moyens en ce qui concerne la sécurité des spectateurs (■ Cass. 1re civ., 29 nov. 1989, n° 88-13.926 : *JurisData* n° 1989-703896 ; *JCP* 90, IV, 32 ; *Bull. civ.* I, n° 371, p. 249. V. en ce sens pour des spectacles taurins ■ Pau, 7 mai 1998, n° 96001535 : *JurisData* n° 1998-043228 ; *JCP* 98, IV, 3482. V. aussi pour l'exploitant d'un site touristique naturel ■ Cass. 1re civ., 17 juin 1997, n° 95-13.267 : *JurisData* n° 1997-002904 ; *Bull. civ.* I, n° 202, p. 135 ; *Resp. civ. et assur.* 1997, 291). Le créateur ou l'organisateur d'un spectacle n'est tenu que d'une obligation de moyens au regard de la qualité artistique du spectacle et le sentiment d'insatisfaction du public ne suffit pas à établir l'inexécution des obligations contractées (■ TGI Limoges, 28 mars 1991 : *JurisData* n° 1991-047803 ; *D.* 1992, somm. 270, obs. Fortis).

77) Organisation de soirée. Ayant constaté qu'une association d'élèves d'une école d'ingénieurs, organisatrice d'une soirée dite « boum », avait fait appel à une société de surveillance, que celle-ci avait fourni, pour l'occasion, cinq agents de sécurité et un maître-chien, que leur mission s'étendait aux entrées, à l'intérieur et aux abords directs du chapiteau abritant la soirée, dans un rayon de cinquante mètres comprenant le parking où les clients étaient susceptibles de stationner, ce de vingt-deux heures à quatre heures du matin sans interruption, une cour d'appel a pu retenir que l'association avait pris toutes les mesures nécessaires pour assurer la sécurité des participants et avait ainsi satisfait à son obligation de sécurité (■ Cass. 1re civ., 18 juin 2014, n° 13-14.843 : *Bull.* ; *JCP* 2014, n° 920, note Bakouche ; *D.* 2014, p. 1625, note Ménabé ; *D.* 2015, p. 124, obs. Gout ; *RTD civ.* 2014, p. 663, obs. Jourdain ; *Gaz. Pal.* 2014, n° 295-296, p. 15, obs. Mekki ; C.C.C. 2014, n° 10, p. 22, note Leveneur).

78) Association culturelle. Une association organisant un entraînement de danse folklorique n'est tenue que d'une obligation de moyens quant à la sécurité des participants (■ Cass. 1re civ., 30 nov. 2016, n° 15-20.984 : *Bull.* ; *RDC* 2017, 235, Borghetti).

E – Obligation de conseil

1° *Principes*

79) Nature de l'obligation. L'obligation de conseil est une obligation de moyens (■ Cass. 1re civ., 21 déc. 1964 : *JCP* 65, II, 14005. ■ Cass. com., 30 janv. 1974 : *Bull. civ.* IV, n° 41, p. 31. ■ Cass. com., 18 oct. 1988, n° 87-11.082 : *RTD civ.* 1989, 525, obs. Mestre. ■ Paris, 15 mai 1975 : *JCP* 76, II, 18265, note Boitard et Dubarry). V. G. Viney,

La responsabilité des entreprises prestataires de conseil : JCP 75, I, 2750.

80) Faits connus. Sur le principe que l'obligation de conseil ne s'applique pas aux faits qui sont à la connaissance de tous, V. ■ Cass. 3e civ., 20 nov. 1991, n° 90-10.286 : *JurisData* n° 1991-002973 ; *Bull. civ.* III, n° 284, p. 167. V. aussi pour le notaire ■ Cass. 1re civ., 26 nov. 1996, n° 94-20.344 : *JurisData* n° 1996-004475 ; *JCP* 97, IV, 167 ; *Bull. civ.* I, n° 420, p. 292 ; *Defrénois* 1997, 343, obs. Aubert.

81) Preuve de l'exécution. Celui qui est légalement ou contractuellement tenu d'une obligation particulière d'information doit rapporter la preuve de l'exécution de son obligation (■ Cass. 1re civ., 25 févr. 1997, n° 94-19.685 : *JurisData* n° 1997-000781 ; *JCP* 97, I, 4025, n° 7, obs. Viney ; *Bull. civ.* I, n° 75, p. 49 ; *RTD civ.* 1997, 434, obs. Jourdain, 924, obs. Mestre ; *Defrénois* 1997, 751, obs. Aubert. ■ Cass. 1re civ., 27 mai 1998, n° 96-17.197 : *JurisData* n° 1998-002331 ; *JCP* 98, IV, 2626 ; *Bull. civ.* I, n° 187, p. 126 ; *Resp. civ. et assur.* 1998, 276, pour le médecin. ■ Cass. 1re civ., 29 avr. 1997, n° 95-15.160 : *JurisData* n° 1997-001892 ; *JCP* 97, II, 22948, note Martin ; *Bull. civ.* I, n° 132, p. 88. ■ Cass. 1re civ., 23 nov. 2000, n° 99-11.009 : *JurisData* n° 2000-007042 ; *Resp. civ. et assur.* 2001, 44. ■ Cass. 1re civ., 27 févr. 2001 : *JurisData* n° 2001-008452 ; *Resp. civ. et assur.* 2001, 151, pour l'avocat. ■ Cass. 1re civ., 15 mai 2002, n° 99-21.521 : *JurisData* n° 2002-014337 ; *Contrats, conc. consom.* 2002, 135, note Leveneur ; *JCP* 2002, I, 184, n° 1, obs. Labarthe ; *Bull. civ.* I, n° 132, p. 101, pour le vendeur professionnel. ■ Cass. com., 22 mars 2011, n° 10-13.727 : *Bull.*, n° 48 ; *RDC* 2011, p. 857, note Carval ; *D.* 2011, p. 1600, note Causse ; *RTD com.* 2011, p. 382, obs. Storck, pour la société de bourse).

Cette preuve peut être faite par tous moyens (■ Cass. 1re civ., 14 oct. 1997, n° 95-18.361 : *JurisData* n° 1997-004034 ; *JCP* 97, II, 22942, rapp. Sargos, I, 4068, n° 6, obs. Viney ; *Bull. civ.* I, n° 278, p. 188 ; *Resp. civ. et assur.* 1997, 374 ; *RTD civ.* 1998, 100, obs. Mestre). Sauf circonstances particulières, il ne peut être exigé du médecin qu'il remplisse par écrit son devoir de conseil (■ Cass. 1re civ., 4 avr. 1995 : *Bull. civ.* I, n° 159, p. 114). La preuve du conseil donné, qui incombe au notaire, peut résulter de toute circonstance ou document, y compris l'acte de vente, établissant que le client a été averti clairement des risques inhérents à l'acte (■ Cass. 1re civ., 3 févr. 1998, n° 96-13.329 : *JurisData* n° 1998-000423 ; *JCP G* 98, IV, 1677 ; *JCP N* 98, 1082, note Kuhn ; *Bull. civ.* I, n° 44, p. 29 ; *RTD civ.* 1998, 382, obs. Jourdain ; *RTD civ.* 1999, 84, obs. Mestre).

2° *Notaires*

82) Renvoi. V. la jurisprudence citée sous art. 1383 ancien, p. 1248.

3° *Autres débiteurs*

83) Doctrine. M.-H. Maleville, *La responsabilité civile des intermédiaires professionnels au titre du devoir de conseil : JCP* 2000, I, 222.

84) Avoués. Lorsqu'une décision de justice emporte vente, l'avoué du vendeur est tenu, au même titre qu'un notaire, d'une obligation de conseil pour la préservation des droits de son client dans la parfaite exécution du jugement (■ Cass. 1re civ., 24 juin 1997, n° 95-10.629 : *JurisData* n° 1997-002978 ; *Resp. civ. et assur.* 1997, 339 ; *Contrats, conc. consom.* 1997, 162, note Leveneur ; *D.* 1998, somm. 198, obs. Jourdain). La faute d'un auxiliaire de justice, fût-il titulaire d'un monopole de représentation, ne saurait dispenser un autre professionnel du droit de ses obligations envers son mandant (■ Cass. 1re civ., 15 janv. 2002, n° 98-15.247 : *JurisData* n° 2002-012619 ; *JCP* 2002, II, 10063, note Croze ; *Bull. civ.* I, n° 15, p. 12, condamnation solidaire de l'avoué, du conseil juridique et de l'avocat). Un avoué n'engage pas sa responsabilité professionnelle en ne soulevant pas un moyen de défense inopérant (■ Cass. 1re civ., 31 janv. 2008, n° 04-20.151 : *JCP* 2008, II, 10074, note Slim).

85) Avocats. L'avocat doit dissuader son client de signer un acte de cession de parts sociales sans s'être définitivement libéré de son engagement de caution (■ Cass. 1re civ., 10 juin 1997 : *Resp. civ. et assur.* 1997, 337). La mission d'assistance en justice comporte pour l'avocat l'obligation d'informer son client sur les voies de recours existant contre les décisions rendues à l'encontre de celui-ci (■ Cass. 1re civ., 13 nov. 1997, n° 95-14.141 : *JurisData* n° 1997-004408 ; *JCP* 1997, IV, 2518 ; *Bull. civ.* I, n° 303, p. 206. V. aussi H. Groutel, *L'opportunité du procès et le devoir de conseil de l'avocat : Resp. civ. et assur.* 1997, chron. 19). L'auxiliaire de justice, s'il doit s'acquitter de son obligation d'information de manière complète et objective, a, en déontologie, pour devoir de déconseiller l'exercice d'une voie de droit vouée à l'échec ou, à plus forte raison, abusive, de sorte qu'il ne peut être tenu de délivrer une information qui aurait eu pour seule justification de permettre au client d'engager un recours abusivement (■ Cass. 1re civ., 23 nov. 2004 : *JurisData* n° 2004-025799 ; *JCP* 2005, II, 10058, note Lamarche). Un avocat n'engage pas sa responsabilité professionnelle en ne soulevant pas un moyen de défense inopérant (■ Cass. 1re civ., 31 janv. 2008, préc.). Toutefois, tenu d'accomplir, dans le respect des règles déontologiques, toutes les diligences utiles à la défense des intérêts de son client et investi d'un devoir de compétence, l'avocat, sans que puisse lui être imputé à faute de n'avoir pas anticipé une évolution imprévisible du droit positif, se doit, en revanche, de faire valoir une évolution jurisprudentielle acquise dont la transposition ou l'extension à la cause dont il a la charge a des chances sérieuses de la faire prospérer (▪ Cass. 1re civ., 14 mai 2009, n° 08-15.899 : *Bull. civ.* I, n° 92 ; *RDC* 2009/4, p. 1373, obs. Carval ; *JCP* 2009, n° 28, 94, note Slim ; *RTD civ.* 2009, 744, obs. Gautier, 725, obs. Jourdain et 493, obs. Deunier ; *Resp. civ. et assur.* 2009, comm. n° 219, obs. Hocquet-Berg ; *D.* 2010, pan. 49, obs. Brun ; 183, note De la Asuncion Planes. ▪ Cass. 1re civ., 12 oct. 2016, n° 15-27.234 : *Contrats, conc. consom.* 2016, 4 ; *Resp. civ. et assur.* 2017, 18, Groutel). L'avocat ne saurait être tenu, dans le cadre de son obligation de conseil, de vérifier les informations fournies par son client s'il n'est pas établi qu'il disposait d'informations de nature à les mettre en doute ni d'attirer son attention sur les conséquences d'une fausse déclaration dès lors que l'obligation de loyauté et de sincérité s'impose en matière contractuelle et que nul ne saurait voir sa responsabilité engagée pour n'avoir pas rappelé à une partie ce principe de bonne foi élémentaire ou les conséquences de sa transgression (▪ Cass. 1re civ., 31 oct. 2012, n° 11-15.529 : *Bull.*, n° 222 ; *RTD civ.* 2013, p. 109, obs. Fages).

86) Huissier. Il incombe à l'huissier de justice, garant de la légalité des poursuites, de vérifier que le titre provisoire, en vertu duquel il pratique la saisie-attribution aux risques du créancier mandant, reste exécutoire au jour de l'acte de saisie (▪ Cass. 1re civ., 13 mai 2014, n° 12-25.511 : *Bull.* ; *Dr. et patrimoine* 2014, n° 241, p. 9, obs. Lefort).

87) Conseillers juridiques. Le devoir de conseil d'un conseiller juridique comporte l'obligation de s'informer de l'ensemble des conditions de l'opération d'augmentation de capital pour laquelle son concours est demandé et, le cas échéant, de la déconseiller (▪ Cass. 1re civ., 23 mai 2000, n° 98-18.513 : *JurisData* n° 2000-002109 ; *Contrats, conc. consom.* 2000, 139, note Leveneur ; *Bull. civ.* I, n° 152, p. 99 ; *Resp. civ. et assur.* 2000, 265 ; *Defrénois* 2000, 1127, obs. Delebecque). Mais le conseil juridique d'un individu condamné pour escroquerie n'engage pas sa responsabilité s'il n'est pas établi qu'il a lui-même participé aux agissements de son client ou prodigué des conseils visant à le conforter dans la poursuite de son entreprise (▪ Cass. 1re civ., 14 janv. 1997, n° 94-20.311 : *JurisData* n° 1997-000085 ; *JCP* 97, IV, 461 ; *Bull. civ.* I, n° 15, p. 9 ; *Resp. civ. et assur.* 1997, 130).

88) Rédacteurs d'actes. L'intermédiaire professionnel qui prête son concours à la rédaction d'un acte après avoir été mandaté par l'une des parties est tenu de s'assurer que se trouvent réunies toutes les conditions nécessaires à l'efficacité juridique de la convention, même à l'égard de l'autre partie (▪ Cass. 1re civ., 25 nov. 1997, n° 95-22.240 : *JurisData* n° 1997-004652 ; *JCP* 1998, IV, 1052 ; *Bull. civ.* I, n° 321, p. 218. V. aussi ▪ Cass. com., 16 nov. 1999 : *Contrats, conc. consom.* 2000, 58, note Leveneur), peu important que son concours ait été sollicité par l'une des parties seulement (▪ Cass. 1re civ. 15 févr. 2010, n° 09-11.591 : *Contrats, conc. consom.* 2010, 118, note Leveneur. V. aussi ▪ Cass. 1re civ., 27 nov. 2008 : n° 07-18.142 ; *Bull. civ.* I, n° 267 ; *D.* 2009, 706, note Janin ; *RTD civ.* 2009, 134, obs. Gautier : l'avocat, en qualité d'unique rédacteur d'un acte sous-seing privé, était tenu de veiller à assurer l'équilibre de l'ensemble des intérêts en présence et de prendre l'initiative de conseiller les deux parties, peu importe que l'acte ait été établi à la demande d'un seul des contractants). Ce devoir de conseil s'étend aux risques liés aux conditions du paiement (▪ Cass. 1re civ., 19 déc. 2000, n° 99-12.403 : *JurisData* n° 2000-007494 ; *D.* 2001, somm. 2235, obs. Delebecque, déboutant toutefois les demandeurs pour absence de preuve de préjudice). Les rédacteurs d'actes sont tenus, en vertu des articles 1991 et 1992, d'une obligation de conseil envers toutes les parties en présence et doivent s'assurer de la validité et de l'efficacité des actes qu'ils confectionnent. Un clerc d'avocat peut engager à ce titre sa responsabilité lorsque le prêt d'une somme importante n'est assorti d'aucune garantie de remboursement (▪ Cass. 1re civ., 14 janv. 1997, n° 94-20.057 : *JurisData* n° 1997-000086 ; *JCP* 1997, IV, 455 ; *Bull. civ.* I, n° 18, p. 10. Comp. pour le défaut d'indication du taux contractuel des intérêts ▪ Cass. 1re civ., 24 juin 1997, n° 95-11.380 : *JurisData* n° 1997-002979 ; *JCP* E 1997, II, 999, note Martin ; *Bull. civ.* I, n° 210, p. 139). Le devoir de conseil auquel est tenu le rédacteur d'actes s'apprécie au regard du but poursuivi par les parties et de leurs exigences particulières lorsque, dans ce dernier cas, le praticien du droit en a été informé. Si le professionnel doit veiller, dans ses activités de conseil et de rédaction d'actes, à réunir les justificatifs nécessaires à son intervention, il n'est, en revanche, pas tenu de vérifier les déclarations d'ordre factuel faites par les parties en l'absence d'éléments de nature à éveiller ses soupçons quant à la véracité des renseignements donnés (▪ Cass. 1re civ., 25 mars 2010, n° 09-12.294 : *Bull. civ.* 2010, I, n° 72 ; *RDC* 2010, 851, obs. Viney ; *Defrénois* 2010, 2214, obs. Latina ; *Rev. Lamy dr. civ.* 2010/72, n° 3846, obs. Le Nestour Drelon). Les compétences personnelles du client (commerçant expérimenté) ne dispensent pas l'avocat, rédacteur d'un acte, de son devoir de conseil (▪ Cass. 1re civ., 7 juill. 1998, n° 96-10.387 : *JurisData* n° 1998-003149 ; *JCP* 1998, IV, 3009 ; *Bull. civ.* I, n° 238, p. 164 ; *RTD civ.* 1998, 911, obs. Jourdain. ▪ Cass. 1re civ., 12 janv. 1999, n° 96-18.775 : *JCP* 1999, IV, 1410 ; *Bull. civ.* I, n° 15, p. 10).

89) Commissaire-priseur. Vis-à-vis de la victime de l'erreur, le commissaire-priseur ou l'expert qui affirme l'authenticité d'une œuvre d'art sans assortir son propos de réserves engage sa responsabilité sur cette assertion (■ Cass. 1re civ., 3 avr. 2007, n° 05-12.238 : *D.* 2007, p. 2288, note Baillet Bouin).

90) Agent immobilier. L'agent immobilier doit conseiller à son client qui projette d'acquérir un immeuble et d'en vendre un autre d'insérer dans l'acte une condition suspensive (■ Cass. 1re civ., 15 juill. 1999, n° 97-18.984 : *JurisData* n° 1999-002912 ; *JCP* N 2000, 400, note Leveneur ; *Resp. civ. et assur.* 1999, 329 ; *Bull. civ.* I, n° 231, p. 149). La compétence personnelle de son client ne le dispense pas de procéder à la vérification de ce que l'immeuble qu'il est chargé de louer peut être affecté à l'usage auquel son mandant le destine (■ Cass. 1re civ., 29 nov. 2005, n° 02-14.628 : *JurisData* n° 2005-031033 ; *Contrats, conc. consom.* 2006, 42, note Leveneur).

91) L'expert-comptable qui accepte d'établir une déclaration fiscale pour le compte d'un client doit, compte tenu des informations qu'il détient sur la situation de celui-ci, s'assurer que cette déclaration est, en tout point, conforme aux exigences légales (■ Cass. com., 6 févr. 2007, n° 06-10.109 : *JurisData* n° 2007-037249 ; *D.* 2007, p. 725, obs. Delpech). L'expert-comptable qui a reçu la mission de rédiger les bulletins de paie et les déclarations sociales pour le compte de son client a, compte tenu des informations qu'il doit recueillir sur le contrat de travail pour établir ces documents, une obligation de conseil afférente à la conformité de ce contrat aux dispositions légales et réglementaires (■ Cass. com., 17 mars 2009, n° 07-20.667 : *Bull. civ.* IV, n° 40). L'expert-comptable, qui accepte, dans l'exercice de ses activités juridiques accessoires, d'établir un acte de cession de droits sociaux pour le compte d'autrui, est tenu, en sa qualité de rédacteur, d'informer et d'éclairer de manière complète les parties sur les effets et la portée de l'opération projetée, notamment d'informer les cédants de la persistance de leur engagement de cautions. Il n'est pas déchargé de cette obligation par les compétences personnelles de l'une des parties à l'acte qu'il dresse (■ Cass. com., 4 déc. 2012, n° 11-27.454 : *Bull.*).

92) Entrepreneur. L'obligation d'information et de conseil de l'entrepreneur installateur d'un matériau lui impose d'appeler l'attention du maître de l'ouvrage sur les inconvénients du produit choisi et sur les précautions à prendre pour sa mise en œuvre compte tenu de l'usage auquel ce matériau est destiné (■ Cass. 1re civ., 20 juin 1995, n° 93-15.801 : *JurisData* n° 1995-001600 ; *Bull. civ.* I, n° 276, p. 191 ; *RTD civ.* 1996, 177, obs. Jourdain. V. aussi pour l'installateur du moteur d'un chalutier ■ Cass. 1re civ., 25 févr. 1997, n° 95-11.073 : *JurisData* n° 1997-000860 ; *Resp. civ. et assur.* 1997, 167, pour l'entrepreneur spécialisé en charpente et en couverture à l'égard du maître de l'ouvrage profane s'étant réservé la mise en place de l'isolation ■ Cass. 3e civ., 8 oct. 1997, n° 96-11.027 : *JurisData* n° 1997-003839 ; *Resp. civ. et assur.* 1997, 363, pour l'installateur d'un système de chauffage ■ Cass. 1re civ., 25 janv. 2000, n° 98-12.702 : *JurisData* n° 2000-000258 ; *JCP* 2000, I, 1450 ; *Resp. civ. et assur.* 2000, 124 ; *D.* 2000, somm. 284, obs. Caron). Il appartient au constructeur d'avertir le maître de l'ouvrage des risques inhérents au matériau qu'il installe (le constructeur d'un poulailler industriel comportant des plafonds rampants constitués de mousse de polyuréthane facilement inflammable doit avertir le maître de l'ouvrage des risques inhérents à ce matériau (■ Cass. 3e civ., 4 juill. 2007, n° 06-14.761 : *JurisData* n° 2007-039940). Il incombe à l'entrepreneur, tenu d'une obligation de conseil, de s'assurer que le devis estimatif qu'il établit est en concordance avec la construction autorisée par le permis de construire (■ Cass. 3e civ., 2 oct. 2002 : *JCP* 2002, IV, 2823 ; *JurisData* n° 2002-015678 ; *Bull. civ.* III, n° 196, p. 165). Le devoir de conseil du fournisseur d'un équipement informatique doit s'apprécier en fonction des besoins et des objectifs définis par son client (■ Cass. com., 14 mars 1989, n° 87-13.656 : *JurisData* n° 1989-700821 ; *Bull. civ.* IV, n° 89, p. 58). Le professionnel qui prend l'initiative de présenter à son client un devis de travaux accompagné d'un calcul prévisionnel de crédit d'impôt y afférent, engage sa responsabilité à l'égard de celui-ci pour lui avoir présenté un calcul erroné qui a déterminé son consentement, faute d'avoir recueilli les renseignements indispensables au calcul exact du crédit d'impôt (■ Cass. 1re civ., 8 mars 2012, n° 10-21.239 : *Bull.*, n° 49). Mais il n'appartient pas au vendeur, dès lors qu'il informe exactement son client sur les fonctions du système qu'il lui offre, de lui faire connaître les mérites des systèmes concurrents existant alors dans le commerce (■ Cass. com., 12 nov. 1992, n° 91-12.600 : *JurisData* n° 1992-002538 ; *JCP* 93, IV, 176). Sur le devoir du conseil du vendeur, v. aussi sous art. 1604.

93) Limites. Le devoir de conseil du maître d'œuvre ne l'oblige pas à rappeler au maître de l'ouvrage l'obligation de respecter les prescriptions du permis de construire qui s'imposent à lui en vertu de la loi (■ Cass. 3e civ., 14 janv. 2009, n° 07-20.245 : *Bull. civ.* III, n° 8).

94) Contrôle technique. Un professionnel de la vente immobilière au fait de la législation en matière de protection des acquéreurs contre les termites, ayant, dans un souci d'économie et en pleine connaissance de cause, délibérément restreint la mission confiée au contrôleur technique, une cour d'appel a pu en déduire qu'il ne pouvait être fait grief au contrôleur de ne pas avoir relevé la présence de termites souterrains puisque cette recherche ne faisait pas partie de sa mission, et qu'aucun manquement à son devoir de conseil ne pouvait lui être reproché (■ Cass. 3e civ., 27 sept. 2006 : *JurisData* n° 2006-035152 ; *Bull. civ.*, III, n° 194 ; *JCP* G 2006, IV 3049 ; *JCP* G 2007, I, 115, obs. Stoffel-Munck).

95) Architectes. Il appartient aux constructeurs et notamment à l'architecte de mettre en garde le maître de l'ouvrage contre les risques d'une suppression des drainages périphériques extérieurs (■ Cass. 3e civ., 8 oct. 1997 ; *Resp. civ. et assur.* 1997, 364 ; *RTD civ.* 1998, 384, obs. Jourdain). L'architecte doit concevoir un projet réalisable, qui tient compte des contraintes du sol, à défaut de quoi il ne peut exiger le paiement de ses honoraires (■ Cass. 3e civ., 25 févr. 1998, n° 96-10.598 : *JurisData* n° 1998-000835 ; *JCP* 98, IV, 1841 ; *Bull. civ.* III, n° 44, p. 30 ; *Contrats, conc. consom.* 1998, 68, note Leveneur ; *RTD civ.* 1998, 385, obs. Jourdain). Il manque à ses obligations en laissant prononcer la réception des travaux sans réserves pour des désordres apparents (■ Cass. 3e civ., 30 juin 1998, n° 96-17.642 : *JCP* N 1999, 56, note Sizaire). Il n'appartient pas au notaire de vérifier l'application d'une règle d'urbanisme au respect de laquelle les seuls architectes chargés d'une mission de conception du lotissement sont tenus (■ Cass. 3e civ., 10 nov. 1998, n° 97-11.128 : *JurisData* n° 1998-004258 ; *JCP* 99, II, 10007, note Liet-Veaux ; *Resp. civ. et assur.* 1999, 18). Il appartient à l'architecte titulaire d'un mandat de représentation de prendre pour le compte des maîtres de l'ouvrage une assurance dommage-ouvrage incluant le risque d'attentat (■ Cass. 3e civ., 17 nov. 1999, n° 98-15.412 : *JurisData* n° 1999-004097 ; *Resp. civ. et assur.* 2000, 11).

96) Médecins. Sur le devoir d'information du médecin, voir annot. n° 11, p. 839. Sur la preuve de l'exécution de ce devoir, voir annot. n° 75, p. 853.

97) Débiteur en général. *Le débiteur est tenu* d'exécuter au mieux ses obligations en satisfaisant au mieux les intérêts de ses créanciers et il engage sa responsabilité s'il manque à son devoir d'information et de conseil (■ Cass. 1re civ., 11 juin 1996, n° 95-17.339 : *JurisData* n° 1996-002372 ; *JCP* 96, IV, 1775 ; *Bull. civ.* I, n° 245, p. 173 ; *Defrénois* 1996, 100, obs. D. Mazeaud, retard apporté par un entrepreneur à prévenir son client d'un nouveau tarif plus avantageux).

98) Agence de voyages. Les compétences professionnelles ou personnelles du voyageur ne dispensent pas l'agence de voyages de son obligation d'information envers lui (■ Cass. 1re civ., 28 sept. 2016, n° 15-17.033 : *Contrats, conc. consom.* 2016, 247, Leveneur ; *D.* 2017, 341, Lachièze ; *JCP* G 2017, 257, p. 460, Bloch ; *RDC* 2017, 39, Deshayes).

F – Autres applications

99) Si une **agence de publicité** n'est tenue que d'une obligation de moyens en ce qui concerne le succès d'une campagne publicitaire, elle doit en revanche s'assurer préalablement que le graphisme proposé peut être exploité sans risque d'entraîner des poursuites pénales ou une action civile pour contrefaçon (■ Cass. com., 24 juin 1986, n° 84-14.379 : *JurisData* n° 1986-001315 ; *Bull. civ.* IV, n° 143, p. 119. V. aussi pour une agence de photographies ■ Cass. 1re civ., 11 mars 1997, n° 95-11.143 : *JurisData* n° 1997-001043 ; *JCP* 97, IV, 980 ; *Bull.* I, n° 92, p. 60 ; *Resp. civ. et assur.* 1997, 187 ; *RTD civ.* 1997, 950, obs. Jourdain).

100) EDF est, en tant que venderesse d'électricité, tenue d'une obligation de résultat (■ Nîmes, 8 mars 1990, n° 88-1496 : *JurisData* n° 1990-030332 ; *JCP* 90, II, 21573, 1re esp., note Paisant. Voir cependant, se prononçant en faveur de l'existence d'une simple obligation de moyens, ■ Douai, 17 mars 1989 : *JurisData* n° 1989-605121 ; *JCP* 89, II, 21386, note Sachs). Viole les articles 1134 et 1147 la cour d'appel qui rejette la demande formée par des producteurs de pommes à la suite d'une interruption de la distribution du courant en retenant qu'il appartenait aux intéressés d'installer un système de secours tel qu'un groupe électrogène pour pallier toute interruption du courant, alors que le contrat conclu avec EDF n'obligeait pas à installer un tel groupe (■ Cass. com., 19 févr. 2002, n° 97-21.604 : *JurisData* n° 2002-013379 ; *Contrats, conc. consom.* 2002, 92, note Leveneur).

101) Hôteliers et restaurateurs. L'hôtelier est tenu d'un devoir de prudence et de surveillance (■ Cass. 1re civ., 27 janv. 1982, n° 80-16.866 : *JurisData* n° 1982-700242 ; *Bull. civ.* I, n° 50, p. 43 ; *JCP* 83, II, 19936, note Chabas. V. aussi ■ Cass. 1re civ., 22 mai 1991, n° 89-21.791 : *JurisData* n° 1991-001472 ; *RTD civ.* 1991, 757, obs. Jourdain). Le restaurateur est tenu d'observer dans l'aménagement, l'organisation et le fonctionnement de son établissement les règles de prudence et de surveillance qu'exige la sécurité de ses clients. Ne constitue pas une mesure de protection efficace et suffisante l'obstruction de l'accès à une piscine, à l'occasion d'une réception de mariage organisée en soirée, par la mise en place de chaises empilées (■ Cass. 1re civ., 14 mars 1995, n° 91-18.699 : *JurisData* n° 1995-000599 ; *Bull. civ.* I, n° 129, p. 92 ; *Resp. civ. et assur.* 1995, 211 ; *JCP* 96, I, 3944, n° 7, obs. Viney ; *RTD civ.* 1996, 633, obs. Jourdain). Pour un manquement à son obligation contractuelle de sécurité de l'hôtelier qui n'a ni réparé le système de fermeture d'une porte-fenêtre ni averti son client de la défectuosité, V. ▪ Cass. 1re civ., 17 févr. 2016, n° 14-16.560 : *JurisData* n° 2016-003023 ; *Contrats, conc. consom.* 2016, 112. Mais l'hôtelier ne manque pas à son obligation contractuelle de sécurité dès lors que ni la hauteur des marches de l'escalier, au bas duquel le client a fait une chute, ni leur développement en demi-cercle, ni leur largeur n'étaient de nature à accroître les risques de chute, que cet escalier était muni d'une rampe à laquelle l'intéressé aurait dû se tenir et que la porte vitrée n'apparaissait pas implantée trop près des dernières marches (▪ Cass. 1re civ., 8 févr. 2005, n° 01-10.309 : *JurisData* n° 2005-026879 ; *D.* 2005, 2058, note Corgas-Bernard).

102) Banquier. Sur le devoir du banquier d'attirer l'attention de l'emprunteur sur l'importance de l'endettement résultant du prêt, v. ▪ Cass. 1re civ., 27 juin 1995, n° 93-10.077 : *JurisData* n° 1995-001731 ; *JCP* 1995, IV, 2088 ; *RTD civ.* 1996, 385, obs. Mestre. Agit avec une légèreté blâmable l'établissement de crédit qui amène un agriculteur à contracter un emprunt dont la charge est supérieure au revenu procuré par l'exploitation (▪ Cass. 1re civ., 8 juin 1994, n° 92-15.703 : *JurisData* n° 1994-002222 ; *JCP* 1994, IV, 2006 ; *Bull. civ.* I, n° 206, p. 150). V. aussi E. Scholastique, *Les devoirs du banquier dispensateur de crédit au consommateur : Defrénois* 1996, 689. Sur la différence de traitement entre l'emprunteur « averti » et l'emprunteur « profane », qui profite, seul, d'un devoir de mise en garde du banquier, V. ▪ Cass. 1re civ., 12 juill. 2005 (deux arrêts, nos 03-10.770 et 02-13.155) : *D.* 2005, p. 2276, obs. Delpech et p. 3094, note Parance . ▪ Cass. 1re civ., 21 févr. 2006 et ▪ Cass. com., 3 mai 2006 (3 arrêts, nos 04-15.517, 02-11.211 et 04-19.315) : *D.* 2006, p. 1618, note François et p. 1445, obs. Delpech ; *JCP* G 2006, II, 10122 note Gourio . ▪ Cass. 1re civ., 27 juin 2006, nos 04-18.845 et 05-12.304 : *JurisData* n° 2006-034241 ; *JCP* G 2006, IV 2603 ; *D.* 2006, p. 1887, obs. Delpech ; *RDC* 2007/2, p. 300, obs. Viney). Prive sa décision de base légale au regard de l'article 1147, la cour d'appel qui accueille la demande du prêteur en paiement des différentes sommes restant dues, sans rechercher si les emprunteurs pouvaient ou non être regardés comme des emprunteurs profanes et, dans l'affirmative, si, conformément au devoir de mise en garde auquel il était tenu à leur égard, il avait vérifié leurs capacités financières avant de leur apporter son concours et les avait alertés sur les risques de l'endettement né de l'octroi des prêts (▪ Cass. 1re civ., 13 févr. 2007, n° 04-17.287 : *JurisData* n° 2007-037341 ; *D.* 2007, p. 723, obs. Avena-Robardet ; mêmes solutions ▪ Cass. 1re civ., 12 juill. 2006 : *JurisData* n° 2006-034745 ; *Bull. civ.*, I, n° 398, p. 342). ▪ Cass. ch. mixte, 29 juin 2007, 2 arrêts, nos 05-21.104 et 06-11.673 : *JCP* 2007, II, 10146, note Gourio ; *D.* 2007, p. 2081, note Piedelièvre, qui se réfèrent à l'emprunteur « non averti ». – La charge de la preuve incombe à la banque, qui doit justifier avoir satisfait à son devoir de mise en garde ▪ Cass. com., 11 déc. 2007, n° 03-20.747 : *JCP* 2008, II, 10055, note Gourio. Peu importe que les emprunteurs, profanes, aient disposé des mêmes informations que la banque (▪ Cass. com., 20 juin 2006 : *JurisData* n° 2006-034266 ; *Bull. civ.* IV, n° 145, p. 154 ; *JCP* G 2006, II, 10122 note Gourio). Comp. ▪ Cass. com., 3 mai 2006 (n° 04-15.517) : *JurisData* n° 2006-033322 ; *D.* 2006, p. 1618, note François (prive sa décision de base légale au regard de l'article 1147, la cour d'appel qui accueille la demande de dommages-intérêts des emprunteurs, sans établir qu'à la date de leur octroi, les prêts litigieux auraient été excessifs au regard des facultés de remboursement de l'emprunteur, ce dont elle aurait pu déduire que la banque avait manqué à son devoir de mise en garde). Sur ces arrêts, v. aussi les obs. de D. R. Martin : *D.* 2007, p. 760. V. aussi ▪ Cass. com., 4 juill. 2006 : *JurisData* n° 2006-034460 ; *Bull. civ.* IV, n° 157, p. 171 ; *D.* 2006, p. 2309, obs. Delpech, qui relève qu'il ne peut être reproché à une banque un manquement à un devoir de mise en garde dont elle n'était pas redevable dès lors que le donneur d'ordre avait déjà toute la connaissance nécessaire (mais comp. ▪ Cass. ch. mixte, 29 juin 2007, n° 06-11.673, préc.). L'emprunteur, eu égard à sa déloyauté que la banque ne pouvait normalement déceler, n'était pas fondée à imputer, de ce chef, à la banque un manquement au devoir de mise en garde auquel est tenu le professionnel du crédit à l'égard de son client non averti (▪ Cass. 1re civ., 30 oct. 2007, n° 06-17.003 : *JCP* 2008, II, 10055, note Gourio ; *JCP* E 2007, 2576, p. 13 ; *D.* 2008, p. 256, note Bazin et chron. ▪ Cass., p. 638, obs. Chauvin et Creton). – V. aussi H. Guyader, *Le devoir de mise en garde du banquier à l'égard de l'emprunteur non averti : Contrats, conc. consom.* 2008, étude 5. – Djoudi et Boucard, *La protection de l'emprunteur profane : D.* 2008, p. 500. – C. Boismain, *L'obligation de mise en garde du banquier dispensateur de crédit : JCP* 2010, n° 11, 301.

Il n'entre pas dans la mission du mandataire de financer l'opération pour laquelle il s'entremet et, hors le cas où il est tenu par un engagement antérieur, le banquier est toujours libre, sans avoir à justifier sa décision qui est discrétionnaire, de proposer ou de consentir un crédit quelle qu'en soit la forme, de s'abstenir ou de refuser de le faire (▪ Cass. ass. plén., 9 oct. 2006, n° 06-11.056 : *JurisData* n° 2006-035300 ; *JCP* G 2006, II, 10175, note Bonneau ; *D.* 2006, p. 2933, note Houtcieff et p. 2525, obs. Delpech).

Le banquier, qui mentionne dans l'offre de prêt que celui-ci sera garanti par un contrat d'assurance souscrit par l'emprunteur auprès d'un assureur choisi par ce dernier, est tenu de vérifier qu'il a été satisfait à cette condition ou, à tout le moins, de l'éclairer sur les risques d'un défaut d'assurance (■ Cass. 2e civ., 14 juin 2007, n° 03-19.229 : *JurisData* n° 2007-039480). Mais l'obligation qui pèse sur les banques ne va pas jusqu'à leur imposer de conseiller aux accédants à la propriété tel cadre contractuel plutôt que tel autre pour réaliser leurs projets de construction (■ Cass. 3e civ., 14 janv. 2009, n° 07-20.416 : *Bull. civ.* III, n° 10).

Sur le principe que la banque est tenue d'une obligation de résultat à l'égard du locataire d'un coffre-fort, V. ■ Cass. 1re civ., 29 mars 1989, n° 87-17.262 : *JurisData* n° 1989-702530 ; *JCP* 90, II, 21415, note Putman et Solletty. Le titulaire d'une carte magnétique donnant accès à un réseau de guichets automatiques est tenu vis-à-vis de la banque d'une obligation contractuelle de moyens au regard de la confidentialité de son code en cas de vol. Dès lors qu'aucune présomption de faute n'est invoquée, il appartient à la banque, qui prétend que sa cliente a commis l'imprudence de ne pas tenir son code secret, de démontrer la violation de cette obligation (■ Cass. com., 8 oct. 1991, n° 89-12.230 : *JurisData* n° 1991-003746 ; *JCP* 92, II, 21791, concl. Jéol, 1er arrêt). Si la banque est informée du vol par son client et n'a pas utilisé tous les moyens mis à sa disposition pour que les retraits ne soient pas effectués, elle ne satisfait pas à l'obligation de moyens qui pèse sur elle (■ Cass. com., 8 oct. 1991, *eod. loc.*, 2e arrêt).

Le banquier récepteur, chargé de l'encaissement d'un chèque, est tenu de vérifier la régularité apparente de l'endos apposé sur le titre, malgré le système de dépôt « libre-service » (■ Cass. com., 28 oct. 2008, n° 07-18.818 : *Bull. civ.* IV, n° 175).

103) Nature du préjudice. Perte de chance. Le préjudice né du manquement par un établissement de crédit à son obligation de mise en garde s'analyse en la perte d'une chance de ne pas contracter (■ Cass. com., 20 oct. 2009, n° 08-20.274 : *Bull. civ.* IV, n° 127 ; *RDC* 2010/1, p. 30, obs. Mazeaud ; *RDC* 2010/2, p. 610, obs. Borghetti ; *JCP* 2009, n° 46, 422, note L. Dumoulin ; *ibid.* n° 48, 482, note Piedelièvre ; *JCP* E 2009, 2053, note D. Legeais ; *JCP* 2010, n° 16, 456, p. 843, note Stoffel-Munck ; *D.* 2009, p. 2971, note D. Houtcieff). Ce préjudice se manifeste dès l'octroi des crédits, ce qui fait courir le délai de prescription (■ Cass. com., 26 janv. 2010, n° 08-18.354 : *Bull. civ.* 2010, IV, n° 21 ; *RDC* 2010, 843, obs. Borghetti ; *JCP* 2010, n° 354, note Gourio ; *Defrénois* 2010, 2220, note Latina).

104) Opérations de bourse. À propos de la souscription de parts d'un fonds commun de placement où la simple information semble suffire, ■ Cass. com., 19 sept. 2006, *Benefic : JurisData n° 2006-035007 ; JCP* 2006, II, 10201, note Gourio ; *D.* 2006, p. 2395, obs. Delpech ; *RDC* 2007/2, p. 305, obs. Viney. – Ainsi que ■ Cass. com., 19 juin 2007, n° 05-22.037 : *JurisData* n° 2007-039660 (ayant retenu la particulière simplicité d'une opération de « swap » d'intérêts convenue entre une banque et son client, laquelle consiste pour chacune des parties à prendre en charge les intérêts dus par l'autre, l'absence de risque pour ce dernier et sa connaissance de la charge maximale d'intérêts qu'il aurait à supporter, une cour d'appel a mis en évidence le caractère non spéculatif de cette opération et en a déduit à bon droit que la banque n'était pas tenue à une obligation de mise en garde envers son cocontractant, qu'il soit ou non averti). Mais jugé que la publicité délivrée par la personne qui propose à son client de souscrire des parts de fonds commun de placement doit être cohérente avec l'investissement proposé et mentionner le cas échéant les caractéristiques les moins favorables et les risques inhérents aux options qui peuvent être le corollaire des avantages énoncés ; l'obligation d'information qui pèse sur ce professionnel ne peut être considérée comme remplie par la remise de la notice visée par la Commission des opérations de bourse lorsque la publicité ne répond pas à ces exigences (■ Cass. com., 24 juin 2008, n° 06-21.798 : *Bull. civ.* IV, n° 127 ; *RDC* 2009/1, p. 107, obs. Carval ; *JCP* 2008, II, 10160, note Mathey ; *D.* 2008, p. 2697, note Houtcieff).

Pour une revente à perte de SICAV, jugé que la responsabilité de la banque doit être engagée pour avoir fourni à son client un conseil inadapté à sa situation personnelle dont elle avait connaissance (■ Cass. com., 8 avr. 2008, n° 07-13.013 : *RDC* 2008/4, p. 1177, obs. Carval).

Pour un manquement à l'obligation d'informer son client des risques particuliers présentés par les opérations sur le nouveau marché, qui s'adressent en priorité et principalement à une clientèle très avertie, nonobstant l'expérience que ce client avait pu acquérir sur le marché au comptant ou sa qualification d'avocat titulaire d'un DEA de droit des affaires (■ Cass. com., 26 mars 2008, n° 07-11.554 : *RDC* 2008/4, p. 1177, obs. Carval). C'est à la société de bourse de rapporter la preuve que son client a la qualité d'opérateur averti (■ Cass. com., 4 févr. 2014, n° 13-10.630 : *Bull.*).

Le manquement de la société de bourse aux obligations d'information, de mise en garde et de conseil auxquelles elle peut être tenue à l'égard de son client prive seulement celui-ci d'une chance de mieux investir ses capitaux (■ Cass. com., 4 févr. 2014, n° 13-10.630, préc.).

105) Service de bourse en ligne. Cassation de l'arrêt d'une cour d'appel qui, pour dire que la banque n'avait pas manqué à ses obligations contractuelles et rejeter les demandes des donneurs d'ordre, retient que le plafond contractuellement fixé pour les ordres de bourse a certes été dépassé et que des ventes ont été réalisées sans couverture suffisante mais que la banque n'intervient nullement dans la passation d'ordres par l'intermédiaire du système *Internet* et qu'il ne peut lui être reproché de ne pas avoir mis en œuvre des moyens techniques dont elle ne disposait pas nécessairement à l'époque afin d'éviter que les règles figurant au contrat, portées à la connaissance des signataires et qu'ils avaient l'obligation de respecter, ne soient transgressées (■ Cass. com., 4 nov. 2008, n° 07-21.481 : *Bull. civ.* IV, n° 185).

106) Assureur. J. Bigot, *L'assurance face à l'obligation de mise en garde : épouvantail ou épée de Damoclès ? : JCP* 2008, I, 135.

107) Courtier en assurance. Compétence personnelle du client. Ayant constaté d'une part que l'assuré, mandataire judiciaire, disposait des compétences nécessaires pour connaître la prescription biennale, rappelée expressément aux conditions générales du contrat d'assurance, d'autre part qu'il était assisté d'un professionnel du droit, la cour d'appel a pu en déduire que le courtier n'avait pas failli à son obligation d'information et de conseil en n'attirant pas spécialement l'attention de l'assuré sur l'existence de cette prescription et les diligences à effectuer pour en interrompre le cours (■ Cass. 2e civ., 24 oct. 2013, n° 12-27.000 : *Bull.* ; *G. P.* 2013, n° 335, p. 3, obs. Leducq).

108) Assurance et placement. L'opération consistant en la souscription successive de plusieurs contrats d'assurance de retraite complémentaire facultative, dont certains relèvent du dispositif de défiscalisation institué par la loi n° 94-126 du 11 février 1994, dite « loi Madelin », appelle de la part des professionnels de l'assurance une information adaptée à la complexité de cette opération, et des conseils sur la conformité de ce montage progressif à la situation personnelle de l'assuré souscripteur. Dès lors, prive sa décision de base légale la cour d'appel qui, pour juger que le courtier ayant placé cette succession de contrats, comme l'assureur qui les a émis, ont satisfait à leur obligation d'information et de conseil, retient que chaque contrat a été précédé de la remise d'une notice d'information résumant clairement son fonctionnement, et que leur souscription cumulée n'est pas contraire aux intérêts de l'assuré dès lors que chaque contrat recevant application de façon autonome, permet de prévenir le risque de réduction des garanties en demandant la diminution du montant de la cotisation annuelle, sans rechercher si l'assuré avait reçu une information adaptée à la complexité d'une telle opération, propre à l'alerter sur les risques accrus de perte des avantages fiscaux et d'érosion des placements réalisés pouvant résulter d'une mise en réduction simultanée de tout ou partie des contrats relevant du dispositif de la loi n° 94-126 du 11 février 1994, et si ce montage progressif répondait à la situation personnelle de l'intéressé, en regard de sa force d'épargne à long terme (■ Cass. 1re civ., 4 juin 2014, n° 13-12.770 : *Bull.* ; *RDC* 2015/1, p. 30, note Carval).

109) L'entreprise de travail temporaire ne peut être déclarée responsable du dommage résultant d'une faute professionnelle commise par le personnel qu'elle a fourni que dans la mesure où une faute peut lui être reprochée dans l'exécution de son contrat (■ Cass. 1re civ., 28 mai 1980, n° 79-11.821 : *JurisData* n° 1980-000157 ; *Bull. civ.* I, n° 157, p. 127 ; *RTD civ.* 1981, 164, obs. Durry). Toute entreprise de travail temporaire fournissant à autrui des salariés est tenue d'une obligation de prudence dans le recrutement du personnel qu'elle fournit, cette obligation étant plus rigoureuse à l'égard du personnel appelé à exercer des fonctions de confiance ou de particulières responsabilités (■ Cass. 1re civ., 2 mai 1989, n° 87-16.484 : *JurisData* n° 1989-701732 ; *Bull. civ.* I, n° 178, p. 119). Jugé que le contrat dit « d'intervention » par lequel une société est chargée de trouver un directeur commercial pour une entreprise moyennant paiement d'une redevance forfaitaire de 40 000 F dont 10 000 F exigibles lors de la signature du contrat fait naître seulement une obligation de moyens (■ Versailles, 3 mars 1988 : *JurisData* n° 1988-601230 ; *JCP* 88, II, 21132, note Estoup).

110) Garagiste. L'obligation de résultat qui pèse sur le garagiste emporte à la fois présomption de faute et présomption de causalité entre la faute et le dommage (■ Cass. 1re civ., 2 févr. 1994, n° 91-18.764 : *JurisData* n° 1994-000126 ; *Bull. civ.* I, n° 41, p. 32 ; *JCP* 94, II, 22294, 2e esp., note Delebecque ; *RTD civ.* 1994, 613, obs. Jourdain. V. aussi ■ Cass. 1re civ., 20 juin 1995, n° 91-19.715 : *Bull. civ.* I, n° 263, p. 183. ■ Cass. 1re civ., 8 déc. 1998, n° 96-17.811 : *JurisData* n° 1998-004771 ; *JCP* 99, IV, 1178 ; *Bull. civ.* I, n° 343, p. 237. ■ Cass. 1re civ., 8 juin 1999, n° 97-15.479 : *JurisData* n° 1999-002426 ; *Resp. civ. et assur.* 1999, 297). Mais la responsabilité de plein droit ne s'étend qu'aux manquements à cette obligation de résultat et il incombe au propriétaire du véhicule de démontrer que l'incendie de celui-ci a trouvé son origine dans le circuit électrique sur lequel le garagiste est intervenu (■ Cass. 1re civ., 14 mars 1995, n° 93-14.458 : *JurisData* n° 1995-000602 ; *JCP* 95, IV, 1163 ; *Bull. civ.* I, n° 122, p. 87 ;

Resp. civ. et assur. 1995, 213 ; *RTD civ.* 1995, 635, obs. Jourdain. V. aussi ■ Cass. com., 22 janv. 2002, n° 00-13.510 : *JurisData* n° 2002-012866 ; *RTD civ.* 2002, 514, obs. Jourdain. ■ Cass. 1re civ., 28 mars 2008, n° 06-18.350 : *RDC* 2008/3, p. 757, obs. Carval : il appartient au client de rapporter la preuve que la rupture de la turbine, postérieurement au remplacement de la courroie de distribution par le garagiste, était due à une défectuosité déjà existante au jour de l'intervention de ce garagiste ou était reliée à celle-ci. Comp., décidant que le garagiste est tenu, envers ses clients qui lui confient un véhicule en réparation, d'une obligation de sécurité dont il peut s'exonérer en prouvant qu'il n'a pas commis de faute, ■ Cass. 1re civ., 9 juin 1993, n° 91-17.387 : *JurisData* n° 1993-001239 ; *Contrats, conc. consom.* 1993, 205, note Leveneur ; *RTD civ.* 1993, 828, obs. Jourdain. V. aussi ■ Cass. 1re civ., 12 juill. 1994, n° 92-13.375 : *JurisData* n° 1994-002148 ; *Contrats, conc. consom.* 1994, 210, note Raymond). Le réparateur d'un véhicule automobile, tenu de le remettre en état de marche, ne peut s'exonérer de sa responsabilité sans apporter la preuve que son client a refusé de lui laisser faire une réparation nécessaire ou que lui-même l'a averti du caractère incomplet de celle qu'il a effectuée (■ Cass. 1re civ., 15 nov. 1988, n° 86-19.050 : *JurisData* n° 1988-002404 ; *D.* 1989, 179, note Malaurie). V. aussi ■ Cass. 1re civ., 25 févr. 2016, n° 14-29.305 : *Contrats, conc. consom.* 2016, 110, note Leveneur ; *JurisData* n° 2016-003423 (le moteur ne tourne pas convenablement après une réparation ; manquement à l'obligation de résultat). Le garagiste n'est pas responsable de la défectuosité d'une pièce fournie par le client (■ Cass. 1re civ., 24 oct. 1995, n° 93-19.695 : *JCP* 95, IV, 2625 ; *Bull. civ.* I, n° 376, p. 262). La commande du client étant limitée à un balai d'essuie-glace et quatre bougies, le garagiste n'a pas à appeler l'attention de son client sur la nécessité d'une vidange (■ Cass. 1re civ., 5 nov. 1996, n° 94-14.975 : *JurisData* n° 1996-004135 ; *Resp. civ. et assur.* 1997, 25 ; *Bull. civ.* I, n° 369, p. 259), mais il manque à son obligation de conseil s'il omet d'attirer cette attention sur l'intérêt de recourir au remplacement du moteur plutôt qu'à sa réparation (■ Cass. 1re civ., 15 mai 2001, n° 99-14.128 : *JurisData* n° 2001-009633 ; *Contrats, conc. consom.* 2001, 132, 1re esp., note Leveneur ; *Resp. civ. et assur.* 2001, 266) ou de recueillir l'accord du client sur une réparation importante (■ Cass. 1re civ., 2 mai 2001, n° 99-10.014 : *JurisData* n° 2001-009399 ; *Contrats, conc. consom.* 2001, 132, 2e esp., note Leveneur. Comp. pour un garagiste ayant changé le joint de culasse alors que le véhicule lui était confié pour une fuite d'eau sur une durite, ■ Cass. 1re civ., 6 janv. 2004, n° 01-11.384 : *JurisData* n° 2004-021679 ; *Contrats, conc. consom.* 2004, 35, note Leveneur : *Bull. civ.* I, n° 4, p. 3). Le sous-traitant garagiste réparateur est contractuellement tenu, envers l'entrepreneur principal, d'une obligation de résultat qui emporte à la fois présomption de faute et présomption de causalité entre la faute et le dommage (■ Cass. 1re civ., 21 oct. 1997, n° 95-18.558 : *JurisData* n° 1997-004147 ; *JCP* E 98, 376, note Petit ; *Bull. civ.* I, n° 279, p. 189 ; *Resp. civ. et assur.* 1997, 354). Le garagiste qui prête un véhicule de remplacement à un client est tenu d'informer celui-ci sur l'étendue des garanties de son contrat d'assurance et sur l'intérêt de souscrire, éventuellement, des garanties complémentaires (■ Cass. 1re civ., 25 nov. 2003 : *JCP* 2004, IV, 1136 ; *JurisData* n° 2003-021052 ; *Contrats, conc. consom.* 2004, 20, note Leveneur ; *Bull. civ.* I, n° 235, p. 186).

111) Entrepreneur. Respect des règles de l'art. Sur ce que le non-respect d'une norme technique supplémentaire, imposée par les seules règles de l'art, ne semble pas suffire pour engager la responsabilité de l'entrepreneur sur le terrain de la garantie décennale (normes parasismiques), v. ■ Cass. 3e civ., 1er déc. 2010, n° 09-15.982 : *RDC* 2011/3, p. 845, obs. Deshayes ; *RDI* 2011, p. 169, obs. Malinvaud.

112) Électricien. Sur l'obligation de résultat de l'artisan électricien, V. ■ Cass. 1re civ., 5 mars 1991, n° 88-14.156 : *JurisData* n° 1991-002205 ; *RTD civ.* 1991, 756, obs. Jourdain.

113) Vendeur. L'installateur d'un système d'alarme est tenu d'une obligation de résultat en ce qui concerne le déclenchement des signaux d'alerte à distance en cas d'effraction (■ Cass. 1re civ., 8 juin 1994, n° 92-11.152 : *Contrats, conc. consom.* 1994, 216, note Leveneur. V. aussi ■ Cass. 1re civ., 20 oct. 1998, n° 96-15.646 : *JurisData* n° 1998-004126 ; *Resp. civ. et assur.* 1998, 389, 1re esp.). Il est également tenu d'une obligation d'information et de conseil et doit émettre des réserves sur la fiabilité du système (■ Cass. 1re civ., 19 janv. 1999, n° 96-22.235 : *JurisData* n° 1999-000276 ; *Resp. civ. et assur.* 1999, 105). L'obligation de conseil à laquelle est tenu le vendeur d'un système de climatisation lui impose de se renseigner sur les besoins de l'acheteur et de l'informer, fût-il accompagné de l'installateur lors de l'achat, de l'adéquation du matériel proposé à l'utilisation qui en est prévue (■ Cass. 1re civ., 30 mai 2006 : *JurisData* n° 2006-033697 ; *Bull. civ.* I, n° 280, p. 245 ; *RDC* 2006/4, p. 1231, obs. Viney). Constatant que l'acheteur d'un rat domestique n'avait ni connaissance ni conscience qu'il s'exposait à un risque de maladie, une juridiction peut en déduire que le vendeur, en tant que professionnel, a manqué à son obligation d'information en ne portant pas ce risque à sa connaissance (■ Cass. 1re civ., 14 mai 2009, n° 08-16.395 : *JCP* 2009, n° 40, 285, obs. Brusorio-Aillaud). Doit être approuvé l'arrêt qui, ayant constaté que le vendeur d'un foyer clos dit « insert », appareil qualifié de dangereux, s'était borné à remettre une notice d'utilisation à l'acheteur, sans l'inviter à faire procéder à son installation par un professionnel ou une personne qualifiée, retient que le vendeur ne démontre pas avoir satisfait à son obligation de mise en garde sur les règles techniques d'installation du produit (■ Cass. 1re civ., 18 juin 2014, n° 13-16.585 : *Bull.*).

114) Entrepreneur (délai d'exécution). L'entrepreneur est soumis à l'obligation de livrer les travaux dans un délai raisonnable, même lorsque les devis ne mentionnent aucun délai d'exécution et qu'aucun planning n'a été fixé (■ Cass. 3e civ., 16 mars 2011, n° 10-14.051 : *Bull.*, n° 35 ; *Contrats, conc. consom.* 2011, n° 135, obs. Leveneur).

115) Réparation d'un ascenseur. Celui qui est chargé de réparer un ascenseur est tenu d'une obligation de résultat en ce qui concerne la sécurité de l'appareil (■ Cass. 1re civ., 15 juill. 1999, n° 96-22.796 : *JurisData* n° 1999-002917 ; *JCP* 99, IV, 2714 ; *Resp. civ. et assur.* 1999, 314 ; *Bull. civ.* I, n° 238, p. 153).

116) Obligation de sécurité du vendeur quant à ses produits. Le vendeur est débiteur d'une obligation de sécurité de résultat qui consiste à ne livrer que des produits exempts de tout vice ou de tout défaut de fabrication de nature à créer un danger pour les personnes ou pour les biens (■ Cass. 1re civ., 11 juin 1991, n° 89-12.748 : *JurisData* n° 1991-002810 ; *JCP* 91, IV, 320 ; *Bull. civ.* I, n° 201, p. 132. V. en ce sens pour le fabricant ■ Cass. 1re civ., 15 oct. 1996, n° 94-21.113 : *JurisData* n° 1996-003798 ; *JCP* 97, I, 4025, n° 14, obs. Viney ; *Bull. civ.* I, n° 354, p. 248 ; *Resp. civ. et assur.* 1997, 28 ; *D.* 1997, somm. 288, obs. Jourdain, et 348, obs. Brun, motocycliste blessé par des lunettes prétendument incassables. ■ Cass. 1re civ., 3 mars 1998, n° 95-20.877 : *JCP* 98, II, 10049, rapp. Sargos ; I, 144, n° 18, obs. Viney ; *JCP* E 98, 1102, note Revel ; *D.* 1999, 36, note Pignarre et Brun ; *Bull. civ.* I, n° 95, p. 63 ; *Resp. civ. et assur.* 1998, 197 ; *RTD civ.* 1998, 683, obs. Jourdain, absence totale de dégradabilité de l'enveloppe de comprimés à libération prolongée), c'est-à-dire un produit qui offre la sécurité à laquelle on peut légitimement s'attendre (■ Cass. 1re civ., 3 mars 1998, préc.). Il en est responsable tant à l'égard des tiers que de son acquéreur (■ Cass. 1re civ., 17 janv. 1995, n° 93-13.075 : *JurisData* n° 1995-000181 ; *JCP* 95, I, 3853, n° 9, obs. Viney ; *Bull. civ.* I, n° 43, p. 29 ; *D.* 1995, 350, note Jourdain ; *RTD civ.* 1995, 631, obs. Jourdain. V. aussi, précisant que tout producteur est responsable, tant à l'égard des victimes immédiates que des victimes par ricochet, ■ Cass. 1re civ., 28 avr. 1998, n° 96-17.670 : *JCP* 98, I, 185, n° 19, obs. Viney ; II, 10088, rapp. Sargos ; *Bull. civ.* I, n° 158, p. 104 ; *Resp. civ. et assur.* 1998, 246 ; *RTD civ.* 1998, 684, obs. Jourdain. ■ Cass. 1re civ., 13 févr. 2001 : *Contrats, conc. consom.* 2001, 86, note Leveneur ; *JCP* 2002, II, 10099, note Lisanti-Kalczynski ; *JurisData* n° 008060. Sur la nature contractuelle de la responsabilité encourue envers le revendeur, V. ■ Cass. 1re civ., 16 déc. 1997, n° 95-21.757 : *JurisData* n° 1997-005174 ; *RTD civ.* 1998, 680, obs. Jourdain). Le fait que la machine a reçu un visa d'examen technique n'exonère pas le fabricant de toute responsabilité (■ Cass. 1re civ., 27 janv. 1998, n° 96-11.603 : *JurisData* n° 1998-000221 ; *JCP* 98, IV, 1622 ; *Bull. civ.* I, n° 33, p. 21). Sur la nécessité d'établir un défaut de la chose, v. ■ Cass. 1re civ., 11 mai 1999, n° 97-14.493 : *JurisData* n° 1999-001924 ; *Contrats, conc. consom.* 1999, 140, note Leveneur. L'action en responsabilité du vendeur professionnel pour manquement à son obligation de sécurité nécessite, pour sa mise en œuvre, que le vice de la chose ait été la cause d'un accident (■ Cass. 1re civ., 16 oct. 2001, n° 99-19.627 : *JurisData* n° 2001-011396 ; *Contrats, conc. consom.* 2002, 4, note Leveneur). Viole l'article 1147, interprété à la lumière de la directive du 25 juillet 1985, le tribunal qui retient la responsabilité du fabricant d'un produit, alors qu'il n'est pas constaté que la défectuosité du produit consiste en un défaut de sécurité ayant causé un dommage à une personne ou à un bien autre que le produit défectueux lui-même (■ Cass. 1re civ., 9 juill. 2003, n° 00-21.163 : *JurisData* n° 2003-019915 ; *Bull. civ.* I, n° 173, p. 135). La responsabilité de plein droit qui pèse sur le vendeur-installateur d'une cuisinière à gaz ne s'étend qu'aux dommages causés par le manquement à son obligation de résultat. En conséquence, il incombe à la victime d'une explosion de gaz de démontrer que celle-ci a trouvé son origine dans la prestation effectuée (■ Cass. 1re civ., 16 oct. 2001, n° 99-19.627 : *JurisData* n° 2001-011396 ; *Contrats, conc. consom.* 2002, 25, note Leveneur). Selon l'interprétation de l'article 1147 du Code civil, commandée par l'article 6 de la directive n° 85-374 du 25 juillet 1985, alors non encore transposée en droit interne, le producteur, tenu d'une obligation de sécurité de résultat, est responsable de l'inexécution de cette obligation en cas de dommage causé par son produit lorsque, au moment où il l'a mis en circulation pour être vendu ou distribué, ce produit n'offrait pas la sécurité à laquelle on pouvait légitimement s'attendre compte tenu de toutes les circonstances et, notamment, de sa présentation, de l'usage qui pouvait en être raisonnablement attendu et du moment de sa mise en circulation. Viole ces dispositions la cour d'appel qui, pour décider que le vaccin litigieux (contre l'hépatite B) était atteint d'un défaut qui ne lui permettait pas d'offrir la sécurité à laquelle on pouvait légitimement s'attendre, retient que le vaccin avait été le facteur déclenchant du syndrome de

Guillain-Barré développé par la victime et que l'autorisation de mise sur le marché de ce produit, dont l'obtention n'avait pas pour effet d'exonérer le fabricant de sa responsabilité dans les conditions du droit commun, énumérait cette affection au titre des effets indésirables, en mentionnant « très rarement, des neuropathies périphériques », déduisant le caractère défectueux du vaccin de ces seules constatations (▪ Cass. 1re civ., 24 janv. 2006, nos 03-19.534, 02-16.648, 03-20.178 : *D.* 2006 p. 1273, note Neyret ; *RDC* 2006/3, p. 841, obs. Borghetti). Mais jugé qu'il appartient aux juges du fond d'apprécier la relation causale prétendue entre le vaccin (contre l'hépatite B) et l'aggravation de la maladie (sclérose en plaques) en recherchant si la présentation du vaccin mentionnait l'existence d'un risque (▪ Cass. 1re civ., 22 mai 2008, n° 06-14.952 : *RDC* 2008/4, p. 1186, obs. Borghetti ; *JCP* 2008, act. 370 ; I, 186, obs. Stoffel-Munck et II, 10131, note Grynbaum ; *D.* 2008, p. 2894, obs. Brun et Jourdain). Ayant relevé que la société de vente par correspondance n'était que le fournisseur de l'appareil et non son fabricant, la cour d'appel, par application des méthodes reconnues par le droit national, n'a fait qu'interpréter, comme cela lui incombait, l'article 1147 du Code civil à la lumière de la directive n° 85/374/CEE du 25 juillet 1985, en vue d'atteindre le résultat recherché par la norme communautaire, dans un litige relevant du domaine d'application de cette directive, non encore transposée, et né de faits postérieurs à l'expiration du délai de transposition. Elle a décidé à bon droit que l'action en responsabilité contractuelle fondée sur le texte de droit interne, ainsi exactement interprété, était irrecevable à l'encontre du fournisseur (▪ Cass. 1re civ., 15 mai 2007, n° 05-17.947 : *RDC* 2007/4, p. 1147, obs. Borghetti ; *JCP* 2007, I, 185, obs. Stoffel-Munck ; *Contrats, conc. consom.* 2007, 233, note Leveneur). Si le juge national, saisi d'un litige entrant dans le domaine d'application d'une directive, est tenu d'interpréter son droit interne à la lumière du texte et de la finalité de cette directive, c'est à la condition que celle-ci soit contraignante pour l'État membre et ne lui laisse pas une faculté d'option pour l'adaptation de son droit national au *droit communautaire* ; l'article 15-1, *c* de la directive n° 85-374/CEE du 25 juillet 1985, concernant le rapprochement des dispositions législatives, réglementaires et administratives des États membres en matière de responsabilité du fait des produits défectueux, leur laissait la faculté d'introduire ou non dans leur législation interne l'exonération pour risque de développement, de sorte que les dispositions de l'article 7, *e)* de la directive, alors non encore transposée, prévoyant ce cas d'exonération, ne pouvaient donner lieu à une interprétation conforme des textes de droit interne, dans un litige entre particuliers. Ayant constaté que la néphrite interstitielle immuno-allergique dont souffrait le patient était en relation directe et certaine avec l'administration du Pentasa, ce dont il résultait que le fabricant avait manqué à son obligation de fournir un produit exempt de tout défaut de nature à créer un danger pour les personnes ou les biens, c'est-à-dire un produit qui offrait la sécurité à laquelle on pouvait légitimement s'attendre, sans faculté d'exonération pour risque de développement, la cour d'appel n'a pas tiré les conséquences légales de ses propres constatations, violant ainsi les articles 1147 et 1384 du Code civil (▪ Cass. 1re civ., 15 mai 2007, n° 05-10.234 : *RDC* 2007/4, p. 1147, obs. Borghetti ; *D.* 2007, p. 2897, obs. Brun et act. jurispr. p. 1592, obs. I. Gallmeister ; *Resp. civ. et assur.* 2007, 219, obs. C. Radé). La preuve du dommage, du défaut et du lien de causalité entre le défaut et le dommage peut résulter de présomptions, pourvu qu'elles soient graves, précises et concordantes (▪ Cass. 1re civ., 22 mai 2008, n° 06-10.967 : *RDC* 2008/4, p. 1186, obs. Borghetti ; *JCP* 2008, act. 370 ; I, 186, obs. Stoffel-Munck et II, 10131, note Grynbaum ; *D.* 2008, p. 2894, obs. Brun et Jourdain). Pour les produits dont la mise en circulation est postérieure à la date d'entrée en vigueur de la loi du 19 mai 1998, v. art. 1386-1 et s. V. aussi la directive 2001/95/CE du 3 décembre 2001 relative à la sécurité générale des produits : *JOCE* n° L. 11, 15 janv. 2002.

117) Entreprise de distribution. Obligation générale de sécurité. Une entreprise de distribution est débitrice à l'égard de la clientèle d'une obligation générale de sécurité de résultat (▪ Cass. 1re civ., 20 sept. 2017, n° 16-19.109 : *JCP* G 2018, 262, C. Bloch ; *RDC* 2018, p. 33, Knetsch. Client tombé sur un tapis dans un magasin ; solution fondée sur l'article L. 221-1 du Code de la consommation devenu L. 421-3). *Contra* ▪ Cass. 1re civ., 29 mai 1996, n° 94-16.820 : *JurisData* n° 1996-002120 ; *Bull. civ.* I, n° 228, p. 158 ; *Resp. civ. et assur.* 1996, 344 ; *RTD civ.* 1997, 140, obs. Jourdain (cliente ayant glissé sur le sol d'une boucherie ; pas d'obligation contractuelle de sécurité). Comp. ▪ Cass. 1re civ., 8 déc. 1998, n° 94-11.848 : *JurisData* n° 1998-004767 ; *Resp. civ. et assur.* 1999, 33 ; *Bull. civ.* I, n° 350, p. 241 ; *D.* 1999, somm. 260, obs. Jourdain (obligation de moyens de l'exploitant d'un salon d'esthétique pendant l'utilisation des douches mises à la disposition des clients). ▪ Riom, 15 oct. 1998, n° 98/00391 : *JurisData* n° 1998-044804 ; *JCP* 99, IV, 1498 (chute d'un curiste dans un couloir d'un établissement thermal).

118) Locataire. Sur le principe que le preneur est responsable de plein droit, sauf force majeure, en cas d'incendie de l'immeuble loué, V. art. 1733, p. 1468.

119) Établissement d'enseignement. Contractuellement tenu d'assurer la sécurité des élèves, un établissement d'enseignement est responsable des dommages qui leur sont causés non seulement par sa faute, mais encore par le fait des choses qu'il met en œuvre pour l'exécution de son obligation contractuelle (■ Cass. 1re civ., 17 janv. 1995 : *JCP* 95, I, 3853, n° 9, obs. Viney ; *Bull. civ.* I, n° 43, p. 29 ; *D.* 1995, 350, note Jourdain ; *RTD civ.* 1995, 631, obs. Jourdain. V. F. Leduc, *La spécificité de la responsabilité contractuelle du fait des choses : D.* 1996, chron. 164).

120) Maison de retraite. La maison de retraite est tenue d'une obligation de surveiller les pensionnaires qui lui sont confiés pour éviter qu'ils ne s'exposent à des dangers ou y exposent autrui (■ Cass. 1re civ., 15 déc. 2011, n° 10-25.740 : *JCP* 2012, n° 8, p. 358, note Bakouche ; *ibid.*, n° 17, p. 860, obs. Stoffel-Munck et Bloch ; *D.* 2012. 539, note Develay ; *G.P.* 2012, n° 124, p. 11, obs. M. Mekki, la maison de retraite n'ayant en l'occurrence commis aucune faute ayant joué un rôle causal dans la survenance du dommage).

121) Travail à titre bénévole. Celui qui effectue un travail pour autrui, même à titre bénévole, demeure tenu des conséquences de ses manquements (■ Cass. 1re civ., 13 juill. 1999 : *Resp. civ. et assur.* 1999, 316, réservant l'exonération résultant de l'acceptation des risques). La personne, rémunérée ou non, qui se voit confier des enfants en bas âge, n'est tenue que d'une obligation de moyens quant à leur santé (■ Cass. 1re civ., 18 nov. 1997, n° 95-19.516 : *JurisData* n° 1997-004566 ; *JCP* 98, IV, 1034 ; *Bull.* I, n° 317, p. 215 ; *Dr. famille* 1998, 85, note Murat ; *D.* 1998, somm. 197, obs. Delebecque. – Voir sur cet arrêt A. Cathelineau, *La responsabilité des assistantes maternelles : apparence et réalité : Resp. civ. et assur.* 1998, chron. 8).

122) Fournisseur d'accès à internet. Tenu d'une obligation de résultat quant aux services offerts, le fournisseur d'accès ne pouvait s'exonérer de sa responsabilité à l'égard de son client en raison d'une défaillance technique, hormis le cas de force majeure, c'est-à-dire d'un événement présentant un caractère imprévisible lors de la conclusion du contrat et irrésistible au moment de son exécution, ce que la défaillance technique relevée, même émanant d'un tiers, ne permettait pas de caractériser à défaut d'imprévisibilité (■ Cass. 1re civ., 19 nov. 2009, n° 08-21.645 : *Contrats, conc. consom.* 2010, n° 35, note Leveneur ; *LPA 22 janv. 2010, note Fernet* ; *Resp. civ. et assur.* 2010, n° 19, note Hocquet-Berg ; *Gaz. Pal.* 2010, n° 69-70, p. 14, obs. M. Mekki).

123) Fournisseur d'eau. Le distributeur d'eau est tenu d'une obligation contractuelle de résultat de fournir une eau propre à la consommation dont il ne peut s'exonérer, totalement, que par la preuve d'un événement constitutif de force majeure, partiellement, qu'en prouvant l'existence d'une faute de la victime ne présentant pas les caractères de la force majeure, V. ■ Cass. 1re civ., 28 nov. 2012, n° 11-26.814 : *Bull.*, n° 248 ; *Contrats, conc. consom.* 2013, n° 2, p. 26, obs. Leveneur ; *D.* 2013, chron. C. cass., p. 591, obs. Darret-Courgeon ; *RTD civ.* 2013, p. 128, obs. Jourdain.

124) Mesureur immobilier. Si la restitution, à laquelle le vendeur est tenu en vertu de la loi à la suite de la diminution du prix résultant d'une moindre mesure par rapport à la superficie convenue, ne constitue pas, par elle-même, un préjudice indemnisable permettant une action en garantie, le vendeur peut se prévaloir à l'encontre du mesureur ayant réalisé un mesurage erroné d'une perte de chance de vendre son bien au même prix pour une surface moindre (■ Cass. 3e civ., 28 janv. 2015, n° 13-27.397 : *Bull.* ; *JurisData* n° 2015-001108 ; *Contrats, conc. consom.* 2015, n° 82, note L. L. ; *JCP* 2015, n° 8, p. 356, note Viney ; *D.* 2015, p. 657, note Rouvière ; *RLDC* 2015, p. 76, obs. Brun ; *RTD civ.* 2015, p. 396, obs. Jourdain).

125) Diagnostiqueur immobilier. La responsabilité du diagnostiqueur se trouve engagée lorsque le diagnostic n'a pas été réalisé conformément aux normes édictées et aux règles de l'art et qu'il se révèle erroné, et le préjudice causé aux acquéreurs contraints de réaliser des travaux pour remédier à l'état d'infestation parasitaire de l'immeuble a un caractère certain (■ Cass. ch. mixte, 8 juill. 2015, n° 13-26.686 : *JurisData* n° 2015-016734 ; *Contrats, conc. consom.* 2015, n° 53, note Leveneur ; *D.* 2015, p. 2155, note V. Mazeaud ; *D.* 2016, p. 38, obs. Brun ; *JCP G* 2015, 1088, note Sérinet ; *RDC* 2015, p. 848, note Deshayes ; *RTD civ.* 2015, p. 895, obs. Gautier et 2016, p. 131, obs. Jourdain). Dans le même sens, ■ Cass. 3e civ., 15 oct. 2015, n° 14-18.077 : *Bull.* ; *Contrats, conc. consom.* 2016, n° 33, note Leveneur.

126) Exploitant d'un parking. Il est tenu d'une obligation de sécurité de moyens, dès lors que l'utilisateur de ses services, qui doit se déplacer au sein du parking, tant à pied qu'au volant de son véhicule, n'y a pas un rôle purement passif (■ Cass. 1re civ., 25 nov. 2015, n° 14-21.434 : *Contrats, conc. consom.* 2016, n° 32, note Leveneur ; *JurisData* n° 2015-026618).

127) Courtier matrimonial. Ce professionnel est tenu, au titre de son devoir d'information de vérifier les renseignements élémentaires concernant ses adhérents (■ Cass. 1re civ., 9 juill. 2015, n° 14-23.109 : *Bull.* ; *RDC* 2016, p. 24, note Borghetti).

III – NATURE DE LA RESPONSABILITÉ

128) Non cumul des responsabilités contractuelle et délictuelle. Les articles 1382 et suivants du Code civil sont sans application lorsqu'il s'agit d'une faute commise dans l'inexécution d'une obligation résultant d'un contrat (■ Cass. civ., 6 avr. 1927 : *S.* 1927, 1, 201, note H. Mazeaud. ■ Cass. 2e civ., 7 déc. 1955 : *JCP* 56, II, 9246, note Esmein, 2e esp. ■ Cass. 2e civ., 24 juin 1987 : *Bull. civ.* II, n° 142, p. 81. ■ Cass. 1re civ., 19 mars 2002, n° 99-21.209 : *JurisData* n° 2002-013635 ; *Contrats, conc. consom.* 2002, 106, note Leveneur). Ainsi, l'article 1384, al. 1er, ne saurait recevoir application alors qu'il existe entre les parties un marché de travaux (■ Cass. 2e civ., 26 mai 1992, n° 91-11.149 : *JurisData* n° 1992-002000 ; *Bull. civ.* II, n° 154, p. 75. ■ Cass. 3e civ., 28 nov. 2001 : *JCP* 2002, IV, 1057 ; *Bull. civ.* III, n° 135, p. 103 ; *RTD civ.* 2002, 315, obs. Jourdain ; *JurisData* n° 2001-011889. V. aussi pour l'incendie trouvant son origine dans les travaux réalisés ■ Cass. 3e civ., 8 juill. 1998, n° 96-22.224 : *JurisData* n° 1998-003169 ; *JCP* 98, IV, 3037 ; *RTD civ.* 1998, 909, obs. Jourdain). Mais le visa erroné de l'article 1384 n'est pas un motif de cassation dès lors que les juges du fond ont fait une exacte application des règles de la responsabilité en retenant à la charge du fournisseur d'eau une obligation contractuelle de résultat quant à la fourniture d'un compteur en bon état (■ Cass. 1re civ., 4 janv. 1995, n° 93-10.127 : *JurisData* n° 1995-000083 ; *JCP* 95, IV, 528). La règle du non-cumul des responsabilités contractuelle et délictuelle ne joue que dans les rapports entre cocontractants. Par suite, doit être cassé l'arrêt qui écarte l'existence d'une responsabilité contractuelle vis-à-vis de la victime, faute de stipulation pour autrui, et se refuse à rechercher s'il y a ou non une responsabilité délictuelle ou quasi délictuelle (■ Cass. soc., 21 mars 1972 : *JCP* 72, II, 17236, note Saint-Jours. V. aussi ■ Cass. com., 9 juill. 2002, n° 99-15.471 : *JurisData* n° 2002-015143 ; *Contrats, conc. consom.* 2002, 172, note Leveneur). Viole les art. 1147 et 1382, l'arrêt qui pour déclarer irrecevable une demande subsidiaire formée au titre de la concurrence déloyale, retient que le défendeur invoque, à bon droit, le principe de non cumul des responsabilités contractuelle et délictuelle qui exclut, entre les mêmes parties, les demandes subsidiaires fondées sur un autre ordre de responsabilité que celui invoqué au soutien de la demande principale ; alors que ce principe interdit seulement au créancier d'une obligation contractuelle de se prévaloir, contre le débiteur de cette obligation, des règles de la responsabilité délictuelle (■ Cass. com., 13 juill. 2010, n° 09-14.985 : *RDC* 2011/1, p. 51, obs. Laithier ; *JCP* 2011, n° 15, 435, obs. Stoffel-Munck). Viole les articles 1147, 1384, alinéa 1er, du Code civil, le premier pour refus d'application, le second pour fausse application, une cour d'appel qui, pour déclarer un restaurant responsable, sur le fondement de la responsabilité délictuelle du fait des choses, du préjudice subi par un enfant de onze ans du fait de l'accident dont il a été victime en faisant usage d'une aire de jeux dépendante du restaurant, énonce que les parents n'auraient eu de lien avec le restaurant que par le biais de leur fils qui, lui-même mineur, ne s'était pas trouvé engagé dans un lien contractuel, même par stipulation pour autrui, avec ce restaurant, l'aire de jeux étant indépendante du contrat de restauration, alors qu'elle avait constaté que l'enfant avait fait usage de l'aire de jeux, exclusivement réservée à la clientèle du restaurant, au cours d'un goûter auquel il participait en compagnie d'un adulte et d'autres enfants, de sorte que la responsabilité du restaurant était de nature contractuelle (■ Cass. 1re civ., 28 juin 2012, n° 10-28.492 : *Bull.* ; *D.* 2013, p. 40, obs. Brun et Gout ; *RTD civ.* 2012, p. 729, obs. Jourdain ; *JCP* 2012, 1069, note Dubarry). En présence d'un contrat d'hospitalisation libre liant la victime à un établissement psychiatrique privé, la responsabilité de celui-ci en raison de blessures infligées par un autre pensionnaire majeur ne peut être recherchée que sur le fondement d'un manquement à des obligations contractuelles de sécurité et de surveillance (■ Cass. 2e civ., 8 mars 2018, n° 16-17.624 : *JCP* G 2018, 639, Perdrix ; *JurisData* n° 2018-003504 ; *RTD civ.* 2018, p. 674, Jourdain). Le principe interdit seulement au créancier d'une obligation contractuelle de se prévaloir, contre le débiteur de cette obligation, des règles de la responsabilité délictuelle et n'interdit pas la présentation d'une demande distincte, fondée sur l'article L. 442-6, I, 5° du Code de commerce, qui tend à la réparation d'un préjudice résultant non pas d'un manquement contractuel mais de la rupture brutale d'une relation commerciale établie (■ Cass. com., 24 oct. 2018, n° 17-25.672 : *Bull.* ; *D.* 2018, 2396, Buy ; *RDC* 2019, p. 38, Knetsch).

129) Sur la **nature de la responsabilité de l'agent immobilier** à l'égard de ses clients et à l'égard des tiers, v. J.-S. Borghetti, obs. sur ■ Cass. 1re civ., 28 oct. 2010, n° 09-70.109 : *RDC* 2011/2, p. 439.

130) Responsabilité du commerçant à l'égard de ses clients. La responsabilité d'un commerçant à l'égard de ses clients quant à l'organisation et au fonctionnement d'un établissement dont l'entrée est libre est de nature quasi délictuelle (■ Cass. 2e civ., 5 juin 1991, n° 88-20.132 : *JurisData* n° 1991-001626 ; *Bull. civ.* II, n° 176, p. 95 ; *D.* 1992, 409, note Lapoyade Deschamps et somm. 270, obs. Penneau).

131) Transporteur. Sur la responsabilité délictuelle encourue par le transporteur avant et après l'exécution du contrat de transport, v. annot. n° 45, p. 846.

132) Assistance bénévole. Sur la nature contractuelle de la responsabilité encourue en cas d'assistance bénévole, V. ▪ Cass. 1re civ., 27 janv. 1993, n° 91-12.115 : *JurisData* n° 1993-000096 ; *JCP* 93, I, 3727, n° 5, obs. crit. Viney ; *RTD civ.* 1993, 584, obs. Jourdain. ▪ Cass. 3e civ., 3 juill. 1996, n° 94-16.827 : *JurisData* n° 1996-002924 ; *JCP* 97, II, 22757, note Le Tourneau. Voir cependant dans une espèce comparable, retenant l'existence d'un « pur acte de courtoisie », ▪ Cass. 2e civ., 26 janv. 1994, n° 92-14.398 : *JCP* 94, I, 3809, n° 1, obs. Viney.

133) Action en concurrence déloyale contre le nouvel employeur. L'action en concurrence déloyale dirigée contre le nouvel employeur qui a embauché un salarié lié par une clause de non-concurrence est recevable nonobstant l'existence d'une action contractuelle de l'ancien employeur contre ce salarié, et alors que ces deux actions, l'une délictuelle et l'autre contractuelle, qui tendent à la réparation d'un préjudice différent peuvent se cumuler (▪ Cass. com., 24 mars 1998, n° 95-19.867 : *JurisData* n° 1998-001339 ; *JCP* 98, I, 185, n° 13, obs. crit. Viney ; *Bull. civ.* IV, n° 111, p. 89 ; *RTD civ.* 1999, 116, obs. crit. Jourdain ; *D.* 1999, somm. 113, obs. Libchaber).

134) Recours du maître de l'ouvrage, responsable envers un tiers, contre l'entrepreneur. L'entrepreneur et le maître de l'ouvrage étant contractuellement liés, ce dernier ne peut invoquer l'article 1384, alinéa 1er, à l'appui de son action en garantie (▪ Cass. 3e civ., 24 mars 1999, n° 96-19.775 : *JurisData* n° 1999-001232 ; *JCP* 99, IV, 1930 ; *RTD civ.* 1999, 640, obs. Jourdain. V. aussi ▪ Cass. 3e civ., 21 juill. 1999, 3 arrêts : *Resp. civ. et assur.* 1999, chron. 23 ; *RTD civ.* 2000, 120, obs. Jourdain. ▪ Cass. 3e civ., 28 nov. 2001 : *JCP* 2002, IV, 1057 ; *Bull. civ.* III, n° 135, p. 103 ; *JurisData* n° 2001-011889. *Contra*, décidant que l'action récursoire exercée contre l'entrepreneur par le maître de l'ouvrage subrogé dans l'action des héritiers de la victime a un fondement quasi délictuel. ▪ Cass. 3e civ., 10 janv. 1984, n° 82-14.961 : *JurisData* n° 1984-700078 ; *Bull. civ.* III, n° 5, p. 4 ; *RTD civ.* 1984, 740, obs. Rémy). V. S. Grataloup, *Quel recours pour le maître d'ouvrage contre le constructeur pour le dommage causé à un tiers ? : Contrats, conc. consom.* 2001, chron. 8.

135) Faute lourde et faute dolosive. Si lourdes qu'aient été les fautes reprochées à l'entrepreneur, elles constituent des manquements à ses obligations contractuelles ; par suite, ne donne pas de base légale à sa décision l'arrêt qui retient la responsabilité quasi délictuelle dudit entrepreneur et déclare que la prescription trentenaire serait seule applicable, sans relever à la charge de celui-ci une faute extérieure au contrat qui le liait au maître de l'ouvrage (▪ Cass. 1re civ., 30 mai 1978, n° 77-10.375 : *JurisData* n° 1978-000205 ; *Bull. civ.* I, n° 205, p. 164. ▪ Cass. 3e civ., 9 mai 1979, n° 77-15.402 : *JurisData* n° 1979-735180 ; *D.* 1980, 414, note Espagnon). Le constructeur, nonobstant la forclusion décennale, est, sauf faute extérieure au contrat, contractuellement tenu à l'égard du maître de l'ouvrage de sa faute dolosive (▪ Cass. 3e civ., 27 juin 2001 : *JCP* G 2001, II, 10626, note Malinvaud ; I, 124, n° 18, obs. Viney ; *JCP* E 2001, 2056, note Rakotovahiny ; *D.* 2001, 2995, concl. Weber et note Karila ; *Resp. civ. et assur.* 2001, 299, note Groutel ; *JurisData* n° 010351 ; *Bull. civ.* III, n° 83, p. 63 ; *Defrénois* 2002, 64, obs. Périnet-Marquet ; *RTD civ.* 2001, 887, obs. Jourdain. V. déjà ▪ Cass. 3e civ., 18 déc. 1972 : *JurisData* n° 1972-000679 ; *D.* 1973, 272, note J. Mazeaud. ▪ Cass. 3e civ., 5 janv. 1983 : *JurisData* n° 1983-700014 ; *JCP* 83, IV, 88. ▪ Cass. 3e civ., 23 juill. 1986, n° 84-17.768 : *Bull. civ.* I, n° 129, p. 100). Sur la notion de faute dolosive, voir sous art. 1150 ancien, p. 1120.

136) Infraction pénale. Jugé par les juridictions répressives qu'un fait dommageable lorsqu'il constitue une infraction pénale caractérisée entraîne une responsabilité d'ordre délictuel faisant échec au principe du non-cumul des responsabilités contractuelle et délictuelle (▪ Paris, 27 juin 1972 : *Gaz. Pal.* 1973, 1, 249). – V. aussi ▪ Cass. crim., 12 déc. 1946 : *JCP* 47, II, 3621, note Rodière). Mais la juridiction répressive qui prononce la relaxe peut, par application de l'article 470-1 du Code de procédure pénale, retenir la responsabilité civile contractuelle du prévenu (v. en matière de responsabilité médicale ▪ Cass. crim., 20 mars 1996, n° 95-83.055 : *JurisData* n° 1996-002633 ; *JCP* 96, I, 3985, n° 22, obs. Viney. ▪ Cass. crim., 28 sept. 1999 : *JurisData* n° 1999-004532 ; *Resp. civ. et assur.* 2000, 77, note Groutel).

137) Tiers complice de la violation du contrat. La responsabilité du tiers complice de la violation d'un contrat est délictuelle (▪ Cass. com., 11 oct. 1971 : *JurisData* n° 1971-097237 ; *JurisData* n° 1971-097237 ; *D.* 1972, 120). Le tiers et le contractant fautif peuvent être condamnés *in solidum* (▪ Cass. 1re civ., 16 juill. 1970, n° 68-14.393 : *JurisData* n° 1970-000241 ; *JCP* 70, IV, 240 ; *Bull. civ.* I, n° 241, p. 196).

138) Action du sous-acquéreur contre le fabricant. Le sous-acquéreur jouit de tous les droits et actions attachés à la chose qui appartenait à son auteur ; il dispose donc, à cet effet, contre le fabricant d'une action contractuelle directe fondée sur la non-conformité de la chose livrée (▪ Cass. ass. plén., 7 févr. 1986, n° 84-15.189 : *JCP*

86, II, 20616, note Malinvaud ; *D.* 1986, note Bénabent ; *RTD civ.* 1986, 364, obs. Huet, et 605, obs. Rémy. ▪ Cass. 3e civ., 14 nov. 1991, n° 89-18.699 : *JurisData* n° 1991-002841 ; *JCP* 92, IV, 161. ▪ Cass. 3e civ., 28 mars 2001, n° 99-14.721 : *JurisData* n° 2001-008986 ; *Contrats, conc. consom.* 2001, 118, note Leveneur. ▪ Cass. 3e civ., 12 déc. 2001, n° 00-14.671 : *JurisData* n° 2001-012236 ; *RD imm.* 2002, 92, obs. Malinvaud ; *RTD civ.* 2002, 303, obs. Jourdain. – V. aussi sous art. 1165 ancien, p. 1125.

139) Responsabilité du sous-traitant ou d'un sous-occupant. Sur le caractère délictuel de la responsabilité du sous-traitant à l'égard du maître de l'ouvrage, voir sous art. 1165. Un entrepreneur n'est pas délictuellement responsable envers les tiers d'un dommage causé par son sous-traitant (▪ Cass. 3e civ., 17 déc. 1997, n° 95-19.504 : *JurisData* n° 1997-005145 ; *JCP* 98, I, 187, n° 21, obs. Viney ; *Bull. civ.* III, n° 227, p. 152). Sur le le caractère délictuel de l'action en responsabilité formée par le propriétaire d'un logement contre un occupant auquel il n'est pas contractuellement lié, V. ▪ Cass. 3e civ., 20 déc. 2018, n° 17-31.461 : *Bull.* ; *JCP G* 2019, 232, Pignarre.

IV – CLAUSES LIMITATIVES OU EXONÉRATRICES

140) Doctrine. P. Esmein, *Les clauses de non-responsabilité* : *RTD civ.* 1926, p. 332. – B. Starck, *Observations sur le régime juridique des clauses de non-responsabilité ou limitatives de responsabilité* : *D.* 1974, chron. 157. – Ph. Malinvaud, *Pour ou contre la validité des clauses limitatives de la garantie des vices cachés dans la vente* : *JCP* 1975, I, 2690. – Ph. Jestaz, *L'obligation et la sanction : à la recherche de l'obligation fondamentale* in *Mélanges P. Raynaud*, Dalloz-Sirey 1985. Dossier spécial : *Vices et vertus du régime des clauses de responsabilité en droit positif* : *RDC* 2008, p. 979, avec les contributions de Ph. Delebecque, *Pour ou contre les clauses limitatives de réparation ?*, p. 979. – Th. Genicon, *Le régime des clauses limitatives de réparation : état des lieux et perspectives*, p. 982. – O. Deshayes, *Clauses limitatives de responsabilité contractuelle et répartition des risques d'inexécution*, p. 1008. – D. Houtcieff, *Le régime des clauses limitatives de responsabilité est-il satisfaisant ?*, p. 1020. – D. Mainguy, *Pour une analyse objective et utilitariste des clauses limitatives de réparation et des clauses abusives dans les contrats*, p. 1029. – C. Aubert de Vincelles, *Plaidoyer pour un affinement réaliste du contrôle des clauses limitatives de réparation portant sur les obligations essentielles*, p. 1034. – D. Mazeaud, *Clauses limitatives de réparation : les quatre saisons* : *D.* 2008, p. 1776. – O. Deshayes (ss dir.), *Les immunités de responsabilité civile, Actes du colloque d'Amiens*, PUF, coll. « CEPRISCA », 2009. – Y.-M. Laithier, *L'avenir des clauses limitatives et exonératoires de responsabilité contractuelle* : *RDC* 2010, 1091.

141) Règlement du Loto. L'article du règlement du Loto éliminant du tirage les bulletins qui n'auraient pu être traités, en raison notamment de ce qu'ils auraient accidentellement disparu, s'analyse comme une clause limitative de responsabilité (▪ Cass. 1re civ., 19 janv. 1982, n° 80-15.745 : *JurisData* n° 1982-700136 ; *D.* 1982, 457, note Larroumet ; *JCP* 84, II, 20215, note Chabas. ▪ Cass. 1re civ., 24 nov. 1982, n° 81-14.276 : *D.* 1983, 384, 3e esp., note Larroumet. Comp., y voyant une clause exonératoire, ▪ Cass. 1re civ., 18 janv. 1984, n° 82-11.656 : *JurisData* n° 1984-700259 ; *Bull. civ.* I, n° 27, p. 21 ; *RTD civ.* 1984, 727, obs. Huet).

142) Notion de clause limitative de responsabilité. Dès lors que les anomalies de la chose vendue ne peuvent être décelées que par une analyse dans un laboratoire spécialisé, la clause faisant obligation à l'acheteur de faire parvenir les réclamations dans les quarante-huit heures de la réception ne peut être retenue comme une clause limitative de responsabilité (▪ Cass. com., 30 nov. 1982, n° 81-11.644 : *JurisData* n° 1982-702735 ; *Bull. civ.* IV, n° 391, p. 326).

143) Sur la **différence entre clause exonératoire et clause de non-obligation**, v. O. Deshayes, *in RDC* 2009/3, p. 1377.

A – Validité

144) Validité de principe. Sur le principe de la validité des clauses limitatives ou exonératrices de responsabilité, V. ▪ Cass. soc., 15 juill. 1949 : *JCP* 49, II, 5181, 2e esp., note G. B. (règlement intérieur d'une entreprise). ▪ Cass. com., 15 juin 1959, n° 57-12.362 : *D.* 1960, 97, note Rodière (contrat de transport). ▪ Cass. com., 25 juin 1980 : *JurisData* n° 1980-700275 ; *JurisData* n° 1980-700275 ; *JCP* 80, IV, 338 ; *RTD civ.* 1981, 165, obs. Durry (contrat conclu avec une entreprise de travail temporaire). ▪ Cass. 1re civ., 31 mars 1981, n° 79-17.129 : *JurisData* n° 1981-701468 ; *Bull. civ.* I, n° 112, p. 95 ; *RTD civ.* 1981, 859, obs. Durry (contrat de mise à disposition d'un camion avec chauffeur).

145) Présentation de la clause. Dans l'exercice de son pouvoir souverain, la cour d'appel a relevé que les conditions invoquées sont rédigées dans un texte à la police très petite, difficilement lisible et en langue anglaise, que la seule mention de « limites de responsabilité » sur la télécopie est insuffisante pour qu'il soit admis que le client a été informé du contenu des limitations, qu'il n'est fait aucune référence aux clauses particulières contenant une limitation de responsabilité ou d'indemnisation, que les éléments produits ne permettent pas de retenir que les deux sociétés entretenaient des relations suivies soumises à ces conditions de telle façon qu'elles se trouvaient connues et pratiquées entre elles et que, dès lors, les conditions invoquées sont inopposables au client (■ Cass. com., 27 nov. 2007, n° 06-16.523 : *Contrats, conc. consom.* 2008, n° 62, obs. L. Leveneur). V. aussi, pour une clause en caractères minuscules, ■ Cass. 1re civ., 31 mai 1983, n° 82-10.530 : *Bull. civ.* I, n° 159. – Pour une clause figurant au verso d'une facture, ■ Cass. com., 26 févr. 1991, n° 89-18.588 : *JurisData* n° 1991-001563 ; *Contrats, conc. consom.* 1991, 105, note L. Leveneur ; *RTD civ.* 1992, p. 78, obs. J. Mestre.

146) Contrats d'adhésion. Aucune disposition légale ne prohibe d'une façon générale l'insertion de clauses limitatives ou exonératrices de responsabilité dans les contrats d'adhésion (■ Cass. 1re civ., 19 janv. 1982, n° 80-15.745 : *JurisData* n° 1982-700136 ; *JurisData* n° 1982-700136 ; *D.* 1982, 457, note Larroumet ; *JCP* 84, II, 20215, note Chabas). Encore faut-il que le créancier ait bien accepté ces clauses (■ Cass. com., 9 oct. 1984, n° 83-13.573 : *JCP* 84, IV, 344. Voir cependant pour un contrat de transport public de marchandises ■ Cass. com., 28 juin 1994, n° 92-21.158 : *JCP* 94, I, 3809, n° 17, obs. Viney).

147) Contrats de construction. Sur l'interdiction des clauses limitatives de responsabilité dans les contrats de construction, v. art. 1792-5, p. 1507.

148) Contrat de transport de marchandises. Sur la nullité des clauses de non-responsabilité dans le contrat de transport terrestre de marchandises, V. C. com., art. L. 133-1. Mais les clauses limitatives restent valables (■ Cass. com., 16 juill. 1980, n° 79-12.620 : *JurisData* n° 1980-798052 ; *JCP* 80, IV, 373. ■ Cass. com., 3 déc. 1986 : *D.* 1986, inf. rap. 196). V. aussi pour le transport maritime de marchandises L. n° 66-420, 18 juin 1966, art. 29.

149) Inexécution d'une obligation essentielle. Seule est réputée non écrite la clause limitative de réparation qui contredit la portée de l'obligation essentielle souscrite par le débiteur. L'arrêt relevant que si le débiteur a manqué à une obligation essentielle du contrat, le montant de l'indemnisation négocié aux termes d'une clause stipulant que les prix convenus reflètent la répartition du risque et la limitation de responsabilité qui en résultait, n'était pas dérisoire ; que le débiteur a consenti un taux de remise de 49 % et que le contrat prévoyait que le créancier bénéficierait d'un statut préférentiel à l'avenir ; en a déduit que la clause limitative de réparation ne vidait pas de toute substance l'obligation essentielle et a ainsi légalement justifié sa décision (■ Cass. com., 29 juin 2010, n° 09-11.841, *Faurecia* : *Bull. civ.* 2010, IV, n° 115 ; *RDC* 2010/4, p. 1220, obs. Y.-M. Laithier ; p. 1253, obs. O. Deshayes ; *D.* 2010, 1832, note Mazeaud ; *JCP* 2010, n° 787, note Houtcieff ; n° 1015, obs. Stoffel-Munck ; *JCP* 2011, n° 63, obs. Ghestin ; *Contrats, conc. consom.* 2010, n° 220, obs. Leveneur ; *Comm. com. électr.* 2010, n° 99, obs. Stoffel-Munck ; *Rev. Lamy dr. civ.* 2010/76, n° 3994, obs. Pimont ; *RTD civ.* 2010. 555, chron. Fages). Cette dernière décision conforte la résistance de ■ Paris, 25e ch. A, 26 nov. 2008 (*JCP* 2009, I, 123, obs. Stoffel-Munck ; *RDC* 2009/3, p. 1010, obs. Th. Genicon) à un arrêt antérieur dans la même affaire (■ Cass. com., 13 févr. 2007, n° 05-17.407, Faurecia : *RDC* 2007, 707, obs. Mazeaud et p. 746, obs. Carval ; *Dr. et patrimoine* 2007, 95, obs. Stoffel-Munck ; *JCP* 2007, I, 185, obs. Stoffel-Munck ; *JCP* 2007, II, 10063, note Serinet ; *ibid.*, I, 185, obs. Stoffel-Munck ; *D.* 2007, p. 654, obs. Delpech et p. 2966, obs. Amrani-Mekki et Fauvarque-Cosson ; *Rev. Lamy dr. civ.* 2007, p. 6, note Loiseau ; *RTD civ.* 2007, p. 567, obs. Fages ; *Defrénois* 2007, p. 1042, note Libchaber).

S'agissant d'un contrat de fourniture d'électricité conclu avec EDF, ayant relevé que la clause litigieuse limitait l'indemnisation pour la seule coupure inopinée de courant sauf en cas de faute lourde du fournisseur, la cour d'appel a pu retenir que cette stipulation n'avait pas pour effet de vider de toute substance l'obligation essentielle de fourniture d'électricité, caractérisant ainsi l'absence de contrariété entre ladite clause et la portée de l'engagement souscrit (■ Cass. com., 18 déc. 2007, n° 04-16.069 : *D.* 2008, p. 154, obs. X. Delpech et chron. D. Mazeaud, *Clauses limitatives de réparation : les quatre saisons*, p. 1776 ; *JCP* 2008, I, 125, n° 13, obs. Stoffel-Munck ; *Resp. civ. et assur.* 2008, comm. 30, note C. Radé ; *RTD civ.* 2008, p. 310, obs. Jourdain ; *RDC* 2008/2, p. 287, obs. Viney et p. 262, obs. Th. Genicon). Dans le même sens, V. ■ Cass. 3e civ., 23 mai 2013, n° 12-11.652 : *D.* 2013, p. 2142, note D. Mazeaud (validation d'une clause excluant la responsabilité du bailleur pour les seuls désordres affectant les lieux loués et pour lesquels le preneur pouvait être couvert par une assurance). Comp. ■ Cass. com., 4 mars 2008, n° 06-18.893 : *RDC* 2008/3, p. 985, obs. Th. Genicon (cassation pour défaut de base légale, faute d'expliquer en quoi la clause litigieuse comportant une limite financière n'avait pas pour conséquence, tant par son objet que par son effet, de contredire la portée de l'obligation).

Prive sa décision de base légale au regard des articles 1131 et 1134 du Code civil l'arrêt qui, pour refuser d'appliquer la clause limitative de responsabilité, retient que la livraison constituait l'obligation essentielle du contrat de transport et que l'application de la clause limitative de responsabilité ne pouvait conduire à vider le contrat de son obligation essentielle, sans rechercher en quoi la clause litigieuse qui fixait à une somme égale au coût du transport le montant de l'indemnité en cas de retard dans la livraison avait pour effet de contredire l'obligation pour le transporteur de respecter un strict délai (■ Cass. com., 3 déc. 2013, n° 12-26.412 : *RDC* 2014/2, p. 176, note Th. Genicon).

V. aussi ■ Cass. 3e civ., 13 janv. 2009, n° 07-18.777 : *JCP* 2009, I, 138, qui décide que la nullité des clauses d'exonération de garantie par application de l'article 1131 du Code civil ne peut être obtenue dès lors que la validité de telles clauses est consacrée par l'article 1643 du Code civil, leur présence ne pouvant ainsi avoir pour conséquence de priver la vente de cause. V. encore, pour la validité d'une clause de non-responsabilité en cas de sinistre indemnisé par une assurance de choses, qui ne vidait pas de toute substance l'obligation essentielle d'un contrat de stockage, ■ Cass. com., 26 avr. 2017, n° 15-23.239 : *Contrats, conc. consom.* 2017, comm. 140, Leveneur ; *RDC* 2017, p. 435, Knetsch. Mais pour la nécessité de préciser quelles sont la nature et la portée de l'obligation essentielle non contredite par une clause limitative de responsabilité, ■ Cass. com., 18 oct. 2017, n° 16-21.016 : *Contrats, conc. consom.* 2018, comm. 1, Leveneur.

Jurisprudence antérieure à l'arrêt *Faurecia* du 29 juin 2010 : dès lors que la société Chronopost, spécialiste du transport rapide garantissant la fiabilité et la célérité de son service, s'engage à livrer les plis d'une société dans un délai déterminé, la clause limitative de responsabilité, qui contredit la portée de l'engagement pris, doit être réputée non écrite en cas de manquement à cette obligation essentielle (■ Cass. com., 22 oct. 1996, *Chronopost* : *JurisData* n° 1996-003942 ; *JCP* 97, I, 4002, n° 1, obs. Fabre-Magnan, 4025, n° 14, obs. Viney ; II, 22881, note Cohen ; *JCP* E 97, II, 924, note Adom ; *Bull.* IV, n° 261, p. 223 ; *D.* 1997, 121, note Sériaux, somm. 175, obs. Delebecque ; *Contrats, conc. consom.* 1997, 24, note Leveneur ; *Defrénois* 1997, 333, obs. D. Mazeaud ; *RTD civ.* 1997, 418, obs. Mestre, 1998, 213, obs. Molfessis. V. en ce sens sur renvoi ■ Caen,5 janv. 1999, n° 9603691 : *JurisData* n° 1999-042769 ; *JCP* 2000, I, 199, n° 14, obs. Viney. Mais v., sur nouveau pourvoi, ■ Cass. com., 9 juill. 2002, cité annot. n° 145, p. 867. Aj. ■ Cass. com., 17 juill. 2001, n° 99-13.553 : *JurisData* n° 2001-011053 ; *JCP* G 2002, I, 148, n° 17, obs. Loiseau ; *JCP* E 2002, 1290, note Loiseau ; *JCP* G 2002, I, 184, n° 14, obs. Rochfeld. ■ Toulouse, 23 oct. 2001 : *JCP* 2002, IV, 1469 ; *JurisData* n° 2001-160178. V. pour une critique de la solution C. Larroumet, *Obligation essentielle et clause limitative de responsabilité : D.* 1997, chron. 145. Comp. J.-P. Chazal, *Théorie de la cause et justice contractuelle : JCP* 98, I, 152. – V. aussi ■ Cass. 1re civ., 22 juin 2004, n° 02-13.741 : *JurisData* n° 2004-024254 ; *RDC* 2005, 270, obs. D. Mazeaud, clause exonérant un transporteur aérien de personnes de toute responsabilité en cas de retard). V. encore, pour des arrêts reprenant la solution ■ Cass. com., 30 mai 2006 : *JurisData* n° 2006-033730 ; *Bull. civ.* IV, n° 132, p. 134 ; *Contrats, conc. consom.* 2006, comm. 183, note Leveneur ; *D.* 2006 p. 2288, note Mazeaud, p. 2646, obs. Amrani-Mekki et Fauvarque-Cosson et p. 1599, obs. Delpech ; *RDC* 2006/4, p. 1072, obs. Laithier, p. 1159, obs. Delebecque et p. 1224, obs. Carval ; *Rev. Lamy dr. civ.* 2006, n° 31, p. 17 (ne donne pas de base légale à sa décision au regard de l'article 1131, la cour d'appel qui retient que le client, qui faisait valoir le grave manquement de la société Chronopost à son obligation essentielle d'acheminement du colis à elle confié, avait nécessairement admis, en déclarant accepter les conditions générales, le principe et les modalités d'une indemnisation limitée en cas de perte du colis transporté ; alors qu'elle aurait dû rechercher si la clause limitative d'indemnisation dont se prévalait la société Chronopost, qui n'était pas prévue par un contrat type établi par décret, ne devait pas être réputée non écrite par l'effet d'un manquement du transporteur à une obligation essentielle du contrat). ■ Cass. com., 13 févr. 2007, n° 05-17.407, *Faurecia*, préc. ■ Cass. com., 5 juin 2007, *Extand* : *JurisData* n° 2007-039240 ; *RDC* 2007/4, 1121, obs. Mazeaud et 1144, obs. Carval ; *RDC* 2008/3, p. 848, obs. Delebecque ; *JCP* 2007, II, 10145, note Houtcieff et I, 185, obs. Stoffel-Munck ; *Dr. et patrimoine* 2007, 95, obs. Stoffel-Munck ; *D.* 2007, act. jurispr. 1720, obs. Delpech et p. 2966, obs. Amrani-Mekki et Fauvarque-Cosson ; *RTD civ.* 2007, p. 567, obs. Fages (en présence non d'un contrat type mais d'une convention liant un expéditeur à un commissionnaire de transport, prive de base légale sa décision au regard des articles 1131 et 1134 du Code civil, la cour d'appel qui, pour rejeter la demande de cet expéditeur dirigée contre le commissionnaire de transport et ayant pour objet de réputer non écrite une clause limitative d'indemnisation et d'obtenir le paiement du prix des marchandises perdues, se borne à écarter l'existence d'une faute lourde dans l'exécution du contrat, sans rechercher, comme elle y était invitée, si le commissionnaire de transport n'avait pas manqué à une obligation essentielle à laquelle il était tenu).

V. aussi, ■ Cass. 3e civ., 13 sept. 2006, n° 04-20.729 : *Bull. civ.* III, n° 176 ; *RDC* 2007/3, p. 746, note Carval : ayant souverainement retenu que les clauses d'exonération de responsabilité du crédit-bailleur et de transfert des risques de l'opération de construction au crédit-preneur étaient la contrepartie de la délégation de la maîtrise d'ouvrage par le premier au second, la cour d'appel a pu en déduire que ces clauses devaient être réputées non écrites dès lors que le crédit-bailleur n'avait jamais délégué la maîtrise d'ouvrage qui avait été conservée par le vendeur s'agissant d'une vente en l'état futur d'achèvement et qu'il n'était pas démontré que le crédit-preneur connaissait les modalités spécifiques d'acquisition de l'immeuble et les avait acceptées.

Un établissement d'enseignement ne peut s'exonérer de ses « obligations de surveillance et de sécurité » (■ Versailles, 19 févr. 1999 : *RTD civ.* 1999, 623, obs. Mestre). Sur l'obligation essentielle du locataire de s'acquitter définitivement du paiement des loyers, V. ■ Cass. 3e civ., 24 nov. 2004, n° 03-15.807 : *JurisData* n° 2004-025918 ; *JCP* 2005, II, 10048, note Kessler ; *Contrats, conc. consom.* 2005, 42, note Leveneur ; *Loyers et copr.* 2005, 61, note Vial-Pedroletti ; *Bull. civ.* III, n° 208, p. 187. En cas d'inexécution totale de ses obligations par un annonceur (défaut de parution de l'annonce dans l'annuaire téléphonique), la clause limitative de responsabilité stipulant que toute erreur ou omission dans l'annuaire ne donne droit qu'à une réduction proportionnelle, à l'exclusion de toute autre indemnité, est sans application dès lors qu'il y a eu inexécution totale (■ Cass. com., 17 janv. 1984, n° 82-14.661 : *JurisData* n° 1984-700161 ; *Bull. civ.* IV, n° 20, p. 17 ; *RTD civ.* 1984, 728, obs. Huet).

150) Clause élusive portant sur une obligation essentielle. Le vendeur qui avait comme obligation essentielle de délivrer le fonds de commerce pourvu d'une autorisation d'ouverture, ne pouvait s'en exonérer par une clause élusive de responsabilité qui, contredisant la portée de son engagement, devait être réputée non écrite (■ Cass. com., 9 juin 2009, n° 08-10.350 : *RDC* 2009/4, p. 1359, obs. D. Mazeaud ; *JCP* 2009, n° 39, 273, obs. Serinet).

151) Remorquage. Les dispositions des articles 26 et 27 de la loi du 3 janvier 1969 relative à l'armement et aux ventes maritimes ont un caractère supplétif. Viole ces dispositions l'arrêt qui retient qu'elles ont un caractère d'ordre public, et que les clauses des conditions générales de remorquage portuaire des entreprises françaises, qui prévoient que la compagnie de remorquage ne répond que de sa faute lourde et personnelle, doivent être écartées comme contraires à la loi (■ Cass. ass. plén., 26 mars 1999, n° 97-17.136 : *JurisData* n° 1999-001248 ; *D.* 1999, 369, note crit. Delebecque ; *Resp. civ. et assur.* 1999, 187 ; *RTD civ.* 1999, 615, obs. Mestre).

152) Consommateur ou non-professionnel. Prohibition générale. Voir depuis la loi n° 2008-776 du 4 août 2008 et le décret n° 2009-302 *du 18* mars *2009*, *l'article* R. 132-1 (devenu R. 212-1), 6° du Code de la consommation qui interdit, comme irréfragablement abusives, les clauses ayant pour objet ou pour effet de supprimer ou réduire le droit à réparation du préjudice subi par le non-professionnel ou le consommateur en cas de manquement par le professionnel à l'une quelconque de ses obligations. Voir C. consom., art. R. 212-1.

Voir aussi, sur l'inopposabilité par le vendeur professionnel des clauses limitant la garantie, sous art. 1643, p. 1401. De même, le vendeur professionnel ne peut se prévaloir d'une clause qui aboutit à exclure l'option offerte par l'article 1644 à l'acheteur entre l'action rédhibitoire et l'action résolutoire, en l'obligeant à accepter le remplacement de la chose atteinte du vice (■ Cass. 1re civ., 5 mai 1982, n° 81-10.315 : *JurisData* n° 1982-701031 ; *Bull. civ.* I, n° 163, p. 145).

B – Efficacité

153) Clause réputée non écrite. La clause limitative de responsabilité, qui contredit la portée de l'engagement pris, doit être réputée non écrite en cas de manquement à cette obligation essentielle (■ Cass. com., 22 oct. 1996, *Chronopost*, préc.). Dès lors que la clause limitative de responsabilité pour retard de livraison, incluse dans un contrat de messagerie, est réputée non écrite, la suppression de ladite clause entraîne l'application du plafond légal d'indemnisation résultant du décret du 4 mai 1988, que seule une faute lourde du transporteur peut tenir en échec (■ Cass. com., 9 juill. 2002, n° 99-12.554 : *JurisData* n° 2002-015210 ; *JCP* G 2002, II, 10176 et *JCP* E 2002, 1731, note Loiseau et Billiau ; *Contrats, conc. consom.* 2003, 2, note Leveneur ; *D.* 2002, somm. 2836, obs. Delebecque ; *D.* 2003, somm. 457, obs. D. Mazeaud).

154) Résolution du contrat. Survie de la clause (oui). En cas de résolution d'un contrat pour inexécution, les clauses limitatives de réparation des conséquences de cette inexécution demeurent applicables (■ Cass. com., 7 févr. 2018, n° 16-20.352 : *Bull.* ; *D.* 2018, p. 537, D. Mazeaud ; *JCP* G 2018, 415 avis Le Mesle, 416 note Leveneur-Azémar, p. 564, obs. Grosser ; *Resp. civ. et assur.* 2018, 127, Bloch ; *RTD civ.* 2018, p. 401, Barbier). *Contra*, antérieurement ■ Cass. com., 5 oct. 2010, n° 08-11.630 : *JCP* 2011, n° 3, 63, obs. P. Grosser ; *RDC* 2011/2, obs. Th. Genicon, p. 431.

155) Clause inefficace. Faute dolosive. Le débiteur qui a commis une faute dolosive ne peut se prévaloir d'une clause de non-responsabilité (■ Cass. com., 15 juin 1959, n° 57-12.362 : *D.* 1960, 97, note Rodière. ■ Cass. com., 25 juin 1980 : *JCP* 80, IV, 338 ; *RTD civ.* 1981, 165, obs. Durry) ni d'une clause limitative de responsabilité (■ Cass. 1re civ., 24 nov. 1982, n° 81-14.276 : *D.* 1983, 384, 3e esp., note Larroumet). Le transporteur qui a été chargé de transporter une marchandise en s'étant vu interdire toute sous-traitance par l'expéditeur et qui sous-traite l'opération, se refusant ainsi, de propos délibéré, à exécuter son engagement, commet une faute dolosive qui le prive du bénéfice des limitations d'indemnisation que lui ménage la loi ou le contrat. En conséquence, une cour d'appel ne saurait faire application de ces limitations au motif que l'interdiction de sous-traitance ne constitue pas une obligation essentielle du contrat (■ Cass. com., 4 mars 2008, n° 07-11.790 : *RDC* 2008/3, p. 750, obs. Viney ; *JCP* 2008, II, 10079, note Guignard ; *Contrats, conc. consom.* 2008, 172, note Leveneur). Sur la notion de faute dolosive, voir sous art. 1150 ancien, p. 1120.

156) Faute lourde. Le débiteur qui a commis une faute lourde ne peut se prévaloir d'une clause de non-responsabilité (■ Cass. civ., 2 août 1950 : *D.* 1951, 581, note Mimin. ■ Cass. com., 19 oct. 1965 : *D.* 1966, 238. ■ Cass. 1re civ., 8 nov. 1983, n° 82-14.380 : *JurisData* n° 1983-702484 ; *Bull. civ.* I, n° 261, p. 234 ; *Gaz. Pal.* 1984, 1, 384, note Tarabeux ; *D.* 1984, inf. rap. 486, obs. Baron. ■ Cass. 1re civ., 12 déc. 1984, n° 83-13.608 : *JurisData* n° 1984-702011 ; *D.* 1985, inf. rap. 160) ni d'une clause limitative de responsabilité (■ Cass. req., 27 nov. 1934 : *DH* 1935, 51. ■ Cass. 1re civ., 15 janv. 1976, n° 74-13.287 : *JurisData* n° 1976-000019 ; *JCP* 1976, IV, 80).

157) Appréciation subjective de la faute lourde. La faute lourde ne peut résulter du seul manquement à une obligation contractuelle, fût-elle essentielle, mais doit se déduire de la gravité du comportement du débiteur (■ Cass. com., 29 juin 2010, préc.). Jugé à propos du contrat type messagerie, que la faute lourde de nature à tenir en échec la limitation d'indemnisation prévue par le contrat type ne saurait résulter du seul manquement à une obligation contractuelle, fût-elle essentielle, mais doit se déduire de la gravité du comportement du débiteur (■ Cass. com., 13 juin 2006 : *JurisData* n° 2006-034148 ; *JCP* G 2006, II, 10123, note Loiseau ; *RTD civ.* 2006, p. 773, obs. Jourdain ; *RDC* 2006/4, p. 1159, obs. Delebecque. Dans le même sens, ■ Cass. com., 21 févr. 2006, n° 04-20.139 : *Bull. civ.* 2006, IV, n° 48, p. 48 ; *RDC* 2006/3, p. 694, obs. Mazeaud ; *RTD civ.* 2006, p. 322, obs. Jourdain). La faute lourde ne peut résulter du seul retard de livraison par le transporteur *ni du seul fait que* le transporteur ne peut fournir d'éclaircissement sur la cause du retard (■ Cass. ch. mixte, 22 avr. 2005, 2 arrêts : *JurisData* n° 2005-028295 ; *JCP* G 2005, II, 10066, note Loiseau ; *JCP* E 2005, 1446, note Paulin ; *D.* 2005, 1864, note Tosi ; *Contrats, conc. consom.* 2005, 150, note Leveneur ; *Resp. civ. et assur.* 2005, 175, note Hoquet-Berg ; *RDC* 2005, 651, avis de Gouttes, et 673, obs. D. Mazeaud ; *RTD civ.* 2005, 604, obs. Jourdain ; *D.* 2005, somm. 2844, obs. Fauvarque-Cosson ; *D.* 2006, pan. p. 1932, obs. Brun et Jourdain. – V. aussi ■ Lyon, 22 janv. 2004, n° 02/06759, ■ Versailles, 1er avr. 2004 et ■ Paris, 2 déc. 2004, n° 04/05614 : *JurisData* n° 2004-266402 ; *RDC* 2005, 266, obs. D. Mazeaud). La faute lourde s'entend d'une négligence d'une extrême gravité, confinant au dol et dénotant l'inaptitude du transporteur, maître de son action, à l'accomplissement de la mission contractuelle qu'il a acceptée (■ Cass. com., 28 juin 2005, n° 03-20.744 : *JurisData* n° 2005-029189 ; *JCP* 2005, II, 10150, note Tricoire ; *Contrats, conc. consom.* 2005, 201, note Leveneur, dépassement de 10 km/h de la vitesse autorisée).

Jurisprudence antérieure à l'arrêt *Faurecia* du 29 juin 2010 : jugé que l'existence de la faute lourde peut se déduire du caractère essentiel de l'obligation inexécutée et de la gravité des conséquences possibles du manquement constaté (■ Cass. 1re civ., 18 janv. 1984 : *Bull. civ.* I, n° 27, p. 21 ; *RTD civ.* 1984, 727, obs. Huet. V. aussi, évoquant un manquement à une « obligation essentielle », ■ Cass. 1re civ., 23 févr. 1994, n° 92-11.378 : *JurisData* n° 1994-000493 ; *Bull. civ.* I, n° 76, p. 59 ; *JCP* 94, I, 3809, n° 15, obs. Viney ; *D.* 1995, 214, note Dion. Comp., relevant que l'obligation a été stipulée par une clause expresse, de sorte qu'elle en constitue une des « conditions substantielles », ■ Cass. 1re civ., 2 déc. 1997, n° 95-21.315 : *JurisData* n° 1997-004832 ; *JCP* 98, IV, 1158 ; *Bull. civ.* I, n° 349, p. 236 ; *Defrénois* 1998, 342, obs. D. Mazeaud ; *RTD civ.* 1998, 673, obs. Mestre ; *D.* 1998, somm. 200, obs. D. Mazeaud).

158) Illustrations : preuve d'une faute lourde. Constituent par exemple des fautes lourdes de la part d'EDF le choix d'un matériel insuffisamment performant, qui s'est traduit par un nombre anormalement élevé de défauts en l'état actuel de la technique, et son incapacité à remédier à ces défauts plusieurs années durant (■ Nîmes, 8 mars 1990 : *JurisData* n° 1990-030332 ; *JurisData* n° 1990-030332 ; *JurisData* n° 1990-030160 ; *JCP* 90, II, 21573, 1re esp., note Paisant). Mais la clause doit produire son effet si la faute n'est pas suffisamment grave (■ Cass. 1re civ., 19 janv. 1982 : *D.* 1982, 457, note Larroumet). Commet une faute lourde le transporteur qui laisse le véhicule en stationnement durant la nuit, sur la voie publique et sans surveillance (■ Cass. com., 3 avr. 2002, n° 00-11.398 : *JurisData* n° 2002-013809 ; *Bull. civ.* IV, n° 68, p. 71). V. aussi ■ Cass. com., 16 nov. 2010, n° 09-69.823 : *Bull. civ.*, n° 180 ; *Contrats, conc. consom.* 2011, n° 24, obs. Leveneur (faute lourde du transporteur ayant maintenu des wagons sans protection particulière en gare de triage et alors que des orages étaient annoncés). Le fait, pour un professionnel du déménagement, exerçant en milieu insulaire et dans des zones tropicales, d'omettre d'assurer la ventilation nécessaire et de placer des absorbeurs d'humidité à l'intérieur d'un conteneur à transférer de l'île de La Réunion à Montpellier, connaissant notamment l'existence et la durée d'une escale en Malaisie ainsi que les conditions d'humidité et de températures habituelles dans ce pays, constitue une négligence d'une extrême gravité, confinant au dol et dénotant son inaptitude à l'accomplissement de sa mission, constitutive d'une faute lourde (■ Cass. 1re civ., 29 oct. 2014, n° 13-21.980 : *D.* 2015, p. 124, obs. Gout et p. 188, note V. Mazeaud ; C.C.C. 2015, n° 1, p. 19, note Leveneur ; *RDC* 2015, p. 246, note Deshayes).

159) Illustrations : absence de faute lourde. Statue par des motifs qui ne suffisent pas à caractériser une faute lourde permettant d'écarter la clause exclusive de responsabilité la cour d'appel qui s'appuie seulement sur le fait pour le bailleur d'avoir supprimé l'agent en poste fixe, sans en informer ses locataires bijoutiers pour leur permettre de prendre les précautions que cette modification dans les conditions de gardiennage impliquait, et leur faisant ainsi perdre une chance d'éviter un cambriolage ou d'en réduire les conséquences (■ Cass. 3e civ., 21 janv. 2009, n° 08-10.439 : *Bull. civ.* III, n° 13 ; *RDC* 2009/3, p. 1103, obs. Seube ; *Contrats, conc. consom.* 2009, comm. 94, note Leveneur ; *JCP* 2009, n° 38, 248, obs. Stoffel-Munck ; *D.* 2010, p. 224, obs. Fauvarque-Cosson). A pu décider qu'une société chargée du transport de marchandises n'a pas commis de faute lourde la cour d'appel qui, après avoir retenu qu'il n'était pas établi que le chauffeur de cette société ou celle-ci avait eu connaissance de la nature particulièrement sensible du chargement et que le stationnement pour la nuit s'était effectué sur le parking éclairé d'un restaurant routier proche de l'autoroute, le camion, certes bâché, étant plombé et sous la garde du chauffeur présent dans la cabine dont la vigilance avait d'ailleurs permis de faire fuir les voleurs et de limiter le préjudice, relève que l'expéditeur n'avait pas donné de prescriptions particulières et que l'hébergement du véhicule du transporteur dans un entrepôt sécurisé aurait impliqué un surcoût, non prévu dans la facturation, en termes de kilométrage et de frais (■ Cass. com., 9 déc. 2008, n° 07-20.934 : *Bull. civ.* IV, n° 204. – V. encore, ■ Cass. com., 1er avr. 2014, nos 12-14.418 et 12-15.939).

160) La Poste. Jugé que l'article 10 (anc.) du Code des postes et télécommunications, qui dispose que, sauf cas de force majeure, La Poste est responsable, jusqu'à concurrence d'une somme fixée par décret, des valeurs insérées dans les lettres et régulièrement déclarées, s'impose même en cas de faute lourde (■ Cass. com., 23 mai 1995, n° 93-15.687 : *JurisData* n° 1995-001214 ; *JCP* 1996, I, 3944, n° 1, obs. Viney ; *Defrénois* 1996, 353, obs. Delebecque). S'agissant de lettres recommandées, l'article 8 (anc.) limite ou écarte la responsabilité de La Poste seulement dans le cas de perte ou de vol (■ Cass. 1re civ., 16 juin 1998, n° 96-19.221 : *JurisData* n° 1998-002939 ; *JCP* 1998, IV, 2793 ; *Bull. civ.* I, n° 212, p. 146, manquement à l'obligation de réexpédier le courrier). Mais pour les dispositions exonératoires de responsabilité prévues par l'article L. 13 du Code des postes et télécommunications (anc.), v. ■ Cass. ass. plén., 30 juin 1998, n° 96-11.866 : *JurisData* n° 1998-003050 ; *JCP* G 1998, II, 10146 ; *JCP* E 1998, 1649, note Delebecque ; *Contrats, conc. consom.* 1998, 143, note Leveneur ; *D.* 1999, somm. 262, obs. D. Mazeaud ; *Resp. civ. et assur.* 1998, 313 ; *RTD civ.* 1999, 119, obs. Jourdain ; *adde* ■ Cass. 1re civ., 19 sept. 2007, n° 05-17.769 : *JCP* 2007, II 10176, note Delebecque ; *Contrats, conc. consom.* 2008, 1, note Leveneur ; *D.* 2008, p. 395, note Nadaud, pour le non-respect de la procédure applicable à la distribution des plis recommandés ; ■ Cass. com., 10 mars 2009, n° 08-15.457 : *Bull. civ.* IV, n° 38 ; *Contrats, conc. consom.* 2009, comm. 159, note Leveneur ; *JCP* 2009, n° 38, 248, obs. Stoffel-Munck, pour la remise d'un pli, contenant une réponse à un appel d'offres public, au mauvais destinataire). V. à présent sur la responsabilité des prestataires de services postaux, C. P et CE, art. L. 7 et L. 8.

161) Dol du préposé du débiteur. Au dol du débiteur lui-même doit être assimilé celui émanant de toute personne qu'il a introduite, déléguée ou commise dans l'exécution ou dont il doit contractuellement répondre, tel le préposé chargé par lui des opérations matérielles nécessaires à cette exécution (■ Amiens, 24 mai 1984 : *JurisData* n° 1984-601085 ; *Gaz. Pal.* 1984, 2, 642, note Tardieu-Naudet, sur renvoi après ■ Cass. com., 17 nov. 1981, n° 79-13.030 : *JCP* 82, II, 19811, note Tardieu-Naudet. V. aussi ■ Cass. 1re civ., 31 mars 1981, n° 79-17.129 : *Bull. civ.* I, n° 112, p. 95 ; *RTD civ.* 1981, 859, obs. Durry).

162) Sur l'assimilation de la faute lourde au dol, V. sous art. 1150 ancien, p. 1120.

Art. 1231-2 *(Créé à compter du 1er octobre 2016, Ord. n° 2016-131, 10 févr. 2016).* **– Les dommages et intérêts dus au créancier sont, en général, de la perte qu'il a faite et du gain dont il a été privé, sauf les exceptions et modifications ci-après.**

NB : Rappr. art. 1149 ancien, p. 1120.

Bibliographie : S. Carval, J.-F. Laborde et S. Nérot, *La réparation de la perte de marge* : *D.* 2018, p. 252.

JURISPRUDENCE RELATIVE À L'ARTICLE 1149 ANCIEN

1) Principe. Sur le principe, V. ■ Cass. soc., 27 mai 1970, n° 69-40.482 : *JCP* 71, II, 16773, note Groutel. Comp. pour le préjudice né de la non-conclusion d'un contrat ■ Cass. 1re civ., 15 nov. 1994, n° 92-18.981 : *JCP* 95, IV, 145 ; *Bull.* I, n° 334, p. 241.

2) Forfait (non). Sur le principe que les juges du fond ne peuvent fixer le préjudice à une somme forfaitaire, V. ■ Cass. 1re civ., 2 avr. 1996 : *JCP* 96, IV, 1287 ; *Bull.* I, n° 166, p. 117 ; ■ Cass. 3e civ., 8 juin 2006 : *JurisData* n° 2006-034017 ; *Bull. civ.* III n° 145, p. 120.

3) Devoir de minimiser le dommage et aggravation du préjudice par la victime ? L'auteur d'un dommage doit en réparer toutes les conséquences et la victime n'est pas tenue de limiter son préjudice dans l'intérêt du responsable (■ Cass. 3e civ., 10 juill. 2013, n° 12-13.851 : *RDC* 2014, p. 27, note O. Deshayes ; *G. P.* 2013, nos 314-318, p. 16, obs. Mekki et nos 282-283, p. 19, obs. Houtcieff). Viole l'article 1147 du Code civil, l'arrêt qui, pour rejeter la demande d'un assuré en indemnisation du préjudice né de la privation de jouissance de son véhicule à raison du refus de l'assureur de continuer à le garantir, énonce que l'assuré n'établit pas que la décision de l'assureur l'ait empêché d'utiliser sa voiture en s'adressant à un autre assureur, sans caractériser la faute de l'assuré ayant causé l'aggravation de son préjudice matériel (■ Cass. 2e civ., 24 nov. 2011, n° 10-25.635 : *Bull.*, n° 217 ; *RDC* 2012/2, p. 437, obs. Carval ; *D.* 2012, p. 141, note Adida-Canac ; *ibid.*, chron. C. cass., p. 644, obs. Adida-Canac et Bouvier ; *D.* 2013, p. 40, obs. Brun et Gout ; *RTD civ.* 2012, p. 324, obs. Jourdain ; *RCA* 2012, n° 33, obs. Hocquet-Berg ; *JCP* 2012, n° 7, p. 303, note Rebeyrol ; *ibid.*, n° 17, p. 860, obs. Stoffel-Munck et Bloch). Une société tenue, en application de l'article L. 231-6, III, du Code de la construction et de l'habitation, de désigner la personne chargée de terminer les travaux, ne peut utilement reprocher aux maîtres de l'ouvrage de n'avoir pas fait dans un délai raisonnable les démarches qu'elle était elle-même tenue de faire (■ Cass. 3e civ., 19 mai 2009, n° 08-16.002 : *RDC* 2010/1, p. 52, obs. Laithier ; *LEDC* oct. 2009, p. 6, obs. O. Deshayes). V. encore ■ Cass. 1re civ., 2 oct. 2013, n° 12-19.887 : *RDC* 2014/1, p. 27, note O. Deshayes ; *RDC* 2014/2, p. 171, note Th. Genicon (sanction de l'inertie du créancier ayant accru son préjudice).

4) Équivalent monétaire. La victime a droit à une indemnisation intégrale par le versement de l'équivalent monétaire du dommage au jour de la réparation (■ Cass. com., 16 févr. 1954 : *D.* 1954, 534, note Rodière. – Comp. en matière délictuelle sous art. 1383 ancien, annot. n° 131 et s., p. 913). Viole l'article 1149 la cour d'appel qui condamne les défendeurs au paiement de sommes majorées de la TVA au taux applicable au jour de la réalisation des travaux de réfection, alors que les juges sont tenus d'évaluer le préjudice à la date à laquelle ils statuent (■ Cass. 3e civ., 25 sept. 2002, n° 00-21.614 : *JurisData* n° 2002-015571 ; *Resp. civ. et assur.* 2003, 4 ; *RD imm.* 2002, 548, obs. Malinvaud). La réparation ne peut inclure la TVA si la victime a la possibilité de la récupérer (■ Cass. 3e civ., 19 févr. 2002, n° 00-19.455 : *JurisData* n° 2002-013290 ; *RD imm.* 2002, 240, obs. Malinvaud). Sur le principe qu'il n'y a pas lieu de pratiquer une déduction pour vétusté en cas de dommage aux biens, V. ■ Cass. 3e civ., 19 juill. 1995, n° 93-16.106 : *JurisData* n° 1995-002097 ; *Bull. civ.* III, n° 191, p. 129 ; *Loyers et copr.* 1995, 516. ■ Cass. 3e civ., 6 mai 1998, n° 96-14.339 : *JurisData* n° 1998-001933 ; *JCP* 98, IV, 2433 ; *Bull. civ.* III, n° 91, p. 62.

5) Perte subie. Viole l'article 1149 la cour d'appel qui accorde à des agriculteurs dont la récolte a été détruite, d'une part, la réparation intégrale de la perte des récoltes réévaluée au jour de la décision en fonction de la variation de l'indice des prix à la consommation, et, d'autre part, la réparation de la privation du gain de leurs récoltes correspondant à l'intérêt des sommes chiffrées par l'expert, alors que la perte était, sauf justification d'un préjudice supplémentaire, de la valeur de la récolte à l'époque où elle a été perdue, valeur qui aurait dû augmenter leur patrimoine (■ Cass. 1re civ., 20 nov. 1990, n° 89-12.534 : *JurisData* n° 1990-003484 ; *Bull. civ.* I, n° 258, p. 182 ; *D.* 1991, 455, note crit. Aubert. Voir cependant, admettant la possibilité d'évaluer la perte de gains par l'actualisation en fonction de l'évolution d'un indice émanant d'un organisme privé, ■ Cass. com., 2 nov. 1993, n° 91-14.673 : *JurisData* n° 1993-002357 ; *Bull. civ.* IV, n° 380 ; *JCP* 94, I, 3773, n° 20, obs. Viney ; *D.* 1994, somm. 212, obs. Delebecque ; *RTD civ.* 1994, 622, obs. Jourdain).

6) Perte de chance de conclure un autre contrat. Le vendeur peut se prévaloir à l'encontre du mesureur ayant réalisé un mesurage erroné, d'une perte de chance de vendre son bien au même prix pour une surface moindre (■ Cass. 3e civ., 28 janv. 2015, n° 13-27.397 : *Bull.* ; *JCP* 2015, n° 8, p. 356, note Viney ; *D.* 2015, p. 657, note Rouvière ; *Contrats, conc. consom.* 2015, n° 82, note L. L.).

7) Sur la perte de chance en général. V. sous art. 1382 ancien, p. 1248.

8) Principe de réparation intégrale. Dans le cas de la violation d'un pacte d'actionnaires imposant de ne pas acquérir individuellement certains titres détenus par des minoritaires, violent le principe de réparation intégrale les juges du fond qui ordonnent la cession forcée à la société victime d'une partie des titres fautivement acquis, dès lors que cette cession se traduisait par une majoration de la participation de cette société dans le capital (■ Cass. com., 24 mai 2011, n° 10-24.869 : *Bull.*, n° 80 ; *RDC* 2011, p. 1170, note Carval ; *D.* 2011, p. 1556, obs. Delpech ; *ibid.*, p. 2315, note Helleringer ; *Rev. sociétés* 2011, p. 482, note A. Gaudemet).

9) Réparation intégrale. Indemnité permettant le financement de l'exacte prestation due en vertu du contrat. Viole l'article 1149 du Code civil, la cour d'appel qui, retient qu'après avoir préconisé la démolition du carrelage de la chape et du plancher chauffant et leur réfection intégrale, l'expert a préconisé une solution plus douce et moins coûteuse, alors qu'en statuant ainsi, la cour d'appel n'a pas replacé les maîtres de l'ouvrage dans la situation où ils se seraient trouvés si l'immeuble avait été livré sans vices (■ Cass. 3e civ., 27 mars 2012, n° 11-11.798 : *RDC* 2012/3, p. 773, obs. Th. Genicon).

10) Réparation intégrale. Absence d'enrichissement sans cause. En calculant les dommages-intérêts comme elle l'a fait, après avoir retenu que l'entrepreneur et l'architecte avaient engagé leur responsabilité en étant défaillants dans l'exécution de leur obligation de réaliser l'objectif convenu, la cour d'appel, qui a constaté que la mesure qui n'était pas initialement envisagée par les prestataires était la seule solution pour résoudre le problème de circulation au sein des lieux, n'a ni procuré un enrichissement au client ni accordé à ce dernier une indemnisation excédant le préjudice subi (■ Cass. com., 7 févr. 2012, n° 10-20.937 : *RDC* 2012/3, p. 773, obs. Th. Genicon).

11) Sur ce que **la valeur de remplacement** du bien endommagé borne le droit à réparation en matière extra-contractuelle, V. sous art. 1382 ancien, annot. n° 120, p. 1248.

12) TVA. Viole l'article 1149 la cour d'appel qui condamne l'assureur à garantir son assuré en payant une somme « outre TVA », bien que la victime soit une société soumise au régime de la TVA et comme telle habilitée à récupérer les sommes qu'elle décaisse à ce titre (■ Cass. 1re civ., 4 juin 1996, n° 94-12.049 : *JurisData* n° 1996-002253 ; *JCP* 96, IV, 1723 ; *Bull. civ.* I, n° 240, p. 169).

13) Gain hypothétique. Sur le principe que le préjudice résultant de la privation hypothétique d'un gain n'est pas réparable, V. ■ Cass. 1re civ., 11 juin 1996, n° 94-15.614 : *JurisData* n° 1996-002442 ; *Bull. civ.* I, n° 250, p. 176.

14) Sur le **lien de causalité** entre la faute et le préjudice, voir sous art. 1382-1383, n° 67 et s. Une faute contractuelle n'implique pas nécessairement par elle-même l'existence d'un dommage en relation de cause à effet avec cette faute (■ Cass. 1re civ., 18 nov. 1997, n° 95-20.826 : *JurisData* n° 1997-004730 ; *JCP* 98, IV, 1022 ; *Bull. civ.* I, n° 317, p. 215).

15) Actualisation. Viole l'article 1149 la cour d'appel qui condamne l'assureur à payer, après déduction des acomptes payés antérieurement par elle à son assurée, une indemnité réévaluée au jour de l'arrêt, sans limiter à la date de leur perception l'actualisation des sommes ayant fait l'objet d'une indemnité provisionnelle (■ Cass. 3e civ., 31 mars 1999, n° 97-14.751 : *JurisData* n° 1999-001444 ; *Bull. civ.* III, n° 81, p. 56). Le juge doit assurer la réparation intégrale du préjudice prévisible en l'estimant au jour où il s'est réalisé et en l'actualisant au jour de sa décision (■ Cass. com., 8 nov. 2017, n° 16-13.307 : *D.* 2017, p. 2533, Carval).

16) Dommages-intérêts punitifs et ordre public international. Le principe d'une condamnation au paiement de dommages-intérêts punitifs n'est pas, en soi, contraire à l'ordre public international français. Il en est autrement si le montant alloué est disproportionné au regard du préjudice subi et des manquements aux obligations contractuelles du débiteur (■ Cass. 1re civ., 1er déc. 2010, n° 09-13.303 : *Bull. civ.*, n° 248 ; *RDC* 2011/2, p. 459, obs. Carval ; *D.* 2011, 423, note Licari ; *ibid.*, p. 2434, obs. L. d'Avout et S. Bollée ; *JCP* 2011, n° 140, note Juvénal ; *ibid.*, n° 158, obs. Nourissat ; *RTD civ.* 2011, p. 122, obs. Fages).

17) Sur le **régime de l'astreinte**, V. CPC ex., art. L. 131-1 et s.

Art. 1231-3 ***(Créé à compter du 1er octobre 2016, Ord. n° 2016-131, 10 févr. 2016).*** **– Le débiteur n'est tenu que des dommages et intérêts qui ont été prévus ou qui pouvaient être prévus lors de la conclusion du contrat, sauf lorsque l'inexécution est due à une faute lourde ou dolosive.**

NB : *Rappr. art. 1150 ancien, p. 1120.*

JURISPRUDENCE RELATIVE A L'ARTICLE 1150 ANCIEN

1) Sur la disparition de la faute lourde en droit des transports, V. L. n° 2009-1503, 8 déc. 2009, art. 34, créant l'art. L. 133-8, C. com. Sur ce texte, v. O. Deshayes, *RDC* 2010/2, p. 615. Pour une illustration, V. ■ Cass. com., 18 nov. 2014, n° 13-23.194 : *Bull.* ; C.C.C. 2015, n° 2, p. 18, note Leveneur ; *AJ Contrats d'affaires* 2015, p. 123, note Delebecque

(Ne donne pas de base légale à sa décision la cour d'appel qui retient qu'en ne prenant aucune initiative pour acheminer le pli à sa destination, le transporteur a manqué gravement à son obligation, cependant qu'il savait, dans la journée du 12 juillet, ne pouvoir y parvenir ; alors que de tels motifs étaient impropres à caractériser la faute inexcusable du transporteur, laquelle est une faute délibérée impliquant la conscience de la probabilité du dommage et son acceptation téméraire sans raison valable).

2) Convention de Montréal. Il résulte des articles 19 et 22, paragraphe 1, de la Convention de Montréal, dont l'application est exclusive de celle de l'article 1150 du Code civil, que seul le dommage prévisible, lors de la conclusion du contrat, est réparable (■ Cass. 1re civ., 2 avr. 2014, n° 13-16.038 : *JCP* 2014, 793, note Delebecque ; *D.* 2014, p. 1755, note Paulin).

I – DOMMAGE PRÉVISIBLE

3) Retard de la SNCF. Pour condamner la SNCF à indemniser le dommage résultant de l'impossibilité totale pour les demandeurs de poursuivre leur voyage et de prendre une correspondance aérienne, les juges du fond doivent expliquer en quoi la SNCF pouvait prévoir, lors de la conclusion du contrat, que le terme du voyage en train n'était pas la destination finale et que des contrats de transport aérien avaient été conclus, V. ■ Cass. 1re civ., 28 avr. 2011, n° 10-15.056 : *Bull.*, n° 77 ; *RDC* 2011, p. 1157, obs. Laithier ; *ibid.* 1163, obs. Viney ; *D.* 2011, p. 1725, note Bacache ; *D.* 2012, pan. p. 47, obs. Gout ; *ibid.*, pan. p. 459, obs. Amrani Mekki et Mekki ; *JCP* 2011, 1253, obs. Bernheim-Van de Casteele ; *RTD civ.* 2011, p. 547, obs. Jourdain ; *Contrats, conc. consom.* 2011, n° 154, obs. Leveneur ; *RCA* 2011, n° 242, obs. Hocquet-Berg. – V. encore ■ Cass. 1re civ., 23 juin 2011, n° 10-11.539 : *RDC* 2011, p. 1157, obs. Laithier. – Rappr. ■ Cass. 1re civ., 12 juin 2012, n° 10-26.328 : *Bull.* (viole l'article 455 du Code de procédure civile le jugement qui condamne une agence de voyages à rembourser des billets délivrés par elle et inutilisables en raison des motifs particuliers du déplacement de ses clients, sans établir la connaissance qu'elle en avait ou aurait dû en avoir).

Prive sa décision de base légale la juridiction de proximité qui, pour accueillir la demande en remboursement du prix du voyage et en paiement de dommages-intérêts formée à l'encontre de la SNCF par un avocat qui n'avait pu assister son client à la suite du retard du train qui devait le conduire à l'audience, s'est déterminée par des motifs impropres à établir que le dommage invoqué était prévisible lors de la conclusion du contrat de transport, si ce n'est quant au coût de celui-ci rendu inutile par l'effet du retard subi, et constituait une suite immédiate et directe de l'inexécution de ce contrat (■ Cass. 1re civ., 26 sept. 2012, n° 11-13.177 : *Bull.* ; *RCA* 2012, n° 330, obs. Hocquet-Berg ; *Gaz. Pal.* 28 nov. 2012, p. 14, obs. Mekki). La méconnaissance de l'obligation de ponctualité (de résultat) du transporteur ferroviaire est réparée à concurrence du préjudice strictement prévisible lors de la conclusion du contrat et qui constitue une suite immédiate et directe du retard dans l'exécution de celui-ci (■ Cass. 1re civ., 14 janv. 2016, n° 14-28.227 : *Contrats, conc. consom.* 2016, comm. 87, note L. L. ; *D.* 2017, 28, Gout ; *RDC* 2016, 210, Genicon).

4) En cas de **perte des bagages,** il appartient aux juges du fond de déterminer les dommages-intérêts dus par le transporteur en appréciant la quantité et la valeur des objets de prix que le voyageur pouvait normalement emporter avec lui eu égard à sa profession, à sa situation de fortune, à l'objet du voyage et au prix du billet et en tenant compte de la valeur prévue au tarif spécial (■ Cass. civ., 29 déc. 1913 : *DP* 1916, 1, 117. – Comp. ■ Cass. req., 11 juin 1928 : *DP* 1930, 1, 88).

5) Vol subi par un locataire. Pour apprécier le dommage subi par un locataire du fait d'un vol dont le propriétaire est reconnu responsable, il convient de tenir compte à la fois de la situation sociale du locataire et, conformément aux dispositions de l'article 1150, des risques que le propriétaire a pu normalement prévoir lors de la conclusion du contrat (■ Paris, 7 déc. 1948 : *JCP* 49, II, 4679, note J. R. – V. en ce sens pour un dépôt dans un garage ■ Lyon, 12 juin 1950 : *Gaz. Pal.* 1950, 2, 120).

6) Perte de pellicules photographiques et de cassettes vidéo. Viole l'article 1150 le jugement qui condamne une société de développement de pellicules photographiques à verser au client dont les pellicules ont été égarées une indemnité supérieure à celle prévue au contrat, en retenant la nullité de la clause prévoyant une réparation forfaitaire, alors que le contrat, qui fixait le montant des dommages convenus en cas de perte, offrait au client la possibilité de signaler au moment de l'envoi des pellicules, moyennant une somme supplémentaire, la valeur exceptionnelle qu'il leur attachait et d'obtenir alors une indemnité non forfaitaire (■ Cass. 1re civ., 17 juill. 1990, n° 87-18.584 : *JurisData* n° 1990-002327 ; *JCP* 91, II, 21674, note Paisant ; *D.* 1991, 460). Mais les juges du fond peuvent, se livrant à une interprétation rendue nécessaire par une rédaction ambiguë et se référant au contrat pris dans son entier, relever qu'une telle déclaration vaut simple recommandation et que la clause exclut l'indemnisation forfaitaire lorsque, à un moment quelconque, le client rapporte la preuve du caractère exceptionnel des travaux confiés (■ Cass. 1re civ., 5 févr. 2002 : *JCP* 2002, IV, 1476 ; *JurisData* n° 2002-012944 ; *Bull. civ.* I, n° 43, p. 35). Viole l'article 1150 le jugement qui décide que la clause limitative de responsabilité prévoyant une réparation forfaitaire à la charge d'une officine de développement de cassettes vidéo ne serait valable que si elle était liée au travail de développement et de reproduction, et non lorsque le film a été égaré (■ Cass. 1re civ., 24 févr. 1993, n° 91-13.940 : *JurisData* n° 1993-000335 ; *D.* 1994, 6, note Agostinelli).

7) Clause pénale stipulée dans un autre contrat. Ne donne pas de base légale à sa décision, au regard de l'article 1150 du Code civil, la cour d'appel qui ne recherche pas si le dommage consistant pour un sous-traitant à devoir payer une clause pénale stipulée dans un contrat auquel il n'est pas partie est prévisible (■ Cass. 3e civ., 14 mars 2012, n° 11-10.695 : *RDC* 2012/3, p. 768, obs. Laithier).

8) Prévisibilité de la quotité du dommage. Ne donne pas de base légale à sa décision, la cour d'appel qui ne recherche pas comme il le lui était demandé si, au regard de sa quotité, le dommage était prévisible (■ Cass. 3e civ., 14 mars 2012, préc.).

9) Équivalent monétaire destiné à réparer le dommage. L'article 1150 concerne seulement la prévision ou la prévisibilité des éléments constitutifs du dommage et non l'équivalent monétaire destiné à le réparer (■ Cass. com., 4 mars 1965 : *JCP* 65, II, 14219, note Rodière ; *D.* 1965, 449. ■ Cass. 1re civ., 6 déc. 1983, n° 82-14.898 : *JurisData* n° 1983-702428 ; *Bull. civ.* I, n° 287, p. 257).

10) Rentes viagères indexées. L'article 1150 n'interdit pas l'allocation de rentes viagères indexées (■ Cass. 1re civ., 1er juin 1976 : *JurisData* n° 1976-700208 ; *D.* 1976, somm. 68).

11) Objets volés dans un hôtel ou un restaurant. L'appréciation de la valeur des objets volés dans un hôtel, qui comprennent notamment de l'argent en monnaie américaine, ne peut constituer un événement imprévisible étant donné la nationalité de la victime et la qualité de la clientèle habituelle de l'hôtel (■ Cass. 1re civ., 5 févr. 1957 : *D.* 1957, 232. Comp. pour un manteau de vison dérobé dans un restaurant, mais écartant comme nouveau le moyen tiré de l'imprévisibilité du dommage, ■ Cass. 1re civ., 18 nov. 1975, n° 73-12.683 : *JurisData* n° 1975-000334 ; *Bull. civ.* I, n° 333, p. 275).

II – FAUTE DOLOSIVE ET FAUTE LOURDE

12) Refus délibéré d'exécution. Le débiteur commet une faute dolosive lorsque, de propos délibéré, il se refuse à exécuter son obligation même si ce refus n'est pas dicté par l'intention de nuire (■ Cass. 1re civ., 4 févr. 1969, n° 67-11.387 : *Gaz. Pal.* 1969, 1, 204.) V. en ce sens en matière de responsabilité des constructeurs ■ Cass. 3e civ., 27 juin 2001 : *JCP* G 2001, II, 10626, note Malinvaud ; I, 124, n° 18, obs. Viney ; *JCP* E 2001, 2056, note Rakotovahiny ; *D.* 2001, 2995, concl. Weber et note Karila ; *Resp. civ. et assur.* 2001, 299, note Groutel ; *JurisData* n° 2001-010351 ; *Bull. civ.* III, n° 83, p. 63 ; *Defrénois* 2002, 64, obs. Périnet-Marquet ; *RTD civ.* 2001, 887, obs. Jourdain. V. aussi, pour le transporteur chargé de transporter une marchandise en s'étant vu interdire toute sous-traitance par l'expéditeur et qui, malgré cela, sous-traite l'opération (■ Cass. com., 4 mars 2008, n° 07-11.790 : *JCP* 2008, II, 10079, note Guignard) ; pour le notaire qui crée volontairement un risque pour servir les intérêts d'un client au bénéfice d'un autre (■ Cass. 1re civ., 24 oct. 1973, n° 72-12.934 : *JurisData* n° 1973-000547 ; *D.* 1974, 90, note Ghestin) ; pour un contrôleur technique qui garde le silence sur la non-conformité de l'installation aux normes techniques (■ Cass. 3e civ., 22 juin 2005, n° 04-14.587 : *JurisData* n° 2005-029064 ; *RD imm.* 2005, 338, obs. Malinvaud). Peu importe que le débiteur n'ait pas eu une connaissance du dommage qu'il cause (■ Cass. 1re civ., 31 janv. 2018, n° 16-25.522 : *JurisData* n° 2018-001072 ; *Contrats, conc. consomm.* 2018, comm. 61, Leveneur ; *RDC* 2018, p. 187, Laithier). Mais pour l'absence de faute dolosive d'un bureau d'études dont il n'est pas établi qu'il aurait violé ses obligations contractuelles par dissimulation ou par fraude, V. ■ Cass. 3e civ., 12 juill. 2018, n° 17-19.701 : *Bull.* ; *JurisData* n° 2018-012427.

13) Surréservation. Le choix par un transporteur aérien d'une politique de surréservation est constitutif d'un dol pour les passagers ne pouvant être embarqués à l'égard desquels le transporteur ne peut se prévaloir d'une limitation de sa responsabilité (■ Paris, 15 sept. 1992 : *JurisData* n° 1992-022533 ; *D.* 1993, 48, note Delebecque).

14) Assimilation de la faute lourde au dol. La faute lourde est assimilable au dol visé par l'article 1150 (■ Cass. req., 24 oct. 1932 : *DP* 1932, 1, 176, note E. P. – Comp. ■ Cass. 1re civ., 5 mars 1963 : *JCP* 63, II, 13148, note R. L.). La faute lourde étant assimilable au dol, méconnaît l'article 1150 du Code civil une cour d'appel qui retient qu'en l'absence de faute dolosive, seuls les préjudices prévus ou prévisibles lors de la conclusion du contrat peuvent donner lieu à indemnisation (■ Cass. 1re civ., 29 oct. 2014, n° 13-21.980 : *D.* 2015, p. 124, obs. Gout et p. 188, note V. Mazeaud ; C.C.C. 2015, n° 1, p. 19, note Leveneur). V. aussi, L. Mazeaud, *L'assimilation de la faute lourde au dol* : *DH* 1933, p. 49.

15) Charge de la preuve. Le créancier doit prouver la faute lourde du débiteur (■ Cass. com., 14 oct. 2008, n° 07-16.607 et ■ Cass. com., 25 nov. 2008, n° 07-17.968 : *RDC* 2009/2, p. 527, obs. O. Deshayes, pour une impossibilité de connaître avec certitude les causes du sinistre).

16) Sur l'**inefficacité des clauses limitatives de responsabilité** en cas de dol ou de faute lourde, v. sous art. 1147 ancien, p. 1114.

Art. 1231-4 ***(Créé à compter du 1er octobre 2016, Ord. n° 2016-131, 10 févr. 2016).*** **– Dans le cas même où l'inexécution du contrat résulte d'une faute lourde ou dolosive, les dommages et intérêts ne comprennent que ce qui est une suite immédiate et directe de l'inexécution.**

NB : Rappr. art. 1151 ancien, p. 1120.

Art. 1231-5 ***(Créé à compter du 1er octobre 2016, Ord. n° 2016-131, 10 févr. 2016).*** **– Lorsque le contrat stipule que celui qui manquera de l'exécuter paiera une certaine somme à titre de dommages et intérêts, il ne peut être alloué à l'autre partie une somme plus forte ni moindre.**

Néanmoins, le juge peut, même d'office, modérer ou augmenter la pénalité ainsi convenue si elle est manifestement excessive ou dérisoire.

Lorsque l'engagement a été exécuté en partie, la pénalité convenue peut être diminuée par le juge, même d'office, à proportion de l'intérêt que l'exécution partielle a procuré au créancier, sans préjudice de l'application de l'alinéa précédent.

Toute stipulation contraire aux deux alinéas précédents est réputée non écrite.

Sauf inexécution définitive, la pénalité n'est encourue que lorsque le débiteur est mis en demeure.

NB : Rappr. art. 1152 ancien, p. 1120.

JURISPRUDENCE RELATIVE AUX ANCIENS ARTICLES 1152 ET 1231.

1) Sur la définition de la clause pénale et le champ d'application de l'article 1152. V. art. 1226 ancien, p. 836. Sur le principe que le juge ne peut réduire les intérêts moratoires, V. ■ Metz, 14 nov. 1978 : *JCP* 79, IV, 280. Sur ce que les pénalités mises à la charge de l'acheteur en cas de retard de paiement par l'article L. 441-6 du Code de commerce, procédant de dispositions légales supplétives, ne constituent pas une clause pénale et ne peuvent donc être réduites en raison de leur caractère abusif, V. ■ Cass. com., 2 nov. 2011, n° 10-14.677 : *D.* 2011, p. 2788, obs. Chevrier. Sur la qualification de clause pénale que le juge doit donner à une clause d'« astreinte journalière » stipulée dans un contrat de vente pour l'exécution d'une obligation de l'acheteur, V. ■ Cass. 2e civ., 3 sept. 2015, n° 14-20.431 : *Bull.* ; *RDC* 2016, p. 30, note Viney ; *RTD civ.* 2016, p. 102, obs. Barbier.

2) Redressement judiciaire civil. Le juge saisi d'une demande de redressement judiciaire civil peut, lorsqu'il s'assure du caractère certain, liquide et exigible des créances, préalablement à l'aménagement des dettes, user du pouvoir de modération prévu à l'article 1152 (■ Cass. 1re civ., 14 nov. 1995, n° 92-18.199 : *JurisData* n° 1995-563023 ; *JCP* 96, IV, 35 ; *Bull.* I, n° 412, p. 287 ; *Defrénois* 1996, 365, obs. D. Mazeaud).

3) Refus délibéré d'exécuter et dol. Le bénéfice de l'article 1152 doit être réservé au débiteur de bonne foi et non à celui qui, de propos délibéré, se refuse à exécuter ses obligations contractuelles (■ Amiens, 25 mai 1976 : *JCP* 78, IV, 69). De son côté, le créancier ne peut obtenir des dommages-intérêts supérieurs au montant stipulé que s'il établit la faute dolosive du débiteur (■ Cass. 1re civ., 4 févr. 1969 : *D.* 1969, p. 601, note Mazeaud. ■ Cass. 1re civ., 22 oct. 1975 : *JurisData* n° 1975-700290 ; *D.* 1976, p. 151, note Mazeaud). La faute dolosive ne suppose pas que le refus du débiteur d'exécuter ses obligations soit dicté par l'intention de nuire à son cocontractant (■ Cass. 1re civ., 4 févr. 1969, préc.).

4) Motivation. Doit être cassé l'arrêt qui, pour réduire des 2/3 le montant d'une clause pénale, se borne à énoncer qu'il est un peu élevé sans rechercher en quoi il est manifestement excessif (■ Cass. ch. mixte, 20 janv. 1978 : *JurisData* n° 1978-094001 ; *D.* 1978, p. 349). Mais les juges du fond n'ont pas à motiver spécialement leur décision lorsqu'ils refusent de modifier la peine prévue (■ Cass. 3e civ., 26 avr. 1978, n° 76-11.424 : *JurisData* n° 1978-798160 ; *D.* 1978, p. 349. – V. en ce sens ■ Cass. 1re civ., 23 févr. 1982 : *Bull. civ.* I, n° 85, p. 74. ■ Cass. 3e civ., 14 janv. 1987, n° 85-15.101 : *JurisData* n° 1987-000308 ; *Bull. civ.* III, n° 8, p. 5. ■ Cass. com., 26 févr. 1991, n° 89-12.081 : *JurisData* n° 1991-000335 ; *Bull. civ.* IV, n° 91, p. 61. ■ Cass. com., 19 nov. 1991, n° 90-15.523 : *JurisData* n° 1991-002830 ; *Bull. civ.* IV, n° 346, p. 240. ■ Cass. 1re civ., 26 juin 2001, n° 99-17.856 : *JurisData* n° 2001-010363 ; *Resp. civ. et assur.* 2001, 283 ; *Bull. civ.* I, n° 191, p. 121. ■ Cass. 1re civ., 12 juill. 2001, n° 99-18.231 : *JurisData* n° 2001-010612 ; *Contrats, conc. consom.* 2001, 168, 1re esp., note Leveneur ; *JCP E* 2002, 459,

1re esp., note Leveneur ; *Bull. civ.* I, n° 218, p. 137 ; *Defrénois* 2001, 1417, note Dagorne-Labbe).

5) Appréciation du caractère excessif. Jugé que le caractère excessif d'une clause pénale ne peut résulter du fait que son montant est supérieur au préjudice invoqué (■ Douai, 10 mars 1976 : *JCP* 76, IV, 337. V. aussi, affirmant que la clause pénale s'applique du seul fait de l'inexécution, indépendamment du préjudice, ■ Cass. 3e civ., 12 janv. 1994, n° 91-19.540 : *JurisData* n° 1994-000267 ; *JCP* 94, I, 3809, n° 18, obs. Viney ; *Bull. civ.* III, n° 5, p. 3 ; *Defrénois* 1994, 804, obs. D. Mazeaud ; *RTD civ.* 1994, p. 605, obs. Mestre. – V. cependant, admettant le refus de toute pénalité au motif que le créancier n'a subi aucun préjudice susceptible de dédommagement, ■ Cass. com., 16 juill. 1991, n° 89-21.981 : *JurisData* n° 1991-001988 ; *D.* 1992, p. 365, note crit. D. Mazeaud). Il ne peut être apprécié en fonction de la position économique et de la bonne foi du débiteur, notions à ne prendre en compte que pour l'application de l'article 1244, mais en fonction de la comparaison avec les peines habituellement stipulées dans les contrats de même nature (■ Paris, 11 mars 1987 : *JurisData* n° 1987-601471 ; *D.* 1987, p. 492, note Paisant. V. aussi, excluant de façon générale les motifs tirés du comportement du débiteur, ■ Cass. com., 11 févr. 1997, n° 95-10.851 : *JurisData* n° 1997-000566 ; *JCP* 97, IV, 746 ; *Bull. civ.* IV, n° 47, p. 42 ; *Contrats, conc. consom.* 1997, 75, note Leveneur ; *RTD civ.* 1997, p. 654, obs. Mestre ; *Defrénois* 1997, 740, obs. Delebecque). Pour apprécier le caractère excessif de la clause pénale, les juges doivent se placer à la date de leur décision (■ Cass. 1re civ., 19 mars 1980, n° 78-13.151 : *JurisData* n° 1980-000095 ; *Bull. civ.* I, n° 95, p. 79), et tenir compte du but de la clause (■ Cass. 1re civ., 3 janv. 1985, n° 83-15.291 : *JurisData* n° 1985-000070 ; *Bull. civ.* I, n° 4, p. 4). Viole l'article 1152 l'arrêt qui, pour juger que l'indemnité n'a pas un caractère excessif, retient que ce caractère doit être apprécié au moment où la pénalité s'est trouvée exigible et non après que les paiements partiels ont réduit le montant de la dette (■ Cass. 1re civ., 10 mars 1998, n° 96-12.141 : *JurisData* n° 1998-001087 ; *JCP G* 98, IV, 1978 ; *JCP E* 99, 220, n° 16, obs. Sordino ; *Bull. civ.* I, n° 98, p. 65 ; *RTD civ.* 1999, p. 97, obs. Mestre).

6) Montant de l'indemnité. Le juge qui exerce son pouvoir de modération n'est pas tenu de limiter le montant de l'indemnité au préjudice réellement subi par le créancier (■ Cass. com., 23 janv. 1979, n° 77-12.129 : *JurisData* n° 1979-097030 ; *Bull. civ. IV*, n° 30, p. 24. – V. même, admettant la réduction au franc ou à l'euro symbolique, ■ Cass. com., 11 févr. 1997, n° 95-10.851 : *JurisData* n° 1997-000566 ; *JCP* 97, IV, 746 ; *Bull.* IV, n° 47, p. 42 ; *Contrats, conc. consom.* 1997, 75, note Leveneur ; *RTD civ.* 1997, p. 654, obs. Mestre ; *Defrénois* 1997, 740, obs. Delebecque. ■ Cass. com., 20 déc. 2017, n° 16-18.280 : *Contrats, conc. consom.* 2018, comm. 42), mais il ne peut allouer une somme inférieure (■ Cass. com., 8 juill. 1986, n° 84-15.655 : *JurisData* n° 1986-001352 ; *Bull. civ.* IV, n° 147, p. 125). Les juges du fond n'ont pas à prendre en considération la capacité de remboursement du débiteur en redressement judiciaire civil (■ Cass. 1re civ., 14 nov. 1995, n° 92-18.199 : *JurisData* n° 1995-563023 ; *JCP* 96, IV, 35 ; *Bull. civ.* I, n° 412, p. 287).

7) Augmentation de la peine. Sur le principe que le juge ne peut augmenter la peine convenue que si celle-ci est manifestement dérisoire, V. ■ Cass. 1re civ., 10 juill. 2001, n° 98-16.687 : *JurisData* n° 2001-010602 ; *Contrats, conc. consom.* 2001, 168, 2e esp., note Leveneur ; *JCP E* 2002, 459, note Leveneur.

8) Date d'exigibilité des intérêts. La modération par le juge d'une peine convenue entre les parties ne fait pas perdre à cette peine son caractère d'indemnité forfaitaire contractuellement prévue, de sorte que les intérêts au taux légal sont dus à compter du jour de la sommation (■ Cass. com., 21 juill. 1980 : *JurisData* n° 1980-796042 ; *JurisData* n° 1980-796042 ; *JurisData* n° 1980-796042 ; *Bull. civ.* IV, n° 309, p. 250. ■ Cass. soc., 9 nov. 1983, n° 81-41.256 : *JurisData* n° 1983-702464 ; *Bull. civ.* V, n° 547, p. 386. ■ Cass. com., 27 mars 1990, n° 88-13.967 : *JurisData* n° 1990-000734 ; *JCP* 90, IV, 202 ; *Bull. civ.* IV, n° 90, p. 60 ; *D.* 1990, p. 390, note de La Marnierre).

9) Clauses abusives. Sur l'application du contrôle judiciaire des clauses abusives aux clauses pénales, V. ■ Cass. 1re civ., 6 janv. 1994, n° 91-19.424 : *JurisData* n° 1994-000202 ; *JCP* 94, II, 22237, 1er arrêt, note Paisant. – V. G. Paisant, *Clauses pénales et clauses abusives après la loi n° 95-96 du 1er févr. 1995* : *D.* 1995, chron. p. 223. – *Adde* l'article R. 132-2, 3° du Code de la consommation qui répute abusive, à charge pour le professionnel de rapporter la preuve contraire, la clause ayant pour objet ou pour effet d'imposer au non-professionnel ou au consommateur qui n'exécute pas ses obligations une indemnité d'un montant manifestement disproportionné.

10) Contrat d'agent immobilier. Compte tenu de l'interdiction faite, par l'article 6-1, alinéa 3, de la loi n° 70-9 du 2 janvier 1970, à l'agent immobilier de percevoir une somme d'argent antérieurement à l'opération, il ne peut se prévaloir des stipulations d'une clause par laquelle le mandant s'oblige à ratifier l'acquisition présentée par le mandataire aux prix, charges et conditions du mandat, sous peine d'avoir à payer, en cas de refus, une somme égale au montant de la rémunération convenue comme si la vente avait été conclue, dès lors qu'une telle clause emporte obligation de conclure la vente, sauf à payer cette somme, même en l'absence de faute imputable au mandant (■ Cass. 1re civ., 27 nov. 2013, n° 12-13.897 : *Bull.* ; *Contrats, conc. consom.* 2014, n° 2, p. 15, note L. Leveneur).

11) Survie à l'anéantissement du contrat (caducité). La caducité d'un acte n'affecte pas la clause pénale qui y est stipulée et qui doit précisément produire effet en cas de défaillance fautive de l'une des parties (■ Cass. com., 22 mars 2011, n° 09-16.660 : *Bull.*, n° 49 ; *RDC* 2011/3, p. 826, obs. E. Savaux ; *D.* 2011, p. 2179, note Hontebeyrie ; *JCP* 2011, p. 955, obs. Grosser ; *RTD civ.* 2011, p. 345, obs. Fages).

12) Inexécution partielle envisagée par les parties. L'article 1231 est inapplicable s'agissant d'une inexécution partielle dont les parties ont expressément déterminé les conséquences (■ Cass. com., 3 févr. 1975, n° 73-13.564 : *Bull. civ.* IV, n° 32, p. 26). Tel est le cas si elles ont elles-mêmes prévu une diminution de la peine convenue à proportion de l'intérêt que l'exécution partielle aura procuré au créancier (■ Cass. com., 21 juill. 1980 : *Bull. civ.* IV, n° 309, p. 250. – V. aussi ■ Cass. com., 19 nov. 1991, n° 90-15.465 : *JurisData* n° 1991-002831 ; *Bull. civ.* IV, n° 346, p. 240 ; *D.* 1993, p. 56, note Paisant. ■ Paris, 20 sept. 1991 : *JurisData* n° 1991-603750 ; *JCP* 92, II, 21866, note Sinay-Cytermann).

13) Appréciation de l'exécution partielle. Sur le pouvoir souverain des juges du fond pour apprécier s'il y a eu exécution partielle, V. ■ Cass. com., 9 oct. 1972, n° 70-13.711 : *JurisData* n° 1972-097237 ; *D.* 1972, p. 730, note Malaurie. Mais le juge des référés n'a pas le pouvoir de diminuer le montant de la clause pénale à proportion de l'intérêt que l'exécution partielle de l'obligation procure au créancier (■ Cass. 3e civ., 19 févr. 2003, n° 01-16.991 : *JurisData* n° 2003-017800 ; *Loyers et copr.* 2003, 125, note Vial-Pedroletti).

14) Bail. Ayant relevé à bon droit que l'indemnité d'occupation égale au double du loyer prévue au contrat de bail présentait le caractère d'une clause pénale, la cour d'appel, a pu, en application de l'article 1231 du Code civil dans sa rédaction applicable en Nouvelle-Calédonie, modifier la peine dès lors qu'il n'était pas contesté que les locataires avaient exécuté en partie leur obligation principale de paiement (■ Cass. 3e civ., 8 avr. 2010, n° 08-20.525 : *Bull. civ.* 2010, III, n° 75).

Art. 1231-6 ***(Créé à compter du 1er octobre 2016, Ord. n° 2016-131, 10 févr. 2016).*** **– Les dommages et intérêts dus à raison du retard dans le paiement d'une obligation de somme d'argent consistent dans l'intérêt au taux légal, à compter de la mise en demeure.**

Ces dommages et intérêts sont dus sans que le créancier soit tenu de justifier d'aucune perte.

Le créancier auquel son débiteur en retard a causé, par sa mauvaise foi, un préjudice indépendant de ce retard, peut obtenir des dommages et intérêts distincts de l'intérêt moratoire.

NB : Rappr. art. 1153 ancien, p. 1121.

JURISPRUDENCE RELATIVE À L'ANCIEN ARTICLE 1153.

I – DOMMAGES-INTÉRÊTS MORATOIRES.

1) Point de départ des intérêts. Principes. Les intérêts moratoires sont dus à partir de la sommation ou de la demande en justice même s'ils ne sont pas réclamés par un chef spécial des conclusions (■ Cass. civ., 21 juill. 1907 : *DP* 1910, 1, 25). *Dans les obligations qui* se bornent au paiement d'une certaine somme, les dommages-intérêts résultant du retard dans l'exécution sont dus à compter du jour de la sommation de payer ou d'un acte équivalent, quand bien même le juge saisi de la contestation évaluerait la créance après expertise (■ Cass. 1re civ., 4 juin 2009, n° 08-12.658 : *Bull. civ.* I, n° 117). Sur les formes de la sommation, V. ss art. 1146 ancien, p. 1113. Mais la règle selon laquelle les intérêts moratoires ne sont dus que du jour de la sommation n'est pas applicable lorsque les intérêts sont attribués de plein droit par la loi et il en est ainsi notamment de ceux accordés par l'article 2028, alinéa 2 du Code civil à la caution qui a payé (■ Cass. 1re civ., 26 avr. 1977, n° 75-14.889 : *JurisData* n° 1977-000187 ; *Bull. civ.* I, n° 187, p. 147). Viole l'article 1153 la cour d'appel qui condamne une partie à payer à son bailleur, au titre de loyers impayés, une somme avec intérêts au taux légal à compter du commandement de payer, tout en constatant qu'à la date de ce commandement, le locataire n'était redevable que d'une somme inférieure, même si des loyers étaient échus postérieurement (■ Cass. 2e civ., 14 févr. 2002 : *JCP* 2002, IV, 1525 ; *JurisData* n° 2002-012999 ; *Bull. civ.* II, n° 14, p. 13). La créance d'une somme d'argent née et déterminée dans son montant antérieurement à toute décision du juge qui se borne à la constater, porte intérêts à compter de la sommation de payer (■ Cass. 1re civ., 14 oct. 2010, n° 09-12.921 : *Bull. civ.*, n° 199).

En fixant à la date de signification de l'arrêt le point de départ du cours des intérêts au taux légal portant sur les condamnations prononcées, la cour d'appel n'a pas méconnu son office (■ Cass. 1re civ., 11 févr. 2015, n° 13-21.478 : *Bull.*).

Sur la distinction des intérêts moratoires et des intérêts compensatoires, V. S. Carval, *Les intérêts compensatoires* : *D.* 2017, p. 414.

2) Reddition de compte. Les demandes en reddition de comptes impliquant nécessairement une demande en paiement, l'article 1153 leur est applicable (■ Cass. 1re civ., 23 mai 2000, n° 97-19.223 : *JurisData* n° 2000-002105 ; *Bull. civ.* I, n° 158, p. 102 ; *Defrénois* 2000, 1380, obs. Aubert). Il résulte de l'article 1153 du Code civil que dans une instance en règlement de comptes ayant abouti à la condamnation du débiteur au paiement du solde, l'acte introductif d'instance emporte mise en demeure à dater de laquelle les intérêts légaux moratoires sont dus, même si à cette date le reliquat restant dû n'a pas encore été liquidé ou déterminé (■ Cass. 3e civ., 14 oct. 1975, n° 74-11.260 : *JurisData* n° 1975-098293 ; *JCP* 75, IV, 354 ; *Bull. civ.* III, n° 293, p. 222. – V. en ce sens ■ Cass. 1re civ., 2 avr. 1974, n° 73-11.522 : *D.* 1974, p. 473, note Malaurie. ■ Cass. 1re civ., 27 févr. 1985, n° 83-15.775 : *JurisData* n° 1985-700588 ; *Bull. civ.* I, n° 77, p. 71).

3) Provision. Sur le principe que les intérêts moratoires sont dus sur les sommes accordées à titre de provision par le juge de la mise en état, V. ■ Cass. 3e civ., 19 nov. 1997, n° 95-16.686 : *JCP* 98, IV, 1025 ; *Bull. civ.* III, n° 205, p. 138.

4) Voie d'exécution. Pour pouvoir être recouvrés par voie d'exécution, les dommages-intérêts prévus par l'article 1153 doivent faire l'objet d'une disposition spéciale du titre en vertu duquel est exercée la poursuite (■ Cass. 1re civ., 10 mars 1998, n° 95-18.677 : *JurisData* n° 1998-001170 ; *JCP* 98, IV, 2000 ; *Bull. civ.* I, n° 100, p. 67).

5) Modération par le juge des sommes dues. Jugé que le fait que les sommes convenues à titre de rémunération d'un mandataire salarié ont été réduites par le juge ne fait pas obstacle à l'application de l'article 1153 en vertu duquel le débiteur doit l'intérêt des sommes dues à compter du jour où il est mis en demeure (■ Cass. 1re civ., 13 mai 1981, n° 79-15.816 : *JurisData* n° 1981-701377 ; *JCP* 81, IV, 267 ; *Bull. civ.* I, n° 164. – V. en ce sens, en cas de modération par le juge de la clause pénale d'un contrat, ■ Cass. com., 21 juill. 1980 : *Bull. civ.* IV, n° 309, p. 250).

6) Une créance née d'un enrichissement sans cause n'existe et ne peut produire d'intérêts moratoires que du jour où elle est judiciairement constatée (■ Cass. com., 6 janv. 1987, n° 85-12.759 : *JurisData n° 1987-000296* ; *Bull. civ.* IV, n° 6, p. 4 ; *RTD civ.* 1987, p. 754, obs. Mestre. – V. cependant ■ Cass. 1re civ., 16 nov. 1983, n° 82-15.078 : *JurisData* n° 1983-002219 ; *Bull. civ.* I, n° 275, p. 247).

7) Les intérêts d'une somme indûment perçue peuvent être accordés à compter du jour de la demande. Par suite, en cas de résolution judiciaire d'un bail, les juges du fond peuvent allouer au preneur les intérêts de droit à compter de l'assignation (■ Cass. 3e civ., 18 févr. 1987, n° 85-14.545 : *JurisData* n° 1987-000344 ; *Bull. civ.* III, n° 27, p. 16).

8) Somme détenue en vertu d'une décision de justice exécutoire. La partie qui doit restituer une somme qu'elle détenait en vertu d'une décision de justice exécutoire n'en doit les intérêts au taux légal qu'à compter de la notification, valant mise en demeure, de la décision ouvrant droit à restitution. Viole ce texte l'arrêt qui, à la suite d'une décision infirmative, fait courir les intérêts à compter de la date de la signification des conclusions par lesquelles la partie ayant trop versé demandait restitution des sommes avec intérêts (■ Cass. ass. plén., 3 mars 1995, n° 91-19.497 : *JurisData* n° 1995-000629 ; *JCP* 95, II, 22482, note Delebecque ; *Bull. civ.* 1995. ■ Cass. ass. plén., n° 1, p. 1 : *D.* 1995, p. 249, concl. Jéol. ■ Cass. 1re civ., 3 févr. 1998, n° 96-13.201 : *JurisData* n° 1998-000428 ; *JCP* 98, IV, 1654 ; *Bull. civ.* I, n° 38, p. 25. ■ Cass. com., 20 janv. 1998, n° 95-14.101 : *JurisData* n° 1998-000163 ; *D.* 1999, p. 261, note Cottin. ■ Cass. 2e civ., 6 mai 1999, n° 97-10.121 : *JurisData* n° 1999-001945 ; *Bull. civ.* II, n° 86, p. 64).

9) Indemnité délictuelle ou contractuelle. Il n'y a pas lieu de distinguer pour l'application de l'article 1153, alinéa 2, selon que l'indemnité allouée par le juge est de nature délictuelle ou contractuelle (■ Cass. com., 8 nov. 1988, n° 87-10.925 : *JurisData* n° 1988-703460 ; *JCP* 89, IV, 13 ; *Bull. civ.* IV, n° 301, p. 203).

10) Les intérêts conventionnels dus après l'échéance de la dette réparent le retard dans l'exécution et ne peuvent pas se cumuler avec les intérêts légaux moratoires (■ Cass. 1re civ., 25 nov. 1975 : *JurisData* n° 1975-700002 ; *JCP* 76, II, 18328, note H. T.).

11) Solde d'un compte clôturé. En l'absence de convention contraire, le solde d'un compte clôturé ne peut produire que des intérêts au taux légal (■ Cass. 1re civ., 20 oct. 1987, n° 86-10.923 : *JurisData* n° 1987-001692 ; *Bull. civ.* I, n° 273, p. 197).

12) Créance du tiers payeur. La créance du tiers payeur, dont le recouvrement est poursuivi par subrogation dans le droit d'action de la victime, n'est pas indemnitaire et se borne au paiement d'une certaine somme, de sorte que les intérêts légaux courent à compter du jour de la demande (■ Cass. ass. plén., 4 mars 2005, n° 02-14.316 : *JurisData* n° 2005-027414 ; *JCP* 2005, II, 10064, concl. Volff et note Gréau). Jugé auparavant que la somme allouée à l'agent judiciaire du trésor public en remboursement des prestations versées par l'État à son agent victime ne porte intérêt qu'à partir du jugement, le montant de la créance de l'État étant subordonné au lien de causalité à établir entre le service des prestations et le dommage subi par la victime (■ Cass. 2e civ., 26 juin 1996, n° 93-13.009 : *JurisData* n° 1996-002777 ; *Resp. civ. et assur.* 1996, 311).

13) Assureur subrogé. Viole l'article 1153 du Code civil, la cour d'appel qui fixe le point de départ des intérêts sur les sommes dues par le responsable d'un sinistre et son assureur à l'assureur subrogé dans les droits de la victime à la date du paiement subrogatoire (■ Cass. 3e civ., 24 janv. 2007, nos 06-13.028 et 06-14.253 : *D.* 2007, p. 1297, obs. Monge et Nési). Il résulte en effet de l'article 1153 que la personne tenue au paiement d'une somme envers une autre ne lui en doit les intérêts qu'après avoir été mise en demeure (■ Cass. 1re civ., 7 mai 2002, n° 99-13.458 : *JurisData* n° 2002-014166 ; *JCP* 2002, II, 10182, note Khodri-Benamrouche ; *Bull. civ.* I, n° 118, p. 91 ; *Defrénois* 2002, 1274, obs. Aubert. ■ Cass. 1re civ., 27 mai 2003, n° 01-10.478 : *JurisData* n° 2003-019171 ; *Bull. civ.* I, n° 125, p. 97). Auparavant, V. ■ Cass. 1re civ., 2 juill. 1996, n° 94-12.849 : *JurisData* n° 1996-002963 ; *JCP* 1997, II, 22953, note Casson. ■ Cass. 3e civ., 31 oct. 2001, n° 99-20.046 : *Resp. civ. et assur.* 2002, 41 (dès lors que, suivant quittance subrogative, un assureur a versé à son assuré la somme nécessaire à la réparation du dommage, les intérêts au taux légal sur cette somme sont dus par la personne tenue à réparation à compter de la date de la quittance).

14) Assurances de responsabilité. L'article L. 113-5 du Code des assurances ne fait pas obstacle à ce que la prestation due par l'assureur en vertu des engagements qu'il a contractuellement consentis et correspondant au capital stipulé dans la police produise des intérêts en cas de retard, même non fautif, dans son paiement (■ Cass. 1re civ., 14 nov. 2001 : *JCP* 2002, I, 116, n° 26, obs. Mayaux ; *JurisData* n° 2001-011599 ; *Resp. civ. et assur.* 2002, 37 ; *Bull. civ.* I, n° 277, p. 176 ; *JurisData* n° 2001-011573. – V. sur cet arrêt P. Jourdain : *Resp. civ. et assur.* 2002, chron. 3. – Comp., fondant la condamnation de l'assureur aux intérêts sur l'article 1153-1, ■ Cass. 2e civ., 27 mars 2003, n° 02-10.055 : *JurisData* n° 2003-018545 ; *Resp. civ. et assur.* 2003, 172, note Groutel).

II – DOMMAGES-INTÉRÊTS INDÉPENDANTS DU RETARD.

15) Mauvaise foi du débiteur. Le créancier peut se voir attribuer des dommages-intérêts en réparation du préjudice commercial indépendant du retard lorsque la résistance du débiteur est dépourvue de tout moyen sérieux et abusive (■ Cass. 1re civ., 16 mars 1977, n° 75-11.255 : *JurisData* n° 1977-000139 ; *Bull. civ.* I, n° 139, p. 107). Mais les juges du fond doivent préciser la circonstance particulière de nature à caractériser la mauvaise foi du débiteur (■ Cass. 3e civ., 10 janv. 1978 : *JurisData* n° 1978-098020 ;*D.* 1978, IR, p. 414. ■ Cass. 3e civ., 1er déc. 1993, n° 91-22.232 : *JurisData* n° 1993-002162 ; *Bull. civ.* III, n° 156, p. 104. ■ Cass. com., 2 févr. 2010, n° 09-11.064 : *Bull. civ.* 2010, IV, n° 32 ; *RTD civ.* 2010, p. 322, obs. Fages. – Comp. sur la prise en considération de la théorie de l'enrichissement sans cause ■ Agen, 28 juin 1979 et, sur pourvoi, ■ Cass. 1re civ., 10 déc. 1980 : *JurisData* n° 1980-715235 ; *JCP* 81, II, 19678, note Mourgeon).

16) Montant du préjudice. Les juges du fond apprécient souverainement le montant du préjudice distinct de celui réparé par l'allocation des intérêts moratoires (■ Cass. com., 4 oct. 1971 : *JurisData* n° 1971-097224 ; *Bull. civ.* IV, n° 224, p. 210).

Art. 1231-7 ***(Créé à compter du 1er octobre 2016, Ord. n° 2016-131, 10 févr. 2016).*** **– En toute matière, la condamnation à une indemnité emporte intérêts au taux légal même en l'absence de demande ou de disposition spéciale du jugement. Sauf disposition contraire de la loi, ces intérêts courent à compter du prononcé du jugement à moins que le juge n'en décide autrement.**

En cas de confirmation pure et simple par le juge d'appel d'une décision allouant une indemnité en réparation d'un dommage, celle-ci porte de plein droit intérêt au taux légal à compter du jugement de première instance. Dans les autres cas, l'indemnité allouée en appel porte intérêt à compter de la décision d'appel. Le juge d'appel *peut toujours déroger aux dispositions* du présent alinéa.

NB : Rappr. art. 1153-1 ancien, p. 1121.

JURISPRUDENCE RELATIVE À L'ANCIEN ARTICLE 1153-1.

1) Point de départ. En fixant à une date autre que celle de sa décision le point de départ des intérêts, une cour d'appel ne fait qu'user de la faculté remise à sa discrétion par l'article 1153-1 (■ Cass. ass. plén., 3 juill. 1992, n° 90-83.430 : *JurisData* n° 1992-001692 ; *JCP* 92, II, 21898, concl. Dotenwille et note Perdriau. ■ Cass. com., 23 juin 1992, n° 89-20.990 : *JurisData* n° 1992-001491 ; *Bull. civ.* IV, n° 248, p. 172. ■ Cass. 1re civ., 14 oct. 1997, n° 95-19.046 : *JurisData* n° 1997-004177 ; *Bull. civ.* I, n° 272, p. 184. – V. cependant, paraissant plus exigeant sur la motivation, ■ Cass. 2e civ., 29 avr. 1997, n° 94-20.452 : *JurisData* n° 1997-001817 ; *D.* 1998, p. 321, note Ancel et Béroujon).

2) Intérêts des créances indemnitaires. Les intérêts alloués à la victime en application de l'article 1153-1 pour une période antérieure à la date de la décision qui fixe l'indemnité ont nécessairement un caractère moratoire (■ Cass. 1re civ., 28 avr. 1998, n° 96-20.421 : *JurisData* n° 1998-001858 ; *JCP* 98, IV, 2315 ; *RTD civ.* 1998, p. 920, obs. Jourdain ; *Defrénois* 1998, 1049, obs. Aubert).

3) Recours en contribution. Les intérêts dus au garanti sur la somme qu'il a payée aux victimes ne peuvent lui être dus par son garant qu'à compter de la sommation de payer (■ Cass. 1re civ., 7 avr. 1999, n° 97-13.476 : *JurisData* n° 1999-001447 ; *Resp. civ. et assur.* 1999, 172, rapp. Sargos ; *Bull. civ.* I, n° 123, p. 81 ; *RTD civ.* 1999, p. 850, obs. Jourdain).

4) Article 700 du CPC. Les sommes allouées au titre de l'article 700 du CPC portent intérêts dès le prononcé du jugement (■ Cass. 2e civ., 6 mai 1999, n° 96-20.827 : *JurisData* n° 1999-001940 ; *Resp. civ. et assur.* 1999, 210 ; *Bull. civ.* II, n° 80, p. 59).

5) Indemnité provisionnelle. Viole l'article 1153-1 l'arrêt qui retient qu'une provision n'est qu'une avance octroyée dans l'attente de l'évaluation définitive de la somme due et n'ouvre aucun droit au titre des intérêts légaux (■ Cass. 2e civ., 19 oct. 2000, n° 98-21.407 : *JurisData* n° 2000-006304 ; *Bull. civ.* II, n° 143, p. 101).

6) Indemnité d'éviction. L'article 1153-1 s'applique à l'indemnité d'éviction due par le bailleur de locaux à usage commercial, de sorte que le juge a la faculté de fixer discrétionnairement le point de départ des intérêts (■ Cass. 3e civ., 4 juill. 2001, n° 97-20.663 : *JurisData* n° 2001-010485 ; *JCP* 2001, IV, 2628 ; *Bull. civ.* III, n° 93, p. 71).

Sous-titre II. – La responsabilité extra-contractuelle

CHAPITRE Ier. – LA RESPONSABILITÉ EXTRACONTRACTUELLE EN GÉNÉRAL

Art. 1240 ***(Créé à compter du 1er octobre 2016, Ord. n° 2016-131, 10 févr. 2016).*** **– Tout fait quelconque de l'homme, qui cause à autrui un dommage, oblige celui par la faute duquel il est arrivé à le réparer.**

NB : Rappr. art. 1382 ancien, p. 1248.

Voir : Sur la responsabilité des sociétés mères et des entreprises donneuses d'ordre pour manquement à leur devoir de vigilance, C. com., art. L. 225-102-4 et L. 225-102-5, réd. L. 2017-399, 27 mars 2017, p. 1996.

Art. 1241 ***(Créé à compter du 1er octobre 2016, Ord. n° 2016-131, 10 févr. 2016).*** **– Chacun est responsable du dommage qu'il a causé non seulement par son fait, mais encore par sa négligence ou par son imprudence.**

NB : Rappr. art. 1383 ancien, p. 1248.

• *Sommaire*

JURISPRUDENCE RELATIVE AUX ANCIENS ARTICLES 1382 ET 1383

1) Exclusion du droit commun de la responsabilité délictuelle. Aucune action en réparation des accidents du travail ou des maladies professionnelles ne peut être exercée conformément au droit commun contre l'employeur par la victime ou ses ayants droit ▪ Cass. 2e civ., 22 févr. 2007, *D.* 2007, p. 800, obs. Fabre (la caisse primaire d'assurance maladie et le salarié ne peuvent engager la responsabilité de l'association – l'employeur – en qualité de civilement responsable du pensionnaire qu'elle avait sous sa surveillance et qui a causé le dommage). Une association chargée de la scolarité et l'hébergement en internat d'enfants ne saurait être déclarée responsable du dommage causé par l'un de ses internes à un autre sur le fondement des articles 1382 et 1384, alinéa 5, du Code civil ; dès lors que, l'enfant victime ayant été confié à l'institution par ses représentants légaux, la responsabilité de l'association ne peut être recherchée que sur le fondement de l'article 1147 du Code civil (▪ Cass. 2e civ., 13 juill. 2006 : *JurisData* n° 2006-034702 ; *JCP* G 2006, II, 10169 note Brusorio ; *JCP* G 2007, I, 115, obs. Stoffel-Munck). Sur les rapports de l'article 1382 avec la loi du 29 juill. 1881 sur la liberté de la presse, voir sous le même article, n° 26, p. 891.

Voir : Sur la nature de la responsabilité du médecin, sous art. 1147 ancien, p. 1114.

I – LA FAUTE

A – Imputabilité

2) Enfant. La minorité de l'auteur du dommage n'exclut pas sa responsabilité et ne fait pas obstacle à sa condamnation personnelle sur le fondement de l'article 1382 (▪ Cass. 2e civ., 20 oct. 2016, n° 15-25.465 : *Bull.* ; *Resp. civ. et assur.* 2017, 4, Groutel). Les juges du fond peuvent retenir à la charge d'un enfant victime d'un dommage une faute sur le fondement de l'article 1382 sans avoir à vérifier si le mineur est capable de discerner les conséquences de ses actes (▪ Cass. ass. plén., 9 *mai 1984, 2 arrêts : JurisData* n° 1984-700932 ; *JCP* 84, II, 20256, note Jourdain ; *D.* 1984, 525, 4e et 5e esp., concl. Cabannes et note Chabas ; *RTD civ.* 1984, 508, obs. Huet. ▪ Cass. 2e civ., 12 déc. 1984, n° 82-12.627 : *Bull. civ.* II, n° 193, p. 137. ▪ Cass. 2e civ., 28 févr. 1996, n° 93-20.817 : *JurisData* n° 1996-000738 ; *JCP* 96, I, 3985, n° 14, obs. Viney ; *Bull. civ.* II, n° 54, p. 34 ; *D.* 1996, 602, note Duquesne ; *D.* 1997, somm. 28, obs. D. Mazeaud ; *RTD civ.* 1996, 628, obs. Jourdain ; *Resp. civ. et assur.* 1996, 157, enfant de huit ans ayant couru vers un ami portant une casserole d'eau bouillante. ▪ Cass. 2e civ., 20 nov. 1996, n° 95-10.404 : *JurisData* n° 1996-004400 ; *JCP* 97, IV, 69 ; *Bull. civ.* II, n° 259, p. 157 ; *Resp. civ. et assur.* 1997, 39, enfant de 14 ans ayant remis une carabine à air comprimé à un enfant de 7 ans. ▪ Cass. 2e civ., 19 févr. 1997, n° 94-21.111 : *JurisData* n° 1997-000750 ; *JCP* 97, IV, 833 ; *Bull.* II, n° 54, p. 30 ; *Resp. civ. et assur.* 1997, 154, enfant de 8 ans s'approchant d'une balançoire. ▪ Nancy, 29 avr. 1998, n° 93001738 : *JurisData* n° 1998-045639 ; *JCP* 99, IV, 1546, enfant de 4 ans déséquilibrant son institutrice en arrivant à quatre pattes, par surprise et par derrière. Voir cependant, moins sévères, ▪ Cass. 1re civ., 6 mars 1996 : *D.* 1997, 93, note Lebreton ; *JCP* 97, I, 4068, n° 17, obs. Viney. ▪ Cass. 1re civ., 11 mars 1997, n° 94-17.621 : *JurisData* n° 1997-001044 ; *JCP* 97, I, 4068, n° 17, obs. Viney. ▪ Paris, 2 avr. 2001, n° 00/05958 : *JurisData* n° 2001-146616 ; *Resp. civ. et assur.* 2001, 244. V. même, affirmant qu'il ne peut être reproché une quelconque faute à un enfant de deux ans et demi, ▪ Chambéry, 12 avr. 2005, n° 03/02700 : *JurisData* n° 2005-279562 ; *Resp. civ. et assur.* 2005, 314, note Radé). V. H. Mazeaud, *La « faute objective » et la responsabilité sans faute : D.* 1985, chron. 13. – F. Alt-Maes, *La garde, fondement de la responsabilité du fait du mineur : JCP* 98, I, 154. Sur la prise en compte de l'âge dans l'appréciation de la faute d'imprudence, V. ▪ Cass. 1re civ., 7 mars 1989, n° 87-16.302 : *Bull. civ.* I, n° 116, p. 75 ; *JCP* 90, II, 21403, note Dejean de La Batie.

3) Trouble mental. Sur l'obligation à réparation des personnes ayant causé un dommage sous l'empire d'un trouble mental, voir art. 414-3, p. 397. V. G. Viney, *La réparation des dommages causés sous l'empire d'un état d'inconscience : un transfert nécessaire de la responsabilité vers l'assurance : JCP* 85, I, 3189.

B – Caractères généraux

4) Faute intentionnelle ou non. Sur le principe que toute faute, même non intentionnelle, engage la responsabilité de son auteur, V. ▪ Cass. 2e civ., 8 mai 1964 : *JurisData* n° 1964-700358 ; *JCP* 65, II, 14140, note Esmein. ▪ Cass. com., 8 nov. 1973, n° 72-13.378 : *JurisData* n° 1973-097317 ; *Bull. civ.* IV, n° 317, p. 283. ▪ Cass. 3e civ., 3 janv. 1979, n° 77-13.824 : *JurisData* n° 1979-098001 ; *Bull. civ.* III, n° 1, p. 1. ▪ Cass. 1re civ., 7 févr. 1979, n° 77-13.735 : *JurisData* n° 1979-000050 ; *Bull. civ.* I, n° 50, p. 42. Sur l'impossibilité d'assurer la faute intentionnelle, voir C. assur., art. L. 113-1, al. 2, p. 1897.

5) Violation d'un texte légal ou réglementaire. Ne donne pas de base à sa décision, au regard de l'article 1382 du Code civil et l'article 12, CPC, la cour d'appel qui déclare l'occupant d'un immeuble responsable de l'accident survenu à un passant qui a glissé sur le verglas recouvrant un trottoir au droit de l'immeuble, en relevant que la commune apposait régulièrement une affiche rappelant aux riverains l'obligation, en cas de verglas, de jeter des cendres ou du sable sur la chaussée, sans rechercher quelle disposition légale ou réglementaire imposait de telles mesures (■ Cass. 1re civ., 18 avr. 2000, n° 98-15.770 : *JurisData* n° 2000-001509 ; *JCP* 2000, IV, 1909 ; *Bull. civ.* I, n° 117, p. 78 ; *Resp. civ. et assur.* 2000, 213, note Groutel). Responsabilité d'un vendeur à l'égard de l'acquéreur sur le fondement de l'article 1382 pour manquement à une obligation de police administrative et ce, nonobstant la renonciation contractuelle à un recours contre le vendeur (■ Cass. 3e civ., 16 mars 2005, n° 03-17.875 : *JurisData* n° 2005-027583 ; *D.* 2006, p. 50, note Boutonnet). La rupture brutale d'une relation commerciale établie, sanctionnée par l'article L. 442-6, I, 5° du Code de commerce, engage la responsabilité délictuelle de son auteur (■ Cass. com., 6 févr. 2007, n° 04-13.178 : *JurisData* n° 2007-037247 ; *RDC* 2007/3, p. 731, obs. Borghetti ; *D.* 2007, p. 653, obs. Chevrier ; *JCP* G 2007, II, 10108, note Marmoz et 10109, note Archambault, I, 185, obs. Stoffel-Munck).

6) Faute d'abstention. La faute prévue par les articles 1382 et 1383 peut consister aussi bien dans une abstention que dans un acte positif (■ Cass. civ., 27 févr. 1951 : *JCP* 51, II, 6193, note Mihura ; *D.* 1951, 329, note Desbois). L'abstention, même non dictée par la malice et l'intention de nuire, engage la responsabilité de son auteur lorsque le fait omis devait être accompli soit en vertu d'une obligation légale, réglementaire ou conventionnelle, soit aussi, dans l'ordre professionnel, s'il s'agit notamment d'un historien, en vertu des exigences d'une information objective (même arrêt). Mais comp. ■ Cass. 1re civ., 13 mars 2008, n° 07-13.024 : *D.* 2008, p. 1797, note Bruguière (déclaration de l'auteur d'un catalogue d'art selon laquelle il n'envisageait pas d'insérer, dans de futures publications de son ouvrage, le tableau dont il contestait l'authenticité, qui ne constitue qu'une simple velléité formulée en défense à l'action exercée à son encontre – et aussi ■ Cass. 1re civ., 22 janv. 2014, n° 12-35.264 : *Bull.* ; *JCP* 2014, n° 13, p. 608, note Raschel : le refus de l'auteur d'un catalogue raisonné d'y insérer une œuvre, fût-elle authentique, ne peut, à défaut d'un texte spécial, être considéré comme fautif). En outre, jugé qu'un journaliste a la liberté de rédiger comme il l'entend sa rubrique judiciaire, de citer ou non les avocats et de leur décerner éloge ou blâme, dès lors qu'il n'a pas l'intention de porter préjudice à autrui (■ Cass. 2e civ., 17 juill. 1953 : *JCP* 53, II, 7751 ; *D.* 1954, 533, note Carbonnier. – Comp. pour une communication dans un congrès ■ Cass. 2e civ., 31 janv. 1964, n° 61-13.757 : *JurisData* n° 1964-700109 ; *JCP* 64, II, 13620, note R. Savatier). De même, un syndicat d'initiative peut omettre certains établissements de la liste des hôtels recommandés dès lors que ces omissions sont justifiées par les circonstances (■ Cass. 1re civ., 3 déc. 1968 : *JurisData* n° 1968-700307 ; *JCP* 69, II, 15787, note R.L. ; *D.* 1969, 253, note Couvrat). Sur la faute du propriétaire d'une piscine qui n'a pas fermé à clé le portillon donnant accès à sa propriété, V. ■ Cass. 2e civ., 10 juin 1998, n° 96-21.228 : *JurisData* n° 1998-002726 ; *Resp. civ. et assur.* 1998, 292. V. J.-L. Fillette, *L'obligation de porter secours à la personne en péril* : *JCP* 95, I, 3868. Sur ce que, dans un chantier, le devoir de conseil peut s'étendre aux entrepreneurs entre eux, dès lors que le travail de l'un dépend du travail de l'autre, et que celui qui manque à un tel devoir engage sa responsabilité sur le fondement de l'article 1382 (V. ■ Cass. 3e civ., 31 janv. 2007, n° 05-18.311 : *JurisData* n° 2007-037154 ; *D.* 2007, p. 579). Justifie d'un intérêt légitime à agir la personne interdite de casino qui demande paiement de dommages-intérêts à la société d'exploitation du casino, fautive de n'avoir pris aucune disposition pour assurer l'efficacité de la mesure d'exclusion des salles de jeux prononcée, à sa demande, par l'autorité administrative (■ Cass. 2e civ., 30 juin 2011, n° 10-30.838 : *Bull.*, n° 146 ; *D.* 2011, p. 2448, note Penin ; *Contrats, conc. consom.* 2011, comm. 207, note Leveneur ; *LPA* 2011, n° 200, p. 9, note Laulier ; *RTD civ.* 2011, p. 770, obs. Jourdain). Sur le manque de vigilance d'un organisme de certification de nature à engager sa responsabilité à l'égard des tiers victimes (femmes ayant subi la pose d'implants mammaires non conformes), V. ■ Cass. 1re civ., 10 oct. 2018, n° 15-26.093 : *Bull.* ; *JCP* G 2018, 1235, Bacache ; *JurisData* n° 2018-020176).

7) Risque créé. Sur ce que la négligence d'une personne à prendre les mesures à même de faire cesser un risque constitue une faute, V. ■ Cass. 1re civ., 28 nov. 2007, n° 06-19.405 : *JCP* 2008, I, 125, n° 7, obs. Stoffel-Munck (faute d'un propriétaire qui n'a pas pris toutes les mesures de stabilisation de son terrain sur lequel repose un rocher de plusieurs tonnes menaçant de tomber sur un lotissement ; obligation conséquente de rembourser la commune qui a engagé tous les frais pour prévenir le dommage). – Comp. ■ Cass. 3e civ., 23 mai 2007, n° 06-11.647 : *D.* 2007, p. 2757, chron. Monge, Nési : l'article L. 514-16 du Code de l'environnement ne mettant pas à la charge de l'exploitant d'une installation classée une obligation de remboursement des frais de secours fondée sur la nature de l'installation et les risques qu'elle génère, une cour d'appel en a exactement déduit qu'il incombait au service départemental d'incendie et de secours de démontrer que l'exploitant du centre de tri de déchets était responsable de l'incendie ayant nécessité son intervention. Pour des excavations réalisées sur une parcelle et présentant un risque pour le fonds contigu nécessitant des travaux confortatifs, V. ■ Cass. 2e civ., 15 mai 2008, n°

07-13.483 : *JCP* 2008, IV, 2083 et I, 186, obs. Stoffel-Munck ; *RTD civ.* 2009, p. 679, obs. Jourdain (jugé que les juges du fond ont caractérisé un préjudice portant en lui-même les conditions de sa réalisation). Sur les antennes de téléphonie mobile, voir ▪ Aix-en-Provence, 15 sept. 2008 : *JurisData* n° 2008-372567 ; *JCP* 2009, I, 123, obs. Stoffel-Munck. ▪ TGI Nanterre, 18 sept. 2008, n° 07/02173 : *JurisData* n° 2008-001343 ; *JCP* 2008, II, 10208, note Borel et I, 123, obs. Stoffel-Munck ; *D.* 2008, p. 2916, note Boutonnet. ▪ Versailles, 4 févr. 2009 : *JurisData* n° 2009-000135 ; *JCP* 2009, act. 83, obs. C. Bloch et I, 123, obs. Stoffel-Munck ; *D.* 2009, p. 819, chron. Boutonnet.

8) Sur **le principe de précaution**, V. la note préc. – V. G. Viney, *Principe de précaution et responsabilité civile des personnes privées* : *D.* 2007, p. 1542. – *Adde* dossier spécial *in D.* 2007, p. 1514 ; M. Boutonnet, *Bilan et avenir du principe de précaution en droit de la responsabilité civile*, *D.* 2010, p. 2662. La charte de l'environnement et le principe de précaution ne remettent pas en cause les règles selon lesquelles c'est à celui qui sollicite l'indemnisation d'un dommage à l'encontre du titulaire de la servitude d'établir que ce préjudice est la conséquence directe et certaine de celle-ci, cette démonstration, sans exiger une preuve scientifique, pouvant résulter de présomptions graves, précises, fiables et concordantes. Fait dès lors une exacte application de ces texte et principe la cour d'appel qui, relevant que des éléments sérieux, divergents et contraires s'opposaient aux indices existants quant à l'incidence possible des courants électromagnétiques sur l'état des élevages de sorte qu'il subsistait des incertitudes notables sur cette incidence et analysant les circonstances de fait dans lesquelles le dommage s'était produit, a retenu que l'existence d'un lien de causalité n'était pas suffisamment caractérisée et en a exactement déduit que les demandes d'indemnisation ne devaient pas être admises (▪ Cass. 3e civ., 18 mai 2011, n° 10-17.645 : *Bull.*, n° 80 ; *JCP* 2011, n° 48, p. 2374, obs. Stoffel-Munck et Bloch ; *D.* 2011, p. 2089, note Boutonnet ; *ibid.* 2012, pan. 47, obs. P. Brun ; *Gaz. Pal.* 2011, n° 278, p. 19, obs. Mekki ; *RCA* 2011, étude 11, Bary ; *RTD civ.* 2011, p. 540, obs. Jourdain).

C – Abus de droit

9) Intention de nuire. L'exercice d'un droit peut constituer une faute lorsque le titulaire de ce droit en fait, à dessein de nuire, un usage préjudiciable à autrui (▪ Cass. 2e civ., 26 nov. 1953 : *JCP* 53, II, 7897). Jugé même que celui qui crée un état de chose dangereux pour les tiers est en faute de ne pas avoir pris les moyens nécessaires pour éviter le dommage (▪ Bordeaux, 9 mai 1972 : *JCP* 72, II, 17258, note Cheminade). Mais, eu égard à la liberté de toute personne de s'approvisionner chez un commerçant, doit être cassé l'arrêt qui condamne pour abus de droit des associations paramédicales privées qui ont cessé de s'approvisionner dans une officine de pharmacie en retenant leur intention de nuire (▪ Cass. com., 5 juill. 1994, n° 92-20.282 : *Bull. civ.* IV, n° 258, p. 204 ; *JCP* 94, II, 22323, note Léonnet, 95, I, 3828, n° 1, obs. Fabre-Magnan ; *RTD civ.* 1995, 119, obs. Jourdain).

10) Action ou abstention. L'abus de droit peut résulter aussi bien d'une action que d'une abstention (▪ Cass. 3e civ., 17 janv. 1978 ; *Bull. civ.* III, n° 41, p. 33 ; *RTD civ.* 1978, 655, obs. Durry. V. aussi ▪ Cass. 2e civ., 13 déc. 1972 : *JurisData* n° 1972-000320 ; *D.* 1973, 493, note Larroumet).

11) Sur l'**abus du droit de propriété**, V. sous art. 544, p. 463.

12) Rupture du concubinage ou des fiançailles. La rupture du concubinage ne peut ouvrir droit à indemnité que si elle revêt un caractère fautif. Viole donc les articles 1382 et 1383 la cour d'appel qui accueille la demande d'indemnisation de la concubine en relevant que l'absence de faute du concubin ne le dispense pas de réparer le préjudice créé par l'exercice de son libre choix (▪ Cass. 1re civ., 30 juin 1992, n° 90-20.367 : *JurisData* n° 1992-001503 ; *Bull. civ.* I, n° 204, p. 137. V. aussi ▪ Cass. 1re civ., 14 févr. 1995, n° 92-18.886 : *JurisData* n° 1995-000208 ; *Resp. civ. et assur.* 1995, comm. 119. ▪ Orléans, 25 avr. 2000, n° 98/03324 : *JurisData* n° 2000-118935 ; *Dr. famille* 2000, 125, note Lécuyer. Pour l'attribution d'une somme de 500 000 F., V. ▪ Cass. 1re civ., 7 avr. 1998, n° 96-15.615 : *JurisData* n° 1998-001628 ; *Dr. famille* 1998, 81, note Lécuyer ; *Defrénois* 1998, 1385, 1re esp., obs. Massip. Pour une faute indépendante de la rupture du concubinage, v. ▪ Rennes, 4 juin 1999, n° 9702182 : *JurisData* n° 1999-044209 ; *Dr. famille* 2000, 1, note Lécuyer). Le demandeur doit démontrer l'existence même de la promesse de mariage (▪ Aix-en-Provence, 10 mars 1998 et ▪ Basse-Terre, 15 déc. 1997 : *JurisData* n° 1997-055005 ; *Dr. famille* 1999, 37, note Lécuyer). La seule absence de dialogue préalable ne suffit pas à caractériser la faute (▪ Cass. 1re civ., 4 janv. 1995, n° 92-17.908 : *JurisData* n° 1995-000265 ; *D.* 1995, 251, note Bénabent ; *Resp. civ. et assur.* 1995, comm. 85 ; *RTD civ.* 1995, 604, obs. Hauser. Comp., écartant la responsabilité contractuelle d'un homme marié ayant fait paraître une annonce matrimoniale, ▪ Cass. 2e civ., 28 avr. 1993, n° 91-18.855 : *D.* 1995, 330, note Mathieu), non plus que le mutisme du concubin ni les paroles blessantes adressées à la concubine peu avant la séparation (▪ Lyon, 20 févr. 1996 : *JurisData* n° 1996-055177 ; *Dr. famille* 1997, 171, 2e arrêt, note Lécuyer), ni que les conditions « inélégantes » de la rupture (▪ Paris, 16 nov. 1999, n° 1997/27024 : *JurisData* n° 1999-104894 ; *Dr. famille* 2000, 56, note Lécuyer). Mais il en va différemment lorsque la concubine découvre fortuitement la liaison dissimulée par son concubin et son désir de rompre (■ Bordeaux, 4 janv. 2000, n° 98/00103 : *JurisData* n° 2000-103728 ; *Dr. famille* 2000, 34, note Lécuyer) ou si le concubin part en faisant couper l'eau et l'électricité (■ Rouen, 29 janv. 2003, n° 00/03964 : *JurisData* n° 2003-205429 ; *Dr. famille* 2003, 69, note Lécuyer). Engage de même sa responsabilité le concubin qui, en dépit du jugement de divorce dont il s'est ensuite prévalu pour échapper à ses obligations, a continué de se comporter en mari tant à l'égard de son épouse qu'à l'égard des tiers, et dont le départ brutal est intervenu sans concertation, après quarante ans de vie commune (■ Cass. 1re civ., 3 janv. 2006 : *JurisData* n° 2006-031509 ; n° 04-11.016 ; *Defrénois* 2006, 1056, obs. Massip). Jugé que la seule durée du concubinage (23 ans), avec deux enfants issus du couple, n'est pas en soi de nature à faire caractériser la rupture fautive (■ Rennes, 15 mai 2006 : *JCP* 2007, IV, 1796 ; *JurisData* n° 2006-316757). Sur la validité de l'engagement du concubin pris par lettre lors de la rupture de payer une somme mensuelle pendant une durée déterminée, V. ■ Cass. 1re civ., 3 juin 1998, n° 96-14.232 : *Defrénois* 1998, 1385, 2e esp., obs. Massip. Pour un exemple de rupture abusive de fiançailles, V. ■ Cass. 1re civ., 18 janv. 1973 : *JCP* 74, II, 17794. Sur la distinction entre fiançailles et concubinage, à propos d'un « mariage » célébré selon la coutume musulmane, V. ■ Paris, 8 déc. 1992, n° 92/4417 : *JurisData* n° 1992-023694 ; *D.* 1994, 272, note Hochart.

13) Action en justice. Toute faute dans l'exercice des voies de droit est susceptible d'engager la responsabilité des plaideurs (■ Cass. 1re civ., 10 juin 1964 : *Bull. civ.* I, n° 310, p. 242. ■ Cass. 2e civ., 11 sept. 2008, n° 07-18.483 : *JCP* 2009, I, 123, obs. Stoffel-Munck. V. pour l'appel abusif par des auxiliaires de justice ne pouvant « se méprendre sur l'étendue et les limites de leurs droits » ■ Paris, 29 mai 1991 : *JurisData* n° 1991-603344 ; *D.* 1992, 82, note Mayer). L'abus peut être constitué par une obstruction délibérée et systématique à l'exécution des mesures d'instruction ordonnées pour la réalisation du partage d'une indivision (■ Cass. 1re civ., 3 juill. 1996, n° 94-18.962 : *JurisData* n° 1996-002966 ; *Resp. civ. et assur.* 1996, 341) ou par les circonstances du désistement d'un pourvoi (■ Cass. 1re civ., 5 nov. 1996, n° 94-20.027 : *JurisData* n° 1996-004126 ; *Resp. civ. et assur.* 1997, 38, obs. Courtieu, désistement *in extremis* après les conclusions de l'avocat général), ou par le maintien du blocage d'un compte pendant trois jours malgré le règlement de la totalité de la dette (■ Cass. 2e civ., 9 juill. 1997, n° 95-21.610 : *JurisData* n° 1997-003388 ; *Resp. civ. et assur.* 1997, 324), ou pour une action engagée par des propriétaires qui n'est qu'un moyen de perturber le bon fonctionnement de la copropriété (■ Cass. 3e civ., 28 nov. 2001, n° 00-13.392 : *Resp. civ. et assur.* 2002, 47). Il importe peu que la faute ne soit ni grossière ni dolosive, dès lors qu'un préjudice en résulte (■ Cass. 2e civ., 10 janv. 1985 : *JurisData* n° 1985-043480 ; *Gaz. Pal.* 1985, 1, pan. 113, obs. Guinchard). Mais jugé qu'il appartient aux juges du fond de relever le fait de nature à faire dégénérer en abus le droit d'agir en justice (■ Cass. 3e civ., 22 janv. 1974 : *JCP* 74, II, 17690, note Guillot. ■ Cass. com., 30 janv. 1980, n° 78-13.886 : *Bull. civ.* IV, n° 49, p. 37. ■ Cass. 3e civ., 21 janv. 1998, n° 95-21.416 : *JurisData* n° 1998-000136 ; *JCP* 98, IV, 1546 ; *Bull. civ.* III, n° 17, p. 12). V. aussi, affirmant que la témérité d'une plainte ou d'une dénonciation est distincte de l'abus du droit d'ester en justice et est susceptible, à elle seule, d'engager la responsabilité de son auteur (■ Cass. 2e civ., 9 mars 2000, n° 98-10.070 : *JurisData* n° 2000-000952 ; *JCP* 2000, I, 280, n° 9, obs. Viney ; *Bull. civ.* II, n° 43, p. 30 ; *Resp. civ. et assur.* 2000, 176. ■ Cass. 2e civ., 30 nov. 2000, n° 98-21.456 : *JurisData* n° 2000-007161 ; *Resp. civ. et assur.* 2001, 32. – La témérité d'une plainte ou d'une dénonciation, dont les éléments constitutifs sont distincts du délit de dénonciation calomnieuse prévu par l'article 226-10 du Code pénal, est à elle seule susceptible d'engager la responsabilité de son auteur, ■ Cass. 2e civ., 3 mai 2006, n° 04-19.504 : *JurisData* n° 2006-033305 ; *D.* 2006, p. 2780, note Robaczewski). Ne donne pas de base légale à sa décision la cour d'appel qui se borne à énoncer que la demande de dommages-intérêts pour procédure abusive et injurieuse est fondée et que l'équité commande d'y faire droit (■ Cass. 2e civ., 4 nov. 1988, n° 87-16.436 : *JurisData* n° 1988-703223 ; *Bull. civ.* II, n° 202, p. 111), ou que la résistance du défendeur est abusive, sans caractériser la faute que l'intéressé aurait commise dans l'exercice de son droit de se défendre en justice (■ Cass. com., 26 juin 1990, n° 88-15.026 : *JurisData* n° 1990-701869 ; *Bull. civ.* IV, n° 195, p. 133. ■ Cass. 3e civ., 16 janv. 1991, n° 89-13.236 : *JurisData* n° 1991-000173 ; *D.* 1991, 323, obs. Aubert. ■ Cass. 1re civ., 22 juin 2004 : *JCP* 2004, IV, 2717 ; *JurisData* n° 2004-024261. Comp. pour des démarches auprès de l'Union fédérale des consommateurs et de la Direction générale de la concurrence ■ Cass. 2e civ., 29 mai 1996, n° 94-16.202 : *JurisData* n° 1996-002107 ; *JCP* 96, IV, 1630 ; *Bull. civ.* II, n° 110, p. 68). L'action fondée sur des faits reconnus diffamatoires ne peut constituer un abus du droit d'ester en justice (■ Cass. 2e civ., 13 nov. 2003 : *JCP* 2004, I, 1010 ; *JurisData* n° 2003-020904 ; *Bull. civ.* II, n° 336, p. 274). L'intérêt symbolique de la demande ne peut suffire à justifier une condamnation pour exercice abusif de l'appel (■ Cass. 1re civ., 7 mars 2000, n° 98-12.397 : *JurisData* n° 2000-000842 ; *Resp. civ. et assur.* 2000, 175. ■ Cass. 2e civ., 5 juill. 2001, n° 00-11.185 : *JurisData* n° 2001-010747 ; *Resp. civ. et* *assur.* 2001, 312). Viole l'article 1382 la cour d'appel qui se borne à retenir, pour déclarer abusive une procédure, qu'elle est manifestement dépourvue de tout bien fondé, alors que la demande avait été accueillie en première instance (■ Cass. com., 11 févr. 1992, n° 90-16.837 : *JCP* 92, II, 21817, note Perdriau. V. aussi ■ Cass. 1re civ., 10 mars 1998, n° 96-14.890 : *JurisData* n° 1998-001089 ; *JCP* 98, IV, 2000 ; *Bull. civ.* I, n° 100, p. 67. ■ Cass. 1re civ., 9 oct. 2001 : *JCP* 2001, IV, 2861 ; *Bull. civ.* I, n° 244, p. 154 ; *JurisData* n° 2001-011236 ; *Resp. civ. et assur.* 2001, 349). Mais jugé qu'une cour d'appel, saisie de l'entier litige par l'effet dévolutif de l'appel, peut condamner à des dommages-intérêts pour procédure abusive une partie à la demande ou à la défense de qui il avait été fait droit en première instance (■ Cass. 1re civ., 7 nov. 1995, n° 93-11.418 : *JurisData* n° 1995-002888 ; *JCP* 95, IV, 2760 ; *Resp. civ. et assur.* 1996, 1. ■ Cass. com., 1er oct. 1997, n° 95-12.435 : *JurisData* n° 1997-003762 ; *JCP* E 98, 469, note F.-X. Lucas). V. aussi Y. Desdevises, *L'abus du droit d'agir en justice avec succès* : *D.* 1979, chron. 21. L'action fondée sur des faits reconnus diffamatoires ne peut constituer un abus de droit d'agir en justice (■ Cass. 2e civ., 15 mars 2001, n° 99-15.165 : *JurisData* n° 2001-008630 ; *JCP* 2001, IV, 1866 ; *Bull. civ.* II, n° 57, p. 38).

14) Abus du droit de critique. Une association de consommateurs abuse de son droit de critique en lançant une campagne sur un ton virulent inconciliable avec son devoir d'objectivité, sans procéder à des vérifications simples qu'elle avait le devoir impérieux de réunir avant de divulguer son opinion (■ Paris, 28 févr. 1989, n° 88/3768 : *JurisData* n° 1989-020768 ; *D.* 1989, somm. 337, obs. Aubert ; *RTD civ.* 1989, 528, obs. Mestre. – V. aussi ■ Paris, 23 janv. 1998, n° 97/00823 : *JurisData* n° 1998-020642 ; *Contrats, conc. consom.* 1999, 30, note Raymond). En utilisant des éléments du décor des paquets de cigarettes de marque « Camel », à titre d'illustration, sur un mode humoristique, dans des affiches et des timbres diffusés à l'occasion d'une campagne générale de prévention à destination des adolescents, dénonçant les dangers de la consommation du tabac, produit nocif pour la santé, une association reconnue d'utilité publique, qui a pour objet de fédérer et coordonner des actions destinées à promouvoir la santé respiratoire, agissant, conformément à son objet, dans un but de santé publique, par des moyens proportionnés à ce but, n'abuse pas de son droit de libre expression (■ Cass. 2e civ., 19 oct. 2006 : *JurisData* n° 2006-035397 ; *JCP* G 2006, II, 10195, note Pollaud-Dulian. V. aussi, ■ Cass. 1re civ., 8 avr. 2008, n° 07-11.251 et ■ Cass. com., 8 avr. 2008, n° 06-10.961 : *Rev. Lamy dr. civ.* 2008, n° 50, p. 24 ; obs. Gaudin). Si la divulgation, d'une information de nature à jeter le discrédit sur un produit commercialisé par une personne peut constituer un acte de dénigrement, cependant, lorsque l'information en cause se rapporte à un sujet d'intérêt général et repose sur une base factuelle suffisante, cette divulgation relève du droit à la liberté d'expression, qui inclut le droit de libre critique, et ne saurait, dès lors, être regardée comme fautive, sous réserve qu'elle soit exprimée avec une certaine mesure (■ Cass. 1re civ., 11 juill. 2018, n° 17-21.457 : *Bull.* ; *RTD civ.* 2018, p. 913, Jourdain.

D – Faute du notaire

15) Nature de la responsabilité. Les obligations du notaire, lorsqu'elles ne tendent qu'à assurer l'efficacité d'un acte instrumenté par lui et ne constituent que le prolongement de sa mission de rédacteur d'acte, relèvent de sa responsabilité délictuelle (■ Cass. 1re civ., 23 janv. 2008, n° 06-17.489 : *Defrénois* 2008, art. 38740-8, p. 712, obs. Libchaber).

16) Manquement au devoir de conseil. Sur le principe que le notaire est tenu d'une obligation de conseil, V. ■ Cass. 1re civ., 4 janv. 1966 : *JurisData* n° 1966-700007 ; *D.* 1966, 227, note J. Mazeaud. ■ Cass. 1re civ., 26 janv. 1988, n° 86-10.742 : *JurisData* n° 1988-700370 ; *Bull. civ.* I, n° 26, p. 17 ; *RTD civ.* 1989, 524, obs. Mestre. La preuve du conseil donné peut résulter de toute circonstance ou de tout document établissant l'exécution par l'officier public de son obligation (■ Cass. 1re civ., 6 juill. 2004, n° 01-14.618 : *JurisData* n° 2004-024533 ; *JCP* N 2005, 1072, note Biguenet-Maurel ; *Defrénois* 2004, 1411, obs. Aubert).

17) Actes visés. L'obligation qui pèse sur les notaires de s'assurer de la validité et de l'efficacité des actes qu'ils dressent s'étend à tous les actes auxquels ils donnent la forme authentique, notamment aux promesses de vente, lesquelles sont créatrices de droit. Commet donc une négligence le notaire qui omet d'exiger la production des certificats administratifs établissant que les locaux faisant l'objet de la promesse de vente étaient à usage de bureaux, condition expressément exigée par le bénéficiaire et connue de l'officier public (■ Cass. 1re civ., 25 janv. 1989, n° 87-12.838 : *JCP* 90, II, 21468, note crit. Dagot).

18) Compétences personnelles du client. Le notaire n'est pas déchargé de son devoir de conseil par les compétences personnelles de son client (■ Cass. 1re civ., 28 nov. 1995, n° 93-14.796 : *JurisData* n° 1995-003314 ; *Defrénois* 1996, 361, obs. Aubert. V. aussi, cassant pour violation de l'article 1382, ■ Cass. 1re civ., 9 juin 1998, n° 96-10.794 : *JurisData* n° 1998-002651 ; *JCP* 98, IV, 2721 ; *Resp. civ. et assur.* 1998, 273.– même si ce client est lui-même notaire, ■ Cass. 1re civ., 3 avr.

2007, n° 06-12831 : *Bull. civ.* I, n° 142). Comp. pour un partage de responsabilités ▪ Cass. 1re civ., 29 févr. 2000, n° 97-18.734 : *JurisData* n° 2000-000775 ; *Resp. civ. et assur.* 2000, 161 ; *RTD civ.* 2000, 575, obs. Jourdain), ni par l'intervention d'un conseiller personnel auprès de celui-ci (▪ Cass. 1re civ., 13 nov. 1997, n° 95-19.686 : *JurisData* n° 1997-004404 ; *JCP* 97, IV, 2548 ; *Bull. civ.* I, n° 308, p. 209 ; *Defrénois* 1998, 351, obs. Aubert ; *RTD civ.* 1999, 90, obs. Mestre. ▪ Cass. 1re civ., 3 mars 1998, n° 95-21.387 : *JurisData* n° 1998-000949 ; *JCP* 98, IV, 1925 ; *Bull. civ.* I, n° 93, p. 62 ; *RTD civ.* 1999, 91, obs. Mestre). Comp., pour la responsabilité du courtier en assurance, p. 1114.

19) Faute du client. Si le juge peut décider d'écarter tout recours en garantie ou en responsabilité contre le notaire, en dépit de la faute professionnelle commise par celui-ci, de la part du client coresponsable qui s'est rendu coupable d'un dol (▪ Cass. 1re civ., 17 déc. 1996, n° 94-17.120 : *JurisData* n° 1996-004959 ; *Defrénois* 1997, 343, obs. Aubert), il peut aussi condamner le notaire, en considération de la faute commise par lui, à une garantie partielle (▪ Cass. 1re civ., 14 oct. 1997, n° 95-21.390 : *JurisData* n° 1997-004035 ; *JCP* 98, I, 144, n° 22, obs. Viney ; *Bull. civ.* I, n° 275, p. 186 ; *Resp. civ. et assur.* 1997, 371 ; *Defrénois* 1998, 348, obs. Aubert. ▪ Cass. 1re civ., 3 mars 1998, n° 96-13.775 : *JurisData* n° 1998-000946 ; *JCP* 98, IV, 1924 ; *Bull. civ.* I, n° 92, p. 62 ; *Resp. civ. et assur.* 1998, 198 ; *D.* 2000, 122, note Sabatier), ou décider que la faute commise par les vendeurs est entièrement absorbée par celle, plus grave, de leur notaire, et qu'il n'y pas lieu, dès lors, d'opérer un partage de responsabilité (▪ Cass. 1re civ., 13 janv. 2004 : *JCP* 2004, IV, 1439 ; *JurisData* n° 2004-021771 ; *Bull. civ.* I, n° 16, p. 13).

20) Contenu de l'obligation de conseil. Efficacité de l'acte. Le notaire appelé à dresser l'acte de vente d'un débit de boissons doit vérifier préalablement la situation du fonds au regard de la législation sur les débits de boissons pour s'assurer qu'il ne fait l'objet d'aucune décision limitant ou empêchant son exploitation normale et entraînant le retrait de la licence (▪ Cass. 1re civ., 10 déc. 1985, n° 84-15.015 : *JurisData* n° 1985-703356 ; *JCP* 86, II, 20668, note Dagot). Dans le cas où l'efficacité d'un acte peut être subordonnée à des questions d'urbanisme, il n'a pas normalement à s'entourer d'autres précautions que l'obtention préalable d'un certificat d'urbanisme, mais sa responsabilité peut être retenue dès lors qu'il est relevé qu'il n'a réclamé qu'après la vente l'état hypothécaire qui, entre autres informations indispensables, lui aurait fait connaître l'existence d'un lotissement et des charges en résultant (▪ Cass. 1re civ., 22 oct. 1985, n° 84-10.513 : *JurisData* n° 1985-002638 ; *Bull. civ.* I, n° 268, p. 238). Il peut aussi être tenu pour responsable pour ne pas avoir renseigné son client, acquéreur d'un terrain, sur la date prochaine de caducité du permis de construire (▪ Cass. 1re civ., 12 nov. 1987, n° 85-17.383 : *JurisData* n° 1987-001990 ; *Bull. civ.* I, n° 288, p. 207). Il est tenu d'avertir les parties des risques que comportent les transactions auxquelles il prête le concours de son office (▪ Paris, 26 juin 1989, n° 87/19.975 : *JurisData* n° 1989-024194 ; *D.* 1990, 344, note de La Marnierre), par exemple de vérifier l'exactitude des déclarations des vendeurs au sujet de la souscription effective d'une assurance dommages-ouvrages (▪ Versailles, 24 avr. 1989, n° 7488/87 : *JurisData* n° 1989-049730 ; *JCP* 91, II, 21648, note Dupichot), d'attirer l'attention des acquéreurs sur les risques éventuels de non-achèvement de l'immeuble (▪ Cass. 1re civ., 26 nov. 1996, n° 94-18.582 : *JurisData* n° 1996-004485 ; *JCP* 97, IV, 153 ; *Bull.* I, n° 418, p. 291), ou celle des prêteurs sur l'insuffisance du gage (▪ Cass. 1re civ., 26 nov. 1996, n° 94-18.582 : *JurisData* n° 1996-004485 ; *JCP* 97, IV, 148 ; *Bull.* I, n° 419, p. 292. ▪ Cass. 1re civ., 10 juin 1997, n° 95-16.002 : *JurisData* n° 1997-002729 ; *Resp. civ. et assur.* 1997, 343), de fournir aux acquéreurs une information suffisante sur la situation financière du vendeur qu'il connaissait (▪ Cass. 1re civ., 26 nov. 1996, n° 94-18.582 : *JurisData* n° 1996-004485 ; *JCP* 97, IV, 149 ; *Bull.* I, n° 420, p. 292), de vérifier la capacité de son client lorsque des circonstances particulières lui permettent de mettre en doute ses facultés mentales (▪ Cass. 1re civ., 24 févr. 1998, n° 95-21.473 : *JurisData* n° 1998-000824 ; *JCP* 98, II, 10118, note Fossier ; *Bull. civ.* I, n° 64, p. 43 ; *Resp. civ. et assur.* 1998, 162 ; *Defrénois* 1998, 1037, obs. Massip, au visa de l'article 1382. V. aussi ▪ Cass. 1re civ., 13 nov. 1997, n° 95-16.114 : *JCP* 97, IV, 2549 ; *Bull. civ.* I, n° 309, p. 211), d'attirer l'attention des souscripteurs d'un cautionnement hypothécaire sur l'importance et les risques des engagements qu'ils se proposent de prendre, fussent-ils proportionnés à leurs facultés (▪ Cass. 1re civ., 7 nov. 2000, n° 99-18.576 : *JurisData* n° 2000-006739 ; *Bull. civ.* I, n° 282, p. 182 ; *Defrénois* 2001, 261, obs. Aubert ; *RTD civ.* 2001, 627, obs. Crocq. V. sur cet arrêt B. Montravers : *JCP* N 2002, 1105) ou sur l'exacte portée d'un acte prévoyant des modalités de paiement du prix particulièrement favorables à l'acquéreur (▪ Cass. 1re civ., 14 nov. 2001 : *JCP* 2001, IV, 3061 ; *Bull. civ.* I, n° 278, p. 177 ; *JurisData* n° 2001-011598 ; *Resp. civ. et assur.* 2002, 72). Le notaire doit informer son client des différentes exigences qui conditionnent la validité de l'acte qu'il envisage de conclure et de vérifier qu'elles sont satisfaites (▪ Cass. 1re civ., 9 nov. 1999, n° 98-10.010 : *JurisData* n° 1999-003920 ; *JCP* 2000, I, 243, n° 29, obs. crit. Viney ; *Bull. civ.* I, n° 299, p. 194, acquéreur d'un fonds de commerce frappé d'une incapacité perpétuelle d'exploiter), au regard du droit positif existant à la date de son intervention y compris de la jurisprudence, à supposer du moins qu'elle ait fait l'objet d'une publication à cette date ou que son évolution fût prévisible (■ Cass. 1re civ., 12 oct. 2016, n° 15-18.659 : *Resp. civ. et assur.* 2017, 18, Groutel ; *RDC* 2017, 48, Pellet ; *JurisData* n° 2016-021178 ; *RTD civ.* 2017, 161, Jourdain). Tenu, en vertu de sa qualité d'officier public, d'assurer l'efficacité et la sécurité des actes qu'il instrumente, le notaire doit vérifier la qualité de propriétaire du vendeur à l'acte de vente qu'il établit et engage sa responsabilité en se bornant à reprendre, d'un acte antérieur, une origine de propriété qui se révèle erronée (■ Cass. 1re civ., 12 févr. 2002 : *JCP* 2002, IV, 1522 ; *JurisData* n° 2002-012954 ; *Bull. civ.* I, n° 54, p. 42). Tenu de vérifier le domicile des parties, il ne saurait se borner à mentionner sur l'acte de vente un domicile dont il ne peut ignorer qu'il a cessé d'être effectif au jour de l'acte (■ Cass. 1re civ., 4 févr. 2003, n° 01-14.889 : *JurisData* n° 2003-017458 ; *Resp. civ. et assur.* 2003, 138). Tenu de conseiller les parties et d'assurer l'efficacité des actes dressés, le notaire ayant connaissance d'un pacte de préférence doit, préalablement à l'authentification d'un acte de vente, veiller au respect des droits du bénéficiaire du pacte et, le cas échéant, refuser d'authentifier la vente conclue en violation de ce pacte (■ Cass. 1re civ., 11 juill. 2006 : *JurisData* n° 2006-034537 ; *JCP* G 2006, II, 10191, note Mekki). Le notaire, tenu de prendre toutes dispositions utiles pour assurer la validité et l'efficacité des actes auxquels il prête son concours ou qu'il a reçu mandat d'accomplir, doit, sauf s'il en est dispensé expressément par les parties, veiller à l'accomplissement des formalités nécessaires à la mise en place des sûretés qui en garantissent l'exécution, dont, quelles que soient ses compétences personnelles, le client concerné se trouve alors déchargé (■ Cass. 1re civ., 3 mars 2011, n° 09-16.091 : *Bull.*, n° 44 ; *RDC* 2011, p. 861, obs. Deshayes ; *JCP* 2011, n° 26, p. 1279, obs. Simler, Delebecque ; *Dr. et patrimoine* 2011, 205, p. 108, Aynès, Dupichot. ■ Cass. 1re civ., 9 janv. 2019, n° 17-27.411). Ni la formalité d'une déclaration d'ouverture de chantier ni l'existence d'une garantie d'achèvement ne dispensent le notaire, tenu d'assurer l'efficacité de l'acte de vente en état futur d'achèvement qu'il dresse, de vérifier le commencement effectif des travaux, seule circonstance de nature à prolonger le délai de validité du permis de construire délivré, en l'absence de demande de prorogation, et d'informer les acquéreurs des risques qu'ils courrent (■ Cass. ass. plén., 5 déc. 2014, n° 13-19.674 : *Bull.* ; *Gaz. Pal.* 2015, n° 14, p. 20, obs. Blanc). La note de renseignements d'urbanisme qu'il a demandée ne dispense pas le notaire de son obligation de s'informer sur l'existence d'un arrêté préfectoral publié, relatif à un plan de prévention des risques d'inondation (■ Cass. 1re civ., 14 févr. 2018, n° 16-27.263 : *Bull.* ; *JCP* G 2018, 272, Dubarry).

21) Limites. Le notaire n'est pas tenu de procéder sur place à une vérification de la consistance des locaux objet d'une vente (■ Cass. 1re civ., 7 févr. 1990, n° 88-18.441 : *JurisData* n° 1990-700234 ; *JCP* 90, II, 21533, note Pillebout). Sa responsabilité ne peut plus être recherchée s'il a été tenu à l'écart des négociations et n'est intervenu qu'une fois que la convention des parties est devenue parfaite (■ Cass. 1re civ., 28 nov. 1995, n° 93-15.659 : *JurisData* n° 1995-003593 ; *JCP* 96, IV, 152 ; *Bull. civ.* I, n° 437, p. 305 ; *Defrénois* 1996, 765, obs. Aubert. Comp. ■ Cass. 1re civ., 9 mai 1996, n° 94-15.275 : *JurisData* n° 1996-001791 ; *Defrénois* 1996, 1029, obs. Aubert, client faisant son affaire personnelle de l'obtention d'autorisations qu'il sait nécessaires et aléatoires). Il n'est pas tenu d'un devoir de conseil envers ceux qui restent tiers par rapport aux actes auxquels il intervient (■ Cass. 1re civ., 28 mars 2000, n° 97-20.169 : *JurisData* n° 2000-001221 ; *Bull. civ.* I, n° 104, p. 69 ; *Resp. civ. et assur.* 2000, 238 ; *Defrénois* 2000, 1389, obs. Aubert. ■ Cass. 1re civ., 3 mai 2018, n° 17-12.473 : *Bull.* ; *JCP* N 2018, 1284, Vauvillé). Il ne peut se voir reprocher de n'avoir pas prévu un revirement de jurisprudence (■ Cass. 1re civ., 25 nov. 1997, n° 96-12.325 : *JurisData* n° 1997-004655 ; *Resp. civ. et assur.* 1998, 55 ; *Defrénois* 1998, 354, 1re esp., obs. Aubert ; *RTD civ.* 1998, 210, obs. Molfessis et 367, obs. Mestre ; *JCP* 98, I, 144, n° 23, obs. Viney ; *Bull. civ.* I, n° 328, p. 222), mais l'existence d'une incertitude juridique ne le dispense pas de ce devoir (■ Cass. 1re civ., 9 déc. 1997, n° 95-21.407 : *JurisData* n° 1997-004960 ; *JCP* 98, IV, 1212 ; *Bull. civ.* I, n° 362, p. 244. ■ Cass. 1re civ., 18 févr. 2003, n° 00-16.447 : *JurisData* n° 2003-017792 ; *Bull. civ.* I, n° 50, p. 38). En l'état d'un acte antérieur portant échange de parcelles entre leurs propriétaires respectifs n'ayant pas été publié et donc inopposable aux tiers, encourt la cassation l'arrêt qui a retenu la responsabilité du notaire pour avoir prêté son concours à la vente d'une de ces parcelles par le propriétaire initial, dès lors que le notaire ne pouvait refuser d'instrumentaliser l'acte de vente (■ Cass. 1re civ., 11 sept. 2013, n° 12-23.357 : *RDC* 2014/1, p. 56, note Le Bourg et Quézel-Ambrunaz ; *D.* 2013, 2507, note Dubarry ; *Defrénois* 2014, n° 1, p. 7, obs. Piedelièvre et n° 23, p. 1210, obs. Dagorne-Labbé ; *Gaz. Pal.* 2013, nos 314-318, p. 24, obs. Mekki). Ayant retenu, à bon droit, que seul le bailleur pouvait se prévaloir de la nullité de l'acceptation de l'offre de vente qu'édicte l'article 15, II, alinéa 5, de la loi du 6 juillet 1989, la cour d'appel en a exactement déduit que le notaire n'avait, en instrumentant l'acte de vente requis par le bailleur après l'expiration du délai que sanctionne cette nullité relative, manqué à aucune de ses obligations professionnelles envers les acquéreurs évincés de la vente par l'exercice du droit de préemption du locataire (■ Cass. 1re civ., 15 janv. 2015, n° 14-11.019 : *Bull.*). La vérification de la réalité de la souscription d'une assurance obligatoire ne s'impose au notaire à qui a été remise une attestation d'assurance qu'en présence d'éléments de nature à à faire naître un doute (■ Cass. 1re civ., 27 juin 2018, n° 17-18.582 : *Bull.*). S'agissant de la régularité administrative des aménagements intérieurs d'une construction régulièrement édifiée, il ne pouvait être reproché au notaire, en présence de l'attestation précise et circonstanciée remise par l'homme de l'art, d'avoir manqué à son devoir d'information au préjudice de l'acquéreur (■ Cass. 3e civ., 5 juill. 2018, n° 17-20.121 :*Bull. ; JurisData* n° 2018-011941). Le notaire n'est pas tenu de procéder à d'autres recherches que celles consistant en la consultation des publications légales (■ Cass. 1re civ., 28 nov. 2018, n° 17-31.144 : *Bull.*, mise en liquidation judiciaire du vendeur non découverte).

22) Préjudice. Il suffit que le préjudice soit certain et la victime ne peut se voir imposer, à la suite de la faute commise par le notaire, l'exercice d'une autre voie de droit que l'action en responsabilité (■ Cass. 1re civ., 19 déc. 2000, n° 98-12.015 : *JurisData* n° 2000-007499 ; *Bull. civ.* I, n° 333, p. 215 ; *D.* 2001, 3482, note Ardeeff). Les manquements retenus à l'encontre du notaire dans la recherche de la validité du permis de construire ayant directement contribué à l'absence d'efficacité de son acte et au prononcé de la résolution de la vente, la cour d'appel a pu le condamner à dédommager les acquéreurs de la perte des loyers et des avantages fiscaux résultant de la résolution de la vente et à leur payer l'indemnité forfaitaire convenue (■ Cass. 3e civ., 7 mai 2008, n° 07-11.390 : *Bull. civ.* III, n° 75 ; *RDC* 2008/4, p. 1181, obs. Deshayes). La circonstance qu'un notaire ait manqué à son devoir d'assurer l'efficacité de l'acte instrumenté n'implique pas nécessairement qu'il en résulte un préjudice. Dès lors, justifie légalement sa décision la cour d'appel qui, pour rejeter la demande en réparation, estime que, même si elles avaient été informées, les parties auraient contracté aux mêmes conditions, caractérisant ainsi l'absence de lien de causalité certain entre la faute commise par le notaire et le préjudice dont il était demandé réparation (■ Cass. 1re civ., 20 mars 2014, n° 13-12.287 : *Bull.* ; *Gaz. Pal.* 2014, n° 190, p. 19, obs. Blanc).

Sur l'étendue du préjudice réparable, V. encore *■ Cass. 1re civ., 9 déc. 2010, nos 09-16.531 et 09-69.490* : *RDC* 2011, p. 446, obs. O. Deshayes.

E – Autres applications

23) Faute sportive. Le comportement d'un joueur, même s'il constitue un manquement technique, n'engage pas sa responsabilité dès lors que le jeu (squash) n'est pas dépourvu de certains risques, et que le joueur n'a pas agi avec une maladresse caractérisée, une brutalité volontaire ou de façon déloyale et qu'il n'a pas joué dans des conditions créant pour son partenaire un risque anormal (■ Cass. 2e civ., 28 janv. 1987, n° 85-17.327 : *JurisData* n° 1987-000128 ; *Bull. civ.* II, n° 32, p. 17. – V. en ce sens ■ Cass. 2e civ., 4 mai 1988, n° 86-16.947 : *JurisData* n° 1988-700838 ; *JCP* 89, II, 21306, note Agostini. ■ Cass. 2e civ., 3 juill. 1991, n° 90-14.500 : *JurisData* n° 1991-001815 ; *Bull. civ.* II, n° 210, p. 111). Jugé en ce sens que la faute d'un footballeur ne peut être retenue, dès lors que n'est pas établie une ardeur intentionnellement intempestive, ni un comportement anormal, ni une inobservation des règles du jeu (■ Cass. 2e civ., 15 mai 1972 : *JurisData* n° 1972-099149 ; *D.* 1972, 606. ■ Cass. 2e civ., 13 janv. 2005, n° 03-18.918 : *Resp. civ. et assur.* 2005, 78 ; *Bull. civ.* II, n° 9, p. 8 ; *RTD civ.* 2005, 410, obs. Jourdain. V. aussi, relevant l'absence d'agressivité et de malveillance, ■ Cass. 2e civ., 16 nov. 2000, n° 98-20.557 : *JurisData* n° 2000-006875 ; *JCP* 2001, IV, 1043 ; *Resp. civ. et assur.* 2001, 53 ; *Bull. civ.* II, n° 151). Mais le principe posé par les règlements organisant la pratique d'un sport, selon lequel la violation des règles du jeu est laissée à l'appréciation de l'arbitre n'a pas pour effet de priver le juge civil de sa liberté d'apprécier si le comportement de l'un des pratiquants a constitué une infraction aux règles du jeu de nature à engager sa responsabilité (■ Cass. 2e civ., 10 juin 2004 : *JCP* 2004, II, 10175, note Buy ; *JurisData* n° 2004-024136 ; *Bull. civ.* II, n° 296, p. 250 ; *RTD civ.* 2005, 137, obs. Jourdain, chute au cours d'un match de polo. Pour une violation des règles du karaté, V. ■ Cass. 2e civ., 23 sept. 2004, n° 03-13.160 : *JurisData* n° 2004-024874 ; *Bull. civ.* II, n° 435, p. 369 ; *Resp. civ. et assur.* 2004, 345 ; *D.* 2005, 551, note Brignon). Viole l'article 1382 la cour d'appel qui rejette la demande formée contre un « driver » dont le geste a effrayé un cheval qui a été disqualifié en retenant qu'aucun élément du dossier ne permet d'établir que le geste a été volontaire et qu'il constitue un risque normal (■ Cass. 2e civ., 19 mars 1997, n° 95-17.844 : *JurisData* n° 1997-001227 ; *JCP* 97, IV, 1035 ; *Bull. civ.* II, n° 88, p. 49 ; *Resp. civ. et assur.* 1997, 207 ; *RTD civ.* 1997, 666, obs. Jourdain). Sur la notion d'acceptation des risques, v. annot. nos nos 39 et 47, p. 894. Viole l'article 1382 la cour d'appel qui retient qu'une erreur technique commise par un profane de l'escalade ne saurait constituer une faute (■ Cass. 2e civ., 7 oct. 1999, n° 97-21.526 : *JurisData* n° 1999-003558 ; *Resp. civ. et assur.* 1999, 369. V. aussi ■ Cass. 2e civ., 18 mai 2000, n° 98-20.468 : *JurisData* n° 2000-001981 ; *JCP* 2000, I, 280, n° 11, obs. Viney ; *Bull. civ.* II, n° 85, p. 59 ; *Resp. civ. et assur.* 2000, 273). – V. aussi J.-Y. Lassalle, *Les responsabilités civile et pénale des auteurs de violences sportives : JCP* 2000, I,

277. – P. Jourdain, *À propos de la faute en matière sportive* in *Mélanges Jacques Foyer*, Économica 2008, p. 559. – A. Cappello, *La faute civile et la violation des règles régissant une activité sportive ou professionnelle* : *RTD civ.* 2013, p. 777.

24) Faute d'un sportif. Dommage à un parieur. Seul un fait ayant pour objet de porter sciemment atteinte à l'aléa inhérent au pari sportif est de nature à engager la responsabilité d'un joueur et, le cas échéant, de son club, à l'égard d'un parieur (■ Cass. 2e civ., 14 juin 2018, n° 17-20.046 : *Bull.* ; *D.* 2018, p. 1784, Borghetti ; *RDC* 2018, p. 375, Bénabent ; *RTD civ.* 2018, p. 908, Jourdain).

25) Sur la responsabilité du contractant à l'égard du tiers, voir sous art. 1165 ancien, p. 1125.

26) Danse. Le faux pas commis par un danseur, même s'il constitue un manquement technique, n'est pas une faute civile (■ Orléans, 22 juill. 1997 : *JurisData* n° 1997-044028 ; *JCP* 98, IV, 2102).

27) Information. Le fait de donner une information inexacte est constitutif d'une faute (■ Cass. 2e civ., 19 juin 1996, n° 95-12.777 : *JurisData* n° 1996-002515 ; *JCP* 96, IV, 1880 ; *Bull.* II, n° 161, p. 97 ; *Defrénois* 1996, 1373, obs. Delebecque ; *RTD civ.* 1997, 144, obs. Jourdain. V. aussi ■ Cass. 2e civ., 29 janv. 1997 : *JCP* 97, IV, 632 ; *Bull.* II, n° 31, p. 17, rappel d'une inculpation sans préciser le non-lieu. ■ Cass. 2e civ., 13 mai 1998, n° 96-11.676 : *JurisData* n° 1998-002118 ; *JCP* 98, IV, 2492 ; *Bull. civ.* II, n° 151, p. 90 ; *Resp. civ. et assur.* 1998, 264, rediffusion en connaissance de cause par une chaîne de télévision d'une information inexacte sur l'œuvre d'un architecte). Celui qui a accepté de donner des renseignements a lui-même l'obligation de s'informer pour informer en connaissance de cause (■ Cass. 2e civ., 19 oct. 1994, n° 92-21.543 : *Bull. civ.* II, n° 200, p. 115 ; *D.* 1995, 499, note Gavard-Gilles. ■ Cass. 2e civ., 19 juin 1996, préc.). Sur la faute résultant de la fourniture d'une information inexacte à la police (confusion d'identité), V. ■ Cass. 2e civ., 2 avr. 1996, n° 94-18.186 : *JurisData* n° 1996-001357 ; *JCP* 96, IV, 1286 ; *Bull. civ.* II, n° 87, p. 55 ; *Resp. civ. et assur.* 1996, 199. Sur la faute civile constituée par la dénonciation calomnieuse de manquements prétendus d'un gardien auprès de son employeur, V. ■ Cass. 1re civ., 24 mai 2017, n° 16-16.773 : *Bull.* Sur la responsabilité de l'expert qui affirme l'authenticité d'une œuvre d'art sans assortir son avis de réserves, V. ■ Cass. 1re civ., 7 nov. 1995, n° 93-11.418 : *JurisData* n° 1995-002888 ; *JCP* 95, IV, 2770 ; *Bull.* I, n° 401, p. 279 ; *Defrénois* 1996, 1016, obs. D. Mazeaud ; *Resp. civ. et assur.* 1996, 4. Sur la responsabilité d'une société pour un communiqué de presse relatant de manière tronquée un jugement rendu en matière de contrefaçon de logiciel, V. ■ Cass. 2e civ., 11 oct. 1995, n° 94-10.215 : *JurisData* n° 1995-003017 ; *Resp. civ. et assur.* 1996, 42. Sur la responsabilité de l'auteur et de l'éditeur en cas d'information inexacte *(Guide pratique des fruits et plantes comestibles)*, V. ■ TGI Paris, 28 mai 1986, n° 94-10.215 : *JurisData* n° 1995-003017 ; *RTD civ.* 1987, 552, obs. Huet. V. aussi G. Danjaume, *La responsabilité du fait de l'information* : *JCP* 96, I, 3895.

28) Interprétation d'un texte. La divergence d'interprétation d'un texte tranchée ultérieurement par la Cour de cassation en faveur de celle défendue par les débiteurs des cotisations n'est pas constitutive d'une faute à la charge des organismes de recouvrement susceptible d'engager leur responsabilité à l'égard des cotisants (■ Cass. 2e civ., 20 déc. 2007, n° 06-17.889 : *JCP* 2008, II, 10015, note G. Loiseau).

29) Histoire. Sur la responsabilité de l'auteur d'une œuvre historique en cas de « mépris flagrant pour la recherche de la vérité », V. ■ Cass. 1re civ., 15 juin 1994, n° 92-15.174 : *Bull. civ.* I, n° 218, p. 159. Sur la responsabilité civile de l'homme politique ayant qualifié de « point de détail » le mode d'extermination dans les camps de concentration pendant la Seconde Guerre mondiale, V. ■ Cass. 2e civ., 18 déc. 1995, n° 94-13.509 : *JurisData* n° 1995-003745 ; *JCP* 96, I, 3985, n° 1, obs. Viney ; *Bull.* II, n° 314, p. 184 ; *Resp. civ. et assur.* 1996, 75.

30) Liberté de la presse. Sur le droit de critique des journalistes, V. ■ Cass. 2e civ., 17 juill. 1953 : *JCP* 53, II, 7751 ; *D.* 1954, 533, note Carbonnier. ■ Cass. 2e civ., 30 nov. 1988, n° 87-18.445 : *JCP* 89, IV, 42. V. aussi pour les comptes rendus des débats judiciaires l'article 41 de la loi du 29 juillet 1881 sur la liberté de la presse. Viole l'article 1382 en limitant sa portée générale la cour d'appel qui énonce que la liberté de la presse interdit l'application du régime général de la responsabilité civile, en dehors du cas où la publication constitue un abus de la liberté d'expression caractérisée par une dénaturation, une déformation des faits ou une négligence manifeste dans la vérification de l'information, soit par l'atteinte portée aux droits fondamentaux de la personne (■ Cass. 2e civ., 24 janv. 1996, n° 94-10.923 : *JurisData* n° 1996-000315 ; *JCP* 96, I, 3985, n° 2, obs. Viney ; *Bull.* II, n° 14, p. 10 ; *D.* 1997, 268, note Ravanas ; *Resp. civ. et assur.* 1996, 110, révélation de M. Giscard d'Estaing au sujet de M. Boulin). Des journalistes ayant publié des articles relatifs à la gestion de l'assurance maladie, fondés sur des documents présentés comme émanant de la Cour des comptes, les juges du fond ne peuvent rejeter la demande en réparation, en faisant valoir que les allégations n'excèdent pas le libre droit de critique, sans rechercher si la présentation de notes rédigées par un membre de la Cour des comptes comme émanant de la Cour des comptes elle-même ne constituait pas une faute (■ Cass. 2e civ., 2 avr. 1996, n° 94-15.361 : *JurisData* n° 1996-001355 ; *JCP* 96, IV, 1271 ; *Bull. civ.* II, n° 86, p. 54 ; *Resp. civ. et assur.* 1996, 200). Il peut y avoir faute de la part d'un animateur de télévision à utiliser un ton polémique dans une émission dont le but est d'éclairer le téléspectateur sur les questions importantes et sérieuses qui sont soulevées (■ Cass. 2e civ., 8 nov. 1989, n° 88-14.931 : *JCP* 90, IV, 4 ;*Bull. civ.* II, n° 204, p. 105. V. aussi pour des propos outranciers et provocateurs ■ Cass. 2e civ., 2 avr. 1997, n° 95-14.428 : *JurisData* n° 1997-001481 ; *JCP* 98, I, 185, n° 11, obs. Viney ; II, 10010, note Bigot ; *D.* 1997, 411, note Edelman ; *Bull. civ.* II, n° 113, p. 65 ; *Resp. civ. et assur.* 1997, 212. Voir J.-P. Gridel, *Brèves remarques approbatives de la cassation intervenue dans l'affaire dite des Guignols de l'info* : *D.* 1998, chron. 183. Voir cependant, sur renvoi, refusant de s'incliner, ■ Reims, 9 févr. 1999 : *JCP* 19999, II, 10144, note Bigot ; *D.* 1999, 449, note Edelman, pourvoi rejeté par ■ Cass. ass. plén., 12 juill. 2000, n° 98-11.155 : *JurisData* n° 2000-002951 ; *JCP* 2000, I, 280, n° 7, obs. Viney ; II, 10439, note Lepage ; *Resp. civ. et assur.* 2000, 315, note Groutel ; *D.* 2001, 259, note Edelman ; *RTD civ.* 2000, 842, obs. Jourdain). Sur ce que les abus de la liberté d'expression prévus et réprimés par la loi du 29 juillet 1881 ne peuvent être réparés sur le fondement de l'article 1382, V. ■ Cass. ass. plén., 12 juill. 2000, 2 arrêts : *JurisData* n° 2000-002951 ; *Resp. civ. et assur.* 2000, 335 ; *Bull. civ.*, n° 8, p. 13 ; *RTD civ.* 2000, 845, obs. Jourdain ; *Defrénois* 2002, 602, note Brun et Piedelièvre. ■ Cass. 2e civ., 8 mars 2001, n° 99-14.995 : *JurisData* n° 2001-008555 ; *JCP* 2001, IV, 1799 ; *Bull. civ.* II, n° 47, p. 32 ; *JurisData* n° 2001-008552. ■ Cass. 2e civ., 29 mars 2001 : *JCP* 2001, IV, 1976 ; *Bull. civ.* II, n° 67, p. 44 ; *JurisData* n° 2001-008901. ■ Cass. 2e civ., 9 oct. 2003 : *JurisData* n° 2003-020455 ; *JCP* 2003, IV, 2858 ; *D.* 2004, 590, note Dreyer. ■ Cass. 1re civ., 27 sept. 2005, n° 03-13.622 : *JurisData* n° 2005-029905 ; *D.* 2006, 485, note Hassler et 768, note G. Lécuyer ; *RTD civ.* 2006, 126, obs. Jourdain ; *D.* 2006, pan., p. 1932, obs. Brun et Jourdain. ■ Cass. crim., 7 févr. 2017, n° 15-86.970 : *Resp. civ. et assur.* 2017, comm. 128, H. G. L'action engagée visant l'atteinte à la réputation d'une société aérienne par l'utilisation de son image, ce qui la soumettait aux conditions dérogatoires du droit de la presse, la cour d'appel qui a condamné la société d'édition au paiement de dommages-intérêts sur le fondement de l'article 1382 a violé ce texte par fausse application ainsi que les articles 29 et 53 de la loi du 29 juillet 1881 par refus d'application (■ Cass. 1re civ., 30 mai 2006 : *JurisData* n° *2006-033699* ; *Bull. civ. I n° 275*, p. 240). S'agissant de la mise en cause, par un psychiatre et expert judiciaire, d'une personne décédée en 1996, dans un livre sur les sectes et les gourous édité en mars 1999, la cour d'appel, qui a exactement relevé que l'action en diffamation était personnelle et donc intransmissible, en a justement déduit qu'en défendant la mémoire de leur auteur sans invoquer la moindre atteinte à leur honneur personnel et sans exposer le préjudice qu'elles auraient personnellement subi, ses héritières étaient irrecevables à agir, sur le fondement de l'article 1382 du Code civil, s'agissant d'abus de la liberté d'expression prévus et réprimés par la loi du 29 juillet 1881. La cour d'appel qui a énoncé à bon droit que les abus de la liberté d'expression prévus et réprimés par la loi du 29 juillet 1881 ne pouvaient être réparés sur le fondement de l'article 1382 du Code civil en a exactement déduit que l'article 34 de la loi du 29 juillet 1881 avait précisément pour but de garantir l'équilibre entre des valeurs fondamentales et a ainsi légalement justifié sa décision de déclarer l'action irrecevable (■ Cass. 1re civ., 12 déc. 2006, n° 04-20.719 : *JurisData* n° 2006-036441 ; *JCP* G 2007, II, 10010, note B. de Lamy). V. encore, E. Dreyer, *Disparition de la responsabilité civile en matière de presse* : *D.* 2006, p. 1337. V. aussi, étendant la règle aux atteintes à la présomption d'innocence de l'article 9-1, ■ Cass. 2e civ., 8 mars 2001, n° 99-14.995 : *JurisData* n° 2001-008555 ; *JCP* 2002, I, 122, n° 2, obs. Viney ; *Resp. civ. et assur.* 2001, 228, 2e esp. ; *Bull. civ.* II, n° 46, p. 31. Mais les appréciations, même excessives, concernant les produits, les services ou les prestations d'une entreprise industrielle et commerciale n'entrent pas dans les prévisions de l'article 29 de la loi du 29 juillet 1881, dès lors qu'elles ne concernent pas une personne physique ou morale déterminée. Ainsi, en l'espèce l'arrêt, qui a retenu que les propos incriminés relevaient de la critique d'un produit et qui a estimé que les informations présentées constituaient des allégations fausses et malveillantes sur les propriétés ou les conditions de fabrication de produits concurrents des jus d'orange commercialisés par l'auteur, ne mettaient en cause aucune personne physique ou morale déterminée, en a exactement déduit que l'action de la société fondée expressément sur les dispositions de l'article 1382 du Code civil était recevable (■ Cass. 1re civ., 30 mai 2006 : *JurisData* n° 2006-033698 ; *Bull. civ.* I, n° 274, p. 239). V. aussi, ■ Cass. 1re civ., 5 juill. 2006 : *JurisData* n° 2006-034434 ; *Bull. civ.* I, n° 356, p. 305 (une cour d'appel ayant déduit de ses constatations que des allégations figurant dans des articles de presse ne visaient qu'à critiquer un vin et ne mettaient pas en cause directement les compétences de l'exploitant, a estimé à bon droit que les propos incriminés n'entraient pas dans le cadre de la loi du 29 juillet 1881. Dès lors, ayant énoncé que la critique du vin s'apparentait à un dénigrement manifestement excessif et relevé qu'au moment de la parution des articles de presse, l'éditeur n'avait pas vérifié ces informations, la cour d'appel a pu en déduire que le journal s'était départi de la prudence et de la modération qu'il devait observer et avait commis une faute engageant sa responsabilité sur le fondement des articles 1382 et suivants du Code civil). ■ Cass. 1re civ., 30 oct. 2008, n° 07-19.223 : *Bull. civ.* I, n° 244 ; *JCP* 2009, II, 10006, note Dreyer (en l'absence de propos injurieux ou portant atteinte à l'honneur ou à la considération, le fait pour une association de défense des commerçants d'avoir imputé à une personne la rédaction d'un article de presse critiquant les commerçants locaux lui reprochant ainsi d'avoir renié les engagements pris auprès de cette même communauté quelques mois plus tôt dans le cadre d'une campagne électorale, relève de l'article 1382 du Code civil et non des dispositions de la loi du 29 juillet 1881).

Les abus de la liberté d'expression portant atteinte à la présomption d'innocence ne peuvent être réparés que sur le fondement de l'article 9-1 du Code civil et les règles de forme prévues par la loi du 29 juillet 1881 ne s'appliquent pas à l'assignation pour atteinte à la présomption d'innocence fondée sur de telles dispositions (■ Cass. 1re civ., 20 mars 2007, n° 05-21.541 : *Bull. civ.* I, n° 124 ; *D.* 2007, act. jurispr. p. 1023 et p. 2897, obs. Jourdain ; *JCP* 2007, II, 10141, note E. Derieux ; *Resp. civ. et assur.* 2007, n° 175).

Sur cette question, V. encore, E. Dreyer, *Disparition de la responsabilité civile en matière de presse : D.* 2006, p. 1337. – G. Viney, *Le particularisme des relations entre le civil et le pénal en cas d'abus de liberté d'expression* in *Mélanges B. Bouloc*, Dalloz 2006, p. 1167.

31) Liberté d'expression. La liberté d'expression est un droit dont l'exercice ne revêt un caractère abusif que dans les cas spécialement déterminés par la loi. En conséquence, le refus de l'auteur d'un catalogue raisonné d'y insérer une œuvre, fût-elle authentique, ne peut, à défaut d'un texte spécial, être considéré comme fautif (■ Cass. 1re civ., 22 janv. 2014, n° 12-35.264 : *Bull.* ; *JCP* 2014, n° 13, p. 608, note Raschel ; *RTD com.* 2014, p. 129, obs. Pollaud-Dulian). Hors restriction légalement prévue, la liberté d'expression est un droit dont l'exercice, sauf dénigrement de produits ou services, ne peut être contesté sur le fondement de l'article 1382 du Code civil (■ Cass. 1re civ., 2 juill. 2014, n° 13-16.730 : *Bull.* ; *D.* 2015, p. 34, obs. Dreyer). Sur cette question, V. G. Viney, *La sanction des abus de la liberté d'expression : D.* 2014, p. 787.

32) Internet. Sur la responsabilité des acteurs de l'internet, V. L. n° 2004-575, 21 juin 2004, pour la confiance dans l'économie numérique. – C. Castets-Renard, *Le renouveau de la responsabilité délictuelle des intermédiaires de l'internet : D.* 2012, p. 827. Sur la responsabilité d'un moteur de recherche pour l'affichage de propositions de requête, V. ■ Cass. 1re civ., 19 févr. 2013, n° 12-12.798 : *Bull.* ; *JCP* G 2013, n° 10, p. 464, note Marino (excuse de bonne foi).

33) Publicité portant atteinte à la dignité humaine. Sur l'abus de la liberté d'expression dans une publicité évoquant le Sida et portant atteinte à la dignité humaine, V. ■ Paris, 28 mai 1996 : *JurisData* n° 1996-021788 ; *D.* 1996, 617, note Edelman.

34) Gueth. Le refus du mari israélite de délivrer le *gueth* à son ex-épouse peut constituer une faute délictuelle (■ Cass. 2e civ., 5 juin 1985, n° 84-11.088 : *JCP* 87, II, 20728, note Agostini. ■ Cass. 2e civ., 15 juin 1988, n° 86-15.476 : *JCP* 89, II, 21223, note Morançais-Demeester. ■ Cass. 2e civ., 12 déc. 1994, n° 92-17.098 : *JurisData* n° 1994-002336 ; *JCP* 95, IV, 416 ; *Bull. civ.* II, n° 262, p. 152). Mais la faute n'est pas constituée si le mari se borne à soutenir que les conditions prévues par la loi religieuse pour cette délivrance ne sont pas remplies (■ Cass. 2e civ., 14 oct. 1987, n° 86-15.998 : *JurisData* n° 1987-001544 ; *Bull. civ.* II, n° 201, p. 112). L'abus ne peut donner lieu qu'à dommages-intérêts, le mari ne pouvant être condamné à la délivrance sous astreinte (■ Cass. 2e civ., 21 nov. 1990, n° 89-17.659 : *JurisData* n° 1990-003260 ; *JCP* 91, IV, 26 ; *Bull. civ.* II, n° 239, p. 122 ; *D.* 1991, 435, note Agostini. ■ Versailles, 31 oct. 1994 : *JurisData* n° 1994-050335 ; *D.* 1995, 245, note Agostini).

35) Risques des médicaments. L'obligation de renseignement relative aux contre-indications et effets secondaires des médicaments ne peut s'appliquer qu'à ce qui est connu au moment de l'introduction du médicament sur le marché et à ce qui a été porté à la connaissance des laboratoires depuis cette date. Ainsi, la loi ne met pas à la charge du laboratoire l'obligation de prévoir tous les risques présentés par le médicament dans tous les cas (■ Cass. 1re civ., 8 avr. 1986, n° 84-11.443 : *JurisData* n° 1986-000609 ; *JCP* 87, II, 20721, note Viala et Viandier. Comp. ■ Paris, 23 sept. 2004, n° 02/16713 : *JurisData* n° 2004-254091 ; *D.* 2005, 1012, note Gorny, affirmant que le défaut d'information peut être assimilé à un défaut du produit). V. J. Huet, *Le paradoxe des médicaments et les risques de développement : D.* 1987, chron. 73. Sur l'application en matière médicale des articles 1386-1 et suivants relatifs à la responsabilité du fait des produits défectueux, V. ■ CJCE, 10 mai 2001, cité sous art. 1386-5.

36) Annonce du gain d'un lot. En envoyant un courrier débutant par l'affirmation que le destinataire avait gagné une somme importante et narrant ensuite la cérémonie de la remise d'un chèque de ce montant, une société présente de façon affirmative un événement hypothétique et a ainsi commis une faute susceptible d'engager sa responsabilité (■ Cass. 2e civ., 3 mars 1988, n°

86-17.550 : *JurisData* n° 1988-700483 ; *JCP* 89, II, 21313, note Virassamy. ▪ Cass. 2e civ., 28 juin 1995, n° 94-13.584 : *JurisData* n° 1995-001808 ; *JCP* 95, IV, 2131 ; *Resp. civ. et assur.* 1995, comm. 326 ; *Bull.* II, n° 225, p. 130 ; *D.* 1996, 180, 2e esp., note Mouralis. ▪ Cass. 2e civ., 18 déc. 1996, n° 94-17.715 : *JurisData* n° 1996-004997 ; *JCP* 97, IV, 348 ; *Bull.* II, n° 307, p. 184. ▪ Caen, 24 mars 1998, n° 9602546 : *JurisData* n° 1998-040520 ; *JCP* 98, IV, 2929. ▪ Rennes, 27 oct. 2000 : *JCP* 2002, IV, 1092 ; *JurisData* n° 2000-145980. ▪ Montpellier, 28 nov. 2000 : *JCP* 2002, IV, 1258 ; *JurisData* n° 2000-152346. ▪ Toulouse, 22 oct. 2003 : *Resp. civ. et assur.* 2004, 27, note Radé. Comp. ▪ Cass. 1re civ., 28 mars 1995, n° 92-19.039 : *JurisData* n° 1995-000718 ; *Bull.* I, n° 149, p. 106 ; *D.* 1995, somm. 227, obs. Delebecque ; *D.* 1996, 180, 1re esp., note Mouralis ; *RTD civ.* 1995, 886, obs. Mestre, retenant l'engagement unilatéral de payer la somme révélée au « grattage » et correspondant au numéro certifié gagnant. – V. en ce sens ▪ Toulouse, 14 févr. 1996, 3 arrêts : *JurisData* n° 1996-042169 ; *RTD civ.* 1996, 398, obs. Mestre ; *D.* 1997, somm. 168, obs. D. Mazeaud). Mais les juges du fond peuvent tenir compte du caractère équivoque des documents publicitaires pour allouer une indemnité inférieure à la valeur du lot (une maison) annoncé comme gagné (▪ Cass. 1re civ., 19 oct. 1999, n° 97-10.570 : *JurisData* n° 1999-003620 ; *JCP* 2000, II, 10347, note Mehrez ; I, 241, n° 1, obs. Viney ; *Bull. civ.* I, n° 289, p. 188 ; *Resp. civ. et assur.* 1999, 349. V. aussi ▪ Cass. 2e civ., 26 oct. 2000, n° 98-19.387 : *JurisData* n° 2000-006381 ; *JCP* 2000, IV, 2836 ; *Resp. civ. et assur.* 2001, 3 ; *Bull. civ.* II, n° 148, p. 105 ; *Defrénois* 2001, 693, obs. Savaux). Pour une condamnation de la société de vente par correspondance sur un fondement contractuel, v. sous art. 1109 ancien, annot. n° 13, p. 1045. V. aussi, C. consom., art. L. 121-37 ancien). – D. Autem, *Quel fondement pour la responsabilité des sociétés de vente par correspondance en matière de loterie avec prétirage ? : Contrats, conc. consom.* 1999, chron. 11. Sur le recours au quasi-contrat, voir sous art. 1371.

37) Adultère. Sur ce que la maîtresse d'un homme marié ne peut voir sa responsabilité recherchée par l'épouse, V. ▪ Cass. 2e civ., 4 mai 2000, n° 98-19.951 : *JurisData* n° 2000-001716 ; *JCP* 2000, II, 10356, note Garé ; *RTD civ.* 2000, 810, obs. Hauser. V. aussi, relevant que le seul fait d'entretenir une liaison avec un homme marié ne constitue pas une faute, ▪ Cass. 2e civ., 5 juill. 2001 : *JCP* 2002, II, 10139, note Houtcieff ; *Resp. civ. et assur.* 2001, 277 ; *JurisData* n° 2001-010481 ; *Bull. civ.* II, n° 136, p. 91 ; *D.* 2002, somm. 1318, obs. Delebecque ; *RTD civ.* 2001, 856, obs. Hauser et 893, obs. Jourdain ; *Defrénois* 2003, 119, obs. Massip. ▪ Bordeaux, 15 mai 2003, n° 01/04917 : *JurisData* n° 2003-217644 ; *Resp. civ. et assur.* 2003, 250. Le fait pour le mari d'interrompre une procédure de divorce d'avec son épouse et de se réconcilier avec cette dernière ne peut constituer, en soi, un comportement fautif à l'égard de sa maîtresse (▪ Toulouse, 23 janv. 2001 : *Dr. famille* 2001, 69, note Lécuyer ; *RTD civ.* 2001, 857, 3e esp., obs. Hauser ; *JurisData* n° 2001-137248).

38) Défaut de contraception. Faute (non). Ayant librement et pleinement consenti à avoir un rapport sexuel non protégé dès la première rencontre, un homme sexuellement expérimenté, à qui il incombait, tout autant qu'à sa partenaire, de prendre les mesures propres à éviter une procréation, n'établit ni la faute de la mère de l'enfant pour s'être prêtée à un tel rapport ou pour avoir ensuite agi en reconnaissance de paternité et en contribution à l'entretien de l'enfant, ni l'existence d'un préjudice direct ou indirect indemnisable (▪ Cass. 2e civ., 12 juill. 2007, n° 06-16.869 : *JCP* 2008, I, 125, obs. Stoffel-Munck ; *Resp. civ. et assur.* 2007, comm. 236, Groutel).

39) Agissements parasitaires. Les agissements parasitaires d'une société peuvent être constitutifs d'une faute au sens de l'article 1382, même en l'absence de toute situation de concurrence (▪ Cass. com., 30 janv. 1996, n° 94-15.725 : *JurisData* n° 1996-000294 ; *JCP* 96, IV, 674 ; *Bull.* IV, n° 32, p. 24 ; *Resp. civ. et assur.* 1996, 164, imitation d'une formule publicitaire. V. aussi pour une concurrence parasitaire ▪ Cass. com., 3 juill. 2001, n° 98-23.236 : *JCP* 2001, IV, 2639 ; *Bull. civ.* IV, n° 132, p. 124, reprise d'une combinaison de couleurs pour un conditionnement).

40) Couponnage électronique. Le couponnage électronique, qui permet, à l'occasion de ventes d'un produit déterminé, de remettre à un acheteur lors du passage en caisse un bon de réduction destiné à augmenter le taux de pénétration sur le marché d'un produit également proposé à la vente par un concurrent dans le magasin, est constitutif d'un détournement fautif de clientèle (▪ Cass. com., 18 nov. 1997, n° 95-17.445 : *JurisData* n° 1997-004534 ; *JCP* 98, II, 10026, note Gautier ; *D.* 1998, 260, note Bout ; *Bull. civ.* IV, n° 294, p. 254).

41) Déontologie. Sur le principe que la violation de règles de déontologie peut être considérée comme une faute civile, V. ▪ Cass. 1re civ., 18 mars 1997, n° 95-04.159 : *JurisData* n° 1997-001217 ; *JCP* 97, I, 4068, n° 1, obs. Viney ; *Bull.* I, n° 99, p. 65. ▪ Cass. com., 29 avr. 1997, n° 94-20.486 : *JurisData* n° 1997-001825 ; *JCP* 97, I, 4068, n° 1, obs. Viney ; *Bull.* IV, n° 111, p. 98 ; *D.* 1997, 459, note Serra. L'auxiliaire de justice, s'il doit s'acquitter de son obligation d'information de manière complète et objective, a, en déontologie, pour devoir de déconseiller l'exercice d'une voie de droit vouée à l'échec ou, à plus forte raison, abusive, de sorte qu'il ne peut être tenu de délivrer une information qui aurait pour seule justification de permettre au client d'engager un recours à des fins purement dilatoires (■ Cass. 1re civ., 23 nov. 2004 : *JurisData* n° 2004-025799 ; *JCP* 2005, II, 10058, note Lamarche).

42) Sur la **rupture des pourparlers** précontractuels, source de responsabilité civile délictuelle, voir sous article 1109 ancien.

43) Dirigeant social. Le juge pénal statuant sur l'action civile, après une relaxe, peut caractériser une faute civile engageant la responsabilité d'un dirigeant social, démontrée à partir et dans la limite des faits objet de la poursuite sans s'expliquer sur l'existence d'une faute d'une particulière gravité incompatible avec l'exercice normal des fonctions sociales constituant une faute séparable des fonctions de dirigeant (■ Cass. crim., 5 avr. 2018, nos 16-83.984 et 16-87.669 : *Bull.* ; *D.* 2018, p. 1137, Saenko ; *RTD civ.* 2018, p. 677, Jourdain). Comp., pour l'exigence d'une faute séparable (qui peut être une faute intentionnelle d'une particulière gravité incompatible avec l'exercice normal des fonctions sociales), ■ Cass. com., 20 mai 2003, n° 99-17.092 : *RTD civ.* 2003, p. 509, Jourdain).

44) Syndicat professionnel. Pour la faute d'un syndicat consistant en sa participation effective à des actes illicites commis à l'occasion d'une manifestation devant le siège d'un groupe agroalimentaire, V. ■ Cass. ch. mixte, 30 nov. 2018, n° 17-16.047 : *Bull. civ.* ; *D.* 2019, p. 563, Pellé ; *Resp. civ. assur.* 2019, alerte 1, Bloch).

F – Faits justificatifs

45) Ordre de la loi ou commandement de l'autorité légitime. L'acte de violence commis sur la personne ou les biens d'un délinquant pour l'appréhender et le conduire devant l'officier de police le plus proche est légitimé par la loi et ne saurait engager la responsabilité de l'auteur de l'arrestation (■ Cass. 2e civ., 10 juin 1970, n° 69-10.153 : *D.* 1970, 691). Mais l'acte accompli sur l'ordre de l'autorité légitime laisse subsister la responsabilité si son auteur n'a pu se méprendre sur son caractère illicite (■ Cass. 2e civ., 18 mars 1955 : *D.* 1955, 573, note R. Savatier). Le fait que la loi ou le règlement autorisent un acte en le subordonnant à certaines conditions édictées dans l'intérêt des tiers n'a pas pour effet de relever ceux qui accomplissent cet acte de l'obligation générale de prudence et de diligence civilement sanctionnée par l'article 1382 (■ Cass. 2e civ., 14 juin 1972 : *JurisData* n° 1972-099180 ; *D.* 1973, 423, note Lepointe).

46) Légitime défense. Sur le principe de l'effet justificatif de la légitime défense, V. ■ Cass. req., 24 févr. 1886 : *S.* 1886, 1, 176. ■ Cass. 2e civ., 22 avr. 1992, n° 90-14.586 : *JurisData* n° 1992-001864 ; *JCP* 92, IV, 1894 ; *D.* 1992, 353, note Burgelin.

47) Excuse de provocation. Un partage de responsabilité peut intervenir même en dehors du cadre de l'excuse de provocation, car les juges n'ont pas ici à fonder leur décision sur des règles de droit pénal, mais doivent seulement rechercher si les faits reprochés à la victime ont concouru à la production du dommage (■ Cass. 2e civ., 3 nov. 1972, n° 71-10.778 : *JurisData* n° 1972-099269 ; *Bull. civ.* II, n° 269, p. 222. V. en ce sens ■ Cass. crim., 31 oct. 1979, n° 78-92.582 : *JurisData* n° 1979-790301 ; *RTD civ.* 1980, 575, obs. Durry).

48) Négligence de la victime de l'infraction. Lorsque plusieurs fautes ont concouru à la production du dommage, la responsabilité de leurs auteurs se trouve engagée dans une mesure dont l'appréciation appartient souverainement aux juges du fond. Encourt la cassation l'arrêt qui, après avoir relevé, de la part de la victime d'infractions volontaires contre les biens, des fautes ayant concouru au développement de la fraude et à ses conséquences financières, n'en tire pas les conséquences sur l'évaluation du montant de l'indemnité due par le prévenu (■ Cass. crim., 19 mars 2014, n° 12-87.416 : *Bull.* ; *JCP* E 2014, n° 18, p. 41, note Mortier ; *JCP* 2014, n° 51, p. 2334, obs. Stoffel-Munck, Bloch et Bacache ; *RDC* 2014/3, p. 377, note Viney ; *RDC* 2015/1, p. 92, note Ollard et p. 95, note Malabat ; *D.* 2014, p. 912, note Lasserre-Capdeville. – V. encore ■ Cass. crim., 25 juin 2014, n° 13-84.450 : *JCP* 2014, n° 893, note Detraz. ■ Cass. crim., 23 sept. 2014, n° 13-83.357 : *D.* 2014, p. 2332, note Lasserre-Capdeville. – V. déjà, ■ Cass. com., 3 oct. 2012, n° 11-20.591 : *RCA* 2013, comm. 5.

Auparavant, V. ■ Cass. crim., 4 oct. 1990, n° 87-82.096 : *JurisData* n° 1990-704267 ; *JCP* 91, IV, 8. ■ Cass. crim., 16 mai 1991, n° 90-82.285 : *JurisData* n° 1991-002101 ; *JCP* 91, IV, 330. ■ Cass. 3e civ., 28 nov. 2001, n° 00-14.539 : *JurisData* n° 2001-011890 ; *Resp. civ. et assur.* 2002, 47. ■ Cass. crim., 7 nov. 2001, n° 01-80.592 : *JurisData* n° 2001-011872 ; *RTD civ.* 2002, 314, obs. Jourdain.

Sur le principe que l'adage nemo auditur est inopérant en matière de responsabilité civile, V. ■ Cass. 1re civ., 17 nov. 1993, n° 91-16.772 : *RTD civ.* 1994, 115, obs. Jourdain.

49) Acceptation des risques. Principe. L'acceptation des risques par la victime du dommage n'est pas normalement une cause d'exonération de la responsabilité quasi délictuelle (■ Cass. 2e civ., 1er déc. 1965 : *JurisData* n° 1965-700958 ; *JCP* 66, II, 14657. V. en ce sens, même en cas d'imprudence de la victime, ■ Cass. 2e civ., 16 févr. 1956 : *D.* 1956, 445, 1re esp., note Savatier).

50) Acceptation des risques en matière sportive. La victime d'un dommage causé par une chose peut invoquer la responsabilité résultant de l'article 1384, alinéa 1er, du Code civil, à l'encontre du gardien de la chose, instrument du dommage, sans que puisse lui être opposée son acceptation des risques. En conséquence doit être cassé l'arrêt qui retient que l'accident est survenu entre des concurrents à l'entraînement, évoluant sur un circuit fermé exclusivement dédié à l'activité sportive où les règles du Code de la route ne s'appliquent pas, et qui avait pour but d'évaluer et d'améliorer les performances des coureurs, la participation à cet entraînement impliquant une acceptation des risques inhérents à une telle pratique sportive (■ Cass. 2e civ., 4 nov. 2010, n° 09-65.947 : *D.* 2011, chron. C. cass. 632, obs. Adida-Canac et Grignon Dumoulin ; chron. 690, note Mouly ; *JCP* 2011, note 12, obs. Bakouche ; n° 15, 435, obs. Bloch ; *RCA* 2011, étude 3, S. Hocquet-Berg). V. encore, ■ Cass. 2e civ., 21 mai 2015, n° 14-14.812 : *Bull.* ; *D.* 2015, p. 2284, obs. Bacache ; *RCA* 2015, n° 220, note S. Hocquet-Berg. Et encore, à propos de la responsabilité du pilote (gardien) d'un side-car pour les dommages subis par son passager qui courait avec lui en compétition, ■ Cass. 2e civ., 14 avr. 2016, n° 15-17.732 : *D.* 2017, 27, Gout ; *JCP* G 2016, 610, Brun).

À noter l'importante limite apportée à ces arrêts par l'article **L. 321-3-1 du Code du sport** (texte créé par L. n° 2012-348 du 12 mars 2012) qui prévoit que les pratiquants ne peuvent être tenus pour responsables des dommages matériels causés à un autre pratiquant par le fait d'une chose qu'ils ont sous leur garde à l'occasion de l'exercice d'une pratique sportive au cours d'une manifestation sportive ou d'un entraînement en vue de cette manifestation sportive sur un lieu réservé de manière permanente ou temporaire à cette pratique.

Jurisprudence antérieure à l'arrêt du 4 nov. 2010 : jugé que l'acceptation des risques par la victime peut être retenue en matière sportive (■ Cass. 2e civ., 8 oct. 1975, n° 73-14.214 : *RTD civ.* 1976, 357, obs. Durry. ■ Cass. 1re civ., 16 juin 1976 : *JCP* 77, II, 18585, note Bénabent ; *RTD civ.* 1977, 328, obs. Durry. ■ Cass. 2e civ., 10 avr. 1991, n° 90-10.523 : *JurisData* n° 1991-001099 ; *Bull. civ.* II, n° 121, p. 65. ■ Cass. 2e civ., 8 févr. 2006, n° 04-19.371 : *JurisData* n° 2006-032130 ; *Resp. civ. et assur.* 2006, 130. ■ Douai, 16 déc. 1999, n° 96/10525 : *JurisData* n° 1999-104714 ; *JCP* 2000, II, 10420, note Girardin. ■ Paris, 2 mai 2000, n° 1999/01789 : *JurisData* n° 2000-113723 ; *Resp. civ. et assur.* 2001, 52, note Grynbaum ; *JCP* 2001, I, 340, n° 17, obs. Viney. Voir cependant pour un simple entraînement ■ Cass. 2e civ., 21 févr. 1979 : *Bull. civ.* II, n° 58, p. 43 ; *RTD civ.* 1979, 615, obs. Durry, pour un joueur inexpérimenté occupant le poste de pilier de rubgy, ■ Grenoble, 4 févr. 2003, n° 00/04649 : *JurisData* n° 2003-201118 ; *Resp. civ. et assur.* 2003, 182, note Radé. Comp., écartant l'acceptation des risques dès lors qu'est établie une négligence du défendeur, ■ Cass. 2e civ., 15 juill. 1999 : *JCP* 2000, I, 197, n° 9, obs. Viney), même pour des compétitions informelles (■ Douai, 16 déc. 1999, n° 96/10525 : *JurisData* n° 1999-104714 ; *Resp. civ. et assur.* 2000, 94). Mais ne donne pas de base légale à sa décision la cour d'appel qui retient qu'en participant à un jeu, une mineure a accepté les risques qu'il comportait, alors qu'elle constate par ailleurs que le dommage s'est produit à l'occasion d'un jeu improvisé par des mineurs, et non dans le cadre d'une compétition sportive (■ Cass. 2e civ., 28 mars 2002, n° 00-10.628 : *JurisData* n° 2002-013711 ; *D.* 2002, 3237, note Zerouki ; *Bull. civ.* II, n° 67, p. 54 ; *RTD civ.* 2002, 520, obs. Jourdain). Jugé que ne donne pas de base à sa décision la cour d'appel qui se borne à énoncer que la boxe française exige la maîtrise de soi et que l'auteur du dommage a frappé son adversaire avec violence sans contrôler la force de son geste, alors qu'elle retenait que la boxe française est un sport de combat à risque et que la victime s'était blessée en tombant sur le sol, sans caractériser de faute volontaire contraire à la règle du jeu (■ Cass. 2e civ., 5 déc. 1990, n° 89-17.698 : *JurisData* n° 1990-703243 ; *Bull. civ.* II, n° 258, p. 133). Mais il n'y pas lieu de retenir l'acceptation des risques pour des cyclistes amateurs animés du seul désir de s'entraîner (■ Cass. 2e civ., 22 mars 1995, n° 93-12.517 : *JurisData* n° 1995-000733 ; *JCP* 95, I, 3893, n° 15, obs. Viney ; *Bull.* II, n° 99, p. 57 ; *Resp. civ. et assur.* 1995, comm. 195 ; *RTD civ.* 1995, 904, obs. Jourdain). Jugé, sur le terrain de l'article 1384, al. 1er, que si les membres de l'équipage d'un voilier ayant sombré corps et biens avaient accepté les risques normaux et prévisibles d'une compétition en mer de haut niveau, ils n'avaient pas pour autant accepté le risque de mort qui, dans les circonstances de la cause (régate à proximité des côtes), constituait un risque anormal (■ Cass. 2e civ., 8 mars 1995, n° 91-14.895 : *JurisData* n° 1995-000587 ; *Bull.* II, n° 83, p. 47 ; *JCP* 95, II, 22499, note Gardach, I, 3893, n° 16, obs. Viney ; *Resp. civ. et assur.* 1995, 228 ; *RTD civ.* 1995, 904, obs. Jourdain). Dès lors que l'enfant victime participait à un entraînement sportif dans le cadre d'une activité pédagogique sous l'autorité et la surveillance d'un moniteur, l'acceptation des risques est exclue (■ Cass. 2e civ., 4 juill. 2002 : *JCP* 2002, IV, 2481 ; *D.* 2003, 519, note Cordelier ; somm. 461, obs. Jourdain ; *JurisData* n° 2002-015092 ; *Bull. civ.* II, n° 158, p. 125).

G – Contrôle de la qualification

51) Contrôle de la Cour de cassation. S'il appartient aux juges du fond de constater souverainement les faits d'où ils déduisent l'existence d'une faute délictuelle ou quasi délictuelle, la qualification juridique de la faute relève du contrôle de la Cour de cassation (■ Cass. 2e civ., 16 juill. 1953 : *JCP* 53, II, 7792, note Rodière). Pour des exemples de cassation, V. ■ Cass. 2e civ., 1er juin 1978, n° 77-10.676 : *JurisData* n° 1978-099150 ; *Bull. civ.* II, n° 150, p. 119. ■ Cass. 2e civ., 30 nov. 1994, n° 93-10.653 : *JurisData* n° 1994-002333 ; *Bull. civ.* II, n° 250, p. 144.

52) Degré de gravité de la faute. Les juges du fond sont également souverains pour caractériser le degré de gravité de la faute (■ Cass. 1re civ., 22 nov. 1978, n° 77-12.262 : *JurisData* n° 1978-000357 ; *Bull. civ.* I, n° 358, p. 278, pour une faute lourde).

II – LE PRÉJUDICE

Bibliographie : C. Lienhard, *Réparation intégrale des préjudices en cas de dommage corporel : la nécessité d'un nouvel équilibre indemnitaire* : *D.* 2006, p. 2485. – Ph. Stoffel-Munck (ss dir.), *L'évaluation du préjudice économique* : *Journ. sociétés*, juin 2007, p. 19. – F. Bélot, *L'évaluation du préjudice économique* : *D.* 2007, p. 1681. – L. Neyret, *Naufrage de l'Érika : vers un droit commun de la réparation des atteintes à l'environnement* : *D.* 2008, p. 2681 et, du même auteur, *Le préjudice écologique : un levier pour la réforme du droit des obligations* : *D.* 2012, p. 2673. – B. Parance, *À propos de la loi relative à la responsabilité environnementale* : *Rev. Lamy dr. civ.* nov. 2008, p. 15. – C. Bernfeld et F. Bibal (ss dir.), *Réparation du dommage corporel* : *Gaz. Pal.* 9 juill. 2009 ; *Gaz. Pal.* 15-19 déc. 2009. – M. Fabre-Magnan, *Le dommage existentiel*, *D.* 2010, p. 2376. – Dossier spécial : *Le préjudice : regards croisés privatistes et publicistes*, *RCA* 2010, dossiers 1 à 14. – J. Péchinot, *Vous avez dit réparation intégrale ?* : *RCA* 2015, étude 6. – M. Bary, *Responsabilité civile et préjudice écologique* : *Resp. civ. et assur.* 2016, étude 8. – S. Carval, *Les intérêts compensatoires : la réparation de la dimension temporelle des préjudices économiques* : *D.* 2017, 414. – C. Cousin, *Le débat sur le référentiel indicatif de l'indemnisation du préjudice corporel des cours d'appel à l'heure des bases de données* : *JCP G* 2017, 483. – L. Varaine, *L'incidence des avantages perçus par la victime d'un dommage sur l'évaluation du préjudice indemnisable* : *D.* 2018, p. 741.

A – Préjudice matériel

1° Caractères

53) Direct, actuel, certain. Sur le principe que le préjudice doit être direct, actuel et certain, V. ■ Cass. civ., 24 nov. 1942 : *Gaz. Pal.* 1943, 1, 50. Est certain le dommage subi par une personne par l'effet de la faute d'un professionnel, alors même que la victime disposerait, contre un tiers, d'une action consécutive à la situation dommageable née de cette faute et propre à assurer la réparation du préjudice (■ Cass. 1re civ., 7 mai 2002, n° 99-14.675 : *JurisData* n° 2002-014162 ; *Bull. civ.* I, n° 121, p. 93 ; *JCP* 2003, I, 152, n° 20, obs. Viney ; *D.* 2003, 998, note Fisher). Constitue un préjudice indemnisable la mobilisation de salariés pour la réparation de dommages causés à l'entreprise par un tiers (■ Cass. 3e civ., 10 mars 2016, n° 15-10.897 : *Bull.* ; *Resp. civ. et assur.* 2016, 170). La victime doit être indemnisée des frais d'acquisition d'un logement adapté à son handicap lorsqu'ils sont directement imputables aux séquelles de l'accident dommageable (■ Cass. 2e civ., 18 mai 2017, n° 16-15.912 : *Bull.* ; *D.* 2017, p. 1701, Hilger, p. 2228, Guégan-Lécuyer).

54) Licéité de l'intérêt lésé. Une victime ne peut obtenir la réparation de la perte de ses rémunérations que si celles-ci sont licites, V. ■ Cass. 2e civ., 24 janv. 2002 : *Grands arrêts*, n° 188 ; *JCP* 2002, II, 10118, note Boillot ; *JCP* 2003, I, 152, n° 22, obs. Viney ; *D.* 2002, 2559, note D. Mazeaud ; *RTD civ.* 2002, 306, obs. Jourdain ; *JurisData* n° 2002-012670 ; *Defrénois* 2002, 786, obs. Libchaber (la victime ne peut se prévaloir d'un manque à gagner résultant de la perte de rémunérations provenant d'un travail dissimulé). ■ Cass. 2e civ., 22 févr. 2007, n° 06-10.531 : *D.* 2007, p. 798, obs. Pahlawan-Sentilhes ; *JCP G* 2007, II, 10099, note Brusorio-Aillaud et I, 185, obs. Stoffel-Munck ; *D.* 2007, p. 2709, note Gohlen ; *Contrats, conc. consom.* 2007, 142, obs. Leveneur ; *Resp. civ. et assur.* 2007, 146, obs. Hocquet-Berg (le joueur interdit de jeu n'est pas admis à se plaindre de la perte de son gain). ■ Cass. crim., 4 nov. 2008, n° 08-82.591 : *Bull. crim.* 2008, n° 220 ; *JCP* 2009, I, 123, obs. Stoffel-Munck (une commune, qui a illégalement autorisé une construction immobilière, ne saurait prétendre être indemnisée de sa perte et des revenus afférents à celle-ci).

55) Préjudice éventuel. Un préjudice purement éventuel ne saurait donner lieu à l'allocation de dommages-intérêts (■ Cass. civ., 1er juin 1934 : *DH* 1934, 377. ■ Cass. civ., 19 mars 1947 : *D.* 1947, 313). Ainsi, une femme de trente-neuf ans blessée dans un accident et qui abandonne son doctorat ne justifie pas d'un préjudice réparable dès lors qu'elle n'établit pas le retentissement que l'interruption aurait pu avoir sur la profession que le doctorat lui permettait éventuellement d'embrasser (■ Cass. 2e civ., 10 oct. 1973, n° 72-12.867 : *JurisData* n° 1973-099254 ; *Bull. civ.* II, n° 254, p. 203). Le préjudice est éventuel et non certain dès lors que l'intéressé bénéficie d'une simple tolérance de l'administration au lieu du droit réel auquel il pouvait prétendre (■ Cass. 3e civ., 13 déc. 1977, n° 76-11.175 : *JurisData* n° 1977-099440 ; *Bull. civ.* III, n° 440, p. 334 ; *RTD civ.* 1978, 652, obs. Durry). Ne répare pas un préjudice hypothétique la cour d'appel qui, après avoir énoncé que, selon l'avis de l'expert, l'hépatite paraissait « paisible » pour l'instant, mais que l'évolution de cette affection pouvait être sournoise, l'intéressé devant se soumettre à une surveillance stricte et régulière, retient que l'anxiété résultant de cette mesure et la nécessité d'une surveillance médicale devaient être indemnisées par l'allocation d'une somme de 50 000 F (■ Cass. 1re civ., 9 juill. 1996, n° 94-12.868 : *JurisData* n° 1996-003051 ; *Bull.* I, n° 306, p. 214). Après avoir constaté qu'il existait un défaut de conception de la sonde d'un stimulateur cardiaque créant un risque, que pour contrôler ce risque, il avait été convenu d'augmenter la surveillance médicale des patients porteurs de telles sondes, que le changement de sonde, effectué à titre préventif et sans preuve que cette surveillance aurait été insuffisante, n'avait pas posé de problème et que le patient avait été ainsi soumis à un risque qui ne s'était pas réalisé, la cour d'appel a pu en déduire que le préjudice invoqué avait un caractère éventuel (■ Cass. 1re civ., 19 déc. 2006, n° 05-15.719 et n° 05-15.721 : *D.* 2007, p. 2897, obs. Brun ; *RTD civ.* 2007, 352, obs. P. Jourdain ; *Resp. civ. et assur.* 2007, 64, obs. C. Radé ; *JCP* 2007, II, 10052, note S. Hocquet-Berg).

56) Sur la question du **risque créé**, voir sous le même article, annot. n° 7, p. 884.

57) Séropositivité. La cour d'appel qui retient que le préjudice du demandeur comprend les troubles dans ses conditions d'existence entraînés par la séropositivité puis, s'il y a lieu, par la survenance du Sida déclaré, et que de nombreux essais thérapeutiques en cours visent à retarder, voire à bloquer, le passage à la maladie, peut, en vertu de son pouvoir souverain d'appréciation, en déduire que le préjudice résultant de la survenance du Sida n'a pas un caractère certain et décider que le paiement de l'indemnisation afférente au Sida déclaré serait subordonné à la constatation médicale de la maladie (■ Cass. 2e civ., 20 juill. 1993, n° 92-10.749 : *JurisData* n° 1993-001621 ; *D.* 1993, 526, note Chartier ; *RTD civ.* 1994, 107, obs. Jourdain).

58) Préjudice futur. Doit être réparé le préjudice qui, bien que futur, apparaît aux juges du fait comme la prolongation certaine et directe d'un état de chose actuel et comme étant susceptible d'estimation immédiate (■ Cass. req., 1er juin 1932 : *DP* 1932, 1, 102, rapp. Pilon. V. en ce sens ■ Cass. 2e civ., 15 déc. 1971, n° 70-12.603 : *JurisData* n° *1971-000345 ; JCP 72, IV, 30 ; D.* 1972, somm. 96. ■ Cass. com., 9 juill. 1979, n° 78-12.311 : *JurisData* n° 1979-097229 ; *Bull. civ.* IV, n° 226, p. 183). Pour un préjudice professionnel futur non hypothétique d'une victime de 18 ans n'exerçant encore aucune activité professionnelle au moment des faits, V. ■ Cass. 2e civ., 25 juin 2015, n° 14-21.972 : *D.* 2016, p. 37, obs. Gout ; *RTD civ.* 2015, p. 887, obs. Jourdain.

59) Nomenclature dite « Dintilhac ». Le préjudice scolaire, universitaire ou de formation, poste de préjudice corporel, a notamment pour objet de réparer la perte d'années d'étude consécutive à la survenance du dommage (■ Cass. 2e civ., 9 avr. 2009, n° 08-15.977 : *JCP* 2009, n° 38, 248, obs. Bloch ; *Resp. civ. et assur.* 2009, comm. 163 et 164). V. aussi, reprenant cette nomenclature, ■ Cass. 2e civ., 28 mai 2009, n° 08-16.829 : *JCP* 2009, n° 38, 248, obs. Bloch ; *Resp. civ. et assur.* 2009, comm. 202 ; *D.* 2010, p. 49, obs. Gout.

60) Contamination. Le préjudice spécifique de contamination par le virus d'immunodéficience humaine (VIH) comprend l'ensemble des préjudices de caractère personnel tant physiques que psychiques et résultant notamment de la réduction de l'espérance de vie, des perturbations de la vie sociale, familiale et sexuelle ainsi que des souffrances et de leur crainte, du préjudice esthétique et d'agrément ainsi que de toutes les affections opportunistes consécutives à la déclaration de la maladie. Ce préjudice est distinct de l'atteinte à l'intégrité physique (■ Cass. 2e civ., 2 avr. 1996 : *Bull. civ.* 1996, II, n° 88 ; *JCP* 1996, I, 3985, obs. Viney. – V. aussi, ■ Cass. 2e civ., 18 mars 2010, n° 08-16.169 : *JurisData* n° 2010-001999 ; *Bull. civ.* 2010, II, n° 65 ; *Rev. Lamy dr. civ.* 71/2010, n° 3804, obs. Le Nestour Drelon). Le préjudice spécifique de contamination fondé notamment sur l'incertitude et l'inquiétude devant l'avenir ne se confond pas avec le préjudice à caractère personnel de déficit fonctionnel (■ Cass. 2e civ., 19 nov. 2009, n° 08-11.622 : *JurisData* n° 2009-050439 ; *Bull. civ.* 2009, II, nos 279 et 280). Saisie par les ayants droit d'une personne contaminée à l'occasion de transfusions sanguines par le virus d'immunodéficience humaine (VIH) et par le virus de l'hépatite C, d'une demande d'indemnisation du préjudice spécifique de contamination de leur auteur, justifie légalement sa décision la cour d'appel qui, après avoir constaté que l'époux et les enfants de la personne contaminée ont fait le choix de ne pas l'informer de la nature exacte de sa pathologie pendant vingt-cinq ans, retient que le préjudice spécifique de contamination, préjudice exceptionnel extrapatrimonial, recouvrant les préjudices tant physiques que psychiques résultant notamment de la réduction de l'espérance de vie, des perturbations de la vie sociale, familiale et sexuelle, des souffrances endurées et de leur crainte, du préjudice esthétique et d'agrément ainsi que toutes les affections opportunistes consécutives à la déclaration de la maladie, est intrinsèquement lié à la prise de conscience des effets spécifiques de la contamination et en déduit exactement que la personne tenue dans l'ignorance de sa contamination n'a pu subir un tel préjudice (■ Cass. 2e civ., 22 nov. 2012, n° 11-21.031 : *Bull.* ; *D.* 2013, p. 346, note Porchy-Simon ; *D.* 2014, p. 47, obs. Brun ; *RCA* 2013, étude 1, note Hocquet-Berg ; *RTD civ.* 2013, p. 123, obs. Jourdain). L'Office national d'indemnisation des accidents médicaux, chargé, en vertu des articles L. 1142-22 et L. 3122-1 du Code de la santé publique, de l'indemnisation, au titre de la solidarité nationale, des victimes de préjudices résultant de la contamination par le virus d'immunodéficience humaine causée par une transfusion de produits sanguins, ne saurait être tenu, fût-ce partiellement, des préjudices propres invoqués par la personne contaminée du fait de la contamination de ses proches, lorsque cette contamination a été causée par des relations sexuelles non protégées auxquelles cette personne a eu sciemment recours (■ Cass. 1re civ., 22 janv. 2014, n° 12-35.023 : *Bull.* ; *D.* 2015, p. 124, obs. Gout ; *RCA* 2014, n° 117, obs. Hocquet-Berg ; *JCP* 2014, n° 42, p. 1858, obs. Byk).

Le préjudice spécifique de contamination peut être caractérisé même dans le cas d'une guérison après traitement. Il s'apprécie alors pendant la durée de la période au cours de laquelle la victime a subi les angoisses et perturbations liées à la maladie (■ Cass. 2e civ., 4 juill. 2013, n° 12-23.915 : *Bull.* ; *D.* 2013, p. 2664 obs. Guégan-Lécuyer ; *RCA* 2013, étude 11, note Morlet-Haïdara).

61) Sur la reconnaissance du **préjudice écologique**, V. ■ Cass. crim., 25 sept. 2012, n° 10-82.938 : *Bull.* ; *JCP* 2013, 836, obs. Stoffel-Munck et Bloch. ■ Cass. crim., 22 mars 2016, n° 13-87.650 : *D.* 2016, 1236, Epstein ; *JCP* G 2016, 647, Bacache, et 648, Parance ; *Resp. civ. et assur.* 2016, étude 8, Bary ; *RTD civ.* 2016, 634, Jourdain. V. aussi art. 1146 et s., p. 819.

2° *Perte d'une chance*

62) Principe. Le préjudice peut consister dans la perte d'une chance (■ Cass. 1re civ., 18 mars 1969 et 27 janv. 1970 : *JurisData* n° 1969-000117 ; *JurisData* n° 1969-000117 ; *JurisData* n° 1970-000037 ; *JCP* 1970, II, 16422, note Rabut. ■ Cass. 2e civ., 4 mai 1972 : *JurisData* n° 1972-099130 ; *JurisData* n° 1972-099130 ; *D.* 1972, 596, note Le Tourneau. ■ Cass. 1re civ., 24 mars 1981 : *JurisData* n° 1981-701395 ; *D.* 1981, 545, note Penneau). Seule constitue une perte de chance réparable, la disparition actuelle et certaine d'une éventualité favorable (■ Cass. 1re civ., 21 nov. 2006 : *JurisData* n° 2006-036009 ; *Bull. civ.* I n° 498, p. 443 ; *JCP* G 2007, I, 115, obs. Stoffel-Munck ; *RDC* 2007/2, p. 266, obs. Mazeaud. ■ Cass. 1re civ., 4 juin 2007, n° 05-20.213 : *JurisData* n° 2007-039205 ; *JCP* 2007, I, 185, obs. Stoffel-Munck). Les juges du fond doivent caractériser la chance dont la perte est réparée (■ Cass. 1re civ., 22 oct. 1996, n° 94-18.828 : *JurisData* n° 1996-003964 ; *JCP* 1996, IV, 2469 ; *Bull.* civ. I, n° 354, p. 248 ; *Defrénois* 1997, 342, obs. Aubert). Un risque, fût-il certain, ne suffit pas à caractériser la perte d'une chance (■ Cass. 1re civ., 16 juin 1998, n° 95-21.066 : *JurisData* n° 1998-002746 ; *JCP* G 1998, IV, 2808 ; *JCP* E 1998, 2077, note Leveneur ; *Bull. civ.* I, n° 216, p. 149 ; *Contrats, conc. consom.* 1998, 129, note Leveneur ; *Resp. civ. et assur.* 1998, 261). Violation de l'article 1382 par une cour d'appel qui, considérant que le préjudice est éventuel, refuse toute indemnisation par des motifs de nature à exclure l'existence d'un dommage intégralement consommé, mais impropres à écarter la perte de chance invoquée (■ Cass. 1re civ., 14 janv. 2010, n° 08-16.760 et n° 08-21.562 : *Bull. civ.* 2010, I, n° 5 ; *JCP* 2010, n° 15, 413, note Raschel).

Sur la perte de chance, v. O. Deshayes, *in RDC* 2009/3, p. 1032 ; D. Sindres, *RTD civ.* 2016, p. 25.

63) Perte d'une chance faible. Exigence d'une perte de chance raisonnable ? Justifie légalement sa décision une cour d'appel qui, pour rejeter la demande formée par un salarié à l'encontre d'une fédération pour manquement à son devoir d'information et de conseil, a estimé que celui-ci ne justifiait pas d'un préjudice direct et certain résultant de la perte d'une chance raisonnable de succès à une action en reconnaissance de la faute inexcusable de son employeur (■ Cass. 1re civ., 30 avr. 2014, n° 12-22.567 : *Bull.* ; *RDC* 2014/4, p. 610, note Deshayes ; *JCP* 2014, n° 51, p. 2334, obs. Stoffel-Munck, Bloch et Bacache ; *D.* 2015, p. 124, obs. Brun ; *JCP* 2014, 815, obs. Borghetti ; *RCA* 2014, n° 215, obs. Leduc. – Dans le même sens et du même jour, ■ Cass. 1re civ., 30 avr. 2014, n° 13-16.380 : *Bull.*). Comp. la perte certaine d'une chance, même faible, est indemnisable (■ Cass. 1re civ., 16 janv. 2013, n° 12-14.439 : *Bull.*, n° 2 ; *JCP* G 2013, n° 49, p. 2239, obs. Stoffel-Munck et Bloch ; *D.* 2013, p. 619, note Bacache ; *D.* 2014, p. 47, obs. Brun et Gout ; *G. P.* 2013, n° 156, p. 19, obs. Mekki et n° 111, p. 1, note Guégan-Lécuyer ; *RTD civ.* 2013, p. 380, obs. Jourdain ; *RCA* 2013, n° 4, p. 8, obs. Leduc). Toute perte de chance ouvre droit à réparation (■ Cass. 1re civ., 12 oct. 2016, n° 15-23.230 : *D.* 2017, 46, Traullé ; *JCP* G 2017, 257, p. 455, Bacache ; *RDC* 2017, 27, Borghetti : décision rendue à propos d'une chance minime). Même formule et cassation de l'arrêt qui avait exigé la preuve conte un avocat de la perte d'une chance réelle et sérieuse (■ Cass. 1re civ., 14 déc. 2016, n° 16-12.686 : *Bull.* ; *Contrats, conc. consom.* 2017, 50, Leveneur ; *JCP* G 2017, 257, p. 456, Bacache).

64) Perte de la chance de gagner un procès. Le plaideur peut être indemnisé pour la perte d'une chance lorsque son avocat n'a pas rempli correctement sa mission, par exemple parce qu'il ne s'est pas suffisamment occupé du dossier (■ Cass. 1re civ., 16 mars 1965 : *JurisData* n° 1965-700194 ; *D.* 1965, 425, note Crémieu. ■ TGI Nantes, 20 déc. 1977 : *D.* 1978, inf. rap. 302), ou parce qu'il a privé son client de la faculté de surenchérir dans une adjudication (■ Paris, 19 déc. 1949 : *D.* 1950, somm. 53), ou négligé d'exercer des voies de recours (■ Cass. 1re civ., 18 nov. 1975, n° 74-12.596 : *JurisData* n° 1975-000332 ; *D.* 1976, inf. rap. 38). Mais le préjudice n'est réparable que si la chance perdue était sérieuse (■ Cass. 1re civ., 11 mai 1964, n° 62-12.276 : *JurisData* n° 1964-700245 ; *D.* 1964, 517. ■ Reims, 26 avr. 1976 : *JurisData* n° 1976-600062 ; *JCP* 1977, II, 18549, note J. A.). Comp. ■ Cass. 1re civ., 14 déc. 2016, n° 16-12.686, cité note précédente. Le client débiteur ne peut prétendre à des dommages-intérêts au seul motif que le non-exercice d'une voie de recours l'a empêché de gagner du temps (■ Reims, 26 avr. 1976, préc.). L'action en responsabilité contre l'avocat dont la faute a privé son client de la possibilité de former un pourvoi en cassation ne peut être rejetée sans que soit caractérisée l'absence de toute probabilité de succès du pourvoi (■ Cass. 1re civ., 8 juill. 1997, n° 95-17.076 : *JurisData* n° 1997-003249 ; *JCP* 1997, IV, 1919 ; *Bull.* civ. I, n° 234, p. 156 ; *Resp. civ. et assur.* 1997, 338. ■ Cass. 1re civ., 4 déc. 2001, n° 99-14.841 : *JurisData* n° 2001-012183 ; *Resp. civ. et assur.* 2002, 139. ■ Cass. 1re civ., 8 juill. 2003, n° 02-14.210 : *JurisData* n° 2003-019943 ; *Bull. civ.* I, n° 164, p. 128). Le caractère réel et sérieux de la chance perdue doit s'apprécier au regard de la probabilité du succès de l'action, compte tenu de l'état de la jurisprudence à l'époque où cette action aurait pu être exercée (■ Cass. 1re civ., 4 avr. 2001 : *JCP* 2001, II, 10640, note Noblot ; *JurisData* n° 2001-009009 ; *Bull. civ.* I, n° 107, p. 68). Il appartient au juge du fond de reconstituer fictivement la discussion qui aurait pu s'instaurer (■ Cass. 1re civ., 4 avr. 2001 : *JCP* 2001, IV, 2009 ; *Resp. civ. et assur.* 2001, 296, note Vaillier ; *JurisData* n° 2001-009011 ; *Bull. civ.* I, n° 101, p. 64. V. aussi ■ Cass. soc., 14 févr. 2001, n° 99-41.257 : *Resp. civ. et assur.* 2001, 152. ■ Cass. 1re civ., 1er févr. 2005, n° 01-16.733 : *JurisData* n° 2005-026747 ; *Bull. civ.* I, n° 54, p. 46. ■ Cass. 1re civ., 2 avr. 2009, n° 08-12.848 : *Bull. civ.* I, n° 72 ; *JCP* 2009, n° 38, 248, obs. Stoffel-Munck ; *Resp. civ. et assur.* 2009, comm. 179). Lorsque par sa faute un avocat a fait perdre à son client le bénéfice d'un recours, l'indemnisation ne peut être refusée au titre de la perte de chance que si l'absence de toute probabilité de succès de la voie de droit manquée est démontrée (■ Cass. 1re civ., 16 janv. 2013, n° 12-14.439, préc.).

65) Perte de la chance d'un parieur. Le parieur peut, en cas de faute du jockey, demander à être indemnisé pour le préjudice consistant dans *la perte d'une chance de gain* (■ Cass. 2e civ., 4 mai 1972 : *D.* 1972, 596, note le Tourneau. ■ Cass. 2e civ., 25 janv. 1973 : *JurisData* n° 1973-099032 ; *JCP* 74, II, 17641, note Bénabent).

66) Perte de la chance de la réussite professionnelle. La victime d'un accident peut être indemnisée pour le préjudice résultant du fait qu'elle a été empêchée de mettre à profit l'aptitude à postuler un emploi (hôtesse de l'air) qu'elle s'était acquise par le travail spécialement accompli et par les dépenses particulières (séjour en Angleterre) exposées pour s'y préparer (■ Cass. 2e civ., 17 févr. 1961, n° 59-10.409 : *Gaz. Pal.* 1961, 1, 400). Mais il en va autrement pour la perte d'une chance d'un enfant de neuf ans d'accéder à une situation bien rémunérée (■ Cass. 2e civ., 9 nov. 1983, n° 82-12.427 : *JurisData* n° 1983-702280 ; *JCP* 85, II, 20360, 1re esp., note Chartier). De même, la jeune fille qui n'a pas terminé ses études secondaires ne peut réclamer une indemnité en prétendant qu'elle s'est trouvée dans l'obligation de renoncer à une carrière déterminée (■ Cass. 2e civ., 12 mai 1966 : *JurisData* n° 1966-700564 ; *JurisData* n° 1966-700560 ; *D.* 1967, 3). Les juges du fond peuvent estimer que la perte d'une chance certaine n'est pas établie dans le cas d'une enfant de deux ans blessée à l'œil, même s'ils ont retenu, pour évaluer la somme due au titre de l'incapacité permanente partielle, la restriction de l'éventail du choix professionnel (■ Cass. 2e civ., 7 févr. 1996, n° 94-12.965 : *JurisData* n° 1996-000422 ; *JCP* 96, IV, 764 ; *Bull.* II, n° 36, p. 23). – V. pour la réparation de la perte de chance d'une promotion professionnelle, préjudice distinct de celui réparé au titre de la perte de gains professionnels futurs qui n'intégrait pas l'évolution de carrière que la victime aurait pu espérer, ■ Cass. 2e civ, 23 mai 2019, n° 18-17.560 : *Bull.*.

67) Perte de l'aptitude à être nommé à un emploi supérieur. Constitue un dommage certain et estimable la perte de l'aptitude à être nommé à un emploi supérieur (■ Cass. 2e civ., 9 juill. 1954 : *D.* 1954, 627. V. en ce sens ■ Cass. crim., 3 nov. 1983, n° 82-94.455 : *JurisData* n° 1983-702128 ; *JCP* 85, II, 20360, 2e esp., note Chartier). Il appartient aux juges du fond de rechercher si l'admission provisoire de la victime, peu avant son décès, à l'échelle de rémunération des professeurs certifiés n'a pas une incidence, fût-ce par une simple perte de chance, sur l'appréciation du préjudice économique (■ Cass. 2e civ., 14 oct. 1992, n° 91-12.695 : *JurisData* n° 1992-00214 ; *Bull. civ.* II, n° 241, p. 120 ; *RTD civ.* 1993, 148, obs. Jourdain). Mais ils peuvent refuser de tenir compte, dans le calcul du préjudice subi par la veuve d'un fonctionnaire, des ressources complémentaires que le fonctionnaire aurait pu tirer, après sa mise à la retraite, d'une nouvelle activité (■ Cass. crim., 23 nov. 1971 : *D.* 1972, 225, rapp. Lecourtier).

68) Perte de la chance d'être reçu à un examen. Sur la perte d'une chance d'être reçu à un examen pour un étudiant ayant obtenu de bonnes notes pendant l'année universitaire, V. ■ Limoges, 19 oct. 1995, n° 564/94 : *JurisData* n° 1995-050034 ; *JCP* 96, IV, 897.

69) Perte de la chance pour une handicapée d'effectuer des progrès. V. ■ Cass. 2e civ., 24 janv. 1996, n° 94-11.028 : *JurisData* n° 1996-000241 ;

JCP 96, IV, 620 ; *Bull.* II, n° 16, p. 11 ; *Resp. civ. et assur.* 1996, 115 (relations sexuelles subies par une jeune handicapée mentale rendant nécessaire son placement dans un autre établissement, perte de la chance d'effectuer certains progrès dans le seul établissement voisin du domicile des parents).

70) Perte de la chance d'obtenir des aliments. Les juges du fond peuvent considérer comme éventuel le préjudice que cause aux parents le décès de leur fils en les privant de la possibilité de bénéficier d'aliments (▪ Cass. 2e civ., 3 nov. 1971 : *JurisData* n° 1971-099296 ; *D.* 1972, 667, note Lapoyade-Deschamps. V. en ce sens ▪ Cass. 2e civ., 22 janv. 1975, n° 73-13.072 : *JurisData* n° 1975-099022 ; *D.* 1975, inf. rap. 67. ▪ Cass. crim., 12 févr. 1979 : *JurisData* n° 1979-799061 ; *Gaz. Pal.* 1979, 2, 563). Mais il leur appartient de rechercher si un préjudice ne résulte pas de la perte d'un droit à obtenir une contribution aux charges du mariage (▪ Cass. 2e civ., 4 oct. 1989, n° 88-13.153 : *JurisData* n° 1989-703059 ; *JCP* 89, IV, 387 ; *Bull. civ.* II, n° 156, p. 80, 2 arrêts ; *RTD civ.* 1990, 81, obs. Jourdain). La femme peut réclamer au mari réparation du préjudice qu'elle subit du fait de la perte d'une chance d'obtenir une prestation compensatoire à la suite de l'organisation par le mari de son insolvabilité (▪ Cass. 2e civ., 24 juin 1998, n° 96-12.781 : *JurisData* n° 1998-003005 ; *Dr. famille* 1999, 16, note Lécuyer).

71) Perte d'une chance de guérison ou de survie. Peut être indemnisée la perte d'une chance de guérison ou de survie du malade (▪ Cass. 1re civ., 14 déc. 1965, et ▪ Paris, 10 mars 1966 : *JCP* 66, II, 14753, note R. Savatier. ▪ Cass. 1re civ., 18 mars 1969 et 27 janv. 1970 : *JCP* 70, II, 16422, note Rabut. ▪ Cass. 1re civ., 21 nov. 1978 : *JCP* 79, II, 19033, note R. Savatier. ▪ Cass. 1re civ., 8 janv. et 27 mars 1985, n° 83-14.852 : *JurisData* n° 1985-000361 ; *D.* 1986, 390, note Penneau. ▪ Cass. crim., 7 juill. 1993, n° 92-84.564 : *JurisData* n° 1993-002485 ; *Gaz. Pal.* 1996, 1, 18, note Chabas. V. aussi ▪ Cass. 1re civ., 8 juill. 1997, n° 95-14.067 : *JurisData* n° 1997-003254 ; *JCP* 97, II, 22921, 1re esp., rapp. Sargos ; *Bull.* I, n° 238, p. 158, persistance dans un diagnostic erroné. ▪ Cass. 1re civ., 25 nov. 1997, n° 95-21.785 : *JurisData* n° 1997-004791 ; *Resp. civ. et assur.* 1998, 58, perte d'une chance d'être soigné avec une récupération physique meilleure). Doit être cassé l'arrêt qui admet que la perte d'une chance d'être « soigné efficacement » constitue seulement un préjudice moral, alors que cette perte est celle d'une chance d'éviter la mort et les divers préjudices en résultant directement (▪ Cass. 1re civ., 10 janv. 1990, n° 87-17.091 : *JurisData* n° 1990-700093 ; *Bull. civ.* I, n° 10, p. 8). Lorsque la responsabilité d'un professionnel de santé est engagée pour faute en vertu de l'article L. 1142-1 I du Code de la santé publique, le préjudice de la victime présente un caractère direct et certain chaque fois qu'est constatée la disparition d'une éventualité favorable. Il en résulte que ni l'incertitude relative à l'évolution de la pathologie dont la patiente était atteinte, ni l'indétermination de la cause du syndrome de détresse respiratoire aiguë ayant entraîné son décès, n'étaient de nature à faire écarter le lien de causalité entre la faute commise par le médecin, laquelle avait eu pour effet de faire retarder la prise en charge de cette patiente, et la perte pour elle d'une chance de survie (▪ Cass. 1re civ., 14 oct. 2010, n° 09-69.195 : *Bull.*, n° 200 ; *RDC* 2011/1, p. 77, obs. Borghetti ; *D.* 2010, p. 2682, note Sargos ; *ibid.* 2011, p. 35, obs. Gout ; *Gaz. Pal.* 2011, n° 14, p. 42, note Bandon-Tourret ; *RTD civ.* 2011, p. 128, obs. Jourdain). Un arrêt définitif ayant condamné une sage-femme pour blessures involontaires au motif qu'elle avait, au cours de l'accouchement, par ses négligences répétées et déterminantes, contribué à créer le handicap de l'enfant, celle-ci doit être considérée comme étant à l'origine des atteintes corporelles constitutives de l'entier dommage, lequel ne peut être limité à une perte de chance (▪ Cass. 1re civ., 17 févr. 2011, nos 10-10.449 et 10-10.670 : *Bull.*, n° 29 ; *RTD civ.* 2011, p. 356).

72) Perte de chance due au défaut d'information du médecin. La violation d'une obligation d'information ne peut être sanctionnée qu'au titre de la perte de chance subie par le patient d'échapper, par une décision peut-être plus judicieuse, au risque qui s'est finalement réalisé et le dommage correspond alors à une fraction des différents chefs de préjudice subis, qui est déterminée en mesurant la chance perdue et ne peut être égale aux atteintes corporelles résultant de l'acte médical (▪ Cass. 1re civ., 13 févr. 2007, n° 06-12.372 : *JurisData* n° 2007-037392 ; *Contrats, conc. consom.* 2007, 143, note Leveneur). Dès lors, viole les articles R. 4127-36 du Code de la santé publique et 1382 du Code civil l'arrêt qui, après avoir écarté toute perte de chance d'échapper au risque qui s'est réalisé, alloue au malade une indemnité au titre du préjudice moral éprouvé par lui du fait du manquement à l'obligation d'information, au motif que le malade non informé n'avait pu anticiper le risque qui s'est réalisé (▪ Cass. 1re civ., 6 déc. 2007, n° 06-19.301 : *RDC* 2008/3, p. 769, obs. Borghetti ; *D.* 2008, p. 192, note P. Sargos ; *JCP* 2008, I, 125, obs. Stoffel-Munck. – Sur cet arrêt, v. aussi Neyret, *La Cour de cassation neutralise l'obligation d'information de certains professionnels : D.* 2008, p. 804. – C. Corgas-Bernard, *Nouvelle approche de l'obligation d'information du médecin : Rev. Lamy dr. civ.* 2008, n° 50, p. 19). – V. encore M. Bacache, *Pour une indemnisation au-delà de la perte de chance : D.* 2008, p. 1908. V.

aussi, indépendamment de la perte de chance, pour la réparation du préjudice d'impréparation, les décisions citées sous l' art. 1147 ancien, note n° 17, p. 841.

73) Sur la **perte d'une chance de pratiquer un avortement,** V. ▪ TGI Montpellier, 15 déc. 1989 : *JurisData* n° 1989-605055 ; *JCP* 90, II, 21556, note Gridel. V. aussi annot. n° 77, p. 903.

74) Perte d'une chance d'obtenir une meilleure réparation. Les juges du fond doivent rechercher si le seul fait de n'avoir pas informé le membre du club de son intérêt à souscrire une assurance complémentaire n'a pas privé celui-ci de la perte d'une chance d'obtenir une meilleure réparation (▪ Cass. 1re civ., 7 avr. 1998, n° 96-10.581 : *JurisData* n° 1998-001756 ; *JCP* 98, IV, 2289 ; *Bull.* I, n° 147, p. 97).

75) Défaillance d'un système d'alarme. La défaillance d'un système d'alarme est en relation de cause à effet avec le dommage (cambriolage), fût-il une perte de chance (▪ Cass. 1re civ., 6 oct. 1998, n° 96-21.962 : *JCP* G 98, IV, 3286 ; *JCP* E 99, 425, note Leveneur ; *Contrats, conc. consom.* 1999, 4, note Leveneur ; *Bull. civ.* I, n° 276, p. 192).

76) Réalisation d'un événement résultant de l'attitude de la victime. La perte d'une chance ne constitue un préjudice réparable que si elle dépend d'un événement futur et incertain dont la réalisation ne peut résulter de l'attitude de la victime (▪ Cass. 1re civ., 2 oct. 1984 : *JurisData* n° 1984-701839 ; *Bull. civ.* I, n° 245, p. 208).

77) Évaluation du préjudice né de la perte d'une chance. Il appartient aux juges du fond, pour évaluer le préjudice né de la faute de l'avocat, de rechercher quelles étaient les chances de l'action (▪ Cass. 2e civ., 2 avr. 1997, n° 95-16.487 : *JurisData* n° 1997-001630 ; *JCP* 97, IV, 1121 ; *Bull.* I, n° 118, p. 79 ; *Resp. civ. et assur.* 1997, 232 ; *Defrénois* 1997, 1435, obs. Atias). La réparation d'une perte de chance doit être mesurée à la chance perdue et ne peut être égale à l'avantage qu'aurait procuré cette chance si elle s'était réalisée (▪ Cass. 1re civ., 16 juill. 1998, n° 96-15.380 : *JurisData* n° 1998-003246 ; *JCP* 98, II, 10143, note Martin ; *Bull. civ.* I, n° 260, p. 181, caducité de l'appel à raison d'une faute de l'avoué. ▪ Cass. 1re civ., 15 janv. 2002, n° 99-21.799 : *JurisData* n° 2002-012513 ; *JCP* E 2002, 1206, note Leveneur ; *Contrats, conc. consom.* 2002, 73, note Leveneur, conseil juridique n'ayant pas exécuté le mandat d'inscrire des nantissements sur un fonds de commerce et de faire signer des actes de caution. ▪ Cass. 1re civ., 9 avr. 2002, n° 99-17.192 : *JurisData* n° 2002-013996 ; *Bull. civ.* I, n° 116, p. 89, faute d'un avocat). Mais dès lors que le préjudice est certain, il doit être intégralement réparé (▪ Cass. 1re civ., 12 mars 2002, n° 00-11.774 : *JurisData* n° 2002-013563 ; *JCP* E 2002, 1335, note Pasqualini, perte d'une indemnité d'immobilisation due à la faute d'un avocat). La perte de chance de survie ne peut donner lieu à la réparation totale du dommage résultant du décès (▪ Cass. 1re civ., 27 mars 1973 : *JurisData* n° 1973-000115 ; *D.* 1973, 595, note Penneau. ▪ Cass. 1re civ., 21 nov. 1978 : *JCP* 79, II, 19033, note R. Savatier). De même, une cour d'appel ne peut, sans contradiction, admettre que la chance de promotion de la victime n'était que probable et fonder néanmoins son évaluation sur l'intégralité du salaire réel correspondant à l'emploi considéré, compté de surcroît du jour du décès (▪ Cass. crim., 3 nov. 1983, n° 82-94.455 : *JurisData* n° 1983-702128 ; *JCP* 85, II, 20360, 2e esp., note Chartier). Les juges du fond peuvent estimer que la perte de chance professionnelle se confond avec l'incapacité permanente partielle retenue (▪ Cass. 2e civ., 13 nov. 1985, n° 84-11.450 : *JurisData* n° 1985-703100 ; *Bull. civ.* II, n° 172, p. 115). Le préjudice causé au bénéficiaire d'une police d'assurance par l'agent général qui a négligé de transmettre à la compagnie d'assurance des contrats d'assurance de groupe ne peut être réparé par l'allocation d'une somme égale au montant de l'indemnité à laquelle l'assuré aurait pu prétendre si le contrat avait été souscrit dans un temps proche de l'établissement des contrats d'adhésion, l'acceptation de la compagnie ne faisant aucun doute, alors que, ce contrat n'ayant pas été conclu, la victime ne pouvait se prévaloir que de la perte d'une chance (▪ Cass. 2e civ., 19 juin 1996, n° 92-19.375 : *JurisData* n° 1996-003206 ; *JCP* 96, IV, 1830 ; *Bull. civ.* II, n° 160, p. 96).

78) Réparation de la perte d'une chance. Office du juge. Dans le cas où la faute du médecin a fait perdre au malade la chance d'obtenir une amélioration de son état de santé ou d'échapper à une infirmité, le dommage qui résulte pour lui de cette perte de chance est fonction de la gravité de son état réel et de toutes les conséquences en découlant ; il incombe seulement à la victime de préciser à quel montant elle évalue ses différents préjudices, sans avoir à chiffrer spécifiquement la perte de chance (▪ Cass. 1re civ., 6 juill. 1997 : *JCP* 97, II, 22921, 2e esp., concl. Sargos ; *Bull. civ.* I, n° 239, p.160).

79) Perte de chance et condamnation *in solidum*. En présence de coresponsables dont l'un répond du dommage corporel et l'autre d'une perte de chance, il ne peut être prononcé une condamnation *in solidum* qu'à concurrence de la partie du préjudice total de la victime à la réalisation duquel les coresponsables ont l'un et l'autre contribué (▪ Cass. 1re civ., 8 févr. 2017, n° 15-21.528 : *JurisData* n° 2017-001885 ; *JCP* G 2017, 495, Bascoulergue).

3° Préjudice par ricochet

80) Préjudice indirect. Doit être cassé l'arrêt qui accorde des dommages-intérêts au directeur du théâtre à raison de la diminution des recettes imputées au remplacement d'un artiste lyrique victime d'un accident (▪ Cass. 2e civ., 14 nov. 1958 : *Gaz. Pal.* 1959, 1, 31). De même, les associés survivants d'une société en nom collectif ne peuvent prétendre à être indemnisés pour le décès accidentel d'un associé, dès lors qu'ils n'établissent pas que l'affaire a périclité en raison de ce décès (▪ Cass. com., 12 juill. 1961 : *Bull. civ.* III, n° 330, p. 285. V. aussi pour le préjudice résultant de l'absence de la femme d'un associé cogérant ▪ Cass. 2e civ., 27 mai 1999, n° 97-19.234 : *JurisData* n° 1999-002106 ; *JCP* 2000, I, 197, n° 4, obs. Viney). La dépense résultant pour l'héritier de l'obligation d'acquitter les droits de succession après décès ne constitue pas un élément du préjudice résultant d'un accident (▪ Cass. 2e civ., 8 nov. 1995, n° 94-11.789 : *JurisData* n° 1995-002894 ; *JCP* 96, I, 3985, n° 9, obs. Viney ; *Bull. civ.* II, n° 273, p. 162 ; *D.* 1996, 360, note Roets ; *Resp. civ. et assur.* 1996, 6. V. en ce sens ▪ Cass. crim., 8 févr. 1996 : *JCP* 96, IV, 1242), non plus que celle résultant de l'obligation prévue par l'article 276-2 d'assumer la charge de la rente que servait son ayant cause à titre de prestation compensatoire (▪ Cass. crim., 18 nov. 1998, n° 97-82.268 : *Resp. civ. et assur.* 1999, 59 ; *JCP* 99, I, 147, n° 10, obs. Viney). Le médecin n'étant tenu d'informer les proches du malade et de recueillir leur consentement que lorsque celui-ci est dans l'impossibilité de donner son accord, les juges du fond ne peuvent allouer aux proches du malade une indemnisation au titre du préjudice moral invoqué par eux en lien avec le défaut d'information, alors que le malade était en mesure de recevoir l'information et de consentir de façon éclairée aux soins proposés (▪ Cass. 1re civ., 6 déc. 2007, n° 06-19.301, préc. sous note 54). Le préjudice de la personne handicapée tenant à la perte de l'assistance que lui apportait son conjoint, victime d'un homicide involontaire, ne se confond pas avec le préjudice, lié au besoin d'assistance par une tierce personne, de la victime directe perdant son autonomie par suite d'une infraction. Justifie sa décision la cour d'appel qui définit le préjudice du conjoint survivant, victime par ricochet, comme la perte de chance de bénéficier de l'assistance viagère de la victime directe (▪ Cass. crim., 27 mai 2014, n° 13-82.116 : *Bull.* ; *JCP* 2014, 843, note Bascoulergue ; *D.* 2015, p. 124, obs. Brun ; *RTD civ.* 2014, p. 659, obs. Jourdain).

81) Droit à réparation de la concubine. L'article 1382 n'exige pas, en cas de décès, l'existence d'un lien de droit entre le défunt et le demandeur en indemnisation (▪ Cass. ch. mixte, 27 févr. 1970, n° 68-10.276 : *JCP* 70, II, 16305, concl. Lindon et note Parlange ; *D.* 1970, 201, note Combaldieu). La concubine peut donc obtenir réparation du préjudice résultant pour elle de la mort de son concubin (même arrêt). Jugé que ce droit à réparation existe même en l'absence de cohabitation entre les concubins (▪ Cass. crim., 2 mars 1982, n° 80-95.197 : *JurisData* n° 1982-700379 ; *JCP* 83, II, 19972, note Le Tourneau), et même si le concubinage est adultérin (▪ Cass. crim., 19 juin 1975 : *JurisData* n° 1975-700067 ; *D.* 1975, 679, note Tunc. ▪ Paris, 10 mars 1976 : *JCP* 78, II, 18859, note R. Savatier), ou homosexuel (▪ TGI Belfort, 25 juill. 1995 : *JurisData* n° 1995-990007 ; *JCP* 96, II, 22724, note Paulin, femmes cohabitant depuis 20 ans), et que l'épouse et la concubine peuvent donc réclamer l'une et l'autre une indemnité en cas de décès de leur ami ou concubin (▪ Riom, 9 nov. 1978 : *JurisData* n° 1978-600079 ; *JCP* 79, II, 19107, note Almairac). Mais si l'intéressé partage ses journées entre deux femmes, il ne peut être considéré comme vivant maritalement avec l'une et l'autre ou avec l'une ou l'autre, ce qui établit le caractère précaire de la double liaison invoquée (▪ Cass. crim., 8 janv. 1985, n° 82-92.753 : *JCP* 86, II, 20588, note Endréo).

82) Conjoint séparé. Les juges du fond ne peuvent rejeter la demande formée par une épouse tendant à la réparation du préjudice économique subi par elle et ses enfants mineurs du fait du décès de son mari dont elle était séparée, sans rechercher si un préjudice ne résulte pas pour elle de la perte du droit à obtenir une contribution aux charges du mariage (▪ Cass. 2e civ., 4 oct. 1989, n° 87-20.290 : *JurisData* n° 1989-703340 ; *JCP* 89, IV, 387 ; *Bull. civ.* II, n° 156, p. 80, arrêt n° 2 ; *RTD civ.* 1990, 81, obs. Jourdain. V. en ce sens ▪ Cass. crim., 25 oct. 2000, n° 00-80.433 : *JurisData* n° 2000-006852 ; *D.* 2001, somm. 2233, obs. Jourdain). Tel n'est pas le cas s'agissant d'une épouse séparée de fait depuis plusieurs années, qui ne justifie pas de la persistance d'un lien d'affection entre elle et son mari, dont elle n'a jamais sollicité l'aide financière, d'où il résulte que la chance qu'elle a perdu d'obtenir l'exécution du devoir de secours apparaît trop incertaine (▪ Cass. 2e civ., 22 févr. 1989, n° 87-12.619 : *JurisData* n° 1989-700525 ; *Bull. civ.* II, n° 46, p. 23).

83) Veuve exerçant une activité professionnelle après le décès de son mari. Sur le principe que le préjudice économique par ricochet de la veuve ne peut être réduit à raison de l'activité professionnelle exercée par celle-ci après le décès, V. ▪ Cass. 2e civ., 2 nov. 1994, n° 93-12.509 : *JurisData* n° 1994-002041 ; *JCP* 95, I, 3853, n° 21, obs. Viney ; *Bull.* II, n° 217, p. 125 ; *RTD civ.* 1995, 131, obs. Jourdain. ▪ Cass. crim., 13 déc. 1995, n° 95-80.790 : *JurisData* n° 1995-004204 ; *JCP* 96, I, 3985, n° 10, obs. Viney ; *Resp. civ. et assur.* 1996, 117.

84) Rente versée à la victime décédée pour l'aide d'une tierce personne. La rente versée au défunt pour l'aide d'une tierce personne doit être exclue des revenus permettant de calculer le préjudice économique par ricochet des proches (■ Cass. 2e civ., 6 mars 1996, n° 94-18.924 : *JurisData* n° 1996-000750 ; *RTD civ.* 1996, 639, obs. Jourdain).

85) Préjudice économique par ricochet en cas de survie de la victime directe. Perte de revenus d'un proche qui assiste la victime devenue handicapée : pour la nécessité de rechercher si ce proche a été obligé d'abandonner son emploi pour s'occuper de la victime directe et si de ce fait il a subi un préjudice économique personnel en lien direct avec l'accident consistant en une perte de gains professionnels et de droits à la retraite qui ne serait pas susceptible d'être compensée par sa rémunération telle que permise par l'indemnité allouée à la victime directe au titre de son besoin d'assistance par une tierce personne, V. ■ Cass. 2e civ., 14 avr. 2016, n° 15-16.697 : *Bull.* ; *JCP* G 2016, 529, obs. Quézel-Ambrunaz, et 1117, obs. Bloch ; *RTD civ.* 2016, 637, Jourdain. Mais ne constituent pas un préjudice consécutif à l'accident dont sa mère a été victime les frais d'hébergement et de soins d'une personne qui, en raison de son handicap, doit être accueillie en foyer médicalisé, peu important qu'elle ait été, avant l'accident, hébergée par sa mère (■ Cass. 2e civ., 19 mai 2016, n° 11-22.684 : *Bull.* ; *JCP* G 2016, 1117, Bloch ; *Resp. civ. et assur.* 2016, n° 249 et étude 10, Hocquet-Berg ; *RTD civ.* 2016, 866, Jourdain). Si l'aménagement du logement de la victime pour l'adapter aux contraintes liées à son handicap constitue un préjudice qui lui est propre, les frais engagés par ses proches pour rendre leur logement accessible afin de pouvoir la recevoir constituent un élément de leur préjudice économique (■ Cass. 2e civ., 5 oct. 2017, n° 16-22.353 : *Bull.* ; *JCP* G 2017, 1308, Bascoulergue ; *RTD civ.* 2018, p. 133, Jourdain).

B – Préjudice moral

86) Doctrine. Ph. Stoffel-Munck, *Le préjudice moral des personnes morales* in *Mélanges Ph. le Tourneau*, Dalloz 2008, p. 959.

87) Principe. L'article 1382 s'applique, par la généralité de ses termes, aussi bien au dommage moral qu'au dommage matériel (■ Cass. civ., 13 févr. 1923 : *DP* 1923, 1, 52, note Lalou, 2e esp. ■ *Cass. 2e civ.*, 23 mai 1977 : *JurisData* n° 1977-700139 ; *Gaz. Pal.* 1977, 2, 677). Sur le principe que l'indemnisation du prix de la douleur permet de réparer non seulement les souffrances physiques mais aussi les souffrances morales, V. ■ Cass. 2e civ., 5 janv. 1994, n° 92-15.443 : *JurisData* n° 1994-000067 ; *Bull. civ.* II, n° 15, p. 8.

88) Préjudice moral d'une personne morale (oui). Viole les articles 1147, 1382 et 1383, l'arrêt qui, pour rejeter les demandes de deux sociétés au titre du préjudice moral, retient que s'agissant de sociétés elles ne peuvent prétendre à un quelconque préjudice moral (■ Cass. com., 15 mai 2012, n° 11-10.278 : *Bull.* ; *D.* 2012, p. 2285, note Dondero ; *Rev. sociétés* 2012, p. 620, note Stoffel-Munck ; *JCP* 2012, 1012, note Wester-Ouisse ; *RTD civ.* 2013, p. 85). V. pour la réparation du préjudice moral d'une fédération de pêche et protection du milieu aquatique par les auteurs d'un prélèvement fautif de grenouilles, ■ Cass. 3e civ., 8 nov. 2018, n° 17-26.180 : *D.* 2019, p. 419, Ch. Dubois.

89) État végétatif de la victime. L'état végétatif d'une personne n'exclut aucun chef d'indemnisation (■ Cass. 2e civ., 22 févr. 1995, n° 92-18.731 : *JurisData* n° 1995-000337 ; *JCP* 95, I, 3853, n° 20, obs. Viney ; *Bull.* II, n° 61, p. 34 ; *Gaz. Pal.* 1996, 1, 147, note Evade ; *D.* 1995, somm. 233, obs. D. Mazeaud, 1996, 69, note Chartier ; *RTD civ.* 1995, 629, obs. Jourdain. ■ Cass. 2e civ., 28 juin 1995, n° 93-17.738 : *JurisData* n° 1995-001714 ; *JCP* 95, IV, 2133 ; *Bull.* II, n° 224, p. 129. V. M.-A. Péano, *Victimes en état végétatif : une étape décisive : Resp. civ. et assur.* 1995, chron. 13). Mais justifie sa décision la cour d'appel qui juge, pour écarter la demande tendant à la réparation du préjudice moral après avoir accueilli celle relative aux souffrances physiques, que le choc traumatique a été si violent que la victime est restée inconsciente, qu'elle n'a pu être réanimée et que son décès a été quasi instantané, ce dont il résultait que la victime n'avait pu se rendre compte de ce qu'il lui arrivait et que sa souffrance morale n'était pas établie (■ Cass. crim., 5 oct. 2010, n° 09-87.385 et n° 10-81.743 : *JCP* 2011, n° 15, 435, obs. Bloch).

90) Préjudice d'agrément. Le fait pour la victime de ne plus pouvoir jardiner, ni entretenir sa maison, ni se promener caractérise suffisamment le préjudice d'agrément qu'elle subit (■ Cass. 2e civ., 11 oct. 1989, n° 88-11.612 : *JurisData* n° 1989-703184 ; *Bull. civ.* II, n° 178, p. 91). Le préjudice d'agrément s'entend non seulement de l'impossibilité de se livrer à une activité ludique ou sportive, mais encore de la privation des agréments normaux de l'existence (■ Cass. crim., 26 mai 1992, n° 91-84.618 : *JurisData* n° 1992-001666 ; *JCP* 1992, IV, 2843. Comp. ■ Cass. soc., 5 janv. 1995, n° 92-15.958 : *JurisData* n° 1995-000018 ; *JCP* 1995, I, 3853, n° 22, obs. Viney ; *RTD civ.* 1995, 892, obs. Jourdain, « altération sensible de la capacité de l'intéressé d'accomplir des gestes banals »). V. aussi pour l'octroi d'une indemnité au titre du préjudice d'agrément à une victime ne pouvant plus pratiquer des activités sportives avec la même intensité qu'auparavant, son état physique ne lui permettant plus de viser des podiums, ■ Cass. 2e civ., 29 mars 2018, n° 17-14.499 : *Bull.* ;*D.* 2019, p. 38, Brun. Sur le principe que le préjudice d'agrément est distinct de l'incidence professionnelle, indemnisée au titre du préjudice économique, V. ■ Cass. 2e civ., 19 mars 1997 : *D.* 1998, 59, 1re esp., note Lambert-Faivre. V. P. Jourdain, *Le préjudice d'agrément, in Le préjudice : questions choisies : Resp. civ. et assur.* 1998, n° spécial, p. 11. Mais sur ce que le préjudice d'agrément ne peut être réparé en sus du déficit fonctionnel, V. ■ Cass. 2e civ., 28 mai 2009, n° 08-16.829 : *JCP* 2009, n° 38, 248, obs. Bloch ; *Resp. civ. et assur.* 2009, comm. 202, reprenant la nomenclature dite *Dintilhac* (le dommage réparé au titre du préjudice d'agrément se rattache à la perte de qualité de vie et des joies usuelles de la vie courante prise en compte dans l'indemnisation de « l'incapacité temporaire totale ou partielle » désormais comprise dans le poste de préjudice dénommé « déficit fonctionnel temporaire »). ■ Cass. 2e civ., 5 mars 2015, n° 14-10.758 : *D.* 2016, p. 38, obs. Brun ; *RCA* 2015, n° 168, note Groutel (rejet du pourvoi formé contre l'arrêt qui retient que le préjudice d'agrément temporaire est inclus dans le déficit fonctionnel temporaire).

91) Préjudice esthétique. Une cour d'appel ne peut rejeter une demande d'indemnisation d'un préjudice esthétique temporaire en énonçant que pour la période antérieure à la date de consolidation, les souffrances non seulement physiques mais également d'ordre moral subies par la victime du fait de son état, notamment esthétique, ont déjà été indemnisées au titre des souffrances endurées (■ Cass. 2e civ., 3 juin 2010, n° 09-15.730). Le préjudice esthétique temporaire n'est pas inclus dans le poste de préjudice du déficit fonctionnel temporaire et doit être indemnisé séparément (■ Cass. 2e civ.,4 févr. 2016, n° 10-23.378 : *Bull.* ; *Resp. civ. et assur.* 2016, 140).

92) Préjudice d'établissement. Le préjudice d'établissement consiste en la perte d'espoir et de chance de réaliser un projet de vie familiale en raison de la gravité du handicap. Dès lors, encourt la censure la cour d'appel qui a évalué la réparation du préjudice d'établissement en tenant compte des indemnités accordées au titre des préjudices distincts que sont le préjudice d'agrément et le préjudice sexuel (■ Cass. 2e civ., 12 mai 2011, n° 10-17.148 : *Bull.*, n° 106 ; *D.* 2011, chron. C. cass., p. 2150, obs. Adida-Canac, Bouvier ; *D.* 2012, pan. p. 47, obs. Brun). Encourt la cassation l'arrêt qui rejette la demande d'indemnisation de ce poste de préjudice au motif que les troubles ressentis par la victime dans ses conditions d'existence personnelles, familiales et sociales ont été indemnisés au titre du déficit fonctionnel permanent, alors que le préjudice d'établissement à raison d'un handicap physique ayant créé une incapacité permanente partielle de 67 % constitue un poste de préjudice distinct et que la victime reste atteinte, après consolidation, des séquelles d'une amputation partielle du membre inférieur gauche et d'une paralysie quasi complète de la main à l'épaule (■ Cass. 2e civ., 13 janv. 2012, n° 11-10.224 : *Bull.*, n° 9 ; *D.* 2012, p. 281, obs. Da Silva ; *RTD civ.* 2012, p. 316, obs. Jourdain). Le préjudice d'établissement recouvre, en cas de séparation ou de dissolution d'une précédente union, la perte de chance pour la victime handicapée de réaliser un nouveau projet de vie familiale (■ Cass. 2e civ., 15 janv. 2015, n° 13-27.761 : *Bull.* ; *D.* 2015, p. 661, note Saulier ; p. 2287, obs. Guégan-Lecuyer). Le préjudice d'établissement réparant la perte de la faculté de réaliser un projet de vie familiale en raison de la gravité d'un handicap, la victime, qui réclame réparation des conséquences de sa stérilité, n'a pas subi un tel préjudice si elle a fondé une famille en adoptant un enfant, mais le principe de réparation intégrale impose de l'indemniser totalement des frais exposés à l'occasion de l'adoption (■ Cass. 2e civ., 8 juin 2017, n° 16-19.185 : *Bull.* ; *D.* 2017, p. 2228, Porchy-Simon ; *JurisData* n° 2017-011043).

93) Préjudice d'anxiété. Préjudice d'anxiété résultant d'une situation d'inquiétude permanente face au risque de déclaration à tout moment d'une maladie liée à l'amiante et à l'obligation de subir des contrôles et examens réguliers propres à réactiver cette angoisse (■ Cass. soc., 11 mai 2010, n° 09-42.241 : *Bull. civ.* 2010, V, n° 106 ; *JCP* 2010, n° 568, obs. Miara ; n° 733, note Colonna et Renaux-Personnic ; n° 1015, obs. Bloch ; *D.* 2010, 2048, note C. Bernard ; *D.* 2011, 35, obs. Gout ; *RTD civ.* 2010, 564, obs. Jourdain). L'indemnisation accordée au titre du préjudice d'anxiété répare l'ensemble des troubles psychologiques, y compris ceux liés au bouleversement dans les conditions d'existence, résultant du risque de déclaration à tout moment d'une maladie liée à l'amiante. La déclaration de la maladie et le contentieux auquel elle a donné lieu ne privent pas le salarié admis au bénéfice de l'allocation de cessation anticipée des travailleurs de l'amiante (ACAATA) du droit de demander à la juridiction prud'homale la réparation des conséquences du trouble psychologique, compris dans le préjudice d'anxiété, subi avant la déclaration de la maladie (■ Cass. soc., 25 sept. 2013, n° 12-20.157 : *Bull.* ; *RDC* 2014/1, p. 23, note Viney ; *JCP* 2013, n° 1206, note Bousez ; *D.* 2013, p. 2954, note Guégan-Lécuyer ; *D.* 2014, p. 47, obs. Brun ; *RTD civ.* 2013, p. 844, obs. Jourdain). Le salarié qui a travaillé dans l'un des établissements mentionnés à l'article 41 de la loi n° 98-1194 du 23 décembre 1998 et figurant sur une liste établie par arrêté ministériel pendant une période où y étaient fabriqués ou traités l'amiante ou des matériaux contenant de l'amiante et se trouve, du fait de l'employeur, dans une situation d'inquiétude permanente face au risque de déclaration à tout moment d'une maladie liée à l'amiante, qu'il se soumette ou non à des contrôles et examens médicaux réguliers subit un préjudice d'anxiété spécifique ; l'indemnisation accordée au titre d'un préjudice d'anxiété répare l'ensemble des troubles psychologiques, y compris ceux liés au bouleversement dans les conditions d'existence, résultant du risque de déclaration à tout moment d'une maladie liée à l'amiante. Violent en conséquence les articles L. 4121-1 du Code du travail, ensemble l'article 1147 du Code civil et le principe de la réparation intégrale du préjudice les arrêts qui, pour débouter les salariés de leurs demandes de dommages et intérêts en réparation du préjudice d'anxiété retiennent que les intéressés ne versent ni document objectif ni témoignage de tiers sur leur état de santé, sur une éventuelle anxiété, un suivi médical et une modification dans leurs conditions d'existence (▪ Cass. soc., 2 avr. 2014, n° 12-28.616 : *Bull.* ; *JCP* 2014, n° 24, p. 1176, note Colonna, Renaux-Personnic ; *D.* 2014, p. 1312, note Willmann). V. aussi, pour la confirmation de la présomption de préjudice au profit de ces salariés, placés dans une situation d'inquiétude permanente, ▪ Cass. soc., 3 mars 2015, n° 13-20.474 : *D.* 2015, p. 2287, obs. S. P.-S. ; *JCP* G 2015, n° 740, note Bacache ; *RCA* 2015, étude 7, Corgas-Bernard ; *RTD civ.* 2015, p. 393, obs. P. Jourdain. Mais le salarié qui justifie d'une exposition à l'amiante, générant un risque élevé de développer une pathologie grave, peut agir contre son employeur, pour manquement de ce dernier à son obligation de sécurité, quand bien même il n'aurait pas travaillé dans l'un des établissements mentionnés à l'article 41 de la loi du 23 décembre 1998 modifiée (▪Cass. Ass. plén., 5 avr. 2019, n°18-17.442, arrêt de revirement par rapport à la solution antérieure qui n'admettait pas la réparation du préjudice d'anxiété pour les salariés exposés à l'amiante, qu'au profit de ceux de tels établissements, V. (▪ Cass. soc., 3 mars 2015, n° 13-26.175 : *JurisData* n° 2015-003785. ▪ Cass. soc., 17 févr. 2016, n° 14-24.011 : *JCP* G 2016, 1117, Bacache ; *JurisData* n° 2016-002498. ▪ Cass. soc., 22 juin 2016, n° 14-28.175 : *JCP* G 2016, 1117, Bacache ; *JurisData* n° 2016-012108. ▪ Cass. soc., 21 sept. 2017, n° 16-15.130 : *Resp. civ. et assur.* 2017, comm. 311, Groutel). Pour le préjudice d'anxiété des personnes exposées au diethylstilbestrol (DES), V. ▪ Cass. 1re civ., 2 juill. 2014, n° 10-19.206 : *D.* 2014, p. 2362, Guégan-*Lécuyer.* ▪ Cass. 1re civ., 11 janv. 2017, n° 15-16.282 : *D.* 2017, p. 2229, Bacache. Pour le préjudice de contamination par le virus de l'hépatite C qui comprend les perturbations et craintes éprouvées concernant l'espérance de vie et les souffrances, V. ▪ Cass. 1re civ., 28 nov. 2018, n° 17-28.272 : *Bull.* ; *JurisData* n° 2018-021314.

Bibliographie : P. Jourdain, *Les préjudices d'angoisse : JCP* G 2015, n° 739.

94) Préjudice d'angoisse de mort imminente. Les souffrances endurées du fait de ses blessures, avant son décès, par la victime d'un accident mortel et l'angoisse d'une mort imminente constituent des préjudices distincts (▪ Cass. crim., 23 oct. 2012, n° 11-83.770 : *JurisData* n° 2012-023943 ; *Resp. civ. et assur.* 2013, n° 2 ; *RTD civ.* 2013, p. 125, Jourdain). Mais ce préjudice d'angoisse ne peut exister que si la victime est consciente de son état (▪ Cass. crim., 27 sept. 2016, n° 15-83.309 : *Bull.* ; *JurisData* n° 2016-019634 ; *Resp. civ. et assur.* 2016, n° 327 ; *D.* 2017, 24, Quézel-Ambrunaz. ▪ Cass. crim., 23 nov. 2017, n° 16-13.948 : *D.* 2019, p. 40, Gout ; *JCP* G 2018, 262, Bacache). La perte de sa vie ne fait naître en elle-même aucun droit à réparation dans le patrimoine de la victime, seule étant indemnisable le préjudice résultant de la souffrance morale liée à la conscience de la mort (▪ Cass. 2e civ., 20 oct. 2016, n° 14-28.866 : *Bull.* ; *D.* 2017, 24, Quézel-Ambrunaz). – Comp. ▪ Cass. 2e civ., 2 févr. 2017, n° 16-11.411 : *Bull.* ; *JCP* G 2017, 257, p. 455, Bacache (le préjudice moral lié aux souffrances psychiques et aux troubles qui y sont associés étant inclus dans le poste de préjudice temporaire des souffrances endurées, quelle que soit l'origine desdites souffrances, le préjudice lié à la conscience de sa mort prochaine ne peut être indemnisé séparément). Dans le même sens, ▪ Cass. 2e civ., 14 sept. 2017, n° 16-22.013 : *D.* 2017, 2230, Bacache ; *D.* 2018, 37, Brun ; *Resp. civ. et assur.* 2017, comm. 312. Sur les préjudices d'angoisse des victimes du terrorisme V. le rapport S. Porchy-Simon, *L'indemnisation des préjudices situationnels d'angoisse des victimes directes et de leurs proches*, ladocumentationfrançaise.fr, mars 2016 ; sur la position restrictive du FGTI, V. S. Porchy-Simon : *D.* 2017, p. 2265.

95) Préjudice permanent exceptionnel. Le poste des préjudices permanents exceptionnels indemnise des préjudices extrapatrimoniaux atypiques, directement liés au handicap permanent qui prend une résonance particulière pour certaines victimes en raison soit de leur personne, soit des circonstances et de la nature du fait dommageable, notamment de son caractère collectif pouvant exister lors de catastrophes naturelles ou industrielles ou d'attentats (▪ Cass. 2e civ., 16 janv. 2014, n° 13-10.566 : *Bull.* ; *Gaz. Pal.* 2014, n° 106, p. 9, note Guégan-Lécuyer ; *D.* 2014, p. 2362, obs. Bacache, Guégan-Lécuyer et Porchy-Simon. ▪ Cass. 2e civ., 2 mars 2017, n° 15-27.523 : D. 2017, p. 2229, Porchy-Simon).

96) Souffrances psychiques et préjudice temporaire des souffrances endurées ou préjudice du déficit fonctionnel permanent. Le préjudice moral lié aux souffrances psychiques et aux troubles qui y sont associés étant inclus dans le poste de préjudice temporaire des souffrances endurées ou dans le poste de préjudice du déficit fonctionnel permanent, il ne peut être indemnisé séparément (■ Cass. 2e civ., 5 févr. 2015, n° 14-10.097 : *Bull.* ; *Gaz. Pal.* 2015, n° 95, p. 5, note Guégan-Lécuyer. Également, ■ Cass. 2e civ., 5 mars 2015, n° 14-13.045 : *D.* 2016, p. 37, note Brun. ■ Cass. 2e civ., 13 déc. 2018, nos 17-28.716 et 18-10.276 : *Bull.* ; *JurisData* nos 2018-022828 et 2018-022830, à propos d'un préjudice qualifié d'avilissement par la victime de faits de prostitution forcée et de traite d'êtres humains).

97) Préjudice d'affection et atteinte à l'intégrité psychique. La cour d'appel, qui a caractérisé l'existence d'un préjudice d'affection résultant, pour une veuve, de la douleur d'avoir perdu son conjoint, distinct de celui résultant de l'atteinte à son intégrité psychique consécutive à ce décès réparé au titre des postes des souffrances endurées et du déficit fonctionnel permanent, n'a pas indemnisé deux fois le même préjudice (■ Cass. 2e civ., 23 mars 2017, n° 16-13.350 : *Bull.* ; *D.* 2017, p. 1409, Bascoulergue ; *RTD civ.* 2017, p. 664, Jourdain).

98) Préjudice résultant de la naissance. Sur le principe que nul ne peut se prévaloir d'un préjudice du seul fait de sa naissance, v. L. n° 2002-303 du 4 mars 2002, art. 1er. Sur la condamnation de l'article 1er-I, alinéa 4, appliquant la loi aux instances en cours, V. ■ CEDH, 6 oct. 2005, 2 arrêts : *JCP* 2006, II, 10061, note Zollinger. – V. aussi ■ Cass. 1re civ., 24 janv. 2006, 3 arrêts et ■ CE, 24 févr. 2006, n° 250704 : *JurisData* n° 2006-069733 ; *JCP* 2006, II, 10062, note Gouttenoire et Porchy-Simon ; *Contrats, conc. consom.* 2008, 266, note Leveneur. ■ Cass. 1re civ., 8 juill. 2008, n° 07-12.159 : *Bull. civ.* I, n° 190 ; *RDC* 2008/3, p. 909, obs. Marais et *RDC civ.* 2009/1, p. 96, obs. Borghetti ; *JCP* 2008, II, 10166, avis Mellottée, note Sargos et I, 186, obs. Stoffel-Munck ; *D.* 2008, p. 2765, note Porchy-Simon, dès lors que, s'agissant d'un dommage survenu antérieurement à l'entrée en vigueur de la loi susvisée, les intéressés pouvaient, en l'état de la jurisprudence applicable avant l'entrée en vigueur de cette loi, légitimement espérer que leur préjudice inclurait toutes les charges particulières qui découlent du handicap de l'enfant, et ce quelle que soit la date de l'introduction de la demande en justice. Jugé auparavant que dès lors que les fautes commises par un médecin et un laboratoire de biologie médicale dans l'exécution des contrats formés avec une femme enceinte ont empêché celle-ci d'exercer son choix d'interrompre sa grossesse afin d'éviter la naissance d'un enfant atteint d'un handicap, ce dernier peut demander la réparation du préjudice résultant de ce handicap et causé par les fautes retenues (■ Cass. ass. plén., 17 nov. 2000, n° 99-13.701 : *JurisData* n° 2000-006884 ; *Grands arrêts*, n° 187 ; *JCP* 2000, II, 10438, rapp. Sargos, concl. Sainte-Rose et note Chabas ; *JCP* 2001, I, 293, n° 7, obs. Murat ; *D.* 2001, 332, note D. Mazeaud et 336, note Jourdain ; *Dr. famille* 2001, 11, note Murat ; *Defrénois* 2001, 262, obs. Aubert ; *RTD civ.* 2001, 103, obs. Hauser. V. sur cet arrêt G. Mémeteau, *L'action de vie dommageable* : *JCP* 2000, I, 279. – G. Viney, *Brèves remarques à propos d'un arrêt qui affecte l'image de la justice dans l'opinion* : *JCP* 2001, I, 286. – P.-Y. Gautier, *« Les distances du juge » à propos d'un débat éthique sur la responsabilité civile* : *JCP* 2001, I, 287. – J.-L. Aubert, *Indemnisation d'une existence handicapée qui, selon le choix de la mère, n'aurait pas dû être* : *D.* 2001, 489. – L. Aynès, *Préjudice de l'enfant né handicapé : la plainte de Job devant la Cour de cassation* : *D.* 2001, 492. – C. Radé, *Être ou ne pas être ? Telle n'est pas la question* : *Resp. civ. et assur.* 2001, chron. 1. – F. Leduc, *Handicap génétique ou congénital et responsabilité civile* : *Resp. civ. et assur.* 2001, chron. 4. – D. Fenouillet, *Pour une humanité autrement fondée* : *Dr. famille* 2001, chron. 7. – M. Fabre-Magnan, *Avortement et responsabilité médicale* : *RTD civ.* 2001, 285. V. dans le même sens ■ Cass. ass. plén., 28 nov. 2001, n° 00-11.197 : *JurisData* n° 2001-011863 ; *JCP* 2002, II, 10018, concl. Sainte-Rose et note Chabas). Jugé aussi que dans le cas d'une interruption pour motif thérapeutique, il doit être établi que les conditions médicales prescrites par l'article L. 2213-1 du Code de la santé publique étaient réunies (■ Cass. ass. plén., 13 juill. 2001, 3 arrêts : *JurisData* n° 2001-010621 ; *JCP* 2001, II, 10601, concl. Sainte-Rose et note Chabas ; *D.* 2001, somm. 2325, obs. Jourdain ; *D.* 2002, somm. 1314, obs. D. Mazeaud ; *Resp. civ. et assur.* 2001, 269 ; *RTD civ.* 2001, 850, obs. Hauser). V. sur ces arrêts P. Murat : *Dr. famille* 2001, chron. 24. V. pour une application de cette jurisprudence ■ Bordeaux, 18 sept. 2001 : *Dr. famille* 2001, 123, note Murat ; *Resp. civ. et assur.* 2001, 372 ; *JurisData* n° 2001-150221. ■ Cass. 1re civ., 9 mars 2004, n° 01-17.277 : *JurisData* n° 2004-022719 ; *Resp. civ. et assur.* 2004, 189, note Radé. La naissance d'un enfant ne pouvant constituer par elle-même, au plan moral, un dommage, l'échec d'une tentative d'avortement ne saurait fonder une action en réparation qu'à la condition de démontrer l'existence d'un traumatisme d'ordre psychologique (■ Riom, 6 juill. 1989 : *JurisData* n° 1989-050219 ; *D.* 1990, 284, note le Tourneau, et, sur pourvoi, ■ Cass. 1re civ., 25 juin 1991, n° 89-18.617 : *JurisData* n° 1991-001793 ; *D.* 1991, 466, note le Tourneau ; *JCP* 92, II, 21784, note Barbièri ; *Bull. civ.* I, n° 213, p. 139 ; *Defrénois* 1992, 45, obs. Massip ; *RTD civ.* 1991, 753, obs. Jourdain).

99) Naissance issue d'un viol. Justifie sa décision la cour d'appel qui, pour déclarer recevable la constitution de partie civile faite au nom d'un enfant, né de relations incestueuses imposées par un père à sa fille, et bien fondée la demande de réparation du préjudice moral de l'enfant, retient notamment que l'enfant est privé du droit de faire établir sa filiation en vertu de l'article 310-2 du Code civil et que les circonstances de sa conception justifient la réparation de traumatismes psychiques (▪ Cass. crim., 23 sept. 2010, nos 09-84.108 et 09-82.438 : *D.* 2011, pan. p. 35, obs. Brun et pan. p. 2565, obs. Laude ; *Resp. civ. et assur.* 2010, n° 313, obs. Hocquet-Berg ; *JCP* 2011, n° 15.435, obs. Bloch ; *D.* 2011, p. 124, obs. Lazerges-Cousquer ; *RTD civ.* 2011, p. 132, obs. Jourdain). Auparavant, jugé que l'impossibilité pour une personne d'établir sa filiation (viol incestueux) constitue un préjudice moral certain (▪ TGI Lille, 6 mai 1996 : *D.* 1997, 543, note Labbée. ▪ Caen, 7 nov. 2000, n° 99/01166 : *JurisData* n° 2000-135114 ; *JCP* 2002, II, 10001, note Sériaux pour le préjudice résultant du caractère nécessairement douloureux que prendra l'évocation de sa conception. Comp., décidant que l'enfant peut demander réparation du dommage découlant de l'infraction, ▪ Cass. crim., 4 févr. 1998, n° 96-86.264 : *JCP* 1998, I, 185, n° 14, obs. Viney ; *D.* 1999, 445, note Bourgault-Coudevylle ; *RTD civ.* 1999, 64, obs. Hauser).

100) Préjudice moral de l'enfant conçu. Dès sa naissance, l'enfant peut demander réparation du préjudice résultant du décès accidentel de son père survenu alors qu'il était conçu (▪ Cass. 2e civ., 14 déc. 2017, n° 16-26.687 : *Bull.* ; *D.* 2018, p. 386, Bacache ; *JCP* G 2018, 204, Binet ; *RTD civ.* 2018, p. 126, Jourdain. Enfant souffrant de l'absence définitive de son père).

101) Préjudice résultant d'une conception non désirée (non). Ayant librement et pleinement consenti à avoir un rapport sexuel non protégé dès la première rencontre, un homme sexuellement expérimenté, à qui il incombait, tout autant qu'à sa partenaire, de prendre les mesures propres à éviter une procréation, n'établit ni la faute de la mère de l'enfant pour s'être prêtée à un tel rapport ou pour avoir ensuite agi en reconnaissance de paternité et en contribution à l'entretien de l'enfant, ni l'existence d'un préjudice direct ou indirect indemnisable (▪ Cass. 2e civ., 12 juill. 2007, n° 06-16.869 : *JCP* 2008, I, 125, n° 1, obs. Stoffel-Munck ; *Resp. civ. et assur.* 2007, comm. 236, Groutel).

102) Préjudice sexuel. Le préjudice sexuel, lequel n'est pas seulement limité à la perte de sensation de plaisir, concerne l'atteinte, sous toutes ses formes, à la vie sexuelle ; il comprend tous les préjudices touchant à la sphère sexuelle à savoir : le préjudice morphologique lié à l'atteinte aux organes sexuels primaires et secondaires résultant du dommage subi, le préjudice lié à l'acte sexuel lui-même qui repose sur la perte du plaisir lié à l'accomplissement de l'acte sexuel, qu'il s'agisse de la perte de l'envie ou de la libido, de la perte de la capacité physique de réaliser l'acte, ou de la perte de la capacité à accéder au plaisir, le préjudice lié à une impossibilité ou à une difficulté à procréer (▪ Cass. 2e civ., 17 juin 2010, n° 09-15.842 : *RTD civ.* 2010, 562, obs. Jourdain ; *D.* 2011, 35, obs. Gout ; *Rev. Lamy dr. civ.* 2010/74, n° 3927, obs. Paulin). Pour la réparation du préjudice subi par la femme qui n'a pas une vie sexuelle satisfaisante en raison de la perte du désir de son époux à son égard liée à l'invalidité dont elle est atteinte, V. ▪ Montpellier, 18 avr. 1991 : *JurisData* n° 1991-034724 ; *JCP* 92, IV, 595. V. aussi pour une impuissance consécutive à un accident ▪ Nîmes, 19 sept. 2000, n° 99/487 : *JurisData* n° 2000-131057 ; *JCP* 2001, IV, 2227. Sur la distinction entre préjudice sexuel et préjudice d'agrément, V. ▪ Cass. 2e civ., 6 janv. 1993, n° 91-15.391 : *JurisData* n° 1993-000003 ; *RTD civ.* 1993, 587, obs. Jourdain. V. aussi M. Bourrié-Quenillet, *Le préjudice sexuel : preuve, nature juridique et indemnisation* : *JCP* 96, I, 3986. Viole l'article 1382 la cour d'appel qui retient que le préjudice sexuel a été pris « subjectivement » en considération pour la fixation d'une somme à titre d'incapacité permanente partielle, alors que le préjudice sexuel constitue un préjudice personnel distinct de celui découlant de l'incapacité permanente partielle et non soumis au recours des organismes sociaux (▪ Cass. 2e civ., 21 mai 1997, n° 94-19.029 : *Resp. civ. et assur.* 1997, 288. V. aussi ▪ Cass. 2e civ., 19 nov. 1998, n° 96-22.628 : *JurisData* n° 1998-004530 ; *Resp. civ. et assur.* 1999, 1. ▪ Cass. 2e civ., 12 mai 2005, n° 01-16.963 : *JurisData* n° 2005-028402 ; *Resp. civ. et assur.* 2005, 212, note Groutel ; *Bull. civ.* II, n° 122, p. 111). Le poste de préjudice de déficit fonctionnel temporaire, qui répare la perte de qualité de vie de la victime et des joies usuelles de la vie courante pendant la maladie traumatique, intègre le préjudice sexuel subi pendant cette période (▪ Cass. 2e civ., 11 déc. 2014, n° 13-28.774 : *Bull.* ; *D.* 2015, p. 469, note Guégan-Lecuyer). V. L. Carayon, M. Dugué et J. Mattiussi, *Réflexion sur le préjudice sexuel* : *D.* 2017, p. 2257.

103) Mort d'un animal. Jugé que la mort d'un animal peut être pour son propriétaire la cause d'un préjudice subjectif et affectif susceptible de donner lieu à réparation (▪ Cass. 1re civ., 16 janv. 1962 : *JurisData* n° 1962-700033 ; *JCP* 62, II, 12557, note Esmein ; *D.* 1962, 199, note Rodière. V. aussi ▪ Cass. 1re civ., 27 janv. 1982, n° 80-15.947 : *JurisData* n° 1982-700240 ; *JCP* 83, II, 19923, note Chabas. Comp. ▪ TGI Lille, réf., 23 mars 1999 : *JurisData* n° 1999-933569 ; *Defrénois* 1999, 1050, note Malaurie, évoquant le dommage subi par un chien d'aveugle « qui peut être considéré comme une prothèse vivante au service de la personne non voyante »).

V. au fond, ▪ TGI Lille, 7 juin 2000 : *D.* 2000, 750, note Labbée.

104) Infirmité d'un être cher. Les parents de la victime d'un accident peuvent demander réparation du préjudice moral subi par suite de l'infirmité d'un être cher lorsque ce préjudice est d'une gravité exceptionnelle (▪ Cass. civ., 22 oct. 1946 : *JCP* 46, II, 3365, note A. S. Comp. ▪ Rennes 30 mai 1974 : *D.* 1975, somm. 104). Viole l'article 1382 l'arrêt qui déboute l'épouse de sa demande en réparation du dommage subi par elle du fait de l'état de son mari blessé dans un accident, en énonçant qu'il n'y a pas de préjudice moral exceptionnel et que les difficultés d'existence consécutives à l'accident ne peuvent être considérées comme excédant de manière notable celles que le devoir d'assistance entre époux et les liens affectifs qui les unissent permettent de supporter sans trop de peine et de gêne (▪ Cass. 2e civ., 12 nov. 1986, n° 85-14.486 : *JurisData* n° 1986-701939 ; *Bull. civ.* II, n° 164, p. 111. V. en ce sens ▪ Cass. 2e civ., 23 oct. 2003, n° 02-15.424 : *JurisData* n° 2003-020695 ; *Resp. civ. et assur.* 2004, 25, note Groutel). V. aussi M. Bourrié-Quenillet, *Le préjudice moral des proches d'une victime blessée, Dérive litigieuse ou prix du désespoir* : *JCP* 98, I, 186.

105) Préjudice spécifique d'accompagnement de fin de vie. Le préjudice spécifique d'accompagnement de fin de vie a pour objet d'indemniser les troubles et perturbations dans les conditions d'existence d'un proche qui partageait habituellement une communauté de vie affective et effective avec la victime (▪ Cass. 2e civ., 21 nov. 2013, n° 12-28.168 : *Bull.* ; *G. P.* 2014, n° 22, p. 15, obs. Mekki et n° 8, p. 5, note Quézel-Ambrunaz).

106) Préjudice moral de la veuve en instance de divorce. Les juges du fond peuvent rejeter la demande de la veuve en réparation du préjudice moral à la suite du décès de son mari en énonçant que le projet de requête conjointe ne prévoyait ni pension alimentaire ni prestation compensatoire (▪ Cass. 2e civ., 8 déc. 1993, n° 92-12.781 : *JurisData* n° 1993-002677 ; *Bull. civ.* II, n° 362, p. 203 ; *Defrénois* 1994, 813, obs. D. Mazeaud).

107) Préjudice moral des oncles et tantes. La demande en réparation du préjudice moral est seulement subordonnée à la preuve d'un préjudice personnel, direct et certain. Les juges du fond ne peuvent donc rejeter la demande formée par les oncles et tantes de la victime en énonçant qu'ils ne font pas la preuve de liens affectifs particuliers les unissant à la victime avant son décès (▪ Cass. 2e civ., 16 avr. 1996, n° 94-18.643 : *JurisData* n° 1996-001702 ; *JCP* 96, I, 3985, n° 8, obs. Viney ; *Bull. civ.* II, n° 94, p. 59 ; *RTD civ.* 1996, 627, obs. Jourdain ; *Resp. civ. et assur.* 1996, 269 ; *D.* 1997, somm. 31, obs. Jourdain. V. en ce sens ▪ Paris, 26 janv. 2000, n° 1997/08786 : *JurisData* n° 2000-112354 ; *Resp. civ. et assur.* 2000, 314, note Groutel).

108) Transmission aux héritiers. Il résulte de l'article 1147 du Code civil que toute personne victime d'un dommage, quelle qu'en soit la nature, a droit d'en obtenir l'indemnisation de celui qui l'a causé et selon l'article 731 du Code civil, que le droit à réparation du dommage résultant de la souffrance morale éprouvée par la victime avant son décès, en raison d'une perte de chance de survie, étant né dans son patrimoine, se transmet à son décès à ses héritiers. Pour débouter une mère de sa demande en réparation du préjudice moral subi par sa fille, l'arrêt attaqué relève qu'aucun droit à indemnité du chef de la perte d'une espérance de vie, qu'aurait personnellement subie la victime, n'était entré avant sa mort dans le patrimoine de celle-ci et n'avait pu, dès lors, être transmis à ses ayants droit. En statuant ainsi, la Cour d'appel a violé les textes précités (▪ Cass. 1re civ., 13 mars 2007, n° 05-19.020 : *JurisData* n° 2007-037899). Même solution, sur le fondement des articles 1382 et 731, pour toute souffrance morale, quelle qu'en soit la nature, éprouvée avant le décès (▪ Cass. 1re civ., 31 mars 2016, n° 15-10.748 : *Resp. civ. et assur.* 2016, n° 169, Groutel). Mais c'est à bon droit qu'un arrêt écarte la prétention des héritiers de la victime d'un accident mortel de la circulation réclamant une indemnité pour la perte d'une espérance de vie qu'aurait subie personnellement cette victime, dès lors qu'aucun préjudice résultant de son propre décès n'a pu naître, du vivant de la victime, dans son patrimoine et être ainsi transmis à ses héritiers (▪ Cass. crim., 26 mars 2013, n° 12-82.600 : *Bull.* ; *JCP* 2013, n° 675, note Bakouche et n° 19, p. 922, note Bourdoiseau ; *D.* 2014, p. 4, obs. Brun et Gout ; *RTD civ.* 2013, p. 614, obs. Jourdain).

109) Cas de réparation sans préjudice. La seule constatation d'une reprise illicite d'un logement ouvre droit à réparation (▪ Cass. 3e civ., 6 juill. 2017, n° 16-15.752 : *JCP G* 2018, 262, C. Bloch ; *JurisData* n° 2017-013594). Rappr., en cas d'atteinte à la vie privée, la jurisprudence citée sous l'article 9 du Code civil.

III – LE LIEN DE CAUSALITÉ

A – Principes

110) Doctrine. G. Marty, *La relation de cause à effet comme condition de la responsabilité civile* : *RTD civ.* 1939, 685. – P. Esmein, *Le nez de Cléopâtre ou les affres de la causalité* : *D.* 1964, chron. 205. – F. Chabas, *Bilan de quelques années de jurisprudence en matière de rôle causal* : *D.* 1970, chron. 113. – Ph. Pierre (sous dir.), *Les distorsions du lien de causalité en droit de la responsabilité* : *Rev.*

Lamy dr. civ. juill.-août 2007, n° spéc. – J. Fischer, *Causalité, imputation, imputabilité : les liens de la responsabilité civile* in *Mélanges Ph. le Tourneau*, Dalloz 2008, p. 383. – C. Radé, *Les présomptions d'imputabilité en droit de la responsabilité civile : ibid.*, p. 885. – C. Quézel-Ambrunaz, *La fiction de la causalité alternative : responsabilité environnementale : D.* 2010, p. 1162. – C. Radé, *Causalité juridique et causalité scientifique : de la distinction à la dialectique : D.* 2012, p. 112. – L. Gratton, *Le dommage déduit de la faute : RTD civ.* 2013, p. 275.

111) Nécessité du lien de causalité. Une faute n'engage la responsabilité de son auteur que si elle est la cause du dommage (▪ Cass. 2e civ., 2 mars 1956 : *D.* 1956, 341. ▪ Cass. 2e civ., 21 avr. 1966 : *JurisData* n° 1966-099448 ; *JurisData* n° 1966-099454 ; *JurisData* n° 1966-099450 ; *JCP* 66, II, 14710. V. en matière contractuelle à propos de la faute médicale ▪ Cass. 1re civ., 11 oct. 1988, n° 86-11.860 : *JurisData* n° 1988-701798 ; *Bull. civ.* I, n° 281, p. 192. ▪ Cass. 1re civ., 10 janv. 1990, n° 87-17.091 : *JurisData* n° 1990-700093 ; *Bull. civ.* I, n° 10, p. 8), mais il n'est pas nécessaire qu'elle soit la seule cause (▪ Cass. 2e civ., 3 mai 1974, n° 72-14.559 : *JurisData* n° 1974-099150 ; *JCP* 74, IV, 222 ; *Bull. civ.* II, n° 150, p. 125). Sur l'absence de causalité entre un accident à l'origine d'un handicap et le préjudice moral des enfants de la victime conçus après l'accident, V. ▪ Cass. 2e civ., 24 févr. 2005, n° 02-11.999 : *JurisData* n° 2005-027091 ; *JCP* 2005, I, 149, n° 1, obs. Viney ; *D.* 2006, pan., p. 1929, obs. Brun et Jourdain ; *Resp. civ. et assur.* 2005, 145, obs. Hocquet-Berg ; *RTD civ.* 2005, p. 404, obs. Jourdain ; *Bull. civ.* II, n° 53, p. 50. Dans le même sens, V. ▪ Cass. 2e civ., 5 oct. 2006 : *JurisData* n° 2006-035255 ; *JCP* G 2006, IV, 3090 et, pour l'absence de lien de causalité entre le décès de la victime et le préjudice prétendument souffert par son petit-fils né huit ans après son décès, ▪ Cass. 2e civ., 24 mai 2006 : *JurisData* n° 2006-033715 ; *Bull. civ.* II, n° 137 p. 130. V. encore ▪ Cass. 2e civ., 4 nov. 2010, n° 09-68.903 : *Bull.*, n° 177 ; *JCP* 2011, 435, obs. Stoffel-Munck, Bloch ; *D.* 2011, chron. C. cass., p. 632, obs. Adida-Canac, Grignon-Dumoulin. ▪ Cass. 2e civ., 3 mars 2011, n° 10-16.284 : *RTD civ.* 2012, p. 110, obs. Hauser. Mais le lien de causalité existe entre l'accident et le préjudice de ceux qui ont accueilli à leur domicile la victime dont l'état de santé ne lui laissait aucune autonomie (▪ Cass. 2e civ., 12 mai 2005, n° 04-14.018 : *JurisData* n° 2005-028330 ; *Resp. civ. et assur.* 2005, 207).

112) Causes d'exonération. Sur l'exonération totale ou partielle, V. sous art. 1384 ancien, annot. n° 33 et s., p. 934.

113) Faute de la victime. Lorsque plusieurs fautes ont concouru à la production du dommage, la responsabilité de leurs auteurs se trouve engagée dans une mesure dont l'appréciation appartient souverainement aux juges du fond. Encourt la cassation l'arrêt qui, après avoir relevé, de la part de la victime d'infractions volontaires contre les biens, des fautes ayant concouru au développement de la fraude et à ses conséquences financières, n'en tire pas les conséquences sur l'évaluation du montant de l'indemnité due par le prévenu (▪ Cass. crim., 19 mars 2014, n° 12-87.416 : *Bull.* ; *JCP* E 2014, n° 18, p. 41, note Mortier ; *JCP* 2014, n° 51, p. 2334, obs. Stoffel-Munck, Bloch et Bacache ; *RDC* 2014/3, p. 377, note Viney ; *RDC* 2015/1, p. 92, note Ollard et p. 95, note Malabat ; *D.* 2014, p. 912, note Lasserre-Capdeville. – V. encore ▪ Cass. crim., 25 juin 2014, n° 13-84.450 : *JCP* 2014, n° 893, note Detraz. ▪ Cass. crim., 23 sept. 2014, n° 13-83.357 : *D.* 2014, p. 2332, note Lasserre-Capdeville. – V. déjà, ▪ Cass. com., 3 oct. 2012, n° 11-20.591 : *RCA* 2013, comm. 5).

Auparavant, V. ▪ Cass. crim., 10 mars 2004, n° 02-85.285 : *Bull.*

114) Preuve. C'est au demandeur de rapporter la preuve du lien de causalité (▪ Cass. 2e civ., 21 avr. 1966 : *JCP* 66, II, 14710. ▪ Cass. 1re civ., 23 nov. 1999, n° 97-18.640 : *JurisData* n° 1999-004039 ; *JCP* 2000, I, 241, n° 8, obs. Viney). Mais les juges du fond peuvent se décider sur des présomptions (▪ Cass. 2e civ., 29 avr. 1969, n° 68-10.561 : *JurisData* n° 1969-099129 ; *D.* 1969, 534. ▪ Cass. 2e civ., 31 mai 1972, n° 71-10.152 : *JurisData* n° 1972-099166 ; *Bull. civ.* II, n° 166, p. 136. Sur le contrôle de la Cour de cassation, V. ▪ Cass. 2e civ., 24 janv. 1996, n° 93-17.156 : *JCP* 96, IV, 620 ; *Bull. civ.* II, n° 16, p. 11 ; *Resp. civ. et assur.* 1996, 115, préjudice moral subi par les parents du fait des relations sexuelles subies par leur fille handicapée mentale et préjudice matériel constitué par les frais de déplacement occasionnés par la nécessité de lui faire fréquenter un autre établissement).

115) Faisceau d'indices. Preuve scientifique nécessaire (non). La démonstration du lien de causalité, sans exiger une preuve scientifique, peut résulter de présomptions graves, précises, fiables et concordantes. Justifie légalement sa décision la cour d'appel qui, relevant que des éléments sérieux, divergents et contraires s'opposaient aux indices existants quant à l'incidence possible des courants électromagnétiques sur l'état des élevages de sorte qu'il subsistait des incertitudes notables sur cette incidence et analysant les circonstances de fait dans lesquelles le dommage s'était produit, a retenu que l'existence d'un lien de causalité n'était pas suffisamment caractérisée et en a exactement déduit que les demandes d'indemnisation ne devaient pas être admises (▪ Cass. 3e civ., 18 mai 2011, n° 10-17.645 : *Bull.*, n° 80 ; *JCP* 2011, n° 48, p. 2374, obs. Stoffel-Munck, Bloch ; *D.* 2011, p. 2089, note Boutonnet ; *ibid.* 2012, pan. 47, obs. P. Brun ; *Gaz. Pal.* 2011, n°

278, p. 19, obs. Mekki ; *RCA* 2011, étude 11, Bary ; *RTD civ.* 2011, p. 540, obs. Jourdain).

116) Rôle causal d'un médicament ou d'un vaccin. Faisceau d'indices. V. sous art. 1147 ancien, p. 1114 et sous art. 1386-9 ancien, p. 1251

117) Causalité en matière de contamination post-transfusionnelle. Sur cette question, v. art. 1147 ancien, annot. n° 34, p. 844. Sur la présomption de causalité pour ce qui concerne le virus de l'hépatite C, V. L. n° 2002-303, 4 mars 2002, art. 102, p. 3206.

118) Perte des avantages attendus d'un contrat annulé. Le surcoût fiscal invoqué par des vendeurs, résultant de leur choix de mettre en œuvre une nullité relative de la vente, ce chef de préjudice n'était pas imputable aux fautes commises par l'acheteur (▪ Cass. 3e civ., 29 sept. 2016, n° 15-15.129 : *Bull.* ; *D.* 2017, 384, Mekki ; *RTD civ.* 2016, 849, Barbier).

B – Applications

1° Fautes successives

119) Responsabilité de l'auteur de la faute initiale. Plusieurs fautes successives imputables à des auteurs différents peuvent concourir à la production d'un même dommage. La faute initiale, sans laquelle l'accident ne se serait pas produit, est en relation avec le préjudice subi par la victime qui peut en demander réparation à son auteur (▪ Cass. 2e civ., 13 juin 1974, n° 73-10.932 : *JurisData* n° 1974-099197 ; *Bull. civ.* II, n° 197, p. 165. ▪ Cass. 2e civ., 11 janv. 1979, n° 76-15.133 : *JurisData* n° 1979-099019 ; *Bull. civ.* II, n° 19, p. 14). Ainsi, le propriétaire d'une camionnette qui n'a pas pris les mesures usuelles de sécurité et de prudence est responsable du dommage causé par la camionnette mise en mouvement par une simple poussée (▪ Cass. civ., 20 nov. 1951 : *D.* 1952, 268).

120) Faute de surveillance et vol de la chose ayant causé le dommage. La faute de surveillance du propriétaire d'un cabanon contenant des détonateurs n'est pas la cause du dommage provoqué par le voleur (▪ Cass. 2e civ., 20 déc. 1972, n° 71-11.967 : *JurisData* n° 1972-000329 ; *JCP* 73, II, 17541, note Dejean de La Batie. V. aussi pour des munitions détournées par un militaire et ensuite volées dans le coffre de son véhicule ▪ Cass. 2e civ., 24 févr. 2000, n° 98-14.185 : *JurisData* n° 2000-000814 ; *Resp. civ. et assur.* 2000, 144). De même, un mineur ayant provoqué un accident au volant de la voiture de sa sœur, les facilités dont il aurait profité par la négligence imputée à celle-ci sont sans relation de cause à effet avec le préjudice invoqué (▪ Cass. 2e civ., 27 oct. 1975 : *JurisData* n° 1975-700275 ; *Gaz. Pal.* 1976, 1, 169, note Plancqueel. V. en ce sens, pour d'autres hypothèses de négligence commise par le propriétaire du véhicule, ▪ Cass. 2e civ., 20 févr. 1963 : *JurisData* n° 1963-099168 ; *JCP* 63, II, 13199. ▪ Cass. 2e civ., 4 mars 1981, n° 80-10.729 : *JurisData* n° 1981-700837 ; *Bull. civ.* II, n° 49, p. 33. Comp. ▪ Cass. 2e civ., 6 janv. 2000, n° 97-21.456 : *JurisData* n° 2000-000029 ; *Bull. civ.* II, n° 4, p. 3, lien de causalité entre la faute de négligence du maître de l'ouvrage ayant laissé sans clôture un chantier servant de terrain de jeux et l'électrocution d'un enfant). Mais jugé que le propriétaire d'une pelleteuse laissée avec la clé de contact au tableau de bord ne peut être tenu pour responsable des actes de vandalisme commis avec l'engin, un risque nouveau et non nécessaire ayant été introduit par le comportement exceptionnel du voleur (▪ Cass. 2e civ., 17 mars 1977 : *Bull. civ.* II, n° 91, p. 61 ; *D.* 1977, 631, note Rabut, et inf. rap. 325, obs. Larroumet).

2° Faute médicale

121) Sur l'**appréciation de la faute médicale** en elle-même, voir sous art. 1147 ancien, annot. n° 5 et s., p. 838.

122) Perte d'une chance de guérison ou de survie. La faute médicale peut être considérée comme la cause du dommage si elle a fait perdre au malade une chance de guérison ou de survie (▪ Cass. 1re civ., 18 mars 1969 et 27 janv. 1970 : *JCP* 1970, II, 16422, note Rabut. ▪ Cass. 1re civ., 21 nov. 1978 : *JCP* 1979, II, 19033, note R. Savatier. ▪ Cass. crim., 7 juill. 1993, n° 92-84.564 : *JurisData* n° 1993-002485 ; *Gaz. Pal.* 1996, 1, 18, note Chabas, retard mis à diagnostiquer une lésion, en relation causale avec l'amputation pratiquée). Jugé cependant que la notion de perte d'une chance ne peut concerner que l'évaluation du préjudice et non l'appréciation du lien de causalité (▪ Cass. 1re civ., 17 nov. 1982 : *JurisData* n° 1982-702920 ; *JCP* 1983, II, 20056, note Saluden ; *RTD civ.* 1983, 547, obs. Durry). Mais, pour le maintien de cette jurisprudence à propos de fautes commises par des anesthésistes, V. ▪ Cass. 1re civ., 8 janv. et 27 mars 1985 : *D.* 1986, 390, note Penneau. Une incertitude quant à l'origine première du handicap ne fait pas obstacle à l'établissement de la causalité entre des fautes commises pendant la grossesse et lors de l'accouchement et la perte de chance d'un enfant de voir limiter les conséquences de son infirmité cérébrale (▪ Cass. 1re civ., 28 janv. 2010, n° 08-20.755 et n° 08-21.962 : *Bull. civ.* 2010, I, n° 5 ; *JCP* 2010, n° 17, 474, note Hocquet-Berg ; *D.* 2010, p. 947, note Maître).

123) Opération non autorisée par le malade. Jugé que la faute consistant à ne pas solliciter l'autorisation du malade avant l'opération est en relation de causalité avec le dommage (▪ Cass. req., 28 janv. 1942 : *DC* 1942, 63. V. toutefois, concluant à l'absence de lien de causalité entre le dommage et le défaut d'examen préalable du patient par l'anesthésiste, ▪ Cass. 1re civ., 20 mars 1984, n° 82-16.926 : *JurisData* n° 1984-700750 ; *JCP* 86, II, 20621, note F.C. Comp. ▪ Cass. 2e civ., 4 févr. 1987, n° 85-10.405 : *JurisData* n° 1987-000125 ; *Bull. civ.* II, n° 38, p. 21. ▪ Cass. 2e civ., 8 févr. 1989, n° 87-19.167 : *JurisData* n° 1989-700354 ; *JCP* 90, II, 21544, note Dejean de La Batie).

124) Risque non révélé de maladie. La faute commise par le praticien qui, dans une consultation génétique, n'a pas averti un couple des risques de réapparition dans leur descendance des troubles dont le mari était atteint, est en relation directe avec la conception d'un enfant atteint d'une maladie héréditaire (▪ Cass. 1re civ., 26 mars 1996, n° 94-11.791 : *JurisData* n° 1996-001183 ; *JCP* 96, I, 3985, n° 19, obs. Viney ; *Bull. civ.* I, n° 155, p. 109 ; *D.* 1997, 35, 2e esp., note Roche-Dahan ; *RTD civ.* 1996, 625, obs. Jourdain. V. aussi pour la faute commise par un laboratoire dans la recherche d'anticorps rubéoleux chez une femme enceinte et par le médecin au titre d'un manquement au devoir d'information et de conseil ▪ Cass. 1re civ., 26 mars 1996, n° 94-14.267 : *JurisData* n° 1996-001288 ; *JCP* 96, I, 3985, n° 19, obs. Viney ; *Bull. civ.* I, n° 156, p. 109 ; *D.* 1997, 35, 1re esp., note Roche-Dahan ; *RTD civ.* 1996, 623, obs. Jourdain).

125) Fautes du chirurgien, transfusion et contamination. Sur la responsabilité du chirurgien à raison des fautes commises ayant rendu nécessaires d'importantes transfusions sanguines à une époque où le risque de contamination par le virus du Sida était maximum, V. ▪ Versailles, 30 mars 1989, n° 227/86 : *JurisData* n° 1989-044494 ; *JCP* 90, II, 21505, note Dorsner-Dolivet ; *RTD civ.* 1990, 86, obs. Jourdain. Soumis à une obligation de résultat, le fournisseur de produits sanguins ne peut s'exonérer de sa responsabilité, à l'égard de la victime, que par la preuve d'un cas de force majeure. En conséquence, viole les articles 1147, 1382 et 1251 du Code civil, la cour d'appel qui considère qu'il résultait des pièces médicales versées aux débats que la contamination résultait de l'injection de plasma lyophilisé réalisée au service des urgences, après l'accident et qu'à ce moment-là, en octobre 1985, le dépistage de ce virus n'était pas possible, ce qui manifesterait qu'aucune faute délictuelle ou quasi délictuelle n'était démontrée à l'encontre du centre de transfusion ; alors que le fournisseur de sang qui manque à son obligation de sécurité de résultat de fournir des produits exempts de vices commet une faute délictuelle à l'égard de la victime (▪ Cass. 2e civ., 25 janv. 2007, n° 06-12.106 : *RDC* 2007/3, p. 725, obs. Borghetti ; *D.* 2007, p. 443, obs. Gallmeister ; *JCP* 2007, I, 185, obs. Stoffel-Munck et II, 10035, note Radé ; *Resp. civ. et assur.* 2007, 116, obs. Groutel).

126) Opération pratiquée sans nécessité. Dès lors que l'intervention chirurgicale pratiquée pour extraire un tire-nerf avalé par le patient à la suite d'une maladresse d'un autre praticien l'a été sans nécessité, ce dernier ne peut être condamné à en garantir les séquelles (▪ Cass. 1re civ., 30 sept. 1997, n° 95-16.500 : *JurisData* n° 1997-003765 ; *JCP* 97, IV, 2224 ; *Bull. civ.* I, n° 259, p. 175. Comp. pour une intervention nécessaire pour remédier aux conséquences de la première ▪ Cass. 1re civ., 13 mai 1998 : *JCP* 98, IV, 2493 ; *Bull. civ.* I, n° 174, p. 116).

3° *Prédispositions de la victime*

127) Accélération du processus évolutif de l'affection. Les juges du fond peuvent conclure à l'existence d'une relation de cause à effet entre l'accident et le décès postérieur de la victime s'il est établi que les traumatismes reçus ont révélé une lésion latente et ont accéléré le processus évolutif de l'affection mortelle dont la victime était atteinte et qui jusqu'alors ne s'était pas manifesté (▪ Cass. 2e civ., 28 nov. 1974, n° 73-14.500 : *JCP* 75, IV, 17 ; *Bull. civ.* II, n° 317, p. 261). V. aussi pour l'affection révélée par le fait dommageable ▪ Cass. 2e civ., 10 juin 1999, n° 97-19.614 : *JurisData* n° 1999-002443 ; *Bull. civ.* II, n° 116, p. 85.

128) Complications mortelles d'un traumatisme. L'accident doit être considéré comme la cause directe et unique du décès lorsque le traumatisme qui en est résulté a provoqué une crise de *delirium tremens* et a ainsi été l'élément déclenchant de complications mortelles qui ne seraient pas survenues sans lui (▪ Cass. 2e civ., 13 janv. 1982, n° 80-15.897 : *JurisData* n° 1982-700140 ; *JCP* 83, II, 20025, note Dejean de La Batie).

129) Borgne devenant aveugle. Jugé que lorsqu'une personne borgne devient aveugle à la suite d'un accident de chasse, l'incapacité consécutive à l'accident peut être évaluée à 100 % sans qu'il y ait à tenir compte de l'incapacité préexistante (▪ Cass. 2e civ., 19 juill. 1966 : *JurisData* n° 1966-700811 ; *D.* 1966, 598. V. en ce sens pour les suites d'un accident opératoire ▪ Cass. 1re civ., 28 oct. 1997, n° 95-17.274 : *JurisData* n° 1997-004220 ; *RTD civ.* 1998, 124, obs. Jourdain ; *JCP* 98, I, 144, n° 15, obs. Viney).

130) Affection provoquée ou révélée du fait de l'accident. L'indemnisation du préjudice corporel ne peut être réduite en raison d'une prédisposition pathologique lorsque l'affection qui en est issue n'a été provoquée ou révélée que du fait de l'accident (▪ Cass. crim., 12 avr. 1994, n° 93-84.367 : *JurisData* n° 1994-002902 ; JCP 94, I, 3809, n° 10, obs. Viney, état arthrosique influencé par le traumatisme et provoquant la mise à la retraite d'un chirurgien-dentiste. ▪ Cass. 2e civ., 19 mai 2016, n° 15-18.784 : *Resp. civ. et assur.* 2016, n° 213, Hocquet-Berg. ▪ Cass. 1re civ., 22 nov. 2017, n°

16-23.804 : *Resp. civ. et assur.* 2018, comm. 33, H. G.). Dès lors que l'intervention qui a entraîné le trouble oculaire a été rendue nécessaire par l'accident de la circulation, ce trouble ne se serait pas produit en l'absence de l'accident qui en est ainsi la cause directe ou certaine (■ Cass. 2e civ., 27 janv. 2000, n° 97-20.889 : *JCP* 2000, I, 241, n° 7, obs. Viney ; *Resp. civ. et assur.* 2000, 109 ; *RTD civ.* 2000, 335, obs. Jourdain ; *D.* 2002, 2073, note Chakirian. V. aussi ■ Cass. 2e civ., 12 oct. 2000, n° 98-19.803 : *JurisData* n° 2000-006225 ; *Resp. civ. et assur.* 2001, 8, amputation provoquée par une infection dans une clinique consécutive à l'accident. ■ Cass. 1re civ., 4 déc. 2001 : *JCP* 2002, I, 186, n° 10, obs. Viney ; II, 10198, note Gout ; *D.* 2002, 2901, note de Lambertye-Autrand ; *Bull. civ.* I, n° 310, p. 197 ; *JurisData* n° 2001-011974 ; *Resp. civ. et assur.* 2002, 126, note Groutel ; *RTD civ.* 2002, 308, obs. Jourdain, contamination par le virus de l'hépatite C à la suite de transfusions rendues nécessaires par l'accident).

4° Dommages causés en groupe

131) Jeux d'enfants. Un incendie ayant été provoqué par un des quatre enfants fumant dans une cabane, le fait qu'un briquet soit tombé de la poche d'un autre ne suffit pas à établir une faute en relation directe avec le dommage (■ Cass. 2e civ., 25 oct. 1973 : *Bull. civ.* II, n° 277, p. 222 ; *RTD civ.* 1974, 602, obs. Durry. V. aussi ■ Cass. 2e civ., 4 mai 1988, n° 86-16.819 : *JurisData* n° 1988-700840 ; *Bull. civ.* II, n° 103, p. 55). Sur la responsabilité collective des participants à des jeux d'enfants, V. ■ Cass. 2e civ., 29 nov. 1978 : *JurisData* n° 1978-099257 ; *D.* 1979, inf. rap. 345, obs. Larroumet. ■ Cass. 2e civ., 9 févr. 1983 : *JurisData* n° 1983-700993 ; *Gaz. Pal.* 1983, 2, pan. 215, obs. F. C. Le comportement du mineur est en relation avec le dommage s'il a participé du début à la fin au processus qui devait aboutir à l'incendie, sans qu'il soit nécessaire d'établir qu'il a lui-même craqué une allumette dont la flamme a mis le feu au pétard (■ Cass. 2e civ., 1er avr. 1998, n° 95-20.804 : *JurisData* n° 1998-001478 ; *JCP* 98, IV, 2227 ; *Bull. civ.* II, n° 119, p. 71 ; *Resp. civ. et assur.* 1998, 263). Comp. pour la responsabilité des jeunes gens d'un groupe animés d'un désir de vengeance et d'intention agressive ■ Cass. 2e civ., 2 avr. 1997, n° 95-14.688 : *JurisData* n° 1997-001482 ; *JCP* 97, I, 4068, n° 11, obs. Viney ; *Bull. civ.* II, n° 112, p. 65. V. H. Groutel, *Les dommages causés en bande et l'assurance de responsabilité civile générale des parents* : *Resp. civ. et assur.* 1997, chron. 11.

132) Accidents de chasse. Lorsqu'il est établi que la cause réelle d'un accident de chasse réside dans l'action concertée de sept chasseurs qui ont participé à un tir qui ne constituait pas un acte normal de chasse, dans des conditions d'imprudence et de maladresse qui leur étaient imputables à tous, les juges du fond peuvent condamner solidairement les sept chasseurs sans qu'il soit nécessaire d'identifier parmi eux l'auteur du coup de feu ayant occasionné la blessure (■ Cass. 2e civ., 5 juin 1957 : *JCP* 57, II, 10205, note Esmein ; *D.* 1957, 493, note R. Savatier. – V. en ce sens ■ Cass. 2e civ., 19 mai 1976 : *JurisData* n° 1976-700163 ; *JCP* 78, II, 18773, note Dejean de La Batie, 1re esp. ■ Lyon, 3 avr. 1980 : *JurisData* n° 1980-763555 ; *Gaz. Pal.* 1980, 1, 1384). Mais manque de base légale l'arrêt qui retient la responsabilité collective de douze chasseurs sans vérifier l'exactitude de l'affirmation de l'un d'eux selon laquelle la seule balle qu'il avait tirée était d'un type différent de celle qui avait blessé la victime, les juges du fond n'ayant pas mis la Cour de cassation en mesure d'exercer son contrôle sur l'existence d'un lien de causalité entre la faute de l'intéressé et le dommage (■ Cass. 2e civ., 19 mai 1976, n° 74-15.301 : *D.* 1976, 629, note Mayer ; *JCP* 78, II, 18773, note Dejean de La Batie, 3e esp.). Les juges du fond qui constatent que l'association de chasse n'a pas fait respecter son règlement intérieur et a laissé se développer un sentiment d'impunité pour ses adhérents peuvent en déduire qu'elle a commis des fautes en relation de cause à effet avec la mort de la pouliche blessée d'un coup de feu (■ Cass. 2e civ., 5 mars 1997, n° 94-22.212 : *JurisData* n° 1997-000887 ; *Bull. civ.* II, n° 67, p. 38 ; *Resp. civ. et assur.* 1997, 205).

5° Autres applications

133) Survie de la victime au moment de l'accident. Faute de pouvoir déterminer si la victime gisant sur la chaussée était vivante au moment de l'accident, le véhicule ne peut être considéré comme l'instrument du dommage (■ Cass. 2e civ., 14 févr. 1964, n° 62-12.381 : *Gaz. Pal.* 1964, 1, 360).

134) Violation d'une règle légale. L'employeur qui embauche un travailleur en violation de la réglementation commet une faute, mais cette faute n'est pas la cause génératrice de l'accident subi par lui (■ Cass. soc., 7 mai 1943 : *DA* 1943, 51). De même, le fait d'avoir toléré un entraînement de skieurs en violation du règlement de la compétition est sans relation de cause à effet avec le préjudice subi par un concurrent (■ Paris, 17 juin 1965 : *JCP* 65, II, 14419, note Rabinovitch). Les juges du fond peuvent estimer que le taux d'alcoolémie de la victime n'a joué aucun rôle dans l'accident (■ Cass. 2e civ., 27 sept. 2001, n° 99-21.377 : *JurisData* n° 2001-011103 ; *Resp. civ. et assur.* 2001, 360. V. cependant, censurant pour violation de l'article 4 de la loi du 5 juillet 1985, un arrêt ayant retenu que la preuve d'une relation de causalité entre l'alcoolémie et la collision n'est pas rapportée, ■ Cass. 2e civ., 4 juill. 2002 : *JCP* 2002, IV, 2480 ; *JurisData* n°

2002-015095 ; *Bull. civ.* II, n° 151, p. 121 ; *D.* 2003, 859, 2e esp., note Groutel).

135) Défaut de permis de construire. Manque de base légale l'arrêt qui accueille la demande en démolition d'un immeuble sur le fondement d'un défaut de permis de construire, en constatant l'existence d'un préjudice personnel résultant de la construction, sans rechercher s'il y a une relation directe entre ce préjudice et l'infraction à une règle d'urbanisme (■ Cass. 3e civ., 19 févr. 1992, n° 89-21.009 : *JurisData* n° 1992-000410 ; *JCP* 92, IV, 1189 ; *Bull. civ.* III, n° 51, p. 31. V. aussi ■ Cass. 3e civ., 11 févr. 1998, n° 96-10.257 : *JurisData* n° 1998-000538 ; *JCP* 98, IV, 1753).

136) Erreur commise par un expert judiciaire. Le demandeur en contrefaçon ne peut réclamer des dommages-intérêts à l'expert à raison de l'erreur d'appréciation commise par lui, dès lors que les consultations qu'il a sollicitées n'apparaissaient pas nécessairement provoquées par cette erreur, mais comme un moyen normal de défense, ce qui exclut le lien de causalité (■ Cass. com., 5 févr. 1968 : *JurisData* n° 1968-099050 ; *JCP* 69, II, 15748, note Sayn).

137) Indemnités de chômage versées à la victime. L'ASSEDIC n'est pas fondée à demander au responsable d'un accident le remboursement des indemnités de chômage versées à la victime, dès lors que c'est en raison des circonstances économiques que cette victime n'a pu trouver tout de suite un autre emploi (■ Cass. 2e civ., 28 avr. 1982, n° 80-14.311 : *JurisData* n° 1982-701004 ; *D.* 1982, 575, concl. Charbonnier ; *RTD civ.* 1983, 136, obs. Durry).

138) Femme enceinte au moment de l'accident. Les juges du fond peuvent conclure à l'existence d'une relation de cause à effet entre l'émotion provoquée chez une femme enceinte par l'accident dont son mari a été victime et l'avortement survenu quelques semaines plus tard (■ Cass. 2e civ., 17 mai 1973, n° 71-10.987 : *JurisData* n° 1973-099170 ; *Gaz. Pal.* 1974, 1, 71, note H. M.), mais la femme victime d'un accident pendant sa grossesse ne peut réclamer une indemnité à raison des troubles de son enfant si elle ne rapporte pas la preuve d'un lien de causalité entre ces troubles et l'accident (■ Cass. 2e civ., 21 avr. 1966 : *JCP* 66, II, 14710).

139) Renonciation des héritiers de la victime à sa succession. Il n'y a pas de lien de causalité suffisamment direct entre la faute commise par l'auteur d'un accident et le préjudice subi par le créancier privé de son action normale contre la succession des victimes de l'accident par la renonciation des héritiers de ceux-ci (■ Cass. 2e civ., 21 févr. 1979 : *JCP* 79, IV, 145 ; *Bull. civ.* II, n° 56, p. 42).

140) Vente du fonds de commerce ou de droits sociaux. Les juges du fond peuvent estimer que le choix de la vente par la veuve d'un fonds de commerce dont l'exploitation s'est poursuivie longtemps après le décès de la victime n'est pas une conséquence inévitable de ce décès (■ Cass. 2e civ., 14 juin 1995, n° 93-16.667 : *JurisData* n° 1995-001505 ; *Bull. civ.* II, n° 187, p. 108. – Comp. ■ Cass. 2e civ., 12 févr. 2009, n° 08-12.706 : *Bull. civ.* II, n° 41). La vente des actions ayant constitué une mesure de gestion raisonnable et en présence d'un lien de causalité entre cette vente et l'infraction, ce dont il devait résulter que le préjudice consistait dans la moins-value, l'indemnisation ne peut être limitée à la perte d'une chance de mieux vendre les actions (■ Cass. 2e civ., 22 janv. 2009, n° 07-10.878 et n° 08-10.392 : *Bull. civ.* II, n° 26 ; *D.* 2009, p. 1114, note Loir).

141) Suicide consécutif à un accident ou à une faute. Le suicide de la victime blessée dans un accident peut être considéré comme la conséquence de cet accident (■ Cass. crim., 14 janv. 1971, n° 69-93.495 : *D.* 1971, 164, rapp. Robert. ■ Cass. crim., 26 oct. 1972, n° 72-90.148 : *Bull. civ.* II, n° 263, p. 215). Mais lorsque le propriétaire d'un magasin victime d'un larcin commis par une mineure porte ce larcin à la connaissance des parents par un procédé vexatoire, son comportement fautif ne peut être regardé comme ayant concouru de façon certaine au suicide de l'intéressée (■ Cass. 2e civ., 20 juin 1985, n° 84-12.702 : *JurisData* n° 1985-701921 ; *Bull. civ.* II, n° 125, p. 84. V. aussi pour le suicide du client d'une banque à la suite du rejet d'un effet assorti d'une interdiction bancaire ■ Cass. com., 4 déc. 2001 : *JCP* 2002, IV, 1121 ; *Bull. civ.* IV, n° 194, p. 190 ; *JurisData* n° 2001-012013 ; *Resp. civ. et assur.* 2002, 87).

142) Trafic de stupéfiants et assassinat. La victime et son assassin étant en relation pour le commerce de stupéfiants et le crime résultant d'un contentieux existant entre eux à ce propos, les juges du fond peuvent en déduire qu'il existe un lien de causalité direct entre la faute de la victime et l'atteinte à son intégrité physique (■ Cass. 2e civ., 18 juin 1997, n° 95-19.618 : *JurisData* n° 1997-002893 ; *Resp. civ. et assur.* 1997, 268).

143) Insuffisance d'un contrôle technique. L'entreprise responsable du sinistre survenu à un télésiège en raison d'une faute dans le contrôle technique auquel elle a procédé ne peut voir mettre à sa charge les travaux de consolidation ou de mise en conformité auquel l'exploitant aurait dû faire procéder et dont il aurait dû supporter le coût si le contrôle avait été plus approfondi (■ Cass. 1re civ., 28 janv. 1997, n° 94-19.747 : *JurisData* n° 1997-000302 ; *JCP* 97, IV, 633 ; *Bull.* I, n° 35, p. 22).

144) Destruction du véhicule et échéances du prêt. L'exigibilité des échéances du prêt consenti par un organisme de crédit est la conséquence directe de l'accident qui a causé la destruction du véhicule (■ Cass. 2e civ., 19 nov. 1997, n° 95-15.432 : *JurisData* n° 1997-004558 ; *Resp. civ. et assur.* 1998, 72 ; *JCP* 1998, I, 185, n° 14, obs. Viney ; *Bull. civ.* II, n° 280, p. 166).

145) Responsabilité du fabricant de cigarettes. Les juges du fond peuvent estimer que le lien de causalité n'est pas établi entre l'information insuffisante donnée par la Seita et le cancer développé par le consommateur (■ Cass. 2e civ., 20 nov. 2003, n° 01-17.977 : *JurisData* n° 2003-020985 ; *Bull. civ.* II, n° 355, p. 289 ; *JCP* 2004, I, 163, n° 36, obs. Viney ; *D.* 2004, somm. 1346, obs. *D.* Mazeaud ; *RTD civ.* 2004, 103, obs. Jourdain. – Voir sur cet arrêt C. Radé, *Responsabilité de la Seita : les espoirs des victimes du tabagisme s'évanouissent* : *Resp. civ. et assur.* 2004, chron. 5). – Voir encore ■ Cass. 1re civ., 8 nov. 2007, n° 06-15.873 : *RDC* 2008/2, p. 315, obs. Borghetti ; *JCP* 2008, II, 10033, note Sauvat et I, 125, obs. Stoffel-Munck ; *D.* 2008, p. 50, note Revel et p. 2894, obs. Brun et Jourdain. – Neyret, *La Cour de cassation neutralise l'obligation d'information de certains professionnels* : *D.* 2008, p. 804 (la cour d'appel a pu déduire l'absence de relation de causalité entre la faute imputée au fabricant des cigarettes et le décès de la victime, laquelle ne pouvait légitimement s'attendre à la sécurité d'un tel produit).

IV – LA RÉPARATION

146) Jugement constitutif ou déclaratif. Sur le caractère constitutif du jugement accordant les réparations, V. ■ Cass. civ., 12 nov. 1941 : *DC* 1942, 97, note Nast. ■ Cass. crim., 8 nov. 1945 : *D.* 1946, 95. V. aussi pour les dommages-intérêts, art. 1153-1 ancien, p. 1121. L'accident fixant les droits des parties, une loi postérieure ne peut, en l'absence de disposition contraire, en modifier la portée ou l'étendue (■ Cass. civ., 17 oct. 1939 : *DH* 1940, 2).

147) Date du sinistre en matière d'assurance. En matière d'assurance, la date du sinistre *est celle du fait matériel à raison duquel la respon*sabilité est recherchée, et non celle de la déclaration du sinistre (■ Cass. 1re civ., 16 juill. 1970 : *JurisData* n° 1970-000236 ; *JCP* 71, II, 16652, note Besson).

148) Clauses d'exonération. Sur la nullité des clauses d'exonération ou d'atténuation de responsabilité en matière de responsabilité délictuelle pour faute, V. ■ Cass. 2e civ., 17 févr. 1955 : *JCP* 1955, II, 8951, note Rodière. ■ Cass. 1re civ., 5 juill. 2017, n° 16-13.407 : *Contrats, conc. consom.* 2017, comm. 217, Leveneur ; *JCP* G 2018, 262, Stoffel-munck ; *RDC* 2017, p. 599, Deshayes (les articles 1382 et 1383, devenus 1240 et 1241 du Code civil, sont d'ordre public et leur application ne peut être neutralisée contractuellement par anticipation, de sorte que sont nulles les clauses d'exonération ou d'atténuation de responsabilité en matière délictuelle). Sur cette question, v. Th. Genicon, *L'immunité et les clauses de responsabilité*, *in* O. Deshayes (ss dir.), *Les immunités de responsabilité civile, Actes du colloque d'Amiens*, PUF, coll. « CEPRISCA », 2009, p. 125.

A – Réparation intégrale

149) Principe. Le propre de la responsabilité civile est de rétablir aussi exactement que possible l'équilibre détruit par le dommage et de replacer la victime dans la situation où elle se serait trouvée si l'acte dommageable ne s'était pas produit (■ Cass. 2e civ., 1er avr. 1963 : *JurisData* n° 1963-700309 ; *JCP* 63, II, 13408, note Esmein ; *D.* 1963, 453, note Molinier. ■ Cass. 2e civ., 9 juill. 1981, n° 80-12.142 : *JurisData* n° 1981-702290 ; *Bull. civ.* II, n° 156, p. 101). Les dommages-intérêts alloués à une victime doivent réparer le préjudice subi sans qu'il résulte pour elle ni perte ni profit (■ Cass. 2 civ., 8 juill. 2004, n° 02-14.854 : *JurisData* n° 2004-024553 ; *Bull. civ.* II, n° 393, p. 331 ; *D.* 2005, somm. 190, obs. Jourdain). Viole le principe de la réparation intégrale et l'article 1382 la cour d'appel qui décide que le préjudice du fait de l'atteinte au droit de propriété doit être réparé par une somme forfaitaire et de principe (■ Cass. 3e civ., 3 déc. 2015, n° 13-22.503 : *Bull.*) ; ou celle qui fixe le préjudice en équité à une somme forfaitaire (■ Cass. 1re civ., 3 juill. 1996, n° 94-16.768 : *JurisData* n° 1996-002973 ; *JCP* 96, IV, 2020 ; *Bull.* I, n° 296, p. 206, préjudice résultant de l'augmentation du coût des travaux de remise en état entraîné par le retard mis par l'État à restituer un immeuble). Les juges du fond peuvent prendre en compte pour le calcul du préjudice subi par l'acquéreur d'un meuble s'étant révélé non authentique la valeur d'un bien équivalent à la date de leur décision (■ Cass. 1re civ., 3 juin 1997, n° 95-13.568 : *JurisData* n° 1997-002458 ; *D.* 1998, 111, note crit. Crevel ; *JCP* 98, I, 144, n° 16, obs. Viney ; *RTD civ.* 1998, 392, obs. Jourdain). Une personne ayant fait l'objet d'une hospitalisation d'office irrégulière peut prétendre à l'indemnisation de l'entier préjudice né de l'atteinte portée à sa liberté, sans que cette indemnisation puisse être limitée par le fait que nonobstant les irrégularités formelles des arrêtés ordonnant son placement d'office, celui-ci était justifié par son état pathologique préalable à l'irrégularité commise (■ Cass. 1re civ., 23 juin 2010, n° 09-66.026 : *RTD civ.* 2010, 529, obs. Hauser). Ayant relevé que l'immeuble ne pouvait être reconstruit à l'identique en raison de la dangerosité de sa situation et retenu qu'octroyer aux propriétaires une valeur de reconstruction à neuf dans un autre lieu leur procurerait un avantage indu puisqu'ils bénéficieraient d'un bien équivalent mais mieux situé, la cour d'appel en a exactement déduit, sans violer le principe de la réparation intégrale, que l'indemnisation du préjudice devait s'effectuer selon la valeur vénale de l'immeuble à la date du sinistre (■ Cass. 3e civ., 7 sept. 2017, n° 16-15.257 : *Bull.* ; *D.* 2017, p. 2577, V. Mazeaud ; *JCP* G 2018, 262, C. Bloch ; *RDC* 2018, p. 41, G. Viney).

150) Obligation de la victime de limiter son préjudice (non). La victime n'est pas tenue de réparer son préjudice dans l'intérêt du responsable (■ Cass. 2e civ., 19 juin 2003 : *Grands arrêts*, n° 190 ; *JurisData* n° 2003-019462 ; *JCP* G 2003, II, 10170, note Castets-Renard ; *JCP* G 2004, I, 101, n° 9, obs. Viney ; *D.* 2003, 2326, 1re esp., note Chazal ; *D.* 2004, somm. 1346, 2e esp., obs. D. Mazeaud ; *LPA*, 17 oct. 2003, p. 16, 1re esp., note Reifegerste ; *Bull. civ.* II, n° 203, p. 171, 2e arrêt ; *RTD civ.* 2003, 716, obs. Jourdain ; *Defrénois* 2003, 1574, obs. Aubert, victime d'un accident de la circulation invitée à pratiquer une rééducation orthophonique et psychologique. ■ Cass. 2e civ., 19 juin 2003 : *JurisData* n° 2003-019621 ; *JCP* G 2004, I, 101, n° 9, obs. Viney ; *D.* 2003, 2326, 2e esp., note Chazal ; *D.* 2004, somm. 1346, 1re esp., obs. D. Mazeaud ; *LPA*, 17 oct. 2003, p. 16, 2e esp. ; *Bull. civ.* II, n° 203, p. 171, 1er arrêt ; *RTD civ.* 2003, 716, obs. Jourdain, cassation de l'arrêt relevant que la victime d'un accident de la circulation, exploitant un fonds de commerce, avait la possibilité de faire exploiter ce fonds par un tiers pour éviter de le laisser péricliter. V. sur ces arrêts M.-A. Agard, *Ne t'aide pas, le ciel t'aidera quand même ! : Resp. civ. et assur.* 2004, chron. 2). C'est par une exacte application de l'article 1382 qu'une cour d'appel, réparant les conséquences dommageables d'une rectification fiscale consécutive à l'inéligibilité d'une acquisition immobilière au dispositif de réduction d'impôt sur le revenu dont cet investissement était censé relever, retient que les notaires, qui ont prêté leur concours à cette opération et dont le défaut de conseil est à l'origine de la rectification, ne peuvent reprocher à leurs clients investisseurs de ne pas avoir réduit leur préjudice financier en optant pour un autre dispositif de défiscalisation, tel que la déduction au titre de l'amortissement prévue en matière de calcul des revenus fonciers, les conditions en eussent-elles été remplies. Est ainsi légalement justifiée sa décision d'indemniser intégralement la perte subie des réductions d'impôt sur le revenu (■ *Cass. 1re civ., 2 juill. 2014, n° 13-17.599* : *Bull.* ; *RDC* 2015/1, p. 24, note Viney ; *JCP* 2014, n° 42, p. 1827, note Dagorne-Labbe et n° 51, p. 2334, obs. Stoffel-Munck, Bloch et Bacache). Le refus d'une personne, victime d'une infection nosocomiale dont un établissement de santé a été reconnu responsable en vertu du deuxième de ces textes, de se soumettre à des traitements médicaux, qui, selon le troisième, ne peuvent être pratiqués sans son consentement, ne peut entraîner la perte ou la diminution de son droit à indemnisation de l'intégralité des préjudices résultant de l'infection (■ Cass. 1re civ., 15 janv. 2015, n° 13-21.180 : *Bull.* ; *D.* 2015, 1075, note Gisclard ; *JCP* G 2015, n° 15, p. 71, note Houssier ; *RDC* 2015, p. 461, obs. Borghetti). Même solution pour le refus de la victime d'un accident de se soumettre à des traitements médicaux (■ Cass. crim., 27 sept. 2016, n° 15-83.309 : *JurisData* n° 2016-019634 ; *D.* 2016, 2612, Bouchet ; *Resp. civ. et assur.* 2016, n° 328). Même solution pour le refus d'un autre poste de travail proposé à la victime qui a été déclarée inapte à son emploi de cuisinier (■ Cass. 2e civ., 26 mars 2015, n° 14-16.011 : *Bull.* ; *D.* 2015, p. 2292, obs. Bacache).

Rappr., en matière contractuelle, ■ Cass. 3e civ., 4 juin 2008, n° 07-14.118 : *Bull. civ.* III, n° 100 ; *JCP* 2008, II, 10177, note Sabard (aggravation du préjudice résultant du défaut d'exécution de la décision assortie de l'exécution provisoire).

151) Événement bénéfique résultant du dommage. La circonstance que le conjoint ou le concubin survivant de la victime d'un accident ait reconstitué un foyer avec une tierce personne n'est pas de nature à dispenser le tiers responsable de réparer entièrement le préjudice qu'il a causé dès lors que cette circonstance n'est pas la conséquence nécessaire du fait dommageable (■ Cass. crim., 29 juin 2010, n° 09-82.462 : *Bull.*, n° 118 ; *JCP* 2011, n° 15, 435, obs. Stoffel-Munck).

152) Avantages retirés de la situation dommageable. La détermination d'un préjudice supposant la prise en compte des avantages que le demandeur à l'action a pu retirer de la situation dommageable, les dommages-intérêts dus par un expert en propriété industrielle ayant affirmé à son client qu'il ne courait pas de risque en commercialisant un produit alors qu'il y avait contrefaçon, doivent tenir compte des bénéfices engendrés par cette commercialisation (■ Cass. 1re civ., 28 sept. 2016, n° 15-18.904 : *D.* 2016, 2061, Carval ; *D.* 2017, 25, Brun ; *JCP* G 2017, 257, p. 457, Bacache).

153) Dommage causé à une chose. La réparation intégrale d'un dommage causé à une chose n'est assurée que par le remboursement des frais de remise en état de la chose ou par le paiement d'une somme d'argent représentant la valeur de son remplacement (■ Cass. 2e civ., 17 déc. 1959 : *JCP* 60, II, 11493, note Esmein). L'indemnisation du propriétaire d'un bien endommagé n'est pas subordonnée à l'exécution par celui-ci des travaux de restauration dont il demande réparation (■ Cass. 3e civ., 2 déc. 2003, n° 02-17.106 : *JurisData* n° 2003-021391 ; *Resp. civ. et assur.* 2004, 56. – Mais jugé que la victime d'un incendie d'un immeuble ne peut prétendre à la valeur à neuf de l'immeuble dès lors qu'elle a revendu le terrain à un tiers en abandonnant toute idée de reconstruction, ▪ Cass. 3e civ., 8 avr. 2010, n° 08-21.393 : *Bull. civ.* 2010, III, n° 74 ; *RTD civ.* 2010, 578, obs. Jourdain). La réparation intégrale du préjudice occasionné par la perte d'un véhicule immatriculé en Belgique ne peut être assuré que par son évaluation dans ce pays (▪ Cass. 2e civ., 31 mai 2000, n° 97-20.320 : *JurisData* n° 2000-002300 ; *JCP* 2000, IV, 2276 ; *Bull. civ.* II, n° 95, p. 65).

154) Limite de la valeur de remplacement. Le droit au remboursement des frais de remise en état d'une chose endommagée a pour limite sa valeur de remplacement (▪ Cass. 2e civ., 18 juin 1973 : *JCP* 1973, II, 17545, note M. A. V. aussi ▪ Cass. 2e civ., 4 févr. 1982, n° 80-17.139 : *JurisData* n° 1982-700343 ; *JCP* 1982, II, 19894, note Barbièri ; *Gaz. Pal.* 1982, 2, 502, note G. F. et J. B. ▪ Cass. crim., 22 sept. 2009, n° 08-88.181 : *Bull. crim.* 2009, n° 157 ; *Resp. civ. et assur.* 2010, comm. 8, obs. S. Hocquet-Berg ; *JCP* 2010, n° 16, 456, p. 843, obs. Bloch ; *RTD civ.* 2010, 338, obs. Jourdain. *Contra* auparavant ▪ Cass. crim., 17 déc. 1969, n° 68-92.476 : *D.* 1970, 190). Doit être cassé l'arrêt qui refuse d'ordonner la réparation du véhicule au motif que le coût de cette réparation dépasserait la valeur vénale, alors que seule la valeur de remplacement constitue la limite d'indemnisation (▪ Cass. 2e civ., 4 févr. 1982, préc.). Mais l'indemnisation ne peut être opérée qu'en valeur vénale et non en référence à la valeur aléatoire d'un matériel d'occasion susceptible de remettre en état de fonctionnement une usine qui ne l'est plus depuis fort longtemps (▪ Cass. 2e civ., 14 janv. 1999, n° 96-17.562 : *JCP* 2000, I, 199, n° 13, obs. Viney ; *Bull. civ.* II, n° 14, p. 9 ; *RTD civ.* 1999, 412, obs. Jourdain). Jugé que lorsque le remplacement est impossible, la remise en état du véhicule est seule de nature à assurer la réparation intégrale du préjudice (▪ TGI Créteil, 26 mai 1981 : *JurisData* n° 1981-000115 ; *JCP* 1982, II, 19745, note Chabas).

155) Remise en état par la victime. La circonstance que la victime a procédé à la remise en état par elle-même ou par son personnel salarié ne saurait diminuer ses droits à une réparation intégrale (▪ Cass. 2e civ., 19 nov. 1975 : *JurisData* n° 1975-799302 ; *D.* 1976, 137, note Le Tourneau). La victime n'a pas à rapporter la preuve qu'elle a fait réparer le véhicule endommagé ou qu'elle a acquis un véhicule semblable (▪ Cass. 2e civ., 31 mars 1993, n° 91-18.691 : *JurisData* n° 1993-000723 ; *RTD civ.* 1993, 838, obs. Jourdain). La mobilisation de salariés pour la réparation de dommages causés à l'entreprise par un tiers constitue un préjudice indemnisable (▪ Cass. 3e civ., 10 mars 2016, n° 15-10.897 : *Bull.* ; *JCP* G 2016, 1117, Stoffel-Munck).

156) Prise en compte de la part successorale de la victime par ricochet (non). La somme représentant le préjudice patrimonial du frère de la victime décédée ne peut être diminuée du montant de la part successorale éventuellement recueillie par lui dans la succession de son frère (▪ Cass. 2e civ., 2 févr. 1994, n° 92-11.733 : *JurisData* n° 1994-000290 ; *Bull. civ.* II, n° 46, p. 27. V. aussi ▪ Cass. crim., 1er juin 1999, n° 98-82.616 : *JurisData* n° 1999-002895 ; *Resp. civ. et assur.* 1999, 285, note Groutel ; *JCP* 2000, I, 197, n° 7, obs. Viney ; II, 10310, note Corneloup ; *RTD civ.* 1999, 847, obs. Jourdain, refusant de tenir compte pour évaluer le dommage par ricochet de la succession échue aux demandeurs).

157) Manque à gagner. La réparation intégrale inclut la prise en compte du manque à gagner (▪ Cass. 2e civ., 3 nov. 1972, n° 71-10.738 : *JurisData* n° 1972-099268 ; *Bull. civ.* II, n° 268, p. 221). La perte du salaire et de ses accessoires pendant la période d'incapacité de la victime doit être évaluée en fonction des salaires que la victime aurait dû percevoir pendant cette période (▪ Cass. 2e civ., 18 oct. 1989, n° 88-11.552 : *JurisData* n° 1989-703813 ; *Bull. civ.* II, n° 189, p. 96. ▪ Cass. 2e civ., 25 oct. 1989, n° 88-16.210 : *JurisData* n° 1989-003815 ; *Bull. civ.* II, n° 194, p. 98 ; *RTD civ.* 1990, 503, obs. Jourdain. ▪ Cass. 2e civ., 8 juill. 1992, n° 91-12.702 : *JurisData* n° 1992-001661 ; *Bull. civ.* II, n° 202, p. 100). Le préjudice économique subi par l'ayant droit d'une victime du fait du décès de celle-ci doit être évalué au jour de la décision qui le fixe en tenant compte de tous les éléments connus à cette date (▪ Cass. 2e civ., 11 oct. 2001 : *JCP* 2001, IV, 2868 ; *Bull. civ.* II, n° 154, p. 105 ; *JurisData* n° 2001-011235, prise en compte du salaire auquel la victime aurait eu droit au jour de la décision). Les salaires et accessoires du salaire maintenus par l'employeur à la victime d'un dommage résultant des atteintes à sa personne pendant la période d'inactivité consécutive à l'événement qui l'a occasionné qui ouvrent droit à un recours contre la personne tenue à réparation ou à son assureur comprennent les cotisations salariales précomptées par l'employeur (▪ Cass. 2e civ., 19 juin 1996, n° 93-16.248 : *JurisData* n° 1996-002510 ; *JCP* 96, IV, 1881 ; *Bull. civ.* II, n° 159, p. 95). Doit être cassé l'arrêt qui évalue le préjudice subi par la veuve en fonction du temps d'activités professionnelles de son mari militaire, mortellement blessé dans un accident, sans tenir compte, comme il était demandé, de la période postérieure à la mise à la retraite (▪ Cass. 2e civ., 6 juill. 1994, n° 92-14.640 : *JurisData* n° 1994-001583 ; *Bull. civ.* II, n° 183, p. 105). Sur le principe que la pension de réversion doit être prise en compte pour déterminer la perte de revenus de la veuve, v. ▪ Cass. 2e civ., 21 mai 1997, n°

95-21.194 : *JurisData* n° 1997-002170 ; *JCP* 97, IV, 1472 ; *Bull. civ.* II, n° 155, p. 90 ; *Resp. civ. et assur.* 1997, 257, note Groutel. C'est sans méconnaître le principe de la réparation intégrale qu'une cour d'appel a, dans l'exercice de son pouvoir souverain d'appréciation de la valeur et de la portée des éléments de preuve qui lui étaient soumis, apprécié l'étendue du préjudice économique imputable au sinistre, recouvrant les bénéfices d'exploitation perdus et les charges fixes exposées en vain (▪ Cass. 2e civ., 13 sept. 2012, n° 11-13.139 : *RCA* 2012, n° 346, obs. Groutel ; *D.* 2012, p. 40, obs. Brun et Gout ; *RTD civ.* 2012, p. 735, obs. Jourdain). Une victime ne peut obtenir la réparation de la perte de ses rémunérations que si celles-ci sont licites (▪ Cass. 2e civ., 24 janv. 2002 : *JCP* 2002, II, 10118, note Boillot ; *JurisData* n° 2002-012670, rémunérations non déclarées).

158) Vétusté de la chose. Sur le principe que la règle de la réparation intégrale du préjudice interdit de prendre en compte la vétusté de la chose, V. ▪ Cass. 2e civ., 14 juin 1995, n° 93-20.103 : *JurisData* n° 1995-001508 ; *Bull. civ.* II, n° 186, p. 107. ▪ Cass. 2e civ., 5 juill. 2001, n° 99-11.520 : *JurisData* n° 2001-010483 ; *JCP* 2001, IV, 2626 ; *Bull. civ.* II, n° 135, p. 91. ▪ Cass. 2e civ., 23 janv. 2003 : *JCP* 2003, II, 10110, note Barbièri ; *JurisData* n° 2003-017465 ; *Loyers et copr.* 2003, 123, note Vial-Pedroletti ; *Bull. civ.* II, n° 20, p. 16. ▪ Cass. 2e civ., 15 déc. 2005, n° 04-11.204 : *JurisData* n° 2005-031354 ; *Resp. civ. et assur.* 2006, 78. Ainsi, la victime est en droit d'exiger la remise en état de son véhicule sans qu'il y ait lieu d'appliquer un coefficient de vétusté aux pièces remplacées (▪ Cass. 2e civ., 8 juill. 1987, n° 85-14.052 : *JurisData* n° 1987-701245 ; *Bull. civ.* II, n° 152, p. 87. V. aussi pour un bâtiment ▪ Cass. 2e civ., 5 juill. 2001, n° 99-18.712 et ▪ Cass. 3e civ., 11 juill. 2001, préc.). La cour d'appel, qui a constaté le mauvais état d'un mur effondré à la suite de travaux, peut ordonner sa reconstruction (▪ Cass. 3e civ., 12 déc. 1973, n° 72-12.705 : *JurisData* n° 1973-000628 ; *JCP* 74, II, 17697, note Goubeaux). Mais une cour d'appel peut, sans violer le principe de la réparation intégrale, appliquer un coefficient de vétusté aux équipements présents dans les locaux avant la survenance du sinistre en retenant qu'à défaut, le preneur bénéficierait d'un enrichissement infondé (depuis plusieurs années aucun fonds de commerce n'était exploité dans les lieux, les équipements présents dans les locaux dataient d'une précédente exploitation qui avait cessé depuis plusieurs années, qu'aucun projet d'aménagement quelconque n'était en cours ou sur le point de commencer et que le preneur n'établissait pas son intention réelle de relancer l'activité de son exploitation), ▪ Cass. 3e civ., 16 juin 2010, n° 09-13.156 : *Bull. civ.* 2010, III, n° 126 ; *D.* 2010. chron. C. cass. 2608, obs. Monge). Sur cette question, v. Hontebeyrie, *Un cas d'enrichissement dans la responsabilité civile délictuelle : à propos de la vétusté dans l'évaluation du dommage aux biens*, *D.* 2007, chron., p. 675.

159) Charges fiscales et sociales. Les dispositions fiscales frappant les revenus sont sans incidence sur les obligations des responsables du dommage et le calcul de l'indemnisation des victimes. Une cour d'appel ne saurait donc, pour évaluer le préjudice patrimonial de la concubine, déduire du revenu déclaré de son concubin décédé le montant de l'imposition fiscale qui s'y applique (▪ Cass. 2e civ., 28 oct. 1992, n° 91-12.135 : *JurisData* n° 1992-002318 ; *JCP* 93, IV, 37 ; *Bull. civ.* II, n° 254, p. 126 ; *RTD civ.* 1993, 146, obs. Jourdain. V. aussi ▪ Cass. crim., 1er déc. 1993, n° 93-81.161 : *Bull. crim.* 1993, n° 364, p. 909. ▪ Cass. 2e civ., 16 nov. 1994, n° 93-11.177 : *JurisData* n° 1994-002108 ; *Bull.* II, n° 233, p. 134. ▪ Cass. 2e civ., 8 juill. 2004, n° 02-20.199 : *JurisData* n° 2004-024552 ; *Bull. civ.* II, n° 392, p. 330). En revanche, doivent être déduites les charges salariales (▪ Cass. 2e civ., 19 févr. 1992, n° 90-19.729 : *JurisData* n° 1992-000354 ; *Bull. civ.* II, n° 64, p. 31. ▪ Cass. crim., 8 déc. 1993, n° 93-81.734 : *JurisData* n° 1993-002721 ; *Bull. crim.* 1993, n° 376, p. 941). Le tiers responsable n'a à payer la TVA que si cette taxe est à la charge de la victime (▪ Cass. com., 11 juill. 1983 et ▪ Cass. crim., 16 oct. 1984 : *D.* 1985, 347, note Chartier. V. aussi ▪ Cass. 2e civ., 8 nov. 1995, n° 94-10.944 : *JurisData* n° 1995-002895 ; *JCP* 95, IV, 2763 ; *Bull.* II, n° 272, p. 161. ▪ Cass. 1re civ., 4 juin 1996, n° 94-12.049 : *JurisData* n° 1996-002253 ; *JCP* 96, IV, 1723 ; *Bull. civ.* I, n° 240, p. 169).

160) Barème de capitalisation. Tenue d'assurer la réparation intégrale du dommage actuel et certain de la victime sans perte ni profit, c'est dans l'exercice de son pouvoir souverain que la cour d'appel a fait application du barème de capitalisation qui lui a paru le plus adapté à assurer les modalités de cette réparation pour le futur (▪ Cass. 2e civ., 10 déc. 2015, n° 14-27.243 : *D.* 2016, p. 350, note Porchy-Simon ; *JCP* G 2016, 152, note Brun). Ce choix n'a pas à être soumis au débat contradictoire (▪ Cass. crim., 5 avr. 2016, n° 15-81.349 : *D.* 2017, 30, Quézel-Ambrunaz ; *Resp. civ. et assur.* 2016, n° 221).

161) Limitation de la réparation au montant du préjudice. La réparation ne saurait excéder le montant du préjudice (▪ Cass. 2e civ., 26 juin 1974 : *JurisData* n° 1974-099205 ; *Bull. civ.* II, n° 205, p. 171. ▪ Cass. 2e civ., 3 mars 1982 : *JurisData* n° 1982-700662 ; *Bull. civ.* II, n° 33, p. 24. ▪ Cass. 2e civ., 14 févr. 1985, n° 83-13.970 : *Bull. civ.* II, n° 40, p. 28). Dès lors, le recours des organismes payeurs doit s'exercer sur les sommes servies à la victime en réparation de son préjudice (▪ Cass. 2e civ., 14 févr. 1985, préc. V. en ce sens ▪ Cass. ass. plén., 9 mai 1980 : *JurisData* n° 1980-799003 ; *Gaz. Pal.* 1980, 2, 488 ; *RTD civ.* 1980, 574, obs. Durry. V. aussi sous L. n° 85-677, 5 juill. 1985, art.29, p. 3087). L'arrêt qui indemnise le préjudice corporel sous forme d'un capital représentatif des frais de soins futurs et lui alloue en outre une autre somme correspondant à l'atteinte à son intégrité physique et aux frais médicaux futurs capitalisés ne permet pas à la Cour de cassation de vérifier si les sommes allouées n'excèdent pas le préjudice (■ Cass. 2e civ., 21 juin 1989, n° 87-18.379 : *JurisData* n° 1989-002708 ; *Bull. civ.* II, n° 134, p. 67). Mais jugé que le montant de l'indemnité allouée au titre de l'assistance d'une tierce personne ne peut être réduit en cas d'assistance familiale ni subordonné à la production de justification des dépenses effectives (■ Cass. 2e civ., 14 oct. 1992, n° 91-14.211 : *JurisData* n° 1992-002144 ; *RTD civ.* 1993, 144, obs. Jourdain. V. aussi ■ Cass. 2e civ., 16 nov. 1994, n° 93-14.554 : *JurisData* n° 1994-002111 ; *Bull. civ.* II, n° 232, p. 133. ■ Cass. 2e civ., 8 févr. 1995, n° 93-12.672 : *JurisData* n° 1995-000215 ; *Bull. civ.* II, n° 47, p. 27 ; *RTD civ.* 1995, 378, obs. Jourdain. ■ Cass. 2e civ., 4 mai 2000, n° 98-19.951 : *JurisData* n° 2000-001716 ; *JCP* 2001, II, 10489, note Dagorne-Labbe ; *Bull. civ.* II, n° 76, p. 53 ; *Resp. civ. et assur.* 2000, 225. ■ Cass. 2e civ., 14 nov. 2002, n° 01-03.581 : *JurisData* n° 2002-016308 ; *Bull. civ.* II, n° 260, p. 205. ■ Cass. 2e civ., 5 juin 2003, n° 01-16.335 : *JurisData* n° 2003-019378 ; *Resp. civ. et assur.* 2003, 256 ; *Bull. civ.* II, n° 176, p. 151. Comp. ■ Cass. 2e civ., 15 janv. 1997, n° 95-14.580 : *JurisData* n° 1997-000092 ; *JCP* 97, IV, 491 ; *Bull.* II, n° 13, p. 7 ; *Resp. civ. et assur.* 1997, 118, refusant d'indemniser la mère ayant cessé volontairement son activité professionnelle pour s'occuper de son fils handicapé déjà assisté par trois tierces personnes). En indemnisant le déficit fonctionnel temporaire au-delà de la date de consolidation à partir de laquelle elle a procédé à l'évaluation du déficit fonctionnel permanent, une cour d'appel a réparé deux fois une même période d'incapacité et ainsi violé le principe de réparation intégrale sans perte ni profit pour la victime (■ Cass. 2e civ., 8 déc. 216, n° 13-22.961 : *Bull.*).

162) Réparation en nature excédant le préjudice. Dans le cas de la violation d'un pacte d'actionnaires imposant de ne pas acquérir individuellement certains titres détenus par des minoritaires, violent le principe de réparation intégrale les juges du fond qui ordonnent la cession forcée à la société victime d'une partie des titres fautivement acquis, dès lors que cette cession se traduisait par une majoration de la participation de cette société dans le capital (■ Cass. com., 24 mai 2011, n° 10-24.869 : *Bull.*, n° 80 ; *RDC* 2011, p. 1170, note Carval ; *D.* 2011, p. 1556, obs. Delpech ; *ibid.*, p. 2315, note Helleringer ; *Rev. sociétés* 2011, p. 482, note A. Gaudemet).

163) Motivation de la décision. Les juges du fond disposent d'un pouvoir souverain d'appréciation pour évaluer le préjudice et ne sont pas tenus de préciser les divers éléments ayant servi à déterminer le montant des dommages-intérêts qu'ils allouent (■ Cass. com., 13 janv. 1971 : *JurisData* n° 1971-097012 ; *D.* 1971, 147, note X.L. ■ Cass. 1re civ., 16 juill. 1991, n° 90-15.086 : *JurisData* n° 1991-001987 ; *JCP* 91, IV, 367. ■ Cass. ass. plén., 26 mars 1999, n° 95-20.640 : *JurisData* n° 1999-001247 ; *JCP* 2000, I, 199, n° 12, obs. crit. Viney. Voir cependant, censurant la fixation d'une indemnité « toutes causes de préjudice confondues », ■ Cass. 2e civ., 20 juill. 1993, n° 92-06.001 : *JurisData* n° 1993-001656 ; *JCP* 93, IV, 2421). Ils ne sont pas tenus de réparer distinctement le préjudice physiologique et le préjudice économique (■ Cass. 2e civ., 20 nov. 1996, n° 95-11.430 : *JurisData* n° 1996-004623 ; *Resp. civ. et assur.* 1997, 49). Ils peuvent se borner à accorder 1 F à la victime d'un vol (■ Cass. crim., 16 mai 1974, n° 73-90.569 : *D.* 1974, 513, rapp. Dauvergne).

164) Indemnisation par l'auteur de l'infraction de la victime assurée. L'indemnisation de la victime par son assureur, lequel ne dispose devant la juridiction répressive d'aucun recours subrogatoire contre le responsable du dommage, ne dispense pas ce dernier de réparer le préjudice résultant de l'infraction dont il a été déclaré coupable (■ Cass. crim., 9 févr. 1994, n° 93-83.047 : *JurisData* n° 1994-000400 ; *RTD civ.* 1995, 123, obs. crit. Jourdain).

B – Modalités de la réparation

165) Réparation en nature ou par équivalent. Les juges du fond sont souverains pour décider si la réparation doit intervenir en nature ou par équivalent (■ Cass. 2e civ., 9 juill. 1981, n° 80-13.561 : *JurisData* n° 1981-002309 ; *Gaz. Pal.* 1982, 1, 109, note Chabas). Ils peuvent ordonner toutes mesures qu'ils estiment propres à parfaire la réparation du préjudice subi (■ Cass. 2e civ., 8 déc. 1977, n° 75-14.292 : *JurisData* n° 1977-099236 ; *Bull. civ.* II, n° 236, p. 172. ■ Cass. com., 8 mai 1979 : *JurisData* n° 1979-797149 ; *Bull. civ.* IV, n° 148, p. 118). Mais méconnaît l'objet du litige une cour d'appel qui décide que le défendeur réalisera les travaux de remise en état alors que le demandeur sollicitait des dommages et intérêts et s'opposait à leur réalisation par son débiteur (■ Cass. 2e civ., 18 mars 2010, n° 09-13.376 : *Bull. civ.* 2010, II, n° 64 ; *D.* 2010, chron. C. cass. 2102, obs. Adida-Canac et Grignon Dumoulin).

166) Affectation par le juge des sommes allouées (non). Les juges du fond ne peuvent décider de l'affectation des sommes allouées à la victime (■ Cass. crim., 22 févr. 1995, n° 94-82.991 : *JurisData* n° 1995-000695 ; *JCP* 95, I, 3893, n° 22, obs. Viney ; *RTD civ.* 1996, 402, obs. Jourdain). Le principe de la réparation intégrale n'implique pas de contrôle sur l'utilisation des fonds alloués à la victime qui conserve leur libre utilisation (■ Cass. 2e civ., 8 juill. 2004, n° 02-17.875 : *Bull. civ.* II, n° 391, p. 329. ■ Cass. crim., 2 juin 2015, n° 14-83.967 : *Bull.* ; *D.* 2015, p. 2288, obs. A. G.-L. ; *RCA* 2015, n° 251, note Groutel).

167) Rente ou capital. Les juges du fond peuvent allouer, même d'office, une rente au lieu d'un capital (■ Cass. 2e civ., 21 nov. 1973, n° 72-13.554 : *JurisData* n° 1973-099304 ; *JCP* 74, II, 17897, note Brousseau. ■ Cass. 2e civ., 29 avr. 1994, n° 92-14.919 : *JCP* 94, I, 3809, n° 12, obs. Viney). Cette rente peut être indexée (■ Cass. ch. mixte, 6 nov. 1974 : *JCP* 75, II, 17978, concl. Gégout et note R. Savatier. ■ Cass. 2e civ., 17 avr. 1975 : *JurisData* n° 1975-700108 ; *D.* 1976, 152, note Sharaf Eldine). Les juges du fond doivent répondre aux conclusions soutenant que l'état végétatif de la victime ne permet aucun calcul fondé sur une probabilité de vie et échappe ainsi par nature à tout système de capitalisation (■ Cass. 2e civ., 21 juin 1989, n° 87-17.344 : *JurisData* n° 1989-702680 ; *Bull. civ.* II, n° 133, p. 66 ; *RTD civ.* 1990, 83, obs. Jourdain. V. sur renvoi ■ Bordeaux, 18 avr. 1991, n° 90-80.171 : *D.* 1992, somm. 274, obs. Aubert). Sur l'indexation légale de certaines rentes allouées en réparation du préjudice causé par un véhicule terrestre à moteur, V. L. n° 74-1118, 27 déc. 1974, p. 3002.

168) Publication de la décision. Droit de la consommation. Viole l'article 1382 la cour d'appel qui ordonne la publication de la décision en énonçant que cette mesure est pertinente en un domaine du droit de la consommation appelé à connaître un considérable développement, ce motif faisant apparaître que la mesure ainsi ordonnée concerne l'intérêt collectif des consommateurs et qu'elle est étrangère à la réparation des préjudices en cause (■ Cass. 1re civ., 14 mai 1992, n° 90-14.047 : *JurisData* n° 1992-001081 ; *Bull. civ.* I, n° 138, p. 94).

C – Évaluation

169) Absence d'éléments permettant l'évaluation. Viole l'article 1382 la cour d'appel qui refuse d'évaluer le montant d'un dommage dont elle constate l'existence dans son principe en faisant valoir l'absence de tous éléments permettant *de l'évaluer (■ Cass. 2e civ.,* 17 mars 1993, n° 91-18.731 : *JurisData* n° 1993-000529 ; *Bull.* II, n° 118, p. 62).

170) Valeur du dommage au jour de la décision. L'indemnité nécessaire pour compenser le préjudice doit être calculée sur la valeur du dommage au jour de la décision qui consacre la créance indemnitaire de la victime (■ Cass. civ., 15 juill. 1943 : *JCP* 43, II, 2500, 1re esp., note Hubrecht). Si la perte éprouvée par la victime ne peut être fixée qu'en fonction des pertes de gains professionnels perçus à l'époque de l'incapacité totale temporaire ou partielle de travail, le principe de la réparation intégrale impose au juge de procéder, si elle est demandée, à l'actualisation au jour de leur décision de l'indemnité allouée en réparation du préjudice, en fonction de la dépréciation monétaire (■ Cass. 2e civ., 12 mai 2010, n° 09-14.569 : *Bull. civ.* 2010, II, n° 94 ; *D.* 2010, chron. C. cass. 2102, obs. Adida-Canac et Grignon Dumoulin ; *RTD civ.* 2010, 576, obs. Jourdain).

171) Valeur de l'épave. La victime du dommage, qui a droit à la réparation intégrale de son préjudice, n'a pas à courir le risque de la vente de l'épave, laquelle, sauf accord des parties sur ce point, doit être laissée pour compte au responsable (■ Cass. 2e civ., 17 déc. 1959 : *JCP* 1960, II, 11493, note Esmein). Mais dès lors que la victime a fait, sans y avoir été autorisée, des réparations d'un montant supérieur à la valeur de remplacement, les juges du fond déduisent à bon droit la valeur de l'épave (■ Orléans, 26 sept. 1966 : *Gaz. Pal.* 1967, 2, 29).

172) Modification de l'état de la victime. L'indemnité allouée à la victime en réparation de son préjudice corporel ne peut être diminuée même si l'état de la victime s'améliore après le jugement (■ Cass. 2e civ., 12 oct. 1972 : *JCP* 74, II, 17609, note Brousseau. V. aussi ■ Cass. 2e civ., 9 déc. 1999, n° 98-10.416 : *JurisData* n° 1999-004446 ; *Bull. civ.* II, n° 188, p. 129). Elle peut en revanche, en cas d'aggravation, être majorée (■ Cass. soc., 24 févr. 1955 : *JCP* 55, II, 8699, note G.H.G. ■ Cass. 2e civ., 17 janv. 1974, n° 72-11.683 : *JurisData* n° 1974-099030 ; *Bull. civ.* II, n° 31, p. 24), sans que puisse être opposée l'autorité de la chose jugée (■ Cass. ass. plén., 9 juin 1978, n° 76-10.591 : *JurisData* n° 1978-095003 ; *Bull. civ.* 1978, ■ Cass. ass. plén., n° 3, p. 3), et même si la victime est déjà atteinte d'une incapacité permanente partielle de 100 % (■ Cass. crim., 9 juill. 1996, n° 95-81.143 : *JurisData* n° 1996-003566 ; *Resp. civ. et assur.* 1996, 351 ; *JCP* 97, I, 4025, n° 23, obs. Viney). Les dommages-intérêts ne peuvent toutefois excéder la réparation intégrale du préjudice causé par l'aggravation, d'où il résulte que les juges du fond n'ont pas à déduire des dommages-intérêts alloués en cas d'aggravation la somme initialement allouée (■ Cass. 2e civ., 24 oct. 1984, n° 83-12.921 : *JurisData* n° 1984-702253 ; *JCP* 85, II, 20386, note Chartier. Comp. ■ Cass. 2e civ., 29 oct. 1968 : *Gaz. Pal.* 1969, 1, 17). En cas d'aggravation de l'état de la victime donnant lieu à indemnisation complémentaire, ne peuvent être remises en cause ni l'évaluation du préjudice originaire ni les condamnations prononcées au profit tant de la victime que du tiers payeur, lequel ne peut demander le remboursement de ses prestations que si elles contribuent à l'indemnisation de l'aggravation du préjudice (■ Cass. 1re civ., 3 févr. 2000 : *Resp. civ. et assur.* 2000, 114 ; *Bull. civ.* II, n° 25, p. 17. V. aussi ■ Cass. 2e civ., 12 oct. 2000, 2 arrêts : *JurisData* n° 2000-006325 ; *Resp. civ. et assur.* 2000, 361, note Groutel ; *RTD civ.* 2001, 158, obs. Jourdain).

173) Déduction des arrérages de la pension d'invalidité versés à la victime (non). Les arrérages de la pension d'invalidité versés à la victime d'un accident par une caisse vieillesse constituent un avantage statutaire garanti, elles n'ont donc pas de caractère indemnitaire et n'ont pas à être déduites de l'indemnité allouée à la victime (■ Cass. 2e civ., 27 nov. 1991, n° 90-13.505 : *JurisData* n° 1991-003475 ; *JCP* 92, IV, 405 ; *Bull. civ.* II, n° 325, p. 170).

174) Atteinte à l'intégrité physique. Imputation des prestations versées par des tiers payeurs. Seules doivent être imputées sur l'indemnité réparant l'atteinte à l'intégrité physique de la victime les prestations versées par des tiers payeurs et qui ouvrent droit, au profit de ceux-ci, à un recours subrogatoire contre la personne tenue à réparation (■ Cass. 2e civ., 14 oct. 1992, n° 91-14.211 : *JurisData* n° 1992-002144 ; *Bull. civ.* II, n° 240, p. 119). Selon l'article L. 376-1 du Code de la sécurité sociale et l'article 31 de la loi n° 85-677 du 5 juillet 1985 dans leur rédaction issue de l'article 25 de la loi n° 2006-1640 du 21 décembre 2006, les recours subrogatoires des caisses contre les tiers s'exercent poste par poste sur les seules indemnités qui réparent des préjudices qu'elles ont pris en charge, à l'exclusion des préjudices à caractère personnel et conformément à l'article 1252 du Code civil, la subrogation ne peut nuire à la victime subrogeante, créancière de l'indemnisation, lorsqu'elle n'a été prise en charge que partiellement par les prestations sociales ; qu'en ce cas, l'assuré social peut exercer ses droits contre le responsable, par préférence à la caisse subrogée ; qu'il en résulte que dans le cas d'une limitation *du droit à indemnisation* de la victime, le droit de préférence de celle-ci sur la dette du tiers responsable a pour conséquence que son préjudice corporel, évalué poste par poste, doit être intégralement réparé pour chacun de ces postes dans la mesure de l'indemnité laissée à la charge du tiers responsable, et que le tiers payeur ne peut exercer son recours, le cas échéant, que sur le reliquat (■ Cass. 2e civ., 24 sept. 2009, n° 08-14.515 : *Bull. civ.* II, n° 227 ; *JCP* 2009, 424, note Grosser. – S. Porchy-Simon, *Le recours des tiers payeurs à l'épreuve de la politique jurisprudentielle de la Cour de cassation : D.* 2010, p. 593 ; *JCP* 2010, n° 16, 456, p. 848, obs. Bloch). Les prestations servies en exécution d'un contrat d'assurance de personne en cas d'accident ou de maladie revêtent un caractère forfaitaire et non pas indemnitaire dès lors qu'elles sont calculées en fonction d'éléments prédéterminés par les parties indépendamment du préjudice subi (■ Cass. 2e civ., 23 sept. 1999, n° 98-12.028 : *JCP* 1999, IV, 2813 ; *Bull. civ.* II, n° 139, p. 99 ; *RTD civ.* 2000, 126, obs. Jourdain).

V – L'ACTION EN RESPONSABILITÉ

A – Demandeur

175) Transmission du droit à réparation. A. Pinna, *La mobilisation de la créance indemnitaire : RTD civ.* 2008, p. 229. Le droit à réparation du dommage résultant de la souffrance physique éprouvée par la victime avant son décès, étant né dans son patrimoine, se transmet à ses héritiers (■ Cass. ch. mixte, 30 avr. 1976 : *JurisData* n° 1976-798003 ; *D.* 1977, 185, note Contamine-Raynaud. V. en ce sens ■ CE, 29 mars 2000 : *JurisData* n° 2000-123967 ; *JCP* 2000, I, 280, n° 23, obs. Viney ; *D.* 2000, 563, note Bourrel). Mais ceux-ci ne peuvent prétendre à l'indemnisation de l'incapacité permanente de leur auteur que pour la période antérieure au décès et les juges du fond doivent donc tenir compte de l'incidence du décès de la victime en cours d'instance (■ Cass. 2e civ., 19 févr. 1992, n° 90-14.470 : *JurisData* n° 1992-000584 ; *Bull. civ.* II, n° 62, p. 30). Sur ce que chacun des héritiers peut exercer l'action en réparation dans son intégralité, V. ■ Cass. crim., 28 juin 2000, n° 99-85.660 : *JurisData* n° 2000-003149 ; *Resp. civ. et assur.* 2000, 322.

176) Sur le **recours de l'assureur** en matière d'assurances de dommages, V. C. assur., art. L. 121-12, p. 1904.

177) Sur le **recours des tiers payeurs** contre les personnes tenues à réparation d'un dommage résultant d'une atteinte à la personne, v. L. n° 85-677, 5 juill. 1985, art. 28 à 34, p. 3087. Sur la réforme introduite par la loi n° 2006-1640 du 21 décembre 2006, V. Lienhard, *Recours des tiers payeurs : une avancée législative significative : D.* 2007, p. 452. – Jourdain, *La réforme des recours des tiers payeurs : des victimes favorisées : D.* 2007, p. 454. – Groutel, *Le recours des tiers payeurs : une réforme bâclée : Resp. civ. et assur.* 2007, étude 1. – Casson, *Le recours des tiers payeurs : une réforme en demi-teinte : JCP* 2007, I, 144. – Jourdain, *Du recours des tiers payeurs : JCP* 2008, n° hors-série, 2, *Quatre-vingts ans de la Semaine juridique*, p. 43. – Quézel-Ambrunaz, *Deux ans d'application de la réforme du recours des tiers payeurs : Gaz. Pal.* 1er-3 mars 2009, p. 10. Sur l'imputation des rentes d'accident du travail ou de service sur le préjudice fonctionnel, V. ■ Cass. crim., 19 mai 2009, n°

08-86.050 et n° 08-86.485 : *Resp. civ. et assur.* 2009, comm. 213 et 215 ; *JCP* 2009, n° 38, 248, obs. Bloch. ■ Cass. 2e civ., 11 juin 2009, nos 08-14.224, 07-21.768, 08-16.089, 07-21.816, 08-11.853, 08-17.581 : *Resp. civ. et assur.* 2009, étude 10, par H. Groutel ; *D.* 2009, p. 1789, note P. Jourdain ; *JCP* 2009, n° 36, 195, note S. Porchy-Simon et n° 38, obs. Bloch ; *D.* 2010, p. 49, obs. Gout ; *RTD civ.* 2009, 545, obs. P. Jourdain. Mais V.■ Cass. 2e civ., 8 avr. 2010, n° 09-14047 et n° 09-11.634 : *Bull. civ.* 2010, II, n° 77 ; *D.* 2010, p. 1089, note Sargos. ■ Cass. 2e civ., 15 déc. 1986, 2 arrêts : *JurisData* n° 1986-702866 ; *D.* 1987, 450, note Lambert-Faivre. V. Y. Lambert-Faivre, *Le lien entre la subrogation et le caractère indemnitaire des prestations des tiers payeurs : D.* 1987, chron. 97. V. aussi pour le recours des caisses de Sécurité sociale, CSS, art. L. 376-1 et s., L. 454-1. Jugé que l'article 1er de l'ordonnance n° 59-76, 7 janvier 1959 reconnaît au Trésor, lorsque le décès d'un agent de l'État est imputable à un tiers, le droit de poursuivre contre ce tiers le remboursement de toutes les prestations maintenues aux ayants droit de la victime à la suite du décès, sans qu'il y ait lieu de distinguer suivant que ces prestations ont un caractère indemnitaire ou statutaire (■ Cass. crim., 4 oct. 1972, n° 70-12.954 : *JurisData* n° 1972-099235 ; *Gaz. Pal.* 1972, 2, 857). Mais l'État ne peut obtenir le remboursement de charges salariales qui ne constituent pas un élément de préjudice pour la victime (■ Cass. 1re civ., 19 févr. 1992 : *Bull. civ.* I, n° 63, p. 30). Jugé que, servie en exécution d'une obligation nationale en vue d'assurer aux bénéficiaires la garantie d'un minimum de ressources, l'allocation aux adultes handicapés constitue une prestation d'assistance, dépourvue de caractère indemnitaire, dont la charge incombe à l'État, et dont une caisse d'allocations familiales ne peut donc obtenir le remboursement (■ Cass. 2e civ., 19 févr. 1992, n° 90-20.717 : *JurisData* n° 1992-000352 ; *Bull. civ.* II, n° 64, p. 31). L'État dispose d'une action en remboursement pour les arrérages des pensions de retraite prématurées jusqu'à la date à compter de laquelle la victime aurait pu normalement faire valoir ses droits à pension (■ Cass. 2e civ., 24 juin 1992, n° 90-21.217 : *JurisData* n° 1992-001947 ; *Bull. civ.* II, n° 174, p. 86).

178) Opposabilité aux ayants droit de la faute de la victime. En cas de faute de la victime, le partage de responsabilité est opposable à ses ayants droit demandant réparation de leur préjudice personnel (■ Cass. ch. réunies, 25 nov. 1964, n° 63-92.105 : *JCP* 64, II, 13972, note Esmein ; *D.* 1964, 733, concl. Aydalot. ■ Cass. ass. plén., 19 juin 1981, 2 arrêts : *JurisData* n° 1981-701700 ; *JCP* 82, II, 19712, rapp. Ponsard ; *D.* 1982, 85, concl. Cabannes et note Chabas). V. en ce sens en matière d'accidents de la circulation L. n° 85-677, 5 juill. 1985, art.1er annot. n° 1 et s., p. 3073.

179) Préjudice par ricochet en cas d'infraction. Il résulte des articles 2 et 3 du Code de procédure pénale que les proches de la victime d'une infraction de blessures involontaires sont recevables à rapporter la preuve du dommage dont ils ont personnellement souffert et découlant directement des faits objet de la poursuite (■ Cass. crim., 9 févr. 1989, n° 86-13.699 : *JurisData* n° 1988-098566 ; *JCP* 89, IV, 151 ; *RTD civ.* 1989, 563, obs. Jourdain). Mais l'indemnisation des pertes de revenus du blessé compense le préjudice par ricochet subi par ses proches dépendant économiquement de lui (■ Cass. crim., 12 avr. 1994, n° 93-84.367 : *JurisData* n° 1994-002902 ; *JCP* 94, I, 3809, n° 5, obs. Viney). Des quotidiens ayant divulgué l'identité et l'adresse de mineurs blessés mortellement dans un accident, l'infraction est de nature à causer directement préjudice non seulement aux mineurs, mais également à leurs parents (■ Cass. crim., 9 oct. 1995, n° 94-83.171 : *JurisData* n° 1995-003125 ; *Resp. civ. et assur.* 1996, 81).

180) Associations de consommateurs. Sur l'action en justice des associations agréées de consommateurs, V. C. consom., art. L. 421-1 ancien.2122

B – Défendeur

181) Fonds de garantie. Sur l'intervention du fonds de garantie en matière d'accidents de la circulation, d'accidents de chasse et d'actes de terrorisme, V. C. assur., art. L. 621-1 et s.

182) Fonds d'indemnisation pour certaines victimes du Sida. Sur le fonds d'indemnisation des préjudices résultant de la contamination par le virus d'immunodéficience humaine causée par une transfusion de produits sanguins ou une injection de produits dérivés du sang, V. L. n° 91-1406, 31 déc. 1991, art. 47 (C. santé publ., art. L. 3122-1 à L. 3122-6, L. 3812-14, L. 3821-10, L. 3831-1 et L. 3841-1). Viole ce texte la cour d'appel qui énonce que la loi n'a pas exclu l'éventualité d'une fixation du préjudice par la juridiction saisie à un montant supérieur à celui alloué par le fonds et que l'acceptation par le demandeur de l'indemnisation offerte par celui-ci ne le prive pas de son intérêt à agir (■ Cass. ass. plén., 6 juin 1997, n° 95-12.284 : *JurisData* n° 1997-002549 ; *Resp. civ. et assur.* 1997, 263 ; *D.* 1998, 255, concl. Tatu, somm. 204, obs. D. Mazeaud. ■ Cass. 2e civ., 14 janv. 1998, n° 95-15.088 : *JurisData* n° 1998-000151 ; *JCP* 98, IV, 1480 ; *Bull. civ.* II, n° 16, p. 10). Mais l'article 47 n'interdit pas aux victimes ou à leurs ayants droit, qui n'acceptent pas l'offre du fonds, de poursuivre la procédure qu'ils ont engagée devant les juridictions du droit commun aux fins de réparation du préjudice spécifique de contamination (■ Cass. 1re civ., 21 mai 1997, n° 95-11.439 : *JCP* 97, IV, 1519 ; *Bull.* I, n° 175, p. 117. V. en ce sens ■ Cass. 1re civ., 9 juill. 1996 : *D.* 1996, 610, note Lambert-Faivre. ▪ Cass. 1re civ., 28 avr. 1998, n° 96-14.762 : *JurisData* n° 1998-001863 ; *JCP* 98, I, 185, n° 19, obs. Viney ; II, 10088, rapp. Sargos ; *Bull. civ.* I, n° 158, p. 104). Sur la possibilité pour le chirurgien de demander une mesure d'instruction pour établir l'existence d'une contamination accidentelle, V. ▪ Cass. 2e civ., 18 juin 1997, n° 95-17.145 : *JurisData* n° 1997-002985 ; *Bull. civ.* II, n° 199, p. 117 ; *D.* 1998, 31, concl. Tatu.

183) Action directe contre l'assureur. Sur l'action directe de la victime contre l'assureur en matière d'assurance de responsabilité, v. C. assur., art. L. 124-3, p. 1905.

184) Obligation *in solidum* des coauteurs du dommage. Les coauteurs du dommage sont tenus *in solidum* à l'égard de la victime (▪ Cass. civ., 4 déc. 1939 : *DC* 1941, 124, note Holleaux. V. aussi ▪ Cass. 2e civ., 3 févr. 1983, n° 81-16.481 : *JurisData* n° 1983-700622 ; *JCP* 84, II, 20183, note Chabas. Comp., visant le « principe suivant lequel chacun des responsables d'un même dommage doit être condamné à le réparer en totalité », ▪ Cass. 3e civ., 31 mars 1999, n° 97-15.444 : *JurisData* n° 1999-001384 ; *Resp. civ. et assur.* 1999, 166 et ▪ Cass. 2e civ., 26 avr. 2007, n° 06-12.430 : *JurisData* n° 2007-038504 ; *JCP* G 2007, IV, 2093). Mais en présence de coresponsables dont l'un répond du dommage corporel et l'autre d'une perte de chance, il ne peut être prononcé une condamnation *in solidum* qu'à concurrence de la partie du préjudice total de la victime à la réalisation duquel les coresponsables ont l'un et l'autre contribué (▪ Cass. 1re civ., 8 févr. 2017, n° 15-21.528 : *Bull.*). Le désistement de l'instance dirigée contre l'un des coresponsables n'implique pas que le créancier consent à la division de la dette (▪ Cass. 3e civ., 24 janv. 1978 : *JurisData* n° 1978-098050 ; *Gaz. Pal.* 1978, 2, 474, note Plancqueel). La prescription de l'action de la victime contre l'un des responsables *in solidum* n'exclut pas la condamnation au tout de l'autre responsable (▪ Cass. com., 31 mars 1981, n° 79-12.672 : *JurisData* n° 1981-701158 ; *Bull. civ.* IV, n° 169, p. 134 ; *RTD civ.* 1982, 150, obs. Durry).

185) Accident du travail. La victime d'un accident du travail, en cas de partage de la responsabilité de cet accident entre l'employeur ou son préposé et un tiers étranger à l'entreprise, est en droit d'obtenir de ce tiers, dans les conditions du droit commun, la réparation de son entier dommage dans la mesure où celui-ci n'est pas indemnisé par les prestations de sécurité sociale (▪ Cass. ass. plén., 22 déc. 1988, n° 85-17.473 : *JurisData* n° 1988-703275 ; *JCP* 89, II, 21236, concl. Monnet et note Saint-Jours, 2 arrêts ; *D.* 1989, 105, concl. Monnet et note Paire, 3 arrêts. Comp., admettant le conjoint victime par ricochet à solliciter réparation de son préjudice personnel selon les règles du droit commun, ▪ Cass. ass. plén., 2 févr. 1990, n° 89-10.682 : *JurisData* n° 1990-000499 ; *JCP* 90, II, 21558, concl. Joinet et note Saint-Jours ; *RTD civ.* 1990, 294, obs. Jourdain. ▪ Cass. soc., 25 oct. 1990, n° 88-17.173 : *JurisData* n° 1990-703093 ; *D.* 1991, 111, note Saint-Jours. V. aussi Dejean de La Batie : *JCP* 89, I, 3402). Par application des articles L. 451-1 et L. 452-5 du Code de la sécurité sociale, le tiers n'a pas de recours contre l'employeur, ses préposés ni contre leur assureur, sauf si la faute de l'employeur est intentionnelle (▪ Cass. ass. plén., 31 oct. 1991, 3 arrêts : *JurisData* n° 1991-002693 ; *JCP* 92, II, 21800, note Saint-Jours). Jugé que le salarié dont l'affection ne peut être prise en charge au titre de la législation sur les accidents du travail ou les maladies professionnelles peut engager une action contre son employeur selon le droit commun de la responsabilité contractuelle (▪ Cass. soc., 28 oct. 1997, n° 95-40.272 : *JurisData* n° 1997-004203 ; *JCP* 98, I, 185, n° 6, obs. Viney ; *D.* 1998, 219, note Radé). En revanche, aucune action en réparation des accidents du travail ou des maladies professionnelles ne peut être exercée conformément au droit commun contre l'employeur par la victime ou ses ayants droit ▪ Cass. 2e civ., 22 févr. 2007, *D.* 2007, p. 800, obs. Fabre (la caisse primaire d'assurance maladie et le salarié ne peuvent engager la responsabilité de l'association – l'employeur – en qualité de civilement responsable du pensionnaire qu'elle avait sous sa surveillance et qui a causé le dommage).

186) Recours des codébiteurs tenus *in solidum*. Le codébiteur d'une obligation *in solidum* qui l'a payée en entier peut, comme celui d'une obligation solidaire, répéter contre les autres la part et portion de chacun d'eux. Viole l'article 1214 du Code civil la cour d'appel qui décide qu'un tel recours ne peut être exercé qu'en vertu d'une subrogation, alors que le coauteur dispose aussi d'une action personnelle qui peut subsister malgré la renonciation de la victime (▪ Cass. 1re civ., 7 juin 1977 : *JCP* 78, II, 19003, note Dejean de La Batie ; *D.* 1978, 289, note Larroumet ; *RTD civ.* 1978, 364, obs. Durry). V. aussi ▪ Cass. 2e civ., 5 oct. 2006 : *JurisData* n° 2006-035251 ; *JCP* G 2006, IV 3092. Sur le principe que le coresponsable qui a commis une faute intentionnelle peut être privé de tout recours, V. ▪ Cass. 1re civ., 17 déc. 1996, n° 94-20.450 : *JurisData* n° 1996-004961 ; *JCP* 97, I, 4068, n° 14, obs. Viney. Les juges du fond disposent d'un pouvoir souverain pour répartir les responsabilités entre les coauteurs dans leurs rapports entre eux (▪ Cass. 1re civ., 3 avr. 1973 : *Gaz. Pal.* 1973, 2, 559. ▪ Cass. 2e civ., 4 juin 1970, n° 68-13.721 : *JurisData* n° 1970-099197 ; *D.* 1970, somm. 192. ▪ Cass. 2e civ., 13 sept. 2018, n° 17-14.654 : *D.* 2019, p. 43, Quézel-Ambrunaz, fautes commises par trois condamnés à des peines différentes estimées d'égale importance, dans les rapports contributifs, pour la répartition de la charge de l'indemnisation de la victime). L'action récursoire d'un coobligé fautif contre le conducteur impliqué dans un accident de la circulation ne peut s'exercer que dans les conditions prévues par les articles 1147, 1382 et 1251, la contribution à la dette ayant lieu en proportion des fautes respectives (■ Cass. 2e civ., 25 janv. 2007, n° 06-12.106, et n° 06-13.611 : *Bull. civ.* II, n° 20 ; *RDC* 2007/3, p. 725, obs. Borghetti ; *JCP* G 2007, II, 10035, note Radé ; I, 115, obs. Stoffel-Munck ; *D.* 2007, p. 443, obs. Gallmeister et p. 1897, obs. Jourdain ; *RTD civ.* 2007, 362, obs. Jourdain ; *adde*, Corgas-Bernard : *Rev. Lamy dr. civ.* mai 2007, 17 ; V. aussi ■ Cass. 2e civ., 24 mai 2006 : *JurisData* n° 2006-033714 ; *Bull. civ.* II, n° 134, p. 126). En conséquence, une cour d'appel ne peut rejeter les demandes du centre de transfusion sanguine dirigées contre l'assureur du conducteur du véhicule impliqué dans l'accident de la circulation qui avait rendu nécessaires les transfusions, au seul motif qu'est rapportée la preuve de l'origine transfusionnelle de la contamination par le virus de l'hépatite C, ce qui démontre la causalité certaine, directe et unique entre la transfusion et le dommage causé à la victime du seul fait de la défectuosité du produit transfusé et qu'en conséquence, la responsabilité de ce dommage incombe au seul centre de transfusion sanguine, à l'exclusion du responsable de l'accident. En statuant ainsi, sans constater l'absence de faute du conducteur du véhicule impliqué dans l'accident, la cour d'appel n'a pas donné de base légale à sa décision au regard des textes précités (■ Cass. 2e civ., 25 janv. 2007, n° 06-13.611 : réf. préc.). Symétriquement, une cour d'appel ne saurait condamner le conducteur d'un véhicule impliqué dans l'accident de la circulation qui avait rendu nécessaires les transfusions sanguines, *in solidum* avec son assureur, à relever et garantir un centre de transfusion de l'ensemble des condamnations prononcées à son encontre en faveur de la victime, au motif que le conducteur avait commis une faute caractérisée de défaut de maîtrise au sens de l'article 1382 du Code civil et qu'il résultait des pièces médicales versées aux débats que la contamination résultait de l'injection de plasma lyophilisé réalisée au service des urgences, après l'accident et qu'à ce moment-là, en octobre 1985, le dépistage de ce virus n'était pas possible, ce qui manifesterait qu'aucune faute délictuelle ou quasi délictuelle n'était démontrée à l'encontre du centre de transfusion. En statuant ainsi, alors que le fournisseur de sang qui manque à son obligation de sécurité de résultat de fournir des produits exempts de vices commet une faute délictuelle à l'égard de la victime, de sorte que son recours contre le conducteur fautif d'un véhicule impliqué dans un accident de la circulation ne peut être que partiel, la cour d'appel a violé les articles 1147, 1382 et 1251 du Code civil (■ Cass. 2e civ., 25 janv. 2007, n° 06-12.106 : réf. préc.). Comp. ces arrêts avec ■ Cass. 1re civ., 5 juill. 2006 : *JurisData* n° 2006-034436 ; *Bull. civ.* I, n° 363, p. 311 ; *JCP* G 2007, II, 10031, note Vial ; I, 115, obs. Stoffel-Munck ; *Resp. civ. et assur.* 2006, étude 13, par Groutel ; *RTD civ.* 2006, p. 783, obs. Jourdain ; *Rev. Lamy dr. civ.* févr. 2007, suppl., p. 9, obs. Jacques ; *D.* 2007, p. 1897, obs. Jourdain, qui juge qu'en cas de concours de responsabilité entre celui qui par sa faute a rendu nécessaire une transfusion sanguine à l'origine d'une contamination et le centre de transfusion qui a fourni les produits sanguins défectueux, ce dernier est, comme dans l'hypothèse d'une pluralité de coauteurs, tenu de contribuer pour moitié à la réparation du dommage. Mais, semblant s'aligner sur la position de la 2e chambre civile, V. ■ Cass. 1re civ., 14 févr. 2008, n° 07-11.710 : *JCP* 2008, II, 10080, note Radé et I, 186, obs. Stoffel-Munck.

Un coauteur, responsable d'un accident sur le fondement de l'article 1384 devenu 1242, alinéa 1 peut recourir pour le tout contre un coauteur fautif (■ Cass. 2e civ., 13 sept. 2018, n° 17-20.099 : *D.* 2019, p. 43, Quézel-Ambrunaz).

187) Accident de la circulation. Le conducteur d'un véhicule terrestre à moteur impliqué dans un accident de la circulation et condamné à réparer les dommages causés à un tiers ne peut exercer un recours contre un autre conducteur impliqué que sur le fondement des articles 1251 et 1382 (■ Cass. 2e civ., 14 janv. 1998, n° 95-18.617 : *JurisData* n° 1998-000146 ; *JCP* 98, II, 10045, note Jourdain ; *D.* 1998, 174, note Groutel ; *Bull. civ.* II, n° 6, p. 3 ; *RTD civ.* 1998, 393, obs. Jourdain. ■ Cass. 2e civ., 18 mars 1998, n° 95-20.722 : *JurisData* n° 1998-001269 ; *JCP* 1998, IV, 2104 ; *Bull. civ.* II, n° 86, p. 52. V. aussi, visant les articles 1382, 1214 et 1251, ■ Cass. 2e civ., 8 juill. 2004, n° 02-21.575 : *JurisData* n° 2004-024566 ; *Bull. civ.* II, n° 343, p. 291). Jugé au contraire auparavant que le conducteur d'un véhicule terrestre à moteur impliqué dans un accident de la circulation assigné par la victime, s'il peut exercer contre les autres coauteurs une action récursoire sur le fondement des articles 1382 et 1384, al. 1er, du Code civil, peut également, en tant que subrogé dans les droits de la victime, se prévaloir des dispositions des articles 1er à 6 de la loi du 5 juill. 1985 à l'encontre des autres coauteurs (■ Cass. 2e civ., 6 mars 1991, n° 89-15.697 : *JurisData* n° 1991-000534 ; *Bull. civ.* II, n° 70, p. 39 ; *D.* 1991, 257, note Groutel ; *RTD civ.* 1991, 552, obs. Jourdain. ■ Cass. 2e civ., 24 janv. 1996, n° 94-11.028 : *JurisData* n° 1996-000241 ; *JCP* 96, IV, 617 ; *Bull. civ.* II, n° 7, p. 4 ; *RTD civ.* 1996, 409, obs. Jourdain ; *Resp. civ. et assur.* 1996, 91). La contribution à la dette a lieu en proportion des fautes respectives. En l'absence de faute prouvée à la charge des conducteurs impliqués, la contribution se fait entre eux par parts égales (■ Cass. 2e civ., 14 janv. 1998, préc. ■ Cass. 2e civ., 1er mars 2001, n° 99-11.974 : *JurisData* n° 2001-008361 ; *Resp. civ. et assur.* 2001, 219 ; *Bull. civ.* II, n° 31, p. 23 ; *RTD civ.* 2001, 609, obs. Jourdain. ■ Cass. 2e civ., 8 juill. 2004, n° 02-21.575 : *JurisData* n° 2004-024566 ; *Bull. civ.* II, n° 343, p. 291).

188) Absence de subsidiarité. La responsabilité des professionnels du droit ne présente pas un caractère subsidiaire, de sorte que la mise en jeu de la responsabilité d'un notaire n'est pas subordonnée à une poursuite préalable contre un autre débiteur (■ Cass. 1re civ., 25 nov. 2015, n° 14-26.245 : *Bull.* ; *RDC* 2016, 221, Deshayes. ■ Cass. 1re civ., 22 sept. 2016, n° 15-13.840 : *Bull.* ; *JCP* G 2016, 1239, Grayot-Dirx ; *JurisData* n° 2016-019069 ; *RTD civ.* 2017, 154, Jourdain).

189) Appel en garantie. L'auteur d'un dommage assigné en réparation par la victime peut rechercher la garantie d'un tiers en invoquant la faute de celui-ci dans la réalisation de ce dommage et le bien-fondé de l'appel en garantie est subordonné à la seule démonstration que le tiers ait commis une faute ayant contribué à la réalisation du préjudice de la victime (■ Cass. com., 14 juin 2016, n° 15-19.365 : *Bull.*).

190) Action contre l'occupant d'un logement. La recevabilité de l'action en responsabilité délictuelle formée par le propriétaire d'un logement contre un occupant auquel il n'est pas contractuellement lié n'est pas subordonnée à la mise en cause du locataire (■ Cass. 3e civ., 20 déc. 2018, n° 17-31.461 :*Bull.* ; *JCP* G 2019, 232, Pignarre).

C – Exercice de l'action

191) Prescriptions civile et pénale. Sur l'abandon de la règle de l'unité des prescriptions dans le cas où le fait générateur de responsabilité constitue une infraction pénale, v. CPP, art. 10 (L. n° 80-1042, 23 déc. 1980, art. 1er). V. aussi Roger, *La réforme du délai de prescription* : *D.* 1981, chron. 175. Sur la prescription quinquennale ou décennale (en cas de dommage corporel) des actions en responsabilité civile extracontractuelle, voir art. 2224, p. 1657 et art. 2226, p. 1662. La loi du 23 décembre 1980 n'a pas abrogé l'article 65 de la loi du 29 juillet 1881 sur la presse qui dispose que l'action civile résultant des crimes, délits ou contraventions prévues par ladite loi se prescrit après trois mois révolus (■ Cass. 2e civ., 13 juin 1985, n° 84-10.612 : *JurisData* n° 1985-701784 ; *Bull. civ.* II, n° 120, p. 80. ■ Cass. 2e civ., 22 juin 1994, n° 92-18.999 : *JurisData* n° 1994-001391 ; *JCP* 94, I, 3809, n° 2, obs. crit. Viney ; *Bull. civ.* II, n° 166, p. 96, et, sur renvoi, ■ Paris, 17 sept. 1997, n° 96-86.170 : *JurisData* n° 1997-003932 ; *D.* 1998, 432, note Mallet-Poujol).

192) Pactes sur le règlement des indemnités. V. Loi du 3 avr. 1942, prohibant la conclusion de pactes sur le règlement des indemnités dues aux victimes d'accidents.

193) Conflit de lois. Sur la loi applicable en matière d'accidents de la circulation routière, voir sous art. 3, n° 102.

194) Chose jugée au regard de l'article 1382. Action fondée sur l'article 1384. Les actions qui dérivent des articles 1382 et 1384, al. 1er, bien que poursuivant le même objet, procèdent de causes juridiques différentes, et la chose jugée sur la base du premier de ces textes n'a donc pas autorité au regard de l'action fondée sur le second (■ Cass. req., 16 juill. 1928 : *DP* 1929, 1, 33, note R. Savatier).

195) Autorité au civil de la chose jugée au pénal. Par l'effet de l'autorité au civil de la chose jugée au criminel, les décisions pénales consacrent les droits résultant pour les tiers des infractions réprimées. Dès lors, la constatation de l'infraction par le juge pénal et les motifs qui lui servent de soutien s'imposent au juge civil qui ne peut ni les méconnaître ni les contredire (■ Cass. 1re civ., 24 mars 1971 : *Bull. civ.* I, n° 101, p. 82). La décision de relaxe au bénéfice du doute a la même autorité que celle qui s'attache à une décision de relaxe pure et simple (■ Cass. 2e civ., 14 mars 1973, n° 71-14.710 : *JurisData* n° 1973-099099 ; *Bull. civ.* II, n° 94, p. 77). Mais l'absence de faute pénale non intentionnelle au sens de l'article 121-3 du Code pénal ne fait pas obstacle à l'exercice d'une action devant les juridictions civiles afin d'obtenir la réparation d'un dommage sur le fondement de l'article 1383 du Code civil si l'existence de la faute civile prévue par cet article est établie ou en application de l'article L. 452-1 du Code de la sécurité sociale si l'existence de la faute inexcusable prévue par cet article est établie (CPP, art. 4-1, réd. L. 10 juill. 2000. V. déjà, statuant sous l'empire du droit antérieur, ■ Cass. 1re civ., 30 janv. 2001, n° 98-14.368 : *JurisData* n° 2001-007955 ; *JCP* 2001, I, 338, n° 4, obs. Viney ; *D.* 2001, somm. 2232, obs. Jourdain ; *Resp. civ. et assur.* 2001, 211 ; *Bull. civ.* I, n° 19, p. 11 ; *RTD civ.* 2001, 376, obs. Jourdain. ■ Cass. 2e civ., 7 mai 2003, n° 01-00.815 : *JurisData* n° 2003-018958 ; *D.* 2004, somm. 1343, obs. Jourdain. Sur ce que l'article 4-1 du Code de procédure pénale « dissocie la faute civile de la faute pénale non intentionnelle, notamment pour ce qui a trait à la reconnaissance éventuelle de la faute inexcusable de l'employeur », V. ■ Cass. 2e civ., 16 sept. 2003, n° 01-16.715 : *JurisData* n° 2003-020181 ; *D.* 2004, 721, note Bonfils).

Voir : sous C. civ.art. 1351 ancien, annot. n° 38 et s..

196) Application par le juge pénal des règles de la responsabilité civile. Il résulte des articles 2 et 3 du Code de procédure pénale que l'action civile en réparation du dommage découlant d'une infraction peut être exercée en même temps que l'action publique et devant la même juridiction. Il s'ensuit que les règles de fond de la responsabilité civile s'imposent au juge pénal qui en est saisi par la victime (■ Cass. crim., 4 janv. 1995, n° 93-82.698 : *JurisData* n° 1995-000357 ; *Bull. crim.* 1995, n° 3 ; *JCP* 95, I, 3893, n° 4, obs. Viney). V. sur cet arrêt Ph. Conte, *Un revirement de jurisprudence peut-il en cacher un autre ? (Remarques sur la motivation troublante d'un arrêt rendu par la chambre criminelle de la Cour de cassation) : Resp. civ. et assur.* 1996, chron. 4.

Art. 1242 *(Créé à compter du 1er octobre 2016, Ord. n° 2016-131, 10 févr. 2016)*. **– On est responsable non seulement du dommage que l'on cause par son propre fait, mais encore de celui qui est causé par le fait des personnes dont on doit répondre, ou des choses que l'on a sous sa garde.**

Toutefois, celui qui détient, à un titre quelconque, tout ou partie de l'immeuble ou des biens mobiliers dans lesquels un incendie a pris naissance ne sera responsable, vis-à-vis des tiers, des dommages causés par cet incendie que s'il est prouvé qu'il doit être attribué à sa faute ou à la faute des personnes dont il est responsable.

Cette disposition ne s'applique pas aux rapports entre propriétaires et locataires, qui demeurent régis par les articles 1733 et 1734 du Code civil.

Le père et la mère, en tant qu'ils exercent l'autorité parentale, sont solidairement responsables du dommage causé par leurs enfants mineurs habitant avec eux.

Les maîtres et les commettants, du dommage causé par leurs domestiques et préposés dans les fonctions auxquelles ils les ont employés ;

Les instituteurs et les artisans, du dommage causé par leurs élèves et apprentis pendant le temps qu'ils sont sous leur surveillance.

La responsabilité ci-dessus a lieu, à moins que les père et mère et les artisans ne prouvent qu'ils n'ont pu empêcher le fait qui donne lieu à cette responsabilité.

En ce qui concerne les instituteurs, les fautes, imprudences ou négligences invoquées contre eux comme ayant causé le fait dommageable, devront être prouvées, conformément au droit commun, par le demandeur, à l'instance.

NB : Rappr. art. 1384 ancien, p. 1249.

• Sommaire

JURISPRUDENCE RELATIVE A L'ARTICLE 1384 ANCIEN

I – RESPONSABILITÉ DU FAIT DES CHOSES INANIMÉES

1) QPC. La question posée ne présente pas un caractère sérieux en ce que le régime de l'article 1384, alinéa 2, du Code civil répond à la situation objective particulière dans laquelle se trouvent toutes les victimes d'incendie communiqué, qu'il est dépourvu d'incidence sur l'indemnisation de la victime par son propre assureur de dommages aux biens, et qu'enfin il n'est pas porté atteinte au principe selon lequel tout fait quelconque de l'homme, qui cause à autrui un dommage, oblige celui par la faute duquel il est arrivé, à le réparer

(■ Cass., 7 mai 2010, n° 09-15.034 QPC : *RCA* 2010, comm. 169, obs. Groutel). La question (rupture d'égalité en raison de la différence entre le traitement de la faute de la victime par la jurisprudence appliquant l'art. 1384 al. 1er et le traitement par la loi de 1985) ne présente pas un caractère sérieux en ce que le régime de droit commun de l'article 1384, alinéa 1er, du Code civil répond à la situation objective dans laquelle se trouvent toutes les victimes d'un dommage ayant pour origine l'intervention d'une chose autre qu'un véhicule terrestre à moteur, soumis au régime particulier de la loi du 5 juillet 1985, et ne porte manifestement pas atteinte au principe d'égalité (■ Cass. 2e civ., 31 mars 2011, n° 10-25.281 QPC : *RCA* 201, comm. 203).

A – Conditions

1° Choses soumises à l'article 1384, al. 1er

2) Doctrine. E. Tricoire, *La responsabilité du fait des choses immatérielles in Mélanges Ph. le Tourneau*, Dalloz 2008, p. 983. – C. Coulon, *Du robot en droit de la responsabilité civile : Resp. civ. et assur.* 2016, étude 6.

3) Meuble ou immeuble. L'article 1384, alinéa 1er, ne fait aucune distinction entre les meubles et les immeubles (■ Cass. req., 6 mars 1928 : *DP* 1928, 1, 97, note Josserand). Il s'applique aux arbres (■ Cass. 2e civ., 12 mai 1966 : *D.* 1966, 700, note Azard. ■ Cass. 2e civ., 26 oct. 2017, n° 16-24.703), aux dunes (■ Cass. civ., 8 avr. 1941 : *DA* 1941, 210), aux rochers se détachant d'une falaise (■ Cass. 2e civ., 16 juin 1961 : *JurisData* n° 1961-700463 ; *JCP* 62, II, 12778, 2e esp., note Mourgeon. ■ Cass. 2e civ., 15 nov. 1984 : *JurisData* n° 1984-099440 ; *Gaz. Pal.* 1985, 1, 296, note Chabas), aux ascenseurs (■ Cass. req., 6 mars 1928, préc.), aux canalisations de chauffage central (■ Cass. civ., 19 févr. 1941 : *DC* 1941, 85, 1re esp., note Flour), aux sols (■ Cass. 1re civ., 22 juin 2004, n° 01-00.444 : *Resp. civ. et assur.* 2004, 320). Sur le cas particulier du dommage causé par la ruine d'un bâtiment, v. art. 1386 ancien, p. 1249. Les dommages provoqués par un glissement de terrain provenant d'un fonds voisin ne peuvent être réparés que sur le fondement de l'article 1384 (■ Cass. 2e civ., 19 juin 2003 : *JurisData* n° 2005-019461 ; *JCP* 2003, IV, 2426 ; *Resp. civ. et assur.* 2003, 224 ; *Bull. civ.* II, n° 200, p. 168 ; *RTD civ.* 2003, 715, obs. Jourdain, cassation de l'arrêt énonçant que le propriétaire est tenu, en considération de son droit de propriété, indépendamment de faute prouvée, à réparer le dommage résultant du trouble).

4) Chose dangereuse ou non. Il n'y a pas non plus à distinguer selon que la chose est ou non intrinsèquement dangereuse (■ Cass. ch. réunies, 13 févr. 1930 : *DP* 1930, 1, 57, concl. Matter et note Ripert, sol. impl. V. cependant ■ Cass. 2e civ., 14 janv. 1999, n° 97-13.768 : *JurisData* n° 1999-000181 ; *JCP* 2000, II, 10245, note Reifegerste ; *Resp. civ. et assur.* 1999, 94 ; *Bull. civ.* II, n° 13, p. 8 ; *RTD civ.* 1999, 631, obs. Jourdain, relevant pour faire du client d'un magasin le gardien du chariot que ce dernier n'est pas une chose « intrinsèquement dangereuse ». Comp. ■ Cass. 2e civ., 14 nov. 2002 : *Resp. civ. et assur.* 2003, 32 ; *JCP* 2003, IV, 1016 ; *JurisData* n° 2002-016310 ; *Bull. civ.* II, n° 259, p. 204, relevant, pour retenir la responsabilité du propriétaire d'un bateau dont la gazinière a explosé, que cette chose « était dangereuse et avait été l'instrument du dommage ». ■ Cass. 2e civ., 24 févr. 2005, n° 03-17.190 : *JurisData* n° 2005-027138 ; *Resp. civ. et assur.* 2005, 121, 1re esp., note Groutel ; *JCP* 2005, I, 149, n° 6, obs. Viney ; *Bull. civ.* II, n° 51, p. 48 ; *JurisData* n° 2005-027094 ; *D.* 2005, 1395, 1re esp., note Damas ; *RTD civ.* 2005, 407, obs. Jourdain, à propos d'une porte vitrée fragile ayant été « en raison de son anormalité », l'instrument du dommage. V. aussi pour un tremplin destiné à des VTT ■ Cass. 2e civ., 24 févr. 2005, n° 03-13.536 : *JurisData* n° 2005-027094 ; *Resp. civ. et assur.* 2005, 121, 2e esp., note Groutel ; *D.* 2005, 1395, 2e esp., note Damas ; *Bull. civ.* II, n° 52, p. 49).

5) Chose actionnée ou non par la main de l'homme. L'article 1384, al. 1er, s'applique même aux choses qui ne sont pas actionnées par la main de l'homme (■ Cass. ch. réunies, 13 févr. 1930, préc. ■ Cass. 2e civ., 16 oct. 1963 : *JurisData* n° 1963-000630 ; *Gaz. Pal.* 1964, 1, 159. ■ Cass. 2e civ., 20 mai 1974 : *JurisData* n° 1974-099178 ; *Bull. civ.* II, n° 178, p. 149).

6) Chose inerte ou en mouvement. L'article 1384, al. 1er, s'applique que la chose soit inerte ou en mouvement (■ Cass. civ., 19 et 24 févr. 1941 : *DC* 1941, 85, note Flour. ■ Cass. 2e civ., 16 oct. 1963 : *Gaz. Pal.* 1964, 1, 159).

7) Eaux, fumées, ondes. L'article 1384, alinéa 1er, s'applique tout aussi bien aux eaux (■ Cass. 2e civ., 5 mars 1975, n° 72-14.320 : *JCP* 75, IV, 138 ; *Bull. civ.* II, n° 73, p. 61. ■ Cass. 2e civ., 26 avr. 1990, n° 88-19.820 : *JurisData* n° 1990-701157 ; Bull. civ. II, n° 79, p. 41. V. pour une plaque de verglas provenant des écoulements d'eau d'une déchetterie, ■ Chambéry, 27 mars 1996 : *JurisData* n° 1996-040404 ; *JCP* 96, IV, 2580, pour des apports solides véhiculés par des eaux de ruissellement, ■ Cass. 2e civ., 23 sept. 2004, n° 03-16.445 : *JurisData* n° 2004-024912 ; *Bull. civ.* II, n° 432, p. 366 ; *Resp. civ. et assur.* 2004, 318) ou aux fumerolles s'échappant d'une cheminée (■ Cass. 2e civ., 11 juin 1975, n° 73-12.112 : *JurisData* n° 1975-099173 ; *JCP* 75, IV, 252 ; *Bull. civ.* II, n° 173, p. 141). V. aussi pour les vapeurs émises par une tour de condensation rejetées dans l'atmosphère et se déposant en verglas, ▪ Cass. 2e civ., 10 févr. 1967 : *Bull. civ.* II, n° 66, p. 47. Jugé que l'ensemble des éléments techniques mis en œuvre en matière de diffusion télévisée effectuée en direct aboutit à la réalisation d'une image qui, susceptible notamment de reproduction et de conservation dans des archives, constitue une chose au sens de l'article 1384, al. 1er (▪ TGI Paris, 27 févr. 1991 : *JurisData* n° 1991-044808 ; *JCP* 92, II, 21809, note Le Tourneau).

8) Navires et avions. L'article 1384, al. 1er, s'applique en principe aux navires (▪ Cass. com., 19 juin 1951 : *JCP* 51, II, 6426, 1re esp., note Becqué ; *D.* 1951, 717, note Ripert. ▪ Cass. 2e civ., 23 janv. 1959 : *JCP* 59, II, 11002, 2e esp., note de Juglart ; *D.* 1959, 281, note Rodière. V. aussi pour le dommage causé par des vagues déclenchées par le passage d'un navire, ▪ Cass. 2e civ., 10 juin 2004 : *JCP* 2004, IV, 2622 ; *JurisData* n° 2004-024020 ; *Resp. civ. et assur.* 2004, 253 ; *Bull. civ.* II, n° 293, p. 247) et aux avions (▪ Cass. 2e civ., 23 janv. 1959 : *JCP* 59, II, 11002, 1re esp., note de Juglart. ▪ Cass. 2e civ., 20 juin 1973, n° 72-10.788 : *D.* 1974, 411, note Larroumet). Mais en cas d'abordage entre deux bateaux de navigation intérieure, la loi du 5 juillet 1834 est seule applicable, à l'exclusion de l'article 1384, alinéa 1er (▪ Cass. com., 5 nov. 2003, n° 02-10.486 : *JurisData* n° 2003-020811 ; *Resp. civ. et assur.* 2004, 45, note Groutel ; *JCP* 2004, II, 10166, note Lièvremont ; la responsabilité pour abordage a pour fondement la faute prouvée et non le fait des choses que l'on a sous sa garde : ▪ Cass. com., 5 oct. 2010, n° 08-19.408 : *Bull.*, n° 147).

9) Corps humain (non). L'article 1384, alinéa 1er, ne s'applique pas en principe au corps humain (▪ Cass. 2e civ., 22 juin 1942 : *DC* 1944, 16, note Lalou). Mais le skieur et ses skis forment un ensemble et le déplacement du skieur dépend étroitement de ses skis, de telle sorte que même si c'est son corps seul qui entre en collision avec un tiers, ce sont bien les skis qui ont été l'instrument du dommage (▪ Grenoble, 8 juin 1966 : *JCP* 67, II, 14928, note W.R. ▪ Lyon, 25 févr. 1971 : *JCP* 71, II, 16822. ▪ Chambéry, 29 mars 2000, n° 1997/01085 : *JurisData* n° 2000-112000 ; *Resp. civ. et assur.* 2001, 10, note Grynbaum). Doit être cassé pour violation de l'article 1384, al. 1er, l'arrêt qui refuse d'appliquer ce texte dans le cas d'une collision entre deux cyclomotoristes, en observant qu'il n'est pas prouvé que le cyclomoteur a participé au dommage, alors que le conducteur d'un véhicule à deux roues en marche et ledit véhicule ne forment qu'un ensemble (▪ Cass. 2e civ., 21 déc. 1962 : *Gaz. Pal.* 1963, 1, 285).

2° *Fait de la chose*

10) Dommage causé par le fait de la chose. La responsabilité prévue par l'article 1384, alinéa 1er, suppose que le dommage a été causé par le fait de la chose (▪ Cass. civ., 3 janv. 1934 : *DP* 1934, 1, 30, note R. Savatier. ▪ Cass. 2e civ., 23 avr. 1971, n° 70-11.019 : *D.* 1972, 613, note Rodière). Sur le principe que l'art. 1384, al. 1er, n'est pas applicable lorsque la cause du dommage est indéterminée, V. ▪ Cass. 2e civ., 5 janv. 1994, n° 92-12.185 : *JurisData* n° 1994-000027 ; *Bull. civ.* II, n° 14, p. 8. Sur l'absence de preuve d'un lien de causalité directe et certaine entre des tirs d'explosifs pratiqués pour l'exploitation d'un gisement de gaz et l'effondrement d'une grange, V. ▪ Cass. 2e civ., 19 nov. 1998, n° 96-15.983 : *JurisData* n° 1998-004353 ; *Resp. civ. et assur.* 1999, 5. Un hôtel-restaurant ayant été fermé à la demande du maire d'une commune pendant les travaux de confortement d'une falaise faisant partie du domaine privé de cette commune, viole l'article 1384, alinéa 1er, la cour d'appel qui rejette la demande présentée par les propriétaires de l'hôtel-restaurant au motif que c'était non le fait de la falaise mais la mise à exécution de l'arrêté municipal qui était exclusivement à l'origine directe de la cessation d'exploitation, alors que l'arrêté ne trouvait lui-même sa justification qu'au regard du risque d'éboulement et que ce risque constituait donc la cause de cette cessation (▪ Cass. 2e civ., 26 sept. 2002, n° 00-18.627 : *JurisData* n° 2002-015563 ; *Resp. civ. et assur.* 2002, 351 ; *Bull. civ.* II, n° 198, p. 157 ; *JCP* 2003, I, 154, n° 34, obs. Viney ; *RTD civ.* 2003, 100, obs. Jourdain ; *D.* 2003, 1257, note Audic).

11) Vice de la chose. Il n'est pas nécessaire que la chose ait un vice inhérent à sa nature, susceptible de causer le dommage (▪ Cass. civ., 16 nov. 1920 : *DP* 1920, 1, 169, note R. Savatier. ▪ Cass. ch. réunies, 13 févr. 1930 : *DP* 1930, 1, 57, concl. Matter et note Ripert). Mais ne donne pas de base légale à sa décision l'arrêt qui retient qu'une fosse de réception de trampoline est intervenue dans la réalisation du dommage tout en constatant que le matériel avait été installé conformément aux normes du fabricant, était en parfait état et ne présentait pas de vice de fabrication, de conception ou d'installation (▪ Cass. 2e civ., 8 juin 1994, n° 92-19.546 : *Bull. civ.* II, n° 152, p. 88 ; *RTD civ.* 1995, 121, obs. Jourdain).

12) Présomption de rôle causal de la chose. La chose est présumée être la cause génératrice du dommage dès lors qu'il est établi qu'elle a contribué à la réalisation de ce dommage (▪ Cass. civ., 9 juin 1939 : *DH* 1939, 449). Un voilier ayant sombré corps et biens au cours d'une régate, les juges du fond peuvent retenir qu'il est intervenu dans la noyade de ceux qui étaient à bord et se trouve présumé en être la cause génératrice (▪ Cass. 2e civ., 8 mars 1995, n° 93-14.059 : *JurisData* n° 1995-000589 ; *Bull.* II, n° 83, p. 47 ; *JCP* 1995, II, 22499, note Gardach ; *Resp. civ. et assur.* 1995, comm. 228. V. aussi ▪ Cass. 2e civ., 25 janv. 2001, n° 99-13.839 : *JurisData* n° 2001-007926 ; *Resp. civ. et assur.* 2001, 106). Mais il en va autrement dans la cas d'une personne ayant chuté sur un bateau amarré à quai (■ Cass. 2e civ., 6 nov. 1996, n° 95-10.229 : *JurisData* n° 1996-004221 ; *Resp. civ. et assur.* 1997, 7). Pour la non-application de la présomption de rôle causal aux choses inertes, V. note n° 15 ci-dessous, p. 929.

13) Preuve du rôle passif de la chose en mouvement (non). Les juges du fond ne peuvent exonérer le propriétaire d'un immeuble en énonçant que l'ascenseur n'a joué qu'un rôle passif dans l'accident alors qu'ils relèvent que l'ouverture de la porte palière n'a pu se faire que par une manipulation anormale de l'appareil et qu'ils ne retiennent pas que cette ouverture anormale a été pour le propriétaire une cause étrangère revêtant un caractère imprévisible et irrésistible (■ Cass. 2e civ., 29 mai 1996, n° 94-18.129 : *JurisData* n° 1996-002109 ; *JCP* 96, IV, 1633 ; *Bull. civ.* II, n° 117, p. 72). Un hôtel ne peut être exonéré de la présomption de responsabilité, au cas où un escalator en mouvement a été l'instrument du dommage, qu'en démontrant que l'accident a une cause étrangère au fonctionnement de cet escalator (■ Cass. 2e civ., 2 avr. 1997, n° 95-17.278 : *JurisData* n° 1997-001491 ; *JCP* 97, IV, 1158 ; *Bull. civ.* II, n° 109, p. 62 ; *Resp. civ. et assur.* 1997, 255, note Leduc). Comp. autrefois, la possibilité donnée au gardien de détruire la présomption de rôle causal en prouvant que la chose n'a joué qu'un rôle purement passif, qu'elle a seulement subi l'action étrangère génératrice du dommage (■ Cass. civ., 19 févr. 1941 :*DC* 1941, 85, 1re esp., note Flour. ■ Cass. civ., 23 janv. 1945 : *D.* 1945, 317, note R. Savatier).

14) Absence de contact avec la chose. L'absence de contact entre la chose ayant causé le dommage et la personne ou la chose l'ayant subi n'est pas nécessairement exclusive du lien de causalité (■ Cass. civ., 22 janv. 1940, 2 arrêts : *DC* 1941, 101, note R. Savatier). Ainsi, la responsabilité de plein droit peut s'appliquer dans le cas d'un dommage causé par une pierre projetée par un véhicule (■ Cass. 2e civ., 4 oct. 1961, n° 60-10.156 : *JurisData* n° 1961-700627 ; *D.* 1961, 755), ou par la position anormale d'un véhicule obligeant un autre usager de la route à une manœuvre causant le dommage (■ Cass. 2e civ., 13 mai 1981, n° 80-11.467 : *JurisData* n° 1981-702148 ; *Gaz. Pal.* 1981, 2, pan. 353, obs. F.C. ■ Cass. 2e civ., 16 mars 1983 : *Gaz. Pal.* 1983, 2, pan. 275, obs. F. C.). Mais à défaut de contact, la présomption de causalité ne joue plus (■ Cass. req., 19 juin 1945 : *JCP* 46, II, 3009, note Rodière. ■ Cass. 2e civ., 22 oct. 1980, n° 79-12.623 : *JurisData* n° 1980-705073 ; *Gaz. Pal.* 1981, 2, 533, note Plancqueel).

15) Rôle causal de la chose inerte. Preuve de l'anomalie de sa position ou son état. Sur le principe que l'article 1384, al. 1er, est applicable même si la chose n'est pas en mouvement, V. annot. n° 6, p. 927. Mais la présomption de causalité ne s'applique pas aux choses inertes (■ Cass. 2e civ., 19 nov. 1964 : *D.* 1965, 93, note Esmein. ■ Cass. 2e civ., 22 nov. 1978, n° 77-11.894 : *Bull. civ.* II, n° 245, p. 188). Ainsi, lorsqu'un dommage est imputé à une chose immobile, il incombe à la victime d'établir la position anormale de celle-ci (■ Cass. 2e civ., 22 nov. 1984, n° 83-13.986 : *JurisData* n° 1984-702097 ; *Bull. civ.* II, n° 175, p. 122. V. en ce sens pour une plaque d'éclairement s'étant brisée sous le poids de la victime ■ Cass. 2e civ., 11 janv. 1995, n° 92-20.162 : *JurisData* n° 1995-000068 ; *JCP* 95, IV, 625 ; *Bull.* II, n° 18, p. 10, pour un plan d'eau présentant dans sa structure, sa configuration et sa disposition un caractère parfaitement normal pour le plongeur ■ Cass. 2e civ., 14 déc. 2000, n° 99-11.171 : *JurisData* n° 2000-007402 ; *Resp. civ. et assur.* 2001, 76, 1re esp., note Groutel ; *JCP* 2001, I, 338, n° 13, obs. Viney, pour le sol d'un magasin et d'un portant mobile dont l'état et la position étaient normaux ■ Cass. 2e civ., 1er mars 2001, n° 99-13.643 : *JurisData* n° 2001-008964 ; *Resp. civ. et assur.* 2001, 215, pour un escalier dont la hauteur et la largeur des marches ne présentent aucun caractère dangereux et dont l'éclairage n'est pas en cause ■ Cass. 2e civ., 7 mai 2002, n° 99-20.533 : *JurisData* n° 2002-014174 ; *Bull. civ.* II, n° 92, p. 74, pour la rampe inclinée dans un magasin dont il n'est pas allégué qu'elle présente un défaut d'entretien ou un vice interne ■ Cass. 2e civ., 11 juill. 2002 : *JCP* 2002, IV, 2547 ; *D.* 2003, somm. 461, 3e esp., obs. Jourdain ; *JurisData* n° 2002-015167 ; *Bull. civ.* II, n° 175, p. 139, pour un escalier dépourvu de rampe du côté opposé à celui sur lequel le demandeur a glissé ■ Cass. 2e civ., 25 nov. 2004, n° 03-11.730 : *JurisData* n° 2004-025803 ; *Bull. civ.* II, n° 507, p. 434 ; pour un circuit de VTT n'ayant joué qu'un rôle passif dans l'accident exclusivement imputable à l'imprudence fautive de la victime, ■ Cass. 2e civ., 14 juin 2018, n° 17-14.781 :*Bull.* ; *D.* 2019, 41, Quézel-Ambrunaz). Mais l'exploitant forestier est responsable en tant que gardien du fil de fer tendu à travers un chemin privé dans le prolongement d'un chemin rural et heurté par un motocycliste effectuant une randonnée (■ Cass. 2e civ., 30 nov. 1994, n° 93-12.721 : *JurisData* n° 1994-002331 ; *JCP* 95, IV, 283 ; *Bull. civ.* II, n° 249, p. 143). V. aussi pour des grumes dans une « position anormale » ayant été en partie « l'instrument du dommage » ■ Cass. 2e civ., 11 févr. 1999, n° 97-13.456 : *JurisData* n° 1999-000578 ; *Resp. civ. et assur.* 1999, 97 ; *Bull. civ.* II, n° 29, p. 21, pour des feuilles mortes « souillant de façon anormale » le sol d'accès à un bureau de poste, ■ Cass. 2e civ., 18 mars 1999, n° 97-17.900 : *JurisData* n° 1999-001207 ; *Resp. civ. et assur.* 1999, 167, pour une jardinière en équilibre sur le rebord d'une terrasse

■ Cass. 2e civ., 14 déc. 2000, n° 99-11.171 : *JurisData* n° 2000-007402 ; *Resp. civ. et assur.* 2001, 76, 2e esp., note Grynbaum, pour un escalier dont « l'agencement anormal » a contribué à la réalisation du dommage ■ Cass. 1re civ., 9 juill. 2002, n° 99-15.471 : *JurisData* n° 2002-015143 ; *Bull. civ.* I, n° 188, p. 145.

Comp., pendant une période, l'admission de la responsabilité du gardien sans démonstration d'une anormalité : Jugé que la seule constatation que la jeune victime s'est blessée à la suite du bris du carreau de la porte palière qu'elle a poussée suffit à établir que la vitre a été l'instrument du dommage et, par là même, à justifier la responsabilité du gardien (■ Cass. 2e civ., 29 avr. 1998, n° 95-20.811 : *JCP* 98, I, 185, n° 18, obs. Viney ; *Bull. civ.* II, n° 142, p. 83 ; *Resp. civ. et assur.* 1998, 222 ; *RTD civ.* 1998, 913, obs. Jourdain. V. aussi ■ Cass. 2e civ., 15 juin 2000, n° 98-20.510 : *JurisData* n° 2000-002462 ; *JCP* 2000, I, 280, n° 21, obs. Viney ; *Resp. civ. et assur.* 2000, 292, note Groutel ; *Bull. civ.* II, n° 103, p. 76 ; *RTD civ.* 2000, 849, obs. Jourdain. V. également, pour une boîte aux lettres débordant sur le trottoir et qui, « de par sa position », a été « l'instrument du dommage », ■ Cass. 2e civ., 25 oct. 2001 : *JCP* 2002, I, 222, n° 9, obs. Viney ; *Bull. civ.* II, n° 162, p. 110 ; *Resp. civ. et assur.* 2002, 15 ; *D.* 2002, 1450, note Prat ; *RTD civ.* 2002, 108, obs. Jourdain ; *JurisData* n° 2001-011426 ; pour des plots en ciment sur le côté d'un passage pour piétons à la sortie d'un magasin ■ Cass. 2e civ., 18 sept. 2003 : *JurisData* n° 2003-020193 ; *JCP* 2004, II, 10013, note Le Tertre ; *JCP* 2004, I, 101, n° 18, obs. Viney ; *D.* 2004, 25, note Damas ; *Resp. civ. et assur.* 2003, 286, note Groutel ; *Bull. civ.* II, n° 287, p. 233 ; *RTD civ.* 2004, 108, obs. Jourdain ; *Defrénois* 2004, 1002, obs. Libchaber.

Mais retour à l'exigence d'une preuve d'une anomalie dans l'état ou la position : pour un sol dont le propriétaire de l'appartement a souligné le caractère particulièrement glissant à son visiteur ■ Cass. 2e civ., 11 déc. 2003, n° 02-30.558 : *JurisData* n° 2003-021494 ; *Resp. civ. et assur.* 2004, 61 ; *Bull. civ.* II, n° 386, p. 318 ; *D.* 2004, 2181, note Godechot, pour un carrelage mouillé ■ Cass. 2e civ., 7 avr. 2005, n° 04-12.218 : *JurisData* n° 2005-027955 ; *Resp. civ. et assur.* 2005, 178. – Pour le sol d'un chantier encombré par des câbles et des tuyaux ■ Cass. 2e civ., 13 mai 2004, n° 03-11.505 : ; *JurisData* n° 2004-023723 ; *Bull. civ.* II, n° 231, p. 196 ; *Resp. civ. et assur.* 2004, 252. – Pour une vitre fragile ■ Cass. 2e civ., 24 févr. 2005, n° 03-13.536 : *Grands arrêts,* nos 209-210 ; *Resp. civ. et assur.* 2005, 121, 1re esp., note Groutel ; *JurisData* n° 2005-027094 ; *D.* 2005, 1395, 1re esp., note Damas ; *RTD civ.* 2005, 407, obs. Jourdain ; *JCP* 2005, I, 149, n° 6, obs. Viney. ■ Cass. 2e civ., 13 sept. 2018, n° 17-22.795 (vitre ne présentant pas de fragilité anormale ; pas de responsabilité du gardien) ■ Cass. 2e civ., 18 nov. 2010, n° 09-17.021 : *RCA* 2011, comm. 48, pour un bassin ne présentant aucune anormalité. Le muret en béton, chose inerte, n'étant pas placé dans une position anormale et n'ayant joué aucun rôle actif dans la chute de la victime, la juridiction de proximité en a exactement déduit que le muret n'avait pas été l'instrument du dommage (■ Cass. 2e civ., 29 mars 2012, n° 10-27.553 : *Bull.*, n° 66 ; *JCP* 2012, 701, note Dumery ; *RCA* 2012, n° 150, obs. Groutel et étude 7 par Vignon-Barrault). N'était pas en position anormale et n'a pas constitué l'instrument du dommage une tige métallique plantée verticalement dans le sol au milieu d'un bosquet pour servir de tuteur à un arbuste et sur laquelle s'est empalée la victime, âgée de 17 ans, qui a chuté après avoir escaladé un muret pour atteindre la toiture de l'abri d'une piscine d'où elle voulait plonger (■ Cass. 2e civ., 13 déc. 2012, n° 11-22.582 : *Bull.* ; *LPA* 28 févr. 2013, p. 11, note Romani).

3° *Garde de la chose*

16) Notion de garde. La garde de la chose est caractérisée par les pouvoirs d'usage, de direction et de contrôle (■ Cass. ch. réunies, 2 déc. 1941 : *DC* 1942, 25, rapp. Lagarde et note Ripert. V. en ce sens ■ Cass. ch. mixte, 4 déc. 1981, n° 79-14.207 : *JurisData* n° 1981-703270 ; *JCP* 82, II, 19748, note H. Mazeaud). V. pour une analyse critique S. Rétif, *Un critère unique de la garde d'une chose : la faculté de prévenir le préjudice qu'elle peut causer ?* : *Resp. civ. et assur.* 2004, chron. 24.

17) Vol. Il résulte de la définition de la garde que le propriétaire dépossédé par le voleur perd la garde (■ Cass. ch. réunies, 2 déc. 1941, préc. ■ Paris, 16 févr. 1969 : *JCP* 69, II, 15906, note M.A.) qui passe au voleur (■ Cass. civ., 27 déc. 1944 : *D.* 1945, 237, note Ripert).

18) Bloc de neige. Le propriétaire d'un immeuble ne peut être considéré comme ayant eu la garde d'un bloc de neige glacée sur le toit (■ Cass. 2e civ., 18 déc. 1958 : *D.* 1959, 329, note Esmein).

19) Gravats provenant d'une explosion. La propriétaire de la maison qui a été détruite par explosifs n'est pas gardienne des gravats provenant du souffle de l'explosion (■ Cass. 2e civ., 4 mars 1998, n° 96-14.119 : *JurisData* n° 1998-000939 ; *JCP* 98, IV, 1934 ; *Bull. civ.* II, n° 75, p. 46 ; *D.* 1999, 217, note Dagorne-Labbe ; *Resp. civ. et assur.* 1998, 185 ; *RTD civ.* 1998, 686, obs. Jourdain).

20) Pierre. Une fillette de 11 ans n'a pas la garde d'une pierre tombale descellée sur laquelle elle a pris appui pour se retenir (■ Cass. 2e civ., 23 nov. 1988, n° 87-18.483 : *JurisData* n° 1988-002752 ; *JCP* 89, IV, 31 ; *Bull. civ.* II, n° 230, p. 124). Ne donne pas de base légale à sa décision la cour d'appel qui retient que le grimpeur escaladant une falaise, en utilisant une pierre déterminée comme prise, en est devenu gardien, sans préciser en quoi le grimpeur avait acquis sur cette chose un pouvoir d'usage, de contrôle et de direction effectif et indépendant caractérisant la garde (■ Cass. 2e civ., 24 avr. 2003 : *JurisData* n° 2003-018757 ; *JCP* 2004, II, 10049, 1re esp., note Gavin-Milan Oosterlynck ; *Resp. civ. et assur.* 2003, 194, 1re esp. ; *Bull. civ.* II, n° 115, p. 99. V. en ce sens pour un alpiniste posant le pied sur une pierre ■ Cass. 2e civ., 24 avr. 2003 : *JurisData* n° 2003-018755 ; *JCP* 2003, II, 10049, 2e esp. ; *Resp. civ. et assur.* 2003, 194, 2e esp. ; *Bull. civ.* II, n° 117, p. 100).

21) *Res nullius.* Viole l'article 1384, alinéa 1er, l'arrêt qui, dans une espèce où un mineur a donné un coup de pied dans une bouteille abandonnée dont les éclats ont blessé un autre mineur, énonce que la détention de la bouteille, qui était *res nullius*, avait été précaire et trop brève pour qu'il y ait eu appropriation, et que son utilisation ne répondait pas à la satisfaction d'un besoin déterminé, alors que de tels motifs n'excluaient pas un pouvoir de garde sur l'objet (■ Cass. 2e civ., 10 févr. 1982, n° 81-40.495 : *JurisData* n° 1982-700345 ; *JCP* 83, II, 20069, note Cœuret. V. pour un détonateur ramassé dans une carrière ■ Cass. 2e civ., 18 juin 1997, n° 95-17.891 : *JurisData* n° 1997-003084 ; *Bull. civ.* II, n° 197, p. 116 ; *Resp. civ. et assur.* 1997, 294 ; *D.* 1998, somm. 202, obs. Delebecque, pour un détonateur placé dans des gravats ■ Cass. 2e civ., 23 janv. 2003 : *JCP* 2003, IV, 1433 ; *JurisData* n° 2003-017466 ; *Resp. civ. et assur.* 2003, 97 ; *Bull. civ.* II, n° 19, p. 15 ; *RTD civ.* 2003, 304, obs. Jourdain).

22) Garde de la chose confiée au préposé. Le commettant reste le gardien de la chose confiée au préposé (■ Cass. civ., 27 févr. 1929 : *DP* 1929, 1, 129, note Ripert. ■ Cass. civ., 26 janv. 1948 : *D.* 1948, 485, 1re esp., note Ripert. ■ Cass. 2e civ., 1er avr. 1998, n° 96-17.903 : *JurisData* n° 1998-001715 ; *Resp. civ. et assur.* 1998, 223 ; *RTD civ.* 1998, 914, obs. Jourdain. ■ Cass. 2e civ., 15 mars 2001, n° 99-11.033 : *JurisData* n° 2001-008629 ; *Resp. civ. et assur.* 2001, 183, note Groutel. Comp., retenant que la présomption de garde pesant sur l'employeur n'est pas écartée par la preuve d'un transfert de celle-ci, ■ Cass. 2e civ., 11 avr. 2002 : *JCP* 2002, IV, 1911 ; *JurisData* n° 2002-013919 ; *RTD civ.* 2002, 519, obs. Jourdain). Lorsque le préposé utilise une chose dont il est propriétaire pour accomplir une mission confiée par le commettant, celui-ci devient le gardien (■ Cass. 3e civ., 24 janv. 1973, n° 71-12.861 : *JurisData* n° 1973-098072 ; *Bull. civ.* III, n° 72, p. 53). Mais en cas d'abus de fonctions, le préposé acquiert la qualité de gardien (■ Cass. 2e civ., 23 nov. 1972, n° 71-10.725 : *JurisData* n° 1972-099296 ; *Bull. civ.* II, n° 296, p. 244. ■ Cass. 2e civ., 8 nov. 1976, n° 75-13.155 : *JurisData* n° 1976-099298 ; *Bull. civ.* II, n° 298, p. 234).

23) Enfant gardien. Un enfant de trois ans peut avoir les pouvoirs d'usage, de direction et de contrôle qui caractérisent la garde, sans qu'il y ait à rechercher s'il a un discernement (■ Cass. ass. plén., 9 mai 1984, n° 80-93.031 : *JurisData* n° 1984-700933 ; *JCP* 84, II, 20255, 1re esp., note Dejean de La Batie ; *D.* 1984, 525, 3e esp., concl. Cabannes et note Chabas. – Voir cependant ■ Caen, 4 févr. 1988 : *JurisData* n° 1988-048856 ; *D.* 1989, 295, note Prieur. V. R. Legeais, *Un gardien sans discernement. Progrès ou régression dans le droit de la responsabilité civile ?* : *D.* 1984, chron. 237). Le père propriétaire d'une luge en perd la garde lorsqu'il met l'engin à la disposition de son fils qui en a le libre usage, la direction et le contrôle (■ Rouen, 17 mai 1995, n° 9304704 : *JurisData* n° 1995-049401 ; *Gaz. Pal.* 1996, 1, 157).

24) Sur la **responsabilité du dément**, voir art. 414-3, p. 397.

25) Présomption de garde à la charge du propriétaire. Le propriétaire de la chose étant réputé en avoir la garde, il lui incombe de prouver que cette garde a été transférée à autrui, V. ■ Cass. req., 3 juill. 1934 : *Gaz. Pal.* 1934, 2, 712. ■ Cass. 2e civ., 10 avr. 2008, n° 07-12.272. ■ Cass. 2e civ., 13 nov. 2008, n° 07-19.797 : *Resp. civ. et assur.* 2009, comm. 7, note H. Groutel ; *JCP* 2009, I, 123, obs. Stoffel-Munck.

26) Transfert de la garde par le propriétaire. Si le propriétaire de la chose est réputé en avoir la garde, rien ne s'oppose à ce qu'il remette cette garde à un tiers (■ Cass. req., 3 juill. 1934 : *Gaz. Pal.* 1934, 2, 712), par exemple à la suite d'un contrat de prêt (■ Cass. ch. mixte, 26 mars 1971 : *JurisData* n° 1971-096007 ; *JCP* 72, II, 16957, note Dejean de La Batie. ■ Nîmes, 6 janv. 2000 : *JurisData* n° 2000-120903 ; *JCP* 2001, IV, 1553. Comp. pour la mise de chariots à la disposition de la clientèle d'un magasin ■ Cass. 2e civ., 14 janv. 1999, n° 97-11.527 : *JurisData* n° 1999-000116 ; *JCP* 99, IV, 1418. ■ Cass. 2e civ., 13 janv. 2012, n° 11-11.047 : *Contrats, conc. consom.* 2012, n° 85, obs. Leveneur), de bail (■ Cass. req., 3 juill. 1934, préc. ■ Cass. 2e civ., 11 juin 1953 : *JCP* 53, II, 7825, note Weill ; *D.* 1954, 21, note Rodière. ■ Cass. 2e civ., 12 déc. 2002, n° 00-13.553 : *JurisData* n° 2002-016782 ; *D.* 2003, 454, note Damas ; *Resp. civ. et assur.* 2003, 62 ; *Loyers et copr.* 2003, 103, note Vial-Pedroletti. V. pour la location d'un engin de travaux ■ Cass. 2e civ., 7 févr. 1990, n° 88-19.882 : *JurisData* n° 1990-000445 ; *Bull. civ.* II, n° 25, p. 15), de transport (■ Cass. civ., 15 mars 1921 : *DP* 1922, 1, 25, note Ripert. ■ T. civ. Nantes, 15 mars 1955 : *D.* 1955, 550, note Rodière), de dépôt (■ Cass. 2e civ., 12 juill. 1972, n° 71-12.138 : *JurisData* n° 1972-099220 ; *Bull. civ.* II, n° 220, p. 179), ou d'abattage d'un arbre (■ Cass. 2e civ., 26 oct. 2017, n° 16-24.703). La vente n'opère pas nécessairement transfert de la garde (■ Cass. 2e civ., 21 oct. 1999, n° 98-10.945 : *JurisData* n° 1999-003758 ; *Resp. civ. et assur.* 2000, 3, chargement de tôles). Sauf l'effet de stipulations contraires valables entre les parties, le propriétaire de la chose, bien que la confiant à un tiers, ne cesse d'en être responsable que s'il est établi que ce tiers a reçu corrélativement toute possibilité de prévenir lui-même le préjudice qu'elle peut causer (■ Cass. 1re civ., 9 juin 1993, n° 91-10.608 : *JurisData* n° 1993-001169 ; *JCP* 94, II, 22202, note Viney ; *D.* 1994, 80, note Dagorne-Labbe ; *RTD civ.* 1993, 833, obs. Jourdain. V. pour un bateau ■ Cass. 2e civ., 14 juin 1995, n° 93-19.188 : *JurisData* n° 1995-001580 ; *JCP* 95, IV, 1956 ; *Bull. civ.* II, n° 171, p. 98, pour un escabeau ■ Cass. 2e civ., 7 mai 2002, n° 00-14.594 : *JurisData* n° 2002-014168 ; *D.* 2003, somm. 463, obs. Jourdain ; *Bull. civ.* II, n° 93, p. 75. Pour le transfert de la garde d'une échelle à un ami montrant comment procéder pour peindre, V. ■ Cass. 2e civ., 10 juin 1998, n° 96-21.228 : *JurisData* n° 1998-002726 ; *JCP* 99, II, 10042, note Mandin ; *Bull. civ.* II, n° 180, p. 106 ; *Resp. civ. et assur.* 1998, 298 ;*RTD civ.* 1999, 632, obs. Jourdain. V. à l'inverse pour un médecin invité par son patient à monter sur une échelle pour cueillir des cerises ■ Cass. 2e civ., 11 févr. 1999, n° 97-15.615 : *JurisData* n° 1999-000640 ; *Resp. civ. et assur.* 1999, 95 ; *RTD civ.* 1999, 632, obs. Jourdain). S'agissant d'un camion-citerne utilisé pour la livraison de gaz liquide, pris en location avec chauffeur par le fournisseur, le contrat de location stipulant que le loueur assume la maîtrise des opérations de conduite, s'assure de la conformité aux normes en vigueur pour le transport et fournit un personnel apte professionnellement à conduire le type de véhicule considéré ; même si le fournisseur de gaz organisait les tournées du camion et de son chauffeur, une cour d'appel peut décider, qu'au moment de l'accident, le fournisseur n'était pas gardien du camion-citerne, et n'avait pas la qualité de commettant du chauffeur de ce véhicule, de sorte qu'il y avait lieu de le mettre hors de cause (■ Cass. 2e civ., 19 oct. 2006, n° 05-14.338 : *JurisData* n° 2006-035399 ; *JCP* G 2007, I, 115, obs. Stoffel Munck ; *Resp. civ. et assur.* 2007, comm. 15, note H. Groutel). S'agissant du dommage causé par un coin métallique utilisé pour des travaux de bûcheronnage, il appartient aux juges du fond de préciser les éléments de fait qui, *caractérisant le maintien* de la garde de l'outil au propriétaire, empêchent que cette garde appartienne à l'utilisateur (■ Cass. 2e civ., 28 nov. 2002 : *JCP* 2003, IV, 1129 ; *JurisData* n° 2002-016559 ; *Bull. civ.* II, n° 273, p. 215 ; *Resp. civ. et assur.* 2003, 61 ; *RTD civ.* 2003, 303, obs. Jourdain). Le propriétaire d'une arme à feu en conserve la garde lorsqu'il laisse une personne s'en emparer et qu'il lui remet un cartouche pour qu'en tirant en l'air elle fasse peur à une autre personne (■ Cass. 2e civ., 28 mars 1994, n° 92-10.743 : *JurisData* n° 1994-000672 ; *Bull. civ.* II, n° 112, p. 64). Il en va de même pour le conseiller municipal qui prête son engin chargeur à titre gratuit à la commune pour une durée limitée dans un but précis (■ Cass. 2e civ., 14 janv. 1999, n° 97-11.527 : *JurisData* n° 1999-000116 ; *Resp. civ. et assur.* 1999, 65), ou pour le propriétaire d'une tondeuse qui confie celle-ci à la victime pour un court laps de temps et pour un usage déterminé dans son propre intérêt (■ Cass. 2e civ., 19 juin 2003 : *JurisData* n° 2003-019624 ; *JCP* 2003, IV, 2424 ; *Resp. civ. et assur.* 2003, 227 ; *Bull. civ.* II, n° 201, p. 169. V. aussi pour l'utilisation d'un barbecue ■ Cass. 2e civ., 24 févr. 2005 : *Resp. civ. et assur.* 2005, 146). La mission de surveillance d'un immeuble confiée à une entreprise spécialisée n'a pas pour effet d'opérer un transfert de la garde (■ Cass. 1re civ., 16 juin 1998, n° 96-20.640 : *JurisData* n° 1998-002748 ; *JCP* 98, I, 185, n° 17, obs. Viney ; *Bull. civ.* I, n° 217, p. 150 ; *Resp. civ. et assur.* 1998, 297 ; *RTD civ.* 1998, 917, obs. Jourdain). Un garagiste qui prend en remorque une voiture peut en devenir le gardien (■ Cass. 2e civ., 18 oct. 1995, n° 93-18.282 : *JCP* 95, IV, 2578 ; *Bull. civ.* II, n° 240, p. 139 ; *Resp. civ. et assur.* 1995, 360). Sur le transfert au chirurgien de la garde d'un instrument chirurgical, V. ■ Cass. civ., 29 déc. 1947 : *D.* 1948, 127. Sur le transfert au propriétaire de l'immeuble de la garde des madriers d'un échafaudage, V. ■ Cass. 2e civ., 11 févr. 1999, n° 97-14.810 : *JurisData* n° 1999-000642 ; *Resp. civ. et assur.* 1999, 96. Les juges du fond peuvent écarter la responsabilité du propriétaire de la chose sans avoir à déterminer à qui la garde a été transférée (■ Cass. 2e civ., 7 oct. 2004, n° 03-11.498 : *JurisData* n° 2004-025069 ; *Resp. civ. et assur.* 2004, 365, note Groutel ; *Bull. civ.* II, n° 448, p. 381).

Sur la garde du fioul en cas de marée noire (affaire de l'*Érika*), V. ■ Cass. 3e civ., 17 déc. 2008, n° 04-12.315 : *Bull. civ.* III, n° 206 ; *JCP* 2009, act. 9, obs. Parance ; *D.* 2009, p. 701, note Boutonnet (le risque lié au naufrage étant évidemment connu de l'armateur, qui n'avait pas à être spécialement averti, le connaissement, accompagné d'ailleurs de divers documents informatifs sur la nature et les particularités de la cargaison faisant état de fioul lourd, ce qui était conforme à la cargaison réelle, la cour d'appel, qui a pu en déduire que le transfert de garde s'était opéré lors du chargement du fioul à bord et que la responsabilité des sociétés Total ne pouvait être recherchée sur le fondement de l'article 1384, alinéa 1er du Code civil, a, par ces seuls motifs, légalement justifié sa décision de ce chef).

27) Objet offert à la vente. Dans un magasin où la clientèle peut se servir elle-même, il ne suffit pas qu'un client manipule un objet offert à la vente pour qu'il y ait transfert de la garde (■ Cass. 2e civ., 28 févr. 1996, n° 94-13.084 : *JurisData* n° 1996-000736 ; *JCP* 96, IV, 940 ; *Bull. civ.* II, n° 52, p. 32 ; *RTD civ.* 1996, 631, obs. Jourdain ; *Resp. civ. et assur.* 1996, 162 ; *D.* 1997, somm. 29, obs. Jourdain, cliente ayant fait chuter une bouteille qui a explosé).

28) Garde de la structure et garde du comportement. En faveur de la distinction entre garde de la structure et garde du comportement, V. ■ Cass. 2e civ., 10 juin 1960, n° 58-11 013 : *D.* 1960, 609, note Rodière (bouteille d'oxygène). ■ Cass. 1re civ., 12 nov. 1975 : *JurisData* n° 1975-700323 ; *JCP* 1976, II, 18479, 1re esp., note Viney (bouteille de boisson gazeuse). ■ Cass. 2e civ., 14 nov. 1979, n° 77-15.823 : *D.* 1980, 325, 2e esp., note Larroumet (récepteur de télévision ; comp., retenant la responsabilité du fabricant sur la base de l'article 1641 du Code civil, ■ Cass. 2e civ., 30 nov. 1988, n° 86-14.325 : *Bull. civ.* II, n° 240, p. 130 ; *RTD civ.* 1989, 323, obs. Jourdain). ■ Cass. 2e civ., 12 oct. 2000, n° 98-21.085 : *JurisData* n° 2000-006182 ; *Resp. civ. et assur.* 2000, 357 ; *RTD civ.* 2001, 372, obs. Jourdain (cuves de carburant). ■ Versailles, 27 janv. 1983 : *JurisData* n° 1983-601046 ; *JCP* 1983, II, 20094, note Dupichot (pneumatique). ■ Toulouse, 12 sept. 1995, n° 3503/93 : *JurisData* n° 1995-046060 ; *JCP* 96, IV, 278 (manomètre). Voir cependant ■ Cass. 2e civ., 13 déc. 1973, n° 72-12.915 : *JurisData* n° 1973-099335 ; *Gaz. Pal.* 1974, 2, 551, note Plancqueel (caravane). ■ Amiens, 10 mars 1975 : *D.* 1975, somm. 108 (bouteille de boisson gazeuse). ■ Rennes, 25 juin 1975 : *JurisData* n° 1975-760440 ; *Gaz. Pal.* 1976, 1, 80, note Héno *(id).* Le gardien de la structure peut être selon les cas le propriétaire de la chose (■ Cass. 1re civ., 10 juin 1960, préc. ■ Cass. 1re civ., 3 oct. 1979 : *D.* 1980, 325, 1re esp., note Larroumet), ou le fabricant (■ Cass. 1re civ., 12 nov. 1975, préc. ■ Cass. 2e civ., 14 nov. 1979, n° 77-15.823 : *D.* 1980, 325, 2e esp., note Larroumet), ou celui qui a rempli le récipient (■ Versailles, 17 déc. 1979 : *Gaz. Pal.* 1981, 1, somm. 162). Sur le partage de responsabilité entre le gardien de la structure et le gardien du comportement, V. ■ Cass. *2e civ., 15 déc. 1986 : D. 1987, 221,* note Larroumet. L'arrêt attaqué retient que le dommage causé par les cigarettes est dû de manière indissociable aux produits contenus et dégagés par elles, nicotine, goudron, gaz, et au comportement du fumeur qui consomme excessivement ce produit, que la garde de la structure suppose que le fabricant d'un produit, même dangereux, ait le pouvoir de surveiller, de contrôler les éléments de la chose et de prévenir le dommage, qu'il n'est pas démontré que la Seita ait fabriqué ses cigarettes de manière anormale compte tenu des connaissances actuelles, que la théorie distinguant garde de la structure et garde du comportement, applicable uniquement aux choses dotées d'un dynamisme propre et dangereuses ou encore dotées d'un dynamisme interne et affectées d'un vice interne, n'est pas applicable aux cigarettes. La cour d'appel en a exactement déduit que la responsabilité de plein droit de la Seita ne pouvait être recherchée (■ Cass. 2e civ., 20 nov. 2003, n° 01-17.977 : *JurisData* n° 2003-020985 ; *Bull. civ.* II, n° 355, p. 289 ; *JCP* 2004, I, 163, n° 36, obs. Viney ; *RTD civ.* 2004, 103, obs. Jourdain. V. sur cet arrêt C. Radé, *Responsabilité de la Seita : les espoirs des victimes du tabagisme s'évanouissent : Resp. civ. et assur.* 2004, chron. 5). V. aussi, *a contrario*, ■ Cass. 1re civ., 30 sept. 2009, n° 08-12.625 : *Resp. civ. et assur.* 2009, comm. 352, note H. Groutel ; *JCP* 2010, n° 16, 456, p. 846, obs. Stoffel-Munck.

29) Cogardiens. La garde est en principe alternative et non cumulative (■ Cass. 2e civ., 11 mai 1956 : *D.* 1957, 121, note Rodière. ■ Cass. 2e civ., 23 nov. 1972, n° 71-12.368 : *JurisData* n° 1972-099298 ; *JCP* 73, IV, 9 ; *Bull. civ.* II, n° 298, p. 245). Mais lorsque la garde d'une chose instrument du dommage est exercée en commun par plusieurs personnes, chacun des cogardiens est tenu, vis-à-vis de la victime, à la réparation intégrale du dommage (■ Cass. 2e civ., 7 nov. 1988, n° 87-11.008 : *JurisData* n° 1988-702670 ; *Bull. civ.* II, n° 214, p. 116). Ont été considérés comme cogardiens le garagiste essayant une voiture et le propriétaire de celle-ci qui l'accompagne (■ Colmar, 4 mars 1955 : *D.* 1956, somm. 92), les époux possédant en commun un chien (■ Cass. 2e civ., 3 janv. 1963, n° 60-13.909 : *Gaz. Pal.* 1963, 1, 335), des joueurs de tennis exerçant sur la balle les mêmes pouvoirs de direction et de contrôle (■ Cass. 2e civ., 20 nov. 1968 : *JurisData* n° 1968-799275 ; *JurisData* n° 1968-099277 ; *D.* 1969, somm. 56 ; *Bull. civ.* II, n° 277, p. 194 ; mais v., décidant que le gardien de but de football ne disposait pas sur le ballon, au moment de l'accident, des pouvoirs d'usage, de direction et de contrôle, ■ Cass. 2e civ., 13 janv. 2005, n° 03-18.918 : *Resp. civ. et assur.* 2005, 78 ; *Bull. civ.* II, n° 9, p. 8 ; *D.* 2005, 2435, note Cornut ; *RTD civ.* 2005, 410, obs. Jourdain), les participants à une croisière à bord d'un navire appartenant indivisément à l'un d'eux (■ Versailles, 12 juin 1979 : *Gaz. Pal.* 1980, 1, 83, note Rodière), les participants à une chasse (■ Cass. 2e civ., 19 déc. 1980 : *D.* 1981, 455, note Poisson-Drocourt ; *RTD civ.* 1981, 638, obs. Durry), des enfants manipulant ensemble des allumettes et des cigarettes (■ Cass. 2e civ., 14 juin 1984 : *JurisData* n° 1984-701084 ; *Gaz. Pal.* 1984, 2, pan. 299, obs. F.C. – Comp. ■ Lyon, 16 nov. 1989 : *D.* 1990, 207, note Vialard, mais v. en sens inverse pour un briquet que le prétendu cogardien s'est borné à manipuler pour faire une démonstration du jeu avant de le confier à sa camarade de jeu qui avait seule sur la chose les pouvoirs d'usage, de contrôle et de direction au moment de l'incendie ▪ Cass. 2e civ., 11 juill. 2002 : *JCP* 2002, IV, 2549 ; *D.* 2002, 3297, note Dagorne-Labbe ; *JurisData* n° 2002-015162 ; *Bull. civ.* II, n° 176, p. 140 ; *RTD civ.* 2002, 823, obs. Jourdain, et encore ▪ Cass. 2e civ., 19 oct. 2006 : *JurisData* n° 2006-035403 ; *Bull. civ.* II, n° 281, p. 261 ; *JCP* G 2007, II, 10030 note Mekki ; I, 115, obs. Stoffel Munck ; *Resp. civ. et assur.* 2007, comm. 6, note crit. H. Groutel ; pour la confection de torches par des enfants, la circonstance que deux des enfants sur les trois en présence aient antérieurement confectionné, allumé puis éteint des torches n'étant pas de nature à leur conférer l'exercice de la garde commune de la torche instrument du dommage, dès lors qu'au moment de l'embrasement du foin par la torche, l'enfant qui la tenait dans sa main exerçait seul sur cette chose les pouvoirs d'usage, de contrôle et de direction qui caractérisent la garde), des personnes participant à un abattage d'arbres (▪ Cass. 2e civ., 25 nov. 1999, n° 97-20.343 : *JurisData* n° 1999-004056 ; *JCP* 2000, IV, 1049 ; *Resp. civ. et assur.* 2000, 39 ; *Bull. civ.* II, n° 181, p. 123). V. D. Mayer, *La garde en commun : RTD civ.* 1975, 197. Mais ne donne pas de base légale à sa décision la cour d'appel qui déduit d'une activité coordonnée et d'ensemble que la garde du navire était commune à tous les membres de l'équipage lors du naufrage, alors qu'elle constate que le « skipper » et propriétaire de la chose était un marin particulièrement qualifié et qu'elle relève que le rôle de chacun des équipiers au moment de l'accident était resté totalement ignoré (▪ Cass. 2e civ., 9 mai 1990, n° 89-11.428 : *JurisData* n° 1990-001466 ; *JCP* 90, IV, 259 ; *Bull. civ.* II, n° 93, p. 49 ; *D.* 1991, 367, note Dagorne-Labbe ; *RTD civ.* 1990, 492, obs. Jourdain). Jugé aussi que les usages et les règles applicables en matière de course en mer donnent au seul « skipper » le commandement du voilier dont il dirige et contrôle les manœuvres et la marche et exerce donc seul sur le navire les pouvoirs de contrôle et de direction qui caractérisent la garde de la chose (▪ Cass. 2e civ., 8 mars 1995, n° 91-14.895 : *JurisData* n° 1995-000587 ; *Bull. civ.* II, n° 83, p. 47 ; *JCP* 95, II, 22499, note Gardach, I, 3893, n° 17, obs. Viney ; *Resp. civ. et assur.* 1995, 228), ou que doit être reconnu comme gardien d'un ULM celui des deux pilotes qui occupe la place avant, à partir de laquelle l'indicateur de vitesse est aisément lisible (▪ Cass. 2e civ., 5 juill. 2001 : *JCP* 2001, IV, 2623 ; *Bull. civ.* II, n° 134, p. 89). Sur le principe que le propriétaire du bateau est présumé gardien, V. ▪ Cass. 2e civ., 14 juin 1995 : *JCP* 95, I, 3893, n° 18, obs. Viney ; *Bull. civ.* II, n° 171, p. 98. Les cogardiens ne peuvent invoquer les dispositions de l'art. 1384, alinéa 1er, dans leurs rapports réciproques (▪ Cass. 2e civ., 20 nov. 1968, préc.), mais jugé que la participation de la victime à la garde d'un bateau n'exclut pas que la responsabilité du chef de bord puisse être recherchée sur le fondement de l'article 1382 (▪ Cass. 2e civ., 15 juin 1983 : *JurisData* n° 1983-701412 ; *Bull. civ.* II, n° 127, p. 89).

B – Exonération

1° *Principes*

30) Preuve d'une cause étrangère. Le gardien ne peut s'exonérer de sa responsabilité que par la preuve d'un cas fortuit ou de force majeure ou d'une cause étrangère qui ne lui soit pas imputable (▪ Cass. ch. réunies, 13 févr. 1930 : *DP* 1930, 1, 57, note Ripert. V. aussi ▪ Cass. ch. mixte, 4 déc. 1981, n° 79-14.207 : *JurisData* n° 1981-703270 ; *D.* 1982, 365, concl. Cabannes et note Chabas. ▪ Cass. 2e civ., 11 juill. 2002, n° 01-10.016 : *JurisData* n° 2002-015289 ; *Bull. civ.* II, n° 174, p. 138).

31) Vice de la chose (non). Le vice propre de la chose ne constitue pas un cas fortuit susceptible d'exonérer le gardien (▪ Cass. 2e civ., 20 nov. 1968 : *JCP* 70, II, 16567, note Dejean de La Batie). Ainsi, une défaillance du système de freinage d'un véhicule ne saurait à elle seule constituer un cas de force majeure (▪ Cass. crim., 8 juill. 1971, n° 70-92.447 : *D.* 1971, 625, note Robert).

32) Démence ou malaise. Une obnubilation passagère des facultés intellectuelles, qu'elle soit qualifiée de démence au sens de l'article 64 du Code pénal (C. pén., art. 122-1 et 122-2), ou qu'elle procède d'un quelconque malaise physique, n'est pas un événement susceptible de constituer une cause de dommage extérieure ou étrangère au gardien (▪ Cass. 2e civ., 18 déc. 1964, n° 62 10 610 : *D.* 1965, 191, concl. Schmelck et note Esmein).

33) Imprévisibilité et irrésistibilité. Lorsque le défendeur allègue une cause étrangère, il appartient aux juges du fond de relever en quoi les circonstances ont rendu inévitable la production du dommage (▪ Cass. 2e civ., 16 mai 1977, n° 75-13.430 : *JurisData* n° 1977-099131 ; *Bull. civ.* II, n° 131, p. 91), ce qui implique que le fait ait été imprévisible et irrésistible (▪ Cass. 2e civ., 13 janv. 1972, n° 70-13.713 : *JurisData* n° 1972-099015 ; *Bull. civ.* II, n° 15, p. 12. ▪ Cass. 2e civ., 5 oct. 1983, n° 82-14.262 : *JurisData* n° 1983-702296 ; *Bull. civ.* II, n° 161, p. 111. V. aussi ▪ Cass. 2e civ., 18 déc. 1995, n° 94-13.509 : *JurisData* n° 1995-003745 ; *JCP* 1996, IV, 380 ; *Bull. civ.* II, n° 315, p. 185 ; *Resp. civ. et assur.* 1996, 77 ; *D.* 1997, somm. 188, obs. Lacabarats, victime transgressant l'interdiction d'entrer à l'intérieur d'une propriété privée. ▪ Cass. 2e civ., 13 mars 2003 : *JCP* 2003, IV, 1829 ; *JurisData* n° 2003-018175 ; *Resp. civ. et assur.* 2003, 165 ; *Bull. civ.* II, n° 65, p. 57, victime heurtée et renversée dans un escalator de la SNCF par la valise d'un tiers. ▪ Cass. 2e civ., 27 mars 2003, n° 01-13.653 :

JurisData n° 2003-018426 ; *Resp. civ. et assur.* 2003, 163 ; *Bull. civ.* II, n° 88, p. 77, client d'un magasin en libre-service tombé d'une échelle dont il éprouvait la solidité). Présente pour la SNCF un caractère irrésistible et imprévisible constitutif d'un cas de force majeure, le fait d'un tiers souffrant de schizophrénie qui, en dehors de toute altercation, a ceinturé et entraîné la victime sur les rails d'un train dans un laps de temps très court, alors qu'aucune mesure de surveillance ni aucune installation n'aurait permis de prévenir ou d'empêcher une telle agression, sauf à installer des façades de quai dans toutes les stations ce qui, compte tenu de l'ampleur des travaux et du fait que la SNCF n'était pas propriétaire des quais, ne pouvait être exigé de celle-ci à ce jour (■ Cass. 2e civ., 8 févr. 2018, n° 17-10.516 : *Bull.* ; *D.* 2018, 598, Rebeyrol ; *JCP* G 2018, 477, Dubois ; *JurisData* n° 2018-001462 ; *RTD civ.* 2018, p. 418, Jourdain). Comp. pour le comportement d'un tiers qui pousse un usager contre une rame de métro alors que celle-ci redémarre, ■ Cass. 2e civ., 8 févr. 2018, n° 16-26.198 : *Bull.* ; *D.* 2018, 598, Rebeyrol ; *Resp. civ. et assur.* 2018, étude 6, Hocquet-Berg ; *JurisData* n° 2018-001474 (cassation de l'arrêt qui a écarté la force majeure par des affirmations générales sur le caractère non imprévisible et irrésistible).

L'existence d'un règlement prévoyant, même à titre facultatif, l'installation d'un tampon étanche destiné à prévenir les inondations dues à un engorgement des égouts de la ville rend prévisibles ces inondations (■ Cass. 2e civ., 1er avr. 1999, n° 97-17.909 : *JurisData* n° 1999-001377 ; *Resp. civ. et assur.* 1999, 206 ; *Bull. civ.* II, n° 65, p. 48). L'acte d'un tiers qui a ouvert la porte avant l'arrêt complet du train et celui du tiers qui a poussé la victime hors du train ne sont ni imprévisibles ni irrésistibles (■ Cass. 2e civ., 15 mars 2001, n° 99-11.033 : *JurisData* n° 2001-008629 ; *Resp. civ. et assur.* 2001, 179 ; *Bull. civ.* II, n° 56, p. 38 ; *RTD civ.* 2001, 376, obs. Jourdain. V. aussi pour une victime bousculée par un tiers dans un escalator ■ Cass. 2e civ., 29 mars 2001 : *JCP* 2001, IV, 1978 ; *JurisData* n° 2001-008902 ; *Bull. civ.* II, n° 68, p. 45 ; *Resp. civ. et assur.* 2001, 180 ; *RTD civ.* 2001, 598, obs. Jourdain. *V. sur ces arrêts H. Groutel : Resp. civ. et assur.* 2001, chron. 14. Comp. ■ Cass. 2e civ., 16 déc. 2004, n° 03-15.938 : *JurisData* n° 2004-026160 ; *Resp. civ. et assur.* 2005, 84, note Groutel ; *Bull. civ.* II, n° 537, p. 458, déboutant la victime au motif que l'intervention du train dans la chute n'est pas caractérisée), ni le fait pour un enfant d'ouvrir les portes intérieures d'un ascenseur et de déverrouiller le système de sécurité des portes palières (■ Cass. 2e civ., 18 mars 2004 : *JCP* 2004, IV, 1996 ; *JurisData* n° 2004-022963 ; *Resp. civ. et assur.* 2004, 172), ou pour un garçonnet de cinq ans d'escalader une clôture pour pénétrer dans une usine comportant un bassin de décantation où il s'est noyé (■ Cass. 2e civ., 16 déc. 2004, n° 03-18.860 : *JurisData* n° 2004-026266 ; *Resp. civ. et assur.* 2005, 83, note Hoquet-Berg). Le fait pour la victime d'être descendue du train en marche ne constitue pas pour la SNCF un fait imprévisible qui, compte tenu du système mis en place, demeurait possible, bien que dangereux (■ Cass. 2e civ., 23 janv. 2003, n° 00-21.430 : *JurisData* n° 2003-017718 ; *Resp. civ. et assur.* 2003, 95, 1re esp. ; *Bull. civ.* II, n° 17, p. 14. V. aussi ■ Cass. 2e civ., 27 févr. 2003 : *Resp. civ. et assur.* 2003, 95, 2e esp. ; *JCP* 2003, IV, 1729 ; *JurisData* n° 2003-017902 ; *Bull. civ.* II, n° 45, p. 38). Même solution pour le passager d'un train, âgé de 19 ans, qui, voulant descendre à une gare pour laquelle un arrêt n'était pas prévu, a ouvert en marche une porte du convoi, après avoir actionné la manette permettant son déverrouillage, et a fait une chute mortelle sur la voie ferrée (■ Cass. 2e civ., 13 juill. 2006 : *JurisData* n° 2006-034568 ; *Bull. civ.* II, n° 216, p. 204 ; *JCP* G 2007, I, 115, obs. Stoffel-Munck. Sur cet arrêt, v. encore Terré, *Laissez descendre : JCP* G 2006, act. 429). *Adde*, écartant la force majeure, pour le comportement aberrant d'un adolescent passager de la SNCF, ■ Cass. ch. mixte, 28 nov. 2008, n° 06-12.307 : *Bull. civ.*, ch. mixte, n° 3 ; *JCP* 2009, II, 10011, note P. Grosser et I, 123, obs. Ph. Stoffel-Munck ; *D.* 2008, p. 3079, note I. Gallmeister ; *Resp. civ. et assur.* 2009, comm. 4, note S. Hocquet-Berg ; *RDC* 2009/2, p. 487, obs. Th. Genicon ; *D.* 2010, p. 49, obs. Gout et p. 224, obs. Fauvarque-Cosson ; *D.* 2009, p. 461, note Viney, et pan. p. 972, obs. Kenfack ; *RTD civ.* 2009, p. 129, obs. P. Jourdain.

2° *Force majeure*

34) Principes. Affirmant que l'événement de force majeure doit présenter, lors de l'accident, un caractère imprévisible et irrésistible, V. ■ Cass. ass. plén., 14 avr. 2006, n° 04-18.902 : *JurisData* n° 2006-033180 ; *BICC*, n° 643, rapport Petit, avis R. de Gouttes ; *JCP* G 2006, II, 10087, note Grosser ; *D.* 2006, p. 1577, note Jourdain, p. 2645, obs. Amrani-Mekki et Fauvarque-Cosson et p. 1933, obs. Brun ; *RDC* 2006/4, p. 1083, obs. Laithier et p. 1207, obs. Viney ; *LPA* 6 juillet 2006 n° 134, p. 14, note Lemagueresse ; Rev. Lamy dr. civ. 2006 n° 29, p. 17, note Mekki ; *Defrénois* 2006, art. 38433-42, p. 1212, obs. Savaux ; *RTD civ.* 2006, p. 775, obs. Jourdain ; *Contrats, conc. consom.* 2006, 152, note Leveneur.

35) Feux de signalisation. Un dérèglement des feux de signalisation peut constituer un cas de force majeure (■ Cass. 2e civ., 10 juin 1965 : *D.* 1965, 598).

36) Traces d'huile. Peut aussi constituer un cas de force majeure, la présence sur la route de plusieurs flaques d'eau dont la plus importante présentait des traces d'huile (■ Cass. 2e civ., 28 oct. 1965 : *D.* 1966, 137, note Tunc).

37) Irruption d'un animal. Peut encore constituer un cas de force majeure la brusque arrivée d'un chien de grande taille sur la chaussée (■ Cass. 2e civ., 10 avr. 1964 : *JurisData* n° 1964-700271 ; *D.* 1965, 169, note Tunc, 1re esp.).

38) Présence isolée d'un caillou sur la route. Doit être cassée la décision qui exonère le gardien au motif que la présence isolée d'un caillou sur la route constitue un hasard et qu'il est pratiquement difficile pour un automobiliste de l'éviter, alors que seules l'imprévisibilité et l'inévitabilité sont une cause d'exonération de la responsabilité de plein droit qui pèse sur le gardien (■ Cass. 2e civ., 3 févr. 1966 : *D.* 1966, 349, note Tunc).

39) Ricochet d'un plomb de chasse. Doit aussi être cassé l'arrêt qui se borne à énoncer, par un motif de caractère général et absolu, que le ricochet d'un grain de plomb de chasse contre une pierre est un fait imprévisible et inévitable (■ Cass. 2e civ., 19 mars 1956 : *JCP* 56, II, 9499, note Brunet).

40) Verglas. Si la présence de verglas sur une route ne saurait, de façon générale et absolue, constituer le fait imprévisible et inévitable caractérisant la force majeure, il n'en est pas de même lorsque les juges du fond constatent que le danger en résultant s'est trouvé, en raison des conditions atmosphériques, subitement localisé sur une surface réduite (■ Cass. crim., 18 déc. 1978 : *JCP* 80, II, 19261, note Alvarez).

41) Tempête. Une tempête de gravité exceptionnelle constitue un cas de force majeure (■ Cass. 2e civ., 27 janv. 1973 : *Bull. civ.* II, n° 209, p. 166). Mais les juges du fond ne peuvent se fonder uniquement sur les relevés effectués au jour de l'accident à une station météorologique sans constater que le vent ait effectivement soufflé au temps et au lieu de l'accident à la vitesse maximale indiquée pour la journée par le service météorologique (■ Cass. 2e civ., 17 avr. 1975 : *D.* 1975, 465, note A. D. V. aussi pour une tempête tropicale ■ Cass. 2e civ., 5 janv. 1994, n° 92-13.853 : *JurisData* n° 1994-000068 ; *Bull. civ.* II, n° 13, p. 7). Une cour d'appel a pu décider qu'un cyclone n'a pas présenté pour une société de travaux publics l'irrésistibilité constitutive de la force majeure de nature à l'exonérer de la présomption de responsabilité *pesant sur elle comme gardienne* d'une grue, dès lors qu'elle n'a pas pris toutes les précautions que la prévisibilité de l'événement rendait nécessaire (■ Cass. 2e civ., 18 mars 1998, n° 95-22.014 : *JurisData* n° 1998-001268 ; *JCP* 98, IV, 2105 ; *Bull. civ.* II, n° 97, p. 58 ; *Resp. civ. et assur.* 1998, 184. – V. aussi ■ Cass. 3e civ., 10 déc. 2014, n° 12-26.361 : *Bull.* ; *D.* 2015, p. 362, note Dubarry et Dubois ; *RTD civ.* 2015, p. 399, obs. Jourdain).

42) Éboulement. L'effritement d'une falaise calcaire sous l'effet de l'érosion n'est pas un événement imprévisible (■ Cass. 2e civ., 17 mars 1993 : *JCP* 93, IV, 1314). En cas d'éboulement d'une terrasse résultant de la conjonction de fortes pluies assimilées à l'état de catastrophe naturelle par un arrêté ministériel, de la situation vulnérable des lieux en pente et de la nature du terrain, les juges ne peuvent écarter l'application de l'article 1384 sans caractériser la force majeure imprévisible et irrésistible (■ Cass. 3e civ., 14 févr. 1996, n° 93-21.540 : *JurisData* n° 1996-000632 ; *Resp. civ. et assur.* 1996, 243. V. aussi, écartant la force majeure, ■ Cass. 2e civ., 12 déc. 2002 : *Resp. civ. et assur.* 2003, 60. Comp. en matière contractuelle, décidant que la constatation administrative de l'état de catastrophe naturelle ne permet pas à elle seule de déduire que l'événement a le caractère de force majeure, ■ Cass. 3e civ., 24 mars 1993, n° 91-13.541 : *JurisData* n° 1993-000521 ; *RTD civ.* 1993, 594, obs. Jourdain, glissement de terrain sur un sol argileux).

43) Implosion d'un téléviseur. Jugé que l'implosion d'un téléviseur que l'on laisse allumé alors que l'on sort de l'appartement n'est pas un événement imprévisible (■ Paris, 26 juin 1979 : *JurisData* n° 1979-675161 ; *Gaz. Pal.* 1979, 2, 493).

44) Exonération totale ou partielle. La force majeure est totalement exonératoire (■ Cass. 2e civ., 4 mars 1970 : *JCP G* 1971, II, 16585. ■ Cass. 2e civ., 30 juin 1971 : *JurisData* n° 1971-099240 ; *D.* 1971, somm. 135 ; *Bull. civ.* II, n° 240, p. 170) Voir, auparavant, pour l'admission d'une exonération partielle ■ Cass. com., 19 juin 1951, 2 arrêts : *D.* 1951, 717, note Ripert.

3° *Fait de la victime*

45) Fait non fautif (non). Jugé en matière contractuelle que seule la faute du patient peut exonérer, totalement ou partiellement, le médecin de sa responsabilité. Dès lors, viole l'article 1147 du Code civil l'arrêt qui ordonne un partage de responsabilité en se fondant sur les agissements non fautifs du patient qui a, par son fait, aggravé le préjudice imputable à la faute médicale (■ Cass. 1re civ., 17 janv. 2008, n° 06-10.107 : *Bull. civ.* I, n° 14 ; *D.* 2008, p. 1256, note Dumery ; *LPA* 4 avr. 2008, p. 10, note Youengo ; *Resp. civ. et assur.* 2008, comm. 110, note Radé ; *JCP* 2008, I, 186, obs. Stoffel-Munck). Auparavant, jugé que le fait de la victime peut exonérer le gardien même s'il n'a aucun caractère fautif (■ Cass. 2e civ., 17 déc. 1963 : *JurisData* n° 1963-000837 ; *JCP* 65, II, 14075, note Dejean de La Batie ; *D.* 1964, 569, note Tunc. ■ Cass. 2e civ., 1er oct. 1975 : *JurisData* n° 1975-799236 ; *D.* 1976, 46.

▪ Cass. 2e civ., 11 oct. 1978 : *D.* 1979, inf. rap. 63, obs. Larroumet).

46) Imprudence enfantine prévisible. Ne caractérise pas un comportement de la victime présentant un caractère de force majeure l'arrêt qui énonce que la faute de l'enfant, qui s'est allongé sur le battant d'une porte basculante de garage après avoir provoqué sa remontée, est imprévisible, l'hypothèse d'une telle imprudence enfantine ne s'imposant pas immédiatement à l'esprit, et irrésistible, le dispositif de sécurité étant conforme aux normes en vigueur au moment des faits (▪ Cass. 2e civ., 8 juin 1994, n° 92-20.412 : *Bull. civ.* II, n° 151, p. 87).

47) Légitime défense. Sur le principe que la légitime défense ne peut donner lieu à aucune action en dommages-intérêts, v. ▪ Cass. 2e civ., 22 avr. 1992, n° 90-14.586 : *JurisData* n° 1992-001864 ; *JCP* 92, IV, 1894 ; *D.* 1992, 353, note Burgelin.

48) Sur l'incidence de l'**acceptation des risques,** V. ▪ Cass. 2e civ., 4 nov. 2010, n° 09-65.947 : *D.* 2011, chron. C. cass. 632, obs. Adida-Canac et Grignon Dumoulin ; chron. 690, note Mouly ; *JCP* 2011, note 12, obs. Bakouche ; n° 15, 435, obs. Bloch ; *RCA* 2011, étude 3, S. Hocquet-Berg : la victime d'un dommage causé par une chose peut invoquer la responsabilité résultant de l'article 1384, alinéa 1er, du Code civil, à l'encontre du gardien de la chose, instrument du dommage, sans que puisse lui être opposée son acceptation des risques. En conséquence doit être cassé l'arrêt qui retient que l'accident est survenu entre des concurrents à l'entraînement, évoluant sur un circuit fermé exclusivement dédié à l'activité sportive où les règles du Code de la route ne s'appliquent pas, et qui avait pour but d'évaluer et d'améliorer les performances des coureurs, la participation à cet entraînement impliquant une acceptation des risques inhérents à une telle pratique sportive. V. aussi sous art. 1383.

À noter, l'importante limite apportée à cet arrêt par l'article L. 321-3-1 du Code du sport (texte créé par L. n° 2012-348 du 12 mars 2012) qui prévoient que les pratiquants ne peuvent être tenus pour responsables des dommages matériels causés à un autre pratiquant par le fait d'une chose qu'ils ont sous leur garde à l'occasion de l'exercice d'une pratique sportive au cours d'une manifestation sportive ou d'un entraînement en vue de cette manifestation sportive sur un lieu réservé de manière permanente ou temporaire à cette pratique.

49) Faute de la victime. Exonération partielle ou totale. Le gardien de la chose instrument du dommage est partiellement exonéré de sa responsabilité s'il prouve que la faute de la victime a contribué au dommage (▪ Cass. 2e civ., 6 avr. 1987, 3 arrêts : *JurisData* n° 1987-000691 ; *Bull. civ.* II, n° 86, p. 49 ; *RTD civ.* 1987, 767, obs. Huet. V. aussi de la même chambre et du même jour : *JCP* 87, II, 20828, note Chabas ; *D.* 1988, 32, note Mouly. V. aussi ▪ Cass. 2e civ., 8 mars 1995, n° 91-14.895 : *JurisData* n° 1995-000587 ; *Bull. civ.* II, n° 82, p. 47 ; *D.* 1995, somm. 232, obs. Delebecque ; *Resp. civ. et assur.* 1995, comm. 196, exonération partielle du gardien d'une chaise à raison de la faute de la victime n'ayant pas vérifié que ladite chaise était en état de supporter un homme de son poids. ▪ Cass. 2e civ., 8 juin 1995, n° 92-21.892 : *JurisData* n° 1995-001379 ; *Bull. civ.* II, n° 171, p. 98, cassation de l'arrêt qui constate la présence du cyclomotoriste dans un couloir réservé aux autobus sans retenir à son encontre une part de responsabilité). Cassation de l'arrêt qui pour déclarer la SNCF totalement responsable d'un accident retient que la victime (qui essayait de remonter dans le train pour récupérer un objet oublié) a commis une faute en effectuant une manœuvre interdite et dangereuse mais que cette faute ne présente pas les caractères de la force majeure, alors que le gardien d'une chose instrument du dommage est partiellement exonéré de sa responsabilité s'il prouve que la faute de la victime a contribué à son dommage (▪ Cass. 2e civ., 3 mars 2016, n° 15-12.217 : *Bull.* ; *D.* 2016, 766, Rias ; *Resp. civ. et assur.* 2016, 174, Hocquet-Berg). Comp. précédemment, également à propos de la SNCF, (▪ Cass. 2e civ., 19 nov. 2009, n° 09-10.849).

Comp., en matière de responsabilité contractuelle, ▪ Cass. 1re civ., 13 mars 2008, n° 05-12.551 : *JCP* 2008, II, 10085, note Grosser et I, 186, obs. Stoffel-Munck ; *D.* 2008, p. 1582, note Viney : le transporteur tenu d'une obligation de sécurité de résultat envers un voyageur ne peut s'en exonérer partiellement et la faute de la victime, à condition de présenter le caractère de la force majeure, ne peut jamais emporter qu'exonération totale. *Adde,* ▪ Cass. ch. mixte, 28 nov. 2008, n° 06-12.307 : *Bull. civ.*, ch. mixte, n° 3 ; *JCP* 2009, II, 10011, note P. Grosser et I, 123, obs. Ph. Stoffel-Munck ; *D.* 2008, p. 3079, note I. Gallmeister ; *Resp. civ. et assur.* 2009, comm. 4, note S. Hocquet-Berg ; *RDC* 2009/2, p. 487, obs. Th. Genicon ; *D.* 2010, p. 49, obs. Gout et p. 224, obs. Fauvarque-Cosson ; *D.* 2009, p. 461, note Viney, et pan. p. 972, obs. Kenfack ; *RTD civ.* 2009, p. 129, obs. P. Jourdain (le transporteur ferroviaire, tenu envers les voyageurs d'une obligation de sécurité de résultat, ne peut s'exonérer de sa responsabilité en invoquant la faute d'imprudence de la victime que si cette faute, quelle qu'en soit la gravité, présente les caractères de la force majeure).

50) Fait de la victime. Exonération totale. Le comportement de la victime, s'il n'a pas été pour le gardien imprévisible et irrésistible, ne peut l'exonérer totalement de sa responsabilité (▪ Cass. 2e civ., 27 mai 1999 : *Bull. civ.* II, n° 104, p. 75. ▪ Cass. 2e civ., 25 juin 1998, n° 96-16.504 : *JurisData* n° 1998-003158 ; *JCP* 98, II, 10191, note Fromion-Hebrard ; *D.* 1999, 416, note Lapoyade-Deschamps ; *Resp. civ. et assur.* 1998, 296. ▪ Cass. 2e civ., 11 janv. 2001, n° 98-22.690 : *JurisData* n° 2001-007751 ; *Resp. civ. et assur.* 2001, 122, 1re esp., note Grynbaum ; *Bull. civ.* II, n° 9, p. 6 ; *RTD civ.* 2001, 374, obs. Jourdain. ▪ Cass. 2e civ., 22 mai 2003, n° 02-12.198 : *JurisData* n° 2003-019042 ; *Bull. civ.* II, n° 154, p. 130 ; *D.* 2004, 523, 1re esp., note Beaugendre). Si la faute de la victime n'exonère totalement le gardien qu'à la condition de présenter les caractères d'un événement de force majeure, cette exigence est satisfaite lorsque cette faute présente, lors de l'accident, un caractère imprévisible et irrésistible. Ayant retenu que la chute de la victime sur la voie ne pouvait s'expliquer que par l'action volontaire de celle-ci, que son comportement n'était pas prévisible dans la mesure où aucun des préposés de la RATP ne pouvait deviner sa volonté de se précipiter contre la rame, qu'il n'avait été constaté aucun manquement aux règles de sécurité imposées à l'exploitant du réseau et que celui-ci ne saurait se voir reprocher de ne pas prendre toutes mesures rendant impossible le passage à l'acte de personnes ayant la volonté de produire le dommage auquel elles s'exposent volontairement, la cour d'appel a décidé à bon droit que la faute commise par la victime exonérait la RATP de toute responsabilité (▪ Cass. ass. plén., 14 avr. 2006, préc. : *Bull.*).

51) Recours du gardien contre le tiers. Le gardien de la chose qui a été l'instrument du dommage, hors le cas où il établit un événement de force majeure totalement exonératoire, est tenu, dans ses rapports avec la victime, à réparation intégrale, sauf son recours éventuel contre le tiers qui aurait concouru à la production du dommage (▪ Cass. 2e civ., 15 juin 1977 : *JurisData* n° 1977-799153 ; *JCP* 78, II, 18780, note Baudoin. – V. en ce sens ▪ Cass. 2e civ., 11 juill. 1977 : *JurisData* n° 1977-700185 ; *D.* 1978, 581, note Agostini).

C – Régime

52) Action fondée à la fois sur l'article 1382 et sur l'article 1384. Viole l'article 1384, alinéa 1er, la cour d'appel qui retient la faute de la victime sur la base de l'article 1382 alors que cette victime fondait aussi sa demande sur l'article 1384, alinéa 1er (▪ Cass. 2e civ., 25 janv. 1984 : *D.* 1984, 242, note *Larroumet*).

53) Indépendance de la responsabilité du fait personnel et de la responsabilité du fait des choses. La responsabilité du fait personnel et celle du fait des choses ont leur domaine propre ; elles peuvent dès lors être cumulativement invoquées (▪ Cass. 2e civ., 17 oct. 1963 : *JurisData* n° 1963-000642 ; *Bull. civ.* II, n° 642, p. 486). Mais l'article 1384 n'est pas applicable si la victime s'est bornée à invoquer l'article 1382 (▪ Cass. 2e civ., 21 nov. 1956 : *D.* 1957, 209, note R. Savatier. ▪ Cass. 2e civ., 21 janv. 1970 : *JurisData* n° 1970-099024 ; *D.* 1970, 525, note Lambert-Faivre). La chose jugée sur l'article 1382 n'empêche pas d'invoquer l'article 1384, al. 1er (▪ Cass. civ., 14 nov. 1934 : *DH* 1935, 52). La décision justifiée sur le fondement de l'article 1382 ne peut être critiquée sur le fondement de l'article 1384, al. 1er (▪ Cass. 2e civ., 16 mars 1960 : *JurisData* n° 1960-099183 ; *Bull. civ.* II, n° 183, p. 124. ▪ Cass. 2e civ., 19 févr. 1975, n° 74-14.035 : *JCP* 75, II, 18159, note Bigot).

54) Recours subrogatoire entre coauteurs. Le coauteur qui a payé pour le tout peut réclamer à l'autre la part lui incombant dans la production du dommage (▪ Cass. 2e civ., 15 nov. 1972 : *JurisData* n° 1972-099279 ; *D.* 1973, 533, note Chabas). Jugé que ce recours est fondé sur la subrogation légale (▪ Cass. 2e civ., 11 févr. 1981 : *D.* 1982, 255, note Agostini). Le coauteur, responsable d'un accident sur le fondement de l'article 1384 devenu 1242, alinéa 1, peut recourir pour le tout contre un coauteur fautif (▪ Cass. 2e civ., 13 sept. 2018, n° 17-20.099 : *Bull.* ; *JurisData* n° 2018-015461 ; *D.* 2019, p. 43, Quézel-Ambrunaz).

55) Pluralité de choses. Répartition entre les gardiens. Entre les divers gardiens de plusieurs choses qui ont concouru à la production du dommage, la dette se divise par tête (▪ Cass. 2e civ., 30 juin 1961, n° 59-12.315 : *JurisData* n° 1961-099524 ; *JCP* 61, II, 12386, note Esmein).

II – RESPONSABILITÉ EN CAS DE COMMUNICATION D'INCENDIE

56) Question prioritaire de constitutionnalité. ▪ Cass. QPC, 7 mai 2010, n° 09-15.034 : *Bull. civ.* (refus de transmettre la question prioritaire de constitutionnalité dès lors que le régime de l'article 1384, alinéa 2, du Code civil répond à la situation objective particulière dans laquelle se trouvent toutes les victimes d'incendie communiqué, qu'il est dépourvu d'incidence sur l'indemnisation de la victime par son propre assureur de dommages aux biens, et qu'enfin il n'est pas porté atteinte au principe selon lequel tout fait quelconque de l'homme, qui cause à autrui un dommage, oblige celui par la faute duquel il est arrivé à le réparer).

57) Application limitée aux dommages causés par l'incendie. L'article 1384, al. 2, ne s'applique qu'aux dommages causés par l'incendie, à l'exclusion de tous dégâts ayant une autre origine, par exemple ceux provoqués par une explosion (▪ Cass. req., 14 févr. 1928 : *DP* 1928, 1, 129, rapp. Celice et note Josserand. ▪ Cass. 2e civ., 30 oct. 1989, n° 88-17.762 : *JurisData* n° 1989-003800 ; *JCP* 89, IV, 423 ; *Bull. civ.* II, n° 197, p. 100 ; *RTD civ.* 1990, 90, obs. Jourdain. ▪ Cass. 3e civ., 30 mai 1990, n° 89-10.356 : *JurisData* n° 1990-701713 ; *JCP* 90, IV, 289 ; *Bull. civ.* III, n° 129, p. 71 ; *RTD civ.* 1990, 668, obs. Jourdain. ▪ Cass. 2e civ., 2 juin 2005, n° 04-13.826 : *JurisData* n° 2005-028723 ; *Resp. civ. et assur.* 2005, 241). Mais il en est autrement si l'incendie précède l'explosion (▪ Cass. civ., 18 mai 1926 : *DH* 1926, 329. ▪ Cass. 2e civ., 5 déc. 1984, n° 83-12.745 : *JurisData* n° 1984-702225 ; *Bull. civ.* II, n° 187, p. 132. ▪ Cass. 2e civ., 16 janv. 1991, n° 89-16.382 : *JurisData* n° 1991-000123 ; *JCP* 91, IV, 97 ; *Bull. civ.* II, n° 20, p. 10. Voir cependant, paraissant récuser la distinction, ▪ Cass. 2e civ., 13 mars 1991, n° 90-11.327 : *JurisData* n° 1991-700536 ; *JCP* 91, IV, 184 ; *Bull. civ.* II, n° 85, p. 46).

58) Incendie volontaire. Le feu volontairement allumé ne constitue pas un incendie au sens de l'article 1384, al. 2 (▪ Cass. 2e civ., 17 déc. 1970, n° 69-12.780 : *Bull. civ.* II, n° 352, p. 269). Mais jugé que la responsabilité du détenteur peut être retenue sur le fondement de ce texte même en cas d'incendie criminel (▪ Cass. 2e civ., 8 févr. 2001, n° 99-14.636 : *JurisData* n° 2001-008174 ; *Resp. civ. et assur.* 2001, 140).

59) Incendie ayant pris naissance dans un bien du détenteur. L'article 1384, al. 2, ne distinguant pas suivant que la cause première de l'incendie a été ou non déterminée et qu'elle se trouve ou non liée à une chose dont le détenteur à un titre quelconque du fonds premier incendié serait le gardien, il est nécessaire et suffisant pour son application que l'incendie ait pris naissance dans l'immeuble ou dans les biens mobiliers dudit détenteur (▪ Cass. ass. plén., 25 févr. 1966, n° 61-13.628 : *D.* 1966, 389, note Esmein. ▪ Cass. 2e civ., 13 mars 1991, n° 90-11.327 : *JurisData* n° 1991-700536 ; *JCP* 91, IV, 184 ; *Bull. civ.* II, n° 85, p. 46) et qu'il soit la cause du dommage (▪ Cass. 2e civ., 16 avr. 1996, n° 94-17.916 : *JCP* 96, IV, 1378 ; *Bull. civ.* II, n° 93, p. 58 ; *Resp. civ. et assur.* 1996, chron. 38. ▪ Cass. 2e civ., 19 mars 1997, n° 93-10.132 : *JurisData* n° 1997-001229 ; *JCP* 97, IV, 1036 ; *Bull.* II, n° 84, p. 47 ; *Resp. civ. et assur.* 1997, 185 ; *RTD civ.* 1997, 951, obs. Jourdain. ▪ Cass. 2e civ., 24 juin 1999, n° 97-21.270 : *JurisData* n° 1999-002673 ; *Resp. civ. et assur.* 1999, 285, note Groutel ; *JCP* 2001, II, 10483, note Maréchal ; *RTD civ.* 2000, 124, obs. Jourdain). Par suite, l'article 1384, al. 1er, ne saurait être appliqué à un incendie qui, provoqué dans un champ par une étincelle échappée d'un tracteur appartenant à l'exploitant de ce champ, s'est étendu au champ voisin dont il a détruit la récolte (même arrêt. – V. aussi ▪ Cass. 2e civ., 13 févr. 1991, n° 89-21.250 : *JurisData* n° 1991-700459 ; *Bull. civ.* II, n° 54, p. 28 ; *RTD civ.* 1991, 344, obs. Jourdain). Jugé en ce sens que l'article 1384, al. 2, est applicable en cas de retour de flammes du moteur à essence d'une pompe (▪ Cass. 2e civ., 9 oct. 1968 : *JCP* 68, IV, 177 ; *Bull. civ.* II, n° 236, p. 165. ▪ Cass. 2e civ., 31 janv. 1980, n° 78-14.719 : *JCP* 80, IV, 147 ; *Bull. civ.* II, n° 22, p. 15), ou d'incendie communiqué à un immeuble par le goudron répandu sur la chaussée et qui s'est enflammé en sortant de la chaudière (▪ Cass. 2e civ., 20 déc. 1971, n° 70-13.701 : *JurisData* n° 1971-000355 ; *Bull. civ.* II, n° 355, p. 261) ou qui est survenu dans un dépôt de déchets et de sciure et s'est communiqué au sous-sol du terrain voisin constitué de schistes charbonneux (▪ Cass. 2e civ., 13 mars 2003 : *JCP* 2003, IV, 1831 ; *JurisData* n° 2003-018257 ; *Resp. civ. et assur.* 2003, 159). Mais jugé que l'article 1384, al. 1er, est seul applicable lorsque le sinistre a été provoqué par une forte chaleur dégagée dans le conduit de la cheminée située dans un appartement, qui a entraîné la lente combustion d'une poutre en bois du plafond de l'appartement voisin, d'où il résulte que l'incendie n'a pas pris naissance dans le premier appartement (▪ Cass. 2e civ., 11 janv. 1995, n° 93-14.424 : *JurisData* n° 1995-000066 ; *Bull.* II, n° 9, p. 5).

60) Combinaison avec la loi de 1985 sur les accidents de la circulation. L'incendie provoqué par un véhicule terrestre à moteur, fût-il en stationnement, est régi par les dispositions de la loi du 5 juillet 1985 et non par celles de l'article 1384, alinéa 2 du Code civil (▪ Cass. 2e civ., 22 nov. 1995, n° 94-10.046 : *JurisData* n° 1995-003252 ; *JCP* 96, II, 22656, 1re esp., note J. Mouly ; *D.* 1996, 163, 2e esp., note Jourdain ; *Resp. civ. et assur.* 1996, 11, 3e esp. V. aussi pour un dommage ayant pour origine une étincelle en provenance d'un tracteur manœuvrant dans son champ, ▪ Cass. 2e civ., 8 nov. 1995, n° 92-10.124 : *JurisData* n° 1995-002979 ; *JCP* 95, IV, 2761 ; *Bull. civ.* II, n° 268, p. 159 ; *D.* 1996, 163, 4e esp., note Jourdain ; *Resp. civ. et assur.* 1996, 11, 1re esp.).

61) Combinaison avec les troubles anormaux du voisinage. La responsabilité du fait des troubles excédant les inconvénients normaux de voisinage ne peut être étendue au cas de communication d'un incendie entre immeubles voisins, lequel est régi par les dispositions de l'article 1384 devenu 1242 (▪ Cass. 2e civ., 7 févr. 2019, n° 18-10.727 :*Bull.* ; *JurisData* n° 2019-001541).

62) Preuve d'une faute du propriétaire. La responsabilité du propriétaire ne peut être retenue que si la preuve de sa faute ou de la faute de ses préposés est rapportée et non si la cause du sinistre est inconnue (▪ Cass. civ., 16 avr. 1935 : *DH* 1935, 300. ▪ Cass. 1re civ., 7 oct. 1998, n° 96-16.777 : *Bull. civ.* I, n° 286, p. 198. ▪ Cass. 2e civ., 10 juin 1999, n° 97-19.614 : *JurisData* n° 1999-002443 ; *Resp. civ.*

et assur. 1999, 286). Pour l'application du principe à une société de location de téléviseurs en cas d'incendie de l'appareil, V. ▪ Cass. 2e civ., 3 oct. 1979, n° 78-10.575 : *JurisData* n° 1979-700232 ; *D.* 1980, 325, note Larroumet. La faute dont la preuve est mise à la charge de la victime ne consiste pas seulement dans celle qui a donné naissance au sinistre mais s'étend à toute négligence ou imprudence ayant concouru à l'extension ou à l'aggravation du sinistre (▪ Paris, 16 mars 1972 : *Gaz. Pal.* 1972, 1, 433. – V. en ce sens ▪ Cass. 3e civ., 31 mai 1976, n° 75-11.095 : *JurisData* n° 1976-098236 ; *JCP* 76, IV, 248 ; *Bull. civ.* III, n° 236, p. 182. ▪ Metz, 11 janv. 1996 : *JurisData* n° 1996-042855 ; *JCP* 96, IV, 2276). Viole l'article 1384, al. 2, la cour d'appel qui, tout en rapportant que l'origine du sinistre n'a pu être établie, retient la responsabilité de la société dans les locaux de laquelle l'incendie a pris naissance en énonçant qu'elle avait pris l'habitude d'entreposer sans protection ni précaution le matériau inflammable, ce dont il ne résulte pas l'existence d'un lien de causalité entre les fautes imputées et l'incendie (▪ Cass. 2e civ., 18 juin 1997, n° 95-20.148 : *JurisData* n° 1997-002891 ; *Bull.* II, n° 198, p. 116 ; *Resp. civ. et assur.* 1997, 287, et, sur nouveau pourvoi, ▪ Cass. 2e civ., 8 févr. 2001, n° 99-14.636 : *JurisData* n° 2001-008174 ; *Resp. civ. et assur.* 2001, 140. Voir cependant pour le stockage de produits inflammables dans des locaux où se trouvent aussi des sources de chaleur importantes, ▪ Cass. 2e civ., 11 janv. 2001, n° 99-12.736 : *JurisData* n° 2001-007750 ; *Resp. civ. et assur.* 2001, 70). Une expertise ayant établi que l'incendie a pris naissance dans un téléviseur laissé en veille électronique, il appartient aux juges du fond de caractériser un usage anormal de la fonction de veille ou une inobservation d'une prescription du fabricant (▪ Cass. 2e civ., 23 sept. 2004, n° 03-11.274 : *JurisData* n° 2004-024903 ; *Resp. civ. et assur.* 2004, 321, note Hoquet-Berg. V. aussi pour l'utilisation d'un insert conformément à sa destination ▪ Cass. 2e civ., 4 nov. 2004, n° 02-21.561 : *JurisData* n° 2004-025534 ; *Resp. civ. et assur.* 2005, 10, note Hoquet-Berg).

63) Lien de causalité entre la faute et l'incendie. Sur la nécessité d'un lien de causalité entre l'imprudence et l'incendie ou sa propagation, V. ▪ Cass. 2e civ., 11 janv. 1995, n° 93-15.534 : *JurisData* n° 1995-000123 ; *JCP* 95, IV, 624 ; *Bull.* II, n° 21, p. 12. ▪ Cass. 2e civ., 15 avr. 1999, n° 95-18.988 : *JurisData* n° 1999-001725 ; *Resp. civ. et assur.* 1999, 201. ▪ Cass. 2e civ., 10 juin 1999, n° 97-20.028 : *JurisData* n° 1999-002347 ; *Resp. civ. et assur. 1999, 287.*

64) Lien de causalité entre l'incendie et le dommage. Seul l'article 1384, al. 1er, est applicable en l'absence d'un lien direct entre l'incendie d'un bateau de plaisance et le dommage résultant du décès par noyade du passager, sans brûlure ni asphyxie, la cause réelle et directe de cette noyade se trouvant non dans l'incendie de l'embarcation, mais dans le fait que celle-ci allait sombrer (▪ Cass. 2e civ., 27 févr. 1991, n° 85-19.392 : *JurisData* n° 1991-001247 ; *JCP* 91, IV, 161).

65) Charge de la preuve. C'est à celui qui invoque l'article 1384, al. 2, de démontrer que ses conditions d'application sont réunies (▪ Cass. 2e civ., 4 mars 1982, n° 80-16.757 : *JurisData* n° 1982-700455 ; *JCP* 84, II, 20154, note Chabas. ▪ Cass. 2e civ., 6 déc. 1984, n° 83-12.659 : *JurisData* n° 1984-702102 ; *Bull. civ.* II, n° 191, p. 135).

66) Notion de détention. Une commune qui est propriétaire d'un immeuble en a la détention au sens de l'article 1384, al. 2, dès lors qu'elle conserve à tout moment, en droit comme en fait, le pouvoir d'intervenir matériellement dans les lieux, ceux-ci n'étant occupés qu'à titre précaire par des personnes qui ne bénéficient que d'une tolérance d'habitation (▪ Cass. 2e civ., 22 mai 1995, n° 92-16.852 : *JurisData* n° 1995-001355 ; *Bull. civ.* II, n° 149, p. 84 ; *JCP* 95, I, 3893, n° 5, obs. Viney ; *RTD civ.* 1995, 902). Jugé que le vendeur d'un bateau autorisé par le nouveau propriétaire à faire avec celui-ci, le jour même de la livraison, une dernière sortie en mer, et qui sait que le bateau ne répond plus aux règles minimales de sécurité, en est le détenteur au sens de l'article 1384, al. 2 (▪ Cass. 2e civ., 28 juin 1995, n° 93-18.465 : *JurisData* n° 1995-001807 ; *Resp. civ. et assur.* 1995, 325).

67) Locataire occupant la partie de l'immeuble où est né l'incendie. La responsabilité entière du locataire occupant la partie de l'immeuble dans laquelle l'incendie a pris naissance peut être retenue, sans que puisse y faire obstacle la circonstance que l'un des propriétaires de l'immeuble sinistré en habitait une autre partie (▪ Cass. 1re civ., 21 févr. 1995, n° 92-17.814 : *JurisData* n° 1995-000351 ; *Bull. civ.* I, n° 89, p. 63). Mais si une faute du locataire n'est pas démontrée, sa responsabilité ne peut être retenue sur le fondement de l'article 1384 alinéa 2 pour des dommages causés à des tiers (▪ Cass. 3e civ., 28 janv. 2016, n° 14-28.812 : *D.* 2016, p. 880, note Waltz-Teracol ; *Resp. civ. et assur.* 2016, 105, Groutel).

III – RESPONSABILITÉ DES PARENTS DU FAIT DE LEURS ENFANTS MINEURS

Bibliographie : F. Leduc, *L'objectivation de la responsabilité parentale : Rev. Lamy dr. civ.* 2008, suppl. n° 51, p. 5. – C. Siffrein-Blanc, Vers une *réforme de la responsabilité civile des parents : RTD civ.* 2011, p. 479.

68) Responsabilité personnelle du mineur. La condamnation des père et mère sur le fondement de l'article 1384, alinéa 4, du Code civil ne fait pas obstacle à la condamnation personnelle du mineur sur le fondement de l'article 1382 du Code civil (■ Cass. 2e civ., 11 sept. 2014, n° 13-16.897 : *Bull.* ; *Gaz. Pal.* 2014, n° 295, p. 18, note Jaouen ; *D.* 2015, p. 124, obs. Brun et Gout ; *AJF* 2014, p. 566, obs. Perdrix ; *JCP* 2014, 1074, note Deharo).

69) Condition de cohabitation. En dehors de toute faute personnelle de leur part, la présomption légale de responsabilité des père et mère cesse en même temps que la cohabitation, sans qu'il soit nécessaire que l'enfant passe sous la surveillance et la direction d'une personne investie de la même présomption de responsabilité, à moins que l'absence de cohabitation ne résulte pas d'un motif légitime ou n'empêche point la surveillance des parents de s'exercer (■ Cass. 2e civ., 9 déc. 1954 : *Gaz. Pal.* 1955, 1, 87. – V. aussi ■ Cass. 2e civ., 24 avr. 1989, n° 88-10.735 : *JurisData* n° 1989-001516 ; *Bull. civ.* II, n° 99, p. 48 ; *D.* 1990, 519, note Dagorne-Labbe. ■ Cass. 1re civ., 2 juill. 1991, n° 90-12.062 : *JurisData* n° 1991-001823 ; *Bull. civ.* I, n° 224, p. 147 ; *RTD civ.* 1991, 759, obs. Jourdain. ■ Cass. crim., 28 juin 2000, n° 99-84.627 : *JurisData* n° 2000-003150 ; *JCP* 2000, I, 280, n° 17, obs. Viney ; *Resp. civ. et assur.* 2000, 355. ■ Agen, 8 janv. 1998, n° 97/00376 : *JurisData* n° 1998-041506 ; *JCP* 98, IV, 3233). Ne donne pas de base légale à sa décision la cour d'appel qui met le père hors de cause et retient la responsabilité de la mère seule en invoquant l'absence de cohabitation résultant du départ du mari à la suite de l'introduction d'une procédure de divorce, sans préciser si une décision judiciaire avait autorisé le père à résider séparément (■ Cass. crim., 21 août 1996, n° 95-84.102 : *JurisData* n° 1996-003711 ; *JCP* 97, IV, 67 ; *Resp. civ. et assur.* 1996, 345. V. aussi ■ Cass. crim., 11 janv. 1996, n° 95-81.001 : *JurisData* n° 1996-000514 ; *Resp. civ. et assur.* 1996, 202). La responsabilité ne saurait disparaître du fait de l'absence temporaire des parents (■ Cass. crim., 11 oct. 1972 : *JurisData* n° 1972-095283 ; *D.* 1973, 74, note J. L.). L'exercice d'un droit de visite et d'hébergement ne fait pas cesser la cohabitation du mineur avec celui des parents qui exerce sur lui le droit de garde (■ Cass. 2e civ., 19 févr. 1997, n° 93-14.646 : *JurisData* n° 1997-000768 ; *JCP* 97, IV, 834 ; *Bull. civ.* II, n° 55, p. 31 ; *Resp. civ. et assur.* 1997, 153 ; *RTD civ.* 1997, 670, obs. Jourdain ; *Dr. famille* 1997, 97, note Murat). En cas de divorce, la responsabilité de plein droit prévue par le quatrième alinéa de l'article 1384 du Code civil incombe au seul parent chez lequel la résidence habituelle de l'enfant a été fixée, quand bien même l'autre parent, bénéficiaire d'un droit de visite et d'hébergement, exercerait conjointement l'autorité parentale. En conséquence, doit être cassé l'arrêt qui, sans constater qu'il a commis une faute engageant sa responsabilité, retient la responsabilité solidaire du parent, cotitulaire de l'autorité parentale, chez lequel la résidence de l'enfant n'a pas été fixée (■ Cass. crim., 6 nov. 2012, n° 11-86.857 : *Bull.* ; *JCP* 2013, 836, obs. Stoffel-Munck et Bloch ; *Gaz. Pal.* 13 févr. 2013, p. 2, obs. Mekki ; *D.* 2013, chron., p. 124, obs. Roth ; *AJF* 2012, p. 613, obs. Chénedé ; *RTD civ.* 2013, p. 106, obs. Hauser). La responsabilité de plein droit prévue par le quatrième alinéa de l'article 1384 du Code civil incombe au seul parent chez lequel la résidence habituelle de l'enfant a été fixée, quand bien même l'autre parent, bénéficiaire d'un droit de visite et d'hébergement, exercerait conjointement l'autorité parentale et aurait commis une faute civile personnelle dont l'appréciation ne relève pas du juge pénal. En conséquence, doit être cassé l'arrêt qui retient le comportement fautif du père, cité en qualité de civilement responsable, qui s'est désintéressé de son enfant et n'a aucunement exercé son pouvoir de surveillance et de contrôle de l'éducation de celui-ci (■ Cass. crim., 29 avr. 2014, n° 13-84.207 : *Bull.* ; *D.* 2014, p. 1620, note Perdrix ; *D.* 2015, p. 124, obs. Brun ; *AJF* 2014, p. 370, obs. Zelcevic-Duhamel ; *RTD civ.* 2014, p. 639, obs. Hauser ; *LPA* 26 sept. 2014, n° 193, p. 8, note Rias). Le fait que les enfants aient résidé quelques jours chez leur grand-mère paternelle ne fait pas cesser leur cohabitation avec leur mère chez laquelle ils résident habituellement (■ Cass. 2e civ., 20 janv. 2000, n° 98-14.479 : *JurisData* n° 2000-000196 ; *JCP* 2000, II, 10374, 1re esp., note Gouttenoire-Cornut ; *Bull. civ.* II, n° 14, p. 9 ; *Resp. civ. et assur.* 2000, 146, note Groutel ; *RTD civ.* 2000, 340, obs. Jourdain. V. en ce sens pour un enfant séjournant en vacances chez son grand-père, ■ Cass. 2e civ., 5 févr. 2004, n° 02-15.383 : *JurisData* n° 2004-022463 ; *Bull. civ.* II, n° 50, p. 41 ; *Resp. civ. et assur.* 2004, 127. V. aussi pour un séjour temporaire de l'enfant chez une tante ■ Cass. 2e civ., 15 mars 2001, n° 99-14.838 : *JurisData* n° 2001-008827 ; *Resp. civ. et assur.* 2001, 177, 2e esp., note Groutel. Comp. pour un enfant confié depuis l'âge d'un an à sa grand-mère, ■ Cass. crim., 8 févr. 2005, n° 03-87.447 : *JurisData* n° 2005-027416 ; *JCP* 2005, II, 10049 ; note Steinlé-Feuerbach ; I, 149, n° 5, obs. Viney ; *Resp. civ. et assur.* 2005, 118, note Radé). Cette cessation ne peut davantage résulter de ce que l'enfant a été confié temporairement à un centre médico-pédagogique (■ Cass. 2e civ., 9 mars 2000, n° 98-18.095 : *JurisData* n° 2000-000953 ; *JCP* 2000, II, 10374, 2e esp. ; *Bull. civ.* II, n° 44, p. 31 ; *Resp. civ. et assur.* 2000, 179, note Groutel. V. aussi pour un établissement médico-éducatif ■ Cass. crim., 15 juin 2000, n° 99-84.912 : *JurisData* n° 2000-003132 ; *D.* 2001, 653, note Huyette ; *JCP* 2000, I, 280, n° 15, obs. Viney ; *Resp. civ. et assur.* 2000, 353, pour un établissement scolaire accueillant des jeunes sourds et des jeunes aveugles, ■ Cass. crim., 18 mai 2004, n° 03-83.616 : *Resp. civ. et assur.* 2004, 249 ; *RTD civ.*

2005, 140, obs. Jourdain) ou à un organisme de vacances (■ Cass. crim., 29 oct. 2002, n° 01-82.109 : *JurisData* n° 2002-016445 ; *Resp. civ. et assur.* 2003, 29 ; *JCP* 2003, I, 154, n° 41, obs. Viney ; *D.* 2003, 2112, note Mauger-Vielpeau ; *RTD civ.* 2003, 101, obs. Jourdain). Le régime de l'internat, ne constituant qu'une modalité d'exercice de la scolarité, n'interrompt pas la cohabitation avec les parents (■ Cass. 2e civ., 16 nov. 2000 : *Resp. civ. et assur.* 2001, 37 ; *JCP* 2001, I, 340, n° 18, obs. Viney ; *JurisData* n° 2000-006901 ; *RTD civ.* 2001, 603, obs. Jourdain ; *D.* 2002, somm. 1309, 2e esp., obs. Jourdain. ■ Cass. 2e civ., 29 mars 2001 : *JCP* 2002, II, 10071, note Prigent ; *Resp. civ. et assur.* 2001, 177, 1re esp., note Groutel ; *JurisData* n° 2001-008899 ; *Bull. civ.* II, n° 69, p. 46).

70) Personnes responsables. La responsabilité résultant de l'article 1384, al. 4, ne peut s'étendre au tuteur ni à l'Assistance publique ni aux personnes que celle-ci se substitue pour la garde de ses pupilles (■ Cass. crim., 28 juill. 1949 : *S.* 1950, 1, 154. – V. en ce sens ■ Cass. 2e civ., 24 nov. 1976, n° 75-12.484 : *JurisData* n° 1976-099318 ; *D.* 1977, 595, note Larroumet [service de l'Aide sociale]), ni aux grands-parents (■ Cass. 2e civ., 25 janv. 1995, n° 92-18.802 : *JurisData* n° 1995-000334 ; *JCP* 95, I, 3853, n° 15, obs. Viney ; *Bull. civ.* II, n° 29, p. 17 ; *D.* 1995, somm. 232, obs. Delebecque. ■ Orléans, 29 juin 1998, n° 96002218 : *JurisData* n° 1998-042618 ; *JCP* 99, IV, 2474. V. G. Blanc, *À propos de la responsabilité des grands-parents : D.* 1997, chron. 327), ni à la tante (■ Cass. 2e civ., 18 sept. 1996, n° 94-20.580 : *JurisData* n° 1996-003475 ; *JCP* 96, IV, 2208 ; *Bull.* II, n° 217, p. 133 ; *D.* 1998, 118, note Rebourg ; *Procédures* 1996, 359 ; *Resp. civ. et assur.* 1996, 379 ; *RTD civ.* 1997, 436, obs. Jourdain ; *Dr. famille* 1997, 83, 3e arrêt, note Murat). S'il est vrai que même en dehors des cas prévus par l'article 1384, le mineur n'est pas indépendant et est nécessairement sous la surveillance de celui auprès de qui il est placé, ce dernier est alors responsable non du fait d'autrui mais de son propre fait (■ Cass. 2e civ., 15 févr. 1956 : *JCP* 56, II, 9564, note Rodière. Pour un exemple d'absence de faute des grands-parents, V. ■ Cass. 2e civ., 18 mars 2004, n° 03-10.600 : *JurisData* n° 2004-022856 ; *JCP* 2004, II, 10123, note Misdon-Chataigner ; *Resp. civ. et assur.* 2004, 216, enfant de 10 ans brûlé par de l'essence enflammée). Faute d'une décision judiciaire lui ayant attribué l'exercice de l'autorité parentale sur son fils, le père naturel ayant reconnu l'enfant n'est pas investi du droit de garde à son égard et ne peut ainsi être déclaré civilement responsable des dommages causés par ce mineur (■ Cass. crim., 5 nov. 1986, n° 85-96.591 : *JurisData* n° 1986-002838 ; *JCP* 88, II, 21064, note Fulchiron). Sur le cas des mineurs faisant l'objet d'une mesure d'assistance éducative, v. annot. n° 119, p. 951.

71) Émancipation. Sur l'exclusion de l'article 1384, alinéa 4, en cas d'émancipation, voir art. 482, p. 428.

72) Fait dommageable de l'enfant. Il suffit que le mineur ait commis un acte qui soit la cause directe du dommage invoqué par la victime (■ Cass. ass. plén., 9 mai 1984, n° 80-14.994 : *JurisData* n° 1984-700732 ; *JCP* 84, II, 20255, 2e esp., note Dejean de La Batie. – V. en ce sens ■ Cass. 2e civ., 12 déc. 1984, n° 82-12.627 : *Bull. civ.* II, n° 193, p. 137 ; *RTD civ.* 1986, 119, obs. Huet), et il importe peu que le fait du mineur soit non fautif (■ Cass. ass. plén., 13 déc. 2002, 2 arrêts : *JurisData* n° 2002-016997 ; *Grands arrêts*, nos 215-217 ; *JCP* 2003, II, 10010, note Hervio-Lelong ; I, 154, n° 46, obs. Viney ; *D.* 2003, 231, note Jourdain ; *Dr. famille* 2003, 23, note Julien ; *Resp. civ. et assur.* 2003, chron. 4, 2e et 3e arrêts. ■ Cass. 2e civ., 3 juill. 2003, n° 02-15.696 : *JurisData* n° 2003-019819 ; *JCP* 2004, II, 10009, note Desgorces ; *Resp. civ. et assur.* 2003, 253 ; *Bull. civ.* II, n° 230, p. 191. – Voir déjà ■ Cass. 2e civ., 10 mai 2001 : *JCP* 2001, II, 10613, note J. Mouly ; *JCP* 2002, I, 124, n° 20, obs. Viney ; *Resp. civ. et assur.* 2001, 248 ; *D.* 2001, 2851, rapp. Guerder et note Tournafond ; *D.* 2002, somm. 1315, obs. D. Mazeaud ; *JurisData* n° 2001-009377 ; *Bull. civ.* II, n° 96, p. 64 ; *RTD civ.* 2001, 601, obs. Jourdain ; *Defrénois* 2001, 1275, obs. Savaux, plaquage malencontreux au cours d'une partie de rugby. – Voir sur cet arrêt J. Julien, *Remarques en contrepoint sur la responsabilité des parents : Dr. famille* 2002, chron. 7. – H. Groutel, *L'enfant mineur ravalé au rang de simple chose ? : Resp. civ. et assur.* 2001, chron. 18). V. encore, ■ Cass. 2e civ., 17 févr. 2011, n° 10-30.439 : *Bull.*, n° 47 ; *RCA* 2011, comm. 164, note Leduc ; *D.* 2011, p. 1117, note Bouteille ; *ibid.* 2012, pan. p. 47, obs. Gout ; *JCP* 2011, n° 519, note Bakouche. Il faut que le mineur ait commis un acte qui soit la cause directe du dommage invoqué par la victime, condition qui n'est pas remplie lorsqu'il a à plusieurs reprises averti ses hôtes du caractère dangereux de l'arme ayant blessé la victime (■ Cass. 2e civ., 13 avr. 1992, n° 90-13.384 : *JurisData* n° 1992-001022 ; *Bull. civ.* II, n° 122, p. 60. Comp. ■ Cass. 2e civ., 25 oct. 1995, n° 93-15.905 : *JurisData* n° 1995-003099 ; *Resp. civ. et assur.* 1996, 44). Le dommage subi par la victime n'ayant pas été directement causé par le fait, même non fautif, du mineur, la cour d'appel en a exactement déduit que la responsabilité des parents ne pouvait être retenue (adolescent participant à une soirée au domicile d'un ami de son âge, en l'absence des parents, et qui est tombé dans un bassin situé sur la propriété ■ Cass. 2e civ., 18 nov. 2010, n° 09-17.021 : RCA 2011, comm. 48).

73) Principe d'une responsabilité de plein droit. Seule la force majeure ou la faute de la victime peut exonérer le père de la responsabilité de plein droit encourue du fait des dommages causés par son fils mineur habitant avec lui (■ Cass. 2e civ., 19 févr. 1997, n° 94-19.726 : *JurisData* n° 1997-000771 ; *Grands arrêts*, n° 215 ; *JCP* 97, II, 22848, concl. Kessous et note Viney ; *Bull.* II, n° 56, p. 32 ; *D.* 1997, 265, note Jourdain, somm. 290, obs. D. Mazeaud ; *RTD civ.* 1997, 668, obs. Jourdain ; *Dr. famille* 1997, 83, 1er arrêt, note Murat. V. sur cet arrêt C. Radé, *Le renouveau de la responsabilité du fait d'autrui : D.* 1997, chron. 279. – F. Leduc, *La responsabilité des père et mère : changement de nature : Resp. civ. et assur.* 1997, chron. 9. V. en ce sens ■ Cass. 2e civ., 4 juin 1997, n° 95-16.490 : *JurisData* n° 1997-002467 ; *Bull. civ.* II, n° 168, p. 100 ; *Resp. civ. et assur.* 1997, 253. ■ Cass. 2e civ., 2 déc. 1998 : *JCP* 99, II, 10165, note Josselin-Gall ; *Resp. civ. et assur.* 1999, 35 ; *RJPF* 1999-1/55, obs. Chabas ; *Bull. civ.* II, n° 292, p. 176 ; *RTD civ.* 1999, 410, obs. Jourdain. ■ Cass. 2e civ., 9 mars 2000, n° 98-18.095 : *JurisData* n° 2000-000953 ; *JCP* 2000, II, 10374, 2e esp. ; *Bull. civ.* II, n° 44, p. 31. ■ Cass. 2e civ., 18 mai 2000, n° 98-13.688 : *JurisData* n° 2000-001985 ; *JCP* 2000, IV, 2187. ■ Cass. 2e civ., 12 oct. 2000, n° 98-21.879 : *JurisData* n° 2000-006232 ; *Resp. civ. et assur.* 2000, 356. ■ Cass. ass. plén., 13 déc. 2002, 2 arrêts, préc. V. sur cette jurisprudence J.-C. Montanier, *Les enfants, les parents et la Cour de cassation : JurisData n° 2002-016997 ; Dr. famille* 2003, chron. 13). Les difficultés de comportement de l'enfant, qui faisait l'objet d'informations judiciaires, établissent que les faits de viols aggravés en cause ne présentaient pas de caractère imprévisible (■ Cass. crim., 25 mars 1998, n° 94-86.137 : *JCP* 98, II, 10162, note Huyette ; I, 187, n° 22, obs. Viney ; *Resp. civ. et assur.* 1998, 220 ; *RTD civ.* 1998, 918, obs. Jourdain). Il n'est pas exigé que la faute de la victime ait un caractère volontaire pour exonérer partiellement les parents (■ Cass. 2e civ., 29 avr. 2004, n° 02-20.180 : *JurisData* n° 2004-023438 ; *Bull. civ.* II, n° 202, p. 170 ; *Resp. civ. et assur.* 2004, 214 ; *D.* 2005, somm. 189, obs. D. Mazeaud).

74) Exonération des parents (non). En exonérant totalement le père du mineur de sa responsabilité de plein droit, alors qu'elle constatait que la position du mineur en bordure de la partie de la piste attribuée aux seuls cyclistes au moment où y circulait à vive allure le peloton des randonneurs avait été directement la cause du dommage subi par le cycliste qui l'avait heurté, et sans constater que la faute retenue à l'encontre de ce dernier avait été pour le responsable un événement imprévisible et irrésistible, la cour d'appel a violé l'article 1384, alinéas 1er, 4 et 7, du Code civil (■ Cass. 2e civ., 17 févr. 2011, n° 10-30.439 : *Bull.*, n° 47 ; *RCA* 2011, comm. 164, note Leduc ; *D.* 2011, p. 1117, note Bouteille ; *ibid.* 2012, pan. p. 47, obs. Gout ; *JCP* 2011, n° 519, note Bakouche).

75) Défaut de surveillance. Jugé avant l'arrêt précité (ci-dessus) du 19 février 1997 que doit être retenue la responsabilité des parents qui ont laissé leur fils de neuf ans jouer à la balle dans un terrain vague hors de toute surveillance (■ Cass. 2e civ., 1er déc. 1965 : *JCP* 66, II, 14567), ou qui ont laissé leur fille de six ans circuler avec une bicyclette sur un trottoir (■ Cass. 2e civ., 1er déc. 1971 : *JurisData* n° 1971-099327 ; *Gaz. Pal.* 1972, 1, 292), ou qui ont laissé sans surveillance un enfant de 7 ans dans la maison appartenant au grand-père d'un camarade où ne se trouvait présent aucun des père et mère de celui-ci (■ Cass. 2e civ., 16 janv. 1991, n° 89-18.525 : *JurisData* n° 1991-700122 ; *Bull. civ.* II, n° 22, p. 11).

76) Jeux dangereux. Jugé avant l'arrêt précité (ci-dessus) du 19 février 1997 que doit être retenue la responsabilité des parents qui ont laissé l'adolescent participer à un jeu consistant en la confection d'un pétard, participation qui établit le manquement de surveillance et d'éducation (■ Chambéry, 23 nov. 1994 : *JurisData* n° 1994-047371 ; *JCP* 95, IV, 2068), ou que les parents qui n'ont pas attiré l'attention d'un enfant de huit ans sur l'extrême dangerosité du maniement des armes à feu ont failli à leur devoir d'éducation (■ Cass. 2e civ., 8 nov. 1995, n° 94-10.942 : *JurisData* n° 1995-003193 ; *Resp. civ. et assur.* 1996, 45).

77) Dommages causés à l'école. Jugé avant l'arrêt précité (ci-dessus) du 19 février 1997 que le jet malencontreux d'une équerre, de la part d'un enfant docile et studieux, ne saurait être retenu pour une faute d'éducation des parents (■ Cass. 2e civ., 4 mars 1987, n° 85-14.554 : *JurisData* n° 1987-000376 ; *Bull. civ.* II, n° 63, p. 35). V. aussi ■ Cass. 2e civ., 6 nov. 1996, n° 94-22.196 : *JurisData* n° 1996-004145 ; *JCP* 96, IV, 2549 ; *Resp. civ. et assur.* 1997, 5 (accident dans la cour de récréation d'une école, survenu dans des conditions excluant toute méchanceté ou violence volontaire, ou toute faute d'éducation de la part des parents). Sur la faute du père qui n'a pas révélé au directeur d'école l'agressivité naturelle de son fils, V. ■ Cass. 2e civ., 4 juin 1980 : *JurisData* n° 1980-799946 ; *JCP* 81, II, 19599, note Feddal.

78) Enfant à la limite de la débilité mentale. Jugé avant l'arrêt précité (ci-dessus) du 19 février 1997 que la responsabilité de la mère est engagée lorsqu'elle a laissé toute liberté de mouvement à son fils « à la limite de la débilité » et n'a pas assuré de surveillance vigilante pour prévenir tout écart de conduite (■ Cass. 1re civ., 26 nov. 1991, n° 89-14.639 : *JurisData* n° 1991-003034 ; *JCP* 92, IV, 360 ; *Bull. civ.* I, n° 337, p. 219).

IV – RESPONSABILITÉ DES COMMETTANTS DU FAIT DE LEURS PRÉPOSÉS

Bibliographie : D. Mazeaud, *Autorité du commettant et responsabilité : approche de droit civil :*

Rev. Lamy dr. civ. 2008, suppl. n° 51, p. 33. – J. Antippas, *La responsabilité civile des préposés et des commettants à la lumière du droit comparé interne* : *D.* 2013, p. 2928 – *RCA* 2013, n° 3, dossier 11, dossier spécial : *Responsabilité civile : le fait du préposé*, avec les contributions de Leveneur, Bakouche, Jourdain, Brun, Matsopoulou, Delaunay, Magnier, Groutel et Viney.

A – Conditions

1° *Lien de préposition*

79) Rapports de subordination. La responsabilité mise à la charge des commettants suppose que ceux-ci ont le droit de donner à leurs préposés des ordres et des instructions sur la manière de remplir les fonctions auxquelles ils les emploient, autorité et subordination corrélatives sans lesquelles il n'y a pas de véritables commettants et préposés au sens de la loi (■ Cass. crim., 27 févr. 1963, n° 62-92.379 : *Gaz. Pal.* 1963, 2, 56). Ces rapports d'autorité et de subordination doivent être réels et ne peuvent résulter d'une situation de pure apparence (■ Cass. crim., 15 févr. 1972 : *JurisData* n° 1972-095059 ; *JCP* 72, II, 17159, note Mayer). L'article 1384, alinéa 5, n'est plus applicable si le dommage est causé à un moment où le salarié n'est plus dans les liens de subordination découlant du contrat de travail (■ Cass. 2e civ., 10 juin 1999, n° 97-20.775 : *JurisData* n° 1999-002595 ; *Resp. civ. et assur.* 1999, 288, note Groutel, dommage causé par la faute du préposé dans le logement de fonction accessoire au contrat de travail).

80) Fonctions permanentes ou temporaires, rémunérées ou non. Il importe peu que les fonctions du préposé soient exercées à titre temporaire ou permanent, avec ou sans rémunération, et fût-ce en l'absence de tout louage de services (■ Cass. crim., 7 nov. 1968, n° 68-90.118 : *JCP* 68, IV, 202 ; *Bull. crim.* 1968, n° 291. Pour l'existence d'un lien de préposition temporaire entre un service départemental d'incendie et le pilote d'un avion intervenant sur un départ de feu, V. ■ Cass. 2e civ., 6 févr. 2003, n° 01-16.380 : *JurisData* n° 2003-017481 ; *Resp. civ. et assur.* 2003, 128 ; *Bull. civ.* II, n° 33, p. 30 ; *D.* 2004, somm. 1341, obs. Jourdain). Mais il appartient aux juges du fond de rechercher si l'employeur a conservé sur son employé les pouvoirs de lui donner des ordres et des instructions et d'en surveiller l'exécution (■ Cass. 2e civ., 18 déc. 1996, n° 94-20.368 : *JurisData* n° 1996-004998 ; *JCP* 97, IV, 347 ; *Bull. civ.* II, n° 306, p. 184 ; *Resp. civ. et assur. 1997, 83*, employé en stage de formation professionnelle).

81) Indifférence des connaissances techniques du commettant. L'existence d'un lien de préposition n'implique pas nécessairement chez le commettant les connaissances techniques pour pouvoir donner des ordres avec compétence (■ Cass. 2e civ., 11 oct. 1989, n° 88-15.736 : *JurisData* n° 1989-703510 ; *JCP* 89, IV, 397 ; *Bull. civ.* II, n° 175, p. 89).

82) Pluralité de commettants. Le préposé peut avoir plusieurs commettants (■ Cass. 2e civ., 9 févr. 1967 : *JurisData* n° 1967-700063 ; *Gaz. Pal.* 1967, 1, 224. ■ Orléans, 21 avr. 1986 : *JurisData* n° 1986-600927 ; *Gaz. Pal.* 1986, 2, 628, note Lévy).

83) Location de véhicule avec chauffeur. S'il est exact que la mise à la disposition d'un véhicule utilitaire et de son chauffeur n'a pas nécessairement pour conséquence la création d'un lien de préposition occasionnel entre le chauffeur et le locataire, une distinction doit être établie entre les opérations indispensables au fonctionnement et à la conduite du véhicule loué, pour lesquelles le chauffeur reste, sauf convention contraire, sous la dépendance du loueur, son commettant habituel, et celles qui ont trait à l'utilisation du véhicule en vue du transport des marchandises, pour lesquelles le chauffeur reçoit les instructions exclusivement du locataire dont il devient le préposé occasionnel (■ Paris, 1er déc. 1977 : *JurisData* n° 1977-655120 ; *Gaz. Pal.* 1978, 1, 301 ; *D.* 1978, inf. rap. 407, obs. Larroumet).

84) Location de main-d'œuvre. Sur la responsabilité de l'entreprise d'accueil en cas de location de main-d'œuvre, V. ■ Cass. soc., 30 janv. 1985, n° 82-13.253 : *JurisData* n° 1985-700274 ; *Bull. civ.* V, n° 71, p. 50 ; *RTD civ.* 1986, 132, obs. Huet. ■ Cass. 1re civ., 18 janv. 1989, n° 85-15.858 : *JurisData* n° 1989-000175 ; *RTD civ.* 1989, 561, obs. Jourdain.

85) Entrepreneur principal (non). L'entrepreneur principal n'est pas délictuellement responsable, envers les tiers, des dommages causés par son sous-traitant (■ Cass. 3e civ., 8 sept. 2009, n° 08-12.273 : *RDC* 2010/1, p. 70, note Carval ; *D.* 2009, p. 239, note N. Dissaux ; *JCP* 2010, n° 16, 456, p. 846, obs. Stoffel-Munck ; *D.* 2010, p. 239, note Dissaux) car il n'en est pas le commettant (■ Cass. 3e civ., 22 sept. 2010, n° 09-11.007 : *D.* 2010, act. 2227, obs. Delpech).

86) Médecin. L'indépendance professionnelle dont jouit le médecin dans l'exercice de son art n'est pas incompatible avec l'état de subordination qui résulte d'un contrat de louage de services le liant à un tiers (■ Cass. crim., 5 mars 1992, n° 91-81.888 : *JurisData* n° 1992-001870 ; *RTD civ.* 1993, 137, obs. Jourdain). Un anesthésiste peut être le préposé d'un chirurgien (■ TGI Versailles, 11 déc. 1970 : *JCP* 71, II, 16755, note N.S.). S'il est exact que, en vertu de l'indépendance professionnelle dont il bénéficie dans l'exercice de son art, un médecin répond des fautes commises au préjudice des patients par les personnes qui l'assistent lors d'un acte médical d'investigation ou de soins, alors même que ces personnes seraient les préposés de l'établissement de santé où il exerce, il n'en est pas de même lorsque la victime est le praticien lui-même ; il peut, en ce cas, rechercher la responsabilité de la clinique pour les fautes commises à son préjudice par un préposé de cette dernière (▪ Cass. 1re civ., 13 mars 2001, n° 99-16.093 : *JurisData* n° 2001-008617 ; *JCP* 2001, IV, 1860 ; *Bull. civ.* I, n° 72, p. 46 ; *Resp. civ. et assur.* 2001, 194 ; *RTD civ.* 2001, 599, obs. Jourdain).

87) Essai d'un véhicule. L'acquéreur éventuel d'un véhicule qui en fait l'essai n'est pas le préposé du constructeur, même s'il est accompagné d'un employé de ce dernier (▪ Paris, 25 févr. 1964 : *D.* 1964, somm. 81).

88) Lien de parenté ou d'alliance. Le fils peut être le préposé du père (▪ Cass. req., 17 mars 1931 : *Gaz. Pal.* 1931, 1, 800), et le mari préposé de son épouse (▪ Cass. crim., 27 déc. 1961 : *JCP* 62, II, 12652).

89) Chose confiée par le propriétaire. Le propriétaire d'un canot automobile, qui en confie la conduite à une personne en vue de faire du ski nautique, est responsable en tant que commettant du dommage causé à un tiers (▪ Cass. 2e civ., 15 oct. 1954 : *JCP* 55, II, 8473, note P. B.). De même, l'administrateur d'une société prenant le volant de la voiture à l'invitation du P-DG devient le préposé de la société (▪ Cass. soc., 15 déc. 1971 : *JurisData* n° 1971-000743 ; *D.* 1973, 120, note Breton et Vernerey). Mais jugé qu'un officier de cinquante et un ans qui accepte de conduire le véhicule d'une personne âgée de quatre-vingt-trois ans n'en devient pas le préposé (▪ Cass. 2e civ., 12 nov. 1951 : *JCP* 52, II, 6677, note Esmein). Le propriétaire du cheval est le commettant du jockey (▪ Cass. 2e civ., 26 oct. 2000, n° 98-18.246 : *JurisData* n° 2000-006687 ; *Resp. civ. et assur.* 2001, 9 ; *Bull. civ.* II, n° 145, p. 102).

90) Racket. Celui qui s'est imposé à un restaurateur pour assurer la « protection » de l'établissement et qui a fixé lui-même sa rémunération pour ce « service » doit être considéré comme un « racketteur », et ce rapport, qui inverse les relations de subordination, est exclusif de tout lien de préposition (▪ TGI Bobigny, 4 juill. 1991 : *JurisData* n° 1991-603358 ; *JCP* 92, II, 21816, note Pansier).

2° *Fait générateur*

91) Faute du préposé. La responsabilité civile du commettant ne peut être engagée qu'en cas de faute du préposé (▪ Cass. 2e civ., 8 oct. 1969, n° 68-10.482 : *JurisData* n° 1969-099269 ; *Bull. civ.* II, n° 269, p. 195. ▪ Dijon, 21 mars 1975 : *D.* 1975, somm. 96. V. aussi pour un joueur de football ayant blessé un joueur à l'occasion d'un tacle dangereux ▪ Paris, 9 déc. 2002 : *JurisData* n° 2002-218086 ; *Resp. civ. et assur.* 2003, 91, note Radé), sous réserve de l'application de l'article 489-2 du Code civil au cas de démence du préposé (▪ Cass. 2e civ., 3 mars 1977 : *JurisData* n° 1977-798061 ; *D.* 1977, 501, note Larroumet).

92) Responsabilité délictuelle et responsabilité contractuelle du commettant. Sur le principe que l'article 1384, al. 5, n'est applicable qu'en matière de responsabilité délictuelle, V. ▪ Cass. 1re civ., 11 janv. 1989, n° 86-17.323 : *JCP* 89, II, 21326, 1re esp., note Larroumet. – Voir cependant, fondant la responsabilité contractuelle du commettant sur ce texte, ▪ Cass. 2e civ., 8 nov. 1993, n° 91-12.677 : *JurisData* n° 1993-002237 ; *Bull. civ.* II, n° 321. ▪ Cass. 2e civ., 19 janv. 1994, n° 92-12.650 : *JurisData* n° 1994-000040 ; *Bull. civ.* II, n° 34, p. 18 ; *JCP* 94, I, 3773, n° 1, obs. Viney. – Comp. ▪ Cass. com., 3 oct. 1989, n° 87-19.662 : *JurisData* n° 1989-003088 ; *Bull. civ.* IV, n° 246, p. 165 ; *RTD civ.* 1990, 87, obs. Jourdain).

93) Préposé et gardien. Sur l'incompatibilité des qualités de préposé et de gardien, v. annot. n° 21, p. 931.

94) Abus de fonctions. Principes. Les dispositions de l'article 1384, al. 5, ne s'appliquent pas au commettant en cas de dommages causés par le préposé qui, agissant sans autorisation à des fins étrangères à ses attributions, quels que fussent ses mobiles, s'est placé hors des fonctions auxquelles il était employé (▪ Cass. ass. plén., 15 nov. 1985, n° 92-41.854 : *JurisData* n° 1995-003218 ; *JCP* 86, II, 20568, note Viney ; *D.* 1986, 81, note Aubert ; *RTD civ.* 1986, 128, obs. Huet. ▪ Cass. crim., 15 mai 1986 : *JurisData* n° 1986-700570 ; *Gaz. Pal.* 1986, 2, 682, et, sur nouveau pourvoi, ▪ Cass. ass. plén., 19 mai 1988, n° 87-82.654 : *JurisData* n° 1988-000836 ; *D.* 1988, 513, note Larroumet. V. aussi ▪ Cass. crim., 16 juin 1999, n° 98-80.055 : *JurisData* n° 1999-003249 ; *Resp. civ. et assur.* 2000, 1. Le commettant ne s'exonérant de sa responsabilité de plein droit que si son préposé a agi hors des fonctions auxquelles il était employé, sans autorisation et à des fins étrangères à ses attributions, viole l'article 1384, al. 5, l'arrêt qui énonce qu'une faute constitutive d'une infraction pénale volontaire, autre que de négligence ou d'inattention de nature quasi délictuelle, ne peut entrer dans le cadre de l'obligation qui revient à l'employeur d'assumer les conséquences civiles des fautes commises par ses employés (▪ Cass. 2e civ., 12 mai 2011, n° 10-20.590 : *D.* 2011, p. 1938, obs. Gout ; *Gaz. Pal.* 2011, n° 278, p. 21, obs. Mekki ; *D.* 2012, pan. p. 47, obs. Brun ; *JCP* 2011, 1421, note Rias ; *RCA* 2011, n° 243, obs. Radé). V. pour la même solution, ▪ Cass. 2e civ., 21 mai 2015, n° 14-14.873 : *D.* 2016, p. 39, obs. Brun (à propos d'un préposé s'étant rendu complice d'un vol, alors qu'il avait trouvé dans son emploi l'occasion et les moyens de commettre sa faute).

95) Abus de fonctions. Applications. L'abus de fonction peut être retenu dans le cas du directeur d'une agence bancaire ayant détourné à son profit des sommes versées sur son compte chèque postal personnel, sous forme de mandats, par son oncle, auquel il avait remis en échange des bons de caisse de sa banque (▪ Cass. 2e civ., 7 nov. 1990, n° 89-17.089 : *JurisData* n° 1990-702916 ; *Bull. civ.* II, n° 226, p. 115. Comp. ▪ Cass. 2e civ., 2 avr. 1997, n° 95-13.944 : *JurisData* n° 1997-001493 ; *JCP* 97, IV, 1160 ; *Bull. civ.* II, n° 111, p. 64 ; *RTD civ.* 1997, 954, obs. Jourdain, victimes ne pouvant ignorer que les opérations faites par l'employé de banque avaient un caractère anormal et personnel. ▪ Cass. 2e civ., 21 mai 1997, n° 95-20.527 : *JurisData* n° 1997-002172 ; *JCP* 97, IV, 1470 ; *Bull. civ.* II, n° 154, p. 89 ; *Resp. civ. et assur.* 1997, 252 ; *RTD civ.* 1997, 954, obs. Jourdain, placements plus lucratifs que ceux de la banque, relations du client avec le directeur d'agence placées en dehors des fonctions de celui-ci. ▪ Cass. 2e civ., 19 nov. 1997, n° 95-18.438 : *JurisData* n° 1997-004735 ; *Resp. civ. et assur.* 1998, 74, versements fréquents en espèces et caractère anormalement élevé de la rémunération promise. ▪ Cass. 2e civ., 29 avr. 1998, n° 95-20.811 : *JurisData* n° 1998-001878 ; *JCP* 98, IV, 2345 ; *Bull. civ.* II, n° 143, p. 84 ; *Resp. civ. et assur.* 1998, 265, remise sans reçu d'une somme de 300 000 F en espèces, en contrepartie d'un ordre de virement établi sur un imprimé à en-tête de la banque pour un montant de 354 000 F. ▪ Cass. 2e civ., 24 juin 1998, n° 94-21.763 : *JurisData* n° 1998-003078 ; *JCP* 98, IV, 2893 ; *Bull. civ.* II, n° 225, p. 133, versement d'une somme en espèces en échange d'un virement du compte personnel de l'employé de banque assorti d'un reçu à en-tête d'un parti politique. ▪ Cass. 2e civ., 22 mai 2003 : *Bull. civ.* II, n° 156, p. 132, directeur d'agence bancaire sollicitant des clients le paiement de commissions occultes. Voir cependant, notant l'absence d'instructions écrites du client de la banque, ▪ Cass. com., 14 déc. 1999, n° 97-15.241 : *JurisData* n° 1999-004461 ; *Resp. civ. et assur.* 2000, 75 ; *Bull. civ.* IV, n° 233, p. 195 ; *RTD civ.* 2000, 336, obs. Jourdain). V. aussi pour des vols commis par des préposés d'Air France pendant leurs heures de service ▪ Cass. 2e civ., 22 janv. 1997, n° 95-14.345 : *JurisData* n° 1997-000200 ; *JCP* 97, IV, 561 ; *Bull. civ.* II, n° 21, p. 12 ; *Resp. civ. et assur.* 1997, 123, pour un vol commis par le préposé d'une société de gardiennage ▪ Cass. crim., 16 févr. 1999, n° 96-86.225 : *JurisData* n° 1999-000764 ; *JCP* 2000, I, 199, n° 11, obs. Viney ; *RTD civ.* 1999, 409, obs. Jourdain, pour une escroquerie commise par un « prêtre de l'Église néo-apostolique » au préjudice d'un membre de ladite « église », mais en sa seule qualité de gérant d'une société de construction immobilière ▪ Cass. 2e civ., 6 févr. 2003 : *JCP* 2003, II, 10120, note Castets-Renard ; *Resp. civ. et assur.* 2003, 127 ; *JurisData* n° 2003-017574017574 ; ▪ Cass. crim., 12 janv. 2011, n° 09-88.508 : *RCA* 2011, comm. 134, pour des escroqueries commises par un agent d'assurance), mais jugé que la société concessionnaire d'une marque automobile ne peut s'exonérer de la responsabilité encourue du fait des agissements de son employé qui a reçu de clients le montant d'un emprunt devenu caduc et l'a détourné (▪ Cass. 2e civ., 11 juin 1992, n° 91-10.281 : *JurisData* n° 1992-001331 ; *Bull. civ.* II, p. 164, n° 80. V. aussi pour des placements par des clercs de notaires ▪ Cass. 2e civ., 4 mars 1999, n° 96-18.361 : *Resp. civ. et assur.* 1999, 124 ; *Bull. civ.* II, n° 48, p. 34, pour une infraction douanière commise par le chauffeur salarié d'une entreprise de transport ▪ Cass. crim., 19 févr. 2003, n° 02-81.851 : *JurisData* n° 2003-018157 ; *Resp. civ. et assur.* 2003, 129. Comp., notant que le préposé a « trouvé dans son emploi l'occasion et les moyens de la faute », ▪ Cass. 2e civ., 3 juill. 1991, n° 90-13.302 : *JurisData* n° 1991-001799 ; *JCP* 91, IV, 346). V. aussi pour un préposé ayant agi sur le lieu de travail, pendant le temps et à l'occasion de celui-ci ▪ Cass. 2e civ., 22 mai 1995, n° 92-16.852 : *JurisData* n° 1995-001355 ; *JCP* 95, I, 3893, n° 12, obs. Viney ; *Bull. civ.* II, n° 154, p. 87 ; *Resp. civ. et assur.* 1995, 291 ; *RTD civ.* 1996, 181, obs. Jourdain. Comp. ▪ Cass. 2e civ., 28 févr. 1996, n° 94-15.885 : *JurisData* n° 1996-000731 ; *JCP* 96, IV, 941 ; *Bull. civ.* II, n° 53, p. 33 ; *Resp. civ. et assur.* 1996, 161 (« au lieu et au temps des activités du directeur au service de la banque »). ▪ Cass. 2e civ., 3 juin 2004, n° 03-10.819 : *JurisData* n° 2004-024012 ; *Resp. civ. et assur.* 2004, 250 ; *Bull. civ.* II, n° 275, p. 233 ; *RTD civ.* 2004, 742, obs. Jourdain ; *JCP* 2005, I, 132, n° 5, obs. Viney (préposé devenu gardien et conducteur occasionnel « par l'effet d'une initiative personnelle sans rapport avec sa mission »). Dès lors que l'employée a agi au temps et au lieu de son travail à l'occasion des fonctions auxquelles elle est employée et avec le matériel mis à sa disposition, il est exclu qu'elle ait commis ses détournements en dehors de ses fonctions (▪ Cass. 2e civ., 19 juin 2003 : *JurisData* n° 2003-019620 ; *JCP* 2003, IV, 2425 ; *Bull. civ.* II, n° 202, p. 169). Usant du cadre de l'exécution de son emploi de professeur de musique pour abuser d'élèves placés sous son autorité (viols et agressions sexuelles dont il avait été reconnu coupable dans l'enceinte de l'établissement et pendant les cours qu'il devait y donner), la cour d'appel en a exactement déduit que le préposé, qui avait ainsi trouvé dans l'exercice de sa profession sur son lieu de travail et pendant son temps de travail les moyens de sa faute et l'occasion de la commettre, fût-ce sans autorisation et à des fins étrangères à ses attributions, n'avait pas agi en dehors de ses fonctions, et que l'association, son commettant, était responsable des dommages qu'il avait ainsi causés (▪ Cass. 2e civ., 17 mars 2011, n° 10-14.468 : *Bull.*, n° 69 ; *JCP* 2011, n° 48, p. 2374, obs. Stoffel-Munck, Bloch ; *Gaz. Pal.* 2011, n° 278, p. 21, obs. Mekki ; *D.* 2011, p. 1530, note Sindres ; *ibid.*, chron. C. cass., p. 2150, obs. Adida-Canac, Bouvier). Viole l'article 1384, al. 5 du Code civile, en statuant par des motifs impropres à établir l'existence des conditions d'exonération de l'employeur, l'arrêt qui énonce qu'une faute constitutive d'une infraction pénale volontaire, autre que de négligence ou d'inattention de nature quasi délictuelle, ne peut entrer dans le cadre de l'obligation qui revient à l'employeur d'assumer les conséquences civiles des fautes commises par ses employés ou salariés (▪ Cass. 2e civ., 12 mai 2011, n° 10-20.590 : *Bull.*, n° 110).

96) Abus de confiance ou abus de faiblesse. Le délit d'abus de confiance n'implique pas nécessairement que le préposé ait agi hors du cadre de ses fonctions (▪ Cass. 2e civ., 29 mai 1996, n° 94-11.766 : *JurisData* n° 1996-002086 ; *JCP* 96, IV, 1634 ; *Bull. civ.* II, n° 118, p. 73 ; *Resp. civ. et assur.* 1996, 270. ▪ Cass. 2e civ., 29 avr. 1997, n° 95-14.350 : *JurisData* n° 1997-001913 ; *Resp. civ. et assur.* 1997, 214). Il en va de même pour le délit d'abus de faiblesse (▪ Cass. 2e civ., 16 juin 2005 : *JCP* 2005, IV, 2748 ; *JurisData* n° 2005-028940 ; *Bull. civ.* II, n° 158, p. 141 ; *Resp. civ. et assur.* 2005, 243).

97) Incidence de l'apparence. Sur l'idée que la responsabilité du commettant est liée à l'apparence créée par le préposé, v. ▪ Cass. 2e civ., 23 juin 1993, n° 91-17.882 : *JurisData* n° 1993-001627 ; *JCP* 93, IV, 2190. ▪ Cass. 2e civ., 7 juill. 1993, n° 91-16.837 : *JurisData* n° 1993-704756 ; *JCP* 93, IV, 2325. ▪ Cass. 2e civ., 11 janv. 2001 : *Resp. civ. et assur.* 2001, 104 (clients de la banque ayant pu « légitimement croire » que le proposé agissait dans le cadre de ses fonctions). V. aussi pour un clerc de notaire ▪ Cass. 2e civ., 4 mars 1999 : *JCP* 99, IV, 1790. Comp., écartant la responsabilité du commettant pour un travail fait par le salarié en dehors de tout devis et pour une rémunération de la main à la main, ▪ Cass. 2e civ., 14 janv. 1998, n° 96-13.832 : *JurisData* n° 1998-000147 ; *JCP* 98, IV, 1479 ; *Bull. civ.* II, n° 15, p. 10 ; *Resp. civ. et assur.* 1998, 114. V. aussi pour des remises en espèces en contrepartie de reçus portant le cachet d'un parti politique ▪ Cass. 2e civ., 19 nov. 1998, n° 97-13.242 : *JurisData* n° 1998-004524 ; *JCP* 99, IV, 1036 ; *Bull. civ.* II, n° 279, p. 168.

98) Recours en garantie du préposé contre le commettant (non). Seule la victime a qualité pour invoquer les dispositions de l'article 1384, alinéa 5 ; le préposé ne saurait appeler le commettant en garantie (▪ Cass. 2e civ., 6 févr. 1974, n° 72-10.674 : *JurisData* n° 1974-099052 ; *D.* 1974, 409, note le Tourneau. – V. aussi ▪ Cass. 2e civ., 28 oct. 1987, n° 86-11.839 : *JurisData* n° 1987-001788 ; *Bull. civ.* II, n° 214, p. 119).

99) Nécessité pour la victime d'assigner le préposé (non). La victime du dommage peut rechercher directement la responsabilité du commettant sans avoir l'obligation d'assigner en même temps le préposé (▪ Cass. 2e civ., 11 mars 1971, n° 70-10.366 : *JurisData* n° 1971-099113 ; *JCP* 71, IV, 108 ; *Bull. civ.* II, n° 113, p. 76).

100) Condamnation *in solidum* du commettant et du préposé. Appel. Si le commettant et le préposé ont été condamnés *in solidum*, l'appel interjeté par le seul préposé ne bénéficie pas au commettant (▪ Cass. crim., 9 juin 1966, n° 65-92.618 : *JCP* 67, II, 14955, rapp. Rolland).

101) Absence de faute du commettant. Le commettant ne peut pas s'exonérer en prouvant qu'il n'a pas commis de faute (▪ Cass. crim., 20 juin 1924 : *DP* 1925, 1, 93), ou qu'il n'a pu empêcher le fait dommageable (▪ Cass. crim., 3 mai 1979 : *JurisData* n° 1979-098157 ; *D.* 1980, inf. rap. 36, 1re esp., obs. Larroumet).

102) Responsabilité personnelle du préposé. Un préposé qui agit sans excéder les limites de la mission qui lui a été impartie par son commettant n'engage pas sa responsabilité à l'égard des tiers (▪ Cass. ass. plén., 25 févr. 2000, n° 97-17.378 : *JurisData* n° 2000-000650 ; *Grands arrêts*, nos 225-226 ; *JCP* 2000, II, 10295, concl. Kessous et note Billiau ; I, 241, n° 16, obs. Viney ; *Bull. civ.* ▪ Cass. ass. plén., n° 2, p. 3 ; *D.* 2000, 673, note Brun ; *RTD civ.* 2000, 582, obs. Jourdain. V. sur cet arrêt H. Groutel : *Resp. civ. et assur.* 2000, chron. 11. – C. Radé : *Resp. civ. et assur.* 2000, chron. 22. V. en ce sens ▪ Cass. 2e civ., 18 mai 2000, n° 98-12.802 : *JurisData* n° 2000-001979 ; *JCP* 2000, IV, 2186 ; *Bull. civ.* II, n° 84, p. 58. ▪ Cass. crim., 23 janv. 2001, n° 00-82.826 : *JurisData* n° 2001-008884 ; *Resp. civ. et assur.* 2001, 212, note Groutel. ▪ Cass. 2e civ., 5 oct. 2006 : *JurisData* n° 2006-035255 ; *D.* 2007, p. 2004, note Mouly). La victime ne dispose d'aucune action contre le préposé qui a agi dans les limites de la mission qui lui était impartie, hors le cas où le préjudice de la victime résulte d'une infraction pénale ou d'une faute intentionnelle (▪ Cass. 2e civ., 20 déc. 2007, n° 07-13.403 : *RDC* 2008/3, p. 747, obs. Carval ; *D.* 2008, p. 1248, note Mouly et chron. C. cass., p. 648, obs. Sommer et Nicoletis ; *Resp. civ. et assur.* 2008, comm. 50, note Groutel. ▪ Cass. 2e civ., 21 févr. 2008, n° 06-21.182 : *Resp. civ. et assur.* 2008, comm. 124, note Groutel ; *JCP* 2008, I, 186, obs. Stoffel-Munck ; *D.* 2008, p. 2125, note Laydu). V. déjà, subordonnant la responsabilité du préposé à la preuve d'une faute personnelle, et précisant que celle-ci ne peut être admise lorsque le dommage a été causé dans le cadre de la mission impartie par l'employeur et sans que l'employé en ait outrepassé les limites, ▪ Cass. com., 12 oct. 1993, n° 91-10.864 : *JurisData* n° 1993-002173 ; *D.* 1994, 125, note Viney ; *JCP* 95, II, 22493, note Chabas ; *Defrénois* 1994, 812, obs. Aubert ; *RTD civ.* 1994, 111, obs. Jourdain. ▪ Cass. com., 27 janv. 1998, n° 93-11.437 : *JurisData* n° 1998-000252 ; *JCP* 98, I, 187, n° 25, obs. Viney. Sur la réserve de la faute personnelle, v. ▪ Cass. 2e civ., 18 mai 2000, n° 98-12.802 : *JurisData* n° 2000-001979 ; *JCP* 2000, I, 280, n° 19, obs. Viney.

Le préposé conduisant dans l'exercice de sa mission un véhicule de son commettant impliqué dans un accident de la circulation n'est pas tenu d'indemniser la victime (▪ Cass. 2e civ., 28 mai 2009, n° 08-13.310 : *Bull. civ.* II, n° 128 ; *JCP* 2009, n° 28, 95, note Mouly ; *D.* 2009, p. 2667, note N. Pierre). Les dispositions d'ordre public de la loi du 5 juillet 1985 relatives à l'indemnisation des victimes d'accidents de la circulation n'excluent pas celles de l'article 1384, alinéa 5, du Code civil relatives à la responsabilité du commettant du fait de son préposé. Justifie sa décision la cour d'appel qui dit non tenu à indemnisation à l'égard de la victime le préposé, condamné pour blessures involontaires, conducteur du véhicule d'un tiers dans le cadre de l'activité accomplie pour le compte de son commettant (▪ Cass. crim., 27 mai 2014, n° 13-80. 849 : *Bull.*). Voir, paraissant exclure l'immunité du préposé (médecin salarié) lorsque la responsabilité du commettant est de nature contractuelle, ▪ Cass. 1re civ., 9 avr. 2002, n° 00-21.014 : *JurisData* n° 2002-013912 ; *Resp. civ. et assur.* 2002, 234 et C. Radé, chron. 13 ; *JCP* 2002, I, 186, n° 20, obs. Viney ; *Bull. civ.* I, n° 114, p. 87 ; *RTD civ.* 2002, 516, obs. Jourdain. Comp., justifiant le recours dans cette hypothèse par « l'indépendance professionnelle intangible dont bénéficie le médecin, même salarié, dans l'exercice de son art », ▪ Cass. 1re civ., 13 nov. 2002, n° 00-22.432 : *JurisData* n° 2002-016298 ; *JCP* G 2003, II, 10096 et *JCP* E 2003, 316, note Billiau ; *JCP* G 2003, I, 154, n° 51, obs. Viney ; *Resp. civ. et assur.* 2003, 50 ; *D.* 2003, 580, note Deis-Beauquesne, somm. 459, obs. Jourdain ; *Bull. civ.* I, n° 263, p. 205. V. cependant, décidant que le médecin salarié qui agit sans excéder les limites de sa mission, n'engage pas sa responsabilité à l'égard du patient, ▪ Cass. 1re civ., 9 nov. 2004, n° 02-12.506 : *JurisData* n° 2004-025552 ; *Resp. civ. et assur.* 2004, 364, 1re esp. ; *JCP* G 2005, II, 10020, 1re esp., rapp. *Duval-Arnould et note* Porchy-Simon ; *JCP* G 2005, I, 132, n° 9, obs. Viney ; *JCP* E 2005, 572, note Viottolo ; *D.* 2005, 253, 1re esp., note Chabas ; *RTD civ.* 2005, 143, obs. Jourdain ; Riot, « L'exercice "subordonné" de l'art médical » : *D.* 2006, p. 111 et dans le même sens pour une sage-femme, ▪ Cass. 1re civ., 9 nov. 2004, n° 02-12.506 : *JurisData* n° 2004-025552 ; *Resp. civ. et assur.* 2001, 364, 2e esp. ; *JCP* 2005, II, 10020, 2e esp. ; *JCP* 2005, I, 132, n° 7, obs. Viney ; *D.* 2005, 253, 2e esp., note Chabas).

Mais le préposé condamné pénalement pour avoir intentionnellement commis, fût-ce sur l'ordre du commettant, une infraction ayant porté préjudice à un tiers, engage sa responsabilité à l'égard de celui-ci (▪ Cass. ass. plén., 14 déc. 2001, n° 00-82.066 : *JurisData* n° 2001-012267 ; *Grands arrêts*, nos 225-226 ; *JCP* G 2002, II, 10026, note Billiau ; I, 124, n° 22, obs. Viney ; *JCP* E 2002, 275, note Brière ; *D.* 2002, 1230, note Julien, somm. 1317, obs. D. Mazeaud ; *RTD civ.* 2002, 109, obs. Jourdain, comptable condamné pour faux, usage de faux et escroqueries . Voir sur cet arrêt H. Groutel : *Resp. civ. et assur.* 2002, chron. 4. Voir pour la solution inverse en cas d'infraction non intentionnelle, ▪ Cass. crim., 28 juin 2005, n° 04-84.281 : *JurisData* n° 2005-029667 ; *Resp. civ. et assur.* 2005, 276, note Groutel). La responsabilité de l'employeur, tenu de prendre, en vertu de l'article L. 230-2 II (g) du Code du travail, les mesures nécessaires à la prévention des risques professionnels liés au harcèlement moral n'exclut pas la responsabilité du travailleur auquel il incombe, selon l'article L. 230-3 du même code, de prendre soin de la sécurité et de la santé des personnes concernées du fait de ses actes ou de ses omissions au travail. Il résulte de ces dispositions spécifiques aux relations de travail au sein de l'entreprise, qu'engage sa responsabilité personnelle à l'égard de ses subordonnés le salarié qui leur fait subir intentionnellement des agissements répétés de harcèlement moral (▪ Cass. soc., 21 juin 2006, n° 05-43.914 : *JurisData* n° 2006-034275 ; *Bull. civ.* V, n° 223 p. 212 ; *D.* 2006, p. 2831, obs. Minée ; *Dr. soc.* 2006, p. 826, obs. Radé). Un club de football ne peut être déclaré responsable du dommage causé par son joueur salarié que si le tacle ayant provoqué les blessures a constitué une faute caractérisée par une violation des règles du jeu (▪ Cass. 2e civ., 8 avr. 2004 : *JCP* 2004, II, 10131, note Imbert ; *JurisData* n° 2004-023212 ; *Bull. civ.* II, n° 194, p. 164 ; *RTD civ.* 2004, 517, obs. Jourdain ; *D.* 2005, somm. 188, obs. D. Mazeaud. Voir en ce sens pour un accident survenu au cours d'un entraînement de rugby, ▪ Cass. 2e civ., 21 oct. 2004 : *JCP* 2004, IV, 3316 ; *JurisData* n° 2004-025278 ; *Resp. civ. et assur.* 2005, 9 ; *D.* 2005, 40, note Laydu ; *Bull. civ.* II, n° 477, p. 404 ; *RTD civ.* 2005, 412, obs. Jourdain ; pour un match de football ▪ Cass. 2e civ., 13 janv. 2005, n° 03-12.884 : *JurisData* n° 2005-026446 ; *Bull. civ.* II, n° 10, p. 10). Le préposé, titulaire d'une délégation de pouvoir, auteur d'une faute qualifiée aux sens de l'article 121-3 du Code pénal, engage sa responsabilité civile à l'égard du tiers victime de l'infraction, celle-ci fût-elle commise dans l'exercice de ses fonctions (▪ Cass. crim., 28 mars 2006 : *JurisData* n° 2006-033184 ; *JCP* G 2006, II, 10188, note Mouly).

V. encore le cas de l'agent général d'assurance : ▪ Cass. 2e civ., 7 juill. 2011, n° 10-21.719 : *Bull.*, n° 155 ; *D.* 2012, chron. C. cass., p. 644, obs. Adida-Canac et Bouvier ; *Contrats, conc. consom.* 2011, n° 11, p. 15, note Leveneur (le renvoi fait par l'article L. 511-1 du Code des assurances à l'article 1384 du Code civil a, pour seul objet, de faire bénéficier le client du mandataire d'un courtier de la garantie de ce dernier et non d'exonérer ce mandataire de sa responsabilité personnelle à l'égard des tiers).

Sur la responsabilité du salarié, v. aussi Mouly, *Quelle faute pour la responsabilité civile du salarié ? : D.* 2006, chron. p. 2756. – Lasne et Leviaux, *La responsabilité du salarié : LPA* 13 févr. 2008, numéro spécial. – M. Bacache, *L'immunité du préposé, in* O. Deshayes (ss dir.), *Les immunités de responsabilité civile, Actes du colloque d'Amiens*, PUF, coll. « CEPRISCA », 2009, p. 15. – M. Benillouche, *L'immunité du préposé : les interactions entre responsabilité civile et responsabilité pénale, eod. loc.*, p. 183.

103) Recours du commettant contre le préposé. Le commettant ne dispose d'aucune action récursoire contre son salarié dès lors qu'il ne peut se prévaloir d'une subrogation dans les droits de la victime, laquelle ne dispose d'aucune action contre le préposé qui a agi dans les limites de la mission qui lui était impartie, hors le cas où le préjudice de la victime résulte d'une infraction pénale ou d'une faute intentionnelle (▪ Cass. 2e civ., 20 déc. 2007, n° 07-13.403 : *D.* 2008, p. 1248, note Mouly ; chron. C. cass., p. 648, obs. Sommer et Nicoletis ; *Resp. civ. et assur.* 2008, comm. 50, note Groutel ; *RTD civ.* 2009, p. 315, obs. Jourdain).

Antérieurement : le commettant a un recours contre le préposé (▪ Cass. soc., 10 mai 1939 : *DH* 1939, 391), sauf s'il a commis une faute personnelle (▪ Cass. 2e civ., 15 oct. 1954 : *JCP* 55, II, 8473, note P. B.). Seule une faute prouvée du commettant peut justifier un partage de responsabilité (▪ Cass. 1re civ., 25 nov. 1992, n° 90-19.836 : *JurisData* n° 1992-002714 ; *JCP* 93, IV, 336 ; *RTD civ.* 1993, 372, obs. Jourdain). V. aussi, subordonnant la responsabilité du préposé à la preuve d'une faute personnelle, et précisant que celle-ci ne peut être admise lorsque le dommage a été causé dans le cadre de la mission impartie par l'employeur et sans que l'employé en ait outrepassé les limites, ▪ Cass. com., 12 oct. 1993, n° 91-10.864 : *JurisData* n° 1993-002173 ; *D.* 1994, 125, note Viney ; *JCP* 95, II, 22493, note Chabas ; *Defrénois* 1994, 812, obs. Aubert ; *RTD civ.* 1994, 111, obs. Jourdain. ▪ Cass. com., 27 janv. 1998 : *JCP* 98, I, 187, n° 25, obs. Viney. – V. aussi ▪ Cass. ass. plén., 25 févr. 2000, préc.

104) Recours de l'assureur du commettant contre l'assureur du préposé (oui). L'immunité édictée par l'article L. 121-12, alinéa 3 du Code des assurances n'emportant pas l'irresponsabilité de son bénéficiaire, la cour d'appel saisie du recours subrogatoire de l'assureur du commettant, déclaré responsable du fait de son préposé, a exactement énoncé que l'immunité bénéficiant au médecin salarié ne faisait pas obstacle à l'exercice, par l'assureur de l'établissement de santé privé, de son recours subrogatoire à l'encontre de l'assureur du médecin salarié, tenu, en sa qualité d'assureur de responsabilité de ce médecin, à prendre en charge les conséquences dommageables des fautes commises par son assuré (▪ Cass. 1re civ., 12 juill. 2007, nos 06-12.624, 06-13.790 : *D.* 2007, p. 2908, note Porchy-Simon ; *JCP* 2007, II, 10162, note Hocquet-Berg ; *JCP* 2008, I, 125, n° 8, obs. Stoffel-Munck ; *D.* 2008, p. 2894, obs. Brun et Jourdain ; *RTD civ.* 2009, p. 109, obs. Jourdain).

105) Assurance. L'assureur est garant des pertes et dommages causés par des personnes dont l'assuré est civilement responsable en vertu de l'article 1384, quelles que soient la nature et la gravité des fautes commises par ces personnes (C. assur., art. L. 121-2. V. pour une application ▪ Cass. 1re civ., 24 oct. 1973, n° 72-13.211 : *JurisData* n° 1973-000279 ; *JCP* 73, IV, 392 ; *Bull. civ.* I, n° 279, p. 244). Mais il n'a pas de recours contre elles sauf le cas de malveillance (C. assur., art. L. 121-12, al. 3, p. 1904).

V – RESPONSABILITÉ DES INSTITUTEURS DU FAIT DE LEURS ÉLÈVES

106) Substitution de la responsabilité de l'État. Sur la substitution de la responsabilité de l'État à celle des membres de l'enseignement public, V. C. éduc., art. L. 911-4, p. 2189. V. pour une application ▪ Cass. 2e civ., 30 nov. 2000, n° 99-11.656 : *JurisData* n° 2000-007163 ; *Resp. civ. et assur.* 2001, 36. Mais cette substitution n'a lieu que si la responsabilité propre d'un enseignant déterminé se trouve engagée, ce qui n'est pas le cas lorsqu'est seulement établie la faute de surveillance de l'établissement (▪ Cass. 2e civ., 4 mars 1987, n° 85-14.554 : *JurisData* n° 1987-000376 ; *Bull. civ.* II, n° 63, p. 35. V. aussi ▪ Cass. 2e civ., 29 mars 2001 : *JCP* 2001, IV, 1977 ; *JurisData* n° 2001-008899 ; *Resp. civ. et assur.* 2001, 177, 2e esp., note Groutel).

107) Colonie de vacances. La responsabilité de l'État doit être substituée à celle du directeur d'une colonie de vacances organisée par une association membre de la Fédération des œuvres éducatives et de vacances de l'Éducation nationale, qui est un prolongement de l'enseignement public, tant par son objet que par son organisation interne (▪ Cass. 2e civ., 13 janv. 1988, n° 86-16.797 : *JurisData* n° 1988-000045 ; *Bull. civ.* II, n° 21, p. 11).

108) Établissement privé sous contrat d'association. Sur le cas des établissements privés ayant passé un contrat d'association à l'enseignement public, v. D. n° 60-389, 22 avr. 1960, art. 10. Jugé que les tribunaux judiciaires sont compétents pour connaître de l'action en responsabilité dirigée contre un établissement privé, eût-il conclu un contrat d'association avec l'État, lorsque le dommage résulte d'une organisation défectueuse du service de surveillance dudit établissement (▪ Cass. 2e civ., 11 oct. 1989, n° 88-16.219 : *JurisData* n° 1989-003185 ; *JCP* 89, IV, 398).

109) Compétence des tribunaux judiciaires. Les tribunaux judiciaires de droit commun sont compétents pour connaître des actions exercées contre l'État pris non comme civilement responsable mais comme substitué aux membres de l'enseignement public, sans qu'en soient exclues les juridictions répressives (▪ Cass. ch. mixte, 23 avr. 1976, n° 74-90.569 : *JurisData* n° 1976-094001 ; *D.* 1977, 21, note Martin).

110) Tiers tenu avec l'État. Contribution à la dette. La loi de 1937 n'exclut pas la possibilité, pour un tiers déclaré avec l'État tenu de réparer les dommages causés à un élève, de demander au juge de statuer sur la contribution à la dette des deux débiteurs dans leurs rapports entre eux (▪ Cass. 2e civ., 18 janv. 1989, n° 88-10.167 : *JurisData* n° 1989-799743 ; *JCP* 89, IV, 104).

111) Exclusion de l'article 1384, alinéa 1er. La responsabilité des instituteurs suppose une faute commise par eux, ce qui exclut l'application à leur encontre de la responsabilité fondée sur l'article 1384, al. 1er (▪ Cass. 2e civ., 11 mars 1981, n° 78-16.333 : *JurisData* n° 1981-701217 ; *D.* 1981, inf. rap. 320, obs. Larroumet ; *Bull. civ.* II, n° 55, p. 37. V. aussi ▪ Cass. 2e civ., 2 mars 1994, n° 92-16.768 : *Bull. civ.* II, n° 78, p. 45 ; *JCP* 94, II, 22336, 1re esp., note Merger et Feddal). Mais l'obligation de réparation du conducteur d'un véhicule terrestre à moteur, impliqué dans l'accident survenu à un élève qui, profitant de l'absence momentanée de l'institutrice, s'est élancé dans la rue, n'exclut pas la responsabilité de l'État définie par l'article 2 de la loi du 5 avril 1937 (▪ Cass. 2e civ., 14 déc. 1987, n° 86-16.885 : *JurisData* n° 1987-002071 ; *Bull. civ.* II, n° 266, p. 147).

112) Exemples de fautes. Le fait de laisser s'organiser le désordre à l'occasion d'un changement de classe peut suffire à engager la responsabilité (▪ *Cass. 2e civ., 5 déc. 1979 : Bull. civ.* II, n° 285, p. 196), de même que le fait de laisser sciemment sans surveillance des élèves de quinze ans (▪ Cass. 1re civ., 20 déc. 1982, n° 81-11.748 : *JurisData* n° 1982-702929 ; *Bull. civ.* I, n° 369, p. 317 ; *RTD civ.* 1983, 544, obs. Durry. V. aussi ▪ Cass. 2e civ., 14 déc. 1987, n° 86-16.885 : *JurisData* n° 1987-002071 ; *Bull. civ.* II, n° 266, p. 147. ▪ Cass. 2e civ., 8 juill. 1998, n° 96-18.519 : *JCP* 98, IV, 3038 ; *Bull. civ.* II, n° 241, p. 144 ; *Resp. civ. et assur.* 1998, 376. V. aussi pour une bataille de polochons dans un dortoir ▪ Cass. 2e civ., 30 nov. 2000, n° 99-11.656 : *JurisData* n° 2000-007163 ; *Resp. civ. et assur.* 2001, 36). Mais il en va autrement pour la carence consistant dans le fait d'omettre de prévenir les parents de l'absence répétée de leur fille (▪ Cass. 2e civ., 3 déc. 1980 : *JurisData* n° 1980-725170 ; *Bull. civ.* II, n° 250, p. 171) ou le jet de terre qui était imprévisible pour les institutrices (▪ Lyon, 6 sept. 2001 : *Resp. civ. et assur.* 2002, 14, note Grynbaum ; *JurisData* n° 2001-153125). V. aussi J. Julien, *Accidents scolaires et responsabilité civile : aperçu jurisprudentiel* : *Dr. famille* 2002, chron. 21.

VI – RESPONSABILITÉ DES ARTISANS DU FAIT DE LEURS APPRENTIS

113) Doctrine. E. Paillet, *La responsabilité de l'artisan du fait de l'apprenti* : *JCP* 81, CI, II, 13627.

114) Responsabilité des artisans et responsabilité des commettants. La responsabilité des artisans à l'égard de leurs apprentis et celle des commettants à l'égard de leurs préposés sont exclusives l'une de l'autre (▪ Cass. 2e civ., 8 déc. 1961, n° 60-10.756 : *JCP* 62, II, 12658, note Pierron).

115) Indifférence de la validité du contrat d'apprentissage. Les conditions de validité des contrats d'apprentissage sont étrangères aux dispositions de l'article 1384 (▪ Cass. crim., 30 juin 1943 : *DA* 1943, 71).

116) Nécessité d'un contrat d'apprentissage. Les dispositions des alinéas 3, 4 et 5 de l'article 1384 sont de droit étroit et doivent être interprétées restrictivement. On ne peut donc raisonner par analogie pour retenir la responsabilité d'un artisan en dehors de tout contrat d'apprentissage (▪ Cass. 2e civ., 15 févr. 1956 : *D.* 1956, 410, note Blanc).

117) Artisan personne morale. Une société peut avoir la qualité d'artisan au sens de l'article 1384 (▪ Cass. crim., 6 janv. 1953 : *S.* 1954, 1, 9, note Blanc. ▪ Cass. crim., 14 mai 1980 : *JurisData* n° 1980-098146 ; *JCP* 81, éd. CI, II, 13627 ; *RTD civ.* 1981, 158, obs. Durry).

118) Exonération. L'artisan peut s'exonérer en prouvant qu'il n'a pu empêcher le fait qui fait présumer sa responsabilité (▪ Cass. crim., 6 janv. 1953, préc.).

119) Accident de trajet. Apprenti gardien. L'apprenti qui cause un accident avec la bicyclette à lui confiée par l'employeur pour se rendre au domicile familial est seul responsable, en qualité de gardien (■ Cass. 2e civ., 15 janv. 1970, n° 68-10.745 : *D.* 1970, somm. 62).

VII – RESPONSABILITÉ GÉNÉRALE DU FAIT D'AUTRUI

120) Doctrine. G. Viney, *Vers un élargissement de la catégorie des personnes dont on doit répondre : la porte entrouverte sur une nouvelle interprétation de l'article 1384, alinéa 1er du Code civil* : *D.* 1991, chron. 157. – M. Josselin-Gall, *La responsabilité du fait d'autrui sur le fondement de l'article 1384, alinéa 1er – Une théorie générale est-elle possible ?* : *JCP* 2000, I, 268. – Colloque « *La responsabilité du fait d'autrui* » : *Resp. civ. et assur.* 2000, hors-série, n° 11 *bis*. – P. Gourdon, *La « garde de fait » du mineur dans le contexte de la responsabilité civile du fait d'autrui* : *Dr. famille* 2003, chron. 20. – M. Poumarède, *L'avènement de la responsabilité civile du fait d'autrui* in *Mélanges Ph. le Tourneau*, Dalloz 2008, p. 839. – P. Mouly, *Peut-il exister une véritable responsabilité civile du fait d'autrui ?* : *Resp. civ. et assur.* 2008, étude 10.

121) Handicapés mentaux. Ayant relevé que le centre géré par une association était destiné à recevoir des personnes handicapées mentales, encadrées dans un milieu protégé, et que l'auteur du dommage était soumis à un régime comportant une totale liberté de circulation dans la journée, d'où il résulte que l'association avait accepté la charge d'organiser et de contrôler, à titre permanent, le mode de vie de ce handicapé, une cour d'appel a décidé à bon droit qu'elle devait répondre de celui-ci au sens de l'article 1384, al. 1er (■ Cass. ass. plén., 29 mars 1991, n° 89-15.231 : *JurisData* n° 1991-001098 ; *JCP* 91, II, 21673, concl. Dotenwille et note Ghestin ; *D.* 1991, 324, note Larroumet, et somm. 324, obs. Aubert ; *RTD civ.* 1991, 541, obs. Jourdain. Comp. ■ Cass. 2e civ., 24 janv. 1996, n° 94-11.028 : *JurisData* n° 1996-000241 ; *JCP* 96, IV, 620 ; *Bull. civ.* II, n° 16, p. 11 ; *Resp. civ. et assur.* 1996, 115, relations sexuelles subies par une jeune handicapée mentale dans les locaux d'une association). V. cependant, écartant la responsabilité pour faute d'une association auprès de *laquelle était placé un mineur handicapé mental* en retenant que le mineur « ne présentait pas de dangerosité particulière », ■ Cass. crim., 6 janv. 1993, n° 92-81.840 : *JurisData* n° 1993-000279 ; *D.* 1994, 95, note de La Marnierre. La responsabilité de l'association gérant un institut médico-pédagogique n'est pas engagée sur le fondement de l'article 1384, alinéa 1er, dès lors que le majeur scolarisé en tant que demi-pensionnaire, étant descendu du car de ramassage scolaire, ne se trouve plus sous son autorité (■ Cass. 2e civ., 25 févr. 1998, n° 95-20.419 : *JurisData* n° 1998-000935 ; *JCP* G 98, II 10149, note Viney ; *JCP* N 98, 1090 ; *D.* 1998, 315, concl. Kessous ; *Bull. civ.* II, n° 62, p. 38 ; *Resp. civ. et assur.* 1998, 183 ; *RTD civ.* 1998, 345, obs. Hauser et 388, obs. Jourdain ; *Defrénois* 1998, 1029, obs. Massip. V. sur cet arrêt F. Chabas, *Un blanc dans la jurisprudence « Blieck » : le majeur handicapé mental demi-pensionnaire* : *RJPF* 1999-1/52). Si la mesure de protection édictée par l'article 490 en faveur du majeur dont les facultés mentales sont altérées concerne non seulement la gestion de ses biens mais aussi la protection de sa personne, il ne s'ensuit pas que le tuteur ou l'administrateur légal est responsable des agissements de la personne protégée sur le fondement de l'article 1384, al. 1er (■ Cass. 2e civ., 25 févr. 1998, préc. *Contra,* ■ Cass. crim., 28 mars 2000, n° 99-84.075 : *JCP* 2000, I, 241, n° 10, obs. Viney ; *JCP* 2001, II, 10457, note Robaczewski ; *Resp. civ. et assur.* 2000, 354 ; *RTD civ.* 2000, 586, obs. Jourdain). V. A.-M. Galliou-Scanvion, *L'article 1384, alinéa 1er, et la responsabilité du fait d'autrui : un fardeau non transférable sur les épaules du tuteur* : *D.* 1998, chron. 240. – M. Josselin-Gall, *Un pas en arrière sur le chemin de la reconnaissance d'un principe général de responsabilité du fait d'autrui* : *JCP* N 98, 1217). Aucune action en réparation des accidents du travail ou des maladies professionnelles ne pouvant être exercée conformément au droit commun contre l'employeur par la victime ou ses ayants droit, la caisse primaire d'assurance maladie et le salarié ne peuvent engager la responsabilité de l'association (l'employeur), sur le fondement de l'article 1384 al. 1, en qualité de civilement responsable du pensionnaire qu'elle avait sous sa surveillance et qui a causé le dommage ■ Cass. 2e civ., 22 févr. 2007, n° 06-10.131 : *JurisData* n° 2007-037484 ; *D.* 2007, p. 800, obs. Fabre.

122) Associations sportives. Les associations sportives ayant pour mission d'organiser, de diriger et de contrôler l'activité de leurs membres au cours des compétitions sportives auxquelles elles participent sont responsables, au sens de l'article 1384, alinéa 1er, des dommages qu'ils causent à cette occasion (■ Cass. 2e civ., 22 mai 1995, 2 arrêts : *JurisData* n° 1995-001353 ; *Bull. civ.* II, n° 155, p. 88 ; *JCP* 95, II, 22550, note Mouly, I, 3893, n° 5, obs. Viney ; *Resp. civ. et assur.* 1995, comm. 289 ; *RTD civ.* 1995, 899, obs. Jourdain ; *Defrénois* 1996, 357, obs. D. Mazeaud ; *Gaz. Pal.* 1996, 1, 16, note Chabas. V. en ce sens pour un club de rugby ■ Cass. 2e civ., 3 févr. 2000, n° 98-11.438 : *JurisData* n° 2000-000372 ; *JCP* 2000, II, 10316, note J. Mouly ; I, 241, n° 15, obs. Viney ; *Resp. civ. et assur.* 2000, 110, note Groutel ; *Bull. civ.* II, n° 26, p. 18 ; *D.* 2000, 862, note Denoix de Saint Marc ; *Defrénois* 2000, 724, obs. D. Mazeaud, pour une association scoute ■ Paris, 9 juin 2000, n° 2000/02202 : *JurisData* n° 2000-121119 ; *Resp. civ. et* *assur*. 2001, 74, note Grynbaum. V. aussi, pour une association de majorettes, relevant qu'il n'y a pas lieu de tenir compte de la dangerosité potentielle de l'activité, ▪ Cass. 2e civ., 12 déc. 2002 : *JCP* 2003, I, 154, n° 49, obs. Viney ; *Bull. civ.* II, n° 289, p. 230 ; *RTD civ.* 2003, 305, obs. Jourdain). V. aussi, précisant que ces associations sont responsables de plein droit de l'activité de leurs membres au cours des compétitions et entraînements auxquels ils participent, ▪ Cass. 1re civ., 16 mai 2006 : *JurisData* n° 2006-033511 ; *Bull. civ.* I, n° 249, p. 218. Mais jugé qu'il ne saurait être admis qu'un club sportif puisse être considéré comme automatiquement responsable du simple fait que son joueur a joué, *a fortiori* s'il s'agit d'un club associatif n'ayant aucun lien de commettant avec son club (▪ Aix-en-Provence, 27 févr. 2002 : *JurisData* n° 2002-174521 ; *JCP* 2003, II, 10097, note Bloch). L'association sportive ne peut être condamnée dès lors que le joueur de rugby a été blessé aux vertèbres au cours de l'effondrement d'une mêlée et qu'aucune faute caractérisée par une violation des règles du jeu et imputable à un joueur, même non identifié, n'est établie (▪ Cass. 2e civ., 20 nov. 2003 : *JCP* G 2004, II, 10017, note Mouly, et I, 163, n° 29, obs. Viney ; *JCP* E 2004, 476, note Castets-Renard ; *D.* 2004, 300, note Bouché ; *D.* 2005, somm. 188, obs. D. Mazeaud ;*JurisData* n° 2003-020982 ; *Bull. civ.* II, n° 356, p. 292 ; *RTD civ.* 2004, 106, obs. Jourdain. V. sur cet arrêt J.-C. Saint-Pau, *Le fait d'autrui source de responsabilité : fait causal ou fait générateur ? : Resp. civ. et assur.* 2004, chron. 1. V. en ce sens dans la même hypothèse ▪ Cass. 2e civ., 13 mai 2004 : *JCP* 2004, IV, 2370 ; *JurisData* n° 2004-023722 ; *Bull. civ.* II, n° 232, p. 197 ; *D.* 2005, somm. 188, obs. D. Mazeaud. ▪ Cass. 2e civ., 22 sept. 2005 : *JCP* 2006, II, 10000, 2e esp., note Bakouche ; *JurisData* n° 2005-029771 ; *Resp. civ. et assur.* 2005, 313 ; *Dr. famille* 2006, 78, 1re esp., note Julien ; *Bull. civ.* II, n° 234, p. 208, constatant que les juges du fond n'ont pas établi que l'effondrement de la mêlée avait été délibéré ; à l'inverse, une cour d'appel ayant constaté que les joueurs de l'association sportive avaient délibérément relevé la mêlée au cours de laquelle la victime a été blessé, il peut être décidé qu'ils avaient commis une faute caractérisée par une violation des règles du jeu, qui engageait la responsabilité de l'association ; ▪ Cass. 2e civ., 5 oct. 2006 : *JurisData* n° 2006-035255 ; *JCP* G 2006, IV, 3090). V. aussi pour un tacle au football ▪ Cass. 2e civ., 8 avr. 2004 : *JCP* 2004, II, 10131, note Imbert ; *JurisData* n° 023212 ; *Bull. civ.* II, n° 194, p. 164 ; *RTD civ.* 2004, 517, obs. Jourdain ; *D.* 2005, somm. 188, obs. D. Mazeaud. V. sur ces deux arrêts C. Radé, *La résurgence de la faute dans la responsabilité civile du fait d'autrui : Resp. civ. et assur.* 2004, chron. 15. Aj. J. Mouly, *Les paradoxes du droit de la responsabilité civile dans le domaine des activités sportives : JCP* 2005, I, 134 ; *adde* l'arrêt de renvoi, ▪ Angers, 7 oct. 2005, *D.* 2006, p. 1733, note Jacotot). V. encore, pour une formulation générale, ▪ Cass. 1re civ., 16 mai 2006, préc. (les associations sportives, ayant pour objet d'organiser, de diriger et de contrôler l'activité de leurs membres au cours des compétitions et entraînements auxquels ils participent, ne sont responsables de plein droit que des dommages qu'ils causent par leur faute caractérisée par une violation des règles du jeu). Dans le même sens, ▪ Cass. ass. plén., 29 juin 2007, n° 06-18.141 : *Grands arrêts*, nos 227-229 ; *JCP* 2007, II, 10150, note Marmayou ; *D.* 2007, p. 2897, obs. Brun (mais sans référence aux entraînements cette fois). Sur cet arrêt, v. encore, J. François, *Fait générateur de la responsabilité du fait d'autrui : confirmation ou évolution ? : D.* 2007, p. 2408. *Adde*, ▪ Cass. 2e civ., 16 sept. 2010, n° 09-16.843 : *JurisData* n° 2010-016133 ; *D.* 2011, 35, obs. Brun. ▪ Cass. 2e civ., 8 juill. 2010, n° 09-68.212 : *JurisData* n° 2010-011836 ; *D.* 2011, 35, obs. Brun (agression s'étant produite sur le terrain et à l'occasion d'une altercation générale, un joueur s'étant servi de sa chaussure comme d'une arme pour frapper un joueur de l'équipe adverse et ayant été condamné pour ce délit). ▪ Cass. 2e civ., 5 juill. 2018, n° 17-19.957 : *Bull.* ; *JCP* G 2018, 948, Sérinet ; *JurisData* n° 2018-012214 ; *Resp. civ. et assur.* 2018, comm. 210, Hocquet-Berg ; *RTD civ.* 2018, p. 916, Jourdain (agression de l'arbitre par un joueur dans l'enceinte sportive à l'issue de la rencontre ; infraction aux règles du jeu). Sur la responsabilité d'une association de supporters pour des dégradations commises à l'occasion d'un transport en autocar, V. ▪ Aix-en-Provence, 9 oct. 2003, n° 00/08529 : *JurisData* n° 2003-229812 ; *Resp. civ. et assur.* 2004, 89, note Radé. La responsabilité de l'association ne peut être engagée que s'il est établi que l'auteur du dommage est un de ses membres (▪ Cass. 2e civ., 22 sept. 2005 : *JCP* 2005, IV, 3230 ; *JurisData* n° 2005-029775 ; *Bull. civ.* II, n° 233, p. 207).

V. encore J.-P. Vial, *Responsabilité des groupements sportifs amateurs du fait de leurs membres. Plaidoyer pour un retour à l'article 1384, alinéa 5, du Code civil : D.* 2011 p. 397.

123) Mineur placé par décision de justice. Un établissement d'éducation est responsable, au sens de l'article 1384, alinéa 1er, du dommage causé à autrui par les mineurs qui lui sont confiés par le juge des enfants dès lors qu'aucune décision judiciaire n'a suspendu ou interrompu cette mission (▪ Cass. crim., 26 mars 1997, n° 95-83.958 : *JCP* 97, II, 22868, rapp. Desportes, I, 4070, n° 19, obs. Viney ; *D.* 1997, 496, note Jourdain. V. aussi de la même chambre et du même jour : *JCP* 98, II, 10015, note Huyette ; *Resp. civ. et assur.* 1997, 292, note Groutel. ▪ Cass. 2e civ., 7 mai 2003 : *JurisData* n° 2003-018962 ; *JCP* G 2004, I, 101, n° 19, obs. Viney ; *Bull. civ.* II, n° 129, p. 109 ; *D.* 2003, 2197, note Huyette. V. en ce sens pour un mineur conducteur d'un véhicule impliqué dans un accident de la circulation, ▪ Cass. 2e civ., 22 mai 2003 : *JurisData* n° 2003-019039 ; *JCP* 2003, IV, 2246 ; *Bull. civ.* II, n° 157, p. 133 ; *Dr. famille* 2003, 155, note Julien ; *D.* 2004, somm. 1342, obs. Jourdain), même lorsque l'enfant habite avec ses parents (▪ Cass. 2e civ., 6 juin 2002, 2 arrêts : *JCP* 2003, II, 10068, note Gouttenoire et Roget ; *JurisData* n° 2002-014563 et n° 2002-014568 ; *Dr. famille* 2002, 109, note Julien ; *D.* 2002, 2750, note Huyette ; *Bull. civ.* II, n° 120, p. 96, 2e et 3e arrêts ; *JCP* 2003, I, 154, n° 38, obs. Viney ; *RTD civ.* 2002, 825, obs. Jourdain), ce qui n'exclut pas la responsabilité de l'État (▪ Cass. 2e civ., 9 déc. 1999, n° 97-22.268 : *JurisData* n° 1999-004348 ; *JCP* 2000, I, 241, n° 12, obs. Viney ; *RTD civ.* 2000, 339, obs. Jourdain). La décision du juge des enfants confiant à une personne physique ou morale la garde d'un mineur en danger transfère au gardien la responsabilité d'organiser, de diriger et contrôler le mode de vie du mineur et donc la responsabilité de ses actes, celle-ci n'étant pas fondée sur l'autorité parentale mais sur la garde (▪ Cass. crim., 10 oct. 1996, n° 95-84.186 : *JurisData* n° 1996-004535 ; *JCP* 97, II, 22833, note Chabas ; *Resp. civ. et assur.* 1997, 4 ; *D.* 1997, 309, note Huyette ; *Dr. famille* 1997, 83, 2e arrêt, note Murat. ▪ Cass. 2e civ., 9 déc. 1999, n° 97-22.268 : *JurisData* n° 1999-004348 ; *Resp. civ. et assur.* 2000, 76 ; *Bull. civ.* II, n° 189, p. 130. V. aussi pour des dommages à d'autres enfants placés dans l'établissement ▪ Cass. 2e civ., 20 janv. 2000, n° 98-17.005 : *JurisData* n° 2000-000075 ; *JCP* 2000, I, 241, n° 14, obs. Viney ; *Resp. civ. et assur.* 2000, 111, note Vaillier ; *Bull. civ.* II, n° 15, p. 10 ; *D.* 2000, 571, note Huyette ; *RTD civ.* 2000, 588, obs. Jourdain. V. en ce sens pour le mineur confié à une personne publique ▪ CE, 11 févr. 2005, n° 252169 : *JurisData* n° 2005-067899 ; *Dr. famille* 2005, 173, note Dupré de Boulois. Mais jugé qu'une association chargée de la scolarité et l'hébergement en internat d'enfants ne saurait être déclarée responsable du dommage causé par l'un de ses internes à un autre sur le fondement des articles 1382 et 1384, alinéa 5, du Code civil ; dès lors que, l'enfant victime ayant été confié à l'institution par ses représentants légaux, la responsabilité de l'association ne peut être recherchée que sur le fondement de l'article 1147 du Code civil (▪ Cass. 2e civ., 13 juill. 2006 : *JurisData* n° 2006-034702 ; *JCP* G 2006, II, 10169 note Brusorio ; *JCP* G 2007, I, 115, obs. Stoffel-Munck. V. aussi, dans une espèce similaire, ▪ Cass. 2e civ., 24 mai 2006 : *JurisData* n° 2006-033713 ; *Bull. civ.* II, n° 136, p. 129 ; *Revue Lamy Dr. civ.* 2006 n° 32, p. 14 ; *RDC* 2007/2, p. 286, obs. Borghetti ; qui juge que le mineur auteur du fait dommageable n'ayant pas été confié à l'association par décision de justice, la responsabilité de cette association ne pouvait être recherchée que sur le fondement contractuel). Le département, à qui la tutelle d'un enfant a été déférée par le juge des tutelles, et qui est dès lors investi de la charge d'organiser, de contrôler et de diriger à titre permanent le mode de vie du mineur, demeure responsable de plein droit du fait dommageable commis par celui-ci, dès lors qu'aucune décision judiciaire n'a suspendu ou interrompu cette mission éducative (▪ Cass. 2e civ., 7 oct. 2004, n° 03-16.078 : *D.* 2005, 819, note Huyette ; *Resp. civ. et assur.* 2004, 363 ; *JCP* 2005, I, 132, n° 6, obs. Viney ; *Bull. civ.* II, n° 453, p. 385). Mais jugé que la mère est civilement responsable des actes commis par son fils à l'occasion des visites et de l'hébergement de celui-ci, exerçant dans ces circonstances la plénitude des attributs de l'autorité parentale (▪ Cass. crim., 25 mars 1998, n° 94-86.137 : *JurisData* n° 1998-001912 ; *JCP* 98, I, 187,n° 22, obs. Viney ; II, 10162, note Huyette ; *Resp. civ. et assur.* 1998, 220, visant l'article 375-7, viol commis sur la demi-sœur).

Ne peut être déclarée responsable des dommages causés par un mineur l'association qui ne s'était vu confier qu'une mesure d'assistance éducative en milieu ouvert, dont l'objet est d'apporter aide et conseil à la famille et de suivre le développement de l'enfant, sans mesure de placement du mineur, une telle mesure n'étant pas de nature à transférer à l'association tout ou partie de l'autorité parentale, et cette association n'ayant, lors de faits dommageables, aucun pouvoir effectif de direction et de surveillance sur le mineur, dont elle ne pouvait contrôler le mode de vie (▪ Cass. 2e civ., 19 juin 2008, n° 07-12.533 : *Bull. civ.* II, n° 144 ; *JCP* 2008, II, 10203, note Boulanger ; *D.* 2008, p. 2205, note Huyette ; *RTD civ.* 2009, p. 682, obs. Jourdain).

124) Majeur aliéné placé en vertu d'un contrat. Une personne hébergée dans une maison de retraite en vertu d'un contrat ayant porté des coups mortels à un autre pensionnaire, la responsabilité de l'établissement ne peut être engagée au titre de l'article 1384, alinéa 1er du Code civil (▪ Cass. 1re civ., 15 déc. 2011, n° 10-25.740 : *JCP* 2012, n° 8, p. 358, note Bakouche ; *ibid.*, n° 17, p. 860, obs. Stoffel-Munck et Bloch ; D. 2012, 539, note Develay ; *D.* 2013, p. 40, obs. Brun et Gout ; *RTD civ.* 2012, p. 290, obs. Hauser et p. 321, obs. Jourdain ; *Gaz. Pal.* 2012, n° 124, p. 11, obs. M. Mekki).

125) Responsabilité d'une commune du fait de marginaux. V. ▪ Cass. 2e civ., 22 mai 1995, n° 92-19.172 : *JurisData* n° 1995-001359 ; *Bull. civ.* II, n° 149, p. 84 ; *JCP* 95, I, 3893, n° 5, obs. Viney ; *RTD civ.* 1995, 902, obs. Jourdain ; *D.* 1996, 543, note Le Bars et Buhler, retenant la responsabilité d'une commune pour un incendie dû à l'imprudence de « marginaux » connus comme asociaux et à risques, dont elle a par avance endossé les conséquences dommageables).

126) Maison de retraite. V. ▪ Cass. 1re civ., 15 déc. 2011, préc. Auparavant, sur la responsabilité d'une clinique psychiatrique pour le dommage causé par un malade, V. ▪ Orléans, 24 juin 1996 : *JurisData* n° 1996-044374 ; *JCP* 97, I, 4070, n° 24, obs. Viney.

127) Syndicat (non). Un syndicat n'ayant ni pour objet ni pour mission d'organiser, de diriger et de contrôler l'activité de ses adhérents au cours de mouvements ou manifestations auxquels ces derniers participent, les fautes commises personnellement par ceux-ci n'engagent pas la responsabilité de plein droit du syndicat auquel ils appartiennent (▪ Cass. 2e civ., 26 oct. 2006, n° 04-11.665 : *JurisData* n° 2006-035526 ; *D.* 2007, p. 204, note Laydu ; *JCP* G 2007, II, 10004, note J. Mouly ; I, 115, obs. Stoffel-Munck ; *Resp. civ. et assur.* 2006, comm. 365, note C. Radé).

128) Association de chasse (non). Les associations communales ou intercommunales de chasse agréées, qui n'ont pas pour mission d'organiser, de diriger et de contrôler l'activité de leurs membres, n'ont pas à répondre de ceux-ci en application de l'article 1384, alinéa 1er, du Code civil (▪ Cass. 2e civ., 11 sept. 2008, n° 07-15.842 : *Bull. civ.* II, n° 192 ; *JCP* 2008, II, 10184, note J. Mouly et I, 123, obs. Stoffel-Munck ; *D.* 2010, p. 49, obs. Gout ; *Resp. civ. et assur.* 2008, comm. 313, note H. Groutel ; *Rev. Lamy dr. civ.* 2009, n° 58, p. 16, obs. A. Paulin).

129) Exonération. Les personnes tenues de répondre du fait d'autrui au sens de l'article 1384, alinéa 1er, ne peuvent s'exonérer de la responsabilité de plein droit résultant de ce texte en démontrant qu'elles n'ont commis aucune faute (▪ Cass. crim., 26 mars 1997, n° 95-83.958 : *JurisData* n° 1997-003698 ; *JCP* 97, II, 22868, rapp. Desportes, I, 4070, n° 19, obs. Viney. V. aussi du même jour : *JCP* 98, II, 10015, note Huyette ; *D.* 1998, somm. 201, obs. D. Mazeaud ; *Resp. civ. et assur.* 1997, 292, note Groutel ; *Dr. famille* 1997, 98, note Murat).

Voir : L. n° 85-677, 5 juill. 1985, tendant à l'amélioration de la situation des victimes d'accidents de la circulation et à l'accélération des procédures d'indemnisation, p. 3073. – D. n° 86-15, 6 janv. 1986, pris pour l'application de la loi n° 85-677 du 5 juillet 1985 tendant à l'amélioration de la situation des victimes d'accidents de la circulation et à l'accélération des procédures d'indemnisation, p. 3098. – L. n° 86-1020, 9 sept. 1986, relative à la lutte contre le terrorisme (Intitulé mod., L. n° 86-1322, 30 déc. 1986, art. 3), art. 9 et 10, p. 3099.

Art. 1243 *(Créé à compter du 1er octobre 2016, Ord. n° 2016-131, 10 févr. 2016).* – **Le propriétaire d'un animal, ou celui qui s'en sert, pendant qu'il est à son usage, est responsable du dommage que l'animal a causé, soit que l'animal fût sous sa garde, soit qu'il fût égaré ou échappé.**

NB : Rappr. art. 1385 ancien, p. 1249.

JURISPRUDENCE RELATIVE A L'ARTICLE 1385 ANCIEN

I – CONDITIONS

1) Animaux visés. L'article 1385 ne peut être appliqué au gibier (▪ Cass. 2e civ., 9 janv. 1991, n° 89-15.489 : *JurisData* n° 1991-000036 ; *Bull. civ.* II, n° 3, p. 2. ▪ Cass. 2e civ., 14 oct. 1992, n° 91-12.266 : *JurisData* n° 1992-002143 ; *Bull. civ.* II, n° 238, p. 118. ▪ Paris, 1er juill. 1963 : *D.* 1964, 370, note Azard et Bouché). Mais tout animal qui n'est pas *res nullius* peut engager la responsabilité de son gardien, que l'animal soit domestique ou non (▪ Rouen, 4 mars 1953 : *Gaz. Pal.* 1953, 2, 92. – V. aussi ▪ Cass. 2e civ., 6 mai 1970, n° 69-11.227 : *JurisData* n° 1970-099158 ; *D.* 1970, 528). Ne donne pas de base légale à sa décision la cour d'appel qui énonce que des cerfs introduits et entretenus sur une propriété privée en vue de la chasse et de la production de viande ne sont pas du gibier, sans rechercher si les cerfs vivaient à l'état sauvage ou si, tenus en captivité, ils s'étaient égarés ou échappés (▪ Cass. 2e civ., 4 juin 1997, n° 95-13.151 : *JurisData* n° 1997-002466 ; *Bull. civ.* II, n° 166, p. 99 ; *Resp. civ. et assur.* 1997, 254).

2) Dégâts causés aux récoltes par le gibier. Sur l'indemnisation des dégâts causés aux récoltes par le gibier, V. C. env., art. L. 426-1 et s. Des maïs stockés dans un champ sous une bâche ne constituent pas des récoltes (▪ Cass. 2e civ., 4 oct. 1995, n° 93-17.638 : *JurisData* n° 1995-002432 ; *JCP* 95, IV, 2440 ; *Resp. civ. et assur.* 1995, 353). Il ne résulte pas de l'article L. 226-7 du Code rural (C. env., art. L. 426-1) que lorsque des dégâts causés par des gibiers se sont succédé dans le temps, le délai de prescription de six mois court à compter du premier jour où ces dégâts ont été constatés (▪ Cass. 2e civ., 18 oct. 1995, n° 93-18.564 : *JurisData* n° 1995-002637 ; *Resp. civ. et assur.* 1996, 46). Aux termes de l'article L. 229-22 du Code rural (C. env., art. L. 429-25) (dispositions particulières aux départements du Bas-Rhin, du Haut-Rhin et de la Moselle), le dommage de gibier causé aux jardins, vergers, pépinières et arbres isolés ne donne pas lieu à réparation lorsqu'on a négligé d'établir des installations protectrices. Mais ce texte ne s'applique pas aux vignes (▪ Cass. 2e civ., 6 nov. 1996, n° 93-19.399 : *JurisData* n° 1996-004150 ; *JCP* 96, IV, 2551, dommages causés par des chevreuils). L'article 226-1 (C. env., art. L. 426-1) ne mentionne pas la qualité professionnelle de la victime et ne comporte pas de restrictions particulières quant à ses bénéficiaires (■ Cass. 2e civ., 25 juin 1998 : *JCP* 98, IV, 2898 ; *Resp. civ. et assur.* 1998, 294). Mais la victime ne peut prétendre à une indemnisation si le dommage a été causé par du gibier provenant de son propre fonds (■ Cass. 2e civ., 14 janv. 1998, n° 94-20.110 : *JurisData* n° 1998-000150 ; *JCP* 98, IV, 1484 ; *Bull. civ.* II, n° 10, p. 6 ; *Resp. civ. et assur.* 1998, 113, cerfs provenant d'un fonds appartenant à un groupement forestier dont la victime est membre). La circonstance que la victime ait procédé à des cultures attirant le gibier à proximité d'un bois, sans prendre la précaution de clôturer sa parcelle, est insuffisante à entraîner la réduction de son indemnisation (■ Cass. 2e civ., 29 avr. 1998, n° 96-12.764 : *JurisData* n° 1998-002002 ; *Resp. civ. et assur.* 1998, 221).

3) Responsabilité fondée sur la garde. La responsabilité édictée par l'article 1385 repose non sur la propriété mais sur la garde des animaux (■ Cass. civ., 2 mai 1946 : *D.* 1946, 305). Le propriétaire est présumé gardien (■ Cass. 2e civ., 5 mars 1953 : *D.* 1953, 473, note R. Savatier).

4) Gardien de l'animal. Le propriétaire, bien que présumé gardien, est déchargé de sa responsabilité si l'animal se trouve, lors de l'événement dommageable, sous la garde d'une autre personne (■ Cass. 2e civ., 5 mars 1953, préc.). Mais celui qui accepte bénévolement de garder un chien le temps d'un déjeuner n'acquiert pas sur l'animal les pouvoirs d'usage, de contrôle et de direction constitutifs de la garde (■ Cass. 2e civ., 7 juin 1967 : *D.* 1967, 694). Jugé que le vétérinaire a conservé la garde de l'animal si celui-ci était encore sur la table d'examen au moment où il a mordu son maître (■ Cass. 2e civ., 4 oct. 1972, n° 70-12.954 : *JurisData* n° 1972-099235 ; *JCP* 73, II, 17450, note Starck, 2e esp. V. aussi pour un veau s'étant échappé avant d'avoir pu être livré aux engraisseurs, ■ Cass. 2e civ., 27 sept. 2001 : *JCP* 2001, IV, 2778 ; *Bull. civ.* II, n° 148, p. 101 ;*Resp. civ. et assur.* 2001, 351 ; *JurisData* n° 2001-011073). Sur le transfert de la garde au maréchal-ferrant, V. ■ Cass. 2e civ., 13 juin 1985, n° 84-10.664 : *JurisData* n° 1985-701786 ; *Bull. civ.* II, n° 118, p. 79. Sur l'absence de transfert au cascadeur n'ayant pas la libre disposition du cheval, V. ■ Cass. 2e civ., 20 juin 2002 : *JCP* 2002, IV, 2393 ; *JurisData* n° 2002-014857 ; *Bull. civ.* II, n° 143, p. 114. La garde du cheval n'est pas transférée à la victime qui le conduit à la longe dès lors qu'elle agit de façon ponctuelle dans le seul but de rendre service au propriétaire et non dans un intérêt personnel (■ Cass. 2e civ., 18 juin 1997, n° 96-06.001 : *JurisData* n° 1997-002888 ; *Resp. civ. et assur.* 1997, 292 ; *RTD civ.* 1999, 631, obs. Jourdain). Le contrat de vente d'herbe sous la forme d'un placement des animaux sur les terres d'un agriculteur n'entraîne pas transfert de la garde à ce dernier (■ Cass. 2e civ., 7 oct. 1999, n° 97-21.484 : *JurisData* n° 1999-003561 ; *Resp. civ. et assur.* 1999, 351). N'a pas la garde d'une jument la personne dont le rôle est limité à l'entretien courant de l'animal (nourriture, soins quotidiens et promenades) et ne s'est donc pas vue confier en permanence l'animal, ■ Cass. 2e civ., 15 avr. 2010, n° 09-13.370 : *JCP* 2010, n° 725, obs. Zelcevic-Duhamel ; n° 41, 1015, obs. Bloch. Mais, également dans le cas d'un cheval, V. ■ Cass. 2e civ., 9 déc. 2010, n° 09-67.996 : *RCA* 2011, comm. 87 (le cheval à l'origine des dommages se trouvant sur un herbage pris en location par une personne autre que la propriétaire, la cour d'appel devait rechercher si ladite personne ne pourvoyait pas à l'entretien de l'animal, n'assurait pas des soins quotidiens et n'assumait pas un rôle de surveillance). La décision de relaxe rendue au bénéfice du défendeur poursuivi du chef des contraventions de blessures involontaires et de divagation d'un animal dangereux, à défaut d'éléments permettant de déterminer avec certitude qui était propriétaire du chien, exclut la responsabilité de l'intéressé en tant que gardien de l'animal (■ Cass. 2e civ., 3 déc. 1997, n° 95-22.318 : *JurisData* n° 1997-004855 ; *JCP* 98, IV, 1118 ; *Bull. civ.* II, n° 292, p. 173 ; *Resp. civ. et assur.* 1998, 6).

5) Abandon de l'animal. Sur la responsabilité du propriétaire en cas d'abandon de l'animal, V. ■ Cass. 2e civ., 22 mai 1964 : *D.* 1965, 705, note Azard.

6) Gardien personne morale. Le gardien de l'animal peut être une personne morale (■ Cass. 2e civ., 22 févr. 1984, n° 82-17.061 : *JurisData* n° 1984-700545 ; *D.* 1985, 19, note Agostini ; *RTD civ.* 1985, 399, obs. Huet).

II – EFFETS

7) Maladie transmise par un troupeau. Pour une application de l'article 1385 à l'hypothèse d'une maladie (brucellose) transmise par un troupeau de moutons, V. ■ Cass. 2e civ., 21 juill. 1992, n° 91-12.843 : *JurisData* n° 1992-001990 ; *Bull. civ.* II, n° 220, p. 109).

8) Cause étrangère. Le gardien de l'animal ne peut s'exonérer qu'en prouvant la cause étrangère (■ Cass. 2e civ., 29 nov. 1972, n° 71-11.614 : *JCP* 73, IV, 16 ; *Bull. civ.* II, n° 306, p. 251. V. aussi ■ Cass. 2e civ., 19 févr. 1992, n° 90-19.729 : *JurisData* n° 1992-000354 ; *JCP* 92, IV, 1188 ; *Bull. civ.* II, n° 53, p. 26, faute de la victime ayant approché un chien féroce). Ne constitue pas une faute le fait pour un cavalier de donner un coup de cravache pour vaincre les défenses du cheval qui faisait un écart, s'agissant d'une course d'entraînement et d'un animal jeune en début de dressage (■ Cass. 2e civ., 18 oct. 1995, n° 93-17.277 : *JurisData* n° 1995-002640 ; *JCP* 95, IV, 2583 ; *Bull.* II, n° 242, p. 141 ; *Resp. civ. et assur.* 1995, 352). Mais il en va autrement pour l'entraîneur professionnel qui tente de faire monter une jument dans une bétaillère en la frappant d'un coup de cravache sur les jambes postérieures (■ Cass. 2e civ., 11 juill. 2002, n° 00-20.262 : *JurisData* n° 2002-015166 ; *Bull. civ.* II, n° 178, p. 141). Dès lors que l'accident trouve sa cause dans la malveillance d'un tiers (effraction dans un enclos), commis de nuit à l'insu du propriétaire des chevaux qui ne pouvait en parer les conséquences, cet acte revêt pour le propriétaire un caractère imprévisible et irrésistible qui l'exonère de la présomption de responsabilité édictée par l'article 1385 (■ Cass. crim., 1er oct. 1997, n° 96-83.351 : *JurisData* n° 1997-004353 ; *Resp. civ. et assur.* 1998, 42, ajoutant que le fait d'enfermer les chevaux dans leurs boxes, eux-mêmes objet d'effractions depuis l'accident, n'eût pas permis d'éviter le dommage. V. aussi sur l'exigence d'imprévisibilité ■ Cass. 2e civ., 13 juill. 2000, n° 98-21.530 : *JurisData* n° 2000-003012 ; *Resp. civ. et assur.* 2000, 324, note Groutel ; *Bull. civ.* II, n° 126, p. 87 ; *RTD civ.* 2000, 847, obs. Jourdain). Ne caractérise pas un comportement présentant les caractères de la force majeure le fait pour une fillette de trois ans de donner de la paille à manger à un poney malgré les panneaux d'interdiction (■ Cass. 2e civ., 1er avr. 1999, n° 97-16.283 : *JurisData* n° 1999-001437 ; *JCP* 99, II, 10218, note Reboul ; *Resp. civ. et assur.* 1999, 205). Cassation pour défaut de base légale de l'arrêt qui retient que de façon délibérée, alors que le portail destiné au public était clos, la victime a décidé de pénétrer dans la cour privée de la maison du propriétaire sans y avoir été autorisée et alors qu'elle avait été prévenue du danger auquel elle s'exposait et a ainsi commis une faute imprévisible et irrésistible pour le gardien, faute qui exonère ce dernier de sa responsabilité en tant que gardien du chien en cause ; alors que de tels motifs étaient impropres à caractériser un comportement fautif imprévisible de la victime de nature à exonérer le propriétaire du chien (■ Cass. 2e civ., 27 mars 2014, n° 13-15.528 : *LPA* 13 juin 2014, n° 118, p. 2, note Desmoulin-Canselier ; *D.* 2015, p. 124, obs. Brun et Gout). La circonstance que la chaîne ait pu céder et que le chien ait pu ainsi sortir du terrain ne constitue pas un événement présentant les caractères de la force majeure, alors qu'il est établi que le portail de clôture du terrain, sur lequel était gardé l'animal, était ouvert lorsque la victime est passée à proximité et a été mordue (■ CA Orléans, 6 mars 2017, n° 15/02728 : *JurisData* n° 2017-007136 ; *JCP* G 2017, 584, Joseph-Parmentier).

9) Acceptation des risques. La victime d'un dommage causé par une chose peut invoquer la responsabilité résultant de l'article 1384, alinéa 1er, du Code civil, à l'encontre du gardien de la chose, instrument du dommage, sans que puisse lui être opposée son acceptation des risques. En conséquence doit être cassé l'arrêt qui retient que l'accident est survenu entre des concurrents à l'entraînement, évoluant sur un circuit fermé exclusivement dédié à l'activité sportive où les règles du Code de la route ne s'appliquent pas, et qui avait pour but d'évaluer et d'améliorer les performances des coureurs, la participation à cet entraînement impliquant une acceptation des risques inhérents à une telle pratique sportive (■ Cass. 2e civ., 4 nov. 2010, n° 09-65.947 : *D.* 2011, chron. C. cass. 632, obs. Adida-Canac et Grignon Dumoulin ; chron. 690, note Mouly ; *JCP* 2011, note 12, obs. Bakouche ; n° 15, 435, obs. Bloch ; *RCA* 2011, étude 3, S. Hocquet-Berg). Sur l'exonération du gardien en cas d'acceptation par la victime des risques normaux inhérents à une course hippique, V. ■ Cass. 2e civ., 8 nov. 1976 : *JurisData* n° 1976-700299 ; *JCP* 77, II, 18759, note Bénabent. ■ Cass. 2e civ., 5 juin 1985, n° 84-11.786 : *JurisData* n° 1985-701795 ; *Bull. civ.* II, n° 114, p. 76 ; *JCP* 87, II, 20744, note Agostini. V. aussi pour un promeneur venu à cheval sur le territoire d'une manade ■ Cass. 2e civ., 15 avr. 1999, n° 97-15.071 : *JurisData* n° 1999-001626 ; *JCP* 2000, I, 197, n° 10, obs. Viney ; II, 10317, note Antoine ; *Bull. civ.* II, n° 76, p. 56 ; *RTD civ.* 1999, 633, obs. Jourdain. V. sur cet arrêt H. Groutel, *Acceptation des risques : dérapage ou décollage ? : Resp. civ. et assur.* 1999, chron. 16.

10) Action réservée aux tiers victimes. Le bénéfice de l'article 1385 ne peut être invoqué que par les tiers victimes du dommage (■ Cass. 2e civ., 2 déc. 1982 : *JurisData* n° 1982-702710 ; *JCP* 84, II, 20136, note Chabas). L'auteur d'un dommage condamné en raison de sa faute à des réparations envers la victime ne peut, à l'appui d'une action récursoire, invoquer contre un coresponsable la responsabilité édictée par l'article 1385 (■ Cass. 2e civ., 24 avr. 1981, n° 78-16.553 : *JurisData* n° 1981-701227 ; *Bull. civ.* II, n° 105, p. 66).

11) Pluralité d'animaux. En cas de dommage survenu à l'occasion de l'action commune de plusieurs animaux, la responsabilité incombe au propriétaire de chacun d'eux, à moins qu'il ne rapporte la preuve que le sien n'a pas participé à la réalisation de ce dommage (■ Cass. 2e civ., 14 déc. 1983 : *Bull. civ.* II, n° 197, p. 139 ; *RTD civ.* 1984, 316, obs. Durry. ■ Cass. 2e civ., 15 mars 2001 : *JCP* 2002, I, 222, n° 11, obs. Viney ; *Resp. civ. et assur.* 2001, 178, note Groutel ; *Bull. civ.* II, n° 55, p. 37 ; *JurisData* n° 2001-008628). ■ Cass. 2e civ., 17 janv. 2019, n° 17-28.861 : *Bull. civ.* ; *JurisData* n° 2019-000348 ; *JCP* G 2019, 271, Rebeyrol(sont tenus à indemnisation d'une cavalière, victime d'une chute à la suite de l'emballement de son cheval, les propriétaires de deux gros chiens, non tenus en laisse, qui ont débouché d'un talus en surplomb non visible en direction des chevaux, le comportement anormal des chiens ayant été à l'origine du dommage).

12) Accident de la circulation. Le gardien d'un animal condamné à ce titre à réparer les dommages causés à un tiers ne peut exercer de recours contre un conducteur d'un véhicule terrestre à moteur impliqué dans le même accident que sur le fondement de ces textes (▪ Cass. 2e civ., 13 juill. 2000, n° 98-21.530 : *JurisData* n° 2000-003012 ; *Resp. civ. et assur.* 2000, 324, note Groutel ; *Bull. civ.* II, n° 126, p. 87 ; *RTD civ.* 2000, 847, obs. Jourdain).

Art. 1244 ***(Créé à compter du 1er octobre 2016, Ord. n° 2016-131, 10 févr. 2016).*** **– Le propriétaire d'un bâtiment est responsable du dommage causé par sa ruine, lorsqu'elle est arrivée par une suite du défaut d'entretien ou par le vice de sa construction.**

NB : Rappr. art. 1386 ancien, p. 1249.

JURISPRUDENCE RELATIVE À L'ARTICLE 1386 ANCIEN DEVENU 1244.

1) Bâtiment. Au sens de l'article 1386, on doit entendre par bâtiment non pas seulement les édifices proprement dits, mais encore tout ouvrage ayant un caractère immobilier édifié avec des matériaux quelconques et incorporé au sol d'une façon permanente dont la ruine est susceptible de causer un dommage (▪ Nancy, 30 mai 1945 : *D.* 1946, p. 14), mais non un baraquement posé sur un chantier pendant la durée des travaux et qui, faisant partie du matériel de ce chantier, a un caractère essentiellement mobilier (▪ Lyon, 30 nov. 1953 : *D.* 1954, p. 172, note Rodière). Un mur de soutènement ne peut être considéré comme un bâtiment que s'il est composé de matériaux assemblés et reliés artificiellement de façon à procurer entre eux une union durable et à condition qu'il se trouve incorporé au sol ou à un autre immeuble par nature (▪ Cass. 2e civ., 30 nov. 1960, n° 59-10.564 : *JCP* 61, IV, 2 ; *Bull. civ.* II, n° 722, p. 493). Le bâtiment s'entend d'une construction quelconque incorporée au sol de façon durable (▪ Cass. 2e civ., 19 oct. 2006, n° 05-14.525 : *JurisData* n° 2006-035438 ; *JCP G* 2007, I, 115, obs. Stoffel-Munck).

2) Ruine. Sur le principe que le dommage doit être causé par la ruine du bâtiment ou d'un élément de celui-ci, V. ▪ Cass. 2e civ., 17 oct. 1990, n° 89-14.124 : *JurisData* n° 1990-002746 ; *Bull. civ.* II, n° 201, p. 102 (porte de hangar). La ruine d'un bâtiment, au sens de l'article 1386, doit s'entendre non seulement de sa destruction totale, mais encore de la dégradation partielle de tout ou partie de la construction ou de tout élément mobilier ou immobilier qui y est incorporé d'une façon indissoluble (▪ Cass. 2e civ., 19 mai 1953 : *JCP* 1953, II, 7879, note Esmein [rampe d'escalier]. ▪ Cass. 2e civ., 14 déc. 1956 : *Gaz. Pal.* 1957, 1, 174 [grille d'un portail]. ▪ Cass. 2e civ., 12 juill. 1966 : *JurisData* n° 1966-000779 ; *JCP* 1967, II, 15185, note Dejean de La Batie [balcon]. ▪ Cass. 2e civ., 8 juin 1994, n° 92-21.413 : *JurisData* n° 1994-001194 ; *Bull. civ.* II, n° 150, p. 87 [chute d'une porte se déplaçant au moyen d'une roue à gorge sur un rail fixé le long d'un hangar]. ▪ Cass. 2e civ., 4 mai 2000, n° 95-21.567 : *JurisData* n° 2000-001715 ; *Resp. civ. et assur.* 2000, 218, note Groutel [chute d'une tuile]). Mais l'existence de fissures ne constitue pas une ruine (▪ Cass. 2e civ., 3 mars 1993, n° 91-19.694 : *JurisData* n° 1993-000468 ; *JCP* 1993, IV, 1172), non plus que la chute d'un faux plafond fait d'un matériau peu résistant (▪ Cass. 2e civ., 26 juin 1996, n° 94-16.731 : *JurisData* n° 1996-002821 ; *Resp. civ. et assur.* 1996, 304). – V. M.-A. Rakotovahiny, *Identification d'un bâtiment en ruine : JCP N* 2001, 1812. – V. aussi, ▪ Cass. 2e civ., 16 oct. 2008, n° 07-16.967 : *Bull. civ.* II, n° 211 ; *RTD civ.* 2009, p. 128, obs. Jourdain, qui juge que la ruine d'un bâtiment suppose la chute d'un élément de construction, ce que ne constitue pas l'affaissement de l'ensemble du bâtiment.

3) Vice de construction ou défaut d'entretien. L'article 1386 n'exige pas de la victime la preuve d'une faute du propriétaire de l'immeuble, mais seulement qu'elle établisse que la ruine de cet édifice a eu pour cause le vice de construction ou le défaut d'entretien (▪ Cass. 3e civ., 4 juin 1973, n° 71-14.373 : *JurisData* n° 1973-000397 ; *JCP* 73, IV, 278 ; *Bull. civ.* III, n° 397, p. 286). Il n'est pas applicable si la ruine de l'immeuble est due aux travaux d'arasement de ruines provenant de faits de guerre (▪ Cass. 2e civ., 24 mars 1960 : *JurisData* n° 1960-099204 ; *D.* 1960, somm. p. 70. – Comp. ▪ Cass. req., 18 janv. 1926 : *DH* 1926, 82).

4) Immeuble donné à bail. La responsabilité du propriétaire persiste même si l'immeuble a été donné à bail (▪ Cass. civ., 28 janv. 1936 : *DH* 1936, 148), ou réquisitionné (▪ Cass. 2e civ., 17 nov. 1955 : *D.* 1956, p. 196). Le sous-locataire peut agir directement contre le propriétaire en vertu de l'article 1386 (▪ Cass. 1re civ., 11 oct. 1967, n° 66-10.279 : *D.* 1968, p. 106). L'article 1386 ne peut être invoqué à l'encontre du locataire lorsque le dommage résulte d'un vice de construction ou d'un défaut d'entretien (■ Cass. 2e civ., 30 nov. 1988, n° 87-18.323 : *JCP* 1989, IV, 42 ; *Bull. civ.* I, n° 239, p. 129 ; *JCP* 1989, II, 21319, note Giraudel ; *RTD civ.* 1989, p. 331, obs. Jourdain).

5) Défaut d'entretien de l'usufruitier. L'article 605 ne concernant que les rapports entre l'usufruitier et le nu-propriétaire, ce dernier ne peut s'exonérer de sa responsabilité à l'égard des tiers en invoquant le défaut d'entretien de l'usufruitier (■ Cass. 3e civ., 8 déc. 2004, n° 03-15.541 : *JurisData* n° 2004-026065 ; *Bull. civ.* III, n° 231, p. 206).

6) Vente de l'immeuble. En cas de vente de l'immeuble, l'acheteur devient responsable en vertu de l'article 1386 dès le transfert conventionnel de propriété et indépendamment du transfert de possession (■ Poitiers, 3 févr. 1960 : *JCP* 60, II, 11751, note Esmein).

7) Cause étrangère. Le propriétaire dont la ruine du bâtiment a causé un dommage ne peut s'exonérer de la responsabilité de plein droit encourue par lui que s'il prouve que le dommage est dû à une cause étrangère qui ne peut lui être imputée, telle la faute de la victime si elle présente les caractères de la force majeure (■ Cass. 2e civ., 6 mai 1959 : *S.* 1960, 281. ■ Riom, 16 janv. 1962 : *D.* 1962, p. 140). Le fait non fautif de la victime ne peut exonérer le propriétaire (■ Cass. 3e civ., 1er juill. 1971, n° 67-13.789 : *JurisData* n° 1971-000439 ; *D.* 1971, p. 672. – V. aussi ■ Cass. 2e civ., 17 févr. 2005, n° 02-10.770 : *JurisData* n° 2005-026976 ; *Resp. civ. et assur.* 2005, 119 ; *Bull. civ.* II, n° 36, p. 35).

8) Rapports entre l'article 1386 et l'article 1384, alinéa 1er. L'article 1386 visant spécialement la ruine du bâtiment exclut la disposition générale de l'article 1384, alinéa 1er, du Code civil relative à la responsabilité du fait de toute chose, mobilière ou immobilière, que l'on a sous sa garde (■ Cass. 2e civ., 19 oct. 2006, n° 05-14.525 : *JurisData* n° 2006-035438 ; *JCP G* 2007, I, 115, obs. Stoffel-Munck. ■ Cass. 2e civ., 2 févr. 2017, n° 16-11.718 : *Resp. civ. et assur.* 2017, comm. 130, Groutel). Mais si l'article 1386 vise spécialement la ruine d'un bâtiment, les dommages qui n'ont pas été causés dans de telles circonstances peuvent néanmoins être réparés sur le fondement des dispositions de l'article 1384, alinéa 1er, qui édictent une présomption de responsabilité du fait des choses. Dès lors, un véhicule ayant été endommagé par la chute de pierres provenant d'une voûte, la responsabilité du propriétaire de l'immeuble est engagée en sa qualité de gardien de celui-ci (■ Cass. 2e civ., 22 oct. 2009, n° 08-16.766 : *Bull. civ.* 2009, II, n° 255 ; *Rapp. C. cass.*, p. 410 ; *Resp. civ. et assur.* 2010, comm. 37, obs. L. Bloch ; *Gaz. Pal.* 11 mars 2010, p. 14, obs. M. Mekki ; *D.* 2010, p. 413, note B. Duloum ; *JCP* 2010, n° 16, obs. Bloch ; *RLDC* 2010/67, n° 3673, obs. Bugnicourt ; *RTD civ.* 2010, p. 115, obs. Jourdain, dans un cas où il y avait pourtant ruine du bâtiment mais où la victime n'était pas parvenue à établir un défaut d'entretien ou un vice de construction). L'article 1386 visant spécialement la ruine d'un bâtiment, laquelle suppose la chute d'un élément de construction, les dommages qui n'ont pas été causés dans de telles circonstances peuvent néanmoins être réparés sur le fondement de l'article 1384, alinéa 1er, du même code qui édicte une présomption de responsabilité du gardien d'un bien immeuble (■ Cass. 2e civ., 16 oct. 2008, n° 07-16.967 : *Bull. civ.* II, n° 211 ; *RTD civ.* 2009, p. 128, obs. Jourdain, dans une hypothèse où il y avait eu affaissement de l'ensemble du bâtiment, non caractéristique de la ruine d'un bâtiment).

Jugé, auparavant, qu'en l'absence des conditions prévues par l'article 1386, le propriétaire ne peut être condamné comme gardien sur le fondement de l'article 1384, alinéa 1er (■ Cass. civ., 4 août 1942 : *DC* 1943, 1, note Ripert. – V. en ce sens ■ Cass. 1re civ., 12 juill. 1966 : *JurisData* n° 1966-000423 ; *JCP* 1967, II, 15185, note Dejean de La Batie. ■ Cass. 2e civ., 19 nov. 1997, n° 94-17.758 : *Resp. civ. et assur.* 1998, 75. ■ Cass. 2e civ., 23 janv. 2003, n° 00-15.597 : *JurisData* n° 2003-017463 ; *Resp. civ. et assur.* 2003, 93). L'article 1386 n'exclut pas que les dispositions de l'article 1384, alinéa 1er, soient invoquées à l'encontre du gardien non propriétaire (■ Cass. 2e civ., 23 mars 2000, n° 97-19.991 : *JurisData* n° 2000-001231 ; *Grands arrêts*, nos 197-198 ; *JCP* 2000, II, 10379, note Dagorne-Labbe ; I, 280, n° 22, obs. Viney ; *D.* 2001, p. 586, note Garçon ; *Bull. civ.* II, n° 54, p. 37 ; *RTD civ.* 2000, p. 581, obs. Jourdain. V. sur cet arrêt H. Groutel : *Resp. civ. et assur.* 2000, chron. 16. – V. dans le même sens ■ Cass. 2e civ., 8 févr. 2006, n° 05-13.707 : *JurisData* n° 2006-032138 ; *Resp. civ. et assur.* 2006, 110, note Groutel).

9) Copropriété. Sur le principe que le syndicat de copropriétaires peut être responsable en vertu de l'article 1386, V. ■ Cass. 2e civ., 17 déc. 1997, n° 96-12.260 : *JurisData* n° 1997-005164 ; *JCP* 98, IV, 1347 ; *Bull. civ.* II, n° 323, p. 190 ; *Resp. civ. et assur.* 1998, 75.

CHAPITRE II. – LA RESPONSABILITÉ DU FAIT DES PRODUITS DÉFECTUEUX

Voir : sur la coordination dans le temps des différents régimes de responsabilité pour les dommages causés par un produit défectueux, V. Ph. Stoffel-Munck : *JCP* 2007, I, 185, n° 7. – V. aussi ■ Cass. 1re civ., 24 janv. 2006, n° 03-20.178 : *JurisData* n° 2006-031777 ; *Bull. civ.* I, n° 34 ; *JCP G* 2006, II, 10082, note Grynbaum ; *JCP G*, I, 166, note Stoffel-Munck ; *D.* 2006, p. 1931, obs. Jourdain ; *Resp.*

civ. et assur. 2006, n° 89, note Radé ; *RDC* 2006, 841, obs. Borghetti ; *RTD civ.* 2006, p. 323, obs. Jourdain, qui rappelle que la dir. ne régissant pas les produits mis en circulation avant le 30 juillet 1988, il n'est pas besoin pour ces produits d'interpréter le droit commun à la lumière de la dir..

Bibliographie : J.-S. Borghetti, *La responsabilité du fait des produits, Étude de droit comparé : LGDJ*, 2004. • Y. Dagorne-Labbe, *La loi du 19 mai 1998 relative à la responsabilité du fait des produits défectueux : Defrénois* 1998, 1265. • J. Ghestin, *Le nouveau Titre IV bis du Livre III du C. civ. « De la responsabilité du fait des produits défectueux ». L'application en France de la dir. sur la responsabilité du fait des produits défectueux après l'adoption de la loi n° 98-389 du 19 mai 1998 : JCP* 98, I, 148. • G. Viney, *L'introduction en droit français de la directive européenne du 25 juill. 1985 relative à la responsabilité du fait des produits défectueux : D.* 1998, p. 291. • P. Jourdain, *Commentaire de la loi n° 98-389 du 19 mai 1998 sur la responsabilité du fait des produits défectueux : JCP E* 1998, 1204. • Ph. Malinvaud, *La loi du 19 mai 1998 relative à la responsabilité du fait des produits défectueux et le droit de la construction : D.* 1999, chron. p. 85 et 93. • G. Raymond, *Premières vues sur la loi n° 98-389 du 19 mai 1998 sur la responsabilité du fait des produits défectueux : Contrats, conc. consom.* 1998, chron. 7. • C. Larroumet, *La responsabilité du fait des produits défectueux après la loi du 19 mai 1998 : D.* 1998, p. 311. • G. Viney, *La mise en place du système français de responsabilité des producteurs pour le défaut de sécurité de leurs produits in Mél. J.-L. Aubert : Dalloz*, 2005, 328. • T. Riehm, *Produits défectueux : quel avenir pour les droits communs ? : D.* 2007, p. 2749. • P. Oudot, *L'application et le fondement de la loi du 19 mai 1998 instituant la responsabilité du fait des produits défectueux : les leçons du temps : Gaz. Pal.* 14 nov. 2008, p. 6. • Dossier, *La responsabilité du fait des produits de santé défectueux : RD sanit. soc.* 2008, p. 1007. • L. Bloch, *Pour une autre présentation de la responsabilité du fait des produits de santé : Resp. civ. et assur.* 2009, étude 16. • J.-P. Bugnicourt, J.-S. Borghetti et F. Collart Dutilleul, *Le droit civil de la responsabilité à l'épreuve du droit spécial de l'alimentation : premières questions : D.* 2010, p. 1099. • G. Viney, *Rapport de synthèse. – La responsabilité du fait des produits : Journ. soc.* janv. 2010. • *La responsabilité du fait des produits défectueux, 30 ans après le dir.*, P. Jourdain et A. Guégan-Lécuyer (ss dir.) : *Resp. civ. et assur.* 2016, dossier.

Art. 1245 ***(Créé à compter du 1er octobre 2016, Ord. n° 2016-131, 10 févr. 2016).*** **– Le producteur est responsable du dommage causé par un défaut de son produit, qu'il soit ou non lié par un contrat avec la victime.**

NB : Rappr. art. 1386-1 ancien, p. 1250.

JURISPRUDENCE RELATIVE À L'ARTICLE 1386-1 ANCIEN DEVENU 1245

Vices de fonctionnement. Sur ce que les articles 1386-1 et suivants ne sont pas applicables aux vices de fonctionnement affectant un appareil (imprimante), qui relèvent de la garantie contractuelle, V. ▪ Paris, 14 sept. 2001 : *Resp. civ. et assur.* 2002, 29, note Grynbaum ; *JurisData* n° 2001-154356.

Art. 1245-1 ***(Créé à compter du 1er octobre 2016, Ord. n° 2016-131, 10 févr. 2016).*** **– Les dispositions du présent chapitre s'appliquent à la réparation du dommage qui résulte d'une atteinte à la personne.**

Elles s'appliquent également à la réparation du dommage supérieur à un montant déterminé par décret, qui résulte d'une atteinte à un bien autre que le produit défectueux lui-même.

NB : Rappr. art. 1386-2 ancien, p. 1250.

JURISPRUDENCE RELATIVE À L'ARTICLE 1386-2 ANCIEN DEVENU 1245-1

1) Transposition incorrecte de la directive. *Jugé sous l'empire du droit antérieur à la loi du 9 décembre 2004* qu'en incluant dans l'article 1386-2 les dommages inférieurs à 500 euros, la République française a manqué aux obligations qui lui incombent en vertu de l'article 9, alinéa 1er, *b*, de la directive (▪ CJCE, 25 avr. 2002 : *JurisData* n° 2002-185478 ; *JurisData* n° 2002-185478 ; *JurisData* n° 2002-185478 ; *Contrats, conc. consom.* 2002, 117, note Raymond ; *RTD civ.* 2002, p. 523, obs. Jourdain ; *D.* 2002, p. 2462, note Larroumet. – V. sur cet arrêt et deux autres du même jour G. Viney : *JCP* 2002, I, 177. – J. Calais-Auloy : *D.* 2002, Chron., p. 2458).

2) Application dans le temps de la loi du 9 décembre 2004. Les dispositions de l'article 29, I de la loi du 9 décembre 2004 sont applicables aux produits dont la mise en circulation est postérieure à la date d'entrée en vigueur de la loi n° 98-389 du 19 mai 1998 relative à la responsabilité du fait des produits défectueux, même s'ils ont fait l'objet d'un contrat antérieur. Toutefois, elles ne s'appliquent pas aux litiges ayant donné lieu à une décision de justice définitive à la date de publication de la présente loi (art. 29-II).

3) Application dans l'espace de la loi du 9 décembre 2004. Les dispositions de l'article 29 de la loi du 9 décembre 2004 sont applicables à Mayotte, en Nouvelle-Calédonie, dans les îles Wallis-et-Futuna et dans les Terres australes et antarctiques françaises (art. 29-III).

4) Franchise de 500 euros. Viole l'article 9, 1er alinéa, sous *b*, de la directive n° 85/374/CEE du 25 juillet 1985 le juge d'instance qui ne tient pas compte de la franchise de 500 euros pour fixer le montant de la réparation (■ Cass. 1re civ., 3 mai 2006, n° 04-10.994 ; *Bull. civ.* I, n° 208 ; véhicule volé à la suite d'une défaillance du système de fermeture du coffre).

5) Indemnisation des dommages causés à un bien destiné à un usage professionnel. La réparation des dommages causés à une chose destinée à l'usage professionnel et utilisée pour cet usage ne relève pas du champ d'application de la directive n° 85/374 ; par conséquent cette directive n'empêche pas un État membre de prévoir un régime de responsabilité correspondant à celui instauré par ladite directive pour réparer ce type de dommage et la directive doit être interprétée en ce sens qu'elle ne s'oppose pas à l'interprétation d'un droit national ou à l'application d'une jurisprudence interne établie selon lesquelles la victime peut demander réparation du dommage causé à un bien destiné à un usage professionnel, dès lors que la victime rapporte seulement la preuve du dommage, du défaut du produit et du lien de causalité entre ce défaut et ce dommage (■ CJCE, 4 juin 2009, aff. C-285/08 : *JurisData* n° 2009-007423 ; *JCP* 2009, n° 25, 26, obs. Picod ; *JCP* 2009, n° 27, 82, note Jourdain ; *JCP*, n° 38, 248, n° 5, obs. Stoffel-Munck ; *RDC* 2009/4, 1381, obs. Viney ; *RTD civ.* 2009, p. 738, obs. P. Jourdain ; *D.* 2009, p. 1731, note Borghetti et 2047, note J. Rochfeld ; *Gaz. Pal.* 28 août 2009, p. 4, obs. Oudot). Sur la question préjudicielle posée à la CJCE, V. ■ Cass. com., 24 juin 2008, n° 07-11.744 : *JurisData* n° 2008-044535 ; *D.* 2008, p. 1895, obs. Gallmeister ; *D.* 2008, p. 2318, note Borghetti ; *JCP G* 2008, I, 186, obs. Stoffel-Munck. Sur l'application de la réponse à la question préjudicielle, V. ■ Cass. com., 26 mai 2010, n° 07-11.744 : *RDC* 2010/4, 1262, obs. S. Carval ; *Resp. civ. et assur.* 2010, comm. 257, obs. S. Hocquet-Berg, qui, s'appuyant sur ce que les dommages causés à un bien professionnel ne relèvent pas du champ d'application de la directive, en déduit que l'obligation de sécurité peut jouer en cas d'atteinte à un bien professionnel. S'il résulte de la jurisprudence de la CJUE que la réparation des dommages causés à une chose destinée à l'usage professionnel et utilisée pour cet usage ne relève pas du champ d'application de la directive du 25 juillet 1985, la même directive s'applique, en *revanche*, au producteur d'un produit affecté d'un défaut, quelle que soit la destination, privée ou professionnelle, de l'usage de ce produit. Dans une hypothèse où le sinistre provenait d'un défaut affectant les essieux de semi-remorques, est justifiée la décision de la cour d'appel, qui n'était pas saisie d'un moyen fondé sur le caractère professionnel de l'usage auquel étaient destinés les véhicules et marchandises endommagés, d'engager la responsabilité du seul producteur et de mettre hors de cause le vendeur des camions et le vendeur des essieux, peu important que les essieux défectueux aient été destinés à un usage professionnel. Les juges du fond auraient dû en revanche rechercher si la responsabilité des vendeurs ne pouvait pas être engagée sur le fondement de la garantie des vices cachés (■ Cass. 1re civ., 11 janv. 2017, n° 16-11.726 : *D.* 2017, p. 626, Borghetti ; *JCP G* 2017, doctr. 1174, obs. Stoffel-Munck ; *RTD civ.* 2017, p. 415, Jourdain ; *D.* 2018, p. 35, Gout). – V. sur cette question, L. Bloch, *La responsabilité du fait des produits défectueux et les dommages subis par des choses destinées à l'usage professionnel et utilisées pour cet usage : Resp. civ. et assur.* 2017, étude 3.

6) Atteinte à la personne. Risque de dommage. Le dommage causé par une opération chirurgicale de remplacement d'un produit défectueux, tel un simulateur cardiaque ou un défibrillateur automatique implantable, constitue un dommage causé par la mort ou par des lésions corporelles, au sens de la directive, dommage dont le producteur est responsable, lorsque cette opération est nécessaire pour éliminer le défaut du produit considéré (■ CJUE, 5 mars 2015, aff. C-503/13 et C-504/13 : *RDC* 2015, 466, note Viney ; *D.* 2015, p. 1247, note Borguetti ; *D.* 2016, p. 35, obs. Brun ; *RTD civ.* 2015, p. 407, obs. Jourdain ; *JCP* 2015, 543, Grynbaum ; *JCP*, doctr. 1409, n° 4, obs. Bacache). – Comp., *contra*, ■ Cass. 1re civ., 19 déc. 2006, nos 05-15.719 et 05-15.721 : *D.* 2007, p. 2897, obs. Brun, rejetant l'action contre le fabricant de sondes cardiaques, le préjudice n'était qu'éventuel.

7) Atteinte à un bien autre que le produit défectueux. Sur l'admission de la réparation du préjudice résultant de la mévente des bouteilles défectueuses, au motif que le défaut affectant les bouteilles (défaut pouvant provoquer l'apparition de débris de verre) affectait aussi le vin qu'elles devaient contenir et que la mévente était consécutive au caractère impropre à la consommation du vin, V. ■ Cass. 1re civ., 1er juill. 2015, n° 14-18.391 : *RDC* 2015/4, 852, note Borghetti ; *JCP* 2015, doctr., 1409, n° 4, obs. Bacache ; *Contrats, conc. consom.* 2015, comm. 251, Leveneur ; *Resp. civ. et assur.* 2015, comm. 295, Bloch ; *D.* 2015, p. 2227, note Girard. – Comp., ■ Cass. 1re civ., 14 oct. 2015, n° 14-13.847 : *RDC* 2016/2, 228, note Knetsh ; *Resp. civ. et assur.* 2016, comm. 20, Groutel ; *Gaz. Pal.* 19 janv. 2016, p. 35, obs. Gerry-Vernières, rappelant que le régime de la responsabilité du fait des produits défectueux ne s'applique pas à la réparation du dommage qui résulte d'une atteinte au produit défectueux lui-même (remise en état du bateau défectueux, perte de loyers et préjudice de jouissance).

Art. 1245-2 *(Créé à compter du 1er octobre 2016, Ord. n° 2016-131, 10 févr. 2016).* **– Est un produit tout bien meuble, même s'il est incorporé dans un immeuble, y compris les produits du sol, de l'élevage, de la chasse et de la pêche. L'électricité est considérée comme un produit.**

NB : Rappr. art. 1386-3 ancien, p. 1250.

Art. 1245-3 *(Créé à compter du 1er octobre 2016, Ord. n° 2016-131, 10 févr. 2016).* **– Un produit est défectueux au sens du présent chapitre lorsqu'il n'offre pas la sécurité à laquelle on peut légitimement s'attendre.**

Dans l'appréciation de la sécurité à laquelle on peut légitimement s'attendre, il doit être tenu compte de toutes les circonstances et notamment de la présentation du produit, de l'usage qui peut en être raisonnablement attendu et du moment de sa mise en circulation.

Un produit ne peut être considéré comme défectueux par le seul fait qu'un autre, plus perfectionné, a été mis postérieurement en circulation.

NB : Rappr. art. 1386-4 ancien, p. 1250.

JURISPRUDENCE RELATIVE À L'ARTICLE 1386-4 ANCIEN DEVENU 1245-3

1) Produits pharmaceutiques. Jugé, sous l'empire du droit antérieur à la loi du 19 mai 1998, que la responsabilité d'un laboratoire pharmaceutique ne peut être engagée, sur le fondement d'un manquement à l'obligation de sécurité, que si, au regard des circonstances et notamment de la présentation du produit, de l'usage que le public peut raisonnablement en attendre, du moment de sa mise en circulation et de la gravité des effets nocifs constatés, le produit est défectueux (■ Cass. 1re civ., 5 avr. 2005, n° 02-11.947 : *JurisData* n° 2005-027915 ; *JCP G* 2005, I, 149, obs. Viney ; *JCP G* 2005, II, 10085, note Grynbaum ; *RTD civ.* 2005, p. 607, obs. Jourdain ; *D.* 2006, p. 1938, obs. Brun). Comp. ■ Cass. 1re civ., 24 janv. 2006 : *Resp. civ. et assur.* 2006, 91, note Radé ; *JCP* 2006, II, 10082 note Grynbaum ; *Contrats, conc. consom.* 2006, 77, note Leveneur ; *JCP* 2006, I, 166, obs. Stoffel-Munck), qui ne fait plus référence à la gravité des effets nocifs constatés. Le défaut d'un produit, au sens des articles 1386-1 et suivants, s'apprécie en tenant compte de toutes les circonstances, et notamment de sa présentation (défaut déduit du fait que, si la notice d'utilisation du produit, remise aux seuls médecins, mentionnait le risque d'effets indésirables tels que ceux survenus, la plaquette d'information, communiquée préalablement à la patiente, n'en faisait aucun état, malgré leur présence dans la littérature médicale et leur incidence sur un éventuel renoncement de la patiente aux soins) ■ Cass. 1re civ., 22 nov. 2007, n° 06-14.174 : *JCP* 2008, I, 125, obs. Stoffel-Munck ; *Resp. civ. et assur.* 2008, 30, note C. Radé ; *Contrats, conc. consom.* 2008, 64, note Leveneur ; *RDC* 2008, 306, obs. Borghetti. – Dans le même sens, ■ Cass. 1re civ., 25 juin 2009, nos 08-12.632, 08-14.197 et 08-20.706 : *RDC* 2010/2, 619, obs. J.-S. Borghetti. Sur le lien entre le défaut d'information et le caractère défectueux du produit. – V. aussi ■ Cass. 1re civ., 22 mai 2008, n° 06-14.952 : *JurisData* n° 2008-044123 ; *JCP* 2008, I, 186, n° 6 ; *JCP* 2008, II, 10131, obs. Grynbaum ; *RDC* 2008, 1186, obs. Borghetti ; *Resp. civ. et assur.* 2008, n° 8, note Radé ; *RTD civ.* 2008, p. 492, note Jourdain, qui reproche aux juges du fond, qui avaient constaté que le dictionnaire Vidal faisait état de l'effet indésirable produit, de n'avoir pas recherché si, à l'époque, la présentation du vaccin mentionnait l'existence de ce risque (vaccin contre l'hépatite B et sclérose en plaques). Dans le même sens, ■ Cass. 1re civ., 9 juill. 2009, n° 08-11.073 : *Bull. civ.* I, n° 176 ; *RDC* 2010/1, 79, obs. Borghetti. – C. Radé, *Vaccination antihépatite B et sclérose en plaques : première condamnation d'un laboratoire : Resp. civ. et assur.* oct. 2009, étude 13 ; *Contrats, conc. consom.* 2009, comm. 262, obs. Leveneur ; *RTD civ.* 2009, p. 723 et 735, obs. Jourdain ; *JCP* 2009, n° 41, 308, note Sargos ; *JCP* 2010, doctr. 456, n° 10, obs. Stoffel-Munck ; *D.* 2010, p. 50, obs. Brun ; *D.* 2010, p. 392, chron. G. Viney ; *JCP E* 2010, p. 22, étude Daille-Duclos ; *LPA* 4 déc. 2009, 7, note Dupont ; *Dr. famille* 2009, comm. 135, obs. Julien ; *Gaz. Pal.* 13 août 2009, p. 9, avis Legoux), qui déduit le caractère défectueux du vaccin (contre l'hépatite B) du fait que la notice de présentation du produit ne contenait, à l'époque, aucune information relative au risque de développement d'une sclérose en plaques, alors que le dictionnaire Vidal et la notice actuelle de présentation du vaccin font mention de ce risque.

Les mentions figurant sur la notice d'un médicament sur les effets secondaires de celui-ci ne suffisent pas à exclure la possibilité que ce produit soit considéré comme défectueux en raison d'un bilan bénéfices/risques négatif (■ Cass. 1re civ., 26 sept. 2018, n° 17-21.271 ; *RDC* 2019/1, 45, Viney ; *JCP G* 2018, 1337, note J.-S. Borghetti ; *Resp. civ. et assur.*, 2018 comm. 3017, L. Bloch).

Le caractère non défectueux du produit (vaccin contre l'hépatite B) ne peut en revanche se déduire du seul rapport bénéfice/risque de la vaccination, les juges du fond devant rechercher si les circonstances particulières de l'espèce (absence d'antécédents familiaux et proximité temporelle du vaccin et de la maladie) n'étaient pas de nature à constituer des présomptions graves précises et concordantes de nature à établir le caractère défectueux des trois doses administrées à l'intéressé (■ Cass. 1re civ., 26 sept. 2012, n° 11-17.738 : *Bull. civ.* I, 187 ; *JCP G* 2013, doctr. 484, obs. Stoffel-Munck ; *JCP G* 2012, note 1199, Quézel-Ambrunaz ; *D.* 2012, p. 2376, obs. Radé ; *D.* 2012, p. 2853, Borghetti ; *D.* 2013, p. 49, obs. Brun ; *Rev. Lamy dr. civ.* déc. 2012, 4888, Gout ; *Resp. civ. et assur.* 2012, comm. 350, Hoquet-Berg ; *Contrats, conc. consom.* 2012, comm. 273, obs. Leveneur). Dans le même sens ■ Cass. 1re civ., 10 juill. 2013, n° 12-21.314 : *Bull. civ.* I, n° 157 ; *RDC* 2014/1, 37, obs. Viney ; *RTD civ.* 2013, p. 852, obs. Jourdain ; *D.* 2013, p. 2306, avis C. Mellottée, 2312, note Brun, et 2315, note Borghetti ; *D.* 2014, p. 47, obs. Gout ; *JCP* 2013, 1012, obs. B. Parance. Comp. ■ Cass. 1re civ., 29 mai 2013, n° 12-20.903 : *Bull. civ.* I, n° 116 ; *D.* 2013, p. 1717, note Borghetti ; *D.* 2013, p. 1723, note Brun ; *JCP* 2013, doctr. 1291, obs. Stoffel-Munck ; *RTD civ.* 2013, p. 625, Jourdain ; *RTD com.* p. 797, Bouloc ; *LPA* 30 oct. 2013, 18, note Lemaire ; *D.* 2014, p. 47, obs. Gout (prise en compte du rapport bénéfice/risque et des circonstances particulières pour refuser d'admettre le défaut et le lien de causalité). V. refusant d'admettre le caractère défectueux du vaccin contre l'hépatite B, ■ Cass. 1re civ., 18 oct. 2017, n° 15-20.791 : *D.* 2018, p. 35, Quézel-Ambrunaz ; *JCP G* 2017, 1220, note Viney ; *JCP G* 2018, doctr. 262, Bacache ; *Gaz. Pal.* 16 janv. 2018, p. 33, obs. Blanc.

2) Défaut de présentation du produit. Justifie sa décision de retenir la responsabilité d'un fournisseur de béton du fait d'un produit défectueux la cour d'appel qui relève, outre la non-communication par le fournisseur de la composition exacte du béton livré ayant causé des brûlures à l'acheteur, l'insuffisance de l'information quant aux précautions à prendre pour utiliser le béton (■ Cass. 1re civ., 7 nov. 2006 : *JurisData* n° 2006-035759 ; *Contrats, conc. consom.* 2007, 60, note Raymond ; *Contrats, conc. consom.*2007, 64, note Leveneur). Constitue un produit défectueux la bouteille de gaz propane utilisée pour alimenter une gazinière fonctionnant au gaz butane et qui a explosé, dès lors qu'en l'absence de connectique spécifique qui rendrait impossible l'alimentation par une bouteille de gaz propane d'une installation fonctionnant au gaz butane, un utilisateur pouvait ne pas se rendre compte de l'erreur commise, lors de l'échange d'une bouteille vide contre une pleine, ce dont il résulte que la sécurité d'un utilisateur autre que l'acheteur de l'installation, qui n'a pas nécessairement eu accès à la notice d'information du contrat de consignation, n'était pas assurée (■ Cass. 1re civ., 4 févr. 2015, n° 13-19.781 : *Gaz. Pal.* 29 mars 2015, p. 8, obs. Oudot ; *RDC* 2015, 464, obs. Viney ; *JCP* 2015, doctr. 1409, obs. Bacache ; *Contrats, conc. consom.* 2015, comm. 109, Leveneur).

3) Implication du produit. La seule implication du produit dans la réalisation du dommage ne suffit pas à établir son défaut (■ Cass. 1re civ., 22 oct. 2009, n° 08-15.171 : *RDC* 2010/2, 619, obs. Borghetti ; *Contrats, conc. consom.* 2010, n° 2, p. 37 ; obs. Raymond : causes cumulatives de dommages subis par une vigne). – Dans le même sens ; ■ Cass. 1re civ., 27 juin 2018, n° 17-17469 ; *Contrats, conc. consom.* 2018, comm. 171 ; *Resp. civ. et assur.* 2018, comm. 253, L. Bloch : la simple imputabilité du dommage au produit incriminé ne suffit pas à établir son défaut ni le lien de causalité entre ce défaut et le dommage. Mais la participation du produit à la survenance du dommage est un préalable implicite, nécessaire à l'exclusion éventuelle d'autres causes possibles de la maladie, pour la recherche de la défectuosité du produit et du rôle causal de cette défectuosité (■ Cass. 1re civ., 29 mai 2013, n° 12-20.903, cité *supra*, note 1, vaccin contre l'hépatite B et sclérose en plaques).

4) Autorisation administrative de délivrer le produit. Un produit peut être défectueux alors même qu'il a fait l'objet d'un certificat de libre vente (■ Cass. 1re civ., 25 juin 2009, n° 08-14.197 et 08-20.706 : *RDC* 2010/2, 619, obs. Borghetti).

5) Défaut potentiel affectant une série de produits. Le constat d'un défaut potentiel des produits appartenant au même groupe ou relevant de la même série de production (défauts potentiels de défibrillateurs et stimulateurs cardiaques) permet de qualifier de défectueux un produit sans qu'il soit besoin de constater dans ce produit ledit défaut (■ CJUE, 5 mars 2015, aff. C-503/13 et C-504/13 : cité *supra* ss C. civ., art. 1386-2).

6) Connaissance des risques lors de la mise en circulation (non). La constatation, par le juge, du défaut d'un produit, à la suite de la mise en évidence de risques graves liés à son utilisation que ne justifie pas le bénéfice qui en est attendu, n'implique pas que le producteur ait eu connaissance de ces risques lors de la mise en circulation du produit ou de sa prescription (Mediator : ■ Cass. 1re civ., 25 févr. 2016, n° 15-11.257 : *Contrats, conc. consom.* 2016, comm. 111, Leveneur ; *RTD civ.* 2016, p. 386, obs. Ph. Jourdain ; *D.* 2017, p. 24, obs. Ph. Brun).

Art. 1245-4 ***(Créé à compter du 1er octobre 2016, Ord. n° 2016-131, 10 févr. 2016).*** **– Un produit est mis en circulation lorsque le producteur s'en est dessaisi volontairement.**

Un produit ne fait l'objet que d'une seule mise en circulation.

NB : Rappr. art. 1386-5 ancien, p. 1250.

JURISPRUDENCE RELATIVE À L'ARTICLE 1386-5 ANCIEN DEVENU 1245-4

1) Produit fabriqué par un hôpital. Un produit défectueux est mis en circulation lorsqu'il est utilisé à l'occasion d'une prestation de service concrète, de nature médicale, consistant à préparer un organe humain en vue de sa transplantation et que le dommage causé à celui-ci est consécutif à cette préparation (■ CJCE, 10 mai 2001, aff. C-203/99 : *JurisData* n° 2001-300018 ; *D.* 2001, p. 3065, note Kayser ; *JCP* 2002, II, 10141, note Gaumont-Prat ; *RTD civ.* 2001, p. 898, obs. Jourdain, et 988, obs. Raynard).

2) Définition. Un produit est mis en circulation lorsqu'il est sorti du processus de fabrication mis en œuvre par le producteur et qu'il est entré dans le processus de commercialisation dans lequel il se trouve dans l'état offert au public aux fins d'être utilisé ou consommé (■ CJCE, 9 févr. 2006, aff. C-415/04 : *JurisData* n° 2006-400057 ; *JCP* 2006, I, 166, obs. Stoffel-Munck ; *D.* 2006, p. 1937, obs. Brun et 1261, obs. Nourissat ; *JCP* 2006, II, 10083, note J.-C. Zarka).

3) Filiale. Lorsque le produit est transféré par un producteur à sa filiale de distribution, puis vendu à un tiers, il incombe aux juridictions nationales de déterminer, au vu des circonstances de l'espèce, si les liens entre le producteur et le distributeur sont suffisamment étroits pour que le transfert de l'un à l'autre n'emporte pas mise en circulation du produit (■ CJCE, 9 févr. 2006, préc. n° 1).

4) Produit fabriqué en série. Sur ce que la mise en circulation ne résulte pas de l'autorisation de mise sur le marché mais du dessaisissement de l'exemplaire du produit qui a causé le dommage, V. ■ Cass. ch. mixte, 7 juill. 2017, n° 15-25.651 : *D.* 2017, p. 1800, note M. Bacache ; *D.* 2018, p. 35, obs. Gout ; *JCP G* 2017, 926, note C. Quézel-Ambrunaz et doctr. 1174, n° 4, obs. Stoffel-Munck ; *RDC* 2017, obs. J.-S. Borghetti, 594 ; *Contrats, conc. consom.* 2017, comm. 219, Leveneur. – V. aussi, ■ Cass. 1re civ., 20 sept. 2017, n° 16-19.643 : *Contrats. conc. consom.* 2018, comm. 2, Leveneur, ; *D.* 2017, p. 2279, note Sudre et 2284, Viney ; *JCP G* 2017, note 1186, Borghetti qui, concernant la mise en œuvre de l'exonération pour risque de développement, décide que la date de mise en circulation du produit qui a causé le dommage s'entend, dans le cas de produits fabriqués en série, de la date de commercialisation du lot dont il faisait partie (Mediator).

Art. 1245-5 ***(Créé à compter du 1er octobre 2016, Ord. n° 2016-131, 10 févr. 2016).*** **– Est producteur, lorsqu'il agit à titre professionnel, le fabricant d'un produit fini, le producteur d'une matière première, le fabricant d'une partie composante.**

Est assimilée à un producteur pour l'application du présent chapitre toute personne agissant à titre professionnel :

1° Qui se présente comme producteur en apposant sur le produit son nom, sa marque ou un autre signe distinctif ;

2° Qui importe un produit dans la Communauté européenne en vue d'une vente, d'une location, avec ou sans promesse de vente, ou de toute autre forme de distribution.

Ne sont pas considérées comme producteurs, au sens du présent chapitre, les personnes dont la responsabilité peut être recherchée sur le fondement des articles 1792 à 1792-6 et 1646-1.

NB : Rappr. art. 1386-6 ancien, p. 1250. Le présent article reprend les dispositions de l'ancien article 1386-6, abrogé par l'ordonnance *n° 2016-131 du 10 février 2016. Toutefois, antérieurement à cette abrogation* l'art. 1386-6 avait été complété par la loi n° 2016-138 du 11 février 2016 d'un "3°" ainsi rédigé : « 3° Qui fait don d'un produit vendu sous marque de distributeur en tant que fabricant lié à une entreprise ou à un groupe d'entreprises, au sens de l'article L. 112-6 du Code de la consommation. » Il faudrait vraisemblablement lire le présent article complété par ce 3°.

JURISPRUDENCE RELATIVE À L'ARTICLE 1386-6 ANCIEN DEVENU 1245-5

1) Importation interne à l'Union européenne ; Étiquetage imposé. Il ne résulte pas de l'article 1386-6, 2° du Code civil que l'assimilation d'un importateur à un producteur soit limitée au seul importateur de produits en provenance de pays tiers, dès lors que l'article 1386-6, 2° n'est pas exclusif de l'article 1386-6, 1°, de sorte que la cour d'appel a considéré à bon droit que ce texte n'excluait pas de son champ d'application l'importateur parallèle commercialisant un produit au titre d'une autorisation de mise sur le marché simplifiée ; la directive du 25 juillet 1985 prévoit, en son article 3, paragraphe 1, que le terme « producteur » désigne toute personne qui se présente comme producteur en apposant sur le produit son nom, sa marque ou un autre signe distinctif, sans opérer de distinction selon que cet étiquetage est volontaire ou imposé par la législation de l'État membre dans lequel le produit est commercialisé (▪ Cass. 1re civ., 4 juin 2014, n° 13-13.548 : *Bull. civ.* I, n° 105 ; *Rev. contrats* 2014/4, 613, obs. Borghetti ; *Gaz. Pal.* 2014, p. 24, obs. Noguéro).

2) **Nouvelle-Calédonie.** Une société qui importe un produit en Nouvelle-Calédonie ne peut être assimilée à un producteur, au sens de l'article 1386, 2°, dès lors que la Nouvelle-Calédonie, qui est au nombre des pays et territoires d'outre-mer faisant l'objet du régime spécial d'association à l'Union européenne défini dans la quatrième partie du Traité sur le fonctionnement de l'Union européenne, ne fait pas partie de l'Union et se trouve à son égard dans la même situation qu'un pays tiers, peu important que la loi n° 98-389 du 19 mai 1998 soit applicable en Nouvelle-Calédonie (▪ Cass. 1re civ., 4 juin 2004, n° 12-29.848).

Art. 1245-6 *(Créé à compter du 1er octobre 2016, Ord. n° 2016-131, 10 févr. 2016).* **– Si le producteur ne peut être identifié, le vendeur, le loueur, à l'exception du crédit-bailleur ou du loueur assimilable au crédit-bailleur, ou tout autre fournisseur professionnel, est responsable du défaut de sécurité du produit, dans les mêmes conditions que le producteur, à moins qu'il ne désigne son propre fournisseur ou le producteur, dans un délai de trois mois à compter de la date à laquelle la demande de la victime lui a été notifiée.**

Le recours du fournisseur contre le producteur obéit aux mêmes règles que la demande émanant de la victime directe du défaut. Toutefois, il doit agir dans l'année suivant la date de sa citation en justice.

NB : Rappr. art. 1386-7 ancien, p. 1251.

JURISPRUDENCE RELATIVE À L'ARTICLE 1386-7 ANCIEN DEVENU 1245-6

1) **Défaut d'étanchéité d'un pneu.** Sur la responsabilité du revendeur d'un pneu pour défaut d'étanchéité de celui-ci, V. ▪ Toulouse, 7 nov. 2000, n° 1999/03960 : *JurisData* n° 2000-135125 ; *Resp. civ. et assur.* 2001, 199, note Grynbaum.

2) **Transposition incorrecte de la directive.** Jugé sous l'empire du droit antérieur aux lois du 9 décembre 2004 et 5 avril 2006 qu'en considérant, à l'article 1386-7, alinéa 1er, que le distributeur d'unproduit défectueux est responsable dans tous les cas et au même titre que le producteur, la République française a manqué aux obligations qui lui incombent en vertu de l'article 3, § 3, de la directive (▪ CJCE, 25 avr. 2002 : *Contrats, conc. consom.* 2002, 117, note Raymond. – V. sur cet arrêt et deux autres du même jour G. Viney : *JCP* 2002, I, 177). – V. aussi, sous l'empire du droit antérieur à la loi du 5 avril 2006, ▪ CJCE, 14 mars 2006 : *RDC* 2006, 837, obs. Borghetti ; *JCP G* 2006, I, 166, obs. Stoffel-Munck ; *D.* 2006, p. 1938, obs. Brun et 1262, obs. Nourissat), qui condamne de nouveau la France pour transposition incorrecte de l'article 3, § 3 de la directive. Pour une condamnation du Danemark, V. ▪ CJCE, 5 juill. 2007 : *RDC* 2008, 306, obs. Borghetti, qui décide qu'en adoptant et maintenant des dispositions qui rendent les fournisseurs intermédiaires intervenant dans la *chaîne de distribution responsables* aux mêmes conditions que le producteur, le royaume du Danemark a manqué aux obligations qui lui incombent en vertu de l'article 3, § 3 de la directive.

3) **Application dans le temps de la loi du 9 décembre 2004.** Les dispositions de l'article 29, I de la loi du 9 décembre 2004 sont applicables aux produits dont la mise en circulation est postérieure à la date d'entrée en vigueur de la loi n° 98-389 du 19 mai 1998 relative à la responsabilité du fait des produits défectueux, même s'ils ont fait l'objet d'un contrat antérieur. Toutefois, elles ne s'appliquent pas aux litiges ayant donné lieu à une décision de justice définitive à la date de publication de la présente loi (art. 29, II).

4) **Application dans l'espace de la loi du 9 décembre 2004.** Les dispositions de l'article 29 de la loi du 9 décembre 2004 sont applicables à Mayotte, en Nouvelle-Calédonie, dans les îles Wallis-et-Futuna et dans les Terres australes et antarctiques françaises (art. 29, III).

5) **Interprétation du droit interne à la lumière du droit communautaire.** Ayant relevé que la société de vente par correspondance n'était que le fournisseur de l'appareil et non son fabricant, la cour d'appel, par application des méthodes reconnues par le droit national, n'a fait qu'interpréter, comme cela lui incombait, l'article 1147 du Code civil à la lumière de la directive n° 85/374/CEE du Conseil, du 25 juillet 1985, relative au rapprochement des dispositions législatives, réglementaires et administratives des États membres en matière de responsabilité du fait des produits défectueux, en vue d'atteindre le résultat recherché par la norme communautaire, dans un litige relevant du domaine d'application de cette directive, non encore transposée, et né de faits postérieurs à l'expiration du délai de transposition. Elle a décidé à bon droit que l'action en responsabilité contractuelle fondée sur le texte de droit interne, ainsi exactement interprété, était irrece-

vable à l'encontre du fournisseur (▪ Cass. 1re civ., 15 mai 2007, n° 05-17.947 : *RDC* 2007/4, p. 1147, obs. Borghetti ; *JCP* 2007, I, 185, obs. Stoffel-Munck ; *Contrats, conc. consom.* 2007, 233, note Leveneur). – Rappr. ▪ Grenoble, 11 juin 2008 : *JurisData* n° 2008-367886 ; *RDC* 2009/2, 542, obs. Borghetti, qui refuse à une victime la possibilité d'agir, sur le fondement de l'article 1382 du Code civil, contre son fournisseur non producteur car elle n'établit aucune faute distincte du défaut de sécurité du produit.

6) **Assignation de la filiale du producteur.** Si la procédure a été engagée en temps utile contre la filiale de distribution du fabricant, que ce dernier contrôle à 100 %, une substitution de partie peut être obtenue alors même que dix ans se seraient écoulés depuis la mise en circulation (▪ CJUE, 2 déc. 2009, aff. C-358/08 : *JurisData* n° 2009-021257 ; *JCP* 2010, 268, note Christianos ; *JCP*, doctr. 456, obs. Stoffel-Munck ; *D.* 2010, p. 624, note Borghetti).

7) **Recours contre le fabricant d'une partie composante.** Le recours prévu à l'article 1386-7 du Code civil est réservé au fournisseur dont la responsabilité de plein droit a été engagée en raison du défaut d'identification du producteur. Dès lors le fabricant d'une prothèse de hanche défectueuse, qui n'a pas la qualité de fournisseur du produit défectueux mais celle de producteur, n'est pas recevable à exercer ce recours contre le fabricant de la tête de prothèse, producteur d'une partie composante de celle-ci (▪ Cass. 1re civ., 15 mars 2017, n° 15-27.740 : *JCP* 2017, 466, note Borghetti).

8) **Professionnels de santé. Exclusion du domaine de la directive.** La responsabilité des prestataires de services de soins, qui ne peuvent être assimilés à des distributeurs de produits ou dispositifs médicaux et dont les prestations visent essentiellement à faire bénéficier les patients des traitements et techniques les plus appropriés à l'amélioration de leur état, ne relève pas, hormis le cas où ils en sont eux-mêmes les producteurs, du champ d'application de la directive ; leur responsabilité ne peut dès lors être recherchée que pour faute lorsqu'ils ont recours aux produits, matériels et dispositifs médicaux nécessaires à l'exercice de leur art ou à l'accomplissement d'un acte médical, pourvu que soit préservée leur faculté et/ou celle de la victime de mettre en cause la responsabilité du producteur sur le fondement de ladite directive lorsque se trouvent remplies les conditions prévues par celle-ci (▪ Cass. 1re civ., 12 juill. 2012, n° 11-17.510 : *Bull. civ.* I, n° 165 ; *JCP G* 2012, note 1036, Sargos ; *JCP G* 2013, doctr. 484, obs. Bloch ; *Resp. civ. et assur.* 2012, étude 8, Hocquet-Berg ; *D.* 2012, p. 2277, note Bacache ; *D.* 2013, p. 40, obs. Gout ; *RTD civ.* 2012, p. 737, obs. Jourdain ; *RDC* 2013/1, 111, note Viney). Comp. ▪ CJUE, gr. ch., 21 déc. 2011, aff. C-495/10, *CHU Besançon c/ Dutrueux* : *D.* 2012, p. 926, note J.-S. Borghetti ; *RTD civ.* 2012, p. 329, obs. Jourdain : la responsabilité d'un prestataire de services qui utilise, dans le cadre d'une prestation de services telle que des soins dispensés en milieu hospitalier, des appareils ou des produits défectueux dont il n'est pas le producteur et cause, de ce fait, des dommages au bénéficiaire de la prestation ne relève pas du champ d'application de cette directive. – *Adde*, maintenant le principe d'une responsabilité sans faute des établissements publics hospitaliers, ▪ CE, 25 juill. 2013, n° 339922, *Falempin* : *JCP* 2013, 1079, note Paillard et doctr. 1359, obs. Eveillard ; *D.* 2013, p. 2438, note M. Bacache ; *D.* 2014, p. 47, obs. Gout ; *AJDA* 2013, p. 1597, et 1972, chron. X. Domino et A. Bretonneau. – L. Bloch, *Produits de santé défectueux, désordre au sommet des ordres : Resp. civ. et assur.* 2014, étude 1 : l'interprétation donnée par la Cour de justice de la directive du 25 juillet 1985 ne fait pas obstacle à l'application du principe selon lequel, sans préjudice des actions susceptibles d'être exercées à l'encontre du producteur, le service public hospitalier est responsable, même en l'absence de faute de sa part, des conséquences dommageables pour les usagers de la défaillance des produits et appareils de santé qu'il utilise, ce principe trouvant notamment à s'appliquer lorsque le service public hospitalier implante, au cours de la prestation de soins, un produit défectueux dans le corps d'un patient (prothèse du genou).

Art. 1245-7 ***(Créé à compter du 1er octobre 2016, Ord. n° 2016-131, 10 févr. 2016).*** **– En cas de dommage causé par le défaut d'un produit incorporé dans un autre, le producteur de la partie composante et celui qui a réalisé l'incorporation sont solidairement responsables.**

NB : Rappr. art. 1386-8 ancien, p. 1251.

JURISPRUDENCE RELATIVE À L'ARTICLE 1386-8 ANCIEN DEVENU 1245-7

1) **Contribution à la dette.** En application de l'article 1386-8, le fabricant d'une tête en céramique incorporée dans une prothèse de hanche et le fabricant de ladite prothèse sont solidairement responsables. Dans leurs rapports entre eux, la contribution à la dette ne relève pas du champ d'application de la directive mais du droit interne, qui prévoit, en l'absence de faute, une répartition à parts égales entre les coobligés

(■ Cass. 1re civ., 26 nov. 2014, n° 13-18.819 : *RDC* 2015/2, 252, note Viney ; *Resp. civ. et assur.* 2015, 58, note Bloch ; *D.* 2015, p. 405, note Borghetti ; *Gaz. Pal.* 2015, p. 19, note Jaouen ; *JCP* 2015, doctr. 740, obs. Bloch).

2) Exclusion de l'article 1386-7. Le recours prévu à l'article 1386-7 du Code civil est réservé au fournisseur dont la responsabilité de plein droit a été engagée en raison du défaut d'identification du producteur. Dès lors le fabricant d'une prothèse de hanche défectueuse, qui n'a pas la qualité de fournisseur du produit défectueux mais celle de producteur, n'est pas recevable à exercer ce recours contre le fabricant de la tête de prothèse, producteur d'une partie composante de celle-ci (■ Cass. 1re civ., 15 mars 2017, n° 15-27.740).

Art. 1245-8 ***(Créé à compter du 1er octobre 2016, Ord. n° 2016-131, 10 févr. 2016).*** **– Le demandeur doit prouver le dommage, le défaut et le lien de causalité entre le défaut et le dommage.**

NB : Rappr. art. 1386-9 ancien, p. 1251.

JURISPRUDENCE RELATIVE À L'ARTICLE 1386-9 ANCIEN DEVENU 1245-8

1) Responsabilité du fabricant d'un vaccin ou d'un médicament. Preuve du lien de causalité par des présomptions graves, précises et concordantes. Autonomie de la causalité juridique par rapport à la causalité scientifique. Jugé, sous l'empire du droit antérieur à la loi du 19 mai 1998, que la preuve du dommage, du défaut et du lien de causalité entre le défaut et le dommage peut résulter de présomptions, pourvu qu'elles soient graves, précises et concordantes, les sérieux doutes scientifiques sur le lien de causalité existant entre le vaccin et la maladie n'étant pas un obstacle à la reconnaissance de présomptions graves, précises et concordantes. ■ Cass. 1re civ., 22 mai 2008, nos 05-20.137 et 06-10.967 : *JCP* 2008, I, 186, obs. Stoffel-Munck ; *JCP* 2008, II, 10131, note Grynbaum ; *RDC* 2008, 1186, obs. Borghetti ; *Resp. civ. et assur.* 2008, n° 8, note Radé ; *RTD civ.* 2008, p. 492, note Jourdain ; vaccin contre l'hépatite B et sclérose en plaques). Cependant, l'absence de certitude scientifique sur l'innocuité du vaccin n'emporte pas de présomption de défaut (■ Cass. 1re civ., 22 mai 2008, n° 06-18.848 ; réf. citées *supra*). *Adde*, sur la question, Ph. Brun et C. Quézel-Ambrunaz, *Vaccination contre l'hépatite B et sclérose en plaques : Rev. Lamy dr. civ.* sept. 2008, p. 15. – A. Rouyère, *Variations jurisprudentielles à propos du lien de causalité entre vaccination contre l'hépatite B et la sclérose en plaques : questions de méthode : RFDA* 2008, p. 1011. – C. Radé, *Les présomptions d'imputabilité dans le droit de la responsabilité civile in Mél. en l'honneur de Ph. Le Tourneau : Dalloz*, 2008, p. 885. – G. Viney, *La responsabilité des fabricants de médicaments et de vaccins : les affres de la preuve : D.* 2010, p. 388. – *G. Canselier, De l'explication causale* en droit de *la responsabilité civile délictuelle : RTD civ.* 2010, p. 41.– Dans le même sens, ■ Cass. 1re civ., 25 juin 2009, n° 08-12.781 : *Bull. civ.* I, n° 141 ; *Resp. civ. et assur.* 2009, comm. 293 ; *RTD civ.* 2009, p. 723, obs. Jourdain ; *JCP* 2009, n° 41, 308, note Sargos ; *JCP E* 2009, p. 22, étude Daille-Duclos ; *JCP E* 2010, p. 16, obs. Gorny ; *LPA* 4 déc. 2009, 7, note Dupont), qui décide que viole les articles 1382 et 1147 du Code civil, interprétés à la lumière de la directive de 1985, la cour d'appel qui exige une preuve scientifique certaine, alors que le rôle causal d'un vaccin dans le déclenchement d'une maladie peut résulter de simples présomptions, pourvu qu'elles soient graves, précises et concordantes (troubles neurologiques consécutifs à l'injection d'un vaccin allergénique). – Pour un refus d'admettre le lien de causalité entre une vaccination contre l'hépatite B et l'apparition de la maladie de Guillain-Barré, faute de présomption graves, précises et concordantes, V. ■ Cass. 1re civ., 22 janv. 2009, n° 07-16.449 : *JurisData* n° 2009-046628 ; *Bull. civ.* I, n° 11 ; *RDC* 2009/3, 1028, obs. Deshayes ; *JCP* 2009, II, 10031, note Sargos ; *Resp. civ. et assur.* 2009, comm. 58, note Radé ; *JCP E* 2009, p. 22, étude Daille-Duclos ; *JCP E* 2010, p. 16, obs. Gorny (plusieurs facteurs pouvaient être à l'origine de la maladie, et deux rapports d'expertise judiciaire avaient conclu à l'absence de relation entre le vaccin et la maladie). V. aussi ■ Cass. 1re civ., 24 sept. 2009, n° 08-16.097 : *Bull. civ.* I, n° 185 ; *Resp. civ. et assur.* 2009, comm. 328, obs. Radé ; *Rev. Lamy dr. civ.* 2009, n° 66, p. 19, obs. Bugnicourt), qui s'abrite derrière l'appréciation souveraine des juges du fond pour admettre que les présomptions invoquées ne constituaient pas la preuve d'un lien de causalité entre la vaccination et l'apparition de la maladie (vaccin contre l'hépatite B et sclérose en plaques). – Pour une première admission du lien de causalité entre la vaccination contre l'hépatite B et la sclérose en plaques, en raison de l'existence, dans l'espèce considérée, de présomptions graves, précises et concordantes (proximité temporelle entre la dernière injection et le déclenchement de la maladie, absence d'antécédents familiaux ; absence de toute autre cause pouvant expliquer le développement de la maladie), V. ■ Cass. 1re civ., 9 juill. 2009, préc. ss art. 1386-4 ancien, annot. n° 1, p. 1250. – *Adde*, ■ Cass. 1re civ., 10 juill. 2013, n° 12-21.314, cité ss art. 1386-4 ancien, note n° 1, p. 1250. Mais l'appréciation de ce lien de causalité relevant du pouvoir souverain des juges du fond, son existence peut être niée même en cas de proximité temporelle et en l'absence d'autre cause expliquant la maladie (V. ■ Cass. 1re civ., 25 nov. 2010, n° 09-16.556 : *Bull. civ.* I, n° 245 ; *Resp. civ. et assur.* 2011, comm. 24, obs. C. Radé ; *JCP* 2010, 2271, note Mistreta ; *JCP* 2011, 160, note J.-S. Borghetti ; *RTD civ.* 2011, p. 134, note P. Jourdain ; *D.* 2010, p. 2825, F. Rome, premiers symptômes de la sclérose en plaques apparus quinze jours après la dernière injection ; absence d'antécédent personnel ou familial ; absence de lien de causalité. – *Adde*, ■ Paris, 17 déc. 2010, n° 08-16.254 : *Resp. civ. et assur.* 2011, comm. 410, obs. C. Radé. ■ Cass. 1re civ., 18 oct. 2017, n° 14-18.118 : *D.* 2018, p. 35, Quézel-Ambrunaz ; *JCP G* 2018, doctr. 262, obs. Bacache ; *Resp. civ. et assur.* 2017, comm. 319, Bloch ; *Gaz. Pal.* 16 janv. 2018, p. 33, obs. Blanc ; concomitance entre administration du vaccin et apparition de la maladie ; absence d'antécédents familiaux). Pour une application des présomptions graves, précises et concordantes dans le cas du *Mediator*, V. ■ Cass. 1re civ., 20 sept. 2017, n° 16-19.643 : *D.* 2017, p. 2279, avis J.-P. Sudre, et 2284, note G. Viney ; *D.* 2018, p. 35, Brun ; *Gaz. Pal.* 31 oct. 2017, p. 16, note C. Le Goffic.

Sur les **questions préjudicielles** posées à la CJUE concernant la preuve de la responsabilité des fabricants de vaccins, V. ■ Cass. 1re civ., 12 nov. 2015, n° 14-18.118 : *D.* 2015, p. 2602, note Borghetti ; *JCP* 2016, note 8, Viney ; *Gaz. Pal.* 19 janv. 2016, p. 32, obs. Guégan-Lécuyer ; *Resp. civ. et assur.* 2016, comm. 60, Hocquet-Berg, et la réponse de la CJUE : l'article 4 ne s'oppose pas à un régime probatoire national en vertu duquel, lorsque le juge du fond est saisi d'une action visant à mettre en cause la responsabilité du producteur d'un vaccin du fait d'un défaut allégué de ce dernier, il peut considérer, dans l'exercice du pouvoir d'appréciation dont il se trouve investi à cet égard, que, nonobstant la constatation que la recherche médicale n'établit ni n'infirme l'existence d'un lien entre l'administration du vaccin et la survenance de la maladie dont est atteinte la victime, certains éléments de fait invoqués par le demandeur constituent des indices graves, précis et concordants *permettant de conclure à l'existence d'un défaut* du vaccin et à celle d'un lien de causalité entre ce défaut et ladite maladie (■ CJUE, 21 juin 2017, aff. C-621/15 : *JCP G* 2017, 908, note Viney et doctr. 1174, obs. Bacache ; *D.* 2017, p. 1807, Borghetti ; *D.* 2018, p. 35, obs. Gout ; *Resp. civ. et assur.* 2017, focus 19, Bloch ; *JCP E* 2017, 1419, note Grynbaum ; *RDC* 2017/4, 662, Brosset et Supiot). Les éléments liés à la proximité temporelle entre l'administration d'un vaccin et la survenance d'une maladie ainsi qu'à l'absence d'antécédents médicaux personnels et familiaux, en relation avec cette maladie, de même que l'existence d'un nombre significatif de cas répertoriés de survenance de cette maladie à la suite de telles administrations, paraissent a priori constituer des indices dont la conjonction pourrait, le cas échéant, conduire une juridiction nationale à considérer qu'une victime a satisfait à la charge de la preuve pesant sur elle en vertu de l'article 4 de la directive 85/374 (même arrêt). En revanche, l'article 4 s'oppose à un régime probatoire reposant sur des présomptions selon lequel l'existence d'un lien de causalité entre le défaut attribué à un vaccin et le dommage subi par la victime serait toujours considérée comme établie lorsque certains indices factuels prédéterminés de causalité sont réunis (même arrêt).

Contra, auparavant, ■ Cass. 1re civ., 23 sept. 2003 : *Bull. civ.* I, n° 188, p. 146 ; *JurisData* n° 2003-020386 ; *JCP G* 2003, II, 10179, note Jonquet, Maillols, Mainguy et Terrier ; *JCP E* 2003, 1749, note Mistretta et Faict ; *JCP G* 2004, I, 101, obs. Viney ; *D.* 2004, p. 898, note Serinet et Mislawski ; D. 2004, Somm., p. 1344, obs. Mazeaud ; *Rev. Lamy dr. civ.* 2004/1, 9, note Hoquet-Berg ; *RTD civ.* 2004, p. 101, obs. Jourdain. – C. Radé, *Vaccination anti-hépatite B et sclérose en plaques : la Cour de cassation envahie par le doute : Resp. civ. et assur.* 2003, chron. 28), jugeant que l'absence de certitude scientifique sur le lien possible entre l'administration du produit et le développement éventuel de la maladie faisait obstacle à la preuve du lien de causalité entre le défaut et le dommage (sclérose en plaques faisant suite à des injections d'un vaccin contre l'hépatite B, lien de causalité ne pouvant être établi). – V. aussi, dans le même sens, ■ Cass. 1re civ., 27 févr. 2007, n° 06-10.063 : *RDC* 2007/4, 1157, obs. Borghetti ; *D.* 2007, p. 2897, obs. Brun ; *Resp. civ. et assur.* 2007, 165, obs. Gouttenoire et Radé.

Rappr., pour la maladie de **Creutzfeldt-Jakob**, ■ Cass. 1re civ., 24 janv. 2006 : *JurisData* n° 2006-031777 ; *Bull. civ.* I, n° 34 ; *JCP G* 2006, I, 166, obs. Ph. Stoffel-Munck : une cour d'appel ne se fonde pas sur un motif d'ordre général et n'inverse pas la charge de la preuve en relevant que l'institut médical ne démontrait par aucun élément nouveau que les patients avaient été contaminés par l'hormone de croissance, ni que la victime ait pu présenter des causes particulières de contamination. Dès lors, elle peut tirer de ses constatations qu'existaient des présomptions graves, précises et concordantes d'imputabilité de la maladie de Creutzfeldt-Jakob, contractée par la victime à l'**hormone de croissance** fournie. – V. encore, ■ Cass. 1re civ., 24 janv. 2006 : *JurisData* n° 2006-031776 ; *Bull. civ.* I, n° 35 ; *JCP G* 2006, II, 10082, note L. Grynbaum ; *D.* 2006, p. 1931, obs. P. Jourdain ; *Resp. civ. et assur.* 2006, comm. 89, obs. Ch. Radé ; *RTD civ.* 2006, p. 323, obs. P. Jourdain ; *JCP G* 2006, I, 166, obs. Ph. Stoffel-Munck, qui juge que le lien entre la prise d'**Isoméride** et la survenance d'une hypertension artérielle pouvait être déduit pas les juges du fond, d'une part, du fait qu'il ressortait des études épidémiologiques et de pharmaco-vigilance que le produit constituait un facteur favorisant de la maladie même si elle n'en était pas la cause exclusive et, d'autre part, du constat de l'absence de tout autre motif de nature à l'expliquer en l'espèce).

Rappr. dans l'affaire du « **Distilbène** », ▪ Versailles, 30 avr. 2004, n° 02/05925 : *JurisData* n° 2004-242293 ; *D.* 2004, p. 2071, note Gossement. ▪ Cass. 1re civ., 7 mars 2006, n° 04-16.179 : *Bull. civ.* I, n° 142 ; *JCP* 2006, I, 166, obs. Stoffel-Munck ; *Resp. civ. et assur.* 2006, 164, note Radé ; *RDC* 2006, 844, obs. Borghetti, qui met une obligation de vigilance à la charge des fabricants de produits pharmaceutiques. – *Adde* C. Radé, *Distilbène : le laboratoire jugé responsable et coupable ! : Resp. civ. et assur.* 2004, chron. 22. ▪ Cass. 1re civ., 24 sept. 2009, nos 08-10.081 et 08-16.305 : *RDC* 2010/1, 90, obs. Borghetti ; *Resp. civ. et assur.* 2009, étude 15, note Radé ; *JCP* 2009, 304, obs. Mistretta ; *JCP* 2009, n° 44, 381, note Hocquet-Berg ; *D.* 2010, p. 51, obs. Brun ; *D.*2010, p. 391, chron. Viney ; *JCP* 2010, doctr. 456, obs. Stoffel-Munck), qui décident qu'il appartient à la victime de prouver qu'elle a été exposée *in utero* à la molécule DES et que cette molécule est bien la cause de la maladie dont elle souffre mais que, dès lors que cette preuve est rapportée, il appartient à chacun des laboratoires mis en cause de prouver que son produit n'est pas à l'origine du dommage. Dans le même sens, ▪ Cass. 1re civ., 28 janv. 2010, n° 08-18.837 : *Bull. civ.* 2010, I, n° 22 ; *Resp. civ. et assur.* 2010, comm. 80, obs. Radé ; *Gaz. Pal.* 10 mars 2010, p. 18, note Mekki ; *Rev. Lamy dr. civ.* 2010, n° 69, p. 23, obs. Bugnicourt ; *D.* 2010, p. 2671, obs. I. Gelbard-Le Dauphin et J.-D. Bretzner ; *D.* 2011, p. 35, n° 2, obs. P. Brun. Sur la question de la contribution à la dette, V. ▪ Paris, 26 sept. 2012, n° 10-18.297 : *JCP G* 2013, doctr. 484, obs. Stoffel-Munck, qui opère une répartition à parts égales entre les deux laboratoires fabriquant le DES. Sur l'absence d'exigence d'une preuve scientifique du lien de causalité entre l'administration de la molécule DES et l'infertilité, V. Cass. 2e civ., 8 juin 2017, n° 16-19.185 : *D.* 2017, p. 2224, obs. S. Porchy-Simon ; *Gaz. Pal.* 10 oct. 2017, p. 25, obs. S. Gerry-Vernière ; *D.* 2018, p. 35, obs. Brun.

Pour une application du même raisonnement à une **infection nosocomiale**, V. ▪ Cass. 1re civ., 17 juin 2010, n° 09-67.011 : *Bull. civ.* 2010, I, n° 137 ; *RDC* 2010/4, 1247, obs. G. Viney ; *JCP G* 2010, note 870, O. Gout ; *JCP G*, doctr. 1015, obs. C. Bloch ; *Resp. civ. et assur.* 2010, comm. 259, obs. C. Radé ; *D.* 2010, p. 2092, chron. N. Auroy et C. Creton ; *D.* 2011, p. 35, obs. P. Brun ; *RTD civ.* 2010, p. 567, obs. P. Jourdain) qui décide que lorsque la preuve d'une infection nosocomiale est apportée mais que celle-ci est susceptible d'avoir été contractée dans plusieurs établissements de santé, il appartient à chacun de ceux dont la responsabilité est recherchée d'établir qu'il n'est pas à l'origine de cette infection.

2) Participation du produit à la survenance du dommage. La participation du produit à la survenance du dommage est un préalable implicite, nécessaire à l'exclusion éventuelle d'autres causes possibles de la maladie, pour la recherche de la défectuosité du produit et du rôle causal de cette défectuosité, sans pour autant que sa simple implication dans la réalisation du dommage suffise à établir son défaut au sens de l'article 1386-4 du Code civil ni le lien de causalité entre ce défaut et le dommage (▪ Cass. 1re civ., 29 mai 2013, n° 12-20.903, cité ss art. 1386-4 ancien, annot. n° 1, p. 1250, vaccin contre l'hépatite B et sclérose en plaques). *Adde*, ▪ Cass. 1re civ., 22 oct. 2009, n° 08-15.171 : *RDC* 2010/2, 619, obs. J.-S. Borghetti ; *Contrats, conc. consom.* 2010, comm. 61, obs. G. Raymond (désherbant ne présentant pas de toxicité directe mais ayant joué le rôle de révélateur de désordres existants).

3) Défaut de présentation du produit. La charge de la preuve du défaut de présentation du produit pèse sur le demandeur : V. ▪ Cass. 1re civ., 4 févr. 2015, n° 13-27.505 : *Gaz. Pal.* 29 mars 2015, p. 8, obs. Oudot ; *RTD civ.* 2015, p. 404, obs. Jourdain ; *JCP* 2015, doctr. 1409, obs. Bacache ; *Contrats, conc. consom.* 2015, comm. 110, Leveneur (accident causé par la turbine d'une motomarine ; doute sur l'existence d'une étiquette rappelant la nécessité de porter un vêtement de protection).

Art. 1245-9 *(Créé à compter du 1er octobre 2016, Ord. n° 2016-131, 10 févr. 2016)*. **– Le producteur peut être responsable du défaut alors même que le produit a été fabriqué dans le respect des règles de l'art ou de normes existantes ou qu'il a fait l'objet d'une autorisation administrative.**

NB : Rappr. art. 1386-10 ancien, p. 1251.

Art. 1245-10 *(Créé à compter du 1er octobre 2016, Ord. n° 2016-131, 10 févr. 2016)*. **– Le producteur est responsable de plein droit à moins qu'il ne prouve :**

1° Qu'il n'avait pas mis le produit en circulation ;

2° Que, compte tenu des circonstances, il y a lieu d'estimer que le défaut ayant causé le dommage n'existait pas au moment où le produit a été mis en circulation par lui ou que ce défaut est né postérieurement ;

3° Que le produit n'a pas été destiné à la vente ou à toute autre forme de distribution ;

4° Que l'état des connaissances scientifiques et techniques, au moment où il a mis le produit en circulation, n'a pas permis de déceler l'existence du défaut ;

5° Ou que le défaut est dû à la conformité du produit avec des règles impératives d'ordre législatif ou réglementaire.

Le producteur de la partie composante n'est pas non plus responsable s'il établit que le défaut est imputable à la conception du produit dans lequel cette partie a été incorporée ou aux instructions données par le producteur de ce produit.

NB : Rappr. art. 1386-11 ancien, p. 1251.

JURISPRUDENCE RELATIVE À L'ARTICLE 1386-11 ANCIEN DEVENU 1245-10

1) État des connaissances scientifiques et techniques. Sur l'interprétation de l'article 7 de la directive du 25 juillet 1985 relatif à l'exonération du producteur pour les défauts indécelables en l'état des connaissances scientifiques et techniques lors de la mise en circulation, V. ■ CJCE, 29 mai 1997 : *JCP G* 1997, I, 4070, obs. Viney ; *D.* 1998, p. 488, note Penneau), qui juge que l'appréciation de l'état de connaissances scientifiques et techniques doit se faire de manière objective, en prenant en compte le niveau le plus avancé des connaissances, indépendamment du secteur concerné.

2) Viande contaminée. V., écartant, à propos de la viande de cheval contaminée par des larves de trichine, l'argument selon lequel les connaissances techniques et scientifiques au moment où le produit a été mis en circulation n'ont pas permis de déceler l'existence du défaut, ■ Toulouse, 22 févr. 2000, n° 1999/01293 : *JurisData* n° 2000-112632 ; *JCP G* 2000, II, 10425 ; *JCP E* 2000, 2051, note Le Tourneau ; *Resp. civ. et assur.* 2000, 369, note Grynbaum ; *Contrats, conc. consom.* 2001, 52, note Raymond. – V. aussi, dans la même hypothèse, relevant que la force majeure ne figure pas parmi les causes d'exonération énumérées de manière limitative par la loi du 19 mai 1998 sur les produits défectueux, ■ Toulouse, 14 déc. 2004 : *JCP* 2005, IV, 2318 ; *JurisData* n° 2004-267465. Comp., retenant l'exonération au titre du risque de développement pour un médicament à la lumière de la directive, ■ Paris, 23 sept. 2004, n° 02/16713 : *JurisData* n° 2004-254091 ; *Resp. civ. et assur.* 2005, 293, note Radé.

3) Interprétation du droit interne à la lumière du droit communautaire (non). Si le juge national, saisi d'un litige entrant dans le domaine d'application d'une directive, est tenu d'interpréter son droit interne à la lumière du texte et de la finalité de cette directive, c'est à la condition que celle-ci soit contraignante pour l'État membre et ne lui laisse pas une faculté d'option pour l'adaptation de son droit national au droit communautaire ; l'article 15-1-c de la directive n° 85-374/CEE du 25 juillet 1985, concernant le rapprochement des dispositions législatives, réglementaires et administratives des États membres en matière de responsabilité du fait des produits défectueux, leur laissait la faculté d'introduire ou non dans leur législation interne l'exonération pour risque de développement, de sorte que les dispositions de l'article 7, e de la directive, alors non encore transposée, prévoyant ce cas d'exonération, ne pouvaient donner lieu à une interprétation conforme des textes de droit interne, dans un litige entre particuliers. Ayant constaté que la néphrite interstitielle immuno-allergique dont souffrait le patient était en relation directe et certaine avec l'administration du Pentasa, ce dont il résultait que le fabricant avait manqué à son obligation de fournir un produit exempt de tout défaut de nature à créer un danger pour les personnes ou les biens, c'est-à-dire un produit qui offrait la sécurité à laquelle on pouvait légitimement s'attendre, sans faculté d'exonération pour risque de développement, la cour d'appel n'a pas tiré les conséquences légales de ses propres constatations, violant ainsi les articles 1147 et 1384 du Code civil (■ Cass. 1re civ., 15 mai 2007, n° 05-10.234 : *Bull. civ.* I, n° 185 ; *RDC* 2007/4, p. 1147, obs. Borghetti ; *D.* 2007, p. 2897, obs. Brun ; *D.* 2007, act. jurispr. p. 1592, obs. I. Gallmeister ; *Resp. civ. et assur.* 2007, 219, obs. C. Radé). Dans le même sens, ■ Cass. 1re civ., 9 juill. 2009, n° 08-12.777 : *JCP* 2009, 308, note Sargos ; *Contrats, conc. consom.* 2009, comm. 261, obs. Leveneur.

4) Absence de caractère exonératoire d'une autorisation administrative de commercialiser. Sur l'impossibilité pour le producteur d'échapper à sa responsabilité en invoquant une simple autorisation administrative de commercialiser le produit, V. not. ■ Cass. 1re civ., 25 juin 2009, nos 08-12.632, 08-14.197 et 08-20.706 : *RDC* 2010/2, 619, obs. J.-S. Borghetti (produit antirides ayant fait l'objet d'un certificat de libre vente délivré par l'Agence française de sécurité sanitaire des produits de santé).

5) Référé. L'invocation d'une cause d'exonération de responsabilité (exonération pour risque de développement en l'espèce) constitue une contestation dont le sérieux doit être examiné par le juge des référés, sans que puisse être exigée l'évidence de la réunion des conditions de l'exonération (■ Cass. 1re civ., 29 juin 2016, n° 15-20.269 : *D.* 2017, p. 24, obs. Ph. Brun).

6) **Date de mise en circulation. Mediator.** ■ Cass. 1re civ., 20 sept. 2017, n° 16-19.643 : *Contrats, conc. consom.* 2018, comm. 2, Leveneur, ; *D.* 2017, p. 2279, note Sudre et 2284, Viney ; *JCP G* 2017, note 1186, Borghetti qui, concernant la mise en œuvre de l'exéonération pour risque de développement, décide que la date de mise en circulation du produit qui a causé le dommage s'entend, dans le cas de produits fabriqués en série, de la date de commercialisation du lot dont il faisait partie (Mediator). Rejet de l'exonération pour risque de développement au motif que l'état des connaissances scientifiques et techniques, au moment de la mise en circulation des lots administrés à la victime, permettait de déceler l'existence du défaut du médicament.

Art. 1245-11 ***(Créé à compter du 1er octobre 2016, Ord. n° 2016-131, 10 févr. 2016).*** **– Le producteur ne peut invoquer la cause d'exonération prévue au 4° de l'article 1245-10 lorsque le dommage a été causé par un élément du corps humain ou par les produits issus de celui-ci.**

NB : Rappr. art. 1386-12 ancien, p. 1252.

JURISPRUDENCE RELATIVE À L'ARTICLE 1386-12 ANCIEN DEVENU 1245-11

1) **Transposition incorrecte de la directive.** Jugé sous l'empire du droit antérieur à la loi du 9 décembre 2004 qu'en prévoyant à l'article 1386-12, alinéa 2, que le producteur doit prouver qu'il a pris les dispositions propres à prévenir les conséquences d'un produit défectueux afin de pouvoir se prévaloir des causes d'exonération prévues à l'article 7, d et e, de la directive, la République française a manqué aux obligations qui lui incombent en vertu de l'article 7 de cette directive (■ CJCE, 25 avr. 2002 : *Contrats, conc. consom.* 2002, 117, note Raymond. – V. sur cet arrêt et deux autres du même jour G. Viney : *JCP* 2002, I, 177).

2) **Application dans le temps de la loi du 9 décembre 2004.** Les dispositions de l'article 29-I de la loi du 9 décembre 2004 sont applicables aux produits dont la mise en circulation est postérieure à la date d'entrée en vigueur de la loi n° 98-389 du 19 mai 1998 relative à la responsabilité du fait des produits défectueux, même s'ils ont fait l'objet d'un contrat antérieur. Toutefois, elles ne s'appliquent pas aux litiges ayant donné lieu à une décision de justice définitive à la date de publication de la présente loi (art. 29-II).

3) **Application dans l'espace de la loi du 9 décembre 2004.** Les dispositions de l'article 29 de la loi du 9 décembre 2004 sont applicables à Mayotte, en Nouvelle-Calédonie, dans les îles Wallis-et-Futuna et dans les Terres australes et antarctiques françaises (art. 29-III).

Art. 1245-12 ***(Créé à compter du 1er octobre 2016, Ord. n° 2016-131, 10 févr. 2016).*** **– La responsabilité du producteur peut être réduite ou supprimée, compte tenu de toutes les circonstances, lorsque le dommage est causé conjointement par un défaut du produit et par la faute de la victime ou d'une personne dont la victime est responsable.**

NB : Rappr. art. 1386-13 ancien, p. 1252.

JURISPRUDENCE RELATIVE À L'ARTICLE 1386-13 ANCIEN DEVENU 1245-12

Béton ayant occasionné des brûlures. Le fait pour un utilisateur de conserver son pantalon mouillé par le béton pendant une heure, alors que l'information donnée par le fournisseur de béton sur les précautions à prendre pour utiliser le produit était insuffisante, ne caractérise pas la faute exonératoire de l'article 1386-13 du Code civil (■ Cass. 1re civ., 7 nov. 2006, n° 05-11.604 : *Juris-Data* n° 2006-035759 ; préc. ss. art. 1386-4).

Art. 1245-13 ***(Créé à compter du 1er octobre 2016, Ord. n° 2016-131, 10 févr. 2016).*** **– La responsabilité du producteur envers la victime n'est pas réduite par le fait d'un tiers ayant concouru à la réalisation du dommage.**

NB : Rappr. art. 1386-14 ancien, p. 1252.

JURISPRUDENCE RELATIVE À L'ARTICLE 1386-14 ANCIEN DEVENU 1245-13

Le producteur est responsable de plein droit du dommage causé par un défaut de son produit et la responsabilité du producteur envers la victime n'est pas réduite par le fait d'un tiers ayant concouru à la réalisation du dommage (■ Cass. 1re civ., 28 nov. 2018, n° 17-14356 : *Resp. civ. assur.* 2019, comm. 47, Bloch).

Art. 1245-14 *(Créé à compter du 1er octobre 2016, Ord. n° 2016-131, 10 févr. 2016)*. **– Les clauses qui visent à écarter ou à limiter la responsabilité du fait des produits défectueux sont interdites et réputées non écrites.**

Toutefois, pour les dommages causés aux biens qui ne sont pas utilisés par la victime principalement pour son usage ou sa consommation privée, les clauses stipulées entre professionnels sont valables.

NB : Rappr. art. 1386-15 ancien, p. 1252.

Art. 1245-15 *(Créé à compter du 1er octobre 2016, Ord. n° 2016-131, 10 févr. 2016)*. **– Sauf faute du producteur, la responsabilité de celui-ci, fondée sur les dispositions du présent chapitre, est éteinte dix ans après la mise en circulation du produit même qui a causé le dommage à moins que, durant cette période, la victime n'ait engagé une action en justice.**

NB : Rappr. art. 1386-16 ancien, p. 1252.

Art. 1245-16 *(Créé à compter du 1er octobre 2016, Ord. n° 2016-131, 10 févr. 2016)*. **– L'action en réparation fondée sur les dispositions du présent chapitre se prescrit dans un délai de trois ans à compter de la date à laquelle le demandeur a eu ou aurait dû avoir connaissance du dommage, du défaut et de l'identité du producteur.**

NB : Rappr. art. 1386-17 ancien, p. 1252.

Bibliographie : R. Wintgen, *La mise en œuvre de la technique du double délai de prescription extinctive : RDC* 2007/3, p. 907.

JURISPRUDENCE RELATIVE À L'ARTICLE 1386-17 ANCIEN DEVENU 1245-16

1) **Délai de prescription. Produits mis en circulation avant la loi de 1998.** L'action en responsabilité extracontractuelle dirigée contre le fabricant d'un produit défectueux mis en circulation avant la loi du 19 mai 1998 transposant la directive du 25 juillet 1985, en raison d'un dommage survenu entre l'expiration du délai de transposition de cette directive et l'entrée en vigueur de ladite loi de transposition, se prescrit, selon les dispositions de droit interne alors en vigueur, par 10 ans à compter de la manifestation du dommage (■ Cass. 1re civ., 26 sept. 2012, n° 11-18.117 : *JCP G* 2013, doctr. 484, obs. Stoffel-Munck ; *Resp. civ. et assur.* 2012, comm. 338, Guégan). L'obligation pour le juge national de se référer au contenu d'une directive lorsqu'il interprète et applique les règles pertinentes du droit interne trouve ses limites dans les principes généraux du droit, notamment dans le principe de sécurité juridique ainsi que de non-rétroactivité, et cette obligation ne peut pas servir de fondement à une interprétation *contra legem* du droit national ; il en résulte que l'action en responsabilité extracontractuelle dirigée contre le fabricant d'un produit qui a été mis en circulation après l'expiration du délai de transposition de la directive, mais avant la date d'entrée en vigueur de la loi du 19 mai 1998, se prescrit, selon les dispositions du droit interne, qui ne sont pas susceptibles de faire l'objet sur ce point d'une interprétation conforme au droit de l'Union, par 10 ans à compter de la date de la consolidation du dommage initial ou aggravé (■ Cass. 1re civ., 15 mai 2015, n° 14-13.151 : *RTD civ.* 2015, p. 635, obs. Jourdain ; *JCP* 2015, 881, note Borghetti ; *D.* 2016, p. 35, obs. Brun ; *Gaz. Pal.* 2 juill. 2015, p. 15, obs. Blanc ; *Resp. civ. et assur.* 2015, comm. 210, Bloch. – Dans le même sens, ■ Cass. 1re civ., 16 nov. 2016, n° 15-26.018 : *Contrats, conc. consom.* 2017, comm. 17, Hocquet-Berg. ■ Cass. 1re civ. 17 janv. 2018, n° 16-25.817 ; *JCP G* 2018, doctr. 1192, obs. Bacache ; *RDC* 2018, 192, obs. Borghetti ; *Gaz. Pal.* 29 mai 2018, p. 45, obs. Boyer ; *Resp. civ. et assur.* 2018, comm. 115, obs. Bloch). Rappr. ■ Cass. com., 24 janv. 2006, n° 02-11.323 : *JurisData* n° 2006-031926 ; *Bull. civ.* IV, n° 16 ; *RTD civ.* 2006, p. 571, obs. Jourdain). Sur le point de départ de ce délai de prescription : dès lors qu'un produit dont le caractère défectueux est invoqué a été mis en circulation après l'expiration du délai de transposition de la directive, mais avant la date d'entrée en vigueur de la loi du 19 mai 1998, l'article 2270-1 doit être interprété dans toute la mesure du possible à la lumière de la directive, le délai de prescription de l'article 10 de la directive courant à compter de la date à laquelle le demandeur a eu ou aurait dû avoir connaissance du dommage, du défaut et de l'identité du producteur ; par suite, la date de la manifestation du dommage ou de son aggravation, au sens de l'article 2270-1, interprété à la lumière de la directive, doit s'entendre de celle de la consolidation, permettant seule au demandeur de mesurer l'étendue de son dommage et d'avoir ainsi connaissance de celui-ci (■ Cass. 1re civ., 15 juin 2016, n° 15-20.022 : *RTD civ.* 2016, p. 872, obs. Jourdain ; *D.* 2016, p. 2052, note Mattiussi ; *JCP* 2016, n° 953, note L. Grynbaum ; *Resp. civ. et assur.* 2016, comm. 276, obs. Bloch ; *D.* 2017, p. 24, obs. Ph. Brun. – Dans le même sens, Cass. 1re civ. 31 janv. 2018, n° 17-11.259 ; *JCP G* 2018, doctr. 1192, obs. Bacache ; *RDC* 2018, 192, obs. Borghetti).

V. cependant, ■ Cass. com., 18 mai 2016, n° 14-16.234 : *Contrats, conc. consom.* 2016, comm. 185, Leveneur, qui, au nom de l'obligation d'interpréter le droit interne à la lumière de la directive de 1985, pour les produits mis en circulation entre l'expiration du délai de transposition de la directive et l'entrée en vigueur de la loi de 1998, casse la décision ayant déclaré prescrite, sur le fondement de l'ancien article L. 110-4 du Code de commerce, l'action en responsabilité, au motif qu'elle n'avait pas été exercée dans les 10 ans de la livraison du bien.

2) Point de départ du délai de prescription. ▪ Cass. 1re civ., 10 juill. 2013, n° 12-23.499 : *RDC* 2014/1, 40, note Borghetti, faisant peser sur les victimes la charge de la preuve de ce qu'elles n'avaient pu avoir connaissance du défaut et de l'identité du producteur que lors du dépôt du rapport d'expertise.

3) Point de départ du recours subrogatoire. Pour une fixation du point de départ de l'action subrogatoire exercé par l'assureur à une date antérieure à la fixation du montant du dommage en justice, V. ▪ Cass. 1re civ. 6 déc. 2017, n° 16-21.493 : *RDC* 2018/2, 190, Borghetti.

Art. 1245-17 *(Créé à compter du 1er octobre 2016, Ord. n° 2016-131, 10 févr. 2016).* **– Les dispositions du présent chapitre ne portent pas atteinte aux droits dont la victime d'un dommage peut se prévaloir au titre du droit de la responsabilité contractuelle ou extracontractuelle ou au titre d'un régime spécial de responsabilité.**

Le producteur reste responsable des conséquences de sa faute et de celle des personnes dont il répond.

NB : Rappr. art. 1386-18 ancien, p. 1253.

JURISPRUDENCE RELATIVE À L'ARTICLE 1386-18 ANCIEN DEVENU 1245-17

1) Interprétation de l'article 13 de la directive. L'article 13 de la directive du 25 juillet 1985 doit être interprété en ce sens que les droits conférés par le législateur d'un État membre aux victimes d'un dommage causé par un produit défectueux, au titre d'un régime général de responsabilité ayant le même fondement que celui mis en place par la directive peuvent se trouver limités ou restreints à la suite de la transposition de celle-ci dans l'ordre juridique interne dudit État. L'article 13 de la directive ne saurait être interprété comme laissant aux États membres la possibilité de maintenir un régime général de responsabilité du fait des produits défectueux différent de celui prévu par la directive, mais le régime mis en place par la directive n'exclut pas l'application d'autres régimes reposant sur des fondements différents, tels que la garantie des vices cachés ou la faute (▪ CJCE, 25 avr. 2002, préc. ss. art. 1386-2). Rappr. ▪ CJCE, 10 janv. 2006 : *JCP G* 2006, I, 166, obs. Stoffel-Munck ; *D.* 2006, p. 1936, obs. Brun ; *RTD civ.* 2006, p. 333, obs. Jourdain ; *RDC* 2006, 835, obs. Borghetti), qui, après avoir condamné la possibilité pour une règle nationale de faire répondre sans restriction le fournisseur de la responsabilité sans faute instituée par la directive, décide que la directive doit être interprétée en ce sens qu'elle ne s'oppose pas à une règle nationale selon laquelle le fournisseur est tenu de répondre sans restriction de la responsabilité pour faute du producteur. Mais, si la victime bénéficie d'une option avec la responsabilité pour faute, c'est à la condition que la faute invoquée soit distincte du défaut de sécurité du produit. – V., en ce sens, ▪ Cass. com., 26 mai 2010, n° 08-18.545 : *Bull. civ.* 2010, IV, n° 99 ; *RDC* 2010/4, 1266, obs. S. Carval ; *JCP G* 2010, doctr. 1015, obs. P. Stoffel-Munck ; *JCP E* 2010, n° 34, 1721, note L. Leveneur ; *Contrats, conc. consom.* 2010, comm. 198, obs. L. Leveneur ; *RTD civ.* 2010, p. 790, obs. P. Jourdain ; *RGDA* 2010, p. 1132, obs. J. Kullmann ; *Resp. civ. et assur.* 2010, comm. 256. – Dans le même sens, ▪ Cass. 1re civ., 10 déc. 2014, n° 13-14.314 : à paraître au *Bull. civ.* ; *Contrats, conc. consom.* 2015, 99 (interphone ayant occasionné de graves dommages à l'oreille). Si, selon l'article 1386-18, devenu l'article 1245-17 du Code civil, le régime de responsabilité du fait des produits défectueux ne porte pas atteinte aux droits dont la victime d'un dommage peut se prévaloir au titre du droit de la responsabilité contractuelle ou extra contractuelle ou au titre d'un régime spécial de responsabilité, c'est à la condition que ceux-ci reposent sur des fondements différents, tels la garantie des vices cachés ou la faute ; tel n'est pas le cas de l'action en responsabilité du fait des choses, prévue à l'article 1384, alinéa 1er, devenu 1242, alinéa 1er, du code civil qui, lorsqu'elle est invoquée à l'encontre du producteur après la mise en circulation du produit, procède nécessairement d'un défaut de sécurité (▪ Cass. 1re civ., 11 juill. 2018, n° 17-20.154 : *D.* 2018, p. 1840, Borghetti ; *JCP G* 2018, doctr. 1192, obs. Bacache ; *Contrats, conc. consom.* 2018, al. 56, Sablière ; *JCP E* 2018, aff. 1590, Grynbaum ; *Resp. civ. et assur.* 2018, comm. 221, Bakouche). Pour le maintien d'un régime spécial de responsabilité (régime spécial allemand de responsabilité du fait des produits pharmaceutiques, V. ▪ CJUE, 20 nov. 2014, aff. C-310/13, *Novo Nordisk Pharma* : *JCP E* 2015, 67, note Grynbaum ; *Contrats, conc. consom.* 2015, chron. 2, obs. Aubert de Vincelles ; *RDC* 2015/2, 248, note Viney ; *D.* 2015, p. 549, note Borghetti). Si le régime de la responsabilité du fait des produits défectueux qui ne sont pas destinés à l'usage professionnel ni utilisés pour cet usage n'exclut pas l'application d'autres régimes de responsabilité contractuelle ou extracontractuelle, c'est à la condition que ceux-ci reposent sur des fondements différents de celui d'un défaut de sécurité du produit litigieux, telles la garantie des vices cachés ou la faute. Il en résulte qu'ayant constaté que la victime d'une chute de la toiture d'un bâtiment agricole n'établissait pas l'existence d'une faute distincte du défaut de sécurité des plaques en fibrociment, la cour d'appel a décidé à bon droit que son action contre le vendeur des plaques ne pouvait être fondée que sur les articles 1386-1 et suivants du Code civil, et non sur l'article 1147 du Code civil ou l'article 1603 du Code civil (■ Cass. 1re civ., 17 mars 2016, n° 13-18.876 : *RDC* 2016/3, 442, note Borghetti ; *RTD civ.* 2016, p. 646, obs. Jourdain ; *Resp. civ. et assur.* 2016, comm. 158, Bakouche ; *D.* 2017, p. 24, obs. Ph. Brun). Sur ce qu'un défaut d'information relatif à la dangerosité du produit ne constitue pas une faute distincte du défaut de sécurité lui-même lorsque ce dernier prend sa source dans le défaut de présentation du produit, V. ■ Cass. ch. mixte, 7 juill. 2017, n° 15-25.651 : *D.* 2017, p. 1800, note M. Bacache ; *D.* 2018, p. 35, obs. Gout ; *JCP G* 2017, 926, note C. Quézel-Ambrunaz ; *JCP G* 2017, doctr. 1174, obs. Stoffel-Munck ; *RDC* 2017, obs. J.-S. Borghetti, 594 ; *Contrats, conc. consom.* 2017, comm. 219, Leveneur).

2) **Prestataire de services.** La responsabilité d'un prestataire de services qui utilise, dans le cadre d'une prestation de services telle que des soins dispensés en milieu hospitalier, des appareils ou des produits défectueux dont il n'est pas le producteur et cause, de ce fait, des dommages au bénéficiaire de la prestation ne relève pas du champ d'application de cette directive. Cette dernière ne s'oppose dès lors pas à ce qu'un État membre institue un régime prévoyant la responsabilité d'un tel prestataire à l'égard des dommages ainsi occasionnés, même en l'absence de toute faute imputable à celui-ci, à condition, toutefois, que soit préservée la faculté pour la victime et/ou ledit prestataire de mettre en cause la responsabilité du producteur sur le fondement de ladite directive lorsque se trouvent remplies les conditions prévues par celle-ci (■ CJUE, gr. ch., 21 déc. 2011, aff. C-495/10, *CHU Besançon c/ Dutrueux* : *D.* 2012, p. 926, note J.-S. Borghetti ; *RTD civ.* 2012, p. 329, obs ; Jourdain). Comp. ■ Cass. 1re civ., 12 juill. 2012, n° 11-17.510, cité sous art. 1386-7 (ancien), note n° 8, p. 1251, qui exclut du domaine de la directive la responsabilité des prestataires de services de soins et décide, en conséquence, que leur responsabilité ne peut être engagée que pour faute lorsqu'ils ont recours aux produits, matériels et dispositifs médicaux nécessaires à l'exercice de leur art.

3) **Obligation pour le juge d'appliquer d'office les règles relatives à la responsabilité du fait des produits défectueux.** Le juge est tenu, lorsque les faits dont il est saisi le justifient, de faire application des règles d'ordre public issues du droit de l'Union européenne, telle la responsabilité du fait des produits défectueux, même si le demandeur ne les a pas invoquées (■ Cass. ch. mixte, 7 juill. 2017, n° 15-25.651 *D.* 2017, p. 1800, note M. Bacache ; *D.* 2018, p. 35, obs. Gout ; *JCP G* 2017, 926, note C. Quézel-Ambrunaz ; *JCP G* 2017, doctr. 1174, obs. Stoffel-Munck ; *RDC* 2017, p. 594, obs. J.-S. Borghetti ; *Contrats, conc. consom.* 2017, comm. 219, Leveneur).

CHAPITRE III. – LA RÉPARATION DU PRÉJUDICE ÉCOLOGIQUE

(Chap. créé à compter du 1er octobre 2016, L. n° 2016-1087, 8 août 2016)

Disposition transitoire. Loi n° 2016-1087 du 8 août 2016 pour la reconquête de la biodiversité de la nature et des paysages, article 4, VIII : « Les articles 1246 à 1252 et 2226-1 du Code civil, dans *leur rédaction résultant du VI du présent article*, sont applicables à la réparation des préjudices dont le fait générateur est antérieur au 1er octobre 2016. Ils ne sont pas applicables aux préjudices ayant donné lieu à une action en justice introduite avant cette date. »

Bibliographie : L. Neyret, La consécration du *préjudice écologique dans le Code civil* : *D.* 2017, 924.

Art. 1246 ***(Créé à compter du 1er octobre 2016, L. n° 2016-1087, 8 août 2016).*** **– Toute personne responsable d'un préjudice écologique est tenue de le réparer.**

Art. 1247 ***(Créé à compter du 1er octobre 2016, L. n° 2016-1087, 8 août 2016).*** **– Est réparable, dans les conditions prévues au présent titre, le préjudice écologique consistant en une atteinte non négligeable aux éléments ou aux fonctions des écosystèmes ou aux bénéfices collectifs tirés par l'homme de l'environnement.**

Art. 1248 ***(Créé à compter du 1er octobre 2016, L. n° 2016-1087, 8 août 2016).*** **– L'action en réparation du préjudice écologique est ouverte à toute personne ayant qualité et intérêt à agir, telle que l'État, l'Agence**

française pour la biodiversité, les collectivités territoriales et leurs groupements dont le territoire est concerné, ainsi que les établissements publics et les associations agréées ou créées depuis au moins cinq ans à la date d'introduction de l'instance qui ont pour objet la protection de la nature et la défense de l'environnement.

Sur la prescription de l'action : Cf. art. 2226-1, p. 1667.

Art. 1249 *(Créé à compter du 1er octobre 2016, L. n° 2016-1087, 8 août 2016).* – La réparation du préjudice écologique s'effectue par priorité en nature.

En cas d'impossibilité de droit ou de fait ou d'insuffisance des mesures de réparation, le juge condamne le responsable à verser des dommages et intérêts, affectés à la réparation de l'environnement, au demandeur ou, si celui-ci ne peut prendre les mesures utiles à cette fin, à l'État.

L'évaluation du préjudice tient compte, le cas échéant, des mesures de réparation déjà intervenues, en particulier dans le cadre de la mise en œuvre du titre VI du livre Ier du Code de l'environnement.

Art. 1250 *(Créé à compter du 1er octobre 2016, L. n° 2016-1087, 8 août 2016).* – En cas d'astreinte, celle-ci est liquidée par le juge au profit du demandeur, qui l'affecte à la réparation de l'environnement ou, si le demandeur ne peut prendre les mesures utiles à cette fin, au profit de l'État, qui l'affecte à cette même fin.

Le juge se réserve le pouvoir de la liquider.

Art. 1251 *(Créé à compter du 1er octobre 2016, L. n° 2016-1087, 8 août 2016).* – Les dépenses exposées pour prévenir la réalisation imminente d'un dommage, pour éviter son aggravation ou pour en réduire les conséquences constituent un préjudice réparable.

Art. 1252 *(Créé à compter du 1er octobre 2016, L. n° 2016-1087, 8 août 2016).* – Indépendamment de la réparation du préjudice écologique, le juge, saisi d'une demande en ce sens par une personne mentionnée à l'article 1248, peut prescrire les mesures raisonnables propres à prévenir ou faire cesser le dommage.

Sous-titre III. – Autres sources d'obligations

Art. 1300 *(Créé à compter du 1er octobre 2016, Ord. n° 2016-131, 10 févr. 2016).* – Les quasi-contrats sont des faits purement volontaires dont il résulte un engagement de celui qui en profite sans y avoir droit, et parfois un engagement de leur auteur envers autrui.

Les quasi-contrats régis par le présent sous-titre sont la gestion d'affaire, le paiement de l'indu et l'enrichissement injustifié.

NB : Rappr. art. 1371 ancien, p. 1233, et la jurisprudence citée sous cet article.

CHAPITRE Ier. – LA GESTION D'AFFAIRES

Art. 1301 *(Créé à compter du 1er octobre 2016, Ord. n° 2016-131, 10 févr. 2016).* – Celui qui, sans y être tenu, gère sciemment et utilement l'affaire d'autrui, à l'insu ou sans opposition du maître de cette affaire, est soumis, dans l'accomplissement des actes juridiques et matériels de sa gestion, à toutes les obligations d'un mandataire.

NB : Rappr. art. 1372 ancien, p. 1240, et la jurisprudence citée sous cet article.

Bibliographie : F. Chénedé, *La gestion d'affaires intéressée : la réforme du droit des quasi-contrats au secours des concubins ? : D.* 2017, p. 71.

Art. 1301-1 *(Créé à compter du 1er octobre 2016, Ord. n° 2016-131, 10 févr. 2016).* – Il est tenu d'apporter à la gestion de l'affaire tous les soins d'une personne raisonnable ; il doit poursuivre la gestion jusqu'à ce que le maître de l'affaire ou son successeur soit en mesure d'y pourvoir.

Le juge peut, selon les circonstances, modérer l'indemnité due au maître de l'affaire en raison des fautes ou de la négligence du gérant.

NB : Rappr. art. 1373 ancien, 1374 ancien, p. 1242, et la jurisprudence citée.

Art. 1301-2 *(Créé à compter du 1er octobre 2016, Ord. n° 2016-131, 10 févr. 2016).* – **Celui dont l'affaire a été utilement gérée doit remplir les engagements contractés dans son intérêt par le gérant.**

Il rembourse au gérant les dépenses faites dans son intérêt et l'indemnise des dommages qu'il a subis en raison de sa gestion.

Les sommes avancées par le gérant portent intérêt du jour du paiement.

NB : Rappr. art. 1375 ancien, p. 1242, et la jurisprudence citée sous cet article.

Art. 1301-3 *(Créé à compter du 1er octobre 2016, Ord. n° 2016-131, 10 févr. 2016).* – **La ratification de la gestion par le maître vaut mandat.**

Art. 1301-4 *(Créé à compter du 1er octobre 2016, Ord. n° 2016-131, 10 févr. 2016).* – **L'intérêt personnel du gérant à se charger de l'affaire d'autrui n'exclut pas l'application des règles de la gestion d'affaires.**

Dans ce cas, la charge des engagements, des dépenses et des dommages se répartit à proportion des intérêts de chacun dans l'affaire commune.

Art. 1301-5 *(Créé à compter du 1er octobre 2016, Ord. n° 2016-131, 10 févr. 2016).* – **Si l'action du gérant ne répond pas aux conditions de la gestion d'affaires mais profite néanmoins au maître de cette affaire, celui-ci doit indemniser le gérant selon les règles de l'enrichissement injustifié.**

CHAPITRE II. – LE PAIEMENT DE L'INDU

Art. 1302 *(Créé à compter du 1er octobre 2016, Ord. n° 2016-131, 10 févr. 2016).* – **Tout paiement suppose une dette ; ce qui a été reçu sans être dû est sujet à restitution.**

La restitution n'est pas admise à l'égard des obligations naturelles qui ont été volontairement acquittées.

NB : Rappr. art. 1235 ancien, p. 1178.

I – JURISPRUDENCE RELATIVE À L'ANCIEN ARTICLE 1235.

A – Cas d'obligation naturelle.

1) **Obligation civile préexistante (non).** La transformation d'une obligation naturelle en obligation civile, laquelle repose sur un engagement unilatéral d'exécuter l'obligation naturelle, n'exige pas qu'une obligation civile ait elle-même préexisté à celle-ci (■ Cass. 1re civ., 10 oct. 1995, n° 93-19.142 : *JurisData* n° 1995-003028 ; *Bull. civ.* I, n° 352, p. 246 ; *D.* 1996, somm. p. 120, obs. Libchaber ; *D.* 1997, p. 155, note Pignarre. – V. sur cet arrêt N. Molfessis : *D.* 1997, chron. p. 85).

2) **Cause illicite.** Il n'y a pas d'obligation naturelle à exécuter une promesse dont la cause est illicite (■ Cass. 2e civ., 8 mars 1963, n° 60-10.866 : *JCP 63, II, 13195*).

3) **Devoir de conscience.** L'obligation naturelle existe toutes les fois qu'une personne s'oblige envers une autre ou lui verse une somme d'argent, non sous l'impulsion d'une intention libérale mais afin de remplir un devoir impérieux de conscience et d'honneur (■ Colmar, 20 déc. 1960 : *D.* 1961, p. 207). Ainsi, l'acte par lequel deux personnes ont en vue d'indemniser un proche parent gravement lésé par suite de leur propre fait, qui leur avait procuré à elles-mêmes un bénéfice considérable, doit être regardé comme un véritable pacte de famille destiné à assurer l'exécution d'une obligation naturelle fondée sur un scrupule de conscience (■ Cass. req., 7 mars 1911 : *DP* 1913, 1, 404). De même, il y a une obligation naturelle pour le mari à indemniser sa femme pour réparer le préjudice causé à la communauté par ses pertes au jeu (■ Cass. civ., 5 avr. 1892 : *DP* 1892, 1, 234). Ne donne pas de base légale à sa décision l'arrêt qui énonce que, les époux étant séparés de biens, le mari n'était tenu d'aucune obligation naturelle de gratifier son épouse, sans rechercher concrètement si, au vu des circonstances de l'espèce, l'acquisition de l'immeuble au nom des deux époux au moyen des seuls deniers du mari ne s'expliquait pas par le devoir de conscience de celui-ci (■ Cass. 1re civ., 1er juill. 2003, n° 00-20.208 : *JurisData* n° 2003-019991 ; *Dr. famille* 2003, 135, 1er arrêt, note Beignier). Viole les articles 1134 et 1235, la cour d'appel qui ne tient pas compte de la manifestation expresse de volonté d'un médecin de prendre un engagement de restitution d'honoraires à l'égard de son ancien associé, contenue dans une correspondance et suivie de plusieurs remboursements des honoraires perçus pendant la période d'association révolue alors qu'il n'était plus tenu par la convention d'association initiale, ce qui suffisait à établir l'existence d'une obligation naturelle qui s'est muée en obligation civile (■ Cass. 1re civ., 21 nov. 2006 : *JurisData* n° 2006-036011 ; *JCP* 2006, IV 3483). Ne donne pas de base légale à sa décision la cour d'appel qui ne recherche pas, comme elle y était invitée, si, en s'enga-

geant volontairement à verser au demandeur, qui l'avait assigné en recherche de paternité naturelle, une somme mensuelle jusqu'à la fin de ses études, le défendeur n'avait pas voulu exécuter un devoir de conscience et n'avait pas ainsi transformé une obligation naturelle en une obligation civile (■ Cass. civ. 1re, 3 oct. 2006, n° 04-14.388 : *JurisData* n° 2006-035240 ; *Bull. civ.* I, n° 428, p. 368 ; *Defrénois* 2007, art. 38541, p. 306, obs. Massip). Mais ayant souverainement estimé que de l'ensemble du comportement de l'ancien époux, à défaut de tout écrit en ce sens, il ne résultait aucun engagement volontaire implicite ou explicite de poursuivre l'aide financière octroyée à son épouse divorcée avec laquelle il avait repris puis cessé la vie commune, la cour d'appel a pu en déduire que son devoir de conscience ne s'était pas transformé en obligation civile (■ Cass. civ. 1re, 23 mai 2006, n° 04-19.099 : *JurisData* n° 2006-033599 ; *Bull. civ.* I, n° 264, p. 231). Sur ces trois derniers arrêts, V. *Defrénois* 2007, art. 38562-33, p. 467, obs. Libchaber. Sur l'application de l'obligation naturelle dans une convention de concubinage, V. ■ Cass. 1re civ., 29 juin 2011, n° 10-12.018 : *RDC* 2012/1, p. 157, obs. Goldie-Genicon (engagement pris allant au-delà de l'obligation naturelle et étant, par conséquent, dépourvu de cause). Pour l'existence d'une obligation naturelle et d'un devoir de justice de deux sœurs envers leur frère, omis d'un testament rédigé avant la reconnaissance de celui-ci, exclu de la succession canadienne de leur père, et pour la transformation de cette obligation naturelle en obligation civile par un acte signé des deux sœurs exprimant la volonté que les actifs successoraux recueillis soient répartis par tiers et en parts égales entre elles et leur frère, V. ■ Cass. 1re civ., 11 oct. 2017, n° 16-24.533 : *Bull.* ; *JCP N* 2017, 1340, Farge et Comparot.

4) Aliments. Lorsque des époux conviennent dans le cadre d'un divorce par consentement mutuel de renoncer à toute prestation compensatoire mais que le mari, voulant donner force civile à ce qu'il considérait comme un devoir moral, s'engage à payer à sa femme une pension alimentaire, les juges du fond peuvent interpréter la volonté commune des parties en soumettant ladite pension aux dispositions des articles 208 et 209 du Code civil relatifs aux obligations alimentaires (■ Cass. 2e civ., 25 janv. 1984 : *JurisData* n° 1984-799526 ; *JurisData* n° 1984-700063 ; *JCP* 86, II, 20540, note Batteur. – V. aussi pour des concubins ■ Paris, 11 juin 1998, n° 97/06167 : *JurisData* n° 1998-022001 ; *Dr. famille* 1998, 166, note Lécuyer. ■ Cass. 1re civ., 17 nov. 1999, n° 97-17.541 : *JurisData* n° 1999-004082 ; *JCP* 2001, II, 10458, note Chassagnard ; *Dr. famille* 2000, 19, note Lécuyer ; *RTD civ.* 2000, p. 297, obs. Hauser). Jugé que si la nouvelle législation du divorce a, pour certains cas de divorce, supprimé le devoir de secours, elle n'a pas pour effet de priver de valeur l'obligation naturelle contractée dans un acte sous seing privé (■ Cass. 2e civ., 9 mai 1988, n° 86-18.561 : *D.* 1989, p. 289, note crit. Massip. – V. aussi ■ Grenoble, 30 mars 1999, n° 98/04364 : *JurisData* n° 1999-043664 ; *JCP* 2000, IV, 1566). Mais le père qui n'est plus tenu d'une obligation légale d'entretien à l'égard d'enfants devenus majeurs et qui effectue des paiements à la suite d'une procédure de paiement direct n'a pas agi en pleine connaissance de cause et avec la volonté d'acquitter une obligation naturelle. Il peut donc poursuivre la répétition de ces paiements (■ Cass. 1re civ., 12 juill. 1994, n° 92-16.255 : *JurisData* n° 1994-002153 ; *JCP* 94, IV, 2303 ; *Bull. civ.* I, n° 253, p. 183 ; *RTD civ.* 1994, p. 847, obs. Hauser).

5) Legs verbal. Un legs verbal, nul de plein droit, peut cependant, comme constituant une obligation naturelle, servir de cause à une obligation civile valable (■ Cass. req., 10 janv. 1905 : *DP* 1905, 1, 47. ■ Cass. 1re civ., 27 déc. 1963 : *JurisData* n° 1963-000570 ; *JurisData* n° 1963-000570 ; *JurisData* n° 1963-000573 ; *JCP* 64, IV, 19 ; *Bull. civ.* I, n° 573, p. 481). Si une disposition de dernière volonté purement verbale est nulle de plein droit, elle peut cependant, comme constituant une obligation naturelle, servir de cause à une obligation civile valable. Par suite, encourt la cassation l'arrêt qui retient que les déclarations faites par la défunte à son notaire n'ont aucune valeur juridique, même si les héritiers ont donné leur accord à l'exécution de ces legs (■ Cass. 1re civ., 22 juin 2004, n° 01-14.031 : *Bull. civ.* 2004, I, n° 180).

6) Libéralités entre concubins. La libéralité faite par un concubin à sa concubine est valable lorsqu'elle apparaît comme l'exécution d'un devoir de conscience (■ Cass. 1re civ., 6 oct. 1959 : *D.* 1960, p. 515, note Malaurie. ■ Paris, 19 janv. 1977 : *JCP* 78, IV, 69).

7) Extinction de la créance non produite au passif. L'extinction de la créance pour défaut de déclaration au passif du débiteur en redressement judiciaire interdit au créancier de se prévaloir d'une obligation naturelle (■ Cass. com., 31 mai 1994, n° 92-12.548 : *Bull. civ.* IV, n° 197, p. 158 ; *D.* 1995, somm. p. 90, obs. Delebecque).

8) Engagement pris verbalement par un gérant de société. Ne donne pas de base légale à sa décision au regard de l'article 1134 du Code civil, l'arrêt qui, pour écarter la demande du plaignant, retient que ce dernier disposait d'une créance à l'égard non pas du gérant d'une société mais de la société elle-même, mise en liquidation judiciaire, et que le seul engagement pris verbalement par le gérant à l'occasion de son audition par les services de police de « dédommager personnellement (le plaignant) le plus rapidement possible », non suivi d'un commencement d'exécution, ne constituait pas une obligation naturelle dont le gérant se serait reconnu débiteur ; alors que ces motifs étaient impropres à écarter l'existence d'une obligation naturelle (■ Cass. 1re civ., 17 oct. 2012, n° 11-20.124 : *Bull.* ; *RDC* 2013/1, p. 43, obs. Th. Genicon ; *D.* 2013, p. 391, obs. Amrani-Mekki et Mekki et p. 411, note Pignarre ; *RTD civ.* 2012, p. 720, obs. Fages). Comp. ■ Cass. 3e civ., 12 févr. 2013, n° 11-21.314 : *RDC* 2013/3, p. 865, obs. Th. Genicon.

9) Dette éteinte par prescription. La prescription de la créance de droits de succession ne permet pas aux héritiers d'agir en répétition des acomptes spontanément versés, peu important qu'à la date du paiement ils aient ignoré que le bénéfice de la prescription leur était acquis (■ Cass. com., 1er juin 2010, n° 09-14.353 : *Bull. civ.* 2010, IV, n° 102 ; *RLDC* 2010/74, n° 3947, obs. Pouliquen).

B – Régime de l'obligation naturelle.

10) Exécution forcée (non). Une obligation naturelle non transformée en obligation civile ne peut faire l'objet d'une exécution forcée (■ Cass. 1re civ., 14 févr. 1978 : *JurisData* n° 1978-000059 ; *Bull. civ.* I, n° 59, p. 50).

11) Transformation en obligation civile. Le débiteur d'une obligation naturelle peut, par un acte de volonté non équivoque, valablement transformer en obligation civile l'obligation naturelle qu'il a conscience d'avoir assumée (■ Cass. civ., 14 janv. 1952 : *D.* 1952, p. 177, note Lenoan. – V. aussi ■ Cass. 1re civ., 17 nov. 1999, n° 98-10.200 : *JurisData* n° 1999-004080 ; *JCP* 2001, II, 10458, note Chassagnard ; *Dr. famille* 2000, 19, note Lécuyer ; *RTD civ.* 2000, p. 297, obs. Hauser. Sur l'impropriété de la qualification de « novation », V. ■ Cass. 1re civ., 10 oct. 1995, préc., n° 1). Mais l'obligation civile est régie, quant à ses limites et conditions, par cet engagement même (■ Cass. 1re civ., 29 mai 1956 : *Gaz. Pal.* 1956, 2, 83). La dette grève les héritiers de celui qui s'est engagé, sauf si ce dernier a voulu lui conférer un caractère exclusivement personnel et non transmissible (■ Paris, 19 janv. 1977 : *JCP* 78, IV, 69).

12) Preuve de la transformation. Si la transformation d'une obligation naturelle en obligation civile dépend uniquement de l'engagement volontaire de celui qui est tenu d'une telle obligation, cet engagement, soumis aux règles du droit commun de la preuve, doit résulter d'un écrit formant titre, ou, à défaut, d'un commencement de preuve par écrit complété par des témoignages ou des présomptions (■ Cass. 1re civ., 28 juin 1954 : *Bull. civ.* I, n° 214, p. 180. ■ Paris, 18 oct. 1960 : *JCP* 60, II, 11798 *bis*, note R. B.– Rapp. ■ Cass. 1re civ., 23 mai 2006, préc. note 3), sauf s'il est établi que le créancier de l'obligation s'est trouvé dans l'impossibilité morale d'obtenir du débiteur une preuve écrite de l'opération novatoire (■ Paris, 9 avr. 1957 : *D.* 1957, p. 455), ou si le débiteur a renoncé aux dispositions de l'article 1341 (■ Cass. 1re civ., 10 oct. 1995, préc., n° 1).

13) Cause de l'obligation naturelle et durée de l'engagement. Lorsque deux époux novent leur devoir de reconnaissance envers les parents de la femme en un engagement précis d'hébergement gratuit, les juges du fond peuvent estimer que, dans l'intention commune des parties, l'obligation naturelle a pour cause l'aide pécuniaire fournie par les parents et devait survivre tant au divorce des époux qu'au remboursement auquel ils ont été condamnés (■ Cass. 1re civ., 16 juill. 1987, n° 86-10.831 : *JurisData* n° 1987-001449 ; *Bull. civ.* I, n° 224, p. 164).

Art. 1302-1 ***(Créé à compter du 1er octobre 2016, Ord. n° 2016-131, 10 févr. 2016).*** **– Celui qui reçoit par erreur ou sciemment ce qui ne lui est pas dû doit le restituer à celui de qui il l'a indûment reçu.**

NB : Rappr. art. 1376 ancien, p. 1243, et la jurisprudence citée sous cet article.

Art. 1302-2 ***(Créé à compter du 1er octobre 2016, Ord. n° 2016-131, 10 févr. 2016).*** **– Celui qui par erreur ou sous la contrainte a acquitté la dette d'autrui peut agir en restitution contre le créancier. Néanmoins ce droit cesse dans le cas où le créancier, par suite du paiement, a détruit son titre ou abandonné les sûretés qui garantissaient sa créance.**

La restitution peut aussi être demandée à celui dont la dette a été acquittée par erreur.

NB : Rappr. art. 1377 ancien, p. 1246, et la jurisprudence citée sous cet article.

Art. 1302-3 ***(Créé à compter du 1er octobre 2016, Ord. n° 2016-131, 10 févr. 2016).*** **– La restitution est soumise aux règles fixées aux articles 1352 à 1352-9.**

Elle peut être réduite si le paiement procède d'une faute.

CHAPITRE III. – L'ENRICHISSEMENT INJUSTIFIÉ

Art. 1303 *(Créé à compter du 1er octobre 2016, Ord. n° 2016-131, 10 févr. 2016).* **– -En dehors des cas de gestion d'affaires et de paiement de l'indu, celui qui bénéficie d'un enrichissement injustifié au détriment d'autrui doit, à celui qui s'en trouve appauvri, une indemnité égale à la moindre des deux valeurs de l'enrichissement et de l'appauvrissement.**

Art. 1303-1 *(Créé à compter du 1er octobre 2016, Ord. n° 2016-131, 10 févr. 2016).* **– L'enrichissement est injustifié lorsqu'il ne procède ni de l'accomplissement d'une obligation par l'appauvri ni de son intention libérale.**

Art. 1303-2 *(Créé à compter du 1er octobre 2016, Ord. n° 2016-131, 10 févr. 2016).* **– Il n'y a pas lieu à indemnisation si l'appauvrissement procède d'un acte accompli par l'appauvri en vue d'un profit personnel.**

L'indemnisation peut être modérée par le juge si l'appauvrissement procède d'une faute de l'appauvri.

Art. 1303-3 *(Créé à compter du 1er octobre 2016, Ord. n° 2016-131, 10 févr. 2016).* **– L'appauvri n'a pas d'action sur ce fondement lorsqu'une autre action lui est ouverte ou se heurte à un obstacle de droit, tel que la prescription.**

Art. 1303-4 *(Créé à compter du 1er octobre 2016, Ord. n° 2016-131, 10 févr. 2016).* **– L'appauvrissement constaté au jour de la dépense, et l'enrichissement tel qu'il subsiste au jour de la demande, sont évalués au jour du jugement. En cas de mauvaise foi de l'enrichi, l'indemnité due est égale à la plus forte de ces deux valeurs.**

TITRE IV. – DU RÉGIME GÉNÉRAL DES OBLIGATIONS

(Titre rempl. à compter du 1er octobre 2016, Ord. n° 2016-131, 10 févr. 2016) (1) (2)

Ordonnance n° 2016-131 du 10 février 2016

portant réforme du droit des contrats, du régime général et de la preuve des obligations

Art. 9. – Les dispositions de la présente ordonnance entreront en vigueur le 1er octobre 2016.

Les contrats conclus avant cette date demeurent soumis à la loi ancienne *(Mots aj., L. n° 2018-287, 20 avr. 2018)* « y compris pour leurs effets légaux et pour les dispositions d'ordre public ».

Toutefois, les dispositions des troisième et quatrième alinéas de l'article 1123 et celles des articles 1158 et 1183 sont applicables dès l'entrée en vigueur de la présente ordonnance.

Lorsqu'une instance a été introduite avant l'entrée en vigueur de la présente ordonnance, l'action est poursuivie et jugée conformément à la loi ancienne. Cette loi s'applique également en appel et en cassation.

Décret n° 2016-1278 du 29 septembre 2016

portant coordination des textes réglementaires avec l'ordonnance n° 2016-131 portant réforme du droit des contrats, du régime général et de la preuve des obligations
(JO 30 sept. 2016)

Art. 1er. – Les références à des dispositions abrogées, modifiées ou déplacées par l'ordonnance du 10 février 2016 susvisée contenues dans des dispositions de nature réglementaire sont remplacées par les références aux dispositions ayant le même objet du livre III du Code civil, du Code de l'action sociale et des

(1) Dispositions applicables à Wallis-et-Futuna *(Ord. n° 2016-131, 10 févr. 2016).*

(2) Antérieurement aux modifications issues de l'ordonnance n° 2016-131 du 10 février 2016, le présent titre était intitulé « Des engagements qui se forment sans convention » et comprenait les articles 1370 à 1386. Il était divisé en deux chapitres respectivement intitulés : « Des quasi-contrats. » et « Des délits et des quasi-délits ». - NDLR.

familles, du Code des procédures civiles d'exécution et du Code de la santé publique, dans leur rédaction résultant de cette ordonnance.

Art. 2. – Les dispositions réglementaires modifiées par le présent décret peuvent être modifiées par des actes pris dans les mêmes formes que les actes dont elles étaient issues antérieurement à l'entrée en vigueur du présent décret.

CHAPITRE Ier. – LES MODALITÉS DE L'OBLIGATION

Section I. – L'obligation conditionnelle

Bibliographie : M. Latina, *La condition dans l'ordonnance du 10 février 2016 : JCP* G 2016, 875. • J.-F. Hamelin, *La renonciation à la condition après la loi de ratification du 20 avr. 2018 ;* *Defrénois* 2018, n° 35, p.19.

Art. 1304 ***(Créé à compter du 1er octobre 2016, Ord. n° 2016-131, 10 févr. 2016).*** **– L'obligation est conditionnelle lorsqu'elle dépend d'un événement futur et incertain.**

La condition est suspensive lorsque son accomplissement rend l'obligation pure et simple.

Elle est résolutoire lorsque son accomplissement entraîne l'anéantissement de l'obligation.

NB : Rappr. art. 1168 ancien, 1183 ancien, p. 1140, et la jurisprudence citée sous ces articles.

Art. 1304-1 ***(Créé à compter du 1er octobre 2016, Ord. n° 2016-131, 10 févr. 2016).*** **– La condition doit être licite. À défaut, l'obligation est nulle.**

NB : Rappr. art. 1172 ancien, p. 1141.

Art. 1304-2 ***(Créé à compter du 1er octobre 2016, Ord. n° 2016-131, 10 févr. 2016).*** **– Est nulle l'obligation contractée sous une condition dont la réalisation dépend de la seule volonté du débiteur. Cette nullité ne peut être invoquée lorsque l'obligation a été exécutée en connaissance de cause.**

NB : Rappr. art. 1170 ancien, 1174 ancien, p. 1140, et la jurisprudence citée sous ces articles.

Art. 1304-3 ***(Créé à compter du 1er octobre 2016, Ord. n° 2016-131, 10 févr. 2016).*** **– La condition suspensive est réputée accomplie si celui qui y avait intérêt en a empêché l'accomplissement.**

La condition résolutoire est réputée défaillie si son accomplissement a été provoqué par la partie qui y avait intérêt.

NB : Rappr. art. 1178 ancien, p. 1145, et la jurisprudence citée sous cet article.

Art. 1304-4 ***(Créé à compter du 1er octobre 2016, Ord. n° 2016-131, 10 févr. 2016).*** **– Une partie est libre de renoncer à la condition stipulée dans son intérêt exclusif, tant que celle-ci n'est pas accomplie** *(Mots aj. à compter du 1er octobre 2018, L. n° 2018-287, 20 avr. 2018)* (1) (2) **« ou n'a pas défailli ».**

Art. 1304-5 ***(Créé à compter du 1er octobre 2016, Ord. n° 2016-131, 10 févr. 2016).*** **– Avant que la condition suspensive ne soit accomplie, le débiteur doit s'abstenir de tout acte qui empêcherait la bonne exécution de l'obligation ; le créancier peut accomplir tout acte conservatoire et attaquer les actes du débiteur accomplis en fraude de ses droits.**

Ce qui a été payé peut être répété tant que la condition suspensive ne s'est pas accomplie.

NB : Rappr. art. 1180 ancien, p. 1147.

Art. 1304-6 ***(Créé à compter du 1er octobre 2016, Ord. n° 2016-131, 10 févr. 2016).*** **– L'obligation devient pure et simple à compter de l'accomplissement de la condition suspensive.**

(1) Dispositions applicables dans les îles Wallis et Futuna, L. n° 2018-287, 20 avr. 2018.
(2) Les modifications apportées au présent article ont un caractère interprétatif, L. n° 2018-287, 20 avr. 2018.

Toutefois, les parties peuvent prévoir que l'accomplissement de la condition rétroagira au jour du contrat. La chose, objet de l'obligation, n'en demeure pas moins aux risques du débiteur, qui en conserve l'administration et a droit aux fruits jusqu'à l'accomplissement de la condition.

En cas de défaillance de la condition suspensive, l'obligation est réputée n'avoir jamais existé.

NB : Rappr. art. 1179 ancien, 1182 ancien, p. 1147.

Art. 1304-7 *(Créé à compter du 1er octobre 2016, Ord. n° 2016-131, 10 févr. 2016).* – L'accomplissement de la condition résolutoire éteint rétroactivement l'obligation, sans remettre en cause, le cas échéant, les actes conservatoires et d'administration.

La rétroactivité n'a pas lieu si telle est la convention des parties ou si les prestations échangées ont trouvé leur utilité au fur et à mesure de l'exécution réciproque du contrat.

NB : Rappr. art. 1183 ancien, p. 1148.

Section II. – L'obligation à terme

Art. 1305 *(Créé à compter du 1er octobre 2016, Ord. n° 2016-131, 10 févr. 2016).* – L'obligation est à terme lorsque son exigibilité est différée jusqu'à la survenance d'un événement futur et certain, encore que la date en soit incertaine.

NB : Rappr. art. 1185 ancien, p. 1158, et la jurisprudence citée sous cet article.

Art. 1305-1 *(Créé à compter du 1er octobre 2016, Ord. n° 2016-131, 10 févr. 2016).* – Le terme peut être exprès ou tacite.

À défaut d'accord, le juge peut le fixer en considération de la nature de l'obligation et de la situation des parties.

Art. 1305-2 *(Créé à compter du 1er octobre 2016, Ord. n° 2016-131, 10 févr. 2016).* – Ce qui n'est dû qu'à terme ne peut être exigé avant l'échéance ; mais ce qui a été payé d'avance ne peut être répété.

NB : Rappr. art. 1186 ancien, p. 1159, et la jurisprudence citée sous cet article.

Art. 1305-3 *(Créé à compter du 1er octobre 2016, Ord. n° 2016-131, 10 févr. 2016).* – Le terme profite au débiteur, s'il ne résulte de la loi, de la volonté des parties ou des circonstances qu'il a été établi en faveur du créancier ou des deux parties.

La partie au bénéfice exclusif de qui le terme a été fixé peut y renoncer sans le consentement de l'autre.

NB : Rappr. art. 1187 ancien, p. 1160.

Art. 1305-4 *(Créé à compter du 1er octobre 2016, Ord. n° 2016-131, 10 févr. 2016).* – Le débiteur ne peut réclamer le bénéfice du terme s'il ne fournit pas les sûretés promises au créancier ou s'il diminue celles qui garantissent l'obligation.

NB : Rappr. art. 1188 ancien, p. 1160, et la jurisprudence citée sous cet article.

Art. 1305-5 *(Créé à compter du 1er octobre 2016, Ord. n° 2016-131, 10 févr. 2016).* – La déchéance du terme encourue par un débiteur est inopposable à ses coobligés, même solidaires *(Mots aj. à compter du 1er octobre 2018, L. n° 2018-287, 20 avr. 2018)* (1) (2) « , et à ses cautions ».

(1) Dispositions applicables dans les îles Wallis et Futuna, L. n° 2018-287, 20 avr. 2018.
(2) Les modifications apportées au présent article ont un caractère interprétatif, L. n° 2018-287, 20 avr. 2018.

Section III. – L'obligation plurale

Sous-section 1. – La pluralité d'objets

§ 1. – L'obligation cumulative

Art. 1306 *(Créé à compter du 1er octobre 2016, Ord. n° 2016-131, 10 févr. 2016).* – **L'obligation est cumulative lorsqu'elle a pour objet plusieurs prestations et que seule l'exécution de la totalité de celles-ci libère le débiteur.**

§ 2. – L'obligation alternative

Art. 1307 *(Créé à compter du 1er octobre 2016, Ord. n° 2016-131, 10 févr. 2016).* – **L'obligation est alternative lorsqu'elle a pour objet plusieurs prestations et que l'exécution de l'une d'elles libère le débiteur.**

NB : Rappr. art. 1189 ancien, p. 1160.

Art. 1307-1 *(Créé à compter du 1er octobre 2016, Ord. n° 2016-131, 10 févr. 2016).* – **Le choix entre les prestations appartient au débiteur.**

Si le choix n'est pas exercé dans le temps convenu ou dans un délai raisonnable, l'autre partie peut, après mise en demeure, exercer ce choix ou résoudre le contrat.

Le choix exercé est définitif et fait perdre à l'obligation son caractère alternatif.

NB : Rappr. art. 1190 ancien, p. 1161, et la jurisprudence citée sous cet article.

Art. 1307-2 *(Créé à compter du 1er octobre 2016, Ord. n° 2016-131, 10 févr. 2016).* – **Si elle procède d'un cas de force majeure, l'impossibilité d'exécuter la prestation choisie libère le débiteur.**

NB : Rappr. art. 1193 ancien, p. 1161, et la jurisprudence citée sous cet article.

Art. 1307-3 *(Créé à compter du 1er octobre 2016, Ord. n° 2016-131, 10 févr. 2016).* – **Le débiteur qui n'a pas fait connaître son choix doit, si l'une des prestations devient impossible, exécuter l'une des autres.**

NB : Rappr. art. 1193 ancien, p. 1161.

Art. 1307-4 *(Créé à compter du 1er octobre 2016, Ord. n° 2016-131, 10 févr. 2016).* – **Le créancier qui n'a pas fait connaître son choix doit, si l'une des prestations devient impossible à exécuter par suite d'un cas de force majeure, se contenter de l'une des autres.**

NB : Rappr. art. 1194 ancien, p. 1161.

Art. 1307-5 *(Créé à compter du 1er octobre 2016, Ord. n° 2016-131, 10 févr. 2016).* – **Lorsque les prestations deviennent impossibles, le débiteur n'est libéré que si l'impossibilité procède, pour chacune, d'un cas de force majeure.**

NB : Rappr. art. 1195 ancien, p. 1161.

§ 3. – L'obligation facultative

Art. 1308 *(Créé à compter du 1er octobre 2016, Ord. n° 2016-131, 10 févr. 2016).* – **L'obligation est facultative lorsqu'elle a pour objet une certaine prestation mais que le débiteur a la faculté, pour se libérer, d'en fournir une autre.**

L'obligation facultative est éteinte si l'exécution de la prestation initialement convenue devient impossible pour cause de force majeure.

Sous-section 2. – La pluralité de sujets

Art. 1309 *(Créé à compter du 1er octobre 2016, Ord. n° 2016-131, 10 févr. 2016).* – **L'obligation qui lie plusieurs créanciers ou débiteurs se divise de plein droit entre eux. La division a lieu également entre leurs successeurs, l'obligation fût-elle solidaire. Si elle n'est pas réglée autrement par la loi ou par le contrat, la division a lieu par parts égales.**

Chacun des créanciers n'a droit qu'à sa part de la créance commune ; chacun des débiteurs n'est tenu que de sa part de la dette commune.

Il n'en va autrement, dans les rapports entre les créanciers et les débiteurs, que si l'obligation est solidaire ou si la prestation due est indivisible.

NB : Rappr. art. 1220 ancien, p. 1170, et la jurisprudence citée sous cet article.

§ 1. – L'obligation solidaire

Art. 1310 *(Créé à compter du 1er octobre 2016, Ord. n° 2016-131, 10 févr. 2016).* – **La solidarité est légale ou conventionnelle ; elle ne se présume pas.**

NB : Rappr. art. 1202 ancien, p. 1163, et la jurisprudence citée sous cet article.

Art. 1311 *(Créé à compter du 1er octobre 2016, Ord. n° 2016-131, 10 févr. 2016).* – **La solidarité entre créanciers permet à chacun d'eux d'exiger et de recevoir le paiement de toute la créance. Le paiement fait à l'un d'eux, qui en doit compte aux autres, libère le débiteur à l'égard de tous.**

Le débiteur peut payer l'un ou l'autre des créanciers solidaires tant qu'il n'est pas poursuivi par l'un d'eux.

NB : Rappr. art. 1197 ancien, 1198 ancien, p. 1162 et la jurisprudence citée.

Art. 1312 *(Créé à compter du 1er octobre 2016, Ord. n° 2016-131, 10 févr. 2016).* – **Tout acte qui interrompt ou suspend la prescription à l'égard de l'un des créanciers solidaires, profite aux autres créanciers.**

NB : Rappr. art. 1199 ancien, p. 1162.

Art. 1313 *(Créé à compter du 1er octobre 2016, Ord. n° 2016-131, 10 févr. 2016).* – **La solidarité entre les débiteurs oblige chacun d'eux à toute la dette. Le paiement fait par l'un d'eux les libère tous envers le créancier.**

Le créancier peut demander le paiement au débiteur solidaire de son choix. Les poursuites exercées contre l'un des débiteurs solidaires n'empêchent pas le créancier d'en exercer de pareilles contre les autres.

NB : Rappr. art. 1200 ancien, 1203 ancien, 1204 ancien, p. 1162, et la jurisprudence citée.

Art. 1314 *(Créé à compter du 1er octobre 2016, Ord. n° 2016-131, 10 févr. 2016).* – **La demande d'intérêts formée contre l'un des débiteurs solidaires fait courir les intérêts à l'égard de tous.**

NB : Rappr. art. 1207 ancien, p. 1165.

Art. 1315 *(Créé à compter du 1er octobre 2016, Ord. n° 2016-131, 10 févr. 2016).* – **Le débiteur solidaire poursuivi par le créancier peut opposer les exceptions qui sont communes à tous les codébiteurs, telles que la nullité ou la résolution, et celles qui lui sont personnelles. Il ne peut opposer les exceptions qui sont personnelles à d'autres codébiteurs, telle que l'octroi d'un terme. Toutefois, lorsqu'une exception personnelle à un autre codébiteur éteint la part divise de celui-ci, notamment en cas de compensation ou de remise de dette, il peut s'en prévaloir pour la faire déduire du total de la dette.**

NB : Rappr. art. 1208 ancien, p. 1165, et la jurisprudence citée sous cet article.

Art. 1316 *(Créé à compter du 1er octobre 2016, Ord. n° 2016-131, 10 févr. 2016).* – -**Le créancier qui reçoit paiement de l'un des codébiteurs solidaires et lui consent une remise de solidarité conserve sa créance contre les autres, déduction faite de la part du débiteur qu'il a déchargé.**

NB : Rappr. art. 1210 ancien, p. 1166.

Art. 1317 *(Créé à compter du 1er octobre 2016, Ord. n° 2016-131, 10 févr. 2016).* – **Entre eux, les codébiteurs solidaires ne contribuent à la dette que chacun pour sa part.**

Celui qui a payé au-delà de sa part dispose d'un recours contre les autres à proportion de leur propre part.

Si l'un d'eux est insolvable, sa part se répartit, par contribution, entre les codébiteurs solvables, y compris celui qui a fait le paiement et celui qui a bénéficié d'une remise de solidarité.

NB : Rappr. art. 1213 ancien, 1214 ancien, 1215 ancien, p. 1166, et la jurisprudence citée sous cet article.

Art. 1318 *(Créé à compter du 1er octobre 2016, Ord. n° 2016-131, 10 févr. 2016).* – **Si la dette procède d'une affaire qui ne concerne que l'un des codébiteurs solidaires, celui-ci est seul tenu de la dette à l'égard des autres. S'il l'a payée, il ne dispose d'aucun recours contre ses codébiteurs. Si ceux-ci l'ont payée, ils disposent d'un recours contre lui.**

NB : Rappr. art. 1216 ancien, p. 1168, et la jurisprudence citée sous cet article.

Art. 1319 *(Créé à compter du 1er octobre 2016, Ord. n° 2016-131, 10 févr. 2016).* – **Les codébiteurs solidaires répondent solidairement de l'inexécution de l'obligation. La charge en incombe à titre définitif à ceux auxquels l'inexécution est imputable.**

§ 2. – L'obligation à prestation indivisible

Art. 1320 *(Créé à compter du 1er octobre 2016, Ord. n° 2016-131, 10 févr. 2016).* – **Chacun des créanciers d'une obligation à prestation indivisible, par nature ou par contrat, peut en exiger et en recevoir le paiement intégral, sauf à rendre compte aux autres ; mais il ne peut seul disposer de la créance ni recevoir le prix au lieu de la chose.**

Chacun des débiteurs d'une telle obligation en est tenu pour le tout ; mais il a ses recours en contribution contre les autres.

Il en va de même pour chacun des successeurs de ces créanciers et débiteurs.

NB : Rappr. art. 1217 ancien, 1218 ancien, 1222 ancien, 1223 ancien, 1224 ancien, p. 1168, et la jurisprudence citée sous ces articles.

CHAPITRE II. – LES OPÉRATIONS SUR OBLIGATIONS

Section I. – La cession de créance

Bibliographie : Ph. Simler, *Cession de créance, cession de dette, cession de contrat : Contrats, conc. consom.* 2016, dossier 8. • F. Danos, *La notion d'exception inhérente à la dette : D.* 2017, p. 1319. • Dossier, *Opérations sur obligations : quel instrument choisir ? : RDC* 2018, 307.

Art. 1321 *(Créé à compter du 1er octobre 2016, Ord. n° 2016-131, 10 févr. 2016).* – **La cession de créance est un contrat par lequel le créancier cédant transmet, à titre onéreux ou gratuit, tout ou partie de sa créance contre le débiteur cédé à un tiers appelé le cessionnaire.**

Elle peut porter sur une ou plusieurs créances présentes ou futures, déterminées ou déterminables.

Elle s'étend aux accessoires de la créance.

Le consentement du débiteur n'est pas requis, à moins que la créance ait été stipulée incessible.

Art. 1322 *(Créé à compter du 1er octobre 2016, Ord. n° 2016-131, 10 févr. 2016).* – **La cession de créance doit être constatée par écrit, à peine de nullité.**

Art. 1323 *(Créé à compter du 1er octobre 2016, Ord. n° 2016-131, 10 févr. 2016).* – **Entre les parties, le *transfert de la créance s'opère à la date de l'acte.***

Il est opposable aux tiers dès ce moment. En cas de contestation, la preuve de la date de la cession incombe au cessionnaire, qui peut la rapporter par tout moyen.

Toutefois, le transfert d'une créance future n'a lieu qu'au jour de sa naissance, tant entre les parties que vis-à-vis des tiers.

Art. 1324 *(Créé à compter du 1er octobre 2016, Ord. n° 2016-131, 10 févr. 2016).* – **La cession n'est opposable au débiteur, s'il n'y a déjà consenti, que si elle lui a été notifiée ou s'il en a pris acte.**

Le débiteur peut opposer au cessionnaire les exceptions inhérentes à la dette, telles que la nullité, l'exception d'inexécution, la résolution ou la compensation des dettes connexes. Il peut également opposer les exceptions nées de ses rapports avec le cédant avant que la cession lui soit devenue opposable, telles que l'octroi d'un terme, la remise de dette ou la compensation de dettes non connexes.

Le cédant et le cessionnaire sont solidairement tenus de tous les frais supplémentaires occasionnés par la cession dont le débiteur n'a pas à faire l'avance. Sauf clause contraire, la charge de ces frais incombe au cessionnaire.

Art. 1325 *(Créé à compter du 1er octobre 2016, Ord. n° 2016-131, 10 févr. 2016).* – Le concours entre cessionnaires successifs d'une créance se résout en faveur du premier en date ; il dispose d'un recours contre celui auquel le débiteur aurait fait un paiement.

Art. 1326 *(Créé à compter du 1er octobre 2016, Ord. n° 2016-131, 10 févr. 2016).* – Celui qui cède une créance à titre onéreux garantit l'existence de la créance et de ses accessoires, à moins que le cessionnaire l'ait acquise à ses risques et périls ou qu'il ait connu le caractère incertain de la créance.

Il ne répond de la solvabilité du débiteur que lorsqu'il s'y est engagé, et jusqu'à concurrence du prix qu'il a pu retirer de la cession de sa créance.

Lorsque le cédant a garanti la solvabilité du débiteur, cette garantie ne s'entend que de la solvabilité actuelle ; elle peut toutefois s'étendre à la solvabilité à l'échéance, mais à la condition que le cédant l'ait expressément spécifié.

Section II. – La cession de dette

Bibliographie : Ph. Simler, *Cession de créance, cession de dette, cession de contrat : Contrats, conc. consom.* 2016, dossier 8. • V. Lasserre, *La cession de dette consacrée par le Code civil à la lumière du droit allemand : D.* 2016, 1578.

Art. 1327 *(Créé à compter du 1er octobre 2016, Ord. n° 2016-131, 10 févr. 2016 .* – Un débiteur peut, avec l'accord du créancier, céder sa dette.

(Al. créé à compter du 1er octobre 2018, L. n° 2018-287, 20 avr. 2018) (1) (2) La cession doit être constatée par écrit, à peine de nullité.

Art. 1327-1 *(Créé à compter du 1er octobre 2016, Ord. n° 2016-131, 10 févr. 2016).* – Le créancier, s'il a par avance donné son accord à la cession *(Mot rempl. à compter du 1er octobre 2018, L. n° 2018-287, 20 avr. 2018)* (1) (3) « et » n'y est pas intervenu, ne peut se la voir opposer ou s'en prévaloir que du jour où elle lui a été notifiée ou dès qu'il en a pris acte.

Art. 1327-2 *(Créé à compter du 1er octobre 2016, Ord. n° 2016-131, 10 févr. 2016).* – Si le créancier y consent expressément, le débiteur originaire est libéré pour l'avenir. À défaut, et sauf clause contraire, il est tenu solidairement au paiement de la dette.

Art. 1328 *(Créé à compter du 1er octobre 2016, Ord. n° 2016-131, 10 févr. 2016).* – Le débiteur substitué, et le débiteur originaire s'il reste tenu, peuvent opposer au créancier les exceptions inhérentes à la dette, telles que la nullité, l'exception d'inexécution, la résolution ou la compensation de dettes connexes. Chacun peut aussi opposer les exceptions qui lui sont personnelles.

Art. 1328-1 *(Créé à compter du 1er octobre 2016, Ord. n° 2016-131, 10 févr. 2016 .* – Lorsque le débiteur originaire n'est pas déchargé par le créancier, les sûretés subsistent. Dans le cas contraire, les sûretés consenties par *(Mots aj. à compter du 1er octobre 2018, L. n° 2018-287, 20 avr. 2018)* (1) (3) « le débiteur originaire ou par » des tiers ne subsistent qu'avec leur accord.

Si le cédant est déchargé, ses codébiteurs solidaires restent tenus déduction faite de sa part dans la dette.

Section III. – La novation

Art. 1329 *(Créé à compter du 1er octobre 2016, Ord. n° 2016-131, 10 févr. 2016).* – La novation est un contrat qui a pour objet de substituer à une obligation, qu'elle éteint, une obligation nouvelle qu'elle crée.

(1) Dispositions applicables dans les îles Wallis et Futuna, L. n° 2018-287, 20 avr. 2018.
(2) Dispositions applicables aux actes juridiques conclus ou établis à compter du 1er octobre 2018, L. n° 2018-287, 20 avr. 2018.
(3) Les modifications apportées au présent article ont un caractère interprétatif, L. n° 2018-287, 20 avr. 2018.

Elle peut avoir lieu par substitution d'obligation entre les mêmes parties, par changement de débiteur ou par changement de créancier.

NB : Rappr. art. 1271 ancien, p. 1198, et la jurisprudence citée sous cet article.

Art. 1330 ***(Créé à compter du 1er octobre 2016, Ord. n° 2016-131, 10 févr. 2016).*** **– La novation ne se présume pas ; la volonté de l'opérer doit résulter clairement de l'acte.**

NB : Rappr. art. 1273 ancien, p. 1199.

JURISPRUDENCE RELATIVE À L'ANCEN ARTICLE 1273.

1) Actes positifs non équivoques. Sur le principe que la novation ne se présume pas, V. ▪ Cass. soc., 13 mai 1954 : *JCP* 54, II, 8202. Mais il n'est pas nécessaire que l'intention de nover soit exprimée en termes formels, il suffit qu'elle soit certaine (▪ Cass. civ., 7 juill. 1925 : *DP* 1927, 1, 22. ▪ Cass. com., 29 janv. 1991, n° 89-10.085 : *JurisData* n° 1991-000212 ; *RTD civ.* 1991, p. 532, obs. Mestre. ▪ Cass. com., 19 oct. 2017, n° 16-22.608 : *RDC* 2018, p. 46, Latina), à condition qu'elle résulte d'actes positifs non équivoques (▪ Cass. soc., 19 juill. 1960 : *D.* 1961, somm. p. 21 ; *Bull. civ.* IV, n° 796, p. 613. ▪ Cass. 1re civ., 28 nov. 1995, n° 93-17.473 : *JurisData* n° 1995-003311 ; *JCP* 96, IV, 131 ; *Bull. civ.* I, n° 435, p. 304 ; *RTD civ.* 1996, p. 618, obs. Mestre. ▪ Cass. soc., 12 janv. 2010, n° 08-44.321 : *Bull. civ.* V, n° 3), sauf si le second engagement est nécessairement incompatible avec le premier (▪ Cass. req., 8 nov. 1875 : *DP* 1876, 1, 438. – Comp. ▪ Cass. com., 14 févr. 1972 : *Bull. civ.* IV, n° 55, p. 55).

2) Pouvoir souverain des juges du fond. L'existence de l'intention de nover est appréciée souverainement par les juges du fond (▪ Cass. crim., 18 janv. 1972 : *D.* 1972, somm. p. 63. ▪ Cass. 3e civ., 17 juin 1971, n° 69-14.424 : *JurisData* n° 1971-000394 ; *D.* 1971, p. 545, note Ghestin).

Art. 1331 ***(Créé à compter du 1er octobre 2016, Ord. n° 2016-131, 10 févr. 2016).*** **– La novation n'a lieu que si l'obligation ancienne et l'obligation nouvelle sont l'une et l'autre valables, à moins qu'elle n'ait pour objet déclaré de substituer un engagement valable à un engagement entaché d'un vice.**

Art. 1332 ***(Créé à compter du 1er octobre 2016, Ord. n° 2016-131, 10 févr. 2016).*** **– La novation par changement de débiteur peut s'opérer sans le concours du premier débiteur.**

NB : Rappr. art. 1274 ancien, p. 1199.

Art. 1333 ***(Créé à compter du 1er octobre 2016, Ord. n° 2016-131, 10 févr. 2016).*** **– La novation par changement de créancier requiert le consentement du débiteur. Celui-ci peut, par avance, accepter que le nouveau créancier soit désigné par le premier.**

La novation est opposable aux tiers à la date de l'acte. En cas de contestation de la date de la novation, la preuve en incombe au nouveau créancier, qui peut l'apporter par tout moyen.

Art. 1334 ***(Créé à compter du 1er octobre 2016, Ord. n° 2016-131, 10 févr. 2016).*** **– L'extinction de l'obligation ancienne s'étend à tous ses accessoires.**

Par exception, les sûretés d'origine peuvent être réservées pour la garantie de la nouvelle obligation avec le consentement des tiers garants.

NB : Rappr. art. 1278 ancien, p. 1202.

Art. 1335 ***(Créé à compter du 1er octobre 2016, Ord. n° 2016-131, 10 févr. 2016).*** **– La novation convenue entre le créancier et l'un des codébiteurs solidaires libère les autres.**

La novation convenue entre le créancier et une caution ne libère pas le débiteur principal. Elle libère les autres cautions à concurrence de la part contributive de celle dont l'obligation a fait l'objet de la novation.

NB : Rappr. art. 1281 ancien, p. 1202.

Section IV. – La délégation

Art. 1336 ***(Créé à compter du 1er octobre 2016, Ord. n° 2016-131, 10 févr. 2016).*** **– La délégation est une opération par laquelle une personne, le délégant, obtient d'une autre, le délégué, qu'elle s'oblige envers une troisième, le délégataire, qui l'accepte comme débiteur.**

Le délégué ne peut, sauf stipulation contraire, opposer au délégataire aucune exception tirée de ses rapports avec le délégant ou des rapports entre ce dernier et le délégataire.

NB : Rappr. art. 1275 ancien, p. 1199, et la jurisprudence citée sous cet article.

Art. 1337 *(Créé à compter du 1er octobre 2016, Ord. n° 2016-131, 10 févr. 2016).* – Lorsque le délégant est débiteur du délégataire et que la volonté du délégataire de décharger le délégant résulte expressément de l'acte, la délégation opère novation.

Toutefois, le délégant demeure tenu s'il s'est expressément engagé à garantir la solvabilité future du délégué ou si ce dernier se trouve soumis à une procédure d'apurement de ses dettes lors de la délégation.

NB : Rappr. art. 1276 ancien, p. 1201.

Art. 1338 *(Créé à compter du 1er octobre 2016, Ord. n° 2016-131, 10 févr. 2016).* – Lorsque le délégant est débiteur du délégataire mais que celui-ci ne l'a pas déchargé de sa dette, la délégation donne au délégataire un second débiteur.

Le paiement fait par l'un des deux débiteurs libère l'autre, à due concurrence.

NB : Rappr. art. 1275 ancien, p. 1199, et la jurisprudence citée sous cet article.

Art. 1339 *(Créé à compter du 1er octobre 2016, Ord. n° 2016-131, 10 févr. 2016).* – Lorsque le délégant est créancier du délégué, sa créance ne s'éteint que par l'exécution de l'obligation du délégué envers le délégataire et à due concurrence.

Jusque-là, le délégant ne peut en exiger ou en recevoir le paiement que pour la part qui excèderait l'engagement du délégué. Il ne recouvre ses droits qu'en exécutant sa propre obligation envers le délégataire.

La cession ou la saisie de la créance du délégant ne produisent effet que sous les mêmes limitations.

Toutefois, si le délégataire a libéré le délégant, le délégué est lui-même libéré à l'égard du délégant, à concurrence du montant de son engagement envers le délégataire.

Art. 1340 *(Créé à compter du 1er octobre 2016, Ord. n° 2016-131, 10 févr. 2016).* – La simple indication faite par le débiteur d'une personne désignée pour payer à sa place n'emporte ni novation, ni délégation. Il en est de même de la simple indication faite, par le créancier, d'une personne désignée pour recevoir le paiement pour lui.

NB : Rappr. art. 1277 ancien, p. 1201.

CHAPITRE III. – LES ACTIONS OUVERTES AU CRÉANCIER

Art. 1341 *(Créé à compter du 1er octobre 2016, Ord. n° 2016-131, 10 févr. 2016).* – Le créancier a droit à l'exécution de l'obligation ; il peut y contraindre le débiteur dans les conditions prévues par la loi.

Art. 1341-1 *(Créé à compter du 1er octobre 2016, Ord. n° 2016-131, 10 févr. 2016).* – Lorsque la carence du débiteur dans l'exercice de ses droits et actions à caractère patrimonial compromet les droits de son créancier, celui-ci peut les exercer pour le compte de son débiteur, à l'exception de ceux qui sont exclusivement rattachés à sa personne.

NB : Rappr. art. 1166 ancien, p. 1133, et la jurisprudence citée sous cet article.

Art. 1341-2 *(Créé à compter du 1er octobre 2016, Ord. n° 2016-131, 10 févr. 2016).* – Le créancier peut aussi agir en son nom personnel pour faire déclarer inopposables à son égard les actes faits par son débiteur en fraude de ses droits, à charge d'établir, s'il s'agit d'un acte à titre onéreux, que le tiers cocontractant avait connaissance de la fraude.

NB : Rappr. art. 1167 ancien, p. 1135, et la jurisprudence citée sous cet article.

Art. 1341-3 *(Créé à compter du 1er octobre 2016, Ord. n° 2016-131, 10 févr. 2016).* – Dans les cas déterminés par la loi, le créancier peut agir directement en paiement de sa créance contre un débiteur de son débiteur.

CHAPITRE IV. – L'EXTINCTION DE L'OBLIGATION

Section I. – Le paiement

Sous-section 1. – Dispositions générales

Art. 1342 *(Créé à compter du 1er octobre 2016, Ord. n° 2016-131, 10 févr. 2016).* – **Le paiement est l'exécution volontaire de la prestation due.**

Il doit être fait sitôt que la dette devient exigible.

Il libère le débiteur à l'égard du créancier et éteint la dette, sauf lorsque la loi ou le contrat prévoit une subrogation dans les droits du créancier.

Art. 1342-1 *(Créé à compter du 1er octobre 2016, Ord. n° 2016-131, 10 févr. 2016).* – **Le paiement peut être fait même par une personne qui n'y est pas tenue, sauf refus légitime du créancier.**

NB : Rappr. art. 1236 ancien, 1237 ancien, p. 1179, et la jurisprudence citée sous ces articles.

Art. 1342-2 *(Créé à compter du 1er octobre 2016, Ord. n° 2016-131, 10 févr. 2016).* – **Le paiement doit être fait au créancier ou à la personne désignée pour le recevoir.**

Le paiement fait à une personne qui n'avait pas qualité pour le recevoir est néanmoins valable si le créancier le ratifie ou s'il en a profité.

Le paiement fait à un créancier dans l'incapacité de contracter n'est pas valable, s'il n'en a tiré profit.

NB : Rappr. art. 1239 ancien, 1241 ancien, p. 1180, et la jurisprudence citée.

Art. 1342-3 *(Créé à compter du 1er octobre 2016, Ord. n° 2016-131, 10 févr. 2016).* – **Le paiement fait de bonne foi à un créancier apparent est valable.**

NB : Rappr. art. 1240 ancien, p. 1181, et la jurisprudence citée sous cet article.

Art. 1342-4 *(Créé à compter du 1er octobre 2016, Ord. n° 2016-131, 10 févr. 2016).* – **Le créancier peut refuser un paiement partiel même si la prestation est divisible.**

Il peut accepter de recevoir en paiement autre chose que ce qui lui est dû.

NB : Rappr. art. 1243 ancien, 1244 ancien, p. 1182, et la jurisprudence citée.

Art. 1342-5 *(Créé à compter du 1er octobre 2016, Ord. n° 2016-131, 10 févr. 2016).* – **Le débiteur d'une obligation de remettre un corps certain est libéré par sa remise au créancier en l'état, sauf à prouver, en cas de détérioration, que celle-ci n'est pas due à son fait ou à celui de personnes dont il doit répondre.**

NB : Rappr. art. 1245 ancien, 1246 ancien, p. 1187.

Art. 1342-6 *(Créé à compter du 1er octobre 2016, Ord. n° 2016-131, 10 févr. 2016).* – **À défaut d'une autre désignation par la loi, le contrat ou le juge, le paiement doit être fait au domicile du débiteur.**

NB : Rappr. art. 1247 ancien, p. 1187, et la jurisprudence citée sous cet article.

Art. 1342-7 *(Créé à compter du 1er octobre 2016, Ord. n° 2016-131, 10 févr. 2016).* – **Les frais du paiement sont à la charge du débiteur.**

NB : Rappr. art. 1248 ancien, p. 1188.

Art. 1342-8 *(Créé à compter du 1er octobre 2016, Ord. n° 2016-131, 10 févr. 2016).* – **Le paiement se prouve par tout moyen.**

Art. 1342-9 *(Créé à compter du 1er octobre 2016, Ord. n° 2016-131, 10 févr. 2016).* – **La remise volontaire par le créancier au débiteur de l'original sous signature privée ou de la copie exécutoire du titre de sa créance vaut présomption simple de libération.**

La même remise à l'un des codébiteurs solidaires produit le même effet à l'égard de tous.

NB : Rappr. art. 1282 ancien, p. 1202, et la jurisprudence citée sous cet article.

Art. 1342-10 *(Créé à compter du 1er octobre 2016, Ord. n° 2016-131, 10 févr. 2016)*. – Le débiteur de plusieurs dettes peut indiquer, lorsqu'il paie, celle qu'il entend acquitter.

À défaut d'indication par le débiteur, l'imputation a lieu comme suit : d'abord sur les dettes échues ; parmi celles-ci, sur les dettes que le débiteur avait le plus d'intérêt d'acquitter. À égalité d'intérêt, l'imputation se fait sur la plus ancienne ; toutes choses égales, elle se fait proportionnellement.

NB : Rappr. art. 1253 ancien, 1255 ancien, 1256 ancien, p. 1194, et la jurisprudence citée sous ces articles.

Sous-section 2. – Dispositions particulières aux obligations de sommes d'argent

Art. 1343 *(Créé à compter du 1er octobre 2016, Ord. n° 2016-131, 10 févr. 2016)*. – Le débiteur d'une obligation de somme d'argent se libère par le versement de son montant nominal.

Le montant de la somme due peut varier par le jeu de l'indexation.

Le débiteur d'une dette de valeur se libère par le versement de la somme d'argent résultant de sa liquidation.

Art. 1343-1 *(Créé à compter du 1er octobre 2016, Ord. n° 2016-131, 10 févr. 2016)*. – Lorsque l'obligation de somme d'argent porte intérêt, le débiteur se libère en versant le principal et les intérêts. Le paiement partiel s'impute d'abord sur les intérêts.

L'intérêt est accordé par la loi ou stipulé dans le contrat. Le taux de l'intérêt conventionnel doit être fixé par écrit. Il est réputé annuel par défaut.

NB : Rappr. art. 1254 ancien, p. 1194, et la jurisprudence citée sous cet article.

Art. 1343-2 *(Créé à compter du 1er octobre 2016, Ord. n° 2016-131, 10 févr. 2016)*. – Les intérêts échus, dus au moins pour une année entière, produisent intérêt si le contrat l'a prévu ou si une décision de justice le précise.

NB : Rappr. art. 1154 ancien, p. 1121, et la jurisprudence citée sous cet article.

Art. 1343-3 *(Créé à compter du 1er octobre 2016, Ord. n° 2016-131, 10 févr. 2016 ; rempl. à compter du 1er octobre 2018, L. n° 2018-287, 20 avr. 2018)* (1) (2). – Le paiement, en France, d'une obligation de somme d'argent s'effectue en euros.

Toutefois, le paiement peut avoir lieu en une autre monnaie si l'obligation ainsi libellée procède d'une opération à caractère international ou d'un jugement étranger. Les parties peuvent convenir que le paiement aura lieu en devise s'il intervient entre professionnels, lorsque l'usage d'une monnaie étrangère est communément admis pour l'opération concernée.

> **Rédaction antérieure. Art. 1343-3** *(Créé à compter du 1er octobre 2016 et en vigueur jusqu'au 30 septembre 2018, Ord. n° 2016-131, 10 févr. 2016)*. – Le paiement, en France, d'une obligation de somme d'argent s'effectue en euros. Toutefois, le paiement peut avoir lieu en une autre devise si l'obligation ainsi libellée procède d'un contrat international ou d'un jugement étranger.

Art. 1343-4 *(Créé à compter du 1er octobre 2016, Ord. n° 2016-131, 10 févr. 2016)*. – À défaut d'une autre désignation par la loi, le contrat ou le juge, le lieu du paiement de l'obligation de somme d'argent est le domicile du créancier.

NB : Rappr. art. 1247 ancien, p. 1187.

Art. 1343-5 *(Créé à compter du 1er octobre 2016, Ord. n° 2016-131, 10 févr. 2016)*. – Le juge peut, compte tenu de la situation du débiteur et en considération des besoins du créancier, reporter ou échelonner, dans la limite de deux années, le paiement des sommes dues.

Par décision spéciale et motivée, il peut ordonner que les sommes correspondant aux échéances reportées porteront intérêt à un taux réduit au moins égal au taux légal, ou que les paiements s'imputeront d'abord sur le capital.

---

(1) Dispositions applicables dans les îles Wallis et Futuna, L. n° 2018-287, 20 avr. 2018.

(2) Dispositions applicables aux actes juridiques conclus ou établis à compter du 1er octobre 2018, L. n° 2018-287, 20 avr. 2018.

Il peut subordonner ces mesures à l'accomplissement par le débiteur d'actes propres à faciliter ou à garantir le paiement de la dette.

La décision du juge suspend les procédures d'exécution qui auraient été engagées par le créancier. Les majorations d'intérêts ou les pénalités prévues en cas de retard ne sont pas encourues pendant le délai fixé par le juge.

Toute stipulation contraire est réputée non écrite.

Les dispositions du présent article ne sont pas applicables aux dettes d'aliment.

NB : Rappr. art. 1244-1 ancien, 1244-2 ancien, 1244-3 ancien, p. 1185, et la jurisprudence citée sous ces articles.

Sous-section 3. – La mise en demeure

§ 1. – La mise en demeure du débiteur

Art. 1344 *(Créé à compter du 1er octobre 2016, Ord. n° 2016-131, 10 févr. 2016).* – **Le débiteur est mis en demeure de payer soit par une sommation ou un acte portant interpellation suffisante, soit, si le contrat le prévoit, par la seule exigibilité de l'obligation.**

NB : Rappr. art. 1139 ancien, p. 1109.

Art. 1344-1 *(Créé à compter du 1er octobre 2016, Ord. n° 2016-131, 10 févr. 2016).* – **La mise en demeure de payer une obligation de somme d'argent fait courir l'intérêt moratoire, au taux légal, sans que le créancier soit tenu de justifier d'un préjudice.**

NB : Rappr. art. 1153 ancien, p. 1121, et la jurisprudence citée sous cet article.

Art. 1344-2 *(Créé à compter du 1er octobre 2016, Ord. n° 2016-131, 10 févr. 2016).* – **La mise en demeure de délivrer une chose met les risques à la charge du débiteur, s'ils n'y sont déjà.**

NB : Rappr. art. 1138 ancien, 1302 ancien, p. 1108, et la jurisprudence citée.

§ 2. – La mise en demeure du créancier

Bibliographie : N. Fricero, *Une nouvelle réponse déjudiciarisée à l'obstruction au paiement du créancier : JCP* G 2016, 807.

Art. 1345 *(Créé à compter du 1er octobre 2016, Ord. n° 2016-131, 10 févr. 2016).* – **Lorsque le créancier, à l'échéance et sans motif légitime, refuse de recevoir le paiement qui lui est dû ou l'empêche par son fait, le débiteur peut le mettre en demeure d'en accepter ou d'en permettre l'exécution.**

La mise en demeure du créancier arrête le cours des intérêts dus par le débiteur et met les risques de la chose à la charge du créancier, s'ils n'y sont déjà, sauf faute lourde ou dolosive du débiteur.

Elle n'interrompt pas la prescription.

Art. 1345-1 *(Créé à compter du 1er octobre 2016, Ord. n° 2016-131, 10 févr. 2016).* – **Si l'obstruction n'a pas pris fin dans les deux mois de la mise en demeure, le débiteur peut, lorsque l'obligation porte sur une somme d'argent, la consigner à la Caisse des dépôts et consignations ou, lorsque l'obligation porte sur la livraison d'une chose, séquestrer celle-ci auprès d'un gardien professionnel.**

Si le séquestre de la chose est impossible ou trop onéreux, le juge peut en autoriser la vente amiable ou aux enchères publiques. Déduction faite des frais de la vente, le prix en est consigné à la Caisse des dépôts et consignations.

La consignation ou le séquestre libère le débiteur à compter de leur notification au créancier.

NB : Rappr. art. 1257 ancien, 1258 ancien, p. 1196.

Art. 1345-2 *(Créé à compter du 1er octobre 2016, Ord. n° 2016-131, 10 févr. 2016).* – **Lorsque l'obligation porte sur un autre objet, le débiteur est libéré si l'obstruction n'a pas cessé dans les deux mois de la mise en demeure.**

Art. 1345-3 *(Créé à compter du 1er octobre 2016, Ord. n° 2016-131, 10 févr. 2016).* – **Les frais de la mise en demeure et de la consignation ou du séquestre sont à la charge du créancier.**

NB : Rappr. art. 1260 ancien, 1197.

Sous-section 4. – Le paiement avec subrogation

Art. 1346 *(Créé à compter du 1er octobre 2016, Ord. n° 2016-131, 10 févr. 2016).* – **La subrogation a lieu par le seul effet de la loi au profit de celui qui, y ayant un intérêt légitime, paie dès lors que son paiement libère envers le créancier celui sur qui doit peser la charge définitive de tout ou partie de la dette.**

NB : Rappr. art. 1249 ancien, 1251 ancien, p. 1188, et la jurisprudence citée.

Art. 1346-1 *(Créé à compter du 1er octobre 2016, Ord. n° 2016-131, 10 févr. 2016).* – **La subrogation conventionnelle s'opère à l'initiative du créancier lorsque celui-ci, recevant son paiement d'une tierce personne, la subroge dans ses droits contre le débiteur.**

Cette subrogation doit être expresse.

Elle doit être consentie en même temps que le paiement, à moins que, dans un acte antérieur, le subrogeant n'ait manifesté la volonté que son cocontractant lui soit subrogé lors du paiement. La concomitance de la subrogation et du paiement peut être prouvée par tous moyens.

NB : Rappr. art. 1250 ancien, p. 1188.

Bibliographie : A. Gouezel, *Subrogation au profit du prêteur : attention danger : JCP* G 2017, 431.

Art. 1346-2 *(Créé à compter du 1er octobre 2016, Ord. n° 2016-131, 10 févr. 2016).* – **La subrogation a lieu également lorsque le débiteur, empruntant une somme à l'effet de payer sa dette, subroge le prêteur dans les droits du créancier avec le concours de celui-ci. En ce cas, la subrogation doit être expresse et la quittance donnée par le créancier doit indiquer l'origine des fonds.**

La subrogation peut être consentie sans le concours du créancier, mais à la condition que la dette soit échue ou que le terme soit en faveur du débiteur. Il faut alors que l'acte d'emprunt et la quittance soient passés devant notaire, que dans l'acte d'emprunt il soit déclaré que la somme a été empruntée pour faire le paiement, et que dans la quittance il soit déclaré que le paiement a été fait des sommes versées à cet effet par le nouveau créancier.

NB : Rappr. art. 1250 ancien, p. 1188.

Bibliographie : M. Latina et E. Le Corre-Broly, *Le transfert de la réserve de propriété par la subrogation de l'article 1346-2, al. 1er du Code civil : D.* 2017, 877.

Art. 1346-3 *(Créé à compter du 1er octobre 2016, Ord. n° 2016-131, 10 févr. 2016).* – **La subrogation ne peut nuire au créancier lorsqu'il n'a été payé qu'en partie ; en ce cas, il peut exercer ses droits, pour ce qui lui reste dû, par préférence à celui dont il n'a reçu qu'un paiement partiel.**

NB : Rappr. art. 1252 ancien, p. 1193, et la jurisprudence citée sous cet article.

Art. 1346-4 *(Créé à compter du 1er octobre 2016, Ord. n° 2016-131, 10 févr. 2016).* – **La subrogation transmet à son bénéficiaire, dans la limite de ce qu'il a payé, la créance et ses accessoires, à l'exception des droits exclusivement attachés à la personne du créancier.**

Toutefois, le subrogé n'a droit qu'à l'intérêt légal à compter d'une mise en demeure, s'il n'a convenu avec le débiteur d'un nouvel intérêt. Ces intérêts sont garantis par les sûretés attachées à la créance, dans les limites, lorsqu'elles ont été constituées par des tiers, de leurs engagements initiaux s'ils ne consentent à s'obliger au-delà.

Art. 1346-5 *(Créé à compter du 1er octobre 2016, Ord. n° 2016-131, 10 févr. 2016).* – **Le débiteur peut invoquer la subrogation dès qu'il en a connaissance mais elle ne peut lui être opposée que si elle lui a été** ***notifiée ou s'il en a pris acte.***

La subrogation est opposable aux tiers dès le paiement.

Le débiteur peut opposer au créancier subrogé les exceptions inhérentes à la dette, telles que la nullité, l'exception d'inexécution, la résolution ou la compensation de dettes connexes. Il peut également lui opposer les exceptions nées de ses rapports avec le subrogeant avant que la subrogation lui soit devenue opposable, telles que l'octroi d'un terme, la remise de dette ou la compensation de dettes non connexes.

Section II. – La compensation

Sous-section 1. – Règles générales

Art. 1347 ***(Créé à compter du 1er octobre 2016, Ord. n° 2016-131, 10 févr. 2016).*** **– La compensation est l'extinction simultanée d'obligations réciproques entre deux personnes.**

Elle s'opère, sous réserve d'être invoquée, à due concurrence, à la date où ses conditions se trouvent réunies.

NB : Rappr. art. 1289 ancien, 1290 ancien, p. 1204, et la jurisprudence citée.

Bibliographie : L. Andreu, *La condamnation d'une pratique judiciaire répandue : le constat par le juge de la compensation des condamnations réciproques des parties au procès : D.* 2018, 175.

Art. 1347-1 ***(Créé à compter du 1er octobre 2016, Ord. n° 2016-131, 10 févr. 2016).*** **– Sous réserve des dispositions prévues à la sous-section suivante, la compensation n'a lieu qu'entre deux obligations fongibles, certaines, liquides et exigibles.**

Sont fongibles les obligations de somme d'argent, même en différentes devises, pourvu qu'elles soient convertibles, ou celles qui ont pour objet une quantité de choses de même genre.

NB : Rappr. art. 1291 ancien, p. 1206, et la jurisprudence citée sous cet article.

Art. 1347-2 ***(Créé à compter du 1er octobre 2016, Ord. n° 2016-131, 10 févr. 2016).*** **– Les créances insaisissables et les obligations de restitution d'un dépôt, d'un prêt à usage ou d'une chose dont le propriétaire a été injustement privé ne sont compensables que si le créancier y consent.**

NB : Rappr. art. 1293 ancien, p. 1207, et la jurisprudence citée sous cet article.

Art. 1347-3 ***(Créé à compter du 1er octobre 2016, Ord. n° 2016-131, 10 févr. 2016).*** **– Le délai de grâce ne fait pas obstacle à la compensation.**

NB : Rappr. art. 1292 ancien, p. 1207.

Art. 1347-4 ***(Créé à compter du 1er octobre 2016, Ord. n° 2016-131, 10 févr. 2016).*** **– S'il y a plusieurs dettes compensables, les règles d'imputation des paiements sont transposables.**

NB : Rappr. art. 1297 ancien, p. 1209.

Art. 1347-5 ***(Créé à compter du 1er octobre 2016, Ord. n° 2016-131, 10 févr. 2016).*** **– Le débiteur qui a pris acte sans réserve de la cession de la créance ne peut opposer au cessionnaire la compensation qu'il eût pu opposer au cédant.**

NB : Rappr. art. 1295 ancien, p. 1208.

Art. 1347-6 ***(Créé à compter du 1er octobre 2016, Ord. n° 2016-131, 10 févr. 2016 ; rempl. à compter du 1er octobre 2018, L. n° 2018-287, 20 avr. 2018)*** (1) (2). **– La caution peut opposer la compensation de ce que le créancier doit au débiteur principal.**

Le codébiteur solidaire peut se prévaloir de la compensation de ce que le créancier doit à l'un de ses coobligés pour faire déduire la part divise de celui-ci du total de la dette.

> **Rédaction antérieure. Art. 1347-6** *(Créé à compter du 1er octobre 2016 et en vigueur jusqu'au 30 septembre 2018, Ord. n° 2016-131, 10 févr. 2016).* – La caution peut opposer au créancier la compensation intervenue entre ce dernier et le débiteur principal.
>
> Le codébiteur solidaire peut se prévaloir de la compensation intervenue entre le créancier et l'un de ses coobligés pour faire déduire la part divise de celui-ci du total de la dette.

NB : Rappr. art. 1294 ancien, p. 1208, et la jurisprudence citée sous cet article.

Art. 1347-7 ***(Créé à compter du 1er octobre 2016, Ord. n° 2016-131, 10 févr. 2016).*** **– La compensation ne préjudicie pas aux droits acquis par des tiers.**

NB : Rappr. art. 1298 ancien, 1299 ancien, p. 1209, et la jurisprudence citée.

(1) Dispositions applicables dans les îles Wallis et Futuna, L. n° 2018-287, 20 avr. 2018.
(2) Les modifications apportées au présent article ont un caractère interprétatif, L. n° 2018-287, 20 avr. 2018.

Sous-section 2. – Règles particulières

Art. 1348 *(Créé à compter du 1er octobre 2016, Ord. n° 2016-131, 10 févr. 2016).* **– La compensation peut être prononcée en justice, même si l'une des obligations, quoique certaine, n'est pas encore liquide ou exigible. À moins qu'il n'en soit décidé autrement, la compensation produit alors ses effets à la date de la décision.**

Art. 1348-1 *(Créé à compter du 1er octobre 2016, Ord. n° 2016-131, 10 févr. 2016).* **– Le juge ne peut refuser la compensation de dettes connexes au seul motif que l'une des obligations ne serait pas liquide ou exigible.**

Dans ce cas, la compensation est réputée s'être produite au jour de l'exigibilité de la première d'entre elles.

Dans le même cas, l'acquisition de droits par un tiers sur l'une des obligations n'empêche pas son débiteur d'opposer la compensation.

Art. 1348-2 *(Créé à compter du 1er octobre 2016, Ord. n° 2016-131, 10 févr. 2016).* **– Les parties peuvent librement convenir d'éteindre toutes obligations réciproques, présentes ou futures, par une compensation ; celle-ci prend effet à la date de leur accord ou, s'il s'agit d'obligations futures, à celle de leur coexistence.**

Section III. – La confusion

Art. 1349 *(Créé à compter du 1er octobre 2016, Ord. n° 2016-131, 10 févr. 2016).* **– La confusion résulte de la réunion des qualités de créancier et de débiteur d'une même obligation dans la même personne. Elle éteint la créance et ses accessoires, sous réserve des droits acquis par ou contre des tiers.**

NB : Rappr. art. 1300 ancien, p. 1209, et la jurisprudence citée sous cet article.

Art. 1349-1 *(Créé à compter du 1er octobre 2016, Ord. n° 2016-131, 10 févr. 2016).* **– Lorsqu'il y a solidarité entre plusieurs débiteurs ou entre plusieurs créanciers, et que la confusion ne concerne que l'un d'eux, l'extinction n'a lieu, à l'égard des autres, que pour sa part.**

Lorsque la confusion concerne une obligation cautionnée, la caution, même solidaire, est libérée. Lorsque la confusion concerne l'obligation d'une des cautions, le débiteur principal n'est pas libéré. Les autres cautions solidaires sont libérées à concurrence de la part de cette caution.

NB : Rappr. art. 1209 ancien, 1301 ancien, p. 1166.

Section IV. – La remise de dette

Art. 1350 *(Créé à compter du 1er octobre 2016, Ord. n° 2016-131, 10 févr. 2016).* **– La remise de dette est le contrat par lequel le créancier libère le débiteur de son obligation.**

Art. 1350-1 *(Créé à compter du 1er octobre 2016, Ord. n° 2016-131, 10 févr. 2016).* **– La remise de dette consentie à l'un des codébiteurs solidaires libère les autres à concurrence de sa part.**

La remise de dette faite par l'un seulement des créanciers solidaires ne libère le débiteur que pour la part de ce créancier.

NB : Rappr. art. 1198 ancien, 1285 ancien, 1286 ancien, p. 1162, et la jurisprudence citée.

Art. 1350-2 *(Créé à compter du 1er octobre 2016, Ord. n° 2016-131, 10 févr. 2016).* **– La remise de dette accordée au débiteur principal libère les cautions, même solidaires.**

La remise consentie à l'une des cautions solidaires ne libère pas le débiteur principal, mais libère les autres à concurrence de sa part.

Ce que le créancier a reçu d'une caution pour la décharge de son cautionnement doit être imputé sur la dette et décharger le débiteur principal à proportion. Les autres cautions ne restent tenues que déduction faite de la part de la caution libérée ou de la valeur fournie si elle excède cette part.

NB : Rappr. art. 1287 ancien, 1288 ancien, p. 1204, et la jurisprudence citée.

Section V. – L'impossibilité d'exécuter

Art. 1351 *(Créé à compter du 1er octobre 2016, Ord. n° 2016-131, 10 févr. 2016, art. 3 et 9).* **– L'impossibilité d'exécuter la prestation libère le débiteur à due concurrence lorsqu'elle procède d'un cas de force majeure et qu'elle est définitive, à moins qu'il n'ait convenu de s'en charger ou qu'il ait été préalablement mis en demeure.**

NB : Rappr. art. 1302 ancien, p. 1210.

Art. 1351-1 *(Créé à compter du 1er octobre 2016, Ord. n° 2016-131, 10 févr. 2016, art. 3 et 9).* **– Lorsque l'impossibilité d'exécuter résulte de la perte de la chose due, le débiteur mis en demeure est néanmoins libéré s'il prouve que la perte se serait pareillement produite si l'obligation avait été exécutée.**

Il est cependant tenu de céder à son créancier les droits et actions attachés à la chose.

NB : Rappr. art. 1302 ancien, 1303 ancien, p. 1210, et la jurisprudence citée.

CHAPITRE V. – LES RESTITUTIONS

Bibliographie : *L'action en revendication et le régime des restitutions issu de l'ordonnance du 10 févr. 2016 : D.* 2018, p. 1923.

Art. 1352 *(Créé à compter du 1er octobre 2016, Ord. n° 2016-131, 10 févr. 2016).* **– La restitution d'une chose autre que d'une somme d'argent a lieu en nature ou, lorsque cela est impossible, en valeur, estimée au jour de la restitution.**

NB : Rappr. art. 1379 ancien, p. 1247, et la jurisprudence citée sous cet article.

Art. 1352-1 *(Créé à compter du 1er octobre 2016, Ord. n° 2016-131, 10 févr. 2016).* **– Celui qui restitue la chose répond des dégradations et détériorations qui en ont diminué la valeur, à moins qu'il ne soit de bonne foi et que celles-ci ne soient pas dues à sa faute.**

NB : Rappr. art. 1379 ancien, p. 1247.

Art. 1352-2 *(Créé à compter du 1er octobre 2016, Ord. n° 2016-131, 10 févr. 2016).* **– Celui qui l'ayant reçue de bonne foi a vendu la chose ne doit restituer que le prix de la vente.**

S'il l'a reçue de mauvaise foi, il en doit la valeur au jour de la restitution lorsqu'elle est supérieure au prix.

NB : Rappr. art. 1380 ancien, p. 1247, et la jurisprudence citée sous cet article.

Art. 1352-3 *(Créé à compter du 1er octobre 2016, Ord. n° 2016-131, 10 févr. 2016).* **– La restitution inclut les fruits et la valeur de la jouissance que la chose a procurée.**

La valeur de la jouissance est évaluée par le juge au jour où il se prononce.

Sauf stipulation contraire, la restitution des fruits, s'ils ne se retrouvent pas en nature, a lieu selon une valeur estimée à la date du remboursement, suivant l'état de la chose au jour du paiement de l'obligation.

Art. 1352-4 *(Créé à compter du 1er octobre 2016, Ord. n° 2016-131, 10 févr. 2016 ; mod. à compter du 1er octobre 2018, L. n° 2018-287, 20 avr. 2018)* (1) (2). **– Les restitutions dues par un mineur non émancipé ou par un majeur protégé sont réduites à hauteur du profit qu'il a retiré de l'acte annulé.**

> ***Rédaction antérieure. Art. 1352-4 (Créé à compter du 1er octobre 2016** et en vigueur jusqu'au 30 septembre 2018, Ord. n° 2016-131, 10 févr. 2016).* – Les restitutions dues à un mineur non émancipé ou à un majeur protégé sont réduites à proportion du profit qu'il a retiré de l'acte annulé.

NB : Rappr. art. 1312, p. 982, et la jurisprudence citée.

Bibliographie : S. Tetard, *Les restitutions dans le nouvel article 1352-4 du Code civil (ou les risques de la simplification) : D.* 2017, 777.

Art. 1352-5 *(Créé à compter du 1er octobre 2016, Ord. n° 2016-131, 10 févr. 2016).* **– Pour fixer le montant des restitutions, il est tenu compte à celui qui doit restituer des dépenses nécessaires à la**

(1) Dispositions applicables dans les îles Wallis et Futuna, L. n° 2018-287, 20 avr. 2018.
(2) Les modifications apportées au présent article ont un caractère interprétatif, L. n° 2018-287, 20 avr. 2018.

conservation de la chose et de celles qui en ont augmenté la valeur, dans la limite de la plus-value estimée au jour de la restitution.

NB : Rappr. art. 1381 ancien, p. 1247, et la jurisprudence citée sous cet article.

Art. 1352-6 *(Créé à compter du 1er octobre 2016, Ord. n° 2016-131, 10 févr. 2016).* **– La restitution d'une somme d'argent inclut les intérêts au taux légal et les taxes acquittées entre les mains de celui qui l'a reçue.**

Art. 1352-7 *(Créé à compter du 1er octobre 2016, Ord. n° 2016-131, 10 févr. 2016).* **– Celui qui a reçu de mauvaise foi doit les intérêts, les fruits qu'il a perçus ou la valeur de la jouissance à compter du paiement. Celui qui a reçu de bonne foi ne les doit qu'à compter du jour de la demande.**

NB : Rappr. art. 1378 ancien, p. 1246, et la jurisprudence citée sous cet article.

Art. 1352-8 *(Créé à compter du 1er octobre 2016, Ord. n° 2016-131, 10 févr. 2016).* **– La restitution d'une prestation de service a lieu en valeur. Celle-ci est appréciée à la date à laquelle elle a été fournie.**

Art. 1352-9 *(Créé à compter du 1er octobre 2016, Ord. n° 2016-131, 10 févr. 2016).* **– Les sûretés constituées pour le paiement de l'obligation sont reportées de plein droit sur l'obligation de restituer sans toutefois que la caution soit privée du bénéfice du terme.**

TITRE IV *BIS*. – DE LA PREUVE DES OBLIGATIONS

(Titre rempl. à compter du 1er octobre 2016, Ord. n° 2016-131, 10 févr. 2016) (1) (2)

Ordonnance n° 2016-131 du 10 février 2016

portant réforme du droit des contrats, du régime général et de la preuve des obligations

Art. 9. – Les dispositions de la présente ordonnance entreront en vigueur le 1er octobre 2016.

Les contrats conclus avant cette date demeurent soumis à la loi ancienne *(Mots aj., L. n° 2018-287, 20 avr. 2018)* « y compris pour leurs effets légaux et pour les dispositions d'ordre public ».

Toutefois, les dispositions des troisième et quatrième alinéas de l'article 1123 et celles des articles 1158 et 1183 sont applicables dès l'entrée en vigueur de la présente ordonnance.

Lorsqu'une instance a été introduite avant l'entrée en vigueur de la présente ordonnance, l'action est poursuivie et jugée conformément à la loi ancienne. Cette loi s'applique également en appel et en cassation.

Décret n° 2016-1278 du 29 septembre 2016

portant coordination des textes réglementaires avec l'ordonnance n° 2016-131 portant réforme du droit des contrats, du régime général et de la preuve des obligations

(JO 30 sept. 2016)

Art. 1er. – Les références à des dispositions abrogées, modifiées ou déplacées par l'ordonnance du 10 février 2016 susvisée contenues dans des dispositions de nature réglementaire sont remplacées par les références aux dispositions ayant le même objet du livre III du Code civil, du Code de l'action sociale et des familles, du Code des procédures civiles d'exécution et du Code de la santé publique, dans leur rédaction résultant de cette ordonnance.

Art. 2. – Les dispositions réglementaires modifiées par le présent décret peuvent être modifiées par des actes pris dans les mêmes formes que les actes dont elles étaient issues antérieurement à l'entrée en vigueur du présent décret.

(1) Dispositions applicables à Wallis-et-Futuna *(Ord. n° 2016-131, 10 févr. 2016)*.

(2) Antérieurement aux modifications issues de l'ordonnance n° 2016-131 du 10 février 2016, le présent titre était intitulé « De la responsabilité du fait des produits défectueux » et comprenait les articles 1386-1 à 1386-18. - NDLR.

Bibliographie : G. Lardeux, *Commentaire de du titre IV bis nouveau du livre III du Code civil intitulé « De la preuve des obligations, ou l'art de ne pas réformer » : D.* 2016, p. 850. • E. Vergès, *Droit de la preuve, une réforme en trompe-l'œil : JCP* G 2016, 486. *Quelle perspective après l'échec de l'ordonnance du 10 février 2016 ? : JCP* G 2017, 510. • J. Devèze, *La non réforme du droit de la preuve : JCP* G 2017, 389.

CHAPITRE Ier. – DISPOSITIONS GÉNÉRALES

Art. 1353 *(Créé à compter du 1er octobre 2016, Ord. n° 2016-131, 10 févr. 2016).* – **Celui qui réclame l'exécution d'une obligation doit la prouver.**

Réciproquement, celui qui se prétend libéré doit justifier le paiement ou le fait qui a produit l'extinction de son obligation.

NB : Rappr. art. 1315 ancien, p. 1218.

Bibliographie : G. Lardeux, *Le droit à la preuve : tentative de systématisation : RTD civ.* 2017, p. 1.

JURISPRUDENCE RELATIVE À L'ANCIEN ARTICLE 1315.

I – PRINCIPES.

1) Mesure d'instruction. Sur l'impossibilité pour le juge d'ordonner une mesure d'instruction en vue de suppléer la carence des parties dans l'administration de la preuve, V. CPC, art. 146, al. 2.

2) Preuve et secret professionnel. Le droit à la preuve découlant de l'article 6 de la Convention européenne des droits de l'homme ne peut faire échec à l'intangibilité du secret professionnel du notaire, lequel n'en est délié que par la loi, soit qu'elle impose, soit qu'elle autorise la révélation du secret (▪ Cass. 1re civ., 4 juin 2014, n° 12-21.244 : *Bull.* ; *RDC* 2014/4, p. 756, note Pérès ; *RTD civ.* 2014, p. 658, obs. Barbier ; *JCP* 2014, 986, note Raschel ; *JCP N* 2014, 1269, note Rouzet). Sont couvertes par le secret professionnel les lettres dans lesquelles le notaire instrumentaire évoque les relations qu'il a entretenues avec l'acquéreur et son intermédiaire à l'occasion de la préparation des actes notariés de vente (même arrêt).

3) Système de traitement de données personnelles. Constituent un moyen de preuve illicite les informations collectées par un système de traitement automatisé de données personnelles avant sa déclaration à la CNIL (▪ Cass. soc., 8 oct. 2014, n° 13-14.991 : *Bull.*).

4) Charge de la preuve en cas de doute. L'incertitude et le doute subsistant à la suite de la production d'une preuve doivent nécessairement être retenus au détriment de celui qui avait la charge de cette preuve (▪ Cass. soc., 31 janv. 1962, n° 61-20.094 : *Bull. civ.* IV, n° 105, p. 85).

5) Obligation de restituer des fonds. La preuve d'une remise de fonds ne suffit pas à justifier l'obligation de celui qui les a reçus de les restituer (▪ Cass. 1re civ., 20 mai 1981, n° 80-10.507 : *JurisData* n° 1981-001678 ; *D.* 1983, p. 289, note Devèze. ▪ Cass. 1re civ., 4 déc. 1984, n° 83-14.360 : *JurisData* n° 1984-702025 ; *Bull. civ.* I, n° 324, p. 276 ; *RTD civ.* 1985, p. 733, obs. Mestre. ▪ Cass. 1re civ., 23 janv. 1996, n° 94-10.766 : *JurisData* n° 1996-000221 ; *Bull. civ.* I, n° 40, p. 25 ; *JCP* 1996, II, 22638, note S. Piedelièvre). Renverse la charge de la preuve la cour d'appel qui condamne les défendeurs à rembourser aux demandeurs la somme que ces derniers soutiennent avoir versée à titre de prêt en se bornant à retenir que les défendeurs ne rapportent pas la preuve du caractère de libéralité indirecte qu'ils affirment être la cause des versements effectués, sans rechercher au préalable si les demandeurs rapportent la preuve du contrat de prêt dont ils se prévalent (▪ Cass. 1re civ., 12 nov. 1975, n° 74-10.386 : *JCP* 1976, IV, 8 ; *Bull. civ.* I, n° 322, p. 267). La preuve de la remise de fonds à une personne ne suffisant pas à justifier l'obligation pour celle-ci de les restituer, viole les articles 1315, 1341 et 1892 du Code civil, la cour d'appel qui n'a pas constaté que la preuve du prêt litigieux était apportée conformément aux règles qui gouvernent la preuve des actes juridiques (▪ Cass. 1re civ., 8 avr. 2010, n° 09-10.977 : *Bull. civ.* I, n° 89 ; *JCP* 2010, n° 16, 436, obs. Dissaux). – V. aussi ▪ Cass. 1re civ., 14 janv. 2010, n° 08-13.160 : *Bull. civ.* I, n° 6 ; *D.* 2010, p. 620, note J. François ; *JCP* 2010, n° 14, 380, note Dissaux ; *JCP* n° 18, 516, p. 970, obs. Serinet (si le prêt consenti par un professionnel du crédit est un contrat consensuel, il appartient au prêteur qui sollicite l'exécution de l'obligation de restitution de l'emprunteur d'apporter la preuve de l'exécution préalable de son obligation de remise des fonds).

6) Faits invoqués à titre d'exception. C'est au défendeur d'apporter la preuve des faits qu'il invoque à titre d'exception (▪ Cass. com., 27 oct. 1981, n° 80-11.083 : *JurisData* n° 1981-003127 ; *Bull. civ.* IV, n° 372, p. 296. – V. en ce sens ▪ Cass. com., 3 déc. 1980, n° 78-13.305 : *JurisData* n° 1980-745182 ; *Bull. civ.* IV, n° 409, p. 328).

7) Paiement. Renverse la charge de la preuve l'arrêt qui énonce que la preuve d'un paiement pouvait être rapportée par tous moyens et résulter de faits sur lesquels le juge pouvait fonder son intime conviction et qui déduit de considérations sur la vraisemblance des déclarations du demandeur et sur son comportement après la signature du compromis de vente que la somme litigieuse a été payée, alors qu'il appartient à l'acquéreur de justifier qu'il s'est libéré du paiement de la somme dont il s'est reconnu débiteur dans l'acte de vente (■ Cass. 3e civ., 5 juin 1970 : *JCP* 70, IV, 198 ; *Bull. civ.* III, n° 389, p. 281). De même, doit être mise à la charge des associés, débiteurs envers la société de tout ce qu'ils avaient promis d'y apporter, la preuve de la réalité de leurs apports et versements (■ Cass. 3e civ., 1er juill. 1971, n° 68-11.948 : *JurisData* n° 1971-000438 ; *JCP* 71, IV, 216 ; *Bull. civ.* III, n° 438, p. 313). Le salarié qui détient des fiches de paie faisant apparaître le salaire réclamé doit renverser la présomption de paiement qu'il a lui-même instituée en faveur de l'employeur en acceptant de les recevoir (■ Cass. soc., 5 mars 1987, n° 84-43.374 : *Bull. civ.* V, n° 116, p. 75). La signature par le chirurgien-dentiste de la feuille de soins constate le paiement des honoraires (■ Cass. 1re civ., 20 déc. 2000, n° 99-13.391 : *Contrats, conc. consom.* 2001, 56, note Leveneur ; *Bull. civ.* I, n° 340, p. 220). Jugé que la preuve du paiement, qui est un fait, peut être rapportée par tout moyen (■ Cass. 1re civ., 6 juill. 2004, n° 01-14.618 : *JurisData* n° 2004-024533 ; *JCP E* 2004, 1642, note Piedelièvre ; *RDC* 2005/2, 286, obs. Stoffel-Munck).

8) En cas d'opposition à un jugement rendu par défaut, la charge de la preuve pèse sur le demandeur originaire, et non sur l'opposant (■ Cass. soc., 3 avr. 1979, n° 77-41.667 : *JurisData* n° 1979-099306 ; *Bull. civ.* V, n° 306, p. 222).

9) Sur le caractère d'ordre privé des règles relatives à la preuve, V. ■ Cass. civ., 19 oct. 1937 : *DH* 1937, 584. ■ Cass. 2e civ., 6 mars 1958 : *JCP* 58, II, 10902, note Chevallier. ■ Cass. 3e civ., 9 oct. 1974, n° 73-11.439 : *JurisData* n° 1974-000353 ; *JurisData* n° 1974-700355 ; *Bull. civ.* III, n° 353, p. 269. – Sur les conventions relatives à la preuve, V. ss art. 1341 ancien, p. 1225.

10) Nul ne peut se constituer une preuve à lui-même. (■ Cass. 1re civ., 2 avr. 1996 : *Contrats, conc. consom.* 1996, 119, note Leveneur ; *JCP* 96, IV, 1288 ; *Bull. civ.* I, n° 170, p. 119 ; *D.* 1996, somm. p. 329, *obs. Delebecque ; Resp. civ. et assur.* 1996, 210 ; *RTD civ.* 1997, p. 136, obs. Mestre, déclarations émanant de la seule SNCF dans une action en responsabilité dirigée contre elle. ■ Cass. 1re civ., 23 juin 1998, n° 96-11.486 : *JurisData* n° 1998-002853 ; *JCP* 98, IV, 2828 ; *Bull.* I, n° 220, p. 152 ; *Contrats, conc. consom.* 1998, 141, note Leveneur ; *RTD civ.* 1999, p. 402, obs. Mestre, déclaration faite par le plaideur aux services fiscaux. ■ Cass. soc., 11 mai 1999, n° 97-41.245 : *JurisData* n° 1999-001890 ; *JCP G* 2000, II, 10269 ; *JCP E* 2000, 615, note Puigelier, attestation de la direction générale de la société pour prouver la notification de la rupture à la salariée. V. aussi pour des factures établies par le demandeur ■ Cass. 1re civ., 24 sept. 2002, n° 00-19.144 : *JurisData* n° 2002-015550 ; *Bull. civ.* I, n° 219, p. 168. ■ Cass. 2e civ., 23 sept. 2004, n° 02-20.497 : *JurisData* n° 2004-024877 ; *Contrats, conc. consom.* 2005, 4, note Leveneur. ■ Cass. 1re civ., 28 oct. 2015, n° 14-24.683 : *Contrats, conc. consom.* 2016, n° 5. Comp., pour un nantissement d'actions, écartant un document « purement interne » à la banque, ■ Cass. 1re civ., 24 mars 1998, n° 95-16.833 : *JurisData* n° 1998-001373 ; *Bull. civ.* I, n° 125, p. 82.

Le principe selon lequel nul ne peut se constituer de preuve à soi-même est inapplicable à la preuve des faits juridiques (■ Cass. 3e civ., 3 mars 2010, n° 08-21.056 : *Bull. civ.* III, n° 52. ■ Cass. 2e civ., 6 mars 2014, n° 13-14.295 : *Bull.*, pour des lettres adressées aux autorités et des dépôts de plainte).

II – APPLICATIONS.

11) Vente. Délivrance. La charge de la preuve de la non-conformité pèse sur l'acheteur (■ Cass. com., 3 déc. 1980, n° 78-13.305 : *JurisData* n° 1980-745182 ; *Bull. civ.* IV, n° 409, p. 328), mais c'est au vendeur de prouver qu'il a mis la chose vendue à la disposition de l'acheteur dans le délai convenu (■ Cass. 1re civ., 19 mars 1996, n° 94-14.155 : *JurisData* n° 1996-001015 ; *JCP* 96, IV, 1157 ; *Bull. civ.* I, n° 147, p. 100 ; *Defrénois* 1996, 1437, obs. Bénabent ; *RTD civ.* 1997, p. 143, obs. Jourdain). Il incombe au vendeur professionnel de prouver qu'il s'est acquitté de l'obligation de conseil lui imposant de se renseigner sur les besoins de l'acheteur afin d'être en mesure de l'informer quant à l'adéquation de la chose proposée à l'utilisation qui en est prévue (V. ■ Cass. 1re civ., 28 oct. 2010, ss art. 1604).

12) Inverse la charge. de la preuve et viole les articles 1315, 1927, 1932 et 1933 du Code civil la cour d'appel qui, pour condamner le dépositaire au paiement de dommages-intérêts, exige de ce dernier qu'il établisse que les choses qu'il se proposait de restituer étaient identiques à celles qu'il avait reçues, alors qu'il incombait au déposant de prouver qu'elles ne l'étaient pas (■ Cass. 1re civ., 26 sept. 2012, n° 11-12.890 : *Bull.* ; *Contrats, conc. consom.* 2012, 12, p. 17, obs. L. Leveneur ; *D.* 2012, p. 2826, obs. Delebecque, Bretzner, Darret-Courgeon).

13) Inexactitude des mentions d'un acte. La preuve de l'inexactitude des mentions d'un acte incombe à la partie qui argue cet acte de nullité

(■ Cass. 2e civ., 7 oct. 1971 : *JurisData* n° 1971-099267 ; *D.* 1972, p. 24).

14) Erreur sur la substance. C'est à l'acheteur qui se prétend victime d'une erreur sur la substance de démontrer le caractère pour lui substantiel des qualités qu'il n'a pas trouvées dans l'objet acheté (■ Cass. 1re civ., 26 janv. 1972 : *D.* 1972, p. 517) et d'établir le caractère pour lui déterminant de l'erreur (■ Cass. 1re civ., 13 juin 1967 : *Bull. civ.* I, n° 215. ■ Toulouse, 10 déc. 1968 : *D.* 1969, p. 466, et, sur pourvoi, ■ Cass. 3e civ., 29 mai 1970, n° 69-10.530 : *JurisData* n° 1970-000374 ; *D.* 1970, p. 705).

15) Cause immorale ou illicite d'une libéralité. C'est à celui qui invoque le caractère immoral ou illicite d'une libéralité d'en rapporter la preuve (■ Cass. 1re civ., 19 avr. 1977, n° 75-14.626 : *JurisData* n° 1977-000173 ; *Bull. civ.* I, n° 171, p. 134).

16) Assurance. Exclusion de garantie. C'est à l'assureur qui invoque une exclusion de garantie de démontrer la réunion des conditions de fait de l'exclusion (■ Cass. 1re civ., 27 oct. 1981, n° 80-15.076 : *JurisData* n° 1981-703115 ; *JCP* 82, II, 19711, note Baudoin).

17) Exception opposée par le tireur d'un chèque. C'est au tireur qui oppose au bénéficiaire d'un chèque une exception tirée de l'absence de cause du rapport fondamental d'établir l'existence de cette exception (■ Cass. com., 15 juill. 1987, n° 86-12.413 : *JurisData* n° 1987-001377 ; *Bull. civ.* IV, n° 92, p. 141).

18) Enrichissement sans cause. C'est à la partie qui exerce l'action *de in rem verso* de démontrer que son appauvrissement et l'enrichissement corrélatifs du défendeur sont sans cause (■ Cass. 1re civ., 18 juin 1980, n° 78-12.195 : *JurisData* n° 1980-000192 ; *Bull. civ.* I, n° 191, p. 155).

19) Inexécution d'une obligation de réparation. Dès lors qu'un atelier s'est chargé de remettre en état un moteur et que celui-ci s'est bloqué après 37 heures de fonctionnement, sans que la preuve d'une utilisation anormale ait été faite, les juges du fond peuvent, sans inverser la charge de la preuve, en déduire que l'atelier n'avait pas *satisfait à ses obligations* (■ Cass. com., 20 mars 1985, n° 83-14.740 : *JurisData* n° 1985-701109 ; *Bull. civ.* V, n° 105, p. 91 ; *RTD civ.* 1986, p. 362, obs. Huet). V. encore, à propos du garagiste, ■ Cass. 1re civ., 5 févr. 2014, n° 12-23.467 : *Bull.* ; *JCP* 2013, 189, Hocquet-Berg ; *RTD civ.* 2014, p. 367, obs. Barbier et p. 377, obs. Jourdain ; *Gaz. Pal.* 16 avr. 2014, p. 8, obs. Gerry-Vernières ; *JCP E* 2014, 1287, obs. Ranouil ; *LPA* 21 avr. 2014, 12, Fabas-Serlooten.

20) Factures de téléphone ou d'eau. Il incombe à France Télécom de démontrer l'existence et le montant de sa créance contre l'abonné, mais les juges du fond ne peuvent écarter la présomption résultant de l'enregistrement de communications, confirmé par trois enquêtes techniques (■ Cass. 1re civ., 28 mars 1995, n° 92-20.236 : *JurisData* n° 1995-000710 ; *JCP* 95, II, 22539, note Bénabent ; *D.* 1995, p. 517, note J. Huet ; *RTD civ.* 1996, p. 173, obs. Mestre. – V. en ce sens ■ Cass. 1re civ., 7 mars 2000, n° 97-19.523 : *JurisData* n° 2000-000925 ; *JCP* 2000, IV, 1717 ; *Bull. civ.* I, n° 81, p. 55 ; *RTD civ.* 2000, p. 333, obs. Mestre et Fages. ■ Cass. 1re civ., 28 janv. 2003 : *JCP* 2003, IV, 1489 ; *JurisData* n° 2003-017441 ; *Contrats, conc. consom.* 2003, 88, note Leveneur ; *Bull. civ.* I, n° 26, p. 21 ; *Comm. com. électr.* 2003, 111, note Stoffel-Munck. – V. aussi sur la preuve du contrat d'abonnement ■ Cass. 1re civ., 1er déc. 1999, n° 97-21.690 : *JurisData* n° 1999-004183 ; *JCP G* 2000, IV, 1098 ; *JCP E* 2000, 1190, note Labarthe ; *Bull. civ.* I, n° 328, p. 212. ■ Cass. 1re civ., 12 juill. 2005 : *JCP* 2005, IV, 3065 ; *JurisData* n° 2005-029435 ; *Bull. civ.* I, n° 328, p. 272 ; *Contrats, conc. consom.* 2006, 3, note Leveneur ; *RDC* 2006/2, p. 319, obs. Laithier). Viole l'art. 1315, al. 2, le jugement qui énonce que le fournisseur d'eau doit apporter la preuve, pour justifier le montant élevé de sa facture, que des modifications substantielles sont intervenues dans la consommation d'eau du client ou qu'une fuite d'eau après compteur existait dans les installations (■ Cass. 1re civ., 30 mars 1999, n° 97-11.498 : *JurisData* n° 1999-001372 ; *JCP E* 99, 793, obs. Morvan ; *JCP G* 2000, II, 10334, note Ghica-Lemarchand ; *Contrats, conc. consom.* 1999, 108, note Leveneur ; *D.* 2000, p. 596, note Ammar ; *RTD civ.* 1999, p. 642, obs. Gautier. Mais V., relevant que la cause de la consommation enregistrée au compteur général d'une copropriété, consommation plus élevée que le total des consommations enregistrées par les compteurs individuels, n'est pas établie, et qu'il incombe à la compagnie, en l'absence de contrat d'abonnement avec le syndicat, de prouver l'existence de l'obligation de celui-ci, ■ Cass. 1re civ., 26 juin 2001, n° 99-21.479 : *JCP* 2001, IV, 2555 ; *Bull. civ.* I, n° 186, p. 118).

21) Preuve informatique. Le caractère informatique d'un document ne réduit pas sa valeur probante (■ Versailles, 12 oct. 1995 : *RTD civ.* 1996, p. 172, obs. Mestre). Mais les juges du fond peuvent, dans l'exercice de leur pouvoir souverain, retenir qu'en produisant un simple listing, une banque n'établit pas la preuve du contenu et de la date des informations données aux cautions (■ Cass. com., 11 avr. 1995, n° 93-10.575 : *D.* 1995, p. 588, note Picod). Le listing informatique des opérations d'enregistrement qui est établi après présentation de divers documents par le client, et remise d'autres documents à celui-ci par la compagnie d'aviation, ne constitue pas un document unilatéral insusceptible de constituer une preuve, mais vaut comme présomption simple de l'heure à laquelle les clients se sont présentés à l'enregistrement (▪ Cass. 1re civ., 13 juill. 2004, n° 01-11.729 : *JurisData* n° 2004-024672 ; *Bull. civ.* I, n° 207, p. 173). S'il est exact que c'est au vendeur qu'il appartient de prouver la licéité du refus de vente pour cause de pénurie, la nomination d'un technicien s'impose lorsque les relevés informatiques versés aux débats par le fournisseur sont susceptibles d'être discutés, le technicien devant alors apprécier la sincérité et l'étendue de ce mode de preuve (▪ Cass. com., 26 oct. 1993, n° 91-21.695 : *JurisData* n° 1993-002188 ; *Bull. civ.* IV, n° 366).– V. aussi pour l'écrit sous forme électronique, art. 1316-1 ancien et s., p. 1219.

22) Exécution d'une obligation particulière d'information. Celui qui est légalement tenu d'une obligation particulière d'information doit rapporter la preuve de l'exécution de cette obligation (▪ Cass. 1re civ., 25 févr. 1997, n° 94-19.685 : *JurisData* n° 1997-000781 ; *JCP* 97, I, 4025, n° 7, obs. Viney ; *Bull. civ.* I, n° 75, p. 49 ; *RTD civ.* 1997, p. 434, obs. Jourdain, 924, obs. Mestre ; *Defrénois* 1997, 751, obs. Aubert. ▪ Cass. 1re civ., 27 mai 1998, n° 96-19.161 : *JurisData* n° 1998-002333 ; *JCP* 98, IV, 2626 ; *Bull. civ.* I, n° 187, p. 126 ; *Resp. civ. et assur.* 1998, 276, pour le médecin. ▪ Cass. 1re civ., 29 avr. 1997, n° 94-21.217 : *JurisData* n° 1997-001803 ; *JCP* 97, II, 22948, note Martin ; *Bull. civ.* I, n° 132, p. 88, pour l'av.). Cette preuve peut être faite par tous moyens (▪ Cass. 1re civ., 14 oct. 1997, n° 95-19.083 : *JurisData* n° 1997-004038 ; *JCP* 97, II, 22942, rapp. Sargos, I, 4068, n° 6, obs. Viney ; *Bull. civ.* I, n° 278, p. 188 ; *Resp. civ. et assur.* 1997, 374 ; *RTD civ.* 1998, p. 100, obs. Mestre). La preuve du conseil donné, qui incombe au notaire, peut résulter de toute circonstance ou document, y compris l'acte de vente, établissant que le client a été averti clairement des risques inhérents à l'acte (▪ Cass. 1re civ., 3 févr. 1998, n° 96-13.201 : *JurisData* n° 1998-000428 ; *JCP G* 98, IV, 1677 ; *JCP N* 98, 1082, note Kuhn ; *Bull. civ.* I, n° 44, p. 29 ; *RTD civ.* 1998, p. 382, obs. Jourdain). Il incombe au professionnel vendeur de biens ou prestataire de services d'établir qu'il a mis le consommateur en mesure de connaître les caractéristiques essentielles du bien ou du service avant la conclusion du contrat (▪ Cass. 1re civ., 13 déc. 2012, n° 11-27.766 : *Bull.* ; *JCP* 2013, 140, note Paisant. ▪ Cass. 1re civ., 11 oct. 2017, n° 16-24.594 : *Contrats, conc. consom.* 2018, comm. 3, Leveneur).

23) Exécution d'une obligation de mise en garde. Il appartient au crédit-bailleur, lorsqu'il est tenu d'une obligation de mise en garde, de démontrer qu'il l'a exécutée (▪ Cass. com., 22 mars 2016, n° 14-20.216 : *Bull.*).

24) Exécution d'une obligation de surveillance. La banque qui met un coffre-fort à la disposition d'un client est tenue d'une obligation de surveillance qui lui impose d'établir qu'elle a accompli toutes les diligences utiles pour en contrôler l'accès par un tiers (▪ Cass. com., 9 févr. 2016, n° 14-20.304 : *Bull.*).

25) Don manuel. Le possesseur qui prétend avoir reçu une chose en don manuel bénéficie d'une présomption et il appartient à la partie adverse de rapporter la preuve de l'absence d'un tel don (▪ Cass. 1re civ., 30 mars 1999, n° 97-13.047 : *JurisData* n° 1999-001374 ; *JCP N* 99, 657 ; *JCP G* 2000, II, 10274, note Cagnoli).

26) Sur la charge de la preuve en matière de dépôt, V. ss art. 1933, p. 1597.

27) Silence opposé à l'affirmation d'un fait. Le silence opposé à l'affirmation d'un fait ne vaut pas en lui-même reconnaissance du fait (▪ Cass. 1re civ., 18 avr. 2000, n° 98-15.360 : *JurisData* n° 2000-001508 ; *JCP* 2000, IV, 1908 ; *Bull. civ.* I, n° 111, p. 75 ; *RTD civ.* 2001, p. 132, obs. Mestre).

Art. 1354 ***(Créé à compter du 1er octobre 2016, Ord. n° 2016-131, 10 févr. 2016).*** **– La présomption que la loi attache à certains actes ou à certains faits en les tenant pour certains dispense celui au profit duquel elle existe d'en rapporter la preuve.**

Elle est dite simple, lorsque la loi réserve la preuve contraire, et peut alors être renversée par tout moyen de preuve ; elle est dite mixte, lorsque la loi limite les moyens par lesquels elle peut être renversée ou l'objet sur lequel elle peut être renversée ; elle est dite irréfragable lorsqu'elle ne peut être renversée.

NB : Rappr. art. 1350 ancien, 1352 ancien, p. 1227.

Bibliographie : L. Pailler, *Les présomptions dans l'ordonnance du 10 février 2016 : JCP* G 2016, 1030.

JURIPRUDENCE RELATIVE À L'ANCIEN ARTICLE 1352.

Preuve du fait d'où la loi tire la présomption. Celui qui invoque une présomption légale doit établir l'existence du fait d'où la loi tire cette présomption (▪ Cass. 3e civ., 5 mai 1975, n° 74-11.580 : *JurisData* n° 1975-098153 ; JCP 75, IV, 201 ; Bull. *civ.* III, n° 153, p. 116).

Art. 1355 ***(Créé à compter du 1er octobre 2016, Ord. n° 2016-131, 10 févr. 2016).*** **– L'autorité de la chose jugée n'a lieu qu'à l'égard de ce qui a fait l'objet du jugement. Il faut que la chose demandée soit la même ; que**

la demande soit fondée sur la même cause ; que la demande soit entre les mêmes parties, et formée par elles et contre elles en la même qualité.

NB : Rappr. art. 1351 ancien, p. 1227.

• *Sommaire*

JURISPRUDENCE RELATIVE À L'ANCIEN ARTICLE 1351.

I – AUTORITÉ DE LA CHOSE JUGÉE AU CIVIL SUR LE CIVIL.

A – Jugements revêtus de l'autorité de chose jugée.

1) **Jugement rendu au mépris d'une règle de compétence.** Sont revêtus de l'autorité de chose jugée les jugements rendus au mépris d'une règle de compétence d'attribution (■ Cass. civ., 16 juill. 1917 : *DP* 1917, 1, 149).

2) **Erreur du juge.** L'erreur du juge, quelque grave qu'elle soit et alors même qu'elle méconnaîtrait un principe d'ordre public, ne fait pas obstacle à ce que le jugement acquière l'autorité de la chose jugée (■ Cass. civ., 9 mai 1922 : *DP* 1925, 1, 158. ■ Cass. 1re civ., 3 nov. 1966 : *JurisData* n° 1966-700492 ; *JCP* 66, II, 14880, note J. A. ■ Cass. 2e civ., 25 oct. 2007, n° 06-19.151 : *D.* 2008, chron. ■ Cass., p. 648, obs. Sommer et Nicoletis).

3) **Jugement n'ayant fait l'objet d'aucun recours.** L'autorité de la chose jugée s'attache aux jugements qui n'ont fait l'objet d'aucun recours, quels que soient les vices dont ils sont affectés (■ Cass. com., 14 nov. 1989, n° 88-17.188 : *JurisData* n° 1989-703492 ; *Bull. civ.* IV, n° 289, p. 195).

4) **Décisions rendues en matière contentieuse.** L'autorité de la chose jugée ne s'attache qu'aux décisions judiciaires rendues en matière contentieuse sur les contestations débattues entre les parties (■ Cass. civ., 22 oct. 1935 : *DH* 1935, 521). La sentence d'adjudication qui ne statue sur aucun incident ne fait que constater un contrat judiciaire et n'est pas assortie de la chose jugée (■ Cass. 2e civ., 5 déc. 1973, n° 72-13.149 : *JurisData* n° 1973-099317 ; *Bull. civ.* II, n° 317, p. 259). N'a pas non plus l'autorité de chose jugée le jugement ouvrant une procédure de redressement judiciaire civil rendu sans convocation préalable des parties, au seul vu des pièces produites par le débiteur (■ Cass. 1re civ., 17 oct. 1995, n° 94-04.025 : *JCP* 95, IV, 2586 ; *Bull. civ.* I, n° 367, p. 255). Mais un jugement ordonnant la licitation d'un immeuble ne saurait être considéré comme gracieux et doit être qualifié de contentieux si l'absence de contestation est due à la seule défaillance de l'usufruitier qui est mal venu par la suite à l'invoquer (■ Cass. 2e civ., 2 avr. 1974 : *JurisData* n° 1974-099125 ; *Bull. civ.* II, n° 125, p. 107).

5) **Décisions susceptibles de recours.** L'autorité de chose jugée s'attache aux décisions judiciaires même susceptibles de recours tant que ce recours n'est pas formé (■ Cass. civ., 7 juill. 1890 : *DP* 1890, 1, 301. – V. en ce sens ■ Cass. civ., 16 juin 1937 : *DH* 1937, 517). Le jugement susceptible d'un recours suspensif acquiert force de chose jugée à l'expiration du délai de recours si celui-ci n'a pas été exercé dans le délai. Cette règle s'applique à l'ordonnance de référé, peu important l'absence au principal d'autorité de la chose jugée de cette ordonnance (■ Cass. com., 24 oct. 1995, n° 93-17.051 : *JurisData* n° 1995-002659 ; *JCP* 95, IV, 2620).

6) **Admission au passif d'une procédure collective.** À défaut de réclamation, l'admission d'une créance au passif d'une procédure collective a acquis l'autorité de la chose jugée, et l'irrévocabilité qui en découle ne peut être remise en cause par la prétendue violation d'une règle d'ordre public (■ Cass. com., 30 mai 1985, n° 84-11.526 : *JurisData* n° 1985-702197 ; *Bull. civ.* IV, n° 174, p. 146).

7) **Partage judiciaire. Demande en réduction de donation-partage.** L'autorité de la

chose jugée ne s'attache pas au jugement qui, en ordonnant qu'il soit procédé aux opérations de compte, liquidation et partage, de successions, rejette une demande de réduction de la donation-partage intervenue, dès lors que ce n'est qu'au cours des opérations que pourra être déterminée la valeur de la part de réserve à laquelle chaque héritier peut prétendre dans chacune des successions et que pourra être vérifié que chacun d'eux sera pourvu de ces parts (▪ Cass. 1re civ., 16 juill. 1997, n° 95-16.200 : *JurisData* n° 1997-003350 ; *JCP* 97, IV, 2026 ; *Bull.* I, n° 252, p. 168).

8) Jugement avant dire droit. Sur le principe que le jugement avant dire droit n'a pas au principal l'autorité de la chose jugée, V. CPC, art. 482. Mais un jugement interlocutoire jouit de l'autorité de la chose jugée pour les dispositions définitives qu'il renferme ou qui en résultent implicitement mais nécessairement (▪ Cass. ch. réunies, 19 mai 1965 : *D.* 1965, p. 461, note Laroque. – V. pour une application ▪ Cass. 3e civ., 13 avr. 1972 : *Bull. civ.* III, n° 229, p. 165). Le jugement avant dire droit ne dessaisit pas le juge et il n'a pas, dès lors qu'il se borne dans son dispositif à ordonner une mesure d'instruction ou une mesure provisoire, au principal, l'autorité de la chose jugée. Ayant relevé que l'arrêt avant dire droit avait ordonné le rabat de l'ordonnance de clôture, la réouverture des débats et renvoyé la cause et les parties à l'audience de la mise en état, la cour d'appel a pu ordonner le retranchement de cet arrêt et des actes de procédure subséquents (▪ Cass. 3e civ., 5 mars 2008, n° 06-20.732 : *JurisData* n° 2008-043004). À autorité de chose jugée le jugement qui ne s'est pas borné à ordonner une mesure d'instruction, dès lors qu'en autorisant la preuve de l'acceptation d'une succession, il a nécessairement incorporé à son dispositif les éléments de décision énoncés dans les motifs et tranchant les contestations élevées sur l'existence d'un lien de filiation (▪ Cass. 1re civ., 1er avr. 1981 : *JCP* 82, II, 19897, note Tomasin ; *RTD civ.* 1982, p. 662, obs. Perrot).

9) Ordonnances du juge de la mise en état. Sur le principe que les ordonnances du juge de la mise en état n'ont pas au principal l'autorité de la chose jugée, V. CPC, art. 775. – V. pour une application ▪ Cass. 2e civ., 27 mai 1983, n° 81-15.659 : *JurisData* n° 1983-701128 ; *Bull. civ.* II, n° 117, p. 81. C'est seulement lorsque, en statuant sur une exception de procédure, l'ordonnance du conseiller *de la mise en état met fin à l'instance* que cette ordonnance a, au principal, l'autorité de la chose jugée ; l'ordonnance ayant rejeté l'exception de nullité de l'assignation, la validité de l'acte pouvait être remise en cause devant la cour d'appel (▪ Cass. 2e civ., 13 mars 2008, n° 07-11.384 : *JCP* 2008, II, 10076, note Salati).

10) Exception de procédure, fin de non-recevoir ou autre incident. Sur le principe que le jugement qui statue sur une exception de procédure, une fin de non-recevoir ou tout autre incident a, de ce chef, l'autorité de la chose jugée, V. CPC, art. 480. – V. pour une application en cas de rejet d'une fin de non-recevoir ▪ Cass. soc., 13 nov. 1985, n° 83-14.741 : *Bull. civ.* V, n° 254, p. 381.

B – Étendue de la chose jugée.

11) Conclusions des parties. L'autorité de chose jugée s'attache seulement au dispositif des jugements et non aux conclusions qui ont pu être prises par les parties (▪ Cass. soc., 16 mai 1953 : *Bull. civ.* IV, n° 370, p. 272).

12) Décision implicite. Mais la chose jugée résulte d'une décision simplement implicite lorsque cette décision est une suite nécessaire d'une disposition expresse (▪ Cass. civ., 28 avr. 1909 : *DP* 1909, 1, 528. ▪ Cass. com., 15 oct. 1985 : *Gaz. Pal.* 1986, 1, somm. 178, obs. Croze et Morel).

13) Motifs de la décision. L'autorité de chose jugée n'a lieu qu'à l'égard de ce qui fait l'objet d'un jugement et a été tranché dans son dispositif (▪ Cass. ass. plén., 13 mars 2009, n° 08-16.033 : *Bull. civ.* 2009. ▪ Cass. ass. plén., n° 3 : *JCP* 2009, II, 10077, note Serinet). Sur le principe que les motifs d'un jugement sur le fond n'ont pas autorité de chose jugée, V. ▪ Cass. req., 28 juin 1869 : *DP* 1871, 1, 223. ▪ Cass. 2e civ., 17 mai 1993, n° 91-19.381 : *JurisData* n° 1993-000915 ; *JCP* 1993, II, 22162, note du Rusquec). Solution valable, pour les motifs décisoires (▪ Cass. 2e civ., 22 janv. 2004, n° 02-16.377 : *Bull. civ.* II, n° 15. ▪ Cass. soc., 16 janv. 2008, n° 05-41.313 et 06-44.699 : *Bull. civ.* V, n° 2) ; pour les motifs décisifs qui sont inséparables du dispositif ou en constituent le soutien ou le support nécessaire (▪ Cass. 2e civ., 13 juill. 2006, n° 05-10.380 : *Bull. civ.* II, n° 208. ▪ Cass. 1re civ., 20 févr. 2007, n° 05-12.913 : *Bull. civ.* I, n° 66).

14) Arrêt appliquant une décision devenue irrévocable. N'est pas recevable le moyen qui critique les chefs d'un arrêt qui n'a fait qu'appliquer une décision antérieure devenue irrévocable (▪ Cass. ch. mixte, 6 juill. 1984, n° 80-12.965 : *JurisData* n° 1984-701612 ; *Bull. civ.* n° 1, p. 1).

15) Interprétation de la décision. Les juges saisis d'une contestation relative à une précédente décision ne peuvent, sous prétexte d'en déterminer le sens, apporter une modification quelconque aux dispositions précises de celui-ci (▪ Cass. soc., 17 mai 1984 : *JurisData* n° 1984-701285 ; *Bull. civ.* V, n° 208, p. 158). Ainsi, ils ne peuvent décider que la rente mensuelle accordée après divorce constitue en réalité une prestation compensatoire (▪ Cass. 2e civ., 7 janv. 1981, n° 79-14.839 : *JurisData* n° 1981-700006 ; *Bull. civ.* II, n° 1, p. 1 ; *RTD civ.*

1981, p. 436, obs. Normand. – V. cependant, en matière de divorce par consentement mutuel, décidant que c'est par impropriété de termes que les époux ont parlé de pension alimentaire, ■ Cass. 2e civ., 22 mai 1979 : *JurisData* n° 1979-700151 ; *D.* 1980, p. 507, 1re esp., note Massip).

C – Caractère relatif de la chose jugée.

1° *Identité de parties.*

16) Principe. L'autorité de la chose jugée n'a lieu qu'à l'égard des parties qui ont été présentes ou représentées au litige et qui, dans la nouvelle instance, procèdent en la même qualité (■ Cass. 1re civ., 8 déc. 1959 : *Bull. civ.* I, n° 524, p. 432. – V. en ce sens ■ Cass. 3e civ., 21 janv. 1975, n° 73-13.498 : *JurisData* n° 1975-098020 ; *Bull. civ.* III, n° 20, p. 15). Le juge qui doit apprécier, à l'occasion d'une action en résolution de la cession de parts sociales, la portée d'une clause contractuelle de garantie n'est pas tenu par la date de la cessation des paiements fixée par le tribunal qui ouvre ultérieurement le redressement judiciaire de la société dont les parts ont été cédées (■ Cass. com., 19 juin 2001, n° 98-18.333 : *JurisData* n° 2001-010236 ; *JCP* 2001, IV, 2534 ; *Bull. civ.* IV, n° 124, p. 115).

17) Jugements rendus en matière de filiation. Sur l'opposabilité des jugements rendus en matière de filiation aux personnes qui n'y ont pas été parties, V. art. 324, p. 295.

18) Procédures collectives. En l'absence d'identité de parties, l'admission ou le rejet de la créance dans la première procédure collective n'a pas autorité de la chose jugée dans la seconde ouverte à l'encontre du même débiteur (■ Cass. ass. plén., 10 avr. 2009, n° 08-10.154 : *Bull. civ.* 2009. ■ Cass. ass. plén., n° 4 ; *Bull. inf. C. cass.* 15 juin 2009, rapp. Crédeville, avis Bonnet ; *D.* 2010, Pan., p. 169, obs. Fricero).

2° *Identité d'objet.*

19) Même droit sur la même chose. Il ne suffit pas, pour que l'exception de chose jugée puisse être accueillie, que la même chose matérielle soit en litige, encore faut-il que l'on réclame le même *droit sur la même chose* (■ *Cass. civ., 14 mai 1935 : DH* 1935, 427).

20) Évaluation du préjudice. Une demande en paiement de dommages et intérêts fondée sur un élément de préjudice qui ne s'est révélé qu'après le jugement d'une première demande échappe, faute de présenter avec celle-ci une identité d'objet, à l'exception de chose jugée (■ Cass. 2e civ., 29 mai 1973, n° 72-10.915 : *JurisData* n° 1973-099185 ; *JCP* 73, IV, 270 ; *Bull. civ.* III, n° 185, p. 147. ■ Cass. ass. plén., 9 juin 1978, n° 76-10.591 : *JurisData* n° 1978-095003 ; *Bull. civ.*, n° 3, p. 3). Mais l'autorité de chose jugée s'oppose à la révision d'une rente accordée à la suite d'un accident en raison de l'amélioration de l'état de santé de la victime dès lors que l'arrêt n'a prévu aucune variation du préjudice et n'a pas réservé d'une manière expresse la faculté de procéder à sa révision (■ Cass. 2e civ., 12 oct. 1972, n° 71-13.591 : *JurisData* n° 1972-099246 ; *JurisData* n° 1972-099245 ; *JCP* 74, II, 17609, note Brousseau).

21) L'autorité de la chose jugée attachée. à une décision de liquidation de l'astreinte ne fait pas obstacle à la présentation d'une nouvelle demande de liquidation pour la période postérieure, dès lors que l'astreinte n'était pas limitée dans le temps et que l'obligation qui en était assortie n'a pas été exécutée (■ Cass. 2e civ., 8 déc. 2011, n° 10-25.719 : *Bull.*, n° 223 ; *Gaz. Pal.* 2012, n° 62, p. 25, note Amrani-Mekki).

22) Nullité pour dol et réduction du prix pour dol. La demande en nullité de la vente pour dol et la demande en réduction du prix de la vente par les victimes de ce dol n'ont pas le même objet (■ Cass. 3e civ., 11 janv. 2012, n° 10-23.141 : *Bull.*, n° 4 ; *JCP* 2012, 442, note Ghestin et Serinet).

23) Une demande en révision des charges formée. en application des statuts d'une association syndicale n'ayant pas le même objet que l'action antérieurement exercée tendant à la nullité de cette association, dont la révision des charges n'aurait été qu'une conséquence, ne peut se voir opposer l'autorité de chose jugée attachée à cette décision (■ Cass. 3e civ., 22 janv. 2014, n° 12-22.275 : *Bull.*).

3° *Identité de cause.*

24) Principe. Concentration des moyens. Il y a identité de cause, au sens de l'article 1351, lorsque le droit ou le bénéfice légal que l'une des parties invoque soit par voie d'action, soit par voie d'exception a le même fondement que celui sur lequel s'était prononcée une précédente décision passée en force de chose jugée (■ Cass. com., 4 oct. 1954 : *D.* 1955, somm. p. 2 ; *Bull. civ.* III, n° 286, p. 217. – V. aussi ■ Cass. 1re civ., 18 nov. 1970 : *JCP* 1971, II, 16780, note Patarin. ■ Cass. com., 13 oct. 1975, n° 74-10.380 : *JurisData* n° 1975-097228 ; *D.* 1975, IR, p. 259 ; *Bull. civ.* IV, n° 228, p. 188). Il incombe au demandeur de présenter dès l'instance relative à la première demande l'ensemble des moyens qu'il estime de nature à fonder celle-ci. Ayant constaté que, comme la demande originaire, la demande dont elle était saisie, formée entre les mêmes parties, tendait à obtenir paiement d'une somme d'argent à titre de rémunération d'un travail prétendument effectué sans contrepartie financière, la cour d'appel en a exactement déduit que le demandeur ne pouvait être admis à contester l'identité de cause des deux demandes en invoquant un fondement juridique qu'il s'était abstenu de soulever en temps utile, de sorte que la demande se heurtait à la chose précédemment jugée relativement à la même contestation (▪ Cass. ass. plén., 7 juill. 2006, n° 04-10.672 : *JurisData* n° 2006-034519 ; *Bull. civ.* n° 8, p. 21 ; *JCP G* 2007, II, 10070, note Wiederkehr ; *D.* 2006, p. 2135, note Weiller – application de la solution en matière d'arbitrage ▪ Cass. 1re civ., 28 mai 2008, n° 07-13.266 : *RDC* 2008/4, p. 1143, obs. Deshayes ; *JCP* 2008, act. 411, obs. Béguin ; II, 10170, note Bolard et II, 10157 note Chabot). – V. encore ▪ Cass. 2e civ., 25 oct. 2007, n° 06-19.524 : *RDC* 2008/4, p. 1143, obs. Deshayes ; *D.* 2008, chron. ▪ Cass., p. 648, obs. Sommer et Nicoletis, se heurte à l'autorité de la chose jugée l'action en responsabilité contractuelle engagée devant une juridiction civile pour l'indemnisation d'un préjudice, alors qu'une juridiction pénale avait, par une décision devenue irrévocable, débouté les parties civiles de leur demande fondée sur la responsabilité délictuelle et tendant à la même indemnisation. – Il incombe au défendeur à une action en régularisation forcée d'une vente de présenter dès l'instance initiale l'ensemble des moyens qu'il estime de nature à faire échec à la demande, de sorte que son action nouvelle en rescision de la vente pour lésion se heurte à l'autorité de la chose précédemment jugée (▪ Cass. 3e civ., 13 févr. 2008, n° 06-22.093 : *JCP* 2008, II 10052, note Weiller). ▪ Cass. 2e civ., 12 mars 2009, n° 08-11.925 : *Bull. civ.* II, n° 69 (contestations successivement élevées ayant l'une et l'autre pour cause une méconnaissance alléguée des dispositions légales et réglementaires régissant la reconnaissance et les conditions de prise en charge d'un accident au titre de la législation professionnelle). Dès lors qu'il incombe au défendeur de présenter dès l'instance relative à la première demande l'ensemble des moyens qu'il estime de nature à justifier son rejet total ou partiel, viole l'autorité de la chose jugée d'un jugement ayant condamné une partie à verser à une société une certaine somme correspondant à des frais de travaux, la décision qui accueille la demande de cette partie en restitution de la TVA incluse dans le montant de la condamnation (▪ Cass. 2e civ., 20 mars 2014, n° 13-14.738 : *Bull.*). Un débiteur, condamné au remboursement des sommes dues en vertu d'un emprunt *par une ordonnance d'injonction de payer* devenue définitive par suite de l'irrecevabilité de son opposition tardive, ne peut, sans se heurter à la fin de non-recevoir tirée de la chose jugée, exercer une nouvelle action en soutenant qu'il n'a pas signé l'offre préalable de crédit (▪ Cass. 1re civ., 1er oct. 2014, n° 13-22.388 : *Bull.*).

Voir aussi : sous la note relative à la modification de la situation reconnue en justice.

Mais l'action en suspension de poursuites de saisie immobilière n'a pas le même objet, au sens de l'article 1351 du Code civil, qu'une action en remboursement de sommes et paiement de dommages-intérêts (▪ Cass. 2e civ., 18 sept. 2008, n° 07-17.158 et 07-18.228 : *Bull. civ.* II, n° 198). L'action en exécution du contrat d'assurance n'a pas le même objet que l'action en paiement de dommages-intérêts pour manquement de la société d'assurances à son devoir de conseil (▪ Cass. 2e civ., 10 nov. 2010, n° 09-14.948 : *Bull. civ.*, n° 181 ; *D.* 2011, chron. C. cass., 622, obs. Sommer et Leroy-Gissinger ; *JCP* 2010, n° 1270, note Barbieri). La demande de suppression de la prestation compensatoire et celle de sa réduction n'ont pas le même objet (▪ Cass. 2e civ., 20 mai 2010, n° 09-67.662 : *Bull. civ.* 2010, II, n° 97).

Viole l'article 1351 du Code civil l'arrêt qui, pour accueillir la demande d'une partie tendant à la démolition d'une clôture et rejeter la demande en revendication de propriété de la partie adverse, retient que cette demande, qui vise uniquement à remettre en cause un bornage définitif prononcé par une précédente décision, est irrecevable, alors que cette décision passée en force de chose jugée, fixant exclusivement la ligne divisoire entre les fonds, n'avait pas eu à trancher la question de la propriété de la parcelle et ne faisait pas obstacle à l'action en revendication (▪ Cass. 3e civ., 10 nov. 2009, n° 08-19.756 : *Bull. civ.* III, n° 249 ; *JCP* 2010, n° 4, 83, note Bléry).

Voir : encore O. Deshayes, *in RDC* 2009/3, p. 1391.

25) Application à l'arbitrage. Pour une application du principe de concentration des moyens à l'arbitrage, V. ▪ Cass. 1re civ., 12 avr. 2012, n° 11-14.123 :*Bull.*, n° 89 ; *RDC* 2012/4, p. 1278, obs. Serinet et Boucobza.

26) Concentration des demandes (non). S'il incombe au demandeur de présenter dès l'instance relative à la première demande l'ensemble des moyens qu'il estime de nature à fonder celle-ci, il n'est pas tenu de présenter dans la même instance toutes les demandes fondées sur les mêmes faits. Dès lors, la demande en paiement des loyers d'un immeuble, qui n'a pas le même objet que la demande tendant à faire juger que la vente de cet immeuble était parfaite, ne se heurte pas à l'autorité de chose jugée de la décision rendue sur cette dernière (▪ Cass. 2e civ., 26 mai 2011, n° 10-16.735 : *JCP* 2011, 1424, note Serinet ; *RTD civ.* 2011, p. 593, obs. Perrot).

27) Cas d'ouverture de l'action en recherche de paternité. Jugé avant la loi du 9 janvier 1993 que les cas d'ouverture de l'action en recherche de paternité visés à l'article 340 (anc.) constituent des causes distinctes (■ Cass. 1re civ., 10 mars 1953 : *JCP* 53, II, 7601, note J. Savatier).

28) Responsabilité du fait personnel et du fait des choses. L'action fondée sur l'article 1384, alinéa 1, du Code civil procède d'une cause juridique distincte de celle fondée sur l'article 1382 (■ Cass. req., 16 juill. 1928 : *DP* 1929, 1, 33, note R. Savatier. ■ Cass. 2e civ., 4 juin 1969 : *Bull. civ.* II, n° 186, p. 135).

29) Contrats. L'arrêt qui tranche la question de la réalité et de la validité du consentement des parties à une vente en viager ne fait pas obstacle à une action tendant à faire prononcer la nullité de la vente pour défaut de prix réel et sérieux (■ Cass. ass. plén., 3 juin 1994, n° 92-12.157 : *JurisData* n° 1994-001190 ; *JCP* 94, II, 22309, note X. Lagarde ; *D.* 1994, p. 395, concl. Jéol ; *RTD civ.* 1995, p. 178, obs. Normand). Jugé aussi qu'une décision prononçant la résiliation d'un contrat ne fait pas obstacle à une demande en nullité du même contrat (■ Cass. 1re civ., 11 avr. 1995, n° 93-13.246 : *JurisData* n° 1995-004540 ; *D.* 1996, p. 121, 2e esp., note Bénabent), ou que le jugement condamnant des cautions qui ne se prononce pas sur la validité de l'engagement de caution ne fait pas obstacle à ce que soit demandée la nullité de cet engagement pour vice du consentement (■ Cass. 1re civ., 1er juill. 1997, n° 95-15.642 : *JurisData* n° 1997-003169 ; *Bull. civ.* I, n° 219, p. 146). Mais jugé que, hormis les cas d'ouverture du recours en révision, la décision judiciaire qui condamne une personne à acquitter une dette en exécution d'un contrat lui interdit de remettre en cause la force obligatoire de ce même contrat en invoquant de nouveaux moyens de défense qu'elle avait omis de proposer au cours de la procédure (■ Cass. 1re civ., 28 mars 1995, n° 92-16.270 : *D.* 1996, p. 121, 1re esp., note Bénabent).

30) Reddition de compte de tutelle. L'arrêt n'ayant envisagé la recevabilité d'une demande d'établissement judiciaire des comptes de tutelle qu'au regard de la qualité pour agir du tuteur *ad hoc* n'a pas autorité de la chose jugée quant à la prescription (■ Cass. 1re civ., 16 juill. 1997, *n° 95-13.316 : JurisData n° 1997-003352* ; *JCP* 97, IV, 1992 ; *Bull. civ.* I, n° 242, p. 162).

31) Refus de renouvellement du bail et résiliation. L'action en refus de renouvellement d'un bail n'a pas le même objet que l'action en résiliation de cette convention (■ Cass. 3e civ., 5 oct. 1994, n° 92-12.951 : *JurisData* n° 1994-001795 ; *Bull. civ.* III, n° 163, p. 104).

32) Prescription acquisitive ou bornage et revendication fondée sur un titre. Un jugement ayant débouté une partie de sa demande en revendication fondée sur la prescription trentenaire n'interdit pas d'accueillir une action en revendication fondée sur un titre de propriété (■ Cass. 3e civ., 26 févr. 1974, n° 72-14.515 : *JurisData* n° 1974-098091 ; *D.* 1974, inf. rap. 118 ; *Bull. civ.* III, n° 88, p. 67), pas plus que celui qui statue sur une demande en bornage (■ Cass. 3e civ., 28 oct. 1992, n° 90-18.573 : *JurisData* n° 1992-002388 ; *Bull. civ.* III, n° 282, p. 173).

33) Modification de la situation reconnue en justice. L'autorité de la chose jugée ne peut être opposée lorsque des événements postérieurs sont venus modifier la situation antérieurement reconnue en justice (■ Cass. 2e civ., 17 mars 1986, n° 84-12.635 : *JurisData* n° 1986-700522 ; *Bull. civ.* II, n° 41, p. 27). Ainsi, l'intérêt de l'enfant naturel visé à l'article 334-3 (anc.) peut varier avec les circonstances, et la décision qui rejette une première demande de substitution de nom n'a pas à l'égard d'une seconde demande l'autorité de la chose jugée (■ Cass. 1re civ., 18 déc. 1979, n° 78-11.085 : *JurisData* n° 1979-710321 ; *Gaz. Pal.* 1980, 1, 249, note J. M.). V. aussi pour le préjudice nouveau révélé après le jugement, ■ Cass. 2e civ., 29 mai 1973. - Et ■ Cass. ass. plén., 9 juin 1978, préc., n° 18. Dans le cas d'un demandeur agissant, dans la première procédure comme dans la seconde, en qualité de propriétaire indivis puis individuel du bien, l'acte de partage ne constituait qu'un nouveau moyen de preuve de cette qualité ne permettant pas d'écarter l'autorité de la chose jugée du premier jugement (■ Cass. 3e civ., 19 sept. 2007, n° 06-11.962 : *JurisData* n° 2007-040405). Une cour d'appel qui constate que les propriétaires d'une maison avaient été déboutés par un précédent arrêt de leur demande d'expulsion des personnes auxquelles celle-ci avait été prêtée ne peut qu'en déduire, en l'absence de faits nouveaux venus modifier la situation ainsi antérieurement reconnue en justice, qu'ils étaient irrecevables en leurs prétentions tendant aux mêmes fins puisqu'ils entendaient à nouveau obtenir, en se fondant en particulier sur le droit de résiliation unilatérale reconnu au prêteur lorsque le prêt est à durée indéterminée (droit reconnu entre temps par un revirement de jurisprudence), la résiliation du contrat liant les parties et l'expulsion des emprunteurs (■ Cass. 1re civ., 24 sept. 2009, n° 08-10.517 : *Bull. civ.* I, n° 177 ; *JCP* 2009, n° 42, 326, obs. Bléry ; *JCP* n° 45, 401 note Bléry). Un bailleur, débouté par une décision irrévocable de sa demande en validation d'un congé pour reprise, est irrecevable à agir en validation du même congé en se prévalant d'une autorisation administrative d'exploiter qui fondait le refus initial de validation et obtenue depuis la première décision (■ Cass. 3e civ., 20 janv. 2010, n° 08-70.206 : *Bull. civ.* 2010, III, n° 17 ; *JCP* 2010, n° 6, 147, obs. Bléry).

34) Chose décidée sans condition ni réserve. L'autorité de la chose jugée ne s'attache qu'à ce qui a été décidé sans condition ni réserve (■ Cass. 1re civ., 7 janv. 1969 : *D.* 1969, p. 454). Ainsi, n'a pas autorité de chose jugée le jugement qui refuse « en l'état » de donner mainlevée d'une saisie-arrêt (■ Cass. com., 18 mai 1981, n° 79-13.742 : *Bull. civ.* IV, n° 235, p. 184).

D – Caractère d'ordre privé de la chose jugée

35) Renonciation tacite. L'autorité qui s'attache à la chose jugée par la juridiction civile n'étant pas d'ordre public, les parties peuvent y renoncer, même tacitement (■ Cass. 2e civ., 25 juin 1959 : *Bull. civ.* II, n° 511, p. 334). Lorsque deux décisions irrévocables sont inconciliables, c'est la dernière en date qui s'impose, les parties, par suite de leur silence et de leur inaction, étant présumées avoir renoncé à la première (■ Cass. 1re civ., 10 févr. 1953 : *JCP* 53, II, 7636, note Perrot).

36) Moyen présenté pour la première fois devant la Cour de cassation. Le moyen tiré de l'autorité de la chose jugée ne peut être présenté pour la première fois devant la Cour de cassation (■ Cass. civ., 24 mars 1942 : *DA* 1942, p. 97. ■ Cass. 2e civ., 4 oct. 1972, n° 71-14.080 : *JurisData* n° 1972-099230 ; *Bull. civ.* II, n° 230, p. 189), sauf lorsqu'elle s'attache à une décision de justice irrévocable rendue au cours de la même instance (■ Cass. 3e civ., 6 déc. 1977, n° 76-12.870 : *JurisData* n° 1977-099425 ; *JCP* 78, IV, 42 ; *Bull. civ.* III, n° 425, p. 324).

37) Office du juge. L'autorité de la chose jugée ne peut être suppléée d'office par le juge (■ Cass. civ., 24 oct. 1951 : *JCP* 52, II, 6806, note Perrot), sauf lorsqu'il est statué au cours d'une même instance sur les suites d'une précédente décision passée en force de chose jugée (■ Cass. 1re civ., 7 avr. 1976, n° 74-14.631 : *JurisData* n° 1976-000114 ; *JCP* 76, IV, 78 ; *Bull. civ.* I, n° 113, p. 91), ou lorsqu'il s'agit de l'état des personnes (■ Cass. 1re civ., 19 mai 1976, n° 74-13.821 : *JurisData* n° 1976-000184 ; *Bull. civ.* I, n° 184, p. 148).

II – AUTORITÉ DE LA CHOSE JUGÉE AU PÉNAL SUR LE CIVIL

38) Principes. L'autorité de la chose jugée au pénal sur le civil s'attache à ce qui a été définitivement, nécessairement et certainement décidé par le juge pénal sur l'existence du fait qui forme la *base commune de l'action civile* et de l'action pénale, sur sa qualification ainsi que sur la culpabilité de celui à qui le fait est imputé. Par suite, viole ce principe une cour d'appel qui, saisie d'une demande en annulation d'un testament pour insanité d'esprit de la testatrice, retient que l'autorité de la chose jugée au pénal ne s'impose pas à la juridiction civile, tout en constatant que, pour déclarer la légataire universelle instituée par le testament, coupable du délit d'abus de faiblesse commis au cours de la période pendant laquelle ce testament avait été rédigé, la juridiction pénale avait retenu, par un motif qui en était le soutien nécessaire, que la testatrice ne pouvait manifester sa volonté, caractérisant ainsi son insanité d'esprit lors de la rédaction du testament (■ Cass. 1re civ., 24 oct. 2012, n° 11-20.442 : *Bull.*, n° 209 ; *D.* 2013, p. 68, note Rias ; *Defrénois* 2013, p. 191, obs. Massip ; *JCP* 2012, 629, obs. Maron, Robert et Véron, et 2030, note Meuris ; *RTD civ.* 2013, p. 87, obs. Hauser). Si les décisions de la justice pénale ont au civil l'autorité de la chose jugée à l'égard de tous en ce qui concerne l'existence du fait incriminé, sa qualification, la culpabilité ou l'innocence de ceux auxquels le fait est imputé, il n'en est pas de même lorsque ces décisions statuent accessoirement à l'action publique sur des dommages-intérêts. Elles n'interviennent alors que dans un intérêt purement privé et sont soumises à la règle de la relativité de la chose jugée (■ Cass. com., 22 juill. 1952 : *D.* 1952, p. 746. – V. aussi ■ Cass. 2e civ., 11 juill. 1956 et 25 oct. 1955 : *JCP* 56, II, 9584, note Esmein). Mais le jugement d'un tribunal correctionnel condamnant un automobiliste a autorité à l'égard de tous, donc à l'égard de l'assureur non partie à l'instance pénale, en ce que le tribunal a définitivement jugé qui était conducteur et l'a condamné pour ses fautes de conduite (■ Cass. 1re civ., 29 avr. 1985, n° 84-10.401 : *JurisData* n° 1985-701540 ; *Bull. civ.* I, n° 131, p. 122). Sur le principe que l'autorité de chose jugée au pénal s'étend aux motifs qui sont le soutien nécessaire du chef de dispositif prononçant la relaxe, V. ■ Cass. 1re civ., 25 mars 1997, n° 94-20.299 : *JurisData* n° 1997-001358 ; *JCP* 97, IV, 1073 ; *Bull. civ.* I, n° 104, p. 68. Mais les motifs d'un arrêt pénal qui sont surabondants ne participent pas de l'autorité de la chose jugée au criminel sur le civil (■ Cass. 2e civ., 19 nov. 1997, n° 95-21.026 : *JCP* 98, IV, 1032 ; *Bull. civ.* II, n° 279, p. 165, affirmation de la conviction des victimes d'un faux en écriture que l'auteur du faux agissait pour le compte de la banque qui l'employait). L'autorité de la chose jugée ne s'attache qu'aux éléments constitutifs de l'incrimination poursuivie et ne fait pas obstacle à ce que d'autres éléments étrangers à cette dernière soient soumis à l'appréciation de la juridiction civile (■ Cass. 2e civ., 15 nov. 2001 : *JCP* 2002, II, 10130, note Guihal ; *JurisData* n° 2001-011838).

39) Nature des décisions pénales ayant autorité de chose jugée sur le civil. L'autorité de la chose jugée en matière criminelle ne s'attache qu'aux décisions des juridictions de jugement qui sont définitives et statuent sur le fond de l'action publique, et non aux ordonnances de non-lieu qui sont provisoires et révocables en cas de survenance de charges nouvelles (▪ Cass. 2e civ., 9 mai 1956 : *JCP* 56, II, 9379, note C. L. ▪ Cass. 2e civ., 12 nov. 1997, n° 95-22.109 : *JurisData* n° 1997-004841 ; *Bull. civ.* II, n° 261, p. 154 ; *Resp. civ. et assur.* 1998, 43. - V. cependant, plus ambigu, ▪ Grenoble, 15 juin 1993 : *D.* 1994, p. 239, note Lebreton). Seules les décisions définitives des juridictions pénales statuant au fond sur l'action publique ont au civil autorité à l'égard de tous. Dès lors, viole ce principe l'arrêt qui retient que la décision de la chambre de l'instruction qui tranche un incident de procédure est revêtue de l'autorité de la chose jugée (▪ Cass. ch. mixte, 10 oct. 2008, n° 04-16.174 : *Bull. civ.*, ch. mixte, n° 2 ; *JCP* 2008, II, 10199, note Walther). La décision de la juridiction pénale sur l'action publique est anéantie par le décès du prévenu survenu avant qu'elle soit irrévocable (▪ Cass. 2e civ., 6 janv. 2000, n° 97-21.360 : *JurisData* n° 2000-000028 ; *Bull. civ.* II, n° 1, p. 1).

40) Décisions rendues par contumace. Sur l'absence d'autorité de chose jugée des décisions rendues par contumace, V. ▪ Cass. 2e civ., 11 janv. 1957 : *D.* 1957, p. 375, note Bouzat.

41) Relaxe au bénéfice du doute. La décision de relaxe au bénéfice du doute s'impose au juge civil (▪ Cass. req., 20 févr. 1946 : *JCP* 46, II, 3119, note P. B. ▪ Cass. soc., 3 oct. 1973 : *JurisData* n° 1973-099466 ; *D.* 1974, p. 109, note Saint-Jours). Jugé cependant que l'autorité d'un jugement relaxant une partie poursuivie pour bigamie au bénéfice du doute ne s'oppose pas à ce qu'une juridiction civile prononce l'annulation du second mariage par application de l'article 147 du Code civil (▪ Lyon, 21 mai 1974 : *D.* 1975, p. 9, note Guiho). La relaxe prononcée pour un délit de délaissement, supposant un acte positif exprimant de la part de son auteur la volonté d'abandonner définitivement la victime, n'empêche pas que pussent être constatés, au plan civil, les manquements commis par l'intéressé à ses obligations contractuelles (▪ Cass. 3e civ., 14 avr. 2010, n° 08-21.346 : *Bull. civ.* 2010, III, n° 84 ; *Contrats, conc. consom.* 2010, n° 173, obs. Leveneur ; *RTD civ.* 2010, p. 554, obs. Fages).

42) Incidence de l'absence de faute sur l'application de l'article 1384, alinéa 1er. La chose jugée par une décision de relaxe quant à l'absence de faute du prévenu est sans effet sur l'application de l'article 1384, alinéa 1er du Code civil (▪ Cass. 2e civ., 1er mars 1961 : *JurisData* n° 1961-099165 ; *D.* 1961, p. 455).

43) Absence de faute pénale non intentionnelle. L'absence de faute pénale non intentionnelle au sens de l'article 121-3 du Code pénal ne fait pas obstacle à l'exercice d'une action devant les juridictions civiles afin d'obtenir la réparation d'un dommage sur le fondement de l'article 1383 du Code civil si l'existence de la faute civile prévue par cet article est établie ou en application de l'article L. 452-1 du Code de la sécurité sociale si l'existence de la faute inexcusable prévue par cet article est établie (CPP, art. 4-1, réd. L. 10 juill. 2000. - V. déjà, statuant sous l'empire du droit antérieur, ▪ Cass. 1re civ., 30 janv. 2001, n° 98-14.368 : *JurisData* n° 2001-007955 ; *JCP* 2001, I, 338, n° 4, obs. Viney ; *D.* 2001, somm. p. 2232, obs. Jourdain ; *Resp. civ. et assur.* 2001, 211 ; *Bull. civ.* I, n° 19, p. 11 ; *RTD civ.* 2001, p. 376, obs. Jourdain. ▪ Cass. soc., 12 juill. 2001, n° 99-18.375 : *JurisData* n° 2001-010585 ; *Resp. civ. et assur.* 2001, 289, note Groutel ; *D.* 2001, p. 3390, note Saint-Jours ; *D.* 2002, somm. p. 1311, obs. Jourdain). ▪ Cass. 2e civ., 7 mai 2003, n° 01-13.790 : *JurisData* n° 2003-018964 ; *D.* 2004, somm. p. 1343, obs. Jourdain. – V. C. Denoyer, *L'art. 4-1 du CPP, la loi du 10 juill. 2000 et les ambitions du législateur : l'esprit contrarié par la lettre* : *D.* 2002, p. 979.

44) Liberté d'appréciation du juge civil. Les tribunaux civils conservent une entière liberté d'appréciation toutes les fois qu'ils ne décident rien d'inconciliable avec ce qui a été nécessairement jugé au criminel (▪ Cass. req., 15 janv. 1945 : *D.* 1945, p. 220). Si le juge civil ne peut méconnaître ce qui a été affirmé par la juridiction répressive sur la qualification du fait incriminé, l'autorité de la chose jugée ne s'attache qu'aux éléments constitutifs de l'incrimination retenue et ne fait pas obstacle à ce que d'autres éléments étrangers à cette dernière soient soumis à l'appréciation de la juridiction civile (▪ Cass. 1re civ., 18 janv. 1972, n° 68-13.013 : *JurisData* n° 1972-000020 ; *Bull. civ.* I, n° 20, p. 18). Ainsi une cour d'appel peut considérer qu'il y a viol rendant possible la déclaration judiciaire de paternité alors que le tribunal correctionnel n'a retenu que la qualification d'outrage public à la pudeur et de violence (même arrêt. – Comp. ▪ Cass. 3e civ., 19 avr. 1977, n° 76-70.099 : *JurisData* n° 1977-098167 ; *D.* 1977, p. 487, note Franck). Le tribunal de police n'ayant tranché que les conséquences de l'infraction de divagation d'un chien, la victime peut demander à la juridiction réparation du préjudice résultant des morsures du chien (▪ Cass. 2e civ., 22 mars 1995, n° 93-14.051 : *JurisData* n° 1995-000682 ; *JCP* 95, IV, 1266). La relaxe du chef d'excès de vitesse n'empêche pas le juge civil de retenir la faute consistant à avoir circulé dans un autre couloir de circulation que le sien (▪ Cass. 2e civ., 20 juin 2002, n° 00-21.414 : *JurisData* n° 2002-014860 ; *JCP* 2003, I, 152, n° 1, obs. Viney). Mais la décision de relaxe rendue au bénéfice du défendeur poursuivi du chef des contraventions de blessures involontaires et de divagation d'un animal dangereux, à défaut d'éléments permettant de déterminer avec certitude qui était propriétaire du chien, exclut la responsabilité de l'intéressé en tant que gardien de l'animal (■ Cass. 2e civ., 3 déc. 1997, n° 95-22.318 : *JurisData* n° 1997-004855 ; *JCP* 98, IV, 1118 ; *Bull. civ.* II, n° 292, p. 173 ; *Resp. civ. et assur.* 1998, 6). Saisi du seul appel d'un jugement de relaxe formé par la partie civile, le juge répressif ne peut rechercher si les faits qui lui sont déférés constituent une infraction pénale sans méconnaître le principe de la présomption d'innocence garanti par l'article 6, § 2, de la Convention européenne des droits de l'homme. L'autorité de la chose jugée ne s'attachant à aucune des dispositions du jugement entrepris, cet appel de la partie civile a pour effet de déférer à la juridiction du second degré l'action en réparation des conséquences dommageables qui peuvent résulter de la faute civile du prévenu définitivement relaxé, cette faute devant être démontrée à partir et dans la limite des faits objet de la poursuite (■ Cass. crim., 5 févr. 2014, n° 12-80.154 : *Bull.* ; *D.* 2014, p. 807, note Saenko).

45) Indépendance de l'action publique et de l'action civile en cas de recours en cassation. Dès lors qu'un condamné s'est seulement pourvu contre l'arrêt de la cour d'assises le condamnant à la réclusion criminelle et que l'arrêt statuant sur l'action civile n'a pas été frappé de pourvoi, l'action publique et l'action civile sont devenues indépendantes l'une de l'autre, de sorte que la cassation du premier arrêt n'a pas entraîné l'annulation du second (■ Cass. ch. mixte, 19 mars 1982, n° 79-15.560 : *JurisData* n° 1982-700521 ; *D.* 1982, p. 473, concl. Cabannes).

46) Effet rétroactif de l'autorité de la chose jugée au pénal (non). L'autorité de la chose jugée au pénal n'a aucun effet rétroactif et l'arrêt d'acquittement rendu après cassation n'a pu anéantir l'arrêt ayant statué sur l'action civile qui, faute de pourvoi, était passé en force de chose jugée (■ Cass. ch. mixte, 19 mars 1982, préc.).

47) Irrecevabilité de l'action civile. Lorsqu'une juridiction pénale déclare l'action civile irrecevable, comme ayant été exercé après qu'il a été statué sur l'action publique, l'autorité de la chose jugée ne s'oppose pas à ce que l'action puisse être portée devant la juridiction civile, s'il n'y a par ailleurs prescription (■ Cass. 2e civ., 6 juin 2002, n° 01-00.369 : *Bull. civ.* II, n° 125, p. 101).

III – AUTORITÉ DE LA CHOSE JUGÉE PAR LE JUGE ADMINISTRATIF SUR LE CIVIL

48) Illégalité d'un texte réglementaire. Toute déclaration d'illégalité d'un texte réglementaire par le juge administratif, même décidée à l'occasion d'une autre instance, s'impose au juge civil qui ne peut faire application de ce texte illégal (■ Cass. soc., 7 déc. 1993, n° 89-41.422 : *JurisData* n° 1993-002539 ; *JCP* 94, II, 22245, note Waquet).

Art. 1356 ***(Créé à compter du 1er octobre 2016, Ord. n° 2016-131, 10 févr. 2016).*** **– Les contrats sur la preuve sont valables lorsqu'ils portent sur des droits dont les parties ont la libre disposition.**

Néanmoins, ils ne peuvent contredire les présomptions irréfragables établies par la loi, ni modifier la foi attachée à l'aveu ou au serment. Ils ne peuvent davantage établir au profit de l'une des parties une présomption irréfragable.

Limite à la liberté des conventions sur la preuve. Si les contrats sur la preuve sont valables lorsqu'ils portent sur des droits dont les parties ont la libre disposition, ils ne peuvent établir au profit de l'une des parties une présomption irréfragable (■ Cass. com., 6 déc. 2017, n° 16-19.615 : *Bull.* ; *Contrats, conc. consom.* 2018, comm. 40, Leveneur ; *RTD civ.* 2018, p.123, Barbier, affaire où le nouvel article 1356 n'était pas encore applicable).

Art. 1357 ***(Créé à compter du 1er octobre 2016, Ord. n° 2016-131, 10 févr. 2016).*** **– L'administration judiciaire de la preuve et les contestations qui s'y rapportent sont régies par le Code de procédure civile.**

CHAPITRE II. – L'ADMISSIBILITÉ DES MODES DE PREUVE

Art. 1358 ***(Créé à compter du 1er octobre 2016, Ord. n° 2016-131, 10 févr. 2016).*** **– Hors les cas où la loi en dispose autrement, la preuve peut être apportée par tout moyen.**

NB : Rappr. art. 1348 ancien, p. 1226.

Art. 1359 ***(Créé à compter du 1er octobre 2016, Ord. n° 2016-131, 10 févr. 2016).*** **– L'acte juridique portant sur une somme ou une valeur excédant un montant fixé par décret doit être prouvé par écrit sous signature privée ou authentique.**

Il ne peut être prouvé outre ou contre un écrit établissant un acte juridique, même si la somme ou la valeur n'excède pas ce montant, que par un autre écrit sous signature privée ou authentique.

Celui dont la créance excède le seuil mentionné au premier alinéa ne peut pas être dispensé de la preuve par écrit en restreignant sa demande.

Il en est de même de celui dont la demande, même inférieure à ce montant, porte sur le solde ou sur une partie d'une créance supérieure à ce montant.

NB : Rappr. art. 1341 ancien, 1343 ancien, 1344 ancien, p. 1225.

Décret n° 80-533 du 15 juillet 1980

pris pour l'application de l'article 1341 du Code civil

Art. 1er *(Mod., D. n° 99-235, 22 mars 1999 ; D. n° 2004-836, 20 août 2004 ; D. n° 2016-1278, 29 sept. 2016).* – La somme ou la valeur visée à l'article 1359 du Code civil est fixée à 1 500 €.

Le présent décret est applicable en Nouvelle-Calédonie, dans les territoires d'outre-mer et dans la collectivité territoriale de Mayotte.

Décret n° 2016-1278, 29 sept. 2016 portant coordination des textes réglementaires avec l'ordonnance n° 2016-131 portant réforme du droit des contrats, du régime général et de la preuve des obligations, p. 3436.

JURISPRUDENCE RELATIVE À L'ANCIEN ARTICLE 1341

I – RÈGLES GÉNÉRALES

1) Possibilité pour les tiers de prouver par témoins. La défense de prouver par témoins ne concerne que les parties contractantes (■ Cass. com., 6 mars 1950 : *D.* 1950, p. 365. ■ Cass. 2e civ., 16 juill. 1964 : *Bull. civ.* II, n° 565, p. 417. ■ Cass. soc., 11 oct. 1967 : *Bull. civ.* IV, n° 624, p. 529). Viole l'article 1341 l'arrêt qui déclare le défendeur à l'action en revendication propriétaire de la parcelle litigieuse en retenant qu'il n'est reçu aucune preuve par témoins contre et outre le contenu aux actes et que les déclarations et attestations produites par la demanderesse pour établir ses droits sur le terrain sont en contradiction manifeste avec les énonciations figurant dans les actes produits par le défendeur, alors que la défense de prouver par témoins contre et outre le contenu de l'acte ne concerne que les parties contractantes et non les tiers (■ Cass. 3e civ., 17 avr. 1991, n° 89-15.898 : *JurisData* n° 1991-000925 ; *Bull. civ.* III, n° 124, p. 72 ; *RTD civ.* 1995, p. 400, obs. Zenati). Les héritiers qui agissent en vertu d'un droit propre doivent être regardés comme des tiers (■ Cass. civ., 11 avr. 1927 : *DP* 1927, 1, 25, note Pic).

2) Caractère d'ordre privé de l'article 1341. Les dispositions de l'article 1341 n'étant pas d'ordre public, les parties peuvent y renoncer, même tacitement (■ Cass. soc., 24 mars 1964 : *JCP* 65, II, 14415, note Lapp. ■ Cass. soc., 9 avr. 1970, n° 69-40.144 : *JurisData* n° 1970-096234 ; *JCP* 70, IV, 136 ; *Bull. civ.* V, n° 234, p. 188), et le moyen tiré de ces dispositions ne peut être invoqué pour la première fois devant la Cour de cassation (■ Cass. 3e civ., 9 oct. 1974 : *Bull. civ.* III, n° 353, p. 269). Sur la prise en considération de l'usage, V. ■ Cass. 1re civ., 15 avr. 1980, n° 79-10.328 : *Bull. civ.* I, n° 113, p. 93 (ventes de chevaux).

3) Télécopie. L'écrit constituant, aux termes de l'article 6 de la loi du 2 janvier 1981, l'acte d'acceptation de la cession ou du nantissement d'une créance professionnelle, peut être établi ou conservé sur tout support, y compris par télécopies, dès lors que son intégrité et l'imputabilité de son contenu à l'auteur désigné ont été vérifiées, ou ne sont pas contestées (■ Cass. com., 2 déc. 1997, n° 96-13.700 : *JCP* G 1998, II, 10097, note Grynbaum ; *JCP* E 1998, 178, note Bonneau ; *Bull. civ.* IV, n° 315, p. 271. - V. sur cet arrêt P. Catala et P.-Y. Gautier, *L'audace technologique à la Cass., Vers la libération de la preuve contractuelle* : *JCP* E 1998, 884 ; *JCP* N 1998, 1110. - V. aussi plus généralement M.-H. Tonnellier et F. Dupuis-Toubol, *Le commerce électronique vaut bien une réforme du droit de la preuve* : *JCP* E 1998, 2011. – N. Mouligner, *La force probante des télécopies en droit civil* : *JCP* N 2003, 1096). Mais les juges du fond peuvent, lorsque le défendeur soutient que la télécopie est un montage, décider que la preuve du cautionnement n'est pas rapportée (■ Cass. 1re civ., 28 mars 2000, n° 97-20.169 : *JurisData* n° 2000-001221 ; *JCP* G 2000, IV, 1864 ; *JCP* E 2000, 1569, note Leveneur ; *Bull. civ.* I, n° 106, p. 71 ; *Contrats, conc. consom.* 2000, 107, note Leveneur ; *RTD civ.* 2000, p. 575, obs. Mestre et Fages ; 874, obs. Crocq).

4) Conventions relatives à la preuve. Sur la licéité de la clause déterminant le procédé de preuve de l'ordre de paiement dans le contrat prévoyant l'usage par l'emprunteur d'une carte magnétique et la composition concomitante d'un code confidentiel, V. ■ Cass. 1re civ., 8 nov. 1989, n° 86-16.197 : *Bull. civ.* I, n° 342, p. 230, 2 arrêts ; *D.* 1990, p. 369, note Gavalda, et somm. 327, obs. Huet ; *JCP* 90, II, 21576, note Virassamy. Comp. ■ Montpellier, 9 avr. 1987 : *JurisData* n° 1987-600415 ; *JCP* 88, II, 20984, note Boizard. Mais jugé qu'au regard de l'article 130 du Code de commerce (art. L. 511-21), la signature de l'avaliste d'une lettre de change ne peut résulter de la mention d'un numéro dans le texte d'un télex, s'agirait-il d'une « clé informatique » (■ Cass. com., 26 nov. 1996, n° 94-19.914 : *JurisData* n° 1996-004504 ; *JCP* E 1997, II, 906, note Bonneau). L'absence de protestation dans le délai imparti conventionnellement d'un mois de la réception des relevés de compte n'emporte qu'une présomption d'accord du client sur les opérations y figurant, laquelle ne prive pas celui-ci de la faculté de rapporter, pendant la durée de la prescription légale, la preuve d'éléments propres à l'écarter. Dès lors, ayant fait ressortir que le titulaire du compte, qui n'avait pas émis de contestation dans le délai imparti, ne justifiait pas que les prélèvements et virements litigieux avaient été exécutés sans son autorisation, une cour d'appel a pu décider, sans inverser la charge de la preuve, que la banque n'avait pas commis de faute (■ Cass. com., 13 nov. 2012, n° 11-25.596 : *Bull.* ; *RD bancaire et fin.* 2013, p. 39, obs. Samin et Crédot). Si les contrats sur la preuve sont valables lorsqu'ils portent sur des droits dont les parties ont la libre disposition, ils ne peuvent établir au profit de l'une des parties une présomption irréfragable (■ Cass. com., 6 déc. 2017, n° 16-19.615 : *Bull.* ; *Contrats, conc. consom.* 2018, comm. 40, Leveneur ; *D.* 2019, p. 160, A. Aynès ; *RDC* 2018, p. 205, Klein ; *RTD civ.* 2018, Barbier).

5) Liberté de la preuve des faits. L'article 1341 est applicable aux faits juridiques, c'est-à-dire ceux qui ont pour résultat immédiat et nécessaire soit de créer ou de transférer, soit de confirmer ou de reconnaître, soit de modifier ou d'éteindre des obligations ou des droits (■ Cass. civ., 24 déc. 1919 : *DP* 1920, 1, p. 12. ■ Cass. 3e civ., 21 nov. 1977, n° 76-11.104 : *Bull. civ.* I, n° 192, p. 151), mais non à la preuve de simples faits qui n'impliquent eux-mêmes ni obligation ni libération (■ Cass. 3e civ., 21 nov. 1973, n° 72-14.249 : *JurisData* n° 1973-000594 ; *JCP* 73, IV, 431 ; *Bull. civ.* III, n° 597, p. 434. ■ Cass. 1re civ., 9 déc. 1986, n° 85-11.263 : *JurisData* n° 1986-002605 ; *Bull. civ.* I, n° 292, p. 278), notamment à la preuve de l'intention libérale (même arrêt). La règle posée par l'article 1341 doit s'appliquer lorsqu'il s'agit de faire la preuve non de l'inexécution d'une obligation non contestée mais de l'existence même de celle-ci (■ Cass. 1re civ., 15 juill. 1975 : *JurisData* n° 1975-700241 ; *JCP* 76, II, 18414, note Ivainer). Viole l'article 1341 l'arrêt qui retient que le fait matériel des paiements effectués par le défendeur constitue une preuve de sa dette *alors que lorsque l'existence d'un prêt* supérieur à 50 F (art. 1341 ancien) est contestée par le débiteur prétendu, la preuve d'un tel contrat se fait au moyen d'un écrit ou d'un commencement de preuve par écrit (■ Cass. 1re civ., 14 févr. 1973, n° 71-13.660 : *JurisData* n° 1973-000056 ; *JCP* 73, IV, 126 ; *Bull. civ.* I, n° 56, p. 52).

6) Liberté de la preuve du paiement. La preuve du paiement, qui est un fait, peut être rapportée par tous moyens (■ Cass. 1re civ., 6 juill. 2004, n° 02-20.388 : *Bull. civ.* 2004, I, n° 202 ; *Comm. com. électr.* 2005, n° 31, note Stoffel-Munck. ■ Cass. 1re civ., 16 sept. 2010, n° 09-13.947 : *Bull. civ.*, n° 173 ;*RDC* 2011/1, 103, obs. Libchaber ; *D.* 2010, pan. 2671, obs. Delebecque ; *D.* 2011, chron. C. cass. 622, obs. Creton ; *JCP* 2010, n° 940, note Deharo ; n° 1040, obs. Loiseau ;*Contrats, conc. consom.* 2010, n° 266, note Leveneur).

7) Quittance. Si la quittance d'une somme payée en dehors de la comptabilité du notaire ne fait foi que jusqu'à preuve contraire, celle-ci ne peut être rapportée que dans les conditions prévues par les articles 1341 et suivants (■ Cass. 3e civ., 27 févr. 2008, n° 07-10.222 : *Defrénois* 2008, art. 38795-1, p. 1341, obs. Savaux. ■ Cass. 1re civ., 4 nov. 2011, n° 10-27.035 : *Bull.*, n° 194 ; *D.* 2012, p. 63, note François ; *RTD civ.* 2012, p. 118, obs. Fages).

8) Renonciation à un droit. L'article 1341 ne concerne pas la renonciation à un droit qui n'est assujettie à aucune forme particulière de preuve et peut résulter de faits manifestant sans ambiguïté la volonté de renoncer (■ Cass. com., 25 juin 1958 : *Gaz. Pal.* 1958, 2, 194).

9) Interprétation des actes. La prohibition de l'article 1341 ne fait pas obstacle au recours à des témoins ou à des présomptions pour interpréter un acte obscur ou ambigu (■ Cass. 1re civ., 3 mars 1969 : *D.* 1969, p. 477. ■ Cass. 3e civ., 20 nov. 1973 : *JCP* 73, IV, 422 ; *Bull. civ.* III, n° 582, p. 424. ■ Cass. 1re civ., 26 janv. 2012, n° 10-28.356 : *Bull.*, n° 13 ; *RDC* 2012/3, p. 819, obs. Libchaber ; *Defrénois* 2012, p. 313, note Dagorne-Labbé). Mais un acte clair et précis n'a nul besoin d'être interprété par référence à une attestation du notaire rédacteur (■ Cass. 1re civ., 5 févr. 1974, n° 72-11.320 : *JurisData* n° 1974-000044 ; *JCP* 74, IV, 106 ; *Bull. civ.* I, n° 44, p. 39).

10) Usage du crayon. Aucun texte et aucun principe ne prohibent l'usage du crayon dans la rédaction d'un acte sous seing privé (■ Cass. com., 8 oct. 1996, n° 94-17.967 : *JurisData* n° 1996-003714 ; *JCP* 97, I, 3991, n° 2, obs. Simler et Delebecque ; *Contrats, conc. consom.* 1997, 1, note Leveneur ; *D.* 1997, 504, note Fauchon ; *RTD civ.* 1997, p. 137, obs. Mestre).

11) Convention d'indivision. La preuve d'une convention d'indivision relative à une voiture de collection doit être rapportée par écrit dès lors que la valeur du véhicule excède le montant fixé par décret (■ Cass. 1re civ., 3 déc. 1996, n° 94-21.775 : *JurisData* n° 1996-004670 ; *JCP* 97, IV, 215).

12) La preuve de la date d'un acte. peut être établie par témoignages ou présomptions (■ Cass. req., 11 déc. 1901 : *DP* 1903, 1, p. 114). Sur la preuve de la date portée sur une lettre au moyen d'une machine à affranchir, v. ▪ Cass. 1re civ., 9 févr. 1982 : *JurisData* n° 1982-700253 ; *Bull.* I, n° 64, p. 54. Mais les juges du fond peuvent en décider autrement dès lors que l'usager de la machine ne produit aucun document de nature à démontrer que le service public des Postes leur a délégué le pouvoir d'authentification de la date du dépôt d'un pli faisant foi de l'envoi dans les délais légaux (▪ Cass. 1re civ., 8 juin 1994, n° 92-16.142 : *Bull.* I, n° 119, p. 75 ; *RTD civ.* 1996, p. 173, obs. Mestre).

13) Les lettres-missives. constituent des actes au sens de l'article 1341 (▪ Cass. req., 3 févr. 1928 : *DP* 1928, 1, p. 148, note Gabolde).

II – RÈGLES SPÉCIALES EN MATIÈRE COMMERCIALE

14) Principe de liberté de la preuve. Sur le principe de la liberté de la preuve des actes de commerce à l'égard des commerçants, V. C. com., art. L. 110-3. ▪ Cass. civ., 17 mai 1892 : *DP* 1892, 1, p. 603. ▪ Cass. com., 23 mai 1970, n° 69-10.396 : *JCP* 70, IV, 181 ; *Bull. civ.* IV, n° 168, p. 149. V. aussi G. Parleani, *Un texte anachronique : le nouvel art. 109 du C. com. : D.* 1983, chron. p. 65.

15) Preuve d'un mandat social. La preuve de l'existence d'un mandat social, mandat de nature commerciale, peut être rapportée par tous moyens (▪ Cass. crim., 1er févr. 1972 : *JurisData* n° 1972-095038 ; *JCP* 73, II, 17304, note Burst).

16) Actes mixtes. Dans les actes mixtes, le non-commerçant a la faculté d'utiliser les modes de preuve du droit commercial contre le commerçant (▪ Cass. com., 17 févr. 1976, n° 75-10.726 : *JurisData* n° 1976-097058 ; *Bull. civ.* IV, n° 58, p. 51). Il peut donc faire par tous moyens la preuve du paiement qu'il invoque (▪ Cass. 1re civ., 6 mars 1974, n° 73-10.740 : *JurisData* n° 1974-000080 ; *JCP* 74, IV, 146 ; *Bull. civ.* I, n° 80, p. 68. – V. en ce sens ▪ Cass. crim., 21 déc. 1950 : *D.* 1951, p. 112). Mais le commerçant doit observer les règles de preuve du droit civil (▪ Cass. soc., 8 janv. 1964 : *Bull. civ.* IV, n° 21, p. 16. ▪ Cass. 1re civ., 2 mai 2001, n° 98-23.080 : *Bull. civ.* I, n° 108, p. 71 ; *Defrénois* 2001, 1057, obs. Libchaber ; *RTD civ.* 2001, p. 856, obs. Hauser. - V. cependant ▪ Cass. crim., 1er févr. 1972 : *JCP* 73, II, 17304, note Burst. ▪ Cass. com., 16 juill. 1973 : *Bull. civ.* IV, n° 244, p. 221).

Art. 1360 ***(Créé à compter du 1er octobre 2016, Ord. n° 2016-131, 10 févr. 2016). – Les règles prévues à l'article précédent reçoivent exception en cas d'impossibilité matérielle ou morale de se procurer un écrit, s'il est d'usage de ne pas établir un écrit, ou lorsque l'écrit a été perdu par force majeure.***

NB : Rappr. art. 1348 ancien, p. 1226.

JURISPRUDENCE RELATIVE À L'ANCIEN ARTICLE 1348

I – IMPOSSIBILITÉ D'ÉTABLIR UN ÉCRIT

1) Incapacité d'écrire. La preuve testimoniale est admise à bon droit lorsque le demandeur, incapable d'écrire, est dans l'impossibilité de produire une preuve littérale (▪ Cass. 1re civ., 13 mai 1964 : *Bull. civ.* I, n° 251, p. 195).

2) Relations de famille et d'affection. L'impossibilité morale peut résulter de l'existence de relations de famille (▪ Cass. req., 2 févr. 1920 : *DP* 1921, 1, p. 40, parents et enfants. ▪ Cass. req., 8 juill. 1936 : *DH* 1936, p. 426, épx. ▪ Cass. 1re civ., 27 juin 1973 : *JCP* 73, IV, 310 ; *Bull. civ.* I, n° 220, p. 194, gendre et beau-père. ▪ Grenoble, 12 avr. 1967, n° 65-93.687 : *D.* 1967, p. 496, frères et sœurs. - Comp., relevant pour des relations entre père et fils le « mode de vie patriarcal de la famille », ▪ Cass. 1re civ., 16 déc. 1997, n° 95-19.926 : *JurisData* n° 1997-005172 ; *JCP* 1998, IV, 1334 ; *Bull. civ.* I, n° 374, p. 253), ou de relations d'affection (▪ Cass. crim., 3 mai 1967 : *Gaz. Pal.* 1967, 1, p. 340, fiancés. ▪ Cass. 1re civ., 25 mars 1969 : *Bull. civ.* I, n° 124, p. 97. ▪ Paris, 16 févr. 1999, n° 1997/07581 : *JurisData* n° 1999-022860 ; *Dr. famille* 1999, 95, note Lécuyer, concubins. - V. cependant, exigeant que le concubinage ait une certaine « intensité », ▪ Limoges, 20 avr. 1995 : *JurisData* n° 1995-043752 ; *RTD civ.* 1995, p. 867, obs. Hauser), ou de subordination (▪ Cass. soc., 28 avr. 1955 : *D.* 1956, somm. p. 66). Mais dès lors qu'il existait des relations d'affaires entre un fils et ses parents, ceux-ci ne peuvent invoquer l'impossibilité morale de se procurer un écrit pour soutenir que les sommes reçues par leur fils l'ont été à titre de prêt (▪ Nîmes, 4 déc. 1997 : *JurisData* n° 1997-030460 ; *Dr. famille* 1998, 124, 1er arrêt, note Beignier. – V. aussi ▪ Toulouse, 14 févr. 2001 : Merci de vérifier.*Dr. famille* 2001, 84, note Beignier ; *JurisData* n° 2001-138772. – Comp. ▪ Cass. 3e civ., 14 janv. 2014, n° 12-28.777 : *D.* 2014, p. 709, note Garaud). Pour l'admission d'une présomption d'onérosité dans les relations entre concubins, V. ▪ Grenoble, 1er sept. 1998 : *JurisData* n° 1998-044486 ; *Dr. famille* 1999, 24, note Lécuyer (aucune pièce n'établissant l'existence d'un don, il convient d'analyser le versement comme un prêt).

L'exception qu'institue l'article 1348 n'est pas subordonnée à l'existence d'un commencement de preuve par écrit (▪ Cass. 1re civ., 29 janv. 2014, n° 12-27.186 : *D.* 2014, p. 709, note Garaud).

3) Usages. L'impossibilité morale peut également résulter d'usages (▪ Cass. req., 4 nov. 1908 : *DP* 1909, 1, p. 188, médecins. ▪ Cass. 1re civ., 18 juin 1963 : *JCP* 63, IV, 107 ; *Bull. civ.* I, n° 324, p. 274. ▪ Cass. 1re civ., 15 avr. 1980 : *JurisData* n° 1980-000113 ; *Bull. civ.* I, n° 113, p. 93, vente de chevaux. ▪ Paris, 5 juill. 1954 : *D.* 1954, p. 705, avocats. ▪ TGI Saintes, 2 juill. 1991 : *JurisData* n° 1991-048923 ; *D.* 1992, p. 466, note Beignier, dom. agricole. ▪ Cass. 1re civ., 28 févr. 1995, n° 93-13.291 : *JurisData* n° 1995-000498 ; *Contrats, conc. consom.* 1995, 83, vente de fumier. ▪ Pau, 12 nov. 1998, n° 96004115 : *JurisData* n° 1998-044359 ; *JCP* 99, IV, 1638, marchands de bois et abatteurs d'arbres ▪ Cass. com., 22 mars 2011, n° 09-72.426 : *Bull.*, n° 50 ; *RDC* 2011, p. 869, obs. Libchaber (usage en matière agricole qui autorise les parties à conclure verbalement les ventes d'aliments pour le bétail).

4) Pouvoir souverain des juges du fond. L'appréciation de l'impossibilité morale relève du pouvoir exclusif des juges du fond (▪ Cass. 1re civ., 21 févr. 1956 : *D.* 1956, p. 287). Ils peuvent estimer que les liens de famille ou d'affection ne faisaient pas obstacle à l'établissement d'un écrit (▪ Cass. 1re civ., 28 mai 1975, n° 74-10.072 : *JurisData* n° 1975-000181 ; *JCP* 75, IV, 232 ; *Bull. civ.* I, n° 181, p. 153, concubine. ▪ Lyon, 23 janv. 1968 : *D.* 1968, p. 732, oncle et nièce).

5) Conséquence de l'impossibilité. L'impossibilité morale d'obtenir un écrit ne dispense pas de rapporter la preuve par tous moyens d'un prêt allégué (▪ Cass. 1re civ., 19 oct. 2016, n° 15-27.387 : *Bull.*).

II – PERTE DU TITRE PAR CAS FORTUIT

6) Testament olographe. Seule la perte de l'original d'un testament olographe par suite d'un cas fortuit ou d'une force majeure autorise celui qui s'en prévaut à rapporter par tous moyens la preuve de son existence et de son contenu. Tel n'est pas le cas de la perte du testament par l'avocat du légataire (▪ Cass. 1re civ., 12 nov. 2009, n° 08-17.791 et n° 08-18.898 : *Bull. civ.* I, n° 227 ; *JCP* 2009, n° 52, 584, note Binet ; *JCP* 2010, 374, obs. Le Guidec ; *Dr. famille* 2009, comm. 153, obs. Beignier ; *JCP* N 2010, 1166, note Mahinga ; *D.* 2010, p. 522, obs. Auroy et Creton et 688, note Dagorne-Labbe ; *RJPF* 2010/2, 30, obs. Casey). L'article 1348-4° (anc.) est applicable au testament olographe (▪ Cass. civ., 16 mai 1923 : *DP* 1926, 1, p. 29. ▪ Besançon, 11 oct. 1967 : *D.* 1968, p. 572, note de La Marnierre, 2e esp.).

7) Force majeure. Sur l'appréciation de la force majeure, V. ▪ Cass. soc., 18 mars 1971, n° 70-10.643 : *Bull. civ.* V, n° 233, p. 195. ▪ Cass. 3e civ., 15 mai 1973, n° 72-11.819 : *JurisData* n° 1973-099346 ; *Bull. civ.* III, n° 346, p. 250. Les juges du fond doivent en caractériser les éléments constitutifs (▪ Cass. 1re civ., 23 juin 1971, n° 70-10.937 : *JurisData* n° 1971-000209 ; *Bull. civ.* I, n° 209, p. 176).

8) Preuve du droit constaté par le titre perdu. L'application de l'article 1348-4° (anc.) ne dispense pas d'apporter la preuve du droit constaté par le titre perdu (▪ Cass. soc., 31 janv. 1962 : *Bull. civ.* IV, n° 105, p. 85).

Art. 1361 ***(Créé à compter du 1er octobre 2016, Ord. n° 2016-131, 10 févr. 2016).*** **– Il peut être suppléé à l'écrit par l'aveu judiciaire, le serment décisoire ou un commencement de preuve par écrit corroboré par un autre moyen de preuve.**

NB : Rappr. art. 1347 ancien, p. 1226.

Art. 1362 ***(Créé à compter du 1er octobre 2016, Ord. n° 2016-131, 10 févr. 2016).*** **– Constitue un commencement de preuve par écrit tout écrit qui, émanant de celui qui conteste un acte ou de celui qu'il représente, rend vraisemblable ce qui est allégué.**

Peuvent être considérés par le juge comme équivalant à un commencement de preuve par écrit les déclarations faites par une partie lors de sa comparution personnelle, son refus de répondre ou son absence à la comparution.

La mention d'un écrit authentique ou sous signature privée sur un registre public vaut commencement de preuve par écrit.

NB : Rappr. art. 1347 ancien, p. 1226.

JURISPRUDENCE RELATIVE À L'ANCIEN ARTICLE 1347

I – EXISTENCE D'UN ÉCRIT

1) Absence de dénégation dans une expertise. L'absence de dénégation de l'exactitude d'une affirmation formulée par une partie devant un expert ne vaut pas commencement de preuve par écrit (▪ Cass. 3e civ., 20 oct. 1976 : *JurisData* n° 1976-799363 ; *JCP* 76, IV, 362 ; *Bull. civ.* III, n° 363, p. 275).

2) Désistement d'appel. Peut constituer un commencement de preuve par écrit le désistement d'un appel formé contre un jugement rejetant une exception de nullité (▪ Cass. 1re civ., 21 déc. 1959 : *Bull. civ.* I, n° 548, p. 448).

3) Déclarations faites par une partie. Peuvent constituer un commencement de preuve par écrit les déclarations faites par une partie et reproduites dans les motifs d'un jugement (■ Cass. req., 17 juill. 1934 : *DH* 1934, p. 475), ou un PV de gendarmerie (■ Cass. 1re civ., 15 juill. 1957 : *Bull. civ.* I, n° 329, p. 260).

4) Enregistrement de la voix. Sur l'utilisation à titre de preuve de l'enregistrement de la voix humaine, V. ■ Cass. 3e civ., 15 janv. 1970 : *JCP* 70, II, 16320, note P.L. – V. aussi Ivainer, *Le magnétophone, source ou preuve de rapports juridiques en droit privé : Gaz. Pal.* 1966, 2, doctr. 91.

5) Acte nul. Un acte sous seing privé bien qu'atteint de nullité pour inobservation des formes légales peut néanmoins servir de commencement de preuve par écrit dès lors qu'émanant de la partie à laquelle on l'oppose, il rend vraisemblable le fait allégué (■ Cass. 1re civ., 30 mars 1955 : *D.* 1955, mais il en est autrement si l'acte est frappé d'une nullité d'ordre public (■ Cass. com., 23 juin 1952 : *S.* 1953, 1, p. 121, note Perrot). Sur le cas d'une reconnaissance de dette où la signature du débiteur est raturée par le créancier, V. ■ Cass. 1re civ., 16 juin 1993, n° 91-20.105 : *JurisData* n° 1993-001258 ; *RTD civ.* 1994, p. 361, obs. Mestre.

6) Photocopie. Sur la possibilité de retenir comme commencement de preuve par écrit la photocopie produite par une partie qui ne détient pas l'original, dès lors que l'autre partie ne conteste ni l'existence de l'acte ni la conformité de la photocopie à l'original, V. ■ Cass. 1re civ., 14 févr. 1995, n° 92-17.061 : *JCP* G 95, II, 22402 ; *JCP* E 95, II, 679 et *JCP* N 95, II, 1212, note Chartier ; *D.* 1995, p. 340, note Piedelièvre ; *RTD civ.* 1996, p. 174, obs. Mestre. ■ Pau, 17 avr. 1991 : *JurisData* n° 1991-043293. - Comp. ■ Cass. com., 2 déc. 1997, n° 95-14.251 : *JurisData* n° 1997-004880 ; *JCP* G 98, II, 10097, note Grynbaum ; *JCP* E 98, 178, note Bonneau, décidant que l'écrit constituant l'acte d'acceptation de la cession ou du nantissement d'une créance professionnelle, peut être établi ou conservé sur tout support, y compris par télécopies, dès lors que son intégrité et l'imputabilité de son contenu à l'auteur désigné ont été vérifiées, ou *ne sont pas contestées.*

7) Lettre. Sur la lettre d'une banque reconnaissant avoir retrouvé le double du bordereau de remise d'espèces dans un guichet automatique et valant commencement de preuve par écrit, V. ■ Cass. com., 24 janv. 2018, n° 16-19.866 : *Bull.* ; *JCP* G 2018, 352, note Lasserre Capdeville.

II – ORIGINE DE L'ÉCRIT

8) Principes. Pour valoir commencement de preuve par écrit, l'écrit invoqué doit être l'œuvre personnelle de la partie à laquelle on l'oppose, soit qu'il émane d'elle-même, soit qu'il émane de ceux qu'elle représente ou qui l'ont représentée ; du moins cette partie doit-elle se l'être rendu propre par une acceptation expresse ou tacite (■ Cass. 3e civ., 29 févr. 1972, n° 70-13.069 : *JurisData* n° 1972-098142 ; *JCP* 72, IV, 98 ; *Bull. civ.* III, n° 142, p. 102. - V. en ce sens ■ Cass. civ., 22 nov. 1948 : *D.* 1949, p. 27. ■ Cass. 1re civ., 24 nov. 1969 : *JurisData* n° 1969-000355 ; *D.* 1970, p. 155). Viole l'article 1347 l'arrêt qui décide que le versement entre les mains du notaire d'une somme à valoir sur l'indemnité d'immobilisation convenue constitue un commencement de preuve par écrit rendant vraisemblable le fait que cette indemnité n'a pas été réglée le jour de la promesse contrairement aux mentions de celle-ci (■ Cass. 3e civ., 23 avr. 1997, n° 95-15.520 : *JurisData* n° 1997-001706 ; *JCP* 97, IV, 1199 ; *Bull. civ.* III, n° 88, p. 58 ; *RTD civ.* 1998, p. 106, obs. Mestre).

9) Chèque. Un chèque émis par une personne ne saurait valoir commencement de preuve par écrit du prêt qu'elle aurait consenti aux bénéficiaires qui l'ont encaissé (■ Cass. 1re civ., 11 avr. 1995, n° 93-12.764 : *JurisData* n° 1995-000883 ; *Bull. civ.* I, n° 175, p. 127 ; *JCP* 95, II, 22554, 1re esp., note Piedelièvre ; *RTD civ.* 1996, p. 171, obs. Mestre). Mais le chèque endossé par le bénéficiaire peut valoir commencement de preuve contre lui (■ Cass. 1re civ., 10 mai 1995, n° 92-10.736 : *JurisData* n° 1995-001016 ; *Bull. civ.* I, n° 201, p. 144 ; *RTD civ.* 1996, p. 171, obs. Mestre. ■ Cass. 1re civ., 18 juill. 1995, n° 93-13.681 : *JurisData* n° 1995-002130 ; *JCP* 95, II, 22554, 2e esp., note Piedelièvre ; *Bull. civ.* I, n° 323, p. 226. - V. cependant, affirmant que l'endossement fait seulement preuve de la réalité de la remise de fonds et ne constitue pas un commencement de preuve par écrit rendant vraisemblable le prêt allégué, ■ Cass. 1re civ., 3 juin 1998, n° 96-12.372 : *JurisData* n° 1998-002435 ; *JCP* G 1999, II, 10062 ; *JCP* E 99, 1392, note Prieur ; *D.* 1999, p. 453, note Ravigneaux ; *Bull. civ.* I, n° 195, p. 134 ; *Defrénois* 1999, p. 99, note Piedelièvre).

10) Affirmation d'un avocat dans une procédure antérieure. Constitue un commencement de preuve par écrit l'affirmation contenue dans un mémoire déposé par un avocat à la Cour de cassation dans une procédure antérieure concernant la même partie (■ Cass. 1re civ., 5 oct. 1976, n° 75-12.451 : *JurisData* n° 1976-000283 ; *JCP* 76, IV, 344 ; *Bull. civ.* I, n° 283, p. 229).

11) Écrit dicté. Celui qui a dicté le contenu de l'écrit doit en être considéré comme l'auteur (■ Cass. req., 6 déc. 1933 : *DP* 1935, 1, p. 61, note Désiry. - V. en ce sens ■ Cass. 1re civ., 7 juill. 1955 : *D.* 1955, p. 737).

III – CONTENU DE L'ÉCRIT

12) **Vraisemblance du fait allégué.** Les juges du fond disposent d'un pouvoir souverain pour apprécier si l'écrit rend vraisemblable le fait allégué (■ Cass. 1re civ., 30 mars 1955 : *D.* 1955, p. 427. - V. aussi ■ Cass. com., 24 janv. 2018, n° 16-19.866, préc.). Le caractère équivoque de l'acte est exclusif de cette condition de vraisemblance (■ Cass. com., 4 déc. 1956 : *Bull. civ.* III, n° 322, p. 285).

13) **Chèque en paiement d'une partie de la dette.** Les juges du fond peuvent décider que l'émission par le débiteur d'un chèque destiné à rembourser une partie de sa créance constitue un fait isolé ne rendant pas vraisemblable sa libération totale (■ Cass. 1re civ., 13 oct. 1976 : *D.* 1977, IR p. 26).

IV – COMPLÉMENT DE PREUVE

14) **Nécessité d'un élément extrinsèque.** Pour compléter un commencement de preuve par écrit, le juge doit se fonder sur un élément extrinsèque à ce document (■ Cass. 1re civ., 22 juill. 1975, n° 74-10.431 : *JurisData* n° 1975-000247 ; *JCP* 75, IV, 306 ; *Bull. civ.* I, n° 247, p. 208). Mais dès lors qu'une expédition d'un acte notarié dont l'original a disparu vaut, par application de l'article 1335-2°, commencement de preuve par écrit, les juges du fond ne peuvent dénier à l'enregistrement et à la publication de cette expédition le caractère d'un élément de preuve complémentaire, extérieur à l'acte lui-même (■ Cass. 1re civ., 18 déc. 1990, n° 89-11.433 : *JurisData* n° 1990-003702 ; *Bull. civ.* I, n° 301, p. 210). Une reconnaissance de dette qui ne comporte pas la mention manuscrite, en lettres, de la somme prêtée et qui vaut comme commencement de preuve par écrit, peut être complétée par la mention que le document a été fait devant deux témoins et la signature de ceux-ci précédée de leurs noms manuscrits (■ Cass. 1re civ., 1er févr. 2005, n° 03-15.740 : *JurisData* n° 2005-026739 ; *Bull. civ.* I, n° 58, p. 49).

15) **Tous moyens.** Un commencement de preuve par écrit peut être complété par tous moyens de preuve tels que témoignages et présomptions (■ Cass. 1re civ., 24 mai 2017, n° 16-14.128 : *Contrats, conc. consom.* 2017, comm. 165, note Leveneur).

CHAPITRE III. – LES DIFFÉRENTS MODES DE PREUVE

Section I. – La preuve par écrit

Sous-section 1. – Dispositions générales

Art. 1363 *(Créé à compter du 1er octobre 2016, Ord. n° 2016-131, 10 févr. 2016).* – **Nul ne peut se constituer de titre à soi-même.**

Bibliographie : C. Mouly-Guillemaud, *Nul ne peut se constituer de titre à soi-même... C'est-à-dire ? : RTD civ.* 2018, p. 45.

Art. 1364 *(Créé à compter du 1er octobre 2016, Ord. n° 2016-131, 10 févr. 2016).* – **La preuve d'un acte juridique peut être préconstituée par un écrit en la forme authentique ou sous signature privée.**

Art. 1365 *(Créé à compter du 1er octobre 2016, Ord. n° 2016-131, 10 févr. 2016).* – **L'écrit consiste en une suite de lettres, de caractères, de chiffres ou de tous autres signes ou symboles dotés d'une signification intelligible, quel que soit leur support.**

NB : Rappr. art. 1316 ancien, p. 1218.

Art. 1366 *(Créé à compter du 1er octobre 2016, Ord. n° 2016-131, 10 févr. 2016).* – **L'écrit électronique a la même force probante que l'écrit sur support papier, sous réserve que puisse être dûment identifiée la personne dont il émane et qu'il soit établi et conservé dans des conditions de nature à en garantir l'intégrité.**

NB : Rappr. art. 1316-1 ancien, 1316-3 ancien, p. 1219.

Bibliographie : B. Dondero, *Les smart contracts*, in *Le droit civil à l'ère numérique*, coll. Paris II, La semaine juridique (électronique), déc. 2017, p. 19. • T. Douville, *Blockchains et preuve : D.* 2018, p. 2193.

Art. 1367 *(Créé à compter du 1er octobre 2016, Ord. n° 2016-131, 10 févr. 2016).* – **La signature nécessaire à la perfection d'un acte juridique identifie son auteur. Elle manifeste son consentement aux obligations qui découlent de cet acte. Quand elle est apposée par un officier public, elle confère l'authenticité à l'acte.**

Lorsqu'elle est électronique, elle consiste en l'usage d'un procédé fiable d'identification garantissant son lien avec l'acte auquel elle s'attache. La fiabilité de ce procédé est présumée, jusqu'à preuve contraire, lorsque la signature électronique est créée, l'identité du signataire assurée et l'intégrité de l'acte garantie, dans des conditions fixées par décret en Conseil d'État.

NB : Rappr. art. 1316-4 ancien, p. 1219.

Voir : D. n° 2017-1416, 28 sept. 2017, relatif à la signature électronique, p. 3456. Règl. (UE) 910/2014 du 23 juill. 2014 sur l'identification électronique et les services de confiance pour les transactions électroniques au sein du marché intérieur et abrogeant la directive 1999/93/CE, p. 3419.

Bibliographie : T. Douville, *Publication du décret d'application : D.* 2017, p. 1975. • Signature électronique, *Enjeux et perspectives pour le notariat : Defrénois* 2017, n° 128h5. • M. Grimaldi, *La signature électronique*, in *Le droit civil à l'ère numérique*, coll. Paris II, La semaine juridique (électronique), déc. 2017, p. 29.

JURISPRUDENCE RELATIVE À L'ANCIEN ARTICLE 1316-4

1) Office du juge. Lorsque la signature électronique bénéficie d'une présomption de fiabilité, il appartient au juge de dire si les éléments dont il dispose justifient le renversement de cette présomption (CPC, art. 288-1).

2) Preuve d'un fait. Les dispositions des articles 1316-1 et 1316-4 du Code civil et 287 du Code de procédure civile ne sont pas applicables au courrier électronique produit pour faire la preuve d'un fait dont l'existence peut être établie par tous moyens de preuve, lesquels sont appréciés souverainement par les juges du fond (■ Cass. soc., 25 sept. 2013, n° 11-25.884 : *JCP* E 2014, n° 3, p. 6, note Bossu ; *LPA* 2014, n° 7, p. 10, note Stefania).

Art. 1368 ***(Créé à compter du 1er octobre 2016, Ord. n° 2016-131, 10 févr. 2016).*** **– À défaut de dispositions ou de conventions contraires, le juge règle les conflits de preuve par écrit en déterminant par tout moyen le titre le plus vraisemblable.**

NB : Rappr. art. 1316-2 ancien, p. 1219.

Sous-section 2. – L'acte authentique

Art. 1369 ***(Créé à compter du 1er octobre 2016, Ord. n° 2016-131, 10 févr. 2016).*** **– L'acte authentique est celui qui a été reçu, avec les solennités requises, par un officier public ayant compétence et qualité pour instrumenter.**

Il peut être dressé sur support électronique s'il est établi et conservé dans des conditions fixées par décret en Conseil d'État.

Lorsqu'il est reçu par un notaire, il est dispensé de toute mention manuscrite exigée par la loi.

NB : Rappr. art. 1317 ancien, 1317-1 ancien, p. 1219.

Code du patrimoine

Art. R. 212-15. – Le délai pendant lequel les officiers publics ou ministériels assurent la conservation de leurs minutes et répertoires avant versement dans un dépôt d'archives relevant du service interministériel des archives de France de la direction générale des patrimoines ou placés sous le contrôle scientifique et technique de l'Etat sur les archives est fixé à soixante-quinze ans pour les notaires et à vingt-cinq ans pour les autres officiers publics ou ministériels.

Toutefois, l'officier public ou ministériel intéressé et le service interministériel des archives de France de la direction générale des patrimoines peuvent convenir de réduire ou d'augmenter ce délai par un accord dont la durée de validité ne peut excéder dix ans, et qui est renouvelable par tacite reconduction pour des périodes de même durée.

Voir : L. 25 ventôse an XI, contenant organisation du notariat, art. 8 à 23, p. 2767. – D. n° 52-1292, 2 déc. 1952, p. 2804, portant règlement d'administration publique pour l'emploi par les officiers publics et ministériels, des procédés de reproduction des actes. – D. n° 71-941, 26 nov. 1971, p. 2954, relatif aux actes établis par les notaires. – D. n° 71-942, 26 nov. 1971, p. 2960, relatif aux créations, transferts et suppressions d'offices de notaire à la compétence d'instrumentation et à la résidence des notaire, à la garde et à la transmission des minutes et registres professionnels des notaires, art. 8 à 16.

Bibliographie : D. Coiffard, *Authenticité et force exécutoire, l'arbre et le fruit : JCP* N 2018, 1096.

JURISPRUDENCE RELATIVE À L'ANCIEN ARTICLE 1317

1) Dépôt d'un acte sous seing privé entre les mains d'un notaire. Le dépôt d'un acte sous seing privé fait avec reconnaissance de signature aux mains d'un notaire par les parties qui l'ont signé a pour résultat de conférer l'authenticité à l'acte déposé (▪ Cass. req., 25 janv. 1927 : *S.* 1927, 1, p. 237). Mais il en va autrement si le créancier seul dépose l'acte entre les mains d'un officier public (▪ Cass. 2e civ., 11 janv. 1968 : *JurisData* n° 1968-700015 ; *Bull. civ.* II, n° 15, p. 9).

2) Force probante d'un exploit d'huissier. La mention dans l'exploit des diligences accomplies par l'huissier vaut jusqu'à inscription de faux (▪ Cass. crim., 6 févr. 1969, n° 68-92.023 : *D.* 1969, p. 314), mais les constats dressés par l'huissier n'ont que la valeur de simples renseignements (▪ Cass. civ., 12 déc. 1904 : *DP* 1905, 1, p. 131. ▪ Nancy, 8 nov. 1972 : *D.* 1973, p. 94, note B. R.).

3) Acte de reconnaissance reçu en l'absence de l'officier d'état civil. N'a pas de caractère authentique l'acte de reconnaissance d'un enfant naturel reçu en l'absence de l'officier d'état civil qui ne l'a signé que postérieurement (▪ Cass. com., 27 mai 1952 : *JCP* 53, II, 7348, note Laurent ; *D.* 1953, p. 125, note J. Savatier).

4) Ne constitue pas un acte authentique **le procès-verbal dressé par un commissaire-priseur judiciaire** qui dirige une vente organisée et réalisée par une société de ventes volontaires de meubles aux enchères publiques (▪ Cass. com., 19 déc. 2006, n° 05-15.872 : *JurisData* n° 2006-036656 ; *D.* 2007, p. 626, note Mauger-Vielpeau).

5) La compétence des notaires ne s'oppose pas à ce que le juge saisi sur requête donne **force exécutoire à une transaction** opérant transfert de droits immobiliers, conférant ainsi judiciairement à celle-ci un caractère authentique, permettant son enregistrement et sa publication sous réserve du respect des dispositions régissant la publicité foncière (▪ Cass. 1re civ., 16 mai 2006 : *JurisData* n° 2006-033512 ; *Bull. civ.* I, n° 243, p. 213).

6) Sur les **attributions notariales des agents diplomatiques et consulaires,** V. D. n° 91-152, 7 févr. 1991. Sur l'authentification par le directeur de l'Office français de protection des réfugiés et apatrides des actes et documents qui lui sont soumis, V. CESEDA, art. L. 721-3.

7) Sur les **règles de forme des actes notariés,** V. Morin : *Defrénois* 1972, art. 30035 et 30041, p. 65 et 112. Les additions au corps de l'acte par l'utilisation de la marge en bas de page sont nulles (▪ Cass. 1re civ., 21 déc. 1971, n° 70-10.991 : *Defrénois* 1972, art. 30141, p. 841, note Morin). Sur la notion d'addition prohibée, V. ▪ Cass. 3e civ., 2 juin 1981, n° 80-10.378 : *JurisData* n° 1981-701826 ; *JCP* 81, IV, 293 ; *Bull. civ.* III, n° 107, p. 78. ▪ Cass. 1re civ., 16 mars 1982 : *Bull. civ.* I, n° 111, p. 98 ; *Defrénois* 1982, 671, note Morin. ▪ Orléans, 11 juin 1987 : *JurisData* n° 1987-600396 ; *JCP* 88, II, 21040, note Dagot. Une pièce ne constitue une annexe à un acte notarié que si elle est revêtue d'une mention constatant cette annexe et signée du notaire (▪ Cass. 1re civ., 7 oct. 1997, n° 95-21.279 : *JurisData* n° 1997-003901 ; *JCP* 97, IV, 2275 ; *Bull. civ.* I, n° 267, p. 181). Les procurations simplement annexées à un acte notarié ne constituent pas des actes authentiques (▪ Cass. 1re civ., 7 nov. 2000, n° 98-17.731 : *JurisData* n° 2000-006729 ; *Bull. civ.* I, n° 277, p. 179 ; *Defrénois* 2001, 256, obs. Aubert. - V. aussi ▪ Cass. 1re civ., 19 juin 2001, n° 99-14.714 : *JurisData* n° 2001-010220 ; *JCP* 2001, IV, 2522 ; *Bull. civ.* I, n° 180, p. 115 ; *RTD civ.* 2001, p. 885, obs. Mestre et Fages).

8) Actes pour un parent ou allié. L'interdiction faite aux notaires de recevoir des actes dans lesquels leurs parents ou alliés en ligne directe, à tous les degrés, et en ligne collatérale jusqu'au degré d'oncle ou de neveu inclusivement, sont parties ou qui contiennent quelque disposition en leur faveur, s'applique à l'officier public appelé à instrumenter pour une personne morale représentée à l'acte par une personne physique, parente ou alliée au degré prohibé (▪ Cass. 1re civ., 31 oct. 2012, n° 11-25.789 :*Bull.* ; *JCP* N, n° 13, p. 29, note Meiller).

9) Signature. Le défaut de signature de l'une des parties est sanctionné par une nullité absolue (▪ Cass. 1re civ., 28 nov. 1972 : *JurisData* n° 1972-000260 ; *JCP* 73, II, 17461, note Dagot). Mais le notaire peut apposer sa propre signature après le décès d'un signataire (▪ Cass. civ., 22 avr. 1950 : *JCP* 50, II, 5620, note Le Clec'h). La règle selon laquelle les actes notariés écrits en tout ou en partie autrement qu'à la main doivent être paraphés au bas du recto de chaque page, étant édictée dans le but de prévenir le risque de substitution d'un feuillet à un autre dans un acte comportant plusieurs feuillets n'est pas applicable au cas d'un acte rédigé sur un feuillet unique qui se trouve authentifié par la signature finale du notaire apposée au verso à côté de celle des parties (▪ Cass. 1re civ., 20 mars 1973 : *JurisData* n° 1973-000108 ; *Bull. civ.* I, n° 108, p. 98). Lorsqu'un acte authentique porte des paraphes sous les renvois en marge, ces paraphes, qui empêchent une substitution de feuillets, valident à la fois le renvoi et la page (▪ Cass. 3e civ., 12 mai 1975, n° 74-11.154 : *JurisData* n° 1975-098165 ; *Defrénois* 1976, p. 844, note Vion. – V. en ce sens ▪ Cass. 3e civ., 15 déc. 1981, n° 80-12.771 : *JurisData* n° 1981-703606 ; *JCP* 82, IV, 87 ; *Bull. civ.* III, n° 213, p. 155). Mais le paraphe d'une page ne vaut pas paraphe des renvois figurant en marge de cette page (■ Cass. 1re civ., 10 oct. 1995, n° 93-18.782 : *JurisData* n° 1995-002462 ; *Bull. civ.* I, n° 354, p. 248 ; *Defrénois* 1996, 1419, note Ruel). Les juges du fond peuvent relever que le paraphe apposé à l'endroit des signatures vaut signature (■ Cass. 3e civ., 7 mars 2001, n° 99-16.396 : *JurisData* n° 2001-008635 ; *JCP* 2001, IV, 1804 ; *Bull. civ.* III, n° 31, p. 25).

10) Nullité absolue pour défaut de signature. La nullité d'un acte authentique pour défaut de signature du notaire est une nullité absolue qui se trouve soumise, non pas à la prescription quinquennale de l'article 1304 du Code civil, mais à la prescription trentenaire (■ Cass. 1re civ., 29 nov. 1989, n° 87-11.680 : *JurisData* n° 1989-003923 ; *Bull. civ.* I, n° 368, p. 247 ; *Defrénois* 1990, 738, obs. Aubert). Mais depuis la loi n° 2008-561 du 17 juin 2008, V. l'article 2224 du Code civil.

Art. 1370 ***(Créé à compter du 1er octobre 2016, Ord. n° 2016-131, 10 févr. 2016).*** **– L'acte qui n'est pas authentique du fait de l'incompétence ou de l'incapacité de l'officier, ou par un défaut de forme, vaut comme écrit sous signature privée, s'il a été signé des parties.**

NB : Rappr. art. 1318 ancien, p. 1220.

JURISPRUDENCE RELATIVE À L'ANCIEN ARTICLE 1318 DEVENU 1370

1) Rachat à titre d'écriture privée. Conditions de forme. L'acte qui n'est point authentique par défaut de forme peut néanmoins valoir comme acte sous seing privé établissant les conventions intervenues sans avoir pour autant à satisfaire à toutes les règles de forme des actes sous signature privée (■ Cass. 1re civ., 5 avr. 1967 : *JurisData* n° 1967-000106 ; *Bull. civ.* I, n° 106, p. 77). Ainsi, les juges du fond peuvent retenir comme valant acte sous seing privé l'acte dressé pour constater la vente d'un immeuble par deux époux et non signé par la femme si le mari avait pouvoir d'aliéner seul (même arrêt). V. encore, ■ Cass. 1re civ., 28 sept. 2011, n° 10-13.733 : *Bull.*, n° 154 ; *RDC* 2012, p. 43, obs. Laithier ; *JCP* E 2012, n° 2, 24, obs. Loir.

2) Défauts de forme sanctionnés. Les défauts de forme que l'article 1318 sanctionne par la perte du caractère authentique et partant, exécutoire, de cet acte s'entendent de l'inobservation des formalités requises pour l'authentification par l'article 41 du décret du 26 novembre 1971, ce qui n'est pas le cas de l'absence du sceau du notaire (■ Cass. 2e civ., 1er févr. 2018, n° 16-25.097 : *Bull.* ; *D.* 2019, p. 164, A. Aynès).

3) Procurations non annexées à l'acte authentique. L'inobservation de l'obligation, pour le notaire, de faire figurer les procurations en annexe de l'acte authentique ou de les déposer au rang de ses minutes ne fait pas perdre à l'acte son caractère authentique et, partant, son caractère exécutoire (■ Cass., ch. mixte, 21 déc. 2012, n° 12-15.063 : *Bull.* ; *JCP* 2013, n° 141, note Deharo ; *Defrénois* 2013, p. 197, obs. Latina et Sagaut ; *JCP* N 2013, p. 25, obs. Théry et p. 29, obs. Le Magueresse ; *Gaz. Pal.* 3 mars 2013, p. 16, obs. Brenner. – V. en ce sens, ■ Cass. 1re civ., 19 févr. 2013, n° 12-13.076 : *Bull.* ■ Cass. 1re civ., 19 févr. 2013, n° 11-24.287 : *Bull.* ■ Cass. 1re civ., 15 janv. 2015, n° 13-12.479 :*Bull.*).

Sur cette question, V. encore P. Delebecque, *L'acte authentique imparfait – Observations sur le défaut d'annexion de procurations dans un acte notarié* : *JCP* 2012, doctr. 263. – P. Théry, *Défaut d'annexion des procurations à la minute d'un acte de prêt* : *JCP* N 2012, doctr. 1311 et, du même auteur, *Le défaut d'annexion des procurations à l'acte authentique (suite et fin)* : *JCP* N 2013, doctr. 1025. – C. Vernières, *Les annexes à l'acte notarié* : *JCP* N 2012, doctr. 1061.

4) Irrégularité du mandat. Les irrégularités affectant la représentation conventionnelle d'une partie à un acte notarié ne relèvent pas des défauts de forme que l'article 1318 du Code civil sanctionne par la perte du caractère authentique, et partant, exécutoire de cet acte, lesquelles s'entendent de l'inobservation des formalités requises pour l'authentification par l'article 41 du décret n° 71-941 du 26 novembre 1971, dans sa rédaction issue de celui n° 2005-973 du 10 août 2005 applicable en la cause. De telles irrégularités, qu'elles tiennent en une nullité du mandat, un dépassement ou une absence de pouvoir, sont sanctionnées par la nullité relative de l'acte accompli pour le compte de la partie représentée, qui seule peut la demander, à moins qu'elle ratifie ce qui a été fait pour elle hors ou sans mandat, dans les conditions de l'article 1998, alinéa 2, du Code civil ; cette ratification peut être tacite et résulter de l'exécution volontaire d'un contrat par la partie qui y était irrégulièrement représentée (■ Cass. 1re civ., 2 juill. 2014, n° 13-19.626 : *Bull.* ; *Contrats, conc. consom.* 2014, n° 11, p. 11, note Leveneur ; *D.* 2015, p. 529, obs. Amrani-Mekki, Mekki).

5) Huissier ayant excédé sa compétence d'attribution. Mais l'article 1318 ne concerne que l'incompétence territoriale et ne peut trouver application dans le cas où un huissier a excédé sa compétence d'attribution en constatant une convention entre les parties afin de lui donner le caractère authentique (■ Paris, 28 avr. 1989 : *JurisData* n° 1989-604836 ; *JCP* 90, II, 21569, note Dagot).

6) Les **mentions d'un acte notarié frappées de nullité** ne peuvent faire preuve comme écriture privée (▪ Cass. 1re civ., 28 oct. 1986, n° 84-17.664 : *JurisData* n° 1986-702019 ; *Bull. civ.* I, n° 245, p. 233 ; *Defrénois* 1987, 252, note Vion).

En présence d'un acte déclaré faux au motif qu'était fausse la mention aux termes de laquelle le consentement de l'époux à l'affectation hypothécaire du bien assurant le logement familial avait été donné le jour de la signature de l'acte, mention ajoutée postérieurement sur la minute, le vice ne constitue pas un simple défaut de forme privant l'acte notarié de son caractère authentique et cet acte ne peut valoir comme écriture privée pour la preuve du cautionnement par ailleurs consenti par le conjoint (▪ Cass. 1re civ., 21 févr. 2006, n° 04-17.318 : *Bull. civ.* I, n° 85 ; *D.* 2007, p. 1901, obs. Vasseur ; *RTD civ.* 2006, p. 767, obs. J. Mestre et B. Fages).

7) Commencement de preuve par écrit. L'acte de prêt non signé par le prêteur peut valoir commencement de preuve par écrit (▪ Cass. 1re civ., 28 oct. 2003, n° 02-16.253 : *JurisData* n° 2003-020744 ;*Defrénois* 2004, 373, obs. Libchaber).

Art. 1371 ***(Créé à compter du 1er octobre 2016, Ord. n° 2016-131, 10 févr. 2016).*** **– L'acte authentique fait foi jusqu'à inscription de faux de ce que l'officier public dit avoir personnellement accompli ou constaté.**

En cas d'inscription de faux, le juge peut suspendre l'exécution de l'acte.

NB : Rappr. art. 1319 ancien, p. 1220.

JURISPRUDENCE RELATIVE À L'ANCIEN ARTICLE 1319

1) Foi due aux actes authentiques. L'acte authentique fait foi jusqu'à inscription de faux de l'existence matérielle des faits que l'officier public y a énoncés comme les ayant accomplis lui-même ou comme s'étant passés en sa présence dans l'exercice de ses fonctions (▪ Cass. 1re civ., 26 mai 1964 : *JCP* 64, II, 13758, note R. L. – V. cependant, pour une formule de style contenant non une constatation mais une affirmation ne reposant sur aucune donnée de fait, ▪ Paris, 18 janv. 1972 : *Gaz. Pal.* 1972, 1, p. 295). Font foi jusqu'à inscription de faux les énonciations de l'acte authentique selon lesquelles le testateur a dicté au notaire son testament (▪ Cass. 1re civ., 28 juin 1961, n° 59-12.077 : *D.* 1962, somm. p. 5. ▪ Cass. 1re civ., 29 mai 1962, n° 60-13 034 : *D.* 1962, p. 627), ainsi que la mention que le paiement du prix de la vente a été fait à la vue du notaire par un mandataire de l'acquéreur (▪ Cass. 1re civ., 26 mai 1964 : *JCP* 64, II, 13758, note R. L. ▪ Cass. 1re civ., 18 avr. 1972, n° 71-11.137 : *JurisData* n° 1972-000102 ; *Bull. civ.* I, n° 102, p. 92), ou les énonciations relatives au domicile des témoins (▪ Cass. 3e civ., 11 juin 1970 : *JurisData* n° 1970-000404 ; *Bull. civ.* III, n° 404, p. 292).

2) Simulation. L'article 1319 qui ne vise que les faits qui sont énoncés dans l'acte authentique par l'officier public comme s'étant passés en sa présence ne fait pas obstacle à ce que les conventions ou déclarations qu'il contient puissent être *arguées de simulation soit par des tiers*, soit même par l'une des parties (▪ Cass. com., 20 oct. 1958 : *D.* 1958, p. 748. – V. en ce sens ▪ Cass. 3e civ., 27 mars 1973, n° 71-14.370 : *JurisData* n° 1973-098230 ; *JCP* 1973, IV, 189 ; *Bull. civ.* III, n° 230, p. 166). Ainsi ne fait foi que jusqu'à preuve contraire la déclaration du vendeur selon laquelle le prix convenu a été payé hors la vue du notaire (▪ Cass. 1re civ., 16 juill. 1969 : *JCP* 69, IV, 239 ; *Bull. civ.* I, n° 277, p. 219), de même que les énonciations des titres des parties relatives à la contenance des parcelles vendues (▪ Cass. 3e civ., 19 avr. 1972, n° 71-10.562 : *JurisData* n° 1972-098251 ; *JCP* 72, IV, 138 ; *Bull. civ.* III, n° 251, p. 179), ou à l'origine des deniers (▪ Cass. 1re civ., 27 juin 1973, n° 70-13.723 : *JurisData* n° 1973-000220 ; *JurisData* n° 1973-000219 ; *JCP* 73, IV, 310 ; *Bull. civ.* I, n° 220, p. 195).

3) État psychique du disposant. De même, la déclaration du notaire rédacteur de l'acte sur l'état psychique du disposant peut être contestée sans qu'il y ait lieu de recourir à la procédure de l'inscription de faux (▪ Cass. 1re civ., 25 mai 1959 : *Bull. civ.* I, n° 265, p. 220. ▪ Cass. 1re civ., 25 mai 1987, n° 85-18.684 : *JurisData* n° 1987-001082 ; *Bull. civ.* I, n° 171, p. 129 ; *D.* 1988, p. 79, note Breton).

4) Erreur matérielle. Sur l'admission de la preuve par témoignages et présomptions en cas d'erreur matérielle évidente, V. ▪ Versailles, 13 oct. 1995 : *JurisData* n° 1995-052356 ; *RTD civ.* 1996, p. 170, obs. Mestre.

5) Sur la **procédure d'inscription de faux,** V. CPC, art. 303 et s. Seule la mise en accusation, et non le dépôt de plainte, suspend obligatoirement l'exécution des actes argués de faux (▪ Cass. 2e civ., 10 oct. 1979 : *JurisData* n° 1979-700012 ; *Bull. civ.* II, n° 234, p. 161).

6) Autonomie de l'inscription de faux par rapport à l'infraction de faux. A violé les articles 1317 et 1319 la cour d'appel qui a fait dépendre la qualification de faux invoquée à l'égard d'un acte authentique, en matière civile, de la conscience par l'officier public (en l'espèce un huissier de justice) du caractère inexact des constatations arguées de faux (▪ Cass. 1re civ., 25 févr. 2016, n° 14-23.363 : *RDC* 2016, p. 460, Latina).

Sous-section 3. – L'acte sous signature privée

Art. 1372 *(Créé à compter du 1er octobre 2016, Ord. n° 2016-131, 10 févr. 2016).* **– L'acte sous signature privée, reconnu par la partie à laquelle on l'oppose ou légalement tenu pour reconnu à son égard, fait foi entre ceux qui l'ont souscrit et à l'égard de leurs héritiers et ayants cause.**

NB : Rappr. art. 1322 ancien, p. 1221.

JURISPRUDENCE RELATIVE À L'ANCIEN ARTICLE 1322

I – CONDITIONS DE VALIDITÉ DE L'ACTE SOUS SEING PRIVÉ

1) Portée de la mention « lu et approuvé ». Il résulte de l'article 1322 qu'en dehors des exceptions prévues par la loi, l'acte sous seing privé n'est soumis à aucune autre condition de forme que la signature de ceux qui s'obligent. La mention « lu et approuvé » constitue une formalité dépourvue de toute portée (▪ Cass. 1re civ., 27 janv. 1993, n° 91-12.131 : *JurisData* n° 1993-000164 ; *JCP* 94, II, 22195, note Pétel-Teyssié ; *RTD civ.* 1993, p. 583, obs. Mestre. ▪ Cass. 1re civ., 21 févr. 2006, n° 04-13.512 : *Bull. civ.* I, n° 93 ; *RTD civ.* 2006, p. 768, obs. J. Mestre et B. Fages. ▪ Cass. 1re civ., 30 oct. 2008, n° 07-20.001 : *Contrats, conc. consom.* 2009, 1, note Leveneur. – Comp. pour la formule « reçu pour solde de tout compte » ▪ Cass. 1re civ., 13 mars 2001, n° 98-19.691 : *JurisData* n° 2001-008613 ; *RTD civ.* 2001, p. 581, obs. Mestre et Fages).

2) Ratures et additions. Il appartient aux juges du fond d'apprécier la portée des ratures et additions (▪ Cass. 3e civ., 3 mai 1968. - Et ▪ Cass. 1re civ., 3 nov. 1969 : *D.* 1970, p. 641, note R. Savatier. ▪ Cass. 2e civ., 17 mai 1977 : *JurisData* n° 1977-000133 ; *JCP* 77, IV, 177 ; *Bull. civ.* II, n° 133, p. 92).

3) Signature. Sur le principe qu'on ne peut être obligé par un acte sous seing privé que l'on n'a pas signé soit personnellement, soit par son mandataire, V. ▪ Cass. 1re civ., 13 nov. 2002, n° 99-15.299 : *JurisData* n° 2002-016300 ; *Bull. civ.* I, n° 264, p. 205. La signature peut consister dans l'apposition du prénom (▪ Cass. civ., 24 juin 1942 : *JCP* 1952, II, 7179, note Voirin [testament]). Mais elle doit être manuscrite et ne pas se limiter à une croix (▪ Cass. 1re civ., 15 juill. 1957 : *JCP* 1957, IV, 134 ; *Bull. civ.* I, n° 331, p. 263), même accompagnée de la signature des témoins (▪ Cass. req., 8 juill. 1903 : *DP* 1903, 1, p. 507), ni à des empreintes digitales (▪ Cass. civ., 15 mai 1934 : *DP* 1934, 1, p. 113, note E. P.).

4) Griffe. Sur la validité de l'utilisation de la griffe en matière commerciale, V. ▪ Cass. req., 11 mai 1915 : *DP* 1916, 1, p. 11.

5) Papier carbone. Pour la validité de la signature apposée par l'intermédiaire d'un papier carbone, V. ▪ T. civ. Rennes, 22 nov. 1957 : *D.* 1958, p. 631, note Chevallier. *Contra* ▪ Toulouse, 4 déc. 1968 : *D.* 1969, p. 673.

6) Acte portant convention synallagmatique. Un acte portant convention synallagmatique est valable dès lors qu'il a été signé par la partie à qui on l'oppose et invoqué par la partie à qui il a été remis (▪ Cass. 1re civ., 18 nov. 1965 : *Gaz. Pal.* 1966, 1, p. 83. - V. cependant en cas d'indivisibilité de la convention ▪ Cass. req., 9 nov. 1869 : *DP* 1870, 1, p. 215. Comp. ▪ Cass. civ., 3 juill. 1939 : *DH* 1939, p. 452).

II – FORCE PROBANTE DE L'ACTE SOUS SEING PRIVÉ

7) Reconnaissance ou vérification de la signature. Un acte sous seing privé n'a de force probante qu'autant que la signature en est expressément ou tacitement reconnue ou a été au préalable vérifiée en justice (▪ Cass. civ., 21 févr. 1938 : *DH* 1938, p. 226. ▪ Cass. soc., 14 nov. 1973, n° 72-40.807 : *JurisData* n° 1973-099567 ; *JCP* 73, IV, 422 ; *Bull. civ.* V, n° 567, p. 523).

8) Simulation. Les actes sous seing privé ne font foi que jusqu'à preuve contraire de la réalité et de la sincérité des faits juridiques qu'ils constatent et peuvent être argués de simulation même par les parties qui les ont signés (▪ Cass. civ., 21 mars 1938 : *DH* 1938, p. 257).

9) Blanc-seing. Jugé qu'un écrit, même s'il comporte à l'origine un blanc-seing, fait foi des conventions qu'il contient, comme si elles y avaient été inscrites avant la signature, sauf preuve contraire administrée par la partie qui allègue l'abus (▪ Cass. com., 28 févr. 2006, n° 04-17.204 : *Bull. civ.* IV, n° 54 ; *D.* 2006, act. jurispr. p. 854, obs. V. Avena-Robardet ; *RTD civ.* 2006, p. 769, obs. J. Mestre et B. Fages ; *RTD com.* 2006, p. 458, obs. D. Legeaix ; *ibid.* p. 904, obs. B. Bouloc. ▪ Cass. com. 1er déc. 1981, n° 79-16.627 : *JurisData* n° 1981-703298 ; *Bull. civ.* IV, n° 422, p. 336).

10) Actes authentiques et actes sous seing privé. Sur l'absence de hiérarchie probatoire entre les actes authentiques et les actes sous seing privé, V. ▪ Poitiers, 20 févr. 1991, n° 2776/89 : *JurisData* n° 1991-045491 ; *D.* 1991, somm. p. 315, obs. Aubert.

Art. 1373 *(Créé à compter du 1er octobre 2016, Ord. n° 2016-131, 10 févr. 2016).* – **La partie à laquelle on l'oppose peut désavouer son écriture ou sa signature. Les héritiers ou ayants cause d'une partie peuvent pareillement désavouer l'écriture ou la signature de leur auteur, ou déclarer qu'ils ne les connaissent. Dans ces cas, il y a lieu à vérification d'écriture.**

NB : Rappr. art. 1323 ancien, 1324 ancien, p. 1221.

JURISPRUDENCE RELATIVE À L'ANCIEN ARTICLE 1323

1) Dénégation. Le fait par une partie de soutenir qu'elle ne se souvient pas d'avoir signé un écrit ne constitue pas une dénégation formelle de la signature (▪ Cass. 3e civ., 27 nov. 1973, n° 72-14.689 : *JurisData* n° 1973-000604 ; *Bull. civ.* III, n° 604, p. 439. - V. en ce sens pour des réserves émises sur l'écriture d'un testament ▪ Cass. 1re civ., 8 mars 1965 : *JurisData* n° 1965-000173 ; *Bull. civ.* I, n° 173, p. 130).

2) Office du juge. En cas de désaveu de l'écriture ou de la signature, la vérification doit être ordonnée ou opérée d'office par le juge (▪ Cass. soc., 13 juin 1952 : *Bull. civ.* III, n° 525, p. 380. V. aussi ▪ Cass. 1re civ., 10 janv. 1995, n° 92-17.234 : *JurisData* n° 1995-000060 ; *Bull. civ.* I, n° 27, p. 19. ▪ Cass. 1re civ., 7 avr. 1999, n° 97-15.254 : *Contrats, conc. consom.* 1999, 123, note Leveneur ; *Bull.* I, n° 124, p. 81. ▪ Cass. 1re civ., 3 nov. 1999, n° 98-22.308 : *JurisData* n° 1999-003744 ; *D.* 2000, somm. p. 429, obs. Nicod ; *RTD civ.* 2000, p. 610, obs. Patarin. ▪ Cass. 1re civ., 12 juin 2012, n° 11-18.438 : *Bull.* ; *RDC* 2013, p. 127, obs. Latina. ▪ Cass. com., 8 nov. 2007, n° 16-22.414 : *Contrats, conc. consom.* 2018, comm. 25 ; *JurisData* n° 2017-022487, pour une dénégation de signature sur un avis de réception d'une lettre RAR de mise en demeure), sauf si ce dernier peut statuer sans en tenir compte (CPC, art. 287). Il appartient au juge saisi d'un incident de vérification d'un écrit nécessaire à la solution du litige, lorsqu'il estime que les documents versés aux débats ne lui permettent pas d'affirmer que l'acte dont une partie dénie l'écriture émane bien de cette partie, de lui enjoindre de produire tout élément de comparaison lui paraissant nécessaire et, s'il y a lieu, de lui faire composer, sous sa dictée, des échantillons d'écriture, ainsi que d'ordonner toutes autres mesures prévues en cas d'incident de vérification (▪ Cass. 1re civ., 24 mars 1998, n° 95-16.833 : *JurisData* n° 1998-001373 ; *JCP* 98, IV, 2148 ; *Bull. civ.* I, n° 125, p. 82). Il ne peut statuer au fond qu'après avoir retenu que l'acte émane bien de la partie qui l'a désavoué (même arrêt).

3) Preuve de la sincérité de la signature déniée. C'est à la partie qui invoque l'acte dont la signature est déniée ou méconnue d'en établir la sincérité (▪ Cass. civ., 21 févr. 1938 : *DH* 1938, p. 226. – V. en ce sens ▪ Cass. soc., 14 nov. 1973, n° 72-40.807 : *JurisData* n° 1973-099567 ; *JCP* 73, IV, 422 ; *Bull. civ.* IV, n° 567, p. 523. ▪ Cass. 1re civ., 7 juin 1995, n° 92-17.325 : *JurisData* n° 1995-002180 ; *Defrénois* 1997, 853, note Bernard de Saint Affrique. ▪ Cass. 1re civ., 2 mars 1999, n° 97-13.765 : *JurisData* n° 1999-000918 ; *JCP* 1999, IV, 1806 ; *Bull. civ.* I, n° 77, p. 52. ▪ Cass. 1re civ., 6 juill. 2005 : Note à l'auteur : *JCP* 2005, IV, 2964 ; *JurisData* n° 2005-029339 ; *Bull. civ.* I, n° 314, p. 262. ▪ Cass. 1re civ., 12 juin 2012, n° 11-18.438 : *Bull.*, n° 134 ; *RDC* 2013, p. 127, obs. Latina).

4) Signature d'un tiers apposée sur l'acte. L'article 1324 s'applique au cas où le défendeur est celui dont la signature figure à l'acte comme étant la sienne et non à celui où le demandeur invoque la fausseté prétendue de la signature d'un tiers apposée sur l'acte qu'il produit (▪ Cass. 1re civ., 5 oct. 1994, n° 91-20.234 : *JurisData* n° 1994-001768 ; *JCP* 94, IV, 2401 ; *Bull. civ.* I, n° 264, p. 193. - V. aussi ▪ Cass. 1re civ., 5 janv. 1983, n° 81-15.204 : *JurisData* n° 1983-700240 ; *Bull.* I, n° 9, p. 7).

5) Absence de contestation. Aveu (non). La seule absence de contestation de sa signature, devant le tribunal, par le débiteur auquel on oppose son engagement n'équivaut pas à un aveu judiciaire de l'autorité de celle-ci (▪ Cass. 1re civ., 6 mars 2001, n° 98-22.384 : *JurisData* n° 2001-008563 ; *JCP* 2001, IV, 1778 ; *Bull. civ.* I, n° 51, p. 33 ; *D.* 2001, p. 1316, note Avena-Robardet).

Art. 1374 *(Créé à compter du 1er octobre 2016, Ord. n° 2016-131, 10 févr. 2016).* – **L'acte sous signature privée contresigné par les avocats de chacune des parties ou par l'avocat de toutes les parties fait foi de l'écriture et de la signature des parties, tant à leur égard qu'à celui de leurs héritiers ou ayants cause.**

La procédure de faux prévue par le Code de procédure civile lui est applicable.

Cet acte est dispensé de toute mention manuscrite exigée par la loi.

NB : Rappr. L. n° 71-1130, 31 déc. 1971, art. 66-3-2 et 66-3-3, p. 2967.

Bibliographie : C. Jamin, *L'acte d'avocat : D.* 2011, p. 960. • D. Mazeaud, *L'acte sous seing privé contresigné par avocat : RDC* 2011, p. 873 ; Dossier *L'avocat : passage à l'acte*, Débats : *RDC* 2010, p. 747 et s., avec les contributions de L. Cadiet, P.-Y. Gautier, M. Grimaldi, F. Terré, Ph. Théry.

Art. 1375 *(Créé à compter du 1er octobre 2016, Ord. n° 2016-131, 10 févr. 2016).* **– L'acte sous signature privée qui constate un contrat synallagmatique ne fait preuve que s'il a été fait en autant d'originaux qu'il y a de parties ayant un intérêt distinct, à moins que les parties ne soient convenues de remettre à un tiers l'unique exemplaire dressé.**

Chaque original doit mentionner le nombre des originaux qui en ont été faits.

Celui qui a exécuté le contrat, même partiellement, ne peut opposer le défaut de la pluralité d'originaux ou de la mention de leur nombre.

L'exigence d'une pluralité d'originaux est réputée satisfaite pour les contrats sous forme électronique lorsque l'acte est établi et conservé conformément aux articles 1366 et 1367, et que le procédé permet à chaque partie de disposer d'un exemplaire sur support durable ou d'y avoir accès.

NB : Rappr. art. 1325 ancien, p. 1221.

CGI

Art. 849 *(Mod., L. n° 2004-1485, 30 déc. 2004).* – Les parties qui rédigent un acte sous seing privé soumis à l'enregistrement dans un délai déterminé doivent en établir un double sur papier revêtu des mêmes signatures que l'acte lui-même et reste déposé au service des impôts lorsque la formalité est requise.

(Al. 2 transféré Nouveau Code des impôts, Livre des procédures fiscales [D. nos 81-859 et 81-866, 15 sept. 1981], art. L. 106, al. 3).

JURISPRUDENCE RELATIVE À L'ANCIEN ARTICLE 1325

I – DOMAINE D'APPLICATION

1) Existence d'une convention synallagmatique. La promesse unilatérale de vente échappe à la formalité prévue par l'article 1325 (■ T. civ. Bordeaux, 18 janv. 1944 : *JCP* 44, II, 2687, note Carbonnier), mais il en va autrement en cas de stipulation d'un dédit (■ Cass. com., 4 févr. 1965 : *Bull. civ.* III, n° 90, p. 76). Un état des lieux établi contradictoirement par le bailleur et le preneur se borne à constater une situation de fait et n'est donc pas soumis à la formalité du double (■ Cass. 3e civ., 23 mai 2002, n° 01-00.938 : *JurisData* n° 2002-014439 ; *Contrats, conc. consom.* 2002, 137, note Leveneur).

2) Convention exécutée. L'article 1325 n'est pas applicable lorsqu'au moment de la rédaction de l'acte de vente, l'acheteur a pleinement exécuté ses obligations par le paiement du prix, en sorte que le vendeur, n'ayant plus aucun droit à faire valoir, est sans intérêt à avoir un original en sa possession (■ *Cass. 1re civ.*, 12 févr. 1964 : *Bull. civ.* I, n° 85, p. 62. ■ Cass. 1re civ., 14 déc. 1983, n° 82-15.730 : *JurisData* n° 1983-702723 ; *Bull. civ.* I, n° 298, p. 266 ; *RTD civ.* 1985, p. 386, obs. Mestre). Les juges du fond apprécient souverainement si la convention a été exécutée (■ Cass. 1re civ., 7 juill. 1981, n° 80-13.014 : *JurisData* n° 1981-002661 ; *Bull. civ.* I, n° 249, p. 205). L'exécution doit être antérieure à la date de l'acte sous seing privé (■ Cass. 3e civ., 19 oct. 1993, n° 91-21.097 : *JurisData* n° 1993-002993 ; *Contrats, conc. consom.* 1994, 21, note Leveneur).

3) Dépôt de l'original unique entre les mains d'un tiers. Le dépôt de l'original unique d'un acte sous seing privé signé des parties entre les mains d'un tiers chargé de la conserver dans l'intérêt de celles-ci dispense de la confection des originaux multiples (■ Cass. 1re civ., 17 oct. 1955 : *Gaz. Pal.* 1955, 2, p. 394. – V. en ce sens ■ Cass. soc., 17 avr. 1964 : *Bull. civ.* IV, n° 296, p. 246. ■ Cass. 1re civ., 5 janv. 1973, n° 71-13.779 : *JurisData* n° 1973-000008 ; *JCP* 73, IV, 69 ; *Bull. civ.* I, n° 8, p. 8. ■ Cass. 3e civ., 15 avr. 1992, n° 91-14.297 : *JurisData* n° 1992-000943 ; *Bull. civ.* III, n° 131, p. 81), mais cette dispense n'a lieu que si le tiers a la qualité de mandataire commun des parties (■ Cass. civ., 2 juill. 1952 : *D.* 1952, p. 703. ■ Lyon, 16 mai 1960 : *Gaz. Pal.* 1960, 2, p. 259).

4) L'article 1325 n'est pas applicable en matière commerciale. (■ Cass. com., 25 avr. 1968 : *Bull. civ.* IV, n° 132, p. 116).

II – SANCTION

5) Disparition de la force probante. L'inobservation de l'article 1325 n'entraîne pas la nullité de la convention, mais prive seulement de sa force l'acte considéré comme moyen de preuve (■ Cass. civ., 15 janv. 1946 : *D.* 1946, p. 131). Elle est sans effet si la convention n'est contestée ni dans son existence ni dans ses termes (■ Cass. 1re civ., 12 oct. 1964 : *D.* 1964, p. 710. – V. en ce sens, ■ Cass. 1re civ., 24 févr. 1987, n° 85-12.859 : *JurisData* n° 1987-000428 ; *Bull. civ.* I, n° 69, p. 50) ou si l'acte a été exécuté (■ Cass. 1re civ., 7 juill. 1981, n° 80-13.014 : *JurisData* n° 1981-002661 ; *Bull. civ.* I, n° 249, p. 205. ■ Cass. 3e civ., 30 mai 1984 : *JurisData* n° 1984-700982 ; *JCP* 1984, IV, 253). Elle ne peut être opposée que par les parties contractantes et non par les tiers (■ Cass. civ., 22 oct. 1900 : *DP* 1901, 1, p. 69), le moyen ne pouvant être invoqué pour la première fois devant la Cour de cassation (■ Cass. 3e civ., 29 janv. 1971, n° 69-14.264 : *JurisData* n° 1971-098073 ; *Bull. civ.* III, n° 73, p. 50).

6) Commencement de preuve par écrit. L'acte qui ne satisfait pas à l'article 1325 peut valoir comme commencement de preuve par écrit (■ Cass. civ., 29 janv. 1951 : *JCP* 51, IV, 49 ; *Bull. civ.* I, n° 35, p. 28).

Art. 1376 *(Créé à compter du 1er octobre 2016, Ord. n° 2016-131, 10 févr. 2016)*. **– L'acte sous signature privée par lequel une seule partie s'engage envers une autre à lui payer une somme d'argent ou à lui livrer un bien fongible ne fait preuve que s'il comporte la signature de celui qui souscrit cet engagement ainsi que la mention, écrite par lui-même, de la somme ou de la quantité en toutes lettres et en chiffres. En cas de différence, l'acte sous signature privée vaut preuve pour la somme écrite en toutes lettres.**

NB : Rappr. art. 1326 ancien, p. 1221.

JURISPRUDENCE RELATIVE À L'ANCIEN ARTICLE 1326

1) Il résulte de l'article 1326, dans sa rédaction issue de la loi du 13 mars 2000, que si la mention de la somme ou de la quantité en toutes lettres et en chiffres, écrite par la partie même qui s'engage, n'est plus nécessairement manuscrite, elle doit alors résulter, selon la nature du support, d'un des procédés d'identification conforme aux règles qui gouvernent la signature électronique ou de tout autre procédé permettant de s'assurer que le signataire est le scripteur de ladite mention (créancier admis à se prévaloir d'un acte sous seing privé entièrement dactylographié sur lequel seule la signature est de la main du débiteur) ■ Cass. 1re civ., 13 mars 2008, n° 06-17.534 : *JCP* 2008, II, 10081, note Putman ; *D.* 2008, p. 1956, note Maria ; *Defrénois* 2008, art. 38795-2, p. 1345, obs. Libchaber ; *Contrats, conc. consom.* 2008, 174, note Leveneur. ■ Cass. 1re civ., 28 oct. 2015, n° 14-23.110 : *Bull.* ; *D.* 2015, p. 2249, obs. Ravel d'Esclapon ; *D.* 2016, p. 2540, A. Aynès ; *JCP* G 2016, 114, note Dissaux, à propos de deux reconnaissances de dettes dactylographiées, que le défendeur ne contestait pas avoir signées).

I – DOMAINE D'APPLICATION

2) Existence d'un engagement. L'article 1326 est inapplicable aux quittances (■ Cass. soc., 18 juill. 1952 : *D.* 1952, p. 617), ainsi qu'à l'acte par lequel le crédirentier déclare renoncer à la rente viagère et en dispenser le débirentier à compter d'une certaine date (■ Cass. 1re civ., 15 juin 1973, n° 72-12.811 : *JurisData* n° 1973-000205 ; *JCP* 73, IV, 289 ; *Bull. civ.* I, n° 205, p. 182).

3) Engagement résultant d'un acte ou d'un *contrat unilatéral.* *La formalité prescrite par l'article 1326 ne s'applique pas à un engagement qui se rattache à un contrat synallagmatique* (■ Cass. req., 4 août 1896 : *DP* 1896, 1, p. 456. ■ Cass. 3e civ., 13 déc. 1968 : *JurisData* n° 1968-000554 ; *Bull. civ.* III, n° 554, p. 426. V. aussi ■ Cass. 1re civ., 17 nov. 1999, n° 97-16.749 : *JurisData* n° 1999-004005 ; *JCP* 2000, I, 237, n° 1, obs. Virassamy ; *Bull. civ.* I, n° 309, p. 201). Mais il en va autrement pour le cautionnement donné par un tiers (■ Cass. 1re civ., 3 mars 1970 : *JurisData* n° 1970-000080 ; *D.* 1970, p. 403, note Étesse. - V. aussi pour la garantie autonome ■ Cass. com., 22 nov. 1996 : *RTD civ.* 1997, p. 183, obs. Bandrac). Il résulte de l'article 1326 que l'engagement que souscrit la caution doit comporter sa signature ainsi que la mention, écrite de sa main, de la somme en toutes lettres et en chiffres de toute obligation déterminable au jour de l'engagement (■ Cass. 1re civ., 21 juill. 1987, n° 85-10.685 : *Bull. civ.* I, n° 238, p. 174. - Sur le principe que l'acte doit comporter la signature de la caution, V. ■ Cass. 2e civ., 2 juill. 1996 : *RTD civ.* 1996, p. 663, obs. Bandrac). V. aussi ss art. 2015, p. 1636. Mais si une stipulation de solidarité entre les créanciers doit figurer dans l'acte de cautionnement d'une façon expresse, elle n'entre pas, pour autant, dans le champ d'application de l'article 1326 et n'a donc pas à être écrite de la main de la caution (■ Cass. com., 27 nov. 1991, n° 89-20.356 : *JurisData* n° 1991-003015 ; *JCP* 92, IV, 367). Jugé que les dispositions de l'article 1326 ne peuvent recevoir application dans le cas du contrat passé entre l'émetteur d'une carte accréditive American Express et le titulaire, eu égard à la nature de ce contrat (■ Cass. 1re civ., 24 févr. 1987, n° 85-12.859 : *JurisData* n° 1987-000428 ; *Bull. civ.* I, n° 69, p. 50).

4) Engagement de payer une somme d'argent ou de livrer une chose fongible. L'article 1326 n'est applicable qu'aux engagements de payer des sommes d'argent ou de fournir des choses fongibles et non à une promesse de bail (■ Cass. 1re civ., 27 févr. 1963, n° 61-10.905 : *JurisData* n° 1963-000131 ; *D.* 1963, p. 551), ni à une promesse de vente (■ Cass. 3e civ., 11 févr. 1975 : *D.* 1975, IR p. 107), ni à un cautionnement réel (■ Cass. 1re civ., 13 mai 1998, n° 96-22.920 : JurisData n° 1998-002131 ; *JCP* G 1999, I, 116 et *JCP* E 1999, 613, n° 1, obs. Simler ; *JCP* N 1998, 1667, note S. Piedelièvre ; *Bull. civ.* I, n° 172, p. 115) ni à une obligation portant sur la bonne exécution d'un contrat de construction (■ Cass. 3e civ., 12 févr. 2003 : *JurisData* n° 2003-017588 ; *JCP* 2003, IV, 1629 ; *Bull. civ.* III, n° 35, p. 34), ni à une promesse de porte-fort qui constitue un engagement de faire (■ Cass. com., 18 juin 2013, n° 12-18.890 : *Bull.* ; *RDC* 2014, p. 66, obs. Barthez ; *D.* 2013, p. 1621, obs. Delpech ; *JCP* 2013, n° 960, note Mégret ; *JCP* E 2013, n° 43, p. 37, note Leveneur ; *G. P.* 2013, n°s 312-313, p. 24-25, note Pailler et n°s 282-283, p. 18, obs. Houtcieff ; *G. P.* 2014, n°s 33-35, p. 10, note Kouhaiz ; *Dr. & patr.* 2014, n° 233, p. 65, obs. Aynès et Dupichot ; *JCP* G 2013, n° 48, p. 2183, obs. Simler et Delebecque ; *D.* 2013, p. 2561, note Pellier et p. 2551, chron. C. cass., obs. Le Bras, Guillou, Arbellot ; *RTD civ.* 2013, p. 842, obs. Barbier et p. 653 obs. Crocq ; *RD bancaire et fin.* 2013, n° 5, p. 28, note Legeais ; *Bull. Joly* 2013, n° 9, p. 540, obs. Barbièri ; *RLDC* 2013, n° 107, p. 35, note Gijsbers ; *Banque et droit* 2013, n° 150, p. 40, obs. Rontchevsky). Antérieurement, en sens contraire, V. ■ Cass. com., 13 déc. 2005, n° 03-19.217 : *JurisData* n° 2005-031318 ; *JCP* G 2006, II, 10021, 2e arrêt, note Simler ; *JCP* E 2006, 1342, 2e esp., note Grosser ; *Contrats, conc. consom.* 2006, 63, note Leveneur ; *Defrénois* 2006, art. 38345, p. 414, obs. Savaux. Sur cet arrêt, V. encore R. Libchaber, *La vaine recherche de sûretés personnelles nouvelles : l'insaisissable porte-fort de l'exécution* : *RJDA* 2006, n° 8, p. 781 ; D. Arlie, *Pour une juste conception du porte-fort d'exécution* : *D.* 2006, p. 2244.

5) **Engagement de nature civile.** L'article 1326 est inapplicable au cautionnement lorsque la caution a la qualité de commerçant (■ Cass. 3e civ., 27 avr. 1988, n° 86-17.472 : *JurisData* n° 1988-000808 ; *JCP* 89, II, 21170, note Delebecque. ■ Cass. com., 11 déc. 1990, n° 89-15.048 : *JurisData* n° 1990-003277 ; *JCP* 91, IV, 52 ; *Bull. civ.* IV, n° 315).

6) **Exclusion des actes authentiques.** L'article 1326 est inapplicable au cautionnement consenti par acte authentique (■ Cass. com., 20 mars 1990, n° 88-14.913 : *JurisData* n° 1990-700627 ; *Bull. civ.* IV, n° 83, p. 55 ; *Defrénois* 1990, 809, obs. Aynès. -V. en ce sens pour le mandat de se rendre caution ■ Cass. 1re civ., 13 févr. 1996, n° 93-21.165 : *JurisData* n° 1996-000414 ; *JCP* 96, IV, 799 ; *Bull. civ.* I, n° 79, p. 51 ; *D.* 1996, somm. p. 265, obs. Aynès. ■ Cass. 1re civ., 12 mars 2002, n° 99-15.711 : *JurisData* n° 2002-013486 ; *Bull. civ.* I, n° 89, p. 69). Mais l'irrégularité qui atteint le mandat de se porter caution s'étend au cautionnement subséquent donné sous la forme authentique (■ Cass. 1re civ., 6 mars 2001, n° 98-20.431 : *JurisData* n° 2001-008560 ; *JCP* G 2001, IV, 1780 ; *JCP* E 2001, 758, note D. Legeais ; *Bull. civ.* I, n° 57, p. 37 ; *Defrénois* 2001, 718, observation Aubert). L'homologation par le juge des référés d'un accord entre les parties en litige, incluant le cautionnement par un tiers, confère à ce cautionnement valeur d'acte authentique, auquel ne s'applique pas l'article 1326 (■ Cass com., 14 juin 2017, n° 12-11.644 : *Bull.* ; *D.* 2017, p. 1748, Bouathong, p. 1998, Crocq ; *JCP* G 2017, 866, Simler ; *JurisData* n° 2017-011364 ; *RTD civ.* 2017, p. 871, Barbier).

7) **Impossibilité de se procurer la preuve écrite d'un acte juridique.** Dès lors qu'elle fait application des dispositions de l'article 1348 (ancien), une cour d'appel peut se fonder sur des écrits ne comportant pas toutes les mentions requises par l'article 1326, écrits dont elle apprécie souverainement la valeur probante (■ Cass. 1re civ., 16 févr. 1983, n° 81-16.326 : *JurisData* n° 1983-700634 ; *Bull. civ.* I, n° 68, p. 59. – V. cependant ■ Cass. 1re civ., 24 mai 1976 : *Bull. civ.* I, n° 191, p. 152).

8) **Limitation de la mention manuscrite à la somme ou à la quantité due.** L'article 1326 limite l'exigence de la mention manuscrite à la somme ou à la quantité due, sans l'étendre à la nature de la dette, à ses accessoires ou à ses composantes (■ Cass. 1re civ., 29 oct. 2002, 2 arrêts : *JCP* G 2002, II, 10187 et *JCP* E 2002, 1804, note D. Legeais ; *JCP* G 2003, I, 124, n° 1, obs. Simler ; *Contrats, conc. consom.* 2003, 67, note Leveneur ; *JurisData* n° 2002-016102 et 2002-016097 ; *Bull. civ.* I, n° 247 et 250, p. 190 et 192 ; *Defrénois* 2003, 229, 2e arrêt, note Piedelièvre).

II – SANCTION

9) **Disparition de la force probante.** L'omission de la formalité prescrite par l'article 1326 est sans influence sur la validité de l'obligation elle-même et n'a pour conséquence que d'infirmer la force probante du titre et d'empêcher qu'il fasse foi contre celui qui l'a souscrit (■ Cass. req., 20 oct. 1896 : *DP* 1897, 1, p. 528. ■ Cass. 2e civ., 18 déc. 1978 : *JurisData* n° 1978-700280 ; *JCP* 79, IV, 74 ; *Bull. civ.* II, n° 280, p. 214. - Sur les incidences en matière de cautionnement, V. ss ■ C. civ. art. 2292, p. 1713).

10) **Débiteur invoquant la nullité de son engagement.** Dès lors que la caution invoque la nullité de son engagement sans en discuter la matérialité, sa contestation ne porte pas sur le principe même ni sur le montant de l'obligation. Les juges du fond peuvent en déduire que la preuve de celle-ci est rapportée, même si l'acte ne comporte pas les mentions prévues à l'article 1326 (■ Cass. com., 6 juin 1985, n° 83-15.356 : *JurisData* n° 1985-001652 ; *Bull. civ.* IV, n° 182, p. 153).

11) **Aveu implicite de l'engagement.** Si le rédacteur d'une reconnaissance de dette ne conteste ni la matérialité de la reconnaissance ni le montant de la somme due, mais invoque seulement l'irrégularité de forme de cet acte qui ne comporte pas les mentions exigées par l'article 1326, les juges du fond peuvent admettre que son attitude constitue un aveu implicite de la réalité et de la sincérité de l'engagement pris par lui

(■ Cass. 1re civ., 27 déc. 1963 : *Bull. civ.* I, n° 570, p. 478. – V. en ce sens ■ Cass. com., 6 juin 1985, n° 83-15.356 : *JurisData* n° 1985-001652 ; *Bull. civ.* IV, n° 182, p. 153).

12) Commencement de preuve par écrit. L'acte qui ne répond pas aux prescriptions de l'article 1326 peut valoir comme commencement de preuve par écrit (■ Cass. civ., 26 oct. 1898 : *DP* 1899, 1, p. 16. ■ Cass 1re civ., 30 avr. 1969 : *JCP* 69, II, 16057, note M. A. ■ Cass. 1re civ., 12 mai 1993, n° 91-14.416 : *JurisData* n° 1993-000844 ; *D.* 1994, somm. p. 10, obs. Aynès), susceptible d'être complété par un élément extrinsèque établissant que la personne engagée avait une exacte conscience de la nature et de la portée de l'obligation (■ Cass. com., 10 janv. 1995, n° 91-21.141 : *JCP* G 1995, II, 22397 ; *JCP* N 1995, II, 1006, note Billiau, indication de la qualité de gérant du garant pour une garantie autonome. - V. en ce sens en matière de cautionnement ■ Cass. 1re civ., 15 oct. 1991, n° 90-10.907 : *JCP* G 1992, II, 21923 ; *JCP* E 1992, II, 366, note Simler. ■ Cass. com., 11 janv. 1994, n° 91-17.691 : *JurisData* n° 1994-000052 ; *Bull. civ.* IV, n° 15, p. 12 ; *Defrénois* 1994, 1168, 1re esp., obs. Aynès ; *RTD civ.* 1994, p. 899, obs. Bandrac. ■ Cass. 1re civ., 27 juin 1995, n° 92-19.212 : *JurisData* n° 1995-001732 ; *Bull. civ.* I, n° 286, p. 198 ; *D.* 1996, p. 133, note Micha-Goudet. - V. aussi ss art. 2015, p. 1636). Mais les juges du fond peuvent en décider autrement et déclarer inadmissible toute offre complémentaire de preuve par témoignages ou présomptions si l'écrit ne comporte en guise de paraphe ou de signature aucun autre signe manuscrit qu'une sorte de zigzag et que les défendeurs déclarent n'y point reconnaître la signature de leur auteur (■ Cass. 1re civ., 12 juill. 1956 : *Bull. civ.* I, n° 302, p. 246. - V. aussi ■ Cass. 1re civ., 21 oct. 1997, n° 95-17.256 : *JCP* 97, IV, 2383 ; *Bull.* I, n° 284, p. 192). Il appartient à celui qui se prévaut d'un acte non conforme à l'article 1326 et valant comme commencement de preuve par écrit de rapporter la preuve complémentaire de ses allégations (■ Cass. 1re civ., 1er juin 1977, n° 76-10.225 : *JurisData* n° 1977-000258 ; *Bull. civ.* I, n° 258, p. 204). Le fait que la reconnaissance de dette irrégulière ait été en double exemplaire dont l'un est resté en possession du débiteur n'est pas de nature à établir qu'au moment de la signature de l'acte il a eu connaissance de son engagement (■ Cass. 1re civ., 4 mars 1997, n° 94-22.026 : *JurisData* n° 1997-000992 ; *JCP* 97, I, 4056, n° 12, obs. Virassamy ; II, 22954, note Gonon ;*Bull.* I, n° 80, p. 53 ; *Contrats, conc. consom.* 1997, 96, note Leveneur ; *Defrénois* 1997, 743, obs. Aubert, 1011, obs. Delebecque ; *RTD civ.* 1998, p. 108, obs. Mestre).

13) Mention de la somme en toutes lettres. Faute d'indication du montant en chiffres de la somme, l'acte ne peut constituer qu'un commencement de preuve par écrit (■ Cass. 1re civ., 13 nov. 1996, n° 94-12.856 : *JurisData* n° 1996-004243 ; *Bull. civ.* I, n° 393 ; *Contrats, conc. consom.*1997, n° 25, note L. L. ; *RTD civ.* 1998, p. 110, obs. J. Mestre. ■ Cass. 2e civ., 27 juin 2002, n° 00-20.237 : *D.* 2002, p. 3333, obs. Aynès. ■ Cass. 1re civ., 25 mai 2005, n° 04-14.695 : *JurisData* n° 2005-028529 ; *Contrats, conc. consom.* 2005, n° 188. ■ Cass. 1re civ., 27 nov. 2013, n° 12-18.566 : *Contrats, conc. consom.* 2014, n° 34. comp. en faveur de la force probante de la seule mention en lettres. ■ Cass. 1re civ., 19 déc. 1995, n° 94-10.812 : *JurisData* n° 1995-003733 ; *JCP* 96, IV, 356 ; *Bull. civ.* I, n° 467, p. 325 ; 1996, 37, note Leveneur ; *RTD civ.* 1996, p. 620, obs. Mestre. ■ Cass. 1re civ., 19 nov. 2002 : *Contrats, conc. consom.* 2003, 54, note *JurisData* n° 2002-016423 ; *Bull. civ.* I, n° 278, p. 217).

14) Responsabilité de l'avocat rédacteur. Sur la responsabilité contractuelle de l'avocat rédacteur de la reconnaissance de dette, qui n'indique pas une mention exigée par l'article 1326, V. ■ Cass. 1re civ., 24 juin 1997, n° 95-11.380 : *JurisData* n° 1997-002979 ; *JCP* 97, II, 22914, note Martin. (page : 1110)

15) Moyen mélangé de droit et de fait. Dès lors que les cautions n'ont pas soutenu, dans leurs conclusions d'appel, que leurs engagements étaient irréguliers au regard des dispositions de l'article 1326, le moyen, mélangé de fait et de droit, est nouveau et donc irrecevable (■ Cass. com., 11 déc. 2001, n° 98-12.291 : *JurisData* n° 2001-012129 ; *D.* 2002, p. 483, note Avena-Robardet).

Art. 1377 ***(Créé à compter du 1er octobre 2016, Ord. n° 2016-131, 10 févr. 2016).*** **– L'acte sous signature privée n'acquiert date certaine à l'égard des tiers que du jour où il a été enregistré, du jour de la mort d'un signataire, ou du jour où sa substance est constatée dans un acte authentique.**

NB : Rappr. art. 1328 ancien, p. 1221.

JURISPRUDENCE RELATIVE À L'ANCIEN ARTICLE 1328

I – TIERS VISÉS

1) Promettant et bénéficiaire d'une promesse de vente. Sur le principe que l'article 1328 ne peut être invoqué par le promettant contre le bénéficiaire de la promesse de vente, V. ■ Cass. 3e civ., 24 mars 1993, n° 91-13.541 : *JurisData* n° 1993-000521 ; *Defrénois* 1994, 340, obs. D. Mazeaud ; *RTD civ.* 1994, p. 585, obs. Mestre.

2) Héritier. La date portée sur l'acte de vente

fait foi au regard de l'héritier du vendeur (■ Cass. 1re civ., 12 nov. 1975, n° 74-12.233 : *JCP* 76, II, 18359, note Dagot. V. aussi pour le légataire universel ■ Cass. 3e civ., 18 déc. 2002, n° 00-19.371 : *JurisData* n° 2002-017034 ; *Bull. civ.* III, n° 270, p. 233 ; *Defrénois* 2003, 849, obs. Libchaber).

3) Rapports entre époux. Jugé que la femme n'est pas un tiers à l'égard de la communauté (■ Cass. 1re civ., 17 mars 1992, n° 90-15.707 : *JurisData* n° 1992-000651 ; *JCP* 92, I, 3614, n° 9, obs. Simler. *Contra* ■ Cass. 1re civ., 16 avr. 1996, n° 94-16.528 : *JurisData* n° 1996-001654 ;*JCP* 96, I, 3962, n° 9, obs. Simler).

4) Les **créanciers chirographaires** agissant en cette qualité sans faire valoir de droits autres que ceux qu'elle leur confère sur l'ensemble du patrimoine de leur débiteur doivent être considérés comme ses ayants cause universels et non comme des tiers au sens de l'article 1328 (■ Cass. civ., 11 févr. 1946 : *JCP* 46, II, 3099, note R. C. ; *D.* 1946, p. 389, note Cheron). Par suite, la date mentionnée à l'acte fait foi à leur égard, sauf pour eux à rapporter la preuve que l'acte a été frauduleusement antidaté (même arrêt).

5) Prescription acquisitive abrégée. Un acte sous seing privé ne peut être invoqué comme juste titre pour fonder la prescription acquisitive abrégée que s'il a date certaine (■ Cass. 1re civ., 14 juin 1961 : *JCP* 62, II, 12472, note Bulté).

6) Locataire. Le fermier ou le locataire qui, à moins de réserve contraire, tient de son bail authentique ou ayant date certaine un droit opposable aux acquéreurs successifs de l'immeuble loué est, relativement à la vente de celui-ci, un tiers au sens de l'article 1328 (■ Cass. civ., 19 juill. 1933 : *DH* 1933, p. 541).

7) Tiers de mauvaise foi. L'article 1328 ne peut être invoqué par un tiers de mauvaise foi (■ Cass. req., 30 mars 1925 : *DH* 1925, p. 306). En cas de concert frauduleux entre le bailleur et le preneur, le bail est inopposable à l'acquéreur du bien loué, quand bien même il aurait acquis date certaine avant l'acte de vente (■ Cass. soc., 28 juill. 1951 : *Bull. civ.* III, n° 632, p. 446).

II – ACQUISITION DE DATE CERTAINE

8) Décès de l'officier public (non). L'officier public qui s'est borné à légaliser la signature des souscripteurs d'un acte sous seing privé ne saurait être compris parmi les personnes qui l'ont souscrit au sens de l'article 1328 et la date certaine de l'acte ne saurait donc résulter du décès de cet officier public (■ Cass. civ., 27 janv. 1930 : *DH* 1930, p. 179).

9) Mention dans un autre acte sous seing privé enregistré (non). Viole l'article 1328 l'arrêt qui fait dépendre la date certaine d'un acte sous seing privé de sa mention dans un autre acte sous seing privé enregistré (■ Cass. com., 21 janv. 1958 : *Gaz. Pal.* 1958, 1, p. 360).

10) Constatation de la substance de l'acte. La substance d'un acte est constatée au sens de l'article 1328 dans un exploit d'huissier qui ne se borne pas à mentionner le contrat mais qui en relate les conditions essentielles (■ Cass. req., 10 juin 1933 : *DP* 1934, 1, p. 28, rapp. Bricout. – V. aussi ■ Cass. 1re civ., 19 janv. 1970, n° 68-11.697 : *JurisData* n° 1970-000019 ; *Bull. civ.* I, n° 19, p. 15).

11) Caractère limitatif de l'énumération de l'article 1328. Doit être cassé l'arrêt qui fait dépendre la date certaine de l'écrit litigieux de faits ne rentrant pas parmi ceux limitativement énumérés par l'article 1328 (■ Cass. 1re civ., 9 mai 1960 : *Bull. civ.* I, n° 240, p. 197).

12) Actes de commerce. L'article 1328 est inapplicable en matière commerciale (■ Cass. 1re civ., 30 mars 1966 : *JurisData* n° 1966-000219 ; *Bull. civ.* I, n° 219, p. 168. ■ Cass. com., 17 mars 1992, n° 90-10.694 : *JurisData* n° 1992-000420 ; *D.* 1992, somm. p. 399, obs. Delebecque ; *RTD civ.* 1993, p. 369, obs. Mestre).

13) Polices et avenants d'assurance. L'article 1328 est inapplicable aux polices et avenants d'assurance (■ Cass. 1re civ., 28 oct. 1970, n° 69-10.314 : *JurisData* n° 1970-000286 ; *D.* 1971, p. 84, note Besson. ■ Cass. 2e civ., 26 mars 2015, n° 14-11.206 : *RCA* 2015, n° 193, note Groutel).

14) Heure de l'enregistrement. Sur la preuve de l'heure de l'enregistrement par un certificat d'un agent de l'administration fiscale, V. ■ Cass. 1re civ., 29 juin 1982, n° 81-11.955 : JurisData n° 1982-701973 ; *Bull. civ.* I, n° 247, p. 212.

Sous-section 4. – Autres écrits

Art. 1378 ***(Créé à compter du 1er octobre 2016, Ord. n° 2016-131, 10 févr. 2016).*** **– Les registres et documents que les professionnels doivent tenir ou établir ont, contre leur auteur, la même force probante que les écrits sous signature privée ; mais celui qui s'en prévaut ne peut en diviser les mentions pour n'en retenir que celles qui lui sont favorables.**

NB : Rappr. art. 1329 ancien, 1330 ancien, p. 1222.

JURISPRUDENCE RELATIVE AUX ANCIENS ARTICLES 1329 ET 1330

1) **Communication et représentation.** Sur la communication et la représentation des livres de commerce, V. C. com., art. L. 123-23.

2) **Litiges nés du commerce.** Les livres de commerce ne peuvent servir de preuves entre commerçants que pour les litiges nés du commerce (▪ Cass. req., 20 févr. 1905 : *DP* 1905, 1, p. 304. – V. C. com., art. L. 123-23).

3) **Livres irrégulièrement tenus.** Seuls les livres régulièrement tenus peuvent faire foi en justice (▪ Cass. req., 5 janv. 1910 : *DP* 1910, 1, p. 168) au profit de leur auteur (V. C. com., art. L. 123-23). Mais le juge peut consulter des livres irrégulièrement tenus pour y puiser, à titre de renseignements, les présomptions de nature à déterminer son appréciation (▪ Cass. req., 5 janv. 1910, préc. – V. en ce sens ▪ Cass. civ., 17 mars 1938 : *DP* 1938, 1, p. 115, note Mimin).

4) **Renonciation du non-commerçant.** Le non-commerçant peut renoncer, même tacitement, à se prévaloir de l'article 1329 (▪ Cass. req., 30 avr. 1900 : *DP* 1901, 1, p. 357). Le moyen tiré de cette disposition ne peut être invoqué pour la première fois devant la Cour de cassation (▪ Cass. 3e civ., 10 mai 1968 : *Bull. civ.* III, n° 202, p. 157).

5) **Acte mixte.** La preuve testimoniale ne peut être admise à l'encontre des énonciations d'un livre de commerce constatant une convention qui ne revêt pas un caractère commercial à l'égard du vendeur (▪ Cass. com., 14 juin 1957 : *Bull. civ.* III, n° 187, p. 159).

6) **Commerçant invoquant les mentions de ses propres livres.** Si un commerçant peut invoquer en sa faveur les mentions de ses propres livres, les juges restent libres de refuser d'y trouver la preuve de sa prétention (▪ Cass. com., 18 mars 1969 : *D.* 1969, p. 514).

7) **Action intentée par l'expert-comptable.** Les juges du fond peuvent refuser toute valeur probante aux livres d'une commerçante établis par l'expert-comptable exerçant une action en paiement d'un solde de frais et honoraires (▪ Cass. 1re civ., 6 mai 1997, n° 95-15.420 : *JurisData* n° 1997-002308 ; *JCP* 97, IV, 1345 ; *Bull.* I, n° 141, p. 95 ; *RTD civ.* 1998, p. 106, obs. Mestre).

Art. 1378-1 ***(Créé à compter du 1er octobre 2016, Ord. n° 2016-131, 10 févr. 2016).*** **– Les registres et papiers domestiques ne font pas preuve au profit de celui qui les a écrits.**

Ils font preuve contre lui :

1° Dans tous les cas où ils énoncent formellement un paiement reçu ;

2° Lorsqu'ils contiennent la mention expresse que l'écrit a été fait pour suppléer le défaut du titre en faveur de qui ils énoncent une obligation.

NB : Rappr. art. 1331 ancien, p. 1222.

JURISPRUDENCE RELATIVE À L'ANCIEN ARTICLE 1331

1) **Présomption résultant des registres domestiques.** Les registres domestiques, s'ils ne peuvent faire une preuve littérale de la prétention de celui qui les a rédigés, sont susceptibles d'être retenus par les juges du fond comme un élément de présomption parmi d'autres relevés et appréciés dans leur ensemble (▪ Cass. 1re civ., 6 oct. 1958 : *D.* 1958, p. 747. – V. en ce sens ▪ Cass. civ., 8 janv. 1934 : *DH* 1934, p. 148).

2) **Registres opposés à celui qui s'en est remis au rédacteur.** L'article 1331 n'étant pas d'ordre public, le rédacteur des registres peut les invoquer contre celui qui s'en est remis à lui pour les rédiger (▪ Cass. req., 20 mars 1876 : *DP* 1877, 1, p. 254, rapp. Lepelletier).

3) **Opposabilité entre héritiers.** Les registres du défunt constituant des titres communs à toute l'hérédité peuvent être invoqués par un héritier contre un autre cohéritier (▪ Cass. req., 2 févr. 1927 : *DH* 1927, p. 113).

Art. 1378-2 ***(Créé à compter du 1er octobre 2016, Ord. n° 2016-131, 10 févr. 2016).*** **– La mention d'un paiement ou d'une autre cause de libération portée par le créancier sur un titre original qui est toujours resté en sa possession vaut présomption simple de libération du débiteur.**

Il en est de même de la mention portée sur le double d'un titre ou d'une quittance, pourvu que ce double soit entre les mains du débiteur.

NB : *Rappr. art. 1332 ancien, p. 1222.*

JURISPRUDENCE RELATIVE À L'ANCIEN ARTICLE 1332

1) **Remise volontaire de l'original.** Sur le principe que la remise volontaire de l'original vaut présomption de paiement, V. art. 1342-9, p. 987.

2) **Titre entre les mains du débiteur. Écriture**

non signée. Viole l'article 1332, alinéa 2, l'arrêt qui énonce que, pour être libératoire, la mention « payé » écrite de la main du créancier en marge de la facture détenue par le débiteur doit au moins être signée (■ Cass. 1re civ., 13 déc. 1972 : *JurisData* n° 1972-000290 ; *Gaz. Pal.* 1973, 1, p. 282, note Plancqueel).

3) **Mention libératoire signée et datée par le créancier.** Il importe peu que le titre ne soit pas en possession du débiteur si la mention libératoire est à la fois signée et datée par le créancier (■ Cass. 1re civ., 12 déc. 1973, n° 72-13.692 : *JurisData* n° 1973-000351 ; *Bull. civ.* I, n° 351, p. 312).

Sous-section 5. – Les copies

Art. 1379 ***(Créé à compter du 1er octobre 2016, Ord. n° 2016-131, 10 févr. 2016).*** **– La copie fiable a la même force probante que l'original. La fiabilité est laissée à l'appréciation du juge. Néanmoins est réputée fiable la copie exécutoire ou authentique d'un écrit authentique.**

Est présumée fiable jusqu'à preuve du contraire toute copie résultant d'une reproduction à l'identique de la forme et du contenu de l'acte, et dont l'intégrité est garantie dans le temps par un procédé conforme à des conditions fixées par décret en Conseil d'État.

Si l'original subsiste, sa présentation peut toujours être exigée.

V. D. n° 2016-1673, 5 déc. 2016, p. 3443 relatif à la fiabilité des copies et pris pour l'application de l'article 1379 du Code civil (*JO* 6 déc. 2016). Pour un commentaire, Cf. T. Douville : *D.* 2016, 2517.

NB : Rappr. art. 1334 ancien, 1335 ancien, 1348 ancien, p. 1222.

Sous-section 6. – Les actes récognitifs

Art. 1380 ***(Créé à compter du 1er octobre 2016, Ord. n° 2016-131, 10 févr. 2016).*** **– L'acte récognitif ne dispense pas de la présentation du titre original sauf si sa teneur y est spécialement relatée.**

Ce qu'il contient de plus ou de différent par rapport au titre original n'a pas d'effet.

NB : Rappr. art. 1337 ancien, p. 1224.

JURISPRUDENCE RELATIVE À L'ANCIEN ARTICLE 1337

1) **Reconnaissance de servitude.** L'acte contenant reconnaissance de servitude n'est pas soumis aux prescriptions de l'article 1337 (■ Cass. civ., 29 janv. 1913 : *DP* 1914, 1, p. 152).

2) **Relation des clauses principales de la convention.** Il suffit pour satisfaire à l'article 1337 que la convention originaire se trouve relatée dans ses clauses principales (■ Cass. req., 15 avr. 1867 : *DP* 1867, 1, p. 296).

Section II. – La preuve par témoins

Art. 1381 ***(Créé à compter du 1er octobre 2016, Ord. n° 2016-131, 10 févr. 2016).*** **– La valeur probante des déclarations faites par un tiers dans les conditions du Code de procédure civile est laissée à l'appréciation du juge.**

Section III. – La preuve par présomption judiciaire

Art. 1382 ***(Créé à compter du 1er octobre 2016, Ord. n° 2016-131, 10 févr. 2016).*** **– Les présomptions qui ne sont pas établies par la loi, sont laissées à l'appréciation du juge, qui ne doit les admettre que si elles sont *graves, précises et concordantes, et dans les cas* seulement où la loi admet la preuve par tout moyen.**

NB : Rappr. art. 1353 ancien, p. 1227.

JURISPRUDENCE RELATIVE À L'ANCIEN ARTICLE 1353

1) **Fait unique.** L'article 1353 qui abandonne l'appréciation de la valeur probante des présomptions à la prudence des juges ne s'oppose pas à ce qu'ils forment leur conviction sur un fait unique si celui-ci leur paraît de nature à établir la preuve nécessaire (■ Cass. 2e civ., 28 oct. 1970, n° 69-12.142 : *JCP* 70, IV, 300 ; *Bull. civ.* II, n° 290, p. 219. – V. en ce sens ■ Cass. 3e civ., 28 nov. 1972, n° 71-12.044 : *JurisData* n° 1972-000636 ; *JCP* 73, IV, 16 ; *Bull. civ.* III, n° 636, p. 469. ■ Cass. 1re civ., 3 juill. 1996, n° 94-14.800 : *JurisData* n° 1996-002900 ; *D.* 1998, somm. p. 31, obs. Granet).

2) **Appréciation souveraine des juges du fond.** Les juges du fond qui retiennent des présomptions qu'ils énumèrent et apprécient souve-

rainement ne sont pas tenus de rappeler dans leur décision qu'elles doivent être graves, précises et concordantes (■ Cass. 3e civ., 18 avr. 1972, n° 71-10.237 : *JurisData* n° 1972-098242 ; *JCP* 72, IV, 138 ; *Bull. civ.* III, n° 242, p. 173).

Voir : Sur les présomptions de l'homme en matière de responsabilité du fait des produits défectueux, sous art. 1245-8, p. 966.

3) Certificats versés aux débats. Les présomptions visées par l'article 1353 peuvent résulter de certificats régulièrement versés aux débats sans qu'il soit nécessaire que les déclarations qui leur servent de fondement aient été reçues dans les formes judiciaires (■ Cass. 1re civ., 1er juin 1954 : *D.* 1954, p. 589).

4) Principe du contradictoire. La preuve ne peut résulter ni des investigations personnelles poursuivies par le juge en dehors de l'audience et, si elles n'ont pas été appelées, en l'absence des parties, ni de documents qui ne leur ont pas été communiqués (■ Cass. 2e civ., 25 févr. 1976, n° 75-10.538 : *JurisData* n° 1976-000067 ; *Bull. civ.* II, n° 67, p. 53). S'il est loisible au juge, pour asseoir sa conviction, de se référer à une expertise non contradictoire, c'est à la condition que les données de cette expertise soient corroborées par d'autres éléments dont la nature et la valeur ont été précisées (■ Cass. 3e civ., 10 févr. 1976, n° 74-14.320 : *JurisData* n° 1976-098056 ; *Bull. civ.* III, n° 56, p. 44). Sauf énonciations contraires, les renseignements sur lesquels les juges se sont appuyés et dont la production n'a donné lieu à aucune contestation devant eux sont censés avoir été régulièrement versés aux débats et soumis à la libre discussion des parties (■ Cass. 3e civ., 12 avr. 1972, n° 70-13.154 : *JurisData* n° 1972-098219 ; *Bull. civ.* III, n° 219, p. 157).

5) Loyauté de la preuve. L'enregistrement d'une communication téléphonique réalisé à l'insu de l'auteur des propos tenus constitue un procédé déloyal rendant irrecevable sa production à titre de preuve (■ Cass. ass. plén., 7 janv. 2011, n° 09-14.316 : *Bull. civ.*, n° 1, rapp. Bargue, avis Petit ; *D.* 2011, p. 562, note Fourment ; 618, chron. Vigneau ; *JCP* 2011, n° 43, obs. Malaurie-Vignal ; n° 208, note Ruy ; *Contrats, conc. consom.* 2011, n° 71, note Bosco ; *RTD civ.* 2011, p. 127, obs. Fages).

6) Énonciations du cadastre. Si les énonciations du cadastre ne peuvent, à elles seules, faire preuve complète du droit de propriété, elles constituent des présomptions sur lesquelles les juges du fond sont autorisés à fonder leur conviction par une appréciation souveraine (■ Cass. 1re civ., 25 juin 1958 : *Bull. civ.* I, n° 341, p. 274).

7) Enquête diligentée dans une autre procédure. Les juges peuvent, dans les matières où la preuve testimoniale est admise, former leur conviction sur les résultats d'une enquête diligentée dans une autre procédure (■ Cass. 2e civ., 8 avr. 1976, n° 75-11.619 : *Bull. civ.* II, n° 113, p. 87).

8) Jugement non revêtu de l'autorité de chose jugée. Les juges peuvent aussi former leur conviction sur un jugement non revêtu de l'autorité de chose jugée (■ Cass. soc., 14 janv. 1950 : *D.* 1950, p. 330).

9) Créances de France Télécom. Enregistrements et enquêtes techniques. S'il incombe à France Télécom de démontrer l'existence et le montant de sa créance contre l'abonné, les juges du fond ne peuvent écarter la présomption résultant de l'enregistrement de communications, confirmé par trois enquêtes techniques (■ Cass. 1re civ., 28 mars 1995, n° 92-16.270 : *JCP* 95, II, 22539, note Bénabent ; *D.* 1995, p. 517, note J. Huet ; *RTD civ.* 1996, p. 173, obs. Mestre).

Section IV. – L'aveu

Art. 1383 ***(Créé à compter du 1er octobre 2016, Ord. n° 2016-131, 10 févr. 2016).*** **– L'aveu est la déclaration par laquelle une personne reconnaît pour vrai un fait de nature à produire contre elle des conséquences juridiques.**

Il peut être judiciaire ou extrajudiciaire.

NB : Rappr. art. 1354 ancien, p. 1228.

JURISPRUDENCE RELATIVE À L'ANCIEN ARTICLE 1354

1) Définition. L'aveu est une déclaration par laquelle une personne reconnaît pour vrai un fait de nature à produire à son détriment des conséquences juridiques, à condition, pour qu'elle puisse former aveu, que cette personne ait pu se rendre compte que cette déclaration était susceptible de former preuve contre elle (■ Cass. 2e civ., 4 déc. 1953 : *Bull. civ.* II, n° 338, p. 209. – Voir cependant pour des exemples d'aveu implicite ■ Cass. soc., 16 juin 1945 : *D.* 1945, p. 338. ■ Cass. 1re civ., 27 déc. 1963 : *Bull. civ.* I, n° 570, p. 478. ■ Cass. soc., 29 nov. 1967 : *JCP* 68, II, 15493, note Munier. ■ Cass. 3e civ., 21 févr. 1978, n° 76-14.185 : *JurisData* n° 1978-098086 ; *Bull. civ.* III, n° 86, p. 66. – V. aussi ss art. 2275, p. 1689). Ne peuvent constituer un aveu extrajudiciaire des conclusions additionnelles aux termes desquelles l'épouse, après avoir dénié toute faute de sa part, ne sollicite le prononcé du divorce à torts partagés qu'à titre « infiniment subsidiaire » (■ Cass. 2e civ., 11 févr. 1998, n° 96-19.106 : *JurisData* n° 1998-000551 ; *JCP* 98, IV, 1746 ; *Dr. famille* 1998, 136, note Lécuyer). Lorsque l'existence d'une vente n'est pas contestée, les déclarations de l'acheteur, quant au paiement du prix, constituent non pas un aveu, mais de simples allégations (■ Cass. 1re civ., 26 mai 1999, n° 97-16.147 : *Bull. civ.* I, n° 170, p. 112).

2) Aveu portant sur des points de fait et non de droit. La déclaration d'une partie ne peut être retenue contre elle comme constituant un aveu que si elle porte sur des points de fait et non sur des points de droit (■ Cass. 2e civ., 28 mars 1966 : *JurisData* n° 1966-000416 ; *D.* 1966, p. 541. ■ Cass. 3e civ., 27 avr. 1988, n° 87-70.003 : *D.* 1989, p. 275, note Beignier. ■ Cass. com., 6 juin et 23 oct. 1990, n° 88-19.257 : *JurisData* n° 1990-702653 ; *RTD civ.* 1991, p. 342, obs. Mestre). Jugé que la reconnaissance par un propriétaire dans une lettre de la ligne séparative de sa propriété avec celle voisine n'est nullement relative à une question de droit et peut être considérée comme un aveu susceptible de lui être opposé (■ Cass. 3e civ., 27 juin 1972, n° 71-11.786 : *JurisData* n° 1972-000420 ; *JCP* 72, IV, 211 ; *Bull. civ.* III, n° 432, p. 313. V. aussi pour l'aveu d'une solidarité ■ Cass. 1re civ., 7 juin 1995, n° 93-17.099 : *JurisData* n° 1995-004536 ; *Bull. civ.* I, n° 233, p. 163 ; *RTD civ.* 1996, p. 170, obs. Mestre). Si les déclarations d'une partie ayant pour objet l'analyse juridique de ses rapports avec une autre partie, ou avec des tiers, ne peuvent constituer un aveu car elles portent sur des points de droit, les déclarations concernant l'existence même de ces rapports portent sur des points de fait et peuvent dès lors constituer des aveux (■ Cass. com., 17 oct. 1995, n° 93-20.523 : *JurisData* n° 1995-002561 ; *JCP* 95, IV, 2576 ; *Bull. civ.* IV, n° 230, p. 215 ; *RTD civ.* 1996, p. 171, obs. Mestre).

3) Acte unilatéral. L'aveu est un acte unilatéral qui n'a pas besoin pour être efficace de l'acceptation de la partie au profit de laquelle il est fait (■ Montpellier, 6 mai 1955 : *Gaz. Pal.* 1955, 2, 8. – Comp. ■ Cass. 3e civ., 26 janv. 1972, n° 70-13.603 : *JurisData* n° 1972-098057 ; *JCP* 72, IV, 58 ; *Bull. civ.* III, n° 57, p. 42).

4) Acte émanant de la partie à laquelle il est opposé. L'aveu ne peut émaner que de la partie à laquelle il est opposé (■ Cass. 2e civ., 27 oct. 1976 : *D.* 1977, IR p. 25) ou de son mandataire spécial (■ Cass. civ., 26 juin 1901 : *DP* 1902, 1, p. 8). Mais le représentant légal d'un mineur ne peut faire un aveu au nom du mineur (■ Cass. 2e civ., 19 déc. 1960 : *Bull. civ.* II, n° 784, p. 534). Sa déclaration peut seulement être retenue à titre de présomption dans le cas où la preuve par ce moyen est admissible (■ Cass. 1re civ., 15 déc. 1982, n° 81-14.981 : *JurisData* n° 1982-702782 ; *Bull. civ.* I, n° 365, p. 314).

Art. 1383-1 ***(Créé à compter du 1er octobre 2016, Ord. n° 2016-131, 10 févr. 2016).*** **– L'aveu extrajudiciaire purement verbal n'est reçu que dans les cas où la loi permet la preuve par tout moyen.**

Sa valeur probante est laissée à l'appréciation du juge.

NB : Rappr. art. 1355 ancien, p. 1228.

JURISPRUDENCE RELATIVE À L'ANCIEN ARTICLE 1355

1) Force probante de l'aveu extrajudiciaire. Sur le pouvoir souverain des juges du fond pour apprécier la force probante de l'aveu extrajudiciaire, V. ■ Cass. 2e civ., 22 mai 1964, n° 61-12.228 : *JurisData* n° 1964-700386 ; *D.* 1965, p. 705, note Azard. ■ Montpellier, 16 févr. 1967 : *JCP* 67, IV, 76.

2) Indivisibilité de l'aveu. Les juges du fond peuvent transposer l'application du principe de l'indivisibilité de l'aveu à l'aveu extrajudiciaire (■ Cass. com., 19 avr. 1985, n° 83-16.449 : *JurisData* n° 1985-701091 ; *Bull. civ.* IV, n° 117, p. 101). Mais ils n'y sont pas tenus (■ Cass. 1re civ., 2 févr. 1970 : *JurisData* n° 1970-000039 ; *D.* 1970, p. 265. ■ Cass. 3e civ., 13 mars 1973, n° 71-12.566 : *JCP* 73, IV, 166 ; *Bull. civ.* III, n° 188, p. 136).

3) Erreur de fait. L'aveu extrajudiciaire ne peut être rectifié que lorsqu'il a été le résultat d'une erreur de fait dont la preuve incombe au déclarant (■ Riom, 21 mars 1961 : *Gaz. Pal.* 1961, 2, 221).

Art. 1383-2 ***(Créé à compter du 1er octobre 2016, Ord. n° 2016-131, 10 févr. 2016).*** **– L'aveu judiciaire est la déclaration que fait en justice la partie ou son représentant spécialement mandaté.**

Il fait foi contre celui qui l'a fait.

Il ne peut être divisé contre son auteur.

Il est irrévocable, sauf en cas d'erreur de fait.

NB : Rappr. art. 1356 ancien, p. 1228.

JURISPRUDENCE RELATIVE À L'ARTICLE 1356 ANCIEN

I – CONDITIONS

1) Déclaration faite en justice. L'aveu fait devant un expert ne constitue pas un aveu judiciaire (■ Cass. soc., 20 mai 1950 : *Bull. civ.* III, n° 436, p. 291), ni l'aveu recueilli au cours d'une enquête de police (■ Cass. 1re civ., 2 févr. 1970 : *D.* 1970, p. 265), ni la déclaration d'un avocat pendant sa plaidoirie et non contenue dans les conclusions écrites (■ Cass. 1re civ., 14 janv. 1981, n° 78-15.288 : *JurisData* n° 1981-700023 ; *Bull. civ.* I, n° 13, p. 10). La réponse faite à la sommation délivrée à la requête d'un créancier ne peut constituer qu'un aveu extrajudiciaire (■ Cass. 1re civ., 28 oct. 1970, n° 68-14.135 : *JurisData* n° 1970-000287 ; *JCP* 70, IV, 300 ; *Bull. civ.* I, n° 287, p. 234).

2) Absence de contestation de la signature. La seule absence de contestation de sa signature par le tiré accepteur de lettres de change devant le tribunal de commerce n'équivaut pas à un aveu judiciaire d'authenticité de celle-ci (■ Cass. com., 26 nov. 1990, n° 88-12.527 : *Bull. civ.* IV, n° 299, p. 206).

3) Aveu fait dans l'instance concernée. L'aveu n'a force de présomption légale que s'il est produit dans l'instance ayant abouti à la décision attaquée (■ Cass. 3e civ., 9 oct. 1969 : *JCP* 69, IV, 267 ; *Bull. civ.* III, n° 626, p. 472. – V. en ce sens ■ Cass. 1re civ., 5 juill. 1961 : *JurisData* n° 1961-000374 ; *Gaz. Pal.* 1961, 2, 255. ■ Cass. 1re civ., 9 mai 2001 : *JCP* 2001, IV, 2185 ; *JurisData* n° 2001-009370 ; *Bull. civ.* I, n° 119, p. 78 ; *RTD civ.* 2001, p. 886, obs. Mestre et Fages. ■ Cass. 1re civ., 6 janv. 2004, n° 00-16.545 : *JurisData* n° 2004-021680 ; *Dr. famille* 2004, 31, note Larribau-Terneyre).

4) Formes. L'aveu fait à l'audience par une partie et enregistrée dans le jugement en termes précis n'a pas à être consigné dans un procès-verbal ni au plumitif du greffier (■ Cass. soc., 27 janv. 1951 : *Bull. civ.* III, n° 70, p. 48). Mais un aveu simplement énoncé dans les motifs d'une décision sans que l'on trouve ni dans les conclusions des parties ni dans les qualités de cette décision aucune preuve ni même aucune trace de cet aveu ne saurait avoir de force probante (■ Cass. civ., 21 déc. 1948 : *JCP* 49, IV, 22 ; *Bull. civ.* I, n° 350, p. 1058).

5) Erreur de fait. La révocation de l'aveu judiciaire exige qu'il soit prouvé que celui-ci est la suite d'une erreur de fait (■ Cass. com., 2 nov. 2011, n° 10-21.341 : *RDC* 2012, p. 449, obs. D. Mazeaud).

II – EFFETS

6) Pleine foi de l'aveu contre son auteur. L'aveu fait pleine foi contre celui qui l'a fait même dans le cas où la preuve doit être administrée par écrit (■ Cass. 1re civ., 28 janv. 1981, n° 79-13.385 : *JurisData* n° 1981-700077 ; *Bull. civ.* I, n° 33, p. 27). Jugé qu'en vertu des articles 1356, alinéa 2, et 1352, alinéa 2, la force que la loi attache à l'aveu judiciaire s'oppose à ce qu'elle puisse être combattue par toute autre présomption légale, même absolue (■ Paris, 10 nov. 1956 : *D.* 1957, p. 383). Mais les juges du fait apprécient souverainement le sens qu'il convient d'attribuer à la déclaration invoquée par une partie à titre d'aveu judiciaire (■ Cass. 1re civ., 22 mai 1957 : *Bull. civ.* I, n° 232, p. 191).

7) Principe de l'indivisibilité de l'aveu. Viole l'article 1356, alinéa 3, l'arrêt qui refuse de reconnaître un caractère indivisible à l'aveu complexe comportant la reconnaissance d'un fait principal allégué par l'adversaire, à savoir l'existence de la dette, et d'un fait connexe de nature à priver le premier de ses effets juridiques, à savoir le règlement entre les mains d'un tiers (■ Cass. 1re civ., 11 mai 1971, n° 70-10.193 : *JurisData* n° 1971-000156 ; *JCP* 71, IV, 157 ; *Bull. civ.* I, n° 156, p. 130. – V. en ce sens ■ Cass. com., 14 janv. 1970, n° 67-13.037 : *Bull. civ.* IV, n° 20, p. 20). L'aveu portant à la fois sur l'existence d'un contrat et sur l'identité des parties qui l'avaient conclu est indivisible (■ Cass. 1re civ., 11 mars 1980, n° 79-10.305 : *JurisData* n° 1980-000081 ; *Bull. civ.* I, n° 81, p. 67).

8) Limite de l'indivisibilité. Fait indiscuté par les parties. La règle de l'indivisibilité de l'aveu ne s'applique qu'aux faits déniés par l'une des parties et qui, à défaut de toute autre preuve, ne sont établis que par l'aveu même, et s'il s'agit au contraire d'un fait présenté comme constant et indiscuté par les parties, celle qui le reconnaît ne peut se prévaloir de son aveu pour soutenir que sa déclaration sur un autre point en est inséparable (■ Cass. 1re civ., 6 déc. 1954 : *D.* 1955, p. 256. ■ Cass. 1re civ., 28 nov. 1973, n° 72-12.420 : *JCP* 74, IV, 139, note J. A.).

9) Exception à l'indivisibilité en cas d'invraisemblance. Le principe de l'indivisibilité de l'aveu souffre exception lorsque l'inexactitude partielle de l'aveu résulte d'invraisemblances assimilables à une véritable impossibilité (■ Cass. 2e civ., 31 mai 1958 : *D.* 1958, p. 585. ■ Cass. 1re civ., 4 févr. 1981, n° 79-15.831 : *JurisData* n° 1981-700310 ; *Bull. civ.* I, n° 41, p. 37), par exemple en cas de déclarations successives contradictoires du débiteur (■ Cass. 1re civ., 17 juin 1968 : *Bull. civ.* I, n° 172, p. 130).

10) Exception à l'indivisibilité. Inexactitude du fait distinct du fait principal. La règle de l'indivisibilité de l'aveu judiciaire ne s'applique pas lorsque le fait distinct du fait principal est démontré inexact. Après avoir retenu, s'agissant d'un chèque remis par une mère à son fils, que, dès lors que, pour faire échec à une demande de rapport à succession, celui-ci avait invoqué un remboursement, il avait admis nécessairement l'existence d'un prêt et après avoir estimé souverainement que celui-ci ne démontrait pas qu'une somme versée postérieurement à sa mère l'avait été en remboursement du prêt, une cour d'appel, qui a ainsi jugé inexact le fait distinct du fait principal, a pu maintenir l'aveu de l'existence d'un prêt, en écartant l'affirmation selon laquelle l'emprunteur se serait libéré de sa dette (■ Cass. 1re civ., 30 oct. 2006, n° 04-17.098 : *JurisData* n° 2006-035642 ; *Bull. civ.* I, n° 444 p. 380).

11) Indivisibilité pouvant être soulevée d'office. Une cour d'appel peut relever d'office le moyen pris de l'indivisibilité de l'aveu dès lors qu'elle n'introduit dans le débat aucun élément de fait dont les parties n'avaient pas été à même de débattre contradictoirement (■ Cass. 1re civ., 29 nov. 1978 : *JurisData* n° 1978-000370 ; *Bull. civ.* I, n° 370, p. 287).

12) Irrévocabilité de l'aveu. La règle de l'irrévocabilité de l'aveu judiciaire ne peut être mise en échec par le biais d'une déclaration postérieure destinée à se substituer à la première dans sa teneur et dans ses effets (■ Cass. soc., 2 déc. 1970, n° 69-40.478 : *JurisData* n° 1970-099680 ; *JCP* 71, IV, 11 ; *Bull. civ.* V, n° 680, p. 554). Tant que la preuve d'une erreur de fait n'est pas rapportée, l'aveu judiciaire continue à produire tous les effets qu'il comporte (■ Cass. soc., 20 avr. 1950 : *S.* 1951, 1, p. 93). Un aveu judiciaire ne saurait être révoqué du fait qu'ayant été contenu dans des conclusions d'appel antérieures aux dernières conclusions, il ne se trouve pas dans celles-ci (■ Cass. 1re civ., 20 mai 2003, n° 00-18.295 : *JurisData* n° 2003-019028 ; *Bull. civ.* I, n° 117, p. 91 ; *RTD civ.* 2003, p. 543, obs. Perrot ; *RTD civ.* 2004, p. 293, obs. Mestre et Fages).

Section V. – Le serment

Art. 1384 ***(Créé à compter du 1er octobre 2016, Ord. n° 2016-131, 10 févr. 2016).*** **– Le serment peut être déféré, à titre décisoire, par une partie à l'autre pour en faire dépendre le jugement de la cause. Il peut aussi être déféré d'office par le juge à l'une des parties.**

NB : Rappr. art. 1357 ancien, p. 1228.

JURISPRUDENCE RELATIVE À L'ANCIEN ARTICLE 1357

1) Formes. Les formes substantielles de la prestation de serment se réduisent, suivant un usage constant passé en forme de coutume, au prononcé de la formule « je le jure » (■ Paris, 3 déc. 1968 : *D.* 1969, somm. p. 18).

2) Plaideur demandant à jurer. N'est pas conforme aux dispositions de l'article 1357-1° la demande de l'auteur d'un logiciel d'être autorisé à jurer l'avoir détruit (■ TGI Paris, 4 oct. 1995 : *Gaz. Pal.* 1996, 1, somm. p. 117, obs. Cousin ; *JCP* 96, II, 22673, note Croze).

3) Sanctions. Sur les sanctions applicables en cas de faux serment, V. C. pén., art. 434-13.

Sous-section 1. – Le serment décisoire

Art. 1385 ***(Créé à compter du 1er octobre 2016, Ord. n° 2016-131, 10 févr. 2016).*** **– Le serment décisoire peut être déféré sur quelque espèce de contestation que ce soit et en tout état de cause.**

NB : Rappr. art. 1358 ancien, 1360 ancien, p. 1228.

JURISPRUDENCE RELATIVE AUX ANCIENS ARTICLES 1358 ET 1360

1) Nature. La délation d'un serment décisoire constitue une convention transactionnelle par laquelle une partie offre de renoncer à sa prétention si l'autre partie consent à affirmer sous serment que le fait allégué sur lequel est fondée cette prétention est inexact (■ Cass. civ., 28 févr. 1938 : *DC* 1942, p. 99, note Holleaux, 1re esp.).

2) Qualité de partie de celui auquel le serment est déféré. Une personne ne saurait être appelée à prêter le serment décisoire que si elle est partie au procès et si une décision est susceptible d'être rendue contre elle (■ Cass. soc., 10 janv. 1974, n° 72-40.435 : *JurisData* n° 1974-096040 ; *JCP* 74, IV, 68 ; *Bull. civ.* V, n° 40, p. 35).

3) Opportunité. Si le serment décisoire peut être déféré sur quelque contestation que ce soit, il appartient aux juges du fond d'apprécier si cette mesure est ou non nécessaire (■ Cass. req., 3 janv. 1905 : *DP* 1905, 1, 75. ■ Cass.

3e civ., 13 mai 1969 : *JCP* 69, IV, 168 ; *Bull. civ.* III, n° 384, p. 295. ▪ Versailles, 15 févr. 1991 : *JurisData* n° 1991-040763 ; *RTD civ.* 1991, p. 537, obs. Mestre), à la seule condition de motiver leur décision sur ce point (▪ Cass. 3e civ., 10 mars 1999, n° 97-15.474 : *JurisData* n° 1999-000991 ; *D.* 2001, p. 817, note Mallet-Bricout). Ils ne peuvent se borner à décider que la contestation du débiteur rend inutile le serment (▪ Cass. 1re civ., 11 juin 1991, n° 89-20.422 : *JurisData* n° 1991-002161 ; *Bull. civ.* I, n° 199, p. 130), mais peuvent ne pas autoriser ce serment s'ils estiment qu'il ne mettrait pas fin au litige d'une façon définitive et absolue (▪ Cass. 1re civ., 6 juin 1972, n° 71-10.481 : *JurisData* n° 1972-000148 ; *JCP* 72, IV, 192 ; *Bull. civ.* I, n° 148, p. 130), mais ils sont tenus de donner les motifs de leur refus (▪ Cass. soc., 28 nov. 1962 : *D.* 1963, 209). Lorsque le droit de déférer le serment n'est pas contesté, l'intervention d'un jugement préparatoire est inutile (▪ Cass. 2e civ., 12 juin 1963 : *JurisData* n° 1963-099447 ; *Bull. civ.* II, n° 447, p. 330).

4) Formule du serment. Le juge peut éventuellement rendre plus claire la formule du serment proposée, à la condition que ce remaniement ne trahisse pas la pensée du plaideur qui a déféré le serment (▪ Cass. 2e civ., 13 mars 1974, n° 72-13.736 : *JurisData* n° 1974-099096 ; *JCP* 74, IV, 155 ; *Bull. civ.* II, n° 96, p. 80). Il appartient au demandeur, s'il a à se plaindre de la modification apportée, de ne pas poursuivre la prestation de serment (même arrêt). Dès lors que la formule du serment retenue est celle proposée par une partie dans ses conclusions et que l'autre partie n'en a pas critiqué les termes devant les juges du fond, cette dernière est irrecevable à le faire pour la première fois devant la Cour de cassation (▪ Cass. soc., 30 janv. 1974 : *JCP* 74, IV, 95 ; *Bull. civ.* V, n° 80, p. 71).

5) Serment déféré par conclusions. Le serment décisoire peut être déféré à tout moment par des conclusions principales ou subsidiaires (▪ Cass. 1re civ., 14 mars 1966 : *JurisData* n° 1966-700185 ; *JCP* 66, II, 14614, note J. A.).

Art. 1385-1 ***(Créé à compter du 1er octobre 2016, Ord. n° 2016-131, 10 févr. 2016).*** **– Il ne peut être déféré que sur un fait personnel à la partie à laquelle on le défère.**

Il peut être référé par celle-ci, à moins que le fait qui en est l'objet ne lui soit purement personnel.

NB : Rappr. art. 1359 ancien, 1362 ancien, p. 1228.

JURISPRUDENCE RELATIVE À L'ANCIEN ARTICLE 1359

Serment déféré à une personne morale. Sur la possibilité de déférer le serment à une personne morale par l'intermédiaire de son représentant, V. ▪ Cass. soc., 28 juin 1957 : *D.* 1957, p. 711. ▪ Cass. com., 22 nov. 1972 : *JurisData* n° 1972-097299 ; *D.* 1973, p. 256. ▪ Paris, 29 oct. 1968 : *JCP* 68, II, 15677, note P. L. ▪ Colmar, 10 oct. 1969 : *JCP* 70, II, 16169, note J. A.

Art. 1385-2 ***(Créé à compter du 1er octobre 2016, Ord. n° 2016-131, 10 févr. 2016).*** **– Celui à qui le serment est déféré et qui le refuse ou ne veut pas le référer, ou celui à qui il a été référé et qui le refuse, succombe dans sa prétention.**

NB : Rappr. art. 1361 ancien, p. 1229.

JURISPRUDENCE RELATIVE À L'ANCIEN ARTICLE 1385-2

Conclusions déniant les faits. Ne peuvent être assimilées à un refus de prêter serment les conclusions qui dénient les faits sur lesquels l'adversaire demande que porte le serment (▪ Cass. 2e civ., 19 mars 1969 : *JCP* 69, IV, 119 ; *Bull. civ.* II, n° 88, p. 65).

Art. 1385-3 ***(Créé à compter du 1er octobre 2016, Ord. n° 2016-131, 10 févr. 2016).*** **– La partie qui a déféré ou référé le serment ne peut plus se rétracter lorsque l'autre partie a déclaré qu'elle est prête à faire ce serment.**

Lorsque le serment déféré ou référé a été fait, l'autre partie n'est pas admise à en prouver la fausseté.

NB : Rappr. art. 1363 ancien, 1364 ancien, p. 1229.

JURISPRUDENCE RELATIVE À L'ANCIEN ARTICLE 1363

1) Effet irrévocable. Le serment décisoire a pour effet nécessaire de terminer le litige de façon définitive et absolue, le juge perdant tout pouvoir d'appréciation dès l'instant que le serment déféré à une partie a été accepté et prêté par celle-ci (▪ Cass. 3e civ., 22 févr. 1978, n° 76-13.828 : *JurisData* n° 1978-700099 ; *D.* 1978, IR p. 411 ; *Bull. civ.* III, n° 100, p. 78).

2) Irrecevabilité de l'appel. L'appel contre le jugement rendu est irrecevable (▪ Cass. 1re civ., 14 mars 1966 : *JCP* 66, II, 14614, note J. A.).

3) Faux serment. Partie civile (non). Le plaideur condamné par suite de la prestation de serment ne peut se constituer partie civile en cas de poursuite pour faux serment (▪ Dijon, 6 juill. 1928 : *DH* 1928, p. 550. ▪ T. corr. Bordeaux, 19 juin 1952 : *D.* 1953, p. 50).

4) Faux serment. Preuve. La preuve de la fausseté du serment devra être rapportée selon les règles du droit civil (▪ Cass. crim., 15 juill. 1964, n° 64-90.509 : *JCP* 64, II, 13817).

Art. 1385-4 *(Créé à compter du 1er octobre 2016, Ord. n° 2016-131, 10 févr. 2016).* – **Le serment ne fait preuve qu'au profit de celui qui l'a déféré et de ses héritiers et ayants cause, ou contre eux.**

Le serment déféré par l'un des créanciers solidaires au débiteur ne libère celui-ci que pour la part de ce créancier.

Le serment déféré au débiteur principal libère également les cautions.

Celui déféré à l'un des débiteurs solidaires profite aux codébiteurs.

Celui déféré à la caution profite au débiteur principal.

Dans ces deux derniers cas, le serment du codébiteur solidaire ou de la caution ne profite aux autres codébiteurs ou au débiteur principal que lorsqu'il a été déféré sur la dette, et non sur le fait de la solidarité ou du cautionnement.

NB : Rappr. art. 1365 ancien, p. 1229.

JURISPRUDENCE RELATIVE À L'ANCIEN ARTICLE 1365

Serment déféré à tous les codébiteurs. L'article 1365, alinéa 4, est sans application si chaque codébiteur s'est vu déférer le serment (▪ Cass. civ., 28 févr. 1938 : *DC* 1942, p. 99, note Holleaux, 1re esp.).

Sous-section 2. – Le serment déféré d'office

Art. 1386 *(Créé à compter du 1er octobre 2016, Ord. n° 2016-131, 10 févr. 2016).* – **Le juge peut d'office déférer le serment à l'une des parties.**

Ce serment ne peut être référé à l'autre partie.

Sa valeur probante est laissée à l'appréciation du juge.

NB : Rappr. art. 1366 ancien, 1368 ancien, p. 1229.

JURISPRUDENCE RELATIVE À L'ANCIEN ARTICLE 1366

1) Opportunité. Les juges du fond apprécient souverainement l'opportunité de déférer le serment prévu par l'article 1366 (▪ Cass. 3e civ., 4 juill. 1968 : *JCP* 68, IV, 148 ; *Bull. civ.* III, n° 317, p. 245).

2) Force probante. Les juges du fond apprécient aussi souverainement la force probante du serment (▪ Cass. soc., 1er déc. 1949 : *Gaz. Pal.* 1950, 1, 39. ▪ Cass. 1re civ., 15 oct. 1975, n° 73-11.059 : *JurisData* n° 1975-000277 ; *JCP* 75, IV, 355 ; *Bull. civ.* I, n° 277, p. 233).

3) Appel contre le jugement statuant au fond. L'acquiescement donné par le demandeur à un jugement déférant le serment est sans effet sur la recevabilité de l'appel contre le jugement statuant au fond (▪ Cass. 1re civ., 14 janv. 1969 : *Bull. civ.* I, n° 23, p. 16).

Art. 1386-1 *(Créé à compter du 1er octobre 2016, Ord. n° 2016-131, 10 févr. 2016).* – **Le juge ne peut déférer d'office le serment, soit sur la demande, soit sur l'exception qui y est opposée, que si elle n'est pas pleinement justifiée ou totalement dénuée de preuves.**

NB : Rappr. art. 1367 ancien, p. 1230.

JURISPRUDENCE RELATIVE À L'ANCIEN ARTICLE 1367

1) Nécessité d'un début de preuve. Doit être cassé l'arrêt qui a déféré d'office le serment à un demandeur sur les faits par lui invoqués au motif qu'en raison des circonstances, ils étaient plausibles (▪ Cass. soc., 1er juin 1972, n° 71-13.511 : *JurisData* n° 1972-099404 ; *JCP* 72, IV, 183 ; *Bull. civ.* V, n° 404, p. 370).

2) Preuve de la réalité du fait allégué. Le jugement déférant le serment supplétoire ne préjuge en rien la réalité du fait allégué dont la preuve continue à obéir aux prescriptions de la loi civile (▪ Cass. crim., 15 juill. 1964, n° 64-90.509 : *JCP* 64, II, 13817).

TABLE DE RAPPROCHEMENT DES ARTICLES DES TITRES III, IV ET IV *BIS* DU LIVRE III DU CODE CIVIL

Des articles anciens vers les nouveaux articles créés par l'ordonnance n° 2016-131 du 10 février 2016 et modifiés, le cas échéant, par la loi n° 2018-287 du 20 avril 2018

Consultez le livret comparatif de la réforme du droit des contrats, du régime général et de la preuve des obligations à l'adresse http://web.lexisnexis.fr/Fb/LivretCC2020.

Articles anciens	Rappr. Nouvel article
Art. 1101	Art. 1101
Art. 1102	Art. 1106
Art. 1103	Art. 1106
Art. 1104	Art. 1108
Art. 1105	Art. 1107
Art. 1106	Art. 1107
Art. 1107	Art. 1105
Art. 1108	Art. 1128
Art. 1108-1	Art. 1174
Art. 1108-2	Art. 1175
Art. 1109	Art. 1130
Art. 1110	Art. 1132, 1133 et 1134
Art. 1111	Art. 1142
Art. 1112	Art. 1140
Art. 1113	Art. 1140
Art. 1114	–
Art. 1115	–
Art. 1116	Art. 1137
Art. 1117	Art. 1178
Art. 1118	Art. 1168
Art. 1119	Art. 1203
Art. 1120	Art. 1204
Art. 1121	Art. 1205 et 1206
Art. 1122	–
Art. 1123	Art. 1145
Art. 1124	Art. 1146
Art. 1125	Art. 1147
Art. 1125-1	–
Art. 1126	–
Art. 1127	–
Art. 1128	–
Art. 1129	Art. 1163
Art. 1130	*Art. 1163*
Art. 1131	Art. 1135, al. 2, 1162 et 1169
Art. 1132	–
Art. 1133	Art. 1162

Articles anciens	Rappr. Nouvel article
Art. 1134, al. 1	Art. 1103
Art. 1134, al. 2	Art. 1193
Art. 1134, al. 3	Art. 1104
Art. 1135	Art. 1194
Art. 1136	Art. 1197
Art. 1137	Art. 1197
Art. 1138	Art. 1196 et 1344-2
Art. 1139	Art. 1344
Art. 1140	–
Art. 1141	Art. 1198
Art. 1142	Art. 1221
Art. 1143	Art. 1222
Art. 1144	Art. 1222
Art. 1145	Art. 1231
Art. 1146	Art. 1231
Art. 1147	Art. 1231-1
Art. 1148	Art. 1218
Art. 1149	Art. 1231-2
Art. 1150	Art. 1231-3
Art. 1151	Art. 1231-4
Art. 1152	Art. 1231-5
Art. 1153	Art. 1231-6 et 1344-1
Art. 1153-1	Art. 1231-7
Art. 1154	Art. 1343-2
Art. 1155	–
Art. 1156	Art. 1188
Art. 1157	Art. 1191
Art. 1158	–
Art. 1159	–
Art. 1160	–
Art. 1161	Art. 1189
Art. 1162	Art. 1190
Art. 1163	–
Art. 1164	–
Art. 1165	Art. 1199
Art. 1166	Art. 1341-1
Art. 1167	Art. 1341-2

Articles anciens	Rappr. Nouvel article
Art. 1168	Art. 1304
Art. 1169	–
Art. 1170	Art. 1304-2
Art. 1171	–
Art. 1172	Art. 1304-1
Art. 1173	–
Art. 1174	Art. 1304-2
Art. 1175	–
–	–
Art. 1176	–
Art. 1177	–
Art. 1178	Art. 1304-3
Art. 1179	Art. 1304-6
Art. 1180	Art. 1304-5
Art. 1181	–
Art. 1182	Art. 1304-6
Art. 1183	Art. 1304 et 1304-7
Art. 1184	Art. 1218, 1224, 1227 et 1228
Art. 1185	Art. 1305
Art. 1186	Art. 1305-2
Art. 1187	Art. 1305-3
Art. 1188	Art. 1305-4
Art. 1189	Art. 1307
Art. 1190	Art. 1307-1
Art. 1191	–
Art. 1192	–
Art. 1193	Art. 1307-2 et 1307-3
Art. 1194	Art. 1307-4
Art. 1195	Art. 1307-5
Art. 1196	–
Art. 1197	Art. 1311
Art. 1198	Art. 1311 et 1350-1
Art. 1199	Art. 1312 et 1350-1
Art. 1200	Art. 1313
Art. 1201	–
Art. 1202	Art. 1310
Art. 1203	Art. 1313
Art. 1204	Art. 1313
Art. 1205	–
Art. 1206	–
Art. 1207	Art. 1314
Art. 1208	Art. 1315
Art. 1209	Art. 1349-1
Art. 1210	Art. 1316
Art. 1211	–
Art. 1212	–
Art. 1213	Art. 1317
Art. 1214	Art. 1317
Art. 1215	Art. 1317
Art. 1216	Art. 1318
Art. 1217	Art. 1320
Art. 1218	Art. 1320

Articles anciens	Rappr. Nouvel article
Art. 1219	–
Art. 1220	Art. 1309
Art. 1221	–
Art. 1222	Art. 1320
Art. 1223	Art. 1320
Art. 1224	Art. 1320
Art. 1225	–
Art. 1226	–
Art. 1227	–
Art. 1228	–
Art. 1229	–
Art. 1230	–
Art. 1231	Art. 1231-5
Art. 1232	–
Art. 1233	–
Art. 1234	–
Art. 1235	Art. 1100 et 1302
–	–
Art. 1236	Art. 1342-1
Art. 1237	Art. 1342-1
Art. 1238	–
Art. 1239	Art. 1342-2
Art. 1240	Art. 1342-3
Art. 1241	Art. 1342-2
Art. 1242	–
Art. 1243	Art. 1342-4
Art. 1244	Art. 1342-4
Art. 1244-1	Art. 1343-5
Art. 1244-2	Art. 1343-5
Art. 1244-3	Art. 1343-5
Art. 1244-4	–
Art. 1245	Art. 1342-5
Art. 1246	Art. 1166 et 1342-5
Art. 1247	Art. 1342-6 et 1343-4
Art. 1248	Art. 1342-7
Art. 1249	Art. 1346
Art. 1250	Art. 1346-1 et 1346-2
Art. 1251	Art. 1346
Art. 1252	Art. 1346-3
Art. 1253	Art. 1342-10
Art. 1254	Art. 1343-1
Art. 1255	Art. 1342-10
Art. 1256	Art. 1342-10
Art. 1257	Art. 1345-1
Art. 1258	Art. 1345-1
Art. 1259	–
Art. 1260	Art. 1345-3
Art. 1261	–
Art. 1262	–
Art. 1263	–
Art. 1264	–
Art. 1271	Art. 1329

Articles anciens	Rappr. Nouvel article
Art. 1272	–
Art. 1273	Art. 1330
Art. 1274	Art. 1332
Art. 1275	Art. 1336 et 1338
Art. 1276	Art. 1337
Art. 1277	Art. 1340
Art. 1278	Art. 1334
Art. 1279	–
Art. 1280	–
Art. 1281	Art. 1335
Art. 1282	Art. 1342-9
Art. 1283	–
Art. 1284	–
Art. 1285	Art. 1350-1
Art. 1286	Art. 1350-1
Art. 1287	Art. 1350-2
Art. 1288	Art. 1350-2
Art. 1289	Art. 1347
Art. 1290	Art. 1347
Art. 1291	Art. 1347-1
Art. 1292	Art. 1347-3
Art. 1293	Art. 1347-2
Art. 1294	Art. 1347-6
Art. 1295	Art. 1347-5
Art. 1296	–
Art. 1297	Art. 1347-4
Art. 1298	Art. 1347-7
Art. 1299	Art. 1347-7
Art. 1300	Art. 1349
Art. 1301	Art. 1349-1
Art. 1302	Art. 1344-2, 1351 et 1351-1
–	–
Art. 1303	Art. 1351-1
Art. 1304	Art. 1144
Art. 1304, al. 3	Art. 1152
Art. 1305	Art. 1149
Art. 1306	Art. 1149
Art. 1307	Art. 1149
Art. 1308	Art. 1149
Art. 1309	–
Art. 1310	–
Art. 1311	Art. 1151
Art. 1312	Art. 1151 et 1352-4
Art. 1313	–
Art. 1314	–
Art. 1315	Art. 1353
Art. 1315-1	–
Art. 1316	Art. 1365
Art. 1316-1	Art. 1366
Art. 1316-2	Art. 1368
Art. 1316-3	Art. 1366
Art. 1316-4	Art. 1367

Articles anciens	Rappr. Nouvel article
Art. 1317	Art. 1369
Art. 1317-1	Art. 1369
Art. 1318	Art. 1370
Art. 1319	Art. 1371
Art. 1320	–
Art. 1321	Art. 1201
Art. 1321-1	Art. 1202
Art. 1322	Art. 1372
Art. 1323	Art. 1373
Art. 1324	Art. 1373
Art. 1325	Art. 1375
Art. 1326	Art. 1376
Art. 1328	Art. 1377
Art. 1329	Art. 1378
Art. 1330	Art. 1378
Art. 1331	Art. 1378-1
Art. 1332	Art. 1378-2
Art. 1333	–
Art. 1334	Art. 1379
Art. 1335	Art. 1379
Art. 1336	–
Art. 1337	Art. 1380
Art. 1338	Art. 1182
Art. 1339	–
Art. 1340	–
Art. 1341	Art. 1359
Art. 1342	–
Art. 1343	Art. 1359
Art. 1344	Art. 1359
Art. 1345	–
Art. 1346	–
Art. 1347	Art. 1361 et 1362
Art. 1348, al. 1	Art. 1358 et 1360
Art. 1348, al. 2	Art. 1379
Art. 1348	–
Art. 1349	–
Art. 1350	Art. 1354
Art. 1351	Art. 1355
Art. 1352	Art. 1354
Art. 1353	Art. 1382
Art. 1354	Art. 1383
Art. 1355	Art. 1383-1
Art. 1356	Art. 1383-2
Art. 1357	Art. 1384
Art. 1358	Art. 1385
Art. 1359	Art. 1385-1
Art. 1360	Art. 1385
Art. 1361	Art. 1385-2
Art. 1362	Art. 1385-1
Art. 1363	Art. 1385-3
Art. 1364	Art. 1385-3
Art. 1365	Art. 1385-4

Articles anciens	Rappr. Nouvel article
Art. 1366	Art. 1386
Art. 1367	Art. 1386-1
Art. 1368	Art. 1386
Art. 1369	–
Art. 1369-1	Art. 1125
Art. 1369-2	Art. 1126
Art. 1369-3	Art. 1127
Art. 1369-4	Art. 1127-1
Art. 1369-5	Art. 1127-2
Art. 1369-6	Art. 1127-3
Art. 1369-7	Art. 1127-4
Art. 1369-8	Art. 1127-5
Art. 1369-9	Art. 1127-6
Art. 1369-10	Art. 1176
Art. 1369-11	Art. 1177
Art. 1370	Art. 1100
Art. 1371	Art. 1300
Art. 1372	Art. 1301
Art. 1373	Art. 1301-1
Art. 1374	Art. 1301-1
Art. 1375	Art. 1301-2
Art. 1376	Art. 1302-1
Art. 1377	Art. 1302-2
Art. 1378	Art. 1352-7
Art. 1379	Art. 1352 et 1352-1

Articles anciens	Rappr. Nouvel article
Art. 1380	Art. 1352-2
Art. 1381	Art. 1352-5
Art. 1382	Art. 1240
Art. 1383	Art. 1241
Art. 1384	Art. 1242
Art. 1385	Art. 1243
Art. 1386	Art. 1244
Art. 1386-1	Art. 1245
Art. 1386-2	Art. 1245-1
Art. 1386-3	Art. 1245-2
Art. 1386-4	Art. 1245-3
Art. 1386-5	Art. 1245-4
Art. 1386-6	Art. 1245-5
Art. 1386-7	Art. 1245-6
Art. 1386-8	Art. 1245-7
Art. 1386-9	Art. 1245-8
Art. 1386-10	Art. 1245-9
Art. 1386-11	Art. 1245-10
Art. 1386-12	Art. 1245-11
Art. 1386-13	Art. 1245-12
Art. 1386-14	Art. 1245-13
Art. 1386-15	Art. 1245-14
Art. 1386-16	Art. 1245-15
Art. 1386-17	Art. 1245-16
Art. 1386-18	Art. 1245-17

TITRE III ANCIEN. – DES CONTRATS OU DES OBLIGATIONS CONVENTIONNELLES EN GÉNÉRAL

(Abr. à compter du 1er octobre 2016, Ord. n° 2016-131, 10 févr. 2016)

Ordonnance n° 2016-131 du 10 février 2016

portant réforme du droit des contrats, du régime général et de la preuve des obligations

Art. 9. – Les dispositions de la présente ordonnance entreront en vigueur le 1er octobre 2016.

Les contrats conclus avant cette date demeurent soumis à la loi ancienne *(Mots aj., L. n° 2018-287, 20 avr. 2018)* « y compris pour leurs effets légaux et pour les dispositions d'ordre public ».

Toutefois, les dispositions des troisième et quatrième alinéas de l'article 1123 et celles des articles 1158 et 1183 sont applicables dès l'entrée en vigueur de la présente ordonnance.

Lorsqu'une instance a été introduite avant l'entrée en vigueur de la présente ordonnance, l'action est poursuivie et jugée conformément à la loi ancienne. Cette loi s'applique également en appel et en cassation.

Bibliographie : *Le contrat, Travaux de l'Association H. Capitant*, SLC 2008. • C. Pérès, *La question prioritaire de constitutionnalité et le contrat, RDC* 2010/2, p. 539. • F. Chénedé, *Charles Toullier, les sources de l'obligation : RDC* 2010/3, p. 1015. • G. Lardeux, (dir.), *L'efficacité du contrat*, Dalloz, 2011. • D. Hiez, *À propos des life time contracts : RTD civ.* 2014, p. 817. • Ph. Jestaz, *Une révolution inaperçue. À propos de l'acte juridique : RTD civ.* 2014 p. 67.

Dossiers spéciaux. *Ruptures et permanence dans le droit des contrats : RDC* 2003, p. 295. • *Durées et contrats : RDC* 2004/1. • *Obligation de motivation et droit des contrats : RDC* 2004/2, p. 225. • *Droit de la concurrence et droit des contrats : RDC* 2004/3. • *Faut-il réformer le titre III du livre III du Code civil ? : RDC* 2004/4, p. 909. • *Exécution du contrat en nature ou par équivalent : RDC* 2005/1. • *Une théorie générale des contrats spéciaux ? : RDC* 2006/2, p. 597. • *Contrat sans frontières (le contrat et les tiers) : RDC* 2007/2, p. 537. • *Les montages contractuels : RDC* 2007/3, p. 983. • *Le désordre des sources en droit des contrats : RDC* 2007/4, p. 1445. • *L'anéantissement rétroactif du contrat : RDC* 2008/1. • *Vices et vertus du régime des clauses de responsabilité en droit positif : RDC* 2008/3, p. 979. • *La protection des professionnels contre les déséquilibres contractuels significatifs : RDC* 2009/3, p. 1257. • *Clauses abusives : panorama d'actualité 2009 : RDC* 2009/4, p. 1601. • *Les prévisions contractuelles à l'épreuve de la crise économique (Actes du colloque du 22 oct. 2009) : RDC* 2010/1, p. 379. • *Les mutations du droit des contrats (Actes du colloque de Rennes 5-6 nov. 2009) : RDC* 2010/3, p. 1035. • *Contrats et discriminations : RDC* 2010/4, p. 1433. • *Les prérogatives contractuelles : RDC* 2011/2, p. 639. • *L'Europe contractuelle, encore et toujours ! : RDC* 2011/3, p. 1027 et *RDC* 2011/4, p. 1361. • *Les mutations de l'ordre public contractuel : RDC* 2012/1, p. 261. • *Jurisprudence et doctrine : quelle efficacité pour les avant-contrats ? : RDC* 2012/2, p. 617. • *Les principes directeurs du droit des contrats : RDC* 2013/1, p. 311. • *L'expertise dans le contrat : RDC* 2014/2, p. 304. • *L'autre droit (européen et international) des contrats ? : RDC* 2014/3, p. 537. • *L'interprétation : une menace pour la sécurité des conventions ? : RDC* 2015/1, p. 145.

Sur l'Avant-projet de réforme du droit des obligations et de la prescription (La documentation française, 2006), dit « Avant-projet Catala »). *RDC* 2006/1, n° spécial et *RDC* 2007/1, n° spécial. • G. Paisant, *Le Code de la consommation et l'avant-projet de réforme du droit des obligations – Quelle influence et quelle harmonisation ? : JCP* G 2006, act. 429. • C. Pérès, *Avant-projet de réforme du droit des obligations et sources du droit : RDC* 2006/2, p. 281. • L. Leveneur, *Réforme du droit des obligations : effervescence autour de l'avant-projet : Contrats, conc. consom.* 2006, repère 8. • B. Fauvarque-Cosson, *Droit européen et international des contrats : l'apport des codifications doctrinales : D.* 2007, p. 96. • M. Lehmann, *Le projet Catala et le droit allemand : RDC* 2007/4, p. 1427. • G. Rouhette, *Regards sur l'avant-projet de réforme du droit des obligations : RDC* 2007/4, p. 1371.

Sur les perspectives de réforme du droit des contrats. Terré (sous dir.), *Pour une réforme du droit des contrats*, Dalloz 2009 et sur cet ouvrage, v. D. Mazeaud, *Une nouvelle rhapsodie doctrinale pour une réforme du droit des contrats : D.* 2009, p. 1364 et *RDC* 2009/2, p. 471. • *La réforme du droit français des contrats en droit positif : RDC* 2009/1, p. 265, Dossier spécial. • R. Cabrillac, *Le projet de réforme du droit des contrats. Premières impressions : JCP* 2008, I, 190. • Y. Lequette et A. Ghozi, *La réforme du droit des contrats : brèves observations sur le projet de la chancellerie : D.* 2008, p. 2609. • Ph. Malaurie, *Petite note sur le projet de réforme du droit des contrats : JCP* 2008, I, 204. • D. Mazeaud, *Réforme du droit des contrats : haro, en Hérault, sur le projet ! : D.* 2008, p. 2675. • M. Fabre-Magnan, *Réforme du droit des contrats : « un très bon projet » : JCP* 2008, I, 199. • J. Mestre, *Une très heureuse initiative* : Rev. Lamy dr. civ. oct. 2008, p. 3. • Ph. Malinvaud, *Le « contenu certain » du contrat dans l'avant-projet « chancellerie » de Code des obligations et le stoemp bruxellois aux légumes : D.* 2008, point de vue p. 2551. • P. Ancel, Ph. Brun, V. Forray, O. Gout, G. Pignarre et S. Pimont, *Points de vue convergents sur le projet de réforme du droit des contrats : JCP* 2008, I, 213. • J. Ghestin (ss dir.), Y.-M. Serinet, N. Sauphanor-Brouillaud, F. Labarthe, M. Chagny, G. Loiseau, M. Billau, X. Lagarde, Th. Genicon et M. Mekki, *Observations sur le projet de réforme du droit des contrats : LPA* 12 févr. 2009, n° spécial, n° 31. • J. Ghestin : *JCP* 2009, I, 138. • D. Mazeaud, *Réforme du droit des* contrats : *RDC* 2009/2, p. 471. • C. Pérès, *La liberté contractuelle et l'ordre public dans le projet de réforme du droit des contrats de la chancellerie (à propos de l'article 16, alinéa 2, du projet)* : *D.* 2009, p. 381. • D. Mainguy, *Défense, critique et illustration de certains points du projet de réforme du droit des contrats* : *D.* 2009, p. 308. • X. Henry, *Brèves observations sur le projet de réforme de droit des contrats... et ses commentaires* : *D.* 2009, p. 28. • O. Tournafond, *Pourquoi il faut conserver la théorie de la cause en droit civil français* : *D.* 2008, p. 2607. • P. Catala, *Deux regards inhabituels sur la cause dans les contrats* : *Defrénois* 2008, art. 38866, p. 2365. • B. Fauvarque-Cosson : *D.* 2008, p. 2965.

Sur le projet d'ordonnance portant réforme du droit des contrats, du régime général et de la preuve des obligations. D. Mazeaud, *Droit des contrats : réforme à l'horizon !* : *D.* 2014, p. 291. • J.-L. Harouel, G. Teboul et O. Tournafond, *Le droit des contrats réformé par ordonnance ?* : *D.* 2014, p. 1099. • *Réforme du droit des contrats. Le débat* : *Dr. et patrimoine* oct. 2014, n° 240, p. 38 et s. • O. Tournafond, *Le projet de la Chancellerie de réforme du droit des contrats. Commentaire raisonné et critique* : *Dr. et patrimoine* 2014, n° 241. • P.-Y. Gautier, *Morceaux de code* : *D.* 2015, 1112. • N. Molfessis, *Droit des contrats : l'heure de la réforme* : *JCP* 2015, doctr. 199. • L. Leveneur, *Réforme du droit des contrats et des obligations : le compte à rebours est lancé* : *Contrats, conc. consom.* 2015, repère 4. • R. Boffa, *Juste cause (et injuste clause). Brèves remarques sur le projet de réforme du droit des contrats* : *D.* 2015, p. 335. • N. Balat, *Réforme du droit des contrats : et les conflits entre droit commun et droit spécial ?* : *D.* 2015, p. 699. • F. Chénedé, *Le contrat d'adhésion dans le projet de réforme* : *D.* 2015, 1226. • *Le régime général des obligations : ciment du droit privé ?* : *Rev. Lamy dr. civ.* mars 2014, n° 113. • Dossier spécial, *Observations et propositions de modifications* : *JCP* 2015, suppl. au n° 21. • Dossier, *Projet de réforme du droit des contrats : regards croisés* : *Dr. et patrimoine* 2015, n° 247. • Dossier spécial : *Gaz. Pal.* 30 avr. 2015, n° 120. • *Colloque du M2 droit privé général de l'université Paris II* : *RDC* 2015, p. 615 et s. • Colloque Paris, 8 avr. 2015, *Réforme du droit des contrats et pratique des affaires*, Dalloz 2015. • *Regards étrangers* : *RDC* 2015, p. 673 et s. • T. Genicon, *Défense et illustration de la cause en droit des contrats* : *D.* 2015, p. 1551. • G. Wicker, *Suppression de la cause : la chose sans le mot ?* : *D.* 2015, p. 1557. • L. Leveneur, *Réforme à venir du droit des contrats et des obligations : n'oubliez pas la sécurité juridique* : *Contrats, conc. consom.* 2015, repère 10. • L. Gratton, *Les clauses abusives en droit commun des contrats* : *D.* 2016, p. 22.

Sur la question d'un droit européen du contrat. G. Cornu, *Un Code civil n'est pas un instrument communautaire* : *D.* 2002, p. 351. • B. Fauvarque-Cosson, *Faut-il un Code civil européen ?* : *RTD civ.* 2002, p. 463. • V. Heuzé, *À propos d'une initiative européenne en matière de droit des contrats* : *JCP* 2002, I, 152. • C. Jamin, *Un droit européen des contrats*, in *Le droit privé européen*, Économica 1998, p. 40. • J. Huet, *Nous faut-il un « euro » droit civil ?* : *D.* 2002, point de vue p. 2611. • Y. Lequette, *Quelques remarques à propos du projet de Code civil européen de M. von Bar* : *D.* 2002, p. 2202 ; *Vers un Code civil européen ?* : *Pouvoirs* 2003, n° 107, 97. • Ph. Malaurie, *Le Code civil européen des obligations et des contrats, une question toujours ouverte* : *JCP* 2002, I, 110. • D. Mazeaud, *Faut-il avoir peur du droit européen des contrats ?* in *Mélanges Blanc-Jouvan* SLC, 2005, p. 309. • C. Prieto, *Un Code civil européen : de l'utopie à la prospective juridique* : *LPA* 2004, n° 92, p. 19. • D. Tallon, *Les principes pour le droit européen du contrat* : *Defrénois* 2000, 683. • C. Witz, *Plaidoyer pour un code européen des obligations* : *D.* 2000, p. 79. • L. Grynbaum, *Un Code, mais lequel ?* : *RDC* 2008/2, p. 579. • F. Terré et A. Outin-Adam, *L'année d'un bicentenaire* : *D.* 2004, p. 12. • M. Oudin, *Un droit européen... pour quel contrat ? Recherches sur les frontières du contrat en droit comparé* : *RID comp.* 2007, p. 475. • D. Mazeaud, *Un droit européen en quête d'identité. Les Principes du droit européen du contrat* : *D.* 2007, p. 2959. • P. Deumier, *L'utilisation par la pratique des codifications d'origine doctrinale* : *D.* 2008, p. 494. • V. aussi *Pensée juridique française et harmonisation européenne du droit*, SLC, 2003, coll. « Droit privé comparé et européen » ; Dossier spécial *Droit européen des contrats, à la recherche du temps perdu* : *Dr. et patrimoine* déc. 2007. • B. Fauvarque-Cosson, *L'élaboration du cadre commun de référence : regards comparatifs sur les travaux académiques* : *RDC* 2008/2, p. 527. • J.-S. Bergé, *Terminologie contractuelle commune et droit européen : les mots de la comparaison* : *RDC* 2008/4, p. 1351. • B. Fauvarque-Cosson, *Regards croisés sur le cadre commun de référence* : *RDC* 2008/3, p. 917. • J. Gest, *Les travaux préparatoires du projet de Cadre commun de référence sous la Présidence française du Conseil de l'Union européenne* : *D.* 2009, p. 1431. • *Quel droit européen des contrats pour l'Union européenne ?* : *RDC* 2009/2, p. 767, Débats. • O. Lando, *La contribution française au droit européen du contrat* : *RDC* 2009/2, p. 729. • G. Rouhette, *La contribution française au projet de cadre commun de référence* : *RDC* 2009/2, p. 739. • J. Ghestin, *Traduction française des trois premiers livres du DCFR réalisée avec le soutien de la Fondation pour le droit continental*, préf. Ch. von Bar : *RDC* 2010, p. 213. • B. Fauvarque-Cosson, *Projet de cadre commun de référence : la Chambre des Lords ne cache pas son manque d'enthousiasme*, *RDC* 2010/2, p. 731. • C. Aubert de Vincelles : *RDC* 2010/4, p. 1284. • J.-S. Bergé, *L'hypothèse d'un 28e droit européen des contrats* : *RDC* 2010/4, p. 1177. • Y. Lequette, *Le Code européen est de retour* : *RDC* 2011/3, p. 1028. • B. Fauvarque-Cosson, *Précisions sur le projet de droit européen des contrats* : *RDC* 2011/3, p. 1045. • J. Huet, *Le scandale de l'harmonisation totale* : *RDC* 2011/3, p. 1070. • C. Pérès, *Livre vert de la Commission européenne : les sources contractuelles à l'heure de la démocratie participative* : *RDC* 2011/1, p. 13. • Th. Genicon, *Commission européenne et droit des contrats : « Quousque tandem abutere patientia nostra ? »...* : *RDC* 2011/3, p. 1050. • *Réponses au livre vert de divers groupes* (not. Assoc. H. Capitant, réseau TEE, Fondation pour le droit continental, LEJEP), V. *RDC* 2011/4, p. 1125. • *Le projet de droit commun européen de la vente : menace ou opportunité pour le modèle contractuel français ?* : *RDC* 2012/4, p. 1393. • J.-S. Borghetti, *Réforme du droit des contrats : un projet s'en vient, un autre s'en va* : *D.* 2015, p. 1376.

Sur la question d'un droit commun européen de la vente. V. sous le titre VI – De la vente.

Sur la technique de rédaction des contrats. P. Mousseron, J. Raynard et J.-B. Seube, *Technique contractuelle*, Francis Lefebvre, 4e éd. 2010. • W. Dross, *Clausier, Dictionnaire des clauses ordinaires et extraordinaires des contrats de droit privé interne*, 2e éd., Litec 2011. • J. Mestre, J.-C. Roda, (dir.), *Les principales clauses des contrats d'affaires*, Lextenso, 2011.

CHAPITRE I. – DISPOSITIONS PRÉLIMINAIRES

Art. 1101 ancien *(Abr. à compter du 1er octobre 2016, Ord. n° 2016-131, 10 févr. 2016).* **– Le contrat est une convention par laquelle une ou plusieurs personnes s'obligent, envers une ou plusieurs autres, à donner, à faire ou à ne pas faire quelque chose.**

NB : Rappr. art. 1101, p. 810.

1) Actes de complaisance et d'assistance. Sur le principe que l'acte de pure complaisance ne crée pas d'obligation, V. ▪ Cass. com., 25 sept. 1984, n° 82-14.993 : *JurisData* n° 1984-701460 ; *Bull. civ.* IV, n° 242, p. 164. L'existence d'un accord sur le partage des frais de voyage est insuffisante pour établir entre les parties un lien de nature à engendrer une responsabilité contractuelle liée à une obligation de sécurité (▪ Cass. 1re civ., 6 avr. 1994, n° 91-21.047 : *JurisData* n° 1994-000979 ; *JCP* 94, I, 3781, n° 1, obs. Fabre-Magnan ; *Bull. civ.* I, n° 136, p. 99 ; *Defrénois* 1994, 1129, obs. Delebecque ; *RTD civ.* 1994, 866, obs. Jourdain. – V. aussi pour un « pur acte de courtoisie » ▪ Cass. 2e civ., 26 janv. 1994, n° 92-14.398 : *JurisData* n° 1994-000907 ; *RTD civ.* 1994, 864, obs. Jourdain). Mais jugé qu'en cas d'accident causé à la victime qui voulait rendre service à son frère, la responsabilité est de nature contractuelle (▪ Cass. 1re civ., 27 janv. 1993, n° 91-12.131 : *JurisData* n° 1993-000164 ; *JCP* 93, I, 3727, n° 5, obs. Viney ; *RTD civ.* 1993, 584, obs. Jourdain. V. aussi pour une convention d'assistance entre plongeurs ▪ Paris, 25 janv. 1995 : *JurisData* n° 1995-021031 ; *JCP* 95, I, 3867, n° 1, obs. Fabre-Magnan, et pour une convention tacite d'assistance résultant d'un concours bénévole à un comité municipal des fêtes ▪ Cass. 1re civ., 10 oct. 1995, n° 93-14.581 : *JurisData* n° 1995-002452 ; *Contrats, conc. consom.* 1996, 1, note Leveneur ; *Resp. civ. et assur.* 1996, 3, mais voir pour un refus de retenir l'existence d'une telle convention ▪ Cass. 1re civ., 7 avr. 1998, n° 96-14.508 : *JurisData* n° 1998-001620 ; *JCP* 98, II, 10203, note Goût ; *Bull. civ.* I, n° 141, p. 94 ; *Resp. civ. et assur.* 1998, 218 ; *Defrénois* 1998, 1050, obs. Delebecque, maniement d'une échelle métallique avec l'aide d'un parent pour retirer un nid d'un toit. ▪ Cass. 2e civ., 10 juin 1998, n° 96-19.343 : *JurisData* n° 1998-002698 ; *JCP* 99, II, 10042, note Mandin ; *Bull. civ.* II, n° 180, p. 106, ami victime d'une chute pendant qu'il montrait comment procéder pour peindre). La convention d'assistance bénévole tacite fait naître l'obligation pour l'assisté de garantir l'assistant de la responsabilité par lui encourue, sans faute de sa part, à l'égard de la victime d'un accident éventuel, que cette victime soit ou non un autre assistant (▪ Cass. 1re civ., 17 déc. 1996, n° 94-14.585 : *JurisData* n° 1996-004964 ; *JCP* 97, IV, 316 ; *Bull.* I, n° 463, p. 325 ; *Contrats, conc. consom.* 1997, 78, note Leveneur ; *Resp. civ. et assur.* 1997, 78 ; *D.* 1997, somm. 288, obs. Delebecque ; *RTD civ.* 1997, 431, obs. Jourdain, propriétaire ayant convié des amis pour effectuer des travaux de nivellement du sol. ▪ Cass. 1re civ., 19 janv. 1999, n° 96-19.471 : *JurisData* n° 1999-000279 ; *Resp. civ. et assur.* 1999, chron. 10, ami essayant une mobylette pour déterminer la cause de vibrations anormales. V. aussi pour le concours apporté à un débroussaillage « dans le cadre d'un échange de bons procédés », ▪ Cass. 1re civ., 16 déc. 1997, n° 95-18.593 : *JurisData* n° 1997-005176 ; *JCP* 98, IV, 1346 ; *Bull. civ.* I, n° 376, p. 254 ; *D.* 1998, 580, 1re esp., note Viala ; *Resp. civ. et assur.* 1998, 73. V. encore pour une hypothèse de convention d'assistance bénévole où l'assistant n'avait pas été sollicité par l'assisté mais par un tiers, ▪ Cass. 2e civ., 12 sept. 2013, n° 12-23.530 : *RDC* 2014/1, p. 16, note Th. Genicon ; *RCA* 2013, n° 330, obs. Hocquet-Berg. Pour une convention d'assistance accessoire d'un contrat d'entreprise, V. ▪ Cass. 1re civ., 16 juill. 1997, n° 95-21.511 : *JurisData* n° 1997-003344 ; *JCP* 97, IV, 1997 ; *Bull. civ.* I, n° 243, p. 163 ; *RTD civ.* 1997, 944, obs. Jourdain). Toute faute de l'assistant, quelle que soit sa nature, peut décharger l'assisté de cette obligation, dans la mesure où elle a concouru à la réalisation du dommage (▪ Cass. 1re civ., 13 janv. 1998, n° 96-11.881 : *JurisData* n° 1998-000029 ; *JCP* 98, IV, 1482 ; *Bull. civ.* I, n° 15, p. 9 ; *D.* 1998, 580, 2e esp., note Viala, cassation de l'arrêt ayant écarté toute exonération en retenant que la faute de la victime ne présentait pas le caractère de la force majeure). Voir S. Hoquet-Berg, *Remarques sur la prétendue convention d'assistance* : *Gaz. Pal.* 1996, 1, doctr. 32.

2) Engagement d'honneur. En s'engageant, fût-ce moralement, « à ne pas copier » les produits commercialisés par une société concurrente, l'intéressée avait exprimé la volonté non équivoque et délibérée de s'obliger envers cette société ; la cour d'appel en a donc exactement déduit que cette clause avait une valeur contraignante pour l'intéressée et qu'elle lui était juridiquement opposable (■ Cass. com., 23 janv. 2007, n° 05-13.189 : *JurisData* n° 2007-037051 ; *RDC* 2007/3, p. 697, obs. Laithier ; *D.* 2007, p. 442, note Delpech ; *Defrénois* 2007 ; art. 38624-48, p. 1027, obs. Savaux). Ne donne pas de base légale à sa décision la cour d'appel qui écarte l'engagement « d'honneur » pris par le mari, à l'occasion du divorce pour rupture de la vie commune, de renoncer à demander ultérieurement la modification du montant de la pension alimentaire allouée par le jugement en se bornant à affirmer que cette renonciation n'est pas juridiquement opposable à son auteur (■ Cass. 2e civ., 27 nov. 1985, n° 84-13.971 : *JurisData* n° 1985-003154 ; *Bull. civ.* II, n° 178, p. 168).

3) Sur la **lettre d'intention**, V. art. 2232, p. 1668.

4) Accord de principe. Ayant constaté que l'un a confirmé à l'autre par lettre une proposition commerciale, tandis que par lettre en retour, ce dernier lui a confirmé son accord sur les conditions annoncées, ainsi que pour formaliser au plus tôt l'ensemble de ces dispositions, l'arrêt relève ensuite qu'aucun projet de contrat de franchise n'a jamais été adressé ; qu'en l'état de ces constatations, desquelles il ressortait que les parties ne s'étaient pas engagées de façon irrévocable l'une envers l'autre à conclure un contrat de franchise dans des conditions suffisamment définies, la cour d'appel a pu qualifier leurs engagements de simple accord de principe (■ Cass. com., 18 janv. 2011, n° 09-72.508 : *RDC* 2011/1, p. 7, obs. D. Mazeaud, Th. Revet).

5) Promesse d'embauche. Constitue une promesse d'embauche valant contrat de travail l'écrit qui précise l'emploi proposé et la date d'entrée en fonction ■ Cass. soc., 15 déc. 2010, n° 08-42.951 : *JurisData* n° 2010-023845 ; *RDC* 2011/3, p. 804, obs. Th. Genicon ; *JCP* 2011, 952, obs. G. Loiseau ; *RDT* 2011, 108, obs. Auzero. Comp. ■ Cass. soc., 21 sept. 2017, cité sous l'art. 1116 nouveau.

6) Existence du contrat. Le contrat d'architecte ayant notamment pour objet la réalisation *par l'architecte de projets de plans* et devis de travaux, le seul refus par le maître de l'ouvrage d'un projet qui lui est soumis n'établit pas l'absence de contrat le liant à l'architecte (■ Cass. 3e civ., 9 févr. 2011, n° 10-10.264 : *Bull.*, n° 20).

7) Principe d'une réduction de prix. La reconnaissance de principe d'une réduction de prix assortie d'un désaccord sur le montant du remboursement éventuel ne constitue pas un engagement de payer, faute de détermination de l'objet de l'engagement (■ Cass. 1re civ., 3 juill. 1996 : *JCP* 96, IV, 2013 ; *Bull. civ.* I, n° 287, p. 200. Comp. pour l'engagement de « faire un geste », ■ Cass. com., 28 févr. 1983, n° 81-14.921 : *JurisData* n° 1983-700499 ; *Bull. civ.* IV, n° 86, p. 73).

8) Engagement unilatéral de volonté et obligation naturelle. Sur la transformation d'une obligation naturelle en obligation civile grâce à un engagement unilatéral de volonté, V. sous art. 1235 ancien, p. 1178.

9) Engagement unilatéral de l'employeur. Sur l'engagement unilatéral pris par un employeur qui annonce une augmentation de salaires, V. ■ Cass. soc., 21 janv. 1997, n° 94-19.019 : *JurisData* n° 1997-000221 ; *JCP* G 97, IV, 568 ; *JCP* E 98, 604, obs. Izorche. V. aussi pour l'engagement de limiter le nombre de licenciements pendant une période déterminée ■ Cass. soc., 25 nov. 2003, n° 01-17.501 : *JurisData* n° 2003-02108 ; *JCP* 2004, I, 163, n° 6, obs. Viney. Jugé que la remise au salarié lors de l'embauche d'un document mentionnant les engagements unilatéraux de l'employeur n'a pas pour effet de contractualiser les avantages qui y sont décrits (■ Cass. soc., 2 mai 2001, n° 99-41.264 : *JurisData* n° 2001-009840 ; *JCP* 2001, IV, 2153 ; *Defrénois* 2001, 1061, obs. Libchaber).

10) Engagement unilatéral de volonté. Loteries publicitaires. Sur l'engagement unilatéral d'une société de vente par correspondance de payer la somme révélée au « grattage » et correspondant au numéro certifié gagnant, V. ■ Cass. 1re civ., 28 mars 1995, n° 93-15.150 : *JurisData* n° 1995-000719 ; *Bull. civ.* I, n° 149, p. 106 ; *D.* 1995, somm. 227, obs. Delebecque ; *D.* 1996, 180, 1re esp., note Mouralis ; *RTD civ.* 1995, 886, obs. Mestre. Mais depuis, à propos des loteries publicitaires, V. sous art. 1371 ancien, p. 1233.

11) Engagement unilatéral de volonté. Illustrations. Constitue un engagement unilatéral de volonté l'engagement irrévocable de souscrire à une augmentation de capital d'une société en voie de constitution (■ Cass. 1re civ., 28 nov. 2012, n° 11-20.674 : *RDC* 2013, p. 505, obs. Th. Genicon) ; l'engagement personnel du gérant d'une SCI à effectuer des travaux de reprise, pour une construction défectueuse faite par la SCI (■ Cass. 3e civ., 12 févr. 2013, n° 11-21.314 : *RDC* 2013, p. 865, obs. Th. Genicon) ; l'engagement d'un dirigeant de partager par moitié avec un autre cadre les nouvelles actions que la société s'apprêtait à attribuer gratuitement en récompense d'efforts passés, mais que la démission de l'autre cadre a privé de sa cause et ainsi rendu caduc (■ Cass. 1re civ., 10 sept. 2015, n° 14-20.498 : *D.* 2015, p. 2361, note D. Mazeaud ; *RDC* 2016, p. 11, note Genicon) ; l'engagement d'un vendeur de fournir des produits supplémentaires (■ Cass. com., 12 déc. 2018, n° 17-22.268 : *RDC* 2019, p.16, crit. Laithier).

12) Plan d'aide au retour à l'emploi. Sur le point de savoir si le plan d'aide au retour à l'emploi (PARE) participe de la nature d'un contrat, V. ▪ TGI Paris, 2 juill. 2002, n° 04/02205, ▪ TGI Marseille, 15 avr. 2004 et ▪ Paris, 21 sept. 2004, n° 04/10728 : *JurisData* n° 2004-255556 ; *RDC* 2005/2, 257, obs. Rochfeld. Tranchant pour la négative, V. ▪ Cass. soc., 31 janv. 2007, n° 04-19.464 : *JCP* G, 2007, act. 86, obs. Morvan ; *RDC* 2007/4, p. 1085, obs. Rochfeld ; *JCP* G 2007, act. 86, obs. Morvan ; *D.* 2007, p. 1469, note Willmann.

13) Sur les **avant-contrats (promesses de contrat, pactes de préférence)**, voir sous art. 1589, p. 1347.

Art. 1102 ancien *(Abr. à compter du 1er octobre 2016, Ord. n° 2016-131, 10 févr. 2016).* – Le contrat est *synallagmatique* ou *bilatéral* lorsque les contractants s'obligent réciproquement les uns envers les autres.

NB : Rappr. art. 1106, p. 811.

Art. 1103 ancien *(Abr. à compter du 1er octobre 2016, Ord. n° 2016-131, 10 févr. 2016).* – Il est *unilatéral* lorsqu'une ou plusieurs personnes sont obligées envers une ou plusieurs autres, sans que de la part de ces dernières il y ait d'engagement.

NB : Rappr. art. 1106, p. 811.

1) Vente sous condition suspensive et promesse unilatérale de vente. L'acte par lequel une personne déclare vendre un immeuble à une autre sous la condition suspensive que celle-ci confirme dans un délai d'un mois son intention définitive d'acquérir n'est qu'une promesse unilatérale de vente (▪ Cass. 3e civ., 21 nov. 1984, n° 83-13.919 : *JurisData* n° 1984-702230 ; *Bull. civ.* III, n° 198, p. 153 ; *RTD civ.* 1985, 591, obs. Rémy).

2) Prêt remboursable sous la condition suspensive d'une proposition d'engagement. L'acte par lequel une société consent un prêt à un étudiant et lui verse une somme mensuelle non remboursable s'il accepte au terme de sa scolarité la proposition d'engagement de la société s'analyse non pas en une promesse de contrat de travail, mais en un contrat unilatéral comportant pour l'emprunteur l'obligation de rembourser sous la condition suspensive de la proposition d'engagement. Cette condition ne s'étant pas réalisée, le remboursement des sommes prêtées ne peut plus être exigé de l'intéressé qui peut cependant estimer nécessaire d'exécuter une obligation matérielle de remboursement afin de remplir un devoir impérieux de conscience et d'honneur (▪ Paris, 7 mars 1989 : *JurisData* n° 1989-021023 ; *JCP* 89, II, 21318, note crit. Petit).

Art. 1104 ancien *(Abr. à compter du 1er octobre 2016, Ord. n° 2016-131, 10 févr. 2016).* – Il est *commutatif* lorsque chacune des parties s'engage à donner ou à faire une chose qui est regardée comme l'équivalent de ce qu'on lui donne, ou de ce qu'on fait pour elle.

Lorsque l'équivalent consiste dans la chance de gain ou de perte pour chacune des parties, d'après un événement incertain, le contrat est *aléatoire*.

NB : Rappr. art. 1108, p. 811.

Bibliographie : F. Grua, *Les effets de l'aléa et la distinction des contrats aléatoires et des contrats commutatifs* : *RTD civ.* 1983, 263. • V. Lasserre-Kiesow, *L'aléa* : *JCP* 2009, n° 31, 182. • F. Terré, *L'aléa chasse la lésion. Après la lésion, le contrat aléatoire* : *JCP* 2009, n° 47, 464.

1) Incertitude du risque assuré. Le contrat d'assurance, par nature aléatoire, ne peut porter sur un risque que l'assuré sait déjà réalisé (▪ Cass. 1re civ., 27 févr. 1990, n° 88-14.364 : *JurisData* n° 1990-000576 ; *Bull. civ.* I, n° 52, p. 38. ▪ Cass. 1re civ., 4 nov. 2003, n° 01-14.942 : *JurisData* n° 2003-020795 ; *Bull. civ.* I, n° 220, p. 175). Mais il en va autrement pour un accident antérieur dès lors qu'au moment de la signature du contrat, le risque en découlant n'était *ni certain dans sa réalisation ni déterminable* dans son étendue (▪ Cass. 1re civ., 8 juill. 1994, n° 92-15.551 : *JurisData* n° 1994-001733 ; *D.* 1995, 217, note Porchy).

2) Suppression par l'assureur d'une garantie. La seule possibilité offerte à l'assureur dans le contrat de supprimer pour l'avenir une garantie déjà accordée n'a pas pour effet de priver le contrat de son caractère aléatoire (▪ Cass. 1re civ., 3 mai 1995, n° 93-11.575 : *JurisData* n° 1995-000966 ; *Bull. civ.* I, n° 184, p. 132 ; RTD civ. 1996, 394, obs. Mestre).

Art. 1105 ancien *(Abr. à compter du 1er octobre 2016, Ord. n° 2016-131, 10 févr. 2016).* – Le contrat de *bienfaisance* est celui dans lequel l'une des parties procure à l'autre un avantage purement gratuit.

NB : Rappr. art. 1107, p. 811.

Bibliographie : F.-X. Testu, *Le cautionnement-libéralité : JCP* 89, I, 3377.

Sur la **convention d'assistance bénévole**, V. sous art. 1101 ancien, p. 1038.

Art. 1106 ancien ***(Abr. à compter du 1er octobre 2016, Ord. n° 2016-131, 10 févr. 2016).*** **– Le contrat à *titre onéreux* est celui qui assujettit chacune des parties à donner ou à faire quelque chose.**

NB : Rappr. art. 1107, p. 811.

Pour une décision refusant la qualification d'acte à titre gratuit à un partage, V. ▪ Cass. com., 16 déc. 2014, n° 13-25.765 : *Bull.* ; *JCP* E 2015, n° 5, p. 28, obs. Brignon ; *Rev. Lamy dr. civ.* 2015, n° 123, p. 53, note Jaoul (au sujet de l'application de l'art. L. 632-1-I, 1° et II, C. com.).

Art. 1107 ancien ***(Abr. à compter du 1er octobre 2016, Ord. n° 2016-131, 10 févr. 2016).*** **– Les contrats, soit qu'ils aient une dénomination propre, soit qu'ils n'en aient pas, sont soumis à des règles générales, qui sont l'objet du présent titre.**

Les règles particulières à certains contrats sont établies sous les titres relatifs à chacun d'eux ; et les règles particulières aux transactions commerciales sont établies par les lois relatives au commerce.

NB : Rappr. art. 1105, p. 811.

Bibliographie : *Une théorie générale des contrats spéciaux ?* V. l'ensemble des contributions consacrées à ce thème dans la rubrique *Débats, in RDC* 2006/2, p. 597. • Ch. Goldie-Genicon, *Contribution à l'étude des rapports entre le droit commun et le droit spécial des contrats*, préf. Y. Lequette, LGDJ, 2009.

CHAPITRE II. – DES CONDITIONS ESSENTIELLES POUR LA VALIDITÉ DES CONVENTIONS

Art. 1108 ancien ***(Abr. à compter du 1er octobre 2016, Ord. n° 2016-131, 10 févr. 2016).*** **– Quatre conditions sont essentielles pour la validité d'une convention :**

Le consentement de la partie qui s'oblige ;

Sa capacité de contracter ;

Un objet certain qui forme la matière de l'engagement ;

Une cause licite dans l'obligation.

NB : Rappr. art. 1128, p. 816.

Bibliographie : C. Atias, *La constitution des actes juridiques : D.* 2008, p. 743.

Date d'appréciation. La validité d'une convention s'appréciant au jour de sa formation, viole l'article 1108 la cour d'appel qui a prononcé la nullité de la convention conclue le 27 juin 2007 à compter du mois d'octobre 2007 (▪ Cass. com., 3 mars 2015, n° 13-25.094 : *JurisData* n° 2015-004190 ; *Contrats, conc. consom.* 2015, n° 137).

Art. 1108-1 ancien ***(L. n° 2004-575, 21 juin 2004 ; abr. à compter du 1er octobre 2016, Ord. n° 2016-131, 10 févr. 2016).*** **– Lorsqu'un écrit est exigé pour la validité d'un acte juridique, il peut être établi et conservé sous forme électronique dans les conditions prévues aux articles 1316-1 et 1316-4 et, lorsqu'un acte authentique est requis, au second alinéa de l'article 1317.**

Lorsqu'est exigée une mention écrite de la main même de celui qui s'oblige, ce dernier peut l'apposer sous forme électronique si les conditions de cette apposition sont de nature à garantir qu'elle ne peut être effectuée que par lui-même.

NB : Rappr. art. 1174, p. 823.

Message électronique. Jugé, à propos du contrat d'un agent sportif, que viole l'article 1108-1 l'arrêt retenant qu'un message électronique ne peut, par nature, constituer l'écrit concentrant les engagements respectifs des parties (▪ Cass. 1re civ., 11 juill. 2018, n° 17-10.458 : *Bull.* ; *AJ Contrat* 2018, 397, Buy ; *RDC* 2018, p. 560, Huet).

Art. 1108-2 ancien ***(L. n° 2004-575, 21 juin 2004 ; abr. à compter du 1er octobre 2016, Ord. n° 2016-131, 10 févr. 2016).*** **– Il est fait exception aux dispositions de l'article 1108-1 pour :**

1° Les actes sous seing privé relatifs au droit de la famille et des successions ;

2° Les actes sous seing privé relatifs à des sûretés personnelles ou réelles, de nature civile ou commerciale, sauf s'ils sont passés par une personne pour les besoins de la profession.

NB : Rappr. art. 1175, p. 823.

Section I. – Du consentement

Bibliographie : G. Pignarre, *Les frontières du consentement : de la confrontation du pouvoir aux marges de l'autonomie : RDC* 2011/2, p. 611 ; *RDC* 2011/3, p. 989. • V. Forray, *L'offre et l'acceptation dans les projets de réforme du droit français des contrats. Remarques sur l'écriture doctrinale du droit des contrats : RTD civ.* 2012, p. 231.

Art. 1109 ancien *(Abr. à compter du 1er octobre 2016, Ord. n° 2016-131, 10 févr. 2016).* **– Il n'y a point de consentement valable, si le consentement n'a été donné que par erreur, ou s'il a été extorqué par violence ou surpris par dol.**

NB : Rappr. art. 1130, p. 816.

Bibliographie : L. Attuel-Mendès, *La difficile articulation entre protection classique et protection spéciale du consentement : JCP* 2007, I, 188. • O. Deshayes, *Le dommage précontractuel : RTD com.* 2004, p. 187. • O. Deshayes (sous dir.), *L'avant-contrat. Actualité du processus de formation des contrats*, PUF 2008. • Y. Lequette, *Responsabilité civile versus vices du consentement in Mélanges M.-S. Payet*, Dalloz, 2011, p. 363. • Dossier : *Jurisprudence et doctrine : quelle efficacité pour les avant-contrats ? : RDC* 2012/2, p. 617.

• Sommaire

I – NÉCESSITÉ DU CONSENTEMENT

1) Société dépourvue de la personnalité juridique. Nullité absolue des actes conclus par une société dépourvue d'existence juridique, leur irrégularité ne pouvant être couverte par des actes d'exécution intervenus postérieurement à l'immatriculation de la société en formation (▪ Cass. com., 21 févr. 2012, n° 10-27.630 : *Bull.*, n° 49).

2) Pouvoir de contracter. La méconnaissance des dispositions d'ordre public relatives à la compétence de l'autorité signataire d'un contrat conclu au nom de la commune est sanctionnée par la nullité absolue (▪ Cass. 1re civ., 16 janv. 2013, n° 11-27.837 : *Bull.*, n° 3 ; *RDC* 2013/2, p. 537, obs. Laithier ; *D.* 2014, p. 630, obs. Amrani-Mekki et Mekki ; *Defrénois* 2013, n° 15, p. 779, obs. Lécuyer, Seube ; *Gaz. Pal.* 2013, n° 100, p. 17, obs. Houtcieff).

3) Volonté certaine et non équivoque. *Signature du mourant.* La modification de la clause bénéficiaire d'un contrat d'assurance-vie par une simple signature au bas d'un avenant prérédigé par le nouveau bénéficiaire ne suffit pas à établir que le souscripteur ait eu connaissance du contenu et de la portée exacts du document, ni qu'il ait exprimé la volonté certaine et non équivoque de modifier les bénéficiaires du contrat (▪ Cass. 1re civ., 25 sept. 2013, n° 12-23.197 : *Bull.* ; *RDC* 2014/1, p. 10, note Th. Genicon ; *AJF* 2013, p. 716, obs. Vernières).

4) Illettrisme. Ne donne pas de base légale à sa décision la cour d'appel qui ne recherche pas, comme il le lui était demandé, si compte tenu de ses constatations (personne âgée ne sachant ni lire ni écrire le français), même en l'absence de preuve de manœuvres frauduleuses émanant du mandataire, le mandant avait eu conscience que le mandat sur lequel il avait simplement apposé sa signature emportait volonté de renoncer à l'ensemble de ses droits successoraux (▪ Cass. 1re civ., 2 oct. 2013, n° 12-21.246 : *RDC* 2014/1, p. 10, note Th. Genicon).

5) Troubles psychiques. Le contrat ne peut se former que si les parties ont été, en donnant leur consentement, physiquement capables d'avoir et d'exprimer la volonté de s'obliger (▪ Cass. 1re civ., 17 oct. 1955 : *JCP* 56, II, 9226, note Laurent). Tel n'est pas le cas si l'une des parties est atteinte de troubles psychiques (▪ Cass. 1re civ., 9 janv. 1963, n° 58-11.685 : *Bull. civ.* I, n° 21, p. 19), sans qu'il soit besoin d'établir l'état de démence (▪ Cass. soc., 24 mars 1953 : *Bull. civ.* IV, n° 267, p. 199).

6) Vice de faiblesse. Jugé qu'est légalement justifiée au regard de l'article 1109, l'ordonnance qui retient que la salariée était dans l'incapacité de mesurer les inexactitudes du relevé des prestations de l'avocat annexé à la convention ; que les circonstances de la signature de la convention permettent d'estimer que le consentement de la salariée n'a pas été libre ; qu'elle se trouvait dans un état de moindre résistance en raison du besoin qu'elle avait de percevoir rapidement les dommages-intérêts qui lui étaient dus compte tenu de son état de surendettement et qu'elle se trouvait dans un état de faiblesse psychologique attesté par les pièces médicales produites ; que cet état de faiblesse, implicitement reconnu par l'avocat lorsque celui-ci fait part des angoisses de sa cliente, n'était pas de nature à permettre à la demanderesse de s'opposer aux prétentions de ce dernier, compte tenu de la différence des personnalités en présence ; qu'ainsi, lors de la signature de la convention d'honoraires, le consentement de la salariée était altéré. C'est donc en vain que le pourvoi soutient que le juge du fond n'a relevé ni violence ni dol mais s'est contenté de poser que le consentement de la salariée n'avait pas été libre et éclairé ; qu'une telle constatation est insuffisante à caractériser la nature de l'erreur, et partant le vice du consentement ; alors que par ses constatations et énonciations, l'ordonnance a caractérisé le vice du consentement (▪ Cass. 2e civ., 5 oct. 2006, n° 04-11.179 : *Contrats, conc. consom.* 2007, comm. 44 ; *D.* 2007, p. 2215, note Raoul-Cormeil et p. 2966, obs. Amrani-Mekki et Fauvarque-Cosson). Voir encore ▪ Cass. com., 12 févr. 2008, n° 06-19.204 ; *RDC* 2008/3, p. 730, obs. Laithier : en relevant que le contractant, dépressif et peu versé dans la pratique des affaires, et incapable dans ces conditions de mesurer la portée des actes qu'il signait, avait cédé les parts qu'il détenait dans la société pour leur valeur nominale, sans commune mesure avec leur valeur objective, se trouvant ainsi écarté d'une société florissante sans contrepartie réelle, la cour d'appel a pu décider qu'il avait commis une erreur sur la substance même de la chose qui était l'objet du contrat. Mais V. ▪ Cass. 3e civ., 8 oct. 2014, n° 13-18.150 : *RDC* 2015/1, p. 11, obs. Th. Genicon (ayant constaté que les certificats médicaux versés aux débats ne mentionnaient pas une altération des facultés mentales de Mme X... qui aurait fait obstacle à son libre consentement et relevé que l'auteur des attestations n'avait pas été le témoin direct des pressions relatées, la cour d'appel, qui a souverainement retenu que la venderesse ne pouvait ignorer que les terrains vendus se trouvaient, par leur proximité d'une métropole régionale, dans une zone privilégiée et deviendraient constructibles à terme et a pu en déduire que sa demande fondée sur un dol et une erreur sur la substance ne pouvait être accueillie).

7) Circonstances indifférentes. Le contrat n'est pas nul si le tempérament dépressif de l'une des parties n'exclut pas la lucidité et la volonté requises pour s'obliger valablement (▪ Lyon 30 janv. 1964 : *Gaz. Pal.* 1964, 1, 420. – Comp. ▪ TGI ▪ Lyon, 25 oct. 1974 : *JCP* 75, IV, 253. De même, la haine ne saurait vicier un acte juridique dès lors qu'elle ne va pas jusqu'à faire perdre la raison (▪ Cass. 1re civ., 3 juin 1959 : *Bull. civ.* I, n° 276, p. 230). Il en va de même pour l'ivresse (▪ Besançon, 12 juin 1931 : *Gaz. Pal.* 1931, 2, 553), ou pour la fatigue éprouvée en fin de journée par un artisan (▪ T. com. Paris, 26 juin 1985 : *JurisData* n° 1985-600186 ; *RJ com.* 1987, 32, note Delebecque). Le fait qu'une caution ait des difficultés à s'exprimer en français ne saurait équivaloir à une absence de conscience (▪ Chambéry, 28 nov. 1995 : *JurisData* n° 1995-048942 ; *JCP* 96, IV, 2575).

8) Preuve du consentement. Les juges du fond sont souverains pour apprécier si la preuve de l'existence de la volonté de s'obliger est rapportée (▪ Cass. 1re civ., 17 oct. 1955 : *JCP* 56, II, 9226, note Laurent. ▪ Cass. 1re civ., 7 nov. 1956 : *Bull. civ.* I, n° 393, p. 314). Mais doit être cassé l'arrêt qui rejette la demande en annulation d'une vente pour cause d'insanité d'esprit du vendeur en se fondant exclusivement sur le fait que sa lucidité d'esprit était établie par les déclarations dans l'acte des deux témoins instrumentaires attestant sa capacité civile (▪ Cass. 1re civ., 26 mai 1964 : *JurisData* n° 1964-000277 ; *JurisData* n° 1964-700274 ; *Gaz. Pal.* 1964, 2, 293).

9) Connaissance des clauses (non). Le consentement de celui qui adhère à un contrat d'adhésion ne l'engage valablement que s'il est établi qu'il a eu connaissance des clauses qui lui sont opposées. Les juges du fond peuvent estimer que tel n'est pas le cas pour des clauses figurant au verso de la facture (▪ Cass. 1re civ., 28 avr. 1971, n° 69-14.617 : *JCP* 1972, II, 17280, 2e esp., note Boitard et Rabut) ou du bon de commande (▪ Cass. 1re civ., 3 mai 1979 : *Bull. civ.* I, n° 128, p. 103 ; *D.* 1980, inf. rap. 262, obs. Ghestin. Ne donne pas de base légale à sa décision la juridiction de proximité qui, pour condamner un abonné au paiement de deux factures relatives à des abonnements, constate que l'éditeur ne justifiait pas avoir porté à la connaissance de son cocontractant les conditions générales de vente afférentes à ces deux contrats, et fait application des conditions générales de vente relatives à un troisième contrat sans lien avec les deux premiers (▪ Cass. 1re civ., 11 mars 2014, n° 12-28.304 : *D.* 2014, p. 721 ; *RTD civ.* 2014,

p. 397, obs. Gautier et p. 641, obs. H. Barbier ; *Gaz. Pal.* 2014, nos 183-184, p. 14, obs. Houtcieff. Dans le même sens, ▪ Cass. com., 13 mai 2014, n° 13-14.626 : *Bull.* ; *DMF* 2014, p. 618, obs. Miribel). Pour une clause de renonciation à l'article 2000 du Code civil trop « hermétique » pour avoir été acceptée en connaissance de cause ▪ Cass. com., 5 févr. 2002, n° 98-17.529 : *JurisData* n° 2002-013054 ; *Contrats, conc. consom.* 2002, 88, note Leveneur). Les clauses dérogatoires au droit commun contenues dans des conditions générales ne sont opposables au cocontractant que si elles ont été portées à sa connaissance et acceptées par lui, ce qui n'était pas le cas de clauses ne figurant ni sur le contrat ni sur les factures (▪ Cass. com., 6 sept. 2016, n° 15-12.281 : *RDC* 2017, 17, Laithier). Des clauses d'exclusion de garantie noyées dans le texte des conditions générales, en petits caractères, peuvent être considérées comme n'ayant pas été portées à la connaissance de l'acquéreur dès lors qu'une publicité fallacieuse distribuée dans le même temps incitait les clients à relâcher leur vigilance (▪ Cass. 1re civ., 27 févr. 1996, n° 93-21.845 : *JurisData* n° 1996-000684 ; *Contrats, conc. consom.* 1996, 94, note Leveneur ; *Defrénois* 1996, 742, obs. Aubert ; *RTD civ.* 1997, 119, obs. Mestre. – Comp., déniant le caractère contractuel d'un document publicitaire, ▪ Cass. 3e civ., 17 juill. 1996, n° 93-19.432 : *JurisData* n° 1996-003223 ; *JCP* 96, IV, 2185 ; *Bull. civ.* III, n° 197, p. 127 ; *Defrénois* 1996, 1366, obs. Delebecque ; *Contrats, conc. consom.* 1997, 4, note Leveneur ; *RTD civ.* 1997, 118, obs. Mestre ; *D.* 1997, somm. 342, obs. Tournafond. – V. pour la condamnation du fabricant d'une machine ayant garanti dans sa publicité que les chèques libellés au moyen de la machine étaient infalsifiables, ▪ Cass. com., 17 juin 1997, n° 95-11.164 : *JurisData* n° 1997-002875 ; *JCP* 97, I, 4056, n° 1, obs. Labarthe ; *Contrats, conc. consom.* 1997, 177, note Leveneur ; *JCP* 98, I, 144, n° 8, obs. Viney ; *D.* 1998, 248, note Pignarre et Paisant ; *Contrats, conc. consom.* 1997, 177, note Leveneur ; *Resp. civ. et assur.* 1997, 368 ; *RTD civ.* 1998, 364, obs. Mestre).

10) Connaissance des clauses (oui). Mais une clause pénale peu lisible en raison de l'emploi de caractères typographiques microscopiques a pu être déclarée opposable à son signataire, commerçant averti (▪ Cass. 1re civ., 23 juill. 1979 : *D.* 1979, inf. rap. 547). Dès lors que les conditions particulières signées par l'assuré portent la mention qu'il reconnaît avoir reçu un exemplaire des conditions générales et en approuve les termes, *l'assureur n'a pas à rapporter la preuve qu'une* clause de ces conditions générales a été portée à la connaissance de cet assuré (▪ Cass. 1re civ., 17 nov. 1998, n° 96-16.132 : *Contrats, conc. consom.* 1999, 18, note Leveneur ; *Defrénois* 1999, 367, obs. Delebecque. Mais jugé qu'une cour d'appel a souverainement retenu que l'assuré n'avait pas eu connaissance des clauses dès lors que, si la police d'assurance porte les mentions « SAMM pêche 2008 » et « aux conditions générales et particulières indiquées ci-dessus et annexées à la présente », il n'existe pas d'annexe signée ou mention quelconque attestant que l'assuré aurait pris connaissance de ces conditions et des clauses de la police française précitée qui, fussent-elles usuelles, ne s'incorporent pas de plein droit à tout contrat d'assurance maritime sur corps, ▪ Cass. com., 13 mai 2014, n° 13-14.626, préc.). Un cahier des charges relatif à la distribution publique d'eau par affermage n'est rendu applicable aux usagers que par les contrats d'abonnement qui s'y réfèrent (▪ Cass. 1re civ., 17 nov. 1987, n° 86-12.114 : *JurisData* n° 1987-001993 ; *Bull. civ.* I, n° 299, p. 214), mais aucune disposition légale n'impose que figurent dans les contrats d'abonnement signés par l'usager d'un service de distribution d'eau les clauses du règlement du service (▪ Cass. 1re civ., 10 mars 1988 : *Bull. civ.* I, n° 136, p. 95). Pour l'efficacité d'une mention, au recto, de renvoi aux conditions générales du contrat figurant au verso, ▪ Cass. com., 2 juin 2015, n° 14-11.014 : *JurisData* n° 2015-013218 ; *Contrats, conc. consom.* 2015, n° 225. Pour une clause attributive de juridiction contenue dans les seules conditions générales, V. ▪ Cass. com., 21 févr. 2012, n° 11-16.156 : *Rev. crit. DIP* 2012, p. 630, note Bureau.

11) Contrat d'adhésion. Aucune disposition légale ne prohibe d'une façon générale l'insertion de clauses limitatives ou exonératrices de responsabilité dans les contrats d'adhésion (▪ Cass. 1re civ., 19 janv. 1982, n° 80-15.745 : *D.* 1982, 457, note Larroumet ; *JCP* 84, II, 20215, note Chabas). Le seul fait qu'un contrat relève de la catégorie d'un contrat d'adhésion ne suffit pas à démontrer que telle clause particulière a été imposée par un abus de puissance économique (▪ Cass. 1re civ., 12 mars 2002, n° 99-15.598 : *JurisData* n° 2002-013490 ; *JCP* 2002, II, 10163, note Paisant). Une limitation de garantie contenue dans un tableau annexé aux conditions générales d'une police d'assurances ne saurait être considérée comme abusive dès lors que l'assuré a reconnu dans les conditions particulières avoir reçu un exemplaire des conditions générales et du tableau y annexé (▪ Cass. 1re civ., 10 avr. 1996, n° 93-13.148 : *JurisData* n° 1996-001555 ; *Contrats, conc. consom.* 1996, 113, note Raymond ; *Bull. civ.* I, n° 177, p. 123 ; *RTD civ.* 1997, 120, obs. Mestre).

Sur le contrat d'adhésion, v. F. Chénedé, *Raymond Saleilles, Le contrat d'adhésion* : *RDC* 2012/1, p. 241 et 2012/3, p. 1017.

12) Accord sur les conditions générales. Une cour d'appel ne peut retenir que l'absence d'accord sur les conditions générales applicables entre les parties n'a pas empêché la rencontre des volontés par la signature d'un devis (■ Cass. 1re civ., 4 oct. 2017, n° 16-10.411 : *Contrats, conc. consom.* 2018, comm. 4).

13) Consommateurs. Sur les dispositions d'ordre public visant à protéger le consentement de certains contractants. V. D. Ferrier, *Les dispositions d'ordre public visant à préserver la réflexion des contractants : D.* 1980, chron. 177.

14) Sur **l'erreur-obstacle**, voir sous l'article 1110 ancien, p. 1049.

II – OFFRE

15) Caractères de l'offre. Précision. L'offre doit être précise (■ Cass. 3e civ., 27 juin 1973, n° 72-12.321 : *JurisData* n° 1973-000446 ; *Bull. civ.* III, n° 446, p. 324) et non équivoque (■ Cass. 1re civ., 18 juill. 1967 : *JurisData* n° 1967-000268 ; *Bull. civ.* I, n° 268, p. 199). Pour un accord de principe sans conditions suffisamment définies, ■ Cass. com., 18 janv. 2011, n° 09-72.508 : *RDC* 2011/1, p. 7, obs. D. Mazeaud, Th. Revet).

16) Sur **les loteries publicitaires**, analysées un temps comme un contrat, v. sous art. 1371 ancien, annot. n° 1, p. 1233.

17) Caractères de l'offre. Détermination des éléments essentiels. Le défaut de précision de la date d'effet du bail n'empêchant pas la formation du contrat de bail, c'est à tort qu'un arrêt retient que l'acceptation d'une offre de bail ne peut valoir bail que si cette dernière comporte l'ensemble des éléments essentiels à la convention intervenue et spécialement les précisions nécessaires quant à la chose en faisant l'objet, au prix et à sa date d'effet (■ Cass. 3e civ., 28 oct. 2009, n° 08-20.224 : *Bull. civ.* III, n° 237 ; *RDC* 2010/2, p. 676, obs. C. Grimaldi ; *JCP* 2009, n° 51, 574, obs. Loiseau). La clause « sous réserve de l'acceptation à l'assurance des emprunteurs » ne porte pas atteinte au caractère ferme de l'offre de crédit caractérisant l'obtention d'un prêt au sens de l'article L. 312-16 du Code de la consommation (■ Cass. 3e civ., 23 juin 2010, n° 09-15.963 : *Bull.*, n° 133 ; *RDC* 2011, p. 131, obs. Fenouillet ; *RTD civ.* 2010, p. 551, obs. Fages ; *Contrats, conc. consom.* 2010, n° 221, note Leveneur ; *JCP* N 2010, n° 1320, note Piedelièvre ; *RTD com.* 2010, p. 765, obs. Legeais).

18) Offre et promesse unilatérale de contrat. Sur la distinction entre une offre et une promesse de contrat de travail (accordant un droit d'opter pour la conclusion du contrat de travail dont les éléments essentiels sont déterminés et pour la formation duquel ne manque que le consentement du salarié. V. ■ Cass. soc., 21 sept. 2017, n° 16-20.103 : *Bull.* ; *Contrats, conc. consom.* 2017, comm. 238, note Leveneur ; *D.* 2017, p. 2007, note D. Mazeaud ; *Gaz. Pal.* 10 oct. 2017, p. 13, note M. Latina ; *JCP* G 2017, 1238, note Molfessis. Comp. Cass. soc., 21 sept. 2018, n° 17-18.560 : *JCP* G 2018, 1259, Loiseau.

19) Offre et pourparlers. Sur la distinction entre l'offre et les simples pourparlers, V. ■ Cass. req., 29 avr. 1903 : *DP* 1904, 1, 135, note Planiol. ■ Cass. soc., 17 mai 1979, n° 78-40.497 : *Bull. civ.* V, n° 424, p. 307. ■ Dijon, 21 oct. 1983 : *JurisData* n° 1983-698018 ; *Gaz. Pal.* 1984, 1, 13, note Bey. ■ Toulouse, 21 févr. 1984 : *JurisData* n° 1984-041282 ; *RTD civ.* 1984, 707, obs. Mestre. ■ Cass. com., 3 juin 2003, n° 00-12.580 : *RDC* 2004, 633, obs. D. Mazeaud. V. sur cet arrêt B. Vial-Pedroletti, *Résiliation ou résolution du bail ? : Loyers et copr.* 2003, chron. 9. À défaut de toute indication de prix dans l'écrit rédigé par le propriétaire d'un immeuble, la proposition de celui-ci n'est qu'une invitation à entrer en pourparlers (■ Paris, 29 janv. 1996, n° 94.0033324 : *JurisData* n° 1996-020090 ; *Defrénois* 1996, 1360, obs. D. Mazeaud). Entre commerçants, une proposition de contracter ne constitue une offre que si elle indique la volonté de son auteur d'être lié en cas d'acceptation (■ Cass. com., 6 mars 1990, n° 88-19.603 : *JurisData* n° 1990-700536 ; *Bull. civ.* IV, n° 74, p. 51 ; *JCP* 90, II, 21583, note Gross). La lettre contenant une demande d'information sur les intentions du destinataire quant au renouvellement du contrat n'établit pas l'accord des parties sur les éléments essentiels du contrat à renouveler (■ Cass. 1re civ., 24 nov. 1998, n° 96-22.782 : *JurisData* n° 1998-004504 ; *JCP* 99, IV, 1064 ; *Bull. civ.* I, n° 328, p. 227 ; *D.* 1999, somm. 110, obs. Delebecque). Ayant constaté que l'un a confirmé à l'autre par lettre une proposition commerciale, tandis que par lettre en retour, ce dernier lui a confirmé son accord sur les conditions annoncées, ainsi que pour formaliser au plus tôt l'ensemble de ces dispositions l'arrêt relève ensuite qu'aucun projet de contrat de franchise n'a jamais été adressé ; qu'en l'état de ces constatations, desquelles il ressortait que les parties ne s'étaient pas engagées de façon irrévocable l'une envers l'autre à conclure un contrat de franchise dans des conditions suffisamment définies, la cour d'appel a pu qualifier leurs engagements de simple accord de principe (■ Cass. com., 18 janv. 2011, préc.)

20) Rupture des pourparlers. Faute. La rupture des pourparlers peut être source de responsabilité civile délictuelle (■ Cass. 3e civ., 3 oct. 1972, n° 71-12.993 : *JurisData* n° 1972-000491 ; *Bull. civ.* III, n° 491, p. 359. ■ Cass. com., 20 mars 1972 : *JurisData* n° 1972-097093 ; *JCP* 1973, II, 17543, note Schmidt. ■ Cass. 1re civ., 19 janv. 1977, n° 75-14.274 : *JurisData* n° 1977-000034 ; *JurisData* n° 1977-000036 ; *D.* 1977, 593, note Schmidt-Szalewski. ■ Cass. com., 23 mai 1989, n° 87-17.883 : *JurisData* n° 1989-002280 ; *RTD civ.* 1989, 736, obs. Mestre. ■ Cass. com., 26 nov. 2003, n° 00-10.243 : *JurisData* n° 2003-021243 ; *Comm. com. électr.* 2004, 31, note Stoffel-Munck ; *Rev. Lamy dr. civ.* 2004/1, 2, note Doireau ; *JCP* G 2004, I, 163, n° 18, obs. Viney ; *JCP* E 2004, 601, n° 3, obs. Caussain, Deboissy et Wicker, et 738, note Stoffel-Munck ; *RTD civ.* 2004, 80, obs. Mestre et Fages ; *RDC* 2004, 257, obs. D. Mazeaud), même en l'absence d'intention de nuire (■ Cass. 3e civ., 3 oct. 1972, préc. ■ Cass. com., 22 févr. 1994, n° 91-18.842 : *JurisData* n° 1994-000347 ; *RTD civ.* 1994, 849, obs. Mestre. ■ Cass. com., 11 juill. 2000, n° 97-18.275 : *JurisData* n° 2000-003185 ; *Contrats, conc. consom.* 2000, 174, note Leveneur. Voir cependant ■ Cass. 1re civ., 12 avr. 1976, n° 74-11.770 : *JurisData* n° 1976-000122 ; *Bull. civ.* I, n° 122, p. 98 ; *RTD civ.* 1977, 127, obs. Durry). Ainsi, la société qui a rompu sans raison légitime, brutalement et unilatéralement, les pourparlers avancés qu'elle entretenait avec son partenaire qui a déjà, à sa connaissance, engagé de gros frais et qu'elle maintient volontairement dans une incertitude prolongée, manque aux règles de la bonne foi dans les relations commerciales et engage ainsi sa responsabilité délictuelle (■ Cass. com., 20 mars 1972, préc. V. aussi ■ Cass. com., 7 janv. et 22 avr. 1997, n° 94-21.561 : *D.* 1998, 45, note Chauvel. ■ Cass. 1re civ., 6 janv. 1998, n° 95-19.199 : *JCP* G 1998, II, 10066 ; *JCP* E 1998, 1499, note Fages ; *Bull. civ.* I, n° 7, p. 5. ■ Cass. com., 7 avr. 1998, n° 95-20.361 : *JCP* E 1999, 579, note Schmidt-Szalewski ; *D.* 1999, 514, note Chauvel ; *Defrénois* 1998, 741, obs. D. Mazeaud. ■ Paris, 10 mars 2000, n° 1996/12849 : *JurisData* n° 2000-122908 ; *JCP* E 2001, 422, note Violet. ■ Agen, 21 août 2002, n° 01/00249 : *JurisData* n° 2002-196039 ; *JCP* 2003, II, 10162, note Lecourt). Mais jugé qu'il n'y a pas rupture abusive dès lors que la partie qui a rompu n'a pas entretenu son partenaire dans la certitude d'un accord (■ Paris, 1re ch., 13 déc. 1984 : *JurisData* n° 1984-027018 ; *RTD civ.* 1986, 97, obs. Mestre) ou qu'elle ne lui a pas laissé entrevoir qu'elle envisageait de poursuivre leurs relations (■ Cass. com., 13 mars 2001, n° 98-19.260 : *JurisData* n° 2001-008789 ; *Contrats, conc. consom.* 2001, 100, note Leveneur). Est un motif impropre à exclure l'existence d'une faute commise dans la rupture des pourparlers le fait que les parties n'étaient pas effectivement parvenues à un accord sur le prix d'acquisition de l'immeuble et qu'en l'absence d'un tel accord, chaque contractant restait libre de poursuivre ou non les pourparlers relatifs à la vente de l'immeuble (■ Cass. com., 9 nov. 2010, n° 09-70.726 : *Bull.*, n° 172 ; *D.* 2010, 2702, obs. A. Lienhard).

Sur la responsabilité du producteur, commerçant, industriel ou artisan en cas de rupture d'une « relation commerciale établie », V. C. com., art. L. 442-6, I, 5°.

21) Rupture des pourparlers. Préjudice indemnisable. Une faute commise dans l'exercice du droit de rupture unilatérale des pourparlers précontractuels n'est pas la cause du préjudice consistant dans la perte d'une chance de réaliser les gains que permettait d'espérer la conclusion du contrat (■ Cass. 3e civ., 28 juin 2006 : *JurisData* n° 2006-034261 ; *Bull. civ.* III, n° 164, p. 136 ; *Contrats, conc. consom.* 2006, comm. 223, obs. Leveneur ; *JCP* G 2006, II, 10130, note Deshayes ; *D.* 2006, p. 2963, note Mazeaud, p. 2639, obs. Amrani-Mekki et Fauvarque-Cosson ; *Defrénois* 2006, art. 38498-71, p. 1858, obs. Libchaber ; *RDC* 2006/4, p. 1069, obs. Mazeaud. ■ Cass. 3e civ., 7 janv. 2009, n° 07-20.783 : *Bull. civ.* III, n° 5 ; *RDC* 2009/2, obs. Laithier, p. 480 ; *RDC* 2009/3, p. 1108, obs. Seube ; *RTD civ.* 2009, p. 113, obs. Fages. ■ Cass. com., 18 sept. 2012, n° 11-19.629 : *Bull.*, n° 163 ; *RDC* 2013/1, p. 98, obs. Deshayes ; *JCP* 2012, I, 1151, obs. Loiseau ; *RTD civ.* 2012, p. 721, obs. B. Fages. ■ Cass. 3e civ., 19 sept. 2012, n° 11-10.532, *eod. loc.* pour le refus d'indemniser le préjudice de notoriété d'une chaîne de magasins). Mais des dépenses inutiles causées par la négociation sont indemnisables (■ Cass. com., 22 mars 2017, n° 15-14.875 : *Contrats, conc. consom.* 2017, comm. 119, note Leveneur), – Voir aussi Deshayes, *Le dommage précontractuel : JurisData n° 2012-021086 ; RTD com.* 2004, p. 187 et, du même auteur, *La rupture des pourparlers : LPA* 9 oct. 2008, p. 4. – Ghestin, *Les dommages réparables à la suite de la rupture abusive des pourparlers : JCP* G 2007, I, 157 et, du même auteur, *La responsabilité délictuelle pour rupture abusive des pourparlers : JCP* G 2007, I, 155.

22) Offre faite au public. L'offre faite au public lie le pollicitant à l'égard du premier acceptant dans les mêmes conditions que l'offre faite à personne déterminée (■ Cass. 3e civ., 28 nov. 1968 : *JCP* 69, II, 15797). Une vente est parfaite dès l'acceptation si l'offre a été faite à personne indéterminée sans aucune restriction et il n'y a pas à prendre en compte le but poursuivi par l'offrant, qui aurait été connu de l'acceptant (■ Cass. 3e civ., 1er juill. 1998, n° 96-20.605 : *JurisData* n° 1998-003029 ; *JCP* G 98, IV, 2977 ; *JCP* N 99, 669 ; *D.* 1999, 170, note Boy ; *Defrénois* 1998, 1385, E obs. Massip ; *RTD civ.* 1999, 79, obs. Mestre, commune ayant loti et mis en vente des terrains dans le but de fixer de nouveaux habitants).

23) Décès du pollicitant. Sur la caducité de l'offre de vente du seul fait du décès du pollicitant, v. ▪ Cass. req., 21 avr. 1891 : *DP* 1892, 1, 181. ▪ Cass. soc., 14 avr. 1961 : *JCP* 61, II, 12260. ▪ Cass. 1re civ., 10 mai 1989, n° 87-10.875 : *JurisData* n° 1989-001465 ; *D.* 1990, 365, note Virassamy ; *RTD civ.* 1990, 69, obs. Mestre. ▪ Cass. 1re civ., 25 juin 2014, n° 13-16.529 : *Bull.* ; *RDC* 2014/4, p. 601, obs. Laithier ; *RDC* 2015/1, p. 33, obs. Libchaber ; *D.* 2014, p. 1574, note Tadros et p. 1715, chron. Guyon-Renard ; *AJF* 2014, p. 509, obs. Vernières ; *JCP* 2014, n° 960, note Antippas ; *Gaz. Pal.* 16 oct. 2014, n° 289, p. 8, obs. Houtcieff ; *Defrénois* 15 oct. 2014, n° 19, p. 1019, obs. Seube (l'offre qui n'est pas assortie d'un délai est caduque par le décès de celui dont elle émane avant qu'elle ait été acceptée). – *Contra* ▪ Cass. 3e civ., 9 nov. 1983, n° 82-12.996 : *JurisData* n° 1983-702391 ; *Bull. civ.* III, n° 222, p. 168 ; *RTD civ.* 1985, 154, obs. Mestre. Dès lors que les promettants se sont engagés à maintenir leur offre jusqu'à une date déterminée, le décès de l'un d'eux n'a pu rendre leur offre caduque (▪ Cass. 3e civ., 10 déc. 1997, n° 95-16.461 : *JurisData* n° 1997-004975 ; *JCP* 98, IV, 1240 ; *Bull. civ.* III, n° 223, p. 150 ; *Defrénois* 1998, 336, obs. D. Mazeaud ; *D.* 1999, somm. 9, obs. Brun. ▪ Cass. 1re civ., 25 juin 2014, n° 13-16.529, préc., *a contrario*).

24) Décès du destinataire. Après avoir relevé que la lettre constituait seulement une offre de vente s'analysant en une obligation non point de donner mais de faire et à laquelle son destinataire n'avait pas donné suite avant son décès, c'est à bon droit que la cour d'appel a retenu qu'aucune créance mobilière ni aucun droit susceptible, comme dans l'hypothèse d'une promesse unilatérale de vente, d'être transférée à ses ayants droit, n'étaient entrés dans son patrimoine (▪ Cass. 1re civ., 5 nov. 2008, n° 07-16.505 : *JCP* N 2009, 1001, n° 2, obs. S. Piedelièvre ; *Dr. et patrimoine* 2009, n° 183, p. 84, Stoffel-Munck et Aynès ; *D.* 2010, p. 224, obs. Amrani-Mekki).

25) Révocation de l'offre. L'offre peut être révoquée tant qu'elle n'a pas été acceptée (▪ Cass. civ., 3 févr. 1919 : *DP* 1923, 1, 126. ▪ Colmar, 27 mars 1980 : *JCP* 1981, IV, 390.▪ Aix-en-Provence, 13 janv. 1983 : *JCP* 1984, II, 20198, note Givord), sans que le pollicitant soit tenu de faire notifier une mise en demeure au destinataire (▪ Cass. 3e civ., 5 mai 1976, n° 74-14.978 : *JurisData* n° 1976-098191 ; *JCP* 1976, IV, 208 ; *Bull. civ.* III, n° 191, p. 149), mais il en va autrement si l'auteur de l'offre s'est engagé expressément à ne pas la retirer avant une certaine époque (▪ Cass. 3e civ., 10 mai 1968, 2 arrêts : *Bull. civ.* III, n° 209, p. 161. – Dans le même sens, V. ▪ Cass. 3e civ., 7 mai 2008, n° 07-11.690 : *JCP* 2008, I, 179, obs. Serinet ; *Contrats, conc. consom.* 2008, 194, note Leveneur ; *LPA* 2008, n° 40, p. 6, note Juillet ; *D.* 2008, p. 2965, obs. Amrani-Mekki ; *RTD civ.* 2008, p. 474, obs. Fages ; *RDC* 2008/4, p. 1109, obs. Genicon : viole l'article 1134 du Code civil, la cour d'appel qui, retenant la validité de la rétractation de l'offre d'achat, fait droit à la demande de restitution de la somme versée par l'offrant à titre de dépôt de garantie (sur cet arrêt, v. encore Mathieu-Izorche, *L'irrévocabilité de l'offre de contrat* : *D.* 2009, p. 440). L'engagement peut même être implicite (▪ Cass. 1re civ., 17 déc. 1958 : *D.* 1959, 33. ▪ Cass. 3e civ., 10 mai 1972, n° 70-14.493 : *JurisData* n° 1972-098298 ; *Bull. civ.* III, n° 297, p. 214). L'offre faite par correspondance doit être maintenue pendant un délai raisonnable (▪ Paris, 12 juin 1869 : *DP* 1870, 2, 6, et, sur pourvoi, ▪ Cass. req., 28 févr. 1870 : *DP* 1871, 1, 61. ▪ Cass. 3e civ., 20 mai 1992, n° 90-17.647 : *JurisData* n° 1992-001246 ; *D.* 1993, 493, note Virassamy ; *RTD civ.* 1993, 345, obs. Mestre. Pour l'admission d'un délai de cinq semaines pour une société destinataire d'une offre de vente mentionnant « réponse immédiate souhaitée », V. ▪ Cass. 3e civ., 25 mai 2005, n° 03-19.411 : *Contrats, conc. consom.* 2005, 166, note Leveneur ; *RDC* 2006/2, p. 311, obs. Mazeaud ; *JCP* 2005, I, 172, n° 1, obs. Grosser ; *D.* 2005, somm. 2837, obs. Mekki ; *RTD civ.* 2005, 772, obs. Mestre et Fages. – Rappr., imposant aux juges du fond de rechercher si l'acceptation était intervenue dans le délai raisonnable nécessairement contenu dans toute offre de vente non assortie d'un délai précis, ▪ Cass. 3e civ., 20 mai 2009, n° 08-13.230 : *Bull. civ.* III, n° 118 ; *RDC* 2009/4, p. 1325, obs. Laithier. – Mais comp., ▪ Cass. 3e civ., 17 sept. 2014, n° 13-21.824 : *Bull.* ; *RDC* 2015/1, p. 53, obs. Quézel-Ambrunaz et Le Bourg ; *D.* 2015, p. 529, obs. Amrani-Mekki et Mekki qui juge que l'offre de vente résultant d'une déclaration d'intention d'aliéner constitue jusqu'à son acceptation par le titulaire du droit de préemption une simple pollicitation qui peut être rétractée unilatéralement).

Sur cette question, V. encore J. Antippas, *De la bonne foi précontractuelle comme fondement de l'obligation de maintien de l'offre durant le délai indiqué* : *RTD civ.* 2013, p. 27. – C. Grimaldi, *La durée de l'offre* : *D.* 2013, p. 2871. – C. Atias, *L'irrévocabilité relative de l'acte unilatéral* : *D.* 2013, p. 1765.

26) Sanction de la révocation abusive. Sur le principe que la révocation abusive de l'offre est sanctionnée par des dommages-intérêts, V. ▪ Cass. soc., 22 mars 1972 : *JurisData* n° 1972-096243 ; *D.* 1972, 468. ▪ Paris, 14 janv. 1947 : *D.* 1947, 171. – Comp. ▪ Cass. 3e civ., 7 mai 2008, n° 07-11.690, préc.

27) Congé pour vendre valant offre (L. 1989). Les effets du congé avec offre de vente délivré par anticipation doivent être reportés à la date pour laquelle le congé aurait dû être donné et le propriétaire est lié par son offre de vente jusqu'à l'expiration des deux premiers mois du délai de préavis. Dès lors, viole l'article 15-II de la loi du 6 juillet 1989 une cour d'appel qui retient que l'offre de vente incluse dans le congé ne devenait irréfragable qu'à compter du sixième mois précédant la fin du bail et que le bailleur pouvait, jusqu'à cette date, la modifier, en l'absence de toute acceptation du preneur (■ Cass. 3e civ., 10 déc. 2008, n° 07-15.386 : *Bull. civ.* III, n° 202 ; *RDC* 2009/2, p. 616, obs. Seube).

28) Caducité de l'offre. Seul l'offrant peut se prévaloir d'un délai d'expiration de l'offre (■ Cass. soc., 30 mai 2018, n° 17-10.888 : *JCP G* 2018, 782, n° 1, Loiseau ; *RTD civ.* 2018, p. 652, Barbier).

29) Droit de préemption. Intention d'aliéner assimilée à une offre. L'offre de vente résultant d'une déclaration d'intention d'aliéner constitue jusqu'à son acceptation par le titulaire du droit de préemption une simple pollicitation qui peut être rétractée unilatéralement (■ Cass. 3e civ., 17 sept. 2014, n° 13-21.824 : *Bull.* ; *RDC* 2015/1, p. 53, obs. Quézel-Ambrunaz et Le Bourg ; *D.* 2015, p. 529, obs. Amrani-Mekki et Mekki).

30) Nullité de l'offre. La nullité peut affecter une simple offre de contracter, V. ■ Cass. 3e civ., 24 mai 2000, n° 98-16.132 : *JurisData* n° 2000-002120 ; *RTD civ.* 2000, p. 824, obs. Mestre et Fages ; *Defrénois* 2000, art. 37270, obs. Mazeaud ; *JCP* 2001, II, 10494, note Duvert. ■ Cass. 3e civ., 17 déc. 2008, n° 07-15.943. ■ Cass. 3e civ., 18 févr. 2009, n° 08-11.615.

III – ACCEPTATION

31) Délai de l'acceptation. L'acceptation doit intervenir avant l'expiration du délai raisonnable contenu implicitement dans l'offre (■ Cass. 3e civ., 8 févr. 1968 : *JCP* 1968, IV, 42 ; *Bull. civ.* III, n° 52, p. 44. ■ Cass. 3e civ., 20 mai 2009, n° 08-13.230 : *Bull. civ.* III, n° 118 ; *RDC* 2009/4, p. 1325, obs. Laithier), à défaut de quoi l'offre devient caduque (■ TGI Paris, 12 févr. 1980 : *D.* 1980, inf. rap. 261, obs. Ghestin).

32) Silence. En principe, le silence ne vaut pas acceptation (■ Cass. civ., 25 mai 1870 : *DP* 1870, I, 257. ■ Cass. com., 6 avr. 1965 : *Bull. civ.* III, n° 264, p. 236. ■ Cass. com., 9 mars 1982, n° 80-17.046 : *JurisData* n° 1982-701284 ; *Bull. civ.* IV, n° 95, p. 85. ■ Cass. 1re civ., 16 avr. 1996, n° 94-13.803 : *JCP* 1996, IV, 1366 ; *Bull. civ.* I, n° 181, p. 126 ; *Defrénois* 1996, 1011, obs. Delebecque), à moins que l'offre ne soit faite dans l'intérêt exclusif du destinataire (■ Cass. *req., 29 mars 1938 : DP 1939, 1, 5,* note Voirin. ■ Cass. 1re civ., 1er déc. 1969 : *JCP* 1970, II, 16445, note Aubert. ■ Colmar, 27 mars 1980 : *JCP* 1981, IV, 390). – Pour le cas d'une offre que le destinataire n'avait aucun intérêt à refuser, V. ■ Cass. com., 18 janv. 2011, n° 09-69.831 : *Bull.*, n° 3 ; *RDC* 2011/3, p. 789, obs. Laithier ; *JCP* 2011, p. 952, obs. Loiseau ; *D.* 2012, p. 459, obs. Amrani-Mekki et Mekki ; *Rev. sociétés* 2011, p. 717, note Pasqualini ; *Bull. Joly Sociétés* 2011, n° 6, p. 50, note Helleringer) ou que les usages fassent obligation à celui-ci d'exprimer un refus (V. en matière commerciale ■ Cass. req., 22 mars 1920 : *S.* 1920, 1, 208. – V. aussi pour la réception sans protestation d'un avis d'opéré en matière bancaire ■ Cass. com., 9 déc. 1986, n° 85-15.649 : *Bull. civ.* IV, n° 234, p. 203. Comp. pour une convention d'assistance ■ Cass. soc., 21 juill. 1986, n° 84-11.626 : *Bull. civ.* V, n° 421, p. 320). ou bien encore que l'offre soit conforme aux relations habituelles des parties (■ Cass. com., 15 mars 2011, n° 10-16.422 : *RDC* 2011/3, p. 795, obs. Th. Genicon). Si le silence ne vaut pas à lui seul acceptation, il n'en est pas de même lorsque les circonstances permettent de donner à ce silence la signification d'une acceptation (■ Cass. 1re civ., 24 mai 2005, n° 03-13.534 : *JurisData* n° 2005-028528 ; *D.* 2006, 1025, note Bensamoun ; *Contrats, conc. consom.* 2005, 165, note Leveneur ; *Bull. civ.* I, n° 223, p. 189 ; *RTD civ.* 2005, 588, obs. Mestre et Fages. ■ Cass. 1re civ., 28 févr. 2008, n° 06-12.349 : *RDC* 2008/3, p. 709, obs. Genicon, à propos de l'acceptation d'une clause fixant un délai d'exécution, ■ Cass. 1re civ., 4 juin 2009, n° 08-14.481 : *Bull. civ.* III, n° 113 ; *RDC* 2009/4, p. 1330, obs. Genicon ; *LEDC* 2009, p. 5, obs. O. Deshayes ; *D.* 2009, p. 2137, note F. Labarthe ; *D.* 2010, p. 224, obs. Amrani-Mekki ; *RTD civ.* 2009, 530, obs. Fages, qui juge que le silence gardé par le nouveau prestataire reprenant le contrat, au moment de la tacite reconduction de ce contrat, sur les anciennes conditions tarifaires dont il a été dûment avisé vaut acceptation de celles-ci ■ Cass. com., 18 janv. 2011, n° 09-69.831 : *Bull.*, n° 3 ; *RDC* 2011/3, p. 789, obs. Laithier ; *D.* 2012, p. 459, obs. S. Amrani Mekki et M. Mekki ; *Rev. sociétés* 2011, p. 717, note Pasqualini ; *JCP* 2011, 952, obs. Loiseau, qui juge que l'engagement pris par une personne de verser une certaine somme d'argent pour permettre à une société de présenter un plan de redressement est une circonstance donnant au silence du destinataire la signification d'une acceptation). L'exécution du contrat en pleine connaissance de cause peut valoir acceptation (■ Cass. com., 25 juin 1991, n° 90-14.404 : *JurisData* n° 1991-001718 ; *Bull. civ.* IV, n° 234, p. 164). Mais la société qui reçoit sans protester les factures destinées à des commerçants à qui elle a accordé sa franchise ne peut être condamnée à payer lesdites factures en l'absence d'une manifestation de volonté de sa part de les régler (■ Cass. com., 3 juill. 1990, n° 87-20.028 : *JurisData* n° 1990-701970 ; *Bull. civ.* IV, n° 201, p. 139). Si, aux termes de l'article L. 112-2 du Code des assurances, la proposition de l'assuré, faite par lettre recommandée, de modifier un contrat d'assurance est considérée comme acceptée si l'assureur ne refuse pas cette proposition dans les dix jours après qu'elle lui est parvenue, cet acquiescement tacite de l'assureur ne peut s'étendre aux demandes de l'assuré tendant à obtenir la garantie d'un risque que l'assureur avait refusé, antérieurement, de prendre en charge (■ Cass. 1re civ., 10 janv. 1990, n° 87-13.443 : *JurisData* n° 1990-700017 ; *Bull. civ.* I, n° 1, p. 1). Le fait de ne pas poursuivre l'exécution du contrat au moyen de l'astreinte prévue et le silence conservé pendant plusieurs mois ne sont pas des actes manifestant sans équivoque la volonté de renoncer (■ Cass. 1re civ., 7 mars 2000, n° 97-20.923 : *JurisData* n° 2000-000926 ; *Bull. civ.* I, n° 75, p. 52 ; *Contrats, conc. consom.* 2000, 94, note Leveneur ; *RTD civ.* 2001, 132, obs. Mestre).

33) Acceptation pure et simple. L'offre doit être prise dans son entier et le bénéficiaire d'une promesse ne peut faire son choix dans les éléments de celle-ci pour ne retenir que ceux qui lui sont favorables (■ Cass. soc., 12 nov. 1949 : *Bull. civ.* III, n° 1033, p. 1141). Ainsi, le contrat de bail n'est pas formé si le preneur fixe dans l'acte d'acceptation une date différente de celle contenue dans l'offre pour point de départ du nouveau loyer (■ Cass. 3e civ., 22 avr. 1980 : *JurisData* n° 1980-700081 ; *D.* 1981, inf. rap. 307, obs. Ghestin). Le contrat de vente peut ne pas être considéré comme formé lorsque certaines modalités, ordinairement accessoires, telles que la date de paiement du solde du prix ou la date de prise de possession des lieux ont été tenues par l'une des parties comme des éléments constitutifs de son consentement (■ Cass. 3e civ., 2 mai 1978 : *JurisData* n° 1978-799015 ; *D.* 1979, 317, note Schmidt-Szalewski ; *JCP* 80, II, 19465, note Fieschi-Vivet. – V. aussi ■ Cass. 1re civ., 21 févr. 1979 : *JurisData* n° 1979-700024 ; *JCP* 80, II, 19482, note Fieschi-Vivet).

34) Acceptation avec réserves. Une acceptation avec réserves s'analyse en une contre-proposition (■ Cass. civ., 3 févr. 1919 : *DP* 1923, 1, 126. ■ Cass. 1re civ., 12 mars 1985, n° 84-10.169 : *JurisData* n° 1985-701168 ; *Bull. civ.* I, n° 89, p. 82). Lorsqu'une caution mentionne qu'elle ne s'engage que sous certaines réserves à préciser, les juges du fond doivent rechercher si, dans l'intention de la caution, ces réserves ne portent pas sur l'un des éléments essentiels du contrat (■ Cass. com., 13 mai 1980, n° 78-15.136 : *JurisData* n° 1980-099196 ; *Bull. civ.* IV, n° 196, p. 157).

35) Contrats par correspondance. Dans un contrat conclu par correspondance, la fixation du moment et en conséquence du lieu où le contrat est devenu parfait est généralement une question de fait dont la solution dépend des circonstances de la cause (■ Cass. req., 29 janv. 1923 : *DP* 1923, 1, 176). Jugé que faute de stipulation contraire l'acte est destiné à devenir parfait, non pas par la réception de l'acceptation mais par l'émission de cette acceptation (■ Cass. com., 7 janv. 1981, n° 79-13.499 : *JurisData* n° 1981-700112 ; *Bull. civ.* IV, n° 14, p. 11. V. en ce sens pour la détermination du lieu de conclusion du contrat ■ Cass. soc., 3 mars 1965 : *JurisData* n° 1965-799184 ; *D.* 1965, 492, et pour la date de la déclaration de créance au passif de la liquidation judiciaire effectuée par voie postale ■ Cass. com., 28 janv. 1997, n° 94-21.125 : *JurisData* n° 1997-000319 ; *JCP* 97, IV, 622 ; *Bull.* IV, n° 30, p. 27. Voir cependant, admettant la caducité de l'offre d'achat au motif que l'acceptation du vendeur n'a pas été portée en temps utile à la connaissance du candidat acquéreur, ■ TGI Paris, 12 févr. 1980 : *D.* 1980, inf. rap. 261, obs. Ghestin). Mais jugé aussi que l'offrant peut retirer son offre jusqu'à la réception de l'acceptation (■ Cass. 1re civ., 21 déc. 1960 : *D.* 1961, 417, note Malaurie. ■ Cass. 3e civ., 17 sept. 2014, n° 13-21.824, préc., qui juge que l'offrant a pu rétracter efficacement son offre car il l'avait fait avant que le destinataire de l'offre ne lui signifie son intention d'acquérir). Ayant constaté que l'offrant avait adressé à son client un courrier transmis par courriel le 17 décembre 2008 portant la mention « annule et remplace notre courrier du 12 décembre 2008 », complété d'un autre courriel du même jour expliquant l'erreur commise dans la première offre, la cour d'appel a, dans l'exercice de son pouvoir souverain d'appréciation, considéré que le client avait eu connaissance du projet d'avenant rectifié avant qu'il fasse connaître son accord, ce qui empêchait l'acceptation de la première offre de former le contrat (■ Cass. 1re civ., 16 janv. 2013, n° 11-28.235 : *RDC* 2013/2, p. 516, obs. Th. Genicon).

V. L. Grynbaum, *Contrats entre absents : les charmes évanescents de la théorie de l'émission de l'acceptation* : *D.* 2003, 1706.

Art. 1110 ancien *(Abr. à compter du 1er octobre 2016, Ord. n° 2016-131, 10 févr. 2016).* – **L'erreur n'est une cause de nullité de la convention que lorsqu'elle tombe sur la substance même de la chose qui en est l'objet.**

Elle n'est point une cause de nullité, lorsqu'elle ne tombe que sur la personne avec laquelle on a intention de contracter, à moins que la considération de cette personne ne soit la cause principale de la convention.

NB : Rappr. art. 1132, 1133, 1134, p. 817.

Bibliographie : J. Ghestin et Y.-M. Serinet, *Rép. civ. Dalloz, V° Erreur.* ● G. Vivien, *De l'erreur déterminante et substantielle : RTD civ.* 1992, p. 305.

• *Sommaire*

I – DOMAINE DE LA NULLITÉ POUR ERREUR

1) Actes unilatéraux. La nullité pour erreur est applicable aux actes unilatéraux, par exemple à une renonciation à succession (▪ Cass. civ., 24 mai 1948 : *JCP* 49, II, 4569, note C. B.), ou à communauté (▪ Cass. 1re civ., 9 févr. 1970 : *JurisData* n° 1970-000047 ; *JCP* 71, II, 18806, note Dagot et Spitéri).

2) Partage. Sur l'erreur en matière de partage, voir sous art. 887, annot. n° 1, p. 700.

A – Erreur sur la substance

3) Définition. L'erreur doit être considérée comme portant sur la substance de la chose lorsqu'elle est de telle nature que, sans elle, l'une des parties n'aurait pas contracté (▪ Cass. civ., 28 janv. 1913 : S. 1913, 1, 487). V. Ph. Malinvaud, *De l'erreur sur la substance* : *D.* 1972, chron. 215.

4) Erreur-obstacle. Ayant retenu que les parties étaient en désaccord sur la nature réelle de la chose vendue, la cour d'appel qui a fait ressortir qu'elles n'avaient pas accordé leur volonté sur le même objet, a pu déclarer nul le contrat de vente du fichier de clientèle (▪ Cass. com., 15 avr. 2008, n° 07-12.645 : *RDC* 2008/3, p. 716, obs. Genicon. ▪ Cass. 3e civ., 21 mai 2008, n° 07-10.772 : *Bull. civ.* III, n° 92 ; *Contrats, conc. consom.* 2008, 224, note Leveneur ; *D.* 2008, p. 2965, obs. Fauvarque-Cosson et Amrani-Mekki ; *RDC* 2008/3, préc., pour des omissions et inexactitudes dans l'acte de vente ayant eu des conséquences importantes sur la définition des biens vendus et faisant obstacle à la rencontre des consentements). Comp. ▪ Cass. 2e civ., 8 oct. 2009, n° 08-18.928 : *Bull. civ.* II, n° 239 ; *RDC* 2010/1, p. 39, obs. Genicon ; *JCP* 2009, n° 51, 574, obs. Serinet, qui juge à propos de la souscription d'un contrat d'assurance vie que, même à admettre que l'assuré avait fait une erreur de choix de placement, cette erreur ne pouvait s'analyser en une erreur sur la substance de ce placement, tout comme ne constitue pas une erreur sur la substance du contrat le fait que l'assuré n'ait pas perçu l'économie de celui-ci).

Sur l'**indifférence du caractère inexcusable** de l'erreur-obstacle, voir sous art. 1110 ancien, annot. n° 46, p. 1049.

Sur le **caractère relatif de la nullité pour erreur obstacle**, V. ▪ Cass. 3e civ., 26 juin 2013, n° 12-20.934 : *Bull.* ; *RDC* 2013/4, p. 1299, note Th. Genicon ; *D.* 2013, chron. C. cass., p. 2544, obs. Guillaudier ; *D.* 2014, p. 630, obs. Amrani-Mekki et Mekki ; *Dr. et patr.* 2014, n° 234, p. 53, obs. Aynès et Stoffel-Munck ; *G. P.* 2013, nos 282-283, p. 15, obs. Houtcieff (Une cour d'appel qui retient que l'erreur sur l'objet de la vente ne porte pas atteinte à l'intérêt général en déduit exactement que l'action en nullité du contrat est, s'agissant d'une nullité relative, soumise à la prescription quinquennale de l'article 1304 du Code civil).

5) Domaine. L'erreur sur la substance peut être cause de nullité dans tous les contrats. Pour une cession de droits successifs, v. ▪ Cass. civ., 17 nov. 1930 : *DP* 1932, 1, 161, note Laurent. Pour une vente de jument dans une course « à réclamer », V. ▪ Cass. 1re civ., 5 févr. 2002 : *JCP* 2003, II, 10175, note Lièvremont ; *JurisData* n° 2002-012807 ; *Bull. civ.* I, n° 38, p. 31 (ignorance de l'état de gestation de la jument par des acquéreurs ayant eu l'intention d'acquérir une pouliche de course et non une jument de reproduction). Pour le cautionnement, voir sous art. 2288, annot. n° 24 et s., p. 1712.

6) Substance d'un contrat de prêt. Jugé qu'un prêt était nul pour erreur du prêteur sur la substance même de la chose, à savoir la bonne foi du cocontractant et l'exactitude des éléments patrimoniaux fournis, éléments déterminants de l'octroi du crédit (▪ Cass. 1re civ., 27 juin 2018, n° 17-15.039 : *RTD civ.* 2018, p. 657).

1° Erreur sur les qualités substantielles

7) Notion de qualité substantielle. L'erreur sur la substance s'entend non seulement de celle qui porte sur la matière même dont la chose est composée mais aussi et plus généralement de celle qui a trait aux qualités substantielles en considération desquelles les parties ont contracté (▪ Rouen, 19 mars 1968 : D. 1969, 211). Dans la vente, l'erreur entraîne la nullité si elle porte sur la qualité de la chose vendue prise en considération, et dont l'absence, si elle avait été connue, aurait mis obstacle à la conclusion du contrat (▪ Cass. com., 20 oct. 1970, n° 69-12.258 : *JCP* 71, II, 16916, note Ghestin).

8) Cession d'actions. Pour une erreur portant sur les qualités substantielles d'actions cédées, V. ▪ Cass. com., 1er oct. 1991, n° 89-13.967 : *JurisData* n° 1991-002464 ; *JCP* 92, II, 21859 ; *JCP* E 92, II, 278 et *JCP* N, II, 414, note Viandier ; *D.* 1992, 190, note Virassamy. – V. aussi ▪ Paris, 24 févr. 1995 : *JurisData* n° 1995-020144 ; *JCP* 95, I, 3865, n° 1, obs. Viandier et Caussain. ▪ Cass. com., 7 févr. 1995, n° 93-14.257 : *JurisData* n° 1995-004474 ; *D.* 1996, 50, note Blasselle ; *RTD civ.* 1995, 878, obs. Mestre. ▪ Cass. com., 17 oct. 1995, n° 92-21.552 : *JurisData* n° 1995-002555 ; *JCP* 95, IV, 2585 ; *Bull.* IV, n° 244, p. 225 ; *D.* 1996, 167, note Paillusseau ; *RTD civ.* 1996, 148, obs. Mestre ; *Defrénois* 1996, 245, obs. Le Cannu. ▪ Cass. com., 18 févr. 1997, n° 95-12.617 : *JurisData* n° 1997-000673 ; *JCP* 97, I, 4056, n° 5, obs. Loiseau ; *Bull. civ.* IV, n° 55, p. 49.

9) Vente immobilière. Le défaut de contenance d'un immeuble devient une qualité substantielle s'il rend l'immeuble impropre à la destination, connue des parties, en vue de laquelle il a été acquis (▪ Cass. civ., 23 nov. 1931 : *DP* 1932, 1, 129, note Josserand. V. en ce sens pour le caractère constructible d'un terrain ▪ Cass. 1re civ., 1er juin 1983, n° 82-10.749 : *JurisData* n° 1983-701114 ; *JCP* N 83, II, 289, 2e esp., note Bouyssou. ▪ Cass. 3e civ., 21 juin 1995, n° 92-16.671 : *Contrats, conc. consom.* 1995, 197, note Leveneur. ▪ Orléans, 18 janv. 1895 : *DP* 1895, 2, 417. Comp. pour un acheteur croyant à tort acquérir une propriété d'un seul tenant ▪ Cass. 3e civ., 1er févr. 1995, n° 92-16.729 : *Bull.* III, n° 36, p. 23 ; *RTD civ.* 1995, 879, obs. Mestre ; *RD imm.* 1996, 79, obs. Groslière et Saint-Alary-Houin, relevant que les parties n'ont pas accordé leur volonté sur le même objet).

10) Constructibilité du terrain. Il importe peu qu'au moment de la vente le terrain se présente comme constructible dès lors que le certificat d'urbanisme, par suite de son annulation postérieure, est réputé n'avoir jamais existé (▪ Cass. 1re civ., 1er juin 1983, préc.). Mais refusant la nullité pour erreur dans le cas d'un retrait de permis de construire rendant, après coup, le terrain inconstructible (▪ Cass. 3e civ., 23 mai 2007, n° 06-11.889 : *JurisData* n° 2007-038938 ; *Contrats, conc. consom.* 2007, 231, note Leveneur. ▪ Cass. 3e civ., 24 nov. 2016, n° 15-26.226 : *Defrénois* 2017, 240, Seube ; *RTD civ.* 2017, 126, Barbier). Pourtant, V. ▪ Cass. 3e civ., 28 janv. 2009, nos 07-20.729 et 07-20.736 : *JCP* 2009, I, 138, obs. Serinet, approuvant une cour d'appel d'avoir accueilli la nullité pour erreur sur les qualités substantielles du terrain à construire en relevant que les caractéristiques du bien relatives à la constructibilité et à son environnement avaient été déterminantes de la décision d'achat et que les acheteurs n'avaient pas pu prendre en compte le risque réel encouru du fait de l'arrêté révélé par une requête en annulation du permis de construire, l'issue du procès en cours devant le tribunal administratif important peu s'agissant d'un vice du consentement. V. aussi ▪ Cass. 3e civ., 12 juin 2014, n° 13-18.446 : *Bull.* ; *RDC* 2014/4, p. 59, note Laithier ; *D.* 2015, p. 529, obs. Amrani-Mekki et Mekki ; *Defrénois* 2014, n° 19, p. 1019, obs. Lécuyer et Seube ; *Defrénois* 2015, n° 2, p. 5, note Chardeaux ; *Dr. et patrimoine* 2015, n° 243, p. 57, obs. Stoffel-Munk ; *LPA* 7 oct. 2014, n° 200, p. 15, note Casu ; *RTD civ.* 2014, p. 880 (ayant relevé que la constructibilité immédiate du terrain était un élément déterminant du consentement des acquéreurs et constaté que le risque lié à la présence d'une cavité souterraine existait à la date de la vente, la cour d'appel a pu en déduire que la décision de retrait du permis n'avait fait que prendre en compte la réalité de ce risque empêchant les acquéreurs de construire et que la vente était nulle). V. encore ▪ Cass. 3e civ., 13 nov. 2014, n° 13-24.027 : *D.* 2015, p. 60, note Rouvière et p. 529, obs. Amrani-Mekki et Mekki ; *Defrénois* 2015, n° 2, p. 5, note Chardeaux (ayant relevé que les acquéreurs ne pouvaient ignorer l'enquête publique et avaient accepté d'acquérir en toute connaissance de cause un terrain partiellement inondable, donc partiellement inconstructible et exactement retenu qu'ils ne pouvaient invoquer une décision administrative postérieure à la vente classant le terrain intégralement en zone inconstructible pour justifier leur demande d'annulation du contrat pour erreur sur la substance, l'extension de l'inconstructibilité à toute la surface du terrain et le refus de délivrance du permis de construire n'étant pas inéluctables au jour de la vente, la cour d'appel a, par ces seuls motifs, légalement justifié sa décision de rejeter l'action en nullité pour erreur). Sur cette question, V. F. Rouvière, *Le moment d'appréciation de l'erreur* : *D.* 2014, p. 1782.

11) Erreur sur le prix. L'erreur sur le prix peut être cause de nullité lorsqu'elle résulte d'une confusion entre les francs anciens et les nouveaux francs (▪ Cass. com., 14 janv. 1969, n° 67-10.920 : *D.* 1970, 458, note Pédamon. ▪ Cass. com., 17 juin 1970, n° 69-12.984 : *JCP* 70, II, 16504), ou de l'indication par inadvertance d'un prix erroné (▪ Cass. 3e civ., 23 janv. 1970, n° 68-14.331 : *Gaz. Pal.* 1970, 1, 210. ▪ TGI Pau, 7 janv. 1982 : *JurisData* n° 1982-000404 ; *JCP* 83, II, 19999, note Coiret. Comp. ▪ Paris 15 sept. 1995 : *JurisData* n° 1995-023581 ; *RTD civ.* 1996, 148, obs. Mestre, erreur matérielle dans l'indication du prix), ou d'un malentendu fondamental sur le prix à l'unité (▪ Cass. 1re civ., 28 nov. 1973, n° 72-12.521 : *JurisData* n° 1973-000327 ; *D.* 1975, 21, note Rodière). Mais jugé qu'il entre dans la compétence d'un marchand de biens, professionnel de la vente, de savoir déterminer et contrôler la conversion d'un prix négocié en francs, en euros, ce qui devait conduire les juges du fond à écarter la nullité de la vente d'un immeuble pour erreur sur le prix (▪ Cass. 3e civ., 4 juill. 2007, n° 06-15.881 : *D.* 2007, p. 2847, note Rias et p. 2966, obs. Amrani-Mekki et Fauvarque-Cosson). V. A. Lebois, *Erreur d'étiquetage et erreur sur le prix* : *Contrats, conc. consom.* 2002, chron. 19.

12) Vente d'automobiles. Peut être cause de nullité l'erreur sur l'année de sortie d'un véhicule automobile (■ Paris, 12 déc. 1967 : *Gaz. Pal.* 1968, 2, somm. 7. – Voir cependant pour un véhicule de collection ■ Paris, 23 sept. 1988 : *JurisData* n° 1988-025047 ; *RTD civ.* 1989, 741, obs. Mestre), sur son état mécanique (■ Paris, 1er mars 1975 : *JCP* 75, IV, 318), ou sur son kilométrage même en présence de la clause de non-garantie du kilométrage, imposée par l'article 2 *ter* du décret n° 78-993 du 4 octobre 1978 (■ Cass. com., 29 nov. 2016, n° 15-17.497 : *RTD civ.* 2017 127, Barbier).

13) Authenticité des œuvres d'art. Sur cette question, V. F. Labarthe, *Dire l'authenticité d'une œuvre d'art* : *D.* 2014, p. 1047. L'authenticité d'une œuvre d'art est généralement une qualité substantielle (■ Cass. 1re civ., 23 févr. 1970 : *D.* 1970, 604, note Étesse. ■ Lyon, 18 mars 1931 : *DP* 1933, II, 25, note Waline. ■ Paris, 7 déc. 1976 et, sur pourvoi, ■ Cass. 1re civ., 24 janv. 1979, n° 77-11.519 : *JurisData* n° 1979-000034 ; *Bull. civ.* I, n° 34, p. 29. V. J.-M. Trigeaud : *RTD civ.* 1982, 55), spécialement pour les ventes publiques sur catalogue contenant certification de l'expert (■ Paris, 25 févr. 1994 : *JurisData* n° 1994-020761 ; *D.* 1994, somm. 233, obs. Tournafond). Il en résulte que l'acheteur peut obtenir la nullité de la vente s'il établit qu'il a contracté dans la conviction erronée que l'œuvre était authentique (■ Cass. 1re civ., 23 déc. 1970, préc. V. aussi pour un « tableau-piège » ■ Cass. 1re civ., 5 févr. 2002 : *JCP* 2002, I, 148, n° 7, obs. Serinet ; II, 10193, note Crevel ; *JurisData* n° 2002-012947 ; *Bull. civ.* I, n° 46, p. 36 ; *Defrénois* 2002, 761, obs. Savaux, et, sur nouveau pourvoi, ■ Cass. 1re civ., 15 nov. 2005, n° 03-20.597 : *JurisData* n° 2005-030716 ; *JCP* 2005, II, 10092, note Ickowicz ; *D.* 2006, p. 1116 ; *Contrats, conc. consom.* 2006, comm. 23, note Leveneur ; *D.* 2006, p. 1116, note Tricoire ; mais V. pour une attribution non douteuse à Van Gogh ■ Cass. 1re civ., 25 mai 2004 : *JCP* 2004, IV, 2464 ; *JurisData* n° 023790), et que le vendeur est fondé de son côté à agir en nullité s'il a cru faussement au défaut d'authenticité (V. dans l'affaire Poussin ■ Cass. 1re civ., 22 févr. 1978, n° 76-11.551 : *JurisData* n° 1978-700074 ; *D.* 1978, 601, note Malinvaud. ■ Cass. 1re civ., 13 déc. 1983, n° 82-12.237 : *JurisData* n° 1983-702454 ; *JCP* 84, II, 20186, concl. Gulphe ; *D.* 1984, 340, note Aubert. ■ Versailles, 7 janv. 1987 : *JurisData* n° 1987-040155 ; *JurisData* n° 1987-600094 ; *D.* 1987, 485, note Aubert ; *JCP* 88, II, 21121, note Ghestin. V. aussi pour une toile du même peintre ■ Cass. 1re civ., 17 sept. 2003 : *JurisData* n° 2003-020163 ; *JCP* 2004, I, 123, n° 1, obs. Serinet ; *Contrats, conc. consom.* 2004, 2, note Leveneur ; *Bull. civ.* I, n° 183, p. 142 ; *RTD civ.* 2005, 123, obs. Mestre et Fages. V. encore, ■ Cass. 1re civ., 28 oct. 2015, n° 14-17.893 : *Contrats, conc. consom.* 2016, n° 1, note L. L.). Mais la solution n'est pas automatique. Ainsi, le négociant professionnel qui acquiert pour un prix modique une statuette « très restaurée » assume un risque qui lui interdit d'obtenir la nullité de la vente lorsque des analyses postérieures révèlent que la statuette n'est pas intégralement authentique (■ Cass. 1re civ., 31 mars 1987, n° 85-11.877 : *JurisData* n° 1987-000638 ; *Bull. civ.* I, n° 115, p. 86). La vente d'un tableau « attribué à Fragonard » ne saurait non plus être annulée au motif que le vendeur aurait à tort cru que le tableau n'était pas authentique, dès lors que l'aléa sur l'authenticité de l'œuvre, accepté de part et d'autre, est entré dans le champ contractuel (■ Cass. 1re civ., 24 mars 1987, n° 85-15.736 : *Bull. civ.* I, n° 105, p. 78 ; *D.* 1987, 489, note Aubert ; *JCP* 89, II, 21300, note Vieville-Miravete. V. pour un bronze ■ Paris, 15 nov. 1990 : *D.* 1991, somm. 160, obs. Tournafond. – Comp. pour l'aléa, accepté par l'acquéreur professionnel, tenant à la qualité du terrain, ■ Riom, 10 mai 1988 : *JurisData* n° 1988-048737 ; *RTD civ.* 1989, 740, obs. Mestre). Mais il n'y a aucun aléa dans l'esprit de l'acquéreur lorsque le vendeur affirme que le tableau hollandais est d'époque baroque, et cet acquéreur peut invoquer une erreur sur les qualités substantielles s'il s'avère que l'œuvre est un pastiche d'une œuvre ancienne (■ Paris, 24 sept. 1987 : *JurisData* n° 1987-025961 ; *D.* 1987, inf. rap. 214. Comp. ■ Cass. 1re civ., 16 oct. 2008, n° 07-12.147 : *Bull. civ.* I, n° 232 ; *JCP* 2009, II, 10015, note Barbièri, qui refuse d'admettre une erreur ou un dol en présence d'une copie tardive d'un tableau original attribué au Parmesan sans qu'ait été révélé qu'il s'agissait d'une simple reprise, dès lors que l'œuvre avait simplement été présentée comme étant une œuvre de l'École française vers 1600 et que l'acheteur avait exprimé sa volonté d'acquérir cette œuvre telle qu'elle avait été présentée). – V. aussi ■ Cass. 1re civ., 28 mars 2008, n° 06-10.715 : *Bull. civ.* I ; *RDC* 2008/3, p. 727, note Laithier ; *JCP* 2008, II, 10101, note Serinet ; *D.* 2008, p. 1866, note Treppoz ; *Defrénois* 2008, art. 38838-3, p. 1958, obs. Libchaber ; *Contrats, conc. consom.* 2008, 175, note Leveneur ; *D.* 2008, p. 2965, obs. Fauvarque-Cosson et Amrani-Mekki (pour rejeter la demande en nullité de la vente d'un tableau [portait de Claude Monet par John Singer Sargent] et de la transaction subséquente pour erreur sur la substance, l'arrêt attaqué énonce que le doute apparu sur la paternité justifiait l'acceptation par le vendeur de rembourser la moitié du prix à l'acquéreur ; qu'en confirmant la vente intervenue alors que l'attribution à Sargent était incertaine, les parties étaient convenues de ne pas faire de cette attribution une qualité substantielle du bien et qu'ayant accepté l'aléa sur l'auteur du tableau objet de la vente le vendeur ne pouvait prétendre avoir contracté dans la conviction erronée que le tableau ne pouvait pas être de la main de Claude Monet, l'attribution à ce peintre, intervenue postérieurement, n'étant en rien exclue. En se déterminant ainsi, sans expliquer en quoi la réduction du prix n'était pas exclusive de l'attribution possible du tableau à un peintre d'une notoriété plus grande que celle de Sargent, la cour d'appel n'a pas donné de base légale à sa décision au regard des articles 1109 et 1110 du Code civil). Il appartient aux juges du fond de rechercher si la certitude de l'authenticité de l'œuvre ne constitue pas une qualité substantielle et si l'acquéreur n'a pas contracté dans la conviction erronée de cette authenticité (▪ Cass. 1re civ., 13 janv. 1998, n° 96-11.223 : *JurisData* n° 1998-000032 ; *JCP* 98, IV, 1453 ; *Bull. civ.* I, n° 17, p. 11 ; *Contrats, conc. consom.* 1998, 59, note Leveneur ; *D.* 1999, somm. 13, obs. Brun ; *D.* 2000, 54, note Laplanche). Jugé que la mise en vente sans réserves d'une œuvre d'art portant une signature constitue une affirmation d'authenticité, ce qui exclut le caractère aléatoire du contrat (▪ Cass. 1re civ., 7 nov. 1995, n° 92-16.695 : *JurisData* n° 1995-002882 ; *JCP* 95, IV, 2770 ; *Bull.* I, n° 401, p. 279 ; *Defrénois* 1996, 1016, obs. D. Mazeaud ; *Resp. civ. et assur.* 1996, 4 ; *RTD civ.* 1997, 113, obs. Mestre). Viole l'article 1110 du Code civil, ensemble l'article 2 du décret n° 81-255 du 3 mars 1981, l'arrêt qui rejette l'action en nullité de la vente aux enchères publiques d'une statue égyptienne présentée dans le catalogue comme une statue datant de 1878-1843 av. J.-C. mais qui s'est avérée, après expertise, être de la période 1850-1720 av. J.-C., au motif que les acquéreurs n'ont pas rapporté la preuve qu'il existerait un doute tel sur l'authenticité de l'œuvre que s'ils l'avaient connu ils n'auraient pas acquis celle-ci ; alors que la référence à la période historique portée, sans réserve expresse, au catalogue n'était pas exacte, ce qui suffisait à provoquer l'erreur invoquée (▪ Cass. 1re civ., 27 févr. 2007, n° 02-13.420 : *JurisData* n° 2007-037657 ; *D.* 2007, p. 1632, note Gautier et p. 2966, obs. Amrani-Mekki et Fauvarque-Cosson ; *JCP* 2007, I, 195, n° 6, obs. Labarthe ; *Contrats, conc. consom.* 2007, 146, note Leveneur. – V. aussi ▪ Cass. 1re civ., 30 oct. 2008, n° 07-17.523 : *Bull. civ.* I, n° 246 ; *D.* 2009, p. 990, note Mauger-Vielpeau, admettant la nullité pour erreur s'agissant d'un meuble d'époque Louis XVI pour lequel le catalogue, insuffisant dans ses mentions, n'avait pas précisé qu'il avait été transformé au XIXe siècle. Mais sur renvoi après cassation, refusant la nullité en écartant l'erreur sur les qualités substantielles : ▪ Paris, 21 sept. 2010 ; *D.* 2011, 141, note Mauger-Vielpeau et ▪ Cass. 1re civ., 20 oct. 2011, n° 10-25.980 : *Bull.*, n° 176 ; *RDC* 2012/1, p. 54, obs. Th. Genicon ; *D.* 2012, p. 76, note F. Labarthe ; *ibid.*, pan. p. 459, obs. S. Amrani Mekki et M. Mekki ; *JCP* 2011, n° 1350, note Serinet ; *Gaz. Pal.* 2011, 3396, note Pagès qui approuve cette dernière décision en s'appuyant sur les constatations et appréciations souveraines des juges du fond selon lesquelles l'installation de la marqueterie incontestée Boulle sur le meuble d'époque Louis XVI et l'estampille C.I. B... constituaient son originalité, les acheteurs s'en étant portés acquéreurs en considération de ces éléments – Comp. ▪ Cass. 1re civ., 16 oct. 2008, préc.). Ayant constaté qu'un catalogue de vente aux enchères publiques, s'il mentionnait bien l'existence d'un décor de scène, n'indiquait pas que l'œuvre mise en vente était seulement une partie de celui-ci et non une œuvre réalisée par l'artiste lui-même, intégrée dans ce décor, que le certificat établi par l'expert, qui précisait qu'il s'agissait d'une création originale avec intervention de la main de l'artiste, n'y était pas reproduit, et qu'il était au contraire indiqué que l'œuvre vendue était un « tableau » ce qui, s'agissant d'une simple partie de châssis de coulisse, était inexact, une cour d'appel a pu en déduire que par leur insuffisance, ces mentions du catalogue avaient entraîné la conviction erronée que l'œuvre en cause était certainement de la main de l'artiste, quand, comme élément d'un décor conçu par celui-ci, elle pouvait ne pas l'être, et a prononcé à bon droit la nullité de la vente pour erreur sur les qualités substantielles de la chose vendue (▪ Cass. 1re civ., 30 sept. 2008, n° 06-20.298 : *Bull. civ.* I, n° 217). Est rejetée à bon droit la demande en nullité de la vente de lettres de Picasso dès lors que si la facture établie lors de la vente n'exprime aucun aléa sur l'authenticité des lettres, elle fait référence explicite à un rapport d'expertise dont il ne résulte que des certitudes partielles et en tout cas relatives (▪ Cass. 1re civ., 20 mars 2001, n° 99-13.177 : *JCP* 2003, II, 10090, note Cesaro). Sur le principe que le doute sur l'authenticité survenu postérieurement à la vente n'est pas susceptible d'engager la responsabilité du vendeur, V. ▪ Cass. 1re civ., 16 avr. 1991, n° 88-20.448 : *JurisData* n° 1991-001184 ; *JCP* 93, II, 21976, note Meau-Lautour. V. J. Ghestin, *L'authenticité, l'erreur et le doute : Études offertes à P. Catala*, Litec 2001, p. 457 ; F. Labarthe, *La valeur contractuelle du catalogue dans les ventes volontaires de meubles aux enchères publiques* : *D.* 2011, p. 1779.

14) Huile et dessin sur papier. Pour l'erreur sur une qualité substantielle résultant du fait qu'une œuvre présentée comme une « peinture », à savoir une « huile sur papier », est en réalité un dessin à l'encre sur papier, V. ▪ Cass. 1re civ., 10 mars 1998, n° 95-21.817 : *JurisData* n° 1998-001081 ; *JCP* 98, IV, 2010 ; *Bull. civ.* I, n° 97, p. 65.

15) Sur la responsabilité du commissaire-priseur. Vis-à-vis de la victime de l'erreur, le commissaire-priseur ou l'expert qui affirme l'authenticité d'une œuvre d'art sans assortir son propos de réserves engage sa responsabilité sur cette assertion (▪ Cass. 1re civ., 3 avr. 2007, n° 05-12.238 :

D. 2007, p. 2288, note Baillet Bouin). Mais il n'est pas tenu de la restitution du prix après l'annulation de la vente, qui pèse sur le seul vendeur (■ Cass. 1re civ., 3 mai 2018, n° 16-13.656 : *Bull. civ.* ; *Contrats, conc. consom.* 2018, comm. 146, Leveneur ; *JCP G* 2018, 666, Sérinet).

16) Contrat d'édition. Authenticité du contenu de l'œuvre. L'authenticité des propos rapportés par un auteur peut être un élément essentiel du contrat d'édition (■ Cass. 1re civ., 11 oct. 1989, n° 88-14.220 : *JurisData* n° 1989-003081 ; *Bull. civ.* I, n° 313, p. 209).

17) Erreur sur la valeur. L'erreur sur la valeur n'est pas directement cause de nullité (■ Cass. com., 26 mars 1974 : *Bull. civ.* IV, n° 108, p. 86. V. en ce sens, précisant que l'erreur sur la valeur ne peut non plus entraîner la révision du contrat, ■ Cass. 1re civ., 3 juill. 1996, n° 94-13.239 : *JurisData* n° 1996-002910 ; *JCP* 96, IV, 2013 ; *Bull.* I, n° 287, p. 200. Voir cependant pour une cession d'actions ■ Paris, 11 sept. 1990 : *D.* 1991, somm. 161, obs. Tournafond). Il convient de distinguer entre l'erreur monétaire qui procède d'une appréciation économique erronée effectuée à partir de données exactes, et l'erreur sur la valeur qualitative de la chose, qui n'est que la conséquence d'une erreur sur une qualité substantielle, l'erreur devant en ce cas être retenue en tant qu'erreur sur la substance (■ Versailles, 7 janv. 1987 : *D.* 1987, 485, note Aubert). Dès lors qu'il est établi qu'une société n'aurait pas acquis les parts sociales d'une autre société si elle avait connu l'indisponibilité du matériel constituant l'essentiel de l'actif immobilisé de cette société, sans lequel l'entreprise ne pouvait avoir aucune activité et à défaut duquel l'acquisition perdait toute substance, les juges du fond peuvent prononcer la nullité de la cession pour erreur sur les qualités substantielles des parts sociales (■ Cass. com., 17 oct. 1995, n° 93-20.523 : *JurisData* n° 1995-002561 ; *JCP* 95, IV, 2585 ; *Bull.* IV, n° 244, p. 225 ; *D.* 1996, 167, note Paillusseau ; *RTD civ.* 1996, 148, obs. Mestre ; *Defrénois* 1996, 245, obs. Le Cannu).

18) Erreur sur la rentabilité. L'appréciation erronée de la rentabilité économique d'une opération n'est pas constitutive d'une erreur sur la substance (■ Cass. 3e civ., 31 mars 2005, n° 03-20.096 : *JurisData* n° 2005-027809 ; *Bull. civ.* III, n° 81, p. 75 ; *JCP* 2005, I, 194, n° 7, obs. Sérinet. – Rappr. ■ Cass. com., 11 avr. 2012, n° 11-15.429, cité sous le même article, *infra*) sauf si elle résulte d'une erreur sur *une qualité substantielle*, par exemple sur l'étendue des droits cédés (■ Cass. 1re civ., 27 oct. 1964 : *Bull. civ.* I, n° 477, p. 369) ou sur l'intérêt historique et muséologique d'une antiquité (■ Cass. 1re civ., 24 janv. 1979, n° 77-11.519 : *JurisData* n° 1979-000034 ; *Bull. civ.* I, n° 34, p. 29). Mais, semblant aller au-delà, à propos d'un contrat de franchise, en admettant la nullité « pour erreur substantielle sur la rentabilité de l'activité entreprise », V. ■ Cass. com., 4 oct. 2011 : *JurisData* n° 2011-021604 ; n° 10-20.956 : *RDC* 2012/1, p. 64, obs. Th. Genicon ; *RDC* 2012/2, p. 535, obs. C. Grimaldi ; *D.* 2011, 3052, note N. Dissaux ; *ibid.* 2012, pan. p. 459, obs. S. Amrani-Mekki et M. Mekki ; *ibid.*, p. 577, obs. Ferrier ; *JCP* 2012, n° 135, note Ghestin. – *Adde* (mais en présence d'une réticence dolosive), ■ Cass. com., 12 juin 2012, n° 11-19.047 : *D.* 2012, p. 2079, note Dissaux ; *D.* 2013, p. 391, obs. Amrani-Mekki et Mekki ; *RTD civ.* 2012, p. 724, obs. Fages.

19) Erreur de placement. Erreur sur l'économie du contrat. Même à admettre que l'assuré avait fait une erreur de choix de placement, cette erreur ne pouvait s'analyser en une erreur sur la substance de ce placement, tout comme ne constitue pas une erreur sur la substance du contrat le fait que l'assuré n'ait pas perçu l'économie de celui-ci (■ Cass. 2e civ., 8 oct. 2009, n° 08-18.928 : *Bull. civ.* II, n° 239 ; *RDC* 2010/1, p. 39, obs. Genicon ; *JCP* 2009, n° 51, 574, obs. Serinet).

20) Erreur sur les motifs. L'erreur sur les motifs n'est pas une cause de nullité, à moins que les parties aient été d'accord pour en faire la condition de leur contrat (■ Cass. civ., 3 août 1942 : *DA* 1943, 18). L'erreur sur un motif du contrat extérieur à celui-ci n'est pas une cause de nullité de la convention quand bien même ce motif aurait été déterminant, à moins qu'une stipulation expresse ne l'ait fait entrer dans le champ contractuel en l'érigeant en condition du contrat (■ Cass. 1re civ., 13 févr. 2001, n° 98-19.433 : *JurisData* n° 2001-008059 ; *Bull. civ.* I, n° 31, p. 20 ; *RTD civ.* 2001, 352, obs. Mestre et Fages ; *Defrénois* 2002, 476, note Robine, achat d'un immeuble pour bénéficier d'avantages fiscaux n'ayant pu être obtenus. V. encore en ce sens ■ Cass. 3e civ., 14 déc. 2017, n° 16-24.096 : *Contrats, conc. consom.* 2018, comm. 41, Leveneur ; *JCP* G 2018, p. 562, Sérinet. ■ Cass. 3e civ., 24 avr. 2003, n° 01-17.458 : *JCP* G 2003, II, 10134 et *JCP* E 2003, 1436, note Wintgen ; *D.* 2004, 450, note Chassagnard ; *Bull. civ.* III, n° 82, p. 75 ; *RDC* 2003, 42, obs. D. Mazeaud ; *RTD civ.* 2003, 723, obs. Gautier. ■ Cass. com., 11 avr. 2012, n° 11-15.429 : *RDC* 2012/4, p. 1175, obs. Laithier (équipements médicaux ne répondant pas aux besoins d'une activité paramédicale d'infirmière en milieu rural). Exigeant des juges du fond qu'ils recherchent si les parties avaient expressément stipulé que ce motif était une condition du contrat (■ Cass. com., 30 mai 2006, n° 04-15.356 : *JurisData* n° 2006-033836 ; *Contrats, conc. consom.* 2006, 224, note Leveneur). L'entreprise de confection qui commande du tissu d'ameublement en velours pour fabriquer des pantalons ne peut prétendre faire annuler le contrat pour erreur (■ Cass. com., 4 juill. 1973, n° 72-11.655 : *JurisData* n° 1973-000465 ; *D.* 1974, 538, note Ghestin). V. aussi sous l'art. 1131.

Sur l'erreur sur les motifs, V. C. Grimaldi, *Retour sur l'erreur sur les motifs (de la nécessité de bien distinguer les fausses représentations des prévisions non réalisées)* : *D.* 2012, p. 2822.

2° *Erreur de droit*

21) Principe. Il y a erreur sur la substance lorsque le consentement de l'une des parties a été déterminé par l'idée fausse que cette partie avait de la nature des droits dont elle croyait se dépouiller ou qu'elle croyait acquérir par l'effet du contrat (■ Cass. civ., 17 nov. 1930 : *DP* 1932, 1, 161, note Laurent. V. aussi ■ Cass. 1re civ., 12 nov. 1957 : *Bull. civ.* I, n° 428, p. 246). Mais jugé que l'erreur portant sur la licéité d'une clause ne peut fonder la nullité du contrat (■ Cass. 2e civ., 21 oct. 2004, n° 02-20.694 : *JurisData* n° 2004-025279 ; *RDC* 2005, 292, obs. Stoffel-Munck). V. encore, jugeant que ne peut être invoquée comme cause d'une erreur de droit susceptible de justifier la nullité d'un contrat une décision judiciaire rendue entre d'autres parties, ■ Cass. 1re civ., 27 juin 2006, n° 05-13.337 : *JurisData* n° 2006-034247 ; *Bull. civ.* I, n° 328, p. 282 ; *RDC* 2007/2, p. 229, obs. Pérès.

22) Ignorance des conséquences. Un acte juridique ne saurait être annulé pour cause d'erreur de droit pour la seule raison que son auteur l'aurait accompli dans l'ignorance des conséquences qui devaient en découler inéluctablement aux termes d'une disposition impérative de la loi, mais sans que sa méprise ait porté, soit sur les qualités substantielles de la chose faisant l'objet de l'opération, soit sur la cause juridique de cette opération (■ Cass. civ., 22 févr. 1943 : *DA* 1943, 49). Ainsi, la veuve commune en biens, déchue de la faculté de renoncer en vertu de l'article 1457 ancien, ne peut échapper aux conséquences inconnues d'elle que la loi attache à son inaction (■ Cass. 1re civ., 4 nov. 1975 : *JurisData* n° 1975-000307 ; *D.* 1977, 105, note Ghestin).

23) Indifférence du caractère inexcusable d'une erreur de droit. Viole l'article 1109 du Code civil la cour d'appel qui, pour déclarer la *vente parfaite au profit* de la locataire, retient que le propriétaire de l'immeuble a commis une erreur inexcusable en se méprenant sur l'existence d'un droit de préemption à son profit, alors que le caractère inexcusable de l'erreur de droit à l'origine de la notification d'une offre de vente sur le fondement de l'article 10-I de la loi du 31 décembre 1975 est sans incidence sur la validité de l'offre (■ Cass. 3e civ., 20 oct. 2010, n° 09-66.113 : *LEDC* déc. 2010, p. 5, obs. G. Pillet ; *D.* 2011, 279, note Binet-Grosclaude ; *ibid.* 387, note Tournafond ; *JCP* 2011, n° 63, obs. Serinet ; *RDC* 2011/2, p. 412, obs. Y.-M. Laithier, et p. 542, obs. C. Grimaldi).

24) Jurisprudence incertaine. L'erreur de droit consécutive à une diversité de jurisprudence et à une controverse établie ne saurait être une cause de nullité de la convention (■ Cass. soc., 24 oct. 1946 : *D.* 1947, 12. – V. aussi ■ Cass. soc., 8 déc. 1966 : *Bull. civ.* IV, n° 937, p. 785).

25) Soumission erronée à une loi de validation contraire à la CEDH. Pour la renonciation à une demande d'indemnisation dans la croyance erronée de devoir se soumettre à une loi ultérieurement déclarée contraire à la CEDH, V. ■ Cass. 2e civ., 15 oct. 2009, n° 07-20.129 : *Bull. civ.* II, n° 245 ; *JCP* 2009, n° 51, 574 obs. Serinet.

26) Aveu. Transaction. L'aveu ne peut être attaqué pour cause d'erreur de droit (V. art. 1356 ancien, al. 4, p. 1228), pas plus que la transaction (art. 2052, al. 2, p. 1643).

27) Congé. Droit de préemption. Pour une erreur de droit portant sur la validité d'un congé, V. ■ Cass. 3e civ., 29 mai 1980 : *JurisData* n° 1980-799272 ; *JCP* 80, IV, 297. Pour une venderesse se croyant tenue de faire une proposition de vente à son locataire, V. ■ Cass. 3e civ., 24 mai 2000, n° 98-16.132 : *JurisData* n° 2000-002120 ; *JCP* G 2001, II, 10494 et *JCP* N 2001, 1106, note Duvert ; *Defrénois* 2000, 1377, obs. D. Mazeaud ; *D.* 2001, somm. 1135, obs. D. Mazeaud ; *D.* 2002, somm. 926, obs. Tournafond ; *RTD civ.* 2000, 824, obs. Mestre et Fages.

28) Arrhes. Pour une méprise sur le sens de la clause de renonciation au bénéfice des dispositions de l'article 1590, V. ■ Cass. 3e civ., 14 mai 1985, n° 84-11.691 : *JurisData* n° 1985-099436 ; *JCP* 85, IV, 261.

29) Assurance. V. pour la fausse croyance d'être garanti par son assureur ■ Cass. 1re civ., 20 nov. 1990, n° 87-19.564 : *JurisData* n° 1990-003115 ; *Bull. civ.* I, n° 250, p. 177.

30) Cautionnement solidaire. Des cautions solidaires ayant cru n'apporter qu'une garantie morale, les juges du fond ont pu, au vu des circonstances particulières, décider qu'elles avaient consenti à une convention ayant un objet autre que celle à laquelle elles pensaient adhérer (■ Cass. 1re civ., 25 mai 1964 : *D.* 1964, 626).

31) Renonciation à succession. Une renonciation à succession peut être annulée si elle a été déterminée par la fausse croyance chez l'héritier de conserver dans son patrimoine l'intégralité des biens provenant de deux donations-partages dont il avait été gratifié du vivant du *de cujus* (■ Cass. civ., 24 mai 1948 : *D.* 1948, 517, note Lenoan), ou par une erreur sur la nature du droit à la réserve légale (■ Cass. 1re civ., 15 juin 1960 : *JCP* 61, II, 12274, note Voirin) ou sur l'existence d'une convention (■ Cass. 1re civ., 12 janv. 1953 : *D.* 1953, 234).

32) Possibilité de louer le bien acheté. Pour la nullité d'une vente pour erreur sur cette possibilité, car il s'agissait d'une qualité essentielle de la chose vendue qui était entrée dans le champ contractuel et qui avait été déterminante du consentement de l'acheteur, qui n'avait pas la qualité de professionnel de l'immobilier, si bien que son erreur sur cette qualité essentielle était excusable, V. ▪ Cass. 3e civ., 3 mai 2018, n° 17-11.132 : *Bull.* ; *D.* 2019, 284, Mekki ; *Contrats, conc. consom.* 2018, comm. 147, Leveneur ; *JurisData* n° 2018- 007524.

B – Erreur sur la personne

33) Acheteur condamné à la confiscation de ses biens. Les juges du fond peuvent estimer qu'en traitant avec un acheteur qui avait été condamné à la confiscation de ses biens présents et à venir et dont le patrimoine avait été placé sous le séquestre des Domaines, le vendeur a été victime d'une erreur viciant son consentement (▪ Cass. 1re civ., 20 mars 1963 : *JCP* 63, II, 13228, note Esmein).

34) Bail consenti à des concubins. Sur l'annulation d'un bail consenti à des concubins que le bailleur croyait mariés, V. ▪ Angers, 4 mai 1921 : *DP* 1921, 2, 25. Voir cependant ▪ Cass. soc., 23 févr. 1961 : *D.* 1961, somm. 110.

35) Impartialité d'un arbitre. L'erreur commise sur l'impartialité d'un arbitre peut être sanctionnée par la nullité du compromis (▪ Paris, 8 mai 1970 : *JCP* 70, II, 16437, note Robert et, sur pourvoi, ▪ Cass. 2e civ., 13 avr. 1972 : *JurisData* n° 1972-099091 ; *JurisData* n° 1972-099093 ; *JCP* 72, II, 17189, note Level).

36) Solvabilité du débiteur garanti. L'erreur commise par la caution sur la solvabilité du débiteur principal peut annuler le contrat de cautionnement (▪ Cass. 1re civ., 1er mars 1972 : *JurisData* n° 1972-000070 ; *D.* 1973, 733, note Malaurie, 1re esp. ▪ Cass. 1re civ., 19 mars 1985, n° 84-10.533 : *JCP* 86, II, 20659, note Bouteiller. – Comp. dans un sens plus restrictif ▪ Cass. com., 2 mars 1982 : *JurisData* n° 1982-700442 ; *D.* 1983, 62, note Agostini). La caution doit démontrer qu'elle a fait de cette solvabilité la condition déterminante de son engagement (▪ Cass. 1re civ., 25 oct. 1977 : *JurisData* n° 1977-000388 ; *JCP* 77, IV, 306 ; *Bull. civ.* I, n° 388, p. 306. ▪ Cass. 1re civ., 20 mars 1989, n° 87-15.450 : *JurisData* n° 1989-705753 ; *Bull. civ.* I, n° 127, p. 83).

37) Expérience du cocontractant. Un contrat ayant pour objet la création et la rédaction d'un magazine peut être annulé pour erreur sur la personne si l'intention de contracter avec une agence commerciale d'expérience et non avec une personne physique est la cause principale de la convention (▪ Saint-Denis-de-la-Réunion, 6 oct. 1989 : *JurisData* n° 1989-603939 ; *JCP* 90, II, 21504, note Putman).

II – CONDITIONS DE LA NULLITÉ POUR ERREUR

A – Caractère déterminant de l'erreur

38) Principe. Qu'elle porte sur la substance ou sur la personne, l'erreur n'entraîne la nullité que si elle présente un caractère déterminant (▪ Cass. req., 16 mars 1898 : *DP* 1898, 1, 301. ▪ Cass. 1re civ., 15 juin 1960 : *JCP* 61, II, 12274, note Voirin. ▪ Cass. 3e civ., 3 oct. 1972, n° 71-11.705 : *JurisData* n° 1972-000485 ; *Bull. civ.* III, n° 485, p. 354).

39) Erreurs non déterminantes. Tel n'est pas le cas pour l'erreur commise sur l'âge du crédirentier dans un contrat de rente viagère dès lors qu'elle a été minime (deux ans) (▪ Paris, 17 févr. 1938 : *S.* 1938, 2, 207), ou pour celle commise par l'acquéreur d'un récepteur de télévision sur l'origine allemande de l'appareil (▪ Cass. 1re civ., 22 nov. 1977, n° 71-11.705 : *JurisData* n° 1972-000485 ; *Bull. civ.* I, n° 430, p. 341), ou par un employeur qui prétend avoir été induit en erreur par des informations inexactes relatives aux accords de Grenelle (▪ Cass. soc., 14 oct. 1980 : *Bull. civ.* V, n° 519, p. 424).

40) Charge de la preuve du caractère déterminant. Il appartient au demandeur en nullité d'établir le caractère pour lui déterminant de l'erreur (▪ Cass. 1re civ., 13 juin 1967, n° 65-12 546 : *Bull. civ.* I, n° 215. ▪ Toulouse, 10 déc. 1968 : *D.* 1969, 466, et, sur pourvoi, ▪ Cass. 3e civ., 29 mai 1970, n° 69-10.530 : *JurisData* n° 1970-000374 ; *D.* 1970, 705. ▪ Cass. 1re civ., 26 janv. 1972 : *JurisData* n° 1972-000032 ; *JurisData* n° 1972-000032 ; *D.* 1972, 517). Mais jugé que viole l'article 1110 du Code civil, ensemble l'article 2 du décret n° 81-255 du 3 mars 1981, l'arrêt qui rejette l'action en nullité d'une vente aux enchères publiques au motif que les acquéreurs n'ont pas rapporté la preuve qu'il existerait un doute tel sur l'authenticité de l'œuvre que s'ils l'avaient connu ils n'auraient pas acquis celle-ci ; alors que la référence à la période historique portée, sans réserve expresse, au catalogue n'était pas exacte, ce qui suffisait à provoquer l'erreur invoquée (▪ Cass. 1re civ., 27 févr. 2007, préc. : *JurisData* n° 2007-037657 ; *D.* 2007, p. 867).

41) Sur le **pouvoir souverain des juges du fond** pour apprécier le caractère déterminant de l'erreur, V. ▪ Cass. 1re civ., 28 oct. 1964 : *JurisData* n° 1964-000477 ; *Bull. civ.* I, n° 477, p. 369. ▪ Cass. 2e civ., 20 févr. 1974, n° 72-11.221 : *JurisData* n° 1974-099068 ; *JCP* 74, IV, 125. Jugé que cette appréciation doit être faite *in concreto* (▪ TGI Fontainebleau, 9 déc. 1970 : *D.* 1972, 89, note Ghestin. V. aussi ▪ Cass. 1re civ., 26 févr. 1980, n° 78-15.631 :

JurisData n° 1980-000066 ; *Bull. civ.* I, n° 66, p. 54. ▪ TGI Paris, 7 mai 1975 : *D.* 1976, 605, note Jeandidier. ▪ TGI Paris, 21 janv. 1976 : *D.* 1977, 478, note Malinvaud).

42) Contrat conclu à ses risques et périls. Ne donne pas de base légale à sa décision, l'arrêt qui, pour prononcer la nullité de la vente, retient que l'acheteur était bien fondé à invoquer son erreur sur une qualité substantielle de la chose vendue, sans rechercher si en qualité d'architecte et de promoteur immobilier expérimenté dans la région, ce dernier qui avait déclaré dans l'acte d'acquisition « connaître parfaitement le bien vendu », « avoir pris par lui-même tous renseignements relatifs aux règles d'urbanisme », faire son affaire personnelle de ces règles « la vente ayant lieu à ses risques et périls », ne s'était pas engagé en connaissance de cause (▪ Cass. 3e civ., 9 juin 2010, n° 08-13.969 : *RDC* 2011/1, p. 40, obs. Savaux ; *Contrats, conc. consom.* 2010, n° 222, note Leveneur).

B – Caractère excusable de l'erreur

43) Exemples d'erreurs inexcusables. Sur le principe que la nullité n'est pas admise en cas d'erreur inexcusable, V. ▪ Cass. 1re civ., 2 mars 1964 : *JurisData* n° 1964-000122 ; *JurisData* n° 1964-000122 ; *Bull. civ.* I, n° 122, p. 91 (ignorance des servitudes résultant d'un plan d'urbanisme). ▪ Cass. 3e civ., 27 nov. 1979 : *Bull. civ.* III, n° 215, p. 167 (ignorance de la péremption d'une publication en matière immobilière). ▪ Paris, 7 mai 1975 : *Gaz. Pal.* 1975, 2, 748 (méconnaissance des mentions d'un catalogue définissant les caractéristiques du tableau objet de la vente). ▪ Paris, 24 avr. 1984 : *JurisData* n° 1984-600273 ; *Gaz. Pal.* 1985, 1, 179, note Dupichot (erreur sur le contenu d'un contrat clair et simple). ▪ Cass. soc., 3 juill. 1990, n° 87-40.349 : *JurisData* n° 1990-003041 ; *Bull. civ.* V, n° 329, p. 197 (erreur sur la personne commise par l'employeur dans le contrat de travail). ▪ Cass. 3e civ., 8 oct. 2014, n° 13-18.150 : *RDC* 2015/1, p. 11, obs. Th. Genicon (la venderesse ne pouvait ignorer que les terrains vendus se trouvaient, par leur proximité d'une métropole régionale, dans une zone privilégiée et deviendraient constructibles à terme).

44) Erreurs excusables. Une société spécialisée dans le commerce des œuvres d'art ne commet pas une erreur inexcusable dès lors qu'elle a acheté l'œuvre litigieuse au vu du certificat d'authenticité délivré, sans réserve, par un expert reconnu des œuvres du peintre (▪ Cass. 1re civ., 31 mai 2007, n° 05-17.203 : *JurisData* n° 2007-039247 ; *Contrats, conc. consom.* 2007, 273, note Leveneur).

45) Compétence de la victime. Le caractère inexcusable de l'erreur peut provenir de la compétence professionnelle de la victime de l'erreur. Tel est le cas pour l'architecte qui commet une erreur sur la constructibilité d'un terrain (▪ Cass. 1re civ., 2 mars 1964 : *Bull. civ.* I, n° 122, p. 91), pour le négociant qui se méprend sur le contenu de la réglementation douanière (▪ Douai, 1er juin 1967 : *D.* 1967, 684), pour un acquéreur particulièrement au fait des affaires de construction qui néglige de se renseigner sur la nature des locations mentionnées dans l'acte (▪ Cass. 3e civ., 9 oct. 1969 : *Bull. civ.* III, n° 634, p. 479), pour le commerçant qui confond francs anciens et francs actuels (▪ Cass. 1re civ., 27 oct. 1970 : *JCP* 1971, II, 16710), pour le marchand de biens, professionnel de la vente, dont il entre dans la compétence de savoir déterminer et contrôler la conversion d'un prix négocié en francs, en euros (▪ Cass. 3e civ., 4 juill. 2007, n° 06-15.881, préc.), ou le tailleur qui achète du velours d'ameublement pour confectionner des pantalons (▪ Cass. com., 4 juill. 1973 : *JurisData* n° 1973-097238 ; *D.* 1974, 538, note Ghestin), pour un expert de l'art russe du XXe siècle auprès de la galerie Drouot et qui s'était spécialisé depuis quelques années dans les peintres russes de Paris (▪ Cass. 1re civ., 9 avr. 2015, n° 13-24.772 : *RDC* 2015, p. 440, note Laithier). Mais prive sa décision de base légale la cour d'appel qui, pour rejeter une action en nullité de la vente par adjudication publique d'un objet d'antiquité, retient que l'acquéreur, en sa qualité de professionnel, connaissait les précautions à prendre, sans rechercher si, nonobstant cette qualité et les précautions qu'il avait prises, l'acquéreur ne s'était pas porté adjudicataire dans la croyance erronée que l'objet était en bon état (▪ Cass. 1re civ., 8 déc. 2009, n° 08-16.471 : *Bull. civ.* 2009, I, n° 240 ; *JCP* 2010, n° 18, 516, p. 969, obs. Serinet ; *LPA* 1er mars 2010, note Brusorio-Aillaud. V. aussi, ▪ Cass. com., 4 déc. 1979 : *JurisData* n° 1979-099324 ; *Bull. civ.* IV, n° 324. ▪ Cass. 3e civ., 9 févr. 2000, n° 98-14.426. ▪ Cass. 1re civ., 14 déc. 2004, n° 01-03.523 : *Bull. civ.* I, n° 326).

46) Devoir de se renseigner. L'erreur peut présenter un caractère inexcusable lorsque la victime avait le devoir de se renseigner (▪ Cass. 3e civ., 24 oct. 1972, n° 71-13.151 : *JurisData* n° 1972-000543 ; *Bull. civ.* III, n° 534, p. 396. V. en matière informatique ▪ Paris, 3 déc. 1976 : *JCP* 77, II, 18579, 2e esp., note Boitard et Dubarry. ▪ Paris, 5e ch. A, 1er juill. 1980 : *JurisData* n° 1980-000566). V. P. Jourdain, *Le devoir de « se » renseigner* : *D.* 1983, chron. 139.

47) Incidence du dol. La cour d'appel qui a retenu que l'erreur des acheteurs avait été provoquée par le silence du mandataire des vendeurs, qui revêtait un caractère dolosif a, par là même, justifié le caractère excusable de cette erreur (▪ Cass. 1re civ., 23 mai 1977, n° 76-10.716 : *JurisData* n° 1977-000244 ; *Bull. civ.* I, n° 244, p. 191). La réticence dolosive rend toujours excusable l'erreur provoquée (▪ Cass. 3e civ., 21 févr. 2001, n° 98-20.817 : *JurisData* n° 2001-008299 ; *JCP* G 2001, I, 330, n° 10 et *JCP* E 2001, 1633, obs. Constantin ; *JCP* G 2002, II, 10027, note Jamin ; *JCP* E 2002, 764, note Chauvel ; *Bull. civ.* III, n° 20, p. 17 ; *D.* 2001, 2702, note D. Mazeaud ; somm. 3236, obs. Aynès ; *D.* 2002, somm. 927, obs. Caron ; *RTD civ.* 2001, 353, obs. Mestre et Fages ; *Defrénois* 2001, 703, obs. Libchaber. ▪ Cass. com., 8 mars 2016, n° 14-23.135 : *Contrats, conc. consom.* 2016, 135, note Leveneur ; *D.* 2017, p. 379, obs. Mekki ; *JurisData* n° 2016-004162). Mais V. ▪ Cass. 3e civ., 8 oct. 2014, n° 13-18.150 : *RDC* 2015/1, p. 11, obs. Th. Genicon (la cour d'appel, qui a souverainement retenu que la venderesse ne pouvait ignorer que les terrains vendus se trouvaient, par leur proximité d'une métropole régionale, dans une zone privilégiée et deviendraient constructibles à terme a pu en déduire que sa demande fondée sur un dol ne pouvait être accueillie).

48) Erreur-obstacle. Indifférence du caractère inexcusable. Ayant retenu que des omissions et inexactitudes dans l'acte de vente avaient eu des conséquences importantes sur la définition des biens vendus et la consistance de la vente, la cour d'appel a pu en déduire, sans être tenue de procéder à une recherche sur son caractère inexcusable, que l'erreur portant sur l'objet même de la vente faisait obstacle à la rencontre des consentements et devait entraîner l'annulation de la vente (▪ Cass. 3e civ., 21 mai 2008, n° 07-10.772 : *Bull. civ.* III, n° 92 ; *RDC* 2008/3, p. 716, obs. Genicon ; *Contrats, conc. consom.* 2008, 224, note Leveneur ; *D.* 2008, p. 2965, obs. Fauvarque-Cosson et Amrani-Mekki). Comp. ▪ Cass. 2e civ., 8 oct. 2009, n° 08-18.928 : *Bull. civ.* II, n° 239 ; *RDC* 2010/1, p. 39, obs. Genicon ; *JCP* 2009, n° 51, 574, obs. Serinet. Une erreur portant sur l'objet même de la vente fait obstacle à la rencontre des consentements de sorte que, fût-elle inexcusable, elle entraîne l'annulation du contrat (▪ Cass. 3e civ., 16 déc. 2014, n° 14-14.168 : *JurisData* n° 2014-031422 ; *Contrats, conc. consom.* 2015, n° 54, note Leveneur).

49) Sur l'indifférence du caractère inexcusable d'une erreur de droit. V. ▪ Cass. 3e civ., 20 oct. 2010, préc.

III – RÉGIME DE LA NULLITÉ POUR ERREUR

50) Sur la **prescription quinquennale** de l'action en nullité relative en cas d'erreur, v. art. 1304. Jugé cependant, antérieurement à la loi n° 2008-561 du 17 juin 2008 portant réforme de la prescription en matière civile, que, dès lors que le montant de la ristourne mentionné à l'acte ne correspond pas à celui convenu entre les parties, les juges du fond n'ont pas à prononcer la nullité d'un contrat qui, du fait de ces divergences de volontés, n'a pu se former (▪ Cass. 1re civ., 15 févr. 1961 : *Bull. civ.* III, n° 91, p. 83), ou que l'acte par lequel l'acquéreur croit acheter un appartement, alors que le vendeur lui cède seulement des parts sociales, est nul de nullité absolue et même inexistant, la volonté des parties ne s'étant pas rencontrée sur le même objet (▪ Paris, 8 juill. 1966 : *Gaz. Pal.* 1967, 1, 33). Mais, depuis la loi n° 2008-561 du 17 juin 2008, v. l'article 2224 du Code civil.

51) Vice caché. Sur le cas où l'erreur est la conséquence d'un vice caché rendant la chose impropre à l'usage auquel elle était destinée, voir sous art. 1648, p. 1410.

52) Charge de la preuve de l'erreur. La charge de la preuve pèse sur la victime de l'erreur (▪ Cass. 1re civ., 16 déc. 1964 : *Gaz. Pal.* 1965, 1, 251 ; *D.* 1965, 136. ▪ Cass. com., 20 oct. 1970, n° 69-12.258 : *JCP* 71, II, 16916, note Ghestin. ▪ Cass. com., 4 juill. 1973 : *D.* 1974, 538, note Ghestin).

53) Incidence du prix. Le prix peut être retenu comme indice (▪ Cass. 3e civ., 29 nov. 1968 : *Gaz. Pal.* 1969, 1, 63. ▪ Cass. com., 20 oct. 1970, n° 69-12.258 : *JCP* 71, II, 16916, note Ghestin. ▪ Cass. com., 16 déc. 1970, n° 68-10.497 : *JurisData* n° 1970-098346 ; *Bull. civ.* IV, n° 346, p. 306. Voir cependant ▪ Cass. 1re civ., 26 janv. 1972 : *JCP* 72, II, 17065).

54) Moment de l'appréciation. Sur cette question, V. F. Rouvière, *Le moment d'appréciation de l'erreur* : *D.* 2014, p. 1782. Viole l'article 1110 la cour d'appel qui a écarté l'erreur de l'acquéreur d'une automobile en tirant argument des termes de l'annonce qu'il a fait paraître par la suite, alors que la validité du consentement doit être appréciée au moment de la formation du contrat (▪ Cass. 1re civ., 13 déc. 1983, n° 82-12.237 : *JurisData* n° 1983-702454 ; *Bull. civ.* I, n° 249, p. 223). V. aussi, refusant pour le même motif la nullité pour erreur dans le cas d'un retrait de permis de construire rendant, après coup, le terrain inconstructible (▪ Cass. 3e civ., 23 mai 2007, n° 06-11.889 : *JurisData* n° 2007-038938 ; *Contrats, conc. consom.* 2007, 232, note Leveneur). *Idem* à la suite de l'annulation d'un permis de construire obtenu après la vente (▪ Cass. 3e civ., 24 nov. 2016, n° 15-26.226 : *Defrénois* 2017, 240, Seube ; *RTD civ.* 2017, 126, Barbier). Comp. ▪ Cass. 3e civ., 28 janv. 2009, nos 07-20.729 et 07-20.736 : *JCP* 2009, I, 138, obs. Serinet, approuvant une cour d'appel d'avoir accueilli la nullité pour erreur sur les qualités substantielles du terrain à construire en relevant que les caractéristiques du bien relatives à la constructibilité et à son environnement avaient été déterminantes de la décision d'achat et que les acheteurs n'avaient pas pu prendre en compte le risque réel encouru du fait de l'arrêté révélé par une requête en annulation du permis de construire, l'issue du procès en cours devant le tribunal administratif important peu s'agissant d'un vice du consentement. V. aussi ▪ Cass. 3e civ., 12 juin 2014, n° 13-18.446, préc. (ayant relevé que la constructibilité immédiate du terrain était un élément déterminant du consentement des acquéreurs et constaté que le risque lié à la présence d'une cavité souterraine existait à la date de la vente, la cour d'appel a pu en déduire que la décision de retrait du permis n'avait fait que prendre en compte la réalité de ce risque empêchant les acquéreurs de construire et que la vente était nulle). V. encore ▪ Cass. 3e civ., 13 nov. 2014, n° 13-24.027, préc. (ayant relevé que les acquéreurs ne pouvaient ignorer l'enquête publique et avaient accepté d'acquérir en toute connaissance de cause un terrain partiellement inondable, donc partiellement inconstructible et exactement retenu qu'ils ne pouvaient invoquer une décision administrative postérieure à la vente classant le terrain intégralement en zone inconstructible pour justifier leur demande d'annulation du contrat pour erreur sur la substance, l'extension de l'inconstructibilité à toute la surface du terrain et le refus de délivrance du permis de construire n'étant pas inéluctables au jour de la vente, la cour d'appel a, par ces seuls motifs, légalement justifié sa décision de rejeter l'action en nullité pour erreur).

55) Éléments d'appréciation postérieurs au contrat. Viole l'article 1110 l'arrêt qui dénie aux demandeurs le droit de se servir d'éléments d'appréciation postérieurs à la vente pour prouver l'existence d'une erreur de leur part (▪ Cass. 1re civ., 13 déc. 1983, n° 82-12.237 : *JurisData* n° 1983-702454 ; *JCP* 84, II, 20186, concl. Gulphe ; *D.* 1984, 340, note Aubert).

56) Point de départ du délai de l'action. Le délai de l'action en nullité pour erreur ne court que du jour où cette erreur a été découverte et non seulement soupçonnée (▪ Cass. 1re civ., 31 mai 1972, n° 71-10.571 : *JurisData* n° 1972-000142 ; *JCP* 72, IV, 184 ; *Bull. civ.* I, n° 142, p. 124).

57) Dommages-intérêts. Même si elle ne vicie pas le consentement, l'erreur provoquée par les agissements du cocontractant peut permettre à la victime d'obtenir des dommages-intérêts (▪ Cass. com., 11 juill. 1977, n° 76-10.703 : *JurisData* n° 1977-798001 ; *D.* 1978, 155). Sur le droit pour la victime d'obtenir, outre la nullité, des dommages-intérêts, v. ▪ Cass. 3e civ., 29 nov. 1968 : *Gaz. Pal.* 1969, 1, 63.

Art. 1111 ancien *(Abr. à compter du 1er octobre 2016, Ord. n° 2016-131, 10 févr. 2016).* – **La violence exercée contre celui qui a contracté l'obligation est une cause de nullité, encore qu'elle ait été exercée par un tiers autre que celui au profit duquel la convention a été faite.**

NB : Rappr. art. 1142, p. 818.

Pour un exemple de contrainte morale exercée par un tiers, V. ▪ Cass. civ., 26 juill. 1949 : *Bull. civ.* I, n° 268, p. 748 ; *Gaz. Pal.* 1949, 2, 363.

Art. 1112 ancien *(Abr. à compter du 1er octobre 2016, Ord. n° 2016-131, 10 févr. 2016).* – **Il y a violence lorsqu'elle est de nature à faire impression sur une personne raisonnable, et qu'elle peut lui inspirer la crainte d'exposer sa personne ou sa fortune à un mal considérable et présent.**

On a égard, en cette matière, à l'âge, au sexe et à la condition des personnes.

NB : Rappr. art. 1140, p. 818.

Bibliographie : C. Nourrissat, *La violence économique, vice du consentement : beaucoup de bruit pour rien ? : D.* 2000, chron. 369. • G. Loiseau, *L'éloge du vice ou les vertus de la violence économique* : Dr. et patrimoine sept. 2002, 26. • B. Montels, *La violence économique, illustration du conflit entre droit commun des contrats et droit de la concurrence : RTD com.* 2002, 417. • Y.-M. Laithier, *Remarques sur les conditions de la violence économique : LPA* 22 nov. 2004, n° 233, p. 6 et 23 nov. 2004, n° 234, p. 5. • Dossier « Réforme du droit des contrats : le débat », J.-P. Chazal *vs.* H. Barbier : *Dr. et patrimoine* 2014, n° 240, p. 40.

1) Violence physique ou morale. La violence peut être physique (▪ T. civ. Nantes, 6 janv. 1956 : *Gaz. Pal.* 1956, 1, 61. ▪ Colmar, 24 avr. 2002 : *JCP* 2002, IV, 2977 ; *JurisData* n° 2002-188986), ou morale (▪ Cass. 1re civ., 30 juin 1954 : *JCP* 54, II, 8325, note Y.). La violence morale peut résulter du fait que les acquéreurs ont menacé la venderesse âgée ou malade de l'abandonner (▪ Cass. 3e civ., 19 févr. 1969, n° 67-12.033 : *JCP* 69, IV, 82 ; *Bull. civ.* III, n° 157, p. 119), ou des démarches obstinées d'un agent d'affaires menaçant de se porter surenchérisseur et d'expulser l'adjudicataire, une femme inexpérimentée (■ Cass. 1re civ., 3 nov. 1959 : *D.* 1960, 187, note Holleaux. V. aussi pour une convention d'honoraires avec un avocat ■ Cass. 1re civ., 29 juin 1999, n° 97-14.254 : *JurisData* n° 1999-002690 ; *JCP* 99, II, 10187, note R. Martin, mais v. dans la même hypothèse ■ Cass. 2e civ., 8 sept. 2005 : *JCP* 2005, IV, 3171 ; *JurisData* n° 029684 ; *RTD civ.* 2006, 108, obs. Mestre et Fages), des pressions exercées par une secte (■ Cass. 3e civ., 13 janv. 1999, n° 97-14.017 : *JurisData* n° 1999-000185 ; *JCP* 99, I, 143, n° 1, obs. Loiseau ; *Contrats, conc. consom.* 1999, 54, note Leveneur ; *D.* 2000, 76, note Willmann ; *RTD civ.* 1999, 382, obs. Mestre ; *Defrénois* 1999, 749, obs. Delebecque), du harcèlement moral d'un salarié (■ Cass. soc., 30 janv. 2013, n° 11-22.332 : *Bull.* ; *RDC* 2013, p. 879, note Savaux ; *RDT* 2013, p. 258, obs. Taquet ; *JCP* E 2013, n° 16, 1236, note Corrignan-Carsin ; *JCP* S 2013, n° 10, note Leborgne-Ingelaere ; *Cah. soc.* mars 2013, n° 250, p. 83, obs. Serre ; *Gaz. Pal.* 23 mars 2013, n° 82, p. 21, obs. Sauret et Vignancour : nullité de la rupture conventionnelle d'un contrat de travail. – V. encore, ■ Cass. soc., 23 mai 2013, n° 12-13.865 : *JurisData* n° 2013-009971 ; *D.* 2013, p. 1355, obs. Ines ; *RDT* 2013, p. 480, obs. Auzero, pour une menace de ternir la réputation professionnelle du salarié). V. également pour le comportement manipulateur d'un concubin exerçant une emprise sur sa concubine à l'état psychologique troublé, ■ Cass. 3e civ., 4 mai 2016, n° 15-12.454 : *LPA* 2016, n° 209, p. 6, note S. Lequette ; *D.* 2017, p. 380, obs. Mekki).

2) Contrainte injuste et illicite. La violence n'est susceptible de vicier le consentement que si ce dernier a été donné dans des circonstances de fait impliquant une contrainte injuste et illicite (■ Cass. 1re civ., 13 mars 1956 : *Bull. civ.* I, n° 127, p. 102). Jugé que la crainte de ne pas obtenir une situation n'est pas en elle-même une violence (■ Cass. req., 9 mai 1928 : *DP* 1930, 1, 145, note Pic), pas plus que l'influence ordinaire d'une femme sur son mari (■ Cass. 1re civ., 3 juin 1959 : *Bull. civ.* I, n° 276, p. 230).

3) Actes authentiques. Un vice du consentement résultant de la contrainte, s'il est théoriquement possible, ne peut incontestablement être que très rare lorsqu'il s'agit d'un acte authentique solennel tel qu'une donation, la présence du notaire et des deux témoins instrumentaires étant la garantie de la sincérité de l'acte et spécialement de la réalité et de la liberté du consentement des parties (■ Cass. 1re civ., 13 avr. 1956 : *Bull. civ.* I, n° 153, p. 124).

4) État de nécessité. Jugé à propos d'un contrat d'assistance et de sauvetage maritimes que la nullité doit être prononcée lorsque le consentement n'est donné que sous l'empire de la crainte inspirée par un mal considérable et présent auquel la fortune est exposée, et que le capitaine du navire a dû subir comme une nécessité la convention que le capitaine du remorqueur, abusant de sa situation désespérée, lui a imposée (■ Cass. req., 27 avr. 1887 : *DP* 1888, 1, 263. Voir cependant, affirmant que la violence ne peut résulter du seul état de nécessité, ■ T. civ. Saumur, 5 juin 1947 : *Gaz. Pal.* 1947, 2, 59). Jugé en ce sens que le besoin pressant d'argent, dû notamment à la maladie d'un enfant, justifie l'annulation d'un contrat de travail désavantageux (■ Cass. soc., 5 juill. 1965 : *Bull. civ.* IV, n° 545, p. 460), ou que la contrainte morale peut résulter de ce que l'avocat profite, pour réclamer ses honoraires, de la moindre résistance de son client pressé par le besoin de percevoir rapidement les dommages et intérêts qui lui ont été alloués (■ Cass. 1re civ., 3 nov. 1976 : *JurisData* n° 1976-000319 ; *Gaz. Pal.* 1977, 1, 67, note Damien. V. aussi, évoquant un état de nécessité et de dépendance économique équipollent à une violence morale, ■ Aix-en-Provence, 19 févr. 1988 : *RTD civ.* 1989, 535, obs. Mestre. V. aussi pour les ventes consenties pendant l'occupation allemande ■ T. com. Seine, 12 mars 1945 : *Gaz. Pal.* 1945, 1, 107. – ■ T. cant. Cernay, 12 déc. 1946 : *Gaz. Pal.* 1947, 1, 90. – *Contra*, ■ Colmar, 12 juill. 1946 : *Gaz. Pal.* 1947, 1, 90. ■ T. civ. Seine, 7 mai 1954 : *D.* 1954, somm. 69). ■ Cass. 3e civ., 8 oct. 2014, n° 13-18.150 : *RDC* 2015/1, p. 11, obs. Th. Genicon.

5) Contrainte économique. Principe. Seule l'exploitation d'une situation de dépendance économique, faite pour tirer profit de la crainte d'un mal menaçant directement les intérêts légitimes de la personne, peut vicier de violence son consentement. Ne donne pas de base légale à sa décision l'arrêt qui annule une cession de droits d'auteur consentie par un salarié craignant de perdre son emploi sans constater que, lors de la cession, l'intéressée était elle-même menacée par le plan de licenciement et que l'employeur avait exploité auprès d'elle cette circonstance pour la convaincre (■ Cass. 1re civ., 3 avr. 2002 : *Comm. com. électr.* 2002, 80, note Caron et 89, note Stoffel-Munck ; *Contrats, conc. consom.* 2002, 121, note Leveneur ; *JCP* 2002, I, 184, n° 6, obs. Virassamy ; *D.* 2002, 1860, notes Gridel et Chazal, somm. 2844, obs. D. Mazeaud ; JurisData n° 2002-013787 ; *Bull. civ.* I, n° 108, p. 84 ; *Defrénois* 2002, 1246, obs. Savaux ; *RTD civ.* 2002, 502, obs. Mestre et Fages, cassant ■ Paris, 12 janv. 2000 : *JurisData* n° 2000-154466 ; *RIDA* 4/2000, 280 – auparavant, jugé qu'un abus de force économique contraignante ne saurait caractériser la violence au sens de l'article 1112 : ▪ Cass. com., 20 mai 1980 : *Bull. civ.* IV, n° 212, p. 170, cassant ▪ Paris, 27 sept. 1977 : *JurisData* n° 1977-255050 ; *D.* 1978, 690, note Souleau. V. aussi ▪ Cass. com., 21 févr. 1995, n° 93-13.302 : *JurisData* n° 1995-000325 ; *Bull. civ.* IV, n° 50, p. 46 ; *RTD civ.* 1996, 391, obs. Mestre).

Sur les clauses abusives imposées aux non-professionnels ou consommateurs, V. C. consom., art. L. 132-1, ancien.2023 V. aussi, C. com., art. L. 442-6, I, 2°, b) (L. n° 2001-420, 15 mai 2001, art. 56), prohibant le fait pour un producteur, commerçant, industriel ou artisan « d'abuser de la relation de dépendance dans laquelle il tient un partenaire ou de sa puissance d'achat ou de vente en le soumettant à des conditions commerciales ou obligations injustifiées ».

V. encore, pour un vice de faiblesse, sous art. 1109 ancien, p. 1042.

6) Contrainte économique (non caractérisée). Justifie légalement sa décision de rejeter l'exception de nullité pour violence, par contrainte économique, la cour d'appel qui a fait ressortir l'absence d'état de dépendance économique d'un courtier grossiste (▪ Cass. 1re civ., 18 févr. 2015, n° 13-28.278 : *Bull.* ; *D.* 2016, p. 570, obs. Mekki ; *RDC* 2015, p. 445, note Savaux ; *RTD civ.* 2015, p. 371, obs. Barbier). V. aussi, ▪ Cass. 3e civ., 8 oct. 2014, n° 13-18.150 : *RDC* 2015/1, p. 11, obs. Th. Genicon.

7) Contrainte économique (caractérisée). Justifie légalement sa décision la cour d'appel qui, retenant une menace illégitime d'exercer un recours contentieux en annulation du permis de construire ayant fait naître, pour la société, la crainte de voir mettre en échec une vaste et coûteuse opération immobilière, comportant la création d'une nouvelle structure hospitalière, d'une école d'infirmières et de logements collectifs à Marseille, a ainsi caractérisé la contrainte économique exploitée par une partie pour amener l'autre partie à lui consentir une indemnité transactionnelle d'un montant particulièrement élevé (▪ Cass. 1re civ., 4 févr. 2015, n° 14-10.920 : *RDC* 2015, obs. Savaux).

8) Action en justice. La menace d'exercer une action en justice n'est pas en principe une violence (▪ Cass. 1re civ., 5 juin 1961 : *JCP* 61, IV, 110. ▪ Cass. soc., 24 mai 1973 : *D.* 1974, 365, note Ghestin. ▪ Cass. com., 30 janv. 1974 : *D.* 1974, 382), à moins que la menace soit abusive (▪ Cass. 1re civ., 30 juin 1954 : *JCP* 54, II, 8325, note Y.), ou qu'elle vise à obtenir un avantage indu (▪ Cass. com., 28 avr. 1953 : *Bull. civ.* III, n° 151, p. 104. ▪ Cass. 1re civ., 16 août 1962 : *Bull. civ.* I, n° 423, p. 363. ▪ Cass. 1re civ., 17 juill. 1967 : *Bull. civ.* I, n° 263, p. 196. ▪ Paris, 8 juill. 1982 : *JurisData* n° 1982-600950 ; *D.* 1983, 473, note Landraud, et, sur pourvoi, ▪ Cass. 3e civ., 17 janv. 1984, n° 82-15.753 : *JurisData* n° 1984-700349 ; *Bull. civ.* III, n° 13, p. 10. ▪ Cass. 3e civ., 30 juin 2016, n° 15-18.386 : *Contrats, conc. consom.* 2016, 206 ; *JurisData* n° 2016-012770. – Comp. ▪ Cass. 1re civ., 3 nov. 1959 : *D.* 1960, 187, note Holleaux. ▪ Cass. 1re civ., 4 févr. 2015, n° 14-10.920, préc.).

9) Personnes morales. L'article 1112 s'applique aussi à une société dont le consentement est exprimé par ses représentants légaux, personnes physiques vis-à-vis desquelles la violence peut avoir effet (▪ Cass. soc., 8 nov. 1984, n° 82-14.816 : *JurisData* n° 1984-701858 ; *RTD civ.* 1985, 368, obs. Mestre).

Art. 1113 ancien

***(Abr. à compter du 1er octobre 2016, Ord. n° 2016-131, 10 févr. 2016).* – La violence est une cause de nullité du contrat, non seulement lorsqu'elle a été exercée sur la partie contractante, mais encore lorsqu'elle l'a été sur son époux ou sur son épouse, sur ses descendants ou ses ascendants.**

NB : Rappr. art. 1174, p. 823.

Art. 1114 ancien

***(Abr. à compter du 1er octobre 2016, Ord. n° 2016-131, 10 févr. 2016).* – La seule crainte révérencielle envers le père, la mère, ou autre ascendant, sans qu'il y ait eu de violence exercée, ne suffit point pour annuler le contrat.**

Bibliographie : Y. Guenzoui, *La crainte révérencielle* : *D.* 2010, p. 984.

Art. 1115 ancien

***(Abr. à compter du 1er octobre 2016, Ord. n° 2016-131, 10 févr. 2016).* – Un contrat ne peut plus être attaqué pour cause de violence, si, depuis que la violence a cessé, ce contrat a été approuvé, soit expressément, soit tacitement, soit en laissant passer le temps de la restitution fixé par la loi.**

Nécessité d'une exécution volontaire. Bien qu'une reconnaissance de dette souscrite sous l'empire de la violence ait été exécutée par quatre versements successifs, cette circonstance ne saurait faire disparaître le vice dont l'engagement était affecté dès lors que les juges du fond constatent que le souscripteur n'avait jamais voulu acquiescer au règlement de la dette (▪ Cass. 1re civ., 30 juin 1954 : *JCP* 54, II, 8325, note Y.).

Art. 1116 ancien ***(Abr. à compter du 1er octobre 2016, Ord. n° 2016-131, 10 févr. 2016).* – Le dol est une cause de nullité de la convention lorsque les manœuvres pratiquées par l'une des parties sont telles, qu'il est évident que, sans ces manœuvres, l'autre partie n'aurait pas contracté.**

Il ne se présume pas, et doit être prouvé.

NB : Rappr. art. 1137, p. 817.

Bibliographie : R. Salomon, *Dol civil et dol pénal en matière de cession de droits sociaux : D.* 2010, p. 2792. • J. Mouly, *Une règle de nature à induire en erreur : « la réticence dolosive rend toujours excusable l'erreur provoquée » : D.* 2012, p. 1346 et, du même auteur, *JCP* 2012, 981. • J. Ghestin, *« La réticence dolosive rend toujours excusable l'erreur provoquée » – Une règle de nature à induire en erreur ? : JCP* 2012, 812. • D. Bakouche, *La prétendue inconsistance de la distinction du dol principal et du dol incident : JCP* 2012, 851. • A. Denizot, *La réticence dolosive avant 1958 : RTD civ.* 2015, p. 765. • E. Casimir, *Le dolus bonus, une notion à réhabiliter : RDC* 2017, 153.

I – CONDITIONS

A – Conditions relatives à la nature de l'acte

1) Manœuvres. Sur la définition du dol, v. ▪ Cass. com., 18 mars 1974 : *Bull. civ.* IV, n° 92, p. 74 (actes combinés en vue d'une tromperie). ▪ Cass. com., 19 déc. 1961 : *JurisData* n° 1961-098492 ; *D.* 1962, 240 (artifices surprenant le consentement). ▪ Cass. 3e civ., 23 avr. 1971, n° 70-20.045 : *JurisData* n° 1971-098257 ; *JCP* 71, II, 16841 (manœuvres trompeuses). ▪ Aix-en-Provence, 19 avr. 1966 : *JCP* 66, II, 14742 (représentation inexacte de la vérité). Pour d'autres applications, V. ▪ Cass. req., 17 oct. 1934 : *DH* 1934, 522. ▪ Cass. 1re civ., 5 janv. 1956 : *Bull. civ.* I, n° 12, p. 9. ▪ Cass. 3e civ., 14 mai 1970, n° 68-12.048 : *JurisData* n° 1970-098329 ; *JCP* 70, IV, 175 ; *Bull. civ.* III, n° 329, p. 240. ▪ Cass. 3e civ., 7 avr. 2015, n° 14-13.738 : *Contrats, conc. consom.* 2015, n° 164, note Leveneur (dol par SMS). Jugé que tous les agissements malhonnêtes tendant à surprendre une personne en vue de lui faire souscrire un engagement qu'elle n'aurait pas souscrit si on n'avait pas usé de la sorte envers elle peuvent être qualifiés manœuvres dolosives (▪ Colmar, 30 janv. 1970 : *JCP* 71, II, 16609, note Loussouarn. V. aussi, dans la même hypothèse d'une captation d'héritage, ▪ Besançon, 4 nov. 2004 : *JurisData* n° 2004-265055 ; *Dr. famille* 2005, 117, 1re esp., note Beignier). Mais jugé au contraire que le dol ne peut être retenu qu'en présence de manœuvres destinées à provoquer une erreur de nature à vicier le consentement (▪ Cass. 1re civ., 10 juill. 1995, n° 92-13.982 : *JurisData* n° 1995-002117 ; *D.* 1997, 20, note Chauvel ; *Contrats, conc. consom.* 1996, 2, note Leveneur ; *RTD civ.* 1996, 390, obs. Mestre, cassation de l'arrêt ayant annulé un acte pour dol en retenant l'existence de pression et de violence morale exercées par le représentant de la société créancière, en raison du scandale qu'il provoquait dans l'entreprise débitrice et de l'autorité qui s'attachait à ses fonctions).

2) Mensonge. Un simple mensonge, non appuyé d'actes extérieurs, peut constituer un dol (▪ Cass. 3e civ., 6 nov. 1970 : *JurisData* n° 1970-000587 ; *JCP* 71, II, 16942, note Ghestin. V. en ce sens ▪ Cass. com., 19 déc. 1961 : *D.* 1962, 240. ▪ Aix-en-Provence, 19 avr. 1966 : *JCP* 66, II, 14742. V. cependant pour une transaction après licenciement ▪ Cass. soc., 12 févr. 1997, n° 93-44.042 : *JurisData* n° 1997-000555 ; *JCP* 97, IV, 744 ; *Bull.* V, n° 61, p. 41 ; *RTD civ.* 1997, 693, obs. Gautier ; *Defrénois* 1997, 1077, obs. crit. Bénabent). Ainsi, le dol est constitué en cas de déclaration mensongère sur le confort d'une villa louée (▪ Cass. 3e civ., 23 avr. 1971, n° 70-10.951 : *JurisData* n° 1971-098255 ; *JCP* 71, II, 16841), ou sur le caractère « rénové » du tracteur vendu (▪ Cass. com., 29 mai 1973 : *D.* 1973, inf. rap. 180), ou sur la qualité de salarié du candidat locataire (▪ Paris, 29 juin 2000, n° 1999/17105 : *JurisData* n° 2000-121788 ; *Loyers et copr.* 2000, 266, 1er arrêt, note Vial-Pedroletti). Sur la nullité d'un contrat de prêt consenti au vu d'une majoration mensongère d'un devis, v. ▪ Douai, 12 janv. 1983 : *Gaz. Pal.* 1983, 1, 213, note Japy.

3) Bon dol. On ne peut juridiquement qualifier de dol toute espèce de ruses ou d'artifices, et notamment les recommandations ou vanteries habituelles à l'aide desquelles un vendeur cherche à vendre sa marchandise ; s'il en exalte le mérite et la valeur, c'est à l'acheteur à savoir s'en défendre pour ne pas en devenir la dupe trop facile (▪ Riom, 12 mai 1884 : *S.* 1885, 2, 13. V. aussi ▪ Cass. com., 13 déc. 1994, n° 92-20.806 : *JurisData* n° 1994-002867 ; *Contrats, conc. consom.* 1995, 48, note Leveneur, relevant que l'exagération commise dans la description publicitaire ne dépassait pas ce qui est habituel dans les pratiques commerciales). Sur le bon dol, V. aussi ▪ Paris, 16 déc. 1924 : *DH* 1925, 125. ▪ TGI Avesnes, 5 fév 1964 : *Gaz. Pal.* 1964, 1, 421. ▪ Paris, 22 janv. 1953 : *JCP* 53, II, 7435 ; *D.* 1953, 136 (décidant que la tromperie en l'espèce a nettement dépassé l'exagération et l'habileté permises à tout vendeur).

4) Réticence dolosive. Principes. Le dol peut résulter d'une simple réticence (▪ Cass. 3e civ., 15 janv. 1971, n° 69-12.180 : *JurisData* n° 1971-098038 ; *JCP* 71, IV, 43 ; *Bull. civ.* III, n° 38, p. 25. ▪ Cass. 1re civ., 5 juin 1971, n° 70-10.718 : *JurisData* n° 1971-000182 ; *JCP* 71, IV, 178 ; *Bull. civ.* I, n° 182, p. 152.. ▪ Cass. 3e civ., 25 févr. 1987, n° 85-13.654 : *Bull. civ.* III, n° 36, p. 21). Doit être cassé l'arrêt qui retient l'existence d'une réticence dolosive dans une vente de véhicule sans rechercher si le défaut de communication des factures de réparation et d'indication de réparations restant à effectuer a été fait intentionnellement pour tromper le contractant et le déterminer à conclure la vente (▪ Cass. 1re civ., 12 nov. 1987, n° 85-17.187 : *JurisData* n° 1987-002083 ; *Bull. civ.* I, n° 293, p. 211. V. en ce sens pour un cautionnement obtenu par une banque, ▪ Cass. 1re civ., 13 févr. 1996, n° 94-10.908 : *JurisData* n° 1996-000417 ; *JCP* 96, IV, 798 ; *Bull.* I, n° 78, p. 51 ; *D.* 1996, somm. 265, obs. Aynès. Aj., affirmant que le manquement à une obligation précontractuelle d'information ne peut caractériser un dol par réticence que s'y ajoute la constatation du caractère intentionnel de ce manquement et d'une erreur déterminante provoquée par celui-ci, ▪ Cass. com., 28 juin 2005 : *JCP* 2005, IV, 2928 ; *JurisData* n° 029185 ; *Bull. civ.* IV, n° 140, p. 151 ; *D.* 2005, somm. 2838, obs. Mekki ; *D.* 2006, p. 2774, note Chauvel ; *RTD civ.* 2005, 591, obs. Mestre et Fages). La personne qui est en pourparlers transactionnels n'est pas tenue de communiquer à ses partenaires une note interne analysant les aspects juridiques de l'opération en cause, si bien que viole l'article 1116 la cour d'appel qui retient qu'est constitutif d'une réticence dolosive le fait d'avoir délibérément caché cette note (▪ Cass. com., 24 mai 2016, n° 14-25.921 : *Bull.* ; *RTD civ.* 2016, 843, Barbier). En déduisant un vice du consentement du franchisé du seul manquement du franchiseur à son obligation d'information précontractuelle prévue par l'article L. 330-3 du Code de commerce, une cour d'appel ne donne pas de base légale à sa décision (▪ Cass. com., 20 mars 2007, n° 06-11.290 : *Contrats, conc. consom.* 2007, 167, note Leveneur. – Comp. ▪ Cass. com., 12 juin 2012, n° 11-19.047 : *D.* 2012, p. 2079, note Dissaux ; *D.* 2013, p. 391, obs. Amrani-Mekki et Mekki ; *RTD civ.* 2012, p. 724, obs. Fages). V. aussi, à propos des obligations d'information par écrit des agences de voyage, ▪ Cass. 1re civ., 31 oct. 2007, n° 05-15.601 : *Contrats, conc. consom.* 2008, 34, note Leveneur ; *D.* 2007, p. 522, note Dagorne-Labbe (le non-respect de l'obligation d'information n'a pas pour effet d'entraîner la nullité du contrat en dehors des conditions de droit commun). V. J. Ghestin, *La réticence, le dol et l'erreur sur les qualités substantielles* : *D.* 1971, chron. 248. – M. Fabre-Magnan, *De l'obligation d'information dans les contrats*, LGDJ 1992.

5) Réticence dolosive. Applications. La réticence d'un dirigeant social à présenter la situation exacte de la société lors d'une cession d'actions revêt un caractère dolosif (▪ Versailles, 17 juin 1987 : *JurisData* n° 1987-601384 ; *JCP* 89, II, 21168, note Roca. ▪ Paris, 18 nov. 1998, n° 1996/04817 : *JurisData* n° 1998-023560 ; *JCP* G 99, I, 134 ; *JCP* E 99, 666, n° 2, obs. Viandier et Caussain. V. aussi pour la réticence dolosive d'un dirigeant de société manquant au « devoir de loyauté » à l'égard d'un associé, ▪ Cass. com., 27 févr. 1996, n° 93-17.619 : *Bull. civ.* IV, n° 65, p. 50 ; *JCP* G 96, II, 22665 et *JCP* N 96, II, 1050, note Ghestin ; *D.* 1996, 518, note Malaurie, et 591, note Ghestin ; somm. 342, obs. Hallooing ; *RTD civ.* 1997, 114, obs. Mestre. ▪ Cass. com., 12 mai 2004, n° 00-15.618 : *JurisData* n° 2004-023739 ; *JCP* G 2004, II, 10160, note Damy ; *JCP* G 2004, I, 173, n° 1, obs. Constantin ; *JCP* E 2004, 1510, n° 3, obs. Caussain, Deboissy et Wicker ; *RDC* 2004/4, 923, obs. D. Mazeaud ; *RTD civ.* 2004, 500, obs. Mestre et Fages. ▪ Cass. 1re civ., 25 mars 2010, n° 08-13.060 : *RDC* 2010, p. 811, note Mazeaud ; *JCP* 2010, n° 921, note Ghestin (pour la non-révélation de l'offre d'un sous-acquéreur). ▪ Paris, 4 juill. 2003, n° 2001/03919 : *JurisData* n° 2003-229676 ; *JCP* 2004, I, 123, n° 11, obs. Constantin, pour une majoration du chiffre d'affaires par le cédant ▪ Paris, 31 janv. 1997 : *JurisData* n° 1997-020274 ; *JCP* E 97, II, 947, note Viandier. Voir cependant, écartant l'action pour un investissement à risque réalisé à la légère, ▪ Douai, 7 nov. 1996, n° 96-81.234 : *JCP* 97, I, 4012, n° 2, obs. Viandier et Caussain).

Est également dolosif le fait pour la banque créancière, sachant que la situation de son débiteur est irrémédiablement compromise, ou à tout le moins lourdement obérée, de ne pas porter cette information à la connaissance de la caution afin d'inciter celle-ci à s'engager (▪ Cass. 1re civ., 10 mai 1989, n° 87-14.294 : *JurisData* n° 1989-001467 ; *Bull. civ.* I, n° 187, p. 124 ; *JCP* 89, II, 21363, note D. Legeais.), ou le fait pour les vendeurs d'un appartement de n'avoir pas attiré l'attention des acquéreurs sur l'existence d'un éventuel projet immobilier contigu (▪ Cass. 3e civ., 20 déc. 1995, n° 94-14.887 : *JurisData* n° 1995-003757 ; *JCP* 96, IV, 387 ; *Bull. civ.* III, n° 268, p. 179 ; *Contrats, conc. consom.* 1996, 55, note Leveneur. – V. aussi ▪ Cass. 1re civ., 11 sept. 2012, n° 11-22.389 : *RDC* 2013/1, p. 62, obs. Savaux, pour une commune bénéficiaire d'une promesse unilatérale de vente qui n'informe pas le vendeur d'une modification à venir du PLU. – V. encore pour des vendeurs qui ne révèlent pas que l'eau du puits n'est pas potable ▪ Cass. 3e civ., 10 févr. 1999, n° 97-18.430 : *JurisData* n° 1999-000651 ; *Contrats, conc. consom.* 1999, 90, note Leveneur), ou sur la situation exacte de l'immeuble vendu au regard des règles des immeubles de grande hauteur et le montant réel des charges de sécurité (▪ Cass. 3e civ., 22 juin 2005, n° 03-18.624 : *JurisData* n° 2005-029067 ; *JCP* N 2006, 1143, note Kenfack ; *Contrats, conc. consom.* 2005, 186, note Leveneur) ou le fait pour un acheteur connaissant les richesses du sous-sol de dissimuler le fait que ce sous-sol permettait l'ouverture d'une nouvelle carrière (■ Cass. 3e civ., 15 nov. 2000, n° 99-11.203 : *JurisData* n° 2000-006872 ; *JCP* G 2001, I, 301, n° 1, obs. Serinet ; *JCP* E 2001, 1578, note Chauvel ; *JCP* G 2002, II, 10054 et *JCP* N 2002, 1618, note Lièvremont ; *JCP* E 2002, 640, n° 6, obs. Mainguy ; *Contrats, conc. consom.* 2001, 23, note Leveneur ; *Bull. civ.* III, n° 151 ; *Defrénois* 2001, 242, obs. Savaux ; *RTD civ.* 2001, 355, obs. Mestre et Fages ; *D.* 2002, somm. 928, 2e esp., obs. Tournafond) ou le fait que l'immeuble avait été inondé au minimum à deux reprises (■ Cass. 3e civ., 3 mars 2010, n° 08-21.056 : *Bull. civ.* 2010, I, n° 52 ; *Rev. Lamy dr. civ.* 2010/70, n° 3762, obs. Le Gallou) ou la présence d'amiante dans les éléments constitutifs de l'immeuble vendu (■ Cass. 3e civ., 16 mars 2011, n° 10-10.503 : *Bull. civ.* ; *D.* 2012. pan. 459, obs. S. Amrani Mekki et M. Mekki ; *JCP* 2011, 953, obs. J. Ghestin ; *Dr. et patrimoine* 2012, n° 211, p. 64, obs. Ph. Stoffel-Munck) ou les nuisances olfactives et sonores d'une usine (■ Cass. 3e civ., 25 mai 2011, n° 09-16.677 : *Contrats, conc. consom.* 2011, n° 184, note L. Leveneur) ou, s'agissant de la conclusion d'un contrat de recherche de partenaire commercial, la condamnation pénale d'un salarié exerçant des fonctions de responsabilité et ayant un rôle essentiel vis-à-vis des tiers, ce qui avait entraîné le retrait d'un investisseur démarché (■ Cass. com., 7 févr. 2012, n° 11-10.487 : *Bull.*, n° 24 ; *JCP* 2012, 561, obs. Ghestin ; *D.* 2012, p. 918, note Couret et Dondero ; *D.* 2013, p. 391, obs. Amrani-Mekki et Mekki ; *RTD civ.* 2012, p. 313, obs. Fages ; *Rev. sociétés* 2012, p. 429, note Schlumberger). En omettant d'informer l'acquéreur des titres sociaux, au plus tard le jour de la signature de l'acte de cession, de ce qu'il avait l'intention de ne rester dans la société que quelques mois, alors qu'il savait que son maintien, pour être efficace et répondre à l'attente de l'acquéreur, ne pouvait se limiter à une aussi courte période, le cédant a commis un dol déterminant du consentement du cessionnaire (■ Cass. com., 12 févr. 2013, n° 11-22.641 : *D.* 2014, p. 630, obs. Amrani-Mekki et Mekki ; *JCP* E 2013, n° 25, p. 19, obs. Dondero ; *Rev. sociétés* 2013, p. 547, note Massart ; *RTD civ.* 2013, p. 368, obs. Fages). V. encore pour la dissimulation par les cédants de parts sociales d'informations qu'ils détenaient sur l'effondrement prévisible du chiffre d'affaires réalisé avec les principaux clients de la société, ■ Cass. com., 30 mars 2016, n° 14-11.684 : *Bull.* ; *D.* 2017, p. 378, Mekki ; *RDC* 2016, 652, Genicon ; *RTD civ.* 2016, 356, Barbier. Ou encore pour le silence volontairement gardé par l'organisateur d'un cocktail de mariage sur son absence de licence l'autorisant à servir des boissons alcoolisées, ■ Cass. 1re civ, 28 mars 2018, n° 17-16.415 : *Contrats, conc. consom.* 2018, comm. 103, note Leveneur.

6) Réticence non dolosive. Applications. Aucune réticence dolosive ne peut être imputée à la société de crédit qui a omis d'aviser son client de la poursuite du contrat de prêt en cas de vol du véhicule, dès lors que le législateur lui-même n'a pas jugé utile de faire figurer cet avertissement sur le modèle type annexé au décret du 24 mars 1978, à partir duquel a été établie en l'espèce l'offre de prêt (■ Cass. 1re civ., 14 juin 1989, n° 88-12.665 : *JurisData* n° 1989-701973 ; *JCP* 1991, II, 21632, note Virassamy). Sur l'absence d'obligation d'information pesant sur l'acquéreur de photographies pour un prix dérisoire, v. ■ Cass. 1re civ., 3 mai 2000, n° 98-11.381 : *JurisData* n° 2000-001683 ; *JCP* 2000, I, 272, n° 1, obs. Loiseau ; *JCP* G 2001, II, 10510, note Jamin ; *JCP* E 2001, 1139, note Jamin, et 1578, 1re esp., note Chauvel ; *Contrats, conc. consom.* 2000, 140, note Leveneur ; *Bull. civ.* I, n° 131, p. 88 ; *Defrénois* 2000, 1110, obs. D. Mazeaud et Delebecque ; *RTD civ.* 2000, 566, obs. Mestre et Fages ; *D.* 2002, somm. 928, 1re esp., obs. Tournafond. Viole l'article 1116, l'arrêt qui, pour prononcer la nullité des promesses de vente d'un immeuble, retient que le fait de ne pas avoir révélé l'information essentielle sur le prix, que l'acquéreur détenait en sa qualité d'agent immobilier et de marchand de biens, tandis que le vendeur, agriculteur devenu manœuvre, marié à une épouse en incapacité totale de travail, ne pouvait lui-même connaître la valeur de son pavillon, constituait un manquement au devoir de loyauté qui s'imposait à tout contractant et caractérisait une réticence dolosive déterminante du consentement ; alors que l'acquéreur, même professionnel, n'est pas tenu d'une obligation d'information au profit du vendeur sur la valeur du bien acquis (■ Cass. 3e civ., 17 janv. 2007, n° 06-10.442 : *JurisData* n° 2007-037041 ; *Grands arrêts*, n° 151 ; *RDC* 2007/3, p. 703, obs. Y.-M. Laithier et p. 798, obs. Collart-Dutilleul ; *JCP* G 2007, II, 10042, note Jamin ; *D.* 2007, p. 1051, note Mazeaud, p. 1054, note Stoffel-Munck et p. 2966, obs. Amrani-Mekki et Fauvarque-Cosson ; *Defrénois* 2007, art. 38562-28, p. 443, obs. Savaux ; *Contrats, conc. consom.* 2007, 117, obs. Leveneur ; *AJDI* 2007, 416, obs. Bigot de la Touanne ; *RTD civ.* 2007, p. 335, obs. Mestre et Fages ; *Defrénois* 2007, 443, obs. Savaux ; *Dr. et patrimoine* 2007, p. 83, obs. Aynès et Stoffel-Munck). Comp. ■ Cass. 1re civ., 3 mai 2006 : *JurisData* n° 2006-033298 ; *Bull. civ.* I, n° 209, p. 185, qui juge que le secret professionnel interdit au notaire de révéler au vendeur d'un bien immobilier qu'il avait été chargé par l'acquéreur de procéder à sa revente, quel qu'en soit le prix. Aucun texte n'oblige une entreprise à informer son cocontractant du fait qu'elle fait l'objet d'un redressement judiciaire (■ Cass. com., 24 sept. 2003, n° 00-20.309 : *RDC* 2004, 260, obs. D. Mazeaud). Ne commet pas de réticence dolosive le bailleur qui, n'étant tenu d'aucune obligation légale d'information, n'éclaire pas le preneur sur la portée d'une clause contractuelle (■ Cass. 1re civ., 4 juin 2009, n° 08-13.480 : *Bull. civ.* I, n° 119 ; *RDC* 2009/4, p. 1337, obs. Laithier et p. 1486, obs. Seube ; *D.* 2010, p. 224, obs. Amrani-Mekki ; *RTD civ.* 2009, 506, obs. Hauser ; *Defrénois* 2009, p. 2199, obs. Massip). L'acquéreur initial ayant été informé de la pollution du terrain par un rapport annexé à l'acte sous seing privé, aucune obligation n'imposant au vendeur d'annexer ce « compromis » à la déclaration d'intention d'aliéner et la commune disposant de services spécialisés, la cour d'appel a pu retenir que cette dernière qui s'était contentée des documents transmis ne pouvait se prévaloir d'une réticence dolosive ni de l'existence d'un vice caché (■ Cass. 3e civ., 7 nov. 2012, n° 11-22.907 : *Bull.* ; *D.* 2013, p. 391, obs. Amrani-Mekki et Mekki). Ayant retenu sans dénaturation que la société n'était pas un acquéreur profane et inexpérimenté et relevé qu'elle avait visité les logements situés dans l'immeuble vendu, qu'elle avait pu procéder à toute constatation utile et qu'elle avait signé le « compromis » en toute connaissance de cause, la cour d'appel a pu déduire de ces seuls motifs que la demande en nullité pour dol devait être rejetée (■ Cass. 3e civ., 7 mai 2014, n° 13-15.073 : *D.* 2014, p. 1751, note F. Viney). Ne constitue pas un dol le seul manquement de l'établissement de crédit à son devoir de mise en garde sur l'importance des engagements de l'emprunteur (■ Cass. com., 9 févr. 2016, n° 14-23.210 : *Bull.* ; *Resp. civ. et assur.* 2016, 152).

7) Obligation de contracter de bonne foi. La réticence de la commune, qui acquiert une parcelle, à informer le vendeur du déclenchement de la révision du plan d'occupation des sols peut constituer un manquement à la bonne foi (■ Cass. 3e civ., 27 mars 1991 : *Bull. civ.* III, n° 108, p. 62 ; *JCP* N 92, II, 258, note Leveneur). Jugé que le créancier qui sait la situation de son débiteur irrémédiablement compromise et qui laisse la caution s'engager manque à son obligation de contracter de bonne foi (■ Cass. 1re civ., 16 mai 1995, n° 92-20.976 : *JurisData* n° 1995-004493 ; *JCP* 96, II, 22736, note F.-X. Lucas. V. aussi ■ Cass. 1re civ., 18 févr. 1997, n° 95-11.816 : *JurisData* n° 1997-000653 ; *JCP* 97, IV, 806 ; *Bull. civ.* I, n° 61, p. 39 ; *Contrats, conc. consom.* 1997, 74, note Leveneur. ■ Grenoble, 28 oct. 1997 : *JurisData* n° 1997-046685 ; *JCP* 98, IV, 1492). Il en va de même pour le cédant d'une société qui omet d'informer le cessionnaire des conséquences probables d'un accident du travail (■ Cass. 1re civ., 15 mars 2005, n° 02-20.335 : *D.* 2005, 1462, note Cathiard ; *Bull. civ.* I, n° 136, p. 117). Sur le principe que nul ne saurait voir sa responsabilité engagée pour n'avoir pas rappelé à son cocontractant l'obligation de bonne foi qui s'impose en matière contractuelle, V. ■ Cass. 1re civ., 28 mars 2000, n° 97-18.028 : *JurisData* n° 2000-001225 ; *JCP* 2000, IV, 1862 ; *RTD civ.* 2000, 565, obs. Mestre et Fages. S'il n'existait aucune obligation légale spécifique concernant la présence d'amiante dans l'immeuble vendu, le vendeur, tenu à un devoir général de loyauté, ne pouvait néanmoins dissimuler à son cocontractant un fait dont il avait connaissance et qui aurait empêché l'acquéreur, s'il l'avait connu, de contracter aux conditions prévues (■ Cass. 3e civ., 16 mars 2011, préc.).

8) Dol sur la valeur. L'erreur du cessionnaire sur la valeur des titres sociaux, dès lors qu'elle a été provoquée par une manœuvre du cédant, peut donner lieu au prononcé de la nullité de l'acte de cession pour dol (■ Cass. com., 17 juin 2008, n° 07-15.398 : *RTD civ.* 2008, p. 671, obs. Fages).

B – Conditions relatives à l'auteur du dol

9) Intention de tromper. Le dol suppose l'intention de tromper (■ Cass. soc., 5 déc. 1952 : *Bull. civ.* IV, n° 890, p. 639. ■ Cass. 1re civ., 21 mai 1958 : *JCP* 58, IV, 98 ; *Bull. civ.* I, n° 263, p. 207. ■ Cass. 3e civ., 3 févr. 1981, n° 79-13.774 : *JurisData* n° 1981-700211 ; *D.* 1984, 457, note Ghestin. ■ Cass. 1re civ., 25 janv. 2017, n° 15-29.205 : *Contrats, conc. consom.* 2017, comm. 72. ■ Cass. 1re civ., 1er mars 2017, n° 16-14.157 : *Contrats, conc. consom.* 2017, comm. 94, note Leveneur). Il n'est pas constitué par de simples démarches pour convaincre l'autre partie de vendre son bien (■ Cass. com., 2 juin 1981, n° 79-13.931 : *JurisData* n° 1981-702424 ; *Bull. civ.* IV, n° 259, p. 205). Une mention imprécise et susceptible d'une interprétation erronée n'est pas constitutive d'une manœuvre frauduleuse (■ Cass. soc., 16 févr. 1999, n° 96-45.565 : *JurisData* n° 1999-000668 ; *Bull. civ.* V, n° 74, p. 55, mention d'une expérience professionnelle d'une année, alors que l'intéressé n'a effectué qu'un stage de 4 mois).

10) Dol incident. Nécessité du caractère intentionnel ? Une cour d'appel, qui n'est pas saisie d'une demande tendant à l'annulation de la vente, peut, sans avoir à se prononcer expressément sur le caractère intentionnel de la réticence qu'elle constate et qui s'analyse aussi en un manquement à l'obligation précontractuelle d'information du vendeur, allouer des dommages-intérêts à l'acquéreur en réparation de son préjudice (■ Cass. 1re civ., 28 mai 2008, n° 07-13.487 : *Bull. civ.* I, n° 154 ; *RDC* 2008/4, p. 1118, obs. Mazeaud ; *JCP* 2008, II, 10179, note Beyneix et I, 218, obs. Labarthe ; *RTD civ.* 2008, p. 476, obs. Fages). Mais lorsque l'action en dommages-intérêts est exclusivement fondée sur le dol, l'intention de tromper comme le caractère déterminant doivent être établis (■ Cass. com., 7 juin 2011, n° 10-13.622 : *Bull. civ.* ;

RDC 2011/4, p. 1148, note Laithier ; *Contrats, conc. consom.* 2011, n° 208, note Leveneur ; *RTD civ.* 2011, p. 533, obs. Fages ; *Dr. et patrimoine* 2012, n° 211, p. 64, obs. Ph. Stoffel-Munck). Rappr. ▪ Cass. com., 7 févr. 2012, n° 11-10.487 cité sous le même article, *supra*.

11) Dol émanant du cocontractant. Dol d'un tiers. Principes. Le dol n'est une cause de nullité de la convention que s'il émane de la partie envers laquelle l'obligation est contractée (▪ Cass. com., 1er avr. 1952 : *D.* 1952, 380. ▪ Cass. com., 20 avr. 1971 : *JCP* 72, II, 16986, note Bernard. ▪ Cass. com., 10 mars 1981, n° 79-16.234 : *JurisData* n° 1981-701341 ; *Bull. civ.* IV, n° 128, p. 99). En application de l'article 1116 du Code civil, un contractant ne peut se prévaloir des manœuvres d'un tiers à l'acte pour tenter de démontrer que son consentement a été vicié sans faire état d'une collusion frauduleuse entre celui-ci et son cocontractant (▪ Cass. com., 16 déc. 2008, n° 08-12.946 : *JCP* 2009, I, 138, obs. Serinet). Le dol d'un tiers n'est pas cause de nullité, même dans un contrat unilatéral tel que le cautionnement (▪ Cass. 1re civ., 20 mars 1989, n° 87-15.450 : *JurisData* n° 1989-705753 ; *Bull. civ.* I, n° 127, p. 83. V. aussi ▪ Cass. 1re civ., 27 juin 1973, n° 70-13.723 : *JurisData* n° 1973-000220 ; *D.* 1973, 733, 2e esp., note Malaurie), à moins qu'il émane d'un mandataire (▪ Cass. com., 13 déc. 2016, n° 15-15.092 : *Contrats, conc. consom.* 2017, 48, Leveneur ; *JurisData* n° 2016-026886) ou d'un gérant d'affaires dont la gestion est ratifiée par le cocontractant (▪ Cass. 1re civ., 7 juill. 1960 : *Bull. civ.* I, n° 371, p. 305. Comp. pour une promesse de porte-fort, ▪ Cass. com., 27 févr. 1996 : *Defrénois* 1996, 1205, note Dagorne-Labbe).

12) Dol émanant du cocontractant. Applications. Viole l'article 1116 la cour d'appel qui admet l'action en réduction de prix exercée par l'acquéreur d'un fonds de commerce contre un associé de la société venderesse (▪ Cass. com., 23 nov. 1993, n° 92-10.284 : *JurisData* n° 1993-002295 ; *Bull. civ.* IV, n° 421, p. 305 ; *D.* 1994, somm. 234, obs. Paisant), ou celle qui annule des contrats de crédit-bail conclus par un franchisé au vu d'un dossier présenté par le franchiseur et contenant des erreurs et inexactitudes ne pouvant échapper à un organisme de crédit professionnel, alors que le franchiseur était à l'origine des prétendues réticences dolosives et que le dol n'est une cause de nullité que s'il émane de la partie envers laquelle l'obligation est contractée (▪ Cass. com., 27 nov. 2001, n° 99-17.568 : *JurisData* n° 2001-012026 ; *Contrats, conc. consom.* 2002, 45, note Leveneur). Mais une société chargée de proposer des financements à des clients potentiels puis de les recommander à l'approbation d'un établissement de crédit dispose de la qualité de représentant et le dol qu'elle commet permet l'annulation (▪ Cass. com., 13 juin 1995, n° 93-17.409 : *JurisData* n° 1995-001516 ; *JCP* 95, I, 3880, n° 8, obs. Jamin ; *Bull. civ.* IV, n° 175, p. 163. V. aussi ▪ Cass. com., 24 mai 1994, n° 92-14.344 : *JCP* 94, IV, 1876 ; *D.* 1995, somm. 88, obs. Delebecque. ▪ Cass. com., 23 sept. 2014, n° 12-19.541 : *RDC* 2015, p. 221, obs. Genicon). V. aussi pour un fournisseur qui n'était pas, pour la conclusion d'un contrat de crédit-bail, un tiers si bien que ses manœuvres dolosives viciant le consentement du crédit-preneur étaient opposables au crédit-bailleur, rendant ainsi, à son égard, excusable l'erreur en résultant commise par le crédit-preneur, ▪ Cass. com., 21 sept. 2017, n° 16-15.542 : *Contrats, conc. consom.* 2017, comm. 237, note Leveneur.

13) Erreur provoquée par le dol d'un tiers. Sur le principe que l'erreur provoquée par le dol d'un tiers au contrat peut entraîner la nullité lorsqu'elle porte sur la substance, V. ▪ Cass. 1re civ., 3 juill. 1996, n° 94-13.239 : *JurisData* n° 1996-002910 ; *JCP* 96, IV, 1997 ; 97, I, 4033, n° 1, obs. Simler et Delebecque ; *Bull. civ.* I, n° 288, p. 201 ; *D.* 1996, somm. 323, obs. Delebecque ; *Contrats, conc. consom.* 1996, 181, note Leveneur ; *RTD civ.* 1996, 895, obs. Mestre ; *Defrénois* 1997, 920, note Dagorne-Labbe.

14) Exclusion des ventes faites par autorité de justice. La cession de gré à gré des actifs du débiteur en liquidation judiciaire, qui doit être autorisée par le juge-commissaire, est une vente faite d'autorité de justice qui ne peut être annulée pour dol, si bien que si le cessionnaire se prétend victime d'un dol commis par le liquidateur il peut seulement rechercher la responsabilité personnelle de ce dernier (▪ Cass. com., 4 mai 2017, n° 15-27.899 : *Bull.* ; *JCP* G 2017, 564, Dumery ; *RDC* 2017, p. 436, Pellet).

C – Conditions relatives à la victime du dol

15) Caractère déterminant. Le dol est une cause de nullité du contrat lorsque les manœuvres pratiquées par l'une des parties pour surprendre et tromper l'autre ont déterminé celle-ci à contracter (▪ Cass. civ., 4 janv. 1949 : *D.* 1949, 135. ▪ Cass. com., 22 juill. 1986, n° 85-13.512 : *JurisData* n° 1986-001867 ; *Bull. civ.* IV, n° 163, p. 138. Comp., à propos d'un contrat de travail, exigeant des juges du fond qu'ils constatent qu'en l'absence des manœuvres pratiquées par le salarié, il est évident que l'employeur n'aurait pas contracté, ▪ Cass. soc., 5 oct. 1994, n° 93-43.615 : *JurisData* n° 1994-001837 ; *D.* 1995, 282, note Mozas ; *RTD civ.* 1995, 94, obs. Mestre, et 146, obs. Gautier. V. aussi pour une transaction après licenciement ▪ Cass. soc., 12 févr. 1997, n° 93-44.042 : *JurisData* n° 1997-000555 ; *JCP* 97, IV, 744 ; *Bull.* V, n° 61, p. 41 ; *RTD civ.* 1997, 693, obs. Gautier ; *Defrénois* 1997, 1077, obs. crit. Bénabent, pour la fourniture de renseignements inexacts lors de l'embauche ■ Cass. soc., 30 mars 1999, n° 97-85.451 : *JurisData* n° 1999-002007 ; *JCP* G 99, II, 10195 ; *JCP* E 2000, 1236, note J. Mouly ; *D.* 2000, somm. 13, obs. Omarjee, pour le silence gardé par le franchiseur sur les difficultés rencontrées par le précédent franchisé ■ Cass. com., 8 juill. 2003, n° 02-11.691 : *JurisData* n° 2003-020082 ; *Contrats, conc. consom.* 2003, 153, note Leveneur, pour des manœuvres ayant trompé des acquéreurs sur la rentabilité de leur acquisition, ■ Cass. 3e civ., 12 oct. 2017, n° 16-23.362 : *Contrats, conc. consom.* 2018, comm. 5 ; *JCP* N 2018, 1045, Sizaire). Le dol annule le contrat quand il détermine une erreur sur la valeur (■ Paris, 22 janv. 1953 : *JCP* 53, II, 7435, note J.M.). Mais jugé que l'acquéreur qui devant les juges du fond a prétendu que la vente était nulle pour erreur sur une qualité substantielle de la chose et a été débouté est irrecevable à soutenir devant la Cour de cassation que cette nullité pouvait être acquise même quand l'erreur provoquée par le dol ne porte pas sur une telle qualité (■ Cass. com., 13 oct. 1980 : *JurisData* n° 1980-705165 ; *JCP* 81, IV, 7 ; *Bull. civ.* IV, n° 329, p. 265). Pour un défaut d'information n'ayant pas été de nature à influer sur le consentement, V. ■ Cass. com., 13 déc. 2016, n° 15-18.002 : *RTD civ.* 2017, p. 381, Barbier.

16) Moment du dol. Le dol n'entraîne la nullité que s'il se produit au moment où les parties s'engagent l'une envers l'autre (■ Cass. civ., 30 avr. 1884 : *S.* 1885, 1, 366).

17) Dol incident. Le dol incident qui permet d'obtenir un prix d'achat inférieur à la valeur du bien ne peut être sanctionné que par des dommages-intérêts (■ Cass. 1re civ., 22 déc. 1954 : *D.* 1955, 254). Dans ce cas, les juges du fond n'ont pas à se prononcer sur le caractère intentionnel de la réticence (■ Cass. 1re civ., 28 mai 2008, préc.). Mais lorsque l'action en dommages-intérêts est exclusivement fondée sur le dol, l'intention de tromper comme le caractère déterminant doivent être établis (■ Cass. com., 7 juin 2011, préc.). Jugé que le dommage né de l'erreur d'appréciation des éléments du contrat peut être suffisamment réparé par l'allocation de dommages-intérêts (■ Cass. com., 11 juill. 1977, n° 76-10.703 : *JurisData* n° 1977-798001 ; *D.* 1978, 55, note Larroumet).

18) Sur le **caractère excusable de l'erreur** provoquée par un dol, voir sous art. 1110 ancien, annot. n° 35 et s., p. 1056.

19) *Nemo auditur* (non). Le principe selon lequel nul ne peut se prévaloir de sa propre turpitude ne peut être opposé à la victime du dol (■ Cass. 1re civ., 22 juin 2004 : *Contrats, conc. consom.* 2004, 136, note Leveneur ; *JCP* 2005, II, 10006, note Eyraud ; *JurisData* n° 2004-024259 ; *Bull. civ.* I, n° 182, p. 151 ; *RTD civ.* 2004, 503, obs. Mestre et Fages, acheteur ayant agi en croyant réaliser un profit substantiel non justifié).

II – RÉGIME

20) Nullité et résolution. Sur le principe que la sanction du dol est la nullité et non la résolution du contrat, V. ■ Cass. 1re civ., 22 avr. 1997, n° 95-12.152 : *JurisData* n° 1997-001712 ; *JCP* 97, II, 22944, 1re esp., note Bolard ; *Bull.* I, n° 129, p. 85 ; *D.* 1999, somm. 15, obs. Tournafond.

21) Dol et garantie d'actif ou de passif. Les garanties contractuelles relatives à la consistance de l'actif ou du passif social, s'ajoutant aux dispositions légales, ne privent pas l'acquéreur de droits sociaux, qui soutient que son consentement a été vicié, du droit de demander l'annulation de l'acte sur le fondement du dol (■ Cass. com., 3 févr. 2015, n° 13-12.483 : *Bull.* ; *JCP* G 2015, n° 13, p. 615, note Caffin-Moi ; *JCP* E 2015, n° 12, p. 20, note Dondero ; *RTD civ.* 2015, p. 373, obs. Barbier).

22) Pouvoir souverain des juges du fond. Les juges du fond sont souverains pour apprécier l'existence des faits dolosifs et pour rechercher s'ils ont déterminé une convention arguée de nullité (■ Cass. civ., 17 mai 1949 : *Bull. civ.* I, n° 171, p. 456. ■ Cass. 3e civ., 13 juin 1973, n° 72-11.071 : *JurisData* n° 1973-000407 ; *JCP* 73, IV, 288 ; *Bull. civ.* III, n° 407, p. 294), et ils peuvent tenir compte d'éléments postérieurs à la formation du contrat (■ Cass. com., 13 déc. 1994, n° 92-12.626 : *Bull.* IV, n° 375, p. 309), mais il appartient à la Cour de cassation d'exercer son contrôle sur la qualification de moyens illicites qui leur est attribuée (■ Cass. com., 1er avr. 1952 : *D.* 1952, 380).

23) Dommages-intérêts. Outre la nullité du contrat, la victime du dol peut exercer une action en responsabilité délictuelle pour obtenir réparation de son préjudice (■ Cass. 1re civ., 4 févr. 1975 : *JurisData* n° 1975-000043 ; *JCP* 75, II, 18100, note Larroumet. – V. aussi ■ Cass. com., 18 oct. 1994, n° 92-19.390 : *Bull. civ.* IV, n° 293, p. 235 ; *D.* 1995, 180, note Atias. ■ Cass. com., 4 janv. 2000, n° 96-16.197 : *JurisData* n° 2000-000108 ; *Contrats, conc. consom.* 2000, 79, note Leveneur) qui n'est pas soumise à la prescription quinquennale de l'article 1304 (■ Cass. 1re civ., 25 juin 2008, n° 07-18.108 : *Bull. civ.* I, n° 184 ; *JCP* 2008, II, 10205, note Siguoirt et I, 218, obs. Labarthe ; *Contrats, conc. consom.* 2008, 254, note Leveneur ; *D.* 2008, p. 2965, obs. Fauvarque-Cosson et Amrani-Mekki, rendu sous l'empire du droit antérieur à la loi n° 2008-561 du 17 juin 2008, qui pose désormais un délai uniforme de cinq ans à l'article 2224 du Code civil). Viole l'article 1382 l'arrêt qui rejette la demande en paiement de dommages-intérêts formée contre le vendeur en retenant que la faute alléguée de celui-ci n'a pas été commise antérieurement à la conclusion du contrat et n'est pas extérieure à ce contrat, de sorte que l'acquéreur serait mal fondé, en application du principe de non-cumul, à invoquer les règles de la responsabilité délictuelle (■ Cass. com., 15 janv. 2002 : *JCP* G 2002, IV, 1330 ; *JCP* E 2002, 1427, note Kéita ; *JurisData* n° 2002-012533 ; *Resp. civ. et assur.* 2002, 127 ; *RTD civ.* 2002, 290, obs. Mestre et Fages, inexactitude des mentions portées à l'acte de cession du fonds de commerce). Le vendeur d'un immeuble ancien, qui a commis une réticence dolosive en induisant volontairement en erreur la société qui a établi l'état parasitaire relatif aux termites, n'est pas fondé à demander la garantie de ce professionnel et doit au contraire être condamné à le garantir de la totalité des condamnations prononcées à son encontre (■ Cass. 3e civ., 19 nov. 2008, n° 07-17.880 : *JCP* 2009, I, 138, obs. Serinet ; *RTD civ.* 2009, p. 115, obs. Fages). Pour une condamnation à indemniser du coût des travaux de désamiantage, V. ■ Cass. 3e civ., 16 mars 2011, préc. L'action en responsabilité, qui laisse subsister le contrat, ne tend pas aux mêmes fins que l'action en annulation, qui a pour effet de le mettre à néant, si bien qu'elle se heurte à la prohibition des demandes nouvelles en appel si elle a été abandonnée en première instance (■ Cass. com., 30 juin 2015, n° 14-14.704 : *RTD civ.* 2015, p. 867, obs. Barbier). Pour la condamnation à des dommages-intérêts, à la suite d'une réticence dolosive, non seulement du cocontractant mais aussi d'un tiers, V. ■ Cass. com., 1er mars 2017, n° 15-22.866 : *Contrats, conc. consom.* 2017, comm. 118, note Leveneur). Les manœuvres dolosives du représentant du vendeur, qui n'est pas un tiers au contrat, engagent la responsabilité de celui-ci (■ Cass. 3e civ., 5 juil. 2018, n° 17-20.121 : *Bull.* ; *JurisData* n° 2018-0011941 ; *RTD civ.* 2018, p. 911, Jourdain).

24) Préjudice indemnisable en cas de maintien du contrat. Le préjudice réparable d'un cocontractant, qui a fait le choix de ne pas demander l'annulation du contrat, correspond, non à la perte d'une chance de ne pas contracter, mais uniquement à la perte d'une chance d'avoir pu contracter à des conditions plus avantageuses (■ Cass. com., 10 juill. 2012, n° 11-21.954 : *Bull.* ; *RDC* 2013/1, p. 91, note Deshayes ; *JCP* 2012, I, 1151, obs. Ghestin, et 1152, M. Nussenbaum ; *LPA* 11 oct. 2012, p. 17, obs. D. Houtcieff ; *Rev. Lamy dr. civ.* 2012, p. 12, obs. C. Le Gallou ; *RTD civ.* 2012, p. 725, obs. B. Fages et p. 732, obs. Jourdain ; *Bull. Joly Sociétés* 2012, p. 767, note Stoffel-Munck ; *D.* 2012, p. 2772, note Caffin-Moi ; *D.* 2013, p. 391, obs. Mekki et Amrani-Mekki ; *Rev. sociétés* 2012, p. 686, note Fages ; *RTD civ.* 2012, 725, obs. Fages). Comp., admettant que le préjudice réparable corresponde alors à la perte d'une chance d'avoir pu contracter à des conditions plus avantageuses, ou de ne pas contracter, ■ Cass. com., 21 juin 2016, n° 14-29.874 : *RTD civ.* 2016, 847, Barbier.

Sur cette question, V. aussi J. Traullé, *L'indemnisation du préjudice né de l'impossibilité de contracter avec un tiers après la conclusion d'un contrat vicié* : *D.* 2013, p. 2651.

25) Réduction de prix. En cas de vente l'acquéreur peut invoquer le dol pour conclure seulement à une réduction de prix (■ Cass. com., 14 mars 1972, n° 71-10.145 : *D.* 1972, 653, note Ghestin. ■ Cass. com., 27 mai 1997, n° 95-15.930 : *JurisData* n° 1997-002505 ; *JCP* E 97, I, 710, obs. Viandier et Caussain. ■ Cass. 3e civ., 6 juin 2012, n° 11-15.973 : *RDC* 2012/4, p. 1180, obs. Th. Genicon). La demande en nullité de la vente pour dol et la demande en réduction du prix de la vente par les victimes de ce dol n'ont pas le même objet (■ Cass. 3e civ., 11 janv. 2012, n° 10-23.141 : *Bull.*, n° 4 ; *JCP* 2012, 442, note Ghestin et Serinet).

26) Opposabilité de la nullité. La victime d'un dol est en droit d'invoquer la nullité du contrat vicié contre le tiers qui se prévaut de celui-ci (■ Cass. 1re civ., 21 févr. 1995, n° 92-18.988 : *JurisData* n° 1995-000338 ; *JCP* 95, I, 3867, n° 9, obs. Billiau ; *Bull. civ.* I, n° 91, p. 65 ; *Contrats, conc. consom.* 1995, 81, note Leveneur ; *RTD civ.* 1995, 883, obs. Mestre, assureur se prévalant de la suspension du contrat d'assurance contre le vendeur d'un véhicule victime d'un dol).

27) Demande d'un tiers. L'action en nullité pour vice du consentement est, en raison de son caractère patrimonial, transmise, après son décès, aux ayants cause universels du contractant dont le consentement a été vicié (■ Cass. 1re civ., 4 juill. 1995, n° 93-17.466 : *JurisData* n° 1995-001793 ; *JCP* 95, IV, 2182 ; *Bull.* I, n° 291, p. 203 ; *RTD civ.* 1995, 866, obs. Hauser ; *D.* 1996, 233, note Boulanger). Mais la nullité du bail ne peut pas être demandée par le nouveau propriétaire des lieux en dépit de la subrogation générale qu'il détient en vertu des actes de vente (■ Cass. 3e civ., 18 oct. 2005 : *JCP* 2005, IV, 3469 ; *JurisData* n° 2005-030335 ; *Bull. civ.* III, n° 197, p. 179 ; *RDC* 2006/2, p. 470, obs. Serinet). La caution ne pouvant opposer les exceptions qui sont purement personnelles au débiteur principal, une cour d'appel retient exactement que n'ayant pas été partie au contrat de vente, elle n'était pas recevable à invoquer la nullité relative tirée du dol affectant le consentement du débiteur principal et qui, destinée à protéger ce dernier, constituait une exception purement personnelle (■ Cass. ch. mixte, 8 juin 2007, n° 03-15.602 : *RDC* 2007/4, p. 1226, obs. Houtcieff et *RDC* 2008/

3, p. 702, obs. Grimaldi ; *D.* 2007, act. jurispr. 1782, obs. V. Avena-Robardet, et p. 2201, note D. Houtcieff ; *D.* 2008, p. 514, note Andreu ; *JCP* 2007, II, 10138, note Ph. Simler ; *RTD com.* 2007, p. 585, obs. Legeais. – V. aussi J. Casey, *La nullité relative tirée du dol affectant le consentement du débiteur principal : une exception purement personnelle : JCP* 2007, act. 274).

Art. 1117 ancien ***(Abr. à compter du 1er octobre 2016, Ord. n° 2016-131, 10 févr. 2016).*** **– La convention contractée par erreur, violence ou dol, n'est point nulle de plein droit ; elle donne seulement lieu à une action en nullité ou en rescision, dans les cas et de la manière expliqués à la section VII du chapitre V du présent titre.**

NB : Rappr. art. 1178, p. 823.

Art. 1118 ancien ***(Abr. à compter du 1er octobre 2016, Ord. n° 2016-131, 10 févr. 2016).*** **– La lésion ne vicie les conventions que dans certains contrats ou à l'égard de certaines personnes, ainsi qu'il sera expliqué en la même section.**

NB : Rappr. art. 1168, p. 822.

1) Caractère exceptionnel. La lésion qui réside dans une disproportion effective entre les prestations réciproques des parties de nature strictement objective n'est prise en considération par la loi comme ouverture à rescision que de façon exceptionnelle et on ne saurait lui enlever ce caractère en l'invoquant indirectement par le moyen de prétendues manœuvres dolosives qu'elle ferait présumer (■ Paris, 11 oct. 1962 : *D.* 1963, 288).

2) Rescision et nullité. Sur la distinction entre l'action en nullité et l'action en rescision pour lésion, V. ■ Cass. 1re civ., 28 avr. 1958 : *Bull. civ.* I, n° 217, p. 171. La demande en rescision ne peut être faite pour la première fois en cause d'appel lorsque la nullité a été demandée en première instance (■ Cass. 3e civ., 21 mai 1979, n° 78-10.268 : *Bull. civ.* III, n° 110, p. 82).

Art. 1119 ancien ***(Abr. à compter du 1er octobre 2016, Ord. n° 2016-131, 10 févr. 2016).*** **– On ne peut, en général, s'engager, ni stipuler en son propre nom, que pour soi-même.**

NB : Rappr. art. 1203, p. 832.

Jurisprudence. V. ss art. 1203, p. 832.

Art. 1120 ancien ***(Abr. à compter du 1er octobre 2016, Ord. n° 2016-131, 10 févr. 2016).*** **– Néanmoins, on peut se porter fort pour un tiers, en promettant le fait de celui-ci ; sauf l'indemnité contre celui qui s'est porté fort ou qui a promis de faire ratifier, si le tiers refuse de tenir l'engagement.**

NB : Rappr. art. 1204, p. 832.

I – CONDITIONS

1) Le fait promis. On peut se porter fort pour tout fait susceptible de former l'objet d'une convention (■ Cass. civ., 24 oct. 1905 : *DP* 1906, 1, 153).

2) Le tiers. On peut se porter fort pour n'importe quelle personne, même incapable (■ Cass. req., 6 mars 1905 : *DP* 1910, 1, 362. ■ Poitiers, 13 nov. 1934 : *DP* 1935, 2, 61, note R. Savatier). Le tuteur peut se porter fort à la fois pour l'incapable et pour ses cohéritiers (■ Cass. 1re civ., 6 oct. 1954 : *JCP* 55, II, 8444, note Laurent). Mais l'article 1120 du Code civil prévoit que la personne pour qui l'on se porte fort est un tiers et exclut par là même cette stipulation au profit d'un mandant qui, en raison de cette qualité même, se trouve partie à l'acte (■ Cass. soc., 17 févr. 1956 : *Bull. civ.* IV, n° 172, p. 127). La nullité pour absence de tiers bénéficiaire n'est pas encourue lorsque l'acte prévoit qu'une personne agit en qualité de porte-fort pourle compte d'une société en cours de constitution ou pour toute autre personne voulant se substituer et que cette personne s'est dûment substituée à la société (■ Cass. 3e civ., 26 juin 1996, n° 94-18.525 : *JurisData* n° 1996-002790 ; *Bull.* III, n° 163, p. 104 ; *Defrénois* 1996, 1359, obs. Delebecque).

3) Forme. La promesse de porte-fort peut être implicite (■ Cass. civ., 28 déc. 1926 : *DP* 1930, 1, 73, note Chéron. ■ Cass. com., 30 mars 1971, n° 70-10.099 : *JurisData* n° 1971-097102 ; *Bull. civ.* IV, n° 102, p. 92. ■ Rouen, 7 avr. 1970 : *D.* 1970, 676, note Trochu), mais il faut que l'engagement soit pris au nom d'une personne déterminée (■ Paris, 17 oct. 1968 : *D.* 1969, somm. 45). Jugé qu'une promesse de porte-fort ne peut résulter que d'actes manifestant l'intention certaine du promettant de s'engager pour un tiers (■ Cass. com., 17 juill. 2001, n° 98-10.827 : *JurisData* n° 2001-011060 ; *Contrats, conc. consom.* 2001, 170, note Leveneur).

4) **Mention manuscrite – article 1326 du Code civil (non).** Il résulte de l'article 1120 du Code civil que l'engagement de porte-fort constitue un engagement de faire, de sorte que l'article 1326 du Code civil ne lui est pas applicable (■ Cass. com., 18 juin 2013, n° 12-18.890 : *Bull.* ; *RDC* 2014/1, p. 66, obs. Barthez ; *D.* 2013, p. 1621, obs. Delpech ; *JCP* 2013, n° 960, note Mégret ; *JCP* E 2013, n° 43, p. 37, note Leveneur ; *G. P.* 2013, nos 312-313, p. 24-25, note Pailler et nos 282-283, p. 18, obs. Houtcieff ; *G. P.* 2014, nos 33-35, p. 10, note Kouhaiz ; *Dr. et pat.* 2014, n° 233, p. 65, obs. Aynès et Dupichot ; *JCP* G 2013, n° 48, p. 2183, obs. Simler et Delebecque ; *D.* 2013, p. 2561, note Pellier et p. 2551, chron. ■ Cass., obs. Le Bras, Guillou, Arbellot ; *RTD civ.* 2013, p. 842, obs. Barbier et p. 653 obs. Crocq ; *RD bancaire et fin.* 2013, n° 5, p. 28, note Legeais ; *Bull. Joly* 2013, n° 9, p. 540, obs. Barbièri ; *Rev. Lamy dr. civ.* 2013, n° 107, p. 35, note Gijsbers ; *Banque et droit* 2013, n° 150, p. 40, obs. Rontchevsky). Antérieurement, en sens contraire, V. ■ Cass. com., 13 déc. 2005, n° 03-19.217 : *JurisData* n° 2005-031318 ; *JCP* G 2006, II, 10021, 2e arrêt, note Simler ; *JCP* E 2006, 1342, 2e esp., note Grosser ; *Contrats, conc. consom.* 2006, 63, note Leveneur ; *Defrénois* 2006, art. 38345, p. 414, obs. Savaux. Sur cet arrêt, V. encore R. Libchaber, *La vaine recherche de sûretés personnelles nouvelles : l'insaisissable porte-fort de l'exécution* : *RJDA* 2006, n° 8, p. 781 ; D. Arlie, *Pour une juste conception du porte-fort d'exécution* : *D.* 2006, p. 2244.

II – EFFETS

5) **Obligation du promettant.** Celui qui se porte fort pour un tiers promet le fait de celui-ci et s'engage à le procurer (■ Cass. 3e civ., 7 mars 1978, n° 76-14.534 : *JurisData* n° 1978-098108 ; *JCP* 78, IV, 149 ; *Bull. civ.* III, n° 108, p. 84. ■ Cass. 1re civ, 25 janv. 2005 : *JCP* G 2005, II, 10021, 1er arrêt, note Simler ; *JurisData* n° 2005-026634 ; *Bull. civ.* I, n° 43, p. 34 ; *Contrats, conc. consom.* 2005, 81, note Leveneur ; *RTD civ.* 2005, 391, obs. Mestre et Fages), sans qu'il soit nécessaire de prouver une faute de sa part (■ Paris, 19 juin 1998 : *JurisData* n° 1998-210594 ; *RTD civ.* 1999, 100, obs. Mestre. ■ Bourges, 14 janv. 1999, n° 97-13.117 : *JCP* 99, IV, 2469).

6) **Obligation de résultat.** Ayant constaté qu'une société exploitant un théâtre s'était engagée à ce qu'un comédien bénéficie d'une priorité de droit sur son rôle pour une éventuelle tournée quel que soit le producteur, sans autres conditions, et que le producteur de la tournée n'avait pas ratifié cet engagement, une cour d'appel en déduit exactement que la société, tenue par un engagement s'analysant en une promesse de porte-fort, n'a pas satisfait à son obligation de résultat (■ Cass. soc., 3 mai 2012, n° 11-10.501 : *Bull.* ; *RDC* 2012/4, p. 1205, obs. Deshayes et p. 1221, obs. D. Mazeaud).

7) **Indemnisation du cocontractant.** Si le tiers refuse de tenir l'engagement, le promettant doit à son cocontractant une indemnité (■ Cass. soc., 28 janv. 1955 : *Bull. civ.* IV, n° 87, p. 61. – V. aussi ■ Cass. com., 14 janv. 1980 : *JCP* 80, IV, 122 ; *Bull. civ.* IV, n° 16, p. 13), laquelle comprend la perte subie et le manque à gagner (■ Cass. soc., 9 avr. 1957 : *D.* 1957, 335), sans pouvoir excéder la réparation du dommage prévu ou prévisible lors du contrat (■ Cass. 1re civ., 10 mars 1954 : *Bull. civ.* I, n° 91, p. 76).

8) **Garantie de l'engagement principal ?** Sur le principe que le porte-fort ne garantit pas lui-même l'exécution de l'engagement principal, V. ■ Cass. com., 22 juill. 1986, n° 85-12.392 : *JurisData* n° 1986-001582 ; *RTD civ.* 1987, 306, obs. Mestre. ■ Cass. com., 25 janv. 1994, n° 91-17.996 : *Bull. civ.* IV, n° 34, p. 26 ; *D.* 1994, somm. 211, obs. Delebecque ; *Defrénois* 1994, 792, obs. Delebecque ; *RTD civ.* 1994, 589, obs. Mestre. Mais sur la différence entre porte-fort de ratification et porte-fort d'exécution, V. la note suivante.

9) **Porte-fort de ratification et porte-fort d'exécution.** Celui qui se porte fort pour un tiers en promettant la ratification par ce dernier d'un engagement est tenu d'une obligation autonome dont il se trouve déchargé dès la ratification par le tiers, tandis que celui qui se porte fort de l'exécution d'un engagement par un tiers s'engage accessoirement à l'engagement principal souscrit par le tiers à y satisfaire si le tiers ne l'exécute pas lui-même. Encourt dès lors la cassation l'arrêt qui condamne celui qui s'était porté fort à garantir l'exécution de l'opération après avoir retenu, dans l'exercice de son pouvoir souverain d'appréciation, que la garantie ne pouvait s'analyser comme un engagement accessoire (■ Cass. com., 13 déc. 2005, préc. V. aussi, ■ Cass. com., 9 mars 2010, n° 09-11.807 : *RDC* 2011/1, p. 193, obs. Barthez). – Comp. cependant, ■ Cass. com., 18 juin 2013, n° 12-18.890, préc. – *Adde* ■ Cass. com., 1er avr. 2014, n° 13-10.629 : *Bull.* ; *D.* 2014, p. 1185, note Dondero et p. 1610, obs. Crocq ; *RDC* 2014/3, p. 347, note Th. Genicon ; *RDC* 2014/4, p. 625, obs. Klein ; *JCP* 2014, n° 752, obs. Dagome-Labbe ; *Rev. sociétés* 2014, p. 558, note Massart ; *RTD com.* 2014, p. 309, obs. Saintourens ; *Contrats, conc. consom.* 2014, n° 150, obs. Leveneur ; *JCP* E 2014, n° 47, p. 45, note Simler ; *Gaz. Pal.* 2014, n° 288, p. 8, obs. Houtcieff ; *LPA* 17 juill. 2014, n° 142, p. 1, note Vignolle : le porte-fort, débiteur d'une obligation de résultat

autonome, est tenu envers le bénéficiaire de la promesse des conséquences de l'inexécution de l'engagement promis. V. encore, ■ Cass. 1re civ., 16 avr. 2015, n° 14-13.694 : *RDC* 2015, p. 827, note Genicon ; *RTD civ.* 2015, p. 622, obs. Barbier (la promesse de porte-fort est un engagement personnel autonome d'une personne qui promet à son cocontractant d'obtenir l'engagement d'un tiers à son égard).

10) Incidence du droit des régimes matrimoniaux. L'acte de vente du logement familial est nul dans son entier lorsque le mari s'est porté fort de la ratification par son épouse, laquelle a refusé de ratifier (■ Cass. 1re civ., 11 oct. 1989, n° 88-13.631 : *JurisData* n° 1989-703607 ; *JCP* 90, II, 21549, note Henry ; *Bull. civ.* I, n° 315, p. 210 ; *D.* 1990, 310, note Le Guidec. V. aussi pour la vente par le mari sans le consentement de sa femme d'un immeuble commun, ■ Cass. 1re civ., 15 juill. 1993, n° 91-18.368 : *JurisData* n° 1993-001676 ; *JCP* 94, I, 3733, n° 16, obs. Simler ; *RTD civ.* 1994, 929, obs. Patarin. Mais v., retenant la responsabilité de l'épouse s'étant portée fort, ■ Cass. 1re civ., 1er oct. 1996, n° 94-18.657 : *JurisData* n° 1996-003597 ; *JCP* 98, I, 135, n° 12, obs. Simler).

11) Héritiers du promettant. La confusion sur la tête d'une même personne de la qualité de tiers visé par le porte-fort et de celle d'héritier de l'auteur tenu du porte-fort n'entraîne pas *ipso facto* ratification de la convention (■ Paris, 16 janv. 1965 : *JCP* 65, IV, 83). Viole donc l'article 1120 l'arrêt qui décide que les héritiers ne pouvaient méconnaître le contrat passé par leur mère en raison de l'obligation de garantie qui leur a été transmise par le jeu de la dévolution successorale alors que la seule obligation dont l'auteur de la promesse était tenue et qu'elle avait transmise à ses héritiers était celle de faire ratifier la vente et que cette promesse rendait seulement les successeurs passibles de dommages-intérêts (■ Cass. 1re civ., 26 nov. 1975 : *JurisData* n° 1975-700351 ; *JCP* 76, II, 18500, note Monéger. – Comp. ■ Lyon, 11 mars 1980 : *JurisData* n° 1980-601283 ; *D.* 1981, 617, note Peyrard). Mais l'acquéreur d'un terrain à une veuve qui s'est porté fort de la ratification de l'acte par ses enfants mineurs à leur majorité peut invoquer l'usucapion trentenaire à l'encontre de l'un des enfants devenu majeur plus de trente ans avant l'assignation (■ Cass. 1re civ., 6 juin 1990 : *Bull. civ.* I, n° 142, p. 102 ; *D.* 1991, somm. 305, 1re esp., obs. Robert).

12) Forme de la ratification. La ratification peut être tacite, mais l'absence de protestation ne saurait valoir ratification tacite (■ Caen, ch. réun., 23 févr. 1995 : *JurisData* n° 1995-042201. – Comp., se bornant à constater l'absence de ratification, ■ Cass. 3e civ., 23 juin 2004, n° 03-11.311 : *JurisData* n° 2004-024295 ; *Contrats, conc. consom.* 2004, 152, note Leveneur ; *Bull. civ.* III, n° 130, p. 118).

13) Rétroactivité de la ratification. La ratification de l'acte par le porte-fort a un caractère rétroactif et remonte au jour de l'acte ratifié (■ Cass. 1re civ., 30 janv. 1957 : *D.* 1957, 182. ■ Cass. 3e civ., 20 déc. 1971, n° 70-11.185 : *JurisData* n° 1971-000653 ; *Bull. civ.* III, n° 653, p. 467 ; *D.* 1972, somm. 86), l'obligation du tiers prenant naissance au jour de l'engagement du porte-fort (■ Cass. 1re civ., 8 juill. 1964 : *JurisData* n° 1964-000382 ; *D.* 1964, 560).

14) Inexécution par le tiers de son engagement. Sur ce que l'inexécution par le tiers de l'engagement s'analyse en une absence de ratification de cet engagement, V. ■ Cass. 1re civ., 18 avr. 2000, n° 97-22.421 : *JurisData* n° 2000-001505 ; *JCP* E 2000, 2005, obs. Virassamy ; *Bull. civ.* I, n° 115, p. 77 ; *Resp. civ. et assur.* 2000, 222 ; *RTD civ.* 2000, 832, obs. Mestre et Fages.

15) Inexécution de la promesse. L'inexécution de la promesse de porte-fort ne peut être sanctionnée que par la condamnation de son auteur à des dommages-intérêts (■ Cass. 1re civ., 7 mars 2018, n° 15-21.244 : *Bull.* ; *Contrats, conc. consom.* 2018, comm. 104, Leveneur ; *D.* 2019, p. 289, Mekki ; *JCP G* 2018, 604, Latil ; *RDC* 2018, p. 341, Genicon, 352, Viney ; *RTD civ.* 2018, p. 396, Barbier).

Art. 1121 ancien *(Abr. à compter du 1er octobre 2016, Ord. n° 2016-131, 10 févr. 2016).* – **On peut pareillement stipuler au profit d'un tiers, lorsque telle est la condition d'une stipulation que l'on fait pour soi-même ou d'une donation que l'on fait à un autre. Celui qui a fait cette stipulation ne peut plus la révoquer, si le tiers a déclaré vouloir en profiter.**

NB : Rappr. art. 1205, 1206, p. 832.

Bibliographie : D.-R. Martin, *La stipulation de contrat pour autrui* : *D.* 1994, chron. 145.

I – CONDITIONS

1) Intention des parties. Toute clause d'un contrat susceptible de procurer des avantages à un tiers ne fait pas naître au profit de celui-ci un droit d'action directe contre le promettant s'il n'a pas été dans l'intention des parties de le lui conférer (■ Cass. req., 20 déc. 1898 : *DP* 1899, 1, 320. – V. en ce sens ■ Cass. com., 15 oct. 1968 : *JurisData* n° 1968-700266 ; *D.* 1969, 98).

2) Stipulation implicite. La stipulation peut être implicite. Ainsi, l'Assistance publique hospitalière doit être considérée comme ayant stipulé du Centre national de la transfusion sanguine la fourniture de sang au profit d'une malade en cours de transfusion (■ Cass. 2e civ., 17 déc. 1954 : *JCP* 55, II, 8490, note R. Savatier ; *D.* 1955, 269, note Rodière. V. aussi ■ Cass. 1re civ., 14 nov. 1995, n° 94-04.008 : *JCP* 96, I, 3985, n° 7, obs. Viney ; *Bull. civ.* I, n° 414, p. 289. ■ Paris, 28 nov. 1991 : *JurisData* n° 1991-024386 ; *JCP* 92, II, 21797, note Harichaux ; *D.* 1992, 85, note Dorsner-Dolivet. ■ TGI Toulouse, réf., 16 juill. 1992 : *JurisData* n° 1992-604617 ; *JCP* 92, II, 21965, note Labbée. ■ Aix-en-Provence, 12 juill. 1993 : *JurisData* n° 1993-045314 ; *D.* 1994, 13, note Vidal). De même le contrat de transport contient une stipulation tacite de la personne transportée au profit des personnes envers lesquelles elle est tenue d'un devoir d'assistance en vertu d'un lien légal (■ Cass. civ., 6 déc. 1932 : *DP* 1933, 1, 137, note Josserand. ■ Cass. 1re civ., 15 févr. 1955 : *D.* 1955, 519. Mais V. ■ Cass. 1re civ., 28 oct. 2003, n° 00-18.794 : *JurisData* n° 2003-020635 ; *Contrats, conc. consom.* 2004, 1, note Leveneur ; *D.* 2004, 233, note Delebecque ; *Resp. civ. et assur.* 2004, 30, note Groutel ; *LPA* 2003, n° 255, p. 11, note P. Ancel ; *Rev. Lamy dr. civ.* 2004/2, 49, note Josselin-Gall ; *JCP* 2004, I, 163, n° 13, obs. Viney ; *JDI* 2004, 499, note Legier ; *Defrénois* 2004, 372, obs. Aubert et 384, obs. Libchaber ; *RTD civ.* 2004, 96, obs. Jourdain, écartant la stipulation pour autrui implicite au profit des proches des victimes décédées au titre du contrat de voyage). Pour d'autres applications, V. ■ Cass. civ., 5 nov. 1940 : *JCP* 41, II, 1624, note Voirin (clause par laquelle l'administration se substitue un entrepreneur pour la responsabilité des accidents pouvant survenir dans l'exécution de travaux). ■ Paris, 11 juin 1957 : *JCP* 57, II, 10134, 1re esp., note Lindon (stipulation permettant à la femme du stipulant de laisser son enfant d'un premier lit bénéficier du caveau familial). ■ Paris, 18 juin 1957, *eod. loc.*, 2e esp. (expertise demandée par le vendeur pour le compte de l'acquéreur). ■ TGI Lisieux, 24 févr. 1971 : *Gaz. Pal.* 1971, 2, 481 (société civile immobilière stipulant auprès d'EDF au profit des acquéreurs éventuels des pavillons). V. aussi ■ Cass. 1re civ., 5 déc. 1978 : *JurisData* n° 1978-799371 ; *D.* 1979, 401, note Berr et Groutel (contrat d'assurance de groupe). ■ Cass. 1re civ., 21 nov. 1978 : *JurisData* n° 1978-799356 ; *JurisData* n° 1978-700354 ; *JurisData* n° 1978-700354 ; *JurisData* n° 1978-000354 ; *JCP* 80, II, 19315, note P. Rodière (mise à la disposition d'une banque de véhicules blindés et de conducteurs et accompagnateurs). ■ Cass. soc., 4 févr. 1981, n° 79-12.946 : *JurisData* n° 1981-700346 ; *Bull. civ.* IV, n° 103, p. 77 (stipulation pour autrui résultant d'une convention collective). ■ Cass. 1re civ., 29 nov. 1994, n° 92-15.783 : *Bull. civ.* I, n° 353, p. 254 ; *RTD civ.* 1995, 622, obs. Mestre (clause du marché de travaux autorisant un paiement direct par le maître de l'ouvrage au profit du fournisseur. V. cependant, paraissant exclure les stipulations implicites, ■ Cass. 1re civ., 7 janv. 1997, n° 95-10.939 : *JurisData* n° 1997-000049 ; *Bull. civ.* I, n° 3, p. 2 ; *Defrénois* 1997, 1076, obs. crit. Bénabent).

3) Profit moral. Le profit moral résultant des avantages faits aux personnes désignées suffit pour constituer un intérêt personnel dans le contrat (■ Cass. civ., 16 janv. 1888 : *DP* 1888, 1, 77. ■ Cass. 1re civ., 12 avr. 1967 : *JCP* 67, IV, 78 ; *Bull. civ.* I, n° 125, p. 91). Sur le pouvoir souverain des juges du fond pour apprécier l'intérêt de la stipulation pour le stipulant, V. ■ Cass. 3e civ., 28 mars 1968 : *JCP* 68, IV, 86 ; *Bull. civ.* III, n° 145, p. 114.

4) Tiers déterminable. Il suffit que le tiers puisse être déterminé au jour où la stipulation doit produire effet sans qu'il soit nécessaire de le désigner nominativement (■ Cass. civ., 28 déc. 1927 : *DH* 1928, 135). Sur la possibilité de souscrire une police d'assurance-vie au profit de ses enfants et descendants à naître, V. C. assur., art. L. 132-8, al. 2, p. 1914.

5) Survie du tiers bénéficiaire. Décès concomitant du stipulant et du tiers bénéficiaire. Il résulte des articles L. 132-9 et L. 132-11 du Code des assurances que, lorsque le bénéficiaire d'un contrat d'assurance sur la vie décède en même temps que le souscripteur de ce contrat, le capital décès est dévolu à la succession du contractant, en l'absence de bénéficiaire déterminé au moment du décès de l'assuré (■ Cass. 2e civ., 1er juin 2011, n° 10-30.430 : *Bull. civ.* ; *RTD civ.* 2011, p. 544, obs. Jourdain).

II – EFFETS

6) Rapports entre stipulant et bénéficiaire. La nullité des rapports entre le stipulant et le bénéficiaire est sans effet sur les rapports entre le stipulant et le promettant (■ Cass. 1re civ., 8 oct. 1957 : *D.* 1958, 317, note Esmein).

7) Acceptation. L'acceptation peut avoir lieu même après le décès du stipulant (■ Cass. req., 22 juin 1891 : *DP* 1892, 1, 205). Elle peut être donnée par avance (■ Cass. 1re civ., 19 déc. 2000, n° 98-14.105 : *JurisData* n° 2000-007501 ; *Resp. civ. et assur.* 2001, 90, note Groutel ; *Bull. civ.* I, n° 333, p. 215 ; *D.* 2001, 3482, note Ardeeff ; Defrénois 2001, 700, obs. Libchaber, affirmant que « l'acceptation du bénéficiaire n'est pas une condition de la stipulation pour autrui »). Elle peut être tacite (■ Cass. req., 2 avr. 1912 : *DP* 1912, 1, 524), à condition que les faits dont on prétend la faire découler ne soient pas équivoques (■ Lyon, 29 mars 1939 : *JCP* 39, II,

1315, note R.D.). Elle rend la stipulation irrévocable (■ Cass. req., 30 juill. 1877 : *DP* 1878, 1, 342). Si le bénéficiaire à titre gratuit d'un contrat prévoyant le versement d'une prestation au décès de l'assuré décède avant d'avoir accepté, la prestation garantie revient, non à ses héritiers, mais aux personnes désignées à titre subsidiaire (■ Cass. 1re civ., 10 juin 1992, n° 90-20.262 : *JurisData* n° 1992-001351 ; *JCP* 93, II, 22142, note Maury. V. aussi ■ Cass. 1re civ., 9 juin 1998, n° 96-13.785 : *JCP* 98, IV, 2703 ; *Defrénois* 1998, 1416, obs. Delebecque). Le bénéfice d'une stipulation pour autrui est transmis aux héritiers du bénéficiaire désigné lorsque celui-ci vient à décéder après le stipulant, sauf manifestation contraire de volonté de ce dernier. Dès lors, viole les articles 1121 du Code civil et L. 132-9 du Code des assurances, la cour d'appel qui décide que les enfants ne pouvaient prétendre bénéficier de la part de leur père, dans le capital garanti, en retenant que celui-ci était décédé sans avoir accepté le bénéfice de l'assurance-vie souscrite par sa mère et que cette dernière n'avait pas stipulé une clause de représentation en cas de décès de l'un des bénéficiaires de premier rang, alors que le contrat d'assurance-vie, qui mentionnait deux bénéficiaires par parts égales, comportait deux stipulations pour autrui distinctes, dont le bénéfice de l'une d'entre elles avait été transmis aux enfants du défunt (■ Cass. 2e civ., 23 oct. 2008, n° 07-19.163 : *Bull. civ.* II, n° 218 ; *Defrénois* 2009, art. 38916-3, p. 657, obs. Libchaber).

8) Obligation à la charge du tiers (non). La stipulation pour autrui ne saurait faire naître qu'un droit au profit d'un tiers et non mettre à sa charge une obligation stipulée en dehors de lui (■ Cass. 3e civ., 10 avr. 1973 : *D.* 1974, 21, note Larroumet). V. aussi G. Venandet, *La stipulation pour autrui avec obligation acceptée par le tiers bénéficiaire* : *JCP* 89, I, 3391.

9) Droit direct du bénéficiaire contre le promettant. La stipulation fait naître au profit du tiers bénéficiaire un droit direct contre le promettant (■ Cass. civ., 16 janv. 1888 : *DP* 1888, 1, 77. ■ Cass. req., 30 avr. 1888 : *DP* 1888, 1, 291. ■ Cass. civ., 5 nov. 1940 : *JCP* 41, II, 1624, note Voirin. ■ Cass. com., 23 mai 1989, n° 87-18.212 : *JurisData* n° 1989-002302 ; *JCP* 89, IV, 274 ; *Bull. civ.* IV, n° 164, p. 109 ; *RTD civ.* 1990, 72, obs. Mestre. Comp. pour la police d'assurance souscrite par l'employeur en vue de garantir le paiement des indemnités de licenciement ■ Cass. soc., 9 juin 1993, n° 89-40.320 : *D.* 1994, 270, note Jamin), mais le tiers n'a pas d'action en principe contre le stipulant (■ Cass. req., 6 juin 1888 : *DP* 1889, 1, 55). L'établissement de crédit, bénéficiaire du contrat d'assurance de groupe auquel l'adhérent a donné son adhésion et en vertu duquel l'assureur doit, en cas de sinistre, se substituer à lui pour le remboursement du solde des prêts garantis, recueille directement, à ce moment, le bénéfice de l'assurance par l'effet de la stipulation ainsi faite à son profit, ce qui vaut paiement de la dette de l'emprunteur et emporte la libération de celui-ci (■ Cass. 1re civ., 14 nov. 1995, n° 93-15.309 : *JCP* 96, IV, 37 ; *Bull.* I, n° 404, p. 282 ; *Defrénois* 1996, 750, obs. Delebecque).

10) Lien contractuel direct. Conséquences. L'adhésion au contrat d'assurance de groupe, bien que conséquence d'une stipulation pour autrui n'en crée pas moins, entre l'adhérent et l'assureur, qui l'agrée, un lien contractuel direct, de nature synallagmatique, dont les stipulations relèvent, comme telles, des dispositions de l'article L. 132-1 du Code de la consommation (clauses abusives) ■ Cass. 1re civ., 22 mai 2008, n° 05-21.822 : *RDC* 2008/4, p. 1135, obs. Mazeaud et p. 1155, obs. Deshayes ; *JCP* 2008, act. 369 ; I, 179, obs. Grosser ; 218, obs. Sauphanor-Brouillaud et II, 10133, note A. Sériaux ; *D.* 2008, p. 1547, note X. Delpech et 1954, note D. R. Martin ; *Rev. Lamy dr. aff.* 2008, p. 45, M. Bruschi ; *Defrénois* 2008, art. 38838-6, p. 1974, obs. Savaux. Sur cet arrêt, V. encore C. Goldie-Genicon, *L'assurance de groupe à l'épreuve de la législation sur les clauses abusives* : *D.* 2008, p. 2447. Le souscripteur étant alors un tiers par rapport au contrat d'assurance liant l'assureur à l'adhérent assuré, il n'est pas débiteur des prestations convenues et ne peut être tenu à paiement (■ Cass. com., 13 avr. 2010, n° 09-13.712 : *Bull. civ.* 2010, VI, n° 76 ; *RDC* 2010/4, p. 1228, obs. Th. Genicon ; *D.* 2010, act. 1208, obs. Delpech).

11) Révocation de la stipulation. La révocation de la stipulation contenue dans un testament doit produire effet même si elle n'est connue du promettant et du tiers bénéficiaire qu'après le décès du stipulant (■ Cass. 1re civ., 24 juin 1969 : *JurisData* n° 1969-000246 ; *D.* 1969, 544).

12) Action du stipulant en exécution de la promesse. Si le tiers bénéficiaire d'une stipulation pour autrui acquiert contre le promettant un droit propre et direct, le stipulant n'en possède pas moins une action en exécution de la promesse souscrite par le débiteur (■ Cass. 1re civ., 12 juill. 1956 : *D.* 1956, 749, note Radouant. – V. en ce sens ■ Cass. com., 14 mars 1979 : *D.* 1980, 157, note Larroumet. ■ Cass. 1re civ., 15 déc. 1998, n° 96-20.625 : *JurisData* n° 1998-004811 ; *JCP* 99, IV, 1222 ; *Bull. civ.* I, n° 343, p. 237. ■ Cass. 1re civ., 14 déc. 1999, n° 97-20.040 : *JurisData* n° 1999-004428 ; *JCP* 2000, IV, 1219 ; *Bull. civ.* I, n° 341, p. 220) ; mais la stipulation pour autrui n'implique pas que le stipulant s'engage à l'égard du promettant à réaliser l'opération stipulée au bénéfice du tiers (■ Cass. com., 25 mars 1969 : *JurisData* n° 1969-097118 ; *Bull. civ.* IV, n° 118, p. 117).

13) Clause d'arbitrage. La clause d'arbitrage contenue dans le contrat liant le stipulant au promettant peut être invoquée par et contre le tiers bénéficiaire d'une stipulation pour autrui (▪ Cass. 1re civ., 11 juill. 2006, *JurisData* n° 2006-034555 ; *JCP* G 2006, II, 10183, note Legros).

Art. 1122 ancien *(Abr. à compter du 1er octobre 2016, Ord. n° 2016-131, 10 févr. 2016)*. **– On est censé avoir stipulé pour soi et pour ses héritiers et ayants cause, à moins que le contraire ne soit exprimé ou ne résulte de la nature de la convention.**

1) Clause contraire. Pour un exemple de clause contraire dans une police d'assurance-vie, v. ▪ Cass. req., 15 mai 1934 : *DP* 1934, 1, 141, rapp. Pilon.

2) Obligation de non-concurrence. Les juges du fond peuvent décider que l'obligation de non-concurrence souscrite par le cédant des parts d'une société ayant pour objet l'exploitation d'un fonds de commerce a été transmise à sa veuve en l'absence d'une renonciation à sa succession (▪ Cass. com., 17 mai 1971, n° 70-10.175 : *JurisData* n° 1971-097133 ; *Bull. civ.* IV, n° 133, p. 129. – V. en ce sens ▪ Cass. com., 16 mars 1954 : *D.* 1954, 474. – V. cependant ▪ Poitiers, 8 nov. 1949 : *JCP* 49, II, 5205, note J. C.).

3) Indivision. Les coïndivisaires qui sont les héritiers de l'indivisaire prédécédé sont tenus de garantir les conventions passées par leur auteur (▪ Cass. 1re civ., 2 juin 1987, n° 84-13.513 : *JurisData* n° 1987-001074 ; *Bull. civ.* I, n° 177, p. 133 ; *JCP* 88, II, 21068, note Salvage. ▪ Cass. 1re civ., 29 nov. 2000 : *Bull. civ.* III, n° 175).

4) Réserve du droit d'usage et d'habitation au profit du crédirentier. L'héritier du crédirentier se trouve investi de tous les droits et actions de son auteur et peut donc demander la restitution des loyers indûment perçus par l'acquéreur au mépris de la réserve de droit d'usage et d'habitation (▪ Cass. 3e civ., 13 juill. 1999, n° 97-21.537 : *Bull. civ.* III, n° 175, p. 121 ; *RTD civ.* 1999, 834, obs. Mestre ; *Defrénois* 2000, 476, note Dagorne-Labbe). Le propriétaire d'un bien donné à bail rural par un titulaire du droit d'usage et d'habitation peut, serait-il l'héritier de celui-ci, en poursuivre la nullité (▪ Cass. 3e civ., 9 nov. 2011, n° 10-18.473 : *Bull. civ.*).

5) Ayants cause à titre particulier. Sur la transmission des droits et obligations aux ayants cause à titre particulier, voir sous art. 1165 ancien, p. 1125.

Section II. – De la capacité des parties contractantes

Art. 1123 ancien *(Abr. à compter du 1er octobre 2016, Ord. n° 2016-131, 10 févr. 2016)*. **– Toute personne peut contracter, si elle n'en est pas déclarée incapable par la loi.**

NB : Rappr. art. 1145, p. 818.

Groupe de sociétés. Il ne peut être ouvert de compte courant au nom d'un groupe de sociétés, dépourvu de la personnalité morale et de la capacité de contracter (▪ Cass. com., 2 avr. 1996, n° 94-16.380 : *JurisData* n° 1996-001319 ; *JCP* 97, II, 22803, note Chazal ; *Bull.* IV, n° 113, p. 94).

Art. 1124 ancien *(L. 18 févr. 1938 ; L. n° 68-5, 3 janv. 1968 ; abr. à compter du 1er octobre 2016, Ord. n° 2016-131, 10 févr. 2016)*. **– Sont incapables de contracter, dans la mesure définie par la loi :**

Les mineurs non émancipés ;

Les majeurs protégés au sens de l'article 488 du présent code.

NB : Rappr. art. 1146, p. 819.

Art. 1125 ancien *(L. 18 févr. 1938 ; L. n° 68-5, 3 janv. 1968 ; abr. à compter du 1er octobre 2016, Ord. n° 2016-131, 10 févr. 2016)*. **– Les personnes capables de s'engager ne peuvent opposer l'incapacité de ceux avec qui elles ont contracté.**

NB : Rappr. art. 1147, p. 819.

Les héritiers saisis de plein droit des biens, droits et actions du défunt ne peuvent opposer l'incapacité du mineur avec lequel le défunt a contracté dès lors que le droit d'invoquer la nullité appartient au seul incapable (▪ Cass. 1re civ., 14 janv. 2009, n° 07-16.451 : *JCP* 2009, I, 138).

Art. 1125-1 ancien *(L. n° 68-5, 3 janv. 1968 ; abr. à compter du 1er octobre 2016, Ord. n° 2016-131, 10 févr. 2016)*. **– Sauf autorisation de justice, il est interdit, à peine de nullité, à quiconque exerce une fonction**

ou occupe un emploi dans un établissement hébergeant des personnes âgées ou dispensant des soins psychiatriques de se rendre acquéreur d'un bien ou cessionnaire d'un droit appartenant à une personne admise dans l'établissement, non plus que de prendre à bail le logement occupé par cette personne avant son admission dans l'établissement.

Pour l'application du présent article, sont réputées personnes interposées, le conjoint, les ascendants et les descendants des personnes auxquelles s'appliquent les interdictions ci-dessus édictées.

NB : Rappr. C. action soc. et fam., art. L. 116-4, II, p. 1862 ; C. santé publ., art. L. 3211-5-1, p. 2735.

1) Établissements visés. L'expression « établissement hébergeant des personnes âgées » figurant dans l'article 1125-1 du Code civil ne vise pas exclusivement les hospices de vieillards mais doit s'entendre de tous centres hospitaliers recevant, entre autres malades, des personnes âgées (■ Amiens, 14 juin 1977 : *JCP* 78, IV, 316).

2) Admission dans la section médicale. La condition d'hébergement est remplie si la personne a été admise dans la section médicale en vue d'une admission définitive dans la section « maison de retraite » de l'hôpital (■ Cass. 1re civ., 26 janv. 1994, n° 91-22.361 : *Bull. civ.* I, n° 36, p. 27 ; *D.* 1994, somm. 230, obs. Paisant ; *Defrénois* 1994, 1106, obs. Massip).

3) Liens affectifs et familiaux. La sanction édictée par l'article 1125-1 a vocation à s'appliquer quels que soient les liens affectifs et familiaux unissant les parties (■ Cass. 1re civ., 12 juin 1990, n° 88-18.808 : *JurisData* n° 1990-001759 ; *JCP* 90, IV, 306 ; *Bull. civ.* I, n° 169, p. 119 ; *D.* 1991, 405, note Massip ; *Defrénois* 1990, 1095, obs. Vermelle ; *RTD civ.* 1991, 109, obs. Mestre).

4) Responsabilité du notaire. Sur la responsabilité du notaire qui aurait pu, en exécutant les obligations de sa charge, découvrir la situation précise du vendeur et le problème posé par l'interdiction édictée par l'article 1125-1, V. ■ Cass. 1re civ., 10 mai 2000, n° 97-20.554 : *JurisData* n° 2000-001918 ; *Resp. civ. et assur.* 2000, 268.

Section III. – De l'objet et de la matière des contrats

Art. 1126 ancien ***(Abr. à compter du 1er octobre 2016, Ord. n° 2016-131, 10 févr. 2016).*** **– Tout contrat a pour objet une chose qu'une partie s'oblige à donner, ou qu'une partie s'oblige à faire ou à ne pas faire.**

Bibliographie : G. Pignarre, *À la redécouverte de l'obligation* de praestare : *RTD civ.* 2001, 41. • Ph. Malinvaud, *Le « contenu certain » du contrat dans l'avant-projet « chancellerie » de Code des obligations et le stoemp bruxellois aux légumes : D.* 2008, point de vue p. 2551.

1) Désaccord sur l'objet. Erreur-obstacle. Ayant retenu que les parties étaient en désaccord sur la nature réelle de la chose vendue, la cour d'appel qui a fait ressortir qu'elles n'avaient pas accordé leur volonté sur le même objet, a pu déclarer nul le contrat de vente du fichier de clientèle (■ Cass. com., 15 avr. 2008, n° 07-12.645 : *RDC* 2008/3, p. 716, obs. Genicon. ■ Cass. 3e civ., 21 mai 2008, n° 07-10.772 : *Bull. civ.* III, n° 92 ; *RDC* 2008/3, préc., *Contrats, conc. consom.* 2008, 224, note Leveneur ; *D.* 2008, p. 2965, obs. Fauvarque-Cosson et Amrani-Mekki, *pour des omissions et inexactitudes dans l'acte de vente ayant eu des conséquences importantes sur la définition des biens vendus et faisant obstacle à la rencontre desconsentements*). Sur **l'indifférence du caractère inexcusable** de l'erreur-obstacle, voir sous art. 1110 ancien, annot. n° 41, p. 1049.

2) Droits sociaux d'une société disparue. Est nulle pour défaut d'objet toute cession de parts, d'actions, ou de droits conférés par ces titres, d'une société ayant disparu par l'effet d'une opération de fusion par absorption (■ Cass. com., 26 mai 2009, n° 08-12.691 : *Bull. civ.* IV, n° 71 ; *RDC* 2009/4, p. 1341, obs. Laithier ; *D.* 2009, chron. C. cass. 2580, obs. Salomon ; D. 2010, pan. 287, obs. Lamazerolles ; *Rev. Lamy dr. civ.* 2009/63, n° 3522, obs. Maugeri).

Art. 1127 ancien ***(Abr. à compter du 1er octobre 2016, Ord. n° 2016-131, 10 févr. 2016).*** **– Le simple usage ou la simple possession d'une chose peut être, comme la chose même, l'objet du contrat.**

Art. 1128 ancien ***(Abr. à compter du 1er octobre 2016, Ord. n° 2016-131, 10 févr. 2016).*** **– Il n'y a que les choses qui sont dans le commerce qui puissent être l'objet des conventions.**

Bibliographie : G. Loiseau, *Typologie des choses hors du commerce : RTD civ.* 2000, 47. • G. Pignarre, *Et si l'on parlait de l'ordre public (contractuel) ? : RDC* 2013/1, p. 251. • M.-A. Frison-Roche, *L'impossibilité de réguler l'illicite : la convention de maternité de substitution : D.* 2014 p. 2184.

1) Les tombeaux et concessions funéraires sont hors du commerce et dès lors inaliénables (■ Cass. civ., 11 avr. 1938 : *DH* 1938, 321. ■ Cass. 1re civ., 25 mars 1958 : *Bull. civ.* I, n° 178, p. 139). Ils ne peuvent être compris dans la masse de l'hérédité (■ Amiens, 29 nov. 1960 : *Gaz. Pal.* 1961, 1, 124), et le droit d'usage et de jouissance qui leur est attaché est insusceptible de prescription (■ Amiens, 28 oct. 1992, n° 1818/90 : *JurisData* n° 1992-603979 ; *D.* 1993, 371, note Plateau), mais ils peuvent néanmoins faire l'objet de conventions par lesquelles le titulaire d'une concession accorde à une ou plusieurs personnes le droit de s'y faire inhumer (■ Cass. 1re civ., 22 févr. 1972 : *JurisData* n° 1972-000056 ; *D.* 1972, 513, note Lindon. – Comp. ■ Cass. 1re civ., 4 déc. 1967 : *JurisData* n° 1967-700353 ; *D.* 1968, 133, note D. Mazeaud. Sur le caractère familial de la concession, V. ■ Bordeaux, 4 mars 1991 : *JCP* 92, IV, 132). Jugé qu'aucune disposition légale n'interdit au bénéficiaire d'une concession funéraire d'en faire, avant toute utilisation, une donation par laquelle il s'en dépouille irrévocablement (■ Cass. 1re civ., 23 oct. 1968 : *JCP* 68, II, 15715, note Lindon). Sur la validité de la transmission à d'autres membres de la famille, V. ■ Cass. 1re civ., 2 mars 1999, n° 97-13.910 : *JCP* 99, I, 191, n° 8, obs. Loiseau. L'affectation familiale d'une sépulture s'oppose à ce qu'une personne étrangère à la famille du fondateur y soit inhumée, à défaut du consentement de tous les ayants droits de ce dernier (■ Cass. 1re civ., 15 mai 2001 : *Dr. famille* 2001, 114, 1er arrêt, note Beignier ; *JurisData* n° 2001-009547 ; *Bull. civ.* I, n° 138, p. 91). Ne donne pas de base légale à sa décision la cour d'appel qui permet l'inscription du patronyme sur la stèle sans constater que le nombre de places disponibles dans le caveau permettrait d'y inhumer les époux portant ce patronyme (■ Cass. 1re civ., 12 janv. 2011, n° 09-17.373 : *JCP* 2011, n° 75, obs. Dutrieux). L'existence d'une sépulture située dans une propriété n'a pas pour effet de rendre inaliénable et incessible cette propriété dont la vente amiable ou judiciaire est possible sous réserve, dans ce dernier cas, qu'il en soit fait mention dans le cahier des charges et qu'un accès soit réservé à la famille (■ Cass. 2e civ., 17 oct. 2013, n° 12-23.375 : *Bull.* ; *JCP* G 2013, n° 50, p. 2267, note Barbieri ; *G. P.* 2014, nos 15-16, p. 17, obs. Houtcieff ; *JCP* N 2013, n° 50, p. 41, note Dutrieux).

2) Corps humain. Sur le principe que le corps humain, ses éléments et ses produits ne peuvent faire l'objet d'un droit patrimonial, V. art. 16-1, *p. 73. V. aussi sous art. 6, annot n° 16, p. 35.*

3) Investiture politique. L'engagement pris par un candidat aux élections de rembourser des sommes engagées par son parti est nul dès lors que l'opération est, en réalité, relative aux conditions de présentation au suffrage des électeurs d'un candidat à une élection politique, lesquelles sont hors du commerce (■ Paris, 12 nov. 2001, n° 1999/21061 : *JurisData* n° 2001-166038 ; *RTD civ.* 2002, 89, obs. Mestre et Fages, pourvoi rejeté par ■ Cass. 1re civ., 3 nov. 2004, n° 02-10.880 : *JurisData* n° 2004-025433 ; *Contrats, conc. consom.* 2005, 39, note Leveneur ; *Bull. civ.* I, n° 237, p. 199 ; *RDC* 2005, 263, obs. D. Mazeaud ; *RTD civ.* 2005, 125, obs. Mestre et Fages).

4) Marchandise contrefaite. La marchandise provenant d'une contrefaçon de modèle ne peut être vendue (■ Cass. com., 24 sept. 2003 : *JurisData* n° 2003-020229 ; *JCP* G 2004, I, 123, n° 15, obs. Loiseau ; *JCP* E 2003, 114, note Castets-Renard ; *D.* 2003, p. 2683, note Caron, somm. 2762, obs. Sirinelli ; *Rev. Lamy dr. civ.* 2004/1, 1, note Fages ; *Bull. civ.* IV, n° 147, p. 166).

5) Produits périmés. La vente est dépourvue d'objet lorsqu'elle porte sur des choses hors du commerce tels que des produits périmés (■ Cass. com., 16 mai 2006 : *JurisData* n° 2006-033616 ; *Bull. civ.* IV, n° 124, p. 127).

6) Fichier informatique non déclaré. Un fichier de clientèle informatisé contenant des données à caractère personnel, qui n'a pas été déclaré auprès de la Commission nationale informatique et libertés, n'est pas dans le commerce, et sa vente a un objet illicite (■ Cass. com., 25 juin 2013, n° 12-17.037 : *RDC* 2014/1, p. 119, obs. J. Rochfeld ; *D.* 2013, p. 1867, note Beaussonie et p. 1844, obs. Storrer ; *G. P.* 2013, n° 282-283, p. 16, obs. Houtcieff ; *JCP* 2013, n° 930, note Debet ; *Comm. com. électr.* 2013, n° 9, p. 27, obs. Loiseau).

7) Clientèle des professions libérales. Si la cession de la clientèle médicale, à l'occasion de la constitution ou de la cession d'un fonds libéral d'exercice de la profession, n'est pas illicite, c'est à la condition que soit sauvegardée la liberté de choix du patient (■ Cass. 1re civ., 7 nov. 2000, n° 98-13.432 : *JurisData* n° 2000-006734 ; *JCP* G 2001, II, 10452, note Vialla ; I, 301, n° 16, obs. Rochfeld ; *JCP* E 2001, 419, note Loiseau ; *Contrats, conc. consom.* 2001, 18, note Leveneur ; *Bull. civ.* I, n° 283, p. 183 ; *RTD civ.* 2001, 130, obs. Mestre, et 167, obs. Revet ; *Defrénois* 2001, 431, obs. Libchaber ; *D.* 2002, somm. 930, obs. Tournafond. V. sur cet arrêt M.-C. Chemtob, *Cession de clientèle médicale : licéité sous réserve du respect de la liberté de choix du patient : Contrats, conc. consom.* 2001, chron. 7. – J.-J. Daigre, *Une révolution pour les professions libérales : la consécration du fonds libéral : JCP* N 2001, 1235. – Y. Serra, *L'opération de cession de clientèle civile après l'arrêt du 7 novembre 2000 : dorénavant, on fera comme d'habitude : D.* 2002, 2295. – Y. Mirtin-Guilhaudis et J.-G. Raffray : *JCP* N 2003, 1483. V. en ce sens ■ Cass. 1re civ., 19 nov. 2002 : *JCP* 2003, IV, 1058 ;

JurisData n° 2002-016422 ; *D.* 2003, 1590, note Mirabail. ▪ Cass. 1re civ., 20 janv. 2004, n° 00-15.313 : *JurisData* n° 2004-022040 ; *Defrénois* 2004, 442, obs. Aubert). La clientèle d'un époux exerçant une profession libérale constitue avec les matériels et les locaux un ensemble formant un fonds d'exercice libéral (▪ Cass. 1re civ., 2 mai 2001 : *JCP* 2002, II, 10062, note Barret ; *Bull. civ.* I, n° 110 ; *D.* 2002, 759, note Dross ; *JurisData* n° 2001-009340). Proche de l'hypothèse de la cession de clientèle libérale, V. encore, ▪ Cass. 1re civ., 16 janv. 2007, n° 06-13.983 : *JurisData* n° 2007-036916 ; *Bull. civ.* I, n° 24 ; *RTD civ.* 2007, 336, obs. J. Mestre et B. Fages ; *D.* 2007, p. 371 et p. 2966, obs. Amrani-Mekki et Fauvarque-Cosson (est valable la convention par laquelle une maison de retraite concède à titre onéreux l'exercice privilégié, dans ses locaux, des actes infirmiers sur ses pensionnaires, dès lors que le libre choix de ceux-ci est préservé). Une société de commissariat aux comptes, qui n'était plus autorisée à poursuivre son activité de conseil auprès de ses clients dont elle certifiait les comptes, pouvait céder à un avocat la clientèle de l'activité qu'elle délaissait (▪ Cass. 1re civ., 9 juill. 2015, n° 14-12.994 : *RTD civ.* 2015, p. 868).

8) Hypothèses dans lesquelles la liberté de choix du patient n'est pas préservée (nullité). La liberté de choix du patient n'est pas sauvegardée lorsque la pathologie des malades concernés, en ce qu'elle requiert des soins réguliers de dialyse avec appareillage, fait obstacle à la liberté de choix de médecin traitant comme de lieu d'exécution, et que rien n'a été prévu pour la préserver (▪ Cass. 1re civ., 30 juin 2004 : *Contrats, conc. consom.* 2004, 135, note Leveneur ; *JCP* 2004, IV, 2796 ; *JurisData* n° 2004-024352 ; *Bull. civ.* I, n° 195, p. 162). Est nulle la clause stipulant le reversement au cessionnaire des parts sociales d'une SCP notariale, pendant dix ans, des sommes perçues par le cédant, titulaire d'un autre office notarial, de la part des anciens clients de ladite SCP, dès lors que cette clause, qui emporte cession de la clientèle ayant appartenu en partie au cédant, en privant ce dernier de toute rémunération de l'activité correspondante et en l'amenant ainsi, soit à refuser son ministère, soit à convaincre ces clients de choisir un autre notaire, porte atteinte au principe de liberté de choix de la clientèle (▪ Cass. 1re civ., 14 nov. 2012, n° 11-16.439 : *Bull.* ; *RDC* 2013/2, p. 540, obs. Y.-M. Laithier ; *JCP* N 2013, n° 1072, note Pezzella ; *RTD civ.* 2013, p. 113, obs. Fages).

9) Jurisprudence antérieure (droit de présentation). Jugé auparavant que la clientèle des professions libérales est hors du commerce (▪ Cass. com., 17 oct. 1951 : *D.* 1953, 145, note Minvielle [architectes]. ▪ Cass. 1re civ., 7 févr. 1990, n° 88-18.441 : *JurisData* n° 1990-700234 ; *Bull. civ.* I, n° 38, p. 29 ; *Defrénois* 1990, 1018, obs. Aubert [chirurgiens-dentistes]. ▪ Cass. 1re civ., 20 oct. 1993, n° 91-21.868 : *JurisData* n° 1993-002180 ; *Defrénois* 1994, 240, note Forgeard [notaires]. ▪ Pau 4 oct. 1954 : *JCP* 55, II, 8470, note J. Savatier [experts-comptables]. ▪ Cass. 1re civ., 3 juill. 1996, n° 94-14.820 : *JurisData* n° 1996-002907 ; *JCP* 96, IV, 2013 ; *Bull. civ.* I, n° 287, p. 200 ; *D.* 1997, 531, note Descamps-Dubaele, somm. 170, obs. Libchaber [médecins]), mais que le professionnel peut valablement céder le droit de présenter son successeur à la clientèle (▪ Cass. 1re civ., 29 avr. 1954, préc. ▪ Cass. 1re civ., 7 mars 1956 : *D.* 1956, 523, note Percerou. ▪ Cass. 1re civ., 8 janv. 1985, n° 83-15.992 : *JurisData* n° 1985-700083 ; *Bull. civ.* I, n° 9, p. 9 ; *JCP* 86, II, 20545, note Mémeteau ; *D.* 1986, 448, 2e esp., note Penneau ; *RTD civ.* 1987, 92, obs. Mestre. ▪ Cass. 1re civ., 7 juin 1995, n° 92-17.325 : *JurisData* n° 1995-002180 ; *JCP* 95, IV, 1881 ; *D.* 1995, 560, note Beignier ; *Bull. civ.* I, n° 243, p. 171 ; *RTD civ.* 1996, 604, obs. Mestre. ▪ Paris, 25 sept. 1998, n° 1996/20190 : *JurisData* n° 1998-024443 ; *D.* 1999, 32, note Beignier. ▪ Aix-en-Provence, 24 nov. 1998, n° 96/872 : *JurisData* n° 1998-047363 ; *JCP* 99, IV, 2308.

10) Présentation partielle de clientèle. Sur le principe que la clientèle peut faire l'objet de contrats de présentation partielle, V. ▪ Cass. 1re civ., 7 oct. 1997, n° 95-16.948 : *JurisData* n° 1997-003852 ; *JCP* G 98, I, 113, n° 1, obs. Loiseau ; *JCP* E 98, 1925 ; *JCP* N 98, 1312, note Leveneur ; *D.* 1998, 78, note Beignier ; *Bull. civ.* I, n° 270, p. 183 ; *Contrats, conc. consom.* 1998, 19, note Leveneur.

11) Mandats de justice. Les tâches à accomplir par les syndics et administrateurs judiciaires ne constituent que l'exécution de mandats de justice qui ne sont pas des choses dans le commerce et ne peuvent pas faire l'objet d'une convention (▪ Cass. 1re civ., 20 mars 1984, n° 83-10.416 : *JurisData* n° 1984-700393 ; *Bull. civ.* I, n° 109, p. 91 ; *D.* 1986, 189, note D. Carbonnier. V. aussi ▪ Cass. 1re civ., 25 avr. 1990, n° 88-12.157 : *JurisData* n° 1990-001132 ; *Bull. civ.* I, n° 88, p. 64. ▪ CE, 14 avr. 1995, n° 128458 : *JurisData* n° 1995-044636 ; *JCP* E 96, II, 794, note D. F.).

12) Notaires. Si l'office notarial et le titre de notaire ne sont pas dans le commerce, le droit pour le notaire de présenter un successeur à l'autorité publique constitue un droit patrimonial qui peut faire l'objet d'une convention régie par le droit privé (▪ Cass. 1re civ., 16 juill. 1985, n° 84-13.745 : *JurisData* n° 1985-701870 ; *JCP* 86, II, 20595, note Dagot).

13) Taxis. L'autorisation de stationnement de taxi est accordée gratuitement par l'administration, mais il n'est plus contesté que l'avantage pécuniaire en résultant pour l'exploitant lui permet de demander moyennant rétribution son attribution à un tiers, ce qui constitue une valeur patrimoniale devant figurer dans la masse successorale (■ Cass. 1re civ., 20 févr. 1967 : *Bull. civ.* I, n° 69, p. 51). Mais jugé que la « présentation à la clientèle » est indissociable de la présentation à l'Administration puisqu'il ne peut y avoir présentation à la clientèle si le successeur n'a pas été antérieurement agréé en tant que chauffeur de taxi par l'Administration (■ Cass. 1re civ., 25 avr. 1990, n° 87-17.175 : *JurisData* n° 1990-701036 ; *Bull. civ.* I, n° 84, p. 62).

14) Auto-école. La convention relative à la cession d'un agrément administratif d'exploitation d'auto-école est dépourvue d'objet puisque l'agrément est délivré à titre personnel (■ Cass. 3e civ., 4 mai 1983, n° 79-16.575 : *JurisData* n° 1983-701533 ; *Bull. civ.* III, n° 103, p. 82 ; *RTD civ.* 1984, 113, obs. Chabas).

15) Emplacement sur un marché. La concession d'un emplacement sur un marché est un bien hors commerce ni cessible ni saisissable, mais les bénéficiaires d'une telle concession n'en sont pas moins détenteurs d'un fonds de commerce (■ Cass. com., 7 mars 1978, n° 76-13.388 : *JurisData* n° 1978-098084 ; *Bull. civ.* IV, n° 84, p. 69. – V. aussi ■ Poitiers, 3 juill. 1963 : *D.* 1964, somm. 23. Comp. pour des étals de poissonnerie, ■ Cass. 1re civ., 5 déc. 1995, n° 94-12.226 : *JurisData* n° 1995-003519 ; *JCP* 96, IV, 232 ; *Bull. civ.* I, n° 445, p. 310 ; *RTD civ.* 1996, 604, obs. Mestre ; *Defrénois* 1996, 743, obs. Delebecque).

16) Illicéité de l'objet. Est nul en raison du caractère illicite de son objet le contrat tendant à l'insertion d'encarts publicitaires en faveur d'un osthéopathe dans un répertoire familial pratique d'urgence, le code de déontologie de ces professionnels leur interdisant tous procédés de publicité (■ Cass. 1re civ., 6 févr. 2019, n° 17-20.463 : *Bull.* ; *JurisData* n° 2019-001531).

Art. 1129 ancien *(Abr. à compter du 1er octobre 2016, Ord. n° 2016-131, 10 févr. 2016).* – Il faut que l'obligation ait pour objet une chose au moins déterminée quant à son espèce.

La quotité de la chose peut être incertaine, pourvu qu'elle puisse être déterminée.

NB : Rappr. art. 1163, p. 821.

I – RÈGLES GÉNÉRALES

1) Quotité de l'objet. Il est nécessaire, pour la validité du contrat, que la quotité de l'objet de l'obligation qui en est issue puisse être déterminée en vertu des clauses du contrat par voie de relation avec des éléments qui ne dépendent plus ni de l'une ni de l'autre des parties (■ Cass. com., 12 déc. 1989, n° 88-17.021 : *JurisData* n° 1989-703905 ; *Bull. civ.* IV, n° 318, p. 214).

2) Détermination des choses à vendre par le franchisé. Le contrat de franchise est nul dès lors que la quantité et la qualité des choses à vendre dépendent de la seule volonté du franchiseur (■ Cass. com., 5 nov. 1991, n° 90-11.694 : *JurisData* n° 1991-002776 ; *D.* 1992, somm. 266, obs. Aynès ; *Bull. civ.* IV, n° 335, p. 233). Mais la société rédactrice du contrat ne peut être condamnée que si elle a agi avec légèreté ou conscience de nuire à son cocontractant (même arrêt).

3) Détermination de la superficie du terrain vendu. Dès lors que la superficie du terrain vendu est déterminée, la nullité n'est pas encourue, même si la venderesse s'en remet par avance au choix des acquéreurs quant à sa délimitation exacte (■ Cass. 3e civ. 15 févr. 1984, n° 82-15.465 : *JurisData* n° 1984-700554 ; *Bull. civ.* III, n° 41, p. 31. V. aussi pour la vente d'une villa et d'un terrain d'une contenance d'au moins 2500 m² à prélever dans une parcelle plus grande ■ Cass. 3e civ., 2 juill. 1997, n° 95-18.303 : *JurisData* n° 1997-003147 ; *JCP* 97, IV, 1900 ; *Bull.* III, 162, p. 108. Mais V. pour une vente de terrains dans une zone d'activités et sur un site à définir, reprochant aux juges du fond de n'avoir pas recherché si l'objet de la vente pouvait être déterminé suivant les seules énonciations de l'acte, ■ Cass. 3e civ., 17 juill. 1997, n° 96-11.142 : *JurisData* n° 1997-003366 ; *JCP* 97, IV, 2029 ; *Bull.* III, n° 172, p. 114 ; *Defrénois* 1997, 1346, obs. Delebecque et ■ Cass. 1re civ., 19 déc. 2013, n° 12-26.459 : *Bull.* ; *RTDI* 2014, n° 1, p. 43, obs. Mallet-Bricout : la cour d'appel qui, ayant relevé que le mandat confié à un agent immobilier en vue de vendre un terrain constructible à détacher d'une parcelle en partie construite ne contenait aucune référence cadastrale ni plan annexé, qu'il mentionnait une certaine superficie à détacher d'une parcelle sans qu'on sache exactement où, ni sur quelle partie de la parcelle il devait être pris, et ne donnait aucune précision sur les conditions de desserte de ce terrain, quand les mandants étaient propriétaires indivis du chemin qui assurait l'unique accès à la parcelle, a pu en déduire qu'un tel mandat devait être annulé, comme dépourvu d'objet certain au sens des articles 1108 et 1129 du Code civil).

4) Détermination du lot de copropriété. La détermination de la quote-part de parties communes afférente au bien vendu constituant pour les parties un élément essentiel de la convention, une cour d'appel peut en déduire qu'en l'absence de détermination suffisante de l'objet de la vente, celle-ci n'est pas parfaite (■ Cass. 3e civ., 11 févr. 2009, n° 07-20.237 : *Bull. civ.* 2009, III, n° 37 ; *JCP* G 2009, I, 127, n° 13, obs. H. Périnet-Marquet et I, 138, obs. Serinet ; *Defrénois* 2010, 346, obs. Atias ; *Rev. Lamy dr. civ.* 2009/59, n° 3368, obs. Maugeri ; *RTD civ.* 2009, 527, obs. Fages). – Comp. ■ Cass. 3e civ., 10 sept. 2008, n° 07-16.858 : *Bull. civ.* III, n° 131.

5) Détermination de la chose louée. La nullité d'un contrat de louage de cassettes, destinées à un club vidéo, n'est pas encourue, même si seul le genre et non le titre des films est indiqué, dès lors qu'il est stipulé au profit du locataire une faculté d'échange gratuit à concurrence de la totalité des cassettes mises à sa disposition (■ Cass. 1re civ., 23 mai 1995, n° 94-14.255 : *JurisData* n° 1995-004429 ; *JCP* 95, IV, 1723 ; *Bull.* I, n° 214, p. 152 ; *RTD civ.* 1995, 620, obs. Mestre ; *D.* 1996, somm. 113, obs. Aynès ; *Defrénois* 1996, 345, obs. Delebecque). Mais il en va autrement si la convention contient un descriptif des cassettes en trois séries, la location de chaque série se faisant à un prix différent, et si la répartition des films entre les séries, à des rémunérations différentes, n'obéit à aucune logique, ce qui laisse au loueur la définition discrétionnaire de l'objet de la convention (■ Cass. com., 19 nov. 1996, n° 94-14.530 : *JurisData* n° 1996-004385 ; *JCP* 97, IV, 79 ; *Bull. civ.* IV, n° 275, p. 236 ; *D.* 1997, 609, note Zelcevic-Duhamel).

6) Renvoi à des éléments extérieurs. En omettant d'annexer le contrat type visé dans leur convention, les parties ont privé celle-ci de l'essentiel de son objet et bouleversé son équilibre (■ TGI Paris, 12 janv. 1988 : *RIDA* juill. 1988, 116, note Gautier ; *RTD civ.* 1989, 298, obs. Mestre). Mais viole l'art. 1134 du Code civil l'arrêt qui annule un contrat de franchise au motif que l'engagement d'exclusivité du franchiseur est indéterminé et indéterminable, faute de précision sur le territoire exclusif, alors que le contrat de franchise n'est pas nul par le seul fait de l'absence d'une clause d'exclusivité territoriale (■ Cass. com., 9 nov. 1993 : *Bull. civ.* IV, n° 403, p. 293).

7) Quote-part sur des biens indivis. Tout indivisaire peut librement disposer, au profit d'un cohéritier, de sa quote-part sur un ou plusieurs biens indivis (■ Cass. 1re civ., 16 avr. 1991, n° 89-17.930 : *JurisData* n° 1991-001012 ; *Bull. civ.* I, n° 137, p. 91).

8) Cautionnement. Sur la nécessité d'une mention non équivoque dans l'acte de cautionnement en cas d'indétermination de la somme garantie, voir sous art. 2015, n° 18 et s. Ne donne pas de base légale à sa décision la cour d'appel qui fait produire effet à la clause par laquelle des acquéreurs de parts sociales s'engagent à prendre à leur compte « toutes les cautions » ayant pu être consenties par le vendeur, sans rechercher si l'engagement pouvait être déterminé (■ Cass. 1re civ., 18 oct. 1994, n° 92-18.685 : *JurisData* n° 1994-001865 ; *JCP* 94, IV, 2547 ; *Bull. civ.* I, n° 291, p. 212). Mais viole l'article 1129 la cour d'appel qui déclare nulle la clause d'une cession d'actions prévoyant que « les acquéreurs s'engageaient expressément à se substituer dans les cautions personnelles de vendeurs », l'obligation ayant un objet déterminé (■ Cass. com., 1er avr. 1997, n° 95-11.191 : *JurisData* n° 1997-001514 ; *JCP* 97, IV, 1139 ; *Bull. civ.* IV, n° 90, p. 80 ; *Defrénois* 1997, 1437, obs. Bénabent).

9) Clause de variation du taux d'intérêt. La clause de variation du taux d'intérêt ne peut être annulée sur le fondement de l'article 1129 dès lors qu'elle est conforme à celle prévue par l'article R. 211-2 du Code de la consommation (■ Cass. 1re civ., 17 nov. 1998, n° 96-15.126 : *JurisData* n° 1998-004350 ; *JCP* 99, IV, 1031 ; *Contrats, conc. consom.* 1999, 31, note Raymond ; *Bull. civ.* I, n° 323, p. 224).

10) Caducité. S'agissant d'un accord conclu entre une clinique et un médecin, prévoyant qu'un bilan d'activité devait être dressé au terme d'une année et que s'il en résultait l'atteinte d'un seuil de rentabilité, l'accord deviendrait définitif ; ayant relevé qu'aucune des parties ne s'était souciée de faire dresser le bilan d'activité stipulé à l'acte ni ne prouvait donc que le seuil de rentabilité prévu avait été ou non atteint dans les termes requis, la cour d'appel a ainsi fait ressortir la caducité du contrat et, partant, la perte de valeur juridique des obligations qu'il contenait (■ Cass. 1re civ., 7 nov. 2006 : *JurisData* n° 2006-035758, *JCP* 2006, IV, 3338 ; *RDC* 2007/2, p. 259, obs. Laithier ; *JCP* G. 2007, I, 161, obs. Serinet).

II – INDÉTERMINATION DU PRIX

Bibliographie : C. Aubert de Vincelles, *Pour une généralisation, encadrée, de l'abus dans la fixation du prix*, *D.* 2006, p. 2629.

11) Application de l'article 1129 (non). L'article 1129 n'est pas applicable à la détermination du prix (■ Cass. ass. plén., 1er déc. 1995, n° 91-15.999 : *JurisData* n° 1995-003248 ; *JCP* 96, II, 22565, 2e esp., concl. Jéol et note Ghestin ; *D.* 1996, 13, concl. Jéol et note Aynès ; *Defrénois* 1996, 747, obs. Delebecque. ■ Cass. 1re civ., 14 juin 2000, n° 98-14.438 : *JurisData* n° 2000-002464 ; *JCP G* 2000, IV, 2346 ; *JCP* N 2002, 1401, note Leveneur ; *Bull. civ.* I, n° 184, p. 119 ; *Defrénois* 2000, 1115, obs. D. Mazeaud ; *D.* 2001, somm. 1136, obs. D. Mazeaud ; *RTD civ.* 2000, 830, obs. Mestre et Fages. ■ Cass. 1re civ., 6 mars 2001, n° 98-17.057 : *JurisData* n° 2001-008558 ; *JCP* 2001, IV, 1786 ; *Contrats, conc. consom.* 2001, 103, note

Leveneur ; *D.* 2001, 1172, note Avena-Robardet ; somm. 3239, obs. Aynès ; *Bull. civ.* I, n° 54, p. 35 ; *Defrénois* 2001, 696, obs. Savaux. ▪ Cass. com., 17 juill. 2001, n° 98-15.678 : *JurisData* n° 2001-015054 ; *Defrénois* 2001, 1425, obs. Savaux. ▪ Cass. 1re civ., 12 mai 2004, n° 03-13.847 : *JurisData* n° 2004-023686 ; *RDC* 2004, 925, obs. D. Mazeaud). L'article 1129 n'étant pas applicable à la détermination du prix, la cour d'appel a légalement justifié sa décision en retenant que le taux de l'intérêt convenu pouvait varier en fonction de l'évolution du taux de base de la banque (▪ Cass. com., 9 juill. 1996, n° 94-17.612 : *JurisData* n° 1996-003074 ; *JCP* 96, IV, 2049 ; *Bull.* IV, n° 205, p. 176 ; *JCP* E 96, II, 861, note Stoufflet ; *Defrénois* 1996, 1363, obs. D. Mazeaud ;*Contrats, conc. consom.* 1996, 182, 2e esp., note Leveneur. – V. aussi ▪ Paris, 12 janv. 1996, n° 94-13629 : *JurisData* n° 1996-020528 ; *D.* 1996, somm. 324, obs. D. Mazeaud ; *Defrénois* 1996, 754, obs. D. Mazeaud. Comp. pour un contrat d'entreprise, ▪ Cass. 1re civ., 20 févr. 1996, n° 94-14.074 : *JurisData* n° 1996-000535 ; *Bull. civ.* I, n° 91, p. 61 ; *Defrénois* 1996, 1432, obs. Bénabent. – V. D. Boulanger, *La nouvelle donne de l'indétermination du prix : JCP* N 96, I, 493. – L. Leveneur, *L'indétermination du prix : le revirement et sa portée : Contrats, conc. consom.* 1996, chron. 1. – C. Jamin, *Réseaux intégrés de distribution : De l'abus dans la détermination du prix au contrôle des pratiques abusives : JCP* 96, I, 3959. – A. Brunet et A. Ghozi, *La jurisprudence de l'Assemblée plénière sur le prix du point de vue de la théorie du contrat : D.* 1998, chron. 1.

12) Contrat-cadre. Lorsqu'une convention prévoit la conclusion de contrats ultérieurs, l'indétermination du prix de ces contrats dans la convention initiale n'affecte pas, sauf dispositions légales particulières, la validité de celle-ci, l'abus dans la fixation du prix ne donnant lieu qu'à résiliation ou indemnisation (▪ Cass. ass. plén., 1er déc. 1995, n° 93-13.688 : *JurisData* n° 1995-003250 ; *JCP* 96, II, 22565, 1re et 3e esp. ▪ Cass. com., 26 mars 1996, n° 93-16.849 : *JurisData* n° 1996-001394 ; *Contrats, conc. consom.* 1996, 136, 1re esp., note Leveneur. ▪ Cass. com., 11 juin 1996, n° 94-16.866 : *JurisData* n° 1996-002345 ; *JCP* 96, IV, 1773 ; *Bull. civ.* IV, n° 165, p. 142 ; *D.* 1996, somm. 323, obs. Aynès ; *Contrats, conc. consom.* 1996, 182, 1re esp., note Leveneur. ▪ Cass. com., 10 févr. 1998, n° 95-15.487 : *JCP* 98, IV, 1733 ; *Bull. civ.* IV, n° 71, p. 55. V. déjà ▪ Cass. 1re civ., 29 nov. 1994, n° 91-21.009 : *JCP* 95, II, 22371, 2 arrêts, note Ghestin ; *D.* 1995, 122, note Aynès ; *Contrats, conc. consom.* 1995, 24, note Leveneur ; *RTD civ.* 1995, 358, obs. Mestre). La clause d'un contrat de franchisage faisant référence au tarif en vigueur au jour des commandes d'approvisionnement à intervenir n'affecte pas la validité du contrat (▪ Cass. ass. plén., 1er déc. 1995, n° 93-13.688 : *JurisData* n° 1995-003250 ; *JCP* 96, II, 22565, 4e esp.). Viole les articles 1134 et 1135 la cour d'appel qui annule le contrat au motif que la clause se référant au tarif en vigueur au jour des commandes d'approvisionnement laisse la détermination du prix à la discrétion du franchiseur (même arrêt. V. aussi ▪ Cass. com., 21 janv. 1997, n° 94-22.034 : *JurisData* n° 1997-000394 ; *D.* 1997, 414, note Jamin. ▪ Cass. com., 23 févr. 1999, n° 1998/01729 : *JurisData* n° 2000-131903 ; *Contrats, conc. consom.* 1999, 68, note Leveneur. Mais v. pour une nullité fondée sur l'article 34 de l'ordonnance du 1er décembre 1986 (C. com., art. L. 442-5) interdisant un prix minimum de revente ▪ Cass. com., 7 oct. 1997, n° 95-19.518 : *JurisData* n° 1997-003951 ; *Contrats, conc. consom.* 1998, 2, note Leveneur).

13) Abus dans la fixation du prix. N'exécute pas de bonne foi le contrat, le fournisseur de produits pétroliers qui ne donne pas au distributeur exclusif agréé par lui, les moyens de pratiquer des prix concurrentiels en lui appliquant un prix de vente supérieur à celui auquel il les vend au consommateur final par l'intermédiaire de ses mandataires (▪ Cass. com., 3 nov. 1992, n° 90-17.632 : *JurisData* n° 1992-002421 ; *JCP* 1993, II, 22164, note Virassamy. V. en ce sens, reprochant au mandant de n'avoir pas pris des mesures concrètes pour permettre à l'agent commercial de pratiquer des prix concurrentiels, ▪ Cass. com., 24 nov. 1998, n° 96-18.357 : *JurisData* n° 1998-004489 ; *JCP* 1999, IV, 1049 ; *Bull. civ.* IV, n° 277, p. 232 ; *Defrénois* 1999, 93, note X. Savatier ; *RTD civ.* 1999, 98, obs. Mestre). Abuse de son droit de fixer unilatéralement les conditions de vente l'importateur exclusif d'une marque de véhicules qui, confronté à un effondrement général du marché de l'automobile, impose des sacrifices aux concessionnaires, au point de mettre en péril leur activité, alors qu'il ne s'est pas imposé la même rigueur, distribuant des dividendes à ses actionnaires (▪ Cass. com., 15 janv. 2002, n° 99-21.172 : *JurisData* n° 2002-012712 ; *JCP* G 2002, II, 10157 et *JCP* E 2002, 1641, note Jamin ; *Com. com. électr.* 2002, 61, note Stoffel-Munck ; *Contrats, conc. consom.* 2002, 94, note Malaurie-Vignal ; *D.* 2002, somm. 2841, obs. D. Mazeaud ; *RTD civ.* 2002, 294, obs. Mestre et Fages ; *RDC* 2003, 154, obs. Béhar-Touchais). Jugé que l'abus dans la fixation du loyer par une banque dans un contrat de location de coffre-fort peut résulter de l'absence de justification du montant de l'augmentation (▪ Paris, 24 oct. 2000, n° 1998/01729 : *JurisData* n° 2000-131903 ; *D.* 2001, somm. 3236, obs. D. Mazeaud) mais arrêt cassé (▪ Cass. 1re civ., 30 juin 2004, n° 01-00.475 : *JurisData* n° 2004-024346 ; *Contrats, conc. consom.* 2004, 151, note Leveneur ; *D.* 2005, 1828, note Mazeaud ; *RTD civ.* 2004, 749, obs. Gautier ; *RDC* 2005, 275, obs. Stoffel-Munck) au motif que la banque était libre de fixer le prix qu'elle entendait pratiquer et que son client disposait du temps nécessaire pour s'adresser à la concurrence. V. encore ▪ Cass. com., 4 nov. 2014, n° 11-14.026 : *RDC* 2015, p. 233, note Ph. Stoffel-Munck ; *AJ Contrats d'affaires* 2015 p. 78, obs. S. Bros ; *D.* 2015, p. 183, note Ghestin et p. 529, obs. Amrani-Mekki et Mekki (les prix unilatéralement fixés, excessifs dès l'origine, ne permettaient pas au cocontractant de faire face à la concurrence).

14) Vente. Sur l'indétermination du prix dans le contrat de vente, v. art. 1591, p. 1361.

15) Bail. Lorsqu'un bail dont le loyer n'est soumis à aucune réglementation légale prévoit uniquement le principe d'une révision de celui-ci lors du renouvellement, sans en déterminer les modalités, les juges ne peuvent pas se substituer aux parties, en désaccord, pour fixer ces modalités (▪ Cass. 3e civ., 8 févr. 2006, n° 05-10.724 : *JurisData* n° 2006-032070 ; *Bull. civ.* III, n° 25 p. 21 ; *Defrénois* 2006, art. 38433-47, p. 1236, obs. Libchaber).

Art. 1130 ancien ***(Mod., L. n° 2006-728, 23 juin 2006 ; abr. à compter du 1er octobre 2016, Ord. n° 2016-131, 10 févr. 2016).*** **– Les choses futures peuvent être l'objet d'une obligation.**

On ne peut cependant renoncer à une succession non ouverte, ni faire aucune stipulation sur une pareille succession, même avec le consentement de celui de la succession duquel il s'agit, que dans les conditions prévues par la loi.

NB : Rappr. art. 1163, p. 821.

Bibliographie : A. Lucas, *Le recul de la prohibition des pactes sur succession future en droit positif : RTD civ.* 1976, 455.

I – DÉFINITION DU PACTE PROHIBÉ

1) Droit privatif sur une succession non ouverte. L'article 1130 interdit toutes les stipulations ayant pour objet d'attribuer un droit privatif sur tout ou partie d'une succession non ouverte ▪ Cass. civ., 11 janv. 1933 : *DP* 1933, 1, 10, note Capitant. – V. pour une application : ▪ Cass. 1re civ., 26 oct. 2011, n° 10-11.894 : *RDC* 2012/3, p. 902, obs. C. Goldie-Genicon ; *D.* 2011, p. 2976, note Najjar ; *AJF* 2011, p. 619, obs. Vernières ; *Dr. famille* 2011, n° 180, obs. Beigner (constitue un pacte sur succession future la promesse de vente consentie par l'héritier présomptif portant sur un terrain lui « revenant d'un partage de famille », et qui lui a été attribué ultérieurement par une donation-partage avec réserve d'usufruit au profit du donateur et de son épouse, en l'absence de clause expresse différant la réalisation de la vente au jour du décès du donateur ou de la renonciation de ce dernier et de son épouse à l'usufruit) ▪ Cass. 1re civ., 11 mars 1981, n° 79-16.831 : *JurisData* n° 1981-700758 ; *Bull. civ.* I, n° 87, p. 73. Voir cependant , annot. n° 12, p. 1083, sur l'abrogation de l'art. 1600). Ainsi, le partage par les enfants de la nue-propriété de biens communs dépendant pour partie de la succession future du père constitue un pacte prohibé (▪ Cass. 1re civ., 12 déc. 1984, n° 83-14.826 : *JurisData* n° 1984-702010 ; *Bull. civ.* I, n° 336, p. 286), de même que la donation demeurée clandestine dans le seul dessein de rompre l'égalité du partage d'une succession non ouverte (▪ Paris, 17 mai 1990 : *JurisData* n° 1990-600582 ; *JCP* 91, II, 21695, note Salvage ; *RTD civ.* 1991, 375, obs. Patarin), ou la convention conclue entre les héritiers tendant à affecter d'un indice à déterminer au jour du partage les dons manuels inégaux faits par un père au profit de ses enfants (▪ Paris, 17 oct. 1991, n° 90.6556 : *JurisData* n° 1991-023922 ; *JCP* 92, IV, 206), ou l'acte énonçant qu'en cas de décès du débiteur, le montant de la reconnaissance de dette correspondra au cinquième des biens possédés par lui à cette date (▪ Cass. 1re civ., 6 févr. 1996, n° 83-14.826 : *JurisData* n° 1984-702010 ; *JCP* 96, IV, 767 ; *Bull.* I, n° 67, p. 44 ; *D.* 1997, 369, note Najjar, somm. 368, obs. Grimaldi ; *RTD civ.* 1996, 679, obs. Patarin), ou l'engagement du *de cujus* envers un créancier pour le remboursement de sommes dues, la somme devant être prélevée à son décès sur la part revenant à ses deux filles d'un premier lit (▪ Cass. 1re civ., 22 juin 2005 : *JCP* 2005, IV, 3346 ; *JurisData* n° 030065), ou la clause prévoyant le prélèvement de la somme due sur la part dans la succession de certaines des héritières mais pas de toutes, qui porte atteinte à la liberté de tester (▪ Cass. 1re civ., 4 oct. 2005 : *Dr. famille* 2005, 252, note Beignier ; *JCP* 2005, IV, 3346 ; *JurisData* n° 2005-030065 ; *Bull. civ.* I, n° 361, p. 300 ; *RDC* 2006/2, p. 481, obs. Grare-Didier). Mais il en va autrement de la promesse de vente de biens indivis provenant d'une succession ouverte, mais non encore liquidée (▪ Cass. 1re civ., 30 mai 1985, n° 84-12.314 : *JurisData* n° 1985-701818 ; *Bull. civ.* I, n° 173, p. 155 ; *D.* 1986, 65, note Najjar ; *RTD civ.* 1986, 391, obs. Patarin). Jugé qu'il n'y a pas pacte sur succession future dès lors que les héritiers n'apparaissent pas en qualité d'héritiers présomptifs mais en tant qu'associés de la société civile créée entre eux et le *de cujus* présomptif (▪ Lyon, 27 mai 1964 : *D.* 1965, 49, note Boulanger). La vente avec réserve du droit d'habitation ne constitue pas un pacte sur succession future (▪ Paris, 24 sept. 1991, n° 90-12519 : *JurisData* n° 1991-023197 ; *D.* 1992, 246, note Paire). Ne constitue pas un pacte sur succession future prohibé la convention qui fait naître au profit de son bénéficiaire un droit actuel de créance qui s'exercera contre la succession du débiteur (▪ Cass. 1re civ., 3 avr. 2002 : *JCP* 2002, IV, 1869 ; *JurisData* n° 2002-013785 ; *Dr. famille* 2002, 94, note Beignier ; *D.* 2002, 2753, note Najjar ; *Bull. civ.* I, n° 106, p. 83 ; *Defrénois* 2002, 1244, obs. Libchaber ; *RTD civ.* 2003, 131, obs. Patarin). Mais jugé qu'il en va différemment pour le contrat de prêt d'argent stipulant que le de cujus ne s'engage qu'à rembourser les intérêts de son vivant (▪ Poitiers, 11 sept. 2001 : *JCP* 2002, IV, 2215 ; *JurisData* n° 2001-174993).

2) Acte unilatéral. La prohibition des pactes sur succession future peut s'appliquer à un acte unilatéral et frappe toute stipulation faite sur une succession future, même si celle-ci ne porte pas atteinte à la réserve (▪ Cass. 1re civ., 17 mars 1987, n° 85-16.484 : *JurisData* n° 1987-000572 ; *Bull. civ.* I, n° 97, p. 73 ; *RTD civ.* 1987, 755, obs. Mestre. Pour l'annulation, sur le fondement de l'article 1130, d'une reconnaissance mensongère de paternité destinée à éluder des frais fiscaux, V. ▪ Grenoble, 27 mai 2002, n° 00/02220 : *JurisData* n° 2002-203144 ; *Dr. famille* 2004, 4, note Brun). Les testaments, actes unilatéraux, sont par nature révocables et ne portent pas atteinte à la liberté de tester de leur auteur de sorte qu'ils ne peuvent constituer des pactes sur succession future (▪ Cass. 1re civ., 28 mai 2008, n° 07-14.066 : *Bull. civ.* I, n° 161).

3) Convention relative au rapport successoral. La convention créant ou aménageant le rapport successoral ne tombe pas en elle-même sous le coup de la prohibition des pactes sur succession future (▪ Cass. req., 2 mars 1936 : *DP* 1936, 1, 111, rapp. Dumas. ▪ Nancy, 2 nov. 1950 : *Gaz. Pal.* 1951, 1, 24, et, sur pourvoi, ▪ Cass. 1re civ., 23 nov. 1954 : *D.* 1955, 305, note Vialleton. V. en ce sens, pour une convention entre héritiers présomptifs prévoyant que les dons manuels reçus seraient rapportés à la succession affectés d'un indice à déterminer lors du partage, ▪ Cass. 1re civ., 18 mai 1994, n° 92-11.829 : *JurisData* n° 1994-001270 ; *JCP* 94, IV, 1827 ; *Bull. civ.* I, n° 175, p. 130 ; *RTD civ.* 1994, 649, obs. Patarin ; *D.* 1995, somm. 48, obs. Grimaldi. V. aussi pour la convention aménageant les modalités de remboursement d'un emprunt ▪ Cass. 1re civ., 24 nov. 1998, n° 96-20.145 : *JurisData* n° 1998-004511 ; *Dr. famille* 1999, 33, note Beignier), mais l'héritier ne peut renoncer à l'action en rapport avant l'ouverture de la succession (▪ Cass. civ., 10 mars 1941 : *DC* 1943, 32, note Maguet).

4) Clause d'accroissement. La clause d'accroissement conférant à chacun des acquéreurs la propriété de l'immeuble tout entier à partir du jour de son acquisition sous condition du prédécès de son cocontractant ne constitue pas une clause attribuant au survivant un droit privatif sur une partie de la succession du prémourant et ne tombe pas sous la prohibition des pactes sur succession future (▪ Cass. ch. mixte, 27 nov. 1970, n° 68-10.452 : *D.* 1971, 81, concl. Lindon. – V. en ce sens ▪ Cass. 1re civ., 3 févr. 1959 : *JCP* 60, II, 11823, note Voirin. – V. aussi G. Morin : *D.* 1971, chron. 55. – J.-F. Pillebout : *JCP* N 79, I, 333. – B.-H. Dumortier, *Recherche d'un nouveau fondement de la validité de la clause d'accroissement eu égard à la prohibition des pactes sur succession future* : *RTD civ.* 1987, 653. Sur le régime fiscal de la clause, v. L. fin. pour 1980, art. 69 : *JCP* 80, III, 49452. Sur le principe que la clause écarte toute indivision, V. ▪ Cass. 1re civ., 27 mai 1986, n° 85-10.031 : *JurisData* n° 1986-701072 ; *Defrénois* 1987, 257, note Morin ; *D.* 1987, 139, note Morin ; *RTD civ.* 1987, 382, obs. Patarin. ▪ Cass. 1re civ., 9 févr. 1994, n° 92-11.111 : *JurisData* n° 1994-000504 ; *JCP* 95, I, 3876, n° 10, obs. Le Guidec ; *Bull. civ.* I, n° 60, p. 47 ; *D.* 1994, 417, rapp. Thierry ; *RTD civ.* 1995, 151, obs. Zenati, et 159, obs. Patarin, relevant cependant que les parties ont « des droits concurrents ». Sur le principe que les créanciers de l'acquéreur ne peuvent délivrer un commandement de saisie immobilière, V. ▪ Cass. 1re civ., 18 nov. 1997, n° 95-20.842 : *JurisData* n° 1997-004561 ; *JCP* 98, II, 10051, note du Rusquec ; *RTD civ.* 1998, 432, obs. Patarin, 946, obs. Zenati ; *Defrénois* 1998, 377, note Mazeron).

5) Promesse *post mortem*. Ne constitue pas un pacte sur succession future prohibé la convention qui fait naître au profit de son bénéficiaire un droit actuel de créance qui s'exercera contre la succession du débiteur (▪ Cass. 1re civ., 22 oct. 2014, n° 13-23.657 : *Bull.* ; *RDC* 2015/2, note Goldie-Genicon, à paraître ; *AJF* 2015. 64, obs. Vernières ; *Dr. famille* 2014, comm. 186, note Nicod ; *LPA* 21 janv. 2015, n° 15, p. 9, note Mahinga). La promesse unilatérale de vente dont l'option peut être levée à compter du décès du promettant ne constitue pas un pacte sur succession future dès lors qu'elle est déterminée dans son objet et dans son prix, qu'elle engage le promettant immédiatement et de façon irrévocable et fait naître au profit du bénéficiaire un droit actuel pur et simple dont seule l'exécution est différée jusqu'au jour du décès du promettant (▪ Cass. 1re civ., 5 mai 1986, n° 84-14.235 : *JurisData* n° 1986-000919 ; *JCP* 1987, II, 20851, note Barret). Constitue une promesse *post mortem* valable comme n'ayant que suspendu l'exécution d'un droit déjà né celle qui porte sur des biens déterminés que les promettants s'engagent à ne pas aliéner au préjudice des bénéficiaires, alors même que l'exécution de la promesse ne peut être exigée que par une levée d'option postérieure au décès du survivant des promettants (▪ Cass. 1re civ., 8 juill. 1986, n° 84-12.369 : *Bull. civ.* I, n° 202, p. 195). Constitue une promesse *post mortem* et non un pacte sur succession future la clause stipulant que dans le cas où le prêteur décèderait durant le cours du prêt, la somme prêtée resterait acquise à l'emprunteur, le prêteur entendant en faire don à ce dernier à titre d'héritage (■ Cass. 1re civ., 9 juill. 2003 : *JurisData* n° 2003-019814 ; *JCP* 2003, IV, 2566 ; *Dr. famille* 2003, 136, note Beignier ; *Bull. civ.* I, n° 169, p. 132 ; *D.* 2004, 1848, note Bouzol ; *Defrénois* 2003, 1566, obs. Libchaber). V. aussi ■ Cass. 1re civ., 11 mars 2009, n° 07-16.087 : *RTD civ.* 2009, p. 557, obs. M. Grimaldi (une reconnaissance de dette dont l'auteur reconnaît devoir à l'un de ses héritiers une somme payable à sa mort est valable). Ayant constaté que, selon l'acte litigieux, le défunt avait reconnu devoir deux sommes d'argent payables à sa mort s'il ne les avait pas remboursées avant, il en résulte que cette convention avait conféré au bénéficiaire, non un droit éventuel, mais un droit actuel de créance, seule son exécution pouvant être différée au décès, de sorte qu'elle ne constituait pas un pacte sur succession future (■ Cass. 1re civ., 22 oct. 2014, n° 13-23.657, préc.). Ayant relevé que la convention prévoit que l'emprunteur sera délivrée de l'obligation de rembourser le prêt, cette remise de dette étant soumise à la condition suspensive que le prêteur décède avant elle, la cour d'appel en a exactement déduit que la clause litigieuse ne constituait pas un pacte sur succession future mais une promesse *post mortem* (■ Cass. 1re civ., 9 juill. 2014, n° 13-10.710 : *RDC* 2015/2, note Goldie-Genicon).

6) Terme extinctif. Échappe à la qualification de pacte sur succession future la convention prévoyant seulement l'extinction de la créance du crédirentier à son décès pour les arrérages échus et non versés et pour lesquels aucune poursuite n'a été engagée (■ Cass. 1re civ., 22 juin 1977, n° 76-11.347 : *Bull. civ.* I, n° 297, p. 235). Mais, s'agissant d'une vente consentie moyennant une rente à servir pendant douze ans, doit être annulée comme contraire à la prohibition la clause prévoyant que tout règlement serait éteint et l'acheteur libéré, soit au terme des douze années, soit au décès du vendeur s'il survenait avant (■ Cass. 1re civ., 7 déc. 1983, n° 82-13.790 : *JurisData* n° 1983-702451 ; *JCP* 84, IV, 55 ; *D.* 1984, 564, note Mayaux ; *Defrénois* 1984, 1227, note Olivier ; *RTD civ.* 1985, 184, obs. Patarin).

7) Dettes nées après le décès de la caution. Toute clause ayant pour effet de mettre à la charge des héritiers d'une caution des dettes nées après le décès de leur auteur, et dont celui-ci n'était pas tenu de son vivant constitue un pacte sur succession future (■ Cass. com., 13 janv. 1987, n° 84-14.146 : *JurisData* n° 1987-000288 ; *Bull. civ.* IV, n° 9, p. 6).

II – PACTES AUTORISÉS

8) Liste limitative. La prohibition édictée par l'article 1130 est d'ordre public et ne comporte pas d'autres dérogations que celles qui sont limitativement déterminées par la loi (■ Cass. civ., 11 janv. 1933 : *DP* 1933, 1, 10, note Capitant. ■ Cass. com., 18 oct. 1955 : *D.* 1956, 281, note Esmein).

9) Clause commerciale. Sur la validité de la clause dite commerciale, voir art. 1390, p. 1254. La licéité de la faculté d'attribution en propriété implique celle de la clause du contrat de mariage prévoyant l'octroi d'un bail sur les biens propres de l'époux prédécédé (■ Cass. 1re civ., 29 avr. 1985, n° 83-16.803 : *JurisData* n° 1985-701539 ; *Bull. civ.* I, n° 132, p. 123).

10) Sur les **clauses de continuation dans les contrats de société**, voir art. 1870, p. 1567.

11) Une **donation-partage** valablement faite échappe à la prohibition des pactes sur succession future (■ Cass. 1re civ., 10 oct. 1979 : *JurisData* n° 1979-000244 ; *Bull. civ.* I, n° 244, p. 195). Mais jugé que la clause de réversibilité de l'usufruit au profit du conjoint survivant insérée dans une donation-partage confère à l'épouse survivante dans la succession de son mari un droit auquel elle ne peut renoncer tant que cette succession ne s'est pas ouverte (■ Cass. 1re civ., 20 avr. 1983 : *JurisData* n° 1983-700954 ; *Bull. civ.* I, n° 124, p. 108 ; *JCP* 84, II, 20257, note de La Marnierre ; *D.* 1986, 31, note Grimaldi ; *RTD civ.* 1984, 349, obs. Patarin). Jugé cependant que cette clause s'analyse en une donation à terme de bien présent, le droit d'usufruit du bénéficiaire lui étant définitivement acquis dès le jour de l'acte, et que c'est donc au jour de cette donation que doit être désigné le donataire (■ Cass. 1re civ., 21 oct. 1997, n° 95-16.717 : *JurisData* n° 1997-004156 ; *JCP* 97, II, 22969, note Harel-Dutirou ; Bull. I, n° 291, p. 196 ; *RTD civ.* 1998, 721, obs. Patarin ; 937, obs. Zenati).

12) Vente de succession future. Sur l'abrogation de l'article 1600 interdisant de vendre la succession d'une personne vivante, v. L. n° 2001-1135 du 3 décembre 2001, article 21-I.

Section IV. – De la cause

Art. 1131 ancien *(Abr. à compter du 1er octobre 2016, Ord. n° 2016-131, 10 févr. 2016)*. **– L'obligation sans cause ou sur une fausse cause, ou sur une cause illicite, ne peut avoir aucun effet.**

NB : Rappr. art. 1135 al. 2, p. 817, art. 1162, 1169, p. 821.

Bibliographie : J. Rochfeld, *Rép. civ. Dalloz, V° Cause*. • J. Ghestin, *L'absence de cause de l'engagement : absence de la contrepartie convenue : JCP* G 2006, I, 177 ; *Le renouveau doctrinal actuel de l'absence de cause : JCP* G 2006, I, 194. • X. Lagarde, *« Sur l'utilité de la théorie de la cause » : D.* 2007, p. 740. • Ph. Malinvaud, *Le « contenu certain » du contrat dans l'avant-projet « chancellerie » de Code des obligations et le stoemp bruxellois aux légumes : D.* 2008, point de vue p. 2551. • Ch. Larroumet, *De la cause de l'obligation à l'intérêt au contrat (à propos du projet de réforme du droit des contrats) : D.* 2008, p. 2441. • O. Tournafond, *Pourquoi il faut conserver la théorie de la cause en droit civil français : D.* 2008, p. 2607. • F. Chénedé, *L'utilité de la cause de l'obligation en droit contemporain des contrats : l'apport du droit administratif : Contrats, conc. consom.* 2008, étude 11. • F. T., *La cause est entendue : JCP* 2008, act. 609. • C. Grimaldi, *Les clauses portant sur une obligation essentielle : RDC* 2008/4, p. 1095. • S. Bros, *Les contrats interdépendants : actualité et perspectives : D.* 2009, p. 960. • P. Catala, *Deux regards inhabituels sur la cause dans les contrats : Defrénois* 2008, art. 38866, p. 2365. • O. Tournafond, *Pourquoi il faut conserver la théorie de la cause en droit civil français : D.* 2008, p. 2607. • *La cause dans le droit des obligations – Droit public, droit privé : à propos de la réimpression de l'ouvrage d'Henri Capitant : Rev. dr. pub.* 2012/4, p. 827. • Th. Genicon, *Dialogues entre la cause et la considération : à propos de la promesse rémunérée d'exécuter une prestation déjà due, Mélanges en l'honneur du Professeur Camille Jauffret-Spinosi*, Dalloz, 2013, p. 447. • Dossier « Réforme du droit des contrats : le débat », D. Mazeaud vs. L. Aynès : *Dr. et patrimoine* 2014, n° 240, p. 38. • Th. Genicon, *Les mobiles dans les actes juridiques du droit privé – Dialogue avec Louis Josserand*, in *W. Dross et Th. Favario, Un ordre juridique nouveau*, 2014. • R. Boffa, *Juste cause (et injuste clause). Brèves remarques sur le projet de réforme du droit des contrats : D.* 2015, p. 335. • C. Grimaldi, *Les maux de la cause ne sont pas qu'une affaire de mots : D.* 2015 p. 814.

• *Sommaire*

I – NOTION DE CAUSE

1) Contrats synallagmatiques. Dans les contrats synallagmatiques, l'obligation de chaque contractant trouve sa cause dans l'obligation, envisagée par lui comme devant être effectivement exécutée, de l'autre contractant. Cette cause fait défaut quand la promesse de l'une des parties n'est pas exécutée ou s'avère soit nulle, soit de réalisation impossible (▪ Cass. civ., 30 déc. 1941 : *DA* 1942, 98. – Comp. ▪ Cass. soc., 3 mai 1956 : *Bull. civ.* IV, n° 398, p. 294). N'est pas dépourvu de cause le bail à construction qui fait obligation, à l'expiration du bail, de louer les lieux au gestionnaire en place, dès lors que le propriétaire, qui a mis à la disposition du preneur un terrain sans grande valeur vénale, obtient en fin de bail la propriété des constructions, ce qui constitue une contrepartie sérieuse, rien n'interdisant au bailleur d'exiger du preneur un loyer substantiel lors de la conclusion d'un bail ultérieur (▪ Cass. 1re civ., 19 déc. 1995, n° 94-10.501 : *JurisData n° 1995-003727 ; JCP 96, IV, 353 ; Bull. civ.* I, n° 481, p. 333).

2) Dates de valeur en matière bancaire. Est sans cause la perception par une banque d'intérêts selon la pratique des dates de valeur pour des opérations autres que les remises de chèques en vue de leur encaissement (▪ Cass. com., 29 mars 1994, n° 92-11.843 : *JurisData* n° 1994-000667 ; *Bull. civ.* IV, n° 134, p. 104. ▪ Cass. com., 10 janv. 1995, n° 93-10.787 : *JurisData* n° 1995-000055 ; *JCP* 95, IV, 592 ; *D.* 1995, 229, note Gavalda ; *D.* 1996, somm. 114, 1re esp., obs. Libchaber). L'action en restitution des intérêts perçus indûment par application de dates de valeurs dépourvues de cause peut être engagée dans un délai de cinq ans à partir de leur perception, peu important l'absence de demande en nullité de la stipulation d'intérêts conventionnels (▪ Cass. com., 16 mars 2010, n° 09-11.236 : *Bull. civ.* 2010, IV, n° 58 ; *JCP* 2010, n° 537, note R. Martin).

3) Prêt. Contrat réel. La cause de l'obligation de celui qui emprunte pour effectuer un achat réside dans la mise à sa disposition des fonds nécessaires à l'acquisition qu'il a effectuée (▪ Cass. 1re civ., 20 nov. 1974 : *JurisData* n° 1974-000311 ; *JCP* 1975, IV, 7 ; *Bull. civ.* I, n° 311, p. 267. ▪ Cass. com., 5 mars 1996, n° 93-20.778 : *JurisData* n° 1996-000763 ; D. 1996, somm. 327, obs. Libchaber ; *D.* 1997, somm. 343, obs. Tournafond. ▪ Cass. 1re civ., 16 févr. 1999, n° 96-21.997 : *JurisData* n° 1999-000690 ; *Contrats, conc. consom.* 1999, 70, note Leveneur ; *JCP* 1999, IV, 1660 ; *Bull. civ.* I, n° 55, p. 36). La cause du contrat de prêt étant constituée par la remise de la chose, laquelle est aussi une condition de formation du prêt demeuré contrat réel lorsqu'il a été consenti par un particulier, n'inverse pas la charge de la preuve l'arrêt qui, pour accueillir la demande en remboursement d'un prêt fondé sur une reconnaissance de dette souscrite par l'emprunteur, retient qu'il incombe à celui-ci d'établir que le prêteur ne lui a pas remis les fonds (■ Cass. 1re civ., 19 juin 2008, pourvoi n° 06-19.056 : *RDC* 2009/1, p. 183, obs. Puig). Viole les articles 1315 et 1132 du Code civil la cour d'appel qui rejette une demande en remboursement fondée sur une reconnaissance de dette au motif que le prêt qui n'est pas consenti par un établissement de crédit étant un contrat réel qui suppose la remise de la chose, il incombe à la personne se prétendant créancière d'une somme d'argent qu'elle aurait prêtée de rapporter la preuve du versement alors que la convention n'est pas moins valable quoique la cause n'en soit pas exprimée, de sorte qu'il incombe au signataire d'une reconnaissance de dette qui prétend, pour contester l'existence de la cause de celle-ci, que la somme qu'elle mentionne ne lui a pas été remise, d'apporter la preuve de ses allégations (■ Cass. 1re civ., 14 janv. 2010, n° 08-18.581 : ■ Cass. 1re civ., 14 janv. 2010, n° 08-18.581 : *JurisData* n° 2010-051046 ; *Bull. civ.* 2010, I, n° 7 ; *D.* 2010, p. 620, note J. François ; chron. C. cass. 2092, obs. Creton ; *JCP* 2010, n° 14, 380, note Dissaux et n° 18, 516, p. 971 obs. Serinet).

4) Prêt. Contrat non réel. Le prêt consenti par un professionnel du crédit n'étant pas un contrat réel, l'obligation de l'emprunteur trouve alors sa justification présumée dans la signature de celui qui se présente comme tel. S'il s'offre à établir que son engagement est en réalité sans justification, la constatation de l'existence effective de celle-ci restitue à la dette sa validité (■ Cass. 1re civ., 5 juill. 2006, n° 04-12.588 : *JurisData* n° 2006-034427 ; *D.* 2007, p. 50, note Ghestin). C'est dans l'obligation souscrite par le prêteur que l'obligation de l'emprunteur trouve sa cause, dont l'existence, comme l'exactitude, doit être appréciée au moment de la conclusion du contrat. Ayant constaté qu'en exécution des contrats litigieux souscrits solidairement par des époux, les sommes prêtées avaient été remises entre les mains de ceux-ci, la cour d'appel en a exactement déduit que l'utilisation de ces sommes par les emprunteurs, décidée postérieurement à l'exécution de son obligation par la banque, étant sans incidence sur la cause de l'obligation souscrite par l'épouse (■ Cass. 1re civ., 19 juin 2008, pourvoi n° 06-19.753 : *JurisData* n° 2008-044407 ; *JCP* 2008, II, 10150, note Constantin ; *RDC* 2009/1, p. 188, obs. Puig ; *Contrats, conc. consom.* 2008, 255, note Leveneur). Reprenant la même formule liminaire, jugé que viole les articles 1131 et 1134, la cour d'appel qui, pour rejeter la demande de l'emprunteur tendant à l'annulation du prêt pour absence de cause, retient que la cause du prêt réside dans la délivrance des fonds, laquelle a été réalisée (■ Cass. com., 7 avr. 2009, n° 08-12.192 : *Bull. civ.* IV, n° 54 ; *JCP* 2009, n° 27, 77, note Lasserre Capdeville ; *D.* 2009, p. 2080, note Ghestin ; *Defrénois* 2009, 1942, note J. François ; *Dr. et patrimoine* juill. 2009, p. 87, obs. Aynès et Stoffel-Munck ; *D.* 2010, pan. 1043, obs. Martin ; *Banque et droit* juill.-août 2009, p. 18, obs. Bonneau ; *RTD com.* 2009, 598, obs. Legeais).

Sur cette question, F. Chénedé, *La cause de l'obligation dans le contrat de prêt réel et dans le contrat de prêt consensuel (À propos de deux arrêts de la première Chambre civile du 19 juin 2008)* : *D.* 2008, p. 2555.

Voir aussi : sous art. 1892, p. 1583 et art. 1874, p. 1577.

5) Prêt et vente liés. Deux actes de vente et de prêt passés le même jour étant intimement liés, les juges du fond peuvent en déduire que les parties ont entendu subordonner l'existence du prêt à la réalisation de la vente, de sorte que les deux contrats ont une cause unique, et donc retenir à bon droit, non que l'obligation de l'emprunteur est dépourvue de cause, mais que l'annulation du contrat de vente a entraîné la caducité du prêt (■ Cass. 1re civ., 1er juill. 1997, n° 95-12.078 : *JurisData* n° 1997-003186 ; *JCP* 1997, IV, 1881 ; *Bull. civ.* I, n° 224, p. 150 ; *D.* 1998, 32, note Aynès, somm. 110, obs. D. Mazeaud). À noter que l'article L. 311-21 du Code de la consommation (C. consom., art. L. 311-21) dispose que le contrat de crédit est résolu ou annulé de plein droit lorsque le contrat en vue duquel il a été conclu est lui-même judiciairement résolu ou annulé.

6) Engagement de ducroire. La cause de l'engagement de ducroire réside dans l'intérêt personnel que l'intermédiaire débiteur a à soutenir le rapport d'affaires entre les parties qu'il tend à rapprocher (■ Cass. com., 27 oct. 2009, n° 08-10.391 : *JCP* 2010, n° 4, 90, note Dissaux).

7) Libéralité. La cause d'une libéralité réside dans le motif déterminant qui l'a inspirée (■ Cass. 1re civ., 6 oct. 1959 : D. 1960, 515, note Malaurie).

8) Testament. Il appartient exclusivement au testateur, capable, de tirer les conséquences de la disparition prétendue de la cause l'ayant déterminé à disposer. Par conséquent, ajoute aux cas légaux de caducité du testament et viole, par fausse application, les articles 1131 et 1039 à 1043 du Code civil, la cour d'appel qui déclare les testaments caducs au motif que leur seule cause avait disparu avec la restitution d'une donation (■ Cass. 1re civ., 15 déc. 2010, n° 09-70.834 : *Bull. civ.*, n° 270 ; *RTD civ.* 2011, p. 165, obs. M. Grimaldi ; *D.* 2011, 795, note Naudin ; *Defrénois* 2011, 684, obs. Rabreau ;

JCP N 2011, n° 7-8, 41, note Rivière ; *AJF* 2011, 109, obs. Vernières ; *RJPF* févr. 2011, 32, obs. Martel – dans le même sens ▪ Cass. 1re civ., 15 févr. 2012, n° 10-23.026 : *Bull.*).

9) Nécessité de la cause. Viole les articles 1131 et 1601, al. 2, la cour d'appel qui, après avoir constaté que le choix des acquéreurs de renoncer à la vente est fondé, retient que l'application de la clause autorisant les vendeurs à conserver les fonds versés en cas de signature de l'acte authentique est subordonnée à la réalisation d'un simple fait dont il est précisé que la cause importe peu puisqu'il y est mentionné « pour quelque cause que ce soit » (▪ Cass. 3e civ., 7 févr. 1996, n° 93-17.873 : *JurisData* n° 1996-000624 ; *RTD civ.* 1996, 606, obs. Mestre).

10) Contrats aléatoires. Lorsque dans un contrat synallagmatique, l'équivalent de l'avantage abandonné par une partie consiste dans une chance de gain ou de perte acceptée par cette partie, le contrat n'est valable que si cet aléa, cause de cet abandon, est fonction d'événements incertains qui ne dépendent pas de l'initiative de son cocontractant (▪ Paris, 15 févr. 1957 : *JCP* 58, II, 10418, note D. B.). Comp. pour une commission d'intermédiaire ▪ Cass. com., 23 oct. 1950 : *Bull. civ.* II, n° 300, p. 210. Sur la nullité d'une vente consentie contre une rente viagère inférieure aux revenus de l'immeuble vendu, voir sous art. 1976, p. 1612.

11) Acquisition par le bailleur du droit au bail. L'acquisition par le bailleur du droit au bail mis en vente par son locataire, laquelle permet au premier de recouvrer la jouissance matérielle des lieux loués, a une cause (▪ Cass. 3e civ., 13 oct. 2004, n° 03-12.035 : *JurisData* n° 2004-025196 ; *Contrats, conc. consom.* 2005, 22, note Leveneur ; *Defrénois* 2005, 1245, obs. Aubert).

12) Clause dite de « *golden parachute* ». La clause litigieuse (clause contractuelle qui permet au salarié de rompre son contrat de travail en cas de changement de contrôle, de fusion-absorption, ou de changement significatif d'actionnariat entraînant une modification importante de l'équipe de direction, et qui stipule que la rupture est alors imputable à l'employeur en ouvrant droit au paiement d'une indemnité de départ) ayant été convenue en raison des avantages que l'employeur tirait du recrutement de ce salarié et de l'importance des fonctions qui lui avaient été attribuées, la cour d'appel en a déduit à bon droit que l'obligation de l'employeur avait une cause, étant précisé que la clause est licite pour autant qu'elle ne fasse pas échec à la faculté de résiliation unilatérale du contrat par l'une ou l'autre des parties (▪ Cass. soc., 10 avr. 2013, n° 11-25.841 : *Bull.* ; *RDC* 2013/4, p. 1321, obs. Th. Genicon ; *D.* 2013, n° 18, édito F. Rome ; *JCP* 2014, n° 1045, note Ghestin ; *Dr. soc.* 2013, 551, obs. J. Mouly ; *RDT* 2013, 401, obs. S. Tournaux ; *JCP* S 2013, act. 197, obs. L. Dauxerre ; *Lexbase Hebdo*, éd. soc., 2013, n° 526, note G. Auzero ; *D.* 2014, p. 630, obs. Amrani-Mekki et Mekki ; *Rev. sociétés* 2013, p. 684, note Vatinet ; *RTD civ.* 2013, p. 601, obs. Barbier).

13) Cause et ordre public international. La conception de la cause des obligations contractuelles retenue par le droit français n'est pas, dans tous ses aspects, d'ordre public international (▪ Cass. com., 13 sept. 2011, nos 10-25.533, 10-25.731 et 10-25.908 : *Bull.*, n° 131 ; *D.* 2011, p. 2518, note L. d'Avout et N. Borga et p. 1228, obs. Gaudemet-Tallon et Jault-Seseke ; *RTD civ.* 2012, p. 113, obs. Fages ; *RTD com.* 2011, p. 801, obs. Vallens ; *RTD com.* 2012, p. 190, obs. Martin-Serf ; *Dr. et patrimoine* 2011, n° 209, p. 95, obs. M.-E. Ancel ; *Dr. et patrimoine* 2012, n° 211, p. 77, obs. Ph. Dupichot ; *RD bancaire et fin.* 2011, n° 201, obs. D. Legeais ; *JCP* E 2011, 1803, obs. R. Dammann et A. Albertini ; *Rev. crit. DIP* 2011, p. 870, note Rémery).

II – ABSENCE DE CAUSE

14) Existence lors de la formation du contrat. Sur le principe que la cause de l'engagement doit exister lors de la formation du contrat, V. ▪ Cass. 3e civ., 9 juill. 1980 : *JurisData* n° 1980-798089 ; *Bull. civ.* III, n° 136, p. 101 ; *D.* 1981, inf. rap. 312, obs. Ghestin. V. en ce sens, mais paraissant limiter la portée de la règle aux contrats synallagmatiques à exécution instantanée, ▪ Cass. 3e civ., 8 mai 1974, n° 73-10.887 : *JurisData* n° 1974-099187 ; *D.* 1975, 305, note Larroumet. V. aussi, énonçant que la cause d'une obligation doit s'apprécier à la date où elle est souscrite, ▪ Cass. 3e civ., 17 juill. 1996, n° 94-17.810 : *JurisData* n° 1996-003222 ; *JCP* 96, IV, 2167 ; *Bull.* III, n° 193, p. 124 ; *Defrénois* 1996, 1357, obs. Delebecque. ▪ Cass. 3e civ., 15 sept. 2016, n° 15-22.250 : *Contrats, conc. consom.* 2016, 250 ; *D.* 2017, p. 382, obs. Mekki ; *JurisData* n° 2016-018573 (*idem*).

15) Absence de contrepartie réelle. L'absence de cause ne se conçoit que si l'exécution du contrat selon l'économie voulue par les parties est impossible en raison de l'absence de contrepartie réelle (▪ Cass. com., 27 mars 2007, n° 06-10.452 : *RDC* 2008/2, p. 231, obs. Mazeaud ; *Contrats, conc. consom.* 2007, 196, note Leveneur ; JCP 2007, II, 10119, note Serinet ; D. 2007, p. 2966, obs. Amrani-Mekki et Fauvarque-Cosson). Sur la nullité d'une convention entre chirurgiens prévoyant une « indemnité d'intégration » sans contrepartie réelle, V. ▪ Cass. 1re civ., 15 juin 1994, n° 92-16.471 : *JurisData* n° 1994-001386 ; *Bull. civ.* 1994, I, n° 215, p. 157 ; *Defrénois* 1994, 1113, obs.

Delebecque. Le contrat portant sur la clientèle d'un infirmier est dépourvu de cause lorsqu'il n'assure au cessionnaire aucun avantage réel (■ Cass. 1re civ., 7 oct. 1997, n° 95-11.314 : *JurisData* n° 1997-003851 ; *JCP* 1998, I, 113, n° 1, obs. Loiseau ; *D.* 1998, 78, note Beignier ; *Contrats, conc. consom.* 1998, 19, note Leveneur, clientèle s'adressant en fait à la consœur déjà présentée à une autre partie de la clientèle). Est nulle pour défaut de cause la convention passée entre un héritier et un généalogiste dès lors que ce dernier n'a rendu à celui-ci aucun service ni couru aucun aléa, l'existence de la succession devant normalement parvenir à la connaissance de l'héritier sans l'intervention du généalogiste (■ Cass. 1re civ., 18 avr. 1953 : *JCP* 1953, II, 7761. V. aussi, peu important que l'héritier n'ait pas connaissance du décès avant l'intervention du généalogiste, ■ Cass. 1re civ., 20 janv. 2010, n° 08-20.459 : *JCP* 2010, n° 18, 516, p. 971, obs. Serinet ; *Defrénois* 2010, 609, note C. Grimaldi ; 1698, obs. Lécuyer). Est nul pour défaut de cause le contrat conclu entre un fabricant de boissons et l'exploitant d'un fonds de commerce de brasserie par lequel le premier s'engage à obtenir un prêt au profit du second, et celui-ci s'oblige à acheter exclusivement à son cocontractant, l'avantage procuré par le fabricant apparaissant dérisoire (■ Cass. com., 14 oct. 1997, n° 95-14.285 : *D.* 1998, somm. 333, 1re esp., obs. Ferrier ; *Defrénois* 1998, 1040, obs. D. Mazeaud). Ayant relevé que le contrat contenait des obligations réciproques puisqu'en échange de son approvisionnement en boissons, le revendeur se voyait mettre à disposition du mobilier de terrasse et retenu que l'avantage procuré ne s'évaluait pas seulement au travers de considérations quantitatives mais également qualitatives, la cour d'appel a pu déduire de ces constatations et appréciations souveraines que le contrat n'était pas dépourvu de cause (■ Cass. com., 11 mars 2014, n° 12-29.820 : *D.* 2014 p. 1915, note D. Mazeaud). Faisant ressortir que les relations commerciales entre les deux sociétés étaient antérieures à la signature de la convention de courtage, et que celle-ci ne correspondait à aucun service effectif, la cour d'appel a exactement déduit que la convention était nulle pour défaut de cause (■ Cass. com., 24 juin 2014, n° 12-27.908 : *JCP* 2014 n° 52, 1337, note Ghestin ; *RTD civ.* 2014, p. 88, obs. Barbier ; *AJ Contrats d'affaires* 2014, n° 7, p. 280, obs. Dubarry). Pour la validité de la vente d'un terrain bâti pour un euro, mais avec une contrepartie réelle (décharge du coût de la démolition d'un bâtiment contenant de l'amiante), V. ■ Cass. 3e civ., 15 sept. 2016, n° 15-22.250 : *Contrats, conc. consom.* 2016, 250 ; *JurisData* n° 2016-018573.

16) Subjectivisation de la cause de l'obligation. Le contrat de location de cassettes vidéo pour l'exploitation d'un commerce est dépourvu de cause dès lors que son exécution selon l'économie voulue par les parties était impossible compte tenu du fait que l'activité exercée, dans une commune de 1 314 habitants, était vouée à l'échec (■ Cass. 1re civ., 3 juill. 1996, n° 94-13.239 : *JurisData* n° 1996-002910 ; *JCP* 1996, IV, 1998 ; *JCP* 1997, I, 4015, n° 4, obs. Labarthe ; *Bull. civ.* 1996, I, n° 286, p. 200 ; *D.* 1997, 500, note Reigné ; *Defrénois* 1996, 1011, obs. D. Mazeaud ; *RTD civ.* 1996, 903, obs. Mestre). La démonstration d'une telle situation repose sur le demandeur à l'action en nullité (■ Cass. com., 27 mars 2007, préc.). Mais dans une espèce similaire, jugé que viole l'article 1131 la cour d'appel qui retient que le produit attendu des locations ne pouvant en aucun cas permettre d'assurer l'équilibre financier de l'opération, le contrat, en l'absence de contrepartie réelle, ne pouvait être exécuté selon l'économie voulue par les parties ; alors que la cause de l'obligation d'une partie à un contrat synallagmatique réside dans l'obligation contractée par l'autre (■ Cass. com., 9 juin 2009, n° 08-11.420 : *RDC* 2009/4, p. 1345, obs. Mazeaud).

17) Vil prix. Sanction. Le contrat de bail à construction conclu pour un prix dérisoire ou vil n'est pas inexistant mais nul pour défaut de cause (■ Cass. 3e civ., 21 sept. 2011, n° 10-21.900 : *RDC* 2012/1, p. 47, obs. E. Savaux et p. 130, obs. J.-B. Seube ; *D.* 2011, 2711, note D. Mazeaud ; *ibid.* 2012, pan. p. 459, obs. Amrani Mekki et Mekki ; *RD imm.* 2011, p. 623, obs. Poumarède ; *JCP* 2011, n° 1276, note Ghestin ; *Contrats, conc. consom.* 2011, n° 252, obs. Leveneur ; *Dr. et patrimoine* 2012, n° 211, p. 64, obs. Stoffel-Munck).

18) Contrepartie dérisoire. Impossibilité d'une révision. Si une contrepartie financière dérisoire à la clause de non-concurrence équivaut à une absence de contrepartie rendant la clause nulle, le juge ne peut, sous couvert de l'appréciation du caractère dérisoire de la contrepartie pécuniaire invoquée par le salarié, substituer son appréciation du montant de cette contrepartie à celle fixée par les parties et, après avoir décidé de l'annulation de la clause, accorder au salarié la contrepartie qu'il estime justifiée (■ Cass. soc., 16 mai 2012, n° 11-10.760 : *Bull.* ; *RDC* 2012/4, p. 74, obs. Th. Genicon ; *LEDC* 2012, n° 7, p. 7, obs. Pillet ; *Gaz. Pal.* 2012, n° 201, p. 14, note Le Gac-Pech et n° 285, p. 17, obs. Houtcieff ; *JCP S* 2012, n° 30, 1329, note Loiseau ; *RDT* 2012, p. 488, obs. Géniaut ; *Dr. soc.* 2012, p. 784, note Radé).

19) Prestation déjà due. Ayant retenu que la convention conclue entre deux sociétés définissait son objet en des termes dont il résultait qu'elle faisait double emploi avec l'exercice par une personne mise à disposition par la première société de ses fonctions de directeur général de la seconde société, et retenu qu'une telle convention revenait ainsi à rémunérer la première société pour des prestations qui étaient accomplies par ladite personne au titre de ses fonctions sociales, l'arrêt en a déduit à bon droit que la convention était dépourvue de cause (▪ Cass. com., 14 sept. 2010, n° 09-16.084 : *D.* 2011, 57, note Marmoz ; *Rev. sociétés* 2010, 462, obs. A. Lienhard. – Dans le même sens, V. ▪ Cass. com., 23 oct. 2012, n° 11-23.376 : *RDC* 2013/4, p. 1321, obs. Th. Genicon ; *D.* 2013, p. 686, note D. Mazeaud et p. 391, obs. Amrani-Mekki et Mekki ; *RTD civ.* 2013, p. 112, obs. Fages ; *Rev. sociétés* 2013, p. 160, note Reygrobellet). Pour une convention ne conférant aucun avantage à l'acheteur qui, en vertu d'une première convention, bénéficiait du même délai pour la réalisation de diverses conditions et la régularisation de l'acte de vente et rien ne permettant d'affirmer que ce dernier aurait renoncé aux délais fixés dans la convention initiale, V. ▪ Cass. 3e civ., 6 juill. 2010, n° 09-68.393.

20) Disparition ultérieure de la cause. Caducité. La disparition de la cause d'un engagement à exécution successive entraîne sa caducité (▪ Cass. 1re civ., 30 oct. 2008, n° 07-17.646 : *Bull. civ.* I, n° 241 ; *RDC* 2009/1, p. 49, obs. Mazeaud ; *JCP* 2009, II, 10000, note Houtcieff ; *Defrénois* 2009, art. 38916-6, p. 671, obs. Libchaber ; *RTD civ.* 2009, p. 118, obs. Fages et p. 111, obs. J. Hauser ; *D.* 2008, p. 2934, chron. C. cass. ; *RLDC* 2008, n° 3283, note Cermolacce). Ainsi, en présence d'une reconnaissance de dette souscrite par un ex-mari pour le paiement de la pension alimentaire destinée à assurer l'éducation et l'entretien de l'enfant qui était alors à la charge de la mère, une cour d'appel, pour rejeter la demande en paiement de la mère, a justement considéré que la cause de cet engagement avait disparu puisque, depuis un certain temps, l'enfant vivait chez son père et était donc à la charge de celui-ci (même arrêt). Auparavant, V. ▪ Cass. 1re civ., 16 déc. 1986, n° 85-11.396 : *JurisData* n° 1986-002744 ; *Bull. civ.* I, n° 301, p. 287 ; *RTD civ.* 1987, 750, obs. Mestre : lorsqu'une personne remet à une autre personne une somme qui lui permet d'acheter une automobile devant servir à les transporter toutes les deux et qu'elles cessent ensuite toute relation, la seconde peut être condamnée à restituer à la première une partie de la somme reçue. En effet, s'il est vrai que la cause doit exister au moment de la formation du contrat, il n'en reste pas moins que l'inexécution par le propriétaire du véhicule de son obligation à exécution successive justifie la demande de l'autre personne en restitution d'une partie de la somme qu'elle a versée en exécution de son engagement réciproque et corrélatif (comp., raisonnant sur le terrain de la cause tout en relevant l'erreur de qualification, ▪ Cass. 1re civ., 17 janv. 1995, n° 93-13.075 : *JurisData* n° 1995-000181 ; *JCP* 95, I, 3843, n° 4, obs. crit. Fabre-Magnan). La résolution de la vente du fonds du commerce entraîne la résiliation du bail commercial ; dès lors, le bail n'a plus de cause et la demande en paiement d'un arriéré de loyers et d'une indemnité d'occupation ne peut être accueillie (▪ Cass. 3e civ., 30 oct. 2002, n° 01-01.219 : *JurisData* n° 2002-016110 ; *JCP* E 2003, 991, note Kéita ; *RDC* 2003, 115, obs. Lardeux). En l'absence de motif économique de licenciement, la convention de reclassement personnalisé devenant sans cause, l'employeur est tenu à l'obligation du préavis et des congés payés afférents, sauf à tenir compte des sommes déjà versées à ce titre en vertu de ladite convention (▪ Cass. soc., 5 mai 2010, n° 08-43.652 : *Bull. civ.* 2010, V, n° 104 ; *RDT* 2010, 437, obs. Fabre).

Mais jugé, à propos d'un contrat de licence d'exploitation d'une marque, que la cause de l'obligation constituant une condition de la formation du contrat, la cour d'appel, appréciant souverainement la volonté des parties, a considéré que celle-ci résidait dans la mise à disposition de la marque et non dans la rentabilité du contrat (▪ Cass. com., 18 mars 2014, n° 12-29.453 : *RDC* 2014, p. 345, note Laithier ; *D.* 2014, p. 1915, note D. Mazeaud). V. encore ▪ Cass. 1re civ., 17 juin 2008, n° 07-15.477 : *RDC* 2008/4, p. 1133, obs. Mazeaud : peu importe pour l'appréciation de l'existence de la cause la manière dont les engagements souscrits par les contractants ont été exécutés.

21) Disparition ultérieure de la cause. Évolution ultérieure des circonstances économiques. Prive sa décision de base légale la cour d'appel qui considère que l'obligation contractuelle n'est pas devenue sérieusement contestable sans rechercher, comme elle y était invitée, si l'évolution des circonstances économiques et notamment l'augmentation du coût des matières premières et des métaux et leur incidence sur celui des pièces de rechange n'avait pas eu pour effet, compte tenu du montant de la redevance payée, de déséquilibrer l'économie générale du contrat tel que voulu par les parties lors de sa signature et de priver de toute contrepartie réelle l'engagement souscrit (▪ Cass. com., 29 juin 2010, n° 09-67.369 : *RDC* 2011/1, obs. E. Savaux, p. 34 ; *D.* 2010. 2481, note Mazeaud ; 2485, note Th. Genicon ; *JCP* 2010, n° 1056, note Favario ; *ibid.* 2011, n° 63, obs. Ghestin ; *RTD civ.* 2010, 782, obs. Fages ; *LPA* 24 déc. 2010, p. 7, note A.-S. Choné ; *Dr. et patrimoine* 2011, n° 200, 68, obs. Stoffel-Munck ; *Gaz. Pal.* 2011, n° 12-13, p. 21, obs. Houtcieff ; *Defrénois* 2011, n° 8, p. 811, obs. Seube). Mais à propos du défaut de rentabilité d'une licence d'exploitation d'une marque, V. ▪ Cass. com., 18 mars 2014, n° 12-29.453, préc. (le contractant ayant fait valoir en vain l'évolution des circonstances économiques du marché du textile et la chute des ventes dans la grande distribution qui auraient entraîné un déséquilibre du contrat le rendant non viable et privé de cause).

22) Exception d'inexécution. Sur le jeu de l'exception *non adimpleti contractus* en matière de bail, V. ▪ Cass. soc., 7 juill. 1955 : *D.* 1957, 1, note R. Savatier. ▪ Cass. soc., 10 avr. 1959 : *D.* 1960, 61. ▪ Cass. 3e civ., 1er mars 1995, n° 93-13.812 : *JurisData* n° 1995-000511 ; *Bull. civ.* III, n° 60, p. 41.

23) Vente. Dès lors que le contrat de vente est dépourvu d'objet, l'obligation de payer mise à la charge de l'acquéreur est nulle faute de cause (▪ Cass. 3e civ., 4 mai 1983, n° 79-16.575 : *JurisData* n° 1983-701533 ; *Bull. civ.* III, n° 103, p. 82 ; *RTD civ.* 1984, 113, obs. Chabas. V. en ce sens pour la cession d'une clientèle médicale ▪ Cass. 1re civ., 7 févr. 1990, n° 88-16.011 : *JurisData* n° 1990-701712 ; *Bull. civ.* I, n° 38, p. 29 ; *RTD civ.* 1991, 561, obs. Zenati).

24) Disparition des mobiles. Peut être déclarée nulle pour absence de cause la donation-partage à laquelle ont recouru les parties à des fins fiscales dès lors que l'application rétroactive d'une loi de finances a eu pour conséquence que l'acte ne se trouvait plus justifié par le mobile qui avait incité les parties à y recourir (▪ Cass. 1re civ., 11 févr. 1986, n° 84-15.513 : *JurisData* n° 1986-000386 ; *Bull. civ.* I, n° 25, p. 21 ; *RTD civ.* 1987, 586, obs. Patarin). Viole l'article 1131 du Code civil la cour d'appel qui ordonne la restitution, à un chirurgien-dentiste qui avait vendu son cabinet, de la somme convenue au titre de « l'engagement de ne pas exercer », en retenant que le versement d'une indemnité de non-concurrence n'était pas causé dans la mesure où le praticien n'avait jamais caché sa volonté de prendre sa retraite et donc de se retirer de son activité professionnelle, alors que sa renonciation à une activité qu'il lui eût été loisible de continuer ou reprendre plus tard constituait, à la date de sa formation, la cause de l'engagement pécuniaire litigieux (▪ Cass. 1re civ., *3 avr. 2007, n° 05-11.405 : Bull. civ. I, n° 139 ; RDC* 2007/3, p. 712, obs. Mazeaud). Viole l'article 1131 du Code civil, la cour d'appel qui, pour annuler un testament, retient que la disparition du motif déterminant du legs prive ce dernier de cause et entraîne sa nullité, dès lors qu'il appartient exclusivement au testateur, capable, de tirer les conséquences de la disparition prétendue de la cause qui l'a déterminé à disposer (▪ Cass. 1re civ., 15 déc. 2010, n° 09-70.834 : *Bull.*, n° 270 ; *AJF* 2011, p. 109, obs. Vernières ; *JCP* N 2011, 1087 note Rivière ; *Defrénois* 2011, p. 684, note Rabreau et p. 719, obs. Chamoulaud-Trapiers. – Dans le même sens, ▪ Cass. 1re civ., 15 févr. 2012, n° 10-23.026 : *Bull.* ; *RDC* 2012/4, p. 1287, obs. Goldie-Genicon ; *JCP* 2012, 734, note Le Normand ; *AJF* 2012, p. 236, obs. Bonnet).

25) Crédit-bail. La résolution du contrat de vente entraîne, par voie de conséquence, la caducité, à la date d'effet de la résolution, du contrat de crédit-bail et sont inapplicables les clauses prévues en cas de résiliation du contrat (▪ Cass. ch. mixte, 13 avr. 2018, n° 16-21.345 : *Bull.* ; *Contrats, conc. consom.* 2018, comm. 126, Leveneur ; *D.* 2018, p. 1185, Barbier ; *JCP* G 2018, 543, Buy ; *AJ Contrat* 2018, p. 277, Bucher ; *RDC* 2018, p. 367, Seube. ; *RTD civ.* 2018, p. 388, Barbier). *Contra*, auparavant : la résolution du contrat de vente entraîne nécessairement la résiliation du contrat de crédit-bail, sous réserve de l'application de clauses ayant pour objet de régler les conséquences de cette résiliation (▪ Cass. ch. mixte, 23 nov. 1990, n° 87-17.044 : *JCP* 91, II, 21642, note D. Legeais ; *D.* 1991, 121, note Larroumet. – Comp. ▪ Cass. com., 9 janv. 1990, n° 86-19.308 : *JurisData* n° 1990-700011 ; *Bull. civ.* IV, n° 4, p. 3 ; *RTD civ.* 1990, 302, obs. Rémy). En conséquence, ne donne pas de base légale à sa décision la cour d'appel qui condamne le crédit-bailleur à restituer au preneur le montant des loyers réglés avant la résolution de la vente sans rechercher si, jusqu'à la décision prononçant cette résolution, le paiement des loyers par le crédit-preneur n'avait pas eu sa contrepartie dans l'exécution de ses propres obligations par le bailleur (▪ Cass. com., 22 mai 1991, n° 89-21.578 : *JurisData* n° 1991-001417 ; *Bull. civ.* IV, n° 169, p. 122. V. aussi ▪ Cass. 1re civ., 1er oct. 1996, n° 94-18.876 : *JurisData* n° 1996-003593 ; *Bull. civ.* I, n° 332, p. 233). La clause stipulant qu'en cas d'instance en résolution de la vente engagée contre le fournisseur par le preneur, celui-ci restera tenu du paiement des loyers pendant la durée de l'action n'a pas pour objet de régler les conséquences de la résiliation du crédit-bail (▪ Cass. com., 21 mars 1995, n° 93-19.085 : *JurisData* n° 1995-000670 ; *Bull. civ.* IV, n° 94, p. 85).

26) Contrats interdépendants. Indivisibilité. Ne donne pas de base légale à sa décision, au regard de l'article 1131, l'arrêt qui, pour annuler le contrat dit d'achat de bandes sonores, retient que ce contrat prévoyant la cession matérielle des bandes et des droits voisins de producteur pour une somme symbolique d'un franc, soit une somme dérisoire, est dépourvu de cause. En statuant ainsi sans rechercher si, même sans se référer au contrat d'édition, le contrat de cession ne s'inscrivait pas dans le cadre d'une opération économique constituant un ensemble contractuel indivisible, de sorte qu'il ne pouvait être annulé pour absence de cause, la cour d'appel n'a pas donné de base légale au regard du texte susvisé

(■ Cass. 1re civ., 13 juin 2006, n° 04-15.456 : *D.* 2007, p. 277, note Ghestin ; *D.* 2006, p. 2642, obs. Amrani-Mekki et Fauvarque-Cosson, *RTD com.* 2006, p. 593, obs. Pollaud-Dulian ; *RDC* 2007/2, p. 256, obs. Mazeaud). Ayant relevé, d'une part, que les conditions tant générales que particulières de la convention liant une société et Gaz de France stipulaient l'affectation du combustible commandé à son utilisation par un hôpital, d'autre part, que la réalisation de l'exploitation de la chaufferie constituait la seule cause du contrat de fourniture du produit dont Gaz de France a le monopole, et que les deux contrats conclus par la société, l'un avec le gestionnaire, l'autre avec l'établissement public, de durées différentes pour des raisons propres à la qualité et à la puissance économique et juridique du partenaire, concouraient sans alternative à la même opération économique ; ayant souverainement retenu que les deux conventions constituaient un ensemble contractuel indivisible, la cour d'appel en a déduit à bon droit que la résiliation du contrat d'exploitation avait entraîné la caducité du contrat d'approvisionnement, libérant la société des stipulations qu'il contenait (■ Cass. 1re civ., 4 avr. 2006 : *JurisData* n° 2006-033038 ; *Bull. civ.*, I n° 190, p. 166 ; *D.* 2006, p. 2656, note Boffa ; *RDC* 2006/3, p. 700, obs. Mazeaud ; *Defrénois* 2006, art. 38431, p. 1194, obs. Aubert ; *D.* 2006, p. 2641, obs. Amrani-Mekki et Fauvarque-Cosson). Ayant retenu que les quatre contrats litigieux étaient interdépendants, dans la mesure où ils poursuivaient tous le même but et n'avaient aucun sens indépendamment les uns des autres, les prestations de maintenance et de formation ne se concevant pas sans les licences sur lesquelles elles portaient et l'acquisition de ces licences par la société cliente n'ayant aucune raison d'être si le contrat de mise en œuvre n'était pas exécuté, la cour d'appel n'avait pas à relever que la société prestataire en était informée, dès lors que cette société avait elle-même conclu les quatre contrats concernés ; ainsi l'arrêt n'encourt aucun des griefs pour avoir prononcé la résolution partielle du contrat de licences de progiciels et la résiliation du contrat de formation aux torts de la société prestataire, constaté la résiliation des contrats de maintenance et de mise en œuvre (■ Cass. com., 13 févr. 2007, n° 05-17.407 : *RDC* 2007/3, p. 707, obs. Mazeaud ; *JCP* G 2007, II, 10063, note Serinet ; *D.* 2007, p. 654, et p. 2966, obs. Amrani-Mekki et Fauvarque-Cosson, obs. Delpech ; *JCP* 2007, I, 185, obs. Stoffel-Munck ; *Rev. Lamy dr. civ.* 2007, p. 6, note Loiseau ; *Dr. et patrimoine* 2007, 95, obs. Stoffel-Munck ; *RTD civ.* 2007, p. 567, obs. Fages ; *Defrénois* 2007, p. 1042, note Libchaber). Lorsque des contrats de vente, de location et de maintenance constituent un ensemble contractuel complexe et indivisible, la résiliation des contrats de location et de maintenance n'entraîne pas la résolution du contrat de vente mais sa caducité, l'acquéreur devant restituer le bien vendu et le vendeur son prix, sauf à diminuer celui-ci d'une indemnité correspondant à la dépréciation subie par la chose en raison de l'utilisation que l'acquéreur en a faite. En conséquence, viole les articles 1131 et 1134 du Code civil la cour d'appel qui, ayant prononcé la résiliation des contrats de location et de maintenance, prononce la résolution du contrat de vente et ordonne par voie de conséquence la restitution de la somme versée lors de l'acquisition des matériels (■ Cass. com., 5 juin 2007, n° 04-20.380 : *JCP* 2007, II, 10184, note Serinet).

Les juges du fond apprécient souverainement l'intention commune des parties de rendre leurs conventions indivisibles (■ Cass. com., 18 déc. 2007, n° 06-15.116 : *JCP* 2008, I, 136, obs. Mekki ; *Contrats, conc. consom.* 2008, 93, note Leveneur). Ainsi, ayant retenu que les pièces produites ne mettaient en évidence aucun élément pouvant impliquer l'organisation préalable d'une collaboration entre le représentant de la société prestataire de services et le crédit-bailleur, ou, au moins, la nécessaire information de celui-ci sur les modalités et la finalité de l'opération envisagée dans sa globalité, et sa volonté de consentir son financement en considération des engagements pris en faveur du pharmacien par le fournisseur, la cour d'appel a souverainement estimé que les parties n'avaient pas eu l'intention commune de rendre leurs accords indivisibles (même arrêt – V. aussi ■ Cass. 1re civ., 28 oct. 2010, n° 09-68.014 : *Bull. civ.*, n° 213 ; *D.* 2011, 566, note Mazeaud ; chron. C. cass. 632, obs. Creton ; *JCP* 2011, n° 303, note Aubert de Vincelles ; *Defrénois* 2011, p. 808, obs. Seube ; *Dr. et patrimoine* mai 2011, p. 72, obs. Aynès, juges du fond ayant souverainement considéré que la commune intention des parties avait été de rendre divisibles les deux conventions). Mais v. aussi ■ Cass. 1re civ., 13 mars 2008, n° 06-19.339 : *RDC* 2008/3, p. 841, obs. Seube : pour juger que les contrats n'étaient pas indivisibles, l'arrêt attaqué a relevé qu'il n'est pas démontré que le loueur aurait été l'instigateur du montage juridique et qu'il aurait eu connaissance du contrat d'installation et d'entretien du matériel de téléphone auquel le contrat de location ne fait aucune référence. En se déterminant par de tels motifs, sans rechercher, comme elle y était invitée, si n'était pas de nature à caractériser l'indivisibilité entre les deux contrats, la clause du contrat d'installation et d'entretien du matériel prévoyant que lorsque le matériel est mis à la disposition de l'utilisateur dans le cadre d'un contrat de location convenu avec un organisme de financement, la redevance due comprendra le montant des loyers mensuels revenant au loueur et sera intégralement perçue par le prestataire qui reversera au loueur le montant des loyers et, malgré ses constatations, d'où il se déduisait que la location souscrite n'avait aucun sens sans les prestations d'installation du matériel contractuellement dues à l'utilisateur par le prestataire, la cour d'appel n'a pas donné de base légale à sa décision, au regard de l'article 1218 du Code civil. – V. encore, ▪ Cass. com., 12 juill. 2011, n° 10-22.930 ; *RDC* 2012/2, p. 531, obs. C. Grimaldi.

Lorsqu'il existe, au regard de l'économie générale de l'opération pour laquelle des contrats ont été conclus, une indivisibilité entre ces contrats, la clause qui affirme l'indépendance des contrats, parce qu'elle est en contradiction avec la finalité de cette opération, ne peut pas produire effet (▪ Cass. com., 24 avr. 2007, n° 06-12.443 : *RDC* 2008/2, p. 276, obs. Mazeaud. V. encore ▪ Cass. 1re civ., 1er oct. 2014, n° 13-21.362 : *RTD civ.* 2015, p. 127, obs. Barbier, faisant ressortir « la commune intention des parties de constituer un ensemble contractuel indivisible contre la lettre d'une clause de l'un des contrats »). Les juges doivent rechercher si les parties, nonobstant la clause, avaient la commune intention de rendre leurs accords indivisibles (▪ Cass. 3e civ., 6 déc. 2011 : *RDC* 2012/2, p. 518, obs. Seube).

Sur cette question, v. S. Bros, *Les contrats interdépendants : actualité et perspectives : D.* 2009, p. 960 ; *L'interdépendance contractuelle, la Cour de cassation et la réforme du droit des contrats : D.* 2016, p. 29. –X. Lagarde, *Économie, indivisibilité et interdépendance des contrats : JCP* 2013, n° 48, doctr. 1255.

27) Contrats interdépendants. Opération incluant une location financière. Les contrats concomitants ou successifs qui s'inscrivent dans une opération incluant une location financière, sont interdépendants (▪ Cass. mixte, 17 mai 2013, n° 11-22.768 : *Bull.* ; *RDC* 2013, p. 1331, note Laithier ; *D.* 2013, p. 1658, note D. Mazeaud, et p. 2487, obs. Le Stanc ; *D.* 2014, p. 630, obs. Amrani-Mekki et Mekki ; *JCP* 2013, p. 674, note Seube, et p. 673, note Buy ; *RTD civ.* 2013, p. 597, obs. Barbier ; *RTD com.* 2013, p. 569, obs. Legeais). Sont réputées non écrites les clauses des contrats inconciliables avec cette interdépendance (même arrêt). Dans le même sens, ▪ Cass. com., 18 mai 2017, n° 15-20.458 : *JCP* G 2017, 842, Loiseau. La résiliation de l'un quelconque d'entre eux entraîne la caducité, par voie de conséquence, des autres, sauf pour la partie à l'origine de l'anéantissement de cet ensemble contractuel à indemniser le préjudice causé par sa faute (▪ Cass. com., 12 juill. 2017, n° 15-27.703 : *Bull.* ; *Contrats, conc. consom.* 2017, comm. 218, note Leveneur ; *D.* 2017, 2184, D.-R. Martin ; *JCP* G 2017, 1021, Buy, 1269, Virassamy et Grosser ; *RDC* 2017, p. 590, Genicon, p. 627, Seube ; *RTD civ.* 2017, p. 846, Barbier).

Lorsque des contrats incluant une location financière sont interdépendants, l'anéantissement du contrat principal est un préalable nécessaire à la caducité, par voie de conséquence, du contrat de location. En conséquence, la cour d'appel, qui a rappelé à bon droit que l'ouverture d'une procédure collective n'entraîne pas la caducité des contrats en cours et que la résiliation du contrat de maintenance ne pouvait être prononcée en l'absence du fournisseur, a justifié sa décision (▪ Cass. com., 4 nov. 2014, n° 13-24.270 : *Bull.* ; *RDC* 2015, p. 268, obs. Seube ; *RTD civ.* 2015, p. 127, obs. Barbier). Il n'est pas exigé que l'anéantissement préalable et la caducité soient prononcés ou constatés au cours d'une seule et même instance (▪ Cass. com., 4 juill. 2018, n° 17-15.597 : *Bull.* ; *AJ Contrat* 2017, p. 429, Bros ; *JCP* G 2018, 1259, Virassamy).

Ne tire pas les conséquences légales de ses constatations et viole l'article 1134 du Code civil, l'arrêt qui, pour décider que les contrats de prestation de services et les contrats de location n'étaient pas indivisibles et refuser, en conséquence, de constater la caducité des seconds, retient que les parties ne sont pas liées par un ensemble conventionnel dont les composantes combinées révéleraient objectivement une économie générale, marquée notamment par des prestations réciproques ayant pour effet de diminuer les obligations résultant de leur engagement propre envers chacune des autres parties, ou produisant de quelque autre façon un effet s'intéressant à la permanence des contrats auxquels elles ne sont pas parties, ou même suggérant qu'elles auraient eu l'intention commune de rendre ces contrats indivisibles au bénéfice, au moins, de l'une d'entre elles ; que l'exécution de chaque contrat ne dépend donc pas, dans l'intention commune des parties, de l'exécution de l'autre et qu'aucun élément ne permet d'écarter la stipulation d'indépendance figurant aux contrats de location (▪ Cass. mixte, 17 mai 2013, n° 11-22.927 : *Bull.* ; *RDC* 2013, p. 1331, note Laithier ; *D.* 2013, p. 1658, note D. Mazeaud, et p. 2487, obs. Le Stanc ; *D.* 2014, p. 630, obs. Amrani-Mekki et Mekki ; *JCP* 2013, p. 674, note Seube, et p. 673, note Buy ; *RTD civ.* 2013, p. 597, obs. Barbier ; *RTD com.* 2013, p. 569, obs. Legeais).

V. encore ▪ Cass. com., 24 sept. 2013, n° 12-25.103 : *RDC* 2014/1, p. 64, note Seube.

28) Crédit-bail. Pour la caducité également d'un crédit-bail en cas de résolution de la vente par laquelle le crédit-bailleur avait acheté le bien objet du crédit-bail, V. ▪ Cass. ch. mixte, 13 avr. 2018, n° 16-21.345 : *Bull. civ.* ; *Contrats, conc. consom.* 2018, comm. 126, note Leveneur ; *AJ Contrat*, 2018, p. 277, Bucher ; *RTD civ.* 2018, p. 388, Barbier.

29) Sur la validité de la **clause limitative de responsabilité** portant sur une obligation essentielle, au regard de l'article 1131 (V. sous art. 1147 ancien, p. 1114).

30) Contrat d'assurance. Contrepartie de l'obligation de payer les primes. Le versement des primes, pour la période qui se situe entre la prise d'effet du contrat d'assurance et son expiration, a pour contrepartie nécessaire la garantie des dommages qui trouvent leur origine dans un fait qui s'est produit pendant cette période ; toute clause qui tend à réduire la durée de la garantie de l'assureur à un temps inférieur à la durée de la responsabilité de l'assuré est génératrice d'une obligation sans cause (■ Cass. 1re civ., 28 sept. 2004, n° 01-11.474 : *JurisData* n° 2004-024945 ; *Bull. civ.* I, n° 212, p. 178). V. encore ■ Cass. 3e civ., 26 nov. 2015, n° 14-25.761 : *Gaz. Pal.* 19 janv. 2016, note Blanc ; *D.* 2016, p. 571, note Mekki. Mais pour la validité au regard de l'article 1131 des clauses d'un contrat d'assurance de garantie des risques locatifs faisant cesser les indemnités dues par l'assureur à la résiliation du contrat, dès lors que l'obligation faite aux assurés de payer les primes avait pour contrepartie l'obligation faite à l'assureur d'indemniser les assurés des pertes locatives subies antérieurement à la résiliation ainsi que, postérieurement à celle-ci, de prendre en charge la totalité des frais de procédure (■ Cass. 2e civ., 2 févr. 2017, n° 15-28.011 : *Bull.* ; *JCP G* 2017, 325, p. 574, Serinet ; *JurisData* n° 2017-001543).

31) Nullité relative ou absolue ? *(Sous le droit antérieur à la loi n° 2008-561 du 17 juin 2008 réformant la prescription)* Si l'inclusion d'un bien propre à l'un des héritiers dans la masse à partager est de nature à entraîner la nullité d'un acte de partage pour absence de cause, une telle nullité, protectrice du seul intérêt particulier de l'un des cocontractants, est une nullité relative soumise à prescription quinquennale (■ Cass. 1re civ., 29 sept. 2004, n° 03-10.766 : *JurisData* n° 2004-024948 ; *Bull. civ.* I, n° 216, p. 181). Ayant retenu que la demande en nullité de contrat pour défaut de cause tenant à l'impossibilité de réaliser un profit ne visait que la protection des intérêts du demandeur et que ce défaut de cause existait dès les ventes sans garantie, la cour d'appel en a exactement déduit qu'il s'agissait d'une nullité relative et que la prescription était acquise dans le délai de 5 ans (■ Cass. 3e civ., 29 mars 2006, n° 05-16.032 : *Bull. civ.* III, n° 88 p. 73 ; *D.* 2007, p. 477, note Ghestin ; *JCP G 2006, I, 153, obs. Constantin* ; *D.* 2006, p. 2642, obs. Amrani-Mekki et Fauvarque-Cosson ; *RDC* 2006/4, p. 1072, obs. Mazeaud). Mais jugé que la vente consentie sans prix sérieux est affectée d'une nullité qui, étant fondée sur l'absence d'un élément essentiel de ce contrat, est une nullité absolue soumise à la prescription trentenaire de droit commun (■ Cass. com., 23 oct. 2007, n° 06-13.979 : *Defrénois* 2007, p. 1729, obs. Libchaber ; *JCP* 2008, I, 104, n° 7, obs. Wintgen et II, 10024, note Roget ; *D.* 2008, p. 954, note Chantepie ; *Contrats, conc. consom.* 2008, 65, note Leveneur ; *RDC* 2008/2, p. 234, obs. Genicon). Postérieurement, jugé qu'une cour d'appel, qui retient à bon droit que le contrat de bail à construction conclu pour un prix dérisoire ou vil n'est pas inexistant mais nul pour défaut de cause, en déduit exactement que l'action en nullité de ce contrat, qui relève d'intérêt privé, est, s'agissant d'une nullité relative, soumise à la prescription quinquennale de l'article 1304 du Code civil (■ Cass. 3e civ., 21 sept. 2011, préc.). V. encore, dans le sens de la nullité relative, ■ Cass. 1re civ., 9 avr. 2015, n° 14-10.022 (à la lecture du pourvoi annexé). ■ Cass. 3e civ., 10 mars 2015, n° 12-27.139. Et pour l'adoption de la même position en définitive par la chambre commerciale, ■ Cass. com., 22 mars 2016, n° 14-14.218 : *Bull.* ; *Contrats, conc. consom.* 2016, 136, Leveneur ; *D.* 2017, p. 383, Mekki ; *JCP* G 2016, p. 1376, Serinet ; *RDC* 2016, 435, Laithier ; *RTD civ.* 2016, 343, Barbier).

Depuis la loi n° 2008-561 du 17 juin 2008, v. l'article 2224 du Code civil qui ne distingue plus selon que la nullité est absolue ou relative (cinq ans).

III – FAUSSE CAUSE

32) Notion. Il y a fausse cause lorsque celui qui s'oblige croit à la réalité d'une cause qui, en fait, n'existe pas (■ TGI Seine, 19 mars 1963 : *Gaz. Pal.* 1963, 2, 18). Pour une application de la notion de fausse cause au cas d'une cession de créances sur une société ayant pour contrepartie réelle la valeur des parts de cette société, cédées le même jour pour un prix symbolique, V. ■ Cass. com., 29 mars 1994, n° 92-11.843 : *JurisData* n° 1994-000667 ; *Bull. civ.* IV, n° 126, p. 97.

33) Engagement d'entretien au profit d'un enfant. L'engagement d'entretien que, dans la croyance de sa paternité, son auteur a souscrit au profit de l'enfant né d'une femme mariée et qui a sa cause dans cette croyance est valable alors même que ledit enfant conserve la qualité d'enfant légitime en l'absence de désaveu par le mari et que celui-ci reste tenu à son égard des obligations que lui impose l'article 203 du Code civil (■ Cass. 1re civ., 8 déc. 1959 : *JCP* 60, II, 11566, note Martin ; D. 1960, 241, note J. Savatier). Les juges du fond peuvent estimer à bon droit qu'en reconnaissant l'enfant de la femme qu'il devait épouser par la suite, et qu'il savait ne pas être le sien, le mari avait contracté l'engagement de subvenir comme un père aux besoins de celle qu'il avait librement décidé de considérer comme sa fille (■ Cass.

1re civ., 21 juill. 1987, n° 86-10.357 : *D.* 1988, 225, note Massip).

34) Fausse cause d'une cession de créance. Ayant souverainement estimé qu'aux yeux du cessionnaire de la créance, dont l'état physique s'affaiblissait depuis le début de l'année 2004, la convention litigieuse trouvait sa cause exclusive dans l'abandon pur et simple de la créance du cédant à l'égard de la société, la cour d'appel en a déduit que cette convention reposait sur une fausse cause dès lors qu'elle emportait substitution à cette société du cessionnaire en qualité de débiteur de ladite créance (■ Cass. 1re civ., 10 juill. 2013, n° 12-17.407 : *D.* 2013, p. 2146, note Ghestin ; *RDC* 2013/4, p. 1321, obs. Th. Genicon).

35) Preuve de la fausseté de la cause. Dans les rapports entre les parties, la preuve de la fausseté de la cause exprimée à l'acte doit être administrée par écrit (■ Cass. 1re civ., 4 juill. 1995, n° 92-19.461 : *JurisData* n° 1995-001797 ; *JCP* N 96, II, 152).

36) L'erreur sur l'existence de la cause, fût-elle inexcusable, justifie l'annulation de l'engagement pour défaut de cause (■ Cass. 1re civ., 10 mai 1995, n° 93-13.133 : *JurisData* n° 1995-001017 ; *Bull. civ.* I, n° 194, p. 139 ; *RTD civ.* 1995, 880, obs. Mestre ; *JCP* 96, I, 3917, n° 1, obs. Fabre-Magnan. Comp., annulant pour vice de consentement résultant d'une erreur sur la cause l'engagement souscrit par un tiers de payer la dette d'autrui, ■ Cass. 1re civ., 2 avr. 1996, n° 94-15.029 : *JurisData* n° 1996-001347 ; *JCP* 96, IV, 1265 ; *Bull. civ.* I, n° 159, p. 113 ; *RTD civ.* 1996, 909, obs. Mestre, engagement de prendre à sa charge la dette d'une personne mise en règlement judiciaire dans l'ignorance de la règle de suspension de poursuites individuelles).

37) Cause d'un prêt. La cause de l'obligation de l'emprunteur réside dans la remise des fonds prêtés. Doit être cassé pour violation de l'article 1131 l'arrêt qui, s'agissant de deux reconnaissances de dettes précisant que les sommes ont été prêtées pour permettre l'acquisition de deux immeubles, déboute le créancier de sa demande en remboursement en constatant que les sommes n'ont pu servir à une telle acquisition et que les reconnaissances de dettes ont une fausse cause (■ Cass. 1re civ., 16 févr. 1999, n° 96-16.093 : *JurisData* n° 1999-000686 ; *JCP* 99, IV, 1660).

38) Fausseté partielle. Jugé, à propos d'une reconnaissance de dette, que la fausseté partielle de la cause n'entraîne pas l'annulation de l'obligation, mais sa réduction à la mesure de la fraction subsistante (■ Cass. 1re civ., 11 mars 2003 : *JCP* G 2003, I, 142, n° 5, obs. Rochfeld ; *JCP* E 2003, 1075, note Rochfeld ; *JurisData* n° 2003-018173 ; *Bull. civ.* I, n° 67, p. 51 ; *RDC* 2003, 39, obs. D. Mazeaud ; *RTD civ.* 2003, 287, obs. Mestre et Fages). Mais dans un contrat synallagmatique, la fausseté partielle de la cause ne peut entraîner la réduction de l'obligation (cession d'actions en tenant compte de l'abandon, par le cédant, d'une partie de son compte courant, dont le montant s'est révélé être inférieur à celui qui avait été annoncé) ■ Cass. 1re civ., 31 mai 2007, n° 05-21.316 : *RDC* 2007/4, p. 1103, obs. Laithier ; *D.* 2007, p. 2574, note Ghestin, p. 2327, chron. C. Cass, Chauvin et Creton, p. 2966, obs. Amrani-Mekki et Fauvarque-Cosson ; *JCP* 2007, I, 195, n° 11, obs. Constantin ; *RTD civ.* 2007, p. 566, obs. Fages ; *Dr. et patrimoine* 2007, p. 86, obs. Aynès et Stoffel-Munck).

IV – CAUSE ILLICITE

Voir : art. 1133 ancien, p. 1094.

Art. 1132 ancien *(Abr. à compter du 1er octobre 2016, Ord. n° 2016-131, 10 févr. 2016).* – La convention n'est pas moins valable, quoique la cause n'en soit pas exprimée.

Bibliographie : M. Vivant, *Le fondement juridique des obligations abstraites* : *D.* 1978, chron. 39.

1) Application de l'article 1326 (non). La règle énoncée par l'article 1132 du Code civil, qui institue une présomption que la cause de l'obligation invoquée existe et est licite, n'exige pas, pour son application, l'existence d'un acte répondant aux conditions de forme prescrites par l'article 1326 du même code (■ Cass. 1re civ., 12 janv. 2012, n° 10-24.614 : *Bull.* ; *RDC* 2012/2, p. 453, obs. Klein ; *D.* 2012, p. 217, obs. Gallmeister ; *ibid.*, p. 635, chron. C. cass. obs. Creton ; *RTD civ.* 2012, p. 315, obs. Fages ; *Gaz. Pal.* 2012, 811, note Seraïche).

2) Application de l'article 1341. Viole les dispositions de l'article 1341 du Code civil, l'arrêt qui retient que la preuve de la fausseté de la cause exprimée dans un acte peut être rapportée, dans les rapports entre les parties, par tous moyens alors qu'une telle preuve ne peut être administrée que par un écrit (■ Cass. 1re civ., 23 févr. 2012, n° 11-11.230 : *Bull.* 2012, n° 36 ; *RDC* 2012/3, p. 824, obs. Klein ; *JCP* 2012, 561, obs. Ghestin ; *D.* 2012, p. 635, obs. C. Creton ; et p. 993, note Donnette ; *Gaz. Pal.* 12 avr. 2012, p. 17, note Houtcieff).

3) Présomption de cause réelle et licite. Toute obligation est présumée avoir une cause réelle et licite (■ Cass. civ., 22 mai 1944 : *DA* 1944, 106. ■ Cass. 1re civ., 25 oct. 1967 : *JCP* 1967, IV, 170 ; *Bull. civ.* I, n° 312, p. 235), la preuve contraire pouvant être rapportée par tous moyens et notamment par présomptions (■ Paris, 22 déc. 1933 : S. 1934, 2, 138). Pour une application à l'engagement d'une caution, V. ■ Cass. 1re civ., 25 juin 1980, n° 79-11.591 : *JurisData* n° 1980-000197 ; *Bull. civ.* I, n° 197, p. 159. Le silence d'un acte intitulé « Attestation de dépôt » sur la cause d'une remise de fonds rend nécessaire son interprétation (■ Cass. 1re civ., 23 janv. 1996, n° 94-12.931 : *JurisData* n° 1996-000123 ; *JCP* 1996, IV, 609 ; *Bull. civ.* I, n° 41, p. 26). En matière de prêt, contrat réel lorsqu'il a été consenti, comme en l'espèce, par un particulier, la reconnaissance de la dette fait présumer la remise des fonds (■ Cass. 1re civ., 30 oct. 2008, n° 07-12.638 : *JCP* 2009, I, 138). La cause du contrat de prêt étant constituée par la remise de la chose, laquelle est aussi une condition de formation du prêt demeuré un contrat réel lorsque celui-ci a été consenti par un particulier, l'arrêt qui constate que l'emprunteur ne rapportait pas la preuve du non-versement de la somme litigieuse n'a pas inversé la charge de la preuve (■ Cass. 1re civ., 19 juin 2008, n° 06-19.056 : *Bull. civ.* I, n° 175 ; *RDC* 2009/1, p. 183, obs. Puig). Viole les articles 1315 et 1132 du Code civil la cour d'appel qui rejette une demande en remboursement fondée sur une reconnaissance de dette au motif que le prêt qui n'est pas consenti par un établissement de crédit étant un contrat réel qui suppose la remise de la chose, il incombe à la personne se prétendant créancière d'une somme d'argent qu'elle aurait prêtée de rapporter la preuve du versement alors que la convention n'est pas moins valable quoique la cause n'en soit pas exprimée, de sorte qu'il incombe au signataire d'une reconnaissance de dette qui prétend, pour contester l'existence de la cause de celle-ci, que la somme qu'elle mentionne ne lui a pas été remise, d'apporter la preuve de ses allégations (■ Cass. 1re civ., 14 janv. 2010, n° 08-18.581 : *Bull. civ.* 2010, I, n° 7 ; *D.* 2010, p. 620, note J. François ; chron. C. cass. 2092, obs. Creton ; *JCP* 2010, n° 14, 380, note Dissaux et n° 18, 516, p. 971 obs. Serinet). Comp., à propos du contrat de prêt non réel, ■ Cass. 1re civ., 14 janv. 2010, n° 08-13.160 : *Bull. civ.* 2010, I, n° 6 ; *D.* 2010, p. 620, note J. François ; *JCP* 2010, n° 14, 380, note Dissaux et n° 18, 516, p. 970 obs. Serinet (si le prêt consenti par un professionnel du crédit est un contrat consensuel, il appartient au prêteur qui sollicite l'exécution de l'obligation de restitution de l'emprunteur d'apporter la preuve de l'exécution préalable de son obligation de remise des fonds). Sur la preuve du prêt, V. aussi sous art. 1892, p. 1583 et art. 1874, *p. 1577.*

4) Charge de la preuve contraire. L'article 1132 met la preuve du défaut ou de l'illicéité de la cause à la charge de celui qui l'invoque (■ Cass. 1re civ., 1er oct. 1986, n° 85-13.514 : *JurisData* n° 1986-701644 ; *Bull. civ.* I, n° 230, p. 220 ; *RTD civ.* 1987, 755, obs. Mestre. ■ Cass. 1re civ., 7 avr. 1992 : *Bull. civ.* I, n° 114, p. 78). Mais, une fois démontrée la fausseté de la cause, il incombe au créancier de prouver que sa créance repose sur une cause licite, et, faute par lui de faire cette preuve, il doit succomber dans ses prétentions (■ Cass. 1re civ., 20 déc. 1988, n° 87-13.270 : *JCP* 89, IV, 71 ; *Bull. civ.* I, n° 369, p. 249 ; *D.* 1990, 241, note Marguénaud ; *RTD civ.* 1989, 300, obs. Mestre. ■ Cass. 1re civ., 7 avr. 1992, n° 89-16.459 : *JurisData* n° 1992-001697 ; *Bull. civ.* I, n° 115, p. 78. ■ Angers, 19 janv. 1962 : *D.* 1962, somm. 66). Viole les dispositions de l'article 1315 du Code civil, la cour d'appel qui tire de la signature d'une reconnaissance de dette la preuve de la remise des fonds par le prêteur alors qu'il résultait de ses constatations que cette remise ne devait intervenir que postérieurement à la signature, ce dont il se déduisait que le contrat de prêt n'était pas définitivement formé à la date de la reconnaissance de dette (■ Cass. 1re civ., 9 févr. 2012, n° 10-27.785 : *Bull.*, n° 26 ; *RDC* 2012/3, p. 824, obs. Klein ; *JCP* 2012, 561, obs. Ghestin ; *JCP N* 2012, 1189, note Piedelièvre ; *Gaz. Pal.* 15 mars 2012, p. 8, note Prieur). Il résulte des dispositions combinées des articles 1132 et 1315 du Code civil que c'est au signataire d'une reconnaissance de dette, dont il a été constaté qu'elle avait été établie au titre d'un prêt ayant la nature d'un contrat réel, de rapporter la preuve que la somme dont le remboursement lui est réclamé ne lui a pas été remise (■ Cass. 1re civ., 4 mai 2012, n° 10-13.545 : *Bull.* ; *Gaz. Pal.* 10 juill. 2012, p. 20, obs. Houtcieff).

5) Chèque. Le chèque n'est qu'un mandat de payer donné par le tireur au tiré et ne constitue qu'un écrit rendant vraisemblable l'existence de la créance invoquée. Ne viole donc pas l'article 1132 l'arrêt qui décide qu'un tel commencement de preuve par écrit, n'étant complété par aucun autre élément de preuve, n'établit pas entre les parties l'existence du contrat de prêt allégué (■ Cass. 1re civ., 8 juill. 1986, n° 85-12.878 : *JurisData* n° 1986-701295 ; *Bull. civ.* I, n° 203, p. 196).

Art. 1133 ancien *(Abr. à compter du 1er octobre 2016, Ord. n° 2016-131, 10 févr. 2016).* **– La cause est illicite quand elle est prohibée par la loi, quand elle est contraire aux bonnes mœurs ou à l'ordre public.**

NB : Rappr. art. 1162, p. 821.

Voir : l'ensemble des références citées sous art. 6, p. 33.

1) Notion de cause illicite. Si la cause de l'obligation de l'acheteur réside bien dans le transfert de propriété et dans la livraison de la chose vendue, en revanche la cause du contrat de vente consiste dans le mobile déterminant, c'est-à-dire celui en l'absence duquel l'acquéreur ne se serait pas engagé. Ayant relevé qu'en l'espèce, la cause impulsive et déterminante du contrat était de permettre l'exercice du métier de deviner et de pronostiquer, la cour d'appel en a exactement déduit qu'une telle cause, puisant sa source dans une infraction pénale, revêtait un caractère illicite (▪ Cass. 1re civ., 12 juill. 1989, n° 88-11.443 : *JurisData* n° 1989-002559 ; *Bull. civ.* I, n° 293, p. 194 ; *JCP* 90, II, 21546, note Dagorne-Labbe ; *Defrénois* 1990, 358, obs. Aubert ; *RTD civ.* 1990, 469, obs. Mestre, vente d'ouvrages et de matériels d'occultisme. V. aussi ▪ Cass. 1re civ., 10 févr. 1998, n° 96-13.683 : *JCP* G 98, II, 10142, note Fages ; *JCP* N 98, 1626, note Bolze ; *Bull. civ.* I, n° 49, p. 32 ; *Contrats, conc. consom.* 1998, 56, note Leveneur ; *RTD civ.* 1998, 669, obs. Mestre ; *Defrénois* 1998, 732, obs. Delebecque, contrat de présentation de clientèle d'astrologue. ▪ Cass. 1re civ., 11 juin 1996, n° 94-14.125 : *JurisData* n° 1996-002435 ; *Contrats, conc. consom.* 1996, 166, note Leveneur ; *RTD civ.* 1997, 116, obs. Mestre, contrat de franchise portant sur la mise en œuvre de pratiques constitutives d'exercice illégal de la médecine. ▪ Cass. 3e civ., 25 févr. 2004, n° 02-15.269 : *JurisData* n° 2004-022472 ; *JCP* 2004, I, 149, n° 9, obs. Labarthe, dissimulation de prix procédant de la volonté concertée des parties).

2) Applications. Pour des applications, V. sous art. 6, p. 33 et art. 900, p. 708.

3) Libéralités entre concubins. V. sous l'article 6.

4) Date d'appréciation. Sur la date d'appréciation de l'illicéité de la cause, V. ▪ Cass. 1re civ., 10 févr. 1998, n° 96-15.275 : *D.* 2000, p. 442, note Gannagé. V. aussi. ▪ Cass. 1re civ., 29 oct. 2014, n° 13-19.729 : *Bull.* ; *D.* 2015, p. 242, note Epstein, p. 246, note Mainguy et p. 529, obs. Amrani-Mekki et Mekki ; *Contrats, conc. consom.* 2015, comm. 1, obs. Leveneur ; *RTD civ.* 2015, p. 102, obs. Hauser et p. 121, obs. Barbier ; *LPA* 24 mars 2015, n° 59, p. 8, note Laulier ; *LPA* 30 janv. 2015, n° 22, p. 8, note Cacioppo ; *RDC* 2015, p. 370, note Pérès, à paraître (le principe d'ordre public, selon lequel le respect dû au corps humain ne cesse pas avec la mort, préexistait à la loi n° 2008-1350 du 19 décembre 2008, d'où est issu l'article 16-1-1 du Code civil).

5) Courtage matrimonial avec une personne mariée. Le contrat proposé par un professionnel, relatif à l'offre de rencontres en vue de la réalisation d'un mariage ou d'une union stable, qui ne se confond pas avec une telle réalisation, n'est pas nul, comme ayant une cause contraire à l'ordre public et aux bonnes mœurs, du fait qu'il est conclu par une personne mariée (▪ Cass. 1re civ., 4 nov. 2011, n° 10-20.114 : *Bull.*, n° 191 ; *RDC* 2012/2, p. 383, obs. Y.-M. Laithier et p. 473, obs. Fenouillet ; *D.* 2012, p. 59, note Libchaber ; *AJF* 2011, p. 613, obs. Chénedé ; *JCP* 2011, n° 9, note Bakouche ; *JCP* 2012, 31, obs. Lamarche et 63, obs. M. Mekki ; *Gaz. Pal.* 2012, n° 11, p. 19, obs. Houtcieff ; *LPA* 2012, n° 1, p. 8, obs. Milleville).

6) Prêt finançant la violation d'une réglementation. Caractérise l'illicéité de la cause du prêt consenti à un producteur de lait le jugement qui, ayant constaté qu'avec la complicité active du prêteur, une société coopérative agricole avait institué, au bénéfice de ses adhérents, sous forme de prêts sans intérêts remboursables exclusivement en cas de cessation de leurs relations contractuelles, un système de financement destiné à couvrir les pénalités encourues par ces derniers en cas de dépassement des quotas de production laitière fixés conformément à la Réglementation européenne, en déduit que l'octroi de tels prêts, au nombre desquels figurait le prêt litigieux, s'analysait en un comportement frauduleux tendant au détournement de cette réglementation (▪ Cass. 1re civ., 26 sept. 2012, n° 11-12.941 : *Bull.* ; *RDC* 2013, p. 25, obs. Rochfeld et p. 70, obs. Laithier ; *D.* 2013, p. 391, obs. Amrani-Mekki et Mekki).

7) Contrat d'assurance d'une exposition illicite. Affaire « Our Body/À corps ouvert ». Le principe d'ordre public, selon lequel le respect dû au corps humain ne cesse pas avec la mort, préexistait à la loi n° 2008-1350 du 19 décembre 2008, d'où est issu l'article 16-1-1 du Code civil. Dès lors, une cour d'appel, qui a relevé qu'un contrat d'assurance avait pour objet de garantir les conséquences de l'annulation d'une exposition utilisant des dépouilles et organes de personnes humaines à des fins commerciales, en a exactement déduit que, bien qu'ayant été conclu avant l'entrée en vigueur de l'article 16-1-1 du Code civil, ce contrat avait une cause illicite et, partant, qu'il était nul (▪ Cass. 1re civ., 29 oct. 2014, n° 13-19.729, préc.). V. auparavant l'arrêt d'appel : *JurisData* n° 2014-025655 ; ▪ Paris, pôle 2, 5e ch., 5 févr. 2013 : *JurisData* n° 2013-001841 ; *JCP* 2013, n° 8, p. 346, obs. Byk et n° 15, p. 714, note Loiseau ; *RCA* 2013, n° 4, p. 2, obs. Bloch.

8) Sur la **nullité, pour cause illicite, de conventions tendant à organiser l'entrée de commissaires aux comptes dans une SELARL d'avocats,** V. ▪ Cass. 1re civ., 15 janv. 2015, n° 13-13.565 : *Bull.* ; *Dr. sociétés* 2015, n° 15, p. 34, note Roussille ; *JCP* G 2015, 538, Hovasse ; *RDC* 2015, p. 226, note Laithier.

9) Objet illicite et cause illicite. Le prêt ayant pour objet le financement partiel du rachat illicite d'une clientèle hors commerce a lui-même une cause illicite (■ Cass. 1re civ., 1er oct. 1996 : *JCP* 96, IV, 2247 ; *Bull. civ.* I, n° 335, p. 235 ; *Contrats, conc. consom.* 1997, 3, note Leveneur).

10) Clause de non-concurrence. Viole le principe fondamental de libre exercice d'une activité professionnelle et l'article 1131 du Code civil, la cour d'appel qui retient que la validité d'une clause de non-concurrence insérée dans un pacte d'actionnaires n'est pas subordonnée à l'existence d'une contrepartie (■ Cass. com., 15 mars 2011, n° 10-13.824 : *D.* 2011, p. 1261, note Picod ; *RTD civ.* 2011, p. 348, obs. Fages ; *JCP* 2011, 953, obs. Ghestin ; *Contrats, conc. consom.* 2011, n° 138, note Leveneur).

11) Clause de non-concurrence (activité libérale). La validité de la clause de non-concurrence stipulée dans un mandat de production régi par l'article R. 511-2, 4°, du Code des assurances dans son ancienne rédaction n'est pas, au regard du caractère exclusivement libéral de l'activité du mandataire, subordonnée à l'octroi d'une contrepartie financière (■ Cass. 1re civ., 2 oct. 2013, n° 12-22.846 : *JCP* E 2014, n° 7, p. 3, obs. Seube ; *D.* 2013, p. 2622, note Bahurel ; *G. P.* 2014, nos 15-16, p. 18, obs. Houtcieff).

12) Clause de non-réaffiliation (franchise). Une clause de non-réaffiliation à un réseau pour l'exercice dans les mêmes locaux que ceux où était exploitée la précédente activité est, sans avoir à être rémunérée, licite, dès lors qu'elle est limitée dans le temps et l'espace, justifiée et proportionnée aux intérêts de la société qui exploite le premier réseau et n'interdit pas à l'ancien adhérent toute activité (■ Cass. com., 31 janv. 2012, n° 11-11.071 : *Bull.*, n° 17 ; *RDC* 2013, p. 878, obs. Grimaldi ; *JCP* E 2012, n° 25, p. 34, note Loir et n° 12, p. 45, note Malaurie-Vignal ; *D.* 2012, p. 501, obs. Chevrier ; *D.* 2013, p. 732, obs. Ferrier ; *C.C.C.* 2012, n° 83, obs. Leveneur ; *G. P.* 2012, nos 279-280, p. 2, obs. Dondero).

13) Clause de non-réinstallation. Les clauses de non-réinstallation conclues entre professionnels de santé, susceptibles de porter atteinte tant à la liberté d'exercice de la profession qu'à la liberté de choix des patients, sont d'interprétation stricte et ne peuvent être étendues au-delà de leurs prévisions (■ Cass. 1re civ., 4 févr. 2015, n° 13-26.452 : *Bull.* ; *Bull. Joly* 2015, p. 195, note Barbièri ; *RTD civ.* 2015, p. 411, obs. Gautier : cassation pour défaut de base légale de l'arrêt qui décide que si l'infirmière ne s'est pas « installée » effectivement sur le territoire de la commune visée par la clause, elle a méconnu l'esprit de cette clause en continuant d'y exercer son activité principale, même si le nouveau cabinet a pourtant été ouvert dans une commune limitrophe).

14) Clause d'intéressement au développement de la valeur de l'entreprise. N'a pas une cause illicite la clause d'une promesse de rétrocession d'actions attribuées gratuitement à une salariée prévoyant une décote de la valeur des actions en cas de licenciement car elle s'inscrivait dans un processus d'amélioration de la rémunération de l'intéressée mais également d'association à la gestion et d'intéressement au développement de la valeur de l'entreprise, en contrepartie de son activité au profit de cette entreprise (■ Cass. com., 7 juin 2016, n° 14-17.978 : *Bull.* ; *D.* 2016, 2042, Baugard ; *RDC* 2017, 21, Savaux).

15) Preuve de l'illicéité de la cause. Sur le principe que la preuve de la cause illicite peut être apportée par tous moyens, V. ■ Cass. 1re civ., 4 juill. 1995, n° 93-16.236 : *JurisData* n° 1995-002290 ; *JCP* N 96, II, 152.

16) Ignorance par l'une des parties. Un contrat peut être annulé pour cause illicite ou immorale, même lorsque l'une des parties n'a pas eu connaissance du caractère illicite ou immoral du motif déterminant de la conclusion du contrat (■ Cass. 1re civ., 7 oct. 1998, n° 96-14.359 ; *JCP* G 98, II, 10202 ; *JCP* E 98, 2073, note Maleville ; *JCP* G 99, I, 114, n° 1, obs. Jamin ; *JCP* E 99, 172, n° 7, obs. Mainguy ; *D.* 1998, 563, concl. Sainte-Rose ; *D.* 1999, somm. 110, obs. Delebecque ; *Contrats, conc. consom.* 1999, 1, note Leveneur ; *Defrénois* 1998, 1408, obs. D. Mazeaud ; *Defrénois* 1999, 602, note Chariot. ■ Cass. 1re civ., 1er mars 2005, n° 02-16.280 : *JurisData* n° 2005-027239 ; *Contrats, conc. consom.* 2005, 124, note Leveneur).

CHAPITRE III. – DE L'EFFET DES OBLIGATIONS

Section I. – Dispositions générales

Art. 1134 ancien ***(Abr. à compter du 1er octobre 2016, Ord. n° 2016-131, 10 févr. 2016).*** **– Les conventions légalement formées tiennent lieu de loi à ceux qui les ont faites.**

Elles ne peuvent être révoquées que de leur consentement mutuel, ou pour les causes que la loi autorise.

Elles doivent être exécutées de bonne foi.

NB : Rappr. art. 1103, 1104, 1193, p. 810.

Bibliographie : D. Mazeaud, *Le contrat, liberté contractuelle et sécurité juridique : Defrénois* 1998, 1137. • P. Ancel, *Force obligatoire et contenu obligationnel du contrat : RTD civ.* 1999, 771. • J. Schmidt-Szalewski, *La force obligatoire à l'épreuve des avant-contrats : RTD civ.* 2000, 25. • J.-P. Chazal, *De la signification du mot loi dans l'article 1134 alinéa 1er du Code civil : RTD civ.* 2001, 265. • C. Jamin, *Une brève histoire politique des interprétations de l'article 1134 du Code civil : D.* 2002, 901. • Ph. Delebecque, L. Aynès et Ph. Stoffel-Munck, *Rupture unilatérale du contrat : vers un nouveau pouvoir : Dr. et patrimoine*, mai 2004, n° 126, p. 56. • P. Lockiec, *Le droit des contrats et la protection des attentes : D.* 2007, p. 321. • C. Jamin, *Force obligatoire du contrat : éloge de la sobriété : JCP* 2008, n° hors-série 2, *Quatre-vingts ans de la Semaine juridique*, p. 41. • P. Ancel, *Contractualisation et théorie générale du contrat : quelques remarques méthodologiques*, in S. Chassagnard et D. Hiez (sous dir.), *Approche renouvelée de la contractualisation*, LGDJ 2007. • C. Pérès, *La liberté contractuelle et l'ordre public dans le projet de réforme du droit des contrats de la chancellerie (à propos de l'article 16, alinéa 2, du projet) : D.* 2009, p. 381. • *Les prévisions contractuelles à l'épreuve de la crise économique (Actes du colloque du 22 oct. 2009) : RDC* 2010, p. 379 à 510. • G. Chantepie, *De la nature contractuelle des contrats-types : RDC* 2009/3, p. 1233. • G. Chantepie, *L'efficacité attendue du contrat : RDC* 2010/1, p. 347. • P. Ancel, *Les sanctions du manquement à la bonne foi dans l'exécution du contrat* in *Mélanges D. Tricot*, Litec-Dalloz, 2011, p. 61. • D. Mazeaud, *Sécurité juridique* versus *moralité contractuelle : affaire classée ?* in *Mélanges M.-S. Payet*, Dalloz, 2011, p. 439. • Th. Genicon, *Contrat et protection de la confiance : RDC* 2013/1, p. 336. • Y.-M. Laithier, *L'obligation d'exécuter le contrat de bonne foi est-elle susceptible de clause contraire ? : D.* 2014, p. 33. • J. Granotier, *Le droit unilatéral de rompre le contrat : de la faculté de dédit à la clause de « break-up fees » : D.* 2014, p. 1960.

• *Sommaire*

1) Protection constitutionnelle de la liberté contractuelle. ▪ Cons. const., déc. 13 juin 2013, n° 2013-672 DC : *JO* 16 juin 2013, p. 9958 ; *RDC* 2013/4, p. 1285, note Pérès ; *JCP* G 2013, n° 37, p. 1614, note Ghestin ; *RTD civ.* 2013, p. 832, obs. Barbier.

I – FORCE OBLIGATOIRE

A – Principe

2) Pouvoir souverain des juges du fond. Les juges du fond sont souverains pour interpréter la volonté des contractants (▪ Cass. 3e civ., 5 juin 1970, n° 68-13.552 : *JurisData* n° 1970-000384 ; *JCP* 1970, II, 16537, note Guillot. ▪ Cass. 1re civ., 5 mars 2009, n° 08-10.363 : *Bull. civ.* I, n° 44. ▪ Cass. 3e civ., 6 mai 2009, n° 07-21.242 : *Bull. civ.* III, n° 102). Mais il ne leur est pas permis, lorsque les termes des conventions sont clairs et précis, de dénaturer les obligations qui en résultent et de modifier les stipulations qu'ils renferment (▪ Cass. civ., 15 avr. 1872 : *DP* 1872, 1, 176. – Voir pour des exemples de dénaturation, ▪ Cass. 3e civ., 19 juin 1970, n° 69-10.466 : *JurisData* n° 1970-000435 ; *JCP* 1970, IV, 209 ; *Bull. civ.* III, n° 436, p. 316. ▪ Cass. 1re civ., 15 janv. 1976, n° 74-13.287 : *JurisData* n° 1976-000019 ; *Bull. civ.* I, n° 18, p. 14. ▪ Cass. com., 31 janv. 1995, n° 92-16.308 : *JCP* 1995, II, 22385, note Perdriau ; *Contrats, conc. consom.* 1995, 65, note Leveneur. ▪ Cass. 1re civ., 23 janv. 2007, n° 05-12.722 : *D.* 2007, p. 510, obs. Gallmeister, à propos de la dénaturation d'un acte de donation. ▪ Cass. 1re civ., 1er juill. 2015, n° 14-19.781 : *RDC* 2016, p. 39, obs. Danis-Fatôme, censurant la dénaturation d'un courriel de commande d'une consultation. Comp., reprochant aux juges du fond d'avoir méconnu le sens et la portée d'une clause, ▪ Cass. 1re civ., 27 avr. 1994, n° 92-17.307 : *Bull. civ.* I, n° 152, p. 111). Encourt la cassation l'arrêt qui, sous prétexte d'erreur, écarte une clause dont les termes étaient clairs et précis en la déclarant inconciliable avec d'autres dispositions ambiguës de la convention sans rechercher une interprétation de celles-ci qui pourrait les concilier avec la clause qui n'en comportait aucune et sans avoir apporté la démonstration d'une contradiction absolue entre les clauses (▪ Cass. civ., 16 déc. 1940 : *DA* 1941, 130. – V. en ce sens ▪ Cass. civ., 5 janv. 1948 : *D.* 1948, 265, note P. L.-P. Comp. pour la dénaturation des termes d'un acte stipulant que l'engagement d'une personne est donné en qualité de caution, ▪ Cass. 1re civ., 10 déc. 1991, n° 90-14.519 : *JurisData* n° 1991-003170 ; *Bull. civ.* I, n° 347, p. 227).

3) Interdiction de compléter le contrat. Lorsqu'un bail dont le loyer n'est soumis à aucune réglementation légale prévoit uniquement le principe d'une révision de celui-ci lors du renouvellement, sans en déterminer les modalités, les juges ne peuvent pas se substituer aux parties, en désaccord, pour fixer ces modalités (■ Cass. 3e civ., 8 févr. 2006, n° 05-10.724 : *JurisData* n° 2006-032070 ; *Bull. civ.* III, n° 25, p. 21 ; *Defrénois* 2006, art. 38433-47, p. 1236, obs. Libchaber). Viole l'article 1134 la cour d'appel qui reproche à l'entrepreneur d'avoir manqué à son obligation de moyens en omettant de se renseigner sur le niveau de la nappe phréatique alors qu'elle avait constaté qu'en vertu des stipulations que le client avait approuvées, l'entrepreneur, qui était exclusivement chargé de travaux de forage, ne garantissait pas la présence d'eau dans le sous-sol du terrain de sorte qu'il ne pouvait lui être fait reproche d'avoir manqué à une obligation qui ne lui incombait pas (■ Cass. 1re civ., 3 mars 2011, n° 09-70.754 : *Bull.*, n° 43 ; *RDC* 2011, p. 841, note Deshayes ; *D.* 2011, p. 818 ; *JCP* 2011, 955, obs. Ghestin).

4) Interdiction de convertir une obligation. S'agissant d'un bail moyennant un loyer réduit et une obligation de surveiller de jour comme de nuit le bailleur, une cour d'appel ne peut substituer à cette dernière obligation, devenue impossible par suite du décès du bailleur, une obligation financière équivalente dès lors que le bail ne comportait aucune clause prévoyant la modification des modalités d'exécution du contrat (■ Cass. 3e civ., 18 mars 2009, n° 07-21.260 : *Bull. civ.* III, n° 64 ; *RDC* 2009/4, p. 1358, obs. Mazeaud et p. 1490, obs. Seube ; *D.* 2010, p. 224, obs. Fauvarque-Cosson). Mais pour une solution différente en matière de bail à nourriture, V. ■ Cass. 1re civ., 29 oct. 1984, n° 83-11.282 : *JurisData* n° 1984-702222 ; *Bull. civ.* I, n° 284. ■ Cass. 1re civ., 21 janv. 1959 : *RTD civ.* 1960, p. 132, obs. Carbonnier.

5) Clause de conciliation. La clause d'un contrat instituant une procédure de conciliation obligatoire et préalable à toute instance judiciaire s'impose au juge, quelle que soit la nature de celle-ci (■ Cass. 1re civ., 1er oct. 2014, n° 13-17.920 : *Bull.* ; *RDC* 2015/1, p. 88, note Pelletier). La situation donnant lieu à la fin de non-recevoir tirée du défaut de mise en œuvre d'une clause contractuelle qui institue une procédure, obligatoire et préalable à la saisine du juge, favorisant une solution du litige par le recours à un tiers, n'est pas susceptible d'être régularisée par la mise en œuvre de la clause en cours d'instance (■ Cass. mixte, 12 déc. 2014, n° 13-19.684 : *Bull.* ; *D.* 2015, p. *298, note Boillot* ; *JCP 2015*, n° *5, 184*, note Dissaux ; *JCP* 2014, n° 52, p. 2351, note Deharo).

6) Clauses de style. La clause d'un contrat doit produire son effet même si elle est usuelle et de style (■ Cass. 3e civ., 3 mai 1968 : *JCP* 68, IV, 97 ; *Bull. civ.* III, n° 184, p. 146). Mais les juges du fond peuvent décider que des dispositions spéciales et particulières très claires doivent l'emporter sur d'autres, générales et contraires, d'une clause de style (■ Cass. 3e civ., 17 janv. 1970 : *JCP* 70, IV, 209). Les clauses des conditions particulières d'une police d'assurance ont prééminence sur celles des conditions générales au cas où elles sont inconciliables entre elles (■ Cass. 1re civ., 17 juin 1986, n° 84-14.717 : *JurisData* n° 1986-701266 ; *Bull. civ.* I, n° 166, p. 167). Des clauses d'exclusion de garantie noyées dans le texte des conditions générales, en petits caractères, peuvent être considérées comme n'ayant pas été portées à la connaissance de l'acquéreur dès lors qu'une publicité fallacieuse distribuée dans le même temps incitait les clients à relâcher leur vigilance (■ Cass. 1re civ., 27 févr. 1996, n° 93-21.845 : *JurisData* n° 1996-000684 ; *Contrats, conc. consom.* 1996, 94, note Leveneur ; *Defrénois* 1996, 742, obs. Aubert).

7) Documents publicitaires. Les documents publicitaires peuvent avoir une valeur contractuelle dès lors que, suffisamment précis et détaillés, ils ont eu une influence sur le consentement du cocontractant (■ Cass. 1re civ., 6 mai 2010, n° 08-14.461 : *RDC* 2010/4, p. 1197, obs. Mazeaud ; *D.* 2011, p. 472, obs. S. Amrani Mekki ; *JCP* 2010, 922, note F. Labarthe ; *ibid.*, 983, obs. J. Ghestin ; *RTD civ.* 2010, p. 580, obs. P.-Y. Gautier). V. cependant, déniant le caractère contractuel d'un document publicitaire, ■ Cass. 3e civ., 17 juill. 1996, n° 94-17.810 : *JurisData* n° 1996-003222 ; *Defrénois* 1996, 1366, obs. Delebecque.

8) Autonomie de la volonté. Liberté de ne pas contracter. La clause d'un bail commercial faisant obligation au preneur d'adhérer à une association de commerçants et de maintenir son adhésion pendant la durée du bail est entachée d'une nullité absolue (■ Cass. 1re civ., 20 mai 2010, n° 09-65.045 : *JurisData* n° 2010-006588 ; *Bull. civ.* 2010, I, n° 118 ; *RDC* 2010/4, p. 1185, obs. C. Pérès ; *RDC* 2011/1, p. 169, obs. C. Grimaldi ; *Rev. Lamy dr. civ.* 2010/74, n° 3922, obs. Le Gallou ; *JCP* 2010, 983, obs. Mekki ; *JCP* éd. E. 2010, 1692, obs. J. Raynaud). Il résulte de l'article 1134 du Code civil, ensemble les articles 11 de la Convention européenne des droits de l'homme et 4 de la loi du 1er juillet 1901 que nul n'est tenu d'adhérer à une association régie par la loi du 1er juillet 1901 ou, y ayant adhéré, d'en demeurer membre, que tout membre d'une association, qui n'est pas formée pour un temps déterminé, peut s'en retirer en tout temps après paiement des cotisations échues et de l'année courante, nonobstant toute clause contraire, et que les dispositions statutaires entravant la liberté de ne pas adhérer à une association ou de s'en retirer en tout temps sont entachées d'une nullité absolue (■ Cass. 1re civ., 11 mars 2014, n° 13-14.341 : *Bull.* ; *RTD civ.* 2014, p. 653, obs. H. Barbier).

9) Autonomie de la volonté. Libre détermination du contenu contractuel. ▪ Cass. 1re civ., 11 déc. 2008, pourvoi n° 07-19.494 : *Bull. civ.* I, n° 282 ; *RDC* 2009/2, p. 477, obs. Laithier ; *Contrats, conc. consom.* 2009, 68, note Leveneur (affirmant que les relations contractuelles entre un photographe et un mannequin professionnel « ressortissent à l'autonomie de la volonté » et que l'article 9 du Code civil, seul applicable en matière de cession de droit à l'image, à l'exclusion notamment du Code de la propriété intellectuelle, relève de la liberté contractuelle. – Dans une hypothèse similaire, V. ▪ Cass. 1re civ., 28 janv. 2010, n° 08-70.248 : *JCP* 2010, n° 18, 516, obs. Loiseau). Les juridictions civiles n'ont pas à appliquer le droit canonique comme ayant en soi valeur légale mais elles doivent cependant en tenir les dispositions pour valables dans le cadre de l'article 1134 et du principe de l'autonomie de la volonté (▪ Chambéry, 15 janv. 1964 : *JurisData* n° 1977-799151 ; *D.* 1964, 605, note Dauvillier). Sur la possibilité pour les parties de soumettre leur convention à une loi déjà publiée mais non entrée en vigueur, V. ▪ Cass. 3e civ., 23 mars 1977 : *D.* 1978, 161, note Agostini.

10) Autonomie de la volonté. Libre choix du contractant. Le refus de renouveler l'adhésion de l'un de ses membres par une association relève de la liberté contractuelle et, ne constituant pas une exclusion disciplinaire, il n'a pas à être motivé (▪ Cass. 1re civ., 6 mai 2010, n° 09-66.969 : *Bull. civ.* 2010, I, n° 101 ; *JCP* 2010, n° 983, obs. Mekki ; *D.* 2010, 2413, note Helleringer ; *RTD civ.* 2010, 556, obs. Fages ; *Rev. sociétés* 2010, 511, note Randoux). Jugé que nul ne pouvant contraindre un tiers à contracter, la demande de rétablissement du compte d'utilisateur d'une plateforme internet ne pouvait être accueillie (▪ Cass. 1re civ., 15 mars 2017, n° 15-28.224 : *RDC* 2018, p. 209, Huet).

11) Imprévision. Les juges du fond ne peuvent substituer des considérations d'équité à la force obligatoire de la convention des parties (▪ Cass. soc., 9 oct. 1985, n° 83-46.113 : *JurisData* n° 1985-702954 ; *Bull. civ.* V, n° 442, p. 319 ; *RTD civ.* 1986, 342, obs. Mestre). Notamment, ils ne peuvent prendre en considération le temps et les circonstances pour modifier les conventions des parties et substituer des clauses nouvelles à celles qui ont été librement acceptées par les contractants (▪ Cass. civ., 6 mars 1876 : *DP* 1876, 1, 193, note Giboulot. ▪ Cass. civ., 6 juin 1921 : *DP* 1921, 1, 73, rapp. Colin. ▪ Cass. com., 18 janv. 1950 : *D.* 1950, 227). Dès lors que le contrat de bail prévoit que le locataire ne pourrait être indemnisé du préjudice que lui causerait la durée des travaux dans les parties communes, les juges ne peuvent réduire le montant des loyers à courir jusqu'à l'achèvement de ces travaux en retenant que le loyer initial, manifestement surévalué, ne correspond pas au service rendu lors de l'entrée dans les lieux (▪ Cass. 3e civ., 30 mai 1996, n° 94-16.585 : *JurisData* n° 1996-002099 ; *Contrats, conc. consom.* 1996, 185, note Leveneur). Sur la question de savoir si une modification imprévue des circonstances économiques fait naître une obligation de renégocier les modalités du contrat, V. ▪ Cass. 1re civ., 16 mars 2004, n° 01-15.804 : *JurisData* n° 2004-022828 ; *D.* 2004, 1754, note D. Mazeaud ; *JCP* G 2004, I, 173, n° 22, obs. Ghestin ; *JCP* E 2004, 737, note Renard-Payen ; *RTD civ.* 2004, 290, obs. Mestre et Fages, non résolu. V. sur cet arrêt J. Ghestin, *L'interprétation d'un arrêt de la Cour de cassation* : *D.* 2004, 2239. C'est par une appréciation souveraine de la portée des stipulations liant les parties qu'une cour d'appel retient qu'une « clause de rencontre », obligeant les parties à se rencontrer en cas d'événement majeur affectant leurs obligations respectives, n'oblige nullement les parties à réviser le contrat mais en autorise seulement la possibilité. En conséquence de quoi, la responsabilité de l'échec de la procédure de rencontre et d'adaptation ne peut être imputée à une partie en l'absence de comportement abusif de sa part et le seul fait qu'elle ait refusé d'accepter la révision substantielle du prix du contrat avant même sa mise à exécution ne saurait caractériser une faute de sa part (▪ Cass. com., 3 oct. 2006, n° 04-13.214 : *JurisData* n° 2006-035446 ; *D.* 2007, note D. Mazeaud).

Mais, prive sa décision de base légale, la cour d'appel qui considère que l'obligation contractuelle n'est pas devenue sérieusement contestable sans rechercher, comme elle y était invitée, si l'évolution des circonstances économiques et notamment l'augmentation du coût des matières premières et des métaux et leur incidence sur celui des pièces de rechange n'avait pas eu pour effet, compte tenu du montant de la redevance payée, de déséquilibrer l'économie générale du contrat tel que voulu par les parties lors de sa signature et de priver de toute contrepartie réelle l'engagement souscrit (▪ Cass. com., 29 juin 2010, n° 09-67.369 : *RDC* 2011/1, obs. E. Savaux, p. 34 ; *D.* 2010, 2481, note Mazeaud ; 2485, note Th. Genicon ; *JCP* 2010, n° 1056, note Favario ; *ibid.* 2011, n° 63, obs. Ghestin ; *RTD civ.* 2010, 782, obs. Fages ; *LPA* 24 déc. 2010, p. 7, note A.-S. Choné ; *Dr. et patrimoine* 2011, n° 200, 68, obs. Stoffel-Munck ; *Gaz. Pal.* 2011, n° 12-13, p. 21, obs. Houtcieff ; *Defrénois* 2011, n° 8, p. 811, obs. Seube). *Adde*, jugé qu'une modification législative, imprévisible pour les parties (introduction d'un système d'échange de quotas d'émission de gaz à effet de serre aux articles L. 229-7 et suivants du Code de l'environnement) impose une révision du contrat de fourniture, cette révision étant non seulement dans l'intérêt des contractants, puisque le prix de vente de la vapeur devra augmenter en cas d'insuffisance de quotas alloués au fournisseur, lequel a intérêt à ce que son client demeure concurrentiel, mais également dans l'intérêt général, puisque la révision aura pour finalité de réduire les émissions de gaz polluants. La doctrine majoritaire a d'ailleurs donné à l'obligation d'exécuter les conventions de bonne foi une dimension nouvelle – éthique – en considérant qu'au-delà des intérêts particuliers, une recherche du bien commun doit animer les cocontractants. Les parties sont donc invitées à renégocier leur contrat (■ Nancy, 2e ch. com., 26 sept. 2007 : *JurisData* n° 2007-350306 ; *RDC* 2008/3, p. 738, obs. Mazeaud et p. 759, obs. Carval ; *JCP* 2008, II, 10091, note Lamoureux ; *D.* 2008, p. 1120, note Boutonnet ; *D.* 2008, p. 2965, obs. Fauvarque-Cosson et Amrani-Mekki ; *RTD civ.* 2008, p. 295, obs. Fages).

Sur la théorie de l'imprévision, voir encore, Ancel et Wintgen, *La théorie du « fondement contractuel » (Geschäftsgrundlage) et son intérêt pour le droit français : RDC* 2006/3, p. 897. – *Les prévisions contractuelles à l'épreuve de la crise économique (Actes du colloque du 22 oct. 2009) : RDC* 2010, p. 379 à 510. – B. Deffains et S. Ferey, *Pour une théorie économique de l'imprévision en droit des contrats : RTD civ.* 2010, p. 719. – M. Mekki, *Hardship et révision des contrats : JCP* 2010, n° 1219 et n° 1257. – E. Savaux, *L'introduction de la révision ou de la résiliation pour imprévision : RDC* 2010, 1057 – Dossier *Rev. Lamy dr. civ.* 2009/62, nos 3515 et s.

Sur la clause dite de « *hardship* », v. Y. Lequette, *De l'efficacité des clauses de hardship, Liber amicorum* Christian Larroumet, Economica, 2010, p. 267 – F. Magar, *Ingénierie juridique : pratique des clauses de rencontre et renégociation*, D. 2010, p. 1959.

12) Sur le pouvoir du juge de **modérer la clause pénale**, voir art. 1152 ancien, p. 1120 et art. 1231 ancien, p. 1177.

13) Nécessité d'un préjudice (non). L'action tendant à l'exécution d'une obligation contractuelle n'est pas subordonnée à l'existence d'un trouble ou d'un préjudice personnel (■ Cass. 3e civ., 21 juin 1978, n° 77-10.571 : *JurisData* n° 1978-098262 ; *JCP* 1978, IV, 264 ; *Bull. civ.* III, n° 262, p. 201). L'indemnité d'immobilisation stipulée dans une promesse unilatérale de vente comme acquise au promettant en cas de défaut de réalisation de la vente constitue le prix de l'exclusivité consentie au bénéficiaire de la promesse. Dès lors, viole l'article 1134 la cour d'appel qui énonce que cette indemnité a été fixée en fonction du préjudice éventuel né de la nécessité pour les promettants de rechercher un autre acquéreur, préjudice dont il est établi en l'espèce qu'ils n'ont pas souffert puisqu'ils ont renoncé à la vente (■ Cass. 1re civ., 5 déc. 1995, n° 93-19.874 : *JurisData* n° 1995-003515 ; *JCP* 1996, IV, 265 ; *Bull. civ.* I, n° 452, p. 315 ; *Defrénois* 1996, 757, obs. D. Mazeaud. V. sur cet arrêt Ph. Pierre : *JCP* 96, I, 3981).

14) Le **prête-nom** est personnellement et directement engagé envers celui avec lequel il a contracté à ce titre, quand bien même ce cocontractant aurait eu connaissance de sa qualité (■ Cass. com., 26 avr. 1982, n° 81-11.304 : *JurisData* n° 1982-701600 ; *D.* 1986, 233, note Rambure).

15) Cession d'office ministériel. Réduction judiciaire du prix (non). Les règles de droit commun de la vente mobilière, qui n'admettent pas la révision du prix, s'appliquent aux cessions d'offices publics ou ministériels (■ Cass. 1re civ., 7 déc. 2004, n° 01-10.271 : *JurisData* n° 2004-026053 ; *Contrats, conc. consom.* 2005, 60, note Leveneur ; *Bull. civ.* I, n° 307, p. 257).

B – Limites

16) Clauses abusives. Sur les clauses interdites comme abusives entre professionnels et consommateurs, voir C. consom., art. L. 212-1, p. 2027, avec les annotations jurisprudentielles (ancien article L. 132-1).

17) Sur la sanction du « **déséquilibre significatif » dans les contrats conclus entre partenaires commerciaux**, V. C. com., art. L. 442-6, I, 2°. *Adde* D. Mazeaud et Th. Genicon, *Protection des professionnels contre les clauses abusives, Débats : RDC* 2012/1, p. 276.

18) Sur la nécessité pour le juge de **respecter le principe du contradictoire avant de faire application d'office des dispositions d'un contrat**, v. ■ Cass. com., 4 oct. 2011, n° 10-10.478 : *RDC* 2012/1, p. 76, obs. Laithier.

19) Contrôle de la validité des clauses de non-concurrence. Il appartient aux juges du fond de rechercher si la clause de non-concurrence, même limitée dans le temps et dans l'espace, n'est pas disproportionnée au regard de l'objet du contrat (■ Cass. com., 4 janv. 1994, n° 92-14.121 : *JurisData* n° 1994-000056 ; *D.* 1995, 260, note Serra. Voir en ce sens ■ Cass. com., 16 déc. 1997, n° 96-10.859 : *JurisData* n° 1997-005119 ; *JCP* 98, IV, 1310 ; *Contrats, conc. consom.* 1998, 39, note Leveneur. ■ Cass. 1re civ., 11 mai 1999, n° 97-16.957 : *JurisData* n° 1999-001828 ; *JCP* 2000, I, 313, n° 16, obs. Mainguy ; *Contrats, conc. consom.* 1999, 137, note Leveneur ; *Defrénois* 1999, 992, obs. D. Mazeaud). Une clause de non-concurrence n'est licite que si elle est indispensable à la protection des intérêts légitimes de l'entreprise, limitée dans le temps et dans l'espace, qu'elle tient compte des spécificités de l'emploi du salarié et comporte l'obligation pour l'employeur de verser au salarié une contrepartie financière, ces conditions étant cumulatives

(▪ Cass. soc., 10 juill. 2002, 3 arrêts : *JurisData* n° 2002-015270 ; *JCP* G 2002, II, 10162, note Petit ; *JCP* E 2002, 1511, note Corrignan-Carsin ; *JCP* E 2003, 585, n° 11, obs. Masquefa ; *Defrénois* 2002, 1619, obs. Libchaber). V. F. Dreifuss-Netter, *Droit de la concurrence et droit commun des obligations : RTD civ.* 1990, 369. Une contrepartie financière dérisoire à la clause de non-concurrence contenue dans un contrat de travail équivaut à une absence de contrepartie (▪ Cass. soc., 15 nov. 2006 : *JurisData* n° 2006-035916 ; *Bull. civ.* V, n° 341 ; *JCP* G 2007, II, 10039, note D. Corrignan-Carsin ; *Dr. soc.* 2007, p. 241, note J. Mouly). Le respect par un salarié d'une clause de non-concurrence illicite lui cause nécessairement un préjudice dont il appartient au juge d'apprécier l'étendue (▪ Cass. soc., 11 janv. 2006 : *JurisData* n° 2006-031561 ; *Bull. civ.* V, n° 8 ; *JCP* S 2006, 1102, note I. Beyneix ; *JCP* E 2006, 1417, obs. P. Grosser ; *Dr. soc.* 2006, p. 465, obs. J. Mouly. ▪ Cass. soc., 22 mars 2006, n°s 04-43.933 et 04-44.090 : *JurisData* n° 2006-032828 ; *Bull. civ.* V, n° 121 ; *Dr. soc.* 2006, p. 688, obs. J. Mouly). Comp. ▪ Cass. com., 10 mai 2006 : *JurisData* n° 2006-033533 ; *Bull. civ.* IV, n° 116, p. 117, qui juge que seul le salarié peut se prévaloir du trouble qu'est susceptible de lui causer une clause de non-sollicitation ne comportant pas de contrepartie financière. V. encore ▪ Cass. soc., 7 mars 2007, n° 05-45.511 : *Bull. civ.* IV, n° 44 ; *RDC* 2007/3, p. 825, note Radé ; *JCP* 2007, II, 10077, note Corignan-Carsin ; *D.* 2007, p. 1708, note Lefranc-Hamoniaux (la contrepartie financière de la clause de non-concurrence a pour objet d'indemniser le salarié qui, après rupture du contrat de travail, est tenu d'une obligation qui limite ses possibilités d'exercer un autre emploi ; son montant ne peut dépendre uniquement de la durée d'exécution du contrat ni son paiement intervenir avant la rupture). C'est en ses seules stipulations minorant en cas de licenciement pour faute la contrepartie financière qu'une clause de non-concurrence est réputée non écrite. Doit donc être cassé l'arrêt qui juge nulle en son entier une clause de non-concurrence minorant l'indemnité en cas de licenciement disciplinaire (▪ Cass. soc., 8 avr. 2010, n° 08-43.056 : *Bull. civ.* 2010, V, n° 92 ; *RDC* 2010/4, 1199, obs. Th. Genicon ; *D.* 2010, 1085, obs. Perrin).

20) Contrôle des clauses de mobilité géographique. Une clause de mobilité doit définir de façon précise sa zone géographique d'application et ne peut conférer à l'employeur le pouvoir d'en étendre unilatéralement la portée (▪ Cass. soc., 14 oct. 2008, n° 06-46.400 et n° 07-42.352 : *Bull. civ.* V, n° 191 ; *JCP* S 2008, 1668, note Bossu ; *JCP* 2008, II, 10202, note Jacotot). Un salarié peut refuser la mise en œuvre des clauses de mobilité et de variation des horaires, invoquée de mauvaise foi par l'employeur, lorsqu'elle porte une atteinte injustifiée et disproportionnée au droit fondamental à une vie personnelle et familiale (▪ Cass. soc., 14 oct. 2008, n° 07-40.523 : *JCP* 2008, II, 10201, note Carrignan-Carsin). Toutefois, une telle atteinte peut être justifiée par la tâche à accomplir et si elle est proportionnée au but recherché (▪ Cass. soc., 13 janv. 2009, n° 06-45.562 et n° 07-43.282 : *JCP* S 2009, 1122, note B. Bossu). Sur l'ensemble de ces arrêts, voir les observations de C. Radé : *RDC* 2009-1, p. 175 et sur cette question, P. Lokiec, *La mise en œuvre des clauses contractuelles : l'exemple de la clause de mobilité dans le contrat de travail : D.* 2009, p. 1427. V. encore, ▪ Cass. soc., 23 sept. 2009, n° 08-40.434 : *Bull. civ.* V, n° 190 ; *JCP* 2009, n° 51, 574, obs. Mekki.

21) Pratique anticoncurrentielle. La clause, contenue dans un contrat d'approvisionnement exclusif de carburant, prévoyant l'obligation de restitution en nature du matériel prêté par le concédant, est nulle dès lors que cette obligation imposerait au revendeur des travaux coûteux non justifiés par des nécessités techniques, serait susceptible de le dissuader de traiter avec un autre fournisseur, revêtirait un caractère disproportionné et constituerait ainsi un frein à la concurrence d'autres fournisseurs (▪ Cass. com., 18 févr. 1992, n° 87-12.844 : *JurisData* n° 1992-000321 ; *JCP* E 92, II, 344, note Behar-Touchais ; *D.* 1993, 57, 2e esp., note Hannoun).

22) Sur les **délais de grâce** pouvant être accordés au débiteur, voir art. 1244-1 ancien et s., p. 1185

23) Sur le **délai de repentir** avant l'expiration duquel aucun paiement ne peut être exigé du consommateur, v. C. consom., art. L. 121-16, L. 121-25, L. 311-15. Comp. en matière de courtage matrimonial, L. n° 89-421, 23 juin 1989, art. 6, p. 3120.

II – RUPTURE DU CONTRAT – RÉSILIATION

Bibliographie : D. Savova et A. Kennedy, *La gestion contractuelle de la rupture : AJ Contrats d'affaires* 2015, p. 8.

24) *Mutuus dissensus.* Si, aux termes de l'article 1134, les conventions légalement formées ne peuvent être révoquées que par l'accord des contractants, semblable accord qui n'est soumis à aucune condition de forme peut être tacite et résulter des circonstances dont l'appréciation appartient aux juges du fond (▪ Cass. 1re civ., 22 nov. 1960 : *D.* 1961, 89, note G. Holleaux. ▪ Cass. 1re civ., 18 mai 1994, n° 91-21.332 : *Bull. civ.* I, n° 175, p. 130 ; *RTD civ.* 1995, 108, obs. Mestre. – Comp. ▪ Paris, 22 juin 1974 : *Gaz. Pal.* 1975, 1, 149). Sauf disposition contraire résultant de l'accord des parties, la résiliation, d'un commun accord, du contrat d'enregistrement exclusif, n'y met fin que pour l'avenir de sorte qu'elle n'a pas pour effet d'anéantir rétroactivement les cessions antérieurement intervenues sur les enregistrements réalisés en cours de contrat ; elle n'a pas non plus pour effet d'anéantir les clauses destinées à régir les relations entre l'artiste-interprète et le producteur après la période contractuelle de réalisation des enregistrements (▪ Cass. soc., 20 déc. 2006, n° 05-43.057 : *JurisData* n° 2006-036667 ; *D.* 2007, p. 555, note Blanc-Jouvan ; *JCP* G 2007, II, 10104, note Treppoz). Mais la révocation d'un commun accord entre les parties d'une vente a pour effet de l'anéantir rétroactivement, de remettre les parties dans l'état où elles se trouvaient antérieurement et les oblige à se restituer ce qu'elles ont reçu en exécution de la convention révoquée (▪ Cass. com., 14 déc. 2010, n° 09-71.610 : *RDC* 2011/2, obs. Laithier, p. 425). La révocation, d'un commun accord, d'un contrat à exécution instantanée a pour effet de l'anéantir rétroactivement en toutes ses clauses, sauf stipulation contraire (▪ Cass. 3e civ., 15 juin 2017, n° 16-16.102 : *RDC* 2018, 19, Laithier). V. R. Vatinet ; *Le mutuus dissensus* : *RTD civ.* 1987, 252.

25) Absence d'*affectio societatis* (cession de droits sociaux). Les conventions légalement formées ne peuvent être révoquées que du consentement mutuel de ceux qui les ont faites ou pour les causes que la loi autorise. L'absence d'*affectio societatis* en la personne du cessionnaire de droits sociaux ne constitue pas l'une de ces causes (▪ Cass. com., 11 juin 2013, n° 12-22.296 : *Bull.* ; *JCP* E 2013, n° 40, p. 24, obs. Dondero ; *RTD civ.* 2013, p. 594, obs. Barbier).

26) Rupture d'un commun accord. Nature juridique. La rupture d'un commun accord du contrat de travail à durée indéterminée a pour seul objet de mettre fin aux relations des parties ; elle ne constitue pas une transaction destinée à mettre fin, par des concessions réciproques, à toute contestation née ou à naître résultant de la rupture définitive du contrat de travail (▪ Cass. soc., 15 déc. 2010, n° 09-40.701 : *RDC* 2011/2, obs. Laithier, p. 425).

27) Sur la **nullité des engagements perpétuels,** V. ▪ Cass. soc., 29 mai 1954 : *D.* 1954, 640. ▪ Cass. 3e civ., 8 mai 1973, n° 72-11.458 : *JurisData* n° 1973-098320 ; *D.* 1973, inf. rap. 142. ▪ Cass. 1re civ., 19 mars 2002, n° 00-40.378 : *JurisData* n° 2002-013759 ; *JCP* 2003, I, 122, n° 15, obs. Constantin ; *RTD civ.* 2002, 510, obs. Mestre et Fages. ▪ Paris, 19 juin 1971 : *D.* 1972, somm. 42. Est nul le contrat de location d'une installation téléphonique qui contient une clause aboutissant à ce que le locataire se trouve tenu à des obligations pour une durée pouvant se poursuivre indéfiniment, sauf à renoncer à toute modification de l'installation pendant quinze ans (▪ Cass. com., 3 nov. 1992, n° 90-18.547 : *JurisData* n° 1992-002431 ; *JCP* 93, IV, 92). Pour un bail d'une durée de douze ans, renouvelable par tacite reconduction pour la même durée et assorti d'une promesse de vente à son expiration en cas de non-renouvellement, V. ▪ Cass. 3e civ., 7 janv. 2009, n° 07-18.740 : *JCP* 2009, I, 138.

28) Résiliation unilatérale des contrats à durée indéterminée. Principe. Il résulte de l'article 1134, alinéa 2, que, dans les contrats à exécution successive dans lesquels aucun terme n'a été prévu, la résiliation unilatérale est, sauf abus sanctionné par l'alinéa 3 du même texte, offerte aux deux parties (▪ Cass. 1re civ., 5 févr. 1985, n° 83-15.895 : *JurisData* n° 1985-700603 ; *Bull. civ.* I, n° 54, p. 52 ; *RTD civ.* 1986, 105, obs. Mestre. V. en ce sens ▪ Cass. com., 8 avr. 1986, n° 84-12.943 : *JurisData* n° 1986-000712 ; *Bull. civ.* IV, n° 58, p. 50) sans avoir à motiver sa décision (▪ Cass. com., 26 janv. 2010, n° 09-65.086 : *Bull. civ.* 2010, IV, n° 18 ; *D.* 2010, 2178, note Mazeaud ; *Gaz. Pal.* 8 avr. 2010, p. 23, obs. Houtcieff ; *JCP* 2010, n° 18, 516, obs. Grosser. – Dans le même sens, ▪ Cass. com., 10 nov. 2009, n° 08-21.175, *eod. loc.*, *Contrats, conc. consom.* 2010, n° 36, note Leveneur). Le contrat à exécution successive (en l'espèce une « cession » de marque) dans lequel aucun terme n'est prévu n'est pas nul, mais constitue une convention à durée indéterminée que chaque partie peut résilier unilatéralement, à condition de respecter un juste préavis (▪ Cass. com., 8 févr. 2017, n° 14-28.232 : *Bull.* ; *D.* 2017, 678, A. Etienney-de Sainte Marie ; *JCP* G 2017, 325, p. 578, Loiseau).

Il résulte de l'article 1134 du Code civil, ensemble les articles 11 de la Convention européenne des droits de l'homme et 4 de la loi du 1er juillet 1901 que nul n'est tenu d'adhérer à une association régie par la loi du 1er juillet 1901 ou, y ayant adhéré, d'en demeurer membre, que tout membre d'une association, qui n'est pas formée pour un temps déterminé, peut s'en retirer en tout temps après paiement des cotisations échues et de l'année courante, nonobstant toute clause contraire, et que les dispositions statutaires entravant la liberté de ne pas adhérer à une association ou de s'en retirer en tout temps sont entachées d'une nullité absolue (▪ Cass. 1re civ., 11 mars 2014, n° 13-14.341 : *Bull.* ; *RTD civ.* 2014, p. 653, obs. H. Barbier).

29) Résiliation des contrats à durée indéterminée. Abus. L'abus ne peut résulter du seul fait que la résiliation est intervenue en dehors des cas prévus au contrat (▪ Cass. com., 31 mai 1994, n° 92-10.227 : *JCP* 1994, I, 3803, n° 1, obs. Virassamy ; *Bull. civ.* IV, n° 194, p. 155 ; *Defrénois* 1994, 1125, obs. Delebecque ; *RTD civ.* 1995, 108, obs. Mestre).

Mais il peut résulter de la brutalité de la rupture (▪ Cass. com., 28 juin 1994, n° 92-17.888 : *JurisData* n° 1994-002225 ; *Contrats, conc. consom.* 1994, 218, note Leveneur. ▪ Cass. com., 28 févr. 1995 : *Bull.* IV, n° 63, p. 60 ; *RTD civ.* 1995, 885, obs. Mestre. V. aussi pour une rupture abusive, ▪ Cass. com., 5 oct. 1993, n° 91-10.408 : *JurisData* n° 1993-002198 ; *JCP* 1994, II, 22224, note Jamin. Comp. pour le refus de renouvellement d'un contrat à durée déterminée, ▪ Cass. com., 22 oct. 1996, n° 94-20.488 : *JurisData* n° 1996-003944 ; *JCP* 1996, IV, 2438 ; *Bull. civ.* IV, n° 246, p. 213). Les juges du fond ne peuvent condamner l'auteur de la rupture dès lors qu'ils ne caractérisent ni la brusquerie de celle-ci, ni l'existence d'un abus du droit de rompre le contrat (▪ Cass. 1re civ., 11 juin 1996, n° 94-12.444 : *JurisData* n° 1996-002436 ; *JCP* 1996, IV, 1782 ; *Bull. civ.* I, n° 246, p. 174 ; *Contrats, conc. consom.* 1996, 164, note Leveneur). Si la partie qui met fin à un contrat à durée indéterminée dans le respect des modalités prévues n'a pas à justifier d'un quelconque motif, le juge peut néanmoins, à partir de l'examen de circonstances établies, retenir la faute faisant dégénérer en abus l'exercice du droit de rompre (▪ Cass. 1re civ., 21 févr. 2006, n° 02-21.240 : *JurisData* n° 2006-032278 ; *RDC* 2006/3, p. 704, obs. Mazeaud ; *Contrats, conc. consom.* 2006, 99, note Leveneur). L'exercice du droit de résiliation d'un contrat à durée indéterminée doit être mis en œuvre de bonne foi. Ainsi, justifie légalement sa décision la cour d'appel qui retient que, nonobstant le respect du préavis contractuel, la résiliation d'un tel contrat est fautive, après avoir souverainement apprécié les éléments établissant que le concédant a sciemment entravé la reconversion de ses concessionnaires en précipitant la notification de la résiliation de leurs contrats en toute connaissance de ses effets sur les pourparlers en cours relatifs à la cession de leurs fonds (▪ Cass. com., 8 oct. 2013, n° 12-22.952 : *Bull.* ; *D.* 2013, p. 2617, note D. Mazeaud ; *D.* 2014, p. 630, obs. Amrani-Mekki et Mekki ; *JCP* E 2014, n° 6, p. 35, obs. Mainguy et Respaud ; *G. P.* 2014, n° 22, p. 13, note Mekki ; C.C.C. 2013, n° 12, p. 29, obs. Mathey ; *RTD civ.* 2014, p. 117, obs. Fages).

Comp. pour l'usage d'une faculté de résiliation *anticipée d'un contrat à durée déterminée*, ▪ Cass. 1re civ., 30 oct. 2008, n° 07-19.736 : *JCP* 2009, II, 10052, note Chabas (aucune règle de droit, ni le contrat liant les parties n'imposent la motivation de la décision de résiliation unilatérale).

30) Clause de résiliation sans préavis ni indemnité. Ayant fait ressortir que la volonté des parties consistait à autoriser chacune d'elles à rompre le contrat sans préavis ni indemnité, ce que le plaignant avait lui-même fait à trois reprises par le passé, de sorte que son cocontractant avait pu user, de bonne foi et sans faute, de la faculté de rupture prévue contractuellement, la cour d'appel a légalement justifié sa décision de n'accorder aucune indemnité pour une rupture prenant effet le jour de la réception de la lettre de résiliation (▪ Cass. 1re civ., 17 févr. 2011, n° 10-13.980 : *Bull. civ.*, p. 28 ; *RDC* 2011/3, p. 832, obs. Th. Genicon).

31) Clause de résiliation-dédit. Constitue une condition ayant un caractère purement potestatif et est donc nulle, la clause de résiliation qui ne sanctionne pas un comportement fautif du distributeur et offre à la société fournisseur, et à elle seule, la possibilité, purement discrétionnaire, de mettre fin au contrat avec un préavis très court dès lors que la réalisation de la condition litigieuse tenant à la refonte complète de la station-service, en vue de réorienter ses activités, son mode de gestion ou d'exploitation, dépendait de la seule volonté de la société fournisseur, et non de circonstances objectives qui seraient susceptibles de contrôle juridictionnel (▪ Cass. com., 20 sept. 2011, n° 10-30.567 : *RDC* 2012/2, p. 407, obs. Th. Genicon ; *JCP* E 2012, n° 2, 1027, obs. P. Mousseron).

32) Rupture unilatérale des contrats à durée déterminée. Jugé qu'en cas de résiliation unilatérale, l'obligation de payer le prix global et forfaitaire convenu n'existe qu'en cas d'exécution de la convention, et qu'il appartient aux juges du fond de fixer le montant des dommages-intérêts dus (▪ Cass. com., 22 oct. 1996, n° 94-21.085 : *D.* 1997, somm. 173, obs. Libchaber, et 286, obs. Jourdain ; *RTD civ.* 1997, 123, obs. Mestre). V. aussi Ph. Simler, *L'article 1134 du Code civil et la résiliation unilatérale anticipée des contrats à durée déterminée* : *JCP* 1971, I, 2413. Dans le même sens, v. ▪ Cass. com., 3 mai 2011, n° 10-15.884 : *RDC* 2011/4, p. 1176, obs. Deshayes.

Sur le principe que la **gravité du comportement** d'une partie à un contrat à durée déterminée peut justifier que l'autre partie y mette fin de façon unilatérale à ses risques et périls, v. sous art. 1184 ancien, p. 1148. Le juge des référés peut ordonner à titre de mesure conservatoire la poursuite des effets du contrat, à la condition de fixer un terme certain (▪ Cass. 1re civ., 7 nov. 2000, n° 96-21.732 : *JurisData* n° 2000-006727 ; *D.* 2001, somm. 1137, obs. D. Mazeaud).

Sur ce que le **non-renouvellement** n'a pas à être motivé, V. ▪ Cass. com., 25 avr. 2001, n° 98-22.199 : *JurisData* n° 2001-009463 ; *D.* 2001, somm. 3237, obs. D. Mazeaud.

33) Notion de contrat à durée indéterminée. Est pris pour une durée déterminée l'engagement dont le terme est fixé par un événement certain, même si la date de sa réalisation est inconnue, dès lors que cette réalisation est indépendante de la volonté de l'une des parties. Un tel contrat ne peut être résilié que par consentement mutuel des parties (▪ Cass. soc., 28 oct. 1992, n° 89-45.441 : *JurisData* n° 1992-002343 ; *Bull. civ.* V, n° 521, p. 329). Le cautionnement d'un prêt engage la caution dès sa conclusion et avant même la remise des fonds à l'emprunteur. Il en résulte que cette caution ne peut prétendre qu'il s'agit du cautionnement à durée indéterminée d'une dette future déterminée (▪ Cass. 1re civ., 27 juin 1995, n° 93-11.834 : *JurisData* n° 1995-001727 ; *JCP* 95, II, 22526, note Béhar-Touchais).

34) Pactes d'actionnaires. Outre le fait qu'aucune disposition du pacte litigieux n'était relative à son terme, la perte, par l'un ou l'autre des cocontractants, de la qualité d'actionnaire ne présente aucun caractère de certitude, quand bien même l'un ou l'autre peut-il à tout moment céder ses actions ; en conséquence de quoi, le pacte n'étant affecté d'aucun terme, même incertain, était conclu pour une durée indéterminée et pouvait donc être régulièrement résilié par la volonté unilatérale de l'un des actionnaires (▪ Cass. com., 6 nov. 2007, n° 07-10.620 et n° 07-10.785 : *JCP* E 2008, 1280, n° 5, obs. J.-J. Caussain ; *JCP* 2008, I, 136, obs. Constantin, F. Deboissy et G. Wicker ; *D.* 2008, p. 1024, note Dondero ; *Dr. sociétés* 2008, comm. 10, obs. H. Hovasse ; *Bull. Joly Sociétés* 2008, p. 125, note X. Vamparys ; *RJDA* 2008, p. 149). – J. Moury, *Remarques sur la qualification, quant à leur durée, des pactes d'associés* : *D.* 2007, p. 2045.

35) Faculté de dédit exercée de mauvaise foi. Le dédit stipulé dans une promesse synallagmatique de vente ne peut produire aucun effet juridique si la faculté de se dédire a été exercée de mauvaise foi (▪ Cass. 3e civ., 11 mai 1976, n° 75-10.854 : *D.* 1978, 269, note Taisne. Comp., écartant la mauvaise foi, ▪ Cass. 3e civ., 15 févr. 2000, n° 98-17.860 : *RTD civ.* 2000, 564, obs. Mestre et Fages). V. en ce sens pour l'application d'une clause résolutoire ▪ Cass. 1re civ., 14 mars 1956 : *D.* 1956, 449. ▪ Cass. 3e civ., 6 juin 1984, n° 83-10.946 : *JurisData* n° 1984-701097 ; *Bull. civ.* III, n° 111, p. 88 (non-paiement d'une redevance symbolique d'un franc dans le cas d'un bail emphytéotique).

Sur la faculté de dédit, V. aussi J. Granotier, *Le droit unilatéral de rompre le contrat : de la faculté de dédit à la clause de « break-up fees »* : *D.* 2014, p. 1960.

36) La rupture brutale d'une relation commerciale établie, *sanctionnée par l'article* L. 442-6, I, 5° du Code de commerce, engage la responsabilité délictuelle de son auteur (▪ Cass. com., 6 févr. 2007, n° 04-13.178 : *JurisData* n° 2007-037247 ; *D.* 2007, p. 653, obs. Chevrier ; *JCP* G 2007, II, 10108, note Marmoz et 10109, note Archambault ; *ibid.*, I, 185, obs. Stoffel-Munck).

37) Sur la **tacite reconduction**, voir sous art. 1185 ancien, p. 1158.

III – EXÉCUTION DE BONNE FOI

38) Collaboration entre les parties. Sur le devoir de collaboration entre les partenaires dans le contrat de fourniture de système informatique, V. ▪ Cass. com., 9 juin 1979 : *Bull. civ.* IV, n° 186, p. 152. ▪ Paris, 30 juin 1983 : *JurisData* n° 1983-024805 ; *D.* 1985, inf. rap. 43, 2e esp., obs. Huet. ▪ Paris, 19 juin 1985 : *JurisData* n° 1985-023080 ; *JCP* E 86, I, 15131, n° 8, obs. Vivant et Lucas. ▪ Paris, 7 mai 1986 : *JurisData* n° 1986-021962 ; *Gaz. Pal.* 1987, 1, somm. p. 24. ▪ Versailles, 24 juin 1988 : *JurisData* n° 1988-043841 ; *D.* 1988, inf. rap. p. 240. ▪ Toulouse, 22 févr. 1994 : *JurisData* n° 1994-047597 ; *JCP* E 1995, I, 461, n° 10, obs. Vivant et Le Stanc. Et dans un accord de développement d'une franchise entre un franchiseur et une société bénéficiaire d'une exclusivité territoriale accordée par le franchiseur, ▪ Cass. com., 15 mars 2017, n° 15-16.406 : *RDC* 2018, p. 21, Stoffel-Munck. Mais le concédant n'est pas tenu d'une obligation d'assistance du concessionnaire en vue de sa reconversion (▪ Cass. com., 6 mai 2002, n° 99-14.093 : *JurisData* n° 2002-014206 ; *Contrats, conc. consom.* 2002, 134, note Leveneur ; *D.* 2002, somm. 2842, obs. D. Mazeaud ; *Bull. civ.* IV, n° 81, p. 87).

39) Exécution de bonne foi lors du préavis de résiliation. N'exécute pas le contrat de bonne foi au cours du préavis la partie qui, après avoir notifié la résiliation du contrat, diminue sensiblement ses commandes au cours du préavis, sans motif valable (▪ Cass. com., 7 oct. 2014, n° 13-21.086 : *Bull.* ; *RDC* 2015/1, p. 18, note Savaux ; *Gaz. Pal.* 2015, n° 95, p. 18, obs. Houtcieff ; *C.C.C.* 2014, n° 12, p. 29, note Mathey).

40) Sur une **dimension « éthique »** à l'obligation d'exécuter les conventions de bonne foi, en considérant qu'au-delà des intérêts particuliers, une recherche du bien commun doit animer les cocontractants, V. ▪ Nancy, 2e ch. com., 26 sept. 2007, préc.,

41) Sur **un principe de cohérence**, déduit de l'article 1134, alinéa 3, V. ▪ Cass. 3e civ., 28 janv. 2009, n° 07-20.891 : *RDC* 2009/3, p. 999, obs. Mazeaud, et p. 1019, obs. Viney ; *D.* 2009, p. 2008, note Houtcieff ; *D.* 2010, p. 224, obs. Fauvarque-Cosson ; *Defrénois* 2010, 219, obs. Périnet-Marquet, à propos d'un assureur qui, après s'être prévalu de la nature décennale des désordres pour exiger de son assuré le versement de primes majorées, avait contesté la garantie correspondante pour lui voir substituer une garantie « défaut de performance », moins onéreuse pour lui (cassation de la décision qui, pour débouter l'assuré de sa demande de dommages-intérêts contre l'assureur, avait retenu que l'attitude de ce dernier ne constituait pas une atteinte au principe de cohérence et n'était pas révélatrice d'une faute).

42) Obligation de relever l'erreur du créancier. Un office d'HLM ne peut ignorer être débiteur du coût de la consommation d'eau qu'il est fondé à récupérer sur ses locataires. Tenu d'exécuter de bonne foi le contrat le liant au distributeur d'eau, il doit vérifier si cette fourniture lui a été facturée (▪ Cass. 1re civ., 23 janv. 1996, n° 93-19.501 : *JurisData* n° 1996-000118 ; *JCP* 96, IV, 600 ; *Bull.* I, n° 36, p. 23 ; *Defrénois* 1996, 744, obs. Delebecque ; *D.* 1997, 571, note Soustelle. Comp., reprochant au bailleur de ne pas avoir prévenu le preneur de la nullité de son congé pour vice de forme, ▪ Cass. 3e civ., 5 nov. 2003, n° 02-12.272 : *JurisData* n° 2003-020883 ; *RDC* 2004, 637, obs. Stoffel-Munck). Mais à l'inverse V. décidant qu'aucune disposition légale, ni stipulation contractuelle n'imposait au fournisseur d'eau d'informer son abonné de l'existence d'une consommation anormale, ▪ Cass. com., 13 sept. 2016, n° 14-26.713 : *RDC* 2017, 14, Genicon.

43) Exécution dans l'intérêt des créanciers. V., posant de façon générale le principe que le débiteur est tenu d'exécuter au mieux ses obligations en satisfaisant au mieux les intérêts de ses créanciers et qu'il engage sa responsabilité s'il manque à son devoir d'information et de conseil ▪ Cass. 1re civ., 11 juin 1996, n° 94-16.591 : *JurisData* n° 1996-002376 ; *JCP* 96, IV, 1775 ; *Bull.* I, n° 245, p. 173 ; *Defrénois* 1996, 100, obs. D. Mazeaud ; *RTD civ.* 1997, 425, obs. Mestre (retard apporté par un entrepreneur à prévenir son client d'un nouveau tarif plus avantageux). Comp. ▪ Paris, 22 juin 2001 : *JurisData* n° 2001-174722 ; *D.* 2002, 833, note Coulon (contractant laissant la convention se reconduire tacitement en tirant profit du silence de son cocontractant pour prolonger une situation qui ne pouvait évoluer qu'à son avantage).

44) Limite : substance des droits et obligations convenus. Si la règle selon laquelle les conventions doivent être exécutées de bonne foi permet au juge de sanctionner l'usage déloyal *d'une prérogative contractuelle*, elle ne l'autorise pas à porter atteinte à la substance même des droits et obligations légalement convenus entre les parties (▪ Cass. com., 10 juill. 2007, n° 06-14.768 : *Grands arrêts*, n° 164 ; *RDC* 2007/4, p. 1107, obs. Aynès et p. 1110, obs. Mazeaud ; *JCP* 2007, II, 10154, note Houtcieff ; act. 340, obs. C. Chabas ; *D.* 2007, p. 2839, note Ph. Stoffel-Munck, p. 2844, note P.-Y. Gautier, p. 2764, chron. Bélaval, Orsini, p. 2966, obs. Amrani-Mekki et Fauvarque-Cosson ; *RTD civ.* 2007, p. 773, obs. Fages ; *Dr et patrimoine* 2007, n° 162, p. 94, obs. Ph. Stoffel-Munck ; *Defrénois* 2007, p. 1454, obs. E. Savaux ; *Contrats, conc. consom.* 2007, 294, note Leveneur). V. encore ▪ Cass. 3e civ., 9 déc. 2009, n° 04-19.923 : *Bull. civ.* 2009, III, n° 275 ; *RDC* 2010/2, obs. Laithier, p. 561, obs. Mazeaud, p. 564, et obs. Seube, p. 666 ; *D.* 2010, p. 476, note Billemont ; chron. C. cass. 1103, obs. Monge ; *Defrénois* 2010, 593, note Ruet ; *RTD civ.* 2010, 105, obs. Fages. ▪ Cass. 3e civ., 15 déc. 2016, n° 15-22.844 : *RDC* 2017, 69, Seube). Sur cette jurisprudence, V. encore, D. Mazeaud, *Sécurité juridique* versus *moralité contractuelle : affaire classée ?* in *Mélanges M.-S. Payet*, Dalloz, 2011, p. 439. V. aussi, le dossier spécial, *Les prérogatives contractuelles : RDC* 2011/2, p. 639 et s., avec les contributions de T. Revet, D. Fenouillet, P. Delebecque, L. Aynès, D. Mazeaud, J. Raynard, F. Chénedé, O. Deshayes, A. Bénabent.

Comp. ▪ Cass. 3e civ., 21 mars 2012, n° 11-14.174 : *Bull.* ; *RDC* 2012/3, p. 763, obs. Y.-M. Laithier et p. 806, obs. Deshayes : en l'état de l'obligation légale de régularisation annuelle des charges pesant sur le bailleur, la réclamation présentée sur une période écoulée de cinq ans de plus du triple de la somme provisionnée, si elle est juridiquement recevable et exacte dans son calcul est, dans ce cas, déloyale et brutale, et constitutive d'une faute dans l'exécution du contrat : elle engage la responsabilité de son auteur envers le locataire et sa caution solidaire (dommages-intérêts avoisinant le montant des charges locatives dues). – V. aussi, ▪ Cass. 3e civ., 26 mars 2013, n° 12-14.870 : *RDC* 2013/3, p. 888, obs. Laithier ; *D.* 2014, p. 630, obs. Amrani-Mekki, Mekki ; *RTD civ.* 2013, p. 606, obs. Barbier.

45) Honoraires exorbitants. Manque à l'obligation de bonne foi l'avocat qui, après avoir convenu d'honoraires exorbitants par rapport à la nature très simple de l'affaire et à la situation de son client, prend l'initiative d'anticiper la perception de la première fraction de ces honoraires (▪ Rouen, ord. premier président, 15 sept. 1992 : *JurisData* n° 1992-603014 ; *JCP* 93, II, 21981, note Martin). Mais les juges du fond ne peuvent réduire le montant des honoraires dès lors que le montant de ceux-ci résulte d'une convention conclue après service rendu (▪ Cass. 1re civ., 2 avr. 1997, n° 95-17.606 : *JCP* 97, IV, 1120 ; Bull. I, n° 113, p. 76 ; *Defrénois* 1997, 1433, obs. Bénabent ; *RTD civ.* 1998, 373, obs. Mestre. V. aussi ▪ Cass. 2e civ., 6 mars 2014, n° 13-14.922 : *Bull.* ; *Gaz. Pal.* 2014, n° 183, p. 17, obs. Houtcieff. Comp. admettant la réduction lorsque les honoraires ont été payés sur présentation d'une facture ne répondant pas aux exigences de l'article L. 441-3 du Code de commerce, ▪ Cass. com., 6 juill. 2017, n° 16-19.354 : *Bull.* ; *RDC* 2018, 23, Stoffel-Munck). L'article 10 de la loi du 31 décembre 1971 ne peut faire obstacle au pouvoir des tribunaux de réduire les honoraires initialement convenus entre l'avocat et son client lorsque ceux-ci apparaissent exagérés au regard du service rendu. En jugeant le contraire, une cour d'appel a violé ce texte par fausse application et l'article 1134 du Code civil par refus d'application (▪ Cass. 1re civ., 3 mars 1998, n° 96-12.078 : *JurisData* n° 1998-000955 ; *JCP* 98, II, 10115, note Sainte-Rose ; *Bull. civ.* I, n° 85, p. 57 ; *RTD civ.* 1998, 404, obs. Jourdain, 902, obs. Mestre ; *Defrénois* 1998, 734, obs. Aubert. ▪ Cass. 1re civ., 7 juill. 1998, n° 96-14.192 : *JurisData* n° 1998-003150 ; *JCP* 98, IV, 3008 ; *Bull. civ.* I, n° 237, p. 164 ; *Contrats, conc. consom.* 1998, 159, note Leveneur). Les juges peuvent, quand une convention a été passée en vue de la révélation d'une succession en contrepartie d'honoraires, réduire ces derniers lorsqu'ils apparaissent exagérés au regard du service rendu (▪ Cass. 1re civ., 5 mai 1998, n° 96-14.328 : *JurisData* n° 1998-001917 ; *JCP G* 98, I, 177, n° 1, obs. Labarthe ; *JCP N* 99, 24, note Leveneur ; *Bull. civ.* I, n° 168, p. 112 ; *Contrats, conc. consom.* 1998, 111, note Leveneur ; *RTD civ.* 1998, 901, obs. Mestre ; *Defrénois* 1998, 1042, obs. Delebecque. V. D. Lochouarn, *L'évolution juridique de la convention de révélation de succession : le point sur deux revirements récents : JCP* N 99, 20. Aj. D. Fenouillet, *Le droit de la consommation et la révélation de succession : RDC* 2005, 331). À défaut de contrat d'honoraires, il incombe au prestataire d'établir le montant de sa créance et de fournir les éléments permettant de fixer ce montant (▪ Cass. 1re civ., 18 nov. 1997, n° 95-21.161 : *JurisData* n° 1997-004568 ; *RTD civ.* 1998, 372, obs. Mestre et 402, obs. Gautier). Les juges disposent d'un pouvoir souverain pour estimer que les soins, démarches et peines d'un généalogiste, dont ils relèvent l'existence et qui déterminent nécessairement, par leur nature et l'importance, l'étendue du service rendu, justifient la réduction de moitié des honoraires réclamés (▪ Cass. 1re civ., 21 févr. 2006, n° 02-14.326 : *Bull. civ.* I, n° 100, p. 94 ; *Defrénois* 2006, art. 38433-44, p. 1223, obs. Libchaber). L'aléa exclusivement supporté par une des parties au contrat de mandat ne fait pas obstacle à la réduction éventuelle de la rémunération convenue (▪ Cass. 1re civ., 23 nov. 2011, n° 10-16.770 : *RDC* 2012/2, p. 396, obs. Laithier ; *D.* 2012, p. 589, note Séjean ; *AJF* 2012, p. 112, obs. Bonnet).

46) Sur l'exigence d'une mise en œuvre de bonne foi du droit de résiliation d'un contrat à durée indéterminée, V. sous le même article, annot. n° 29, p. 1102.

***47) Contrats cadres.* Abus dans la fixation du prix.** Sur le principe que l'abus dans la fixation du prix dans les contrats cadres donne lieu à résiliation ou indemnisation sur la base des articles 1134 et 1135, V. ▪ Cass. ass. plén., 1er déc. 1995, 4 arrêts : *JurisData* n° 1995-003248 ; *JCP* 96, II, 22565, concl. Jéol et note Ghestin. N'exécute pas de bonne foi le contrat le fournisseur de produits pétroliers qui ne donne pas au distributeur exclusif agréé par lui les moyens de pratiquer des prix concurrentiels en lui appliquant un prix de vente supérieur à celui auquel il les vend au consommateur final par l'intermédiaire de ses mandataires (▪ Cass. com., 3 nov. 1992, n° 90-18.547 : *JurisData* n° 1992-002431 ; *JCP* 93, II, 22164, note Virassamy. V. en ce sens, reprochant au mandant de n'avoir pas pris des mesures concrètes pour permettre à l'agent commercial de pratiquer des prix concurrentiels, ▪ Cass. com., 24 nov. 1998, n° 96-18.357 : *JurisData* n° 1998-004489 ; *JCP* 99, IV, 1049 ; *Bull. civ.* IV, n° 277, p. 232 ; *Defrénois* 1999, 93, note X. Savatier ; *RTD civ.* 1999, 98, obs. Mestre). Jugé que l'abus dans la fixation du loyer par une banque dans un contrat de location de coffre-fort peut résulter de l'absence de justification du montant de l'augmentation (▪ Paris, 24 oct. 2000, n° 1998/01729 : *JurisData* n° 2000-131903 ; *D.* 2001, somm. 3236, obs. D. Mazeaud), mais arrêt cassé (▪ Cass. 1re civ., 30 juin 2004, n° 01-00.475 : *JurisData* n° 2004-024346 ; *Contrats, conc. consom.* 2004, 151, note Leveneur ; *D.* 2005, 1828, note Mazeaud ; *RTD civ.* 2004, 749, obs. Gautier ; *RDC* 2005, 275, obs. Stoffel-Munck) au motif que la banque était libre de fixer le prix qu'elle entendait pratiquer et que son client disposait du temps nécessaire pour s'adresser à la concurrence. Abuse de son droit de fixer unilatéralement les conditions de vente l'importateur exclusif d'une marque de véhicules qui, confronté à un effondrement général du marché de l'automobile, impose des sacrifices aux concessionnaires, au point de mettre en péril leur activité, alors qu'il ne s'est pas imposé la même rigueur, distribuant des dividendes à ses actionnaires (▪ Cass. com., 15 janv. 2002, n° 99-21.172 : *JurisData* n° 2002-012712 ; *JCP G* 2002, II, 10157 ; *JCP E* 2002, 1641, note Jamin ; *Comm. com. électr.* 2002, 61, note Stoffel-Munck ; *Contrats, conc. consom.* 2002, 94, note Malaurie-Vignal ; *D.* 2002, somm. 2841, obs. D. Mazeaud ; *RTD civ.* 2002, 294, obs. Mestre et Fages ; *RDC* 2003, 154, obs. Béhar-Touchais). V. encore ▪ Cass. Com., 4 nov. 2014, n° 11-14.026 : *RDC* 2015, p. 233, obs. Ph. Stoffel-Munck, et p. 293, note. Behar-Touchais ; *AJ Contrats d'affaires* 2015 p. 78, obs. S. Bros ; *D.* 2015, p. 183, note Ghestin et p. 529, obs. Amrani-Mekki, Mekki (les prix unilatéralement fixés, excessifs dès l'origine, ne permettaient pas au cocontractant de faire face à la concurrence).

48) Contrat d'édition. Sur le manquement à la bonne foi incompatible avec le maintien de la relation de confiance devant présider au contrat d'édition, V. ▪ Paris, 9 sept. 1998, n° 97/00867 : *JurisData* n° 1998-022381 ; *JCP* 99, II, 10181, note A. Lucas, pourvoi rejeté par ▪ Cass. 1re civ., 11 janv. 2000, n° 97-19.758 : *JurisData* n° 2000-

000022 ; *JCP* 2000, IV, 1321 ; *Bull. civ.* I, n° 6 (profits illégitimes tirés de la négociation des droits à l'étranger).

49) Contrat de travail. L'engagement de la responsabilité contractuelle de l'employeur envers son salarié n'impose pas que l'employeur ait agi dans le but de nuire au salarié, mais il suffit qu'il ait manqué à son obligation d'exécution de bonne foi du contrat de travail (■ Cass. soc., 4 juin 2002, n° 00-42.280 : *JurisData* n° 2002-014587 ; *JCP* 2003, I, 152, n° 9, obs. Viney). Une cour d'appel ayant constaté que c'était seulement un mois avant son déménagement dans la nouvelle localité que la société en avait informé les salariés, dont l'intéressée, par une lettre circulaire, alors que sa décision avait été prise plusieurs mois auparavant et que ce bref délai n'avait pas permis à cette dernière de prendre sa décision dans les meilleures conditions, a, ces énonciations caractérisant le manquement de la société à l'exigence de bonne foi contractuelle dans la mise en œuvre d'un changement des conditions de travail, justement condamné l'employeur à payer à la salariée des dommages-intérêts sur le fondement de l'article 1134 du Code civil (■ Cass. soc., 4 avr. 2006 : *JurisData* n° 2006-033072 ; *Bull. civ.* V, n° 132, p. 129). La décision de l'employeur de maintenir l'affectation de son salarié dans sa région d'origine, sans expliquer les raisons objectives qui s'opposaient à ce que l'un des postes disponibles dans la région dans lequel ce salarié avait été contraint de changer son domicile pour des raisons familiales sérieuses, et alors qu'il était informé depuis plusieurs mois de cette situation, porte atteinte de façon disproportionnée à la liberté de choix du domicile du salarié et est exclusive de la bonne foi contractuelle, ■ Cass. soc., 24 janv. 2007, n° 05-40.639 : *D.* 2007, p. 1480, note Loiseau ; *JCP S* 2007, 1243, note Béal et Dodet.

50) Déloyauté de l'assureur. Ne donne pas de base légale à sa décision la cour d'appel qui, pour exclure la faute de l'assureur, relève que les conditions générales lui permettaient de faire évoluer le nombre et la nature des supports, sans rechercher, comme elle y était invitée, si l'assureur n'avait pas, de façon déloyale, poursuivant la préservation de ses seuls intérêts, privé l'assuré de la possibilité de placer des fonds sur les supports en actions les plus performants, ce qui avait fait perdre tout intérêt à la clause d'arbitrage à cours connu et au contrat lui-même qui était privé de la spécificité qui poussait à le souscrire, méconnaissant ainsi son obligation d'exécuter le contrat de bonne foi (■ Cass. 2e civ., 8 nov. 2007, n° 06-19.765 : *JCP* 2008, II, 10034, note Grynbaum).

51) Clause résolutoire. Sur le principe que l'application de la clause résolutoire reste subordonnée aux exigences de la bonne foi, voir sous C. civ.1184 ancien, annot. n° 32, p. 1156.

52) Sur la **neutralisation d'une clause de caducité** invoquée de mauvaise foi, v. ■ Cass. 3e civ., 4 nov. 2010, n° 09-69.777 : *C.C.C.* 2011, comm. 26.

53) Nécessité d'un lien contractuel. L'obligation de bonne foi suppose l'existence de liens contractuels et ceux-ci cessent lorsque la condition suspensive à laquelle ils étaient soumis a défailli (■ Cass. 3e civ., 14 sept. 2005 : *JCP G* 2005, II, 10173, note Loiseau ; *JCP E* 2005, 1867, note Binctin ; *D.* 2006, 761, note D. Mazeaud ; *Contrats, conc. consom.* 2006, 1, note Leveneur ; *JurisData* n° 029699 ; *Bull. civ.* III, n° 166, p. 154 ; *RTD civ.* 2005, 776, obs. Mestre et Fages).

54) Sur ce que **la bonne foi n'était pas requise** dans l'application de l'article L. 132-5-1 du Code des assurances de la part de l'assuré (faculté discrétionnaire de renonciation prorogée en l'absence de respect, par l'assureur, du formalisme informatif prévu par la loi), V. ■ Cass. 2e civ., 7 mars 2006 : *Bull. civ.* II, n° 63. Mais la bonne foi a fait son retour avec la loi du 30 déc. 2014, V. C. assur., art. L. 132-5-2, p. 1912, suivie d'un revirement jurisprudentiel (■ Cass. 2e civ., 19 mai 2016, n° 15-12.767 : *Bull.*).

Art. 1135 ancien ***(Abr. à compter du 1er octobre 2016, Ord. n° 2016-131, 10 févr. 2016).*** **– Les conventions obligent non seulement à ce qui y est exprimé, mais encore à toutes les suites que l'équité, *l'usage ou la loi donnent à l'obligation d'après sa nature.***

NB : Rappr. art. 1194, p. 827

Jurisprudence : V. sous l'article 1194 nouveau

Section II. – De l'obligation de donner

Art. 1136 ancien ***(Abr. à compter du 1er octobre 2016, Ord. n° 2016-131, 10 févr. 2016).*** **– L'obligation de donner emporte celle de livrer la chose et de la conserver jusqu'à la livraison, à peine de dommages et intérêts envers le créancier.**

NB : Rappr. art. 1197, p. 829.

Bibliographie : M. Fabre-Magnan, *Le mythe de l'obligation de donner* : *RTD civ.* 1996, 85. • A.-S. Courdier-Cuisinier, *Nouvel éclairage sur l'énigme de l'obligation de donner (essai sur les causes d'une controverse doctrinale)* : *RTD civ.* 2005, 521.

Art. 1137 ancien. – *(Mod., L. n° 2014-873, 4 août 2014 ; abr. à compter du 1er octobre 2016, Ord. n° 2016-131, 10 févr. 2016)* **L'obligation de veiller à la conservation de la chose, soit que la convention n'ait pour objet que l'utilité de l'une des parties, soit qu'elle ait pour objet leur utilité commune, soumet celui qui en est chargé à y apporter tous les soins raisonnables.**

Cette obligation est plus ou moins étendue relativement à certains contrats, dont les effets, à cet égard, sont expliqués sous les titres qui les concernent.

NB : Rappr. art. 1197, p. 829.

Voir : art. 1728 (bail), p. 1458, art. 1880 (prêt), p. 1579, art. 1927 (dépôt), p. 1595 et art. 1962 (séquestre), p. 1606.

Réserve de propriété. Prive sa décision de base légale au regard de l'article 1137 du Code civil la cour d'appel qui condamne l'acheteur d'un bien dont la propriété est réservée à payer la chose vendue qui a été volée après la livraison sans rechercher si cet acheteur, qui n'est tenu que d'une obligation de moyens, avait apporté à la conservation de cette chose tous les soins d'un bon père de famille (▪ Cass. com., 26 mai 2010, n° 09-66.344 : *Bull. civ.* 2010, IV, n° 101 ; *RDC* 2011, p. 165, obs. Pimont ; *D.* 2011, p. 406, obs. Crocq ; *RTD com.* 2011, p. 163, obs. Bouloc).

Art. 1138 ancien *(Abr. à compter du 1er octobre 2016, Ord. n° 2016-131, 10 févr. 2016).* – **L'obligation de livrer la chose est parfaite par le seul consentement des parties contractantes.**

Elle rend le créancier propriétaire et met la chose à ses risques dès l'instant où elle a dû être livrée, encore que la tradition n'en ait point été faite, à moins que le débiteur ne soit en demeure de la livrer ; auquel cas la chose reste aux risques de ce dernier.

NB : Rappr. art. 1196, 1344-2, p. 828.

Voir : pour la vente art. 1583, p. 1341.

Bibliographie : Ph. Chauviré, *L'acquisition dérivée de la propriété, le transfert volontaire des biens*, préf. Th. Revet, LGDJ, 2012 et, sur la question de la date du transfert des risques, v. O. Deshayes : *RDC* 2012/1, p. 88.

1) **Commande d'œuvre d'art.** La convention par laquelle un peintre s'engage à exécuter un portrait, moyennant un prix déterminé, constitue un contrat d'une nature spéciale en vertu duquel la propriété du tableau n'est définitivement acquise à la partie qui l'a commandé que lorsque l'artiste a mis ce tableau à sa disposition et qu'il a été agréé par elle (▪ Cass. civ., 14 mars 1900 : *DP* 1900, 1, 497, rapp. Rau et concl. Desjardins, *Whistler*).

2) **Transfert de propriété *solo consensu*.** Viole l'article 1138 l'arrêt qui énonce que la dation en paiement n'opère transfert de propriété que lorsque la chose est effectivement reçue par celui à qui elle est donnée, alors que les parties n'avaient pas manifesté la volonté de déroger à la règle du transfert de propriété par l'effet du seul consentement (▪ Cass. 1re civ., 27 janv. 1993, n° 91-12.115 : *JurisData* n° 1993-000096 ; *JCP* 94, II, *22195, note Pételsl-Teyssié* ; *RTD civ.* 1994, 132, obs. Zenati). Mais les juges du fond peuvent décider que, dans leur commune intention, les parties ont entendu différer le transfert de propriété jusqu'à la date fixée pour la livraison, dont, notamment, dépendait le paiement du prix, pour en déduire que les risques de la chose vendue sont demeurés à la charge du vendeur (▪ Cass. 1re civ., 4 juill. 1995, n° 93-15.005 : *JurisData* n° 1995-001802 ; *Bull.* I, n° 305, p. 213). V. encore ▪ Cass. 3e civ., 22 sept. 2010, n° 09-15.781 : *Bull.*, n° 170 ; *RDC* 2011/2, p. 472, obs. R. Libchaber (ayant relevé que le paiement du prix de vente d'un immeuble était payable par la SCI acquéreur pour partie par l'obligation de faire construire sur l'une des parcelles vendues et de remettre au vendeur une maison de même valeur et que la construction n'avait pas été terminée, la cour d'appel en a exactement déduit que le vendeur ne pouvait demander le transfert ni de la propriété de la parcelle, qui ne faisait pas l'objet de la dation en paiement, ni de la construction, le transfert de propriété ne pouvants'opérer, s'agissant d'une dation en paiement d'une chose future, que lorsque la chose était effectivement en mesure d'être livrée par celui qui devait la donner).

3) **Vente en l'état futur d'achèvement. Charge des risques.** Sur le principe que dans la vente en l'état futur d'achèvement, les risques pèsent sur le vendeur jusqu'au jour de la livraison, V. ▪ Cass. 3e civ., 11 oct. 2000, n° 98-21.826 : *JurisData* n° 2000-006185 ; *JCP* 2001, II, 10465, note Malinvaud ; *Bull. civ.* III, n° 133, p. 113.

Art. 1139 ancien *(Mod., L. n° 91-650, 9 juill. 1991 ; abr. à compter du 1er octobre 2016, Ord. n° 2016-131, 10 févr. 2016).* **– Le débiteur est constitué en demeure, soit par une sommation ou par autre acte équivalent telle une lettre missive lorsqu'il ressort de ses termes une interpellation suffisante, soit par l'effet de la convention lorsqu'elle porte que, sans qu'il soit besoin d'acte et par la seule échéance du terme, le débiteur sera en demeure.**

NB : Rappr. art. 1344, p. 989.

Voir : art. 1146 ancien, p. 1113.

Commandement excédant la somme due. Viole l'article 1139 l'arrêt qui déclare nul un commandement au motif qu'il excède la somme due, alors qu'il demeure valable à concurrence de ce montant (■ Cass. 3e civ., 6 mai 1998, n° 96-19.010 : *JurisData* n° 1998-001932 ; *JCP* 98, II, 10180, note du Rusquec ; *Bull. civ.* III, n° 92, p. 62).

Art. 1140 ancien *(Abr. à compter du 1er octobre 2016, Ord. n° 2016-131, 10 févr. 2016).* **– Les effets de l'obligation de donner ou de livrer un immeuble sont réglés au titre *De la Vente* et au titre *Des Privilèges et Hypothèques*.**

Art. 1141 ancien *(Abr. à compter du 1er octobre 2016, Ord. n° 2016-131, 10 févr. 2016).* **– Si la chose qu'on s'est obligé de donner ou de livrer à deux personnes successivement est purement mobilière, celle des deux qui en a été mise en possession réelle est préférée et en demeure propriétaire, encore que son titre soit postérieur en date, pourvu toutefois que la possession soit de bonne foi.**

NB : Rappr. art. 1198, p. 829.

Section III. – De l'obligation de faire ou de ne pas faire

Art. 1142 ancien *(Abr. à compter du 1er octobre 2016, Ord. n° 2016-131, 10 févr. 2016).* **– Toute obligation de faire ou de ne pas faire se résout en dommages et intérêts, en cas d'inexécution de la part du débiteur.**

NB : Rappr. art. 1221, p. 835.

Bibliographie : *Exécution du contrat en nature ou par équivalent : RDC* 2005/1, n° spécial. • B. Fauvarque-Cosson, *Regards comparatistes sur l'exécution forcée en nature, RDC* 2006/2, p. 529. • A. Lebois, *Les obligations contractuelles de faire à caractère personnel : JCP* 2008, I, 210. • Th. Genicon, *Observation sur le « chapitre X - Inexécution » du projet de réforme de droit des contrats, in* J. Ghestin (ss dir.), *Observations sur le projet de réforme du droit des contrats : LPA* 12 févr. 2009, n° spécial, n° 31, p. 81.

1) Principes. L'article 1142 du Code civil ne peut trouver son application qu'au cas d'inexécution d'une obligation personnelle de faire ou de ne pas faire (■ Cass. 1re civ., 20 janv. 1953 : *JCP* 1953, II, 7677, note Esmein. ■ Cass. soc., 20 avr. 1956 : *Bull. civ.* IV, n° 364, p. 266). La partie envers laquelle l'engagement n'a point été exécuté peut forcer l'autre à l'exécution de la convention lorsqu'elle est possible (■ Cass. 3e civ., 11 mai 2005, n° 03-20.680 : *JurisData* n° 2005-028339 ; *Contrats, conc. consom.* 2005, 187, note Leveneur ; *RDC* 2006/2, p. 323, obs. Mazeaud ; *RTD civ.* 2005, 596, obs. Mestre et Fages). Même solution, ajoutant que le prononcé de mesures d'interdiction et de retrait, sous astreinte, destinées à assurer une telle exécution et le respect des engagements souscrits, entre dans les pouvoirs des juges du fond tenus de trancher le litige, tel que déterminé par les prétentions des parties, conformément aux règles de droit qui lui sont applicables (interdiction de la poursuite de la commercialisation d'un livre faite en violation d'un engagement contractuel ■ Cass. 1re civ., 16 janv. 2007, n° 04-20.711 : *JurisData* n° 2007-036914 ; *RDC* 2007/3, p. 719, obs. Mazeaud et p. 741, obs. Viney ; *D.* 2007, p. 1119, note Gout et p. 2966, obs. Amrani-Mekki et Fauvarque-Cosson ; *RTD civ.* 2007, p. 342, obs. Mestre et Fages ; *JCP* 2007, I, 161, obs. Mekki ; *JCP* G 2007, I, 161, obs. Mekki ; *Contrats, conc. consom.* 2007, 144, note Leveneur).

Pour une application du principe posé par l'article 1142 au cas d'inobservation d'un pacte de préférence entre actionnaires, V. ■ Cass. com., 7 mars 1989, n° 87-17.212 : *JurisData* n° 1989-000694 ; *JCP* 1989, II, 21316, concl. Jéol et note Reinhard ; *D.* 1989, 231, concl. Jéol. – V. aussi ■ Cass. 3e civ., 30 avr. 1997, n° 95-17.598 : *JurisData* n° 1997-001811 ; *Bull. civ.* III, n° 96, p. 63 ; *D.* 1997, 475, note

D. Mazeaud ; *JCP* G 1997, II, 22963, note Thullier ; *JCP* E 1998, 606, obs. Raynard ; *Contrats, conc. consom.* 1997, 129, note Leveneur ; *RTD civ.* 1997, 685, obs. Gautier, 1998, 98, obs. Mestre ; *Defrénois* 1997, 1007, obs. Delebecque. ■ Cass. 3e civ., 10 févr. 1999, n° 95-19.217 : *JurisData* n° 1999-000570 ; *JCP* 1999, II, 10191, note Dagorne-Labbe ; *Bull. civ.* III, n° 37, p. 25 ; *RTD civ.* 1999, 616, obs. Mestre, 856, obs. Gautier. Mais sur la faculté de substitution en cas de violation du pacte de préférence, voir sous l'article 1589. Tant que le bénéficiaire d'une promesse unilatérale de vente n'a pas déclaré acquérir, l'obligation du promettant ne constitue qu'une obligation de faire et la levée d'option postérieure à la rétractation du promettant exclut toute rencontre des volontés réciproques de vendre et d'acquérir (■ Cass. 3e civ., 15 déc. 1993, n° 91-10.199 : *JurisData* n° 1993-002405 ; *Bull. civ.* III, n° 174, p. 115 ; *D.* 1994, 507, note Bénac-Schmidt ; *JCP* 1995, II, 22366, note crit. D. Mazeaud ; *Defrénois* 1994, 795, obs. crit. Delebecque ; *RTD civ.* 1994, 588, obs. crit. Mestre. V. en ce sens ■ Cass. 3e civ., 5 avr. 1995, n° 93-15.572 : *JurisData* n° 1995-000812 ; *Bull. civ.* III, n° 101, p. 68. ■ Cass. 1re civ., 28 oct. 2003, n° 01-02.654 : *JurisData* n° 2003-020631 ; *RDC* 2004, 270, obs. crit. D. Mazeaud). Mais la vente est parfaite, bien que le promettant ait refusé de signer l'acte de vente, lorsque le bénéficiaire a levé efficacement l'option en se rendant le dernier jour du délai chez le notaire, en présentant le chèque signé à l'ordre de ce dernier et en réitérant sa volonté de signer l'acte (■ Cass. 3e civ., 26 juin 1996, n° 94-16.326 : *JurisData* n° 1996-002796 ; *JCP* 1996, IV, 1963 ; *Bull. civ.* III, n° 165 ; *D.* 1997, somm. 169, obs. D. Mazeaud. V. sur cet arrêt I. Najjar, *La « rétractation » d'une promesse unilatérale de vente* : *D.* 1997, chron. 119). En présence d'une promesse unilatérale sans stipulation de délai pour lever l'option, il importe peu que le promettant n'ait pas mis en demeure le bénéficiaire de la promesse de prendre parti : la notification de la rétractation de la promesse avant l'acceptation de ce dernier suffit à empêcher la réalisation forcée de la vente (■ Cass. 3e civ., 25 mars 2009, n° 08-12.237 : *Bull. civ.* III, n° 69 ; *RDC* 2009/3, p. 995, obs. Laithier ; *D.* 2010, p. 224, obs. Amrani-Mekki). V. sur l'ensemble de la question D. Mainguy, *L'efficacité de la rétractation de la promesse de contracter* : *RTD civ.* 2004, 1. Pour l'exécution forcée de l'engagement de louer, v. ■ Cass. 3e civ., 6 avr. 2004, *n° 00-19.991 : RDC 2004, 969, obs.* Collart Dutilleul.

2) Primauté de l'exécution forcée en nature. Les juges ne peuvent allouer seulement des dommages-intérêts au lieu de la démolition demandée au motif qu'il est hors de proportion avec le dommage causé d'ordonner la démolition d'une maison construite depuis plus de dix années sans relever une impossibilité de procéder à la destruction de la maison et à la reconstruction à l'emplacement prévu (■ Cass. 3e civ., 15 févr. 1978, n° 76-13.532 : *JurisData* n° 1978-098085 ; *JCP* 78, IV, 126. – V. aussi ■ Cass. 3e civ., 18 févr. 1981 : *JurisData* n° 1981-700387 ; *Bull. civ.* III, n° 38, p. 28. ■ Cass. 3e civ., 16 juin 2015, n° 14-14.612 : *RDC* 2015, p. 839, note Genicon ; *RTD civ.* 2016, p. 107, obs. Barbier). Viole l'article 1184 du Code civil, une cour d'appel qui, ayant constaté que le niveau de la construction présentait une insuffisance par rapport aux stipulations contractuelles, n'a pas ordonné la démolition de l'ouvrage aux motifs que la non-conformité ne rendrait pas l'immeuble impropre à sa destination et ne porterait pas sur des éléments déterminants du contrat (■ Cass. 3e civ., 11 mai 2005, n° 03-21.136 : *Bull.*, n° 103 ; *RDC* 2006/2, p. 323, obs. D. Mazeaud ; C.C.C. 2005, p. 187, note Leveneur ; *RTD civ.* 2005, p. 596, obs. Mestre et Fages). Une obligation contractuelle peut faire l'objet d'une exécution forcée indépendamment de la gravité du manquement contractuel (■ Cass. 3e civ., 22 mai 2013, n° 12-16.217 : *RDC* 2014/1, p. 22, note Laithier). V. encore pour la démolition et reconstruction d'une maison implantée avec une erreur d'altimétrie de 40 cm, ■ Cass. 3e civ, 12 avr. 2018, n° 17-29.906 : *RTD civ.* 2018, p. 901, Barbier Comp. pour un contrôle de proportionnalité s'agissant des restitutions consécutives à l'annulation d'un contrat de construction de maison individuelle, ■ Cass. 3e civ., 15 oct. 2015, n° 14-23.612, cité sous l'article 1304 ancien.

Voir aussi : sous art. 1143 ancien, p. 1111.

3) Impossibilité. Viole l'article 1142, la cour d'appel qui ordonne au propriétaire d'un local à usage d'habitation de délivrer ce bien sous astreinte à celui avec qui il avait conclu un contrat de bail alors qu'elle avait relevé que ce local avait été loué à un tiers (■ Cass. 1re civ., 27 nov. 2008, n° 07-11.282 : *Bull. civ.* I, n° 269 ; *RDC* 2009/2, p. 613, obs. Seube). Pas plus que le juge du principal, le juge des référés n'a le pouvoir, à la demande d'un tiers, d'ordonner la résiliation d'un contrat de travail ni de prendre une mesure entraînant la rupture de celui-ci (■ Cass. soc., 18 nov. 2009, n° 08-19.419, *Bull. civ.* 2009, IV, n° 258 ; *RDC* 2010/2, 575, obs. Laithier). – Mais V. ■ Cass. com., 29 janv. 2013, nos 11-28.576 et 11-28.979 : *RDC* 2013/3, p. 907, obs. Deshayes : le juge des référés peut ordonner toute mesure conservatoire ou de remise en état qui s'impose pour faire cesser le trouble constitué par la violation manifeste de clauses contractuelles, même à l'égard de tiers audit contrat, dès lors que ces tiers sont parties au litige. En conséquence, la cour d'appel a pu déduire, sans excéder ses pouvoirs et peu important que le tiers n'ait lui-même manqué à aucune obligation qui lui fût opposable, qu'il y avait lieu d'ordonner des mesures d'exécution forcée en nature contre le débiteur.

4) Limite de la faute du créancier ? La cour d'appel ayant relevé, à la suite de l'expert judiciaire, que la chaudière était ancienne, qu'elle avait été stockée pendant plusieurs années avant d'être installée, et que le client, qui l'avait laissée sans entretien pendant des années, avait contribué aux dysfonctionnements litigieux, a souverainement estimé que ces circonstances ne justifiaient pas la mesure [remplacement de la chaudière] sollicitée par ce dernier (■ Cass. 1re civ., 2 oct. 2013, n° 12-19.887 : *RDC* 2014/1, p. 27, note O. Deshayes ; *RDC* 2014/2, p. 171, note Th. Genicon).

5) Source de l'obligation. Il importe peu que l'obligation soit imposée par une décision judiciaire ou qu'elle résulte d'un contrat consensuel (■ Paris, 12 juin 1913 : *DP* 1915, 2, 65, note Leloir).

6) Inexécution fautive. Jugé qu'il importe peu que l'inexécution ne soit pas fautive (■ Cass. com., 30 juin 1992 : *Bull. civ.* IV, n° 258, p. 179 ; *D.* 1994, 454, note crit. Bénabent).

7) Avaries de meubles transportés. En cas d'avaries de meubles au cours de transport, un arrêt ne saurait rejeter l'offre d'indemnité faite par le transporteur et le condamner à faire réparer lui-même et à ses frais, par des ouvriers qualifiés, les meubles avariés (■ Cass. civ., 4 juin 1924 : *DP* 1927, 1, 136, note Josserand. – V. en ce sens ■ Cass. civ., 19 janv. 1926 : *DH* 1926, 115).

8) Référés. Sur la possibilité pour le juge des référés d'ordonner l'exécution en nature d'une obligation de faire, V. CPC, art. 808, al. 2. Sur la procédure d'injonction de faire devant le tribunal d'instance, V. CPC, art. 1425-1 à 1425-9.

9) Dommages-intérêts. Exécution par équivalent. Il résulte des articles 1142 et 1147 que les dommages-intérêts alloués au créancier au titre de l'inexécution de l'obligation ou d'un retard dans son exécution constituent une modalité d'exécution de l'obligation de faire ou de ne pas *faire (■ Cass. soc., 4 déc. 2002 : JurisData* n° 2002-016632 ; *JCP* 2003, IV, 1190 ; *RDC* 2003, 54, obs. Stoffel-Munck ; *RTD civ.* 2003, 711, obs. Jourdain).

10) Réparation en nature. Un bailleur de locaux à usage commercial et d'habitation, tenu d'assurer à son preneur une jouissance paisible de la totalité des lieux loués, peut être condamné à reconstruire un des immeubles donnés à bail qu'il a démoli (■ Cass. 3e civ., 25 janv. 2006 ; *Bull. civ.* III, n° 20, p. 17 ; *RDC* 2006, p. 818, obs. Viney ; *D.* 2006, p. 2645, obs. Amrani-Mekki et Fauvarque-Cosson).

11) Offre de réparation en nature de la part du débiteur. Viole l'article 1147 du Code civil, l'arrêt qui retient qu'il est de principe que la réparation se fait par équivalent, le créancier ne pouvant être contraint à accepter une réparation en nature qu'il n'a pas demandée ; alors que le propre de la responsabilité civile est de rétablir aussi exactement que possible l'équilibre détruit par le dommage et de replacer la victime dans la situation où elle se serait trouvée si l'acte dommageable ne s'était pas produit (■ Cass. com., 10 janv. 2012, n° 10-26.837 : *RDC* 2012/3, p. 782, obs. Laithier).

12) Offre d'exécution en nature de la part du débiteur. Le preneur à bail de locaux à usage d'habitation, qui recherche la responsabilité du bailleur pour défaut d'exécution de son obligation d'entretien, ne pouvant refuser l'offre de ce dernier d'exécuter son obligation en nature, la cour d'appel, qui a constaté que le bailleur offrait de réaliser les travaux, a pu en déduire, sans modifier l'objet du litige, que le locataire ne pouvait demander une réparation en équivalent (■ Cass. 3e civ., 27 mars 2013, n° 12-13.734 : *Bull.* ; *RDC* 2013/3, p. 890, obs. Th. Genicon, p. 903, obs. Viney et p. 974, obs. Seube ; *Dr. et pat.* 2014, n° 234, p. 58, obs. Aynès et Stoffel-Munck ; *G. P.* 2013, n° 156, p. 17, obs. Mekki et n° 184, p. 17, obs. Houtcieff ; *RTD civ.* 2013, p. 60, obs. Barbier). Comp. pour une appréciation judiciaire de l'opportunité de la réparation en nature, ■ Cass. 3e civ., 16 juin 2015, n° 14-14.612 : *RDC* 2015, p. 839, note Genicon. Dans l'exercice de son pouvoir souverain d'appréciation des modalités de la réparation, une cour d'appel a retenu que devaient être rejetées les demandes tendant au paiement du coût des travaux de démolition et de reconstruction d'un immeuble alors qu'un expert avait préconisé deux solutions alternatives pour remédier aux désordres (■ Cass. 3e civ., 21 juin 2018, n° 17-15.897 : *D.* 2019, p. 292, Mekki.)

Art. 1143 ancien ***(Abr. à compter du 1er octobre 2016, Ord. n° 2016-131, 10 févr. 2016).*** **– Néanmoins, le créancier a le droit de demander que ce qui aurait été fait par contravention à l'engagement soit détruit ; et il peut se faire autoriser à le détruire aux dépens du débiteur, sans préjudice des dommages et intérêts, s'il y a lieu.**

NB : Rappr. art. 1222, p. 835.

1) **Caractère obligatoire pour le juge.** Sur le principe que le créancier a le droit de demander que ce qui aurait été fait par contravention à l'engagement soit détruit, V. ■ Cass. 3e civ., 22 mai 1997, n° 95-17.480 : *JurisData* n° 1997-002180 ; *JCP* 97, IV, 1473 ; *Bull.* III, n° 113, p. 75 ; *D.* 1998, somm. 61, obs. A. Robert ; *Defrénois* 1997, 1005, 1re esp., obs. Delebecque. Violent l'article 1143 les juges du fond qui refusent d'ordonner la remise en état des lieux alors qu'ils constatent une infraction à une disposition du règlement de copropriété (■ Cass. 3e civ., 18 janv. 1972, n° 70-11.350 : *JurisData* n° 1972-098039 ; *Bull. civ.* III, n° 39, p. 28). Jugé qu'en vertu de l'article 1143 un propriétaire dans un lotissement a le droit de demander que ce qui a été fait par contravention à l'engagement résultant du cahier des charges soit détruit, indépendamment de l'existence ou de l'importance du dommage, dès lors que, l'infraction aux clauses du cahier des charges étant établie, aucune impossibilité d'exécution de la démolition n'est invoquée (■ Cass. 3e civ., 19 mai 1981, n° 79-16.605 : *JurisData* n° 1981-701661 ; *Bull. civ.* III, n° 101, p. 72). La condamnation en nature sollicitée ne peut être refusée pour des raisons tenant à l'intérêt des tiers (■ Cass. 1re civ., 17 déc. 1963 : *JurisData* n° 1963-000558 ; *JCP* 64, IV, 14 ; *Bull. civ.* I, n° 558, p. 469), ni parce que le demandeur n'a subi aucun préjudice (■ Cass. 3e civ., 13 nov. 1997, n° 95-20.411 : *JurisData* n° 1997-004530 ; *JCP* 97, IV, 2519 ; *Bull. civ.* III, n° 202, p. 136, travaux faits en contravention des clauses du bail ne portant pas atteinte à la solidité de l'immeuble et ne diminuant pas sa valeur locative), ni parce que la démolition entraînerait des inconvénients sociaux (■ Cass. 3e civ., 30 sept. 1998, n° 96-19.771 : *JurisData* n° 1998-003642 ; *JCP* 98, IV, 3206 ; *Bull. civ.* III, n° 185, p. 123 ; *D.* 1999, 374, note Kenderian ; *RD imm.* 1998, 608, 2e esp., obs. Bergel). Le créancier d'une obligation contractuelle a le droit de demander que ce qui a été fait par contravention à l'engagement soit détruit, et des syndicats de copropriété ne peuvent donc être déboutés de leur demande tendant à la remise des lieux dans leur état antérieur au motif que les travaux ont contribué à l'amélioration de l'immeuble et qu'ils ne justifient d'aucun préjudice (■ Cass. 3e civ., 25 janv. 1995, n° 92-19.600 : *JurisData* n° 1995-000107 ; *Bull. civ.* III, n° 29, p. 17).

2) **Cession forcée de titres.** Dans le cas de la violation d'un pacte d'actionnaires imposant de ne pas acquérir individuellement certains titres détenus par des minoritaires, il est impossible pour les juges du fond, d'ordonner la cession forcée à la société victime d'une partie des titres fautivement acquis, dès lors que cette cession se traduirait par une majoration de la participation de cette société dans le capital (■ Cass. com., 24 mai 2011, n° 10-24.869 : *Bull.*, n° 80 ; *RDC* 2011, p. 1170, note Carval ; *D.* 2011, p. 1556, obs. Delpech ; *ibid.*, p. 2315, note Helleringer ; *Rev. sociétés* 2011, p. 482, note A. Gaudemet).

3) **Dommages-intérêts.** La réparation en nature prévue par l'article 1143, n'est nullement exclusive d'une condamnation simultanée à des dommages-intérêts (■ Cass. 3e civ., 6 janv. 1976, n° 75-10.064 : *JurisData* n° 1976-098001 ; *D.* 1976, inf. rap. 95).

4) **Pacte de préférence.** L'article 1143 n'est pas applicable à la violation d'un pacte de préférence qui met une obligation de faire à la charge du débiteur (■ Cass. 1re civ., 10 juill. 2002, n° 00-21.165 : *Bull. civ.* I, n° 192, p. 147 ; *RTD civ.* 2003, 107, obs. Gautier). Mais sur la sanction de la violation du pacte de préférence, V. sous l'art. 1589, p. 1347.

Art. 1144 ancien *(Mod., L. n° 91-650, 9 juill. 1991 ; abr. à compter du 1er octobre 2016, Ord. n° 2016-131, 10 févr. 2016)*. **– Le créancier peut aussi, en cas d'inexécution, être autorisé à faire exécuter lui-même l'obligation aux dépens du débiteur. Celui-ci peut être condamné à faire l'avance des sommes nécessaires à cette exécution.**

NB : Rappr. art. 1222, p. 835.

Bibliographie : G. Lardeux, *Plaidoyer pour un droit contractuel efficace, D.* 2006, p. 1406.

1) **Pouvoir souverain des juges du fond.** Les juges du fond disposent d'un pouvoir souverain pour prescrire l'exécution en nature d'une obligation de faire et prononcer l'astreinte tendant à obtenir cette exécution (■ Cass. 1re civ., 3 oct. 1956 : *Bull. civ.* I, n° 328, p. 266. V. aussi W. Jeandidier, *L'exécution forcée des obligations contractuelles de faire : RTD civ.* 1976, 700).

2) **Nécessité d'une autorisation de justice.** L'article 1144 suppose, en cas d'inexécution du débiteur, l'autorisation de justice (■ Cass. soc., 5 juin 1953 : *D.* 1953, 601. – V. en ce sens ■ Cass. 3e civ., 29 nov. 1972 : *JCP* 73, IV, 14 ; *Bull. civ.* III, n° 642, p. 473. ■ Cass. 3e civ., 16 juill. 1997, n° 95-17.272 : *JurisData* n° 1997-003416 ; *Contrats, conc. consom.* 1997, 175, note Leveneur. Comp. cpdt ■ Cass. 1re civ., 28 juin 1988, n° 86-17.060 : *RTD civ.* 1989, 315, obs. Mestre. ■ Cass. 3e civ., 10 juill. 1996, n° 94-19.385 : *JurisData* n° 1996-003143 ; *Loyers et copr.* 1996, 341, visant de façon alternative une mise en demeure ou une décision de justice. V. aussi sous art. 1720).

Art. 1145 ancien ***(Abr. à compter du 1er octobre 2016, Ord. n° 2016-131, 10 févr. 2016).*** **– Si l'obligation est de ne pas faire, celui qui y contrevient doit des dommages et intérêts par le seul fait de la contravention.**

NB : Rappr. art. 1231, p. 837.

1) Mise en demeure. Doit être cassé l'arrêt qui estime que le seul fait des infractions commises par le preneur n'est suffisant pour motiver la résiliation du bail que dans la mesure où il est établi que les infractions se sont poursuivies après mise en demeure (■ Cass. 3e civ., 22 mai 1969 : *JurisData* n° 1969-000416 ; *JCP* 69, II, 16141. – V. aussi ■ Cass. 3e civ., 25 oct. 1968 : *JCP* 69, II, 16062, note Prieur).

2) Établissement du préjudice. En application de l'article 1145 du Code civil, si l'obligation est de ne pas faire, celui qui y contrevient doit des dommages-intérêts par le seul fait de la contravention (■ Cass. 1re civ., 31 mai 2007, n° 05-19.978 : *RDC* 2007/3, p. 1118, obs. Laithier et p. 1140, obs. Carval ; *JCP* 2007, I, 185, obs. Stoffel-Munck ; *D.* 2007, p. 2784, note Lisanti et p. 2966, obs. Amrani-Mekki et Fauvarque-Cosson ; *Contrats, conc. consom.* 2007, 230, note Leveneur ; *RTD civ.* 2007, p. 568, obs. Fages). V. aussi, relevant que l'exécution de bonne foi des conventions ne peut faire obstacle à l'application de l'article 1145, ■ Cass. 1re civ., 14 oct. 2010, n° 09-69.928 : *Bull. civ.*, n° 197 ; *RTD civ.* 2010, 781, obs. Fages. ■ Cass. 1re civ., 10 mai 2005, n° 02-14.730 : *JurisData* n° 2005-028325 ; *Contrats, conc. consom.* 2005, 184, note Leveneur ; *Bull. civ.* I, n° 201, p. 170 ; *JCP* 2006, I, 111, n° 4, obs. Stoffel-Munck ; *RTD civ.* 2005, 594, obs. Mestre et Fages, et 600, obs. Jourdain ; *Defrénois* 2005, 1247, obs. Aubert ; *RDC* 2006/2, p. 326, obs. Mazeaud). Antérieurement, V. ■ Cass. 1re civ., 26 févr. 2002 : *JCP* 2002, IV, 1621 ; *JurisData* n° 2002-013234 ; *Bull. civ.* I, n° 68, p. 51 ; *Defrénois* 2002, 759, obs. Savaux ; *RTD civ.* 2002, 809, obs. Mestre et Fages (l'article 1145 ne dispense pas celui qui demande réparation de la contravention à l'obligation d'établir le principe et le montant de son préjudice).

Section IV. – Des dommages et intérêts résultant de l'inexécution de l'obligation

Art. 1146 ancien ***(Mod., L. n° 91-650, 9 juill. 1991 ; abr. à compter du 1er octobre 2016, Ord. n° 2016-131, 10 févr. 2016).*** **– Les dommages et intérêts ne sont dus que lorsque le débiteur est en demeure de remplir son obligation, excepté néanmoins lorsque la chose que le débiteur s'était obligé de donner ou de faire ne pouvait être donnée ou faite que dans un certain temps qu'il a laissé passer. La mise en demeure peut résulter d'une lettre missive s'il en ressort une interpellation suffisante.**

NB : Rappr. art. 1231, p. 837.

Bibliographie : D. Allix, *Réflexions sur la mise en demeure : JCP* 77, I, 2844. ● X. Lagarde, *Remarques sur l'actualité de la mise en demeure : JCP* 96, I, 3974.

I – CAS DANS LESQUELS UNE MISE EN DEMEURE EST NÉCESSAIRE

1) Dispense conventionnelle de mise en demeure. Le débiteur est constitué en demeure par la seule échéance du terme lorsqu'il résulte de la convention que la chose qu'il s'était engagé à donner ne pouvait plus l'être après l'expiration du délai imparti (■ Cass. civ., 18 oct. 1927 : *DH* 1927, 510). Les juges du fond ont un pouvoir souverain pour constater l'existence d'une pareille clause d'après les circonstances de la cause et l'intention des parties (même arrêt). – V. en ce sens ■ Cass. soc., 26 juin 1959 : *D.* 1959, 529. Lorsqu'il est stipulé dans un contrat de vente que la livraison de la marchandise devra avoir lieu « de suite », les juges du fond peuvent décider que cette clause implique dispense virtuelle de mise en demeure (■ Cass. req., 21 juin 1933 : *DH* 1933, 412). Jugé que le créancier d'une obligation de faire est virtuellement dispensé de la mise en demeure lorsque la convention a fixé une date précise pour l'achèvement des travaux (■ Grenoble, 8 févr. 1965 : *JCP* 66, IV, 62. Comp. ■ Cass. 3e civ., 17 nov. 1971, n° 70-12.083 : *JurisData* n° 1971-000564 ; *Bull. civ.* III, n° 564, p. 402).

2) Mise en demeure sans objet. La mise en demeure n'est pas nécessaire lorsque c'est la faute du débiteur qui a rendu définitivement impossible l'exécution de l'obligation par lui assumée (■ Cass. com., 4 juill. 1955 : *Bull. civ.* III, n° 239, p. 199. ■ Cass. 1re civ., 24 nov. 1965 : *Bull. civ.* I, n° 647, p. 491), ou que le débiteur prend l'initiative de déclarer à son créancier qu'il refuse d'exécuter son obligation (■ Cass. req., 4 janv. 1927 : *DH* 1927, 65. ■ Cass. com., 14 févr. 1967 : *Bull. civ.* III, n° 73, p. 70). La mise en demeure est également sans objet lorsque la résiliation est demandée de part et d'autre (■ Cass. civ., 24 juill. 1928 : *DP* 1930, 1, 16).

3) Demande en dommages-intérêts contre le bailleur. La demande en dommages-intérêts formée contre le bailleur tenu des grosses réparations pour inexécution de ses obligations n'est pas en principe subordonnée à la mise en demeure de l'article 1146 du Code civil, à moins que le locataire néglige d'aviser sous une forme quelconque son propriétaire de la nécessité des réparations dont lui seul, par suite des circonstances, était à même de constater l'urgence (▪ Cass. civ., 5 janv. 1938 : *DH* 1938, 97. V. encore ▪ Cass. 3e civ., 4 juin 2014, n° 13-12.314 : *Bull.* ; *RDC* 2014/4, p. 648, note Seube).

4) Dommage causé par l'inexécution de l'obligation. Si les intérêts moratoires ne sont dus qu'à partir de la mise en demeure, le débiteur est tenu de réparer le dommage qui aurait été causé par l'inexécution de ses obligations avant qu'il ait été en demeure (▪ Cass. 1re civ., 9 déc. 1965 : *Bull. civ.* I, n° 694, p. 531). Une cour d'appel, ayant retenu, par des motifs non critiqués, que l'inexécution du contrat par le vendeur était acquise et avait causé un préjudice à l'acquéreur, en a exactement déduit qu'il y avait lieu d'allouer à ce dernier des dommages-intérêts, nonobstant l'absence de mise en demeure (▪ Cass. ch. mixte, 6 juill. 2007, n° 06-13.823 : *RDC* 2007/4, p. 1115, obs. Mazeaud ; *JCP* 2007, II, 10175, note Mekki ; *JCP* 2008, I, 125, n° 12, obs. Stoffel-Munck ; *D.* 2007, p. 2642, note Viney et p. 2966, obs. Amrani-Mekki, Fauvarque-Cosson ; *Contrats, conc. consom.* 2007, 295, note Leveneur ; *RTD civ.* 2007, p. 787, obs. Jourdain ; *Rev. Lamy dr. civ.* 2007, 2716, chron. E. Garaud ; *Defrénois* 2007, art. 38667-59, p. 1442, obs. Savaux). Prive sa décision de base légale, la cour d'appel qui condamne le débiteur d'une obligation de substitution à dommages-intérêts sans énoncer, eu égard au délai contractuel convenu, les éléments lui permettant de tenir l'inexécution pour établie, ni répondre aux conclusions dénonçant l'absence de mise en demeure (▪ Cass. 1re civ., 22 nov. 2007, n° 06-18.905 : *Bull. civ.* I, n° 367 ; *RDC* 2008/2, p. 295, obs. Carval).

V. antérieurement, la position contraire de ▪ Cass. com., 28 mai 1996, n° 94-17.076 : *JurisData* n° 1996-002083 ; *Bull. civ.* IV, n° 145 (les dommages-intérêts ne sont dus que lorsque le débiteur est en demeure de remplir son obligation).

II – FORMES DE LA MISE EN DEMEURE

5) Lieu de la sommation. Dans les obligations de donner, la sommation doit être faite au lieu où le paiement doit être effectué (▪ Cass. civ., 15 déc. 1925 : *Gaz. Pal.* 1926, 1, 307).

6) Interpellation suffisante. La mise en demeure ne résulte pas nécessairement d'une interpellation directe mais peut résulter d'une demande en justice ou d'un acte d'avoué comme des conclusions (▪ Cass. soc., 23 nov. 1956 : *Bull. civ.* IV, n° 872, p. 655), ou d'une demande reconventionnelle (▪ Cass. com., 4 mars 1958 : *Bull. civ.* III, n° 106, p. 87. ▪ Cass. 1re civ., 30 nov. 1977, n° 76-12.946 : *Gaz. Pal.* 1978, 2, 411, note Plancqueel), sauf si elle est périmée (▪ Cass. 2e civ., 17 déc. 1984, n° 82-15.195 : *JurisData* n° 1984-701963 ; *Bull. civ.* II, n° 200, p. 141), et même d'une simple lettre s'il résulte de celle-ci une interpellation suffisante (▪ Cass. 1re civ., 22 oct. 1956 : *Bull. civ.* I, n° 363, p. 291. ▪ Cass. 3e civ., 31 mars 1971, n° 69-12.294 : *JurisData* n° 1971-098230 ; *JCP* 71, IV, 126 ; *Bull. civ.* III, n° 230, p. 164), mais non d'une simple visite rendue par le créancier au débiteur (▪ Cass. 1re civ., 8 nov. 1961 : *JurisData* n° 1961-000511 ; *Bull. civ.* I, n° 511, p. 404). L'appréciation du caractère suffisant de l'interpellation valant mise en demeure relève du pouvoir souverain du juge du fond (▪ Cass. 1re civ., 20 juin 1995, n° 92-16.365 : *Bull. civ.* I, n° 268, p. 186).

7) Contenu de la mise en demeure. Une mise en demeure n'est opérante que dans la mesure où le débiteur se trouve être, par elle, exactement éclairé sur la consistance de son obligation (▪ Cass. com., 12 oct. 1964 : *Bull. civ.* III, n° 420, p. 375). La mise en demeure ne peut consister en un simple rappel des clauses générales du contrat que l'on prétend violées, mais doit indiquer exactement et de façon précise les infractions reprochées auxquelles il doit être mis fin (▪ Cass. soc., 9 juill. 1963 : *Bull. civ.* IV, n° 579, p. 479).

Art. 1147 ancien *(Abr. à compter du 1er octobre 2016, Ord. n° 2016-131, 10 févr. 2016).* – **Le débiteur est condamné, s'il y a lieu, au paiement de dommages et intérêts, soit à raison de l'inexécution de l'obligation, soit à raison du retard dans l'exécution, toutes les fois qu'il ne justifie pas que l'inexécution provient d'une cause étrangère qui ne peut lui être imputée, encore qu'il n'y ait aucune mauvaise foi de sa part.**

NB : Rappr. art. 1231-1, p. 837.

Bibliographie : A. Anziani et L. Béteille, *Responsabilité civile : des évolutions nécessaires*, Rapport d'information fait au nom de la commission des lois par le groupe de travail relatif à la responsabilité civile : Doc. Sénat, Rapport n° 558, 2008-2009 ; *RDC* 2010/1, p. 23, obs. D. Mazeaud. • Ph. Rémy, *La « responsabilité contractuelle » : histoire d'un faux concept* : *RTD civ.* 1997, 323. • L. Leturmy, *La responsabilité délictuelle du contractant* : *RTD civ.* 1998, 839. • E. Savaux, *La fin de la responsabilité contractuelle ?* : *RTD civ.* 1999, 1. • C. Larroumet, *Pour la responsabilité contractuelle* in *Études offertes à P. Catala*, Litec 2001, 543. • E. Savaux et R.-N. Schütz, *Exécution par équivalent, responsabilité et droits subjectifs* in *Mélanges J.-L. Aubert*, Dalloz 2005, p. 271. • M. Faure-Abbad, *La présentation de l'inexécution contractuelle dans l'avant-projet Catala* : *D.* 2007,

p. 165. • Ph. Le Tourneau, *Brefs propos critiques sur la « responsabilité contractuelle » dans l'avant-projet de réforme du droit de la responsabilité : D.* 2007, p. 2180. • Sur l'avant-projet de réforme du droit de la responsabilité, v. l'ensemble des contributions dans le n° spécial *RDC* 2007/1 et, spécialement sur la responsabilité contractuelle, P. Ancel, *Présentation des solutions de l'avant-projet*, p. 19. • J. Huet, *Observations sur la distinction entre les responsabilités contractuelle et délictuelle dans l'avant-projet de réforme du droit des obligations*, p. 31. • E. Savaux, *Brèves observations sur la responsabilité contractuelle dans l'avant-projet de réforme du droit de la responsabilité*, p. 45. • S. Lorenz, *La responsabilité contractuelle dans l'avant-projet : un point de vue allemand*, p. 57. • J.-P. Gridel, Y.-M. Laithier, *Les sanctions civiles de l'inexécution du contrat imputable au débiteur : état des lieux : JCP* 2008, I, 143. • Th. Genicon, *Observation sur le « chapitre X – Inexécution » du projet de réforme de droit des contrats, in* J. Ghestin (ss dir.), *Observations sur le projet de réforme du droit des contrats : LPA* 12 févr. 2009, n° 31, n° spécial, p. 81. • R. Mésa, *La consécration d'une responsabilité civile punitive : une solution au problème des fautes lucratives ? : Gaz. Pal.* 20 nov. 2009, n°s 324-325, p. 15. • G. Viney, *Quelques propositions de réforme du droit de la responsabilité civile : D.* 2009, p. 2944. • C. Juillet, *La reconnaissance maladroite de la responsabilité contractuelle par la proposition de loi portant réforme de la responsabilité civile, D.* 2011, p. 259. • V. Wester-Ouisse *Responsabilité délictuelle et responsabilité contractuelle : fusion des régimes à l'heure internationale, RTD civ.* 2010, p. 419. • Sur les responsabilités professionnelles, V. *Information, conseil, mise en garde, compétence, etc. Toujours plus d'obligations à la charge du professionnel : RDC* 2012/3, p. 1041 (contributions de M. Behar-Touchais, A. Gourio et D. Legeais, D. Ferrier, N. Dissaux, P. Théry, C. Grimaldi et J.-F. Sagaut, G. Viney et P. Sargos, A. Bénabent). • Sur la responsabilité civile en général, v. aussi la bibliographie sous l'article 1382.

Jurisprudence. V. ss art. 1231-1, p. 837.

Art. 1148 ancien *(Abr. à compter du 1er octobre 2016, Ord. n° 2016-131, 10 févr. 2016).* – **Il n'y a lieu à aucuns dommages et intérêts lorsque, par suite d'une force majeure ou d'un cas fortuit, le débiteur a été empêché de donner ou de faire ce à quoi il était obligé, ou a fait ce qui lui était interdit.**

NB : Rappr. art. 1218, p. 834.

Bibliographie : P.-H. Antonmattéi, *Ouragan sur la force majeure : JCP* 96, I, 3907. • C. Grimaldi, *La force majeure invoquée par le créancier dans l'impossibilité d'exercer son droit : D.* 2009, p. 1298.

1) Principe. L'événement, présentant un caractère imprévisible lors de la conclusion du contrat et irrésistible dans son exécution, est constitutif d'un cas de force majeure, v. ▪ Cass. ass. plén., 14 avr. 2006, n° 02-11.168 : *JurisData* n° 2006-033180 ; *BICC*, n° 643, rapport Petit, avis R. de Gouttes ; *JCP* G 2006, II, 10087, note Grosser ; *D.* 2006, p. 1577, note Jourdain, p. 2645, obs. Amrani-Mekki et Fauvarque-Cosson et p. 1933, obs. Brun ; *RDC* 2006/4, p. 1083, obs. Laithier et p. 1207, obs. Viney ; *LPA* 6 juill. 2006 n° 134, p. 14, note Lemagueresse ; *Rev. Lamy dr. civ.* 2006 n° 29, p. 17, note Mekki ; *Defrénois* 2006, art. 38433-42, p. 1212, obs. Savaux ; *RTD civ.* 2006, p. 775, obs. Jourdain ; *Contrats, conc. consom.* 2006, 152, note Leveneur. Sur cet arrêt, v. encore, Noguéro, « La maladie du débiteur cas de force majeure » *D.* 2006, chron., p. 1566. *Adde*, contrôlant au surplus la condition d'extériorité de l'événement, ▪ Cass. 3e civ., 17 févr. 2010, n° 08-20.943 : *Bull. civ.* 2010, III, n° 47 ; *JCP* 2009, n° 39, 273, obs. Grosser ; *RDC* 2010/3, 818, obs. Genicon, 847, obs. Carval ; *Defrénois* 2010, 1067 ; *Rev. Lamy dr. civ.* 2010, n° 3801, obs. Le Gallou. ▪ Cass. soc., 16 mai 2012, n° 10-17.726 : *Bull.* ; *D.* 2012, p. 1864, note Fardoux.

2) Cumul nécessaire de l'imprévisibilité et de l'irrésistibilité. Seul un événement présentant un caractère imprévisible, lors de la conclusion du contrat, et irrésistible dans son exécution, est constitutif d'un cas de force majeure. En conséquence, viole l'article 1148 l'arrêt qui retient que les ruptures dans la fourniture d'énergie, bien que prévisibles puisque annoncées publiquement, étaient irrésistibles, inévitables et insurmontables dans les conditions de leur survenance et que dans le domaine contractuel, dans de telles circonstances d'irrésistibilité, l'imprévisibilité n'est pas requise (▪ Cass. 1re civ., 30 oct. 2008, n° 07-17.134 : *Bull. civ.* I, n° 243 ; *JCP* 2008, II, 10198, note P. Grosser et I, 123, obs. Stoffel-Munck ; *Resp. civ. et assur.* 2008, comm. 351, note L. Bloch ; *Defrénois* 2008, art. 38874-3, p. 2509, obs. Savaux ; *Contrats, conc. consom.* 2009, comm. 3, note Leveneur ; *D.* 2010, p. 49, obs. Gout ; *RTD civ.* 2009, 126, obs. P. Jourdain ; *RDC* 2009/1, obs. Th. Genicon).

3) Obligation de somme d'argent. Le débiteur d'une obligation contractuelle de somme d'argent inexécutée ne peut s'exonérer de cette obligation en invoquant un cas de force majeure (▪ Cass. com., 16 sept. 2014, n° 13-20.306 : *Bull.* ; *RDC* 2015/1, p. 21, note Laithier et p. 27, note Deshayes ; *D.* 2014, p. 2217, note François ; *JCP* 2014, n° 44, p. 1974, obs. V. Mazeaud ; *RTD civ.* 2014, p. 890, obs. Barbier).

4) Sur les **effets de la force majeure sur le sort du contrat**, voir sous art. 1184 ancien, p. 1148.

I – CARACTÈRE IMPRÉVISIBLE DE LA FORCE MAJEURE

5) Le fait du prince est normalement un cas de force majeure (■ Cass. 1re civ., 29 nov. 1965 : *D.* 1966, 101), mais le retard de l'Administration à délivrer une autorisation n'est pas imprévisible (■ Cass. com., 26 oct. 1954 : *D.* 1955, 213, note Radouant). L'intervention de l'Administration n'est pas davantage constitutive de force majeure lorsqu'elle est provoquée par l'attitude de celui qui en est l'objet (■ Cass. 3e civ., 20 nov. 1985, n° 84-16.225 : *JurisData* n° 1985-703119 ; *Bull. civ.* IV, n° 148, p. 113). Jugé que la cour d'appel, qui n'a pas constaté que les décisions administratives résultaient d'agissements fautifs de la preneuse, a pu retenir un revirement de l'autorité administrative imprévisible lors de la formation du contrat et dans le cours de son exécution tel le fait du prince. L'interruption des travaux puis le retrait du permis de construire constituant des événements insurmontables s'agissant de décisions administratives s'imposant immédiatement quels que soient les recours possibles et contraignant la société locataire à interrompre sur le champ puis à cesser les travaux, la cour d'appel, qui n'était pas tenue d'apprécier le mérite d'un éventuel recours devant les juridictions administratives, a pu en déduire que l'impossibilité d'exécuter le contrat caractérisait la force majeure (■ Cass. 3e civ., 1er juin 2011, n° 09-70.502 : *Bull.*, n° 89 ; *RD imm.* 2011, p. 447, note Poumarède ; *JCP* E 2012, n° 2, p. 26, obs. J.-B. Seube).

Sur le fait du prince, v. F. Luxembourg, *Le fait du prince : convergence du droit privé et du droit public* : *JCP* 2008, I, 119.

6) Guerre, attentat. L'état de guerre ne peut, en principe, être considéré comme constituant un cas de force majeure, mais ce caractère peut lui être reconnu à raison des circonstances (■ Cass. req., 25 janv. 1922 : *DP* 1922, 1, 71. – Comp. ■ Cass. com., 10 oct. 1950 : *Gaz. Pal.* 1951, 1, 20). Jugé qu'un attentat commis contre une gare n'est pas un fait imprévisible s'il est établi que le chef de gare a reçu des menaces de sabotage dans un billet anonyme (■ Cass. 1re civ., 26 janv. 1971, n° 68-12.567 : *JurisData* n° 1971-000027 ; *Bull. civ.* I, n° 27, p. 22). Jugé aussi que l'agression par surprise du conducteur d'un camion-citerne qui n'a pu empêcher un groupe de manifestants de vider le vin contenu dans la citerne est une action qui relève de la force majeure et qui exonère le voiturier (■ Bordeaux, 6 juin 1977 : *JCP* 79, II, 19047, note Rodière), de même que des émeutes d'agriculteurs (■ Cass. 1re civ., 17 nov. 1999, n° 97-16.335 : *JurisData* n° 1999-004006 ; *Contrats, conc. consom.* 2001, 53, note Leveneur ; *JCP* 2000, IV, 1004 ; *Defrénois* 2000, 728, obs. Delebecque). La société qui a confié à un organisateur de voyages le soin de transporter et d'héberger des membres de son personnel ne peut invoquer la force majeure pour obtenir remboursement des sommes versées après l'annulation par elle du voyage la veille du déclenchement de la guerre du Golfe (■ Cass. 1re civ., 8 déc. 1998, n° 96-17.811 : *JurisData* n° 1998-004771 ; *JCP* 99, II, 10106, 2e esp., note Dagorne-Labbe ; *Contrats, conc. consom.* 1999, 36, note Leveneur ; *Defrénois* 1999, 370, obs. Delebecque. V. cependant, retenant que la guerre du Golfe, même prévisible, présente pour un commissionnaire de transport un caractère de force majeure en raison de l'irrésistibilité de la situation. ■ Cass. com., 16 mars 1999, n° 97-11.428 : *JurisData* n° 1999-001252 ; *Contrats, conc. consom.* 1999, 86, note Leveneur).

7) Agressions. Les agressions commises sur le parcours par des tiers ne sont pas imprévisibles pour la SNCF (■ Cass., 1re civ., 21 nov. 2006, n° 05-10.783 : *JurisData* n° 2006-036026 ; *D.* 2007, p. 15, obs. Gallmeister ; *Contrats, conc. consom.* 2007, comm. 89, note Leveneur ; ■ Aix-en-Provence, 30 juin 1999, n° 95/15305 : *JurisData* n° 1999-045247 ; *JCP* 2000, IV, 2668. V. aussi ■ Cass. 1re civ., 12 déc. 2000, n° 98-20.635 : *JurisData* n° 2000-007311 ; *JCP* 2001, IV, 1250 ; *Resp. civ. et assur.* 2001, 72 ; *Contrats, conc. consom.* 2001, 53, note Leveneur ; *Bull. civ.* I, n° 323, p. 209 ; *D.* 2001, somm. 2230, obs. Jourdain. ■ Cass. 1re civ., 3 juill. 2002 : *JCP* 2002, IV, 2475 ; *D.* 2002, 2631, note Gridel ; *JurisData* n° 2002-015091 ; *Bull. civ.* I, n° 183, p. 141 ; *JCP* 2003, I, 152, n° 31, obs. Viney : *RTD civ.* 2002, 821, obs. Jourdain. – H. Groutel, *La SNCF est-elle responsable des agressions de voyageurs ? : Resp. civ. et assur.* 2001, chron. 6). Mais retient à bon droit qu'une agression commise par le passager d'un train présentait pour la SNCF un caractère imprévisible et irrésistible, une cour d'appel qui, après avoir constaté que celui-ci s'était soudainement approché de la victime et l'avait poignardée sans avoir fait précéder son geste de la moindre parole ou de la manifestation d'une agitation anormale, estime qu'un tel geste, en raison de son caractère irrationnel, n'eût pu être empêché ni par un contrôle à bord du train des titres de transport, faute pour les contrôleurs d'être investis du pouvoir d'exclure du train un voyageur dépourvu de titre de transport comme l'était l'agresseur, ni par la présence permanente d'un contrôleur dans la voiture, non plus que par une quelconque autre mesure à bord du train (■ Cass. 1re civ., 23 juin 2011, n° 10-15.811 : *Bull.*, n° 123 ; *RDC* 2011, p. 1183, obs. Deshayes ; *RCA* 2011, n° 314, obs. Groutel ; *RTD civ.* 2011, p. 772, note Jourdain ; *JCP* 2011, n° 47, p. 2286, note Paulin ; *ibid.*, n° 48, p. 2374, obs. Stoffel-Munck et Bloch ; *Contrats, conc.*

consom. 2011, n° 11, p. 14, note Leveneur). Il appartient à la SNCF de s'assurer de l'absence de passagers dans la rame avant de la diriger vers le dépôt (■ Cass. 2e civ., 15 déc. 2005, n° 03-16.772 : *JurisData* n° 2005-031287 ; *Resp. civ. et assur.* 2006, 75, piéton ivre heurté par un train sur une « voie d'évolution »).

8) Météo. Une gelée tardive, même classée « calamité agricole » n'est pas un événement imprévisible (■ Cass. soc., 25 oct. 1995, n° 93-40.866 : *JurisData* n° 1995-002695 ; *JCP* 95, IV, 2628 ; *Bull. civ.* V, n° 285, p. 205). EDF ne peut s'exonérer en invoquant un froid exceptionnel constitutif de force majeure, dès lors qu'il est établi que la région et le pays ont connu à cette période des températures tout à fait inhabituelles et qu'elle ne justifie pas que les jours précis où se sont produites les interruptions incriminées, le froid ait été si exceptionnel qu'il ne pouvait être raisonnablement prévu (■ TGI Angers, 11 mars 1986 : *JurisData* n° 1986-601018 ; *JurisData* n° 1986-601018 ; *JCP* 87, II, 20789, note Gridel). Jugé cependant que doivent être rangées dans la catégorie des cas de force majeure les interruptions de fourniture de courant dues à la présence de corps étrangers sur la ligne, à de violents orages et à la surcharge de lignes par suite de fortes chutes de neige collante (■ Nîmes, 8 mars 1990 : *JCP* 90, II, 21573, 1re esp., note Paisant). Un ouragan d'une violence exceptionnelle peut constituer un événement de force majeure (■ Cass. 3e civ., 11 mai 1994, n° 92-16.201 : *JurisData* n° 1994-000921 ; *Bull. civ.* III, n° 94, p. 60). La constatation administrative de l'état de catastrophe naturelle ne permet pas à elle seule de déduire que l'événement a le caractère de force majeure (■ Cass. 3e civ., 24 mars 1993, n° 91-14.080 : *JurisData* n° 1993-001742 ; *RTD civ.* 1993, 594, obs. Jourdain, glissement de terrain sur un sol argileux. ■ Cass. 3e civ., 10 déc. 2002 : *JCP* 2003, IV, 1223 ; *JurisData* n° 2002-016785 ; *Defrénois* 2003, 262, obs. Savaux, locataires victimes d'inondations. V. aussi en matière délictuelle ■ Cass. 3e civ., 14 févr. 1996, n° 93-21.540 : *JurisData* n° 1996-000632 ; *Resp. civ. et assur.* 1996, 243, éboulement d'une terrasse résultant de la conjonction de fortes pluies assimilées à l'état de catastrophe naturelle par un arrêté ministériel, de la situation vulnérable des lieux en pente et de la nature du terrain). L'abondance des pluies peut être considérée comme ne constituant pas un cas de force majeure (■ Cass. 2e civ., 12 déc. 2002, n° 01-10.974 : *JurisData* n° 2002-016781 ; *Contrats, conc. consom.* 2003, 53, 2e esp., note Leveneur ; *RTD civ.* 2003, 301, obs. Jourdain). Sur le point de savoir si la sécheresse est un cas de force de majeure, voir sous art. 1792.

9) Faute de la victime. Le transporteur ferroviaire, tenu envers les voyageurs d'une obligation de sécurité de résultat, ne peut s'exonérer de sa responsabilité en invoquant la faute d'imprudence de la victime que si cette faute, quelle qu'en soit la gravité, présente les caractères de la force majeure (■ Cass. ch. mixte, 28 nov. 2008, n° 06-12.307 : *Bull. civ.*, ch. mixte, n° 3 ; *JCP* 2009, II, 10011, note. P. Grosser et I, 123, obs. Ph. Stoffel-Munck ; *D.* 2008, p. 3079, note I. Gallmeister ; *Resp. civ. et assur.* 2009, comm. 4, note S. Hocquet-Berg ; *RDC* 2009/2, p. 487, obs. Th. Genicon ; *D.* 2010, p. 49, obs. Gout et p. 224, obs. Fauvarque-Cosson ; *D.* 2009, p. 461, note Viney, et pan. p. 972, obs. Kenfack ; *RTD civ.* 2009, p. 129, obs. P. Jourdain). Le **fait non imprévisible ni inévitable de la victime** ne constitue une cause d'exonération partielle pour celui qui a contracté une obligation déterminée de sécurité que s'il présente un caractère fautif (■ Cass. 1re civ., 31 janv. 1973 : *JurisData* n° 1973-000041 ; *D.* 1973, 149, note Schmelck). Mais jugé que le transporteur tenu d'une obligation de sécurité de résultat envers un voyageur ne peut s'en exonérer partiellement et que la faute de la victime, à condition de présenter le caractère de la force majeure, ne peut jamais emporter qu'exonération totale (■ Cass. 1re civ., 13 mars 2008, n° 05-12.551 : *JCP* 2008, II, 10085, note Grosser et I, 186, obs. Stoffel-Munck ; *D.* 2008, p. 1582, note Viney et p. 2894, obs. Brun et Jourdain ; *Contrats, conc. consom.* 2008, 173, note Leveneur ; *RTD civ.* 2008, p. 312, obs. Jourdain). Retenant l'irrésistibilité du comportement de la victime, pour une personne aidant sa sœur à s'installer dans le train en partance et qui descend du train en marche (V. ■ Cass. 2e civ., 23 janv. 2003 : *JCP* 2003, IV, 1431 ; *JurisData* n° 2003-017463 ; *D.* 2003, 2465, note Depadt-Sebag).

10) Moment d'appréciation de l'imprévisibilité. L'imprévisibilité doit être appréciée au moment de la conclusion du contrat (■ Cass. ass. plén., 14 avr. 2006, préc. ■ Cass. 1re civ., 30 oct. 2008, préc. ■ Cass. com., 21 nov. 1967 : *JCP* 68, II, 15462, note Le Galcher-Baron. ■ Paris, 9 juin 1961 : *D.* 1962, 297, note Radouant).

11) Mesures préventives. Si l'irrésistibilité de l'événement est, à elle seule, constitutive de la force majeure, lorsque sa prévision ne saurait permettre d'en empêcher les effets, encore faut-il que le débiteur ait pris toutes les mesures requises pour éviter la réalisation de cet événement (■ Cass. 1re civ., 9 mars 1994, n° 91-17.459 : *Bull. civ.* I, n° 91, p. 70 ; *JCP* 94, I, 3773, n° 6, obs. Viney ; *RTD civ.* 1994, 871, obs. Jourdain, vol à main armée dans un hôtel). Mais sur l'exigence du cumul de l'imprévisibilité et de l'irrésistibilité, V. ■ Cass. ass. plén., 14 avr. 2006, préc., et surtout ■ Cass. 1re civ., 30 oct. 2008, préc. ■ Cass. 2e civ., 23 janv. 2003 : *JCP* 2003, IV, 1432 ; *JurisData* n° 2003-017468 ; *Resp. civ. et assur.* 2003, 96, preuve non rapportée par la SNCF qu'elle a pris toutes les précautions rendues nécessaires par l'éventuelle présence intempestive d'un piéton sur un passage à niveau. V. en ce sens ■ Cass. 1re civ., 7 mars 1966 : *JCP* 66, II, 14878, 1re esp., note J. Mazeaud. ■ Cass. com., 1er oct. 1997, n° 95-13.262 : *JurisData* n° 1997-003761 ; *JCP* 98, I, 144, n° 13, obs. Viney ; *Bull.* IV, n° 240, p. 209 ; *RTD civ.* 1998, 121, obs. Jourdain ; *D.* 1998, somm. 199, obs. Delebecque. Ne constitue pas un événement imprévisible et irrésistible caractérisant un cas de force majeure de nature à exonérer un syndicat d'adduction d'eau de son obligation de résultat de délivrer une eau propre à la consommation, la pollution de cette eau résultant d'une agriculture intensive alors que la mise en place de mesures adéquates était de nature à éviter la distribution d'une eau polluée (■ Cass. 1re civ., 30 mai 2006 : *JurisData* n° 2006-033701 ; *Bull. civ.* I, n° 279, p. 244).

12) Maladie. Le débiteur empêché d'exécuter par la maladie est exonéré dès lors que cet événement, présentant un caractère imprévisible lors de la conclusion du contrat et irrésistible dans son exécution, est constitutif d'un cas de force majeure. Ayant retenu que seul le débiteur était en mesure de réaliser la machine et qu'il s'en était trouvé empêché par son incapacité temporaire partielle puis par la maladie ayant entraîné son décès, que l'incapacité physique résultant de l'infection et de la maladie grave survenues après la conclusion du contrat présentait un caractère imprévisible et que la chronologie des faits ainsi que les attestations relatant la dégradation brutale de son état de santé faisaient la preuve d'une maladie irrésistible, la cour d'appel a décidé à bon droit que ces circonstances étaient constitutives d'un cas de force majeure (■ Cass. ass. plén., 14 avr. 2006, préc.). Comp. auparavant, ■ Cass. 1re civ., 6 nov. 2002 : *Contrats, conc. consom.* 2003, 53, 1re esp., note Leveneur ; *JCP* 2002, IV, 3053 ; *Resp. civ. et assur.* 2003, 41 ; *JurisData* n° 2002-016221 ; *Bull. civ.* I, n° 258, p. 201 ; *JCP* 2003, I, 152, n° 32, obs. Viney ; *RTD civ.* 2003, 301, obs. Jourdain (viole l'article 1148 l'arrêt qui retient que l'indisponibilité d'une égyptologue devant participer à un voyage culturel justifie le paiement prévu en cas d'annulation du voyage par l'organisateur au motif que la maladie d'une personne âgée n'est pas imprévisible, alors que la seule irrésistibilité de l'événement caractérise la force majeure). V. encore ■ Cass. 3e civ., 22 janv. 2014, n° 12-28.246 : *Bull.* ; *RDC* 2014/3, p. 398, note Seube ; *Gaz. Pal.* 2014, n° 99, p. 28, obs. Houtcieff (ne caractérise pas la force majeure de nature à excuser la cession ou la sous-location illicites d'un bail rural une cour d'appel qui retient que la survenance d'une maladie affectant le locataire légitime le recours à un tiers pour faire face aux contraintes physiques de l'exploitation des terres).

II – CARACTÈRE IRRÉSISTIBLE DE LA FORCE MAJEURE

13) La difficulté d'exécuter ne suffit pas à caractériser la force majeure (■ Cass. civ., 5 déc. 1927 : *DH* 1928, 84. – Voir cependant ■ Cass. 3e civ., 24 juin 1971, n° 70-12.017 : *JurisData* n° 1971-000404 ; *D.* 1971, somm. 138, difficultés non insurmontables mais particulièrement sérieuses). Les difficultés financières et de fonctionnement d'une association ne peuvent caractériser à elles seules la force majeure (■ Cass. soc., 20 févr. 1996, n° 93-42.663 : *JurisData* n° 1996-000558 ; *D.* 1996, 633, note Puigelier). La survenance d'un attentat ne constitue pas un cas de force majeure dans la mesure où les participants à une croisière ont pu la poursuivre jusqu'à son terme et bénéficier de toutes les prestations fournies (■ Cass. 1re civ., 16 nov. 2004, n° 02-17.381 : *JurisData* n° 2004-025626 ; *Bull. civ.* I, n° 277, p. 232).

14) Météo. La responsabilité d'EDF doit être retenue du fait des interruptions de courant constatées dès lors qu'elle ne justifie pas de ce qu'il lui était impossible de parer à une période de froid inhabituelle (■ TGI Angers, 11 mars 1986 : *JCP* 87, II, 20789, note Gridel. Voir cependant pour des interruptions de fourniture de courant dues à la présence de corps étrangers sur la ligne, à de violents orages et à la surcharge de lignes par suite de fortes chutes de neige collante, ■ Nîmes, 8 mars 1990 : *JCP* 90, II, 21573, 1re esp., note Paisant).

15) Exécution plus onéreuse. Le fait que l'exécution soit rendue plus onéreuse ne suffit pas à caractériser la force majeure (■ Cass. civ., 4 août 1915 : *DP* 1916, 1, 22. ■ Cass. soc., 8 mars 1972, n° 71-40.429 : *JurisData* n° 1972-096190 ; *D.* 1972, 340). Il n'y a pas force majeure si le débiteur est capable d'exécuter par substitution même si cette exécution est plus onéreuse (■ Cass. com., 12 nov. 1969 : *JCP* 71, II, 16791, note de Juglart et du Pontavice, 1re esp.).

16) Empêchement momentané. Si l'empêchement est momentané, l'exécution de l'obligation est seulement suspendue (■ Cass. req., 12 déc. 1922 : *DP* 1924, 1, 186. ■ Cass. 1re civ., 24 févr. 1981 : *JurisData* n° 1981-700583 ; *D.* 1982, 479, note Martin). La force majeure n'exonère le débiteur de ses obligations que pendant le temps où elle l'empêche de donner ou de faire ce à quoi il s'est obligé (■ Cass. 3e civ., 22 févr. 2006, n° 05-12.032 : *JurisData* n° 2006-032298 ; *Resp. civ. et assur.* 2006, 124, note Groutel ; *D.* 2006, p. 2972, note Beaugendre ; *RDC* 2006/3, p. 763, obs. Seube et p. 829, obs. Carval ; *RDC* 2006/4, p. 1087, obs. Laithier).

III – CARACTÈRE EXTÉRIEUR DE LA FORCE MAJEURE

17) Principe. Sur le principe que la force majeure suppose un événement extérieur à l'activité du débiteur de l'obligation, V. ▪ Cass. 1re civ., 26 mai 1994, n° 92-21.602 : *JurisData* n° 1994-001171 ; *JCP* 94, I, 3809, n° 11, obs. Viney ; *Bull. civ.* I, n° 190, p. 138 ; *Contrats, conc. consom.* 1994, 189, note Leveneur (distribution par une municipalité d'eau corrosive).

18) **La faillite** n'est pas un cas de force majeure pour le débiteur (▪ Cass. civ., 15 mai 1944 : *D.* 1945, 15. ▪ Cass. civ., 15 mai 1945 : *D.* 1946).

19) Maladie. La maladie d'un salarié peut, par sa prolongation, devenir un cas de force majeure entraînant la rupture du contrat de travail (▪ Cass. soc., 14 oct. 1960 : *JCP* 61, II, 11985. – V. en ce sens ▪ Cass. soc., 18 janv. 1967 : *Bull. civ.* IV, n° 54, p. 44). Jugé que la maladie d'une personne inscrite dans un cours privé peut constituer un cas de force majeure, même si elle n'est pas extérieure à l'élève (▪ Cass. 1re civ., 10 févr. 1998, n° 96-17.060 : *JurisData* n° 1998-000557 ; *JCP* 98, I, 155, n° 12, obs. Jamin, II, 10124, note Paisant ; *Bull. civ.* I, n° 53, p. 34 ; *D.* 1998, 539, note D. Mazeaud ; *Contrats, conc. consom.* 1998, 70, note Leveneur ; *RTD civ.* 1998, 689, obs. Jourdain ; *Defrénois* 1998, 1051, obs. D. Mazeaud). Mais jugé en sens inverse pour la maladie d'un vacancier l'obligeant à renoncer à son départ pour un voyage organisé (▪ Cass. 1re civ., 2 oct. 2001, n° 99-19.816 : *JurisData* n° 2001-011177 ; *Contrats, conc. consom.* 2002, 24, note Leveneur, relevant que l'organisateur avait informé les personnes inscrites, en majorité retraitées, de la possibilité de souscrire une assurance-annulation). V. encore, sous le même article, annot. n° 12, p. 1118.

20) **La grève** peut, selon les circonstances, être analysée ou non comme un cas de force majeure (▪ Cass. com., 24 nov. 1953 : *JCP* 54, II, 8302, note Radouant. ▪ Cass. 1re civ., 7 mars 1966 et ▪ Cass. com., 28 févr. 1966 : *JCP* 66, II, 14878, note J. Mazeaud. ▪ Cass. ch. mixte, 4 févr. 1983, 2 arrêts : *JurisData* n° 1983-700162 ; *Bull. civ.* n° 1 et 2, p. 1). Jugé qu'il appartient aux juges du fond de rechercher si le fait que les salariés ont cessé le travail sans préavis, parfois même en cours d'exécution du contrat, ne confère pas un caractère imprévisible et irrésistible aux mouvements de grève et n'est pas de nature à mettre l'employeur dans l'impossibilité absolue d'exécuter ses obligations par l'effet d'une cause étrangère qui ne lui serait pas imputable (▪ Cass. 1re civ., 6 oct. 1993, n° 90-16.493 : *JurisData* n° 1993-002705 ; *Contrats, conc. consom.* 1994, 3, note Leveneur ; *JCP* 94, I, 3773, n° 7, obs. Viney ; *RTD civ.* 1994, 873, obs. Jourdain). Ont pu être considérées comme un cas de force majeure les grèves du personnel d'EDF survenues en janvier 1987, dans le cadre d'un mouvement de grande ampleur affectant l'ensemble du secteur public (▪ Cass. 1re civ., 24 janv. 1995, n° 92-18.227 : *JurisData* n° 1995-000267 ; *JCP* 95, I, 3893, n° 1, obs. Viney ; *Bull.* I, n° 54, p. 38), ou la grève des grutiers d'un port décidée subitement dans des conditions illicites (▪ Cass. 1re civ., 11 juin 1996, n° 94-14.293 : *JurisData* n° 1996-002373 ; *JCP* 96, IV, 1792 ; *Bull.* I, n° 242, p. 170 ; *Resp. civ. et assur.* 1996, 303). V. encore ▪ Cass. 1re civ., 30 oct. 2008, préc.

21) Fait du préposé. Les juges du fond ne peuvent qualifier un fait en force majeure exonératoire sans relever qu'il fût dû à une personne étrangère à l'entreprise, ▪ Cass. 1re civ., 14 oct. 2010, n° 09-16.967 : *Bull. civ.*, n° 198 ; *RDC* 2011/2, p. 454, obs. G. Viney.

22) Attentat. Le transporteur doit démontrer que le ou les auteurs de l'attentat ne faisaient pas partie de son personnel (▪ Cass. 1re civ., 3 oct. 1967 : *JurisData* n° 1967-700272 ; *JCP* 68, II, 15365, note Durand. ▪ Cass. 1re civ., 18 déc. 1967 : *JCP* 68, II, 15430, note Durand).

23) Désaccord entre médecins. Cause étrangère pour la clinique (non). Le refus de deux chirurgiens de collaborer avec un médecin anesthésiste ne constitue pas pour la clinique une cause étrangère justifiant l'inexécution de ses obligations à la suite de la rupture du contrat la liant à l'anesthésiste dès lors que les deux chirurgiens assument dans la société un rôle prépondérant de direction (▪ Cass. 1re civ., 3 févr. 1993, n° 90-19.262 : *JurisData* n° 1993-000208 ; *Bull. civ.* I, n° 61 ; *D.* 1994, 265, note Dorsner-Dolivet, et somm. 12, obs. Delebecque ; *RTD civ.* 1994, 874, obs. Jourdain).

24) « Bogue » informatique de la banque du débiteur. Ayant constaté que le dernier virement effectué ne l'ayant été qu'avec retard en raison d'un incident technique, que l'ordre donné par le débiteur précisait que le virement devait être effectué le 25 de chaque mois, que l'ordre mentionnant que le virement était effectué sans contrôle du solde impliquait un découvert autorisé, que le problème informatique auquel s'était trouvée confrontée la banque du débiteur était la seule cause du non-respect du règlement de la dernière mensualité, que cet événement était imprévisible dès lors que l'ordre de virement avait été donné pour le 25 de chaque mois avec une marge suffisante pour permettre au virement d'être crédité au plus tard le 1er de chaque mois et qu'aucun incident n'avait eu lieu pendant dix-sept mois, qu'il était irrésistible pour la débitrice en raison de la période estivale et de fin de semaine au cours de laquelle l'incident technique s'était produit empêchant tout paiement par un autre moyen avant le terme fixé pour autant que la société en eût été immédiatement informée, ce qui n'avait pas été le cas, que cet incident était survenu dans le système informatique de la banque totalement extérieur à la débitrice elle-même, la cour d'appel, qui a exactement retenu que cet événement constituait un cas de force majeure pour la débitrice, a pu en déduire que la clause résolutoire ne devait pas produire effet (■ Cass. 3e civ., 17 févr. 2010, n° 08-20.943 : *Bull. civ.* 2010, III, n° 47 ; *JCP* 2009, n° 39, 273, obs. Grosser ; *RDC* 2010/3, 818, obs. Genicon, 847, obs. Carval ; *Defrénois* 2010, 1067 ; *Rev. Lamy dr. civ.* 2010, n° 3801, obs. Le Gallou).

Art. 1149 ancien ***(Abr. à compter du 1er octobre 2016, Ord. n° 2016-131, 10 févr. 2016).*** **– Les dommages et intérêts dus au créancier sont, en général, de la perte qu'il a faite et du gain dont il a été privé, sauf les exceptions et modifications ci-après.**

NB : Rappr. art. 1231-2, p. 872.

Bibliographie : A. Pinna, *La mesure du préjudice contractuel*, préf. P.-Y. Gautier, LGDJ, 2007. • Y.-M. Serinet, *Les domaines respectifs de la remise en état par voie de restitution et de réparation in Mélanges Viney*, LGDJ-Lextenso 2008, p. 867.

Jurisprudence. V. ss art. 1231-2, p. 872.

Art. 1150 ancien ***(Abr. à compter du 1er octobre 2016, Ord. n° 2016-131, 10 févr. 2016).*** **– Le débiteur n'est tenu que des dommages et intérêts qui ont été prévus ou qu'on a pu prévoir lors du contrat, lorsque ce n'est point par son dol que l'obligation n'est point exécutée.**

NB : Rappr. art. 1231-3, p. 874.

Bibliographie : I. Souleau, *La prévisibilité du dommage contractuel (Défense et illustration de l'article 1150 du Code civil)*, thèse Paris II, 1979. • J. Falin, *La réparation du dommage contractuel prévisible : Dr. et patrimoine* mai 2009, p. 50. • O. Bustin, *Les présomptions de prévisibilité du dommage contractuel : D.* 2012, p. 238.

Jurisprudence. V. ss art. 1231-3, p. 874.

Art. 1151 ancien ***(Abr. à compter du 1er octobre 2016, Ord. n° 2016-131, 10 févr. 2016).*** **– Dans le cas même où l'inexécution de la convention résulte du dol du débiteur, les dommages et intérêts ne doivent comprendre, à l'égard de la perte éprouvée par le créancier et du gain dont il a été privé, que ce qui est une suite immédiate et directe de l'inexécution de la convention.**

NB : Rappr. art. 1231-4, p. 877.

Sur le caractère direct du préjudice, V. sous art. 1383 ancien, annot. n° 67 et s., p. 901.

Art. 1152 ancien ***(Mod., L. n° 75-597, 9 juill. 1975 ; L. n° 85-1097, 11 oct. 1985 ; abr. à compter du 1er octobre 2016, Ord. n° 2016-131, 10 févr. 2016).*** **–** (1) **Lorsque la convention porte que celui qui manquera de l'exécuter payera une certaine somme à titre de dommages-intérêts, il ne peut être alloué à l'autre partie une somme plus forte, ni moindre.**

Néanmoins, le juge peut, même d'office, modérer ou augmenter la peine qui avait été convenue, si elle est manifestement excessive ou dérisoire. Toute stipulation contraire sera réputée non écrite (2).

NB : Rappr. art. 1231-5, p. 877.

Voir : C. consom., art. L. 312-39, L. 312-40, p. 2078, art. L. 313-47, p. 2096, art. L. 313-51, p. 2097, art. L. 313-60, p. 2098, art. L. 315-17, p. 2106 et art. L. 315-23, p. 2107.

Bibliographie : Ph. Malaurie, *La révision judiciaire de la clause pénale : Defrénois* 1976, 533. • G. Paisant, *Dix ans d'application de la réforme des articles 1152 et 1231 du Code civil relative à la clause pénale : RTD civ.* 1985, 647.

1) **Jurisprudence.** V. ss art. 1231-5, p 877.

2) ***Inexécution partielle.*** Sur la révision judiciaire de la clause pénale en cas d'inexécution partielle, V. art. 1231 ancien, p. 1177

(1) Dispositions applicables en Nouvelle-Calédonie dans leur version en vigueur au 21 juin 2013, Ord. n° 2013-516, 20 juin 2013, art. 1er.

(2) Disposition applicable aux contrats et aux instances en cours, art. 3.

Art. 1153 ancien *(Mod., L. n° 75-619, 11 juill. 1975 ; L. n° 92-644, 13 juill. 1992 ; abr. à compter du 1er octobre 2016, Ord. n° 2016-131, 10 févr. 2016).* **– Dans les obligations qui se bornent au paiement d'une certaine somme, les dommages-intérêts résultant du retard dans l'exécution ne consistent jamais que dans la condamnation aux intérêts au taux légal, sauf les règles particulières au commerce et au cautionnement.**

Ces dommages et intérêts sont dus sans que le créancier soit tenu de justifier d'aucune perte.

Ils ne sont dus que du jour de la sommation de payer, ou d'un autre acte équivalent telle une lettre missive s'il en ressort une interpellation suffisante, excepté dans le cas où la loi les fait courir de plein droit.

Le créancier auquel son débiteur en retard a causé, par sa mauvaise foi, un préjudice indépendant de ce retard peut obtenir des dommages et intérêts distincts des intérêts moratoires de la créance.

NB : Rappr. art. 1231-6, 1344-1, p. 879.

Jurisprudence. V. ss art. 1231-6, p. 879.

Art. 1153-1 ancien *(L. n° 85-677, 5 juill. 1985 ; abr. à compter du 1er octobre 2016, Ord. n° 2016-131, 10 févr. 2016).* **– En toute matière, la condamnation à une indemnité emporte intérêts au taux légal même en l'absence de demande ou de disposition spéciale du jugement. Sauf disposition contraire de la loi, ces intérêts courent à compter du prononcé du jugement à moins que le juge n'en décide autrement.**

En cas de confirmation pure et simple par le juge d'appel d'une décision allouant une indemnité en réparation d'un dommage, celle-ci porte de plein droit intérêt au taux légal à compter du jugement de première instance. Dans les autres cas, l'indemnité allouée en appel porte intérêt à compter de la décision d'appel. Le juge d'appel peut toujours déroger aux dispositions du présent alinéa.

NB : Rappr. art. 1231-7, p. 881.

Voir : C. monét. fin., art. L. 313-2 et L. 313-3, p. 2282.

Jurisprudence. V. ss art. 1231-7, p. 881.

Art. 1154 ancien *(Abr. à compter du 1er octobre 2016, Ord. n° 2016-131, 10 févr. 2016).* **– Les intérêts échus des capitaux peuvent produire des intérêts, ou par une demande judiciaire, ou par une convention spéciale, pourvu que, soit dans la demande, soit dans la convention, il s'agisse d'intérêts dus au moins pour une année entière.**

NB : Rappr. art. 1343-2, p. 988.

1) Date de la convention. La convention d'anatocisme peut être conclue avant l'échéance des intérêts à condition qu'il s'agisse d'intérêts dus au moins pour une année entière (▪ Cass. civ., 19 oct. 1938 : *DH* 1938, 561).

2) Nécessité d'une demande en justice en l'absence de convention. En l'absence de convention, une demande en justice est indispensable, une production à contribution n'étant pas suffisante (▪ Cass. civ., 21 juill. 1936 : *DH* 1936, 442). Il n'entre pas dans les pouvoirs du juge des référés de prononcer la capitalisation des intérêts échus (▪ Cass. 3e civ., 4 mars 1987 : *Bull. civ.* III, n° 41, p. 25).

3) Condition de la demande en justice. S'agissant d'une demande en justice, l'article 1154 n'exige pas que, pour produire des intérêts, les intérêts échus soient dus au moins pour une année entière au moment de la demande, mais seulement que celle-ci vise les intérêts dus pour une telle durée. Viole ce texte la cour d'appel qui écarte la demande en capitalisation en énonçant que moins d'une année s'est écoulée entre le jour du dépôt du rapport d'expertise et la date de la demande (▪ Cass. 1re civ., 12 mars 1991, n° 89-19.133 : *JurisData* n° 1991-700735 ; *JCP* 91, IV, 184 ; *Bull. civ.* I, n° 89, p. 59. V. en ce sens ▪ Cass. 3e civ., 26 févr. 1974, n° 72-14.823 : *JurisData* n° 1974-098088 ; *D.* 1974, somm. 79. ▪ Cass. 3e civ., 18 févr. 1998, n° 96-12.221 : *JurisData* n° 1998-000667 ; *JCP* 98, IV, 1781 ; *Bull. civ.* III, n° 42, p. 29. ▪ Cass. 2e civ., 1er juin 2011, n° 10-18.829).

4) Office du juge. Sur le principe que les juges du fond ne peuvent refuser la capitalisation dès lors qu'il s'agit d'intérêts dus au moins pour une année entière, V. ▪ Cass. 1re civ., 16 avr. 1996, n° 94-11.129 : *JurisData* n° 1996-001669 ; *JCP* 96, IV, 1370 ; *Bull. civ.* I, n° 180, p. 125 ; *Defrénois* 1996, 1443, obs. Champenois. ▪ Cass. 1re civ., 6 juin 2001, n° 98-21.217 : *JCP* 2001, IV, 2442 ; *Bull. civ.* I, n° 157, p. 103. ▪ Cass. 1re civ., 6 oct. 2011, n° 10-23.742.

5) Date d'effet de la capitalisation. La capitalisation ne prend effet qu'à la date de la demande (▪ Cass. civ., 14 nov. 1899 : *DP* 1900, 1,

72. ■ Cass. 2e civ., 3 juill. 1991, n° 90-13.158 : *JurisData* n° 1991-001792 ; *Bull. civ.* II, n° 208, p. 110. ■ Cass. 1re civ., 19 déc. 2000, n° 98-14.487 : *JurisData* n° 2000-007496 ; *Resp. civ. et assur.* 2001, 109 ; *Bull. civ.* I, n° 330, p. 213).

6) Durée de la capitalisation. La cour d'appel qui a décidé la capitalisation dans les conditions de l'article 1154 a nécessairement réservé cette capitalisation pour au moins une année entière (■ Cass. 3e civ., 8 mars 1995, n° 93-13.912 : *Bull. civ.* III, n° 77, p. 52 ; *D.* 1996, somm. 121, obs. Libchaber). Dès lors que la capitalisation a été sollicitée, elle s'accomplit sans qu'il soit nécessaire de formuler une nouvelle demande ou de procéder à l'établissement d'un arrêté de compte, à l'expiration de chaque période annuelle (■ Cass. 2e civ., 28 févr. 1996, n° 94-13.009 : *JurisData* n° 1996-000853 ; *JCP* 96, IV, 934 ;*Bull.* II, n° 46, p. 29. ■ Cass. com., 29 avr. 1997, n° 95-15.462 : *JurisData* n° 1997-001890 ; *JCP* 97, IV, 1261 ; *Bull.* IV, n° 114, p. 100 ; *D.* 1998, somm. 114, 1re esp., obs. Libchaber).

7) Sommes non encore liquidées. La capitalisation des intérêts peut avoir lieu même si les sommes dues ne sont pas encore liquidées et le décompte des intérêts non encore fait (■ Cass. 1re civ., 21 janv. 1976 : *JurisData* n° 1976-799029 ; *D.* 1976, 369, note Gaury. V. aussi pour les intérêts d'une somme sujette à rapport successoral ■ Cass. 1re civ., 23 mars 1994, n° 92-13.345 : *JCP* 94, IV, 1389 ; *Bull. civ.* I, n° 115, p. 85 ; *RTD civ.* 1994, 912, obs. Patarin). Les juges peuvent refuser la capitalisation demandée si c'est par la faute du créancier que la liquidation de la dette n'a pu avoir lieu (■ Cass. req., 16 juin 1942 : *DA* 1943, 11. ■ Cass. com., 20 oct. 1992, n° 90-13.072 : *JurisData* n° 1992-002288 ; *JCP* 92, IV, 3089).

8) Compte courant. Sur la capitalisation trimestrielle des intérêts en matière de compte courant, v. ■ Cass. civ., 21 juill. 1931 : *DP* 1932, 1, 49, note Hamel. ■ Cass. com., 22 mai 1991, n° 89-19.697 : *JurisData* n° 1991-001413 ; *JCP* E 91, II, 190 et *JCP* N 91, II, 302, note Stoufflet ; *D.* 1991, 428, note Gavalda ; *RTD civ.* 1991, 736, obs. Mestre, cassant ■ Paris, 24 mai 1989 : *JurisData* n° 1989-605067 ; *D.* 1989, 623, note Gavalda et Stoufflet. ■ Cass. com., 6 avr. 1993, n° 90-21.198 : *JurisData* n° 1993-000655 ; *D.* 1993, 310, note Gavalda. ■ Paris, 13 juill. 1989 : *JurisData* n° 1989-023710 ; *RTD civ.* 1991, 338, obs. Mestre. La dérogation admise à la règle de l'article 1154 est limitée aux seuls comptes courants (■ Cass. 1re civ., 4 déc. 1990, n° 88-17.991 : *JurisData* n° 1990-003423 ; *JCP* 91, IV, 42).

9) Paiement de la dette à l'échéance convenue. La circonstance que le paiement n'était pas exigible à la date de la demande ou que la dette a été payée à la date ultime convenue ne saurait faire obstacle à la capitalisation (■ Cass. 1re civ., 21 mai 1997, n° 95-13.175 : *JurisData* n° 1997-002158 ; *JCP* 97, IV, 1453 ; *Bull. civ.* I, n° 165, p. 111 ; *D.* 1998, somm. 114, 2e esp., obs. Libchaber).

10) Prescription. En présence d'une clause d'anatocisme, les intérêts constituent un nouveau capital qui s'ajoute au premier, la prescription trentenaire devenant alors applicable à l'exclusion de la prescription quinquennale de l'article 2277 (■ Cass. com., 20 janv. 1998, n° 95-20.724 : *JurisData* n° 1998-000288 ; *JCP* 98, IV, 1518 ; *Bull. civ.* IV, n° 32, p. 22. ■ Cass. 1re civ., 31 mars 2016, n° 14-20.193 : *Bull.*). Mais depuis la loi n° 2008-561 du 17 juin 2008, v. l'article 2224 du Code civil.

Art. 1155 ancien *(Abr. à compter du 1er octobre 2016, Ord. n° 2016-131, 10 févr. 2016)*. – **Néanmoins, les revenus échus, tels que fermages, loyers, arrérages de rentes perpétuelles ou viagères, produisent intérêt du jour de la demande ou de la convention.**

La même règle s'applique aux restitutions de fruits et aux intérêts payés par un tiers au créancier en acquit du débiteur.

1) Restitutions de fruits. La règle posée par l'article 1154 selon laquelle les intérêts ne peuvent se capitaliser que s'ils sont dus pour une année ne s'applique pas aux restitutions de fruits (■ Cass. civ., 14 janv. 1920 : *DP* 1924, 1, 34).

2) Renouvellement ou révision du bail commercial. Sur l'application des intérêts moratoires au loyer réclamé en cas de renouvellement ou de révision du bail commercial, v. ■ Cass. com., 14 janv. 1964, 2 arrêts : *JCP* 64, II, 13841, note Boccara. Ces intérêts courent du jour de la demande en fixation du nouveau loyer par le seul effet de la loi (■ Cass. 3e civ., 20 mars 1969, n° 66-13.915 : *JCP* 70, II, 16200, note Boccara). Les intérêts dus sur la différence entre le nouveau loyer du bail renouvelé et le loyer provisionnel courent à compter de la demande en fixation du nouveau loyer, par le seul effet de la loi. Viole en conséquence l'article 1155 du Code civil la cour d'appel qui retient que les intérêts au taux légal sur les compléments de loyer ne courront qu'à compter du prononcé de la décision fixant le nouveau loyer (■ Cass. 3e civ., 3 oct. 2012, n° 11-17.177 : *Bull.* ; *D.* 2012, 2388, chron. p. 2540, obs. Pic).

3) Demande postérieure au paiement du principal. La capitalisation des intérêts peut être demandée même après le paiement du principal de la dette, dès lors que ces intérêts n'ont pas eux-mêmes été versés (■ Cass. com., 23 janv. 1990, n° 88-15.506 : *JurisData* n° 1990-700167 ; *Bull. civ.* IV, n° 19, p. 12).

4) Durées successives ouvrant droit à la capitalisation des intérêts des loyers. L'article 1155 autorise la capitalisation des intérêts produits par les loyers échus sans condition de durée. L'application de cette règle risquant d'inciter les créanciers à multiplier les demandes de capitalisation à intervalles rapprochés, il y a lieu de limiter à trois mois les durées successives ouvrant droit à la capitalisation des intérêts des loyers (■ Paris, 1er mars 1990, n° 88/18760 : *JurisData* n° 1990-020789 ; *JCP* N 92, II, 2, note Petit).

Section V. – De l'interprétation des conventions

Bibliographie : H. Trofimoff, *Les sources doctrinales de l'ordre de présentation des articles 1156 à 1164 du Code civil sur l'interprétation des contrats : Rev. hist. droit* 1994, 203. • M. Lamoureux, *L'interprétation des contrats de consommation : D.* 2006, p. 2848. • B. Fauvarque-Cosson, *L'interprétation du contrat : observations comparatives : RDC* 2007/2, p. 481. • C. Grimaldi, *Paradoxes autour de l'interprétation des contrats : RDC* 2008/2, p. 207. • G. Chantepie, *L'exigence de clarté dans la rédaction du contrat : RDC* 2012/3, p. 989. • *L'interprétation : une menace pour la sécurité des conventions ? : RDC* 2015/1, p. 145 (contributions de Ph. Simler, D. Tricot, C. Grimaldi, O. Deshayes, A. Etienney de Sainte Marie, C. Coutant-Lapalus, D. Mazeaud, N. Martial-Braz, Th. Revet et A. Bénabent).

Art. 1156 ancien ***(Abr. à compter du 1er octobre 2016, Ord. n° 2016-131, 10 févr. 2016).*** **– On doit dans les conventions rechercher quelle a été la commune intention des parties contractantes, plutôt que de s'arrêter au sens littéral des termes.**

NB : Rappr. art. 1188, p. 826.

1) Référés. Contestation sérieuse. Une cour d'appel, qui a dû interpréter les clauses de contrats dont l'exécution est contestée, a tranché une contestation sérieuse, excédant ainsi les pouvoirs qui lui sont conférés par ce texte (■ Cass. com., 23 sept. 2014, n° 13-11.836 : *Bull.* ; *JCP* E 2014, n° 1, p. 3, obs. Loir).

2) Clauses claires et précises. Sur l'interdiction pour les juges du fond de dénaturer des clauses claires et précises, v. sous art. 1134 ancien, p. 1096.

3) Clause de style. La mention « sans reconnaissance de responsabilité de la part des armateurs » qui est contredite par les courriers échangés entre les parties, n'est qu'une clause de style dépourvue de valeur juridique (■ Cass. com., 14 oct. 2008, pourvoi n° 07-18.955 : *JurisData* n° 2008-045380 ; *RDC* 2009/1, p. 56, obs. Laithier ; *Defrénois* 2008, art. 38874-2, p. 2504, obs. Libchaber).

4) Comportement ultérieur des parties. Pour déterminer quelle a été la commune intention des parties, il n'est pas interdit aux juges du fond de relever leur comportement ultérieur (■ Cass. 1re civ., 13 déc. 1988, n° 87-13.026 : *JurisData* n° 1988-703055 ; *Bull. civ.* I, n° 352, p. 239).

5) Caractère impératif de l'article 1156 (non). L'article 1156 ne formule pas une règle à caractère impératif et sa méconnaissance ne peut, à elle seule, donner ouverture à cassation (■ Cass. 1re civ., 19 déc. 1995, n° 94-10.478 : *JurisData* n° 1995-003725 ; *JCP* 96, IV, 356 ; *Bull. civ.* I, n° 466, p. 324 ; *RTD civ.* 1996, 611, obs. Mestre).

6) Détermination préalable des obligations par le juge. Sur la nécessité de déterminer préalablement les obligations que la convention met à la charge de chacune des parties contractantes pour pouvoir trancher le litige conformément aux règles de droit, V. ■ Cass. 1re civ., 9 avr. 2014, n° 12-21.042 : *Bull.*

Art. 1157 ancien ***(Abr. à compter du 1er octobre 2016, Ord. n° 2016-131, 10 févr. 2016).*** **– Lorsqu'une clause est susceptible de deux sens, on doit plutôt l'entendre dans celui avec lequel elle peut avoir quelque effet, que dans le sens avec lequel elle n'en pourrait produire aucun.**

NB : Rappr. art. 1191, p. 826.

1) Clause sans effet dans une des hypothèses. Nullité (non). Si une clause peut produire son effet dans une hypothèse déterminée, elle ne saurait être annulée pour le motif qu'elle n'en produirait aucun dans une autre hypothèse (■ Lyon, 8 nov. 1954 : *JCP* 55, IV, 43).

2) Application de la règle à une clause de répartition des bénéfices. Une clause de répartition des bénéfices, insérée dans un contrat de société en participation, dont l'une des deux interprétations possibles conduirait à faire supporter à l'un des contractants la quasi-totalité des pertes, ce qui entraînerait sa nullité, doit être interprétée de façon à permettre le partage des pertes entre les parties (■ Cass. 3e civ., 19 déc. 1968 : *JurisData* n° 1968-000573 ; *JCP* 69, IV, 33).

Art. 1158 ancien *(Abr. à compter du 1er octobre 2016, Ord. n° 2016-131, 10 févr. 2016).* **– Les termes susceptibles de deux sens doivent être pris dans le sens qui convient le plus à la matière du contrat.**

Art. 1159 ancien *(Abr. à compter du 1er octobre 2016, Ord. n° 2016-131, 10 févr. 2016).* **– Ce qui est ambigu s'interprète par ce qui est d'usage dans le pays où le contrat est passé.**

Art. 1160 ancien *(Abr. à compter du 1er octobre 2016, Ord. n° 2016-131, 10 févr. 2016).* **– On doit suppléer dans le contrat les clauses qui y sont d'usage, quoiqu'elles n'y soient pas exprimées.**

Notion de clause d'usage. Une clause ne peut être dite d'usage au sens de l'article 1160 que si, d'une part, il est à présumer que son omission a été involontaire et que les parties entendaient de toute façon en faire application et si, d'autre part, cette application est possible sans que le juge ait à fixer des éléments de fait dont le choix et la détermination n'appartenaient qu'aux parties aux volontés desquelles il ne peut substituer la sienne (▪ Rouen, 29 nov. 1968 : *D.* 1969, 146).

Art. 1161 ancien *(Abr. à compter du 1er octobre 2016, Ord. n° 2016-131, 10 févr. 2016).* **– Toutes les clauses des conventions s'interprètent les unes par les autres en donnant à chacune le sens qui résulte de l'acte entier.**

NB : Rappr. art. 1189, p. 826.

Art. 1162 ancien *(Abr. à compter du 1er octobre 2016, Ord. n° 2016-131, 10 févr. 2016).* **– Dans le doute, la convention s'interprète contre celui qui a stipulé, et en faveur de celui qui a contracté l'obligation.**

NB : Rappr. art. 1190, p. 826.

Bibliographie : Ph. Stoffel-Munck, *De l'article 1162 du Code civil : JCP* 2008, n° hors-série 2, *Quatre-vingts ans de la Semaine juridique*, p. 79.

1) Caractère impératif de l'article 1162 (non). L'article 1162 n'a pas de caractère impératif pour le juge qui peut se prononcer en faveur de l'un quelconque des contractants (▪ Cass. civ., 10 mai 1948 et ▪ Cass. soc., 11 mai 1948 : *Gaz. Pal.* 1948, 2, 41. ▪ Cass. soc., 20 févr. 1975 : *JCP* 75, IV, 118. Comp., affirmant que l'application des dispositions de l'article 1162 est « supplétive à celle de l'article 1156 », ▪ Aix-en-Provence, 26 juin 2002, n° 99/12188 : *JurisData* n° 2002-212870 ; *JCP* 2004, II, 10022, note Egea).

2) Contrats d'adhésion. La règle posée par l'article 1162 s'applique avec une rigueur accrue dans le cas des contrats d'adhésion, tel un cahier des charges (▪ Colmar, 25 janv. 1963 : *Gaz. Pal.* 1963, 1, 277).

3) Contrats de consommation. Sur le principe que les clauses des contrats proposés par les professionnels aux consommateurs ou aux non-professionnels s'interprètent en cas de doute dans le sens le plus favorable au consommateur ou au non-professionnel, V. C. consom., art. L. 133-2 ancien. V. ▪ Cass. 1re civ., 22 mai 2008, n° 05-21.822 : *RDC* 2008/4, p. 1214, obs. Bruschi.

4) Prix payable « selon modalités entendues ». L'article 1162 doit être appliqué lorsque, sur un bon de commande, à la place de la mention imprimée et rayée « à la livraison », il est écrit à la main que le solde du prix sera payé « selon modalités entendues », formule se prêtant à toutes les interprétations et à tous les malentendus (▪ Poitiers, 20 nov. 1991 : *JurisData* n° 1991-049071 ; *JCP* 92, IV, 1449).

Art. 1163 ancien *(Abr. à compter du 1er octobre 2016, Ord. n° 2016-131, 10 févr. 2016).* **– Quelque généraux que soient les termes dans lesquels une convention est conçue, elle ne comprend que les choses sur lesquelles il paraît que les parties se sont proposé de contracter.**

Bibliographie : T. Ivainer, *L'ambiguïté dans les contrats : D.* 1976, chron. 153.

Caractère impératif des articles 1161 à 1163 (non). Les articles 1161 à 1163 n'ayant pas de caractère impératif, l'éventuelle méconnaissance des règles posées par eux ne peut à elle seule donner ouverture à cassation (▪ Cass. com., 19 janv. 1981 : Bull. civ. I, n° 34, p. 25).

Art. 1164 ancien *(Abr. à compter du 1er octobre 2016, Ord. n° 2016-131, 10 févr. 2016).* **– Lorsque dans un contrat on a exprimé un cas pour l'explication de l'obligation, on n'est pas censé avoir voulu par là restreindre l'étendue que l'engagement reçoit de droit aux cas non exprimés.**

Section VI. – De l'effet des conventions à l'égard des tiers

Art. 1165 ancien *(Abr. à compter du 1er octobre 2016, Ord. n° 2016-131, 10 févr. 2016).* **– Les conventions n'ont d'effet qu'entre les parties contractantes ; elles ne nuisent point au tiers, et elles ne lui profitent que dans le cas prévu par l'article 1121.**

NB : Rappr. art. 1199, p. 829.

Bibliographie : J.-L. Aubert, *À propos d'une distinction renouvelée des parties et des tiers : RTD civ.* 1993, 263. • J. Ghestin, *Nouvelles propositions pour un renouvellement de la distinction des parties et des tiers : RTD civ.* 1994, 777. • Spécialement sur la responsabilité du contractant à l'égard d'un tiers, v. l'ensemble des contributions réunies *in RDC* 2007/2, *Contrat sans frontières*, Débats, p. 537 et s. • L. Grynbaum, *Responsabilité et contrat : l'union libre ; variations sur la responsabilité contractuelle, le préjudice corporel et les groupes de contrats* in *Mélanges Ph. le Tourneau*, Dalloz 2008, p. 409. • D. Mazeaud, *Contrat, responsabilité et tiers... (du nouveau à l'horizon), ibid.*, p. 745 ; *Le contrat et les tiers dans l'avant-projet de réforme du droit des obligations et de la prescription* in *Liber amicorum Guido Alpa, Private Law beyond the National Systems*, British Institute of International and Comparative Law, Londres, 2007. • X. Lagarde, *Le manquement contractuel assimilable à une faute délictuelle : considérations pratiques sur la portée d'une solution incertaine : JCP* 2008, I, 200. • O. Deshayes, *Précisions sur la nature et les fonctions de la règle d'effet relatif des contrats (effet relatif, prohibition et interprétation)* in *Mélanges Viney*, LGDJ-Lextenso 2008, p. 333.

I – LES TIERS

1) Situation de fait opposable aux tiers. Si, en principe, les conventions ne nuisent ni ne profitent à ceux qui n'y ont pas été parties, il ne s'ensuit pas que le juge ne puisse pas considérer que les clauses d'un contrat aient pour effet de créer une situation de fait vis-à-vis des tiers (▪ Cass. com., 19 oct. 1954 : *D.* 1956, 78. V. aussi ▪ Cass. 1re civ., 10 mai 2005, n° 02-14.730 : *JurisData* n° 2005-028325 ; *Bull. civ.* I, n° 206, p. 175 ; *D.* 2006, p. 1156, note Guégan-Lécuyer ; *RTD civ.* 2005, 596, obs. Mestre et Fages, relevant que les conventions constituent des « faits juridiques dont peuvent être déduites des conséquences en droit à l'égard des tiers »). Notamment l'article 1165 n'empêche en rien d'imposer aux tiers le respect des relations que l'acte a établies entre les parties (▪ Cass. 1re civ., 20 avr. 1982 : *JurisData* n° 1982-700877 ; *Bull. civ.* I, n° 139, p. 123). Le contractant victime de l'inexécution du contrat peut demander sur le terrain de la responsabilité délictuelle réparation de son préjudice au tiers à la faute duquel il estime que le dommage est imputable (▪ Cass. 1re civ., 26 janv. 1999, n° 97-13.573 : *JurisData* n° 1999-000405 ; *Bull. civ.* I, n° 32, p. 21 ; *D.* 1999, somm. 263, obs. Delebecque ; *Resp. civ. et assur.* 1999, 92 ; *RTD civ.* 1999, 405, obs. Jourdain, 625, obs. Mestre). Toute personne qui, avec connaissance, aide autrui à enfreindre les obligations contractuelles pesant sur lui commet donc une faute délictuelle à l'égard de la victime de cet acte (▪ Cass. com., 11 oct. 1971 : *D.* 1972, 120). Ainsi en est-il pour l'employeur qui embauche un salarié en connaissant la clause de non-concurrence qui lie ce dernier (▪ Cass. civ., 27 mai 1908 : *DP* 1908, 1, 459. ▪ Cass. com., 23 avr. 1985, n° 83-14.017 : *JurisData* n° 1985-701087 ; *JCP* 1985, IV, 234. ▪ Cass. com., 5 févr. 1991, n° 88-18.400 : *JurisData* n° 1991-000365 ; *Bull. civ.* IV, n° 51, p. 34. Comp. ▪ Cass. com., 24 mars 1998, n° 96-15.694 : *JurisData* n° 1998-001344 ; *JCP* 1998, I, 185, n° 13, obs. crit. Viney ; *Bull. civ.* IV, n° 111, p. 89 ; *RTD civ.* 1999, 116, obs. crit. Jourdain, tenant pour indifférente l'existence d'une action contractuelle de l'ancien employeur contre le salarié. V. aussi C. trav., art. L. 122-15), pour celui qui se rend complice de la violation d'une promesse unilatérale de vente (▪ Cass. civ., 10 avr. 1948 : *D.* 1948, 421, note Lenoan), ou pour l'éditeur qui se rend complice de la violation d'un pacte de préférence (▪ Cass. 2e civ., 13 avr. 1972 : *D.* 1972, 640. V. aussi pour la faute de l'éditeur qui publie des informations puisées dans un ouvrage sur le point d'être diffusé, « privant ainsi cette publication d'une partie de son originalité et de son intérêt », au préjudice des titulaires du droit d'édition, ▪ Cass. 1re civ., 17 oct. 2000, n° 97-22.498 : *JurisData* n° 2000-006292 ; *Bull. civ.* I, n° 246, p. 161 ; *D.* 2001, 952, note Billiau et Moury ; *JCP* 2001, I, 338, n° 6, obs. Viney, à propos d'un ouvrage sur la vie de la princesse Diana). Même s'il n'est pas débiteur de la commission, l'acquéreur dont le comportement fautif a fait perdre celle-ci à l'agent immobilier, par l'entremise duquel il a été mis en rapport avec le vendeur qui l'avait mandaté, doit, sur le fondement de la responsabilité délictuelle, réparation à cet agent immobilier (▪ Cass. ass. plén., 9 mai 2008, n° 07-12.449 : *Bull. civ.* 2008, ▪ Cass. ass. plén., n° 3 ; *RDC* 2008/4, p. 1151, obs. Carval ; *JCP* 2008, II, 10183, note Kenfack ; *Defrénois* 2008, art. 38838-8, p. 1988, obs. Savaux ; *RTD civ.* 2008, p. 485, obs. Jourdain). Le locataire bénéficiaire d'une clause d'exclusivité qui lui a été consentie par son bailleur est en droit d'exiger que ce dernier fasse respecter cette clause par ses autres locataires, même si ceux-ci ne sont pas parties au contrat contenant cette stipulation (▪ Cass. 3e civ., 4 mai 2006, n° 04-10.051 : *JurisData* n° 2006-034016 ; *JCP* G 2006, II, 10119, note Deshayes ; *D.* 2006, p. 1454, obs. Rouquet ; *RDC* 2007/2, p. 267, obs.

Mazeaud, p. 295, obs. Viney et p. 419, obs. Behar-Touchais). Sur les suites de cette dernière affaire, V. ▪ Paris, 16e ch., sect. B, 27 sept. 2007, n° 06/10688 : *JurisData* n° 2007-343444 ; *RDC* 2010/1, p. 55, obs. Deshayes.

Mais l'acquisition d'un fonds de commerce, faite sans déloyauté et dans le respect du droit de préemption conféré au franchiseur, ne constitue pas une faute de nature à rendre l'acquéreur complice de la rupture, même fautive, du contrat de franchise par le cédant (▪ Cass. com., 15 mai 2007, n° 06-12.871 : *RDC* 2008/2, p. 412, obs. Behar-Touchais ; *RTD civ.* 2007, p. 794, obs. Gautier ; *Contrats, conc. consom.* 2007, n° 204, note Malaurie-Vignal). Après avoir relevé que la rupture anticipée d'un contrat de franchise était exclusivement imputable au franchisé, une cour d'appel peut décider qu'il était loisible au franchisé de se tourner vers de nouveaux fournisseurs et en déduire que ces derniers pouvaient sans faute contracter avec leur nouveau client dès lors qu'il n'était pas discutable qu'au moment de la conclusion des nouveaux liens contractuels, les anciens avaient été rompus (▪ Cass. com., 9 juin 2009, n° 08-16.168 : *JCP* 2009, n° 41, 312, note Dissaux). V. encore pour une absence de tierce complicité, ▪ Cass. com., 7 juin 2011, n° 10-17.141 : *RDC* 2012/1, p. 141, obs. C. Grimaldi.

2) Situation de fait opposable par les tiers. L'article 1165 n'interdit pas aux tiers d'invoquer la situation de fait créée par les contrats auxquels ils n'ont pas été parties (▪ Cass. com., 1er avr. 1965 : *JCP* 1965, IV, 66 ; *Bull. civ.* III, n° 252, p. 226. – V. aussi, permettant à des cautions de se prévaloir d'une convention passée entre la banque créancière et une autre banque, ▪ Cass. com., 22 oct. 1991, n° 89-20.490 : *JurisData* n° 1991-002713 ; *Bull. civ.* IV, n° 302, p. 209 ; *D.* 1993, 181, note Ghestin). Ils peuvent ainsi demander réparation de leur préjudice au contractant qui n'a pas exécuté correctement son obligation (▪ Cass. req., 8 mars 1937 : *DH* 1937, 217. ▪ Cass. 1re civ., 21 nov. 1978 : *JCP* 1979, II, 19033, note R. Savatier. ▪ Cass. com., 17 févr. 1981, n° 79-13.701 : *JurisData* n° 1981-700516 ; *JCP* 1981, IV, 157). Si l'effet relatif des contrats interdit aux tiers de se prévaloir de l'autorité d'une transaction à laquelle ils ne sont pas intervenus, ils peuvent néanmoins invoquer la renonciation à un droit que renferme cette transaction (▪ Cass. soc., 14 mai 2008, n° 07-40.946 : *Bull. civ.* V, n° 106). La victime d'un dol est en droit d'invoquer la nullité du contrat vicié contre le tiers qui se prévaut de celui-ci (▪ Cass. 1re civ., 21 févr. 1995, n° 92-13.859 : *JurisData* n° 1995-000342 ; *JCP* 1995, I, 3867, n° 9, obs. Billiau ; *Bull. civ.* I, n° 91, p. 65, assureur se prévalant de la suspension du contrat d'assurance contre le vendeur d'un véhicule victime d'un dol). Si un tiers peut se prévaloir du contrat en tant que situation de fait, c'est à la condition que celle-ci soit de nature à fonder l'application d'une règle juridique lui conférant le droit qu'il invoque. Dès lors, fait une exacte application de l'article 1165 du Code civil la cour d'appel qui déclare irrecevable l'action en paiement d'une société s'étant bornée à invoquer la réalisation par ses soins d'une opération contractuelle, sans soutenir que cette circonstance avait fait naître à son profit une créance de nature délictuelle ou quasi contractuelle (▪ Cass. com., 18 déc. 2012, n° 11-25.567 : *Bull.* ; *RDC* 2013, p. 533, obs. Laithier ; *D.* 2013, p. 746, note Boffa).

3) Sur la possibilité de **déterminer la nature d'une convention en invoquant le contenu du contrat conclu avec un tiers**, V. ▪ Cass. com., 21 juin 2011, n° 10-17.587 : *RDC* 2011/4, p. 1151, obs. Laithier (l'effet relatif d'un contrat n'interdit pas aux juges du fond de rechercher dans son contenu des éléments de nature à éclairer leur décision).

4) Sur la possibilité, pour un tiers, d'invoquer l'inexécution contractuelle. *Avant l'arrêt Ass. plén., 6 oct. 2006 :* les tiers à un contrat sont fondés à invoquer l'exécution défectueuse de celui-ci lorsqu'elle leur a causé un dommage (▪ Cass. 1re civ., 15 déc. 1998, n° 96-20.885 : *JurisData* n° 1998-004816 ; *JCP* 99, IV, 1248 ; *Contrats, conc. consom.* 1999, 37, note Leveneur ; *Resp. civ. et assur.* 1999, 60 ; *Bull. civ.* I, n° 368, p. 253 ; *RTD civ.* 1999, 623, obs. Mestre ; *Defrénois* 1999, 745, obs. D. Mazeaud. ▪ Cass. com., 1er juill. 2003, n° 99-17.183 : *JurisData* n° 2003-019866 ; *Resp. civ. et assur.* 2003, 251 ; *JCP* 2004, I, 163, n° 9, obs. Viney), sans avoir à rapporter d'autre preuve (▪ Cass. 1re civ., 18 juill. 2000, n° 99-12.135 : *JurisData* n° 2000-003005 ; *JCP* 2000, II, 10415, rapp. Sargos ; *Contrats, conc. consom.* 2000, 175, note Leveneur ; *Resp. civ. et assur.* 2000, 372 ; *Bull. civ.* I, n° 221, p. 144 ; *RTD civ.* 2001, 146, obs. Jourdain. V. aussi ▪ Cass. 1re civ., 13 févr. 2001 : *JCP* 2001, I, 338, n° 10, obs. Viney ; *JurisData* n° 2001-008060 ; *Bull. civ.* I, n° 35, p. 21 ; *RTD civ.* 2001, 367, obs. Jourdain ; *Defrénois* 2001, 7120, obs. Savaux ; *D.* 2001, somm. 2234, obs. Delebecque. V. cependant, affirmant qu'un tiers à un contrat ne peut obtenir, sur le fondement de la responsabilité délictuelle, réparation d'un des cocontractants que s'il démontre que celui-ci lui a causé un dommage en manquant à son égard au devoir général de ne pas nuire à autrui, ▪ Cass. com., 8 oct. 2002, n° 98-22.858 : *JurisData* n° 2002-015913 ; *Resp. civ. et assur.* 2003, 2 ; *JCP* 2003, I, 152, n° 2, obs. Viney. ▪ Cass. com., 5 avr. 2005, n° 03-19.370 : *JurisData* n° 2005-027929 ; *Contrats, conc. consom.* 2005, 149, note Leveneur ; *Resp. civ. et assur.* 2005, 174, note Groutel ; *RDC* 2005, 687, obs. D. Mazeaud ; *Bull. civ.* IV, n° 81, p. 85 ; *RTD civ.* 2005, 602, obs. Jourdain ; *D.* 2005, somm. 2848, obs. Fauvarque-Cosson).

Viole l'article 1382 la cour d'appel qui énonce que la faute du mandataire ne peut être invoquée que si elle est détachable du contrat (▪ Cass. 1re civ., 18 mai 2004, n° 01-13.844 : *JurisData* n° 2004-023715 ; *Bull. civ.* I, n° 141, p. 117 ; *Resp. civ. et assur.* 2004, 247 ; *D.* 2005, somm. 187, obs. D. Mazeaud ; *RTD civ.* 2004, 516, obs. Jourdain). Engage sa responsabilité quasi délictuelle la société locataire qui, en dépit de l'engagement qu'elle a souscrit dans son bail, offre à sa clientèle des objets dont la vente était réservée à sa voisine (▪ Cass. com., 12 mars 1991, n° 89-10.982 : *JurisData* n° 1991-001562 ; *JCP* E 1992, II, 340 et *JCP* N 1992, II, 286, note Leveneur). Jugé qu'un salarié ne peut invoquer les clauses figurant dans des contrats conclus par son employeur avec des tiers, et par lesquelles ceux-ci s'interdisent d'embaucher des personnes adressées pour effectuer des prestations par l'employeur, sauf à établir l'existence d'une faute quasi délictuelle de ce dernier lui ayant causé un préjudice (▪ Cass. soc., 5 juin 1996, n° 92-42.461 : *JurisData* n° 1996-002204 ; *JCP* 1997, I, 4002, n° 7, obs. Billiau ; *Bull. civ.* V, n° 230, p. 163 ; *D.* 1997, somm. p. 25, obs. Delebecque).

Depuis l'arrêt ▪ *Cass. ass. plén., 6 oct. 2006 :* divergence tranchée par ▪ Cass. ass. plén., 6 oct. 2006, n° 05-13.255 (*Grands arrêts*, n° 177 ; *RDC* 2007/2, p. 269, obs. Mazeaud, p. 279, obs. Carval et p. 379, obs. Seube ; *JCP* G 2006, II, 10181, avis Gariazzo et note Billiau ; *JCP* G 2007, I, 115, obs. Stoffel-Munck ; *D.* 2006, p. 2825, note Viney ; *D.* 2007, p. 1827, obs. Rozès, p. 2897, obs. Brun et Jourdain et p. 2966, obs. Amrani-Mekki et Fauvarque-Cosson ; *Contrats, conc. consom.* 2007, comm. 63, note Leveneur ; *AJDI* 2007, 295, obs. Damas ; *RD imm.* 2006, 504, obs. Malinvaud ; *RTD civ.* 2007, p. 61, obs. Deumier, p. 115, obs. Mestre et Fages, p. 123, obs. Jourdain ; *LPA* 22 janv. 2007, note Lacroix ; *Resp. civ. et assur.* 2006, étude 17, Bloch ; *Rev. Lamy dr. civ.* 2007, 5, Brun) : le tiers à un contrat peut invoquer, sur le fondement de la responsabilité délictuelle, un manquement contractuel dès lors que ce manquement lui a causé un dommage. – V. aussi ▪ Cass. 2e civ., 25 janv. 2007, n° 04-16.417 : *JurisData* n° 2007-037179 ; *RDC* 2007/3, p. 723, obs. Borghetti ; *D.* 2007, p. 443, obs. Gallmeister ; *JCP* 2007, I, 185, obs. Stoffel-Munck et II, 10035, note Radé ; *Resp. civ. et assur.* 2007, 116, obs. Groutel (le fournisseur de sang qui manque à son obligation de sécurité de résultat de fournir des produits exempts de vices commet une faute délictuelle à l'égard de la victime). ▪ Cass. com., 6 mars 2007, n° 04-13.689 : *RDC* 2007/4, p. 1137, obs. Carval ; *JCP* 2007, I, 185, obs. Stoffel-Munck (le cessionnaire d'une marque qui a fait l'objet d'un contrat de licence conclu auparavant par le cédant peut agir en responsabilité délictuelle contre le licencié qui ne procède pas à une diffusion géographique et à une commercialisation mondiale suffisante des produits, et alors qu'il avait été convenu que la cession de marque ne modifiait pas les conditions du contrat de licence) ; ▪ Cass. 2e civ., 10 mai 2007, n° 06-13.269 : *RDC* 2007/4, p. 1137, obs. Carval ; *JCP* G 2007, I, 185, obs. Stoffel-Munck (une cour d'appel a pu déduire qu'en différant de manière purement dilatoire le versement de l'indemnité pourtant acquise à son assuré, l'assureur avait commis une faute qui était à l'origine d'un préjudice subi par la victime). ▪ Cass. 1re civ., 15 mai 2007, n° 05-16.926 : *RDC* 2007/4, p. 1137, obs. Carval ; *JCP* 2007, I, 185, obs. Stoffel-Munck (indemnisation de la charge des intérêts de l'emprunt souscrit pour l'achat d'un bien, le souscripteur étant tiers à la vente résolue aux torts du vendeur). ▪ Cass. 3e civ., 4 juill. 2007, n° 06-15.776 : *JurisData* n° 2007-039942 ; *Defrénois* 2007, art. 38667-60, p. 1449, obs. Savaux (ayant relevé que les vendeurs avaient refusé de signer l'acte de vente à la date prévue et que la société, tiers au contrat, dont le siège social devait être situé dans l'immeuble litigieux, avait dû s'immatriculer et transférer son siège social à une adresse provisoire, la cour d'appel a légalement justifié sa décision retenant que la société avait subi un préjudice dont les vendeurs étaient à l'origine). ▪ Cass. com., 21 oct. 2008, n° 07-18.487 : *RDC* 2009/2, p. 506, obs. Borghetti ; *JCP* 2009, I, 123, obs. Stoffel-Munck (possibilité pour la société mère d'un concessionnaire victime d'une rupture abusive du contrat par le concédant, de se prévaloir de l'abus pour obtenir de ce dernier la réparation de son préjudice). ▪ Cass. 3e civ., 27 mars 2008, n° 07-10.473 : *RDC* 2008/4, p. 1151, obs. Carval (possibilité, pour les clients d'un chimiquier qui subissent des préjudices du fait d'une interruption de la production causée par des travaux mal exécutés, d'invoquer l'exécution défectueuse de son contrat par l'entrepreneur général qui n'a pas veillé à la bonne réalisation de ces travaux). Un tiers peut invoquer, sur le fondement de la responsabilité délictuelle, la rupture brutale d'une relation commerciale établie (art. L. 442-6 I 5, C. com.,) dès lors que ce manquement lui a causé un préjudice (▪ Cass. com., 6 sept. 2011, n° 10-11.975 : *Bull.*, n° 126 ; *RDC* 2012/1, p. 81, obs. Borghetti ; *JCP* 2012, n° 17, p. 860, obs. Stoffel-Munck et Bloch ; *Gaz. Pal.* 2012, n° 39, p. 16, obs. Mekki ; *JCP* E 2012, n° 3, p. 37, note Simler ; *Contrats, conc. consom.* 2012, n° 12, p. 16, obs. N. Mathey ; *RTD civ.* 2011, p. 763, obs. Fages). ▪ Cass. com., 11 déc. 2012, n° 11-25.493 : *Bull.*, n° 228, relevant le manquement du contractant et son lien de causalité avec le préjudice subi par le tiers. ▪ Cass. 2e civ., 6 févr. 2014, nos 13-10.540 et 13-10.745 : *Bull.* ; *JCP* G 2014, n° 12, p. 523, note Dissaux, relevant que le manquement contractuel de l'assureur était directement à l'origine du préjudice subi par les cautions en ce que, après désintéressement des créanciers, une certaine somme dont les juges ont souverainement évalué le montant était restée à leur charge. ▪ Cass. 1re civ., 9 juin 2017, n° 16-14.096 : *JCP* G 2017, 1174, Stoffel-Munck ; *RDC* 2017, p. 425, Borghetti. Sur cette question, voir la bibliographie figurant en tête d'article et spécialement le dossier Débats *in RDC* 2007, p. 537, avec les contributions de P. Ancel, P. Delebecque, P.-Y. Gautier, C. Grimaldi, P. Jacques, J.-L. Sourioux, P. Stoffel-Munck, G. Wicker, R. Wintgen, B. Moore et C. Popineau-Deholon.

Voir encore, semant le trouble, pour la 3e chambre civile : ▪ Cass. 3e civ., 22 oct. 2008, n° 07-15.692 : *Bull. civ.* III, n° 160 ; *JCP* 2009, I, 123, obs. Stoffel-Munck ; *RTD civ.* 2009, p. 121, obs. Jourdain, puisque la cassation intervient pour défaut de base légale, faute pour la cour d'appel d'avoir « recherché si le manquement contractuel qu'elle relevait constituait une faute quasi délictuelle à l'égard du tiers ». Mais postérieurement, de la même chambre, V. ▪ Cass. 3e civ., 13 juill. 2010, n° 09-67.516 : *Bull. civ.* 2010, III, n° 146 ; *RDC* 2011/1, p. 65, obs. Th. Genicon ; p. 73, obs. Viney ; p. 178, obs. Seube : *Contrats, conc. consom.* 2010, n° 240, obs. Leveneur ; *Rev. Lamy dr. civ.* 2010/76, n° 3987, note Bréna ; *LEDC* oct. 2010, n° 9, p. 1, obs. Deshayes ; *RTD com.* 2010, p. 693, obs. Kendérian (violation d'une clause de non-concurrence invoquée par un tiers concurrent). Mais à nouveau, V. ▪ Cass. 3e civ., 18 mai 2017, n° 16-11.203 : *Contrats, conc. consom.* 2017, comm. 163, note Leveneur ; *D.* 2017, p. 1225, Houtcieff ; *JCP* G 2017, 1174, Stoffel-Munck ; *Resp. civ. et assur.* 2017, comm. 212, Bloch ; *RDC* 2017, p. 425, Borghetti ; *RTD civ.* 2017, p. 666, Jourdain (des motifs tirés du seul manquement à une obligation de résultat de livrer un ouvrage conforme et exempt de vices sont impropres à caractériser une faute délictuelle). — *Pour la 1re chambre civile,* ▪ Cass. 1re civ., 15 déc. 2011, n° 10-17.691 : *D.* 2012, p. 659, note D. Mazeaud qui exige que les juges du fond caractérisent en quoi le manquement contractuel relevé par eux constituait une faute quasi délictuelle à l'égard d'un tiers (cassation pour défaut de base légale de l'arrêt qui avait condamné un agent immobilier, *in solidum* avec les vendeurs, à verser à la banque prêteuse une indemnité en se bornant à énoncer que l'agent immobilier n'avait pas satisfait à son obligation d'information et de conseil, ce qui engageait sa responsabilité tant envers les vendeurs qu'envers les acquéreurs). – *Pour la chambre commerciale,* ▪ Cass. com., 18 janv. 2017, n° 14-16.442 : *D.* 2017, 1036, D. Mazeaud ; *RDC* 2017, p. 425, Borghetti (affaire où il n'était pas établi ni même allégué qu'un manquement contractuel constituait une faute quasi-délictuelle à l'égard du tiers). Comp. *la position du Conseil d'État en matière de contrat administratif* : ▪ CE, 11 juill. 2011, n° 339409 : *RDC* 2012/2, p. 419, obs. Viney ; *D.* 2012, p. 653, note Viney.

5) Effet probatoire *erga omnes*. L'effet relatif des contrats n'interdit pas aux juges du fond de rechercher dans un acte étranger à l'une des parties en cause des renseignements de nature à éclairer leur décision (▪ Cass. 1re civ., 24 janv. 1967 : *JCP* 67, IV, 34 ; *Bull. civ.* I, n° 33, p. 21. ▪ Cass. com., 8 mai 1972, n° 71-10.584 : *JurisData* n° 1972-097135 ; *JCP* 72, II, 17193, note P. L. ▪ Cass. 3e civ., 7 mars 1973, n° 71-13.739 : *JurisData* n° 1973-098182 ; *Bull. civ.* III, n° 182, p. 131. ▪ Cass. 1re civ., 3 janv. 1996, n° 93-18.070 : *JurisData* n° 1996-000028 ; *Bull. civ.* I, n° 7, p. 5 ; *Defrénois* 1996, 1022, obs. Delebecque ; *RTD civ.* 1996, 904, obs. Mestre). Déclarer opposables aux tiers les titres réguliers de propriété, ce n'est aucunement prétendre qu'il peut résulter de ces titres une modification quelconque aux droits des tiers, et la règle de l'article 1165 est sans application (▪ Cass. civ., 22 juin 1864 : *DP* 1864, 1, 512. Sur le principe que la preuve de la propriété est étrangère à la question de l'opposabilité des actes aux tiers, v. aussi ▪ Cass. civ., 5 mars 1913 : S. 1913, 1, 191. ▪ Cass. 3e civ., 5 mai 1982, n° 81-11.228 : *JurisData* n° 1982-700984 ; *Bull. civ.* III, n° 116, p. 82. ▪ Cass. 3e civ., 29 avr. 1986, n° 84-15.277 : *JurisData* n° 1986-000949 ; *D.* 1986, somm. 13, obs. Robert. ▪ Cass. 3e civ., 2 juill. 1997, n° 95-20.190 : *JurisData* n° 1997-003150 ; *JCP* 97, IV, 1888 ; *Bull.* III, 161, p. 108 ; *Defrénois* 1997, 1420, obs. Atias). Mais jugé qu'il en va autrement lorsque le procès relatif à la propriété d'un bien se déroule entre les ayants droit d'un auteur commun (▪ Cass. 1re civ., 1er avr. 1981 : *JurisData* n° 1981-001075 ; *JurisData* n° 1981-001075 ; *JCP* 82, II, 19897, note Tomasin).

6) Inexécution de l'obligation de stipuler une clause dans un contrat conclu avec un tiers. Ayant relevé qu'un bail commercial comportait depuis l'origine une clause de non-concurrence aux termes de laquelle le preneur ne pouvait exploiter les commerces actuellement exercés par les autres locataires de l'immeuble, et ayant retenu qu'en insérant dès le départ une telle clause dans tous les baux du même immeuble, les bailleurs d'origine et les preneurs initiaux avaient eu pour commune intention de préserver l'activité commerciale des autres commerces déjà exploités dans l'immeuble en évitant toute concurrence entre ses occupants, que, sauf à dénaturer cette clause claire, ou à l'exécuter de mauvaise foi, en créant un déséquilibre entre les obligations et les droits de chacune des parties, une telle clause devait demeurer commune à tous les preneurs et perdurer dans le temps, la cour d'appel, qui a constaté que la clause imposée par le bailleur initial à tous ses locataires avait disparu des baux consentis ultérieurement à un locataire du même immeuble, a pu en déduire que le bailleur, qui s'était exonéré de l'obligation qui pesait sur lui d'insérer cette clause dans les baux concernés par la zone de non-concurrence, avait commis une faute dans l'exécution du bail, rendant de fait impossible le respect de ladite clause et qu'il y avait lieu en conséquence de prononcer la résolution de la clause de non-concurrence insérée dans le bail à compter de la date de l'assignation (▪ Cass. 3e civ., 3 mai 2007, n° 06-11.591 : *RDC* 2007/4, p. 1210, obs. Seube ; *RDC* 2008/2, p. 272, obs. Mazeaud ; *D.* 2007, p. 2068, note Rochfeld ; *Contrats, conc. consom.* 2007, 181, note Malaurie-Vignal ; *JCP* G 2007, act. 225 et II, 10179, note Rousille). Sur cette question, v. encore ▪ Cass. 3e civ., 13 juill. 2010, préc. qui permet au tiers d'agir en responsabilité délictuelle contre le débiteur de l'obligation de non-concurrence.

7) Enrichissement causé par un contrat. Sur le principe que le contrat peut constituer la cause d'un enrichissement et faire ainsi obstacle à l'action *de in rem verso*, voir sous art. 1371 ancien, annot. n° 7, p. 1235.

II – AYANTS CAUSE

8) Ayant cause universel. Sur la transmission des droits et obligations de l'auteur à l'ayant cause universel, v. art. 1122 ancien, p. 1074.

9) Sur le **caractère accessoire de la servitude,** voir art. 637, annot. n° 9, p. 523.

10) Accessoires du bien vendu. La vente d'un bien comprend tous ses accessoires et notamment les actions que le vendeur a pu acquérir à cette occasion (▪ Cass. civ., 12 nov. 1884 : *DP* 1885, 1, 357). Ainsi en est-il pour l'action en résolution fondée sur l'article 1657 du Code civil (▪ Cass. req., 3 nov. 1932 : *DH* 1932, 570).

A – Transmission des créances

11) Transmission à l'ayant cause particulier ? Sauf clause contraire, l'acquéreur d'un immeuble a qualité à agir contre les constructeurs, même pour les dommages nés antérieurement à la vente, sur le fondement de la responsabilité contractuelle de droit commun qui accompagne l'immeuble en tant qu'accessoire (▪ Cass. 3e civ., 9 juill. 2014, n° 13-15.923 : *Bull.* ; *G. P.* 2014, n° 295, p. 12, obs. Mekki ; *RD imm.* 2014, p. 574, note Malinvaud ; *D.* 2015, p. 529, obs. Amrani-Mekki, Mekki. ▪ Cass. 3e civ., 5 nov. 2013, n° 12-13.923 : *RTD civ.* 2014, p. 391, obs. Jourdain ; *JCP* G 2014, 348, obs. Stoffel-Munck).

Auparavant : les acquéreurs successifs d'un immeuble sont recevables à agir contre les constructeurs sur le fondement de la garantie décennale qui accompagne, en tant qu'accessoire, l'immeuble, nonobstant la connaissance, par les acquéreurs, des vices de celui-ci lors de la signature de l'acte de vente et l'absence, dans ce dernier, de clause leur réservant un tel recours, à moins que le vendeur ne puisse invoquer un préjudice personnel lui conférant un intérêt direct et certain à agir (▪ Cass. 3e civ., 23 sept. 2009, n° 08-13.470 : *Bull.* ; *RDC* 2010/2, p. 589, obs. Deshayes ; *RTD civ.* 2010, p. 336, obs. Jourdain. ▪ Cass. 3e civ., 7 nov. 2012, n° 11-20.540. ▪ Cass. 3e civ., 10 juill. 2013, n° 12-21.910 : *Bull.* ; *D.* 2013, p. 448, note Cottet ; *RDC* 2013, p. 1349, obs. Deshayes).

Encore auparavant : En dehors des cas exceptionnels pour lesquels il est disposé autrement par des textes spéciaux, l'aliénation d'un bien à titre particulier n'a pas pour effet de transférer à l'acquéreur les droits déjà nés sur la tête du disposant à l'occasion de la jouissance ou de l'exploitation de ce bien mais qui ne font pas corps avec lui et n'affectent pas sa constitution (▪ Cass. civ., 12 janv. 1937 : *DH* 1937, 99. V. aussi ▪ Cass. com., 11 juin 1981 : *Bull. civ.* IV, n° 264, p. 210. ▪ Cass. 3e civ., 8 janv. 1997, n° 95-11.199 : *JCP* 97, II, 22877, note Monsallier, non-transmission de l'action fondée sur le défaut de conformité de la chose vendue). La vente de l'immeuble n'emporte pas de plein droit cession au profit de l'acquéreur des droits et actions à fin de dommages-intérêts qui ont pu naître au profit du vendeur en raison de dégradations causées à l'immeuble antérieurement à la vente (▪ Cass. 3e civ., 18 juin 1997, n° 95-18.254 : *JurisData* n° 1997-002880 ; *Bull. civ.* III, n° 149, p. 100 ; *Resp. civ. et assur.* 1997, 296 ; *D.* 1997, inf. rap. 170 ; *Contrats, conc. consom.* 1997, 178, note Leveneur ; *RTD civ.* 1997, 964, obs. Gautier ; *Defrénois* 1997, 1008, obs. Delebecque ; *RD imm.* 1997, 592, obs. Malinvaud et Boubli. – V. aussi ▪ Cass. 3e civ., 25 janv. 1983, n° 81-13.636 : *JurisData* n° 1983-700192 ; *Bull. civ.* III, n° 26, p. 20. ▪ Cass. 3e civ., 4 déc. 2002, n° 01-02.383 : *JurisData* n° 2002-016618 ; *JCP* 2003, II, 10058, note Jourdain ; *Defrénois* 2003, 245, obs. Libchaber. ▪ Cass. 3e civ., 17 nov. 2004, n° 03-16.988 : *JurisData* n° 2004-025656 ; *Bull. civ.* III, n° 207, p. 186 ; *JCP* N 2006, 1002, note Gravillou ; *RDC* 2005, 347, obs. Brun). Le droit du propriétaire de réclamer au locataire réparation de son préjudice constitue une créance personnelle qui, sauf stipulation contraire, ne se transmet pas à l'acquéreur de l'immeuble (▪ Cass. 1re civ., 13 janv. 1964 : *Gaz. Pal.* 1964, 1, 274).

Sur cette question, V. le dossier spécial : *Vente de l'immeuble et transmission des actions en justice : ordre ou désordre ? : RDC* 2014/4, p. 765.

12) Cas de la transmission d'indemnité d'assurance. Sauf clause contraire, l'acquéreur d'un immeuble a qualité à agir en paiement des indemnités d'assurance contre l'assureur du vendeur garantissant les risques de catastrophe naturelle, même pour les dommages nés antérieurement à la vente (■ Cass. 3e civ., 7 mai 2014, n° 13-16.400 : *Bull.* ; *RDC* 2015/1, p. 77, note Leduc).

Auparavant, V. ■ Cass. 2e civ., 7 avr. 2011, n° 10-17.426 : *Resp. civ. et assur.* 2011, comm. 272 ; *RGDA* 2011, p. 1111, note Bigot. ■ Cass. 3e civ., 16 avr. 2013, n° 12-16.242.

13) Renonciation de l'ayant-cause. Viole l'article 1134 du Code civil, la cour d'appel qui, pour condamner l'ancien propriétaire d'un terrain à rembourser au constructeur la provision qu'il avait obtenue à la suite de l'effondrement d'un mur édifié sur sa propriété, retient qu'ayant vendu son bien sans avoir procédé aux réparations, il ne dispose plus de la qualité pour agir et ne démontre aucun préjudice personnel, alors qu'elle avait constaté que le contrat de vente stipulait que l'acquéreur prenait le bien vendu dans son état actuel et qu'il s'interdisait d'intenter une quelconque action contre les entreprises ayant réalisé les travaux (■ Cass. 3e civ., 31 janv. 2007, n° 05-15.790 : *Bull. civ.* III, n° 15 ; *RDC* 2007/3, p. 738, obs. Carval).

14) La clause de non-concurrence bénéficie au sous-acquéreur dès lors que dans l'intention des parties elle est stipulée dans l'intérêt de tous les possesseurs du fonds (■ Cass. req., 5 juill. 1865 : *DP* 1865, 1, 425). Mais cette intention peut être différente (■ Cass. com., 15 oct. 1968 : *Gaz. Pal.* 1968, 2, 395). La clause de non-concurrence souscrite par un membre d'une profession libérale au profit d'un confrère à l'occasion de la cession des éléments constitutifs de son cabinet doit être, sauf clause contraire, présumée comprise parmi les droits transmis par le cessionnaire lorsqu'il vient, à son tour, à procéder à la même opération au profit d'un tiers (■ Cass. 1re civ., 3 déc. 1996, n° 95-10.067 : *JurisData* n° 1996-004662 ; *JCP* G 97, II, 22799 et *JCP* E 97, II, 940, note Daigre ; *D.* 1997, 151, rapport Chartier et note Serra ; *Bull.* I, n° 436, p. 304 ; *Defrénois* 1997, 327, obs. Delebecque ; *RTD civ.* 1997, 421, obs. Mestre. V. cependant, moins net, à propos d'une cession de fonds de commerce, ■ Cass. com., 1er avr. 1997, n° 94-16.083 : *JurisData* n° 1997-001515 ; *JCP* 97, IV, 1146 ; *D.* 1998, somm. 111, obs. Libchaber).

15) Clause compromissoire. Dans une chaîne de contrats translatifs de propriété, la clause compromissoire est transmise de façon automatique en tant qu'accessoire du droit d'action, lui-même accessoire du droit substantiel transmis, sans incidence du caractère homogène *ou hétérogène de cette* chaîne (■ Cass. 1re civ., 27 mars 2007, n° 04-20.842 : *D.* 2007, p. 2077, note Bollée).

16) Concours d'actions du sous-acquéreur et du vendeur intermédiaire. L'action résolutoire résultant d'un même défaut de conformité se transmet avec la chose livrée, de sorte que lorsqu'elle est exercée, d'une part, par le sous-acquéreur à la fois contre le vendeur intermédiaire et contre le vendeur originaire, à l'égard duquel le sous-acquéreur dispose d'une action directe contractuelle, d'autre part, par le vendeur intermédiaire contre le vendeur originaire, seule peut être accueillie l'action formée par le sous-acquéreur contre le vendeur intermédiaire et contre le vendeur originaire, le vendeur intermédiaire pouvant seulement agir en ce cas contre le vendeur originaire aux fins de garantie des condamnations prononcées contre lui en faveur du sous-acquéreur (■ Cass. 1re civ., 20 mai 2010, n° 09-10.086 : *Bull. civ.* 2010, I, n° 119 ; *RDC* 2010/4, p. 1317, obs. Ph. Brun ; *D.* 2010, 1757, note Deshayes).

17) Action de l'acquéreur contre le locataire. L'acquéreur d'un immeuble acquiert les droits s'identifiant avec la chose acquise ou en constituant l'accessoire, spécialement l'action exercée pour mettre fin à la location (■ Cass. soc., 18 oct. 1952 : *D.* 1952, 777). Jugé cependant qu'il en va autrement si les manquements du locataire sont antérieurs à la vente (■ Cass. soc., 20 déc. 1957 : *D.* 1958, 81, note Lindon. ■ Cass. soc., 16 mai 1958 : *D.* 1958, 464. V. en ce sens pour le défaut de paiement de loyers ■ Cass. 3e civ., 2 oct. 2002 : *Loyers et copr.* 2002, 276, note Vial-Pedroletti ; *JCP* 2002, IV, 2814 ; *JurisData* n° 2002-015679 ; *Bull. civ.* III, n° 189, p. 160).

18) Dépenses de ravalement de l'immeuble vendu. L'engagement pris par la venderesse de prendre en charge des dépenses de ravalement de l'immeuble vendu bénéficie de plein droit au sous-acquéreur (■ Cass. 3e civ., 14 avr. 1982, n° 81-10.098 : *JurisData* n° 1982-701592 ; *JurisData* n° 1982-700683 ; *Bull. civ.* III, n° 90, p. 63 ; *D.* 1983, inf. rap. 481, obs. Larroumet).

19) Situation du sous-acquéreur et du maître de l'ouvrage. Sur la transmission au sous-acquéreur et au maître de l'ouvrage de l'action exercée contre le fabricant à raison des défauts de conformité, V. ■ Cass. ass. plén., 7 févr. 1986 : *JurisData* n° 1986-700535 ; *JCP* 86, II, 20616, note Malinvaud ; *D.* 1986, 293, note Bénabent ; *RTD civ.* 1986, 364, obs. Huet, et 605, obs. Rémy. V. aussi pour la garantie des vices cachés, sous art. 1641, pour la garantie d'éviction ■ Cass. 3e civ., 28 mars 1990, n° 88-14.953 : *JurisData* n° 1990-000694 ; *Bull. civ.* III, n° 93, p. 50, pour l'action contre le réparateur de la chose vendue ■ Cass. 1re civ., 26 mai 1999, n° 97-15.608 : JurisData n° 1999-002097 ; JCP E 2000, 231, note Leveneur ; *Contrats, conc. consom.* 1999, 153, note Leveneur. Jugé que le sous-acquéreur jouit de tous les droits et actions attachés à la chose qui appartenait à son auteur et dispose contre les locataires d'ouvrage d'une action contractuelle fondée sur un manquement à leurs obligations envers le maître de l'ouvrage (■ Cass. 3e civ., 26 mai 1992, n° 89-21.897 : *JurisData* n° 1992-001208 ; *Bull. civ.* III, n° 168, p. 102. V. aussi pour l'action exercée par l'assureur ■ Cass. 1re civ., 21 janv. 2003, n° 00-15.781 : *JurisData* n° 2003-017434 ; *D.* 2003, 2993, note Bazin-Beust). Voir cependant, écartant l'application de l'art. 5-1° de la Convention du 25 sept. 1968 concernant la compétence judiciaire et l'exécution des décisions en matière civile et commerciale, en relevant l'absence de lien contractuel entre le sous-acquéreur et le fabricant, ■ CJCE, plén., 17 juin 1992 : *JurisData* n° 1992-600618 ; *JCP* 92, II, 21927, note Larroumet. V. aussi, écartant l'application de la Convention de Vienne sur la vente internationale de marchandises dans les rapports entre un fabricant étranger et un sous-acquéreur français, ■ Cass. 1re civ., 5 janv. 1999, n° 96-19.992 : *JurisData* n° 1999-000009 ; *JCP* G 2000, I, 199, n° 19, obs. Viney ; *JCP* E 1999, 962, note Leveneur ; *D.* 1999, 383, note Witz ; *Contrats, conc. consom.* 1999, 53, note Leveneur ; *RTD civ.* 1999, 503, obs. Raynard. Le fabricant d'un produit non conforme est en droit d'opposer à la société chargée de la maintenance d'une centrale thermique, subrogée dans les droits du maître de l'ouvrage, qui exerce uneaction en réparation de nature contractuelle, tous les moyens de défense qu'il peut opposer à son propre contractant, l'entrepreneur à qui il a fourni les éléments défectueux (■ Cass. 3e civ., 28 mai 1992 : *JCP* 92, IV, 2156. V. aussi ■ Cass. 1re civ., 7 mars 1995, n° 92-15.564 : *JurisData* n° 1995-000486 ; *JCP* 95, IV, 1913. ■ Cass. 1re civ., 7 juin 1995, n° 92-21.961 : *JurisData* n° 1995-001540 ; *Contrats, conc. consom.* 1995, 159, note Leveneur ; *Bull. civ.* I, n° 249, p. 175 ; *D.* 1996, 395, note D. Mazeaud. ■ Cass. soc., 22 mai 2002, n° 08-43.722 : *JurisData* n° 2009-050607 ; *D.* 2002, somm. 2843, obs. Delebecque ; ■ Cass. com., 26 mai 2010, n° 07-11.744 : *Bull. civ.* 2010, IV, n° 100 ; *D.* 2010, 2628, Borghetti ; *JCP* 2010, n° 849, note Barbièri ; *RTD civ.* 2010. 787, obs. Jourdain). Mais jugé qu'une clause attributive de compétence juridictionnelle n'est pas opposable au destinataire des marchandises transportées qui ne l'a pas acceptée au moment de la formation du contrat, et est sans effet sur l'action intentée par lui sur le fondement du contrat de transport (■ Cass. com., 26 mai 1992, n° 90-17.352 : *JurisData* n° 1992-001182 ; *JCP* G 92, IV, 2152 ; *Bull. civ.* IV, n° 210, p. 146 ; *JCP* E 93, II, 396, note Vallansan ; *RTD civ.* 1993, 133, obs. crit. Jourdain. Voir cependant ■ Cass. 3e civ., 30 oct. 1991, n° 87-15.229 : *JurisData* n° 1991-002741 ; *JCP* 92, IV, 24 ; *Bull. civ.* III, n° 251, p. 148, décidant qu'est opposable au maître de l'ouvrage la clause attributive de compétence figurant dans le contrat de vente conclu entre le fabricant et le vendeur intermédiaire. V. aussi, décidant que dans une chaîne homogène de contrats translatifs de marchandises, la clause d'arbitrage international se transmet avec l'action contractuelle, sauf preuve de l'ignorance raisonnable de l'existence de cette clause, ■ Cass. 1re civ., 6 févr. 2001, n° 98-20.776 : *JurisData* n° 2001-008041 ; *JCP* G 2001, II, 10567, note Legros ; *JCP* E 2001, 1238, note Mainguy et Seube ; *Contrats, conc. consom.* 2001, 82, note Leveneur ; *D.* 2001, somm. 1135, obs. Delebecque ; *Defrénois* 2001, 708, obs. Libchaber. Aj. ■ Cass. 1re civ., 12 juill. 2001, n° 99-13.555 : *JurisData* n° 2001-010618 ; *Bull. civ.* I, n° 224, p. 140 ; *D.* 2001, somm. 3246, obs. Delebecque. Comp., décidant que la clause de « livraison sous palan » est opposable au destinataire sans qu'il soit nécessaire que celui-ci ait explicitement manifesté sa volonté de l'accepter, ■ Cass. com., 16 janv. 1996, n° 94-13.653 : *JurisData* n° 1996-000148 ; *JCP* 96, I, 3985, n° 6, obs. Viney). Le vendeur originaire ne peut être tenu de restituer davantage au sous-acquéreur qu'il n'a lui-même reçu (■ Cass. 1re civ., 27 janv. 1993, n° 91-12.131 : *JurisData* n° 1993-000164 ; *D.* 1994, somm. 238, obs. Tournafond. V. aussi ■ Cass. 1re civ., 4 mars 1997, n° 94-22.026 : *JurisData* n° 1997-000992 ; *Contrats, conc. consom.* 1997, 93, note Leveneur ; *Defrénois* 1997, 1343, obs. D. Mazeaud). l'action engagée sur le fondement de la faute dolosive du constructeur envers le maître de l'ouvrage s'analyse en une action contractuelle et, attachée à l'immeuble, elle est transmissible aux acquéreurs successifs (■ Cass. 3e civ., 12 juill. 2018, n° 17-20.627 : *Bull.* ; *RTD civ.* 2018, p. 883, Barbier).

20) Situation du sous-traitant. Le sous-traitant n'étant pas contractuellement lié au maître de l'ouvrage, viole l'article 1165 la cour d'appel qui retient qu'il dispose contre ce dernier d'une action nécessairement contractuelle (■ Cass. ass. plén., 12 juill. 1991, Besse : *JurisData* n° 1991-001658 ; *JCP* 91, II, 21743, note Viney ; *D.* 1991, 549, note Ghestin, et somm. 321, obs. Aubert ; *RTD civ.* 1991, 750, obs. Jourdain. ■ Cass. 1re civ., 23 juin 1992, n° 91-11.091 : *JCP* 92, IV, 2445 ; *Bull. civ.* I, n° 195, p. 131. ■ Cass. 1re civ., 16 févr. 1994, n° 92-13.148 : *JurisData* n° 1994-000451 ; *JCP* 94, I, 3781, n° 11, obs. Jamin ; *D.* 1994, somm. 210, obs. Delebecque. ■ Cass. 3e civ., 10 janv. 2001, 2 arrêts : *Resp. civ. et assur.* 2001, 85 ; *Defrénois* 2001, 871, obs. Périnet-Marquet. V. cependant, plus ambigu, ■ Cass. com., 22 mai 2002, n° 99-11.113 : *RTD civ.* 2003, 94, obs. Jourdain. Mais pour l'action délictuelle du fournisseur du sous-traitant contre le maître de l'ouvrage, V. ■ Cass. 3e civ., 28 nov. 2001 : *JCP* 2002, II, 10037, note Mainguy ; I, 186, n° 2, obs. Viney ; *Resp. civ. et assur.* 2002, 67, note Groutel ; *Bull. civ.* III, n° 137, p. 106 ; *RD imm.* 2002, 92, obs. Malinvaud ; *RTD civ.* 2002, 104, obs. Jourdain ; *JurisData* n° 2001-011888. *Contra* ■ Paris,

10 janv. 2002, n° 2000/07558 : *JurisData* n° 2002-162723 ; *Resp. civ. et assur.* 2002, 143, note Grynbaum). V. aussi C. Larroumet, *L'effet relatif des contrats et la négation de l'existence d'une action en responsabilité nécessairement contractuelle dans les ensembles contractuels : JCP* 91, I, 3531. – C. Jamin, *Une restauration de l'effet relatif du contrat : D.* 1991, chron. 257. – P. Jourdain, *La nature de la responsabilité civile dans les chaînes de contrats après l'arrêt d'assemblée plénière du 12 juillet 1991 : D.* 1992, chron. 149. – C. Lisanti-Kalcynski, *L'action directe dans les chaînes de contrats ? Plus de dix ans après l'arrêt Besse : JCP* 2003, I, 102. – C. Laronde-Clerac, *La nature toujours controversée de la responsabilité dans les chaînes contractuelles : Contrats, conc. consom.* 2003, chron. 6. Pour la reconnaissance d'une action contractuelle du déposant contre le sous-dépositaire, V. ▪ Cass. 1re civ., 31 oct. 1989, n° 88-14.905 : *JurisData* n° 1989-003429 ; *JCP* 90, II, 21568, note de Quénaudon.

L'action en responsabilité du maître de l'ouvrage contre le sous-traitant qui a fourni les matériaux est de nature nécessairement délictuelle (▪ Cass. com., 13 oct. 2009, n° 08-19.343 : *RDC* 20102, p. 585, note Deshayes). Le fournisseur du sous-traitant répond de ses actes sur le même fondement à l'égard du maître de l'ouvrage, mais l'entrepreneur principal dispose contre lui d'une action contractuelle directe (▪ Cass. 3e civ., 26 nov. 2014, n° 13-22.067 : *RDC* 2015, p. 242, note Deshayes).

B – Transmission des dettes

21) Principe de non-transmission à l'ayant cause particulier. Le successeur ou ayant cause à titre particulier n'est pas de plein droit et comme tel directement tenu des obligations personnelles de son auteur (▪ Cass. civ., 15 janv. 1918 : *DP* 1918, 1, 17. ▪ Montpellier, 30 janv. 1963 : *D.* 1963, 665, note Lobin). Ce principe s'applique même aux conventions que ce dernier aurait passées par rapport à la chose formant l'objet de la transmission, à moins qu'elles n'aient eu pour effet de restreindre ou de modifier le droit transmis (▪ Cass. civ., 15 janv. 1918, préc. – V. aussi ▪ Cass. 3e civ., 16 nov. 1988, n° 88-11.298 : *D.* 1989, 157, 1re esp., note Malaurie ; *Bull. civ.* III, n° 163, p. 88 ; *RTD civ.* 1989, 577, obs. Zenati. ▪ Cass. com., 24 juin 1997, n° 95-18.429 : *Defrénois* 1998, 345, obs. D. Mazeaud ; *RTD civ.* 1998, 376, obs. Mestre, contrat conclu avec une société de surveillance). *Voir cependant, déduisant de la volonté* des parties la cession de l'obligation de garantie à la société bénéficiaire de l'apport du fonds de commerce du vendeur, ▪ Cass. 1re civ., 4 juill. 1995, n° 93-15.602 : *JurisData* n° 1995-001799 ; *Bull. civ.* I, n° 306, p. 213 ; *JCP* G 1996, II, 22622 et *JCP* E 1996, II, 784, note Leveneur ; *Contrats, conc. consom.* 1995, 198, note Leveneur. – Comp. ▪ Cass. 1re civ., 30 avr. 2009, n° 08-11.093 : *Bull. civ.* I, n° 82 ; *RDC* 2009/4, p. 1363, obs. Mazeaud ; *Defrénois* 2009, p. 1289, obs. Libchaber ; *JCP* 2009, n° 27, 73, note J.-J. Ansault, n° 37, 228, obs. Billau et n° 51, 574, obs. Barthez ; *D.* 2009, p. 2400, note L. Andreu ; *Defrénois* 2009, p. 1289, obs. R. Libchaber ; *Rev. Lamy dr. civ.* 2009, n° 3490, obs. V. Maugeri, qui juge que la cession de dette ne peut avoir d'effet à l'égard du créancier qui n'y a pas consenti (transmission à l'acquéreur d'un fonds de commerce des créances et de la totalité des dettes générées par l'activité du cédant). Le cessionnaire de parts sociales ne succède pas de plein droit aux obligations personnelles de son auteur (▪ Cass. com., 1er avr. 1997, n° 95-12.025 : *JurisData* n° 1997-001518 ; *RTD civ.* 1998, 375, obs. Mestre). Ne donne pas de base légale à sa décision le juge qui condamne l'acquéreur d'un fonds de commerce à exécuter un contrat conclu par le cédant sans constater l'existence dans l'acte de vente du fonds d'une clause emportant cession du contrat conclu, ni rechercher si les prestations effectuées par le repreneur étaient de nature à caractériser une acceptation non équivoque de sa part de reprendre ce contrat (▪ Cass. com., 4 mai 2010, n° 09-13.118 : *RDC* 2010/4, p. 1226, obs. Mazeaud). L'indemnité d'éviction constitue une dette personnelle au bailleur dont il n'est pas déchargé par la vente de l'immeuble (▪ Cass. 3e civ., 30 mai 2001, n° 00-10.111 : *JurisData* n° 2001-009824 ; *JCP* 2001, IV, 2346 ; *Bull. civ.* III, n° 69, p. 53).

Sur la cession de dette, V. F. Chénedé, *Eugène Gaudemet, le transport de dettes : RDC* 2010/1, p. 363.

22) **L'engagement de non-concurrence** souscrit par le vendeur d'un fonds de commerce ne constitue pas une obligation pour ceux qui ont acquis du vendeur (▪ Poitiers, 25 mai 1936 : *DH* 1936, 355. – V. en ce sens pour un contrat dit de bière ▪ Colmar, 5 janv. 1968 : *JCP* 68, IV, 83). Jugé cependant qu'un tel engagement est opposable au sous-acquéreur du fonds au motif qu'il s'agit d'un droit réel mobilier qui s'exerce de façon absolue à l'égard de tous les exploitants successifs (▪ Rouen, 28 nov. 1925 : *DP* 1927, 1, 172, note Lepargneur).

23) « Reprise » d'une indemnité d'éviction. La clause d'un acte de vente prévoyant que l'acquéreur s'oblige à prendre à sa charge le paiement de l'indemnité d'éviction due au locataire s'analyse en une délégation imparfaite de paiement autorisant le preneur à agir directement contre le délégué et sans que puisse lui être opposée la règle de l'effet relatif des contrats (▪ Cass. 3e civ., 5 mars 2008, n° 06-19.237 et n° 06-20.223 : *Bull. civ.* III, n° 39 ; *JCP* E 2008, 1774, note Marty ;

JCP 2008, I, 179, obs. Barthez ; *Defrénois* 2008, art. 38795-5, p. 1353, obs. Savaux).

24) Action en responsabilité contre le propriétaire. Le locataire qui se plaint de troubles de jouissance antérieurs à la vente de l'immeuble est fondé à assigner le vendeur bailleur (■ Cass. 3e civ., 9 juill. 1970, n° 69-20.066 : *JurisData* n° 1970-000469 ; *JCP* 71, II, 16745, note Mourgeon). Le propriétaire d'un immeuble ne peut, pour se soustraire à la responsabilité encourue vis-à-vis d'un tiers, invoquer un acte de vente postérieur prévoyant que l'acquéreur soutiendrait en son nom personnel et à ses risques et périls l'instance que la victime avait manifesté l'intention d'engager (■ Cass. 1re civ., 6 juin 1966 : *D.* 1966, 481, 2e arrêt, note Voulet).

25) Dettes de l'ayant cause. Sauf convention contraire, le cédant d'un bail commercial n'est pas tenu de garantir au bailleur le paiement des indemnités d'occupation dues par le cessionnaire après résiliation du bail (■ Cass. 3e civ., 28 oct. 2009, n° 08-16.826 : *Bull. civ.* III, n° 233 ; *JCP* 2009, n° 51, 574, obs. Barthez).

26) Lien entre société civile professionnelle et contrat d'exercice en commun. Dès lors qu'un contrat d'exercice en commun de la profession de médecins est le complément nécessaire et indissociable de la société civile de moyens constituée entre eux, et que les cessionnaires des parts de cette société civile ont exécuté pendant plusieurs années la convention d'exercice professionnel, les juges du fond peuvent en déduire que par l'effet de leur consentement tacite, les cessionnaires sont liés par les stipulations de cette convention (■ Cass. 1re civ., 15 nov. 1994, n° 92-11.265 : *Bull. civ.* I, n° 328, p. 238).

Art. 1166 ancien *(Abr. à compter du 1er octobre 2016, Ord. n° 2016-131, 10 févr. 2016).* – **Néanmoins, les créanciers peuvent exercer tous les droits et actions de leur débiteur, à l'exception de ceux qui sont exclusivement attachés à la personne.**

NB : Rappr. art. 1341-1, p. 986.

I – DOMAINE D'APPLICATION DE L'ACTION OBLIQUE

1) Généralité du principe. L'article 1166 permet au créancier de faire valoir tous les droits de son débiteur lorsque ce dernier néglige de s'en prévaloir (■ Cass. 1re civ., 14 déc. 1971 : *JurisData* n° 1971-000315 ; *JCP* 72, II, 17102, note Goubeaux). Il peut par exemple agir en rescision d'un partage (■ Cass. req., 25 juin 1935 : *DH* 1935, 474. ■ Cass. 1re civ., 22 janv. 1980, n° 78-15.551 : *JurisData* n° 1980-000032 ; *Bull. civ.* I, n° 32, p. 28), demander une indemnité d'éviction (■ Montpellier, 20 oct. 1948 : *JCP* 49, II, 4828), ou le rapport des libéralités à la succession (■ Cass. 1re civ., 12 mars 1968 : *Bull. civ.* I, n° 97, p. 78) ou leur réduction (■ Cass. 1re civ., 20 oct. 1982, n° 81-15.560 : *JurisData* n° 1982-702357 ; *D.* 1983, 120, note Rémy), ou réclamer l'indemnité prévue par l'article 555 (■ Colmar, 7 juin 1996, n° 4398/94 : *JurisData* n° 1996-046339 ; *D.* 1998, *somm.* 56, obs. A. Robert). Il est fondé à opposer au prétendu propriétaire la présomption édictée par l'article 2279 du Code civil (■ Cass. 1re civ., 14 déc. 1972 : *JCP* 72, II, 17102, note Goubeaux). En l'état d'un règlement de copropriété déclarant chaque copropriétaire responsable des agissements répréhensibles de ses locataires, le syndicat des copropriétaires peut exercer par voie oblique l'action en résiliation en cas de carence du copropriétaire bailleur (■ Cass. 3e civ., 14 nov. 1985, n° 84-15.577 : *JurisData* n° 1985-003126 ; *D.* 1986, 368, note Aubert, mais pour le refus de l'action oblique exercée par l'héritier en résolution d'une vente contre rente viagère, V. ■ Cass. 3e civ., 9 mai 2001, n° 99-16.387 : *JurisData* n° 2001-009529 ; *Defrénois* 2002, 677, note crit. Dagorne-Labbe).

2) Actes conservatoires. Le créancier peut faire des actes conservatoires du patrimoine de son débiteur (■ Cass. req., 30 nov. 1926 : *DH* 1927, 3).

3) Saisie-arrêt. L'article 1166 permet aux créanciers de recourir à toutes voies d'exécution et notamment de pratiquer une saisie-arrêt aux lieu et place de leur débiteur négligent (■ Cass. civ., 25 sept. 1940 : *DC* 1943, 133, note Carbonnier).

4) Droits attachés à la personne. Le créancier ne peut intenter aux lieu et place de son débiteur une action dont l'exercice est subordonné à des considérations personnelles d'ordre moral ou familial (■ Cass. 1re civ., 8 juin 1963 : *JurisData* n° 1963-700295 ; *JCP* 65, II, 14087, note R. Savatier. ■ Montpellier, 15 janv. 1954 : *Gaz. Pal.* 1954, 1, 270). Ainsi le droit de demander la révision ou la suppression d'une pension alimentaire, ayant sa base dans l'état des personnes, est attaché à la personne du titulaire et ne peut être exercé par la voie de l'action oblique (■ Cass. civ., 29 juin 1948, 2 arrêts : *D.* 1949, 129, note Ponsard). Il en va de même pour la révocation d'une donation entre époux (■ Cass. 1re civ., 19 avr. 1988, n° 86-18.028 : *JurisData* n° 1988-001188 ; *Bull. civ.* I, n° 101, p. 69) ; pour l'action tendant à obtenir la levée de l'inaliénabilité en application de l'article 900-1 (■ Cass. 1re civ., 3 juin 1998, n° 96-13.664 : *JurisData* n° 1998-002509 ; *JCP* 98, II, 10167, note Casey, I, 177, n° 14, obs. Loiseau ; *JCP* 99, I, 132, n° 6, obs. Le

Guidec ; *Dr. famille* 1998, 90, 1er arrêt, note Beignier ; *Defrénois* 1999, 93, note X. Savatier ; *RTD civ.* 1998, 677, obs. Mestre. ■ Cass. 1re civ., 25 mai 2004 : *JCP* 2004, IV, 2458 ; *JurisData* n° 2004-023789 ; v. aussi sous art. 900-1) ; pour le droit de retrait d'un associé prévu par l'article 1869 du Code civil (■ Cass. com., 4 déc. 2012, n° 11-14.592 : *Bull.* ; *D.* 2013, p. 751, note Moury). Dès lors qu'il agissait contre le preneur sortant et non contre le bailleur, de sorte qu'il ne s'agissait pas d'une action dérivée du bail rural, la cour d'appel a exactement retenu que le conjoint du preneur entrant n'exerçait pas une action exclusivement attachée à la personne de son épouse et pouvait se prévaloir des dispositions de l'article 1166 du Code civil pour exercer l'action en répétition de l'indû que cette dernière s'abstenait de mettre en œuvre (■ Cass. 3e civ., 11 févr. 2015, n° 14-10.266 : *Bull.* ; *JCP* G 2015, 1044, obs. Loiseau).

5) Immixtion dans la gestion du débiteur (non). La faculté accordée aux créanciers par l'article 1166 n'est qu'une conséquence du gage général qui leur est reconnu sur les biens de leurs débiteurs et ils ne peuvent se substituer à ces derniers dans les pouvoirs de gestion et d'administration (■ Cass. 1re civ., 18 janv. 1977, n° 75-13.533 : *JurisData* n° 1977-000029 ; *Bull. civ.* I, n° 29, p. 21).

II – CONDITIONS D'EXERCICE DE L'ACTION OBLIQUE

6) Inaction du débiteur. L'exercice de l'action oblique implique l'inaction du débiteur (■ Cass. 2e civ., 30 avr. 1960 : *JurisData* n° 1960-099272 ; *Bull. civ.* II, n° 272, p. 183). La carence de ce dernier se trouve établie lorsqu'il ne justifie d'aucune diligence dans la réclamation de son dû (■ Cass. 1re civ., 5 avr. 2005 : *JCP* 2005, IV, 2190 ; *JurisData* n° 2005-027905 ; *Bull. civ.* I, n° 167, p. 142). Le créancier ne peut agir sur la base de l'article 1166 si le débiteur a, de son côté, intenté une action en reconnaissance de son droit (■ Cass. 3e civ., 7 mars 1968 : *JurisData* n° 1968-098087 ; *Bull. civ.* III, n° 87, p. 70). La carence du débiteur est établie lorsqu'il ne justifie d'aucune diligence dans la réclamation de son dû. Viole l'article 1166 l'arrêt qui déboute le demandeur exerçant l'action oblique au motif qu'il n'établit pas l'inertie prolongée et injustifiée (■ Cass. 1re civ., 28 mai 2002 : *JCP* 2002, IV, 2226 ; *D.* 2002, 3041, note Perruchot-Triboulet ; somm. 2836, obs. Delebecque ; *JurisData n° 2002-014480* ; *Bull. civ.* I, n° 145, p. 112 ; *RTD civ.* 2002, 513, obs. Mestre et Fages). L'action oblique ne peut être exercée pour pallier l'inaction du liquidateur pendant la période de liquidation judiciaire (■ Cass. com., 3 avr. 2001, n° 98-14.191 : *JurisData* n° 2001-009039 ; *JCP* 2001, IV, 2039 ; *RTD civ.* 2001, 882, obs. Mestre et Fages. – V. aussi ■ Paris, 13 mars 1998, n° 95/13275 : *JurisData* n° 1998-021610 ; *JCP* G 99, II, 10072 ; *JCP* E 99, 621, note Dubœuf-Hild).

7) Inaction compromettant les intérêts du créancier. L'action oblique ne peut être intentée que si la négligence du débiteur compromet les intérêts du créancier (■ Cass. civ., 11 juill. 1951 : *D.* 1951, 586. – V. en ce sens ■ Cass. 3e civ., 19 juin 1969 : *JCP* 69, IV, 205 ; *Bull. civ.* III, n° 498, p. 376. ■ Cass. 1re civ., 17 mai 1982, n° 81-12.312 : *JurisData* n° 1982-701043 ; *JCP* 82, IV, 263 ; *Bull. civ.* I, n° 176, p. 155. ■ Paris, 11 mars 1999, n° 1998/06899 : *JurisData* n° 1999-023421 ; *RTD civ.* 1999, 889, obs. Patarin).

8) Action du créancier contre un codébiteur (non). L'action oblique implique l'existence des droits et actions du débiteur que le créancier prétend exercer et ne peut être intentée par ce créancier contre un codébiteur tenu envers lui de la même dette (■ Cass. 3e civ., 2 déc. 1975, n° 74-13.104 : *JurisData* n° 1975-099351 ; *JCP* 76, IV, 31 ; *Bull. civ.* III, n° 351, p. 267. – Comp. ■ Cass. 2e civ., 21 févr. 1979 : *JurisData* n° 1979-099056 ; *JurisData* n° 1979-099058 ; *JurisData* n° 1979-099056 ; *Bull. civ.* II, n° 56, p. 42).

9) Action oblique au nom d'une société dissoute. Si les associés d'une société dissoute, qui se survit pour les besoins de sa liquidation, ont un droit ouvert au partage du reliquat de l'actif après paiement du passif, ils ne sont pas pour autant des créanciers habiles à agir en lieu et place de la société par application de l'article 1166 (■ Cass. 1re civ., 2 oct. 2002, n° 99-10.947 : *JCP* 2003, II, 10192, note Gareil-Sutter).

10) Créance certaine, liquide et exigible. Le créancier ne peut invoquer l'article 1166 que si sa créance est certaine, liquide et exigible (■ Cass. req., 25 mars 1924 : *DH* 1924, 282. ■ T. civ. Seine, 26 oct. 1936 : *DH* 1936, 564).

III – EFFETS DE L'ACTION OBLIQUE

11) Exceptions opposables au créancier. Le défendeur peut opposer au créancier les mêmes moyens que ceux qu'il aurait pu faire valoir contre le débiteur (■ Cass. civ., 10 juill. 1867 : *DP* 1867, 1, 344. ■ Cass. 1re civ., 9 oct. 1991, n° 89-17.916 : *JurisData* n° 1991-002933 ; *D.* 1992, 421, note Barret ; *Bull. civ.* I, n° 250, p. 165. ■ Paris, 28 mars 1901 : *DP* 1902, 2, 284). Il ne peut invoquer contre le créancier le secret professionnel dont il n'aurait pu se prévaloir au regard du débiteur lui-même (■ Cass. 1re civ., 10 nov. 1959 : *JCP* 60, II, 11585, note Esmein).

12) Objet des droits du créancier. Les juges du fond ne peuvent prononcer une condamnation directe au profit du créancier demandeur (■ Cass. 3e civ., 18 mai 1971, n° 70-10.549 : *JurisData* n° 1971-098317 ; *Bull. civ.* III, n° 317, p. 226), mais le créancier peut réclamer le paiement de ce qui lui est dû sur les sommes réintégrées dans le patrimoine du débiteur par le jeu de l'action oblique (■ Cass. 1re civ., 27 mai 1970 : *JurisData* n° 1970-000175 ; *JCP* 71, II, 16675, note Poulain), le débiteur devant, dans ce cas, être appelé à l'instance (même arrêt. ■ Cass. com., 15 oct. 1991, n° 89-18.927 : *JurisData* n° 1991-002541 ; *JCP* 92, II, 21905, 2e esp., note Bolard ; *Bull. civ.* IV, n° 283, p. 197).

13) Nécessité d'une mise en demeure du débiteur (non). L'exercice de l'action oblique constitue pour le créancier une mise en demeure de son propre débiteur (■ Cass. 1re civ., 9 déc. 1970 : *JurisData* n° 1970-000325 ; *JCP* 71, II, 16920, note M.D.P.S.).

Art. 1167 ancien ***(Mod., L. n° 65-570, 13 juill. 1965 ; abr. à compter du 1er octobre 2016, Ord. n° 2016-131, 10 févr. 2016).*** **– Ils peuvent aussi, en leur nom personnel, attaquer les actes faits par leur débiteur en fraude de leurs droits.**

Ils doivent néanmoins, quant à leurs droits énoncés au titre *Des successions* et au titre *Du contrat de mariage et des régimes matrimoniaux*, se conformer aux règles qui y sont prescrites.

NB : Rappr. art. 1341-2, p. 986.

I – DOMAINE D'APPLICATION DE L'ACTION PAULIENNE

1) Paiement. L'action paulienne ne peut permettre d'attaquer un paiement que s'il y a un concert frauduleux dans le but de causer un préjudice illégitime aux autres créanciers (■ Cass. civ., 17 juill. 1945 : *Gaz. Pal.* 1945, 2, 143), mais il en va autrement pour la dation en paiement (■ Cass. 1re civ., 19 janv. 1977 : *JCP* 77, IV, 63 ; *Bull. civ.* I, n° 34, p. 25. ■ Aix-en-Provence, 19 févr. 1987 : *JurisData* n° 1987-048850 ; *RTD civ.* 1988, 138, obs. Mestre). – V. aussi C. Colombet, *De la règle que l'action paulienne n'est pas reçue contre les paiements : RTD civ.* 1965, 5.

2) Partage. Le partage ne peut être attaqué par la voie de l'action paulienne s'il n'y a pas eu opposition (■ Cass. req., 9 juill. 1866 : *DP* 1866, 1, 369. – V. art. 882, p. 695), à moins qu'il ait été pratiqué dans des conditions telles que le créancier n'ait pas eu la possibilité d'y faire opposition (■ Cass. req., 25 juin 1935 : *DH* 1935, 474. – V. aussi ■ Cass. 1re civ., 25 janv. 1965 : *Bull. civ.* I, n° 74, p. 55. ■ Cass. 1re civ., 16 juin 1981, n° 80-12.768 : *JurisData* n° 1981-701869 ; *JCP* 81, IV, 313 ; *Bull. civ.* I, n° 212, p. 174). L'action est recevable si le partage dissimule une donation pure et simple (■ Cass. 1re civ., 29 mai 1979, n° 78-10.165 : *JurisData* n° 1979-715018 ; *JCP* 79, IV, 251 ; *Bull. civ.* I, n° 157, p. 127. V. en ce sens ■ Cass. 1re civ., 6 mars 1996, n° 93-21.728 : *JurisData* n° 1996-000725 ; *JCP* 96, IV, 969 ; *Bull.* I, n° 125, p. 89 ; *Defrénois* 1996, 1438, obs. Champenois ; *RTD civ.* 1997, 718, obs. Patarin), ou si le créancier attaque non le partage qui n'est pas encore réalisé mais la donation faite par le débiteur de ses droits indivis (■ Cass. 1re civ., 16 juill. 1981, n° 80-14.991 : *JCP* 81, IV, 357 ; *Bull. civ.* I, n° 259, p. 214). L'action paulienne ayant pour seul objet d'autoriser le créancier poursuivant, par décision de justice et dans la limite de sa créance, à échapper aux effets d'une aliénation opérée en fraude de ses droits, afin d'en faire éventuellement saisir l'objet entre les mains du tiers, une cour d'appel retient exactement qu'une telle action ne pouvait avoir pour objet d'empêcher une action en partage entre coïndivisaires en niant le transfert de droits intervenu à leur profit (■ Cass. 1re civ., 17 oct. 2012, n° 11-10.786 : *Bull.* ; *RDC* 2013/1, p. 197, obs. Goldie-Genicon ; *JCP* N 2013, n° 3, 25, note Barbièri).

3) Jugement. Un jugement ne peut être attaqué que par les voies de recours ouvertes par la loi au nombre desquelles n'entre pas l'action paulienne (■ Cass. 1re civ., 26 janv. 2012, n° 10-24.697 : *Bull.*, n° 12 ; *D.* 2012, p. 635, chron., obs. Creton ; *Dr. famille* 2012, n° 40, obs. Larribau-Terneyre).

4) Divorce. Convention définitive. Sur l'irrecevabilité de l'action paulienne exercée par le créancier contre la convention définitive homologuée par le jugement prononçant le divorce sur requête conjointe, V. ■ Paris, 19 mars 1997, n° 96/10043 : *JurisData* n° 1997-022695 ; *Dr. famille* 1998, chron. 3, obs. Lécuyer.

5) Contribution aux charges du mariage. Pour un exemple d'utilisation frauduleuse de l'action en contribution aux charges du mariage en vue de faire obstacle aux droits des créanciers, V. ■ Cass. 1re civ., 1er juill. 1997, n° 95-12.163 : *JurisData* n° 1997-003164 ; *Defrénois* 1998, 709, obs. Massip.

6) *Fraus omnia corrumpit*. Jugé en dehors de toute action paulienne que par application du principe « *fraus omnia corrumpit* », toute personne victime d'une fraude peut demander que l'acte frauduleux lui soit déclaré inopposable, quand bien même la fraude aurait été dirigée contre d'autres (■ Cass. 1re civ., 4 déc. 1990, n° 87-12.935 : *JurisData* n° 1990-704507 ; *JCP* 91, IV, 44 ; *Bull. civ.* I, n° 278, p. 197 ; *RTD civ.* 1992, 157, obs. Patarin).

7) Action paulienne et procédure collective. Le droit exclusif que l'article 46 de la loi du 25 janvier 1985 *(C. com., art. L. 622-20)* confère au représentant des créanciers pour agir au nom et dans l'intérêt de ceux-ci ne fait pas obstacle à ce qu'un créancier exerce l'action paulienne (▪ Cass. com., 8 oct. 1996, n° 93-14.068 : *JurisData* n° 1996-003712 ; *JCP* G 97, I, 4002, n° 11, obs. Jamin ; *JCP* E 97, II, 914, note Guyon ; *D.* 1997, 87, note Derrida ; *RTD civ.* 1997, 722, obs. Patarin). Seuls ont intérêt à voir juger que la déclaration d'insaisissabilité du débiteur en liquidation judiciaire leur est inopposable pour cause de fraude paulienne les créanciers auxquels elle serait opposable par application des dispositions de l'article L. 526-1, alinéa 1er, du Code de commerce, c'est-à-dire les créanciers titulaires de créances nées à l'occasion de l'activité professionnelle du débiteur et postérieurement à la publication de la déclaration. Dès lors, en présence de créanciers antérieurs, le liquidateur judiciaire du débiteur, qui ne représente pas dans ce cas l'intérêt collectif, est irrecevable à exercer l'action paulienne (▪ Cass. com., 23 avr. 2013, n° 12-16.035 : *Bull.*, n° 68 ; *JCP* 2013, n° 27, p. 1328, note Pétel ; *JCP* N 2013, n° 1228, note Lebel ; *Rev. sociétés* 2013, p. 377, obs. Roussel Galle ; *Dr. et pat.* 2013, n° 230, p. 84, obs. Crocq).

II – CONDITIONS D'EXERCICE DE L'ACTION PAULIENNE

8) Compétence internationale des juridictions. Sur la nature contractuelle de l'action paulienne au sens de l'article 7, point 1 du règlement (UE) n° 1215/2012, V. ▪ CJUE, 4 oct. 2018, aff. C-337/17 : *D.* 2019, p. 516, Jault-Seseke.

A – Conditions tenant au créancier

9) Créance certaine. Pour que l'action paulienne soit accueillie, la créance doit, au moment où le juge statue, être considérée comme certaine (▪ Cass. 1re civ., 16 mai 2013, n° 12-13.637 : *Bull.* ; *JCP* 2013, n° 35, p. 1503, note Simler ; *Dr. et pat.* 2014, n° 232, p. 53, obs. Gutmann ; *G. P.* 2013, nos 184-185, p. 20, obs. Houtcieff : les débiteurs avaient saisi les juridictions administratives d'une contestation de leur dette fiscale, en sorte que celle-ci ne pouvait, au moment où le juge statuait, être considérée comme certaine). Retenant l'exigence d'une créance certaine en son principe « au moment de l'acte argué de fraude » (▪ Cass. 1re civ., 15 janv. 2015, n° 13-21.174 : *Bull.* ; *D.* 2015, p. 611, note J. François ; *RDC* 2015, obs. Latina).

10) Créance liquide. La liquidité de la créance ne constitue une des conditions de recevabilité de l'action paulienne que lorsqu'elle a pour objet une somme d'argent (▪ Cass. 1re civ., 10 déc. 1974 : *JurisData* n° 1974-000336 ; *JurisData* n° 1974-000336 ; *D.* 1975, 777, note Simon. V. aussi ▪ Cass. 3e civ., 6 oct. 2004 : *Bull. civ.* III, n° 163, p. 150 ; *JCP* 2004, IV, 3169 ; *D.* 2004, 3098, note Kessler ; *JurisData* n° 2004-025092 ; *RTD civ.* 2005, 121, obs. Mestre et Fages ; *Defrénois* 2005, 323, note Dagorne-Labbe et 612, obs. Libchaber. V. sur cet arrêt A.-G. Robert : *JCP* 2005, I, 191).

11) Appauvrissement du débiteur. Le créancier investi de droits particuliers sur certains biens de son débiteur peut faire révoquer les actes frauduleux faits sur ces biens dès lors que le débiteur en a réduit la valeur de manière à rendre impossible ou inefficace l'exercice de ses droits (▪ Cass. 1re civ., 18 juill. 1995, n° 93-13.681 : *Bull.* I, n° 324, p. 227 ; *D.* 1996, 391, 2e esp., note Agostini, somm. 208, obs. S. Piedelièvre, bail de 12 ans sur des biens hypothéqués. V. aussi pour un bail commercial consenti sur un immeuble hypothéqué, ▪ Cass. 3e civ., 31 mars 2016, n° 14-25.604 : *Bull.*). Les juges du fond peuvent souverainement estimer que l'apport en société constitue un appauvrissement frauduleux du patrimoine de la caution (▪ Cass. 1re civ., 21 juill. 1987, n° 85-16.887 : *Bull. civ.* I, n° 231, p. 169). La donation assortie d'une clause de retour d'un bien entré dans le patrimoine du donateur sous la même condition peut être considérée comme un appauvrissement (▪ Cass. 1re civ., 6 févr. 1996, n° 92-19.895 : *JurisData* n° 1996-000397 ; *JCP* 96, IV, 728 ; *Bull.* I, n° 62, p. 41 ; *D.* 1997, 119, note Tardy ; *RTD civ.* 1997, 942, obs. Mestre). Il appartient aux juges du fond de rechercher si la difficulté de négocier des parts sociales de sociétés civiles immobilières et le risque d'inscription d'hypothèques sur les immeubles du chef des sociétés ne constituent pas des facteurs de diminution de la valeur du gage des créanciers et d'appauvrissement des débiteurs (▪ Cass. 3e civ., 20 déc. 2000, n° 98-19.343 : *JurisData* n° 2000-007487 ; *JCP* 2001, IV, 1326).

12) Antériorité de la créance. L'action paulienne ne peut être exercée que par les créanciers dont la créance est antérieure à l'acte attaqué (▪ Cass. civ., 20 juin 1849 : *DP* 1850, 1, 830. ▪ Cass. 3e civ., 4 févr. 1971 : *JurisData* n° 1971-098076 ; *JCP* 72, II, 16980, note Dagot et Spiteri), mais il suffit que le créancier possède, au moment où l'acte est passé, un principe certain de créance (▪ Cass. 1re civ., 14 juin 1961 : *JurisData* n° 1961-000313 ; *JCP* 61, IV, 113 ; *Bull. civ.* I, n° 312, p. 246. ▪ Cass. 3e civ., 23 avr. 1971, n° 70-10.209 : *JurisData* n° 1971-098258 ; *Bull. civ.* III, n° 255, p. 182. ▪ Cass. 1re civ., 27 janv. 1987, n° 85-13.147 : *JurisData* n° 1987-000059 ; *Bull. civ.* I, n° 26, p. 18. ▪ Cass. 1re civ., 13 janv. 1993, n° 91-11.871 : *JCP* 93, II, 22027, note Ghestin). Dès lors que le créancier dispose d'un droit de créance hypothécaire à l'égard du débiteur, sa créance est certaine en son principe (■ Cass. 1re civ., 19 nov. 2002 : *JCP* 2003, IV, 1050 ; *JurisData* n° 2002-016419 ; *Bull. civ.* I, n° 271, p. 211). L'antériorité de la créance peut être prouvée par tous moyens (■ Cass. 1re civ., 11 oct. 1978, n° 76-15.406 : *JurisData* n° 1978-000299 ; *JCP* 78, IV, 339 ; *Bull. civ.* I, n° 299, p. 231). En matière fiscale, la créance du Trésor public naît au moment de la perception des revenus générant l'impôt et la condition d'antériorité exigée pour l'application de l'article 1167 concerne seulement l'existence de la créance (■ Paris, 6 juin 2002, n° 2001/01637 : *JurisData* n° 2002-180913 ; *Dr. famille* 2003, 4, 1er arrêt, note Beignier). Dès lors que le créancier justifie d'un principe certain de créance, sa faute ne peut être invoquée par voie d'exception dans le cadre d'une défense à l'action paulienne (■ Cass. ch. mixte, 21 févr. 2003 : *JCP* 2003, IV, 1668 ; *JurisData* n° 2003-017891 ; *Bull. civ.*, ch. mixte, n° 2, p. 2). Pour une créance certaine dans son principe au moment où le débiteur a consenti à une donation, ■ Cass. 1re civ., 30 sept. 2015, n° 14-18.488 : *JurisData* n° 2015-021669 ; *Contrats, conc. consom.* 2015, n° 275, note Leveneur.

13) Donation soumise à publicité foncière. En matière de donation, le créancier peut exercer l'action paulienne même si son droit est postérieur à la donation dès lors qu'il a pris naissance avant la transcription de l'acte, nécessaire aux termes de l'article 941 du Code civil pour que l'immeuble donné soit considéré, par rapport aux créanciers du donateur, comme sorti du patrimoine dudit débiteur (■ Cass. civ., 26 oct. 1942 : *JCP* 43, II, 2131, note Becqué).

14) Fraude au préjudice d'un créancier futur. L'antériorité de la créance n'est plus requise lorsqu'il est démontré que la fraude a été organisée à l'avance en vue de porter préjudice à un créancier futur (■ Cass. 1re civ., 15 févr. 1967 : *JCP* 67, IV, 45 ; *Bull. civ.* I, n° 66, p. 49. ■ Cass. 3e civ., 27 juin 1972, n° 71-11.901 : *JurisData* n° 1972-000432 ; *JCP* 72, IV, 211 ; *Bull. civ.* III, n° 420, p. 305. ■ Cass. 1re civ., 7 janv. 1982, n° 80-15.960 : *JCP* 82, IV, 103 ; *Bull. civ.* I, n° 4, p. 4).

15) Insolvabilité du débiteur. La révocation *prévue par* l'article 1167 suppose établie l'insolvabilité du débiteur à la date de l'introduction de la demande (■ Cass. 1re civ., 27 juin 1972, n° 70-11.822 : *JurisData* n° 1972-000163 ; *JCP* 72, IV, 211 ; *Bull. civ.* I, n° 163, p. 142. ■ Cass. 1re civ., 31 mai 1978, n° 76-12.891 : *JurisData* n° 1978-000209 ; *Bull. civ.* I, n° 209, p. 167. ■ Cass. 1re civ., 6 janv. 1987, n° 85-13.988 : *JurisData* n° 1987-000003 ; *Bull. civ.* I, n° 1, p. 1. ■ Cass. com., 14 nov. 2000, n° 97-12.708 : *JurisData* n° 2000-006882 ; *JCP* 2001, IV, 1049 ; *D. affaires* 2000, 441, note Avena-Robardet ; *Bull. civ.* IV, n° 173 ; *Defrénois* 2001, 240, obs. Libchaber. Comp., visant l'insolvabilité au moins apparente du débiteur « au jour de l'acte litigieux », ■ Cass. 1re civ., 6 mars 2001, n° 98-22.384 : *JurisData* n° 2001-008563 ; *JCP* 2001, IV, 1778 ; *Bull. civ.* I, n° 51, p. 33 ; *D.* 2001, 1316, note Avena-Robardet ; *D.* 2001, somm. 3244, obs. Delebecque. V. aussi ■ Cass. 1re civ., 5 juill. 2005 : *JCP* 2005, IV, 2971 ; *JurisData* n° 2005-029319. ■ Cass. 1re civ., 14 juin 2005 : *JCP* 2005, IV, 2971 ; *JurisData* n° 2005-029319 ; *Bull. civ.* I, n° 291, p. 243, le créancier doit établir l'insolvabilité apparente et c'est alors au débiteur de prouver qu'il dispose de biens de valeur suffisante pour répondre de l'engagement), la discussion des biens du débiteur n'étant pas exigée lorsque son insolvabilité est notoire (■ Cass. 3e civ., 4 avr. 1973, n° 72-11.506 : *JurisData* n° 1973-098258 ; *JCP* 73, IV, 198 ; *Bull. civ.* III, n° 258, p. 187). Mais il a été jugé que l'action paulienne est recevable, même si le débiteur n'est pas insolvable, dès lors que l'acte frauduleux a eu pour effet de rendre impossible l'exercice du droit spécial dont disposait le créancier sur la chose aliénée (■ Cass. 1re civ., 10 déc. 1974 : *D.* 1975, 777, note Simon. ■ Cass. 3e civ., 6 oct. 2004 : *JCP* 2004, IV, 3169 ; *D.* 2004, 3098, note Kessler ; *JurisData* n° 2004-025092 ; *Bull. civ.* III, n° 1634, p. 150 ; *RTD civ.* 2005, 121, obs. Mestre et Fages), ou de faire échapper un bien aux poursuites du créancier en le remplaçant par un autre facile à dissimuler (■ Cass. 1re civ., 18 févr. 1971 : *JurisData* n° 1971-000056 ; *JCP* 71, IV, 77 ; *Bull. civ.* I, n° 56, p. 47. ■ Cass. com., 1er mars 1994, n° 92-15.425 : *JurisData* n° 1994-000362 ; *D.* 1994, somm. 215, 1re esp., obs. Fortis ; *Bull. civ.* IV, n° 81, p. 63 ; *Defrénois* 1994, 1118, obs. D. Mazeaud), ou de réduire la valeur des biens sur lesquels le créancier est investi de droits particuliers de façon à diminuer l'efficacité de l'exercice de ces droits (■ Cass. 1re civ., 15 oct. 1980 : *JurisData* n° 1980-705093 ; *JCP* 81, IV, 1 ; *Bull. civ.* I, n° 257, p. 205 : conclusion d'un bail à ferme de dix-huit ans au préjudice du créancier hypothécaire).

16) Exigence d'une sûreté antérieure (non). L'exercice de l'action paulienne n'étant pas subordonné à la constitution de sûretés antérieurement à l'acte d'appauvrissement, on ne saurait faire grief au demandeur d'avoir négligé de prendre une inscription hypothécaire sur l'immeuble, seul actif saisissable (■ Cass. 1re civ., 4 janv. 1995, n° 92-16.519 : *JurisData* n° 1995-000076 ; *JCP* 95, IV, 494 ; *Bull. civ.* I, n° 1, p. 1).

B – Conditions tenant au débiteur

17) Connaissance du préjudice causé au créancier. L'action paulienne ne suppose pas la preuve de l'intention de nuire chez le débiteur mais résulte de la seule connaissance du préjudice qu'il cause au créancier en se rendant insolvable ou en augmentant son insolvabilité (■ Cass. 1re civ., 17 oct. 1979, n° 78-10.564 : *JurisData* n° 1979-

700249 ; *JCP* 81, II, 19627, note Ghestin. ▪ Cass. 1re civ., 13 janv. 1993, n° 91-11.871 : *JCP* 93, II, 22027, note Ghestin. ▪ Cass. com., 12 juill. 1994, n° 92-14.483 : *JurisData* n° 1994-001471 ; *Bull. civ.* IV, n° 260, p. 206. ▪ Cass. 1re civ., 14 févr. 1995, n° 93-12.863 : *Bull.* I, n° 79, p. 57 ; *D.* 1996, 391, 1re esp., note Agostini), indépendamment de la date d'exigibilité de la créance servant de base à l'action (▪ Cass. 1re civ., 25 févr. 1981 : *JurisData* n° 1981-700556 ; *JCP* 81, II, 19628 ; *Bull. civ.* I, n° 69, p. 56). Le créancier doit établir, au jour de l'acte litigieux, l'insolvabilité au moins apparente de son débiteur, outre sa conscience de créer un préjudice au créancier en appauvrissant son patrimoine. Inverse la charge de la preuve et viole l'article 1167 la cour d'appel qui prononce la révocation d'une donation au motif que les débiteurs ne justifient pas disposer d'un actif complémentaire (▪ Cass. 1re civ., 5 déc. 1995, n° 93-19.874 : *JurisData* n° 1995-003515 ; *JCP* 96, IV, 218 ; *Bull. civ.* I, n° 443, p. 309 ; *D.* 1996, somm. 332, obs. D. Mazeaud. Sur le principe que la fraude s'apprécie au jour où le débiteur se dépouille, V. ▪ Cass. 1re civ., 17 déc. 1996, n° 95-13.091 : *JCP* 97, IV, 296 ; *Bull. civ.* I, n° 448, p. 314 ; *Contrats, conc. consom.* 1997, 57, note Leveneur ; *RTD civ.* 1997, 941, obs. Mestre ; *Defrénois* 1997, 733, obs. Delebecque ; *D.* 1998, somm. 116, obs. D. Mazeaud). Mais peut être déclarée inopposable à l'administration fiscale la donation faite par un redevable soumis à une taxation d'office (▪ Paris, 12 janv. 1996, n° 93/9064 : *JurisData* n° 1996-020820 ; *D.* 1996, 551, note Vray). En faisant donation à ses enfants des seuls biens de valeur dont il est propriétaire, le donataire a organisé son insolvabilité et a nécessairement eu connaissance du préjudice qu'il cause à la banque (▪ Paris, 23 mai 2002, n° 2000/21820 : *JurisData* n° 2002-178350 ; *Dr. famille* 2003, 4, 2e arrêt, note Beignier).

18) Connaissance des poursuites exercées par le créancier. La condition d'antériorité exigée pour l'application de l'article 1167 concerne seulement l'existence de la créance et non pas la connaissance par le débiteur des poursuites exercées par le créancier (▪ Cass. 1re civ., 29 mai 1985, n° 83-17.329 : *JurisData* n° 1985-701507 ; *Bull. civ.* I, n° 163, p. 148).

19) Preuve de la fraude. La preuve de la fraude peut résulter de présomptions graves, précises et concordantes (▪ Cass. 3e civ., 23 avr. 1971 : *JCP* 71, IV, 135 ; *Bull. civ.* III, n° 255, p. 182. – Comp. ▪ Cass. 1re civ., 30 juin 1976, n° 73-13.164 : *D.* 1978, 489, note Guiho).

20) Date d'appréciation de la fraude. C'est à la date de l'acte par lequel le débiteur se dépouille qu'il convient de se placer pour déterminer si, relativement à cet acte, il y a eu fraude ou non (▪ Cass. 1re civ., 2 mai 1989, n° 87-16.484 : *Bull. civ.* I, n° 172, p. 115).

C – Conditions tenant au tiers défendeur

21) Acte à titre gratuit. La complicité frauduleuse du tiers n'a pas à être établie si l'acte attaqué est un acte à titre gratuit (▪ Cass. 1re civ., 1er juill. 1975, n° 74-11.109 : *JurisData* n° 1975-000213 ; *Bull. civ.* I, n° 213, p. 181. ▪ Cass. com., 22 mai 1978 : *JurisData* n° 1978-097139 ; *Bull. civ.* IV, n° 139, p. 119. ▪ Cass. 1re civ., 23 avr. 1981, n° 80-10.873 : *JCP* 81, IV, 235 ; *Bull. civ.* I, n° 130, p. 109).

22) Acte à titre onéreux. La complicité frauduleuse du tiers doit au contraire être prouvée s'il s'agit d'un acte à titre onéreux (▪ Cass. req., 6 janv. 1913 : *DP* 1914, 1, 40. ▪ Cass. 1re civ., 27 juin 1984, n° 83-12.749 : *JurisData* n° 1984-701191 ; *Bull. civ.* I, n° 211, p. 178. ▪ Cass. 3e civ., 9 mars 1994, n° 91-20.715 : *Bull. civ.* III, n° 43, p. 26 ; *JurisData* n° 1994-000427 ; *D.* 1994, somm. 215, 2e esp., obs. Fortis). Jugé que la complicité peut résulter de la connaissance par le tiers du caractère frauduleux de l'acte économiquement préjudiciable à son cocontractant dont il connaît l'insolvabilité (▪ Cass. 3e civ., 22 janv. 1971, n° 69-13.046 : *JurisData* n° 1971-098047 ; *JCP* 71, IV, 47 ; *Bull. civ.* III, n° 47, p. 32. V. aussi ▪ Cass. 3e civ., 22 janv. 1997, n° 95-11.960 : *JurisData* n° 1997-000208 ; *JCP* 97, IV, 553 ; *Bull.* III, n° 16, p. 9 ; *D.* 1998, somm. 105, obs. Piedelièvre, montage visant à diminuer l'efficacité de l'exercice d'une sûreté hypothécaire).

23) Détermination du défendeur. L'action paulienne doit être dirigée contre le tiers acquéreur (▪ Cass. com., 4 juin 1969 : *JurisData* n° 1969-097207 ; *Bull. civ.* IV, n° 207, p. 199. ▪ Cass. 1re civ., 6 nov. 1990, n° 89-14.948 : *JurisData* n° 1990-002948 ; *Bull. civ.* I, n° 229, p. 165 ; *JCP* 92, II, 21905, 1re esp., note Bolard).

III – EFFETS DE L'ACTION PAULIENNE

24) Révocation rétroactive. L'action paulienne a pour effet de révoquer rétroactivement l'acte frauduleux, ce qui entraîne le retour du bien aliéné dans le patrimoine du débiteur où le créancier demandeur pourra seul éventuellement le saisir (▪ Cass. 1re civ., 1er juill. 1975, n° 74-11.109 : *JurisData* n° 1975-000213 ; *JCP* 75, IV, 273 ; *Bull. civ.* I, n° 213, p. 181). L'inopposabilité paulienne qu'édicte l'article 1167 du Code civil autorise le créancier poursuivant, par décision de justice et dans la limite de sa créance, à échapper aux effets d'une aliénation opérée en fraude de ses droits, afin de restaurer son droit de gage général sur l'objet de cette aliénation, en l'autorisant à le saisir entre les mains du tiers. Il s'ensuit que la décision de justice prononçant l'inopposabilité d'un acte d'apport de la nue-propriété de parts sociales à une société tierce ne peut avoir d'effet sur l'affectation en nantissement ou sur la saisie de l'usufruit de ces titres lequel est demeuré dans le patrimoine du débiteur, auteur de l'apport frauduleux (■ Cass. 1re civ., 9 avr. 2014, n° 12-23.022 : *Bull.* ; *Rev. sociétés* 2015, p. 119, obs. Ansault).

La révocation ne se produisant que dans l'intérêt de ce créancier et à la mesure de cet intérêt, l'aliénation subsiste pour tout ce qui excède l'intérêt du créancier demandeur (même arrêt. – V. en ce sens ■ Cass. 1re civ., 3 déc. 1985, n° 84-11.556 : *JurisData* n° 1985-703286 ; *Bull. civ.* I, n° 334, p. 300). Mais il en va autrement et cette limitation ne joue plus lorsque le créancier demandeur établit la complicité du donataire comme la fraude qu'il commet en cédant à son tour le bien pour le faire échapper aux poursuites (■ Cass. 1re civ., 19 avr. 1967 : *JurisData* n° 1967-700134 ; *Gaz. Pal.* 1967, 1, 342). L'inopposabilité paulienne autorise le créancier poursuivant, par décision de justice et dans la limite de sa créance, à échapper aux effets d'une aliénation opérée en fraude de ses droits, afin d'en faire éventuellement saisir l'objet entre les mains du tiers. D'où il suit qu'en ordonnant le retour des sommes données dans le patrimoine du débiteur, une cour d'appel viole l'article 1167 du Code civil. (■ Cass. 1re civ., 30 mai 2006 : *JurisData* n° 2006-033695 ; *JCP* G 2006, II 10150, note Desgorces ; *D.* 2006, p. 2717, note G. François ; *Defrénois* 2006, art. 38498-72, p. 1863, obs. Libchaber). La reconnaissance de la fraude paulienne ne rend l'acte frauduleux inopposable au créancier demandeur que dans la mesure des droits de créance dont celui-ci se prévaut à l'égard de son débiteur au soutien de son action, V. ■ Cass. 1re civ., 4 nov. 2010, n° 08-17.898 : *Bull. civ.*, n° 216). Jugé que le prononcé de l'inopposabilité des droits consentis par fraude sur un bien permet au créancier, même s'il n'a pas lui-même exercé l'action paulienne, de poursuivre la vente forcée (■ Cass. 1re civ., 12 juill. 2005 : *D.* 2005, 2653, note Gautier ; *JCP* 2005, IV, 3074 ; *JurisData* n° 2005-029446 ; *Bull. civ.* I, n° 318, p. 264).

25) Effet limité à l'auteur et aux complices de la fraude. Sur le principe que l'action paulienne, présentant un caractère personnel, ne peut atteindre que l'auteur et les complices de la fraude, V. ■ Cass. 3e civ., 25 janv. 1983, n° 81-11.426 : *JurisData* n° 1983-700187 ; *Bull. civ.* III, n° 25, p. 19. ■ Cass. 3e civ., 9 mars 1994, n° 91-20.715 : *JCP* 94, I, 3781, n° 9, obs. Jamin ; *Bull. civ.* III, n° 43, p. 26).

26) Effet limité au créancier demandeur. Les créanciers demeurés étrangers au jugement prononçant la révocation d'un acte accompli frauduleusement par le débiteur ne sont pas admis à réclamer le bénéfice de ce jugement dont l'effet se restreint aux parties qui ont figuré dans l'instance ou y ont été représentées (■ Cass. civ., 4 déc. 1923 : *DP* 1923, 1, 222), mais si la révocation intervient après le règlement judiciaire ou la liquidation des biens du débiteur, elle perd son caractère normalement relatif pour produire effet à l'égard et au profit de tous les créanciers, y compris ceux dont le droit est né postérieurement à la fraude (■ Cass. com., 7 juin 1967 : *Bull. civ.* III, n° 232, p. 224). L'inopposabilité de droits portant sur un immeuble, une fois prononcée, confère au créancier la liberté de poursuivre la vente forcée de l'immeuble, libre de tous droits. Il en résulte nécessairement que l'adjudicataire reçoit, à son tour, l'immeuble libre de ces droits (■ Cass. 1re civ., 29 janv. 2002 : *JCP* 2002, IV, 1411 ; *JurisData* n° 2002-012761 ; *Bull. civ.* I, n° 27, p. 21 ; *D.* 2002, 2153, note François ; somm. 2505, obs. Mallet-Bricout, droit d'usage et d'habitation). Il incombe au débiteur et au tiers contestant le droit du créancier de poursuivre la vente forcée de l'immeuble, libre de tous droits réels, de démontrer que la vente de l'immeuble, même grevé de tels droits, serait susceptible de couvrir le montant de la créance (même arrêt). Viole l'article 1167 la cour d'appel qui, ayant accueilli l'action paulienne, a ordonné la vente aux enchères de l'immeuble litigieux, alors que l'admission de la fraude paulienne n'a pour effet que d'entraîner le retour du bien dans le patrimoine du débiteur où le créancier demandeur pourra seul éventuellement le saisir (■ Cass. 3e civ., 9 juill. 2003 : *JurisData* n° 2003-019849 ; *JCP* 2003, IV, 2587 ; *Bull. civ.* III, n° 142, p. 123 ; *RTD civ.* 2004, 292, obs. Mestre et Fages).

27) Maintien de l'acte dans les rapports entre les parties. La révocation ne s'étend pas aux rapports entre les parties (■ Cass. 1re civ., 30 avr. 1965 : *JurisData* n° 1965-000278 ; *Bull. civ.* I, n° 278, p. 205. ■ Cass. com., 8 oct. 1996, n° 93-14.068 : *JurisData* n° 1996-003712 ; *JCP* 96, IV, 2286). L'acte frauduleux demeure valable entre le débiteur auteur et le tiers complice. Il en résulte que l'ordonnance du juge-commissaire du règlement judiciaire autorisant la vente ne peut se trouver affectée par la décision d'inopposabilité que prendra le juge saisi de l'action paulienne (■ Cass. com., 14 mai 1996, n° 94-14.625 : *JurisData* n° 1996-001807 ; *JCP* 96, IV, 1461 ; *Bull.* IV, n° 134, p. 117).

28) Indemnisation en cas d'aliénation subséquente par les donataires. Après avoir justement énoncé que l'inopposabilité paulienne autorise le créancier poursuivant, par décision de justice et dans la limite de sa créance, à échapper aux effets d'une aliénation opérée en fraude de ses droits, et relevé, d'une part, que la créance exigible de la société, bien supérieure au montant du cautionnement, résultait de la reconnaissance de dette et, d'autre part, que les donataires avaient cédé le bien immobilier après l'audience de plaidoiries de première instance, faisant ainsi ressortir leur participation à la fraude, c'est par l'exacte application de l'article 1167 du Code civil que la cour d'appel les a condamnés à payer à la société, en réparation de son préjudice, une indemnité équivalente à l'engagement de caution du donateur (▪ Cass. 1re civ., 15 janv. 2015, n° 13-21.174 : *Bull.* ; *D.* 2015, p. 611, note J. François).

29) Inopposabilité et nullité. Les donateurs et le donataire sont irrecevables, faute de justifier d'un intérêt, à faire grief à la cour d'appel d'avoir, au bénéfice des créanciers, déclaré l'acte de donation nul et non pas seulement inopposable à ceux-ci (▪ Cass. 1re civ., 28 févr. 1978, n° 76-12.126 : *JurisData* n° 1978-000077 ; *Bull. civ.* I, n° 77, p. 64).

CHAPITRE IV. – DES DIVERSES ESPÈCES D'OBLIGATIONS

Section I. – Des obligations conditionnelles

§ 1. – De la condition en général, et de ses diverses espèces

Bibliographie : M. Latina, *Essai sur la condition en droit des contrats*, préf. D. Mazeaud, LGDJ, 2009. • Ph. Derouin, *Pour une analyse fonctionnelle de la condition : RTD civ.* 1978, 1. • M. Bouteille, *Regard critique sur la modalité conditionnelle dans l'avant-projet de réforme du droit des obligations et de la prescription : D.* 2008, p. 1848. • F. Chénedé, *Charles Demolombe, la condition potestative* (1re partie) : *RDC* 2013/1, p. 291.

Art. 1168 ancien *(Abr. à compter du 1er octobre 2016, Ord. n° 2016-131, 10 févr. 2016).* **– L'obligation est conditionnelle lorsqu'on la fait dépendre d'un événement futur et incertain, soit en la suspendant jusqu'à ce que l'événement arrive, soit en la résiliant, selon que l'événement arrivera ou n'arrivera pas.**

NB : Rappr. art. 1304, p. 979.

1) Notion de condition. Sur la notion de condition, V. ▪ Cass. 3e civ., 27 nov. 1969 : *JurisData* n° 1969-000772 ; *JCP* 70, IV, 6 ; *Bull. civ.* III, n° 772, p. 585. ▪ Cass. com., 6 mars 1973, n° 71-12.926 : *JurisData* n° 1973-097110 ; *Bull. civ.* IV, n° 110, p. 95. L'exigence d'une quittance n'est pas une condition au sens des articles 1168 et suivants (▪ Cass. 1re civ., 10 févr. 1998, n° 96-17.060 : *JurisData* n° 1998-000557 ; *JCP* 98, I, 155, n° 15, obs. Loiseau ; *Bull.* I, n° 50, p. 33 ; *RTD civ.* 1998, 907, obs. Mestre).

2) Objet de la condition. La clause qui prévoit une condition portant sur un élément essentiel à la formation du contrat doit être réputée non écrite (▪ Cass. 3e civ., 22 oct. 2015, n° 14-20.096 : *Bull.* ; *D.* 2015, p. 2478, note Dissaux ; *RDC* 2016, p. 31, note Klein).

3) Condition et cause. Sur la distinction entre condition et cause du contrat, V. ▪ Cass. 1re civ., 2 févr. 1971 : *Bull. civ.* I, n° 36, p. 29.

4) Opposabilité de la condition. Le 1° de l'article 28 du décret n° 55-22 du 4 janvier 1955 ne prévoyant pas la publication d'un acte constatant l'accomplissement d'une condition suspensive, il en résulte que, conformément à l'article 30 de ce décret, le défaut de publicité d'un tel acte n'a pas pour sanction son inopposabilité aux tiers (▪ Cass. 3e civ., 19 sept. 2011, n° 10-19.461 : *Bull.*, n° 133 ; *RDC* 2012/1, p. 101, obs. Libchaber.

Art. 1169 ancien *(Abr. à compter du 1er octobre 2016, Ord. n° 2016-131, 10 févr. 2016).* **– La condition *casuelle* est celle qui dépend du hasard, et qui n'est nullement au pouvoir du créancier ni du débiteur.**

Art. 1170 ancien *(Abr. à compter du 1er octobre 2016, Ord. n° 2016-131, 10 févr. 2016).* **– La condition *potestative* est celle qui fait dépendre l'exécution de la convention d'un événement qu'il est au pouvoir de l'une ou de l'autre des parties contractantes de faire arriver ou d'empêcher.**

NB : *Rappr. art. 1304-2, p. 979.*

1) Condition potestative et modalité d'exécution. La faculté pour le prêteur de deniers de se faire rembourser à l'époque fixée par lui constitue non une condition potestative affectant l'existence même de l'obligation mais une simple modalité d'exécution de l'engagement contracté par l'emprunteur (▪ Cass. com., 7 févr. 1955 : *Gaz. Pal.* 1955, 1, 254).

2) Faculté de refuser des commandes. La clause selon laquelle une société de publicité se réserve le droit de refuser tous ordres même payés sauf restitution du versement effectué, qui n'a de signification qu'avant la conclusion du contrat, ne saurait être assimilée à une condition potestative (■ Paris, 5 juill. 1972 : *Gaz. Pal.* 1973, 2, 535).

3) Condition potestative et obligation alternative. Est tenu d'une obligation alternative de restitution en nature ou en valeur le dépositaire qui a reçu des marchandises au titre d'un contrat de dépôt-vente prévoyant que le prix des marchandises serait réglé au fur et à mesure des ventes et qu'à l'issue d'un certain délai, sauf retour des pièces invendues, le stock restant serait facturé à ce dépositaire. En conséquence, viole l'article 1170 par fausse application, l'arrêt qui retient que l'obligation pour le dépositaire de payer les bijoux qui lui ont été confiés a été contractée sous la condition suspensive qu'il n'ait pas restitué les bijoux invendus au terme d'un délai de six mois sans règlement au motif que cette condition est purement potestative dès lors qu'elle fait dépendre l'exécution de cette obligation d'achat du non-retour du stock qui dépend de la volonté discrétionnaire du dépositaire de faire ou non réaliser ; alors que le débiteur était tenu d'une obligation alternative de restitution en nature ou en valeur (■ Cass. 1re civ., 16 mai 2006 : *JurisData* n° 2006-033517 ; *Bull. civ.* I n° 239, p. 210 ; *Defrénois* 2006, art. 38433-43, p. 1220, obs. Libchaber).

Art. 1171 ancien ***(Abr. à compter du 1er octobre 2016, Ord. n° 2016-131, 10 févr. 2016).*** **– La condition *mixte* est celle qui dépend tout à la fois de la volonté d'une des parties contractantes, et de la volonté d'un tiers.**

Condition suspensive de l'obtention d'un prêt. La clause soumettant un achat à la condition suspensive que les acquéreurs obtiennent un prêt dans un délai déterminé, tout en conservant la faculté de demander la réalisation de la vente bien qu'ils n'aient pas obtenu le prêt, doit être réputée mixte dès lors que les acquéreurs ont l'obligation de solliciter le prêt et que la faculté qui leur est reconnue de demander la réalisation de la vente même dans le cas où ils n'auraient pas obtenu le prêt, loin de dépendre de leur pouvoir discrétionnaire, suppose une décision préalable de l'organisme de crédit sollicité (■ Cass. com., 22 nov. 1976 : *JCP* 78, II, 18903, note Stemmer).

Art. 1172 ancien ***(Abr. à compter du 1er octobre 2016, Ord. n° 2016-131, 10 févr. 2016).*** **– Toute condition d'une chose impossible, ou contraire aux bonnes mœurs, ou prohibée par la loi, est nulle, et rend nulle la convention qui en dépend.**

NB : Rappr. art. 1304-1, p. 979.

Voir : art. 6, p. 33 et 900, p. 708.

1) Nullité relative. La nullité du contrat fondée sur une condition impossible est une nullité relative qui ne peut être invoquée que par celui dont la loi qui a été méconnue tendait à assurer la protection (■ Cass. 3e civ., 8 oct. 2008, n° 07-14.396 : *Bull. civ.* III, n° 148 ; *RDC* 2009/1, p. 51, obs. Laithier, ; *Defrénois* 2008, art. 38874-6, p. 2520, obs. Savaux).

2) Nullité du contrat conclu sous une condition impossible. Pour une illustration à propos d'un contrat d'installation de panneaux photovoltaïques sous condition suspensive d'obtention d'une aide aux énergies renouvelables d'un montant ne pouvant être légalement atteint, V. ■ Cass. 1re civ., 28 sept. 2016, n° 15-18.148 : *Contrats, conc. consom.* 2016, comm. 248, Leveneur ; *JurisData* n° 2016-019852.

Art. 1173 ancien ***(Abr. à compter du 1er octobre 2016, Ord. n° 2016-131, 10 févr. 2016).*** **– La condition *de ne pas faire une chose impossible* ne rend pas nulle l'obligation contractée sous cette condition.**

Art. 1174 ancien ***(Abr. à compter du 1er octobre 2016, Ord. n° 2016-131, 10 févr. 2016).*** **– Toute obligation est nulle lorsqu'elle a été contractée sous une condition potestative de la part de celui qui s'oblige.**

NB : Rappr. art. 1304-2, p. 979.

1) Faculté de ne pas exécuter. La condition potestative ne vicie le contrat que si le débiteur conserve la faculté de ne pas exécuter (■ Cass. 1re civ., 9 janv. 1963 : *Bull. civ.* I, n° 23, p. 21). Tel n'est pas le cas pour une clause de « retour à meilleure fortune » (■ Cass. 1re civ., 20 nov. 1990, n° 89-13.899 : *JCP* 91, IV, 25 ; *Bull. civ.* I, n° 255, p. 180). L'obligation est purement potestative et doit donc être annulée s'il suffit au débiteur pour s'y soustraire de manifester des exigences excessives (■ Cass. com., 22 févr. 1967 : *JurisData* n° 1967-098087 ; *Bull. civ.* III, n° 87, p. 83).

2) Condition potestative de la part de celui qui s'oblige. L'article 1174 dispose non pas que la condition potestative stipulée au profit du débiteur mais que toute obligation est nulle lorsqu'elle a été contractée sous une condition potestative de la part de celui qui s'oblige (■ Cass. com., 9 déc. 1980, n° 79-11.550 : *JurisData* n° 1980-745186 ; *JCP* 81, IV, 77 ; *Bull. civ.* IV, n° 421, p. 338), mais il est inapplicable lorsque la condition potestative n'existe qu'en faveur du créancier (■ Paris, 28 mai 1974 : *D.* 1974, 685, concl. Cabannes. – Comp.■ Cass. 3e civ., 21 juin 1971 : *D.* 1971, 325), encore que celui-ci puisse en subir les conséquences (■ Cass. 3e civ., 7 juin 1990, n° 88-18.840 : *JurisData* n° 1990-701719 ; *RTD civ.* 1991, 334, obs. Mestre, non-suspension du délai de prescription). Viole l'article 1174 la cour d'appel qui déclare sans valeur la clause accordant un droit de préférence non limité dans le temps en cas de vente d'une parcelle, en retenant que l'obligation de proposer de vendre un immeuble à des bénéficiaires déterminés sans qu'aucun prix ne soit prévu est purement potestative, alors que la condition potestative doit émaner de celui qui s'oblige et que la prédétermination du prix du contrat envisagé et la stipulation d'un délai ne sont pas des conditions de validité du pacte de préférence (■ Cass. 3e civ., 15 janv. 2003, n° 01-03.700 : *JurisData* n° 2003-017314 ; *Contrats, conc. consom.* 2003, 71, note Leveneur ; *JCP* G 2003, II, 10129, note Fischer-Achoura ; *JCP* N 2003, 1375, note Leveneur ; *Bull. civ.* III, n° 9, p. 9 ; *D.* 2003, 1190, note Kenfack ; *RDC* 2003, 45, obs. D. Mazeaud ; *Defrénois* 2003, 852, obs. Libchaber).

3) Condition de vente ou d'achat d'un bien. L'engagement de payer à un tiers une certaine somme correspondant à partie du prix de la vente éventuelle d'une propriété n'est pas assorti d'une condition purement potestative, cette obligation n'exigeant pas une simple manifestation de volonté de celui qui s'oblige, mais supposant l'accomplissement d'un fait extérieur (■ Cass. com., 9 juill. 1968 : *Bull. civ.* IV, n° 228, p. 206. ■ Cass. 3e civ., 22 nov. 1995, n° 94-11.014 : *JurisData* n° 1995-003140 ; *Bull. civ.* III, n° 243, p. 162 ; *JCP* N 96, II, 580, note Leveneur ; *Contrats, conc. consom.* 1996, 19, note Leveneur ; *D.* 1996, 604, note Malaurie, somm. 330, obs. D. Mazeaud ; *Defrénois* 1996, 348, obs. D. Mazeaud ; *RD imm.* 1996, 227, obs. Groslière et Saint-Alary-Houin ; *RTD civ.* 1997, 128, obs. Mestre. V. en ce sens, pour le prix d'une cession d'actions dépendant pour partie du chiffre d'affaires réalisé et de certains loyers perçus par la société, ■ Cass. com., 15 juin 1982, n° 79-13.367 : *JurisData* n° 1982-701182 ; *JCP* 84, II, 20141, note Grillet-Ponton. – Comp. ■ Cass. com., 18 déc. 1972, n° 71-12.106 : *JurisData* n° 1972-099335 ; *Bull. civ.* IV, n° 335, p. 310). Mais est purement potestative la condition d'acquisition d'un immeuble par le vendeur dont la défaillance ne retire à celui-ci aucun des avantages stipulés en sa faveur dès lors que le bien objet de la vente est encore la propriété d'un tiers non partie à l'acte et dont le consentement pour le transfert de propriété n'est assorti d'aucun délai ni d'aucune prévision dans le temps ni dans les démarches à entreprendre (■ Cass. 3e civ., 13 oct. 1993, n° 91-15.424 : *JurisData* n° 1993-001859 ; *Bull. civ.* III, n° 121, p. 79 ; *JCP* 94, II, 22280, note crit. Dagorne-Labbe ; *Defrénois* 1994, 793, obs. Delebecque ; *RTD civ.* 1994, 606, obs. Mestre).

4) Exemples de clauses non potestatives. Jugé que n'est pas potestative la clause permettant au fournisseur de retirer tout ou partie des appareils vendus au cas où l'exploitation de ces appareils serait jugée par lui déficitaire (■ Cass. com., 12 mai 1980, n° 78-14.312 : *JurisData* n° 1980-000190 ; *JCP* 80, IV, 285 ; *Bull. civ.* IV, n° 190, p. 151), la clause prévoyant que les contrats conclus entre une clinique et des médecins prendraient fin sans indemnité si « la clinique cessait d'exercer en tant qu'établissement au service des malades et d'hospitalisation » (■ Cass. 1re civ., 16 oct. 2001 : *JCP* 2001, IV, 2898 ; 2002, I, 134, n° 4, obs. Rochfeld ; *Bull. civ.* I, n° 257, p. 162 ; *D.* 2002, somm. 2839, obs. D. Mazeaud ; *RTD civ.* 2002, 97, obs. Mestre et Fages ; *JurisData* n° 2001-011278. Mais v. *infra*, ■ Cass. com., 20 sept. 2011, n° 10-30.567), ou la condition de déchéance du terme contenue dans le contrat de prêt conclu entre l'employeur et le salarié pour le cas où ce dernier cesserait de se trouver en position d'activité (■ Cass. 1re civ., 21 mars 1984, n° 83-11.012 : *JurisData* n° 1984-700462 ; *Bull. civ.* I, n° 112, p. 93 ; *RTD civ.* 1985, 381, obs. Mestre), mais cette dernière condition peut être déclarée potestative lorsque le salarié a été licencié ultérieurement pour perte de confiance (■ Aix-en-Provence, 15 juin 1988 : *JurisData* n° 1988-047701 ; *RTD civ.* 1989, 542, obs. Mestre). L'ensemble de conventions conclues par un constructeur de véhicules avec une société dans le cadre de la création d'un centre mondial de l'automobile ne peut être annulé pour « potestativité » dès lors que la date de l'ouverture du centre ne dépend pas de l'arbitraire du cocontractant du constructeur, mais de circonstances totalement extérieures (■ Cass. com., 20 mai 1998 : *JCP* 98, II, 10125, note Kamdem).

5) Exemples de clauses potestatives. Jugé que constitue une condition potestative au sens de l'article 1174 l'engagement pris par l'acquéreur de payer le prix après lotissement de la propriété, au fur et à mesure de la vente des lots et proportionnellement à la vente (■ Pau, 19 oct. 1972 : *JCP* 73, IV, 108. – V. en ce sens ■ Cass. 3e civ., 8 oct. 1980, n° 79-11.992 : *JurisData* n° 1980-705177 ; *JCP* 80, IV, 417 ; *Bull. civ.* III, n° 154, p. 115), ou la condition subordonnant le remboursement d'un prêt à la vente d'un appartement par les emprunteurs (▪ Paris, 15 mars 1974 : *JCP* 74, II, 17786, note Goubeaux), ou la clause par laquelle les acquéreurs s'engagent à proposer de revendre l'immeuble aux petits-enfants de la venderesse sans qu'aucun prix ne soit prévu (▪ Cass. 3e civ., 1er févr. 1984, n° 82-16.266 : *JurisData* n° 1984-700193 ; *Bull. civ.* III, n° 26, p. 21), ou la clause qui subordonne le paiement d'un complément de redevance, en contrepartie d'une cession de marque, au maintien du contrat de travail entre les parties (▪ TGI Paris, 17 sept. 2004 : *JurisData* n° 2004-253217 ; *JCP* 2004, II, 10182, note Pollaud-Dulian). La clause du contrat d'édition par laquelle l'éditeur se réserve le droit d'apprécier lors de la remise du manuscrit si celui-ci convient bien au public et aux buts visés doit être tenue pour nulle par application de l'article 1174 du Code civil comme soumettant l'engagement de l'éditeur à une condition purement potestative (▪ TGI Paris, 8 avr. 1987, n° 14/87 : *JurisData* n° 1987-051722; *RIDA* juill. 1987, 202, et ▪ Paris, 25 avr. 1989 : *JurisData* n° 1989-021487 ; *D.* 1990, somm. 58, obs. Colombet).

6) Clause de résiliation-dédit. Condition potestative. Constitue une condition ayant un caractère purement potestatif et est donc nulle, la clause de résiliation qui ne sanctionne pas un comportement fautif du distributeur et offre à la société fournisseur, et à elle seule, la possibilité, purement discrétionnaire, de mettre fin au contrat avec un préavis très court dès lors que la réalisation de la condition litigieuse tenant à la refonte complète de la station-service, en vue de réorienter ses activités, son mode de gestion ou d'exploitation, dépendait de la seule volonté de la société fournisseur, et non de circonstances objectives qui seraient susceptibles de contrôle juridictionnel (▪ Cass. com., 20 sept. 2011, n° 10-30.567 : *RDC* 2012/2, p. 407, obs. Th. Genicon ; *JCP* E 2012, n° 2, 1027, obs. P. Mousseron).

7) Terme à échéance incertaine. Sur la distinction entre la condition purement potestative et le terme à échéance incertaine pouvant être fixé judiciairement, V. ▪ Cass. 3e civ., 4 déc. 1985, n° 84-14.353 : *JurisData* n° 1985-703225 ; *Bull. civ.* III, n° 162, p. 123 ; *RTD civ.* 1987, 98, obs. Mestre. V. aussi ▪ Cass. 1re civ., 13 déc. 1994, n° 93-10.206 : *Bull. civ.* I, n° 377, p. 271.

8) Terme alternatif à une condition potestative prohibée. S'agissant d'une clause stipulant que le prêt sera remboursable à la vente par l'emprunteur de la maison acquise grâce à la remise des fonds ou, au plus tard, au décès de cet emprunteur, jugé que viole les articles 1174 et 1186, l'arrêt qui énonce que la clause litigieuse, qui subordonne la condition de remboursement à la seule volonté de l'emprunteur de décider ou non de vendre sa maison, s'analyse selon les termes de l'article 1174 du Code civil en une clause potestative, qui affecte ainsi de nullité non pas l'existence du prêt, la remise de la chose n'étant pas subordonnée à ladite clause, mais l'obligation de restituer par l'emprunteur, de sorte que la somme prêtée doit être immédiatement restituée ; alors que le caractère potestatif de la condition prévue par la clause en question n'affectait pas la validité du terme, savoir le décès de l'emprunteur, à la survenance duquel était subordonné, selon la même clause, le remboursement du prêt litigieux (▪ Cass. 1re civ., 13 déc. 2005 : *JurisData* n° 2006-031272 ; *Bull. civ.* I, n° 489, p. 411 ; *JCP* G. 2006, I, 153).

9) Testaments. L'article 1174 ne concerne pas les testaments, actes juridiques unilatéraux essentiellement révocables et provisoires (▪ Paris, 16 mars 1987, n° 86/4337 : *JurisData* n° 1987-021620 ; *Gaz. Pal.* 1987, 1, somm. 222).

10) Sort du contrat. Doit être cassé l'arrêt qui reconnaît l'existence d'une condition potestative de la part de l'acquéreur, mais dit que la nullité de cette condition n'affecte pas la validité de la convention en raison de la réciprocité des obligations, alors que la nullité de la condition potestative entraîne par voie de conséquence celle de la vente (▪ Cass. 3e civ., 7 juin 1983, n° 82-10.281 : *JurisData* n° 1983-701223 ; *Bull. civ.* III, n° 132, p. 104).

Art. 1175 ancien *(Abr. à compter du 1er octobre 2016, Ord. n° 2016-131, 10 févr. 2016).* – **Toute condition doit être accomplie de la manière que les parties ont vraisemblablement voulu et entendu qu'elle le fût.**

1) Preuve. Celui qui réclame l'exécution d'une obligation conditionnelle doit prouver la réalisation de la condition (▪ Cass. civ., 17 avr. 1947 : *D.* 1947, 345). Sur le pouvoir souverain des juges du fond pour apprécier si la condition est accomplie, V. ▪ Cass. 1re civ., 1er avr. 1963 : *Bull. civ.* I, n° 198, p. 169.

2) Caducité. Les juges du fond peuvent retenir souverainement que les contractants n'ont pu envisager que les conditions suspensives prévues à une vente d'immeuble puissent s'accomplir plus de six ans après la signature de la convention, alors qu'il n'a été stipulé aucune indexation du prix de vente ni aucun coefficient de revalorisation, et peuvent ainsi déclarer caduc l'accord des parties (■ Cass. 3e civ., 3 févr. 1982 : *JCP* 82, IV, 43 ; *Bull. civ.* III, n° 37, p. 24. V. pour la cassation d'un arrêt ayant considéré comme non écrite la seule condition potestative, ■ Cass. 3e civ., 2 mars 2004, n° 02-20.203 : *JurisData* n° 2004-022785 ; *RDC* 2004/4, 921, obs. Aynès).

Art. 1176 ancien ***(Abr. à compter du 1er octobre 2016, Ord. n° 2016-131, 10 févr. 2016).*** **– Lorsqu'une obligation est contractée sous la condition qu'un événement arrivera dans un temps fixe, cette condition est censée défaillie lorsque le temps est expiré sans que l'événement soit arrivé. S'il n'y a point de temps fixe, la condition peut toujours être accomplie ; et elle n'est censée défaillie que lorsqu'il est devenu certain que l'événement n'arrivera pas.**

1) **Absence de terme fixe.** La stipulation d'une condition suspensive sans terme fixe ne confère pas à l'obligation un caractère perpétuel (■ Cass. 1re civ., 4 juin 1991, n° 90-11.295 : *JurisData* n° 1991-001561 ; *Bull. civ.* I, n° 180, p. 118 ; *D.* 1992, 170, note Gain ; *RTD civ.* 1991, 738, obs. Mestre. ■ Cass. 3e civ., 20 mai 2015, n° 14-11.851 : *Bull.*). Mais en l'absence d'un terme déterminé, le juge du fond peut décider qu'il lui appartient de fixer le temps au-delà duquel, selon l'intention des parties, la condition serait réputée ne plus pouvoir être réalisée (■ Cass. 1re civ., 5 avr. 1960 : *JurisData* n° 1960-000199 ; *Bull. civ.* I, n° 201, p. 163. – V. en ce sens ■ Cass. 3e civ., 4 mars 1975 : *JurisData* n° 1975-700089 ; *JCP* 76, II, 18510, note Nicolas).

V. encore, pourtant, ■ Cass. com., 6 mars 2007, n° 05-17.546 : *JurisData* n° 2007-037806 ; *JCP* G, 2007, IV 1780 ; *Defrénois* 2007, art. 38624-49, p. 1033, obs. Savaux : l'engagement affecté d'une condition suspensive sans terme fixe subsiste aussi longtemps que la condition n'est pas défaillie. En conséquence, viole les articles 1134 et 1176, la Cour d'appel qui retient que l'exécution du contrat se trouvait nécessairement différée jusqu'à la réalisation des conditions suspensives, que l'absence de tout accord entre les parties à ce stade sur les modalités précises de la mise en œuvre du financement oblige à considérer, alors même que les conditions d'octroi du financement avaient été acceptées de part et d'autre, que la date au terme de laquelle l'offre devenait caduque à défaut d'acceptation était nécessairement, également, à défaut de toute convention contraire entre les parties, celle à laquelle le contractant devait justifier de la réalisation des conditions suspensives ; alors qu'elle constatait que les parties n'avaient pas expressément fixé un terme pour la réalisation des conditions.

Une cour d'appel, qui a constaté qu'une vente devait être réitérée par acte authentique et relevé *que la date avant laquelle la réitération* devait intervenir n'était pas extinctive mais constitutive du point de départ à partir duquel l'une des parties pourrait obliger l'autre à s'exécuter, a retenu à bon droit, en l'absence d'une date fixée pour la réalisation des conditions suspensives, que la vente intervenue était parfaite dès la réalisation de ces conditions (■ Cass. 3e civ., 21 nov. 2012, n° 11-23.382 : *Bull.*, n° 173 ; *RDC* 2013/2, p. 621, note Pimont ; *D.* 2013. 391, obs. Amrani-Mekki et Mekki ; *G. P.* 2013, p. 263, obs. Mignot ; *JCP* N 2013, n° 4, p. 31, obs. Piedelièvre). – Comp. ■ Cass. 3e civ., 29 mai 2013, n° 12-17.077 : *Bull.* ; *RDC* 2013/4, p. 1373, obs. Latina et p. 1409, obs. Le Bourg ; *D.* 2014, p. 630, obs. Amrani-Mekki et Mekki ; *JCP* N 2014, n° 5, p. 25, obs. Piedelièvre ; *RTD civ.* 2013, p. 592, obs. Barbier : dès lors qu'une promesse de vente prévoit qu'une condition suspensive, stipulée dans l'intérêt exclusif d'une partie, doit être réalisée dans un délai déterminé, cette réalisation ne pourra plus intervenir après la date prévue pour la régularisation de la vente par acte authentique.

Ayant relevé que le certificat d'urbanisme n'avait été demandé que plusieurs années après la signature du contrat de vente et postérieurement à l'introduction de l'instance et retenu, exactement, que la stipulation d'une condition suspensive sans terme fixe ne peut pour autant conférer à l'obligation un caractère perpétuel et, souverainement, qu'en l'absence d'indexation du prix et de coefficient de revalorisation, les parties avaient eu la commune intention de fixer un délai raisonnable pour la réalisation de la condition suspensive et que l'acquéreur ne pouvait plus y renoncer, la cour d'appel en a déduit à bon droit que la promesse de vente était caduque (■ Cass. 3e civ., 20 mai 2015, n° 14-11.851 : *Bull.*).

2) **Certitude que l'événement n'arrivera pas.** Sur le principe que la condition n'est censée défaillir que lorsqu'il est devenu certain que l'événement n'arrivera pas, V. ■ Cass. 3e civ., 24 juin 1998, n° 96-19.442 : *JurisData* n° 1998-002874 ; *Defrénois* 1998, 1411, obs. D. Mazeaud. ■ Cass. 3e civ., 4 mai 2000, n° 98-17.948 : *JurisData* n° 2000-001850 ; *Bull. civ.* III, n° 99, p. 66 ; *RTD civ.* 2000, 572, obs. Mestre et Fages. ■ Cass. 3e civ., 19 déc. 2001 : JCP 2002, IV, 1219 ; Bull. civ. III, n° 158, p. 123 ; *JurisData* n° 2001-012291 ; *Contrats, conc. consom.* 2002, 57, note Leveneur ; *D.* 2002, 1586, note Kenfack ; *RTD civ.* 2002, 299, obs. Mestre et Fages. La vente conclue sous la condition suspensive de l'homologation d'un état liquidatif est sans

effet dès lors qu'à la suite du décès de la venderesse il n'y a plus lieu de poursuivre l'homologation (■ Cass. 3e civ., 9 oct. 1974, n° 73-11.439 : *JurisData* n° 1974-000353 ; *JCP* 75, II, 18149, note Thuillier).

3) Renonciation à la condition suspensive. Lorsque le contractant qui avait intérêt à son accomplissement renonce à la condition suspensive, cette renonciation emporte maintien du contrat initial (■ Cass. com., 6 févr. 1996, n° 93-12.868 : *JurisData* n° 1996-000386 ; *JCP* E 1996, II, 841, note Petit ; *RTD civ.* 1996, 613, obs. crit. Mestre ; *RJDA* 1996, n° 480. V. aussi ■ Cass. 3e civ., 17 nov. 2009, n° 08-20721). Dès lors que la date fixée par la promesse de vente pour la signature de l'acte authentique de vente constituait le point de départ de l'exécution forcée du contrat, la renonciation de l'acquéreur à la condition suspensive stipulée dans son intérêt exclusif devait intervenir avant cette date (■ Cass. 3e civ., 17 déc. 2008, n° 07-18.062 : *Bull. civ.* III, n° 211 ; *Defrénois* 2008, art. 38916-1, p. 646, obs. Savaux ; *JCP* 2009, II, 10047, note Dagorne-Labbe). Comp. ■ Cass. 3e civ., 12 janv. 2010, n° 08-18.624 : *Bull. civ.* 2010, III, n° 6 ; *RDC* 2010/2, 567, obs. Genicon ; *Defrénois* 2010, 1691, obs. Lécuyer ; *LEDC* mars 2010, p. 7, obs. Guerlin. Lorsqu'une condition suspensive est stipulée dans l'intérêt exclusif de l'une des parties, seule celle-ci peut se prévaloir des conséquences juridiques de la défaillance de cette condition (■ Cass. 3e civ., 27 oct. 2016, n° 15-23.727 : *Contrats, conc. consom.* 2017, comm. 1, Leveneur ; *JurisData* n° 2016-022555).

Sur cette question, v. B. Nuytten et J.-F. Sagaut, *La renonciation à la condition suspensive : quand c'est le mécanisme qui défaille* : *RDC* 2008/3, p. 959. – V. Wittmann, *La renonciation unilatérale à la défaillance de la condition suspensive dans les promesses de vente : à la recherche d'un équilibre contractuel* : *D.* 2012, p. 301.

4) Caducité. Les parties ayant prévu que leur engagement serait caduc de plein droit si la condition qu'elles prévoient n'est pas intervenue dans le délai qu'elles fixent, les juges du fond doivent, pour appliquer cette convention, constater que la condition est intervenue ou que, à défaut, les parties ont renoncé à cette stipulation ou ont conclu un contrat identique l'excluant (■ Cass. 1re civ., 23 janv. 1996, n° 93-21.118 : *JurisData* n° 1996-000117 ; *JCP* 97, II, 22800, note Marino). Dès lors que la condition suspensive n'est pas stipulée dans l'intérêt exclusif de l'acquéreur, sa défaillance emporte caducité de la promesse synallagmatique de vente dont peuvent se prévaloir les deux parties (■ Cass. 3e civ., 13 juill. 1999, n° 97-20.110 : *JurisData* n° 1999-002938 ; *JCP* 2000, I, 215, n° 12, obs. Virassamy ; *Bull.* III, n° 180, p. 124). Lorsque, dans une promesse synallagmatique de vente, un délai est prévu pour la réalisation de la condition suspensive et qu'à la date prévue pour la réitération par acte authentique, cette condition n'est pas accomplie, la promesse est caduque (■ Cass. 3e civ., 9 mars 2017, n° 15-26.182 : *Bull.* ; *Defrénois* 2017, n° 128a6, Lécuyer ; *RTD civ.* 2017, p. 393, Barbier).

5) Date à laquelle justifier de la réalisation de la condition. Viole les article 1134 et 1176, la cour d'appel qui, pour dire que la non-régularisation de la vente est imputable aux acquéreurs, retient que les justifications de la réalisation des conditions suspensives à la date prévue ont été apportées ultérieurement, de sorte que cette date n'étant assortie d'aucune sanction ni de caducité expresse par les conventions des parties, la vente pouvait encore être régularisée ; alors que la défaillance de la condition suspensive entraîne la caducité de la vente et qu'elle avait relevé que le notaire n'était pas en mesure de justifier de cette réalisation à la date prévue (■ Cass. 3e civ., 28 mars 2007, n° 03-14.681 : *JurisData* n° 2007-038221 ; *Defrénois* 2007, p. 1033, obs. Savaux. – V. encore ■ Cass. 3e civ., 11 mai 2011, n° 10-14.536 : *RD imm.* 2011, p. 443, obs. Heugas-Darraspen : viole l'article 1176 du Code civil, l'arrêt qui retient que la date d'autorisation du prêt est antérieure à l'expiration du délai prévu par la promesse de vente et qu'il importe peu que cet accord ait été notifié aux acquéreurs postérieurement à la date d'expiration).

Art. 1177 ancien ***(Abr. à compter du 1er octobre 2016, Ord. n° 2016-131, 10 févr. 2016).*** **– Lorsqu'une obligation est contractée sous la condition qu'un événement n'arrivera pas dans un temps fixe, cette condition est accomplie lorsque ce temps est expiré sans que l'événement soit arrivé : elle l'est également, si avant le terme il est certain que l'événement n'arrivera pas ; et s'il n'y a pas de temps déterminé, elle n'est accomplie que lorsqu'il est certain que l'événement n'arrivera pas.**

Art. 1178 ancien ***(Abr. à compter du 1er octobre 2016, Ord. n° 2016-131, 10 févr. 2016).*** **– La condition est réputée accomplie lorsque c'est le débiteur, obligé sous cette condition, qui en a empêché l'accomplissement.**

NB : Rappr. art. 1304-3, p. 979.

1) Intention d'empêcher l'accomplissement. La simple intention d'empêcher l'accomplissement de la condition ne constitue pas selon l'article 1178 un obstacle certain et définitif, imputable au débiteur (■ Cass. civ., 29 avr. 1929 : *Gaz. Pal.* 1929, 2, 113).

2) Auteur de l'empêchement. La condition n'est réputée accomplie que lorsque la personne qui en a empêché la réalisation est le débiteur obligé sous cette condition (■ Cass. 3e civ., 20 mars 1996, n° 92-12.835 : *JurisData* n° 1996-001031 ; *Defrénois* 1996, 1011, obs. D. Mazeaud). L'article 1178 n'est pas applicable lorsque seul le refus du père de se porter caution n'a pas permis laréalisation du prêt (■ Cass. 1re civ., 23 nov. 1983, n° 82-14.827 : *JurisData* n° 1983-702364 ; *Bull. civ.* I, n° 279, p. 250. Comp. pour le défaut de purge du droit de préemption de la SAFER imputable au notaire ■ Cass. 3e civ., 21 janv. 1998, n° 95-19.109 : *JurisData* n° 1998-000133 ; *JCP* 98, IV, 1559 ; *Bull. civ.* III, n° 15, p. 11).

3) Débiteur mettant obstacle à la condition relative à l'obtention d'un prêt. Lorsque le maître de l'ouvrage met obstacle à la réalisation de la condition suspensive de l'obtention d'un prêt, celle-ci doit être réputée accomplie par application de l'article 1178, malgré les termes de l'article 17 de la loi du 13 juillet 1979 (C. consom., art. L. 313-41) (■ Cass. 3e civ., 4 févr. 1987, n° 85-16.522 : *JurisData* n° 1987-000158 ; *RTD civ.* 1988, 542, obs. Mestre. V. aussi ■ Cass. 1re civ., 13 nov. 1997, n° 95-18.276 : *JurisData* n° 1997-004412 ; *JCP* 97, IV, 2569 ; *Bull. civ.* I, n° 310, p. 211. Comp. pour un acquéreur qui ne justifie pas de démarches en vue d'obtenir un crédit ■ Cass. com., 17 nov. 1998, n° 96-14.296 : *JurisData* n° 1998-004363 ; *JCP* 99, IV, 1022, pour un acquéreur qui n'a pas justifié avoir déposé dans le délai stipulé une demande de prêt conforme aux caractéristiques prévues dans la promesse ■ Cass. 3e civ., 13 janv. 1999, n° 96-18.309 : *JurisData* n° 1999-000123 ; *JCP* 99, IV, 1430 ; *Bull. civ.* III, n° 14, p. 9) ou pour une demande de prêt faite au nom d'une société civile immobilière en cours de constitution et non par les acquéreurs eux-mêmes (■ Cass. 3e civ., 27 févr. 2013, n° 12-13.796 : *Bull.* ; *JCP* G 2013, n° 35, p. 1539, obs. Billiau et Loiseau ; *C.C.C.* 2013, n° 5, p. 59, note Leveneur ; *G. P.* 2013, nos 184-185, p. 20, obs. Houtcieff ; *JCP* N 2013, n° 20, p. 1, obs. Mekki). Il en va de même lorsqu'un commerçant, qui s'est engagé à acquérir un fonds de commerce sous la condition suspensive d'obtention d'un prêt avant une certaine date, refuse d'emblée et sans raison valable la proposition qui lui est faite par un organisme financier (■ Cass. com., 31 janv. 1989, n° 86-17.577 : *JurisData* n° 1989-700251 ; *JCP* 89, IV, 118). Mais il en va autrement lorsque le bénéficiaire d'une promesse de vente présente une demande d'emprunt conforme aux caractéristiques stipulées à la promesse et restée infructueuse (■ Cass. 3e civ., 8 déc. 1999, n° 98-10.766 : *JurisData* n° 1999-004359 ; *Bull. civ.* III, n° 240, p. 168 ; *Contrats, conc. consom.* 2000, 76, note Leveneur ; *RTD civ.* 2000, 328, obs. Mestre et Fages). Il incombe au bénéficiaire d'une promesse de vente obligé sous condition suspensive de l'obtention d'un prêt de démontrer que la demande qu'il a présentée à l'organisme de crédit était conforme aux caractéristiques prévues dans la promesse de vente (■ Cass. 3e civ., 30 janv. 2008, n° 06-21.117 : *JurisData* n° 2008-042517 ; *JCP* 2008, II, 10116, note Mallet-Bricout). Il appartient ensuite au promettant de rapporter la preuve que le bénéficiaire d'une promesse de vente sous condition suspensive d'obtention d'un prêt, qui démontre avoir présenté au moins une offre de prêt conforme aux caractéristiques stipulées à la promesse, a empêché l'accomplissement de la condition (■ Cass. 3e civ., 26 mai 2010, n° 09-15.317 : *Bull. civ.* 2010, III, n° 103 ; *Rev. Lamy dr. civ.* 2010/73, n° 3868, obs. Le Gallou. ■ Cass. 3e civ., 6 oct. 2010, n° 09-69.914 : *Bull. civ.*, n° 183). Une cour d'appel, qui constate que si la durée du prêt demandé par l'acquéreur d'un bien immobilier était inférieure à celle stipulée dans la promesse, les calculs produits par la banque démontraient qu'un prêt, fût-il sur la durée convenue, excédait les possibilités financières de celui-ci, peut en déduire que c'est sans faute de sa part que la condition suspensive d'obtention du prêt a défailli (■ Cass. 3e civ., 12 sept. 2007, n° 06-15.640 : *JurisData* n° 2007-040336 ; *D.* 2008, p. 329, note Martin ; *Defrénois* 2007, art. 38697-77, p. 1744, obs. Savaux ; *JCP* 2008, II, 10116, note Mallet-Bricout).

4) Permis de construire. La condition suspensive d'obtention du permis de construire n'est pas réputée accomplie conformément à l'article 1178 lorsque le refus du permis n'est pas imputable à faute au demandeur (■ Versailles, 12 août 1994 : *JurisData* n° 1994-052825 ; *RD imm.* 1995, 339, obs. Malinvaud et Boubli). Mais il appartient à l'acheteur d'un terrain qui n'a pas déposé de demande de permis de construire et a ainsi empêché l'accomplissement de la condition suspensive de démontrer qu'une telle demande, si elle avait été faite, aurait été rejetée (■ Cass. 3e civ., 18 mars 1998, n° 95-22.089 : *JurisData* n° 1998-001322 ; *Contrats, conc. consom.* 1998, 85, note Leveneur).

5) Condition de survie du conjoint/ concubin. Assassinat du conjoint/concubin. Tontine. Deux époux ayant adopté le régime de communauté universelle et le contrat prévoyant l'attribution des biens sous certaines conditions au survivant, l'article 1178 ne peut être invoqué pour soutenir que la condition de survie est accomplie au bénéfice des héritiers de l'épouse mortellement blessée par son mari (▪ Metz, 31 janv. 1996, pourvoi rejeté par ▪ Cass. 1re civ., 7 avr. 1998, n° 96-15.615 : *JurisData* n° 1998-001628 ; *JCP* 98, II, 10197, note Puigelier ; *Bull. civ.* I, n° 146, p. 97 ; *Dr. famille* 1998, 102, note Beignier ; *RTD civ.* 1998, 457, obs. Vareille, 881, obs. Hauser ; *Defrénois* 1998, 825, obs. Champenois). Ayant relevé qu'un couple avait acquis une maison d'habitation avec clause d'accroissement, dite de tontine, et que cette clause conférait à l'acquéreur dernier vivant la propriété de l'immeuble tout entier à partir du jour de son acquisition, une cour d'appel en a exactement déduit qu'il n'existait pas dans les rapports entre les parties un débiteur d'obligation et un créancier et que l'article 1178 du Code civil n'était pas applicable (▪ Cass. 3e civ., 5 déc. 2012, n° 11-24.448 : *Bull.* ; *RDC* 2013/3, p. 945, obs. Latina, p. 994, obs. Bénabent et p. 1021, obs. Goldie-Genicon ; *Contrats, conc. consom.* 2013, comm. 48, obs. Leveneur ; *G. P.* 2013, n° 100, p. 2, obs. Houtcieff ; *RTD civ.* 2013, p. 95, obs. Hauser).

6) Sur la convention dite de « buy or sell », V. ▪ Cass. com., 28 avr. 2009, n° 08-13.044 et n° 08-13.049 : *Defrénois* 2009, p. 2324, obs. Libchaber ; *Dr. sociétés* 2009, comm. 136, note Hovasse.

Art. 1179 ancien *(Abr. à compter du 1er octobre 2016, Ord. n° 2016-131, 10 févr. 2016).* **– La condition accomplie a un effet rétroactif au jour auquel l'engagement a été contracté. Si le créancier est mort avant l'accomplissement de la condition, ses droits passent à son héritier.**

NB : Rappr. art. 1304-6, p. 979.

1) Principe de rétroactivité. La réalisation de la condition oblige à se reporter pour déterminer la situation respective des parties au jour où l'engagement conditionnel est intervenu (▪ Cass. 3e civ., 3 oct. 1968 : *JurisData* n° 1968-700362 ; *JCP* 68, IV, 171 ; *Bull. civ.* III, n° 362, p. 278).

2) Validité des actes accomplis antérieurement. Une fois la condition réalisée, le caractère rétroactif de la condition entraîne, sauf convention contraire des parties, la validité des actes accomplis avant ladite réalisation (▪ Cass. 3e civ., 19 févr. 1976, n° 74-12.154 : *JurisData* n° 1976-098076 ; *Bull. civ.* III, n° 76, p. 58).

Art. 1180 ancien *(Abr. à compter du 1er octobre 2016, Ord. n° 2016-131, 10 févr. 2016).* **– Le créancier peut, avant que la condition soit accomplie, exercer tous les actes conservatoires de son droit.**

NB : Rappr. art. 1304-5, p. 979.

§ 2. – De la condition suspensive

Art. 1181 ancien *(Abr. à compter du 1er octobre 2016, Ord. n° 2016-131, 10 févr. 2016).* **– L'obligation contractée sous une condition suspensive est celle qui dépend ou d'un événement futur et incertain, ou d'un événement actuellement arrivé, mais encore inconnu des parties.**

Dans le premier cas, l'obligation ne peut être exécutée qu'après l'événement.

Dans le second cas, l'obligation a son effet du jour où elle a été contractée.

1) Condition suspensive ou résolutoire. Sur le pouvoir souverain des juges du fond pour apprécier si une condition est suspensive ou résolutoire, V. ▪ Cass. 3e civ., 27 mai 1971, n° 69-12.179 : *JurisData* n° 1971-099339 ; *Bull. civ.* III, n° 339, p. 241.

2) Événement inconnu des parties. Viole l'article 1181 la cour d'appel qui retient qu'au moment du décès du vendeur, la condition relative à la purge du droit de préemption n'était pas réalisée et que la vente n'était donc pas parfaite à cette date, alors qu'elle relève que, selon une lettre du maire, il n'avait pas été pris de délibération instituant un droit de préemption dans la commune (▪ Cass. 3e civ., 12 avr. 1995, n° 92-20.494 : *JurisData* n° 1995-000902 ; *JCP* 95, IV, 1494 ; *Bull. civ.* III, n° 110, p. 73 ; *D.* 1996, somm. 120, obs. D. Mazeaud).

Art. 1182 ancien *(Abr. à compter du 1er octobre 2016, Ord. n° 2016-131, 10 févr. 2016).* **– Lorsque l'obligation a été contractée sous une condition suspensive, la chose qui fait la matière de la convention demeure aux risques du débiteur qui ne s'est obligé de la livrer que dans le cas de l'événement de la condition.**

Si la chose est entièrement périe sans la faute du débiteur, l'obligation est éteinte.

Si la chose s'est détériorée sans la faute du débiteur, le créancier a le choix ou de résoudre l'obligation, ou d'exiger la chose dans l'état où elle se trouve, sans diminution du prix.

Si la chose s'est détériorée par la faute du débiteur, le créancier a le droit ou de résoudre l'obligation, ou d'exiger la chose dans l'état où elle se trouve, avec des dommages et intérêts.

NB : Rappr. art. 1304-6, p. 979.

Incendie de l'immeuble assuré avant le transfert de propriété. L'article L. 121-10 du Code des assurances subordonnant, en cas d'aliénation de la chose assurée, la transmission de l'assurance au transfert de propriété, les acquéreurs d'un appartement détruit partiellement par un incendie avant la date prévue pour le transfert de propriété qui déclarent ne pas accepter l'offre d'acheter sans diminution du prix et sans rétrocession de l'indemnité d'assurance ont en réalité refusé de conclure au prix initialement stipulé (▪ Cass. 1re civ., 20 nov. 1990, n° 89-14.103 : *Bull. civ.* I, n° 251, p. 177 ; *JCP* G 92, II, 21841 et *JCP* N 92, II, 50, note Dagot).

§ 3. – De la condition résolutoire

Art. 1183 ancien *(Abr. à compter du 1er octobre 2016, Ord. n° 2016-131, 10 févr. 2016).* **– La condition résolutoire est celle qui, lorsqu'elle s'accomplit, opère la révocation de l'obligation, et qui remet les choses au même état que si l'obligation n'avait pas existé.**

Elle ne suspend point l'exécution de l'obligation : elle oblige seulement le créancier à restituer ce qu'il a reçu, dans le cas où l'événement prévu par la condition arrive.

NB : Rappr. art. 1304, 1304-7, p. 979.

Sur la distinction entre condition résolutoire et clause résolutoire de plein droit après mise en demeure, V. ▪ Cass. 3e civ., 10 juin 1971, n° 69-14.008 : *JurisData* n° 1971-000375 ; *Bull. civ.* III, n° 375, p. 267.

Art. 1184 ancien *(Abr. à compter du 1er octobre 2016, Ord. n° 2016-131, 10 févr. 2016).* **– La condition résolutoire est toujours sous-entendue dans les contrats synallagmatiques, pour le cas où l'une des deux parties ne satisfera point à son engagement.**

Dans ce cas, le contrat n'est point résolu de plein droit. La partie envers laquelle l'engagement n'a point été exécuté a le choix ou de forcer l'autre à l'exécution de la convention lorsqu'elle est possible, ou d'en demander la résolution avec dommages et intérêts.

La résolution doit être demandée en justice, et il peut être accordé au défendeur un délai selon les circonstances.

NB : Rappr. art. 1218, 1224, 1227, 1228, p. 834.

Bibliographie : Th. Genicon, *La résolution du contrat pour inexécution*, préf. L. Leveneur, LGDJ, 2007. • Dossier spécial, *L'anéantissement rétroactif du contrat : RDC* 2008/1, avec les contributions de Aynès, Bénabent, Neau-Leduc, Ancel, Sagaut, Behar-Touchais, Wintgen, Guettier, Malinvaud. • J.-P. Gridel, Y.-M. Laithier, *Les sanctions civiles de l'inexécution du contrat imputable au débiteur : état des lieux : JCP* 2008, I, 143. • Th. Genicon, *Observation sur le « chapitre X – Inexécution » du projet de réforme de droit des contrats, in* J. Ghestin (ss dir.), *Observations sur le projet de réforme du droit des contrats : LPA* 12 févr. 2009, n° spécial, n° 31, p. 81. • Y. Guenzoui, *La résolution du contrat de travail : JCP* 2010, n° 8, 232. • Ph. Chauviré, *Quelle sanction pour la rupture unilatérale du contrat en l'absence de comportement grave ? : Rev. Lamy dr. civ.* 2010/75, n° 3951. • D. Mazeaud, *L'introduction de la résolution unilatérale pour inexécution : RDC* 2010/3, p. 1076. • M.-E. Pancrazi, *Les clauses de rétroactivité : RTD civ.* 2011, p. 469. • W. Dross, *L'exception d'inexécution : essai de généralisation : RTD civ.* 2014, p. 1. • D. Bakouche, *L'articulation des résolutions unilatérale et conventionnelle : JCP* 2014, 414.

1) Sur de le droit à l'exécution forcée en nature, V. sous art. 1142 ancien, p. 1109.

2) Caractère supplétif de la résolution. Renonciation anticipée à l'article 1184 du Code civil. L'article 1184 du Code civil n'étant pas d'ordre public, un contractant peut, par avance, renoncer par une clause non équivoque et compréhensible par un profane, au droit de demander la résolution judiciaire d'un contrat (▪ Cass. 3e civ., 3 nov. 2011, n° 10-26.203 : *Bull.*, n° 178 ; *RDC* 2012, p. 402, obs. Laithier ; *D.* 2012, pan. p. 459, obs. Amrani Mekki et Mekki ; *JCP* N 2012, n° 1117, note Leveneur ; *Gaz. Pal.* 2012, n° 11, p. 23, obs. Houtcieff ; *JCP* 2011, n° 47, p. 2280, Delobel ; *RTD civ.* 2012, p. 114, obs. Fages).

• *Sommaire*

I – CONDITIONS DE LA RÉSOLUTION JUDICIAIRE

1) Contrat de travail. L'employeur, qui dispose du droit de résilier unilatéralement uncontrat de travail à durée indéterminée par la voie du licenciement, en respectant les garanties légales, n'est pas recevable, hors les cas où la loi en dispose autrement à demander la résiliation judiciaire dudit contrat (▪ Cass. soc., 13 mars 2001, n° 98-46.411 : *JurisData* n° 2001-008663 ; *Bull. civ.* V, n° 89, *JCP* 2001, II, 10562, note Mouly). Lorsqu'un salarié a demandé la résiliation judiciaire de son contrat de travail et que son employeur le licencie ultérieurement, le juge doit d'abord rechercher si la demande de résiliation était justifiée ; c'est seulement s'il ne l'estime pas fondée qu'il doit statuer sur le licenciement (▪ Cass. soc., 7 févr. 2007, n° 06-40.250 : *JurisData* n° 2007-037260 ; *D.* 2007, p. 730). Sur la prise d'effet de la résiliation judiciaire du contrat de travail, v. annot. n° 21, p. 1153.

2) Importance de l'inexécution. Il appartient aux tribunaux de rechercher en cas d'exécution partielle et d'après les circonstances de fait si cette inexécution a assez d'importance pour que la résolution doive être immédiatement prononcée ou si elle ne sera pas suffisamment réparée par une condamnation à des dommages-intérêts (▪ Cass. civ., 11 avr. 1918 : *DP* 1921, 1, 224. – V. en ce sens ▪ Cass. com., 5 mars 1974, n° 72-14.814 : *JurisData* n° 1974-097078 ; *JCP* 74, IV, 145. ▪ Cass. com., 2 juill. 1996, n° 94-14.487 : *JCP* 96, I, 3983, n° 14, obs. Jamin ; *Defrénois* 1996, 1365, obs. D. Mazeaud. ▪ Cass. com., 3 févr. 2009, n° 08-15.307 : *JCP* 2009, I, 138. ▪ Cass. 3e civ., 10 déc. 2014, n° 13-27.332). Les juges du fond doivent prendre en compte toutes les circonstances intervenues jusqu'au jour de la décision (▪ Cass. 3e civ., 5 mai 1993, n° 91-17.097 : *JurisData* n° 1993-001740 ; *RTD civ.* 1994, 353, obs. Mestre. ▪ Cass. 3e civ., 9 juill. 2014, n° 13-14.802 : *Bull.*). Ils peuvent estimer que le comportement agressif, injurieux et menaçant des bailleurs à l'égard des preneurs rend impossible la poursuite de relations contractuelles normales entre eux (▪ Cass. 3e civ., 29 avr. 1987, n° 84-17.021 : *JurisData* n° 1987-000763 ; *Bull. civ.* III, n° 93, p. 55 ; *RTD civ.* 1988, 536, obs. Mestre). Viole les articles 1184 et 1604 la cour d'appel qui énonce que l'effraction du véhicule, avant la vente, aux conséquences mineures réparables sans laisser de traces, n'était pas d'une gravité suffisante pour faire déclasser ce véhicule neuf en véhicule d'occasion et que les légers défauts de fonctionnement et esthétiques relevés par l'expert n'ouvraient pas l'action pour défaut de conformité aux stipulations contractuelles de commande d'un véhicule neuf ; alors que la commande d'une chose neuve s'entend d'une chose n'ayant subi aucune dégradation (▪ Cass. 1re civ., 3 mai 2006 : *JurisData* n° 2006-033291 ; *Bull. civ.* I, n° 217, p. 191 ; *Contrats, conc. consom.* 2006, 185, note Leveneur). Pour une justification de la résolution en termes de proportionnalité entre les manquements reprochés et la rupture du contrat, V. ▪ Cass. 1re civ., 12 mai 2016, n° 15-20.834 : *Contrats, conc. consom.* 2016, comm. 184, Leveneur ; *JurisData* n° 2016-008899. L'effacement de la dette locative d'un locataire surendetté qui n'équivaut pas à son paiement ne fait pas disparaître le manquement contractuel du locataire, de sorte qu'il ne prive pas le juge de la faculté d'apprécier, dans l'exercice de son pouvoir souverain, si le défaut de paiement justifie de prononcer la résiliation du bail (▪ Cass. 2e civ., 10 janv. 2019, n° 17-21.774 : *Bull.* ; *D.* 2019, p. 411, J. François ; *JCP* G 2019, p. 336, Grosser).

3) Mais sur la **possibilité de stipuler une clause écartant l'appréciation judiciaire de la gravité** du manquement, V. ▪ Cass. com., 10 juill. 2012, n° 11-20.060, cité sous le même article, *infra*.

4) Manquement à une obligation d'information. Le manquement par le vendeur à ses obligations d'information et de conseil peut, pourvu seulement que ce manquement soit d'une gravité suffisante, justifier la résolution de la vente (▪ Cass. com., 3 févr. 2009, préc. ▪ Cass. 1re civ., 28 mai 2009, n° 08-14.421 : *JCP* 2009, n° 39, 273, obs. Grosser).

5) Absence de préjudice. Le défaut de préjudice ne constitue pas un obstacle à la résolution (▪ Cass. 1re civ., 23 nov. 1955 : *JCP* 55, IV, 181 ; *Bull. civ.* I, n° 405, p. 327).

6) Inexécution non fautive. Force majeure. Sur le principe que la résolution peut être prononcée même pour une inexécution non fautive, V. ▪ Cass. civ., 14 avr. 1891 : *DP* 1891, 1, 329, note

Planiol. ▪ Cass. 1re civ., 27 févr. 1967 : *D.* 1967, 413. ▪ Cass. 1re civ., 4 févr. 1976, n° 74-13.837 : *JurisData* n° 1976-000053 ; *Bull. civ.* I, n° 53, p. 43. ▪ Cass. 1re civ., 12 mars 1985, n° 83-16.875 : *JurisData* n° 1985-700877 ; *Bull. civ.* I, n° 94, p. 87 ;*RTD civ.* 1986, 345, obs. Mestre. ▪ Cass. 3e civ., 6 mai 2009, n° 08-13.824 : *JCP* 2009, n° 39, 273, obs. Grosser. ▪ Cass. 1re civ., 13 nov. 2014, n° 13-24.633 : *D.* 2015, p. 529, obs. Mekki, Amrani-Mekki. Ayant pu retenir que l'interruption des travaux puis le retrait du permis de construire constituaient des événements insurmontables s'agissant de décisions administratives s'imposant immédiatement quels que soient les recours possibles et contraignant la société locataire à interrompre sur le champ puis à cesser les travaux, la cour d'appel a pu en déduire que l'impossibilité d'exécuter le contrat caractérisait la force majeure et, sans violer l'article 1184 du Code civil, décider que devait être prononcée pour ce motif la résiliation du contrat à compter de la date de l'arrêté d'annulation (▪ Cass. 3e civ., 1er juin 2011, n° 09-70.502 : *Bull.*, n° 89 ; *RD imm.* 2011, p. 447, note Poumarède ; *JCP* E 2012, n° 2, p. 26, obs. J.-B. Seube).

Mais le bailleur ne saurait demander la résiliation du bail si l'inexécution de l'obligation du débiteur est la conséquence de sa propre faute (▪ Cass. 1re civ., 21 oct. 1964 : *Bull. civ.* I, n° 463, p. 359). La résolution peut être prononcée aux torts réciproques si chacune des parties a manqué à ses engagements (▪ Cass. 3e civ., 8 janv. 1970, n° 67-14.231 : *JurisData* n° 1970-098029 ; *Bull. civ.* III, n° 29, p. 20).

7) Résolution aux torts exclusifs et fait justificatif. Le fait pour une clinique de s'engager, conformément aux orientations et objectifs fixés par les schémas régionaux d'organisation sanitaire, dans un regroupement de ses activités conduisant au transfert de sa maternité au sein d'un centre hospitalier public ne saurait lui être imputé à faute et justifier la résiliation judiciaire à ses torts exclusifs du contrat la liant à un gynécologue obstétricien (▪ Cass. 1re civ., 17 juin 2015, n° 14-19.740 : *Bull.* ; *JCP* G 2015, 1023, note G. Viney).

8) Mise en demeure. L'assignation en résolution suffit à mettre le débiteur en demeure (▪ Cass. com., 26 avr. 1977, n° 75-14.437 : *JurisData* n° 1977-097118 ; *Bull. civ.* IV, n° 118, p. 101. ▪ Cass. 1re civ., 23 janv. 2001, n° 98-22.760 : *JurisData* n° 2001-007872 ; *JCP* 2001, IV, 1482 ; *Contrats, conc. consom.* 2001, 69, note Leveneur ; *Bull. civ.* I, n° 7, p. 4. ▪ Cass. 1re civ., 9 mai 2001, n° 98-23.144 : *JurisData* n° 2001-009367 ; *Defrénois* 2002, 39, note Dagorne-Labbe).

9) Cotitularité de l'action en résolution. La résiliation de l'une ou l'autre des conventions qui constituent un ensemble interdépendant et indivisible, emportant anéantissement des obligations souscrites en faveur de l'un des cocontractants, la cour d'appel en a exactement déduit que le créancier ne pouvait agir seul en rupture de ces deux contrats (▪ Cass. 1re civ., 22 mars 2012, n° 09-72.792 : *Bull.*, n° 62 ; *RDC* 2012/3, p. 795, obs. Deshayes ; *RTD civ.* 2012, p. 314, obs. Fages ; *JCP* 2012, 561, obs. Grosser).

10) Faculté d'option du créancier. Le créancier conserve la faculté d'option prévue par l'article 1184, alinéa 2, entre la résolution du contrat et son exécution supposée encore possible tant qu'il n'a pas renoncé à l'une ou à l'autre (▪ Cass. civ., 6 janv. 1932 : *DH* 1932, 114). Le créancier à qui son titre donne tout à la fois une action en exécution et l'action résolutoire n'est pas présumé avoir renoncé à celle-ci parce qu'il exerce la première (▪ Cass. com., 27 oct. 1953 : *D.* 1954, 201, note H. L. V. aussi ▪ Cass. 3e civ., 24 nov. 1993, n° 91-15.295 : *JurisData* n° 1993-002313 ; *Bull. civ.* III, n° 151, p. 99 ; *RTD civ.* 1994, 355, obs. Mestre, preneur ayant fait condamner le bailleur à exécuter des travaux avant d'opter pour la résiliation du bail). Le contractant victime a la faculté de modifier son option tant qu'il n'a pas été statué sur sa demande initiale par une décision passée en force de chose jugée (▪ Cass. 3e civ., 25 mars 2009, n° 08-11.326 : *Bull. civ.* III, n° 67 ; *RDC* 2009/3, p. 1004, obs. Genicon ; *Defrénois* 2009, p. 2319, obs. Savaux ; *JCP* 2009, n° 39, 273, obs. Grosser ; *D.* 2010, p. 224, obs. Fauvarque-Cosson ; *RTD civ.* 2009, p. 317, obs. Fages. – Mais *contra*, ▪ Cass. 3e civ., 20 janv. 2010, n° 09-65.272 : *Bull. civ.* 2010, III, n° 14 ; *RDC* 2010/3, 825, obs. Th. Genicon ; 909, obs. Seube et 935, obs. Serinet ; *JCP* 2010, n° 18, 516, obs. Grosser ; *D.* 2011, pan. p. 472, obs. Fauvarque-Cosson). La renonciation à l'action en résolution peut résulter du fait que le créancier a octroyé un délai à son débiteur (▪ Cass. 1re civ., 8 mai 1967 : *Bull. civ.* I, n° 157, p. 115). Mais la stipulation d'une clause pénale n'emporte pas de plein droit renonciation du créancier à poursuivre la résolution du contrat (▪ Cass. 3e civ., 22 févr. 1978, n° 76-13.828 : *Bull. civ.* III, n° 99, p. 77). L'action en résolution d'une vente dont le prix a été converti en obligation de nourrir, entretenir, blanchir, vêtir et soigner le vendeur jusqu'à la fin de ses jours ayant un caractère personnel, une cour d'appel a déclaré à bon droit irrecevable l'action en résolution engagée par l'héritier du vendeur contre l'acquéreur pour inexécution de son obligation alors que le vendeur n'avait jamais contesté la vente de son vivant et que lui seul était en mesure d'apprécier le respect des obligations souscrites (▪ Cass. 1re civ., 19 sept. 2007, n° 05-20.771 : *JurisData* n° 2007-040376). Rappr., pour la rente viagère, sous art. 1978.

La stipulation de sanctions à l'inexécution du contrat n'exclut pas la mise en œuvre de solutions issues du droit commun des obligations (▪ Cass.

3e civ., 14 févr. 2019, n° 17-31.665 : *Bull. civ.* ; *JCP* G 2019, 363, Deshayes).

11) Offres faisant obstacle à la résolution. Il appartient aux tribunaux d'apprécier souverainement si les offres faites en cours d'instance sont de nature à constituer une exécution faisant obstacle à la résolution demandée (▪ Cass. 1re civ., 22 oct. 1956 : *JCP* 56, IV, 162 ; *Bull. civ.* I, n° 362, p. 290).

12) Faculté contractuelle de résiliation unilatérale. Le fait que le contrat ait réservé à une partie une faculté de résiliation unilatérale n'est pas de nature, en dehors d'une renonciation non équivoque, à empêcher celle-ci de demander la résolution judiciaire (▪ Cass. com., 7 mars 1984, n° 82-13.041 : *JurisData* n° 1984-700755 ; *Bull. civ.* IV, n° 93, p. 78 ; *JCP* 85, II, 20407, note Delebecque. ▪ Cass. 3e civ., 8 juin 2006 : *JurisData* n° 2006-033892 ; *Bull. civ.* III n° 143, p. 118).

13) Rupture unilatérale aux risques et périls du créancier. Sur le principe que la gravité du comportement d'une partie à un contrat à durée déterminée peut justifier que l'autre partie y mette fin de façon unilatérale à ses risques et périls, V. ▪ Cass. 1re civ., 13 oct. 1998, n° 96-21.485 : *JurisData* n° 1998-003820 ; *Bull. civ.* I, n° 300, p. 207 ; *Grands arrêts de la jurisprudence civile*, n° 180 ; *Defrénois* 1999, 374, obs. D. Mazeaud ; *D.* 1999, 197, note Jamin, somm. 115, obs. Delebecque ; *RTD civ.* 1999, 394, obs. Mestre. – Voir en ce sens, précisant qu'il importe peu que le contrat soit à durée déterminée ou non, ▪ Cass. 1re civ., 20 févr. 2001, n° 99-15.170 : *JurisData* n° 2001-008276 ; *D.* 2001, 1568, note Jamin, somm. 3239, obs. D. Mazeaud ; *Defrénois* 2001, 705, obs. Savaux. ▪ Cass. 1re civ., 28 oct. 2003 : *JCP* 2004, II, 10108, note Lachieze ; *Contrats, conc. consom.* 2004, 4, note Leveneur ; *JurisData* n° 2004-020640 ; *Rev. Lamy dr. civ.* 2/2004, 40 ; *Defrénois* 2004, 373, obs. Libchaber et 381, obs. Aubert ; *RTD civ.* 2004, 89, obs. Mestre et Fages ; *RDC* 2004, 273, obs. Aynès et D. Mazeaud et peu important que le contrat soit verbal (▪ Cass. com., 7 avr. 2010, n° 06-15.590 : *RDC* 2010/4, p. 1213, obs. Mazeaud) – V. aussi, ▪ Cass. 1re civ., 16 mai 2006 : *JurisData* n° 2006-033513 ; *Bull. civ.* I, n° 238, p. 210 ; *RTD civ.* 2006, p. 554, obs. Mestre et Fages. ▪ Cass. 1re civ., 13 mars 2007, n° 06-10.229 : *JCP* G 2007, I, 161, obs. Grosser. ▪ Cass. 1re civ., 5 nov. 2008, n° 07-20.113 : *RTD civ.* 2009, p. 119, obs. Fages. ▪ Cass. com., 30 juin 2009, n° 08-14.944 : *RDC* 2010/1, p. 44, obs. Genicon ; *D.* 2010, p. 224, obs. Fauvarque-Cosson. ▪ Cass. com., 15 sept. 2009, n° 08-15.872 : *eod. loc.* ▪ Cass. 1re civ., 24 sept. 2009, n° 08-14.524 : *RDC* 2010/1, p. 44, obs. Genicon, et p. 690, obs. Pelletier ; *LEDC* nov. 2009, p. 7, obs. Sauphanor-Brouillaud. ▪ Cass. com., 31 mars 2009, n° 07-20.991 : *RTD civ.* 2009, 320, obs. Fages ; *JCP* 2009, 273, obs. Grosser ; *D.* 2010, p. 224, obs. Fauvarque-Cosson. ▪ Cass. com., 8 nov. 2017, n° 16-22.289 : *Contrats, conc. consom.* 2018, comm. 24 ; *JurisData* n° 2017-022485.

La gravité du comportement d'une partie à un contrat peut justifier que l'autre partie y mette fin de façon unilatérale à ses risques et périls, peu important les modalités formelles de résiliation contractuelle (▪ Cass. com., 10 févr. 2009, n° 08-12.415 : *RDC* 2010/1, p. 44, obs. Genicon ; *Contrats, conc. consom.* 2009, 123, note Leveneur. ▪ Cass. com., 20 oct. 2015, n° 14-20.416 : *Contrats, conc. consom.* 2016, n° 3, note Leveneur.) Mais ne tire pas les conséquences légales de ses constatations et viole l'article 1134 du Code civil, la cour d'appel qui refuse d'indemniser la rupture d'un contrat au-delà du préjudice causé par le non-respect d'un préavis de 15 jours, alors qu'il résultait des stipulations contractuelles que le créancier devait impartir au débiteur fautif un délai de 15 jours pour lui permettre d'exécuter ses obligations et faire ainsi obstacle à la résiliation, et tout en constatant que le contrat avait été résilié immédiatement, privant ainsi le débiteur fautif de la faculté de régularisation dont il bénéficiait, de sorte que la résiliation était irrégulière et non prématurée (▪ Cass. com., 15 nov. 2011, n° 10-27.838 : *RDC* 2012/3, p. 787, obs. Th. Genicon). Comp. pour la légitimité d'une rupture immédiate ▪ Cass. 1re civ., 24 sept. 2009, n° 08-14.524, préc. ▪ Cass. com., 31 mars 2009, n° 07-20.991, préc. ▪ Cass. com., 20 oct. 2015, n° 14-20.416, préc.). V. encore, ▪ Cass. 3e civ, 1er déc. 2010, n° 09-16.516 : *Bull. civ.*, n° 211. Et pour une recherche nécessaire de la justification à cet égard d'une rupture du contrat sans respect des formes prévues, ▪ Cass. 3e civ., 8 févr. 2018, n° 16-24.641 : *Bull.* ; *JCP* G 2018, 453, Etienney-de Sainte Marie ; *JurisData* n° 2018-001494. ▪ Cass. 3e civ., 8 févr. 2018, n° 16-24.641 : N*Bull* ; *RTD civ.* 2018, p. 404, Barbier.

Écartant en l'espèce l'urgence, V. ▪ Nancy, 20 nov. 2000 : *JurisData* n° 2000-139560 ; *JCP* 2002, II, 10113, note Jamin. Viole l'article 1719 la cour d'appel qui retient que le bailleur était en droit de prendre toutes précautions utiles pour assurer la location de son appartement dans les meilleurs délais et notamment de le donner en location à un tiers, au motif notamment que le preneur n'a pas respecté les termes du contrat qui impliquaient le versement de la « caution » en une seule fois ; alors que le défaut de paiement par le locataire du premier loyer et du dépôt de garantie ne décharge pas le bailleur de son obligation de délivrance (▪ Cass. 3e civ., 28 juin 2006, n° 05-10.137 : *JurisData* n° 2006-034259 ; *Bull. civ.* III, n° 161, p. 133). Viole les articles 1134 et 1184 du Code civil, ensemble l'article L. 145-1 du Code de commerce, en donnant des effets de droit à l'action unilatérale du bailleur, l'arrêt qui retient que la rupture du bail par ce dernier a pour origine un chèque de loyer impayé et que la résiliation du bail, bien qu'émanant du bailleur, est imputable à l'inexécution par les locataires du paiement du loyer (■ Cass. 3e civ., 28 oct. 2009, n° 08-16.758 : *JCP* 2010, n° 3, 50, note Lachièze).

V. aussi J.-P. Ancel, *Le référé-contrat : D.* 2006, p. 2409. – G. Lardeux, *Plaidoyer pour un droit contractuel efficace : D.* 2006, p. 1406.

14) Sanction de la rupture unilatérale injustifiée. En l'absence de preuve d'un manquement imputable au débiteur, le contrat demeure obligatoire et exécutoire. En conséquence, le contrat peut être valablement reconduit par tacite reconduction (■ Cass. com., 18 nov. 2008, n° 07-20.304 : *RTD civ.* 2009, p. 119, obs. Fages ; *RDC* 2009/2, obs. Mazeaud, p. 484). Comp., admettant que soit ordonnée sous astreinte la poursuite des relations contractuelles, ■ Cass. 1re civ., 29 mai 2001, n° 99-12.478 : *RTD civ.* 2001, 590, obs. Mestre et Fages. Et pour l'indemnisation du dommage causé par une rupture unilatérale non justifiée par une faute suffisamment grave, ■ Cass. com., 29 sept. 2015, n° 14-19.795 : *Contrats, conc. consom.* 2016, n° 4. Même chose pour un préjudice causé à un tiers, ■ Cass. com., 20 oct. 2015, n° 14-20.540 : *RTD civ.* 2016, p. 117, obs. Barbier.

Mais jugé qu'en cas de résiliation unilatérale d'un contrat à durée déterminée, l'obligation de payer le prix global et forfaitaire convenu n'existe qu'en cas d'exécution de la convention, et qu'il appartient aux juges du fond de fixer le montant des dommages-intérêts dus (■ Cass. com., 22 oct. 1996, n° 94-15.410 : *JurisData* n° 1996-003950 ; *JurisData* n° 1996-003950 ; *D.* 1997, somm. 173, obs. Libchaber, et 286, obs. Jourdain ; *RTD civ.* 1997, 123, obs. Mestre). Dans le même sens, V. ■ Cass. com., 3 mai 2011, n° 10-15.884 : *RDC* 2011/4, p. 1176, obs. Deshayes. Sur cette question, V. aussi Ph. Simler, *L'article 1134 du Code civil et la résiliation unilatérale anticipée des contrats à durée déterminée : JCP* 1971, I, 2413.

15) Impossibilité de demander ultérieurement la résolution judiciaire. En l'état d'un congé pour inexécution donné par le preneur au bailleur qui l'a accepté, la cour d'appel qui constate que la convention des parties avait pris fin avant que ne soit formée une demande reconventionnelle tendant à sa résolution en déduit exactement que devait être rejetée la demande en résolution d'un bail expiré en vertu d'un congé accepté (■ Cass. 3e civ., 19 mai 2010, n° 09-13.296 : *Bull. civ.* 2010, III, n° 98 ; *RDC* 2010/4, p. 1215, obs. Th. Genicon).

16) Clause prohibant la rupture unilatérale. La cour d'appel estimant que la commune volonté des parties, exprimée dans une « clause de non-résiliation », était de s'interdire pendant un an toute rupture du contrat, afin de permettre à l'un des contractants d'amortir le matériel acheté pour l'exécution de celui-ci ; elle a pu en déduire que la rupture unilatérale de ce contrat, dans ce délai, était fautive et de nature à engager la responsabilité du créancier (■ Cass. com., 15 déc. 2009, n° 08-10.148 : *JCP* 2010, n° 18, 516, obs. Grosser).

17) Renouvellement du délai accordé par le juge (non). Si le délai accordé par le juge peut être suspendu en cas de force majeure, il ne saurait être renouvelé (■ Cass. 1re civ., 19 déc. 1984, n° 83-14.083 : *Bull. civ.* I, n° 343, p. 291 ; *RTD civ.* 1986, 107, obs. Mestre).

18) Résolution d'une clause. Ayant relevé qu'un bail commercial comportait depuis l'origine une clause de non-concurrence aux termes de laquelle le preneur ne pouvait exploiter les commerces actuellement exercés par les autres locataires de l'immeuble, et ayant retenu qu'en insérant dès le départ une telle clause dans tous les baux du même immeuble, les bailleurs d'origine et les preneurs initiaux avaient eu pour commune intention de préserver l'activité commerciale des autres commerces déjà exploités dans l'immeuble en évitant toute concurrence entre ses occupants, que, sauf à dénaturer cette clause claire, ou à l'exécuter de mauvaise foi, en créant un déséquilibre entre les obligations et les droits de chacune des parties, une telle clause devait demeurer commune à tous les preneurs et perdurer dans le temps, la cour d'appel, qui a constaté que la clause imposée par le bailleur initial à tous ses locataires avait disparu des baux consentis ultérieurement à un locataire du même immeuble, a pu en déduire que le bailleur, qui s'était exonéré de l'obligation qui pesait sur lui d'insérer cette clause dans les baux concernés par la zone de non-concurrence, avait commis une faute dans l'exécution du bail, rendant de fait impossible le respect de ladite clause et qu'il y avait lieu en conséquence de prononcer la résolution de la clause de non-concurrence insérée dans le bail à compter de la date de l'assignation (■ Cass. 3e civ., 3 mai 2007, n° 06-11.591 : *RDC* 2007/4, p. 1210, obs. Seube ; *RDC* 2008/2, p. 272, obs. Mazeaud ; *D.* 2007, p. 2068, note Rochfeld ; *Contrats, conc. consom.* 2007, 181, note Malaurie-Vignal ; *JCP* G, 2007, act. 225 et II, 10179, note Rousille).

II – EFFETS DE LA RÉSOLUTION JUDICIAIRE

Bibliographie : R. Wintgen, *Regards comparatistes sur les effets de la résolution pour inexécution : RDC* 2006/2, p. 543.

19) Anéantissement rétroactif du contrat. Restitutions. La résolution judiciaire entraîne l'anéantissement rétroactif du contrat (▪ Cass. civ., 4 mai 1898 : *DP* 1898, 1, 457, note Planiol. ▪ Cass. 3ᵉ civ., 29 janv. 2003 : *JurisData* n° 2003-017751 ; *JCP* 2003, II, 10116, note Serinet. ▪ Cass. com., 5 mai 2009, n° 08-15.296 : *JCP* 2009, n° 39, 273, obs. Grosser). Les parties doivent donc procéder à la restitution en nature des prestations reçues sauf si les choses ne sont plus entières (▪ Cass. civ., 3 nov. 1948 : *D.* 1949, 53). Après résolution de la vente, le vendeur doit restituer la totalité des sommes perçues par lui à titre de prix de vente, tant celles payées directement par l'acquéreur que celles qui lui ont été versées au titre de l'aide personnalisée au logement (▪ Cass. 3ᵉ civ., 2 mars 1994, n° 92-19.356 : *Contrats, conc. consom.* 1994, 133, 1ʳᵉ esp., note Leveneur). La décision prononçant la résolution peut impartir un délai pour reprendre la chose sous une astreinte par jour de retard (▪ Cass. 1ʳᵉ civ., 13 janv. 1971, n° 69-11.009 : *JurisData* n° 1971-000019 ; *D.* 1971, somm. 108). Viole l'article 1184 l'arrêt qui retient qu'après résolution de la vente, le vendeur ne sera tenu de rembourser la TVA que lorsqu'il aura lui-même obtenu restitution de cet impôt par le Trésor public (▪ Cass. com., 26 juin 1990, n° 88-17.892 : *JurisData* n° 1990-001868 ; *Bull. civ.* IV, n° 190, p. 129 ; *JCP* E 1991, II, 129, note Leveneur. V. aussi ▪ Cass. 3ᵉ civ., 26 janv. 1994, préc., décidant que le vendeur doit rembourser le montant de la taxe foncière à l'acquéreur).

En cas de résolution d'une vente, la créance de restitution en valeur du bien est égale, non pas au prix convenu, mais à la valeur effective, au jour de la vente, de la chose remise (▪ Cass. 1ʳᵉ civ., 8 mars 2005, n° 02-11.594 : *JurisData* n° 2005-027432 ; *Bull. civ.* I, n° 128, p. 110). L'effet rétroactif de la résolution d'une vente oblige l'acquéreur à indemniser le vendeur de la dépréciation subie par la chose à raison de l'utilisation qu'il en a faite, à l'exclusion de celle due à la vétusté (même arrêt). Comp. ▪ Cass. 1ʳᵉ civ., 19 févr. 2014, n° 12-15.520 : *D.* 2014, p. 642, note Pellet ; *JCP* E 2014, n° 11, p. 4, obs. Seube (le vendeur était tenu de restituer le prix qu'il avait reçu, sans diminution liée à l'utilisation de la chose vendue ou à l'usure en résultant) mais rendu à propos d'une résolution de la vente pour vices cachés. Sur cette différence d'effets entre la résolution pour vices cachés et la résolution de droit commun, V. sous art. 1610, p. 1381 et art. 1644, p. 1405.

En raison de l'effet rétroactif de la résolution de la vente, le vendeur n'est pas fondé à obtenir une indemnité correspondant à la seule utilisation de la chose (▪ Cass. 1ʳᵉ civ., 15 mai 2007, n° 05-16.926 : *JurisData* n° 2007-038866. ▪ Cass. com., 30 oct. 2007, n° 05-17.882 : *JurisData* n° 2007-041137 ; *RDC* 2008/2, p. 255, note Th. Genicon : ayant relevé que le bien vendu n'avait fait l'objet d'aucune dégradation, la cour d'appel a, par ce seul motif, légalement justifié sa décision. ▪ Cass. com., 10 févr. 2015, n° 13-24.501 : *Bull.* ; *Contrats, conc. consom.* 2015, 111, note Leveneur). Le vendeur n'est pas fondé, en raison de l'effet rétroactif de la résolution de la vente, à obtenir une indemnité liée à l'utilisation de la chose vendue ou à l'usure résultant de cette utilisation (▪ Cass. 3ᵉ civ., 13 juill. 2016, n° 14-26.958 : *Bull.* ; *Contrats, conc. consom.* 2016, 230 ; *D.* 2017, p. 385, Mekki ; *JurisData* n° 2016-013751).

Viole l'article 1184 l'arrêt qui, tout en prononçant la résolution de la vente pour défaut de paiement de la rente viagère, condamne la débirentière à payer les arrérages échus, alors que le vendeur ne pouvait prétendre qu'à des dommages-intérêts à la suite de la résolution du contrat, mais non obtenir l'exécution de l'obligation (▪ Cass. 3ᵉ civ., 7 juin 1989, n° 87-14.083 : *JurisData* n° 1989-702164 ; *JCP* 1990, II, 21456, note Dagorne-Labbe ; *Defrénois* 1990, 360, obs. Aubert ; *RTD civ.* 1990, 100, obs. Rémy, et 473, obs. Mestre). Commet une faute préjudiciable envers son client l'avocat qui, dans une procédure de résolution de vente, omet de conclure sur les restitutions chiffrées consécutives (▪ Cass. 1ʳᵉ civ., 15 mai 2007, préc.).

20) Débiteur de la restitution. Seul le vendeur de la chose restituée est tenu à la restitution du prix qu'il a reçu. En conséquence, le vendeur originaire de la chose ne peut être tenu de garantir le vendeur intermédiaire de sa condamnation à restitution (▪ Cass. com., 3 févr. 1998, n° 95-19.443 : *Bull. civ.* 1998, IV, n° 61 ; *D.* 1999, somm. 15, obs. Tournafond). Dans le même sens, pour le constructeur dans une vente en l'état futur d'achèvement, V. ▪ Cass. 3ᵉ civ., 7 juill. 2010, n° 09-15.081 : *RD imm.* 2010, 556, obs. Tournafond ; *Rev. Lamy dr. civ.* 2010/75, n° 3957, obs. Paulin.

21) Inexécution des contrats à exécution échelonnée. Prestations indissociables. Dans les contrats à exécution échelonnée, la résolution pour inexécution partielle atteint l'ensemble du contrat ou certaines de ses tranches seulement, suivant que les parties ont voulu faire un marché indivisible ou fractionné en une série de contrats (▪ Cass. 1ʳᵉ civ., 3 nov. 1983, n° 82-14.003 : *JurisData* n° 1983-702154 ; *Bull. civ.* I, n° 252, p. 227 ; *RTD civ.* 1985, 166, obs. Mestre. ▪ Cass. 1ʳᵉ civ., 13 janv. 1987, n° 85-12.676 : *JurisData* n° 1987-000006 ; *Bull. civ.* I, n° 11, p. 8 ; *JCP* 87, II, 20860, note Goubeaux. ▪ Paris, 24 janv. 1991, n° 88-45.719 : *RTD civ.* 1991, 527, obs. Mestre). Jugé qu'en cas de résiliation unilatérale, l'obligation de payer le prix global et forfaitaire convenu n'existe qu'en cas d'exécution de la convention, et qu'il appartient aux juges du fond de fixer le montant des dommages-intérêts dus (▪ Cass. com., 22 oct. 1996 : *D.* 1997, somm. 173, obs. Libchaber, et 286, obs. Jourdain ; *RTD civ.* 1997, 123, obs. Mestre). Ne donne pas de base légale à sa décision la cour d'appel qui ne recherche pas si le maître de l'ouvrage n'avait pas voulu conclure avec l'architecte une convention indivisible et si les différentes prestations confiées à ce dernier, bien qu'échelonnées dans le temps, étaient indissociables, obligeant l'architecte, aux torts exclusifs duquel la résolution du contrat était prononcée, à restituer les honoraires qu'il avait perçus (■ Cass. 1re civ., 8 oct. 2009, n° 08-17.437 : *JCP* 2009, n° 51, 574, obs. Grosser).

22) **Résiliation et résolution.** Jugé que la résiliation a pour effet, comme la résolution, d'anéantir le contrat et de remettre les parties dans l'état où elles se trouvaient antérieurement sous la seule réserve de l'impossibilité pratique (■ Cass. 1re civ., 7 juin 1995, n° 93-14.916 : *JurisData* n° 1995-001539 ; *JCP* 1996, II, 22581, note Françon ; *D.* 1995, 494 ; *Bull. civ.* I, n° 244, p. 171. Comp. ■ Cass. soc., 7 nov. 1995, n° 92-40.776 : *JurisData* n° 1995-003072 ; *JCP* E 1996, II, 801, note Petit et Picq, décidant que la rétroactivité de la nullité ne joue pas lorsque la remise en état se révèle impossible en raison de la nature des obligations résultant du contrat, et que la partie qui a bénéficié d'une prestation qu'elle ne peut restituer doit s'acquitter du prix correspondant à cette prestation). Si, dans un contrat synallagmatique à exécution successive, la résiliation judiciaire n'opère pas pour le temps où le contrat a été régulièrement exécuté, la résolution judiciaire pour absence d'exécution ou exécution imparfaite dès l'origine entraîne l'anéantissement rétroactif du contrat (■ Cass. 3e civ., 30 avr. 2003, *Lucie* : *JurisData* n° 2003-018805 ; *JCP* G 2003, I, 170, n° 15, obs. Constantin ; *JCP* E 2003, 30, note Kéita ; *Bull. civ.* III, n° 87, p. 80 ; *JCP* G 2004, II, 10031, note Jamin ; *Defrénois* 2003, 1175, obs. Savaux ; *RDC* 2004, 365, obs. Seube. V. sur cet arrêt B. Vial-Pedroletti, *Résiliation ou résolution du bail ? : Loyers et copr.* 2003, chron. 9). La résiliation judiciaire des contrats à exécution successive ne prend pas nécessairement effet à la date de la décision qui la prononce. En conséquence, viole l'article 1184 du Code civil l'arrêt qui retient que la résiliation d'un bail ne prend effet que du jour de la décision qui la prononce et que, les effets du contrat se poursuivant jusqu'à la date de la résiliation, il convient de condamner le locataire à payer au propriétaire les loyers couvrant une période antérieure à la décision de justice prononçant la résiliation (■ Cass. 3e civ., 1er oct. 2008, n° 07-15.338 : *Bull. civ.* III, n° 144 ; *Defrénois* 2008, art. 38874-1, p. 2499, obs. Libchaber ; *RDC* 2009/1, p. 70, obs. Th. Genicon et p. 168, obs. Seube). Les juges du fond doivent rechercher si, *jusqu'à la décision prononçant la* résolution de la convention, le paiement des loyers par le preneur au bailleur n'avait pas eu sa contrepartie dans l'exécution de ses propres obligations par ce dernier (■ Cass. com., 17 mars 2009, n° 08-14.514 : *JCP* 2009, n° 39, 273, obs. Grosser). En matière de résiliation judiciaire du contrat de travail, sa prise d'effet ne peut être fixée qu'à la date de la décision judiciaire la prononçant, dès lors qu'à cette date le salarié est toujours au service de son employeur (■ Cass. soc., 11 janv. 2007, n° 05-40.626 : *JurisData* n° 2007-036878 ; *D.* 2007, p. 913, note Pélissier). Jugé, s'agissant d'un bail rural, que le jugement n'ayant pas fixé la date de la résiliation qu'il avait prononcée, la cour d'appel a exactement retenu que la résiliation était acquise à la date de ce jugement (■ Cass. 3e civ., 31 mai 2006 : *JurisData* n° 2006-033725 ; *Bull. civ.* III, n° 137, p. 113). La résiliation du contrat d'enregistrement exclusif n'y met fin que pour l'avenir et n'a pas pour effet d'anéantir rétroactivement les cessions antérieurement intervenues sur les enregistrements réalisés au cours du contrat, de sorte que, conformément à la volonté exprimée des parties, le producteur reste cessionnaire des droits patrimoniaux de l'artiste-interprète sur ces enregistrements (■ Cass. 1re civ., 5 juill. 2006 : *JurisData* n° 2006-034429 ; *Bull. civ.* I, n° 361, p. 310 ; *D.* 2006, p. 2404). Un des employés d'une société de surveillance ayant commis des vols dans les locaux qu'il était chargé de surveiller, il ne peut être reproché à l'arrêt d'avoir rejeté la demande en paiement de prestations formée par la société de surveillance au titre des périodes pendant lesquelles il ne s'était pas produit d'incident, dès lors que la cour d'appel a relevé la gravité du manquement imputable à la société de surveillance et a fait ressortir que la résiliation pour inexécution partielle atteignait, en l'espèce, l'ensemble du contrat (■ Cass. com., 11 déc. 1990, n° 89-17.524 : *Bull. civ.* IV, n° 316). Jugé que le contrat de construction de maison individuelle n'est pas un contrat instantané et que, dès lors que le client avait conservé la construction, pour en achever la réalisation avec d'autres constructeurs, la situation devait être apurée entre les parties par équivalent (■ Cass. 3e civ., 13 nov. 2014, nos 13-18.937 et 13-24.217 : *Bull.*).

23) **Inexécution fortuite et partielle. Réduction.** En présence d'une inexécution partielle qui ne saurait caractériser un manquement de l'entrepreneur justifiant la résolution du contrat et dont la cause est fortuite, il convient de condamner le client au paiement de la prestation principale, l'inexécution partielle de l'obligation accessoire ayant pour seul effet de dispenser le client du paiement de cette dernière obligation (V. ■ Nancy, 3e ch., 5 déc. 1997 : *JurisData* n° 1997-056046).

24) **Vente et crédit-bail.** La résolution du contrat de vente entraîne nécessairement la résiliation du contrat de crédit-bail, sous réserve de l'application de clauses ayant pour objet de régler les conséquences de cette résiliation (■ Cass. ch. mixte, 23 nov. 1990, n° 87-17.044 : *JCP* E 91, II, 111, note D. Legeais. V. aussi ■ Cass. com.,

15 mars 1994, n° 92-13.422 : *JCP* 95, II, 22339, note Labarthe. ▪ Cass. 1re civ., 11 avr. 1995, n° 93-14.692 : *JurisData* n° 1995-000881 ; *Bull.* I, n° 169, p. 121 ; *JCP* E 95, II, 754, note Del Sol. ▪ Cass. com., 28 nov. 1995, n° 94-11.462 : *JurisData* n° 1995-003594 ; *Contrats, conc. consom.* 1996, 40, note Leveneur. Comp. ▪ Cass. com., 9 janv. 1990, n° 86-19.308 : *JurisData* n° 1990-700011 ; *Bull. civ.* IV, n° 4, p. 3 ; *RTD civ.* 1990, 302, obs. Rémy). En conséquence, ne donne pas de base légale à sa décision la cour d'appel qui condamne le crédit-bailleur à restituer au preneur le montant des loyers réglés avant la résolution de la vente sans rechercher si, jusqu'à la décision prononçant cette résolution, le paiement des loyers par le crédit-preneur n'avait pas eu sa contrepartie dans l'exécution de ses propres obligations par le bailleur (▪ Cass. com., 22 mai 1991, n° 89-21.578 : *JurisData* n° 1991-001417 ; *Bull. civ.* IV, n° 169, p. 122). Jugé aussi que, sauf cause de nullité l'affectant directement, le contrat de crédit-bail n'est que résilié en conséquence de l'annulation du contrat de vente (▪ Cass. com., 15 mars 1994, n° 92-13.422 : *Bull. civ.* IV, n° 109, p. 85 ; *JCP* 94, II, 22339, note Labarthe ; *Contrats, conc. consom.* 1994, 135, note Leveneur ; *Defrénois* 1994, 1127, obs. Delebecque). Le preneur est dispensé du paiement des loyers à compter de sa demande judiciaire en résolution de la vente (▪ Cass. com., 12 oct. 1993, n° 91-17.621 : *JCP* G 94 et *JCP* E 94, II, 548, 1re esp., note D. Legeais). Est valable la clause par laquelle le preneur s'engage à la fois à rembourser le prix d'achat du matériel et à verser une indemnité (même arrêt. ▪ Cass. com., 26 oct. 1993, *eod. loc.*, 2e esp.), mais non celle qui se borne à prévoir le paiement des loyers restant dus (▪ Cass. com., 26 oct. 1993, *eod. loc.*, 3e esp.).

25) Mandat donné au crédit-preneur par le crédit-bailleur. Dans un contrat de crédit-bail, le mandat consenti au crédit-preneur par le crédit-bailleur pour l'exercice des recours contre le fournisseur a pour contrepartie la renonciation du preneur au bénéfice de la garantie du bailleur. Dès lors, il est soumis aux mêmes conditions de déchéance que l'aurait été le droit de mettre en jeu cette garantie, sauf stipulation conventionnelle la faisant renaître en contrepartie de la caducité du mandat (▪ Cass. com., 8 déc. 1992, n° 91-10.042 : *JurisData* n° 1992-002772 ; *JCP* 93, II, 22045, note Béhar-Touchais). Il ne peut être fait grief à l'arrêt attaqué d'avoir déclaré irrecevable l'action d'un crédit preneur en résolution de la vente du matériel loué engagée après la résiliation du contrat de crédit-bail. En effet, en l'absence de stipulation contraire, la cour d'appel a exactement retenu que la résiliation du contrat de crédit-bail a mis fin au mandat donné par le crédit bailleur au crédit preneur pour l'exercice de l'action en garantie contre le fournisseur (▪ Cass. com., 11 juill. 2006 : *JurisData* n° 2006-034757 ; *JCP* G 2006, IV 2810 ; *D.* 2006, p. 2095, obs. Delpech ; *Contrats, conc. consom.* 2006, 247, note Leveneur).

26) Résolution de la vente et résolution du prêt. En application des articles 9 de la loi du 13 juill. 1979 (C. consom., art. L. 312-12) et 1184 du Code civil, la résolution judiciaire de la vente entraîne, en raison de son effet rétroactif, la résolution de plein droit du contrat de prêt (▪ Cass. 1re civ., 1er déc. 1993, n° 91-20.539 : *JurisData* n° 1993-002398 ; *Bull. civ.* I, n° 355, p. 248 ; *Defrénois* 1994, 823, obs. D. Mazeaud).

27) Sur la résolution touchant des **contrats interdépendants**, voir sous art. 1131 ancien, annot. n° 26, p. 1089.

28) Survie d'une clause à la résolution. Principe (non). Sur le principe qu'une partie ne peut demander l'exécution d'aucune des stipulations d'un contrat mis à néant, même si le contrat a été résilié aux torts réciproques, V. ▪ Cass. 1re civ., 6 mars 1996, n° 93-17.910 : *JurisData* n° 1996-000718 ; *Bull. civ.* I, n° 118, p. 84 ; *Defrénois* 1996, 1025, obs. Delebecque (clause de non-concurrence dans un contrat d'association entre médecins). *Adde*, rappelant que la résolution du contrat s'étend à toutes ses stipulations (▪ Cass. 3e civ., 18 juin 2008, n° 06-20.713 : *Bull. civ.* I, n° 110, pour la clause de reprise partielle d'un prêt par l'acquéreur, stipulée dans une vente), y compris les stipulations contractuelles régissant les conditions et les conséquences de la résiliation unilatérale du contrat par l'autre partie (▪ Cass. com., 3 mai 2012, n° 11-17.779 : *Bull.* ; *JCP* 2012, 901, note Hontebeyrie ; *D.* 2012, p. 1719, note Etienney de Sainte-Marie ; *D.* 2013, p. 391, obs. Amrani-Mekki et Mekki ; *RTD civ.* 2012, p. 527, obs. Fages).

29) Survie d'une clause. Clause limitative de responsabilité (oui). En cas de résolution d'un contrat pour inexécution, les clauses limitatives de réparation des conséquences de cette inexécution demeurent applicables (▪ Cass. com., 7 févr. 2018, n° 16-20.352 : *Bull.* ; *D.* 2018, p. 537, note D. Mazeaud ; *JCP* G 2018, 415 avis Le Mesle, 416 note Leveneur-Azémar ; p. 564, obs. Grosser ; *Contrats, conc., consomm.* 2018, comm. 84, note L. Leveneur ; RDC 2018, p. 196, Knetsch ; *RTD civ.* 2018, p. 401, Barbier). V. auparavant, en sens contraire, ▪ Cass. com., 5 oct. 2010, n° 08-11.630 : *JCP* 2011, n° 3, 63, obs. P. Grosser ; *RDC* 2011, p. 431, Genicon.

30) Survie d'une clause. Clause pénale (oui). La caducité d'un acte n'affecte pas la clause pénale qui y est stipulée et qui doit précisément produire effet en cas de défaillance fautive de l'une des parties (▪ Cass. com., 22 mars 2011, n° 09-16.660 : *Bull.*, n° 49 ; *RDC* 2011/3, obs. E. Savaux, p. 826 ; *D.* 2011, p. 2179, note Hontebeyrie ; *JCP* 2011, p. 955, obs. Grosser ; *RTD civ.* 2011, p. 345, obs. Fages). Mais aucun retard n'étant constitué à la date de résiliation du contrat de construction et les clients n'ayant à cette date pas sollicité la poursuite des travaux par le garant de livraison, la cour d'appel en a exactement déduit que la demande de paiement de pénalités de retard pour la période postérieure à la résiliation devait être rejetée (■ Cass. 3e civ., 4 avr. 2013, n° 12-15.663 : *Bull.*).

31) Vendeur de fonds de commerce non payé. L'action en résolution du vendeur de fonds de commerce non payé lui permet de reprendre en quelque main qu'ils soient et en quelque lieu qu'ils aient été transportés tous les éléments du fonds qui ont fait partie de la vente, même ceux dont il a reçu le prix et pour lesquels son privilège est éteint (■ Cass. com., 14 mai 1952 : *JCP* 1952, II, 7327, note Cohen).

32) Dommages-intérêts accompagnant la résolution. Indemnisation de la charge financière due à la double charge des échéances payées et au coût d'une location de remplacement (■ Cass. com., 30 oct. 2007, n° 05-17.882 : *JurisData* n° 2007-041137 ; *RDC* 2008/2, note Th. Genicon). Pour l'application du principe de réparation intégrale dans l'allocation de ces dommages et intérêts, V. ■ Cass. com., 5 mai 2015, n° 14-11.148 et ■ Cass. 3e civ., 30 juin 2015, n° 13-26.932 : *RDC* 2015, p. 845, note Savaux.

Dans l'hypothèse d'une résolution prononcée aux torts réciproques, les juges du fond ne peuvent refuser d'allouer des dommages-intérêts sans constater que les manquements respectifs des parties à leurs obligations avaient causé à chacune d'elles un égal préjudice de nature à entraîner la compensation totale entre les dommages-intérêts auxquels elles pouvaient légitiment prétendre (■ Cass. 3e civ., 3 févr. 2009, n° 08-10.253 : *JCP* 2009, I, 138. ■ Cass. 3e civ., 2 juill. 2008, n° 07-16.123 : *Bull. civ.* I, n° 116. ■ Cass. com., 5 déc. 2000, n° 98-12.827. ■ Cass. com., 17 mars 1998, n° 95-17.466. ■ Cass. com., 11 mars 1986, n° 84-11.690 : *Bull. civ.* IV, n° 44). Mais pour une absence d'indemnisation dans une affaire où les deux parties n'avaient ni l'une, ni l'autre, voulu sérieusement poursuivre l'exécution du contrat, et où aucune recherche de part de responsabiité n'avait été demandée, V. ■ Cass. 3e civ., 6 sept. 2018, n° 17-22.026 : *Bull.* ; *D.* 2018, p. 2213, Tisseyre ; *JCP* G 2018, 1259, Grosser ; *JurisData* n° 2018-015014 ; *RDC* 2018, p. 539, Laithier.

III – CLAUSE RÉSOLUTOIRE

Bibliographie : C. Paulin, *La clause résolutoire*, préf. J. Devèze, LGDJ, 1996. – J.-A. Robert et Q. Charluteau, *Utilité et mise en œuvre des clauses résolutoires : Rev. Lamy dr. civ.* 2010/68, n° 3701.

33) Mise à l'écart de l'appréciation judiciaire de la gravité du manquement. Ayant relevé qu'une clause autorisait chacune des parties à résilier le contrat pour faute, ce dont il résultait que les parties avaient écarté l'appréciation judiciaire de la gravité de leur comportement, une cour d'appel n'avait pas à procéder à la recherche de la gravité des manquements allégués (■ Cass. com., 10 juill. 2012, n° 11-20.060 : *Bull.* ; *RDC* 2013/1, p. 86, obs. Laithier ; *RTD civ.* 2012, p. 726, obs. Fages ; *D.* 2013, p. 391, obs. Amrani-Mekki et Mekki).

34) Office du juge. Le juge saisi aux fins de l'application d'une clause résolutoire claire et précise ne peut se refuser à la déclarer acquise, si rigoureuse qu'elle puisse paraître (■ Paris, 30 avr. 1947 : *D.* 1947, 400. – V. en ce sens ■ Cass. 2e civ., 12 mars 1954 : *D.* 1954, 363. ■ Cass. com., 14 déc. 2004, n° 03-10.888 : *JurisData* n° 2004-026249 ; *Contrats, conc. consom.* 2005, 61, note Leveneur). Notamment il ne peut en accordant des délais de grâce sur la base de l'article 1244 paralyser le jeu d'une telle clause (■ Cass. 3e civ., 4 juin 1986, n° 85-11.315 : *JurisData* n° 1986-701088 ; *RTD civ.* 1987, 318, obs. Mestre). Mais il retrouve son pouvoir d'appréciation si la clause est exprimée de manière équivoque (■ Cass. 1re civ., 25 nov. 1986, n° 84-15.705 : *JurisData* n° 1986-002364 ; *Bull. civ.* I, n° 279, p. 266. ■ Cass. 3e civ., 7 déc. 1988, n° 87-11.892 : *JurisData* n° 1988-702852 ; *Bull. civ.* III, n° 176, p. 96). N'est pas une clause résolutoire de plein droit la clause insérée dans un contrat de vente qui ouvre, à défaut du paiement de la rente viagère, plusieurs possibilités au choix du vendeur, et en particulier celle de demander que la résolution de la vente soit prononcée par décision judiciaire (■ Cass. 1re civ., 13 déc. 1988, n° 86-19.068 : *JurisData* n° 1988-702772 ; *Bull. civ.* I, n° 353, p. 240 ; *RTD civ.* 1989, 576, obs. Rémy. V. aussi ■ Cass. 1re civ., 10 oct. 1995, n° 93-16.869 : *JurisData* n° 1995-004537 ; *Bull.* I, n° 357, p. 249).

35) Clause résolutoire et exception d'inexécution. Ayant relevé que le contrat de vente comportait une clause résolutoire qui avait été rappelée dans le commandement de payer et que, dans le mois de ce commandement, le débiteur n'avait ni payé ni saisi le juge aux fins de suspension des effets de la clause résolutoire comme l'y autorisait l'article L. 261-13 du Code de la construction et de l'habitation, la cour d'appel en a déduit, à bon droit, sans violer l'article 6, § 1 de la Convention de sauvegarde des droits de l'homme et des libertés fondamentales, que pour s'opposer à l'acquisition de la clause résolutoire le débiteur invoquait en vain une exception d'inexécution (■ Cass. 3e civ., 28 janv. 2015, n° 14-10.963 : *Bull.*)

36) Clause se bornant à stipuler la résolution à défaut d'exécution. La règle édictée par l'article 1184 selon laquelle la résolution du contrat ne s'opère pas de plein droit et doit être prononcée par justice, s'applique quand cette condition résolutoire a été expressément prévue comme lorsqu'elle a été sous-entendue dès lors que les parties n'ont pas manifesté leur commune volonté qu'il y soit dérogé (■ Cass. req., 3 mai 1937 : *DH* 1937, 364).

37) Bonne foi du créancier. L'application de la clause résolutoire reste subordonnée aux exigences de la bonne foi (■ Cass. 1re civ., 14 mars 1956 : *D.* 1956, 449. ■ Cass. 3e civ., 27 mai 1987, n° 85-18.076 : *JurisData* n° 1987-001315 ; *Bull. civ.* III, n° 108, p. 63. ■ Cass. 1re civ., 16 févr. 1999, n° 96-16.093 : *JurisData* n° 1999-000686 ; *JCP* 1999, IV, 1661 ; *Bull. civ.* I, n° 52, p. 34 ; *Defrénois* 2000, 248, obs. D. Mazeaud. ■ Cass. 3e civ., 25 nov. 2009, n° 08-21.384 : *JCP* 2010, n° 18, 516, obs. Grosser). Jugé que dans cet acte de justice privée que constitue la mise en œuvre de la clause résolutoire, le créancier a le devoir de faciliter à son cocontractant l'exécution de ses engagements (■ Paris, 19 juin 1990 : *JurisData* n° 1990-022804 ; *D.* 1991, 515, note Picod). La clause résolutoire n'est pas invoquée de bonne foi lorsque le crédirentier s'est abstenu de réclamer la rente viagère pendant plus de dix ans et que son brusque changement de comportement, dû seulement à des dissensions familiales, a constitué une situation imprévisible pour les débirentiers, empêchés de se mettre en règle dans le délai prévu (■ Cass. 3e civ., 8 avr. 1987, n° 85-17.596 : *JurisData* n° 1987-799694 ; *Bull. civ.* III, n° 88, p. 53), ou dans le cas d'un prêteur délivrant commandement aux fins de saisie immobilière en 1990 pour une créance représentant les intérêts et les pénalités de retard, exigible selon lui depuis 1984 (■ Cass. 1re civ., 31 janv. 1995, n° 93-11.974 : *JurisData* n° 1995-000365 ; *Bull. civ.* I, n° 57, p. 41 ; *D.* 1995, 389, note Jamin, somm. 230, obs. Delebecque ; *RTD civ.* 1995, 623, obs. Mestre). V. encore ■ Cass. 3e civ., 4 mars 2009, n° 08-11.090 : *JCP* 2009, n° 39, 273, obs. Grosser et ■ Cass. 3e civ., 10 nov. 2010, n° 09-15.937 : *Bull. civ.*, n° 199 ; *D.* 2011, p. 480, obs. Fauvarque-Cosson ; *JCP* 2011, n° 63, obs. Grosser (bailleresse entendant faire cesser une exploitation concurrente d'un commerce que cette dernière possédait par ailleurs). Mais jugé que le seul écoulement du temps ne peut caractériser un acte manifestant sans équivoque la volonté de renoncer à se prévaloir des effets de la clause résolutoire (■ Cass. 3e civ., 19 mars 2008, n° 07-11.194 : *JurisData* n° 2008-043246).

38) Sur ce que **la bonne foi du débiteur** est sans incidence sur l'acquisition de la clause résolutoire, V. ■ Cass. 3e civ., 24 sept. 2003, n° 01-03.753 : *JurisData* n° 2003-020378 ; *Contrats, conc. consom.* 2003, 174, note Leveneur ; *JCP* N 2004, 1178, note Leveneur ; *Defrénois* 2004, 139, note Dagorne-Labbe ; *Bull. civ.* III, n° 161, p. 143 ; *RDC* 2004, 644, obs. D. Mazeaud. ■ Cass. 3e civ., 5 mai 2009, nos 08-12.565 et 08-12.568 : *JCP* 2009, n° 39, 273, obs. Grosser.

39) Impossibilité absolue d'exécution. Justifie légalement sa décision la cour d'appel qui rejette la demande d'application de la clause résolutoire d'un bail en constatant l'impossibilité absolue pour le locataire d'exécuter dans le délai imparti par le commandement, eu égard à leur importance, les travaux de remise en état mentionnés dans ce commandement (■ Cass. 3e civ., 16 déc. 1987, n° 86-13.986 : *JurisData* n° 1987-002168 ; *JCP* 1989, II, 21184, note Boccara). V. aussi pour un retard de paiement dû au « bogue » informatique de la banque auprès de laquelle avait été mis en place un virement automatique à date fixe, événement constitutif d'un cas de force majeure, ■ Cass. 3e civ., 17 févr. 2010, n° 08-20.943 : *Bull. civ.* 2010, III, n° 47 ; *JCP* 2009, n° 39, 273, obs. Grosser ; *RDC* 2010/3, 818, obs. Genicon, 847, obs. Carval ; *Defrénois* 2010, 1067 ; *Rev. Lamy dr. civ.* 2010, n° 3801, obs. Le Gallou.

40) Manquement expressément visé par la clause ? Le défaut de paiement intégral des intérêts attachés aux loyers ne permet au juge de constater la résolution du contrat que si le bail comporte une stipulation expresse prévoyant que le non-paiement de ces intérêts se trouve sanctionné par la clause résolutoire (■ Cass. 3e civ., 13 déc. 2006, n° 06-12.323 : *JurisData* n° 2006-036460 ; *D.* 2007, p. 158, obs. Rouquet. V. aussi, ■ Cass. 3e civ., 15 sept. 2010, n° 09-10.339 : *JurisData* n° 2010-015982 ; *Rev. Lamy dr. civ.* 2010/76, n° 3993, obs. Paulin). Mais V. ■ Cass. com., 10 juill. 2012, n° 11-20.060, cité sous cet article, *supra*.

41) Manquement aux obligations expressément visées dans le contrat. La résiliation de plein droit d'un bail commercial par application de la clause résolutoire implique un manquement aux obligations expressément visées par le bail. Viole ainsi l'article 1134 du Code civil et l'article L. 145-41 du Code de commerce une cour d'appel qui constate l'acquisition de la clause résolutoire en raison de l'occupation, par le preneur, de parties d'immeuble non données à bail (■ Cass. 3e civ., 15 sept. 2010, n° 09-10.339 : *Bull. civ.*, n° 157 ; *RDC* 2011/1, p. 173, obs. Seube ; *RTD com.* 2011, p. 57, obs. Kendérian).

42) Option du créancier. C'est au créancier qu'il appartient, en cas d'inexécution, de choisir entre l'action en résolution de l'article 1184 du Code civil et l'action en indemnité des articles 1142, 1144 et 1147 du même code (■ Cass. civ., 8 juill. 1936 : *DH* 1936, 554). Il conserve ce choix même s'il s'est d'abord prévalu de la clause résolutoire (■ Cass. 1re civ., 11 janv. 1967, n° 65-11419 : *Bull. civ.* I, n° 15, p. 10). La délivrance, par le propriétaire, d'un commandement visant la clause résolutoire du bail ne le prive pas de la faculté de demander ultérieurement le prononcé de la résiliation de cette convention, même en invoquant les manquements, objet de cette mise en demeure (■ Cass. 3e civ., 4 mai 1994, n° 92-11.196 : *JCP* G 95, II, 22380 et *JCP* N 95, II, 538, note crit. Boccara, locataire ayant déféré à la sommation dans le délai contractuel). Le contrat n'est pas résolu du seul fait de l'inexécution en l'absence de toute manifestation de volonté du créancier de mettre en œuvre la clause résolutoire de plein droit (V. ■ Cass. 3e civ., 30 juin 2015, n° 14-16.929 : *RTD civ.* 2015, p. 875, obs. Barbier). V. encore dans le même sens, ■ Cass. 3e civ., 27 avr. 2017, n° 16-13.625 : *Bull.* ; *D.* 2017, p. 1595, Tirel ; *JCP* G 2017, 842, Grosser ; *RDC* 2017, p. 455, Seube ; *RTD. civ.* 2017, p. 854, Barbier.

43) Mise en demeure. Sauf dispense expresse et non équivoque, une clause résolutoire de plein droit ne peut être acquise au créancier sans la délivrance préalable d'une mise en demeure restée sans effet (■ Cass. 1re civ., 3 févr. 2004, n° 01-02.020 : *JurisData* n° 2004-022094 ; *JCP* 2004, II, 10149, note Treppoz ; *Contrats, conc. consom.* 2004, 55, note Leveneur ; *Bull. civ.* I, n° 27, p. 23 ; *Propr. intell.* 2004, 642, obs. A. Lucas). En ce sens aussi pour la clause de déchéance du terme d'un prêt en cas de défaillance de l'emprunteur, ■ Cass. 1re civ., 3 juin 2015, n° 14-15.655 : *RDC* 2015, p. 836, note Laithier ; *RTD civ.* 2015, p. 875, obs. Barbier. Comp. ■ Cass. soc., 26 sept. 2006 : *JurisData* n° 2006-035159 ; *JCP* G 2006, IV 3064, qui juge que la rupture d'un contrat de travail se situe à la date où l'employeur a manifesté sa volonté d'y mettre fin, c'est-à-dire au jour de l'envoi de la lettre recommandée avec demande d'avis de réception notifiant la rupture. La cour d'appel qui, sans dénaturation de la clause résolutoire, a retenu que son acquisition supposait non seulement une mise en demeure du débiteur de l'obligation mais encore la manifestation par le bailleur de son intention de s'en prévaloir et a constaté que le créancier s'était bornée à mettre en demeure la société d'avoir à régler le terme du loyer « dès réception de la présente » sans viser la clause résolutoire ni même le délai contractuel d'un mois, en a souverainement déduit que loin de constituer une interpellation suffisante, cette mise en demeure qui n'évoquait pas la sanction de la résiliation n'était pas de nature à faire produire effet à la clause résolutoire (■ Cass. 3e civ., 1er juin 2011, n° 09-70.502 : *Bull.*, n° 89 ; *RD imm.* 2011, p. 447, note Poumarède ; *JCP* E 2012, n° 2, p. 26, obs. J.-B. Seube).

44) Rente viagère. Dans une hypothèse où deux clauses résolutoires ont été insérées, l'une pour défaut de paiement du prix, l'autre pour défaut de paiement des arrérages de la rente, jugé que dès lors que le prix a été converti en rente viagère, la rente n'est qu'une modalité de paiement du prix. Aussi, en s'abstenant de payer un terme de cette rente à son échéance, l'acheteur est défaillant dans son obligation de payer le prix au moment où il est exigible ; la cour d'appel en a donc déduit, à bon droit, que la clause résolutoire pour défaut de paiement du prix devait recevoir application (■ Cass. ass. plén., 4 avr. 2008, n° 07-14.523 : *Bull. civ.*, ■ Cass. ass. plén., n° 1 ; *RDC* 2008, p. 787, obs. Dauriac et *RDC* 2009, p. 151, obs. Pimont ; *Contrats, conc. consom.* 2008, 226, note Leveneur ; *Defrénois* 2008, p. 1829, note Dagorne-Labbe).

Section II. – Des obligations à terme

Art. 1185 ancien ***(Abr. à compter du 1er octobre 2016, Ord. n° 2016-131, 10 févr. 2016).*** **– Le terme diffère de la condition, en ce qu'il ne suspend point l'engagement, dont il retarde seulement l'exécution.**

NB : Rappr. art. 1305, p. 980.

1) Condition et terme. Le terme est un évènement futur et certain auquel est subordonnée l'exigibilité ou l'extinction d'une obligation. Dès lors que l'évènement est incertain non seulement quant à sa date mais aussi quant à sa réalisation, il s'agit d'une condition et non d'un terme (■ Cass. *1re civ., 13 avr. 1999, n° 97-11.156* : *JurisData* n° 1999-001615 ; *JCP* 2000, II, 10309, note Barthez ; *Contrats, conc. consom.* 1999, 125, note Leveneur ; *Bull. civ.* I, n° 131, p. 85. ■ Cass. 1re civ., 13 juill. 2004, n° 01-01.429 : *JurisData* n° 2004-024667 ; *JCP* G 2004, II, 10155 et *JCP* E 2004, 1818, avis Sainte-Rose ; *Contrats, conc. consom.* 2004, 172, note Leveneur ; *D.* 2005, 1009, note Bories ; *Bull. civ.* I, n° 204, p. 171 ; *Defrénois* 2004, 1396, obs. Aubert ; *RTD civ.* 2004, 734, obs. Mestre et Fages. – V. aussi ■ Bourges, 6 déc. 2000 : *JCP* 2001, IV, 2000 ; *JurisData* n° 2000-133548, le retrait de fréquence par l'Administration des télécommunications ne peut être considéré comme un terme. ■ Cass. com., 20 sept. 2011, n° 10-17.555 : *RDC* 2012/2, p. 451, obs. D. Mazeaud : l'existence de l'obligation au paiement étant subordonnée à la réalisation d'une capacité d'autofinancement supérieure au seuil fixé, événement incertain quant à sa réalisation, la créance de complément de prix était affectée d'une condition et non d'un terme). La fixation d'un délai ne faisant pas dépendre une obligation d'un événement incertain ne peut correspondre à la condition suspensive définie par l'article 1181 du Code civil mais constitue seulement un terme comminatoire (■ Cass. 1re civ., 13 nov. 1961 : *Bull. civ.* I, n° 521, p. 411. – V. aussi ■ Cass. 1re civ., 21 juill. 1965 : *Bull. civ.* I, n° 496, p. 372). Viole par fausse application l'article 1185, l'arrêt qui, pour décider que la dette constituée par une indemnité de résiliation, dont le règlement avait été reporté « au plus tard dans les quinze jours de la signature de la vente de l'ensemble de la propriété », était certaine dans son principe et dans son montant au décès du débiteur, retient qu'elle trouvait son origine dans la résiliation du bail et non dans la vente de la propriété, de sorte que seule son exigibilité se trouvait reportée et soumise à la condition de cette vente ; alors que l'existence de l'obligation au paiement de l'indemnité de résiliation était subordonnée à la vente de la propriété, événement incertain non seulement dans sa date mais aussi quant à sa réalisation, de sorte que s'agissant d'une condition et non d'un terme, cette indemnité ne constituait pas, au jour de l'ouverture de la succession, une dette certaine à la charge du défunt, déductible de l'impôt de solidarité sur la fortune (■ Cass. com., 20 mars 2007, n° 05-21.526 et 06-14.259 : *D.* 2007, p. 1013, obs. Delpech et p. 1303, n° 6, obs. Bélaval et Salomon).

2) Clause reculant l'exigibilité de la dette. Jugé que la clause qui recule l'exigibilité de la dette à l'accomplissement d'un fait dépendant de la volonté du débiteur n'est pas une véritable condition purement potestative mais lui imprime seulement les caractères d'une obligation à terme incertain, l'incertitude ne portant que sur l'échéance et non sur l'événement auquel est subordonnée l'exécution de cette obligation (■ Montpellier, 15 févr. 1953 : *Gaz. Pal.* 1953, 1, 314).

3) Condition potestative et terme à échéance incertaine. Sur la distinction entre la condition purement potestative et le terme à échéance incertaine pouvant être fixé judiciairement, V. ■ Cass. 3e civ., 4 déc. 1985, n° 84-14.353 : *JurisData* n° 1985-703225 ; *Bull. civ.* III, n° 162, p. 123 ; *RTD civ.* 1987, 98, obs. Mestre. ■ Cass. 1re civ., 13 déc. 1994, n° 93-10.206 : *JCP* 1995, I, 3843, n° 1, obs. Billiau.

4) Tacite reconduction. Sauf disposition ou volonté contraire, la tacite reconduction d'un contrat de durée déterminée, dont le terme extinctif a produit ses effets, donne naissance à un nouveau contrat, de durée indéterminée, et dont les autres éléments ne sont pas nécessairement identiques. Aussi, la cour d'appel qui, après avoir constaté la commune intention des parties de poursuivre le principe de leurs relations contractuelles, a relevé l'échec ultérieur de leurs négociations quant à la durée de celles-ci et au budget à allouer à l'une d'entre elles, a pu en déduire que la rupture unilatérale alors opérée par la société avait été exempte de toute méconnaissance de l'article 1134 du Code civil (■ Cass. 1re civ., 15 nov. 2005, n° 02-21.366 : *Bull. civ.* I, n° 413, p. 345 ; *D.* 2006, p. 587, note Mekki et p. 2647, obs. Amrani-Mekki et Fauvarque-Cosson ; *RTD civ.* 2006, p. 114, obs. Mestre et Fages ; *RDC* 2006, p. 696, obs. Laithier ; *Contrats, conc. consom.* 2006, comm. 43, obs. Leveneur ; *Defrénois* 2006, art. 38395, p. 828, obs. Le Gallou). Mais le silence gardé par le nouveau prestataire reprenant le contrat, au moment de la tacite reconduction de ce contrat, sur les anciennes conditions tarifaires dont il a été dûment avisé vaut acceptation de celles-ci (■ Cass. 1re civ., 4 juin 2009, n° 08-14.481 : *Bull. civ.* I, n° 113 ; *RDC* 2009/4, p. 1330, obs. Genicon ; *LEDC* 2009, p. 5, obs. Deshayes ; *D.* 2009, p. 2137, note Labarthe ; *D.* 2010, p. 224, obs. Amrani-Mekki ; *RTD civ.* 2009, 530, obs. Fages).

Dernièrement, s'en remettant au pouvoir souverain d'interprétation des juges du fond pour déterminer le contenu du contrat reconduit, V. ■ Cass. com., 11 avr. 2012, n° 10-20.505 : *Bull.* ; *RDC* 2012/3, p. 755, obs. Th. Genicon.

5) Sur la question de la **durée des pactes d'actionnaires**, V. ■ Cass. com., 6 nov. 2007, nos 07-10.620 et 07-10.785 : *JCP* E 2008, 1280, n° 5, obs. J.-J. Caussain ; *JCP* 2008, I, 136, obs. Constantin, F. Deboissy et G. Wicker ; *D.* 2008, p. 1024, note Dondero ; *Dr. sociétés* 2008, comm. 10, obs. H. Hovasse ; *Bull. Joly Sociétés* 2008, p. 125, note X. Vamparys ; *RJDA* 2008, p. 149 (outre le fait qu'aucune disposition du pacte litigieux n'était relative à son terme, la perte, par l'un ou l'autre des cocontractants, de la qualité d'actionnaire ne présente aucun caractère de certitude, quand bien même l'un ou l'autre peut-il à tout moment céder ses actions ; en conséquence de quoi, le pacte n'étant affecté d'aucun terme, même incertain, était conclu pour une durée indéterminée et pouvait donc être régulièrement résilié par la volonté unilatérale de l'un des actionnaires). V. aussi, J. Moury, *Remarques sur la qualification, quant à leur durée, des pactes d'associés* : *D.* 2007, p. 2045.

Art. 1186 ancien ***(Abr. à compter du 1er octobre 2016, Ord. n° 2016-131, 10 févr. 2016).*** **– Ce qui n'est dû qu'à terme ne peut être exigé avant l'échéance du terme ; mais ce qui a été payé d'avance ne peut être répété.**

NB : Rappr. art. 1305-2, p. 980.

1) Le défaut d'échéance du terme empêche l'exécution de l'obligation (■ Cass. 1re civ., 23 juin 1969 : *Bull. civ.* I, n° 243, p. 194).

2) Sur la validité du terme alternatif à une condition potestative prohibée, voir sous l'article 1174.

Art. 1187 ancien *(Abr. à compter du 1er octobre 2016, Ord. n° 2016-131, 10 févr. 2016)*. **– Le terme est toujours présumé stipulé en faveur du débiteur, à moins qu'il ne résulte de la stipulation, ou des circonstances, qu'il a été aussi convenu en faveur du créancier.**

NB : Rappr. art. 1305-3, p. 980.

Caractère impératif de l'article 1187 (non). La disposition de l'article 1187 n'a pas la valeur d'une règle impérative et il appartient aux juges du fond d'apprécier souverainement l'intention des parties et les circonstances pour décider si cette règle doit être suivie (■ Cass. req., 24 janv. 1934 : *DH* 1934, 145. – Comp. ■ Paris, 28 nov. 1895 et ■ Cass. req., 21 avr. 1895 : *DP* 1896, 1, 484, rapp. Voisin).

Art. 1188 ancien *(L. n° 85-98, 25 janv. 1985 ; abr. à compter du 1er octobre 2016, Ord. n° 2016-131, 10 févr. 2016)*. **– Le débiteur ne peut plus réclamer le bénéfice du terme lorsque par son fait il a diminué les sûretés qu'il avait données par le contrat à son créancier.**

NB : Rappr. art. 1305-4, p. 980.

1) Constatation de l'échéance du terme. Les juges du fond qui n'ont pas prononcé la déchéance du terme mais seulement considéré que le terme était échu n'ont pas à rechercher si l'une des conditions énumérées par l'article 1188 se trouve réalisée (■ Cass. 3e civ., 1er juill. 1971, n° 70-11.505 : *JurisData* n° 1971-000437 ; *JCP* 71, IV, 215 ; *Bull. civ.* III, n° 437, p. 312).

2) Déconfiture. Pour l'application de l'article 1188 (anc.), la déconfiture est assimilée à la faillite (■ Cass. com., 9 nov. 1965 : *JurisData* n° 1965-099566 ; *Bull. civ.* III, n° 566, p. 507). Mais en cas de déconfiture la déchéance du terme n'est pas encourue de plein droit et doit être demandée au juge (■ Cass. 1re civ., 16 déc. 1975, n° 74-12.038 : *JurisData* n° 1975-000372 ; *JCP* 76, IV, 49 ; *Bull. civ.* I, n° 372, p. 310). Le jugement d'ouverture de la procédure de redressement judiciaire ne rend pas exigibles les créances non échues à la date de son prononcé et toute clause liant directement ou indirectement la déchéance du terme d'une créance à l'ouverture d'une procédure de redressement judiciaire est réputée non écrite (■ Cass. com., 21 févr. 2012, n° 11-30.077 : *Bull.*).

3) Date d'effet du jugement prononçant déchéance du terme. Les effets du jugement qui rend la dette exigible ne sauraient en aucun cas remonter au-delà du jour où la demande en justice a été formée (■ Cass. civ., 6 févr. 1907 : *DP* 1908, 1, 408).

4) Le **refus de constituer les sûretés promises** doit être, comme le fait de diminuer les sûretés déjà constituées, et par raison *a fortiori*, sanctionné en vertu de l'article 1188 (anc.) du Code civil par la déchéance du terme (■ Montpellier, 23 avr. 1931 : *Gaz. Pal.* 1931, 1, 879).

5) Les **sûretés visées** par ce texte sont celles données par le débiteur dans le contrat (■ Cass. 1re civ., 9 mai 1994, n° 92-15.063 : *JurisData* n° 1994-001022 ; *Bull. civ.* I, n° 171, p. 127 ; *RTD civ.* 1995, 110, obs. Mestre), et non la sûreté générale accordée à tout créancier chirographaire sur l'ensemble du patrimoine de son débiteur par l'article 2093 (2285) (■ T. civ. Montbrison, 27 févr. 1936 : *Gaz. Pal.* 1936, 1, 870. – Comp. ■ Cass. civ., 4 janv. 1870 : *DP* 1870, 1, 11).

6) Déchéance prévue dans le contrat. L'employeur qui consent des prêts à un salarié peut stipuler la déchéance du terme au cas où le salarié cesse ses fonctions, mais cette déchéance doit être prévue dans le contrat et ne peut se déduire du seul fait que le salarié a reconnu dans ses conclusions que le remboursement s'opérerait par prélèvement sur ses appointements (■ Cass. 1re civ., 9 mai 1994, préc.).

Section III. – Des obligations alternatives

Art. 1189 ancien *(Abr. à compter du 1er octobre 2016, Ord. n° 2016-131, 10 févr. 2016)*. **– Le débiteur d'une obligation alternative est libéré par la délivrance de l'une des deux choses qui étaient comprises dans l'obligation.**

NB : Rappr. art. 1307, p. 981.

Pour **un exemple** d'obligation alternative donnant le choix entre deux procédés destinés à calculer le montant de la somme due, V. ▪ Cass. 1re civ., 3 juin 1966 : *JurisData* n° 1966-000329 ; *JurisData* n° 1966-000329 ; *Bull. civ.* I, n° 329, p. 251. – V. aussi ▪ Paris, 29 juin 1964 : *JCP* 65, II, 14135, note Boccara. Est tenu d'une obligation alternative de restitution en nature ou en valeur le dépositaire qui a reçu des marchandises au titre d'un contrat de dépôt-vente prévoyant que le prix des marchandises serait réglé au fur et à mesure des ventes et qu'à l'issue d'un certain délai, sauf retour des pièces invendues, le stock restant serait facturé au dépositaire (▪ Cass. 1re civ., 16 mai 2006 : *JurisData* n° 2006-033517 ; *Bull. civ.* I n° 239, p. 210).

Art. 1190 ancien ***(Abr. à compter du 1er octobre 2016, Ord. n° 2016-131, 10 févr. 2016).*** **– Le choix appartient au débiteur, s'il n'a pas été expressément accordé au créancier.**

NB : Rappr. art. 1307-1, p. 981.

1) Volonté contraire des parties. L'article 1190 n'est qu'une interprétation présumée de la volonté des parties et doit être écarté si la volonté des parties apparaît différente (▪ Cass. req., 17 juill. 1929 : *DP* 1929, 1, 143, rapp. Bricout).

2) Exercice par le juge de l'option (non). Le juge ne peut pas, dans les rapports contractuels, se substituer aux parties pour exercer en leur nom une option qu'elles se sont réservée ni autoriser le contractant qui n'avait pas ce droit d'après la convention à opérer le choix à la place de la partie défaillante (▪ Cass. 3e civ., 4 juill. 1968 : *Bull. civ.* III, n° 325, p. 250. – Comp. ▪ Paris, 29 juin 1964 : *JCP* 65, II, 14135, note Boccara).

3) Irrévocabilité du choix. Le choix de l'objet de l'obligation alternative est définitif dès qu'il est fait par la partie à laquelle il appartient (▪ Cass. 1re civ., 3 juin 1966 : *Bull. civ.* I, n° 329, p. 251).

Art. 1191 ancien ***(Abr. à compter du 1er octobre 2016, Ord. n° 2016-131, 10 févr. 2016).*** **– Le débiteur peut se libérer en délivrant l'une des choses promises ; mais il ne peut pas forcer le créancier à recevoir une partie de l'une et une partie de l'autre.**

Art. 1192 ancien ***(Abr. à compter du 1er octobre 2016, Ord. n° 2016-131, 10 févr. 2016).*** **– L'obligation est pure et simple, quoique contractée d'une manière alternative, si l'une des deux choses promises ne pouvait être le sujet de l'obligation.**

Art. 1193 ancien ***(Abr. à compter du 1er octobre 2016, Ord. n° 2016-131, 10 févr. 2016).*** **– L'obligation alternative devient pure et simple, si l'une des choses promises périt et ne peut plus être livrée, même par la faute du débiteur. Le prix de cette chose ne peut pas être offert à sa place.**

Si toutes deux sont péries, et que le débiteur soit en faute à l'égard de l'une d'elles, il doit payer le prix de celle qui a péri la dernière.

NB : Rappr. art. 1307-2, 1307-3, p. 981.

Impossibilité d'exécution (non). S'agissant d'une convention de saillie réservant au propriétaire de deux étalons le choix de celui qui serait accouplé avec la jument de l'autre partie, la mort d'un de ces étalons ne rend pas impossible l'exécution de la convention, le propriétaire étant en droit de faire saillir la jument par l'étalon survivant (▪ Cass. 1re civ., 22 févr. 1978, n° 76-11.551 : *Gaz. Pal.* 1978, 1, somm. 145).

Art. 1194 ancien ***(Abr. à compter du 1er octobre 2016, Ord. n° 2016-131, 10 févr. 2016).*** **– Lorsque, dans les cas prévus par l'article précédent, le choix avait été déféré par la convention au créancier,**

Ou l'une des choses seulement est périe **; et alors, si c'est sans la faute du débiteur, le créancier doit avoir celle qui reste ; si le débiteur est en faute, le créancier peut demander la chose qui reste, ou le prix de celle qui est périe ;**

Ou les deux choses sont péries ; et alors, si le débiteur est en faute à l'égard des deux, ou même à l'égard de l'une d'elles seulement, le créancier peut demander le prix de l'une ou de l'autre à son choix.

NB : Rappr. art. 1307-5, p. 981.

Art. 1195 ancien ***(Abr. à compter du 1er octobre 2016, Ord. n° 2016-131, 10 févr. 2016).*** **– Si les deux choses sont péries sans la faute du débiteur, et avant qu'il soit en demeure, l'obligation est éteinte, conformément à l'article 1302.**

NB : Rappr. art. 1307-4, p. 981.

Art. 1196 ancien *(Abr. à compter du 1er octobre 2016, Ord. n° 2016-131, 10 févr. 2016)*. – **Les mêmes principes s'appliquent au cas où il y a plus de deux choses comprises dans l'obligation alternative.**

Section IV. – Des obligations solidaires

§ 1. – De la solidarité entre les créanciers

Art. 1197 ancien *(Abr. à compter du 1er octobre 2016, Ord. n° 2016-131, 10 févr. 2016)*. – **L'obligation est solidaire entre plusieurs créanciers, lorsque le titre donne expressément à chacun d'eux le droit de demander le paiement du total de la créance, et que le paiement fait à l'un d'eux libère le débiteur, encore que le bénéfice de l'obligation soit partageable et divisible entre les divers créanciers.**

NB : Rappr. art. 1311, p. 982.

1) **Formalisme.** La solidarité active ne peut être fondée sur la stipulation par laquelle les vendeurs d'un bien s'étaient engagés solidairement à l'égard de l'acquéreur à toutes les garanties ordinaires de fait et de droit (■ Cass. 1re civ., 23 déc. 1964 : *JCP* 65, II, 14259, note Patarin). Par suite, l'un des vendeurs ne peut exercer seul l'action en rescision pour lésion (même arrêt. – Comp. ■ Cass. 3e civ., 21 févr. 1978, n° 76-11.621 : *Bull. civ.* III, n° 90, p. 70, sous art. 1218 ancien, p. 1168). La solidarité prévue par l'article 1197 suppose que le titre donne expressément à chacun des créanciers le droit de demander le paiement du total de la créance (■ Cass. 1re civ., 27 avr. 2004, n° 02-10.347 : *JurisData* n° 2004-023431 ; *JCP* N 2004, 1491 et *JCP* E 2004, 1293, note Leveneur ; *Contrats, conc. consom.* 2004, 107, note Leveneur ; *Bull. civ.* I, n° 121, p. 99).

2) **Déclaration au passif de la procédure collective.** L'obligation solidaire entre plusieurs créanciers donne à chacun d'eux le droit de demander le paiement du total de la créance et en conséquence de la déclarer en totalité au passif de la procédure collective (■ Cass. com., 20 mars 2001, n° 98-13.961 : *JurisData* n° 2001-008755 ; *JCP* E 2001, 1674, 2e esp., note Behar-Touchais).

3) **Absence de présomption.** La solidarité active ne se présume pas (■ Cass. com., 26 sept. 2018, 16-28.133 :*Bull. civ.* ; *Contrats, conc. consom.* 2018, comm. 198, Leveneur ; *D.* 2018, p. 2404, Pellier ; *RDC* 2019, p. 50, Libchaber).

Art. 1198 ancien *(Abr. à compter du 1er octobre 2016, Ord. n° 2016-131, 10 févr. 2016)*. – **Il est au choix du débiteur de payer à l'un ou à l'autre des créanciers solidaires, tant qu'il n'a pas été prévenu par les poursuites de l'un d'eux.**

Néanmoins, la remise qui n'est faite que par l'un des créanciers solidaires ne libère le débiteur que pour la part de ce créancier.

NB : Rappr. art. 1311, 1350-1, p. 982.

Art. 1199 ancien *(Abr. à compter du 1er octobre 2016, Ord. n° 2016-131, 10 févr. 2016)*. – **Tout acte qui interrompt la prescription à l'égard de l'un des créanciers solidaires profite aux autres créanciers.**

NB : Rappr. art. 1312, 1350-1, p. 982.

§ 2. – De la solidarité de la part des débiteurs

Art. 1200 ancien *(Abr. à compter du 1er octobre 2016, Ord. n° 2016-131, 10 févr. 2016)*. – **Il y a solidarité de la part des débiteurs, lorsqu'ils sont obligés à une même chose, de manière que chacun puisse être contraint pour la totalité, et que le paiement fait par un seul libère les autres envers le créancier.**

NB : Rappr. art. 1313, p. 982.

Bibliographie : A. Prothais, *Dettes ménagères des concubins : solidaires,* in solidum, *indivisibles ou conjointes ? : D.* 1987, *chron.* 237. • M. Mignot, *Les méfaits durables de la* stipulatio *et l'*obligation solidaire, D. 2006, p. 2696. • A. Hontebeyne, *Quelle solidarité passive dans le Code civil de demain ? : D.* 2015, p. 89.

Congé donné par le cotitulaire du bail obligé solidairement. Viole l'article 1200 la cour d'appel qui rejette la demande en paiement de loyers contre le cotitulaire du bail qui a quitté les lieux en donnant congé en retenant que l'engagement solidaire pris par ce dernier a pris fin en même temps que ses obligations, alors que ce copreneur, qui s'était obligé solidairement avec l'autre colocataire demeuré dans les lieux, restait tenu de ce chef au paiement des sommes réclamées (■ Cass. 3e civ., 8 nov. 1995, n° 93-17.110 : *JurisData* n° 1995-002899 ; *JCP* 95, IV, 2733 ; *Bull. civ.* III, n° 220, p. 149 ; *Defrénois* 1996, 355, obs. Delebecque ; *RD imm.* 1996, 285, obs. Collart Dutilleul).

Art. 1201 ancien ***(Abr. à compter du 1er octobre 2016, Ord. n° 2016-131, 10 févr. 2016).*** **– L'obligation peut être solidaire quoique l'un des débiteurs soit obligé différemment de l'autre au paiement de la même chose ; par exemple, si l'un n'est obligé que conditionnellement, tandis que l'engagement de l'autre est pur et simple, ou si l'un a pris un terme qui n'est point accordé à l'autre.**

Art. 1202 ancien ***(Abr. à compter du 1er octobre 2016, Ord. n° 2016-131, 10 févr. 2016).*** **– La solidarité ne se présume point ; il faut qu'elle soit expressément stipulée.**

Cette règle ne cesse que dans les cas où la solidarité a lieu de plein droit, en vertu d'une disposition de la loi.

NB : Rappr. art. 1310, p. 982.

1) Copropriétaires. Aucun texte de loi n'attache de plein droit la solidarité soit à la qualité de copropriétaire indivis, soit à la circonstance que l'obligation a été contractée par un seul des copropriétaires comme mandataire ou gérant d'affaires des autres, soit à celle que chacun d'eux aurait tiré personnellement profit du mandat ou de la gestion d'affaires (■ Cass. civ., 8 juin 1915 : *DP* 1920, 1, 103, 2e esp. – V. en ce sens ■ Cass. 3e civ., 12 mai 1975, n° 73-14.635 : *JurisData* n° 1975-098167 ; *JCP* 75, IV, 210 ; *Bull. civ.* III, n° 165, p. 127. ■ Cass. 3e civ., 20 janv. 1993, n° 90-15.112 : *JurisData* n° 1993-000079 ; *Defrénois* 1994, 437, obs. Aynès ; *RTD civ.* 1993, 845, obs. Gautier).

2) Colocataires. Lorsqu'il délivre seul congé au bailleur, le cotitulaire d'un contrat de bail d'habitation qui ne comporte pas de clause de solidarité entre les preneurs n'est pas redevable des loyers et charges afférents à la période du préavis s'il a quitté les lieux dès lors que le logement se trouve occupé, pendant la même période, par le cotitulaire du contrat (■ Cass. 3e civ., 28 oct. 2009, n° 08-17.209 : *Bull.*, n° 236 ; *LPA* 25-28 déc. 2009, note Brénac). L'engagement solidaire souscrit par des copreneurs ne survit pas, sauf stipulation expresse contraire, à la résiliation du bail (sort de l'indemnité d'occupation due en raison de la faute quasi délictuelle de l'un des preneurs : ■ Cass. 3e civ., 1er avr. 2009, n° 08-13.508 : *Bull. civ.* I, n° 73 ; *JCP* 2009, n° 37, 228, obs. Billau ; *JCP E* 2009, 1586, note E. Chavance). V. antérieurement, ■ Cass. 3e civ., 8 nov. 1995, n° 93-17.110 : *Bull.*, n° 220 ; *Defrénois* 1996, p. 355, obs. Delebecque et p. 811, obs. Bénabent (viole l'article 1200 du Code civil la cour d'appel qui, pour rejeter la demande en paiement des loyers et charges formée par un bailleur à l'encontre du cotitulaire du bail qui avait quitté les lieux en donnant congé, retient que l'engagement solidaire de ce dernier, qui a suivi le sort de ses obligations, a pris fin en même temps que celles-ci, alors que ce copreneur, qui s'était obligé solidairement avec l'autre colocataire, demeuré dans les lieux, restait tenu, de ce chef, au paiement des loyers et des charges).

Lorsqu'un local est donné à bail à deux preneurs sans stipuler de solidarité entre eux, le bailleur doit diviser son action en paiement du loyer contre chacun des locataires pour leur part, la dette de loyer n'étant pas par elle-même indivisible (■ Cass. 3e civ., 30 oct. 2013, n° 12-21.034 : *RDC* 2014, p. 216, obs. Klein et p. 223, obs. Seube ; *D.* 2014, p. 221, obs. Damas ; *RTD civ.* 2014, p. 137, obs. Gautier ; *C.C.C.* 2014, n° 32, obs. Leveneur ; *Defrénois* 2014, n° 4, p. 175, obs. Lécuyer et Seube). En revanche, lorsqu'un seul des preneurs donne congé, le bail se poursuit avec l'autre locataire et porte sur l'ensemble des locaux, avec obligation pour ce locataire, en contrepartie de la jouissance des lieux, de payer l'intégralité du loyer (■ Cass. 3e civ., 30 oct. 2013, n° 12-21.973 : *Defrénois* 2014, n° 4, p. 175, obs. Lécuyer et Seube ; *RDC* 2014, p. 216, obs. Klein et p. 223, obs. Seube ; *D.* 2014, p. 221, obs. Damas).

La clause de solidarité entre les colocataires ne s'applique au paiement de l'indemnité d'occupation consécutive à la résiliation du bail que si le contrat le prévoit (■ Cass. 3e civ., 14 juin 2018, n° 17-14.365 : *NBull.* ; *Defrénois* 2018, n° 46, p. 31, Seube).

3) Office du juge. Il appartient aux juges du fond de rechercher si la solidarité entre les débiteurs ressort clairement et nécessairement du titre de l'obligation alors même que celle-ci n'a pas été qualifiée de solidaire (■ Cass. 1re civ., 3 déc. 1974, n° 73-14.188 : *JurisData* n° 1974-000322 ; *JCP* 75, IV, 30 ; *Bull. civ.* I, n° 322, p. 276. ■ Cass. 3e civ., 26 janv. 2005, n° 03-11.646 : *JurisData* n° 2005-026620 ; *Contrats, conc. consom.* 2005, 83, note Leveneur). Jugé que l'emploi du terme « garant » n'équivaut pas à celui de caution solidaire (■ Cass. 1re civ., 8 nov. 1978, n° 77-12.762 : *JurisData* n° 1978-000341 ; *Bull. civ.* I, n° 341, p. 264).

4) Économie générale de l'opération. Pour une solidarité passive dégagée par les juges à partir de l'économie générale de l'opération, V. ▪ Cass. 3e civ., 11 juill. 2012, n° 10-28.535 : *Bull.* ; *RDC* 2013/1, p. 123, obs. Klein (justifie sa décision la cour d'appel qui relève que la convention d'ingénierie passée avec un groupement, dénommé « le concepteur », précise que la mission confiée à ce « concepteur » comprend cinq éléments, qu'elle fait état des obligations et de la responsabilité du « concepteur », sans distinguer les obligations et les responsabilités de chacun des membres du groupement et que les honoraires prévus ne sont pas différenciés, chacun percevant la même quote-part de la rémunération de chaque élément de mission, et qui en déduit l'existence d'un engagement solidaire à l'égard du maître de l'ouvrage).

5) Solidarité en matière commerciale. L'article 1202 demeure sans application en matière commerciale où, à défaut de convention contraire ou de circonstances relevées par les juges du fond, la solidarité entre débiteurs est de règle (▪ Cass. civ., 18 juill. 1929 : *DH* 1929, 556). Encore faut-il que les débiteurs en question participent à une opération commerciale commune (▪ Cass. com., 5 juin 2012, n° 09-14.501 : *Bull.* ; *D.* 2012, p. 2580, note Hontebeyrie).

Sur cette question, v. B. Dondéro, *La présomption de solidarité en matière commerciale : une rigueur à modérer* : *D.* 2009, p. 1097.

6) Obligation *in solidum*. Sur l'obligation *in solidum* en général, voir *JCl. Civil*, art. 1197-1216, Fasc. 3.

7) Le **cotitulaire d'un compte joint** n'est, en cette seule qualité, ni obligé par le chèque dont il n'est pas le tireur, ni soumis par une disposition conventionnelle ou légale à une obligation de solidarité passive envers le porteur (▪ Cass. com., 8 mars 1988, n° 86-10.733 : *JurisData* n° 1988-000580 ; *Bull. civ.* IV, n° 102, p. 71).

8) Sur le cas des **concubins**, V. sous art. 220, p. 197.

Art. 1203 ancien *(Abr. à compter du 1er octobre 2016, Ord. n° 2016-131, 10 févr. 2016).* **– Le créancier d'une obligation contractée solidairement peut s'adresser à celui des débiteurs qu'il veut choisir, sans que celui-ci puisse lui opposer le bénéfice de division.**

NB : Rappr. art. 1313, p. 982.

1) V. pour une application, ▪ Cass. 1re civ., 13 nov. 1967 : *D.* 1968, 97, note Lambert-Faivre.

2) Indifférence du décès. Le décès de l'un des codébiteurs solidaires qui laisse plusieurs héritiers n'effaçant pas le caractère solidaire de l'obligation au regard des débiteurs originaires, les juges du fond doivent rechercher, pour déterminer si le refus de renouvellement délivré à l'un des preneurs est opposable aux héritiers de l'autre, si le bail a été consenti solidairement aux deux preneurs (▪ Cass. 3e civ., 19 févr. 2014, n° 12-17.263 : *Bull.* ; *RDC* 2014/4, p. 632, note Latina et p. 709, note S. Gaudemet).

3) Sur la **responsabilité *in solidum*** pesant sur les coauteurs d'un même dommage, V. sous art. 1382 ancien et 1383 ancien, p. 1248. Sur le principe que chacun des responsables d'un même dommage doit être condamné à le réparer en totalité, sans qu'il y ait lieu de tenir compte du partage de responsabilité, V. ▪ Cass. 3e civ., 5 déc. 1984 : *JurisData* n° 1984-702134 ; *JurisData* n° 1984-702133 ; *JCP* 86, II, 20543, note Dejean de La Batie. ▪ Cass. 1re civ., 22 avr. 1992, n° 90-14.598 : *JurisData* n° 1992-001036 ; *Bull. civ.* I, n° 127, p. 85. ▪ Cass. 3e civ., 12 mai 1993, n° 91-21.921 : *D.* 1994, somm. 20, obs. Delebecque.

4) Décès de l'un des codébiteurs. Le décès de l'un des codébiteurs solidaires qui laisse plusieurs héritiers n'efface pas le caractère solidaire de la dette au regard des débiteurs originaires (▪ Cass. 3e civ., 19 févr. 2014, n° 12-17.263 : *Bull.*).

Art. 1204 ancien *(Abr. à compter du 1er octobre 2016, Ord. n° 2016-131, 10 févr. 2016).* **– Les poursuites faites contre l'un des débiteurs n'empêchent pas le créancier d'en exercer de pareilles contre les autres.**

NB : Rappr. art. 1313, p. 982.

Cession du droit d'action contre un codébiteur. Le créancier peut céder son droit d'action contre un des codébiteurs et le conserver contre les autres sans que l'unité de l'objet de la dette de chacun soit éteinte (▪ Cass. req., 11 mars 1935 : *DP* 1936, 1, 80).

Art. 1205 ancien *(Abr. à compter du 1er octobre 2016, Ord. n° 2016-131, 10 févr. 2016).* **– Si la chose due a péri par la faute ou pendant la demeure de l'un ou de plusieurs des débiteurs solidaires, les autres codébiteurs ne sont point déchargés de l'obligation de payer le prix de la chose : mais ceux-ci ne sont point tenus des dommages et intérêts.**

Le créancier peut seulement répéter les dommages et intérêts tant contre les débiteurs par la faute desquels la chose a péri, que contre ceux qui étaient en demeure.

V. pour **une application**, ■ Cass. com., 2 juill. 1996, n° 94-12.340 : *JurisData* n° 1996-002954 ; *RTD civ.* 1997, 130, obs. Mestre.

Art. 1206 ancien ***(Abr. à compter du 1er octobre 2016, Ord. n° 2016-131, 10 févr. 2016).*** **– Les poursuites faites contre l'un des débiteurs solidaires interrompent la prescription à l'égard de tous.**

Reconnaissance de la dette par la caution solidaire (non). La reconnaissance lors d'une procédure de divorce des droits du créancier par la caution solidaire ne peut interrompre la prescription, en application de la règle de la représentation mutuelle des codébiteurs solidaires, dès lors qu'elle ne constitue pas une reconnaissance de dette formulée à l'égard du créancier (■ Cass. 1re civ., 21 mai 1990, n° 89-11.520 : *JurisData* n° 1990-701434 ; *JCP* 90, IV, 277 ; *Bull. civ.* I, n° 120, p. 85).

Art. 1207 ancien ***(Abr. à compter du 1er octobre 2016, Ord. n° 2016-131, 10 févr. 2016).*** **– La demande d'intérêts formée contre l'un des débiteurs solidaires fait courir les intérêts à l'égard de tous.**

NB : Rappr. art. 1314, p. 982.

Art. 1208 ancien ***(Abr. à compter du 1er octobre 2016, Ord. n° 2016-131, 10 févr. 2016).*** **– Le codébiteur solidaire poursuivi par le créancier peut opposer toutes les exceptions qui résultent de la nature de l'obligation, et toutes celles qui lui sont personnelles, ainsi que celles qui sont communes à tous les codébiteurs.**

Il ne peut opposer les exceptions qui sont purement personnelles à quelques-uns des autres débiteurs.

NB : Rappr. art. 1315, p. 982.

1) Sur le **principe de la représentation mutuelle** des codébiteurs, v. ■ Cass. civ., 28 déc. 1881 : *DP* 1882, 1, 377. Ce pouvoir de représentation ne peut avoir pour effet d'aggraver la situation des codébiteurs (■ Cass. 1re civ., 27 oct. 1969 : *JCP* 69, IV, 291 ; *Bull. civ.* I, n° 314, p. 249), ni de créer à leur charge une obligation nouvelle (■ Cass. civ., 11 févr. 1947 : *JCP* 48, II, 4127, note J.L., 2e esp.), mais leur permet d'améliorer leur situation respective (■ Cass. 1re civ., 27 oct. 1969, préc.). Un codébiteur peut donc se prévaloir de la transaction conclue par son coobligé avec leur créancier commun (même arrêt ; v. aussi ■ Cass. com., 28 mars 2006 : *JurisData* n° 2006-032926 ; *Bull. civ.* IV, n° 85, p. 83 ; *RTD civ.* 2006, p. 766, obs. Mestre et Fages ; *D.* 2006, p. 2381, note Thomat-Raynaud). Mais dès lors que l'attestation délivrée par l'un des codébiteurs est contraire aux intérêts de l'autre, le premier ne représente pas son coobligé à qui ce document n'est, par conséquent, pas opposable (■ Cass. 3e civ., 14 avr. 1982 : *JCP* 82, IV, 218). Un jugement rendu par défaut ou réputé contradictoire au seul motif qu'il est susceptible d'appel, portant condamnation solidaire, notifié à l'un des coobligés est non avenu à l'égard de ceux, non comparants, auxquels il n'a pas été notifié dans les délais prévus à l'article 478 CPC (■ Cass. 2e civ., 29 janv. 1997 : *JCP* 97, II, 22789, concl. Kessous ; *Bull. civ.* II, n° 30, p. 16. V. aussi en cas d'appel par un seul des coobligés ■ Cass. 1re civ., 24 nov. 1998, n° 95-21.074 : *JurisData* n° 1998-004502 ; *JCP* 99, I, 114, n° 11, obs. Loiseau ; *Bull. civ.* I, n° 326, p. 226). Jugé que le droit effectif au juge implique que la caution solidaire, qui n'a pas été partie à l'instance arbitrale, soit recevable à former tierce opposition à l'encontre de la sentence arbitrale déterminant le montant de la dette du débiteur principal à l'égard du créancier (■ Cass. com., 5 mai 2015, n° 14-16.644 : *Bull.*).

2) Cautions solidaires. Faculté de révocation. Jugé que la solidarité entre cautions n'a pas pour effet leur représentation mutuelle dans l'exercice de la faculté de révocation (■ Cass. 1re civ., 13 juin 1995, n° 92-12.762 : *JCP* G 95, I, 3889, n° 8, obs. Simler ; *JCP* E 95, II, 769, note Leveneur ; *JCP* G 96, II, 22593, note Leveneur ; *Contrats, conc. consom.* 1995, 162, note Leveneur ; *Bull. civ.* I, n° 258, p. 180 ; RTD civ. 1996, 161, obs. Mestre).

3) Appel. En cas de solidarité, l'appel formé par l'une des parties conserve le droit d'appel des autres, sauf à ces dernières à se joindre à l'instance (CPC, art. 552). Mais le codébiteur qui se joint au recours ne peut faire valoir pour son profit exclusif des griefs à lui personnels ni proposer des moyens étrangers à ceux du codébiteur plus diligent (■ Paris, 11 juin 1971, n° 77307 : *JCP* 72, II, 16981, note Guyon). En cas de condamnation solidaire, la notification faite à l'une des parties ne fait courir le délai qu'à son égard (CPC, art. 529).

4) **Concert frauduleux du créancier et du débiteur principal au préjudice de la caution solidaire.** Il résulte de la combinaison du principe *Fraus omnia corrumpit* et des articles 1208 et 1351 que la caution solidaire peut, nonobstant l'autorité de la chose jugée, opposer au créancier les faits de fraude ou de collusion entre celui-ci et le débiteur principal (■ Cass. 1re civ., 14 févr. 1990, n° 88-14.562 : *JurisData* n° 1990-700373 ; *Bull. civ.* I, n° 42, p. 31).

5) **Exceptions communes pouvant être invoquées par les codébiteurs.** En dehors du cautionnement, lorsque plusieurs codébiteurs s'engagent solidairement, l'un d'eux ne peut invoquer, au titre d'exceptions communes, que celles qui affectent l'ensemble des liens obligatoires unissant les débiteurs au créancier. L'extinction de la créance à l'égard du débiteur faisant l'objet d'une procédure collective, faute de production dans le délai légal, laisse subsister l'obligation distincte contractée par son codébiteur solidaire (■ Cass. com., 19 janv. 1993, n° 89-45.580 : *JCP* G 93, II, 22056 ; *JCP* E 93, II, 411, note Pétel ; *RTD civ.* 1993, 581, obs. Mestre. ■ Cass. 1re civ., 17 nov. 1993, n° 91-15.867 : *JurisData* n° 1993-002233 ; *Bull. civ.* I, n° 335, p. 232 ; *D.* 1994, somm. 214, obs. Delebecque).

6) **Renonciation à la solidarité.** Seul le créancier de codébiteurs solidaires a le pouvoir de renoncer à la solidarité ; il s'ensuit que l'accord passé entre deux époux, dans le cadre d'une procédure en divorce, tendant à ce que l'un d'entre eux supporte seul les dettes de communauté, ne s'impose que dans leurs rapports réciproques (■ Nancy, 23 févr. 2004, n° 228201 : *Dr. famille* 2005, 47, note Larribau-Terneyre).

7) **Crédit à la consommation.** En cas de réaménagement ou de rééchelonnement des modalités de règlement des échéances impayées d'un crédit à la consommation consenti à plusieurs emprunteurs, le report du point de départ du délai biennal de forclusion n'est pas opposable à l'emprunteur, fût-il tenu solidairement, qui n'a pas souscrit l'acte de réaménagement ou de rééchelonnement, à moins qu'il n'ait manifesté la volonté d'en bénéficier (■ Cass. 1re civ., 11 févr. 2010, n° 08-20.800 : *Bull. civ.* 2010, I, n° 36 ; *D.* 2010, p. 994, note François ; *JCP* 2010, n° 213, note Clément ; n° 475, note Monachon-Duchêne ; *Contrats, conc. consom.* 2010, n° 109, note Raymond).

Art. 1209 ancien ***(Abr. à compter du 1er octobre 2016, Ord. n° 2016-131, 10 févr. 2016).*** **– Lorsque l'un des débiteurs devient héritier unique du créancier, ou lorsque le créancier devient l'unique héritier de l'un des débiteurs, la confusion n'éteint la créance solidaire que pour la part et portion du débiteur ou du créancier.**

NB : Rappr. art. 1349-1, p. 992.

Art. 1210 ancien ***(Abr. à compter du 1er octobre 2016, Ord. n° 2016-131, 10 févr. 2016).*** **– Le créancier qui consent à la division de la dette à l'égard de l'un des codébiteurs conserve son action solidaire contre les autres, mais sous la déduction de la part du débiteur qu'il a déchargé de la solidarité.**

NB : Rappr. art. 1316, p. 982.

Art. 1211 ancien ***(Abr. à compter du 1er octobre 2016, Ord. n° 2016-131, 10 févr. 2016).*** **– Le créancier qui reçoit divisément la part de l'un des débiteurs, sans réserver dans la quittance la solidarité ou ses droits en général, ne renonce à la solidarité qu'à l'égard de ce débiteur.**

Le créancier n'est pas censé remettre la solidarité au débiteur lorsqu'il reçoit de lui une somme égale à la portion dont il est tenu, si la quittance ne porte pas que c'est *pour sa part*.

Il en est de même de la simple demande formée contre l'un des codébiteurs *pour sa part*, si celui-ci n'a pas acquiescé à la demande, ou s'il n'est pas intervenu un jugement de condamnation.

Action exercée contre l'un des codébiteurs pour sa part. Le créancier qui forme une demande contre l'un de ses codébiteurs pour sa part est censé lui remettre sa solidarité s'il est intervenu un jugement de condamnation (■ Cass. 2e civ., 23 mai 1973, n° 72-11.123 : *JurisData* n° 1973-099176 ; *Bull. civ.* II, n° 176, p. 140).

Art. 1212 ancien ***(Abr. à compter du 1er octobre 2016, Ord. n° 2016-131, 10 févr. 2016).*** **– Le créancier qui reçoit divisément et sans réserve la portion de l'un des codébiteurs dans les arrérages ou intérêts de la dette, ne perd la solidarité que pour les arrérages ou intérêts échus, et non pour ceux à échoir, ni pour le capital, à moins que le paiement divisé n'ait été continué pendant dix ans consécutifs.**

Art. 1213 ancien ***(Abr. à compter du 1er octobre 2016, Ord. n° 2016-131, 10 févr. 2016).*** **– L'obligation contractée solidairement envers le créancier se divise de plein droit entre les débiteurs, qui n'en sont tenus entre eux que chacun pour sa part et portion.**

NB : Rappr. art. 1317, p. 982.

1) Principe de la répartition égalitaire. La dette doit être répartie par parts égales s'il n'est pas justifié que les codébiteurs aient eu des intérêts inégaux dans l'engagement commun (■ Cass. com., 7 févr. 1983 : *Bull. civ.* IV, n° 52, p. 41 ; *RTD civ.* 1984, 716, obs. Mestre).

2) Répartition judiciaire entre coresponsables. L'article 1213 ne fait pas obstacle à ce que le juge répartisse sur des bases inégales dans les rapports entre eux des coauteurs d'un même dommage la dette dont ils sont tenus solidairement s'il lui apparaît que la responsabilité de chacun d'eux ne représente pas le même degré de gravité (■ Cass. 1re civ., 21 févr. 1956 : *JCP* 56, II, 9200, note Blin). En prononçant une condamnation solidaire ou *in solidum*, le juge ne statue pas sur l'appel en garantie exercé par l'un des codébiteurs condamnés à l'encontre d'un autre ni ne préjuge de la manière dont la contribution à la dette entre tous les codébiteurs condamnés devra s'effectuer (■ Cass. 1re civ., 20 mars 2006, n° 06-12.074 : *JurisData* n° 2007-038072). Viole l'article 1213, ensemble les principes régissant l'obligation *in solidum*, la cour d'appel qui rejette l'appel en garantie de l'un des codébiteurs contre un autre au motif qu'ils sont tenus *in solidum*, alors que, saisie d'un tel recours, elle était tenue de statuer sur la contribution à la dette de chacun des coobligés condamné *in solidum* (■ Cass. 3e civ., 28 mai 2008, n° 06-20.403 : *Bull. civ.* I, n° 98). Il incombe au juge du fond de répartir entre les coobligés *in solidum* leur contribution à la totalité de la dette (■ Cass. 3e civ., 21 déc. 2017, nos 16-22.222 et 17-10.074 : *Bull.* ; *D.* 2018, p. 547, Pellier ; *JurisData* n° 2017-026588 ; *RTD civ.* 2018, p. 424, Jourdain).

Art. 1214 ancien *(Abr. à compter du 1er octobre 2016, Ord. n° 2016-131, 10 févr. 2016).* **– Le codébiteur d'une dette solidaire, qui l'a payée en entier, ne peut répéter contre les autres que les part et portion de chacun d'eux.**

Si l'un d'eux se trouve insolvable, la perte qu'occasionne son insolvabilité se répartit, par contribution, entre tous les autres codébiteurs solvables et celui qui a fait le paiement.

NB : Rappr. art. 1317, p. 982.

1) Fondement de l'action récursoire. Le codébiteur d'une obligation *in solidum* qui l'a payée en entier peut, comme celui d'une obligation solidaire, répéter contre les autres la part et portion de chacun d'eux. Viole l'article 1214 l'arrêt qui refuse ce recours au motif que celui qui a réparé intégralement le dommage ne peut exercer l'action récursoire contre un coauteur qu'en vertu d'une subrogation dans les droits de la victime (■ Cass. 1re civ., 7 juin 1977 : *JurisData* n° 1977-700266 ; *JurisData* n° 1977-700266 ; *JCP* 78, II, 19003, note Dejean de La Batie).

2) Limitation du recours à la part et portion. Viole l'article 1214 l'arrêt qui, après avoir décidé que la responsabilité d'un dommage serait partagée par tiers entre les trois coauteurs, condamne *in solidum* deux d'entre eux à garantir le premier à concurrence des deux tiers des condamnations prononcées à son encontre (■ Cass. 1re civ., 28 juin 1989, n° 86-19.318 : *JurisData* n° 1989-702694 ; *JCP* 89, IV, 332), ou celui qui déclare deux architectes responsables *in solidum* avec les sous-traitants des malfaçons constatées, alors que, s'agissant d'un recours en garantie, ils ne pouvaient être condamnés que pour leur part et portion (■ Cass. 3e civ., 22 juin 1994, n° 92-20.158 : *JurisData* n° 1994-001473 ; *Bull. civ.* III, n° 127, p. 80 ; *Defrénois* 1994, 1464, obs. Delebecque).

3) Date de naissance de la créance de recours. Le codébiteur d'une obligation *in solidum* qui a exécuté l'entière obligation peut répéter contre l'autre responsable ses part et portion et c'est au jour où il a été assigné en réparation du dommage que naît sa créance indemnitaire contre son coresponsable (■ Cass. com., 13 oct. 2015, n° 14-10.664 : *Bull.* ; *RDC* 2016, 237, Klein).

4) Recours subrogatoire de l'assureur en cas de condamnation *in solidum*. Lorsqu'un assureur de responsabilité exerce un recours subrogatoire contre une personne condamnée *in solidum* avec son assuré, il appartient aux juges du fond d'ordonner la mise en cause de l'assuré pour qu'il soit procédé au partage de responsabilité entre les débiteurs (■ Cass. 1re civ., 3 janv. 1996, n° 93-20.404 : *JurisData* n° 1996-000029 ; *JCP* 96, IV, 414 ; *Bull. civ.* I, n° 14, p. 10).

5) Bail. Clause de solidarité-indivisibilité. Viole les articles 1213 et 1214 le tribunal qui, en présence d'un bail d'habitation conclu par deux concubins contenant une clause de « solidarité-indivisibilité », et le concubin ayant donné congé, déboute la concubine de sa demande en remboursement de la moitié des loyers en retenant qu'elle ne fait état d'aucun accord sur le taux de participation du colocataire aux loyers (■ Cass. 3e civ., 24 juin 1998, n° 96-18.677 : *JurisData* n° 1998-002876 ; *JCP* 98, IV, 2833 ; *D.* 1999, somm. 115, obs. Libchaber).

Art. 1215 ancien *(Abr. à compter du 1er octobre 2016, Ord. n° 2016-131, 10 févr. 2016).* **– Dans le cas où le créancier a renoncé à l'action solidaire envers l'un des débiteurs, si l'un ou plusieurs des autres**

codébiteurs deviennent insolvables, la portion des insolvables sera contributoirement répartie entre tous les débiteurs, même entre ceux précédemment déchargés de la solidarité par le créancier.

NB : Rappr. art. 1317, p. 982.

Art. 1216 ancien ***(Abr. à compter du 1er octobre 2016, Ord. n° 2016-131, 10 févr. 2016).*** **– Si l'affaire pour laquelle la dette a été contractée solidairement ne concernait que l'un des coobligés solidaires, celui-ci serait tenu de toute la dette vis-à-vis des autres codébiteurs qui ne seraient considérés par rapport à lui que comme ses cautions.**

NB : Rappr. art. 1318, p. 983.

Bibliographie : D.-R. Martin, *L'engagement de codébiteur solidaire adjoint : RTD civ.* 1994, 49.

1) **Obligation *in solidum.*** V. pour une application au cas de responsabilité *in solidum* ▪ Cass. 1re civ., 22 avr. 1997, n° 95-13.578 : *JurisData* n° 1997-005601 ; *JCP* 97, IV, 1213 ; *Bull. civ.* I, n° 129, p. 85 ; *Defrénois* 1997, 1436, obs. Bénabent.

2) **Distinction entre cautionnement solidaire et engagement prévu à l'article 1216.** Sur la distinction entre cautionnement solidaire et engagement de codébiteur solidaire non intéressé à la dette, V. ▪ Cass. 1re civ., 17 nov. 1999, n° 97-16.335 : *JurisData* n° 1999-004006 ; *JCP* G 2000, I, 209, n° 9, obs. Simler ; II, 10403, note Picod ; *JCP* E 2001, 179, note Picod ; *D.* 2000, 407, note P. Ancel ; act. jurispr.47, obs. J.-F. ; *Defrénois* 2000, 718, obs. Delebecque.

Section V. – Des obligations divisibles et indivisibles

Art. 1217 ancien ***(Abr. à compter du 1er octobre 2016, Ord. n° 2016-131, 10 févr. 2016).*** **– L'obligation est divisible ou indivisible selon qu'elle a pour objet une chose qui dans sa livraison, ou un fait qui, dans l'exécution, est ou n'est pas susceptible de division soit matérielle, soit intellectuelle.**

NB : Rappr. art. 1320, p. 983.

Bibliographie : J. Moury, *De l'indivisibilité entre les obligations et entre les contrats : RTD civ.* 1994, 255. • X. Lagarde, *Économie, indivisibilité et interdépendance des contrats : JCP* 2013, n° 48, doctr. 1255. • S. Bros, *L'interdépendance contractuelle, la Cour de cassation et la réforme du droit des contrats : D.* 2016, p. 29.

Voir : Sur l'indivisibilité contractuelle, sous art. 1131 ancien, p. 1083.

1) **Indivision ou mandat.** L'indivisibilité ne s'attache de plein droit ni à la qualité d'indivisaire ni à la circonstance que l'un des débiteurs a agi comme mandataire de l'autre (▪ Cass. 1re civ., 13 mai 1981, n° 79-17.096 : *JurisData* n° 1981-701378 ; *JCP* 81, IV, 265 ; *Bull. civ.* I, n° 163, p. 132).

2) **Obligation monétaire.** L'impossibilité d'accomplir partiellement la prestation qui est l'objet de l'obligation disparaît lorsqu'à l'obligation de faire se trouve substituée une condamnation à payer à titre de dommages-intérêts une somme d'argent (▪ Cass. civ., 14 mars 1933 : *DH* 1933, 234). L'obligation pour le bailleur de procurer au preneur la jouissance de la chose louée est indivisible par son objet, mais elle devient divisible lorsque, à défaut d'exécution, elle se convertit en une dette de dommages-intérêts (▪ Cass. req., 15 déc. 1880 : *DP* 1881, 1, 37). Des actions en réparation, exercées tant au nom de l'enfant qu'à titre personnel par ses père et mère, tendent au paiement de sommes d'argent et ne peuvent dès lors être indivisibles (▪ Cass. 2e civ., 20 juin 1996, n° 93-20.712 : *JurisData* n° 1996-003210 ; *Bull. civ.* II, n° 173, p. 105).

3) Sur le **pouvoir souverain des juges du fond** pour déterminer si une obligation est susceptible de division, V. ▪ Cass. com., 9 oct. 1972, n° 70-13.711 : *JurisData* n° 1972-097237 ; *D.* 1972, 730, note Malaurie.

Art. 1218 ancien ***(Abr. à compter du 1er octobre 2016, Ord. n° 2016-131, 10 févr. 2016).*** **– L'obligation est indivisible, quoique la chose ou le fait qui en est l'objet soit divisible par sa nature, si le rapport sous lequel *elle est considérée dans l'obligation* ne la rend pas susceptible d'exécution partielle.**

NB : Rappr. art. 1320, p. 983.

1) **Droit de reprise du bailleur.** Est indivisible par application de l'article 1218 l'obligation imposée aux preneurs solidaires de satisfaire au droit de reprise du bailleur à l'expiration de la prorogation qui leur a été accordée (▪ Cass. soc., 10 févr. 1950 : *Gaz. Pal.* 1950, 1, 223).

2) Promesse de vente contenant une clause de dédit. Manque de base légale la décision qui, la convention n'ayant pas été réalisée à la date convenue, reconduit dans son ensemble une promesse de vente d'immeuble contenant une clause de dédit sans s'expliquer sur le caractère indivisible de la prolongation aussi bien du premier élément du contrat que du second (▪ Cass. 3e civ., 10 déc. 1969, n° 68-12.178 : *JCP* 70, IV, 27 ; *Bull. civ.* III, n° 819, p. 620).

3) Vente conjointe et solidaire en vue d'un lotissement. Lorsque trois vendeurs s'entendent pour vendre conjointement et solidairement leurs trois terrains en vue d'un lotissement, l'un des vendeurs ne peut demander la nullité de la vente de sa seule parcelle en raison de l'indivisibilité de l'objet de la vente (▪ Cass. 3e civ., 21 févr. 1978, n° 76-11.621 : *Bull. civ.* III, n° 90, p. 70).

4) Système informatique. L'indivisibilité entre deux contrats, l'un portant sur le matériel et le logiciel de base, l'autre sur un logiciel d'application, peut être déduite de ce que les parties ont envisagé globalement la réalisation du système informatique et de ce que leur accord porte sur un ensemble indissociable (▪ Cass. com., 8 janv. 1991 : *Bull. civ.* IV, n° 20, p. 12 ; *RTD civ.* 1991, 528, obs. Mestre. V. aussi ▪ Cass. com., 4 avr. 1995, n° 93-20.029 : *JurisData* n° 1995-000784 ; *Bull. civ.* IV, n° 116, p. 102 ; *D.* 1995, somm. 231, obs. Aynès ; *Contrats, conc. consom.* 1995, 105, note Leveneur ; *JCP* E 96, II, 792, note Tardieu-Guigues et Sordino ; *D.* 1996, 141, note Piquet. ▪ Cass. com., 15 juin 1999 : *Contrats, conc. consom.* 1999, 173, note Leveneur ; *JCP* G 2000, I, 215, n° 6, obs. Constantin ; *JCP* E 2000, 802, obs. Constantin. ▪ Cass. com., 15 févr. 2000 : *JCP* G 2000, I, 272, n° 9, obs. Constantin ; *JCP* E 2001, 320, obs. Seube ; *Defrénois* 2000, 1118, obs. D. Mazeaud ; *RTD civ.* 2000, 325, obs. Mestre et Fages. Comp. pour une dissociation entre le contrat portant sur l'ordinateur et celui portant sur le logiciel ▪ Cass. com., 22 janv. 1991, n° 88-20.184 : *JurisData* n° 1991-000374 ; *JCP* E 91, I, 104, n° 14, obs. Mousseron). Mais viole les articles 1147 et 1218 la cour d'appel qui déduit de cette indivisibilité que les défendeurs sont tenus *in solidum* à la réalisation de l'informatisation, alors que leurs prestations et les prix correspondant ont été répartis entre eux par des conventions distinctes (même arrêt).

5) Action de concert. Sur l'indivisibilité entre deux contrats résultant de ce que deux sociétés ont contracté le même jour avec les mêmes personnes en agissant de concert, V. ▪ Cass. com., 28 mai 1996, n° 94-11.766 : *JurisData* n° 1996-002086 ; *JCP* 96, IV, 1611 ; *Contrats, conc. consom.* 1996, 135, 2e esp., note Leveneur ; *Bull. civ.* IV, n° 146, p. 127, contrat de location de matériel et contrat de collaboration et d'assistance.

6) Ensemble routier. Pour la résolution globale d'un « ensemble routier » en cas de vice affectant la semi-remorque, V. ▪ Cass. 1re civ., 6 févr. 1996, n° 94-11.052 : *JurisData* n° 1996-000403 ; *JCP* 96, IV, 770 ; *Contrats, conc. consom.* 1996, 95, note Leveneur ; *Bull.* I, n° 63, p. 42 ; *Defrénois* 1996, 1024, obs. Delebecque.

7) Distribution. Sur l'indivisibilité entre un « contrat de panonceau » et un contrat d'association de distributeur, V. ▪ Cass. 1re civ., 3 déc. 1996, n° 95-10.913 : *JurisData* n° 1996-004668 ; *JCP* 97, IV, 200 ; *Contrats, conc. consom.* 1997, 42, note Leveneur.

8) Bail à construction et fourniture d'électricité. Ayant retenu que le bail à construction et le contrat de fourniture d'électricité aménagent une indivisibilité conventionnelle, l'amortissement des investissements financiers étant dépendant de la fourniture d'électricité, les juges du fond ont pu décider que la cession du bail emporte celle du contrat de fourniture (▪ Cass. com., 12 mai 1998, n° 96-18.295 : *JCP* 98, IV, 2483 ; *JCP* E 99, 216, n° 10, obs. Seube ; *Defrénois* 1998, 1043, obs. Delebecque).

9) Vente et prêt. La cour d'appel, qui a fait ressortir l'indivisibilité des contrats litigieux en énonçant, d'une part, que le contrat de crédit était l'accessoire du contrat de vente d'une éolienne auquel il était subordonné, d'autre part, que l'emprunteur avait attesté de l'exécution du contrat principal afin d'obtenir la libération des fonds par le prêteur, lequel avait mis ceux-ci à la disposition du vendeur, en a justement déduit que la résolution du contrat principal emportait l'anéantissement du contrat accessoire (▪ Cass. 1re civ., 10 sept. 2015, n° 14-17.772 : *Bull.*). Ayant constaté que l'offre de crédit était affectée au contrat principal et avait été renseignée par le vendeur, et que le prêteur avait remis les fonds empruntés entre les mains de ce dernier, la cour d'appel a caractérisé l'existence d'une indivisibilité conventionnelle entre les contrats de vente et de prêt au sens de l'article 1218 du Code civil (▪ Cass. 1re civ., 10 sept. 2015, n° 14-13.658 : *Bull.* ; *JurisData* n° 2015-020091 ; *Contrats, conc. consom.* 2015, n° 274, note Leveneur ; *RDC* 2016, note Laithier ; *RTD com.* 2015, p. 723, obs. Legeais ; *RTD civ.* 2016, p. 111, obs. Barbier).

10) Sur l'**indivisibilité des contrats**, V. également sous art. 1131 ancien, p. 1083.

Art. 1219 ancien *(Abr. à compter du 1er octobre 2016, Ord. n° 2016-131, 10 févr. 2016).* **– La solidarité stipulée ne donne point à l'obligation le caractère d'indivisibilité.**

§ 1. – Des effets de l'obligation divisible

Art. 1220 ancien *(Abr. à compter du 1er octobre 2016, Ord. n° 2016-131, 10 févr. 2016).* – **L'obligation qui est susceptible de division doit être exécutée entre le créancier et le débiteur comme si elle était indivisible. La divisibilité n'a d'application qu'à l'égard de leurs héritiers, qui ne peuvent demander la dette ou qui ne sont tenus de la payer que pour les parts dont ils sont saisis ou dont ils sont tenus comme représentant le créancier ou le débiteur.**

NB : Rappr. art. 1309, p. 981.

1) Division des dettes successorales. Sur le principe que l'héritier est personnellement tenu des dettes successorales pour les parts dont il est saisi, V. ■ Cass. 1re civ., 10 oct. 1995, n° 93-19.726 : *JurisData* n° 1995-002460 ; *Bull. civ.* I, n° 358, p. 250 (cassation de l'arrêt ayant rejeté comme « mal dirigée » la demande formée contre l'héritier personnellement et non à l'encontre de la succession). ■ Cass. 1re civ., 7 oct. 1997, n° 95-16.671 : *JurisData* n° 1997-003855 ; *Loyers et copr.* 1998, 87, note Vial-Pedroletti. En vertu de l'article 1220 du Code civil, l'obligation du débiteur décédé se divise de plein droit entre ses héritiers. En conséquence, lorsque la dette est solidaire, bien qu'elle conserve ce caractère à l'égard de l'hérédité, chacun des héritiers ne recueillant qu'une part de la succession n'est tenu que jusqu'à concurrence de cette part (■ Cass. civ., 2 janv. 1924 : *DP* 1924, 1, 14. V. aussi ■ Cass. 1re civ., 10 mai 1988, n° 86-15.278 : *JurisData* n° 1988-001182 ; *Bull. civ.* I, n° 140, p. 97. ■ Cass. 1re civ., 10 févr. 1993, n° 91-14.886 : *JurisData* n° 1993-000377 ; *Defrénois* 1994, 712, note Bernard de Saint-Affrique ; *JCP* 94, I, 3791, n° 2, obs. Le Guidec. ■ Cass. 1re civ., 19 mars 1996, n° 94-13.884 : *JurisData* n° 1996-005708 ; *JCP* 96, IV, 1153 ; *Bull. civ.* I, n° 146, p. 102), appliquée à la dette globale (■ Cass. 1re civ., 14 mars 2018, n° 17-14.583 : *Bull.*). Viole les articles 873 et 1220 la cour d'appel qui condamne solidairement les héritiers à payer un arriéré de charges au motif qu'il concerne un appartement dépendant de la succession (■ Cass. 1re civ., 16 juill. 1992, n° 90-17.972 : *JurisData* n° 1992-001846 ; *Bull. civ.* I, n° 236, p. 156 ; *D.* 1993, 171, note de La Marnierre. V. aussi ■ Cass. 1re civ., 13 déc. 1988, n° 87-10.269 : *JurisData* n° 1988-703190 ; *JCP* 89, IV, 64 ; *Bull. civ.* I, n° 362, p. 245). V. également la jurisprudence citée ss art. 873, p. 692.

2) Créances successorales. Cohéritiers renonçant à leur action. Viole l'article 1220 l'arrêt qui condamne les débiteurs à payer la totalité de leur dette entre les mains de deux seulement des héritiers alors qu'il résultait des constatations de fait des premiers juges que les deux autres héritiers avaient renoncé à leur action (■ Cass. 1re civ., 11 oct. 1988, n° 86-12.832 : *JurisData* n° 1988-701800 ; *Bull. civ.* I, n° 285, p. 194 ; *RTD civ.* 1989, 541, obs. Mestre).

3) Garantie du passif avant partage par l'hérédité. Malgré la division légale entre les héritiers des dettes de la succession, l'intégralité de chacune de ses dettes, tant que le partage n'a pas été effectué, est garantie par l'hérédité tout entière (■ Cass. 1re civ., 4 avr. 1962 : *Gaz. Pal.* 1962, 2, 29. ■ Cass. 1re civ., 19 juill. 1976, n° 75-11.210 : *Bull. civ.* I, n° 264, p. 214). Mais les créanciers ne sont pas obligés d'user de cette garantie et peuvent valablement poursuivre chacun des héritiers au prorata de leurs droits respectifs, la mise en cause des cohéritiers qui ont renoncé à contester la dette et ont réglé leur quote-part ne se justifiant nullement (■ Cass. 1re civ., 14 mars 1972 : *JurisData* n° 1972-000083 ; *Gaz. Pal.* 1972, 2, 638). Le créancier qui entend bénéficier de la garantie doit, hors le cas de solidarité entre les héritiers, exercer les poursuites conjointement à l'encontre de ceux-ci (■ Cass. com., 28 avr. 1987, n° 85-16.679 : *JurisData* n° 1987-000875 ; *Bull. civ.* IV, n° 98, p. 74).

4) Dissolution du régime matrimonial. Sur l'application de l'article 1220 aux créances communes à la dissolution du régime matrimonial, V. ■ Cass. 1re civ., 10 févr. 1981, n° 79-12.765 : *JurisData* n° 1981-700311 ; *JCP* 82, II, 19786, note Rémy.

5) La créance d'indemnité d'expropriation n'étant pas indivisible, les règles édictées par les articles 815-3 et suivants ne sont pas applicables. Chacun des coïndivisaires peut donc interjeter seul appel du jugement qui liquide l'indemnité d'expropriation (■ Cass. 3e civ., 13 déc. 1995, n° 93-70.208 : *JurisData* n° 1995-003749 ; *JCP* 96, IV, 286 ; *Bull.* III, n° 260, p. 175 ; *Defrénois* 1996, 402, obs. Grimaldi).

Art. 1221 ancien *(Abr. à compter du 1er octobre 2016, Ord. n° 2016-131, 10 févr. 2016).* – **Le principe établi dans l'article précédent reçoit exception à l'égard des héritiers du débiteur :**

1° Dans le cas où la dette est hypothécaire ;

2° Lorsqu'elle est d'un corps certain ;

3° Lorsqu'il s'agit de la dette alternative de choses au choix du créancier, dont l'une est indivisible ;

4° Lorsque l'un des héritiers est chargé seul, par le titre, de l'exécution de l'obligation ;

5° Lorsqu'il résulte, soit de la nature de l'engagement, soit de la chose qui en fait l'objet, soit de la fin qu'on s'est proposée dans le contrat, que l'intention des contractants a été que la dette ne pût s'acquitter partiellement.

Dans les trois premiers cas, l'héritier qui possède la chose due ou le fonds hypothéqué à la dette peut être poursuivi pour le tout sur la chose due ou sur le fonds hypothéqué, sauf le recours contre ses cohéritiers. Dans le quatrième cas, l'héritier seul chargé de la dette, et dans le cinquième cas, chaque héritier, peut aussi être poursuivi pour le tout, sauf son recours contre ses cohéritiers.

1) **Absence de répartition de la dette entre les codébiteurs.** L'indivisibilité ne s'attache pas de plein droit à la circonstance que l'obligation portant sur une somme d'argent aurait été fixée globalement sans que soit stipulé le versement de la moitié à la charge de l'un ou de l'autre des codébiteurs (▪ Cass. 1re civ., 11 janv. 1984 : *JurisData* n° 1984-700361 ; *Bull. civ.* I, n° 12, p. 11 ; *RTD civ.* 1985, 171, obs. Mestre).

2) **Conjoint survivant usufruitier.** Le caractère indivisible de la dette dont le conjoint survivant est tenu en tant qu'usufruitier légal (sous l'empire du droit antérieur à la loi du 3 décembre 2001) ne porte pas atteinte à la divisibilité de l'obligation entre usufruitier et nu-propriétaire fondée sur la nature de ses droits (▪ Cass. 1re civ., 9 déc. 2003, n° 99-17.576 : *JurisData* n° 2003-021337 ; *Dr. famille* 2004, 53, note Nicod ; *JCP* G 2004, I, 155 et *JCP* N 2004, 1489, n° 3, obs. Le Guidec ; *Defrénois* 2004, 1218, note Fiorina ; *D.* 2004, somm. 2336, obs. Brémond).

§ 2. – Des effets de l'obligation indivisible

Art. 1222 ancien ***(Abr. à compter du 1er octobre 2016, Ord. n° 2016-131, 10 févr. 2016).*** **– Chacun de ceux qui ont contracté conjointement une dette indivisible en est tenu pour le total, encore que l'obligation n'ait pas été contractée solidairement.**

NB : Rappr. art. 1320, p. 983.

1) **Appel.** Sur les effets de l'appel formé par l'un des débiteurs en cas d'indivisibilité, V. CPC, art. 552 et 553.

2) **Notification à l'un des débiteurs.** En cas de condamnation indivisible, la notification faite à l'une des parties ne fait courir le délai qu'à son égard (CPC, art. 529). V. pour une application ▪ Cass. 2e civ., 18 mars 1987, n° 85-18.796 : *JurisData* n° 1987-000558 ; *Bull. civ.* II, n° 71, p. 40.

Art. 1223 ancien ***(Abr. à compter du 1er octobre 2016, Ord. n° 2016-131, 10 févr. 2016).*** **– Il en est de même à l'égard des héritiers de celui qui a contracté une pareille obligation.**

NB : Rappr. art. 1320, p. 983.

V. pour une application ▪ Cass. soc., 24 mars 1953 : *Bull. civ.* IV, n° 269, p. 200.

Art. 1224 ancien ***(Abr. à compter du 1er octobre 2016, Ord. n° 2016-131, 10 févr. 2016).*** **– Chaque héritier du créancier peut exiger en totalité l'exécution de l'obligation indivisible.**

Il ne peut seul faire la remise de la totalité de la dette ; il ne peut recevoir seul le prix au lieu de la chose. Si l'un des héritiers a seul remis la dette ou reçu le prix de la chose, son cohéritier ne peut demander la chose indivisible qu'en tenant compte de la portion du cohéritier qui a fait la remise ou qui a reçu le prix.

NB : Rappr. art. 1320, p. 983.

1) La demande en révision de loyer formée par un indivisaire agissant seul est recevable (▪ Rennes, 29 mai 1963 : *Gaz. Pal.* 1963, 2, 415).

2) Sur la prescription de l'obligation indivisible, V. ▪ Cass. 1re civ., 5 janv. 1966 : *JurisData* n° 1966-700016 ; *Bull. civ.* I, n° 16, p. 14. – V. aussi art. 2249, p. 1678.

Art. 1225 ancien ***(Abr. à compter du 1er octobre 2016, Ord. n° 2016-131, 10 févr. 2016).*** **– L'héritier du débiteur, assigné pour la totalité de l'obligation, peut demander un délai pour mettre en cause ses cohéritiers, à moins que la dette ne soit de nature à ne pouvoir être acquittée que par l'héritier assigné, qui peut alors être condamné, seul, sauf son recours en indemnité contre ses cohéritiers.**

Section VI. – Des obligations avec clauses pénales

Art. 1226 ancien *(Abr. à compter du 1er octobre 2016, Ord. n° 2016-131, 10 févr. 2016).* **– La clause pénale est celle par laquelle une personne, pour assurer l'exécution d'une convention, s'engage à quelque chose en cas d'inexécution.**

Bibliographie : D. Mazeaud, *La notion de clause pénale*, préf. F. Chabas, LGDJ 1992. • J.-S. Borghetti, *La qualification de clause pénale : RDC* 2008/4, p. 1158.

I – DÉFINITION

1) Évaluation conventionnelle de dommages-intérêts. Constitue une clause pénale la clause d'un contrat par laquelle les parties évaluent forfaitairement et d'avance l'indemnité à laquelle donnera lieu l'inexécution de l'obligation contractée. Tel est le cas d'une stipulation prévoyant que le droit d'inscription dans une école restera intégralement dû quels que soient les motifs ou la période de la rupture, qui s'analyse en une évaluation conventionnelle de dommages-intérêts pour le cas de rupture de la convention contraignant le débiteur à s'exécuter (■ Cass. 1re civ., 10 oct. 1995, n° 93-16.871 : *JurisData* n° 1995-003003 ; *Bull. civ.* I, n° 347, p. 243 ; *JCP* 96, II, 22580, note crit. Paisant, I, 3914, n° 9, obs. crit. Billau ; *D.* 1996, 486, note Fillion-Dufouleur, somm. 116, obs. Delebecque ; *Resp. civ. et assur.* 1996, 7). Tel est le cas aussi pour l'article des statuts d'une société coopérative prévoyant la possibilité pour le conseil d'administration d'appliquer des sanctions à l'associé coopérateur en cas d'inexécution, totale ou partielle, des engagements souscrits par lui (■ Cass. 1re civ., 22 oct. 1996, n° 94-12.910 : *Resp. civ. et assur.* 1997, 13), ou pour l'indemnité prévue en cas de perte de clichés photographiques par un magazine (■ Cass. 1re civ., 16 juill. 1997, n° 95-17.880 : *JurisData* n° 1997-003340 ; *JCP* 97, IV, 2005 ; *Bull. civ.* I, n° 244, p. 163 ; *Resp. civ. et assur.* 1997, 331). V. encore, la clause prévoyant que, lors de la résolution, toutes les sommes versées par l'acquéreur pour quelle cause que ce soit et toutes améliorations apportées à l'immeuble vendu seront de plein droit définitivement acquises au vendeur, sans recours ni répétition à titre de dommages-intérêts et d'indemnité forfaitaire (■ Cass. 3e civ., 26 janv. 2011, n° 10-10.376 : *Bull.*, n° 12 ; *RDC* 2011/3, p. 817, obs. Laithier ; *D.* 2011, p. 2298, obs. Reboul-Maupin ; *JCP* 2011, 561, obs. Périnet-Marquet ; *ibid.* 2011, 955 obs. Grosser ; *Contrats, conc. consom.* 2011, n° 87, obs. Leveneur ; *RTD civ.* 2011, p. 373, obs. Revet).

2) Fonction comminatoire et fonction indemnitaire. La clause pénale a pour objet de faire assurer par le débiteur l'exécution de son obligation (■ Cass. 3e civ., 24 sept. 2008, n° 07-13.989 : *Bull. civ.* III, n° 139 ; *RDC* 2009/1, obs. Mazeaud et p. 88, obs. Borghetti ; *JCP* 2009, II, 10016, note Dagorne-Labbe ; *Defrénois* 2008, art. 38860, p. 2209, obs. Savaux ; *RTD civ.* 2008, p. 675, obs. Fages). – Elle est stipulée à la fois comme un moyen de contraindre le débiteur à l'exécution et comme l'évaluation forfaitaire du préjudice futur subi, ■ Cass. 1re civ., 19 juin 2008, n° 07-14.556 : *RDC* 2008/4, p. 1158, obs. Borghetti (indemnité contractuellement destinée à couvrir la banque des pertes d'intérêts, des frais et des dommages de toute sorte occasionnés par la nécessité du recours, de la procédure ou de l'ordre). La clause prévoyant une indemnité qui vise à contraindre le locataire à restituer le matériel loué et constitue une évaluation forfaitaire et anticipée du montant du préjudice résultant pour le bailleur de l'inexécution, qui s'applique du seul fait de celle-ci, doit être qualifiée de clause pénale (■ Cass. com., 14 juin 2016, n° 15-12.734 : *Bull.* ; *Contrats, conc. consom.* 2016, 204, Leveneur ; *D.* 2016, 1628, D. Mazeaud ; *JurisData* n° 2016-011850). Idem pour la clause d'un prêt mettant à la charge de l'emprunteur une indemnité forfaitaire dans le cas où le prêteur devrait engager une procédure de recouvrement (■ Cass. com. 4 mai 2017, n° 15-19.141 : *Bull.* ; *RTD civ.* 2017, 645, Barbier).

3) Indifférence du préjudice. Sur le principe que la clause pénale s'applique du seul fait de l'inexécution, indépendamment du préjudice, V. ■ Cass. civ., 16 juill. 1946 : *D.* 1947, 473. ■ Cass. 3e civ., 12 janv. 1994, n° 91-19.540 : *JurisData* n° 1994-000267 ; *JCP* 94, I, 3809, n° 18, obs. Viney ; *Bull. civ.* III, n° 5, p. 3 ; *Defrénois* 1994, 804, obs. D. Mazeaud ; *RTD civ.* 1994, 605, obs. Mestre. ■ Cass. 3e civ., 20 déc. 2006, n° 05-20.065 : *RDC* 2007/3, p. 749, obs. Carval ; *JCP G* 2007, II, 10024, note Bakouche. ■ Cass. com., 14 juin 2016, cité note précédente. V. cependant, admettant le refus de toute pénalité au motif que le créancier n'a subi aucun préjudice susceptible de dédommagement, ■ Cass. com., 16 juill. 1991, n° 89-12.080 : *JurisData* n° 1991-003164 ; *D.* 1992, 365, note crit. D. Mazeaud.

4) Pénalités de retard. Les stipulations relatives à la fixation de pénalités de retard constituent une clause pénale (■ Cass. 3e civ., 6 nov. 1986, n° 85-10.809 : *JurisData* n° 1986-001926 ; *Bull. civ.* III, n° 150, p. 116). Mais les intérêts appliqués en cas de versement tardif des cotisations de retraite ont la même nature que ces cotisations ; il s'ensuit que les majorations qui sont dues de plein droit ne sont assimilables à aucun titre à des dommages-intérêts dus en vertu d'une clause pénale (■ Cass. soc., 10 nov. 1981 : *JurisData* n° 1981-703335 ; *Bull. civ.* V, n° 891, p. 662).

5) Pour un cas d' « **astreinte conventionnelle** », V. ■ Cass. com., 29 juin 2010, n° 09-14.123 : *RDC* 2011/1, p. 47, obs. Laithier.

6) Pénalités d'origine professionnelle. Élément de détermination du prix, la pénalité s'appliquant à toute livraison de lait présentant des résidus néfastes, prévue par accord interprofessionnel relatif aux modalités de paiement du lait selon sa qualité, ne constitue pas une clause pénale, susceptible d'être réduite par le juge (■ Cass. 1re civ., 22 mai 2008, n° 06-15.486 : *Bull. civ.* I, n° 141 ; *RDC* 2008/4, p. 1158, obs. Borghetti).

7) Pénalités d'origine légale. Les pénalités mises à la charge de l'acheteur en cas de retard de paiement par l'article L. 441-6 du Code de commerce procédant de dispositions légales supplétives, ne constituent pas une clause pénale et ne peuvent donc être réduites en raison de leur caractère abusif (■ Cass. com., 2 nov. 2011, n° 10-14.677 : *D.* 2011, p. 2788, obs. Chevrier).

8) Clause résolutoire. Une clause résolutoire sanctionnant l'inexécution par une partie de ses obligations n'est pas une clause pénale (■ Cass. 3e civ., 20 juill. 1989, n° 88-13.856 : *JurisData* n° 1989-702762 ; *JCP* 89, IV, 358 ; *Bull. civ.* III, n° 172, p. 93 ; *RTD civ.* 1990, 75, obs. Mestre). Mais il en va autrement pour la clause prévoyant, en cas de résolution du contrat, l'acquisition au vendeur de la partie du prix déjà payée, une telle stipulation ayant pour effet, non de remettre les parties dans le même état que celui dans lequel elles se trouvaient si le contrat n'avait pas existé, mais de sanctionner, par l'octroi au vendeur d'une indemnité forfaitaire, le manquement de l'acheteur à son obligation de payer le solde du prix aux échéances convenues (■ Cass. com., 10 juill. 1990, n° 89-12.804 : *JurisData* n° 1990-702111 ; *Bull. civ.* IV, n° 204, p. 141), ou pour la clause du contrat de crédit-bail prévoyant l'exigibilité de tous les loyers en cas de non-paiement d'une échéance (■ Cass. com., 5 juill. 1994, n° 92-20.064 : *JurisData* n° 1994-001469 ; *JCP* 94, I, 3809, n° 19, obs. Viney ; *Bull. civ.* IV, n° 251, p. 198. V. aussi ■ Cass. com., 9 mai 2001, n° 98-15.722 : *JurisData* n° 2001-009381 ; *JCP* 2001, IV, 2197 ; *Bull. civ.* IV, n° 86, p. 82, clause prévoyant une indemnité forfaitaire pour sanctionner l'inexécution de l'obligation de payer chaque annuité du prêt à son échéance).

9) Contrepartie d'une prorogation de délai. N'est pas une clause pénale la clause d'un avenant en exécution de laquelle l'acquéreur a versé une somme en contrepartie d'un préjudice réalisé ayant son origine dans la prorogation des délais accordés et constituant en même temps une avance sur des dommages-intérêts, à fixer, du fait que cet acquéreur n'a pas réalisé l'opération convenue (■ Cass. com., 5 avr. 1994, n° 92-14.582 : *JurisData* n° 1994-000825 ; *Bull. civ.* IV, n° 139, p. 111 ; *Defrénois* 1994, 1128, obs. Delebecque ; *JCP* 95, II, 22384, note Dagorne-Labbe ; *RTD civ.* 1994, 857, obs. Mestre).

10) Indemnité d'immobilisation. La stipulation d'une indemnité d'immobilisation au profit du promettant en cas de promesse unilatérale de vente ne constitue pas une clause pénale, dès lors que le bénéficiaire, n'étant pas tenu d'acquérir, ne manque pas à son obligation contractuelle en s'abstenant de requérir l'exécution de la promesse (■ Cass. 3e civ., 5 déc. 1984 : *JCP* 86, II, 20555, note Paisant ; *Bull. civ.* III, n° 208, p. 162. ■ Cass. 3e civ., 10 mars 2015, n° 13-27.942 : *RDC* 2015, p. 449, note Th. Genicon. – V. en ce sens pour un contrat préliminaire de réservation d'une habitation à construire ■ Cass. 3e civ., 28 mars 1990, n° 88-11.820 : *JurisData* n° 1990-000705 ; *JCP* 90, IV, 202 ; *Bull. civ.* III, n° 86, p. 46 ; *D.* 1991, 187, note R. Cabrillac ; *Defrénois* 1990, 1342, obs. Souleau, pour une vente conclue sous condition suspensive de l'obtention d'un prêt ■ Cass. 3e civ., 29 juin 1994, n° 92-19.645 : *JurisData* n° 1994-001252 ; *JCP* 94, I, 3809, n° 20, obs. Viney, pour une vente conclue sous condition suspensive pour l'acquéreur de l'obtention d'autorisations administratives ■ Cass. 3e civ., 30 avr. 2002 : *JCP* G 2002, IV, 1981 ; *JCP* E 2003, 585, n° 12, obs. Seube ; *JurisData* n° 2002-014133 ; *Bull. civ.* III, n° 90, p. 79 ; *Defrénois* 2002, 1257, obs. Savaux ; *RDC* 2003, 99, obs. Collart-Dutilleul). Dès lors que le contrat prévoit que l'indemnité d'immobilisation serait acquise de plein droit au promettant à titre de dommages-intérêts, les juges du fond n'ont pas à rechercher si son montant doit être réduit en considération de la durée effective de l'immobilisation de l'immeuble (■ Cass. 3e civ., 10 déc. 1986, n° 85-16.144 : *JurisData* n° 1986-002685 ; *JCP* 87, II, 20857, note Paisant). Sur le principe que l'indemnité d'immobilisation est le « prix de l'exclusivité », V. ■ Cass. 1re civ., 5 déc. 1995, n° 93-17.487 : *JurisData* n° 1995-003518 ; *JCP* 96, IV, 265 ; *Bull.* I, n° 452, p. 315 ; *Defrénois* 1996, 757, obs. D. Mazeaud.

Mais pour une clause faussement qualifiée d'indemnité d'immobilisation, V. ■ Cass. 3e civ., 24 sept. 2008, n° 07-13.989 : *Bull. civ.* III, n° 139 ; *RDC* 2009/1, obs. Mazeaud, p. 60 ; *JCP* 2009, II, 10016, note Dagorne-Labbe (viole l'article 1226 du Code civil la cour d'appel qui accueille la demande des vendeurs en attribution du dépôt de garantie versé par l'acquéreur au motif qu'il s'agissait d'une indemnité forfaitaire réparant le préjudice subi par les vendeurs du fait de l'acquéreur qui avait empêché la réalisation de la condition suspensive d'obtention d'un prêt, et non d'une pénalité, alors qu'il résultait de ses propres constatations que la stipulation avait pour objet de faire assurer par l'acquéreur l'exécution de son obligation de diligence).

11) Dédit. Clause de résiliation anticipée. Sur la distinction entre clause pénale et faculté de dédit, V. ▪ Cass. 3e civ., 9 janv. 1991, n° 89-15.780 : *JurisData* n° 1991-000022 ; *D.* 1991, 481, note Paisant. ▪ Cass. com., 2 avr. 1996, n° 94-13.433 : *JurisData* n° 1996-001574 ; *D.* 1996, somm. 329, obs. D. Mazeaud. ▪ Cass. com., 14 oct. 1997, n° 95-11.448 : *JurisData* n° 1997-004019 ; *Bull. civ.* IV, n° 255, p. 223 ; *Defrénois* 1998, 328, obs. D. Mazeaud. ▪ Cass. com., 5 déc. 2018, n° 17-22.346 : *JCP* G 2019, 167, Bucher ; *JCP* G 2019, 338, Houtcieff. – V. aussi pour une indemnité de résiliation due en cas de non-reconduction du contrat ▪ Cass. com., 3 juin 2003, n° 00-17.008 : *RDC* 2004/4, 930, obs. D. Mazeaud et pour l'indemnité assortissant une clause de résiliation anticipée, V. ▪ Cass. 1re civ., 17 juin 2009, n° 08-15.156 : *JCP* 2009, n° 39, 273, obs. Serinet. – V. encore ▪ Cass. com., 10 mars 2015, n° 13-27.993 : *RDC* 2015, p. 449, note Th. Genicon, qui requalifie en clause pénale une clause de résiliation anticipée obligeant au versement de l'intégralité du prix). – Comp. pour une clause prévoyant le non-paiement d'une partie des intérêts en cas de transfert d'un plan d'épargne ▪ Cass. 1re civ., 12 juill. 2005 : *JCP* 2005, IV, 3062 ; *JurisData* n° 2005-029444 ; *Bull. civ.* I, n° 320, p. 265 ; *RTD civ.* 2005, 781, obs. Mestre et Fages. V. encore ▪ Cass. com., 18 janv. 2011, n° 09-16.863 : *Bull.*, n° 4 ; *RTD civ.* 2001, 122, obs. B. Fages ; *RDC* 2011/3, p. 812, obs. Savaux ; *JCP* 2011, n° 492, note Da Silva ; *Contrats, conc. consom.* 2011, n° 86, obs. Leveneur : *Dr. et patrimoine* mai 2011, p. 72, obs. Aynès.

12) Contrepartie de l'obligation de non-concurrence. La contrepartie pécuniaire de l'obligation de non-concurrence n'est pas une peine (▪ Cass. soc., 4 juill. 1983, n° 80-41.906 : *JurisData* n° 1983-701667 ; *Bull. civ.* V, n° 380, p. 272. ▪ Cass. soc., 6 mars 1986, n° 83-42.733 : *JurisData* n° 1986-000192 ; *D.* 1986, inf. rap. 178. ▪ Paris, 25 avr. 1984 : *JurisData* n° 1984-023773 ; *RTD civ.* 1985, 372, obs. Mestre). Mais l'indemnité prévue en cas de violation de la clause est une clause pénale qui peut être augmentée si son montant *est manifestement dérisoire* (▪ *Cass. soc.*, 5 juin 1996, n° 92-40.921 : *Defrénois* 1997, 737, obs. D. Mazeaud).

13) Préjudice résultant de la rupture du contrat de travail. L'indemnité conventionnelle stipulée par un protocole d'accord et ayant pour objet de réparer le préjudice résultant de la rupture du contrat de travail constitue une clause pénale, alors même que cet avantage conventionnel serait fondé sur le salaire et l'ancienneté (▪ Cass. soc., 5 juin 1986, n° 84-40.951 : *JurisData* n° 1986-701027 ; *D.* 1986, 558, note Karaquillo).

14) Clause de garantie d'emploi. Interprétant la clause contractuelle qui ne prévoyait pas le versement d'une indemnité forfaitaire en cas de violation de la garantie d'emploi, la cour d'appel a pu décider que cette clause ne constituait pas une clause pénale et que les dispositions de l'article 1152 du Code civil n'étaient donc pas applicables (▪ Cass. soc., 4 mars 2008, n° 06-45.221 : *RDC* 2008/4, p. 1158, obs. Borghetti et 2008/3, p. 857, obs. Radé ; *JCP* 2008, II, 10095, note Mouly). Mais pour un accord collectif prévoyant au contraire une clause pénale en cas de non-respect par l'employeur de son engagement, V. ▪ Cass. soc., 8 mars 2017, n° 15-26.975 : *Bull.* ; *RDC* 2017, p. 325, Loiseau ; *RTD civ.* 2017, p. 645, Barbier.

15) Indemnité d'occupation après expiration du bail. Compte tenu de la très importante différence entre le loyer mensuel et l'indemnité d'occupation hebdomadaire en cas de maintien dans les lieux après expiration du bail, les juges du fond peuvent estimer qu'un tel dédommagement constitue en réalité une pénalité excessive soumise à leur pouvoir de modération (▪ Cass. 3e civ., 18 janv. 1989, n° 87-16.847 : *JurisData* n° 1989-702751 ; *JCP* 89, IV, 100).

16) La **démission d'un syndicat professionnel** est l'exercice d'un droit reconnu par la loi (C. trav., art. L. 411-8), ce qui exclut qu'elle puisse constituer l'inexécution d'une obligation relevant du domaine d'application de l'article 1226 (▪ Cass. 1re civ., 23 mars 1983, n° 81-15.815 : *JurisData* n° 1983-700752 ; *Bull. civ.* I, n° 112, p. 98).

17) Prêt. Restitution ou remboursement. Ne constitue pas une clause pénale la clause d'un contrat de prêt tendant seulement à remettre les parties dans le même état que celui dans lequel elles se trouveraient si le contrat n'avait pas existé, sans obliger l'emprunteur à aucune prestation autre que la restitution de ce qu'il avait reçu en vertu du contrat (▪ Cass. 1re civ., 22 févr. 1977, n° 84-40.951 : *JurisData* n° 1986-701027 ; *D.* 1977, inf. rap. 254. V. aussi pour le remboursement d'avances sur commissions faites par la compagnie d'assurance à l'agent ▪ Cass. 2e civ., 19 juin 2003 : *JurisData* n° 2003-019620 ; *JCP* 2003, IV, 2425 ; *Bull. civ.* II, n° 202, p. 169). Il en va de même pour la clause qui donne à l'emprunteur la possibilité de rembourser par anticipation (▪ Cass. 1re civ., 24 nov. 1993, n° 91-16.150 : *Defrénois* 1994, 800, obs. D. Mazeaud ; *RTD civ.* 1994, 857, obs. Mestre).

Une clause d'un contrat de prêt accordant au créancier une indemnité forfaitaire de 5 % au cas où il serait obligé de produire à un ordre ou de participer à une procédure quelconque n'a pas pour objet d'assurer par l'une des parties l'exécution de son obligation et n'a donc pas le caractère d'une clause pénale (■ Cass. 1re civ., 16 janv. 1985, n° 83-11029 : *JurisData* n° 1985-700369 ; *JCP* 86, II, 20661, note Paisant ; *RTD civ.* 1986, 103, obs. Mestre. V. aussi ■ Cass. 1re civ., 21 févr. 1995, n° 92-17.814 : *JurisData* n° 1995-000351 ; *Bull. civ.* I, n° 90, p. 64, clause ouvrant droit au créancier obligé de faire délivrer une sommation à une indemnité destinée à couvrir forfaitairement les frais de gestion et calculée sur le montant de la créance à recouvrer).

18) Mandat. Indemnité de résiliation. L'indemnité contractuelle de résiliation d'un mandat qui aménage les conditions de rupture du contrat ne représente que le prix de la faculté de résiliation unilatérale, en dehors de toute notion d'inexécution, et n'a donc pas le caractère d'une clause pénale (■ Cass. 1re civ., 6 mars 2001, n° 98-15.920 : *JurisData* n° 2001-008565 ; *JCP* 2002, II, 10067, note Dagorne-Labbe ; *Bull. civ.* I, n° 51, p. 33 ; *RTD civ.* 2001, 589, obs. Mestre et Fages ; *D.* 2001, somm. 3243, obs. Delebecque).

19) Crédit-bail. Indemnité de résiliation. Constitue une clause pénale l'indemnité due en cas de résiliation pour inexécution du crédit-bail qui, tant par l'anticipation de l'exigibilité des loyers dès la résiliation que par le paiement d'une année de loyer supplémentaire, majorait les charges financières pesant sur le débiteur, était stipulée à la fois pour le contraindre à l'exécution et comme évaluation conventionnelle et forfaitaire du préjudice subi par le bailleur du fait de la rupture fautive (■ Cass. 3e civ., 21 mai 2008, n° 07-12.848 : *Bull. civ.* III, n° 94 ; *RDC* 2008/4, p. 1158, obs. Borghetti et p. 1257, obs. Seube).

II – VALIDITÉ

20) Sanctions pécuniaires dans le contrat de travail. Sur l'interdiction des amendes et autres sanctions pécuniaires dans le contrat de travail, V. C. trav., art. L. 122-42. V. aussi G. Paisant, *Les clauses pénales sont-elles encore licites dans les contrats de bail et de travail ?* : *JCP* 85, I, 3238.

21) Sur la **réglementation de la clause pénale dans certains contrats**, CCH, art. L. 261-14 (vente d'immeuble à construire), p. 2172 ; C. consom., art. L. 312-39, L. 312-40, p. 2078, art. L. 313-47, p. 2096, art. L. 313-51, p. 2097, art. L. 313-60, p. 2098, art. L. 315-17, p. 2106 et art. L. 315-23, p. 2107 (protection des consommateurs dans le domaine de certaines opérations de crédit).

22) Agent immobilier. Il résulte des dispositions d'ordre public de l'article 6, I, de la loi n° 70-9 du 2 janvier 1970 qu'aucune commission ni somme d'argent quelconque ne peut être exigée par l'agent immobilier ayant concouru à une opération qui n'a pas été effectivement conclue. Dès lors, un agent immobilier ne peut prétendre, sous couvert de l'application d'une clause pénale, au paiement d'une indemnité compensatrice de sa perte de rémunération alors que la vente à laquelle il a concouru n'a pas été effectivement réalisée (■ Cass. 3e civ., 9 juill. 2014, n° 13-19.061 : *Bull.* ; *D.* 2015, p. 529, obs. Amrani-Mekki, Mekki ; *Defrénois* 2014, p. 1019, obs. Lécuyer, Seube).

23) Faillite. La clause prévoyant la majoration des obligations du débiteur dans le cas où il serait mis en règlement judiciaire ou en liquidation des biens porte atteinte à la règle d'ordre public de l'égalité de ses créanciers et ne peut donc produire d'effet (■ Cass. com., 19 avr. 1985, n° 83-15.258 : *JurisData* n° 1985-001092 ; *Bull. civ.* IV, n° 120, p. 103 ; *Defrénois* 1986, 940, obs. Derrida. Voir cependant ■ Cass. 1re civ., 16 janv. 1985, préc., n° 9).

III – RÉGIME

24) Usure. La clause pénale n'est pas soumise aux dispositions des textes réprimant l'usure (■ Cass. com., 22 févr. 1977, n° 75-15.054 : *JurisData* n° 1977-700058 ; *Bull. civ.* IV, n° 58, p. 51).

25) Mise en demeure. La clause pénale n'implique pas que les parties aient entendu, soit expressément, soit virtuellement, dispenser de la formalité de la mise en demeure (■ Cass. 3e civ., 20 janv. 1976, n° 74-13.422 : *JurisData* n° 1976-098023 ; *AJPI* 1977, 110, note Talon. ■ Reims, 30 juin 1977 : *JCP* 79, IV, 14).

26) Action en résolution. La stipulation d'une clause pénale à défaut d'exécution d'une convention n'emporte pas de plein droit renonciation du créancier à poursuivre la résolution de cette convention (■ Cass. 3e civ., 22 févr. 1978, n° 76-13.705 : *JurisData* n° 1978-098101 ; *Bull. civ.* III, n° 99, p. 77).

27) Sur la **modération** de la clause pénale par le juge, v. art. 1152 ancien, p. 1120.

28) Caducité. Survie de la clause. La caducité d'un acte n'affecte pas la clause pénale qui y est stipulée et qui doit précisément produire effet en cas de défaillance fautive de l'une des parties (■ Cass. com., 22 mars 2011, n° 09-16.660 : *Bull.*, n° 49 ; *RDC* 2011/3, p. 826, obs. E. Savaux ; *D.* 2011, p. 2179, note Hontebeyrie ; *JCP* 2011, p. 955, obs. Grosser ; *RTD civ.* 2011, p. 345, obs. Fages).

Art. 1227 ancien *(Abr. à compter du 1er octobre 2016, Ord. n° 2016-131, 10 févr. 2016).* **– La nullité de l'obligation principale entraîne celle de la clause pénale.**

La nullité de celle-ci n'entraîne point celle de l'obligation principale.

Bibliographie : C. Hugon, *Le sort de la clause pénale en cas d'extinction du contrat : JCP* 94, I, 3790.

1) Nullité du contrat. Sur le principe que la nullité d'une convention entraîne la nullité de la clause pénale qui y est insérée, V. ▪ Cass. com., 20 juill. 1983, n° 82-12.145 : *JurisData* n° 1983-701653 ; *JCP* 83, IV, 314 ; *D.* 1984, 422, note Aubert.

2) Clause pénale élément d'appréciation du préjudice. Les juges du fond peuvent faire état d'une clause pénale qu'ils n'appliquent pas comme un élément d'appréciation du préjudice subi (▪ Cass. 1re civ., 29 mars 1965 : *JurisData* n° 1965-000225 ; *Bull. civ.* I, n° 225, p. 167).

3) Libéralité. Une clause pénale ne peut être valablement insérée dans une libéralité et pour assurer l'exécution de ses dispositions que lorsque celles-ci sont licites et ne touchent qu'à des intérêts privés (▪ Cass. 1re civ., 10 mars 1970 : *JurisData* n° 1970-000089 ; *D.* 1970, 584, note A. B.).

Art. 1228 ancien *(Abr. à compter du 1er octobre 2016, Ord. n° 2016-131, 10 févr. 2016).* **– Le créancier, au lieu de demander la peine stipulée contre le débiteur qui est en demeure, peut poursuivre l'exécution de l'obligation principale.**

Art. 1229 ancien *(Abr. à compter du 1er octobre 2016, Ord. n° 2016-131, 10 févr. 2016).* **– La clause pénale est la compensation des dommages et intérêts que le créancier souffre de l'inexécution de l'obligation principale.**

Il ne peut demander en même temps le principal et la peine, à moins qu'elle n'ait été stipulée pour le simple retard.

Bibliographie : Ph. Gerbay, *Les clauses de remboursement forfaitaire des frais de recouvrement judiciaire : D.* 1978, chron. 93.

1) Clause pénale sanctionnant tous manquements. Si aux termes de l'article 1229 le créancier ne peut demander en même temps le principal et la peine, rien n'empêche les cocontractants de stipuler une indemnité à titre de clause pénale pour sanctionner aussi bien la défaillance à l'obligation principale que tous autres manquements (▪ Cass. 1re civ., 10 févr. 1960 : *JurisData* n° 1960-000094 ; *Bull. civ.* I, n° 94, p. 76).

2) Cumul avec une action délictuelle. L'action en concurrence déloyale dirigée contre le nouvel employeur qui a embauché un salarié lié par une clause de non-concurrence est recevable nonobstant l'existence d'une action contractuelle de l'ancien employeur contre ce salarié, et alors que ces deux actions, l'une délictuelle et l'autre contractuelle, qui tendent à la réparation d'un préjudice différent peuvent se cumuler (▪ Cass. com., 24 mars 1998, n° 96-15.694 : *JurisData* n° 1998-001344 ; *JCP* 98, I, 185, n° 13, obs. crit. Viney ; *Bull. civ.* IV, n° 111, p. 89 ; *RTD civ.* 1999, 116, obs. crit. Jourdain ; *D.* 1999, somm. 113, obs. Libchaber).

Art. 1230 ancien *(Abr. à compter du 1er octobre 2016, Ord. n° 2016-131, 10 févr. 2016).* **– Soit que l'obligation primitive contienne, soit qu'elle ne contienne pas un terme dans lequel elle doive être accomplie, la peine n'est encourue que lorsque celui qui s'est obligé soit à livrer, soit à prendre, soit à faire, est en demeure.**

Dispense implicite de mise en demeure. Une clause pénale ne saurait recevoir application en l'absence de mise en demeure dès lors qu'il ne résulte pas de ses termes que les parties aient entendu, soit expressément, soit virtuellement, se dispenser de cette formalité (▪ Cass. 3e civ., 20 janv. 1976, n° 74-13.422 : *JurisData* n° 1976-098023 ; *JCP* 76, IV, 84 ; *Bull. civ.* III, n° 23, p. 17. ▪ Cass. 3e civ., 9 juin 1999, n° 97-20.977 : *JurisData* n° 1999-002335 ; *Contrats, conc. consom.* 1999, 154, note Leveneur). Mais ne donne pas de base légale à sa décision la cour d'appel qui, pour refuser d'appliquer une clause pénale, retient qu'il n'est pas justifié d'une mise en demeure, sans rechercher si les parties qui avaient fixé un terme pour l'achèvement des travaux n'avaient pas eu l'intention de dispenser le créancier de l'obligation de mise en demeure (▪ Cass. 3e civ., 17 nov. 1971, n° 70-12.083 : JurisData n° 1971-000564 ; *Bull. civ.* III, n° 564, p. 402). Pour un exemple de renonciation des parties à la nécessité d'une mise en demeure, V. ▪ Cass. 3e civ., 22 janv. 1971, n° 69-13.938 : *JurisData* n° 1971-098051 ; *JCP* 71, IV, 49 ; *Bull. civ.* III, n° 51, p. 35.

Art. 1231 ancien *(Mod., L. n° 75-597, 9 juill. 1975 ; L. n° 85-1097, 11 oct. 1985 ; abr. à compter du 1er octobre 2016, Ord. n° 2016-131, 10 févr. 2016).* – (1) **Lorsque l'engagement a été exécuté en partie, la peine convenue peut, même d'office, être diminuée par le juge à proportion de l'intérêt que l'exécution partielle a procuré au créancier, sans préjudice de l'application de l'article 1152. Toute stipulation contraire sera réputée non écrite.**

NB : Rappr. art. 1231-5, p. 877.

Jurisprudence. V. ss art. 1231-5, p. 877.

Art. 1232 ancien *(Abr. à compter du 1er octobre 2016, Ord. n° 2016-131, 10 févr. 2016).* – **Lorsque l'obligation primitive contractée avec une clause pénale est d'une chose indivisible, la peine est encourue par la contravention d'un seul des héritiers du débiteur, et elle peut être demandée, soit en totalité contre celui qui a fait la contravention, soit contre chacun des cohéritiers pour leur part et portion, et hypothécairement pour le tout, sauf leur recours contre celui qui a fait encourir la peine.**

Art. 1233 ancien *(Abr. à compter du 1er octobre 2016, Ord. n° 2016-131, 10 févr. 2016).* – **Lorsque l'obligation primitive contractée sous une peine est divisible, la peine n'est encourue que par celui des héritiers du débiteur qui contrevient à cette obligation, et pour la part seulement dont il était tenu dans l'obligation principale, sans qu'il y ait d'action contre ceux qui l'ont exécutée.**

Cette règle reçoit exception lorsque la clause pénale ayant été ajoutée dans l'intention que le paiement ne pût se faire partiellement, un cohéritier a empêché l'exécution de l'obligation pour la totalité. En ce cas, la peine entière peut être exigée contre lui, et contre les autres cohéritiers pour leur portion seulement, sauf leur recours.

CHAPITRE V. – DE L'EXTINCTION DES OBLIGATIONS

Art. 1234 ancien *(Abr. à compter du 1er octobre 2016, Ord. n° 2016-131, 10 févr. 2016).* – **Les obligations s'éteignent :**

Par le paiement ;
Par la novation ;
Par la remise volontaire ;
Par la compensation ;
Par la confusion ;
Par la perte de la chose ;
Par la nullité ou la rescision ;
Par l'effet de la condition résolutoire, qui a été expliquée au chapitre précédent ;
Et par la prescription, qui fera l'objet d'un titre particulier.

1) **Contrepassation.** La contrepassation en compte courant d'une créance acquise d'un client et non payée à l'échéance équivaut à un paiement et prive ainsi le *factor* du bénéfice de la subrogation qui lui a été antérieurement consentie (▪ Cass. *com., 7 juin 1994, n° 92-12.645 : JurisData* n° 1994-001227 ; *RTD civ.* 1995, 112, obs. Mestre). Mais la contrepassation par le *factor* d'une facture acquise en exécution d'un contrat d'affacturage, après mise en liquidation des biens de la société cédante, ne vaut pas paiement (▪ Cass. com., 5 nov. 1991, n° 89-18.996 : *JurisData* n° 1991-002779 ; *Bull. civ.* IV, n° 331, p. 230).

2) **Cession de créance.** Sur le principe que la cession de créance n'emporte pas elle-même extinction de la dette du cédant envers le cessionnaire, V. ▪ Cass. com., 23 juin 1992, n° 90-17.322 : *JurisData* n° 1992-001482 ; *Bull. civ.* IV, n° 245, p. 170 ; *RTD civ.* 1993, 357, obs. Mestre.

3) **Virement.** Le virement ne vaut paiement que lorsqu'il a été effectivement réalisé par l'inscription de son montant au compte du bénéficiaire (▪ Cass. 1re civ., 23 juin 1993, n° 91-14.472 : *JurisData* n° 1993-001532 ; *D.* 1994, 27, note D. Martin).

(1) Dispositions applicables en Nouvelle-Calédonie dans leur version en vigueur au 21 juin 2013, Ord. n° 2013-516, 20 juin 2013, art. 1er.

4) **Restitutions après annulation ou résolution.** Viole l'article 1234 la cour d'appel qui, après annulation d'une cession d'actions, réduit le montant des restitutions pour tenir compte de la plus-value des titres (■ Cass. com., 29 mars 1994, n° 91-21.441 : *JurisData* n° 1994-000750 ; *Bull. civ.* IV, n° 137, p. 108 ; *JCP* E 94, II, 610, note Guyon), ou celle qui, après avoir annulé une transaction, énonce que la remise en état est « impossible à réaliser en fait » et condamne le défendeur à fixer une indemnité inférieure à celle fixée par le tribunal (■ Cass. com., 19 mai 1998, n° 96-16.393 : *JurisData* n° 1998-002057 ; *JCP* G 99, II, 10194 et *JCP* E 99, 1875, note Karm), ou celle qui retient qu'un bail étant à exécution successive, son annulation pour erreur ne peut intervenir qu'à compter de la date de sa dénonciation, sans qu'elle puisse être rétroactive (■ Cass. 3e civ., 13 juin 2001, n° 99-18.676 : *JurisData* n° 2001-010202 ; *Contrats, conc. consom.* 2001, 155, note Leveneur). Mais jugé que l'annulation d'une cession d'actions confère au vendeur, dans la mesure où la remise des actions en nature n'est plus possible, le droit d'en obtenir la remise en valeur au jour de l'acte annulé (■ Cass. com., 14 juin 2005, n° 02-18.164 : *JCP* E 2006, 1349, note Wintgen). Le vendeur n'est pas fondé, en raison de l'effet rétroactif de l'annulation de la vente, à obtenir une indemnité correspondant à la seule occupation de l'immeuble (■ Cass. ch. mixte, 9 juill. 2004, n° 02-16.302 : *JurisData* n° 2004-024656 ; *JCP* G 2004, I, 173, n° 14, obs. Serinet, et II, 10190, note François ; *JCP* G 2005, I, 132, n° 1, obs. Viney ; *Contrats, conc. consom.* 2004, 168, note Leveneur ; *D.* 2004, 2175, note Tuaillon ; *Defrénois* 2004, 1402, obs. Libchaber ; *RDC* 2005/2, 280, obs. Stoffel-Munck. ■ Cass. 3e civ., 2 mars 2005, n° 03-10.553 : *JurisData* n° 2005-027255 ; *Bull. civ.* III, n° 57, p. 50. ■ Cass. 3e civ., 26 oct. 2005, n° 04-15.354 : *JurisData* n° 2005-030592 ; *Contrats, conc. consom.* 2006, 45, note Leveneur. – Même solution en cas de résolution du contrat ■ Cass. 1re civ., 15 mai 2007, n° 05-16.926 : *JurisData* n° 2007-038866. – *Contra*, antérieurement, sur le fondement de l'enrichissement sans cause, ■ Cass. 1re civ., 12 mars 2003 : *Bull. civ.* III, n° 63, p. 58 ; *D.* 2003, 2522, 2e esp., note Serinet ; *RDC* 2004, 265, 2e esp., obs. Stoffel-Munck. V. aussi en cas de résolution ■ Cass. 3e civ., 26 janv. 1994, n° 91-19.318 : *Contrats, conc. consom.* 1994, comm. 133, 2e esp. V. sur l'ensemble de la question G. Kessler, *Restitutions en nature et indemnité de jouissance* : *JCP* 2004, I, 154. – R. Wintgen, *L'indemnité de jouissance en cas d'anéantissement d'un contrat translatif* : *Defrénois* 2004, 692). Sur ce que le vendeur est tenu à titre principal du remboursement du prix en cas d'annulation de la vente, le notaire ne pouvant être condamné qu'à garantir ce remboursement, V. ■ Cass. 1re civ., 9 nov. 2004, n° 01-17.908 : *JurisData* n° 2004-025553 ; *JCP* 2005, I, 132, n° 1, obs. Viney. Commet une faute préjudiciable envers son client l'avocat qui, dans une procédure de résolution de vente omet de conclure sur les restitutions chiffrées consécutives (■ Cass. 1re civ., 15 mai 2007, préc.). Viole les articles 6 § 1, 11 et 13 de la Convention européenne des droits de l'homme l'arrêt qui, après avoir constaté la nullité de plein droit de la clause du bail et de la clause des statuts de l'association faisant obligation au preneur d'adhérer et de maintenir son adhésion à cette association jusqu'au terme du bail, le condamne, sur le seul fondement de l'article 1371 du Code civil et des principes qui gouvernent l'enrichissement sans cause, à payer à l'association, pour la période antérieure à son arrêt, une somme équivalente aux cotisations versées et, pour la période postérieure et aussi longtemps qu'il exploitera le commerce, une somme équivalente aux cotisations qu'il aurait dû acquitter comme membre de l'association (■ Cass. 1re civ., 20 mai 2010, n° 09-65.045 : *Bull. civ.* 2010, I, n° 118 ; *RDC* 2010/4, p. 1185, obs. C. Pérès ; *RDC* 2011/1, p. 169, obs. C. Grimaldi ; *Rev. Lamy dr. civ.* 2010/74, n° 3922, obs. Le Gallou ; *JCP* 2010, 983, obs. Mekki ; *JCP* éd. E. 2010, 1692, obs. J. Raynaud).

Sur la spécificité des restitutions relatives à l'exécution d'une obligation de ne pas faire, V. R. Libchaber, obs. sur ■ Cass. 3e civ., 9 mars 2011, n° 10-30.603 : *RDC* 2011/3, p. 865.

Section I. – Du paiement

§ 1. – Du paiement en général

Art. 1235 ancien ***(Abr. à compter du 1er octobre 2016, Ord. n° 2016-131, 10 févr. 2016).*** **– Tout paiement suppose une dette : ce qui a été payé sans être dû est sujet à répétition.**

La répétition n'est pas admise à l'égard des obligations naturelles qui ont été volontairement acquittées.

NB : Rappr. art. 1100, 1302, p. 802.

Bibliographie : A. Sériaux, *Conception juridique d'une opération économique : le paiement* : *RTD civ.* 2004, 225. • G. Loiseau, *Réflexion sur la nature juridique du paiement* : *JCP* G 2006, I 171. • L. Siguoirt, *La preuve du paiement des obligations monétaires*, préf. G. Loiseau, LGDJ, 2010. • M. Julienne, *Obligation naturelle et obligation civile* : *D.* 2009, p. 1709. • M. Coudrais, *L'obligation naturelle : une idée moderne ?* : *RTD civ.* 2011, p. 453. • L. Bougerol-Prud'homme, *Réflexions sur le paiement à l'épreuve de la monnaie scripturale* : *RTD civ.* 2012, p. 439. • C. Quétand-Finet, *La nature juridique du paiement : ce que la controverse nous apprend* : *D.* 2013, p. 942.

Jurisprudence. V. ss art. 1302, p. 802.

Art. 1236 ancien

(Abr. à compter du 1er octobre 2016, Ord. n° 2016-131, 10 févr. 2016). – **Une obligation peut être acquittée par toute personne qui y est intéressée, telle qu'un coobligé ou une caution.**

L'obligation peut même être acquittée par un tiers qui n'y est point intéressé, pourvu que ce tiers agisse au nom et en l'acquit du débiteur, ou que, s'il agit en son nom propre, il ne soit pas subrogé aux droits du créancier.

NB : Rappr. art. 1342-1, p. 987.

Bibliographie : O. Salvat, *Le recours du tiers contre les personnes dont il a payé la dette* : *Defrénois* 2004, 105.

1) Paiement par un tiers. Agrément du créancier (non). Le paiement d'une obligation effectué par un tiers n'est pas soumis à l'agrément du créancier s'il n'est pas allégué que l'opération comporte délégation du débiteur (▪ Cass. 3e civ., 16 mai 1972, n° 71-12.885 : *JurisData* n° 1972-099302 ; *JCP* 72, IV, 169). Viole l'article 1236 la cour d'appel qui écarte l'offre d'une banque de payer aux donateurs les arrérages impayés de la rente viagère aux lieu et place des donataires, alors que le créancier hypothécaire est en droit de se substituer au donataire pour empêcher la révocation de la donation pour inexécution des charges, révocation qui aurait pour effet d'anéantir rétroactivement l'hypothèque (▪ Cass. 1re civ., 17 déc. 1996, n° 94-21.694 : *JCP* 97, IV, 324 ; *Bull. civ.* I, n° 459, p. 323. V. aussi ▪ Cass. 1re civ., 7 mars 2000, n° 97-20.858 : *JurisData* n° 2000-000834 ; *Dr. famille* 2001, 22, note Beignier).

2) Paiement par un tiers. Libération du débiteur. Le paiement fait par un tiers au moyen de ses propres deniers au nom du débiteur libère valablement ce dernier à l'égard du créancier (▪ Cass. 1re civ., 8 déc. 1976, n° 75-11.108 : *JurisData* n° 1976-000395 ; *Bull. civ.* I, n° 395, p. 310). Il en va de même lorsque le paiement résulte d'une transaction intervenue entre le tiers et le créancier (▪ Cass. 1re civ., 12 déc. 1960 : *Bull. civ.* I, n° 538, p. 440).

3) Recours du tiers contre le débiteur. Le tiers qui a payé la dette d'autrui de ses propres deniers a, bien que non subrogé aux droits du créancier, un recours contre le débiteur dont le caractère varie selon qu'il était ou non intéressé au paiement (▪ Cass. civ., 12 févr. 1929 : *DH* 1929, 180). Il incombe à celui qui a sciemment acquitté la dette d'autrui, sans être subrogé dans les droits du créancier, de démontrer que la cause dont procède ce paiement implique, pour le débiteur, l'obligation de lui rembourser les sommes ainsi versées (▪ Cass. 1re civ., 2 juin 1992, n° 90-19.374 : *JurisData* n° 1992-001363 ; *D.* 1992, somm. 407, obs. Delebecque ; *RTD civ.* 1993, 130, obs. Mestre. ▪ Cass. 1re civ., 17 nov. 1993, n° 91-19.443 : *JurisData* n° 1993-003044 ; *Bull. civ.* I, n° 332, p. 230 ; *Defrénois* 1994, 810, obs. Delebecque. ▪ Cass. 1re civ., 30 mars 2004, n° 01-11.355 : *JurisData* n° 2004-023078 ; *Contrats, conc. consom.* 2004, 92, note Leveneur ; *Bull. civ.* I, n° 103, p. 83. ▪ Cass. 1re civ., 9 févr. 2012, n° 10-28.475 : *RDC* 2012/3, p. 824, obs. Klein ; *Gaz. Pal.* 2012, p. 796, note Piedelièvre. – *Contra* ▪ Cass. 1re civ., 15 mai 1990, n° 87-05.071 : *JurisData* n° 1990-701603 ; *Bull. civ.* I, n° 106, p. 77 ; *JCP* G 91, II, 21628 et *JCP* N 92, II, 76, note Petit ; *D.* 1991, 538, note Virassamy ; *RTD civ.* 1990, 662, obs. Mestre). Celui qui a effectué le paiement pour le compte d'un tiers ne lui ayant donné aucun mandat à cette fin ne saurait en réclamer le remboursement audit tiers qu'à la condition de prouver l'obligation de celui-ci dans la dette ainsi acquittée par lui (▪ Cass. civ., 13 nov. 1939 : *Gaz. Pal.* 1940, 1, 8). Le bénéficiaire du paiement indu est celui dont la dette est acquittée par un tiers qui ne la doit pas. Pour condamner la victime d'un accident de la circulation à restituer à l'assureur du conducteur du véhicule les sommes que cet assureur a versées à la victime, la cour d'appel a retenu que le Fonds de garantie automobile ne dénie nullement le bien-fondé de l'exception de non-garantie, alors qu'en recevant des indemnités auxquelles elle avait droit, la victime n'a pas reçu de paiement indu, celui-ci ayant, en réalité, bénéficié au Fonds de garantie, à l'encontre duquel existait le recours ouvert en pareil cas (▪ Cass. 1re civ., 7 mai 2003 : *JCP* 2004, IV, 1900 ; *JurisData* n° 2003-022718 ; *Defrénois* 2004, 997, obs. Libchaber).

4) Preuve de l'origine des deniers. Le tiers payant est présumé avoir payé de ses propres deniers, mais cette présomption peut être combattue par le débiteur (▪ Cass. req., 18 févr. 1901 : *DP* 1901, 1, 303. ▪ Rouen, 16 févr. 1939 : *S.* 1939, 2, 91).

5) Justification du refus du débiteur. Si une exception à la règle posée par l'article 1236, al. 2 peut être admise dans le cas où le débiteur justifie d'un intérêt légitime à ce que le paiement ne soit pas effectué par le tiers, il n'en saurait être de même lorsqu'il est constaté que le débiteur ne peut invoquer aucune justification légitime et que son opposition n'est que le résultat d'une évidente collusion frauduleuse avec le créancier (■ Cass. req., 7 juin 1937 : *DH* 1937, 427). La règle posée par l'article 1236 reçoit exception lorsque débiteur et créancier sont d'accord pour refuser le paiement, mais cette exception ne saurait être admise lors que la personne qui a intérêt légitime à payer ne se voit opposer aucune raison légitime de ce refus (■ Cass. 2e civ., 29 mai 1953 : *D.* 1953, 516).

6) Erreur du tiers *solvens* sur la qualité de créancier. Si toute obligation peut être acquittée par un tiers qui y a intérêt, encore faut-il, pour que le paiement ne soit pas indu et n'ouvre pas droit à répétition, que ce tiers n'ait pas commis d'erreur sur la qualité de créancier de celui à qui il a payé (■ Cass. 1re civ., 31 janv. 1989, n° 86-16.246 : *JurisData* n° 1989-700238 ; *JCP* 89, IV, 120 ; *Bull. civ.* I, n° 51, p. 33).

7) Paiement exigé par un tiers. L'association syndicale à laquelle un particulier a adhéré étant un établissement public administratif en droit d'affermer le service public dont il est chargé, c'est sans violer le principe de l'effet relatif des conventions que la cour d'appel a admis que le concessionnaire peut facturer directement à l'adhérent le montant des factures relatives à la mise à disposition d'un système d'irrigation (■ Cass. 1re civ., 17 juin 1997, n° 95-14.145 : *JurisData* n° 1997-002899 ; *JCP* 97, IV, 1736 ; *Defrénois* 1997, 1343, obs. Delebecque).

8) Donation rémunératoire. Pour un exemple de paiement de la dette d'autrui constituant une donation rémunératoire, V. ■ Paris, 31 mars 2000, n° 1998/17743 : *JurisData* n° 2000-124084 ; *D.* 2000, somm. 432, obs. Vareille.

Art. 1237 ancien

(Abr. à compter du 1er octobre 2016, Ord. n° 2016-131, 10 févr. 2016). **– L'obligation de faire ne peut être acquittée par un tiers contre le gré du créancier, lorsque ce dernier a intérêt qu'elle soit remplie par le débiteur lui-même.**

NB : Rappr. art. 1342-1, p. 987.

Intérêt du créancier. L'existence de l'intérêt du créancier est une question de fait (■ Cass. civ., 10 mai 1897 : *DP* 1898, 1, 73, note L. S.). Pour un exemple de juste motif de refus du paiement offert par un tiers, V. ■ Cass. 3e civ., 23 févr. 1972, n° 70-13.549 : *JurisData* n° 1972-098126 ; *Bull. civ.* III, n° 126, p. 92.

Art. 1238 ancien

(Abr. à compter du 1er octobre 2016, Ord. n° 2016-131, 10 févr. 2016). **– Pour payer valablement, il faut être propriétaire de la chose donnée en paiement, et capable de l'aliéner.**

Néanmoins, le paiement d'une somme en argent ou autre chose qui se consomme par l'usage, ne peut être répété contre le créancier qui l'a consommée de bonne foi, quoique le paiement en ait été fait par celui qui n'en était pas propriétaire ou qui n'était pas capable de l'aliéner.

Art. 1239 ancien

(Abr. à compter du 1er octobre 2016, Ord. n° 2016-131, 10 févr. 2016). **– Le paiement doit être fait au créancier, ou à quelqu'un ayant pouvoir de lui, ou qui soit autorisé par justice ou par la loi à recevoir pour lui.**

Le paiement fait à celui qui n'aurait pas pouvoir de recevoir pour le créancier, est valable, si celui-ci le ratifie ou s'il en a profité.

NB : Rappr. art. 1342-2, p. 987.

1) Mandat de recevoir les fonds. Les juges du fond apprécient souverainement l'existence d'un mandat de recevoir les fonds (■ Cass. com., 8 févr. 1972, n° 70-13.064 : *JurisData* n° 1972-098085 ; *JCP* 73, II, 17386, note Kahn). Le mandat *ad litem de l'avoué ne comporte pas ce pouvoir* (■ Cass. civ., 22 mars 1921 : *DP* 1924, 1, 194. ■ Cass. 2e civ., 5 janv. 1972, n° 70-10.326 : *JurisData* n° 1972-099004 ; *Bull. civ.* II, n° 3, p. 2). Mais le mandat de vendre des immeubles peut comporter le pouvoir de recevoir le prix (■ Cass. 3e civ., 4 mars 1971, n° 69-13.485 : *JurisData* n° 1971-098160 ; *Bull. civ.* III, n° 160, p. 115). Jugé que l'indication dans un acte que le remboursement aura lieu en l'étude du notaire doit être retenue comme un commencement de preuve par écrit que le créancier a donné pouvoir au notaire de recevoir le paiement en son nom (■ Amiens, 8 déc. 1934 et ■ Cass. civ., 30 nov. 1938 : *Gaz. Pal.* 1939, 1, 216). Sur l'application en la matière de la théorie du mandat apparent, V. ■ Cass. com., 27 janv. 1971, n° 69-12.825 : *JurisData* n° 1971-098028 ; *Bull. civ.* IV, n° 28, p. 30.

Viole les articles 1239 et 1184 la cour d'appel qui refuse de déclarer acquise la clause résolutoire d'un bail au motif que le bailleur savait que les loyers avaient été versés entre les mains du notaire des précédents propriétaires, alors qu'elle n'a pas caractérisé la mauvaise foi de ce bailleur (■ Cass. 3e civ., 5 mars 1997, n° 95-13.539 : *JurisData* n° 1997-000893 ; *Loyers et copr.* 1997, 96 ; *Defrénois* 1997, 1010, obs. Delebecque).

2) Ratification tacite. La ratification par le créancier peut être tacite (■ Cass. 1re civ., 12 déc. 1973, n° 72-13.284 : *JurisData* n° 1973-000352 ; *Gaz. Pal.* 1974, 1, somm. 75. ■ Cass. com., 12 juill. 1993, n° 91-16.793 : *JurisData* n° 1993-001535 ; *RTD civ.* 1993, 825, obs. Mestre). Mais le simple fait pour le créancier de savoir que la somme a été remise à un tiers ne peut valoir ratification (■ Cass. soc., 1er mars 1962 : *Bull. civ.* IV, n° 243, p. 179).

3) Virement (date du paiement). Le virement vaut paiement dès réception des fonds par le banquier du bénéficiaire qui les détient pour le compte de son client. En conséquence, viole l'article 1239 la cour d'appel qui retient la date à laquelle les sommes ont été virées sur le compte particulier de l'huissier mandaté par les créanciers et non la date à laquelle les fonds avaient été inscrits au crédit du compte du banquier de l'huissier (■ Cass. com., 3 févr. 2009, n° 06-21.184 : *Bull. civ.* IV, n° 16 ; *JCP* 2009, II, 10045, note Barbièri ; *Contrats, conc. consom.* 2009, comm. 95, note Leveneur).

4) Preuve libre. La preuve du paiement, qui est un fait, peut être rapportée par tous moyens (■ Cass. 1re civ., 6 juill. 2004, n° 01-14.618 : *JurisData* n° 2004-024533 ; *Bull. civ.* 2004, I, n° 202 ; *Comm. com. électr.* 2005, n° 31, note Stoffel-Munck. ■ Cass. 1re civ., 16 sept. 2010, n° 09-13.947 : *Bull. civ.*, n° 173 ; *RDC* 2011/1, obs. Libchaber, p. 103 ; *D.* 2010, pan. 2671, obs. Delebecque ; *ibid.* 2011, chron. C. cass. 622, obs. Creton ; *JCP* 2010, n° 940, note Deharo ; n° 1040, obs. Loiseau ; *Contrats, conc. consom.* 2010, n° 266, note Leveneur).

Art. 1240 ancien *(Abr. à compter du 1er octobre 2016, Ord. n° 2016-131, 10 févr. 2016).* – **Le paiement fait de bonne foi à celui qui est en possession de la créance est valable, encore que le possesseur en soit par la suite évincé.**

NB : Rappr. art. 1342-3, p. 987.

1) Possesseur de la créance. Le possesseur de la créance est le titulaire apparent de la créance et non celui qui prétend agir comme mandataire, même s'il détient le titre (■ Cass. civ., 22 mars 1921 : *DP* 1924, 1, 194).

2) Possession équivoque. Sur les effets du caractère équivoque de la possession de titres au porteur, V. ■ Cass. 1re civ., 21 mai 1980, n° 79-10.552 : *JurisData* n° 1980-000156 ; *D.* 1980, inf. rap. 478.

3) Saisie-attribution. Connaissance de la cession par le débiteur cédé. Viole l'article 1240 la cour d'appel qui retient que le paiement, effectué de bonne foi par le débiteur cédé au créancier ayant pratiqué la saisie-attribution antérieurement à la réception de la notification de la cession, est libératoire, alors que ce paiement est intervenu en cours de procédure et que le débiteur cédé était informé de la cession (■ Cass. com., 26 nov. 2003 : *JCP* 2004, IV, 1150 ; *JurisData* n° 2003-021241).

4) Remboursement après infirmation d'une décision. L'infirmation d'une décision en vertu de laquelle un paiement forcé a été effectué remet les parties dans la situation où elles se trouvaient avant l'exécution et fait disparaître la cause du paiement. L'obligation de remboursement résultant de plein droit de la réformation, l'article 1240 du Code civil ne s'applique pas (■ Cass. com., 11 oct. 2011, n° 10-11.938 : *Bull.*, n° 155 ; *D.* 2012, p. 1107, note Hontebeyrie ; *Gaz. Pal.* 20 janv. 2012, p. 35, obs. Roussel Galle).

Art. 1241 ancien *(Abr. à compter du 1er octobre 2016, Ord. n° 2016-131, 10 févr. 2016).* – **Le paiement fait au créancier n'est point valable, s'il était incapable de le recevoir, à moins que le débiteur ne prouve que la chose payée a tourné au profit du créancier.**

NB : Rappr. art. 1342-2, p. 987.

Art. 1242 ancien *(Abr. à compter du 1er octobre 2016, Ord. n° 2016-131, 10 févr. 2016).* – **Le paiement fait par le débiteur à son créancier, au préjudice d'une saisie ou d'une opposition, n'est pas valable, à l'égard des créanciers saisissants ou opposants : ceux-ci peuvent, selon leur droit, le contraindre à payer de nouveau sauf, en ce cas seulement, son recours contre le créancier.**

1) Règlement avec l'accord du débiteur sur les fonds saisis. Si la saisie empêche le débiteur de disposer des fonds saisis en faveur d'un tiers, elle n'a point pour effet d'empêcher le règlement sur ces fonds, avec l'accord du débiteur, du créancier saisissant (■ Cass. soc., 17 nov. 1955 : *D.* 1956, somm. 122 ; *Bull. civ.* IV, n° 825, p. 621).

2) Effet de l'opposition. Le tiers auquel il a été fait défense de s'acquitter de sa dette ne saurait, sans engager sa responsabilité envers le saisissant, passer outre à cette défense tant qu'il ne lui aura pas été justifié que mainlevée régulière de la saisie lui a été accordée (■ Cass. 2e civ., 24 janv. 1973 : *JurisData* n° 1973-099029 ; *D.* 1973, 421, note Prévault).

Art. 1243 ancien *(Abr. à compter du 1er octobre 2016, Ord. n° 2016-131, 10 févr. 2016).* **– Le créancier ne peut être contraint de recevoir une autre chose que celle qui lui est due, quoique la valeur de la chose offerte soit égale ou même plus grande.**

NB : Rappr. art. 1342-4, p. 987.

Voir : CGI, art. 1649 *quater* B. – C. monét. fin. art. L. 112-2, p. 2276 et L. 112-6, p. 2277.

I – RÈGLES GÉNÉRALES RELATIVES À L'OBJET DU PAIEMENT

1) Action en résolution. Si le créancier, aux termes de l'article 1243, ne peut être contraint de recevoir une autre chose que celle qui lui est due, cette disposition légale n'est pas applicable lorsque le créancier d'un prix de vente consistant en denrées demande lui-même la résolution du marché avec dommages-intérêts (■ Cass. req., 21 déc. 1927 : *DH* 1928, 82).

2) Dation en paiement. Sur la nature juridique de la dation en paiement, v. Léoty : *RTD civ.* 1975, 12. – D. Hiez : *RTD civ.* 2004, 199. La dation en paiement, comme le paiement lui-même, peut être à terme (■ Cass. 3e civ., 12 janv. 1980 : *Bull. civ.* III, n° 5, p. 3). Le consentement du créancier à une dation en paiement peut être tacite (■ Cass. 1re civ., 21 nov. 1995, n° 93-16.554 : *JurisData* n° 1995-003186 ; *JCP* N 96, II, 900, note Leveneur ; *Contrats, conc. consom.* 1996, 18, note Leveneur ; *RTD civ.* 1996, 617, obs. Mestre). Mais les juges du fond doivent constater l'existence de l'acte juridique portant dation en paiement (■ Cass. 3e civ., 13 avr. 2005, n° 04-10.774 : *JurisData* n° 2005-028073 ; *Contrats, conc. consom.* 2005, 147, note Leveneur ; *RTD civ.* 2005, 783, obs. Mestre et Fages). La dation en paiement n'implique pas que le montant de la dette qu'elle a pour objet d'éteindre soit déterminé et chiffré ; il faut et il suffit que cette dette soit suffisamment indivisualisée, qu'aucune ambiguïté n'existe sur sa consistance (■ Versailles, 8 oct. 1998, n° 96/00001936 : *JurisData* n° 1998-055964 ; *RTD civ.* 1999, 109, obs. Mestre). La dation en paiement ne constitue pas un mode de paiement mettant obstacle à la revendication du prix de revente par le vendeur sous réserve de propriété (■ Cass. com., 14 mai 2008, n° 06-21.532 : *Bull. civ.* IV, n° 98 ; *D.* 2008, p. 2253, note Aubry). Ayant relevé que le paiement du prix de vente d'un immeuble était *payable par la SCI acquéreur pour partie* par l'obligation de faire construire sur l'une des parcelles vendues et de remettre au vendeur une maison de même valeur et que la construction n'avait pas été terminée, la cour d'appel en a exactement déduit que le vendeur ne pouvait demander le transfert ni de la propriété de la parcelle, qui ne faisait pas l'objet de la dation en paiement, ni de la construction, le transfert de propriété ne pouvant s'opérer, s'agissant d'une dation en paiement d'une chose future, que lorsque la chose était effectivement en mesure d'être livrée par celui qui devait la donner (■ Cass. 3e civ., 22 sept. 2010, n° 09-15.781 : *Bull.*, n° 170 ; *RDC* 2011/2, p. 472, obs. R. Libchaber).

3) Paiement par chèque. Sur le paiement par chèque, v. C. monét. fin., art. L. 112-6. – CGI, art. 1649 *quater* B, p. 2198. Un créancier peut, en dehors des cas limitativement prévus par la loi, refuser un paiement par chèque (■ Cass. com., 19 juill. 1954 : *D.* 1954, 629). La remise d'un chèque ne vaut paiement que sous la condition de son encaissement (■ Cass. 1re civ., 4 avr. 2001, n° 99-14.927 : *JurisData* n° 2001-009015 ; *JCP* 2001, IV, 2007 ; *Bull. civ.* I, n° 102, p. 65. Comp. pour le virement ■ Cass. 1re civ., 23 juin 1993 : *D.* 1994, 27, note D. Martin).

4) Billets de la Banque de France. Sur le principe que les billets de la Banque de France ne peuvent être refusés en paiement par le créancier, V. ■ Cass. civ., 28 déc. 1887 : *DP* 1888, 1, 217.

5) Conversion de la dette libellée en monnaie étrangère. La conversion en francs de la dette libellée en monnaie étrangère doit tenir compte du cours de cette monnaie au jour où le paiement aurait dû être fait (■ Cass. req., 17 févr. 1937 : *DH* 1937, 234. – Comp. ■ Cass. req., 3 mai 1946 : *S.* 1951, 1, 33, note Plaisant). Sur le rôle des usages pour la détermination de la date de la conversion, V. ■ Rouen, 6 mars 1952 : *JCP* 52, II, 6934, concl. Charbonnier.

6) Euro. V. Circulaire du 24 décembre 1998 relative aux conséquences du passage à l'euro sur les instances judiciaires : *JCP* G 99, IV, 20031 ; *JCP* E 99, 235. – Loi n° 2000-517 du 15 juin 2000 portant habilitation du gouvernement à adapter par ordonnance la valeur en euros de certains montants exprimés en francs dans les textes législatifs : *JCP* 2000, III, 20303. – Ord. n° 2000-916 du 19 septembre 2000 portant adaptation de la valeur en euros de certains montants exprimés en francs dans les textes législatifs : *JCP* 2000, III, 20374. – Circ. 12 févr.

2001 relative aux montants monétaires figurant dans les textes législatifs et réglementaires : *JCP* 2001, III, 20443.

7) Paiement en monnaie étrangère. Sur le principe que le débiteur d'une somme libellée en monnaie étrangère n'est tenu de livrer que la quantité prévue de cette monnaie, même si la dépréciation de celle-ci anéantit en réalité la dette, V. ■ Paris, 18 févr. et 17 juin 1927 : *DP* 1928, 2, 49, note R. Savatier. ■ Cass. req., 25 févr. 1929 : *DH* 1929, 161. L'obligation au paiement résultant d'une décision judiciaire française et étant libellée en francs français, c'est à bon droit que, s'agissant d'un paiement interne, la cour d'appel a décidé que le débiteur n'était pas fondé à imposer au créancier, fût-il comme lui de nationalité étrangère et domicilié à l'étranger, un paiement en monnaie étrangère (■ Cass. 1re civ., 7 oct. 1997, n° 95-18.082 : *JurisData* n° 1997-003886 ; *JCP* 97, IV, 2268 ; *Bull. civ.* I, n° 268, p. 181 ; *RTD civ.* 1998, 907, obs. Mestre).

II – CLAUSES RELATIVES À LA MONNAIE DE PAIEMENT ET À LA MONNAIE DE COMPTE

8) Clauses or et clauses monnaie étrangère. Paiements internes. Sur la nullité dans les paiements internes de toute clause obligeant un débiteur à s'acquitter en or ou en une monnaie étrangère, V. ■ Cass. civ., 17 mai 1927 : *DP* 1928, 1, 25, concl. Matter et note Capitant. L'article 79 de l'ordonnance du 30 déc. 1958 (C. monét. fin., art. L. 112-2) prohibe dans les contrats purement internes la fixation de la créance en monnaie étrangère (■ Cass. 1re civ., 11 oct. 1989, n° 87-16.341 : *JurisData* n° 1989-703074 ; *JCP* 90, II, 21393, note Lévy ; *D.* 1990, 167, note de La Marnierre. – V. aussi ■ Bordeaux, 8 mars 1990 : *JurisData* n° 1990-600089 ; *D.* 1990, 550, note Malaurie). Jugé cependant que la fixation de la créance en monnaie étrangère (yen) dans une ouverture de crédit est en relation directe avec l'activité de banquier de l'un des contractants, de sorte que la clause d'indexation n'est pas prohibée par ce texte, le contrat fût-il purement interne (■ Cass. com., 22 mai 2001, n° 98-14.406 : *JurisData* n° 2001-009672 ; *JCP* 2001, IV, 2316 ; *Bull. civ.* IV, n° 98, p. 91 ; *Defrénois* 2001, 1068, obs. Libchaber).

9) Clauses monnaie étrangère. Paiements internationaux. Sur la validité des clauses relatives à la monnaie de paiement dans les paiements internationaux, v. ■ Cass. civ., 3 juin 1930, 9 juill. 1930 et 14 janv. 1931 (2 arrêts) : *DP* 1931, 1, 5, note R. Savatier. – V. en ce sens ■ Cass. 1re civ., 24 janv. 1956 : *D.* 1956, 317, note Lenoan. ■ Cass. 1re civ., 4 mai 1964, n° 62 10 087 : *D.* 1964, somm. 110. ■ Cass. 1re civ., 15 juin 1983, n° 82-11.882 : *JurisData* n° 1983-701419 ; *JCP* 84, II, 20123, note Lévy. Sur la notion de paiement international, v. ■ Cass. com., 4 nov. 1958 : *D.* 1959, 361, note Malaurie. ■ Cass. 1re civ., 22 déc. 1964 : *JCP* 65, II, 14290, note Hubrecht.

III – CLAUSES D'ÉCHELLE MOBILE

10) Doctrine. R. Savatier, *La nouvelle législation des indexations* : *D.* 1959, chron. 63. – De La Marnierre, *Observations sur l'indexation comme mesure de valeur* : *RTD civ.* 1977, 54. – Tendler, *Indexation et ordre public* : *D.* 1977, chron. 245.

11) Nécessité d'un écrit (non). L'article 79-3 de l'ordonnance du 30 déc. 1958 (C. monét. fin., art. L. 112-2) n'exige pas que l'objet de la convention soit constaté par écrit (■ Cass. 1re civ., 27 oct. 1981, n° 79-16.266 : *JurisData* n° 1981-003027 ; *Bull. civ.* I, n° 311, p. 262).

12) Activité en relation avec l'indice. Si la loi impose que l'indice soit en relation directe avec l'activité de l'une des parties, elle n'exige pas que ce soit avec son activité principale (■ Cass. 3e civ., 15 févr. 1972, n° 70-13.592 : *JurisData* n° 1972-098105 ; *JCP* 72, II, 17094, note Lévy ; *D.* 1973, 417, note Ghestin. ■ Cass. 1re civ., 7 mars 1984, n° 83-11.094 : *JurisData* n° 1984-700747 ; *Bull. civ.* I, n° 91, p. 74) et la clause reste valable même si cette partie cesse son activité (■ Cass. 1re civ., 18 juin 1980, n° 78-11.348 : *Bull. civ.* I, n° 192, p. 156), ou si elle la transforme (■ Cass. 1re civ., 6 juin 1984, n° 83-12.301 : *JurisData* n° 1984-701079 ; *Bull. civ.* I, n° 187, p. 159 ; *JCP* 85, II, 20471, note Lévy).

13) Objet de la convention. L'objet de la convention au sens de l'article 79 de l'ordonnance du 30 déc. 1958 doit s'entendre dans son acception la plus large et notamment l'objet d'un prêt peut être de permettre à l'emprunteur de construire ou d'acheter un immeuble (■ Cass. 1re civ., 9 janv. 1974, n° 72-13.846 : *JurisData* n° 1974-000014 ; *JCP* 74, II, 17806, note Lévy). Il existe une relation directe entre l'objet d'une telle convention et l'indice du coût de la construction (même arrêt). Jugé cependant que la simple affirmation portée au contrat spécifiant que l'emprunt devait servir à des travaux immobiliers ne suffit pas pour justifier l'indexation des sommes prêtées sur le coût de la construction (■ Cass. 1re civ., 18 févr. 1976, n° 74-15.197 : *JurisData* n° 1976-799076 ; *JCP* 76, II, 18465, note Lévy).

14) Appréciation du caractère direct de la relation. Le caractère direct de la relation existant entre la nature de l'indice et l'objet du contrat relève de l'appréciation souveraine des juges du fond (■ Cass. 3e civ., 17 juill. 1972 : *JurisData* n° 1972-000470 ; *D.* 1972, 238, note Malaurie) (validité de l'indexation du prix de vente d'un domaine rural sur le salaire d'un ouvrier agricole). Pour d'autres applications, v. ▪ Amiens, 28 juill. 1961 : *JCP* 61, II, 12299 (nullité de l'indexation d'une rente viagère sur la retraite des cadres textiles). ▪ Cass. 3e civ., 22 oct. 1970 : *JurisData* n° 1970-000536 ; *JCP* 71, II, 16636 *bis*, note Lévy (nullité de l'indexation du solde d'un prix de vente d'immeuble sur le cours du napoléon). ▪ Cass. 3e civ., 15 févr. 1972 : *JurisData* n° 1972-098100 ; *JCP* 72, II, 17094, note Lévy ; *D.* 1973, 417, note Ghestin (validité de l'indexation du prix d'un immeuble à usage d'habitation et de commerce de mécanicien-garagiste sur le salaire d'un ouvrier mécanicien). ▪ Cass. 3e civ., 6 juin 1972, n° 70-14.441 : *JurisData* n° 1972-000373 ; *D.* 1973, 151, note Malaurie (nullité de l'indexation du loyer d'un bail commercial sur le salaire du manœuvre maçon). ▪ Cass. 3e civ., 22 janv. 1980, n° 78-11.290 : *JurisData* n° 1980-799019 ; *JCP* 82, II, 19750, note Néret (validité de l'indice d'académie d'architecture inclus dans des baux commerciaux consentis par des sociétés dont l'activité se rattache par un lien nécessaire à la construction d'immeubles).

15) **Salaire minimum ou niveau général des prix.** La prohibition des indexations fondées sur le salaire minimum interprofessionnel garanti, ainsi que sur le niveau général des prix et des salaires, est d'ordre public, et la clause qui la méconnaît n'est donc susceptible ni de confirmation ni de ratification (▪ Cass. 1re civ., 3 nov. 1988 : *JCP* 89, IV, 4 ; *D.* 1989, 93, note Malaurie). Mais jugé qu'il s'agit de l'ordre public économique de protection et les parties peuvent donc renoncer à contester la validité de leur engagement, une fois acquis leur droit à se prévaloir de l'illicéité d'une clause d'indexation incluse dans leurs conventions initiales (▪ Amiens, 9 déc. 1974 : *JurisData* n° 1974-600232 ; *JCP* 75, II, 18135, note Lévy ; *D.* 1975, 772, note Malaurie. V. en ce sens ▪ Toulouse, 5 mars 1975 : *JurisData* n° 1975-760463 ; *JCP* 75, II, 18034, note Picard ; *D.* 1975, 772, note Malaurie).

16) **Conséquences de la nullité de la clause d'indexation.** Les juges du fond disposent d'un pouvoir souverain pour apprécier si une clause d'indexation nulle présente un caractère essentiel au contrat dont dépendrait l'existence de l'ensemble de la convention (▪ Cass. 3e civ., 13 févr. 1969 : *JurisData* n° 1969-799134 ; *JCP* 69, II, 15942, note Levy, 2e esp.). En présence d'une clause précisant que chacune des clauses du contrat est condition déterminante de celui-ci, ils ne peuvent décider que la nullité de la clause ne s'étend pas au contrat (▪ Cass. com., 27 mars 1990, n° 88-15.092 : *D.* 1991, 289, note Testu). Mais jugé qu'ils peuvent estimer que l'annulation de la clause n'entraîne pas la nullité du contrat même si les parties l'ont qualifiée de déterminante, cette stipulation constituant une fraude à la loi (▪ Cass. 3e civ., 6 juin 1972, n° 71-12.468 : *D.* 1973, 151, note Malaurie. – V. en ce sens ▪ Cass. 3e civ., 9 juill. 1973 : *JurisData* n° 1973-000467 ; *D.* 1974, 24).

17) **Office du juge en cas d'annulation.** Rien n'interdit aux juges du fond appelés à apprécier la validité et la portée d'une indexation conventionnelle se référant à trois indices de faire uniquement application de l'un d'eux dès lors que les deux autres ne peuvent être retenus par application des dispositions de l'article 79 de l'ordonnance du 30 déc. 1958 (▪ Cass. 3e civ., 16 juill. 1974 : *JurisData* n° 1974-098311 ; *D.* 1974, 681, note Malaurie). Jugé qu'ils peuvent décider de substituer à l'indice annulé un indice admis par la loi (▪ Cass. 3e civ., 22 juill. 1987, n° 84-10.548 : *JurisData* n° 1987-001475 ; *Bull. civ.* III, n° 151, p. 88. – V. en ce sens ▪ Lyon, 9 juill. 1990 : *D.* 1991, 47, note Malaurie ; *RTD civ.* 1991, 357, obs. Rémy).

18) **Notion de dette d'aliments.** Si la contribution aux charges du mariage est distincte, par son fondement et par son but, de l'obligation alimentaire, elle n'en doit pas moins être regardée comme une dette d'aliments au sens de l'article 79-3 de l'ordonnance du 30 déc. 1958. Elle peut donc être indexée sur l'indice des prix à la consommation (▪ Cass. 1re civ., 16 juill. 1986, n° 85-11.720 : *JurisData* n° 1986-701446 ; *Bull. civ.* I, n° 208, p. 199. ▪ Cass. 1re civ., 31 mai 1988, n° 86-14.019 : *JurisData* n° 1988-702279 ; *Bull. civ.* I, n° 164, p. 114).

Art. 1244 ancien *(L. n° 91-650, 9 juill. 1991 ; abr. à compter du 1er octobre 2016, Ord. n° 2016-131, 10 févr. 2016)*. – Le débiteur ne peut forcer le créancier à recevoir en partie le paiement d'une dette, même divisible.

NB : Rappr. art. 1342-4, p. 987.

Rédaction antérieure. Art. 1244 *(Mod., L. n° 85-1097, 11 oct. 1985)*. – Le débiteur ne peut point forcer le créancier à *recevoir en partie le paiement d'une dette*, même divisible.

Les juges peuvent néanmoins, en considération de la position du débiteur et compte tenu de la situation économique, accorder pour le paiement des délais qui emprunteront leur mesure aux circonstances, sans toutefois dépasser deux ans, et surseoir à l'exécution des poursuites, toutes choses demeurant en l'état.

En cas d'urgence, la même faculté appartient, en tout état de cause, au juge des référés.

S'il est sursis à l'exécution des poursuites, les délais fixés par le Code de procédure civile pour la validité des procédures d'exécution seront suspendus jusqu'à l'expiration du délai accordé par le juge.

Art. 1244-1 ancien *(Abr. à compter du 1er octobre 2016, Ord. n° 2016-131, 10 févr. 2016)*. **– Toutefois, compte tenu de la situation du débiteur et en considération des besoins du créancier, le juge peut, dans la limite de deux années, reporter ou échelonner le paiement des sommes dues.**

Par décision spéciale et motivée, le juge peut prescrire que les sommes correspondant aux échéances reportées porteront intérêt à un taux réduit qui ne peut être inférieur au taux légal ou que les paiements s'imputeront d'abord sur le capital.

En outre, il peut subordonner ces mesures à l'accomplissement, par le débiteur, d'actes propres à faciliter ou à garantir le paiement de la dette.

Les dispositions du présent article ne s'appliquent pas aux dettes d'aliments.

NB : Rappr. art. 1343-5, p. 988.

Art. 1244-2 ancien *(Abr. à compter du 1er octobre 2016, Ord. n° 2016-131, 10 févr. 2016)*. **– La décision du juge, prise en application de l'article 1244-1, suspend les procédures d'exécution qui auraient été engagées par le créancier. Les majorations d'intérêts ou les pénalités encourues à raison du retard cessent d'être dues pendant le délai fixé par le juge.**

NB : Rappr. art. 1343-5, p. 988.

Art. 1244-3 ancien *(Abr. à compter du 1er octobre 2016, Ord. n° 2016-131, 10 févr. 2016)*. **– Toute stipulation contraire aux dispositions des articles 1244-1 et 1244-2 est réputée non écrite.**

NB : Rappr. art. 1343-5, p. 988.

Voir : CPC, art. 510, p. 2328 et, dérogeant à l'art. 1244-3, C. civ., art. 24, V, L. 6 juill. 1989, modifiée par L. n° 2014-366 du 24 mars 2014.

Bibliographie : A. Sériaux, *Réflexions sur les délais de grâce : RTD civ.* 1993, 789.

1) Opportunité des délais de grâce. Les juges du fond disposent d'un pouvoir souverain pour apprécier l'opportunité des délais de grâce (■ Cass. 2e civ., 10 juin 1970, n° 68-13.565 : *JurisData* n° 1970-099201 ; *JCP* 70, IV, 204 ; *Bull. civ.* II, n° 201, p. 153. ■ Cass. 2e civ., 1er févr. 2001, n° 99-15.712 : *JurisData* n° 2001-008288 ; *Bull. civ.* II, n° 22, p. 17). Ils peuvent par exemple tenir compte, pour rejeter la demande, de l'ancienneté de la créance (■ Cass. com., 8 févr. 1972, n° 70-13.313 : *JurisData* n° 1972-097050 ; *JCP* 73, II, 17386, note Kahn). En refusant d'accorder un délai de paiement au débiteur, la cour d'appel n'a fait qu'exercer le pouvoir discrétionnaire qu'elle tient de l'article 1244-1 du Code civil, sans avoir à motiver sa décision (■ Cass. 1re civ., 24 oct. 2006 : *JurisData* n° 2006-035513, *JCP G* 2006, IV, 3230 ; *RDC* 2007/2, p. 263, obs. Mazeaud).

2) Clause résolutoire. Le juge ne peut, en accordant des délais de grâce sur la base de l'article 1244 (anc.), paralyser le jeu d'une clause résolutoire de plein droit (■ Cass. 3e civ., 4 juin 1986, n° 85-10.136 : *JurisData* n° 1986-701087 ; *RTD civ.* 1987, 318, obs. Mestre). Mais l'octroi de délais en application de l'article 1244-1 implique nécessairement la suspension des effets de la clause résolutoire que le juge peut accorder en matière de bail commercial en vertu de l'article 25 du décret du 30 septembre 1953 (C. com., art. L. 145-41). (■ Cass. 3e civ., 7 janv. 1998, n° 95-20.167 : *JurisData* n° 1998-000045 ; *JCP* 98, IV, 1369 ; *Bull. civ.* III, n° 1, p. 1). Une partie pouvant toujours renoncer à un droit patrimonial, fût-il d'ordre public, déjà né à son profit, une locataire peut renoncer à la suspension de la clause résolutoire dont elle a saisi le juge (■ Cass. 3e civ., 21 févr. 1996, n° 93-21.106 : *JurisData* n° 1996-000595 ; *Loyers et copr.* 1996, 200).

3) Dettes délictuelles. Des délais de grâce peuvent être accordés aussi bien en matière délictuelle qu'en matière contractuelle (■ Colmar, 15 mai 1956 : *D.* 1956, 614. ■ Colmar, 14 mai 1957 : *JCP* 58, II, 10371). Jugé cependant que l'article 1244 (anc.) du Code civil ne peut recevoir application quand la dette trouve sa cause dans un délit pour lequel le débiteur a été condamné par la juridiction répressive (■ Paris, 16 nov. 1955 : *Gaz. Pal.* 1956, 2, 30, 1re esp.).

4) Dettes alimentaires. L'article 1244-1 du Code civil exclut son application aux dettes d'aliments. Encourt en conséquence la censure le jugement d'un tribunal d'instance qui, statuant sur une demande de saisie des rémunérations tendant au recouvrement de la contribution à l'entretien et à l'éducation d'un enfant, accorde des délais de paiement au débiteur pour s'acquitter de cette dette (■ Cass. 2e civ., 10 avr. 2014, n° 13-13.469 : *Bull.* ; *JCP* 2014, n° 40, p. 1750, obs. Billiau et Loiseau). La prestation compensatoire, qui présente pour partie un caractère alimentaire, ne peut faire l'objet de délais de paiement sur le fondement de l'article 1244-1 du Code civil (■ Cass. 1re civ., 29 juin 2011, n° 10-16.096 : *Bull.* ; *JCP* 2011, p. 1725, obs. Loiseau ; *RTD civ.* 2011, p. 524, obs. Hauser).

5) Salaires. Des délais ne peuvent être accordés pour des créances salariales, mais il en va autrement pour l'indemnité de licenciement (■ Cass. soc., 18 nov. 1992, n° 91-40.596 : *JurisData* n° 1992-002616 ; *JCP* 93, IV, 247 ; *RTD civ.* 1993, 611, obs. Gautier).

6) Cotisations sociales. Par application de l'article 8 du décret du 31 juillet 1992 relatif aux procédures civiles d'exécution, le juge de l'exécution a compétence pour accorder un délai de grâce sur le fondement de l'article 1244-1 (■ Cass. 2e civ., 14 mars 2002 : *JCP* 2002, II, 10098, note Bugada).

7) Saisie immobilière. Remise de l'adjudication. Les articles 702 et 703 du Code de procédure civile (anc.) réglementant les conditions dans lesquelles il est procédé à la mise aux enchères des immeubles saisis et les modalités suivant lesquelles il peut être accordé une remise de l'adjudication se suffisent à eux-mêmes et doivent être entendus comme dérogeant au droit commun exprimé par l'article 1244 du Code civil (■ Cass. 2e civ., 9 oct. 1975, n° 74-12.469 : *JurisData* n° 1975-099252 ; *Bull. civ.* II, n° 252, p. 202. ■ Cass. 2e civ., 20 nov. 1975, n° 74-14.820 : *JurisData* n° 1975-099308 ; *Bull. civ.* II, n° 308, p. 247).

8) Point de départ des délais. Jugé par application de l'article 1244 (anc.) que les juges ne sauraient tourner la limitation de durée prévue par la loi en accordant des délais successifs, chacun inférieur à un an (■ Cass. 1re civ., 6 juill. 1959 : *D.* 1959, 393. Comp. pour des modalités permettant à la débitrice de se libérer en 44 ans, ■ Cass. soc., 14 mars 1991, n° 89-11.404 : *JurisData* n° 1991-001009 ; *JCP* 91, IV, 183). Mais jugé qu'une cour d'appel peut accorder un délai de grâce d'un an pour partie de la dette en fixant comme point de départ de ce délai la date de la signification de l'arrêt, même si le débiteur s'est déjà vu accorder en référé un délai d'un an à compter de l'ordonnance (■ Cass. ass. plén., 30 avr. 1964, n° 61-13.032 : *JurisData* n° 1964-799005 ; *JCP* 64, II, 13735, note Esmein).

9) Durée déterminée. Le juge qui accorde des délais de paiement doit fixer la durée des délais accordés (■ Cass. 2e civ., 7 janv. 1998, n° 96-12.979 : *JurisData* n° 1998-000020 ; *JCP* 98, I, 129, n° 12, obs. Loiseau ; *Bull. civ.* II, n° 4, p. 2 ; *RTD civ.* 1998, 369, obs. Mestre ; *Defrénois* 1998, 737, obs. D. Mazeaud).

10) Maintien de l'effet de la mise en demeure. L'octroi d'un délai de grâce ne fait pas disparaître l'effet de la mise en demeure résultant du commandement précédemment signifié (■ Cass. req., 3 janv. 1927 : *DH* 1927, 33).

11) Règles spéciales. Sur le report ou le rééchelonnement des dettes par la commission de surendettement des particuliers, V. C. consom., art. L. 732-2 et s., p. 2141. Sur les délais de grâce pouvant être accordés aux débiteurs dans certaines opérations de crédit, V. C. consom., art. L. 314-20, p. 2101 – Sur le cas des rapatriés, V. L. n° 70-632, 15 juill. 1970, art. 60. – Sur les délais pouvant être accordés aux locataires de locaux d'habitation ou à usage professionnel dont l'expulsion a été ordonnée par jugement, V. CCH, art. L. 613-1 à L. 613-5. Sur la suspension des poursuites dans le cadre de règlement amiable de l'exploitation agricole, V. C. rur., art. L. 351-5 et L. 351-6, p. 2602.

12) Honoraires d'avocat. Il entre dans les pouvoirs du premier président, statuant sur le montant et le recouvrement d'honoraires d'avocats, de faire application de l'article 1244-1 (■ Cass. 1re civ., 6 févr. 1996, n° 93-21.108 : *JurisData* n° 1996-000596 ; *Bull. civ.* I, n° 77, p. 50).

13) Intermédiaire pour le règlement des dettes. Sur la nullité de toute convention par laquelle un intermédiaire s'engage moyennant rémunération à rechercher pour le compte d'un débiteur l'obtention de délais de paiement ou d'une remise de dette, V. C. consom., art. L. 322-1, p. 2107 et art. L. 342-1, p. 2117.

14) Règlement amiable. Selon l'art. 36 de la loi du 1er mars 1984 *(C. com., art. L. 611-4)*, quand un débiteur fait l'objet d'une procédure de règlement amiable et qu'un accord est conclu avec les principaux créanciers, le président du tribunal peut accorder au débiteur les délais de paiement prévus à l'art. 1244-1 pour les créances non incluses dans l'accord. Ce texte ne distingue pas entre les différentes natures de créances et le juge peut décider souverainement d'accorder des délais de paiement pour les dettes fiscales (■ Cass. com., 16 juin 1998, n° 96-15.525 : *JurisData* n° 1998-002775 ; *D.* 1998, 429, note F.D. V. aussi pour une dette envers une caisse de congés payés ■ Douai, 25 juill. 2000, n° 2000/03141 : *JurisData* n° 2000-127459 ; *JCP* E 2002, 176, note Tirloir).

15) Intérêts à taux réduit. Nécessité d'accorder préalablement un délai. Viole l'article 1244-1, le tribunal qui condamne un emprunteur au paiement de la somme avec intérêts, en retenant le taux légal, sans accorder auparavant des délais de paiement et en fixer la durée (■ Cass. 1re civ., 19 sept. 2007, n° 06-10.629 : *JurisData* n° 2007-040375).

Art. 1244-4 ancien *(Créé, L. n° 2015-990, 6 août 2015 ; abr. à compter du 1er octobre 2016, Ord. n° 2016-131, 10 févr. 2016).* – **Une procédure simplifiée de recouvrement des petites créances peut être mise en œuvre par un huissier de justice à la demande du créancier pour le paiement d'une créance ayant une cause contractuelle ou résultant d'une obligation de caractère statutaire et inférieure à un montant défini par décret en Conseil d'État.**

Cette procédure se déroule dans un délai d'un mois à compter de l'envoi par l'huissier d'une lettre recommandée avec demande d'avis de réception invitant le débiteur à participer à cette procédure. L'accord du débiteur, constaté par l'huissier, suspend la prescription.

L'huissier qui a reçu l'accord du créancier et du débiteur sur le montant et les modalités du paiement délivre, sans autre formalité, un titre exécutoire.

Les frais de toute nature qu'occasionne la procédure sont à la charge exclusive du créancier.

Un décret en Conseil d'État fixe les modalités d'application du présent article, notamment les règles de prévention des conflits d'intérêts lors de la délivrance par l'huissier de justice d'un titre exécutoire.

Voir : CPC ex., art. R. 125-1 à R. 125-8, p. 2405 créés par D. n° 2016-285 du 9 mars 2016.

Art. 1245 ancien *(Abr. à compter du 1er octobre 2016, Ord. n° 2016-131, 10 févr. 2016).* – **Le débiteur d'un corps certain et déterminé est libéré par la remise de la chose en l'état où elle se trouve lors de la livraison, pourvu que les détériorations qui y sont survenues ne viennent point de son fait ou de sa faute, ni de celle des personnes dont il est responsable, ou qu'avant ces détériorations il ne fût pas en demeure.**

NB : Rappr. art. 1342-5, p. 987.

Art. 1246 ancien *(Abr. à compter du 1er octobre 2016, Ord. n° 2016-131, 10 févr. 2016).* – **Si la dette est d'une chose qui ne soit déterminée que par son espèce, le débiteur ne sera pas tenu, pour être libéré, de la donner de la meilleure espèce ; mais il ne pourra l'offrir de la plus mauvaise.**

NB : Rappr. art. 1166, 1342-5, p. 822.

Art. 1247 ancien *(Ord. n° 58-1298, 23 déc. 1958 ; abr. à compter du 1er octobre 2016, Ord. n° 2016-131, 10 févr. 2016).* – **Le paiement doit être exécuté dans le lieu désigné par la convention. Si le lieu n'y est pas désigné, le paiement, lorsqu'il s'agit d'un corps certain et déterminé, doit être fait dans le lieu où était, au temps de l'obligation, la chose qui en fait l'objet.**

Les aliments alloués en justice doivent être versés, sauf décision contraire du juge, au domicile ou à la résidence de celui qui doit les recevoir.

Hors ces cas, le paiement doit être fait au domicile du débiteur.

NB : Rappr. art. 1342-6, 1343-4, p. 987.

1) **Domicile du débiteur au moment du paiement.** Le domicile du débiteur qu'il faut prendre en considération est celui qu'a le débiteur au moment du paiement et non au moment où le contrat est intervenu (▪ Cass. civ., 9 juill. 1895 : *DP* 1896, 1, 349).

2) ***Monnaie de paiement.*** En cas de doute sur la monnaie de paiement, l'indication dans le contrat d'un lieu de paiement ne constitue qu'une présomption de l'intention des parties, susceptible d'être combattue par toutes présomptions contraires (▪ Cass. civ., 13 juin 1928 : *DH* 1928, 430).

3) **Cession de créance. Lieu du paiement.** Le lieu du paiement fixé initialement entre les parties doit être maintenu à l'égard du cessionnaire de la créance lequel ne peut avoir de droits plus étendus que ceux du cédant (▪ Cass. 1re civ., 6 mai 1968 : *JCP* 69, II, 15737, note Prieur).

4) Les risques d'envoi de la somme sont à la charge du débiteur, à moins que le créancier ait consenti à les assumer (▪ Cass. civ., 30 mars 1925 : *DP* 1927, 1, 168).

5) **Pacte concordataire. Dettes portables.** L'octroi par le pacte concordataire de délais de paiement suivant des échéances déterminées rend de plein droit portable le paiement des dividendes (▪ Cass. com., 22 mai 1984, n° 82-15.783 : *JurisData* n° 1984-701065 ; *Bull. civ.* IV, n° 173, p. 144 ; *RTD civ.* 1985, 385, obs. Mestre).

6) **Loyers. Absence de réclamation antérieure du bailleur.** La clause rendant le paiement quérable ne peut déroger à l'obligation essentielle du locataire de s'acquitter effectivement du loyer et ce locataire ne saurait donc s'abriter derrière l'absence de réclamation du bailleur (▪ Cass. 3e civ., 28 juin 2000, n° 98-22.703 : *JurisData* n° 2000-002811 ; *Loyers et copr.* 2001, 57, note Vial-Pedroletti). Si les

loyers sont quérables et non portables, il n'en demeure pas moins que le locataire, auquel un commandement de payer a été délivré, ne peut arguer d'une éventuelle absence de réclamation antérieure du bailleur pour échapper à son obligation essentielle de s'acquitter effectivement du paiement de ses loyers (■ Cass. 3e civ., 24 nov. 2004, n° 03-15.807 : *JurisData* n° 2004-025918 ; *JCP* G 2005, II, 10048 et *JCP* E 2005, 864, note Kessler ; *Contrats, conc. consom.* 2005, 42, note Leveneur).

Art. 1248 ancien ***(Abr. à compter du 1er octobre 2016, Ord. n° 2016-131, 10 févr. 2016).*** **– Les frais du paiement sont à la charge du débiteur.**

NB : Rappr. art. 1342-7, p. 987.

§ 2. – Du paiement avec subrogation

Art. 1249 ancien ***(Abr. à compter du 1er octobre 2016, Ord. n° 2016-131, 10 févr. 2016).*** **– La subrogation dans les droits du créancier au profit d'une tierce personne qui le paye est ou conventionnelle ou légale.**

NB : Rappr. art. 1346, p. 990.

Bibliographie : P. Chaumette, *La subrogation personnelle sans paiement ? : RTD civ.* 1986, 33.

1) **Effet translatif limité à la somme payée.** Sur le principe que le paiement avec subrogation ne transfère la créance au subrogé que jusqu'à concurrence de la somme payée par lui, V. ■ Cass. com., 15 nov. 1988, n° 87-12.624 : *JurisData* n° 1988-702401 ; *JCP* 89, IV, 21. Et pour une transmission complète de la créance de réparation de victimes de dommages à l'assureur du responsable qui les a intégralement indemnisées, V. ■ Cass. 1re civ., 28 mars 2018, n° 17-11.628 : *Bull. civ.* ; *Contrats, conc. consom.* 2018, comm. 105 ; *JurisData* n° 2018-004677 ; *RTD civ.* 2018, p. 693, Gautier).

2) **Saisie immobilière.** Le principe selon lequel la subrogation conventionnelle met aux lieu et place du créancier, pour l'exercice de ses droits de créance, la tierce personne qui paie subit une restriction dans les poursuites de saisie immobilière, la subrogation n'ayant lieu qu'en vertu du jugement du tribunal. Par application de l'article 2149 du Code civil, la quittance subrogative au profit du premier subrogé n'est pas opposable au second si elle n'a pas été publiée avant la procédure de subrogation engagée par celui-ci (■ Cass. 2e civ., 21 janv. 1987, n° 85-12.747 : *JurisData* n° 1987-000074 ; *Bull. civ.* II, n° 23, p. 13).

3) **Office du juge.** Les juges du fond doivent relever la réunion des exigences conventionnelles ou légales conditionnant la subrogation (■ Cass. 1re civ., 25 mars 2003, n° 00-14.873 : *JurisData* n° 2003-018536 ; *Defrénois* 2003, 857, obs. Aubert).

4) **Recours.** Par l'effet de la subrogation l'assureur du conducteur victime d'un accident de la circulation est, pour le recouvrement des prestations indemnitaires ou de l'avance sur indemnité qu'il a versées à son assuré du fait de l'accident, investi de l'ensemble des droits et actions dont celui-ci disposait à l'encontre de la personne tenue à réparation ou son assureur (■ Cass. 2e civ., 8 juin 2017, n° 15-20.550 : *RDC* 2017, p. 607, Libchaber).

Art. 1250 ancien ***(Abr. à compter du 1er octobre 2016, Ord. n° 2016-131, 10 févr. 2016).*** **– Cette subrogation est conventionnelle :**

1° Lorsque le créancier recevant son paiement d'une tierce personne la subroge dans ses droits, actions, privilèges ou hypothèques contre le débiteur : cette subrogation doit être expresse et faite en même temps que le paiement ;

2° Lorsque le débiteur emprunte une somme à l'effet de payer sa dette, et de subroger le prêteur dans les droits du créancier. Il faut, pour que cette subrogation soit valable, que l'acte d'emprunt et la quittance soient passés devant notaires ; que dans l'acte d'emprunt il soit déclaré que la somme a été empruntée pour faire le paiement, et que dans la quittance il soit déclaré que le paiement a été fait des deniers fournis à cet effet par le nouveau créancier. Cette subrogation s'opère sans le concours de la volonté du créancier.

NB : Rappr. art. 1346-1, 1346-2, p. 990.

Bibliographie : J. Huet, *Un bienfait de l'histoire ; la subrogation opérée par le débiteur pour le remboursement anticipé d'un prêt d'argent en cas de baisse des taux d'intérêt (art. 1250-2° C. civ.) : D.* 1999, chron. 303.

I – SUBROGATION CONSENTIE PAR LE CRÉANCIER

1) Opposabilité au débiteur. Le consentement du débiteur ni son concours à l'acte de subrogation ne sont nécessaires à la validité de l'acte (■ Cass. 1re civ., 23 oct. 1984, n° 83-11.982 : *JurisData* n° 1984-701855 ; *Bull. civ.* I, n° 276, p. 234). Le transfert des droits et actions est opposable au débiteur à la date du paiement subrogatoire (■ Cass. com., 3 avr. 1990, n° 89-10.255 : *JurisData* n° 1990-001138 ; *Bull. civ.* IV, n° 116, p. 77 ; *D.* 1991, 180, note Dagorne-Labbe). N'est pas libératoire le paiement fait par le débiteur qui connaissait l'existence du contrat d'affacturage (■ Cass. com., 15 oct. 1996, n° 94-16.302 : *JurisData* n° 1996-003776 ; *Contrats, conc. consom.* 1997, 2, note Leveneur).

2) Formalités. Les formalités prescrites par l'article 1690 pour la validité de la cession de créance ne sont pas requises en matière de subrogation (■ TGI Seine, 28 janv. 1965 : *JCP* 65, IV, 56). Mais l'avis de subrogation en matière d'affacturage doit être suffisamment apparent (■ Cass. com., 14 oct. 1975 : *JurisData* n° 1975-097232 ; *JCP* 76, II, 18279, note Gavalda). La subrogation doit être expresse (■ Cass. 1re civ., 4 oct. 2005 : *JCP* 2005, IV, 3448 ; *JurisData* n° 2005-030306 ; *Bull. civ.* I, n° 374, p. 312. Sur le pouvoir souverain des juges du fond pour déterminer si tel est le cas, V. ■ Cass. soc., 4 oct. 1962 : *Bull. civ.* IV, n° 689, p. 570).

3) Subrogation consentie au moment du paiement. La subrogation ne peut avoir lieu après le paiement (■ Cass. com., 14 déc. 1965, n° 64-12 641 : *Gaz. Pal.* 1966, 1, 278. ■ Toulouse, 9 nov. 1954 : *Gaz. Pal.* 1955, 1, 48), ni avant (■ Dijon, 12 mars 1987 : *JurisData* n° 1987-764914 ; *JCP* 87, II, 20859, note Chaput). Sur le principe que la quittance subrogative ne fait pas preuve par elle-même de la concomitance, preuve qu'il appartient au subrogé de rapporter, V. ■ Cass. 1re civ., 23 mars 1999 : *RTD civ.* 2000, 330, obs. Mestre et Fages. Mais la condition de concomitance de la subrogation au paiement peut être remplie lorsque le subrogeant a manifesté expressément, *fût-ce dans un document antérieur*, sa volonté de subroger son cocontractant dans ses créances à l'instant même du paiement (■ Cass. com., 29 janv. 1991, n° 89-13.129 : *JCP* 91, IV, 120 ; *Bull. civ.* IV, n° 48, p. 30. ■ Cass. 1re civ., 28 mai 2002 : *JCP* 2002, IV, 2230 ; *JurisData* n° 2002-014486 ; *Bull. civ.* I, n° 154, p. 117. V. en ce sens pour une promesse anticipée de subrogation ■ Paris, 21 janv. 1970 : *JCP* 71, II, 16837, note Gavalda, 2e esp., pour une subrogation « convenue à l'avance » ■ Cass. com., 2 févr. 1993, n° 91-11.569 : *JurisData* n° 1993-000206 ; *JCP* 93, I, 3684, n° 1, obs. Billiau). Mais pour la cassation d'une décision ayant admis la subrogation parce que la concomitance était convenue d'avance, au motif que la subrogation devant être expresse et faite en même temps que le paiement, elle est impossible après ce paiement (■ Cass. 1re civ., 28 mai 2008, n° 07-13.437 : *Bull. civ.* I, n° 160). La quittance subrogative qui constate à la fois un paiement et une subrogation a des effets indivisibles à l'égard des tiers. Par suite, viole l'article 1250-1 l'arrêt qui retient que si la quittance est opposable aux tiers à la date de l'acte sous seing privé qui la constate, la subrogation n'a acquis date certaine à leur égard qu'au jour du dépôt de l'acte au rang des minutes du notaire, et qu'ainsi la subrogation n'est pas concomitante au paiement (■ Cass. 3e civ., 16 juill. 1987, n° 85-10.541 : *JurisData* n° 1987-701448 ; *Bull. civ.* III, n° 145, p. 85). V. C. Mouloungui, *Le recul de la règle subordonnant la subrogation à un paiement préalable : Contrats, conc. consom.* 1996, chron. 9. La concomitance nécessaire du paiement et de la subrogation conventionnelle, dont la preuve incombe au subrogé, est souverainement appréciée par les juges du fond. En l'espèce, la cour d'appel, qui a relevé qu'une lettre du 9 octobre 1990 se limitait à donner quittance, la volonté subrogative n'apparaissant que dans un acte du 20 mai 1994, n'a pu que conclure à l'inexistence de la subrogation alléguée (■ Cass. 1re civ., 12 juill. 2006 : *JurisData* n° 2006-034559 ; *Bull. civ.* I, n° 402, p. 346).

4) Date de transmission de la créance. La subrogation transmet la créance au subrogé à la date du paiement qu'elle implique. En conséquence, viole les articles 1250 du Code civil et 31 du Code de procédure civile la cour d'appel qui, pour déclarer irrecevable la demande d'indemnisation formée par la victime d'un dommage à l'encontre du responsable du sinistre, retient qu'en donnant quittance subrogative à son assureur, celle-ci a perdu qualité et intérêt à agir, alors que le paiement de l'indemnité d'assurance était intervenu postérieurement à l'assignation (■ Cass. 1re civ., 11 juin 2008, n° 06-20.104 : *Bull. civ.* I, n° 171).

5) Débiteur payant en qualité de mandataire du prêteur. Le prêteur de deniers peut bénéficier de la subrogation si le débiteur qui a payé n'a agi qu'en qualité de mandataire du prêteur (■ Cass. req., 3 févr. 1936 : S. 1936, 1, 128).

6) *Solvens* payant sa propre dette. La subrogation conventionnelle ne suppose pas nécessairement que le subrogé ait acquitté la dette d'autrui (■ Cass. 1re civ., 7 juin 1978 : *JurisData* n° 1978-799222 ; *JurisData* n° 1978-799222 ; *D.* 1979, 333, note Mestre, 1re esp.). Celui qui s'acquitte d'une dette personnelle peut néanmoins prétendre bénéficier d'une subrogation conventionnelle s'il a, par son paiement et du fait de cette subrogation, libéré envers leur créancier commun celui sur qui doit peser la charge définitive de la dette (▪ Cass. 1re civ., 22 juill. 1987, n° 85-18.842 : *JurisData* n° 1987-701841 ; *Bull. civ.* I, n° 257, p. 186 ; *RTD civ.* 1988, 350, obs. Mestre. ▪ Cass. 1re civ., 17 févr. 1998, n° 95-19.305 : *JurisData* n° 1998-000678 ; *JCP* 98, IV, 1814 ; *Bull. civ.* I, n° 68, p. 45 ; *Defrénois* 1998, 739, obs. Delebecque. ▪ Cass. 1re civ., 24 oct. 2000, n° 98-22.888 : *JurisData* n° 2000-006375 ; *JCP* 2000, IV, 2831 ; *Bull. civ.* I, n° 269, p. 174 ; *RTD civ.* 2001, 592, obs. Mestre et Fages).

7) Subrogation dans le super-privilège des salariés. Sur la subrogation d'une banque dans le super-privilège institué par l'article L. 143-10 du Code du travail, V. ▪ Cass. com., 3 juin 1982, n° 80-15.573 : *JurisData* n° 1982-701178 ; *D.* 1982, 483, note Honorat.

8) Opposabilité au subrogé de la clause de réserve de propriété. Pour l'application d'une clause de réserve de propriété lorsque l'acheteur a été soumis à une procédure collective, il n'y a pas lieu de distinguer selon que la revendication est exercée par le vendeur ou par un tiers subrogé dans ses droits ; si le paiement avec subrogation a pour effet d'éteindre la créance à l'égard du créancier, il la laisse subsister au profit du subrogé qui dispose de toutes les actions qui appartenaient au créancier et qui se rattachaient à cette créance avant le paiement (▪ Cass. com., 15 mars 1988, 2 arrêts : *JurisData* n° 1988-000588 ; *D.* 1988, 330, note Pérochon ; *JCP* 89, II, 21348, note Morançais-Demeester ; *RTD civ.* 1989, 769, obs. Zenati). Mais le vendeur ne peut exercer sa revendication que sur le prix tel qu'il a été fixé lors de la convention conclue avec l'acquéreur initial (▪ Cass. com., 15 janv. 1991, n° 89-12.884 : *JurisData* n° 1991-000135 ; *JCP* 91, IV, 96).

9) Clause prévoyant la subrogation dans la réserve de propriété au profit du prêteur subrogé. Doit être réputée non écrite comme abusive, au sens de l'article L. 132-1 du Code de la consommation, la clause prévoyant la subrogation du prêteur dans la réserve de propriété du vendeur en application des dispositions de l'article 1250, 1°, du Code civil (▪ Cass., avis, 28 sept. 2016, n° 16-70.009 : *D.* 2017, 877, Latina et Le Corre-Broly ; *JCP* G 2017, 431, Gouezel ; *RTD civ.* 2017, 197, Crocq).

II – SUBROGATION CONSENTIE PAR LE DÉBITEUR

10) Nullité de l'emprunt. L'emprunteur ne peut invoquer la nullité de l'emprunt pour empêcher la subrogation de se produire (▪ Cass. req., 25 nov. 1940 : *JCP* 41, II, 1618, note Becqué).

11) Remise des fonds avant signature de la quittance. Il importe peu que les fonds aient été remis au notaire avant signature de la quittance si cette remise n'a eu lieu qu'à titre de consignation provisoire en vue de la subrogation convenue (▪ Cass. req., 15 mars 1897 : *DP* 1897, 1, 364).

12) Rôle passif du créancier. Sur le principe que la subrogation prévue par l'article 1250-2° du Code civil peut se réaliser sans le concours de la volonté du créancier, V. ▪ Cass. 1re civ., 13 févr. 1963 : *D.* 1963, 316, note Voirin.

Art. 1251 ancien

(Abr. à compter du 1er octobre 2016, Ord. n° 2016-131, 10 févr. 2016). **– La subrogation a lieu de plein droit :**

1° Au profit de celui qui, étant lui-même créancier, paye un autre créancier qui lui est préférable à raison de ses privilèges ou hypothèques ;

2° Au profit de l'acquéreur d'un immeuble, qui emploie le prix de son acquisition au paiement des créanciers auxquels cet héritage était hypothéqué ;

3° Au profit de celui qui, étant tenu avec d'autres ou pour d'autres au paiement de la dette, avait intérêt de l'acquitter ;

4° Au profit de l'héritier acceptant à concurrence de l'actif net qui a payé de ses deniers les dettes de la succession ;

5° Au profit de celui qui a payé de ses deniers les frais funéraires pour le compte de la succession.

NB : Rappr. art. 1346, p. 990.

I – ART. 1251, 1°

1) Créancier *accipiens* de rang préférable. La subrogation prévue par l'article 1251-1° ne peut jouer qu'à la condition que le créancier venant au second rang ait payé lui-même celui dont les droits le primaient (▪ Cass. civ., 27 févr. 1939 : *DP* 1940, 1, 24, note Maguet), et qu'il ait payé toutes les créances de ce créancier préférable (▪ Douai, 5 févr. 1929 : *Sem. jur.* 1929, 628).

2) Dette garantie par une hypothèque ou un privilège. Le vendeur qui poursuit la résolution de la vente ne peut être assimilé à un créancier simplement hypothécaire ou privilégié qui, poursuivant le recouvrement de sa créance, n'aurait pu en refuser le paiement par un autre créancier auquel il serait préférable et envers lequel la subrogation se serait opérée de plein droit (▪ Cass. 3e civ., 29 mai 1969 : *JurisData* n° 1969-000431 ; *Bull. civ.* III, n° 431, p. 328).

II – ART. 1251, 2°

3) Adjudicataire sur saisie immobilière. L'article 1251-2° s'applique en cas d'adjudication sur saisie immobilière (▪ Cass. req., 22 janv. 1877 : *DP* 1877, 1, 249).

4) Prix employé à l'acquittement des créances hypothécaires. La seule condition imposée à l'acquéreur pour bénéficier de la subrogation prévue par l'article 1251-2° est de justifier que son prix a été réellement employé à l'acquittement des créances privilégiées ou hypothécaires assises sur l'immeuble (▪ Cass. civ., 22 nov. 1893 : *DP* 1894, 1, 153).

5) Subrogation limitée aux hypothèques inscrites sur l'immeuble acquis. Le créancier hypothécaire devenu acquéreur de l'immeuble qui paie un créancier préférable dispose de la subrogation de l'article 1251, 2° mais ne peut invoquer la subrogation de l'article 1251-1° pour exercer contre des tiers un recours par suite duquel il serait indirectement dispensé de payer la totalité du prix (▪ T. civ. Toulouse, 15 juill. 1936 : *DP* 1937, 2, 13, et, sur appel, ▪ Toulouse, 10 juin 1938 : *Gaz. Pal.* 1938, 2, 598).

6) Créance du subrogé contre le débiteur. Sur le principe que la subrogation prévue par l'article 1251-2° suppose pour être réalisée que le subrogé dispose d'une créance à faire valoir sur le débiteur dont il a payé la dette, V. ▪ Cass. 1re civ., 28 juin 1978 : *JurisData* n° 1978-798248 ; *D.* 1979, 333, note Mestre, 2e esp.

7) Subrogé dans l'action paulienne du créancier hypothécaire. L'acquéreur qui a payé le créancier hypothécaire est subrogé dans l'action paulienne qui pouvait appartenir à ce dernier (▪ Cass. 1re civ., 10 mai 1984, n° 83-12.370 : *JurisData* n° 1984-700871 ; *Bull. civ.* I, n° 155, p. 131). Il importe peu que le créancier ait perdu tout intérêt à poursuivre l'action paulienne postérieurement au paiement subrogatoire (▪ Cass. 1re civ., 13 janv. 1993, n° 88-12.884 : *JurisData* n° 1993-000028 ; *JCP* 93, IV, 664 ; *RTD civ.* 1993, 822, obs. Mestre).

III – ART. 1251, 3°

8) Applications. Pour des applications du principe posé par l'article 1251-3°, V. ▪ Cass. req., 13 févr. 1899 : *DP* 1899, 1, 246. ▪ Cass. 1re civ., 16 juill. 1971, n° 70-10.686 : *JurisData* n° 1971-000244 ; *Bull. civ.* I, n° 244, p. 204. ▪ Cass. 1re civ., 7 nov. 1995, n° 92-10.053 : *JurisData* n° 1995-002880 ; *JCP* 95, IV, 2767 ; *Bull. civ.* I, n° 397, p. 277 ; *D.* 1996, somm. 335, obs. D. Mazeaud ; *Defrénois* 1996, 752, obs. D. Mazeaud. ▪ Cass. 1re civ., 27 mars 2001 : *JCP* 2001, IV, 1974 ; *Resp. civ. et assur.* 2001, 204, note Groutel ; *JurisData* n° 2001-008908 ; *Bull. civ.* I, n° 90, p. 57 ; *RTD civ.* 2001, 593, obs. Mestre et Fages. ; ▪ Cass. 3e civ., 7 juill. 2010, n° 09-13.159 : *RDC* 2011/1, p. 113, obs. D. Mazeaud. Le commissionnaire de transport qui a payé est subrogé dans les droits des voituriers (▪ Cass. com., 2 juin 2004, n° 02-20.535 : *JurisData* n° 2004-024033 ; *Contrats, conc. consom.* 2004, 120, note Leveneur).

9) Obligation virtuelle. La subrogation prévue par l'article 1251-3° peut jouer même si l'obligation est seulement virtuelle (▪ Cass. 1re civ., 2 oct. 1985, n° 84-13.947 : *JurisData* n° 1985-002605 ; *JCP* 86, II, 20687, note Dagot ; *RTD civ.* 1986, 111, obs. Mestre, notaire responsable du défaut de remboursement d'un prêt. ▪ Cass. 1re civ., 9 oct. 1985, n° 84-12.984 : *JurisData* n° 1985-002617 ; *Bull. civ.* I, n° 255, p. 228, directeur de société n'ayant pas surveillé son comptable et se trouvant de ce fait exposé à une condamnation. ▪ Cass. com., 13 déc. 2001 : *JCP* 2002, IV, 1159 ; *Bull. civ.* II, n° 196, p. 138 ; *JurisData* n° 2001-012094 ; *Resp. civ. et assur.* 2002, 90 ; *D.* 2002, somm. 1312, obs. Jourdain, association civilement responsable d'une employée condamnée pénalement. V. aussi ▪ Cass. 1re civ., 23 févr. 1988, n° 85-14.390 : *JurisData* n° 1988-000563 ; *Bull. civ.* I. n° 50, p. 32. ▪ Cass. com., 9 mai 1990, n° 88-18.125 : *JurisData* n° 1990-001430 ; *Bull. civ.* IV, n° 146, p. 98).

10) Sur la **subrogation dans les droits du Trésor public**, V. ▪ Cass. com., 3 févr. 1970, n° 67-14.208 : *JurisData* n° 1970-097040 ; *Bull. civ.* IV, n° 40, p. 40. Voir cependant pour les limites d'une telle subrogation ▪ Cass. com., 9 févr. 1971 : *JurisData* n° 1971-097039 ; *Bull. civ.* IV, n° 39, p. 39.

11) Obligation *in solidum*. Le codébiteur d'une obligation *in solidum* qui a payé pour le tout dispose contre ses coobligés d'un recours que justifie l'article 1251-3° (▪ Cass. 1re civ., 3 nov. 1958 : *Gaz. Pal.* 1959, 1, 13. – V. aussi ▪ Cass. soc., 3 mai 1974 : *JCP* 75, II, 18050, note Saint-Jours). Mais il ne peut répéter contre les autres débiteurs que la part et portion de chacun d'eux (▪ Cass. 1re civ., 12 nov. 1987, n° 85-18.350 : *JurisData* n° 1987-001928 ; *Bull. civ.* I, n° 290, p. 209).

12) Accident de la circulation. Le conducteur d'un véhicule terrestre à moteur impliqué dans un accident de la circulation et condamné à réparer les dommages causés à un tiers ne peut exercer un recours contre un autre conducteur impliqué que sur le fondement des articles 1251 et 1382 (▪ Cass. 2e civ., 14 janv. 1998, n° 95-15.088 : *JCP* 98, II, 10045, note Jourdain). Jugé au contraire auparavant que le conducteur d'un véhicule terrestre à moteur impliqué dans un accident de la circulation assigné par la victime, s'il peut exercer contre les autres coauteurs une action récursoire sur le fondement des articles 1382 et 1384, al. 1er, du Code civil, peut également, en tant que subrogé dans les droits de la victime, se prévaloir des dispositions des articles 1er à 6 de la loi du 5 juill. 1985 à l'encontre des autres coauteurs (▪ Cass. 2e civ., 6 mars 1991, n° 89-15.697 : *JurisData* n° 1991-000534 ; *Bull. civ.* II, n° 70, p. 39 ; *RTD civ.* 1991, 552, obs. Jourdain. ▪ Cass. 2e civ., 24 janv. 1996, n° 94-10.923 : *JurisData* n° 1996-000315 ; *JCP* 96, IV, 617 ; *Bull.* II, n° 7, p. 4 ; *RTD civ.* 1996,409, obs. Jourdain ; *Resp. civ. et assur.* 1996, 91).

13) Subrogation de l'assureur. Jugé que le seul fait que la garantie donnée au paiement d'une lettre de change a son origine dans un contrat d'assurance ne suffit pas à exclure toute possibilité d'un recours de l'assureur qui a payé la traite contre les débiteurs (▪ Cass. civ., 14 déc. 1943 : *JCP* 44, II, 2552, note Michel ; *DC* 1944, 81, note Besson. Comp. en matière de subrogation conventionnelle, ▪ Cass. 1re civ., 7 juin 1978 : *D.* 1979, 333, note Mestre, 1re esp. ▪ Cass. 1re civ., 4 avr. 1984, n° 82-16.683 : *JurisData* n° 1984-700835 ; *Bull. civ.* I, n° 131, p. 109 ; *RTD civ.* 1985, 383, obs. Mestre).

14) Société de caution mutuelle. Mandat de recouvrement. Il résulte des dispositions combinées des articles 1251, 3°, et 2306 du Code civil que le débiteur qui s'acquitte d'une dette qui lui est personnelle peut prétendre bénéficier de la subrogation si, par son paiement, il a libéré, envers leur créancier commun, celui sur qui doit peser la charge définitive de la dette. Par suite, doit être approuvée une cour d'appel qui, dès lors que la société de caution mutuelle, en payant la banque, s'acquitte d'une dette personnelle et libère celui sur qui pèse la charge définitive de la dette, est subrogée à tous les droits et actions de celle-ci, retient que cette société disposait du droit de poursuivre la caution, fût-ce au moyen d'un mandat de recouvrement donné à la banque (▪ Cass. com., 18 mars 2014, n° 13-12.444 : *Bull.* ; *RDC* 2014/3, p. 391, note Libchaber ; *JCP* 2014, n° 45, p. 2034, obs. Simler, Delebecque).

15) Sur la **subrogation de la caution** dans les *droits du créancier, v. art. 2306, p. 1753.*

16) Garant de livraison (non). Un garant de livraison qui remplit une obligation qui lui est personnelle, par application des dispositions de l'article L. 231-6 du Code de la construction et de l'habitation, est tenu, dans ses rapports avec le constructeur, de la charge définitive de la dette qu'il a acquittée à la suite de la défaillance de celui-ci, ne dispose pas contre lui du recours subrogatoire de l'article 1251, 3° du Code civil (▪ Cass. 3e civ., 3 déc. 2008, n° 07-20.931 et n° 07-20.932 : *Bull. civ.* III, n° 192 ; *JCP* 2008, act. 741, obs. Houtcieff) et par voie de conséquence, doit être débouté de son recours dirigé contre les cautions de ce constructeur (n° 07-20.932).

17) Absence de lien contractuel entre les responsables du dommage. L'absence de lien contractuel entre les diverses personnes, à la faute desquelles est imputée la réalisation du dommage, n'est pas de nature à faire obstacle à l'exercice de l'action subrogatoire de l'une d'elles (▪ Cass. 1re civ., 7 juin 1989, n° 87-19.437 : *JurisData* n° 1989-701838 ; *Bull. civ.* I, n° 231, p. 154 ; *JCP* 89, IV, 295).

18) Obligations dotées de causes distinctes. L'article 1251, 3° du Code civil est également applicable dans les cas d'obligations dont la cause est distincte. Par suite, viole ce texte la cour d'appel qui, pour rejeter les demandes formées par une société, chargée par un syndicat de copropriétaires de l'exploitation d'une chaufferie, ayant procédé au remplacement de canalisations de chauffage à la suite d'un sinistre, à l'encontre de l'assureur du syndicat, énonce que le recours subrogatoire ouvert par le texte précité suppose que le *solvens* soit tenu, avec le débiteur dont il a acquitté une partie de la dette, d'une obligation indivisible ou solidaire ou *in solidum*, le recours qu'il exerce ne pouvant lui permettre de récupérer l'intégralité de son paiement et que tel n'est pas le cas en l'espèce (▪ Cass. 1re civ., 25 nov. 2009, n° 08-20.438 : *Bull. civ.* I, n° 237 ; *D.* 2010, p. 802, note Hontebeyrie). Le recours en contribution à la dette exercé par le coemprunteur qui acquitte celle-ci est fondé sur la subrogation légale prévue par l'article 1251, 3°, du Code civil et non sur l'existence, entre les coobligés, d'un lien contractuel supposant une cause (▪ Cass. 1re civ., 1er juill. 2010, n° 09-12.849 : *Bull. civ.* 2010, I, n° 153 ; *RDC* 2011/1, p. 109, obs. Libchaber ; *RTD civ.* 2010, 783, obs. Fages).

IV – ART. 1251, 4°

19) Paiements faits en application de l'article 808 du Code civil. La subrogation accordée par l'article 1251-4° à l'héritier bénéficiaire qui paie de ses deniers les dettes de la succession ne peut s'opérer que pour les paiements qu'il a régulièrement effectués en se conformant à l'article 808 du Code civil (▪ Cass. req., 4 juill. 1892 : *DP* 1892, 1, 481, rapp. Lepelletier).

Art. 1252 ancien *(Abr. à compter du 1er octobre 2016, Ord. n° 2016-131, 10 févr. 2016).* **– La subrogation établie par les articles précédents a lieu, tant contre les cautions que contre les débiteurs : elle ne peut nuire au créancier lorsqu'il n'a été payé qu'en partie ; en ce cas, il peut exercer ses droits, pour ce qui lui reste dû, par préférence à celui dont il n'a reçu qu'un paiement partiel.**

NB : Rappr. art. 1346-3, p. 990.

1) **Droits et actions pouvant être exercés par le subrogé.** Le subrogé pouvant exercer tous les droits et actions du créancier payé peut invoquer les moyens de procédure que ce dernier aurait été admis à faire valoir (■ Cass. civ., 25 févr. 1913 : *DP* 1913, 1, 473, note Donnedieu de Vabres). Il peut aussi exercer l'action résolutoire (■ Cass. civ., 22 oct. 1894 : *DP* 1896, 1, 585, note de Loynes), l'action paulienne (■ Cass. req., 25 juin 1895 : *DP* 1895, 1, 486), ou l'action en responsabilité contre un notaire en raison de la faute commise par ce dernier dans la rédaction d'un acte (■ Cass. civ., 9 déc. 1863 : *DP* 1864, 1, 299. – V. aussi ■ Cass. 1re civ., 3 mai 1978 : *JurisData* n° 1978-700173 ; *D.* 1980, 107, note Poulnais, subrogation dans le bénéfice de clauses d'anatocisme et d'échelle mobile). Sur le principe que la subrogation est à la mesure du paiement, V. ■ Cass. 1re civ., 18 mars 2003 : *JurisData* n° 2003-018247 ; *JCP* G 2003, II, 10105, note Billiau ; *JCP* E 2003, 1160, note Marly ; *Bull. civ.* I, n° 86, p. 64. Pour une application du principe que la subrogation ne peut nuire au créancier lorsqu'il n'a été payé qu'en partie, dans le rapport entre assuré subrogeant et assureur subrogé, V. ■ Cass. 1re civ., 27 févr. 2007, n° 04-12.414 : *JurisData* n° 2007-037668 ; *D.* 2007, p. 799.

2) **Opposabilité de la clause de conciliation.** La clause de conciliation stipulée dans le contrat du créancier subrogeant est opposable au subrogé, indépendamment de sa connaissance de ladite clause, ■ Cass. 3e civ., 28 avr. 2011, n° 10-30.721 : *RDC* 2011/4, p. 1191, obs. Libchaber ; *RDC* 2012/3, p. 882, obs. Pelletier ;*D.* 2012, p. 244, obs. Fricero.

3) **Opposabilité des exceptions.** Le débiteur d'indemnisation peut opposer au Fonds de garantie des victimes des actes de terrorisme et d'autres infractions, subrogé dans les droits d'une victime qu'il a indemnisée, les exceptions dont il aurait disposé contre cette victime (■ Cass. 2e civ., 14 janv. 2016, n° 15-13.040 : *JCP* G 2016, 109, obs. Knetsch).

4) Sur les **limites de la subrogation en cas de paiement partiel,** v. ■ Cass. civ., 29 mai 1878 : *DP* 1878, 1, 427. Le créancier ne peut bénéficier du droit de préférence pour les autres créances qu'il peut avoir contre le débiteur et qui résultent d'autres titres (■ Cass. civ., 18 juin 1941 : *DA* 1941, 273. Voir cependant, pour la subrogation dans le privilège du Trésor, ■ Cass. civ., 10 janv. 1888 : *DP* 1888, 1, 55. *Contra* ■ Bordeaux, 27 févr. 1979 : *JurisData* n° 1979-600279 ; *Banque* 1979, 536. Comp. ■ T. com. Nantes, 8 oct. 1981 : *JurisData* n° 1981-001293 ; *RJ com.* 1982, 340, note A. Lucas). Ce droit de préférence n'existe que dans le cas où ce qui reste dû est protégé par un privilège ou une hypothèque antérieure à celle dont bénéficie le subrogé ou par l'hypothèque primitive (■ Cass. req., 18 févr. 1899 : *DP* 1899, 1, 246).

5) **Victime d'un dommage corporel.** Selon l'article L. 376-1 du Code de la sécurité sociale et l'article 31 de la loi n° 85-677 du 5 juillet 1985 dans leur rédaction issue de l'article 25 de la loi n° 2006-1640 du 21 décembre 2006, les recours subrogatoires des caisses contre les tiers s'exercent poste par poste sur les seules indemnités qui réparent des préjudices qu'elles ont pris en charge, à l'exclusion des préjudices à caractère personnel et, conformément à l'article 1252 du Code civil, la subrogation ne peut nuire à la victime subrogeante, créancière de l'indemnisation, lorsqu'elle n'a été prise en charge que partiellement par les prestations sociales ; qu'en ce cas, l'assuré social peut exercer ses droits contre le responsable, par préférence à la caisse subrogée ; qu'il en résulte que dans le cas d'une limitation du droit à indemnisation de la victime, le droit de préférence de celle-ci sur la dette du tiers responsable a pour conséquence que son préjudice corporel, évalué poste par poste, doit être intégralement réparé pour chacun de ces postes dans la mesure de l'indemnité laissée à la charge du tiers responsable, et que le tiers payeur ne peut exercer son recours, le cas échéant, que sur le reliquat (■ Cass. 2e civ., 24 sept. 2009, n° 08-14.515 : *Bull. civ.* II, n° 227 ; *JCP* 2009, 424, note Grosser. – S. Porchy-Simon, *Le recours des tiers payeurs à l'épreuve de la politique jurisprudentielle de la Cour de cassation* : *D.* 2010, p. 593 ; *JCP* 2010, n° 16, 456, p. 848, obs. Bloch).

6) **Intérêts.** L'action en paiement fondée sur la subrogation ne peut tendre à l'octroi, en principal, d'une somme d'un montant supérieur à celui de la somme que le subrogé a payée au subrogeant, ni à l'allocation d'intérêts autres que les intérêts produits du taux légal pour celle-ci (■ Cass. 1re civ., 29 oct. 2002, n° 00-11.958 : *JurisData* n° 2002-016095 ; *Bull. civ.* 2002, I, n° 257 ; Rapport C. cass. R., p. 446. ■ Cass. 1re civ., 15 févr. 2005, n° 03-11.141 : *Bull. civ.* 2005, I, n° 87 ; *Defrénois* 2005, 1236, obs. Libchaber. ■ Cass. ass. plén., 4 mars 2005, n° 02-14.316 : *JurisData* n° 2005-027414 ; *Bull. civ.* 2005, ■ Cass. ass. plén., n° 3).

§ 3. – De l'imputation des paiements

Art. 1253 ancien *(Abr. à compter du 1er octobre 2016, Ord. n° 2016-131, 10 févr. 2016).* **– Le débiteur de plusieurs dettes a le droit de déclarer, lorsqu'il paye, quelle dette il entend acquitter.**

NB : Rappr. art. 1342-10, p. 988.

1) Voir pour une **application**, ▪ Cass. 1re civ., 4 nov. 1968 : *Bull. civ.* I, n° 261, p. 199.

2) Pour l'admission d'une **manifestation tacite de volonté**, V. ▪ Cass. 1re civ., 6 oct. 1993, n° 91-16.568 : *JurisData* n° 1993-002723 ; *RTD civ.* 1994, 608, obs. Mestre. Prive sa décision de base légale au regard de l'article 1253 du Code civil l'arrêt qui décide que les sommes versées à un bailleur devaient s'imputer sur les échéances les plus anciennes en l'absence d'imputation volontaire de la part du locataire, sans rechercher s'il ne résultait pas du montant de ces règlements que celui-ci avait, de manière non équivoque, entendu imputer ses paiements sur les échéances expressément visées dans les lettres de réclamation du bailleur (▪ Cass. 1re civ., 16 mai 2006 : *JurisData* n° 2006-033510 ; *Bull. civ.* I, n° 244, p. 214).

3) **Imputation au préjudice d'un autre créancier.** La règle de l'article 1253 doit recevoir application quelle que soit la modalité des dettes sous la seule réserve du cas où l'imputation n'aurait pas été faite pour satisfaire un intérêt légitime, mais aurait eu pour but unique de nuire à un autre créancier (▪ Cass. civ., 14 nov. 1922 : *DP* 1925, 1, 145, note Josserand). Le droit d'imputation laissé au débiteur ne peut jamais préjudicier aux droits du créancier et notamment ne peut avoir pour effet de priver celui-ci d'une garantie hypothécaire (▪ Cass. req., 8 juin 1901 : *DP* 1907, 1, 473, rapp. Denis).

4) **Cautionnement.** Le débiteur conserve en dépit du cautionnement la faculté prévue par l'article 1253 de décider de l'imputation de ses paiements (▪ Cass. 1re civ., 14 oct. 1975, n° 74-12.345 : *JurisData* n° 1975-000268 ; *JCP* 75, IV, 352 ; *Bull. civ.* I, n° 268, p. 226), à moins que la caution n'établisse que l'imputation est le résultat d'un accord frauduleux à son égard (▪ Cass. 1re civ., 22 mai 1973, n° 71-14.278 : *JurisData* n° 1973-000174 ; *JCP* 73, II, 17572, note Dagot).

Art. 1254 ancien *(Abr. à compter du 1er octobre 2016, Ord. n° 2016-131, 10 févr. 2016).* **– Le débiteur d'une dette qui porte intérêt ou produit des arrérages, ne peut point, sans le consentement du créancier, imputer le paiement qu'il fait sur le capital par préférence aux arrérages ou intérêts : le paiement fait sur le capital et intérêts, mais qui n'est point intégral, s'impute d'abord sur les intérêts.**

NB : Rappr. art. 1343-1, p. 988.

1) **Majoration en cas de non-paiement. Clause pénale.** Les juges du fond peuvent estimer que la majoration prévue en cas de non-paiement constitue non un intérêt mais une clause pénale et que l'article 1254 est par suite inapplicable (▪ Cass. com., 10 juill. 1962 : *D.* 1963, somm. 2 ; *Bull. civ.* III, n° 334, p. 292).

2) **Procédures collectives.** Jugé avant la loi du 25 janvier 1985 que les dispositions applicables en matière de procédures collectives au règlement des intérêts d'une créance garantie par une hypothèque ne dérogent en rien au principe posé par l'article 1254 (▪ Cass. com., 22 juill. 1986, n° 85-12.392 : *JurisData* n° 1986-001582 ; *Bull. civ.* IV, n° 180, p. 154 ; *Defrénois* 1987, 174, note Honorat. V. en ce sens ▪ Cass. civ., 13 juill. 1896 : *DP* 1897, 1, 150).

3) **Paiement par un tiers.** L'article 1254 ne distingue pas selon que le paiement est effectué ou non par le débiteur (▪ Cass. com., 5 juill. 1988, n° 86-15.715 : *JurisData* n° 1988-001990 ; *Bull. civ.* IV, n° 232, p. 160 ; *RTD civ.* 1989, 750, obs. Mestre).

4) **Imputation sur le capital. Consentement du créancier.** Le consentement du créancier peut seul permettre l'imputation du paiement sur le capital par préférence aux intérêts (▪ Cass. com., 20 oct. 1992, n° 90-13.072 : *JurisData* n° 1992-002288 ; *JCP* 92, IV, 3089 ; *Bull. civ.* IV, n° 319, p. 227. ▪ Cass. 1re civ., 10 juill. 1995, n° 93-17.388 : *Bull. civ.* I, n° 313, p. 218. V. aussi ▪ Cass. 1re civ., 10 déc. 1996, n° 95-12.890 : *JurisData* n° 1996-004773 ; *JCP* 97, IV, 272 ; *Bull.* I, n° 441, p. 308, 4e arrêt ; *Defrénois* 1997, 332, obs. D. Mazeaud ; *D.* 1997, somm. 178, obs. Aynès).

5) **Accessoires de la dette.** Les frais de recouvrement d'une créance, au même titre que les intérêts visés par l'article 1254, constituent des accessoires de la dette. Le débiteur ne peut, sans le consentement du créancier, imputer les paiements qu'il fait sur le capital par préférence à ces accessoires (▪ Cass. 1re civ., 7 févr. 1995, n° 92-14.216 : *Bull. civ.* I, n° 75, p. 54 ; *D.* 1995, somm. 235, obs. Libchaber ; *RTD civ.* 1996, 400, obs. Mestre).

6) **Obligation d'information annuelle de la caution. Déchéance des intérêts.** Les paiements effectués par le débiteur principal sont réputés, dans les rapports entre la caution et l'établissement, affectés prioritairement au règlement

principal de la dette (L. n° 99-532, 25 juin 1999, art. 114, devenu C. monét. fin., art. L. 313-22, *in fine*. V. pour l'application dans le temps de ce texte, sous art. 2314).

Art. 1255 ancien ***(Abr. à compter du 1er octobre 2016, Ord. n° 2016-131, 10 févr. 2016).*** **– Lorsque le débiteur de diverses dettes a accepté une quittance par laquelle le créancier a imputé ce qu'il a reçu sur l'une de ces dettes spécialement, le débiteur ne peut plus demander l'imputation sur une dette différente, à moins qu'il n'y ait eu dol ou surprise de la part du créancier.**

NB : Rappr. art. 1342-10, p. 988.

Principe. Sur le principe que le débiteur qui a accepté une quittance mentionnant une imputation ne peut plus, sauf dol ou atteinte à un droit légalement acquis, remettre en cause cette imputation, V. ▪ Poitiers, 21 mars 1966 : *D.* 1966, somm. 97.

Art. 1256 ancien ***(Abr. à compter du 1er octobre 2016, Ord. n° 2016-131, 10 févr. 2016).*** **– Lorsque la quittance ne porte aucune imputation, le paiement doit être imputé sur la dette que le débiteur avait pour lors le plus d'intérêt d'acquitter entre celles qui sont pareillement échues ; sinon, sur la dette échue, quoique moins onéreuse que celles qui ne le sont point.**

Si les dettes sont d'égale nature, l'imputation se fait sur la plus ancienne : toutes choses égales, elle se fait proportionnellement.

NB : Rappr. art. 1342-10, p. 988.

1) Caractère supplétif de l'article 1256. Sur le caractère supplétif de l'article 1256, V. ▪ Cass. com., 19 déc. 1977, n° 75-15.594 : *JurisData* n° 1977-098306 ; *Bull. civ.* IV, n° 306, p. 261. ▪ Cass. 1re civ., 29 oct. 2002, n° 00-12.703 : *JurisData* n° 2002-016104 ; *Bull. civ.* I, n° 252, p. 193. ▪ Cass. 3e civ., 10 mars 2004, n° 03-10.807 : *JurisData* n° 2004-022748 ; *Loyers et copr.* 2004, 101, note Vial-Pedroletti. Les parties peuvent s'entendre par exemple pour imputer le paiement sur une dette non échue de préférence à une dette échue (▪ Grenoble, 25 juin 1892 : *DP* 1893, 2, 425). Les juges du fond disposent d'un pouvoir souverain pour constater l'accord formel ou tacite des parties (▪ Cass. req., 2 juill. 1896 : *DP* 1896, 1, 496).

2) Intérêt du débiteur. Sur le pouvoir souverain des juges du fond pour déterminer quelle est la dette que le débiteur a le plus d'intérêt à acquitter, V. ▪ Cass. 1re civ., 29 oct. 1963 : *JurisData* n° 1963-000462 ; *JurisData* n° 1963-000462 ; *D.* 1964, 39. V. pour des applications ▪ Cass. 2e civ., 20 avr. 1967 : *D.* 1967, 549. ▪ Cass. 3e civ., 5 janv. 1977 : *Gaz. Pal.* 1977, 2, 596, note Plancqueel. ▪ Cass. 2e civ., 8 févr. 1978 : *D.* 1978, inf. rap. 425. Le débiteur qui *réclame une imputation doit fournir* aux juges les éléments leur permettant de déterminer la dette la plus onéreuse (▪ Cass. 3e civ., 23 nov. 1976, n° 75-13.826 : *JurisData* n° 1976-099418 ; *Bull. civ.* III, n° 418, p. 318).

3) Intérêt du débiteur et prise de rang de l'hypothèque. Si la règle posée par l'article 2425 du Code civil a vocation à régler les conflits pouvant naître entre différents créanciers ayant chacun inscrit une hypothèque sur le même immeuble et privilégie le créancier titulaire de l'hypothèque de premier rang, la prise de rang ne peut cependant permettre à un même créancier qui détient plusieurs créances à l'encontre du propriétaire de l'immeuble de contourner les dispositions de l'article 1256 du Code civil et de déterminer, à la place du débiteur, la dette que ce dernier a le plus intérêt d'acquitter. Dès lors, la cour d'appel qui retient souverainement que l'antériorité de la dette née du premier prêt et l'intérêt pour le débiteur de se libérer à la fois vis-à-vis de la banque et à l'égard de la caution commandaient l'imputation du produit de la vente de l'immeuble sur le premier prêt en a déduit à bon droit que la demande de mainlevée de la saisie des rémunérations de la caution doit être accueillie (▪ Cass. 3e civ., 12 juin 2014, n° 13-18.595 : *Bull.*).

4) Cotisations de sécurité sociale. Sur l'application de l'article 1256 en matière de cotisations de sécurité sociale, V. ▪ Cass. 2e civ., 7 juin 1956 : *JCP* 56, II, 9518. ▪ Cass. soc., 10 mai 1972, n° 70-13.545 : *JurisData* n° 1972-098340 ; *Bull. civ.* V, n° 340, p. 314. – Voir cependant ▪ Cass. 2e civ., 26 oct. 1960 : *JurisData* n° 1960-000608 ; *D.* 1961, 90.

5) Date d'échéance des dettes. L'article 1256, al. 1er, n'exige pas que l'échéance des dettes soit intervenue à la même date (▪ Cass. 2e civ., 20 avr. 1967 : *D.* 1967, 549).

6) Sûretés éteintes par suite de l'imputation légale. Une imputation postérieure au paiement ne peut faire revivre les sûretés éteintes par suite de l'imputation légale (▪ Cass. 1re civ., 29 oct. 1968 : *JurisData* n° 1968-700253 ; *D.* 1969, 96).

7) Cautionnement. Dans le cas de plusieurs dettes dont certaines seulement sont cautionnées, c'est la dette cautionnée qui, à défaut d'une imputation conventionnelle, doit être considérée comme acquittée (▪ Cass. 1re civ., 29 oct.

1963 : *D.* 1964, 39). S'agissant de deux prêts dont un seul est cautionné, doit être cassé l'arrêt qui énonce que rien n'interdit au créancier d'affecter le paiement au remboursement de la dette non cautionnée, alors que les juges du fond doivent rechercher quelle dette le débiteur principal a entendu acquitter, ou, à défaut de cette manifestation de volonté, quelle dette il a le plus d'intérêt d'acquitter (■ Cass. 1re civ., 19 janv. 1994, n° 92-12.585 : *JurisData* n° 1994-000049 ; *Bull. civ.* I, n° 28, p. 22 ; *D.* 1994, somm. 213, obs. Delebecque ; *RTD civ.* 1994, 608, obs. Mestre ; *Contrats, conc. consom.* 1994, 115, note Leveneur ; *Defrénois* 1994, 1174, obs. Aynès). Mais, si le cautionnement ne garantit qu'une partie de la dette, les paiements partiels faits par le débiteur principal s'imputent d'abord, sauf convention contraire, sur la portion de dette non cautionnée (■ Cass. com., 5 nov. 1968 : *D.* 1969, 314. ■ Cass. com., 28 janv. 1997, n° 94-19.347 : *JurisData* n° 1997-000320 ; *JCP* 97, IV, 605 ; *Bull.* IV, n° 28, p. 25 ; *D.* 1997, somm. 166, obs. Aynès. Voir cependant ■ TGI Strasbourg, 11 févr. 1972 : *D.* 1972, 680, note Puech). Lorsqu'une même personne a cautionné plusieurs dettes envers un même créancier, à défaut de stipulations contraires convenues entre elle et le créancier, celui-ci peut imputer les paiements en fonction de son propre intérêt (■ Cass. com., 13 déc. 1988, n° 86-18.901 : *JurisData* n° 1988-702768 ; *Bull. civ.* IV, n° 342, p. 230).

8) Pluralité de dettes. La règle de l'article 1256 selon laquelle le débiteur est libre d'imputer le paiement sur la dette qu'il a le plus intérêt d'acquitter doit recevoir application tant qu'il n'est pas établi que les sommes restant dues ne constituent qu'une seule dette (■ Cass. com., 4 nov. 1986, n° 85-10.575 : *JurisData* n° 1986-701976 ; *Bull. civ.* IV, n° 201, p. 174).

§ 4. – Des offres de paiement, et de la consignation

Art. 1257 ancien *(Abr. à compter du 1er octobre 2016, Ord. n° 2016-131, 10 févr. 2016).* **– Lorsque le créancier refuse de recevoir son paiement, le débiteur peut lui faire des offres réelles, et au refus du créancier de les accepter, consigner la somme ou la chose offerte.**

Les offres réelles suivies d'une consignation libèrent le débiteur ; elles tiennent lieu à son égard de paiement, lorsqu'elles sont valablement faites, et la chose ainsi consignée demeure aux risques du créancier.

NB : Rappr. art. 1345-1, p. 989.

Bibliographie : J. Courrouy, *La consignation d'une somme d'argent après offres réelles est-elle un paiement ? : RTD civ.* 1990, 23. ● C. Robin, *La mora creditoris : RTD civ.* 1998, 607.

1) Dépôt d'un chèque. La consignation consiste en un dépôt réalisant un dessaisissement effectif du débiteur, elle peut être faite valablement par chèque dès lors que l'émission du chèque emporte transmission irrévocable de la propriété de la provision au porteur (■ Cass. 1re civ., 10 févr. 1998, n° 96-15.275 : *JurisData* n° 1998-000559 ; *Bull. civ.* I, n° 50, p. 33 ; *RTD civ.* 1998, 907, obs. Mestre ; *Defrénois* 1998, 735, obs. Delebecque).

2) Réserves du créancier. L'acceptation par le créancier doit être pure et simple (■ Cass. req., 17 juin 1942 : *DA* 1943, 21), mais de simples réserves ne constituant ni une condition ni une restriction à l'acceptation ne peuvent être assimilées à un refus justifiant la consignation (■ Cass. civ., 23 janv. 1899 : *DP* 1900, 1, 519). Le refus de donner satisfaction à une demande de justificatif de l'existence et du montant de la créance, émanant d'un débiteur dans l'impossibilité d'en avoir autrement connaissance, équivaut à un refus de recevoir le paiement proposé (■ Cass. com., 9 oct. 2001 : *JCP* 2001, IV, 2872 ; *Bull. civ.* IV, n° 163, p. 155 ; *RTD civ.* 2002, 102, obs. Mestre et Fages ; *JurisData* n° 2001-011214).

3) Somme indivise. La consignation d'une somme indivise n'a pas à être précédée d'offres réelles si le créancier n'a pas la capacité de recevoir seul la totalité du prix de l'immeuble vendu (■ Cass. 2e civ., 16 févr. 1972 : *JurisData* n° 1972-099043 ; *D.* 1972, 638).

4) Nécessité d'une consignation en cas de refus des offres réelles. Les offres réelles faites par le débiteur ne le libèrent et ne tiennent lieu de paiement, en cas de refus du créancier, que lorsqu'elles sont suivies de la consignation de la somme ou de la chose offerte (■ Cass. 1re civ., 31 mars 1993, n° 90-19.607 : *JurisData* n° 1993-000636 ; *JCP* 93, IV, 1422. ■ Cass. 1re civ., 11 juin 2002, n° 99-10.044 : *JurisData* n° 2002-014739 ; *Bull. civ.* I, n° 162, p. 124 ; *RTD civ.* 2002, p. 813, obs. Mestre et Fages).

5) Conséquences de la consignation. La consignation du montant de la dette effectuée en un temps où le paiement peut encore intervenir valablement met le débiteur à l'abri de toute condamnation à moins que le créancier ne fasse constater par la justice soit l'insuffisance de la somme consignée, soit l'irrégularité de l'opération en la forme (■ Cass. civ., 10 avr. 1933 : *DH* 1933, 317). Cet effet est attaché aux consignations non précédées d'offres réelles dans les cas où la loi dispense le débiteur de cette formalité préalable (même arrêt). Viole l'article R. 261-14 du Code de la construction et de l'habitation une cour d'appel qui, pour débouter des acquéreurs de leur demande tendant à obtenir sous astreinte la remise des clés des appartements qui leur ont été vendus en l'état futur d'achèvement, retient que cette remise ne peut intervenir qu'après le règlement effectif du solde du prix de vente, alors qu'elle avait constaté que ces acquéreurs avaient été autorisés à consigner le solde du prix de vente et alors que la consignation vaut paiement (■ Cass. 3e civ., 15 déc. 2010, n° 09-67.232 : *Bull.*, n° 220 ; *RDC* 2011/2, p. 476, obs. D. Mazeaud).

Art. 1258 ancien ***(Abr. à compter du 1er octobre 2016, Ord. n° 2016-131, 10 févr. 2016).*** **– Pour que les offres réelles soient valables, il faut :**

1° Qu'elles soient faites au créancier ayant la capacité de recevoir, ou à celui qui a pouvoir de recevoir pour lui ;

2° Qu'elles soient faites par une personne capable de payer ;

3° Qu'elles soient de la totalité de la somme exigible, des arrérages ou intérêts dus, des frais liquidés, et d'une somme pour les frais non liquidés, sauf à la parfaire ;

4° Que le terme soit échu, s'il a été stipulé en faveur du créancier ;

5° Que la condition sous laquelle la dette a été contractée soit arrivée ;

6° Que les offres soient faites au lieu dont on est convenu pour le paiement, et que, s'il n'y a pas de convention spéciale sur le lieu du paiement, elles soient faites ou à la personne du créancier, ou à son domicile, ou au domicile élu pour l'exécution de la convention ;

7° Que les offres soient faites par un officier ministériel ayant caractère pour ces sortes d'actes.

NB : Rappr. art. 1345-1, p. 989.

1) Mise à la disposition effective du créancier. Pour qu'il y ait offres réelles, il ne suffit pas que le débiteur se déclare prêt à payer, il faut que l'objet de la dette soit présenté au créancier d'une manière effective (■ Bastia, 12 juin 1950 : *D.* 1950, 635. – V. aussi ■ Paris, 18 sept. 1989, n° 89-008952 : *JurisData* n° 1989-024315 ; *JCP* N 90, II, 135).

2) Offre pure et simple. L'offre doit être pure et simple (■ Cass. 1re civ., 18 juill. 1978 : *D.* 1978, inf. rap. 453).

3) Caractère satisfactoire des offres. Les juges du fond sont souverains pour apprécier le caractère satisfactoire d'offres litigieuses (■ Cass. civ., 12 mai 1952 : *D.* 1952, 793). Ils peuvent considérer comme valables des offres réelles incomplètes mais susceptibles de régularisation (■ Cass. 1re civ., 10 févr. 1998, n° 96-13.316 : *JurisData* n° 1998-000564 ; *Bull. civ.* I, n° 50, p. 33 ; *RTD civ.* 1998, 898, obs. Mestre ; *Defrénois* 1998, 735, obs. Delebecque).

4) Offres en cours d'instance. Des offres peuvent être faites en cours d'instance (■ Cass. req., 29 nov. 1932 : *DH* 1933, 20). Jugé que les juges ne peuvent rejeter des offres faites à la veille des débats sans constater le caractère non satisfactoire de ces offres (■ Cass. 1re civ., 18 juill. 1973 : *Bull. civ.* I, n° 250, p. 220). Mais l'offre faite en cours d'instance d'appel peut être jugée tardive (■ Cass. 1re civ., 19 oct. 1976, n° 75-14.869 : *JurisData* n° 1976-000303 ; *Bull. civ.* I, n° 303, p. 243).

5) Validation de la consignation. Dès lors qu'elle n'est pas acceptée par le créancier, la consignation qui suit les offres réelles ne peut valoir paiement que si elle est validée par un jugement passé en force de chose jugée (■ Cass. 3e civ., 2 févr. 2000, n° 97-22.665 : *JurisData* n° 2000-000236 ; *Bull. civ.* III, n° 24, p. 17).

Art. 1259 ***(Abr., D. n° 81-500, 12 mai 1981).*** **– V. CPC, art. 1426 à 1429.**

Art. 1260 ancien ***(Abr. à compter du 1er octobre 2016, Ord. n° 2016-131, 10 févr. 2016).*** **– Les frais des offres réelles et de la consignation sont à la charge du créancier, si elles sont valables.**

NB : Rappr. art. 1345-3, p. 989.

Art. 1261 ancien ***(Abr. à compter du 1er octobre 2016, Ord. n° 2016-131, 10 févr. 2016).*** **– Tant que la consignation n'a point été acceptée par le créancier, le débiteur peut la retirer ; et, s'il la retire, ses codébiteurs ou ses cautions ne sont point libérés.**

Refus des offres. Le créancier qui a refusé les offres réelles ne peut demander à retirer la somme consignée (■ T. civ. Seine, réf., 8 juin 1955 : *Gaz. Pal.* 1955, 2, 38).

Art. 1262 ancien ***(Abr. à compter du 1er octobre 2016, Ord. n° 2016-131, 10 févr. 2016).*** **– Lorsque le débiteur a lui-même obtenu un jugement passé en force de chose jugée, qui a déclaré ses offres et sa**

consignation bonnes et valables, il ne peut plus, même du consentement du créancier, retirer sa consignation au préjudice de ses codébiteurs ou de ses cautions.

Art. 1263 ancien *(Abr. à compter du 1er octobre 2016, Ord. n° 2016-131, 10 févr. 2016)*. **– Le créancier qui a consenti que le débiteur retirât sa consignation après qu'elle a été déclarée valable par un jugement qui a acquis force de chose jugée, ne peut plus, pour le paiement de sa créance, exercer les privilèges ou hypothèques qui y étaient attachés : il n'a plus d'hypothèque que du jour où l'acte par lequel il a consenti que la consignation fût retirée aura été revêtu des formes requises pour emporter l'hypothèque.**

Art. 1264 ancien *(Abr. à compter du 1er octobre 2016, Ord. n° 2016-131, 10 févr. 2016)*. **– Si la chose due est un corps certain qui doit être livré au lieu où il se trouve, le débiteur doit faire sommation au créancier de l'enlever, par acte notifié à sa personne ou à son domicile, ou au domicile élu pour l'exécution de la convention. Cette sommation faite, si le créancier n'enlève pas la chose et que le débiteur ait besoin du lieu dans lequel elle est placée, celui-ci pourra obtenir de la justice la permission de la mettre en dépôt dans quelque autre lieu.**

§ 5. – De la cession de biens

Art. 1265 à 1270 *(Abr., L. n° 91-650, 9 juill. 1991)*

Section II. – De la novation

Art. 1271 ancien *(Abr. à compter du 1er octobre 2016, Ord. n° 2016-131, 10 févr. 2016)*. **– La novation s'opère de trois manières :**

1° Lorsque le débiteur contracte envers son créancier une nouvelle dette qui est substituée à l'ancienne, laquelle est éteinte ;

2° Lorsqu'un nouveau débiteur est substitué à l'ancien qui est déchargé par le créancier ;

3° Lorsque, par l'effet d'un nouvel engagement, un nouveau créancier est substitué à l'ancien, envers lequel le débiteur se trouve déchargé.

NB : Rappr. art. 1329, p. 984.

Bibliographie : Pactet, *De la réalisation de la novation : RTD civ.* 1975, 435 et 643.

1) **Existence d'une dette à éteindre et création d'une dette nouvelle.** La novation suppose l'existence d'une dette à éteindre et la création d'une dette nouvelle (▪ Cass. civ., 14 mars 1939 : *DH* 1939, 273. ▪ Montpellier, 30 janv. 1963 : *JCP* 63, II, 13442, note P. L.).

2) **Validité de l'obligation ancienne.** L'obligation ancienne doit être valable (▪ Cass. civ., 12 avr. 1854 : *DP* 1854, I, 180. ▪ Cass. 1re civ., 24 oct. 1969 : *Bull. civ.* I, n° 354, p. 282. ▪ Cass. 1re civ., 7 nov. 1995, n° 93-16.148 : *JurisData* n° 1995-002875 ; *JCP* 95, IV, 2751 ; *Bull. civ.* I, n° 387, p. 271 ; *RTD civ.* 1996, 619, obs. Mestre. Voir cependant ▪ Paris, 30 avr. 1958 : *JCP* 59, II, 11015, note Petot ; *D.* 1958, 553, note Malaurie). Sur la transformation de l'obligation naturelle, v. art. 1235 ancien, p. 1178.

3) **Novation et dation en paiement.** Sur la distinction entre dation en paiement et novation, V. ▪ Cass. ass. plén., 22 avr. 1974, n° 72-14.304 : *JurisData* n° 1974-095002 ; *JCP* 74, II, 17876, note Bénabent. ▪ Cass. 1re civ., 4 févr. 1981, n° 79-14.778 : *JurisData* n° 1981-700971 ; *D.* 1981, inf. rap. 493, obs. Vasseur.

4) **Novation et modification des modalités de paiement.** La modification des modalités de paiement du prix (en l'espèce, paiement d'une dette du créancier) ne constitue pas une novation (▪ Cass. com., 8 déc. 2009, n° 08-22.103 : *JCP* 2010, n° 17, 477, note Maréchal).

5) **Modifications non constitutives de novation.** Ne constitue pas une novation la modification des modalités de paiement (▪ Paris, 19 mai 1964 : *JCP* 64, IV, 112), ni l'adjonction d'une sûreté, voire de l'engagement d'un tiers, à une créance préexistante (▪ Cass. crim., 5 nov. 1969, n° 68-93.575 : *Gaz. Pal.* 1970, 1, 113). Jugé que, quelle que soit l'intention des parties, une modification dans le montant de la dette ne suffit pas à caractériser la novation (▪ Cass. 1re civ., 20 nov. 1967 : *JurisData* n° 1967-700335 ; *D.* 1969, 321, note Gomaa. V. aussi pour une modification de la charge de remboursement d'un emprunt ▪ Cass. 1re civ., 2 déc. 1997, n° 95-21.907 : *JurisData* n° 1997-004837 ; *JCP* 98, IV, 1132 ; *Bull. civ.* I, n° 345, p. 234 ; *Defrénois* 1998, 335, obs. Delebecque ; *D.* 1998, 549, note Caron ; *RTD civ.* 1998, 377, obs. Mestre. ▪ Cass. 1re civ., 20 mai 2003, n° 01-00.212 : *JurisData*

n° 2003-019024 ; *Bull. civ.* I, n° 122, p. 94 ; *Rev. Contrats* 2003, 174, obs. Grimaldi. V. cependant ▪ Cass. req., 8 nov. 1875 : *DP* 1876, 1, 438).

6) Transaction. Une transaction n'emporte pas novation sauf intention contraire des parties (▪ Cass. 1re civ., 25 févr. 1976, n° 73-13.191 : *JurisData* n° 1976-000086 ; *JCP* 76, IV, 136 ; *Bull. civ.* I, n° 86, p. 71).

7) Annulation de l'obligation nouvelle. Si l'obligation nouvelle est anéantie, la novation est tenue pour non avenue et l'ancienne créance doit être traitée comme n'ayant jamais été éteinte (▪ Cass. civ., 14 mars 1939 : *DH* 1939, 273. – V. en ce sens ▪ Cass. 1re civ., 8 juill. 1975, n° 74-10.341 : *JurisData* n° 1975-000227 ; *JCP* 75, IV, 287 ; *Bull. civ.* I, n° 228, p. 192. ▪ Cass. com., 4 févr. 1992, n° 90-12.609 : *JurisData* n° 1992-000246 ; *Bull. civ.* IV, n° 60, p. 46), même lorsque le créancier savait que l'obligation nouvelle était annulable de son propre fait (▪ Cass. com., 14 mai 1996, n° 94-11.124 : *Contrats, conc. consom.* 1996, 162, note Leveneur ; *JCP* 97, I, 4002, n° 14, obs. Virassamy ; II, 22895, note Jacob ; *Bull.* IV, n° 138, p. 121 ; *Defrénois* 1997, 524, note Dagorne-Labbe. Voir cependant ▪ Cass. 3e civ., 5 mai 1970, n° 68-11.527 : *JurisData* n° 1970-098311 ; *JCP* 71, IV, 92 ; *Bull. civ.* III, n° 311, p. 227, réservant le cas où le créancier aurait entendu en connaissance de cause substituer à l'obligation ferme antérieure une obligation nouvelle. V. aussi pour le cas où la nullité est imputable au dol du contractant ▪ Metz, 6 sept. 1995 : *JurisData* n° 1995-612402 ; *JCP* 97, II, 22854, note Jacob).

8) Clause compromissoire. La novation ne peut avoir pour effet de priver d'efficacité la clause compromissoire insérée dans le contrat (▪ Cass. 1re civ., 10 mai 1988, n° 86-13.333 : *JurisData* n° 1988-000963 ; *Bull. civ.* I, n° 139, p. 96).

Art. 1272 ancien ***(Abr. à compter du 1er octobre 2016, Ord. n° 2016-131, 10 févr. 2016).*** **– La novation ne peut s'opérer qu'entre personnes capables de contracter.**

Art. 1273 ancien ***(Abr. à compter du 1er octobre 2016, Ord. n° 2016-131, 10 févr. 2016).*** **– La novation ne se présume point ; il faut que la volonté de l'opérer résulte clairement de l'acte.**

NB : Rappr. art. 1330, p. 985.

Jurisprudence. V. ss art. 1330, p. 985.

Art. 1274 ancien ***(Abr. à compter du 1er octobre 2016, Ord. n° 2016-131, 10 févr. 2016).*** **– La novation par la substitution d'un nouveau débiteur peut s'opérer sans le concours du premier débiteur.**

NB : Rappr. art. 1332, p. 985.

Art. 1275 ancien ***(Abr. à compter du 1er octobre 2016, Ord. n° 2016-131, 10 févr. 2016).*** **– La délégation par laquelle un débiteur donne au créancier un autre débiteur qui s'oblige envers le créancier, n'opère point de novation, si le créancier n'a expressément déclaré qu'il entendait décharger son débiteur qui a fait la délégation.**

NB : Rappr. art. 1336, 1338, p. 985.

Bibliographie : P. Catala, *La délégation dans l'avant-projet de réforme du droit des obligations* in *Mélanges Ph. Simler*, Litec et Dalloz 2006, p. 555. • A. Danis-Fatôme, *La délégation de créance. Essai d'une typologie nouvelle : D.* 2012, p. 2469. • J.-D. Pellier, *La nature de la délégation imparfaite : D.* 2014, p. 92.

I – DÉLÉGATION IMPARFAITE

1) *Nécessité* d'une dette du délégué envers le délégant (non). Dès lors que le délégué s'est engagé en toute connaissance de cause, il importe peu qu'il ait été ou non débiteur du délégant (▪ Cass. com., 21 juin 1994, n° 91-19.281 : *Bull. civ.* IV, n° 225, p. 177 ; *Defrénois* 1994, 1468, obs. D. Mazeaud ; *Contrats, conc. consom.* 1994, 246, note Leveneur ; *D.* 1995, somm. 91, obs. Aynès ; *RTD civ.* 1995, 113, obs. Mestre). Le consentement du délégué à la délégation de créance, s'il doit être certain pour distinguer celle-ci de l'indication de paiement (▪ Cass. 1re civ., 7 avr. 1998, n° 96-19.171 : *JurisData* n° 1998-001621 ; *JCP* 98, IV, 2270 ; *Bull. civ.* I, n° 144, p. 96 ; *Contrats, conc. consom.* 1998, 95, note Leveneur ; *Defrénois* 1998, 1048, obs. D. Mazeaud. ▪ Cass. 1re civ., 10 mai 2000, n° 98-12.357 : JurisData n° 2000-001868 ; Bull. *civ.* I, n° 137, p. 91), peut être tacite (▪ Cass. com., 16 avr. 1996, n° 94-14.618 : *JurisData* n° 1996-001639 ; *JCP* 96, II, 22689, note Billiau ; *Bull. civ.* IV, n° 120, p. 102 ; *D.* 1996, 571, note Larroumet, somm. 333, obs. Aynès ; *RTD civ.* 1997, 132, obs. Mestre. V. I. Dauriac, *Le sort de la créance du délégant envers le délégué au cours de la délégation : Defrénois* 1997, 1169).

2) Formalités (non). La délégation n'est pas soumise aux formalités édictées par l'article 1690 pour la cession de créance (■ Cass. req., 19 déc. 1923 : *DP* 1925, 1, 9, note Capitant).

3) Sur la **nécessité de l'acceptation du délégataire,** v. ■ Cass. civ., 12 mars 1946 : *JCP* 46, II, 3114, note R. C. Une lettre de change qui ne comporte pas toutes les mentions obligatoires énoncées à l'article 110 (L. 511-1) du Code de commerce n'emporte pas délégation de créance au profit du tiers porteur, faute de sa désignation lors de l'engagement du débiteur (■ Cass. com., 24 mars 1998, n° 96-15.694 : *JurisData* n° 1998-001344 ; *D.* 1998, inf. rap. 112 ; *Defrénois* 1998, 1048, obs. Delebecque).

4) Rapport délégant-délégataire. Sur le principe que le délégant reste tenu vis-à-vis du délégataire, V. ■ Cass. soc., 15 nov. 1963 : *Bull. civ.* IV, n° 801, p. 663. – Comp. ■ Paris, 15 avr. 1965 : *D.* 1965, 476.

5) Rapport délégué-délégataire. Dès lors qu'un immeuble vendu en viager a été revendu moyennant paiement de la rente et exécution des conditions de l'acte initial de vente et que le dernier acquéreur a accepté, il y a délégation imparfaite du débiteur primitif au profit du créancier qui n'a pas l'obligation de mettre en demeure et d'appeler en cause le délégant alors que le délégué lui était adjoint comme codébiteur (■ Cass. 1re civ., 30 juin 1954 : *JCP* 54, IV, 117 ; *Bull. civ.* I, n° 225, p. 190).

6) Inopposabilité des exceptions par le délégué au délégataire. Sur le principe que le délégué ne peut opposer au délégataire les exceptions qu'il aurait pu opposer au délégant, V. ■ Cass. civ., 24 janv. 1872 : *DP* 1873, 1, 75. ■ Cass. 1re civ., 26 janv. 1960 : *JurisData* n° 1960-000055 ; *Bull. civ.* I, n° 55, p. 44. ■ Cass. com., 25 févr. 1992, n° 90-12.863 : *JurisData* n° 1992-002711 ; *JCP* G 92, II, 21922 et *JCP* E 92, II, 367, 2e esp., note Billiau. ■ Cass. 3e civ., 7 juin 2018, n° 17-15.981 : *Bull. civ.* ; *D.* 2018, p. 1624, Pellier ; *Defrénois* 2018, n° 46, p. 33, Seube ; *JurisData* n° 2018-009699 ; *RDC* 2018, p. 551, Latina. L'acceptation de la délégation n'est pas affectée par la fraude imputée au délégant, ayant prétendument agi de collusion avec un des agents du délégué, dès lors qu'il n'est pas soutenu que le délégataire ait pris part à celle-ci (■ Cass. com., 22 avr. 1997, n° 95-17.664 : *JurisData* n° 1997-001704 ; *JCP* 97, II, 10050, note Lachièze ; *Bull.* IV, n° 98, p. 86 ; *Defrénois* 1997, 1002, obs. D. Mazeaud). *Mais jugé* que sauf convention contraire, le délégué est seulement obligé au paiement de la dette du délégant envers le délégataire et il se trouve déchargé de son obligation lorsque la créance de ce dernier est atteinte par la prescription (■ Cass. 1re civ., 17 mars 1992, n° 90-12.312 : *JCP* G 92, II, 21922 et *JCP* E 92, II, 366, 1re esp. ; *D.* 1992, 481, note Aynès ; *Bull. civ.* I, n° 84, p. 56).

7) Créance du délégant sur le délégué. Si la créance du délégant sur le délégué s'éteint, non pas du fait de l'acceptation par le délégataire de l'engagement du délégué à son égard, mais seulement par le fait de l'exécution de la délégation, ni le délégant, ni ses créanciers ne peuvent, avant la défaillance du délégué envers le délégataire, exiger paiement (■ Cass. com., 16 avr. 1996, n° 94-14.618 : *JurisData* n° 1996-001639 ; *JCP* 96, II, 22689, note Billiau ; *D.* 1996, 571, note Larroumet ; *Defrénois* 1996, 1018, obs. D. Mazeaud. – V. aussi, ■ Cass. com., 14 févr. 2006 : *JurisData* n° 2006-032199 ; *JCP* G 2006, II 10145, note Roussille). Il en résulte que la saisie-arrêt effectuée entre les mains du délégué par les créanciers du délégant ne peut avoir pour effet de priver le délégataire, dès son acceptation, de son droit exclusif à un paiement immédiat par le délégué, sans concours avec les créanciers saisissants et que la consignation des sommes saisies-arrêtées ne libère pas le délégué envers le délégataire (mêmes arrêts). La délégation imparfaite laisse subsister la créance du délégant, qui n'est pas sortie de son patrimoine, ce qui permet au Trésor public de bénéficier de l'effet attributif des avis à tiers détenteurs sur les sommes dues par le délégué (■ Cass. com., 29 avr. 2003, n° 99-15.072 : *JurisData* n° 2002-014148 ; *JCP* 2003, II, 10154, note Barthez). Mais *contra*, jugeant qu'une cour d'appel retient à bon droit que les sommes dues par le délégué au délégant ne sont pas saisissables par les créanciers du délégant dont le droit de créance qui demeure dans son patrimoine est indisponible à compter de l'acceptation du délégataire. (■ Cass. com., 14 févr. 2006, préc.).

8) Délégation imparfaite et stipulation pour autrui. Sur la distinction entre délégation imparfaite et stipulation pour autrui, v. ■ Cass. 1re civ., 14 nov. 1995, n° 94-04.008 : *JCP* 96, IV, 37 ; *Bull.* I, n° 404, p. 282 ; *Defrénois* 1996, 750, obs. Delebecque.

9) Prise en charge de l'indemnité d'éviction. La clause d'un acte de vente prévoyant que l'acquéreur s'oblige à prendre à sa charge le paiement de l'indemnité d'éviction due au locataire s'analyse en une délégation imparfaite de paiement autorisant le preneur à agir directement contre le délégué et sans que puisse lui être opposée la règle de l'effet relatif des contrats (■ Cass. 3e civ., 5 mars 2008, n° 06-19.237 et n° 06-20.223 : *Bull. civ.* III, n° 39 ; *JCP* E 2008, 1774, note Marty ; *JCP* 2008, I, 179, obs. Barthez ; *Defrénois* 2008, art. 38795-5, p. 1353, obs. Savaux).

II – DÉLÉGATION PARFAITE

10) Décharge expresse du délégant par le délégataire. Sur la nécessité d'une déclaration expresse du créancier, v. ■ Cass. 3e civ., 5 juin 1970, n° 68-13.987 : *JurisData* n° 1970-000389 ; *JurisData* n° 1970-000387 ; *D.* 1970, 727. – Comp. ■ Cass. civ., 17 oct. 1934 : *Gaz. Pal.* 1934, 2, 803. La preuve de cette acceptation peut se faire par tous moyens en matière commerciale (■ Paris, 15 avr. 1965 : *D.* 1965, 476). Jugé qu'il appartient aux juges du fond de rechercher si en acceptant un paiement direct par l'utilisateur de la machine, le créancier a entendu décharger expressément son débiteur originaire, le locataire (■ Cass. com., 17 juill. 1980 : *Bull. civ.* IV, n° 305, p. 247. – V. aussi ■ Cass. com., 22 juin 1983, n° 82-12.276 : *JurisData* n° 1983-701780 ; *Bull. civ.* IV, n° 183, p. 159). Mais jugé que la seule acceptation par le créancier de la substitution d'un nouveau débiteur au premier, même si elle n'est assortie d'aucune réserve, n'implique pas, en l'absence de déclaration expresse, qu'il ait entendu décharger le débiteur originaire de sa dette (■ Cass. com., 12 déc. 1995, n° 93-14.438 : *JurisData* n° 1995-003692 ; *JCP* 96, IV, 303 ; *Bull.* IV, n° 294, p. 271 ; *Contrats, conc. consom.* 1996, 36, note Leveneur ; *D.* 1996, somm. 333, obs. D. Mazeaud ; *RTD civ.* 1996, 617, obs. Mestre. V. en ce sens ■ Cass. 1re civ., 13 nov. 1997, n° 95-18.680 : *JurisData* n° 1997-004410 ; *D.* 1998, somm. 117, obs. Delebecque : *JCP* 97, IV, 2536 ; *Bull. civ.* I, n° 307, p. 208. ■ Cass. 1re civ., 21 mars 2001 : *Contrats, conc. consom.* 2000, 122, note Leveneur. ■ Cass. 3e civ., 12 déc. 2001 : *JCP G* 2002, IV, 1160 ; *D.* 2002, 984, note Billiau et Jamin ; *Bull. civ.* III, n° 153, p. 120 ; *JurisData* n° 2001-012107 ; *Defrénois* 2002, 775, obs. Libchaber. ■ Cass. com., 25 janv. 2005, n° 03-14.926 : *JurisData* n° 2005-026722 ; *Contrats, conc. consom.* 2005, 80, note Leveneur).

11) Rapport délégant-délégataire. La délégation parfaite libère le délégant envers le délégataire qui n'a de recours que contre le délégué (■ Cass. civ., 23 nov. 1898 : *DP* 1899, 1, 21. – V. aussi ■ Paris, 20 juin 1956 : *Gaz. Pal.* 1956, 2, 90).

12) Avis à tiers détenteur. Celui qui détient des fonds pour le compte d'un redevable ne peut satisfaire à un avis à tiers détenteur dès lors que la délégation a été donnée et acceptée avant la notification de cet avis (■ Cass. com., 24 juin 1986, n° 84-15.058 : *JurisData* n° 1986-002922 ; *Bull. civ.* IV, n° 141, p. 117 ; *RTD civ.* 1987, 550, obs. Mestre. Comp., décidant que l'avis à tiers détenteur notifié postérieurement à l'échéance d'une lettre de change non acceptée ne peut faire obstacle aux droits du porteur légitime, ■ Cass. com., 20 mars 1984, n° 82-16.159 : *JurisData* n° 1984-700486 ; *Bull. civ.* IV, n° 108, p. 90).

13) Sous-traitance. Pour une délégation parfaite empêchant le sous-traitant de demander paiement à l'entrepreneur principal, V. ■ Cass. 3e civ., 15 déc. 1993, n° 92-10.689 : *JurisData* n° 1993-002365 ; *D.* 1994, somm. 215, obs. Penneau. L'ordre de paiement délivré par l'entrepreneur principal n'est ni une condition de validité ni un élément constitutif de la délégation au maître de l'ouvrage du paiement du sous-traitant, mais une modalité de son exécution (■ Cass. 3e civ., 19 déc. 2012, n° 11-25.622 : *Bull.*, n° 194 ; *JCP* 2013, n° 9, p. 411, note Boffa).

Art. 1276 ancien

(Abr. à compter du 1er octobre 2016, Ord. n° 2016-131, 10 févr. 2016). **– Le créancier qui a déchargé le débiteur par qui a été faite la délégation, n'a point de recours contre ce débiteur, si le délégué devient insolvable, à moins que l'acte n'en contienne une réserve expresse, ou que le délégué ne fût déjà en faillite ouverte, ou tombé en déconfiture au moment de la délégation.**

NB : Rappr. art. 1337, p. 986.

En cas de délégation parfaite, sauf les cas prévus à l'article 1276 du Code civil, le délégataire est privé de tout recours contre le délégant (■ Cass. com., 12 oct. 2010, n° 09-66.662 : *RDC* 2011/2, p. 469, obs. D. Mazeaud).

Art. 1277 ancien

(Abr. à compter du 1er octobre 2016, Ord. n° 2016-131, 10 févr. 2016). **– La simple indication, faite par le débiteur, d'une personne qui doit payer à sa place, n'opère point novation.**

Il en est de même de la simple indication faite par le créancier, d'une personne qui doit recevoir pour lui.

NB : Rappr. art. 1340, p. 986.

Bibliographie : F. Grua, *Sur les ordres de paiement en général : D.* 1996, chron. 172.

Envoi par le vendeur d'une facture à un tiers à la demande de l'acquéreur. Il résulte de l'article 1277 du Code civil que le seul envoi d'une facture à un tiers étranger à un contrat de vente, à la demande de l'acquéreur, ne peut être constitutif d'un nouveau contrat de vente et créer par voie de novation à la charge de celui qui a envoyé ladite facture une quelconque obligation (■ Reims, ch. civ., 1re sect., 6 oct. 1986 : *JurisData* n° 1986-045998).

Art. 1278 ancien *(Abr. à compter du 1er octobre 2016, Ord. n° 2016-131, 10 févr. 2016)*. – Les privilèges et hypothèques de l'ancienne créance ne passent point à celle qui lui est substituée, à moins que le créancier ne les ait expressément réservés.

NB : Rappr. art. 1334, p. 985.

Bibliographie : M. Dagot, *La novation par changement de débiteur et le droit hypothécaire : JCP* 75, I, 2693.

Art. 1279 ancien *(Mod., L. n° 71-579, 16 juill. 1971 ; abr. à compter du 1er octobre 2016, Ord. n° 2016-131, 10 févr. 2016)*. – Lorsque la novation s'opère par la substitution d'un nouveau débiteur, les privilèges et hypothèques primitifs de la créance ne peuvent point passer sur les biens du nouveau débiteur.

Les privilèges et hypothèques primitifs de la créance peuvent être réservés, avec le consentement des propriétaires des biens grevés, pour la garantie de l'exécution de l'engagement du nouveau débiteur.

Art. 1280 ancien *(Abr. à compter du 1er octobre 2016, Ord. n° 2016-131, 10 févr. 2016)*. – Lorsque la novation s'opère entre le créancier et l'un des débiteurs solidaires, les privilèges et hypothèques de l'ancienne créance ne peuvent être réservés que sur les biens de celui qui contracte la nouvelle dette.

Art. 1281 ancien *(Abr. à compter du 1er octobre 2016, Ord. n° 2016-131, 10 févr. 2016)*. – Par la novation faite entre le créancier et l'un des débiteurs solidaires, les codébiteurs sont libérés.

La novation opérée à l'égard du débiteur principal libère les cautions.

Néanmoins, si le créancier a exigé, dans le premier cas, l'accession des codébiteurs ou, dans le second, celle des cautions, l'ancienne créance subsiste, si les codébiteurs ou les cautions refusent d'accéder au nouvel arrangement.

NB : Rappr. art. 1335, p. 985.

1) Délégation. Il résulte des articles 1278 et 1281, al. 3, que lorsque le créancier délégataire a réservé le cautionnement assortissant l'ancienne créance, celle-ci est éteinte si les cautions du délégant acceptent expressément cet arrangement. Ayant constaté que le délégataire avait subordonné son consentement à la décharge du débiteur au maintien des garanties et que les cautions avaient accepté de garantir la dette du délégué, les juges du fond ont, à bon droit, considéré que la délégation avait un effet novatoire (▪ Cass. 1re civ., 17 févr. 1998, n° 95-20.721 : *JurisData* n° 1998-000674 ; *JCP* 98, IV, 1795 ; *Bull. civ.* I, n° 64, p. 43).

2) Cautions solidaires. La novation par changement de débiteur opérée à l'égard de l'une des cautions n'a pas pour effet de libérer le débiteur principal et, par suite, pas davantage les autres cautions solidaires (▪ Cass. com., 7 déc. 1999, n° 96-15.915 : *JurisData* n° 1999-004336 ; *Bull. civ.* IV, n° 219, p. 185).

Section III. – De la remise de la dette

Bibliographie : N. Picod, *La remise de dette en droit privé*, préf. C. Saint-Alary-Houin, Dalloz, 2013.

Art. 1282 ancien *(Abr. à compter du 1er octobre 2016, Ord. n° 2016-131, 10 févr. 2016)*. – La remise volontaire du titre original sous signature privée, par le créancier au débiteur, fait preuve de la libération.

NB : Rappr. art. 1342-9, p. 987.

1) Remise s'expliquant par les relations des parties. La remise du titre n'est pas volontaire au sens de la loi lorsque la détention de ce titre par le débiteur s'explique par les relations des parties, le débiteur étant tuteur, puis patron du créancier (▪ Cass. req., 20 oct. 1890 : *DP* 1891, 1, 263).

2) Remise équivoque. L'article 1282 ne peut recevoir application que s'il n'y a aucune équivoque possible de la part du créancier sur la portée et la signification de la remise (▪ Toulouse, 23 nov. 1966 : *D.* 1967, 522). Dès lors que les débiteurs ne fournissent aucune indication sur l'origine restée anonyme de la remise des lettres de change et qu'il n'est pas établi que ces effets leur ont été remis volontairement par le créancier, la présomption de l'article 1282 peut être écartée (▪ Cass. com., 3 déc. 1985, n° 84-16.419 : *JurisData* n° 1985-703201 ; *Bull. civ.* IV, n° 285, p. 243).

3) Reconnaissance de dette en double exemplaire. Dès lors qu'une reconnaissance de dette a été rédigée en double exemplaire, son auteur ne justifie pas de sa libération en produisant un seul de ces exemplaires (▪ Cass. 1re civ., 21 oct. 1975, n° 74-11.646 : *JurisData* n° 1975-

000284 ; *Bull. civ.* I, n° 284, p. 239). Sur l'hypothèse d'une reconnaissance de dette reproduite au moment de sa rédaction à l'aide d'un papier carbone, V. ■ Cass. 1re civ., 19 avr. 1977, n° 75-11.654 : *JurisData* n° 1977-000171 ; *D.* 1977, inf. rap. 324 ; *Bull. civ.* I, n° 173, p. 135.

4) **Présomption irréfragable.** La présomption résultant de l'article 1282 ne souffre pas la preuve contraire (■ Cass. civ., 12 févr. 1925 : *Gaz. Pal.* 1925, 1, 726. ■ Cass. 1re civ., 6 janv. 2004, n° 01-11.384 : *JurisData* n° 2004-021679 ; *Contrats, conc. consom.* 2004, 37, note Leveneur ; *Bull. civ.* I, n° 6, p. 4), même en matière commerciale (■ Cass. com., 30 juin 1980, n° 79-10.623 : *JurisData* n° 1980-000279 ; *JCP* 80, IV, 353 ; *Bull. civ.* IV, n° 280, p. 227 ; *D.* 1982, 53, note Parleani. ■ Cass. com., 17 déc. 1991, n° 90-10.715 : *JurisData* n° 1991-003313 ; *Bull. civ.* IV, n° 394, p. 273. V. pour la remise d'une lettre de change ■ Cass. com., 6 mai 1991, n° 89-19.136 : *JurisData* n° 1991-001340 ; *Bull. civ.* IV, n° 158, p. 114), sous réserve du cas où le débiteur a signé une reconnaissance de dette distincte du titre original de la créance (■ Cass. 1re civ., 8 févr. 1984, n° 83-10.693 : *JurisData* n° 1984-700188 ; *D.* 1984, inf. rap. 299 ; *Bull. civ.* I, n° 56, p. 47 ; *RTD civ.* 1985, 387, obs. Mestre).

5) **Testament contenant remise de dette.** La lettre valant testament et portant remise du solde d'un prêt ne constitue pas le titre original de la créance dont la remise volontaire formerait preuve de la libération (■ Paris, 9 mars 1983 : *JurisData* n° 1983-022420 ; *D.* 1983, inf. rap. 348, obs. Martin).

6) **Reçu de la main du débiteur.** Le reçu ne fait pas preuve de la libération s'il est intégralement rédigé de la main du débiteur (■ Cass. 1re civ., 14 juin 1984, n° 83-11.719 : *JurisData* n° 1984-701660 ; *Bull. civ.* I, n° 199, p. 168).

Art. 1283 ancien ***(Abr. à compter du 1er octobre 2016, Ord. n° 2016-131, 10 févr. 2016).*** **– La remise volontaire de la grosse du titre fait présumer la remise de la dette ou le paiement, sans préjudice de la preuve contraire.**

1) **Remise de la grosse par le notaire.** L'article 1283 est applicable au notaire, créancier pour déboursés et honoraires, qui remet au débiteur la grosse ou même une expédition de l'acte qu'il a reçu pour lui, la distinction de la grosse et des expéditions étant sans intérêt dans les rapports de notaire à client (■ Cass. civ., 7 janv. 1907 : *DP* 1907, 1, 40).

2) **Remise de la grosse par le mandataire du créancier.** La remise de la grosse par le mandataire du créancier fait preuve du paiement à la fois contre le créancier et contre son mandataire (■ Cass. req., 14 janv. 1896 : *DP* 1896, 1, 558).

3) **Pouvoir souverain des juges du fond.** Les juges du fond disposent d'un pouvoir souverain pour apprécier si la remise a été volontaire et si elle a la force probante que la loi lui attribue (■ Cass. civ., 5 juill. 1950 : *Gaz. Pal.* 1950, 2, 295).

Art. 1284 ancien ***(Abr. à compter du 1er octobre 2016, Ord. n° 2016-131, 10 févr. 2016).*** **– La remise du titre original sous signature privée, ou de la grosse du titre, à l'un des débiteurs solidaires, a le même effet au profit de ses codébiteurs.**

Art. 1285 ancien ***(Abr. à compter du 1er octobre 2016, Ord. n° 2016-131, 10 févr. 2016).*** **– La remise ou décharge conventionnelle au profit de l'un des codébiteurs solidaires libère tous les autres, à moins que le créancier n'ait expressément réservé ses droits contre ces derniers.**

Dans ce dernier cas, il ne peut plus répéter la dette que déduction faite de la part de celui auquel il a fait la remise.

NB : *Rappr. art. 1350-1, p. 992.*

1) V. pour une application, ■ Colmar, 21 juin 1932 : *Gaz. Pal.* 1932, 2, 640.

2) **Réduction judiciaire.** L'article 1285, qui ne concerne que les cas de remise conventionnelle de dette, ne saurait s'appliquer à la réduction d'une dette décidée judiciairement, en l'espèce par application de l'article L. 331-7 du Code de la consommation (■ Cass. 1re civ., 6 nov. 2001 : *JCP* 2001, IV, 3029 ; *Bull. civ.* I, n° 269, p. 170 ; *JurisData* n° 2001-011570).

Art. 1286 ancien ***(Mod., Ord. n° 2006-346, 23 mars 2006 ; abr. à compter du 1er octobre 2016, Ord. n° 2016-131, 10 févr. 2016).*** **– La remise de la chose donnée en gage ou en nantissement ne suffit point pour faire présumer la remise de la dette.**

NB : Rappr. art. 1350-1, p. 992.

Art. 1287 ancien ***(Abr. à compter du 1er octobre 2016, Ord. n° 2016-131, 10 févr. 2016).*** **– La remise ou décharge conventionnelle accordée au débiteur principal libère les cautions ;**

Celle accordée à la caution ne libère pas le débiteur principal ;

Celle accordée à l'une des cautions ne libère pas les autres.

NB : Rappr. art. 1350-2, p. 992.

1) **Procédure collective ou de surendettement des particuliers.** Malgré son caractère volontaire, la réduction de créance acceptée par un créancier dans les conditions prévues à l'art. 24 de la loi du 25 janv. 1985 (C. com., art. L. 621-60 ancien) participe de la nature judiciaire du plan arrêté pour permettre la continuation de l'entreprise, de sorte qu'elle ne constitue pas une remise conventionnelle au sens de l'art. 1287 (▪ Cass. com., 17 mai 1994, n° 91-20.083 : *Bull. civ.* IV, n° 177, p. 141). Jugé en ce sens que malgré leur caractère volontaire, les mesures consenties par les créanciers dans le plan conventionnel de règlement prévu par l'art. L. 331-6 (anc.) C. consom., dans le cadre de la procédure de surendettement des particuliers, ne constituent pas, eu égard à la finalité d'un tel plan, une remise de dette au sens de l'article 1287 C. civ., et que la caution ne peut demander à bénéficier du plan (▪ Cass. 1re civ., 13 nov. 1996, n° 94-12.856 : *JurisData* n° 1996-004243 ; *JCP* G 97, II, 22780, note Mury ; *JCP* E 97, II, 903, note D. Legeais ; *D.* 1997, 141, concl. Sainte-Rose et note Moussa, somm. 178, obs. D. Mazeaud ; *Bull. civ.* I, n° 401, p. 281 ; *Defrénois* 1997, 292, note Aynès ; *RTD civ.* 1997, 190, obs. Crocq. V. C. Marie, *Cautionnement et surendettement : Contrats, conc. consom.* 1997, chron. 7).

2) **Décharge de la caution simple.** Le créancier ne peut réserver ses droits contre la caution (▪ Cass. req., 30 mars 1869 : *DP* 1869, 1, 512. – *Contra*, pour une caution réelle, ▪ Nancy, 1er mars 1932 : *DP* 1933, 2, 1, note Voirin). Viole l'article 1287, al. 1er, la cour d'appel qui refuse de décharger la caution en retenant que la renonciation du créancier à sa créance ne pouvait avoir pour conséquence sa renonciation implicite au bénéfice de la condamnation précédemment prononcée contre la caution (▪ Cass. 1re civ., 28 oct. 1991, n° 89-21.871 : *JurisData* n° 1991-002784 ; *Bull. civ.* I, n° 285, p. 187).

3) **Cautions solidaires.** Sur l'effet de la remise consentie à l'une des cautions solidaires, v. sous art. 2298, p. 1747.

Art. 1288 ancien ***(Abr. à compter du 1er octobre 2016, Ord. n° 2016-131, 10 févr. 2016).*** **– Ce que le créancier a reçu d'une caution pour la décharge de son cautionnement, doit être imputé sur la dette, et tourner à la décharge du débiteur principal et des autres cautions.**

NB : Rappr. art. 1350-2, p. 992.

Décharge de l'une des cautions solidaires moyennant le versement d'une certaine somme. Lorsque le créancier a déchargé l'une des cautions solidaires moyennant le versement d'une certaine somme, les autres cautions solidaires ne restent tenues que déduction faite, soit de la part et portion dans la dette du cofidéjusseur bénéficiaire de la remise, soit du montant de la somme versée lorsque cette somme excède sa part et portion (▪ Cass. 1re civ., 26 mai 1994, n° 92-13.435 : *JCP* 94, I, 3807, n° 13, obs. Simler et Delebecque ; *Bull. civ.* I, n° 187, p. 136 ; *Contrats, conc. consom.* 1994, 220, note Leveneur).

Section IV. – De la compensation

Art. 1289 ancien ***(Abr. à compter du 1er octobre 2016, Ord. n° 2016-131, 10 févr. 2016).*** **– Lorsque deux personnes se trouvent débitrices l'une envers l'autre, il s'opère entre elles une compensation qui éteint les deux dettes, de la manière et dans les cas ci-après exprimés.**

NB : Rappr. art. 1347, p. 991.

Bibliographie : N.-C. Ndoko, *Les mystères de la compensation : RTD civ.* 1991, 661. • A.-M. Tolédo, *La compensation conventionnnelle – Contribution plus particulièrement à la recherche de la nature juridique de la compensation conventionnelle : RTD civ.* 2000, 265. • F. Danos, *La connexité en matière de compensation : D.* 2015, p. 1655.

1) **Parties figurant en la même qualité.** La compensation ne peut avoir lieu entre deux obligations dans lesquelles les parties ne figurent pas en la même qualité (▪ Cass. civ., 5 nov. 1901 : *DP* 1902, 1, 92. – V. en ce sens ▪ Cass. civ., 7 févr. 1905 : *DP* 1905, 1, 432). Un époux commun en biens, personnellement créancier ou débiteur, ne peut pas opposer la compensation de sa créance ou de sa dette avec une créance ou une dette de la communauté (▪ Nîmes, 20 déc. 2001, n° 321/99 : *JurisData* n° 2001-176701 ; *JCP* 2003, I, 111, n° 11, obs. Simler).

2) Absence d'interposition d'un patrimoine tiers. L'interposition de l'indivision successorale entre deux héritiers purs et simples n'empêche pas la compensation de jouer, l'indivision n'ayant pas de personnalité indépendante de celles des héritiers (▪ Cass. 1re civ., 10 déc. 1968 : *JurisData* n° 1968-700319 ; *D.* 1969, 165. V. en ce sens ▪ Cass. 1re civ., 17 déc. 1991, n° 90-12.191 : *JurisData* n° 1991-003772 ; *JCP* 92, IV, 620 ; *Bull. civ.* I, n° 355, p. 232. Comp. en cas de société fictive ou de confusion des patrimoines ▪ Cass. com., 9 mai 1995, n° 93-11.724 : *JurisData* n° 1995-001036 ; *JCP* G 95, II, 22448 et *JCP* E 95, II, 702, rapp. Rémery ; *Bull. civ.* IV, n° 130, p. 117 ; *D.* 1996, 322, note Loiseau). Mais en cas d'acceptation sous bénéfice d'inventaire, aucune compensation n'est possible entre les créances personnelles de l'héritier bénéficiaire et les dettes de la succession (▪ Cass. 1re civ., 2 mai 2001, n° 98-22.664 : *JurisData* n° 2001-009366 ; *Resp. civ. et assur.* 2001 ; *Bull. civ.* I, n° 116, p. 76).

3) Subrogation. Sur le principe qu'en cas de subrogation, la compensation légale que prétendrait opérer le cédé entre sa créance sur le subrogeant et celle transmise au subrogé ne joue qu'autant que les conditions en ont été réunies antérieurement à la subrogation, V. ▪ Cass. com., 14 janv. 1997, n° 95-10.188 : *JurisData* n° 1997-000107 ; *JCP* 97, IV, 490 ; *Bull.* IV, n° 16, p. 13. Si en principe la compensation légale ne joue qu'autant qu'elle s'est produite antérieurement à la subrogation, le débiteur peut opposer au créancier subrogé une créance postérieure dès lors qu'elle est connexe à celle que le créancier subrogeant avait contre lui (▪ Cass. soc., 7 mai 1987, n° 85-13.266 : *JurisData* n° 1987-000799 ; *RTD civ.* 1988, 141, obs. Mestre. V. aussi ▪ Cass. com., 4 juin 1996, n° 94-16.306 : *JurisData* n° 1996-002211 ; *Bull. civ.* IV, n° 163, p. 141. ▪ Cass. 2e civ., 12 oct. 2000, n° 98-21.879 : *JurisData* n° 2000-006232 ; *Bull. civ.* II, n° 138, p. 99).

4) Obligations réciproques. Sur le principe que la compensation, fût-elle conventionnelle, implique l'existence d'obligations réciproques entre les parties, V. ▪ Cass. com., 23 juin 1992, n° 88-15.763 : *JurisData* n° 1992-001487 ; *Bull. civ.* IV, n° 246, p. 171. À défaut d'obligations réciproques dérivant d'un même contrat, l'exception de compensation opposée par un commerçant à la demande en paiement d'un autre commerçant pour fourniture de marchandises ne peut être accueillie que si les juges du fond relèvent des circonstances permettant d'établir que les ventes et achats conclus entre les parties résultent de l'exécution d'une convention ayant défini entre elles le cadre du développement de leurs relations d'affaires (▪ Cass. com., 17 mai 1989, n° 87-18.103 : *JurisData* n° 1989-701474 ; *JCP* 89, IV, 266. V. aussi ▪ Cass. com., 9 mai 1995, n° 93-11.724 : *JurisData* n° 1995-001036 ; *JCP* G 95, II, 22448 et *JCP* E 95, II, 702, rapp. Rémery ; *Bull. civ.* IV, n° 130, p. 117 ; *D.* 1996, 322, note Loiseau, contrats d'approvisionnement constituant « les deux volets d'un ensemble contractuel unique servant de cadre général aux relations d'affaires des parties »). Sur l'impossibilité d'opérer la compensation entre une créance détenue par une personne mariée sous le régime de la communauté universelle contre un tiers et la créance que le tiers détient contre le conjoint de la première, V. ▪ Cass. 1re civ., 25 nov. 2015, n° 14-14.003 : *Bull.* ; *D.* 2016, p. 531, note Casu).

5) Créance vraisemblable. Viole les articles 1289 du Code civil et L. 621-24 ancien du Code de commerce, l'arrêt qui, pour rejeter une demande de compensation, après avoir retenu le caractère vraisemblable de la créance déclarée par un créancier au passif d'une procédure collective, et le principe de la compensation, retient que cette demande est prématurée, l'une des créances faisant encore l'objet de vérification devant le juge-commissaire (▪ Cass. com., 30 juin 2009, n° 08-15.631 : *Bull. civ.* IV, n° 90 ; *JCP* 2009, n° 37, 228, obs. Loiseau).

6) Sur la **compensation judiciaire**, v. F. Chabas : *JCP* 66, I, 2026. La compensation judiciaire peut s'opérer au moyen d'une demande reconventionnelle que forme la partie dont la créance ne réunit pas encore toutes les conditions requises pour la compensation légale. Il n'est pas nécessaire qu'elle procède de la même cause que la demande principale ni même qu'elle se rattache à cette dernière par un lien suffisant (▪ Cass. 2e civ., 14 juin 1989, n° 88-13.365 : *JurisData* n° 1989-701950 ; *JCP* 89, IV, 302 ; *Bull. civ.* II, n° 127, p. 64). Elle peut s'opérer au moyen d'une demande reconventionnelle, toujours recevable, même si elle n'est pas connexe à la demande principale ou ne procède pas de la même cause que celle-ci (▪ Cass. 1re civ., 17 déc. 1991, préc.).

Art. 1290 ancien

(Abr. à compter du 1er octobre 2016, Ord. n° 2016-131, 10 févr. 2016). **– La compensation s'opère de plein droit par la seule force de la loi, même à l'insu des débiteurs ; les deux dettes s'éteignent réciproquement, à l'instant où elles se trouvent exister à la fois, jusqu'à concurrence de leurs quotités respectives.**

NB : Rappr. art. 1347, p. 991.

Bibliographie : A. Collin, *Du caractère volontaire du déclenchement de la compensation RTD Civ.* 2010 p. 229.

1) Ordre public (non). La compensation n'étant pas d'ordre public ne peut être invoquée pour la première fois devant la Cour de cassation (■ Cass. 1re civ., 6 mai 1969 : *JurisData* n° 1969-000166 ; *Bull. civ.* I, n° 166, p. 133, 1re esp.).

2) Renonciation. On peut renoncer aux effets de la compensation légale soit par avance, soit après que cette compensation s'est accomplie (■ Cass. req., 11 mai 1880 : *DP* 1880, 1, 470).

3) Interruption de la prescription. La compensation ne peut interrompre une prescription que si elle a été invoquée (■ Cass. req., 21 mars 1934 : *DP* 1934, 1, 129, note R. Savatier). À la date de la compensation légale, la prescription de l'excédent de la dette la plus élevée est interrompue (■ Cass. com., 30 mars 2005, n° 04-10.407 : *JurisData* n° 2005-027815 ; *JCP* 2005, I, 172, n° 20, obs. Barthez ; *Defrénois* 2005, 1249, obs. Libchaber).

4) Automaticité. Sur le caractère automatique de l'extinction des dettes par compensation, V. ■ Cass. 3e civ., 1er juill. 1998, n° 96-13.692 : *JurisData* n° 1998-003163 ; *D.* 1999, somm. 117, obs. Aynès.■ Cass. com., 20 mars 2001, n° 98-14.124 : *JurisData* n° 2001-008759 ; *JCP* 2001, IV, 1931 ; *Bull. civ.* IV, n° 63, p. 59. ■ Cass. 1re civ., 25 mai 2004 : *JCP* 2004, IV, 2454 ; *JurisData* n° 2004-023783 ; *Bull. civ.* I, n° 143, p. 118). ■ Cass. 2e civ., 31 mai 2018, n° 17-19.340 : *Bull.* ; *JCP* G 2018, 877, Loiseau ; *JurisData* n° 2018-009056).

5) Exécution provisoire d'un jugement constatant une créance. La compensation entre la créance de deux personnes à l'encontre de la banque en conséquence d'un jugement assorti de l'exécution provisoire, et la créance détenue par la banque à leur encontre, s'agissant de dettes réciproques, liquides et exigibles, s'est opérée de plein droit à l'instant même où les deux créances ont coexisté, la décision du premier président d'arrêter l'exécution provisoire du jugement sous réserve de la consignation par la banque de la somme due par elle ne pouvait remettre en cause la compensation légale ainsi opérée (■ Cass. 2e civ., 13 oct. 2016, n° 15-23.437 : *Bull.* ; *RTD civ.* 2017, 151, Barbier).

Art. 1291 ancien

(Abr. à compter du 1er octobre 2016, Ord. n° 2016-131, 10 févr. 2016). **– La compensation n'a lieu qu'entre deux dettes qui ont également pour objet une somme d'argent, ou une certaine quantité de choses fongibles de la même espèce et qui sont également liquides et exigibles.**

Les prestations en grains ou denrées non contestées, et dont le prix est réglé par les mercuriales, peuvent se compenser avec des sommes liquides et exigibles.

NB : Rappr. art. 1347-1, p. 991.

1) Compensation et dation en paiement. Sur la distinction entre compensation et dation en paiement, V. ■ Cass. req., 22 nov. 1899 : *DP* 1900, 1, 14.

2) Liquidité et exigibilité. Sur les conditions de liquidité et d'exigibilité, V. ■ Cass. civ., 7 févr. 1905 : *DP* 1905, 1, 432. Une dette résultant d'un jugement frappé d'appel ne peut être considérée comme exigible (■ Cass. 1re civ., 30 juin 1954 : *Bull. civ.* I, n° 225, p. 190), de même que le solde provisoire d'un compte courant (■ Cass. civ., 16 janv. 1940 : *DC* 1942, 93, note Hamel, 1re esp.).

3) Fongibilité. Les juges du fond ne peuvent prononcer la compensation entre une créance de somme d'argent et un droit à restitution né d'un prêt à usage (■ Cass. 1re civ., 10 juin 1987, n° 85-14.119 : *JurisData* n° 1987-001265 ; *Bull. civ.* I, n° 187, p. 139 ; *RTD civ.* 1988, 143, obs. Mestre), ni entre une dette de somme d'argent et une dette ayant pour objet des bons de caisse anonymes *(■ Cass. 1re civ., 24 févr. 1993, n° 89-20.865 : Juris-Data* n° 1993-000336 ; *Bull. civ.* I, n° 82 ; *D.* 1994, somm. 19, obs. Lasserre-Jeannin).

4) Connexité. Lorsque deux dettes sont connexes, le juge ne peut écarter la demande de compensation au motif que l'une d'entre elles ne réunit pas les conditions de liquidité et d'exigibilité (■ Cass. 3e civ., 30 mars 1989, n° 87-12.470 : *JurisData* n° 1989-701438 ; *Bull. civ.* III, n° 77, p. 42 ; *JCP* E 91, II, 108, note M. Goré. V. aussi ■ Cass. com., 12 nov. 1996 : *JCP* 97, IV, 24 ; *Bull. civ.* IV, n° 263, p. 225. ■ Cass. 3e civ., 20 nov. 2002 : *JCP* 2003, IV, 1072 ; *JurisData* n° 2002-016439 ; *Bull. civ.* III, n° 230, p. 198). Ayant relevé que les créances réciproques étaient connexes, ce dont il résulte que l'effet extinctif de la compensation ordonnée était réputée s'être produit au jour de l'exigibilité de la première d'entre elles, c'est à bon droit que la cour d'appel a ordonné la compensation des créances réciproques des parties (■ Cass. com., 20 févr. 2007, n° 05-19.858 : *JurisData* n° 2007-037689 ; *D.* 2007, p. 737. ■ Cass. com., 23 sept. 2014, n° 13-20.399 : *Bull.* ; *C.C.C.* 2014, n° 12, p. 22, note Leveneur : l'effet extinctif de la compensation judiciaire des créances réciproques connexes est réputé s'être produit au jour de l'exigibilité de la première d'entre elles, qu'elle soit ordonnée par le juge quand il arrête le montant de ces créances ou, ultérieurement, lorsqu'il répare une omission de statuer sur ce point). Le juge est tenu de constater le principe de la compensation qui constitue pour les parties une garantie, sauf à ordonner toutes mesures pour parvenir à l'apurement du compte (■ Cass. 1re civ., 18 janv. 1967, n° 65-10721 : *JCP* 67, II, 15005 *bis*, note J. A. ; *D.* 1967, 358, note J. Mazeaud). Mais jugé qu'une cour d'appel viole l'article 1291 en admettant pour le seul motif de la connexité le principe d'une compensation non demandée entre des créances dont l'une n'était même pas certaine (■ Cass. com., 15 janv. 1973, n° 71-13.385 : *JurisData* n° 1973-098019 ; *D.* 1973, 473, note Ghestin). Les motifs d'un arrêt suivant lesquels les créances réciproques sont unies par un lien étroit d'interdépendance sont impropres à caractériser l'existence d'un lien de connexité entre les obligations réciproques nées de conventions distinctes (■ Cass. com., 9 déc. 1997, n° 95-13.488 : *JurisData* n° 1997-005043 ; *JCP* 98, IV, 1220 ; *Bull. civ.* IV, n° 324, p. 281). Il n'existe pas de lien de connexité entre les obligations en cause dès lors que l'une est de nature contractuelle et que l'autre provient de la mise en œuvre d'une responsabilité délictuelle (■ Cass. 1re civ., 16 mai 2000, n° 97-16.628 : *JurisData* n° 2000-002005 ; *JCP* 2000, IV, 2175 ; *Bull. civ.* I, n° 142, p. 94). L'indemnité d'occupation due par le preneur et l'indemnité d'éviction due par le bailleur à la suite de la résiliation du bail commercial sont connexes comme nées de la situation constituée par cette résiliation (■ Cass. 1re civ., 2 mai 2001, n° 98-22.637 : *JurisData* n° 2001-009339 ; *JCP* 2001, IV, 2183 ; *Bull. civ.* I, n° 126, p. 82). Une créance résultant d'une surfacturation, procédant d'une exécution défectueuse du contrat, est connexe avec une créance née du même contrat (■ Cass. com., 27 janv. 2015, n° 13-18.656 : *RDC* 2015, p. 482, note Libchaber ; *RTD civ.* 2015, p. 392, obs. Barbier).

5) Compensation de plein droit. La compensation de créances réciproques non sujettes à discussion quant à leur exigibilité et à leur montant s'opère de plein droit, à concurrence de la plus faible, à l'instant où la seconde vient à échéance (■ Cass. com., 17 mai 1994, n° 92-22.064 : *JurisData* n° 1994-001011 ; *Bull. civ.* IV, n° 178, p. 142).

6) Obstacle tiré de la comptabilité publique. Selon les principes de la comptabilité publique, le débiteur d'une collectivité publique ne peut pas compenser sa dette avec les créances qu'il détient sur cette même collectivité (■ Cass. 1re civ., 10 déc. 2014, n° 13-25.114 : *Bull.* ; *JCP G* 2015, 1044, obs. Loiseau).

Art. 1292 ancien ***(Abr. à compter du 1er octobre 2016, Ord. n° 2016-131, 10 févr. 2016).*** **– Le terme de grâce n'est point un obstacle à la compensation.**

NB : Rappr. art. 1347-3, p. 991.

Art. 1293 ancien ***(Abr. à compter du 1er octobre 2016, Ord. n° 2016-131, 10 févr. 2016).*** **– La compensation a lieu, quelles que soient les causes de l'une ou l'autre des dettes, excepté dans le cas :**

1° De la demande en restitution d'une chose dont le propriétaire a été injustement dépouillé ;

2° De la demande en restitution d'un dépôt et du prêt à usage ;

3° D'une dette qui a pour cause des aliments déclarés insaisissables.

NB : Rappr. art. 1347-2, p. 991.

1) Chose soustraite ou détournée. Pour des applications de l'article 1293-1°, V. ■ Cass. civ., 18 juin 1895 : *DP* 1895, 1, 471. ■ Cass. crim., 3 déc. 1981, n° 80-93.994 : *JurisData* n° 1981-703498 ; *JCP* 82, IV, 72. L'héritier receleur doit restituer l'intégralité des sommes diverties, sans pouvoir effectuer de compensation (■ Cass. 1re civ., 6 mai 1997 : *Bull. civ.* I, n° 150, p. 101 ; *JCP* 97, II, 22932, note Loiseau).

2) Chose déposée ou prêtée. L'article 1293-2° ne s'applique pas aux créances et dettes nées du mandat (■ Cass. civ., 26 juin 1905 : *DP* 1905, 1, 513, concl. Baudoin et note Thaller. – V. en ce sens ■ Cass. civ., 9 juill. 1941 : *DA* 1941, 308). Jugé cependant que le gérant d'indivision qui dispose sans mandat de fonds ne lui appartenant pas commet un acte illicite et ne peut invoquer l'exception de compensation (■ Cass. 1re civ., 12 déc. 1962, n° 59-12 602 : *JCP* 63, II, 13006, note J. Mazeaud). L'indemnité d'assurance est substituée par la loi à la chose confiée en dépôt et soumise à la même interdiction de compensation légale (■ Cass. 1re civ., 10 avr. 1973 : *JurisData* n° 1973-000134 ; *JurisData* n° 1973-000134 ; *JCP* 74, II, 17065, note Ghestin).

3) Créances d'aliments. Sur le principe que les créances d'aliments sont soustraites au jeu de la compensation légale, V. ■ Cass. crim., 30 juill. 1931 : *DH* 1931, 476. ■ Cass. crim., 7 déc. 1967, n° 66-93.925 : *D.* 1968, 353. V. pour la prestation compensatoire ■ Cass. 2e civ., 9 juill. 1997, n° 95-21.038 : *JurisData* n° 1997-003266 ; *JCP* 98, II, 10033, note Pataut ; *D.* 1998, 544, note Yamba ; *Bull. civ.* II, 220, p. 129 ; *Dr. famille* 1997, 161, note Lécuyer. ■ Cass. 2e civ., 2 oct. 1997, n° 95-19.358 : *JurisData* n° 1997-003781 ; *JCP* 97, IV, 2208 ; *Bull. civ.* II, 239, p. 141 ; *Dr. famille* 1998, 10, note Lécuyer. ■ Cass. 2e civ., 2 déc. 1998, n° 97-15.650 : *JurisData* n° 1998-004678 ; *JurisData* n° 1998-004613 ; *Dr.*

famille 1999, 28, note Lécuyer. ▪ Cass. 2e civ., 23 mai 2002, n° 00-18.533 : *JurisData* n° 2002-014695 ; *Dr. famille* 2002, 126, note Lécuyer. Mais la compensation reste possible si la créance invoquée contre le créancier d'aliments a pour cause les aliments eux-mêmes (▪ Cass. crim., 9 nov. 1934 : *DH* 1934, 573. – Comp. ▪ Cass. 2e civ., 23 avr. 1969 : *JurisData* n° 1969-099116 ; *D.* 1969, somm. 113), ou si elle est invoquée par le créancier même des aliments (▪ Cass. 1re civ., 30 nov. 1965, n° 64-12.505 : *JCP* 66, II, 14534). Sur le cas des créances nées des relations de travail, V. C. trav., art. L. 144-1 (anc.) et L. 144-2 (anc.).

4) Compensation judiciaire. Les exceptions aux règles de la compensation légale énumérées à l'article 1293 ne s'étendent pas aux créances et dettes faisant l'objet d'une demande en compensation judiciaire dont l'appréciation appartient aux juges du fond (▪ Cass. 1re civ., 12 juill. 1956 : *Gaz. Pal.* 1956, 2, 149. – V. en ce sens ▪ Cass. 1re civ., 10 avr. 1973 : *JCP* 74, II, 17605, note Ghestin).

Art. 1294 ancien *(Abr. à compter du 1er octobre 2016, Ord. n° 2016-131, 10 févr. 2016).* – La caution peut opposer la compensation de ce que le créancier doit au débiteur principal.

Mais le débiteur principal ne peut opposer la compensation de ce que le créancier doit à la caution.

Le débiteur solidaire ne peut pareillement opposer la compensation de ce que le créancier doit à son codébiteur.

NB : Rappr. art. 1347-6, p. 991.

1) Cautionnement. Pour une application du principe posé par l'article 1294, al. 1er, v. ▪ Paris, 4 mars 1981 : *JurisData* n° 1981-020329 ; *Gaz. Pal.* 1981, 2, 232. Ce principe vaut pour toute caution, même solidaire (▪ Cass. 1re civ., 1er juin 1983, n° 82-10.945 : *JurisData* n° 1983-701276 ; *Bull. civ.* I, n° 165, p. 145 ; *RTD civ.* 1984, 330, obs. Rémy. V. cependant ▪ Cass. com., 8 déc. 1998, n° 96-12.481 : *JurisData* n° 1998-004874 ; *JCP* G 99, I, 116 et *JCP* E 99, 616, n° 7, obs. Simler, décidant que la caution solidaire ne peut opposer la compensation de ce que le créancier doit à son cofidéjusseur), et même si le débiteur principal renonce à invoquer cette compensation (▪ Cass. com., 26 oct. 1999, n° 96-12.571 : *JurisData* n° 1999-003664 ; *JCP* 99, IV, 3038). Les cautions garantissant le remboursement du prêt consenti aux débiteurs peuvent se prévaloir de l'extinction totale ou partielle de la dette garantie par compensation entre la dette du débiteur envers la banque et le montant des dommages-intérêts alloués au codébiteur pour le non-respect par la banque de son obligation d'information (▪ Cass. com., 17 nov. 2009, n° 08-70.197 : *Bull. civ.* 2009, IV, n° 144 ; *Rev. Lamy dr. civ.* 2010/68, n° 3714, obs. Ansault). Il résulte de la combinaison des articles 1234, 1294, alinéa 2, et 2288 du Code civil que la compensation opérée entre une créance de dommages-intérêts résultant du comportement fautif du créancier à l'égard de la caution lors de la souscription de son engagement, et celle due par cette dernière, au titre de sa garantie envers ce même créancier, n'éteint pas la dette principale garantie mais, à due concurrence, l'obligation de la caution (▪ Cass. com., 13 mars 2012, n° 10-28.635 : *Bull.*, n° 51 ; *D.* 2012, p. 1043, note Dadoun et chron. p. 1218, note Lecaroz).

2) Obligation *in solidum*. Si l'obligation solidaire et l'obligation *in solidum* ont l'une et l'autre pour effet de contraindre le débiteur au paiement du tout, la règle exceptionnelle de l'article 1294, al. 3, ne peut être étendue à l'obligation *in solidum* qui reste soumise au droit commun (▪ Cass. 1re civ., 29 nov. 1966 : *JurisData* n° 1966-700531 ; *D.* 1967, 2. – V. en ce sens ▪ Cass. com., 19 juill. 1982, n° 80-12.877 : *JurisData* n° 1982-701916 ; *Bull. civ.* IV, n° 278, p. 240).

Art. 1295 ancien *(Abr. à compter du 1er octobre 2016, Ord. n° 2016-131, 10 févr. 2016).* – Le débiteur qui a accepté purement et simplement la cession qu'un créancier a faite de ses droits à un tiers ne peut plus opposer au cessionnaire la compensation qu'il eût pu, avant l'acceptation, opposer au cédant.

À l'égard de la cession qui n'a point été acceptée par le débiteur, mais qui lui a été signifiée, elle n'empêche que la compensation des créances postérieures à cette notification.

NB : Rappr. art. 1347-5, p. 991.

Créances postérieures à la notification. Sur *le principe qu'une cession de créance,* qui n'a point été acceptée par le débiteur, n'empêche que la compensation des créances postérieures à la notification, V. ▪ Cass. com., 10 mars 1987, n° 85-14.928 : *JurisData* n° 1987-701963 ; *JCP* 87, II, 20908, note Petit. Mais le cessionnaire peut se voir opposer une créance postérieure connexe à celle que le cédant avait contre le débiteur (▪ Cass. com., 1er déc. 1992, n° 90-17.300 : *JurisData* n° 1992-002556 ; *JCP* 93, IV, 384. ▪ Cass. 3e civ., 12 juill. 1995, n° 92-19.749 : *JurisData* n° 1995-002082 ; *Bull. civ.* III, n° 183, p. 124 ; *D.* 1997, 95, note Clavier).

Art. 1296 ancien ***(Abr. à compter du 1er octobre 2016, Ord. n° 2016-131, 10 févr. 2016).*** **– Lorsque les deux dettes ne sont pas payables au même lieu, on n'en peut opposer la compensation qu'en faisant raison des frais de la remise.**

Art. 1297 ancien ***(Abr. à compter du 1er octobre 2016, Ord. n° 2016-131, 10 févr. 2016).*** **– Lorsqu'il y a plusieurs dettes compensables dues par la même personne, on suit, pour la compensation, les règles établies pour l'imputation par l'article 1256.**

NB : Rappr. art. 1347-4, p. 991.

Art. 1298 ancien ***(Mod., Ord. n° 2011-1895, 19 déc. 2011 ; Abr. à compter du 1er octobre 2016, Ord. n° 2016-131, 10 févr. 2016).*** **– La compensation n'a pas lieu au préjudice des droits acquis à un tiers. Ainsi celui qui, étant débiteur, est devenu créancier depuis la saisie faite par un tiers entre ses mains, ne peut, au préjudice du saisissant, opposer la compensation.**

NB : Rappr. art. 1347-7, p. 991.

Bibliographie : Japy, *Les effets limités de la compensation selon l'article 1298 du Code civil : Gaz. Pal.* 1977, 1, doctr. 303.

1) Principe. Sur le principe que la compensation n'a pas lieu au préjudice des droits acquis à un tiers, V. ▪ Cass. 3e civ., 21 mars 1973 : *JurisData* n° 1973-098217 ; *JCP* 73, II, 17520, note Ghestin.

2) Faillite. Sur la compensation dans les procédures collectives de règlement du passif, V. M. Pédamon et O. Carmet : *D.* 1976, chron. 123. – J.-F. Montredon : *JCP* 91, I, 3480. La compensation pour dettes connexes ne peut être prononcée lorsque le créancier n'a pas déclaré sa créance (▪ Cass. com., 3 mai 2011, n° 10-16.758 : *Bull.*, n° 66 ; *JCP* 2011, 1704, note Lebel ; *ibid.*, 1726, obs. Billiau).

Art. 1299 ancien ***(Abr. à compter du 1er octobre 2016, Ord. n° 2016-131, 10 févr. 2016).*** **– Celui qui a payé une dette, qui était, de droit, éteinte par la compensation, ne peut plus, en exerçant la créance dont il n'a point opposé la compensation, se prévaloir, au préjudice des tiers, des privilèges ou hypothèques qui y étaient attachés, à moins qu'il n'ait eu une juste cause d'ignorer la créance qui devait compenser sa dette.**

NB : Rappr. art. 1347-7, p. 991.

Bibliographie : Dradikis, *Des effets à l'égard des tiers de la renonciation à la compensation acquise : RTD civ.* 1955, 238.

Section V. – De la confusion

Art. 1300 ancien ***(Abr. à compter du 1er octobre 2016, Ord. n° 2016-131, 10 févr. 2016).*** **– Lorsque les qualités de créancier et de débiteur se réunissent dans la même personne, il se fait une confusion de droit qui éteint les deux créances.**

NB : Rappr. art. 1349, p. 992.

Bibliographie : Vialatte, *L'effet extinctif de la réunion sur une même tête de qualités contraires et ses limites : RTD civ.* 1978, 567.

1) Relativité de l'effet extinctif de la confusion. Si en règle générale la confusion fait matériellement obstacle à l'exercice de l'action du créancier qui ne peut agir contre lui-même, il ne peut plus en être ainsi lorsque cette action a pour objet de repousser les prétentions de tiers, nées de la confusion et devant porter atteinte à des droits définitivement acquis au créancier antérieurement à l'acte ayant créé la confusion (▪ Cass. req., 11 mai 1926 : *DH* 1926, 314. – V. en ce sens ▪ Cass. civ., 12 juill. 1933 : S. 1935, 1, 289, note Lagarde). Mais nul ne peut se prétendre en droit de méconnaître à l'égard des autres indivisaires l'égalité du partage et ne peut donc invoquer à cette fin la relativité de l'effet extinctif de la confusion (▪ Cass. 1re civ., 8 déc. 1965 : *D.* 1965, 407, note R. Savatier). Jugé que lorsqu'un locataire devient propriétaire indivis de l'immeuble qu'il occupe, la confusion entre la qualité de propriétaire et celle de locataire ne s'opère qu'à concurrence de ses droits indivis et ne peut lui faire perdre les droits que sa qualité de locataire lui donne à l'égard de ses coïndivisaires (▪ Cass. 3e civ., 21 nov. 1973, n° 72-12.665 : *JurisData* n° 1973-000597 ; *Bull. civ.* III, n° 594, p. 432).

2) En cas d'ouverture d'une **procédure collective à l'égard de la caution**, par extension de la procédure ouverte contre le débiteur principal, l'obligation issue du cautionnement s'éteint par voie de confusion (▪ Cass. com., 17 févr. 2009, n° 07-16.558 : *Bull. civ.* IV, n° 23 ; *JCP* 2009, n° 37, 228, obs. Loiseau ; *D.* 2009, p. 2207, note Dagorne-Labbe).

3) Disparition rétroactive de la confusion. Rien n'empêche que, même lorsqu'une confusion a été produite par l'effet volontaire d'un locataire, les droits paralysés par cette confusion puissent renaître lorsque cette confusion vient à cesser (▪ Cass. req., 12 déc. 1934 : *Gaz. Pal.* 1935, 1, 203).

4) Acquéreur déjà preneur. La réunion dans la même personne des qualités de propriétaire et de locataire principal n'opérant pas, au sens de l'article 1300, réunion des qualités de créancier et de débiteur des obligations nées du contrat de sous-location, la cour d'appel a retenu à bon droit que la disparition du bail principal n'avait pas entraîné la résiliation de la sous-location (▪ Cass. 3e civ., 2 oct. 2002, n° 00-16.867 : *JurisData* n° 2002-015675 ; *Bull. civ.* III, n° 188, p. 159 ; *D.* 2003, 937, note Dagorne-Labbe. V. sur cet arrêt B. Vial-Pedroletti : *Loyers et copr.* 2003, chron. 3). La confusion des droits locatifs et de propriété éteignant le droit au bail sur les parcelles dont le preneur devient propriétaire, les héritiers d'un bailleur qui, à la suite d'un partage, deviennent propriétaires des parcelles demeurant seules l'objet d'un bail rural, sont recevables à agir ensemble en résiliation de ce bail, sans attendre sa date d'expiration, contre le preneur cohéritier, devenu propriétaire des parcelles qui ne font plus partie du bail (▪ Cass. 3e civ., 24 juin 2009, n° 08-16.728 : *Bull. civ.* III, n° 157 ; *JCP* 2009, n° 37, 228, obs. Loiseau). La confusion des droits locatifs et de propriété ayant éteint le droit au bail sur le bien immobilier dont le preneur devient propriétaire, les travaux et améliorations réalisés par le preneur, qui devaient appartenir au bailleur en fin de bail commercial, ne peuvent entrer dans l'assiette des droits d'enregistrement faute d'avoir transité par le patrimoine de celui-ci avant la vente et d'avoir ainsi constitué l'objet de la mutation (▪ Cass. com., 4 déc. 2012, n° 11-25.958 : *Bull.*).

5) Bailleur acquérant le fonds de commerce du preneur. La dette de loyers échus avant la cession du bail n'est pas, sauf stipulation contraire, transmise au cessionnaire, de sorte que celui-ci ne réunit pas sur sa personne les qualités de débiteur et de créancier de cette obligation (▪ Cass. 3e civ., 30 nov. 2007, n° 16-23.498 : *Defrénois* 2018, n° 18, p. 35, Seube).

6) Résolution du contrat. Dès lors que la confusion résulte de la vente, la résolution de celle-ci la remet en cause (▪ Cass. 3e civ., 22 juin 2005, n° 04-10.415 : *JurisData* n° 2005-029069 ; *JCP* G 2005, II, 10149 et *JCP* E 2005, 1868, note Dagorne-Labbe ; *Loyers et copr.* 2005, 194, note Vial-Pedroletti ; *D.* 2005, 3003, note Rakotovahiny ; *Bull. civ.* III, n° 143, p. 131).

Art. 1301 ancien. – La confusion qui s'opère dans la personne du débiteur principal profite à ses cautions ; *(Abr. à compter du 1er octobre 2016, Ord. n° 2016-131, 10 févr. 2016)*

Celle qui s'opère dans la personne de la caution n'entraîne point l'extinction de l'obligation principale ;

Celle qui s'opère dans la personne du créancier, ne profite à ses codébiteurs solidaires que pour la portion dont il était débiteur.

NB : Rappr. art. 1349-1, p. 992.

Section VI. – De la perte de la chose due

Art. 1302 ancien *(Abr. à compter du 1er octobre 2016, Ord. n° 2016-131, 10 févr. 2016)*. – Lorsque le corps certain et déterminé qui était l'objet de l'obligation vient à périr, est mis hors du commerce, ou se perd de manière qu'on en ignore absolument l'existence, l'obligation est éteinte si la chose a péri ou a été perdue sans la faute du débiteur, et avant qu'il fût en demeure.

Lors même que le débiteur est en demeure, et s'il ne s'est pas chargé des cas fortuits, l'obligation est éteinte dans le cas où la chose fût également périe chez le créancier si elle lui eût été livrée.

Le débiteur est tenu de prouver le cas fortuit qu'il allègue.

De quelque manière que la chose volée ait péri, ou ait été perdue, sa perte ne dispense pas celui qui l'a soustraite, de la restitution du prix.

***NB :** Rappr. art. 1344-2, 1351, 1351-1, p. 989.*

Art. 1303 ancien *(Abr. à compter du 1er octobre 2016, Ord. n° 2016-131, 10 févr. 2016)*. – Lorsque la chose est périe, mise hors du commerce ou perdue, sans la faute du débiteur, il est tenu, s'il y a quelques droits ou actions en indemnité par rapport à cette chose, de les céder à son créancier.

NB : Rappr. art. 1351-1, p. 993.

Assurance. Pour une application à l'indemnité d'assurance, V. ▪ Cass. 1re civ., 27 juin 1995, n° 92-19.952 : *JurisData* n° 1995-001734 ; *Bull. civ.* I, n° 284, p. 197 ; *Contrats, conc. consom.* 1995, 179, note Leveneur ; *RTD civ.* 1996, 396, obs. Mestre.

Section VII. – De l'action en nullité ou en rescision des conventions

Art. 1304 ancien *(L. 18 févr. 1938 ; L. n° 64-1230, 14 déc. 1964 ; L. n° 68-5, 3 janv. 1968 ; mod., L. n° 2007-308, 5 mars 2007 ; abr. à compter du 1er octobre 2016, Ord. n° 2016-131, 10 févr. 2016).* **– Dans tous les cas où l'action en nullité ou en rescision d'une convention n'est pas limitée à un moindre temps par une loi particulière, cette action dure cinq ans.**

Ce temps ne court dans le cas de violence que du jour où elle a cessé ; dans le cas d'erreur ou de dol, du jour où ils ont été découverts.

Le temps ne court, à l'égard des actes faits par un mineur, que du jour de la majorité ou de l'émancipation ; et à l'égard des actes faits par un majeur protégé, que du jour où il en a eu connaissance, alors qu'il était en situation, de les refaire valablement. Il ne court contre les héritiers de la personne en tutelle ou en curatelle *(Mots aj. à compter du 1er janvier 2016, Ord. n° 2015-1288, 15 oct. 2015)* **« ou de la personne faisant l'objet d'une habilitation familiale » que du jour du décès, s'il n'a commencé à courir auparavant.**

NB : Rappr. art. 1144, 1152, p. 818.

Bibliographie : C. Guelfucci-Thibierge, *Nullité, restitutions et responsabilité*, préf. J. Ghestin, LGDJ, 1992. • Dossier spécial, *L'anéantissement rétroactif du contrat : RDC* 2008/1, avec les contributions de Aynès, Bénabent, Neau-Leduc, Ancel, Sagaut, Behar-Touchais, Wintgen, Guettier, Malinvaud. • C. Atias, *La constitution des actes juridiques : D.* 2008, p. 743 ; *L'exception d'illégalité d'une clause contractuelle, Inexécution du contrat ou respect de la loi ? : D.* 2008, p. 1013. • Y.-M. Serinet, *Nullité du contrat et procédure au pénal : RDC* 2007/4, p. 1229. • C. Atias, *La rétroactivité, cause de nullité. Arrêt ou arrêté : D.* 2008, p. 3019. • M.-E. Pancrazi, *Les clauses de rétroactivité : RTD civ.* 2011, p. 469. • A. Posez, *La théorie des nullités. Le centenaire d'une mystification : RTD civ.* 2011, p. 647. • X. Lagarde, *Retour sur les restitutions consécutives à l'annulation d'un contrat : JCP* 2012, n° 16, 504. • J. Traullé, *L'indemnisation du préjudice né de l'impossibilité de contracter avec un tiers après la conclusion d'un contrat vicié : D.* 2013, p. 2651.

1) Actions visées. La prescription de l'article 1304 constitue la règle de droit commun en matière de nullité pour vice du consentement (▪ Cass. 1re civ., 17 nov. 1958 : *D.* 1959, 18, note Holleaux. V. aussi pour l'action en nullité d'une donation pour insanité d'esprit ▪ Cass. 1re civ., 11 janv. 2005, n° 01-13.133 : *JurisData* n° 2005-026429 ; *Dr. famille* 2005, 63, note Beignier ; *Bull. civ.* I, n° 23, p. 17 ; *Defrénois* 2005, 1065, obs. Massip). La nullité d'ordre public encourue pour le non-respect des règles impératives régissant la vente d'immeuble à construire est relative, l'objet étant d'assurer la seule protection de l'acquéreur (▪ Cass. 3e civ., 4 oct. 2018, n° 16-22.095 :*Bull.* ; *JCP* G 2018, 1259, Sérinet ; *RTD civ.* 2018, p. 886, Barbier), Jugé antérieurement à la loi n° 2008-561 du 17 juin 2008 portant réforme de la prescription en matière civile *(qui supprime la prescription trentenaire* et pose un délai uniforme de cinq ans) que la prescription de l'article 1304 ne s'applique pas à l'action en déclaration de simulation (▪ Cass. 1re civ., 9 nov. 1971 : *JurisData* n° 1971-000284 ; *JurisData* n° 1971-000284 ; *D.* 1972, 302), ni à l'action en nullité absolue (▪ Cass. civ., 16 nov. 1932 : *S.* 1934, 1, 1, note Esmein), ni à la déchéance des intérêts prononcée par application de l'article L. 312-33 du Code de la consommation (▪ Cass. 1re civ., 18 mars 1997, n° 95-12.576 : *JurisData* n° 1997-001219 ; *Defrénois* 1997, 1131, note S. Piedelièvre), ni à la demande d'annulation d'une adjudication formée par le donateur du bien saisi (▪ Cass. 2e civ., 8 oct. 1997, n° 95-15.269 : *JurisData* n° 1997-005749 ; *JCP* 97, IV, 2280 ; *Bull. civ.* II, 245, p. 144. – V. aussi ▪ Cass. 2e civ., 3 oct. 2002, n° 01-01.481 : *JurisData* n° 2002-015669 ; *Bull. civ.* II, n° 206, p. 163).

2) Inexistence. L'action en constatation de l'inexistence d'un contrat (signature falsifiée) n'est pas soumise à l'article 1304 du Code civil mais à la prescription de droit commun (▪ Cass. 3e civ., 21 mai 2014, n° 13-16.591 : *RDC* 2014/4, p. 605, note Th. Genicon ; *D.* 2015, p. 529, obs. Mekki, Amrani-Mekki).

3) Nullité pour dol et responsabilité pour dol. La prescription extinctive trentenaire de l'article 2262 du Code civil n'est pas applicable à l'action en nullité pour dol régie par le seul article 1304 du même code qui prévoit, pour agir,un délai de cinq ans à compter de la découverte du vice (▪ Cass. 1re civ., 24 janv. 2006, n° 03-11.889 : *JurisData* n° 2006-031792 ; *JCP* 2006, II, 10036, note Mekki ; *Dr. famille* 2006, 97, note Binet ; *D.* 2006, p. 626, note Wintgen ; p. 2643, obs. Amrani-Mekki et Fauvarque-Cosson ; *RDC* 2006/3, p. 708, obs. Mazeaud ; *AJF* 2006, p. 116, obs. Bicheron ; *RTD civ.* 2006, p. 320, obs. Mestre et Fages ; *RDC* 2006, p. 708 ; *Defrénois* 2006, art. 38365-22, p. 583, note Savaux ; *Contrats, conc. consom.* 2006, 80, note Leveneur ▪ Cass. 1re civ., 25 juin 2008, n° 07-18.108 : *Bull. civ.* I, n° 184 ; *JCP* 2008, II, 10205, note Siguoirt et I, 218, obs. Labarthe ; *Contrats, conc. consom.* 2008, 254, note Leveneur ; *D.* 2008, p. 2965, obs. Fauvarque-Cosson et Amrani-Mekki). Mais le droit de demander la nullité d'un contrat par application des articles 1116 et 1117 du Code civil n'exclut pas l'exercice par la victime de manœuvres dolosives d'une action en responsabilité délictuelle pour obtenir de leur auteur réparation du préjudice qu'elle a subi, cette action n'étant pas soumise à la prescription quinquennale de l'article 1304 du Code civil (même arrêt). Mais depuis la loi n° 2008-561 du 17 juin 2008, V. l'article 2224 du Code civil.

4) Nullité pour condition impossible. La nullité du contrat fondée sur une condition impossible est une nullité relative qui ne peut être invoquée que par celui dont la loi qui a été méconnue tendait à assurer la protection (▪ Cass. 3e civ., 8 oct. 2008, n° 07-14.396 : *Bull. civ.* III, n° 148 ; *RDC* 2009/1, p. 51, obs. Laithier).

5) Sur la **nullité pour absence de cause**, voir sous l'article 1131 ancien, annot. n° 1 et s., p. 1084.

Depuis la loi n° 2008-561 du 17 juin 2008 portant réforme de la prescription en matière civile, **l'article 2224 du Code civil nouveau, qui ne distingue pas selon la nature de la nullité**, a implicitement aligné les délais de prescription de la nullité relative et de la nullité absolue (cinq ans).

6) Nullité pour erreur-obstacle (nullité relative). Une cour d'appel qui retient que l'erreur sur l'objet de la vente ne porte pas atteinte à l'intérêt général en déduit exactement que l'action en nullité du contrat est, s'agissant d'une nullité relative, soumise à la prescription quinquennale de l'article 1304 du Code civil (▪ Cass. 3e civ., 26 juin 2013, n° 12-20.934 : *Bull.* ; *RDC* 2013/4, p. 1299, note Th. Genicon ; *D.* 2013, chron. C. cass., p. 2544, obs. Guillaudier ; *D.* 2014, p. 630, obs. Amrani-Mekki et Mekki ; *Dr. et pat.* 2014, n° 234, p. 53, obs. Aynès et Stoffel-Munck ; *G. P.* 2013, nos 282-283, p. 15, obs. Houtcieff).

7) Contrat conclu par une société dépourvue de la personnalité juridique (nullité absolue). La nullité affectant les actes conclus par une société dépourvue d'existence juridique a le caractère de nullité absolue et ces actes n'étant pas susceptibles de confirmation ou de ratification, leur irrégularité ne peut être couverte par des actes d'exécution intervenus postérieurement à l'immatriculation de la société en formation (*▪ Cass. com., 21 févr. 2012, n° 10-27.630 : Bull.*, n° 49).

8) Contrat conclu en méconnaissance des règles de compétence de l'autorité signataire (nullité absolue). La méconnaissance des dispositions d'ordre public relatives à la compétence de l'autorité signataire d'un contrat conclu au nom de la commune est sanctionnée par la nullité absolue, en sorte qu'elle peut être invoquée par toute personne, justifiant ainsi d'un intérêt légitime à agir (▪ Cass. 1re civ., 16 janv. 2013, n° 11-27.837 : *Bull.*, n° 3 ; *RDC* 2013/2, p. 537, obs. Laithier).

9) Contrat conclu par un mandataire dépourvu de pouvoir (nullité relative). La nullité d'un contrat pour absence de pouvoir du mandataire, qui est relative, ne peut être demandée que par la partie représentée (▪ Cass. 3e civ., 28 janv. 2017, n° 15-26.814 : *Bull.* ; *JCP* G 2017, 325, p. 575, Sérinet).

10) Notion de convention. Sous le nom de convention, l'article 1304 vise tous les actes qui constituent un accord exprès ou tacite de volonté d'où résulte une obligation (▪ Cass. 2e civ., 20 oct. 1961 : *Gaz. Pal.* 1962, 1, 21).

11) Point de départ du délai en cas d'erreur. Le délai de l'action en nullité pour erreur ne court que du jour où cette erreur a été découverte et non simplement soupçonnée (▪ Cass. 1re civ., 31 mai 1972, n° 71-10.571 : *JurisData* n° 1972-000142 ; *Bull. civ.* I, n° 142, p. 124).

12) Point de départ du délai en cas de dol. La prescription quinquennale de l'action en nullité pour dol a pour point de départ le jour où le contractant a découvert l'erreur qu'il allègue (▪ Cass. 1re civ., 11 sept. 2013, n° 12-20.816 : *Bull.* ; *RTD civ.* 2013, p. 856, obs. Gautier ; *JCP* 2013, 1236, note Guerrero ; *LPA* 2013, n° 254, p. 15, note Fabas-Serlooten ; *D.* 2014, p. 630, obs. Amrani-Mekki et Mekki ; *C.C.C.* 2013, n° 12, p. 18, note Leveneur).

13) Point de départ du délai pour une transaction faite au nom d'un mineur. Pour une application de la règle selon laquelle le point de départ de la prescription de l'action en nullité ouverte à l'égard des actes faits par ou au nom d'un mineur court du jour de sa majorité ou de son émancipation, V., à propos d'une transaction, ▪ Cass. 1re civ., 5 mars 2002 : *JCP* 2002, IV, 1661 ; *JurisData* n° 2002-013314 ; *Bull. civ.* I, n° 76, p. 58 ; *D.* 2002, 1513, note Gridel ; *RTD civ.* 2002, 271, obs. Hauser, écartant l'argument selon lequel la prescription ne court contre le mineur devenu majeur que du jour où il a eu connaissance de l'acte.

14) Point de départ en cas de trouble mental. Ayant estimé souverainement qu'une personne était atteinte d'un trouble mental depuis l'année précédant celle où elle avait conclu des conventions, une cour d'appel a pu en déduire que celle-ci s'était trouvée dans l'impossibilité d'agir en nullité des conventions dès la date de la première d'entre elles jusqu'à celle de son placement sous tutelle, de sorte que, la prescription quinquennale ayant été suspendue jusqu'à cette dernière date, l'action en nullité introduite dans l'année du placement sous tutelle n'était pas prescrite (■ Cass. 1re civ., 1er juill. 2009, n° 08-13.518 : *Bull. civ.* I, n° 150 ; *Defrénois* 2009, p. 2336, obs. Savaux ; *JCP* 2009, n° 29-30, 126, obs. Y. Favier ; *ibid.* n° 39, 273, obs. Serinet ; *D.* 2009, p. 2660, note Raoul-Cormeil). Relevant que la demande d'annulation de donations pour vice du consentement et insanité d'esprit n'a été faite que par des conclusions en appel plus de cinq ans après la date des actes, encore que, pour les héritiers du donateur, la date du décès constitue le point de départ de la prescription, une cour d'appel constatant que le demandeur avait pu rencontrer son père pendant la période où il disait avoir été dans l'impossibilité d'agir, peut en déduire que la prescription de l'article 1304 du Code civil était accomplie (■ Cass. 1re civ., 20 oct. 2010, n° 08-17.033 : *RDC* 2011/2, obs. Savaux, p. 415). L'action en nullité d'un acte à titre gratuit pour insanité d'esprit ne pouvant être introduite par les héritiers qu'à compter du décès du disposant, la prescription ne peut commencer à courir avant le décès du testateur (■ Cass. 1re civ., 20 mars 2013, n° 11-28.318 : *Bull.* ; *RDC* 2013/3, p. 868, obs. E. Savaux ; *JCP* N 2013, n° 49, p. 41, obs. Massip ; *D.* 2013, p. 1884, note Safi. – V. encore ■ Cass. 1re civ., 29 janv. 2014, n° 12-35.341 : *Bull.* ; *Gaz. Pal.* 2014, n° 222, p. 31, obs. Leducq).

15) Point de départ en cas de décès de la victime du dol. Viole l'article 1304 l'arrêt qui, pour déclarer irrecevable comme prescrite l'action des héritiers en annulation d'un testament pour dol, énonce que, pour les héritiers, le point de départ de la prescription en matière de dol se situe au jour du décès du testateur (■ Cass. 1re civ., 6 oct. 2010, n° 09-67.215 : *RDC* 2011/2, obs. Savaux, p. 415).

16) Point de départ en cas d'erreur sur la stipulation du TEG. L'action en nullité d'un prêt fondée sur une erreur ou un dol résultant de l'erreur affectant la stipulation du taux effectif global se prescrit, dans les relations entre professionnels, dans le délai de cinq ans à compter du jour où l'emprunteur a connu ou aurait dû connaître le vice affectant ce taux ; s'agissant d'un prêt, le point de départ de cette prescription est la date de la convention (■ Cass. com., 17 mai 2011, n° 10-17.397 : *Bull.*, n° 77 ; *JCP* 2011, 1372, note Lasserre Capdeville ; *Gaz. Pal.* 2011, n° 301, p. 32, note Houin-Bressand).

17) Point de départ en cas de défaut d'objet. La nullité d'un acte pour défaut d'objet, laquelle ne tend qu'à la protection des intérêts privés des parties, relève du régime des nullités relatives. Sous l'empire de l'article 1304 ancien, le point de départ du délai de prescription d'une action en nullité d'un contrat pour défaut d'objet se situait au jour de l'acte (■ Cass. 3e civ., 24 janv. 2019, n° 17-25.793 : *Bull. civ.* ; *JurisData* n° 2019-000622 ; *JCP* G 2019, 270, Klein).

18) Point de départ en cas d'avenant. Pour sa fixation au moment du contrat d'origine (crédit-bail) en présence d'un avenant qui ne concernait qu'une augmentation du montant du financement, de sorte qu'il était dépourvu de tout effet novatoire, V. ■ Cass. 3e civ., 13 juill. 2016, n° 15-18.924 : *Bull.* ; *RTD civ.* 2016, 864, Barbier.

19) Action en nullité du contrat de mariage. La prescription de l'action en nullité du contrat de mariage ne commence à courir qu'à compter de la dissolution du mariage (■ Cass. civ., 6 nov. 1895 : *DP* 1897, 1, 25).

20) Nullité d'une clause. La clause compromissoire, clause procédurale, n'étant qu'accessoire au contrat et non la cause de l'acte, les juges du fond en déduisent exactement que, même si le contrat stipule que la nullité d'une seule clause entraînera celle du pacte lui-même, l'autonomie de la clause par rapport au contrat qui la contient ne permet pas d'admettre que sa nullité entraîne la nullité totale du contrat (■ Cass. 1re civ., 15 mai 2008, n° 06-20.806 : *RDC* 2008/4, p. 1122, obs. Genicon). Sur cette question, v. B. Teyssié, *Réflexions sur les conséquences de la nullité d'une clause d'un contrat* : *D.* 1976, p. 281. C'est en ses seules stipulations minorant en cas de licenciement pour faute la contrepartie financière qu'une clause de non-concurrence est réputée non écrite. Doit donc être cassé l'arrêt qui juge nulle en son entier une clause de non-concurrence minorant l'indemnité en cas de licenciement disciplinaire (■ Cass. soc., 8 avr. 2010, n° 08-43.056 : *Bull. civ.* 2010, V, n° 92 ; *RDC* 2010/4, 1199, obs. Th. Genicon ; *D.* 2010, 1085, obs. Perrin).

21) Survie d'une clause. La clause attributive de compétence, en raison de son autonomie par rapport à la convention principale dans laquelle elle s'insère n'est pas affectée par l'inefficacité de cet acte (■ Cass. 1re civ., 8 juill. 2010, n° 07-17.788 : *Bull. civ.* 2010, I, n° 161 ; *D.* 2010, 2323, obs. L. d'Avout et S. Bollée ; *RTD civ.* 2010, 780, obs. Fages).

22) Sur le caractère perpétuel de l'exception de nullité. V. ■ Cass. req., 21 juin 1880 : *DP* 1881, 1, 108 (nullité relative). ■ Aix-en-Provence, 30 oct. 1950 : *JCP* 1951, II, 5945, note Becqué (nullité absolue). V. aussi ■ Cass. com., 10 juill. 1978, n° 77-10.240 : *Bull. civ.* IV, n° 195, p. 164. ■ Cass. 1re civ., 19 déc. 1995, n° 94-11.783 : *JurisData* n° 1995-003724 ; *JCP* 1996, IV, 357 ; *Bull. civ.* I, n° 477, p. 330 ; *Contrats, conc. consom.* 1996, 38, note Leveneur ; *D.* 1996, somm. 328, obs. Libchaber ; *RTD civ.* 1996, 607, obs. Mestre. ▪ Cass. 2e civ., 8 févr. 2000 : *JCP* 2000, I, 245, n° 2, obs. Wiederkehr. ▪ Cass. 3e civ., 10 mai 2001 : *JCP* 2001, IV, 2195 ; *D.* 2001, 3156, note Lipinski ; *JurisData* n° 2001-009622 ; *Bull. civ.* III, n° 61, p. 48.

Sur le principe que l'exception ne joue que pour faire échec à la demande d'exécution d'un acte juridique qui n'a pas encore été exécuté, V. ▪ Cass. 1re civ., 1er déc. 1998, n° 96-17.761 : *JurisData* n° 1998-004599 ; *JCP* G 99, I, 171, n° 5, obs. Fabre-Magnan ; *JCP* E 99, 56, note Morvan ; *Bull. civ.* I, n° 338, p. 234 ; *Defrénois* 1999, 364, obs. Aubert ; *RTD civ.* 1999, 621, obs. Mestre (emprunteurs ayant réglé les premières échéances – V. aussi ▪ Cass. 1re civ., 15 janv. 2015, n° 13-25.512 : *Bull.* ; *RTD civ.* 2015, p. 609, obs. Barbier. ▪ Cass. 1re civ., 9 nov. 1999, n° 97-14.521 : *JurisData* n° 1999-003915 ; *JCP* 2000, II, 10335, note Seraglini ; *Bull. civ.* I, n° 298, p. 194 ; *RTD civ.* 2000, 568, obs. Mestre et Fages. ▪ Cass. com., 6 juin 2001, n° 98-18.928 : *JurisData* n° 2001-009959 ; *Bull. civ.* IV, n° 113, p. 104 ; *Defrénois* 2001, 1429, obs. Libchaber. ▪ Cass. 1re civ., 3 juill. 2001, n° 99-19.084 : *JurisData* n° 2001-010454 ; *JCP* 2001, I, 370, n° 14, obs. Serinet ; *Bull. civ.* I, n° 201, p. 128. ▪ Cass. 3e civ., 30 janv. 2002, n° 00-15.784 : *JurisData* n° 2002-012772 ; *JCP* E 2002, 890, note Bonneau ; *Contrats, conc. consom.* 2002, 98, note Leveneur ; *D.* 2002, somm. 2837, obs. Aynès. ▪ Cass. 1re civ., 13 févr. 2007 (2 arrêts) : *JurisData* n° 2007-037344 ; *D.* 2007, p. 726. Ayant énoncé que les diverses obligations mises à la charge du créancier professionnel ne sont que des obligations légales sanctionnées par la déchéance du droit aux accessoires de la créance et non la contrepartie de l'obligation de la caution, la cour d'appel en a exactement déduit qu'au moment où celle-ci a invoqué la nullité de son engagement, le contrat de cautionnement n'avait pas encore été exécuté par la seule délivrance de l'information annuelle qui lui était légalement due, de sorte que l'exception de nullité était recevable (▪ Cass. com., 8 avr. 2015, n° 13-14.447 : *Bull.*)

La règle selon laquelle l'exception de nullité peut seulement jouer pour faire échec à la demande d'exécution d'un acte qui n'a pas encore été exécuté s'applique sans qu'il y ait lieu de distinguer entre nullité relative et nullité absolue (▪ Cass. 1re civ., 24 avr. 2013, n° 11-27.082 : *Bull.*, n° 84 ; *RDC* 2013/4, p. 1310, obs. Laithier ; *Dr. et pat.* 2014, n° 234, p. 53, obs. Aynès et Stoffel-Munck ; *G. P. 2013, nos 184-185, p. 13*, obs. Houtcieff ; *C.C.C.* 2013, n° 7, p. 24, note Leveneur ; *RTD civ.* 2013, p. 596, obs. Barbier). Et pour l'indifférence de la personne qui a effectué le commencement d'exécution, V. ▪ Cass. 3e civ., 9 mars 2017, n° 16-11.728 : *Bull.* ; *RTD civ.* 2017, 651, Barbier.

À compter de l'expiration de la prescription de l'action en nullité, l'exception de nullité ne peut faire échec à la demande d'exécution d'un acte qui a déjà reçu un commencement d'exécution par celui qui l'invoque, peu important que ce commencement d'exécution ait porté sur d'autres obligations que celle arguée de nullité (▪ Cass. com., 13 mai 2014, nos 12-28.013 et 12-28.654 : *Bull.* ; *RDC* 2014, p. 627, note Latina ; *RTD civ.* 2014, 3, p. 646, obs. Barbier ; *Gaz. Pal.* 2014, n° 183, p. 16). Après l'expiration du délai de prescription l'exception de nullité n'est recevable que si l'acte n'a pas commencé à être exécuté (▪ Cass. com., 31 janv. 2017, n° 14-29.474 : *D.* 2017, p. 738, note Houtcieff).

Mais l'exception de nullité peut être invoquée nonobstant l'exécution partielle dès lors que l'action n'est pas prescrite. Ainsi dans le cas où l'action en nullité absolue n'est pas encore prescrite, seule la qualification de nullité relative pourrait rendre inopposable l'exception de nullité en cas d'exécution de l'obligation découlant de l'acte (▪ Cass. 1re civ., 20 mai 2009, n° 08-13.018 : *Bull. civ.*, I, n° 96 ; *RDC* 2009/4, p. 1348, obs. Genicon et p. 1516, obs. Serinet ; *JCP* 2009, n° 39, 273, obs. Serinet ; *D.* 2010, p. 224, obs. Amrani-Mekki). Voir encore, jugeant que la nullité fondée sur l'article L. 113-8 du Code des assurances peut être soulevée par voie d'exception pendant le délai de la prescription biennale nonobstant l'exécution du contrat d'assurance (▪ Cass. 2e civ., 4 déc. 2008, n° 07-20.717 : *Bull. civ.* II, n° 256 ; *JCP* 2009, I, 138). V. encore ▪ Cass. civ. 1re, 4 mai 2012, n° 10-25.558 : *Bull.*, n° 99 ; *RTD civ.* 2012 p. 526, obs. Fages (la règle selon laquelle l'exception de nullité peut seulement jouer pour faire échec à la demande d'exécution d'un acte qui n'a pas encore été exécuté ne s'applique qu'à compter de l'expiration du délai de prescription de l'action). V. ▪ Cass. 1re civ., 15 janv. 2015, n° 13-13.565 : *Bull.* ; *Dr. sociétés* 2015, n° 15, p. 34, note Roussille ; *JCP* G 2015, 538, Hovasse ; *RDC* 2015, note Laithier.

Sur l'exception de nullité, v. Y.-M. Serinet, *in RDC* 2009, p. 1516. N. Picod, *Le déclin de l'exception de nullité à l'époque contemporaine* : *RTD com.* 2014, p. 509.

23) Nature procédurale de l'exception de nullité. La règle ne joue que si celui qui argue de la nullité se trouve en position de défendeur (tel n'est pas le cas de celui qui, après avoir reçu un commandement de payer les loyers visant la clause résolutoire, assigne en nullité du commandement et de la clause résolutoire litigieuse du bail : ▪ Cass. 3e civ., 3 févr. 2010, n° 08-21.333 : *JCP* 2010, n° 18, 516, obs. Serinet) et ne joue pas en cas de demande reconventionnelle (▪ Cass. com., 17 nov. 1998, n° 96-20.288 : *RTD civ.* 1999, 618, obs. Mestre). Comp. ▪ Cass. 3e civ., 28 janv. 2009, n° 07-21.818 : *JCP* 2009, act. 76, obs. Astegiano-La Rizza, qui décide qu'ayant relevé que la demande en nullité de contrat présentée en défense était qualifiée d'exception de nullité, la cour d'appel a exactement retenu que cette exception n'était pas atteinte par la prescription. Le moyen pris par le défendeur de la nullité de l'acte juridique sur lequel se fonde le demandeur constitue non pas une exception de procédure mais une défense au fond qui peut être proposée en tout état de cause. (■ Cass. 3e civ., 16 mars 2010, n° 09-13.187 : *JurisData* n° 2010-002075 ; *Bull. civ.* 2010, III, n° 63 ; *RDC* 2010/4, p. 1208, obs. Laithier). Constitue une demande reconventionnelle, en vertu de l'article 64 du Code de procédure civile, la demande par laquelle le défendeur originaire prétend obtenir un avantage autre que le simple rejet de la prétention de son adversaire ; qu'ayant relevé que le cessionnaire ne se bornait pas à invoquer la nullité du protocole mais entendait voir tirer les conséquences de cette nullité en sollicitant la remise des parties dans l'état antérieur à la signature de l'acte et la condamnation des demanderesses à lui payer une certaine somme en restitution du prix déjà payé, la cour d'appel en a déduit à bon droit qu'il s'agissait d'une demande reconventionnelle et qu'elle était irrecevable faute d'avoir été faite à l'encontre des autres parties à l'acte, tiers à l'instance, dans les formes prévues par l'article 68, alinéa 2, du Code de procédure civile (■ Cass. ass. plén., 22 avr. 2011, n° 09-16.008 : *Bull.*, n° 4).

24) Restitutions. Dans le cas où un contrat nul a cependant été exécuté, les parties doivent être remises dans l'état dans lequel elles se trouvaient avant cette exécution ; lorsque cette remise en état se révèle impossible, la partie qui a bénéficié d'une prestation qu'elle ne peut restituer doit s'acquitter du prix correspondant à cette prestation (■ Cass. 1re civ., 16 mars 1999, n° 97-12.930 : *JurisData* n° 1999-001116 ; *Bull. civ.* I, n° 95, p. 62). Jugé que les restitutions consécutives à une annulation ne relèvent pas de la répétition de l'indu, mais seulement des règles de la nullité (■ Cass. 1re civ., 24 sept. 2002 : *JCP* 2002, IV, 2702 ; *JurisData* n° 2002-015542 ; *Bull. civ.* I, n° 218, p. 168 ; *Defrénois* 2003, 185, note Aubert, prescription quinquennale et non décennale). Le contrat de sous-traitance ayant été annulé, le sous-traitant, pourtant condamné à réparer le préjudice subi par l'entrepreneur principal à la suite des désordres survenus sur les travaux sous-traités, est en droit d'obtenir la restitution par cet entrepreneur des sommes réellement déboursées, sans que soit prise en compte la valeur de l'ouvrage (■ Cass. 3e civ., 13 sept. 2006 : *JurisData* n° 2006-034915 ; *JCP* 2006, II, 10198, note Traullé). Après annulation du contrat de bail commercial, le preneur doit une indemnité d'occupation en contrepartie de la jouissance des locaux (■ Cass. 3e civ., 24 juin 2009, n° 08-12.251 : *Bull. civ.* III, n° 155 ; *JCP* 2009, n° 39, 273, obs. Serinet). Même solution après l'annulation d'un crédit-bail immobilier (■ Cass. 3e civ., 8 juill. 2015, n° 14-11.582 : *Bull.* ; *RTD civ.* 2015, p. 869, obs. Barbier). C'est sans méconnaître les effets de l'annulation d'un contrat de bail que le juge peut évaluer le montant de l'indemnité d'occupation en se référant à la valeur locative résultant du dernier loyer contractuel (■ Cass. ch. mixte, 9 nov. 2007, n° 06-19.508 : *RDC* 2008/2, p. 243, obs. Laithier). Viole les articles 6 § 1, 11 et 13 de la Convention européenne des droits de l'homme l'arrêt qui, après avoir constaté la nullité de plein droit de la clause du bail et de la clause des statuts de l'association faisant obligation au preneur d'adhérer et de maintenir son adhésion à cette association jusqu'au terme du bail, le condamne, sur le seul fondement de l'article 1371 du Code civil et des principes qui gouvernent l'enrichissement sans cause, à payer à l'association, pour la période antérieure à son arrêt, une somme équivalente aux cotisations versées et, pour la période postérieure et aussi longtemps qu'il exploitera le commerce, une somme équivalente aux cotisations qu'il aurait dû acquitter comme membre de l'association (■ Cass. 1re civ., 20 mai 2010, n° 09-65.045 : *Bull. civ.* 2010, I, n° 118 ; *RDC* 2010/4, p. 1185, obs. C. Pérès ; *RDC* 2011/1, p. 169, obs. C. Grimaldi ; *Rev. Lamy dr. civ.* 2010/74, n° 3922, obs. Le Gallou ; *JCP* 2010, 983, obs. Mekki ; *JCP* E 2010, 1692, obs. J. Raynaud). L'annulation d'un contrat à raison de l'atteinte à la liberté fondamentale de ne pas s'associer ne fait pas échec au principe des restitutions réciproques en cas d'annulation d'un contrat exécuté (■ Cass. 3e civ., 23 nov. 2011, n° 10-23.928 : *RDC* 2012/2, p. 515, obs. Seube ; *LPA* 2012, n° 86, p. 11, note Gerry-Vernières ; *JCP* N 2012, n° 15, p. 40, note Kenfack). Rappr. ■ Cass. 1re civ., 12 juill. 2012, n° 11-17.587 : *RDC* 2013/1, p. 36, obs. Pérès ; *JCP* 2012, 1103, note Serinet ; *JCP* E 2012, 1586, Rouquette-Terouanne ; *D.* 2012, p. 2490, note Kenfack et p. 2050, chron. Creton et Vassallo ; *RTD com.* 2012, p. 510, obs. Monéger (la nullité d'une clause d'adhésion à une association de commerçants ayant pour effet de remettre à cet égard les parties dans leur situation initiale, il en résulte que l'adhérent doit restituer en valeur les services dont il a bénéficié à ce titre).

25) Nullité et sort des bénéfices réalisés. Pour remettre les parties d'un contrat d'intégration annulé dans leur état antérieur, seules doivent être prises en considération les prestations fournies par chacune d'elles en exécution de ce contrat, sans avoir égard aux bénéfices tirés de celui-ci par l'intégrateur (■ Cass. 1re civ., 10 déc.

2014, n° 13-23.903 : *Bull.* ; *Gaz. Pal.* 2015, n° 95, p. 2, obs. Houtcieff ; *RDC* 2015, p. 230, note Laithier). La remise des parties dans l'état antérieur à un contrat de location gérance annulé exclut que le bailleur obtienne une indemnité correspondant au profit tiré par le locataire de l'exploitation du fonds de commerce dont il n'a pas la propriété (■ Cass. 3e civ., 3 déc. 2015, n° 14-22.692 : *Bull.* ; *Contrats, conc. consom.* 2016, n° 60, note Leveneur ; *JurisData* n° 2015-026999).

26) Nullité et sort des constructions. La nullité d'un contrat de construction de maison individuelle n'a pas pour effet de permettre au maître de l'ouvrage d'invoquer contre le constructeur les dispositions de l'article 555 du Code civil, ■ Cass. 3e civ., 24 avr. 2013, n° 12-11.640 : *Bull.*, n° 56 ; *JCP* N 2013, n° 43, p. 36, note Périnet-Marquet. La nullité du contrat de construction de maison individuelle pour violation des règles d'ordre public protectrices du maître de l'ouvrage lui ouvre le droit de solliciter la remise en état du terrain sans indemnité pour le constructeur au titre des travaux réalisés. La démolition ordonnée à la demande du maître de l'ouvrage interdit au constructeur de solliciter le coût des travaux qu'il a réalisés (■ Cass. 3e civ., 26 juin 2013, n° 12-18.121 : *Bull.* ; *RDC* 2013/4, p. 1315, obs. Laithier ; *G. P.* 2013, n° 349, p. 4, obs. Tricoire). Mais V. pour la cassation d'une décision ayant ordonné la remise en l'état, consécutivement à la nullité du contrat, sans rechercher, comme il le lui était demandé, si la démolition de l'ouvrage constituait une sanction proportionnée à la gravité des désordres et des non-conformités qui l'affectaient, ■ Cass. 3e civ., 15 oct. 2015, n° 14-23.612 : *Bull.* ; *D.* 2015, p. 2423, note Dubois ; *D.* 2016, p. 573, obs. Mekki ; *JCP* G 2016, 51, note Behar-Touchais ; *RDC* 2016, 214, Stoffel-Munck ; *RTD civ.* 2016, p. 107, obs. Barbier et p. 140, obs. Gautier. Dans cette nouvelle orientation également, ■ Cass. 3e civ., 21 janv. 2016, n° 14-26.085 : *D.* 2016, p. 574, obs. Mekki (le maître de l'ouvrage, qui invoque la nullité d'un contrat de construction de maison individuelle, n'est pas tenu de demander la démolition de la construction, que le juge n'est pas tenu d'ordonner, et peut limiter sa demande à l'indemnisation du préjudice résultant de cette nullité). La nullité de ce contrat est, en l'absence de démolition, sans effet sur le droit à restitution des sommes déboursées par le constructeur (■ Cass. 3e civ., 17 juin 2015, n° 14-14.372 : *Bull.* ; *RTD civ.* 2015, p. 869, obs. Barbier).

27) *Nemo auditur.* Le caractère frauduleux de *licenciements notifiés pour motifs* personnels alors que la cause réelle en est économique affecte la validité des transactions ensuite conclues ; toutefois, faute de procéder d'une cause immorale, il ne fait pas obstacle à la restitution par les salariés des sommes perçues en exécution des transactions annulées. Doit dès lors être rejeté le pourvoi reprochant à une cour d'appel d'avoir violé la règle *nemo auditur propriam suam turpitudinem allegans* en ordonnant, en conséquence de l'annulation de telles transactions, la restitution par les salariés des sommes reçues de l'employeur en exécution de ces dernières (■ Cass. soc., 10 nov. 2009, nos 08-43.805 à 08-43.823 : *Bull. civ.* V, n° 251 ; *JCP* 2009, n° 4, 94, note Mouly ; *ibid.* n° 18, 516, obs. Serinet ; *RDC* 2010/2, p. 557, obs. Laithier).

28) Restitutions : préjudice indemnisable (non). Les restitutions réciproques consécutives à l'annulation du contrat instrumenté ne constituent pas, en elles-mêmes, un préjudice indemnisable que le rédacteur d'actes peut être tenu de réparer (nullité d'une cession de parts sociales due à la faute de l'avocat rédacteur), ■ Cass. 1re civ., 27 févr. 2007, n° 05-21.677 : *JurisData* n° 2007-037666 ; *JCP* G 2007, IV, 1708. – V. aussi ■ Cass. 3e civ., 25 oct. 2006, n° 05-17.427 : *JCP* G 2007, II, 10061, note Pinna. ■ Cass. 3e civ., 8 nov. 2006, n° 05-16.948 : *JurisData* n° 2006-035787 ; *JCP* G 2007, I, 115, obs. Stoffel-Munck ; *RDC* 2007/2, p. 310, obs. Carval. Mais si le trop-perçu du prix de vente d'un bien immobilier dont les surfaces se sont révélées moindres que celles mentionnées dans l'acte de vente ne constitue pas un préjudice que le notaire fautif peut être tenu de réparer, il est néanmoins tenu à indemnisation de l'acquéreur lorsque le débiteur de la restitution est insolvable. ■ Cass. 1re civ., 25 mars 2010, n° 09-66.282 : *JurisData* n° 2010-002478 ; *Bull. civ.* 2010, I, n° 73.

29) Responsabilité délictuelle en cas de nullité du contrat. Par l'effet de l'anéantissement rétroactif du contrat de bail annulé, la responsabilité de l'une des parties ne peut être recherchée que sur le fondement délictuel ou quasi délictuel (■ Cass. 3e civ., 18 mai 2011, n° 10-11.721 : *RDC* 2011/4, p. 1139, obs. Th. Genicon ; *RLDC* 2011/84, n° 4296, obs. C. Paulin ; *Gaz. Pal.* 2011, n° 216, obs. Houtcieff ; *ibid.*, n° 279, obs. Mekki ; *JCP* 2011, n° 22, obs. Y.-M. Serinet ; *Dr. et patrimoine* 2012, obs. Stoffel-Munck).

30) Associations. Les formalités imposées par les statuts d'une association pour la convocation et les délibérations de l'assemblée générale ne protègent que les intérêts privés des membres de l'association et ne peuvent dès lors être sanctionnées que par une nullité relative dont la prescription, en matière contractuelle, est fixée par l'article 1304 à cinq ans (■ Cass. 1re civ., 10 juill. 1979 : *JurisData* n° 1979-710202 ; *Bull. civ.* I, n° 202, p. 162).

31) Majeurs. L'article 1304, al. 3, n'est pas applicable aux actes de majeurs qui n'ont pas fait l'objet de protection (■ Cass. 1re civ., 18 févr. 1992, n° 90-17.952 : *JurisData* n° 1992-000425 ; *Bull. civ.* I, n° 54, p. 38 ; *D.* 1993, 277, 2e esp., note Massip).

Art. 1305 ancien ***(L. n° 64-1230, 14 déc. 1964 ; Abr. à compter du 1er octobre 2016, Ord. n° 2016-131, 10 févr. 2016).*** **– La simple lésion donne lieu à la rescision en faveur du mineur non émancipé, contre toutes sortes de conventions.**

NB : Rappr. art. 1149, p. 819.

1) La location d'une voiture par un mineur ne peut être attaquée pour cause d'incapacité, mais seulement pour cause de lésion (■ Cass. 1re civ., 4 nov. 1970, n° 68-14.152 : *JurisData* n° 1970-000296 ; *JCP* 71, II, 16631).

2) **Fractionnement des clauses du contrat (non).** Le mineur ne peut pas prétendre limiter son action à certaines clauses du contrat en demandant le maintien des autres (■ Cass. civ., 13 févr. 1906 : *DP* 1907, 1, 33).

Art. 1306 ancien ***(Abr. à compter du 1er octobre 2016, Ord. n° 2016-131, 10 févr. 2016).*** **– Le mineur n'est pas restituable pour cause de lésion, lorsqu'elle ne résulte que d'un événement casuel et imprévu.**

NB : Rappr. art. 1149, p. 819.

Art. 1307 ancien ***(Abr. à compter du 1er octobre 2016, Ord. n° 2016-131, 10 févr. 2016).*** **– La simple déclaration de majorité, faite par le mineur, ne fait point obstacle à sa restitution.**

NB : Rappr. art. 1149, p. 819.

Ouverture d'un compte en banque. Sur le cas d'un mineur indiquant une fausse date de naissance pour se faire ouvrir un compte en banque, V. ■ Cass. 1re civ., 12 nov. 1998, n° 97-13.248 : *JurisData* n° 1998-004306 ; *JCP* 99, II, 10053, note Garé ; *Dr. famille* 1999, 35, note Fossier.

Art. 1308 ancien ***(Mod., L. n° 74-631, 5 juill. 1974 ; abr. à compter du 1er octobre 2016, Ord. n° 2016-131, 10 févr. 2016).*** **– Le mineur qui exerce une profession n'est point restituable contre les engagements qu'il a pris dans l'exercice de celle-ci.**

NB : Rappr. art. 1149, p. 819.

Art. 1309 ancien ***(Abr. à compter du 1er octobre 2016, Ord. n° 2016-131, 10 févr. 2016).*** **– Le mineur n'est point restituable contre les conventions portées en son contrat de mariage, lorsqu'elles ont été faites avec le consentement et l'assistance de ceux dont le consentement est requis pour la validité de son mariage.**

Art. 1310 ancien ***(Abr. à compter du 1er octobre 2016, Ord. n° 2016-131, 10 févr. 2016).*** **– Il n'est point restituable contre les obligations résultant de son délit ou quasi-délit.**

1) **Fausse cause indiquée par le mineur.** Il n'y a pas quasi-délit de la part du mineur à indiquer une fausse cause dans l'obligation qu'il souscrit (■ Cass. civ., 19 févr. 1856 : *DP* 1856, 1, 86).

2) **Contrat laissant tous les risques au mineur.** Le mineur qui contracte des obligations normalement inexécutables qui ne lui réservent que des bénéfices insignifiants et lui laissent tous les risques ne commet ni délit ni quasi-délit mais seulement une imprudence résultant de son inexpérience des affaires (■ Cass. req., 17 mars 1924 : *Gaz. Pal.* 1924, 1, 713).

Art. 1311 ancien ***(Abr. à compter du 1er octobre 2016, Ord. n° 2016-131, 10 févr. 2016).*** **– Il n'est plus recevable à revenir contre l'engagement qu'il avait souscrit en minorité, lorsqu'il l'a ratifié en majorité, soit que cet engagement fût nul en sa forme, soit qu'il fût seulement sujet à restitution.**

***NB :** Rappr. art. 1151, p. 819.*

Art. 1312 ***(L. 18 févr. 1938 ; mod., L. n° 68-5, 3 janv. 1968 ; abr. à compter du 1er octobre 2016, Ord. n° 2016-131, 10 févr. 2016).*** **– Lorsque les mineurs ou les majeurs en tutelle sont admis, en ces qualités, à se faire restituer contre leurs engagements, le remboursement de ce qui aurait été, en conséquence de ces engagements, payé pendant la minorité ou la tutelle des majeurs, ne peut en être exigé, à moins qu'il ne soit prouvé que ce qui a été payé a tourné à leur profit.**

NB : Rappr. art. 1151, 1352-4, p. 819.

1) **Paiement fait au père du mineur.** L'article 1312 concerne les seuls paiements faits entre les mains d'un mineur et ne s'applique pas à une restitution qui est la conséquence d'un paiement

fait au père de la victime (■ Cass. 1re civ., 18 janv. 1989, n° 87-12.019 : *JurisData* n° 1989-700111 ; *Bull. civ.* I, n° 13, p. 8 ; *RTD civ.* 1989, 749, obs. Mestre).

2) **Enrichissement sans cause.** Doit être cassé l'arrêt qui a condamné un mineur au remboursement du prêt à lui consenti pour l'achat d'une automobile, prêt annulé comme étant fait à un incapable, sur la base de l'enrichissement sans cause, sans rechercher si ce prêt avait tourné au profit du mineur (■ Cass. 1re civ., 5 avr. 1978, n° 76-14.924 : *JurisData* n° 1978-000147 ; *Bull. civ.* I, n° 147, p. 116).

3) **Ouverture d'un compte en banque.** Sur le principe que l'action en remboursement du découvert d'un compte bancaire ouvert au nom d'un mineur suppose établi que ce qui a été payé a tourné à son profit, V. ■ Cass. 1re civ., 12 nov. 1998, n° 96-21.198 : *JurisData* n° 1998-004304 ; *JCP* 99, II, 10053, note Garé ; *Dr. famille* 1999, 35, note Fossier.

Art. 1313 ancien *(Abr. à compter du 1er octobre 2016, Ord. n° 2016-131, 10 févr. 2016).* **– Les majeurs ne sont restitués pour cause de lésion que dans les cas et sous les conditions spécialement exprimés dans le présent code.**

Art. 1314 ancien *(Mod., L. n° 68-5, 3 janv. 1968 ; abr. à compter du 1er octobre 2016, Ord. n° 2016-131, 10 févr. 2016).* **– Lorsque les formalités requises à l'égard des mineurs ou des majeurs sous tutelle soit pour aliénation d'immeubles, soit dans un partage de succession, ont été remplies, ils sont, relativement à ces actes, considérés comme s'ils les avaient faits en majorité ou avant la tutelle des majeurs.**

CHAPITRE VI. – DE LA PREUVE DES OBLIGATIONS ET DE CELLE DU PAIEMENT

Bibliographie : D. Denis, *Quelques aspects de l'évolution du système des preuves en droit civil : RTD civ.* 1977, 671. • V. Rebeyrol, *Le visa des éléments de preuve par les juges du fond et le contrôle de la Cour de cassation : JCP* 2008, I 107. • M. Mekki, *Réflexions sur le risque de la preuve en droit des contrats : RDC* 2008, p. 681. • L. Cadiet, M. Mekki et C. Grimaldi (dir.), *La preuve : regards croisés*, Dalloz, 2015. • M. Mekki, *Le droit privé de la preuve... à l'épreuve du principe de précaution : D.* 2014, p. 1391. • J.-M. Hayat (dir.) *et alii, La loyauté de la preuve en matière civile commerciale, pénale et administrative : Procédures* 2015, dossier 7.

Sur le projet d'ordonnance portant réforme du droit des contrats, du régime des obligations et du droit de la preuve, V. la bibliographie sous art. 1101 ancien, p. 1038. Et sur l'ordonnance du 10 février 2016, V. la bibliographie en tête du nouveau titre IV *bis* du livre III.

Art. 1315 ancien *(Abr. à compter du 1er octobre 2016, Ord. n° 2016-131, 10 févr. 2016).* **– Celui qui réclame l'exécution d'une obligation doit la prouver.**

Réciproquement, celui qui se prétend libéré doit justifier le paiement ou le fait qui a produit l'extinction de son obligation.

NB : Rappr. art. 1353, p. 995.

Bibliographie : M. Buchberger, *Le rôle de l'article 1315 du Code civil en cas d'inexécution d'un contrat : D.* 2011, p. 465.

Jurisprudence. V. ss art. 1353, p. 995.

Art. 1315-1 ancien *(Anc. art. 1316, L. n° 2000-230, 13 mars 2000 ; abr. à compter du 1er octobre 2016, Ord. n° 2016-131, 10 févr. 2016).* **– Les règles qui concernent la preuve littérale, la preuve testimoniale, les présomptions, l'aveu de la partie et le serment sont expliquées dans les sections suivantes.**

Section I. – De la preuve littérale

§ 1. – Dispositions générales

Art. 1316 ancien *(L. n° 2000-230, 13 mars 2000 ; abr. à compter du 1er octobre 2016, Ord. n° 2016-131, 10 févr. 2016).* **– La preuve littérale, ou preuve par écrit, résulte d'une suite de lettres, de caractères, de chiffres ou de tous autres signes ou symboles dotés d'une signification intelligible, quels que soient leur support et leurs modalités de transmission.**

NB : Rappr. art. 1365, p. 1012.

Art. 1316-1 ancien *(L. n° 2000-230, 13 mars 2000 ; abr. à compter du 1er octobre 2016, Ord. n° 2016-131, 10 févr. 2016).* **– L'écrit sous forme électronique est admis en preuve au même titre que l'écrit sur support papier, sous réserve que puisse être dûment identifiée la personne dont il émane et qu'il soit établi et conservé dans des conditions de nature à en garantir l'intégrité.**

NB : Rappr. art. 1366, p. 1012.

Art. 1316-2 ancien *(L. n° 2000-230, 13 mars 2000 ; abr. à compter du 1er octobre 2016, Ord. n° 2016-131, 10 févr. 2016).* **– Lorsque la loi n'a pas fixé d'autres principes, et à défaut de convention valable entre les parties, le juge règle les conflits de preuve littérale en déterminant par tous moyens le titre le plus vraisemblable, quel qu'en soit le support.**

NB : Rappr. art. 1368, p. 1013.

Art. 1316-3 ancien *(L. n° 2000-230, 13 mars 2000 ; abr. à compter du 1er octobre 2016, Ord. n° 2016-131, 10 févr. 2016).* **– L'écrit sur support électronique a la même force probante que l'écrit sur support papier.**

NB : Rappr. art. 1366, p. 1012.

Art. 1316-4 ancien *(L. n° 2000-230, 13 mars 2000 ; abr. à compter du 1er octobre 2016, Ord. n° 2016-131, 10 févr. 2016).* **– La signature nécessaire à la perfection d'un acte juridique identifie celui qui l'appose. Elle manifeste le consentement des parties aux obligations qui découlent de cet acte. Quand elle est apposée par un officier public, elle confère l'authenticité à cet acte.**

Lorsqu'elle est électronique, elle consiste en l'usage d'un procédé fiable d'identification garantissant son lien avec l'acte auquel elle s'attache. La fiabilité de ce procédé est présumée, jusqu'à preuve contraire, lorsque la signature électronique est créée, l'identité du signataire assurée et l'intégrité de l'acte garantie, dans des conditions fixées par décret en Conseil d'État.

NB : Rappr. art. 1367, p. 1012.

Bibliographie : E. A. Caprioli, *La loi française sur la preuve et la signature électroniques dans la perspective européenne : JCP* 2000, I, 224. • P.-Y. Gautier et X. Linant de Bellefonds, *De l'écrit électronique et des signatures qui s'y attachent : JCP* G 2000, I, 236 ; *JCP* E 2000, 1273. • A. Raynouard, *Adaptation du droit de la preuve aux technologies de l'information et à la signature électronique : Defrénois* 2000, 593. • P. Catala, *Le formalisme et les nouvelles technologies : Defrénois* 2000, 897. • J. Devèze, *Vive l'article 1322 ! Commentaire critique de l'article 1316-4 du Code civil : Études offertes à P. Catala*, Litec 2001, p. 529. • M. Mekki, *Le formalisme électronique : la « neutralité technique » n'emporte pas « neutralité axiologique » : RDC* 2007, p. 681.

Voir : D. n° 2017-1416, 28 sept. 2017 relatif à la signature électronique, p. 3456. Règlement UE 910/2014 du 23 juillet 2014 sur l'identification électronique et les services de confiance pour les transactions électroniques au sein du marché intérieur et abrogeant la directive 1999/93/CE.

Jurisprudence. V. ss art. 1367, p. 1012.

§ 2. – Du titre authentique

Art. 1317 ancien *(Mod., L. n° 2000-230, 13 mars 2000 ; abr. à compter du 1er octobre 2016, Ord. n° 2016-131, 10 févr. 2016).* **– L'acte authentique est celui qui a été reçu par officiers publics ayant le droit d'instrumenter dans le lieu où l'acte a été rédigé, et avec les solennités requises.**

Il peut être dressé sur support électronique s'il est établi et conservé dans des conditions fixées par décret en Conseil d'État.

NB : Rappr. art. 1369, p. 1013.

Voir : loi du 25 ventôse an XI, contenant organisation du notariat, art. 8 à 23. – Décret n° 52-1292, 2 décembre 1952, portant règlement d'administration publique pour l'emploi par les officiers publics et ministériels, des procédés de reproduction des actes. – Décret n° 71-941, 26 novembre 1971, relatif aux actes établis par les notaires. – Décret n° 71-942, 26 novembre 1971, relatif aux créations, transferts et suppressions d'offices de notaire à la compétence d'instrumentation et à la résidence des notaire, à la garde et à la transmission des minutes et registres professionnels des notaires, art. 8 à 16.

Bibliographie : A. Lapeyre, *L'authenticité : JCP* 70, I, 2365. • J. Flour, *Sur une notion nouvelle de l'authenticité : Defrénois* 1972, 977. • D. Grillet-Ponton, *L'acte notarié : un nouveau souffle consumériste et technologique : JCP* N 2001, 1258. • M. Grimaldi et B. Reynis, *L'acte authentique électronique : Defrénois* 2003, 1023. • M. Nicod, *La force probante de l'acte notarié : JCP* N 2013, n° 5, p. 1014.

Jurisprudence. V. ss art. 1369, p. 1013.

Art. 1317-1 ancien ***(L. n° 2011-331, 28 mars 2011 ; abr. à compter du 1er octobre 2016, Ord. n° 2016-131, 10 févr. 2016).*** **– L'acte reçu en la forme authentique par un notaire est, sauf disposition dérogeant expressément au présent article, dispensé de toute mention manuscrite exigée par la loi.**

NB : Rappr. art. 1369, p. 1013.

Art. 1318 ancien ***(Abr. à compter du 1er octobre 2016, Ord. n° 2016-131, 10 févr. 2016).*** **– L'acte qui n'est point authentique par l'incompétence ou l'incapacité de l'officier, ou par un défaut de forme, vaut comme écriture privée, s'il a été signé des parties.**

NB : Rappr. art. 1370, p. 1015.

Jurisprudence. V. ss art. 1370, p. 1015.

Art. 1319 ancien ***(Abr. à compter du 1er octobre 2016, Ord. n° 2016-131, 10 févr. 2016).*** **– L'acte authentique fait pleine foi de la convention qu'il renferme entre les parties contractantes et leurs héritiers ou ayants cause.**

Néanmoins, en cas de plaintes en faux principal, l'exécution de l'acte argué de faux sera suspendue par la mise en accusation ; et, en cas d'inscription de faux faite incidemment, les tribunaux pourront, suivant les circonstances, suspendre provisoirement l'exécution de l'acte.

NB : Rappr. art. 1371, p. 1016.

Jurisprudence. V. ss art. 1371, p. 1016.

Art. 1320 ancien ***(Abr. à compter du 1er octobre 2016, Ord. n° 2016-131, 10 févr. 2016).*** **– L'acte, soit authentique, soit sous seing privé, fait foi entre les parties, même de ce qui n'y est exprimé qu'en termes énonciatifs, pourvu que l'énonciation ait un rapport direct à la disposition. Les énonciations étrangères à la disposition ne peuvent servir que d'un commencement de preuve.**

Termes énonciatifs. Les juges du fond disposent d'un pouvoir souverain pour apprécier le caractère purement énonciatif des déclarations contenues dans un acte authentique (■ Cass. civ., 26 déc. 1900 : *DP* 1901, 1, 129. – V. aussi ■ Cass. civ., 29 avr. 1901 : *DP* 1902, 1, 33).

Art. 1321 ancien ***(Abr. à compter du 1er octobre 2016, Ord. n° 2016-131, 10 févr. 2016).*** **– Les contre-lettres ne peuvent avoir leur effet qu'entre les parties contractantes : elles n'ont point d'effet contre les tiers.**

NB : Rappr. art. 1201, p. 829.

Bibliographie : F. Leduc, *Réflexions sur la convention de prête-nom : RTD civ.* 1999, 283.

Jurisprudence. V. ss art. 1201, p. 829.

Art. 1321-1 ancien ***(Ord. n° 2005-1512, 7 déc. 2005 ; abr. à compter du 1er octobre 2016, Ord. n° 2016-131, 10 févr. 2016).*** **– Est nulle et de nul effet toute contre-lettre ayant pour objet une augmentation du prix stipulé dans le traité de cession d'un office ministériel et toute convention ayant pour but de dissimuler partie du prix d'une vente d'immeubles ou d'une cession de fonds de commerce ou de clientèle ou d'une cession d'un droit à un bail ou du bénéfice d'une promesse de bail portant sur tout ou partie d'un immeuble et tout ou partie de la soulte d'un échange ou d'un partage comprenant des biens immeubles, un fonds de commerce ou une clientèle.**

NB : Rappr. art. 1202, p. 831.

Jurisprudence. V. ss art. 1202, p. 831.

§ 3. – **De l'acte sous seing privé**

Art. 1322 ancien *(Abr. à compter du 1er octobre 2016, Ord. n° 2016-131, 10 févr. 2016)*. – **L'acte sous seing privé, reconnu par celui auquel on l'oppose, ou légalement tenu pour reconnu, a, entre ceux qui l'ont souscrit et entre leurs héritiers et ayants cause, la même foi que l'acte authentique.**

NB : Rappr. art. 1372, p. 1017.

Voir : sur l'acte sous seing privé contresigné par avocat, art. 66-3-1 à 66-3-3, L. 31 déc. 1971, en annexe.

Jurisprudence. V. ss art. 1372, p. 1017.

Art. 1323 ancien *(Abr. à compter du 1er octobre 2016, Ord. n° 2016-131, 10 févr. 2016)*. – **Celui auquel on oppose un acte sous seing privé est obligé d'avouer ou de désavouer formellement son écriture ou sa signature.**

Ses héritiers ou ayants cause peuvent se contenter de déclarer qu'ils ne connaissent point l'écriture ou la signature de leur auteur.

NB : Rappr. art. 1373, p. 1018.

Art. 1324 ancien *(Abr. à compter du 1er octobre 2016, Ord. n° 2016-131, 10 févr. 2016)*. – **Dans le cas où la partie désavoue son écriture ou sa signature, et dans le cas où ses héritiers ou ayants cause déclarent ne les point connaître, la vérification en est ordonnée en justice.**

NB : Rappr. art. 1373, p. 1018.

Jurisprudence. V. ss art. 1373, p. 1018.

Art. 1325 ancien *(Mod., Ord. n° 2005-674, 16 juin 2005 ; abr. à compter du 1er octobre 2016, Ord. n° 2016-131, 10 févr. 2016)*. – **Les actes sous seing privé qui contiennent des conventions synallagmatiques ne sont valables qu'autant qu'ils ont été faits en autant d'originaux qu'il y a de parties ayant un intérêt distinct.**

Il suffit d'un original pour toutes les personnes ayant le même intérêt.

Chaque original doit contenir la mention du nombre des originaux qui en ont été faits.

Néanmoins, le défaut de mention que les originaux ont été faits doubles, triples, etc., ne peut être opposé par celui qui a exécuté de sa part la convention portée dans l'acte.

L'exigence d'une pluralité d'originaux est réputée satisfaite pour les contrats sous forme électronique lorsque l'acte est établi et conservé conformément aux articles 1316-1 et 1316-4 et que le procédé permet à chaque partie de disposer d'un exemplaire ou d'y avoir accès.

NB : Rappr. art. 1375, p. 1019.

Jurisprudence. V. ss art. 1375, p. 1019.

Art. 1326 ancien *(L. n° 80-525, 12 juill. 1980 ; mod., L. n° 2000-230, 13 mars 2000 ; Abr. à compter du 1er octobre 2016, Ord. n° 2016-131, 10 févr. 2016)*. – **L'acte juridique par lequel une seule partie s'engage envers une autre à lui payer une somme d'argent ou à lui livrer un bien fongible doit être constaté dans un titre qui comporte la signature de celui qui souscrit cet engagement ainsi que la mention, écrite par lui-même, de la somme ou de la quantité en toutes lettres et en chiffres. En cas de différence, l'acte sous seing privé vaut pour la somme écrite en toutes lettres.**

NB : Rappr. art. 1376, p. 1020.

Bibliographie : S. Jacopin, *Les mentions contractuelles « coutumières ». Un droit imaginaire ? : JCP* 2001, I, 288. • A. Rissel, *Essai sur la nature juridique de la reconnaissance de dette : RTD civ.* 2014, p. 253.

Jurisprudence. V. ss art. 1376, p. 1020.

Art. 1327 *(Abr., L. n° 80-525, 12 juill. 1980)*.

Art. 1328 ancien *(Abr. à compter du 1er octobre 2016, Ord. n° 2016-131, 10 févr. 2016)*. – **Les actes sous seing privé n'ont de date contre les tiers que du jour où ils ont été enregistrés, du jour de la mort de celui**

ou de l'un de ceux qui les ont souscrits, ou du jour où leur substance est constatée dans les actes dressés par des officiers publics, tels que procès-verbaux de scellés ou d'inventaire.

NB : Rappr. art. 1377, p. 1022.

Bibliographie : S. Mercoli, *Incertitudes sur la date des actes sous seing privé (de l'écrit sur support papier à l'écrit téléphonique) : JCP* N 2001, 44.

Jurisprudence. V. ss art. 1377, p. 1022.

Art. 1329 ancien ***(Abr. à compter du 1er octobre 2016, Ord. n° 2016-131, 10 févr. 2016).*** **– Les registres des marchands ne font point, contre les personnes non marchandes, preuve des fournitures qui y sont portées, sauf ce qui sera dit à l'égard du serment.**

NB : Rappr. art. 1378, p. 1023.

Jurisprudence. V. ss art. 1378, p. 1023.

Art. 1330 ancien ***(Abr. à compter du 1er octobre 2016, Ord. n° 2016-131, 10 févr. 2016).*** **– Les livres des marchands font preuve contre eux ; mais celui qui veut en tirer avantage ne peut les diviser en ce qu'ils contiennent de contraire à sa prétention.**

NB : Rappr. art. 1378, p. 1023.

Jurisprudence. V. ss art. 1378, p. 1023.

Art. 1331 ancien ***(Abr. à compter du 1er octobre 2016, Ord. n° 2016-131, 10 févr. 2016).*** **– Les registres et papiers domestiques ne font point un titre pour celui qui les a écrits. Ils font foi contre lui : 1° dans tous les cas où ils énoncent formellement un paiement reçu ; 2° lorsqu'ils contiennent la mention expresse que la note a été faite pour suppléer le défaut du titre en faveur de celui au profit duquel ils énoncent une obligation.**

NB : Rappr. art. 1378-1, p. 1024.

Jurisprudence. V. ss art. 1378-1, p. 1024.

Art. 1332 ancien ***(Abr. à compter du 1er octobre 2016, Ord. n° 2016-131, 10 févr. 2016).*** **– L'écriture mise par le créancier à la suite, en marge ou au dos d'un titre qui est toujours resté en sa possession, fait foi, quoique non signée ni datée par lui, lorsqu'elle tend à établir la libération du débiteur.**

Il en est de même de l'écriture mise par le créancier au dos, ou en marge, ou à la suite du double d'un titre ou d'une quittance, pourvu que ce double soit entre les mains du débiteur.

NB : Rappr. art. 1378-2, p. 1024.

Jurisprudence. V. ss art. 1378-2, p. 1024.

§ 4. – Des tailles

Art. 1333 ancien ***(Abr. à compter du 1er octobre 2016, Ord. n° 2016-131, 10 févr. 2016).*** **– Les tailles corrélatives à leurs échantillons font foi entre les personnes qui sont dans l'usage de constater ainsi les fournitures qu'elles font ou reçoivent en détail.**

§ 5. – Des copies des titres

Art. 1334 ancien ***(Abr. à compter du 1er octobre 2016, Ord. n° 2016-131, 10 févr. 2016).*** **– Les copies, lorsque le titre original subsiste, ne font foi que de ce qui est contenu au titre, dont la représentation peut toujours être exigée.**

NB : Rappr. art. 1379, p. 1025.

1) Absence de force probante des copies. Sur le principe de l'absence de force probante des copies des actes authentiques ou sous seing privé, V. ▪ Cass. req., 16 févr. 1926 : *DP* 1927. 1. 89, note R. Savatier. ■ Cass. civ., 29 déc. 1953 : *D.* 1954, 126. ■ Cass. 3e civ., 6 mars 2002, n° 01-12.751 : *JurisData* n° 2002-013333 ; *Bull. civ.* III, n° 54, p. 47. Ce principe s'applique même aux copies établies par un trésorier-payeur général dans le cadre d'une procédure d'exécution forcée (■ Cass. 2e civ., 26 oct. 1994, n° 92-18.760 : *Bull. civ.* II, n° 207, p. 119 ; *RTD civ.* 1996, 172, obs. Mestre).

2) Copie suppléant à la représentation de l'original. La représentation du titre original sous seing privé peut toujours être exigée. Dès lors, encourt la cassation l'arrêt qui refuse d'ordonner la représentation d'un tel titre au motif qu'est produite une copie de celui-ci certifiée conforme par des notaires (■ Cass. 1re civ., 24 oct. 2006, n° 05-18.698 : *Bull. civ.* I, n° 436 ; *D.* 2006, act. jurispr. 2908, obs. V. Avena-Robardet). Mais la copie peut suppléer à la représentation de l'original lorsque l'existence de l'original et la conformité de la copie ne sont pas déniés par la partie à laquelle elle est opposée (■ Cass. 1re civ., 30 avr. 1969 : *JCP* 69, II, 16057, note M. A.). Les juges du fond peuvent décider que la représentation de l'original est devenue sans intérêt dès lors que la partie qui la demande a elle-même produit une photocopie du document, admettant par là même sa conformité à l'original (■ Cass. 1re civ., 21 avr. 1959 : *D.* 1959, 521, note Malaurie). Dès lors que la demanderesse ne dénie pas l'écriture du testament et ne conteste pas la conformité de la photocopie à l'original, mais sollicite sa production en invoquant seulement la mauvaise écriture d'un mot, la cour d'appel qui relève que cette production ne permettrait pas mieux de déchiffrer le mot a pu interpréter le testament sans méconnaître les dispositions de l'article 1334 (■ Cass. 1re civ., 24 mars 1998 : *JCP* 98, IV, 2163 ; *Bull. civ.* I, n° 126, p. 83 ; *D.* 1999, somm. 310, obs. Nicod).

3) Reproduction fidèle et durable. Sur la force probante des copies constituant une reproduction fidèle et durable du titre original lorsque ce titre original n'a pas été conservé, v. art. 1348 ancien, p. 1226.

4) Double sur papier carbone. Jugé qu'un document obtenu à l'aide d'un papier carbone constitue une copie, non un original (■ Cass. 1re civ., 17 juill. 1980, n° 79-12.817 : *JurisData* n° 1980-705062 ; *Bull. civ.* I, n° 225, p. 182).

5) Refus par le notaire de produire la minute. Dès lors que la caution a la possibilité, en vertu de l'article 23 de la loi du 25 ventôse An XI, de se faire personnellement présenter l'acte notarié auquel elle est partie, le refus par le notaire de produire la minute ne constitue pas une contestation sérieuse (■ Cass. 1re civ., 30 janv. 1996, n° 93-21.553 : *JurisData* n° 1996-000300 ; *Defrénois* 1996, 351, obs. Aubert).

6) Défaut de représentation de l'original. Le moyen tiré du défaut de représentation de l'original ne peut être invoqué pour la première fois devant la Cour de cassation (■ Cass. 2e civ., 5 janv. 1972, n° 70-13.174 : *JurisData* n° 1972-099003 ; *Bull. civ.* II, n° 4, p. 3).

Art. 1335 ancien ***(Abr. à compter du 1er octobre 2016, Ord. n° 2016-131, 10 févr. 2016).*** **– Lorsque le titre original n'existe plus, les copies font foi d'après les distinctions suivantes :**

1° Les grosses ou premières expéditions font la même foi que l'original : il en est de même des copies qui ont été tirées par l'autorité du magistrat, parties présentes ou dûment appelées, ou de celles qui ont été tirées en présence des parties et de leur consentement réciproque.

2° Les copies qui, sans l'autorité du magistrat, ou sans le consentement des parties, et depuis la délivrance des grosses ou premières expéditions, auront été tirées sur la minute de l'acte par le notaire qui l'a reçu, ou par l'un de ses successeurs, ou par officiers publics qui, en cette qualité, sont dépositaires des minutes, peuvent, en cas de perte de l'original, faire foi quand elles sont anciennes.

Elles sont considérées comme anciennes quand elles ont plus de trente ans.

Si elles ont moins de trente ans, elles ne peuvent servir que de commencement de preuve par écrit.

3° Lorsque les copies tirées sur la minute d'un acte ne l'auront pas été par le notaire qui l'a reçu, ou par l'un de ses successeurs, ou par officiers publics qui, en cette qualité, sont dépositaires des minutes, elles ne pourront servir, quelle que soit leur ancienneté, que de commencement de preuve par écrit.

4° Les copies de copies pourront, suivant les circonstances, être considérées comme simples renseignements.

NB : Rappr. art. 1379, p. 1025.

1) Les copies de copies. ne peuvent être utilement invoquées que lorsqu'il s'agit d'un fait susceptible d'être prouvé par témoins ou par présomptions (■ Cass. 1re civ., 29 mars 1965 : *D.* 1965, 474).

2) Expédition d'un acte notarié dont l'original a disparu. Dès lors qu'une expédition d'un acte notarié dont l'original a disparu vaut, par application de l'article 1335-2°, commencement de preuve par écrit, les juges du fond ne peuvent dénier à l'enregistrement et à la publication de cette expédition le caractère d'un élément de preuve complémentaire, extérieur à l'acte lui-même (■ Cass. 1re civ., 18 déc. 1990, n° 89-11.433 : *JurisData* n° 1990-003702 ; *Bull. civ.* I, n° 301, p. 210).

Art. 1336 ancien *(Abr. à compter du 1er octobre 2016, Ord. n° 2016-131, 10 févr. 2016).* **– La transcription d'un acte sur les registres publics ne pourra servir que de commencement de preuve par écrit ; et il faudra même pour cela :**

1° Qu'il soit constant que toutes les minutes du notaire, de l'année dans laquelle l'acte paraît avoir été fait, soient perdues, ou que l'on prouve que la perte de la minute de cet acte a été faite par un accident particulier ;

2° Qu'il existe un répertoire en règle du notaire, qui constate que l'acte a été fait à la même date.

Lorsqu'au moyen du concours de ces deux circonstances la preuve par témoins sera admise, il sera nécessaire que ceux qui ont été témoins de l'acte, s'ils existent encore, soient entendus.

§ 6. – Des actes récognitifs et confirmatifs

Art. 1337 ancien *(Abr. à compter du 1er octobre 2016, Ord. n° 2016-131, 10 févr. 2016).* **– Les actes récognitifs ne dispensent point de la représentation du titre primordial, à moins que sa teneur n'y soit spécialement relatée.**

Ce qu'ils contiennent de plus que le titre primordial, ou ce qui s'y trouve de différent, n'a aucun effet.

Néanmoins, s'il y avait plusieurs reconnaissances conformes, soutenues de la possession, et dont l'une eût trente ans de date, le créancier pourrait être dispensé de représenter le titre primordial.

NB : Rappr. art. 1380, p. 1025.

Jurisprudence. V. ss art. 1380, p. 1025.

Art. 1338 ancien *(Abr. à compter du 1er octobre 2016, Ord. n° 2016-131, 10 févr. 2016).* **– L'acte de confirmation ou ratification d'une obligation contre laquelle la loi admet l'action en nullité ou en rescision n'est valable que lorsqu'on y trouve la substance de cette obligation, la mention du motif de l'action en rescision, et l'intention de réparer le vice sur lequel cette action est fondée.**

À défaut d'acte de confirmation ou ratification, il suffit que l'obligation soit exécutée volontairement après l'époque à laquelle l'obligation pouvait être valablement confirmée ou ratifiée.

La confirmation, ratification, ou exécution volontaire dans les formes et à l'époque déterminées par la loi, emporte la renonciation aux moyens et exceptions que l'on pouvait opposer contre cet acte, sans préjudice néanmoins du droit des tiers.

NB : Rappr. art. 1182, p. 824.

Jurisprudence. V. ss art. 1182, p. 824.

Art. 1339 ancien *(Abr. à compter du 1er octobre 2016, Ord. n° 2016-131, 10 févr. 2016).* **– Le donateur ne peut réparer par aucun acte confirmatif les vices d'une donation entre vifs, nulle en la forme ; il faut qu'elle soit refaite en la forme légale.**

1) **Transaction.** La nullité de forme entachant une donation entre vifs ne peut faire l'objet d'une transaction (■ Cass. 1re civ., 12 juin 1967 : *JurisData* n° 1967-700208 ; *D.* 1967, 584, note Breton).

2) **Vice du consentement.** Jugé qu'une donation entachée d'un vice du consentement peut faire l'objet d'une ratification tacite (■ Montpellier, 1er avr. 1952 : *D.* 1952, 619, note Ripert ; *JCP* 53, II, 7447, note Voirin).

Art. 1340 ancien *(Abr. à compter du 1er octobre 2016, Ord. n° 2016-131, 10 févr. 2016).* **– La confirmation ou ratification, ou exécution volontaire d'une donation par les héritiers ou ayants cause du donateur, après son décès, emporte leur renonciation à opposer soit les vices de forme, soit toute autre** ***exception.***

Domaine d'application. L'article 1340 s'applique aux testaments (■ Cass. req., 9 juill. 1873 : *DP* 1874, 1, 219. – V. aussi ■ TGI Seine, 4 juin 1964 : *D.* 1965, 271), mais non à une offre de donation exprimée dans un simple projet non signé des donateurs et des bénéficiaires et devenue caduque du fait du décès de l'un des donateurs (■ Cass. com., 4 janv. 1971, n° 68-11.774 : *JurisData* n° 1971-097002 ; *Bull. civ.* IV, n° 2, p. 3).

Section II. – De la preuve testimoniale

Art. 1341 ancien *(L. 1er avr. 1928 ; L. 21 févr. 1948 ; L. n° 80-525, 12 juill. 1980 ; abr. à compter du 1er octobre 2016, Ord. n° 2016-131, 10 févr. 2016).* – **Il doit être passé acte devant notaires ou sous signatures privées de toutes choses excédant une somme ou une valeur fixée par décret, même pour dépôts volontaires, et il n'est reçu aucune preuve par témoins contre et outre le contenu aux actes, ni sur ce qui serait allégué avoir été dit avant, lors ou depuis les actes, encore qu'il s'agisse d'une somme ou valeur moindre.**

Le tout sans préjudice de ce qui est prescrit dans les lois relatives au commerce.

NB : Rappr. art. 1359, p. 1006.

Décret n° 80-533 du 15 juillet 1980

pris pour l'application de l'article 1341 du Code civil

Art. 1er *(Mod., D. n° 99-235, 22 mars 1999 ; D. n° 2004-836, 20 août 2004).* – La somme ou la valeur visée à l'article 1341 du Code civil est fixée à 1 500 €.

Le présent décret est applicable en Nouvelle-Calédonie, dans les territoires d'outre-mer et dans la collectivité territoriale de Mayotte.

Jurisprudence. V. ss art. 1359, p. 1006.

Art. 1342 ancien *(L. 1er avr. 1928 ; L. 21 févr. 1948 ; L. n° 80-525, 12 juill. 1980 ; abr. à compter du 1er octobre 2016, Ord. n° 2016-131, 10 févr. 2016).* – **La règle ci-dessus s'applique au cas où l'action contient, outre la demande du capital, une demande d'intérêts qui, réunis au capital, excèdent le chiffre prévu à l'article précédent.**

Art. 1343 ancien *(L. 1er avr. 1928 ; L. 21 févr. 1948 ; L. n° 80-525, 12 juill. 1980 ; abr. à compter du 1er octobre 2016, Ord. n° 2016-131, 10 févr. 2016).* – **Celui qui a formé une demande excédant le chiffre prévu à l'article 1341 ne peut plus être admis à la preuve testimoniale, même en restreignant sa demande primitive.**

NB : Rappr. art. 1359, p. 1006.

Art. 1344 ancien *(L. 1er avr. 1928 ; L. 21 févr. 1948 ; L. n° 80-525, 12 juill. 1980 ; abr. à compter du 1er octobre 2016, Ord. n° 2016-131, 10 févr. 2016).* – **La preuve testimoniale sur la demande d'une somme même inférieure à celle qui est prévue à l'article 1341 ne peut être admise lorsque cette somme est déclarée être le restant ou faire partie d'une créance plus forte qui n'est point prouvée par écrit.**

NB : Rappr. art. 1359, p. 1006.

Art. 1345 ancien *(L. 1er avr. 1928 ; L. 21 févr. 1948 ; L. n° 80-525, 12 juill. 1980 ; abr. à compter du 1er octobre 2016, Ord. n° 2016-131, 10 févr. 2016).* – **Si, dans la même instance, une partie fait plusieurs demandes dont il n'y ait point de titre par écrit, et que, jointes ensemble, elles excèdent la somme prévue à l'article 1341, la preuve par témoins n'en peut être admise, encore que la partie allègue que ces créances proviennent de différentes causes, et qu'elles se soient formées en différents temps, si ce n'était que ces droits procédassent par succession, donation ou autrement, de personnes différentes.**

Calcul du total des demandes. Il résulte de l'article 1345 et de sa combinaison avec l'article 1347 qu'on doit, dans le calcul du total des demandes, faire abstraction de toutes les créances établies par écrit ou au sujet desquelles il existe un commencement de preuve par écrit (■ Cass. civ., 10 déc. 1901 : *DP* 1902, 1, 407).

Art. 1346 ancien *(Abr. à compter du 1er octobre 2016, Ord. n° 2016-131, 10 févr. 2016).* – **Toutes les demandes, à quelque titre que ce soit, qui ne seront pas entièrement justifiées par écrit, seront formées par un même exploit, après lequel les autres demandes dont il n'y aura point de preuves par écrit ne seront pas reçues.**

Domaine d'application. L'article 1346 n'est pas applicable en matière commerciale (■ Cass. civ., 29 juill. 1918 : *DP* 1918, 1, 59) ni dans le cas où le créancier a été dans l'impossibilité de se procurer un écrit (■ Poitiers, 24 juin 1918 : *DP* 1919, 2, 79).

Art. 1347 ancien *(Mod., L. n° 75-596, 9 juill. 1975 ; abr. à compter du 1er octobre 2016, Ord. n° 2016-131, 10 févr. 2016).* **– Les règles ci-dessus reçoivent exception lorsqu'il existe un commencement de preuve par écrit.**

On appelle ainsi tout acte par écrit qui est émané de celui contre lequel la demande est formée, ou de celui qu'il représente, et qui rend vraisemblable le fait allégué.

Peuvent être considérées par le juge comme équivalant à un commencement de preuve par écrit les déclarations faites par une partie lors de sa comparution personnelle, son refus de répondre ou son absence à la comparution.

NB : Rappr. art. 1361 et 1362, p. 1010.

Jurisprudence. V. ss art. 1362, p. 1010.

Art. 1348 ancien *(L. n° 80-525, 12 juill. 1980 ; Abr. à compter du 1er octobre 2016, Ord. n° 2016-131, 10 févr. 2016).* **– Les règles ci-dessus reçoivent encore exception lorsque l'obligation est née d'un quasi-contrat, d'un délit ou d'un quasi-délit, ou lorsque l'une des parties, soit n'a pas eu la possibilité matérielle ou morale de se procurer une preuve littérale de l'acte juridique, soit a perdu le titre qui lui servait de preuve littérale, par suite d'un cas fortuit ou d'une force majeure.**

Elles reçoivent aussi exception lorsqu'une partie ou le dépositaire n'a pas conservé le titre original et présente une copie qui en est la reproduction non seulement fidèle mais aussi durable. Est réputée durable toute reproduction indélébile de l'original qui entraîne une modification irréversible du support.

NB : Rappr. art. 1358, 1360, 1379, p. 1006.

Bibliographie : Ph. Malinvaud, *L'impossibilité de la preuve écrite : JCP* 72, I, 2468.

I – IMPOSSIBILITÉ D'ÉTABLIR UN ÉCRIT

1) V. ss art. 1360, p. 1006.

II – PERTE DU TITRE PAR CAS FORTUIT

2) V. ss art. 1360, p. 1006.

III – COPIE FIDÈLE ET DURABLE

3) Photocopie. Pour l'admission d'une photocopie en tant que copie fidèle et durable, V. ■ Cass. 1re civ., 9 mai 1996 : *JCP* 96, IV, 1438 ; *Bull. civ.* I, n° 190, p. 133 ; *RTD civ.* 1997, 163, obs. Gautier, bulletin de transfert d'assurance-décès. ■ Cass. 1re civ., 25 juin 1996, n° 94-16.702 : *JurisData* n° 1996-002766 ; *Bull. civ.* I, n° 270, p. 190 ; *Contrats, conc. consom.* 1996, 183, note Leveneur, mandat de vente à un commissaire-priseur. ■ Cass. 1re civ., 30 mai 2000, n° 98-16.519 : *JurisData* n° 2000-002310 ; *Bull. civ.* I, n° 164, p. 106 ; *JCP* G 2001, II, 10505 et *JCP* N 2002, 1207, 2e arrêt, note Nizard, assurance complémentaire. Viole l'article 1348 l'arrêt qui retient que la photocopie d'une convention contenant dispense de paiement de loyers, invoquée par les locataires et contestée par la bailleresse, comportant une signature identique à la sienne peut être le résultat d'un « montage » et que l'original du document n'a pas été produit, sans se prononcer sur les deux témoignages que produisaient les preneurs en vue d'établir la matérialité de l'acte litigieux (■ Cass. 3e civ., 29 mars 1995, n° 91-20.192, *Lurel et société Radio Magick c/ Mme Christophe*).

4) Contestation. Production de l'original. Sur le principe qu'en cas de contestation sur la conformité à l'original de la copie versée aux débats, les juges du fond doivent rechercher si cette copie est une reproduction fidèle et durable de l'original ou si celui-ci a disparu par suite d'un cas fortuit ou d'une force majeure, V. ■ Cass. 1re civ., 6 oct. 1998, n° 96-15.660 : *JurisData* n° 1998-003681 ; *Bull. civ.*, n° 271, p. 189 ; *Contrats, conc. consom.* 1999, 5, note Leveneur.

5) Testament olographe. Seule la partie à l'acte ayant perdu l'original, ou le dépositaire, est en droit de pallier l'absence du titre original par une copie qui en soit la reproduction fidèle et durable, et l'article 1348, alinéa 2, ne peut être invoqué par le légataire universel qui n'a jamais été dépositaire du testament olographe dont il entend suppléer à la disparition par la production d'une copie (■ Cass. 1re civ., 19 avr. 2005 : *Dr. famille* 2005, 195, note Binet ; *JCP* 2005, IV, 2341 ; *JurisData* n° 2005-028137 ; *Bull. civ.* I, n° 197, p. 165). Il appartient au bénéficiaire d'un testament qui n'en détient qu'une photocopie de rapporter la preuve que la destruction de l'acte original était fortuite et indépendante de toute volonté de son rédacteur (■ Cass. 1re civ., 13 déc. 2005, n° 04-19.064 : *JurisData* n° 2005-031269 ; *JCP* N 2006, 1168, note Binet ; *Dr. famille* 2006, 64, note Binet).

Section III. – Des présomptions

Art. 1349 ancien ***(Abr. à compter du 1er octobre 2016, Ord. n° 2016-131, 10 févr. 2016).*** **– Les présomptions sont des conséquences que la loi ou le magistrat tire d'un fait connu à un fait inconnu.**

Bibliographie : A.-B. Caire, *Les présomptions par-delà l'article 1349 Code civil : RTD civ.* 2015, p. 1349.

§ 1. – Des présomptions établies par la loi

Art. 1350 ancien ***(Abr. à compter du 1er octobre 2016, Ord. n° 2016-131, 10 févr. 2016).*** **– La présomption légale est celle qui est attachée par une loi spéciale à certains actes ou à certains faits ; tels sont :**

1° Les actes que la loi déclare nuls, comme présumés faits en fraude de ses dispositions, d'après leur seule qualité ;

2° Les cas dans lesquels la loi déclare la propriété ou la libération résulter de certaines circonstances déterminées ;

3° L'autorité que la loi attribue à la chose jugée ;

4° La force que la loi attache à l'aveu de la partie ou à son serment.

NB : Rappr. art. 1354, p. 998.

Art. 1351 ancien ***(Abr. à compter du 1er octobre 2016, Ord. n° 2016-131, 10 févr. 2016).*** **– L'autorité de la chose jugée n'a lieu qu'à l'égard de ce qui a fait l'objet du jugement. Il faut que la chose demandée soit la même ; que la demande soit fondée sur la même cause ; que la demande soit entre les mêmes parties, et formée par elles et contre elles en la même qualité.**

NB : Rappr. art. 1355, p. 998.

Bibliographie : Motulsky, *Pour une délimitation plus précise de l'autorité de la chose jugée en matière civile : D.* 1968, chron. 1. • J. Héron, *Localisation de l'autorité de la chose jugée ou rejet de l'autorité positive de la chose jugée ?* in *Mélanges R. Perrot*, Dalloz 1995, p. 137. • J. Ghestin, *L'autorité de la chose jugée des motifs ayant tranché une question de fond dont dépendait la compétence* in *Mélanges J. Normand*, Litec 2003, p. 199. • J. Normand, *L'étendue de la chose jugée au regard des motifs et du dispositif : Bull. inf. C. cass.* 2005, hors-série n° 3, p. 13. • C. Brenner, *Les conceptions actuelles de l'autorité de la chose jugée en matière civile au regard de la jurisprudence*, in *Le nouveau Code de procédure civile [1975-2005]*, Économica 2006, p. 221. • G. Bolard, *L'office du juge et le rôle des parties : entre arbitraire et laxisme : JCP* 2008, I, 156. • C. Bléry, *Concentration des demandes et office du juge : une nouvelle donne au sein des principes directeurs du procès ? (Du renouvellement des rôles du juge et des parties quant au droit lors d'un procès)* in *Mélanges J. Héron*, LGDJ 2009, p. 111. • P. Mayer, *Réflexions sur l'autorité négative de chose jugée, eod. loc.*, p. 331. • N. Fricero, *Le fabuleux destin de l'autorité de la chose jugée* in *Mélanges J.-F. Burgelin*, Dalloz 2008, p. 199. • J.-C. Magendie, *Le principe de concentration a un effet bénéfique en termes d'économie de la justice ; il combat l'insécurité juridique : JCP* 2008, I, 192.

Jurisprudence. V. ss art. 1355, p. 998.

Art. 1352 ancien ***(Abr. à compter du 1er octobre 2016, Ord. n° 2016-131, 10 févr. 2016).*** **– La présomption légale dispense de toute preuve celui au profit duquel elle existe.**

Nulle preuve n'est admise contre la présomption de la loi, lorsque, sur le fondement de cette présomption, elle annule certains actes ou dénie l'action en justice, à moins qu'elle n'ait réservé la preuve contraire et sauf ce qui sera dit sur le serment et l'aveu judiciaires.

NB : Rappr. art. 1354, p. 998.

Jurisprudence. V. ss art. 1354, p. 998.

§ 2. – Des présomptions qui ne sont point établies par la loi

Art. 1353 ancien ***(Abr. à compter du 1er octobre 2016, Ord. n° 2016-131, 10 févr. 2016).*** **– Les présomptions qui ne sont point établies par la loi sont abandonnées aux lumières et à la prudence du magistrat, qui ne doit admettre que des présomptions graves, précises et concordantes, et dans les cas**

seulement où la loi admet des preuves testimoniales, à moins que l'acte ne soit attaqué pour cause de fraude ou de dol.

NB : Rappr. art. 1382, p. 1025.

Jurisprudence. V. ss art. 1382, p. 1025.

Section IV. – De l'aveu de la partie

Art. 1354 ancien *(Abr. à compter du 1er octobre 2016, Ord. n° 2016-131, 10 févr. 2016).* **– L'aveu qui est opposé à une partie est ou extrajudiciaire ou judiciaire.**

NB : Rappr. art. 1383, p. 1026.

Jurisprudence. V. ss art. 1383, p. 1026.

Art. 1355 ancien *(Abr. à compter du 1er octobre 2016, Ord. n° 2016-131, 10 févr. 2016).* **– L'allégation d'un aveu extrajudiciaire purement verbal est inutile toutes les fois qu'il s'agit d'une demande dont la preuve testimoniale ne serait point admissible.**

NB : Rappr. art. 1383-1, p. 1027.

Jurisprudence. V. ss art. 1383-1, p. 1027.

Art. 1356 ancien *(Abr. à compter du 1er octobre 2016, Ord. n° 2016-131, 10 févr. 2016).* **– L'aveu judiciaire est la déclaration que fait en justice la partie ou son fondé de pouvoir spécial.**

Il fait pleine foi contre celui qui l'a fait ;

Il ne peut être divisé contre lui ;

Il ne peut être révoqué, à moins qu'on ne prouve qu'il a été la suite d'une erreur de fait. Il ne pourrait être révoqué sous prétexte d'une erreur de droit.

NB : Rappr. art. 1383-2, p. 1027.

Jurisprudence. V. ss art. 1383-2, p. 1027.

Section V. – Du serment

Art. 1357 ancien *(Abr. à compter du 1er octobre 2016, Ord. n° 2016-131, 10 févr. 2016).* **– Le serment judiciaire est de deux espèces :**

1° Celui qu'une partie défère à l'autre pour en faire dépendre le jugement de la cause : il est appelé *décisoire* ;

2° Celui qui est déféré d'office par le juge à l'une ou à l'autre des parties.

NB : Rappr. art. 1384, p. 1029.

Jurisprudence. V. ss art. 1384, p. 1029.

§ 1. – Du serment décisoire

Art. 1358 ancien *(Abr. à compter du 1er octobre 2016, Ord. n° 2016-131, 10 févr. 2016).* **– Le serment décisoire peut être déféré sur quelque espèce de contestation que ce soit.**

NB : Rappr. art. 1385, p. 1029.

Jurisprudence. V. ss art. 1385, p. 1029.

Art. 1359 ancien *(Abr. à compter du 1er octobre 2016, Ord. n° 2016-131, 10 févr. 2016).* **– Il ne peut être déféré que sur un fait personnel à la partie à laquelle on le défère.**

NB : Rappr. art. 1385-1, p. 1030.

Jurisprudence. V. ss art. 1385-1, p. 1030.

Art. 1360 ancien *(Abr. à compter du 1er octobre 2016, Ord. n° 2016-131, 10 févr. 2016).* **– Il peut être déféré en tout état de cause, et encore qu'il n'existe aucun commencement de preuve de la demande ou de l'exception sur laquelle il est provoqué.**

NB : Rappr. art. 1385, p. 1029.

Jurisprudence. V. ss art. 1385, p. 1029.

Art. 1361 ancien *(Abr. à compter du 1er octobre 2016, Ord. n° 2016-131, 10 févr. 2016).* **– Celui auquel le serment est déféré, qui le refuse ou ne consent pas à le référer à son adversaire, ou l'adversaire à qui il a été référé et qui le refuse, doit succomber dans sa demande ou dans son exception.**

NB : Rappr. art. 1385-2, p. 1030.

Jurisprudence. V. ss art. 1385-2, p. 1030.

Art. 1362 ancien *(Abr. à compter du 1er octobre 2016, Ord. n° 2016-131, 10 févr. 2016).* **– Le serment ne peut être référé quand le fait qui en est l'objet n'est point celui des deux parties, mais est purement personnel à celui auquel le serment avait été déféré.**

NB : Rappr. art. 1385-1, p. 1030.

Art. 1363 ancien *(Abr. à compter du 1er octobre 2016, Ord. n° 2016-131, 10 févr. 2016).* **– Lorsque le serment déféré ou référé a été fait, l'adversaire n'est point recevable à en prouver la fausseté.**

NB : Rappr. art. 1385-3, p. 1030.

Jurisprudence. V. ss art. 1385-3, p. 1030.

Art. 1364 ancien *(Abr. à compter du 1er octobre 2016, Ord. n° 2016-131, 10 févr. 2016).* **– La partie qui a déféré ou référé le serment ne peut plus se rétracter lorsque l'adversaire a déclaré qu'il est prêt à faire ce serment.**

NB : Rappr. art. 1385-3, p. 1030.

Art. 1365 ancien *(Abr. à compter du 1er octobre 2016, Ord. n° 2016-131, 10 févr. 2016).* **– Le serment ne forme preuve qu'au profit de celui qui l'a déféré ou contre lui, et au profit de ses héritiers et ayants cause ou contre eux.**

Néanmoins, le serment déféré par l'un des créanciers solidaires au débiteur ne libère celui-ci que pour la part de ce créancier ;

Le serment déféré au débiteur principal libère également les cautions ;

Celui déféré à l'un des débiteurs solidaires profite aux codébiteurs ;

Et celui déféré à la caution profite au débiteur principal.

Dans ces deux derniers cas, le serment du codébiteur solidaire ou de la caution ne profite aux autres codébiteurs ou au débiteur principal que lorsqu'il a été déféré sur la dette, et non sur le fait de la solidarité ou du cautionnement.

NB : *Rappr. art. 1385-4, p. 1031.*

Jurisprudence. V. ss art. 1385-4, p. 1031.

§ 2. – Du serment déféré d'office

Art. 1366 ancien *(Abr. à compter du 1er octobre 2016, Ord. n° 2016-131, 10 févr. 2016).* **– Le juge peut déférer à l'une des parties le serment, ou pour en faire dépendre la décision de la cause, ou seulement pour déterminer le montant de la condamnation.**

NB : Rappr. art. 1386, p. 1031.

Jurisprudence. V. ss art. 1386, p. 1031.

Art. 1367 ancien *(Abr. à compter du 1er octobre 2016, Ord. n° 2016-131, 10 févr. 2016).* – **Le juge ne peut déférer d'office le serment, soit sur la demande, soit sur l'exception qui y est opposée, que sous les deux conditions suivantes ; il faut :**

1° Que la demande ou l'exception ne soit pas pleinement justifiée ;

2° Qu'elle ne soit pas totalement dénuée de preuves.

Hors ces deux cas, le juge doit ou adjuger ou rejeter purement et simplement la demande.

NB : Rappr. art. 1386-1, p. 1031.

Jurisprudence. V. ss art. 1386-1, p. 1031.

Art. 1368 ancien *(Abr. à compter du 1er octobre 2016, Ord. n° 2016-131, 10 févr. 2016).* – **Le serment déféré d'office par le juge à l'une des parties ne peut être par elle référé à l'autre.**

NB : Rappr. art. 1386, p. 1031.

Art. 1369 ancien *(Abr. à compter du 1er octobre 2016, Ord. n° 2016-131, 10 févr. 2016).* – **Le serment sur la valeur de la chose demandée ne peut être déféré par le juge au demandeur que lorsqu'il est d'ailleurs impossible de constater autrement cette valeur.**

Le juge doit même, en ce cas, déterminer la somme jusqu'à concurrence de laquelle le demandeur en sera cru sur son serment.

Pour une application au cas d'impossibilité morale d'exiger un écrit, V. ▪ Cass. 1re civ., 3 nov. 1969 : *Bull. civ.* I, n° 330, p. 264.

CHAPITRE VII. – DES CONTRATS SOUS FORME ÉLECTRONIQUE

(L. n° 2004-575, 21 juin 2004)

Bibliographie : Dossier spécial : *Le contrat selon la loi du 21 juin 2004 sur la confiance dans l'économie numérique : RDC* 2005/2. • N. Mathey, *Le commerce électronique dans la loi n° 2004-575 du 21 juin 2004 pour la confiance dans l'économie numérique : Contrats, conc. consom.* 2004, chron. 13. • Arnaud, Drai-Parker et Van Eeckhout, *Les pratiques contractuelles du SMS : RDC* 2008/2, p. 557.

Section I. – De l'échange d'informations en cas de contrat sous forme électronique

(Ord. n° 2005-674, 16 juin 2005)

Art. 1369-1 ancien *(Ord. n° 2005-674, 16 juin 2005 ; abr. à compter du 1er octobre 2016, Ord. n° 2016-131, 10 févr. 2016).* – **La voie électronique peut être utilisée pour mettre à disposition des conditions contractuelles ou des informations sur des biens ou services.**

NB : Rappr. art. 1125, p. 815.

Art. 1369-2 ancien *(Ord. n° 2005-674, 16 juin 2005 ; abr. à compter du 1er octobre 2016, Ord. n° 2016-131, 10 févr. 2016).* – **Les informations qui sont demandées en vue de la conclusion d'un contrat ou celles qui sont adressées au cours de son exécution peuvent être transmises par courrier électronique si leur destinataire a accepté l'usage de ce moyen.**

NB : Rappr. art. 1126, p. 815.

Art. 1369-3 ancien *(Ord. n° 2005-674, 16 juin 2005 ; abr. à compter du 1er octobre 2016, Ord. n° 2016-131, 10 févr. 2016).* – **Les informations destinées à un professionnel peuvent lui être adressées par courrier électronique, dès lors qu'il a communiqué son adresse électronique.**

Si ces informations doivent être portées sur un formulaire, celui-ci est mis, par voie électronique, à la disposition de la personne qui doit le remplir.

NB : Rappr. art. 1127, p. 815.

Section II. – De la conclusion d'un contrat sous forme électronique

(Ord. n° 2005-674, 16 juin 2005)

Art. 1369-4 ancien *(Anc. art. 1369-1, dénum., Ord. n° 2005-674, 16 juin 2005 ; abr. à compter du 1er octobre 2016, Ord. n° 2016-131, 10 févr. 2016).* – **Quiconque propose, à titre professionnel, par voie électronique, la fourniture de biens ou la prestation de services, met à disposition les conditions contractuelles applicables d'une manière qui permette leur conservation et leur reproduction. Sans préjudice des conditions de validité mentionnées dans l'offre, son auteur reste engagé par elle tant qu'elle est accessible par voie électronique de son fait.**

L'offre énonce en outre :

1° Les différentes étapes à suivre pour conclure le contrat par voie électronique ;

2° Les moyens techniques permettant à l'utilisateur, avant la conclusion du contrat, d'identifier les erreurs commises dans la saisie des données et de les corriger ;

3° Les langues proposées pour la conclusion du contrat ;

4° En cas d'archivage du contrat, les modalités de cet archivage par l'auteur de l'offre et les conditions d'accès au contrat archivé ;

5° Les moyens de consulter par voie électronique les règles professionnelles et commerciales auxquelles l'auteur de l'offre entend, le cas échéant, se soumettre.

NB : Rappr. art. 1127-1, p. 815.

Art. 1369-5 ancien *(Anc. art. 1369-2, dénum., Ord. n° 2005-674, 16 juin 2005 ; abr. à compter du 1er octobre 2016, Ord. n° 2016-131, 10 févr. 2016).* – **Pour que le contrat soit valablement conclu, le destinataire de l'offre doit avoir eu la possibilité de vérifier le détail de sa commande et son prix total, et de corriger d'éventuelles erreurs, avant de confirmer celle-ci pour exprimer son acceptation.**

L'auteur de l'offre doit accuser réception sans délai injustifié et par voie électronique de la commande qui lui a ainsi été adressée.

La commande, la confirmation de l'acceptation de l'offre et l'accusé de réception sont considérés comme reçus lorsque les parties auxquelles ils sont adressés peuvent y avoir accès.

NB : Rappr. art. 1127-2, p. 815.

Art. 1369-6 ancien *(Anc. art. 1369-3, dénum. et mod., Ord. n° 2005-674, 16 juin 2005 ; abr. à compter du 1er octobre 2016, Ord. n° 2016-131, 10 févr. 2016).* – **Il est fait exception aux obligations visées aux 1° à 5° de l'article 1369-4 et aux deux premiers alinéas de l'article 1369-5 pour les contrats de fourniture de biens ou de prestation de services qui sont conclus exclusivement par échange de courriers électroniques.**

Il peut, en outre, être dérogé aux dispositions de l'article 1369-5 et des 1° à 5° de l'article 1369-4 dans les conventions conclues entre professionnels.

NB : Rappr. art. 1127-3, p. 815.

Section III. – De l'envoi ou de la remise d'un écrit par voie électronique

(Ord. n° 2005-674, 16 juin 2005)

Art. 1369-7 ancien *(Ord. n° 2005-674, 16 juin 2005 ; abr. à compter du 1er octobre 2016, Ord. n° 2016-131, 10 févr. 2016).* – **Une lettre simple relative à la conclusion ou à l'exécution d'un contrat peut être envoyée par courrier électronique.**

L'apposition de la date d'expédition résulte d'un procédé électronique dont la fiabilité est présumée, jusqu'à preuve contraire, lorsqu'il satisfait à des exigences fixées par décret en Conseil d'État.

NB : Rappr. art. 1127-4, p. 816.

Art. 1369-8 ancien *(Ord. n° 2005-674, 16 juin 2005 ; abr. à compter du 1er octobre 2016, Ord. n° 2016-131, 10 févr. 2016).* – **Une lettre recommandée relative à la conclusion ou à l'exécution d'un contrat peut être envoyée par courrier électronique à condition que ce courrier soit acheminé par un tiers selon un procédé permettant d'identifier le tiers, de désigner l'expéditeur, de garantir l'identité du destinataire et d'établir si la lettre a été remise ou non au destinataire.**

Le contenu de cette lettre, au choix de l'expéditeur, peut être imprimé par le tiers sur papier pour être distribué au destinataire ou peut être adressé à celui-ci par voie électronique. Dans ce dernier cas, si le destinataire n'est pas un professionnel, il doit avoir demandé l'envoi par ce moyen ou en avoir accepté l'usage au cours d'échanges antérieurs.

Lorsque l'apposition de la date d'expédition ou de réception résulte d'un procédé électronique, la fiabilité de celui-ci est présumée, jusqu'à preuve contraire, s'il satisfait à des exigences fixées par un décret en Conseil d'État.

Un avis de réception peut être adressé à l'expéditeur par voie électronique ou par tout autre dispositif lui permettant de le conserver.

Les modalités d'application du présent article sont fixées par décret en Conseil d'État.

NB : Rappr. C. civ.art. 1127-5.

Art. 1369-9 ancien *(Ord. n° 2005-674, 16 juin 2005 ; abr. à compter du 1er octobre 2016, Ord. n° 2016-131, 10 févr. 2016).* **– Hors les cas prévus aux articles 1369-1 et 1369-2, la remise d'un écrit sous forme électronique est effective lorsque le destinataire, après avoir pu en prendre connaissance, en a accusé réception.**

Si une disposition prévoit que l'écrit doit être lu au destinataire, la remise d'un écrit électronique à l'intéressé dans les conditions prévues au premier alinéa vaut lecture.

NB : Rappr. C. civ., art. 1127-6.

Section IV. – De certaines exigences de forme

(Ord. n° 2005-674, 16 juin 2005)

Art. 1369-10 ancien *(Ord. n° 2005-674, 16 juin 2005 ; abr. à compter du 1er octobre 2016, Ord. n° 2016-131, 10 févr. 2016).* **– Lorsque l'écrit sur papier est soumis à des conditions particulières de lisibilité ou de présentation, l'écrit sous forme électronique doit répondre à des exigences équivalentes.**

L'exigence d'un formulaire détachable est satisfaite par un procédé électronique qui permet d'accéder au formulaire et de le renvoyer par la même voie.

NB : Rappr. art. 1176, p. 823.

Art. 1369-11 ancien *(Ord. n° 2005-674, 16 juin 2005 ; abr. à compter du 1er octobre 2016, Ord. n° 2016-131, 10 févr. 2016).* **– L'exigence d'un envoi en plusieurs exemplaires est réputée satisfaite sous forme électronique si l'écrit peut être imprimé par le destinataire.**

NB : Rappr. art. 1177, p. 823.

TITRE IV ANCIEN. – DES ENGAGEMENTS QUI SE FORMENT SANS CONVENTION

(Titre abr. à compter du 1er octobre 2016, Ord. n° 2016-131, 10 févr. 2016)

Ordonnance n° 2016-131 du 10 février 2016
portant réforme du droit des contrats, du régime général et de la preuve des obligations

Art. 9. – Les dispositions de la présente ordonnance entreront en vigueur le 1er octobre 2016.

Les contrats conclus avant cette date demeurent soumis à la loi ancienne *(Mots aj., L. n° 2018-287, 20 avr. 2018)* « y compris pour leurs effets légaux et pour les dispositions d'ordre public ».

Toutefois, les dispositions des troisième et quatrième alinéas de l'article 1123 et celles des articles 1158 et 1183 sont applicables dès l'entrée en vigueur de la présente ordonnance.

Lorsqu'une instance a été introduite avant l'entrée en vigueur de la présente ordonnance, l'action est poursuivie et jugée conformément à la loi ancienne. Cette loi s'applique également en appel et en cassation.

Art. 1370 ancien *(Abr. à compter du 1er octobre 2016, Ord. n° 2016-131, 10 févr. 2016).* **– Certains engagements se forment sans qu'il intervienne aucune convention, ni de la part de celui qui s'oblige, ni de la part de celui envers lequel il est obligé.**

Les uns résultent de l'autorité seule de la loi ; les autres naissent d'un fait personnel à celui qui se trouve obligé.

Les premiers sont les engagements formés involontairement, tels que ceux entre propriétaires voisins, ou ceux des tuteurs et des autres administrateurs qui ne peuvent refuser la fonction qui leur est déférée.

Les engagements qui naissent d'un fait personnel à celui qui se trouve obligé, résultent ou des quasi-contrats, ou des délits ou quasi-délits ; ils font la matière du présent titre.

NB : Rappr. art. 1100, p. 802.

CHAPITRE I. – DES QUASI-CONTRATS

Art. 1371 ancien *(Abr. à compter du 1er octobre 2016, Ord. n° 2016-131, 10 févr. 2016).* **– Les quasi-contrats sont les faits purement volontaires de l'homme, dont il résulte un engagement quelconque envers un tiers, et quelquefois un engagement réciproque des deux parties.**

NB : Rappr. art. 1300, p. 974.

Bibliographie : A. Danis-Fatôme, *Quasi-engagement et apparence : proximité ou identité ? (Dialogue entre deux œuvres de jeunesse) : RDC* 2009, p. 32. • F. Chénedé, *Charles Toullier, le quasi-contrat, RDC* 2011/1, p. 305. • F. Chénedé, *Joseph-Emile Labbé, l'enrichissement sans cause : RDC* 2011/3, p. 1005. • E. Descheemaeker, *Quasi-contrats et enrichissement injustifié en droit français : RTD civ.* 2013, p. 1.

Voir : *JCl. Civil, Annexes, V° Enrichissement sans cause.*

1) **Annonce d'un gain important sans indication de l'aléa. Obligation de délivrance.** Les quasi-contrats sont des faits purement volontaires de l'homme dont il résulte un engagement quelconque envers un tiers. Viole l'article 1371 la cour d'appel qui retient qu'en désignant le destinataire de façon nominative et répétitive comme ayant gagné un prix important, une société de vente par correspondance a commis une faute délictuelle et que le préjudice ne saurait correspondre au prix que la personne a cru gagner, alors que l'organisateur d'une loterie qui annonce un gain à une personne dénommée sans mettreen évidence l'existence d'un aléa s'oblige, par ce fait purement volontaire, à le délivrer (▪ Cass. ch. mixte, 6 sept. 2002 : *Grands arrêts*, n° 242 ; *JCP* G 2002, II, 10173, 2e esp., note Reifegerste ; *JCP* E 2002, 1687, 1re esp., note Viney ; *Contrats, conc. consom.* 2002, 151, 2e esp., note Raymond ; *Resp. civ. et assur.* 2002, 352 ; *JurisData* n° 2002-015478 ; *Bull. civ.*, ch. mixte, n° 4, p. 9 ; *Defrénois* 2002, 1608, obs. Savaux. – V. en ce sens ▪ Cass. 1re civ., 18 mars 2003 : *JCP* 2003, IV, 1876 ; *JurisData* n° 2003-018253 ; *Contrats, conc. consom.* 2003, 100, note Raymond ; *Bull. civ.* I, n° 85, p. 64 ; *RDC* 2003, 80, obs. Fenouillet ; *Defrénois* 2003, 1168, obs. Libchaber. – Voir sur ces arrêts, Ph. Le Tourneau et A. Zabalza, *Le réveil des quasi-contrats : Contrats, conc. consom.* 2002, chron. 22). Viole le même article la cour d'appel qui retient, en contemplation, notamment, d'un document postérieur à une première lettre, que la participante ne pouvait prétendre, au terme d'un simple prétirage, qu'à un des prix, le gain du premier prix étant affecté d'un aléa ; alors que l'existence de l'aléa affectant l'attribution du prix doit être mise en évidence, à première lecture, dès l'annonce du gain (▪ Cass. 1re civ., 13 juin 2006, *Bull. civ.* I, n° 308, p. 267 ; *Contrats, conc. consom.* 2006, 222, 1re espèce, note Leveneur ; *JCP* G 2007, I, 104, obs. Ghestin *et alii* ; *RDC* 2006/4, p. 1115, obs. Fenouillet). V. encore, ▪ Cass. 1re civ., 23 juin 2011, n° 10-19.741 : *LPA* 2011, n° 177, p. 19, note Burgard. ▪ Cass. 1re civ., 19 mars 2015, n° 13-27.414 : *Bull.* ; *JCP* G 2015, 1044, obs. Loiseau ; *RDC* 2015, p. 861, note Libchaber). Mais les juges du fond peuvent débouter le destinataire dès lors qu'ils relèvent souverainement l'absence de préjudice, l'intéressé ayant cherché à tirer profit d'un pseudo-gain qu'il savait ne pas être le sien (▪ Cass. ch. mixte, 6 sept. 2002 : *JCP* G 2002, II, 10173, 1re esp. ; *JCP* E 2002, 1687, 2e esp. ; *Contrats, conc. consom.* 2002, 151, 1re esp., note Raymond ; *Resp. civ. et assur.* 2002, 353 ; *JurisData* n° 2002-015477 ; *Bull. civ.*, ch. mixte, n° 5, p. 10). Comp. ▪ Cass. 1e civ., 23 juin 2011, préc. (Viole l'art. 1371 l'arrêt qui retient, pour débouter le demandeur, qu'en raison de sa qualité de greffier expérimenté, l'aléa était évident ; alors qu'il était constaté que les lettres lui annonçaient en un style très accrocheur des gains exceptionnels et que seulement au verso de ces lettres, en caractères serrés et en style alambiqué, il était indiqué qu'il ne s'agissait que d'un prétirage).

S'agissant des gains réclamés résultant d'un jeu publicitaire, les options de compétence territoriale ouvertes au demandeur par l'article 46 du nouveau Code de procédure civile, qui sont d'interprétation stricte, ne s'appliquent pas aux actions fondées sur un quasi-contrat (■ Cass. 1re civ., 7 juin 2006, *Contrats, conc. consom.* 2006, 222, 2e espèce, note Leveneur ; *RDC* 2006/4, p. 1117, obs. Fenouillet ; *RDC* 2007/2, p. 319, obs. Bénabent. – Dans le même sens, ■ Cass. 2e civ., 26 oct. 2006, *JurisData* n° 2006-035608). Comp., pour une qualification contractuelle, ■ CJCE, 11 juill. 2002, n° C-96/00 : *JCP* 2003, II, 10055, note Claret et ■ Cass. 1re civ., 7 mai 2010, n° 09-11.177 : *JurisData* n° 2010-005392 ; *Bull. civ.* 2010, I, n° 106 ; *D.* 2010, 2196, note A. Bolze et L. Perreau-Saussine ; *Rev. crit. DIP* 2010, 558, note Gaudemet-Tallon ; *RTD civ.* 2010, 808, obs. Thery. ■ Paris, 7 févr. 2003, n° 2001/03206 : *JurisData* n° 2003-209311 ; *Resp. civ. et assur.* 2003, 195, note Radé ; pour une qualification délictuelle, sous art. 1383, n° 20). – V. aussi, Fenouillet, *Loteries publicitaires : pour un droit efficace ! : RDC* 2007/3, p. 788.

Jurisprudence antérieure à l'arrêt du 6 sept. 2002 : jugé qu'une société de vente par correspondance qui veut faire entendre à sa cliente qu'elle a gagné la somme promise n'a pu se méprendre sur la portée d'un engagement clairement affiché et qu'il en résulte une rencontre des volontés l'obligeant à payer la somme promise de 250 000 F (■ Cass. 2e civ., 11 févr. 1998, n° 96-12.075 : *JurisData* n° 1998-000541 ; *JCP* 1998, I, 155, n° 1, obs. Fabre-Magnan, 185, n° 1, obs. Viney, II, 10156, note Carducci ; *Bull. civ.* 1998, II, n° 55, p. 34 ; *Defrénois* 1998, 1044, obs. D. Mazeaud ; *D.* 1999, somm. 109, obs. Libchaber. ■ Cass. 1re civ., 12 juin 2001 : *JCP* 2002, I, 122, n° 5, obs. Viney ; II, 10104, note Houtcieff ; *JurisData* n° 2001-010077 ; *Bull. civ.* 2001, I, n° 174, p. 112 ; *D.* 2002, somm. 1316, obs. D. Mazeaud. Comp., décidant que l'action en paiement est de nature contractuelle au sens de l'article 13, alinéa 1er, de la convention de Bruxelles du 27 septembre 1968 concernant la compétence judiciaire et l'exécution des décisions en matière civile et commerciale, ■ CJCE, 11 juill. 2002, n° C-96/00 : *JCP* 2003, II, 10055, note Claret). V. D. Autem, *Quel fondement pour la responsabilité des sociétés de vente par correspondance en matière de loterie avec prétirage ? : Contrats, conc. consom.* 1999, chron. 11. Sur le recours à la responsabilité délictuelle, V. sous art. 1383 ancien, annot. n° 1, p. 883. Sur le recours au quasi-contrat, V. sous art. 1371 ancien, annot. n° 1, p. 1233.

2) Limite à la qualification de quasi-contrat. Viole l'article 1371 la cour d'appel qui retient que la connaissance spontanée donnée par les vendeurs à l'acheteur, préalablement à la signature de l'acte de vente de l'existence de la conclusion par eux d'un contrat de travaux de ravalement avec un tiers constituait un fait purement volontaire de l'homme au sens de l'article 1371 du Code civil, emportant dès lors engagement à leur charge d'exécuter ce contrat au bénéfice de l'acheteur ; alors que la seule révélation volontaire faite à l'acquéreur de l'existence d'un contrat conclu entre le vendeur et un tiers n'est pas de nature à créer au profit de cet acquéreur un droit à l'exécution de ce contrat (■ Cass. 3e civ., 15 mars 2006, n° 05-10.252 : *JurisData* n° 2006-032670 ; *Bull. civ.* III, n° 69 p. 58 ; *RTD civ.* 2006, 555, obs. Mestre et Fages ; *Defrénois* 2006, art. 38433-45, p. 1229, obs. Libchaber ; *D.* 2007, p. 1581, note Perruchot-Triboulet).

3) Indemnité de clientèle en faveur du franchisé. Viole l'article la cour d'appel qui rejette la demande du franchisé en indemnité pour perte de clientèle, alors qu'elle constatait, tout à la fois, que le franchisé pouvait se prévaloir d'une clientèle propre, et que la rupture du contrat stipulant une clause de non-concurrence était le fait du franchiseur, ce dont il se déduisait que l'ancien franchisé se voyait dépossédé de cette clientèle, et qu'il subissait en conséquence un préjudice, dont le principe était ainsi reconnu et qu'il convenait d'évaluer, au besoin après une mesure d'instruction (■ Cass. com., 9 oct. 2007, n° 05-14.118 : *RDC* 2008/2, p. 410, obs. Behar-Touchais ; *JCP* 2007, II, 10211, note Dissaux ; *D.* 2008, p. 388, note Ferrier ; *Comm. com. électr.* 2008, n° 42, obs. Stoffel-Munck ; *RTD civ.* 2008, p. 119, obs. Gautier). Mais en sens contraire, V. ■ Cass. com., 23 oct. 2012, n° 11-25.175. ■ Cass. com., 23 oct. 2012, n° 11-21.978, cités sous le même article, *infra*.

I – CONDITIONS DE L'ENRICHISSEMENT SANS CAUSE

4) Principes. L'action *de in rem verso* ne doit être admise que dans les cas où, le patrimoine d'une personne se trouvant sans cause légitime enrichi au détriment de celui d'une autre personne, celle-ci ne jouirait, pour obtenir ce qu'il lui est dû, d'aucune action naissant d'un contrat, d'un quasi-contrat, d'un délit ou d'un quasi-délit (■ Cass. civ., 2 mars 1915 : *DP* 1920, 1, 102, 1re esp. ■ Cass. 1re civ., 26 janv. 1988, n° 85-16.826 : *JurisData* n° 1988-000390 ; *Bull. civ.* I, n° 25, p. 16 ; *RTD civ.* 1988, 539, obs. Mestre).

A – Enrichissement

5) Accroissement de l'actif. L'enrichissement peut résulter de l'accroissement de l'actif du patrimoine (■ Cass. req., 15 juin 1892 : *DP* 1892, 1, 596, récolte enrichie par des engrais. ■ Cass. civ., 18 janv. 1937 : *DH* 1937, 145, encaissement d'une créance. ■ Cass. 1re civ., 9 janv. 1979 : *JurisData* n° 1979-700011 ; *D.* 1979, inf. rap. 256 ; *Bull. civ.* I, n° 11, p. 8, plus-value donnée par la femme à l'entreprise du mari. ■ Cass. 2e civ., 25 mai 1992 : *JCP* 92, IV, 2129 ; *Bull. civ.* I, n° 165, p. 113, établissement de l'authenticité d'un tableau). Sur ce que l'enrichissement doit être pris en compte au moment de l'exercice de l'action, voir ▪ Bourges, 3 juin 2002, n° 01/01602 : *JurisData* n° 2002-198274 ; *Dr. famille* 2003, 140, note Lécuyer (épargne de concubins ayant servi à financer l'achat par le concubin d'un véhicule devenu sans valeur).

6) Diminution du passif. L'enrichissement peut aussi résulter d'une diminution du passif (▪ Paris, 17 juin 1899 : *DP* 1900, 2, 105, fournitures faites à la femme mariée), ou d'une économie de dépenses (▪ Cass. req., 11 déc. 1928 : *Gaz. Pal.* 1929, 1, 464, compagnie de distribution d'eau utilisant une conduite appartenant à un particulier. ▪ Cass. 1re civ., 19 mai 1969 : *Bull. civ.* I, n° 187, p. 150, travail non rémunéré. ▪ Cass. 1re civ., 15 déc. 1976, n° 75-12.533 : *Bull. civ.* I, n° 409, p. 302, épouse divorcée occupant un immeuble propre au mari).

B – Appauvrissement

7) Notion. L'appauvrissement du demandeur peut consister dans le paiement d'une somme d'argent (▪ Aix-en-Provence, 14 janv. 1975 : *JCP* 76, II, 18302, note Villa) ou dans un manque à gagner résultant de l'accomplissement d'un fait personnel (▪ Cass. 1re civ., 25 janv. 1965 : *D.* 1965, somm. 61 ; *Gaz. Pal.* 1965, 1, 198).

8) Absence de manque à gagner. Le prédécesseur du concessionnaire d'un emplacement sur un marché ne peut exercer l'action *de in rem verso* contre son successeur dès lors que la concession n'était pas cessible (▪ Cass. com., 3 févr. 1970 : *JurisData* n° 1970-097042 ; *Bull. civ.* IV, n° 42, p. 42).

C – Corrélation entre enrichissement et appauvrissement

9) Lien de corrélation indirect. Le lien de corrélation entre l'enrichissement du défenseur et l'appauvrissement du demandeur peut être indirect (▪ Cass. req., 15 juin 1892 : *DP* 1892, 1, 596, propriétaire s'enrichissant aux dépens du marchand d'engrais par l'intermédiaire du fermier. V. aussi ▪ Cass. 1re civ., 15 mars 1972, n° 71-10.356 : *JurisData* n° 1972-000088 ; *Bull. civ.* I, n° 88, p. 77, hébergement et entretien d'un auteur commun aux deux parties).

D – Absence de cause

10) Disposition légale. L'action *de in rem verso* ne peut être exercée lorsque l'enrichissement et l'appauvrissement corrélatifs trouvent leur justification dans une disposition légale (▪ Cass. 1re civ., 8 juill. 1975, n° 74-10.269 : *JurisData* n° 1975-000228 ; *Bull. civ.* I, n° 227, p. 192. ▪ Cass. 1re civ., 10 mai 1984, n° 82-15.306 : *JurisData* n° 1984-700874 ; *Bull. civ.* I, n° 153, p. 129. ▪ Cass. 1re civ., 28 mai 1991, n° 89-20.258 : *JurisData* n° 1991-001466 ; *Bull. civ.* I, n° 167, p. 110).

11) Décision judiciaire. L'enrichissement peut être causé par une décision judiciaire (▪ Cass. 3e civ., 14 nov. 1973, n° 72-13.770 : *JurisData* n° 1973-000580 ; *Bull. civ.* III, n° 580, p. 423. ▪ Cass. 1re civ., 25 mai 1992, n° 90-18.222 : *JCP* 92, I, 3608, obs. Billiau ; *RTD civ.* 1993, 580, obs. Mestre), l'action de *in rem verso* ne pouvant mettre en échec l'autorité qui s'attache à la chose jugée (▪ Cass. 1re civ., 14 janv. 1997, n° 94-16.769 : *JurisData* n° 1997-000081 ; *JCP* 97, IV, 476 ; *Bull. civ.* I, n° 16, p. 10).

12) Contrat. L'action *de in rem verso* ne peut être exercée lorsque l'enrichissement et l'appauvrissement corrélatifs trouvent leur justification dans un contrat (▪ Cass. req., 22 févr. 1939 et ▪ Cass. civ., 28 févr. 1939 : *DP* 1940, 1, 5, note Ripert, 2e et 3e esp. ▪ Cass. com., 18 janv. 1994, n° 92-10.841 : *JurisData* n° 1994-000127 ; *Bull. civ.* IV, n° 27, p. 21. ▪ Amiens, 8 janv. 1987 : *JurisData* n° 1987-600762 ; *D.* 1987, 336, note Dubois. ▪ Cass. 3e civ., 27 févr. 2008, n° 07-10.222 : *Bull. civ.* III, n° 35 ; *Contrats, conc. consom.* 2008, 152, note Leveneur). Les règles gouvernant l'enrichissement sans cause ne peuvent être invoquées dès lors que l'appauvrissement et l'enrichissement allégués trouvent leur cause dans l'exécution ou la cessation de la convention conclue entre les parties (▪ Cass. com., 23 oct. 2012, n° 11-25.175 : *Bull.*, n° 193 ; *JCP* E 2013, n° 15, p. 34, obs. Mainguy ; *D.* 2012, p. 2862, note Dissaux ; *D.* 2013, p. 732, obs. Ferrier ; *RTD civ.* 2013, p. 114, obs. Fages. ▪ Cass. com., 23 oct. 2012, n° 11-21.978 : *Bull.*, n° 192 ; *RDC* 2013/2, p. 641, obs. C. Grimaldi ; *D.* 2012, p. 2862, note Dissaux ; *JCP* E 2013, n° 15, p. 34, obs. Mainguy ; *Contrats, conc. consom.* 2013, n° 1, p. 19, obs. Mathey ; *D.* 2013, p. 732, obs. Ferrier). Le contrat justifiant l'enrichissement peut être un contrat passé entre l'enrichi et un tiers (▪ Cass. 3e civ., 28 mai 1986, n° 85-10.367 : *JurisData* n° 1986-700995 ; *Bull. civ.* III, n° 83, p. 63 ; *RTD civ.* 1987, 545, obs. Mestre. ▪ Limoges, 27 nov. 1995 : *JurisData* n° 1995-050037 ; *JCP* 1996, IV, 895. ▪ Cass. com., 16 déc. 2014, n° 13-24.943 : *Bull.*). Il appartient aux juges du fond de s'expliquer sur la nature et le contenu des accords susceptibles de causer l'enrichissement (▪ Cass. 1re civ., 20 déc. 1993, n° 92-10.134 : *JurisData* n° 1993-003195 ; *Bull. civ.* I, n° 383, p. 266). Le contrat passé entre un couple et une fondation qui les a hébergés justifie l'appauvrissement de la fondation dans ses relations avec les époux, mais non l'enrichissement corrélatif de leurs débiteurs alimentaires pris en cette seule qualité et à l'égard desquels elle n'entretient aucun rapport ni ne dispose d'aucune voie de droit directe ou oblique (▪ Cass. 1re civ., 25 févr. 2003 : *JurisData* n° 2003-017896 ; *JCP* 2003, II, 10124, note Lipinski ; *Dr. famille* 2003, 112, note Geffroy ;

Bull. civ. I, n° 55, p. 42 ; *D.* 2004, 1766, note Peis). V. encore, pour un accord verbal, ▪ Cass. 1re civ., 5 nov. 2009, n° 08-16.497 : *Bull. civ.* I, n° 222 ; *JCP* 2009, n° 51, 561, note Dupont.

13) Devoir moral. Jugé que le devoir moral de l'enfant envers ses parents n'exclut pas que l'enfant puisse obtenir une indemnité pour l'aide et l'assistance apportées dans la mesure où, ayant excédé les exigences de la piété filiale, les prestations librement fournies ont réalisé à la fois un appauvrissement pour l'enfant et un enrichissement corrélatif des parents (▪ Cass. 1re civ., 12 juill. 1994, n° 92-18.639 : *JCP* 95, II, 22425, note Sériaux ; *Bull. civ.* I, n° 250, p. 181 ; *Defrénois* 1994, 1511, note X. Savatier ; *D.* 1995, 623, note Tchendjou. V. aussi ▪ Cass. 1re civ., 5 janv. 1999 : *JCP* N 99, 722, note Pillebout ; *JCP* N 2000, 963, n° 3, obs. Le Guidec ; *RTD civ.* 2000, 605, obs. Patarin. ▪ Cass. 1re civ., 23 janv. 2001 : *JCP* G 2001, I, 366 et *JCP* N 2002, 1194, n° 1, obs. Le Guidec ; *JurisData* n° 2001-007870 ; *Bull. civ.* I, n° 9, p. 6 ; *Defrénois* 2001, 719, obs. Libchaber ; *D.* 2001, somm. 2940, obs. Vareille ; *Dr. famille* 2002, 63, note Chassagnard. ▪ Cass. 1re civ., 3 nov. 2004, n° 01-15.176 : *JurisData* n° 2004-025436 ; *JCP* G 2005, II, 10024 et *JCP* N 2005, 1209, note F. Boulanger ; *Bull. civ.* I, n° 248, p. 206 ; *Defrénois* 2005, 224, note Gelot. V., décidant que l'aide et l'assistance n'ont pas dépassé les exigences de la piété familiale, ▪ Besançon, 27 août 2002, n° 01/00353 : *JurisData* n° 2002-199938 ; *Dr. famille* 2003, 134, 3e arrêt, note Beignier. Comp., décidant que l'assistance relève en l'espèce d'une obligation naturelle, ▪ Paris, 5 mars 2002, n° 2000/10448 : *JurisData* n° 2002-173628 ; *Dr. famille* 2002, 117, 3e arrêt, note Beignier).

14) Concubinage. La collaboration de la concubine à l'exploitation du fonds de commerce sans rétribution, qui se distingue d'une participation aux dépenses communes des concubins, implique par elle-même un appauvrissement de celle-ci et un enrichissement du concubin (▪ Cass. 1re civ., 15 oct. 1996, n° 94-20.472 : *JurisData* n° 1996-003794 ; *JCP* 1996, IV, 2407 ; *Bull. civ.* I, n° 357, p. 250 ; *D.* 1997, somm. 177, obs. Libchaber ; *RTD civ.* 1997, 102, obs. Hauser ; *Defrénois* 1997, 923, 1re esp., note Milhac. V. aussi ▪ Cass. 1re civ., 4 mars 1997, n° 94-21.976 : *JurisData* n° 1997-000983 ; *Dr. famille* 1997, 67, note Lécuyer, remise d'une somme par le concubin en vue du paiement par la concubine d'une dette dont elle est tenue comme caution). Mais l'hébergement du concubin dans le cadre de la vie commune ne donne pas lieu au versement d'une indemnité d'occupation, sauf convention particulière dont la preuve incombe à celui qui sollicite une telle indemnité, faute pour le demandeur de justifier d'un appauvrissement (▪ Cass. 1re civ., 16 juin 1998, n° 97-18.509 : *JurisData* n° 1998-002739 ; *Dr. famille* 1998, 114, note Lécuyer. *Adde* décidant que l'appauvrissement du concubin peut être causé par l'hébergement dont il a bénéficié, ▪ Cass. 1re civ., 12 nov. 1998, n° 97-13.248 : *JurisData* n° 1998-004306 ; *Dr. famille* 1999, 12, note Lécuyer et jugé que l'enrichissement d'un concubin homosexuel peut être causé par l'intention de poursuivre la vie commune, ▪ Nîmes, 28 janv. 1999, n° 97/4245 : *JurisData* n° 1999-030014 ; *JCP* 2000, IV, 1432). Viole, par fausse application, les articles 214 et 1371 du Code civil, l'arrêt qui retient, pour condamner un concubin à rembourser à son ancienne concubine la moitié des dépenses de la vie courante effectuées pendant leur cohabitation, que les comptes entre concubins doivent être établis sur le fondement de l'enrichissement sans cause à défaut de toute autre action ouverte au demandeur ; alors qu'aucune disposition légale ne réglant la contribution des concubins aux charges de la vie commune, chacun d'eux doit, en l'absence de volonté exprimée à cet égard, supporter les dépenses de la vie courante qu'il a exposées (▪ Cass. 1re civ., 28 nov. 2006 : n° 04-15.480 ; *Bull. civ.* I, n° 517, p. 458 ; *JurisData* n° 2006-036148). Mais, tout en rappelant ce dernier principe, V. ▪ Cass. 1re civ., 24 sept. 2008, n° 06-11.294 : *Bull. civ.* I, n° 211 ; *JCP* 2008, act. 597, obs. Bosse-Platière ; *Defrénois* 2008, art. 38874-5, p. 2516, obs. Savaux : justifie légalement sa décision la cour d'appel qui, après avoir souverainement estimé qu'un concubin n'avait pas agi dans une intention libérale en réalisant des travaux dans un immeuble appartenant à sa compagne, dès lors que ceux-ci excédaient par leur ampleur sa participation normale aux dépenses de la vie commune et ne pouvaient être considérés comme une contrepartie des avantages dont il avait profité pendant la période de concubinage, en a déduit que l'appauvrissement subi par celui-ci et l'enrichissement corrélatif de sa concubine étaient dépourvus de cause (comp. cependant, du même jour et pour une hypothèse du même ordre, ▪ Cass. 1re civ., 24 sept. 2008, n° 07-11.928 : *Bull. civ.* I, n° 212 ; *Defrénois* 2008, art. 38874-5, p. 2516, obs. Savaux ; *JCP* 2008, act. 597, obs. Bosse-Platière). V. aussi ▪ Cass. 1re civ., 20 janv. 2010, n° 08-13.400 : *Bull. civ.* 2010, I, n° 14 (après avoir relevé que le paiement par un concubin du capital restant dû sur l'emprunt contracté par sa compagne pour acquérir son pavillon, ainsi que des échéances du prêt destiné à financer les travaux sur cet immeuble trouvaient sa contrepartie dans l'hébergement gratuit dont il avait bénéficié chez sa compagne, la cour d'appel, qui n'était pas tenue de procéder à la recherche invoquée, a souverainement estimé qu'il avait réglé le montant de la soulte due par sa compagne à son ex-mari et le solde de l'emprunt destiné à financer l'achat du pavillon, dans le but de la dégager d'une dette envers son ex-mari et de lui permettre de bénéficier en toute sécurité d'un logement avec l'enfant issu de leur union, faisant ainsi ressortir que le concubin avait agi dans une intention libérale et qu'il ne démontrait pas que ses paiements étaient dépourvus de cause). – V. encore, ■ Cass. 1re civ., 20 janv. 2010, n° 08-16.105 (ayant souverainement estimé que l'assistance apportée sur le plan administratif par une concubine à la bonne marche de l'entreprise artisanale de maçonnerie qu'elle avait constituée avec son concubin n'excédait pas une simple entraide, la cour d'appel a pu en déduire que celle-ci n'était pas fondée à réclamer une indemnisation sur le fondement de l'enrichissement sans cause). Sur ces deux derniers arrêts, V. F. Chénedé, *Pour un affinement de la théorie des quasi-contrats au service de la liquidation patrimoniale du concubinage (à propos de trois arrêts de la première chambre civile du 20 janvier 2010)* : *D.* 2010, p. 718).

15) Appauvri agissant dans son intérêt et à ses risques et périls. L'action *de in rem verso* ne peut être exercée lorsque les impenses ont été effectuées par l'appauvri dans son intérêt et à ses risques et périls (■ Cass. civ., 28 mars 1939 : *DC* 1942, 119, note F.G. ■ Cass. 3e civ., 8 févr. 1972 : *Bull. civ.* III, n° 88, p. 65. ■ Cass. 1re civ., 7 juill. 1987, n° 86-11.129 : *RTD civ.* 1988, 132, obs. Mestre. ■ Cass. 3e civ., 26 févr. 1992, n° 90-18.042 : *JCP* 92, IV, 1263 ; *Bull. civ.* III, n° 64, p. 39, nu-propriétaire reprenant possession du bien et récoltant le blé semé par le fermier qui exploitait en vertu d'un bail consenti par le seul usufruitier). V. dans le même sens, ■ Cass. 1re civ., 24 sept. 2008, n° 07-11.928 : *Bull. civ.* I, n° 212 ; *Defrénois* 2008, art. 38874-5, p. 2516, obs. Savaux ; *JCP* 2008, act. 597, obs. Bosse-Platière, pour un concubin séparé ayant financé des travaux de rénovation sur un immeuble acquis par sa concubine avec le projet, non réalisé, d'y habiter ensemble. Mais comp., ■ Cass. 1re civ., 24 sept. 2008, n° 06-11.294 à la note précédente).

Voir encore ■ Cass. 3e civ., 20 mai 2009, n° 08-10.910 : *Bull. civ.* III, n° 116 (pour le rejet d'une demande de participation à des frais d'entretien et de dragage d'un cours d'eau). Mais en énonçant que l'annulation de la vente faisait disparaître tout lien de droit entre le vendeur et l'acquéreur, une cour d'appel a implicitement énoncé que le droit de propriété de l'acquéreur avait rétroactivement disparu ainsi que l'intérêt personnel qu'il avait acquis à des travaux de restauration (■ Cass. 1re civ., 25 mai 1992 : *JCP* 1992, IV, 2129 ; *Bull. civ.* I, n° 165, p. 113).

16) Faute de l'appauvri. L'action *de in rem verso* ne peut être exercée lorsque l'appauvrissement résulte d'une faute du demandeur (■ Cass. com., 8 juin 1968 : *JurisData* n° 1968-700180 ; *JCP* 69, II, 15724, note Prieur. ■ Cass. 1re civ., 22 oct. 1974 : *JurisData* n° 1974-000272 ; *JCP* 76, II, 18331, note Thuillier. ■ Cass. com., 5 févr. 1980, n° 78-15.230 : *JurisData* n° 1980-000044 ; *Bull. civ.* IV, n° 56, p. 41 ; *Defrénois* 1981, 393, obs. Aubert. ■ Cass. com., 16 juill. 1985, n° 83-16.948 : *Bull. civ.* I, n° 215, p. 178 ; *D.* 1986, 393, note Aubert. ■ Cass. soc., 3 juill. 1990, n° 88-18.723 : *JurisData* n° 1990-703942 ; *Bull. civ.* V, n° 337, p. 201. ■ Cass. com., 19 mai 1998, n° 96-16.393 : *JurisData* n° 1998-002057 ; *JCP* G 98, IV, 2547 ; *JCP* N 98, 1628 ; *JCP* 99, I, 114, n° 7, obs. Virassamy ; *D.* 1999, 406, note Ribeyrol-Subrenat ; *Bull. civ.* IV, n° 160, p. 130. ■ Cass. 1re civ., 15 déc. 1998, n° 96-21.905 : *JurisData* n° 1998-004812 ; *JCP* 99, IV, 1250 ; *D.* 1999, 425, note Saint-Pau ; *Bull. civ.* I, n° 363, p. 250 ; *Defrénois* 1999, 377, obs. Aubert ; *RTD civ.* 1999, 400, obs. Mestre. ■ Cass. com., 18 mai 1999, n° 95-19.455 : *JCP* E 99, 1127, note Morvan ; *Bull. civ.* IV, n° 104, p. 84. ■ Cass. 1re civ., 24 mai 2005, n° 02-15.188 : *JurisData* n° 2005-028527 ; *Contrats, conc. consom.* 2005, 164, note Leveneur ; *Bull. civ.* I, n° 224, p. 190. ■ Cass. 1re civ., 19 mars 2015, n° 14-10.075 : *Bull.* ; *D.* 2015, 1084, note Lasserre Capdeville ; *JCP* G 2015, 1044, obs. Billiau. V. cependant ■ Cass. com., 23 janv. 1978 : *JurisData* n° 1978-798028 ; *JCP* 80, II, 19365, note Thuillier. ■ Cass. 1re civ., 11 mars 1997, n° 94-17.621 : *JurisData* n° 1997-001044 ; *JCP* 97, IV, 963 ; *D.* 1997, 407, note Billiau ; *Bull. civ.* I, n° 88, p. 57 ; *Contrats, conc. consom.* 1997, 113, note Leveneur. ■ Cass. 1re civ., 3 juin 1997, n° 95-13.568 : *JurisData* n° 1997-002458 ; *Bull. civ.* I, n° 182, p. 122 ; *Contrats, conc. consom.* 1997, 164, note Leveneur ; *JCP* 98, II, 10102, note Viney. ■ Cass. 2e civ., 2 déc. 1998, n° 96-22.524 : *JurisData* n° 1998-004611 ; *RTD civ.* 1999, 105, obs. Mestre), même si la faute qui est à l'origine de l'appauvrissement n'a pas eu un retentissement direct sur l'enrichissement du défendeur (■ Cass. 1re civ., 3 avr. 1979, n° 77-15.951 : *JurisData* n° 1979-000110 ; *Bull. civ.* I, n° 110, p. 89). Mais jugé que la seule imprudence ou négligence de celui-ci a enrichi autrui en s'appauvrissant ne le prive pas de son droit d'invoquer l'enrichissement sans cause (■ Cass. 1re civ., 13 juill. 2004 : *JCP* 2004, IV, 2957 ; *JurisData* n° 2004-024673 ; *Bull. civ.* I, n° 208, p. 174 ; *Defrénois* 2004, 1407, obs. Aubert. ■ Cass. 1re civ., 19 déc. 2006 : n° 04-17664 ; *Bull. civ.* I, n° 498 ; *JurisData* n° 2006-036608 ; *D.* 2007, p. 300, obs. Avena-Robardet, perte d'un chèque par la banque découverte tardivement. ■ Cass. 1re civ., 27 nov. 2008, n° 07-18.875 : *Bull. civ.* I, n° 272 ; *D.* 2009, p. 1122, note Dagorne-Labbe). En revanche l'action *de in rem verso* ne peut aboutir lorsque l'appauvrissement est dû à la faute lourde ou intentionnelle de l'appauvri (■ Cass. 1re civ., 5 avr. 2018, n° 17-12.595 : *Bull.* ; *JCP* G 2018, 877, Billiau ; *RDC* 2018, p. 359, Latina). – V. H. Périnet-Marquet, *Le sort de l'action de in rem verso en cas de faute de l'appauvri* : *JCP*

82, I, 3075. – A.-M. Romani, *La faute de l'appauvri dans l'enrichissement sans cause et dans la répétition de l'indu* : *D.* 1983, chron. 127. – Ph. Conte, *Faute de l'appauvri et cause de l'appauvrissement : réflexions hétérodoxes sur un aspect controversé de la théorie de l'enrichissement sans cause* : *RTD civ.* 1987, 223. – M. Lecene-Marénaud, *Le rôle de la faute dans les quasi-contrats* : *RTD civ.* 1994, 515.

17) Bonne foi de l'enrichi. La bonne foi de l'enrichi ne prive pas l'appauvri du droit d'exercer contre celui-là l'action de *in rem verso* (■ Cass. 1re civ., 11 mars 2014, n° 12-29.304 : *Bull.* ; *RDC* 2014/4, p. 622, obs. Libchaber).

18) Preuve. C'est à l'appauvri de démontrer l'absence de cause (■ Cass. 1re civ., 18 juin 1980, n° 78-11.348 : *Bull. civ.* I, n° 191, p. 155) et notamment d'établir qu'il n'avait pas agi dans une intention libérale (■ Cass. 1re civ., 24 oct. 2006 : *JurisData* n° 2006-035511 ; n° 05-18.023, *Bull. civ.* I, n° 439, p. 376 ; *Defrénois* 2007, art. 38562-30, p. 454, obs. Libchaber).

E – Caractère subsidiaire

19) Principe. L'action fondée sur l'enrichissement sans cause ne peut être admise qu'à défaut de toute autre action ouverte au demandeur ; elle ne peut l'être notamment pour suppléer à une autre action que le demandeur ne peut exercer par suite d'une prescription, d'une déchéance ou forclusion ou par l'effet de l'autorité de la chose jugée ou parce qu'il ne peut apporter les preuves qu'elle exige ou par suite de tout obstacle de droit (■ Cass. 3e civ., 29 avr. 1971 : *JurisData* n° 1971-098277 ; *JCP* 1971, IV, 145 ; *Bull. civ.* III, n° 277, p. 197. – V. en ce sens ■ Cass. 3e civ., 15 mai 1973, n° 72-11.513 : *Bull. civ.* III, n° 342, p. 247. ■ Cass. 1re civ., 8 déc. 1987, n° 85-17.312 : *JurisData* n° 1987-002034 ; *Bull. civ.* I, n° 335, p. 241. ■ Cass. com., 10 oct. 2000, n° 97-17.574 : *Bull. civ.* IV, n° 150, p. 136. – Comp., plus souples, ■ Riom, 5 mai 1988 : *JurisData* n° 1988-049497 ; *RTD civ.* 1989, 541, obs. Mestre. ■ Cass. 1re civ., 15 oct. 1996, n° 94-20.472 : *JurisData* n° 1996-003794 ; *RTD civ.* 1997, 658, obs. Mestre. ■ Cass. 1re civ., 3 juin 1997, n° 95-11.308 : *Bull. civ.* I, n° 182, p. 122 ; *Contrats, conc. consom.* 1997, 164, note Leveneur. ■ Cass. 1re civ., 14 janv. 2003 : *JCP* 2003, IV, 1380 ; *JurisData* n° 2003-017242 ; *Defrénois* 2003, 259, obs. Aubert). Viole l'article 1371 du Code civil et les principes régissant l'enrichissement sans cause l'arrêt qui refuse d'examiner la demande fondée, à titre subsidiaire, sur l'enrichissement sans cause, après avoir constaté qu'elle ne pouvait être fondée sur la promesse de vente invoquée à titre principal (■ Cass. 1re civ., 4 avr. 2006, n° 03-13.986 : *JurisData* n° 2006-033042 ; *Bull. civ.* I, n° 194, p. 170). Même solution pour un contrat de mandat invoqué à titre principal (■ Cass. 1re civ., 25 juin 2008, n° 06-19.556 : *Bull. civ.* I, n° 185 ; *RDC* 2008/4, p. 1138, obs. Laithier ; *Defrénois* 2008, art. 38838-7, p. 1980, obs. Libchaber), un contrat de société (■ Cass. 1re civ., 6 mai 2009, n° 08-14.469, inédit. ■ Cass. 1re civ., 4 mai 2017, n° 16-15.563 : *Bull.* ; *D.* 2017, p. 1591, Gouëzel ; *JCP* G 2017, 790, Dagorne-Labbe). Mais jugé qu'un plaignant n'apportant pas la preuve du contrat de prêt qui constituait l'unique fondement de son action principale, une cour d'appel en a exactement déduit qu'il ne pouvait être admis à pallier sa carence dans l'administration d'une telle preuve par l'exercice d'une action fondée sur l'enrichissement sans cause (■ Cass. 1re civ., 2 avr. 2009, n° 08-10.742 : *Bull. civ.* I, n° 74 ; *RDC* 2009/3, p. 1177, obs. S. Gaudemet ; *Defrénois* 2009, p. 1285, obs. Savaux ; *JCP* 2009, n° 39, 259, note Dagorne-Labbe. ■ Cass. 1re civ., 31 mars 2011, n° 09-13.966 : *Bull.*, n° 67). En vertu d'un accord verbal selon lequel l'un s'était obligé à financer les travaux d'aménagement litigieux en contrepartie de l'engagement pris par l'autre de lui consentir un droit d'usage et d'habitation des lieux ainsi aménagés, la cour d'appel, qui a constaté que le second acceptait de souscrire un acte notarié formalisant cet accord, a retenu que le premier avait pris le risque d'assumer ce financement sur le fondement de ce seul accord ; ce dont elle a exactement déduit que dès lors qu'il s'inscrivait dans le cadre contractuel ainsi défini par les parties, un tel financement ne pouvait ouvrir droit à remboursement sur le fondement des règles qui gouvernent l'enrichissement sans cause (■ Cass. 1re civ., 5 nov. 2009, n° 08-16.497 : *Bull. civ.* I, n° 222 ; *JCP* 2009, n° 51, 561, note Dupont). Il appartient au garagiste de démontrer que sa cliente a commandé ou accepté les travaux effectués sur son véhicule ; en l'absence d'une telle preuve, il ne peut obtenir le paiement de ces travaux sur le fondement du contrat qui les liait ou exercer une action *de in rem verso* en faisant abstraction de celle-ci (■ Cass. 1re civ., 2 nov. 2005 : *D.* 2006, 841, note Garron).

20) Illustrations. Viole l'article 1371 du Code civil et les principes régissant l'enrichissement sans cause, ensemble l'article 22 de la loi du 6 juillet 1989 (remboursement au locataire dans les deux mois qui suivent la restitution des clés des sommes dont le bailleur pourrait être tenu, en ses lieu et place), le tribunal qui rejette l'action formée par l'ancien locataire en paiement du prix du gaz laissé dans la cuve de l'habitation après son départ au motif qu'une action lui était ouverte contre le propriétaire ; alors que l'ancien locataire réclamait le remboursement du combustible au nouveau locataire qui allait en bénéficier et que le volume de gaz restant n'avait pas été payé pour le compte du bailleur (■ Cass. 3e civ., 29 nov.

2006, n° 05-12.574 : *Bull. civ.* III, n° 239, p. 203 : *JurisData* n° 2006-036158).

21) Agent immobilier : action *de in rem verso* exclue. Les règles de l'enrichissement sans cause ne peuvent tenir en échec les dispositions d'ordre public des articles 6-1 de la loi n° 70-9 du 2 janvier 1970 et 72 du décret n° 72-678 du 20 juillet 1972, lesquels subordonnent la licéité de l'intervention d'un agent immobilier dans toute opération immobilière, et partant, son droit à rémunération comme à indemnisation, à la détention d'un mandat écrit préalablement délivré à cet effet par l'une des parties à l'opération (▪ Cass. 1re civ., 18 juin 2014, n° 13-13.553 : *Bull.* ; *RTD civ.* 2014, p. 671, obs. Gautier ; *Gaz. Pal.* 2014, n° 288, p. 6, obs. Houtcieff). Sur l'impossibilité de recourir à la gestion d'affaires, V. sous art. 1372 ancien, p. 1240.

22) Obstacle de fait. Insolvabilité. La condamnation obtenue contre un autre débiteur de l'appauvri, lorsqu'elle est rendue vaine par l'insolvabilité de ce débiteur, ne fait pas obstacle à l'exercice, contre celui qui s'est enrichi, d'une action fondée sur son enrichissement sans cause (▪ Cass. 1re civ., 1er févr. 1984, n° 82-15.496 : *JurisData* n° 1984-700089 ; *D.* 1984, 388, note Massip). Mais la banque qui dispose d'une action contre les cautions, dont il n'est pas établi qu'elles soient insolvables, ne peut exercer l'action *de in rem verso* contre l'enrichi (▪ Cass. com., 20 oct. 2000 : *RTD civ.* 2001, 591, obs. Mestre et Fages). Viole l'article 1371 du Code civil la cour d'appel qui, après avoir retenu qu'une action en paiement de salaire différé était ouverte à l'égard de la future succession de la mère du créancier, admet cependant une action fondée sur l'enrichissement sans cause au motif que l'absence de patrimoine personnel et l'impécuniosité de la mère constituent des obstacles de fait rendant inefficace l'exercice de l'action en paiement salaire différé, alors qu'elle avait constaté l'existence d'une telle action sur le sort de laquelle elle ne pouvait d'ores et déjà se prononcer (▪ Cass. 1re civ., 26 sept. 2007, n° 06-14.422 : *JurisData* n° 2007-040496).

23) Fin de non-recevoir (non). Le caractère subsidiaire reconnu à l'action fondée sur le principe de l'enrichissement sans cause ne constitue pas une fin de non-recevoir au sens de l'article 122 du nouveau Code de procédure civile mais une condition inhérente à l'action (▪ Cass. 1re civ., 4 avr. 2006, préc.)

24) Marché à forfait (supplément de prix). L'allégation d'un enrichissement sans cause ne peut servir à un entrepreneur pour désigner une demande en supplément de prix formellement prohibée par l'article 1793 du Code civil en cas de marché à forfait (▪ Cass. civ., 5 nov. 1934 : *DH* 1934, 587).

25) Salaire différé. Si le conjoint du descendant d'un exploitant agricole n'est pas titulaire d'un droit propre pour prétendre à une créance de salaire différé, la loi n'a pu avoir pour objet de l'exclure du bénéfice de toute indemnisation et l'action *de in rem verso* lui est donc ouverte (▪ Cass. 1re civ., 14 mars 1995, n° 93-13.410 : *JurisData* n° 1995-000604 ; *JCP* G 95, II, 22516 ; *JCP* N 96, II, 417, note Roussel ; *Bull.* I, n° 130, p. 92 ; *D.* 1996, 137, note Barabé-Bouchard ; *RTD civ.* 1996, 160, obs. Mestre, 215, obs. Patarin ; *Defrénois* 1996, 468, note Fillette).

II – EFFETS DE L'ENRICHISSEMENT SANS CAUSE

26) Règle du double plafond. L'indemnité due à l'appauvri est égale à la moins élevée des deux sommes représentatives, l'une de l'enrichissement, l'autre de l'appauvrissement (▪ Cass. 1re civ., 19 janv. 1953 : *D.* 1953, 234. ▪ Cass. 1re civ., 15 févr. 1973 : *Bull. civ.* I, n° 61, p. 56 ; *D.* 1975, 509, note R. Savatier).

27) Date d'appréciation de l'enrichissement. Pour apprécier l'enrichissement, le juge doit se placer au jour où l'action est intentée, à moins que des circonstances exceptionnelles ne l'autorisent à fixer l'indemnité à la date des faits d'où procède l'enrichissement (▪ Cass. 1re civ., 18 janv. 1960 : *JurisData* n° 1960-000032 ; *JCP* 61, II, 11994, note Goré).

28) Évaluation de l'appauvrissement. Jugé que l'appauvrissement du possesseur évincé a pour mesure le montant nominal de la dépense qu'il a exposée (▪ Cass. 3e civ., 18 mai 1982, n° 80-10.299 : *JurisData* n° 1982-701060 ; *D.* 1983, inf. rap. 14, obs. Robert). Pour l'évaluation de l'appauvrissement de la femme et de l'enrichissement du mari au jour de la demande en divorce, en raison de l'impossibilité morale pour la femme d'agir antérieurement contre son mari, v. ▪ Cass. 1re civ., 26 oct. 1982, n° 81-14.824 : *JurisData* n° 1982-702593 ; *JCP* 83, II, 19992, note Terré.

29) Intérêts moratoires. Une créance née d'un enrichissement sans cause n'existe et ne peut produire d'intérêts moratoires que du jour où elle est judiciairement constatée (▪ Cass. com., 6 janv. 1987, n° 85-12.759 : *JurisData* n° 1987-000296 ; *Bull. civ.* IV, n° 6, p. 4. ▪ Cass. com., 24 mars 1987, n° 84-14.063 : *JurisData* n° 1987-000665 ; *Bull. civ.* IV, n° 77, p. 57 ; *RTD civ.* 1987, 754, obs. Mestre. ▪ Cass. com., 23 févr. 1988, n° 86-18.101 : *JurisData* n° 1988-000298 ; *Bull. civ.* IV, n° 83, p. 58).

Art. 1372 ancien ***(Abr. à compter du 1er octobre 2016, Ord. n° 2016-131, 10 févr. 2016).*** **– Lorsque volontairement on gère l'affaire d'autrui, soit que le propriétaire connaisse la gestion, soit qu'il l'ignore, celui qui gère contracte l'engagement tacite de continuer la gestion qu'il a commencée, et de l'achever jusqu'à ce que le propriétaire soit en état d'y pourvoir lui-même ; il doit se charger également de toutes les dépendances de cette même affaire.**

Il se soumet à toutes les obligations qui résulteraient d'un mandat exprès que lui aurait donné le propriétaire.

NB : Rappr. art. 1301, p. 974.

I – INTENTION DE GÉRER L'AFFAIRE D'AUTRUI

1) Principe. Sur la nécessité de l'intention de gérer, V. ▪ Cass. 3e civ., 15 janv. 1974, n° 72-13.749 : *JurisData* n° 1974-098010 ; *JCP* 74, IV, 73. ▪ Cass. com., 27 nov. 1991, n° 89-16.184 : *JurisData* n° 1991-003014 ; *JCP* 92, IV, 386 ; *Bull. civ.* IV, n° 357, p. 246. ▪ Paris, 6 mars 1989 : *RTD civ.* 1989, 540, obs. Mestre. ▪ Cass. 3e civ., 13 janv. 1999, n° 97-14.349 : *JurisData* n° 1999-000119 ; *RTD civ.* 1999, 838, obs. Mestre.

2) Exécution d'une obligation légale ou contractuelle. L'intention du gérant d'agir pour le compte et dans l'intérêt du maître de l'affaire est incompatible avec l'exécution d'une obligation légale, telle la suppléance d'un avocat empêché (▪ Cass. 1re civ., 17 juill. 1996, n° 92-19.017 : *JurisData* n° 1996-003240 ; *JCP* 96, IV, 2170 ; 97, I, 4015, n° 8, obs. Virassamy ; *Bull. civ.* I, n° 323, p. 225). V. aussi, ▪ Cass. 3e civ., 19 mars 2008, n° 07-10.704 : *Bull. civ.* III, n° 55 ; *JurisData* n° 2008-043248 (pour des frais de gardiennage de nuit et week-end considérés comme relevant de l'obligation contractuelle d'assurer la jouissance paisible des lieux à la charge du bailleur). ▪ Cass. com., 13 janv. 2015, n° 13-11.550 : *Bull.* ; *RDC* 2015, p. 487, note Libchaber (obligation légale imposant au liquidateur de prendre des mesures conservatoires pour garantir l'exercice effectif du droit à revendication).

3) Acte fait dans l'intérêt général. Jugé qu'il n'y a pas gestion d'affaires lorsque le demandeur a agi dans l'intérêt général en se comportant comme un collaborateur bénévole de la police (▪ Cass. 1re civ., 7 janv. 1971 : *JurisData* n° 1971-000009 ; *JCP* 71, II, 16670. – Voir cependant ▪ Cass. 1re civ., 26 janv. 1988, n° 86-10.742 : *JurisData* n° 1988-700370 ; *Bull. civ.* I, n° 25, p. 16 ; *JCP* 89, II, 21217, note Dagorne-Labbe ; *D.* 1989, 405, note Martin ; *RTD civ.* 1988, 539, obs. Mestre. ▪ TGI Seine, 21 déc. 1966 : *JCP* 67, IV, 150. ▪ TGI Paris, 25 oct. 1971 : *Gaz. Pal.* 1972, 1, 124, note D. S. Comp. ▪ Cass. 1re civ., 14 nov. 1978, n° 77-11.082 : *JCP 80, II, 19379, note Bout, plaisancier acceptant à* la demande d'un tiers d'assurer bénévolement la surveillance de régates).

4) Violation d'une obligation contractuelle. L'acte accompli en violation d'une obligation contractuelle ne peut constituer de la part de son auteur une gestion d'affaires (▪ Cass. 1re civ., 4 juin 1988 : *Bull. civ.* I, n° 191, p. 132 ; *RTD civ.* 1989, 746, obs. Mestre).

5) Acte fait dans l'intérêt du gérant. La circonstance de l'intérêt conjoint du gérant et du maître de l'affaire n'est pas par elle-même de nature à exclure l'existence de la gestion d'affaires (▪ Cass. com., 16 nov. 1976, n° 74-13.681 : *JurisData* n° 1976-097291 ; *Bull. civ.* IV, n° 291, p. 244). Caractérise une gestion d'affaires le paiement de la dette d'autrui par celui qui a agi à la fois dans son intérêt mais aussi dans celui du débiteur dès lors que le paiement a été utile à celui-ci non seulement en permettant l'extinction de ses dettes, mais en outre en évitant la saisie de ses biens immobiliers (▪ Cass. 1re civ., 12 janv. 2012, n° 10-24.512 : *Bull.*, n° 4 ; *RDC* 2012/3, p. 831, obs. Klein ; *JCP* 2012, 362, note Casson ; *D.* 2012, chron., p. 635, obs. Creton et p. 1592, note Gouëzel ; *RTD civ.* 2012, p. 115, obs. Fages et p. 513, obs. Hauser).

V. en ce sens pour un généalogiste ▪ Rennes, 6 janv. 1998, n° 9604694 : *JurisData* n° 1998-041127 ; *JCP* 98, IV, 3434. Mais il en va autrement si le gérant a agi dans son seul intérêt (▪ Cass. 1re civ., 28 mai 1991, n° 89-20.258 : *JurisData* n° 1991-001466 ; *JCP* 91, IV, 290 ; *Bull. civ.* I, n° 167, p. 110, généalogiste demandant aux héritiers la reconnaissance des droits locatifs dont il prétend être titulaire. – V. aussi ▪ Rennes, 15 juin 2001 : *JCP* 2002, IV, 2265 ; *JurisData* n° 2001-0167465, aménagement d'une carrière équestre par un entraîneur de chevaux).

6) Agent immobilier : gestion d'affaires exclue. La gestion d'affaires, qui implique la ratification ultérieure par le maître de l'affaire ou la démonstration *a posteriori* de l'utilité de la gestion, est incompatible avec les dispositions d'ordre public de la loi n° 70-9 du 2 janvier 1970 et du décret n° 72-678 du 20 juillet 1972, qui exigent l'obtention par l'agent immobilier, d'un mandat écrit préalable à son intervention dans toute opération immobilière. En conséquence, l'agent immobilier, qui ne détient pas de mandat écrit préalable du vendeur, ne peut se prévaloir des règles de la gestion d'affaires (▪ Cass. 1re civ., 22 mars 2012, n° 11-13.000 : *Bull.*, n° 72 ; *RTD civ.* 2012, p. 528, obs. Fages ; *Gaz. Pal.* 4 mai 2012, p. 125, note Parmentier). Un agent immobilier ne saurait invoquer la gestion d'affaires pour avoir permis la réalisation d'une vente immobilière dès lors que les négociations menées à bonne fin apparaissent inconcevables sans l'accord préalable du vendeur sur le principe de la vente et le prix, circonstances exclusives de la gestion d'affaires (■ Cass. 1re civ., 29 oct. 1962, n° 58-10.047 : *Bull. civ.* I, n° 446, p. 383). Sur l'impossibilité de recourir à l'enrichissement sans cause, V. sous art. 1371 ancien, p. 1233.

7) Mandat de syndic : gestion d'affaires exclue. Le mandat de syndic tel qu'il est défini dans l'article 18 de la loi n° 65-557 du 10 juillet 1965 est exclusif de l'application des règles de la gestion d'affaires (■ Cass. 3e civ., 16 oct. 2013, n° 12-20.881 : *Bull.* ; *G. P.* 2013, nos 331-332, p. 19, note Bénilsi).

8) Rapports entre époux ou concubins. Sur l'application des règles de la gestion d'affaires dans les rapports entre époux, V. art. 219, al. 2, p. 196. – V. aussi, en matière d'indivision, art. 815-4. Sur l'application aux concubins, V. ■ Paris, 14 oct. 1997, n° 96/07670 : *JurisData* n° 1997-023144 ; *Dr. famille* 1998, 19, note Lécuyer.

II – UTILITÉ DE LA GESTION

9) Utilité de la gestion. Sur le principe que la gestion d'affaires suppose l'opportunité de l'intervention du gérant, V. ■ Cass. civ., 28 oct. 1942 : *DC* 1943, 29, note P. L. P. ■ Cass. 1re civ., 2 juin 1970 : *JCP* 1970, IV, 195 ; *Bull. civ.* I, n° 188, p. 152. Jugé que n'est pas établie l'utilité de la transformation opérée par un garagiste sur un véhicule alors que ce garagiste qui était chargé d'effectuer des réparations avait conservé ce véhicule pendant vingt-deux mois et aurait pu solliciter les instructions de sa cliente (■ Cass. com., 8 juin 1968 : *JCP* 1969, II, 15724, note Prieur. V. en ce sens ■ Lyon, 13 mars 1969 : *D.* 1970, somm. 179). La preuve de l'utilité de la gestion du généalogiste pour l'héritier n'est pas établie lorsque le second, qui connaissait parfaitement la *de cujus*, n'a pas eu besoin d'attendre la révélation du premier pour s'adresser immédiatement au notaire de la succession (■ Cass. 1re civ., 31 janv. 1995, n° 93-11.974 : *JurisData* n° 1995-000365 ; *JCP* 1995, IV, 815 ; *Bull. civ.* I, n° 59, p. 42), même solution lorsque l'existence de la succession doit normalement parvenir à la connaissance de l'héritier sans l'intervention du généalogiste (■ Cass. 1re civ., 16 janv. 2007, n° 05-19.832 : *Bull. civ.* I, n° 22). L'utilité de la gestion d'affaires doit s'apprécier au moment où elle a été entreprise (■ Cass. 1re civ., 16 nov. 1955 : *JCP* 1956, II, 9087, note Esmein. ■ Nancy, 6 oct. 1988 : *RTD civ.* 1989, 540, obs. Mestre). Ainsi ne tire pas de ses constatations les conséquences légales qui s'en évincent, et partant, viole l'article 1372, la cour d'appel qui retient que le décès d'un individu résulte exclusivement de la surestimation par celui-ci de ses capacités au regard du courant qualifié de dangereux par une pancarte ; alors qu'alerté par le risque de noyade des enfants, et le spectacle de la détresse de leur père, il se trouvait confronté à la nécessité d'intervenir dans une extrême urgence, ce dont elle aurait dû déduire l'opportunité de l'intervention au moment où la victime en a pris la décision (■ Cass. 1re civ., 28 janv. 2010, n° 08-16.844 : *JCP* 2010, n° 19, 532, note Dumery).

10) Empêchement du maître. Une banque ne peut se borner à invoquer l'utilité de l'aliénation des titres de son client pour justifier la gestion d'affaires alléguée dès lors qu'elle n'établit pas que son client pouvait être raisonnablement considéré comme ne pouvant agir lui-même (■ Cass. com., 12 janv. 1999, n° 96-11.026 : *JurisData* n° 1999-000079 ; *JCP* G 99, II, 10070 et *JCP* E 99, 1194, note Petit).

11) Opposition du maître. La gestion d'affaires ne saurait être invoquée lorsque le maître se refuse et s'oppose à l'intervention du tiers (■ Cass. 3e civ., 12 avr. 1972, n° 70-13.154 : *JurisData* n° 1972-098219 ; *JCP* 72, IV, 132 ; *Bull. civ.* III, n° 219, p. 157).

12) Acte matériel. La gestion d'affaires ne suppose pas nécessairement l'accomplissement d'un acte juridique de représentation ou d'administration (■ Lyon, 17 juin 1946 : *D.* 1947, somm. 9). Jugé que le passager qui retire d'un véhicule en flammes le conducteur évanoui a géré les affaires de l'assureur (■ Cass. 1re civ., 16 nov. 1955 : *JCP* 56, II, 9087, note Esmein).

13) Actes de disposition. Le gérant d'affaires peut aliéner des valeurs mobilières (■ Cass. civ., 28 oct. 1942 : *DC* 1943, 29, note P. L.-P. Mais v. pour un banquier dépositaire de titres ■ Cass. com., 12 janv. 1999, n° 96-11.026 : *JurisData* n° 1999-000079 ; *JCP* 99, II, 1070, note Petit, relevant que le banquier ne caractérise pas la gravité des risques que le maintien de la situation pouvait faire courir à son client), ou échanger un immeuble (■ Cass. 1re civ., 15 mai 1974, n° 72-11.417 : *JurisData* n° 1974-000147 ; *JCP* 74, IV, 241 ; *Bull. civ.* I, n° 147, p. 125).

14) Ratification par le maître. Lorsque la gestion a été utile pour le maître de l'affaire, aucune ratification de cette gestion par celui-ci n'est nécessaire pour qu'il soit tenu d'exécuter les engagements pris dans son intérêt et pour son compte par le gérant (■ Cass. 1re civ., 26 nov. 1958 : *Bull. civ.* I, n° 525, p. 427. – V. en ce sens ■ Cass. 1re civ., 13 juill. 1960 : *Bull. civ.* I, n° 393, p. 323). Inversement, l'utilité de la gestion n'a pas à être démontrée en cas de ratification par le maître de l'affaire (■ Cass. soc., 11 juill. 1946 : *Gaz. Pal.* 1946, 2, 189. ■ Cass. com., 4 déc. 1972, n° 71-11.729 : *JurisData* n° 1972-

098318 ; *Bull. civ.* IV, n° 318, p. 297). La ratification, c'est-à-dire la validation rétroactive de l'acte accompli par le gérant d'affaires, suppose nécessairement la connaissance de cet acte acquise par le maître au moment où il ratifie (■ Cass. civ., 30 déc. 1935 : *DH* 1936, 81). Elle peut être tacite (■ Cass. req., 9 juin 1931 : *S.* 1931, 1, 312. – V. en ce sens ■ Cass. soc., 11 juill. 1946 préc.).

Art. 1373 ancien. – Il est obligé de continuer sa gestion, encore que le maître vienne à mourir avant que l'affaire soit consommée, jusqu'à ce que l'héritier ait pu en prendre la direction.

NB : Rappr. art. 1301-1, p. 974.

Art. 1374 ancien ***(Mod., L. n° 2014-873, 4 août 2014 ; abr. à compter du 1er octobre 2016, Ord. n° 2016-131, 10 févr. 2016).*** **– Il est tenu d'apporter à la gestion de l'affaire tous les soins raisonnables.**

Néanmoins, les circonstances qui l'ont conduit à se charger de l'affaire peuvent autoriser le juge à modérer les dommages et intérêts qui résulteraient des fautes ou de la négligence du gérant.

NB : Rappr. art. 1301, p. 974.

1) **Responsabilité pour faute prouvée.** Celui qui gère l'affaire d'autrui, soit que le maître connaisse la gestion, soit qu'il l'ignore, ne répond que de sa faute prouvée (■ Cass. 1re civ., 2 mars 2004 : *JCP* 2004, IV, 1842 ; *JurisData* n° 2004-022567 ; *Resp. civ. et assur.* 2004, 171). Le gérant engage sa responsabilité s'il laisse croire à tort au maître que l'intervention de l'organisme d'assistance auquel il a fait appel est gratuite (■ Cass. 1re civ., 22 déc. 1981, n° 80-16.835 : *JurisData* n° 1981-703518 ; *JCP* 82, IV, 95 ; *Bull. civ.* I, n° 395, p. 333).

2) **Cas fortuits.** Le gérant d'affaires ne répond pas des cas fortuits, à moins qu'il ne se soit immiscé sans raison dans une affaire qui ne le concernait pas ou qu'il ait commis dans sa gestion une faute en relation directe avec la réalisation du dommage (■ Cass. 1re civ., 3 mai 1955 : *D.* 1955, somm. 64 ; *Bull. civ.* I, n° 179, p. 153). Le gérant engage sa responsabilité s'il laisse croire à tort au maître que l'intervention de l'organisme d'assistance auquel il a fait appel est gratuite (■ Cass. 1re civ., 22 déc. 1981, n° 80-15.451 : *JurisData* n° 1981-703688 ; *JCP* 82, IV, 95 ; *Bull. civ.* I, n° 395, p. 333).

Art. 1375 ancien ***(Abr. à compter du 1er octobre 2016, Ord. n° 2016-131, 10 févr. 2016).*** **– Le maître dont l'affaire a été bien administrée doit remplir les engagements que le gérant a contractés en son nom, l'indemniser de tous les engagements personnels qu'il a pris, et lui rembourser toutes les dépenses utiles ou nécessaires qu'il a faites.**

NB : Rappr. art. 1301-2, p. 975.

I – OBLIGATIONS DU MAÎTRE DE L'AFFAIRE ENVERS LE GÉRANT

1) **Montant du remboursement.** En disposant que le maître dont l'affaire a été bien administrée doit rembourser au gérant toutes les dépenses utiles ou nécessaires qu'il a faites, l'article 1375 du Code civil ne limite pas le remboursement, même des dépenses simplement utiles, au montant de la plus-value procurée par la gestion (■ Cass. 1re civ., 27 févr. 1963, n° 61-10.905 : *JurisData* n° 1963-000131 ; *Bull. civ.* I, n° 131, p. 115. – V. en ce sens ■ Cass. civ., 30 mai 1951 : *D.* 1951, 617).

2) **Remboursement global.** Il n'est point permis au maître de diviser la gestion d'une seule affaire de manière à n'être obligé d'indemniser le gérant de ses dépenses que pour celles des opérations qui sont avantageuses et de n'avoir pas à lui rembourser les frais nécessités par celles qui ne le seraient point (■ Cass. req., 28 févr. 1910 : *DP* 1911, 1, 137, note Dupuich).

3) **Rémunération (non).** En allouant au gérant d'affaires une indemnité pour démarches diverses, écritures, gestion générale de l'affaire, une cour d'appel s'est bornée à évaluer forfaitairement les frais généraux engagés par le gérant à l'occasion de sa gestion et n'a pas octroyé un salaire à ce dernier dont les prétentions à une rémunération supplémentaire ont été formellement écartées (■ Cass. 1re civ., 27 févr. 1963 : *Bull. civ.* I, n° 131, p. 115). Le gérant ne peut prétendre, sous la dénomination de « dédommagement », à une rémunération (■ Cass. com., 15 déc. 1992, n° 90-18.580 : *JCP* 93, IV, 535 ; *RTD civ.* 1993, 579, obs. Mestre ; *Defrénois* 1994, 50, obs. Dagorne-Labbe). Une société effectuant des travaux pour le compte d'une autre en qualité de gérant d'affaires ne peut prétendre qu'au remboursement des travaux à prix coûtant, sauf si elle a également agi dans son propre intérêt (■ Cass. 1re civ., 18 avr. 2000, n° 98-15.360 : *JurisData* n° 2000-001508 ; *Bull. civ.* I, n° 113, p. 76 ; *Defrénois* 2000, 1384, obs. Delebecque).

4) **Préjudice corporel du gérant.** Le gérant doit être indemnisé du préjudice corporel qu'il a subi du fait de sa gestion (■ TGI Paris, 25 oct.

1971 : *Gaz. Pal.* 1972, 1, 424). Sur le droit à réparation des ayants droit du gérant, V. ■ Cass. 1re civ., 16 nov. 1955 : *JCP* 56, II, 9087, note Esmein. ■ Lyon, 17 juin 1946 : *D.* 1946, somm. 29.

II – RAPPORTS DU MAÎTRE DE L'AFFAIRE ET DU GÉRANT AVEC LES TIERS

5) Absence d'obligation personnelle du gérant. Le gérant d'affaires n'est pas personnellement obligé envers le tiers avec lequel il contracte pour autrui à l'exécution des obligations naissant de ce contrat s'il s'est présenté à ce tiers, explicitement ou implicitement, comme agissant pour le compte du maître de l'affaire et sauf stipulation contraire (■ Cass. 1re civ., 14 janv. 1959 : *D.* 1959, 106).

6) Action directe du tiers contre le maître. Le tiers qui a exécuté sur l'ordre du gérant des travaux dont le géré a retiré le profit a lui-même pour le prix de ces travaux une action directe contre le géré (■ Cass. req., 16 juill. 1890 : *DP* 1891, 1, 49, note Planiol).

7) Action directe du maître contre le tiers. Sur l'action directe du maître de l'affaire contre le tiers avec lequel le gérant a traité, v. ■ Cass. com., 18 févr. 1969 : *JurisData* n° 1969-799064 ; *JCP* 69, II, 16072, note Rodière.

8) Action en justice exercée par un gérant d'affaires. Les règles de la gestion d'affaires ne sauraient avoir pour conséquence de contraindre les tiers à accepter un débat judiciaire engagé par un demandeur agissant comme gérant d'affaires (■ Cass. 1re civ., 19 déc. 1973, n° 71-11.240 : *JurisData* n° 1973-000362 ; *JCP* 74, IV, 46 ; *Bull. civ.* I, n° 363, p. 320. ■ Cass. civ., 9 mars 1982, n° 80-16.163 : *JurisData* n° 1982-700740 ; *JCP* 82, IV, 187 ; *Bull. civ.* I, n° 104, p. 90. ■ Cass. 3e civ., 27 oct. 2004, n° 03-15.029 : *JurisData* n° 2004-025654 ; *Bull. civ.* III, n° 183, p. 166. – *Contra,* ■ Cass. 1re civ., 21 déc. 1981, n° 80-15.854 : *JurisData* n° 1981-703620 ; *JCP* 83, II, 19961, note Verschave).

Art. 1376 ancien *(Abr. à compter du 1er octobre 2016, Ord. n° 2016-131, 10 févr. 2016).* – **Celui qui reçoit par erreur ou sciemment ce qui ne lui est pas dû, s'oblige à le restituer à celui de qui il l'a indûment reçu.**

NB : Rappr. art. 1302-1, p. 977.

Bibliographie : J. Ghestin, *L'erreur du solvens, condition de la répétition de l'indu : D.* 1972, chron. 277. ● I. Defrénois-Souleau, *La répétition de l'indu objectif : RTD civ.* 1989, 243. ● J.-F. Kamdem, *L'évolution du régime de l'action en répétition de l'« indu objectif » : JCP* 97, I, 4018. ● V. Perruchot-Triboulet, *L'indu à trois : RTD civ.* 2003, 427.

I – CARACTÈRE INDU DU PAIEMENT

1) Obligation prescrite. Le paiement d'une obligation prescrite ne peut donner lieu à répétition (■ Cass. req., 17 janv. 1938 : *DC* 1940, 1, 57, note Chevallier. ■ Cass. soc., 12 déc. 1968 : *Bull. civ.* V, n° 585, p. 485).

2) Transaction. Le paiement fait en exécution d'une transaction ne peut donner lieu à répétition (■ Cass. 3e civ., 2 juill. 1970 : *JurisData* n° 1970-000464 ; *D.* 1971, 41).

3) Restitutions après annulation : répétition de l'indu ou régime autonome ? L'action en répétition de l'indu est ouverte à celui qui réclame les prestations qu'il a faites en exécution d'une convention nulle pour illicéité de la cause (■ Cass. 1re civ., 18 juin 1969, n° 67-12.690 : *JurisData* n° 1969-000238 ; *JCP* 69, II, 16131, note P. L.). Jugé cependant que les restitutions consécutives à une annulation ne relèvent pas de la répétition de l'indu mais seulement des règles de la nullité (■ Cass. 1re civ., 24 sept. 2002 : *JCP* 2002, IV, 2702 ; *JurisData* n° 2002-015542 ; *Bull. civ.* I, n° 218, p. 168 ; *Defrénois* 2003, 185, note Aubert, prescription quinquennale et non décennale). L'obligation de rembourser des sommes allouées à des parties civiles en réparation de leurs préjudices et versées par une compagnie d'assurances, à la suite des dispositions d'un jugement du tribunal correctionnel assorties de l'exécution provisoire, résulte de plein droit de la réformation de cette décision de première instance. Il en résulte que si c'est à tort qu'une cour d'appel refuse de se prononcer sur la demande en répétition de l'indû présentée en pareille hypothèse par une compagnie d'assurances, la décision rendue n'encourt pas pour autant la censure (■ Cass. crim., 25 mars 2014, n° 12-84.668 : *Bull.*).

Sur la jurisprudence favorable au refus de l'action en cas de cause immorale, v. sous art. 6, annot. n° 35 et s., p. 38.

4) Paiement par un codébiteur. Le paiement effectué par un débiteur tenu in solidum, en exécution d'une décision de justice, n'est pas indu. En conséquence, celui-ci n'est pas recevable à exercer l'action en répétition de l'indu résultant du second paiement effectué par un codébiteur alors que la dette était éteinte (■ Cass. 1re civ., 17 mars 2010, n° 08-19.899 : *Bull. civ.* 2010, I, n° 69).

5) Paiement excédant le montant de la dette. Le paiement fait par erreur, en extinction d'une dette légitime, excédant le montant de la dette constitue quant à l'excédent un paiement de l'indu (■ Cass. req., 17 juill. 1939 : *DH* 1940, 15).

6) Procédures collectives. Le créancier ne pouvant conserver les sommes payées en violation de la règle de l'égalité des créanciers chirographaires, le commissaire à l'exécution du plan peut agir en répétition de l'indu à son encontre (■ Cass. com., 12 mai 2009, n° 08-11.421 : *Bull. civ.* IV, n° 68 ; *JCP* 2009, n° 37, 228, obs. Billau ; *JCP* E 2009, 1711 ; *RD bancaire et fin.* 2009, comm. 131, note S. Piedelièvre).

II – ERREUR DU *SOLVENS*

7) Principe. Sur le principe que l'action en répétition n'est pas subordonnée à la preuve de l'erreur en cas d'indu objectif, v. ■ Cass. ass. plén., 2 avr. 1993, n° 89-15.490 : *JurisData* n° 1993-000677 ; *JCP* 93, II, 22051, concl. Jéol ; *D.* 1993, 373, concl. Jéol, 1994, somm. 15, obs. Aubert ; *RTD civ.* 1993, 820, obs. Mestre. V. sur cet arrêt A. Sériaux, *Beaucoup de bruit pour rien : D.* 1993, chron. 229. V. aussi ■ Cass. 1re civ., 11 avr. 1995, n° 93-16.147 : *JurisData* n° 1995-000870 ; *JCP* G 95, II, 22485 et *JCP* E 95, II, 735, note Sériaux ; *Bull. civ.* I, n° 174, p. 126 ; *D.* 1996, somm. 117, obs. Libchaber. ■ Cass. 1re civ., 20 janv. 1998, n° 96-11.176 : *JurisData* n° 1998-000139 ; *JCP* 98, IV, 1513 ; *Bull. civ.* I, n° 18, p. 11. Il n'y a pas d'indu objectif lorsque le créancier n'a pas reçu plus qu'il ne lui est dû (■ Cass. com., 5 mai 2004, n° 02-18.066 : *JurisData* n° 2004-023643 ; *Contrats, conc. consom.* 2004, 123, note Leveneur). Le droit à répétition n'est pas subordonné à la démonstration d'un préjudice (■ Cass. com., 10 févr. 1998, n° 95-21.906 : *JurisData* n° 1998-000524 ; *RTD civ.* 1999, 102, obs. Mestre).

8) Paiement fait en connaissance de cause. Le paiement effectué en connaissance de cause ne fait pas obstacle à l'exercice par son auteur de l'action en répétition de l'indu (■ Cass. soc., 17 mai 2011, n° 10-12.852 : *Bull.*, n° 108 ; *JCP* 2011, n° 39, p. 1721, obs. Billau et Loiseau).

9) Primes comprises à tort dans l'assiette des cotisations sociales. Les indemnités versées par l'employeur aux salariés qui acceptent de quitter volontairement l'entreprise et qui ont le caractère de dommages-intérêts ne doivent pas être incluses dans l'assiette des cotisations de sécurité sociale. Dès lors, un employeur est en droit, sans être tenu à aucune autre preuve, d'obtenir la restitution des cotisations litigieuses (*■ Cass. ass. plén., 2 avr. 1993, préc.*).

10) Allocations chômage versées à tort. Dès lors que les allocations chômage ont été versées à tort, l'ASSEDIC est en droit, sans être tenue à aucune autre preuve, d'en obtenir la restitution (■ Cass. 1re civ., 11 avr. 1995, préc.).

11) Assureur victime d'une escroquerie. La condamnation de l'assuré du chef d'escroquerie à l'assurance consécutive à l'incendie intentionnel de la chose assurée a pour effet une absence d'assurance à l'égard de tous et rend inexistante la dette de l'assureur tant à l'égard de l'assuré que des tiers tirant leurs droits sur une fraction de l'indemnité d'assurance, soit de leur qualité de créanciers hypothécaires, soit d'une délégation. Dès lors, par application des articles 1235 et 1376, l'assureur est en droit d'obtenir répétition des sommes indûment perçues par ces créanciers, sans avoir à démontrer d'erreur (■ Cass. 1re civ., 27 févr. 1996, n° 94-12.645 : *JurisData* n° 1996-000555 ; *JCP* 96, IV, 916 ; *D.* 1996, inf. rap. 77 ; *Defrénois* 1996, 875, rapp. Sargos ; *RTD civ.* 1997, 428, obs. Mestre, restitution des sommes indûment perçues par l'établissement prêteur et par un expert).

12) Paiement à un créancier considéré à tort comme privilégié. Le syndic de la liquidation des biens qui paye par erreur un créancier nanti sans vérifier que l'inscription du nantissement n'a pas été renouvelée ne peut demander répétition (■ Cass. com., 7 nov. 1989, n° 87-19.234 : *JurisData* n° 1989-703493 ; *JCP* 90, IV, 4 ; *Bull. civ.* IV, n° 283, p. 192 ; *RTD civ.* 1990, 281, obs. Mestre. V. aussi, décidant que le paiement fait par erreur sur l'ordre des privilèges n'ouvre pas droit à répétition, ■ Cass. com., 30 oct. 2000, n° 97-11.718 : *JurisData* n° 2000-006767 ; *JCP* E 2001, 1090, n° 20, obs. Delebecque ; *D.* 2001, 1527, note Pierre ; *RTD civ.* 2001, 142, obs. Mestre).

13) Violation de la règle de l'égalité des créanciers chirographaires. Un créancier, admis à titre chirographaire, ne peut conserver les sommes à lui payées en violation de la règle de l'égalité des créanciers chirographaires, le paiement eût-il été fait en connaissance de cette violation (■ Cass. com., 17 nov. 1992, n° 90-19.013 : *JurisData* n° 1992-002529 ; *JCP* 93, II, 22140, note Dagorne-Labbe. V. aussi, réservant le caractère indu du paiement méconnaissant l'égalité des créanciers, ■ Cass. com., 30 oct. 2000, préc.).

14) Négligence du *solvens*. La négligence de celui qui a payé par erreur ne fait pas obstacle à l'exercice par lui de l'action en répétition (■ Cass. soc., 3 nov. 1972, n° 71-12.597 : *JCP* 74, II, 17692, note Ghestin. ■ Cass. soc., 14 juin 1979, n° 77-14.294 : *JCP* 79, IV, 276. ■ Cass. 1re civ., 27 févr. 1996, préc. ■ Cass. com., 3 juin 1998, n° 96-12.217 : *JurisData* n° 1998-002450 ; *RTD civ.* 1999, 103, obs. Mestre. ■ Cass. 1re civ., 8 juill. 2003, n° 99-21.504 : *JurisData* n° 2003-019807 ; *Resp. civ. et assur.* 2003, 284). V. aussi ■ Cass. 1re civ., 16 mai 2006 : *JurisData* n° 2006-033514 ; *Bull. civ.* I, n° 248, p. 218, qui suggère que l'action en répétition d'un indu objectif n'est pas subordonnée à la démonstration que le *solvens* a effectué le paiement en prenant les précautions commandées par la prudence. Mais le *solvens* peut engager sa responsabilité (■ Cass. soc., 3 nov. 1972, préc. ■ Cass. 1re civ., 18 juill. 1979 : *JurisData* n° 1979-700219 ; *D.* 1980, 172, note Vasseur ; *JCP* 79, II, 19238, concl. Gulphe. ■ Cass. soc., 30 mai 2000, n° 98-15.153 : *JurisData* n° 2000-002284 ; *Bull. civ.* V, n° 209, p. 163), même si l'erreur n'est pas grossière (■ Cass. soc., 17 oct. 1996, n° 94-18.537 : *JurisData* n° 1996-003768 ; *JCP* 96, IV, 2399), à moins que l'*accipiens* n'ait subi aucun préjudice (■ Aix-en-Provence, 2 oct. 1975 : *JCP* 77, II, 18752, note Tardieu-Naudet). Si tel n'est pas le cas, le remboursement mis à la charge de l'*accipiens* doit être diminué du montant de ce préjudice (■ Cass. 1re civ., 5 juill. 1989, n° 87-19.984 : *JurisData* n° 1989-702693 ; *Bull. civ.* I, n° 278, p. 185 ; *Defrénois* 1990, 748, obs. Aubert. V. aussi pour une compensation complète ■ Cass. 1re civ., 18 mai 1994, n° 92-15.184 : *JurisData* n° 1994-001024 ; *Bull. civ.* I, n° 179, p. 132).

15) Service public. Préjudice anormal subi par *l'accipiens*. Sur la responsabilité d'un organisme de sécurité sociale en tant que chargé de la gestion d'un service public, même en l'absence de faute de sa part, en cas de préjudice anormal causé à l'assuré, V. ■ Cass. soc., 31 mars 1978, n° 76-14.255 : *JCP* 78, IV, 179 ; *Bull. civ.* V, n° 269, p. 201. Comp., faisant également état de la nécessité d'un « préjudice anormal », ■ Cass. com., 19 nov. 1991, n° 90-15.465 : *JurisData* n° 1991-002831 ; *Bull. civ.* IV, n° 354, p. 245 ; *JCP* 93, II, 22012, note J.-B. Donnier. V. M. Lecene-Marénaud, *Le rôle de la faute dans les quasi-contrats : RTD civ.* 1994, 515.

III – EXERCICE DE L'ACTION EN RÉPÉTITION

16) Défendeur à l'action. L'action en répétition de l'indu peut être engagée soit contre celui qui a reçu le paiement, soit contre celui pour le compte duquel il a été reçu, mais ne peut être dirigée contre celui pour le compte duquel le paiement a été effectué (■ Cass. soc., 9 mai 1993 : *JCP* 93, IV, 1681 ; *Defrénois* 1994, 709, note Dagorne-Labbe. ■ Cass. 1re civ., 15 janv. 1985, n° 83-14.742 : *JurisData* n° 1985-700364 ; *Bull. civ.* I, n° 20, p. 20 ; *RTD civ.* 1985, 728, obs. Mestre. ■ Cass. soc., 31 janv. 1996, n° 93-43.801 : *JurisData* n° 1996-000339 ; *D.* 1997, 306, note Thullier. ■ Cass. soc., 5 déc. 1996, n° 95-10.686 : *JurisData* n° 1996-004654 ; *Bull.* V, n° 425, p. 306 ; *D.* 1998, 107, note Dagorne-Labbe. ■ Cass. soc., 31 oct. 2002, n° 01-20.018 : *JurisData* n° 2002-016243 ; *Bull. civ.* V, n° 333, p. 321. ■ Cass. 3e civ., 24 sept. 2003, n° 01-03.753 : *JurisData* n° 2003-020378 ; *Bull. civ.* III, n° 163, p. 144). Jugé cependant que lorsque l'assureur condamné à garantir son assuré a versé à la victime une indemnité en se faisant délivrer des quittances aux termes desquelles il paie « pour le compte et en l'acquit » de l'assuré, et qu'il a par la suite été déclaré non tenu à garantie, la victime, qui a reçu le paiement d'une indemnité à laquelle, en tout état de cause, elle avait droit, n'a pas bénéficié d'un paiement indu, le vrai bénéficiaire d'un tel paiement indu étant le responsable dont la dette a été acquittée par quelqu'un qui ne la devait pas (■ Cass. 1re civ., 12 mai 1987, n° 85-11.387 : *JurisData* n° 1987-001281 ; *Bull. civ.* I, n° 146, p. 114 ; *RTD civ.* 1988, 348, obs. Mestre ; ■ Cass. 2e civ., 26 avr. 2007, n° 06-12.225 : *JurisData* n° 2007-038545 ; *JCP G* 2007, IV, 2092. V. en ce sens ■ Cass. 1re civ., 23 sept. 2003, n° 01-14.101 : *JurisData* n° 2003-020385 ; *D.* 2004, 3165, note Harmand-Luque. V. aussi ■ Cass. 1re civ., 15 mai 1990, n° 88-17.572 : *JurisData* n° 1990-001368 ; *Bull. civ.* I, n° 106, p. 77 ; *JCP G* 91, II, 21628 et *JCP N* 92, II, 76, note Petit ; *D.* 1991, 538, note Virassamy ; *RTD civ.* 1990, 662, obs. Mestre, retenant que le recours a sa cause « dans le seul fait du paiement, générateur d'une obligation nouvelle distincte de celle éteinte par ledit paiement ». V. encore, affirmant que le tiers qui, par erreur, a payé la dette d'autrui de ses propres deniers a, bien que non subrogé aux droits du créancier, un recours contre le débiteur, ■ Cass. 1re civ., 13 oct. 1998, n° 96-22.515 : *JurisData* n° 1998-003818 ; *JCP* 99, I, 143, n° 9, obs. Virassamy ; *Bull. civ.* I, n° 299, p. 207 ; *D.* 1999, somm. 116, obs. Aynès. ■ Cass. 1re civ., 4 avr. 2001, n° 98-19.925 : *JurisData* n° 2001-009013 ; *JCP* 2002, I, 134, n° 18, obs. Barthez ; *Bull. civ.* I, n° 105, p. 67 ; *D.* 2001, 1824, note Billiau ; *Defrénois* 2001, 721, obs. Aubert, fondant le recours sur le principe général du droit selon lequel nul ne peut s'enrichir injustement aux dépens d'autrui). Mais jugé qu'une cour d'appel retient justement que des preneurs ne pouvaient diriger leur action que contre le créancier ou celui qui a reçu le paiement, et non pas à l'encontre du bailleur pour le compte duquel il était soutenu que les paiements avaient été effectués (■ Cass. 3e civ., 2 avr. 2008, n° 07-10.101 : *JurisData* n° 2008-043513 ; *JCP* 2008, IV, 1911). Sur le principe que les sommes versées indûment sur le compte du *de cujus*, avant et après le décès, doivent être restituées, V. ■ Cass. ch. mixte, 12 mai 2000, n° 97-18.851 : *JurisData* n° 2000-001975 ; *JCP* 2000, IV, 2125 ; *Bull. civ.*, n° 1, p. 1 ; *D.* 2001, 1210, note Mikaef-Toudic.

17) Charge de la preuve. C'est à celui qui répète la chose payée à prouver qu'elle l'a été indûment (■ Cass. civ., 1er mars 1938 : *Gaz. Pal.* 1938, 2, 667).

18) Prescription. L'action en répétition de l'indu intentée par un assureur contre son assuré, quelle que soit la source du paiement indu, se prescrit selon le délai de droit commun, applicable, à défaut de disposition spéciale, aux quasi-contrats (■ Cass. 2e civ., 4 juill. 2013, n° 12-17.427 : *Bull.* ; *RDC* 2014/1, p. 47, note Latina ; *JCP* G 2013, n° 35, p. 1539, obs. Billiau et Loiseau). *Nota* : pour la prescription de droit commun depuis la loi n° 2008-561 du 17 juin 2008, V. art. 2224 nouveau, p. 1657 et art. 2232 nouveau, p. 1668 combinés.

Antérieurement à la réforme de la prescription opérée par la loi n° 2008-561 du 17 juin 2008 : l'action en répétition se prescrit par trente ans (■ Cass. 2e civ., 14 oct. 1965, n° 62-13.866 : *Bull. civ.* II, n° 748, p. 524. ■ Cass. 1re civ., 27 févr. 1996, n° 94-12.645 : *JurisData* n° 1996-000555 ; *JCP* 96, IV, 916 ; *D.* 1996, inf. rap. 77 ; *Defrénois* 1996, 875, rapp. Sargos ; *RTD civ.* 1997, 428, obs. Mestre. ■ TGI Versailles, 21 juin 1967 : *JCP* 68, II, 15401, note Bigot. – Voir cependant pour l'action en remboursement de loyers illicitement perçus ■ Cass. 3e civ., 28 mai 1971, n° 70-20.022 : *JurisData* n° 1971-099343 ; *Bull. civ.* III, n° 343, p. 244).

19) Application à l'administration. La répétition de l'indu étant une institution commune au droit privé et au droit public interne, ses règles sont applicables à l'administration des Douanes (■ Cass. com., 16 déc. 1980 : *JurisData* n° 1980-045194 ; *JurisData* n° 1980-745235 ; *Bull. civ.* IV, n° 423, p. 339 ; *D.* 1981, 380, note Berr).

20) Caractère subsidiaire (non). Aucune disposition légale ne subordonne l'action en répétition de l'indu à l'absence de toute autre action ouverte au demandeur (■ Cass. 1re civ., 19 oct. 1983, n° 82-11.383 : *JurisData* n° 1983-702061 ; *JCP* 83, IV, 359 ; *Bull. civ.* I, n° 242, p. 216 ; *RTD civ.* 1985, 168, obs. Mestre).

Art. 1377 ancien ***(Abr. à compter du 1er octobre 2016, Ord. n° 2016-131, 10 févr. 2016).*** **– Lorsqu'une personne qui, par erreur, se croyait débitrice, a acquitté une dette, elle a le droit de répétition contre le créancier.**

Néanmoins, ce droit cesse dans le cas où le créancier a supprimé son titre par suite du paiement, sauf le recours de celui qui a payé contre le véritable débiteur.

NB : Rappr. art. 1302-2, p. 977.

Bibliographie : Ph. Derouin, *Le paiement de la dette d'autrui : répétition de l'indu et enrichissement sans cause : D.* 1980, chron. 199. • W. Dross, *L'article 1377 a-t-il encore un avenir à la Cour de cassation ?* in *Mélanges G. Goubeaux*, LGDJ 2009, p. 109.

1) Erreur du *solvens*. Sur le principe que l'article 1377 suppose la preuve de l'erreur du *solvens*, V. ■ Cass. com., 4 oct. 1988, n° 87-10.363 : *JurisData* n° 1988-001689 ; *Bull. civ.* IV, n° 264, p. 181 ; *RTD civ.* 1989, 744, obs. Mestre. Comp., visant aussi l'erreur, ■ Cass. com., 5 mai 2004, n° 02-18.066 : *JurisData* n° 2004-023643 ; *Contrats, conc. consom.* 2004, 123, note Leveneur.

2) Négligence du *solvens*. L'absence de faute de celui qui a payé ne constitue pas une condition de mise en œuvre de l'action en répétition de l'indu, sauf à déduire, le cas échéant, de la somme répétée, les dommages-intérêts destinés à réparer le préjudice résultant pour l'*accipiens* de la faute commise par le *solvens* (■ Cass. 1re civ., 17 févr. 2010, n° 08-19.789 : *Bull. civ.* 2010, I, n° 41 ; *JCP* 2010, n° 685, note Dagorne-Labbe ; *D.* 2010, p. 864, note Dissaux), que ce soit dans le cas d'un indu objectif (■ Cass. 1re civ., 16 mai 2006, n° 05-12.972 : *JurisData* n° 2006-033514 ; *Bull. civ.* I, n° 248, p. 218) ou d'un indu subjectif (■ Cass. 1re civ., 17 févr. 2010, n° 08-19.789, préc.). Pour la solution antérieure contraire s'agissant de l'indu subjectif, V. ■ Cass. com., 23 avr. 1976 : *JurisData* n° 1976-799134 ; *D.* 1977, 562, note Vermelle. ■ Cass. com., 22 nov. 1977 : *JurisData* n° 1977-798275 ; *JCP* 1978, II, 18997, note Gégout. ■ Cass. com., 26 nov. 1985, n° 84-16.893 : *JurisData* n° 1985-703113 ; *Bull. civ.* IV, n° 281, p. 238. V. A.-M. Romani, *La faute de l'appauvri dans l'enrichissement sans cause et dans la répétition de l'indu : D.* 1983, chron. 27.

3) Perte des sûretés. La disposition de l'article 1377, al. 2, comprend non seulement la destruction matérielle du titre de créance, mais aussi la perte des sûretés destinées à en assurer le remboursement, de telle sorte qu'il ne soit plus possible de replacer le créancier dans la situation où il se trouvait avant le paiement (■ Cass. civ., 27 nov. 1912 : *DP* 1913, 1, 96. V. aussi ■ Cass. 1re civ., 31 oct. 1989, n° 88-15.752 : *Bull. civ.* I, n° 337, p. 225 ; *Defrénois* 1990, 1025, obs. Aubert ; *RTD civ.* 1990, 281, obs. Mestre. ■ Cass. 1re civ., 5 déc. 1995, n° 94-12.376 : *JurisData* n° 1995-003525 ; *JCP* 96, IV, 256 ; *Bull.* I, n° 448, p. 313).

4) Délai de prescription. Pour l'application de la prescription quinquennale de l'article 2224 depuis l'entrée en vigueur de la loi du 17 juin 2008, V. ■ Cass. 2e civ., 5 juill. 2018, n° 17-14.244 : *Contrats, conc. consom.* 2018, comm. 189, note Leveneur.

Art. 1378 ancien ***(Abr. à compter du 1er octobre 2016, Ord. n° 2016-131, 10 févr. 2016).*** **– S'il y a eu mauvaise foi de la part de celui qui a reçu, il est tenu de restituer, tant le capital que les intérêts ou les fruits, du jour du paiement.**

NB : Rappr. art. 1352-7, p. 994.

I – *ACCIPIENS* DE BONNE FOI

1) Obligation de restituer. L'*accipiens* de bonne foi est tenu à restitution (■ Cass. 2e civ., 14 janv. 1965, n° 59-13.433 : *JurisData* n° 1965-099037 ; *D.* 1965, 239, 2e esp. ■ Cass. soc., 23 janv. 1974, n° 72-40.515 : *JurisData* n° 1974-096058 ; *Bull. civ.* V, n° 58, p. 53).

2) Intérêts. L'*accipiens* de bonne foi ne doit les intérêts que du jour de la demande (■ Cass. 1re civ., 6 déc. 1961, n° 60-13.778 : *JurisData* n° 1961-000581 ; *JCP* 62, IV, 6 ; *Bull. civ.* I, n° 581, p. 464. ■ Cass. com., 16 déc. 1980 : *JCP* 81, IV, 88 ; *Bull. civ.* IV, n° 424, p. 339). Les intérêts moratoires sont dus à compter du jour de la demande, dès lors que le montant de la somme peut être déterminé par l'application de dispositions légales ou réglementaires ou par convention (■ Cass. ass. plén., 2 avr. 1993, n° 89-15.490 : *JurisData* n° 1993-00677 ; *JCP* 93, II, 22051, concl. Jéol ; *D.* 1994, somm. 15, obs. Aubert).

II – *ACCIPIENS* DE MAUVAISE FOI

3) Mauvaise foi. L'*accipiens* est de mauvaise foi s'il connaît au moment du paiement le vice dont ce paiement est entaché (■ Cass. civ., 20 févr. 1928 : *DH* 1928, 213). Jugé que la mauvaise foi est suffisamment caractérisée par le fait que l'*accipiens* savait que sa créance était contestée (■ Cass. soc., 23 oct. 1969, n° 67-13.502 : *JurisData* n° 1969-099565 ; *Bull. civ.* V, n° 565, p. 472. ■ Cass. soc., 7 avr. 1994, n° 91-22.147 : *JurisData* n° 1994-000852 ; *Bull. civ.* V, n° 142, p. 95. ■ Cass. soc., 27 juin 1996, n° 94-10.982 : *JurisData* n° 1996-002804 ; *JCP* 96, I, 3983, n° 17, obs. Billiau ; *Bull. civ.* V, n° 258, p. 181). Dès lors qu'est établi le caractère indu du crédit, c'est au client de la banque d'établir qu'il a pu se méprendre sur ses droits et dépenser de bonne foi les sommes portées par erreur sur son compte (■ Cass. com., 13 mars 2001, n° 98-12.438 : *JurisData* n° 2001-008647 ; *JCP* 2001, IV, 1875 ; *D.* 2001, 3113, note Saint-Gérand).

4) Intérêts. En cas de mauvaise foi, les intérêts dus par l'*accipiens* partent du jour de chaque paiement, sans que le créancier ait à établir un préjudice spécial (■ Cass. 1re civ., 8 juin 1983, n° 82-12.418 : *JurisData* n° 1983-701254 ; *Bull. civ.* I, n° 172, p. 151. Pour une application à l'encontre de l'administration des douanes ayant perçu indûment des taxes contraires au droit communautaire, V. ■ Cass. com., 10 févr. 1987, n° 85-13.916 : *Bull. civ.* IV, n° 39, p. 29). Ils ne peuvent partir d'une date antérieure à celle de la perception des sommes à restituer (■ Cass. 3e civ., 17 janv. 1990, n° 88-14.890 : *JurisData* n° 1990-700360 ; *Bull. civ.* III, n° 19, p. 10). Sur la possibilité de condamner le vendeur auteur de manœuvres dolosives à payer des dommages-intérêts en sus des intérêts de l'article 1378, V. ■ Cass. com., 4 janv. 2000, n° 96-16.197 : *JurisData* n° 2000-000108 ; *Contrats, conc. consom.* 2000, 79, note Leveneur.

Art. 1379 ancien ***(Abr. à compter du 1er octobre 2016, Ord. n° 2016-131, 10 févr. 2016).*** **– Si la chose indûment reçue est un immeuble ou un meuble corporel, celui qui l'a reçue s'oblige à la restituer en nature, si elle existe, ou sa valeur, si elle est périe ou détériorée par sa faute ; il est même garant de sa perte par cas fortuit, s'il l'a reçue de mauvaise foi.**

NB : Rappr. art. 1352, 1352-1, p. 993.

Art. 1380 ancien ***(Abr. à compter du 1er octobre 2016, Ord. n° 2016-131, 10 févr. 2016).*** **– Si celui qui a reçu de bonne foi a vendu la chose, il ne doit restituer que le prix de la vente.**

NB : Rappr. art. 1352-2, p. 993.

Art. 1381 ancien ***(Abr. à compter du 1er octobre 2016, Ord. n° 2016-131, 10 févr. 2016).*** **– Celui auquel la chose est restituée, doit tenir compte, même au possesseur de mauvaise foi, de toutes les dépenses nécessaires et utiles qui ont été faites pour la conservation de la chose.**

NB : Rappr. art. 1352-5, p. 993.

Dépenses nécessaires à la conservation du bail du fonds de commerce. Ne donne pas de base légale à sa décision au regard de l'article 1381 la cour d'appel qui rejette la demande de remboursement, présentée à l'adjudicataire du fonds de commerce, de l'arriéré de loyers et du dépôt de garantie que l'acquéreur dépossédé à la suite d'une surenchère a versé au bailleur, en se bornant à énoncer que ce paiement ne constitue pas une dépense nécessaire et utile à la conservation de la chose, sans rechercher, comme il lui était demandé, si les dépenses litigieuses n'ont pas eu pour objet de conserver le bail indispensable à l'exploitation du fonds de commerce (■ Cass. com., 25 févr. 2003 : *JCP* 2003, IV, 1742 ; *JurisData* n° 2003-017928).

CHAPITRE II. – DES DÉLITS ET DES QUASI-DÉLITS

Art. 1382 ancien *(Abr. à compter du 1er octobre 2016, Ord. n° 2016-131, 10 févr. 2016).* **– Tout fait quelconque de l'homme, qui cause à autrui un dommage, oblige celui par la faute duquel il est arrivé, à le réparer.**

NB : Rappr. art. 1240, p. 882.

Art. 1383 ancien *(Abr. à compter du 1er octobre 2016, Ord. n° 2016-131, 10 févr. 2016).* **– Chacun est responsable du dommage qu'il a causé non seulement par son fait, mais encore par sa négligence ou par son imprudence.**

NB : Rappr. art. 1241, p. 882.

Bibliographie : A. Anziani et L. Béteille, *Responsabilité civile : des évolutions nécessaires*, Rapport d'information fait au nom de la commission des lois par le groupe de travail relatif à la responsabilité civile : Doc. Sénat, Rapport n° 558, 2008-2009 ; *RDC* 2010/1, p. 23, obs. D. Mazeaud. • G. Viney (dir.), *L'avant-projet de réforme du droit de la responsabilité : RDC* 2007/1, avec les contributions de P. Catala, G. Viney ; P. Ancel, J. Huet, E. Savaux, S. Lorenz, F. Leduc, F. Chabas, C. Radé, S. Whittaker, Ph. Brun, Ph. le Tourneau, B. Fages, B. Dubuisson, P. Jourdain, D. Mazeaud, Y. Lambert-Faivre, P. Wessner, G. Durry. • M. Grimaldi (dir.), *Journée Henri, Léon et Jean Mazeaud : La responsabilité civile*, Assoc. H. Capitant : *LPA*, n° spéc., 31 août 2006. • M. Poumarède, *Les régimes particuliers de responsabilité civile, ces oubliés de l'avant-projet Catala : D.* 2006, chron., p. 2420. • Ph. Brun, *Les mots du droit de la responsabilité : esquisse d'abécédaire in Mélanges Ph. le Tourneau*, Dalloz 2008, p. 117. • G. Viney, *Modernité ou obsolescence du Code civil ? l'exemple de la responsabilité : ibid.*, p. 1041 ; *Principe de précaution et responsabilité civile des personnes privées : D.* 2007, p. 1542. • M. Bacache, *Office du juge et responsabilité civile in Mélanges Héron*, LGDJ 2009, p. 23. • E. Dreyer, *La faute lucrative des médias, prétexte à une réflexion sur la peine privée : JCP* 2008, I, 201. • *Mélanges Viney*, LGDJ 2008. • C. Radé, *Responsabilité et solidarité : propositions pour une nouvelle architecture : Resp. civ. et assur.* 2009, dossier 5. • F. Marchadier, *La réparation des dommages à la lumière de la Convention européenne des droits de l'homme : RTD civ.* 2009, p. 245. • O. Deshayes (ss dir.), *Les immunités de responsabilité civile, Actes du colloque d'Amiens*, PUF, coll. « CEPRISCA », 2009. • R. Mésa, *La consécration d'une responsabilité civile punitive : une solution au problème des fautes lucratives ? : Gaz. Pal.* 20 nov. 2009, nos 324-325, p. 15. • G. Viney, *Cessation de l'illicite et responsabilité civile in Mélanges G. Goubeaux*, Dalloz-LGDJ, 2009. • G. Viney, *Quelques propositions de réforme du droit de la responsabilité civile : D.* 2009, p. 2944. • E. Descheemaeker, *La dualité des torts en droit français, délits, quasi-délits et la notion de faute : RTD civ.* 2010 p. 435. • C. Quézel-Ambrunaz, *La responsabilité civile et les droits du titre I du livre I du Code civil. À la découverte d'une hiérarchisation des intérêts protégés : RTD civ.* 2012, p. 251. • F. Terré (dir.), *Pour une réforme du droit de la responsabilité civile*, Dalloz, 2011. • C. Bernfeld, *Rapport Terré – Feu la réparation intégrale : JCP* 2012, doctr. 30. • L. Martin, *Le droit souple de la responsabilité civile : RTD civ.* 2015, p. 517. • P. Jourdain, *La constitutionnalisation du droit de la responsabilité civile : RCA* 2016, étude 4. • G. Viney, *Après la réforme du contrat, la nécessaire réforme des textes du Code civil relatifs à la responsabilité : JCP G* 2016, 99. • J. Knetsch, *L'européanisation du droit de la responsabilité civile : D.* 2017, 18. • Colloque 17 mars 2017, *Responsabilité civile et autres disciplines du droit privé : Resp. civ. et assur.* 2017, dossier 1. • A. Danis-Fatôme, *La responsabilité civile dans la loi relative au devoir de vigilance des sociétés mères et des entreprises donneuses d'ordre : D.* 2017, p. 1610. • J. Traullé, *La réparation du préjudice économique pur en question : RTD civ.* 2018, p. 285. Débats, *L'évaluation des dommages et intérêts : question de fait ou question de droit ? : RDC* 2019, p. 159.

Bibliographie sur l'avant-projet de réforme de la responsabilité civile. M. Bacache, *Relativité de la faute contractuelle et responsabilité des parties à l'égard des tiers : D.* 2016, 1454. • D. Bakouche, *De l'ordonnance du 10 février 2016 à l'avant-projet de loi portant réforme de la responsabilité civile : inconstance idéologique ? : Resp. civ. et assur.* 2016, repère 7. • J.-S. Borghetti, *Vue d'ensemble de l'avant-projet de réforme : D.* 2016, 1386 ; *Commentaire des principales dispositions de l'avant-projet de réforme : D.* 2016, 1442. • Ch. Larroumet, *L'intensité de l'obligation dans la responsabilité contractuelle : JCP G* 2016, 1031 ; *La responsabilité du débiteur contractuel envers les tiers : JCP G* 2016, 1234. • M. Mekki *et alii*, *Avant-projet de réforme de la responsabilité civile : l'art et la technique du compromis*, LGDJ, 2016. • Ph. Stoffel-Munck *et alii*, *Avant-projet de loi portant réforme de la responsabilité civile, observations et propositions de modifications : JCP G* 2016, supplément au n° 30-35. • G. Viney, *L'espoir d'une recodification du droit de la responsabilité civile : D.* 2016, 1378. • B. Waltz-Teracol, *Regard critique sur les causes d'exonération : D.* 2017, 16. • Dossier, *Pour une réforme ambitieuse de la responsabilité contractuelle : RDC* 2016, 770 et s. • J.-S. Borghetti, *Un pas de plus vers la réforme de la responsabilité civile : D.* 2017, 770. • S. Carval, *Le projet de réforme de la responsabilité civile : JCP G* 2017, 401. • V. Bousquet et E. Fouassier, *Le projet de réforme de la responsabilité civile et les produits de santé : D.* 2017, 834. • M. Leveneur-Azémar, *Une solution convaincante pour l'engagement de la responsabilité des contractants par les tiers : JCP G* 2017, 1182. • Colloque 19 mai 2017, *Le juge et la responsabilité civile : bilan et perspectives : RDC* 2017, p. 687. • L. Morlet-Haïdara, *Le projet de réforme du régime d'indemnisation des accidents de la circulation : Resp. civ. et assur.* 2017, étude 9. • F. Rousseau, *L'amende civile* *face aux principes directeurs du droit pénal : JCP* G 2018, 686. • J. Prorok, *L'amende civile dans la réforme de la responsabilité civile : RTD civ.* 2018, p. 327. • O. Dexant-de baillencourt, *Pour une consécration légale de la faute séprable des fonctions du dirigeant : D.* 2019, p. 144. • J. Knetsch, *Faut-il soumettre les accidents ferroviaires au régime de la loi Badinter ? : D.* 2019, p. 138.

Jurisprudence. V. ss art. 1241, p. 882.

Art. 1384 ancien ***(Mod., L. 7 nov. 1922 ; L. 5 avr. 1937 ; L. n° 70-459, 4 juin 1970 ; L. n° 2002-305, 4 mars 2002 ; abr. à compter du 1er octobre 2016, Ord. n° 2016-131, 10 févr. 2016).*** **– On est responsable non seulement du dommage que l'on cause par son propre fait, mais encore de celui qui est causé par le fait des personnes dont on doit répondre, ou des choses que l'on a sous sa garde.**

Toutefois, celui qui détient à un titre quelconque tout ou partie de l'immeuble ou des biens mobiliers dans lesquels un incendie a pris naissance ne sera responsable vis-à-vis des tiers des dommages causés par cet incendie que s'il est prouvé qu'il doit être attribué à sa faute ou à la faute des personnes dont il est responsable.

Cette disposition ne s'applique pas aux rapports entre propriétaires et locataires qui demeurent régis par les articles 1733 et 1734 du Code civil.

Le père et la mère, en tant qu'ils exercent l'autorité parentale, sont solidairement responsables du dommage causé par leurs enfants mineurs habitant avec eux.

Les maîtres et les commettants, du dommage causé par leurs domestiques et préposés dans les fonctions auxquelles ils les ont employés ;

Les instituteurs et les artisans, du dommage causé par leurs élèves et apprentis pendant le temps qu'ils sont sous leur surveillance.

La responsabilité ci-dessus a lieu, à moins que les père et mère et les artisans ne prouvent qu'ils n'ont pu empêcher le fait qui donne lieu à cette responsabilité.

En ce qui concerne les instituteurs, les fautes, imprudences ou négligences invoquées contre eux comme ayant causé le fait dommageable, devront être prouvées, conformément au droit commun, par le demandeur à l'instance.

NB : Rappr. art. 1242, p. 926.

Bibliographie : Saint-Jours, *La part du risque dans le projet de réforme de la responsabilité civile, D.* 2006, p. 2960. • J.-S. Borghetti, *La responsabilité du fait des choses, un régime qui a fait son temps : RTD civ.* 2010, 1. • Ph. Brun, *De l'intemporalité du principe de responsabilité du fait des choses : RTD civ.* 2010, 487.

Jurisprudence. V. ss art. 1242, p. 926.

Art. 1385 ancien ***(Abr. à compter du 1er octobre 2016, Ord. n° 2016-131, 10 févr. 2016).*** **– Le propriétaire d'un animal, ou celui qui s'en sert, pendant qu'il est à son usage, est responsable du dommage que l'animal a causé, soit que l'animal fût sous sa garde, soit qu'il fût égaré ou échappé.**

NB : Rappr. art. 1243, p. 954.

Jurisprudence. V. ss art. 1243, p. 954.

Art. 1386 ancien ***(Abr. à compter du 1er octobre 2016, Ord. n° 2016-131, 10 févr. 2016).*** **– Le propriétaire d'un bâtiment est responsable du dommage causé par sa ruine, lorsqu'elle est arrivée par suite du défaut d'entretien ou par le vice de sa construction.**

NB : Rappr. art. 1244, p. 957.

Bibliographie : *Depadt-Sebag, Faut-il abroger l'article 1386 du Code civil ? : D.* 2006, p. 2113. • C. Desnoyer, *La jurisprudence relative à l'articulation des articles 1386 et 1384, alinéa 1er, du Code civil. L'instrumentalisation de la règle* Specialia generalibus derogant : *RTD civ.* 2012, p. 461.

Jurisprudence. V. ss art. 1244, p. 957.

TITRE IV *BIS* ANCIEN. – DE LA RESPONSABILITÉ DU FAIT DES PRODUITS DÉFECTUEUX

(L. n° 98-389, 19 mai 1998 ; abr. à compter du 1er octobre 2016, Ord. n° 2016-131, 10 févr. 2016)

Art. 1386-1 ancien *(L. n° 98-389, 19 mai 1998 ; abr. à compter du 1er octobre 2016, Ord. n° 2016-131, 10 févr. 2016).* – **Le producteur est responsable du dommage causé par un défaut de son produit, qu'il soit ou non lié par un contrat avec la victime.**

NB : Rappr. art. 1245, p. 959.

Jurisprudence. V. ss art. 1245, p. 959.

Art. 1386-2 ancien *(L. n° 98-389, 19 mai 1998 ; mod., L. n° 2004-1343, 9 déc. 2004 ; abr. à compter du 1er octobre 2016, Ord. n° 2016-131, 10 févr. 2016).* – **Les dispositions du présent titre s'appliquent à la réparation du dommage qui résulte d'une atteinte à la personne.**

Elles s'appliquent également à la réparation du dommage supérieur à un montant déterminé par décret (1)**, qui résulte d'une atteinte à un bien autre que le produit défectueux lui-même.**

NB : Rappr. art. 1245-1, p. 959.

Jurisprudence. V. ss art. 1245-1, p. 959.

Art. 1386-3 ancien *(L. n° 98-389, 19 mai 1998 ; abr. à compter du 1er octobre 2016, Ord. n° 2016-131, 10 févr. 2016).* – **Est un produit tout bien meuble, même s'il est incorporé dans un immeuble, y compris les produits du sol, de l'élevage, de la chasse et de la pêche. L'électricité est considérée comme un produit.**

NB : Rappr. art. 1245-2, p. 961.

Art. 1386-4 ancien *(L. n° 98-389, 19 mai 1998 ; abr. à compter du 1er octobre 2016, Ord. n° 2016-131, 10 févr. 2016).* – **Un produit est défectueux au sens du présent titre lorsqu'il n'offre pas la sécurité à laquelle on peut légitimement s'attendre.**

Dans l'appréciation de la sécurité à laquelle on peut légitimement s'attendre, il doit être tenu compte de toutes les circonstances et notamment de la présentation du produit, de l'usage qui peut en être raisonnablement attendu et du moment de sa mise en circulation.

Un produit ne peut être considéré comme défectueux par le seul fait qu'un autre, plus perfectionné, a été mis postérieurement en circulation.

NB : Rappr. art. 1245-3, p. 961.

Jurisprudence. V. ss art. 1245-3, p. 961.

Art. 1386-5 ancien *(L. n° 98-389, 19 mai 1998 ; abr. à compter du 1er octobre 2016, Ord. n° 2016-131, 10 févr. 2016).* – **Un produit est mis en circulation lorsque le producteur s'en est dessaisi volontairement.**

Un produit ne fait l'objet que d'une seule mise en circulation.

NB : Rappr. art. 1245-4, p. 963.

Jurisprudence. V. ss art. 1245-4, p. 963.

Art. 1386-6 ancien *(L. n° 98-389, 19 mai 1998 ; abr. à compter du 1er octobre 2016, Ord. n° 2016-131, 10 févr. 2016).* – **Est producteur, lorsqu'il agit à titre professionnel, le fabricant d'un produit fini, le producteur d'une matière première, le fabricant d'une partie composante.**

***Est assimilée à un producteur pour l'application* du présent titre toute personne agissant à titre professionnel :**

1° Qui se présente comme producteur en apposant sur le produit son nom, sa marque ou un autre signe distinctif ;

(1) V. D. n° 2005-113, 11 févr. 2005, fixant ce montant à 500 euros.

2° Qui importe un produit dans la Communauté européenne en vue d'une vente, d'une location, avec ou sans promesse de vente, ou de toute autre forme de distribution.

3° *(3° créé, L. n° 2016-138, 11 févr. 2016)* Qui fait don d'un produit vendu sous marque de distributeur en tant que fabricant lié à une entreprise ou à un groupe d'entreprises, au sens de l'article L. 112-6 du Code de la consommation.

Ne sont pas considérées comme producteurs, au sens du présent titre, les personnes dont la responsabilité peut être recherchée sur le fondement des articles 1792 à 1792-6 et 1646-1.

NB : Rappr. art. 1245-5, p. 963

Jurisprudence. V. ss art. 1245-5, p. 963.

Art. 1386-7 ancien *(L. n° 98-389, 19 mai 1998 ; mod., L. n° 2006-406, 5 avr. 2006 ; abr. à compter du 1er octobre 2016, Ord. n° 2016-131, 10 févr. 2016)*. – Si le producteur ne peut être identifié, le vendeur, le loueur, à l'exception du crédit-bailleur ou du loueur assimilable au crédit-bailleur, ou tout autre fournisseur professionnel, est responsable du défaut de sécurité du produit, dans les mêmes conditions que le producteur, à moins qu'il ne désigne son propre fournisseur ou le producteur, dans un délai de trois mois à compter de la date à laquelle la demande de la victime lui a été notifiée.

Le recours du fournisseur contre le producteur obéit aux mêmes règles que la demande émanant de la victime directe du défaut. Toutefois, il doit agir dans l'année suivant la date de sa citation en justice.

NB : Rappr. art. 1245-6, p. 964.

Jurisprudence. V. ss art. 1245-6, p. 964.

Bibliographie : L. Grynbaum : *JCP* 2006, act. 185.

Rédaction antérieure. Art. 1386-7. – Le vendeur, le loueur, à l'exception du crédit-bailleur ou du loueur assimilable au crédit-bailleur, ou tout autre fournisseur professionnel est responsable du défaut de sécurité du produit dans les mêmes conditions que le producteur.

[...].

Art. 1386-8 ancien *(L. n° 98-389, 19 mai 1998 ; abr. à compter du 1er octobre 2016, Ord. n° 2016-131, 10 févr. 2016)*. – En cas de dommage causé par le défaut d'un produit incorporé dans un autre, le producteur de la partie composante et celui qui a réalisé l'incorporation sont solidairement responsables.

NB : Rappr. art. 1245-7, p. 965.

Jurisprudence. V. ss art. 1245-7, p. 965.

Art. 1386-9 ancien *(L. n° 98-389, 19 mai 1998 ; abr. à compter du 1er octobre 2016, Ord. n° 2016-131, 10 févr. 2016)*. – Le demandeur doit prouver le dommage, le défaut et le lien de causalité entre le défaut et le dommage.

NB : Rappr. art. 1245-8, p. 966.

Jurisprudence. V. ss art. 1245-8, p. 966.

Art. 1386-10 ancien *(L. n° 98-389, 19 mai 1998 ; abr. à compter du 1er octobre 2016, Ord. n° 2016-131, 10 févr. 2016)*. – Le producteur peut être responsable du défaut alors même que le produit a été fabriqué dans le respect des règles de l'art ou de normes existantes ou qu'il a fait l'objet d'une autorisation administrative.

NB : Rappr. art. 1245-9, p. 968.

Art. 1386-11 ancien *(L. n° 98-389, 19 mai 1998 ; abr. à compter du 1er octobre 2016, Ord. n° 2016-131, 10 févr. 2016)*. – Le producteur est responsable de plein droit à moins qu'il ne prouve :

1° Qu'il n'avait pas mis le produit en circulation ;

2° Que, compte tenu des circonstances, il y a lieu d'estimer que le défaut ayant causé le dommage n'existait pas au moment où le produit a été mis en circulation par lui ou que ce défaut est né postérieurement ;

3° Que le produit n'a pas été destiné à la vente ou à toute autre forme de distribution ;

4° Que l'état des connaissances scientifiques et techniques, au moment où il a mis le produit en circulation, n'a pas permis de déceler l'existence du défaut ;

5° Ou que le défaut est dû à la conformité du produit avec des règles impératives d'ordre législatif ou réglementaire.

Le producteur de la partie composante n'est pas non plus responsable s'il établit que le défaut est imputable à la conception du produit dans lequel cette partie a été incorporée ou aux instructions données par le producteur de ce produit.

NB : Rappr. art. 1245-10, p. 968.

Jurisprudence. V. ss art. 1245-10, p. 968.

Art. 1386-12 ancien *(L. n° 98-389, 19 mai 1998 ; mod., L. n° 2004-1343, 9 déc. 2004 ; abr. à compter du 1er octobre 2016, Ord. n° 2016-131, 10 févr. 2016).* – Le producteur ne peut invoquer la cause d'exonération prévue au 4° de l'article 1386-11 lorsque le dommage a été causé par un élément du corps humain ou par les produits issus de celui-ci.

NB : Rappr. art. 1245-11, p. 970.

Jurisprudence. V. ss art. 1245-11, p. 970.

Rédaction antérieure. Art. 1386-12. – [...].
Le producteur ne peut invoquer les causes d'exonération prévues aux 4° et 5° de l'article 1386-11 si, en présence d'un défaut qui s'est révélé dans un délai de dix ans après la mise en circulation du produit, il n'a pas pris les dispositions propres à en prévenir les conséquences dommageables.

Art. 1386-13 ancien *(L. n° 98-389, 19 mai 1998 ; abr. à compter du 1er octobre 2016, Ord. n° 2016-131, 10 févr. 2016).* – La responsabilité du producteur peut être réduite ou supprimée, compte tenu de toutes les circonstances, lorsque le dommage est causé conjointement par un défaut du produit et par la faute de la victime ou d'une personne dont la victime est responsable.

NB : Rappr. art. 1245-12, p. 970.

Jurisprudence. V. ss art. 1245-12, p. 970

Art. 1386-14 ancien *(L. n° 98-389, 19 mai 1998 ; abr. à compter du 1er octobre 2016, Ord. n° 2016-131, 10 févr. 2016).* – La responsabilité du producteur envers la victime n'est pas réduite par le fait d'un tiers ayant concouru à la réalisation du dommage.

NB : Rappr. art. 1245-13, p. 970.

Jurisprudence. V. ss art. 1245-13, p. 970.

Art. 1386-15 ancien *(L. n° 98-389, 19 mai 1998 ; abr. à compter du 1er octobre 2016, Ord. n° 2016-131, 10 févr. 2016).* – Les clauses qui visent à écarter ou à limiter la responsabilité du fait des produits défectueux sont interdites et réputées non écrites.

Toutefois, pour les dommages causés aux biens qui ne sont pas utilisés par la victime principalement pour son usage ou sa consommation privée, les clauses stipulées entre professionnels sont valables.

NB : Rappr. art. 1245-14, p. 971.

Art. 1386-16 ancien *(L. n° 98-389, 19 mai 1998 ; abr. à compter du 1er octobre 2016, Ord. n° 2016-131, 10 févr. 2016).* – Sauf faute du producteur, la responsabilité de celui-ci, fondée sur les dispositions du présent titre, est éteinte dix ans après la mise en circulation du produit même qui a causé le dommage à moins que, durant cette période, la victime n'ait engagé une action en justice.

NB : Rappr. art. 1245-15, p. 971.

Art. 1386-17 ancien *(L. n° 98-389, 19 mai 1998 ; abr. à compter du 1er octobre 2016, Ord. n° 2016-131, 10 févr. 2016).* – L'action en réparation fondée sur les dispositions du présent titre se prescrit

dans un délai de trois ans à compter de la date à laquelle le demandeur a eu ou aurait dû avoir connaissance du dommage, du défaut et de l'identité du producteur.

NB : Rappr. art. 1245-16, p. 971.

Jurisprudence. V. ss art. 1245-16, p. 971.

Art. 1386-18 ancien *(L. n° 98-389, 19 mai 1998 ; abr. à compter du 1er octobre 2016, Ord. n° 2016-131, 10 févr. 2016).* **– Les dispositions du présent titre ne portent pas atteinte aux droits dont la victime d'un dommage peut se prévaloir au titre du droit de la responsabilité contractuelle ou extracontractuelle ou au titre d'un régime spécial de responsabilité.**

Le producteur reste responsable des conséquences de sa faute et de celle des personnes dont il répond.

NB : Rappr. art. 1245-17, p. 972.

Jurisprudence. V. ss art. 1245-17, p. 972.

TITRE V. – DU CONTRAT DE MARIAGE ET DES RÉGIMES MATRIMONIAUX

(L. n° 65-570, 13 juill. 1965)

CHAPITRE I. – DISPOSITIONS GÉNÉRALES

Bibliographie : B. Vareille, *La loi du 23 juin 2006 et les régimes matrimoniaux : JCP* N 2007, 1200. • M. Farge, *La détermination du régime matrimonial des époux mariés avant l'entrée en vigueur de la Convention de La Haye du 14 mars 1978 : la Cour de cassation restaure-t-elle la prévisibilité de la règle de conflit de lois ? : Dr. famille* 2008, étude 21. • B. Vareille, *Communauté et opérations en cours non dénouées : JCP* N 2009, 1187. • Ph. Simler, *Le nouveau régime matrimonial optionnel franco-allemand de participation aux acquêts : Dr. famille* 2010, étude 8 ; *JCP* N 2010, n° 20, 52. • A. Meier-Bourdeau, *Accord du 4 février 2010 entre la France et l'Allemagne portant création d'un régime matrimonial commun : JCP* N 2010, n° 10, 3. • H. Letellier, *Un nouveau régime matrimonial à la disposition de tous les couples : le régime commun franco-allemand : Gaz. Pal.* 30 juill. 2010, 24. • A. Meier-Bourdeau, *Le nouveau régime matrimonial franco-allemand, à propos de la loi du 28 janvier 2013 : JCP* G 2013, act. 163. • R. Cabrillac, *L'information des époux dans les régimes matrimoniaux in Mélanges Champenois : Defrénois* 2012, 129. • R. Crône, *La loi applicable au régime matrimonial. Hier, aujourd'hui, demain... in Mélanges Champenois : Defrénois* 2012, 217. • C. Grare-Didier et M. Pichard, *L'argent en compte et la famille in Mélanges Champenois : Defrénois* 2012, 381. • F. Laroche Gisserot, *Organiser son divorce en se mariant : l'exemple des pays de Common Law in Mélanges Champenois : Defrénois* 2012, 485. • H. Lécuyer, *Le Conseil constitutionnel, protecteur des époux ou fossoyeur des procédures collectives ? L'introuvable équilibre in Mélanges Champenois : Defrénois* 2012, 499. • H. Le Guidec, *Observations, sur le report de la dissolution du régime matrimonial in Mélanges Champenois : Defrénois* 2012, 513. • L. Poulet, *Dits et non-dits de la Cour de cassation en droit des régimes matrimoniaux in Mélanges Champenois : Defrénois* 2012, 663. • G. Rouzet, *Conjugalité et copropriété in Mélanges Champenois : Defrénois 2012, 731.* • *F. Terré, Nature et régime matrimoniaux – Sur la thèse de Jean Carbonnier in Mélanges Champenois : Defrénois* 2012, 795. • *L'évolution du mariage et des régimes matrimoniaux*, étude INSEE, 8 janv. 2014 : *JCP* N 2014, act. 175. • Sur les 50 ans de la loi du 13 juillet 1965, V. Dossier *in JCP* N 2015, 1119 et s., sous la direction de R. Le Guidec, avec les contributions de R. Le Guidec, A. Karm, G. Champenois, N. Peterka, E. Naudin et B. Vareille.

Sur le règlement européen du 24 juin 2016 relatif aux régimes matrimoniaux. (règlement (UE) 2016/1103 du Conseil du 24 juin 2016 mettant en œuvre une coopération renforcée dans le domaine de la compétence, de la loi applicable, de la reconnaissance et de l'exécution des décisions en matière de régimes matrimoniaux), V. S. Godechot-Patris, *Commentaire du règlement du 24 juin 2016 relatif aux régimes matrimoniaux : le changement dans la continuité : D.* 2016, 2292. • L. Perreau-Saussine, *Le nouveau règlement européen « Régimes matrimoniaux » : JCP* G 2016, doctr. 1116. • H. Péroz, *Le nouveau règlement européen sur les régimes matrimoniaux : JCP* N 2016, 1241. • L. Usinier : *RTD civ.* 2016, 806. • V. Egéa : *RTDE* 2016, 808. • C. Nourissat et M. Revillard, *Règlements européens du 24 juin 2016 sur les régimes matrimoniaux et les effets patrimoniaux des partenariats enregistrés : Defrénois* 2016, 878. • C. Nourissat : *Defrénois* 2017, 317. • P. Callé : *Defrénois* 2017, 183. • V. aussi le dossier *in Dr. famille* : 2017, en particulier les contributions de M. Farge, E. Fongaro, H. Péroz, S. Sana-Chaillé de Néré, R. Crone et C. Nourissat.

Art. 1387. – La loi ne régit l'association conjugale, quant aux biens, qu'à défaut de conventions spéciales, que les époux peuvent faire comme ils le jugent à propos, pourvu qu'elles ne soient pas contraires aux bonnes mœurs ni aux dispositions qui suivent.

Présomption en faveur du régime légal (non). L'article 1387 détermine le régime matrimonial applicable en l'absence de contrat de mariage, mais ne permet pas de présumer l'absence d'un tel contrat. Il appartient donc aux juges du fond, saisis par les époux d'une action en nullité fondée sur le défaut de pouvoir du mari de les inviter à justifier de leur régime matrimonial (■ Cass. 1re civ., 24 mars 1987, n° 85-14.224 : *JurisData* n° 1987-000599 ; *Bull. civ.* I, n° 109, p. 81).

Art. 1387-1 *(L. n° 2005-882, 2 août 2005)*. **– Lorsque le divorce est prononcé, si des dettes ou sûretés ont été consenties par les époux, solidairement ou séparément, dans le cadre de la gestion d'une entreprise, le tribunal de grande instance peut décider d'en faire supporter la charge exclusive au conjoint qui conserve le patrimoine professionnel ou, à défaut, la qualification professionnelle ayant servi de fondement à l'entreprise.**

Bibliographie : V. Larribau-Terneyre, *« Le créancier se trouva fort dépourvu quand le divorce fut venu »... Ou le nouvel article 1387-1 du Code civil (loi du 2 août 2005 sur les PME) : Dr. famille* 2005, étude 21 ; du même auteur, *Supprimer l'article 1387-1 : JCP* 2008, n° hors-série 2, *Quatre-vingts ans de la Semaine juridique*, p. 46. • V. Brémond, *Le nouveau régime des dettes professionnelles conjugales en cas de divorce : JCP* N 2005, 1497. • J.-P. Chazal et S. Ferré-André, *L'incroyable destin de l'article 1387-1 du Code civil : D.* 2006, 316. • S. Piédelièvre, *Le nouvel article 1387-1 du Code civil (ou de l'utilisation d'un pavé par un ours) : D.* 2005, p. 2138. V. aussi les obs. de J. Revel : *D.* 2006, p. 2070. • G. Champenois, *Pour l'abrogation de l'article 1387-1 du Code civil : JCP* 2008, n° hors-série 2, p. 19. • S. Cabrillac, *Pour retrouver la tranquillité des régimes matrimoniaux : JCP* 2008, n° hors-série 2, p. 16.

Pour une première application de l'art. 1387-1 C. civ. et une attribution de la totalité de la charge du passif de l'entreprise à l'époux ayant recueilli le patrimoine professionnel de l'entreprise (■ Cass. 1re civ., 5 sept. 2018, n° 17-23.120 : *RTD civ.* 2018, p. 956, Nicod ; *Dr. famille* 2018, comm. 262, Torrichelli-Chrifi ; *D.* 2018, p. 2292, Brigitte ; *JCP G* 2018, doctr. 1355, Tisserand-Martin ; *RJPF* oct. 2018, 29, Dekeuwer-Défossez).

Art. 1388. – Les époux ne peuvent déroger ni aux devoirs ni aux droits qui résultent pour eux du mariage, ni aux règles de l'autorité parentale, de l'administration légale et de la tutelle.

Art. 1389. – Sans préjudice des libéralités qui pourront avoir lieu selon les formes et dans les cas déterminés par le présent code, les époux ne peuvent faire aucune convention ou renonciation dont l'objet serait de changer l'ordre légal des successions.

Art. 1390 *(Mod., L. n° 2006-728, 23 juin 2006)*. **– Ils peuvent, toutefois, stipuler qu'à la dissolution du mariage par la mort de l'un d'eux, le survivant a la faculté d'acquérir ou, le cas échéant, de se faire attribuer dans le partage certains biens personnels du prédécédé, à charge d'en tenir compte à la succession, d'après la valeur qu'ils ont au jour où cette faculté sera exercée.**

La stipulation peut prévoir que l'époux survivant qui exerce cette faculté peut exiger des héritiers que lui soit consenti un bail portant sur l'immeuble dans lequel l'entreprise attribuée ou acquise est exploitée.

Rédaction antérieure. Art. 1390. – Ils peuvent, toutefois, stipuler qu'à la dissolution du mariage par la mort de l'un d'eux, le survivant aura la faculté d'acquérir ou, le cas échéant, de se faire attribuer dans le partage certains biens personnels du prémourant, à charge d'en tenir compte à la succession, d'après la valeur qu'ils auront au jour où cette faculté sera exercée.

1) **Caractère impératif des règles d'évaluation.** L'acquisition d'un fonds de commerce doit être soumise à la disposition impérative qui termine l'article 1390 du Code civil et prescrit d'évaluer les biens personnels de l'époux prémourant, que le survivant a la faculté d'acquérir, au jour où cette faculté est exercée (■ Cass. 1re civ., 24 juin 1969, n° 67-13.937 : *D.* 1969, 705, note Breton).

2) **Bail sur les biens propres de l'époux prédécédé.** La licéité de la faculté d'attribution en propriété implique celle de la clause du contrat de mariage prévoyant l'octroi d'un bail sur les biens propres de l'époux prédécédé (■ Cass. 1re civ., 29 avr. 1985, n° 83-16.803 : *JurisData* n° 1985-701539 ; *Bull. civ.* I, n° 132, p. 123 ; *D.* 1986, 384, note Beaubrun. – *Contra* ■ Angers, 31 mars 1971 : *JCP* 71, II, 16904, note Patarin).

Art. 1391. – **Le contrat de mariage doit déterminer les biens sur lesquels portera la faculté stipulée au profit du survivant. Il peut fixer des bases d'évaluation et des modalités de paiement, sauf la réduction au profit des héritiers réservataires s'il y a avantage indirect.**

Compte tenu de ces clauses et à défaut d'accord entre les parties, la valeur des biens sera arrêtée par le tribunal de grande instance.

Détermination par leur espèce des biens visés. Si l'article 1391 exige que le contrat de mariage détermine les biens sur lesquels portera la faculté d'attribution, la détermination de ces biens par leur espèce est suffisante (■ Cass. 1re civ., 29 avr. 1985, n° 83-16.803 : *JurisData* n° 1985-701539 ; *Bull. civ.* I, n° 132, p. 123).

Art. 1392 ***(Mod., L. n° 2006-728, 23 juin 2006).*** – **La faculté ouverte au survivant est caduque s'il ne l'a pas exercée, par une notification faite aux héritiers du prédécédé, dans le délai d'un mois à compter du jour où ceux-ci l'auront mis en demeure de prendre parti. Cette mise en demeure ne peut avoir lieu avant l'expiration du délai prévu à l'article 792.**

Lorsqu'elle est faite dans ce délai, la notification forme vente au jour où la faculté est exercée ou, le cas échéant, constitue une opération de partage.

Rédaction antérieure. Art. 1392. – La faculté ouverte au survivant est caduque s'il ne l'a pas exercée, par une notification faite aux héritiers du prédécédé, dans le délai d'un mois à compter du jour où ceux-ci l'auront mis en demeure de prendre parti. Cette mise en demeure ne peut avoir lieu avant l'expiration du délai prévu au titre des successions pour faire inventaire et délibérer. Lorsqu'elle est faite dans ce délai, la notification forme vente au jour où la faculté est exercée ou, le cas échéant, constitue une opération de partage.

Art. 1393. – **Les époux peuvent déclarer, de manière générale, qu'ils entendent se marier sous l'un des régimes prévus au présent code.**

À défaut de stipulations spéciales qui dérogent au régime de communauté ou le modifient, les règles établies dans la première partie du chapitre II formeront le droit commun de la France.

Art. 1394 ***(Mod., Ord. n° 2005-428, 6 mai 2005).*** – **Toutes les conventions matrimoniales seront rédigées par acte devant notaire, en la présence et avec le consentement simultanés de toutes les personnes qui y sont parties ou de leurs mandataires.**

Au moment de la signature du contrat, le notaire délivre aux parties un certificat sur papier libre et sans frais, énonçant ses nom et lieu de résidence, les noms, prénoms, qualités et demeures des futurs époux, ainsi que la date du contrat. Ce certificat indique qu'il doit être remis à l'officier de l'état civil avant la célébration du mariage.

Si l'acte de mariage mentionne qu'il n'a pas été fait de contrat, les époux seront, à l'égard des tiers, réputés mariés sous le régime de droit commun, à moins que, dans les actes passés avec ces tiers, ils n'aient déclaré avoir fait un contrat de mariage.

Rédaction antérieure. Art. 1394. – [...]. ***(L. n° 94-126, 11 févr. 1994)***
En outre, si l'un des époux est commerçant lors du mariage ou le devient ultérieurement, le contrat de mariage et ses modifications doivent être publiés, à son initiative et sous sa seule responsabilité, dans les conditions et sous les sanctions prévues par les dispositions législatives et réglementaires relatives au registre du commerce et des sociétés.

Responsabilité notariale. Choix du régime matrimonial. Le notaire chargé de rédiger le contrat choisi par des futurs époux est tenu, non pas de les informer de façon abstraite des conséquences des différents régimes matrimoniaux, mais de les conseiller concrètement au regard de leur situation, en les éclairant et en appelant leur attention, de manière complète et circonstanciée, sur la portée, les effets et les risques des régimes matrimoniaux pouvant répondre à leurs préoccupations (■ Cass. 1re civ., 3 oct. 2018, n° 16-19.619 : *RTD civ.* 2018, p. 957, Vareille ; *JCP G* 2018, doctr. 1355, Wiederkher et Storck ; *Dr. famille* 2018, comm. 278, note Torricelli-Chrifi, choix de la communauté réduite aux acquêts avec clause d'attribution intégrale au conjoint survivant alors que le notaire aurait dû conseiller la séparation de biens).

Art. 1395. – **Les conventions matrimoniales doivent être rédigées avant la célébration du mariage et ne peuvent prendre effet qu'au jour de cette célébration.**

Art. 1396 *(Mod., L. n° 2006-728, 23 juin 2006)*. – **Les changements qui seraient apportés aux conventions matrimoniales avant la célébration du mariage doivent être constatés par un acte passé dans les mêmes formes. Nul changement ou contre-lettre n'est, au surplus, valable sans la présence et le consentement simultanés de toutes les personnes qui ont été parties dans le contrat de mariage, ou de leurs mandataires.**

Tous changements et contre-lettres, même revêtus des formes prescrites par l'article précédent, seront sans effet à l'égard des tiers, s'ils n'ont été rédigés à la suite de la minute du contrat de mariage ; et le notaire ne pourra délivrer ni grosses ni expéditions du contrat de mariage sans transcrire à la suite le changement ou la contre-lettre.

Le mariage célébré, il ne peut être apporté de changement au régime matrimonial que par l'effet d'un jugement à la demande de l'un des époux dans le cas de la séparation de biens ou des autres mesures judiciaires de protection ou par l'effet d'un acte notarié, le cas échéant homologué, dans le cas de l'article suivant.

1) **Changement prohibé.** Il n'y a changement prohibé au régime matrimonial ou conventionnel que si, sans intervention judiciaire, une règle légale ou une clause du contrat de mariage a été directement modifiée ou écartée, plus généralement toutes les fois que le maintien de conventions passées ou d'arrangements conclus pendant le mariage aurait pour résultat d'altérer ou de neutraliser les effets réguliers ou légaux que devaient produire les clauses du contrat de mariage ou les dispositions de la loi (■ Cass. 1re civ., 5 nov. 1985, n° 83-16.738 : *JurisData* n° 1985-002754 ; *Bull. civ.* I, n° 285, p. 254. V. aussi ■ Cass. 1re civ., 31 janv. 2006, n° 02-21.121 : *JurisData* n° 2006-031909 ; *Dr. famille* 2006, 60, note Beignier ; *Defrénois* 2006, art. 38469-57, p. 1607, obs. Champenois).

2) **Transaction sur une prestation compensatoire après divorce.** Viole l'article 1396, alinéa 3, l'arrêt qui retient que le mari a abandonné sa part de communauté sur des biens échus par succession et que cet abandon vaut prestation compensatoire provisionnelle au profit de l'épouse, alors que cet avantage matrimonial altère l'économie du régime matrimonial (■ Cass. 1re civ., 17 juin 1997, n° 95-18.981 : *JurisData* n° 1997-002902 ; *Dr. famille* 1997, 126, note Beignier).

3) **Communauté universelle. Clause de reprise des apports en cas de divorce.** La clause par laquelle, dans le cadre d'un régime de communauté universelle, chaque époux reprendrait, dans le cas de dissolution de la communauté par divorce, les biens tombés dans la communauté de son chef ne porte pas atteinte au principe de l'immutabilité des conventions matrimoniales (■ Colmar, 16 mai 1990 : *JurisData* n° 1990-603098 ; *Defrénois* 1990, 1361, obs. Champenois, infirmant ■ TGI Strasbourg, 17 sept. 1987 : *JurisData* n° 1987-605271 ; *JCP* 89, II, 21361, note Simler).

4) **Convention modifiant les règles de calcul des récompenses.** Une convention passée par des époux mariés sous le régime de la communauté réduite aux acquêts et avant leur demande en divorce, tendant notamment à modifier les règles de calcul des récompenses, est nulle (■ Cass. 1re civ., 28 juin 1983 : *JurisData* n° 1983-701505 ; *JurisData* n° 1983-701505 ; *JCP* 83, IV, 289 ; *Bull. civ.* I, n° 190, p. 167).

5) **Convention modifiant la répartition entre biens propres et biens communs.** Est nulle la convention qui altère l'économie du régime matrimonial en modifiant sans intervention judiciaire la répartition entre les biens propres et les biens communs telle qu'elle résulte des dispositions légales (■ Cass. 1re civ., 24 nov. 1987, n° 85-18.479 : *JurisData* n° 1987-001984 ; *Bull. civ.* I, n° 308, p. 220 ; *JCP* 89, II, 21255, note Dagot).

6) **Séparation de biens. Reconnaissance de la propriété personnelle d'un des époux.** Un époux ayant modifié son régime matrimonial pour celui de la séparation de biens peut prouver, par tous moyens, qu'il a la propriété exclusive d'un bien et écarter par la preuve contraire les présomptions de propriété stipulées dans la convention de changement du régime matrimonial ; un acte établi postérieurement à l'homologation de cette convention, pour reconnaître à l'un d'eux la propriété personnelle de certains biens, ne constitue donc pas une convention modificative du régime matrimonial mais un simple moyen de preuve destiné à écarter ces présomptions (■ Cass. 1re civ., 17 oct. 2018, n° 17-26.354 : *JCP* G 2018, doctr. 1355, Wiederkher).

7) **Donation de récompenses dues à la communauté.** C'est à juste titre que, par motifs adoptés, une cour d'appel retient que la clause de donation de récompenses insérée dans l'acte de donation d'un immeuble ne peut s'analyser comme un abandon de droit portant atteinte au principe de l'immutabilité des régimes matrimoniaux tel qu'il est défini par l'article 1396 du Code civil, mais comme la donation d'une créance dont le montant ne pourra être liquidé qu'au décès de l'un ou l'autre des donateurs (■ Cass. 1re civ., 6 févr. 2007, n° 04-13.282 : *JurisData* n° 2007-037228 ; *D.* 2007, p. 663, obs. Delaporte-Carré ; *JCP* G 2007, II, 10113, note Sauvage ; *RTD civ.* 2007, p. 608, obs. Grimaldi et p. 623, obs.

Vareille ; *JCP* 2008, I, 144, obs. Tisserand-Martin ; *Defrénois* 2008, art. 38854-2, p. 2190, obs. Champenois).

8) Clause anticipant la disparition du régime matrimonial. Une cession de parts sociales, conclue entre des époux mariés sous le régime de la participation aux acquêts avant leur divorce et dont il est convenu qu'elle produirait entre eux les effets qu'elle produirait entre étrangers a pour objet et pour effet de priver l'épouse de sa créance éventuelle de participation sur des acquêts réalisés par l'époux. Elle ne peut s'analyser que comme une convention relative à la liquidation du régime matrimonial et est illicite dès lors qu'elle altère l'économie du régime de participation aux acquêts et que, de surcroît, elle a été conclue avant l'introduction de l'instance en divorce (■ Cass. 1re civ., 8 avr. 2009, n° 07-15.945 : *D.* 2009, p. 2508, obs. Revel et p. 2528, note Pasquier).

Art. 1397 ***(Rempl., L. n° 2006-728, 23 juin 2006 ; mod., L. n° 2007-308, 5 mars 2007 ; mod., Ord. n° 2016-131, 10 févr. 2016). – (Al. mod., L. n° 2019-222, 23 mars 2019)*** **[L]es époux peuvent convenir, dans l'intérêt de la famille, de modifier leur régime matrimonial, ou même d'en changer entièrement, par un acte notarié. À peine de nullité, l'acte notarié contient la liquidation du régime matrimonial modifié si elle est nécessaire.**

Les personnes qui avaient été parties dans le contrat modifié et les enfants majeurs de chaque époux sont informés personnellement de la modification envisagée. Chacun d'eux peut s'opposer à la modification dans le délai de trois mois. ***(Mots aj., L. n° 2019-222, 23 mars 2019)*** **« En cas d'enfant mineur sous tutelle ou d'enfant majeur faisant l'objet d'une mesure de protection juridique, l'information est délivrée à son représentant, qui agit sans autorisation préalable du conseil de famille ou du juge des tutelles. »**

Les créanciers sont informés de la modification envisagée par la publication d'un avis ***(Mots rempl. L. n° 2019-486, 22 mai 2019)*** **« sur un support habilité à recevoir des annonces légales dans » le département du domicile des époux. Chacun d'eux peut s'opposer à la modification dans les trois mois suivant la publication.**

En cas d'opposition, l'acte notarié est soumis à l'homologation du tribunal du domicile des époux. La demande et la décision d'homologation sont publiées dans les conditions et sous les sanctions prévues au Code de procédure civile.

Lorsque l'un ou l'autre des époux a des enfants mineurs ***(Mots rempl., L. n° 2019-222, 23 mars 2019)*** **« sous le régime de l'administration légale, le notaire peut saisir le juge des tutelles dans les conditions prévues au deuxième alinéa de l'article 387-3 ».**

Le changement a effet entre les parties à la date de l'acte ou du jugement qui le prévoit et, à l'égard des tiers, trois mois après que mention en a été portée en marge de l'acte de mariage. Toutefois, en l'absence même de cette mention, le changement n'en est pas moins opposable aux tiers si, dans les actes passés avec eux, les époux ont déclaré avoir modifié leur régime matrimonial.

Lorsque l'un ou l'autre des époux fait l'objet d'une mesure de protection juridique dans les conditions prévues au titre XI du livre Ier, le changement ou la modification du régime matrimonial est soumis à l'autorisation préalable du juge des tutelles ou du conseil de famille s'il a été constitué.

Il est fait mention de la modification sur la minute du contrat de mariage modifié.

Les créanciers non opposants, s'il a été fait fraude à leurs droits, peuvent attaquer le changement de régime matrimonial dans les conditions de l'article 1341-2.

Les modalités d'application du présent article sont déterminées par décret en Conseil d'État.

Voir : CPC, art. 1300 et s. et l'arrêté du 23 déc. 2006, fixant le modèle de l'information délivrée aux enfants des époux et aux tiers, dans le cadre d'une procédure de changement de régime matrimonial, p. 2382.

Rédaction antérieure. Art. 1397 ***(Mod., Ord. n° 2005-428, 6 mai 2005).*** – Après deux années d'application du régime matrimonial, conventionnel ou légal, les époux pourront convenir dans l'intérêt de la famille de le modifier, ou même d'en changer entièrement, par un acte notarié qui sera soumis à l'homologation du tribunal de leur domicile. Toutes les personnes qui avaient été parties dans le contrat modifié doivent être appelées à l'instance d'homologation ; mais non leurs héritiers, si elles sont décédées.

Le changement homologué a effet entre les parties à dater du jugement et, à l'égard des tiers, trois mois après que mention en aura été portée en marge de l'un et de l'autre exemplaire de l'acte de mariage. Toutefois, en l'absence même de cette mention, le changement n'en est pas moins opposable aux tiers si, dans les actes passés avec eux, les époux ont déclaré avoir modifié leur régime matrimonial.

Il sera fait mention du jugement d'homologation sur la minute du contrat de mariage modifié. La demande et la décision d'homologation doivent être publiées dans les conditions et sous les sanctions prévues au Code de procédure civile ; en outre, si l'un des époux est commerçant, la décision est publiée dans les conditions et sous les sanctions prévues par les règlements relatifs au registre du commerce.

Les créanciers, s'il a été fait fraude à leurs droits, pourront former tierce opposition contre le jugement d'homologation dans les conditions du Code de procédure civile.

Bibliographie : M.-J. Reymond de Gentile, *Volonté des époux et rôle du juge dans la modification du régime matrimonial : JCP* 73, I, 2558. • M. Henry, *L'intérêt de la famille réduit à l'intérêt des époux : D.* 1979, chron. 179. • E. de Monredon, *Vingt-cinq ans de régime matrimonial par requête conjointe : JCP* N 92, I, 181. • J. Thierry, *Faut-il supprimer le contrôle judiciaire de changement de régime matrimonial : D.* 2000, chron. 68. • F. Vauvillé, *Protection des créanciers et changement de régime matrimonial : JCP* N 99, 715. • S. Frémeaux, *L'avenir de l'homologation judiciaire du changement de régime matrimonial : Defrénois* 2000, 529.

Depuis la réforme. J. Revel, *Le changement de régime matrimonial : quelle déjudiciarisation ? : D.* 2006, p. 2591. • E. Jeammin-Petit, *La libéralisation du changement de régime matrimonial : JCP* G 2007, I, 108. • P. Murat, *Pour que le changement de régime matrimonial ne devienne pas plus onéreux : Dr. famille* 2007, repère 2. • M. Beaubrun, *Le nouvel article 1397 du Code civil : un texte transitoire ? (Réflexions autour de la déjudiciarisation du changement de régime matrimonial) : Defrénois* 2007, art. 38519, p. 95. • B. Gelot et R. Crône, *La nouvelle procédure de changement de régime matrimonial issue de la loi du 23 juin 2006 portant réforme des successions et des libéralités : Defrénois* 2006, art. 38483, p. 1736. • B. Beignier, J. Combret, É. Frémont, *Le changement de régime matrimonial depuis le 1er janvier 2007 – Questions diverses. Éléments de réponse : JCP* N 2007, 1163. • N. Levillain, *Changement de régime matrimonial sans homologation – Les formalités : mode d'emploi : JCP* N 2007, 1164 et du même auteur, *Les décrets d'application de la loi du 23 juin 2006, JCP* N 2007, act. 136. • J.-F. Pillebout, S. Durteste, V. Gaftoniuc, R. Glon, *Changement de régime matrimonial. Formules : JCP* N 2007, 1043. • J. Casey, *Changement de régime matrimonial après le 1er janvier 2007. Quand faire signer les époux ? : JCP* N 2007, n° 2, 1013. • M. Dagot, *Changement de régime matrimonial et liquidation : JCP* N 2008, 1217. • E. Naudin, *Du Code civil au Code de procédure civile : la procédure de changement de régime matrimonial et les tiers* in *Mélanges Wiederkehr*, Dalloz, 2009, p. 561. • F. Vauvillé, *Le changement de régime matrimonial : la question de la liquidation : RJPF* 2009, n° 3, p. 19. • P. Holl et Ch. Le Martret, *La nouvelle procédure de changement de régime matrimonial après deux années d'application : Bull. Cridon* Paris, n° spéc., nov. 2009. • J. Foyer, *Le changement de régime matrimonial en droit international privé, entre règles internes et règles internationales* in *Mélanges Champenois : Defrénois* 2012, 273. • S. Gaudemet, *« L'intérêt de la famille », élément d'un ordre public familial* in *Mélanges Champenois : Defrénois* 2012, 287. • E. Rousseau, *Mutabilité et cohérence du régime matrimonial*, LGDJ 2014. • A. Tani, *État des lieux jurisprudentiel du changement de régime matrimonial, ou la grande rareté des refus d'homologation : Dr. famille* 2017, étude 15.

Sur la réforme de 2019. S. Torricelli-Chriffi, *Réforme de la procédure de changement de régime matrimonial : Dr. famille* 2019, dossier 13. • A. Tani, *La nouvelle procédure de mutation du régime matrimonial : JCP* N 2019, 1159.

I – APPRÉCIATION DE L'INTÉRÊT DE LA FAMILLE

1) Appréciation d'ensemble. L'existence et la légitimité de l'intérêt de la famille doivent faire l'objet d'une appréciation d'ensemble, le seul fait que l'un des membres de la famille risquerait de se trouver lésé n'interdisant pas nécessairement la modification ou le changement envisagé (▪ Cass. 1re civ., 6 janv. 1976 : *JurisData* n° 1976-000004 ; *JCP* 76, II, 18461, note Patarin ; *D.* 1976, 253, note Ponsard. ▪ Cass. 1re civ., 17 juin 1986, n° 85-10.204 : *JurisData* n° 1986-001275 ; *Bull. civ.* I, n° 174, p. 173 ; *JCP* 87, II, 20809, note Henry. ▪ Cass. 1re civ., 22 juin 2004 et ▪ Metz, 17 juin 2003, n° 02/02755 : *JurisData* n° 2003-244782 ; *Dr. famille* 2004, 182, 1re et 2e esp., note Beignier. V. aussi, admettant ce changement malgré l'opposition de deux enfants sur cinq, ▪ TGI Paris, 18 juin 1983 : *Defrénois* 1983, 920, obs. Champenois).

2) Communauté universelle avec attribution au conjoint survivant. Ainsi l'adoption de la communauté universelle avec une clause d'attribution au conjoint survivant peut être justifiée, même en présence d'enfants, si elle tend à assurer la situation pécuniaire du conjoint survivant (▪ Cass. 1re civ., 6 janv. 1976, préc. ▪ Paris, 9 févr. 1978 : *JurisData* n° 1978-615145 ; *Defrénois* 1978, 562, note Morin. ▪ Cass. 1re civ., 25 mai 1982, n° 81-12.972 : *JurisData* n° 1982-701644 ; *Bull. civ.* I, n° 192, p. 167 ; *Defrénois* 1983, 918, obs. Champenois. – V. aussi ▪ Paris, 25 oct. 1996, 2 arrêts : *JurisData* n° 1996-024263 ; *Dr. famille* 1997, 143, note Beignier. ▪ Versailles, 29 mai 1997, n° 96/00008479 : *JurisData* n° 1997-043811 ; *Dr. famille* 1998, 24, note Beignier. ▪ Poitiers, 4 févr. 1997, n° 00003173/94 : *JurisData* n° 1997-057015 ; *Dr. famille* 1999, 116, 2e esp., note Beignier. ▪ Paris, 4 mai et 17 déc. 1999, n° 1999/12885 : *JurisData* n° 1999-104194 ; *Dr. famille* 2000, 79, note Beignier. Comp., relevant l'intérêt de la famille « recomposée » de chacun des époux, ▪ Reims, 31 oct. 1997, n° 2975/96 : *JurisData* n° 1997-047855 ; *JCP* 98, IV, 1883 ; *Dr. famille* 1998, 69, 2e arrêt, note Beignier) ou si elle permet d'éviter des dissensions lors de la liquidation de la succession (▪ Dijon, 9 juill. 1996, n° 00000068/96 : *JurisData* n° 1996-056128 ; *Dr. famille* 1998, 69, 1er arrêt, note Beignier. ▪ Paris, 20 janv. 1998, n° 97/22036 : *JurisData* n° 1998-020679 ; *Dr. famille* 1998, 106, 1er arrêt, note Beignier. ▪ Reims, 22 oct. 1998, n° 97/01628 : *JurisData* n° 1998-047515 ; *JCP* 99, IV, 2056 ; *Dr. famille* 2000, 11, note Beignier). Mais jugé que tel n'est pas le cas lorsqu'il s'agit d'époux ayant ou devant avoir chacun en cas de prédécès de l'un d'eux une situation assez aisée (■ Rouen, 3 févr. 1981 : *JurisData* n° 1981-600844 ; *Defrénois* 1981, 969, obs. Champenois), ou lorsque le mari a 53 ans de moins que la femme, que celle-ci a un patrimoine très important et que le mari, sans fortune, risque d'être le plus lourdement endetté (■ Paris, 18 nov. 1997 : *JurisData* n° 1997-150554 ; *Dr. famille* 1998, 42, note Beignier), ou lorsque le régime aurait des conséquences fiscales susceptibles de gêner la transmission de l'héritage (■ Bordeaux, 19 nov. 1997, n° 97001383 : *JurisData* n° 1997-046280 ; *JCP* G 98, I, 135 et *JCP* N 98, 1302, n° 5, obs. Wiederkehr ; *Dr. famille* 1998, 69, 3e arrêt, note Beignier) ou lorsque le changement comporte des inconvénients majeurs pour l'un des époux et qu'il est possible d'atteindre par d'autres moyens les objectifs déclarés des conjoints (■ Paris, 18 nov. 1997 : *JurisData* n° 1997-150554 ; *Defrénois* 1998, 1222, note Plazy) ou lorsque la modification envisagée risque de remettre en cause les droits de la fille du mari issue d'un premier lit (■ Aix-en-Provence, 6 déc. 2001, n° 00/11918 : *JurisData* n° 2001-16902 ; *Dr. famille* 2002, 101, note Beignier), ou lorsque les deux enfants du couple « n'ont pas acquis une insertion suffisante » (■ Paris, 4 juin 2002, n° 2001/19890 : *JurisData* n° 2002-178337 ; *Dr. famille* 2002, 146, 1re arrêt, note Beignier). Justifie légalement sa décision la cour d'appel qui relève qu'il n'est pas établi que les époux, en adoptant le régime de la communauté universelle de biens, aient consciemment omis de mentionner l'existence de la fille née d'un premier mariage du mari et aient ainsi présenté une volonté de fraude à son égard et ce d'autant que l'épouse était en possession d'un capital important avant le changement de régime matrimonial, et en déduit que la fille ne rapporte pas la preuve d'une fraude à ses droits et ne justifie d'aucun préjudice causé par la convention homologuée alors qu'en outre, elle bénéficie de l'action en retranchement (■ Cass. 1re civ., 14 juin 2005 : *JurisData* n° 2005-028927 ; *Bull. civ.* I n° 264, p. 221 ; *JCP* G 2006, I, 141). V. J. Thierry, *La communauté universelle, à la lumière des récents arrêts de la Cour de cassation* : *D.* 1998, chron. 233. Sur l'homologation de dispositions préciputaires, considérées comme « moins pénalisantes » pour l'enfant commun que le choix de la communauté universelle, V. ■ Toulouse, 19 sept. 2000, n° 2000/01047 : *JurisData* n° 2000-128352 ; *Dr. famille* 2001, 41, note Beignier.

3) Héritiers réservataires. Pour un refus d'homologation motivé par la nécessité de préserver la réserve d'un enfant naturel non protégé par l'article 1527 (anc.) du Code civil, V. ■ Colmar, 29 avr. 1981 : *JurisData* n° 1981-696005 ; *D.* 1982, 43, 2e esp., note d'Ambra et Boucon, et, sur pourvoi, ■ Cass. 1re civ., 8 juin 1982, n° 81-13.877 : *JurisData* n° 1982-701498 ; *Defrénois* 1982, 1373, obs. Champenois ; *D.* 1983, 19, note Beaubrun ; *JCP* 83, II, 20018, note Henry. – V. aussi pour des enfants d'un précédent mariage ■ Cass. 1re civ., 5 juill. 1989, n° 87-15.957 : *JurisData* n° 1989-002854 ; *Bull. civ.* I, n° 279, p. 185. ■ Nîmes, 28 janv. 1993 : *JurisData* n° 1993-030007 ; *JCP* 94, I, 3733, n° 9, obs. Wiederkehr. V. cependant ■ Bordeaux, 18 mai 1992 : *JurisData* n° 1992-044479 ; *JCP* N 93, 112, obs. Wiederkehr ; *RTD civ.* 1993, 868, obs. Lucet et Vareille. ■ Montpellier, 17 janv. 1994 : *JurisData* n° 1994-034150 ; *JCP* 95, I, 3869, n° 5, obs. Wiederkehr. Viole, par refus d'application, les articles 1397 et 1527, 2e alinéa, la cour d'appel qui refuse d'homologuer le changement de régime en retenant que l'enfant d'une précédente union de la femme ne retirerait, en cas de décès de celle-ci avant son époux, que des droits inférieurs à ce qu'il auraient été si le régime matrimonial de la mère était demeuré la séparation de biens, alors que l'action en retranchement permet la réduction des avantages matrimoniaux, si ceux-ci dépassent la quotité disponible entre époux (■ Cass. 1re civ., 22 juin 2004, n° 02-10.528 : *JurisData* n° 2004-024320 ; *Dr. famille* 2004, 182, 1re esp., note Beignier ; *RTD civ.* 2005, 172, obs. Vareille. – V. aussi ■ Reims, 20 févr. 2003, n° 02/01043 : *JurisData* n° 2003-242428 ; *Dr. famille* 2004, 182, 3e esp., note Beignier).

4) Séparation de biens et dissimulation d'un enfant d'un premier lit. Viole l'article 1397 la cour d'appel qui annule la convention adoptant la séparation de biens, en se fondant sur la seule circonstance qu'en raison de la dissimulation de l'enfant du premier lit, le tribunal n'avait pas été en mesure d'apprécier l'intérêt de la famille, sans mettre en évidence que ses droits successoraux avaient été affectés, ce qui ne résulte pas de la seule constatation que l'épouse s'est vu attribuer les biens en contrepartie d'une soulte, alors que l'adoption d'un régime de séparation de biens n'induit aucun avantage pour l'un ou l'autre des époux (■ Cass. 1re civ., 19 déc. 2012, n° 11-25.288 : *JCP* 2013, doctr. 721, n° 4, obs. Wiederkehr).

5) Intérêt fiscal. La prise en considération d'un intérêt fiscal ne constitue pas une fraude (■ Amiens, 9 mai 1977 : *JurisData* n° 1977-761273 ; *JCP* N 80, II, 283). Mais cet intérêt fiscal ne peut suffire à justifier le sacrifice que le changement demandé imposerait aux enfants communs en retardant leur vocation successorale (■ Rouen,

3 févr. 1981 : *Defrénois* 1981, 969, obs. Champenois).

6) Modification du statut d'un bien déterminé. La modification peut avoir pour objet de modifier le statut d'un bien déterminé (▪ Cass. 1re civ., 21 janv. 1992 : *JCP* 92, IV, 873 ; *Bull. civ.* I, n° 24, p. 18. Pour l'homologation d'un acte modificatif se bornant à exclure un immeuble de la communauté et à en faire un propre de l'épouse, V. ▪ TGI Cusset, 26 juill. 1984 : *JurisData* n° 1984-000063 ; *JCP* 85, II, 20329, note Dagot).

II – SORT DES DONATIONS FAITES PAR CONTRAT DE MARIAGE

7) Caducité (non). L'adoption d'un nouveau régime matrimonial n'entraîne pas *ipso facto* la caducité des donations que s'étaient consenties les époux ; celles-ci se trouvent maintenues à défaut d'un accord des époux mettant à néant les libéralités figurant dans le précédent contrat (▪ Cass. 1re civ., 29 oct. 1974 : *JurisData* n° 1974-000288 ; *JCP* 75, II, 18015, note Patarin ; *Gaz. Pal.* 1975, 1, 143, note Martin ; *D.* 1976, 189, note Casanova. – V. en ce sens ▪ Cass. 1re civ., 14 mai 1975, n° 74-10.879 : *JurisData* n° 1975-000163 ; *Bull. civ.* I, n° 163, p. 139).

III – PROTECTION DES DROITS DES TIERS

8) Atteinte aux intérêts des créanciers. La preuve qu'un changement de régime matrimonial est contraire aux intérêts des créanciers n'établit pas *ipso facto* l'existence d'une fraude à leurs droits (▪ Paris, 18 déc. 1978 : *Defrénois* 1979, 484, obs. Champenois. ▪ Cass. 1re civ., 2 avr. 1996, n° 94-15.298 : *JurisData* n° 1996-001453 ; *JCP* 96, I, 3962, n° 7, obs. Wiederkehr). Jugé que le changement du régime de la communauté de biens en régime de séparation de biens est conforme à l'intérêt de la famille lorsque la femme envisage d'exercer une activité commerciale introduisant dans la vie familiale des risques financiers nouveaux (▪ TGI Seine, 6 janv. 1967 : *Defrénois* 1968, 110, 1re esp.). Pour une hypothèse de substitution du régime de la séparation de biens à celui de la communauté de meubles et d'acquêts réalisée entre la date de mise en demeure du mari et celle de l'assignation en paiement, V. ▪ Cass. 1re civ., 4 janv. 1977, n° 74-14.990 : *JurisData* n° 1977-000005 ; *JCP* 77, IV, 52 ; *Bull. civ.* I, n° 5, p. 3. V. aussi pour une modification postérieure au jugement ayant déclaré le mari en état de règlement judiciaire ▪ Paris, 11 juill. 1978 : *Defrénois* 1979, 481, obs. Champenois.

9) Tierce opposition des créanciers. La voie de la tierce opposition est ouverte contre le jugement d'homologation lui-même et doit être accueillie alors même que la fraude que le changement de régime est destiné à permettre s'est matérialisée dans l'acte de partage (▪ Cass. 1re civ., 23 févr. 1972 : *JurisData* n° 1972-000062 ; *JCP* 72, II, 17175, note Patarin ; *D.* 1973, 158, note Poisson. – V. en ce sens ▪ Cass. 1re civ., 2 mars 1982, n° 81-10.049 : *JurisData* n° 1982-700445 ; *Bull. civ.* I, n° 93, p. 81 ; *JCP* 83, II, 20012, note Rémy ; *D.* 1984, 184, note Leroy). La fraude peut consister à ne placer dans le lot d'un des époux aucun bien susceptible d'être appréhendé par ses créanciers (▪ Cass. 1re civ., 7 nov. 1978 : *JurisData* n° 1978-000333 ; *Bull. civ.* I, n° 333, p. 258).

10) Action des créanciers contre le partage. Les créanciers non opposants ne peuvent attaquer un partage consommé, même en offrant de prouver la fraude (▪ Grenoble, 27 nov. 1975 : *JurisData* n° 1975-760520 ; *D.* 1976, 474, note Honorat). Mais il en va autrement en cas de partage précipité (▪ Cass. 1re civ., 25 nov. 1975, n° 74-12.477 : *JurisData* n° 1975-000340 ; *Bull. civ.* I, n° 341, p. 281) ou simulé (▪ Cass. 1re civ., 29 mai 1979, n° 78-10.165 : *JurisData* n° 1979-715018 ; *Bull. civ.* I, n° 157, p. 127. V. aussi ▪ Cass. 1re civ., 6 mars 1996, n° 93-17.910 : *JurisData* n° 1996-000718 ; *JCP* 96, I, 3962, n° 8, obs. Wiederkehr). Pour un exemple de partage hâtif mettant dans le lot d'un des époux tous les biens ayant une valeur réelle, V. ▪ Cass. 1re civ., 17 févr. 1987, n° 85-11.114 : *JurisData* n° 1987-000264 ; *Bull. civ.* I, n° 61, p. 44. Sur l'hypothèse de la donation de ses biens immeubles faite à sa femme par le mari en état de cessation des paiements, V. ▪ Cass. 1re civ., 3 nov. 1982, n° 81-14.692 : *JurisData* n° 1982-702367 ; *D.* 1983, 593, note Poisson-Drocourt.

11) Action oblique en rescision pour lésion du partage. Sur la possibilité pour les créanciers d'exercer par voie oblique l'action en rescision pour lésion du partage, V. ▪ Cass. 1re civ., 22 janv. 1980, n° 78-15.551 : *JurisData* n° 1980-000032 ; *Bull. civ.* I, n° 32, p. 28. ▪ Lyon, 3 déc. 1980 : *JurisData* n° 1980-699796 ; *D.* 1982, inf. rap. 20, 2e esp.

12) Inscription d'hypothèque plus de 3 mois après mention du jugement d'homologation. Lorsqu'un créancier qui avait obtenu l'autorisation de prendre sur un appartement une inscription provisoire d'hypothèque n'a fait inscrire celle-ci qu'à une date où le délai de trois mois institué par l'article 1397, al. 3, se trouvait expiré, cette inscription doit être déclarée inopposable à la femme qui, par l'effet du partage de communauté antérieur, est devenue propriétaire privative et exclusive dudit appartement (▪ Aix-en-Provence, 7 mai 1979 : *JurisData* n° 1979-762006 ; *D.* 1979, 665, note Martin et, sur pourvoi, ▪ Cass. 1re civ., 24 févr.

1981, n° 79-14.739 : *JurisData* n° 1981-700501 ; *Defrénois* 1982, 976, obs. Champenois).

13) Tierce opposition des enfants (non). Les dispositions de l'article 1397, dernier alinéa, qui assurent une protection spéciale aux seuls créanciers au cas de changement de régime matrimonial de leur débiteur, n'autorisent pas les enfants des époux à former tierce opposition au jugement d'homologation (▪ Cass. 1re civ., 9 juill. 1991, n° 90-11.685 : *JurisData* n° 1991-001941 ; *JCP* 91, IV, 355 ; *Bull. civ.* I, n° 238, p. 156 ; *D.* 1992, somm. 220, 1re esp., obs. Lucet. ▪ Cass. 1re civ., 22 juin 1999, n° 97-15.123 : *JurisData* n° 1999-002606 ; *Dr. famille* 1999, 101, note Beignier. V. en ce sens ▪ Amiens, 1er févr. 1980 : *JurisData* n° 1980-080093 ; *JCP* 80, IV, 391 ; *Defrénois* 1981, 973, obs. Champenois. ▪ Cass. 1re civ., 14 mai 1996, n° 94-11.644 : *JurisData* n° 1996-001838 ; *JCP* 96, I, 3962, n° 6, obs. Wiederkehr ; *Bull. civ.* I, n° 210, p. 146. V. cependant ▪ Aix-en-Provence, 15 nov. 1993 : *JurisData* n° 1993-049128 ; *JCP* 94, I, 3785, n° 6, obs. Wiederkehr. ▪ Nancy, 6 sept. 1999 : *JurisData* n° 1999-110556 ; *JCP* 2001, I, 309, n° 5, obs. Wiederkehr, admettant la tierce opposition d'enfants naturels en relevant leur qualité de créanciers alimentaires. Sur l'irrecevabilité de l'appel du descendant de l'époux demandeur en homologation auquel le jugement n'a pas été notifié, V. ▪ Cass. 1re civ., 23 janv. 1996, n° 93-20.553 : *JurisData* n° 1996-000115 ; *JCP* 96, IV, 581 ; *Defrénois* 1996, 815, obs. Champenois, cassant ▪ Pau, 21 sept. 1993 : *JurisData* n° 1993-050737 ; *JCP* 95, I, 3821, n° 10, obs. Wiederkehr). Il en va de même pour les enfants du premier lit adoptés (▪ Cass. 1re civ., 24 nov. 1993, n° 91-18.261 : *JurisData* n° 1993-002653 ; *Bull. civ.* I, n° 342, p. 236 ; *D.* 1994, 342, rapp. Thierry ; *Defrénois* 1994, 896, obs. Champenois ; *RTD civ.* 1995, 673, obs. Vareille).

14) Action en nullité exercée par les réservataires. Le demandeur, enfant naturel et héritier réservataire du défunt, a qualité pour agir en nullité de la convention de changement de régime matrimonial dès lors que la demande est fondée sur une fraude ayant consisté à dissimuler son existence, élément de la situation sur laquelle portait le contrôle du tribunal (▪ Cass. 1re civ., 14 janv. 1997, n° 94-20.276 : *JurisData* n° 1997-000074 ; *JCP* 1997, II, 22912, note Paillet ; *Defrénois* 1997, 420, obs. Champenois ; *Bull. civ.* I, n° 20, p. 12 ; *D.* 1997, 273, rapp. X. Savatier ; *RTD civ.* 1997, 985, obs. Vareille). Mais lorsque la preuve d'une fraude dirigée contre la fille naturelle du mari n'est pas rapportée, sa demande en nullité, pour cause illicite, des conventions de changement de régime matrimonial des époux, fondée sur une prétendue atteinte à ses droits d'héritière réservataire, doit être rejetée (▪ Cass. 1re civ., 6 nov. 1979, n° 78-11.266 : *D.* 1980, 295, note Poisson-Drocourt. ▪ Cass. 1re civ., 14 juin 2005 : *JCP* 2005, IV, 2747 ; *JurisData* n° 2005-028927 ; *Bull. civ.* I, n° 264, p. 221. ▪ Cass. 1re civ., 17 févr. 2010, n° 08-14.441 : *Bull. civ.* I, n° 42 ; *RDC* 2010/3, 941, obs. Goldie-Genicon ; *JCP* 2010, n° 17, 487, obs. Wiederkehr) : dès lors que la dissimulation de l'existence de l'enfant naturel n'avait pas eu pour but de faire échec aux droits successoraux de ce dernier, elle ne constituait pas une fraude susceptible d'entraîner la nullité de la convention homologuée (adoption d'un régime de séparation de biens). – V. aussi ▪ Cass. 1re civ., 14 mai 1996, n° 94-13.921 : *JurisData* n° 1996-001831 ; *JCP* 1996, I, 3962, n° 6, obs. Wiederkehr ; *Bull. civ.* I, n° 210, p. 146 ; *Defrénois* 1996, 1080, obs. Champenois ; *RTD civ.* 1997, 207, obs. Vareille. Comp., admettant le recours en révision des enfants légitimes, agissant en tant qu'ayants cause universels de leur mère décédée, en raison de la dissimulation au tribunal d'un enfant naturel, ▪ Paris, 31 oct. 1996 : *JurisData* n° 1996-024095 ; *Defrénois* 1997, 424, obs. Champenois ; *D.* 1997, 251, note Paire ; *RTD civ.* 1997, 988, obs. Vareille, pourvoi rejeté par ▪ Cass. 1re civ., 5 janv. 1999, n° 96-22.914 : *JurisData* n° 1999-000003 ; *JCP* G 1999, II, 10094, note Casey, I, 154, n° 3, obs. Wiederkehr ; *JCP* N 2000, 776, obs. Wiederkehr ; *D.* 1999, 242, note Thierry ; *Dr. famille* 1999, 17, 1er arrêt, note Beignier ; *Bull. civ.* I, n° 11, p. 6 ; *Defrénois* 1999, 805, obs. Champenois ; *RTD civ.* 2000, 146, obs. Vareille. V. aussi pour la reconnaissance en 1992 d'une fille née en 1957, ▪ Paris, 31 oct. 2000, n° S98/34337 : *JurisData* n° 2000-130970 ; *Dr. famille* 2001, 32, 2e arrêt, note Beignier. V. encore, admettant la transmission aux ayants cause universels de l'action en nullité de la convention notariée pour dol, ▪ Cass. 1re civ., 4 juill. 1995, n° 93-15.005 : *JurisData* n° 1995-001802 ; *JCP* 1995, IV, 2182 ; *Bull. civ.* I, n° 291, p. 203 ; *RTD civ.* 1995, 866, obs. Hauser ; *D.* 1996, 233, note Boulanger ; *Defrénois* 1996, 321, obs. Massip, 407, obs. Champenois ; *RTD civ.* 1997, 205, obs. Vareille. ▪ Agen, 6 avr. 1998, n° 96000148 : *JurisData* n° 1998-041040 ; *Dr. famille* 1998, 155, note Beignier. La reconnaissance d'un enfant naturel ayant un caractère déclaratif, et non constitutif, l'enfant dont la filiation est établie après la requête en changement de régime matrimonial peut agir en nullité (▪ Cass. 1re civ., 12 déc. 2000, n° 98-21.789 : *JurisData* n° 2000-007314 ; *JCP* 2001, II, 10478, note Casey ; *JCP* 2002, I, 103, n° 9, obs. Wiederkehr ; *Dr. famille* 2001, 32, 1er arrêt, note Beignier ; *D.* 2001, 1496, note Garé ; *RTD civ.* 2001, 120, obs. Hauser, et 425, obs. Vareille).

15) Opposition des légataires (non). Les tiers non créanciers, tels que les légataires à titre particulier, ne peuvent faire opposition (▪ Cass. 1re civ., 22 oct. 1991, n° 89-21.344 : *JurisData* n° 1991-002789 ; *D.* 1992, somm. 220, 2e esp., obs. Lucet ; *Bull. civ.* I, n° 279, p. 184).

16) Publicité. V. Lafond, *Changement de régime matrimonial et publicité foncière : JCP* N 82, I, 187. Sur l'obligation de publier à la conservation des hypothèques un changement de régime matrimonial entraînant l'apport d'immeubles propres à une communauté universelle, V. ▪ Cass. com., 10 févr. 1998, n° 95-21.906 : *JurisData* n° 1998-000524 ; *Defrénois* 1998, 822, obs. Champenois. – V. aussi ▪ Paris, 13 sept. 2001 : *Dr. famille* 2001, 117, note Beignier ; *JurisData* n° 2001-152549. Sur la mention du jugement d'homologation au registre du commerce et des sociétés en cas de changement de régime matrimonial d'une personne physique commerçante, V. D. n° 84-406, 30 mai 1984, art. 12-2°.

IV – PROCÉDURE

17) Sur l'**homologation judiciaire** du changement de régime matrimonial, V. CPC, art. 1300 à 1303. – Ph. Malaurie, *Changement conventionnel de régime matrimonial et suppression de l'homologation judiciaire : Defrénois* 1998, 913.

18) Changement de régime matrimonial et séparation de biens judiciaire. Il ne résulte pas du rapprochement de l'article 1397 et de l'article 1443 que les époux qui seraient dans une situation permettant à la femme de poursuivre contre le mari la séparation de biens ne puissent pas, s'ils en sont d'accord, utiliser la voie gracieuse offerte par l'article 1397 pour adopter un régime de séparation de biens (▪ Colmar, 8 mars 1972 : *D.* 1973, 157, note Poisson. – Comp. ▪ Cass. 1re civ., 28 oct. 1969 : *JCP* 70, II, 16501, note Gobert ; *D.* 1971, 491, note Fenaux). Mais les articles 1444 et s. du Code civil se rapportent exclusivement à la séparation des biens prononcée à la requête de l'un des conjoints et non à la convention de modification du régime matrimonial prévue par l'article 1397, disposition qui ne fixe aucun délai pour la liquidation des droits des parties (▪ Aix-en-Provence, 6 juill. 1971 : *Defrénois* 1972, 341, note Ponsard. – V. aussi ▪ Cass. 1re civ., 9 oct. 1979, n° 78-13.757 : *JurisData* n° 1979-000237 ; *JurisData* n° 1979-000241 ; *Bull. civ.* I, n° 237, p. 190 ; *Defrénois* 1980, 961, obs. Champenois. ▪ Nîmes, 24 avr. 1980 : *JurisData* n° 1980-080092 ; *JCP* 80, IV, 391).

19) Tierce opposition. Caractère contentieux. L'exercice de la tierce opposition contre la décision d'homologation donne à l'instance le caractère contentieux, les dispositions de l'article 4 de la loi du 15 juill. 1944 aux termes duquel les débats ont lieu en chambre du conseil et le jugement rendu en audience publique étant dès lors applicables (▪ Cass. 1re civ., 28 oct. 1969 : *JCP* 70, II, 16501, note Gobert ; *D.* 1971, 491, note Fenaux). Mais l'opposition des enfants ne modifie pas la nature gracieuse de la procédure d'homologation du changement de régime matrimonial. Aussi, l'enfant s'étant borné à donner un avis négatif à la demande de changement de régime matrimonial de ses parents, la cour d'appel a, sans méconnaître l'objet du litige, justement retenu que la procédure était demeurée gracieuse (▪ Cass. 1re civ., 19 mars 2008, n° 05-21.924 : *JurisData* n° 2008-043227 ; *JCP* 2008, I, 144, obs. Wiederkehr ; *D.* 2008, p. 2042, note Le Ninivin ; *Defrénois* 2008, art. 38854-1, p. 2187, obs. Champenois).

20) Persistance du consentement des époux au jour de l'homologation. La convention modificative ne peut être homologuée que si le consentement des époux persiste au jour où le juge statue (▪ Cass. 1re civ., 27 avr. 1982, n° 81-12.459 : *JurisData* n° 1982-700972 ; *Bull. civ.* I, n° 148, p. 130 ; *Defrénois* 1982, 1371, obs. Champenois). Jugé que la veuve doit être déboutée de sa requête en homologation du changement de régime matrimonial dès lors que le consentement du mari est impossible en raison de son décès (▪ TGI Fontainebleau, 2 mai 1979 : *JurisData* n° 1979-761706 ; *JCP* 80, II, 19291, note J. A. V. en ce sens ▪ Cass. 1re civ., 12 juill. 2001, n° 99-14.082 : *JurisData* n° 2001-010610 ; *Dr. famille* 2001, 101, note Beignier ; *JurisData* n° 2001-010610 ; *Bull. civ.* I, n° 223, p. 140 ; *JCP* 2002, I, 103, n° 8, 1re esp., obs. Wiederkehr ; *Defrénois* 2001, 1133, 1re esp., obs. Champenois ; *RTD civ.* 2002, 133, obs. Vareille. V. aussi en cas de décès d'un époux le jour de l'audience d'homologation ▪ Besançon, 29 janv. 1999 : *JurisData* n° 1999-121270 ; *JCP* 2001, I, 309, n° 3, obs. Wiederkehr, et en cours de procédure d'appel ▪ Rennes, 5 juill. 1999 : *JurisData* n° 1999-120139 ; *JCP* 2001, I, 309, n° 3. ▪ Cass. 1re civ., 12 juill. 2001, n° 99-14.082 : *JurisData* n° 2001-010610 ; *JCP* 2002, I, 103, n° 8, 2e esp., obs. Wiederkehr ; *Defrénois* 2001, 1133, 2e esp., obs. Champenois). Sur la conformité à la constitution de l'article 1397, alinéa 6 du Code civil, qui distingue, pour la date de prise d'effet du changement, selon que le changement est ou non soumis à homologation judiciaire, V. ▪ Cons. const., 8 sept. 2016, n° 2016-560 QPC : *JCP* N 2016, 1300, Bernard et Brémond ; *JCP* G 2016, dotrc. 1330, n° 3, obs. Wiederkehr ; *Dr. famille* 2016, comm. 208, Beignier. Pour une espèce dans laquelle l'épouse avait décidé de divorcer entre le jugement de première instance ayant homologué le changement et l'arrêt d'appel, le mari s'opposant en conséquence, lors de la décision d'appel, à l'homologation, V. ▪ Cass. 1re civ., 14 avr. 2010, n° 09-11.218 : *Bull. civ.* 2010, I, n° 97 ; *JCP* G 2010, doctr. 1220, n° 7, obs. Wiederkher, qui approuve le rejet de l'homologation par les juges d'appel.

21) Consultation des enfants. V. C. Mouly, *L'avis des enfants sur le changement de régime matrimonial de leurs parents* : *JCP* 89, I, 3379.

22) Annulation pour dol. Jugé que l'homologation judiciaire laissant subsister le caractère contractuel du changement de régime matrimonial, la convention peut être annulée pour dol lorsque le mari rapporte la preuve que son acceptation du changement au cours d'une procédure de divorce a été conditionnée par une reprise de la vie commune qui n'a pas eu lieu (■ Pau, 15 mai 2000 : *JCP* G 2002, II, 10085 et *JCP* N 2003, 1027, note crit. Casey ; *Dr. famille* 2002, 146, 2e arrêt, note Beignier ; *JurisData* n° 2000-122449. Pour la fraude consistant à avoir dissimulé l'existence de l'enfant naturel du mari, V. ■ Cass. 1re civ., 25 juin 2002, n° 00-15.119 : *JurisData* n° 2002-015124 ; *JCP* 2003, I, 111, n° 7, obs. Wiederkehr).

23) Loi applicable. Jugé que des époux suisses soumis au régime légal français qui conviennent d'adopter le régime suisse de la séparation des biens ne sont pas tenus de suivre la procédure d'homologation judiciaire prévue par la loi française (■ Chambéry, 20 juin 1995 : *JCP* 96, I, 4008, n° 6, obs. crit. Wiederkehr). Sur l'ensemble de la question de la loi applicable, v. art. 1397-2 et s., p. 1263 et sous 3, annot. n° 77 et s., p. 23.

Art. 1397-1 *(L. n° 75-617, 11 juill. 1975 ; mod., L. n° 2004-439, 26 mai 2004).* **– Les dispositions de l'article précédent ne sont pas applicables aux conventions qui sont passées par les époux en instance de divorce en vue de liquider leur régime matrimonial.**

Les articles 265-2 et 1451 sont applicables à ces conventions.

Art. 1397-2 *(L. n° 97-987, 28 oct. 1997).* **– Lorsque les époux désignent la loi applicable à leur régime matrimonial en vertu de la convention sur la loi applicable aux régimes matrimoniaux, faite à La Haye le 14 mars 1978, il est fait application des dispositions des articles 1397-3 et 1397-4.**

Art. 1397-3 *(L. n° 97-987, 28 oct. 1997 ; Ord. n° 2005-428, 6 mai 2005).* **– Lorsque la désignation de la loi applicable est faite avant le mariage, les futurs époux présentent à l'officier de l'état civil soit l'acte par lequel ils ont opéré cette désignation, soit un certificat délivré par la personne compétente pour établir cet acte. Le certificat énonce les noms et prénoms des futurs époux, le lieu où ils demeurent, la date de l'acte de désignation, ainsi que les nom, qualité et résidence de la personne qui l'a établi.**

Lorsque la désignation de la loi applicable est faite au cours du mariage, les époux font procéder aux mesures de publicité relatives à la désignation de la loi applicable dans les conditions et formes prévues au Code de procédure civile. S'ils ont passé un contrat de mariage, mention de la loi applicable ainsi désignée est portée sur la minute de celui-ci.

À l'occasion de la désignation de la loi applicable, avant le mariage ou au cours de celui-ci, les époux peuvent désigner la nature du régime matrimonial choisi par eux.

Rédaction antérieure. Art. 1397-3. – [...].

Si l'un des époux est commerçant lors du mariage ou le devient ultérieurement, l'acte de désignation de la loi applicable passé avant le mariage ou au cours de celui-ci est publié dans les conditions et sous les sanctions prévues par les dispositions relatives au registre du commerce et des sociétés.

Si l'un des époux est commerçant lors du mariage ou le devient ultérieurement, l'acte de désignation de la loi applicable passé avant le mariage ou au cours de celui-ci est publié dans les conditions et sous les sanctions prévues par les dispositions relatives au registre du commerce et des sociétés.

Art. 1397-4 *(L. n° 97-987, 28 oct. 1997).* **– Lorsque la désignation de la loi applicable est faite au cours du mariage, cette désignation prend effet entre les parties à compter de l'établissement de l'acte de désignation et, à l'égard des tiers, trois mois après que les formalités de publicité prévues à l'article 1397-3 auront été accomplies.**

Toutefois, en l'absence d'accomplissement de ces formalités, la désignation de la loi applicable est opposable aux tiers si, dans les actes passés avec eux, les époux ont déclaré la loi applicable à leur régime matrimonial.

Les époux qui, en application de la convention sur la loi applicable aux régimes matrimoniaux faite à La Haye le 14 mars 1978, et avant la date d'entrée en vigueur de la présente loi, ont, selon le cas, désigné la loi applicable dans les conditions prévues au premier alinéa de l'article 1397-3 du Code civil ou accompli les formalités de publicité prévues au deuxième alinéa du même article peuvent opposer aux tiers la désignation à laquelle ils ont ainsi procédé (L. n° 97-987, 28 oct. 1997, art. 3).

Art. 1397-5 *(L. n° 97-987, 28 oct. 1997).* **– Lorsqu'un changement au régime matrimonial intervient par application d'une loi étrangère régissant les effets de l'union, les époux font procéder aux formalités de publicité prévues au Code de procédure civile.**

Art. 1397-6 *(L. n° 97-987, 28 oct. 1997).* **– Le changement de régime matrimonial prend effet entre les parties à dater de la décision ou de l'acte qui le prévoit et, à l'égard des tiers, trois mois après que les formalités de publicité prévues à l'article 1397-5 auront été accomplies.**

Toutefois, en l'absence d'accomplissement de ces formalités, le changement de régime matrimonial est opposable aux tiers si, dans les actes passés avec eux, les époux ont déclaré avoir modifié leur régime matrimonial.

Bibliographie : M. Revillard, *La loi du 28 octobre 1997 modifiant le Code civil pour l'adapter aux stipulations de la Convention de La Haye sur la loi applicable aux régimes matrimoniaux : Defrénois* 1997, 1377. • M. Revillard, *Les mesures de publicité relatives aux régimes matrimoniaux en matière internationale : Defrénois* 1998, 1201. • T. Vignal, *La loi du 28 octobre 1997 adaptant la Convention de La Haye sur la loi applicable aux régimes matrimoniaux : JCP* 98, I, 146.

Art. 1398 *(Mod., L. n° 2009-526, 12 mai 2009).* **– Le mineur capable de contracter mariage est capable de consentir toutes les conventions dont ce contrat est susceptible et les conventions et donations qu'il y a faites sont valables, pourvu qu'il ait été assisté, dans le contrat, des personnes dont le consentement est nécessaire pour la validité du mariage.**

Si des conventions matrimoniales ont été passées sans cette assistance, l'annulation en pourra être demandée par le mineur ou par les personnes dont le consentement était requis, mais seulement jusqu'à l'expiration de l'année qui suivra la majorité accomplie.

Art. 1399 *(L. n° 68-5, 3 janv. 1968 ; mod., L. n° 2007-308, 5 mars 2007).* **– Le majeur en tutelle ou en curatelle ne peut passer de conventions matrimoniales sans être assisté, dans le contrat, par son tuteur ou son curateur.**

À défaut de cette assistance, l'annulation des conventions peut être poursuivie dans l'année du mariage, soit par la personne protégée elle-même, soit par ceux dont le consentement était requis, soit par le tuteur ou le curateur.

(Al. créé, L. n° 2019-222, 23 mars 2019) **Toutefois, la personne en charge de la mesure de protection peut saisir le juge pour être autorisée à conclure seule une convention matrimoniale, en vue de préserver les intérêts de la personne protégée.**

Changement de régime matrimonial. Le changement de régime matrimonial d'un époux sous curatelle ne peut être homologué si le curateur refuse son assistance, sauf à la personne en curatelle à demander au juge des tutelles une autorisation supplétive (■ Cass. 1re civ., 6 janv. 2004, n° 01-11.214 : *JurisData* n° 2004-021684 ; *Bull. civ.* I, n° 3, p. 2 ; *Dr. famille* 2004, 57, note Fossier ; *JCP* N 2004, 1273, obs. Plazy et 1418, obs. Casey ; *Defrénois* 2004, 601, obs. Massip et 823, obs. Champenois ; *D.* 2004, somm. 856, obs. Delmas Saint-Hilaire).

CHAPITRE II. – DU RÉGIME EN COMMUNAUTÉ

PREMIÈRE PARTIE. – DE LA COMMUNAUTÉ LÉGALE

Art. 1400. – La communauté qui s'établit à défaut de contrat ou par la simple déclaration qu'on se marie sous le régime de la communauté, est soumise aux règles expliquées dans les trois sections qui suivent.

Bibliographie : R. Le Guidec, *Trente ans d'application du régime matrimonial légal : Dr. famille* 1998, chron. 1. • G. Champenois, *La communauté de biens entre époux : bilan critique, rapport de synthèse : JCP* N 2009, 1193. • V. Barabé-Bouchard, *Retraite et régime matrimonial de communauté* in *Mélanges Champenois : Defrénois* 2012, 1. • I. Dauriac, *Réversion de pension et prévoyance conjugale* in *Mélanges Champenois : Defrénois* 2012, 239. • S. Ferré-André, *Du caractère inapproprié du régime de communauté à la préservation des intérêts économiques d'un époux actionnaire (illustrations du jeu da la subrogation réelle)* in *Mélanges Champenois : Defrénois* 2012, 257. • R. Libchaber, *Les incertitudes de la notion de communauté* in *Mélanges Champenois : Defrénois* 2012, 583. • E. Naudin, *L'époux associé et le régime légal de la communauté réduite aux acquêts* in *Mélanges Champenois : Defrénois* 2012, 617.

Section I. – De ce qui compose la communauté activement et passivement

§ 1. – De l'actif de la communauté

Art. 1401 *(Mod., L. n° 85-1372, 23 déc. 1985).* – **La communauté se compose activement des acquêts faits par les époux ensemble ou séparément durant le mariage, et provenant tant de leur industrie personnelle que des économies faites sur les fruits et revenus de leurs biens propres.**

Rédaction antérieure. Art. 1401. – [...].
Les biens réservés de la femme, quoique soumis à une gestion distincte en vertu de l'article 224, font partie des acquêts.

Bibliographie : E. Monteiro, *À propos des revenus des biens propres des époux dans le régime légal : RTD civ.* 1998, 23.

I – GAINS ET SALAIRES

1) Caractère commun. Les produits de l'industrie personnelle des époux font partie de la communauté (■ Cass. 1re civ., 14 nov. 2007, n° 05-18.570 : *JCP* 2008, I, 144, obs. Tisserand-Martin ; *RTD civ.* 2008, p. 143, obs. Vareille. ■ Cass. 1re civ., 8 févr. 1978, n° 75-15.731 : *Bull. civ.* I, n° 53, p. 46. ■ Bordeaux, 5 janv. 1971 : *JCP* 71, II, 16721, note Patarin ; *D.* 1971, 155, note Morin. – Voir en ce sens pour les gains et salaires de la femme ■ Paris, 20 oct. 1982 : *JurisData* n° 1982-027809 ; *D.* 1984, 126, note Paisant). Les salaires ayant le caractère de biens communs, leur remise entre les mains du conjoint ne peut s'analyser en une libéralité ou en un avantage matrimonial (■ Cass. 1re civ., 31 mars 1992, n° 90-16.343 : *JurisData* n° 1992-000854 ; *JCP* G 92, I, 3614, n° 6 et *JCP* N 92, II, 376, obs. Simler ; *JCP* G 93, II, 22059, note Abry ; *RTD civ.* 1993, 402, obs. Lucet et Vareille). Les gains et salaires perçus par un époux marié sous le régime de la communauté sont des biens communs sur lesquels le paiement des dettes de chacun des époux peut être poursuivi (■ Cass. 1re civ., 10 mai 2006 : *JurisData* n° 2006-033383 ; *Bull. civ.* I, n° 220, p. 193). Mais voir la limite posée par l'article 1414.

2) Activité antérieure à la dissolution. Il suffit, pour que les produits de l'industrie personnelle d'un époux soient communs, qu'ils trouvent leur origine dans l'activité de l'époux antérieure à la dissolution de la communauté, même s'ils sont perçus postérieurement (■ Cass. 1re civ., 13 oct. 1993, n° 91-14.037 : *JurisData* n° 1993-002381 ; *JCP* 94, I, 3785, n° 2, obs. Simler ; *RTD civ.* 1994, 926, obs. Vareille. – V. aussi ■ Toulouse, 4 juin 1997, n° 96/00054 : *JurisData* n° 1997-043402 ; *Dr. famille* 1998, 104, note Beignier).

3) Substitut de salaire. L'indemnité versée à la suite d'un accident du travail au titre de l'incapacité temporaire totale de travail, destinée à compenser la perte de revenus, tombe en communauté comme les salaires qui auraient dû être perçus et dont elle constitue un substitut (■ Cass. 1re civ., 23 oct. 1990, n° 89-14.448 : *JurisData* n° 1990-703072 ; *Bull. civ.* I, n° 218, p. 155. V. aussi pour l'indemnité destinée à compenser l'incapacité à reprendre toute activité économique ■ Cass. 1re civ., 5 avr. 2005 : *JCP* 2005, IV, 2186 ; *JurisData* n° 2005-027904 ; *Bull. civ.* I, n° 164, p. 140 ; *D.* 2005, somm. 2115, obs. Revel). Il en va de même pour l'indemnité de licenciement destinée à réparer le préjudice matériel et moral découlant de la perte d'un emploi (■ Cass. 1re civ., 5 nov. 1991, n° 90-13.479 : *JurisData* n° 1991-002896 ; *JCP* 1992, IV, 75 ; *Bull. civ.* I, n° 292, p. 192. ■ Cass. 1re civ., 16 juill. 1997, n° 95-16.977 : *JurisData* n° 1997-003402 ; *Dr. famille* 1997, 124, note Beignier. ■ Pau, 5 janv. 1998, n° 95004617 : *JurisData* n° 1998-040838 ; *Dr. famille* 2000, 77, note Beignier. ■ Toulouse, 13 nov. 2001, n° 2000/04899 : *JurisData* n° 2001-174368 ; *Dr. famille* 2002, 102, note Beignier. ■ Grenoble, 17 juin 2002 : *JurisData* n° 2002-206138 ; *JCP* 2003, IV, 2270. ■ Dijon, 4 févr. 2003 : *JurisData* n° 2003-208994 ; *JCP* 2003, IV, 2676). V. aussi A. Mazeaud, *Les indemnités de rupture du contrat de travail en régime de communauté entre époux : D.* 1986, chron. 235 ; de l'indemnité de départ en retraite (■ Cass. 1re civ., 31 mars 1992, préc.) ; de l'indemnité perçue de l'employeur en vertu d'une transaction consécutive au licenciement (■ Cass. 1re civ., 3 juin 1997, n° 95-12.970 : *JurisData* n° 1997-002559 ; *Dr. famille* 1997, 142, note Beignier. *Adde* ■ Cass. 1re civ., 3 févr. 2010, n° 09-65.345 : *D.* 2010, p. 442 ; *JCP* 2010, n° 17, 487, obs. Simler, indemnité compensatrice de congés payés) ; d'une indemnité d'assurance perte d'emploi (■ Cass. 1re civ., 3 févr. 2010, n° 08-21.054 : *JCP* N 2010, 1172, note Barabé-Bouchard ; *Dr. famille* 2010, comm. 43, obs. Beignier ; *JCP* 2010, n° 17, 487, obs. Simler). Mais, v., pour un système de retraite par capitalisation obligatoire, ■ Cass. 1re civ., 3 mars 2010, n° 08-15.832 : *JCP* 2010, n° 17, 487, p. 908, obs. Simler et p. 910, obs. Tisserand-Martin, qui décide que constituent des biens propres les droits acquis à une indemnité de libre passage servie au titre du deuxième pilier du régime de prévoyance professionnelle obligatoire suisse, attribués en considération de la situation personnelle de leur titulaire, seul le capital représentatif de la prestation de libre passage dont le versement est demandé avant la dissolution du régime constituant un substitut de rémunération et entrant en communauté.

4) Gain provenant du Loto. Lorsque la femme

a acheté un billet de Loto à l'aide de deniers provenant de sa retraite, c'est-à-dire des revenus différés de son travail ou de son industrie, le gain qui en provient participe de la même nature et compose dès lors potentiellement la masse active de la communauté (▪ TGI Créteil, 18 janv. 1988 : *JurisData* n° 1988-605272 ; *JCP* 1989, II, 21385, note Simler ; *D.* 1989, 37, note Champenois. V. aussi ▪ Orléans, 12 mai 2009, n° 08/02729 : *JurisData* n° 2009-005100 ; *JCP* 2009, n° 44, 391, obs. Simler. ▪ Toulouse, 31 janv. 2012 et ▪ Paris, 13 sept. 2012, n° 10/18876 : *JurisData* n° 2012-020809 ; *JCP* G 2012, doctr. 1389, n° 7, obs. Simler. ▪ Versailles, 13 nov. 2014 : *JCP* 2015, doctr. 709, n° 7, obs. Simler).

5) Assurance-vie. Contrat de retraite complémentaire. Dès lors que les primes de l'assurance-vie ont été payées avec des fonds communs jusqu'à la dissolution de la communauté, si bien que la valeur de la police fait partie de celle-ci, et que l'époux souscripteur a reçu le capital prévu au contrat après la dissolution, ce qui établit que les droits nés de ce contrat lui ont été attribués, il doit être tenu compte dans les opérations de partage de la valeur du contrat au jour de la dissolution de la communauté (▪ Cass. 1re civ., 31 mars 1992, n° 90-17.212 : *JurisData* n° 1992-000856 ; *JCP* G 92, I, 3614, n° 6 et *JCP* N 92, II, 376, n° 6, obs. Simler ; *JCP* G 93, II, 22059, note Abry, et, sur renvoi, ▪ Versailles 21 juin 1993, n° 8404.92 : *JurisData* n° 1993-045034 ; *D.* 1995, somm. 40, obs. Lucet). Mais dès lors que le contrat ne prévoit le versement d'un capital qu'en cas de décès du souscripteur, que le mari commun en biens a révoqué la désignation de son épouse comme bénéficiaire et lui a substitué un tiers, celui-ci est réputé avoir droit, en application de l'article L. 132-12 du Code des assurances, aux sommes stipulées au contrat à partir du jour de sa souscription ; en vertu de l'article 1437 du Code civil, l'époux souscripteur est redevable envers la communauté des deniers communs ayant servi à acquitter une charge contractée dans son intérêt personnel (▪ Cass. 1re civ., 10 juill. 1996, n° 94-17.471 : *JurisData* n° 1996-003068 ; *JCP* 96, IV, 2061 ; 97, I, 4008, n° 16, obs. Tisserand ; *Bull. civ.* I, n° 309, p. 216 ; *Defrénois* 1997, 1080, obs. Champenois ; *D.* 1998, 26, note Sauvage). V. aussi pour un contrat de retraite complémentaire, ▪ Cass. 1re civ., 23 mai 2006 : *JurisData* n° 2006-033598 ; *JCP* G 2006, I, 193 (la valeur de ce contrat fait partie de l'actif de la communauté ; les droits nés de ce contrat étant nécessairement attribués, après la dissolution, à l'époux souscripteur ou au bénéficiaire désigné, il doit être tenu compte dans les opérations de partage de la valeur du contrat au jour de la dissolution de la communauté. En conséquence, viole les articles 1401 et 1437 la cour d'appel qui décide que l'époux souscripteur ne devait pas récompense à la communauté pour les cotisations afférentes à son affiliation). Pour le calcul d'éventuelles récompenses, voir sous l'article 1437.

V. R. Cicile, *L'assurance vie dans la dissolution de la communauté : AJF* 2009, p. 394. S. Jacquin, *Assurance-vie et régime de communauté : JCP* N 2010, 1269.

6) Crédit-bail. Dès lors que le contrat de crédit-bail, souscrit pendant la durée de la communauté et dont les loyers réglés au cours de celle-ci sont présumés avoir été payés avec des deniers communs, comporte de la part du bailleur une promesse unilatérale de vente donnant à la locataire la possibilité d'acquérir le bien loué à l'issue de la période de location, moyennant un prix tenant compte, pour partie, des versements effectués à titre de loyers, les juges du fond doivent en déduire que la communauté dispose, au jour de sa dissolution, intervenue antérieurement à la levée de l'option d'achat, d'une créance sur le bailleur lui donnant vocation à la propriété du bateau objet du contrat, et que cette créance, constituant un élément d'actif de la communauté, doit être évaluée (▪ Cass. 1re civ., 1er juill. 1997, n° 95-17.058 : *JurisData* n° 1997-003166 ; *Bull. civ.* I, n° 220, p. 147 ; *Defrénois* 1997, 1445, obs. Champenois ; *Dr. famille* 1997, 12, note Beignier ; *JCP* G 98, I, 135 et *JCP* N 98, 1303, n° 9, obs. Simler ; *RTD civ.* 1998, 728, obs. Vareille).

7) Donation de biens communs avec réserve d'usufruit. Usufruit commun. L'acte par lequel des époux distribuent et partagent leurs biens communs entre leurs héritiers présomptifs n'a pas pour effet, s'ils s'en réservent l'usufruit, de le diviser entre eux, cet usufruit leur demeurant commun ; cet usufruit subsiste au décès d'un des époux et continue de grever l'intégralité des biens objets de la donation (▪ Cass. 1re civ., 11 mai 2016, n° 14-28.321 : *RTD civ.* 2016, 654 obs. Dross et 675, obs. Grimaldi ; *JCP* G 2016, doctr. 1330, n° 5, obs. Simler ; *Dr. famille* 2016, comm. 150, Tani ; *D.* 2016, 1631, Bonnet).

II – PRODUITS DE L'INDUSTRIE PERSONNELLE

A – Œuvres de l'esprit

8) Redevances d'auteurs. Sur le caractère commun des produits pécuniaires provenant de l'exploitation d'une œuvre de l'esprit, v. CPI, art. L. 121-9, p. 2461.

9) Support matériel. Sous le régime de la communauté des meubles et acquêts, conformément à la règle selon laquelle la propriété intellectuelle est indépendante de la propriété de l'objet matériel, le support matériel des œuvres, qui avait été transmis pendant le mariage à titre de succession, était entré en communauté, de sorte que les tableaux litigieux devaient, en tant que biens corporels, être portés à l'actif de la communauté, peu important qu'ils n'aient pas été divulgués (■ Cass. 1re civ., 12 mai 2011, n° 10-15.667 : *Bull. civ.* I, n° 88 ; *D.* 2011, 1413, obs. Marocchella.). V. dans le même sens, sur le sort de l'œuvre non divulguée pendant la durée du régime matrimonial, V. ■ Cass. 1re civ., 4 juin 1971, n° 69-13.874 : *JurisData* n° 1971-000177 ; *JCP* 72, II, 17164, note Patarin ; *D.* 1971, 585, concl. Lindon, et, sur renvoi, ■ Orléans, 13 nov. 1975 : *JurisData* n° 1975-760438 ; *JCP* 76, II, 18349, note Boursigot. Sur cette question, V. A. Lucas, *La distinction entre l'œuvre d'art et son support en droit des régimes matrimoniaux, Mélanges en l'honneur de R. Le Guidec*, LexisNexis, 2014.

10) Redevances postérieures à la dissolution de la communauté. À partir de la dissolution de la communauté, les produits pécuniaires doivent revenir à l'artiste seul (■ Paris, 22 avr. 1982 : *JurisData* n° 1982-021614 ; *JCP* 83, II, 19948, note Gobin ; *D.* 1984, 397, note Ghestin).

B – Autres produits

11) Stocks d'eau de vie. Le stock d'eau de vie et de pineau d'une exploitation viticole constitue le produit de l'industrie personnelle de l'époux exploitant et tombe en communauté (■ Cass. 1re civ., 19 déc. 2012, n° 11-25.264 : *Bull. civ.* I, n° 270 ; *JCP* 2013, doctr. 721, n° 8, obs. Simler ; *RD rur.* 2013, comm. 93, note Le Guidec ; *Defrénois* 2013/6, 305, note Barrabé-Bouchard ; *RTD civ.* 2013, 404, obs. Dross, et 428, obs. Vareille ; *AJF* 2013, 139, obs. Hilt). Cassation de l'arrêt ayant qualifié le stock de propre au motif qu'il était un élément indispensable au fonctionnement de l'universalité que constituait l'exploitation viticole propre).

III – REVENUS DES BIENS PROPRES

Voir : sous l'article 1403.

IV – AUTRES HYPOTHÈSES

12) Fonds déposés sur des comptes ouverts au nom des enfants. Les fonds déposés sur des comptes ouverts au nom des enfants ne sont pas des biens communs (■ Cass. 1re civ., 19 déc. 2012, n° 11-21.957 : *JCP* 2013, doctr. 721, n° 6, obs. Simler). Dans le même sens, ■ Cass. 1re civ., 6 juill. 2000, n° 98-20.213 (mise à l'écart de la présomption de communauté). ■ Cass. 1re civ., 6 janv. 2010, n° 08-20.055 : *AJF* 2010, 193, note Hilt (intention libérale des parents ayant déposé les fonds sur les comptes de leurs enfants, exclusion des fonds des opérations de partage). V. cependant, ■ Cass. 1re civ., 18 juill. 1995, n° 93-14.067 : *JurisData* n° 1995-002134 ; *JCP* 1996, I, 3908, n° 11, obs. Simler.

13) Société en cours de constitution au moment de la célébration du mariage. Sur ce que la date à retenir, concernant l'acquisition des parts sociales d'une société en cours de constitution au moment de la célébration du mariage (signature du contrat de société antérieure au mariage ; libération des apports et immatriculation postérieures au mariage) est celle de l'immatriculation de la société, V. ■ Cass. 1re civ., 8 oct. 2014, n° 13-21.879 : *Bull. civ.* I, n° 161 ; *JCP* G 2015, 320, note Champenois ; *RDC* 2015/2, 316, note Goldie-Genicon ; *LPA* 2 déc. 2014, p. 6, obs. V. Zalewski-Sicard ; *RTD civ.* 2015, 679, obs. Vareille ; *Dr. soc.* mars 2015, comm. 43, note Mortier ; *JCP* N 2015, 1182, note Le Guidec et 1183, note Mortier ; *Defrénois* 2015/2, p. 71, obs. Rabreau.

V – DISTINCTION DU TITRE ET DE LA FINANCE

Bibliographie : G. Chabot, *Retour sur la distinction du titre et de la finance, Mél. R. Le Guidec*, LexisNexis, 2014, 35. – E. Naudin, *Que sont les notions devenues ?, Libres propos sur la distinction du titre et de la finance, Mél. D.-R. Martin*, LGDJ 2015, p. 467. – Ph. Simler, *La distinction du titre et de la finance justifie-t-elle un pouvoir exclusif de disposition ?, Mél. D.-R. Martin*, LGDJ 2015, p. 565.

14) Clientèles civiles. Sur le principe que les clientèles civiles sont des biens communs pour leur valeur, V. ■ Cass. 1re civ., 12 janv. 1994, 2 arrêts : *JurisData* n° 1994-000035 ; *D.* 1994, 311, note R. Cabrillac ; *JCP* 94, I, 3785, n° 1, obs. Simler ; *D.* 1995, somm. 41, obs. Grimaldi ; *RTD civ.* 1996, 229, obs. Vareille. ■ Cass. 1re civ., 17 déc. 1996, n° 93-17.602 : *JurisData* n° 1996-004965 ; *JCP* 97, I, 4047, n° 16, obs. Simler ; *Bull. civ.* I, n° 449, p. 315 ; *Defrénois* 1997, 411, obs. Grimaldi. ■ Cass. 1re civ., 3 déc. 2002, n° 00-17.046 : *JurisData* n° 2002-016823 ; *Dr. famille* 2003, 31, note Beignier. Sur le principe que l'indivision post-communautaire s'accroît de la plus-value de la clientèle, V. ■ Cass. 1re civ., 12 janv. 1994 et ■ Cass. 1re civ., 17 déc. 1996, préc.

15) Exploitations ostréicoles. La concession d'une exploitation de conchyliculture n'est cessible qu'avec l'autorisation de l'administration et au profit seulement de personnes remplissant elles-mêmes les conditions requises pour exploiter. Il en résulte que cette concession a un caractère personnel et que seule la valeur patrimoniale des parcs à huîtres tombe en communauté (■ Cass. 1re civ., 8 déc. 1987, n° 86-12.426 : *JurisData* n° 1987-799040 ; *JCP* 89, II, 21336, note Simler ; *D.* 1989, 61, note Malaurie. – V. en ce sens sous l'empire du droit ancien ■ Cass. 1re civ., 27 avr. 1982 : *Bull. civ.* I, n° 145, p. 128. – V. aussi pour des bouchots à moules ▪ Caen, 2 déc. 1997 : *JurisData* n° 1997-049490 ; *Dr. famille* 1998, 141, note Beignier. – Jugeant que le caractère personnel des concessions accordées par l'Administration n'a pas pour effet d'empêcher de faire entrer en communauté la valeur patrimoniale des parcs à huîtres, ▪ Cass. 1re civ., 14 mars 2006 : *Bull. civ.* I, n° 148 ; *JurisData* n° 2006-032663 ; *JCP* G 2006, IV, 1791 et I, 193 ; *AJF* oct. 2006, p. 382, obs. Hilt).

16) Licence de taxi. De même, le caractère personnel de « l'autorisation de stationnement » délivrée par l'Administration pour l'exercice de la profession d'exploitant de taxi n'a pas pour effet d'exclure de la communauté la valeur patrimoniale de la faculté de présenter un successeur qui y est attachée (▪ Cass. 1re civ., 16 avr. 2008, n° 07-16.105 : *JCP* 2008, I, 144, obs. Simler ; *D.* 2008, p. 2264, note Douville).

17) Droits sociaux non négociables. Sur les droits sociaux non négociables, V. ▪ Cass. 1re civ., 4 juill. 2012, n° 11-13.384 : *Bull. civ.* I, n° 155 ; *JCP* G 2012, note 1104, Paisant et doctr., 1389, n° 5, obs. Simler ; *JCP* N 2012, 1382, note Azincourt ; *D.* 2012, 2493, note Barabé-Bouchard : ayant constaté que le mari, souscripteur des parts sociales acquises pendant la durée du mariage, avait seul la qualité d'associé, la cour d'appel en a exactement déduit que ces parts n'étaient entrées en communauté que pour leur valeur patrimoniale et qu'elles ne pouvaient qu'être attribuées au titulaire des droits sociaux lors du partage. Pour une application au cours de l'indivision post-communautaire, V. ▪ Cass. 1re civ., 12 juin 2014, n° 13-16.309 : *Bull. civ.* I, n° 108 ; *RDC* 2014/4, 715, note Goldie-Genicon ; *Defrénois* 2014, 1093, note Barabé-Bouchard ; *JCP* G 2014, doctr. 1265, n° 10, obs. Simler ; *D.* 2014, 1908, obs. Brémond ; *Rev. sociétés* 2014, 734, note Naudin ; *Dr. sociétés* 2014/12, 15, obs. Mortier ; *JCP* N 2015, 1072, note Garçon ; *LPA* 16 juill. 2014, 6, note Zalewski-Sicard : à la dissolution de la communauté matrimoniale, la qualité d'associé attachée à des parts sociales non négociables dépendant de celle-ci ne tombe pas dans l'indivision post-communautaire qui n'en recueille que leur valeur, de sorte que le conjoint associé peut transmettre son titre sans recueillir l'accord de ses coïndivisaires. Dans le même sens, ▪ Cass. 1re civ., 22 oct. 2014, n° 12-29.265 : à paraître au *Bull. civ.* – *Adde*, L. Nurit-Pontier, *Conjoint d'associé : être ou ne pas être associé ?*, *Mélanges en l'honneur du professeur R. Le Guidec*, LexisNexis, 2014. V. cependant, concernant les dividendes engendrés par les parts sociales pendants l'indivision post-communautaire, qui accroissent l'indivision : les parts sociales acquises au cours du mariage devant être portées à l'actif de communauté pour leur valeur au jour du partage, la qualité d'associé s'y attachant ne relevant pas de l'indivision, la cour d'appel en a à juste titre déduit que les bénéfices et dividendes perçus par le conjoint associé de toutes les sociétés du groupe pendant l'indivision post-communautaire étaient des fruits accroissant à l'indivision (▪ Cass. 1re civ., 28 mars 2018, n° 17-16.198 : *RTD civ.* 2018, p. 472, Nicod et 701, Dross ; *Dr. sociétés* 2018/7, 18, Mortier et 2018/11, 14, Collard et Naudin ; *Defrénois* 2018, n° 36, p. 39, Vareille et Chamoulaud-Trapiers et 2018, n° 40, p. 30, Champenois et Dauriac ; *Dr. & patr.* nov. 2018, 49, Blanchard).

18) Officines de pharmacie. Pour une application de la distinction aux officines de pharmacie, V. ▪ Cass. 1re civ., 4 déc. 2013, n° 12-28.076 : à paraître au *Bull. civ.* ; *JCP* N 2014, 1099, note Barabé-Bouchard ; *Dr. famille* 2014, comm. 37, obs. Beignier ; *RTD civ.* 2014, 937, Vareille ; *RTD civ.* 2014, 937, Gautier ; *Defrénois* 2014, 1192, obs. Champenois ; *JCP* G 2014, doctr. 668, n° 8, obs. Simler ; *RTD com.* 2014, 306, obs. Saintourens ; *Gaz. Pal.* 12 févr. 2014, p. 11, obs. Albiges, et 14 sept. 2014, 21, obs. Casey, qui décide que la valeur de l'office devait être intégrée dans l'actif de la communauté et retient, comme date de naissance du fonds de commerce, la date d'ouverture au public, et non celle de l'obtention de l'autorisation préfectorale de création de l'officine. *Adde*, ▪ Cass. 1re civ., 18 oct. 2005, n° 02-20.329 : *Bull. civ.* I, 373 ; *JCP* 2006, I, 141, n° 17, obs. Simler ; *AJF* 2006, p. 115, obs. Hilt ; *Defrénois* 2006, p. 77, note Souhami.

19) Étude d'administrateur judiciaire (non). L'étude d'un administrateur judiciaire ne représente pas une valeur patrimoniale devant être inscrite à l'actif de la communauté (▪ Cass. 1re civ., 28 mai 2014, n° 13-14.884 : *Bull. civ.* 2014, I, 97 ; *JCP* G 2014, doctr. 1265, n° 6, obs. Simler ; *RJPF* 2014/11, p. 27, obs. Vauvillé).

Art. 1402. – **Tout bien, meuble ou immeuble, est réputé acquêt de communauté si l'on ne prouve qu'il est propre à l'un des époux par application d'une disposition de la loi.**

Si le bien est de ceux qui **ne portent pas en eux-mêmes preuve ou marque de leur origine, la propriété personnelle de l'époux, si elle est contestée, devra être établie par écrit. À défaut d'inventaire ou autre preuve préconstituée, le juge pourra prendre en considération tous écrits, notamment titres de famille, registres et papiers domestiques, ainsi que documents de banque et factures. Il pourra même admettre la preuve par témoignage ou présomption, s'il constate qu'un époux a été dans l'impossibilité matérielle ou morale de se procurer un écrit.**

Bibliographie : H. Fulchiron, *Les présomptions d'indivision et de communauté dans le couple* : *Defrénois* 2001, 949. • A. Cermolacce, *L'introuvable acquêt* : *JCP* N 2009, 1186.

1) Preuve contraire. La preuve du caractère propre ne peut résulter de l'acquisition de biens mobiliers à l'aide des revenus du mari, affirmation qui serait en contradiction avec l'article 1401 (■ Versailles, 4 déc. 1991 : *JurisData* n° 1991-047137 ; *JurisData* n° 1991-047137 ; *JCP* 92, IV, 812).

2) Compte bancaire. Sauf preuve contraire, les deniers déposés sur le compte bancaire personnel d'un époux sont présumés, dans les rapports entre conjoints, être des acquêts (■ Cass. 1re civ., 9 juill. 2008, n° 07-16.545 : *JCP* 2008, I, 202, obs. Ph. Simler). Sur la présomption de pouvoir en matière bancaire, v. art. 221, p. 205.

3) Portefeuille de valeurs mobilières. Application de la présomption de communauté dans une hypothèse où les valeurs mobilières contenues dans un portefeuille reçu par succession avaient été confondues avec d'autres valeurs mobilières communes, de sorte que la preuve n'était pas rapportée que les valeurs figurant sur les comptes titres étaient celles inscrites dans la déclaration de succession ou des valeurs qui leur auraient été subrogées (■ Cass. 1re civ., 30 avr. 2014, n° 13-13.579 : *Bull. civ.* I, n° 74 ; *JCP* G 2014, doctr. 1265, n° 8, obs. Simler ; *RTD civ.* 2015, 681 et 683, obs. Vareille ; *D.* 2015, 287, obs. Fricero ; *Gaz. Pal.* 16 sept. 2014, n° 259, obs. Casey).

4) Invocation devant la Cour de cassation. Les règles relatives à la présomption de communauté, qui ne sont pas d'ordre public, ne peuvent être invoquées pour la première fois devant la Cour de cassation (■ Cass. 1re civ., 20 oct. 2010, n° 09-69.702 : *JCP* G 2011, doctr. 503, obs. Simler ; *Gaz. Pal.* 4 févr. 2011, 33, obs. Casey).

5) Droit de la communauté à récompense. Il résulte de l'article 1402, al. 1er, que la communauté qui prétend avoir droit à récompense n'a pas à établir le caractère commun des deniers qui ont servi à acquitter une dette personnelle à l'un des époux, lesdits deniers étant, en application de ce texte, réputés communs sauf preuve contraire (■ Cass. 1re civ., 7 juin 1988, n° 86-14.727 : *JurisData* n° 1988-701789 ; *JCP* 89, II, 21341, note Simler).

6) Franc symbolique. La somme purement symbolique d'un franc ne constitue pas une valeur patrimoniale dont il y aurait lieu de déterminer le caractère propre ou commun (■ Cass. 1re civ., 17 janv. 1995, n° 93-10.462 : *Bull.* I, n° 33, p. 23 ; *JCP* 95, I, 3869, n° 12, obs. Simler ; *D.* 1995, 401, note Martin ; *RTD civ.* 1995, 914, obs. Gautier, 1996, 459, obs. Vareille).

7) Qualité d'associé. La présomption de communauté de l'article 1402 dispense le conjoint de rapporter la preuve du caractère commun des fonds employés à l'achat de parts sociales non négociables et c'est aux tiers qui lui contestent la qualité d'associé de prouver le caractère propre des deniers (■ Cass. 1re civ., 11 avr. 1996 : *JCP* 96, I, 3962, n° 10, obs. Simler ; *Defrénois* 1996, 1440, obs. Champenois. ■ Cass. 1re civ., 11 juin 1996, n° 94-13.795 : *JurisData* n° 1996-002370 ; *JCP* 96, IV, 1769 ; *Bull.* I, n° 251, p. 177).

8) Concubinage. Présomption d'indivision (non). Sur le principe que le concubinage ne crée aucune présomption d'indivision, V. ■ Bordeaux, 29 oct. 1997 : *JurisData* n° 1997-047892 ; *Dr. famille* 1998, 131, note Lécuyer.

9) Cheptel donné. Doit être présumé acquêt de communauté le troupeau d'animaux existant à la dissolution de la communauté, et donné vingt ans avant par le père du mari (■ Bourges, 21 janv. 1998, n° 9600292 : *JurisData* n° 1998-040126 ; *JCP* 99, I, 154, n° 6, obs. Simler).

Art. 1403. – Chaque époux conserve la pleine propriété de ses propres.

La communauté n'a droit qu'aux fruits perçus et non consommés. Mais récompense pourra lui être due, à la dissolution de la communauté, pour les fruits que l'époux a négligé de percevoir ou a consommés frauduleusement, sans qu'aucune recherche, toutefois, soit recevable au-delà des cinq dernières années.

Bibliographie : A. Colomer, *La suppression du droit de jouissance de la communauté sur les biens propres des époux ou le danger d'innover (Réflexions sur la loi du 13 juill. 1965)* : *D.* 1966, chron. 23. • A. Le Bayon, *Le sort des fruits dans les différents régimes matrimoniaux* : *JCP* 72, I, 2459.

1) Caractère commun. Les revenus bruts des biens propres des époux tombent en communauté (■ Cass. 1re civ., 14 nov. 2007, n° 05-18.570 : *JCP* 2008, I, 144, obs. Tisserand-Martin).

2) Revenus employés à l'amélioration d'un propre. Si en vertu de l'article 1403 la communauté n'a pas droit aux fruits consommés sans fraude, on ne doit pas considérer comme consommés les revenus employés à l'amélioration d'un bien propre (■ Cass. 1re civ., 6 juill. 1982 : *JurisData* n° 1982-701857 ; *JCP* 82, IV, 329 ; *Bull. civ.* I, n° 249, p. 215). Jugé à l'égard d'un régime conventionnel de communauté réduite aux acquêts antérieur à la réforme, au visa de l'article 1498, alinéa 2, du Code civil, dans sa rédaction antérieure à la loi n° 65-570 du 13 juillet 1965, que les fruits et revenus des biens propres ont le caractère de biens communs, de sorte qu'en cas d'emploi des revenus d'un bien propre à son amélioration, la communauté a droit à récompense (▪ Cass. 1re civ., 20 févr. 2007, n° 05-18.066 : *Defrénois* 2008, art. 38719-1, p. 307, note Champenois ; *JCP* 2007, I, 208, obs. Simler ; *D.* 2007, p. 1578, note Nicod et p. 2126, obs. Revel ; *AJF* 2007, 230, obs. P. Hilt ; *JCP* 2008, I, 144, obs. Tisserand-Martin). V. aussi, pour le financement et la conservation d'un tel bien avec ses revenus, sous l'art. 1437.

3) **Intérêts de l'emprunt fait pour l'achat d'un propre.** La communauté, à laquelle sont affectés les fruits et revenus des biens propres, doit supporter les dettes qui sont à la charge de la jouissance de ces biens ; dès lors, leur paiement ne donne pas droit à récompense au profit de la communauté lorsqu'il a été fait avec des fonds communs. Ainsi, pour chiffrer la récompense due par un époux à la communauté par suite du remboursement d'un emprunt ayant servi à l'acquisition d'un bien propre, il ne doit pas être tenu compte des intérêts dudit emprunt (▪ Cass. 1re civ., 31 mars 1992, n° 90-16.343 : *JurisData* n° 1992-000854 ; *Bull. civ.* I, n° 96, p. 64 ; *JCP* N 1992, II, 333 ; *JCP* G 1993, II, 22003, note Pillebout ; *JCP* N 1993, II, 21, note Tisserand ; *RTD civ.* 1993, 401, obs. Lucet et Vareille. V. aussi ▪ Cass. 1re civ., 24 oct. 2000, n° 98-19.767 : *JurisData* n° 2000-006613 ; *Dr. famille* 2000, 145, note Beignier ; *D.* 2001, somm. 2936, obs. Nicod. ▪ Cass. 1re civ., 3 févr. 2010, n° 08-21.054 : *JCP* N 2010, 1172, note V. Barabé-Bouchard ; *Dr. famille* 2010, comm. 43, obs. B. Beignier ; *JCP* 2010, n° 17, 487, obs. Simler. Comp. pour les frais de replantation d'une vigne ▪ Bordeaux, 30 sept. 1998 : *JurisData* n° 1998-044199 ; *JCP* 1999, I, 154, n° 14, obs. Tisserand).

4) **Notion de consommation.** Sur ce que le blocage d'un compte à fin de garantie constitue un acte de consommation au sens de l'article 1403, v. ▪ Cass. 1re civ., 14 juin 2000, n° 98-16.702 : *JurisData* n° 2000-002526 ; *JCP* 2001, I, 309, n° 6, obs. Simler.

5) Les **bénéfices réalisés par une société** ne deviennent des fruits ou des revenus de biens propres, susceptibles de constituer des acquêts de communauté, que lorsqu'ils sont attribués sous forme de dividendes (▪ Cass. 1re civ., 12 déc. 2006, n° 04-20.663 : *Defrénois* 2008, art. 38719-2, p. 310, note Champenois ; *JCP* G 2007, I, 142 ; *D.* 2007, p. 2126, obs. Revel ; *RTD civ.* 2007, 149, obs. T. Revel ; *Dr. sociétés* 2007, comm. 32, obs. J. Monnet).

6) **Négligence dans la perception des revenus de propres.** Droit à récompense de la communauté pour négligence dans la perception de revenus de propres en cas de mise à disposition gratuite d'un immeuble propre par l'épouse au profit de ses nièces (Paris, pôle, ch. 1, 30 sept. 2015, n° 14/11861 : *JCP* G 2016, doctr. 698, n° 9, obs. Tisserand-Martin).

Art. 1404.

– Forment des propres par leur nature, quand même ils auraient été acquis pendant le mariage, les vêtements et linges à l'usage personnel de l'un des époux, les actions en réparation d'un dommage corporel ou moral, les créances et pensions incessibles, et, plus généralement, tous les biens qui ont un caractère personnel et tous les droits exclusivement attachés à la personne.

Forment aussi des propres par leur nature, mais sauf récompense s'il y a lieu, les instruments de travail nécessaires à la profession de l'un des époux, à moins qu'ils ne soient l'accessoire d'un fonds de commerce ou d'une exploitation faisant partie de la communauté.

1) **Dommages-intérêts alloués à un époux. Principe.** Il résulte de l'article 1404, al. 1er, que les dommages-intérêts alloués à un époux tombent en communauté sauf lorsqu'ils sont accordés en réparation d'un dommage corporel ou moral (▪ Cass. 1re civ., 12 mai 1981, n° 80-10.125 : *JurisData* n° 1981-701682 ; *JCP* 81, IV, 264 ; *Bull. civ.* I, n° 156, p. 128 ; *Defrénois* 1981, 1314, obs. Champenois. V. aussi ▪ Cass. 1re civ., 14 déc. 2004 : *JCP* G 2005, IV, 1209 ; *Dr. famille* 2005, 36, note Beignier ; *D.* 2005, 545, note Cabrillac ; *JurisData* n° 2004-026139 ; *Bull. civ.* I, n° 309, p. 259. ▪ Cass. 1re civ., 26 sept. 2007, n° 06-13.827 : *JurisData* n° 2007-040497. ▪ Cass. 1re civ., 9 mars 2011, n° 09-70.263 : *Dr. famille* 2011, comm. 75, obs. Beignier ; *JCP* G 2011, doctr. 503, n° 6, obs. Simler). V. pour les dommages-intérêts alloués pour rupture abusive d'un contrat de travail à durée déterminée ▪ Paris, 17 sept. 1998, n° 96/33472 : *JurisData* n° 1998-022853 ; *JCP* 99, II, 10031, note Psaume. V. aussi pour l'indemnité de licenciement sous art. 1401, p. 1265.

2) **Indemnité d'assurance.** Constitue un bien propre la somme perçue par un époux au titre de son dommage corporel en exécution d'une assurance individuelle contre les accidents souscrite par lui (▪ Cass. 1re civ., 1er mars 1972 : *JurisData* n° 1972-000068 ; *JCP* 73, II, 17311, note J. P. ; *D.* 1973, 57, note Besson. V. en ce sens pour une assurance personnelle garantissant le risque d'invalidité de l'un ou l'autre époux ▪ Cass. 1re civ., 6 juin 1990, n° 87-19.492 : *JurisData* n° 1990-701984 ; *Bull. civ.* I, n° 133, p. 95 ; *Defrénois* 1991, 36, note X. Savatier. V. aussi ▪ Cass. 1re civ., 7 nov. 1995, n° 92-10.051 : *JurisData* n° 1995-002885 ; *JCP* G 96, I, 3908, et *JCP* N 96, II, 798, n° 12, obs. Simler ; ▪ Cass. 1re civ., 26 sept.

2007, préc. ■ Cass. 1re civ., 6 févr. 2001, n° 99-11.252 : *JCP* 2002, I, 103, n° 10, obs. Simler. Le capital versé au bénéficiaire d'un contrat d'assurance garantissant le risque d'invalidité a, réparant une atteinte à l'intégrité physique, un caractère personnel, de sorte qu'il constitue un bien propre par nature (■ Cass. 1re civ., 17 nov. 2010, n° 09-72.316 : *Bull. civ.* I, n° 238 ; *Defrénois* 2011, 378, obs. Champenois ; *Dr. famille* 2011, comm. 8, obs. Beignier ; *Gaz. Pal.* 4 févr. 2011, 34, obs. Casey ; *JCP* N 2011, n° 12, 39, note Pierre ; *JCP* G 2011, note 340, Pierre ; *ibid.*, doctr. 503, n° 6, obs. Simler). *Contra* pour un contrat d'assurance accessoire à un contrat de prêt souscrit par les deux époux, ■ Toulouse, 17 mars 1999, n° 97/05362 : *JurisData* n° 1999-041166 ; *JCP* 2000, I, 245, n° 12, obs. Simler).

3) **Indemnité pour perte de revenus.** Les indemnités destinées à compenser des pertes de revenus n'entrent en communauté que si elles constituent le substitut de ceux qui auraient dû être perçus pendant la durée du régime. La somme versée au titre du contrat d'assurance « perte de profession » ayant pour objet de réparer une perte de revenus pour une période, en l'espèce, postérieure à la dissolution de la communauté, cette somme était personnelle au mari divorcé (■ Cass. 1re civ., 26 sept. 2007, préc.). V. aussi ■ Cass. 1re civ., 23 oct. 1990, n° 89-14.448 : *JurisData* n° 1990-703072 ; *Bull. civ.* 1990, I, n° 218, p. 155 : l'indemnité versée à la suite d'un accident du travail au titre de l'incapacité temporaire totale de travail, destinée à compenser la perte de revenus, tombe en communauté comme les salaires qui auraient dû être perçus et dont elle constitue un substitut.

4) **Indemnité de licenciement.** La créance d'indemnité de licenciement ayant pour objet de réparer le préjudice résultant pour le mari de la perte de son emploi, née le jour de la notification de la rupture du contrat de travail, entre en totalité en communauté, peu important qu'il soit tenu compte de l'ancienneté acquise par le salarié avant son mariage pour la calculer (■ Cass. 1re civ., 3 févr. 2010, n° 09-65.345 : *Bull. civ.* 2010, I, n° 33 ; *Dr. famille* 2010, comm. 151, obs. Brémond ; *JCP* G 2010, 487, n° 10, obs. Simler ; *RTD civ.* 2010, 609, obs. Vareille ; *D.* 2010, 2092, n° 4, obs. Brémond). L'« indemnité transactionnelle à caractère de dommages-intérêts », versée au salarié en sus de l'indemnité de licenciement et de l'indemnité compensatrice de congés payés, ayant pour objet de réparer le préjudice résultant de la perte de son emploi, et non un dommage affectant uniquement sa personne, a le caractère d'un bien commun (même arrêt). Jugé que l'indemnité allouée par l'employeur tendant à l'indemnisation d'un préjudice non seulement moral, mais de carrière, n'avait pas pour seul objet la réparation d'un dommage affectant uniquement la personne de l'épouse et devait donc, à ce titre, être intégralement incluse dans les biens communs (■ Cass. 1re civ., 29 juin 2011, n° 10-23.373 : *Dr. famille* 2011, comm. 128, 1re esp., obs. B. Beignier ; *RTD civ.* 2011, p. 577, 2e esp., obs. B. Vareille ; *AJF* 2011, p. 438, obs. P. Hilt ; *JCP* G 1371, n° 5, obs. Ph. Simler).

5) **Indemnité de départ en retraite.** L'indemnité de départ en retraite n'a pas pour objet de réparer un dommage affectant uniquement la personne de l'époux (■ Cass. 1re civ., 31 mars 1992, n° 90-18.059 : *JurisData* n° 1992-001095 ; *JCP* 92, IV, 1619 ; *Bull. civ.* I, n° 95, p. 63).

6) **Pécule d'incitation au départ anticipé.** Le pécule d'incitation au départ anticipé, en faveur du personnel militaire dont l'octroi est notamment subordonné à certaines conditions de durée de services et dont le versement trouve dès lors sa cause dans l'activité professionnelle exercée au cours du mariage, entre en communauté à compter de la décision d'attribution (■ Cass. 1re civ., 29 juin 2011, n° 10-20.322 : *RTD civ.* 2011, p. 577, 3e esp. ; *Dr. famille* 2011, comm. 128, 2e esp., obs. B. Beignier ; *AJF* 2011, p. 505, obs. P. Hilt ; *JCP* G 1371, n° 5, obs. Ph. Simler).

7) **Système de retraite par capitalisation obligatoire.** Constituent des biens propres les droits acquis à une indemnité de libre passage servie au titre du deuxième pilier du régime de prévoyance professionnelle obligatoire suisse, attribués en considération de la situation personnelle de leur titulaire, seul le capital représentatif de la prestation de libre passage dont le versement est demandé avant la dissolution du régime constituant un substitut de rémunération et entrant en communauté (■ Cass. 1re civ., 3 mars 2010, n° 08-15.832 : *JCP* 2010, n° 17, 487, p. 908, obs. Simler et p. 910, obs. Tisserand-Martin).

8) **Contrat de retraite complémentaire non échu.** Le contrat ouvrant droit à une retraite complémentaire de cadre dont le bénéficiaire ne pourrait prétendre qu'à la cessation de son activité professionnelle (postérieure à la dissolution de la communauté), constitue un propre par nature ; la valeur de ce contrat ne peut donc être incluse dans l'actif de communauté (■ Cass. 1re civ., 30 avr. 2014, n° 12-21.484 : *Bull. civ.* I, n° 75 ; *Defrénois* 2015, 677, note Champenois ; *JCP* G 2014, doctr. 1265, n° 7, obs. Simler ; *RTD civ.* 2014, 936, Vareille ; *RTD civ.* 2014, 936, obs. Gautier ; *Gaz. Pal.* 11 août 2014, 23, obs. Leducq et 14 sept. 2014, 23, obs. Casey).

9) **Stock-options.** Les droits résultant de l'attribution, pendant le mariage à un époux commun en biens, d'une option de souscription ou d'achat d'actions forment des propres par nature (■ Cass. 1re civ., 9 juill. 2014, n° 13-15.948 : à paraître au *Bull. civ.* ; *Defrénois* 2015, 677, note Champenois ;

JCP G 2014, 1013 ; *JCP* E 2014, 1541, note F. Sauvage ; *RTD civ.* 2014, 933, obs. Vareille ; *Rev. sociétés* 2015/1, p. 43, note Dauriac ; *Gaz. Pal.* 19 nov. 2014, 11, note Cabrillac ; *JCP* N 2014, 1318, note Naudin ; *Dr. famille* 2014, comm. 145, Beignier ; *JCP* G 2015, doctr. 138, n° 2, obs. F. Deboissy et G. Wicker ; *Dr. sociétés* févr. 2015, p. 18, obs. Mortier ; *Bull. Joly Sociétés* 2014, p. 378, note A. Rabreau ; *Gaz. Pal.* 25 janv. 2015, 21, Dondero ; *LPA* 10 déc. 2014, 9, note Aubry. En revanche, les actions acquises par l'exercice de ces droits entrent dans la communauté lorsque l'option est levée durant le mariage (même arrêt). *Contra*, auparavant, pour une application antérieure de la distinction du titre et de la finance aux stock-options, V. Rép. min. n° 58031 : *Dr. famille* 2001, 119, note crit. Grosclaude. – Et, ▪ Paris, 7 mai 2004 : *JurisData* n° 2004-246110 ; *RTD civ.* 2004, 539, obs. Vareille. – *Adde* G. Hublot et H. Lécuyer, *La liquidation des* stock-options *en cas de divorce* : *JCP* N 2009, 1002. – G. Champenois et S. Schiller, *Le régime des rémunérations* : *Defrénois* 2015, 1057.

10) Pension militaire de retraite et pension de guerre. L'allocation d'une **pension de guerre** n'est pas destinée à compenser une perte de revenus, mais à réparer un préjudice résultant d'une atteinte à l'intégrité physique d'une personne, de sorte que cette pension présente un caractère exclusivement personnel et constitue un bien propre par nature ; les arrérages d'une telle pension, qui ne sont qu'une modalité de règlement de la réparation d'un préjudice résultant d'une atteinte à l'intégrité physique, constituent des biens propres par nature (▪ Cass. 1re civ., 8 juill. 2009, n° 08-16.364 : *Bull. civ.* I, n° 167 ; *JCP* 2009, n° 44, 391, obs. Simler).

En revanche, si le titre d'une **pension militaire de retraite**, versée avant l'entrée en vigueur de la loi n° 2003-775 du 21 août 2003 ayant modifié l'article L. 56 du Code des pensions civiles et militaires de retraite, exclusivement personnel, constitue un bien propre par nature, les arrérages de cette pension, qui sont des substituts de salaires, entrent en communauté (même arrêt).

11) Droits aux allocations et secours exceptionnels des rapatriés d'Algérie. Si les droits aux allocations et aux secours exceptionnels dont bénéficie un rapatrié d'Algérie pour lui permettre d'accéder à la propriété et de faire face à ses obligations de remboursement immobilier, exclusivement personnels, constituent des biens propres par nature, les sommes versées par l'État pendant le mariage en exécution de ces droits, pour lui permettre d'assurer le financement du logement familial, entrent en communauté (▪ Cass. 1re civ., 9 juin 2010, n° 08-16.528 : *Bull. civ.* 2010, I, n° 132 ; *Dr. famille* 2010, comm. 131, obs. Beignier ; *Gaz. Pal.* 11 sept. 2010, 44, obs. Casey ; *D.* 2010, 2092, n° 4, obs. Brémond ; *JCP* G 2010, doctr. 1220, n° 10, obs. Ph. Simler).

12) Baux ruraux. Les baux ruraux strictement personnels et incessibles ne sauraient entrer en communauté (▪ Cass. 1re civ., 21 juill. 1980, n° 79-12.347 : *JurisData* n° 1980-705069 ; *JurisData* n° 1980-705045 ; *JCP* 1980, IV, 381 ; *Bull. civ.* I, n° 227, p. 183. ▪ Aix-en-Provence, 18 févr. 1993 : *JurisData* n° 1993-605889 ; *JCP* 1994, I, 3785, n° 3, obs. Simler. ▪ Rouen, 14 juin 1994 : *JurisData* n° 1994-043047 ; *JurisData* n° 1994-043047 ; *JCP* 1995, I, 3821, n° 15, obs. Simler). Si un époux marié sous le régime de la communauté est, pour avoir fait édifier un bâtiment sur un terrain loué en vertu d'un bail rural, redevable d'une récompense au titre des deniers empruntés à la communauté et ayant profité à son patrimoine propre, l'indemnité de preneur sortant qui lui est allouée ne constitue pas un actif de communauté dès lors que le bail rural, strictement personnel au preneur, n'entre pas en communauté et ne confère des droits qu'à celui-ci (▪ Cass. 1re civ., 8 avr. 2009, nos 07-14.227 et 07-15.274 : *Bull. civ.* I, n° 79 ; *RDC* 2009/4, p. 1397, obs. Dauriac ; *Dr. famille* 2009, comm. 78, note B. Beignier ; *AJF* 2009, p. 355, obs. P. Hilt ; *D.* 2009, p. 2508, obs. Brémond).

13) Dotation d'installation à un jeune agriculteur. La dotation d'installation allouée à un jeune agriculteur est un bien propre par nature, peu important que l'exploitation agricole créée soit un bien commun (▪ Cass. 1re civ., 15 avr. 2015, n° 13-26.467 : *JCP* N 2015, 1187, note Chabot ; *JCP* 2015, doctr. 709, obs. Simler ; *Dr. famille* 2015, comm. 124, Beignier ; *D.* 2015, 2094, obs. Brémond).

14) Propriété littéraire et artistique. Sur le caractère propre du droit moral et du monopole d'exploitation de l'auteur, V. CPI, art. L. 121-9, p. 2461. V. aussi ▪ Cass. 1re civ., 19 nov. 2008, n° 06-19.612 : *JCP* 2009, I, 140, obs. Ph. Simler.

15) Montre. Une montre est un bien propre par nature (▪ Paris, 7 nov. 1996 : *JurisData* n° 1996-024376 ; *Dr. famille* 1997, 180, note Beignier).

16) Collection. Retenant le caractère propre par nature d'une collection d'entomologie personnellement constituée, V. ▪ Grenoble, 1re ch. civ., 12 janv. 2004 : *JurisData* n° 2004-249490 ; *JCP* 2005, I, 128, n° 11 ; *Dr. famille* 2004, comm. 229, note B. Beignier. Mais, à propos d'animaux naturalisés, approuvant le rejet de la qualification, faute d'avoir précisé en quoi ces animaux présentaient un caractère personnel, V. *AJF* 2009, p. 88, obs. P. Hilt ; *JCP* 2009, I, 140, obs. Ph. Simler.

17) Indemnisation des Français d'outre-mer. Sur le caractère propre de l'allocation versée par l'Agence nationale d'indemnisation des Français d'outre-mer, V. ▪ Lyon, 24 juin 1997 : *JurisData* n° 1997-056468 ; *JCP* 1999, I, 154, n° 8, obs. crit. Simler.

18) Allocation personnalisée au logement. L'aide personnalisée au logement étant insaisissable et incessible, cette allocation est un bien propre à sa bénéficiaire (■ Amiens, 30 mars 2004, n° 02/04334 : *JurisData* n° 2004-246151 ; *Dr. famille* 2004, 183, note crit. Beignier).

19) Instruments de travail nécessaires à la profession d'un des époux. Constituent des biens propres par nature les tonneaux et fûts acquis pendant le mariage pour les besoins d'une exploitation viticole propre (■ Cass. 1re civ., 19 déc. 2012, n° 11-25.264 : *Bull. civ.* I, n° 270 ; *JCP* 2013, doctr. 721, n° 8, obs. Simler ; *RD rur.* 2013, comm. 93, note Le Guidec ; *Defrénois* 2013/6, 305, note Barrabé-Bouchard ; *RTD civ.* 2013, 404, obs. Dross, et 432, obs. Vareille ; *AJF* 2013, 139, obs. Hilt).

20) Assurance-vie. ■ Cass. 1re civ., 25 mai 2016, n° 15-14.737 : *JCP* N 2016, 882, J. Casey ; *Dr. famille* 2016, comm. 149, Beignier ; *JCP* G 2016, doctr. 1330, n° 4, obs. Ph. Simler : il résulte de l'article L. 132-16 du Codes des assurances que le bénéfice de l'assurance sur la vie contractée par un époux commun en biens en faveur de son conjoint constitue un propre pour celui-ci, peu important que les primes aient été payées par la communauté. V. aussi jurispr. sous art. 1437, annot. n° 8, p. 1301.

Art. 1405. – **Restent propres les biens dont les époux avaient la propriété ou la possession au jour de la célébration du mariage, ou qu'ils acquièrent, pendant le mariage, par succession, donation ou legs.**

La libéralité peut stipuler que les biens qui en font l'objet appartiendront à la communauté. Les biens tombent en communauté, sauf stipulation contraire, quand la libéralité est faite aux deux époux conjointement.

Les biens abandonnés ou cédés par père, mère ou autre ascendant à l'un des époux, soit pour le remplir de ce qu'il lui doit, soit à la charge de payer les dettes du donateur à des étrangers, restent propres, sauf récompense.

1) Clause d'attribution à la communauté. Une donation de parcelles ayant été consentie à la condition que celles-ci dépendent de la communauté existant entre la donataire et son époux, ce dont il résulte que l'immeuble aujourd'hui composé des parcelles et de la maison édifiée sur celles-ci constitue un bien commun, dénature les termes clairs et précis de la condition stipulée dans l'acte de donation la cour d'appel qui, pour dire que l'immeuble constitue un bien propre de l'épouse, énonce que la condition doit être comprise comme la manifestation de la volonté des parties à l'acte de subordonner la donation au profit de l'épouse à la condition que celle-ci en rapporte la valeur à la communauté (■ Cass. 1re civ., 4 juin 2009, n° 08-16.584 : *Bull. civ.* I, n° 120 ; *JCP* N 2009, 476 ; *Dr. famille* 2009, comm. 109, obs. B. Beignier ; *AJF* 2009, p. 351, obs. F. Bicheron ; *JCP* 2009, n° 44, 391, obs. Simler ; *D.* 2009, p. 2508, obs. Brémond).

2) Clause d'attribution à la communauté. Donation en avancement d'hoirie. L'article 1405, alinéa 2, ne fait pas de distinction selon *la nature (préciputaire ou en avancement* d'hoirie) de la donation (■ Cass. 1re civ., 2 nov. 1994, n° 92-19.036 : *JCP* 95, I, 3821, n° 13, obs. Simler ; *Bull. civ.* I, n° 310, p. 225 ; *RTD civ.* 1995, 426, obs. Vareille).

3) Clause d'attribution à la communauté et réserve héréditaire. La clause testamentaire d'attribution des biens légués à la communauté ne peut préjudicier à la réserve héréditaire du donataire, V. ■ Cass. 1re civ., 11 sept. 2013, n° 12-11.694 : *Bull. civ.* I, n° 175 ; *RTD civ.* 2013, 878, obs. Grimaldi ; *JCP* 2013, doctr. 1323, n° 6, obs. Simler et 1070, note Sauvage. Dans le même sens, ■ Cass. 1re civ., 2 nov. 1994, cité *supra*, note 2.

4) Protection de la réserve. L'époux du gratifié ne peut revendiquer des biens compris dans la réserve de son conjoint au profit de la communauté qui ne possède sur ces biens aucun droit préexistant à leur transmission (■ Cass. 1re civ., 10 juin 1975 : *JurisData* n° 1975-000193 ; *JCP* 75, II, 18141, note R. Savatier, clause du testament par laquelle le père dispose de tous ses biens en faveur de sa fille, en spécifiant que tous les biens recueillis par elle lui resteraient personnels et seraient exclus de la communauté universelle existant entre elle et son mari).

5) Bien cédé par un ascendant. L'article 1405, alinéa 3, n'est pas applicable et le bien tombe en communauté s'il est cédé moyennant le paiement d'une rente viagère (■ Cass. req., 1er mai 1912 : *DP* 1913, 1, 297). Sauf stipulation contraire de la libéralité, les biens échus par donation aux époux, pendant le mariage, restent propres (■ Cass. 1re civ., 5 nov. 2008, n° 07-19.433 : *JCP* 2009, I, 140, obs. Ph. Simler).

6) Donation-partage. Sur ce que la donation-partage peut contenir une clause stipulant que les biens donnés tomberont dans la communauté existant entre le descendant et son conjoint, V. ■ Cass. 1re civ., 21 sept. 2005, n° 02-21.503 : *JurisData* n° 2005-029763 ; *JCP* N 2005, 1459, note Martel ; *Dr. famille* 2006, 11, 1re esp., note Beignier ; *Bull. civ.* I, n° 335, p. 279.

7) Promesse unilatérale de vente régularisée par acte authentique, une fois l'option levée, après l'assignation en divorce. Constitue un bien propre l'immeuble faisant l'objet d'une promesse unilatérale de vente régularisée par acte authentique après l'assignation en divorce mais avant le prononcé du divorce, dans une hypothèse où les parties avaient stipulé que le transfert de propriété n'interviendrait qu'à la date de la régularisation (■ Cass. 1re civ., 1er déc. 2010, n° 09-65.673 : *Bull. civ.* I, n° 252 ; *RDC* 2011/3, 928, note Gaudemet ; *Dr. famille* 2011, n° 76 ; *JCP* G 2011, doctr. 503, n° 7, obs. Simler).

Art. 1406. – Forment des propres, sauf récompense s'il y a lieu, les biens acquis à titre d'accessoires d'un bien propre ainsi que les valeurs nouvelles et autres accroissements se rattachant à des valeurs mobilières propres.

Forment aussi des propres, par l'effet de la subrogation réelle, les créances et indemnités qui remplacent des propres, ainsi que les biens acquis en emploi ou remploi, conformément aux articles 1434 et 1435.

1) Accessoires de l'exploitation agricole. Un corps de ferme constitue un accessoire de l'exploitation agricole au sens de l'article 1406 (■ Cass. 1re civ., 21 juill. 1980, n° 78-16.044 : *JurisData* n° 1980-705071 ; *JCP* 80, IV, 381 ; *Bull. civ.* I, n° 227, p. 183. V. aussi pour le matériel agricole, même acquis avec des économies réalisées sur les revenus des propres, ■ Cass. 1re civ., 4 janv. 1995, n° 92-20.013 : *JurisData* n° 1995-000125 ; *Bull. civ.* I, n° 4, p. 2 ; *JCP* 95, I, 3869, n° 7, obs. Simler ; *D.* 1995, somm. 328, obs. Grimaldi ; *Defrénois* 1996, 818, obs. Champenois ; *RTD civ.* 1996, 969, obs. Vareille, et pour le cheptel acquis pour les besoins d'une exploitation agricole ■ Rouen, 14 juin 1994 : *JCP* 95, I, 3821, n° 15, obs. Simler). Constituent des biens propres par accessoire les droits de plantation affectés à une exploitation viticole (■ Cass. 1re civ., 19 déc. 2012, n° 11-25.264, préc. *supra* sous art. 1404).

2) Exploitation propre au mari. Activité nouvelle exercée par les époux. Les juges du fond qui constatent que c'est pendant le mariage que les époux ont acquis et loué des terres, acheté du matériel de vinification et de champagnisation pour créer une exploitation de production de champagne, et que la carte professionnelle de viticulteurs a été délivrée au nom des deux époux, peuvent en déduire que cette activité est différente de celle exercée par le mari avant le mariage et que les biens acquis ne constituent pas des accessoires de l'exploitation appartenant en propre au mari (■ Cass. 1re civ., 17 déc. 1996, n° 95-11.929 : *JurisData* n° 1996-004973 ; *JCP* 97, I, 4047, n° 15, obs. Simler ; *D.* 1997, 547, note Le Guidec ; *Dr. famille* 1997, 75, note Beignier ; *RTD civ.* 1998, 432, obs. Vareille).

3) Immeuble construit sur un terrain appartenant en propre à un époux. L'immeuble construit par un époux sur le terrain qui est pour lui un propre, immeuble devenu l'accessoire de ce terrain, est un propre de cet époux (■ Cass. 1re civ., 14 févr. 1984, n° 83-12.003 : *JurisData* n° 1984-700526 ; *Bull. civ.* I, n° 61, p. 51. ■ Cass. 1re civ., 6 juin 1990, n° 88-20.137 : *Bull. civ.* I, n° 134, p. 96 ; *JCP* 91, II, 21652, 1re esp., note Pillebout ; *RTD civ.* 1991, 589, obs. Lucet et Vareille. Dans le même sens, ■ Cass. com., 24 juin 2003, n° 00-14.645 : *JurisData* n° 2003-019636 ; *Bull. civ.* IV, n° 105 ; *JCP* 2004, I, 115, n° 8, obs. Pétel et I, 129, n° 13, obs. Simler ; *Defrénois* 2004, 71, obs. Champenois ; *Dr. famille* 2003, n° 104, obs. Beignier ; *D.* 2003, 2167, note Delmotte ; *D.* 2004, somm. 51, obs. Le Corre ; *Dr. et patrimoine* juin 2004, 36, étude Brémond. – V. aussi, ■ Cass. 1re civ., 26 sept. 2012, n° 11-20.196 : *Bull. civ.* I, n° 183 ; *RTD civ.* 2012, 765, obs. Vareille ; *AJF* 2012, 563, obs. Hilt). Le liquidateur, représentant des créanciers de l'autre époux, ne peut donc se prévaloir de l'article L. 621-112 du Code de commerce pour réunir à l'actif la maison (■ Cass. com., 24 juin 2003, n° 00-14.645 : *JurisData* n° 2003-019636 ; *Dr. famille* 2003, 104, 1er arrêt, note Beignier ; *Defrénois* 2004, 71, obs. Champenois).

4) Accessoires d'un fonds de commerce. Une licence affectée à l'exploitation d'un fonds de commerce de débit de boissons, dont le caractère réservé n'est pas contesté, a la même nature juridique que le fonds dont elle est devenue l'un des éléments (■ Cass. com., 4 mai 1982, n° 80-14.250 : *JurisData* n° 1982-701025 ; *Bull. civ.* IV, n° 148, p. 131 ; *Defrénois* 1983, 927, obs. Champenois. – V. en ce sens pour les marchandises dépendant du fonds, ■ Cass. 1re civ., 23 janv. 1979 : *JurisData* n° 1979-700032 ; *Defrénois* 1979, 624, note Colomer). Il en va de même pour le fonds de commerce acheté par le mari et incorporé à un autre fonds lui appartenant en propre (■ Cass. 1re civ., 2 mai 1990, n° 87-18.040 : *JurisData* n° 1990-001730 ; *JCP* 91, II, 21750, 2e esp., note Simler). Un pas-de-porte acquis pendant la durée de la communauté constitue un accessoire du cabinet d'assurances propre (■ Cass. 1re civ., 19 déc. 2012, n° 11-21.957 : *JCP* 2013, doctr. 721, n° 7, obs. Simler). Le véhicule acheté pour le cabinet d'assurances appartenant en propre au mari forme lui-même un bien propre (■ Cass. 1re civ., 8 nov. 1989, n° 87-12.698 : *JurisData* n° 1989-704053 ; *Bull. civ.* I, n° 340, p. 229 ; *JCP* 91, II, 21750, 1re esp., note Simler).

5) Acquisition d'un immeuble commun contigu à un immeuble propre. Le fait que l'immeuble propre est devenu indivisible d'un immeuble commun n'implique pas qu'il ait perdu son caractère de propre pour devenir un bien de la communauté. Il appartient aux juges du fond de rechercher si ce n'est pas l'immeuble acquis par la communauté qui, accessoire du bien propre, serait devenu un propre (■ Cass. 1re civ., 18 déc. 1990, n° 88-20.148 : *JurisData* n° 1990-003754 ; *Bull. civ.* I, n° 292, p. 205 ; *D.* 1992, somm. 221, obs. Vareille).

6) Terrain acquis pour l'exploitation du mari en remploi de deniers propres de la femme. L'article 1406 ne permet pas d'attribuer le caractère de bien propre du mari à un terrain acheté par la femme, avec déclaration de remploi de deniers propres à celle-ci, même si ce terrain est affecté à l'exploitation agricole du mari (■ Cass. 1re civ., 4 janv. 1995, préc., n° 1).

7) Apport d'un bien propre en société. Sur le caractère propre des parts sociales remises en contrepartie de l'apport d'un bien propre, V. ■ Cass. 1re civ., 21 nov. 1978 : *JurisData* n° 1978-799352 ; *JurisData* n° 1978-710353 ; *JurisData* n° 1978-000353 ; *JCP* 80, II, 19451, note Le Guidec. ■ Cass. 1re civ., 10 juill. 1996, n° 94-18.733 : *JurisData* n° 1996-003059 ; *JCP* 96, IV, 2060 ; *JCP* 97, I, 4008, n° 9, obs. Simler ; *Bull.* I, n° 314, p. 219 ; *RTD civ.* 1998, 454, obs. Vareille. V. A. Colomer, *Augmentation de capital et répartition des biens en régime matrimonial communautaire* : *Defrénois* 1981, I, 401 et 481. Dans le même sens, ■ Cass. 1re civ., 27 mai 2010, n° 09-11.894 : *Defrénois* 2011, 378, obs. Champenois ; *JCP G* 2010, doctr. 1220, n° 9, obs. Simler ; *Gaz. Pal.* 10 sept. 2010, 53, obs. Casey, qui décide que si l'article 1406 ne vise que les créances et indemnités, la subrogation réelle permet, d'une manière plus générale, lorsqu'un bien propre se trouve remplacé par un autre bien, d'attribuer à ce dernier le caractère de propre, sans qu'il soit besoin de faire la déclaration prévue à l'article 1434 du Code civil. Mais les parts sociales acquises en rémunération d'un apport en numéraire de deniers propres ne peuvent, à défaut de déclaration de remploi et à défaut d'accord entre les époux, prendre la qualité de propres du mari par subrogation (■ Cass. 1re civ., 8 oct. 2014, n° 13-24.546 : à paraître au *Bull. civ.* ; *Rev. sociétés* 2015, 249, note Naudin ; *Dr. sociétés* 2015/3, comm. 44, Mortier ; *JCP* N 2015, 1107, n° 12, obs. Roman ; *Gaz. Pal.* 1er févr. 2015, 27, note Dumont ; *Rev. Lamy dr. civ.* 2014/121, p. 57, obs. Zalewski-Sicard).

8) Dividendes. Attribution de nouvelles parts. Les bénéfices réalisés par une société ne deviennent des fruits ou des revenus de biens propres, susceptibles de constituer des acquêts de communauté, que lorsqu'ils sont attribués sous forme de dividendes. En l'espèce, les bénéfices distribuables inscrits au compte de report à nouveau de la SARL ont servi à réaliser une augmentation de capital, sans nouveaux apports et donc à titre gratuit, ouvrant aux associés un droit d'attribution. Le mari, détenteur en propre de parts sociales initiales, s'est vu attribuer gratuitement, après incorporation de réserves, de nouvelles parts, lesquelles constituent des accroissements se rattachant à des valeurs mobilières propres ayant elles-mêmes, par application de l'article 1406, alinéa 1er, du Code civil, la nature de biens propres du mari (■ Cass. 1re civ., 12 déc. 2006, n° 04-20.663 : *JurisData* n° 2006-036436 ; *JCP G* 2007, I, 142 ; *Dr. sociétés* 2007, comm. 32, obs. J. Monnet ; *D.* 2007, p. 318).

9) Plus-value. Par l'effet de la subrogation réelle, le prix de vente qui remplace le bien propre cédé est lui-même un propre, ce qui exclut que la plus-value due à l'évolution du marché ou l'érosion monétaire, résultant de cette opération, puisse être assimilée à des fruits et revenus entrant dans la communauté (■ Cass. 1re civ., 5 déc. 2018, n° 18-11.794 : *RJPF* févr. 2019, 32, Dubarry et Fragu).

Art. 1407. – **Le bien acquis en échange d'un bien qui appartenait en propre à l'un des époux est lui-même propre, sauf la récompense due à la communauté ou par elle, s'il y a soulte.**

Toutefois, si la soulte mise à la charge de la communauté est supérieure à la valeur du bien cédé, le bien acquis en échange tombe dans la masse commune, sauf récompense au profit du cédant.

Art. 1408. – **L'acquisition faite, à titre de licitation ou autrement, de portion d'un bien dont l'un des époux était propriétaire par indivis, ne forme point un acquêt, sauf la récompense due à la communauté pour la somme qu'elle a pu fournir.**

Bibliographie : D. Martin, *L'acquisition de parts indivises d'un bien propre* : *D.* 1974, chron. 165. • Ph. Rémy, *L'acquisition de parts indivises en nue-propriété ou en usufruit par un époux commun en biens* : *JCP* 82, I, 3056.

1) Soulte à la charge du mari dans le partage d'une succession. L'article 1408 ne concerne que l'acquisition de droit indivis sur un bien déterminé et n'est pas applicable en cas de paiement d'une soulte mise à la charge du mari dans le partage de la succession de ses parents (■ Cass. 1re civ., 6 juin 1990, n° 88-10.532 : *JurisData* n° 1990-701830 ; *Bull. civ.* I, n° 132, p. 95 ; *RTD civ.* 1991, 788, obs. Patarin).

2) Acquisition du surplus d'un bien recueilli dans une succession. Un bien recueilli pour partie dans une succession et dont le surplus a été acquis par licitation au moyen de deniers communs est propre pour le tout. Viole l'article 1408 la cour d'appel qui retient que l'immeuble est pour trois quarts commun aux deux époux de sorte que l'époux propriétaire doit une indemnité d'occupation dans la proportion des trois quarts de la valeur de jouissance (■ Cass. 1re civ., 14 mai 1991, n° 89-21.491 : *JurisData* n° 1991-001316 ; *JCP* 92, II, 21820, note Pillebout).

3) Caractère impératif de l'article 1408. Les dispositions de l'article 1408 sont impératives et le fait que l'épouse ait figuré à l'acte d'acquisition en qualité de coacquéreur demeure sans incidence sur la nature du bien acquis (■ Cass. 1re civ., 13 oct. 1993, n° 91-19.234 : *JCP* 94, I, 3733, n° 10, obs. Simler ; *RTD civ.* 1994, 408, obs. Vareille ; *Defrénois* 1994, 438, obs. Champenois). Mais ce caractère impératif n'empêche pas de les écarter par une convention passée pendant l'instance en divorce ou postérieurement à la dissolution de la communauté (■ Cass. 1re civ., 11 juin 2003, n° 99-14.612 : *JurisData* n° 2003-019366 ; *Dr. famille* 2003, 101, note Lécuyer et 133 note Beignier ; *Bull. civ.* I, n° 141, p. 110 ; *Defrénois* 2004, 1464, obs. Champenois ; *RTD civ.* 2004, p. 128, obs. Vareille ; *D.* 2004, somm. 2259, obs. Revel).

§ 2. – Du passif de la communauté

Art. 1409 *(L. n° 85-1372, 23 déc. 1985).* **– La communauté se compose passivement :**

– à titre définitif, des aliments dus par les époux et des dettes contractées par eux pour l'entretien du ménage et l'éducation des enfants, conformément à l'article 220 ;

– à titre définitif ou sauf récompense, selon les cas, des autres dettes nées pendant la communauté.

Rédaction antérieure. Art. 1409. – La communauté se compose passivement :

À titre définitif, et sans distinguer entre le mari et la femme, des aliments dus par les époux et des dettes contractées par eux pour l'entretien du ménage et l'éducation des enfants.

À titre définitif ou sauf récompense, selon les cas, des autres dettes nées pendant la communauté, soit à la charge du mari, soit à la charge de la femme, d'après les distinctions qui seront faites ci-dessous.

1) Pensions alimentaires. Relèvent du passif définitif de la communauté, durant le mariage, les pensions alimentaires versées à des descendants d'un premier lit (■ Cass. 1re civ., 8 nov. 2005, n° 03-14.831 : *Bull. civ.* I, n° 403 ; *D.* 2006, pan. 2069, obs. Revel ; *Dr. famille* 2005, comm. 274, note Beignier ; *RJPF* 2006-3/53, note Valory).

2) Loyers dus au titre de contrats de crédit-bail. Viole l'article 1409 la cour d'appel qui rejette la demande de l'ex-mari tendant à inclure dans le passif de la communauté les loyers restant dus au titre de contrats de crédit-bail au motif que les deux véhicules qui avaient fait l'objet de ces contrats sont restés en possession du demandeur et ont été pris en charge au titre des frais généraux au cabinet d'expertise comptable exploité par celui-ci (■ Cass. 1re civ., 29 nov. 1994, n° 93-10.303 : *JCP* 95, I, 264 ; *Bull.* I, n° 345, p. 248).

3) Impôts. L'impôt sur le revenu des personnes physiques auquel sont assujettis des époux communs en biens pour les revenus qu'ils perçoivent pendant la durée de la communauté constitue une dette définitive de celle-ci et son paiement n'ouvre pas droit à récompense (■ Cass. 1re civ., 19 févr. 1991, n° 88-19.303 : *JurisData* n° 1991-000400 ; *JCP* 91, IV,147 ; *Bull. civ.* I, n° 64, p. 40. ■ Cass. 1re civ., 17 sept. 2003, n° 02-11.532 : *JurisData* n° 2003-020159 ; *Dr. famille* 2003, 134, 3e arrêt, note Beignier ; *Bull. civ.* I, n° 176, p. 137 ; *RTD civ.* 2004, p. 134, obs. Vareille, mais sur le principe qu'il ne figure pas au nombre des charges du mariage auxquelles les deux époux doivent contribuer, V. ■ Cass. 1re civ., 22 févr. 1978, n° 76-14.031 : *JurisData* n° 1978-000075 ; *D.* 1978, 602, note Martin, 1re esp.). L'impôt sur le revenu constitue une dette définitive de la communauté ; il en est de même du redressement fiscal qui, dans la mesure où il ne comporte pas de pénalités, a la même nature que l'impôt lui-même (■ Cass. 1re civ., 20 janv. 2004, n° 01-17.124. ■ Cass. 1re civ., 17 oct. 2018, n° 17-22.282 : *Dr. famille* 2019, comm. 12, Torricelli-Chrifi ; *JCP G* 2018, doctr. 1355, Simler). Font également partie du passif de la communauté ayant existé entre deux personnes divorcées les sommes que l'une d'entre elles a payées au titre de l'impôt foncier et des assurances pour un immeuble commun qu'elle occupait pendant la durée de l'indivision et qui lui a été attribué à titre préférentiel (■ Cass. 1re civ., 8 févr. 1978, n° 76-11.379 : *JurisData* n° 1978-000052 ; *D.* 1978, 602, note Martin, 2e esp. – V. aussi R. Savatier, *Le régime matrimonial et la contribution respective des époux aux impôts* : *D.* 1979, chron. 147). Mais l'imposition sur les plus-values latentes d'actions ayant dépendu de la communauté et attribuées au mari ne peut être inscrite au passif de communauté dès lors que l'imposition litigieuse constitue une dette future et hypothétique qui ne naîtra, le cas échéant, qu'après la dissolution de la communauté (■ Cass. 1re civ., 14 mai 2014, n° 13-16.302 : *Bull. civ.* I, n° 93 ; *Defrénois* 2014, 1199, obs. Champenois ; *JCP* G 2014, doctr. 1265, n° 13, obs. Tisserand-Martin ; *JCP* N 2014, 1388, obs. Claux ; *Gaz. Pal.* 14-16 sept. 2014, p. 25, obs. J. Casey ; *D.* 2014, 1905, obs. Brémond).

4) Condamnation postérieure au divorce pour des actes antérieurs. Dès lors que la condamnation sanctionne des actes commis pendant le mariage, le fait générateur de la dette, et donc le droit à réparation sont nés antérieurement à la dissolution par divorce, et la dette est commune (■ Cass. 1re civ., 27 janv. 1993, n° 91-11.302 : *JurisData* n° 1993-000039 ; *Bull.* I, n° 32, p. 20 ; *JCP* 1994, I, 3733, n° 13, obs. Simler. V. aussi ■ Cass. 1re civ., 25 févr. 2003 : *JCP* 2003, IV, 1719 ; *JurisData* n° 2003-017895 ; *Bull. civ.* I, n° 53, p. 41 ; *Defrénois* 2003, 992, obs. Champenois ; *D.* 2004, somm. 2262, obs. Revel). V. aussi ■ Cass. 1re civ., 1er juill. 2009, n° 08-15.331 : *Bull. civ.* I, n° 153 ; *JCP* 2009, n° 44, 391, obs. Tisserand-Martin.

5) Dette fiscale. Liquidation d'une astreinte. Encourt la cassation l'arrêt qui, pour décider que la dette envers le Trésor public était commune, retient que la dette fiscale provenait de la liquidation d'une astreinte prononcée contre l'époux seul assortissant sa condamnation à démolir des constructions irrégulières, que la condamnation était antérieure au divorce et que son fait générateur était la construction d'immeubles pendant la vie commune et au bénéfice de la communauté, alors que l'astreinte était l'accessoire d'une condamnation pénale pour des faits commis personnellement par l'époux (■ Cass. 1re civ., 12 nov. 2009, n° 08-19.443 : *Bull. civ.* I, n° 226 ; *JCP* 2010, n° 17, 487, obs. Simler ; *AJF* 2009, p. 497, obs. P. Hilt).

6) Déficit comptable. Dette de communauté (non). Un déficit comptable, qui peut être reporté fiscalement, n'a pas le caractère d'une dette de communauté au sens de l'article 1409 (■ Bourges, 6 déc. 1995 : *JurisData* n° 1995-052198 ; *JCP* 97, I, 4008, n° 12, obs. Simler).

7) Emprunt sans le consentement du conjoint. Les dettes résultant d'un emprunt contracté par un époux sans le consentement exprès du conjoint doivent figurer au passif définitif de la communauté s'il n'est pas établi que cet époux a souscrit cet engagement dans son intérêt personnel (■ Cass. 1re civ., 19 sept. 2007, n° 05-15.940 : *JCP* 2007, I, 208, obs. Simler ; *D.* 2007, p. 3112, note Barabé-Bouchard et *D.* 2008, p. 2245, obs. Brémond, Nicod, Revel ; *Defrénois* 2008, art. 38854-5, p. 2207, obs. Champenois). Dans le même sens, ■ Cass. 1re civ., 17 oct. 2018, n° 17-26.713 : *Dr. famille* 2019, comm. 9, Beignier ; *JCP G* 2018, doctr. 1355, Tisserand-Martin).

Art. 1410. – Les dettes dont les époux étaient tenus au jour de la célébration de leur mariage, ou dont se trouvent grevées les successions et libéralités qui leur échoient durant le mariage, leur demeurent personnelles, tant en capitaux qu'en arrérages ou intérêts.

Art. 1411 *(Mod., L. n° 85-1372, 23 déc. 1985)*. **– Les créanciers de l'un ou de l'autre époux, dans le cas de l'article précédent, ne peuvent poursuivre leur paiement que sur les biens propres et les revenus de leur débiteur.**

Ils peuvent, néanmoins, saisir aussi les biens de la communauté quand le mobilier qui appartient à leur débiteur au jour du mariage ou qui lui est échu par succession ou libéralité a été confondu dans le patrimoine commun et ne peut plus être identifié selon les règles de l'article 1402.

Confusion de mobilier. Charge de la preuve. Doit être rejetée l'action exercée par un époux commun en biens sur le fondement de l'article 1411, alinéa 2, en nullité d'une saisie en exécution d'une condamnation pour une dette dont il *était tenu au jour de la célébration du mariage* dès lors que le véhicule saisi est un bien commun et que l'époux débiteur ne prouve pas l'existence d'un mobilier qui lui soit propre (■ Cass. 1re civ., 16 mai 2000, n° 97-18.612 : *JurisData* n° 2000-002004 ; *Bull. civ.* I, n° 141, p. 93 ; *Defrénois* 2000, 1181, obs. Champenois ; *RTD civ.* 2001, 423, obs. Vareille). Jugé au contraire que c'est au créancier qui entend se prévaloir de l'exception prévue par l'article 1411, al. 2, d'apporter la preuve que le mobilier qui appartient en propre à son débiteur a été confondu dans le patrimoine commun et ne peut plus être identifié selon les règles de l'article 1402 (■ Lyon 16 oct. 1975 : *JurisData* n° 1975-760431 ; *Defrénois* 1977, 1579, note Champenois).

Art. 1412. – Récompense est due à la communauté qui a acquitté la dette personnelle d'un époux.

Art. 1413 *(L. n° 85-1372, 23 déc. 1985)*. **– Le paiement des dettes dont chaque époux est tenu, pour quelque cause que ce soit, pendant la communauté, peut toujours être poursuivi sur les biens communs, à moins qu'il n'y ait eu fraude de l'époux débiteur et mauvaise foi du créancier, et sauf la récompense due à la communauté s'il y a lieu.**

Rédaction antérieure. Art. 1413. – Le paiement des dettes dont le mari vient à être tenu, pour quelque cause que ce soit, pendant la communauté, peut toujours être poursuivi sur les biens communs, à moins qu'il n'y ait eu fraude du mari et mauvaise foi du créancier, et sauf la récompense due à la communauté s'il y a lieu.

Les biens réservés ne peuvent, toutefois, être saisis par les créanciers du mari, à moins que l'obligation n'ait été contractée pour l'entretien du ménage ou l'éducation des enfants.

Bibliographie : Beignier, *Comment limiter les conséquences du règlement du passif dans le régime légal de communauté : JCP* 2008, n° hors-série 2, *Quatre-vingts ans de la Semaine juridique*, p. 9. • L. Antonini-Cochin, *« Pour le meilleur et pour le pire... » ou les droits du conjoint du débiteur soumis à une procédure collective : JCP G* 2010, doctr., 584 ; *JCP N* 2010, 1216.

1) Dettes contractées par un mandataire. Par dettes contractées par le mari (un époux depuis la loi de 1985) au sens de l'article 1413, il faut entendre non seulement les obligations prises en charge personnellement par lui, mais aussi celles que contracte en son nom un mandataire qui peut être son conjoint (■ Cass. 1re civ., 27 juin 1984, n° 83-12.423 : *JurisData* n° 1984-701663 ; *Bull. civ.* I, n° 214, p. 179).

2) Inutilité de mettre en cause le conjoint du débiteur. Chacun des époux, ayant le pouvoir d'administrer seul les biens communs et d'en disposer, a qualité pour exercer seul, en défense ou en demande, les actions relatives aux biens communs ; en conséquence, le créancier poursuivant n'est pas tenu de signifier le commandement et la sommation au conjoint non débiteur (■ Cass. 2e civ., 22 févr. 2007, n° 06-12.295 : *Bull. civ.* II, n° 50 ; *JCP* 2007, I, 208, obs. Simler ; *AJF* mai 2007, p. 228, obs. P. Hilt ; *Procédures* 2007, comm. 142, obs. J. Junillon ; *RTD civ.* 2008, p. 534, obs. Vareille).

3) Exigibilité au jour de la dissolution (non). En vertu de l'article 1413, une dette ne peut tomber en communauté que si le mari (un époux depuis la loi de 1985) s'en est trouvé tenu avant la dissolution de cette communauté, mais aucun texte n'impose que la dette résultant de l'engagement de caution souscrit par le mari (un époux) durant la communauté soit exigible au jour de la dissolution (■ Cass. 1re civ., 17 juin 1986, n° 84-17.292 : *JurisData* n° 1986-002062 ; *Bull. civ.* I, n° 169, p. 170 ; *JCP* 87, II, 20816, note Simler. ■ Cass. 1re civ., 5 juill. 1989, n° 87-15.287 : *JurisData* n° 1989-702878 ; *JCP* 89, IV, 335 ; *Bull. civ.* I, n° 272, p. 180).

4) Époux soumis à une procédure collective. Si la liquidation judiciaire d'une personne mariée sous le régime de la communauté de biens ne modifie pas les droits que les créanciers de son conjoint tiennent du régime matrimonial, le dessaisissement de la personne interdit à ces créanciers d'exercer des poursuites sur les biens communs en dehors des cas où les créanciers du débiteur soumis à liquidation judiciaire peuvent eux-mêmes agir (■ Cass. ass. plén., 23 déc. 1994, n° 90-15.305 : *JurisData* n° 1994-002486 ; *Bull. civ.* n° 7, p. 13 ; *D.* 1995, 145, rapp. Chartier et note Derrida ; *JCP* N 95, II, 423, note Randoux). Les créanciers hypothécaires du mari ne peuvent exercer des poursuites sur l'immeuble commun qu'après justification de ce que le liquidateur n'a pas entrepris la liquidation du bien grevé dans le délai de trois mois du jugement prononçant la liquidation judiciaire de l'épouse (même arrêt). Les gains et salaires du conjoint d'un époux soumis à une procédure collective ne peuvent être saisis par ses propres créanciers (■ Cass. com., 16 nov. 2010, n° 09-68.459 : *Bull. civ.* IV, n° 176 ; *JCP* G 2011, doctr. 503, n° 9, obs. Simler ; *Gaz. Pal.* 4 févr. 2011, 40, obs. Casey. En cas de liquidation judiciaire d'un débiteur marié sous le régime de la communauté, les biens communs inclus dans l'actif de la procédure collective sont administrés par le seul liquidateur, d'où il s'ensuit que les pouvoirs de gestion des biens communs normalement dévolus au conjoint *in bonis* en vertu des articles 1421 et suivants ne peuvent plus s'exercer (■ Cass. com., 4 oct. 2005, n° 04-15.062 : *JurisData* n° 2005-030082 ; *Dr. famille* 2005, 250, note Beignier ; *JCP* E 2006, 1243 ; *JCP* N 2006, 1014, note Beignier ; *JCP* G 2006, I, 141 ; *D.* 2005, p. 2592, obs. A. Lienhard ; *D.* 2006, p. 86, obs. Le Corre et Lucas ; *D.* 2006, p. 2068, obs. J. Revel ; *Defrénois* 2006, art. 38373, p. 658, obs. Vauvillé). Dans l'hypothèse où deux époux communs en biens sont successivement mis en liquidation judiciaire, le juge commissaire de la première procédure est seul à pouvoir ordonner la vente de gré à gré d'un bien commun, non le juge commissaire de la seconde procédure (■ Cass. com., 16 mars 2010, n° 08-13.147 ; *Bull. civ.* IV, n° 55 ; *JCP* G 2010, doctr., 1220, n° 14, obs. Simler). Jugé sous l'empire du droit antérieur à la loi du 26 juillet 2005 que, s'agissant de deux époux codébiteurs solidaires, l'extinction pour défaut de déclaration dans la procédure contre l'un laisse subsister l'obligation distincte de l'autre (■ Cass. com., 14 mai 1996, n° 94-11.366 : *JurisData* n° 1996-001808 ; *JCP* 96, I, 3962, n° 13, obs. Simler ; *Bull. civ.* IV, n° 129, p. 113 ; *Defrénois* 1997, 247, obs. Sénéchal, 400, obs. Aynès. V. F. Derrida, *La situation des créanciers personnels du conjoint du débiteur soumis à une procédure de redressement-liquidation judiciaires : Defrénois* 1997, 353. – S. Lambert, *Le sort du conjoint in bonis engagé aux côtés de son époux surendetté ou soumis à une procédure collective : RTD civ.* 2007, p. 485. V. aussi ■ Cass. com., 14 oct. 1997, n° 95-12.405 : *JurisData* n° 1997-004057 ; *JCP* E 98, II, 10003, 183, note Beignier ; *Dr. famille* 1997, 182, note Beignier ; *D.* 1998, somm. 134, 1re esp., obs. Revel, et 377, obs. Piedelièvre, décidant qu'en l'absence de déclaration au passif, une banque ne peut faire valoir son hypothèque, sauf, le cas échéant, sur le solde du prix de l'immeuble grevé subsistant après règlement des créanciers admis. – V. en ce sens ■ Caen, 15 juin 1999, n° 97/01977 : *JurisData* n° 1999-045380 ; *Dr. famille* 2000, 97, note Beignier). V. aussi sous l'article 1414, à propos d'un paiement fait avec des gains et salaires, en violation de l'interdiction des paiements.

5) Donation des deux époux pendant la période suspecte. Nullité de l'acte en son entier. Lorsque le débiteur mis en procédure collective, époux commun en biens, a passé avec son conjoint un acte à titre gratuit portant sur un bien commun qui fait partie du gage des créanciers, la nullité de cet acte, depuis la date de cessation des paiements ou dans les six mois précédant cette date, atteint l'acte en son entier (■ Cass. com., 7 avr. 2009, n° 06-19.538 : *Bull. civ.* IV, n° 50 ; *D.* 2009, p. 1085, obs. A. Lienhard ; *JCP* 2009, n° 44, 391, obs. Simler ; *JCP* E 2009, 1814, n° 7, obs. M. Cabrillac).

6) Fraude. Acte accompli par les deux époux. Inopposabilité de l'acte en son entier. Lorsqu'en fraude des droits de son créancier, un débiteur, époux commun en biens, a passé avec son conjoint un acte portant sur un bien commun qui fait partie du gage du créancier, l'acte est inopposable à celui-ci en son entier (■ Cass. 1re civ., 6 févr. 2008, n° 06-20.993 : *JCP* 2008, I, 144, obs. Simler ; *AJF* avr. 2008, p. 170, obs. Hilt).

7) Rapatriés. Suspension des poursuites. La suspension des poursuites dont peut bénéficier un rapatrié interdit aux créanciers de son conjoint d'exercer des poursuites sur les biens communs pendant la durée de celle-ci (■ Cass. 1re civ., 19 janv. 1999, n° 97-10.695 : *JurisData* n° 1999-000217 ; *JCP* 99, I, 154, n° 9, obs. Simler ; *Dr. famille* 1999, 68, 1re esp., note Beignier).

Art. 1414 *(L. n° 85-1372, 23 déc. 1985).* **– Les gains et salaires d'un époux ne peuvent être saisis par les créanciers de son conjoint que si l'obligation a été contractée pour l'entretien du ménage ou l'éducation des enfants, conformément à l'article 220.**

Lorsque les gains et salaires sont versés à un compte courant ou de dépôt, ceux-ci ne peuvent être saisis que dans les conditions définies par décret.

Rédaction antérieure. Art. 1414. – Le paiement des dettes dont la femme vient à être tenue pendant la communauté peut être poursuivi sur l'ensemble des biens communs dans les cas suivants :

1° Si l'engagement est de ceux qui se forment sans aucune convention ;

2° Si l'engagement, formé par convention, l'a été du consentement du mari ou avec l'habilitation de justice, ainsi qu'il est dit à l'article 1419 ;

3° Si l'engagement a été contracté pour l'entretien du ménage ou l'éducation des enfants, conformément à l'article 220.

Bibliographie : Ph. Simler, *La mesure de l'indépendance des époux dans la gestion de leurs gains et salaires* : *JCP* 89, I, 3398. ● M. Weyland, *L'indispensable dissociation des alinéas 1 et 2 de l'article 1414 du Code civil (à propos de l'article 48 du décret n° 92-755 du 31 juillet 1992)* : *JCP* 93, I, 3712. ● S. Raby, *Cautionnement et emprunt : le sort des gains et salaires d'un époux commun en biens* : *JCP* N 2004, 1586. ● J. Antippas, *Pour une autre lecture de l'article 1414 du Code civil* : *Dr. famille* 2008, étude 28.

1) Sur le **droit transitoire**, v. *JCl. civil*, art. 1409 à 1420, Fasc. 20.

2) Compte alimenté par des gains et salaires. Sur les mesures d'exécution forcée ou la saisie conservatoire visant le compte, même joint, d'un époux commun en biens alimenté par des gains et salaires, V. D. n° 92-755, 31 juill. 1992, art. 48 et 49.

3) Titre exécutoire délivré à l'encontre du conjoint. Le titre délivré à l'encontre d'un époux en recouvrement d'une dette ayant pour objet l'entretien du ménage ou l'éducation des enfants n'emporte pas le droit de saisir les biens de son conjoint, à défaut de titre exécutoire pris contre celui-ci, les deux époux fussent-ils tenus solidairement des dettes du ménage (■ Cass. 2e civ., 28 oct. 1999, n° 97-20.071 : *JurisData* n° 1999-003684 ; *RTD civ.* 2000, 386, obs. Vareille ; *JCP* 2002, I, 103, n° 13, obs. Simler).

4) Sur ce que **les pensions de retraite** constituent des revenus au sens de l'article 1415 1415 (ancien), voir sous ce dernier article, annot. n° 11.1280

5) Les gains et salaires perçus par un époux marié sous le régime de la communauté sont des biens communs sur lesquels le paiement des dettes de chacun des époux peut être poursuivi. Dès lors, c'est à bon droit et sans violer l'article 1414 du Code civil, inapplicable dès lors que les gains et salaires ont été absorbés dans la masse commune, qu'une cour d'appel a énoncé que le paiement parle conjoint d'un débiteur déclaré en liquidation judiciaire d'une dette commune avec ses gains et salaires alors que la créance n'avait pas été déclarée, avait été effectué en violation des dispositions de l'article L. 621-24 du Code de commerce (interdiction des paiements) et a condamné le créancier à restituer les sommes perçues au mandataire liquidateur (■ Cass. 1re civ., 10 mai 2006 : *JurisData* n° 2006-033383 ; *Bull. civ.* I, n° 220, p. 193).

Art. 1415 *(L. n° 85-1372, 23 déc. 1985).* **– Chacun des époux ne peut engager que ses biens propres et ses revenus, par un cautionnement ou un emprunt, à moins que ceux-ci n'aient été contractés avec le consentement exprès de l'autre conjoint qui, dans ce cas, n'engage pas ses biens propres.**

Rédaction antérieure. Art. 1415. – Toutes autres dettes de la femme n'obligent que ses propres, en pleine propriété, et ses biens réservés.

Bibliographie : C. Mouly, *La mention manuscrite du conjoint : JCP* 95, I, 3836. • J. Piedelièvre, *De quelques difficultés posées par la souscription d'une garantie à première demande par un époux commun en biens : JCP* N 96, I, 1319. • Ph. Simler, *Pour une saisissabilité limitée des revenus d'un époux par ses créanciers personnels : JCP* 2008, n° hors-série, *Quatre-vingts ans de la Semaine juridique*, p. 77. • Ph. Simler, *Les emprunts et cautionnements des époux : le désordre généré par l'article 1415 du Code civil : JCP* N 2009, 1188. • V. Brémond, *Les titulaires de l'action en retranchement des biens communs prévue par l'article 1415 du Code civil* in *Mélanges Champenois : Defrénois* 2012, 73.

1) Absence de droit du créancier sur les biens communs. Viole l'article 1415 la cour d'appel qui, s'agissant d'un cautionnement n'ayant pas été contracté avec le consentement exprès de la femme, retient que ses dispositions concernent les rapports entre les époux et n'interdisent pas aux créanciers de chacun d'eux, dont la dette est née pendant la communauté, d'en poursuivre le paiement sur les biens communs conformément à l'article 1413 (▪ Cass. 1re civ., 2 juill. 1991, n° 90-12.747 : *JCP* N 92, II, 21830, II, 101, 1re esp., note Le Guidec ; *RTD civ.* 1991, 771, obs. Bandrac. ▪ Cass. 1re civ., 4 juin 1996, n° 93-18.876 : *JurisData* n° 1996-002299 ; *JCP* 96, IV, 1682 ; *Bull.* I, n° 235, p. 164). Un plan d'épargne-logement et un compte-titres sont des acquêts que le mari ne peut engager par un cautionnement contracté sans le consentement exprès de la femme (▪ Cass. 1re civ., 14 janv. 2003, n° 00-12.295 : *JurisData* n° 2003-017243 ; *JCP* G 2003, II, 10019 et *JCP* E 2003, 357, concl. Sainte-Rose ; *JCP* G 2003, I, 124 et *JCP* E 2003, 852, n° 4, obs. Simler ; *Dr. famille* 2003, 48, 2e arrêt, note Beignier ; *D.* 2003, 2792, note Barabé-Bouchard ; *RTD civ.* 2003, p. 534, obs. Vareille ; *Defrénois* 2003, 544, obs. Champenois). En application de l'article 1415, ne peut être validée la saisie conservatoire opérée sur les biens meubles de communauté par les créanciers d'un époux qui s'est porté caution pour l'achat d'un bien de sa société, en sa qualité de P-DG (▪ Versailles, 4 déc. 1991 : *JCP* 92, IV, 812). Viole l'article 1415 l'arrêt qui convertit en hypothèque définitive l'hypothèque provisoire prise par un créancier du mari sur l'immeuble commun, au motif qu'il ne vise que le cas où, par l'effet d'une convention, l'un des époux engage volontairement les biens communs (▪ Cass. 1re civ., 29 mai 1996, n° 94-15.263 : *JurisData* n° 1996-002119 ; *JCP* 96, IV, 1608 ; *Bull.* I, n° 219, p. 152 ; *Defrénois* 1996, 1083, obs. Champenois. – V. aussi ▪ Cass. 1re civ., 15 mai 2002 : *JCP* G 2002, II, 10109 et *JCP* N 2002, 1698, concl. Petit et note Piedelièvre, 3e arrêt ; *JurisData* n° 2002-014341 ; *Dr. famille* 2002, 90, 2e arrêt, note Beignier ; *D.* 2002, 1780, 2e arrêt, note Barberot ; *Bull. civ.* I, n° 128, p. 98 ; *Defrénois* 2002, 1322, 2e arrêt, obs. Champenois. ▪ Cass. 1re civ., 11 mars 2003 : *JCP* 2003, IV, 1816 ; *JurisData* n° 2003-018169 ; *Dr. famille* 2003, 92, note Beignier ; *Bull. civ.* I, n° 66, p. 50 ; *Defrénois* 2003, 994, obs. Champenois). Prive de base légale sa décision au regard de l'article 1415 la cour d'appel qui déboute des époux mariés sans contrat de leur demande de mainlevée d'une saisie faite pour obtenir le recouvrement d'une condamnation prononcée contre le seul mari en décidant que les paies de lait saisies représentaient les gains résultant de l'activité de celui-ci, sans rechercher si l'épouse ne participait pas à l'entretien du cheptel commun et si les paies de lait ne constituaient pas la rétribution de son travail (▪ Cass. 1re civ., 16 mai 2000, n° 98-17.409 : *JurisData* n° 2000-002002 ; *Bull. civ.* I, n° 140, p. 93 ; *Defrénois* 2000, 1183, obs. Champenois ; *RTD civ.* 2001, 186, obs. Vareille). Dès lors que le compte objet de la saisie est alimenté par chacun des époux, il n'est pas saisissable, faute pour le créancier d'identifier les revenus de l'époux débiteur (▪ Cass. 1re civ., 3 avr. 2001 : *JCP* 2002, II, 10080, note Bourdaire ; *JurisData* n° 2001-009004 ; *Dr. famille* 2001, 75, 3e arrêt, note Beignier ; *Bull. civ.* I, n° 92, p. 59 ; *Defrénois* 2001, 939, obs. Théry, et 1129, obs. Champenois ; *D.* 2001, somm. 2933, obs. Nicod ; *RTD civ.* 2001, 943, obs. Vareille. V. aussi ▪ Cass. 1re civ., 17 févr. 2004, n° 02-11.039 : *JurisData* n° 2004-022368 ; *Dr. famille* 2004, 84, note Beignier ; *Bull. civ.* I, n° 45, p. 36 ; *JCP* G 2004, I, 188 et *JCP* E 2005, 179, n° 2, obs. Simler ; *Defrénois* 2004, 1476, obs. Champenois ; *D.* 2004, somm. 2260, obs. Brémond). Mais il en va autrement si le compte de dépôt n'est alimenté que par l'époux débiteur (▪ Cass. 1re civ., 14 janv. 2003, n° 00-16.078 : *JurisData* n° 2003-017244 ; *JCP* 2003, II, 10019 et *JCP* E 2003, 357, concl. Sainte-Rose. V. aussi ▪ Cass. 1re civ., 18 févr. 2003 : *JCP* G 2003, IV, 1673 ; *JCP* N 2003, 1606, obs. Casey ; *JurisData* n° 2003-017790 ; *Dr. famille* 2003, 49, note Beignier ; *Bull. civ.* I, n° 48, p. 37 ; *D.* 2003, somm., p. 1864, obs. Brémond ; *RTD civ.* 2003, 536, obs. Vareille ; *Defrénois* 2003, 1356, obs. Champenois). Sur ce que le créancier, bénéficiaire du cautionnement, ne peut invoquer la fraude paulienne pour les actes passés sur les biens communs, qui ne font pas partie de son gage, V. ▪ Cass. com., 16 nov. 2010, n° 09-16.774 : *JCP* G 2011, doctr. 503, n° 8, obs. Simler ; *Gaz. Pal.* 4 févr. 2011, 37, obs. Casey ; *Gaz. Pal.* 3 mars 2011, 20, obs. Dumont-Lefrand.

2) Appréciation du caractère disproportionné du cautionnement. La disproportion manifeste de l'engagement de la caution s'appréciant par rapport à ses biens sans distinction, c'est à bon droit que la cour d'appel a retenu que les biens communs devaient être pris en considération, quand bien même ces biens communs ne pourraient être engagés pour l'exécution de la condamnation éventuelle de la caution, en l'absence du consentement exprès du conjoint (■ Cass. com., 15 nov. 2017, n° 16-10.504 : *D.* 2018, 392, note Dumont-Lefrand ; *RDC* 2018/1, 63, Houtcieff ; *AJCA* févr. 2018, 93, obs. Houtcieff ; *Rev. Lamy dr. civ.* 2018, n° 156, 32, note Serrandour ; *JCP E* 2018, Affaires 1010, note Legeais ; *JCP G* 2018, note 13, Simler ; *Dr. famille* 2018, comm. 13, Torricelli-Chrifi). De même, en cas de consentement exprès donné par le conjoint : la disproportion manifeste de l'engagement de la caution commune en biens s'apprécie par rapport aux biens et revenus de celle-ci, sans distinction et sans qu'il y ait lieu de tenir compte du consentement exprès du conjoint donné conformément à l'article 1415 du Code civil, qui détermine seulement le gage du créancier, de sorte que doivent être pris en considération tant les biens propres et les revenus de l'époux caution que les biens communs (■ Cass. com., 6 juin 2018, n° 16-26.182 : *Dr. famille* 2018, comm. 213, Beignier ; *JCP G* 2018, doctr. 1355, Simler ; *JCP G* 2018, 900, note Simler ; *JCP E* 2018, 1378, note Legeais ; *RD bancaire et fin.* 2018, comm. 94, obs. Legeais ; *D.* 2018, p. 1851, note Gallois ; *Defrénois* 2018, 34, Champenois). Comp. auparavant, ■ Cass. com., 22 févr. 2017, n° 15-14.915 : *D.* 2017, 2119, Brémond ; *Defrénois* 2018, 28, Champenois ; *JCP G* 2017, doctr. 681, obs. Simler ; *RJPF* 2017/4, 29, Dubarry, semblant établir un lien entre appréciation de la disproportion et gage du créancier, en cas de consentement exprès du conjoint : la disproportion s'apprécie alors au regard des biens et revenus de l'époux caution, ainsi que des biens communs, incluant les salaires du conjoint. Comp., en cas de séparation de biens : les juges du fond ne peuvent déduire que l'engagement de la caution est proportionné à ses biens et revenus du fait que son conjoint séparé de biens est en mesure de contribuer de manière substantielle aux charges de la vie courante (■ Cass. com., 24 mai 2018, n° 16-23.036 : *Dr. famille* 2018, comm. 184, Torricelli-Chriffi et comm. 213, Beignier ; *JCP G* 2018, note 900, Simler et n° 15, Storck ; *Gaz. Pal., 11 sept. 2018, p. 34, note Piedelièvre* ; *D.* 2018, p. 1884, Crocq ; *JCP G* 2018, 668, obs. V. Legrand ; *JCP E* 2018, 1378, note D. Legeais ; *JCP G* 2018, doctr. 1355, Storck).

3) Date à laquelle la dette de la caution prend naissance. Au sens de l'article 57 de la loi du 23 déc. 1985, qui prévoit que le droit de poursuite des créanciers dont la créance était née à une date antérieure à l'entrée en vigueur de cette loi restera déterminé par les dispositions en vigueur à cette date, la date à laquelle naît la créance à l'égard de la caution est la date à laquelle elle s'engage (■ Cass. 1re civ., 14 mai 1991, n° 90-12.254 : *JurisData* n° 1991-002399 ; *JCP G* 92, II, 21830 et *JCP N* 92, II, 101, 2e esp., note crit. Le Guidec ; *D.* 1992, somm. 222, obs. Lucet ; *RTD civ.* 1991, 772, obs. Bandrac. ■ Cass. 1re civ., 28 mars 1995, n° 92-20.673 : *JCP* 97, I, 3991, n° 3, obs. Simler et Delebecque. ■ Cass. 1re civ., 27 janv. 1998, n° 95-22.239 : *JurisData* n° 1998-000439 ; *JCP* 98, I, 183, n° 3, obs. Simler. – V. aussi ■ Orléans, 1er juin 1994 : *JurisData* n° 1994-043209 ; *JCP* 95, I, 3821, n° 17, obs. Simler. ■ Montpellier, 9 nov. 2000 : *Dr. famille* 2001, 75, 1er arrêt, note Beignier ; *JurisData* n° 2000-137267).

4) Durée d'efficacité de l'article 1415. Dès lors que l'engagement de caution a été souscrit sans le consentement du conjoint pendant le mariage, le créancier ne peut, même après sa dissolution par le divorce, inscrire une hypothèque judiciaire sur un immeuble commun devenu indivis (■ Cass. 1re civ., 22 nov. 2005 : *JurisData* n° 2005-030830 ; *Bull. civ.* I, n° 427, p. 357 ; *JCP G* 2005, I, 141 ; *Dr. famille* 2006, comm. 12, obs. B. Beignier). V. aussi ■ Cass. 1re civ., 28 mars 2008, n° 07-13.388 : *JCP* 2008, I, 144, obs. Simler.

5) Consentement du conjoint. Forme. Sur la nécessité d'un consentement exprès, v. ■ Cass. 1re civ., 28 nov. 2006, n° 04-19.725 : *JurisData* n° 2006-036139 ; *D.* 2007, p. 88, obs. Avena-Robardet et p. 2126, obs. Revel ; *JCP G*, 2007, I, 142, obs. Simler et *alii* (la Cour d'appel n'avait pas caractérisé en quoi la signature d'une « fiche de renseignement » en tant que conjoint démontrait le consentement exprès de l'épouse à l'emprunt souscrit par son mari). ■ Cass. 1re civ., 17 févr. 1998, n° 96-12.763 : *JurisData* n° 1998-000679 ; *D. affaires* 1998, 533, obs. X. D. ; *JCP G* 98, IV, 1786 ; *JCP N* 98, 1089 ; *Bull. civ.* I, n° 63, p. 42 ; *RTD civ.* 1998, 967, obs. Vareille. ■ Cass. 1re civ., 9 mars 1999 : *JCP* 99, I, 156, n° 4, obs. Simler ; *RTD civ.* 2000, 393, obs. Vareille. ■ Cass. 1re civ., 19 nov. 2002, n° 00-16.683 : *JCP* 2003, IV, 1053 et 1054 ; *Dr. famille* 2003, 14, 1er arrêt, note Beignier ; *JurisData* n°s 2002-016421 et 2002-016417 ; *Bull. civ.* I, n°s 273 et 274, p. 212 et 213 ; *Defrénois* 2003, 547, obs. Champenois. ■ Cass. 1re civ., 12 oct. 2004 : *JCP G* 2004, I, 188 et *JCP E* 2005, 179, n° 3, obs. Simler ; *JCP G* 2005, II, 10069, note Lachièze ; *JurisData* n° 2004-025225. ■ Lyon, 18 févr. 1999 : *Dr. famille* 1999, 140, note Beignier. L'article 1415 n'exige pas que le consentement exprès de l'autre conjoint soit donné dans les conditions prescrites par l'article 1326 (■ Cass. 1re civ., 4 juin 1996, n° 93-13.870 : *JurisData* n° 1996-002250 ; *JCP* 97, I, 3991, n° 3, obs. Simler et Delebecque ; *D.* 1997, somm. 163, 2e esp., obs. Aynès. ■ Cass. 1re civ., 13 nov. 1996, n° 94-12.304 : *JurisData* n° 1996-004251 ; *JCP* 97, IV, 17 ; *Bull. civ.* I, n° 392, p. 274 ; *Contrats, conc. consom.* 1997, 41, note Leveneur ; *Defrénois* 1997, 387, 1re esp., obs. Aynès, 812, obs. Champenois ; *D.* 1997, somm. 163, 1re esp., obs. Aynès ; *D.* 1998, somm. 135, obs. Brémond ; *RTD civ.* 1997, 729, obs. Vareille. V. en ce sens ▪ TGI Lyon, JEX, 7 nov. 1995 : *JurisData* n° 1995-602025 ; *D.* 1996, 270, note Prévault. ▪ Orléans, 4 févr. 1997 : *JurisData* n° 1997-040176 ; *Dr. famille* 1997, 165, note Beignier). Aucune forme particulière n'est requise (▪ Metz, 5 nov. 1998, n° AIII2568/97 : *JurisData* n° 1998-055298 ; *Dr. famille* 2000, 88, 1er arrêt, note Tougne). Un écrit qui ne constitue pas un acte de caution peut valoir comme consentement exprès à l'engagement de caution du conjoint (▪ Cass. 1re civ., 29 avr. 1997, n° 95-14.500 : *JurisData* n° 1997-001887 ; *Dr. famille* 1997, 181, note Beignier). La femme doit être condamnée à rembourser seule les emprunts s'il est établi qu'elle a transmis au prêteur des actes de prêt revêtus d'une fausse signature de son mari et qu'elle a contracté ces emprunts dans son intérêt exclusif (▪ Cass. 1re civ., 3 juin 1997, n° 94-20.788 : *JurisData* n° 1997-002453 ; *Bull. civ.* I, n° 179, p. 120 ; *Dr. famille* 1997, 127, note Beignier ; *JCP* G 98, I, 135 et *JCP* N 98, 1304, n° 11, obs. Simler ; *RTD civ.* 1998, 967, obs. Vareille). – Le créancier doit justifier que chacun des époux avait, en s'engageant, connaissance de l'engagement de son conjoint ; tel n'est pas le cas pour deux engagements autonomes et à des dates séparées, même s'ils sont consentis au même créancier et en faveur du même débiteur (▪ Paris, 23 mars 1999 : *JurisData* n° 1999-102208 ; *JCP* 99, II, 10202, note Chabot). L'accord des deux époux au plan conventionnel de redressement souscrit au profit de l'un d'eux ne vaut pas consentement à l'emprunt contracté par ce dernier au sens de l'article 1415 (▪ Cass. 1re civ., 29 juin 2011, n° 10-11.012 : *Bull. civ.* I, n° 137 ; *JCP* 2011, doctr. 1371, n° 6, obs. Ph. Simler ; *AJF* 2011, p. 437, obs. P. Hilt ; *RD bancaire et fin.* 2011, n° 5, p. 46, obs. S. Piedelièvre ; *Gaz. Pal.* 12 août 2011, 41, obs. J. Casey et 28 oct. 2011, p. 29, obs. M. Roussille).

6) Consentement du conjoint. Extension du gage aux salaires du conjoint de l'époux caution. Le consentement exprès donné par un époux au cautionnement consenti par son conjoint ayant pour effet d'étendre l'assiette du gage du créancier aux biens communs, les juges du fond ont apprécié, à bon droit, la proportionnalité de l'engagement contracté par l'époux caution tant au regard de ses biens et revenus propres que de ceux de la communauté, incluant les salaires de son épouse, V. ▪ Cass. com., 22 févr. 2017, n° 15-14.915 : *D.* 2017, 2119, Brémond ; *Defrénois 2018, 28, obs. Champenois ; JCP G 2017*, doctr. 681, obs. Simler ; *RJPF* 2017/4, 29, obs. Dubarry (mais l'arrêt ne précise pas s'il s'agit de l'intégralité des salaires ou de la fraction saisissable des salaires au sens de 1414 du Code civil).

7) Consentement du conjoint. Absence de qualité de partie à l'acte. Absence d'obligation d'information ou de mise en garde. Le consentement d'un époux au cautionnement donné par son conjoint en garantie des dettes de la société, en application de l'article 1415 du Code civil, n'a pas pour effet de lui conférer la qualité de partie à l'acte ; aucune disposition législative ou réglementaire n'imposant au créancier bénéficiaire du cautionnement de fournir des informations ou une mise en garde au conjoint de son cocontractant, préalablement à son consentement exprès, l'arrêt retient à bon droit que le conjoint de l'époux caution n'était créancier d'aucune obligation d'information ou de mise en garde à l'égard de la banque bénéficiaire du cautionnement (▪ Cass. com., 9 févr. 2016, n° 14-20.304 : *JCP* G 2016, doctr. 698, n° 4, obs. Simler ; *RD bancaire et fin.* 2016, comm. 68, obs. Legeais ; *RDC* 2017/1, 75, obs. Barthez ; *Rev. sociétés* juin 2016, 359, obs. Juillet ; *Dr. et patrimoine* juill. 2016, 71, obs. Blanchard et janv. 2017, 91, obs. Dupichot et Aynès ; *D.* 2016, 2086, obs. Brémond).

8) Cautionnement de la même dette par les deux époux. L'article 1415 ne s'applique pas au cautionnement souscrit dans le même acte, dans des termes identiques, par deux époux pour garantir la même dette (▪ Cass. com., 5 févr. 2013, n° 11-18.644 : *Bull. civ.* IV, n° 22 ; *JCP* 2013, note 417, Gout et doctr. 721, n° 11, obs. Simler ; *JCP* N 2013, 1135, note Piedelièvre ; *RD bancaire et fin.* 2013, comm. 53, obs. Legeais ; *Contrats, conc. consom.* 2013, 125, obs. Raymond ; *D.* 2013, 429, obs. Avena-Robardet et 1253, note Molière). Dans le même sens, ▪ Cass. 1re civ., 13 oct. 1999, n° 96-19.126 : *JurisData* n° 1999-003442 ; *JCP* G 2000, II, 10307 ; *JCP* E 2000, 1137, note Casey ; *Contrats, conc. consom.* 2000, 20, note Leveneur ; *Dr. famille* 2000, 25, 2e arrêt, note Beignier ; *Bull. civ.* I, n° 273, p. 178 ; *Defrénois* 2000, 784, obs. Champenois ; *RTD civ.* 2000, 393, obs. Vareille (époux s'étant portés cautions en termes identiques sur le même acte de prêt, non-application de l'article 1415). En revanche, en cas de cautionnements d'une même dette par actes séparés : jugé que, dès lors que les nantissements ont été consentis unilatéralement par chaque époux, ces actes n'établissent pas à eux seuls le consentement exprès de chacun des époux à l'engagement de caution de l'autre (▪ Cass. 1re civ., 15 mai 2002 : *JCP* G 2002, II, 10109 et *JCP* N 2002, 1698, 2e arrêt, concl. Petit et note Piedelièvre, I, 167, n° 5, obs. Simler ; *Dr. famille* 2002, 90, 1er arrêt, note Beignier ; *D.* 2002, 1780, 1er arrêt, note Barberot ; *JurisData* n° 2002-014340. – Comp., relevant l'absence d'approbation par les époux d'engagements réciproques de cautionnement personnel souscrits par actes séparés, ▪ Cass. 1re civ., 8 mars 2005, n° 01-12.734 : *JurisData* n° 2005-027439 ; *Dr. famille* 2005, 81, note crit. Beignier ; *Bull. civ.* I, n° 115, p. 99).

9) Sûreté réelle consentie pour garantir la dette d'un tiers. Une sûreté réelle consentie pour garantir la dette d'un tiers n'impliquant aucun engagement personnel à satisfaire à l'obligation d'autrui et n'étant pas dès lors un cautionnement, lequel ne se présume pas, la cour d'appel a exactement retenu que l'article 1415 n'était pas applicable au nantissement de titres dématérialisés donné par le conjoint (■ Cass. ch. mixte, 2 déc. 2005, n° 03-18.210 : *JurisData* n° 2005-031111 ; *JCP* G 2005, II, 10183 et *JCP* N 2006, 1009, note Simler ; *Defrénois* 2006, art. 38469-56, p. 1600, obs. Champenois ; *RDC* 2006/2, p. 454, obs. Grimaldi et p. 458, obs. Houtcieff ; *RDC* 2008/2, p. 445, obs. Grare-Didier ; *JCP* E 2006, 1056, note Piedelièvre ; *D.* 2006, 729, avis Sainte-Rose et note Aynès ; *Contrats, conc. consom.* 2006, 62, note Leveneur. V. sur cet arrêt B. Beignier : *Dr. famille* 2006, chron. 13 ■ Cass. 1re civ., 28 févr. 2006 : *JurisData* n° 2006-032394 ; *Bull. civ.* 2006, I, n° 102 ; *JCP* G 2006, IV, 1642 ; *RD bancaire* 2006, n° 103, obs. A. Cerles ; *D.* 2006, p. 2068, obs. Revel). Jugé auparavant que l'article 1415 est applicable à la caution réelle (■ Cass. 1re civ., 11 avr. 1995, n° 93-13.629 : *JurisData* n° 1995-000875 ; *JCP* 95, I, 3869, n° 9, obs. Simler ; *Bull. civ.* I, n° 165, p. 118 ; *D.* 1995, somm. 327, obs. Grimaldi, 1996, somm. 204, obs. S. Piedelièvre ; *RTD civ.* 1997, 726, obs. Vareille. ■ Cass. 1re civ., 26 mai 1999, n° 97-18.115 : *JCP* 99, I, 156, n° 5, 2e esp., obs. Simler ; *Defrénois* 2000, 439, obs. Champenois) et que dans le cas d'un cautionnement réel consenti par un époux sur des biens communs sans le consentement exprès de l'autre, l'époux caution reste tenu, par application de l'article 1415, du paiement de la dette sur ses biens propres et ses revenus dans la double limite du montant de la somme garantie et de la valeur des biens engagés, celle-ci étant appréciée au jour de la demande d'exécution de la garantie (■ Cass. 1re civ., 15 mai 2002 : *JCP* G 2002, II, 10109, 1er arrêt, concl. Petit et note Piedelièvre, I, 167, n° 5, obs. Simler ; *JCP* E 2002, 1424, n° 3, obs. Simler ; *JurisData* n° 2002-014339 ; *Dr. famille* 2002, 90, 1er arrêt, note Beignier ; *RTD civ.* 2002, 546, obs. Crocq. V. aussi ■ Cass. com., 13 nov. 2002, n° 95-18.994 : *JurisData* n° 2002-016332 ; *Bull. civ.* IV, n° 161, p. 185 ; *RDC* 2003, 170, obs. Grimaldi). Mais voir le nouvel article 1422, alinéa 2, lequel n'a pourtant pas un caractère interprétatif et n'est pas immédiatement applicable aux contrats en cours (■ Cass. 1re civ., 20 févr. 2007, n° 06-10.217 : *JurisData* n° 2007-037460 ; *JCP* G 2007, I, 142 ; *D.* 2007, p. 2126, obs. Revel et 937, obs. V. Avena-Robardet ; *AJF* 2007, 229, obs. P. Hilt. En conséquence de quoi, sous l'empire du droit antérieur, une cour d'appel ne saurait débouter le créancier de sa demande d'attribution des contrats d'assurance-vie nantis à son profit par un époux). V. encore, L. Poulet, *La sûreté réelle constituée pour autrui dans le régime de communauté* : *Defrénois* 2006, art. 38455, p. 1441.

10) Garantie autonome. L'article 1415 est applicable à la garantie à première demande qui, comme le cautionnement, est une sûreté personnelle, laquelle consiste en un engagement par lequel le garant s'oblige, en considération d'une obligation souscrite par un tiers, à verser une somme déterminée, et est donc de nature à appauvrir le patrimoine de la communauté (■ Cass. 1re civ., 20 juin 2006, n° 04-11.037 : *JurisData* n° 2006-034128 ; *RDC* 2008/2, p. 445, obs. Grare-Didier ; *JCP* G 2006, II, 10141, note Piedelièvre et I, 195, obs. Simler et Delebecque ; *JCP* N 2006, 1310, 3e esp., note Brémond ; *D.* 2006, p. 1815, obs. Avena-Robardet, et p. 2539, note Courdier-Cuisinier ; *Defrénois* 2006, art. 38469-60, p. 1617, obs. Champenois ; *RD bancaire* 2006, 133, obs. Legeais ; *RTD civ.* 2006, p. 592, obs. Crocq ; *Dr. famille* 2006, comm. 168, obs. Beignier ; *RDC* 2006/4, p. 1193, obs. Houtcieff). Auparavant, V. ■ Douai, 27 févr. 1992 : *JurisData* n° 1992-045147 ; *JCP* N 93, II, 113, obs. Simler ; *RTD civ.* 1993, 869, obs. Lucet et Vareille (la garantie autonome souscrite par l'épouse sans le consentement de son mari ne permet pas au créancier d'inscrire une hypothèque judiciaire provisoire sur un bien commun. – V. aussi ■ Paris, 3 nov. 1994, n° 94PA00799 : *D.* 1995, 532, note Lecène-Marénaud, somm. 326, obs. Grimaldi. – V. cependant ■ Douai, 30 juin 1994 : *JurisData* n° 1994-051884 ; *JCP* G 96, I, 3908 et *JCP* N 96, II, 799, n° 14, obs. Simler).

11) Découvert de compte courant ou compte bancaire. L'article 1415 est applicable au crédit consenti par découvert en compte courant (■ Cass. 1re civ., 6 juill. 1999, n° 97-19.847 : *JurisData* n° 1999-003049 ; *JCP* G 2000, II, 10237 ; *JCP* E 2000, 947 ; *JCP* N 2000, 823, note Casey ; *Bull. civ.* I, n° 224, p. 145 ; *Defrénois* 1999, 1361, obs. Champenois ; *Dr. famille* 2000, 88, 2e arrêt, note Tougne ; *D.* 2000, 421, note Le Guidec ; *RTD civ.* 2000, 388, obs. Vareille). Les articles 220 et 1415 du Code civil sont applicables au crédit consenti par découvert sur un compte bancaire (■ Cass. 1re civ., 5 oct. 2016, n° 15-24.616, cité *infra* note 14). Il n'y a pas lieu de distinguer selon que ce crédit émane ou non d'un établissement bancaire dès lors que ledit article ne réserve pas son application au seul emprunt bancaire (■ Angers, 11 déc. 2001, n° 01/00574 : *JurisData* n° 2001-178349 ; *Dr. famille* 2003, 3, note Beignier). Mais la position débitrice d'un compte courant d'associé coopérateur, dont la vocation est de faciliter les échanges commerciaux de biens agricoles, ne peut être assimilée à un emprunt (■ Cass. 1re civ., 22 juin 2004 : *JCP* G 2004, I, 176, n° 15, obs. Simler ; *JCP* N 2005, 1101, obs. Grimonprez ; *JurisData* n° 2004-024252 ; *Bull. civ.* I, n° 174, p. 144). Mais le découvert bancaire consenti à l'un des époux relève du passif définitif de la communauté (■ Cass. 1re civ., 8 juill. 2010, n° 09-14.230 : *JCP* G 2010, 1220, n° 13, obs. Simler).

12) Prêt non repris par une société en formation après son immatriculation. En l'absence de reprise par une société en formation, après son immatriculation, du prêt souscrit par son fondateur, celui-ci est personnellement tenu, en qualité d'emprunteur, des obligations qui en découlent, de sorte que l'article 1415 est applicable à son engagement (■ Cass. 1re civ., 9 juill. 2014, n° 13-20.356 : à paraître au *Bull. civ.* ; *Defrénois* 2015, 677, note Champenois ; *JCP* G 2015, doctr. 138, n° 1, obs. Deboissy et Wicker ; *Bull. Joly Sociétés* 2014, p. 367, note J.-F. Barbièri ; *Dr. sociétés* 2014, comm. 160, obs. R. Mortier ; *Rev. sociétés* févr. 2015, 126, note Naudin ; *JCP* G 2014, doctr. 1265, n° 9, obs. Simler ; *JCP* G 2014, 1012, Zelcevic-Duhamel ; *JCP* E 2014, 1449, note Douville ; *Gaz. Pal.* 9 nov. 2014, 11, obs. Cabrillac ; *Defrénois* 2014, 1019, obs. Lécuyer et Seube).

13) Aval. Viole l'article 1415 la cour d'appel qui énonce que l'aval d'un billet à ordre n'est ni un emprunt ni un cautionnement (■ Cass. com., 4 févr. 1997, n° 94-19.908 : *JurisData* n° 1997-000438 ; *JCP* G 97, I, 4047, n° 19, obs. Simler, II, 22922 et *JCP* E, II, 1012, note Beignier ; *D.* 1997, 478, note Piedelièvre ; *Bull.* IV, n° 39, p. 36 ; *Dr. famille* 1997, 49, note Beignier ; *RTD civ.* 1997, 728, obs. Vareille ; *Defrénois* 1997, 1440, obs. Champenois, cassant ■ Douai, 7 juill. 1994 : *JurisData* n° 1994-050028 ; *JCP* 94, I, 3807, n° 3, obs. crit. Simler et Delebecque. ■ Paris, 29 oct. 1999, n° 1998/26238 : *JurisData* n° 1999-105603 ; *Dr. famille* 2000, 25, 1er arrêt, note Beignier. V. en ce sens, au regard de l'art. 53, al. 3, de la loi du 25 janv. 1985 (C. com., art. L. 621-46), ■ Cass. com., 25 oct. 1994, n° 90-14.030 : *JurisData* n° 1994-001947 ; *JCP* 94, IV, 2616. V. aussi pour la garantie des obligations d'une société civile immobilière due par l'associé à proportion de ses apports ■ Versailles, 2 mai 2002, n° 01/05425 : *JurisData* n° 2002-196037 ; *Dr. famille* 2003, 48, 3e arrêt, note Beignier).

14) Obligation aux dettes sociales de l'associé. C'est à bon droit qu'une cour d'appel a décidé que l'article 1415 du Code civil n'était pas applicable aux dettes sociales dont un époux doit répondre en sa qualité d'associé d'une société de personnes (■ Cass. 1re civ., 17 janv. 2006, n° 03-11.461 : *JurisData* n° 2006-031668 ; *Bull. civ.* I, n° 14 p. 14 ; *JCP* G 2006, I, 141 ; *D.* 2006, p. 2660, note Bicheron ; *RDC* 2008/2, p. 445, obs. Grare-Didier) tandis que viole l'article 1415 du Code civil, par fausse interprétation, la décision qui annule la procédure de saisie immobilière d'un bien immobilier dépendant de la communauté en énonçant que la participation d'un époux à une société est une situation semblable à celle qui résulte d'un cautionnement ou d'un emprunt et que, par application de l'article précité qui protège le patrimoine conjugal, une telle extension de garantie aux biens communs ne saurait être admise sans accord du conjoint explicitement exprimé ou qui, averti, n'a pas manifesté d'opposition (■ Cass. 1re civ., 17 janv. 2006, n° 02-16.595 : *JurisData* n° 2006-031657 ; *Bull. civ.* I, n° 15, p. 15 ; *JCP* G 2006, I, 141 ; *RTD com.* 2006, p. 432-434, obs. Monsérié-Bon).

15) Convention de garantie de passif. La convention de garantie de passif social, formant un tout avec l'acte synallagmatique portant cession des titres sociaux auquel elle s'intègre, n'est pas un engagement unilatéral et, partant, n'est pas soumise à l'article 1415 du Code civil, fût-elle consentie solidairement entre les cédants (■ Cass. 1re civ., 20 sept. 2012, n° 11-13.144 : *RDC* 2013/3, 1005, obs. Barthez ; *Dr. sociétés* 2012/12, 11, obs. Mortier ; *Dr. et patrimoine* janv. 2013, 86, Aynès et Dupichot ; *Rev. sociétés* 2013/4, 206, note Libchaber).

16) Engagement né d'une clause de révision de prix. L'engagement souscrit par le mari au profit d'un tiers concernant la révision du prix assortissant la promesse de cession d'actions n'est pas assimilable à un emprunt au sens de l'article 1415 du Code civil (■ Cass. 1re civ., 2 mars 2017, n° 16-13.365 : *Dr. famille* 2017, 135, Beignier ; *D.* 2017, 2119, Brémond ; *Defrénois* 2018, 30, Dauriac) quand bien même l'acquisition des actions aurait été financée par emprunt.

17) Droit de poursuite sur les revenus de l'époux débiteur. Dès lors que les pensions de retraite constituaient les revenus de l'époux souscripteur d'un cautionnement sans l'accord de l'épouse, la banque était en droit de pratiquer une saisie des rémunérations sur ces sommes saisissables (■ Cass. 1re civ., 14 mars 2006 : *JurisData* n° 2006-032724 ; *JCP* 2006, I, 193). Mais, si les revenus sont portés sur un compte, même ouvert au seul nom de cet époux, le créancier ne peut saisir les sommes qui y figurent que s'il est en mesure de prouver que ce compte a été exclusivement alimenté par les revenus de son débiteur (■ Cass. 1re civ., 17 janv. 2006 : *JurisData* n° 2006-031665 ; *Bull. civ.* 2006, I, n° 13 ; *JCP* G 2006, I 193 ; *D.* 2006, p. 1277, note Brémond ; *D.* 2006, p. 1277, note Bonnet ; *RTD civ.* 2006, p. 359, obs. Vareille ; *AJF* avr. 2006, p. 163, obs. Hilt. Auparavant, V. ■ Lyon, 28 févr. 1996 : *JurisData* n° 1996-042165 ; *JCP* 97, I, 4008, n° 10, obs. Simler). V. aussi, ■ Cass. 1re civ., 15 juin 2017, n° 16-20.739 : *JCP* G 2017, doctr. 1296, n° 6, obs. Simler ; *D.* 2017, 2122, obs. Brémond ; *RTD civ.* 2017, 735, Cayrol, censurant l'arrêt d'appel qui avait autorisé la saisie des sommes figurant sur le compte joint des époux alors que ces sommes étaient présumées communes.

18) Communauté universelle. L'article 1415 continue à s'appliquer après adoption du régime de communauté universelle (■ Rouen, 1er oct. 1997 : *JurisData* n° 1997-057129 ; *Dr. famille* 1999, 69, 4e esp., note Beignier, pourvoi rejeté par ■ Cass. 1re civ., 3 mai 2000, n° 97-21.592 : *JurisData* n° 2000-001687 ; *JCP* G 2000, I, 257, n° 5, obs. Simler ; *JCP* N 2000, 1615, note Piedelièvre ; *JCP* N 2001, 26, note Casey ; *Bull. civ.* I, n° 125, p. 85 ; *Dr. famille* 2000, 88, 3e arrêt, note Tougne ; *Defrénois* 2000, 1185, obs. Champenois ; *RTD civ.* 2000, 889, obs. Vareille. Dans le même sens, ■ Cass. 1re civ., 5 oct. 2016, n° 15-24.616 : *JCP* G 2016, doctr. 1330, n° 6, obs. Ph. Simler ; *D.* 2016, 2507, C. Simler ; *Defrénois* 2017, 367, obs. Champenois ; *D.* 2017, 470, obs. Douchy-Oudot : les dispositions de l'article 1415 du Code civil sont impératives et applicables aux époux mariés sous un régime de communauté universelle.

19) Conjoint s'étant porté caution. Possibilité d'invoquer l'article 1415. L'époux qui s'est porté caution sans l'accord de son conjoint peut se prévaloir de l'article 1415 (■ Cass. 1re civ., 15 mai 2002 : *JCP* G 2002, II, 10109 et *JCP* N 2002, 1698, 3e arrêt, concl. Petit et note Piedelièvre ; *JCP* G 2002, I, 167 et *JCP* N 2002, 1719, n° 5, obs. Simler ; *Dr. famille* 2002, 90, 2e arrêt, note Beignier ; *D.* 2002, 1780, 2e arrêt, note Barberot ; *JurisData* n° 2002-014341. V. aussi, admettant « les époux », à l'exclusion des tiers, à se prévaloir du texte, ■ Cass. 1re civ., 14 janv. 2003, n° 00-16.612 : *JurisData* n° 2003-017344 ; *Dr. famille* 2003, 48, 1er arrêt, note Beignier. *Contra*, antérieurement, ■ Cass. 1re civ., 26 mai 1999, n° 97-13.064 : *JurisData* n° 1999-002233 ; *Dr. famille* 1999, 84, note Beignier ; *Defrénois* 2000, 439, obs. Champenois ; *RTD civ.* 2000, 391, obs. Vareille).

20) Saisie immobilière sur un bien commun. Consentement du conjoint. L'exécution forcée en vertu d'un titre exécutoire contre l'époux qui s'est porté caution avec le consentement du conjoint ne requiert pas une signification de la saisie immobilière au conjoint (■ Cass. 2e civ., 15 oct. 2015, n° 14-22.684 : *JCP* 2015, doctr. 1342, n° 10, obs. Simler ; *Gaz. Pal.* 20 déc. 2015, 43, note Lauvergnat).

Art. 1416. – La communauté qui a acquitté une dette pour laquelle elle pouvait être poursuivie en vertu des articles précédents a droit néanmoins à récompense, toutes les fois que cet engagement avait été contracté dans l'intérêt personnel de l'un des époux, ainsi pour l'acquisition, la conservation ou l'amélioration d'un bien propre.

Art. 1417. – La communauté a droit à récompense, déduction faite, le cas échéant, du profit retiré par elle, quand elle a payé les amendes encourues par un époux en raison d'infractions pénales, ou les réparations et dépens auxquels il avait été condamné pour des délits ou quasi-délits civils.

Elle a pareillement droit à récompense si la dette qu'elle a acquittée avait été contractée par l'un des époux au mépris des devoirs que lui imposait le mariage.

1) Activité de loisir du mari. Les juges du fond peuvent inclure dans les dettes communes une dette provenant de l'activité de loisir du mari (■ Riom, 10 nov. 1988 : *JurisData* n° 1988-052018 ; *Defrénois* 1990, 555, obs. Champenois, sport automobile).

2) Redressement fiscal. L'impôt sur le revenu des personnes physiques auquel sont assujettis *des époux communs en biens pour les revenus* qu'ils perçoivent pendant la durée de la communauté constitue une dette définitive de celle-ci et son paiement n'ouvre pas droit à récompense. Un redressement fiscal, dans la mesure où il ne comporte pas de pénalités, a la même nature que l'impôt lui-même et ne peut être assimilé aux dettes visées par l'article 1417 (■ Cass. 1re civ., 19 févr. 1991, n° 89-19.068 : *JurisData* n° 1991-000399 ; *JCP* 91, IV, 147 ; *Bull. civ.* I, n° 64, p. 40). Il appartient aux juges du fond de rechercher si le redressement fiscal concernant des impositions dues avant la dissolution de la communauté ne comporte pas des pénalités pour lesquelles la communauté ne peut être tenue à récompense (■ Cass. 1re civ., 20 janv. 2004 : *Dr. famille* 2004, 85, note Beignier ; *JurisData* n° 2004-021844 ; *JCP* 2004, IV, 1511 ; *RTD civ.* 2004, 765, obs. Vareille).

3) Liquidation d'une astreinte (fiscale). Encourt la cassation l'arrêt qui, pour décider que la dette envers le Trésor public était commune, retient que la dette fiscale provenait de la liquidation d'une astreinte prononcée contre l'époux seul assortissant sa condamnation à démolir des constructions irrégulières, que la condamnation était antérieure au divorce et que son fait générateur était la construction d'immeubles pendant la vie commune et au bénéfice de la communauté, alors que l'astreinte était l'accessoire d'une condamnation pénale pour des faits commis personnellement par l'époux (■ Cass. 1re civ., 12 nov. 2009, n° 08-19.443 : *Bull. civ.* I, n° 226).

4) Violation d'une clause de non-concurrence. L'article 1417 ne s'applique qu'aux dettes qui ne prennent pas leur source dans une convention et ne vise pas les dommages et intérêts auxquels est condamné le mari à la suite de la violation d'une clause de non-concurrence souscrite par lui dans le cadre d'une transaction (■ Rennes, 18 sept. 2000, n° 99/03218 : *JurisData* n° 2000-137585 ; *JCP* 2002, I, 103, n° 15, obs. Simler, pourvoi rejeté par ■ Cass. 1re civ., 16 mars 2004, n° 02-12.073 : *Dr. famille* 2004, 128, note Grimaux).

Art. 1418 ***(Mod., L. n° 85-1372, 23 déc. 1985).*** **– Lorsqu'une dette est entrée en communauté du chef d'un seul des époux, elle ne peut être poursuivie sur les biens propres de l'autre.**

S'il y a solidarité, la dette est réputée entrer en communauté du chef des deux époux.

> **Rédaction antérieure. Art. 1418.** – [...].
> (Dernière phrase) Mais quand un époux ne fait que donner son consentement à l'obligation de l'autre, c'est seulement du chef de celui-ci que la dette entre en communauté.

1) Femme mandataire de son mari. La femme, fondée de pouvoir de son mari commerçant, et participant à ce titre à l'exploitation du commerce, n'engage pas ses biens propres pour les dettes nées de l'exploitation du fonds (■ Cass. com., 27 mai 1972 : *JCP* 73, II, 17306, note J. P. ; *D.* 1973, 155, note Prévault).

2) Solidarité. Pour une application de l'article 1418, alinéa 2, V. ■ Cass. civ., 21 juill. 1987, n° 85-16.126 : *Bull. civ.* I, n° 249, p. 182).

Art. 1419 ***(Abr., L. n° 85-1372, 23 déc. 1985).***

> **Rédaction antérieure. Art. 1419.** – Toutefois, les créanciers peuvent poursuivre le paiement des dettes que la femme a contractées avec le consentement du mari tant sur les biens de la communauté que sur ceux du mari ou de la femme, sauf la récompense due à la communauté, ou l'indemnité due au mari.
> Si les dettes ont été contractées avec l'habilitation de justice, conformément à l'article 217, le paiement n'en peut être poursuivi que sur les propres de la femme et sur les biens de la communauté.

Art. 1420 ***(Abr., L. n° 85-1372, 23 déc. 1985).***

> **Rédaction antérieure. Art. 1420.** – La femme qui exerce une profession séparée oblige ses propres et ses biens réservés par ses engagements professionnels.
> Le paiement de ces engagements peut aussi être poursuivi sur l'ensemble de la communauté et sur les propres du mari, si celui-ci avait donné son accord exprès à l'acte passé par la femme, ou même, en l'absence d'un tel accord, s'il s'est ingéré dans l'exercice de la profession. Il en est de même si, par une déclaration mentionnée au registre du commerce, il a donné son accord exprès à l'exercice d'un commerce par la femme.

Section II. – De l'administration de la communauté et des biens propres

Art. 1421 ***(L. n° 85-1372, 23 déc. 1985).*** **– Chacun des époux a le pouvoir d'administrer seul les biens communs et d'en disposer, sauf à répondre des fautes qu'il aurait commises dans sa gestion. Les actes accomplis sans fraude par un conjoint sont opposables à l'autre.**

L'époux qui exerce une profession séparée a seul le pouvoir d'accomplir les actes d'administration et de disposition nécessaires à celle-ci.

Le tout sous réserve des articles 1422 à 1425.

> **Rédaction antérieure. Art. 1421.** – Le mari administre seul la communauté, sauf à répondre des fautes qu'il aurait commises dans sa gestion.
> Il peut disposer des biens communs, pourvu que ce soit sans fraude et sous les exceptions qui suivent.

Bibliographie : F. Chevallier-Dumas, *La fraude dans les régimes matrimoniaux : RTD civ.* 1979, 40. • A. Botton, *L'effet de la qualité particulière d'un époux commun en biens sur le principe de gestion concurrente de la communauté : Dr. famille* 2009, étude 16. • S. Valory, *Les biens professionnels dans le régime de communauté légale : RJPF* déc. 2009, p. 8.

1) Action en justice relative aux biens communs. Sur le pouvoir de chacun des époux d'exercer seul, en demande ou en défense, les actions en justice concernant les biens communs, V. ■ Cass. 1re civ., 19 mars 1991, n° 88-18.488 : *JurisData* n° 1991-000873 ; *JCP* 91, IV, 190 ; *Bull. civ.* I, n° 91, p. 60. ■ Cass. 2e civ., 22 févr. 2007, n° 06-12.295 : *Bull. civ.* II, n° 50 ; *JCP* 2007, I, 208, obs. Simler ; *AJF* mai 2007, p. 228, obs. P. Hilt ; *Procédures* 2007, comm. 142, obs. J. Junillon. V. déjà pour le mari, avant la loi du 23 déc. 1985, ■ Cass. 1re civ., 24 juin 1986, n° 85-10.793 : *JurisData* n° 1986-702568 ; *Bull. civ.* I, n° 180, p. 177 ; *JCP* 88, II, 20926, note Henry. Chacun des époux ayant le pouvoir de défendre seul aux actions concernant les biens communs, les décisions rendues à son encontre sont opposables à l'autre conjoint, rendant irrecevable la tierce opposition formée par ce dernier (■ Cass. 2e civ., 2 déc. 2010, n° 09-68.094 : *Bull. civ.* III, n° 200 ; *JCP* G 2011, doctr. 503, n° 10, obs. Simler ; *D.* 2011, 632, obs. Sommer, Leroy-Gissinger, Adida-Canac).

2) Tierce opposition du conjoint. Les décisions rendues à l'encontre du seul époux en liquidation judiciaire, représenté par son liquidateur, relativement à la vente d'un bien commun, étant opposables au conjoint maître de ses biens, la tierce opposition formée par ce dernier à leur encontre n'est pas recevable (■ Cass. com., 28 avr. 2009, n° 08-10.368 : *Bull. civ.* IV, n° 58 ; *D.* 2009, p. 2143, note J. Souhami ; *AJF* 2009, p. 265, obs. P. Hilt ; *JCP* 2009, n° 44, 391, obs. crit. Simler). Mais jugé auparavant que l'expulsion d'un bien commun devant être dirigée contre chacun des deux époux, c'est à tort qu'est déclarée irrecevable la tierce opposition de l'épouse au motif qu'elle était représentée par son conjoint (■ Cass. 2e civ., 21 sept. 2000, n° 97-21.905 : *JurisData* n° 2000-006012 ; *JCP* 2000, IV, 2640 ; *D.* 2001, somm. 2934, obs. Nicod).

3) Fraude. Un homme marié ayant remis à sa concubine une somme d'argent dont celle-ci s'était servie pour l'acquisition d'une maison d'habitation, il y a lieu de faire droit à l'action introduite par la femme, après divorce, tendant à faire déclarer nul l'achat de la maison par application de l'article 1421 (anc.) comme ayant été réalisé avec des fonds de communauté en fraude de ses droits (■ Cass. 1re civ., 24 oct. 1977 : *JurisData* n° 1977-700382 ; *D.* 1978, 290, note Poisson-Drocourt). Ne donne pas de base légale à sa décision la cour d'appel qui décide que la location-gérance d'un fonds de commerce commun consentie par le mari en fraude des droits de l'épouse est nulle et que la société constituée en vue de permettre la réalisation de cette fraude est également nulle pour cause illicite, sans constater que tous les associés avaient concouru à la fraude (■ Cass. com., 28 janv. 1992, n° 90-17.389 : *JurisData* n° 1992-000234 ; *JCP* 93, II, 21994, note Tisserand).

4) Séparation de biens avec société d'acquêts. *Une société d'acquêts adjointe à un régime* principal de séparation de biens étant soumise en principe aux règles de la communauté, il y a lieu d'appliquer les pouvoirs des époux institués par la loi du 13 juill. 1965, dans les articles 1421 et s. (anciens) du Code civil, à un régime conventionnel antérieur, en vertu des dispositions de l'article 11 de la loi du 13 juill. 1965 (■ Cass. 1re civ., 15 mai 1974 : *JurisData* n° 1974-000148 ; *JCP* 75, II, 17910, note Ponsard).

5) Retrait ou transfert de fonds déposés sur un compte ouvert au nom du conjoint. Les fonds déposés sur un compte d'épargne-logement ouvert par un mari au nom de son épouse constituant des biens communs, le mari avait seul pouvoir de les administrer, aux termes de l'article 1421, dans sa rédaction antérieure à la loi du 23 déc. 1985. La faute de la banque qui a remis ces fonds au mari n'a donc pas causé de préjudice à la femme (■ Cass. 1re civ., 11 juin 1991, n° 89-12.748 : *JurisData* n° 1991-002810 ; *JCP* 92, II, 21899, note crit. Paisant). Mais engage sa responsabilité la caisse d'épargne qui a, sur la demande d'une cliente, transféré sur le compte de celle-ci des parts de SICAV figurant au compte ouvert au nom de son mari. En effet, si l'article 1421 reconnaît à chacun des époux le pouvoir d'administrer seul les biens communs, l'article 221 leur réserve la faculté de se faire ouvrir un compte personnel sans le consentement de l'autre et le banquier ne doit, aux termes de l'article 1937, restituer les fonds déposés qu'à celui au nom duquel le dépôt a été fait ou à celui qui a été indiqué pour les recevoir (■ Cass. 1re civ., 3 juill. 2001 : *JCP* 2002, I, 103, n° 17, obs. Simler ; *Dr. famille* 2001, 120, note Beignier ; *JurisData* n° 2001-010458 ; *Bull. civ.* I, n° 198, p. 126 ; *D.* 2002, 1102, note Comangès ; *RTD civ.* 2001, 941, 2e esp., obs. Vareille ; *Defrénois* 2002, 397, obs. Champenois V. en ce sens ■ Lyon, 20 sept. 2001, n° 1999/02875 : *JurisData* n° 2001-154205 ; *JCP* N 2003, 1007, note Brémond, admettant par ailleurs le recours du banquier contre le conjoint bénéficiaire du virement sur la base de l'enrichissement sans cause). Pour un compte-courant d'associé, V. ■ Cass. 1re civ., 9 févr. 2011, n° 09-68.659 : *Bull. civ.* I, n° 27 : *JCP* N 2011, 1191, note J.-P. Garçon ; *D.* 2011, p. 2626, obs. J. Revel ; *Dr. sociétés* 2011, comm. 64, obs. M.-L. Coquelet ; *JCP* G 2011, 1371, n° 7, obs. Ph. Simler : un époux commun en biens n'est pas habilité à demander le remboursement du compte courant d'associé de son conjoint.

6) Perception du remboursement d'un prêt. Viole les articles 1402, al. 1er, et 1421, al. 1er, l'arrêt qui retient qu'à supposer que les fonds prêtés par le mari à un tiers soient des biens communs, il n'en reste pas moins que le premier est seul créancier du second, la communauté ayant dans cette hypothèse un droit à récompense ; et, d'autre part, qu'à défaut d'accord du mari pour la réception du paiement par son ex-épouse, le tiers n'est pas libéré de son obligation de remboursement ; alors que l'épouse avait le pouvoir de recevoir le remboursement du prêt d'une somme présumée dépendre de la communauté (■ Cass. 1re civ., 31 janv. 2006 : *JurisData* n° 2006-031900 ; *Bull. civ.* I n° 38, p. 38 ; *Defrénois* 2006, art. 38469-58, p. 1612, obs. Champenois ; *JCP* G 2006, I, 141 ; *Dr. famille* 2006, comm. 61, obs. Beignier).

7) Acceptation d'une donation par le mari seul. L'acceptation d'une donation, à défaut de laquelle celle-ci ne produit aucun effet, doit être faite par le donataire lui-même, sauf mandat donné par celui-ci dans les formes prévues à l'article 933. La donation acceptée par le mari seul ne peut donc avoir effet à l'égard de la femme (■ Cass. 1re civ., 17 mai 1993, n° 91-17.907 : *JurisData* n° 1993-001162 ; *JCP* 94, II, 22269, note Pillebout ; *RTD civ.* 1994, 925, obs. Vareille).

8) Cession de parts sociales. Incidence de l'article 1424. Si l'article 1421, al. 2, autorise l'époux exerçant une profession séparée à accomplir seul les actes de disposition nécessaires à celle-ci, l'article 1424 apporte une exception formelle à ce principe en disposant que les époux ne peuvent, l'un sans l'autre, aliéner des droits sociaux non négociables. Dès lors que des parts sociales constituent des biens communs, la cession consentie par le mari seul est nulle sans qu'il y ait à rechercher si elle était nécessaire à la poursuite de son activité professionnelle (■ Cass. 1re civ., 28 févr. 1995, n° 92-16.794 : *JurisData* n° 1995-000494 ; *JCP* 95, IV, 1050 ; *Bull. civ.* I, n° 104, p. 75 ; *D.* 1995, somm. 326, obs. Grimaldi ; *RTD civ.* 1996, 462, obs. Vareille).

9) Cession d'actions. Indivision post-communautaire. Durant l'indivision post-communautaire, l'aliénation d'actions indivises par un époux seul est inopposable à l'autre, de sorte que doit être portée à l'actif de la masse à partager la valeur des actions au jour du partage (■ Cass. 1re civ., 7 oct. 2015, n° 14-22.224 : *Dr. sociétés* 2015, 12, note Mortier ; *RLDC* 2015, n° 132, 49, obs. Zalewski-Sicard ; *RJPF* déc. 2015, 26, Egéa ; *Dr. famille* 2015, comm. 222, Torricelli-Chrifi ; *JCP* 2015, doctr. 1342, n° 8, obs. Simler).

10) Obligation d'information du conjoint. Réintégration des deniers dans l'actif communautaire. Chaque époux doit, lors de la liquidation, s'il en est requis, informer son conjoint de l'affectation des sommes importantes prélevées sur la communauté qu'il soutient avoir employées dans l'intérêt commun (■ Cass. 1re civ., 16 mars 1999, n° 97-11.030 : *JurisData* n° 1999-001111 ; *JCP* 99, IV, 1871 ; *Dr. famille* 1999, 82, note Beignier ; *Bull. civ.* I, n° 89, p. 59 ; *Defrénois* 1999, 811, obs. Champenois ; *RTD civ.* 2001, 189, obs. Vareille. ■ Cass. 1re civ., 23 avr. 2003, n° 01-02.485 : *D.* 2003, 2597, note Brémond ; *JCP* N 2004, 1415, obs. Casey). Si un époux a le pouvoir d'administrer seul les biens communs et de disposer seul des deniers *communs dont* l'emploi est présumé avoir été fait dans l'intérêt de la communauté, il doit cependant, lors de la liquidation, s'il en est requis, informer son conjoint de l'affectation des sommes importantes prélevées sur la communauté qu'il soutient avoir employées dans l'intérêt commun. Ayant souverainement relevé que l'épouse avait retiré la somme de 256 000 francs d'un compte commun pour la déposer sur un compte personnel, la cour d'appel, retenant implicitement le caractère important de cette somme, a exactement décidé, sans inverser la charge de la preuve, que, faute par l'épouse de justifier de leur affectation notamment aux soins de l'enfant commun, gravement malade, les deniers prélevés devaient être réintégrés dans l'actif communautaire (■ Cass. 1re civ., 14 févr. 2006 : *JurisData* n° 2006-032174 ; *Bull. civ.* I, n° 66, p. 65 ; *JCP* G 2006, I, 141. Dans le même sens, ■ Cass. 1re civ., 24 sept. 2014, n° 13-17.593 : *JCP* 2015, doctr. 709, n° 10, obs. Simler). ■ Cass. 1re civ., 13 juill. 2016, n° 15-14178 : *JCP* G 2016, doctr. 1330, n° 8, obs. Simler.

11) Location-gérance d'un fonds de commerce. Il résulte des articles 1421 et 1424 que chaque époux peut valablement donner en location-gérance un fonds de commerce dépendant de la communauté (■ Cass. 1re civ., 16 mai 2000, n° 98-12.894 : *JurisData* n° 2000-002088 ; *Dr. famille* 2000, 114, note Beignier).

12) Assurance-vie. Renonciation au contrat souscrit par les deux époux. La renonciation à un contrat d'assurance sur la vie constituant un acte d'administration, un époux commun en biens peut valablement renoncer seul au contrat d'assurance-vie souscrit par les deux époux, un tel acte relevant de la gestion concurrente de l'article 1421 du Code civil (■ Cass. 1re civ., 11 mai 2016, n° 15-10.447 : *JCP* G 2016, doctr. 698, n° 7, obs. Ph. Simler ; *Dr. famille* 2016, comm. 148, B. Beigner ; *Defrénois* 2017, 369, obs. Champenois ; *Dr. et patrimoine* févr. 2017, 74, obs. Blanchard ; *JCP* N 2017, 1100, note Kilgus).

13) Convocation à une assemblée générale de copropriété. La convocation à une assemblée générale concernant des époux propriétaires d'un lot de copropriété dépendant de leur communauté de biens doit être libellée au nom des deux (■ Cass. 3e civ., 23 mai 2007, n° 06-14.974 : *Defrénois* 2008, art. 38719-3, p. 313, note Champenois ; *JCP* G 2007, act. 260, obs. Hilt et I, 208, obs. Simler ; *RTD civ.* 2008, p. 535, obs. Vareille).

14) Perception des dividendes. Exclusion de l'article 1421. Il résulte de l'article 1832-2 du Code civil que l'associé a seul qualité pour percevoir les dividendes ; la cour d'appel aurait donc dû rechercher si l'épouse associée avait donné son accord pour que ces dividendes soient versés entre les mains de son conjoint (■ Cass. 1re civ., 5 nov. 2014, n° 13-25.820 : RDC 2015/2, 257, obs. Libchaber ; Rev. *sociétés* 2015, 190, note Naudin ; *JCP* G 2015, doctr. 138, n° 3, obs. Deboissy et Wicker et doctr. 709, n° 11, obs. Simler ; *Dr. sociétés* 2015/1, 14, obs. Mortier ; *Bull. Joly* 2015, 119, obs. Rabreau ; *Gaz. Pal.* 25 janv. 2015, 17, obs. Dondero ; *D.* 2015, 2094, obs. Brémond).

15) Responsabilité pour faute de gestion. Sanction. La responsabilité d'un époux en raison de ses fautes de gestion ayant causé un dommage au patrimoine commun est engagée, sur le fondement de l'article 1421 du Code civil, envers la communauté et non envers son conjoint, de sorte que les dommages-intérêts alloués en réparation du préjudice constituent une créance commune et non une créance personnelle de ce conjoint (■ Cass. 1re civ., 1er févr. 2012, n° 11-17.050 : *Bull. civ.* I, n° 21 ; *Gaz. Pal.* 16 mars 2012, p. 38, obs. J. Casey ; *JCP* G 2012, doctr. 999, n° 11, obs. Simler).

16) Faute de gestion, prêts à la consommation. Commet une faute de gestion l'épouse qui a souscrit vingt-cinq prêts à la consommation en imitant la signature de son conjoint et en prenant des dispositions pour le laisser dans l'ignorance de cet endettement croissant ; de tels prêts doivent, en conséquence, figurer dans le passif définitif personnel de l'épouse (■ Cass. 1re civ., 14 mars 2012, n° 11-15.369 : *Bull. civ.* I, n° 59 ; *JCP* G 2012, doctr. 999, n° 10, obs. Simler).

Art. 1422 ***(L. n° 85-1372, 23 déc. 1985 ; mod., Ord. n° 2006-346, 23 mars 2006).*** **– Les époux ne peuvent, l'un sans l'autre, disposer entre vifs, à titre gratuit, des biens de la communauté.**

Ils ne peuvent non plus, l'un sans l'autre, affecter l'un de ces biens à la garantie de la dette d'un tiers.

Rédaction antérieure. Art. 1422. – Le mari ne peut, même pour l'établissement des enfants communs, disposer entre vifs, à titre gratuit, des biens de la communauté sans le consentement de la femme.

Bibliographie : J. Revel, *La garantie de la dette d'autrui et le droit du régime matrimonial : D.* 2006, p. 1309. • A. Karm, *Sûretés : crédit du ménage et autonomie des époux : JCP* 2008, n° hors-série, *Quatre-vingts ans de la Semaine juridique*, p. 44.

1) Cautionnement. Le cautionnement emportant obligation de la caution mais non dessaisissement immédiat et définitif d'un élément patrimonial ne constitue pas un acte de disposition à titre gratuit tombant sous le coup de la prohibition édictée par l'article 1422 du Code civil (■ Cass. 1re civ., 21 nov. 1973 : *JurisData* n° 1973-700318 ; *D.* 1975, 549, note Steinmetz. – V. en ce sens ■ Cass. 1re civ., 27 janv. 1982, n° 80-17.124 : *JurisData* n° 1982-700331 ; *JCP* 82, IV, 131 ; *Bull. civ.* I, n° 46, p. 40. ■ Cass. 3e civ., 16 nov. 1988, n° 87-14.988 : *JurisData* n° 1988-002982 ; *JCP* 89, IV, 20). Sur le conflit de règles entre l'art. 1422 et l'art. 1415, v. F.-X. Testu, *Le cautionnement-libéralité : JCP* 89, I, 3377, n° 36.

2) Donation de gains et salaires. Jugé, sous l'empire du droit antérieur à l'entrée en vigueur de la loi du 23 déc. 1985, que les restrictions apportées aux pouvoirs du mari sur les biens communs et résultant notamment des articles 1422 et 1427 du Code civil ne trouvent leur application qu'en ce qui touche les biens de communauté autres que les gains et salaires restant à la libre disposition des époux selon l'article 224 al. 1er (art. 223) (■ *Paris, 19 nov. 1974 : JurisData* n° 1974-615101 ; *JCP* 76, II, 18412, note Synvet ; *D.* 1975, 614, concl. Cabannes. – Voir cependant, semblant écarter l'article 224 (art. 223), pour les gains et salaires économisés, ■ Cass. 1re civ., 29 févr. 1984 : *JurisData* n° 1984-700381 ; *D.* 1984, 601, note Martin). Sur ce que la seule présence passive de l'épouse à l'acte notarié et l'absence d'opposition de sa part lors d'une donation de revenus non économisés au profit d'enfants communs vaut consentement à la donation et, partant, dispense de récompense au profit de la communauté, V. ■ Cass. 1re civ., 1er févr. 2017, n° 16-11.599 : *AJF* 2017, 305, obs. Hilt ; *RTD civ.* 2017, 371, obs. Hauser et 711, 712, 713, 714, 715, obs. Vareille ; A. Karm, « *Donation et régime de communauté : la question des récompenses* » : *JCP* N 2017, 1324.

3) Assurance sur la vie mixte. L'article 1422 n'est pas applicable à la désignation d'un nouveau bénéficiaire par le souscripteur d'un contrat d'assurance prévoyant le versement d'un capital à lui-même à une date donnée ou à sa femme s'il venait à décéder avant cette date (■ Cass. ass. plén., 12 déc. 1986 : *JCP* 87, II, 20760, concl. Cabannes et note Boyer ; *D.* 1987, 269, note Ghestin, solution implicite).

4) Mandat spécial. Il résulte des articles 894 et 1422 que le mandat doit être spécial lorsqu'il est conféré pour faire une donation ou pour consentir à ce qu'une donation porte sur des biens communs (■ Cass. 1re civ., 29 juin 1983, n° 82-13.058 : *JurisData* n° 1983-701506 ; *JCP* 83, IV, 287 ; *Bull. civ.* I, n° 192, p. 169).

5) Bail sans loyer. Un bail consenti sans stipulation de loyer et qui est un acte de disposition à titre gratuit ne peut être conclu par un époux seul (■ Cass. 1re civ., 5 juill. 1988, n° 87-11.116 : *JurisData* n° 1988-702313 ; *JCP* 89, II, 21337, note Simler).

6) Fraude. La donation de biens communs par deux époux en fraude des droits d'un créancier de l'un d'eux est inopposable à ce dernier en son entier (■ Cass. 1re civ., 6 févr. 2008, n° 06-20.993 : *JCP* 2008, I, 144, obs. Simler ; *AJF* avr. 2008, p. 170, obs. Hilt).

7) Application dans le temps du nouvel article 1422, alinéa 2. L'article 1422, alinéa 2, issu de l'ordonnance n° 2006-346 du 23 mars 2006, n'a pas un caractère interprétatif et n'est pas immédiatement applicable aux contrats en cours (■ Cass.

1re civ., 20 févr. 2007, n° 06-10.217 : *JurisData* n° 2007-037460 ; *JCP* G, 2007, I, 142). Sur la sûreté réelle constituée pour autrui, v. aussi sous l'article 1415, p. 1280.

Art. 1423 ***(L. n° 85-1372, 23 déc. 1985).*** **– Le legs fait par un époux ne peut excéder sa part dans la communauté.**

Si un époux a légué un effet de la communauté, le légataire ne peut le réclamer en nature qu'autant que l'effet, par l'événement du partage, tombe dans le lot des héritiers du testateur ; si l'effet ne tombe point dans le lot de ces héritiers, le légataire a la récompense de la valeur totale de l'effet légué, sur la part, dans la communauté, des héritiers de l'époux testateur et sur les biens personnels de ce dernier.

Rédaction antérieure. Art. 1423. – Le legs fait par le mari ne peut excéder sa part dans la communauté.

S'il a légué un effet de la communauté, le légataire ne peut le réclamer en nature, qu'autant que l'effet, par l'événement du partage, tombe au lot des héritiers du mari ; si l'effet ne tombe point au lot de ces héritiers, le légataire a la récompense de la valeur totale de l'effet légué, sur la part des héritiers du mari dans la communauté et sur les biens personnels de ce dernier.

1) Testament-partage. L'article 1423 ne s'applique qu'aux légataires et non aux héritiers, dont les parts, devant être déterminées au moment même du décès de l'ascendant, ne sauraient être subordonnées au résultat futur et incertain du partage de la communauté (■ Cass. 1re civ., 16 mai 2000 : *Bull. civ.* I, n° 149, p. 98 ; *JCP* 2001, I, 309, n° 8, obs. Simler, 366, n° 7, obs. Le Guidec ; *JCP* N 2002, 1010, note Sauvage ; *RTD civ.* 2000, 883, obs. Patarin ; *JurisData* n° 2000-002006, *testament-partage*. V. en ce sens ■ Cass. 1re civ., 6 mars 2001 : *JCP* G 2001, I, 366, n° 7, obs. Le Guidec ; *JCP* N 2001, 1232, note Maury ; *JurisData* n° 2001-008569 ; *Dr. famille* 2001, 62, note Beignier ; *Bull. civ.* I, n° 53, p. 34. -■ Cass. 1re civ., 5 déc. 2018, n° 17-17.493).

2) Legs de biens communs et legs de la chose d'autrui. Jugé, sous l'empire du droit antérieur à l'entrée en vigueur de la loi du 23 déc. 1985, que les legs de biens communs faits par l'épouse ne peuvent être tenus pour des legs de la chose d'autrui, au sens de l'article 1021 du Code civil, du fait que la testatrice avait un droit de copropriété par indivis sur les biens légués (■ Cass. 1re civ., 28 mai 1968 : *JCP* 69, II, 15714, note Dagot ; *D.* 1969, 95).

3) Effet déclaratif du partage. Le legs par le mari d'un bien commun peut s'exécuter en nature si, par l'événement du partage, le bien légué tombe au lot de la succession du mari. Un arrêt ne peut donc ordonner, dans une opération de partage unique, la licitation de tous les biens indivis provenant de la communauté et des successions des deux époux, alors que le partage préalable de la communauté était nécessaire pour réserver l'éventualité de l'exécution en nature du legs (■ Cass. 1re civ., 2 juin 1987, n° 85-16.269 : *JurisData* n° 1987-001453 ; *Bull. civ.* I, n° 181, p. 135).

4) Absence de partage. Chaque fois qu'il n'y a pas lieu à partage, le conjoint survivant commun en biens, institué légataire universel, étant unique successeur, l'article 1423 ne permet pas de déterminer selon quelles modalités le legs doit être exécuté. Il doit alors être fait appel aux principes généraux gouvernant les libéralités ; le juge doit rechercher la volonté du testateur ; l'exécution en nature du legs ne peut avoir pour effet de priver le conjoint survivant de ses droits en valeur sur sa part de communauté (■ TGI Paris, 7 mai 1997, n° 96/15607 : *JurisData* n° 1997-045011 ; *JCP* G 98, II, 10208 ; *JCP* N 98, 1084, note Sauvage ; *Dr. famille* 1997, 179, note Beignier).

5) Legs d'un bien indivis. L'article 1423, alinéa 2, n'est pas applicable au legs d'un bien dépendant d'une indivision, fût-elle post-communautaire (■ Cass. 1re civ., 16 mai 2000 : *JCP* 2001, I, 10519, note Sauvage ; *JCP* 2001, I, 366, n° 6, obs. Le Guidec ; *JurisData* n° 2000-002003 ; *Bull. civ.* I, n° 148, p. 97 ; *RTD civ.* 2000, 879, obs. Patarin ; *RTD civ.* 2001, 647, obs. Vareille).

Art. 1424 ***(L. n° 85-1372, 23 déc. 1985 ; mod., L. n° 2008-776, 4 août 2008).*** **– Les époux ne peuvent, l'un sans l'autre, aliéner ou grever de droits réels les immeubles, fonds de commerce et exploitations dépendant de la communauté, non plus que les droits sociaux non négociables et les meubles corporels dont l'aliénation est soumise à publicité. Ils ne peuvent, sans leur conjoint, percevoir les capitaux provenant de telles opérations.**

De même, ils ne peuvent, l'un sans l'autre, transférer un bien de la communauté dans un patrimoine fiduciaire.

Rédaction antérieure. Art. 1424. – *Le mari ne peut, sans le consentement de la femme, aliéner ou grever de droits réels les immeubles, fonds de commerce et exploitations dépendant de la communauté, non plus que les droits sociaux non négociables et les meubles corporels dont l'aliénation est soumise à publicité. Il ne peut sans ce consentement percevoir les capitaux provenant de telles opérations.*

Il ne peut non plus, sans l'accord de la femme, donner à bail un fonds rural ou un immeuble à usage commercial, industriel ou artisanal. Les baux passés par le mari sur les biens communs sont, pour le surplus, soumis aux règles prévues pour les baux passés par l'usufruitier.

Voir : C. com., art. L. 121-5, p. 1996.

Bibliographie : G. Mahinga, *Le sort des droits sociaux non négociables en régime de communauté* : *JCP* N 2007, 1158.

1) Droits sociaux non négociables. Viole l'article 1424 du Code civil la cour d'appel qui décide que l'épouse pouvait céder seule des droits sociaux non négociables puisqu'était entrée en communauté la valeur des parts, et non les parts elles-mêmes, alors que l'épouse ne pouvait céder sans l'accord de son mari les parts d'une société civile immobilière, qui ne sont pas des droits sociaux négociables (■ Cass. 1re civ., 9 nov. 2011, n° 10-12.123 : *Bull. civ.* I, n° 201 ; *JCP* G 2012, note 131, G. Paisant ; *Rev. sociétés* 2012/4, 223, obs. E. Naudin ; *Gaz. Pal.* 16 mars 2012, p. 36, obs. J. Casey ; *JCP* N 2012, n° 7, p. 33, note D. Boulanger ; *D.* 2012, 483, note V. Barabé-Bouchard ; *AJF* 2012, 55, obs. Hilt ; *JCP* G 2012, doctr. 999, n° 9, obs. Simler). Comparer, au cours de l'indivision post-communautaire, ■ Cass. 1re civ., 12 juin 2014, n° 13-16.309 : *Bull. civ.* I, n° 108 ; *RDC* 2014/4, 715, note Goldie-Genicon ; *Defrénois* 2014, 1093, note Barabé-Bouchard ; *Defrénois* 2015, 677, note Champenois ; *JCP* G 2014, doctr. 1265, n° 10, obs. Simler ; *D.* 2014, 1908, obs. Brémond ; *Rev. sociétés* 2014, 734, note Naudin ; *Dr. sociétés* 2014/12, 15, obs. Mortier ; *JCP* N 2015, 1072, note Garçon ; *LPA* 16 juill. 2014, 6, note Zalewski-Sicard : à la dissolution de la communauté matrimoniale, la qualité d'associé attachée à des parts sociales non négociables dépendant de celle-ci ne tombe pas dans l'indivision post-communautaire qui n'en recueille que leur valeur, de sorte que le conjoint associé peut transmettre son titre sans recueillir l'accord de ses coïndivisaires. – Dans le même sens, ■ Cass. 1re civ., 22 oct. 2014, n° 12-29.265, – Comp. pour des actions : ■ Cass. 1re civ., 7 oct. 2015, n° 14-22.224, sous article 1421 du Code civil, note 8-1 (durant l'indivision postcommunautaire, l'aliénation d'actions indivises par un époux seul est inopposable à l'autre).

2) Titres négociables (non). Les actions d'une société anonyme constituent, en principe, des titres négociables que chaque époux a le pouvoir d'aliéner seul, sauf à répondre, le cas échéant, *d'une fraude dans l'exercice de ce pouvoir* (■ Cass. 1re civ., 27 mai 2010, n° 09-11.894 : *Defrénois* 2011, 378, obs. G. Champenois ; *JCP* G 2010, doctr., 1220, obs. Ph. Simler).

3) Défense à une action tendant à l'expropriation. Si le mari ne peut, aux termes de l'article 1424 (anc.), aliéner volontairement les immeubles dépendant de la communauté sans le consentement de sa femme, il n'en conserve pas moins, en tant qu'administrateur de la communauté, le droit de défendre seul à toutes les actions tendant à l'expropriation des biens communs (■ Cass. 1re civ., 27 mars 1974, n° 71-14.012 : *JurisData* n° 1974-000100 ; *JCP* 74, IV, 177 ; *Bull. civ.* I, n° 100, p. 85. – V. aussi pour une défense à une action en revendication par un tiers ■ Cass. 1re civ., 23 juill. 1979 : *JurisData* n° 1979-000223 ; *Bull. civ.* I, n° 223, p. 177).

4) Convention délimitant des zones d'activité commerciale. Une convention qui a pour objet de délimiter les zones d'activité commerciale des contractants n'aboutit ni à aliéner les fonds de commerce par eux exploités ni à les grever de droits réels et entre seulement dans la catégorie des actes d'exploitation qu'il est loisible à un mari administrateur de la communauté (dans le régime antérieur à la loi du 23 déc. 1985) d'accomplir seul (■ Amiens, 12 mai 1975 : *JurisData* n° 1975-600136 ; *Gaz. Pal.* 1975, 2, 574, note Raymond).

5) Clause d'attribution de l'entreprise à l'associé survivant. Pour apprécier la validité d'une convention contenant une clause attribuant, en cas de décès de l'un des associés, la propriété de l'entreprise au survivant, il y a lieu de rechercher si cette attribution ne constitue pas une aliénation d'un bien de communauté par l'un des contractants, exigeant le consentement de l'épouse (de l'autre époux) selon l'article 1424 du Code civil (■ Cass. 1re civ., 2 déc. 1975 : *JurisData* n° 1975-700354 ; *JCP* 76, II, 18390, note Chartier).

6) Clause d'accroissement. L'article 1424 n'est pas applicable à la clause d'accroissement par laquelle le mari et sa maîtresse ont convenu que chacun d'eux aurait la propriété de l'immeuble acquis conjointement et indivisément par eux sous condition du prédécès de son cocontractant (■ Cass. 1re civ., 11 janv. 1983, n° 80-15.945 : *JurisData* n° 1983-700022 ; *D.* 1983, 501, note Larroumet ; *JCP* 84, II, 20127, note Boulanger). V. M. Henry, *Une pratique critiquable : la clause d'accroissement en fraude du régime matrimonial* : *JCP* 87, I, 3281.

7) Compromis de vente signé par un époux seul. La vente d'un immeuble commun par le mari seul qui n'a pas reçu mandat de sa femme pour agir en son nom est nulle (■ Cass. 3e civ., 13 mars 1974, n° 73-10.959 : *JurisData* n° 1974-098118 ; *JCP* 75, II, 17936, note Dagot. V. en ce sens pour le compromis de vente d'un fonds de commerce ■ Cass. 1re civ., 15 juill. 1993, n° 91-18.368 : *JurisData* n° 1993-001676 ; *JCP* 94, I, 3733, n° 16, obs. Simler ; *RTD civ.* 1994, 929, obs. Patarin).

8) Limite : mandat apparent. Les juges du fond qui ont relevé que le mari, en présence de son fils, s'était prétendu le mandataire de son épouse et s'était porté fort de la signature de celle-ci à l'acte authentique portant sur la vente d'un immeuble commun, par le mari, ont pu, sans se contredire, en déduire qu'il avait eu l'apparence d'un mandataire valable et qu'il avait engagé son épouse (▪ Cass. 1re civ., 14 déc. 1976 : *JurisData* n° 1976-000403 ; *JCP* 1978, II, 18864, note Moneger). Mais la SAFER qui reçoit d'un notaire notification d'un projet de vente de parcelles de terre appartenant à deux époux laissant apparaître l'absence de consentement de l'un d'eux ne peut tirer de la démarche du notaire la croyance légitime que ce dernier disposait des pouvoirs nécessaires pour engager cet époux (▪ Cass. 3e civ., 13 mai 2009, n° 08-16.270 : *JCP* 2009, note 212, J.-J. Barbiéri et 487, obs. Simler). V. aussi ▪ Cass. 1re civ., 31 mars 2010, n° 08-19.649 : *Bull. civ.* 2010, I, n° 81 ; *RDC* 2010/3, 952, obs. C. Goldie-Genicon ; *JCP* 2010, n° 17, 487, obs. Simler ; *Dr. famille* 2010, comm. 83, obs. B. Beignier : le « protocole d'accord » stipulant l'aliénation des terrains ayant été signé par le mari, seul, et sachant qu'ils constituaient des biens communs, la société, professionnelle de l'immobilier, aurait dû s'assurer de l'accord de l'épouse ; la preuve d'un mandat apparent de l'épouse à son mari ne pouvant résulter de l'attitude passive de celle-ci lors des négociations ayant précédé et suivi la signature de l'acte.

9) Contrat d'entremise portant sur un immeuble commun. ▪ Cass. 1re civ., 20 nov. 2013, n° 12-26.128 : à paraître au *Bull. civ.* ; *RDC* 2014/3, 442, obs. C. Goldie-Genicon ; *Defrénois* 2014, 1195, obs. Champenois ; *JCP* G 2014, doctr. 668, n° 11, obs. Simler ; *Dr. famille* 2014, comm. 39, Torricelli-Chrifi ; *RLDC* 2014, n° 111, p. 59, note L.-F. Pignarre ; *Defrénois* 2014, p. 178, obs. J.-B. Seube ; *LPA* 6 févr. 2014, p. 9, note D. Gantschnig : la cour d'appel, ayant constaté que l'époux avait donné mandat à l'agent immobilier de rechercher des acquéreurs et non celui d'aliéner le bien ou de le représenter pour conclure la vente, en a exactement déduit que ce contrat d'entremise pouvait valablement être signé par un seul des époux.

10) Vente à forfait par le syndic de la liquidation du mari. L'article 1424 ne peut s'appliquer aux aliénations de biens communs consenties par le syndic de la liquidation des biens du mari (▪ Cass. 1re civ., 21 nov. 1978 : *D.* 1979, 365, note Jeantin).

11) Pacte de réméré. Le pacte de réméré affectant un immeuble commun constitue un acte de disposition nécessitant le consentement de la femme (▪ Paris, 19 mars 1981 : *JCP* 82, IV, 97).

12) Vente d'un « pas de porte ». La vente d'un simple « pas de porte », indépendamment d'autres éléments d'un fonds de commerce dont l'existence au moment de la cession n'est même pas alléguée, constitue un acte de disposition pouvant être passé par le mari sans le consentement de son épouse (▪ Cass. 1re civ., 4 mars 1986, n° 83-11.270 : *JurisData* n° 1986-700123 ; *JCP* 87, II, 20717, note Henry).

13) Cautionnement. Le cautionnement ne figure pas au nombre des actes de disposition visés par l'article 1424 (▪ Paris, 9 déc. 1986 : *D.* 1987, somm. 125).

14) Installation d'un ascenseur dans une copropriété. L'installation d'un ascenseur ne peut être assimilée pour les copropriétaires à un acte d'aliénation ou constitutif de droits réels rendant nécessaire l'accord de l'époux absent (▪ Paris, 7 mars 1996, n° 93/14640 : *JurisData* n° 1996-020627 ; *JCP* 97, II, 22755, note Djigo ; I, 4008, n° 14, obs. Simler).

15) Arbitrage. Viole les articles 1424 et 2059 la cour d'appel qui valide le compromis d'arbitrage tendant au partage de biens communs et signé par le mari seul en retenant que chaque époux peut exercer les actions en justice relatives aux biens communs et qu'un compromis d'arbitrage est un acte d'administration dans la mesure où il a pour but de faire déterminer par un tiers les droits des époux (▪ Cass. 1re civ., 8 févr. 2000, n° 97-19.920 : *JurisData* n° 2000-000512 ; *JCP* 2000, I, 245, n° 18, obs. Simler ; *Dr. famille* 2000, 40, note Beignier ; *Bull. civ.* I, n° 37, p. 24 ; *Defrénois* 2000, 1179, obs. Champenois).

16) Perception du prix. Lorsqu'un époux commun en biens a perçu sans l'autre les capitaux provenant de l'aliénation de droits sociaux non négociables dépendant de la communauté et que l'autre époux demande un second paiement, il appartient à celui qui a payé, afin de s'y soustraire, de démontrer que la communauté a profité du paiement irrégulier (▪ Cass. 1re civ., 30 oct. 2006 : *JurisData* n° 2006-035633 ; *Bull. civ.* I, n° 445 ; *D.* 2007, p. 2126, obs. Brémond ; *AJF* 2006, p. 466, obs. P. Hilt ; *JCP* G 2006, I, 142 ; *RTD com.* 2007, 182, obs. M.-H. Monsérié-Bon ; *RJPF* 2007, 16, obs. F. Vauvillé).

17) La demande de conversion en vente volontaire d'une adjudication sur saisie d'un bien immobilier commun à des époux est un acte d'administration qui peut être formé par un seul d'entre eux (▪ Cass. 2e civ., 11 janv. 2007, n° 04-18.792 : *JurisData* n° 2007-036871 ; *JCP* G 2007, I, 142 ; *D.* 2007, p. 2126, obs. Revel ; *AJF* 2007, p. 147, obs. P. Hilt).

Art. 1425 *(L. n° 85-1372, 23 déc. 1985).* – **Les époux ne peuvent, l'un sans l'autre, donner à bail un fonds rural ou un immeuble à usage commercial, industriel ou artisanal dépendant de la communauté. Les autres baux sur les biens communs peuvent être passés par un seul conjoint et sont soumis aux règles prévues pour les baux passés par l'usufruitier.**

Rédaction antérieure. Art. 1425. – La femme a, pour administrer les biens réservés, les mêmes pouvoirs que le mari pour administrer les autres biens communs.

Voir : C. rur., art. L. 411-68, p. 2617.

1) Application. Pour le rappel de la règle selon laquelle les baux autres que ceux portant sur un fonds rural ou un immeuble commercial peuvent être passés par un seul conjoint et sont opposables à l'autre conjoint, dans la limite de la période de neuf ans en cours, V. ▪ Cass. 3e civ., 13 mars 2002, n° 00-13.741 : *JurisData* n° 2002-013586 ; *JCP* 2002, I, 167, n° 8, obs. Simler.

2) Congé. Un époux ne peut seul donner congé d'un bail commercial mais le preneur évincé ne peut opposer l'exception de nullité (▪ Cass. 3e civ., 14 nov. 2007, n° 06-13.818 : *JCP* 2008, I, 144, obs. Simler ; *D.* 2008, p. 2245, obs. Brémond, Nicod, Revel).

Art. 1426 *(Mod., L. n° 85-1372, 23 déc. 1985).* – **Si l'un des époux se trouve, d'une manière durable, hors d'état de manifester sa volonté, ou si sa gestion de la communauté atteste l'inaptitude ou la fraude, l'autre conjoint peut demander en justice à lui être substitué dans l'exercice de ses pouvoirs. Les dispositions des articles 1445 à 1447 sont applicables à cette demande.**

Le conjoint ainsi habilité par justice a les mêmes pouvoirs qu'aurait eus l'époux qu'il remplace ; il passe avec l'autorisation de justice les actes pour lesquels son consentement aurait été requis s'il n'y avait pas eu substitution.

L'époux privé de ses pouvoirs pourra, par la suite, en demander au tribunal la restitution, en établissant que leur transfert à l'autre conjoint n'est plus justifié.

1) Nécessité d'une faute du conjoint. En ouvrant à un époux la possibilité de demander en justice le transfert des pouvoirs de son conjoint sur les biens communs lorsque la gestion de celui-ci atteste l'inaptitude ou la fraude, le législateur a entendu sanctionner la faute de gestion, même si elle n'a pas été commise dans l'intention de dépouiller le conjoint de ses droits dans la communauté (▪ Cass. 1re civ., 3 janv. 1984, n° 82-16.178 : *JurisData* n° 1984-700043 ; *JCP* 84, IV, 75 ; *Bull. civ.* I, n° 2, p. 2).

2) Pour des exemples de fraude commise par un époux, V. ▪ Cass. 1re civ., 31 janv. 1984 et ▪ Paris, 23 juin 1983 : *D.* 1984, inf. rap. 273, obs. Martin. Jugé que le retrait par le mari sur un compte commun d'une somme pour la transférer sur un compte à son nom ne suffit pas à caractériser la fraude (▪ Paris, 19 oct. 1988 : *JurisData* n° 1988-026546 ; *JCP* 89, II, 21362, note Paisant).

3) Demande fondée sur l'inaptitude. Pour une demande de substitution fondée sur l'inaptitude, V. ▪ Paris, 17 avr. 1996, n° 95-19209 : *JurisData* n° 1996-021708 ; *Dr. famille* 1996, 13, note Beignier ; *JCP* 97, I, 4008, n° 10, obs. Simler.

4) Sur la **publicité au registre du commerce** et des sociétés dans le cas où les époux, ou l'un d'eux, sont commerçants, V. D. n° 84-406, 30 mai 1984, art. 8, A, 4°, 27-3° et 71-6°.

Art. 1427 *(Mod., L. n° 85-1372, 23 déc. 1985).* – **Si l'un des époux a outrepassé ses pouvoirs sur les biens communs, l'autre, à moins qu'il n'ait ratifié l'acte, peut en demander l'annulation.**

L'action en nullité est ouverte au conjoint pendant deux années à partir du jour où il a eu connaissance de l'acte, sans pouvoir jamais être intentée plus de deux ans après la dissolution de la communauté.

I – SANCTION DU DÉPASSEMENT DE POUVOIRS

1) Nullité et non-inopposabilité. L'action accordée par l'article 1427 à l'épouse dans le cas où le mari a outrepassé ses devoirs sur les biens communs tend non pas à l'inopposabilité de l'acte à la femme mais à une nullité qui prive cet acte de ses effets non seulement à l'égard de la femme, mais aussi dans les rapports du mari et de l'autre contractant (▪ Cass. 1re civ., 27 juin 1978 : *JurisData* n° 1978-799241 ; *JurisData* n° 1978-798242 ; *JurisData* n° 1978-799241 ; *JurisData* n° 1978-798242 ; *JCP* 80, II, 19424, note Henry. ▪ Cass. 1re civ., 17 juin 1981, n° 80-11.140 : *JurisData* n° 1981-702468 ; *JCP* 82, II, 19809, note Patarin. ▪ Cass. 1re civ., 28 mars 1984, n° 83-10.848 : *JurisData* n° 1984-700707 ; *Bull. civ.* I, n° 119, p. 97 ; *JCP* 85, II, 20430, note Henry. ▪ Grenoble, 29 avr. 1999 : *Dr. famille* 1999, 115, note Beignier). Les actes accomplis par un époux hors des limites de ses pouvoirs relèvent des articles 1424 et 1427, et non des textes frappant les actes frauduleux, lesquels ne trouvent à s'appliquer que subsidiairement à défaut d'autre sanction (■ Cass. 1re civ., 30 mars 1999, n° 97-11.300 : *JurisData* n° 1999-001421 ; *Bull. civ.* I, n° 111, p. 73 ; *Defrénois* 1999, 807, obs. Champenois. V. en ce sens ■ Cass. 1re civ., 4 déc. 2001 : *JCP* G 2002, II, 10059, note Casey ; *JCP* G 2002, I, 167 et *JCP* N 2002, 1719, n° 10, obs. Simler ; *D.* 2002, 2217, note Bonnet ; somm. 2442, obs. Nicod ; *JurisData* n° 2001-011973 ; *Dr. famille* 2002, 23, 1er arrêt, note Beignier ; *Bull. civ.* I, n° 303, p. 193 ; *Defrénois* 2002, 1319, obs. Champenois). Mais l'achat fait par le mari pour la communauté relève de l'article 1421 et non de l'article 1427 (■ Bordeaux, 11 oct. 2001 : *Dr. famille* 2002, 23, 2e arrêt, note Beignier ; *JurisData* n° 2001-158888). L'action en nullité régie par l'article 1427 du Code civil est soumise à la prescription de deux ans et est exclusive de l'action en inopposabilité ouverte par l'article 1421 du Code civil pour sanctionner les actes frauduleux, lequel ne trouve à s'appliquer qu'à défaut d'autre sanction (■ Cass. 1re civ., 23 mars 2011, n° 09-66.512 : *JCP* N 2011, 1292, note H. Hovasse ; *JCP* G 2011, 1371, n° 9, obs. Ph. Simler ; *D.* 2011, p. 2628, obs. V. Brémond ; *AJF* 2011, p. 382, obs. P. Hilt).

2) Situation de l'acquéreur. La nullité peut être opposée à un acquéreur de bonne foi (■ Cass. 1re civ., 6 févr. 1979, n° 77-15.300 : *Bull. civ.* I, n° 43, p. 38). Mais celui-ci ne peut s'en prévaloir (■ Cass. 3e civ., 8 janv. 1992, n° 90-12.141 : *JurisData* n° 1992-000009 ; *JCP* 92, IV, 723 ; *Bull. civ.* III, n° 8, p. 5).

3) Étendue de la nullité. La nullité prononcée en vertu de l'article 1427 a pour effet de remettre les choses dans l'état où elles se trouvaient avant la formation du contrat et ne laisse pas subsister les clauses destinées à sanctionner l'inexécution dudit contrat (■ Cass. 1re civ., 27 juin 1978 : *Defrénois* 1979, 1020, note Colomer). Mais les juges du fond peuvent, si la restitution matérielle des prestations reçues en exécution de l'acte annulé est impossible, ordonner que cette restitution doit se faire sous la forme d'une indemnité (■ Cass. 1re civ., 16 juill. 1998, n° 95-44.474 : *JurisData* n° 1998-000324 ; *JCP* 98, IV, 3109 ; *Bull. civ.* I, n° 251, p. 175, apport en société irrégulier).

4) Faute du conjoint ayant agi seul (non). Le seul fait pour le mari d'avoir passé sans le consentement de sa femme un acte de vente portant sur un immeuble commun ne constitue pas en lui-même une faute qui engage sa responsabilité envers l'acquéreur (■ Cass. 1re civ., 11 janv. 1983, n° 80-14.950 : *JurisData* n° 1983-700068 ; *Bull. civ.* I, n° 14, p. 12 ; *Defrénois* 1983, 1347, obs. Champenois. ■ Cass. 1re civ., 28 mars 1984, n° 83-10.848 : *JurisData* n° 1984-700707 ; *Bull. civ.* I, n° 119, p. 97). Il en est ainsi même s'il s'est porté fort puisque la nullité atteint aussi la promesse de porte-fort (■ Cass. 1re civ., 15 juill. 1993, n° 91-18.368 : *JurisData* n° 1993-001676 ; *JCP* 94, I, 3733, n° 16, obs. Simler ; *RTD civ.* 1994, 929, obs. Patarin. V. cependant, ambigu, ■ Cass. com., 1er oct. 1996, n° 94-13.860 : *JurisData* n° 1996-005722 ; *RTD civ.* 1997, 989, obs. Vareille).

5) Obligation de garantie du conjoint ayant agi seul (non). La nullité de la cession consentie par le mari seul ne peut faire naître à la charge de celui-ci une obligation de garantie (■ Cass. 1re civ., 20 oct. 1987, n° 85-18.559 : *JurisData* n° 1987-001639 ; *Bull. civ.* I, n° 271, p. 196. V. aussi ■ Cass. 1re civ., 27 juin 1978 : *Defrénois* 1979, 1020, note Colomer).

6) Exercice de l'action par le conjoint ayant agi seul (non). Sur le principe que le conjoint auteur du dépassement de pouvoir ne peut agir en nullité, V. ■ Cass. 1re civ., 20 janv. 1998, n° 96-10.433 : *JurisData* n° 1998-000330 ; *Dr. famille* 1998, 137, note Beignier ; *JCP* 99, I, 154, n° 10, obs. Simler. ■ Cass. 1re civ., 4 juill. 2007, n° 04-10.494 : *JCP* 2007, I, 208, obs. Simler.

II – RATIFICATION PAR L'AUTRE CONJOINT

7) Volonté de confirmer. La ratification de la vente d'un bien de communauté par l'autre époux peut résulter de tout acte qui implique sans équivoque sa volonté de confirmer (■ Cass. 1re civ., 17 mars 1987, n° 85-11.507 : *Bull. civ.* I, n° 95, p. 72. ■ Cass. 1re civ., 12 juill. 1994, n° 92-17.197 : *JCP* 95, I, 3821, n° 18, obs. Simler ; *Bull. civ.* I, n° 246, p. 178 ; *D.* 1995, somm. 326, obs. Lucet). La seule mention de l'intervention des époux sur le mandat de vente et sur le compromis alors qu'ils n'ont été signés que par le seul mari ne peut entraîner ratification de ces actes par l'épouse (■ Chambéry, 30 janv. 1996 : *JurisData* n° 1996-044267 ; *JCP* 96, IV, 2576).

III – DÉLAI POUR AGIR

8) Délai courant à compter de la dissolution de la communauté ou de la réalisation de l'acte. La formule finale de l'al. 2 de l'article 1427 ne saurait avoir pour effet de priver le conjoint du droit d'agir en nullité pendant les deux années qui suivent la réalisation de l'acte (■ Cass. 1re civ., 2 juin 1981, n° 79-16.354 : *JurisData* n° 1981-701891 ; *JCP* 81, IV, 294 ; *Bull. civ.* I, n° 187, p. 153). Le délai de deux ans part du jour où la vente est devenue parfaite (■ Cass. 1re civ., 15 juill. 1993 : *JCP* 94, I, 3733, n° 16, obs. Simler ; *RTD civ.* 1994, 929, obs. Patarin).

9) Moyen ne pouvant être suppléé d'office. Le délai de deux ans visé par l'article 1427 est un délai de prescription, d'où il résulte que le moyen tiré de cette prescription, non invoqué devant les juges d'appel, ne saurait être suppléé d'office par ceux-ci (▪ Cass. 1re civ., 11 janv. 1983 : *JurisData* n° 1983-700068 ; *Bull. civ.* I, n° 14, p. 12 ; *Defrénois* 1983, 1347, obs. Champenois).

10) Action hors délai contre le sous-acquéreur (oui). L'article 1427 étant inapplicable à l'action en nullité de la cession consentie par l'acquéreur au profit des sous-acquéreurs, l'époux ne peut se voir opposer la prescription du délai de deux ans (▪ Cass. 1re civ., 17 févr. 2010, n° 09-11.447 : *JCP* 2010, n° 17, 487, p. 909, obs. Simler).

11) Fraude. Viole l'article 1427 la cour d'appel qui décide que l'action visée par ce texte n'est pas exclusive d'une action fondée sur la fraude dont le conjoint est victime, action qui se prescrit par trente ans (▪ Montpellier, 11 mars 2002 : *JurisData* n° 2002-015821 ; *JCP* 2003, I, 158, n° 12, obs. Simler).

12) Exception de nullité (perpétuelle). L'article 1427, alinéa 2, ne peut avoir pour effet de priver le conjoint du droit d'invoquer la nullité comme moyen de défense contre la demande d'exécution d'un acte irrégulièrement passé par l'autre époux (▪ Cass. 1re civ., 8 déc. 1981, n° 80-15.090 : *JurisData* n° 1981-703397 ; *JCP* 1982, IV, 81 ; *Bull. civ.* I, n° 366, p. 310 ; *Defrénois* 1982, 427, obs. Champenois. – V. en ce sens ▪ Cass. 1re civ., 12 juill. 1982, n° 81-12.256 : *JurisData* n° 1982-701729 ; *JCP* 1982, IV, 337. ▪ Cass. 1re civ., 23 janv. 1996, n° 93-21.442 : *JurisData* n° 1996-000114 ; *JCP* 1996, I, 3962, n° 14, obs. Simler ; *Bull. civ.* I, n° 34, p. 22. ▪ Cass. 1re civ., 28 nov. 2006, n° 04-19.058 : *JurisData* n° 2006-036185 ; *JCP* G 2007, I, 142. ▪ Cass. 3e civ., 4 mars 2009, n° 07-17.991 : *Bull. civ.* III, n° 57 ; *JCP* 2009, I, 140, obs. Ph. Simler ; *D.* 2009, p. 2508, obs. Revel). Un tiers ne peut se prévaloir de l'exception de nullité (▪ Cass. 3e civ., 14 nov. 2007, n° 06-13.818 : *JCP* 2008, I, 144, obs. Simler).

Art. 1428. – **Chaque époux a l'administration et la jouissance de ses propres et peut en disposer librement.**

Art. 1429. – **Si l'un des époux se trouve, d'une manière durable, hors d'état de manifester sa volonté, ou s'il met en péril les intérêts de la famille, soit en laissant dépérir ses propres, soit en dissipant ou détournant les revenus qu'il en retire, il peut, à la demande de son conjoint, être dessaisi des droits d'administration et de jouissance qui lui sont reconnus par l'article précédent. Les dispositions des articles 1445 à 1447 sont applicables à cette demande.**

À moins que la nomination d'un administrateur judiciaire n'apparaisse nécessaire, le jugement confère au conjoint demandeur le pouvoir d'administrer les propres de l'époux dessaisi, ainsi que d'en percevoir les fruits, qui devront être appliqués par lui aux charges du mariage et l'excédent employé au profit de la communauté.

À compter de la demande, l'époux dessaisi ne peut disposer seul que de la nue-propriété de ses biens.

Il pourra, par la suite, demander en justice à rentrer dans ses droits, s'il établit que les causes qui avaient justifié le dessaisissement n'existent plus.

Voir : sur la publicité au registre du commerce et des sociétés dans le cas où les époux, ou l'un d'eux, sont commerçants, D. n° 84-406, 30 mai 1984, art. 8, A, 4°, 27, 3° et 71, 6°.

Art. 1430. *(Abr., L. n° 85-1372, 23 déc. 1985).*

Rédaction antérieure. Art. 1430. – Le mari n'est point garant du défaut d'emploi ou de remploi des biens propres à la femme, à moins qu'il ne se soit ingéré dans les opérations d'aliénation ou d'encaissement, ou qu'il ne soit prouvé que les *deniers ont été reçus par lui, ou ont tourné à son profit.*

Art. 1431. – **Si, pendant le mariage, l'un des époux confie à l'autre l'administration de ses propres, les règles du mandat sont applicables. L'époux mandataire est, toutefois, dispensé de rendre compte des fruits, lorsque la procuration ne l'y oblige pas expressément.**

Art. 1432. – **Quand l'un des époux prend en main la gestion des biens propres de l'autre, au su de celui-ci, et néanmoins sans opposition de sa part, il est censé avoir reçu un mandat tacite, couvrant les actes d'administration et de jouissance, mais non les actes de disposition.**

Cet époux répond de sa gestion envers l'autre comme un mandataire. Il n'est, cependant, comptable que des fruits existants ; pour ceux qu'il aurait négligé de percevoir ou consommés frauduleusement, il ne peut être recherché que dans la limite des cinq dernières années.

Si c'est au mépris d'une opposition constatée que l'un des époux s'est immiscé dans la gestion des propres de l'autre, il est responsable de toutes les suites de son immixtion et comptable sans limitation de tous les fruits qu'il a perçus, négligé de percevoir ou consommés frauduleusement.

Voir : C. rur., art. L. 321-1 à L. 321-3, p. 2590. – C. com., art. L. 121-6, p. 1996.

1) Mandat tacite. L'article 1432 ne vise que les actes de d'administration et non les actes de disposition. Dès lors, le mari qui consent un bail commercial sur un immeuble propre de son épouse excède les pouvoirs de gestion qu'il tient du mandat tacite que celle-ci lui a conféré (■ Cass. 1re civ., 17 mai 1993, n° 91-20.112 : *JurisData* n° 1993-001157 ; *D.* 1994, 25, note Paisant ; *RTD civ.* 1994, 927, obs. Vareille. Même solution pour un bail rural, V. ■ Cass. 3e civ., 16 sept. 2009, n° 08-16.769 : *Bull. civ.* III, n° 191 ; *JCP* N 2009, 616 ; *AJF* 2009, p. 459, obs. P. Hilt ; *JCP* 2010, n° 17, 487, p. 909, obs. Simler). Mais la cour d'appel qui relève les liens particuliers unissant l'épouse au gérant et aux associés de la société locataire de l'immeuble, sa communauté d'intérêts avec eux, ainsi que sa parfaite connaissance de la situation révélée tant par les déclarations fiscales que par la localisation de l'entreprise à la même adresse que le domicile des époux, peut en déduire souverainement, compte tenu du silence gardé par l'épouse pendant plus de deux ans, qu'elle a entendu ratifier la location litigieuse (même arrêt).

2) Mandat apparent. La nullité d'un bail rural de neuf ans consenti par le mari sur un bien propre de son épouse ne peut être couverte par un mandat apparent, le tiers contractant ne pouvant légitimement croire aux pouvoirs du mari alors qu'il savait que les époux étaient en instance de divorce depuis de nombreuses années (■ Cass. 1re civ., 6 juill. 1976 : *JurisData* n° 1976-700246 ; *JCP* 78, II, 18845, note Le Guidec). Mais une cour d'appel ne peut débouter un GAEC de sa demande tendant à se voir reconnaître le bénéfice d'un bail rural sur des parcelles appartenant en propre à la femme du bailleur sans rechercher si celle-ci n'est pas engagée sur le fondement d'un mandat apparent ou si elle n'a pas ratifié la mise à disposition des parcelles (■ Cass. 3e civ., 18 mars 1998, n° 96-10.769 : *JurisData* n° 1998-001259 ; *JCP* 98, I, 183, n° 4, obs. Simler). Il appartient aux juges du fond de rechercher si l'épouse n'a pas ratifié la clôture du plan d'épargne-logement ouvert à son nom en accusant réception de l'attestation des intérêts acquis et en souscrivant avec son époux un prêt à l'aide de ces intérêts (■ Cass. 1re civ., 6 mai 2003 : *JurisData* n° 2003-018903 ; *JCP* G 2003, IV, 2140 ; *JCP* N 2003, 1608, obs. Casey ; *Dr. famille* 2003, 91, note Beignier ; *Bull. civ.* I, n° 106, p. 84).

Art. 1433. – La communauté doit récompense à l'époux propriétaire toutes les fois qu'elle a tiré profit des biens propres.

Il en est ainsi, notamment, quand elle a encaissé des deniers propres ou provenant de la vente d'un propre, sans qu'il en ait été fait emploi ou remploi.

Si une contestation est élevée, la preuve que la communauté a tiré profit de biens propres peut être administrée par tous les moyens, même par témoignages et présomptions.

Bibliographie : D. R. Martin, *L'argent du beurre : JCP* 2008, n° hors-série 2, *Quatre-vingts ans de la Semaine juridique*, p. 59.

1) Dette commune payée grâce à une assurance-invalidité. Le remboursement par le biais d'une assurance-invalidité d'une dette d'emprunt incombant à la communauté ne donne pas lieu à récompense au profit de l'époux sur la tête duquel l'assurance a été contractée, l'indemnité n'ayant jamais fait partie du patrimoine de la victime de l'accident (■ Cass. 1re civ., 1er déc. 1987, n° 85-15.260 : *JCP* 89, II, 21338, note Simler).

2) Profit pour la communauté. En l'absence de profit pour le patrimoine commun, l'épouse n'a pas droit à récompense pour les paiements *qu'elle a effectués, sur ses capitaux* propres, pour subvenir aux dépenses du ménage qui étaient supérieures aux revenus des époux (■ Cass. 1re civ., 26 juin 1990, n° 88-18.721 : *Defrénois* 1990, 1359, obs. Champenois).

3) Biens communs acquis avec des deniers propres. Viole l'article 1433 la cour d'appel qui écarte la demande de récompense d'un époux au titre d'une indemnité d'assurance qui lui était propre, en retenant que le reliquat de meubles acquis avec cette indemnité et conservé par lui constitue la juste part lui revenant, après avoir énoncé que les deniers propres du mari avaient servi à l'achat de biens communs ultérieurement partagés (■ Cass. 1re civ., 13 janv. 1993, n° 89-21.900 : *JurisData* n° 1993-000046 ; *JCP* 93, IV, 633 ; *Bull.* I, n° 10, p. 7). Viole l'article 1433 l'arrêt qui écarte une demande de récompense dans une hypothèse où les fonds provenant de la vente d'un bien propre avaient servi à acquérir un bien commun (auquel un nouveau bien commun avait été subrogé) sans qu'il y ait clause de remploi (■ Cass. 1re civ., 20 mars 2013, n° 11-20.212 : *Bull. civ.* I, n° 56 ; *RTD civ.* 2013, 659, obs. Vareille ; *JCP* 2013, doctr. 721, n° 15, obs. Tisserand-Martin ;

D. 2013, 2242, obs. J. Revel ; *Dr. famille* 2013, comm. 90, Binet et Beignier ; *AJF* 2013, 312, obs. Hilt). Dans le même sens, ▪ Cass. 1re civ., 25 mai 2016, n° 15-18.573 : *RTD civ.* 2016, 595, obs. J. Hauser ; *JCP* G 2016, doctr. 1330, n° 12, obs. A. Tisserand-Martin : un époux peut, pour obtenir une récompense, prouver par tous moyens que des fonds propres ont permis de financer l'acquisition d'un bien, malgré l'absence de clause de remploi dans l'acte d'acquisition.

4) **Encaissement de fonds propres. Principe : preuve du profit réalisé par la communauté.** Il incombe à celui qui demande récompense à la communauté d'établir, par tous moyens laissés à l'appréciation souveraine des juges du fond, que les deniers provenant du patrimoine propre de l'un des époux ont profité à la communauté (▪ Cass. 1re civ., 6 avr. 1994, n° 91-22.341 : *Bull. civ.* I, n° 137, p. 100 ; *JCP* 95, I, 3821, n° 20, obs. Simler. ▪ Cass. 2e civ., 5 juill. 2001 : *Dr. famille* 2001, 110, note Beignier ; *JurisData* n° 2001-010749. V. aussi ▪ Cass. 1re civ., 25 nov. 2003, n° 01-14.967 : *JurisData* n° 2003-021057 ; *Dr. famille* 2004, 38, note Beignier. ▪ Cass. 1re civ., 3 janv. 2006, n° 03-15.470 : *JurisData* n° 2006-031498 ; *Dr. famille* 2006, 37, 1re esp., note Beignier). Le profit tiré par la communauté résultant de l'encaissement des deniers propres d'un époux ne peut être déduit de la seule circonstance que ces deniers ont été versés, au cours du mariage, sur un compte ouvert au nom de cet époux, recevant tant des fonds propres que des fonds communs (▪ Cass. 1re civ., 15 févr. 2012, n° 11-10.182 : *Bull. civ.* I, n° 33 ; *Gaz. Pal.* 16 mars 2012, 41, obs. J. Casey ; *Dr. famille* 2012, comm. 70, obs. Beignier ; *JCP* G 2012, doctr. 999, n° 14, obs. Tisserand-Martin). Dans le même sens, ▪ Cass. 1re civ., 19 déc. 2012, n° 11-26.054 : *JCP* 2013, doctr. 721, n° 16, obs. Tisserand-Martin. – *Adde*, ▪ Cass. 1re civ., 8 nov. 2005 : *Dr. famille* 2005, 274, note Beignier ; *JCP* 2005, IV, 3594 ; *JurisData* n° 2005-030631 ; *D.* 2006, p. 2069, obs. Revel (fonds versés sur un compte ouvert au nom d'un seul époux ; encaissement des fonds par la communauté non établi).

5) **Limite. Présomption de profit en cas d'encaissement sur un compte joint.** En cas d'encaissement sur un compte ouvert au nom des deux époux, sauf preuve contraire, le profit résulte notamment de l'encaissement de deniers propres par la communauté, à défaut d'emploi ou de remploi (▪ Cass. 1re civ., 8 févr. 2005 : *Dr. famille* 2005, 80, 1re esp., note Beignier ; *JCP* 2005, 163, n° 12, obs. Tisserand-Martin ; *JurisData* n° 2005-026881 ; *Bull. civ.* I, n° 65, p. 57 ; *RTD civ.* 2005, 445, obs. Vareille ; *D.* 2005, somm. 2116, obs. Brémond ; *Defrénois* 2005, 1506, 1re esp., obs. Champenois. Dans le même sens, ▪ Cass. 1re civ., 29 mai 2013, n° 12-11.983 : *JCP* 2013, doctr. 1323, n° 14, obs. Tisserand-Martin : sauf preuve contraire, le profit résulte notamment de l'encaissement de deniers propres par la communauté, à défaut d'emploi ou de réemploi ; les deniers propres du mari ayant été déposés sur un compte joint, de sorte qu'ils avaient été encaissés par la communauté au sens de l'article 1433, il s'en déduisait, à défaut de preuve contraire, le droit à récompense du mari. V. aussi, ▪ Cass. 1re civ., 14 janv. 2003, n° 00-16.078 : *JurisData* n° 2003-017244 ; *D.* 2003, 575, note Beignier ; *Dr. famille* 2003, 32, note Beignier ; *JCP* G 2003, I, 158, n° 15, obs. Tisserand ; *JCP* N 2004, 1414, obs. Casey ; *D.* 2003, somm. 1866, 1re esp., obs. Brémond ; *RTD civ.* 2003, 340, obs. Vareille ; *Defrénois* 2003, 997, obs. Champenois. V. sur cet arrêt J. Charlin, *La preuve des récompenses* : *JCP* N 2003, 1392 : la cour d'appel qui a constaté que les deniers propres, encaissés sur un compte commun, ont été utilisés par les époux, a ainsi souverainement constaté l'emploi des fonds propres dans l'intérêt de la communauté. Rappr., ▪ Cass. 1re civ., 28 nov. 2006, n° 04-17.147 : *Bull. civ.* I, n° 515 ; *AJF* 2007, 42, obs. P. Hilt ; *D.* 2007, p. 2126, obs. Brémond. – *Adde*, sur cette question, E. Naudin, *Encaissement de deniers propres et droit à récompense* : *Dr. famille* 2006, chron. 16).

C'est à l'administration fiscale, qui notifie à la veuve un redressement au titre de la réintégration dans la succession de son époux d'une récompense à la charge de la communauté pour le profit tiré des produits de ventes d'immeubles propres au mari, de rapporter la preuve, dès la notification du redressement, de la réalité et de l'étendue du profit tiré par la communauté d'une utilisation du produit de chacune des ventes (▪ Cass. com., 11 févr. 1992, n° 88-18.708 : *JurisData* n° 1992-000467 ; *Bull. civ.* IV, n° 65, p. 49).

6) **Paiement postérieur à la dissolution.** La femme ayant demandé le remboursement du solde des arrérages de l'emprunt contracté auprès de la banque, les juges du fond ne peuvent la débouter en retenant qu'elle ne justifie pas avoir payé ce passif communautaire et ne peut prétendre à récompense, alors qu'à la date du remboursement, la communauté était dissoute, que la créance était donc soumise aux règles de l'indivision et que la femme devait être réputée avoir effectué ce paiement de ses deniers personnels (▪ Cass. 1re civ., 17 déc. 1996, n° 94-21.989 : *JurisData* n° 1996-004958 ; *Bull.* I, n° 451, p. 316 ; *JCP* 97, IV, 305 ; *D.* 1998, 189, note Brémond ; *Defrénois* 1997, 413, obs. Grimaldi).

7) Sur l'article 1434, alinéa 2 ancien, voir sous art. 1436.

Art. 1434 *(Mod., L. n° 85-1372, 23 déc. 1985).* **– L'emploi ou le remploi est censé fait à l'égard d'un époux, toutes les fois que, lors d'une acquisition, il a déclaré qu'elle était faite de deniers propres ou provenus de l'aliénation d'un propre, et pour lui tenir lieu d'emploi ou de remploi. À défaut de cette déclaration dans l'acte, l'emploi ou le remploi n'a lieu que par l'accord des époux, et il ne produit ses effets que dans leurs rapports réciproques.**

Rédaction antérieure. Art. 1434. – [...].

Si l'emploi ou le remploi est fait par anticipation, le bien acquis est propre, sous la condition que les sommes attendues du patrimoine propre soient versées dans la communauté avant qu'elle ne soit liquidée.

Quand le prix du bien acquis excède la somme dont il a été fait emploi ou remploi, la communauté a droit à récompense pour l'excédent. Si, toutefois, le montant de la récompense devait être supérieur à la moitié du prix, le bien acquis tomberait en communauté sauf la récompense due à l'époux.

Bibliographie : A. Coste-Floret, *Le remploi tacite à retardement sous le régime de la communauté : RTD civ.* 1975, 47. • J.-B. Dassy et M.-G. Migeon-Cros, *La déclaration d'origine des deniers pour les époux communs en biens, un outil de fusion patrimoniale : Defrénois* 2010, art. 39061.

1) Fongibilité de la monnaie. Il suffit que les deniers représentent le prix ou la valeur de l'aliénation d'un bien propre de l'époux, sans qu'il soit nécessaire que ces derniers soient exactement ceux provenant de cette aliénation (▪ Cass. 1re civ., 5 janv. 1999, n° 97-10.547 : *JurisData* n° 1999-000051 ; *JCP* G 99, I, 54, n° 7, obs. Simler ; *JCP* N 99, 1165, note Casey ; *Dr. famille* 1999, 29, note Beignier ; *Defrénois* 1999, 432, obs. Champenois ; *Bull. civ.* I, n° 3, p. 2 ; *RTD civ.* 1999, 456, obs. Vareille, fonds ayant transité par un compte).

2) Apport en société. L'opération par laquelle l'apporteur et la société se donnent respectivement un bien déterminé et des valeurs contre ce bien a pour effet de faire entrer les valeurs dans le patrimoine de l'apporteur ; il est donc indifférent qu'au moment de l'opération, l'apporteur n'ait pas fait la déclaration prévue par l'article 1434 du Code civil (▪ Cass. 1re civ., 21 nov. 1978 : *JCP* 80, II, 19451, note Le Guidec). Mais il en va autrement, par application du même article (dans sa rédaction antérieure à la loi du 13 juill. 1965), lorsque les parts sociales ont été payées à l'aide d'espèces provenant principalement de la vente à la société des éléments matériels du fonds de commerce propre au mari (▪ Cass. 1re civ., 5 mars 1991, n° 87-18.298 : *JurisData* n° 1991-000642 ; *D.* 1991, 565, note crit. Le Guidec). Dans le même sens, pour un apport en numéraire de deniers propres, ▪ Cass. 1re civ., 8 oct. 2014, n° 13-24.546 : à paraître au *Bull. civ.* ; *Rev. sociétés* 2015, 249, note Naudin ; *Dr. sociétés* 2015/3, comm. 44, Mortier ; *JCP* N 2015, 1107, n° 12, obs. Roman ; *Gaz. Pal.* 1er févr. 2015, 27, note Dumont ; *Rev. Lamy dr. civ.* 2014/121, p. 57, obs. Zalewski-Sicard : les parts sociales acquises en rémunération d'un apport en numéraire de *deniers propres ne peuvent, à défaut* de déclaration de remploi et à défaut d'accord entre les époux, prendre la qualité de propres du mari par subrogation.

3) Placement en compte-épargne. Le placement d'une somme d'argent en compte-épargne ne constitue pas l'acquisition d'un bien nouveau et ne relève donc pas des prescriptions de l'article 1434 (▪ Cass. 1re civ., 3 nov. 1983, n° 82-13.221 : *JurisData* n° 1983-702355 ; *Bull. civ.* I, n° 250, p. 225 ; *D.* 1984, inf. rap. 274, obs. Martin).

4) Caractère unilatéral du remploi. L'emploi ou le remploi est un acte unilatéral et n'est pas subordonné au consentement du conjoint (▪ Cass. 1re civ., 19 mai 1998, n° 95-22.083 : *JurisData* n° 1998-002136 ; *JCP* G 98, I, 183, n° 2, obs. Simler, II, 10127, note Mahinga ; *JCP* N 98, 1497 ; *Bull. civ.* I, n° 175, p. 117 ; *Defrénois* 1998, 1466, obs. Champenois ; *RTD civ.* 1999, 458, obs. Vareille).

5) Accord des époux à défaut de déclaration. Il ne suffit pas d'acquérir un immeuble avec des deniers propres pour lui conférer la qualité de bien propre. Le remploi ne peut avoir lieu, aussi bien à l'égard des tiers que dans les rapports entre époux que si la double déclaration d'origine et d'intention a été faite dans l'acte d'acquisition. À défaut de cette double déclaration dans l'acte, le remploi n'a lieu que par l'accord des parties et ne produit ses effets que dans leurs rapports réciproques (▪ Cass. 1re civ., 2 juill. 1985, n° 84-12.464 : *JurisData* n° 1985-701987 ; *Bull. civ.* I, n° 208, p. 187 ; *Defrénois* 1985, 1474, obs. Champenois. – V. aussi ▪ Rouen, 28 mars 2001 : *Dr. famille* 2001, 111, note Beignier ; *JurisData* n° 2001-152122, réintégration par le fisc dans l'actif commun des actions acquises par le mari, faute de déclaration de remploi. ▪ Cass. 1re civ., 20 sept. 2006 : *JurisData* n° 2006-034985 ; *JCP* G 2007, II, 10005, note J.-G. Mahinga, I, 142 ; *AJF* 2006, p. 423, obs. P. Hilt). La seule mention de l'affectation de fonds propres de la femme au remboursement des prêts relais dans une convention avec la banque est insuffisante à transformer en bien propre un bien acquis conjointement et solidairement par les époux pendant le mariage (▪ Paris, 27 janv. 1995, n° 93/6054 : *JurisData* n° 1995-020499 ; *JCP* 96, I, 3908 et *JCP* N 96, II, 799, n° 13, note Simler). Dans les rapports entre époux, le remploi peut résulter d'un acte postérieur et l'héritière du mari n'a pas à cet égard la qualité de tiers (■ Cass. 1re civ., 3 nov. 1983, n° 82-13.221 : *JurisData* n° 1983-702355 ; *Bull. civ.* I, n° 250, p. 225 ; *D.* 1984, inf. rap. 274, obs. Martin). Dans les rapports entre époux, le remploi peut résulter d'un accord des époux exprimé dans l'acte d'acquisition lui-même et les héritiers du mari n'ont pas la qualité de tiers (■ Cass. 1re civ., 25 sept. 2013, n° 12-21.280 : *Bull. civ.* I, 187 ; *RTD civ.* 2013, 882, obs. Vareille ; *JCP* 2013, doctr. 1323, n° 7, obs. Simler ; *Dr. famille* 2014, comm. 41, obs. Torricelli-Chrifi ; *JCP* G 2014, doctr. 668, n° 10, obs. Simler ; *D.* 2014, 1905, obs. Brémond ; *Defrénois* 2014, 1194, Champenois, défaut d'indication de l'origine des deniers dans l'acte).

6) Renonciation unilatérale au caractère propre d'un bien. Pour l'admission d'une renonciation au caractère propre d'un bien acquis par emploi, V. ■ Cass. 1re civ., 23 sept. 2015, n° 14-20.168 : *RTD civ.* 2015, 858, obs. Hauser et 2016, 167, obs. Vareille ; *Defrénois* 2016, note Champenois ; *D.* 2015, 2486, note Nicolle ; *JCP* 2015, 1318, note Attias ; *ibid.*, doctr. 1342, n° 5, Simler ; *Dr. famille* 2015, comm. 220, note Beignier ; *RJPF* 2015-11/17, note Dubarry (la déclaration par le mari, pendant l'instance en divorce, pour la détermination de la prestation compensatoire, que le bien était commun vaut renonciation à se prévaloir du caractère propre du bien lors de la liquidation).

Art. 1435 *(L. n° 85-1372, 23 déc. 1985)*. **– Si l'emploi ou le remploi est fait par anticipation, le bien acquis est propre, sous la condition que les sommes attendues du patrimoine propre soient payées à la communauté dans les cinq ans de la date de l'acte.**

> **Rédaction antérieure. Art. 1435. –** La déclaration du mari que l'acquisition est faite de deniers propres à la femme et pour lui servir d'emploi ou de remploi ne suffit point, si cet emploi ou remploi n'a été formellement accepté par elle avant la liquidation définitive ; si elle ne l'a pas accepté, elle a simplement droit à la récompense du prix du bien vendu.

Art. 1436 *(L. n° 85-1372, 23 déc. 1985)*. **– Quand le prix et les frais de l'acquisition excèdent la somme dont il a été fait emploi ou remploi, la communauté a droit à récompense pour l'excédent. Si, toutefois, la contribution de la communauté est supérieure à celle de l'époux acquéreur, le bien acquis tombe en communauté, sauf la récompense due à l'époux.**

> **Rédaction antérieure. Art. 1436. –** La récompense du prix du bien appartenant au mari ne s'exerce que sur la masse de la communauté ; celle du prix du bien appartenant à la femme s'exerce sur les biens personnels du mari, en cas d'insuffisance des biens communs.
>
> Dans tous les cas, on prend en considération le prix de la vente, quelque allégation qui soit faite touchant la valeur qu'aurait eue le bien au jour de l'aliénation, sauf à avoir égard aussi au profit procuré à la communauté, comme il sera expliqué à l'article 1469.

1) Fonds utilisés pour l'achat et pour la conservation du bien ancien. Il résulte de l'article 1436 que la contribution de la communauté ne comprend que les sommes ayant servi à régler partie du prix d'acquisition du bien nouveau, à l'exclusion des fonds utilisés pour l'achat et pour la conservation du bien ancien (■ Cass. 1re civ., 15 juin 1994, n° 92-20.201 : *Bull. civ.* I, n° 210, p. 153 ; *JCP* 95, I, 3821, n° 14, obs. Simler ; *D.* 1995, somm. 40, obs. Grimaldi ; *RTD civ.* 1995, 422, obs. Vareille). V. M. Mathieu, *À propos de la « créance virtuelle de récompense »* : *JCP* N 95, I, 1357.

2) Exclusion des intérêts de l'emprunt (art. 1434, al. 3 anc.). Il résulte de l'article 1434, alinéa 3, dans sa rédaction antérieure à la loi du 23 décembre 1985, que la contribution de la communauté ne comprend que les sommes ayant servi à régler partie du prix et des frais de l'acquisition, à l'exclusion des intérêts de l'emprunt souscrit pour le financement partiel de cette acquisition qui sont une charge de jouissance supportée par la communauté (■ Cass. 1re civ., 5 mars 2008, n° 07-12.392 : *JurisData* n° 2008-042981 ; *JCP* 2008, I, 144, obs. Simler ; *D.* 2008, p. 2245, obs. Brémond, Nicod, Revel ; *AJF* 2008, 216, obs. P. Hilt).V. aussi, ■ Cass. 1re civ, 3 févr. 2010, n° 08-21.054 : *RTD civ.* 2010, p. 611, Beignier ; *JCP N* 2010, 1172, Barabé-Bouchard.

3) Exclusion de l'indemnité de remboursement anticipé. L'indemnité de remboursement anticipé du prêt, constitutive d'une charge de jouissance supportée par la communauté, ne peut être assimilée aux frais d'acquisition (■ Cass. 1re civ., 7 nov. 2018, n° 17-25.965 : *JCP G* 2018, doctr. 1355, Simler ; *Dr. famille* 2019, comm. 32, Torricelli-Chrifi).

4) Prise en compte des frais pour la qualification du bien. En cas de remploi avec contribution de la communauté, les frais de l'acquisition doivent être pris en compte pour déterminer la qualification du bien (■ Cass. 1re civ., 8 juill. 2010, n° 09-13.155 ; *JCP* 2010, doctr. 1220, n° 12, obs. Simler).

5) Double contribution des patrimoines propres. En cas de double contribution des patrimoines propres des époux, est propre un bien payé par un des époux avec des fonds propres dont le montant est supérieur à la somme dépensée par la communauté pour parfaire le prix d'acquisition, quand bien même le montant des fonds propres apportés par un des époux serait inférieur à la moitié du prix d'acquisition du bien (la femme avait apporté 60 979,61 et le mari 15 244,90 euros, sur un prix global d'acquisition de 136 981,26 euros, le reste étant financé par la communauté : l'immeuble litigieux était un bien propre de la femme) : ▪ Cass. 1re civ., 7 nov. 2018, n° 17-25.965 ; *JCP* G 2018, doctr. 1355, Simler ; *Dr. famille* 2019, comm. 32, Torricelli-Chrifi.

Art. 1437. – Toutes les fois qu'il est pris sur la communauté une somme, soit pour acquitter les dettes ou charges personnelles à l'un des époux, telles que le prix ou partie du prix d'un bien à lui propre ou le rachat des services fonciers, soit pour le recouvrement, la conservation ou l'amélioration de ses biens personnels, et généralement toutes les fois que l'un des deux époux a tiré un profit personnel des biens de la communauté, il en doit la récompense.

Bibliographie : P. Simler, *L'industrie personnelle des époux déployée au bénéfice d'un patrimoine propre, une « valeur empruntée » à la communauté ?* in *Mélanges Champenois : Defrénois* 2012, 785.

1) Bien propre au moment de la dépense. Sur le principe que la récompense n'est due que si le bien est propre au moment où la dépense a été financée par la communauté, V. ▪ Cass. 1re civ., 26 mai 1999, n° 97-20.547 : *JurisData* n° 1999-002229 ; *Dr. famille* 1999, 83, note Beignier ; *RTD civ.* 2000, 614, obs. Vareille. ▪ Cass. 1re civ., 5 mars 2002 : *JCP* 2002, IV, 1655 ; *JurisData* n° 2002-013321 ; *Dr. famille* 2002, 91, note Beignier ; *Bull. civ.* I, n° 73, p. 57.

2) Cotisations de retraite. Les retenues opérées par un employeur sur le traitement d'un salarié au titre du régime de retraite obligatoire auquel celui-ci est soumis ne peuvent donner lieu à récompense au profit de la communauté après la dissolution de celle-ci (▪ Cass. 1re civ., 16 janv. 1974, n° 71-11.917 : *JurisData* n° 1974-000024 ; *Journ. not.* 1975, 1544, note Raison). Mais les points de retraite acquis sans réversion au profit de l'épouse constituent une dette personnelle de l'époux, dont la succession doit récompense à la communauté (▪ Cass. 1re civ., 31 oct. 2007, n° 06-18.572 : *JurisData* n° 2007-041110 ; *RTD civ.* 2008, p. 141, obs. Vareille). Les droits nés d'un contrat de retraite complémentaire étant nécessairement attribués, après la dissolution, à l'époux souscripteur ou au bénéficiaire désigné, il doit être tenu compte dans les opérations de partage de la valeur du contrat au jour de la dissolution de la communauté. En conséquence, viole les articles 1401 et 1437 la cour d'appel qui décide que l'époux souscripteur ne devait pas récompense à la communauté pour les cotisations afférentes à son affiliation (▪ Cass. 1re civ., 23 mai 2006 : *JurisData* n° 2006-033598 ; *JCP* G 2006, I 193). Le financement de cotisations retraite par la communauté n'ouvre pas droit à récompense lorsque le régime auquel l'époux est affilié institue la réversibilité de l'avantage au profit du conjoint survivant (▪ Cass. 1re civ., 26 oct. 2011, n° 10-23.587 : *JCP* G 2012, doctr. 999, n° 16, obs. Tisserand-Martin).

3) Renonciation à la récompense due par le conjoint. Sur la preuve de la renonciation par le mari à la récompense due par la femme, V. ▪ Cass. 1re civ., 8 déc. 1982, n° 81-14.093 : *JurisData* n° 1982-702703 ; *Defrénois* 1983, 431, note Morin.

4) Intérêts d'un emprunt ayant servi à l'acquisition d'un bien propre. La communauté, à laquelle sont affectés les frais et revenus des biens propres, doit supporter les dettes qui sont à la charge de la jouissance de ces biens ; dès lors, leur paiement ne donne pas droit à récompense au profit de la communauté lorsqu'il a été fait avec des fonds communs. Ainsi, pour chiffrer la récompense due par un époux à la communauté par suite du remboursement d'un emprunt ayant servi à l'acquisition d'un bien propre, il ne doit pas être tenu compte des intérêts dudit emprunt (▪ Cass. 1re civ., 31 mars 1992, n° 90-17.212 : *JurisData* n° 1992-000856 ; *Bull. civ.* I, n° 96, p. 64 ; *JCP* N 92, II, 333 ; *JCP* G 93, II, 22003, note Pillebout ; *JCP* N 93, II, 21, note Tisserand ; *RTD civ.* 1993, 401, obs. Lucet et Vareille. V. aussi ▪ Cass. 1re civ., 24 oct. 2000, n° 98-19.767 : *JurisData* n° 2000-006613 ; *RTD civ.* 2001, 650, obs. Vareille. ▪ Grenoble, 27 nov. 2000 : *Dr. famille* 2001, 102, 3e esp., note Beignier ; *JurisData* n° 2000-146636). Mais la communauté ne saurait supporter les dettes qui sont la charge de la jouissance d'un bien acquis par un époux au cours de l'indivision post-communautaire (▪ Cass. 1re civ., 8 oct. 2014, n° 13-21.879 : *Bull. civ.* I, n° 161 ; *JCP* G 2015, 320, note Champenois ; *RDC* 2015/2, 316, note Goldie-Genicon ; *LPA* 2 déc. 2014, p. 6, obs. V. Zalewski-Sicard ; *RTD civ.* 2015, 685, obs. Vareille ; *Dr. soc.* mars 2015, comm. 43, note Mortier ; *JCP* N 2015, 1182, note Le Guidec et 1183, note Mortier ; *Defrénois* 2015/2, p. 71, obs. Rabreau).

5) Industrie personnelle d'un époux. Le fait que le mari se soit consacré à l'exploitation d'un fonds de commerce propre à son épouse n'est pas de nature à ouvrir un droit à récompense pour la communauté, en l'absence d'investissements destinés à conserver ou améliorer le fonds (▪ Cass. 1re civ., 30 juin 1992, n° 89-21.970 : *JurisData* n° 1992-001867 ; *JCP* 93, I, 3656, n° 11, obs. Tisserand ; *RTD civ.* 1993, 410, obs. Lucet et Vareille). La plus-value procurée par l'activité d'un époux ayant réalisé lui-même certains travaux sur un bien qui lui est propre ne donne pas lieu à récompense au profit de la communauté. En conséquence, ne donne pas de base légale à sa décision au regard de l'article 1437 la cour d'appel qui, pour reconnaître un droit à récompense au profit de la communauté, énonce que l'époux ne produit aucune pièce de nature à établir le caractère propre des deniers ayant servi à la construction ; alors que ce dernier soutenait dans ses conclusions d'appel que, si la construction avait certes été réalisée à l'aide d'un emprunt remboursé par des deniers communs, elle l'avait été également grâce à son travail personnel durant ses moments de loisirs (▪ Cass. 1re civ., 28 févr. 2006 : *JurisData* n° 2006-032400 ; *JCP* 2006, I, 193 ; *AJF* 2006, 208, obs. P. Hilt. V. encore pour des travaux faits par le mari lui-même sur un de ses biens propres ▪ Cass. 1re civ., 5 avr. 1993, n° 91-15.139 : *JurisData* n° 1993-000746 ; *Defrénois* 1993, 800, obs. Champenois ; *RTD civ.* 1993, 638, obs. Lucet et Vareille, et, sur renvoi, ▪ Bourges, 15 nov. 1995 : *JurisData* n° 1995-052199 ; *Dr. famille* 1996, 14, note Beignier. ▪ Cass. 1re civ., 18 mai 1994, n° 92-14.747 : *JCP* 95, I, 3821, n° 19, obs. Simler ; *Bull. civ.* I, n° 172, p. 127 ; *D.* 1995, somm. 43, obs. Grimaldi ; *RTD civ.* 1994, 930, obs. Patarin). V. aussi ▪ Cass. 1re civ., 26 oct. 2011, n° 10-23.994 : *Bull. civ.* I, n° 187 ; *RTD civ.* 2012, 140, obs. Vareille ; *Defrénois* 2012, 291, note Champenois ; *D.* 2012, 971, obs. Lemouland et Vigneau (construction d'un pavillon sur un terrain propre ; cassation de l'arrêt ayant évalué la récompense à la plus-value apportée par la construction au fonds alors que l'immeuble avait été édifié de la main des parties et de leurs proches et que la communauté n'avait financé que l'achat des matériaux). Dans le même sens, ▪ Cass. 1re civ., 29 mai 2013, n° 11-25.444 : *Bull. civ.* I, n° 114 ; *Gaz. Pal.* 23 août 2013, p. 33, obs. Casey ; *Dr. famille* 2013, comm. 119, obs. Beignier : la plus-value procurée par l'activité d'un époux ayant réalisé des travaux sur un bien appartenant en propre à son conjoint ne donne pas lieu à récompense au profit de la communauté, un époux ne devant récompense à la communauté que lorsqu'il est pris une somme sur celle-ci ou, plus généralement, lorsque l'époux a tiré un profit personnel des biens de la communauté. Dans le même sens, ▪ Cass. 1re civ., 10 juin 2015, n° 14-19.829 : *RTD civ.* 2016, 169, obs. Vareille ; *Dr. famille* 2015, comm. 170, Beignier ; *JCP* 2015, doctr. 1342, n° 13, obs. Tisserand-Martin ; *Dr. et patrimoine* janv. 2016, 58, obs. Blanchard. V. en sens inverse pour un mari ayant réalisé le gros œuvre, ▪ Paris, 20 mars 2003, n° 2001/16981 : *JurisData* n° 2003-218597 ; *Dr. famille* 2003, 120, note Beignier ; *RTD civ.* 2004, 132, obs. Vareille.

Pour les conséquences sur l'évaluation des récompenses, voir sous l'article 1469 (ancien), annot. n° 1 et s.

6) Livret d'épargne de l'enfant commun. Ne donne pas de base légale à sa décision la cour d'appel qui refuse d'inclure dans l'actif communautaire les sommes déposées par la femme sur un livret de caisse d'épargne ouvert au nom de l'enfant commun et pour lequel elle a reçu procuration, en se bornant à énoncer que ces fonds appartiennent au titulaire du compte par l'affectation qui en a été donnée, après avoir constaté que le livret a été alimenté par des deniers communs, sans rechercher si elle n'est pas redevable de ces deniers envers la communauté en raison de l'utilisation qu'elle en a faite (▪ Cass. 1re civ., 19 nov. 1996, n° 94-18.502 : *JurisData* n° 1996-004403 ; *Dr. famille* 1997, 17, note Beignier, et, sur renvoi, ▪ Rouen, 8 juin 1999, n° 9605364 : *JurisData* n° 1999-045389 ; *Dr. famille* 2000, 60, note Beignier. – V. aussi ▪ Limoges, 10 sept. 1997 : *JurisData* n° 1997-048262 ; *Dr. famille* 1998, 103, note Beignier. Comp., sur le terrain de la présomption de communauté, écartée en l'espèce, ▪ Cass. 1re civ., 6 juill. 2000, n° 98-20.213 : *JurisData* n° 2000-002915 ; *JCP* 2001, I, 309, n° 7, obs. Simler).

7) Financement et conservation d'un instrument du travail propre. L'époux est redevable d'une récompense à la communauté à raison du capital des emprunts ayant servi à financer l'acquisition des instruments de travail qui lui sont des propres, dès lors que ce capital n'avait pas été remboursé à l'aide de ses deniers propres mais à l'aide des revenus issus de ces instruments (▪ Cass. 1re civ., 14 nov. 2007, n° 05-18.570 : *JCP* 2008, I, 144, obs. Tisserant-Martin). Pour une récompense due à la communauté qui a acquitté les soldes débiteurs des comptes bancaires professionnels de l'époux, afin d'éviter la disparition du fonds artisanal en propre, v. le même arrêt.

8) Assurance-vie. L'assurance-vie constituée avec des fonds communs constitue un bien propre sur lequel le souscripteur dispose de son vivant de tous les pouvoirs, de sorte que, en cas de liquidation de la communauté ne résultant pas du décès, il est dû récompense à la communauté (▪ Bourges, 21 oct. 2002, n° 01/01728 : *JurisData* n° 2002-202077 ; *Dr. famille* 2003, 77, note Leroy). Mais dès lors que le mari a souscrit un contrat d'assurance-vie au profit de son épouse, le produit du contrat est, du fait du décès, soumis au régime dérogatoire de l'article L. 132-16 du Code des assurances et les dispositions de l'article 1437 du Code civil ne s'appliquent pas (▪ Cass. 1re civ., 8 mars 2005, n° 03-10.854 : *JurisData* n° 2005-027436 ; *JCP* 2005, II, 10146, note Robineau ; *Bull. civ.* I, n° 114, p. 98). V. aussi ■ Cass. 1re civ., 25 mai 2016, n° 15-14.737 : *JCP* N 2016, 882, J. Casey ; *Dr. famille* 2016, comm. 149, Beignier ; *JCP* G 2016, doctr. 1330, n° 4, obs. Ph. Simler ; *Defrénois* 2017, 368, obs. Champenois ; *Dr. et patrimoine* févr. 2017, 74, obs. Blanchard ; *D.* 2017, 470, obs. Douchy-Oudot : il résulte de l'article L. 132-16 du Code des assurances que le bénéfice de l'assurance sur la vie contractée par un époux commun en biens en faveur de son conjoint constitue un propre pour celui-ci, peu important que les primes aient été payées par la communauté. Lorsqu'un conjoint survivant, marié sous le régime légal et désigné bénéficiaire en premier lieu de contrats d'assurance-vie, est décédé sans en avoir accepté le bénéfice, l'enfant désigné bénéficiaire en dernier lieu et acceptant est, en application de l'article L. 132-12 du Code des assurances, réputé avoir droit aux sommes stipulées aux contrats à partir du jour de leur souscription. Il en résulte que les dispositions de l'article L. 132-16 du Code des assurances ne sont pas applicables et qu'en vertu de l'article 1437 du Code civil, la succession du souscripteur des contrats est redevable envers la communauté des deniers communs ayant servi à acquitter une charge contractée dans l'intérêt personnel de celui-ci (■ Cass. 1re civ., 22 mai 2007, n° 05-18.516 : *JCP* 2007, I, 208, obs. Tisserand-Martin).

V. R. Cicile, *L'assurance vie dans la dissolution de la communauté* : *AJF* 2009, p. 394.

9) Prestation compensatoire due par un époux à son premier conjoint. La prestation compensatoire due par un époux à sa première épouse constitue pour lui une dette personnelle dont le seul paiement par la communauté ouvre un droit à récompense au profit de celle-ci (■ Cass. 1re civ., 28 mars 2006 : *JurisData* n° 2006-032900 ; *JCP* N 2006, 1234, note Vassaux ; *JCP* G 2006, I, 193 ; *D.* 2006, p. 2069, obs. Revel).

10) Paiement d'une rente viagère grevant une donation-partage. Le paiement, au moyen de deniers communs, d'une rente viagère grevant une donation-partage, qui constitue une simple charge des fruits, n'ouvre pas droit à récompense au profit de la communauté (■ Cass. 1re civ., 15 mai 2008, n° 07-11.460 : *JCP* 2008, I, 202, obs. Tisserand-Martin ; *AJF* 2008, p. 352, obs. Hilt ; *RTD civ.* 2009, p. 160, obs. Vareille).

11) Paiement d'échéances de prêt par l'assureur. Le paiement par les assureurs, au titre de l'invalidité du mari, d'échéances de prêts contractées pour financer la construction d'une maison sur un terrain propre à l'épouse, n'ouvre pas droit à récompense pour la communauté, les sommes n'ayant été versées ni par la communauté ni par un des époux (■ Cass. 1re civ., 12 avr. 2012, n° 11-14.653 : *Bull. civ.* I, n° 94 ; *JCP* G 2012, doctr. 1389, n° 13, obs. Tisserand-Martin ; *JCP* N 2012, 1308, note Barabé-Bouchard).

12) Oubli de récompense. Responsabilité du notaire. Sur l'engagement de la responsabilité du notaire en cas d'oubli de récompenses dues à la communauté par l'ex-épouse, V. ■ Cass. 1re civ., 13 déc. 2012, n° 11-19.098 : *Bull. civ.* I, n° 258, décidant qu'il incombait au notaire, quelles que soient les compétences personnelles des parties, de s'enquérir auprès d'elles du point de savoir si les biens leur revenant en propre avaient été financés, en tout ou partie, par la communauté, et, le cas échéant, de se faire communiquer tout acte utile.

Art. 1438. – **Si le père et la mère ont doté conjointement l'enfant commun sans exprimer la portion pour laquelle ils entendaient y contribuer, ils sont censés avoir doté chacun pour moitié, soit que la dot ait été fournie ou promise en biens de la communauté, soit qu'elle l'ait été en biens personnels à l'un des deux époux.**

Au second cas, l'époux dont le bien personnel a été constitué en dot, a, sur les biens de l'autre, une action en indemnité pour la moitié de ladite dot, eu égard à la valeur du bien donné au temps de la dotation.

Bibliographie : C. Brenner, « La donation de biens communs », *Mélanges en l'honneur de G. Champenois*, Defrénois-Lextenso, 2012, p. 91. • A. Karm, *Donation et régime de communauté : la question des récomepnses : JCP* N 2017, 1324. • D. Epalliy, *La donation de biens communs à un enfant commun : rapport et/ou récompense ? : Dr. famille* 2012, cas pratique 1.

Donation en nue-propriété au profit d'un *enfant de 17 mois.* *Une donation* ne peut être qualifiée de dot qu'à la condition de pourvoir à l'établissement autonome du donataire. Il s'ensuit qu'une donation faite en nue-propriété au profit d'un enfant de 17 mois ne peut s'analyser en une constitution de dot (■ Cass. com., 24 avr. 1990, n° 88-14.365 : *JurisData* n° 1990-701371 ; *Defrénois* 1990, 1081, note Chappert).

Art. 1439 *(Mod., L. n° 85-1372, 23 déc. 1985).* – **La dot constituée à l'enfant commun, en biens de la communauté, est à la charge de celle-ci.**

Elle doit être supportée pour moitié par chaque époux à la dissolution de la communauté, à moins que l'un d'eux, en la constituant, n'ait déclaré expressément qu'il s'en chargerait pour le tout ou pour une part supérieure à la moitié.

> **Rédaction antérieure. Art. 1439. – [...].**
> Elle doit être supportée pour moitié par la femme, à la dissolution de la communauté, à moins que le mari, en la constituant, n'ait déclaré expressément qu'il s'en chargerait pour le tout ou pour une part supérieure à la moitié.

1) Rapport de la libéralité. Il résulte des articles 1438 et 1439 du Code civil que, lorsque deux époux conjointement, ou l'un d'eux avec le consentement de l'autre, ont fait une donation à un enfant commun à l'aide de biens communs, la charge définitive de la libéralité incombe à la communauté, sauf clause particulière stipulant que l'un des époux se chargerait personnellement de la libéralité. Il s'ensuit qu'à défaut d'une telle stipulation, l'enfant doit rapporter cette libéralité pour moitié à la succession de son père et pour moitié à celle de sa mère (■ Cass. 1re civ., 22 juin 2004 : n° 01-18.030 ; *Dr. famille* 2004, 205, note Beignier ; *JCP* 2005, I, 187, n° 12, obs. Le Guidec ; *JurisData* n° 2004-024256 ; *Bull. civ.* I, n° 173, p. 144 ; *RTD civ.* 2005, 171, obs. Vareille. – Dans le même sens, ■ Cass. 1re civ., 18 janv. 2012, n° 11-12.863 : *Bull. civ.* I, n° 8 ; *Dr. famille* 2012, comm. 50, obs. Beignier).

2) Absence de récompense. Sur ce que la seule présence passive de l'épouse à l'acte notarié et l'absence d'opposition de sa part, lors d'une donation de revenus non économisés au profit d'enfants communs, vaut consentement à la donation et, partant, dispense de récompense au profit de la communauté, V. ■ Cass. 1re civ., 1er févr. 2017, n° 16-11.599 : *AJF* 2017, 305, obs. Hilt ; *RTD civ.* 2017, 371, obs. Hauser et 711, 712, 713, 714, 715, obs. Vareille ; A. Karm, « *Donation et régime de communauté : la question des récompenses* » : *JCP* N 2017, 1324.

Art. 1440. – La garantie de la dot est due par toute personne qui l'a constituée ; et ses intérêts courent du jour du mariage, encore qu'il y ait terme pour le paiement, s'il n'y a stipulation contraire.

Section III. – De la dissolution de la communauté

§ 1. – Des causes de dissolution et de la séparation des biens

Art. 1441 *(Mod., L. n° 77-1447, 28 déc. 1977).* **– La communauté se dissout :**

1° Par la mort de l'un des époux ;
2° par l'absence déclarée ;
3° par le divorce ;
4° par la séparation de corps ;
5° par la séparation de biens ;
6° par le changement du régime matrimonial.

Art. 1442 *(L. n° 65-570, 13 juill. 1965 ; mod., L. n° 85-1372, 23 déc. 1985 ; L. n° 2004-439, 26 mai 2004).* **– Il ne peut y avoir lieu à la continuation de la communauté, malgré toutes conventions contraires.**

Les époux peuvent, l'un ou l'autre, demander, s'il y a lieu, que, dans leurs rapports mutuels, l'effet de la dissolution soit reporté à la date où ils ont cessé de cohabiter et de collaborer.

Bibliographie : J.-L. Puygauthier, *La séparation de fait et la super rétroactivité de la dissolution de la communauté : JCP* N 2004, 1172. ● V. Brémond, *La notion de collaboration conjugale au sens des articles 262-1 et 1442 du Code civil : D.* 2013, 2408.

1) Office du juge. La faculté de demander que l'effet de la dissolution de la communauté soit reporté à la date de la cessation de la cohabitation ou de la collaboration appartient à l'époux, le juge n'ayant pour mission que de contrôler si les conditions exigées pour l'application de l'article 1442, al. 2, sont réunies (■ Rennes, 8 janv. 1968 : *Defrénois* 1970, 1190, note Massip). Manque de base légale l'arrêt qui rejette la demande de report du mari en retenant qu'il ne précise pas les raisons de sa demande et qu'on ne voit pas l'intérêt d'une telle requête qui apparaît suspecte (■ Cass. 2e civ., 9 oct. 1996, n° 94-14.456 : *JurisData* n° 1996-003686 ; *JCP* 96, IV, 2315 ; *Bull. civ.* II, n° 225, p. 139 ; *RTD civ.* 1997, 108, obs. Hauser ; *Dr. famille* 1997, 12, note Lécuyer ; *Defrénois* 1997, 988, obs. Massip). Sur la nécessité pour le juge de relever les éléments justifiant la réalité de la cohabitation ou de la collaboration des époux après leur séparation de fait, V. ■ Cass. 1re civ., 5 juill. 2001 : *Dr. famille*

2001, 109, 1er arrêt, note Lécuyer ; *JurisData* n° 2001-010759.

2) Demande faite après le jugement de divorce. Sauf convention contraire, la demande peut être faite, après le jugement de divorce, au cours des opérations de liquidation (■ Cass. 2e civ., 7 déc. 1994, n° 92-13.465 : *JCP* 95, IV, 352 ; *Bull.* II, n° 255, p. 149 ; *Gaz. Pal.* 1996, 1, somm. 235, obs. Massip). Si le jugement de divorce, même irrévocable, ne contient aucune disposition sur le report de la date de ses effets dans les rapports entre époux, en ce qui concerne leurs biens, la demande peut en être faite au cours de l'instance ultérieure en liquidation relevant de la compétence du tribunal de grande instance (■ Cass. 1re civ., 19 févr. 2002 : *JCP* 2002, IV, 1565 ; *JurisData* n° 2002-012986 ; *Bull. civ.* I, n° 61, p. 46 ; *Dr. famille* 2002, 69, note Lécuyer ; *D.* 2002, somm. 2445, 2e esp., obs. Brémond ; *Defrénois* 2002, 686, obs. Massip).

3) Cessation de la collaboration. Sur le fait que la cessation de la cohabitation fait présumer la cessation de la collaboration et qu'il incombe à celui qui s'oppose au report de la date de dissolution de prouver que des actes de collaboration ont eu lieu postérieurement à la cessation de la cohabitation des époux, V. ■ Cass. 1re civ., 31 mars 2010, n° 08-20.729 : *JurisData* n° 2010-002931 ; *Bull. civ.* I, n° 80 ; *JCP* 2010, 410, obs. Bosse-Platière et 911, note Favier ; *Defrénois* 2010, 1365, obs. Massip ; *RTD civ.* 2010, 313, obs. Hauser ; *Dr. famille* 2010, comm. 74, Larribeau-Terneyre. – *Adde*, ■ Cass. 1re civ., 17 déc. 2008, n° 07-21.837 : *JurisData* n° 2008-046347 ; *RTD civ.* 2009, 103, obs. Hauser. ■ Cass. 1re civ., 16 juin 2011, n° 10-21.438 : *Bull. civ.* I, n° 113. ■ Cass. 1re civ., 14 mars 2012, n° 11-13.954 : *Bull. civ.* I, n° 55 ; *RTD civ.* 2012, 298, obs. Hauser.

L'existence de relations patrimoniales entre les époux, résultant d'une volonté commune, allant au-delà des obligations découlant du mariage ou du régime matrimonial, caractérise le maintien de la collaboration des époux (■ Cass. 1re civ., 24 oct. 2012, n° 11-30.522 : *Bull. civ.* I, n° 210 ; *RTD civ.* 2013, 99, obs. Hauser ; *JCP* 2013, doctr. 721, n° 12, obs. Tisserand-Martin ; *D.* 2013, 798, obs. Douchy-Oudot : achats de biens immobiliers et emprunts contractés après la séparation des époux). Dans le même sens, ■ Cass. 1re civ., 17 nov. 2010, n° 09-68.292 : *Bull. civ.* I, n° 235 ; *JCP* 2011, doctr. 503, n° 11, obs. Tisserand-Martin ; *D.* 2011, 351, note Bonnet et 662, obs. Auroy et Creton ; *Defrénois* 2011, 828, obs. Massip (époux coemprunteurs du prêt destiné à financer les travaux d'amélioration de l'appartement acquis par le mari). En revanche, la collaboration ne peut se déduire du fait de verser quelques subsides pour l'entretien de la femme et des enfants (■ Cass. 1re civ., 28 févr. 1978, n° 76-13.935 : *JurisData* n° 1978-799079 ; *JurisData* n° 1978-700079 ; *JCP* 79, II, 19105, note Le Guidec ; *D.* 1979, 597, note Foulon-Piganiol) ou de payer des dettes communes (■ Cass. 2e civ., 7 oct. 1999, n° 98-12.824 : *Bull. civ.* II, n° 153, p. 107 ; *Dr. famille* 2000, 37, note Lécuyer ; *JCP* 2000, I, 245, n° 21, obs. Tisserand ; *RTD civ.* 2000, 93, obs. Hauser. V. aussi ■ Cass. 2e civ., 10 oct. 2002, n° 00-19.729 : *Bull. civ.* II, n° 210, p. 166. ■ Cass. 2e civ., 28 nov. 2002, n° 01-12.919 : *D.* 2003, somm. 1871, obs. Brémond), ni de l'ingérence de l'épouse dans les affaires de la société commune (■ Cass. 2e civ., 13 janv. 1993, n° 91-10.132 : *JurisData* n° 1993-000054 ; *JCP* 93, IV, 645 ; *RTD civ.* 1993, 337, obs. Hauser. Comp., mettant l'accent sur l'élément intentionnel, ■ Cass. 2e civ., 19 févr. 1997, n° 95-17.002 : *JurisData* n° 1997-000733 ; *Dr. famille* 1997, 102, note Lécuyer ; *Defrénois* 1998, 1164, note Brémond. ■ Cass. 1re civ., 3 nov. 2004 : *JCP* N 2005, 1451, note Brémond), ni de l'existence d'une relation de travail salariée entre la femme et son mari (■ Dijon, 1er sept. 2005, n° 04/02094 : *JurisData* n° 2005-281926 ; *Dr. famille* 2006, 3, note Larribau-Terneyre).

Le statut de conjoint collaborateur ne suffit pas justifier de la réalité de la collaboration des époux après la date de leur séparation de fait (■ Cass. 1re civ., 8 juill. 2010, n° 09-12.238 : *Bull. civ.* I, n° 164 ; *JCP* 2011, 29, obs. Coutant-Lapalus ; *RTD civ.* 2010, 769, obs. Hauser ; *Dr. famille* 2010, comm. 147, Larribeau-Terneyre).

4) Imputation de la séparation. L'absence de demande reconventionnelle de la femme ne retire pas le caractère fautif au départ du mari ayant quitté le domicile conjugal pour aller vivre avec sa maîtresse (■ Cass. 1re civ., 28 févr. 1978 : *JCP* 79, II, 19105, note Le Guidec ; *D.* 1979, 597, note Foulon-Piganiol). Dès lors que la séparation est imputable à la femme, il importe peu que le mari ne lui ait pas fait de reproche et n'ait pas engagé de procédure de divorce (■ Cass. 1re civ., 25 juin 1998 : *JCP* 98, IV, 2849 ; *Bull. civ.* II, n° 234, p. 139 ; *Dr. famille* 1998, 156, note Beignier ; *RJPF* 1999-1/42, obs. Vauvillé ; *Defrénois* 1999, 430, obs. Champenois ; *RTD civ.* 1999, 175, obs. Vareille).

5) Torts de séparation et torts du divorce. Les juges peuvent se fonder sur les motifs du jugement de divorce des époux pour apprécier si les conditions d'application des articles 262-1 et 1442 sont remplies (■ Cass. 1re civ., 14 mars 1995, n° 93-12.028 : *JurisData* n° 1995-000601 ; *Bull. civ.* I, n° 123, p. 88 ; *D.* 1996, somm. 66, obs. Blary-Clément ; *RTD civ.* 1996, 136, obs. Hauser). Mais ne donne pas de base légale à sa décision la cour d'appel qui retient qu'il n'est pas possible, en cas de divorce demandé par un époux et accepté par l'autre, de rechercher à qui incombe à titre principal les torts de la séparation, confondant ainsi les torts à l'origine de la séparation avec les torts causes du divorce (■ Cass. 1re civ., 6 mai 2003 : *JurisData* n° 2003-018906 ; *JCP* 2003, IV, 2139 ; *Bull. civ.* I, n° 104, p. 81 ; *D.* 2004, 237, concl. Sainte-Rose ; *RTD civ.* 2003, 484, obs. Hauser ; *Defrénois* 2003, 1490, obs. Massip).

6) Héritiers. Les ayants cause universels sont aux droits de leurs auteurs et peuvent donc, par principe, invoquer à leur profit tous les droits de ces derniers, dont par exemple le bénéfice du report des effets de la dissolution de la communauté selon l'article 1442, al. 2 (■ TGI Marseille, 9 juill. 1973 : *D.* 1974, 71, note Massip. – *Contra* ■ TGI Paris, 18 juin 1970 : *JCP* 70, II, 16519 ; *D.* 1971, 216, note Massip. Comp. ■ Cass. 2e civ., 25 juin 1998, préc., admettant le report à la demande de la fille de l'épouse sans discuter la recevabilité de l'action).

7) Usage d'un bien indivis par un époux pendant la séparation de fait. En conséquence de l'application de l'article 1442, al. 2, l'époux responsable de la cessation de la cohabitation et collaboration peut être redevable d'une indemnité à compter du point de départ de la dissolution pour avoir occupé seul un immeuble commun (■ TGI Paris, 27 nov. 1973 : *D.* 1974, 548, note Massip).

8) Appréciation de la valeur des biens. Les articles 262-1 et 1442 ne concernent que la date à laquelle la consistance de la communauté doit être déterminée et non celle de l'évaluation des biens communs, qui doit être faite au jour le plus proche du partage (■ Cass. 1re civ., 11 oct. 1989, n° 88-14.445 : *JurisData* n° 1989-703531 ; *JCP* 89, IV, 394 ; *Bull. civ.* I, n° 312, p. 207 ; *Defrénois* 1990, 877, obs. Champenois).

9) Report conventionnel de la date de dissolution. Après la dissolution du mariage, les ex-conjoints peuvent liquider comme ils l'entendent leur régime matrimonial et passer à cet effet toutes conventions transactionnelles, sous réserve de la faculté d'opposition ouverte aux créanciers par l'article 882 (■ Cass. 1re civ., 9 mars 1994, n° 92-13.455 : *Bull. civ.* I, n° 90, p. 69 ; *JCP* 94, I, 3785, n° 7, obs. Tisserand ; *Defrénois* 1994, 1536, obs. Champenois. V. aussi ■ Cass. 1re civ., 11 juin 2003, n° 99-14.612 : *JurisData* n° 2003-019366 ; *Dr. famille* 2003, 101, note Lécuyer, et 133, note Beignier ; *Bull. civ.* I, n° 141, p. 110. V. cependant, censurant l'affirmation d'une cour d'appel selon laquelle l'absence de contrat préalable au mariage ne prive pas le couple du choix conventionnel de la séparation de biens, ■ Cass. 1re civ., 8 janv. 2002, n° 99-13.725 : *JurisData* n° 2002-012477 ; *D.* 2002, somm. 2446, obs. Revel).

Art. 1443. – **Si par le désordre des affaires d'un époux, sa mauvaise administration ou son inconduite, il apparaît que le maintien de la communauté met en péril les intérêts de l'autre conjoint, celui-ci peut poursuivre la séparation de biens en justice.**

Toute séparation volontaire est nulle.

1) Liquidation judiciaire. La liquidation judiciaire du mari ne peut faire obstacle à la demande en séparation de biens présentée par son épouse (■ Cass. 1re civ., 3 mai 2000, n° 98-10.727 : *JurisData* n° 2000-001681 ; *JCP* G 2000, II, 10389, I, 309, n° 9, obs. Tisserand ; *JCP* E 2000, 1714, note Casey ; *Bull. civ.* I, n° 127, p. 86 ; *Dr. famille* 2000, 98, note Beignier). Mais elle n'établit pas à elle seule la mise en péril des intérêts de celle-ci (■ Cass. 1re civ., 19 oct. 2004 : *JCP* 2004, IV, 3292 ; *JurisData* n° 2004-025266 ; *Bull. civ.* I, n° 231, p. 193 ; *D.* 2005, somm. 2115, obs. Revel).

2) Preuve à rapporter. La femme doit être déboutée de sa demande si elle n'apporte pas la preuve de la mauvaise administration par le mari de ses affaires, mettant en péril ses intérêts (■ Rennes, 31 mai 2001 : *JCP* 2002, IV, 1084 ; *JurisData* n° 2001-151153, difficultés financières du mari entrepreneur s'expliquant par l'incendie du Parlement de Bretagne, communauté excédentaire).

3) Prêt sans intérêt de l'argent commun. Le prêt sans intérêt de l'argent commun consenti par le mari à sa maîtresse constitue une mauvaise administration ainsi qu'une inconduite mettant en péril les intérêts de son conjoint (■ Bordeaux, 22 oct. 2002 : *JurisData* n° 2002-193961 ; *JCP* 2003, IV, 2188).

Art. 1444. – **La séparation de biens, quoique prononcée en justice, est nulle si les poursuites tendant à liquider les droits des parties n'ont pas été commencées dans les trois mois du jugement passé en force de chose jugée et si le règlement définitif n'est pas intervenu dans l'année de l'ouverture des opérations de liquidation. Le délai d'un an peut être prorogé par le président du tribunal statuant dans la forme des référés.**

1) Action ouverte à chacun des époux. L'action en nullité de la séparation de biens judiciaire étant ouverte, à chacun des époux, cette action est ouverte à l'époux qui a sollicité une telle mesure dès lors que le dépassement des délais ne lui est pas exclusivement imputable (■ Cass. 1re civ., 4 juin 2009, n° 07-21.702 : *Bull. civ.* I, n° 121 ; *JCP* 2009, I, n° 44, 391, obs. Tisserand-Martin).

2) Séparation de biens résultant d'un contrat homologué par justice. L'article 1444 n'est pas applicable lorsque l'adoption du régime de séparation de biens au cours du mariage résulte d'un contrat homologué par justice conformément à l'article 1397 (■ Cass. 1re civ., 9 oct. 1979, n° 78-13.757 : *JurisData* n° 1979-000237 ; *Bull. civ.* I, n° 237, p. 190).

3) Indifférence de la date de naissance de la créance. La nullité prévue par l'article 1444 peut être invoquée par tous les créanciers quelle que soit la date à laquelle leur créance a pris naissance (■ Cass. 1re civ., 12 janv. 1988, n° 86-13.203 : *JurisData* n° 1988-000387 ; *Bull. civ.* I, n° 6, p. 5).

4) Indifférence de la bonne foi des époux. L'article 1444 pose comme seule condition de la nullité le non-respect des délais qu'il édicte et n'implique pas l'existence d'une collusion frauduleuse des époux (■ Cass. 1re civ., 11 oct. 1989, n° 88-14.439 : *JurisData* n° 1989-703115 ; *JCP* 89, IV, 395 ; *Bull. civ.* I, n° 318, p. 211).

Art. 1445 *(Mod., Ord. n° 2005-428, 6 mai 2005)*. **– La demande et le jugement de séparation de biens doivent être publiés dans les conditions et sous les sanctions prévues par le Code de procédure civile.**

Le jugement qui prononce la séparation de biens remonte, quant à ses effets, au jour de la demande.

Il sera fait mention du jugement en marge de l'acte de mariage ainsi que sur la minute du contrat de mariage.

Voir : sur les mentions au registre du commerce et des sociétés, D. n° 84-406, 30 mai 1984, art. 8, A, 4°.

Art. 1446. – Les créanciers d'un époux ne peuvent demander de son chef la séparation de biens.

Art. 1447. – Quand l'action en séparation de biens a été introduite, les créanciers peuvent sommer les époux par acte d'avocat à avocat de leur communiquer la demande et les pièces justificatives. Ils peuvent même intervenir à l'instance pour la conservation de leurs droits.

Si la séparation a été prononcée en fraude de leurs droits, ils peuvent se pourvoir contre elle par voie de tierce opposition, dans les conditions prévues au Code de procédure civile.

Procédure collective. Le droit exclusif que l'article L. 621-39 du Code de commerce, dans sa rédaction issue de la loi du 10 juin 1994, confère au représentant des créanciers pour agir au nom et dans l'intérêt de ceux-ci ne fait pas obstacle à ce qu'un créancier exerce la tierce opposition ouverte par l'article 1447 du Code civil contre le jugement qui prononce la séparation des biens des époux, s'il a été porté atteinte à ses droits ; lorsque des créanciers d'un époux forment tierce opposition à l'encontre d'un jugement de séparation de biens en arguant de fraude l'acte, consécutif à cette décision, de liquidation et partage de la communauté, il leur incombe de démontrer le caractère frauduleux des modalités de l'acte (■ Cass. 1re civ., 19 mars 2014, nos 11-22.194 et 12-28.921 : *Bull. civ.* I, n° 48 ; *JCP* G 2014, doctr. 668, n° 17, obs. Tisserand-Martin ; *Gaz. Pal.* 19 sept. 2014, 26, obs. Casey ; *D.* 2014, 1478, obs. Darret-Courgeon).

Art. 1448. – L'époux qui a obtenu la séparation de biens doit contribuer, proportionnellement à ses facultés et à celles de son conjoint, tant aux frais du ménage qu'à ceux d'éducation des enfants.

Il doit supporter entièrement ces frais, s'il ne reste rien à l'autre.

Application de l'article 214. Sur le principe que l'époux qui a obtenu la séparation de biens demeure tenu de la contribution aux charges du mariage, V. ■ Cass. 1re civ., 16 juill. 1998, n° 96-17.414 : *JurisData* n° 1998-003250 ; *Dr. famille* 1998, 129, note Lécuyer.

Art. 1449 *(Mod., L. n° 85-1372, 23 déc. 1985)*. **– La séparation de biens prononcée en justice a pour effet de placer les époux sous le régime des articles 1536 et suivants.**

Le tribunal, en prononçant la séparation, peut ordonner qu'un époux versera sa contribution entre les mains de son conjoint, lequel assumera désormais seul à l'égard des tiers le règlement de toutes les charges du mariage.

Rédaction antérieure. Art. 1449. – [...].

Le tribunal, en prononçant la séparation à la demande de la femme, peut ordonner que le mari versera sa contribution entre les mains de celle-ci, laquelle assumera désormais, à l'égard des tiers, le règlement de toutes les charges du mariage.

Art. 1450 *(Dénum., L. n° 2004-439, 26 mai 2004)*. **– V. art. 265-2.**

Art. 1451 *(L. n° 75-617, 11 juill. 1975 ; mod., L. n° 2004-439, 26 mai 2004)*. **– Les conventions passées en application de l'article 265-2 sont suspendues, quant à leurs effets, jusqu'au prononcé du divorce ; elles ne peuvent être exécutées, même dans les rapports entre époux, que lorsque le jugement a pris force de chose jugée.**

L'un des époux peut demander que le jugement de divorce modifie la convention si les conséquences du divorce fixées par ce jugement remettent en cause les bases de la liquidation et du partage.

Date de jouissance divise antérieure au prononcé du divorce. Si l'exécution du partage résultant d'une convention de liquidation anticipée reste subordonnée au prononcé du divorce, lorsque celui-ci est intervenu, chacun des copartagés doit être considéré comme ayant eu la propriété exclusive des biens qui lui seront attribués à compter du jour fixé pour la jouissance divise, peu important que cette date soit antérieure au prononcé du divorce (■ Cass. 1re civ., 26 juin 2013, n° 12-13.361 : *Bull. civ.* I, n° 135 ; *JCP* G 2013, doctr. 1323, n° 15, obs. Tisserand-Martin ; *Gaz. Pal.* 28 août 2013, p. 38, obs. Casey ; *Gaz. Pal.* 30 mars 2014, p. 21, obs. Murat).

Art. 1452 à 1466 *(Abr., L. n° 65-570, 13 juill. 1965).*

§ 2. – De la liquidation et du partage de la communauté

Art. 1467. – La communauté dissoute, chacun des époux reprend ceux des biens qui n'étaient point entrés en communauté, s'ils existent en nature, ou les biens qui y ont été subrogés.

Il y a lieu ensuite à la liquidation de la masse commune, active et passive.

Art. 1468. – Il est établi, au nom de chaque époux, un compte des récompenses que la communauté lui doit et des récompenses qu'il doit à la communauté, d'après les règles prescrites aux sections précédentes.

1) **Prise en compte du seul reliquat du compte après la dissolution.** Il résulte de l'article 1468 que les récompenses constituent les éléments d'un compte unique et indivisible dont le reliquat après la dissolution du régime est seul à considérer, et les époux ne peuvent donc être obligés de payer ces récompenses pendant la durée de la communauté (■ Cass. 1re civ., 14 mars 1984, n° 82-16.638 : *JurisData* n° 1984-700701 ; *Bull. civ.* I, n° 96, p. 80 ; *D.* 1984, inf. rap. 476, 2e esp., obs. Martin).

2) **Poursuites par les créanciers d'un époux (non).** La récompense éventuellement due à la communauté par l'épouse, ne pouvant être déterminée qu'après la dissolution de la communauté et entrant dans un compte unique et indivisible, est indisponible et ne peut faire l'objet d'une saisie (■ Cass. 1re civ., 18 déc. 1990, n° 89-10.188 : *Bull. civ.* I, n° 293, p. 205 ; *Defrénois* 1991, 1171, note X. Savatier ; *RTD civ.* 1991, 786, obs. Lucet et Vareille).

3) **Prescription du droit à récompense (non).** Le droit à récompense, qui s'exerce à l'occasion du partage, ne peut se prescrire tant que le partage ne peut être demandé (■ Cass. 1re civ., 28 avr. 1986, n° 84-16.820 : *JurisData* n° 1986-000753 ; *D.* 1987, 324, 3e esp., note Morin).

4) **Omission d'une récompense.** L'omission d'une récompense dans l'état liquidatif annexé à la convention définitive homologuée autorise une demande ultérieure en partage complémentaire et justifie la mise en œuvre de la responsabilité du notaire, quelles que soient les compétences personnelles des parties (■ Cass. 1re civ., 13 déc. 2012, n° 11-19.098 : *Bull. civ.* I, n° 258 ; *RTD civ.* 2013, 657, obs. Vareille ; *JCP* 2013, doctr. 721, n° 17, obs. Tisserand-Martin ; *JCP* N 2013, 1101, note Nicod ; *Defrénois* 2013, 413, note Massip).

Art. 1469 *(Mod., L. n° 85-1372, 23 déc. 1985).* **– La récompense est, en général, égale à la plus faible des deux sommes que représentent la dépense faite et le profit subsistant.**

Elle ne peut, toutefois, être moindre que la dépense faite quand celle-ci était nécessaire.

Elle ne peut être moindre que le profit subsistant, quand la valeur empruntée a servi à acquérir, à conserver ou à améliorer un bien qui se retrouve, au jour de la liquidation de la communauté, dans le patrimoine emprunteur. Si le bien acquis, conservé ou amélioré a été aliéné avant la liquidation, le profit est évalué au jour de l'aliénation ; si un nouveau bien a été subrogé au bien aliéné, le profit est évalué sur ce nouveau bien.

> **Rédaction antérieure. Art. 1469. – [...].**
> Et elle ne peut être moindre que le profit subsistant, quand la valeur empruntée a servi à acquérir, à conserver ou à améliorer un bien qui se retrouve, au jour de la dissolution de la communauté, dans le patrimoine emprunteur. Si le bien acquis, conservé ou amélioré a été aliéné pendant la communauté, le profit est évalué au jour de l'aliénation ; si un nouveau bien a été subrogé au bien aliéné, le profit est évalué sur ce nouveau bien.

Bibliographie : C. Philippe, *La récompense retrouve son sens originaire de juste indemnisation : Rev. Lamy dr. civ.* 2008, p. 45. • D.-R. Martin, *Des règlements liquidatifs entre époux* in *Mélanges Champenois : Defrénois* 2012, 601. • J.-D. Sarcelet, *Le divorce à l'heure des récompenses* in *Mélanges Champenois : Defrénois*, 2012, 759. • P. Simler, *Brèves réflexions sur le* *calcul des récompenses en cas de remboursement d'emprunt, Mélanges en l'honneur du professeur R. Le Guidec*, LexisNexis 2014. • B. Vareille, *Brèves réflexions critiques à propos de l'article 1469 du Code civil, Mélanges en l'honneur du professeur R. Le Guidec*, LexisNexis, 2014.

I – PRINCIPES

1) Caractère impératif des règles relatives aux récompenses. Les dispositions de la loi du 13 juill. 1965 en matière de calcul des récompenses (C. civ., art. 1469 et s.) n'ont pas un caractère d'ordre public. En conséquence, les clauses conventionnelles adoptées à cette fin doivent continuer de recevoir application dans les liquidations des communautés (▪ Paris, 27 janv. et 1er mars 1976 : *JurisData* n° 1976-625208 ; *JCP* 79, II, 19194, note Patarin, 2e et 3e esp. – V. aussi ▪ Lyon, 4 oct. 1978 : *JurisData* n° 1978-600195 ; *JCP* 80, II, 19443, note Le Guidec). Mais, en l'absence de changement de régime matrimonial, la convention passée par des époux avant leur demande en divorce et tendant à modifier le calcul des récompenses est nulle (▪ Cass. 1re civ., 28 juin 1983 : *Bull. civ.* I, n° 190, p. 167 ; *D.* 1984, 254, note Morin ; *JCP* 85, II, 20330, note Pillebout).

2) Évaluation par le juge. Viole l'article 4 du Code civil et méconnaît son office la cour d'appel qui s'en remet au notaire liquidateur alors qu'il lui appartenait de vérifier elle-même les éléments de preuve et d'évaluer elle-même le montant de la récompense (▪ Cass. 1re civ., 16 avr. 2008, n° 07-12.224 : *JCP* 2008, I, 202, obs. Tisserand-Martin ; *Defrénois* 2008, art. 38854-3, p. 2199, obs. Champenois).

3) Preuve. Celui qui prétend à récompense au profit de la communauté en raison de travaux effectués pendant le mariage sur un immeuble propre doit faire la preuve des travaux allégués (▪ Cass. 1re civ., 25 oct. 1972, n° 71-12.899 : *JurisData* n° 1972-000218 ; *Bull. civ.* I, n° 218, p. 190). La récompense est fondée sur le simple fait qu'un patrimoine a reçu un certain prix qui constitue son profit et ce fait peut être prouvé par tous moyens de droit (▪ Cass. 1re civ., 5 févr. 1980, n° 79-10.396 : *JurisData* n° 1980-000041 ; *Bull. civ.* I, n° 41, p. 35).

4) Origine des deniers ayant servi à l'amélioration. Il résulte de l'article 1402, al. 1er, que la communauté qui prétend avoir droit à récompense n'a pas à établir le caractère commun des deniers qui ont servi à acquitter une dette personnelle à l'un des époux, lesdits deniers étant, en application de ce texte, réputés communs sauf *preuve contraire* (▪ *Cass.* 1re civ., 7 juin 1988, n° 86-14.471 : *JCP* 89, II, 21341, note Simler).

5) Bien acquis avant le mariage. L'article 1469, al. 3, ne distingue pas selon que le bien a été acquis avant ou pendant le mariage, dès lors que le prix ou le remboursement du prêt contracté en vue de le payer a été réglé au cours du régime et de deniers communs (▪ Cass. 1re civ., 5 nov. 1985, n° 84-12.572 : *Bull. civ.* I, n° 284, p. 254 ; *D.* 1987, 26, note Le Guidec. ▪ Cass. 1re civ., 25 mai 1992, n° 90-18.931 : *JurisData* n° 1992-001283 ; *Bull. civ.* I, n° 155, p. 106). Mais l'appartement acquis antérieurement au mariage et appartenant indivisément aux époux n'est pas un bien commun, d'où il suit que la partie du prix payée par la femme avant le mariage pour le compte du mari constitue pour elle une créance qui n'est pas une récompense soumise à réévaluation (▪ Cass. 1re civ., 22 juill. 1985, n° 84-14.173 : *JurisData* n° 1985-701881 ; *Bull. civ.* I, n° 234, p. 208).

6) Prise en compte des revenus des biens dont la communauté a joui (non). L'article 1469 ne prévoit pas que la somme calculée selon les modalités qu'il édicte puisse faire l'objet d'une diminution. Il n'y a donc pas à tenir compte, pour le calcul de la récompense due à la communauté, des revenus dont elle a joui du fait de l'usage du bien propre (▪ Cass. 3e civ., 21 janv. 1987, n° 85-11.242 : *JurisData* n° 1987-000284 ; *D.* 1987, 324, 1re esp., note crit. Morin).

7) Intérêts d'un emprunt ayant servi à l'acquisition d'un propre. La communauté, à laquelle sont affectés les fruits et revenus des propres, doit supporter les dettes qui sont la charge de la jouissance de ces biens. Dès lors, le remboursement des intérêts d'un emprunt souscrit pour l'acquisition d'un bien propre ne donne pas droit à récompense au profit de la communauté (▪ Cass. 1re civ., 31 mars 1992, n° 90-17.212 : *JurisData* n° 1992-000856 ; *Bull. civ.* I, n° 96, p. 64 ; *JCP* N 92, II, 333 ; *JCP* G 93, II, 22003, note Pillebout et 22041, note Tisserand ; *RTD civ.* 1993, 401, obs. Lucet et Vareille. V. aussi pour l'emprunt ayant permis de régler le solde d'une soulte due par un époux ayant reçu un immeuble en donation-partage ▪ Cass. 1re civ., 14 mai 1996, n° 93-19.272 : *JurisData* n° 1996-005450 ; *JCP* 96, I, 3962, n° 15, obs. Tisserand ; *Defrénois* 1996, 1442, obs. Champenois ; *RTD civ.* 1998, 969, obs. Vareille).

8) Paiement d'une rente viagère grevant une donation-partage. Le paiement, au moyen de deniers communs, d'une rente viagère grevant une donation-partage, qui constitue une simple charge des fruits, n'ouvre pas droit à récompense au profit de la communauté (▪ Cass. 1re civ., 15 mai 2008, n° 07-11.460 : *JCP* 2008, I, 202, obs. Tisserand-Martin ; *AJF* 2008, p. 352, obs. Hilt).

9) Vente de biens propres. Les deniers provenant de la vente d'un propre n'ayant pas reçu d'affectation particulière, la récompense est égale au montant de ces sommes (■ Cass. 1re civ., 3 déc. 1996, n° 95-12.844 : *JurisData* n° 1996-004744 ; *JCP* 97, I, 4047, n° 21, obs. Tisserand ; *Dr. famille* 1997, 18, note Beignier). V., cependant, concernant la preuve du profit retiré par la communauté, la jurisprudence citée sous art. 1433, note n° 4, p. 1297. Au cas où le produit de la vente de biens propres a été utilisé au profit de la communauté, la récompense doit être déterminée en ayant égard au caractère nécessaire des dépenses et à la plus-value apportée par l'aménagement des biens communs (■ Cass. 1re civ., 16 avr. 1991, n° 88-18.530 : *JurisData* n° 1991-704719 ; *JCP* 91, IV, 233 ; *Bull. civ.* I, n° 135, p. 90).

10) Amélioration d'un bien propre. Intérêt du ménage (non). Les juges du fond n'ont pas à rechercher si les travaux d'amélioration de l'immeuble propre, réalisés à l'aide de fonds dépendant de la communauté, ont été faits dans l'intérêt du ménage, mais seulement si lesdites améliorations ont laissé subsister un profit pour le patrimoine de l'époux propriétaire (■ Cass. 1re civ., 19 déc. 1989, n° 88-14.273 : *JurisData* n° 1989-704213 ; *Bull. civ.* I, n° 398, p. 267 ; *Defrénois* 1990, 878, obs. Champenois).

11) Conflit avec les règles d'évaluation de l'article 555, alinéas 2 et 3. Viole les articles 1469, alinéa 3, 1479, alinéa 2, et 1543 du Code civil la cour d'appel qui, pour calculer la créance résultant du financement, par l'époux séparé de biens, de la construction de locaux sur un terrain appartenant à l'épouse qui est ainsi devenue propriétaire par accession, fait application de l'article 555, alinéas 2 et 3, du Code civil (■ Cass. 1re civ., 25 avr. 2006 : *JurisData* n° 2006-033193 ; *JCP* G 2006, I, 193).

12) Règlement d'échéances d'emprunt postérieures à la dissolution. À compter de la dissolution de la communauté, les dispositions relatives aux récompenses sont inapplicables, de sorte que les règlements des échéances des emprunts immobiliers effectués par le mari au cours de l'indivision postcommunautaire donnent lieu à une indemnité calculée selon les modalités prévues *par l'article 815-13 du Code civil* (■ Cass. 1re civ., 28 janv. 2015, n° 13-28.493 : *JCP* 2015, doctr. 709, n° 15, obs. Tisserand-Martin). Dans le même sens, ■ Cass. 1re civ., 13 sept. 2017, n° 16-22.821 : *JCP* G 2017, doctr. 1296, n° 15, obs. Tisserand-Martin. V. aussi ■ Cass. 1re civ., 1er févr. 2017, n° 16-11.599 : *D.* 2017, 351 ; *ibid.* 1213, obs. Bacache, Grynbaum, Noguéro et Pierre ; *AJF* 2017, 305, obs. P. Hilt ; *RTD civ.* 2017, 371, obs. J. Hauser et 711, et 712, 713, 714, 715, obs. B. Vareille, qui, en cas de remboursement d'une partie des échéances de l'emprunt pendant la période d'indivision post-communautaire décide qu'il faut, pour calculer le profit subsistant, rapporter la contribution du patrimoine créancier à la valeur du bien le jour de son acquisition et non à la valeur du bien le jour de la dissolution, qui marque la naissance de l'indivision post-communautaire.

II – DÉPENSE NÉCESSAIRE

13) Notion de dépense nécessaire. Doivent être considérées comme des dépenses nécessaires, même si elles ne sont point destinées à éviter le dépérissement de l'immeuble, celles qui sont indispensables pour assurer son habitabilité (■ Paris, 16 mars 1978 : *JurisData* n° 1978-615217 ; *Defrénois* 1979, 1518, 2e esp., note Morin, installation d'une salle de bains et réfection du chauffage central dans un immeuble destiné à l'habitation d'une famille. V. en ce sens dans la même hypothèse ■ Paris, 14 juin 2001 : *Dr. famille* 2001, 102, 1re esp., note Beignier ; *JurisData* n° 2001-148088. V. aussi ■ Cass. 1re civ., 25 janv. 2000, n° 98-11.836 : *JurisData* n° 2000-000335 ; *JCP* 2000, I, 245, n° 22, obs. Tisserand ; *Defrénois* 2000, 443, obs. Champenois ; *Bull. civ.* I, n° 20, p. 13 ; *RTD civ.* 2000, 616, obs. Vareille, travaux nécessaires à l'habitabilité effectués à l'aide de deniers communs sur un immeuble propre du mari). Jugé que la dépense correspondant à la construction d'une maison destinée au logement de la famille peut être considérée comme nécessaire (■ Cass. 1re civ., 6 mars 2001, n° 98-20.431 : *JurisData* n° 2001-008560 ; *JCP* G 2002, I, 167 et *JCP* N 2002, 1719, n° 11, obs. Tisserand). V. aussi ■ Cass. 1re civ., 15 déc. 2010, n° 09-17.217 : *Bull. civ.* I, 267 ; *RTD civ.* 2011, 380, obs. Vareille ; *JCP* G 2011, doctr. 503, n° 16, obs. Tisserand-Martin (remboursement au cours du mariage de l'emprunt ayant servi à l'acquisition du logement familial). Pour le financement des instruments de travail nécessaires à la profession d'un époux, V. ■ Cass. 1re civ., 14 nov. 2007, n° 05-18.570 : *JCP* 2008, I, 144, obs. Tisserand-Martin. Mais les redevances de télésurveillance de l'immeuble ne constituent pas des dépenses nécessaires à sa conservation (■ Cass. 1re civ., 20 janv. 2004 : *JurisData* n° 2004-021844 ; *JCP* 2004, IV, 1511).

III – PROFIT SUBSISTANT

14) Notion de profit subsistant. Au sens de l'article 1469, le profit subsistant représente l'avantage réellement procuré au fonds emprunteur au jour du règlement de la récompense (■ Cass. 1re civ., 6 nov. 1984, n° 83-15.231 : *JurisData* n° 1984-701721 ; *Bull. civ.* I, n° 293, p. 250 ■ Cass. 1re civ., 3 déc. 2002, n° 00-20.987 : *JurisData* n° 2002-016832 ; *JCP* 2003, I, 158, n° 16, obs. Tisserand. Pour un exemple d'absence de profit subsistant dans le cas de travaux rendus nécessaires pour assurer l'habitabilité de l'immeuble V. ▪ Cass. 1re civ., 25 janv. 2000, préc.).

15) Combinaison des alinéas 2 et 3 de l'article 1469. Sur la nécessité de prendre en compte en cas de dépense nécessaire ayant contribué à l'acquisition d'un bien la plus forte des deux sommes que constituent le profit subsistant et la dépense faite, V. ▪ Cass. 1re civ., 15 déc. 2010, n° 09-17.217 : *Bull. civ.* I, n° 267 ; *JCP* G 2011, doctr. 503, n° 15, obs. Tisserand-Martin ; *Gaz. Pal.* 4 févr. 2011, 41, obs. Casey).

16) Date d'évaluation du profit subsistant. En cas d'acquisition d'un bien commun à l'aide de deniers propres, le profit subsistant doit être calculé compte tenu de la valeur du bien, fixée au jour de la liquidation de la communauté (▪ Cass. 1re civ., 25 juin 1991, n° 90-10.321 : *JurisData* n° 1991-002019 ; *Bull. civ.* I, n° 206, p. 135 ; *D.* 1992, somm. 223, obs. Grimaldi).

17) Détermination du profit subsistant. Principes. Pour déterminer le montant de la récompense due à la communauté à raison des dépenses nécessaires à la conservation d'un immeuble propre à un époux et des dépenses utiles d'amélioration, il convient de rechercher si, à la date des opérations d'évaluation, les dépenses de conservation et d'amélioration faites par la communauté ont laissé un profit pour le patrimoine propre de l'époux. Le montant de ce profit ne peut être calculé qu'en comparant la valeur actuelle de l'immeuble à celle qui aurait été la sienne si les travaux de conservation ou d'amélioration n'avaient pas été réalisés ou, s'agissant de travaux qui doivent être périodiquement renouvelés (travaux de ravalement, réfection de toiture), à celle qu'il aurait eue s'ils devaient être actuellement entrepris (▪ Paris, 17 mai 1977 : *JurisData* n° 1977-615209 ; *Defrénois* 1979, 1518, 1re esp., note Morin). S'agissant d'une construction édifiée sur un terrain propre, la récompense due à la communauté est égale non pas à la valeur du bien construit, mais à la plus-value procurée par la construction au fonds sur lequel elle est implantée, c'est-à-dire à la valeur de l'ensemble diminuée de la valeur du terrain (▪ Cass. 1re civ., 6 juin et 9 oct. 1990, n° 88-19.997 : *JurisData* n° 1990-702561 ; *JCP* 91, II, 21652, note Pillebout ; *RTD civ.* 1991, 591, obs. Lucet et Vareille. V. encore, ▪ Cass. 1re civ., 10 mai 2006 : *JurisData* n° 2006-033432 et n° 2006-033428 ; *JCP* G 2006, I, 193. – V. aussi, ▪ Cass. 1re civ., 14 mai 2014, n° 13-16.721 : *JCP* G 2014, doctr. 1265, n° 11, obs. Tisserand-Martin. . V. aussi, ▪ Cass. 1re civ., 4 mai 2017, n° 16-17.835 : *JCP* G 2017, doctr. 1296, n° 13, obs. Tisserand-Martin, édification de la maison sur le terrain commencée avant le mariage, prise en compte de la valeur de l'immeuble en l'état d'une construction partiellement réalisée). Il convient pour l'évaluation du profit subsistant de tenir compte de la consistance du bien antérieurement aux travaux qui ouvrent droit à récompense (▪ Cass. 1re civ., 13 janv. 1993, n° 90-21.438 : *JurisData* n° 1993-000052 ; *JCP* 94, I, 3733, n° 21, obs. Tisserand ; *RTD civ.* 1994, 665, obs. crit. Vareille. Comp., excluant de minorer la récompense à raison de l'existence d'anciens bâtiments démolis, ▪ Cass. 1re civ., 25 févr. 1997, n° 94-16.937 : *JurisData* n° 1997-000971 ; *JCP* G 98, I, 135 ; *JCP* N 98, 1306, n° 15, obs. Tisserand). Viole l'article 1469, alinéa 3, l'arrêt qui fixe le montant de la récompense au coût des travaux d'amélioration sans rechercher la plus-value apportée par ces travaux à l'état antérieur de l'immeuble (▪ Cass. 1re civ., 11 mars 2003, n° 00-16.907 : *JurisData* n° 2003-018293 ; *Dr. famille* 2003, 76, note Beignier ; *JCP* N 2004, 14164, obs. Casey).

Dans l'hypothèse de la construction sur un terrain propre devenu ensuite inconstructible, la récompense due à la communauté pour l'acquisition du terrain doit être calculée en tenant compte de la valeur actuelle de ce terrain (▪ Cass. 1re civ., 3 févr. 2010, n° 09-65.345 : *Bull. civ.* 2010, I, n° 33 ; *Dr. famille* 2010, comm. 151, obs. Brémond ; *JCP* G 2010, 487, n° 10, obs. Simler ; *RTD civ.* 2010, 609, obs. Vareille ; *D.* 2010, 2092, n° 4, obs. Brémond, acquisition du terrain propre financée partiellement par des fonds communs et construction édifiée avec des fonds propres).

18) Détermination du profit subsistant. Calcul proportionnel. Il résulte de l'article 1469, al. 3, que lorsque des fonds de communauté ont servi à acquérir ou à améliorer un bien qui se retrouve au jour de la dissolution de cette communauté dans le patrimoine propre de l'un des époux, le profit subsistant, auquel la récompense due à la communauté ne peut être inférieure, doit se déterminer d'après la proportion dans laquelle les fonds empruntés à ladite communauté ont contribué au financement de l'acquisition ou de l'amélioration. Dans le cas où le financement n'a été que partiel, le profit subsistant ne peut être égal à la valeur totale du bien acquis ou à l'intégralité de la plus-value résultant de l'amélioration (▪ Cass. 1re civ., 13 nov. 1980 : *JurisData* n° 1980-715169 ; *Bull. civ.* I, n° 292, p. 232 ; *JCP* 81, II, 19668, note Pierre-François. V. aussi ▪ Cass. 1re civ., 6 mai 1997, n° 95-13.804 : *JurisData* n° 1997-002268 ; *JCP* 97, IV, 1321 ; *Bull.* I, n° 138, p. 93 : *RTD civ.* 1998, 970, obs. Vareille. ▪ Cass. 1re civ., 16 déc. 1997, n° 96-10.249 : *JurisData* n° 1997-005175 ; *JCP* 98, IV, 1300 ; *Bull. civ.* I, n° 371, p. 251 ; *Defrénois* 1998, 409, obs. Champenois ; *RTD civ.* 1998, 968, obs. Vareille).

Pour fixer la récompense due à la communauté, il convient, d'abord, de chiffrer la plus-value procurée à l'immeuble par les travaux d'amélioration en déduisant de la valeur actuelle de ce bien sa valeur actuelle sans les travaux réalisés et, ensuite, de déterminer le profit subsistant d'après la proportion dans laquelle les fonds empruntés à la communauté ont contribué aux travaux d'amélioration (■ Cass. 1re civ., 28 oct. 2009, n° 08-13.540 : *JCP* 2010, n° 17, 487, obs. Tisserand-Martin). Dans le même sens, avec un profit subsistant fixé le jour de l'aliénation, V. ■ Cass. 1re civ., 10 juin 2015, n° 14-19.829 : *Dr. famille* 2015, comm. 170, Beignier ; *JCP* 2015, doctr. 1342, n° 13, obs. Tisserand-Martin ; *Dr. et patrimoine* janv. 2016, 58, obs. Blanchard.

Pour déterminer l'avantage réellement procuré au patrimoine de l'époux, il convient, d'une part, d'appliquer la proportion dans laquelle les deniers communs ont contribué au financement de l'acquisition du terrain à la valeur actuelle du terrain et, d'autre part, de rechercher la plus-value apportée par la construction en déduisant de la valeur actuelle du bien la valeur actuelle du terrain (■ Cass. 1re civ., 28 oct. 2009, nos 07-16.322 et 07-17.012 : *JCP* 2010, n° 17, 487, obs. Tisserand-Martin). Dans le même sens, V. ■ Cass. 1re civ., 4 nov. 2010, n° 09-15.838 : *Dr. famille* 2010, comm. 187, obs. Beignier ; *Gaz. Pal.* 4 févr. 2011, 43, obs. Casey ; *JCP* G 2011, doctr. 503, n° 17, obs. Tisserand-Martin. – V. aussi, dans le même sens, ■ Cass. 1re civ., 26 sept. 2012, n° 11-20.196 : *Bull. civ.* I, n° 183 ; *RTD civ.* 2012, 765, obs. Vareille ; *D.* 2013, 2242, obs. J. Revel ; *AJF* 2012, 563, obs. Hilt (construction d'un immeuble sur un terrain propre ; récompense égale, non à la valeur du bien, mais à la plus-value procurée par la construction au fonds, déterminée d'après la proportion dans laquelle les fonds empruntés à la communauté avaient contribué au financement de l'amélioration du bien).

Le profit subsistant doit être déterminé d'après la proportion dans laquelle les fonds empruntés à la communauté ont contribué au financement de la construction édifiée sur le terrain appartenant en propre au mari. En conséquence, la cour d'appel, qui a pris en compte les travaux de rénovation et d'aménagement réalisés par ce dernier sans l'intervention d'entreprise et qui, ainsi, n'a pas recherché, comme il lui était demandé, la fraction remboursée par la communauté du capital des emprunts souscrits pour financer l'amélioration du bien, n'a pas mis la Cour de cassation en mesure d'exercer son contrôle et, ce faisant, a violé l'article 1469, alinéa 3 (■ Cass. 1re civ., 11 mars 2009, n° 07-21.356 : *Bull. civ.* I, n° 59 ; *D.* 2009, p. 2508, obs. Revel).

19) Détermination du profit subsistant. Financement intégral du bien. Absence de récompense supplémentaire pour le paiement des frais d'acquisition. ■ Cass. 1re civ., 19 oct. 2016, n° 15-27.387 : *JCP* G 2016, doctr. 1330, n° 9, obs. Tisserand-Martin ; *Defrénois* 2017, 372, obs. Champenois ; *Dr. famille* 2016. comm. 254, Beignier : la valeur empruntée ayant servi à acquérir un bien comprend les frais liés à cette acquisition, l'article 1469, alinéa 3, ne distinguant pas selon que la valeur empruntée a financé entièrement ou partiellement cette acquisition. Il en résulte qu'en cas de financement intégral d'un bien commun à l'aide de deniers propres, la récompense est limitée au profit subsistant, sans que le patrimoine propre puisse prétendre à une récompense supplémentaire pour le paiement des frais d'acquisition.

20) Détermination du profit subsistant. Aliénation. Pour un exemple de calcul de la récompense en cas d'aliénation du bien amélioré, V. ■ Cass. 1re civ., 10 oct. 2012 (n° 11-20.585 : *JurisData* n° 2012-022671 ; *Bull. civ.* I, n° 198 ; *JCP* N 2013, 1268, obs. Mathieu ; *Gaz. Pal.* 16 oct. 2012, 16, obs. Naudin ; *D.* 2013, 2242, obs. J. Revel) : pour fixer le profit subsistant, il convenait, d'abord, de chiffrer la plus-value acquise par le terrain par l'édification de la maison en déduisant de la valeur de l'immeuble aliéné la valeur du terrain, au jour de l'aliénation, et, ensuite, de déterminer le profit subsistant d'après la proportion dans laquelle les fonds empruntés avaient contribué au financement de la construction.

21) Détermination du profit subsistant. Subrogation. Pour un exemple de calcul de la récompense en cas de subrogation, V. ■ Cass. 1re civ., 20 juin 2012 (n° 11-18.504 : *JurisData* n° 2012-013441 ; *Bull. civ.* I, n° 138 ; *JCP* 2012, doctr. 1389, n° 14, obs. Tisserand-Martin ; *RTD civ.* 2012, 559, obs. Vareille ; *D.* 2013, 2242, obs. J. Revel ; *Gaz. Pal.* 16 oct. 2012, 16, obs. Naudin ; *AJF* 2012, 468, note Hilt) : les fonds provenant de l'aliénation du premier immeuble acquis par la communauté ayant servi à financer l'acquisition du second, le mari ne pouvait prétendre qu'à une récompense égale au profit subsistant évalué sur le nouveau bien subrogé au bien aliéné (cassation de l'arrêt ayant décidé que la communauté était redevable de deux récompenses, l'une au titre de l'acquisition du premier immeuble et l'autre au titre de l'acquisition du second).

22) Détermination du profit subsistant. Acquisition d'un bien en nue-propriété se retrouvant en pleine propriété dans le patrimoine emprunteur le jour de la liquidation. Dans le cas où la communauté a payé la soulte due par un époux ayant reçu un bien en nue-propriété en donation-partage, qui se retrouve, au jour de la liquidation de la communauté, du fait du décès de l'usufruitier, en pleine-propriété dans le patrimoine emprunteur, il convient de calculer d'abord la contribution du patrimoine créancier à l'acquisition du bien donné en nue-propriété, puis de reporter cette fraction sur la valeur en pleine propriété de ce bien au jour de la liquidation (■ Cass. 1re civ., 7 nov. 2018, n° 17-26.149 ; *Dr. famille* 2019, comm. 10, Tani ; *JCP G* 2018, doctr. 1355, Tisserand-Martin).

23) Application du profit subsistant. Parts de SCI. Pour une application du profit subsistant dans une hypothèse dans laquelle un époux, associé d'une SCI, avait remboursé un emprunt ayant financé un apport en compte courant avec des fonds communs, et s'était vu attribuer un immeuble lors de la dissolution de la SCI, au cours de l'indivision post-communautaire, V. ■ Cass. 1re civ., 8 oct. 2014, n° 13-21.879 : *Bull. civ.* I, n° 161 ; *JCP* G 2015, 320, note Champenois ; *RDC* 2015/2, 316, note Goldie-Genicon ; *LPA* 2 déc. 2014, p. 6, obs. V. Zalewski-Sicard ; *RTD civ.* 2015, 679, 685, obs. Vareille ; *Dr. soc.* mars 2015, comm. 43, note Mortier ; *JCP* N 2015, 1182, note Le Guidec et 1183, note Mortier ; *Defrénois* 2015/2, p. 71, obs. Rabreau.

24) Droits de succession ou frais d'enregistrement. La récompense due par la communauté qui a encaissé le prix d'un immeuble propre échu par succession doit être diminuée des droits de succession dans la proportion de sa valeur (■ Cass. 1re civ., 9 déc. 1986 : *D.* 1987, 433, note Morin). Les frais d'enregistrement d'un acte de donation immobilière, dont le paiement a permis la réalisation et l'acquisition du bien à titre gratuit, donnent lieu à récompense lorsqu'ils ont été réglés par la communauté et qu'à la dissolution de celle-ci le bien se retrouve dans le patrimoine de la donataire (■ Cass. 1re civ., 4 juill. 1995, n° 93-12.347 : *JurisData* n° 1995-001788 ; *JCP* G 95, IV, 2174 ; *JCP* N 96, II, 153 ; *Bull. civ.* I, n° 290, p. 203 ; *Defrénois* 1996, 821, obs. Champenois ; *RTD civ.* 1996, 975, obs. Vareille. V. aussi ■ Cass. 1re civ., 8 févr. 2005 : *Dr. famille* 2005, 85, note Beignier ; *JCP* 2005, I, 163, n° 13, obs. Tisserand-Martin ; *JurisData* n° 2005-026874 ; *RTD civ.* 2005, 446, obs. Vareille ; *D.* 2005, somm. 2117, obs. Revel).

25) Indivision. Dès lors que le bien amélioré est en indivision entre la mère du mari, usufruitière, le mari et sa sœur, nus-propriétaires, les droits du mari ne portent que sur une quotité indivise de telle sorte qu'il n'est pas possible de déterminer actuellement le profit subsistant (■ Cass. 1re civ., 20 déc. 1993, n° 90-17.965 : *JurisData* n° 1993-002637 ; *JCP* 1994, IV, 523 ; *Bull. civ.* I, n° 375, p. 261 ; *Defrénois* 1994, 1534, obs. Champenois ; *D.* 1995, somm. 43, obs. Grimaldi).

26) Valeur vénale d'un immeuble bâti. La valeur vénale d'un immeuble bâti n'évolue pas nécessairement de la même façon que l'indice du coût de la construction et est beaucoup plus sûrement soumise aux fluctuations du marché immobilier (■ Cass. 1re civ., 17 juill. 1984, n° 83-13.173 : *D.* 1984, 477, note Morin. – V. aussi ■ Cass. 1re civ., 31 mars 1987, n° 85-14.974 : *JurisData* n° 1987-000640 ; *Bull. civ.* I, n° 114, p. 85).

27) Sur **la revalorisation des créances entre époux en régime de séparation**, v. la différence qui est faite dans l'hypothèse où il n'y a pas de profit subsistant, sous l'article 1479, p. 1316.

Art. 1470. – Si, balance faite, le compte présente un solde en faveur de la communauté, l'époux en rapporte le montant à la masse commune.

S'il présente un solde en faveur de l'époux, celui-ci a le choix ou d'en exiger le paiement ou de prélever des biens communs jusqu'à due concurrence.

1) Limite du droit de prélèvement. S'il résulte des articles 1470 et suivants que la femme est en droit, pour être remplie des indemnités qui lui sont dues par la communauté, de prélever, à défaut d'argent comptant, le mobilier ou même les immeubles de la communauté, ce prélèvement n'est possible que si le bien réclamé n'a pas une valeur supérieure à sa créance (■ Paris, 3 févr. 1969 : *D.* 1969, somm. 97).

2) Partage lésionnaire. Pour apprécier le caractère lésionnaire du partage, il faut calculer la lésion sur la part dont l'épouse avait été allotie majorée du montant du solde créditeur de son compte de récompenses (■ Cass. 1re civ., 16 juin 2011, n° 10-18.562 : *Bull. civ.* I, n° 117 ; *JCP* G 2011, 1371, n° 11, obs. A. Tisserand-Martin).

Art. 1471 ***(L. n° 85-1372, 23 déc. 1985).*** **– Les prélèvements s'exercent d'abord sur l'argent comptant, ensuite sur les meubles, et subsidiairement sur les immeubles de la communauté. L'époux qui opère le prélèvement a le droit de choisir les meubles et les immeubles qu'il prélèvera. Il ne saurait, cependant, préjudicier par son choix aux droits que peut avoir son conjoint de demander le maintien de l'indivision ou l'attribution préférentielle de certains biens.**

Si les époux veulent prélever le même bien, il est procédé par voie de tirage au sort.

Rédaction antérieure. Art. 1471. – Les prélèvements s'exercent d'abord sur l'argent comptant, ensuite sur les meubles, et subsidiairement sur les immeubles de la communauté. L'époux qui opère le prélèvement a le droit de choisir les meubles et les immeubles qu'il prélèvera. Il ne saurait, cependant, préjudicier par son choix aux droits que son conjoint peut tenir des articles 815, 832, 832-1 et 832-2 du présent code.

Les prélèvements de la femme s'exercent avant ceux du mari.

Art. 1472 *(L. n° 85-1372, 23 déc. 1985)*. – **En cas d'insuffisance de la communauté, les prélèvements de chaque époux sont proportionnels au montant des récompenses qui lui sont dues.**

Toutefois, si l'insuffisance de la communauté est imputable à la faute de l'un des époux, l'autre conjoint peut exercer ses prélèvements avant lui sur l'ensemble des biens communs ; il peut les exercer subsidiairement sur les biens propres de l'époux responsable.

Rédaction antérieure. Art. 1472. – Le mari ne peut exercer ses reprises que sur les biens de la communauté.

La femme, en cas d'insuffisance de la communauté, exerce ses reprises sur les biens personnels du mari.

Art. 1473 *(Mod., L. n° 85-1372, 23 déc. 1985)*. – **Les récompenses dues par la communauté ou à la communauté portent intérêts de plein droit du jour de la dissolution.**

Toutefois, lorsque la récompense est égale au profit subsistant, les intérêts courent du jour de la liquidation.

1) **Application à l'indemnité due à l'indivisaire en vertu de l'article 815-13 (non).** L'article 1473 concerne exclusivement les récompenses et n'est pas applicable à l'indemnité due sur le fondement de l'article 815-13 à l'indivisaire ayant amélioré le bien indivis (▪ Cass. 1re civ., 9 juill. 1991, n° 89-11.341 : *JurisData* n° 1991-001944 ; *JCP* 91, IV, 352 ; *Bull. civ.* I, n° 234, p. 153, remboursement opéré par un époux postérieurement à la dissolution du mariage d'emprunts contractés pendant le mariage pour l'acquisition de biens communs).

2) **Dissolution par divorce.** En cas de dissolution de la communauté par divorce, les intérêts de la récompense due à l'épouse courent de plein droit depuis l'assignation en divorce par application de l'article 262-1 du Code civil (▪ Cass. 1re civ., 7 juin 1988, n° 86-14.471 : *JCP* 89, II, 21307, note Simler).

3) **Allocation des intérêts à partir du jour de la jouissance divise. Cassation.** Viole l'article 1473 la cour d'appel qui alloue les intérêts à partir du jour de la jouissance divise (▪ Cass. 1re civ., 14 mai 1996, n° 93-20.703 : *JurisData* n° 1996-001842 ; *JCP* 96, IV, 1469 ; *Bull. civ.* I, n° 200, p. 139).

4) **Capitalisation des intérêts.** Sur le principe que les juges du fond ne peuvent refuser la capitalisation, par application de l'article 1154, dès lors qu'il s'agit d'intérêts dus au moins pour une année entière, V. ▪ Cass. 1re civ., 16 avr. 1996, n° 94-13.803 : *JurisData* n° 1996-001653 ; *JCP* 96, IV, 1370 ; *Bull. civ.* I, n° 180, p. 125 ; *Defrénois* 1996, 1443, obs. Champenois.

Art. 1474. – **Les prélèvements en biens communs constituent une opération de partage. Ils ne confèrent à l'époux qui les exerce aucun droit d'être préféré aux créanciers de la communauté, sauf la préférence résultant, s'il y a lieu, de l'hypothèque légale.**

Art. 1475. – **Après que tous les prélèvements ont été exécutés sur la masse, le surplus se partage par moitié entre les époux.**

Si un immeuble de la communauté est l'annexe d'un autre immeuble appartenant en propre à l'un des conjoints, ou s'il est contigu à cet immeuble, le conjoint propriétaire a la faculté de se le faire attribuer par imputation sur sa part ou moyennant soulte, d'après la valeur du bien au jour où l'attribution est demandée.

Acquisition de l'immeuble propre contigu avant la dissolution de la communauté. Pour l'application de l'article 1475, al. 2, l'immeuble propre à l'un des conjoints contigu à l'immeuble commun dont il demande l'attribution doit avoir été acquis par lui antérieurement à la dissolution de la communauté (▪ Cass. 1re civ., 3 déc. 1996, n° 95-11.269 : *JurisData* n° 1996-004661 ; JCP 97, IV, 184 ; Bull. civ. I, n° 425, p. 297 ; *Dr. famille* 1997, 16, note Beignier ; *Defrénois* 1997, 1085, obs. Champenois, acquisition par le mari d'un studio contigu à l'appartement commun après le prononcé du divorce).

Art. 1476. – **Le partage de la communauté, pour tout ce qui concerne ses formes, le maintien de l'indivision et l'attribution préférentielle, la licitation des biens, les effets du partage, la garantie et les soultes, est soumis à toutes les règles qui sont établies au titre *Des successions* pour les partages entre cohéritiers.**

Toutefois, pour les communautés dissoutes par divorce, séparation de corps ou séparation de biens, l'attribution préférentielle n'est jamais de droit, et il peut toujours être décidé que la totalité de la soulte éventuellement due sera payable comptant.

1) Conditions de l'attribution préférentielle. Sur les conditions de l'attribution préférentielle, voir sous art. 832, p. 661. L'attribution préférentielle d'une entreprise commerciale, spécialement dans le partage d'une communauté dissoute par le divorce, est facultative pour le juge qui statue souverainement en fonction des intérêts en présence. Aucune règle légale ne lui interdit, en présence d'une seule demande remplissant les conditions légales, de tenir compte de l'aptitude du demandeur à gérer l'exploitation et à s'y maintenir (■ Cass. 1re civ., 8 déc. 1971, n° 70-12.411 : *JCP* 72, IV, 16 ; *Bull. civ.* I, n° 312, p. 267). Les juges saisis d'une demande d'attribution préférentielle facultative disposent d'un pouvoir souverain pour apprécier les intérêts en présence et il ne leur est pas interdit de tenir compte, pour rejeter une telle demande, du risque que cette attribution ferait courir à l'un des copartageants à raison de la situation précaire de l'attributaire. Aussi, est justifié le rejet de la demande d'attribution préférentielle de l'épouse, après avoir pris en considération la dette de 76 117 euros de celle-ci à l'égard du liquidateur judiciaire du mari et la valeur de l'immeuble (■ Cass. com., 3 oct. 2006 : *JurisData* n° 2006-035330 ; *Bull. civ.* IV, n° 194 ; *JCP* G, 2007, I, 142). Le droit d'attribution préférentielle de l'article 831-2, 1° est applicable au bail emphytéotique (■ Cass. 1re civ., 12 juin 2013, n° 12-11.724 : *Bull. civ.* I, n° 127 ; *JCP* 2013, doctr. 1323, n° 16, obs. Tisserand-Martin).

2) Soulte. Il résulte des dispositions combinées des articles 1476, al. 2, et 832 et suivants que, dans le partage d'une communauté dissoute par divorce, séparation de corps ou de biens, la soulte mise à la charge de l'attributaire à titre préférentiel est, sauf accord amiable, payable comptant, le juge ne pouvant octroyer des délais de paiement que lorsqu'il est saisi d'une demande d'attribution d'une exploitation agricole telle qu'elle est prévue aux articles 832-1 et 832-2 (■ Cass. 1re civ., 25 mars 1997, n° 95-15.770 : *JurisData* n° 1997-001363 ; *JCP* 97, IV, 1074 ; *Bull. civ.* I, n° 105, p. 69 ; *Defrénois* 1997, 1083, obs. Champenois).

3) Indivision post-communautaire. Date d'évaluation. Il résulte de la combinaison des articles 262-1, 815-10, 890 et 1476 que si la composition du patrimoine de la communauté se détermine à la date à laquelle le jugement de divorce prend effet dans les rapports patrimoniaux entre *époux, la valeur des biens composant* cette masse partageable doit être fixée au jour le plus proche du partage, compte tenu des modifications ayant affecté l'état de ces biens pendant la durée de l'indivision post-communautaire (■ Cass. 1re civ., 7 avr. 1998, n° 96-14.508 : *JurisData* n° 1998-001620 ; *JCP* G 98, I, 183, n° 6, obs. Tisserand ; *JCP* N 99, 320, 1re esp., note Schaeffer ; *Bull. civ.* I, n° 138, p. 93 ; *Dr. famille* 1998, 120, 1er arrêt, note Beignier ; *RTD civ.* 1998, 712, obs. Patarin, 1999, 174, obs. Vareille ; *Defrénois* 1998, 1469, 1re esp., obs. Champenois ; *JCP* 99, I, 132, n° 3, obs. Le Guidec. ■ Cass. 1re civ., 16 juill. 1998, n° 96-18.404 : *JurisData* n° 1998-003247 ; *JCP* G 98, IV, 3084 ; *JCP* N 99, 25 ; *Bull. civ.* I, n° 249, p. 174 ; *Dr. famille* 1998, 157, note Beignier. ■ Cass. 1re civ., 1er juill. 2003, n° 00-16.141 : *JurisData* n° 2003-019994 ; *Bull. civ.* I, n° 151, p. 119). Mais les époux peuvent s'entendre pour évaluer un bien à une date différente de celle retenue pour les autres biens (■ Cass. 1re civ., 30 juin 1998, n° 96-14.157 : *JurisData* n° 1998-002988 ; *JCP* N 99, 393, note Casey. – V. aussi ■ Cass. ass. plén., 22 avr. 2005, n° 02-15.180 : *JurisData* n° 2005-028293 ; *JCP* 2005, II, 10089, note Simler ; *Dr. famille* 2005, 140, note Beignier ; *RTD civ.* 2005, 810, obs. Grimaldi). La cour d'appel qui constate qu'à la date de l'assignation en divorce, les parts du mari dans le cabinet d'expertise comptable étaient de 2/6e en pleine propriété et de 1/6e en nue-propriété a fixé exactement à cette date la consistance de la masse partageable sans tenir compte de l'augmentation de la part du mari à la suite du décès de l'un des associés pendant l'indivision post-communautaire (■ Cass. 1re civ., 28 janv. 2003 : *JCP* 2003, IV, 1490 ; *JurisData* n° 2003-017438 ; *D.* 2003, 643, note Barberot ; *JCP* 2003, I, 158, n° 17, obs. Tisserand ; *Bull. civ.* I, n° 22, p. 16 ; *Defrénois* 2003, 1361, obs. Champenois). V. encore, ■ Cass. 1re civ., 30 oct. 2006 : *JurisData* n° 2006-035635 ; *Bull. civ.* I, 446 ; *JCP* G 2007, I, 142, obs. Simler et *alii* (Les juges du fond ne peuvent, pour évaluer un fonds artisanal au jour de l'assignation en divorce, retenir, d'une part, que l'expert judiciaire chargé d'évaluer le fonds a estimé que celui-ci avait été attribué « de fait » à l'époux à cette date, d'autre part, que les parties n'ont pas remis en cause cette analyse. En se déterminant ainsi, en fonction d'une attribution Q de fait » appréciée par un expert et sans relever l'existence d'une attribution de droit décidée par les parties ou par le juge ou celle d'une convention des ex-époux, les juges ont violé les articles 262-1, dans sa rédaction antérieure à la loi n° 2004-439 du 26 mai 2004, 890 et 1476 du Code civil). Il résulte de l'article 829 du Code civil qu'eu égard aux circonstances de la cause et en s'inspirant de l'intérêt respectif des copartageants afin d'assurer l'égalité entre eux l'égalité, le juge peut déterminer à une date plus ancienne que celle du partage celle à laquelle les biens à partager seront évalués et d'où partira la jouissance divise (■ Cass. 1re civ., 29 mai 2013, n° 12-11.983 : *JCP* 2013, doctr. 1323, n° 14, obs. Tisserand-Martin).

4) Bien détruit au cours de l'indivision post-communautaire. Si la composition du patrimoine de la communauté se détermine à la date à laquelle le jugement de divorce prend effet dans les rapports patrimoniaux entre les époux, le partage ne peut porter que sur des biens qui figurent dans l'indivision ; par conséquent, seul le montant de l'indemnité d'assurance, subrogée au bien détruit au cours de l'indivision post-communautaire, doit figurer dans la masse indivise à partager (■ Cass. 1re civ., 19 mars 2014, n° 13-12.578 : *Bull. civ.* I, n° 49 ; *Gaz. Pal.* 2014, 33, obs. Casey ; *RGDA* 2014, p. 259, obs. Mayaux).

5) Déchéance (non). Viole l'article 1476, alinéa 2, la cour d'appel qui subordonne l'attribution préférentielle d'une maison au mari au paiement d'une soulte au comptant le jour de la signature de l'acte de partage, assortissant ainsi d'une cause de déchéance le droit à attribution préférentielle reconnu à celui-ci (■ Cass. 1re civ., 5 avr. 2005 : *Dr. famille* 2005, 141, note Beignier ; *JCP* 2005, I, 163, n° 16, obs. Tisserand-Martin ; *JurisData* n° 2005-027906 ; *Bull. civ.* I, n° 163, p. 139. V. aussi ■ Cass. 1re civ., 20 janv. 2010, n° 09-65.317 : *JCP* 2010, n° 17, 487, obs. Tisserand-Martin). Dans le même sens : ■ Cass. 1re civ., 7 févr. 2018, n° 16-26.892 : *Dr. famille* 2018, comm. 99, Beignier : l'article 1476, alinéa 2, ne prévoit aucune cause de déchéance du droit à l'attribution préférentielle qu'il institue au profit d'un époux, lorsque la communauté a été dissoute par divorce, séparation de corps ou séparation de biens (cassation de l'arrêt ayant décidé qu'à défaut de paiement de la soulte dans le délai de six mois à compter de la signification de la décision, il serait procédé à la vente amiable de l'immeuble attribué préférentiellement ou à sa licitation). Mais viole l'article 1476 l'arrêt qui accorde l'attribution préférentielle d'un immeuble à l'ex-mari, sans vérifier si cette attribution n'était pas de nature à compromettre les droits de son ex-femme au regard de l'âge de l'attributaire et de ses charges financières (■ Cass. 1re civ., 5 oct. 2016, n° 15-16.794 : *JCP* G 2016, doctr. 1330, n° 10, obs. Tisserand-Martin).

6) Rescision pour lésion d'un acte de partage « à titre transactionnel et forfaitaire ». En application de l'article 888, alinéa 1er, du Code civil étendu aux partages de communauté par l'article 1476 du même code, la convention faisant cesser l'indivision entre les époux est sujette à l'action en rescision, même si elle comporte des concessions réciproques entre les parties et constitue une transaction. Aussi, en l'absence d'acte de partage antérieur à l'acte de partage « à titre transactionnel et forfaitaire » conclu après le prononcé du divorce et qui mettait fin à l'indivision, le juge a exactement décidé que cet acte était rescindable pour lésion et donc annulable (■ Cass. 1re civ., 30 oct. 2006, nos 03-19.595 et 04-13.846 : *JurisData* n° 2006-035639 ; *Bull. civ.* I, n° 447 ; *JCP* G 2007, I, 142. V. encore ■ Cass. 1re civ., 14 nov. 2006 : *JurisData* n° 2006-035870 ; *Bull. civ.* I, n° 469, p. 404 ; *JCP* G 2007, II, 10065, note Mahinga).

Art. 1477 ***(L. n° 65-570, 13 juill. 1965 ; mod., L. n° 2004-439, 26 mai 2004 ; L. n° 2009-526, 12 mai 2009).*** **– Celui des époux qui aura détourné ou recelé quelques effets de la communauté, est privé de sa portion dans lesdits effets.**

De même, celui qui aurait dissimulé sciemment l'existence d'une dette commune doit l'assumer définitivement.

1) Nécessité d'une appropriation (non). La loi n'a pas déterminé les circonstances du recel qui n'implique pas nécessairement un acte matériel d'appropriation et résulte de l'emploi de tout procédé tendant à frustrer frauduleusement un époux de sa part de communauté (■ Cass. 1re civ., 14 févr. 1966 : *JurisData* n° 1966-700114 ; *D.* 1966, 474. – V. aussi ■ Paris, 19 janv. 1953 : *JCP* 53, II, 7427, note H. Mazeaud ; *D.* 1953, 405, note Desbois, et sur pourvoi, ■ Cass. 1re civ., 4 déc. 1956 : *JCP* 59, II, 11141, 1re esp., note Weill). Ainsi, l'imputation frauduleuse, par un époux, d'une dette personnelle au passif de la communauté qui tend à diminuer, au profit de cet époux, l'actif commun partageable est constitutive d'un recel (■ Cass. 1re civ., 9 janv. 2008, n° 05-15.491 : *Defrénois* 2008, art. 38854-3, p. 2199, obs. Champenois ; *RTD civ.* 2008, p. 538, obs. Vareille).

2) Moment du recel. Le recel de communauté peut être commis avant ou après la dissolution de la communauté jusqu'au jour du partage (■ Cass. 1re civ., 16 avr. 2008, n° 07-12.224 : *Defrénois* 2008, art. 38854-3, p. 2199, obs. Champenois).

3) Prise en compte du comportement ultérieur du défendeur. Les juges du fond peuvent tenir compte du comportement ultérieur de la personne assignée en recel (■ Cass. 1re civ., 26 janv. 1994, n° 92-10.513 : *JurisData* n° 1994-000077 ; *Defrénois* 1994, 896, obs. Champenois ; *RTD civ.* 1996, 228, obs. Vareille).

4) Devoir de loyauté du conjoint. Des actions communes ayant été sous-évaluées lors du partage, il incombait à l'époux, qui avait cédé ses titres antérieurement au partage, de prouver qu'il avait informé son conjoint de leur valeur réelle (■ Cass. 1re civ., 1er juin 2011, n° 10-30.205 : *Bull. civ.* I, n° 106 ; *JCP* G 2011, 1371, n° 12, obs. A. Tisserand-Martin). *Adde* A. Tisserand-Martin, *Devoir de loyauté et obligation d'information entre époux divorçant*, Études offertes au doyen Ph. Simler : Litec/Dalloz, 2006, p. 207.

5) Sanction. L'époux receleur est privé de tout droit dans l'objet diverti qui, avant même qu'il ne soit procédé aux opérations de partage, devient par l'effet même de la sanction légale la propriété privative de son conjoint. S'il peut néanmoins exercer sur ce bien son droit de prélèvement pour cause de reprise ou de récompense, encore doit-il établir l'existence et le montant de sa créance (■ Cass. 1re civ., 7 oct. 1975, n° 73-12.045 : *JurisData* n° 1975-000255 ; *JCP* 75, IV, 347 ; *Bull. civ.* I, n° 255, p. 216. V. aussi ■ Cass. 1re civ., 23 janv. 2007, n° 04-10.526 : *Bull. civ.* I, n° 27 ; *D.* 2007, act. jurispr. 509, obs. P. Guiomard, p. 894, obs. Chauvin et p. 2126, obs. Revel ; *AJF* 2007, 187, obs. P. Hilt ; *JCP* G 2007, I, 142 ; *RTD civ.* 2008, p. 539, obs. Vareille). Lorsque les biens recélés ne se retrouvent pas entre les mains de l'époux coupable de recel, le conjoint victime de celui-ci a droit, non seulement à la valeur des biens recélés, mais encore à la moitié de la communauté déterminée en incluant dans l'actif la valeur de ces biens (■ Cass. 1re civ., 20 févr. 1996, n° 93-20.044 : *JurisData* n° 1996-000543 ; *JCP* G 96, IV, 86 ; *JCP* N 97, II, 313, note Maury ; *Bull.* I, n° 89, p. 60 ; *Defrénois* 1996, 1084, obs. Champenois).

6) Recel portant sur une somme d'argent employée à libérer le capital social. Le recel ayant porté sur une somme d'argent employée à libérer le capital social d'une SCI, les demandeurs ne pouvaient prétendre qu'à la valeur des parts sociales de cette société, au jour de l'aliénation de l'immeuble dont elle était propriétaire (■ Cass. 1re civ., 7 oct. 2015, n° 14-18.124 : *JCP* 2015, doctr. 1342, n° 14, obs. Tisserand-Martin).

7) Constatation subordonnée à une liquidation effective (non). La constatation du recel n'est pas subordonnée à une liquidation effective de la communauté et l'époux receleur, après la dissolution de celle-ci, est privé de tout droit dans l'objet diverti, lequel, avant même qu'il soit procédé aux opérations de partage, devient, par le seul effet de la sanction légale, la propriété privative de son conjoint (■ Cass. 1re civ., 29 nov. 1988, n° 86-19.527 : *JurisData* n° 1988-703452 ; *JCP* 89, II, 21339, note Simler).

8) Recel de communauté et recel de succession. Sur la combinaison des règles relatives au recel de communauté et au recel de succession, V. ■ Cass. 1re civ., 8 juill. 1981, n° 80-11.261 : *JurisData* n° 1981-002398 ; *Bull. civ.* I, n° 253, p. 209. ■ Cass. 1re civ., 19 mars 2008, n° 07-10.810 : *Defrénois* 2008, art. 38854-3, p. 2199, obs. Champenois ; *Bull. civ.* I, n° 88 ; *JCP* 2008, I, 202, obs. Tisserand-Martin. Le conjoint survivant qui prélève une somme d'agent au détriment de l'indivision post-communautaire ne se rend pas coupable d'un recel successoral, mais d'un recel de communauté (■ Cass. 1re civ., 27 sept. 2017, n° 16-22.150 : *Dr. famille* 2017, comm. 229, Nicod ; *JCP* G 2017, doctr. 1296, n° 14, obs. Tisserand-Martin).

9) Fruits et revenus. Les fruits et revenus d'un bien dépendant de l'indivision post-communautaire, perçus par un époux après la dissolution de la communauté, ne constituent pas des effets de la communauté au sens de l'article 1477 (■ Cass. 1re civ., 17 juin 2003 : *JurisData* n° 2003-019456 ; *JCP* 2003, IV, 2412 ; *RTD civ.* 2003, 537, obs. Vareille ; *Bull. civ.* I, n° 142, p. 111 ; *D.* 2004, somm. 2343, 2e esp., obs. Brémond. V. sur cet arrêt D. Fiorina, *Fruits et plus-values industriels des biens indivis : Defrénois* 2004, 543. ■ Cass. 1re civ., 9 janv. 2008, préc.). Mais jugé qu'il résulte des articles 1477, 549 et 1378 du Code civil que l'époux victime du recel devient propriétaire exclusif des biens divertis ou recelés et a droit aux fruits et revenus produits par ces biens depuis la date de la dissolution de la communauté ou, si le recel a été commis postérieurement, depuis la date de l'appropriation injustifiée (■ Cass. 1re civ., 31 oct. 2007, n° 06-10.348 : *Defrénois* 2008, art. 38854-3, p. 2199, obs. Champenois ; *D.* 2008, p. 2245, obs. Brémond, Nicod, Revel ; *RTD civ.* 2008, p. 539, obs. Vareille).

10) Application à la séparation de biens (non). Ne peuvent pas constituer des effets de la communauté, les biens acquis indivisément par des époux mariés sous le régime de la séparation de biens (■ Cass. 1re civ., 19 mars 2008, n° 06-16.346 : *JurisData* n° 2008-043233).

11) Application à la participation aux acquêts (non). Les dispositions de l'article 1477, C. civ. relatives au recel de communauté ne sont pas applicables aux époux mariés sous le régime de la participation aux acquêts (■ Cass. 1re civ., 4 mai 2011, n° 10-15.787 : *Bull. civ.* I, n° 83 ; *JCP* 2011, act. 579 ; *D.* 2011, 1348, obs. Marocchela).

Art. 1478. – **Après le partage consommé, si l'un des deux époux est créancier personnel de l'autre, comme lorsque le prix de son bien a été employé à payer une dette personnelle de son conjoint, ou pour toute autre cause, il exerce sa créance sur la part qui est échue à celui-ci dans la communauté ou sur ses biens personnels.**

Art. 1479 *(Mod., L. n° 85-1372, 23 déc. 1985).* – **Les créances personnelles que les époux ont à exercer l'un contre l'autre ne donnent pas lieu à prélèvement et ne portent intérêt que du jour de la sommation.**

Sauf convention contraire des parties, elles sont évaluées selon les règles de l'article 1469, troisième alinéa, dans les cas prévus par celui-ci ; les intérêts courent alors du jour de la liquidation.

Bibliographie : A. Karm, *Les mutations des créances entre époux* in *Mélanges Champenois : Defrénois* 2012, 453.

1) Caractère supplétif des dispositions légales. Sur le principe que les dispositions légales relatives à l'évaluation des créances entre époux ne sont applicables qu'à défaut de convention contraire, V. ■ Cass. 1re civ., 20 févr. 1996, n° 94-10.863 : *JurisData* n° 1996-000544 ; *JCP* 96, IV, 859 ; *Bull. civ.* I, n° 100, p. 68 ; *D.* 1996, somm. 392, obs. Grimaldi. Pour une illustration de convention contraire, V. ■ Cass. 1re civ., 4 mars 2015, n° 14-10.660 : *Defrénois* 2016, 177, note Champenois ; *RTD civ.* 2015, 690, obs. Vareille ; *Dr. famille* 2015, comm. 102, note Beignier ; *JCP* 2015, doctr. 709, n° 19, obs. Storck ; *Dr. et patrimoine* janv. 2016, 58, obs. Blanchard (accord entre l'épouse survivante et les héritiers du mari).

2) Plus-value résultant d'une avance. Dès lors qu'il est établi que l'épouse séparée de biens a fait l'avance du prix « officiel » de l'étude acquise par son mari ainsi que des droits d'enregistrement, et qu'elle sollicite à ce titre une restitution d'un montant équivalent à la plus-value procurée par cette avance au patrimoine du mari, il doit être fait droit à sa demande par application des articles 1543 et 1479 (■ Cass. 1re civ., 12 juin 1990, n° 88-18.166 : *JurisData* n° 1990-701982 ; *JCP* 90, IV, 307 ; *Bull. civ.* I, n° 165, p. 116).

3) Sur l'évaluation de la créance résultant du financement, par l'époux séparé de biens, de la construction de locaux sur un terrain appartenant à l'épouse qui est ainsi devenue propriétaire par accession, V. C. civ., art. 1469 (ancien), annot. n° 11, (résolution du conflit avec les règles d'évaluation de l'article 555, alinéas 2 et 3, du Code civil).

4) Absence de profit subsistant. Lorsque les fonds d'un époux séparé de biens ont servi à améliorer un bien personnel de l'autre, qui l'a aliéné avant la liquidation, sa créance ne peut être moindre que le profit subsistant au jour de l'aliénation ; en l'absence de profit subsistant, la créance est égale au montant nominal de la dépense faite (■ Cass. 1re civ., 24 sept. 2008, n° 07-19.710 : *Bull. civ.* I, n° 213 ; *JCP* 2008, I, 202, obs. Storck ; *D.* 2008, p. 3050, note Barabé-Bouchard ; *RTD civ.* 2009, p. 162, obs. Vareille). Sur la solution, différente, retenue en matière de calcul de récompense dans le régime de communauté, voir art. 1469, p. 1307.

5) Créance née après dissolution de la communauté. Exclusion de l'article 1479. Lorsqu'un époux rembourse, après dissolution de la communauté, l'emprunt souscrit pendant le mariage pour financer l'amélioration d'un bien propre de son conjoint, les dispositions de l'article 1479, alinéa 2 sont inapplicables, de sorte que sa créance n'est pas évaluée selon le profit subsistant mais est égale au montant nominal des sommes versées (■ Cass. 1re civ., 4 nov. 2015, n° 14-11.845 : *RTD civ.* 2016, 171, obs. Vareille ; *Defrénois* 2016, 177, note Champenois ; *Dr. famille* 2016, comm. 7, Beignier ; *JCP* G 2016, doctr. 698, n° 11, obs. Tisserand-Martin).

6) Point de départ des intérêts. Aliénation. Les intérêts d'une créance entre époux, évaluée selon les règles de l'article 1469, alinéa 3, du Code civil, courent, lorsque le bien a été aliéné avant la liquidation, à compter du jour de l'aliénation, qui détermine le profit subsistant (■ Cass. 1re civ., 23 sept. 2015, n° 14-15.428 : *Defrénois* 2016, 84, Souhami et 177, Champenois ; *RTD civ.* 2015, 923, obs. Grimaldi et 928, obs. Vareille ; *Dr. famille* 2015, comm. 219, Beignier et Torricelli-Chrifi ; *JCP* 2015, 1342, n° 18, Storck ; *D.* 2016, 583, note Douville).

7) Prestation compensatoire. Exclusion de l'article 1479, alinéa 1er. La prestation compensatoire comme les intérêts qu'elle produit sont dus à compter de la date à laquelle la décision prononçant le divorce devient irrévocable alors que la sommation prévue à l'article 1479, alinéa 1er, du Code civil ne concerne que les créances personnelles entre époux trouvant leur origine pendant le fonctionnement du régime matrimonial (■ Cass. 1re civ., 7 févr. 2018, n° 17-14.184).

Art. 1480. – Les donations que l'un des époux a pu faire à l'autre ne s'exécutent que sur la part du donateur dans la communauté et sur ses biens personnels.

Art. 1481 *(Abr., L. n° 2001-1135, 3 déc. 2001).*

Rédaction antérieure. Art. 1481. – Si la communauté est dissoute par la mort de l'un des époux, le survivant a droit, pendant les neuf mois qui suivent, à la nourriture et au logement, ainsi qu'aux frais de deuil, le tout à la charge de la communauté, en ayant égard tant aux facultés de celle-ci qu'à la situation du ménage.

Ce droit du survivant est exclusivement attaché à sa personne.

§ 3. – De l'obligation et de la contribution au passif après la dissolution
(L. n° 85-1372, 23 déc. 1985)

Art. 1482 *(L. n° 85-1372, 23 déc. 1985).* – **Chacun des époux peut être poursuivi pour la totalité des dettes existantes, au jour de la dissolution, qui étaient entrées en communauté de son chef.**

Rédaction antérieure. Art. 1482. – Si le passif commun n'a pas été entièrement acquitté lors du partage, chacun des époux peut être poursuivi pour la totalité des dettes encore existantes qui étaient entrées en communauté de son chef.

V. pour une application ■ Cass. 1re civ., 16 mars 2004 : *JCP* 2004, IV, 1972 ; *JurisData* n° 2004-022835 ; *Defrénois* 2004, 147, obs. Champenois.

Art. 1483 *(L. n° 85-1372, 23 déc. 1985)*. – **Chacun des époux ne peut être poursuivi que pour la moitié des dettes qui étaient entrées en communauté du chef de son conjoint.**

Après le partage et sauf le cas de recel, il n'en est tenu que jusqu'à concurrence de son émolument pourvu qu'il y ait eu inventaire, et à charge de rendre compte tant du contenu de cet inventaire que de ce qui lui est échu par le partage ainsi que du passif commun déjà acquitté.

Bibliographie : T. Kéravec, *La dissolution du régime légal et le droit de poursuite des créanciers communs dans le cadre de l'article 1483, alinéa 1er du Code civil. Panorama JurisData : JCP* N 96, I, 1489.

1) Nécessité d'une poursuite contre le conjoint (non). La femme, tenue en vertu de l'article 1483 de moitié des dettes tombées en communauté du chef de son mari, peut être poursuivie, alors même que son mari ne l'aurait pas été et que la créance n'aurait pas été produite dans la liquidation des biens du mari (■ Cass. 1re civ., 25 mai 1982, n° 81-12.294 : *JurisData* n° 1982-701647 ; *JCP* 82, IV, 275 ; *D.* 1984, 273, 1re esp., note Prieur).

2) Droit de poursuite dès la dissolution. Les droits reconnus aux créanciers de l'indivision par l'article 815-17 ne les privent pas pour autant de ceux qu'ils tiennent du droit des régimes matrimoniaux, et notamment de l'article 1483. L'article 1418, al. 1er, ne s'appliquant que pendant le mariage, il résulte de l'article 1483, al. 1er, que, dès la dissolution de la communauté, et sans attendre le partage, chacun des époux peut être poursuivi pour la moitié des dettes entrées en communauté du chef de son conjoint (■ Cass. 1re civ., 1er mars 1988, n° 86-13.337 : *Bull. civ.* I, n° 53, p. 35 ; *JCP* 88, II, 21158, note Simler. ■ Cass. 1re civ., 7 mars 1989, n° 86-18.786 : *JurisData* n° 1989-700927 ; *JCP* 89, II, 21309, note Simler ; *Bull. civ.* I, n° 110, p. 72). La veuve peut être poursuivie, après la date à laquelle le changement de régime matrimonial est devenu opposable aux tiers, au titre de l'engagement contracté par son époux envers un tiers pendant la durée du régime de communauté (■ Cass. 1re civ., 22 mars 2017, n° 16-13.365, passage du régime de communauté au régime de séparation de biens ; exécution d'une clause de révision de prix).

3) Dettes ménagères. Solidarité. Il résulte des articles 220, 1413 et 1483 qu'un époux n'est tenu solidairement des dettes contractées par son conjoint que s'il s'agit de dettes ménagères (■ Cass. 1re civ., 17 mars 1992, n° 90-12.768 : *JurisData* n° 1992-000417 ; *JCP* 92, IV, 1486 ; *Bull. civ.* I, n° 82, p. 55).

4) Inscription d'une hypothèque sur l'immeuble attribué dans le partage. La femme n'est pas fondée à demander la radiation d'une hypothèque inscrite du chef de son mari pour une dette tombée en communauté sur un immeuble commun qui lui est attribué par partage (■ Cass. 1re civ., 31 janv. 1989, n° 86-18.979 : *JurisData* n° 1989-700279 ; *JCP* 89, II, 21310, note Simler ; *D.* 1989, 288, note Morin ; *Bull. civ.* I, n° 46, p. 30).

5) Date certaine. Les dettes contractées par le mari pendant le mariage et qui sont à la charge de la communauté sont opposables à l'épouse après la dissolution du régime matrimonial même si les écrits qui les constatent n'ont pas acquis date certaine avant la dissolution (■ Cass. 1re civ., 17 mars 1992, n° 90-12.768 : *JurisData* n° 1992-000417 ; *JCP* 92, I, 3614, n° 9, obs. Simler ; *Bull. civ.* I, n° 82, p. 55).

6) Inventaire. L'inventaire doit empêcher la fraude à l'encontre des créanciers et doit, en principe, être fait par un notaire et, sauf impossibilité, dans les trois mois de la dissolution de la communauté. La loi n'interdit pas toutefois au juge de rechercher si les circonstances ne justifient pas le dépassement du délai et si les droits des créanciers n'ont pas été sauvegardés (■ Pau, 8 mai 1968 : *D.* 1969, 261, note Ghestin).

Art. 1484. – **L'inventaire prévu à l'article précédent doit avoir lieu dans les formes réglées par le Code de procédure civile, contradictoirement avec l'autre époux ou lui dûment appelé. Il doit être clos dans les neuf mois du jour où la communauté a été dissoute, sauf prorogation accordée par le juge des référés. Il doit être affirmé sincère et véritable devant l'officier public qui l'a reçu.**

Art. 1485. – **Chacun des époux contribue pour moitié aux dettes de communauté pour lesquelles il n'était pas dû de récompense, ainsi qu'aux frais de scellé, inventaire, vente de mobilier, liquidation, licitation et partage.**

Il supporte seul les dettes qui n'étaient devenues communes que sauf récompense à sa charge.

Solde d'emprunt. Pour une application de l'article 1485, al. 2, au solde d'un emprunt contracté par des époux communs en biens pour financer des travaux dans un immeuble propre à la femme, V. ■ Cass. 1re civ., 16 déc. 1997, n° 96-10.249 : *JurisData* n° 1997-005175 ; *JCP* 98, IV, 1300 ; *Bull. civ.* I, n° 371, p. 251.

Art. 1486. – **L'époux qui peut se prévaloir du bénéfice de l'article 1483, alinéa second, ne contribue pas pour plus que son émolument aux dettes qui étaient entrées en communauté du chef de l'autre époux, à moins qu'il ne s'agisse de dettes pour lesquelles il aurait dû récompense.**

Art. 1487. – **L'époux qui a payé au-delà de la portion dont il était tenu par application des articles précédents a, contre l'autre, un recours pour l'excédent.**

V. pour une application ■ Cass. 1re civ., 3 déc. 2002 : *JCP* 2003, I, 158, n° 14, obs. Tisserand ; *JurisData* n° 2002-016608 ; *Bull. civ.* I, n° 291, p. 227 ; *Dr. famille* 2003, 134, 2e arrêt, note Beignier ; *D.* 2003, somm. 1864, obs. Revel ; *Defrénois* 2003, 1000, obs. Champenois ; *RTD civ.* 2004, 134, obs. Vareille (taxe professionnelle afférente à une entreprise propre mise à la charge définitive de la communauté).

Art. 1488. – **Il n'a point, pour cet excédent, de répétition contre le créancier, à moins que la quittance n'exprime qu'il n'entend payer que dans la limite de son obligation.**

Art. 1489. – **Celui des deux époux qui, par l'effet de l'hypothèque exercée sur l'immeuble à lui échu en partage, se trouve poursuivi pour la totalité d'une dette de communauté, a de droit son recours contre l'autre pour la moitié de cette dette.**

Il résulte de l'article 1489 du Code civil, dont les dispositions dérogent à celles de l'article 1483 du même code, que, après la dissolution de la communauté, l'époux qui n'est pas personnellement débiteur, s'il n'est tenu, en principe, que de la moitié de la dette, peut être poursuivi pour la totalité lorsque la dette est garantie par une hypothèque exercée sur un immeuble à lui échu en partage (■ Cass. 1re civ., 1er juill. 2009, n° 08-15.331 : *Bull. civ.* I, n° 153 ; *JCP* 2009, n° 44, 391, obs. Tisserand-Martin).

Art. 1490. – **Les dispositions des articles précédents ne font point obstacle à ce que, sans préjudicier aux droits des tiers, une clause du partage oblige l'un ou l'autre des époux à payer une quotité de dettes autre que celle qui est fixée ci-dessus, ou même à acquitter le passif entièrement.**

Art. 1491 *(Mod., L. n° 2001-1135, 3 déc. 2001).* – **Les héritiers des époux exercent, en cas de dissolution de la communauté, les mêmes droits que celui des époux qu'ils représentent et sont soumis aux mêmes obligations.**

Art. 1492 à 1496 *(Abr., L. n° 65-570, 13 juill. 1965).*

DEUXIÈME PARTIE – DE LA COMMUNAUTÉ CONVENTIONNELLE

Art. 1497. – **Les époux peuvent, dans leur contrat de mariage, modifier la communauté légale par toute espèce de conventions non contraires aux articles 1387, 1388 et 1389.**

Ils peuvent, notamment, convenir :

1° Que la communauté comprendra les meubles et les acquêts ;

2° Qu'il sera dérogé aux règles concernant l'administration ;

3° Que l'un des époux aura la faculté de prélever certains biens moyennant indemnité ;

4° Que l'un des époux aura un préciput ;

5° Que les époux auront des parts inégales ;

6° Qu'il y aura entre eux communauté universelle.

Les règles de la communauté légale restent applicables en tous les points qui n'ont pas fait l'objet de la convention des parties.

Société d'acquêts. Extension de la communauté. Une cour d'appel, après s'être référée aux articles 1387 et 1497, a décidé à bon droit que les époux ayant adopté le régime de séparation de biens avec société d'acquêts peuvent convenir de clauses relatives à la consistance de la masse commune et notamment étendre la société d'acquêts par rapport à la communauté légale (■ Cass. 1re civ., 25 nov. 2003 : *Dr. famille* 2004, 8, note Beignier ; *JCP* 2004, I, 129, n° 20, obs. Storck ; *JurisData* n° 2003-021056 ; *Bull. civ.* I, n° 236, p. 186 ; *D.* 2004, somm. 2335, obs. Revel ; *Defrénois* 2004, 1467, obs. Champenois ; *RTD civ.* 2004, 335, obs. Vareille).

Section I. – De la communauté de meubles et acquêts

Art. 1498. – **Lorsque les époux conviennent qu'il y aura entre eux communauté de meubles et acquêts, l'actif commun comprend, outre les biens qui en feraient partie sous le régime de la communauté légale, les biens meubles dont les époux avaient la propriété ou la possession au jour du mariage ou qui leur sont échus depuis par succession ou libéralité, à moins que le donateur ou testateur n'ait stipulé le contraire.**

Restent propres, néanmoins, ceux de ces biens meubles qui auraient formé des propres par leur nature en vertu de l'article 1404, sous le régime légal, s'ils avaient été acquis pendant la communauté.

Si l'un des époux avait acquis un immeuble depuis le contrat de mariage, contenant stipulation de communauté de meubles et acquêts, et avant la célébration du mariage, l'immeuble acquis dans cet intervalle entrera dans la communauté, à moins que l'acquisition n'ait été faite en exécution de quelque clause du contrat de mariage, auquel cas elle serait réglée suivant la convention.

1) **Donation d'actions nominatives.** Les juges du fond peuvent déduire du fait que le père n'a donné des actions nominatives qu'à son fils qu'il n'a entendu gratifier que celui-ci personnellement (▪ Cass. 1re civ., 24 nov. 1993, n° 92-21.712 : *JurisData* n° 1993-002631 ; *JCP* 94, I, 3785, n° 4, obs. Simler).

2) **Œuvres d'art.** Sous le régime de la communauté des meubles et acquêts, le support matériel des œuvres qui était échu à l'époux pendant son mariage à titre de succession était entré en communauté, de sorte que les tableaux litigieux devaient, en tant que biens corporels, être portés à l'actif de la communauté, peu important qu'ils n'aient pas été divulgués (▪ Cass. 1re civ., 12 mai 2001, n° 10-15.667 : *JCP* G 2011, note 890, A. Lucas ; *Dr. famille* 2011, comm. 112, obs. B. Beignier ; *D.* 2011, act. p. 1413, obs. J. Marrochella ; *JCP* G 2011, 1371, n° 4, obs. Ph. Simler).

3) **Parts sociales d'une société d'attribution.** Sur le caractère mobilier des parts sociales d'une société d'attribution donnant vocation à des biens immobiliers, V. ▪ Cass. 1re civ., 12 juill. 2017, n° 16-20190 : *JCP* G 2017, doctr. 1296, n° 7, obs. Simler.

Art. 1499. – **Entrent dans le passif commun, sous ce régime, outre les dettes qui en feraient partie sous le régime légal, une fraction de celles dont les époux étaient déjà grevés quand ils se sont mariés, ou dont se trouvent chargées des successions et libéralités qui leur échoient durant le mariage.**

La fraction de passif que doit supporter la communauté est proportionnelle à la fraction d'actif qu'elle recueille, d'après les règles de l'article précédent, soit dans le patrimoine de l'époux au jour du mariage, soit dans l'ensemble des biens qui font l'objet de la succession ou libéralité.

Pour l'établissement de cette proportion, la consistance et la valeur de l'actif se prouvent conformément à l'article 1402.

Art. 1500. – **Les dettes dont la communauté est tenue en contrepartie des biens qu'elle recueille sont à sa charge définitive.**

Art. 1501. – **La répartition du passif antérieur au mariage ou grevant les successions et libéralités ne peut préjudicier aux créanciers. Ils conservent, dans tous les cas, le droit de saisir les biens qui formaient auparavant leur gage. Ils peuvent même poursuivre leur paiement sur l'ensemble de la communauté lorsque le mobilier de leur débiteur a été confondu dans le patrimoine commun et ne peut plus être identifié selon les règles de l'article 1402.**

Art. 1502 *(Abr., L. n° 85-1372, 23 déc. 1985).*

Rédaction antérieure. Art. 1502. – Une dette de la femme ne peut être traitée comme faisant partie du passif antérieur au mariage que si elle a acquis date certaine avant le jour de la célébration.

Section II. – De la clause d'administration conjointe

Art. 1503 *(L. n° 85-1372, 23 déc. 1985).* – **Les époux peuvent convenir qu'ils administreront conjointement la communauté.**

En ce cas, les actes d'administration et de disposition des biens communs sont faits sous la signature conjointe des deux époux, et ils emportent de plein droit solidarité des obligations.

Les actes conservatoires peuvent être faits séparément par chaque époux.

Cautionnement. La clause de « main commune » ne fait pas obstacle à ce que l'un des époux contracte seul un engagement de caution (■ Paris, 26 nov. 1991 : *JurisData* n° 1991-024774 ; *JCP* N 92, II, 379, obs. Simler).

Art. 1504 à 1510 *(Implicitement abr., L. n° 85-1372, 23 déc. 1985).*

Section III. – De la clause de prélèvement moyennant indemnité

Art. 1511. – Les époux peuvent stipuler que le survivant d'eux ou l'un d'eux s'il survit, ou même l'un d'eux dans tous les cas de dissolution de la communauté, aura la faculté de prélever certains biens communs, à charge d'en tenir compte à la communauté d'après la valeur qu'ils auront au jour du partage, s'il n'en a été autrement convenu.

Effet du prélèvement. L'époux devient seul propriétaire par l'effet du prélèvement sans qu'un partage soit nécessaire (■ Cass. 1re civ., 17 juin 1981, n° 80-11.142 : *JurisData* n° 1981-701857 ; *Bull. civ.* I, n° 223, p. 182 ; *JCP* 83, II, 19979, note Dagot).

Art. 1512. – Le contrat de mariage peut fixer des bases d'évaluation et des modalités de paiement de la soulte éventuelle. Compte tenu de ces clauses et à défaut d'accord entre les parties, la valeur des biens sera fixée par le tribunal de grande instance.

Art. 1513. – La faculté de prélèvement est caduque si l'époux bénéficiaire ne l'a pas exercée par une notification faite à l'autre époux ou à ses héritiers dans le délai d'un mois à compter du jour où ceux-ci l'auront mis en demeure de prendre parti. Cette mise en demeure ne peut elle-même avoir lieu avant l'expiration du délai prévu au titre : *Des successions* pour faire inventaire et délibérer.

Art. 1514. – Le prélèvement est une opération de partage : les biens prélevés sont imputés sur la part de l'époux bénéficiaire ; si leur valeur excède cette part, il y a lieu au versement d'une soulte.

Les époux peuvent convenir que l'indemnité due par l'auteur du prélèvement s'imputera subsidiairement sur ses droits dans la succession de l'époux prédécédé.

Section IV. – Du préciput (1)

Art. 1515. – Il peut être convenu, dans le contrat de mariage, que le survivant des époux, ou l'un d'eux s'il survit, sera autorisé à prélever sur la communauté, avant tout partage, soit une certaine somme, soit certains biens en nature, soit une certaine quantité d'une espèce déterminée de biens.

Art. 1516. – Le préciput n'est point regardé comme une donation, soit quant au fond, soit quant à la forme, mais comme une convention de mariage et entre associés.

Art. 1517 *(Abr., L. n° 65-570, 13 juill. 1965).*

Art. 1518 *(L. n° 85-1372, 23 déc. 1985 ; mod., L. n° 2004-439, 26 mai 2004).* **– Lorsque la communauté se dissout du vivant des époux, il n'y a pas lieu à la délivrance du préciput ; mais l'époux, au profit duquel il a été stipulé, conserve ses droits pour le cas de survie, sous réserve de l'article 265. Il peut exiger une caution de son conjoint en garantie de ses droits.**

Art. 1519. – Les créanciers de la communauté ont toujours le droit de faire vendre les effets compris dans le préciput, sauf le recours de l'époux sur le reste de la communauté.

Section V. – De la stipulation de parts inégales

Art. 1520. – Les époux peuvent déroger au partage égal établi par la loi.

(1) Voir L. n° 2006-728, 23 juin 2006, art. 38, p. 3261.

Bibliographie : Ph. Malaurie et L. Aynès, *Les clauses du contrat de mariage relatives au partage de la communauté : Defrénois* 2000, 673.

Convention européenne des droits de l'homme. Le juge français ne peut admettre l'application d'une disposition de la loi suisse, contraire au protocole n° 7 de la Convention européenne des droits de l'homme, prévoyant une discrimination à l'encontre de la seule épouse dans la liquidation et le partage des biens de l'union conjugale (■ Cass. 1re civ., 24 févr. 1998, n° 95-18.646 : *JurisData* n° 1998-000825 ; *D.* 1999, 309, note Thierry, somm. 290, obs. Audit ; *Defrénois* 1999, 1173, note Crône).

Art. 1521. – **Lorsqu'il a été stipulé que l'époux ou ses héritiers n'auront qu'une certaine part dans la communauté, comme le tiers ou le quart, l'époux ainsi réduit ou ses héritiers ne supportent les dettes de la communauté que proportionnellement à la part qu'ils prennent dans l'actif.**

La convention est nulle si elle oblige l'époux ainsi réduit ou ses héritiers à supporter une plus forte part, ou si elle les dispense de supporter une part dans les dettes égale à celle qu'ils prennent dans l'actif.

Art. 1522 et 1523 *(Abr., L. n° 65-570, 13 juill. 1965).*

Art. 1524. – **L'attribution de la communauté entière ne peut être convenue que pour le cas de survie, soit au profit d'un époux désigné, soit au profit de celui qui survivra quel qu'il soit. L'époux qui retient ainsi la totalité de la communauté est obligé d'en acquitter toutes les dettes.**

Il peut aussi être convenu, pour le cas de survie, que l'un des époux aura, outre sa moitié, l'usufruit de la part du prédécédé. En ce cas, il contribuera aux dettes, quant à l'usufruit, suivant les règles de l'article 612.

Les dispositions de l'article 1518 sont applicables à ces clauses quand la communauté se dissout du vivant des deux époux.

1) **Pension alimentaire.** Le conjoint survivant qui recueille la totalité de l'actif commun est tenu d'en acquitter toutes les dettes, en particulier la pension alimentaire due par le *de cujus* à sa première épouse (■ Paris, 10 mars 1993 : *JCP* 94, I, 3785, n° 5, obs. Simler. ■ Cass. 2e civ., 11 juin 1998, n° 94-14.654 : *JurisData* n° 1998-002727 ; *JCP* G 98, II, 10152, note Casey ; *JCP* N 98, 1542 ; *Bull. civ.* II, n° 182, p. 107 ; *Dr. famille* 1998, 119, note Beignier. Comp. pour une prestation compensatoire ■ Cass. 1re civ., 15 oct. 1996, n° 94-19.418 : *JurisData* n° 1996-003788 ; *JCP* 96, IV, 2377 ; 97, I, 4008, n° 13, obs. Tisserand ; *Bull. civ.* I, n° 350, p. 245 ; *D.* 1997, 205, note Yamba ; *Defrénois* 1997, 417, obs. Champenois ; *Dr. famille* 1996, 25, note Beignier ; *RTD civ.* 1998, 455, obs. Vareille. V. aussi, condamnant la veuve à payer la pension alimentaire à un enfant adultérin du mari, ■ TGI Paris, 23 mai 1995 : *JurisData* n° 1995-048112 ; *RTD civ.* 1995, 614, obs. Hauser).

2) **Assassinat de l'épouse par le mari.** L'avantage matrimonial ne peut être révoqué pour cause d'ingratitude en cas d'assassinat de l'épouse par le mari (■ Cass. 1re civ., 7 avr. 1998, n° 96-16.148 : *JurisData* n° 1998-001623 ; *JCP* 98, II, 10197, note Puigelier ; *Bull. civ.* I, n° 146, p. 97 ; *Dr. famille* 1998, 102, note Beignier ; *RTD civ.* 1998, 457, obs. Vareille, 881, obs. Hauser ; *Defrénois* 1998, 825, obs. Champenois).

3) **Emprunt souscrit par le conjoint seul.** Dans l'hypothèse d'une clause d'attribution intégrale de la communauté au conjoint survivant, l'époux attributaire de la communauté est tenu de la dette résultant d'un emprunt souscrit par son conjoint seul, dès lors qu'il n'est pas établi qu'elle a été contractée dans l'intérêt exclusif de celui-ci (■ Cass. 1re civ., 5 déc. 2018, n° 16-13.323 : *Dr. famille* 2019, comm. 51, Torricelli-Chrifi).

Art. 1525. – **La stipulation de parts inégales et la clause d'attribution intégrale ne sont point réputées des donations, ni quant au fond, ni quant à la forme, mais simplement des conventions de mariage et entre associés.**

Sauf stipulation contraire, elles n'empêchent pas les héritiers du conjoint prédécédé de faire la reprise des apports et capitaux tombés dans la communauté du chef de leur auteur.

Bibliographie : M. Dagot, *La clause d'attribution intégrale de la communauté : JCP* 97, I, 3995.

1) **Conjoint héritier.** En reprenant les apports et capitaux de l'époux prédécédé, les héritiers ne font que retirer de la communauté ce qui leur appartient du chef de leur auteur ; ces biens font partie de la succession de celui-ci qui peut donc en disposer dans la limite de la quotité disponible (■ Cass. 1re civ., 15 janv. 1974 : *JurisData* n° 1974-000017 ; *JCP* 74, II, 17808, note Thuillier ; *D.* 1974, 393, rect. 438, concl. Blondeau et note Cornu. V. aussi, affirmant le droit à récompense de la succession du mari pour le cas de biens propres aliénés sans remploi ■ Cass. 1re civ., 3 déc. 1996, n° 94-21.943 : *JurisData* n° 1996-004749 ; *Dr. famille* 1997, 18, note Beignier ; *JCP*

97, I, 4047, n° 21, obs. Tisserand). Aucune distinction n'étant faite par l'article 1525, al. 2, son application ne saurait être restreinte aux seuls héritiers par le sang ; le conjoint survivant, héritier comme les autres, ne saurait être exclu de ce droit à la reprise (même arrêt).

2) Reprise en nature. Droit à récompense de la communauté. Du fait de la reprise en nature effectuée en application de la clause du contrat de mariage de communauté universelle, l'immeuble qui a été l'objet d'une telle reprise a échappé à la communauté universelle ; il s'ensuit que cette communauté se trouve créancière d'une récompense en raison des travaux et impenses dont elle a assumé la charge sur l'immeuble demeuré propre à l'épouse (■ Cass. 1re civ., 16 juin 1992, n° 91-10.321 : *JurisData* n° 1992-001328 ; *JCP* 93, II, 22108, 1re esp., note Simler ; *RTD civ.* 1993, 187, obs. Lucet et Vareille).

3) Attribution au conjoint survivant de l'entière communauté. Ne donne pas de base légale à sa décision la cour d'appel qui ordonne l'ouverture des opérations de compte, liquidation et partage d'une communauté en se bornant à énoncer que l'attribution au conjoint survivant de l'entière communauté ne constitue qu'une stipulation de parts inégales résultant d'un contrat de mariage, et qu'elle ne s'analyse pas en une manifestation de volonté, à cause de mort, ayant pour but d'exhéréder les héritiers, sans se prononcer sur la portée de cette clause stipulant l'attribution intégrale (■ Cass. 1re civ., 20 févr. 1996, n° 94-11.276 : *JurisData* n° 1996-000539 ; *JCP* 96, IV, 878 ; *Bull. civ.* I, n° 88, p. 59 ; *RTD civ.* 1997, 210, obs. Vareille). L'adoption d'un régime de communauté universelle avec clause d'attribution intégrale au conjoint survivant, choix expressément prévu et autorisé par les articles 1524 et 1526, n'étant pas réputée donation, une cour d'appel en déduit exactement qu'une telle convention ne porte pas atteinte à la réserve de l'enfant commun des époux, dont la demande apparaît ainsi mal fondée, sans que l'arrêt ait à répondre au moyen inopérant tiré d'une fraude commise à son encontre (■ Cass. 1re civ., 14 mai 1996, n° 93-20.703 : *JurisData* n° 1996-001842 ; *JCP* 96, I, 3962, n° 6, obs. Wiederkehr ; *Bull. civ.* I, n° 210, p. 146 ; *Defrénois* 1996, 1080, obs. Champenois ; *RTD civ.* 1997, 207, obs. Vareille). C'est de manière inopérante que l'épouse survivante, qui se voit attribuer l'ensemble de l'actif et du passif de la communauté universelle, déclare renoncer à la succession de son époux prédécédé, prétendant ainsi échapper aux engagements de caution souscrits par son mari (■ Paris, 1er déc. 2000 : *Dr. famille* 2001, 75, 5e arrêt, note Beignier ; *JurisData* n° 2000-137274). Mais, en l'absence de clause attribuant à l'époux survivant l'intégralité de la communauté universelle, le créancier peut poursuivre l'héritier de l'époux prédécédé, qui ne peut se prévaloir du caractère commun des biens qu'il recueille (■ Colmar, 18 nov. 1999 : *Dr. famille* 2001, 75, 6e arrêt, note Beignier ; *JurisData* n° 1999-137272. – V. aussi ■ Douai, 11 mai 2000 : *Dr. famille* 2001, 75, 7e arrêt, note Beignier ; *JurisData* n° 2000-132671).

4) Clause excluant la reprise des apports. Lorsque les époux sont convenus, en adoptant le régime de la communauté universelle avec attribution intégrale au conjoint survivant, d'exclure la reprise par les héritiers du conjoint prédécédé des apports et capitaux tombés dans la communauté du chef de celui-ci, ces derniers n'ont aucune créance à faire valoir sur la succession du survivant au titre de leur valeur (■ Cass. 1re civ., 25 sept. 2013, n° 12-23.111 : *Bull. civ.* I, 188 ; *RTD civ.* 2013, 885, Vareille ; *AJF* 2013, 648, obs. Ferré-André ; *JCP* G 2014, doctr. 668, n° 14, obs. Tisserand-Martin ; *Dr. famille* 2013, comm. 165, Beignier).

Section VI. – De la communauté universelle

Art. 1526. – **Les époux peuvent établir par leur contrat de mariage une communauté universelle de leurs biens tant meubles qu'immeubles, présents et à venir. Toutefois, sauf stipulation contraire, les biens que *l'article 1404 déclare* propres par leur nature ne tombent point dans cette communauté.**

La communauté universelle supporte définitivement toutes les dettes des époux, présentes et futures.

Bibliographie : P. Catala, *Variations autour de la communauté universelle : Defrénois* 1996, 209. • R. Juan, *La communauté universelle : JCP* N 80, I, 95. • B. Beignier, *Récompenses et communauté universelle : Dr. famille* 2010, étude 30. • B. Monassier et Ph. Van Stenlandt, *Communauté universelle et tontine entre époux : couple infernal ou insensé : JCP* N 2010, 1243.

1) Conjoint recueillant une succession. L'époux marié sous le régime de la communauté universelle est copropriétaire des biens tombés en communauté du fait de son conjoint et doit intervenir au partage de la succession recueillie par celui-ci (■ Cass. 1re civ., 18 juin 1985, n° 84-10.305 : *JCP* 86, II, 20707, note Simler). Mais jugé que l'époux héritier peut seul exercer, en demande et en défense, une action qui ne tend qu'au partage de ces biens (■ Cass. 1re civ., 2 avr. 2008, n° 07-11.254 : *JCP* 2008,

I, 144, obs. Simler et II, 10126, note Sauvage ; *RTD civ.* 2008, p. 533, obs. Vareille).

2) Bien donné à l'un des époux. Jugé que le seul fait pour le mari d'apparaître à l'acte de donation ne le rend pas codonataire du bien dès lors que l'acte stipule qu'il s'agit d'une donation de la mère à sa fille, le mari étant simple comparant (■ Colmar, 25 févr. 1994 : *JurisData* n° 1994-048960 ; *JCP* 95, I, 3869, n° 10, obs. crit. Simler).

3) Bénéfice d'une assurance-vie. Le bénéfice d'une assurance-vie n'ayant pas été accepté avant la dissolution du régime de communauté universelle, les capitaux garantis ne peuvent entrer dans l'actif de communauté (■ Cass. 1re civ., 5 nov. 2008, n° 07-14.598 : *JCP* 2009, II, 10041, note M. Cannarsa et I, 140, obs. Tisserand-Martin ; *D.* 2008, p. 2937, obs. G. Bruguière-Fontenille ; *D.* 2009, chron. C. cass. n° 2).

4) Clauses de retour et d'inaliénabilité. Les clauses de droit de retour et d'inaliénabilité affectant un bien donné ne font pas obstacle à l'entrée de celui-ci dans la communauté universelle (■ Cass. 1re civ., 18 mars 2015, n° 13-16.567 : *RTD civ.* 2015, 674, obs. Grimaldi et 2016, 172, obs. Vareille ; *Defrénois* 2016, 177, Champenois ; *Dr. famille* 2015, comm. 101, Nicod ; *JCP* 2015, 690, note Sauvage et doctr. 709, n° 8, obs. Simler ; *JCP* N 2015, 1182, note Le Guidec ; *D.* 2015, 2094, note Revel ; *Dr. et patrimoine* janv. 2016, 60, obs. Blanchard). – *Adde* ■ Cass. 1re civ., 23 sept. 2015, n° 14-18.131 : *RTD civ.* 2016, 174, obs. Vareille ; *D.* 2015, 1953 ; *AJF* 2015, 618, obs. C. Vernières ; *Dr. famille* 2015, comm. 204, obs. M. Nicod ; *Defrénois* 2016, 180, obs. G. Champenois (communauté universelle avec attribution intégrale au conjoint survivant, droit de retour conventionnel, retour du bien donné dans le patrimoine de la donatrice).

5) Partage des biens recueillis par succession. Un époux marié sous le régime de la communauté universelle a, en sa double qualité d'administrateur de la communauté et d'héritier, le droit de procéder, sans l'autre, au partage des biens qu'il recueille par succession et qui entrent en communauté (■ Cass. 1re civ., 15 mai 2008, n° 07-16.226 : *Bull. civ.* I, n° 137 ; *JCP* 2008, I, 202, obs. Ph. Simler).

6) Passif. Application de l'article 1483 (non). Selon les articles 1524, alinéa 1er, et 1526, l'époux auquel est attribuée la totalité de la communauté en pleine propriété est obligé d'en acquitter définitivement toutes les dettes. Il en résulte qu'il ne peut invoquer les dispositions de l'article 1483 (■ Cass. 1re civ., 16 mars 2004 : *JCP* 2004, II, 10090, avis Sainte-Rose et note Casey ; *JCP* 2004, I, 176, n° 20, obs. Tisserand-Martin ; *JurisData* n° 022834 ; *Dr. famille* 2004, 108, note Beignier ; *Defrénois* 2004, 1470, obs. Champenois ; *RTD civ.* 2004, 333, obs. Vareille).

7) Passif. Absence de compensation légale. La compensation légale ne peut jouer entre la créance d'un des époux envers un tiers et la dette de son conjoint envers ce même tiers, quand bien même cette créance et cette dette pourraient être qualifiées de communes (■ Cass. 1re civ., 25 nov. 2015, n° 14-14.003 : *RDC* 2016/2, 290, note Goldie-Genicon et 231, note Libchaber ; *Dr. famille* 2016, comm. 6, B. Beignier ; *D.* 2016, 531, note Casu ; *JCP* G 2016, doctr. 698, n° 3, obs. Simler ; *Defrénois* 2017, 373, Champenois).

8) Responsabilité notariale. Sur la question de l'engagement de la responsabilité du notaire pour manquement à son devoir de conseil lors de l'adoption d'un régime de communauté universelle, V. ■ Cass. 1re civ., 30 avr. 2014, n° 13-16.380 : *Bull. civ.* I, n° 76 ; *Dr. famille* 2014, comm. 116, Beignier ; *JCP* G 2014, 815, note Borghetti ; *JCP* G 2014, doctr. 1265, n° 2, obs. Wiederkehr).

Section VII. – Dispositions communes aux deux parties du chapitre II

Art. 1527 ***(Mod., L. n° 2006-728, 23 juin 2006).*** **– Les avantages que l'un ou l'autre des époux peut retirer des clauses d'une communauté conventionnelle, ainsi que ceux qui peuvent résulter de la confusion du mobilier ou des dettes, ne sont point regardés comme des donations.**

(L. n° 2001-1135, 3 déc. 2001) **(1) Néanmoins, au cas où il y aurait des enfants qui ne seraient pas issus des deux époux, toute convention qui aurait pour conséquence de donner à l'un des époux au-delà de la portion réglée par l'article 1094-1, au titre *« Des donations entre vifs et des testaments »*, sera sans effet pour tout l'excédent ; *mais les simples bénéfices* résultant des travaux communs et des économies faites sur les revenus respectifs quoique inégaux, des deux époux, ne sont pas considérés comme un avantage fait au préjudice des enfants d'un autre lit.**

(1) Sur l'application dans le temps de ces dispositions L. n° 2001-1135, 3 déc. 2001, art. 25, I et II, 2°, p. 3203.

Toutefois, ces derniers peuvent, dans les formes prévues aux articles 929 à 930-1, renoncer à demander la réduction de l'avantage matrimonial excessif avant le décès de l'époux survivant. Dans ce cas, ils bénéficient de plein droit du privilège sur les meubles prévu au 3° de l'article 2374 et peuvent demander, nonobstant toute stipulation contraire, qu'il soit dressé inventaire des meubles ainsi qu'état des immeubles.

Bibliographie : B. Pacaud et F.-R. Pujol, *Les avantages matrimoniaux : Defrénois* 1991, 24. • N. Duchange, *Quelques précisions sur l'évaluation des avantages matrimoniaux à propos d'une formule de participation aux acquêts : Defrénois* 1993, 1089. • S. Guillaud-Bataille, *Communauté universelle et action en retranchement : JCP* N 2009, 1210. • B. Beignier, *Qu'est-ce qu'un avantage matrimonial ?* in *Mélanges B. Oppetit*, Litec, 2010, p. 33. • E. Rousseau, *De l'existence du critère fondamental de l'avantage matrimonial* in *Mélanges Champenois : Defrénois* 2012, 711. • N. Duchange, *Pour une approche pratique des avantages matrimoniaux : JCP* N 2016, 1118. • B. Vareille, *Avantages matrimoniaux et action en retranchement : Defrénois* 2018, n° 16, p. 39.

I – NOTION D'AVANTAGE MATRIMONIAL ET RÉGIME DES AVANTAGES MATRIMONIAUX

1) Donation-partage avec clause d'entrée en communauté. Viole l'article 267, dans sa rédaction antérieure à la loi n° 2004-439 du 26 mai 2004 et l'article 1527 du Code civil, la cour d'appel qui retient que constitue un avantage matrimonial la donation-partage consentie à des donataires mariés sous le régime légal avec stipulation expresse que les biens donnés doivent tomber dans la communauté de biens existant entre les donataires et leurs conjoints respectifs, alors qu'une telle opération ne constitue pas un avantage matrimonial susceptible de révocation, les avantages matrimoniaux qui résultent directement du fonctionnement du régime matrimonial étant constitués par les seuls profits que l'un ou l'autre des époux peut retirer des clauses d'une communauté conventionnelle ou qui peuvent résulter de la confusion du mobilier ou des dettes (■ Cass. 1re civ., 3 déc. 2008, n° 07-19.348 : *RDC* 2009/3, p. 1169, obs. Grare-Didier ; *JCP* 2009, I, 140, obs. Tisserand-Martin ; *D.* 2009, p. 2508, obs. Revel ; *RTD civ.* 2009, p. 564, obs. M. Grimaldi ; *Defrénois* 2009, p. 1605, obs. Vareille).

2) Clause commerciale. Le prélèvement de biens communs exercé en application de l'article 1390 s'analyse en un partage et ne constitue pas un avantage indirect (■ Cass. 1re civ., 19 nov. 1991, n° 90-14.216 : *JurisData* n° 1991-003193 ; *D.* 1992, somm. 224, obs. Grimaldi).

3) *Clause d'inaliénabilité.* *La* clause d'inaliénabilité contenue dans une donation consentie en cours de mariage par un mari à son épouse ne saurait s'analyser comme un avantage consenti par celle-ci à son époux (■ Cass. 1re civ., 8 févr. 2000, n° 97-20.727 : *JurisData* n° 2000-000517 ; *Bull. civ.* II, n° 43, p. 29). Sur la notion d'avantage matrimonial, V. aussi F. Lucet : *JCP* N 92, I, 145.

4) Clause de reprise des apports. La clause de reprise des apports stipulée au contrat de mariage portant adoption du régime de la communauté universelle ne confère aux époux aucun avantage matrimonial (■ Cass. 1re civ., 17 nov. 2010, n° 09-68.292 : *Bull. civ.* I, n° 235 ; *Defrénois* 2011, 378, obs. Champenois ; *JCP* G 2011, doctr. 503, n° 14, obs. Tisserand-Martin ; *D.* 2011, 622, obs. Auroy et Creton ; *Dr. famille* 2011, comm. 21, obs. Beignier ; *D.* 2011, 351, note Bonnet ; *Gaz. Pal.* 4 févr. 2011, 48, obs. Casey).

5) L'attribution de l'intégralité des acquêts au conjoint survivant constitue un avantage matrimonial réductible. Ainsi, fausse l'application et viole l'article 1527, alinéa 2, la décision qui, pour rejeter l'action en réduction intentée par le fils d'un premier lit de la mère, retient que celui-ci ne prouve pas que l'adoption de la communauté universelle ait entraîné pour son beau-père un avantage patrimonial qui lui aurait porté préjudice lors du décès de sa mère et n'établit pas la consistance des biens propres de celle-ci au moment dudit changement, faisant seulement état de biens immobiliers acquis après ce changement et ne démontrant pas que ces biens aient été acquis autrement que par le fruit des travaux et des économies du couple (■ Cass. 1re civ., 27 mars 2007, n° 05-14.910 : *JCP* 2007, I, 208, obs. Wiederkehr).

6) Partage en démembrement de propriété d'un bien commun. Avantage matrimonial (non). Pour un refus de caractériser un avantage matrimonial dans une hypothèse où les époux, mariés sous le régime légal, avaient décidé, lors du partage, d'attribuer l'usufruit de leur maison d'habitation au mari et la nue-propriété du même bien à la femme, V. ■ Cass. 1re civ., 25 sept. 2013, n° 12-26.091 : Bull. civ. I, n° 186 ; RTD civ. 2013, 886, obs. Vareille ; *Defrénois* 2014, 1200, Champenois ; *Gaz. Pal.* 19 janv. 2014, p. 28, obs. Casey ; *RJPF* 12, p. 41, obs. Sauvage ; *Dr. famille* 2014, comm. 40, obs. Torricelli-Chrifi ; *AJF* nov. 2013, p. 648, note S. Ferré-André ; *Dr. famille* 2014, comm. 40, note S. T. C.

7) Communauté universelle. L'article 267-1 a vocation à s'appliquer, comme l'article 1527, à tous les avantages que l'un des époux peut tirer des clauses d'une communauté conventionnelle, et notamment de l'adoption du régime de la communauté universelle (■ Cass. 1re civ., 19 oct. 1983, n° 82-12.046 : *JurisData* n° 1983-702150 ; *D.* 1984, 229, note Massip).

8) Séparation de biens avec société d'acquêts. Sur ce qu'un avantage matrimonial est susceptible de naître d'un régime de séparation de biens avec société d'acquêts, V. ■ Cass. 1re civ., 29 nov. 2017, n° 16-29.056 : *Dr. famille* 2018, comm. 36, Beignier et Collard ; *JCP* N 2018, Famille 1003, Beignier et Collard ; *RJPF* févr. 2018, 34, obs. Fragu (apport à la société d'acquêts d'un bien personnel à un des époux, créé avant le mariage, avec clause d'attribution intégrale des acquêts au conjoint survivant).

9) Clause d'apports. L'article 267, alinéa 1er, ancien, Code civil s'applique à tous les avantages que l'un des époux peut tirer des clauses d'une communauté conventionnelle et, notamment, de la stipulation, au moment du mariage, d'une clause d'apports (■ Cass. 1re civ., 25 sept. 2013, n° 12-11.967 : *Bull. civ.* I, n° 179 ; *JCP* N 2014, 1169, note Massip ; *RTD civ.* 2013, 887, obs. Vareille ; *RJPF* 2013/12, p. 27, obs. Vauvillé).

10) Droit de mutation par décès. Sur le principe qu'en présence d'enfants d'un premier lit, l'Administration fiscale ne peut percevoir de droit sur la part revenant au conjoint survivant, les dispositions de l'article 1527, alinéa 2, ayant pour seul effet de soumettre les avantages matrimoniaux aux règles édictées pour les libéralités pour la part qui excède la quotité disponible entre époux, V. ■ Cass. 1re civ., 6 mai 1997, n° 95-17.441 : *JurisData* n° 1997-002311 ; *JCP* 97, I, 4047, n° 20, obs. Tisserand ; *JCP* 98, I, 133, n° 10, obs. Le Guidec ; *D.* 1998, 303, note Deboissy ; *Bull. civ.* I, n° 146, p. 98 ; *Defrénois* 1997, 1086, obs. Champenois ; *RTD civ.* 1998, 179, obs. Vareille.

11) Sort des avantages matrimoniaux en cas de divorce. V. art. 265, p. 238.

II – ACTION EN RETRANCHEMENT

12) Enfants naturels. Jugé, sous l'empire du droit antérieur à la loi du 3 décembre 2001, que viole l'article 1527, tel qu'il doit être interprété au regard de la Convention EDH, la cour d'appel qui retient que la protection prévue par ce texte ne peut être étendue au bénéfice de l'enfant naturel (■ Cass. 1re civ., 29 janv. 2002 : *JCP* G 2002, I, 167 et *JCP* N 2002, 1719, n° 12, obs. Tisserand ; *JCP* G 2002, I, 178 et *JCP* N 2003, 1007, n° 8, obs. Le Guidec ; *Dr. famille* 2002, 40, note Beignier ; *D.* 2002, 1938, note Devers ; *RTD civ.* 2002, 278, obs. Hauser et 347, obs. Vareille ; *JurisData* n° 012760 ; *Bull. civ.* I, n° 32, p. 24 ; *Defrénois* 2002, 692, obs. Massip et 1330, obs. Champenois).

13) Adoption par le second conjoint. L'enfant adopté par le conjoint survivant, investi dans la succession de l'adoptant des mêmes droits qu'un enfant légitime ou naturel, n'est pas fondé à se prévaloir de la protection spécifique de l'action en retranchement de l'article 1527, alinéa 2, ouverte au seul bénéfice des enfants qui ne seraient pas issus des deux époux et qui seraient privés de toute vocation successorale dans la succession du conjoint survivant ■ Cass. 1re civ., 7 juin 2006 : *JurisData* n° 2006-033849 ; *Bull. civ.* I, n° 295, p. 257 ; *Defrénois* 2006, art. 38469-59, p. 1614, obs. Champenois ; *JCP* G 2007, I, 142, obs. Simler et *alii*. ■ Cass. 1re civ., 11 févr. 2009, n° 07-21.421 : *JCP* 2009, I, 140, obs. A. Tisserand-Martin ; *Defrénois* 2009, p. 1611, obs. Vareille (auparavant, en ce sens, V. ■ Orléans, 29 avr. 2002, n° 01/00555 : *JurisData* n° 2002-183354 ; *Dr. famille* 2002, 147, note Beignier ; *JCP* 2003, I, 111, n° 16, obs. Tisserand et *contra*, ■ Paris, 10 juill. 1985 : *JurisData* n° 1985-601285 ; *JCP* 1988, II, 21134, note Simler. – V. aussi ■ Paris, 5 nov. 1992 : *JurisData* n° 1992-022865 ; *RTD civ.* 1993, 869, obs. Lucet et Vareille. Comp., réputant enfant commun l'enfant naturel de l'épouse adopté simple avant le mariage par le mari de celle-ci, ■ Paris, 11 févr. 1994 : *JurisData* n° 1994-020546 ; *RTD civ.* 1994, 340, obs. Hauser). En cas de révocation d'une adoption simple, postérieurement à l'ouverture de la succession de son auteur, l'enfant adopté par le conjoint ne peut exercer l'action en retranchement, car la nature et l'étendue des droits successoraux des héritiers s'apprécient au regard de leur situation à l'ouverture de la succession, de sorte que l'enfant avait, à cette date, les mêmes droits que l'enfant né du mariage des deux époux (■ Cass. 1re civ., 9 juill. 2014, n° 13-19.013 : à paraître au *Bull. civ.* ; *Defrénois* 2015, 677, note Champenois ; *JCP* G 2014, doctr. 1265, n° 14, obs. Tisserand-Martin ; *Dr. famille* 2014, comm. 144, Beignier et Nicod ; *JCP* N 2014, 1385, note Le Guidec ; *JCP* G 2015, doctr. 101, n° 1, obs. Le Guidec ; *RTD civ.* 2014, 870, obs. Hauser).

14) Nature de l'action en retranchement. L'action en retranchement est une action en réduction régie par les articles 920 et suivants (■ Paris, 21 avr. 1982 : *JurisData* n° 1982-601091 ; *D.* 1983, 227, note crit. Rémy).

15) Évaluation de l'avantage matrimonial retranchable. Pour un exemple, V. (■ Cass. 1re civ., 19 déc. 2012, n° 11-21.703 : *Bull. civ.* I, n° 269 ; *JCP* G 2013, doctr. 721, n° 13, obs. Tisserand-Martin ; *Dr. famille* 2013, comm. 44, note Mangiavillano ; *Bull. Joly Sociétés* 2013, 253, note Naudin ; *L'essentiel Dr. fam. et personnes* mars 2013, 5, obs. Peterka. Comparaison entre la consistance du patrimoine résultant de l'adoption de la communauté universelle avec attribution au conjoint survivant et celle qui aurait résulté de l'application de la communauté légale).

16) Accord des enfants du premier lit. L'accord donné par les enfants du premier lit à l'adoption d'une communauté universelle ne peut valoir renonciation à exercer l'action en retranchement (■ Aix-en-Provence, 10 mars 1997 : *JurisData* n° 1997-043540 ; *JCP* G 98, I, 135 et *JCP* N 98, 1302, n° 5, obs. Wiederkehr).

17) Recevabilité de l'action en retranchement postérieurement au rejet d'une action en nullité du changement de régime matrimonial. S'il incombe au demandeur de présenter dès l'instance relative à la première demande l'ensemble des moyens qu'il estime de nature à fonder celle-ci, il n'est pas tenu de formuler dans la même instance toutes les prétentions fondées sur les mêmes faits. L'action ouverte, à l'article 1527, alinéa 2, du Code civil, aux enfants non issus des deux époux, et tendant à limiter les effets d'une clause d'une convention portant adoption d'une communauté conventionnelle, n'a pas le même objet que celle tendant à obtenir la nullité d'une telle convention ; un jugement irrévocable rejetant l'action en nullité de la convention ne fait donc pas obstacle à la recevabilité de l'action en retranchement (■ Cass. 1re civ., 7 déc. 2016, n° 16-12.216 : *Dr. famille* 2017, comm. 45, Nicod ; *Defrénois* 2018, 24, obs. Champenois).

18) Partage judiciaire (non). Les enfants du premier lit du défunt ne peuvent assigner en partage successoral le conjoint survivant que s'ils sont en mesure de revendiquer des droits indivis sur les biens dépendant de la succession. Tel n'est pas le cas lorsque les époux avaient adopté le régime de la communauté universelle avec une clause d'attribution intégrale au survivant, et que les demandeurs sont seulement créanciers de l'indemnité de réduction d'un avantage matrimonial excessif (■ Cass. 1re civ., 19 déc. 2018, n° 18-10.244 : *Dr. famille* 2019, comm. 57, Nicod). Dans le même sens, ■ Cass. 1re civ., 7 déc. 2016, n° 16-12.216 : *Dr. famille* 2017, comm. 45, Nicod ; *Defrénois* 2018, 24, obs. Champenois).

Art. 1528 à 1535 *(Abr., L. n° 65-570, 13 juill. 1965).*

CHAPITRE III. – DU RÉGIME DE SÉPARATION DE BIENS

Bibliographie : S. David, *Le contentieux liquidatif de la séparation de biens*, *AJF* 2010, 206. ● Sur l'adjonction d'une société d'acquêts, V. *La société d'acquêts : nouveaux aspects et modes d'utilisation*, dossier in *Defrénois* 2012, 1247 et s.

Art. 1536. – Lorsque les époux ont stipulé dans leur contrat de mariage qu'ils seraient séparés de biens, chacun d'eux conserve l'administration, la jouissance et la libre disposition de ses biens personnels.

Chacun d'eux reste seul tenu des dettes nées en sa personne, avant ou pendant le mariage, hors le cas de l'article 220.

1) Dette née d'un acte fait au profit du conjoint. La femme doit répondre des dettes contractées par son mari pour l'exploitation agricole qui lui est propre, dans la mesure où elles ont été contractées dans son intérêt personnel, sans qu'il soit nécessaire d'établir une société de fait entre époux (■ Cass. 1re civ., 1er févr. 1977 : *JurisData* n° 1977-799061 ; *JCP* 78, II, 18838, note Prévault ; *D. 1978, 309, note* R. Savatier).

2) Société créée de fait. En cas de société créée de fait entre époux séparés de biens, les époux sont tenus indéfiniment et solidairement des dettes sociales et peuvent être déclarés en état de liquidation des biens (■ Cass. com., 16 déc. 1975, n° 74-12.085 : *JurisData* n° 1975-097307 ; *D.* 1978, 292, note Temple).

3) Frais du contrat de mariage. Sur le principe que les époux doivent supporter chacun pour moitié les frais de leur contrat de mariage, V. ■ Cass. 1re civ., 3 mai 1977, n° 75-11.056 : *JurisData* n° 1977-000200 ; *Bull. civ.* I, n° 200, p. 158.

4) Impôt sur le revenu. La contribution des époux séparés de biens à la dette fiscale, qui ne constitue pas une charge du mariage, est déterminée au prorata de l'impôt dont ils auraient été redevables s'ils avaient fait l'objet d'une imposition séparée (■ Cass. 1re civ., 30 oct. 2006, n° 03-19.317 : *JurisData* n° 2006-035634 ; *JCP* G 2006, I, 142, obs. Simler et *alii*). Le contrat de mariage stipulant que les époux n'auront pas de recours l'un contre l'autre pour les dépenses relevant des charges du mariage, viole l'article 1536 et l'article 1134 l'arrêt qui étend l'application de cette clause à l'impôt sur le revenu, lequel constitue une charge découlant directement des revenus personnels à chaque époux (■ Cass. 1re civ., 19 mars 2002 : *JCP* 2002, I, 167 et *JCP* N 2002, 1719, n° 15, obs. Storck ; *JurisData* n° 2002-013589 ; *D.* 2002, somm. 2440, obs. Brémond ; *Bull. civ.* I, n° 99, p. 76 ; *Dr. famille* 2003, 134, 1er arrêt, note Beignier. V. déjà ▪ Cass. 1re civ., 22 févr. 1978, n° 76-14.031 : *JurisData* n° 1978-000075 ; *D.* 1978, 602, 1re esp., note Martin).

5) Cautionnement, disproportion. Les juges du fond ne peuvent déduire que l'engagement de la caution est proportionné à ses biens et revenus du fait que son conjoint séparé de biens est en mesure de contribuer de manière substantielle aux charges de la vie courante (▪ Cass. com., 24 mai 2018, n° 16-23.036 : *Dr. famille* 2018, comm. 184, Torricelli-Chriffi et comm. 213, Beignier ; *JCP G* 2018, note 900, Simler ; *Gaz. Pal.*, 11 sept. 2018, p. 34, note Piedelièvre ; *D.* 2018, p. 1884, Crocq ; *JCP G* 2018, 668, obs. V. Legrand ; *JCP E* 2018, 1378, note D. Legeais ; *JCP G* 2018, doctr. 1355, Storck).

Art. 1537. – Les époux contribuent aux charges du mariage suivant les conventions contenues en leur contrat ; et, s'il n'en existe point à cet égard, dans la proportion déterminée à l'article 214.

1) Financement d'un logement indivis et contribution aux charges du mariage. Les dépenses afférentes à l'acquisition et à l'aménagement du logement familial indivis participent de l'exécution par un époux de son obligation de contribuer aux charges du mariage ; doit donc être débouté de sa demande en paiement d'une créance contre son conjoint l'époux qui, disposant de revenus confortables, n'a fait que contribuer à proportion de ses facultés contributives (▪ Cass. 1re civ., 15 mai 2013, n° 11-26.933 : *Bull. civ.* I, n° 94 ; *RTD civ.* 2013, 582, obs. J. Hauser ; *ibid.* 2014, 703 et 704, obs. B. Vareille ; *JCP* 2013, doctr. 721, n° 19, obs. Storck ; *JCP* 2013, doctr. 1323, n° 1, et *JCP* N 2014, 1003, n° 1, obs. Wiederkehr ; *Dr. famille* 2013, comm. 110, obs. Beignier ; *D.* 2013, 2242, obs. Brémond ; *LPA* 25 sept. 2013, p. 11, obs. Le Gac Pech ; *Gaz. Pal.* 30 mars 2014, p. 24, obs. P. Murat). V. dans le même sens, concernant le paiement d'échéances d'emprunt nécessaires à l'acquisition et la construction du logement familial, ▪ Cass. 1re civ., 12 juin 2013, n° 11-26.748 : *Bull. civ.* I, n° 126 ; *RTD civ.* 2014, 698, obs. Vareille ; *JCP* 2013, doctr. 1323, n° 1, et *JCP* N 2014, 1003, n° 1, obs. Wiederkehr ; *AJF* 2013, 448, obs. B. de Boysson ; *D.* 2013, 2242, obs. Brémond et 2014, 1342, obs. J.-J. Lemouland et D. Vigneau. ▪ Cass. 1re civ., 21 sept. 2016, n° 15-23.511 : *Dr. et patrimoine* févr. 2017, 77, obs. Blanchard ; *Dr. famille* 2017, comm. 43, Guiguet-Schielé, qui, dans une hypothèse où l'un des époux avait financé plus de 80 % du prix d'acquisition, refuse de lier les quote-parts indivises au financement et dénie l'existence d'une créance en faveur de l'époux contribuerait. – *Adde* ▪ Cass. 1re civ., 25 sept. 2013, n° 12-21.892 : *Bull. civ.* I, n° 189 ; *RTD civ.* 2014, 698, obs. Vareille ; *JCP* 2013, 1323, n° 18, obs. Storck ; *Dr. famille* 2014, comm. 38, obs. Beignier ; *RTD civ.* 2013, 821, obs. Hauser ; *D.* 2013, 2682, note Molière ; *Gaz. Pal.* 27 oct. 2013, 19, obs. Casey et 30 mars 2014, 24, *obs. Murat ; D. 2014, 1342, obs. J.-J.* Lemouland et D. Vigneau, qui, en présence d'une clause par laquelle les époux étaient réputés s'être acquittés au jour le jour de leur contribution, approuve la cour d'appel d'avoir décidé que, l'immeuble indivis constituant le domicile conjugal, le mari ne pouvait réclamer le versement d'une indemnité compensatrice au titre d'un prétendu excès de contribution aux charges du mariage pour avoir financé seul l'acquisition de ce bien. Dans le même sens, ▪ Cass. 1re civ., 8 oct. 2014, n° 13-24.949 : *JCP* G 2014, doctr. 1265, n° 17 ; *JCP* N 2015, 1001, n° 21, obs. Storck. – *Adde*, ▪ Cass. 1re civ., 1er avr. 2015, n° 14-14.349 : *RTD civ.* 2015, 362, obs. Hauser et 687, obs. Vareille ; *AJF* 2015, 297, Casey ; *D.* 2015, 2094, obs. Revel ; *Dr. et patrimoine* janv. 2016, 56, obs. Blanchard ; *RJPF* 2015/6, 28, obs. Egea et Dubarry dans une hypothèse dans laquelle une clause du contrat de mariage présumait, de manière irréfragable, que les époux s'étaient acquittés de leur contribution aux charges du mariage au jour le jour, la cour d'appel a pu décider, après avoir constaté que l'immeuble indivis constituait le domicile conjugal et retenu que les règlements relatifs à cette acquisition, opérés par le mari, participaient de l'exécution de son obligation de contribuer aux charges du mariage, que ce dernier ne pouvait bénéficier d'une créance au titre du financement de l'acquisition de ce bien. Dans le même sens, ▪ Cass. 1re civ., 22 juin 2016, n° 15-21.543 : *Dr. et patrimoine* févr. 2017, 74, obs. Blanchard). Pour le refus d'une indemnité dans l'hypothèse d'un apport en capital, V. ▪ Cass. 1re civ., 21 nov. 2018, n° 17-26.546 : *Dr. famille* 2019, comm. 33 et 55, Torricelli-Chrifi. – Pour l'admission d'une dépense excédant la contribution normale aux charges du mariage, V. ▪ Cass 1re civ., 11 avr. 2018, n° 17-17.457 : *RTD civ.* 2018, p. 956, Vareille. - V. aussi ▪ Cass. 1re civ., 16 janv. 2019, n° 18-10.459 : *Dr. famille* 2019, comm. 75, Gayet.

Pour une extension de la solution à l'acquisition d'une résidence secondaire, V. ▪ Cass. 1re civ., 18 déc. 2013, n° 12-17.420 : à paraître au *Bull. civ.* ; *RTD civ.* 2014, 698 et 704, obs. Vareille ; *JCP* N 2014, 1117, note Vauvillé ; *Dr. famille* 2014, comm. 61, obs. Beigné ; *D.* 2014, 527, obs. F. Viney ; *JCP* G 2014, doctr. 668, n° 21, obs. Storck : la contribution aux charges du mariage, distincte, par son fondement et par son but, de l'obligation alimentaire, peut inclure des dépenses d'investissement ayant pour objet l'agrément et les loisirs du ménage ; l'activité stable de l'époux lui procurant des revenus très confortables et lui permettant d'acquérir une résidence secondaire pour la famille, les juges du fond ont pu décider que le financement par le mari de l'acquisition d'un tel bien indivis participait de l'exécution de son obligation de contribuer aux charges du mariage.

Mais le financement, par un époux, d'un investissement locatif destiné à constituer une épargne, ne relève pas de la contribution aux charges du mariage (■ Cass. 1re civ., 5 oct. 2016, n° 15-25944 : *Gaz. Pal.* nov. 2016, 18, obs. Piedelièvre ; *Dr. et patrimoine* févr. 2017, 77, obs. Blanchard ; *D.* 2017, 470, obs. Douchy-Oudot ; *RTD civ.* 2017, 105, obs. Hauser, époux mariés sous le régime de la participation aux acquêts).

V. sur cette question, G. Champenois, *Quelques observations sur le financement du logement familial indivis par des époux séparés de biens, Mélanges* en l'honneur du professeur R. Le Guidec, LexisNexis, 2014. – A. Karm, *Financement du logement de la famille et contribution des époux séparés de biens aux charges du mariage, Mélanges en l'honneur du professeur R. Le Guidec*, LexisNexis 2014. – J. Casey, *Dossier « Charges du ménage » : Les acquisitions immobilières, la contribution aux charges du mariage et les régimes matrimoniaux : AJF* 2015, 324. Et pour la proposition de formules destinées à répondre à cette difficulté, V. G. Champenois et N. Couzigou-Suhas : *Defrénois* 2015, 367.

2) Gestion du ménage et direction du foyer. Sur le principe que l'activité de l'époux séparé de biens dans la gestion du ménage et la direction du foyer peut constituer la cause de versements de fonds faits par celui-ci au nom dudit époux à l'occasion d'achats de biens faits indivisément par les deux, V. sous art. 214, annot. n° 9, p. 188.

3) Participation à l'activité professionnelle du conjoint. Jugé que pour évaluer l'appauvrissement de la femme séparée de biens qui a aidé sans rémunération son mari dans l'exercice de sa profession, ainsi que pour évaluer l'enrichissement du mari, il convient de se placer à la même date : celle de la demande en divorce, en raison de l'impossibilité morale pour la femme d'agir antérieurement contre son mari (■ Cass. 1re civ., 26 oct. 1982, n° 81-13.570 : *JurisData* n° 1982-702311 ; *JCP* 83, II, 19992, note Terré).

4) Partage d'un bien indivis. Compensation. Il y a lieu de refuser à une femme séparée de biens le partage du prix de revente d'un immeuble que les époux avaient indivisément acheté lorsque le mari, qui l'a touché, le retient comme contribution de la femme aux charges du mariage, auxquelles pendant cinq ans elle n'avait pas participé (■ Cass. 1re civ., 7 juin 1974 : *JurisData* n° 1974-000175 ; *D.* 1975, 461, note R. Savatier).

5) Présomption résultant d'une clause du contrat de mariage. En présence de la présomption instituée par le contrat de mariage, interdisant de prouver que l'un ou l'autre des conjoints ne s'est pas acquitté de son obligation, la femme ne peut soutenir avoir supporté toutes les dépenses du ménage (■ Cass. 1re civ., 1er oct. 1996, n° 94-19.625 : *JurisData* n° 1996-003596 ; *JCP* 97, I, 4008, n° 18, obs. Storck ; *Bull. civ.* I, n° 336, p. 236). V. aussi, ■ Cass. 1re civ., 1er oct. 1996, n° 94-19.625 : *JurisData* n° 1996-003596 ; *Bull. civ.* I, n° 336 ; *JCP* 1997, I, 4008, n° 18, obs. Storck. – *Adde*, ■ Cass. 1re civ., 25 sept. 2013, n° 12-21.892, préc. *supra*, note 1 : les époux ayant convenu dans leur contrat de mariage que chacun d'eux serait réputé avoir fourni au jour le jour sa part contributive en sorte qu'aucun compte ne serait fait entre eux à ce sujet et qu'ils n'auraient pas de recours l'un contre l'autre pour les dépenses de cette nature, les juges du fond ont souverainement estimé qu'il ressortait de la volonté des époux que cette présomption interdisait de prouver que l'un ou l'autre des conjoints ne s'était pas acquitté de son obligation. Mais la portée de la présomption instituée par la clause relève du pouvoir souverain d'appréciation des juges du fond.

6) Impôt sur le revenu. La contribution des époux séparés de biens à la dette fiscale est déterminée au *prorata* de l'impôt dont ils auraient été redevables s'ils avaient fait l'objet d'une imposition séparée (■ Cass. 1re civ., 26 oct. 2011, n° 10-24.214 : *Bull. civ.* I, n° 188 ; *D.* 2012, 971, obs. J.-J. Lemouland et D. Vignaud).

Art. 1538. – **Tant à l'égard de son conjoint que des tiers, un époux peut prouver par tous les moyens qu'il a la propriété exclusive d'un bien.**

Les présomptions de propriété énoncées au contrat de mariage ont effet à l'égard des tiers, aussi bien que dans les rapports entre époux, s'il n'en a été autrement convenu. La preuve contraire sera de droit, et elle se fera par tous les moyens propres à établir que les biens n'appartiennent pas à l'époux que la présomption désigne, ou même, s'ils lui appartiennent, qu'il les a acquis par une libéralité de l'autre époux.

Les biens sur lesquels aucun des époux ne peut justifier d'une propriété exclusive sont réputés leur appartenir indivisément, à chacun pour moitié.

Bibliographie : M. Storck, *Le titre ou la finance ? Le droit de propriété dans les régimes de séparation de biens : D.* 1994, chron. 61. • A. Fournier, *L'indivision entre époux séparés de biens* in *Mélanges B. Gross*, PU Nancy, 2009, p. 537.

I – PRINCIPES

1) Acquisition par un époux pour son compte. Sur le principe que l'époux qui acquiert un bien ou une fraction de bien, pour son compte, même à l'aide de deniers provenant de son conjoint, en devient seul propriétaire, V. ▪ Cass. 1re civ., 17 déc. 1991 : *Bull. civ.* I, n° 362, p. 238. ▪ Cass. 1re civ., 21 avr. 1992 : *JCP* 93, I, 3656, n° 13, obs. Storck. ▪ Cass. 1re civ., 14 janv. 2003, n° 00-16.612 : *JurisData* n° 2003-017344 ; *D.* 2003, somm. 1868, obs. Revel. V. cependant, déduisant de l'impossibilité d'établir l'origine des fonds que les biens sont réputés appartenir indivisément aux époux, ▪ Cass. 1re civ., 26 oct. 1982, n° 81-14.824 : *JurisData* n° 1982-702593 ; *D.* 1983, 521, note de La Marnierre. V. aussi, pour un bien indivis entre concubins, laissant aux juges du fond le soin d'apprécier la proportion dans laquelle le partage du bien doit être effectué, au regard des éléments fournis par les parties, ▪ Cass. 1re civ., 6 févr. 2001, n° 98-20.029 : *Defrénois* 2001, 593, obs. Massip. La donation alléguée ne peut être que des deniers, conformément à l'article 1099-1 (▪ Cass. 1re civ., 9 oct. 1991, n° 90-15.073 : *JurisData* n° 1991-002887 ; *D.* 1993, 580, note Courtine. ▪ Cass. 1re civ., 17 déc. 1991, n° 90-15.642 , préc.). Mais le mari qui prétend que les immeubles achetés au nom de sa femme sont en réalité sa propriété doit fournir une preuve écrite ou un commencement de preuve par écrit. Ne constitue pas un commencement de preuve par écrit la déclaration faite par la femme lors d'une comparution personnelle selon laquelle les immeubles avaient été « mis en son nom » en rémunération de son travail (▪ Bordeaux, 16 févr. 1988 : *JurisData* n° 1988-040452 ; *D.* 1990, 141, note Storck).

2) Acquisition indivise. Il importe peu que la contribution financière de la femme à l'acquisition en commun d'un immeuble ait été plus importante que celle de son mari, une telle contribution demeurant sans incidence sur la propriété de l'immeuble (▪ Cass. 1re civ., 5 déc. 1995 : *JurisData* n° 1995-003862). Dès lors qu'aux termes de l'acte de vente, l'immeuble a été acquis solidairement et indivisément par les époux, il est indivis, les conditions dans lesquelles s'est effectué le paiement du prix n'étant pas de nature à modifier les effets du contrat de vente (▪ Cass. 1re civ., 18 nov. 1997, n° 95-21.161 : *JurisData* n° 1997-004568 ; *JCP* 98, IV, 1029 ; *Bull. civ.* I, n° 314, p. 214, remboursement du prêt assuré par la femme). Sur l'indépendance des quotes-parts indivises et de la réalité du financement par chacun des époux, V. aussi ▪ Cass. 1re civ., 10 janv. 2018, n° 16-25.190 : *Dr. famille* 2018, comm. 68, Torricelli-Chrifi (acquisition pour moitié et financement inégalitaire).

3) Accession. L'article 1538 ne déroge pas aux règles de l'accession et celle-ci doit jouer au bénéfice de l'époux propriétaire du terrain sur lequel a été édifiée la plus grande partie de la construction (▪ Cass. 1re civ., 25 févr. 1986, n° 84-17.631 : *JurisData* n° 1986-700933 ; *JCP* 86, II, 20702, note crit. Simler. V. aussi ▪ Cass. 1re civ., 17 déc. 2002 : *JurisData* n° 2002-017006 ; *JCP* 2003, IV, 1285 ; *Defrénois* 2003, 1003, obs. Champenois. ▪ Cass. 1re civ., 6 juill. 2005 : *JCP* 2005, IV, 2974 ; *JurisData* n° 2005-029334 ; *Bull. civ.* I, n° 316, p. 263).

4) Preuve par tous moyens de la propriété. La preuve de la qualité de propriétaire d'un bien peut résulter de la production d'une facture (▪ Cass. 1re civ., 10 mars 1993 : *JCP* 94, I, 3733, n° 22, obs. Storck ; *Defrénois* 1993, 1083, obs. Champenois ; *RTD civ.* 1993, 872, obs. Lucet et Vareille. V. aussi pour un procès-verbal de vente établi par un huissier ▪ Cass. 1re civ., 7 nov. 1995, n° 92-10.051 : *JurisData* n° 1995-002885 ; *JCP* N 96, I, 3908, II, 801, n° 16, obs. Storck ; *Bull.* I, n° 395, p. 276 ; *D.* 1996, 451, note S. Piedelièvre ; *Defrénois* 1996, 409, obs. Champenois ; *D.* 1997, somm. 21, 2e esp., obs. A. Robert ; *RTD civ.* 1997, 211, obs. Vareille, 1998, 139, obs. Zenati). Mais doit être cassé l'arrêt qui décide que les héritiers de l'épouse mariée sous le régime de la séparation de biens ne peuvent établir la matérialité des meubles revendiqués par eux que par les factures des achats ou par les déclarations de succession de leurs auteurs (▪ Cass. 1re civ., 20 juin 1995, n° 93-15.801 : *JurisData* n° 1995-001600 ; *JCP* 95, IV, 2042 ; *Bull. civ.* I, n° 271, p. 188 ; *D.* 1997, somm. 2, 1re esp., obs. A. Robert). La preuve que la femme a apporté une certaine somme d'argent au moment de son mariage peut résulter de la déclaration de témoins, dont l'un a assisté à la signature du contrat de mariage (▪ Cass. 1re civ., 14 juin 1989, n° 87-16.472 : *JurisData* n° 1989-702337 ; *JCP* 89, IV, 304 ; *Bull. civ.* I, n° 241, p. 160). La preuve de la propriété d'un véhicule automobile ne peut résulter de la seule immatriculation définitive du véhicule et du nom auquel il est assuré (▪ Metz, 6 févr. 1993 : *JurisData* n° 1993-045584).

5) Application de l'article 2276 (non). Sur le principe que les règles de preuve de l'article 1538 excluent l'application de l'article 2276 (ex. art. 2279), v. ▪ Cass. 1re civ., 7 nov. 1995, n° 93-17.954 : *JurisData* n° 1995-003824 ; *Defrénois* 1996, 409, obs. Champenois ; *RTD civ.* 1998, 139, obs. Zenati ; *D.* 1996, 451, note Piedelièvre ; *RTD civ.* 1997, 211, obs. Vareille ; *JCP* G 1996, I, 3908, n° 16, obs. M. Storck. ▪ Cass. 1re civ., 27 nov. 2001 : *JCP* G 2002, II, 10050, note Piedelièvre ; *JCP* G 2002 I, 167 et JCP N 2002, 1719, n° 16, obs. Storck ; *Dr. famille* 2002, 9, note Beignier ; *D.* 2002, 119, note Chartier ; *JurisData* n° 2001-011877 ; *Defrénois* 2002, 1019, obs. Champenois. – Dans le même sens ▪ Cass. 1re civ., 8 oct. 2014, n° 13-22.938 : à paraître au *Bull. civ.* ; *RTD civ.* 2015, 170, Dross ; *RDC* 2015/3, 559, note Goldie-Genicon ; *JCP* G 2014, doctr. 1265, n° 16, obs. Storck ; *Rev. Lamy dr. civ.* 2014/121, p. 58, obs. Zalewski-Sicard ; *D.* 2015, 2094, obs. Revel (pas de présomption de don manuel en faveur du mari possesseur).

6) Compte joint. Si en cas de séparation de biens, chacun des époux est propriétaire indivis des biens figurant au compte joint ouvert à leurs deux noms, ce droit de propriété ne porte que sur les biens existants à l'actif du compte au jour où celui-ci est clôturé (■ Cass. 1re civ., 19 févr. 1991, n° 88-19.303 : *JurisData* n° 1991-000400 ; *JCP* 1991, IV, 149 ; *Bull. civ.* I, n° 68, p. 44). Mais à défaut de rapporter la preuve de la propriété exclusive des fonds, ceux-ci sont présumés indivis (■ Orléans, 18 janv. 1994 : *JurisData* n° 1994-040011 ; *JCP* 1994, I, 3785, n° 2, obs. Storck). Pour une autre application de l'article 1538, alinéa 3, V. ■ Cass. 1re civ., 21 juin 1983, n° 82-13.542 : *JurisData* n° 1983-701792 ; *JCP* 1983, IV, 278 ; *Bull. civ.* I, n° 180, p. 158. Lorsque le créancier d'un époux marié sous le régime de la séparation des biens fait pratiquer une saisie sur un compte ouvert au nom des deux époux, il lui appartient d'identifier les fonds personnels de l'époux débiteur (■ Cass. 1re civ., 20 mai 2009, n° 08-12.922 : *JCP* 2009, n° 44, 391, obs. Storck ; *JCP* N 2009, 1286, note V. Brémond ; *D.* 2009, p. 1481 ; *RD bancaire et fin.* 2009, comm. 136, obs. S. Piedelièvre ; *Dr. famille* 2009, comm. 93, note B. Beignier ; *AJF* 2009, p. 356, note P. Hilt). Le compte titre saisi-arrêté étant ouvert au nom des deux époux, c'est sans inverser la charge de la preuve que, par application de l'article 1538, alinéa 3, les effets de la saisie-arrêt doivent être limités à la moitié indivise des valeurs déposées à ce compte dont la preuve qu'elles soient la propriété du mari n'est pas rapportée (■ Cass. 2e civ., 10 juill. 1996 : *JurisData* n° 1996-003166 ; *JCP* 1997, I, 4008, n° 19, obs. Storck ; *RTD civ.* 1996, p. 990, obs. Perrot).

II – PRÉSOMPTIONS CONVENTIONNELLES DE PROPRIÉTÉ

7) Preuve contraire. Sur le principe que chaque époux peut écarter par la preuve contraire les présomptions de propriété stipulées par le contrat de mariage, V. ■ Cass. 1re civ., 30 juin 1993, n° 90-17.602 : *JurisData* n° 1993-001677 ; *D.* 1994, 43, note Le Guidec ; *JCP* 94, I, 3733, n° 22, obs. Storck. Mais v., rappelant le principe que le bien appartient à celui des époux dont le titre établit la propriété sans égard à son financement, ■ Cass. 1re civ., 31 mai 2005, n° 02-20.553 : *JurisData* n° 2005-028678 ; *Dr. famille* 2005, 168, note Beignier ; *Bull. civ.* I, n° 236, p. 199. La présomption de propriété contenue dans le contrat de mariage peut être écartée en cas de confusion des patrimoines (■ Cass. 1re civ., 30 nov. 1976, n° 76-10.105 : *JurisData* n° 1976-000377 ; *D.* 1977, inf. rap. 104. ■ Cass. 1re civ., 5 oct. 1994, n° 92-10.963 : *JurisData* n° 1994-002032 ; *JCP* 95, I, 3821, n° 23, obs. Storck).

8) Acte probatoire établi au cours du mariage. Modification du régime (non). Un acte établi au cours du mariage entre époux séparés de biens, pour reconnaître à l'un d'eux la propriété personnelle de certains biens, ne constitue pas une convention modificative du régime matrimonial, mais un simple moyen de preuve destiné à écarter ces présomptions (■ Cass. 1re civ., 30 juin 1993, préc.).

9) La clause de présomption de propriété au profit de l'époux survivant des meubles et objets mobiliers qui se trouveront dans les lieux où les époux demeureront et résideront en commun ne peut pas s'appliquer si la vie commune a pris fin par suite d'une instance en divorce, même si le mari est décédé avant que le jugement prononçant le divorce soit devenu définitif (■ Paris, 20 févr. 1978 et, sur pourvoi, ■ Cass. 1re civ., 26 juin 1979, n° 78-11.654 : *JurisData* n° 1979-700192 ; *Journ. not.* 1980, 22, note A. R.).

10) Efficacité dans les rapports entre époux. Les présomptions de propriété ont effet dans les rapports entre les époux, de sorte qu'inverse la charge de la preuve la cour d'appel qui refuse l'existence de mobilier indivis au mépris de la présomption conventionnelle (■ Cass. 1re civ., 30 janv. 2019, n° 18-14.150).

11) Efficacité des présomptions conventionnelles à l'égard des tiers. Il résulte de l'article 1538, alinéa 2, que les présomptions de propriété énoncées au contrat de mariage ont effet à l'égard des tiers sauf preuve contraire à la charge de ces derniers (■ Cass. 1re civ., 29 janv. 1974 : *JurisData* n° 1974-000032 ; *D.* 1974, 345, note R. Savatier). Sur le caractère simple de la présomption, v. aussi ■ Versailles, 12 déc. 1988, n° 5209/87 : *JurisData* n° 1988-049761 ; *D.* 1989, 601, note Prévault.

Art. 1539. – **Si, pendant le mariage, l'un des époux confie à l'autre l'administration de ses biens personnels, les règles du mandat sont applicables. L'époux mandataire est, toutefois, dispensé de rendre compte des fruits, lorsque la procuration ne l'y oblige pas expressément.**

Art. 1540. – **Quand l'un des époux prend en main la gestion des biens de l'autre, au su de celui-ci, et néanmoins sans opposition de sa part, il est censé avoir reçu un mandat tacite, couvrant les actes d'administration et de gérance, mais non les actes de disposition.**

Cet époux répond de sa gestion envers l'autre comme un mandataire. Il n'est cependant comptable que des fruits existants ; pour ceux qu'il aurait négligé de percevoir ou consommés frauduleusement, il ne peut être recherché que dans la limite des cinq dernières années.

Si c'est au mépris d'une opposition constatée que l'un des époux s'est immiscé dans la gestion des biens de l'autre, il est responsable de toutes les suites de son immixtion, et comptable sans limitation de tous les fruits qu'il a perçus, négligé de percevoir ou consommés frauduleusement.

1) Exploitation agricole. Sur la présomption de mandat dans les rapports entre époux exploitant un même fonds agricole, v. C. rur., art. L. 321-1 à L. 321-3 (réd. L. n° 80-502, 4 juill. 1980), p. 2590. La cour d'appel qui relève que les avances faites aux époux ayant acquis indivisément une exploitation agricole l'ont été pour la gestion et l'administration de la masse indivise a implicitement, mais nécessairement constaté, compte tenu des dispositions des articles 815-3, al. 2, et 1540, al. 1er, que le mari était censé avoir reçu de sa coïndivisaire mandat de contracter un emprunt auprès de ses parents en règlement du passif de l'exploitation (▪ Cass. 1re civ., 12 nov. 1986, n° 85-12.238 : *JurisData* n° 1986-702003 ; *Bull. civ.* I, n° 259, p. 248).

2) Gestion des revenus professionnels du conjoint. Jugé que le mari qui a laissé sa femme gérer ses revenus professionnels ne peut en réclamer la restitution (▪ Paris, 22 mars 1996 : *JurisData* n° 1996-021818 ; *JCP* 97, I, 4008, n° 20, obs. crit. Storck).

3) Biens indivis. Pour l'application des articles 1539 et 1540 en cas de gestion par la femme de biens indivis, V. ▪ Paris, 10 mai 1996, n° 94.026898 : *JurisData* n° 1996-023621 ; *JCP* 97, I, 4047, n° 23, obs. crit. Storck.

4) Conditions du mandat tacite. Sur le principe que l'autre conjoint doit avoir su l'initiative de son conjoint et ne pas s'y être opposé, V. ▪ Cass. 2e civ., 25 févr. 1997 : *Dr. famille* 1997, 88, note Beignier.

5) Ratification. Par son silence et sa volonté de poursuivre des opérations sur le marché, l'épouse avait ratifié en pleine connaissance de cause les opérations effectuées sur son compte titre par son époux (▪ Cass. com., 15 sept. 2009, n° 08-13.282 : *JCP* 2009, n° 44, 391, obs. Storck).

6) Banque. Les règles relatives à la représentation mutuelle des époux dans leurs rapports avec les tiers sont sans application à l'égard du banquier dépositaire, lequel est tenu, en sa qualité de professionnel, de ne restituer les fonds déposés qu'à celui au nom duquel le dépôt a été fait ou à celui qui a été indiqué pour les recevoir (▪ Cass. 1re civ., 29 juin 2011, n° 10-11.683 : *Banque et droit* 2011, p. 17, obs. T Bonneau ; *JCP G* 2011, 1371, n° 14, obs. M. Storck).

Art. 1541. – L'un des époux n'est point garant du défaut d'emploi ou de remploi des biens de l'autre, à moins qu'il ne se soit ingéré dans les opérations d'aliénation ou d'encaissement ou qu'il ne soit prouvé que les deniers ont été reçus par lui, ou ont tourné à son profit.

Deniers utilisés au su et au seul nom du conjoint. Il n'y a pas défaut de remploi dont un époux serait garant lorsque les deniers provenant des biens de l'autre ont été utilisés au su et au seul nom de ce dernier (▪ Cass. 1re civ., 5 nov. 1991, n° 90-12.853 : *JurisData* n° 1991-003194 ; *JCP* 92, I, 3614, n° 14, obs. Storck).

Art. 1542 ***(L. n° 75-617, 11 juill. 1975).*** **– Après la dissolution du mariage par le décès de l'un des conjoints, le partage des biens indivis entre époux séparés de biens, pour tout ce qui concerne ses formes, le maintien de l'indivision et l'attribution préférentielle, la licitation des biens, les effets du partage, la garantie et les soultes, est soumis à toutes les règles qui sont établies au titre *Des successions* pour les partages entre cohéritiers.**

Les mêmes règles s'appliquent après divorce ou séparation de corps. Toutefois, l'attribution préférentielle n'est jamais de droit. Il peut toujours être décidé que la totalité de la soulte éventuellement due sera payable comptant.

Bibliographie : A. Depondt, *La liquidation du régime de séparation de biens.* Questions pratiques : JCP N 2009, 1328 et JCP N 2009, 1334.

1) Attribution préférentielle. Le conjoint séparé de biens peut demander l'attribution préférentielle du local servant à son habitation et dont il est propriétaire par indivis, même si cette indivision est partagée pendant le mariage (▪ Cass. 1re civ., 9 oct. 1990, n° 89-10.429 : *JurisData* n° 1990-702560 ; *JCP* 91, II, 21641, note Simler ; *Bull. civ.* I, n° 209, p. 150 ; *RTD civ.* 1991, 380, obs. Patarin.

Voir cependant, posant le principe que l'existence de liens de proche parenté entre les indivisaires ne suffit pas pour demander l'attribution préférentielle, ■ Cass. 1re civ., 23 mars 1994, n° 92-12.574 : *RTD civ.* 1994, 653, obs. Patarin).

2) Fiscalité. Les dispositions de l'article 748 du Code général des impôts relatives aux partages successoraux sont aussi applicables aux partages entre époux séparés de biens (■ Cass. com., 21 avr. 1992, n° 90-14.371 : *JurisData* n° 1992-001275 ; *JCP* E 93, II, 117, obs. Storck). Mais le versement à titre de prestation compensatoire constitué en biens indivis d'origine conjugale intégré dans la liquidation du régime matrimonial est soumis aux droits de mutation à titre gratuit de l'article 757 A du même code (■ Cass. com., 10 juin 1997, n° 95-14.026 : *JurisData* n° 1997-002672 ; *Dr. famille* 1997, 151, note Ponton-Grillet).

3) Liquidation. Viole l'article 815, alinéa 1er, la cour d'appel qui retient que la liquidation ne peut être étendue à l'indivision qui existe entre les époux depuis l'adoption du régime de séparation de biens et qu'aux termes de l'article 1542, ce n'est qu'après la dissolution du mariage que s'opère le partage des biens indivis, alors que les époux justifiaient d'un droit au partage des biens indivis qu'ils pouvaient exercer à tout moment et sans même attendre la dissolution du mariage (■ Cass. 1re civ., 14 nov. 2000, n° 98-22.936 : *JurisData* n° 2000-006876 ; *JCP* 2001, IV, 1042 ; *Dr. famille* 2001, 8, note Beignier ; *Bull. civ.* I, n° 290, p. 188 ; *D.* 2001, 1755, note Lipinski).

4) Effet déclaratif du partage. Sur l'application de l'effet déclaratif au partage des biens d'époux mariés sous le régime de la séparation de biens, V. ■ Cass. 1re civ., 5 avr. 2005, n° 02-11.011 : *JurisData* n° 2005-027909 ; *Dr. famille* 2005, 142, note Beignier ; *Bull. civ.* I, n° 172, p. 146.

5) Recel. L'article 1477 (recel des effets de la communauté), n'est pas applicable aux époux mariés sous le régime de la séparation de biens (■ Cass. 1re civ., 19 mars 2008, n° 06-16.346 : *JurisData* n° 2008-043233).

Art. 1543 *(L. n° 85-1372, 23 déc. 1985).* – **Les règles de l'article 1479 sont applicables aux créances que l'un des époux peut avoir à exercer contre l'autre.**

1) Sur l'évaluation de la créance résultant du financement, par l'époux séparé de biens, de la construction de locaux sur un terrain appartenant à l'épouse qui est ainsi devenue propriétaire par accession, v. sous l'article 1469 annot. n° 11, p. 1210 (résolution du conflit avec les règles d'évaluation de l'article 555, alinéas 2 et 3, du Code civil).

2) Absence de profit subsistant. Lorsque les fonds d'un époux séparé de biens ont servi à améliorer un bien personnel de l'autre, qui l'a aliéné avant la liquidation, sa créance ne peut être moindre que le profit subsistant au jour de l'aliénation ; en l'absence de profit subsistant, la créance est égale au montant nominal de la dépense faite (■ Cass. 1re civ., 24 sept. 2008, n° 07-19.710 : *Bull. civ.* I, n° 213 ; *JCP* 2008, I, 202, obs. Storck ; *D.* 2008, p. 3050, note Barabé-Bouchard). Sur la solution, différente, retenue en matière de calcul de récompense dans le régime de communauté, v. art. 1469, p. 1307.

3) Absence de convention contraire. Ce n'est qu'à défaut de convention contraire que les créances personnelles que les époux séparés de biens ont à exercer l'un contre l'autre sont évaluées selon de l'article 1469, alinéa 3 (■ Cass. 1re civ., 4 mars 2015, n° 14-10.660 : *Defrénois* 2016, 177, note Champenois ; *RTD civ.* 2015, 690, obs. Vareille ; *Dr. famille* 2015, comm. 102, note Beignier ; *JCP* 2015, doctr. 709, n° 19, obs. Storck ; *Dr. et patrimoine* janv. 2016, 58, obs. Blanchard ; accord entre les héritiers du mari et son épouse dérogeant au mode de calcul de 1469, al. 3).

4) Calcul du profit subsistant, fonds indivis. En cas de soulte versée dans le cadre d'une donation-partage en faveur du mari au moyen du prix de vente d'un bien indivis entre son épouse et sa belle-mère, le profit subsistant se détermine selon la proportion dans laquelle les fonds apportés par l'épouse, à l'exclusion de ceux éventuellement apportés par la mère de celle-ci, ont contribué au paiement de la soulte (■ Cass. 1re civ., 18 janv. 2017, n° 16-12.391 : *Defrénois* 2018, 27, obs. Champenois ; *RTD civ.* 2017, 491, obs. Vareille).

5) Point de départ des intérêts. Aliénation. Les intérêts d'une créance d'un époux séparé de biens, évaluée selon les règles de l'article 1469, alinéa 3, du Code civil, courent, lorsque le bien a été aliéné avant la liquidation, à compter du jour de l'aliénation, qui détermine le profit subsistant (■ Cass. 1re civ., 23 sept. 2015, n° 14-15.428 : *Defrénois* 2016, 84, Souhami et 177, Champenois ; *RTD civ.* 2015, 923, obs. Grimaldi et 928, obs. Vareille ; *Dr. famille* 2015, comm. 219, Beignier et Torricelli-Chrifi ; *JCP* 2015, 1342, n° 18, Storck ; *D.* 2016, 583, note Douville).

6) Dès lors qu'au jour où elle statue, le divorce des époux n'a pas été prononcé par une décision irrévocable, une cour d'appel statue à bon droit sur une demande en paiement formée par une épouse contre son mari (■ Cass. 1re civ., 22 mai 2007, n° 05-12.017 : *JCP* 2007, I, 208, obs. Storck).

7) Collaboration professionnelle. Lorsque la collaboration non rémunérée d'un époux séparé de biens à l'activité professionnelle du conjoint a servi à acquérir, conserver ou améliorer un bien figurant dans le patrimoine de ce dernier au jour de la liquidation du régime matrimonial, et que cet époux réclame une partie de la plus-value réalisée par le bien, l'indemnité due doit être évaluée selon les règles prescrites par les articles 1469, alinéa 3, 1479, alinéa 2, et 1543 du Code civil (et non les règles régissant l'enrichissement sans cause) ■ Cass. 1re civ., 12 déc. 2007, n° 06-15.547 : *Defrénois* 2008, art. 38854-4, p. 2204, obs. Champenois ; *JCP* 2008, I, 144, obs. Storck.

8) Assurance-vie. La souscription d'un contrat d'assurance-vie par un des époux au profit de l'autre n'entraîne aucun transfert de valeurs entre les patrimoines des époux séparés de biens et ne peut donc fonder le principe d'une créance entre époux (■ Cass. 1re civ., 17 nov. 2010, n° 09-16.964 : *Bull. civ.* I, n° 239 ; *JCP* G 2011, doctr. 503, n° 19, obs. Storck ; *Defrénois* 2011, 378, obs. Champenois ; *D.* 2011, 732, note Barabé-Bouchard). *Adde* C. Lesbats, *Assurance-vie et liquidation d'un régime non communautaire, Mélanges en l'honneur du professeur R. Le Guidec*, LexisNexis 2014.

9) Office du juge. Le juge ne peut déléguer au notaire liquidateur la charge de calculer le montant de la créance due par un époux à l'autre au titre du paiement de la dette fiscale (■ Cass. 1re civ., 26 oct. 2011, n° 10-24.214 : à paraître au *Bull. civ.* ; *D.* 2012, 971, obs. J.-J. Lemouland et D. Vigneau).

10) Indivision successorale. Primauté de l'article 815-13 du Code civil. Le paiement par un indivisaire des échéances de l'emprunt ayant permis de financer l'acquisition du bien indivis n'ouvre droit qu'à une indemnité à l'encontre de l'indivision, évaluée selon les modalités prévues à l'article 815-13 du Code civil et non selon celles de l'article 1469 du Code civil (■ Cass. 1re civ., 19 déc. 2019, n° 17-27.822 : *Dr. famille* 2019, comm. 54, Torricelli-Chrifi). – Déjà en ce sens, ■ Cass. 1re civ., 14 oct. 2009, n° 08-17.943 : *AJ fam.* 2010, p. 90, P. Hilt. – Comp. pour la communauté légale : ■ Cass. 1re civ., 11 mai 2012, n° 11-17.497. ■ Cass. 1re civ., 1er févr. 2017, n° 16-11.599. ■ Cass. 1re civ., 24 sept. 2014, n° 13-18.197.

Art. 1544 à 1568 *(Abr., L. n° 65-570, 13 juill. 1965).*

CHAPITRE IV. – DU RÉGIME DE PARTICIPATION AUX ACQUÊTS

Bibliographie : J.-F. Fillette, *À propos des récentes tentatives de résurrection de la séparation de biens avec société d'acquêts : Defrénois* 1996, 897. • J.-F. Pillebout, *Formules particulières de contrat de mariage. Une séparation de biens limitée : JCP* N 93, I, 141. • J.-F. Pillebout et N. Duchange, *La clause d'exclusion des biens professionnels de la participation aux acquêts. Un correctif nécessaire : JCP* N 95, I, 487. • J.-L. Virfolet, *Second ou dernier souffle de la participation aux acquêts (Aspects de la loi du 23 décembre 1985) : JCP* 86, I, 3259. • F. Letellier, *La clause d'exclusion des biens professionnels sous le régime de la participation aux acquêts à l'épreuve du divorce. Quelques éléments de réponse à une question angoissante : JCP* N 2008, 1150. • C. Fénardon, *La participation inégale aux acquêts : JCP* N 2009, 1117 ; *La participation intégrale aux acquêts : JCP* N 2009, 1137 ; *La participation aux acquêts en nature : JCP* N 2009, 1195 ; *La participation aux acquêts élargie : vers une participation universelle en nature : JCP* N 2009, 1226 ; *La participation aux acquêts et la protection des biens professionnels, des billevesées ? : JCP* N 2009, 1245. • Th. Le Bars, *Pour une conception autonomiste du régime de la participation aux acquêts* in *Mélanges Wiederkehr*, Dalloz, 2009, p. 487. • J.-F. Pillebout, *Les biens professionnels sous le régime de la participation aux acquêts* in *Mélanges Champenois : Defrénois* 2012, 655. • E. Naudin, *La participation aux acquêts : JCP* N 2015, 1125. • C. Goldie-Genicon, *Construction, acquisition et époux en régime de participation aux acquêts : JCP* N 2016, 1180.

Concernant le régime optionnel franco-allemand de participation aux acquêts. V. *infra*, en annexe, D. n° 2013-488, du 10 juin 2013, portant publication de l'accord du 4 févr. 2010 entre la France et l'Allemagne. Sur ce texte, V. Ph. Simler, *Le nouveau régime matrimonial optionnel franco-allemand de participation aux acquêts : Dr. famille* 2010, étude 8 ; *JCP* N 2010, n° 20, 52 ; *JCP* N 2014, 1052. – A. Meier-Bourdeau, *Accord du 4 février 2010 entre la France et l'Allemagne portant création d'un régime matrimonial commun : JCP* N 2010, n° 10, 3 ; *JCP* 2013, 752. – H. Letellier, *Un nouveau régime matrimonial à la disposition de tous les couples : le régime commun franco-allemand : Gaz. Pal.* 30 juill. 2010, 24. – E. Naudin, *Un nouveau modèle de régime matrimonial : le régime franco-allemand de la participation aux acquêts : RLDC* 2013/100, n° 4953. – F. Collard, *Formules contenant adoption du régime optionnel franco-allemand de participation aux acquêts : JCP* N 2014, 1053.

Art. 1569. – **Quand les époux ont déclaré se marier sous le régime de la participation aux acquêts, chacun d'eux conserve l'administration, la jouissance et la libre disposition de ses biens personnels, sans distinguer entre ceux qui lui appartenaient au jour du mariage ou lui sont advenus depuis par succession ou libéralité et ceux qu'il a acquis pendant le mariage à titre onéreux. Pendant la durée du mariage, ce régime fonctionne comme si les époux étaient mariés sous le régime de la séparation de biens. À la dissolution du régime, chacun des époux a le droit de participer pour moitié en valeur aux acquêts nets constatés dans le patrimoine de l'autre, et mesurés par la double estimation du patrimoine originaire et du patrimoine final.**

Le droit de participer aux acquêts est incessible tant que le régime matrimonial n'est pas dissous. Si la dissolution survient par la mort d'un époux, ses héritiers ont, sur les acquêts nets faits par l'autre, les mêmes droits que leur auteur.

1) Convention altérant l'économie du régime de participation aux acquêts. Une cession de parts sociales, conclue entre des époux mariés sous le régime de la participation aux acquêts avant leur divorce et dont il est convenu qu'elle produirait entre eux les effets qu'elle produirait entre étrangers a pour objet et pour effet de priver l'épouse de sa créance éventuelle de participation sur des acquêts réalisés par l'époux. Elle ne peut s'analyser que comme une convention relative à la liquidation du régime matrimonial et est illicite dès lors qu'elle altère l'économie du régime de participation aux acquêts et que, de surcroît, elle a été conclue avant l'introduction de l'instance en divorce (▪ Cass. 1re civ., 8 avr. 2009, n° 07-15.945 : *D.* 2009, p. 1201, note Egéa et Pasquier ; *RTD civ.* 2009, p. 516, obs. Hauser et p. 769, obs. Vareille ; *AJF* 2009, 219, obs. David ; *Dr. famille* 2009, n° 59, obs. Beignier ; *Defrénois* 2009, p. 1483, obs. Champenois).

2) Charges du mariage. Le financement, par un époux, d'un investissement locatif destiné à constituer une épargne, ne relève pas de la contribution aux charges du mariage (▪ Cass. 1re civ., 5 oct. 2016, n° 15-25.944 : *Defrénois* 2017, 366, obs. Champenois ; *Gaz. Pal.* 29 nov. 2016, 18, obs. Piedelièvre ; *D.* 2017, 2119, Brémond, époux mariés sous le régime de la participation aux acquêts). V. sur cette question, C. Goldie-Genicon, *Construction, acquisition et époux en régime de participation aux acquêts* : *JCP* N 2016, 1180.

Art. 1570 *(L. n° 85-1372, 23 déc. 1985)*. – **Le patrimoine originaire comprend les biens qui appartenaient à l'époux au jour du mariage et ceux qu'il a acquis depuis par succession ou libéralité, ainsi que tous les biens qui, dans le régime de la communauté légale, forment des propres par nature sans donner lieu à récompense. Il n'est pas tenu compte des fruits de ces biens ni de ceux de ces biens qui auraient eu le caractère de fruits ou dont l'époux a disposé par donation entre vifs pendant le mariage.**

La consistance du patrimoine originaire est prouvée par un état descriptif, même sous seing privé, établi en présence de l'autre conjoint et signé par lui.

À défaut d'état descriptif ou s'il est incomplet, la preuve de la consistance du patrimoine originaire ne peut être rapportée que par les moyens de l'article 1402.

Rédaction antérieure. Art. 1570. – Le patrimoine originaire comprend les biens qui appartenaient à l'époux au jour du mariage et ceux qu'il a acquis depuis par succession ou libéralité. Il n'est pas tenu compte des fruits de ces biens ni de ceux de ces biens qui auraient eu le caractère de fruits.

La consistance du patrimoine originaire est prouvée par un état descriptif, même sous seing privé, établi en présence de l'autre conjoint est signé de lui ; à défaut, le patrimoine originaire est tenu pour nul.

La preuve que le patrimoine originaire aurait compris d'autres biens ne peut être rapportée que par les moyens de *l'article 1402*.

1) Acquisition de quotes-parts indivises d'un bien au cours du mariage. Lorsqu'un époux a reçu par succession le quart indivis d'un bien et acquis les trois quarts indivis du même bien au cours du mariage, le bien doit être inscrit pour la valeur du seul quart indivis reçu par succession dans le patrimoine originaire et non pour la valeur de l'intégralité du bien (▪ Cass. 1re civ., 31 mars 2016, n° 14-24.556 : *RTD civ.* 2016, 919, obs. Vareille ; *D.* 2016, 2086, obs. Brémond ; *JCP* G 2016, doctr. 698, n° 15, obs. Storck ; *Defrénois* 2017, 374, obs. Champenois ; *Gaz. Pal.* 26 avr. 2016, 15, note Piédelièvre ; *JCP* 2016, doctr. 649, Casey).

2) Indemnité de licenciement. Notification de la rupture avant le mariage. La créance d'indemnité de licenciement naît le jour de la notification de la rupture du contrat de travail, de sorte qu'elle doit être incluse dans le patrimoine originaire lorsque la rupture a été notifiée avant le mariage, quand bien même elle aurait été versée au cours du mariage (■ Cass. 1re civ., 15 nov. 2017, n° 16-25.023 : *Dr famille* 2018 ; comm. 12, Beignier ; *RJPF* janv. 2018, 25, obs. Dubarry ; *D.* 2018, 284, note Mauger-Vielpeau ; *Defrénois* 2018, 37, Champenois ; *RTD civ.* 2018, p. 206, obs. Nicod).

Art. 1571 *(L. n° 85-1372, 23 déc. 1985).* **– Les biens originaires sont estimés d'après leur état au jour du mariage ou de l'acquisition et d'après leur valeur au jour où le régime matrimonial est liquidé. S'ils ont été aliénés, on retient leur valeur au jour de l'aliénation. Si de nouveaux biens ont été subrogés aux biens aliénés, on prend en considération la valeur de ces nouveaux biens.**

De l'actif originaire sont déduites les dettes dont il se trouvait grevé, réévaluées, s'il y a lieu, selon les règles de l'article 1469, troisième alinéa. Si le passif excède l'actif, cet excédent est fictivement réuni au patrimoine final.

> **Rédaction antérieure. Art. 1571.** – Les biens originaires sont estimés d'après leur état au jour du mariage ou au jour de l'acquisition, et d'après leur valeur au jour où le régime matrimonial est dissous. S'ils ont été aliénés, on retient leur valeur au jour de l'aliénation. Si de nouveaux biens ont été subrogés aux biens aliénés, on prend en considération la valeur de ces nouveaux biens.
> De l'actif originaire sont déduites les dettes dont il se trouvait grevé. Si le passif excède l'actif, le patrimoine originaire est tenu pour nul.

Art. 1572. **– Font partie du patrimoine final tous les biens qui appartiennent à l'époux au jour où le régime matrimonial est dissous, y compris, le cas échéant, ceux dont il aurait disposé à cause de mort et sans en exclure les sommes dont il peut être créancier envers son conjoint. S'il y a divorce, séparation de corps ou liquidation anticipée des acquêts, le régime matrimonial est réputé dissous au jour de la demande.**

La consistance du patrimoine final est prouvée par un état descriptif, même sous seing privé, que l'époux ou ses héritiers doivent établir en présence de l'autre conjoint ou de ses héritiers ou eux dûment appelés. Cet état doit être dressé dans les neuf mois de la dissolution du régime matrimonial, sauf prorogation par le président du tribunal statuant en la forme de référé.

La preuve que le patrimoine final aurait compris d'autres biens peut être rapportée par tous les moyens, même par témoignages et présomptions.

Chacun des époux peut, quant aux biens de l'autre, requérir l'apposition des scellés et l'inventaire suivant les règles prévues au Code de procédure civile.

1) Acquisition de quotes-parts indivises d'un bien au cours du mariage. Lorsqu'un époux a reçu par succession le quart indivis d'un bien et acquis les trois quarts indivis du même bien au cours du mariage, le bien doit être inscrit pour sa valeur entière dans le patrimoine final (■ Cass. 1re civ., 31 mars 2016, n° 14-24.556 : *RTD civ.* 2016, 919, obs. Vareille ; *D.* 2016, 2086, obs. Brémond ; *JCP G* 2016, doctr. 698, n° 15, obs. Storck).

2) Contrat de retraite par capitalisation. Inclusion dans le patrimoine final de contrats de retraite par capitalisation (■ Cass. 1re civ., 15 nov. 2017, n° 16-25.023 : *Dr famille* 2018, comm. 12, Beignier ; *RJPF* janv. 2018, 25, obs. Dubarry ; *D.* 2018, 284, note Mauger-Vielpeau).

3) Compte-courant de l'époux exploitant. Les sommes figurant au solde créditeur du compte de l'exploitant appartiennent à l'époux qui exploite à titre individuel le fonds de commerce. Elles doivent donc être prises en compte dans la consistance et l'évaluation du patrimoine final de celui-ci, afin de déterminer la créance de participation (■ Cass. 1re civ., 7 nov. 2018, n° 17-26.222 : *Dr. famille* 2019, comm. Torricelli-Chrifi).

Art. 1573 *(L. n° 85-1372, 23 déc. 1985).* **– Aux biens existants on réunit fictivement les biens qui ne figurent pas dans le patrimoine originaire et dont l'époux a disposé par donation entre vifs, sans le consentement de son conjoint, ainsi que ceux qu'il aurait aliénés frauduleusement. L'aliénation à charge de rente viagère ou à fonds perdu est présumée faite en fraude des droits du conjoint, si celui-ci n'y a consenti.**

> **Rédaction antérieure. Art. 1573.** – Aux biens existants on réunit fictivement ceux dont l'époux a disposé par donations entre vifs, à moins que l'autre conjoint n'ait consenti à la donation, ainsi que ceux qu'il aurait aliénés frauduleusement. L'aliénation à charge de rente viagère ou à fonds perdu est présumée faite en fraude des droits du conjoint, s'il n'y a donné son consentement.

Art. 1574 *(L. n° 85-1372, 23 déc. 1985).* **– Les biens existants sont estimés d'après leur état à l'époque de la dissolution du régime matrimonial et d'après leur valeur au jour de la liquidation de celui-ci. Les biens qui ont été aliénés par donations entre vifs, ou en fraude des droits du conjoint, sont estimés d'après leur état au jour de l'aliénation et la valeur qu'ils auraient eue, s'ils avaient été conservés, au jour de la liquidation.**

De l'actif ainsi reconstitué, on déduit toutes les dettes qui n'ont pas encore été acquittées, y compris les sommes qui pourraient être dues au conjoint.

La valeur, au jour de l'aliénation, des améliorations qui avaient été apportées pendant le mariage à des biens originaires donnés par un époux sans le consentement de son conjoint avant la dissolution du régime matrimonial doit être ajoutée au patrimoine final.

> **Rédaction antérieure. Art. 1574.** – Les biens existants sont estimés d'après leur état et leur valeur au jour où le régime matrimonial est dissous. Les biens qui ont été aliénés par donations entre vifs, ou en fraude des droits du conjoint, sont estimés d'après leur état au jour de l'aliénation et la valeur qu'ils auraient eue, s'ils avaient été conservés, au jour de la dissolution.
>
> De l'actif ainsi reconstitué, on déduit toutes les dettes qui n'ont pas encore été acquittées, sans en exclure les sommes qui pourraient être dues au conjoint.

1) Provision sur la créance de participation. Statuant en référé à l'occasion de la liquidation du régime, et accordant une provision sur la créance de participation de l'ancienne épouse, la cour d'appel n'est pas tenue de procéder à l'évaluation de la créance conformément à l'article 1574 (■ Cass. 1re civ., 18 juill. 1995, n° 93-15.981 ; *JurisData* n° 1995-002135 ; *JCP* 95, IV, 2302 ; *Bull. civ.* I, n° 325, p. 228 ; *Defrénois* 1996, 411, obs. Champenois ; *RTD civ.* 1997, 212, obs. Vareille).

2) Pour évaluer au jour de la dissolution du régime de participation aux acquêts le patrimoine final des époux mariés en 1979 en faisant application de l'article 1579 précité, il a été retenu que la clause du contrat de mariage, qui prévoyait une évaluation au jour de la liquidation, était conforme à l'article 1574 du Code civil dans sa rédaction issue de la loi du 23 décembre 1985. Or, il résultait de l'article 62 de la loi précitée que l'article 1574 du Code civil, dans sa rédaction issue de cette loi et selon lequel les biens existants sont estimés d'après leur valeur au jour de la liquidation du régime matrimonial, ne s'appliquait pas aux époux. En effet, leur contrat de mariage ne renvoyait pas sur ce point aux anciennes dispositions légales ou en était la reproduction, de sorte que la cour d'appel ne pouvait déroger aux règles d'évaluation prévues par la convention matrimoniale, lesquelles différaient de celles édictées par l'article 1574, dans sa rédaction antérieure à la loi, faussant ainsi l'application de l'article 1579 du Code civil (■ Cass. 1re civ., 26 sept. 2007, n° 06-10.930 : *JurisData* n° 2007-040504).

Art. 1575. – **Si le patrimoine final d'un époux est inférieur à son patrimoine originaire, le déficit est supporté entièrement par cet époux. S'il lui est supérieur, l'accroissement représente les acquêts nets et donne lieu à participation.**

S'il y a des acquêts nets de part et d'autre, ils doivent d'abord être compensés. Seul l'excédent se partage : l'époux dont le gain a été le moindre est créancier de son conjoint pour la moitié de cet excédent.

À la créance de participation on ajoute, pour les soumettre au même règlement, les sommes dont l'époux peut être d'ailleurs créancier envers son conjoint, pour valeurs fournies pendant le mariage et autres indemnités, déduction faite, s'il y a lieu, de ce dont il peut être débiteur envers lui.

Art. 1576. – **La créance de participation donne lieu à paiement en argent. Si l'époux débiteur rencontre des difficultés graves à s'en acquitter entièrement dès la clôture de la liquidation, les juges peuvent lui accorder des délais qui ne dépasseront pas cinq ans, à charge de fournir des sûretés et de verser des intérêts.**

La créance de participation peut toutefois donner lieu à un règlement en nature, soit du consentement des deux ***époux, soit en vertu d'une décision*** **du juge si l'époux débiteur justifie de difficultés graves qui l'empêchent de s'acquitter en argent.**

Le règlement en nature prévu à l'alinéa précédent est considéré comme une opération de partage lorsque les biens attribués n'étaient pas compris dans le patrimoine originaire ou lorsque l'époux attributaire vient à la succession de l'autre.

La liquidation n'est pas opposable aux créanciers des époux : ils conservent le droit de saisir les biens attribués au conjoint de leur débiteur.

Bibliographie : Ph. Rémy, *Observations sur l'article 1576, alinéa 4 du Code civil* : *JCP* N 80, I, 333.

Absence de difficultés du mari. Fait une exacte application de l'article 1576 la cour d'appel qui condamne le mari à payer le montant incontestable de sa dette de participation dès lors qu'elle constate qu'il ne justifie pas de difficultés l'empêchant de payer cette somme

(■ Cass. 1re civ., 18 juill. 1995, n° 93-15.981 : *JurisData* n° 1995-002135 ; *JCP* 95, IV, 2302 ; *Bull. civ.* I, n° 325, p. 228 ; *Defrénois* 1996, 411, obs. Champenois).

Art. 1577 ***(L. n° 85-1372, 23 déc. 1985).*** **– L'époux créancier poursuit le recouvrement de sa créance de participation d'abord sur les biens existants et subsidiairement, en commençant par les aliénations les plus récentes, sur les biens mentionnés à l'article 1573 qui avaient été aliénés par donations entre vifs ou en fraude des droits du conjoint.**

Rédaction antérieure. Art. 1577. – L'époux créancier poursuit le recouvrement de sa créance de participation d'abord sur les biens existants et subsidiairement sur les biens qui avaient été aliénés par donations entre vifs ou en fraude des droits du conjoint, en commençant par les aliénations les plus récentes. L'action en révocation n'est ouverte contre les tiers acquéreurs à titre onéreux qu'autant que leur mauvaise foi est établie.

Art. 1578 ***(Mod., L. n° 85-1372, 23 déc. 1985 ; Ord. n° 2016-131, 10 févr. 2016).*** **– À la dissolution du régime matrimonial, si les parties ne s'accordent pas pour procéder à la liquidation par convention, l'une d'elles peut demander au tribunal qu'il y soit procédé en justice.**

Sont applicables à cette demande, en tant que de raison, les règles prescrites pour arriver au partage judiciaire des successions et communautés.

Les parties sont tenues de se communiquer réciproquement, et de communiquer aux experts désignés par le juge, tous renseignements et documents utiles à la liquidation.

L'action en liquidation se prescrit par trois ans à compter de la dissolution du régime matrimonial. Les actions ouvertes contre les tiers en vertu de l'article 1341-2 se prescrivent par deux ans à compter de la clôture de la liquidation.

1) **Prescription de l'action en liquidation.** Si les articles 262-1 et 1572 du Code civil font remonter les effets de la dissolution du régime matrimonial à la date de l'assignation en divorce ou même à celle de la demande, le délai de prescription de trois ans visé par le 4e alinéa de l'article 1578 ne peut courir que du jour de la décision prononçant la dissolution du régime matrimonial (■ Agen, 3 mars 1988 : *JurisData* n° 1988-042583 ; *JCP* 89, II, 21308, note Simler. – V. aussi ■ Amiens, 8 déc. 1993 : *JCP* 95, I, 3821, n° 24, obs. Storck, et, sur pourvoi, ■ Cass. 1re civ., 14 mai 1996, n° 94-16.570 : *JurisData* n° 1996-001834 ; *JCP* 96, I, 3962, obs. Storck ; *Defrénois* 1996, 1086, obs. Champenois ; *RTD civ.* 1997, 214, obs. Vareille. ■ Rennes, 25 juin 2001 : *JCP* 2002, IV, 2786 ; *JurisData* n° 2001-151537). Le procès-verbal de difficultés faisant état de la créance de participation d'un époux est interruptif de prescription (■ Cass. 1re civ., 11 juill. 2006 : *JurisData* n° 2006-034532 ; *Bull. civ.* I, n° 390, p. 336 ; *JCP G* 2006, IV 2766).

2) **Prescription de l'action en paiement des créances entre époux.** L'action en paiement des créances entre époux, dont le règlement participe de la liquidation du régime matrimonial de participation aux acquêts, est soumise au même délai de prescription de l'article 1578, alinéa 3, du Code civil que l'action en liquidation (■ Cass. 1re civ., 2 déc. 2015, n° 14-25.756 : *Dr. famille* 2016, comm. 30, Beignier ; *D.* 2016, 674, obs. Douchy-Oudot ; *RTD civ.* 2016, 916, obs. Vareille ; *D.* 2016, 2086, obs. Brémond ; *Defrénois* 2017, 376, obs. Champenois ; *JCP G* 2016, 698, n° 14, obs. Storck ; *D.* 2016, 771, note Mauger-Vielpeau). Dans le même sens, ■ Cass. 1re civ., 22 juin 2016, n° 158-20.536 : *Defrénois* 2017, 376, obs. Champenois).

Art. 1579. **– Si l'application des règles d'évaluation prévues par les articles 1571 et 1574 ci-dessus devait conduire à un résultat manifestement contraire à l'équité, le tribunal pourrait y déroger à la demande de l'un des époux.**

Art. 1580. **– Si le désordre des affaires d'un époux, sa mauvaise administration ou son inconduite, donnent lieu de craindre que la continuation du régime matrimonial ne compromette les intérêts de l'autre conjoint, celui-ci peut demander la liquidation anticipée de sa créance de participation.**

Les règles de la séparation de biens sont applicables à cette demande.

Lorsque la demande est admise, les époux sont placés sous le régime des articles 1536 à 1541.

Voir : sur les mentions au registre du commerce et des sociétés dans le cas où les époux, ou l'un d'entre eux, sont commerçants, v. D. n° 84-406, 30 mai 1984, art. 8, A, 4°.

Art. 1581. **– En stipulant la participation aux acquêts, les époux peuvent adopter toutes clauses non contraires aux articles 1387, 1388 et 1389.**

Ils peuvent notamment convenir d'une clause de partage inégal, ou stipuler que le survivant d'eux ou l'un d'eux s'il survit, aura droit à la totalité des acquêts nets faits par l'autre.

Il peut également être convenu entre les époux que celui d'entre eux qui, lors de la liquidation du régime, aura envers l'autre une créance de participation, pourra exiger la dation en paiement de certains biens de son conjoint, s'il établit qu'il a intérêt essentiel à se les faire attribuer.

Bibliographie : J.-P. Storck, *Avantages matrimoniaux et régime de participation aux acquêts : détermination de la nature juridique des stipulations permises par l'article 1581, al. 2 du Code civil : JCP* N 81, I, 355.

Voir : L. n° 65-570, 13 juill. 1965, portant réforme des régimes matrimoniaux, p. 2900. – L. n° 85-1372, 23 déc. 1985, relative à l'égalité des époux dans les régimes matrimoniaux et des parents dans la gestion des biens des enfants mineurs, p. 3091.

TITRE VI. – DE LA VENTE

Voir : D. n° 64-839, 6 août 1964, portant publication de la convention sur la loi applicable aux ventes à caractère international d'objets mobiliers corporels du 15 juin 1955. – D. n° 87-1034, 22 décembre 1987, portant publication de la Convention des Nations unies sur les contrats de vente internationale de marchandises, faite à Vienne le 11 avril 1980. – D. n° 91-242, 28 février 1991, portant publication de la convention sur la loi applicable aux obligations contractuelles, signée à Rome le 19 juin 1980. Sur la libéralisation des ventes volontaires de meubles aux enchères publiques, V. L. n° 2011-850, 20 juill. 2011, et n°s 2012-120 et 2012-121, 30 janv. 2012 : *JCP* G 2012, act. 159, obs. L. Mauger-Vielpeau.

Bibliographie : *Sur la proposition de règlement du Parlement européen et du conseil relatif à un droit commun européen de la vente.* O. Deshayes (dir.), *Le droit commun européen de la vente – Examen de la proposition de règlement du 11 octobre 2011*, Soc. législ. comp., coll. TEE, 2012. • G. Paisant, *La proposition d'un droit commun de la vente ou l'espéranto contractuel de la Commission européenne : JCP* G 2012, doctr. 560. • A.-S. Choné-Grimaldi, *La proposition de règlement relatif à un droit commun européen de la vente : Contrats, conc. consom.* 2012, étude 6. • B. Fauvarque-Cosson, *Vers un droit commun européen de la vente : D.* 2012, 34. • J.-S. Bergé, *RDC* 2012/1, à paraître. • C. Aubert de Vincelles, *Premier regard sur la proposition d'un droit commun européen de la vente : JCP* G 2011, 1376. • V. Heuzé, *Le technocrate et l'imbécile. Essai d'explication du droit commun européen de la vente : JCP* G 2012, doctr. 750 ; *Le projet de droit commun européen de la vente : menace ou opportunité pour le modèle contractuel français ?* (actes du colloque de Paris du 10 mai 2012) *: RDC* 2012/4, 1393 et s., en particulier, Y. Lequette, *Avant-propos*, 1393. • Y. Balensi et F. Baumgartner, *Opportunité et légitimité du projet de règlement relatif à un droit commun européen de la vente*, 1400. • J.-S. Borgetti, *L'impossible autonomie de l'instrument optionnel*, 1417. • F. Ancel, *Propos introductifs*, 1427. • M. Fabre-Magnan, *Avantages ou inconvénients des principes directeurs ?*, 1430. • L. Leveneur, *Avantages ou inconvénients des principes directeurs ?*, 1441. • S. Bros, *La place de l'unilatéralisme : progrès ou danger ?*, 1452. • T. Piazzon, *La place de l'unilatéralisme : progrès ou danger ?*, 1459. • T. Genicon et D. Mazeaud, *L'équilibre contractuel : trop c'est trop ?*, 1469. • F. Terré, *Propos conclusifs*, 1483. • J.-S. Bergé, *Premiers ouvrages consacrés à la proposition de règlement portant droit commun européen de la vente : entre contextualisation et décontextualisation : RDC* 2013/2, 667. • Sur l'avant-projet de réforme du droit des contrats spéciaux, V. Ph. Chauviré, *Présentation de l'avant-projet de réforme du droit des contrats spéciaux de l'Association Henri Capitan : RDC* 2017/4, 622.

CHAPITRE I. – DE LA NATURE ET DE LA FORME DE LA VENTE

Art. 1582. – ***La vente est une convention par laquelle l'un s'oblige à livrer une chose, et l'autre à la payer.***
Elle peut être faite par acte authentique ou sous seing privé.

1) Vente de chose future et louage d'ouvrage. Sur la distinction entre vente d'une chose future et louage d'ouvrage lorsque l'entrepreneur fournit la matière, V. ▪ Cass. 1re civ., 1er août 1950 : S. 1951, 1, 100. – Comp. mettant en œuvre le critère du travail spécifique, ▪ Cass. 3e civ., 5 févr. 1985, n° 83-16.675 : *JurisData* n° 1985-000348 ; *D.* 1986, 499, note Huet. ▪ Cass. com., 4 juill. 1989, n° 88-14.371 : *JurisData* n° 1989-002412 ; *JCP* 1990, II, 21515, note Dagorne-Labbe ; *Bull. civ.* IV, n° 210, p. 141 ; *D.* 1990, 246, 2e esp., note Virassamy ; *RTD civ.* 1990, 105, obs. Rémy. V. aussi ▪ Cass. 3e civ., 3 janv. 1995 : *JCP* 1995, I, 3880, n° 1, obs. Labarthe, distinguant entre le contrat de vente portant sur des produits répondant à des caractéristiques déterminées à l'avance par le fabricant et le contrat d'entreprise destiné à répondre à des besoins particuliers exprimés par le donneur d'ordres (v. en ce sens pour l'installation de moteurs sur un navire de pêche ▪ Cass. 1re civ., 14 déc.

1999, n° 97-19.620 : *JurisData* n° 1999-004429 ; *JCP* 2000, IV, 1217 ; *Bull. civ.* I, n° 340, p. 219 ; *Contrats, conc. consom.* 2000, 56, note Leveneur). ▪ Cass. com., 6 mars 2001, n° 98-18.562 : *JurisData* n° 2001-008543 ; *JCP* G 2001, II, 10564 et *JCP* E 2001, 1426, note Labarthe, relevant que les spécifications données par le client « ne traduisaient pas une exigence impliquant une confection particulière ». *Adde* ▪ Cass. 3ᵉ civ., 11 mai 2005, n° 03-13.891 : *JurisData* n° 2005-028334 ; *Bull. civ.* III, n° 102 ; *RDC* 2005, 1111, obs. Puig. ▪ Cass. com., 7 nov. 2006, n° 05-11.694 : *JurisData* n° 2006-035798 ; *Contrats, conc. consom.* 2007, 62, note Leveneur (contrat portant sur le vieillissement d'un lot d'eaux-de-vie – contrat d'entreprise). ▪ Cass. 3ᵉ civ., 24 mai 2006, n° 05-11.938 (contrat de fourniture d'une installation de combustion de pneu – qualification de vente retenue, la cour précisant que la qualification de vente n'est exclusive ni d'études préalables, ni de travaux d'installation ou d'adaptation au site et que l'importance de l'installation ou sa complexité était sans incidence sur cette qualification). – Pour une application du critère du travail spécifique au contrat de sous-traitance, V. ▪ Cass. 1ʳᵉ civ., 18 nov. 2009, n° 08-19.355 : *Bull. civ.* III, n° 252 ; *Contrats, conc. consom.* 2010, comm. 37, obs. Leveneur ; *D.* 2010, 741, note Labarthe. – Dès lors que l'objet du contrat n'est pas l'exécution d'un travail mais la fourniture d'une chose de genre, à savoir une certaine quantité d'eau, moyennant un prix constitué par une somme d'argent, la convention est une vente (▪ Cass. com., 27 nov. 2001, n° 99-13.133 : *JurisData* n° 2001-012029 ; *Contrats, conc. consom.* 2002, 42, note Leveneur, écartant l'argument selon lequel la livraison d'eau brute suppose des opérations matérielles antérieures constituant la cause de la rémunération). Les contrats conclus après l'achèvement des travaux pour transférer la propriété de l'immeuble sont des contrats de vente et non des contrats d'entreprise (▪ Cass. 1ʳᵉ civ., 13 nov. 1967, n° 66-11.441 : *D.* 1968, 257, note Saint-Alary). La construction d'un navire comporte certes une exécution d'actes qui, par leur nature, participeraient de la prestation de services, mais constitue juridiquement une vente de chose future dont l'exécution est réalisée par la livraison (▪ Rennes, 29 sept. 1983 : *JurisData* n° 1983-600522 ; *JurisData* n° 1983-600522 ; *Gaz. Pal.* 1985, 1, 330, note du Rusquec).

2) Vente et bail. La convention par laquelle un propriétaire cède le droit d'extraire de son fonds des matériaux dans un avenir indéterminé moyennant un prix proportionné à l'importance de l'extraction ne constitue pas un bail mais une vente mobilière, les matériaux ne pouvant être assimilés aux fruits qu'un locataire récolterait sur le fonds (▪ Cass. soc., 17 févr. 1955 : *D.* 1955, 469. – Comp. pour une vente de récoltes ▪ Cass. ch. réunies, 17 mars 1904 : *DP* 1905, 1, 139, concl. Baudoin). Mais à l'égard des tiers une telle cession constitue une vente immobilière et elle est donc inopposable, faute de transcription, à l'acquéreur postérieur du sol qui a transcrit son titre d'acquisition (▪ Cass. civ., 28 nov. 1949 : *D.* 1950, 38. ▪ Cass. 3ᵉ civ., 25 oct. 1983, n° 81-14.375 : *JurisData* n° 1983-702201 ; *JCP* 84, IV, 3 ; *Bull. civ.* III, n° 197, p. 151).

3) Prix autre qu'une somme d'argent. La vente d'une chose pouvant être réalisée moyennant une contrepartie autre que le versement de somme d'argent, la convention par laquelle le propriétaire d'un terrain en vend une partie à une personne qui s'engage en contrepartie à construire des bâtiments sur la partie non vendue peut être analysée comme une véritable vente (▪ Cass. 3ᵉ civ., 9 déc. 1986, n° 85-13.373 : *JurisData* n° 1986-002598 ; *Bull. civ.* III, n° 177, p. 139). V. aussi ▪ Cass. 1ʳᵉ civ., 20 févr. 2008, n° 06-19.977 : *Bull. civ.* I, n° 56 ; *RDC* 2009/2, 549 ; *D.* 2009, 276, note Saenko, qui admet la qualification de contrat de vente dans une hypothèse où l'obligation mise à la charge de l'acquéreur n'était pas de nature monétaire (engagement d'assurer au vendeur deux promenades hebdomadaires, de lui fournir l'habillement nécessaire et d'assurer le suivi de sa correspondance).

4) Logiciel. Sur le point de savoir si un logiciel peut faire l'objet d'un contrat de vente, V. ▪ Cass. com., 9 nov. 1993, n° 90-14.271 : *JurisData* n° 1993-002372 ; *Bull. civ.* IV, n° 395, p. 287 (non résolu).

5) Délai raisonnable d'acceptation. Les juges doivent rechercher si l'acceptation de l'offre non assortie d'un délai précis est intervenue pendant le délai raisonnable nécessairement contenu dans toute offre de vente (▪ Cass. 3ᵉ civ., 20 mai 2009, n° 08-13.230, offre de vente acceptée après plusieurs années).

6) Restitutions suite à une annulation pour erreur. L'annulation d'un contrat de vente entraîne les restitutions réciproques, par les parties, de la chose et du prix ; seul le vendeur qui a reçu le prix est tenu de le restituer et non la caisse de crédit municipal qui a organisé la vente. Le commissaire-priseur peut, en revanche, être condamné à des dommages-intérêts en réparation du préjudice causé à l'acquéreur par sa faute (▪ Cass. 1ʳᵉ civ., 3 mai 2018, n° 16-13.656 : *Contrats, conc. consom.* 2018, comm. 146, Leveneur ; *JCP G* 2018, note 666, Serinet ; *RTD civ.* 2018, p. 661, Barbier ; *RTD com.* 2017, p. 980, Bouloc ; *RTD com.* 2018, p. 763, Bouloc ; *Gaz. Pal.* 5 juin 2018, p. 21, Mignot ; *Gaz. Pal.* 18 sept. 2018, p. 25, Houtcieff).

7) Restitutions consécutives à une annulation. Nécessité d'une demande expresse.

L'annulation d'une vente entraînant de plein droit la remise des parties en l'état où elles se trouvaient antérieurement à sa conclusion, la cour d'appel n'était pas tenue, à défaut de demande expresse en ce sens, d'ordonner la restitution du prix en même temps que la reprise de la chose vendue (■ Cass. 1re civ., 6 févr. 2019, n° 17-25.859).

Voir : annot. sous art. 1109 ancien, p. 1042.

Art. 1583. – Elle est parfaite entre les parties, et la propriété est acquise de droit à l'acheteur à l'égard du vendeur, dès qu'on est convenu de la chose et du prix, quoique la chose n'ait pas encore été livrée ni le prix payé.

Bibliographie : J.-P. Chazal et S. Vicente, *Le transfert de propriété par l'effet des obligations dans le Code civil : RTD civ.* 2000, 477. ● G. Blanluet, *Le moment du transfert de la propriété, 1804-2004, Le Code civil, un passé, un présent, un avenir*, Dalloz 2004, p. 409.

I – TRANSFERT *SOLO CONSENSU*

1) Principe. Sur le principe que la vente est parfaite entre les parties dès l'accord sur la chose et sur le prix, indépendamment des formalités de publicité qui ne produisent effet qu'à l'égard des tiers, V. ■ Cass. civ., 9 déc. 1930 : *DP* 1931, 1, 118. ■ Cass. 1re civ., 15 déc. 1970, n° 69-13.934 : *JurisData* n° 1970-000333 ; *JCP* 71, IV, 27 ; *Bull. civ.* I, n° 333, p. 275. ■ Cass. 1re civ., 1er juin 1999, n° 97-14.165 : *Contrats, conc. consom.* 1999, 156, note Leveneur ; *Bull. civ.* I, n° 189, p. 124 ; *D.* 2000, 622, note Thioye. Comp. sur l'application de la règle en matière de dation en paiement, ■ Cass. 1re civ., 27 janv. 1993, n° 91-14.279 : *JCP* 94, II, 22195, note Pétel-Teyssié ; *RTD civ.* 1994, 132, obs. Zenati. Viole l'article 1583 la cour d'appel qui subordonne la perfection de la vente à la preuve de la livraison de la chose (■ Cass. 1re civ., 21 mars 2000, n° 98-11.982 : *JurisData* n° 2000-001121 ; *Contrats, conc. consom.* 2000, 108, note Leveneur). L'acceptation de l'offre de vente formulée en exécution d'un pacte de préférence vaut vente (■ Cass. 3e civ., 22 sept. 2004, n° 03-10.325 : *JurisData* n° 2004-024861 ; *JCP* N 2006, 1148, note Dagot ; *Contrats, conc. consom.* 2005, 3, note Leveneur ; *Bull. civ.* III, n° 157, p. 142).

2) Opposabilité aux tiers. Publicité. Sur ce qu'une vente immobilière est inopposable aux tiers acquéreurs tant qu'elle n'a pas été publiée, même si ces tiers en avaient connaissance, V. ■ Cass. 3e civ., 10 févr. 2010, n° 08-21.656 : *Bull. civ. 2010, III, n° 41 ; RDC 2010/3*, 895, obs. S. Pimont ; *Defrénois* 2010, 1169, obs. S. Piedelièvre ; *ibid.* 1073, obs. Gravillou ; *JCP* N 2010, n° 13, 1146, note S. Lamiaux. Dans le même sens, ■ Cass. 3e civ., 12 janv. 2011, n° 10-10.667 : *Bull. civ.* 2011, III, n° 5 ; *Defrénois* 2011, 479, note C. Grimaldi ; *D.* 2011, 851, note Aynès ; *RTD civ.* 2011, 158, obs. Crocq et 369, obs. Revet ; *L'essentiel Dr. contrats* mars 2011, 6, obs. O. Deshayes. ■ Cass. 1re civ., 20 déc. 2012, n° 11-19.682 : *JCP* N 2013, n° 8, 1035, note Y. Dagorne-Labbe ; *JCP* N 2013, 1132, n° 23, obs. M. Mekki ; *RD imm.* 2013, 52, note B. Mallet-Bricout ; *Constr.-Urb.* 2013, comm. 28, obs. Sizaire, qui décide que le notaire ne peut refuser d'instrumenter l'acte requis en cas de défaut de publication du premier acte contraire. Dans le même sens, ■ Cass. 1re civ., 11 sept. 2013, n° 12-23.357 : *Bull. civ.* I, n° 169 ; *JCP* N 2013, 1282, n° 15, obs. Boffa ; *D.* 2013, 2507, note Dubarry ; *Gaz. Pal.* 11 nov. 2013, 24, obs. Mekki ; *Defrénois* 2013, 1210, note Dagorne-Labbe et 2017, 7, obs. Piedelièvre ; *RDC* 2014/1, 56, obs. Le Bourg et Quézel-Ambrunaz, qui refuse d'engager la responsabilité du notaire qui instrumente, en connaissance de cause, une vente portant sur un immeuble déjà transféré à un tiers, faute de publication de l'acte antérieur.

Sur cette exigence de publicité, v. *infra* en annexe, D. n° 55-22, 4 janv. 1955, art. 30, p. 2811.

3) Vente sur adjudication. Le surenchérisseur ne devient propriétaire du bien que par l'effet de l'adjudication sur surenchère ; jusqu'à cette date, l'immeuble demeure aux risques du débiteur saisi (■ Cass. 2e civ., 17 nov. 2011, n° 10-20.957 : *Bull. civ.* II, n° 212 ; *RDC* 2012/2, 508, obs. Pimont ; *RTD civ.* 2012, 151, obs. Perrot ; *Gaz. Pal.* 3 mai 2012, 16, note Brenner).

4) Crédit à la consommation et crédit immobilier. Sur le lien entre la vente et le prêt lorsque le paiement du prix est acquitté en tout ou partie à l'aide d'un crédit à la consommation ou d'un crédit immobilier, voir C. consom., art. L. 311-23 ancien et L. 312-15 et s. ancien p. 2075.

5) Pouvoir d'appréciation des juges du fond. Sur le pouvoir souverain des juges du fond pour apprécier l'existence de l'accord entre les parties, V. ■ Cass. 3e civ., 2 mai 1978 : *JurisData* n° 1978-799015 ; *D.* 1979, 317, note Schmidt-Szalewski. Le consentement des parties n'étant soumis à aucune condition de forme, il appartient à la cour d'appel de rechercher si l'acquéreur, qui a signé l'acte de vente après le décès des venderesses, n'avait pas donné son accord antérieurement (■ Cass. 3e civ., 27 nov. 1990, n° 89-11.385 : *JurisData* n° 1990-703119 ; *JCP* 92, II, 21808, note Dagorne-Labbe).

6) Modalité déterminante du consentement. Le contrat de vente n'est pas formé à défaut d'accord sur les modalités de paiement du prix dès lors que l'acheteur a fait connaître au vendeur qu'il considérait ces modalités comme un élément constitutif de son consentement (■ Cass. com., 16 avr. 1991, n° 89-20.697 : *JurisData* n° 1991-001181 ; *JCP* 92, II, 21871, note Gain). S'agissant d'un matériel informatique d'occasion, il est légitime que son acquéreur attache de l'importance à ce que sa maintenance soit assurée par le fabricant de la marque (IBM) qui en avait été chargé jusqu'alors. Il apparaît donc que le mode d'entretien constitue en pareil cas un élément déterminant de la convention (■ Versailles, 21 mai 1986 : *JurisData* n° 1986-600931 ; *D.* 1987, 266, note Huet).

7) Détermination de l'objet. Si la vente opère le transfert de la propriété dès le moment qu'il y a consentement des parties sur la chose et sur le prix, ce principe ne peut trouver son application que si l'objet de la vente a été déterminé (■ Cass. req., 24 avr. 1929 : *DH* 1929, 283. ■ Cass. 3e civ., 26 nov. 1986, n° 84-16.566 : *JurisData* n° 1986-002368 ; *Bull. civ.* III, n° 168, p. 130). L'immeuble vendu est déterminable au jour de la convention dès lors que la superficie des terrains en cause à prendre dans une parcelle précise est déterminée et que le vendeur s'en remet par avance au choix des acquéreurs quant à sa délimitation exacte (■ Cass. 3e civ., 15 févr. 1984, n° 82-15.465 : *JurisData* n° 1984-700554 ; *Bull. civ.* III, n° 41, p. 31). Sur la détermination du prix, v. art. 1591 et 1592, p. 1361.

8) Droit de préemption. Erreur sur le bénéficiaire. Sur le droit de préemption du preneur en matière de baux ruraux, V. C. rur., art. L. 412-1 et s., p. 2621. V. aussi en matière de baux d'habitation, L. n° 75-1351, 31 déc. 1975, art. 6, *eod. loc.* Sur la solution applicable en cas d'offre adressée par erreur à un individu non bénéficiaire d'un droit de préemption, V. ■ Cass. 3e civ., 24 mai 2000, n° 98-16.132 : *JurisData* n° 2000-002120 ; *Bull. civ.* 2000, III, n° 114, qui refuse d'admettre la validité d'une offre faite à la suite d'une erreur concernant l'existence du droit de préemption. V. aussi, ■ Cass. 3e civ., 20 oct. 2010, n° 09-66.113 : *Bull. civ.* III, n° 192 ; *JCP* G 2011, 63, n° 4, obs. Serinet ; *Gaz. Pal.* 12 janv. 2011, 19, obs. Houtcieff ; *D.* 2011, 279, note Binet-Grosclaude ; *Defrénois* 2011, 271, note Malaurie ; *Dr. et patrimoine* mars 2011, 97, obs. C. Pelletier, qui décide que le caractère inexcusable de l'erreur de droit à l'origine de la notification du droit de préemption est sans incidence sur l'absence de validité de l'offre. Sur la possibilité pour le véritable bénéficiaire, en cas de notification erronée adressée à un non-bénéficiaire, d'accepter l'offre de vente aux conditions fixées, V. ■ Cass. 3e civ., 1er févr. 2012, n° 11-11.315 : *Bull. civ.* III, n° 20 ; *JCP* N 2012, 1379, n° 1, obs. Mekki.

9) Promesse sous condition suspensive de non-exercice d'un droit de préemption. L'exercice du droit de préemption urbain par la commune bénéficiaire emporte caducité de la promesse de vente conclue sous condition suspensive de non-exercice du droit de préemption, en dépit de la renonciation ultérieure de la commune à l'acquisition du bien préempté (■ Cass. 3e civ., 10 oct. 2012, n° 11-15.473 : *Bull. civ.* III, n° 14 ; *RDC* 2013/2, 579, obs. Latina ; *JCP* N 2013, 1007, n° 4, obs. Piedelièvre ; *JCP* N 2013, 1132, n° 2, obs. Mekki). Rappr. ■ Cass. 3e civ., 13 janv. 2010, n° 09-11.057 : caducité de la promesse conclue sous condition suspensive de non-exercice du droit de préemption dans l'hypothèse où la décision de préemption est ultérieurement annulée. *Contra*, auparavant, s'appuyant sur la rétroactivité d'annulation de la décision de préemption pour décider que la condition de non-exercice était réalisée et la promesse de vente parfaite, ■ Cass. 3e civ., 22 juin 2005, n° 03-20.473 : *Bull. civ.* III, n° 142 ; *Contrats, conc. consom.* 2005, comm. 185, Leveneur.

10) Droit de préemption. Déclaration d'intention d'aliéner. L'offre de vente résultant d'une déclaration d'intention d'aliéner constitue jusqu'à son acceptation par le titulaire du droit de préemption une simple pollicitation qui peut être rétractée unilatéralement (■ Cass. 3e civ., 17 sept. 2014, n° 13-21.824 : à paraître au *Bull. civ.* ; *RDC* 2015/1, p. 53, obs. Quézel-Ambrunaz, Le Bourg ; *D.* 2015, p. 529, obs. Amrani-Mekki, Mekki ; *RTD civ.* 2014, 879, Barbier ; *Contrats, conc. consom.* 2014, 265, Leveneur ; *JCP* N 2015, 1107, n° 2, obs. Payet).

11) Procédure collective. Cession amiable. Lorsque le juge-commissaire autorise, en application de l'article L. 622-16, alinéa 3, du Code de commerce [devenu l'article L. 642-18, al. 3], la cession amiable de biens immobiliers compris dans l'actif de la procédure collective, le transfert de propriété s'opère à la date de la passation par le liquidateur des actes nécessaires à la réalisation de la vente (■ Cass. com., 16 oct. 2001, n° 98-12.216 : *JurisData* n° 2001-011305 ; *Bull. civ.* IV, n° 166 ; *JCP* N 2002, 1294. V. sur cet arrêt S. Arnaud, *La vente à deux temps, ibid.*). Mais si la vente de gré à gré d'un immeuble compris dans l'actif du débiteur en liquidation judiciaire n'est réalisée que par accomplissement d'actes postérieurs à la décision du juge commissaire qui autorise, sur le fondement de l'article L. 622-16, al. 3, du Code de commerce la cession de ce bien, celle-ci n'en demeure pas moins parfaite dès l'ordonnance, sous la condition suspensive que la décision acquiert force de chose jugée (■ Cass. com., 4 oct. 2005, n° 04-12.610 : *JurisData* n° 2005-030081 ; *Bull. civ.*

IV, n° 191 ; *D.* 2005, AJ, 2593, obs. Lienhard ; *JCP* G 2006, I, 130, n° 8, obs. Cabrillac et Pétel).

II – DROIT DE RÉTRACTATION

12) Droit de rétractation. Sur le droit de repentir du client en matière de vente à distance ou à domicile, V. C. consom., art. L. 121-16 p. 2021 et C. consom., art. L. 121-25 ancien. V. aussi pour l'acquéreur immobilier CCH, art. L. 271-1 et L. 271-2, p. 2175 (L. n° 2000-1208, 13 déc. 2000, art. 72-I). – M. Dagot, *La protection de l'acquéreur immobilier et l'article 72 de la loi SRU* : *JCP* N 2001, 912. V. sous art. 1589, p. 1347.

III – RÉSERVE DE PROPRIÉTÉ

Voir : sur la propriété retenue à titre de garantie, voir art. 2367 et s., p. 1799.

13) Licéité de la clause retardant le transfert. Les parties peuvent convenir de retarder le transfert de propriété jusqu'au paiement du prix (■ Cass. req., 26 juin 1935 : *DH* 1935, 414. V. pour les ventes dans les magasins « libre-service » ■ Cass. crim., 4 juin 1915 : *S.* 1918, 1, 225, note Roux). V. aussi art. 2367 et s, p. 1799.

14) Opposabilité à la faillite. Sur l'opposabilité des clauses de réserve de propriété à la faillite de l'acheteur, V. C. com., art. L. 624-16 (mod. par ord. n° 2006-346, 23 mars 2006, art. 48, I). V. auparavant ■ Cass. com., 12 juill. 1994, n° 92-10.761 : *Bull. civ.* IV, n° 268 ; *D.* 1996, somm. 212, obs. Pérochon (lorsque les conditions générales d'achat excluent l'application de clauses de réserve de propriété, l'exécution de la vente par l'acheteur n'implique pas l'abandon de ses conditions générales d'achat, même si le vendeur a accusé réception des commandes sur ses propres documents, aux recto et au verso desquels figurait une clause de réserve de propriété, et la vente opère transfert immédiat et inconditionnel de la propriété) ■ Cass. com., 11 juill. 1995, n° 93-10.104 : *JurisData* n° 1995-002074 ; *Bull. civ.* IV, n° 212 ; *JCP* 96, II, 22583, 2ᵉ arrêt, note Mainguy (la clause par laquelle l'acheteur refuse toute réserve de propriété s'impose au fournisseur du seul fait qu'elle est portée à sa connaissance. Dès lors, le fournisseur ne peut invoquer le bénéfice de la clause de réserve de propriété qu'en démontrant que l'acheteur a renoncé à ce refus avant la livraison). Comp. L. n° 96-588 du 1ᵉʳ juillet 1996, art. 19, modifiant l'article 121 de la loi du 25 janv. 1985 (C. com., art. L. 621-122 anc., devenu C. com., art. L. 624-16).

15) Extinction de la créance du vendeur. L'extinction de la créance du vendeur, même si elle libère l'acquéreur de l'obligation de payer la partie du prix restant due, ne constitue pas le terme contractuellement fixé pour le transfert de propriété de l'immeuble (■ Cass. com., 9 janv. 1996, n° 93-12.667 : *JurisData* n° 1996-000364 ; *D.* 1996, 184, note Derrida ; *RTD civ.* 1996, 436, obs. Bandrac ; *Defrénois* 1996, 385, note Derrida).

16) Risques de la chose. Jugé que la clause de réserve de propriété doit s'analyser comme une condition suspensive et que les risques de la chose restent donc, jusqu'au paiement du prix, à la charge du vendeur (■ Cass. com., 20 nov. 1979, et, sur renvoi, ■ Metz, 29 oct. 1980 : *JurisData* n° 1980-080189 ; *JCP* 81, II, 19615, note Ghestin. ■ Cass. com., 19 oct. 1982, n° 81-10.220 : *JurisData* n° 1982-702633 ; *D.* 1983, inf. rap. 482, obs. B. A. ; *Bull. civ.* IV, n° 321, p. 270. V. aussi ■ Cass. 1ʳᵉ civ., 4 juill. 1995, n° 93-18.662 : *JurisData* n° 1995-001794 ; *Bull.* I, n° 305, p. 213). Rappr., ■ Cass. 3ᵉ civ., 13 nov. 1997, n° 95-21.311 : *JurisData* n° 1997-004431 ; *JurisData* n° 1997-004530 ; pourvoi n° 95-20.411 ; *Resp. civ. et assur.* 1998, 103 (demeuré propriétaire de l'immeuble jusqu'à l'acte notarié qui, selon la convention des parties, avait opéré le transfert de propriété, le vendeur doit supporter le risque de perte de la chose jusqu'à cette date).

17) Conservation de la chose. L'acheteur d'un bien dont la propriété est réservée doit apporter à la conservation de la chose vendue tous les soins d'un bon père de famille (■ Cass. com., 26 mai 2010, n° 09-66.344 : *Bull. civ.* 2010, IV, n° 101 ; *RDC* 2011/1, 165, obs. Pimont ; *Contrats, conc. consom.* 2010, comm. 197, obs. L. Leveneur ; *D.* 2011, 406, obs. Crocq).

18) Sûreté. Sur le principe que la réserve de propriété constitue une sûreté, V. ■ Cass. com., 9 mai 1995, n° 92-20.811 : *RTD civ.* 1996, 441, obs. Bandrac.

19) Revendication sur le prix. Les marchandises vendues sous réserve de propriété étant affectées à la garantie de la créance du vendeur, celui-ci exerce sa revendication sur les marchandises aussi longtemps qu'elles existent en nature entre les mains du débiteur, et, après leur revente en l'état initial par ce dernier, le prix se trouvant par là même subrogé aux marchandises, le vendeur exerce sa revendication sur le prix (■ Cass. com., 20 juin 1989, n° 87-14.974 : *JurisData* n° 1989-001971 ; *Bull. civ.* IV, n° 197, p. 131 ; *RTD civ.* 1989, 748, obs. Mestre et 1990, 121, obs. Bandrac). La cession de créance consécutive à la revente des marchandises par le débiteur et effectuée conformément aux dispositions de la loi du 2 janv. 1981 ne peut faire échec à la revendication du vendeur (même arrêt).

20) Indemnité d'assurance – subrogation. En cas de perte des biens livrés sous le bénéfice d'une clause de réserve de propriété, l'indemnité d'assurance, subrogée aux biens dont le vendeur était demeuré propriétaire n'entre pas dans le patrimoine de l'acheteur, rendant sans objet une revendication dans les conditions de l'article 115 de la loi du 25 janvier 1985 (■ Cass. com., 22 avr. 1997, n° 93-10.114 : *Bull. civ.* IV, n° 103 ; *RTD civ.* 1997, 696, obs. Zénati ; *Defrénois* 1997, 1439, obs. Bénabent).

21) Tiers subrogé dans les droits du vendeur. Sur la revendication exercée par un tiers subrogé dans les droits du vendeur, V. sous art. 1250 ancien, p. 1188.

22) Nature immobilière ou mobilière du bien. Viole l'article 517 du Code civil la cour d'appel qui retient que la clause de réserve de propriété conduit à considérer que les biens en cause (vérandas) conservent jusqu'au règlement un caractère mobilier, alors que la nature, immobilière ou mobilière, d'un bien est définie par la loi et que la convention des parties ne peut avoir d'incidence à cet égard (■ Cass. 3e civ., 26 juin 1991, n° 89-17.229 : *Bull. civ.* III, n° 197, p. 115 ; *JCP* 92, II, 21825, note Barbièri ; *D.* 1993, 93, note Freij-Dalloz).

Art. 1584. – La vente peut être faite purement et simplement, ou sous une condition soit suspensive, soit résolutoire.

Elle peut aussi avoir pour objet deux ou plusieurs choses alternatives.

Dans tous ces cas, son effet est réglé par les principes généraux des conventions.

1) Vente immobilière. Régularisation par acte authentique. Le seul fait pour les parties de reporter le transfert de propriété au jour de la régularisation de l'acte authentique n'est pas de nature à établir qu'elles ont entendu retarder jusqu'à cette date la naissance de leur obligation de vendre et d'acheter (■ Cass. 3e civ., 2 mai 1968, n° 65-13.280 : *JurisData* n° 1968-099182 ; *JCP* 68, IV, 100 ; *Bull. civ.* III, n° 182, p. 144. – V. aussi ■ Cass. 3e civ., 5 janv. 1983, n° 81-14.890 : *JurisData* n° 1983-700015 ; *D.* 1983, 617, note Jourdain. ■ Cass. 3e civ., 20 déc. 1994, n° 92-21.392 : *JurisData* n° 1994-002482 ; *Bull.* III, n° 229, p. 148 ; *JCP* N 96, II, 501, note Mainguy. ■ Cass. 3e civ., 28 mai 1997, n° 95-20.098 : *JurisData* n° 1997-002336 ; *JCP* 97, IV, 1526 ; *Bull.* III, n° 123, p. 81 ; *D.* 1999, somm. 11, 1re esp., obs. Brun). Mais la date limite donnée à l'acquéreur pour faire dresser à ses frais l'acte authentique peut être considérée comme ayant été convenue par les parties comme condition résolutoire (■ Cass. 3e civ., 31 janv. 1978, n° 76-11.828 : *JurisData* n° 1978-098060 ; *D.* 1978, 348. Comp., faisant appel à la notion de caducité, ■ Cass. 3e civ., 2 févr. 1983, n° 81-12.036 : *JurisData* n° 1983-700639 ; *Bull. civ.* III, n° 34, p. 27).

2) Modalités de paiement. L'indication dans une promesse de vente que le règlement des modalités de paiement devra avoir lieu lors de la réalisation de la promesse ne peut constituer une condition à laquelle aurait été subordonnée la perfection de la vente que s'il résulte clairement, soit de l'acte lui-même, soit des circonstances, que telle a été la volonté des parties (■ Cass. req., *20 janv. 1941 : DA 1941, 179). Mais* la promesse peut subordonner la transmission de la propriété au paiement d'un acompte (■ Cass. soc., 15 févr. 1957 : *Bull. civ.* IV, n° 190, p. 129).

3) Renonciation de l'acquéreur à la condition stipulée dans son intérêt. Lorsque la condition a été prévue dans l'intérêt exclusif de l'acquéreur, celui-ci peut y renoncer unilatéralement en demandant l'exécution immédiate de la vente (■ Cass. 3e civ., 5 févr. 1971, n° 69-13.859 : *JurisData* n° 1971-098090 ; *D.* 1971, 281, rapp. Cornuey).

4) Condition suspensive. Nature du droit du créancier. La promesse synallagmatique de vente d'un immeuble sous condition suspensive ne transmet au bénéficiaire aucun droit immobilier sur le bien qui en est l'objet (■ Cass. 1re civ., 30 avr. 1970, n° 68-13.534 : *JurisData* n° 1970-000148 ; *JCP* 71, II, 16674, note Mourgeon).

5) Rétroactivité de la condition. Clause contraire. Les parties peuvent déroger au principe de la rétroactivité en convenant que le transfert de propriété se fera non pas au jour de la signature de la promesse de vente sous condition suspensive mais au jour de la rédaction de l'acte authentique (■ Cass. 1re civ., 30 avr. 1970, préc.).

6) Dépôt-vente. La convention de dépôt-vente peut s'analyser comme une vente sous condition suspensive de la revente (■ Versailles, 8 nov. 1990 : *JurisData* n° 1990-600275 ; *D.* 1992, somm. 193, obs. Tournafond). Comp. ■ Cass. civ. 1re, 15 oct. 1996, n° 94-19.472 : *Bull. civ.* I, n° 351 (remise de bijoux en vue de leur revente, qualification de dépôt) ■ Cass. com., 25 avr. 2001, n° 98-13.101 : *JurisData* n° 2001-009475 ; *Contrats, conc. consom.* 2001, 120, obs. L. Leveneur (s'agissant d'un contrat de dépôt-vente, le fournisseur conserve le droit de fixer le prix de vente des produits au consommateur final, l'absence de mention du prix dans le contrat ne constituant dès lors pas un motif d'annulation).

7) Recours formé contre un permis de construire par une personne inexistante. Le recours formé contre un permis de construire par une personne inexistante est réputé n'être jamais intervenu. Viole l'article 1584 qui déclare caduque une promesse de vente sous condition suspensive de l'obtention d'un permis en retenant qu'au dernier jour utile pour contester le permis, l'inexistence de l'auteur du recours n'était pas encore établie (■ Cass. 3e civ., 29 mai 2002, n° 00-20.487 : *JurisData* n° 2002-014494 ; *Bull. civ.* III, n° 122, p. 107).

Art. 1585. – Lorsque des marchandises ne sont pas vendues en bloc, mais au poids, au compte ou à la mesure, la vente n'est point parfaite, en ce sens que les choses vendues sont aux risques du vendeur jusqu'à ce qu'elles soient pesées, comptées ou mesurées ; mais l'acheteur peut en demander ou la délivrance ou des dommages-intérêts, s'il y a lieu, en cas d'inexécution de l'engagement.

1) **Individualisation impliquant le mesurage.** Il résulte de l'article 1585 que lorsque la vente a pour objet une certaine quantité de marchandises à prendre dans un lieu désigné qui en renferme une quantité qui n'a pas encore été mesurée, c'est seulement l'opération de mesurage qui individualise la chose et entraîne le transfert de propriété (■ Cass. civ., 30 juin 1925 : *DP* 1927, 1, 29, 3e esp.), même si le prix a été payé comptant (■ Bordeaux, 12 avr. 1948 : *D.* 1948, 446).

2) **Caractère supplétif de l'article 1585.** Les parties peuvent s'accorder pour attribuer les risques à l'acheteur dès l'accord de volontés (■ Cass. com., 18 avr. 1967 : *JCP* 68, II, 15481, note J.H.) – V. Goré, *Le transfert de propriété dans les ventes de choses de genre* : *D.* 1954, chron. 175.

3) **Accord sur la chose et le prix. Obligations des parties.** La vente au poids, au compte ou à la mesure, si elle n'est parfaite au point de vue du transfert des risques ou du transfert de propriété que lorsque la marchandise a été pesée, comptée ou mesurée, oblige les parties aux obligations qu'elles ont contractées, dès qu'il y a eu accord sur la chose et sur le prix (■ Cass. com., 4 déc. 1957 : *Gaz. Pal.* 1958, 1, 218). Mais jugé que l'obligation de payer le prix, contractée par l'acheteur, n'est qu'éventuelle et ne prend naissance que lorsque les marchandises ont été mises à sa disposition (■ Cass. req., 23 juin 1941 : *DC* 1943, 23, note F. G.).

4) **Caractère contradictoire du mesurage.** Le mesurage ou le pesage doit être contradictoire (■ Cass. req., 11 août 1874 : *DP* 1876, 1, 476).

5) **Notion de vente au poids.** La vente qui porte sur un certain nombre d'objets déterminés énumérés sur une liste ne présente pas les caractères d'une vente au poids, même si le prix est fixé en fonction du poids total des marchandises, et le vendeur ne peut donc exiger un supplément de prix pour l'excédent de poids (■ Cass. com., 16 nov. 1993 : *Bull. civ.* IV, n° 415, p. 301 ; *JCP* 94, II, 2287, note Gross ; *RTD civ.* 1994, 347, obs. Mestre, et 629, obs. Gautier).

Art. 1586. – Si, au contraire, les marchandises ont été vendues en bloc, la vente est parfaite, quoique les marchandises n'aient pas encore été pesées, comptées ou mesurées.

1) **Mesurage visant à déterminer le prix à payer.** La vente en bloc d'une marchandise individualisée par sa localisation conserve son caractère lorsque le prix est fixé à tant la mesure et que le mesurage n'a pour but que de déterminer le prix à payer (■ Cass. com., 15 juin 1965, n° 62-11.227 : *D.* 1965, 823. V. en ce sens ■ Cass. 1re civ., 1er févr. 1983, n° 81-15.557 : *JurisData* n° 1983-700120 ; *Bull. civ. I, n° 49, p. 43*).

2) **Vente de la totalité d'une récolte. Mesurage ou vérification du titre des vins.** La vente de la totalité d'une récolte sur souches, existante et individualisée, faite pour un prix dont les éléments sont déterminés, est une vente en bloc parfaite aux termes de l'article 1586 bien que les vins de la récolte n'aient pas encore été mesurés ou vérifiés quant à leur titre (■ Cass. req., 17 mars 1925 : *DP* 1927, 1, 29, 1re esp.).

Art. 1587. – À l'égard du vin, de l'huile et des autres choses que l'on est dans l'usage de goûter avant d'en faire l'achat, il n'y a point de vente tant que l'acheteur ne les a pas goûtées et agréées.

1) **Beurre et avoine (non).** L'article 1587 n'est pas applicable au beurre (■ Paris, 29 nov. 1898 : *DP* 1899, 2, 460), ni à l'avoine (■ Cass. req., 7 avr. 1908 : *DP* 1908, 1, 397).

2) **Dérogation conventionnelle.** Les parties peuvent écarter, même implicitement, la faculté de dégustation et d'agréage (■ Cass. civ., 20 nov. 1894 : *DP* 1894, 1, 568. ■ Nîmes, 16 juin 1950 : *JCP* 51, II, 6091, note Depaule. Voir cependant ■ Besançon, 14 sept. 1999, n° 98/01013 : *JurisData* n° 1999-044013 ; *D.* 2001, 729, note Olszak, affirmant que l'article 1587 étant supplétif de la volonté des parties, la renonciation ne peut résulter du silence de celles-ci). Jugé que la clause « sauf agréage » signifiait conformément aux usages commerciaux

universellement suivis en Algérie pour les vins ordinaires que la vente litigieuse était seulement soumise à la condition que les vins vendus seraient de qualité loyale et marchande (▪ Cass. req., 22 oct. 1923 : *DP* 1924, 1, 77. – Comp. ▪ Cass. req., 31 mai 1923 : *S.* 1923, 1, 351. ▪ Bordeaux, 19 mars 1935 : *S.* 1935, 2, 208).

3) **Renonciation.** La renonciation aux dispositions de l'article 1587 du Code civil, si elle ne peut résulter du seul silence des parties, peut être tacite dès lors que les circonstances établissent de façon non équivoque la volonté de celles-ci. Après avoir relevé, par motifs propres et adoptés, que les usages locaux à caractère agricole du département de la Gironde, codifiés par la loi du 3 janvier 1924 et révisés au cours du premier semestre 1988, imposaient que l'agréage soit fait, sauf stipulation contraire, inexistante en l'espèce, dans les chais du vendeur et après en avoir justement déduit que l'enlèvement du vin impliquait soit que la dégustation était antérieurement intervenue, soit que l'acheteur avait tacitement renoncé à exercer ce droit, la cour d'appel, qui constatait que l'acheteur avait procédé à l'enlèvement de la moitié de la commande, a exactement jugé que celui-ci avait renoncé de manière non équivoque à exercer le droit d'agréage de sorte que la vente était parfaite (▪ Cass. 1re civ., 12 juill. 2007, n° 05-11.791 : *JurisData* n° 2007-040107).

4) **Moyens de déguster.** Le vendeur est tenu de procurer à son acheteur les moyens d'opérer la dégustation au lieu fixé par la convention (▪ Cass. civ., 17 juin 1925 : *DP* 1927, 1, 29, 2e esp.).

5) **Défaut d'agréage au jour indiqué. Renonciation tacite (non).** Le fait par acheteur de n'avoir pas fait l'agréage au jour indiqué dans la convention ne saurait être considéré comme une renonciation tacite de sa part et transformer la vente soumise à cette condition expresse en une vente parfaite (▪ Montpellier, 19 oct. 1932 : *DH* 1933, 43).

6) **Vente avec échantillon.** Dans une vente avec échantillon, lorsque l'acheteur a agréé les échantillons, la vente devient définitive sous la seule condition de la conformité des marchandises avec les échantillons (▪ Cass. req., 26 déc. 1922 : *DP* 1924, 1, 23. – Comp. ▪ Cass. com., 18 janv. 1972, n° 70-10.480 : *JurisData* n° 1972-097025 ; *JCP* 72, II, 17260, note Hémard). Les juges du fond peuvent décider que les parties ont renoncé à la clause d'agréage prévue si le vendeur a pris soin d'adresser à son acheteur des échantillons (▪ Cass. req., 4 déc. 1933 : *DH* 1934, 101). Comp. ▪ Cass. com., 7 janv. 1981, n° 79-12.061 : *JurisData* n° 1981-700424 ; *Bull. civ.* IV, n° 17.

7) **Caractère supplétif de l'article 1587.** L'article 1587 étant supplétif de la volonté des parties, la renonciation à ses dispositions ne peut résulter du seul silence de celles-ci (▪ Cass. 1re civ., 24 mars 1998, n° 96-12.645 : *JurisData* n° 1998-001370 ; *JCP* G 98, IV, 2164 ; *JCP* E 98, 996, note Gross ; *JCP* E 99, 170, n° 3, obs. Sordino ; *Bull. civ.* I, n° 125, p. 82 ; *Defrénois* 1998, 1406, obs. Delebecque ; *RTD civ.* 1999, 377, obs. Mestre).

8) **Vin embouteillé. Refus d'agréage.** Dès lors que le marché porte sur du vin en bouteilles, la perfection de la vente n'est pas subordonnée à un agréage postérieur à l'embouteillage ; l'accord sur la chose et le prix intervenu, après que le vin a été goûté et agréé, vaut vente, peu important que le vin ait été commandé en vrac ou en bouteille, et qu'il ait été goûté avant l'embouteillage (▪ Cass. 1re civ., 21 nov. 2006, pourvoi n° 04-16.271 ; *JurisData* n° 2006-036012 ; *Contrats, conc. et consom.* 2007, 66, note Leveneur ; *D.* 2007, p. 2966, obs. Amrani-Mekki et Fauvarque-Cosson), cassant ▪ Bordeaux, 27 avr. 2004, n° 02/04756 : *JurisData* n° 2004-240298 ; *JCP* 2004, II, 10178, note Dagorne Labbe ; *D.* 2005, 155, note Bahans et Menjucq).

Art. 1588. – La vente faite à l'essai est toujours présumée faite sous une condition suspensive.

1) Sur le **pouvoir souverain des juges du fond** pour déterminer si la vente est faite à l'essai, V. ▪ Cass. 1re civ., 19 juill. 1965, n° 63-11.307 : *JurisData* n° 1965-000490 ; *JCP* 65, IV, 127 ; *Bull. civ.* I, n° 490, p. 367.

2) **Durée de l'essai. Usages.** Faute d'avoir pu déterminer si les parties avaient fixé ou non un délai spécial pour la durée de l'essai, il y a lieu *de se conformer à l'usage constant qui limite* ce délai à huit jours dans les ventes de chevaux (▪ Cass. civ., 10 janv. 1928 : *DP* 1929, 1, 126).

3) **Transfert des risques.** L'avènement de la condition suspensive d'essai fait passer les risques à la charge de l'acheteur (▪ Cass. req., 10 janv. 1928 : *DP* 1929, 1, 126. – V. en ce sens ▪ Pau, 27 avr. 1949 : *JCP* 49, IV, 183). Mais tant que cette condition n'est pas réalisée, les risques restent au vendeur (▪ Dijon, 10 avr. 2003 : *JurisData* n° 2003-208940 ; *JCP* 2003, IV, 2682).

4) **Perfection de la vente.** La vente conclue sous la condition suspensive d'un essai satisfaisant devient parfaite si, à l'expiration du délai d'essai, l'acheteur n'a pas manifesté sa volonté de ne pas conserver le bien (▪ Cass. 1re civ., 13 oct. 1998, n° 96-19.611 : *JCP* 98, IV, 3339 ; *Contrats, conc. consom.* 1998, 161, note Leveneur ; *Bull. civ.* I, n° 304, p. 211 ; *RTD civ.* 1999, 376, obs. Mestre).

Art. 1589 *(Mod., L. 30 juill. 1930).* **– La promesse de vente vaut vente, lorsqu'il y a consentement réciproque des deux parties, sur la chose et sur le prix.**

Si cette promesse s'applique à des terrains déjà lotis ou à lotir, son acceptation et la convention qui en résultera s'établiront par le payement d'un acompte sur le prix, quel que soit le nom donné à cet acompte, et par la prise de possession du terrain.

La date de la convention, même régularisée ultérieurement, sera celle du versement du premier acompte.

Loi n° 93-122 du 29 janvier 1993

relative à la prévention de la corruption et à la transparence de la vie économique et des procédures publiques

Art. 52. – Est frappée d'une nullité d'ordre public toute cession à titre onéreux des droits conférés par une promesse de vente portant sur un immeuble lorsque cette cession est consentie par un professionnel de l'immobilier.

Code de la construction et de l'habitation

Art. L. 290-1. – Toute promesse de vente ayant pour objet la cession d'un immeuble ou d'un droit réel immobilier, dont la validité est supérieure à dix-huit mois, ou toute prorogation d'une telle promesse portant sa durée totale à plus de dix-huit mois est nulle et de nul effet si elle n'est pas constatée par un acte authentique, lorsqu'elle est consentie par une personne physique.

Pour une application de ce texte, V. ▪ Cass. 3e civ., 18 févr. 2015, n° 14-14.416 : *RDC* 2015, 503, obs. Le Bourg et Quézel-Abrunaz ; *RTD imm.* 2015/2, 49, obs. Mallet-Bricout ; *Defrénois* 2015, 611, obs. Lécuyer et Seube ; *JCP* N 2015, 1090, n° 12, obs. M. Mekki (nullité, sur le fondement de l'article L. 290-1, CCH, d'une promesse synallagmatique de vente consentie par une personne physique par acte sous-seing privé).

Art. L. 290-2. – La promesse unilatérale de vente mentionnée à l'article L. 290-1 prévoit, à peine de nullité, une indemnité d'immobilisation d'un montant minimal de 5 % du prix de vente, faisant l'objet d'un versement ou d'une caution déposés entre les mains du notaire.

Bibliographie : *Jurisprudence et doctrine : quelle efficacité pour les avant-contrats ?* (Actes du colloque de Bordeaux, 24 nov. 2011) : *RDC* 2012/2617 et s., en particulier, M. Fabre-Magnan, *L'engagement du promettant – Engagement au contrat préparatoire*, 633. • G. Wicker, *L'engagement du promettant : engagement au contrat définitif*, 649. • E. Savaux, *Les conditions de l'opposabilité de l'engagement aux tiers*, 663. • Y.-M. Laithier et D. Mazeaud, *La nature de la sanction : satisfaction du bénéficiaire par des dommages-intérêts ou primauté de l'exécution forcée en nature*, 681. • L. Sautonie-Laguionie, *L'action paulienne : une troisième voie possible ?*, 694. • F. Collart Dutilleul, *Les contrats préparatoires à la vente d'immeuble : les risques de désordres : Droit et patrimoine*, déc. 1995, p. 58. • L. Boyer, *Les promesses synallagmatiques de vente, Contribution à la théorie des avant-contrats : RTD civ.* 1949, 1. • J.-F. Lusseau, *Des problèmes actuels posés par la promesse unilatérale de vente immobilière : RTD civ.* 1977, 483. • P. Malaurie, L. Aynès, *La promesse synallagmatique de vente : Defrénois* 1987, art. 33835, p. 18. • D. Mazeaud, *La responsabilité du fait de la violation d'un pacte de préférence : Gaz. Pal.* 1994, 1, doctr. p. 210. • J. Maury, *La protection du bénéficiaire d'une promesse unilatérale de vente ou d'un pacte de préférence publié : JCP* N 1994, I, 341. • R.-N. Schütz, *L'exécution des promesses de vente, Defrénois* 1999, art. 37021, p. 833. • D. Mazeaud, *Mystères et paradoxes de la période précontractuelle* in *Études offertes à J. Ghestin*, LGDJ 2001, 637. • B. Nuytten, *L'exécution des contrats préparatoires à la vente d'immeuble : le point de vue du praticien : RDC* 2005, 75. • D. Mazeaud, *Exécution des contrats préparatoires : RDC* 2005, 61. • L. Boyer, *Clause de substitution et promesse unilatérale de vente : JCP* G 1987, I, 3310. • P. Brun, *Nature juridique de la clause de substitution dans le bénéfice d'une promesse unilatérale de vente : une autonomie de circonstances ? : RTD civ.* 1996, 29. • C. Nourissat, *La clause de substitution insérée dans une promesse unilatérale de vente : une cession conventionnelle de contrat : JCP* N 1999, I, 874. • V. Soubise, *La transmission, par substitution de bénéficiaire, des droits conférés par une promesse de vente : D.* 1994, chron., 237. • S. François, *Promesse de vente et promesse d'embauche. – Regards croisés sur le sort réservé aux promesses de contrat par la jurisprudence : JCP* G 2012, doctr. 529.

• *Sommaire*

I – PROMESSE UNILATÉRALE DE VENTE

A – Notions générales

1) **Réforme du droit des contrats.** Sur le nouveau régime de la promesse unilatérale introduit par l'ordonnance n° 2016-131 du 10 février 2016, V. art. 1124 ancien, p. 1074 ; M. Mekki, *Contrats préparatoires : principes et clauses contractuelles, Nouveau texte, nouveau temps* : *JCP* N 2016, 1112.

2) **Capacité d'aliéner et décès du promettant.** L'affaiblissement des facultés mentales du vendeur après la levée de l'option n'empêche pas la vente d'être devenue parfaite, et il peut être suppléé à la rédaction de l'acte authentique par la publication du jugement constatant la réalisation de la vente (▪ Cass. 3e civ., 7 janv. 1982, n° 80-14.443 : *JurisData* n° 1982-700544 ; *RTD civ.* 1982, 600, obs. Chabas). Les promettants s'étant engagés à maintenir leur offre jusqu'à une date postérieure à celle à laquelle le bénéficiaire a levé l'option, le décès de l'un des promettants n'a pu rendre cette offre caduque (▪ Cass. 3e civ., 10 déc. 1997, n° 95-16.461 : *JurisData* n° 1997-004975 ; *Bull. civ.* III, n° 223 ; *Defrénois* 1998, 336, obs. Mazeaud). Sur la transmission de la promesse en cas de décès du promettant, V. ▪ Cass. 3e civ., 6 mai 2008, n° 07-11.668 : *RDC* 2008, 1239, obs. Collart Dutilleul. Le promettant ayant définitivement consenti à vendre et l'option pouvant être valablement levée, après son décès, contre ses héritiers tenus de la dette contractée par leur auteur en vertu d'une promesse unilatérale de vente, il n'y a pas lieu d'obtenir l'autorisation du juge des tutelles à la vente de gré à gré d'un immeuble transmis à un héritier mineur placé sous le régime de l'administration légale sous contrôle judiciaire (▪ Cass. 3e civ., 8 sept. 2010, n° 09-13.345 : *Bull. civ.* 2010, III, n° 153 ; *RDC* 2011/1, 57, obs. Genicon ; *ibid.* 153, obs. Ph. Brun ; *RDC* 2010, 1179, obs. Mazeaud et Revet ; *Defrénois* 2010, 2123, obs. Aynès ; *JCP* G 2010, note 1051, Pillet ; *JCP* G 2011, 63, n° 3, *obs. J. Ghestin ; Gaz. Pal. 2010, n° 335*, 15, obs. Pignarre et n° 304, 14, obs. Houtcieff).

3) **Transfert d'un droit réel (non).** La promesse unilatérale de vente n'a pour effet de transmettre à celui qui en est bénéficiaire ni la propriété ni aucun droit immobilier sur le bien qui en est l'objet (▪ Cass. req., 26 nov. 1935 : *DP* 1936, 1, 37, rapp. Pilon). L'obligation du promettant, quoique relative à un immeuble, constitue, tant que le bénéficiaire n'a pas déclaré acquérir, non pas une obligation de donner, mais une obligation de faire (même arrêt. – V. en ce sens ▪ Cass. 1re civ., 8 févr. 1966 : *JurisData* n° 1966-000096 ; *JCP* 67, II, 15116, note Voirin).

4) **Absence d'engagement d'acquérir de la part du bénéficiaire.** Sur le principe que le bénéficiaire n'assume aucune obligation d'acquérir le bien faisant l'objet de la promesse, V. ▪ Cass. 3e civ., 27 avr. 1983, n° 82-11.511 : *JurisData* n° 1983-701340 ; *JCP* 83, IV, 209. Sanction de l'arrêt ayant faussement qualifié de promesse unilatérale de vente un document intitulé « offre unilatérale de vente » et dont aucune disposition ne traduisait le consentement du soi-disant acquéreur, quand bien même l'acte aurait été signé par ce dernier (▪ Cass. 3e civ., 19 oct. 2011, n° 10-30.655 : *Contrats, conc. consom.* 2012, comm. 2, obs. L. Leveneur ; *JCP* N 2012, 1120, n° 1, obs. S. Piédelièvre).

5) **Détermination du prix.** Est nulle la promesse de vente consentie en contrepartie d'un prêt pour le cas où celui-ci ne serait pas remboursé à son échéance, moyennant un prix égal au montant restant dû à la date de cette échéance, sans qu'il y ait lieu de faire des comptes entre les parties, dès lors que le prix de vente, qui n'était pas déterminé, n'était pas davantage déterminable à la date de l'acte (▪ Cass. 1re civ., 11 mars 1986, n° 84-16.596 : *JurisData* n° 1986-700460 ; *Bull. civ.* I, n° 67, p. 63).

6) **Levée d'option. Forme.** Si l'acceptation d'une promesse de vente n'est en principe soumise à aucune condition de forme, il n'en est ainsi qu'à défaut de stipulation contraire (▪ Cass. 3e civ., 7 janv. 1987, n° 85-14.930 : *Bull. civ.* III, n° 7, p. 4, levée de l'option devant être réalisée par une lettre recommandée avec demande d'avis de réception). La levée de l'option n'est, en principe, soumise à aucune forme ou modalité particulière (▪ Cass. 3e civ., 19 déc. 2012, n° 08-14.225 : *Bull. civ.* III, n° 199 ; *JCP* N 2013, 1132, n° 4, obs. Mekki).

7) **Délai d'option.** En présence d'une promesse unilatérale sans stipulation de délai pour lever

l'option, il importe peu que le promettant n'ait pas mis en demeure le bénéficiaire de la promesse de prendre parti : la notification de la rétractation de la promesse avant l'acceptation de ce dernier suffit à empêcher la réalisation forcée de la vente (■ Cass. 3e civ., 25 mars 2009, n° 08-12.237 : *Bull. civ.* III, n° 69 ; *RDC* 2009/3, 995, obs. Laithier ; *ibid.*, 1089, obs. Pimont ; *JCP* 2009, n° 37, 213, note Labarthe ; *Defrénois* 2009, 1270, obs. Libchaber ; *JCP* 2009, n° 37, p. 23, note Labarthe ; *JCP* N 2010, 1001, n° 2, obs. Piedelièvre ; *Dr. et patrimoine* juill. 2009, 84, obs. Aynès et Stoffel-Munck ; *D.* 2010, 224, obs. Amrani-Mekki). Il n'appartient pas à l'acquéreur, qui avait connaissance de l'existence du pacte de préférence, de prendre l'initiative de vérifier l'intention des bénéficiaires du pacte de ne pas s'en prévaloir (■ Cass. 3e civ., 29 juin 2010, n° 09-68.110 : *RDC* 2011/1, 30, obs. Savaux).

Contra auparavant : si aucun délai n'a été prévu pour la levée de l'option, le promettant ne peut être dégagé de sa promesse qu'après avoir mis le bénéficiaire en demeure de l'accepter dans un délai déterminé, à moins qu'il ne soit établi que celui-ci a renoncé à s'en prévaloir (■ Cass. civ., 10 juin 1941 : *DA* 1941, 274. ■ Cass. 3e civ., 24 avr. 1970, n° 68-10.536 : *JurisData* n° 1970-098279 ; *Bull. civ.* III, n° 279, p. 203). Cette renonciation peut être tacite, mais ne peut se présumer (même arrêt. – V. en ce sens ■ Cass. 1re civ., 15 oct. 1962, n° 58-11075 : *D.* 1963, somm. 47). La prorogation conventionnelle ne doit produire effet que dans les conditions prévues par les parties (■ Cass. 3e civ., 8 oct. 2003, n° 02-12.427 : *JurisData* n° 2003-020460 ; *Contrats, conc. consom.* 2004, 3, note Leveneur).

Les dispositions successorales relatives au droit d'option successorale ne permettent pas aux héritiers de s'affranchir des dispositions contractuelles relatives au délai d'exercice du droit d'option de vente (■ Cass. 1re civ., 4 juill. 2012, n° 11-10.594 : *Bull. civ.* I, n° 56 ; *RDC* 2012/4, 1298, note Goldie-Genicon ; *JCP* G 2013, doctr. 250, n° 2, obs. Le Guidec ; *LPA* 20 août 2012, 6, note Mahinga ; *RJPF* 2012/9, 64, obs. Casey).

8) Promesse unilatérale et promesse synallagmatique. La promesse de vente qui ne contient pas, en contrepartie de l'engagement de vendre, un engagement corrélatif d'acheter à la charge du bénéficiaire n'est pas synallagmatique (■ Cass. com., 25 avr. 1989, n° 87-17.281 : *Bull. civ.* IV, n° 136, p. 91). Mais il en va autrement lorsque le bénéficiaire s'engage à acquérir dès qu'auront été remplies, avant une certaine date, les obligations mises à la charge du promettant, puisqu'il n'a aucune faculté d'option (■ Cass. 3e civ., 23 janv. 1991, n° 88-20.221 : *JurisData* n° 1991-000059 ; *D.* 1992, 457, note Najjar).

Sur l'incidence du montant de l'indemnité d'immobilisation sur la qualification de la promesse, V. ■ Cass. 1re civ., 1er déc. 2010, n° 09-65.673 : *Bull. civ.* I, n° 252 ; *RDC* 2011/2, 420, obs. Y.-M. Laithier et 2011/3, 928, obs. S. Gaudemet ; *JCP* G 2011, note 481, Y. Dagorne-Labbé et doctr. 503, n° 8, obs. Ph. Simler ; *RTD civ.* 2011, 111, obs. J. Hauser, 346, obs. B. Fages, et 379, obs. B. Vareille ; *Defrénois* 2011, 378, obs. G. Champenois ; *Dr. et patrimoine* juin 2011, 73, obs. L. Aynès et Ph. Stoffel-Munck ; *AJF* 2011, 160, obs. P. Hilt ; *D.* 2012, 459, obs. S. Amrani-Mekki et M. Mekki, qui décide que le montant d'une indemnité d'immobilisation presqu'égale au prix de vente ne préjudicie pas à la qualification de la promesse, qui demeure une promesse unilatérale dès lors que le bénéficiaire n'a pas pris l'engagement d'acheter. *Contra*, ■ Cass. 3e civ., 26 sept. 2012, n° 10-23.912 : *RDC* 2013/1, 59, obs. Laithier ; *RTD civ.* 2012, 723, obs. Fages ; *Gaz. Pal.* 9 janv. 2013, 12, note Albiges ; qui admet que la promesse unilatérale de vente pourrait être requalifiée en promesse synallagmatique si elle était assortie d'une indemnité d'immobilisation si importante par rapport au prix de vente qu'elle prive le bénéficiaire de sa liberté d'acheter ou de ne pas acheter. V. auparavant, dans le sens d'une requalification possible, ■ Cass. com., 9 nov. 1971, n° 70-13.996 : *JurisData* n° 1971-097273 ; *JCP* G 1972, II, 16962, note P. L. (indemnité trop faible pour transformer la promesse unilatérale en promesse synallagmatique). ■ Cass. com., 8 nov. 1972 : *JurisData* n° 1972-097280 ; *JurisData* n° 1972-097280 ; *JCP* 1973, II, 17565, note Bocara (indemnité trop faible). ■ Cass. com., 13 févr. 1978, n° 76-13.429 : *Bull. civ.* IV, n° 60 (indemnité d'une importance suffisante).

La faculté de substitution stipulée dans une promesse synallagmatique de vente est sans effet sur le caractère unilatéral ou synallagmatique du contrat ; viole les art. 1134 et 1589, C. civ., l'arrêt qui retient que l'acte contenant une clause de substitution d'acquéreur doit s'analyser en un promesse unilatérale de vente en l'absence de certitude sur l'identité de la partie susceptible d'acquérir, alors qu'elle avait constaté que l'acte comportait des engagements réciproques (■ Cass. 3e civ., 28 juin 2006 : *Bull. civ.* III, n° 166 ; *JurisData* n° 2006-034262 ; *D.* 2006, 2439, note Behar-Touchais ; *JCP* N 2006, 1265, note Le Maguresse ; *JCP* N 2007, 1157, n° 1, obs. Piedelièvre ; *JCP* G 2007, II, 10015, note Pillet. ■ Cass. 1re civ., 8 nov. 2007, n° 04-18.018 : *JurisData* n° 2007-041316 ; *Contrats, conc. consom.* 2008, 66, note Leveneur). La faculté de substitution ni la clause excluant l'arbitrage du notaire en cas de litige n'ont d'effet sur le caractère synallagmatique ou unilatéral de la promesse (■ Cass. 3e civ., 4 juill. 2007, n° 06-13.376 : *D.* 2007, p. 3045, note Chiariny-Daudet).

9) Promesses croisées. L'échange d'une promesse unilatérale d'achat et d'une promesse unilatérale de vente réalise une promesse synallagmatique de vente valant vente définitive dès lors que les deux promesses réciproques ont le même objet et qu'elles sont stipulées dans les mêmes termes (▪ Cass. com., 22 nov. 2005, n° 04-12.183 : *JurisData* n° 2005-030850 ; *Bull. civ.* IV, n° 234 ; *RTD civ.* 2006, 302, obs. Mestre et Fages ; *Defrénois* 2006, 605, obs. Libchaber). Dans le même sens, ▪ Cass. 3e civ., 26 juin 2002, n° 00-21.638 : *JurisData* n° 2002-014978 ; *Defrénois* 2002, 1261, obs. Savaux ; *RTD civ.* 2003, 77, obs. Mestre et Fages. V. aussi, ▪ Cass. com., 16 janv. 1990, n° 88-16.265 : *JurisData* n° 1990-000540 ; *RTD civ.* 1990, 462, obs. Mestre. V. cependant ▪ Cass. com., 14 janv. 2014, n° 12-29.071 : *Gaz. Pal.* 13 févr. 2014, n° 165, 8, note Mignot ; *BJS* juin 2014, n° 111, p. 384, note Briand, admettant que la rétractation d'un des promettants faisait obstacle à la vente. Comp. ▪ Cass. com., 27 sept. 2017, n° 16-13.112 : *RDC* 2018/1, 11, Genicon ; *D.* 2018, 371, Mekki, semblant dissocier les promesses unilatérales de vente et d'achat.

10) Promesse portant sur la nue-propriété et décès de l'usufruitier. Sauf stipulation d'une réserve d'usufruit, la promesse de vente de la nue-propriété d'un bien grevé d'usufruit a nécessairement pour objet, en cas d'extinction de l'usufruit, la pleine propriété de ce bien (▪ Cass. 3e civ., 28 janv. 2009, n° 08-12.649 : *JurisData* n° 2009-046845 ; *JCP* N 2009, 1250, note Deville ; *JCP* N 2010, 1001, n° 3, obs. Piedelièvre).

11) Promesse portant sur des actions et clause d'exclusion. Sur ce que la qualification de promesse unilatérale de vente portant sur des actions permet d'échapper à la qualification de clause d'exclusion, V. ▪ Cass. 1re civ., 6 mai 2014, nos 13-17.349 et 13-19.066 : *RTD civ.* 2014, 642, obs. Barbier.

B – Indemnité d'immobilisation

12) Cause de l'engagement. La cause de l'engagement pris par l'acquéreur éventuel de verser l'indemnité d'immobilisation réside dans l'avantage que lui procure le promettant en s'interdisant de céder le bien à une autre personne pendant un délai déterminé (▪ Cass. com., 23 juin 1958 : *D.* 1958, 581, note Malaurie).

13) Indemnité d'immobilisation et dédit. La promesse de vente avec faculté de dédit n'est pas une promesse unilatérale de vente (▪ Cass. com., 6 janv. 1970 : *JurisData* n° 1970-097007 ; *JCP* 70, II, 16240, note P. L. Comp. ▪ Cass. com., 8 nov. 1972 : *JCP* 73, II, 17565, note Boccara).

14) Indemnité d'immobilisation et clause pénale. La stipulation d'une indemnité d'immobilisation au profit du promettant en cas de promesse unilatérale de vente ne constitue pas une clause pénale, dès lors que le bénéficiaire, n'étant pas tenu d'acquérir, ne manque pas à son obligation contractuelle en s'abstenant de requérir l'exécution de la promesse (▪ Cass. 3e civ., 5 déc. 1984, n° 83-11.788 : *JurisData* n° 1984-702037 ; *JCP* 86, II, 20555, note Paisant ; *Bull. civ.* III, n° 208, p. 162. – V. en ce sens pour un contrat préliminaire de réservation d'une habitation à construire ▪ Cass. 3e civ., 28 mars 1990, n° 88-11.820 : *JurisData* n° 1990-000705 ; *JCP* 90, IV, 202 ; *Bull. civ.* III, n° 86, p. 46 ; *D.* 1991, 187, note R. Cabrillac ; *Defrénois* 1990, 1342, obs. Souleau).

15) Révision de l'indemnité d'immobilisation (non). Dès lors que le contrat prévoit que l'indemnité d'immobilisation serait acquise de plein droit au promettant à titre de dommages-intérêts, les juges du fond n'ont pas à rechercher si son montant doit être réduit en considération de la durée effective de l'immobilisation de l'immeuble (▪ Cass. 3e civ., 10 déc. 1986, n° 85-16.144 : *JurisData* n° 1986-002685 ; *JCP* 87, II, 20857, note Paisant). L'indemnité d'immobilisation stipulée dans une promesse unilatérale de vente comme acquise au promettant en cas de défaut de réalisation de la vente constitue le prix de l'exclusivité consentie au bénéficiaire de la promesse. Dès lors, viole l'article 1134 la cour d'appel qui énonce que cette indemnité a été fixée en fonction du préjudice éventuel né de la nécessité pour les promettants de rechercher un autre acquéreur, préjudice dont il est établi en l'espèce qu'ils n'ont pas souffert puisqu'ils ont renoncé à la vente (▪ Cass. 1re civ., 5 déc. 1995, n° 94-12.376 : *JurisData* n° 1995-003525 ; *JCP* 96, IV, 265 ; *Bull. civ.* I, n° 452, p. 315 ; *Defrénois* 1996, 757, obs. Mazeaud. V. sur cet arrêt Ph. Pierre : *JCP* 96, I, 3981).

16) Indemnité d'immobilisation et requalification en promesse synallagmatique. V. *supra* note 7.

C – Cession et transmission

17) Cession passive. Aux termes de l'article 20, alinéa 1er, de la loi du 12 juillet 1984 sur la location-accession à la propriété immobilière (p. 3070) substitue de plein droit le nouveau propriétaire dans les droits et obligations du vendeur.

18) Faculté de substitution. Sur le principe que l'utilisation par le bénéficiaire de la promesse de la faculté contractuelle de substitution d'un tiers bénéficiaire n'est pas génératrice d'une cession de créance et n'emporte pas obligation d'accomplir les formalités prévues à l'article 1690 du Code civil, V. ▪ Cass. 3e civ., 27 mai 1987, n° 85-18.319 : *JurisData* n° 1987-001275 ; *Bull. civ.* III, n° 111, p. 65 ; *D.* 1987, 454, note Aynès ; *RTD civ.* 1987, 777, obs. Rémy. ▪ Cass. 3e civ., 27 avr. 1988, n° 86-17.337 : JurisData n° 1988-001128 ; Bull. civ. III, n° 83 ; ▪ Cass. 3e civ., 27 nov. 1990, n° 89-17.249 : *JurisData* n° 1990-703145 ; *Bull. civ.* III, n° 248. Dans le même sens, écartant l'application de l'article 1689 du Code civil, V. ▪ Cass. 3e civ., 13 juill. 1999, n° 97-13.081 : *Bull. civ.* III, n° 180 ; *D.* 2000, 195, note Jeuland. V. aussi ▪ Cass. 3e civ.,

17 avr. 1984, n° 83-12.106 : *JurisData* n° 1984-700719 ; *D.* 1985, 234, note Najjar. ▪ Cass. 3e civ., 19 mars 1997, n° 95-15.684 : *D.* 1997, somm. 341, obs. Brun ; *JCP* G 1997, I, 4039, n° 14, obs. Billiau (la faculté de substitution n'ayant pas le caractère d'une cession n'entre pas dans le domaine d'application de l'article 1840 A CGI). ▪ Cass. 3e civ., 12 avr. 2012, n° 11-14.279 : *Bull. civ.* 2012, III, n° 60 ; *JCP* G 2012, doctr. 945, n° 4, obs. M. Billiau).

19) Cession à titre onéreux par un professionnel de l'immobilier. Sur la nullité des cessions à titre onéreux de droits conférés par une promesse de vente portant sur un immeuble lorsque cette cession est consentie par un professionnel de l'immobilier, V. L. n° 93-122 29 janv. 1993, art. 52, p. 3168. – Sur la notion de professionnel de l'immobilier, V. ▪ Cass. 3e civ., 28 mars 2012, n° 11-12.872 : *Contrats, conc. consom.* 2012, comm. 168, obs. Leveneur ; *JCP* N 2012, 1379, n° 2, obs. Mekki ; *JCP* N 2013, 1007, n° 5, obs. Piedelièvre ; *D.* 2013, 391, obs. Mekki, qui qualifie de professionnel de l'immobilier une société dont l'objet principal était la vente de fruits et légumes, au motif qu'elle se livrait régulièrement à des opérations immobilières, peu important que ce fût seulement à titre accessoire.

D – Exécution

20) Obligation de faire. Sur le principe que le promettant est seulement tenu d'une obligation de faire, V. ▪ Cass. req., 26 nov. 1935 : *DP* 1936, 1, 37, rapp. Pilon. ▪ Cass. 1re civ., 8 févr. 1966 : *JCP* 67, II, 15116, note Voirin.

21) Exécution forcée (non). La levée de l'option postérieure à la rétractation du promettant exclut toute rencontre des volontés réciproques de vendre et d'acquérir et la demande en réalisation forcée de la vente doit donc être rejetée (▪ Cass. 3e civ., 15 déc. 1993, n° 92-12.324 : *JurisData* n° 1993-002404 ; *Bull. civ.* III, n° 174, p. 115 ; *D.* 1994, 507, note Bénac-Schmidt ; *JCP* 1995, II, 22366, note crit. D. Mazeaud ; *Defrénois* 1994, 795, obs. crit. Delebecque ; *RTD civ.* 1994, 588, obs. crit. Mestre. V. en ce sens ▪ Cass. 3e civ., 5 avr. 1995, n° 93-15.572 : *JurisData* n° 1995-000812 ; *Bull. civ.* III, n° 101, p. 68. ▪ Cass. 1re civ., 28 oct. 2003, *n° 00-11.493 : RDC 2004, 270, obs. crit. D. Mazeaud).* ▪ Cass. 3e civ., 11 mai 2011, n° 10-12.875, *Bull. civ.* III, n° 77 ; *RDC* 2011/4, 1133, obs. Y.-M. Laithier et 1259, obs. Ph. Brun ; *D.* 2011, p. 1457, note D. Mazeaud et p. 1460, note D. Mainguy ; L. Aynès, *Faut-il abandonner la promesse unilatérale de vente ? : Defrénois* 2011, p. 1023 ; *Defrénois* 2011, 1395, obs. H. Lécuyer et J.-B. Seube ; *RTD civ.* 2011, 532 obs. B. Fages ; *Contrats, conc. consom.* 2011, comm. 186, obs. L. Leveneur ; Y. Paclot et E. Moreau, *L'inefficacité de la rétractation de la promesse unilatérale de vente : JCP* G 2011, 736 ; *D.* 2012, 459, obs. S. Amrani-Mekki et M. Mekki. ▪ Cass. com., 13 sept. 2011, n° 10-19.526 : *D.* 2012, 130, note A. Gaudemet ; *Contrats, conc. consom.* 2011, comm. 253, obs. L. Leveneur ; *JCP* G 2011, 1353, note J. Heymann ; *RTD civ.* 2011, 758, obs. B. Fages ; *RTD com.* 2011, 788, obs. B. Bouloc ; *Rev. sociétés* 2012. 22, note B. Fages ; *Gaz. Pal.* 2011, n° 321, p. 15, obs. B. Dondero ; *D.* 2012, 459, obs. S. Amrani-Mekki et M. Mekki. ▪ Cass. 3e civ., 12 juin 2013, n° 12-19.105 : *Contrats, conc. consom.* 2013, comm. 205, Leveneur. V. aussi ▪ Cass. 3e civ., 25 mars 2009, n° 08-12.237 : *Bull. civ.* III, n° 69 ; *RDC* 2009/3, 995, obs. Laithier ; *ibid.*, 1089, obs. Pimont ; *JCP* 2009, act. 213, obs. Labarthe ; *Defrénois* 2009, 1270, obs. Libchaber ; *JCP* N 2010, 1001, n° 2, obs. Piedelièvre, qui décide qu'en présence d'une promesse unilatérale sans stipulation de délai pour lever l'option, il importe peu que le promettant n'ait pas mis en demeure le bénéficiaire de la promesse de prendre parti : la notification de la rétractation de la promesse avant l'acceptation de ce dernier suffit à empêcher la réalisation forcée de la vente. V. toutefois, ▪ Cass. 3e civ., 6 sept. 2011, n° 10-20.362 : *D.* 2011, p. 2838, note C. Grimaldi ; *Gaz. Pal.* 11-12 janv. 2012, p. 17, obs. D. Houtcieff ; *JCP* G 2011, 1316, note L. Perdrix ; *JCP* N 2012, 1120, n° 2, obs. S. Piédelièvre, semblant admettre une possible réalisation forcée de la promesse, mais l'arrêt concerne davantage la sanction d'une résolution unilatérale pour inexécution illégitimement mise en œuvre que celle d'une rétractation. – Et la vente est parfaite, bien que le promettant ait refusé de signer l'acte de vente, lorsque le bénéficiaire a levé efficacement l'option en se rendant le dernier jour du délai chez le notaire, en présentant le chèque signé à l'ordre de ce dernier et en réitérant sa volonté de signer l'acte (▪ Cass. 3e civ., 26 juin 1996, n° 91-43.218 : *JurisData* n° 1996-000279 ; *JCP* 1996, IV, 1963 ; *Bull. civ.* III, n° 165 ; *D.* 1997, somm. 169, obs. Mazeaud. V. sur cet arrêt I. Najjar, *La « rétractation » d'une promesse unilatérale de vente : D.* 1997, chron. 119). V. sur l'ensemble de la question D. Mainguy, *L'efficacité de la rétractation de la promesse de contracter* : *RTD civ.* 2004, 1. Pour un maintien du refus de l'exécution forcée aux promesses conclues avant l'entrée en vigueur de l'ordonnance de 2016, V. ▪ Cass. 3e civ, 13 juill. 2017, n° 16-17.625 : *RDC* 2017/4, 619, Chauviré. – ▪ Cass. 3e civ., 6 déc. 2018, nos 17-21.170 et 17-21.171 : *Contrats, conc. consom.* 2019, comm. 39, Leveneur ; *RDC* 2019, 22, Laithier.. Comp. en matière de promesse de contrat de travail, ▪ Cass. soc., 21 sept. 2017, nos 16-20.103 et 16-20.104 : *D.* 2017, 2007, note Mazeaud ; *JCP* G 2017, 1238, note Molfessis ; *Gaz. Pal.* 2017, 2, 2662, note Latina ; *Contrats, conc. consom.* 2017, comm. 238, note Leveneur, qui applique par anticipation la solution issue de l'ordonnance de 2016. *Adde* ▪ Cass. com., 27 sept. 2017, n° 16-13.112 : *RDC* 2018/1, 11, Genicon ; *D.* 2018, 371, Mekki, ambigu sur le sort des promesses antérieures à l'ordonnance de 2016.

22) Clause d'exécution forcée (oui). Les parties à une promesse unilatérale de vente sont libres de convenir que le défaut d'exécution par le promettant de son engagement de vendre peut se résoudre en nature par la constatation judiciaire de la vente (■ Cass. 3e civ., 27 mars 2008, n° 07-11.721 : *RDC* 2008/3, 734, obs. Mazeaud ; *ibid.*, 1239, obs. Collart Dutilleul ; *RDC* 2009/1, 143, obs. Brun ; *Rev. Lam. dr. civ.* 2009, n° 58, p. 36, note Jacques ; *JCP* 2008, II, 10147, obs. Pillet ; *JCP* N 2008, n° 40, p. 10, note Pillet ; *RTD civ.* 2008, 475, obs. Fages ; *D.* 2008, 2965, obs. Fauvarque-Cosson et Amrani-Mekki ; *JCP* G 2008, I, 218, n° 1, obs. Constantin ; *LPA* 13 oct. 2008, p. 13, note Lebois ; *Bull. Joly Sociétés* 2008, 852, obs. Libchaber).

23) Évaluation des dommages intérêts. Perte de chance. Pour une indemnisation du préjudice résultant du paiement de frais inutiles et de celui résultant de la perte de chance d'obtenir un gain (perte de chance de tirer profit de l'opération de lotissement envisagée), dans une hypothèse de rétractation de la promesse unilatérale avant la levée de l'option (V. ■ Cass. 3e civ., 16 juin 2015, n° 14-14.758 : *RDC* 2015, 832, note Laithier).

24) Mauvaise foi du tiers acquéreur. Les juges du fond ont la faculté d'annuler la vente en cas de violation de la promesse si le tiers acquéreur est de mauvaise foi (■ Cass. 1re civ., juin 1954 : *JCP* 54, II, 8225), à moins qu'une revente ne soit intervenue au profit d'un acquéreur de bonne foi (■ Cass. civ., 13 nov. 1929 : *DP*1929, 1, 131. – V. C. Atias, *La promesse unilatérale de vente et la vente ultérieure à un tiers de mauvaise foi* : *JCP* N 78, I, 291).

II – PROMESSE SYNALLAGMATIQUE

25) Accord sur la chose et le prix. Réitération par acte authentique. Ne donne pas de base légale à sa décision la cour d'appel qui rejette la demande en réalisation forcée de la vente en retenant que le « compromis » stipule que l'acquéreur sera propriétaire des biens vendus à compter seulement de la réitération par acte authentique, de sorte que le vendeur n'est tenu que d'une obligation de faire, après avoir constaté l'accord des parties sur la chose et sur le prix, et sans relever d'autres circonstances de *nature à démontrer* que les parties avaient fait de la réitération par acte notarié un élément constitutif de leur consentement (■ Cass. 3e civ., 20 déc. 1994, n° 92-21.565 : *JCP* 95, II, 22491, note Larroumet ; *D.* 1996, som., 9, obs. Tournafond). Ne donne pas de base légale à sa décision, au regard de l'article 1589 du Code civil, la cour d'appel qui, ayant constaté l'accord des parties sur la chose et le prix, s'est contenté du report de transfert de propriété à la signature de l'acte authentique pour refuser d'analyser l'acte comme une vente, sans autres circonstances de nature à démontrer que les parties avaient fait de la réitération par acte authentique un élément constitutif de leur consentement (■ Cass. 3e civ., 28 mai 1997, n° 95-17.953 : *JurisData* n° 1997-002333 ; *Bull. civ.* II, n° 123 ; *D.* 1999, somm., 11, obs. Brun). V. aussi ■ Cass. 3e civ., 27 nov. 1990, n° 89-11.385 : *JurisData* n° 1990-703119 ; *JCP* 91, IV, 35 ; *Bull. civ.* III, n° 255, p. 143 : Le consentement des parties n'est soumis à aucune condition de forme. La vente du bien ne saurait donc être déclarée nulle au motif que l'accord des parties ne peut être réalisé totalement qu'au moment de la signature de l'acte par l'acquéreur et qu'avec des personnes vivantes. Il appartient aux juges du fond de rechercher si l'acquéreur, qui a signé après le décès du vendeur, n'a pas consenti avant cet événement. Dans le même sens, ■ Cass. 3e civ., 10 sept. 2013, n° 12-22.883 : *RDC* 2014/1, 54, obs. Brun ; *JCP* N 2014, 1255, n° 8, obs. Mekki : il ne ressortait pas des clauses de la convention que les parties aient érigé la formalité du « compromis » en condition de formation de la vente de sorte qu'elle constituait une vente comportant engagement synallagmatique des parties.

Mais justifie légalement sa décision la cour d'appel qui, pour décider qu'aucune vente ne s'est réalisée, relève, par une interprétation souveraine de la portée des documents contractuels, que toutes les pièces signées par les parties ne faisaient mention que d'une vente au jour de la signature de l'acte authentique et de simples intentions de vendre et d'acquérir (■ Cass. civ., 17 juill. 1997, n° 95-20.064 : *JurisData* n° 1997-005581 ; *D.* 1999, somm., 11, obs. Brun ; *Defrénois* 1998, art. 36753, p. 339, obs. Mazeaud ; *JCP* N 1998, 1699, note Coutant). V. aussi ■ Cass. 3e civ., 12 oct. 1994, n° 92-18.759 : *Defrénois* 1995, 738, obs. Mazeaud. Pour un rappel de la possibilité pour les parties de décider que la réitération de l'acte en la forme authentique est un élément constitutif de leur consentement et non une simple modalité d'exécution de la vente, V. ■ Cass. 3e. civ., 19 juin 2012, nos 10-22.906 et 10-24.222 : *RDC* 2013/1, 53, obs. Savaux ; *RDC* 2014/1, 54, obs. Brun (le compromis contenait une clause aux termes de laquelle le consentement du vendeur à la vente et le transfert de propriété étaient subordonnés à la signature de l'acte authentique).

26) Lésion : sur l'appréciation de la lésion à la date de la promesse synallagmatique, V. sous art. 1675, p. 1420.

27) Non-respect du délai de réitération par acte authentique. Caducité de la promesse (non). Le terme fixé pour la signature de l'acte authentique n'étant pas assorti de la sanction de la caducité de la promesse de vente, la cour d'appel ne pouvait prononcer une telle sanction en cas de non-respect de ce terme (■ Cass. 3e civ., 18 févr. 2009, n° 08-10.677 : *Bull. civ.* III, n° 47 ; *RDC* 2009/3, 1100, obs. Lardeux ; *Dr. et patrimoine* juill. 2009, 86, obs. Aynès et Stoffel-Munck ; *JCP* N 2009, n° 23, 1194, note Barbièri ; *JCP* N 2010, 1001, n° 4, obs. Piedelièvre. – C. Sévely-Fournié, *Le sort de la promesse synallagmatique de vente à l'échéance du terme convenu pour la signature de l'acte authentique* : *JCP* N 2009, n° 25, 1209. – Dans le même sens, ■ Cass. 3e civ., 9 juill. 2014, n° 13-12.470 : *D.* 2015, 529, obs. Amrani-Mekki et Mekki). Ayant constaté que la vente devait être réitérée par acte authentique au plus tard le 31 décembre 2004 et relevé que cette date n'était pas extinctive mais constitutive du point de départ à partir duquel l'une des parties pourrait obliger l'autre à s'exécuter, la cour d'appel, en l'absence d'une date fixée pour la réalisation des conditions suspensives, a retenu à bon droit que la vente était parfaite dès la réalisation de ces conditions (■ Cass. 3e civ., 21 nov. 2012, n° 11-23.382 : *Bull. civ.* III, n° 173 ; *Gaz. Pal.* 6 janv. 2013, 9, obs. Mignot ; *JCP* N 2013, 1007, n° 8, obs. Piedelièvre ; *RDC* 2013/2, 621, obs. Pimont). V. cependant, dans l'hypothèse où la promesse de vente est assortie d'une condition suspensive enfermée dans un délai, ■ Cass. 3e civ., 29 mai 2013, n° 12-17077 : *Bull. civ.* III, n° 69 ; *RDC* 2013/4, 1373, obs. Latina et 1409, obs. Le Bourg ; *JCP* N 2013, 1277, n° 2, obs. Mekki ; *JCP* N 2014, 1057, n° 4, obs. Piedelièvre ; *D.* 2014, 630, obs. Amrani-Mekki ; *RTD civ.* 2013, 592, obs. Barbier : viole l'article 1134 du Code civil la cour d'appel qui rejette la caducité de la promesse de vente, alors qu'un délai était prévu pour la réalisation de la condition suspensive, qu'à la date prévue pour la régularisation de la vente par acte authentique, cette condition n'était pas accomplie, et que le vendeur n'avait pas accepté de report du délai de signature. Dans le même sens, ■ Cass. 3e civ., 9 mars 2017, n° 15-26.182.

Le vendeur qui justifie de son absence au rendez-vous de signature de l'acte authentique n'est pas redevable de l'indemnité prévue par la clause pénale en cas de refus d'une partie de réitérer la vente par acte authentique (■ Cass. 3e civ., 12 sept. 2012, n° 11-18.732 : *D.* 2013, 391, obs. Mekki et Amrani-Mekki).

28) Impossibilité pour le promettant, incapable majeur, de réitérer la promesse. La promettante, placée sous sauvegarde de justice au moment de la conclusion de la promesse, puis sous curatelle, n'avait pas été en mesure de réitérer son consentement par acte authentique, le juge des tutelles n'ayant jamais autorisé cette vente ; la cour d'appel en a déduit que la promesse était affectée d'une condition suspensive et retenu, à bon droit, que la réitération de la vente était demeurée impossible sans que l'une des parties en soit la cause et que l'agence immobilière ne pouvait prétendre à la rémunération convenue (■ Cass. 3e civ., 18 nov. 2009, n° 08-20.194 : *Bull. civ.* III, n° 259 ; *JCP* 2009, n° 51, 560).

29) Publicité foncière. Sur l'incidence de la publicité de la promesse synallagmatique en cas de vente à un tiers, V. ■ Cass. 3e civ., 12 janv. 2011, n° 10-10.667 : *Bull. civ.* III, n° 5 ; *D.* 2011, 851, Aynès ; *RTD civ.* 2011, 158, obs. Crocq, et 369, obs. Revet ; *Defrénois* 2011, art. 39211, obs. Grimaldi ; *Defrénois* 2011/19, 1525, obs. Piedelièvre ; *Dr. et patrimoine* juin 2011, 88, obs. Seube ; *D.* 2011, 2298, obs. Mallet-Bricout ; *Gaz. Pal.* 8 févr. 2012, 18, obs. Mekki, qui décide que la simple connaissance de la première vente, non publiée, par le second acquéreur, ne suffit pas à le priver du bénéfice de la publicité foncière. – *Adde*, ■ Cass. 3e civ., 19 juin 2012, n° 11-17.105 : *JCP* N 2012, 1379, n° 37, obs. Mekki, qui décide que la mauvaise foi du second acquéreur est sans incidence sur la validité de l'acte publié.

30) Commission de l'agent immobilier. Le droit à commission de l'agent immobilier naît du jour où la vente est définitivement conclue, c'est-à-dire du jour de la promesse synallagmatique, à moins que les parties n'aient expressément fait de la réitération des consentements par acte authentique un élément essentiel de leur engagement (■ Cass. 1re civ., 9 déc. 2010, n° 09-71.205 : *Bull. civ.* I, n° 253 ; *RDC* 2011/2, 523, obs. M. Mekki ; *Contrats, conc. consom.* 2011, comm. 54, obs. L. Leveneur ; *JCP* N 2011, doctr. 1188, n° 6, obs. S. Piedelièvre).

31) Dépôt de garantie. Le bénéficiaire d'une promesse synallagmatique de vente a seul qualité pour agir en restitution du dépôt de garantie versé en exécution du contrat (■ Cass. 3e civ., 29 mai 2013, n° 12-10.070 : *Bull. civ.* III, n° 710 ; *JCP* N 2013, 1277, n° 2, obs. Payet ; *JCP* N 2014, 1057, n° 5, obs. Piedelièvre ; *RTD imm.* 2013/3, 46, obs. Mallet-Bricout (dépôt de garantie versé par un tiers).

32) Condition potestative. Le paiement du prix étant subordonné à la réitération par l'acquéreur de son intention d'acquérir le fonds de commerce à l'expiration du contrat de gérance libre, cette condition présente un caractère potestatif entraînant la nullité de la promesse de vente

(■ Cass. com., 23 sept. 1982, n° 81-10.131 : *JurisData* n° 1982-702022 ; *Bull.* IV, n° 284, p. 244).

33) Condition suspensive non assortie d'un délai. Caducité de la promesse de vente assortie de la condition suspensive d'obtention d'un certificat d'urbanisme non enfermée dans un délai, la stipulation d'une condition suspensive sans terme fixe ne pouvant conférer à l'obligation un caractère perpétuel, la cour d'appel ayant souverainement retenu qu'en l'absence d'indexation du prix et de coefficient de revalorisation, les parties avaient eu la commune intention de fixer un délai raisonnable pour la réalisation de la condition suspensive (■ Cass. 3ᵉ civ., 20 mai 2015, n° 14-11.851 : *Gaz. Pal.* 17 sept. 2015, 19, note Becqué-Ickowicz ; *RDC* 2015, 867, obs. Latina ; *JCP* N 2016, 1087, n° 4, obs. Piedelièvre).

34) Acompte. Il suffit, pour qu'il y ait acompte au sens de l'article 1589, al. 2, que le bénéficiaire de la promesse ait versé au jour de la signature de l'acte une somme d'argent (■ Cass. 3ᵉ civ., 29 oct. 1974, n° 73-13.292 : *JurisData* n° 1974-000397 ; *JCP* 74, IV, 410 ; *Bull. civ.* III, n° 397, p. 302). Le paiement d'un acompte sur le prix et la prise de possession du terrain constituent non des conditions de l'acceptation exclusives de toute autre manifestation antérieure de volonté à cet effet, mais une présomption légale d'acceptation lorsque celle-ci ne s'est pas encore manifestée d'une façon différente (■ Cass. civ., 29 juin 1943 : *DA* 1943, 81).

35) Clause de substitution. Le fait pour les bénéficiaires d'une promesse synallagmatique de se substituer un tiers ne constitue pas une cession de créance et n'emporte pas obligation d'accomplir les formalités de l'article 1690 du Code civil (■ Cass. 3ᵉ civ., 12 avr. 2012, n° 11-14.279 : *Bull. civ.* III, n° 60 ; *RDC* 2012/4, 1217, obs. Klein et 1241, obs. Brun ; *Defrénois* 2012/12, 611, obs. Grimaldi ; *Gaz. Pal.* 4 juill. 2012, 20, obs. Houtcieff ; *JCP* G 2012, note 760, Dagorne-Labbe, et 1151, n° 16, obs. Barthez ; *JCP* G 2012 ; doctr. 945, n° 4, obs. Billiau ; *JCP* N 2013, 1007, n° 9, obs. Piedelièvre ; *D.* 2013, 391, obs. Mekki et Amrani-Mekki. *Contra*, auparavant, La cession d'une promesse synallagmatique réalise une cession de contrat comportant une cession de créance (■ Cass. 3ᵉ civ., 7 juill. 1993, n° 91-12.368 : *JurisData* n° 1993-001587 ; *Bull. civ.* III, n° 111, p. 73 ; *D.* 1994, 597, note Clavier et somm. 211, obs. Penneau).

36) Clause de dédit. Manque de base légale la décision qui, la convention n'ayant pas été réalisée à la date convenue, reconduit dans son ensemble une promesse de vente d'immeuble contenant une clause de dédit sans s'expliquer sur le caractère indivisible de la prolongation aussi bien du premier élément du contrat que du second (■ Cass. 3ᵉ civ., 10 déc. 1969, n° 68-12.178 : *JCP* 70, IV, 27 ; *Bull. civ.* III, n° 819, p. 620). Le dédit stipulé dans une promesse synallagmatique de vente ne peut produire aucun effet juridique si la faculté de se dédire a été exercée de mauvaise foi (■ Cass. 3ᵉ civ., 11 mai 1976, n° 75-10.854 : *D.* 1978, 269, note Taisne).

37) Clause pénale. Pour la requalification d'une indemnité dite d'immobilisation en clause pénale, V. ■ Cass. 3ᵉ civ., 24 sept. 2008, n° 07-13.989 : *Bull. civ.* III, n° 139 ; *D.* 2008, 2497, note Forest ; *RTD civ.* 2008, 675 ; *JCP* 2009, II, 10017, note Dagorne-Labbe ; *Defrénois* 2008, 2290, obs. Savaux ; *RDC* 2009/1, 60, obs. Mazeaud (dépôt de garantie acquis au preneur à titre d'« indemnité d'immobilisation » en cas de défaut d'obtention du prêt résultant de la faute de l'acquéreur).

III – PACTE DE PRÉFÉRENCE

Bibliographie : H. Kenfack, *Le renforcement de la vigueur du pacte de préférence : Defrénois* 2007, art. 38621, p. 1003. – T. Piazzon, *Retour sur la violation des pactes de préférence : RTD civ.* 2009, 433. – N. Blanc, *Le pacte de préférence et le temps in Mélanges en l'honneur de M.-S. Payet*, Dalloz, 2011, 55.

38) Réforme du droit des contrats. Sur le nouveau régime du pacte de préférence introduit par l'ordonnance n° 2016-131 du 10 février 2016, V. art. 1123 ancien, p. 1074.

39) Définition. Le pacte de préférence, par lequel le promettant s'engage envers le bénéficiaire à notifier à celui-ci toute offre d'un tiers pour permettre à ce bénéficiaire d'exercer son droit de préférence ou d'y renoncer constitue un acte licite qui confère au bénéficiaire un droit personnel (■ Cass. 1ʳᵉ civ., 16 juill. 1985, n° 84-13.745 : *JurisData* n° 1985-701870 ; *Bull. civ.* I, n° 224, p. 201. V. aussi ■ Cass. 3ᵉ civ., 24 mars 1999, n° 96-16.040 : *JurisData* n° 1999-001233 ; *Bull. civ.* III, n° 80, p. 55 ; *RTD civ.* 1999, 617, obs. Mestre, 627, obs. Jourdain, 644, obs. Gautier ; *Defrénois* 1999, 751, obs. Delebecque. Comp., exigeant que la cession respecte le formalisme de l'article 1690, ■ Cass. 3ᵉ civ., 4 janv. 1995, n° 92-19.732 : *Bull. civ.* I, n° 8, p. 4). Mais jugé, au regard des règles de la publicité foncière, qu'un pacte de préférence s'analyse en une promesse unilatérale conditionnelle (■ Cass. 3ᵉ civ., 16 mars 1994, n° 91-21.999 : *JurisData* n° 1994-001115 ; *D.* 1994, 486, note Fournier ; *Defrénois* 1994, 1164, obs. Aynès).

40) Détermination du prix et stipulation d'un délai. Il n'est pas dans la nature du pacte de préférence de prédéterminer le prix du contrat envisagé et qui ne sera conclu, ultérieurement, que s'il advient que le promettant en décide ainsi ; la stipulation d'un délai n'est pas une condition de validité du pacte de préférence (▪ Cass. 1re civ., 6 juin 2001, n° 97-21.786 : *JurisData* n° 2001-009936 ; *Bull. civ.* I, n° 166 ; *JCP* G 2002, I, 134, n° 1, obs. Labarthe ; *RTD civ.* 2002, 88, obs. Mestre et Fages et 115, obs. Gautier). Dans le même sens, ▪ Cass. 3e civ., 15 janv. 2003, n° 01-03.700 : *JurisData* n° 2003-017314 ; *Bull. civ.* III, n° 9 ; *Defrénois* 2003, art. 37767, p. 852, obs. Libchaber ; *Contrats, conc. consom.* 2003, 71, obs. Leveneur. Mais le pacte de préférence, conclu pour une durée de vingt ans et prévoyant que le prix de revente ne pourrait excéder le prix d'acquisition initial réactualisé, est valable, comme ne constituant pas une atteinte au droit de propriété, au regard de la nature et de l'objet de l'opération réalisée (empêcher la spéculation sur le bien dans un contexte marqué par la rareté de l'offre, les acquéreurs ayant bénéficié en contrepartie de la possibilité d'accéder à un marché protégé de la spéculation immobilière) : ▪ Cass. 3e civ., 23 sept. 2009, n° 08-18.187 : *Bull. civ.* III, n° 203 ; *JurisData* n° 2009-049551 ; *RDC* 2010/1, 32, obs. Genicon ; *RDC* 2010/2, 660, obs. Pinont ; *Defrénois* 2010, 104, obs. Libchaber ; *JCP* 2009, n° 48, 479, note Pillet ; *JCP* 2010, 618, obs. Périnet-Marquet ; *JCP* 2010, n° 18, 516, n° 1, obs. Mekki ; *JCP* N 2009, 1333, note Pillet ; *JCP* N 2010, 1001, n° 9, obs. Piedelièvre ; *ibid.*, n° 6, p. 22, note Leveneur ; *RTD civ.* 2009, 717, obs. Fages ; *RTD civ.* 2010, 127, obs. Gautier ; *Contrats, conc. consom.* 2010, comm. 2, obs. Leveneur ; *D.* 2009, 2573, obs. Monge et Nési ; *D.* 2010, 224, obs. Amrani-Mekki ; *Dr. et patrimoine* janv. 2010, 72, obs. Seube et Revet ; *Dr. et patrimoine* févr. 2010, 68, obs. Aynès et Stoffel-Munck ; *LPA* 30 déc. 2009, 7, note Moubsit ; *LPA* 25 mars 2010, 8, note Randoux. Pour une admission de la nullité du pacte de préférence pour indétermination du prix, V. ▪ Cass. com., 6 nov. 2012, n° 11-24.730 : *RTD civ.* 2013, 110, obs. Fages, qui décide, dans une hypothèse où le prix de vente des titres était laissé à l'arbitrage de tiers, ce dont il résultait que le cédant avait perdu la liberté de déterminer lui-même le prix de la cession, et où les tiers évaluateurs étaient tenus de faire application de critères qui n'étaient pas déterminés, de sorte que le prix n'était pas déterminable, que la stipulation relative à la fixation du prix était nulle et que cette nullité affectait la convention en son entier.

41) Portée du pacte de préférence. Objet du pacte inclus dans un autre bien. Pour un arrêt admettant, compte tenu de la rédaction de l'acte, le jeu du pacte de préférence alors que la vente portait sur la totalité de l'immeuble dans lesquels étaient inclus les locaux objets du pacte, V. ▪ Cass. 3e civ., 6 juin 2012, n° 11-12.893 : *RTD civ.* 2012, 525, obs. Fages ; *JCP* N 2012, 1379, n° 1, obs. Mekki ; *D.* 2013, 391, obs. Mekki et Amrani-Mekki. – V., en sens inverse, ▪ Cass. 3e civ., 9 avr. 2014, n° 13-13.949 : *Bull. civ.* III, n° 52 ; *Rev. contrats* 2014/3, 336, obs. Genicon et 2014/4, 645, obs. Seube ; *Defrénois* 2014, 1145, note Becqué-Ickowicz ; *D.* 2015, 529, obs. Amrani-Mekki et Mekki ; *RTD civ.* 2014, 647, Barbier, qui refuse le jeu du droit de préférence accordé au preneur d'un local commercial, dans une hypothèse où la vente portait sur la totalité de l'immeuble dans lequel se trouvait le local commercial, au motif que l'application de la clause de préférence ne saurait conduire à imposer aux propriétaires de diviser leur bien en vue de le céder à des personnes distinctes. Comp., pour le droit de préemption du preneur résultant de la loi du 6 juillet 1989, ▪ Cass. 3e civ., 11 mars 2015, n° 14-10.447 : *RDC* 2015, 512, obs. Seube ; *JCP* N 2016, 1087, n° 42, obs. Piedelièvre ; *Constr.-Urb.* 2015, comm. 79, note Sizaire : la vente de la totalité de l'immeuble ne donne pas droit à l'exercice d'un droit de préemption au profit du locataire.

42) Pacte de préférence et conclusion d'une promesse unilatérale de vente pendant le délai de préférence. Le pacte de préférence implique l'obligation, pour le promettant, de donner préférence au bénéficiaire lorsqu'il décide de vendre le bien. Il s'ensuit que viole le pacte de préférence le promettant qui conclut une promesse unilatérale de vente portant sur le même bien avec un tiers, pendant la durée du pacte de préférence, quand bien même la vente elle-même n'aurait été formée, par la levée de l'option, qu'après l'expiration de la durée du pacte (▪ Cass. 3e civ., 6 déc. 2018, n° 17-23.321 : *JCP* G 2019, p. 334, Loiseau ; *D.* 2019, p. 298, avis Brun, note Mekki ; *RDC* 2019/1, 20, Laithier).

43) Prévalence du droit de préemption. La réglementation concernant le droit de préemption est d'ordre public et ne peut être tenue en échec par la conclusion d'un pacte de préférence (▪ Cass. 3e civ., 24 mars 2016, n° 15-14.004 : *D.* 2017, 375, obs. Mekki, droit de préemption du locataire en cas de congé pour vendre).

44) Formation de la vente. L'acceptation de l'offre de vente formulée en exécution d'un pacte de préférence vaut vente (▪ Cass. 3e civ., 22 sept. 2004, n° 02-21.441 : *JurisData* n° 2004-024865 ; *Bull. civ.* III, n° 157 ; *Defrénois* 2004, 1725, obs. Libchaber ; *Contrats, conc. consom.* 2005, 3, obs. Leveneur). Comp., pour l'exercice d'un droit de préemption : l'offre de vente résultant d'une déclaration d'intention d'aliéner constitue jusqu'à son acceptation par le titulaire du droit de préemption une simple pollicitation qui peut être rétractée unilatéralement (■ Cass. 3e civ., 17 sept. 2014, n° 13-21.824 : à paraître au *Bull. civ.* ; *RDC* 2015/1, p. 53, obs. Quézel-Ambrunaz, Le Bourg ; *D.* 2015, p. 529, obs. Amrani-Mekki, Mekki ; *RTD civ.* 2014, 879, Barbier ; *Contrats, conc. consom.* 2014, 265, Leveneur ; *JCP* N 2015, 1107, n° 2, obs. Payet). Comp. également, pour l'exercice du droit de préemption de la SAFER : la déclaration prévue à l'article R. 143-9 du Code rural ne vaut pas offre de vente, de sorte que la notification par la SAFER de son droit de préemption n'a pas eu pour effet de rendre la vente parfaite, la venderesse pouvant valablement revenir sur sa décision de vendre (■ Cass. 3e civ., 5 nov. 2015, n° 14-21.854 : *JCP* 2016, doctr. 345, obs. Serinet).

45) Sanction de la violation du pacte de préférence – Nullité de la vente à un tiers. La nullité de la vente consentie en violation du pacte de préférence suppose que l'acquéreur ait contracté dans des conditions frauduleuses, la fraude impliquant la connaissance à la fois de la clause et de l'intention du bénéficiaire de s'en prévaloir (■ Cass. 3e civ., 26 oct. 1982, n° 81-11.733 : *JurisData* n° 1982-702392 ; *Bull. civ.* III, n° 208, p. 154). V. aussi, exigeant la caractérisation d'une collusion frauduleuse, ■ Cass. com., 11 mars 2014, n° 13-10.366 : *Bull. civ.* IV, n° 49 ; *Rev. contrats* 2014/4, 688, obs. Sautonie-Laguionie ; *D.* 2014, 2434, obs. Lamazerolles ; *D.* 2014, 719, obs. A. Lienhard, et 2156, note J. Moury ; *JCP* E 2014, 1515, obs. Caffin-Moi ; *Dr. sociétés* 2014, 384, note B. Saintourens ; *RTD civ.* 2014, 650, obs. H. Barbier ; *Dr. sociétés* 2014, 28, obs. Gallois-Cochet ; *LPA* 23 oct. 2014, 4, note Le Gueut : la violation d'une clause de préemption figurant dans les statuts d'une société à responsabilité limitée n'emporte pas par elle-même nullité de la cession de parts conclue entre deux associés.

46) Substitution au tiers acquéreur. Le bénéficiaire d'un pacte de préférence est en droit d'exiger l'annulation du contrat passé avec un tiers en méconnaissance de ses droits et d'obtenir sa substitution à l'acquéreur, à la condition que ce tiers ait eu connaissance, lorsqu'il a contracté, de l'existence du pacte de préférence et de l'intention du bénéficiaire de s'en prévaloir (■ Cass. ch. mixte, 26 mai 2006, n° 03-19.376 : *JurisData* n° 2006-033690 ; *Bull. civ.*, ch. mixte, n° 4 ; *JCP* G 2006, II, 10142, note Leveneur ; *ibid.* I, 176, n° 1, obs. Labarthe ; *D.* 2006, 1861, note Gautier et Mainguy ; *RTD civ.* 2006, 550, obs. Mestre et Fages ; *Contrats, conc. consom.*, 2006, 153, obs. Leveneur ; *JCP* N 2006, 1256, note Thullier ; *Defrénois* 2006, 1206, obs. Savaux et 1233, obs. Libchaber ; *Gaz. Pal.* 2006, p. 12, note Dagorne-Labbe ; *LPA* 18 sept. 2006, p. 12, note Houbron ; *Dr. et patrimoine* 2006, p. 93, obs. Stoffel-Munck). Dans le même sens, ■ Cass. 3e civ., 31 janv. 2007, n° 05-21.071 : *D.* 2007, act. jurispr. p. 579 ; *JCP* N 2007, 1157, n° 5, obs. Piedelièvre ; *D.* 2007, p. 1297, obs. Monge et Nési ; p. 1698, note Mainguy ; p. 2966, obs. Amrani-Mekki et Fauvarque-Cosson ; *Contrats, conc. consom.* 2007, 116, obs. Leveneur ; *AJDI* 2007, 772, obs. Cohet-Cordey. ■ Cass. 3e civ., 14 févr. 2007, n° 05-21.814 : *RDC* 2007/3, p. 701, obs. D. Mazeaud et p. 741, obs. Viney ; *JCP* 2007, II, 10143, D. Bert ; *D.* 2007, act. jurispr. 657 ; p. 2444, note Théron, p. 2966, obs. Amrani-Mekki et Fauvarque-Cosson ; *RTD civ.* 2007, 366, obs. Gautier ; *Dr. et patrimoine* 2007, 97, obs. Stoffel-Munck ; *Defrénois* 2007, p. 1048, obs. Libchaber, qui admet la nullité de la vente consentie à un tiers, estimant remplie la double condition de la connaissance de l'existence du pacte de préférence et de l'intention du bénéficiaire de s'en prévaloir ; ■ Cass. 3e civ., 3 nov. 2011, n° 10-20.936 : *Bull. civ.* III, n° 185 ; *JCP* N 2012, 1120, n° 3, obs. S. Piedelièvre ; *JCP* G 2012, doctr. 63, n° 8, obs. G. Loiseau ; *D.* 2012, 459, obs. S. Amrani-Mekki et M. Mekki ; *D.* 2011, 2794, obs. G. Forest, qui admet qu'était caractérisée la double connaissance de l'existence du pacte et de l'intention du bénéficiaire de s'en prévaloir, dans une hypothèse où la même personne physique représentait la société promettante et la société tiers acquéreur. Mais la connaissance du pacte de préférence et de l'intention de son bénéficiaire de s'en prévaloir s'apprécie à la date de la promesse synallagmatique de vente, qui vaut vente, et non à celle de sa réitération par acte authentique, s'il n'est pas constaté que les parties avaient entendu faire de celle-ci un élément constitutif de leur engagement. Doit par conséquent être rejetée la demande de substitution formée par le bénéficiaire d'un pacte de préférence dans une hypothèse où ce dernier avait informé le tiers acquéreur de l'existence du pacte et de son intention de s'en prévaloir, dans l'intervalle séparant la promesse synallagmatique de sa réitération par acte authentique (■ Cass. 3e civ., 25 mars 2009, n° 07-22.027 : *Bull. civ.* III, n° 68 ; *RDC* 2009/3, 991, obs. Laithier ; *Defrénois* 2009, 1276, obs. Savaux ; *Defrénois* 2010, 454, note Dagorne-Labbe ; Dr. et patrimoine juill. 2009, 86, obs. Aynès et Stoffel-Munck ; *RTD civ.* 2009, 524, obs. Fages ; *RTD civ.* 2009, 337, obs. Gautier ; *JCP* N 2010, 1001, n° 8, obs. Piedelièvre ; *D.* 2010, 224, obs. Amrani-Mekki. – Dans le même sens, ■ Cass. 3e civ., 25 sept. 2012, n° 11-24.235 : *JCP* N 2012, 1379, n° 1, obs. Mekki). Sur l'absence d'obligation de diligence à la charge du tiers acquéreur qui aurait connaissance de l'existence du pacte, V. ■ Cass. 3e civ., 29 juin 2010, n° 09-68.110 : *RDC* 2011/1, p. 30, obs. E. Savaux, qui décide qu'il ne pouvait être reproché à l'acquéreur, ayant connaissance de l'existence du pacte de préférence, de ne pas avoir pris l'initiative de vérifier les intentions des bénéficiaires de s'en prévaloir.

Contra, auparavant, ■ Cass. 3e civ., 30 avr. 1997, n° 95-19.580 : *JurisData* n° 1997-001806 ; *Bull. civ.* III, n° 96 ; *D.* 1997, 475, note Mazeaud ; *RTD civ.* 1997, 673, obs. Jourdain et 685, obs. Gautier ; *JCP* G 1997, II, 22963, note Thullier ; *Contrats, conc. consom.* 1997, 129, obs. Leveneur ; *Defrénois* 1997, 1007, obs. Delebecque ; C. Atias, *La substitution judiciaire du bénéficiaire d'un pacte de référence à l'acquéreur de mauvaise foi* : *D.* 98, chron., 203 : viole l'article 1142 du Code civil l'arrêt qui, pour admettre que le bénéficiaire soit substitué au tiers acquéreur dans la vente litigieuse, retient que les droits du bénéficiaire d'un pacte de préférence sont opposables au tiers acquéreur du bien dans la mesure où celui-ci a commis une fraude et que la collusion entre le promettant et le tiers est évidente et leur mauvaise foi caractérisée. Dans le même sens, ■ Cass. com., 7 mars 1989, n° 87-17.212 : *JurisData* n° 1989-000694 ; *Bull. civ.* IV, n° 79 ; *JCP* G 1989, II, 21316, concl. Jéol et note Reinhard.

47) Dommages et intérêts. Le bénéficiaire d'un pacte de préférence ne dispose d'aucun droit à dommages et intérêts à l'encontre du tiers acquéreur pour inexécution du pacte auquel il n'était pas partie (■ Cass. 3e civ., 24 mars 1999, n° 96-16.040 : *JurisData* n° 1999-001233 ; *Bull. civ.* III, n° 80 ; *RTD civ.* 1999, 617, obs. Mestre ; *ibid.* 627, obs. Jourdain ; *ibid.* 644, obs. Gautier ; *Defrénois* 1999, 751, obs. Delebecque). Ne commet pas de faute susceptible d'engager sa responsabilité le tiers acquéreur qui, ayant connaissance de l'existence du pacte de préférence, ne prend pas l'initiative de vérifier l'intention des bénéficiaires de s'en prévaloir (■ Cass. 3e civ., 29 juin 2010, n° 09-68.110, préc. note 33). Sur la responsabilité du notaire en cas de violation du pacte, v. ■ Cass. 1re civ., 11 juill. 2006 : *Bull. civ.* I, n° 389 ; *JurisData* n° 2006-034537 ; *JCP* 2006, II, 10191, note Mekki, qui juge que, tenu de conseiller les parties et d'assurer l'efficacité des actes dressés, le notaire ayant connaissance d'un pacte de préférence doit, préalablement à l'authentification d'un acte de vente, veiller au respect des droits du bénéficiaire du pacte et, le cas échéant, refuser d'authentifier la vente conclue en violation de ce pacte. Sur l'évaluation des chefs de préjudices réparables en cas de violation du pacte de préférence, V. ■ Cass. com., 20 sept. 2016, n° 15-10.963 : *RTD civ.* 2017, 124, obs. Barbier ; *Dr. sociétés* janv. 2017, 22, obs. Mortier (perte de chance de retirer les profits escomptés, perte de représentation de l'enseigne et dévalorisation de la marque).

48) Renonciation au bénéfice du pacte. Sur l'admission d'une renonciation tacite au pacte de préférence par le bénéficiaire, V. ■ Cass. 3e civ., 3 nov. 2011, n° 10-20.297 : *JCP* N 2012, 1120, n° 5, obs. S. Piedelièvre, dans une hypothèse où le bénéficiaire du pacte avait, sans protestation, continué à payer les loyers entre les mains du tiers acquéreur du bien objet du pacte.

49) Fusion-absorption du promettant. Absence de violation du pacte de préférence. L'opération de fusion-absorption, qui entraîne la dissolution sans liquidation de la société absorbée et la transmission universelle de son patrimoine à la société absorbante et n'a pas pour contrepartie l'attribution à la société absorbée de droits sociaux au sein de la société absorbante, ne constitue pas un apport fait par la première à la seconde ; c'est donc à bon droit que la cour d'appel a décidé que la fusion n'était pas intervenue en violation du pacte de préférence, qui visait l'apport en société de l'immeuble litigieux (■ Cass. com., 9 nov. 2010, n° 09-70.726 : *Bull. civ.* IV, n° 172 ; *RTD civ.* 2011, 139, obs. Gautier ; *Defrénois* 2011, 185, obs. Randoux ; *JCP* E 2011, n° 5, p. 27, note Coquelet). V. sur cette question, A. Gaudemet, *La portée des pactes de préférence ou de préemption sur des titres de société* : *Rev. sociétés* 2011, n° 139.

50) Procédures collectives. Le pacte de préférence constituant une créance de nature personnelle, la cession du contrat de bail ordonnée par le jugement arrêtant le plan de cession du preneur mis en redressement judiciaire n'emporte pas transmission au profit du cessionnaire du pacte de préférence inclus dans ce bail (■ Cass. com., 13 févr. 2007, n° 05-17.296 : *D.* 2007, 648, obs. Lienhard ; *JCP* 2007, act. 98, obs. Le Bars). Le liquidateur, autorisé par le juge-commissaire à céder des biens du débiteur, doit respecter le pacte de préférence stipulé au profit d'un tiers (■ Cass. com., 13 févr. 2007, n° 06-11.289 : *D.* 2007, 648, obs. Lienhard ; *JCP* 2007, act. 98, obs. Le Bars ; *JCP* G 2007, II, 10114, note Thullier).

51) Transmission aux ayants cause à titre universel. Sur la transmission de l'obligation aux ayants cause à titre universel, sauf clause contraire, V. en matière de pacte de préférence ■ Cass. 1re civ., 6 nov. 1963, n° 62-10.300 : *JurisData* n° 1963-000484 ; *D.* 1964, 119. ■ Cass. 1re civ., 24 févr. 1987, n° 85-16.279 : *JurisData* n° 1987-000432 ; *Bull. civ.* I, n° 75, p. 54.

IV – DROIT DE RÉTRACTATION (CCH, ART. L. 271-1)

Code de la construction et de l'habitation

Art. L. 271-1 *(Rempl., L. n° 2000-1208, 13 déc. 2000 ; mod., L. n° 2006-872, 13 juill. 2006 ; mod. L. n° 2015-990, 6 août 2015).* – Pour tout acte ayant pour objet la construction ou l'acquisition d'un immeuble à usage d'habitation, la souscription de parts donnant vocation à l'attribution en jouissance ou en propriété d'immeubles d'habitation ou la vente d'immeubles à construire ou de location-accession à la propriété immobilière, l'acquéreur non professionnel peut se rétracter dans un délai de dix jours à compter du lendemain de la première présentation de la lettre lui notifiant l'acte.

Cet acte est notifié à l'acquéreur par lettre recommandée avec demande d'avis de réception ou par tout autre moyen présentant des garanties équivalentes pour la détermination de la date de réception ou de remise. La faculté de rétractation est exercée dans ces mêmes formes.

Lorsque l'acte est conclu par l'intermédiaire d'un professionnel ayant reçu mandat pour prêter son concours à la vente, cet acte peut être remis directement au bénéficiaire du droit de rétractation. Dans ce cas, le délai de rétractation court à compter du lendemain de la remise de l'acte, qui doit être attestée selon des modalités fixées par décret.

Lorsque le contrat constatant ou réalisant la convention est précédé d'un contrat préliminaire ou d'une promesse synallagmatique ou unilatérale, les dispositions figurant aux trois alinéas précédents ne s'appliquent qu'à ce contrat ou à cette promesse.

Lorsque le contrat constatant ou réalisant la convention est dressé en la forme authentique et n'est pas précédé d'un contrat préliminaire ou d'une promesse synallagmatique ou unilatérale, l'acquéreur non professionnel dispose d'un délai de réflexion de dix jours à compter de la notification ou de la remise du projet d'acte selon les mêmes modalités que celles prévues pour le délai de rétractation mentionné aux premier et troisième alinéas. En aucun cas l'acte authentique ne peut être signé pendant ce délai de dix jours.

52) Domaine d'application. ▪ Cass. 3e civ., 30 janv. 2008, n° 06-21.145 : *Defrénois* 2008, 707, obs. Savaux ; *JCP* N 2008, 1149, note Boulanger ; *RDC* 2008, 825, obs. Brun ; *JCP* 2008, II, 10086, note Périnet-Marquet ; *D.* 2008, 1224, obs. Monge et Nési, qui décide que l'article ne mentionnant dans son champ d'application que les immeubles à usage d'habitation ne s'applique pas aux immeubles à usage mixte. L'article L. 271-1 ne concernant que les actes ayant pour objet la construction ou l'acquisition d'un immeuble à usage d'habitation, la faculté de rétractation qu'il prévoit n'est pas applicable à la promesse portant sur la vente d'un terrain à bâtir (▪ Cass. 1re civ., 4 févr. 2016, n° 15-11.140 : *JCP* G 2016, doctr. 797, n° 4, obs. Loiseau ; *JCP* N 2016, 1271, note Durand-Pasquier ; *JCP* N 2016, n° 25, 1205, note Boulanger ; *RTD civ.* 2016, 363, obs. Barbier).

53) Notion d'acquéreur non professionnel au sens de l'article L. 271-1. V. ▪ Cass. 3e civ., 24 oct. 2012, n° 11-18.774 : à paraître au *Bull. civ.* ; *Contrats, conc. consom.* 2013, comm. 3, obs. Leveneur ; *JCP* N 2012, 1380, note Garçon ; *JCP* N 2013, 1007, n° 2, obs. Piedelièvre ; *JCP* N 2013, 1132, n° 6, obs. Semere ; *D.* 2013, 391, obs. Mekki et Amrani-Mekki ; *Defrénois* 2012/24, 1288, obs. Grimaldi et 2013/4, 175, obs. Becqué-Ickowicz et Savouré, qui refuse la qualité d'acquéreur non professionnel à une société civile immobilière en raison de son objet social, qui était l'acquisition, l'administration et la gestion par location ou autrement de tous immeubles et biens immobiliers meublés. Dans le même sens, pour une SCI qui avait un caractère familial et n'était propriétaire que d'un seul bien : ▪ Cass. 3e civ., 16 sept. 2014, n° 13-20.002 : *JCP* N 2015, doctr. 1107, n° 6, obs. Mekki).

54) Remise en mains propres. ▪ Cass. 3e civ., 27 févr. 2008, nos 07-11.303 et 07-11.936 : *Contrats, conc. consom.* 2008, n° 149, obs. Leveneur ; *JCP* N 2008, 1215, obs. Leveneur ; *D.* 2008, 1224, obs. Monge et Nési ; *Defrénois* 2008, 1363, obs. Libchaber ; *RDC* 2008, 827, obs. Brun ; *JCP* N 2008, n° 19, p. 13, obs. Piedelièvre ; *JCP* 2008, II, 10175, note Bleuet) : la remise en main propre de l'acte propre à faire courir le délai de rétractation ne répond pas aux exigences de l'article L. 271-1 du Code de la construction et de l'habitation dans sa rédaction issue de la loi du 13 décembre 2000.

55) Notification aux deux époux. La notification prévue par l'article L. 271-1 du Code de la construction et de l'habitation doit être adressée personnellement à chacun des époux acquéreurs ou, à défaut, l'avis de réception de la lettre unique doit être signé par les deux époux (▪ Cass. 3e civ., 26 nov. 2014, n° 13-24.294 : *JCP* 2015, doctr. 1107, n° 6, obs. Mekki ; *D.* 2015, 529, obs. Amrani-Mekki et Mekki ; *Gaz. Pal.* 2015, 24, obs. Tricoire ; *RTD imm.* 2015/1, 34, obs. Zalewski-Siacrd). V. auparavant ▪ Cass. 3e civ., 9 juin 2010, n° 09-14.503 : *Bull. civ.* 2010, III, n° 120 ; *JCP* N 2010, n° 29, 1248, note D. Boulanger.

56) Responsabilité notariale (non). En vertu de l'article L. 271-1, l'acquéreur non professionnel peut se rétracter dans un délai de sept jours à compter du lendemain de la première présentation de la lettre lui notifiant l'acte. Encourt donc la cassation l'arrêt qui retient que le notaire a commis une faute en ne tentant pas une notification du compromis de vente par un autre mode de délivrance que la lettre recommandée qui n'avait pas été réceptionnée, alors que les juges du fond avaient constaté que régulièrement avisé, l'acquéreur s'était abstenu d'aller retirer sa lettre recommandée à la poste (▪ Cass. 1re civ., 14 févr. 2018, n° 17-10.514).

57) Signature de l'acte authentique sans réserve et droit de rétractation. La signature par les acquéreurs de l'acte authentique de vente sans réserve vaut renonciation à se prévaloir de l'irrégularité de la notification du droit de rétractation prévue à l'article L. 271-1 du Code de la construction et de l'habitation (▪ Cass. 1re civ., 7 avr. 2016, n° 15-13.064).

58) Conséquences de la rétractation. La faculté de rétractation prévue à l'article L. 271-1 entraîne, même lorsqu'elle n'est exercée que par un seul des acquéreurs, l'anéantissement du contrat (▪ Cass. 3e civ., 4 déc. 2013, n° 12-27.293 : *Bull. civ.* III, n° 156 ; *JCP* N 2014, 1057, n° 1, obs. Piedelièvre ; *RTD imm.* 2014/1, 40, obs. Mallet-Bricout ; *Gaz. Pal.* 15 janv. 2014, 16, obs. Houtcieff ; *Defrénois* 2014, 176, obs. Lécuyer et Seube ; *D.* 2014, 630, obs. Amrani-Mekki et Mekki ; *ibid.* chron. C. cass. 1000, obs. Guillaudier ; *RTD civ.* 2014, 111, obs. Barbier ; *JCP* 2014, 115, note Loiseau ; *JCP* N 2014, 1057, note Piedelièvre ; *ibid.* 2014, 1255, note Boffa ; *RDC* 2014, 214, note Latina).

Art. 1589-1 *(L. n° 2000-1208, 13 déc. 2000).* **– Est frappé de nullité tout engagement unilatéral souscrit en vue de l'acquisition d'un bien ou d'un droit immobilier pour lequel il est exigé ou reçu de celui qui s'engage un versement, quelles qu'en soient la cause et la forme.**

Bibliographie : S. Albrieux, *La prohibition des offres d'achat en matière immobilière dans l'article 1589-1 du Code civil : un dispositif maladroit et inefficace : Contrats, conc. consom.* 2006, chron. 4.

Art. 1589-2 *(Ord. n° 2005-1512, 7 déc. 2005).* **– Est nulle et de nul effet toute promesse unilatérale de vente afférente à un immeuble, à un droit immobilier, à un fonds de commerce, à un droit à un bail portant sur tout ou partie d'un immeuble ou aux titres des sociétés visées aux articles 728 et 1655 *ter* du Code général des impôts, si elle n'est pas constatée par un acte authentique ou par un acte sous seing privé enregistré dans le délai de dix jours à compter de la date de son acceptation par le bénéficiaire. Il en est de même de toute cession portant sur lesdites promesses qui n'a pas fait l'objet d'un acte authentique ou d'un acte sous seing privé enregistré dans les dix jours de sa date.**

Voir : pour la nécessité d'établir sous forme authentique les promesses de vente immobilière d'une durée de plus de 18 mois, CCH, art. L. 290-1, p. 2177.

1) Principe du formalisme. L'article 1840 A du Code général des impôts (C. civ., art. 1589-2) frappe de nullité la promesse unilatérale de vente non enregistrée dans les dix jours dès lors qu'elle a été simplement acceptée par son bénéficiaire qui a ainsi transformé la simple pollicitation, non soumise à enregistrement, en un contrat unilatéral liant le seul promettant (▪ Cass. 3e civ., 8 mai 1969, n° 66-14.084 : *JCP* 69, II, 16006, note P. L., 1re esp.). Le délai de dix jours ne courant qu'à compter de la date de l'acceptation de la promesse, est nulle la promesse unilatérale de vente enregistrée avant d'avoir été acceptée (▪ Paris, 17 janv. 1984, n° 84038 : *JurisData* n° 1984-607699 ; *JCP* 85, II, 20456). La constatation de la promesse par un acte authentique dans les dix jours de l'acceptation, aussi bien que l'enregistrement de l'acte sous seing privé dans le même délai, satisfont aux prescriptions de l'article 1840 A du Code général des impôts (C. civ., art. 1589-2. ▪ Cass. 3e civ., 10 oct. 1968 : *JCP* 69, II, 15910, note P. L.). Sur le principe que l'acte secret n'a pas besoin d'avoir une existence matérielle, V. ▪ Cass. 3e civ., 5 mars 1997, n° 95-12.384 : *JurisData* n° 1997-000892 ; *JCP* 97, IV, 924. Sur la possibilité pour l'État d'invoquer la nullité, V. ▪ Cass. 3e civ., 1er juill. 1998, n° 96-17.515 : *JurisData* n° 1998-003020 ; *JCP* 98, IV, 2976 ; *Bull. civ.* III, n° 154, p. 102 ; *Contrats, conc. consom.* 1998, 142, note Leveneur ; *Defrénois* 1999, 39, obs. Chappert.

2) Exclusion des promesses synallagmatiques. Sur le principe que l'article 1840 A du Code général des impôts (C. civ., art. 1589-2) n'est pas applicable à la promesse présentant un caractère synallagmatique, V. ▪ Cass. 3e civ., 23 janv. 1992 : *D.* 1992, 457, note Najjar. La promesse de vente figurant dans un accord comportant un ensemble d'obligations contractuelles réciproques n'est pas soumise à la formalité du même texte (■ Cass. 3e civ., 5 juill. 1995, n° 93-10.924 : *JurisData* n° 1995-001822 ; *Bull. civ.* III, n° 175, p. 119 ; *JCP* 96, II, 22659, note crit. Dagorne-Labbe. ■ Cass. 3e civ., 26 mars 2003, n° 01-02.410 : *JurisData* n° 2003-018429 ; *JCP* E 2004, 651, note Schmidt-Szalewski ; *Bull. civ.* III, n° 71, p. 65 ; *D.* 2003, 2197, note Lipinski ; *RTD civ.* 2003, 496, obs. Mestre et Fages ; *Defrénois* 2003, 841, obs. Savaux. – Comp. ■ Cass. 3e civ., 3 nov. 1981, n° 79-15.671 : *JurisData* n° 1981-703139 ; *Bull. civ.* III, n° 173, p. 125 ; *JCP* 82, II, 19867, note Bey, décidant que le contrat de crédit-bail immobilier est un contrat d'une nature complexe dans lequel la promesse de vente ne constitue qu'un élément d'une technique juridique permettant aux parties de réaliser une opération globale leur offrant des avantages réciproques, pour en déduire qu'une telle opération échappe par essence aux dispositions de l'article 1840 A du Code général des impôts). Mais il appartient aux juges du fond de rechercher s'il existe un lien de dépendance nécessaire entre les diverses obligations réciproques susceptible de modifier les caractéristiques de la promesse de vente (■ Cass. com., 15 janv. 2002 : *JCP* G 2002, IV, 1326 ; *JCP* E 2002, 855, note D. F. ; *JurisData* n° 2002-012535 : *Bull. civ.* IV, n° 12, p. 12 ; *RTD civ.* 2002, 504, obs. Mestre et Fages. Comp., relevant que les promesses d'achat et de vente sont soumises à desconditions différentes, ■ Cass. 3e civ., 26 juin 2002, n° 00-20.244 : *RTD civ.* 2003, 77, obs. Mestre et Fages). La promesse de vente incluse dans une transaction n'est pas soumise à l'application de l'article 1840 A (C. civ., art. 1589-2), dès lors que la transaction est une convention ayant entre les parties autorité de la chose jugée, stipulant des engagements réciproques interdépendants, dont la promesse de vente n'est qu'un élément (■ Cass. ass. plén., 24 févr. 2006, n° 04-20.525 : *JurisData* n° 2006-032416 ; *Bull. inf. C. cass.* 15 mai 2006, rapp. Moussa, concl. Cédras ; *JCP* G 2006, II, 10065, note Cédras ; *D.* 2006, 1396, note Najjar et 2076, note Jamin ; *Defrénois* 2006, 973, obs. Becqué-Ickowicz). Dans le même sens, ■ Cass. 3e civ., 26 mars 2003, n° 01-02.410 : *JurisData* n° 2003-018429 ; *Bull. civ.* III, n° 71 ; *D.* 2003, 2197, note Lipinski ; *Defrénois* 2003, 841, obs. Savaux ; *RTD civ.* 2003, 496, obs. Mestre et Fages. – V. aussi, ■ Cass. 3e civ., 13 nov. 2014, n° 13-14.589 : l'enregistrement prévu par l'article 1589-2 du Code civil n'était pas exigé dans l'hypothèse de deux conventions interdépendantes et formant un ensemble comportant des engagements réciproques dont la promesse unilatérale de vente n'est qu'un élément.

3) **Exclusion du contrat préliminaire de réservation.** Étant d'interprétation stricte, l'article 1840 A du Code général des impôts (C. civ., art. 1589-2) ne peut être appliqué au contrat préliminaire de réservation en matière de vente en l'état futur d'achèvement qui constitue un contrat *sui generis* essentiellement synallagmatique (■ Cass. 3e civ., 27 oct. 1975 : *JurisData* n° 1975-700309 ; *JCP* 76, II, 18340, note Meysson et Tirard ; *D.* 1976, 97, note Franck. – V. Ph. Malinvaud et Ph. Jestaz, *Le contrat préliminaire à la vente d'immeuble à construire* : *JCP* 76, I, 2790). Mais tout contrat analogue ayant pour objet la vente d'un immeuble à construire, quelle que soit sa destination, ne peut être soustrait par principe à l'application du texte (■ Cass. 3e civ., 16 nov. 1994, n° 92-16.099 : *JurisData* n° 1994-002113 ; *Bull. civ.* III, n° 196, p. 125).

4) **Polynésie française (non).** L'article 1840 A du Code général des impôts, devenu l'article 1589-2 du Code civil, n'est pas applicable en Polynésie française (■ Cass. 3e civ., 6 déc. 2006, pourvoi n° 05-17418).

5) **Substitution d'un tiers bénéficiaire.** L'utilisation par le bénéficiaire de la promesse de la faculté contractuelle de substitution d'un tiers bénéficiaire n'est pas génératrice d'une cession entrant dans le domaine d'application de l'article 1840 A du Code général des impôts (C. civ., art. 1589-2. ■ Cass. 3e civ., 17 avr. 1984, n° 83-12.106 : *JurisData* n° 1984-700719 ; *D.* 1985, 234, note Najjar. – V. aussi ■ Cass. 3e civ., 27 mai 1987, n° 85-18.319 : *JurisData* n° 1987-001275 ; *Bull. civ.* III, n° 111, p. 65. ■ Cass. 3e civ., 19 mars 1997, n° 95-12.473 : *JurisData* n° 1997-001254 ; *JCP* 97, I, 4039, n° 14, obs. Billiau ; *Bull. civ.* III, n° 68, p. 44 ; *D.* 1997, somm. 341, obs. Brun ; *Defrénois* 1997, 1343, obs. Mazeaud. ■ Cass. 3e civ., 13 juill. 1999, n° 97-13.081 : *JCP* 99, II, 10207, note Psaume ; *D.* 2000, 195, note Jeuland, somm. 277, obs. Tournafond. – Voir cependant, affirmant que l'acte prévoyant la possibilité pour l'acquéreur de se substituer un autre acquéreur constitue une promesse unilatérale de vente, ■ Paris, 7 sept. 2000 : *JCP* G 2001, II, 10632, note Lemaire ; *JurisData* n° 2000-123206 ; *Defrénois* 2001, 942, note Schütz et Gilles ; *D.* 2002, somm. 924, obs. Brun. V. sur cet arrêt M. Dagot : *JCP* N 2002, 1374). Puisque l'opération n'a pas le caractère d'une cession, le bénéficiaire de la promesse a qualité pour lever l'option dès lors que le bénéficiaire substitué a rétracté son acceptation (■ Cass. 3e civ., 27 avr. 1988, n° 86-17.337 : *JurisData* n° 1988-001128 ; *Bull. civ.* III, n° 83, p. 48 ; *D.* 1989, 65, note Najjar). V. L. Boyer, *Clause de substitution et promesse unilatérale de vente* : *JCP* 87, I, 3310. – F. Bénac-Schmidt, *La promesse unilatérale de vente : à propos de deux questions d'actualité* : *D.* 1990, chron. 7. – Ph. Brun, *Nature juridique de la clause de substitution dans le bénéfice d'une promesse unilatérale de vente : une autonomie de circonstance ?* : *RTD civ.* 1996, 29.

6) Caractère de la nullité. La nullité résultant de l'inobservation de la règle d'ordre public édictée par l'article 1840 A du Code général des impôts (C. civ., art. 1589-2) ne peut être couverte par la renonciation, même expresse, des parties (■ Cass. 3e civ., 7 juill. 1982, n° 81-13.361 : *JurisData* n° 1982-701890 ; *JCP* 82, IV, 335).

7) Conséquences de la nullité. L'acte non enregistré ne peut constituer un commencement de preuve par écrit (■ Cass. 3e civ., 2 juin 1993, n° 91-20.524 : *Bull. civ.* III, n° 80, p. 52 ; *RTD civ.* 1994, 584, obs. Mestre). Viole l'article 1840 A (C. civ., art. 1589-2) l'arrêt qui retient que les actes sous seing privé, même non enregistrés, demeurent valables au plan de l'engagement entre parties (■ Cass. 3e civ., 14 déc. 1994, n° 92-20.633 : *Bull. civ.* III, n° 218, p. 141).

Art. 1590. – **Si la promesse de vendre a été faite avec des arrhes, chacun des contractants est maître de s'en départir.**

Celui qui les a données, en les perdant.

Et celui qui les a reçues, en restituant le double.

1) Sur les arrhes et les acomptes. Voir : C. consom., art. L. 214-1, p. 2022.

2) Ventes ou promesses de vente. L'article 1590 s'applique aux ventes comme aux promesses de vente (■ Cass. req., 26 déc. 1927 : *DP* 1928, 1, 166. ■ Paris, 2 mars 1964 : *JCP* 64, IV, 160). Sur la stipulation d'arrhes dans une promesse unilatérale de vente, V. ■ Cass. 3e civ., 30 mai 1969, n° 67-14.058 : *JCP* 69, II, 16039, note P. L.

3) Caractère supplétif de l'article 1590. L'article 1590 n'est que supplétif de la volonté des parties (■ Cass. 1re civ., 16 juill. 1956 : *D.* 1956, 609. – V. en ce sens ■ Douai, 10 oct. 1961 : *JCP* 62, IV, 95. – Comp. ■ Cass. com., 24 avr. 1972 : *JCP* 72, II, 17198). À défaut de manifestation de volonté des parties quant au sens à donner au versement d'arrhes et lorsque aucune circonstance de la cause ne permet de déterminer s'il a été effectué avec intention chez les contractants de se réserver une faculté de dédit ou à titre d'acompte sur le prix, les juges du fond doivent attribuer aux arrhes, conformément à l'article 1590, le caractère d'un moyen de dédit (■ Cass. 1re civ., 30 janv. 1956 : *Bull. civ.* I, n° 50, p. 38).

4) Annulation du contrat. L'annulation du contrat ne pouvant être assimilée à son inexécution, la clause de dédit stipulée dans un acte annulé ne peut pas produire effet (■ Cass. 1re civ., 27 juin 1978 : *JCP* 78, IV, 279).

5) Exercice du dédit. Les juges du fond peuvent estimer que le promettant a refusé de signer l'acte de vente pour des motifs étrangers à l'intention d'exercer la faculté de dédit (■ Cass. 3e civ., 12 févr. 1971, n° 69-14.146 : *JurisData* n° 1971-098119 ; *Bull. civ.* III, n° 119, p. 86). Lorsque la faculté de dédit est exercée de mauvaise foi, le dédit ne peut produire aucun effet juridique (■ Cass. 3e civ., 11 mai 1976, n° 75-10.854 : *D.* 1978, 269, note Taisne). Une clause de dédit n'est pas une clause pénale susceptible de minoration par le juge (■ Cass. 3e civ., 15 févr. 2006, n° 04-17.595 ; *JurisData* n° 2006-032188).

6) Commission des clauses abusives. V. Recommandation n° 81-01/CCA émise par la commission des clauses abusives relative à l'équilibre des obligations en cas d'inexécution des contrats : *JCP* 81, III, 50838.

Art. 1591. – **Le prix de la vente doit être déterminé et désigné par les parties.**

Bibliographie : J.-M. de Bermond de Vaulx, *La détermination du prix dans le contrat de vente : JCP* 73, I, 2567. ● J. Ghestin, *L'indétermination du prix de vente et la condition potestative : D.* 1973, chron. 293. ● N. Molfessis, *Les exigences relatives au prix en droit des contrats, Le contrat, questions d'actualité, LPA* 5 mai 2000, p. 41. ● J. Moury, *Du prix symbolique au prix négatif, ou la divagation des qualifications en matière de vente : D.* 2014, 1950.

I – DÉTERMINATION DU PRIX

1) Contrats-cadres. Sur le principe que l'abus dans la fixation du prix dans les contrats-cadres donne lieu seulement à résiliation ou indemnisation sur la base des articles 1134 et 1135, V. ■ Cass. ass. plén., 1er déc. 1995, 4 arrêts : *JurisData* n° 1995-003248 ; *JCP* 96, II, 22565, concl. Jéol et note Ghestin ; *D.* 1996, 13, concl. Jéol et note Aynès ; *Defrénois* 1996, 747, obs. Delebecque.

2) Prix consistant dans l'accomplissement d'une prestation. Lorsque le prix de la vente consiste dans l'accomplissement d'une prestation (constructions à édifier par l'acheteur), l'imprécision de ces prestations signifie que le prix n'est pas déterminable (■ Cass. 3e civ., 10 déc. 1986 : *Bull. civ.* III, n° 177, p. 139). V. aussi, suggérant que l'absence d'évaluation ou possibilité d'évaluation de la prestation équivaut à une absence de prix, ■ Cass. 3e civ., 23 mai 2007, n° 06-13.629 : *JurisData* n° 2007-038937 ; *Bull. civ.* III, n° 90 ;

Contrats, conc. consom. 2007, 200, note Leveneur ; *JCP* N 2008, n° 18, p. 18, note Lebel ; *JCP* E 2008, n° 11, p. 26, note Lebel ; *RD imm.* 2008, 87, Trébulle.

3) Moment de l'accord sur le prix. L'accord sur le prix peut être réalisé au moment de la livraison s'il ne l'a pas été au moment de la commande (■ Cass. 1re civ., 11 juin 1981, n° 79-10.887 : *JurisData* n° 1981-701876 ; *Bull. civ.* I, n° 211, p. 173).

4) Clauses relatives à la détermination du prix. Si le prix de vente doit être déterminé et désigné par les parties, il n'est pas nécessaire que le montant soit fixé, dans le principe, d'une manière absolue ; il suffit qu'il puisse être déterminé, en vertu des clauses du contrat, par voie de relation avec des éléments qui ne dépendent plus de la volonté, ni de l'une, ni de l'autre des parties (■ Cass. req., 7 janv. 1925 : *GAJ civ.* 2000, vol. 2, n° 246, p. 466). Le prix n'est pas déterminé si le contrat se borne à prévoir qu'il sera fixé d'un « commun accord » (■ Cass. com., 10 mars 1987, n° 85-14.121 : *JurisData* n° 1987-000517 ; *Bull. civ.* IV, n° 71, p. 53) ou lorsque le montant définitif doit faire l'objet d'une fixation ultérieure en fonction de travaux dont ni l'importance ni le coût ne sont exactement déterminés (■ Cass. 3e civ., 10 mai 1995, n° 93-16.741 : *Contrats, conc. consom.* 1995, 140, note Leveneur. V. aussi pour la détermination du prix de cession de parts sociales nécessitant l'établissement contradictoire du bilan ■ Cass. com., 14 déc. 1999, n° 97-15.654 : *JurisData* n° 1999-004460 ; *JCP* G 2000, IV, 1244 ; *JCP* E 2000, 797, obs. Viandier et Caussain ; *Bull. civ.* IV, n° 234, p. 196 ; *Contrats, conc. consom.* 2000, 60, note Leveneur ; *RTD civ.* 2000, 318, obs. Mestre et Fages). Il en va autrement si le contrat prévoit la possibilité de le déterminer par voie de relation avec des éléments ne dépendant pas de la volonté des parties (■ Cass. 3e civ., 5 janv. 1972 : *JurisData* n° 1972-098004 ; *D.* 1972, 339. V. en ce sens pour une cession de droits sociaux dont la valeur est à fixer par le bilan, ■ Cass. com., 18 juin 1996, n° 94-17.327 : *JurisData* n° 1996-002714 ; *JCP* G 1996, I, 3980 ; *JCP* E 1996, I, 589, n° 7, obs. Viandier et Caussain ; *Defrénois* 1996, 1303, obs. Hovasse. ■ Cass. com., 16 janv. 2001, n° 98-21.145 : *JurisData* n° 2001-007768 ; *JCP* 2001, I, 326, n° 4, obs. Viandier et Caussain. V. aussi pour le prix de cession d'actions en fonction de l'évolution des résultats et de la valeur réelle de l'entreprise ■ Cass. com., 10 mars 1998, n° 96-10.168 : *JurisData* n° 1998-001067 ; *JCP* G 1998, I, 163 ; *JCP* E 1998, 1303, n° 2, obs. Viandier et Caussain ; *Bull. civ.* IV, n° 99, p. 81 ; *RTD civ.* 1998, 899, obs. Mestre) ou s'il contient une clause prévoyant en cas de désaccord le recours à un expert (■ Cass. com., 25 mai 1981, n° 79-16.033 : *JurisData* n° 1981-702152 ; *JCP* 1981, IV, 286), à moins que le vendeur soit en mesure de fausser les données de référence servant de base au calcul du prix par un collège d'experts (■ Cass. 2e civ., 8 avr. 1999, n° 96-18.516 : *JurisData* n° 1999-001454 ; *JCP* E 1999, 1149, note Viandier ; *Contrats, conc. consom.* 1999, 126, note Leveneur ; *RTD civ.* 1999, 852, obs. Gautier, pour une cession d'actions). Est valable la cession de droits sociaux pour laquelle les parties sont convenues d'une procédure précise d'achat par l'associé le plus offrant des parts sociales appartenant à l'autre, chacune des parties s'engageant à accepter le prix proposé par l'autre s'il était le plus élevé (■ Cass. com., 29 sept. 2015, n° 14-15.040 : *D.* 2016, p. 407, note Moury et François ; *RTD civ.* 2016, 98, obs. Barbier ; *Dr. soc.* 2016/1, 10, note Mortier). Est valable la cession d'un portefeuille de créances dont le prix est déterminable, pour partie, au fur et à mesure du recouvrement des créances (■ Cass. com., 7 avr. 2009, n° 07-18.907 : *Bull. civ.* IV, n° 48 ; *Contrats, conc. consom.* 2009, comm. 189 ; *Dr. et patrimoine* juill. 2009, 89, obs. Aynès et Stoffel-Munck ; *JCP* E 2009, n° 41, p. 18, note Marty ; *D.* 2009, 2731, note Marly, prix dépendant pour partie du montant des créances recouvrées par le cessionnaire). La clause renvoyant au prix en vigueur à la date de livraison fait référence au prix établi par le constructeur et répercuté par l'importateur au concessionnaire, de sorte que le prix est déterminable, indépendamment de la volonté du vendeur, seule à prendre en considération (■ Cass. 1re civ., 2 déc. 1997, n° 95-19.791 : *JurisData* n° 1997-004840 ; *JCP* G 1998, I, 129, n° 1, obs. Jamin ; *JCP* E 1998, 896, note Jamin ; *Bull. civ.* I, n° 340, p. 232 ; *RTD civ.* 1998, 898, obs. Mestre. – V. aussi ■ Paris, 3 mai 1996 : *JurisData* n° 1996-021119 ; *D.* 1996, somm. 326, obs. Delebecque). – Le prix fixé par référence aux cotations officielles significatives du marché de la pomme de terre est déterminable en fonction d'éléments ne dépendant pas de la seule volonté des parties (■ Cass. 1re civ., 14 déc. 2004, n° 01-17.063 : *JurisData* n° 2004-026154 ; *Bull. civ.* I, n° 327, p. 272 ; *Contrats, conc. consom.* 2005, 64, note Leveneur). Mais l'intervention d'un tiers ne modifie pas le caractère indéterminé du prix dès lors que le contrat prévoit que ce tiers est tenu de fixer le prix conformément aux conditions du marché (■ Cass. com., 16 févr. 1993, n° 91-13.277 : *JurisData* n° 1993-000296 ; *RTD civ.* 1993, 350, obs. Mestre). Viole l'article 1591 la cour d'appel qui énonce qu'en l'absence de désaccord entre les parties à l'époque de la cession, il y a lieu de se référer au principe selon lequel le prix d'une action est au moins de sa valeur au jour de la négociation (■ Cass. 1re civ., 24 févr. 1998, n° 96-13.414 : *JurisData* n° 1998-000814 ; *JCP* 1998, IV, 1868 ; *Bull. civ.* I, n° 81, p. 54 ; *D. affaires* 1998, 531, obs. J.-F.).

5) Reconnaissance du paiement du prix (prix déterminé). Une cour d'appel peut déduire du fait que les vendeurs avaient reconnu dans l'acte avoir reçu paiement du prix que celui-ci avait été déterminé et désigné entre les parties au jour de sa signature et, par une appréciation souveraine des documents complémentaires émanant de l'un des vendeurs et du notaire chargé par l'acquéreur de rédiger l'acte authentique de vente, en déterminer le montant (▪ Cass. 3e civ., 26 sept. 2007, n° 06-14.357 : *JurisData* n° 2007-040508 ; *Defrénois* 2007, art. 38697-73, p. 1725, obs. Libchaber).

6) Prix global de cession de titres sociaux. Le prix de cession de titres composant le capital de plusieurs sociétés est suffisamment déterminé par un prix global, dès lors que la ventilation de ce prix entre chacune de ces sociétés ne constitue pas une condition de la vente, mais en conditionne seulement les conséquences fiscales pour l'acquéreur (▪ Cass. com., 8 avr. 2008, n° 06-18.042 : *Bull. civ.* 2008, IV, n° 84).

7) Office du juge. Il n'appartient pas aux juges de se substituer aux parties pour leur imposer une méthode de détermination des prix qui n'a pas recueilli leur accord (▪ Cass. com., 29 juin 1981, n° 80-11.821 : *JurisData* n° 1981-701959 ; *JCP* 81, IV, 339 ; *Bull. civ.* IV, n° 298, p. 235. ▪ Cass. 1re civ., 19 janv. 1999, n° 96-15.353 : *JurisData* n° 1999-000216 ; *JCP* 99, IV, 1453 ; *Contrats, conc. consom.* 1999, 52, note Leveneur ; *Bull. civ.* I, n° 25, p. 16. ▪ Cass. 1re civ., 28 nov. 2000, n° 98-21.421 : *JurisData* n° 2000-007149 ; *Contrats, conc. consom.* 2001, 40, note Leveneur. ▪ Cass. 3e civ., 29 janv. 2003, n° 01-13.636 : *Bull. civ.* III, n° 23, p. 22 ; *JCP* 2003, I, 186, n° 1, obs. Labarthe ; *Defrénois* 2003, 844, obs. Savaux), ni pour faire choix des modalités d'actualisation du prix que les parties, tout en prévoyant une indexation, n'ont pas précisées (▪ Cass. 3e civ., 4 oct. 1989, n° 88-12.061 : *JurisData* n° 1989-003023 ; *Bull. civ.* III, n° 184, p. 100 ; *Defrénois* 1990, 820, obs. Aynès ; *RTD civ.* 1990, 471, obs. Mestre). Ils ne peuvent retenir le prix fixé par un tiers saisi unilatéralement par l'une des parties, sans qu'il soit établi que celles-ci sont convenues de s'en remettre à son arbitrage (▪ Cass. 1re civ., 9 janv. 1996, n° 93-20.460 : *JurisData* n° 1996-000043 ; *JCP* 96, IV, 505 ; *Bull.* I, n° 26, p. 17). Viole l'article 1591 la cour d'appel qui décide que le prix de la voiture vendue ne dépend pas de la volonté des parties puisqu'il a été établi par expert, alors que les parties n'avaient fixé à l'avance aucun élément objectif permettant la détermination du prix (▪ Cass. 1re civ., 16 juill. 1998, n° 96-20.771 : *JurisData* n° 1998-003289 ; *JCP* 98, IV, 3125 ; *Bull. civ.* I, n° 265, p. 185). Le préjudice causé à l'acquéreur par l'inexécution partielle de l'obligation de délivrance ne peut être réparé que par l'allocation de dommages-intérêts, non par la réduction partielle du prix (▪ Cass. 3e civ., 29 janv. 2003, n° 01-13.636 : *Bull. civ.* III, n° 23, p. 22 ; *JCP* 2003, I, 186, n° 1, obs. Labarthe ; *Defrénois* 2003, 844, obs. Savaux). Les règles du droit commun de la vente mobilière qui n'admettent pas la révision du prix s'appliquent aux cessions d'offices publics ou ministériels (▪ Cass. 1re civ., 7 déc. 2004, n° 01-10.271 : *JurisData* n° 2004-026053 ; *Bull. civ.* I, n° 307 ; *JCP* N 2005, 1321, note Leveneur ; *RDC* 2005, 681, obs. Mazeaud).

8) Partie du prix liée à la rentabilité de la chose. La vente n'est pas nulle lorsqu'une partie du prix est liée à la rentabilité de la chose (▪ Cass. 1re civ., 28 juin 1988, n° 86-11.005 : *JurisData* n° 1988-001959 ; *D.* 1989, 121, note Malaurie).

9) Clause d'offre concurrente. Sur la validité de la clause dite « d'offre concurrente » dans les contrats de fournitures, V. ▪ Paris, 2 mai 1986 : *JurisData* n° 1986-021853 ; *JCP* 86, II, 20622, note Ghestin ; *RTD civ.* 1987, 96, obs. Mestre, et 106, obs. Rémy, et, sur pourvoi, ▪ Cass. com., 14 juin 1988, n° 86-15.049 : *JurisData* n° 1988-001883 ; *D.* 1989, 89, note Malaurie.

10) Pluralité de vendeurs. L'exigence de l'article 1591 n'implique pas, en cas de pluralité de vendeurs, que la part de chacun d'eux soit précisée par le contrat (▪ Cass. 3e civ., 6 juill. 1983, n° 82-12.022 : *JurisData* n° 1983-701614 ; *JCP* 83, IV, 302 ; *Bull. civ.* III, n° 162, p. 125. ▪ Cass. 3e civ., 19 mars 1986, n° 84-13.582 : *JurisData* n° 1986-000513 ; *Bull. civ.* III, n° 36).

11) Absence de réfaction du prix. Le juge ne peut pas modifier le prix de vente déterminé par les parties ; le préjudice résultant de l'inexécution par le vendeur de son obligation de délivrance ne peut être réparé que par l'allocation de dommages-intérêts (▪ Cass. 3e civ., 10 mars 2015, n° 13-27.660 : *Contrats, conc. consom.* 2015, comm. 136, Leveneur ; *Gaz. Pal.* 31 mars 2015, 22, obs. Zalewski-Sicard et 9 juill. 2015, 18, obs. Houtcieff ; *RD imm.* 2015, 412, obs. Tournafond, Tricoire ; *Defrénois* 2016, 335, obs. Périnet-Marquet).

II – PRIX RÉEL ET SÉRIEUX

12) Prix en nature. La vente peut être réalisée moyennant une contrepartie autre que le versement d'une somme d'argent (▪ Cass. 3e civ., 9 déc. 1986, n° 85-13.373 : *JurisData* n° 1986-002598 ; *Bull. civ.* III, n° 177, vente d'un terrain en contrepartie de constructions à édifier par l'acheteur). *Contra*, auparavant, ▪ Cass. 1re civ., 12 déc. 1967 : *Bull. civ.* I, n° 292. ▪ Cass. 3e civ., 17 mars 1981, n° 79-15.388 : *JurisData* n° 1981-700878 ; *Bull. civ.* III, n° 56 (le prix de vente consiste dans la somme d'argent que l'acquéreur s'oblige à payer ; dès lors, dans une convention transférant la propriété d'un immeuble moyennant un prix symbolique et l'obligation pour l'acquéreur d'y aménager et exploiter un centre équestre, cette obligation ne peut, malgré une évaluation requise à des fins fiscales, être considérée comme un prix).

13) Pouvoir souverain des juges du fond. Sur le pouvoir souverain des juges du fond pour apprécier si le prix est réel et sérieux, V. ▪ Cass. 3e civ., 26 mars 1969, n° 67-12.733 : *Bull. civ.* III, n° 265, p. 203. V. par ex., écartant le grief pour une vente de bijoux consentie, à la suite d'une erreur d'étiquetage, pour un prix représentant moins du quart du prix réel, ▪ Cass. 1re civ., 4 juill. 1995, n° 93-16.198 : *JurisData* n° 1995-001795 ; *Bull. civ.* I, n° 303, p. 212 ; *Contrats, conc. consom.* 1995, 181, note Leveneur ; *RTD civ.* 1995, 881, obs. Mestre. V. aussi en matière de rente viagère sous art. 1976, p. 1612. Mais, s'agissant d'une cession des actifs d'une entreprise en liquidation judiciaire autorisée pour le prix de 5 francs, l'engagement pris par le cessionnaire de reprendre certains contrats de travail ne peut s'analyser comme une contrepartie (▪ Cass. com., 28 sept. 2004, n° 02-11.210 : *JurisData* n° 2004-024988 ; *JCP* N 2005, 1224, note Garçon ; *RTD civ.* 2005, 157, obs. Gautier). Viole l'article 1591 l'arrêt qui retient que l'action en résolution de la vente pour vileté du prix ne peut être exercée que dans le cadre d'une action en rescision pour lésion (▪ Cass. 3e civ., 18 juill. 2001 : *JCP* 2001, IV, 2737 ; *JurisData* n° 2001-010666 ; *Contrats, conc. consom.* 2001, 171, note Leveneur ; *Bull. civ.* III, n° 101, p. 78 ; *D.* 2002, 680, note Castets, somm. 930, obs. Paisant ; *Defrénois* 2001, 1421, obs. Savaux).

14) Vente pour un prix symbolique. La vente d'un terrain pour le prix d'un franc symbolique est valable lorsqu'elle s'inscrit dans un ensemble contractuel formant un tout indivisible à la réalisation duquel le vendeur trouve un intérêt (▪ Cass. 3e civ., 3 mars 1993, n° 91-15.613 : *JurisData* n° 1993-000443 ; *Bull. civ.* III, n° 28 ; *JCP* G 1994, I, 3744, n° 1, obs. Fabre-Magnan ; *RTD civ.* 1994, 124, obs. Gautier). V. aussi, ▪ Cass. 1re civ., 13 juin 2006, n° 04-15.456 : *JurisData* n° 2006-034001 ; *D.* 2007, 277, note Ghestin (ne donne pas de base légale à sa décision l'arrêt qui annule pour défaut de cause un contrat d'achat de bandes sonores, conclu pour un franc symbolique, sans rechercher si ce contrat s'inscrivait dans le cadre d'une opération économique constituant un ensemble contractuel indivisible). Validité de la cession d'actions pour le prix d'un franc, dès lors que ces actions étaient sans valeur (▪ Cass. com., 3 janv. 1985, n° 83-11.138 : *Bull. civ.* IV, n° 8). Validité d'une vente à un euro symbolique dans une hypothèse où la contrepartie à la charge de l'acquéreur consistait dans la décharge des coûts de gardiennage, des frais d'entretien et des risques d'occupation sans titre ou de dégradations d'un bien libre de toute occupation, et du coût de la destruction de la résidence universitaire (▪ Cass. 3e civ., 15 sept. 2016, n° 15-22.250 : *JCP* G 2016, doctr. 1257, n° 5, obs. Serinet ; *JCP* N 2017, 1098, obs. Piedelièvre ; *D.* 2017, 375, obs. Mekki ; *Contrats, conc. consom.* 2016, comm. 250). Lorsque la modicité du prix de vente trouve sa cause dans l'intention libérale du vendeur, les juges du fond peuvent, sans dénaturer l'acte incriminé, en déduire que celui-ci constitue une donation indirecte (▪ Cass. 1re civ., 6 janv. 1969, n° 67-10.401 : *Bull. civ.* I, n° 8). La cession d'un terrain pour le prix d'un franc, procédant d'une intention libérale et qui respecte les conditions de forme d'une vente, constitue une donation déguisée valable (▪ Cass. 1re civ., 29 mai 1980 : *JurisData* n° 1980-000164 ; *Bull. civ.* I, n° 164 ; *D.* 1981, 273, note Najjar ; *RTD civ.* 1981, 422, note Patarin). Jugé, compte tenu du fait que le transfert de propriété portait sur un bien immobilier d'une superficie importante, que l'obligation de restituer des droits de fortage en cas de mise en exploitation de certaines parcelles, à défaut d'évaluation, ne pouvait constituer un prix, ce d'autant moins que le cédant bénéficiait déjà de ces droits sur les parcelles dont il était propriétaire, et que le transport des terres découvertes après abandon par le cédant ne pouvait davantage constituer une contrepartie sérieuse en l'absence d'évaluation ou possibilité d'évaluation (▪ Cass. 3e civ., 23 mai 2007, n° 06-13.629 : *JurisData* n° 2007-038937 ; *Bull. civ.* III, n° 90 ; *Contrats, conc. consom.* 2007, comm. 200, Leveneur ; *JCP* N 2008, n° 18, p. 18, note Lebel ; *JCP* E 2008, n° 11, p. 26, note Lebel ; *RD imm.* 2008, 87, Trébulle).

15) Caractère relatif de la nullité pour vil prix. ▪ Cass. 3e civ., 21 sept. 2011, n° 10-21.900 et ▪ Cass. 3e civ., 24 oct. 2012, n° 11-21.980 : *Dr. soc.* 2013/2, 26, note Mortier ; *Dr. et patrimoine* juin 2013, 69, Aynès et Stoffel-Munck : un contrat de vente conclu pour un prix dérisoire ou vil est nul pour absence de cause et cette nullité, fondée sur l'intérêt privé du vendeur, est une nullité relative. ▪ Cass. com., 22 mars 2016, n° 14-14.218 ; *RDC* 2016/3, 481, note Sautonie-Laguionie et Wiecker et 435, Laithier ; *Contrats, conc. consom.* 2016, comm. 136, Leveneur ; *JCP* E 2016, 1251, obs. N. Dissaux ; *JCP* G 2016, doctr., 797, n° 6, obs. Serinet ; *RTD civ.* 2016, 343, obs. Barbier ; *RTD com.* 2016, 317, obs. Bouloc ; *Dr. soc.* 2016/7, 17, note Mortier : l'action en nullité des cessions de parts conclues pour un prix indéterminé ou vil ne tendant qu'à la protection des intérêts privés des cédants, relève du régime des actions en nullité relative. Rappr. La jurisprudence sur le caractère relatif de la nullité pour absence de cause, sous l'ancien article 1131. Comp. auparavant : la vente consentie sans prix sérieux est affectée d'une nullité qui, étant fondée sur l'absence d'un élément essentiel de ce contrat, est une nullité absolue soumise à la prescription trentenaire de droit commun (▪ Cass. com., 23 oct. 2007, n° 06-13.979 : *Defrénois* 2007, p. 1729, obs. Libchaber ; *JCP* 2008, I, 104, n° 7, obs. Wintgen et II, 10024, note Roget ; *D.* 2008, p. 954, note Chantepie ; *Contrats, conc. consom.* 2008, 65, note Leveneur ; *RDC* 2008/2, obs. Th. Genicon ; *Dr. sociétés* déc. 2007, comm. 209, H. Lécuyer). La vente nulle pour défaut de prix n'est susceptible ni de confirmation ni de ratification (■ Cass. 1re civ., 17 déc. 1959 : *D.* 1960, 294. ■ Cass. com., 30 nov. 1983, n° 82-12.045 : *JurisData* n° 1983-702266 ; *JCP* 84, IV, 45 ; *Bull. civ.* IV, n° 333, p. 288. V. en ce sens ■ Cass. civ., 16 nov. 1932 : *DH* 1933, 4. ■ Cass. com., 28 avr. 1987, n° 86-16.084 : *D.* 1987, inf. rap. 119. ■ Cass. 3e civ., 29 juin 1994 : *Contrats, conc. consom.* 1994, 217, note Leveneur) et la nullité de l'acte peut être invoquée par tous ceux qui y ont intérêt (■ Cass. com., 22 nov. 1988, n° 86-18.152 : *JurisData* n° 1988-702483 ; *JCP* 89, IV, 32 ; *Bull. civ.* I, n° 333, p. 226. V. en ce sens en cas d'absence de prix sérieux ■ Cass. 1re civ., 20 oct. 1981, n° 80-14.741 : *Bull. civ.* I, n° 301, p. 253). L'action en nullité pour vileté du prix est distincte de l'action en rescision pour lésion et n'est pas soumise à la prescription de deux ans applicable à celle-ci (■ Cass. 3e civ., 15 déc. 2010, n° 09-16.838 : *Bull. civ.* III, n° 224 ; *Contrats, conc. consom.* 2011, comm. 57, obs. L. Leveneur).

16) Rente viagère. Sur l'appréciation du caractère sérieux du prix d'une vente consentie moyennant le versement d'une rente viagère, voir sous l'article 1976 du Code civil, annot. n° 1 et s., p. 1612.

Art. 1592. – ***(Mod., L. n° 2016-1547, 18 nov. 2016)*** **Il peut cependant être laissé à l'estimation d'un tiers ; si le tiers ne veut ou ne peut faire l'estimation, il n'y a point de vente.**

1) Sur la modification apporte par la loi du 18 nov. 2016, V. J. Moury : *D.* 2017, 169.

2) Expert et arbitre. La désignation par le tribunal d'un expert chargé d'évaluer un bien ne peut être assimilée à celle d'un arbitre (■ Cass. 1re civ., 16 mai 1984, n° 82-17.008 : *JurisData* n° 1984-701073 ; *Bull. civ.* I, n° 164, p. 140. ■ Versailles, 4 mars 2004, n° 03/00267 : *JurisData* n° 2004-259840 ; *JCP* 2005, II, 10017, note Noblot). Mais il en va autrement si une clause de la convention stipule qu'à défaut d'accord entre les parties le montant du prix sera fixé dans les termes de l'article 1592 par un expert désigné judiciairement et sans recours possible (■ Cass. com., 26 juin 1990, n° 88-14.444 : *JurisData* n° 1990-001972 ; *JCP* 90, IV, 325 ; *Bull. civ.* IV, n° 188, p. 128).

3) Personne morale arbitre. Une personne morale ou un organisme de droit public ou privé peut être désigné comme tiers arbitre (■ Aix-en-Provence, 24 nov. 1977 : *D.* 1978, inf. rap. 332).

4) Dépendance à l'égard d'une des parties. Le mandataire commun doit avoir la qualité de tiers, c'est-à-dire qu'il ne doit pas être sous la dépendance de l'une des parties (■ Cass. 1re civ., 2 déc. 1997, n° 95-19.466 : *JurisData* n° 1997-004823 ; *JCP* 98, IV, 1168 ; *Bull. civ.* I, n° 334, p. 227 ; *RTD civ.* 1998, 396, obs. Gautier, 900, obs. Mestre).

5) Désaccord sur la désignation de l'expert. Si les parties ont seulement convenu que le prix serait fixé par expert non désigné et qu'elles ne peuvent se mettre d'accord ensuite sur la désignation de cet expert, il n'appartient pas aux juges du fond de se substituer à elles (■ Cass. civ., 25 avr. 1952 : *JCP* 52, II, 7181, note Becqué), à moins qu'elles en aient décidé autrement (■ Aix-en-Provence, 7 mars 1974 : *D.* 1974, 678).

6) Effets de la convention avant la détermination du prix. Si la vente n'existe pas tant que la détermination du prix n'est pas faite, la convention parfaitement licite par laquelle les parties se sont obligées à désigner leurs experts n'en doit pas moins produire ses effets et l'inexécution d'une telle obligation se résout en dommages-intérêts (■ Cass. 1re civ., 24 nov. 1965, n° 63-12.675 : *JCP* 66, II, 14602, note Gaury).

7) Remise en cause de l'évaluation. L'évaluation faite par le tiers est définitive et ne peut être critiquée par les parties ni modifiée par le juge (■ Cass. com., 12 nov. 1962, n° 61-10.656 : *Bull. civ.* III, n° 444, p. 367. ■ Cass. com., 6 juin 2001, n° 98-18.089 : *JurisData* n° 2001-010144 ; *JCP* G 2001, I, 372, n° 2 et *JCP* E 2001, 1909, n° 2, obs. Viandier et Caussain ; *JCP* E 2002, 1292, note Cohen), à moins que les parties aient fourni les éléments devant concourir à la détermination du prix (■ Paris, 18 sept. 1998, n° 1997/13440 : *JurisData* n° 1998-022368 ; *JCP* G 99, 134 ; *JCP* E 99, 666, n° 1, obs. Viandier et Caussain ; *JCP* E 2002, 1292, note Cohen). Mais jugé que lorsque l'expert, désigné contractuellement par les parties pour fixer le prix de vente d'un bien, a commis une « erreur grossière », lesdites parties sont fondées à demander en justice une nouvelle expertise (■ Cass. com., 9 avr. 1991, n° 89-21.611 : *JurisData* n° 1991-001194 ; *JCP* 91, IV, 226 ; *Bull. civ.* IV, n° 139, p. 100. V. aussi, réservant l'erreur grossière, ■ Cass. com., 19 avr. 2005, n° 03-11.790 : *JurisData* n° 2005-028186 ; *RTD civ.* 2005, 613, obs. Gautier). L'erreur grossière est une condition de la remise en cause de la détermination du prix et non de la responsabilité du mandataire qui en est chargé, laquelle ressortit au droit commun du contrat ; le vendeur est en droit d'obtenir réparation du préjudice que lui cause la sous-évaluation fautive, du fait du mandataire, de la chose vendue (▪ Cass. com., 4 févr. 2004, n° 01-13.516 : *JurisData* n° 2004-022127 ; *Bull. civ.* IV, n° 23, p. 22 ; *Contrats, conc. consom.* 2004, 56, note Leveneur ; *JCP* 2004, II, 10087, note Castets-Renard ; *D.* 2004, 2330, note Bloud-Rey ; *RTD civ.* 2004, 310, obs. Gautier et 502, obs. Mestre et Fages). V. aussi, sur la responsabilité de l'expert chargé d'évaluer le prix de cession de droits sociaux, ▪ Cass. com., 6 févr. 2007, n° 05-21.271 ; *D.* 2007, act. jurispr., 656, obs. Delpech, qui estime que l'expert est tenu au respect du contradictoire si les parties en ont convenu par avance. Sur le cas où l'expert propose un prix maximal et un prix minimal, ▪ Cass. com., 29 mai 1972, n° 71-11.942 : *JurisData* n° 1972-097161 ; *D.* 1973, 255, note Guyénot.

8) Convention antérieure entre le vendeur et un tiers. Le caractère déterminé ou déterminable du prix de vente ne peut résulter d'une opération précédemment conclue entre le vendeur et un tiers (▪ Cass. com., 12 oct. 1997 : *Contrats, conc. consom.* 1998, 22, note Leveneur, transaction).

9) Pouvoirs du tiers arbitre. Le tiers arbitre chargé de fixer le prix conformément aux dispositions de l'article 1592 a compétence pour interpréter l'acte de cession (▪ Paris, 17 sept. 2004, n° 04/01049 : *JurisData* n° 2004-252308 ; *JCP* E 2005, 134, note Bonneau).

Art. 1593. – Les frais d'actes et autres accessoires à la vente sont à la charge de l'acheteur.

1) TVA. Le vendeur d'immeuble tenu envers le fisc d'acquitter la TVA est en droit d'en répercuter le montant sur l'acquéreur (▪ Grenoble, 5 mars 1975 : *JCP* 76 CI, II, 12050. V. J.-M. Bez, *La détermination du prix dans les ventes d'immeubles assujetties à la TVA : JCP* 76, II, éd. CI,12048).

2) Les **frais de purge des hypothèques** doivent rester à la charge du vendeur (▪ Cass. req., 10 juin 1907 : *DP* 1907, 1, 319).

3) Frais et honoraires du notaire. Les notaires ont aux termes de l'article 2002 du Code civil une action solidaire pour le paiement de leurs frais et honoraires contre l'acquéreur et le vendeur (▪ Cass. civ., 23 et 29 oct. 1889 : *DP* 1890, 1, 390).

4) Clause contraire. Les parties peuvent déroger à l'article 1593 (▪ Cass. civ., 23 déc. 1931 : *Gaz. Pal.* 1932, 1, 433).

CHAPITRE II. – QUI PEUT ACHETER OU VENDRE

Art. 1594. – Tous ceux auxquels la loi ne l'interdit pas peuvent acheter ou vendre.

Art. 1595 *(Abr., L. n° 85-1372, 23 déc. 1985).*

Rédaction antérieure. Art. 1595. – Le contrat de vente ne peut avoir lieu entre époux que dans les trois cas suivants :

1° Celui où l'un des deux époux cède des biens à l'autre, séparé judiciairement d'avec lui, en payement de ses droits ;

2° Celui où la cession que le mari fait à sa femme, même non séparée, a une cause légitime, telle que le remploi de ses immeubles aliénés, ou de deniers à elle appartenant, si ces immeubles ou deniers ne tombent pas en communauté ;

3° Celui où la femme cède des biens à son mari en payement d'une somme qu'elle lui aurait promise en dot, et lorsqu'il y a exclusion de communauté ;

Sauf, dans ces trois cas, les droits des héritiers des parties contractantes, s'il y a avantage indirect.

Bibliographie : M. Dagot, *Vente entre époux : JCl. Notarial Formulaire, V° Vente d'immeuble*, Fasc. 320. • G. Morin, *Les ventes entre époux : Defrénois* 1991, 1089.

Art. 1596 *(Mod., L. n° 2007-211, 19 févr. 2007).* – Ne peuvent se rendre adjudicataires, sous peine de nullité, ni par eux-mêmes, ni par personnes interposées :

Les tuteurs, des biens de ceux dont ils ont la tutelle ;

Les mandataires, des biens qu'ils sont chargés de vendre ;

Les administrateurs, de ceux des communes ou des établissements publics confiés à leurs soins ;

Les officiers publics, des biens nationaux dont les ventes se font par leur ministère.

Les fiduciaires, des biens ou droits composant le patrimoine fiduciaire.

1) Application à toutes les ventes. L'interdiction résultant de l'article 1596 s'applique à toutes les ventes et n'est pas restreinte aux seules ventes aux enchères (▪ Paris, 12 nov. 1964 : *D.* 1965, 415. V. pour une banque se portant contrepartie par personnes interposées ▪ Paris, 30 sept. 2005, n° 96/12548 : JurisData n° 2005-280690 ; JCP E 2005, 1617, note Viandier). Il suffit que la vente ait été passée pendant la durée du mandat pour que la nullité soit encourue (▪ Cass. 1re civ., 12 déc. 2000, n° 98-21.789 : *JurisData* n° 2000-007314 ; *JCP* G 2001, IV, 1252 ; *JCP* E 2001, 2008, note Youego).

2) Personnes visées. L'interdiction frappe les personnes chargées des intérêts d'autrui et est relative aux biens dont elles ont l'administration (■ Paris, 12 nov. 1964 : *D.* 1965, 415, préc.). V. pour des applications à des agents immobiliers ■ Cass. 1re civ., 2 oct. 1980 : *Bull. civ.* I, n° 241, p. 194 ; *Defrénois* 1981, 1310, obs. Aubert. ■ Paris, 24 avr. 1990 : *JurisData* n° 1990-021227 ; *D.* 1991, somm. 159, obs. Paisant. ■ Paris, 2 oct. 2001 : *JCP* 2001, IV, 3053 ; *JurisData* n° 1990-153302. Mais l'article 1596 n'est pas applicable au subrogé tuteur (■ Cass. civ., 21 déc. 1852 : *DP* 1852, 1, 314).

3) Surenchère formée par le tuteur. L'article 1596 n'empêche pas le tuteur de former surenchère après l'adjudication (■ Paris, 15 juill. 1886 : *DP* 1887, 2, 109).

4) Portée de l'interdiction quant aux biens. L'interdiction visant les mandataires ne s'applique qu'aux biens qu'ils sont chargés de vendre (■ Cass. civ., 24 oct. 1950 : *D.* 1951, 2). Mais elle joue dans le cas où le bien appartient à un tiers (■ Cass. 1re civ., 19 déc. 1995 : *JCP* 96, IV, 366 ; *Contrats, conc. consom.* 1996, 57, note Leveneur ; *Bull. civ.* I, n° 474, p. 329, mandataire chargé du recouvrement d'une créance et poursuivant la vente judiciaire d'un bien pour le compte du créancier saisissant). Jugé que le mandataire chargé de procéder à la liquidation et au partage ne peut se rendre adjudicataire sur folle enchère des immeubles dépendant de la succession (■ Cass. req., 17 juin 1907 : *DP* 1908, 1, 248. – Comp. ■ Paris, 12 nov. 1964 : *D.* 1965, 415).

5) Vente au prix fixé par le mandant. L'interdiction faite aux mandataires par l'article 1596 s'applique même si la vente se fait au prix fixé par le mandant (■ Cass. 1re civ., 27 janv. 1987 : *JurisData* n° 1987-022895 ; *Bull. civ.* I, n° 32, p. 22).

6) Nullité relative. La nullité prévue par l'article 1596 est relative et ne peut être invoquée que par l'incapable (■ Paris, 15 juill. 1886 : *DP* 1887, 2, 109). Elle se prescrit par cinq ans (■ Cass. 1re civ., 29 nov. 1988, n° 87-10.011 : *JCP* 89, IV, 42 ; *Bull. civ.* I, n° 341, p. 230). Pour une application du caractère relatif de la nullité dans une hypothèse où le mandataire s'était porté contrepartie à la vente, V. ■ Cass. 3e civ., 29 sept. 2016, nos 15-15.129, 15-17.434 et 15-26.360 : *JCP G* 2016, doctr. 1257, n° 6, obs. Serinet ; *RTD civ.* 2016, 846, obs. Barbier, qui en déduit que, les mandants n'ayant pas conscience de la nullité édictée par l'article 1596, n'avaient pas renoncé à invoquer la nullité de la vente ni n'avaient confirmé l'acte argué de nullité.

7) Disposition d'interprétation stricte. Les dispositions exorbitantes du droit commun de l'article 1596 sont d'interprétation stricte (■ Cass. 3e civ., 3 nov. 1981 : *JCP* 82, IV, 34).

Art. 1597 ***(Mod., L. n° 2011-94, 25 janv. 2011).*** **– Les juges, leurs suppléants, les magistrats remplissant le ministère public, les greffiers, huissiers, avocats, défenseurs officieux et notaires ne peuvent devenir cessionnaires des procès, droits et actions litigieux qui sont de la compétence du tribunal dans le ressort duquel ils exercent leurs fonctions, à peine de nullité, et des dépens, dommages et intérêts.**

1) Défenseur officieux. Sur l'application de la notion de défenseur officieux à un ancien avocat, V. ■ Poitiers, 20 mars 1895 : *DP* 1896, 2, 201.

2) Expert commis en justice. L'énumération de l'article 1597 étant limitative, la prohibition ne vise pas les experts commis en justice (■ Cass. 1re civ., 2 mai 1961, n° 58-12.780 : *JCP* 61, II, 12332, note J. A.).

3) Droits litigieux. Pour que les droits cédés *soient litigieux, il suffit qu'ils soient de nature à* donner lieu à un procès ou à une contestation (■ Cass. req., 11 févr. 1851 : *DP* 1851, 1, 242), à moins que cette contestation soit totalement dénuée de fondement (■ Cass. req., 6 août 1874 : *DP* 1875, 1, 269).

4) Demandeur en nullité. Les dispositions de l'article 1597 procèdent de considérations de morale publique et peuvent être invoquées autant par le cédant de droits litigieux que par la partie qui a émis, dans le litige, une prétention sur tout ou partie de ces droits (■ Cass. 3e civ., 15 mai 1991, n° 89-19.455 : *JurisData* n° 1991-001346 ; *Bull. civ.* III, n° 146, p. 85 ; *D.* 1992, somm. 195, obs. Paisant).

CHAPITRE III. – DES CHOSES QUI PEUVENT ÊTRE VENDUES

Art. 1598. – Tout ce qui est dans le commerce peut être vendu, lorsque des lois particulières n'en ont pas prohibé l'aliénation.

Voir : art. 1128 ancien, p. 1075.

Produits périmés. La vente est dépourvue d'objet lorsqu'elle porte sur des choses hors du commerce, comme des produits périmés (■ Cass. com., 16 mai 2006 : pourvoi n° 04-19.785 ; *JurisData* n° 2006-033616 ; *JCP* 2007, IV, 2289).

Art. 1599. – **La vente de la chose d'autrui est nulle : elle peut donner lieu à des dommages-intérêts, lorsque l'acheteur a ignoré que la chose fût à autrui.**

1) Droit soumis à une condition suspensive. La vente de la chose sur laquelle le vendeur ne possède qu'un droit conditionnel n'est pas la vente de la chose d'autrui (▪ Cass. 3e civ., 20 juin 1973, n° 72-12.719 : *JurisData* n° 1973-000433 ; *Bull. civ.* III, n° 433, p. 314).

2) Bien indivis. La vente d'un bien indivis faite sans le concours d'un ou de plusieurs communistes est nulle comme constituant à leur égard la vente de la chose d'autrui (▪ Cass. 1re civ., 7 janv. 1955 : *D.* 1955, 165). Une telle vente reste valable en principe pour la part indivise du vendeur (▪ Cass. civ., 22 nov. 1926 : *DP* 1929, 1, 123, note Lalou. ▪ Cass. 1re civ., 3 mars 1953 : *D.* 1953, 301. ▪ Cass. 3e civ., 21 juin 1995, n° 93-17.522 : *JurisData* n° 1995-001694 ; *Bull.* III, n° 154, p. 103 ; *RD imm.* 1995, 715, obs. Bergel). Mais il en va autrement et la nullité est encourue pour le tout si la vente ne devait, dans l'intention des parties, porter que sur l'ensemble du bien (▪ Cass. 1re civ., 21 mars 1962, n° 5812180 : *JurisData* n° 1962-000176 ; *Bull. civ.* I, n° 171, p. 152. ▪ Paris, 22 févr. 1966 : *D.* 1966, 639). En cas de vente d'un bien indivis, les indivisaires qui n'ont pas concouru à la vente peuvent exercer l'action en revendication sans attendre l'issue de la liquidation et du partage (▪ Cass. 1re civ., 7 janv. 1955 : *D.* 1955, 165). V. P. Jourdain, *Les actes de disposition sur la chose indivise (condition juridique des actes irréguliers pendant l'indivision)* : *RTD civ.* 1987, 498.

3) Vendeur ayant perdu la qualité de propriétaire par l'effet de l'usucapion. La vente d'un immeuble est nulle si le vendeur a rétroactivement perdu la qualité de propriétaire par l'effet de la prescription acquisitive (▪ Cass. 3e civ., 10 juill. 1996, n° 94-21.168 : *JurisData* n° 1996-003030 ; *Defrénois* 1996, 1426, obs. Atias).

4) Nullité relative. La nullité de la vente de la chose d'autrui est une nullité relative en faveur de l'acheteur qui a seul qualité pour l'invoquer (▪ Cass. 3e civ., 16 avr. 1973, n° 72-11.276 : *JurisData* n° 1973-098303 ; *Bull. civ.* III, n° 198, p. 218. – V. en ce sens ▪ Cass. req., 15 janv. 1934 : *DH* 1934, 97. ▪ Cass. 1re civ., 17 juill. 1958 : *D.* 1958, 619. ▪ Cass. 3e civ., 8 déc. 1999, n° 98-22.251 : *Bull. civ.* III, n° 241, p. 169 ; *D.* 2001, 269, note Albiges. V. en ce sens pour l'échange ▪ Cass. 3e civ., 23 mai 2002, n° 00-13.144 : *JurisData* n° 2002-014444 ; *Contrats, conc. consom.* 2002, 136, note Leveneur ; *Bull. civ.* III, n° 106, p. 94 ; *Defrénois* 2002, 1311, obs. Atias). L'action ne peut, en particulier, être exercée par le véritable propriétaire qui ne dispose que d'une action en revendication (▪ Cass. 3e civ., 9 mars 2005, n° 03-14.686 : *JurisData* n° 2005-027458 ; *Contrats, conc. consom.* 2005, 128, note Leveneur ; *Defrénois* 2005, 1240, obs. Libchaber. ▪ Cass. 3e civ., 26 sept. 2007, n° 06-16.622 : *D.* 2007, p. 3116, note Petit. ▪ Cass. com., 15 oct. 2013, n° 12-19.756 : *Contrats, conc. consom.* janv. 2014, comm. 2, Leveneur). Elle est couverte lorsque, avant toute action en nullité, l'acheteur a vu disparaître le risque d'éviction (▪ Cass. 1re civ., 12 juill. 1962 : *D.* 1963, 246), par exemple par suite de l'acquisition par le vendeur de la propriété de la chose vendue (même arrêt) ou encore lorsque le véritable propriétaire est l'héritier du vendeur et accepte purement et simplement sa succession (▪ Cass. 1re civ., 6 janv. 1962, n° 59-11.645 : *Gaz. Pal.*1962, 1, 313. ▪ Chambéry, 14 déc. 1936 : *DH* 1937, 169). Pour réaliser la vente de la chose d'autrui, la ratification consentie par le véritable propriétaire doit précéder la plainte en nullité ; mais la réclamation de l'acheteur n'a pour effet de rendre irrecevable l'exception à sa demande tirée de la ratification que si elle concerne le vice que le véritable propriétaire a eu, en confirmant l'acte nul, l'intention de réparer (▪ Cass. civ., 26 juill. 1926 : *DH* 1926, 434).

5) Apparence. La vente est valable si les acquéreurs ont traité avec celui qu'une erreur commune et légitime leur a imposé de considérer comme habilité à vendre (▪ Cass. 3e civ., 22 mars 1968 : *JurisData* n° 1968-099123 ; *Bull. civ.* III, n° 123, p. 96. V. en ce sens pour la vente consentie par l'héritier apparent ▪ Cass. req., 20 mai 1935 : *DP* 1935, 1, 97, rapp. Pilon et note Capitant). Les tiers de bonne foi qui agissent sous l'empire de l'erreur commune ne tiennent leur droit ni du propriétaire apparent ni du propriétaire véritable, mais en sont investis par l'effet de la loi. La nullité du titre du propriétaire apparent, serait-elle d'ordre public, est sans influence sur la validité de l'aliénation par lui consentie, dès lors que la cause de la nullité est demeurée et devait nécessairement être ignorée de tous (▪ Cass. 1re civ., 22 juill. 1986, n° 84-17.004 : *JurisData* n° 1986-701574 ; *Bull. civ.* I, n° 214, p. 205. V. aussi ▪ Cass. 1re civ., 9 janv. 1996, n° 93-19.468 : *JurisData* n° 1996-000051 ; *JCP* 96, IV, 507 ; *Bull. civ.* I, n° 15, p. 10 ; *RD imm.* 1996, 227, obs. Groslière et Saint-Alary-Houin).

6) Application de l'article 2279. En cas de vente portant sur un meuble corporel, la nullité prévue par l'article 1599 ne peut être écartée en vertu de l'article 2279 que si l'acheteur est en possession et de bonne foi (▪ Cass. civ., 12 déc. 1921 : *DP* 1922, 1, 28. ▪ Aix-en-Provence, 3 nov. 1947 : *D.* 1948, 10). Si le propriétaire est privé de l'action en revendication par application de l'article 2279, il dispose contre le vendeur, par le fait duquel il a été dépouillé de la chose, d'une action en réparation du préjudice subi, mais non d'une action en restitution du prix fixé par un contrat de vente auquel il est demeuré étranger (■ Cass. com., 25 nov. 1969, n° 67-13.728 : *JCP* 70, IV, 9 ; *Bull. civ.* IV, n° 351, p. 326).

7) Dommages-intérêts. Le juge peut décider de ne pas allouer de dommages-intérêts à l'acheteur si le vendeur est lui-même de bonne foi (■ Cass. civ., 31 oct. 1928 : *DH* 1928, 591).

8) Action en revendication. L'annulation de la vente de la chose d'autrui n'est pas une condition de l'action en revendication du véritable propriétaire (■ Cass. 3e civ., 22 mai 1997, n° 95-17.480 : *JurisData* n° 1997-002180 ; *JCP* 97, I, 4060, n° 1, obs. Périnet-Marquet ; *Bull. civ.* III, n° 114, p. 76 ; *Contrats, conc. consom.* 1997, 147, note Leveneur ; *D.* 1997, somm. 343, obs. Paisant ; *RTD civ.* 1997, 960, obs. Gautier ; 1999, 652, obs. Zenati).

9) Garantie d'éviction. Sur la question du choix, pour l'acquéreur, entre garantie d'éviction et nullité pour vente de la chose d'autrui, V. ■ Cass. 3e civ., 27 oct. 2016, n° 15-23.846 : *RTD civ.* 2017, 176, obs. Dross).

Art. 1600 *(Abr., L. n° 2001-1135, 3 déc. 2001).*

Rédaction antérieure. Art. 1600. – On ne peut vendre la succession d'une personne vivante, même de son consentement.

Art. 1601. – **Si, au moment de la vente, la chose vendue était périe en totalité, la vente serait nulle.**

Si une partie seulement de la chose est périe, il est au choix de l'acquéreur d'abandonner la vente, ou de demander la partie conservée, en faisant déterminer le prix par la ventilation.

1) Marchandises complètement inutilisables. La détérioration des marchandises rendues complètement inutilisables doit être assimilée à la perte totale de la chose (■ Cass. req., 5 févr. 1906 : *DP* 1907, 1, 468 [betteraves pourries par le gel]. – V. en ce sens ■ Cass. req., 23 juin 1921 : *Gaz. Pal.* 1921, 2, 380 [vin mouillé]).

2) Perte partielle de la chose. La perte partielle de la chose peut, à raison de la nature de cette chose ou des usages du commerce, ne donner lieu qu'à une modification de prix (■ Cass. civ., 10 juin 1856 : *DP* 1856, 1, 254).

CHAPITRE III-1. – DE LA VENTE D'IMMEUBLES À CONSTRUIRE

(L. n° 67-3, 3 janv. 1967)

Art. 1601-1 *(L. n° 67-3, 3 janv. 1967 ; L. n° 67-547, 7 juill. 1967).* – (1) **La vente d'immeuble à construire est celle par laquelle le vendeur s'oblige à édifier un immeuble dans un délai déterminé par le contrat.**

Elle peut être conclue à terme ou en l'état futur d'achèvement.

Travaux de rénovation. Ne peuvent être assimilés à la construction d'un ouvrage les travaux de rénovation consistant dans la modification de la disposition des pièces et n'ayant pas nécessité de permis de construire (■ Cass. 3e civ., 6 nov. 1996, n° 94-16.786 : *JurisData* n° 1996-004152 ; *Bull. civ.* III, n° 212, p. 139).

Art. 1601-2 *(L. n° 67-3, 3 janv. 1967 ; L. n° 67-547, 7 juill. 1967).* – (1) **La vente à terme est le contrat par lequel le vendeur s'engage à livrer l'immeuble à son achèvement, l'acheteur s'engage à en prendre livraison et à en payer le prix à la date de livraison. Le transfert de propriété s'opère de plein droit par la constatation par acte authentique de l'achèvement de l'immeuble ; il produit ses effets rétroactivement au jour de la vente.**

Art. 1601-3 *(L. n° 67-3, 3 janv. 1967).* – (1) **La vente en l'état futur d'achèvement est le contrat par lequel le vendeur transfère immédiatement à l'acquéreur ses droits sur le sol ainsi que la propriété des constructions existantes. Les ouvrages à venir deviennent la propriété de l'acquéreur au fur et à mesure de leur exécution ; l'acquéreur est tenu d'en payer le prix à mesure de l'avancement des travaux.**

Le vendeur conserve les pouvoirs de maître de l'ouvrage jusqu'à la réception des travaux.

1) Transfert des risques. Sur le principe que dans la vente en l'état futur d'achèvement, les risques pèsent sur le vendeur jusqu'au jour de la livraison, V. ■ Cass. 3e civ., 11 oct. 2000,

(1) Dispositions applicables en Nouvelle-Calédonie dans leur version en vigueur au 21 juin 2013, Ord. n° 2013-516, 20 juin 2013, art. 1er.

n° 98-21.826 : *JurisData* n° 2000-006185 ; *JCP* G 2001, II, 10465 et *JCP* N 2001, 1031, note Malinvaud ; *Bull. civ.* III, n° 133, p. 113 ; *Defrénois* 2001, 878, obs. Périnet-Marquet.

2) **Charges de copropriété.** L'acquéreur n'est tenu des charges de copropriété qu'à partir de l'achèvement des lots acquis (■ Cass. 3e civ., 22 janv. 2014, n° 12-29.368 : *Bull. civ.* III, n° 9 ; *RD imm.* 2014, 355, obs. Tournafond et Tricoire ; *JCP* G 2014, doctr. 467, n° 9, obs. Périnet-Marquet ; *RTD imm.* 2014/2, 38, obs. Cohet ; *Defrénois* 2014, 283, obs. Périnet-Marquet ; *Gaz. Pal.* 2 mars 2014, 30, obs. Zalewski-Sicard).

3) **Responsabilité notariale.** Ni la formalité d'une déclaration d'ouverture de chantier ni l'existence d'une garantie d'achèvement ne dispensent le notaire, tenu d'assurer l'efficacité de l'acte de vente en l'état futur d'achèvement qu'il dresse, de vérifier le commencement effectif des travaux, seule circonstance de nature à prolonger le délai de validité du permis de construire, en l'absence de demande de prorogation, et d'informer les acquéreurs des risques qu'ils courent (■ Cass. ass. plén., 5 déc. 2014, n° 13-19.674 : à paraître au *Bull. civ.* ; *Gaz. Pal.* 14 janv. 2015, 20, obs. Blanc ; *Gaz. Pal.* 11 mars 2015, 24, obs. Zalewski-Sicard ; *RD imm.* 2015/3, 135, obs. Tournafond et Tricoire).

4) **Responsabilité du garant d'achèvement.** Le débiteur de la garantie d'achèvement commet une faute en refusant de mettre en œuvre la garantie d'achèvement quand il pouvait et devait le faire (■ Cass. 3e civ., 26 nov. 2014, n° 13-25.534 : à paraître au *Bull. civ.* ; *Gaz. Pal.* 28 janv. 2015, 5, obs. Zalewski-Siacrd ; *RTD imm.* 2015/1, 39, obs. Poumarède ; *RD imm.* 2015/1, 32, obs. Tournafon et Tricoire ; péremption du permis de construire). V. aussi ■ Cass. 3e civ., 26 nov. 2014, n° 13-22.863 : à paraître au *Bull. civ.*

5) **Absence de potestativité. Clause relative à la constatation de l'achèvement des ouvrages.** La clause d'un contrat de vente en l'état futur d'achèvement instaurant une procédure relative à la constatation de l'achèvement des ouvrages vendus n'étant pas potestative, est irrecevable la demande en paiement du prix par le vendeur qui n'a pas mis en œuvre cette procédure (■ Cass. 3e civ., 21 nov. 2012, n° 11-19.309 : *Bull. civ.* III, n° 170 ; *Defrénois* 2013, 523, obs. Périnet-Marquet ; *Dr. et patrimoine* 2013, 80, obs. Poumarède ; *JCP* N 2013, 1095, obs. Colas-Nuret et Zalewski ; *RD imm.* 2013, 93, obs. Tournafond ; *Gaz. Pal.* 10 mars 2013, 19, obs. Houtcieff).

6) **Remboursements consécutifs à la résolution de la vente. Garantie d'achèvement.** La faculté de substitution d'une garantie de remboursement à la garantie d'achèvement consentie n'ayant pas été mise en œuvre, le débiteur de la garantie d'achèvement n'était pas obligé de rembourser, *in solidum* avec le vendeur, les versements effectués par les acquéreurs, en cas de résolution de la vente (■ Cass. 3e civ., 7 mai 2008, n° 07-11.390 : *Bull. civ.* III, n° 75 ; *Gaz. Pal.* 5 avr. 2009, 30, note Peisse ; *RDC* 2008/4, 1181, obs. Deshayes).

Art. 1601-4 *(L. n° 67-547, 7 juill. 1967).* – (1) **La cession par l'acquéreur des droits qu'il tient d'une vente d'immeuble à construire substitue de plein droit le cessionnaire dans les obligations de l'acquéreur envers le vendeur.**

Si la vente a été assortie d'un mandat, celui-ci se poursuit entre le vendeur et le cessionnaire.

Ces dispositions s'appliquent à toute mutation entre vifs, volontaire ou forcée, ou à cause de mort.

Voir : CCH, art. L. 261-10 à L. 261-22, p. 2170 et s., CCHR. 261-10 à R. 261-22 et s. et CCHR. 261-33.

Voir aussi : concernant la vente d'immeubles à rénover, CCH, art. L. 262-1 et s., p. 2172.

CHAPITRE IV. – DES OBLIGATIONS DU VENDEUR

Section I.– Dispositions générales

Art. 1602. – **Le vendeur est tenu d'expliquer clairement ce à quoi il s'oblige.**

Tout pacte obscur ou ambigu s'interprète contre le vendeur.

1) ***Interprétation d'un acte ambigu.*** Pour des applications du principe que l'acte ambigu doit s'interpréter contre le vendeur, V. ■ Colmar, 3 juin 1965 : *JCP* 66, II, 14472, note P. L., 2e esp.

(1) Dispositions applicables en Nouvelle-Calédonie dans leur version en vigueur au 21 juin 2013, Ord. n° 2013-516, 20 juin 2013, art. 1er.

■ Cass. 3e civ., 16 déc. 1998, n° 97-11.541 : *JurisData* n° 1998-004835 ; *JCP* 99, IV, 2104. ■ Cass. 1re civ., 13 avr. 1999, n° 97-17.626 : *JurisData* n° 1999-001614 ; *Contrats, conc. consom.* 1999, 127, note Leveneur ; *Bull. civ.* I, n° 139, p. 90. Mais ce principe, s'il déroge à l'article 1162 du Code civil, ne déroge pas plus que ce dernier aux règles prescrites pour l'interprétation des conventions par les articles 1156 à 1161 et n'interdit pas le recours aux usages (■ Cass. civ., 11 avr. 1918 : *DP* 1921, 1, 224).

2) **Obligation de renseignement du cédant d'actions.** Sur l'obligation pour le cédant d'actions de renseigner clairement le cessionnaire conformément à l'article 1602, V. ■ Paris, 11 sept. 1990 : *JurisData* n° 1990-023591 ; *D.* 1991, somm. 161, obs. Tournafond.

3) **Obligation de renseignement du vendeur d'un ordinateur.** Ne donne pas de base légale à sa décision l'arrêt qui, après avoir rappelé la contestation élevée par le vendeur d'un ordinateur sur l'étendue de son engagement, énonce que le bon de commande ne précise pas ce point, sans rechercher si le vendeur s'est conformé aux exigences de l'article 1602 (■ Cass. 1re civ., 13 oct. 1993, n° 91-21.132 : *JurisData* n° 1993-002614 ; *D.* 1994, 211 ; *JCP* 94, I, 3757, n° 7, obs. Billiau).

4) **Situation de la propriété vendue au regard du droit de chasse.** Le vendeur d'une propriété doit informer l'acquéreur, quelle que soit l'utilisation envisagée pour l'immeuble, de la situation juridique de la propriété au regard de l'exercice du droit de chasse (■ Cass. 3e civ., 20 mars 1996, n° 94-12.704 : *JurisData* n° 1996-001020 ; *JCP* 96, IV, 1159 ; *Bull. civ.* III, n° 84, p. 54. V. en ce sens ■ Cass. 3e civ., 21 févr. 2001, n° 99-17.666 : *JurisData* n° 2001-008300 ; *JCP* 2001, IV, 1694 ; *Bull.* III, n° 22, p. 18 ; *D.* 2002, somm. 932, obs. Pignarre).

5) **Terrain grevé d'une servitude EDF.** Le promettant doit avertir le bénéficiaire de ce que le terrain objet de la promesse est grevé d'une servitude EDF dont l'existence est incontestée (■ Cass. 3e civ., 1er juill. 1998, n° 96-19.802 : *JurisData* n° 1998-003023 ; *JCP* 98, IV, 2978 ; *Bull. civ.* III, n° 155, p. 103 ; *D.* 1999, somm. 13, obs. Paisant).

6) **Obligation d'information et de conseil du vendeur.** Voir l'article 1604, ci-dessous.

Art. 1603. – **Il a deux obligations principales, celle de délivrer et celle de garantir la chose qu'il vend.**

Voir : sur la garantie de la conformité du bien au contrat due par le vendeur au consommateur, C. consom., art. L. 211-1 et s., Annexe (sur laquelle, v. Gaudin, *Regards dubitatifs sur l'effectivité des remèdes offerts au consommateur en cas de défaut de conformité de la chose vendue : D.* 2008, p. 631).

Section II. – De la délivrance

Art. 1604. – **La délivrance est le transport de la chose vendue en la puissance et possession de l'acheteur.**

• Sommaire

1) **Transmission de l'obligation aux héritiers.** L'obligation de délivrance qui pèse sur le vendeur se transmet à ses héritiers purs et simples (■ Cass. 1re civ., 13 févr. 1967 : *JCP* 67, IV, 48 ; *Bull. civ.* I, n° 62, p. 46), même s'ils sont propriétaires de leur chef de la chose vendue (■ Cass. 3e civ., 16 mai 1974, n° 73-10.851 : *JurisData* n° 1974-098208 ; *JCP* 74, IV, 244 ; *Bull. civ.* III, n° 209, p. 158). Ils ne peuvent donc se prévaloir du défaut de publication et sont tenus de l'obligation de délivrance du vendeur envers le premier acquéreur (■ Cass. 1re civ., 5 mai 1987, n° 84-14.975 : *Bull. civ.* I, n° 142, p. 112).

I – OBJET DE LA DÉLIVRANCE

2) **Délivrance de la chose vendue.** Lorsque la commande porte sur un exemplaire de livre numéroté, il y a manquement à l'obligation de délivrance si cet exemplaire n'est pas livré, alors même qu'il n'y a pas de différence entre l'exemplaire commandé et l'exemplaire livré et que l'acheteur ne subit aucun préjudice (■ Cass. 1re civ., 26 nov. 1980, n° 79-14.547 : *JurisData* n° 1980-045206 ; *Bull. civ.* I, n° 310, p. 246). De même, il importe peu que les différences soient minimes

par rapport à la commande (■ Cass. 1re civ., 1re déc. 1987, n° 85-12.046 : *JurisData* n° 1987-002158 ; *Bull. civ.* I, n° 324 et 325, p. 233 ; *RTD civ.* 1988, 368, obs. Rémy). Sur ce que l'obligation de délivrance n'est pleinement exécutée qu'une fois réalisée la mise au point effective de la chose vendue, V. ■ Cass. 1re civ., 3 juill. 2001, n° 99-12.859 : *JurisData* n° 2001-010725 ; *Resp. civ. et assur.* 2001, 328. ■ Cass. com., 11 juill. 2006, n° 04-17.093 : *JurisData* n° 2006-034736 ; *Contrats, conc. consom.* 2006, 248, note Leveneur (logiciel). – V. aussi ■ Cass. com., 10 févr. 2015, n° 13-24.501 : *Contrats, conc. consom.* 2015, comm. 111, Leveneur ; *Defrénois* 2015, 611, obs. Lécuyer et Seube ; *D.* 2015, 1683, note Rouhette ; *RTD com.* 2015, 341, obs. Legeais et 348, Bouloc ; *RDC* 2015/3, obs. Huet : l'obligation de délivrance de machines complexes n'est pleinement exécutée qu'une fois réalisée la mise au point effective de la chose vendue (crédit-bail ; tour CNC).

3) Charge de la preuve. Il incombe au vendeur de prouver qu'il a délivré la chose vendue (■ Cass. 1re civ., 4 juill. 2007, 06-12818). La charge de la preuve de la non-conformité pèse sur l'acheteur demandeur à l'exception (■ Cass. com., 3 déc. 1980, n° 78-13.305 : *JurisData* n° 1980-745182 ; *JCP* 1981, IV, 69 ; *Bull. civ.* IV, n° 409, p. 328. V. aussi ■ Cass. crim., 21 nov. 1972 : *Gaz. Pal.* 1973, 1, 135), même si la livraison n'a pas lieu à la date convenue (■ Cass. com., 25 oct. 1972, n° 70-14.121 : *JurisData* n° 1972-097267 ; *Bull. civ.* IV, n° 267, p. 252), mais c'est au vendeur de prouver qu'il a mis la chose vendue à la disposition de l'acheteur dans le délai convenu (■ Cass. 1re civ., 19 mars 1996, n° 94-14.155 : *JurisData* n° 1996-001015 ; *JCP* 1996, IV, 1157 ; *Bull. civ.* I, n° 147, p. 100 ; *Defrénois* 1996, 1437, obs. Bénabent ; *D.* 1997, somm. 25, obs. Jourdain ; *RTD civ.* 1997, 143, obs. Jourdain).

4) Sur la **délivrance des accessoires**, V. art. 1615, p. 1382.

5) Lien entre l'obligation de délivrance et l'obligation de payer le prix. Sauf convention particulière, l'obligation, pour l'acheteur, de payer le prix de vente résulte de l'exécution complète par le vendeur de son obligation de délivrance (■ Cass. 1re civ., 19 nov. 1996, n° 94-20.819 : *JCP* E 97, II, 22862, II, 968, note J. Huet ; *Bull. civ.* I, n° 411, p. 286 ; *Contrats, conc. consom.* 1997, 45, note Leveneur, ensemble informatique dont un élément indissociable n'a pas été livré).

II – MODALITÉS DE LA DÉLIVRANCE

6) Remise au transporteur. Le vendeur qui remet les marchandises au transporteur, lequel les accepte sans réserve, a rempli son obligation de délivrance (■ Cass. com., 8 oct. 1996, n° 94-11.036 : *JurisData* n° 1996-003718 ; *JCP* 96, IV, 2339 ; *Bull. civ.* IV, n° 229, p. 200. ■ Cass. com., 1er mars 2005 : *Bull. civ.* IV, n° 42, p. 47). Il en va de même lorsque le mandataire de l'acheteur a inspecté la marchandise chez le vendeur et l'a remise au transporteur (■ Cass. com., 17 févr. 1998, n° 95-15.952 : *JurisData* n° 1998-000661 ; *JCP* 98, IV, 1815 ; *Bull. civ.* IV, n° 84, p. 66).

7) Mise en entrepôt de douane. La mise en entrepôt de douane ne constitue pas un acte de délivrance au sens de la loi (■ Cass. 1re civ., 25 oct. 1978 : *JurisData* n° 1978-700325 ; *Bull. civ.* I, n° 325, p. 250 ; *JCP* 80, II, 19305, note J. H.).

8) Meubles par anticipation. S'agissant d'une vente de matériaux envisagés dans leur état futur comme meubles par anticipation, la délivrance est accomplie, non pas au moment de l'extraction effective des matériaux, mais lorsque rien ne s'oppose plus, du fait du vendeur, à ce que l'acquéreur commence l'exploitation (■ Cass. 1re civ., 13 juill. 1982, n° 79-13.276 : *JurisData* n° 1982-701864 ; *Bull. civ.* I, n° 262, p. 226 ; *Gaz. Pal.* 1982, 2, 670, note A. Piedelièvre).

9) Délai. À défaut de délai convenu, il appartient aux juges du fond de déterminer le délai raisonnable dans lequel le vendeur devait délivrer la chose vendue (■ Cass. com., 12 nov. 2008, n° 07-19.676 : *JurisData* n° 2008-045799 ; *Bull. civ.* IV, n° 192 ; *Contrats, conc. consom.* 2009, comm. 39, obs. Leveneur ; *RDC* 2009/2, 599, obs. Pimont ; *D.* 2008, 3011, obs. Delpech). Sur le principe que dans les ventes aux consommateurs de biens mobiliers d'une valeur excédant un seuil fixé par voie réglementaire, le vendeur professionnel doit indiquer la date limite à laquelle il s'engage à livrer le bien, v. C. consom., art. L. 114-1, p. 2016. C'est au vendeur de prouver qu'il a mis la chose vendue à la disposition de l'acheteur dans le délai convenu (■ Cass. 1re civ., 19 mars 1996, n° 94-14.155 : *JurisData* n° 1996-001015 ; *JCP* 1996, IV, 1157 ; *Bull. civ.* I, n° 147, p. 100 ; *Defrénois* 1996, 1437, obs. Bénabent ; *D.* 1997, somm. 25, obs. Jourdain ; *RTD civ.* 1997, 143, obs. Jourdain).

III – OBLIGATION DE CONFORMITÉ

10) Principes. La non-conformité de la chose vendue aux spécifications contractuelles constitue un manquement du vendeur à son obligation de délivrance conforme (■ Cass. 1re civ., 5 mai 1993, n° 90-18.331 : *JurisData* n° 1993-000889 ; *Bull. civ.* I, n° 158 ; *D.* 1993, 507, note Bénabent. ■ Cass. 1re civ., 16 juin 1993, n° 91-18.924 : *JurisData* n° 1993-001188 ; *Bull. civ.* I, n° 224 ; *D.* 1993, 546, note Clay. ■ Cass. 1re civ., 27 oct. 1993, n° 90-20.932 : *JurisData* n° 1993-002111 ; *Bull. civ.* I, n° 305. ■ Cass. com., 26 avr. 1994, n° 92-18.966 : *JurisData* n° 1994-001017 ; *Bull.*

civ. IV, n° 159 ; *JCP* 1994, II, 22356, note Leveneur. ▪ Cass. 1re civ., 15 mars 2005, n° 02-12.497 : *JurisData* n° 2005-027568 ; *Bull. civ.* I, n° 139 ; *Contrats, conc. consom.* 2005, 129, note Leveneur. ▪ Cass. 1re civ., 24 janv. 2006, n° 04-11.903 : *JurisData* n° 2006-031791 ; *Bull. civ.* I, n° 36). Comp. auparavant, adoptant une définition fonctionnelle du défaut de conformité : l'obligation de délivrance implique non seulement la délivrance de la chose, mais celle d'une chose conforme à sa destination (▪ Cass. 1re civ., 14 févr. 1989, n° 86-14.913 : *JurisData* n° 1989-000413 ; *Bull. civ.* I, n° 84, p. 54), qui corresponde en tous points au but recherché par l'acquéreur (▪ Cass. 1re civ., 20 mars 1989, n° 87-18.517 : *JurisData* n° 1989-701599 ; *Bull. civ.* I, n° 140, p. 93). V. C. Atias, *L'obligation de délivrance conforme : D.* 1991, chron. 1 ; A. Bénabent, *Conformité et vices cachés dans la vente : l'éclaircie : D.* 1994, chron., 114. Pour des applications du principe que l'acheteur ne peut invoquer un défaut de conformité apparent, V. ▪ Cass. 3e civ., 22 janv. 1997, n° 95-11.045 : *JurisData* n° 1997-000206 ; *JCP* 97, IV, 570 ; *Bull. civ.* III, n° 24, p. 14 ; *Defrénois* 1997, 1079, obs. Bénabent. ▪ Cass. 1re civ., 26 juin 2001, n° 99-17.631 : *JurisData* n° 2001-010424 ; *Contrats, conc. consom.* 2001, 156, note Leveneur. ▪ Cass. com., 8 janv. 2002, n° 99-12.101 : *JurisData* n° 2002-012634 ; *Contrats, conc. consom.* 2002, 75, note Leveneur. ▪ Cass. 1re civ., 12 juill. 2005, n° 03-13.851 : *JurisData* n° 2005-029441 ; *JCP* E 2006, 1018, note Leveneur ; *Contrats, conc. consom.* 2005, 203, note Leveneur ; *Bull. civ.* I, n° 333, p. 275. Sur ce que le délai de prescription commence à courir à compter de la livraison, V. ▪ Cass. 3e civ., 26 juin 2002, n° 00-19.616 : *Contrats, conc. consom.* 2002, 173, note Leveneur ; *RD imm.* 2002, 424, obs. Malinvaud ; *Bull. civ.* III, n° 148, p. 126 ; *RTD civ.* 2003, 103, obs. Jourdain. V. en ce sens pour l'action récursoire d'un revendeur de matériaux contre le fabricant ▪ Cass. 1re civ., 4 févr. 2003 : *JurisData* n° 2003-017455 ; *JCP* 2003, IV, 1553 ; *RTD civ.* 2003, 512, obs. Jourdain.

11) Applications. Non-conformité. Il appartient aux juges du fond de rechercher si l'inexactitude du kilométrage figurant au compteur de la voiture vendue ne doit pas être qualifiée comme un manquement du vendeur à son obligation de délivrer un véhicule conforme aux spécifications convenues par les parties (▪ Cass. 1re civ., 16 juin 1993, n° 91-18.924 : *JurisData* n° 1993-001188 ; *D.* 1994, 210. V. aussi, récusant nettement l'existence, dans cette hypothèse, d'un vice caché, ▪ Cass. 1re civ., 15 mars 2005, n° 02-12.497 : *JurisData* n° 2005-027568 ; *Contrats, conc. consom.* 2005, 129, note Leveneur ; *Bull. civ.* I, n° 139, p. 120. – Comp. ▪ Cass. 1re civ., 28 mars 1995, n° 92-19.039 : *JurisData* n° 1995-000718 ; *Contrats, conc. consom.* 1995, 103, note Leveneur, véhicule gravement endommagé vendu comme ayant subi seulement un « accrochage ». ▪ Cass. 1re civ., 18 juill. 1995, n° 93-14.192 : *JurisData* n° 1995-002384 ; *Contrats, conc. consom.* 1995, 182, note Leveneur, insuffisance de la capacité nominale d'un générateur de courant. ▪ Cass. 1re civ., 29 mai 1996, n° 94-16.615 : *JurisData* n° 1996-002115 ; *Contrats, conc. consom.* 1996, 165, note Leveneur ; *JCP* 1996, IV, 1645 ; *Bull. civ.* I, n° 230, p. 159 ; *D.* 1997, somm. 346, 4e esp., obs. Tournafond, voiture volée dont la carte grise avait été falsifiée. ▪ Cass. 1re civ., 5 nov. 1996, n° 94-15.898 : *JurisData* n° 1996-004133 ; *Bull. civ.* I, n° 385, p. 269, véhicule résultant de l'assemblage de l'épave d'une voiture accidentée avec une coque dont le numéro de série d'origine a été maquillé. ▪ Cass. 1re civ., 17 juin 1997, n° 95-16.942 : *JurisData* n° 1997-002917 ; *Contrats, conc. consom.* 1997, 163, note Leveneur ; *RD imm.* 1997, 594, obs. Malinvaud et Boubli, enduit extérieur ne pouvant être utilisé comme revêtement d'une façade. ▪ Besançon, 26 nov. 1997 : *JurisData* n° 1997-049738 ; *JCP* 1998, IV, 1772, mousse garnissant un fauteuil ne correspondant pas à la marque annoncée bien qu'étant de qualité voisine. ▪ Cass. 1re civ., 30 mars 1999, n° 97-16.252 : *JurisData* n° 1999-001367 ; *JCP* 1999, IV, 2001 ; *Contrats, conc. consom.* 1999, 108, note Leveneur ; *Resp. civ. et assur.* 1999, 188 ; *Bull. civ.* I, n° 118, p. 77, semences traitées contrairement à l'usage instauré entre les parties. ▪ Cass. 1re civ., 18 juill. 2000, n° 98-16.766 : *JurisData* n° 2000-003054 ; *D.* 2002, somm. 1000, obs. Tournafond, modification de la composition d'un produit de revêtement de sol à l'origine de désordres dans la construction. ▪ Cass. 1re civ., 16 janv. 2001, n° 98-16.732 : *JurisData* n° 2001-007794 ; *Resp. civ. et assur.* 2001, 123, 2e esp., note Groutel ; *Bull. civ.* I, n° 1, p. 1, panneaux de particules ne présentant pas les caractéristiques convenues. ▪ Cass. 1re civ., 29 janv. 2002 : *JCP* 2002, IV, 1421 ; *JurisData* n° 2002-012766 ; *Bull. civ.* I, n° 35, p. 27, véhicule non conforme aux indications du contrôle technique. ▪ Cass. com., 5 mars 2002, n° 99-13.723 : *JurisData* n° 2002-013533 ; *Contrats, conc. consom.* 2002, 107, note Leveneur, caissons de volets en PVC alors que les volets commandés devaient être en aluminium. ▪ Cass. com., 28 mai 2002, n° 00-16.749 : *JurisData* n° 2002-014680 ; *Contrats, conc. consom.* 2002, 139, inclusion d'un flocon d'hydrogène dans le métal d'une bielle de moteur. ▪ Cass. com., 8 juill. 2003 : *Contrats, conc. consom.* 2004, 5, note Leveneur, modification du tissu commandé. ▪ Cass. 1re civ., 25 janv. 2005, n° 02-12.072 : *JurisData* n° 2005-026640 ; *JCP* 2005, II, 10184, note Lièvremont, type du véhicule automobile ne correspondant pas à celui mentionné sur la carte grise. ▪ Cass. 1re civ., 24 janv. 2006, n° 04-11.903 : *JurisData* n° 2006-031791 ; *Bull. civ.* I, n° 36 ; *RTD com.* 2006, 651 ; *Contrats, conc. consom.* 2006, 78, note Leveneur, numéro de série frappé sur la caisse du véhicule ne correspondant pas au numéro d'origine mentionné sur le certificat d'immatriculation. ▪ Cass. 1re civ., n° 04-19.665, 13 juin 2006 : *JurisData* n° 2006-034002 ; *Bull. civ.* I, n° 309, mentions erronées du certificat d'immatriculation d'un tracteur concernant l'âge du véhicule). ▪ Cass. 1re civ., 28 janv. 2010, n° 09-11.625 : *Contrats, conc. consom.* 2010, comm. 89, obs. Leveneur, horloge comtoise équipé d'un mécanisme de fabrication allemande. ▪ Cass. 1re civ., 9 avr. 2014, n° 12-20.250 : *Contrats, conc. consom.* 2014, comm. 151, Leveneur (voiture dépourvue du toit ouvrant attendu). ▪ Cass. 3e civ., 28 janv. 2015, nos 13-19.945 et 13-27.050 : *JCP* G 2015, 469, note Boffa ; *JCP* N 2015, 1186, obs. Piedelièvre ; *Dr. et patrimoine* juill. 2015, 80, obs. Aynès et Stoffel-Munck : immeuble vendu comme étant raccordé au réseau public d'assainissement ; raccordement non conforme aux stipulations contractuelles. ▪ Cass. 1re civ., 1er juin 2017, n° 16-13.977 : *Contrats, conc. consom.* 2017, comm. 191, Leveneur, âge du véhicuel.

12) Terrain pollué. Sur l'obligation pour le vendeur d'un immeuble présenté comme dépollué de délivrer un bien conforme à cette caractéristique, V. ▪ Cass. 3e civ., 29 févr. 2012, n° 11-10.318 : *Bull. civ.* III, n° 37 ; *RDC* 2012/4, 1306, note Mekki ; *Contrats, conc. consom.* 2012, comm. 117, obs. L. Leveneur ; *Defrénois* 2012/9, 455, obs. Seube ; *JCP* N 2012, 1279, n° 6, obs. Lièvre et Müller ; *JCP* N 2012, 1186, note Herrnberger ; *JCP* N 2012, 1379, n° 24, obs. Boutonnet ; *JCP* N 2013, 1007, n° 20, obs. Piedelièvre ; *D.* 2012, 1208, n° 4, obs. Guillaudier. Dans le même sens, Aix-en-Provence, ch. 1 B, 16 mai 2013, n° 2013/318 : *RDC* 2014/1, 108, Boutonnet. – Dans le même sens, ▪ Cass. 3e civ., 12 nov. 2014, n° 13-25.079 : *JCP* N 2015, doctr. 1112, n° 1, obs. Mekki et n° 2, obs. Hautereau-Boutonnet. Inversement, lorsque la convention des parties porte expressément sur un terrain comportant un risque de pollution connu de l'acquéreur, l'acquéreur ne peut se prévaloir d'un manquement à l'obligation de délivrance (▪ Cass. 3e civ., 16 janv. 2013, n° 11-27.101 : *Bull. civ.* III, n° 4 ; *D.* 2013, 647, Parance et 676, Sutterlin). *Adde*, ▪ Cass. 3e civ., 5 déc. 2012, n° 11-20.689 : *Environnement* 2013/6, n° 4, Boutonnet et Herrnberger : absence de manquement à l'obligation de délivrance en l'absence de clause relative au caractère polluant des biens vendus.

13) Réception sans réserve. Couverture des défauts apparents. L'acceptation sans réserve par l'acheteur de la marchandise vendue ne lui interdit de se prévaloir que des défauts apparents de conformité (▪ Cass. com., 28 juin 2011, n° 10-18.043). Dans le même sens, ▪ Cass. 1re civ., 9 avr. 2014, n° 13-11.375 : *Contrats, conc. consom.* 2014, 153, Leveneur.

14) Réception sans réserve ni contrôle dans une vente entre professionnels. Commet une faute de négligence l'acquéreur professionnel de conteneurs d'occasion (conteneurs en inox incompatibles avec l'activité chimique de l'acquéreur) qui, même en l'absence de défaut de conformité apparent, accepte sans réserve ni contrôle technique lesdits conteneurs, tandis que la qualité de l'inox était déterminante et qu'il était techniquement possible de la vérifier rapidement (▪ Cass. 1re civ., 20 mai 2010, n° 09-10.086 : *Bull. civ.* 2010, I, n° 119 ; *D.* 2010, 1757, note O. Deshayes ; *RDC* 2010/4, 1317, obs. Ph. Brun ; *RTD civ.* 2010, 554, obs. Fages ; *JCP* E 2010, n° 27-28, 32, obs. Seube ; *Gaz. Pal.* 4 août 2010, 25, obs. D. Houtcieff ; *JCP* G 2010, note 842, Boucard ; *JCP* G 2010, doctr. 983, n° 22, obs. P. Grosser).

15) Sanction d'un défaut de délivrance conforme. Réduction du prix (non). Le juge ne peut pas modifier le prix de vente déterminé par les parties ; le préjudice résultant de l'inexécution par le vendeur de son obligation de délivrance ne peut être réparé que par l'allocation de dommages-intérêts (▪ Cass. 3e civ., 10 mars 2015, n° 13-27.660 : *Contrats, conc. consom.* 2015, comm. 136, Leveneur ; *Gaz. Pal.* 31 mars 2015, 22, obs. Zalewski-Sicard et 9 juill. 2015, 18, obs. Houtcieff ; *RD imm.* 2015, 412, obs. Tournafond, Tricoire).

16) Inadéquation découlant de l'évolution technique. Défaut de conformité (non). Sauf stipulation contraire, le défaut de conformité doit s'apprécier au regard des données techniques connues ou prévisibles au jour de la vente et ne peut résulter d'une inadéquation de la chose vendue à des normes ultérieurement mises au point et découlant de l'évolution de la technique (▪ Cass. 1re civ., 7 mai 2008, n° 06-20.408 : *JCP* 2008, IV, 2021 ; *Bull. civ.* I, n° 128 ; *RDC* 2008, 1172, obs. Viney).

17) Clause de non garantie du kilométrage. Erreur. Défaut de conformité. La clause de non-garantie du kilométrage ne fait pas obstacle à une action en nullité fondée sur une erreur sur les qualités substantielles de la chose vendue ; l'erreur affectant le kilométrage indiqué, celui-ci ne fût-il pas garanti, peut caractériser un manquement à l'obligation de délivrance (▪ Cass. 1re civ., 29 nov. 2016, n° 15-17.497 : *RTD civ.* 2017, 127, obs. Barbier).

18) Obligation de conformité et garantie des vices cachés. Sur la distinction entre obligation de conformité et garantie des vices cachés, V. sous art. 1641, annot. n° 6 et s., p. 1391.

19) Vente de biens de consommation. Sur la garantie de conformité dans les ventes de biens de consommation, v. C. consom., art. L. 211-1 et s. ancien p. 2027. V. aussi O. Salvat, *La garantie spéciale de conformité et l'obligation générale de* *délivrance conforme : quel choix pour l'acheteur ?* : *Contrats, conc. consom.*, 2006, étude 18, p. 10.

20) Chose neuve. La commande d'une chose neuve s'entend d'une chose n'ayant subi aucune dégradation (▪ Cass. 1re civ., 3 mai 2006, n° 04-20.432 : *JurisData* n° 2006-033291 ; *Conc., conc. consom.*, 2006, 185, note Leveneur. Dans le même sens, ▪ Cass. 1re civ., 14 mai 1991 : *Bull. civ.* I, n° 130 ; *Contrats, conc. consom.*, 1991, 197, note Leveneur).

21) Garantie du rendement économique (non). Si le vendeur doit garantir le potentiel technique de rendement du matériel qu'il vend, il n'est pas tenu d'en garantir le rendement économique, faute d'avoir la maîtrise de son exploitation ultérieure (▪ Cass. com., 1er déc. 1992, n° 90-18.238 : *JurisData* n° 1992-003248 ; *JCP* 93, IV, 419).

22) Caractère exclusif de la loi Carrez. Lorsque l'acquéreur d'un lot de copropriété agit contre le vendeur en invoquant un déficit de superficie, son action est régie exclusivement par les dispositions de l'article 46 de la loi du 10 juillet 1965 et l'acquéreur ne peut se prévaloir d'un défaut de délivrance conforme au sens de l'article 1604 pour bénéficier d'une prescription plus favorable (▪ Cass. 3e civ., 26 nov. 2015, nos 14-14.778 et 14-28.394 : *JCP* N 2016, 1087, n° 39, obs. Piedelièvre ; *RDC* 2016/2, 247, obs. Brun).

23) Transmission de l'action au sous-acquéreur. Le sous-acquéreur jouit de tous les droits et actions attachés à la chose qui appartenait à son auteur ; il dispose donc à cet effet contre le fabricant d'une action contractuelle directe fondée sur la non-conformité de la chose livrée (▪ Cass. ass. plén., 7 févr. 1986, n° 83-14.631 : *JurisData* n° 1986-700259 ; *JurisData* n° 1986-701832 ; *JCP* 86, II, 20616, note Malinvaud ; *D.* 1986, 293, note Bénabent ; *RTD civ.* 1986, 364, obs. Huet et 605, obs. Rémy. ▪ Cass. 1re civ., 4 mars 1986, n° 85-10.560 : *JurisData* n° 1986-000120 ; *Bull. civ.* I, n° 57, p. 53. ▪ Cass. 1re civ., 22 févr. 2000, n° 97-20.731 : *JurisData* n° 2000-000700 ; *Contrats, conc. consom.* 2000, 91, note Leveneur. V. en ce sens pour l'action contre le réparateur de la chose vendue ▪ Cass. 1re civ., 26 mai 1999, n° 97-17.305 : *Contrats, conc. consom.* 1999, 153, note Leveneur). Seul celui auquel la chose est rendue doit restituer à l'acquéreur le prix qu'il en a reçu ; par conséquent, lorsque l'action est exercée contre le vendeur intermédiaire, seul ce dernier est tenu de la restitution du prix (▪ Cass. com., 3 févr. 1998, n° 95-18.602 : *JurisData* n° 1998-000393 ; *D.* 1999, somm. 15, obs. Tournafond. Pour l'application de la même solution à une chaîne hétérogène, V. ▪ Cass. 3e civ., 7 juill. 2010, n° 09-15.081 : *Bull. civ.* 2010, III, n° 142 ; *JCP* G 2010, doctr. 983, n° 23, obs. Grosser ; *RD imm.* 2010, 556, note Tournafond). L'action résolutoire résultant d'un même défaut de conformité se transmet avec la chose livrée, de sorte que lorsqu'elle est exercée, d'une part par le sous-acquéreur à la fois contre le vendeur intermédiaire et contre le vendeur originaire, à l'égard duquel le sous-acquéreur dispose d'une action directe contractuelle, d'autre part, par le vendeur intermédiaire contre le vendeur originaire, seule peut être accueillie l'action formée par le sous-acquéreur contre le vendeur intermédiaire et contre le vendeur originaire, le vendeur intermédiaire pouvant seulement agir en ce cas contre le vendeur originaire aux fins de garantie des condamnations prononcées contre lui en faveur du sous-acquéreur (▪ Cass. 1re civ., 20 mai 2010, n° 09-10.086, cité *supra*, note 10). Lorsque l'action en résolution est exercée par le sous-acquéreur contre le vendeur originaire, ce dernier ne peut être tenu de restituer davantage qu'il n'a reçu, sauf à devoir des dommages-intérêts en réparation du préjudice causé tant au sous-acquéreur qu'au vendeur intermédiaire (même arrêt). V. aussi sous art. 1165 ancien, p. 1125 et sous art. 1615, p. 1382.

24) Vente internationale de marchandises. Sur l'application de la Convention de Vienne du 11 avril 1980 sur la vente internationale de marchandises, V. not. ▪ Cass. com., 3 févr. 2009, n° 07-21.827 : *JurisData* n° 2009-046873 ; *Contrats, conc. consom.* 2009, comm. 96, obs. Leveneur, qui décide que le délai de deux ans de l'article 39 de la Convention est un délai de dénonciation du défaut de conformité et non un délai pour agir. – V. aussi ▪ Cass. com., 4 nov. 2014, n° 13-10.776 : *Contrats, conc. consom.* 2015, comm. 29, Leveneur ; *JCP* G 2015, doctr. 236, n° 5, obs. Nourissat : l'acquéreur étant déchu de son droit de se prévaloir du défaut de conformité des marchandises pour ne pas l'avoir dénoncé à son vendeur dans un délai raisonnable à compter de sa constatation, la cour d'appel a pu rejeter par voie de conséquence la demande de dommages-intérêts, qui était accessoire à la demande fondée sur le défaut de conformité.

IV – OBLIGATION D'INFORMATION ET DE CONSEIL

Bibliographie : C. Grimaldi et J.-F. Sagaut, *L'obligation d'information du vendeur* : *RDC* 2012/3, 1091.

25) Vendeur professionnel. Principe. Il appartient au vendeur professionnel de matériau acquis par un acheteur profane de le conseiller et de le renseigner, et notamment d'attirer son attention sur les inconvénients inhérents à la qualité du matériau choisi, ainsi que sur les précautions à prendre pour sa mise en œuvre compte tenu de l'usage auquel ce matériau est destiné (■ Cass. 1re civ., 27 févr. 1985, n° 84-10.022 : *JurisData* n° 1985-700666 ; *Bull. civ.* I, n° 82, p. 75. ■ Cass. 1re civ., 3 juill. 1985, n° 84-10.875 : *JurisData* n° 1985-701865 ; *Bull. civ.* I, n° 211, p. 191. V. en ce sens pour un matériel de boulangerie ■ Cass. com., 4 janv. 2005, n° 03-16.790 : *JurisData* n° 2005-026397 ; *Contrats, conc. consom.* 2005, 108, note Leveneur). Il incombe au vendeur professionnel, tenu d'une obligation de renseignement à l'égard de son client, de prouver qu'il l'a exécutée (■ Cass. 1re civ., 11 oct. 2017, n° 16-24.594 : *Contrats, conc. consom.* 2018, 3, Leveneur). Il doit s'informer des besoins de son acheteur et informer ensuite celui-ci des contraintes techniques de la chose vendue et de son aptitude à atteindre le but recherché (■ Cass. com., 1er déc. 1992, n° 90-21.804 : *JurisData* n° 1992-002696 ; *JCP* 93, IV, 420. ■ Cass. 1re civ., 5 déc. 1995, n° 93-19.874 : *JurisData* n° 1995-003515 ; *JCP* 96, IV, 263 ; *Defrénois* 1996, 746, obs. Delebecque). Il incombe au vendeur professionnel de prouver qu'il s'est acquitté de l'obligation de conseil lui imposant de se renseigner sur les besoins de l'acheteur afin d'être en mesure de l'informer quant à l'adéquation de la chose proposée à l'utilisation qui est prévue (■ Cass. 1re civ., 28 oct. 2010, n° 09-16.913 : *RDC* 2011/2, 531, obs. S. Pimont ; *Defrénois* 2010, 2309, note G. Rabu ; *Contrats, conc. consom.* 2011, comm. 1, obs. L. Leveneur ; *Gaz. Pal.* 8 déc. 2010, 14, note E. Bazin ; *Gaz. Pal.* 12 janv. 2011, 20, obs. D. Houtcieff ; *Resp. civ. et assur.* 2011, comm. 27, obs. S. Hocquet-Berg ; *LPA* 8 févr. 2011, 11, note M. Burgard. – V. aussi ■ Cass. 1re civ., 3 déc. 2014, n° 13-27.202 : *Contrats, conc. consom.* 2015, comm. 56, Leveneur (usage intensif d'un véhicule par un vétérinaire) et il ne saurait s'exonérer de son obligations en imposant à l'acheteur de s'entourer des conseils d'autres professionnels (■ Cass. 1re civ., 28 juin 2012, n° 11-17.860 : *Contrats, conc. consom.* 2012, comm. 251, obs. Leveneur). Pour une illustration en cas de vente d'un système d'arrosage, V. ■ Cass. 1re civ., 20 déc. 2012, n° 11-27.129 : *Contrats, conc. consom.* 2013, comm. 49, obs. Leveneur. Le devoir de conseil du vendeur s'inscrit dans son domaine de compétence technique et n'inclut pas l'obligation de s'assurer que l'installation du matériel vendu est compatible avec la réglementation en vigueur (■ Cass. 1re civ., 25 juin 2002, n° 99-15.915 : *JurisData* n° 2002-014966 ; *Bull. civ.* 2002, I, n° 177, p. 136 ; *JCP* 2003, I, 152, n° 18, obs. Viney ; *RTD civ.* 2003, 105, obs. Gautier, pose d'une caméra dans la cafétéria d'une entreprise).

26) Acquéreur professionnel. L'obligation d'information et de conseil du vendeur à l'égard de l'acheteur professionnel n'existe que dans la mesure où la compétence de celui-ci ne lui donne pas les moyens d'apprécier la portée exacte des caractéristiques techniques des biens qui lui sont livrés (■ Cass. 1re civ., 20 juin 1995, n° 93-15.371 : *JurisData* n° 1995-001592 ; *Bull. civ.* 1995, I, n° 277, p. 192. ■ Cass. 1re civ., 3 juin 1998, n° 96-16.439 : *JurisData* n° 1998-002437 ; *JCP* 99, I, 147, n° 16, obs. Viney ; *Bull. civ.* I, n° 198, p. 136, sous-traitant non tenu envers son cocontractant. ■ Cass. com., 28 mai 2002, n° 98-21.320 : *Contrats, conc. consom.* 2002, 138, note Leveneur, matériel commandé par un professionnel de la plomberie-zinguerie. ■ Cass. com., 24 mars 2009, n° 08-11.723 : *Contrats, conc. consom.* 2009, comm. 158, obs. Leveneur (produit de décapage). ■ Cass. com., 21 sept. 2010, n° 09-14.484) – Le fabricant ne manque pas à son devoir d'information et de conseil s'agissant de l'utilisation par un professionnel averti qui se doit de prendre des mesures qui s'imposent pour adapter cette utilisation aux circonstances climatiques particulières (■ Cass. 1re civ., 28 nov. 2000, n° 98-17.560 : *JurisData* n° 2000-007100 ; *Resp. civ. et assur.* 2001, 45 ; *D.* 2002, somm. 1003, 1re esp., obs. Pignarre. V. en ce sens pour l'utilisation par un professionnel d'un produit phytosanitaire ■ Cass. 1re civ., 30 nov. 2004, n° 01-14.314 : *JurisData* n° 2004-025904 ; *Bull. civ.* I, n° 298, p. 249). S'agissant de l'achat d'un véhicule utilitaire par un entrepreneur de maçonnerie pour les besoins de son entreprise, le vendeur n'a pas l'obligation de s'informer auprès de son client des conditions d'utilisation auxquelles il le destine, ni d'informer celui-ci des caractéristiques techniques dont il est en mesure d'apprécier la portée (■ Cass. 1re civ., 7 juin 1995, n° 93-13.187 : *JurisData* n° 1995-001541 ; *JurisData* n° 1995-049409 ; *Bull. civ.* 1995, I, n° 251, p. 176, charge utile insuffisante).

27) Absence d'obligation légale d'information. Amiante. Le vendeur, tenu d'un devoir général de loyauté, est tenu d'informer l'acquéreur des faits déterminants du consentement de l'acquéreur, même en l'absence d'obligation légale spécifique d'information (■ Cass. 3e civ., 16 mars 2011, n° 10-10.503 : *Bull. civ.* III, n° 36 ; *JCP G* 2011, doctr. 566, n° 10, obs. J. Ghestin ; *Defrénois* 2011, 1395, obs. H. Lécuyer et J.-B. Seube ; *LEDC* 2 mai 2011, n° 84, obs. O. Deshayes, amiante).

28) Diagnostics techniques. Sur l'obligation pour le vendeur d'un immeuble bâti d'annexer à la promesse de vente ou à l'acte authentique de vente un dossier de diagnostic technique, informant l'acheteur du risque d'exposition au plomb, de la présence ou l'absence d'amiante, de la présence ou l'absence de termites, de l'état de l'installation intérieure de gaz, de la présence de l'immeuble dans une zone de prévention des risques naturels ou technologiques, de la performance énergétique de l'immeuble, de l'état de l'installation intérieure d'électricité, de l'état des installations d'assainissement non collectif, V. CCH, article L. 271-4 et s. *Adde*, Code de l'environnement, article L. 514-20, qui impose au vendeur d'informer d'acheteur de l'exploitation d'une installation classée sur la parcelle vendue, et Code minier, article 75-2, qui impose au vendeur d'informer l'acheteur de l'exploitation d'une mine. Les parties peuvent convenir de mettre à la charge de l'acquéreur le coût du dossier de diagnostic technique (■ Cass. 3e civ., 16 janv. 2013, n° 11-22.591 : *Bull. civ.* III, n° 6 ; *JCP* N 2014, 1057, n° 19, obs. Piedelièvre ; *Contrats, conc. consom.* avr. 2013, comm. 73, obs. Leveneur ; *JCP* N 2013, 1132, n° 19, obs. Mekki ; *Gaz. Pal.* 8 mars 2013, 45, note Parmentier).

29) Amiante. La législation relative à la protection de la population contre les risques sanitaires liés à une exposition à l'amiante dans les immeubles bâtis n'oblige le propriétaire de l'immeuble qu'à transmettre à l'acquéreur l'état établi par le professionnel ; viole par conséquent l'article 1134 du Code civil la cour d'appel qui condamne le vendeur aux frais de désamiantage, sans constater l'existence d'un engagement spécifique des vendeurs de livrer un immeuble exempt d'amiante (■ Cass. 3e civ., 23 sept. 2009, n° 08-13.373 : *Bull. civ.* III, n° 204 ; *JurisData* n° 2009-049550 ; *RDC* 2010/2, 657, obs. Ph. Brun ; *Contrats, conc. consom.* 2009, comm. 285, obs. Leveneur ; *JCP* N 2009, 1302, obs. D. Boulanger ; *JCP* N 2009, 1332, note Leveneur ; *JCP* N 2010, 1001, n° 17, obs. Piedelièvre ; *Defrénois* 2010, 99, obs. Savaux ; *Resp. civ. et assur.* 2009, comm. 330, obs. Bloch ; *LPA* 4 nov. 2009, 4, note Brusorio-Aillaud ; *LPA* 23 déc. 2009, 20, obs. Burgard ; *JCP* N 2009, 1302, note Boulanger ; *D.* 2009, 2343, obs. Forest ; *RDC* 2010/2, 657, obs. Brun). Comp. ■ Cass. 3e civ., 7 oct. 2009, n° 08-12.920 : *Bull. civ.* III, n° 219, qui décide que le vendeur, condamné à indemniser l'acheteur du fait de la présence d'amiante, ne peut agir en garantie contre le prestataire de services qui a établi un diagnostic négatif, en l'absence de lien de causalité entre la faute du prestataire et la présence d'amiante dans l'immeuble dont seul le vendeur doit répondre au titre de la garantie des vices cachés. Si aucune obligation légale spécifique ne pesait, à l'époque de la conclusion de la vente, sur le vendeur, concernant la présence d'amiante, *le vendeur, tenu d'un devoir général de loyauté*, ne pouvait néanmoins dissimuler à son cocontractant un fait dont il avait connaissance et qui aurait empêché l'acquéreur, s'il l'avait connu, de contracter aux conditions prévues (■ Cass. 3e civ., 16 mars 2011, n° 10-10.503 : *Bull. civ.*, III, n° 36 qui approuve la caractérisation d'une réticence dolosive). Sur la responsabilité du diagnostiqueur du fait de la présence d'amiante, V. ■ Cass. 3e civ., 21 mai 2004, n° 13-14.891 : *Bull. civ.* III, n° 70 ; *JCP* G 2014, doctr. 1323, n° 3, obs. Stoffel-Munck ; *Contrats, conc. consom.* 2014, comm. 187, Leveneur ; *Resp. civ. et assur.* 2014, comm. 273, Groutel ; *JCP* N 2014, 1260, note Dagorne-Labbe ; *Gaz. Pal.* 17 juill. 2014, p. 21, obs. Mekki : le contrôle auquel doit procéder le diagnostiqueur n'est pas purement visuel, mais il lui appartient d'effectuer les vérifications n'impliquant pas de travaux destructifs ; ayant retenu que, du fait de la présence d'amiante dans les murs et le plafond de la pièce principale de l'immeuble, il n'était pas possible de procéder à des travaux sans prendre des mesures particulières très contraignantes et onéreuses, tant pour un simple bricolage que pour des travaux de grande envergure et qu'il fallait veiller à l'état de conservation de l'immeuble, afin d'éviter tout risque de dispersion de l'amiante dans l'air, la cour d'appel, qui a caractérisé la certitude du préjudice résultant de la présence d'amiante, a pu en déduire que le préjudice subi par l'acquéreur correspondait au coût des travaux de désamiantage. Dans le même sens, ■ Cass. 1re civ., 7 avr. 2016, n° 15-14.996 : l'absence d'identification de l'amiante repérable visuellement constitue une faute du diagnostiqueur qui présente un lien de causalité avec le préjudice du maître de l'ouvrage correspondant au surcoût des travaux de désamiantage. Rappr. sur la sanction de la faute du diagnostiqueur en cas de diagnostic erroné sur la présence de termites, V. ■ Cass. ch. mixte, 8 juill. 2005, n° 13-26.686 : *RDC* 2015, 848, note Deshayes ; *Contrats, conc. consom.* 2015, comm. 253, Leveneur ; *JCP* 2015, 1088, note Serinet et doctr. 1409, n° 2, obs. Stoffel-Munck ; *JCP* N 2016, 1087, n° 24, obs. Piedelièvre ; *D.* 2015, 2155, note Mazeaud ; *Resp. civ. et assur.* 2015, comm. 293, Hocquet-Berg : condamnation du diagnostiqueur à assumer l'intégralité du montant des travaux de réparation. Dans le même sens, ■ Cass. 3e civ., 15 oct. 2015, n° 14-18.077 : *Contrats, conc. consom.* 2016, 33, Leveneur ; *JCP* 2015, doctr. 1409, n° 2, obs. Stoffel-Munck.

30) Article L. 514-20 du Code de l'environnement. Installations classées. L'alinéa 1er de l'article L. 514-20 du Code de l'environnement, qui dispose que lorsqu'une installation soumise à autorisation a été exploitée sur un terrain, le vendeur est tenu d'en informer par écrit l'acheteur, ne s'applique pas à la vente d'un terrain sur lequel l'exploitation d'une installation classée est en cours (■ Cass. 3e civ., 9 avr. 2008, n° 07-10.795 : *JurisData* n° 2008-0435519 ; *JCP* 2008, II, 10096, note Trébulle ; *Contrats, conc. consom.* 2008, comm. 196, obs. Leveneur). Sur ce texte, v. p. 2211.

31) Terrain pollué. Exercice du droit de préemption urbain. L'acquéreur initial ayant été informé de la pollution du terrain par un rapport annexé à l'acte sous seing privé de vente, aucune obligation n'imposant aux venderesses d'annexer ce « compromis » à la déclaration d'intention d'aliéner et la commune disposant de services spécialisés et de l'assistance des services de l'État, la cour d'appel a pu retenir que la commune qui s'était contentée des documents transmis ne pouvait se prévaloir d'une réticence dolosive ni de l'existence d'un vice caché (■ Cass. 3e civ., 7 nov. 2012, n° 11-22.907 : *Bull. civ.* III, n° 165 ; *JCP* N 2013, 1132, n° 3, obs. Mekki).

32) Crédit d'impôt. Engage sa responsabilité à l'égard de l'acquéreur, le vendeur professionnel de panneaux solaires qui délivre à son client une information erronée concernant le montant du crédit d'impôt auquel il pouvait prétendre, alors que ce montant avait été déterminant du consentement de l'acquéreur (■ Cass. 1re civ., 8 mars 2012, n° 10-21.239 : *Bull. civ.* I, n° 49 ; *Contrats, conc. consom.* 2012, comm. 146, obs. Leveneur ; *RD imm.* 2012/6, 340, obs. Durand-Pasquier).

33) Installation d'un système de télésécurité. Sur le devoir de conseil de l'installateur d'un système de télésécurité, V. ■ Cass. 1re civ., 18 mai 1989, n° 87-19.374 : *JurisData* n° 1989-701616 ; *Bull. civ.* I, n° 206, p. 137. ■ Cass. com., 25 mai 1993, n° 91-12.205 : *JurisData* n° 1993-001108 ; *Bull. civ.* IV, n° 211, p. 151 ; *D.* 1994, somm. 10, obs. Kullmann.

34) Équipement informatique. V. aussi pour le fournisseur d'équipement informatique ■ Cass. com., 14 mars 1989, n° 87-13.656 : *JurisData* n° 1989-700821 ; *Bull. civ.* IV, n° 89, p. 58. ■ Cass. 1re civ., 25 juin 1996, n° 94-16.702 : *JurisData* n° 1996-002766 ; *JCP* 96, IV, 1964 ; *Bull. civ.* IV, n° 274, p. 192, et pour le fournisseur de logiciel ■ Cass. com., 14 mars 2000, n° 97-16.299 : *JurisData* n° 2000-001156 ; *JCP* G 2000, II, 10367 ; *JCP* E 2000, 1430, note Talon. ■ Cass. com., 11 juill. 2006, n° 04-17.093 : *JurisData* n° 2006-034736 ; *Contrats, conc. consom.* 2006, 248, note Leveneur (le vendeur professionnel d'un matériel informatique est tenu d'une obligation de renseignement et de conseil envers un client dépourvu de toute compétence en la matière). Mais l'action récursoire du vendeur de matériel informatique d'occasion contre le fabricant ne peut être accueillie dès lors que le fabricant, n'ayant eu aucune relation avec le client, s'est borné à livrer à son distributeur les matériels qui se sont révélés impropres à l'usage spécifié par l'acheteur lors de la commande (■ Cass. 1re civ., 3 déc. 1996, n° 94-21.584 : *JurisData* n° 1996-004669 ; *JCP* 97, IV, 235 ; *Bull. civ.* I, n° 440, p. 307). L'obligation de conseil du vendeur de matériels complexes s'étend à l'information de l'acheteur quant à la faisabilité des interventions nécessaires à leur mise en service et quant aux délais requis par elles (■ Cass. 1re civ., 3 juill. 2001, n° 99-15.412 : *JurisData* n° 2001-010740 ; *Resp. civ. et assur.* 2001, 328). Elle n'est pas écartée par les défaillances du tiers installateur (même arrêt).

35) Insert. Obligation de mise en garde. La société venderesse ne démontre pas, par la seule remise de sa notice d'utilisation à l'acheteur, avoir effectivement satisfait à son obligation de mise en garde sur le respect des règles techniques d'installation de l'insert et la nécessité de faire procéder à celle-ci par un professionnel ou une personne qualifiée (■ Cass. 1re civ., 18 juin 2014, n° 13-16.585 : *Bull. civ.* I, n° 114 ; *Contrats, conc. consom.* 2014, comm. 212, Leveneur). *Adde* : ■ Cass. 1re civ., 17 févr. 1998, n° 95-12.707 : *JurisData* n° 1998-000676 ; *Bull. civ.* I, n° 61, p. 40 : La société venderesse du foyer clos dit « insert » engage sa responsabilité par manquement à l'obligation de conseil sur les précautions indispensables d'installation du foyer et sur l'efficacité limitée du produit vendu pour le ramonage de la cheminée.

36) Vente et installation d'un système de chauffage. Dès lors qu'un système de chauffage, non seulement vendu mais installé, ne peut répondre aux besoins d'un client (qui souhaitait chauffer toute sa maison), il appartient à l'installateur de s'informer des besoins de celui-ci et d'adapter le matériel proposé à l'utilisation prévue (■ Cass. 1re civ., 7 avr. 1998, n° 96-13.292 : *JurisData* n° 1998-001630 ; *JCP* 98, IV, 2290 ; *Bull. civ.* I, n° 150, p. 99 ; *Contrats, conc. consom.* 1998, 97, note Leveneur. V. aussi pour l'installateur d'un matériel acheté directement au fabricant ■ Cass. 1re civ., 25 janv. 2000, n° 98-12.057 : *JCP* 2000, I, 1450 ; *Bull. civ.* I, n° 29, p. 18 ; *Contrats, conc. consom.* 2000, 78, note Leveneur).

37) Fabricant d'un produit nouveau. Jugé de façon générale que le fabricant d'un produit nouveau a l'obligation de donner à l'acquéreur, fût-il utilisateur professionnel de ce produit, les renseignements nécessaires à son usage et l'informer, le cas échéant, des risques pouvant en résulter (■ Cass. com., 2 mai 1990, n° 88-15.930 : *Bull. civ.* IV, n° 133, p. 89. V. aussi ■ Cass. 1re civ., 4 mai 1994, n° 92-13.377 : *JurisData* n° 1994-001117 ; *Bull. civ.* I, n° 163, p. 120. V. aussi ■ Cass. 3e civ., 18 févr. 2004, n° 02-17.523 : *JurisData* n° 2004-022385 ; *Bull. civ.* III, n° 32, p. 30).

38) Utilisation du matériau dans des conditions inhabituelles. Le fournisseur n'est pas responsable si son client ne justifie pas l'avoir avisé de l'utilisation du matériau dans des conditions inhabituelles (■ Cass. 1re civ., 20 juin 1995, n° 93-15.948 : *JurisData* n° 1995-001595 ; *Bull. civ.* I, n° 276, p. 191, tuiles décolorées par le ruissellement des eaux en l'absence de gouttières). Dès lors que le devis ne comporte pas l'analyse de la composition chimique du sol et des eaux, le vendeur d'un matériel d'arrosage ne peut encourir aucune responsabilité directe ou indirecte en cas de corrosion due à l'un quelconque de ces facteurs, et les juges du fond peuvent décider qu'il appartient à l'acquéreur de prendre toutes les précautions indispensables pour, le cas échéant, se prémunir contre la salinité de l'eau (■ Cass. 1re civ., 10 juill. 1996, n° 94-16.843 : *JurisData* n° 1996-003063 ; *D.* 1997, somm. 173, obs. Delebecque). Mais le facteur d'orgues ne peut se contenter d'attirer l'attention de son client sur le respect des « conditions de température et d'hygrométrie » sans préciser la nature de ces conditions (■ Cass. 1re civ., 2 déc. 1997, n° 95-16.720 : *JurisData* n° 1997-004836 ; *JCP* 98, I, 129, n° 9, obs. Labarthe ; *Contrats, conc. consom.* 1998, 40, note Leveneur ; *Resp. civ. et assur.* 1998, 96 ; *RTD civ.* 1998, 380, obs. Jourdain).

39) Sur la limite à l'obligation d'information découlant de l'**évolution des données techniques**, V. ■ Cass. 1re civ., 7 mai 2008, préc.

40) Acheteur accompagné d'un installateur professionnel. L'obligation de conseil à laquelle est tenu le vendeur lui impose de se renseigner sur les besoins de l'acheteur et de l'informer, fût-il accompagné de l'installateur lors de l'achat, de l'adéquation du matériel proposé (système de climatisation) à l'utilisation qui en est prévue (■ Cass. 1re civ., 30 mai 2006, n° 03-14.275 ; *JurisData* n° 2006-033697 ; *JCP* 2006, IV, 2383).

41) Médicaments. Sur l'obligation pour le fabricant de médicaments de faire figurer sur l'emballage les contre-indications, V. ■ Cass. 1re civ., 7 juin 1989, n° 86-19.320 : *JurisData* n° 1989-002420 ; *JCP* 89, IV, 294. V. sur ce point P. Sargos, *L'information sur les médicaments. Vers un bouleversement majeur de l'appréciation des responsabilités : JCP* 99, I, 144. Comp. pour la nécessité de mettre l'utilisateur en garde contre les dangers que comporte l'utilisation du produit, ■ Cass. 1re civ., 5 janv. 1999, n° 96-11.512 : *JurisData* n° 1999-000005 ; *Resp. civ. et assur.* 1999, 71 ; *D.* 2000, somm. 285, obs. Pignarre.

42) Réticence du vendeur. En ne révélant pas aux acquéreurs l'existence d'une procédure (action en garantie de vice caché) mettant en cause les qualités substantielles du terrain qu'elle vend, la venderesse manque à son obligation de renseignement (■ Cass. 3e civ., 30 juin 1992, n° 90-19.093 : *JurisData* n° 1992-001446 ; *Bull. civ.* III, n° 238, p. 145).

43) Rat. Le vendeur professionnel d'un rat domestique manque à son obligation d'information en n'indiquant pas à l'acheteur que cette acquisition l'expose à un risque de maladie (■ Cass. 1re civ., 14 mai 2009, n° 08-16.395 : *Bull. civ.* I, n° 95 ; *RDC* 2009/4, 1415, obs. Fenouillet ; *Dr. et patrimoine* févr. 2010, 66, obs. Aynès et Stoffel-Munck ; *JCP* 2009, n° 40, 285, note Brusorio-Aillaud ; *Resp. civ. et assur.* 2009, comm. 222 ; *Gaz. Pal.* 1er juill. 2009, 15, note Sarcelet ; *ibid.*, 15 janv. 2010, 44, note Desmoulin-Canselier).

V – OBLIGATION DE SÉCURITÉ

44) Principe. Sur le principe que le vendeur est tenu d'une obligation de sécurité de résultat consistant à ne livrer que des produits exempts de tout vice ou de tout défaut de fabrication de nature à créer un danger pour les personnes ou pour les biens, V. ■ Cass. 1re civ., 11 juin 1991, n° 89-21.305 : *JurisData* n° 1991-001742 ; *JCP* 1991, IV, 320 ; *Bull. civ.* I, n° 201, p. 132. ■ Cass. 1re civ., 27 janv. 1993, n° 90-19.777 : *JurisData* n° 1993-000095 ; *JCP* 1993, IV, 779 ; *D.* 1994, somm. 238, obs. Tournafond ; *RTD civ.* 1993, 592, obs. Jourdain. Mais jugé que si le fabricant et le vendeur de certains produits d'usage courant spécialement destinés aux soins ou au confort du corps humain sont tenus d'une obligation de sécurité, celle-ci se limite à la délivrance de produits qui, employés dans des conditions conformes aux recommandations des fournisseurs, ne présentent normalement pour leurs utilisateurs aucun caractère dangereux (■ Cass. 1re civ., 22 janv. 1991, n° 89-12.593 : *JurisData* n° 1991-000499 ; *Bull. civ.* I, n° 30, p. 18 ; *RTD civ.* 1991, 539, obs. Jourdain, troubles cutanés liés à l'usage d'une crème exfoliante).

45) Régime. Sur l'interprétation du régime de l'obligation de sécurité à la lumière de la directive du 25 juillet 1985, v. annot. n° 1 et s. sous art. 1386-1 ancien et s., p. 1249, notamment sous les articles 1386-4 ancien, p. 1250 (défaut du produit), 1386-7 ancien, p. 1251 (créanciers de l'obligation), et 1386-9 ancien, p. 1251 (lien de causalité entre le défaut et le dommage). En particulier, selon les articles 1147 et 1384, alinéa 1er du Code civil, interprétés à la lumière de la directive du 25 juillet 1985, tout producteur est responsable des dommages causés par un défaut de son produit, tant à l'égard des victimes immédiates que des victimes par ricochet, sans qu'il y ait lieu de distinguer selon qu'elles ont la qualité de partie contractante ou de tiers (■ Cass. 1re civ., 28 avr. 1998, n° 96-20.421 : *JurisData* n° 1998-001858 ; *Bull. civ.* I, 158 ; *JCP* 1998, II, 10088, rapp. Sargos ; *ibid.*, I, 185, n° 19, obs. Viney ; *RTD civ.* 1998, 684, obs. Jourdain) ; déjà en ce sens, ■ Cass. 1re civ., 17 janv. 1995, n° 93-10.462 : *JurisData* n° 1995-000273 ; *Bull. civ.* I, n° 43 ; *D.* 1995, 350, note Jourdain ; *D.* 1996, somm. p. 15, obs. Paisant : le vendeur professionnel est tenu de livrer des produits exempts de tout vice ou de tout défaut de fabrication de nature à créer un danger pour les personnes ou les biens ; il en est responsable tant à l'égard des tiers que de son acquéreur (*adde*, ■ Cass. 1re civ., 15 mai 2007, n° 03/05183 : *Bull. civ.* I, n° 185 ; *D.* 2007, 2906, obs. Brun ; *JCP* 2007, I, 185, n° 7, obs. Stoffel-Munck ; *RDC* 2007, 1147, obs. Borghetti). V. cependant ■ Cass. 1re civ.,

24 janv. 2006, n° 03-20.178 : *JurisData* n° 2006-031777 ; *Bull. civ.* I, n° 34 ; *JCP* G 2006, II, 10082, note Grynbaum ; *ibid.*, I, 166, n° 4, note Stoffel-Munck ; *D.* 2006, 1931, obs. Jourdain ; *Resp. civ. et assur.* 2006, n° 89, note Radé ; *RDC* 2006, 841, obs. Borghetti ; *RTD civ.* 2006, 323, obs. Jourdain, qui rappelle que la directive ne régissant pas les produits mis en circulation avant le 30 juillet 1988, il n'est pas besoin pour ces produits d'interpréter le droit commun à la lumière de la directive.

46) **Avenir incertain.** Pour les produits dont la mise en circulation est postérieure à la date d'entrée en vigueur de la loi du 19 mai 1998, v. art. 1386-1 et s., p. 1031. Jugé que l'article 13 de la directive du 25 juillet 1985 ne saurait être interprété comme laissant aux États membres la possibilité de maintenir un régime général de responsabilité du fait des produits défectueux différent de celui prévu par la directive (▪ CJCE, 25 avr. 2002, 3 arrêts. V. sur ces arrêts G. Viney : *JurisData* n° 2002-194398 ; *JCP* 2002, I, 177). Sur cette jurisprudence et les évolutions postérieures, v. annot. n° 1 et s. sous art. 1386-1 ancien et s., p. 1249. V. not. J. Calais-Auloy : *D.* 2002, chron. 2458.

Art. 1605. – **L'obligation de délivrer les immeubles est remplie de la part du vendeur lorsqu'il a remis les clefs, s'il s'agit d'un bâtiment, ou lorsqu'il a remis les titres de propriété.**

1) **Vendeur d'un appartement seulement propriétaire de parts sociales.** Dès lors que l'objet d'une vente est un appartement, ne peut pas en remettre les titres de propriété et par suite ne satisfait pas à l'obligation de délivrance le vendeur qui n'est propriétaire que de parts donnant droit à la jouissance de ce bien pendant le cours de la société civile immobilière et à sa pleine propriété seulement à la dissolution et à la liquidation de cette personne morale (▪ Cass. 3e civ., 17 mars 1981, n° 79-15.428 : *JurisData* n° 1981-700786 ; *JCP* 81, IV, 203 ; *Bull. civ.* III, n° 57, p. 43).

2) **Vendeur négligeant de faire libérer le bien vendu.** Le syndic qui met en vente un immeuble ayant appartenu à un commerçant failli manque à son obligation de délivrance lorsqu'il se cantonne dans une attitude purement passive et néglige de faire libérer le bien vendu par celui qui l'occupait (▪ Cass. 1re civ., 24 avr. 1967 : *JCP* 67, IV, 88 ; *Bull. civ.* I, n° 139, p. 101).

3) **Radiation des inscriptions hypothécaires.** Sauf convention contraire, le vendeur doit effectuer la radiation des inscriptions des privilèges ou hypothèques ayant grevé l'immeuble avant la vente (▪ Cass. 1re civ., 23 oct. 1963, n° 963-700452 : *JCP* 64, II, 13485, note J. Mazeaud ; *D.* 1964, 33, note Voirin).

4) **Remise des clés.** L'article 1605 n'oblige le vendeur à remettre les clefs que s'il en dispose lui-même (▪ Cass. 1re civ., 16 juin 1982, n° 81-11.752 : *JurisData* n° 1982-701965 ; *Bull. civ.* I, n° 231, p. 197).

Art. 1606 *(Mod., L. n° 2009-526, 12 mai 2009).* – **La délivrance des effets mobiliers s'opère :**

Ou par la remise de la chose,

Ou par la remise des clefs des bâtiments qui les contiennent,

Ou même par le seul consentement des parties, si le transport ne peut pas s'en faire au moment de la vente, ou si l'acheteur les avait déjà en son pouvoir à un autre titre.

Meuble déjà au pouvoir de l'acheteur. La délivrance d'un meuble s'opère par le seul consentement des parties, si l'acheteur l'avait déjà en son pouvoir à un autre titre. En ce cas, la clause de réserve de propriété affectant ce bien doit, pour être opposable aux tiers, avoir été convenue dans le contrat de vente (▪ Cass. com., 3 juill. 2012, n° 11-20.425 : *Bull. civ.* IV, n° 147 ; *RDC* 2012/4, 1244, obs. Pimont ; *D.* 2012, 2548, obs. H. Guillou ; *RTD civ.* 2012, 557, obs. Crocq ; *LPA* 6 déc. 2012, 8, note Quézel-Ambrunaz ; *Gaz. Pal.* 12-13 oct. 2012, 31, obs. Pérochon ; *JCP* G 2012, doctr. 1428, n° 16, obs. Pétel)

Art. 1607. – **La tradition des droits incorporels se fait, ou par la remise des titres, ou par l'usage que l'acquéreur en fait du consentement du vendeur.**

Art. 1608. – **Les frais de la délivrance sont à la charge du vendeur, et ceux de l'enlèvement à la charge de l'acheteur, s'il n'y a eu stipulation contraire.**

Frais de livraison et prime (consommation). La prise en charge par le vendeur du coût afférent à l'exécution de son obligation de délivrance du produit vendu ne constitue pas une prime au sens des dispositions du Code de la consommation (▪ Cass. com., 6 mai 2008, n° 07-16.381 : *Bull. civ.* IV, n° 97 ; *Comm. com. élect.* juill.-août 2008, n° 93, obs. Debet ; *D.* 2008, 1475, obs. Rondey ; *RDC* 2009/1, 147, obs. Pimont. – J.-Ph. Feldman, *Une prime à la souveraineté du consommateur ? : D.* 2008, 2186.

Art. 1609. – La délivrance doit se faire au lieu où était, au temps de la vente, la chose qui en a fait l'objet, s'il n'en a été autrement convenu.

Volonté implicite des parties. Sur le pouvoir souverain des juges du fond pour décider si les parties ont implicitement prévu un lieu de délivrance ou s'il convient d'appliquer la règle posée par l'article 1609, V. ■ Cass. com., 17 nov. 1966 : *Bull. civ.* III, n° 437, p. 387.

Art. 1610. – Si le vendeur manque à faire la délivrance dans le temps convenu entre les parties, l'acquéreur pourra, à son choix, demander la résolution de la vente, ou sa mise en possession, si le retard ne vient que du fait du vendeur.

1) **Fixation par le juge d'un délai raisonnable.** À défaut de délai convenu, il appartient aux juges du fond de déterminer le délai raisonnable dans lequel la délivrance doit intervenir (■ Cass. 3e civ., 10 avr. 1973, n° 72-11.436 : *JurisData* n° 1973-098274 ; *Bull. civ.* III, n° 274, p. 198).

2) **Clause abusive.** Est abusive, au sens de l'article 35 de la loi du 10 janv. 1978 (C. consom., art. L. 132-1), comme conférant au vendeur un avantage excessif, la clause par laquelle le vendeur précise que les délais de livraison ne sont qu'indicatifs, qu'un retard ne peut constituer une cause de résiliation ni ouvrir droit à des dommages-intérêts, et que l'acheteur ne pourra obtenir la restitution des sommes versées que dans les quatre-vingt-dix jours d'une mise en demeure restée sans effet (■ Cass. 1re civ., 16 juill. 1987, n° 84-17.731 : *JurisData* n° 1987-001446 ; *Bull. civ.* I, n° 226, p. 166 ; *D.* 1987, somm. 457, obs. Aubert. – V. aussi ■ TGI Paris, 16 avr. 1991 : *D.* 1991, 460, 2e esp.).

3) **Indemnité liée à l'usure résultant de l'utilisation de la chose.** L'effet rétroactif de la résolution d'une vente pour défaut de conformité permet au vendeur de réclamer à l'acquéreur une indemnité correspondant à la dépréciation subie par la chose en raison de l'utilisation que ce dernier en a faite ; il incombe au vendeur de rapporter la preuve de l'existence et de l'étendue de cette dépréciation (■ Cass. 1re civ., 21 mars 2006 : *Bull. civ.* I, n° 165 ; *JurisData* n° 2006-032783 ; *Contrats, conc. consom.* 2006, 130, note Leveneur). Mais, en raison de l'effet rétroactif de la résolution de la vente, le vendeur n'est pas fondé à obtenir une indemnité correspondant à la seule utilisation de la chose (■ Cass. com., 10 févr. 2015, n° 13-24.501 : *Contrats, conc. consom.* 2015, comm. 111, Leveneur ; *Defrénois* 2015, 611, obs. Lécuyer et Seube ; *D.* 2015, 1683, note Rouhette ; *RTD com.* 2015, 341, obs. Legeais et 348, Bouloc : *JCP* 2015, doctr. 808, n° 10, obs. Grosser ; *Gaz. Pal.* 9 juill. 2015, 19, note Houtcieff). Comp. la solution retenue en cas de résolution de la vente pour vices cachés (art. 1644, p. 1405). – Comp. aussi la solution de la 3e civ. pour une résolution pour défaut de paiement du prix : le vendeur n'est pas fondé, en raison de l'effet rétroactif de la résolution de la vente, à obtenir une indemnité liée à l'utilisation de la chose vendue ou à l'usure résultant de cette utilisation (■ Cass. 3e civ., 13 juill. 2016, n° 14-26.958 : *Contrats, conc. consom.* 2016, comm. 230, Leveneur ; *JCP* G 2016, doctr. 1257, n° 8, obs. Grosser). – V. aussi, à propos de la vente de bien de consommation, ■ CJCE, 17 avr. 2008, aff. C-404/06, *Quelle AG*, qui décide que l'article 3 de la directive n° 1999/44/CE du 25 mai 1999 s'oppose à ce que le vendeur exige du consommateur une indemnité pour l'usage du bien non conforme jusqu'à son remplacement par un nouveau bien.

4) **Automaticité des restitutions.** La résolution d'une vente entraînant de plein droit la remise des parties en l'état où elles se trouvaient antérieurement à sa conclusion, elle a pour conséquence les restitutions réciproques de la chose vendue et du prix, sans qu'il soit besoin pour le juge d'ordonner expressément ces restitutions (■ Cass. 1re civ., 25 mai 2016, n° 15-17.317 : *JCP* G 2016, doctr. 797, n° 8, obs. Grosser ; *D.* 2017, 375, obs. Mekki ; *RTD civ.* 2016, 854, obs. Barbier ; *RTD com.* 2016, 836, obs. Bouloc).

Art. 1611. – Dans tous les cas, le vendeur doit être condamné aux dommages et intérêts, s'il résulte un préjudice pour l'acquéreur, du défaut de délivrance au terme convenu.

Art. 1612. – Le vendeur n'est pas tenu de délivrer la chose, si l'acheteur n'en paye pas le prix, et que le vendeur ne lui ait pas accordé un délai pour le payement.

1) **Principe.** L'obligation de payer le prix de l'acquéreur résulte de l'exécution complète par le vendeur de son obligation de délivrance (■ Cass. 3e civ., 26 mars 2014, n° 13-10.984 : à paraître au *Bull. civ.* III, n° 45).

2) **Paiement par chèque.** Le vendeur qui reçoit un chèque n'est pas tenu de délivrer la chose vendue avant l'encaissement du chèque (■ Paris, 4 avr. 1960 : *D.* 1960, 410).

3) Reprise d'un véhicule à réparer. Refus de livrer le véhicule vendu. Un garagiste peut refuser de livrer le véhicule vendu tant qu'il n'est pas payé par son client du coût de la réparation de la voiture reprise, coût qui est mis d'un commun accord à la charge du client et fait partie intégrante du prix de vente (▪ Rouen, 26 nov. 1971 : *Gaz. Pal.* 1972, 1, 275).

4) Rétention de documents administratifs. L'importateur d'un véhicule automobile peut, en cas de non-paiement, exercer son droit de rétention sur les documents administratifs permettant la mise en circulation du véhicule (▪ Cass. com., 31 mai 1994, n° 92-16.505 : *JurisData* n° 1994-001272 ; *Bull. civ.* IV, n° 195, p. 156. V. aussi ▪ Cass. 1re civ., 19 mars 2002, n° 00-11.867 : *JurisData* n° 2002-013640 ; *Contrats, conc. consom.* 2002, 108, note Leveneur). Sur ce que le droit de rétention du prêteur sur les documents administratifs ne s'étend pas aux véhicules eux-mêmes, V. ▪ Cass. com., 11 juill. 2000, n° 97-12.374 : *JurisData* n° 2000-002901 ; *Bull. civ.* IV, n° 142, p. 127 ; *D.* 2001, 465, 2e esp.). Le droit de rétention étant un droit réel opposable à tous, y compris aux tiers non tenus de la dette, le vendeur impayé d'un véhicule peut retenir les documents administratifs des véhicules vendus après leur revente à un sous-acquéreur de bonne foi (▪ Cass. 1re civ., 24 sept. 2009, n° 08-10.152 : *Bull. civ.* I, n° 178 ; *JCP* 2009, n° 44, 380, note A. Aynès ; *ibid.*, n° 48, 492, n° 17, obs. Delebecque ; *JCP* 2010, 100, n° 7, obs. Cabrillac ; *Contrats, conc. consom.* 2009, comm. 284, obs. Leveneur ; *JCP* E 2010, n° 1, p. 32, note Cabrillac ; *JCP* N 2010, n° 2, p. 34, obs. Delebecque ; *Gaz. Pal.* 4 nov. 2009, 13, note Piedelièvre ; *D.* 2009, 2275, obs. Delpech ; *D.* 2010, 302, note Borga).

Art. 1613. – **Il ne sera pas non plus obligé à la délivrance, quand même il aurait accordé un délai pour le payement, si, depuis la vente, l'acheteur est tombé en faillite ou en état de déconfiture, en sorte que le vendeur se trouve en danger imminent de perdre le prix ; à moins que l'acheteur ne lui donne caution de payer au terme.**

Art. 1614. – **La chose doit être délivrée en l'état où elle se trouve au moment de la vente.**

Depuis ce jour, tous les fruits appartiennent à l'acquéreur.

1) Principe. Sauf convention contraire, tous les fruits de l'immeuble appartiennent à l'acquéreur depuis le jour de la vente (▪ Cass. 3e civ., 26 mars 2014, n° 13-10.984 : *Bull. civ.* III, n° 45 ; *Contrats, conc. consom.* 2014, comm. 124, Leveneur ; *RDC* 2015/1, 51, obs. Quézel-Ambrunaz et Le Bourg ; *Rev. Lamy dr. civ.* 2014/119, p. 73, obs. Parance ; *Dr. et patrimoine* juin 2014, 90, obs. Seube et Revet).

2) Parts d'une société civile immobilière. Le souscripteur de parts d'une société civile immobilière a le droit d'exiger que le lot correspondant à ses parts lui soit délivré (▪ Cass. 3e civ., 17 avr. 1974, n° 73-10.456 : *JurisData* n° 1974-098145 ; *JCP* 74, IV, 200 ; *Bull. civ.* III, n° 145, p. 109).

3) Vente d'un appartement libre d'occupation. Maintien dans les lieux. Constitue un manquement à l'obligation de délivrance le fait pour le vendeur qui a vendu un appartement libre de toute occupation de délivrer un immeuble occupé par une personne bénéficiaire du maintien dans les lieux (▪ Cass. 3e civ., 4 févr. 1976, n° 74-13.064 : *JurisData* n° 1976-098050 ; *D.* 1976, inf. rap. 124).

4) Sur la **distinction entre l'obligation de délivrance et la garantie des vices cachés**, v. sous art. 1641, p. 1391.

5) Inexécution de l'obligation de délivrance et vice du consentement. Sur la distinction entre résolution pour inexécution de l'obligation de délivrance et nullité pour vice du consentement, V. ▪ Cass. com., 3 mars 1975 : *JurisData* n° 1975-700069 ; *JCP* 76, II, 18463, note Larroumet, 2e esp.

6) Sur l'**obligation d'information et de conseil** du vendeur professionnel, voir sous art. 1604, annot. n° 23, p. 1375.

Art. 1615. – **L'obligation de délivrer la chose comprend ses accessoires et tout ce qui a été destiné à son usage perpétuel.**

1) Carte grise d'un véhicule. La carte grise d'un véhicule constitue l'accessoire indispensable de la chose vendue (▪ Cass. 1re civ., 26 mars 1963, n° 61-12.280 : *Bull. civ.* I, n° 187, p. 161. ▪ Cass. 1re civ., 22 janv. 1991, n° 89-11.691 : *JurisData* n° 1991-701672 ; *Bull. civ.* I, n° 23, p. 14. ▪ Cass. 1re civ., 5 oct. 1994, n° 92-19.169 : *JurisData* n° 1994-001822 ; *Contrats, conc. consom.* 1995, 4, note Leveneur. ▪ Paris, 6 mars 1985 : *JurisData* n° 1985-020984 ; *D.* 1985, inf. rap. 320. V. en ce sens pour des documents administratifs permettant, en cas d'importation, la mise en circulation du véhicule ▪ Cass. com., 31 mai 1994, n° 92-16.505 : *JurisData* n° 1994-001272 ; *Bull. civ.* IV, n° 195, p. 156. V. aussi, en cas de vente d'un tracteur routier, pour le carnet d'entretien et le procès-verbal du Service des Mines ▪ Cass. com., 11 déc. 2001 : *JurisData* n° 2001-012381 ; *Contrats, conc. consom.* 2002, 58, note Leveneur).

2) Documents administratifs erronés. La fourniture de faux documents administratifs constitue, comme l'absence de remise de ces documents, un défaut de délivrance de l'objet vendu (■ Cass. 1re civ., 31 janv. 1974 : *JurisData* n° 1974-000035 ; *D.* 1974, 348. V. aussi ■ Cass. 1re civ., 29 nov. 1994, n° 93-13.576 : *JurisData* n° 1994-002263 ; *JCP* 95, IV, 292 ; *Bull. civ.* I, n° 355, p. 256. ■ Cass. 1re civ., 1er juin 2017, n° 16-13.977 : *Contrats, conc. consom.* 2017, comm. 191, Leveneur), mais la mention erronée de ces documents relative à la puissance administrative du véhicule ne justifie pas la résolution de la vente (■ Cass. 1re civ., 20 févr. 1996, n° 93-13.467 : *JurisData* n° 1996-000546 ; *JCP* 96, IV, 890 ; *Bull. civ.* I, n° 103, p. 70).

3) Acte de francisation d'un navire. L'original de l'acte de francisation, qui doit se trouver à bord de tout navire francisé prenant la mer, est un document indispensable à l'utilisation normale du navire et en constitue l'accessoire, de sorte que manque à son obligation de délivrer la chose vendue le liquidateur judiciaire du vendeur qui ne le remet pas à l'acquéreur, sans qu'une mention de l'ordonnance du juge-commissaire autorisant la vente puisse le soustraire à l'exécution de cette obligation (■ Cass. com., 9 juill. 2013, n° 12-21.062 : *Bull. civ.* IV, n° 126 ; *Contrats, conc. consom.* 2013, comm. 233, Leveneur.

4) Récépissé d'origine d'un cheval de course. Sur le point de savoir si le récépissé d'origine d'un cheval de course est l'accessoire de celui-ci, V. ■ Cass. 1re civ., 26 nov. 1981, n° 79-16.298 : *JurisData* n° 1981-003387 ; *JCP* 82, IV, 64 ; *Bull. civ.* I, n° 352, p. 298.

5) Certificat de conformité d'un engin agricole. L'absence de remise à l'acquéreur, lors de la livraison, d'un document indispensable à l'utilisation de la chose vendue (certificat de conformité d'un engin agricole) et qui en constitue, par conséquent, l'accessoire, constitue un manquement à l'obligation de délivrance, dont le vendeur ne peut s'exonérer en le qualifiant de défaut de conformité apparent (■ Cass. com., 5 avr. 2016, n° 14-25.451 : *Contrats, conc. consom.* 2016, comm. 161, Leveneur ; *RTD com. 2016, 534*, obs. Bouloc).

6) Sur la **notion d'immeuble par destination**, V. art. 522 et s., p. 456.

7) Transmission des actions en justice. Les acquéreurs successifs d'un immeuble sont recevables à agir contre les constructeurs sur le fondement de la garantie décennale qui accompagne, en tant qu'accessoire, l'immeuble, nonobstant la connaissance, par les acquéreurs, des vices de celui-ci lors de la signature de l'acte de vente et l'absence, dans ce dernier, de clause leur réservant un tel recours, à moins que le vendeur ne puisse invoquer un préjudice personnel lui conférant un intérêt direct et certain à agir (■ Cass. 3e civ., 23 sept. 2009, n° 08-13.470 : *Bull. civ.* III, n° 202 ; *Defrénois* 2010, 221, obs. Périnet-Marquet ; *RD imm.* 2010, 107, note Nési ; *RDC* 2010/2, 589, obs. O. Deshayes). Pour une extension de la solution à la responsabilité de droit commun, V. ■ Cass. 3e civ., 10 juill. 2013, n° 12-21.910 : *JurisData* n° 2013-014564 ; *Bull. civ.* III, n° 102 ; *RDC* 2013, 1349, obs. Deshayes ; *RTD civ.* 2013, 839, obs. Barbier ; *JCP* N 2013, n° 1216, note Zalewski-Sicard ; *D.* 2013, 2448, note Cottet ; *ibid.* chron. C. cass. 2547, note Georget ; *ibid.* 2014, 630, obs. Amrani-Mekki et Mekki ; *RD imm.* 2013, 517, étude Caston ; *Gaz. Pal.* 2013, 3009, obs. Rias : sauf clause contraire, les acquéreurs successifs d'un immeuble ont qualité à agir, même pour les dommages nés antérieurement à la vente et ce nonobstant l'action en réparation intentée par le vendeur avant cette vente, contre les constructeurs sur le fondement de la responsabilité contractuelle de droit commun qui accompagne l'immeuble en tant qu'accessoire. Dans le même sens, ■ Cass. 1re civ., 9 juill. 2014, n° 13-15.923 : à paraître au *Bull. civ.* ; *D.* 2014, chron. C. cass. 2191, obs. Georget ; *RD imm.* 2014, 574, obs. Malinvaud. – V. aussi ■ Cass. 3e civ., 5 nov. 2013, n° 12-13.923 : *RDC* 2014/2, 201, obs. Deshayes ; *RTD civ.* 2014, 391, obs. Jourdain ; *JCP* G 2014, doctr. 568, n° 6, obs. Stoffel-Munck ; *RTD imm.* 2014, 39, obs. Perreau-Saussine : le vendeur d'un immeuble ne conserve un intérêt à agir, même pour les dommages nés antérieurement à la vente, et nonobstant l'action en réparation qu'il a intentée avant cette vente sur le fondement de la responsabilité contractuelle de droit commun, que si l'acte de vente prévoit expressément que ce vendeur s'est réservé le droit d'agir. *Adde* ■ Cass. 3e civ., 17 janv. 2019, n° 16-15.556.

Contra, auparavant, la vente de l'immeuble n'emporte pas de plein droit cession au profit de l'acquéreur des droits et actions à fin de dommages-intérêts qui ont pu naître au profit du vendeur en raison de dégradations causées à l'immeuble antérieurement à la vente (■ Cass. 3e civ., 18 juin 1997, n° 95-18.254 : *JurisData* n° 1997-002880 ; *Bull. civ.* III, n° 149, p. 100 ; *Resp. civ. et assur.* 1997, 296 ; *D.* 1997, inf. rap. 170 ; *Contrats, conc. consom.* 1997, 178, note Leveneur ; *RTD civ.* 1997, 964, obs. Gautier ; *Defrénois* 1997, 1008, obs. Delebecque. V. aussi ■ Cass. 3e civ., 25 janv. 1983, n° 81-13.636 : *JurisData* n° 1983-700192 ; *Bull. civ.* III, n° 26, p. 20. ■ Cass. 3e civ., 4 déc. 2002, n° 01-02.383 : *JurisData* n° 2002-016618 ; *JCP* 2003, II, 10058, note Jourdain).

Adde, sur la question, « *Vente de l'immeuble et transmission des actions en justice : ordre oudésordre ?* » : *RDC* 2014/4, 765, avec les contributions de M. Baccache, N. Cayrol, M. Cottet, M. Faure-Abad, P. Jourdain, C. Pelletier, M. Poumarède et P. Puig.

V. aussi, concernant la vente de l'immeuble loué, art. 1743, note n° 12, p. 1478.

Art. 1616. – **Le vendeur est tenu de délivrer la contenance telle qu'elle est portée au contrat, sous les modifications ci-après exprimées.**

Art. 1617. – **Si la vente d'un immeuble a été faite avec indication de la contenance, à raison de tant la mesure, le vendeur est obligé de délivrer à l'acquéreur, s'il l'exige, la quantité indiquée au contrat ;**

Et si la chose ne lui est pas possible, ou si l'acquéreur ne l'exige pas, le vendeur est obligé de souffrir une diminution proportionnelle du prix.

Art. 1618. – **Si, au contraire, dans le cas de l'article précédent, il se trouve une contenance plus grande que celle exprimée au contrat, l'acquéreur a le choix de fournir le supplément du prix, ou de se désister du contrat, si l'excédent est d'un vingtième au-dessus de la contenance déclarée.**

Art. 1619. – **Dans tous les autres cas,**

Soit que la vente soit faite d'un corps certain et limité,

Soit qu'elle ait pour objet des fonds distincts et séparés,

Soit qu'elle commence par la mesure, ou par la désignation de l'objet vendu suivie de la mesure,

L'expression de cette mesure ne donne lieu à aucun supplément de prix, en faveur du vendeur pour l'excédent de mesure, ni en faveur de l'acquéreur, à aucune diminution du prix pour moindre mesure, qu'autant que la différence de la mesure réelle à celle exprimée au contrat est d'un vingtième en plus ou en moins, eu égard à la valeur de la totalité des objets vendus, s'il n'y a stipulation contraire.

1) **Ventes de récoltes sur pied.** L'article 1619 n'est applicable qu'aux seules ventes immobilières et non aux ventes de récoltes sur pied (▪ Cass. 1re civ., 18 févr. 1957 : *Bull. civ.* I, n° 85, p. 71).

2) **Défaut de contenance rendant l'immeuble impropre à sa destination.** Si le défaut de contenance d'un immeuble ne peut donner lieu par application de l'article 1619 qu'à une diminution du prix lorsque la différence en moins excède un vingtième, il en est autrement lorsque le défaut de contenance rendrait cet immeuble impropre à la destination connue des parties en vue de laquelle il a été acquis (▪ Cass. civ., 23 nov. 1931 : *DP* 1932, 1, 129, note Josserand).

3) **Non-garantie de contenance et garantie d'éviction.** Les juges du fond peuvent décider que la clause de non-garantie de contenance ne dispense pas le vendeur de garantir l'acquéreur victime d'une éviction (▪ Cass. 1re civ., 5 janv. 1967, n° 64-14.116 : *JurisData* n° 1967-000008 ; *JurisData* n° 1967-000008 ; *D.* 1967, 430, note Cornu).

4) **Remise d'une fraction d'immeuble à titre de dation en paiement.** L'article 1619 est inapplicable dès lors qu'il s'agit non de l'obligation de délivrance, mais de l'exécution de conventions intervenues entre les parties et notamment de l'obligation de construire un immeuble et d'en remettre une fraction à titre de dation en paiement (▪ Cass. 3e civ., 19 juill. 1983, n° 82-13.300 : *JurisData* n° 1983-701804 ; *Bull. civ.* III, n° 168, p. 128).

5) **Appel en garantie. Absence de préjudice indemnisable.** La restitution d'une partie du prix à l'acheteur, à laquelle est condamné le vendeur en cas de déficit de surface, ne constitue pas, par elle-même, un préjudice indemnisable permettant une action en garantie contre l'architecte (▪ Cass. 3e civ., 8 nov. 2006, n° 05-16.948 ; *JurisData* n° 2006-035787 ; *JCP* 2007, I, 115, n° 1, obs. Stoffel-Munck et II, 10061 note Pinna). Rappr. ▪ Cass. 3e civ., 11 sept. 2013, n° 12-23.772 : *Bull. civ.* III, n° 106 ; *RDC* 2014/1, 59, obs. Quézel-Ambrunaz et *RDC* 2014/2, 197, obs. Borghetti ; *JCP* N 2013, 1282, n° 2, obs. Mekki ; *JCP* N 2014, doctr. 1057, n° 17, obs. Piedelièvre ; *JCP* 2013, note 1237, Dagorne-Labbe (Loi Carrez, action en responsabilité intentée par l'acquéreur contre la société de mesurage). Si la restitution, à laquelle le vendeur est tenu en vertu de la loi à la suite de la diminution du prix résultant d'une moindre mesure par rapport à la superficie convenue, ne constitue pas, par elle-même, un préjudice indemnisable permettant une action en garantie, le vendeur peut se prévaloir à l'encontre du mesureur ayant réalisé un mesurage erroné, d'une perte de chance de vendre son bien au même prix pour une surface moindre (Loi Carrez ; ▪ Cass. 3e civ., 28 janv. 2015, n° 13-27.397 : *Contrats, conc. consom.* 2015, comm. 82, Leveneur ; *D.* 2015, 657, note Rouvière ; *JCP* G 2015, 216, note Viney ; *JCP* G 2015, doctr. 306, n° 10, obs. Grosser). V. aussi, pour l'application de la loi Carrez, ▪ Cass. 3e civ., 10 déc. 2015, n° 14-13.832 : *JCP* N 2016, 1087, n° 32, obs. Piedelièvre ; *RDC* 2016/2, 247, obs. Brun : la connaissance par l'acquéreur avant la vente de la superficie réelle du bien ne le prive pas de son droit à la diminution du prix.

Art. 1620. – **Dans le cas où, suivant l'article précédent, il y a lieu à augmentation de prix pour excédent de mesure, l'acquéreur a le choix ou de se désister du contrat ou de fournir le supplément du prix, et ce, avec les intérêts s'il a gardé l'immeuble.**

Art. 1621. – **Dans tous les cas où l'acquéreur a le droit de se désister du contrat, le vendeur est tenu de lui restituer, outre le prix, s'il l'a reçu, les frais de ce contrat.**

Art. 1622. – **L'action en supplément de prix de la part du vendeur, et celle en diminution de prix ou en résiliation du contrat de la part de l'acquéreur doivent être intentées dans l'année, à compter du jour du contrat, à peine de déchéance.**

1) **Erreur sur la contenance provenant d'un défaut partiel de propriété.** L'article 1622 n'est pas applicable au cas où l'erreur sur la contenance du domaine vendu provient d'un défaut de propriété des vendeurs sur certaines parcelles comprises dans la vente (■ Cass. 1re civ., 23 déc. 1955 : *Bull. civ.* I, n° 460, p. 366).

2) **Exécution d'une convention particulière entre les parties.** L'article 1622 n'est pas applicable lorsque l'action est relative à l'exécution d'une convention particulière intervenue entre les parties sur la superficie du bien vendu et la détermination du prix (■ Cass. 3e civ., 12 juill. 1995, n° 92-19.749 : *JurisData* n° 1995-002082 ; *Bull. civ.* III, n° 186, p. 126 ; *RD imm.* 1996, 229, obs. Groslière et Saint-Alary-Houin).

3) **Terrain ni borné ni délimité. Point de départ du délai.** Sur le point de départ du délai lorsque le terrain n'est ni borné ni délimité dans l'acte ou sur le sol, V. ■ Cass. 3e civ., 19 déc. 1978, n° 77-13.211 : *JurisData* n° 1978-099374 ; *D.* 1979, inf. rap. 222.

4) **Vente en l'état futur d'achèvement.** L'article 1622 est applicable à la vente en l'état futur d'achèvement sous réserve de faire courir le délai préfix de un an à compter du transfert de la propriété, constaté par la livraison (■ Cass. 3e civ., 24 nov. 1999, n° 98-12.317 : *JurisData* n° 1999-004062 ; *JCP* 2000, I, 237, n° 19, obs. Serinet ; *Bull. civ.* III, n° 225, p. 157 ; *D.* 2000, somm. 286, obs. Tournafond ; *Defrénois* 2000, 493, obs. Périnet-Marquet).

5) **Ventes mobilières (non).** Sur ce que l'article 1622 ne s'applique pas aux ventes de meubles, V. ■ Cass. 1re civ., 11 janv. 2005 : *JurisData* n° 2005-026428 ; *JCP* 2005, IV, 1348 ; *Contrats, conc. consom.* 2005, 107, note Leveneur ; *Bull. civ.* I, n° 25, p. 18 ; *D.* 2005, somm. 2352, obs. Reboul-Maupin.

Art. 1623. – **S'il a été vendu deux fonds par le même contrat et pour un seul et même prix, avec désignation de la mesure de chacun, et qu'il se trouve moins de contenance en l'un et plus en l'autre, on fait compensation jusqu'à due concurrence ; et l'action, soit en supplément, soit en diminution du prix, n'a lieu que suivant les règles ci-dessus établies.**

Art. 1624. – **La question de savoir sur lequel, du vendeur ou de l'acquéreur, doit tomber la perte ou la détérioration de la chose vendue avant la livraison est jugée d'après les règles prescrites au titre *Des contrats ou des obligations conventionnelles en général*.**

Voir : art. 1138 ancien, p. 1108, 1245 ancien, p. 1187 et 1302 ancien, p. 1210.

Section III. – De la garantie

Art. 1625. – **La garantie que le vendeur doit à l'acquéreur a deux objets : le premier est la possession paisible de la chose vendue ; le second, les défauts cachés de cette chose ou les vices rédhibitoires.**

Voir : sur la garantie de la conformité du bien au contrat due par le vendeur au consommateur, C. consom., art. L. 211-1 et s. ancien p. 2027.

§ 1. – De la garantie en cas d'éviction

Art. 1626. – **Quoique lors de la vente il n'ait été fait aucune stipulation sur la garantie, le vendeur est obligé de droit à garantir l'acquéreur de l'éviction qu'il souffre dans la totalité ou partie de l'objet vendu, ou des charges prétendues sur cet objet, et non déclarées lors de la vente.**

Bibliographie : *La garantie d'éviction : utilité ou originalité ?*, Débats in *RDC* 2016/3, 527, avec les contributions d'H. Boucard, Ph. Chauviré, V. Forti et J. Huet.

1) **Vente de parts sociales d'une société de construction.** La garantie due par le vendeur des parts sociales d'une société de construction est celle prévue par l'article 1693 du Code civil et non la garantie du vendeur (■ Cass. 3e civ., 15 mai 1970, n° 68-13.973 : *JurisData* n° 1970-098340 ; *Bull. civ.* III, n° 340, p. 248).

2) **Transmission aux héritiers.** Les héritiers purs et simples du vendeur sont tenus de la

même obligation de garantie que leurs auteurs (■ Cass. 1re civ., 16 juin 1965, n° 62-12.103 : *JurisData* n° 1965-000404 ; *Bull. civ.* I, n° 404, p. 300).

3) **Fait personnel du vendeur.** Le vendeur qui doit garantie de son fait personnel ne peut évincer lui-même l'acquéreur en invoquant la prescription acquisitive pour se faire reconnaître propriétaire de la chose vendue dont il a conservé la possession (■ Poitiers, 24 mai 1945 : *S.* 1946, 2, 42). Il ne peut par son fait nuire à l'usage normal de la chose vendue tel que cet usage résulte des conditions de la vente (■ Cass. 1re civ., 29 nov. 1955 : *JCP* 56, IV, 3 ; *Bull. civ.* I, n° 417, p. 335). En dehors d'agissements déloyaux et de détournement de clientèle, le seul fait pour le vendeur d'un fonds de commerce de se réinstaller à proximité de la ville où se trouve le fonds vendu ne suffit pas à constituer une violation de l'obligation de garantie (■ Cass. com., 16 juin 1969, n° 67-12.972 : *D.* 1970, 37. V. en ce sens, relevant que le cédant d'actions d'une société n'a l'interdiction de se rétablir que si ce rétablissement est de nature à empêcher les acquéreurs de poursuivre l'activité économique de la société et de réaliser l'objet social, ■ Cass. com., 21 janv. 1997, n° 94-15.207 : *JurisData* n° 1997-000214 ; *JCP* 97, IV, 566 ; *Bull. civ.* IV, n° 25, p. 23, rejetant le pourvoi contre ■ Paris, 8 mars 1994 : *JurisData* n° 1994-600422 ; *D.* 1994, 466, note Couret et de Sentenac).

4) **Garantie d'éviction et clause de non-concurrence.** À l'expiration du délai fixé par une clause de non-concurrence, l'acquéreur du fonds de commerce demeure fondé à se prévaloir de la garantie d'éviction (■ Cass. com., 16 janv. 2001, n° 98-15.663 : *JurisData* n° 2001-007851 ; *JCP* E 2001, 1426, note Kéita ; *Contrats, conc. consom.* 2001, 42, note Malaurie-Vignal, 71, note Leveneur ; *RTD civ.* 2001, 611, obs. Gautier. – Déjà en ce sens, ■ Cass. com., 14 avr. 1992, n° 89-21.182 : *JurisData* n° 1992-000949 ; *Bull. civ.* IV, n° 160 ; *Contrats, conc. consom.* 1992, comm. 149, obs. Leveneur ; *RTD civ.* 1993, 150, obs. Gautier ; *RTD com.* 1992, 786, obs. Derruppé). Dans le même sens, ■ Cass. com., 15 déc. 2009, n° 08-20.522 : *Bull. civ.* 2009, IV, n° 172 ; *Contrats, conc. consom.* 2010, comm. 66, obs. Leveneur) : après l'expiration de la clause de non-concurrence, le cessionnaire des actions demeurait fondé à se prévaloir de la garantie légale d'éviction, qui interdisait au cédant tout agissement ayant pour effet de l'empêcher de poursuivre l'activité économique de la société et de réaliser l'objet social (société d'édition). Le cédant de parts sociales demeure tenu de la garantie d'éviction, quand bien même la clause de non-concurrence insérée au contrat serait illicite (■ Cass. com., 18 oct. 2011, n° 10-24.808 : *Contrats, conc. et consom.* 2012, comm. 3, obs. L. Leveneur ; *D.* 2012, 765, obs. E. Dreyer, qui reproche aux juges du fond de n'avoir pas recherché si l'organisation d'une élection concurrente à celle de Miss France ne constituait pas une méconnaissance par la cédante de la garantie d'éviction à laquelle elle était tenue en sa qualité de cédante des titres de la société Miss France). *Adde*, sur cette question, C.-E. Bucher, *L'obligation de non-concurrence née de la garantie d'éviction : entre droit de la concurrence et droits fondamentaux : Contrats, conc. et consom.* 2011, étude 12.

5) **Cause d'éviction antérieure au contrat. Prétention d'un tiers sur la chose.** Il résulte de l'article 1626 combiné avec les articles 1628 et s. du Code civil que l'acquéreur dépossédé a un recours en garantie contre son vendeur lorsque l'éviction a une cause antérieure au contrat et résulte d'un droit prétendu exercé par un tiers sur la chose vendue ; en une telle hypothèse, et à défaut de clause expresse de non-garantie, le vendeur reste tenu à la restitution du prix, même au cas où il serait établi que l'acheteur aurait eu, lors de la vente, connaissance du risque auquel il était exposé, à moins qu'il n'ait été expressément stipulé que celui-ci achetait à ses risques et périls (■ Cass. civ., 9 mars 1937 : *DH* 1937, 253).

6) **Fait de l'autorité publique.** Si l'éviction ou le dommage causé à l'acquéreur d'un bien par le fait de l'autorité publique ne peut en général donner lieu contre le vendeur à une action en garantie, il en est autrement lorsque cet acte est la conséquence de circonstances antérieures à la vente et que, par aucun moyen, l'acquéreur n'en peut empêcher les effets (■ Cass. 1re civ., 28 avr. 1976 : *JurisData* n° 1976-700148 ; *D.* 1976, 464, note Gaury, saisie par la police d'un véhicule faussement immatriculé. V. aussi ■ Cass. 3e civ., 30 oct. 1984, n° 83-12.010 : *JurisData* n° 1984-701853 ; *Bull. civ.* III, n° 183, p. 143).

7) **Acquéreur non entré en possession.** Le vendeur devant garantie contre tout trouble de droit émanant d'un tiers, viole l'article 1626 l'arrêt qui écarte l'appel en garantie de l'acquéreur en se fondant sur le fait que, l'acquéreur n'étant jamais entré en possession, l'action n'avait pas de sens puisqu'il n'y avait pas éviction (■ Cass. 1re civ., 6 oct. 1965, n° 64-10.349 : *JCP* 65, IV, 139).

8) **Bail sur l'immeuble vendu.** L'existence d'un bail sur l'immeuble vendu ne permet pas à l'acquéreur d'invoquer la garantie d'éviction, mais relève de la garantie des charges qui n'est pas due lorsque l'acheteur a eu connaissance des charges lors de la vente (■ Cass. soc., 10 juill. 1962, n° 61-20.084 : *JCP* 62, IV, 123 ; *Bull. civ.* IV,

n° 640, p. 524). Sur la garantie des servitudes et charges non déclarées, V. art. 1638, p. 1390.

9) Servitude non aedificendi. Le vendeur, qui n'a pas déclaré les travaux portant atteinte à la servitude non aedificandi, doit garantir de l'éviction subie par l'acquéreur en raison du non-respect de la servitude (■ Cass. 3e civ., 7 janv. 2016, nos 14-24.777 et 14-24.842).

10) Propriété incorporelle. Propriété littéraire et artistique. Pour des applications de la garantie d'éviction en matière de propriété littéraire, V. ■ Cass. 1re civ., 27 mai 1986, n° 84-14.154 : *JurisData* n° 1986-701077 ; *D.* 1987, 209, note Gautier. ■ Cass. 1re civ., 19 juin 1990, n° 89-10.162 : *JurisData* n° 1990-702332 ; *Bull. civ.* I, n° 177, p. 124. V. aussi CPI, art. L. 132-8, p. 2491. La garantie d'éviction est due par tout cédant d'un droit de propriété, corporel ou incorporel, sauf à établir que le cessionnaire a participé aux actes de contrefaçon en mettant en vente un produit qu'il savait contrefait (■ Cass. 1re civ., 13 mars 2008, nos 06-20.152 et 06-20.443 : *D.* 2008, p. 1317, note Lancrenon). Viole l'article 1625 la cour d'appel qui rejette l'action en garantie contre la RATP, qui a cédé les droits d'exploitation d'une œuvre audiovisuelle revendiquée par son réalisateur, en opposant au cessionnaire sa qualité de professionnel (■ Cass. 1re civ., 7 avr. 1998, n° 96-15.358 : *JurisData* n° 1998-001624 ; *JCP* 98, IV, 2287 ; *Bull. civ.* I, n° 145, p. 96). La personne qui a participé à une contrefaçon en mettant en vente un produit qu'elle savait être contrefaisant n'est pas fondée à obtenir la garantie de son vendeur pour l'éviction qu'elle subit, qui est de son fait (■ Cass. 1re civ., 15 oct. 1996, n° 94-18.499 : *JurisData* n° 1996-003796 ; *JCP* 96, IV, 2397 ; *Bull. civ.* I, n° 355, p. 249).

11) Action contre l'auteur du vendeur. L'obligation de garantie qui pèse sur le vendeur peut être invoquée aussi contre l'auteur de celui-ci si l'éviction trouve son origine dans le fait de ce dernier (■ Cass. 3e civ., 28 mars 1990, n° 88-14.953 : *JurisData* n° 1990-000694 ; *Bull. civ.* III, n° 93, p. 50).

12) Créancier saisissant. Vendeur (non). Le créancier poursuivant, sur saisie immobilière, la vente des biens de son débiteur ne peut être assimilé à un vendeur et ne peut être tenu envers l'adjudicataire à la garantie édictée par l'article 1626 (■ Cass. 2e civ., 22 nov. 2001, n° 99-16.356 : *JurisData* n° 2001-011758 ; *JCP* 2002, IV, 1013 ; *Contrats, conc. consom.* 2002, 44, note Leveneur ; *RTD civ.* 2002, 318, obs. Gautier).

Art. 1627. – Les parties peuvent, par des conventions particulières, ajouter à cette obligation de droit ou en diminuer l'effet ; elles peuvent même convenir que le vendeur ne sera soumis à aucune garantie.

1) Clause de non-garantie de désignation et de contenance. Les juges du fond peuvent décider que la clause de non-garantie de désignation et de contenance insérée dans l'acte de vente ne dispense pas le vendeur de garantir l'acquéreur victime d'une éviction (■ Cass. 1re civ., 5 janv. 1967 : *D.* 1967, 430, note Cornu).

2) Clauses de style. Sur l'inefficacité des clauses de style restrictives de garantie, V. ■ Cass. req., 6 juin 1925 : *DP* 1926, 1, 181. ■ Cass. 1re civ., 21 juin 1967 : *JurisData* n° 1967-000231 ; *JurisData* n° 1967-000231 ; *Bull. civ.* I, n° 231, p. 170, arrêt n° 1.

Art. 1628. – Quoi qu'il soit dit que le vendeur ne sera soumis à aucune garantie, il demeure cependant tenu de celle qui résulte d'un fait qui lui est personnel ; toute convention contraire est nulle.

1) Sur le **caractère d'ordre public de la garantie du fait personnel**, V. ■ Cass. 3e civ., 17 juill. 1973, n° 72-11.542 : *JurisData* n° 1973-000487 ; *Bull. civ.* III, n° 487, p. 355. ■ Paris, 5 juill. 1967 : *D.* 1967, 730, note Guyénot. L'expiration du délai de la clause de non-rétablissement contenue dans la vente d'un fonds de commerce n'a pas pour effet de libérer le vendeur de l'obligation légale de garantie de son fait personnel (■ Cass. com., 14 avr. 1992, n° 89-21.182 : *JurisData* n° 1992-000949 ; *Bull. civ.* IV, n° 160, p. 112 ; *RTD civ.* 1993, 150, obs. Gautier).

2) Acheteur ayant accepté de supporter un risque d'éviction. L'article 1628 ne fait pas obstacle à la validité de la clause par laquelle l'acheteur qui a été pleinement renseigné sur une circonstance particulière, antérieure à la vente, susceptible de provoquer éventuellement son éviction, a accepté d'en supporter le risque sans pouvoir former de recours contre le vendeur (■ Cass. 1re civ., 17 juill. 1962, n° 60-10.846 : *D.* 1962, 534. – V. en ce sens ■ Cass. com., 2 déc. 1965, n° 64-10.607 : *Gaz. Pal.* 1966, 1, 185).

3) Caractère perpétuel de l'exception de garantie. Le vendeur ne peut évincer lui-même l'acheteur en invoquant la prescription acquisitive pour se faire reconnaître propriétaire de la chose vendue dont il a conservé la possession, l'acquéreur étant toujours recevable, dans ce cas, à lui opposer l'exception de garantie qui est perpétuelle (■ Cass. 3e civ., 20 oct. 1981, n° 80-10.660 :

JurisData n° 1981-002950 ; *JCP* 82, IV, 17 ; *Bull. civ.* III, n° 168, p. 121).

4) Cession de marques. Viole l'article 1628 du Code civil l'arrêt qui déclare la cédante de diverses marques recevable à agir en déchéance, au motif qu'elle a un intérêt légitime à voir prononcer la déchéance de ces marques dont les signes sont composés de son nom, alors que la cédante n'était pas recevable en une action tendant à l'éviction de l'acquéreur (■ Cass. com., 31 janv. 2006 : *Bull. civ.* IV, n° 27 ; *JurisData* n° 2006-031928 ; *Contrats, conc. consom.* 2006, 79, note Leveneur).

Art. 1629. – Dans le même cas de stipulation de non-garantie, le vendeur, en cas d'éviction, est tenu à la restitution du prix, à moins que l'acquéreur n'ait connu, lors de la vente, le danger de l'éviction, ou qu'il n'ait acheté à ses périls et risques.

1) Ignorance par l'acquéreur des causes de nullité de la vente. Pour qu'une action en garantie limitée aux dommages-intérêts consécutifs à l'éviction puisse être accueillie, il faut que l'acquéreur n'ait pas été en mesure de connaître les causes de nullité de la vente (■ Cass. 1re civ., 15 avr. 1959 : *Bull. civ.* I, n° 195, p. 164).

2) Connaissance du risque par l'acquéreur. En cas de stipulation de non-garantie, le vendeur, en cas d'éviction, est tenu à la restitution du prix, à moins que l'acquéreur n'ait connu lors de la vente le danger de l'éviction ou qu'il n'ait acheté à ses périls et risques : il en résulte que, lorsque l'acquéreur avait, lors de la vente, connaissance d'un tel risque d'éviction, le vendeur n'est pas tenu de lui restituer le prix, même si l'acquéreur n'a pas déclaré expressément acheter à ses périls et risques (■ Cass. com., 21 nov. 2918, n° 17-21.467 : *Contrats, conc. consom.* 2019, comm. 19, Leveneur).

3) Achat aux risques et périls. Forme. L'acceptation par l'acquéreur d'acheter « à ses risques et périls » peut résulter d'une formule équivalente (■ Cass. civ., 10 mars 1948 : *D.* 1948, 255). Mais la connaissance du risque par l'acquéreur ne suffit pas à l'établir (■ Cass. com., 20 févr. 2001, n° 97-13.381 : *JurisData* n° 2001-008428 ; *JCP* E 2001, 1866, note Kéita).

Art. 1630. – Lorsque la garantie a été promise, ou qu'il n'a rien été stipulé à ce sujet, si l'acquéreur est évincé, il a droit de demander contre le vendeur :

1° La restitution du prix ;

2° Celle des fruits, lorsqu'il est obligé de les rendre au propriétaire qui l'évince ;

3° Les frais faits sur la demande en garantie de l'acheteur, et ceux faits par le demandeur originaire ;

4° Enfin, les dommages et intérêts, ainsi que les frais et loyaux coûts du contrat.

1) Indemnité d'occupation versée par l'acquéreur évincé. L'acquéreur évincé de bonne foi peut demander à son vendeur le remboursement de l'indemnité d'occupation qu'il a dû verser au propriétaire qui l'évince (■ Cass. 3e civ., 8 oct. 1974, n° 73-12.643 : *JurisData* n° 1974-098336 ; *JCP* 75, II, 17930, note Thuillier. – Comp. ■ Cass. 3e civ., 10 févr. 1976 : *Bull. civ.* III, n° 54, p. 42).

2) Bonne foi du vendeur. Le vendeur doit des dommages-intérêts même s'il a été de bonne foi (■ Cass. req., 2 déc. 1890 : *DP* 1891, 1, 478).

3) Droit à réparation de l'entier préjudice. L'acquéreur évincé a droit à la réparation de tout le préjudice causé par l'inexécution du contrat (■ Cass. 3e civ., 7 juill. 2010, n° 09-12.055 : *Bull. civ.* 2010, III, n° 140 ; *RTD civ.* 2010, 794, obs. Gautier, droit à indemnisation du préjudice découlant des procédures judiciaires qui ont conduit à l'éviction partielle).

4) Recours exercé par le garant en cas d'inaction du garanti. Le garant a intérêt et est donc recevable en cas d'inaction du garanti à former contre le bénéficiaire d'une décision de justice un pourvoi dont l'issue pourrait avoir une incidence sur l'action en garantie (■ Cass. 3e civ., 21 nov. 1974, n° 73-12.502 : *JurisData* n° 1974-000428 ; *Bull. civ.* III, n° 428, p. 329).

Art. 1631. – Lorsqu'à l'époque de l'éviction, la chose vendue se trouve diminuée de valeur ou *considérablement détériorée, soit* par la négligence de l'acheteur, soit par des accidents de force majeure, le vendeur n'en est pas moins tenu de restituer la totalité du prix.

Art. 1632. – Mais si l'acquéreur a tiré profit des dégradations par lui faites, le vendeur a droit de retenir sur le prix une somme égale à ce profit.

Art. 1633. – Si la chose vendue se trouve avoir augmenté de prix à l'époque de l'éviction, indépendamment même du fait de l'acquéreur, le vendeur est tenu de lui payer ce qu'elle vaut au-dessus du prix de la vente.

1) V. pour une application, ▪ Cass. 3e civ., 21 mars 1969, n° 66-12.417 : *D.* 1969, 478.

2) **Plus-value. Valeur au temps de l'éviction.** Jugé qu'il résulte des articles 1626, 1630, 1633 que l'acquéreur n'a de recours en garantie contre son vendeur que jusqu'à concurrence de la valeur de la chose au temps de l'éviction (▪ Cass. 3e civ., 17 oct. 1973 : *JurisData* n° 1973-000536 ; *D.* 1974, 556, note Malaurie). La date est celle de la décision constatant l'éviction (▪ Cass. 3e civ., 16 janv. 1991, n° 89-13.236 : *JurisData* n° 1991-000173 ; *JCP* 91, IV, 98 ; *Bull. civ.* III, n° 26, p. 15 ; *D.* 1992, 109, note Testu).

3) **Cumul des dispositions des articles 1633 et 1634.** Rien ne s'oppose à ce que l'acquéreur, en sus du remboursement des impenses utiles de l'article 1634, obtienne, en vertu de l'article 1633, l'indemnisation de la perte qu'il subit de la majoration de valeur acquise indépendamment de tous travaux, par le terrain nu au jour de l'éviction (▪ Paris, 22 nov. 1955 : *Gaz. Pal.* 1956, 1, 97).

4) **Responsabilité du notaire.** La plus-value due à l'acquéreur en vertu de l'article 1633 du Code civil, laquelle n'était pas entrée dans le patrimoine des vendeurs, n'avait pas la nature d'une restitution, mais d'une indemnisation de la perte subie par l'effet de l'éviction, la cour d'appel en a exactement déduit que le notaire devait être condamné à indemniser ce préjudice et à garantir les vendeurs à ce titre (▪ Cass. 3e civ., 27 oct. 2016, n° 15-21.495).

Art. 1634. – Le vendeur est tenu de rembourser ou de faire rembourser à l'acquéreur, par celui qui l'évince, toutes les réparations et améliorations utiles qu'il aura faites au fonds.

1) **Application aux constructions neuves (non).** Le remboursement des impenses ne peut concerner les constructions neuves dont l'indemnisation relève de l'article 555 du Code civil (▪ Cass. 3e civ., 10 juill. 1970, n° 68-13.508 : *JurisData* n° 1970-000484 ; *Bull. civ.* III, n° 484, p. 351).

2) **Appréciation de l'utilité des impenses ou améliorations.** La nécessité d'assurer à la victime dépossédée une juste réparation du préjudice qu'elle a subi implique que, dans les rapports d'un vendeur fautif et de l'acquéreur de bonne foi évincé, le caractère d'utilité des impenses ou améliorations s'apprécie non en fonction de leur résultat économique mais en considération de l'affectation donnée au fonds par ledit acquéreur lorsqu'elle n'est pas contraire à sa destination normale (▪ Paris, 22 nov. 1955 : *Gaz. Pal.* 1956, 1, 97).

3) **Impôts fonciers.** Le paiement des impôts fonciers n'entre pas dans la catégorie des réparations et améliorations utiles pour la chose vendue (▪ Cass. 3e civ., 16 janv. 1991, n° 89-13.236 : *JurisData* n° 1991-000173 ; *JCP* 91, IV, 98 ; *Bull. civ.* III, n° 26, p. 15 ; *D.* 1992, 109, note Testu).

4) **Plantations. Application de l'article 555 du Code civil.** Ayant retenu à bon droit que le tiers évincé pouvait prétendre, sur le fondement de l'article 555 du Code civil, au remboursement intégral de ses dépenses, sans qu'il y ait lieu de tenir compte du profit subsistant, la cour d'appel en a souverainement déduit que l'expert chargé de cette évaluation n'avait pas à rechercher le montant des amortissements comptables et fiscaux que le tiers évincé aurait pu réaliser grâce aux plantations (▪ Cass. 3e civ., 27 oct. 2016, n° 15-21.495).

Art. 1635. – Si le vendeur avait vendu de mauvaise foi le fonds d'autrui, il sera obligé de rembourser à l'acquéreur toutes les dépenses, même voluptuaires ou d'agrément, que celui-ci aura faites au fonds.

Art. 1636. – Si l'acquéreur n'est évincé que d'une partie de la chose, et qu'elle soit de telle conséquence, relativement au tout, que l'acquéreur n'eût point acheté sans la partie dont il a été évincé, il peut faire résilier la vente.

Art. 1637. – Si, dans le cas de l'éviction d'une partie du fonds vendu, la vente n'est pas résiliée, la valeur de la partie dont l'acquéreur se trouve évincé lui est remboursée suivant l'estimation à l'époque de l'éviction, et non proportionnellement au prix total de la vente, soit que la chose vendue ait augmenté ou diminué de valeur.

1) **Nécessité d'une estimation.** Sur la nécessité de déterminer la valeur de la partie du fonds vendu à l'époque de l'éviction, V. ▪ Cass. 3e civ., 21 mars 2001, n° 99-10.913 : *JurisData* n° 2001-008761 ; *JCP* G 2001, IV, 1930 ; *JCP* N 2002, 1142 ; *Contrats, conc. consom.* 2001, 121, note Leveneur ; *Bull. civ.* III, n° 37, p. 29 ; *RTD civ.* 2001, 614, obs. Gautier ; *Defrénois* 2001, 1064, obs. Libchaber.

2) **Vente de la chose d'autrui.** Pour une application erronée de l'article 1637 en cas de vente de la chose d'autrui, V. ▪ Cass. 3e civ., 27 oct. 2016, n° 15-23.846.

Art. 1638. – **Si l'héritage vendu se trouve grevé, sans qu'il en ait été fait de déclaration, de servitudes non apparentes, et qu'elles soient de telle importance qu'il y ait lieu de présumer que l'acquéreur n'aurait pas acheté s'il en avait été instruit, il peut demander la résiliation du contrat, si mieux il n'aime se contenter d'une indemnité.**

1) **Garantie du maintien du permis de construire (non).** Le vendeur ne garantit pas le maintien du permis de construire (▪ Cass. 3e civ., 29 avr. 1975 : *JurisData* n° 1975-799060 ; *Gaz. Pal.* 1975, 2, 604, note Cornuey).

2) **Énonciation des charges dans l'acte.** Il appartient au vendeur d'un immeuble d'énoncer sans équivoque dans l'acte de vente les charges dont il a connaissance et qui grèvent l'immeuble vendu, par exemple l'existence d'un bail (▪ Paris, 2 nov. 1955 : *Gaz. Pal.* 1956, 1, 134. – V. en ce sens ▪ Cass. 1re civ., 16 déc. 1958 : *D.* 1959, 34. ▪ Cass. soc., 10 juill. 1962 : *JCP* 62, IV, 123 ; *Bull. civ.* IV, n° 640, p. 524). Mais il en va autrement en cas d'existence d'une occupation exclusive de tout droit locatif (▪ Cass. 1re civ., 27 déc. 1963 : *JurisData* n° 1963-000571 ; *Bull. civ.* I, n° 571, p. 479). Sur la nécessité pour le vendeur de révéler l'obligation de payer une indemnité de plus-value exigible à la suite de l'exécution de travaux publics, V. ▪ Cass. civ., 7 déc. 1949 : *JCP* 50, II, 5619, note Becqué.

3) **Vice caché (non).** Une servitude non apparente ne constitue pas un vice caché mais relève des dispositions de l'article 1638 du Code civil (▪ Cass. 3e civ., 27 févr. 2013, n° 11-28.783 : *Bull. civ.* III, n° 32 ; *JCP G* 2013, note 498, Barbieri ; *JCP* N 2013, 1151, note Meiller ; *JCP* N 2014, 1057, n° 20, obs. Piedelièvre ; *RTD civ.* 2013, 410, obs. Dross ; *Dr. et patrimoine* juin 2013, 81, obs. Seube ; *D.* 2013, 973, obs. Le Gac Pech et 2123, n° 4, obs. Mallet-Bricout).

4) **Servitude de passage d'un pipe-line.** Le vendeur d'un immeuble a l'obligation de faire connaître à l'acquéreur la convention par laquelle il a antérieurement consenti une servitude de passage de pipe-line, ainsi que les autres engagements qui en résultent et entraînent une diminution certaine de jouissance (▪ Cass. 1re civ., 13 janv. 1965 : *D.* 1965, 555).

5) **Servitudes occultes.** Si le vendeur doit informer l'acheteur de l'existence de servitudes occultes, les servitudes légales qui dérivent du régime ordinaire de la propriété, étant réputées connues, n'ont pas à être déclarées (▪ Cass. 1re civ., 15 oct. 1963, n° 61-12 581 : *D.* 1963, 715 [servitude de passage en cas d'enclave]). Mais une limitation occulte non déclarée à la propriété d'un immeuble résultant d'un acte administratif oblige à garantir le vendeur, tenu en principe de renseigner l'acheteur lorsqu'elle n'est pas une conséquence normale de la nature et de la situation de l'immeuble (▪ Cass. 1re civ., 13 juill. 1954 : *JCP* N 55, II, 8784 ; *Bull. civ.* I, n° 246, p. 210 [servitude d'alignement]. ▪ Cass. 3e civ., 26 avr. 1978, n° 77-10.890 : *JurisData* n° 1978-098164 ; *Bull. civ.* III, n° 164, p. 128 [servitude *non aedificandi*]. ▪ Rouen, 3 mars 1970 : *D.* 1971, 715, note Bihr). L'acheteur qui n'a pas été informé de servitudes occultes peut obtenir la résiliation de la vente dès lors qu'il apparaît qu'il n'aurait pas contracté s'il en avait été instruit (▪ Cass. 1re civ., 21 févr. 1956 : *JCP* 56, II, 9200, note Blin).

6) **Affirmation fausse du vendeur.** Le vendeur qui affirme faussement qu'aucune servitude ne grève le fonds vendu commet une faute contractuelle dont il doit réparation, même si l'acheteur a supporté la servitude sans protester pendant plusieurs années après la vente (▪ Cass. 3e civ., 5 févr. 1974, n° 72-12.100 : *JurisData* n° 1974-098057 ; *Bull. civ.* III, n° 57, p. 43. V. aussi ▪ Cass. 3e civ., 21 mars 2001, n° 99-16.706 : *JurisData* n° 2001-008763 ; *Resp. civ. et assur.* 2001, 174 ; *Bull. civ.* III, n° 38, p. 30).

7) **Transcription de l'acte constitutif de la servitude avant la vente.** La transcription de l'acte constitutif de la servitude antérieurement à la vente ne dispense pas le vendeur de son obligation de révéler cette servitude (▪ Cass. req., 30 nov. 1940 : *DC* 1941, 107, note Carbonnier. – V. en ce sens ▪ Paris, 2 nov. 1955 : *Gaz. Pal.* 1956, 1, 134).

8) **Clauses de style interdisant tout recours.** Sur l'inefficacité des clauses de style interdisant tout recours contre le vendeur du chef des servitudes, V. ▪ Cass. 1re civ., 21 juin 1967 : *JCP* 67, IV, 120 ; *Bull. civ.* I, n° 231, p. 170, arrêt n° 1.

9) **Responsabilité professionnelle du notaire.** L'exécution de la garantie prévue par l'article 1638, conséquence de l'engagement librement souscrit par les parties au contrat, ne saurait constituer un préjudice que le notaire instrumentaire pourrait être tenu d'indemniser (▪ Cass. 1re civ., 23 sept. 2003, n° 99-21.174 : *JurisData* n° 2003-020387 ; *Resp. civ. et assur.* 2003, 325 ; *Bull. civ.* I, n° 189, p. 147).

Art. 1639. – **Les autres questions auxquelles peuvent donner lieu les dommages et intérêts résultant pour l'acquéreur de l'inexécution de la vente doivent être décidées suivant les règles générales établies au titre *Des contrats ou des obligations conventionnelles en général*.**

Art. 1640. – La garantie pour cause d'éviction cesse lorsque l'acquéreur s'est laissé condamner par un jugement en dernier ressort, ou dont l'appel n'est plus recevable, sans appeler son vendeur, si celui-ci prouve qu'il existait des moyens suffisants pour faire rejeter la demande.

Condamnation définitive. L'article 1640 ne s'applique qu'au cas où l'acquéreur, s'étant laissé condamner par une décision définitive, appelle son vendeur en garantie principale (▪ Cass. 1re civ., 10 mars 1953 : *JCP* 53, II, 7842, note Weill ; *Bull. civ.* I, n° 97, p. 83).

§ 2. – De la garantie des défauts de la chose vendue

Art. 1641. – Le vendeur est tenu de la garantie à raison des défauts cachés de la chose vendue qui la rendent impropre à l'usage auquel on la destine, ou qui diminuent tellement cet usage, que l'acheteur ne l'aurait pas acquise, ou n'en aurait donné qu'un moindre prix, s'il les avait connus.

Bibliographie : Ph. Malinvaud, *L'autonomie de la garantie des vices en matière immobilière : RD imm.* 1998, 321. • N. Monachon Duchêne, *Le vice extrinsèque de la chose n'est pas un vice caché : JCP* 2007, I, 199. • O. Deshayes, *La distinction entre vices cachés et défauts de délivrance conforme, Mél. D. R. Martin*, LGDJ, 2015.

• *Sommaire*

I – DOMAINE DE LA GARANTIE

1) Vente de tous objets et marchandises. L'article 1641 s'applique en principe à la vente de toutes marchandises et de tous objets (▪ Cass. 1re civ., 16 févr. 1983, n° 82-10.348 : *Bull. civ.* I, n° 65, p. 56. V. aussi, admettant le principe de la garantie des vices cachés en matière de licence de brevet d'invention, ▪ TGI Paris, 15 oct. 1993 : *JurisData* n° 1993-606309 ; *D.* 1994, 554, note crit. Piotraut).

2) Ventes faites par autorité de justice. Sur le principe que les ventes faites par autorité de justice ne donnent pas lieu à garantie, v. art. 1649, p. 1413.

3) Ventes d'animaux domestiques. Sur les règles spéciales applicables aux ventes d'animaux domestiques appartenant aux espèces bovine, chevaline et porcine, V. C. rur. (nouv.), art. L. 213-1 à L. 213-9. ▪ Cass. 1re civ., 13 mars 2001 : *Bull. civ.* I, n° 65, p. 42. Dans le même sens ▪ Cass. 1re civ., 30 sept. 2010, n° 09-16.890 : *Bull. civ.* 2010, I, n° 182 ; *Contrats, conc. consom.* 2010, comm. 268, obs. L. Leveneur ; *RD rur.* 2010, 27, obs. C. Lebel ; *D.* 2011, 659, note L. Mazeau : l'action en garantie dans les ventes d'animaux domestiques est régie, à défaut de convention contraire, par les seules dispositions du Code rural. Mais les dispositions des articles L. 213-1 et suivants du Code rural peuvent être écartées par une convention contraire, laquelle peut être implicite et résulter de la destination des animaux vendus et du but que les parties se sont proposé et qui constitue la condition essentielle du contrat (▪ Cass. 1re civ., 1er juill. 2015, n° 13-25.489 : *Contrats, conc. consom.* 2015, comm. 252, Leveneur ; *RTD com.* 2015, 736, obs. Bouloc ; cheval de course). Déjà en ce sens (▪ Cass. 1re civ., 11 mai 1971 : *JurisData* n° 1971-000159 ; *Bull. civ.* I, n° 159, p. 132. ▪ Cass. 1re civ., 12 juill. 1977, n° 76-11.420 : *JurisData* n° 1977-000332 ; *Bull. civ.* I, n° 332, p. 262). (▪ Cass. 1re civ., 11 janv. 1989, n° 87-13.370 : *JurisData* n° 1989-700216 ; *JCP* 89, IV, 95 ; *Bull. civ.* I, n° 1, p. 1). Adde, G. Paisant, *La question des vices cachés dans les ventes d'animaux domestiques aux consommateurs : JCP* 2016, doctr. 173.

4) Vente d'immeuble à construire. Sur le régime spécifique de la garantie dans la vente d'immeuble à construire, v. art. 1642-1, p. 1400 et art. 1792 et s., p. 1494. L'article 1641 est inapplicable en cas de construction réalisée sous le régime propre de la vente d'immeuble à construire (▪ Cass. 3e civ., 11 déc. 1991, n° 90-15.469 : *JurisData* n° 1991-003121 ; *JCP* 92, IV, 575. ▪ Cass. 3e civ., 25 janv. 1995, n° 93-12.017 : *JurisData* n° 1995-000108 ; *RD imm.* 1995, 338, obs. Malinvaud et Boubli ; *Gaz. Pal.* 1996, 1, somm. 230, obs. Peisse. ▪ Cass. 3e civ., 29 mars 2000, n° 97-21.681 : *JurisData* n° 2000-001238 ; *JCP* 2000, IV, 1885 ; *Bull. civ.* III, n° 78, p. 52 ; *Resp. civ. et assur.* 2000, 191. ▪ Cass. 3e civ., 7 avr. 2004, n° 02-31.015 : *JurisData* n° 2004-023252 ; *Contrats, conc. consom.* 2004, 94, note Leveneur. ▪ Cass. 3e civ., 6 déc. 2005, n° 04-18.503 : *JurisData* n° 2005-031213 ; *Contrats, conc. consom.* 2006, 66, note Leveneur).

5) Vente après achèvement. Lorsqu'une personne vend, après achèvement, un immeuble qu'elle a construit ou fait construire, l'action en garantie décennale n'est pas exclusive de l'action en garantie des vices cachés de droit commun de l'article 1641 du Code civil (▪ Cass. 3e civ., 17 juin 2009, n° 08-15503 : *Bull. civ.* III, n° 143 ; *Resp. civ. et assur.* 2009, comm. 291, obs. Groutel ; *RDC* 2009/4, 1475, obs. Brun ; *RD imm.* 2009, 475, obs. Tournafond ; *Defrénois* 2010, 221, obs. Périnet-Marquet ; *D.* 2009, 2573, obs. Monge et Nési). V. aussi art. 1792-1, p. 1501.

6) Vente de biens de consommation. Sur la garantie de la conformité du bien au contrat due par le vendeur au consommateur, v. C. consom. art. L. 217-1 et s. ancien p. 2038. V. aussi D. Mainguy, *Le nouveau droit de la garantie de conformité dans la vente au consommateur (après la transposition de la directive du 25 mai 1999 par l'ordonnance du 17 février 2005)* : *JCP* E 2005, 630. – J. Calais-Auloy, *Une nouvelle garantie pour l'acheteur : la garantie de conformité* : *RTD civ.* 2005, 701. – O. Gout et I. Maria, *Réflexions sur la transmission éventuelle des actions en garantie de conformité* : *JCP* 2008, I, 109. Pour une application de la présomption d'antériorité du vice V. ▪ Cass. 1re civ., 30 avr. 2014, n° 13-12.066. Pour une interprétation de la directive, V. ▪ CJCE, 17 avr. 2008, aff. C-404/06, Quelle AG, qui décide que l'article 3 de la directive n° 1999/44/CE du 25 mai 1999 s'oppose à ce que le vendeur exige du consommateur une indemnité pour l'usage du bien non conforme jusqu'à son remplacement par un nouveau bien (*D.* 2008, 2631, note Pignarre ; *JCP* E 2008, n° 30, p. 20, note Zarka). ▪ CJUE, 4 juin 2015, aff. C-497/13, *Froukje Faber/Autobedrijf Hazet Ochten BV*, qui admet la possibilité pour le juge national de soulever d'office l'article 5, § 3, de la directive de 1999, lequel prévoit que, sauf preuve contraire, les défauts de conformité qui apparaissent dans un délai de six mois à compter de la délivrance du bien sont, en principe, présumés exister au moment de la délivrance. Est impossible au sens de l'ancien article L. 211-9 du Code de la consommation le remplacement d'un chien, le chien en cause étant un être vivant, unique et irremplaçable, et un animal de compagnie destiné à recevoir l'affection de son maître, sans aucune vocation économique (▪ Cass. 1re civ., 9 déc. 2015, n° 14-25.910 : *RTD com.* 2016, 179, Bouloc ; *JCP* G 2016, doctr. 173, Paisant ; *RTD civ.* 2016, 356, obs. Barbier ; *Dr. et patrimoine* juin 2016, 68, obs. Seube et Revet ; *Contrats, conc. consom.* 2016, comm. 53, S. Berheim-Desvaux ; *D.* 2016, 360, note S. Desmoulin-Canselier). L'allocation de dommages-intérêts à l'acquéreur suppose la preuve de la connaissance du défaut de conformité par le vendeur, qui peut être présumée en raison de la qualité de vendeur professionnel (même arrêt). La notion de vendeur doit être interprétée en ce sens qu'elle vise également un professionnel agissant comme intermédiaire pour le compte d'un particulier, qui n'a pas dûment informé le consommateur acheteur du fait que le propriétaire du bien est un particulier (▪ CJUE, 9 nov. 2016, aff. C-149/15 : *RTD civ.* 2017, 171, obs. Gautier ; *JCP* 2016, 1289, note Berlin ; *ibid.* 2017, 123, note G. Paisant). Le vendeur agissant dans le cadre de son activité professionnelle ou commerciale est tenu, à l'égard de l'acheteur agissant en qualité de consommateur, de livrer un bien conforme au contrat et de répondre des défauts de conformité existant lors de la délivrance ; n'agissant pas lui-même en qualité de consommateur à l'égard de son propre auteur, le vendeur ne bénéficie pas d'une telle garantie et ne peut donc en transmettre les droits, ce qui exclut toute action directe de l'acheteur à ce titre (▪ Cass. 1re civ., 6 juin 2018, n° 17-10.553 : *AJCA* 2018/8, 377 ; Mainguy ; *Contrats, conc. consom.* 2018, comm. 165, Bernheim-Desvaux et 168, Leveneur). La présomption édictée par l'article L. 211-7, devenu L. 217-7, du Code de la consommation, porte uniquement sur l'antériorité du défaut de conformité et non sur l'existence du défaut lui-même (▪ Cass. 1re civ., 7 mars 2018, n° 17-10.489 : *RDC* 2018/3, 412, Julien).

Adde, sur la proposition de directive du 9 décembre 2015 visant à instaurer une garantie spéciale de conformité pour les biens achetés en ligne ou à distance, A. Danis-Fatôme : *RDC* 2016/3, 464.

7) Cession d'un fonds de commerce. Sur l'application de la garantie des vices cachés à la vente d'un fonds de commerce de camping, V. ▪ Cass. com., 3 déc. 2013, n° 12-20.991 : *Contrats, conc. consom.* mars 2014, comm. 61, obs. Leveneur (défauts du système d'assainissement).

II – CONDITIONS DE FOND DE LA GARANTIE

A – Impropriété de la chose à l'usage destiné

8) Distinction entre vice caché et non-conformité. Principe. Sur la distinction entre vice caché et non-conformité (la non-conformité de la chose aux spécifications contractuelles constitue un manquement à l'obligation de délivrance conforme, tandis que la non-conformité de la chose à sa destination normale est constitutive d'un vice caché), V. ■ Cass. 3e civ., 27 mars 1991, n° 88-11.410 : *JurisData* n° 1991-002257 ; *JCP* 92, II, 21935, 2e esp. ; *D.* 1992, 95, note Karila. ■ Cass. 1re civ., 5 mai 1993, n° 90-18.331 : *JurisData* n° 1993-000843 ; *D.* 1993, 506, note Bénabent ; *JCP* E 94, II, 526, 1re esp., note Leveneur. ■ Cass. 1re civ., 13 oct. 1993, n° 91-16.344 : *D.* 1994, 211. ■ Cass. 1re civ., 27 oct. 1993, n° 90-20.932 : *JurisData* n° 1993-002111 ; *D.* 1994, 211. ■ Cass. com., 26 avr. 1994, n° 92-13.862 : *JurisData* n° 1994-000857 ; *Bull. civ.* IV, n° 159, p. 126 ; *JCP* G 94, II, 22356 ; *JCP* E 94, II, 607, note Leveneur ; *Contrats, conc. consom.* 1994, 134, note Leveneur. V. aussi A. Bénabent, *Conformité et vices cachés dans la vente : l'éclaircie : D.* 1994, chron. 115. – D. Boulanger, *Erreur, non-conformité, vice caché : la fin d'une confusion (à propos de ■ Cass. 1re civ., 14 mai 1996) : JCP* N 96, I, 1585. – C. Radé, *L'autonomie de l'action en garantie des vices cachés* (à propos de ■ Cass. 1re civ., 14 mai 1996) : *JCP* 97, I, 4009. Si l'impropriété de la chose vendue à l'usage auquel elle est destinée est un défaut de conformité au contrat au sens général donné à ces termes par les dispositions de la Convention de Vienne sur la vente internationale de marchandises, elle constitue, dès lors que l'application de ce traité se trouve écartée, le vice caché visé à l'article 1641 du Code civil et se distingue du manquement du vendeur à son obligation de délivrer une marchandise conforme à celle convenue (■ Cass. com., 17 déc. 1996, n° 95-20.273 : *JurisData* n° 1996-005121 ; *D.* 1997, 337, note Witz). Une cour d'appel ne peut accueillir à la fois la demande du maître de l'ouvrage fondée sur un défaut de conformité et la demande de l'entrepreneur fondée sur un vice caché (■ Cass. 3e civ., 5 nov. 1997, n° 96-10.841 : *JurisData* n° 1997-004364 ; *JCP* 97, IV, 2483 ; *Bull. civ.* III, n° 195, p. 131). V. L. Casaux-Labrunée, *Vice caché et défaut de conformité : propos non conformistes sur une distinction viciée : D.* 1999, chron. 1.

9) Applications. Vices cachés. Les défauts qui *rendent la chose* vendue impropre à sa destination normale constituent les vices définis par l'article 1641 et seule est alors ouverte l'action fondée sur ce texte (■ Cass. 1re civ., 27 oct. 1993 : *D.* 1994, 212 ; *JCP* 94, I, 3773, n° 12, obs. crit. Viney, défaut de montage et de serrage d'un joint dans un chauffe-eau électrique. V. aussi ■ Cass. 3e civ., 28 juin 1995, n° 93-20.505 : *JurisData* n° 1995-001700 ; *Bull. civ.* III, n° 162, p. 109 ; *RD imm.* 1995, 757, obs. Malinvaud et Boubli, plâtre présentant le défaut d'une grande sensibilité à l'eau. ■ Cass. 1re civ., 4 juill. 1995, n° 93-18.430 : *JurisData* n° 1995-001792 ; *JCP* 95, IV, 2196 ; *Bull. civ.* I, n° 302, p. 211 ; *D.* 1997, somm. 346, 1re esp., obs. Tournafond, défauts dans la peinture et rouille sur un véhicule automobile. ■ Cass. 1re civ., 5 déc. 1995 : *JCP* 96, IV, 64 ; *Bull. civ.* I, n° 451, p. 314 ; *Contrats, conc. consom.* 1996, 39, note Leveneur, « zones d'ombre » dans l'utilisation d'un appareil de téléphone portatif. ■ Cass. 3e civ., 24 janv. 1996, n° 94-10.551 : *JurisData* n° 1996-000103 ; *JCP* 96, IV, 626 ; *Bull. civ.* III, n° 27, p. 18 ; *Resp. civ. et assur.* 1996, 95, 1re esp. ; *D.* 1997, somm. 346, 2e esp., obs. Tournafond, appartement insalubre ne pouvant être habité en l'état. ■ Cass. 3e civ., 20 mars 1996, n° 94-14.761 : *JurisData* n° 1996-001025 ; *JCP* 96, IV, 1159 ; *Bull. civ.* III, n° 82, p. 53 ; *D.* 1997, somm. 347, obs. Tournafond, emplacement de stationnement inutilisable en raison de la présence d'une rampe en béton. ■ Cass. 1re civ., 14 mai 1996 : *JCP* 96, IV, 1498 ; *Bull. civ.* I, n° 213, p. 148 ; *D.* 1997, somm. 345, obs. Tournafond ; *D.* 1998, 305, 1re esp., note Jault-Seseke, vieillissement anormal de tuiles. ■ Cass. 3e civ., 1er oct. 1997, n° 95-22.263 : *JurisData* n° 1997-003784 ; *JCP* 97, IV, 2229 ; *Bull. civ.* III, n° 181, p. 120 ; *Defrénois* 1998, 944, note Dagorne-Labbe, inconstructibilité d'un terrain à bâtir. ■ Cass. 1re civ., 18 nov. 1997, n° 95-19.103 : *JurisData* n° 1997-004565 ; *Resp. civ. et assur.* 1998, 63, semences ne présentant pas les qualités germinatives prévues. – Comp. pour des plants contaminés ■ Cass. 1re civ., 20 déc. 2000, n° 99-12.284 : *JurisData* n° 2000-007588 ; *Resp. civ. et assur.* 2001, 1re esp., note Groutel. ■ Cass. 3e civ., 7 juin 2000, n° 98-18.966 : *JurisData* n° 2000-002351 ; *JCP* 2000, IV, 2320 ; *Contrats, conc. consom.* 2000, 159, note Leveneur ; *Resp. civ. et assur.* 2000, 339, arrêté préfectoral d'interdiction immédiate d'habiter un studio. ■ Dijon 26 sept. 1996, n° 00000873/95 : *JurisData* n° 1996-044458 ; *JCP* 97, IV, 292, terreau de qualité médiocre ayant entraîné l'envahissement des serres de l'acheteur par des mauvaises herbes. ■ Cass. 1re civ., 1er déc. 1998, n° 96-21.951 : *JurisData* n° 1998-004666 ; *Contrats, conc. consom.* 1999, 39, note Leveneur, tuiles gélives. ■ Cass. 3e civ., 24 févr. 1999, n° 97-15.683 : *JurisData* n° 1999-000780 ; *JCP* 99, IV, 1708 ; *Resp. civ. et assur.* 1999, 191 ; *Bull. civ.* III, n° 52, p. 36 ; *D.* 2000, somm. 288, 1re esp., obs. Tournafond, inconstructibilité d'une parcelle formant un lot pour l'édification d'une maison d'habitation. ■ Cass. 3e civ., 15 mars 2000, n° 98-11.855 : *JurisData* n° 2000-000964 ; *JCP* 2000, IV, 1796 ; *Bull. civ.* III, n° 60, p. 41 ; *D.* 2000, somm. 288, obs. Tournafond, terrain inconstructible. ■ Cass. 1re civ., 28 juin 2012, n° 11-13.461, défaut d'obtention des autorisations d'urbanisme nécessaires à la réalisation de certains travaux [piscine et pool-house] : *JCP* N 2013, 1007, n° 19, obs. Piedelièvre. ■ Cass. 1re civ., 5 janv. 1999, n° 96-19.992 : *JurisData* n° 1999-000009 ; *Resp. civ. et assur.* 1999, 147, imperfection de fonctionnement dans le système de freinage d'un véhicule. ■ Cass. 1re civ., 12 oct. 1999, n° 97-14.664 : *JurisData* n° 1999-003542 ; *Resp. civ. et assur.* 1999, 372, taux de CO_2 dans le véhicule.

■ Cass. 3e civ., 6 oct. 2004, n° 02-20.755 : *JurisData* n° 2004-025087 ; *Contrats, conc. consom.* 2005, 24, note Leveneur ; *Bull. civ.* III, n° 167 p. 153, arrêt n° 1, absence d'étanchéité d'une toiture-terrasse. ■ Cass. 3e civ., 8 juin 2006, n° 04-19.069 ; *JCP* 2006, IV, 2443 ; *JurisData* n° 2006-034017, ampleur de la pollution d'un ensemble immobilier inconnue de l'acheteur). ■ Cass. 1re civ., 12 mai 2011, n° 10-13.739, défaut de la boîte automatique de vitesse (raclement). V. cependant, admettant l'action fondée sur la non-conformité après avoir constaté l'irrecevabilité de l'action en garantie des vices cachés ■ Cass. 1re civ., 5 nov. 1996, n° 94-15.898 : *JurisData* n° 1996-004133 ; *JCP* 97, II, 22872, note Radé. ■ Cass. 1re civ., 5 juill. 2018, n° 17-19.819 : *Contrats, conc. et consom.* 2018, comm. 190, Leveneur : sous-dimensionnement des fixations d'un abri de piscine.

10) Non-raccordement au réseau d'assainissement (non). Le non-raccordement d'un immeuble au réseau d'assainissement ne constitue pas une atteinte à l'usage d'habitation de l'immeuble susceptible d'ouvrir à l'acquéreur une action en garantie des vices cachés (■ Cass. 3e civ., 28 mars 2007, n° 06-12.461 : *Bull. civ.* III, n° 50 ; *RDC* 2007/4, p. 1199, obs. Brun ; *Contrats, conc. consom.* 2007, 168, note Leveneur ; *Dr. et patrimoine* mai 2008, 32, note Lesueur).

11) Absence de syndic (non). L'absence de syndic ne constituait pas un vice de nature à rendre l'immeuble impropre à son usage (■ Cass. 3e civ., 8 déc. 2016, n° 15-16.494).

12) Office du juge. Si, parmi les principes directeurs du procès, l'article 12 du [nouveau] Code de procédure civile oblige le juge à donner ou restituer leur exacte qualification aux faits et actes litigieux invoqués par les parties au soutien de leurs prétentions, il ne lui fait pas obligation, sauf règles particulières, de changer la dénomination ou le fondement juridique de leurs demandes ; qu'ayant constaté, par motifs propres et adoptés, qu'elle était saisie d'une demande fondée sur l'existence d'un vice caché dont la preuve n'était pas rapportée, la cour d'appel, qui n'était pas tenue de rechercher si cette action pouvait être fondée sur un manquement du vendeur à son obligation de délivrance d'un véhicule conforme aux stipulations contractuelles, a légalement justifié sa décision de ce chef (■ Cass. ass. plén., 21 déc. 2007, n° 06-11.343 : *Bull.* ■ *Cass. ass. plén.*, n° 10 ; *Contrats, conc. consom.* 2008, 92, note Leveneur ; *Defrénois* 2008, 1457, note Savaux ; *JCP* 2008, II, 10006, note Weiller ; *JCP* 2008, I, 138 ; *RTD civ.* 2008, 317, obs. Gautier ; *RDC* 2008, 327, obs. Bénabent ; *RD imm.* 2008, 102, note Malinvaud ; *Resp. civ. et assur.* 2008, n° 3, p. 26, note Hocquet-Berg ; *Gaz. Pal.* 2008, n° 18, p. 2, note de Gouttes ; *D.* 2008, 228, note Dargent et 1102, note Deshayes). Dans le même sens (■ Cass. 1re civ., 28 mars 2008, n° 06-15.038 et ■ Cass. 1re civ., 5 juin 2008, n° 06-16.922 ; *RDC* 2008, 1242. Voir déjà, ■ Cass. 3e civ., 8 nov. 2006, pourvoi n° 05-17379 : *JurisData* n° 2006-035788), qui décide que, le juge n'étant pas tenu de rechercher d'office les dispositions légales de nature à justifier une demande dont il est saisi sur le fondement d'un texte déterminé, la cour d'appel n'avait pas l'obligation d'examiner le litige au regard des articles 1603 et 1604 du Code civil. Auparavant, v. retenant l'obligation pour le juge de requalifier d'office le fondement juridique de la demande lorsque l'acheteur a invoqué à tort l'existence d'un vice caché ou d'un défaut de conformité, V. ■ Cass. 1re civ., 16 juin 1993, préc., n° 7. ■ Cass. 1re civ., 20 janv. 2004, n° 01-13.824 : *JurisData* n° 2004-022042 ; *RDC* 2004, 691, obs. Brun. ■ Cass. 1re civ., 25 janv. 2005, préc., n° 7. ■ Cass. 1re civ., 24 janv. 2006, préc. n° 7. ■ Cass. 1re civ., 15 mai 2007, n° 06-14.781 : *RDC* 2007/4, p. 1125, obs. Viney.

13) Association de deux médicaments. Le vice caché est nécessairement inhérent à la chose elle-même et ne peut résulter de l'association de deux médicaments (■ Cass. 1re civ., 8 avr. 1986, n° 84-11.443 : *JurisData* n° 1986-000609 ; *JCP* 87, II, 20721, note Viala et Viandier).

14) Servitude. Une servitude non apparente ne constitue pas un vice caché mais relève des dispositions de l'article 1638 du Code civil (■ Cass. 3e civ., 27 févr. 2013, n° 11-28.783 : *Bull. civ.* III, n° 32 ; *JCP* G 2013, note 498, Barbiéri. *Adde* : l'existence d'un compteur d'eau commun résultant d'une servitude par destination du père de famille ne constitue pas un vice caché au sens de l'article 1641 dès lors qu'il ne porte pas atteinte à l'usage de l'immeuble d'habitation (■ Paris, 23e ch., 5 avr. 1995 : *JurisData* n° 1995-021536).

15) Vice caché. Défaut en relation avec les dommages. Le vendeur ne peut être tenu au titre de la garantie des vices cachés de l'inadéquation du matériel livré à l'usage auquel il est destiné, et les articles 1641 et suivants ne sont pas applicables lorsque ce matériel n'est affecté d'aucun défaut et que les désordres constatés proviennent de la conception d'ensemble des équipements et des caractéristiques de l'eau utilisée, d'où résulte un phénomène de corrosion (■ Cass. 1re civ., 15 nov. 1988, n° 86-19.401 : *JurisData* n° 1988-002981 ; *Bull. civ.* I, n° 322, p. 219). Mais dès lors qu'il est établi que l'altération gustative des vins d'un château bordelais est due au défaut d'étanchéité des bouchons, le fournisseur doit réparer le préjudice causé par ce vice caché (■ Cass. 1re civ., 11 juin 1996, n° 94-13.795 : *JurisData* n° 1996-002443 ; *Contrats, conc. consom.* 1996, 184, note Leveneur).

16) Cession de parts sociales. Révélation du passif fiscal. En cas de cession de parts sociales, la révélation du passif fiscal n'affecte pas l'usage des parts mais seulement leur valeur. À défaut de clause de garantie de passif ou de révision de prix, cette révélation ne constitue donc pas un vice caché des droits sociaux cédés (▪ Cass. com., 23 janv. 1990, n° 87-17.521 : *JurisData* n° 1990-700068 ; *JCP* N 90, I, 15838, n° 10, Viandier et Caussain ; *Bull. civ.* IV, n° 23, p. 15 ; *D.* 1991, 333, note Virassamy. V. en ce sens, ▪ Cass. com., 4 juin 1996, n° 94-13.047 : *JurisData* n° 1996-002215 ; *JCP* E 96, I, 3980, I, 589, n° 3, obs. Viandier et Caussain ; *Bull.* IV, n° 154, p. 135. Comp. pour des vices affectant l'immeuble social ▪ Cass. 3e civ., 12 janv. 2000, n° 97-13.155 : *Bull. civ.* III, n° 7, p. 5). En cas de cession de parts sociales d'une société ayant pour objet l'exploitation d'un hôtel, la non-conformité des locaux aux normes de sécurité ne constitue pas un vice affectant les actions cédées dès lors que la société a pu, en engageant des dépenses supplémentaires, continuer l'activité économique constituant son objet social (▪ Cass. com., 12 déc. 1995, n° 93-20.620 : *JurisData* n° 1995-003698 ; *D.* 1996, 277, note Paillusseau ; *JCP* N 96, II, 1513, note Guyon. V. en ce sens pour la garantie d'éviction ▪ Cass. com., 21 janv. 1997, n° 94-21.384 : *JurisData* n° 1997-000021 ; *JCP* 97, IV, 566 ; *Bull.* IV, n° 25, p. 23).

17) Obligation de sécurité du vendeur. Sur l'obligation de sécurité du vendeur, voir sous art. 1604, annot. n° 37, p. 1378. Sur le principe que l'action en responsabilité exercée par la victime d'un produit défectueux contre le vendeur professionnel n'est pas l'action en garantie des vices cachés, mais une action en responsabilité du fait d'un produit défectueux, V. ▪ Cass. 1re civ., 14 juin 2000, n° 98-14.581 : *JurisData* n° 2000-002529 ; *Contrats, conc. consom.* 2000, 158, note Leveneur.

18) Gravité du défaut. La garantie est due lorsque les défauts cachés de la chose vendue diminuent tellement son usage que l'acheteur ne l'aurait pas acquise ou en aurait donné un moindre prix s'il les avait connus (▪ Cass. 1re civ., 31 janv. 1966 : *JurisData* n° 1966-700074 ; *JCP* 66, II, 14659. V. en ce sens pour des infiltrations dans le sous-sol ▪ Cass. 3e civ., 4 juill. 2001, n° 99-19.586 : *JurisData* n° 2001-010771 ; *Contrats, conc. consom.* 2001, 172, note Leveneur). Jugé qu'en matière de vente d'automobile d'occasion, la garantie ne peut s'appliquer qu'à des défauts d'une particulière gravité échappant à tout examen attentif au moment de l'achat et rendant le véhicule impropre à l'usage auquel il était normalement destiné en tant que machine d'occasion (▪ Paris, 6 nov. 1963 : *D.* 1964, 253. Comp. ▪ Cass. 1re civ., 18 déc. 1962, n° 48-12 358 : *D.* 1963, 114. ▪ Versailles, 28 sept. 1990 et ▪ Paris, 25 mai 1990 : *D.* 1991, somm. 168, obs. Tournafond). Mais jugé que la nuisance sonore pour un véhicule « haut de gamme et d'une marque de prestige » caractérise un vice caché (▪ Cass. 1re civ., 7 mars 2000, n° 97-17.511 : *JurisData* n° 2000-000837 ; *Resp. civ. et assur.* 2000, 199). Dès lors que les défectuosités de l'appareil vendu ont été réparées par le vendeur et qu'il fonctionne normalement, l'action en garantie n'est plus ouverte (▪ Cass. 1re civ., 2 déc. 1997, n° 95-19.466 : *JurisData* n° 1997-004823 ; *JCP* 98, IV, 1167 ; *Bull. civ.* I, n° 351, p. 237 ; *D.* 1999, somm. 17, obs. Brun. V. aussi ▪ Rouen, 20 juin 2001 : *D.* 2002, somm. 1005, obs. Brun). Jugé cependant que viole les articles 1641 et 1644 l'arrêt qui rejette la demande en résolution de la vente dès lors que le véhicule vendu a fait l'objet de réparations qui le rend désormais propre à sa destination et à son usage (▪ Cass. 1re civ., 6 oct. 1998, n° 96-14.660 : *JurisData* n° 1998-003846 ; *D.* 2000, somm. 290, obs. Pignarre).

19) Voiture de collection. Les juges du fond peuvent décider que le vice affectant un véhicule de collection acquis par un collectionneur averti (kilométrage supérieur à celui annoncé, oxydation importante) n'est pas suffisant pour le rendre impropre à cet usage (▪ Cass. 2e civ., 22 avr. 1997 : *JCP* 1997, IV, 1213 ; *Bull. civ.* I, n° 129, p. 85. – Rappr. ▪ Cass. 1re civ., 19 mars 2009, n° 08-12.657 : *Bull. civ.* I, n° 62 ; *JurisData* n° 2009-047473 ; *Contrats, conc. consom.* juin 2009, n° 157, obs. Leveneur [véhicules militaires anciens] ; la cour d'appel aurait dû rechercher si, au vu des spécificités de la vente et de la nature de la chose vendue, le vice [boîte de vitesse très endommagée] suffisait à rendre celle-ci impropre à l'usage auquel l'acheteur pouvait sérieusement s'attendre).

B – Antériorité du vice

20) Pouvoir des juges du fond. Il appartient aux juges du fond de relever les circonstances établissant que le vice allégué est antérieur à la vente (▪ Cass. 1re civ., 12 janv. 1977, n° 75-13.434 : *JurisData* n° 1977-000028 ; *Bull. civ.* I, n° 28, p. 21). Pour un rappel de la condition d'antériorité du vice, V. ▪ Cass. 1re civ., 20 mai 2010, n° 08-21.576 : *Contrats, conc. consom.* 2010, comm. 199, obs. L. Leveneur.

21) Preuve de l'existence du vice. C'est à l'acheteur d'apporter la preuve de l'existence d'un vice dont le produit aurait été affecté lors de la livraison (▪ Cass. com., 10 déc. 1973, n° 72-14.359 : *JurisData* n° 1973-098356 ; *JCP* 75, II, 17950, note Malinvaud. Comp., accommodant, ▪ Cass. 1re civ., 15 juill. 1999, n° 97-18.091 : *Contrats, conc. consom.* 1999, 175, note Leveneur). Jugé que, compte tenu de la courte période d'utilisation du navire, l'incendie révèle nécessairement l'existence d'un vice caché à l'origine du sinistre (■ Cass. 1re civ., 22 févr. 2000, n° 98-10.084 : *JurisData* n° 2000-000698 ; *Resp. civ. et assur.* 2000, 163). Sur la nécessité de constater l'antériorité du vice, V. ■ Cass. 1re civ., 20 mai 2010, n° 08-21.576 : *Contrats, conc. consom.* 2010, comm. 199, obs. L. Leveneur.

22) Vice à l'état de germe au moment de la vente. Le vendeur doit la garantie pour le vice à l'état de germe au moment de la vente et qui s'est développé ultérieurement (■ Cass. com., 9 févr. 1965 : *Bull. civ.* III, n° 108, p. 86).

23) Terrain partiellement inconstructible devenu totalement inconstructible. La preuve d'un vice d'inconstructibilité antérieure à la vente n'est pas rapportée dans l'hypothèse d'un terrain partiellement inconstructible le jour de la vente et classé en zone inconstructible inondable par arrêté postérieur à la vente (■ Cass. 3e civ., 13 nov. 2014, n° 13.24.027, à paraître au *Bull. civ.* ; *JCP* G 2015, doctr. 306, n° 3, obs. Serinet ; *D.* 2015, p. 60, note Rouvière ; *D.* 2015, 529, obs. Amrani-Mekki et Mekki ; *Defrénois* 2015, 59, obs. Chardeaux).

24) Annulation rétroactive du permis de construire. Ayant relevé qu'à l'acte notarié de vente, figurait un état des risques mentionnant que les parcelles étaient en zone inondable et étaient couvertes par un plan de prévention des risques et qu'au jour de la vente, le terrain litigieux était constructible, la cour d'appel, qui a exactement retenu que l'annulation rétroactive du permis de construire obtenu après la vente était sans incidence sur l'erreur devant s'apprécier au moment de la formation du contrat, a pu en déduire que le retrait du permis de construire ne pouvait entraîner la nullité de la vente, ni donner lieu à la garantie des vices cachés (■ Cass. 3e civ., 24 nov. 2016, n° 15-26.226 : *RTD civ.* 2017, 126, obs. Barbier).

C – Caractère caché du vice

25) Sur la **notion de vice apparent**, V. art. 1642, p. 1399.

26) Acheteur professionnel réputé connaître les vices. Sur le principe que l'acheteur professionnel est réputé connaître les vices de la chose, V. ■ Cass. com., 14 janv. 1969, n° 67-10.920 : *JCP* 70, II, 16167, note Prieur. ■ Cass. com., 29 nov. 1983, n° 82-13.503 : *JurisData* n° 1983-702385 ; *Bull. civ.* IV, n° 329, p. 286. Il en est ainsi même s'il fait procéder à une livraison directe de la chose par le fournisseur à son client (■ Cass. 1re civ., 8 juin 1999, n° 95-13.866 : *JurisData* n° 1999-002357 ; *Bull. civ.* I, n° 198, p. 129. V. sur cet arrêt M.-L. Izorche, *Le vendeur professionnel entre vices cachés et jurisprudence hermétique* : *D.* 2000, chron. 407).

27) Prise en compte de la qualification professionnelle. La qualification professionnelle de l'acquéreur ne peut être prise en compte que si elle permet de supposer de sa part une réelle capacité de contrôle de la chose vendue (■ Cass. 1re civ., 20 déc. 1983, n° 82-13.726 : *JurisData* n° 1983-702554 ; *Bull. civ.* I, n° 308, p. 276. V. aussi ■ Cass. 1re civ., 23 avr. 1985, n° 83-16.545 : *Bull. civ.* I, n° 125, p. 115). Le chauffeur routier, même s'il n'est pas fabricant ni vendeur professionnel, n'en a pas moins la qualité de professionnel (■ Bourges, 29 juin 1992 : *JurisData* n° 1992-042964 ; *JCP* 92, IV, 2790).

28) Vice indécelable pour l'acheteur professionnel. L'acheteur professionnel bénéficie de la garantie lorsque le vice était indécelable (■ Cass. 3e civ., 7 févr. 1973 : *JurisData* n° 1973-098109 ; *JCP* 75, II, 17918, note Ghestin. ■ Cass. com., 15 nov. 1983, n° 82-11.310 : *Bull. civ.* IV, n° 311, p. 269. ■ Cass. 1re civ., 20 juin 1995, n° 93-15.801 : *JurisData* n° 1995-001600 ; *Bull. civ.* I, n° 275, p. 190. – V. aussi ■ Dijon, 18 févr. 1992 : *JurisData* n° 1992-041272 ; *JCP* 93, IV, 135).

29) Maison infestée de termites. Le vendeur d'une maison infestée de termites ne peut appeler en garantie celui auquel il a acheté s'il est établi qu'il a eu connaissance, après son acquisition, de la présence des insectes et qu'il a alors remis la maison en vente (■ Cass. 3e civ., 16 nov. 1988, n° 87-13.492 : *JurisData* n° 1988-702400 ; *JCP* 89, IV, 24 ; *Bull. civ.* III, n° 164, p. 89). L'acheteur qui a été informé d'une infestation de capricornes dans la charpente et a reçu le conseil de prendre l'avis d'un spécialiste ne peut se prévaloir du vice caché que révèlerait la présence non révélée de termites (■ Cass. 3e civ., 26 févr. 2003, n° 01-14.352 : *JurisData* n° 2003-017909 ; *Bull. civ.* III, n° 53, p. 49 ; *Defrénois* 2003, 914, note Dagorne-Labbe ; *RDC* 2004, 974, obs. Collart Dutilleul. – V. encore ■ Cass. 3e civ., 30 janv. 2008, n° 07-10.133 : *JurisData* n° 2008-042519 ; *Contrats, conc. consom.* 2008, 126, note Leveneur). Mais le vendeur qui ne révèle pas la présence de capricornes dans la charpente commet un dol et doit garantir l'acquéreur contre ce vice caché (■ Cass. 3e civ., 25 mai 2004, n° 03-12.169 : *JurisData* n° 2004-023836 ; *RDC* 2004, 973, obs. Collart Dutilleul).

30) Acheteur professionnel revendant en connaissance de cause. Si le vendeur professionnel est tenu de réparer toutes les conséquences dommageables du vice caché, l'acquéreur, également vendeur professionnel, qui a effectivement décelé le vice après la livraison, ne peut se faire garantir par son propre vendeur des conséquences de la faute qu'il a commise en revendant le produit en connaissance de cause (■ Cass.

1re civ., 3 juill. 1985, n° 83-14.477 : *JurisData* n° 1985-701989 ; *Bull. civ.* I, n° 210, p. 190).

III – RÉGIME DE LA GARANTIE

31) Sur l'option de l'acheteur et les **dommages-intérêts dus par le vendeur**, V. art. 1644 et s., p. 1405.

32) Sur le **bref délai pour agir en garantie**, V. art. 1648, p. 1410.

33) Charge de la preuve. C'est à l'acquéreur exerçant l'action en garantie des vices cachés qu'il appartient de rapporter la preuve de l'existence et de la cause des vices qu'il allègue, en sollicitant au besoin une mesure d'expertise (■ Cass. 1re civ., 12 juill. 2007, n° 05-10.435).

34) Action directe du sous-acquéreur. L'action directe dont dispose le sous-acquéreur contre le fabricant ou un vendeur intermédiaire, pour la garantie du vice caché affectant la chose vendue dès sa fabrication, est nécessairement de nature contractuelle (■ Cass. 1re civ., 9 oct. 1979 : *D.* 1980, inf. rap. 222, obs. Larroumet ; *RTD civ.* 1980, 354, obs. Durry. ■ Cass. com., 4 nov. 1982, n° 81-12.829 : *JurisData* n° 1982-702433 ; *Bull. civ.* IV, n° 335, p. 284. ■ Cass. 1re civ., 13 nov. 1984, n° 83-13.020 : *JurisData* n° 1984-701874 ; *Bull. civ.* I, n° 303, p. 258. Dans le même sens, ■ Cass. com., 8 mars 2017, n° 15-15.132 : *RDC* 2017, 451, Chauviré : le sous-acquéreur dispose d'une action contractuelle directe contre le vendeur de son cocontractant, vendeur intermédiaire, ce qui exclut qu'il puisse agir sur le plan délictuel. V. aussi. ■ Cass. 1re civ., 12 sept. 2018, n° 17-22.064 : *Contrats, conc. consom.* 2018, comm. 199, Leveneur), de même que l'action directe du maître de l'ouvrage contre le fabricant de matériaux posés par un entrepreneur pour la garantie du vice caché affectant la chose vendue (■ Cass. 1re civ., 29 mai 1984 : *JurisData* n° 1984-701217 ; *RD imm.* 1984, 420, obs. Malinvaud et Boubli ; *Bull. civ.* I, n° 175, p. 149. – Voir cependant pour l'action de l'acquéreur de l'immeuble contre l'architecte ■ Cass. 3e civ., 7 mai 1986, n° 84-12.814 : *JurisData* n° 1986-000954 ; *Bull. civ.* III, n° 42, p. 69 ; *D.* 1987, 257, note crit. Bénabent ; *RTD civ.* 1987, 361, obs. Rémy) et pour l'action du sous-acquéreur contre l'importateur (■ Paris, 15 nov. 1988, n° 87/3381 : *JurisData* n° 1988-026816 ; *JCP* 89, II, 21251, note Larroumet). Une clause de non-garantie opposable par un vendeur intermédiaire à son propre acquéreur ne peut faire obstacle à l'action directe de l'acquéreur final contre le vendeur originaire, dès lors qu'aucune clause de non-garantie n'a été stipulée lors de la première vente (■ Cass. 3e civ., 16 nov. 2005, n° 04-10.824 : *JurisData* n° 2005-030737 ; *JCP* 2006, II, 10069, note Trébulle ; *D.* 2006, 971, note R. Cabrillac ; dans le même sens, ■ Cass. 3e civ., 22 juin 2001, n° 08-21.804 : *Bull. civ.* III, n° 108 ; *RDC* 2011/4, 1197, obs. D. Mazeaud ; *JCP* G 2011, doctr. 1141, n° 28, obs. J. Ghestin). En revanche, la clause exclusive de garantie stipulée dans le contrat liant le fabricant au vendeur intermédiaire est opposable par la fabricant au sous-acquéreur (■ Cass. civ. 3e, 15 nov. 2016, n° 15-18.340 : *Contrats, conc. consom.* 2017, comm. 27, Leveneur, qui décide que la clause d'exclusion de garantie des vices cachés stipulée dans une vente entre un fabricant de pompes à chaleur et un professionnel du chauffage, lié au premier par des relations d'affaires, n'est pas inopposable aux sous-acquéreurs exerçant l'action qui appartenait au vendeur intermédiaire ; déjà, en ce sens : ■ Cass. 1re civ., 7 juin 1995 : *Contrats, conc. consom.* 1995, comm. 159, obs. Leveneur ; *D.* 1996, p. 395, note Mazeaud. ■ Cass. com., 26 mai 2010 : *JCP* G 2010, 849, note Barbieri). Sur la garantie de conformité issue du droit de la consommation : le vendeur agissant dans le cadre de son activité professionnelle ou commerciale est tenu, à l'égard de l'acheteur agissant en qualité de consommateur, de livrer un bien conforme au contrat et de répondre des défauts de conformité existant lors de la délivrance ; n'agissant pas lui-même en qualité de consommateur à l'égard de son propre auteur, le vendeur ne bénéficie pas d'une telle garantie et ne peut donc en transmettre les droits, ce qui exclut toute action directe de l'acheteur à ce titre (■ Cass. 1re civ., 6 juin 2018, n° 17-10.553 : *RDC* 2018/4, Deshayes ; *AJCA* 2018/8, 377 ; Mainguy ; *Contrats, conc. consom.* 2018, comm. 165, Bernheim-Desvaux et 168, Leveneur).Sur le principe général du caractère contractuel de l'action du sous-acquéreur ou du maître de l'ouvrage contre le vendeur ou le locateur d'ouvrage initial, v. sous art. 1165 ancien, p. 1125 et sous art. 1615, p. 1382.

35) Exercice de l'action par le vendeur intermédiaire. Si l'action en garantie des vices cachés se transmet, en principe, avec la chose vendue au sous-acquéreur, le vendeur intermédiaire ne perd pas la faculté de l'exercer quand elle présente pour lui un intérêt direct et certain (■ Cass. 1re civ., 19 janv. 1988, n° 86-10.328 : *Bull. civ.* I, n° 20, p. 14. ■ Cass. 3e civ., 27 juin 2001, n° 99-14.851 : *JurisData* n° 2001-010444 ; *D.* 2002, somm. 1004, obs. Brun. ■ Nîmes, 18 déc. 1980 : *JurisData* n° 1980-080347 ; *D.* 1983, 29, note Larroumet. – V. en ce sens pour l'action en garantie décennale de l'article 1792, ■ Cass. 3e civ., 20 avr. 1982, n° 81-10.026 : *JCP* 82, IV, 230 ; *Bull. civ.* III, n° 95, p. 66. ■ Cass. 3e civ., 26 avr. 1983, n° 81-11.865 : *JurisData* n° 1983-701061 ; *JCP* 83, IV, 208 ; *Bull. civ.* III, n° 91, p. 72).

36) Négligence commise dans la surveillance de la chose. Dès lors que le vice caché est constaté, le vendeur ne peut être exonéré en raison des négligences commises dans la surveillance de la chose (■ Cass. com., 28 mai 1991, n° 89-14.716 : *JurisData* n° 1991-001493 ; *Bull. civ.* IV, n° 194, p. 138).

37) Vendeur trompé par son propre vendeur. En l'absence d'une clause d'exclusion de garantie, le second vendeur d'une voiture d'occasion ne saurait être mis hors de cause au motif qu'il a été trompé par son propre vendeur, un garagiste (■ Cass. 1re civ., 22 nov. 1988, n° 85-17.210 : *JurisData* n° 1988-702979 ; *Bull. civ.* I, n° 333, p. 226 ; *JCP* 89, IV, 32).

38) Vente en ligne. Responsabilité du mandataire du vendeur. Le garagiste, mandataire du vendeur (vente sur e-bay) engage sa responsabilité du fait des vices cachés affectant le véhicule, en dissimulant à l'acquéreur sa qualité de mandataire et en se comportant comme le vendeur du véhicule (■ Cass. 1re civ., 18 déc. 2014, n° 13-23.868 : *RDC* 2015, 489, note Danis-Fatôme).

39) Naissance de la créance. La créance née de la garantie des vices cachés a son origine au jour de la conclusion de la vente et non au jour de la révélation du vice (■ Cass. com., 8 juin 1999, n° 96-18.840 : *JurisData* n° 1999-002321 ; *JCP* 2000, I, 312, n° 15, obs. Mainguy ; *Contrats, conc. consom.* 1999, 157, note Leveneur, obligation de déclarer la créance au passif du redressement judiciaire du vendeur).

40) Responsabilité contractuelle (non). Le vice caché ne donne pas ouverture à une action en responsabilité contractuelle mais à une garantie dont les modalités sont fixées par les articles 1641 et suivants du Code civil (■ Cass. com., 27 sept. 2011, n° 10-24.713). Dans le même sens, ■ Cass. com., 19 mars 2013, n° 11-26.566 : *Bull. civ.* IV, n° 45 ; *RDC* 2013/3, 967, obs. Le Bourg et Quézel-Ambrunaz et 2013/4, 1360, obs. Borghetti ; *Contrats, conc. consom.* 2013, comm. 129, Leveneur ; *JCP* N 2013, 1282, n° 6, obs. Mekki ; *JCP* E 2013, 1309, note Le Gac-Pech ; *D.* 2013, 1947, note Hontebeyrie.

IV – CONCOURS ENTRE L'ACTION EN GARANTIE DES VICES CACHÉS ET LES ACTIONS EN NULLITÉ POUR ERREUR OU DOL

41) Exclusion de l'action en nullité pour erreur par l'action en garantie des vices cachés. La garantie des vices cachés constituant l'unique fondement de l'action exercée pour défaut de la chose vendue la rendant impropre à sa destination normale, la responsabilité du vendeur ne peut être recherchée sur le fondement de l'erreur (■ Cass. 1re civ., 14 mai 1996 : *Bull. civ.* I, n° 213 ; *GAJ civ.* 2000, t. 2, n° 253-254, p. 507 ; *D.* 1997, somm., 345, obs. Tournafond ; *D.* 1998, jurispr., 305, note Jault-Seseke ; *Defrénois* 1996, 886, note Dagorne-Labbe ; C. Radé, *L'autonomie de l'action en garantie des vices cachés : JCP* 1997, I, 4009). Dans le même sens, ■ Cass. 3e civ., 7 juin 2000, n° 98-18.966 : *JurisData* n° 2000-002351 ; *GAJ civ.* 2000, n° 253-254 ; *D.* 2002, somm., 1002, obs. Tournafond ; *Contrats, conc. consom.* 2000, 159, note Leveneur ; *Resp. civ. et assur.* 2000, 339 ; *Dr. et pat.* janv. 2001, 85, obs. Chauvel. ■ Cass. 1re civ., 19 oct. 2004, n° 01-17.228 (lorsque la chose est atteinte d'un défaut la rendant impropre à son usage, l'acheteur ne dispose pas de l'action en nullité pour erreur sur les qualités substantielles, mais seulement de l'action en garantie des vices cachés) ; ■ Cass. 3e civ., 17 nov. 2004, n° 03-14.958 : *JurisData* n° 2004-025661 ; *Bull. civ.* III, n° 206 ; *Dr. et pat.* mars 2005, n° 3649, obs. Chauvel. Mais l'erreur sur une qualité substantielle, lorsqu'elle ne s'analyse pas en une défectuosité intrinsèque compromettant l'usage de la chose ou son bon fonctionnement, n'est pas un vice caché et ne donne donc pas naissance à la garantie des vices cachés (■ Cass. 1re civ., 14 déc. 2004, n° 01-03.523 : *JurisData* n° 2004-026149 ; *Bull. civ.* I, n° 326 ; *JCP* 2005, I, 141, n° 1, obs. Serinet ; *RTD civ.* 2005, 123, obs. Mestre et Fages ; défaut d'authenticité d'une œuvre d'art). Comp. auparavant, ■ Cass. 3e civ., 18 mai 1988, n° 86-18.668 : *JurisData* n° 1988-000871 ; *Bull. civ.* III, n° 96, p. 54 ; *D.* 1989, 451, 1re esp., note Lapoyade-Deschamps ; *RTD civ.* 1989, 342, obs. Rémy. ■ Cass. 1re civ., 28 juin 1988, n° 87-11.918 : *JurisData* n° 1988-001960 ; *Bull. civ.* I, n° 211 ; *D.* 1989, somm. 229, obs. Aubert.■ Cass. 1re civ., 28 juin 1989, n° 85-14.958 : *JurisData* n° 1989-702422 ; *JCP* 89, IV, 332 ; *Bull. civ.* I, n° 268, p. 178 ; *D.* 1991, somm. 318, obs. Aubert, qui accordaient l'option entre l'action en garantie des vices cachés et l'action en nullité pour erreur (l'action en nullité pour erreur sur les qualités substantielles de la chose vendue n'est pas soumise aux dispositions spéciales de l'article 1648, peu important à cet égard que l'erreur invoquée soit la conséquence d'un vice caché rendant la chose impropre à l'usage auquel elle était destinée). Comp., accordant une option entre l'action en nullité pour erreur et l'action en responsabilité ou résolution pour manquement à l'obligation de délivrance conforme (■ Cass. 1re civ., 25 mars 2003 : *JurisData* n° 2003-018414 ; *JCP* G 2003, I, 170, n° 6, obs. Serinet ; *JCP* E 2003, 1667, note Serinet).

42) Option entre l'action en nullité pour dol et l'action en garantie des vices cachés. L'action en garantie des vices cachés n'est pas exclusive de l'action en nullité pour dol (■ Cass. civ. 1re, 6 nov. 2002, n° 00-10.192 : *JurisData* n° 2002-016223 ; *Bull. civ.* I, n° 260 ; *Contrats, conc. consom.* 2003, 38, note. Leveneur ; *LPA*, 28 juill. 2003, 15, note Staeger). Déjà en ce sens, ■ Cass. 3e civ., 29 nov. 2000, n° 98-21.540 : *JurisData* n° 2000-007110 ; *Bull. civ.* III, n° 182 ; *Contrats, conc. consom.* 2001, 41, note Leveneur. ■ Cass. 3e civ., 10 avr. 2002 : n° 00-16.939).

43) Office du juge. Le juge, saisi d'une demande fondée sur l'article 1641 du Code civil, n'a pas l'obligation d'examiner le litige au regard de l'article 1116 du Code civil (■ Cass. 3e civ., 30 janv. 2008, *Bull. civ.* III, n° 21 ; *RDC* 2008, 1242, obs. Collart Dutilleul). Dans le même sens, ■ Cass. 1re civ., 28 mars 2008, n° 06-15.038 : *RDC* 2008, 1242. *Contra*, auparavant : il appartient aux juges du fond de rechercher si l'action en annulation pour erreur engagée par l'acquéreur, qui invoque des défectuosités rendant le véhicule vendu impropre à la circulation, ne doit pas être requalifiée en une demande en garantie des vices cachés (■ Cass. 1re civ., 12 juill. 2001, n° 99-16.687 : *JurisData* n° 2001-010614 ; *JCP* G 2001, I, 370, n° 10, obs. Loiseau ; *JCP* G 2002, II, 10143 et *JCP* E 2002, 1767, note Maupas ; *Bull. civ.* I, n° 225, p. 141 ; *D.* 2002, somm. 1002, obs. Brun). Il appartient au juge de donner ou restituer aux faits leur véritable qualification et de rechercher si la dissimulation du vice caché du véhicule vendu n'est pas constitutive d'un dol (■ Cass. 1re civ., 16 avr. 1991, n° 89-11.324 : *JurisData* n° 1991-001125 ; *D.* 1992, somm. 196, 2e esp., obs. Tournafond et 265, obs. Penneau). Comp. la solution retenue dans l'hypothèse du concours entre vice caché et défaut de conformité, sous art. 1641, annot. n° 12, p. 1394.

Art. 1642. – Le vendeur n'est pas tenu des vices apparents et dont l'acheteur a pu se convaincre lui-même.

1) Notion de vice apparent. Le vice apparent, dont le vendeur n'est pas tenu, n'est pas seulement celui qui est ostensible et que révèle un examen superficiel, mais celui qu'un homme de diligence moyenne aurait découvert en procédant à des vérifications élémentaires (■ T. civ. Seine, 21 déc. 1956 : *D.* 1957, 47. – V. en ce sens ■ Paris, 9 mai 1964 : *Gaz. Pal.* 1964, 2, 126. – Comp. pour l'achat d'un tracteur d'occasion par un professionnel ■ Cass. 1re civ., 18 déc. 1962, n° 48-12 358 : *JurisData* n° 1962-000554 ; *D.* 1963, 114), mais non celui dont seule une expertise aurait permis de constater l'existence (■ Cass. 1re civ., 7 juin 1995 : *Bull. civ.* I, n° 250, p. 176. – Comp. ■ Cass. 3e civ., 21 juill. 1998, n° 96-14.719 : *Contrats, conc. consom.* 1998, 144, note Leveneur, vigne vierge et moquette masquant respectivement une fente dans un mur extérieur et une fissure dans le sol). Viole les articles 1641 et 1642 du Code civil, en statuant par des motifs impropres à caractériser un vice dont l'acquéreur avait pu se convaincre par lui-même, l'arrêt qui retient que, si les dégradations de la charpente et des tuiles ne pouvaient être constatées qu'à condition de pénétrer dans les combles et de monter sur la toiture et que l'accès aux combles, s'il était difficile, n'était pas impossible, il ne s'en déduisait pas que ces désordres constituaient des vices cachés pour les acquéreurs (■ Cass. ass. plén., 27 oct. 2006, n° 05-18.977 : *Bull. civ.* 2006, ■ Cass. ass. plén., n° 13 : *JurisData* n° 2006-035632 ; *Contrats, conc. consom.* 2007, 43, note Leveneur ; *JCP* N 2007, 1101, note Leveneur ; *ibid.* 2007, 1157, n° 12, obs. Piedelièvre ; *JCP* G 2007, I, 104, obs. Constantin). Sur le caractère apparent de défauts mentionnés lors du contrôle technique ayant précédé la vente du véhicule V. ■ Cass. 1re civ., 19 nov. 2009, n° 08-14.460 : *Contrats, conc. consom.* 2010, comm. 39. Pour un exemple de vice apparent, V. ■ Cass. 1re civ., 1er juill. 2010, n° 09-14.900 : *Contrats, conc. consom.* 2010, comm. 243, obs. L. Leveneur (voiture de 45 ans, état avancé de corrosion). Caractérise l'existence d'un vice apparent la cour d'appel qui retient que l'acquéreur, profane, en ne visitant qu'une partie de l'immeuble, n'avait pas accompli les diligences minimales que doit effectuer tout acquéreur (■ Cass. 3e civ., 8 févr. 2012, n° 10-27.250 : *RDC* 2013/1, 161, obs. Brun). V. aussi ■ Cass. 3e civ., 16 sept. 2004, n° 13-19.911 : *Contrats, conc. consom.* 2014, comm. 266, Leveneur (défauts d'une piscine ; acquéreur assisté par un pisciniste). Sur ce que le vice doit, pour être apparent, être connu dans son ampleur et dans ses conséquences, V. ■ Cass. 3e civ., 14 mars 2012, n° 11-10.861 : *Bull. civ.* III, n° 45 ; *RDC* 2013/1, 161, obs. Brun ; *JCP* N 2013, 1007, n° 18, obs. Piedelièvre ; *Gaz. Pal.* 4 mai 2012, 44, obs. Parmentier (fuite d'eau visible, connaissance par l'acquéreur de l'ampleur et des conséquences du vice non établie).

2) Obligation de recourir à un homme de l'art (non). Ajoute à l'article 1642 une condition qu'il ne prévoit pas, l'arrêt qui retient que le vice n'est pas caché lorsqu'il est visible par un homme de l'art auquel l'acquéreur d'un immeuble doit faire appel (■ Cass. 3e civ., 3 mai 1989, n° 87-17.526 : *JurisData* n° 1989-701635 ; *Bull. civ.* III, n° 101, p. 56 ; *D.* 1990, 117, note Tournafond ; *Defrénois* 1990, 502, obs. Vermelle. ■ Cass. ass. plén., 27 oct. 2006, préc. n° 1). Dans le même sens, ■ Cass. 3e civ., 3 nov. 2011, n° 10-21.052 : *Bull. civ.* III, n° 183 ; *JCP* N 2012, 1120, n° 17, obs. S. Piedelièvre ; *LPA* 30 mars 2012, p. 18, note C. Coulon : ajoute une condition non prévue à l'article 1642 du Code civil l'arrêt qui décide que le devoir minimal de vigilance de l'acheteur d'une propriété d'une ancienneté certaine et d'un prix élevé, lui imposait de visiter sérieusement les lieux et, s'il n'était pas apte techniquement à apprécier l'état de tout ou partie de l'immeuble, d'être accompagné d'un homme de l'art. Sur l'absence d'obligation faite à l'acquéreur d'un bateau de procéder à un essai en mer accompagné de techniciens, V. ■ Cass. 1re civ., 26 sept. 2012, n° 11-22.399 : *Bull. civ.* I, n° 192 ; *RDC* 2013/1, 101, obs. Borghetti, 161, obs. Brun et 164, obs. Viaud ; *JCP* G 2012, doctr. 1151, n° 15, obs. Grosser ; *LPA* 8 janv. 2013, 7, obs. Le Gac-Pec). Le caractère apparent ou caché d'un vice du navire doit s'apprécier au moment de la recette et au regard de l'armateur lui-même, et non pas de l'expert chargé par lui d'en surveiller la construction pour son compte (■ Cass. com., 6 juill. 1999, n° 97-15.351 : *JurisData* n° 1999-002828 ; *JCP* 99, IV, 2653 ; *Bull. civ.* IV, n° 149, p. 125).

Art. 1642-1 ***(L. n° 67-3, 3 janv. 1967 ; L. n° 67-547, 7 juill. 1967 ; mod., L. n° 2009-323, 25 mars 2009).*** – (1) **Le vendeur d'un immeuble à construire ne peut être déchargé, ni avant la réception des travaux, ni avant l'expiration d'un délai d'un mois après la prise de possession par l'acquéreur, des vices de construction ou des défauts de conformité alors apparents.**

Il n'y aura pas lieu à résolution du contrat ou à diminution du prix si le vendeur s'oblige à réparer.

Bibliographie : Sur la modification apportée au texte par la loi du 25 mars 2009, v. S. Pimont, *Les défauts de conformité apparents suivent le régime des vices apparents dans la vente d'immeuble à construire : RDC* 2009/4, 1477 ; *RD imm.* 2009, 299, obs. Tournafond.

1) **Indifférence de l'importance des vices apparents.** La garantie prévue à l'article 1642-1 est due quelle que soit l'importance des vices apparents et elle ne peut être écartée au seul motif que le vice n'affecte pas l'ouvrage ou ne le rend pas impropre à sa destination (■ Cass. 3e civ., 26 févr. 1992, n° 90-13.320 : *JurisData* n° 1992-000395 ; *JCP* 92, IV, 1288).

2) **Vice dont l'ampleur n'était pas connue lors de la prise de possession.** Application de la garantie décennale à un vice affectant la ventilation mécanique au motif que, si le bruit produit avait été signalé dans les réserves, les odeurs provenant d'autres appartements n'étaient intervenues qu'ultérieurement, de telle sorte que le vice ne pouvait être connu dans toute son ampleur lors de la prise de possession (■ Cass. 3e civ., 21 sept. 2011, n° 09-69.933 : *Bull. civ.* III, n° 153 ; *RD imm.* 2011, 568, obs. O. Tournafond ; *Defrénois* 2012, 7, obs. H. Périnet-Marquet ; *Constr.-Urb.* 2011, p. 30, obs. C. Sizaire).

3) **Vendeur restant maître de l'ouvrage jusqu'à la réception.** Le vendeur d'immeuble à construire conserve les pouvoirs de maître de l'ouvrage jusqu'à la réception des travaux, à partir de laquelle il est tenu de la garantie des vices cachés édictée par les art. 1792 et s. (■ Cass. 3e civ., 20 juill. 1994, n° 92-17.450 : *JurisData* n° 1994-001357 ; *JCP* 94, IV, 2372 ; *Defrénois* 1994, 1161, obs. Dubois).

4) **Réception.** La réception des travaux, au sens de l'article 1642-1 du Code civil, résulte de l'acte passé entre le maître d'ouvrage et les constructeurs, et la participation des acquéreurs à cette réception n'a aucun effet juridique (■ Cass. 3e civ., 4 nov. 2010, n° 09-70.235 : *Bull. civ.* III, n° 198 ; *Defrénois* 2012, 7, obs. H. Périnet-Marquet).

5) Sur le **délai pour agir**, voir sous C. civ. art. 1648 (ancien), al. 2, annot. n° 17, p. 1304.

6) **Parties à la réception. Acquéreur (non).** La réception des travaux, au sens de l'article 1642-1, résulte de l'acte passé entre le maître d'ouvrage et les constructeurs, et ne concerne pas les rapports entre le vendeur et les acquéreurs (■ Cass. 3e civ., 18 juin 2003 : *JurisData* n° 2003-019473 ; *JCP* 2003, IV, 2433 ; *Bull. civ.* III, n° 130, p. 115).

7) **Modalités de la réparation.** Le vice de construction apparent peut faire l'objet d'une réparation en nature ou en équivalent, et d'un dédommagement du préjudice de jouissance ayant pu découler de ce vice (■ Cass. 3e civ., 2 mars 2005, n° 03-19.208 : *JurisData* n° 2005-027254 ; *Bull. civ.* III, n° 50, p. 44).

8) **Caractère impératif.** L'acquéreur ne pouvait pas invoquer la responsabilité contractuelle de droit commun du vendeur d'immeuble à construire qui ne peut être tenu à garantie des vices apparents au-delà des limites résultant des dispositions d'ordre public des articles 1642-1 et 1648 du Code civil (■ Cass. 3e civ., 3 juin 2015, n° 14-15.796).

9) **Vente d'un lot de copropriété devant être réhabilité.** Pour la qualification de vente en l'état futur d'achèvement concernant la vente du lot de copropriété d'un immeuble devant être réhabilité et transformé en résidence à usage d'habitation, V. ■ Cass. 3e civ., 18 févr. 2016, n° 15-12.719).

(1) Dispositions applicables en Nouvelle-Calédonie dans leur version en vigueur au 21 juin 2013, Ord. n° 2013-516, 20 juin 2013, art. 1er.

Art. 1643. – Il est tenu des vices cachés, quand même il ne les aurait pas connus, à moins que dans ce cas, il n'ait stipulé qu'il ne sera obligé à aucune garantie.

Bibliographie : Ph. Malinvaud, *Pour ou contre la validité des clauses limitatives de la garantie des vices cachés dans la vente : JCP* 75, I, 2690.

1) Indifférence de principe de la bonne foi du vendeur. Sur le principe selon lequel le vendeur de bonne foi est tenu de la garantie des vices cachés, à défaut de clause, V. ▪ Cass. 1re civ., 6 avr. 2016, n° 15-12.402 : *Contrats, conc. consom.* 2016, comm. 160, Leveneur ; *RTD civ.* 2016, 649, obs. Jourdain ; *JCP* G 2016, doctr. 797, n° 7, obs. Grosser).

I – CLAUSES RESTRICTIVES DE GARANTIE

2) Vendeur de mauvaise foi. Un vendeur qui n'a pas été de bonne foi ne peut se soustraire à sa responsabilité propre en invoquant une clause d'exclusion de garantie (▪ Cass. com., 16 juin 1964 : *Bull. civ.* III, n° 312, p. 271. ▪ Cass. 3e civ., 28 mars 2007, n° 06-12.299 : *JurisData* n° 2007-038222 ; *RDC* 2007/4, p. 1201, obs. Brun, vendeurs profanes ayant procédé au traitement de deux solives de section importante attaquées par des insectes xylophages. ▪ Cass. 3e civ., 27 mars 2007, n° 06-12.889 : *Contrats, conc. consom.* 2007, 199, note Leveneur, vendeurs d'une maison, qui avaient connaissance de l'environnement radioactif et de risques de contamination. ▪ Cass. 3e civ., 19 nov. 2008, n° 07-16.746 : *JurisData* n° 2008-045889 ; *Contrats, conc. consom.* 2009, comm. 40, obs. Leveneur ; *D.* 2009, 297, obs. Prigent, vendeurs profanes ayant vendu, en connaissance de cause, un immeuble frappé par la mérule). ▪ Cass. 3e civ., 16 déc. 2009, n° 09-10.540 : *Bull. civ.* 2009, III, n° 288 ; *Resp. civ. et assur.* 2010, comm. 87 (connaissance de l'existence de termites). V. pour une réticence dolosive ▪ Pau, 20 janv. 2003, n° 01/01666 : *JurisData* n° 2003-200076 ; *Resp. civ. et assur.* 2003, 183, note Radé, vente d'un immeuble attaqué par les capricornes. Sur la situation particulière des vendeurs-constructeurs, V. ▪ Cass. 3e civ., 11 avr. 2012, n° 11-13.198 : *Contrats, conc. consom.* 2012, comm. 202, obs. Leveneur ; *JCP* N 2013, 1379, n° 24, obs. Semere, qui reproche aux juges du fond de n'avoir pas recherché si, en qualité de constructeurs du mur litigieux, les vendeurs (occasionnels) pouvaient ignorer les vices de l'ouvrage. – *Adde* ▪ Cass. 3e civ., 9 févr. 2011, n° 09-71.498, cité note 3 sous art. 1643, C. civ., qui assimile le vendeur occasionnel constructeur au vendeur professionnel. Mais dès lors qu'il n'est pas établi que le vendeur non professionnel a su, au moment de la vente, que le sous-sol du terrain était objet de pollution, il peut se prévaloir de la clause de non-garantie (▪ Cass. com., 19 déc. 2001 : *Resp. civ. et assur.* 2002, 108).

3) Vendeur professionnel. Présomption de connaissance du vice. Le vendeur professionnel est réputé connaître les vices de la chose et ne peut invoquer une clause excluant ou limitant la garantie (▪ Cass. 1re civ., 24 nov. 1954 : *JCP* 55, II, 8565, note H. B. ; *GAJ civ.* 2000, t. 2, n° 250-251. ▪ Cass. com., 24 oct. 1961, n° 58-11.677 : *D.* 1962, 46, note Hémard. ▪ Cass. 3e civ., 22 janv. 1974, n° 72-14.133 : *JurisData* n° 1974-098034 ; *D.* 1974, 288. ▪ Cass. 3e civ., 13 nov. 2003, n° 02-15.367 : *JurisData* n° 2003-020909 ; *Resp. civ. et assur.* 2004, 44). Sur le caractère irréfragable de cette présomption qui ne cède pas devant la preuve du caractère indécelable du défaut, V. ▪ Cass. 1re civ., 21 nov. 1972 : *JCP* 1974, II, 17890, note Ghestin. Les dispositions du droit communautaire visant à assurer la concurrence et la libre circulation des marchandises ne s'opposent pas à l'application de cette règle (▪ CJCE, 24 janv. 1991 : *JurisData* n° 1991-600356 ; *D.* 1991, 273, note Berr).

4) Qualification de vendeur professionnel. ▪ Cass. 3e civ., 26 avr. 2006 : *JurisData* n° 2006-033204 ; *Bull. civ.* III, n° 106 ; *Contrats, conc. consom.* 2006, 155, note Leveneur, qui retient la qualité de professionnel de la construction immobilière d'un vendeur qui avait par le passé dirigé une entreprise, mais avait cessé son activité professionnelle depuis de nombreuses années. ▪ Cass. 1re civ., 30 sept. 2008, n° 07-16.876 : *Bull. civ.* I, n° 216 ; *RDC* 2009, 111, obs. Bénabent, qui retient la qualité de vendeur professionnel d'un vendeur qui se livrait de façon habituelle à des opérations d'achat et de revente de véhicules d'occasion dont il tirait profit (vente de 41 véhicules d'occasion en trois ans). ▪ Cass. 3e civ., 27 oct. 2016, n° 15-24.232 ; *Contrats, conc. consom.* 2017, comm. 3, Leveneur ; *D.* 2017, 375, obs. Mekki ; *Defrénois* 2017, 295, obs. Thomassin, qui qualifie de vendeur professionnel une SCI, qui, aux termes de ses statuts, avait pour objet « l'acquisition par voie d'achat ou d'apport, la propriété, la mise en valeur, la transformation, l'aménagement, l'administration et la location de tous biens et droits immobiliers... », avait acquis une vieille ferme qu'elle avait fait transformer en logements d'habitation dont elle avait vendu une partie et loué le reste et avait immédiatement réinvesti les profits retirés dans une autre opération immobilière.

Pour une **extension de la présomption de connaissance du vice au professionnel vendeur** (garagiste), qui n'était pas vendeur immobilier professionnel, vendant les locaux dans lesquels il exerçait sa profession, V. ▪ Cass. 3e civ., 29 juin

2017, n° 16-18.087 : *Contrats, conc. consom.* 2017, comm. 192, Leveneur ; *D.* 2017, p. 1889, note Rials ; *JCP E* 2017, aff. 1002, Loir : en sa qualité de dernier exploitant du garage précédemment exploité par son père, le vendeur ne pouvait ignorer les vices affectant les locaux.

Ayant retenu que si une société d'assurances, tenue de constituer une réserve pour garantir ses engagements, était amenée à effectuer des opérations sur le marché de l'immobilier et si cette société disposait, compte tenu de sa taille, d'un patrimoine immobilier justifiant l'existence d'un service immobilier, ces éléments ne suffisaient pas à lui donner la qualité de professionnel de la vente immobilière, la cour d'appel a pu en déduire que la clause de non-garantie contenue dans les actes de vente devait recevoir application (▪ Cass. 3e civ., 25 avr. 2007, n° 06-13.290 : *Contrats, conc. consom.* 2007, 200, note Leveneur).

5) Assimilation du vendeur-constructeur à un vendeur professionnel. V. ▪ Cass. 3e civ., 9 févr. 2011, n° 09-71.498 : *Bull. civ.* III, n° 24 ; *Contrats, conc. consom.* 2011, comm. 112, obs. L. Leveneur ; *Defrénois* 2011, 1485, obs. H. Lécuyer et J.-B. Seube ; *LEDC* avr. 2011, n° 55, obs. M. Latina ; *Constr.-Urb.* avr. 2011, 30, note M.-L. Pagès de Varenne (poêle à bois installé dans l'immeuble vendu) : assimilation à un vendeur professionnel d'un vendeur occasionnel qui s'était comporté en maître d'œuvre, avait acheté les matériaux, conçu l'installation litigieuse et l'avait en partie réalisée. – V. aussi, ▪ Cass. 3e civ., 11 avr. 2012, n° 11-13.198 : *Contrats, conc. consom.* 2012, comm. 202, obs. Leveneur, qui reproche aux juges du fond de n'avoir pas recherché si, en qualité de constructeurs du mur litigieux, les vendeurs (occasionnels) pouvaient ignorer les vices de l'ouvrage. Dans le même sens, ▪ Cass. 3e civ., 10 juill. 2013, n° 12-17.149 : *Bull. civ.* III, n° 101 ; *Contrats, conc. consom.*, comm. 234, Leveneur ; *JCP* N 2013, 1282, n° 6, obs. Mekki ; *JCP* N 2014, 1057, n° 21, obs. Piedelièvre ; *RTD imm.* 2013/4, 42, obs. Poumarède et 54, obs. Tricoire : viole l'article 1643 du Code civil l'arrêt qui retient qu'un vendeur, ne possédant aucune compétence particulière en matière de construction de cheminée à foyer ouvert ou fermé, ne pouvait être considéré comme un professionnel présumé connaître les vices de construction affectant la cheminée, alors qu'il avait relevé que ce vendeur avait lui-même conçu et installé la cheminée en foyer ouvert, puis en foyer fermé lors de nouveaux travaux. Dans le même sens ▪ Cass. 3e civ., 6 déc. 2018, n° 18-10.250 : *Contrats, conc. consom.* 2019, comm. 41, Leveneur (les vendeurs avaient réalisé ou fait réaliser, sans faire appel à une entreprise, les travaux de remblaiement du pourtour de la piscine ; mise à l'écart de la clause d'exclusion de la garantie des vices cachés).

6) Vendeur et acheteur professionnels. La règle selon laquelle le vendeur professionnel ne peut ignorer les vices cachés de la chose vendue vaut même si l'acheteur est lui-même un professionnel (▪ Cass. com., 27 nov. 1991, n° 89-19.546 : *JurisData* n° 1991-003047 ; *JCP* 92, IV, 409 ; *Bull. civ.* IV, n° 367, p. 253).

7) Professionnels de même spécialité. Sur la validité des clauses limitatives ou élusives de responsabilité lorsque l'acheteur et le vendeur sont des professionnels de même spécialité, V. ▪ Cass. com., 8 oct. 1973 : *JurisData* n° 1973-097272 ; *JCP* 75, II, 17927, note Ghestin. ▪ Cass. com., 3 déc. 1985, n° 84-13.230 : *JurisData* n° 1985-703202 ; *Bull. civ.* IV, n° 287, p. 244 ; *RTD civ.* 1986, 775, obs. Huet. La clause de non-garantie ne peut toutefois recevoir application, même dans les rapports entre professionnels de même spécialité, dans l'hypothèse où le vice ne pouvait être détecté sans sondages destructifs (▪ Cass. 3e civ., 28 févr. 2012, n° 11-10.705 : *Contrats, conc. consom.* 2012, comm. 118, obs. L. Leveneur, qui approuve les juges du fond d'avoir retenu que le fait que l'acquéreur était un professionnel de même spécialité que celle du vendeur n'entraînait qu'une présomption de connaissance des vices décelables selon une diligence raisonnable (▪ Cass. com., 3 févr. 1998, n° 95-13.853 : *JurisData* n° 1998-000401 ; *D.* 1998, 455, note Revel ; *JCP* 98, I, 187, n° 27, obs. crit. Viney ; *Bull. civ.* IV, n° 60, p. 47 ; *Resp. civ. et assur.* 1998, 247, semblant admettre que la mauvaise foi du vendeur n'a alors aucune incidence). Il appartient aux juges du fond d'apprécier l'identité de spécialité (▪ Cass. 1re civ., 20 févr. 1996, n° 93-21.128 : *JurisData* n° 1996-000538 ; *Contrats, conc. consom.* 1996, 96, note Leveneur). Les juges du fond ayant souverainement constaté qu'un fabricant de rotative et l'éditeur d'un journal n'étaient pas de même spécialité et que ce dernier ne disposait pas des compétences techniques nécessaires pour déceler les vices affectant la chose vendue, en ont exactement déduit que la clause limitative de garantie ne pouvait être opposée à l'acquéreur (▪ Cass. com., 19 mars 2013, n° 11-26.566 : *Bull. civ.* IV, n° 45 ; *Contrats, conc. consom.* 2013, comm. 129, Leveneur ; *JCP* N 2013, 1282, n° 6, obs. Mekki). Sur ce qu'un domaine d'activité similaire ne suffit pas à caractériser l'identité de spécialité des professionnels, V. ▪ Cass. 1re civ., 15 mai 2015, n° 11-19.275 : *Contrats, conc. consom.* 2015, comm. 195, Leveneur (vendeur de tôles et constructeur de hangars en tôle).

8) Clauses d'exonération et cause. La nullité des clauses d'exonération de garantie par application de l'article 1131 du Code civil ne peut être obtenue dès lors que la validité de telles clauses est consacrée par l'article 1643 du même code, leur présence ne pouvant ainsi avoir pour conséquence de priver la vente de cause (▪ Cass. 3e civ., 13 janv. 2009, n° 07-18.777 : *JCP* 2009, I, 138, obs. Serinet).

9) Limitation de responsabilité à raison de défauts de conformité. Dès lors qu'il s'agit pour le vendeur professionnel de limiter sa responsabilité non à raison des vices cachés de la chose vendue, mais des défauts de conformité de la marchandise livrée, les juges du fond n'ont pas à rechercher, pour déclarer la clause opposable à l'acquéreur, si ce dernier est un professionnel de même qualité que le vendeur (▪ Cass. 1re civ., 20 déc. 1988, n° 87-16.369 : *JurisData* n° 1988-703182 ; *Bull. civ.* I, n° 373, p. 252 ; *JCP* 89, II, 21354, note Virassamy). Dès lors que la clause est seulement limitative de la responsabilité contractuelle du vendeur, non de la garantie légale des vices cachés, elle ne peut être valablement opposée au sous-acquéreur exerçant une action en garantie des vices cachés (▪ Cass. 1re civ., 8 juin 1999, n° 95-13.866 : *JurisData* n° 1999-002357 ; *JCP* 2000, I, 311, n° 14, obs. Mainguy ; *Resp. civ. et assur.* 1999, 338).

10) Preuve de l'acceptation de la clause limitative. Le vendeur qui invoque une clause limitative de garantie doit apporter la preuve que l'acquéreur a connu et accepté l'existence de cette clause lors de la conclusion de la vente (▪ Cass. 1re civ., 28 avr. 1971, n° 69-14.617 : *JurisData* n° 1971-000143 ; *JCP* 71, IV, 148 ; *Bull. civ.* I, n° 143, p. 118).

11) Interprétation restrictive de la clause. La clause restrictive de garantie doit s'interpréter restrictivement (▪ Cass. 1re civ., 31 mars 1954 : *D.* 1954, 417), mais, s'agissant d'une clause par laquelle l'acquéreur renonce à tout recours contre le vendeur « pour cause de mauvais état de la construction », les juges du fond en dénaturent les termes clairs et précis en décidant qu'elle ne peut exonérer le vendeur de sa garantie des vices cachés (▪ Cass. 3e civ., 19 oct. 1971, n° 70-11.165 : *JurisData* n° 1971-000499 ; *JCP* 71, IV, 267 ; *Bull. civ. III, n° 498, p. 355*).

12) Restitution due par le vendeur originaire au sous-acquéreur. Le vendeur originaire ne peut être tenu de restituer davantage au sous-acquéreur qu'il n'a lui-même reçu (▪ Cass. 1re civ., 27 janv. 1993, n° 90-19.777 : *JurisData* n° 1993-000095 ; *D.* 1994, somm. 238, obs. Tournafond). L'action rédhibitoire exercée par l'acquéreur contre le vendeur originel étant celle de son auteur, ce dernier ne peut être tenu de restituer davantage qu'il n'a reçu (▪ Cass. 1re civ., 4 mars 1997, n° 94-22.026 : *JurisData* n° 1997-000992 ; *Contrats, conc. consom.* 1997, 93, note Leveneur ; *Defrénois* 1997, 1343, obs. Mazeaud).

13) Termites. Incidence d'un état parasitaire négatif. En cas de vente d'un immeuble situé dans une zone contaminée par des termites, la clause d'exonération prévue par l'article 1643, si le vice caché est constitué par la présence de termites, ne peut être stipulée qu'à la condition qu'un état parasitaire du bâtiment soit annexé à l'acte authentique constatant la réalisation de la vente (CCH, art. L. 271-4 et L. 133-6, v. aussi R. 133-1 et s.). Mais l'annexion d'un état parasitaire négatif à l'acte de vente ne fait pas obstacle à l'annulation de la vente pour réticence dolosive lorsque les vendeurs ont dissimulé aux acquéreurs que le bien objet de la vente avait été infesté par les termites dix ans auparavant et avait été traité à deux reprises (▪ Cass. 3e civ., 14 mars 2006 : *JurisData* n° 2006-038738 ; *Contrats, conc. consom.* 2006, 126, note Leveneur). V. aussi, ▪ Cass. 3e civ., 27 sept. 2006 : *JurisData* n° 2006-035152 ; *Contrats, conc. consom.* 2007, 4, note Leveneur ; *JCP* N 2007, 1157, n° 14, obs. Piedelièvre, jugeant qu'un professionnel de la vente immobilière, au fait de la législation en matière de protection des acquéreurs contre les termites, ayant, dans un souci d'économie et en pleine connaissance de cause, délibérément restreint la mission confiée au contrôleur technique, ne pouvait reprocher à ce dernier de n'avoir pas révélé la présence de termites souterrains puisque cette recherche ne faisait pas partie de sa mission et qu'aucun manquement à son devoir de conseil ne pouvait lui être reproché. *Adde*, ▪ Cass. 3e civ., 19 nov. 2008, n° 07-17.880 (état parasitaire négatif mais erroné, le diagnostiqueur ayant été induit en erreur par le vendeur sur la présence de termites. Le vendeur est reconnu coupable de réticence dolosive et se voit condamné à garantir le diagnostiqueur des condamnations prononcées à son encontre). ▪ Cass. 3e civ., 8 avr. 2009, n° 08-12.960 : *Bull. civ.* III, n° 87 ; *JurisData* n° 2009-047783 ; *Contrats, conc. consom.* 2009, comm. 186, obs. Leveneur ; *JCP* N 2010, 1001, n° 19, note Piedelièvre ; *Rev. Lamy dr. civ.* 2009, n° 61, p. 13, note Maugeri : le vendeur qui omet de signaler un état parasitaire ayant révélé la présence de termites lors de son achat du bien et qui le revend deux ans plus tard sans avoir effectué de traitement, même après avoir commandé un nouvel état qui s'est révélé négatif, ne peut être de bonne foi, de sorte que la clause de non-garantie est inopposable à l'acquéreur. ▪ Cass. 3e civ., 13 janv. 2010, n° 08-21.677 : *Bull. civ.* 2010, III, n° 13 ; *Resp. civ. et assur.* 2010, comm. 87 ; *JCP* E 2010, nos 27-28 et 30, obs. J.-B. Seube, état parasitaire négatif, vendeur reconnu coupable de réticence dolosive pour avoir dissimulé l'existence de termites, exclusion de la clause de non-garantie.

14) Amiante. Sur la possibilité pour des vendeurs profanes de bonne foi de se prévaloir de la clause d'exclusion de garantie des vices cachés, dans une hypothèse où un état inexact relatif à la présence d'amiante avait été dressé par un professionnel et fourni aux acquéreurs, V. ▪ Cass. 3e civ., 6 juill. 2011, n° 10-18.882 : *RTD civ.* 2011, 776, obs. P.-Y. Gautier ; *Contrats, conc. consom.* 2011, comm. 232, obs. L. Leveneur ; *JCP* N 2012, 1120, n° 15, obs. S. Piedelièvre ; *JCP* N 2011, n° 45, 1289, note Y. Dagorne-Labbé ; *JCP* G 2011, doctr. 1141, n° 8, obs. J. Ghestin ; *JCP* E 2012, n° 2, p. 25, obs. J.-B. Seube. Sur la sanction prévue en cas d'absence d'état relatif à l'amiante, V. CCH, art. L. 271-4, p. 2176. – *Adde* ▪ Cass. 3e civ., 21 mai 2014, n° 12-24.592 et ▪ Cass. 3e civ., 19 mai 2016, n° 15-12.408 : cités *supra* note 15, qui condamnent le diagnostiqueur aux frais de désamiantage en cas de diagnostic erroné.

15) Diagnostics techniques. Sur l'impossibilité pour le vendeur d'un immeuble bâti de s'exonérer de la garantie des vices cachés correspondante lorsque certains documents du dossier de diagnostic technique n'ont pas été annexés à la promesse de vente ou à l'acte authentique de vente, V. CCH, L. 271-4. La clause d'exonération de garantie pour vice caché prévue à l'article 1643 du Code civil ne peut, en particulier, être stipulée que si un constat de risque d'exposition au plomb (C. santé publ., L. 1334-5 et s.), un état mentionnant la présence ou l'absence d'amiante (C. santé publ., L. 1334-13), un état relatif à la présence de termites (CCH, L. 133-6), un état de l'installation intérieure de gaz (CCH, L. 134-6), un état de l'installation intérieure d'électricité (CCH, L. 134-7), un état des installations d'assainissement non collectif (C. santé publ., L. 1331-11-1), ont été annexés à l'acte de vente. Les parties peuvent convenir de mettre à la charge de l'acquéreur le coût du dossier de diagnostic technique (▪ Cass. 3e civ., 16 janv. 2013, n° 11-22.591 : *Bull. civ.* III, n° 6 ; *JCP* N 2014, 1057, n° 19, obs. Piedelièvre ; *Contrats, conc. consom.* avr. 2013, comm. 73, obs. Leveneur ; *JCP* N 2013, 1132, n° 19, obs. Mekki).

16) Responsabilité du diagnostiqueur. Sur la sanction de la faute du diagnostiqueur en cas de diagnostic erroné, V. ▪ Cass. ch. mixte, 8 juill. 2005, n° 13-26.686 : *RDC* 2015, 848, note Deshayes ; *Contrats, conc. consom.* 2015, comm. 253, Leveneur ; *JCP* 2015, 1088, note Serinet et doctr. 1409, n° 2, obs. Stoffel-Munck ; *JCP* N 2016, 1087, n° 24, obs. Piedelièvre ; *D.* 2015, 2155, note Mazeaud ; *Resp. civ. et assur.* 2015, comm. 293, Hocquet-Berg : condamnation du diagnostiqueur à assumer l'intégralité du montant des travaux de réparation. – Dans le même sens, ▪ Cass. 3e civ., 15 oct. 2015, n° 14-18.077 : *Contrats, conc. consom.* 2016, 33, Leveneur ; *JCP* 2015, doctr. 1409, n° 2, obs. Stoffel-Munck. – Rappr. ▪ Cass. 3e civ., 21 mai 2014, n° 12-24.592 : *Bull. civ.* 2014, III, n° 70 ; *Contrats, conc. consom.* 2014, comm. 187, et ▪ Cass. 3e civ., 19 mai 2016, n° 15-12.408 : *Contrats, conc. consom.* 2016, comm. 183, Leveneur, qui condamnent le diagnostiqueur aux frais de désamiantage. Sur le préjudice subi par le vendeur en cas d'erreur de diagnostic, V. ▪ Cass. 3e civ., 7 janv. 2016, n° 14-18.561 : *JCP* N 2016, 1087, n° 29, obs. Piedelièvre ; *RDC* 2016/2, 220, obs. Deshayes : le lien de causalité entre l'obligation du vendeur de recourir aux travaux et l'erreur du diagnostiqueur (qui avait exclu, à tort, la nécessité de travaux importants) n'étant pas démontré, le préjudice subi par le vendeur devait être fixé au surcoût des travaux rendus nécessaires par l'aggravation des désordres.

Sur la faute du diagnostiqueur : ▪ Cass. 3e civ., 21 mai 2004, n° 13-14.891 : *Bull. civ.* III, n° 70 ; *JCP* G 2014, doctr. 1323, n° 3, obs. Stoffel-Munck ; *Contrats, conc. consom.* 2014, comm. 187, Leveneur ; *Resp. civ. et assur.* 2014, comm. 273, Groutel ; *JCP* N 2014, 1260, note Dagorne-Labbe ; *Gaz. Pal.* 17 juill. 2014, p. 21, obs. Mekki : le contrôle auquel doit procéder le diagnostiqueur n'est pas purement visuel, mais il lui appartient d'effectuer les vérifications n'impliquant pas de travaux destructifs. Dans le même sens : le diagnostiqueur commet une faute en s'abstenant d'effectuer des sondages non destructifs, notamment sonores, et en concluant à l'absence d'amiante dans les parties non visibles, sans émettre de réserves, alors qu'il n'avait effectué de repérage que dans les parties visibles (▪ Cass. 3e civ., 14 sept. 2017, n° 16-21.942 : *Contrats, conc. consom.* 2017, comm. 239, Leveneur ; *Resp. civ. assur.* 2017, comm. 316, Groutel).

17) Clause contraire à une obligation légale de dépollution. La société, en sa qualité de dernier exploitant du site, étant tenue, par application de la loi du 19 juillet 1976 et de son décret d'application du 21 septembre 1977, d'une obligation de remise en état des lieux pollués, la clause d'exclusion de la garantie des vices cachés ne pouvait la dispenser de son obligation de dépollution en raison du caractère d'ordre public de cette dernière ; la société ne pouvait donc se prévaloir de cette clause (▪ Cass. 3e civ., 3 nov. 2011, n° 10-14.986 : *RDC* 2012/4, 1314, obs. Boutonnet).

II – GARANTIE CONVENTIONNELLE ET GARANTIE LÉGALE

18) Doctrine. P. Ancel, *La garantie conventionnelle des vices cachés dans les conditions générales de vente en matière mobilière* : *RTD com.* 1979, 203.

19) Exclusion de la garantie conventionnelle par la garantie légale (non). Sur le principe que la garantie conventionnelle n'exclut pas le bénéfice de la garantie légale, V. ▪ Cass. com., 30 mai 1967 : *Gaz. Pal.* 1967, 2, 79. ▪ Cass. com., 28 juin 1994, n° 92-19.275 : *RTD civ.* 1995, 138, obs. Gautier.

20) Obligation pour le vendeur professionnel de mentionner la garantie légale. Sur l'obligation pour le vendeur professionnel qui fournit une garantie contractuelle de mentionner clairement que s'applique en tout état de cause la garantie légale, voir C. consom., art. R. 211-4.

Code de la construction et de l'habitation

Art. L. 271-4 *(Ord. n° 2005-655, 8 juin 2005 ; mod., L. n° 2006-872, 13 juill. 2006 ; L. n° 2006-1772, 30 déc. 2006 ; L. n° 2010-788, 12 juill. 2010).* – I. – En cas de vente de tout ou partie d'un immeuble bâti, un dossier de diagnostic technique, fourni par le vendeur, est annexé à la promesse de vente ou, à défaut de promesse, à l'acte authentique de vente. En cas de vente publique, le dossier de diagnostic technique est annexé au cahier des charges.

Le dossier de diagnostic technique comprend, dans les conditions définies par les dispositions qui les régissent, les documents suivants :

1° Le constat de risque d'exposition au plomb prévu aux articles L. 1334-5 et L. 1334-6 du Code de la santé publique ;

2° L'état mentionnant la présence ou l'absence de matériaux ou produits contenant de l'amiante prévu à l'article L. 1334-13 du même code ;

3° L'état relatif à la présence de termites dans le bâtiment prévu à l'article L. 133-6 du présent code ;

4° L'état de l'installation intérieure de gaz prévu à l'article L. 134-6 du présent code ;

5° Dans les zones mentionnées au I de l'article L. 125-5 du Code de l'environnement, l'état des risques naturels et technologiques prévu au deuxième alinéa du I du même article ;

6° Le diagnostic de performance énergétique prévu à l'article L. 134-1 du présent code ;

7° L'état de l'installation intérieure d'électricité prévu à l'article L. 134-7 ;

8° Le document établi à l'issue du contrôle des installations d'assainissement non collectif mentionné à l'article L. 1331-11-1 du Code de la santé publique.

9° *(L. n° 2014-366, 24 mars 2014)* Dans les zones prévues à l'article L. 133-8, l'information sur la présence d'un risque de mérule.

Les documents mentionnés aux 1°, 4° et 7° ne sont requis que pour les immeubles ou parties d'immeuble à usage d'habitation.

Le document mentionné au 6° n'est pas requis en cas de vente d'un immeuble à construire visée à l'article L. 261-1.

Lorsque les locaux faisant l'objet de la vente sont soumis aux dispositions de la loi n° 65-557 du 10 juillet 1965 fixant le statut de la copropriété des immeubles bâtis ou appartiennent à des personnes titulaires de droits réels immobiliers sur les locaux ou à des titulaires de parts donnant droit ou non à l'attribution ou à la jouissance en propriété des locaux, le document mentionné au 1° porte exclusivement sur la partie privative de l'immeuble affectée au logement et les documents mentionnés au 3°, 4° et 7° sur la partie privative du lot.

II. – En l'absence, lors de la signature de l'acte authentique de vente, d'un des documents mentionnés aux 1°, 2°, 3°, 4°, 7° et 8° du I en cours de validité, le vendeur ne peut pas s'exonérer de la garantie des vices cachés correspondante.

En l'absence, lors de la signature de l'acte authentique de vente, du document mentionné au 5° du I, l'acquéreur peut poursuivre la résolution du contrat ou demander au juge une diminution du prix.

En cas de non-conformité de l'installation d'assainissement non collectif lors de la signature de l'acte authentique de vente, l'acquéreur fait procéder aux travaux de mise en conformité dans un délai d'un an après l'acte de vente.

L'acquéreur ne peut se prévaloir à l'encontre du propriétaire des informations contenues dans le diagnostic de performance énergétique qui n'a qu'une valeur informative.

Rédaction future. *(Al. mod. à compter du 1er janvier 2021, L. n° 2018-1021, 23 nov. 2018)* L'acquéreur ne peut se prévaloir à l'encontre du propriétaire des recommandations accompagnant le diagnostic de performance énergétique qui n'ont qu'une valeur informative.

Art. 1644 *(Mod., L. n° 2015-177, 16 févr. 2015).* – **Dans le cas des articles 1641 et 1643, l'acheteur a le choix de rendre la chose et de se faire restituer le prix ou de garder la chose et de se faire rendre une partie du prix.**

1) Option entre l'action rédhibitoire et l'action estimatoire. L'acheteur qui a le choix entre l'action rédhibitoire et l'action estimatoire peut, après avoir exercé l'une, exercer l'autre tant qu'il n'a pas été statué sur sa demande par décision passée en force de chose jugée ou que le vendeur n'y a pas acquiescé (■ Cass. com., 22 juill. 1953 : *D.* 1953, 587. ■ Cass. 2e civ., 11 juill. 1974, n° 73-10.415 : *JurisData* n° 1974-099231 ; *Bull. civ.* II, n° 231, p. 193). Il n'a pas à justifier du choix qu'il fait (■ Cass. 1re civ., 11 juin 1980, n° 79-10.581 : *JurisData* n° 1980-000185 ; *Bull. civ.* I, n° 185, p. 150. ■ Cass. 1re civ., 5 mai 1982, n° 81-10.315 : *JurisData* n° 1982-701031 ; *Bull. civ.* I, n° 63, p. 145). Ce choix s'impose au juge (■ Cass. 1re civ., 22 nov. 1988, n° 86-18.586 : *JurisData* n° 1988-702975 ; *Bull. civ.* I, n° 334, p. 226 ; *JCP* 89, IV, 32). Le choix entre l'action estimatoire et l'action rédhibitoire appartient à l'acheteur et non au juge qui n'a pas à motiver sa décision sur ce point (■ Cass. 3e civ., 20 oct. 2010, n° 09-16.788 : *Bull. civ.* III, n° 191 ; *RDC* 2011/2, 521, obs. Ph. Brun ; *Contrats, conc. consom.* 2011, comm. 2, obs. L. Leveneur ; *JCP* G 2011, doctr. 63, n° 13, obs. P. Grosser ; *RTD civ.* 2011, 141, obs. Gautier). Le choix offert par l'article 1644 du Code civil entre l'action rédhibitoire et l'action estimatoire appartient à l'acheteur, qui n'a pas à le justifier (■ Cass. 3e civ., 15 déc. 2015, n° 14-24.567 : *RTD civ.* 2016, 356, obs. H. Barbier ; *Contrats, conc. consom.* 2016, comm. 61, obs. L. Leveneur ; choix de l'action rédhibitoire alors qu'une remise norme à bien moindre coût était envisageable).

2) Option avec une action en réparation du préjudice subi. La recevabilité de l'action en réparation du préjudice éventuellement subi du fait d'un vice caché n'est pas subordonnée à l'exercice d'une action rédhibitoire ou estimatoire de sorte que cette action peut être engagée de manière autonome (■ Cass. com., 19 juin 2012, n° 11-13.176 : *Bull. civ.* IV, n° 132 ; *RDC* 2012/4, 1248, obs. Quezel-Ambrunaz ; *RDC* 2013/1, 101, obs. Borghetti ; *Contrats, conc. consom.* 2012, comm. 227, obs. Leveneur ; *JCP* G 2012, note 963, avis Le Mesle ; *RD imm.* 2012, 519, obs. Malinvaud ; *RTD civ.* 2012, 741, obs. Gautier ; *JCP* G 2012, doctr. 1151, n° 15, obs. Grosser). Dans le même sens, ■ Cass. 1re civ., 26 sept. 2012, n° 11-22.399 : *Bull. civ.* I, n° 192 ; *RDC* 2013/1, 101, obs. Borghetti et 164, obs. Viaud ; *JCP* G 2012, doctr. 1151, n° 15, obs. Grosser ; *LPA* 8 janv. 2013, 7, obs. Le Gac-Pec). V. aussi ■ Cass. 3e civ., 25 juin 2014, n° 13-17.254 : *Bull. civ.* III, n° 92 ; *RTD civ.* 2014, 902, obs. Gautier ; *RTD imm.* 2014/4, 53, obs. Painchaux ; *JCP* G 2014, 1035, note Dubarry ; *JCP* G 2014, doctr. 1195, n° 14, obs. Grosser, qui rejette la demande en résolution présentée à titre principal par l'acquéreur victime d'un vice caché, dans une hypothèse où une demande en paiement de dommages-intérêts avait été présentée à titre subsidiaire. L'action en réparation du préjudice subi du fait d'un vice caché n'est pas subordonnée à l'exercice d'une action rédhibitoire ou estimatoire et peut, par suite, être engagée de manière autonome ; le syndicat des copropriétaires ayant qualité pour agir en vue de la sauvegarde des droits afférents à l'immeuble a donc qualité pour exercer, contre le vendeur des lots, l'action en réparation des désordres affectant les parties communes de l'immeuble vendu (■ Cass. 3e civ., 24 juin 2015, n° 14-15205 : *D.* 2015, 1939, note B. Waltz-Teracol ; *JCP* N 2015, 1219, note Périnet-Marquet ; *JCP* N 2016, 1087, obs. Piedelièvre).

3) Impossibilité de restituer la chose. L'acheteur doit être débouté de son action en résolution dès lors que la perte du véhicule vendu, imputable à sa négligence, rend impossible sa restitution au vendeur (■ Cass. 1re civ., 12 janv. 1994, n° 91-15.825 : *Bull. civ.* I, n° 23, p. 18 ; *RTD civ.* 1994, 878, obs. Gautier. V. aussi pour un acheteur débouté de son action en revendication dans le cadre de la liquidation judiciaire du crédit-preneur (■ Cass. com., 6 juill. 1999, n° 96-20.014 : *JurisData* n° 1999-002827 ; *JCP* 99, IV, 2668 ; *Bull. civ.* IV, n° 155, p. 129). Mais l'acheteur peut réclamer des dommages-intérêts au vendeur qui connaissait les vices (■ Cass. 1re civ., 12 janv. 1994, préc.).

4) Vente de choses divisibles, divisées et livrables par parties. L'article 1644 n'est pas applicable lorsque la vente porte sur des choses divisibles, divisées et livrables par parties (■ Cass. req., 26 avr. 1870 : *DP* 1871, 1, 11).

5) Clause excluant l'option. Le vendeur professionnel ne peut se prévaloir d'une clause qui aboutit à exclure l'option offerte par l'article 1644 à l'acheteur entre l'action rédhibitoire et l'action résolutoire, en l'obligeant à accepter le remplacement de la chose atteinte du vice (■ Cass. 1re civ., 5 mai 1982, n° 81-10.315 : *JurisData* n° 1982-701031 ; *Bull. civ.* I, n° 163, p. 145. V. en ce sens pour la clause prévoyant, dans une vente d'immeuble « clés en mains », la substitution de la garantie prévue par l'art. 1646-1 du Code civil pour la vente d'immeubles à construire à la garantie de droit commun des vices cachés, ■ Cass. 3e civ., 11 mai 1994, n° 92-17.454 : *JurisData* n° 1994-000976 ; *JCP* 94, I, 3809, n° 16, obs. Viney ; *Bull. civ.* III, n° 95, p. 61 ; *Defrénois* 1994, 1162, obs. Dubois).

6) Prise en compte de l'offre du vendeur d'effectuer des réparations (non). L'offre du vendeur d'effectuer les réparations nécessaires à la remise en état du véhicule ne fait pas obstacle, même si ces réparations sont modiques, à l'action en résolution (■ Cass. 1re civ., 23 mai 1995, n° 93-17.367 : *JCP* 95, IV, 1751 ; *Bull. civ.* I, n° 216, p. 153).

7) Prise en compte des interventions faites sur la chose par l'acquéreur (non). Les juges du fond n'ont pas à prendre en considération les interventions faites sur la chose par l'acquéreur qui reste libre de choisir entre les options qu'offre l'article 1644 (■ Cass. 3e civ., 17 févr. 1988, n° 86-15.031 : *JurisData* n° 1988-000460 ; *Bull. civ.* III, n° 38, p. 21).

8) Réparation effectuée par le vendeur. L'acheteur d'une chose comportant un vice caché qui accepte que le vendeur procède à la remise en l'état de ce bien ne peut plus invoquer l'action en garantie dès lors que le vice originaire a disparu mais peut solliciter l'indemnisation du préjudice éventuellement subi du fait de ce vice (■ Cass. com., 1er févr. 2011, n° 10-11.269 : *Bull. civ.* IV, n° 15 ; *Contrats, conc. consom.* 2011, comm. 111, obs. L. Leveneur ; *LPA* 15 avr. 2011, 6, note D. Archer et 28 juill. 2011, 9, note S. Akhouad ; *RTD com.* 2011, 405, obs. B. Bouloc).

9) Action estimatoire. Limitation à la restitution partielle du prix. Le vendeur qui ignorait les vices de la chose vendue ne peut être tenu envers l'acheteur qui garde cette chose, outre les frais occasionnés par la vente, qu'à la restitution partielle du prix, telle qu'elle sera arbitrée par experts (■ Cass. 1re civ., 6 avr. 2016, n° 15-12.402 : *Contrats, conc. consom.* 2016, comm. 160, Leveneur ; *RTD civ.* 2016, 649, obs. Jourdain ; *JCP* G 2016, doctr. 797, n° 7, obs. Grosser). Lorsque l'acquéreur conserve la chose vendue, il n'a droit de se faire rendre qu'une partie du prix (■ Cass. 3e civ., 19 avr. 2000, n° 98-12.326 : *JurisData* n° 2000-001515 ; *Contrats, conc. consom.* 2000, 122, note Leveneur ; *Bull. civ.* III, n° 87, p. 58 ; *Defrénois* 2000, 1175, obs. Bénabent). Mais le vendeur de mauvaise foi peut être condamné à payer une somme supérieure au prix de vente dès lors que cette condamnation est prononcée à titre de dommages-intérêts, sur le fondement de l'article 1645 (■ Cass. 1re civ., 8 juin 1999, n° 95-13.866 : *JurisData* n° 1999-002357 ; *JCP* 2000, I, 311, n° 14, obs. Mainguy).

10) Trouble d'exploitation temporaire. Le *trouble d'exploitation ayant diminué temporairement* l'usage du bien ne justifie pas la restitution partielle du prix (■ Cass. 3e civ., 25 janv. 1989, n° 87-15.961 : *JurisData* n° 1989-700256 ; *Bull. civ.* III, n° 23, p. 13 ; *D.* 1990, 100, note Dagorne-Labbe).

11) Restitution du prix de vente. Préjudice indemnisable (non). La restitution à laquelle un contractant est condamné à la suite de la réduction du prix de vente prévue à l'article 1644 du Code civil ne constitue pas un préjudice indemnisable ouvrant droit à réparation au profit de ce cocontractant (■ Cass. 3e civ., 8 avr. 2009, n° 07-19.690 : *Bull. civ.* III, n° 86). Dans le même sens, ■ Cass. 3e civ., 14 déc. 2017, n° 16-24.170 : *RDC* 2018/1, 29, Deshayes ; *D.* 2018, 371, Mekki ; *JCP* G 2018, doctr. 331, n° 10, Grosser ; *Constr.-Urb.* 2018/2, 21 obs. Sizaire. Déjà en ce sens, ■ Cass. 1re civ., 16 janv. 2001, n° 98-15.048 : *Bull. civ.* I, n° 4. V. aussi ■ Cass. 1re civ., 7 mars 2000, n° 97-17.511 : *JurisData* n° 2000-000837 ; *JCP* 2000, IV, 1727 ; *Bull. civ.* I, n° 86, p. 58. Viole l'article 1644 la cour d'appel qui condamne le constructeur du véhicule automobile à garantir le vendeur de la condamnation à la restitution du prix de vente, alors que le vendeur ne peut obtenir la garantie d'un prix auquel, du fait de la résolution de la vente et de la remise consécutive de la chose, il n'a plus droit, et dont la restitution ne constitue donc pas pour lui un préjudice indemnisable. Dans le même sens, ■ Cass. 1re civ., 17 mars 2011 : *JurisData* n° 2011-006119 ; n° 09-15.724 : *Contrats, conc. consom.* 2011, comm. 134, obs. L. Leveneur ; *JCP* E 2011, n° 25, p. 37, obs. L. Leveneur, qui en déduit que le revendeur, actionné en garantie des vices cachés et appelant en garantie son propre vendeur, ne peut obtenir de ce dernier que la restitution du prix auquel il avait acheté le bien et non celle du prix auquel il a revendu le bien.

12) Action estimatoire. Coût des travaux. Cassation de l'arrêt qui fixe le montant de la restitution au coût des travaux nécessaires pour remédier au vice, alors que le vendeur ne peut être tenu envers l'acheteur qu'à restitution partielle du prix (■ Cass. 3e civ., 8 avr. 2009, n° 07-19.690. ■ Cass. 3e civ., 27 av. 2017, n° 16-11.653 : *Contrats, conc. consom.* 2017, comm. 142, Leveneur). V., cependant, ■ Cass. 3e civ., 1er févr. 2006, n° 05-10.845 : *JurisData* n° 2006-031925 ; *Bull. civ.* III, n° 22 ; *JCP* 2006, II, 10070, note Rouvière ; *D.* 2006, 1213, note Eyrignac ; *Defrénois* 2006, 651, note Savaux : l'action estimatoire permettant de replacer l'acheteur dans la situation où il se serait trouvé si la chose vendue n'avait pas été atteinte de vices cachés, l'acquéreur d'un immeuble est fondé à demander la restitution du prix correspondant au coût des travaux nécessaires pour remédier aux vices, alors même que l'estimation faite par l'expert de la valeur de l'immeuble affecté du vice caché était supérieure au prix payé par les acquéreurs. Mais V. ■ Cass. 3e civ., 14 déc. 2017, n° 16-24.170 : *RDC* 2018/1, 29, Deshayes ; *D.* 2018, 371, Mekki ; *Constr.-Urb.* 2018/2, 21 obs. Sizaire, qui, au nom du principe de réparation intégrale du préjudice, refuse le cumul de la restitution partielle du prix de vente et l'indemnité allouée, sur le fondement de l'article 1645, pour la démolition et la reconstruction, les deux sommes compensant l'une et l'autre la perte de l'utilité de la chose.

13) Indemnité pour utilisation ou usure de la chose vendue (non). Lorsque l'acquéreur exerce l'action rédhibitoire, le vendeur, tenu de restituer le prix reçu, n'est pas fondé à obtenir une indemnité liée à l'utilisation de la chose vendue ou à l'usure résultant de cette utilisation (■ Cass. 1re civ., 21 mars 2006 : *Bull. civ.* I, n° 172 ; *JurisData* n° 2006-032786 ; *Contrats, conc. consom.* 2006, 130, note Leveneur). Dans le même sens, ■ Cass. com., 22 mai 2012, n° 11-13.086 : *Bull. civ.* IV, 109 ; *JCP* 2012, doctr. 1151, n° 14, obs. Grosser. ■ Cass. 1re civ., 19 févr. 2014, n° 12-15.520 : *Bull. civ.* I, 26 ; *D.* 2014, 642, note Pellet ; *JCP* E 2014, 1125, note Seube ; *RDC* 2014/3, 358, obs. Savaux, *ibid.*, 374, obs. Deshayes ; *RDC* 2014/4, 641, obs. Le Bourg ; *Contrats, conc. consom.* 2014, comm. 112, Leveneur ; *RTD civ.* 2014, 363, obs. Barbier ; *RTD com.* 2014, 385, obs. Bouloc ; *Dr. et patrimoine* juill. 2014, 93, obs. Aynès et Stoffel-Munck ; *D.* 2015, 529, obs. Amrani-Mekki et Mekki : après avoir prononcé la résolution de la vente, c'est à bon droit que la cour d'appel a retenu que le vendeur était tenu de restituer le prix qu'il avait reçu, sans diminution liée à l'utilisation de la chose vendue ou à l'usure en résultant.

Comp. la solution retenue en cas de résolution de la vente pour défaut de conformité, sous art. 1610, annot. n° 3, p. 1381. V. aussi, à propos de la vente de bien de consommation, ■ CJCE, 17 avr. 2008, aff. C-404/06, *Quelle AG* qui décide que l'article 3 de la directive n° 1999/44/CE du 25 mai 1999 s'oppose à ce que le vendeur exige du consommateur une indemnité pour l'usage du bien non conforme jusqu'à son remplacement par un nouveau bien (*D.* 2008, 2631, note Pignarre ; *JCP* E 2008, n° 30, p. 20, note Zarka).

Art. 1645. – **Si le vendeur connaissait les vices de la chose, il est tenu, outre la restitution du prix qu'il en a reçu, de tous les dommages et intérêts envers l'acheteur.**

1) Vendeur professionnel. Sur le principe que le vendeur professionnel est réputé connaître les vices de la chose, V. sous art. 1643, p. 1401. V. aussi ■ Cass. 1re civ., 19 janv. 1965 : *JurisData* n° 1965-700052 ; *JurisData* n° 1965-700052 ; *D.* 1965, 389. ■ Cass. 3e civ., 27 mars 1969, n° 66-13.380 : *JurisData* n° 1969-700278 ; *D.* 1969, 633, note Jestaz. ■ Cass. 1re civ., 21 nov. 1972, n° 70-13.898 : *JurisData* n° 1972-000257 ; *JCP* 74, II, 17890, note Ghestin. ■ Cass. 1re civ., 16 avr. 1996, n° 94-15.955 : *JurisData* n° 1996-001657 ; *JCP* 96, IV, 1389 ; *Bull. civ.* I, n° 188, p. 131. ■ Cass. com., 11 févr. 1997, n° 95-11.052 : *JurisData* n° 1997-000565 ; *JCP* 97, IV, 762 ; *Bull. civ.* IV, n° 50, p. 45 ; *D.* 1997, 535, note Mouloungui. Même s'il ne s'agit pas d'une vente faite à titre professionnel, la profession du vendeur peut être retenue pour établir sa mauvaise foi (■ Cass. 1re civ., 31 janv. 1966 : *JCP* 66, II, 14659, architecte).

2) Autonomie de l'action en réparation. La recevabilité de l'action en réparation du préjudice éventuellement subi du fait d'un vice caché n'est pas subordonnée à l'exercice d'une action rédhibitoire ou estimatoire de sorte que cette action peut être engagée de manière autonome (■ Cass. com., 19 juin 2012, n° 11-13.176 : cité sous art. 1644, C. civ., note 2).

3) Possibilité pour un syndicat de propriétaires d'exercer l'action en réparation. L'action en réparation du préjudice subi du fait d'un vice caché pouvant être engagée de manière autonome, le syndicat des copropriétaires, ayant qualité pour agir en vue de la sauvegarde de l'immeuble, a qualité pour exercer, contre le vendeur des lots l'action en réparation des désordres affectant les parties communes (■ Cass. 3e civ., 24 juin 2015, n° 14-15.205 : *JCP* N 2016, 1087, n° 49, obs. Piedelièvre ; *Constr.-Urb.* 2015, comm. 129, note Sizaire).

4) Réparation des conséquences du dommage. Sur le principe que le vendeur qui connaissait le vice de la chose doit réparer les conséquences du dommage causé par ce vice, V. ■ Cass. 1re civ., 24 nov. 1954 : *JCP* 55, II, 8565, note H.B. ■ Cass. 1re civ., 19 janv. 1965 : *D.* 1965, 389. ■ Cass. 1re civ., 21 nov. 1972, n° 70-13.898 : *JurisData* n° 1972-000257 ; *JCP* 74, II, 17890, note Ghestin. V. aussi ■ Cass. 3e civ., 8 oct. 1997, n° 95-19.808 : *JurisData* n° 1997-003835 ; *JCP* 97, IV, 2290 ; *Bull. civ.* III, n° 193, p. 128 ; *Contrats, conc. consom.* 1998, 5, note Leveneur (cassation de l'arrêt ayant évalué l'indemnité en appliquant un abattement pour vétusté sur le coût de la démolition et de la reconstruction de la maison). ■ Cass. 1re civ., 6 juill. 1999, n° 97-15.005 : *Resp. civ. et assur.* 1999, 340 ; *Contrats, conc. consom.* 2000, 23, note Leveneur (cassation de l'arrêt qui retient que le vendeur de matériaux ne peut supporter la charge de la « réfection des travaux » qu'il n'a jamais réalisés). Le vendeur qui connaissait l'existence d'insectes xylophages dans l'immeuble doit réparer tous les désordres imputables à ce vice, même dans les parties de l'immeuble dont il ignorait qu'elles étaient atteintes par les insectes (■ Cass. 3e civ., 14 avr. 2010, n° 09-14.455 : *Bull. civ.* III, n° 88 ; *D.* 2010, 1170, note Y. Dagorne-Labbé ; *JCP* E 2010, nos 27-28 et 30, obs. J.-B. Seube, le vendeur qui savait que la charpente était touchée, mais ignorait que le plancher l'était, est tenu d'indemniser les désordres du plancher).

5) Conséquences de la résolution d'une vente immobilière. Viole les articles 1645 et 1153, al. 1er, la cour d'appel qui, après avoir prononcé la résolution d'une vente d'appartement aux torts du vendeur, retient que l'indemnisation de l'acquéreur doit être assurée par la différence entre la valeur actuelle d'un appartement analogue et le prix de vente restitué, augmenté des intérêts capitalisés, alors que le préjudice résultant de la perte patrimoniale subie par cet acquéreur est indépendant du préjudice causé à celui-ci par le retard dans le remboursement du prix de vente (■ Cass. 3e civ., 20 déc. 1995, n° 93-18.835 : *JurisData* n° 1995-003756 ; *JCP* 96, IV, 388 ; *Bull. civ.* III, n° 267, p. 179).

6) **Virus informatique.** Pour la responsabilité de l'éditeur d'une revue dans laquelle est insérée une disquette gratuite infectée d'un virus informatique, V. ■ Cass. com., 25 nov. 1997, n° 95-14.603 : *JurisData* n° 1997-004692 ; *Contrats, conc. consom.* 1998, 43, note Leveneur ; *JCP* E 98, 847, note Gross ; *Bull. civ.* IV, n° 308, p. 264 ; *Resp. civ. et assur.* 1998, 132 ; *RTD civ.* 1998, 386, obs. Jourdain.

Art. 1646. – Si le vendeur ignorait les vices de la chose, il ne sera tenu qu'à la restitution du prix, et à rembourser à l'acquéreur les frais occasionnés par la vente.

1) **Obligation d'effectuer des travaux (non).** Le juge ne peut imposer au vendeur, sans risquer une aggravation de ses obligations légales, des prestations de travaux au lieu de la restitution partielle du prix (■ Cass. civ., 15 mars 1948 : *S.* 1948, 1, 100).

2) **Frais et dérangements.** Sur la prise en considération des frais et dérangements causés par la résolution de la vente, V. ■ Cass. 1re civ., 4 janv. 1965, n° 63-10.060 : *JCP* 65, IV, 19 ; *Bull. civ.* I, n° 10, p. 7. Viole l'article 1646 la cour d'appel qui, après avoir prononcé la résolution de la vente d'une jument pour vice caché, condamne le vendeur à payer les frais de pension et de maréchalerie engagés postérieurement à la vente, en affirmant qu'ils ont été occasionnés par la vente, alors que les frais visés par ce texte s'entendent des dépenses directement liées à la conclusion du contrat (■ Cass. 1re civ., 16 juill. 1998, n° 96-21.011 : *JurisData* n° 1998-003261 ; *JCP* 98, IV, 3126 ; *Bull. civ.* I, n° 266, p. 185). Dans le même sens, ■ Cass. 1re civ., 21 mars 2006, n° 03-16.407 ; *JurisData* n° 2006-032784 ; *Bull. civ.* I, n° 173. V. aussi, concernant le vice affectant un bateau, ■ Cass. 1re civ., 6 avr. 2016, n° 15-12.402 : viole l'article 1646 l'arrêt qui condamne le vendeur à payer à l'acquéreur le coût d'achat et d'installation d'un nouveau moteur, les frais de grutage et de stationnement extérieur du bateau et la réparation de la cassure de la cloison avant timonerie.

3) **Vendeur n'ayant pas connu le vice.** Le vendeur qui n'a pas connu le vice de la chose ne peut être condamné à garantir l'acheteur des conséquences du dommage causé par le vice (■ Cass. 1re civ., 24 nov. 1954 : *JCP* 55, II, 8565, note H.B. ■ Cass. 1re civ., 4 févr. 1963, n° 57-10.892 : *JCP* 63, II, 13159, note R. Savatier. ■ Cass. 1re civ., 22 nov. 1988, n° 86-17.888 : *JurisData* n° 1988-702978 ; *Bull. civ.* I, n° 333, p. 226 ; *JCP* 89, IV, 32).

4) **Manquement à l'obligation de délivrance.** La limitation de l'indemnisation résultant de l'article 1646 n'est relative qu'à la garantie des défauts de la chose vendue et non aux conséquences de l'obligation de délivrance (■ Paris, 15 oct. 1986, n° L 19950 : *JurisData* n° 1986-027306 ; *D.* 1987, 334, concl. Paire).

Art. 1646-1 *(L. n° 78-12, 4 janv. 1978)* (1). **– Le vendeur d'un immeuble à construire est tenu, à compter de la réception des travaux, des obligations dont les architectes, entrepreneurs et autres personnes liées au maître de l'ouvrage par un contrat de louage d'ouvrage sont eux-mêmes tenus en application des articles 1792, 1792-1, 1792-2 et 1792-3 du présent code.**

Ces garanties bénéficient aux propriétaires successifs de l'immeuble.

Il n'y aura pas lieu à résolution de la vente ou à diminution du prix si le vendeur s'oblige à réparer les dommages définis aux articles 1792, 1792-1 et 1792-2 du présent code et à assumer la garantie prévue à l'article 1792-3.

Rédaction antérieure. Art. 1646-1. – *(L. n° 67-3, 3 janv. 1967 ; L. n° 67-547, 7 juill. 1967).* – Le vendeur d'un immeuble à construire est tenu, pendant dix ans à compter de la réception des travaux, des vices cachés dont les architectes, entrepreneurs et autres personnes liées au maître de l'ouvrage par un contrat de louage d'ouvrage sont eux-mêmes tenus en application des articles 1792 et 2270 du présent code.

Le vendeur est tenu de garantir les menus ouvrages pendant deux ans à compter de la réception des travaux.

Ces garanties bénéficient aux propriétaires successifs de l'immeuble.

Il n'y aura pas lieu à résolution du contrat ou à diminution du prix si le vendeur s'oblige à réparer le vice.

(1) Dispositions applicables aux contrats relatifs aux chantiers dont la déclaration réglementaire d'ouverture aura été établie postérieurement au 1er janv. 1979 (L. n° 78-12, 4 janv. 1978).

Art. 1647. – **Si la chose qui avait des vices a péri par suite de sa mauvaise qualité, la perte est pour le vendeur qui sera tenu envers l'acheteur à la restitution du prix et aux autres dédommagements expliqués dans les deux articles précédents.**

Mais la perte arrivée par cas fortuit sera pour le compte de l'acheteur.

1) **Action estimatoire de l'acheteur en cas de perte à ses risques.** Si la perte de la chose vendue arrivée par cas fortuit est aux risques de l'acheteur, qui en demeure propriétaire, elle ne fait pas obstacle à ce que celui-ci obtienne, par la voie de l'action estimatoire, la réduction du prix que justifie la gravité du vice dont cette chose était atteinte (▪ Cass. 1re civ., 3 déc. 1996, n° 94-19.176 : *JurisData* n° 1996-004673 ; *JCP* 97, IV, 234 ; *Bull. civ.* I, n° 441, p. 308 ; *Contrats, conc. consom.* 1997, 44, note Leveneur).

2) **Étendue de la restitution.** Il résulte de l'article 1647 du Code civil qu'en matière de garantie des vices cachés, le vendeur professionnel est tenu, outre la restitution du prix qu'il a reçu, de tous les autres dédommagements envers l'acheteur (▪ Cass. 2e civ., 18 févr. 2010, n° 09-13.471 : *Resp. civ. et assur.* 2010, comm. 122, obs. Groutel).

Art. 1648 *(Mod., Ord. n° 2005-136, 17 févr. 2005 ; L. n° 2009-323, 25 mars 2009).* – (1) **L'action résultant des vices rédhibitoires doit être intentée par l'acquéreur dans un délai de deux ans à compter de la découverte du vice** (1).

Dans le cas prévu par l'article 1642-1, l'action doit être introduite, à peine de forclusion, dans l'année qui suit la date à laquelle le vendeur peut être déchargé des vices ou des défauts de conformité apparents.

Rédaction antérieure. Art. 1648. – L'action résultant des vices rédhibitoires doit être intentée par l'acquéreur, dans un bref délai, suivant la nature des vices rédhibitoires, et l'usage du lieu où la vente a été faite.
[...].

Bibliographie : M. Bruschi : *RDC* 2005, 710.

I – DOMAINE D'APPLICATION DE L'ARTICLE 1648

1) **Application au contrat d'entreprise (non).** L'article 1648 n'est pas applicable au contrat de réparation d'un véhicule automobile, qui est un contrat d'entreprise (▪ Cass. 1re civ., 2 juin 1982, n° 81-11.743 : *Bull. civ.* I, n° 204, p. 172).

2) **Garantie conventionnelle.** Sauf stipulation contraire, les dispositions de l'article 1648 ne s'appliquent pas à l'action tendant à faire sanctionner l'inexécution par le vendeur d'une obligation contractuelle de garantie, (▪ Cass. com., 2 mai 1990, n° 88-17.092 : *JurisData* n° 1990-701290 ; *JCP* 90, IV, 246 ; *Bull. civ.* IV, n° 132, p. 88 ; *RTD civ.* 1991, 136, obs. crit. Rémy. V. aussi ▪ Cass. req., 20 juin 1932 : S. 1932, 1, 343. ▪ Cass. 1re civ., 6 juill. 1999, n° 97-16.885 : *JurisData* n° 1999-003059 ; *Contrats, conc. consom.* 1999, 174, note Leveneur. ▪ Amiens, 23 janv. 1969 : *JCP* 70, IV, 216. V. en ce sens pour l'engagement pris par le vendeur d'immeuble de remédier aux désordres ayant fait l'objet de réserves ▪ Cass. 3e civ., 25 oct. 1989, n° 88-12.688 : *JurisData* n° 1989-703294 ; *Bull. civ.* III, n° 196, p. 107 ; *Defrénois* 1990, 1214, note Dagorne-Labbe. ▪ Cass. 3e civ., 15 nov. 1995, n° 93-83.128 : *JurisData* n° 1995-004141 ; *Defrénois 1996, 401, obs. Dubois, pour l'engagement* du Centre de transfusion sanguine de fournir au malade un sang exempt de tout agent pathogène, ▪ Aix-en-Provence, 12 juill. 1993 : *JurisData* n° 1993-049998 ; *D.* 1994, 13, note Vidal.

3) Sur la **distinction entre obligation de conformité et garantie des vices cachés**, voir sous art. 1641, p. 1391.

4) **Manquement à l'obligation de sécurité.** L'action contractuelle contre le vendeur pour manquement à son obligation de sécurité, laquelle consiste à ne livrer que des produits exempts de tout vice ou de tout défaut de fabrication de nature à créer un danger pour les personnes ou pour les biens, n'est pas soumise au bref délai imparti par l'article 1648 (▪ Cass. 1re civ., 11 juin 1991, n° 89-12.748 : *JurisData* n° 1991-002810 ; *Bull. civ.* I, n° 201, p. 132, mauvaise conception du chauffage au gaz équipant un mobil-home. ▪ Cass. 1re civ., 27 janv. 1993, n° 91-14.279 : *JCP* 93, IV, 779 ; *D.* 1994, somm. 238, obs. Tournafond ; *RTD civ.* 1993, 592, obs. Jourdain). Les défauts de conformité au contrat de vente en l'état futur d'achèvement relèvent du régime de la responsabilité contractuelle et de la prescription de droit commun (▪ Cass. 3e civ., 28 juin 1995, n° 93-17.379 : *JurisData* n° 1995-001702 ; *Resp. civ. et assur.* 1995, 330).

5) **Absence d'application du délai de deux ans aux contrats antérieurs à 2005.** Le délai de deux ans substitué au bref délai de l'article 1648 du Code civil par l'ordonnance du 17 février 2005 n'est

(1) Dispositions applicables en Nouvelle-Calédonie dans leur version en vigueur au 21 juin 2013, Ord. n° 2013-516, 20 juin 2013, art. 1er.

pas applicable aux contrats conclus avant l'entrée en vigueur de ce texte (■ Cass. com., 16 mars 2010, n° 09-13.946 : *Contrats, conc. consom.* 2010, comm. 149, obs. L. Leveneur).

II – BREF DÉLAI

6) Portée de l'exigence. C'est l'action elle-même qui doit être exercée dans le bref délai (■ Cass. com., 22 juin 1955 : *Bull. civ.* III, n° 221, p. 184. ■ Cass. com., 18 juill. 1966 : *JCP* 66, IV, 130 ; *Bull. civ.* III, n° 362, p. 319). Mais l'article 1648 n'exige pas que l'action en garantie soit portée devant la justice par une demande principale introductive d'instance ; elle peut être intentée par voie reconventionnelle pourvu que soit réalisée la condition impérative du bref délai (■ Cass. com., 17 déc. 1958 : *JCP* 59, IV, 12 ; *Bull. civ.* III, n° 443, p. 373). Viole l'article 1648 l'arrêt qui déclare l'action irrecevable en retenant que les acquéreurs ont eu confirmation des vices à la date du pré-rapport d'expertise judiciaire et qu'ils ont attendu plus d'un an pour assigner au fond, alors que l'acquéreur qui a assigné son vendeur en référé ne peut plus se voir opposer que la prescription de droit commun (■ Cass. com., 6 mars 2001, n° 98-17.015 : *JurisData* n° 2001-009355 ; *JCP* 2001, IV, 1812 ; *Bull. civ.* IV, n° 52, p. 50). Le bref délai est interrompu par l'assignation en référé-expertise (■ Cass. 3e civ., 5 nov. 1997, n° 96-10.841 : *JurisData* n° 1997-004364 ; *JCP* 97, IV, 2483 ; *Bull. civ.* III, n° 195, p. 131. ■ Cass. 1re civ., 21 nov. 1995 : *JCP* 96, IV, 100. ■ Cass. 1re civ., 19 oct. 1999, n° 97-14.067 : *JurisData* n° 1999-003622 ; *Bull. civ.* I, n° 288, p. 187 ; *Resp. civ. et assur.* 1999, 373 ; *Contrats, conc. consom.* 2000, 22, note Leveneur ; *D.* 2001, 413, note Bufflier. ■ Cass. 1re civ., 5 oct. 2000, n° 98-22.524 : *JurisData* n° 2000-006110 ; *Bull. civ.* I, n° 241, p. 159. V. aussi pour une assignation en référé visant à rendre commune une expertise en cours ■ Cass. com., 3 déc. 2003 : *JurisData* n° 2003-021363 ; *JCP* 2004, IV, 1225).

7) Charge de la preuve, de la tardiveté de l'action vendeur. Celui qui oppose la fin de non-recevoir tirée du dépassement du délai d'exercice de l'action en garantie des vices cachés doit en justifier (■ Cass. 3e civ., 9 févr. 2011, n° 10-11.573 : *Bull. civ.* III, n° 23 ; *RDC* 2012/1, *p. 125, obs. S. Pimont).*

8) Pouvoir des juges du fond (jurisprudence antérieure à l'ordonnance du 17 février 2005). Il appartient aux juges du fond de déterminer selon la nature des vices ainsi que selon les faits et circonstances de la cause la durée et le point de départ du délai accordé à l'acheteur pour intenter l'action rédhibitoire (■ Cass. 3e civ., 16 mai 1973, n° 72-11.698 : *JurisData* n° 1973-099348 ; *JurisData* n° 1973-099355 ; *JCP* 75, II, 17932, note Ghestin. – V. en ce sens ■ Cass. 1re civ., 31 mars 1954 : *D.* 1954, 417. ■ Cass. 1re civ., 30 janv. 1967 : *JCP* 67, II, 15025. V. aussi pour le « délai raisonnable » de l'article 39, al. 1er, de la Convention de Vienne du 11 avr. 1980, ■ Cass. 1re civ., 26 mai 1999 : *JCP* E 2000, 274, note Leveneur). Le bref délai est déterminé suivant la nature des vices et l'usage du lieu où la vente est faite (■ Cass. 3e civ., 2 févr. 1999, n° 97-14.906 : *JurisData* n° 1999-000522 ; *Contrats, conc. consom.* 1999, 71, note Leveneur ; *Resp. civ. et assur.* 1999, 189). La notion de bref délai, si elle n'indique pas une durée précise, n'en est pas moins claire dans son objectif et d'application simple selon une jurisprudence constante ; l'article 1648 ne saurait donc constituer une restriction inadmissible au droit d'agir au sens de l'article 6 de la Convention européenne des droits de l'homme (■ Cass. 1re civ., 21 mars 2000, n° 98-12.961 : *JurisData* n° 2000-001204 ; *Contrats, conc. consom.* 2000, 126, note Leveneur ; *Resp. civ. et assur.* 2000, 241 ; *RTD civ.* 2000, 592, obs. Gautier). La fin de non-recevoir résultant de l'expiration du bref délai n'est pas d'ordre public et ne peut être soulevée d'office par le juge (■ Cass. 1re civ., 12 déc. 2000, n° 98-20.086 : *JurisData* n° 2000-007307 ; *JCP* 2001, IV, 1251 ; *Bull. civ.* I, n° 324, p. 210).

9) Découverte du vice grâce au rapport d'expertise. Avant de rejeter l'action comme tardive, les juges du fond doivent rechercher si la découverte du vice par l'acheteur ne résulte pas des conclusions du rapport d'expertise (■ Cass. 1re civ., 3 mai 1984, n° 83-11.199 : *JurisData* n° 1984-701186 ; *Bull. civ.* I, n° 148, p. 126. V. pour une expertise officieuse ■ Cass. 1re civ., 19 mars 1991, n° 89-20.352 : *JurisData* n° 1991-000902 ; *JCP* 91, IV, 193 ; *Bull. civ.* I, n° 101, p. 66).

10) Désignation d'un expert en référé. Conformément à l'article 2231 du Code civil, l'interruption, par l'assignation en référé, du délai prévu par le premier alinéa de l'article 1648 du même code fait courir, à compter de la date du prononcé de l'ordonnance désignant un expert, un nouveau délai de deux ans (■ Cass. 3e civ., 5 janv. 2017, n° 15-12.605).

11) Date de connaissance du vice. Il appartient aux juges du fond de préciser en toute hypothèse la date à laquelle l'acheteur en a eu effectivement connaissance (■ Cass. com., 21 janv. 1991 : *Bull. civ.* IV, n° 32, p. 26). Jugé que le délai part du jour où le vice s'est manifesté et non à partir du jour où la cause est établie (■ Cass. com., 18 févr. 1974 : *JCP* 74, II, 17798, note Thuillier). Viole l'article 1648 la cour d'appel qui, après avoir énoncé exactement que le bref délai court à partir de la découverte du vice par l'acheteur, retient que cette notion n'en exclut pas moins le bien-fondé d'une action engagée plus de trois ans après la livraison de l'appareil (■ Cass. com., 18 févr. 1992, n° 89-20.251 : *JurisData* n° 1992-000414 ; *Bull. civ.* IV, n° 82, p. 59).

12) Action récursoire. Le bref délai de l'article 1648 ne peut commencer à courir en matière d'action récursoire qu'à partir du jour où le demandeur à l'action récursoire a été lui-même assigné (■ Cass. 3e civ., 6 déc. 1972, n° 71-12.887 : *JurisData* n° 1972-000668 ; *JCP* 74, II, 17621 *bis*. ■ Cass. com., 17 déc. 1973 : *JurisData* n° 1973-099367 ; *JCP* 75, II, 17912, note R. Savatier. ■ Cass. 1re civ., 24 oct. 2000, n° 98-19.337 : *Contrats, conc. consom.* 2001, 6, note Leveneur ; *Resp. civ. et assur.* 2001, 26). Mais jugé que le vendeur d'une maison assigné par l'acquéreur pour des infiltrations anciennes connues de lui n'est plus recevable à appeler en garantie son propre vendeur (■ Cass. 1re civ., 30 mars 1999, n° 97-11.994 : *JurisData* n° 1999-001371 ; *Resp. civ. et assur.* 1999, 190).

13) Fin de non-recevoir invoquée en cause d'appel. La fin de non-recevoir tirée de l'article 1648 peut être invoquée pour la première fois en cause d'appel (■ Cass. 2e civ., 12 juill. 1972, n° 71-11.908 : *JurisData* n° 1972-099218 ; *Bull. civ.* II, n° 218, p. 177).

14) Interversion de la prescription (non). L'interruption efface le délai de prescription acquis et fait courir un nouveau délai de même durée que l'ancien (■ Cass. 1re civ., 11 avr. 2018, n° 17-14.091 : *Contrats, conc. consom.* 2018, comm. 127, Leveneur, qui applique de nouveau le délai de l'article 1648 du Code civil après interruption). *Contra*, auparavant, sur le principe que l'interruption du bref délai faisait courir la prescription de droit commun, ■ Cass. 1re civ., 21 oct. 1997, n° 95-19.755 : *JurisData* n° 1997-004155 ; *JCP* G 98, II, 10063, note Mouloungui ; *JCP* E 98, 563, note Leveneur ; *D.* 1998, 409, note Bruschi ; *D.* 1999, somm. 17, obs. Tournafond ; *Contrats, conc. consom.* 1998, 23, note Leveneur. ■ Cass. 1re civ., 25 janv. 2000, n° 98-12.702 : *JurisData* n° 2000-000258 ; *Resp. civ. et assur.* 2000, 127. ■ Cass. 1re civ., 12 déc. 2000, n° 98-19.147 : *JurisData* n° 2000-007313 ; *JCP* 2001, IV, 1251 ; *Bull. civ.* I, n° 324, p. 210. ■ Cass. com., 6 mars 2001, n° 98-17.015 : *JurisData* n° 2001-009355 ; *JCP* 2001, IV, 1812 ; *Bull. civ.* IV, n° 52, p. 50. V. en sens inverse, à propos du délai de l'article 1648, alinéa 2, ■ Cass. 3e civ., 21 juin 2000, n° 99-10.313 : *JurisData* n° 2000-002496 ; *JCP* 2000, II, 10362, concl. Weber.

15) Délai butoir. Prescription de droit commun. Est irrecevable l'action en garantie des vices cachés intentée contre le fabricant au-delà du délai de prescription extinctive prévu à l'article L. 110-4 du Code de commerce. (■ Cass. 1re civ., 6 juin 2018, n° 17-17.438 : *RDC* 2019/1, 24, Borghetti ; *D.* 2018, p. 2166, note C. Grimaldi ; *RTD civ.* 2018, p. 919, Jourdain et 931, Gautier ; *Contrats, conc. consom.* 2018, comm. 169, Leveneur ; *AJCA* 2018/ 8, 377, Mainguy). - *V. aussi* ■ *Cass. com.*, 16 janv. 2019, n° 17-21.477 : *Contrats, conc. consom.* 2019, comm. 61, Leveneur : la convention de Vienne régissant exclusivement la formation du contrat de vente entre le vendeur et l'acheteur, la loi française qui régit l'action directe d'un sous-acquéreur contre le vendeur devait s'appliquer ; l'action en garantie des vices cachés, même si elle doit être exercée dans les 2 ans de la découverte du vice, est aussi enfermée dans le délai de prescription prévu par l'article L. 110-4 du Code de commerce, qui court à compter de la vente initiale. Dans le même sens, sous l'empire du droit antérieur à la réforme de la prescription : le délai d'un an de l'action en garantie contre le constructeur d'un navire ne peut être utilement invoqué qu'à l'intérieur de la prescription décennale de l'article L. 110-4 du Code de commerce, et le moyen faisant valoir que le délai de l'action en garantie court du jour de la découverte du vice n'est pas fondé (■ Cass. com., 27 nov. 2001, n° 99-13.428 : *JurisData* n° 2001-011913 ; *JCP G* 2002, 10021 ; *JCP E* 2002, 369, note crit. Jourdain ; *Resp. civ. et assur.* 2002, 65, 2e esp. ; *Contrats, conc. consom.* 2002, 43, note crit. Leveneur). – V. également : la garantie légale du vendeur doit être mise en œuvre à l'intérieur du délai de la prescription extinctive de droit commun fixé à trente ans par l'article 2262 du Code civil (■ Cass. 3e civ., 16 nov. 2005, n° 04-10.824 : *JurisData* n° 2005-030737 ; *Bull. civ.* III, n° 222 ; *D.* 2006, p. 971, note Cabrillac ; *JCP* 2006, II, 10069, note Trébulle).

16) Point de départ de la prescription de droit commun. Sur ce que la prescription de droit commun court du jour de la vente, V. ■ Cass. 1re civ., 19 oct. 1999, n° 97-14.067 : *JurisData* n° 1999-003622 ; *Bull. civ.* I, n° 288, p. 187 ; *Resp. civ. et assur.* 1999, 373 ; *Contrats, conc. consom.* 2000, 22, note Leveneur ; *D.* 2001, 413, note Bufflier ; *RTD civ.* 2000, 133, obs. Gautier. V. aussi, à propos d'une action récursoire, ■ Cass. 3e civ., 20 oct. 2004, n° 02-21.576 : *RDC* 2005, 345, obs. Collart Dutilleul. Comp., fixant le point de départ au jour de la livraison, ■ Cass. 1re civ., 25 juin 2002, n° 00-16.840 : *JurisData* n° 2002-014965 ; *Bull. civ.* I, n° 176, p. 135 ; *Defrénois* 2003, 406, note Dagorne-Labbe, fixant le point de départ au jour de la livraison. V. aussi : le point de départ du délai de la prescription extinctive prévu à l'article L. 110-4 du Code de commerce, modifié par la loi n° 2008-561 du 17 juin 2008, court à compter de la vente initiale (■ Cass. 1re civ., 6 juin 2018, n° 17-17.438 : *D.* 2018, p. 2166, note C. Grimaldi ; *Contrats, conc. consom.* 2018, comm. 169, Leveneur ; *AJCA* 2018/ 8, 377, Mainguy).

III – VENTE D'IMMEUBLE À CONSTRUIRE

17) Délai pour agir. Garantie des vices apparents. L'acquéreur d'un immeuble à construire est recevable pendant un an à compter de la réception des travaux ou de l'expiration du délai d'un mois après la prise de possession des ouvrages à intenter contre le vendeur l'action en garantie des vices apparents, même dénoncés postérieurement à l'écoulement de ce délai d'un mois (■ Cass. 3e civ., 16 déc. 2009, n° 08-19.612 : *JurisData* n° 2009-50779 ; *Bull. civ.* 2009, III, n° 280 ; *RD imm.*

2010, 102, obs. Tournafond). Déjà, en ce sens, ■ Cass. 3e civ., 22 mars 2000, n° 98-20.250 : *JurisData* n° 2000-001125 ; *Bull. civ.* III, n° 63, p. 43 ; *Defrénois* 2000, 1258, obs. Périnet-Marquet ; *Gaz. Pal.* 2001, somm. 921, obs. Peisse ; *RD imm.* 2000, 353, obs. Saint-Alary-Houin. V. aussi ■ Cass. 3e civ., 15 mai 1974 : *JurisData* n° 1974-098196 ; *JCP* 1975, II, 18121, note R. Martin. ■ Cass. 3e civ., 8 mars 1995, n° 93-13.659 : *JurisData* n° 1995-000470 ; *Gaz. Pal.* 1997, 1, somm. 101, obs. Peisse.

18) Domaine de l'article 1648, alinéa 2. Le vendeur n'est pas fondé à invoquer la forclusion annale prévue à l'article 1648, alinéa 2, dès lors que le désordre a fait l'objet de réserves dans le procès-verbal établi lors de la livraison et que dans le même acte, il s'est engagé à le réparer (■ Cass. 3e civ., 25 oct. 1989, n° 88-12.688 : *JurisData* n° 1989-703294 ; *Bull. civ.* III, n° 196 ; *Defrénois* 1990, 1214, note Dagorne-Labbé. ■ Cass. 3e civ., 26 févr. 1992, n° 90-15.859 : *JurisData* n° 1992-000343 ; *JCP* 1992, IV, 1289 ; *Bull. civ.* III, n° 61, p. 36. ■ Cass. 3e civ., 29 oct. 2003, n° 01-12.482 : *JurisData* n° 2003-020649 ; *Bull. civ.* III, n° 182 ; *Defrénois* 2004, 456, obs. Périnet-Marquet).

19) Délai de forclusion. Absence de suspension du délai pendant le cours de l'expertise. La suspension de la prescription prévue par l'article 2239 du Code civil n'est pas applicable au délai de forclusion de l'article 1648, alinéa 2 (■ Cass. 3e civ., 3 juin 2015, n° 14-15.796 : *Contrats, conc. consom.* 2015, comm. 221 ; *JCP* N 2015, 1201, Leveneur ; *Defrénois* 2015, 863, note Becqué-Ickowicz ; *RD imm.* 2015, 414, obs. Tournafond et Tricoire et 422, obs. Malinvaud ; *Gaz. Pal.* 6 sept. 2015, 34, Zalewski-Sicard).

Art. 1649. – **Elle n'a pas lieu dans les ventes faites par autorité de justice.**

Ventes volontaires faites en la forme judiciaire. Ne doivent pas être considérées comme faites par autorité de justice les ventes volontaires faites en la forme judiciaire par le libre choix des parties (■ Paris, 30 juill. 1867 : *DP* 1867, 2, 227).

Voir : C. consom., art. R. 211-1 à R. 211-3.

CHAPITRE V. – DES OBLIGATIONS DE L'ACHETEUR

Art. 1650. – **La principale obligation de l'acheteur est de payer le prix au jour et au lieu réglés par la vente.**

1) Principe. Dès lors que la matérialité des livraisons est reconnue, l'acquéreur ayant utilisé et conservé les marchandises, il lui incombe d'en payer le prix sauf à lui à prouver qu'elle était atteinte de vices qui la rendaient impropre à l'usage auquel elle était destinée (■ Cass. com., 25 oct. 1961, n° 58-10.620 : *D.* 1962, 290, note Bigot).

2) Paiement partiel. Le vendeur ne peut invoquer l'exception d'inexécution, en cas de paiement partiel, pour se soustraire à la garantie des vices cachés (■ Cass. com., 28 mai 1991, n° 89-14.716 : *JurisData* n° 1991-001493 ; *JCP* 91, IV, 293 ; *Bull. civ.* IV, n° 194, p. 138).

3) Vente au compte, au poids, à la mesure. Dans les ventes sur commande de choses qui se comptent, se mesurent ou se pèsent, l'obligation de payer le prix, contractée par l'acheteur, n'est qu'éventuelle et ne prend naissance que lorsque les marchandises ont été mises à sa disposition (■ Cass. req., 23 juin 1941 : *DC* 1943, 23, note F.G.).

4) Rente viagère. Au cas d'aliénation par le débirentier des biens constituant la contrepartie de la rente sans que l'acquéreur se soit engagé à assumer la charge de celle-ci, le débirentier ne peut opposer cette aliénation au crédirentier et reste seul débiteur envers lui de la rente et de ses majorations (■ Cass. 1re civ., 21 juill. 1965 : *Bull. civ.* I, n° 498, p. 374). Pour que l'acquéreur soit libéré du service de la rente, il faudrait que le vendeur primitif ait consenti à ce que son débiteur s'en substituât un autre et ait accepté de tenir cette substitution comme libératoire (■ Paris, 6 févr. 1967 : *D.* 1967, 402).

Art. 1651. – **S'il n'a rien été réglé à cet égard lors de la vente, l'acheteur doit payer au lieu et dans le temps où doit se faire la délivrance.**

1) Délivrance. Présomption de libération du prix (non). La délivrance de la chose ne vaut pas présomption légale de libération du prix (■ Cass. civ., 15 juill. 1942 : *DC* 1943, 104, note A. C.).

2) Point de départ des intérêts. Sauf convention particulière, l'obligation, pour l'acheteur, de payer le prix de vente résulte de l'exécution complète, par le vendeur, de son obligation de délivrance ; en conséquence, le prix de vente ne porte intérêt qu'après une telle exécution (■ Cass. 1re civ., 15 mai 2015, n° 14-12.231 : *Contrats, conc. consom.* 2015, comm. 196, Leveneur).

Art. 1652. – L'acheteur doit l'intérêt du prix de la vente jusqu'au payement du capital, dans les trois cas suivants :

S'il a été ainsi convenu lors de la vente ;

Si la chose vendue et livrée produit des fruits ou autres revenus ;

Si l'acheteur a été sommé de payer.

Dans ce dernier cas, l'intérêt ne court que depuis la sommation.

1) **Chose frugifère.** Un immeuble est une chose frugifère dès lors qu'il est susceptible d'être loué (■ Cass. req., 19 juin 1928 : *DP* 1928, 1, 144), mais il en va autrement du droit au bail d'un local commercial (■ Lyon, 20 déc. 1926 : *DH* 1927, 159). La règle selon laquelle l'acquéreur doit les intérêts du prix jusqu'au paiement du capital lorsque la chose vendue et livrée est frugifère n'a pas pour objet de sanctionner une faute de l'acquéreur ayant provoqué un retard de paiement du prix de vente, mais procède d'une considération d'équité selon laquelle l'acquéreur ne peut à la fois conserver les fruits ou revenus de la chose vendue, en possession de laquelle il a été mis, et les intérêts du prix de vente (■ Aix-en-Provence, 26 oct. 1970 : *D.* 1971, 370).

2) **Intérêts légaux du prix de vente.** La livraison de l'immeuble vendu ayant eu lieu à une date donnée et l'acquéreur ayant obtenu le paiement des loyers à partir de cette date, il est indifférent que le prix de vente n'ait été exigible qu'à compter de l'acte authentique et les intérêts légaux, qui sont l'équivalent de la jouissance du bien, sont dus pour la période séparant la prise de possession du jour de la signature (■ Cass. 3e civ., 30 juin 1992, n° 90-20.009 : *JurisData* n° 1992-001448 ; *Bull. civ.* III, n° 237, p. 144). La circonstance que les sommes restant dues au titre du contrat ont été réduites par compensation judiciaire ne fait pas obstacle à ce que les intérêts soient dus à compter du jour où le débiteur a été mis en demeure (■ Cass. 3e civ., 12 janv. 2005, n° 03-19.255 : *JurisData* n° 2005-026454 ; *Bull. civ.* III, n° 6, p. 5).

3) **Cession d'actions. Dividendes.** Les sommes qui, faisant partie du bénéfice distribuable, sont, soit en vertu des statuts, soit après décision de l'assemblée générale, réparties entre les actionnaires, participent de la nature des fruits (■ Cass. com., 5 oct. 1999, n° 97-17.377 : *JurisData* n° 1999-003368 ; *JCP* E 2000, 612, note Besnard Goudet ; *Bull. civ.* IV, n° 163, p. 137. V. en ce sens pour des parts sociales ■ Cass. com., 5 déc. 2000, n° 98-12.913 : *JurisData* n° 2000-007352 ; *Contrats, conc. consom.* 2001, 57, note Leveneur ; *JCP* G 2001, I, 326, n° 3, obs. Viandier et Caussain ; *JCP* E 2001, 955, note Leveneur).

4) **Livraison partielle.** En cas de livraison partielle, l'acquéreur ne doit les intérêts qu'au prorata de la portion de la chose dont il a joui (■ Cass. civ., 26 nov. 1924 : *DP* 1926, 1, 103).

Art. 1653. – Si l'acheteur est troublé ou a juste sujet de craindre d'être troublé par une action, soit hypothécaire, soit en revendication, il peut suspendre le payement du prix jusqu'à ce que le vendeur ait fait cesser le trouble, si mieux n'aime celui-ci donner caution, ou à moins qu'il n'ait été stipulé que, nonobstant le trouble, l'acheteur payera.

1) **Domaine d'application.** L'article 1653, dont les termes ont un caractère purement énonciatif, est applicable toutes les fois que le paiement du prix est réclamé à un acheteur contre lequel est dirigée une action qui peut avoir pour résultat de l'évincer (■ Cass. 3e civ., 18 janv. 1983, n° 81-11.197 : *JurisData* n° 1983-700181 ; *Bull. civ.* III, n° 17, p. 13).

2) **Mise du vendeur en mesure de faire cesser le trouble ou de fournir une caution.** L'acquéreur ne peut se prévaloir de son droit de suspendre le paiement du prix de la vente, en application de l'article 1653, sans mettre le vendeur en mesure d'exercer la faculté, que lui reconnaît ce texte, moyennant la cessation du trouble ou la fourniture d'une caution, d'obliger l'acquéreur au paiement (■ Cass. 3e civ., 26 mai 1992, n° 90-18.391 : *JurisData* n° 1992-001209 ; *Bull. civ.* III, n° 176, p. 107 ; *RTD civ.* 1993, 377, obs. Gautier).

3) **Action en rescision pour lésion.** Pour des applications au cas où le vendeur engage une action en rescision pour lésion, V. ■ Cass. req., 29 nov. 1939 : *DH* 1940, 52. ■ Poitiers, 20 avr. 1967 : *D.* 1968, 76.

4) **Inscription hypothécaire sur le bien vendu.** L'existence d'une inscription hypothécaire sur les biens vendus constitue par elle-même une menace pour l'acquéreur et lui donne juste sujet de craindre une action hypothécaire ; il a donc le droit de subordonner le paiement par lui dû à la condition que le vendeur lui rapporte le certificat de radiation de cette inscription (■ Cass. req., 21 juin 1881 : *DP* 1881, 1, 468, rapp. Lepelletier. –

V. aussi ▪ Cass. 3e civ., 7 nov. 1978, n° 77-15.611 : *Bull. civ.* III, n° 337, p. 259. Comp. ▪ Cass. 1re civ., 23 oct. 1963 : *JurisData* n° 1963-700452 ; *JCP* 64, II, 13485, note J. Mazeaud ; *D.* 1964, 33, note Voirin). L'acheteur ne saurait être contraint au paiement sous prétexte de la nullité de cette inscription dont il n'a pas à discuter le mérite avec le créancier inscrit, pas plus qu'à assumer le péril du litige auquel elle peut donner lieu (▪ Cass. req., 21 juin 1881 préc.).

5) Action en renouvellement de sous-locataires. L'adjudicataire ne peut invoquer l'article 1653 s'il est l'objet d'actions en renouvellement de la part des titulaires de sous-locations commerciales dont le cahier des charges ne mentionnait pas l'existence (▪ Cass. 3e civ., 30 janv. 1970, n° 67-13.707 : *Bull. civ.* III, n° 84, p. 61).

6) Acheteur ayant connu le risque d'éviction. L'acheteur doit être garanti même s'il a connu le risque d'éviction dès lors qu'il n'a pas été stipulé qu'il ne pourrait s'en prévaloir et devrait payer malgré ce risque (▪ Cass. 1re civ., 21 janv. 1958 : *Bull. civ.* I, n° 50, p. 38. ▪ Cass. 1re civ., 27 janv. 1960 : *JurisData* n° 1960-000061 ; *JurisData* n° 1960-000061 ; *Bull. civ.* I, n° 61, p. 49).

Art. 1654. – **Si l'acheteur ne paye pas le prix, le vendeur peut demander la résolution de la vente.**

1) Renonciation à l'action résolutoire. Le créancier à qui son titre donne tout à la fois une action en exécution et l'action résolutoire n'est pas présumé avoir renoncé à celle-ci parce qu'il exerce la première (▪ Cass. com., 27 oct. 1953 : *D.* 1954, 201, note H.L.). Sur la renonciation à l'action résolutoire résultant d'une stipulation de concurrence au profit des créanciers hypothécaires, V. ▪ Cass. 1re civ., 1er févr. 1965 : *JurisData* n° 1965-000088 ; *JCP* 65, II, 14187, note J. A.

2) Sur l'**indivisibilité de l'action en résolution**, V. ▪ Cass. 1re civ., 24 mai 1966 : *JCP* 66, II, 14825, note Patarin.

3) Privilège du vendeur d'immeuble. Sur le lien entre l'action résolutoire de l'article 1654 et le privilège du vendeur d'immeuble, V. art. 2379, al. 2, p. 1812.

4) Action réservée au vendeur. Sur le principe que seul le vendeur peut demander la résolution prévue par l'article 1654, V. ▪ Cass. 1re civ., 8 juin 1964 : *Bull. civ.* I, n° 303, p. 237.

5) Tierce opposition du sous-acquéreur. Sur la recevabilité de la tierce opposition formée par le sous-acquéreur contre le jugement prononçant la résolution, V. ▪ Cass. 1re civ., 28 févr. 1967, n° 65-11.441 : *D.* 1967, somm. 80.

6) Paiement partiel. Le vendeur peut exercer l'action résolutoire s'il n'a reçu qu'un paiement partiel (▪ Cass. 1re civ., 27 févr. 1961, n° 58-12.415 : *D.* 1961, somm. 54). Sur le pouvoir souverain des juges du fond pour apprécier si des offres de paiement faites en cours d'instance font obstacle à la résolution, V. ▪ Cass. 1re civ., 13 févr. 1963, n° 59-10.999 : *D.* 1963, 316, note Voirin.

7) Saisie immobilière. Le débiteur saisi qui assigne l'adjudicataire de la vente pour défaut de paiement du prix peut invoquer l'article 1654 (▪ Cass. 2e civ., 19 mai 1998, n° 95-22.053 : *JurisData* n° 1998-002129 ; *JCP* 98, IV, 2557 ; *Bull. civ.* II, n° 153, p. 91 ; *D.* 1998, inf. rap. 164).

Art. 1655 *(Mod., L. n° 2009-526, 12 mai 2009).* – **La résolution de la vente d'immeubles est prononcée aussitôt si le vendeur est en danger de perdre la chose et le prix.**

Si ce danger n'existe pas, le juge peut accorder à l'acquéreur un délai plus ou moins long suivant les circonstances.

Ce délai passé sans que l'acquéreur ait payé, la résolution de la vente sera prononcée.

Bibliographie : F. Paraiso, *Observations sur la résolution de la vente d'immeubles d'après l'article 1655 du Code civil : RTD civ.* 2011, 67.

Délai de grâce. Sur le pouvoir souverain des juges du fond pour apprécier l'opportunité d'accorder un délai de grâce à l'acquéreur, V. ▪ Cass. 3e civ., 20 févr. 1973, n° 72-10.629 : *JurisData* n° 1973-098147 ; *D.* 1973, inf. rap. 72 ; *Bull. civ.* III, n° 147, p. 106.

Art. 1656. – **S'il a été stipulé lors de la vente d'immeubles, que faute de payement du prix dans le terme convenu, la vente serait résolue de plein droit, l'acquéreur peut néanmoins payer après l'expiration du délai, tant qu'il n'a pas été mis en demeure par une sommation ; mais, après cette sommation, le juge ne peut pas lui accorder de délai.**

1) Résolution de plein droit. L'article 1656 n'étant pas d'ordre public, les parties peuvent convenir que la résolution aura lieu de plein droit sans sommation (■ Cass. 1re civ., 27 janv. 1960 : *JCP* 60, IV, 39 ; *Bull. civ.* I, n° 61, p. 49). Mais en présence d'une clause prévoyant que le défaut de paiement intégral entraînerait la résolution de plein droit de la vente, viole l'article 1656 l'arrêt qui prononce cette résolution sans constater que l'acquéreur ait été sommé de payer le solde du prix ni rechercher s'il avait été convenu entre les parties que l'échéance du terme constituerait l'acquéreur en demeure (■ Cass. 1re civ., 16 nov. 1960, n° 59-10.141 : *Bull. civ.* I, n° 498, p. 406).

2) Assignation valant commandement. L'assignation équivaut à un commandement de payer à condition de tendre aux mêmes fins (■ Cass. civ., 15 déc. 1948 : *D.* 1949, 105, note Lenoan).

Art. 1657. – **En matière de vente de denrées et effets mobiliers, la résolution de la vente aura lieu de plein droit et sans sommation, au profit du vendeur, après l'expiration du terme convenu pour le retirement.**

1) Terme fixé par l'usage. Le terme visé par l'article 1657 peut résulter d'un usage (■ Cass. com., 3 nov. 1953 : *Bull. civ.* III, n° 341, p. 239. ■ Amiens, 26 févr. 1974 : *Gaz. Pal.* 1974, 1, 360).

2) Ventes de coupes de bois sur pied. Sur la notion de retirement en matière de ventes de coupes de bois sur pied, V. ■ Cass. com., 9 mars 1949 : *JCP* 49, II, 5075, note Becqué.

3) Dispense de mise en demeure. L'article 1657 déroge au principe des articles 1184 et 1654 du Code civil et dispense le vendeur de mettre l'acheteur en demeure d'opérer à la date convenue le retirement des marchandises achetées par lui (■ Cass. req., 20 oct. 1926 : *DP* 1928, 1, 92).

4) Résolution subordonnée à la délivrance préalable. La résolution de la vente au profit du vendeur en cas de défaut de retirement ne peut être reconnue que s'il a préalablement délivré l'objet vendu dans les conditions prévues au contrat (■ Cass. 1re civ., 25 mai 1992, n° 89-21.542 : *JurisData* n° 1992-001197 ; *Bull. civ.* I, n° 166, p. 114 ; *RTD civ.* 1993, 376, obs. Gautier. V. aussi ■ Cass. 1re civ., 24 oct. 2000, n° 98-17.663 : *JurisData* n° 2000-006366 ; *Contrats, conc. consom.* 2001, 5, note Leveneur ; *Bull. civ.* I, n° 272, p. 176 ; *D.* 2002, somm. 997, obs. Pignarre).

5) Action en résolution accessoire de la chose vendue. Le droit de demander la résolution de la vente en vertu de l'article 1657 accompagne en tant qu'accessoire la chose vendue et s'identifie avec elle (■ Cass. req., 3 nov. 1932 : *DH* 1932, 570).

CHAPITRE VI. – DE LA NULLITÉ ET DE LA RÉSOLUTION DE LA VENTE

Art. 1658. – **Indépendamment des causes de nullité ou de résolution déjà expliquées dans ce titre, et de celles qui sont communes à toutes les conventions, le contrat de vente peut être résolu par l'exercice de la faculté de rachat et par la vileté du prix.**

Bibliographie : F. Rouvière, *L'évaluation des restitutions après annulation ou résolution de la vente : RTD civ.* 2009, 617.

Référence au prix principal. La vileté du prix doit s'apprécier par rapport au prix principal stipulé à l'acte, sans tenir compte des modalités particulières de versement (■ Cass. 3e civ., 29 avr. 1998, n° 96-18.449 : *JurisData* n° 1998-001880 ; *JCP* 98, IV, 2350 ; *Bull. civ.* III, n° 88, p. 58 ; *D.* 1999, somm. 14, obs. Paisant ; *D.* 2000, 504, 1re esp., note Cauchy-Psaume).

Section I. – De la faculté de rachat

Art. 1659 *(Mod., L. n° 2009-526, 12 mai 2009)*. – **La faculté de rachat est un pacte par lequel le vendeur se réserve de reprendre la chose vendue, moyennant la restitution du prix principal, et le remboursement dont il est parlé à l'article 1673.**

1) Dérogation conventionnelle. Aucune disposition légale n'interdit aux parties, en cas de vente d'un immeuble avec faculté de réméré, de déroger au principe de reprise du bien vendu en nature ni de convenir d'un prix de rachat majoré (■ Cass. 3e civ., 13 nov. 1970, n° 68-13.109 : *JurisData* n° 1970-000601 ; *JCP* 70, IV, 316 ; Bull. civ. III, n° 601, p. 439).

2) Stipulation de réméré. Exigence d'un écrit (non). Pour sa validité entre les parties, il n'est pas nécessaire que la stipulation de réméré soit écrite dans l'acte de vente (■ Cass. 1re civ., 3 oct. 1956 : *JCP* 56, IV, 150 ; *Bull. civ.* I, n° 333, p. 269. – *Contra* ■ Bordeaux, 11 févr. 1943 : *Gaz. Pal.* 1943, 1, 218).

3) Exercice de la faculté de réméré avant le paiement du prix par l'acquéreur. L'obligation pour le vendeur de restituer le prix est subordonnée à son paiement préalable par l'acheteur (■ Cass. 3e civ., 25 oct. 2006 : pourvoi n° 05-16.250 ; *JurisData* n° 2006-035622 ; *Contrats, conc. consom.* 2007, 42, note Leveneur ; *JCP* N 2007, 1157, n° 15, obs. Piedelièvre).

4) Existence de deux ventes, faculté de rachat (non). L'acte de vente d'un terrain conclu entre une commune et une société, stipulant que cette dernière s'engageait à y édifier des bâtiments d'habitation dans un délai de quatre ans, à défaut de quoi elle serait tenue, dans le délai d'une année, de rétrocéder ce terrain à une personne physique ou morale susceptible de terminer les constructions projetées, n'institue pas de faculté de rachat, la commune ayant vendu le terrain ne pouvant exercer son droit de préférence qu'à l'occasion de l'exécution, par la société, de cette obligation de rétrocession, ce dont il résultait la nécessité d'une seconde vente (■ Cass. 3e civ., 1er déc. 2010, n° 09-16.126 : *Bull. civ.* III, n° 213 ; *AJDI* 2011, 557, obs. S. Prigent ; *LEDC* 2011, n° 1, p. 2, obs. G. Pillet).

5) Pacte commissoire (non). La requalification de la vente à réméré en pacte commissoire prohibé ne peut se déduire de la seule concomitance entre un acte de prêt et un acte de vente (■ Cass. 3e civ., 21 mai 2014, n° 12-23.607 : *Bull. civ.* III, n° 71 ; *Dr. et patrimoine* 2015, 59, obs. Stoffel-Munck ; *JCP* G 2014, 1162, n° 14, obs. Delebecque ; *JCP* G 2014, doctr. 1195, n° 12, obs. Virassamy ; *Defrénois* 2014, 1079, obs. Mignot ; *RTD civ.* 2014, 668, obs. Gautier).

Art. 1660. – **La faculté de rachat ne peut être stipulée pour un terme excédant cinq années.**

Si elle a été stipulée pour un terme plus long, elle est réduite à ce terme.

Art. 1661. – **Le terme fixé est de rigueur, et ne peut être prolongé par le juge.**

Art. 1662 *(Mod., L. n° 2009-526, 12 mai 2009)*. – **Faute par le vendeur d'avoir exercé son action en rachat dans le terme prescrit, l'acquéreur demeure propriétaire irrévocable.**

Remboursement effectif. Pour exercer utilement l'action de réméré, il suffit en principe au vendeur de notifier sa volonté à l'acquéreur dans le délai convenu (■ Cass. com., 23 févr. 1953 : *Bull. civ.* III, n° 81, p. 55), mais la résolution n'a lieu que par le remboursement effectif opéré dans le délai de la loi ou par un acte que la loi considère comme équivalent au paiement tel que la consignation précédée d'offres réelles (■ Montpellier, 1er déc. 1931 : *Gaz. Pal.* 1932, 1, 448). Jugé que la déclaration d'intention du vendeur d'exercer le rachat, accompagnée de la consignation d'une somme entre les mains du notaire, ne constitue pas l'exercice du réméré qui suppose que soit remplie la condition de la restitution et du remboursement exigée par les articles 1659 et 1673 (■ Cass. 1re civ., 6 juin 1967, n° 65-12 027 : *Bull. civ.* I, n° 205, p. 150).

Art. 1663. – **Le délai court contre toutes personnes, même contre le mineur, sauf, s'il y a lieu, le recours contre qui de droit.**

Art. 1664 *(Mod., L. n° 2009-526, 12 mai 2009)*. – **Le vendeur à pacte de rachat peut exercer son action contre un second acquéreur, quand même la faculté de rachat n'aurait pas été déclarée dans le second contrat.**

Art. 1665. – ***L'acquéreur à pacte de rachat*** **exerce tous les droits de son vendeur ; il peut prescrire tant contre le véritable maître que contre ceux qui prétendraient des droits ou hypothèques sur la chose vendue.**

Art. 1666. – **Il peut opposer le bénéfice de la discussion aux créanciers de son vendeur.**

Art. 1667 *(Mod., L. n° 2009-526, 12 mai 2009)*. – **Si l'acquéreur à pacte de rachat d'une partie indivise d'un héritage s'est rendu adjudicataire de la totalité sur une licitation provoquée contre lui, il peut obliger le vendeur à retirer le tout lorsque celui-ci veut user du pacte.**

Art. 1668 *(Mod., L. n° 2009-526, 12 mai 2009)*. – **Si plusieurs ont vendu conjointement, et par un seul contrat, un héritage commun entre eux, chacun ne peut exercer l'action en rachat que pour la part qu'il y avait.**

Art. 1669. – Il en est de même, si celui qui a vendu seul un héritage a laissé plusieurs héritiers.

Chacun de ces cohéritiers ne peut user de la faculté de rachat que pour la part qu'il prend dans la succession.

Art. 1670. – Mais, dans le cas des deux articles précédents, l'acquéreur peut exiger que tous les covendeurs ou tous les cohéritiers soient mis en cause, afin de se concilier entre eux pour la reprise de l'héritage entier ; et, s'ils ne se concilient pas, il sera renvoyé de la demande.

Voir : sous art. 1685, p. 1424.

Art. 1671 *(Mod., L. n° 2009-526, 12 mai 2009).* – Si la vente d'un héritage appartenant à plusieurs n'a pas été faite conjointement et de tout l'héritage ensemble, et que chacun n'ait vendu que la part qu'il y avait, ils peuvent exercer séparément l'action en rachat sur la portion qui leur appartenait ;

Et l'acquéreur ne peut forcer celui qui l'exercera de cette manière, à retirer le tout.

Art. 1672 *(Mod., L. n° 2009-526, 12 mai 2009).* – Si l'acquéreur a laissé plusieurs héritiers, l'action en rachat ne peut être exercée contre chacun d'eux que pour sa part, dans le cas où elle est encore indivise, et dans celui où la chose vendue a été partagée entre eux.

Mais s'il y a eu partage de la succession, et que la chose vendue soit échue au lot de l'un des héritiers, l'action en rachat peut être intentée contre lui pour le tout.

Art. 1673 *(Mod., Ord. n° 59-71, 7 janv. 1959 ; Ord. n° 2010-638, 10 juin 2010).* – Le vendeur qui use du pacte de rachat doit rembourser non seulement le prix principal, mais encore les frais et loyaux coûts de la vente, les réparations nécessaires, et celles qui ont augmenté la valeur du fonds, jusqu'à concurrence de cette augmentation. Il ne peut entrer en possession qu'après avoir satisfait à toutes ces obligations.

Lorsque le vendeur rentre dans son héritage par l'effet du pacte de rachat, il le reprend, exempt de toutes les charges et hypothèques dont l'acquéreur l'aurait grevé, à la condition que ce pacte ait été régulièrement publié au fichier immobilier, antérieurement à la publication desdites charges et hypothèques. Il est tenu d'exécuter les baux faits sans fraude par l'acquéreur.

1) Condition résolutoire. Sur le principe que l'exercice de la faculté de réméré constitue l'accomplissement d'une condition résolutoire replaçant les parties dans le même état où elles se trouvaient avant la vente, V. ■ Cass. civ., 24 oct. 1950 : *JCP* 50, II, 5835, note R. C.

2) Indemnité forfaitaire. Les parties peuvent convenir du versement à l'acquéreur d'une indemnité forfaitaire destinée à réparer le préjudice à lui causé par l'usage de la faculté de réméré (■ Cass. com., 23 févr. 1953 : *Bull. civ.* III, n° 81, p. 55).

3) Bail rural inférieur à 9 ans. Pour une application de la disposition finale de l'article 1673 à un bail rural inférieur à 9 ans, V. ■ Cass. soc., 16 mai 1961, n° 59-10.868 : *JurisData* n° 1961-098526 ; *JCP* 61, II, 12402, note Ourliac et de Juglart.

4) Entrée en possession du bien. À défaut d'accord des parties, le vendeur qui use du pacte de rachat ne peut entrer en possession de l'immeuble qu'après avoir réglé le prix et les frais définitivement fixés judiciairement (■ Cass. 3ᵉ civ., 8 nov. 2018, n° 14-25.005 : *Contrats, conc. consom.* 2019, comm. 21, Leveneur ; *JCP N* 2018, act. 901, Pecqueur ; *Defrénois* 2019/3, 32, Lécuyer).

Section II. – De la rescision de la vente pour cause de lésion

Art. 1674. – Si le vendeur a été lésé de plus de sept douzièmes dans le prix d'un immeuble, il a le droit de demander la rescision de la vente, quand même il aurait expressément renoncé dans le contrat à la faculté de demander cette rescision, et qu'il aurait déclaré donner la plus-value.

1) Impossibilité d'une revalorisation du prix à la demande du vendeur. Si le vendeur invoque la lésion, il ne peut en tirer comme conséquence que la rescision de la vente et non la majoration de la rente, seul l'acquéreur pouvant offrir une revalorisation du prix pour éviter que la vente ne soit rescindée (■ Cass. 3ᵉ civ., 6 juin 2007, n° 06-14.773 : *JurisData* n° 2007-039229 ; *RDC* 2007/4, p. 1203, obs. Brun).

I – DOMAINE DE LA RESCISION

2) Caractère immobilier. Le droit cédé grâce à la vente de parts d'une société civile immobilière a un caractère mobilier qui rend irrecevable l'action en rescision (■ Cass. 3ᵉ civ., 9 avr. 1970 : *JurisData* n° 1970-098234 ; *D.* 1970, 726 ; *JCP* 71, II, 16925, note Petot-Fontaine). Mais il en va autrement pour le droit au bénéfice de l'arrêté ministériel autorisant l'exploitation d'une source (■ Cass. civ., 15 juill. 1952 : *D.* 1952, 702).

3) Exclusion des ventes aléatoires. Principe. Les ventes aléatoires et notamment celles qui sont consenties avec réserve d'usufruit au profit du vendeur ne sont pas en principe rescindables pour lésion (■ Cass. 1re civ., 4 déc. 1959 : *D.* 1960, 244. ■ Cass. 1re civ., 17 févr. 1964, n° 62-11.892 : *JurisData* n° 1964-000089 ; *D.* 1964, 266. V. en ce sens pour la vente avec réserve d'un droit d'usage et d'habitation ■ Cass. 1re civ., 19 juill. 1983, n° 82-13.162 : *JurisData* n° 1983-701592 ; *Bull. civ.* I, n° 212, p. 188. V. aussi pour la cession d'actif à forfait ■ Cass. com., 3 mars 1998, n° 95-18.409 : *JurisData* n° 1998-000923 ; *JCP* 98, IV, 1933 ; *Defrénois* 1998, 1413, obs. Delebecque, 1458, 1re esp., obs. Bénabent).

4) Clauses imposant à l'acquéreur des obligations indéterminées. Les juges du fond peuvent estimer que la vente comporte un caractère aléatoire faisant obstacle à l'action en rescision si l'acte comporte des clauses privant l'acquéreur de la jouissance immédiate des biens et lui imposant des obligations dont la durée, l'étendue et le coût, indépendamment de l'âge de la venderesse et de l'état de l'immeuble, étaient indéterminés (■ Cass. 3e civ., 9 janv. 1979, n° 77-13.255 : *JurisData* n° 1979-098008 ; *D.* 1979, inf. rap. 240).

5) Vente de nue-propriété. L'action en rescision dirigée contre une vente de nue-propriété dont le caractère est en principe aléatoire ne saurait être admise sur le seul fondement d'un calcul de probabilités basé sur les données des statistiques (■ Cass. civ., 27 déc. 1938 : *DP* 1939, 1, 81, note R. Savatier, 3e esp.).

6) Circonstances permettant au juge de déterminer la valeur des obligations. Pour être à l'abri de l'action en rescision, il ne suffit pas qu'une vente ait l'apparence aléatoire ou contienne un élément aléatoire ; dans ce cas, la rescision est possible lorsque des circonstances spéciales donnent au juge le moyen de déterminer la valeur des obligations soumises à l'aléa (■ Cass. req., 22 nov. 1937 : *DP* 1939, 1, 81, note R. Savatier, 1re esp. ■ Cass. civ., 28 févr. 1951 : *D.* 1951, 309).

7) Prix fixé en capital avant d'être converti en rente viagère. La vente n'est pas aléatoire lorsque le prix a d'abord été fixé en capital avant d'être converti en rente viagère (■ Cass. 1re civ., 1er févr. 1960 : *JurisData* n° 1960-000066 ; *JCP* 60, IV, 43 ; *Bull. civ.* I, n° 66, p. 54), à moins que l'indication du prix n'ait été faite qu'en vue de l'enregistrement (■ Cass. 3e civ., 12 déc. 1973, n° 72-14.244 : *JurisData* n° 1973-000629 ; *Bull. civ.* III, n° 629, p. 457), ou que les parties n'aient attaché aucun effet à la stipulation du prix, l'obligation viagère ayant été la clause déterminante du contrat (■ Cass. 3e civ., 26 mai 1992, n° 90-17.514 : *JurisData* n° 1992-001530 ; *Bull. civ.* III, n° 177, p. 108), ou que le contrat contienne en outre une réserve d'usufruit portant sur une partie de l'immeuble (■ Cass. 1re civ., 16 juill. 1956 : *JCP* 57, II, 10021, note Donnier. Voir cependant, décidant que cette réserve est de trop minime importance pour conférer à la vente un caractère aléatoire, ■ Cass. 3e civ., 3 oct. 1991, n° 90-12.591 : *JurisData* n° 1991-002525 ; *D.* 1992, 218, note de La Marnierre ; *Bull. civ.* III, n° 219, p. 129).

8) Arrérages inférieurs aux revenus de l'immeuble ou à ceux que produirait le capital. Il n'y a pas non plus d'aléa et la rescision peut être admise si les arrérages de la rente sont inférieurs aux revenus de l'immeuble (■ Cass. civ., 28 févr. 1951 : *D.* 1951, 309), ou aux revenus que produirait le prix en capital de l'immeuble (■ Cass. 1re civ., 18 nov. 1975, n° 73-12.683 : *JurisData* n° 1975-000334 ; *Bull. civ.* I, n° 334, p. 275. – V. J. Viatte, *L'aléa dans les ventes d'immeubles à charge de rente viagère* : *Gaz. Pal.* 1975, 1, doctr. 297). Sur la nullité de la vente moyennant rente viagère pour vileté du prix, V. sous art. 1976, p. 1612.

II – CONDITIONS DE L'ACTION EN RESCISION POUR LÉSION

9) Indifférence des circonstances ayant provoqué la lésion. La preuve de la lésion suffit à provoquer la rescision indépendamment des circonstances qui l'ont provoquée (■ Cass. req., 28 déc. 1932 : *DP* 1933, 1, 87, rapp. Dumas. ■ Rouen, 28 sept. 1976 : *Gaz. Pal.* 1977, 1, 123).

10) Clause de renonciation à l'action en rescision. Sur la nullité d'une clause de renonciation à l'action en rescision, V. ■ Cass. civ., 20 mai 1941 : *DA* 1941, 257. Voir cependant ■ Cass. 1re civ., 16 juill. 1959 : *D.* 1960, 185, note R. Savatier, décidant que l'action en rescision est exclue si la modicité du prix s'explique par une intention libérale. Mais jugé que le tiers qui achète un immeuble ayant fait l'objet d'une promesse unilatérale de vente au profit du locataire et qui s'engage le cas échéant à exécuter celle-ci ne peut exercer lui-même l'action en rescision (■ Cass. req., 2 nov. 1929 : *Gaz. Pal.* 1930, 1, 76).

11) Il incombe au défendeur à une action en régularisation forcée d'une vente, de présenter dès l'instance initiale l'ensemble des moyens qu'il estime de nature à faire échec à la demande, de sorte que son action nouvelle en rescision de la vente pour lésion se heurte à l'autorité de la chose précédemment jugée (■ Cass. 3e civ., 13 févr. 2008, n° 06-22.093 : *Bull. civ.* III, n° 28).

12) Droit de préemption de l'État. Le droit de préemption de l'État (CGI, art. 668) ne fait pas obstacle à l'exercice de l'action en rescision (■ Cass. com., 18 juill. 1950 : *D.* 1951, 294, 1re esp.), sauf le cas de fraude (■ Cass. civ., 18 juill. 1950 : *D.* 1951, 294, 2e esp.), mais le droit de préemption n'est pas subordonné à la solution définitive de l'action en rescision engagée par le vendeur (■ Cass. com., 10 déc. 1951 : *D.* 1952, 122).

13) Ensemble indivisible de contrats. Les juges du fond ne peuvent rejeter la rescision de la vente pour lésion des 7/12 sans caractériser l'indivisibilité qui unit le contrat de vente au contrat de bail à construction (■ Cass. 3e civ., 7 juill. 2010, n° 09-14.579 : *Bull. civ.* 2010, III, n° 141 ; *RDC* 2011/1, 176, obs. Seube ; *JCP* E 2010, n° 51-52, 30, obs. Seube ; *Constr.-Urb.* 2010, n° 10, 32, obs. Sizaire). La vente des parcelles portant dans l'intention des vendeurs et des acheteurs sur un ensemble qui était unique et indivisible pour un prix unique, la cour d'appel en a exactement déduit que la preuve de la lésion devait être examinée dans le cadre de la vente de l'ensemble de ces parcelles pour le prix global fixé par l'acte de vente (■ Cass. 3e civ., 3 nov. 2011, n° 10-19.452 : *Bull. civ.* III, n° 184 ; *RDC* 2012/2, 389, obs. Savaux et 506, obs. Mekki ; *JCP* N 2012, 1120, n° 12, obs. Piedelièvre ; *Gaz. Pal.* 18 janv. 2012, p. 10, note Denizot, dans une hypothèse où les vendeurs des deux parcelles étaient distincts). *Adde* constatant que la vente est causée « dans le cadre de l'économie générale du contrat », ■ Cass. 3e civ., 13 mars 1993 : *JCP* 1994, I, 3744, n° 1, obs. Fabre-Magnan ; *RTD civ.* 1994, 124, obs. Gautier). V. toutefois, pour un ensemble mêlant élément immobiliers et mobiliers ■ Cass. 3e civ., 8 janv. 1992, n° 90-11.921 : *JurisData* n° 1992-000010 ; *JCP* 1992, IV, 724 ; *Bull. civ.* 1992, III, n° 9, p. 5 ; *RTD civ.* 1992, 777, obs. crit. Gautier : viole l'article 1674 la cour d'appel qui retient que la vente de deux immeubles est lésionnaire mais qu'elle fait partie d'une opération globale avec maintien du personnel et cession de fonds de commerce et de matériel d'exploitation, et ordonne une expertise pour rechercher la valeur du fonds et l'économie réalisée par le vendeur au titre des indemnités de licenciement, alors qu'elle n'avait à prendre en considération ni la valeur du fonds, dont la vente n'était pas susceptible de rescision, ni la masse salariale reprise par l'acquéreur.

14) Ventes d'engrais. Sur la lésion de plus du quart en matière de ventes d'engrais, V. L. 8 juill. 1907.

15) Vente à crédit sur 15 ans sans intérêts ni indexation. L'avantage conféré à l'acquéreur par la stipulation du paiement du prix de vente à crédit sur 15 ans sans intérêts ni indexation doit être pris en considération pour l'appréciation de l'existence d'une lésion (■ Cass. 3e civ., 4 oct. 1995, n° 93-15.218 : *JCP* G 95, IV, 2442 ; *JCP* N 96, II, 625, note D. Boulanger ; *Bull. civ.* III, n° 215, p. 144 ; *D.* 1996, 362, note Iriart ; *Defrénois* 1996, 1063, note Dagorne-Labbe ; *RD imm.* 1996, 228, obs. Groslière et Saint-Alary-Houin).

16) Autorité de la chose jugée. Pour un arrêt déclarant irrecevable une action en rescision pour lésion exercée par un vendeur ayant succombé, dans une première instance, dans sa prétention à voir contestée la formation du contrat, au motif qu'il appartenait au défendeur de présenter dès le premier procès tous les moyens de nature à faire échec à la demande de régularisation forcée de la vente, V. ■ Cass. 1re civ., 13 févr. 2008, n° 06-22.093 ; *Bull. civ.* III, n° 28 ; *JCP* 2008, II, 10052, note Weiller ; *D.* 2008, 621, note Forest).

17) Droit de propriété. L'action en rescision pour lésion ne remet pas en cause, par elle-même, le droit de propriété de l'acquéreur (■ Cass. 3e civ., 14 déc. 2011, n° 10-25.408 : *JCP* N 2012, 1120, n° 13, obs. S. Piedelièvre ; *Gaz. Pal.* 24 févr. 2012, 38, note M. Parmentier).

Art. 1675 ***(Mod., L. 28 nov. 1949).*** **– Pour savoir s'il y a lésion de plus de sept douzièmes, il faut estimer l'immeuble suivant son état et sa valeur au moment de la vente.**

En cas de promesse de vente unilatérale, la lésion s'apprécie au jour de la réalisation.

1) Estimation d'après l'état et la valeur au moment de la vente. Sur le principe que l'immeuble doit être estimé d'après son état et sa valeur au moment de la vente, V. ■ Cass. 3e civ., 23 mars 1978 : *JurisData* n° 1978-798116 ; *Bull. civ.* III, n° 215, p. 165. Il en est ainsi au cas où la vente est *conclue* sous condition suspensive (■ Cass. 1re civ., 17 oct. 1967 : *JurisData* n° 1967-700304 ; *JCP* 1967, II, 15307. ■ Cass. 3e civ., 30 juin 1992, n° 91-70.086 : *Bull. civ.* I, n° 236, p. 144). Mais il en irait autrement si, la condition étant défaillie, l'accord total des volontés n'était réalisé que postérieurement au contrat de vente (■ Cass. 1re civ., 27 mai 1964 : *D.* 1964, 623. V. cependant, décidant que lorsque le contractant qui avait intérêt à son accomplissement renonce à la condition suspensive, cette renonciation emporte maintien du contrat initial, ■ Cass. com., 6 févr. 1996, n° 93-12.868 : *JurisData* n° 1996-000386 ; *RTD civ.* 1996, 613, obs. crit. Mestre). La rétroactivité est sans incidence sur la lésion qui s'apprécie lors de la conclusion du contrat. Il en est notamment ainsi lorsqu'un terrain, qui était inconstructible lors de la conclusion de la vente, est devenu postérieurement constructible, en raison d'une annulation du plan d'occupation des sols, quand bien même cette annulation aurait un effet rétroactif quant à la constructibilité du terrain vendu (■ Cass. 3e civ., 17 juin 2009, n° 08-15.055 : *Bull. civ.* III, n° 153 ; *D.* 2009, 2588, note Chantepie ; *Defrénois* 2009, 2076, note Dagorne-Labbe ; *ibid.*, 2432, obs. Meng ; *JCP* N 2010, 1001, n° 16, obs. Piedelièvre). Viole l'article 1675 du Code civil la cour d'appel qui se fonde, pour savoir qu'il y a lésion de plus des sept douzièmes, sur la surface au cadastre et non sur celle stipulée dans l'acte de vente (■ Cass. 3e civ., 5 déc. 2012, nos 11-21.026 et 11-22912 : *Bull. civ.* III, n° 182 ; *RDC* 2013/2, 617, obs. Quézel-Ambrunaz ; *JCP* N 2013, 1132, n° 14, obs. Mekki ; *Dr. et patrimoine* mai 2013, p. 81, obs. Poumarède). Sur la nécessité, dans l'hypothèse d'une vente moyennant rente viagère avec droit d'usage et d'habitation, de déduire la valeur du droit d'usage et d'habitation du prix de vente résultant de l'addition du bouquet et du capital représentatif de la vente, V. ■ Cass. 3e civ., 10 oct. 2012, n° 11-11.069 : *RDC* 2013/2, 617, obs. Quézel-Ambrunaz. ; *JCP* N 2013, 1132, n° 16, obs. Semere.

2) Promesse synallagmatique. Terrain devenu constructible. C'est à la date de la promesse synallagmatique, même conclue sous condition suspensive, et non de sa réitération par acte authentique, que doit être appréciée la lésion (■ Cass. 3e civ., 30 mars 2011, n° 10-13.756 : *Bull. civ.* III, n° 55 ; *RDC* 2011/3, 885, obs. S. Pimont ; *Defrénois* 2011, 1395, obs. H. Lécuyer et J.-B. Seube, dans une hypothèse où le terrain était devenu constructible entre la signature de la promesse et la réitération par acte authentique). Rappr. ■ Cass. 3e civ., 4 déc. 2012, n° 11-25.385 : *RDC* 2013/2, 617, obs. Quézel-Ambrunaz (terrain dont la constructibilité était certaine lors de la promesse et certificat d'urbanisme délivré quelques mois seulement après signature de la promesse).

3) Prise en compte de la convenance pour un acquéreur éventuel. Les juges du fond peuvent tenir compte pour l'évaluation de l'immeuble de sa convenance pour un acquéreur éventuel (■ Cass. 1re civ., 28 avr. 1953 : *Bull. civ.* I, n° 142, p. 118. ■ Paris, 4 févr. 1932 : *DH* 1932, 242).

4) Immeuble vendu en bloc et revendu par parcelles. Lorsque l'immeuble a été vendu en bloc et revendu par parcelles, les juges du fond peuvent prendre pour base du calcul de la lésion la valeur de cet immeuble en bloc sans s'arrêter à la valeur par parcelles (■ Cass. req., 27 juill. 1880 : *DP* 1881, 1, 117). De même, lorsque la vente a fait l'objet d'une déclaration de command en faveur de deux bénéficiaires distincts, il convient d'évaluer l'immeuble en bloc (■ Cass. 1re civ., 7 nov. 1962 : *D.* 1963, somm. 63 ; *Bull. civ.* I, n° 469, p. 400).

5) Accessoires. Pour apprécier la valeur de l'immeuble, les juges peuvent tenir compte de ses accessoires (■ Cass. civ., 21 févr. 1951 : *JCP* 52, II, 7331, 1re esp.), ou de la plus-value résultant d'une possibilité d'allotissement (■ Cass. 1re civ., 10 avr. 1957 : *Bull. civ.* I, n° 185, p. 151) ou du risque né de l'incertitude sur les possibilités de construction (■ Cass. 3e civ., 18 juill. 1972, n° 71-12.827 : *JurisData* n° 1972-000478 ; *D.* 1973, 208, note Pierre-François). Ils doivent tenir compte de la moins-value résultant de l'existence d'un bail, même si l'acquéreur est le locataire de l'immeuble (■ Cass. 3e civ., 13 mars 1979, n° 77-10.598 : *JCP* 79, IV, 180 ; *Bull. civ.* III, n° 64, p. 48).

6) Paiement à crédit. Il convient de déduire l'avantage conféré aux acquéreurs par la stipulation d'un paiement à crédit sur quinze ans, sans intérêts ni indexation (■ Cass. 3e civ., 29 sept. 1999, n° 98-10.237 : *JurisData* n° 1999-003321 ; *Bull. civ.* III, n° 195, p. 134).

Art. 1676 ***(Mod., L. n° 68-5, 3 janv. 1968 ; L. n° 2018-703, 3 août 2018).*** **– La demande n'est plus recevable après l'expiration de deux années, à compter du jour de la vente.**

Ce délai court et n'est pas suspendu pendant la durée du temps stipulé pour le pacte de rachat.

1) Point de départ du délai. Le délai de deux ans part du jour de l'accord des volontés (■ Cass. 1re civ., 18 juin 1962, n° 60-13 267 : *JurisData* n° 1962-000315 ; *D.* 1962, 608. ■ Cass. 3e civ., 29 mars 2000, n° 98-16.741 : *JurisData* n° 2000-001240 ; *JCP* 2000, IV, 1884 ; *Bull. civ.* III, n° 79, p. 53) et non de la décision qui constate l'existence de la vente (■ Cass. 3e civ., 6 mai 1980, n° 78-15.914 : *JurisData* n° 1980-099092 ; *Bull. civ.* III, n° 92, p. 67). Il importe peu que les parties aient différé le transfert de propriété ainsi que le paiement du prix (■ Grenoble, 22 mars 1990 : *D.* 1991, somm. 161, 1re esp., obs. Paisant). Par exception, il part du jour de la signature de l'acte authentique s'il y a une modification de l'objet de la vente entre l'acte sous seing privé et l'acte authentique (■ Cass. 3e civ., 9 juill. 1984, n° 83-12.493 : *JurisData* n° 1984-701300 ; *Bull. civ.* III, n° 137, p. 106 ; *RTD civ.* 1985, 406, obs. Rémy). Mais le délai part du jour de l'acte sous seing privé dès lors que l'acte authentique n'est que l'exacte traduction de la volonté des parties (■ Cass. 3e civ., 29 janv. 1992, n° 90-15.555 : *JurisData* n° 1992-000152 ; *Bull. civ.* III, n° 35, p. 20). En cas de stipulation d'une condition suspensive, il part du jour de la réalisation de la condition (■ Cass. 1re civ., 22 déc. 1954 : *D.* 1955, 713, note

Malaurie. ▪ Cass. 3e civ., 11 déc. 1984, n° 83-14.829 : *JurisData* n° 1984-702139 ; *Bull. civ.* III, n° 212, p. 166. ▪ Cass. 3e civ., 1er oct. 1997, n° 95-18.950 : *JCP* 97, IV, 2230 ; *Bull. civ.* III, n° 182, p. 121. ▪ Cass. 3e civ., 24 févr. 1999, n° 97-15.500 : *JurisData* n° 1999-000776 ; *JCP* 99, IV, 1709 ; *D.* 2000, 38, note Najjar). Dans une opération de location-accession, il part du jour de la levée de l'option (▪ Versailles, 12 oct. 1995 : *JurisData* n° 1995-050789 ; *RD imm.* 1996, 83, obs. Groslière et Saint-Alary-Houin).

2) **Mineur.** Le délai de deux ans court contre le mineur dont les biens ont été vendus avec l'observation des formalités légales (▪ Cass. req., 9 févr. 1914 : *DP* 1916, 1, 26). Après l'expiration de ce délai, le vendeur resté en possession ne peut invoquer l'exception de lésion pour refuser la délivrance (▪ Cass. civ., 29 mars 1950 : *D.* 1950, 396, et, sur renvoi, ▪ Grenoble 20 févr. 1952 : *D.* 1952, 498).

3) **Majeur sous tutelle. Absence de violation de l'article 6, § 1 CEDH.** Si le délai de forclusion de deux ans prévu par l'article 1676, alinéa 2, du Code civil pour exercer l'action en rescision pour lésion justifié par la nécessité d'assurer la sécurité des transactions court contre le majeur sous tutelle alors que, du fait de l'instauration de cette mesure, il est privé du droit d'ester en justice, il n'en résulte pas pour autant une entrave à l'accès aux tribunaux dès lors que le droit d'action de l'incapable majeur peut être exercé par l'intermédiaire de son représentant légal (▪ Cass. 3e civ., 20 mai 2009, n° 08-13.813 : *Bull. civ.* III, n° 117 ; *JurisData* n° 2009-048240 ; *Contrats, conc. consom.* 2009, comm. 215, obs. Leveneur ; *Dr. famille* 2009, comm. 131, obs. Maria ; *JCP* 2009, n° 43, 369, n° 8, obs. Amrani-Mekki ; *JCP* 2009, n° 51, 574, n° 1, obs. Mekki ; *JCP* N 2010, 1001, n° 15, note Piedelièvre ; *D.* 2009, 2193, obs. Plazy ; *AJF* 2009, 302, obs. Pécaul-Rivolier).

4) **Publication de l'action en rescision.** La publication de l'action en rescision n'est pas soumise au délai de deux ans (▪ Cass. 1re civ., 18 déc. 1962, n° 60-11 418 : *D.* 1963, 146). La publicité n'est pas nécessaire si la vente elle-même n'a pas été publiée (▪ Cass. 1re civ., 14 nov. 1967, n° 65-13.374 : *D.* 1968, 77, note J. Mazeaud).

5) **Moyen relevé d'office (non).** Le juge ne peut relever d'office la tardiveté de l'action (▪ Cass. 3e civ., 6 mai 1979 : *JCP* 79, IV, 171 ; *Bull. civ.* III, n° 56, p. 43).

6) **Déchéance de toute demande en rescision.** L'expiration du délai prévu à l'article 1676entraîne la déchéance de toute demande en rescision, même par voie d'exception (▪ Cass. 3e civ., 6 mai 1980, n° 78-15.914 : *JurisData* n° 1980-099092 ; *Bull. civ.* III, n° 92, p. 67).

7) **Computation des délais.** Les articles 641 et 642 CPC sont applicables au délai de deux ans (▪ Cass. 3e civ., 8 déc. 1993, n° 90-22.070 : *JurisData* n° 1993-002326 ; *D.* 1994, somm. 235, obs. Paisant).

8) **Absence d'application du délai de deux ans à l'action en nullité pour vileté du prix.** L'action en nullité pour vileté du prix est distincte de l'action en rescision pour lésion et n'est pas soumise à la prescription de deux ans applicable à celle-ci (▪ Cass. 3e civ., 15 déc. 2010, n° 09-16.838 : *Bull. civ.* III, n° 224 ; *Contrats, conc. consom.* 2011, comm. 57, obs. L. Leveneur).

Art. 1677. – **La preuve de la lésion ne pourra être admise que par jugement, et dans le cas seulement où les faits articulés seraient assez vraisemblables et assez graves pour faire présumer la lésion.**

1) **Principe.** Sur le principe posé par l'article 1677, V. ▪ Cass. 3e civ., 20 déc. 1994, n° 92-20.878 : *JurisData* n° 1994-002483 ; *RD imm.* 1995, 339, obs. Malinvaud et Boubli. Dès lors que les demandeurs ont assigné les débirentiers en nullité de la vente pour vileté du prix, l'application de l'article 1677 ne peut être écartée au motif qu'ils se bornent à une pétition de principe (▪ Cass. 3e civ., 16 déc. 1998, n° 97-10.562 : *JCP* 99, IV, 1277 ; *Bull. civ.* III, n° 256, p. 171 ; *Defrénois* 1999, 983, 1re esp., note Dagorne-Labbe ; *D.* 2000, 504, 2e esp., note Cauchy-Psaume).

2) ***Admission du demandeur à faire la* preuve de la lésion. Autorité de chose jugée.** Un arrêt qui admet le demandeur à faire la preuve de la lésion n'a autorité de chose jugée que sur la recevabilité de l'action et non sur l'existence de la lésion (▪ Cass. 3e civ., 18 juill. 1972 : *D.* 1973, 208, note Pierre-François).

3) **Appel.** Le jugement qui déclare que les faits articulés sont assez vraisemblables et assez graves pour faire présumer la lésion tranche une partie du principal et est susceptible d'appel avant le jugement définitif (▪ Cass. 3e civ., 29 juin 1977 : *JurisData* n° 1977-799300 ; *JCP* 78, II, 18824, concl. Paucot).

Art. 1678. – **Cette preuve ne pourra se faire que par un rapport de trois experts qui seront tenus de dresser un seul procès-verbal commun, et de ne former qu'un seul avis à la pluralité des voix.**

1) **Prix de l'immeuble.** Sur le pouvoir souverain des juges du fond pour déterminer le prix de l'immeuble, V. ▪ Cass. 1re civ., 17 juin 1957 : *D.* 1957, 594.

2) Vraisemblance et gravité de la lésion. Les juges du fond doivent répondre aux moyens tendant à établir la vraisemblance et la gravité de la lésion (■ Cass. 3e civ., 16 avr. 1970, n° 67-20.170 : *JurisData* n° 1970-098246 ; *D.* 1970, somm. 188 ; *Bull. civ.* III, n° 252, p. 186).

3) Office du juge. Viole les articles 1677 et 1678 la cour d'appel qui rejette la demande au motif que le rapport d'expertise, non contradictoire, ne peut servir de fondement à la décision, que le technicien ne fournit aucun élément de comparaison pour étayer le prix au mètre, qu'il indique que son rapport n'est pas probant, que la vente intervenue deux ans avant la vente litigieuse n'est pas davantage significative et que la venderesse ne fait pas la preuve d'une lésion de plus des sept douzièmes, alors qu'il lui appartient seulement de statuer sur la recevabilité de la demande en recherchant si les faits articulés sont assez vraisemblables pour faire présumer la lésion (■ Cass. 3e civ., 20 déc. 1994, n° 92-20.878 : *JurisData* n° 1994-002483 ; *Bull. civ.* III, n° 230, p. 149).

Art. 1679. – **S'il y a des avis différents, le procès-verbal en contiendra les motifs, sans qu'il soit permis de faire connaître de quel avis chaque expert a été.**

Art. 1680. – **Les trois experts seront nommés d'office, à moins que les parties ne se soient accordées pour les nommer tous les trois conjointement.**

Art. 1681. – **Dans le cas où l'action en rescision est admise, l'acquéreur a le choix, ou de rendre la chose en retirant le prix qu'il en a payé, ou de garder le fonds en payant le supplément du juste prix, sous la déduction du dixième du prix total.**

Le tiers possesseur a le même droit, sauf sa garantie contre son vendeur.

1) Délai. Aucun délai n'est imposé à l'acquéreur pour exercer son droit d'option (■ Cass. 1re civ., 5 avr. 1954 : *Gaz. Pal.* 1954, 1, 379), mais le juge peut estimer tardive son offre (■ Cass. 1re civ., 11 juin 1956 : *Bull. civ.* I, n° 230, p. 186).

2) Caractère satisfactoire des offres de l'acquéreur. Les juges du fond apprécient souverainement le caractère satisfactoire des offres faites par l'acquéreur en vue du paiement du supplément du juste prix (■ Cass. 1re civ., 5 avr. 1954 : *Gaz. Pal.* 1954, 1, 379. ■ Cass. 3e civ., 4 déc. 2002, n° 00-21.205 : *JurisData* n° 2002-016619 ; *Bull. civ.* III, n° 252, p. 219 ; *RTD civ.* 2003, 519, obs. Gautier), mais son offre est inopérante si elle est inférieure à ce supplément (■ Paris, 7 mai 1974 : *Gaz. Pal.* 1974, 2, 768, note Plancqueel).

3) Paiement du supplément par les créanciers hypothécaires. Sur la possibilité pour les créanciers hypothécaires de payer le supplément du juste prix, V. ■ Cass. 1re civ., 6 juill. 1965 : *JCP* 65, II, 14391, note J. Mazeaud.

4) Calcul du supplément de prix. Le supplément du juste prix doit être calculé non sur la valeur vénale de l'immeuble au moment de la vente mais sur sa valeur réelle au jour où doit intervenir ce règlement complémentaire (■ Cass. 1re civ., 7 juin 1966 : *JurisData* n° 1966-700346 ; *D.* 1966, 629, rapp. Ancel). Il ne doit porter que sur la partie impayée du juste prix (■ Cass. 3e civ., 22 janv. 1970, n° 68-14.155 : *JurisData* n° 1970-098057 ; *D.* 1970, 753, rapp. Cornuey. ■ Paris, 23 déc. 1970 : *D.* 1972, 158, note Malaurie).

5) Assiette du dixième. Le dixième prévu par l'article 1681 est celui du prix total résultant des deux versements, initial et complémentaire, que l'acquéreur a effectués (■ Cass. 3e civ., 4 déc. 1973, n° 72-12.856 : *JurisData* n° 1973-000614 ; *Gaz. Pal.* 1974, 1, 239, note Plancqueel).

6) Action contre le sous-acquéreur. Compétence. Le sous-acquéreur, bénéficiant de la faculté d'écarter la rescision en payant le supplément du juste prix, est un véritable défendeur, de sorte que le vendeur peut saisir le tribunal du lieu de son siège social (■ Cass. 3e civ., 8 déc. 1993, n° 91-10.034 : *Bull. civ.* III, n° 165, p. 110).

Art. 1682. – **Si l'acquéreur préfère garder la chose en fournissant le supplément réglé par l'article précédent, il doit l'intérêt du supplément, du jour de la demande en rescision.**

S'il préfère la rendre et recevoir le prix, il rend les fruits du jour de la demande.

L'intérêt du prix qu'il a payé lui est aussi compté du jour de la même demande, ou du jour du payement, s'il n'a touché aucuns fruits.

1) Intérêt légal. L'intérêt prévu par l'article 1682 est l'intérêt légal (■ Amiens, 26 juin 1950 : *Gaz. Pal.* 1950, 2, 168).

2) Variations du supplément du juste prix. Le supplément du juste prix qui produit l'intérêt moratoire prévu par l'article 1682 suit jusqu'à son évaluation définitive les variations de valeur de cette chose (■ Cass. 3e civ., 3 mai 1972 : *JurisData* n° 1972-098284 ; *D.* 1972, 598, note Malaurie, et, sur renvoi, ■ Orléans, 14 juin 1973 : *D.* 1974, 485, note Malaurie).

3) Capitalisation des intérêts du supplément. Les juges du fond peuvent décider la capitalisation des intérêts du supplément au jour de la demande bien que les capitaux dus ne fussent pas alors liquidés (■ Cass. 1re civ., 21 janv. 1976 : *JurisData* n° 1976-799029 ; *D.* 1976, 369, note Gaury).

Art. 1683. – La rescision pour lésion n'a pas lieu en faveur de l'acheteur.

Art. 1684. – Elle n'a pas lieu en toutes ventes qui, d'après la loi, ne peuvent être faites que d'autorité de justice.

1) Redressement et liquidation judiciaire. Les ventes non rescindables selon l'article 1684 sont seulement celles ne pouvant être effectuées autrement qu'en justice, ce qui n'est pas le cas de la vente d'immeubles faite par des débiteurs en règlement judiciaire avec l'assistance du syndic et avec l'autorisation du tribunal (■ Cass. com., 8 juill. 1980 : *JurisData* n° 1980-705024 ; *Bull. civ.* IV, n° 290, p. 237). Mais la vente des immeubles d'un débiteur en liquidation judiciaire par le liquidateur, fût-elle de gré à gré, est une vente qui ne peut être faite que par autorité de justice et n'est, en conséquence, pas susceptible de rescision pour lésion (■ Cass. com., 16 juin 2004, n° 01-17.185 : *JurisData* n° 2004-024158 ; *JCP* G 2004, II, 10173 et *JCP* E 2004, 1772, note Rakotovahiny ; *Defrénois* 2005, 695, note Roussel Galle). Dans le même sens, ■ Cass. 3e civ., 6 oct. 2010, n° 09-66.683 : *Bull. civ.* III, n° 182 ; *Contrats, conc. consom.* 2011, comm. 3, obs. L. Leveneur ; *JCP* G 2011, doctr. 63, n° 5, obs. Ghestin.

2) Vente amiable au cours d'une saisie immobilière. Viole les articles 1674 et 1684 du Code civil la cour d'appel qui rejette la demande de rescision pour lésion d'une vente au motif qu'elle avait été effectuée alors que la procédure de saisie immobilière était toujours pendante et sous le contrôle et l'intervention de la justice, alors qu'elle avait constaté que la vente n'était pas intervenue sur conversion en vente volontaire, mais qu'il s'agissait d'une vente amiable avec l'accord du créancier poursuivant qui avait demandé la radiation de la saisie ultérieurement (■ Cass. 3e civ., 4 juin 2008, n° 07-13.479 : *JurisData* n° 2008-044210 ; *Bull. civ.* III, n° 102 ; *Contrats, conc. consom.* 2008, n° 257, obs. Leveneur).

3) Traité amiable conclu au cours d'une procédure d'expropriation. Est rescindable le traité amiable conclu au cours d'une procédure d'expropriation entre l'administration et un propriétaire (■ Cass. 3e civ., 26 oct. 1971, n° 71-70.014 : *JurisData* n° 1971-000514 ; *Gaz. Pal.* 1972, 1, 160).

4) Ventes sur saisies converties en ventes volontaires. La rescision ne s'applique pas aux ventes sur saisies converties en ventes volontaires (■ Cass. 1re civ., 27 avr. 1964, n° 62-10.019 : *JurisData* n° 1964-000215 ; *D.* 1964, 413).

5) Ventes d'immeubles dépendant d'une succession bénéficiaire. Ne sont pas rescindables les ventes d'immeubles dépendant d'une succession bénéficiaire (■ Cass. req., 7 nov. 1927 : *DP* 1928, 1, 43, rapp. Pringué).

Art. 1685. – Les règles expliquées dans la section précédente pour les cas où plusieurs ont vendu conjointement ou séparément, et pour celui où le vendeur ou l'acheteur a laissé plusieurs héritiers, sont pareillement observées pour l'exercice de l'action en rescision.

Voir : art. 1668 et s., p. 1417.

1) Vente de parts indivises d'un immeuble. En cas de vente de parts indivises d'un immeuble, les copropriétaires qui ont vendu peuvent exercer l'action en rescision sans avoir à se concilier avec celui qui n'a pas vendu (■ Cass. 1re civ., 6 oct. 1954 : *JCP* 54, II, 8444, note Laurent).

2) Vente conjointe. En cas de vente conjointe, si tous les covendeurs ne se concilient pas, l'acheteur dispose en vertu de l'article 1670 d'une fin de non-recevoir qui peut être opposée en tout état de cause (■ Cass. req., 20 juin 1924 : *DP* 1925, 1, 22). L'action exercée par un seul coïndivisaire est irrecevable sans que puisse être opposée une prétendue solidarité active des indivisaires reposant sur la stipulation par laquelle les vendeurs s'étaient engagés solidairement à l'égard de l'acquéreur à toutes les garanties ordinaires de fait et de droit les plus étendues en pareille matière (■ Cass. 1re civ., 23 déc. 1964 : *D.* 1965, 153, note Esmein ; *JCP* 65, II, 14259, note Patarin). L'action en rescision d'une vente conjointe régulièrement intentée à l'encontre de l'acquéreur est recevable au cas où tous les covendeurs, par suite de l'adhésion tardive d'un ou de plusieurs d'entre eux, ne se concilient que postérieurement à l'expiration du délai prévu par l'article 1676 (■ Cass. 3e civ., 5 nov. 1974 : *JurisData* n° 1974-000402 ; Gaz. Pal. 1975, 1, 211).

3) Circonstances excluant l'application des articles 1670 et 1685. Les articles 1670 et 1685 sont inapplicables lorsque certains des héritiers sont précisément les acquéreurs contre lesquels l'action en rescision est exercée (■ Cass. 1re civ., 2 mai 1961, n° 58-10.007 : *D.* 1961, 476. ▪ Reims, 11 mars 1980 : *JurisData* n° 1980-080208 ; *JCP* 81, IV, 232), ou lorsque les circonstances rendent impossible l'adhésion d'un cohéritier (▪ Cass. 1re civ., 9 nov. 1966 : *JurisData* n° 1966-700504 ; *Gaz. Pal.* 1967, 1, 52). La mise en cause collective prévue par ces textes est sans intérêt lorsque la rescision laisserait subsister une indivision entre l'acquéreur et les héritiers du vendeur (▪ Cass. 1re civ., 21 mars 1962, n° 60-12.780 : *Gaz. Pal.* 1962, 2, 101).

CHAPITRE VII. – DE LA LICITATION

Art. 1686. – **Si une chose commune à plusieurs ne peut être partagée commodément et sans perte ;**

Ou si, dans un partage fait de gré à gré de biens communs, il s'en trouve quelques-uns qu'aucun des copartageants ne puisse ou ne veuille prendre ;

La vente s'en fait aux enchères, et le prix en est partagé entre les copropriétaires.

Art. 1687. – **Chacun des copropriétaires est le maître de demander que les étrangers soient appelés à la licitation : ils sont nécessairement appelés lorsque l'un des copropriétaires est mineur.**

Art. 1688. – **Le mode et les formalités à observer pour la licitation sont expliqués au titre *Des successions* et au Code de procédure civile.**

Voir : art. 815 et s., p. 632. - CPC, art. 966 et s.

CHAPITRE VIII. – DU TRANSPORT DES CRÉANCES ET AUTRES DROITS INCORPORELS

(Intitulé remplacé à compter du 1er octobre 2016, Ord. n° 2016-131, 10 févr. 2016, et ainsi rédigé « Du transport de certains droits incorporels, des droits successifs et des droits litigieux ») (1)

Bibliographie : sur la réforme, V. Ph. Simler, *Cession de créance, cession de dette, cession de contrat : Contrats, conc. consom.* 2016, dossier 8.

Art. 1689 ***(Mots suppr. à compter du 1er octobre 2016, Ord. n° 2016-131, 10 févr. 2016*** (1)***).*** – **Dans le transport d'un droit ou d'une action sur un tiers, la délivrance s'opère entre le cédant et le cessionnaire par la remise du titre.**

I – PRINCIPES

1) Droits incorporels. Sur le principe que tous les droits incorporels peuvent être cédés, V. ▪ Paris, 12 déc. 1934 : *DH* 1935, 89. Il en est ainsi par exemple d'une créance non échue (▪ Cass. civ., 28 janv. 1947 : *D.* 1947, 347), ou d'une créance conditionnelle (▪ Cass. civ., 12 juin 1850 : *DP* 1850, 1, 195). Les créances futures ou éventuelles peuvent faire l'objet d'un contrat, sous la réserve de leur suffisante identification (▪ Cass. 1re civ., 20 mars 2001, n° 99-14.982 : *JurisData* n° 2001-008773 ; *JCP* 2002, II, 10124, note Goaziou ; *Bull. civ.* I, n° 76, p. 48 ; *D.* 2001, 3110, note Aynès).

2) Défaut de remise du titre. Le défaut de remise du titre autorise le cessionnaire à demander la résolution (▪ Rouen, 14 juin 1847 : *DP* 1849, 2, 241).

3) Substitution d'un tiers. Le fait pour les bénéficiaires d'une promesse de vente de se substituer un tiers ne constitue pas une cession de créance et n'emporte pas obligation d'accomplir les formalités prévues à l'article 1690 (▪ Cass. 3e civ., 1er avr. 1987, n° 86-15.838 : *JurisData* n° 1987-799659 ; *Bull. civ.* III, n° 68, p. 40 ; *D.* 1987, 454, note Aynès. ▪ Cass. 3e civ., 27 avr. 1988, n° 86-17.337 : *JurisData* n° 1988-001128 ; *D.* 1989, 65, note Najjar. – V. en ce sens ▪ Cass. 3e civ., 2 juill. 1969, n° 67-11.757 : *JurisData* n° 1969-000541 ; *D.* 1970, 150, note Aubert. ▪ Cass. 3e civ., 27 nov. 1990, n° 89-16.317 : *JurisData* n° 1990-003285 ; *Bull. civ.* III, n° 248, p. 140. ▪ Cass. 3e civ., 13 juill. 1999, n° 97-18.926 : *JurisData* n° 1999-002937 ; *JCP* 99, II, 10207, note Psaume ; Defrénois 2000, 775, note Dagorne-Labbe. Voir cependant, décidant à propos d'une promesse synallagmatique qu'il y a une cession de contrat comportant une cession de créance, ▪ Cass. 3e civ., 7 juill. 1993, n° 91-12.368 : *JurisData* n° 1993-001587 ; *Bull. civ.* III, n° 111, p. 73 ; *D.* 1994, 597, note Clavier et somm. 211, obs. Penneau). –V. L. Boyer, *Clause de substi-*

(1) Les contrats conclus avant le 1er octobre 2016 demeurent soumis à la loi ancienne. De même, lorsqu'une instance a été introduite avant cette date, l'action est poursuivie et jugée conformément à la loi ancienne. Cette loi s'applique également en appel et en cassation, *Ord. n° 2016-131, 10 févr. 2016.*

tution et promesse unilatérale de vente : JCP 87, I, 3310. – F. Bénac-Schmidt, *La promesse unilatérale de vente : à propos de deux questions d'actualité : D.* 1990, chron. 7. – Ph. Brun, *Nature juridique de la clause de substitution dans le bénéfice d'une promesse unilatérale de vente : une autonomie de circonstance ? : RTD civ.* 1996, 29. – I. Najjar, *Clause de substitution et « position contractuelle » : D.* 2000, chron. 635.

4) Cession de créance à titre de garantie (non). En dehors des cas prévus par la loi, l'acte par lequel un débiteur cède et transporte à son créancier, à titre de garantie, tous ses droits sur des créances, constitue un nantissement de créance (▪ Cass. com., 19 déc. 2006, n° 05-16.395 : *D.* 2007, 19, note Dammann et Podeur ; *ibid.* 76, note Delpech ; *ibid.* 344, note Larroumet ; *D.* 2007, 961, note Aynès ; *JCP* G 2007, II, 10067, note Legeais ; *ibid.*, I, 161, n° 16, obs. Barthez ; *RTD civ.* 2007, 160, obs. Crocq ; *Rev. Lamy dr. civ.* 2007, n° 36, p. 29, note Houtcieff ; *JCP* N 2007, 1159, rapp. Cohen-Branche et note Legeais).

II – CESSION DE CONTRAT

5) Doctrine. Ph. Malaurie : *Defrénois* 1976, 1009. – M. Billiau, *Cession de contrat ou « délégation » de contrat ? Étude du régime juridique de la prétendue « cession conventionnelle de contrat » : JCP* 94, I, 3758. – C. Jamin, *Cession de contrat et consentement du cédé : D.* 1995, chron. 131. – M.-L. Izorche, *Information et cession de contrat : D.* 1996, chron. 347. – L. Aynès, *Cession de contrat : nouvelles précisions sur le rôle du cédé : D.* 1998, chron. 25. – C. Jamin et M. Billiau, *Cession conventionnelle du cédé : la portée du consentement du cédé : D.* 1998, chron. 145. – J. Flour, J.-L. Aubert et E. Savaux, *La cession de contrat : Defrénois* 2000, 811.

6) Principe. Sur la cession de contrat, V. ▪ Cass. civ., 16 nov. 1857 : *DP* 1858, 1, 104. La cession d'un contrat synallagmatique permet au cédé de poursuivre directement le cessionnaire qui est tenu envers lui du contrat transmis (▪ Cass. 1re civ., 14 déc. 1982 : *D.* 1983, 416, note Aynès). Sur le cas de la cession de bail, v. art. 1717, p. 1441.

7) Contrat conclu en considération de la personne. Le fait qu'un contrat ait été conclu en considération de la personne du contractant ne fait pas obstacle à ce que les droits et obligations de ce dernier soient transférés à un tiers dès lors que l'autre partie y a souscrit (▪ Cass. com., 7 janv. 1992, n° 90-14.831 : *JurisData* n° 1992-000782 ; *JCP* 92, IV, 692 ; *Bull. civ.* IV, n° 3, p. 3, contrat de location et de maintenance de matériel informatique. ▪ Cass. 1re civ., 6 juin 2000, n° 97-19.347 : *JurisData* n° 2000-002344 ; *Bull. civ.* I, n° 173, p. 112 ; *Defrénois* 2000, 1125, obs. Delebecque ; *RTD civ.* 2000, 571, obs. Mestre et Fages ; *D.* 2001, 1345, note Krajeski, suppléance d'un avocat par un de ses associés. Comp., se contentant, pour écarter la cession, de l'absence d'avertissement ou d'avis préalable, ▪ Paris, 3 nov. 1994 : *JurisData* n° 1994-023930 ; *D.* 1996, somm. 115, obs. Mazeaud). V. M.-L. Izorche, *Information et cession de contrat : D.* 1996, chron. 347. Les droits et obligations transférés au cessionnaire à l'occasion d'une cession de contrat à laquelle le cédant a consenti ne le sont que dans la limite de l'acte de cession (▪ Cass. com., 9 juin 1998, n° 96-13.181 : *RTD civ.* 1999, 101, obs. Mestre).

8) Cessions légales de contrat. Pour des exemples de cessions légales de contrat, V. C. assur., art. L. 121-10 (aliénation de la chose assurée) et L. 324-1 (transfert de portefeuille). – C. civ., art. 1601-4 (vente d'immeuble à construire), et art. 1831-3 (promotion immobilière).

9) Consentement du cédé. Dès lors que la stipulation contractuelle de substitution dans un contrat de maintenance ne prévoit ni l'information du cocontractant ni un agrément par lui, il ne peut s'opposer à son application (▪ Cass. com., 6 mai 1997, n° 94-16.335 : *JurisData* n° 1997-002064 ; *D.* 1997, 588, 1re esp., note Billiau et Jamin ; *Contrats, conc. consom.* 1997, 146, 1re esp., note Leveneur ; *JCP* E 1998, 614, obs. Izorche ; *RTD civ.* 1997, 936, obs. Mestre ; *Defrénois* 1997, 977, note D. Mazeaud). Mais la substitution ne peut avoir effet à son égard sans son consentement donné dans le contrat ou ultérieurement (▪ Cass. com., 6 mai 1997, 2e arrêt). V. aussi les auteurs cités en annot. n° 5, p. 1426.

10) Cession d'un portefeuille d'assurances. Une cession de portefeuille d'assurances s'analyse en une cession de contrats, c'est-à-dire une cession de créances, et non en une cession de clientèle (▪ Cass. 1re civ., 5 févr. 2009, n° 08-10.230 : *Bull. civ.* I, n° 23 ; *JurisData* n° 2009-046977 ; *D.* 2009, 842, note Aynès ; *Contrats, conc. consom.* 2009, comm. 125 ; *Resp. civ. et assur.* 2009, comm. 160, obs. Groutel ; *LPA* 14 mai 2009, 10, note Denizot ; *JCP* E 2009, n° 46, p. 23, obs. Mezen).

III – CESSION DE DETTE

11) Consentement du créancier. La cession de dette ne peut avoir d'effet à l'égard du créancier qui n'y a pas consenti (▪ Cass. 1re civ., 30 avr. 2009, n° 08-11.093 : *Bull. civ.* I, n° 82 ; *JCP* 2009, 73, note Ansault ; *ibid.*, n° 37, 228, n° 3, obs. Billiau ; *ibid.*, 574, n° 25, obs. Barthez ; *RDC* 2009/4, 1363, obs. Mazeaud ; *Contrats, conc. consom.* 2009, comm. 188 ; *Defrénois* 2009, 1289, obs. Libchaber ; *RTD civ.* 2009, 531, obs. Fages ; *D.* 2009, 2400, note Andreu ;

JCP 2009, n° 51, 574, n° 16, obs. Barthez : transmission à l'acquéreur d'un fonds de commerce des créances et de la totalité des dettes générées par l'activité du cédant). V. aussi les références sous art. 1165 ancien, annot. n° 20 et s., p. 1131.

12) Vente d'un fonds de commerce. Cession du passif (non). En l'absence de clause expresse, la vente d'un fonds de commerce n'emporte pas de plein droit la cession à la charge de l'acquéreur du passif des obligations dont le vendeur pouvait être tenu en vertu d'engagements initialement souscrits par lui (■ Cass. com., 13 janv. 2009, n° 07-21.380 : *JCP* 2009, n° 37, 228, n° 3, obs. Billiau).

Art. 1690. – Le cessionnaire n'est saisi à l'égard des tiers que par la signification du transport faite au débiteur.

Néanmoins, le cessionnaire peut être également saisi par l'acceptation du transport faite par le débiteur dans un acte authentique.

I – DOMAINE

1) Créances commerciales. Sur l'application de l'article 1690 en matière commerciale, V. ■ Cass. civ., 27 nov. 1865 : *DP* 1866, 1, 56. – V. pour la cession d'un bail commercial ■ Cass. com., 14 avr. 1961 : *JurisData* n° 1961-098157 ; *Bull. civ.* III, n° 157, p. 141.

2) Créances dépendant d'une universalité. Viole l'article 1690 la cour d'appel qui retient que les créances cédées dépendent d'une universalité (fonds de commerce) qui se trouve transmise en bloc et que dans ce cas les formalités ne sauraient être exigées (■ Cass. com., 11 juin 1981, n° 79-16.748 : *JurisData* n° 1981-701787 ; *Bull. civ.* IV, n° 264, p. 210). Mais jugé que l'article 1690 n'est pas applicable lorsqu'à la suite d'une fusion de sociétés, la société absorbante vient activement et passivement aux lieu et place de la société absorbée (■ Cass. 1re civ., 7 mars 1972 : *JurisData* n° 1972-000071 ; *D.* 1972, 545. ■ Cass. com., 18 déc. 1984, n° 83-13.074 : *JurisData* n° 1984-702018 ; *JCP* 85, IV, 75. ■ Cass. com., 18 mars 1994 : *JurisData* n° 1994-021831 ; *Bull. civ.* IV, n° 117, p. 90. V. en ce sens pour la cession de droits successifs ■ Cass. civ., 16 avr. 1889 : *DP* 1890, 1, 260. – Voir cependant pour le cas où les coïndivisaires conviennent de rester dans l'indivision art. 1873-2, p. 1574).

3) Mutations de droits réels immobiliers. L'article 1690 n'est pas applicable aux mutations de droits réels immobiliers (■ Cass. 3e civ., 7 nov. 1990 : *Bull. civ.* III, n° 221, p. 127). Mais un pacte de préférence constituant une créance de nature personnelle, la cession de ce droit n'est opposable aux tiers que si elle a été régulièrement signifiée ou acceptée dans un acte authentique (■ Cass. 3e civ., 4 janv. 1995, n° 93-13.227 : *JurisData* n° 1995-000007 ; *Bull. civ.* III, n° 8, p. 4).

4) Titres à ordre. L'article 1690 n'est pas applicable aux titres à ordre (■ Cass. req., 18 juill. 1938 : *S.* 1939, 1, 94. V. en ce sens pour un billet ne valant pas comme billet à ordre mais revêtant la forme au porteur ■ Cass. com., 15 janv. 2002 : *JCP* 2002, IV, 1325 ; *JurisData* n° 2002-012532 ; *Bull. civ.* IV, n° 10, p. 10). Sur le transfert par endossement des copies exécutoires d'actes notariés, V. L. n° 76-519, 15 juin 1976, art. 6, p. 3014.

5) Cession d'un portefeuille d'assurances. Une cession de portefeuille d'assurances s'analyse en une cession de contrats, c'est-à-dire une cession de créances, et non en une cession de clientèle. Un tel acte est donc soumis aux formalités de l'article 1690 du Code civil, qui exigent la signification du transport faite au débiteur (■ Cass. 1re civ., 5 févr. 2009, n° 08-10.230 : *JurisData* n° 2009-046977 ; *D.* 2009, 842, note Aynès ; *Contrats, conc. consom.* 2009, comm. 125 ; *Resp. civ. et assur.* 2009, comm. 160, obs. Groutel ; *LPA*, 14 mai 2009, 10, note Devizot ; *JCP* E 2009, n° 46, p. 23, obs. Mezen).

6) Existence d'un régime spécial de cession de créance. L'art. L. 214-43 CMF n'exclut pas le recours à d'autres modes de cession des créances que celui qu'il prévoit, et notamment pas le recours aux formalités de l'art. 1690 C. civ. (■ Cass. com., 6 déc. 2011, n° 10-24.353 : *Bull. civ.* IV, n° 199 ; *JCP* G 2012, doctr. 945, n° 3, obs. Billiau).

7) Garantie contractuelle. L'absence de stipulation, dans l'acte de cession initial, d'une faculté de transmission de la garantie contractuelle ne faisait pas par elle-même obstacle à ce que le bénéficiaire de celle-ci cède la créance en résultant au sous-acquéreur de ses droits sociaux (■ Cass. com., 9 oct. 2012, n° 11-21.528 : *Bull. civ.* IV n° 182 ; *RDC* 2013/2, 568, obs. Klein ; *D.* 2012, note Borga ; *JCP* E 2012, 1654, note Mousseron et 1777 n° 2, obs. Deboissy et Wicker ; *JCP* E 2013, 1003, n° 7, obs. Seube, garantie de valeur en l'espèce).

8) Tiers au sens de l'article 1690. Il résulte de l'article 1690 que ne sont des tiers, au sens de ce texte, que ceux qui, n'ayant pas été parties à l'acte de cession, ont intérêt à ce que le cédant soit encore créancier (■ Cass. 1re civ., 4 déc. 1985, n° 84-12.737 : *JurisData* n° 1985-703308 ; *Bull. civ.* I, n° 336, p. 302). Dans le même sens, ■ Cass. 1re civ., 4 juin 2014, n° 13-17.077 : *Bull. civ.* I, n° 100 ; *RDC* 2014/4, 618, obs. Libchaber, *ibid.* 750, obs. Berlioz ; *JCP* G 2014, 922, note François ; *D.* 2014, 2508, note Ansaloni, jugé que tel n'est pas le cas de la chambre des notaires, simple dépositaire des fonds.

II – FORMALITÉ

9) Destinataire de la signification. L'article 1690 exige uniquement que la signification touche celui qui doit payer, soit le débiteur lorsque c'est à lui qu'en incombe la charge, soit, dans le cas contraire, le dépositaire qui, sans être personnellement tenu de la dette, a en sa possession les deniers affectés à la créance (■ Cass. com., 15 juill. 1952 : *D.* 1952, 704).

10) Cession signifiée à la caution et non au débiteur principal. Dès lors que l'absence de signification de la cession de créance au débiteur principal n'affecte pas l'existence de la dette, elle ne saurait avoir pour effet de libérer la caution, qui a elle-même reçu signification de cette cession de créance (■ Cass. 1re civ., 4 mars 2003, n° 01-01.375 : *JurisData* n° 2003-018002 ; *Bull. civ.* I, n° 61, p. 47 ; *D.* 2003, 3041, note Barthez ; *Defrénois* 2003, 1151, note Roman, caution solidaire). Dans le même sens, pour une caution non solidaire, ■ Cass. com., 27 mars 2007, n° 05-20.696 ; *RDC* 2007/3, p. 848, obs. Houtcieff ; *JCP* 2007, IV, 1927.

11) Attributions des notaires. Il n'entre pas dans les attributions des notaires de signifier les actes de transport de créance qu'ils dressent (■ Cass. req., 26 févr. 1934 : *DP* 1936, 1, 39, note Pic).

12) Modalités de la signification. La signification peut être faite dans l'assignation en paiement (■ Cass. civ., 4 mars 1931 : *DP* 1933, 1, 73, note Radouant), ou même en cours d'instance par voie de conclusions (■ Cass. soc., 7 mars 1963 : *Bull. civ.* IV, n° 226, p. 184. ■ Cass. 1re civ., 8 oct. 1980, n° 79-13.748 : *JurisData* n° 1980-705086 ; *Bull. civ.* I, n° 249, p. 199. ■ Cass. com., 29 févr. 2000, n° 99-12.545 : *JurisData* n° 2000-000811 ; *Bull. civ.* IV, n° 41, p. 35). Il suffit pour que l'assignation vaille signification de la cession de créance qu'elle donne, comme la signification, un extrait de la cession rendant le transport certain (■ Cass. com., 18 févr. 1969 : *D.* 1969, 354. ■ Cass. com., 1er déc. 1987, n° 85-10.510 : *JurisData* n° 1987-002046 ; *Bull. civ.* IV, n° 251, p. 189).

13) Lettre recommandée. Inopposabilité de la cession. À défaut de respect des formalités exigées par l'article 1690 du Code civil, la simple connaissance de la cession de créance par le débiteur ne suffit pas à la lui rendre opposable (■ Cass. 1re civ., 22 mars 2012, n° 11-15.151 : *Bull. civ.* I, n° 60 ; *RDC* 2012/3, 835, obs. Mazeaud ; *Contrats, conc. consom.* 2012, 144, obs. Leveneur ; *JCP* G 2012, doctr. 945, n° 5, note Loiseau ; *RTD civ. 2012, 315, obs. Fages ; Gaz. Pal.* 8 avr. 2012, 21, obs. Houtcieff et 1er juin 2012, 32, note Houin-Bressand ; *D.* 2012, 1524, note Ansaloni ; *Defrénois* 2012/11, 549, note Julienne, information du débiteur par lettre recommandée avec accusé de réception).

14) Acceptation dans un acte sous seing privé. L'acceptation contenue dans un acte sous seing privé est inopposable aux tiers (■ Cass. civ., 26 juill. 1880 : *DP* 1880, 1, 366. ■ Paris, 8 janv. 1969 : *D.* 1969, somm. 37), mais rend le transfert opposable au débiteur (■ Cass. 1re civ., 19 janv. 1970, n° 68-11.697 : *JurisData* n° 1970-000019 ; *Bull. civ.* I, n° 19, p. 15). Sur la possibilité d'une acceptation tacite, V. ■ Cass. ass. plén., 14 févr. 1975 : *JurisData* n° 1975-095001 ; *JurisData* n° 1975-095001 ; *Bull. civ.*, n° 1, p. 1.

15) Inobservation des formalités. Recevabilité de l'action du cessionnaire. Sur le principe que le cessionnaire n'est saisi à l'égard des tiers que par la signification du transport faite au débiteur, V. ■ Cass. 3e civ., 29 juin 2005 : *JCP* 2005, IV, 2882 ; *JurisData* n° 2005-029179 ; *Bull. civ.* III, n° 147, p. 133. Si la signification de la cession ou l'acceptation authentique est en principe nécessaire pour que le cessionnaire puisse opposer aux tiers le droit acquis par lui, le défaut d'accomplissement de ces formalités ne rend pas le cessionnaire irrecevable à réclamer du débiteur cédé l'exécution de son obligation quand cette exécution n'est susceptible de faire grief à aucun droit advenu depuis la naissance de la créance soit audit débiteur cédé, soit à une autre personne étrangère à la cession (■ Cass. civ., 4 mars 1931 : *DP* 1933, 1, 73, note Radouant. V. en ce sens ■ Cass. 3e civ., 26 févr. 1985, n° 83-17.080 : *JurisData* n° 1985-000884 ; *JCP* 86, II, 20607, note Petit ; *RTD civ.* 1986, 349, obs. Mestre. ■ Paris, 6 juill. 1976 : *D.* 1977, inf. rap. 197). Mais tant que la cession n'est pas signifiée ou n'est pas acceptée, le débiteur ne peut opposer au cédant un défaut de qualité (■ Cass. civ., 20 juin 1938 : *DP* 1939, 1, 26, note Weill). La saisie-arrêt est nulle si le créancier saisissant a eu une connaissance spéciale et personnelle de la cession malgré l'absence de signification ou d'acceptation (■ Cass. civ., 7 juill. 1897 : *DP* 1898, 1, 483). Le débiteur cédé qui a su et accepté la cession de créance de façon certaine et non équivoque, ne peut se prévaloir du défaut des formalités prévues par l'article 1690 (■ Cass. 1re civ., 19 sept. 2007, n° 06-11.814 : *D.* 2007, p. 2469).

16) Rapports cédant-cessionnaire. Dans les rapports entre le cédant et le cessionnaire, le transfert de la créance s'opère indépendamment de sa signification au débiteur cédé, ce dont il résulte que le cessionnaire n'avait pas à déclarer sa créance au passif du cédant (■ Cass. com., 9 juill. 2013, n° 11-27.417 : *Bull. civ.* IV, n° 117 ; *RDC* 2014/1, 49, obs. Latina).

17) Exceptions opposables au cessionnaire. Le cessionnaire peut se voir opposer les exceptions que le débiteur cédé pouvait opposer au cédant (■ Cass. req., 29 juin 1881 : DP 1882, 1, 33, rapp. Lepelletier). Sur le cas de l'exception de compensation, V. art. 1295 ancien, p. 1208. En cas de cession de créance, le débiteur peut invoquer contre le cessionnaire les exceptions inhérentes à la dette même si elles sont apparues postérieurement à la notification de la cession (■ Cass. com.,

12 janv. 2010, n° 08-22.000 : *Bull. civ.* 2010, IV, n° 2 ; *Contrats, conc. consom.* 2010, comm. 87, obs. Leveneur ; *JCP* 2010, 516, n° 27, obs. Barthez ; *Rev. Lamy dr. civ.* 2010, n° 69, p. 14, note Le Gallou ; *RDC* 2010/3, 834, obs. Laithier ; *RTD civ.* 2010, 106, obs. Fages, opposabilité au cessionnaire de l'exception d'inexécution).

18) Cession de créances professionnelles. Sur la cession de créances professionnelles par le client d'un établissement de crédit (bordereau Dailly), V. C. monét. fin., art. L. 313-23 et s.

19) Cession de créance non acceptée. Compensation. Une cession de créance, qui n'a point été acceptée par le débiteur, n'empêche que la compensation des créances postérieures à la notification (■ Cass. com., 10 mars 1987, n° 85-14.928 : *JurisData* n° 1987-701963 ; *JCP* 87, II, 20908, note Petit).

Art. 1691. – Si, avant que le cédant ou le cessionnaire eût signifié le transport au débiteur, celui-ci avait payé le cédant, il sera valablement libéré.

Rédaction antérieure. Art. 1692 ***(Abr. à compter du 1er octobre 2016, Ord. n° 2016-131, 10 févr. 2016).*** – La vente ou cession d'une créance comprend les accessoires de la créance, tels que caution, privilège et hypothèque.

1) Clause compromissoire. La cession comprenant les accessoires de la créance, la clause d'arbitrage est transmise avec elle (■ Cass. 2e civ., 20 déc. 2001 : *JCP* 2002, IV, 1209 ; *JurisData* n° 2001-012284 ; *Bull. civ.* II, n° 198, p. 139). En matière internationale, la clause d'arbitrage, juridiquement indépendante du contrat principal, est transmise avec lui, quelle que soit la validité de la transmission des droits substantiels (■ Cass. 1re civ., 28 mai 2002 : *JCP* G 2003, I, 105, n° 10, obs. Seraglini ; *JCP* E 2003, 585, n° 13, obs. Raynard ; *JurisData* n° 2002-014482). V. M.-E. Mathieu-Bouyssou, *La transmission de la clause compromissoire au cessionnaire de la créance* : *JCP* 2003, I, 116.

2) Conditions de paiement. Les conditions de paiement de la créance cédée demeurent inchangées (■ Cass. 1re civ., 6 mai 1968 : *JurisData* n° 1968-000131 ; *JurisData* n° 1968-700132 ; *JCP* 69, II, 15737, note Prieur).

3) Substitution de bailleur. En cas de vente de l'immeuble donné à bail, le cautionnement garantissant le paiement des loyers est, sauf stipulation contraire, transmis de plein droit au nouveau propriétaire en tant qu'accessoire de la créance de loyers cédée à l'acquéreur par l'effet combiné de l'article 1743 et des articles 1692, 2013 et 2015 (■ Cass. ass. plén., 6 déc. 2004, n° 03-10.713 : *JurisData* n° 2004-026032 ; *JCP* E 2004, 1901, note Belloc et de Fréminville ; *JCP* N 2005, 1103, note Raby ; *Loyers et copr.* 2005, 25, note Vial-Pedroletti ; *D.* 2005, 227, note Aynès ; *RDC* 2005, 406, obs. Houtcieff ; *Defrénois* 2005, 316, note Aynès. *Contra*, antérieurement, ■ Cass. com., 26 oct. 1999, n° 97-15.794 : *JurisData* n° 1999-003677 ; *JCP* G 2000, II, 10320, note Casey ; *JCP* E 2000, 416, note Gout ; *Bull. civ.* IV, n° 184, p. 158 ; *D.* 2000, 224, note Aynès ; *Defrénois* 2000, 480, note Piedelièvre. ■ Cass. 3e civ., 3 déc. 2003, n° 02-14.645 : *JurisData* n° 2003-021219 ; *Loyers et copr.* 2004, 63, note Vial-Pedroletti. V. C. Larroumet, *L'acquéreur de l'immeuble loué et la caution du locataire* : *D.* 2000, chron. 155. – Y. Trémorin, *La caution du locataire et la vente de l'immeuble loué* : *JCP* N 2000, 950).

4) Transmission des actions. La cession de créance transfère au cessionnaire les droits et actions appartenant au cédant et attachés à la créance cédée et, notamment, l'action en responsabilité contractuelle ou délictuelle qui en est l'accessoire, fondée sur la faute antérieure d'un tiers, dont est résultée la perte ou la diminution de la créance, à l'exclusion des actions extrapatrimoniales, incessibles ou strictement personnelles au cédant (■ Cass. 1re civ., 24 oct. 2006, n° 04-10.231 : *JurisData* n° 2006-035510 ; *JCP* 2006, IV, 3229. ■ Cass. 1re civ., 19 juin 2007, n° 05-21.678 : *JurisData* n° 2007-039632 ; *Contrats, conc. consom.* 2007, 270, note Leveneur). Dans le même sens, ■ Cass. 2e civ., 17 déc. 2009, n° 09-11.612 : *JurisData* n° 2009-050869 : *Bull. civ.* 2009, II, n° 290 ; *RDC* 2010/2, 601, obs. Carval : la cession de créance transfère de plein droit au cessionnaire, sauf stipulations contraires ou actions incessibles par nature, l'action en responsabilité contractuelle ou délictuelle qui en est l'accessoire. Lorsqu'une cession de créance est intervenue au cours d'une instance d'appel relative au recouvrement de celle-ci, engagée par le cédant et poursuivie par ce dernier postérieurement à la cession signifiée au cours de l'instance en cassation, le cessionnaire, substitué de plein droit au cédant dans les actions lui appartenant, intervenu volontairement devant la Cour de cassation et devenu ainsi partie à cette instance, a qualité pour saisir la cour d'appel de renvoi (■ Cass. 1re civ., 22 sept. 2011, n° 09-16.198 : *Bull. civ.* I, n° 149 ; *JCP* G 2012, doctr. 945, n° 2, obs. Billiau ; *Procédures* 2012, comm. 6, obs. Perrot).

5) Titre exécutoire détenu contre la caution. Le cautionnement constitue l'un des accessoires de la créance et le titre exécutoire détenu par le cédant à l'encontre des cautions constitue lui-même un accessoire de cette garantie ; le cessionnaire, subrogé dans les droits de la société cédante, peut donc se prévaloir du titre exécutoire obtenu par celle-ci (■ Cass. com., 27 mars 2007, n° 05-20.696 : *JurisData* n° 2007-038229 ; *JCP* 2007, IV, 1927. ■ Cass. com., 5 févr. 2008, n° 06-17.029 :

JurisData n° 2008-042666 ; *Bull. civ.* IV, n° 26 ; *D.* 2008, 542, obs. Delpech ; *RTD civ.* 2008, 301, note Fages ; *Rev. Lamy dr. civ.* 2008, 28, note Marraud des Grottes. – V. aussi ■ Cass. 1re civ., 4 mars 2003, n° 01-01.375 : *JurisData* n° 2003-018002 ; *Bull. civ.* I, n° 61 ; *D.* 2003, 3041, note Barthez ; *Defrénois* 2003, 1151, note Roman) : dès lors que l'absence de signification de la cession de créance au débiteur principal n'affecte pas l'existence de la dette, elle ne saurait avoir pour effet de libérer la caution qui a elle-même reçu signification de cette cession de créance.

Art. 1693. – *(Rempl. à compter du 1er octobre 2016, Ord. n° 2016-131, 10 févr. 2016)* (1) Celui qui vend un droit incorporel doit en garantir l'existence au temps du transport, quoi qu'il soit fait sans garantie.

1) Principe. Sur le principe posé par l'article 1693, V. ■ Cass. soc., 7 oct. 1957 : *Gaz. Pal.* 1957, 2, 325. – Sur la distinction entre la garantie due par le cédant et la garantie du vendeur, V. ■ Cass. 3e civ., 15 mai 1970, n° 68-13.973 : *JurisData* n° 1970-098340 ; *Bull. civ.* III, n° 340, p. 248.

2) Sûretés attachées à la créance. La garantie s'étend à l'existence des sûretés attachées à la créance (■ Cass. 1re civ., 31 oct. 1962 : *D.* 1963, 363, note Champaud), sauf clause contraire (■ Cass. 1re civ., 27 oct. 1976, n° 75-10.327 : *JurisData* n° 1976-000311 ; *D.* 1977, inf. rap. 5 ; *Bull. civ.* I, n° 311, p. 249).

3) Résolution. Intérêts. En cas de résolution, les juges du fond peuvent décider que jusqu'à complet remboursement du prix de cession, le cédant devrait en payer les intérêts au taux conventionnel stipulé dans la créance cédée (■ Cass. 1re civ., 31 oct. 1962 : *D.* 1963, 363, note Champaud).

4) Cession aux risques et périls du cessionnaire. Lorsque la cession est faite aux risques et périls du cessionnaire, le cédant est dispensé de payer des dommages-intérêts et de restituer le prix (■ Cass. req., 17 nov. 1875 : *S.* 1876, 1, 33).

Rédaction antérieure. Art. 1694 ***(Abr. à compter du 1er octobre 2016, Ord. n° 2016-131, 10 févr. 2016)*** (1). – Il ne répond de la solvabilité du débiteur que lorsqu'il s'y est engagé, et jusqu'à concurrence seulement du prix qu'il a retiré de la créance.

Rédaction antérieure. Art. 1695 ***(Abr. à compter du 1er octobre 2016, Ord. n° 2016-131, 10 févr. 2016)*** (1). – Lorsqu'il a promis la garantie de la solvabilité du débiteur, cette promesse ne s'entend que de la solvabilité actuelle, et ne s'étend pas au temps à venir, si le cédant ne l'a expressément stipulé.

1) Insolvabilité existant au jour de l'échéance. La garantie du cédant ne s'applique que si l'insolvabilité existe au jour de l'échéance (■ Paris, 12 déc. 1973 : *D.* 1974, 570).

2) Négligence du cessionnaire. La garantie du cédant ne joue pas en cas de négligence du cessionnaire (■ Paris, 12 déc. 1973, préc.).

Art. 1696 *(Mod., L. n° 2009-526, 12 mai 2009)*. – Celui qui vend une succession sans en spécifier en détail les objets n'est tenu de garantir que sa qualité d'héritier.

1) Sur la **notion de cession d'hérédité**, v. ■ Cass. 1re civ., 13 juill. 1955 : *D.* 1956, 334, note Vialleton. ■ Paris, 13 nov. 1967 : *D.* 1968, somm. 71.

2) Qualité d'héritier reconnue inexacte. L'obligation de garantir sa qualité d'héritier mise par l'article 1696 à la charge de celui qui vend une hérédité sans en spécifier en détail les objets implique nécessairement que l'acquéreur de droits successifs peut en être évincé au cas où la qualité d'héritier dont se prévalait son vendeur serait reconnue inexacte (■ Cass. req., 4 août 1947 : *D.* 1947, 514).

3) Action oblique. Le créancier du cessionnaire peut exercer par voie oblique l'action en *rescision pour cause de lésion* qui appartenait à celui-ci en tant que copartageant (■ Cass. 1re civ., 17 mai 1977, n° 75-15.309 : *JurisData* n° 1977-000240 ; *Bull. civ.* I, n° 240, p. 188).

4) Cession de droits indivis à un tiers étranger à l'indivision. Si la cession de droits indivis à un tiers étranger à une indivision post-communautaire et successorale ne lui confère pas la qualité de conjoint survivant ou d'héritier qu'avait son cédant, elle n'en a pas moins pour effet de lui permettre de contester, comme aurait pu le faire ce cédant, que ce demandeur en attribution réunit les conditions exigées par la loi (■ Cass. 1re civ., 9 janv. 1980, n° 78-14.550 : *JurisData* n° 1980-700021 ; *JCP* 80, II, 19420, note Patarin ; *D.* 1980, 293, note Breton).

5) Sur le **régime fiscal** de la cession de droits successifs, V. CGI, art. 750-II.

(1) Les contrats conclus avant le 1er octobre 2016 demeurent soumis à la loi ancienne. De même, lorsqu'une instance a été introduite avant cette date, l'action est poursuivie et jugée conformément à la loi ancienne. Cette loi s'applique également en appel et en cassation, *Ord. n° 2016-131, 10 févr. 2016*.

Art. 1697 ***(Mod., L. n° 2009-526, 12 mai 2009).*** **– S'il avait déjà profité des fruits de quelque fonds ou reçu le montant de quelque créance appartenant à cette succession, ou vendu quelques effets de la succession, il est tenu de les rembourser à l'acquéreur, s'il ne les a expressément réservés lors de la vente.**

Art. 1698. – L'acquéreur doit de son côté rembourser au vendeur ce que celui-ci a payé pour les dettes et charges de la succession, et lui faire raison de tout ce dont il était créancier, s'il n'y a stipulation contraire.

Art. 1699. – Celui contre lequel on a cédé un droit litigieux peut s'en faire tenir quitte par le cessionnaire, en lui remboursant le prix réel de la cession avec les frais et loyaux coûts, et avec les intérêts à compter du jour où le cessionnaire a payé le prix de la cession à lui faite.

1) Caractère litigieux du droit. Indifférence quant à la nature du contrat. Ni la nature universelle ou particulière d'une cession de droit, ni le caractère mobilier ou immobilier des droits cédés ne dépendent de l'existence d'un litige affectant lesdits droits (■ Cass. 1re civ., 24 mars 1965 : *JurisData* n° 1965-700219 ; *D.* 1965, 430, note A. B.).

2) Caractère onéreux de la cession de créance. L'exercice du droit de retrait suppose que le droit litigieux a été cédé moyennant un prix que le retrayant rembourse au cessionnaire de la créance pour mettre un terme au litige (■ Cass. 1re civ., 17 janv. 2018, n° 16-21.097).

3) Cession à fonds commun de créance. La circonstance que la cession des créances litigieuses se réalise au profit d'un fonds commun de créances, aux conditions des articles L. 214-43 et s. du Code monétaire et financier, ne fait pas obstacle à l'exercice du droit au retrait litigieux prévu à l'article 1699 (■ Cass. com., 15 avr. 2008, n° 03-15.969 : *Bull. civ.* 2008, IV, n° 88).

4) Indifférence du caractère global de la cession. Le seul fait que la cession ait été faite pour un prix global calculé statistiquement et non créance par créance, n'est pas, en soi, de nature à écarter la faculté d'exercer le retrait litigieux (■ Cass. com., 27 mai 2008, n° 07-11.428 : *Bull. civ.* 2008, IV, n° 109). La cession en bloc de plusieurs créances ne fait pas obstacle à l'exercice du droit de retrait litigieux à l'égard d'une créance qui y est incluse si son prix est déterminable (■ Cass. com., 15 janv. 2013, n° 11-27.298 : *Bull. civ.* IV, n° 3 ; *RDC* 2013/3, 933, obs. Libchaber et 997, obs. Pellet ; *JCP 2013, doctr. 897*, n° 5, obs. Billiau ; *RTD civ.* 2013, 376, obs. Barbier ; *Contrats, conc. consom.* 2013, comm. 71, obs. Leveneur ; *D.* 2013, 542, note Gout ; *JCP* G 2013, note 380, Dagorne-Labbe. – V. aussi, dans le même sens, ■ Cass. com., 31 janv. 2012, n° 10-20.972 : *Bull. civ.* IV, n° 14 ; *RDC* 2012/3, 838, obs. Libchaber, selon lequel, pour permettre le retrait litigieux de deux créances cédées en bloc parmi 391 créances, il appartenait au juge de dire si le prix était déterminable en fonction des éléments précis et concrets produits par les parties, sans s'arrêter à l'attestation notariale selon laquelle le prix de cession de ces créances, qui ne pouvait pas être individualisé dans le prix global convenu, n'était pas déterminable.

5) Indifférence du caractère spéculatif. L'exercice du droit de retrait litigieux n'est pas subordonné à l'existence d'une intention spéculative des parties à la cessions de créance (■ Cass. com., 15 janv. 2013, n° 11-27.298, préc., note 3).

6) Prohibition de l'article 1597. Sur la prohibition de la cession de droits litigieux à l'égard des magistrats, greffiers, huissiers, avocats, avoués et notaires, V. art. 1597, p. 1367.

7) Nature du retrait litigieux. Le retrait litigieux, institution, dont le caractère exceptionnel impose une interprétation stricte, tend à mettre un terme au litige portant sur les droits cédés par le remboursement au retrayé du prix que celui-ci est tenu de payer à son cédant (■ Cass. 1re civ., 30 juin 1981 : *JurisData* n° 1981-702006 ; *Bull. civ.* I, n° 238, p. 193).

8) Droit litigieux constituant l'élément principal de la cession. Le droit litigieux ne peut être exercé si le litige porte non sur un droit principal ayant fait l'objet de la cession, mais sur un droit accessoire inséparablement attaché à celui-ci (■ Cass. 1re civ., 19 mars 1957 : *Gaz. Pal.* 1957, 2, 39). Un droit au bail litigieux peut faire l'objet d'un retrait à condition qu'il ait été cédé isolément, moyennant un prix spécial (■ Cass. 1re civ., 10 janv. 1962 : *JCP* 62, IV, 25 ; *Bull. civ.* I, n° 22, p. 19). Dès lors que la contestation soumise au juge avant la cession de la créance litigieuse porte seulement sur la justification du calcul des intérêts, ce dont il résulte que la discussion est relative à un accessoire du droit cédé sans remettre en cause l'existence même du droit ou son étendue, c'est à bon droit que la cour d'appel décide que la caution ne peut exercer le retrait litigieux (■ Cass. com., 26 févr. 2002 : *JCP* 2002, IV, 1632 ; *JurisData* n° 2002-013248 ; *Bull. civ.* IV, n° 41, p. 41 ; *Defrénois* 2002, 767, obs. Savaux ; *RTD civ.* 2002, 532, obs. Gautier). *Adde*, ■ Cass. com., 15 janv. 2013, n° 11-27.298, préc., note 3.

9) Droit réel immobilier. Cédant en possession de l'immeuble. La revendication exercée sur un immeuble n'est pas de nature à rendre litigieux au sens de l'article 1699 le droit du propriétaire dès lors que ce dernier est, conformément à l'article 2229, en possession de l'immeuble au moment de la cession (▪ Cass. 1re civ., 14 févr. 1966 : *D.* 1967, 193, note Franck).

10) Persistance du caractère litigieux. La faculté de retrait prévue par l'article 1699 du Code civil ne pouvant être exercée qu'autant que les droits cédés sont encore litigieux à la date de l'exercice de cette faculté, justifie sa décision, une cour d'appel qui retient que les droits cédés postérieurement à la péremption constatée de l'instance devant la Cour de cassation n'étaient plus litigieux et qu'en conséquence le retrait ne pouvait être admis (▪ Cass. com., 13 nov. 2007, n° 06-14.503 : *JurisData* n° 2007-041391).

11) Prix de cession partiellement fonction du résultat du procès. Fait une exacte application de l'article 1699 du Code civil, la cour d'appel qui retient que la circonstance que le prix de cession soit partiellement fonction du résultat du procès au cours duquel est contesté le fond du droit, ne lui confère aucun caractère aléatoire, puisqu'il est déterminé et seulement soumis à une condition de perception des fonds et ne fait en conséquence pas obstacle au retrait litigieux (▪ Cass. com., 13 nov. 2007, n° 06-16.965 : *JurisData* n° 2007-041392).

12) Prérogative réservée au défendeur. Sur le principe que le retrait ne peut être exercé que par celui contre lequel est invoqué le droit litigieux, V. ▪ Cass. req., 17 oct. 1933 : *Gaz. Pal.* 1933, 2, 934. ▪ Cass. 1re civ., 24 mars 1965 : *D.* 1965, 430, note A.B. ▪ Cass. 1re civ., 10 janv. 1967 : *D.* 1967, 193, note Franck. ▪ Cass. 1re civ., 20 janv. 2004, n° 00-20.086 : *JurisData* n° 2004-021840 ; *JCP* 2004, II, 10033, concl. Sainte-Rose ; *Bull. civ.* I, n° 17, p. 13. Si le retrayant doit avoir la qualité de défendeur à l'instance en contestation de la créance, il peut exercer son droit au retrait litigieux sans forme particulière, au besoin par une action engagée à cette fin (▪ Cass. com., 26 mars 2013, n° 11-27.423 : *Bull. civ.* IV, n° 48 ; *RDC* 2013/3, 997, obs. Pellet ; *RTD civ.* 2013, 376, obs. Barbier ; *JCP* 2013, 897, n° 5, obs. Billiau). Jugé que le défendeur à l'action en contrefaçon de brevet qui invoque la nullité dudit brevet se porte demandeur à l'exception sur la poursuite en contrefaçon et ne peut exercer le retrait sur le brevet (▪ Cass. com., 26 mars 1973, n° 71-14.712 : *JurisData* n° 1973-097133 ; *D.* 1973, somm. 89 ; *Bull. civ.* IV, n° 133, p. 116).

13) Retrait demandé par voie de conclusions subsidiaires (non). Le retrait ne peut être utilement demandé par voie de conclusions subsidiaires (▪ Cass. req., 26 déc. 1893 : *DP* 1895, 1, 529).

14) Conséquences du retrait. Lorsqu'il a été effectué, le retrait fait tomber toutes les mesures conservatoires qui ont été antérieurement prises par le cessionnaire et tous les actes d'exécution auxquels il a été procédé (▪ Cass. req., 26 déc. 1893, préc.).

15) Dette du retrayant. Sur le principe que le retrayant n'est tenu au principal que de la somme payée par le retrayé, V. ▪ Cass. 1re civ., 12 juill. 2005 : *Contrats, conc. consom.* 2005, 199, note Leveneur ; *JCP* 2005, IV, 3061 ; *JurisData* n° 2005-029445 ; *Bull. civ.* I, n° 319, p. 265 ; *RTD civ.* 2005, 793, obs. Gautier.

16) Sentence arbitrale. L'exercice du retrait litigieux affecte l'exécution de la sentence (▪ Cass. 1re civ., 28 févr. 2018, n° 16-22.112 : *RDC* 2018/3, 354, Libchaber).

Art. 1700. – La chose est censée litigieuse dès qu'il y a procès et contestation sur le fond du droit.

1) Décision susceptible d'un recours ordinaire. Sur le principe que le retrait est permis tant que la décision est susceptible d'un recours ordinaire, V. ▪ Cass. 1re civ., 24 mars 1965 : *D.* 1965, 430, note A.B. ▪ Paris, 11 févr. 1969 : *D.* 1970, 522, note Larroumet ; *Rev. crit. DIP* 1970, 459, note Dayant.

2) Demande en partage. Lorsqu'un héritier se borne à réclamer le partage en nature des biens indivis et à discuter par conclusions la composition des lots ainsi que l'évaluation de certains biens, les droits successifs des cohéritiers ne peuvent être dits litigieux au sens de l'article 1700 (▪ Cass. 1re civ., 30 oct. 1968 : *D.* 1969, 80, note A. B.).

3) Opposition à *exequatur*. Jugé que l'instance en opposition à l'ordonnance d'exequatur tend à faire revivre la contestation sur le fond tranchée par les arbitres et imprime à la créance un caractère litigieux (▪ Cass. 1re civ., 9 janv. 1974, n° 72-14.488 : *JurisData* n° 1974-000012 ; *JCP* 74, IV, 67 ; *Bull. civ.* I, n° 12, p. 12. V. en ce sens ▪ Paris, 11 févr. 1969, préc.).

4) Demande de remise de majorations légales. La créance des arrérages du légataire du crédirentier doit être considérée comme litigieuse au sens de l'article 1700 dès lors que les débirentiers ont sollicité la remise totale ou partielle des majorations légales, et il en résulte que le légataire ne peut en faire une déclaration estimative certaine (▪ Cass. com., 8 juill. 1986, n° 83-10.346 : *JurisData* n° 1986-001345 ; *Bull. civ.* IV, n° 151, p. 127).

5) Demande d'application de la prescription. Le fait d'invoquer la prescription de l'action d'une banque doit être considéré comme une contestation sur le fond (▪ Paris, 2 oct. 1997 : *JCP* E 98, 1100, note Daille-Duclos).

6) Exception d'incompétence. Le retrait ne peut être exercé dès lors que le débiteur n'a contesté au fond le droit du créancier qu'après la cession, s'étant borné, avant celle-ci, à contester la compétence du tribunal (■ Cass. com., 15 janv. 2002 : *JCP* 2002, IV, 1325 ; *JurisData* n° 2002-012532 ; *Bull.* IV, n° 10, p. 10).

7) Conditions du retrait litigieux. Moment de la contestation judiciaire de la créance. Le retrait litigieux, institution dont le caractère exceptionnel impose une interprétation stricte, ne peut être exercé que si, antérieurement à la cession, un procès a été engagé sur le bien-fondé du droit cédé et qu'au cours de l'instance, celui qui entend exercer le retrait a, en qualité de défendeur, contesté ce droit au fond (■ Cass. com., 20 avr. 2017, n° 15-24.131 : *Contrats, conc. consom.* 2017, comm. 143, Leveneur ; *RTD civ.* 2017, 681, Gautier).

Art. 1701. – **La disposition portée en l'article 1699 cesse :**
1° Dans le cas où la cession a été faite à un cohéritier ou copropriétaire du droit cédé ;
2° Lorsqu'elle a été faite à un créancier en payement de ce qui lui est dû ;
3° Lorsqu'elle a été faite au possesseur de l'héritage sujet au droit litigieux.

1) Dette du cédant envers le cessionnaire. En cas d'annulation de la vente aux enchères d'un tableau, le commissaire-priseur ne saurait exercer le retrait litigieux à l'encontre de la cession consentie par le vendeur de l'œuvre, condamné à rembourser le prix du tableau, à l'acquéreur, pour le prix symbolique de un franc, dès lors que cette cession a été faite à l'acheteur du tableau en paiement de sa créance de restitution (■ Paris, 5 déc. 1997 : *JurisData* n° 1997-024096 ; *D.* 1998, inf. rap. 27 ; *RTD civ.* 1998, 694, obs. Gautier).

2) La **notion de copropriétaire** du droit énoncée à l'article 1701-1° doit être prise dans son sens large et peut être appliquée en cas d'existence d'une société entre le cédant et le cessionnaire (■ Colmar, 2 juill. 1974 : *JCP* 76, II, 18240, note Burst).

Art. 1701-1 ***(Créé à compter du 1er octobre 2016, Ord. n° 2016-131, 10 févr. 2016)*** (1). – **Les articles 1689 à 1691 et 1693 ne s'appliquent pas aux cessions régies par les articles 1321 à 1326 du présent code.**

TITRE VII. – DE L'ÉCHANGE

Art. 1702. – **L'échange est un contrat par lequel les parties se donnent respectivement une chose pour une autre.**

1) Échange et vente. Les juges du fond peuvent estimer qu'il n'y a pas échange mais vente lorsque l'importance de la soulte permet de la considérer comme l'objet principal de l'obligation de l'une des parties (■ Cass. 3e civ., 26 juin 1973, n° 72-12.489 : *JurisData* n° 1973-000436 ; *Bull. civ.* III, n° 436, p. 317).

2) Opération de bourse. *Les caractères essentiels d'une opération de bourse sont incompatibles* avec ceux d'un échange (■ Cass. com., 3 mai 1973, n° 71-10.587 : *Bull. civ.* IV, n° 158, p. 137). Sur l'émission par une société par actions d'obligations échangeables contre des actions, v. L. n° 66-537, 24 juill. 1966 sur les sociétés commerciales, art. 200 et s.

3) Sur le **remembrement** des exploitations rurales et certains échanges d'immeubles ruraux, V. C. rur., art. L. 123-1 et s. (C. com., art. L. 225-167 et s.).

Art. 1703. – **L'échange s'opère par le seul consentement, de la même manière que la vente.**

1) Accord sur les choses et sur la soulte. Sur le principe que le consentement réciproque des parties doit porter à la fois sur les biens à échanger et sur le montant de la soulte, V. ■ Cass. 3e civ., 27 nov. 1984, n° 83-14.332 : *JurisData* n° 1984-702232 ; *D.* 1985, 76.

(1) Les contrats conclus avant le 1er octobre 2016 demeurent soumis à la loi ancienne. De même, lorsqu'une instance a été introduite avant cette date, l'action est poursuivie et jugée conformément à la loi ancienne. Cette loi s'applique également en appel et en cassation, *Ord. n° 2016-131, 10 févr. 2016.*

2) Publicité foncière. L'échange emportant transfert de propriété de la parcelle du premier coéchangiste au profit du second n'ayant pas été publié, était inopposable aux tiers, de sorte que le notaire ne pouvait refuser d'instrumenter l'acte de vente conclu avec un tiers acquéreur (▪ Cass. 1re civ., 11 sept. 2013, n° 12-23.357 : *Bull. civ.* I, n° 169 ; *JCP* N 2013, 1282, n° 15, obs. Boffa ; *D.* 2013, 2507, note Dubarry ; *Gaz. Pal.* 11 nov. 2013, 24, obs. Mekki ; *Defrénois* 2013, 1210, note Dagorne-Labbe et 2017, 7, obs. Piedelièvre ; *RDC* 2014/1, 56, obs. Le Bourg et Quézel-Ambrunaz).

Art. 1704. – Si l'un des copermutants a déjà reçu la chose à lui donnée en échange et qu'il prouve ensuite que l'autre contractant n'est pas propriétaire de cette chose, il ne peut pas être forcé à livrer celle qu'il a promise en contre-échange, mais seulement à rendre celle qu'il a reçue.

Art. 1705. – Le copermutant qui est évincé de la chose qu'il a reçue en échange a le choix de conclure à des dommages et intérêts, ou de répéter sa chose.

Art. 1706. – La rescision pour cause de lésion n'a pas lieu dans le contrat d'échange.

V. pour une application ▪ Metz, 8 févr. 2000 : *JurisData* n° 2000-165524 ; *JCP* N 2002, 1038, note Hocquet-Berg.

Art. 1707. – Toutes les autres règles prescrites pour le contrat de vente s'appliquent d'ailleurs à l'échange.

1) Contre-lettres. Sur la nullité de certaines contre-lettres ayant pour objet une dissimulation dans la soulte d'un échange, V. art. 1321-1 ancien, p. 1220.

2) Juste titre. L'acte d'échange peut constituer un juste titre au sens de l'article 2265 du Code civil (▪ Cass. 3e civ., 4 juill. 1973, n° 72-11.655 : *JurisData* n° 1973-000465 ; *Bull. civ.* III, n° 465, p. 340).

3) Usufruit. Sur la nullité de l'échange par un usufruitier sans l'accord du nu-propriétaire, V. ▪ Cass. 3e civ., 23 mai 2002, n° 00-17.604 : *JurisData* n° 2002-014443 ; *D.* 2003, somm. 2050, obs. Mallet-Bricout.

4) Dol. Sur ce que l'échange est soumis à la nullité pour dol, V. ▪ Cass. 3e civ., 26 oct. 2005, n° 04-14.976 : *JurisData* n° 2005-030484 ; *Contrats, conc. consom.* 2006, 21, note Leveneur.

TITRE VIII. – DU CONTRAT DE LOUAGE

CHAPITRE I. – DISPOSITIONS GÉNÉRALES

Art. 1708. – Il y a deux sortes de contrats de louage :

Celui des choses,

Et celui d'ouvrage.

Art. 1709. – Le louage des choses est un contrat par lequel l'une des parties s'oblige à faire jouir l'autre d'une chose pendant un certain temps, et moyennant un certain prix que celle-ci s'oblige de lui payer.

1) Éléments essentiels du bail. Une offre de bail n'a pas besoin, pour conduire à la formation du contrat en cas d'acceptation, de contenir d'indication relative à la date de prise d'effet du bail, qui ne constitue pas un élément essentiel du bail (▪ Cass. 3e civ., 28 oct. 2009, n° 08-20.224 : *Bull. civ.* III, n° 237 ; *JCP* 2009, n° 51, 574, n° 7, obs. Loiseau ; *Rev. Lamy dr. civ.* 2010, n° 67, p. 11, obs. Le Gallou ; *RDC* 2010/2, 676, obs. Grimaldi).

I – DROIT PERSONNEL

2) Principe. Le bail n'opère aucun démembrement de la propriété, qui reste entière entre les mains du bailleur, pour qui il n'est qu'un moyen de la rendre productive et d'en recueillir les fruits ; à la différence de l'emphytéote et de l'usufruitier, le preneur n'a pas une possession qui lui soit propre et personnelle ; il possède par le propriétaire, dont il est, sous ce rapport, le représentant et le mandataire, et auquel seul sa possession profite (▪ Cass. req., 6 mars 1861 : *DP* 1861, 1, 417).

Bibliographie : *Doctrine.* F. Planckeel, *La combinaison de l'usufruit et du bail* : *RTD civ.* 2009, 639.

3) Jouissance même non exclusive ou non permanente. L'article 1709 n'exigeant pas que la jouissance du preneur soit exclusive, il y a bail même si le bailleur s'est réservé pour lui-même la jouissance commune de tout ou partie des locaux loués (■ Cass. soc., 29 juin 1960 : *Bull. civ.* IV, n° 698, p. 540). Il n'est pas nécessaire pour qu'il y ait bail que la jouissance du preneur soit permanente (■ Cass. com., 22 nov. 1966 : *JurisData* n° 1966-098446 ; *Bull. civ.* III, n° 446, p. 394). En l'absence d'une libre disposition à usage exclusif d'un bassin de piscine, la convention signée entre un établissement de thalassothérapie et un enseignant en gymnastique exerçant à titre libéral ne peut être qualifiée de bail (■ Cass. 3e civ., 11 janv. 2006, n° 04-19.736 : *JurisData* n° 2006-031580 ; *Loyers et copr.* 2006, 48, note Vial-Pedroletti).

4) Consommation de la substance de la chose. Il ne peut y avoir contrat de louage lorsque le preneur consomme la substance même de la chose (■ Cass. 3e civ., 25 oct. 1983 : *JurisData* n° 1983-702203 ; *JCP* 84, IV, 3 ; *Bull. civ.* III, n° 197, p. 151, extraction de matériaux. V. aussi ■ Cass. 3e civ., 30 mai 1969 : *JCP* 70, II, 16173, note Hubrecht).

5) Bail et droit d'usage et d'habitation. Le contrat qui confère un droit d'usage et d'habitation consenti de manière irréversible jusqu'au décès du bénéficiaire n'est pas un contrat de bail (■ Cass. 3e civ., 18 mai 1994, n° 92-16.570 : *JurisData* n° 1994-000972 ; *Bull. civ.* III, n° 106, p. 68 ; *JCP* 95, I, 3835, n° 31, obs. Périnet-Marquet ; *RTD civ.* 1995, 921, obs. Zenati ; *D.* 1996, somm. 363).

6) Bail emphytéotique. La cessibilité du bail est de l'essence du bail emphytéotique (■ Cass. 3e civ., 15 mars 1983 : *JurisData* n° 1983-700336 ; *Bull. civ.* III, n° 74, p. 60 ; *RTD civ.* 1983, 756, obs. Rémy). Dans le même sens, ■ Cass. 3e civ., 9 avr. 2009, n° 08-10.944 : *Bull. civ.* III, n° 92 ; *RDC* 2010/1, 135, obs. C. Grimaldi, qui décide que viole l'article L. 451-1 du Code rural la cour d'appel qui juge qu'un bail est emphytéotique alors qu'elle a constaté l'existence d'une clause limitant la cession du bail. Est un bail emphytéotique la convention consentie pour une durée de trente ans, stipulant la libre cession du droit au bail et un loyer modeste, et prévoyant que les améliorations culturales resteraient la propriété du bailleur sans indemnité (■ Cass. 3e civ., 12 oct. 1994, n° 92-15.274 : *JurisData* n° 1994-002999 ; *Bull. civ.* III, n° 175, p. 111 ; *D.* 1994, inf. rap. 240. V. aussi ■ *Cass. 3e civ., 5 déc. 2001 : Bull. civ. III*, n° 142, p. 111 ; *JCP* N 2002, 1186, obs. Grimonprez). Mais exclut le caractère emphytéotique du bail la circonstance pour le propriétaire qui loue un immeuble de se réserver une faculté de résiliation du contrat pour pouvoir vendre ou démolir le bien (■ Cass. 3e civ., 15 mai 1991, n° 89-20.008 : *JurisData* n° 1991-001469 ; *JCP* 1991, IV, 264 ; *Bull. civ.* III, n° 140, p. 82. V. aussi pour la stipulation d'une clause de résolution de plein droit, incompatible avec la constitution d'un droit réel, ■ Cass. 3e civ., 14 nov. 2002 : *JCP* G 2003, IV, 1020 ; *JCP* N 2003, 1310, note Grimonprez ; *JurisData* n° 2002-016312 ; *Bull. civ.* III, n° 223, p. 191 ; *Defrénois* 2003, 241, obs. Libchaber ; *RDC* 2003, 122, obs. Lardeux) ou le fait que le bail comporte une clause limitant l'usage auquel le bénéficiaire peut affecter les lieux loués (■ Cass. 3e civ., 13 mai 1998, n° 96-19.545 : *JurisData* n° 1998-002251 ; *JCP* 1998, IV, 2464 ; *Bull. civ.* III, n° 101, p. 68. V. aussi, écartant la qualification en raison de l'existence de clauses imposant de nombreuses charges et conditions au preneur, ■ Paris, 6e ch., 26 nov. 1998 : *JurisData* n° 1998-023206).

II – EXISTENCE D'UN LOYER

7) Principe. N'est pas un bail le contrat par lequel est autorisée une occupation temporaire pendant une période d'essai sans stipulation de loyer (■ Cass. 3e civ., 16 déc. 1970, n° 69-12.936 : *JurisData* n° 1970-000703 ; *D.* 1971, somm. p. 57). Jugé qu'un échange de lettres entre les parties ne peut être qualifié de bail, aucun loyer n'étant prévu, et constitue une convention d'occupation gratuite avec paiement des charges (■ Nîmes, 24 mars 1992 : *JurisData* n° 1992-030002 ; *JCP* 92, IV, 2085). Un loyer dérisoire (1 F) équivaut à une absence de loyer (■ Cass. 3e civ., 9 mai 1983, n° 81-15.001 : *JurisData* n° 1983-701345 ; *JCP* 83, IV, 225). L'existence d'un bail verbal ne peut être déduite du seul fait que le propriétaire a confirmé dans une déclaration faite à la caisse de mutualité agricole l'existence d'une location au profit de son fils, dès lors que n'est pas établie la contrepartie onéreuse de la mise à disposition (■ Cass. 3e civ., 1er févr. 2000 : *JurisData* n° 2000-000355). La conclusion d'un bail commercial suppose l'accord des parties sur la chose et sur le prix du loyer et la seule occupation des lieux non accompagnée du paiement des loyers ne peut caractériser l'existence d'un bail commercial verbal (■ Cass. 3e civ., 4 mars 2008, n° 07-15.522 : *RDC* 2008, 836, obs. Seube). Sur la modicité du loyer dans le bail emphytéotique, V. ■ Cass. 3e civ., 6 juin 1984, n° 83-10.946 : *JurisData* n° 1984-701097 ; *Bull. civ.* III, n° 111, p. 88. Le contrat qui met à la charge du collaborateur du dentiste titulaire du bail une rétrocession de partie de ses honoraires ne constitue pas une sous-location dès lors que le prix payé n'est pas assimilable, de par son caractère variable étranger à toute valeur locative et indépendant du temps d'utilisation effective des lieux, à un loyer (■ Cass. 3e civ., 22 oct. 2003, n° 01-17.183 : *JurisData* n° 2003-020617 ; *Loyers et copr.* 2004, 4, note Vial-Pedroletti ; *JCP* G 2003, IV, 2963 ; *JCP* E 2004, 602, note Ferrier ; *Defrénois* 2004, 445, obs. Aubert).

8) Loyer en nature. Sur ce que le loyer peut être stipulé en nature, V. ■ Cass. 3e civ., 31 mai 1978, n° 76-15.166 : *JurisData* n° 1978-098228 ; *JCP* 78, IV, 234 (aide apportée plusieurs heures par jour pour des travaux ménagers). ■ Cass. 3e civ., 4 juill. 1979 : *JurisData* n° 1979-700017 ; *D.* 1979, inf. rap. 536 ; *RTD civ.* 1980, 779, obs. Cornu (abandon du fumier des chevaux occupant les boxes loués). ■ Cass. 3e civ., 4 janv. 1991, n° 89-16.740 : *Loyers et copr.* 1991, 97 (travaux d'aménagement et d'entretien, paiement des impôts locaux, des primes d'assurances, des frais de chauffage et d'éclairage du local). Mais l'occupant qui ne paye pas de loyer, fait seulement les courses et parfois un achat pour l'appartement n'est pas un sous-locataire (■ Cass. 3e civ., 5 juill. 1995, n° 93-10.924 : *JurisData* n° 1995-001822 ; *JCP* 95, IV, 2160 ; *Bull. civ.* III, n° 164, p. 111 ; *Loyers et copr.* 1995, 514). De même, le simple fait que l'occupant ait effectué des travaux de remise en état ne suffit pas à caractériser l'existence d'un bail (■ Aix-en-Provence, 11e ch., 16 sept. 1999 : *JurisData* n° 1999-107142. V. en ce sens pour l'hébergement d'amis de façon continue sans contrepartie ■ Cass. 3e civ., 5 mai 1999, n° 97-15.598 : *JurisData* n° 1999-001965 ; *JCP* 99, IV, 2126 ; *Bull. civ.* III, n° 103, p. 69).

9) Bail à nourriture. L'acte de vente ne mettant pas à la charge de l'acquéreur l'obligation d'assurer la subsistance du vendeur, la cour d'appel a pu estimer que le contrat litigieux ne constituait pas un bail à nourriture mais un contrat de vente (■ Cass. 1re civ., 20 févr. 2008, n° 06-19.977 : *Bull. civ.* I, n° 56 ; *RDC* 2009/2, 549 ; *D.* 2009, 276, note Saenko, engagement d'assurer au vendeur deux promenades hebdomadaires, de lui fournir l'habillement nécessaire et d'assurer le suivi de sa correspondance).

10) Promesse de bail. La promesse de bail vaut bail lorsqu'il y a accord sur la chose et sur le prix (■ Cass. 3e civ., 23 févr. 1982 : *JurisData* n° 1982-700549 ; *JCP* 82, IV, 167. ■ Cass. 3e civ., 20 mai 1992, n° 90-21.109 : *JurisData* n° 1992-001825 ; *Bull. civ.* III, n° 152, p. 93. ■ Cass. 3e civ., 28 mai 1997, n° 95-20.098 : *JurisData* n° 1997-002336 ; *JCP* 97, IV, 1496 ; *Bull. civ.* III, n° 116, p. 77 ; *Contrats, conc. consom.* 1997, 131, note Leveneur).

III – BAIL ET AUTRES CONTRATS

11) Bail et convention d'occupation précaire. Sur le principe de la distinction entre bail et convention d'occupation précaire, V. ■ Cass. com., 22 oct. 1951 : *Gaz. Pal.* 1951, 2, 402 (contrat conférant expressément un « droit d'occupation *essentiellement temporaire et précaire* »). ■ Cass. 3e civ., 16 avr. 1970, n° 68-11.662 : *Bull. civ.* III, n° 245, p. 181. ■ Paris, 15 déc. 1962 : *JCP* 63, II, 13021, note P. L. Une convention d'occupation précaire n'est pas exclusive d'une redevance (■ Cass. soc., 4 nov. 1960 : *D.* 1961, 11. ■ Paris, 15 déc. 1962, préc.). V. aussi ■ Aix-en-Provence, 23 oct. 1986 *D.* 1988, 242, note Roy-Loustaunau (précarité liée au désir du propriétaire de se réserver le droit de construire une cafétéria sur le terrain). ■ Cass. 3e civ., 5 mars 1997, n° 95-14.838 : *JurisData* n° 1997-000890 ; *JCP* 97, IV, 898 ; *Bull. civ.* III, n° 47, p. 30 (convention d'occupation précaire spécifiant expressément que les locataires ne pourraient prétendre au statut des baux commerciaux). ■ Cass. 3e civ., 16 févr. 2000, n° 97-13.752 : *JurisData* n° 2000-000499 ; *JCP* 2000, IV, 1583 ; *Bull. civ.* III, n° 33, p. 23 (convention d'occupation d'un terrain sur lequel est exploitée une centrale à béton, conclue par une commune pour une durée de cinq ans et en contrepartie d'une redevance très modeste, l'intention des parties a bien été de conclure une convention d'occupation précaire, compte tenu du site exceptionnel en périphérie de la ville et des projets économiques et urbanistiques de la commune). La validité d'une convention d'occupation précaire est subordonnée à l'existence, au moment de la signature de la convention, de circonstances particulières, indépendantes de la seule volonté des parties (■ Cass. 3e civ., 29 avr. 2009, nos 08-13.308 et 08-10.506 : *Bull. civ.* III, n° 89 et 90 ; *RDC* 2010/2, 678, obs. Grimaldi). Une convention d'occupation précaire, n'étant pas un bail, n'a pas à être publiée pour être opposable aux tiers, quelle que soit sa durée (■ Cass. 3e civ., 19 nov. 2014, n° 13-20.089 : à paraître au *Bull. civ.*).

12) Bail et prêt à usage. Un loyer dérisoire (1 F) caractérise un prêt à usage (■ Cass. 3e civ., 9 mai 1983 : *JCP* 83, IV, 225. V. aussi en cas d'absence de loyer ■ Paris, 6e ch., 14 avr. 1995, n° 94-003339 : *JurisData* n° 1995-021613 ; *Loyers et copr.* 1995, 452. ■ Rouen, 1re ch., 8 déc. 1999 : *JurisData* n° 1999-114122. ■ Cass. 3e civ., 13 mars 2002 : *JCP* 2002, IV, 1720 ; *JurisData* n° 2002-013507 ; *Bull. civ.* III, n° 60, p. 52. Comp. pour la prise en charge de certains travaux ■ Lyon, 6 sept. 2005, n° 04/02821 : *JurisData* n° 2005-283299 ; *Loyers et copr.* 2006, 27, note Vial-Pedroletti). Mais constitue un bail et non un prêt à usage la mise à disposition d'un immeuble à charge pour l'occupant d'en assurer le gardiennage (■ Toulouse, 27 mai 2003, n° 2002/00724 : *JurisData* n° 2003-218220 ; *Loyers et copr.* 2004, 23, note Vial-Pedroletti).

13) Bail et dépôt salarié. Le contrat de garage est assimilable à un dépôt salarié et non à un contrat de location, même si le propriétaire de la voiture bénéficie d'un box particulier ayant une clé lui permettant d'entrer et de sortir librement, dès lors que l'on n'est pas en présence d'une simple remise louée privativement à un particulier sans autre obligation pour le propriétaire de l'immeuble que d'assurer à son locataire la libre jouissance des lieux (■ Cass. 1re civ., 2 nov. 1966 : *JurisData* n° 1966-700489 ; *JCP* 67, II, 14963 ; *D.* 1967, 319, note Pélissier. Comp. pour le contrat de location conclu avec l'exploitant d'un parc de stationnement ■ Rouen, 22 janv. 1975 : *RTD civ.* 1975, 558, obs. Cornu). Mais ne constitue pas un contrat de dépôt salarié le contrat par lequel la société concessionnaire d'un port de plaisance loue à des particuliers des postes de mouillage pour les bateaux, dès lors que les parties ont entendu ne mettre à la charge de ladite société qu'une obligation de surveillance et non une obligation de garde et de conservation, même si les propriétaires en avaient déposé les clefs au bureau de la société concessionnaire pour permettre les obligations facultatives d'entretien (■ Cass. 1re civ., 21 juill. 1980 : *Bull. civ.* I, n° 228, p. 183. V. en ce sens ■ Montpellier, 21 oct. 1981 : *JurisData* n° 1981-600244 ; *JCP* 82, II, 19751, note de Juglart. Mais V. en sens inverse lorsque la garde a été promise ■ Cass. com., 13 déc. 1982, n° 80-16.547 : *JurisData* n° 1982-702968 ; *Bull. civ.* IV, n° 405, p. 337).

14) Bail et contrat d'hôtellerie. L'hébergement d'une personne, aux fins d'un reportage photographique, dans un studio entièrement équipé, loué habituellement à la clientèle de passage, constitue un contrat d'hôtellerie (■ Cass. 1re civ., 26 févr. 1991, n° 89-17.501 : *JurisData* n° 1991-000505 ; *Bull. civ.* I, n° 78, p. 50 ; *RTD civ.* 1992, 140, obs. Gautier). Mais cette qualification doit être écartée et celle de location de locaux meublés retenue, en l'absence de prestations de services caractéristiques du contrat d'hôtellerie, dès lors que certains des occupants justifient avoir acquis des éléments de literie et installé des lignes téléphoniques personnelles, que les lieux sont équipés d'une cuisine collective, que la durée d'occupation est d'une ou plusieurs années, et que l'utilisation du mot « loyer » constitue un indice significatif (■ Cass. 3e civ., 26 juin 1996, n° 94-16.850 : *JurisData* n° 1996-002789 ; *JCP* 96, IV, 1929 ; *Bull. civ.* III, n° 161, p. 103 ; *Loyers et copr.* 1996, 329). De même, est une location le contrat par lequel le preneur s'est vu imposer le versement d'une caution à la remise des clefs, et qui stipule qu'un inventaire doit être dressé et que l'entretien comme le nettoyage des locaux de l'appartement meublé sont mis à la charge du preneur (■ Cass. 3e civ., 19 oct. 1999 : *Bull. civ.* I, n° 278, p. 181 ; *RD imm.* 2000, 96, obs. Collart Dutilleul).

15) Bail et contrat de séjour dans une maison de retraite. Le contrat de séjour par lequel une maison de retraite s'oblige à héberger une personne âgée et à fournir des prestations hôtelières, sociales et médicales n'est pas soumis aux règles du Code civil relatives au louage de choses (■ Cass. 3e civ., 1er juill. 1998, n° 96-20.358 : *JurisData* n° 1998-003025 ; *JCP* G 98, IV, 2959 ; *JCP* E 99, 215, n° 8, obs. Vialla ; *Bull. civ.* III, n° 145, p. 97 ; *Contrats, conc. consom.* 1998, 140, note Leveneur. ■ Rouen, 17 févr. 2004, n° 02/03450 : *JurisData* n° 2004-238031 ; *Loyers et copr.* 2004, 138, note Vial-Pedroletti). V. aussi I. Souleau, *De la résidence avec services aux services avec résidence : RD imm.* 1992, 155.

16) Bail et contrat de séjour dans des logements foyers. Viole l'article 1709 la cour d'appel qui qualifie de contrats de location les conventions intervenues entre la Sonacotra, qui gère un foyer-hôtel lieu de résidence pour les travailleurs isolés, comportant des chambres individuelles, des locaux sanitaires, des séjours-cuisines pour la confection des repas et des salles destinées aux activités culturelles et sociales des résidents, le règlement intérieur ayant pour objet d'assurer dans le cadre d'un habitat collectif les meilleures conditions de vie personnelle et collective (■ Cass. 3e civ., 17 févr. 1981, n° 79-14.712 : *JurisData* n° 1981-70057 ; *Bull. civ.* I, n° 32, p. 25. V. en ce sens ■ Paris, 14e ch., 5 mai 1999 : *JurisData* n° 1981-023178).

17) Indifférence de l'obligation de stocker des biens du bailleur. S'agissant de la « mise à disposition » de chais, ayant relevé que le contrat liant les parties était intitulé « contrat de bail », que ce terme était repris à de nombreuses reprises dans la convention dans laquelle il était fait état de loyers « soumis à la législation en vigueur des baux commerciaux », même si cette mention ne pouvait être prise au pied de la lettre et que les dispositions concernant la charge et l'entretien des locaux constituaient des dispositions classiques d'un contrat de location, la cour d'appel, qui n'était pas tenue de procéder à une recherche que ses constatations rendaient inopérante ni de suivre les parties dans le détail de leur argumentation, a pu en déduire que la commune intention des parties avait été de conclure un bail, peu important que le preneur des chais se soit par ailleurs engagé à stocker les eaux-de-vie du bailleur ou de ses clients (■ Cass. 3e civ., 24 janv. 2007, n° 06-13.028 : *Bull. civ.* III, n° 6 ; *RDC* 2007/3, p. 810, obs. Seube).

18) Coffre-fort. Est un contrat de louage le contrat par lequel une banque met un coffre-fort à la disposition d'un client (■ Cass. req., 11 févr. 1946 : *D.* 1946, 365, note Tunc. ■ Cass. 1re civ., 29 mars 1989 : *JCP* 1990, II, 21415, note Putman et Solletty. – Voir cependant, décidant qu'un tel contrat est de nature plus complexe, ■ Paris, 19 avr. 1984 : *JurisData* n° 1984-024957 ; *JCP* E 1985, II, 14491, note Prévault. ■ Paris, 9 oct. 1986 : *JurisData* n° 1986-025906 ; *RTD civ.* 1987, 568, obs. Rémy, et, sur pourvoi, ■ Cass. 1re civ., 15 nov. 1988, n° 86-18.970 : *JurisData* n° 1988-002405 ; *Bull. civ.* I, n° 318, p. 216 ; *D.* 1989, 349, note Delebecque. V. aussi, écartant l'application de l'article 1722, ■ Cass. com., 11 oct. 2005 : *Bull. civ.* IV, n° 206,

p. 222 ; *Loyers et copr.* 2006, 28, note Vial-Pedroletti ; *JCP* 2005, IV, 3397 ; *JurisData* n° 2005-030342 ; *Contrats, conc. consom.* 2006, 19, note Leveneur ; *RDC* 2006, 335, obs. Bénabent et 422 obs. Puig : l'article 1722 du Code civil n'est pas applicable au contrat par lequel la banque loue à un client un compartiment ou un coffre dont elle assume la surveillance et auquel le client ne peut accéder qu'avec le concours du banquier). La banque qui met un coffre-fort à la disposition d'un client est tenue d'une obligation de surveillance qui lui impose d'établir qu'elle a accompli toutes les diligences utiles pour en contrôler l'accès par un tiers, fût-il muni d'une clé (▪ Cass. com., 9 févr. 2016, n° 14-23.006 : *Contrats, conc. consom.* 2016, comm. 138, Leveneur ; *LPA*, 20 juin 2016, 17, note F. Viney).

IV – BAUX PERPÉTUELS

19) Clauses de renouvellement. Est nul comme perpétuel le bail comportant une clause de renouvellement le rendant prorogeable à la seule volonté du preneur tous les trois ans, de telle sorte qu'il reste toujours neuf années à courir (▪ Cass. soc., 29 mai 1954, préc. – V. aussi ▪ Cass. 3e civ., 8 mai 1973, n° 72-11.156 : *JurisData* n° 1973-098321 ; *JCP* 73, IV, 223 ; *Bull. civ.* III, n° 320, p. 232. ▪ Cass. 3e civ., 19 févr. 1992, n° 90-16.148 : *JurisData* n° 1992-000411 ; *Bull. civ.* III, n° 46, p. 28. ▪ Cass. 3e civ., 13 mars 2002 : *JCP* 2002, IV, 1721 ; *JurisData* n° 2002-013508 ; *Bull. civ.* III, n° 61, p. 52 ; *RTD civ.* 2002, 511, obs. Mestre et Fages) ou celui donnant au preneur et à ses héritiers la faculté de se maintenir dans les lieux sans limitation de durée (▪ Cass. 3e civ., 20 févr. 1991, n° 89-18.528 : *JurisData* n° 1991-700449 ; *JCP* N 92, II, 22). Mais il n'y a pas d'engagement perpétuel dès lors qu'il y a faculté de résiliation ou de refus de faire courir une nouvelle durée contractuelle (▪ Cass. com., 3 avr. 2002, n° 98-21.813 : *JurisData* n° 2002-014040 ; *Contrats, conc. consom.* 2002, 119, note Leveneur).

20) Terme constitué par le décès du preneur. Le bail n'est pas perpétuel s'il doit nécessairement connaître un terme avec le décès du preneur (▪ Cass. 3e civ., 4 avr. 1968 : *Bull. civ.* III, n° 150, p. 120. ▪ Cass. 3e civ., 30 nov. 1983, n° 82-13.223 : *JurisData* n° 1983-702439 ; *Bull. civ.* III, n° 249, p. 189. ▪ Cass. 3e civ., 18 janv. 1995, n° 92-17.702 : *JurisData* n° 1995-000119 ; *Bull. civ.* III, n° 16, p. 10).

21) Durée du séjour du preneur dans la ville. N'est pas perpétuel le bail limité à la durée du séjour du preneur dans la ville (▪ Cass. 3e civ., 21 févr. 1969 : *JCP* 69, IV, 80 ; *Bull. civ.* III, n° 170, p. 129).

22) Terme constitué par l'épuisement d'une carrière. Doit être annulée comme perpétuelle la convention locative prévoyant qu'elle se terminera à l'épuisement d'une carrière et dont aucune disposition n'impose au locataire l'exploitation de cette dernière sur laquelle il lui est concédé un droit d'exploitation (▪ Cass. 3e civ., 15 janv. 1976, n° 74-13.676 : *JurisData* n° 1976-098018 ; *JCP* 76, IV, 76 ; *Bull. civ.* III, n° 16, p. 12).

23) Terme constitué par la dissolution d'une société. Est perpétuelle la promesse de bail consentie à une société jusqu'à la dissolution de celle-ci, dont la durée est fixée à 99 ans (▪ Cass. 3e civ., 27 mai 1998, n° 96-15.774 : *JurisData* n° 1998-002324 ; *JCP* G 98, IV, 2591 ; *JCP* N 98, 1557 ; *Bull. civ.* III, n° 110, p. 73).

24) Contrat de location d'installation téléphonique. Est nul le contrat de location d'installation téléphonique conclu pour une durée de quinze ans contenant une clause stipulant que la convention reprendra sa durée initiale à partir de la date à laquelle la location initiale aura subi une augmentation supérieure à 25 % par suite d'une ou plusieurs augmentations de l'installation ou même d'un pourcentage inférieur dans le cas du remplacement de matériel par suite d'adjonction, une telle clause exposant le locataire à des obligations contractées pour une durée pouvant se poursuivre indéfiniment, sauf à conserver la jouissance d'une installation inapte à procurer les services pour lesquels elle a été donnée en location (▪ Cass. com., 3 janv. 1989, n° 87-13.691 : *JurisData* n° 1989-000006 ; *Bull. civ.* IV, n° 3, p. 2 ; *RTD civ.* 1989, 534, obs. Mestre. V. aussi ▪ Cass. com., 3 nov. 1992, n° 90-17.632 : *JurisData* n° 1992-002421 ; *Bull. civ.* IV, n° 339, p. 242).

25) Sanction. L'interdiction des baux perpétuels est d'ordre public (▪ Cass. soc., 29 mai 1954 : *D.* 1954, 640). Le juge ne peut se borner à réduire à 99 ans la durée maximale de la location (▪ Cass. civ., 20 mars 1929 : *DP* 1930, 1, 13, note Voirin). L'action en nullité du bail perpétuel se prescrit par trente ans (▪ Cass. 3e civ., 15 déc. 1999, n° 98-13.029 : *JCP* G 2000, II, 10236, concl. Weber ; *JCP* N 2000, 562, obs. Billiau ; *Bull. civ.* III, n° 242, p. 169 ; *Contrats, conc. consom.* 2000, 77, note Leveneur).

Art. 1710. – **Le louage d'ouvrage est un contrat par lequel l'une des parties s'engage à faire quelque chose pour l'autre, moyennant un prix convenu entre elles.**

Art. 1711. – **Ces deux genres de louage se subdivisent encore en plusieurs espèces particulières :**

On appelle *bail à loyer*, le louage des maisons et celui des meubles ;

Bail à ferme, celui des héritages ruraux ;
Loyer, le louage du travail ou du service ;
Bail à cheptel, celui des animaux dont le profit se partage entre le propriétaire et celui à qui il les confie ;
Les *devis, marché* ou *prix fait*, pour l'entreprise d'un ouvrage moyennant un prix déterminé, sont aussi un louage, lorsque la matière est fournie par celui pour qui l'ouvrage se fait.
Ces trois dernières espèces ont des règles particulières.

Art. 1712. – Les baux des biens nationaux, des biens des communes et des établissements publics, sont soumis à des règlements particuliers.

CHAPITRE II. – DU LOUAGE DES CHOSES

Art. 1713. – On peut louer toutes sortes de biens meubles ou immeubles.

1) Mur. Le louage d'un mur en vue d'y placer des affiches constitue un bail à loyer (▪ Cass. civ., 3 mars 1925 : *Gaz. Pal.* 1925, 1, 644).

2) Bail de la chose d'autrui. Le bail de la chose d'autrui est valable dans les rapports entre le bailleur et le preneur tant que celui-ci en a la jouissance paisible (▪ Cass. civ., 17 mai 1927 : *DP* 1928, 1, 25, concl. Matter et note Capitant. ▪ Cass. 3e civ., 13 févr. 1985, n° 82-14.220 : *JurisData* n° 1985-000388 ; *Bull. civ.* III, n° 33, p. 24. ▪ Cass. 3e civ., 7 oct. 1998, n° 97-11.305 : *JurisData* n° 1998-003984 ; *JCP* 98, IV, 3244 ; *Bull. civ.* III, n° 187, p. 125. ▪ Paris, 9 janv. 2001, n° 1999/00145 : *JurisData* n° 2001-134352 ; *Loyers et copr.* 2001, 110, note Vial-Pedroletti). Le bail consenti par un indivisaire sans le consentement des autres, même s'il a date certaine, est, en tant qu'il porte partiellement sur la chose d'autrui, inopposable à l'acquéreur du bien en ayant fait l'objet (▪ Cass. 1re civ., 30 juin 2004, n° 99-15.294 : *JurisData* n° 2004-024348 ; *Bull. civ.* I, n° 193, p. 160). Le bailleur ne peut donc rompre unilatéralement la convention qui le lie au preneur (▪ Cass. 3e civ., 26 avr. 1972 : *JurisData* n° 1972-098260 ; *Gaz. Pal.* 1972, 2, 899) et le locataire ne peut demander le remboursement des loyers (▪ Paris, 19 janv. 1999, n° 1997/12674 : *JurisData* n° 1999-020068 ; *Loyers et copr.* 1999, 255, note Vial-Pedroletti). La location consentie par le propriétaire apparent de la chose louée est opposable au véritable propriétaire lorsque le locataire a traité de bonne foi sous l'empire de l'erreur commune (▪ Cass. 3e civ., 4 févr. 1975, n° 73-13.759 : *JurisData* n° 1975-098036 ; *JCP* 75, IV, 95 ; *Bull. civ.* III, n° 36, p. 29. ▪ Cass. 3e civ., 21 janv. 1981, n° 79-13.854 : *Bull. civ.* III, n° 17, p. 12). Mais il en va autrement si le locataire est de mauvaise foi (▪ Paris, 9 sept. 2004, n° 03/00803 : *JurisData* n° 2004-249908 ; *Loyers et copr.* 2005, 3, note Vial-Pedroletti). Jugé que le bail est opposable au propriétaire réel sans qu'il y ait à rechercher la bonne foi du propriétaire apparent (▪ Cass. 2e civ., 11 juin 1980, n° 79-11.449 : *JurisData* n° 1980-700115 ; *Bull. civ.* II, n° 115, p. 85).

3) Contrat de location de logement à usage de résidence principale. V. D. n° 2015-587, 29 mai 2015, relatif aux contrats types de location de logement à usage de résidence principale : *JO* 31 mai 2015, p. 9035 et A. 29 mai 2015, relatif au contenu de la notice d'information annexée aux contrats de location de logement à usage de résidence principale : *JO* 31 mai 2015, p. 9041. Sur cette question, J.-B. Seube : *RDC* 2015, 874.

4) Étrangers. Sur l'application aux étrangers des lois en matière de baux à loyers et de baux à ferme, v. L. 28 mai 1943 : *JCP* 43, III, 7559.

Section I. – Des règles communes aux baux des maisons et des biens ruraux

Art. 1714 *(Ord. 17 oct. 1945 ; L. n° 46-682, 13 avr. 1946 ; mod., L. n° 2009-526, 12 mai 2009)*. – On peut louer, ou par écrit ou verbalement, sauf, en ce qui concerne les biens ruraux, application des règles particulières aux baux à ferme et à métayage.

1) Propriétaire apparent. Sur l'opposabilité au véritable propriétaire du bail rural consenti par le propriétaire apparent, V. ▪ Cass. 3e civ., 21 janv. 1981, n° 79-13.854 : *D.* 1983, 36, note Diener.

2) Bail verbal indépendant du bail écrit. Les locataires qui ont joui d'un garage et d'un jardin et acquitté de ce fait un loyer plus élevé que celui prévu au bail écrit ne peuvent réclamer le remboursement du supplément versé dès lors que le bail écrit ne saurait exclure l'existence d'un bail verbal portant sur des locaux accessoires (▪ Montpellier, 6 févr. 2001, n° 99/03561 : *JurisData* n° 2001-144737 ; *Loyers et copr.* 2002, 54, 2e arrêt, note Vial-Pedroletti).

Art. 1715. – Si le bail fait sans écrit n'a encore reçu aucune exécution, et que l'une des parties le nie, la preuve ne peut être reçue par témoins, quelque modique qu'en soit le prix, et quoiqu'on allègue qu'il y a eu des arrhes données.

Le serment peut seulement être déféré à celui qui nie le bail.

1) Sous-location. L'article 1715 régit exclusivement les rapports des parties elles-mêmes (■ Cass. com., 27 juin 1955 : *Gaz. Pal.* 1955, 2, 223). Le bailleur principal peut faire par tous les moyens la preuve de la sous-location (■ Cass. soc., 21 nov. 1963 : *JCP* 63, IV, 157 ; *Bull. civ.* IV, n° 686, p. 569. – V. en ce sens ■ Cass. soc., 12 juill. 1956 : *Gaz. Pal.* 1956, 2, 120).

2) Preuve de la qualité de locataire contre l'auteur d'une voie de fait. Celui qui réclame la réparation du dommage résultant de voies de fait peut faire la preuve par tous moyens de sa qualité de locataire contre l'auteur du dommage dès lors que ce dernier n'est ni partie au contrat de bail, ni un tiers au sens de l'article 1328 du Code civil (■ Cass. 3e civ., 28 juin 1978, n° 77-10.654 : *JCP* 78, IV, 277 ; *Bull. civ.* III, n° 271, p. 208, dommages causés par le comblement d'un canal d'irrigation aux récoltes sur une parcelle dont le demandeur se déclare locataire).

3) Preuve de l'existence et de l'étendue de la chose louée. Les moyens de preuve prescrits par l'article 1715 ne sont pas exigés s'il ne s'agit pas de prouver l'existence d'un bail mais seulement de déterminer l'existence et l'étendue de la chose louée (■ Cass. soc., 1er juin 1957 : *Bull. civ.* IV, n° 652, p. 464. ■ Cass. 3e civ., 22 janv. 1970 : *Bull. civ.* III, n° 50, p. 36. ■ Cass. 3e civ., 13 juill. 1999, n° 97-18.926 : *JurisData* n° 1999-002937 ; *Loyers et copr.* 1999, 284, note Vial-Pedroletti).

4) Acte de commerce. Il ressort de l'article 109 du Code de commerce (L. 110-3) qu'un bail d'immeuble consenti par un propriétaire non commerçant à un commerçant en vue de l'exploitation de son commerce prend à l'égard de ce dernier le caractère d'un acte de commerce dont la preuve peut être rapportée par le bailleur conformément aux dispositions du Code de commerce (■ Cass. com., 14 févr. 1956 : *Gaz. Pal.* 1956, 1, 341).

5) Commencement d'exécution d'un bail verbal. Viole l'article 1715 la décision qui énonce que le commencement d'exécution d'un bail verbal ne peut, pas plus que le contrat lui-même, être prouvé par témoin ou à l'aide de présomptions alors que le texte susvisé n'édicte cette prohibition que lorsque le bail n'a pas été exécuté (■ Cass. 3e civ., 26 févr. 1971 : *JurisData* n° 1971-098147 ; *JCP* 71, IV, 83 ; *Bull. civ.* III, n° 147, p. 105. V. en ce sens ■ Cass. 3e civ., 23 nov. 1977, n° 76-10.540 : *JurisData* n° 1977-099405 ; *Bull. civ.* III, n° 405, p. 307). La preuve d'un commencement d'exécution n'est pas nécessaire lorsque le bail résulte d'un échange de lettres (■ Cass. 3e civ., 18 juill. 1977, n° 76-11.043 : *JCP* 77, IV, 246 ; *Bull. civ.* III, n° 318, p. 241). Sur le pouvoir souverain des juges du fond pour apprécier l'existence du commencement d'exécution, V. ■ Cass. 3e civ., 12 déc. 1968 : *Bull. civ.* III, n° 541, p. 416. La preuve peut résulter d'attestations d'une agence immobilière (■ Cass. 3e civ., 21 sept. 2005, n° 01-17.184 : *JurisData* n° 2005-029973 ; *Loyers et copr.* 2005, 216, note Vial-Pedroletti). Jugé que ce commencement d'exécution suppose de la part de celui qui s'en prévaut non seulement l'exercice des droits mais aussi l'accomplissement des obligations découlant du prétendu bail, notamment le paiement d'une somme correspondant au loyer (■ Cass. soc., 24 oct. 1958 : *D.* 1958, 728. ■ Paris, 10 déc. 1993, n° 66-20197 : *JurisData* n° 1993-024061 ; *Loyers et copr.* 1994, 174. Sur ce que l'occupation des lieux ne suffit pas, V. ■ Paris, 9 avr. 2004, n° 2003/13614 : *JurisData* n° 2004-238022 ; *Loyers et copr.* 2004, 140, note Vial-Pedroletti).

6) Versement de loyers. Le seul versement de sommes qualifiées sur les quittances de « loyer » et non « d'indemnité » ne constitue pas nécessairement la preuve de l'existence d'une location, en l'absence d'autres éléments déterminant de façon non équivoque l'intention des parties en ce sens (■ Cass. soc., 3 mai 1957 : *JCP* 57, IV, 85 ; *Bull. civ.* IV, n° 502, p. 355. – Comp. ■ Cass. 3e civ., 2 mai 1968 : *D.* 1968, 548). L'acceptation du paiement des loyers ne suffit pas à caractériser l'acceptation non équivoque du propriétaire (■ Cass. 3e civ., 16 mai 2000, n° 98-20.232 : *JurisData* n° 2000-002104 ; *Loyers et copr.* 2000, 185, 1er arrêt, note Vial-Pedroletti).

7) Commencement de preuve par écrit. Les juges du fond peuvent estimer que les lettres dans lesquelles une personne invoque sa qualité de locataire forment le complément de preuve nécessaire pour parfaire un commencement de preuve par écrit de cette qualité (■ Cass. 3e civ., 25 avr. 2001, n° 99-13.830 : *JCP* 2001, IV, 2084 ; *Bull. civ.* III, n° 51, p. 39. ■ Montpellier, 6 févr. 2001, n° 99/01634 : *JurisData* n° 2001-154254 ; *Loyers et copr.* 2002, 54, 1er arrêt, note Vial-Pedroletti). Mais le commencement de preuve par écrit ne peut être complété par des témoignages (■ Cass. 3e civ., 18 mars 1987, n° 84-14.588 : *JurisData* n° 1987-000569 ; *Bull. civ.* III, n° 54, p. 32).

8) Aveu. La preuve de l'existence d'un bail peut être tirée de l'aveu du propriétaire contenu dans un acte extra-judiciaire (■ Cass. 3e civ., 12 févr. 1980 : *JurisData* n° 1980-735199 ; *JCP* 80, IV, 163).

Art. 1716. – Lorsqu'il y aura contestation sur le prix du bail verbal dont l'exécution a commencé, et qu'il n'existera point de quittance, le propriétaire en sera cru sur son serment, si mieux n'aime le locataire demander l'estimation par experts ; auquel cas les frais de l'expertise restent à sa charge, si l'estimation excède le prix qu'il a déclaré.

1) **Serment déféré sur un fait personnel.** Le serment ne peut être déféré au propriétaire que sur un fait qui lui soit personnel et on ne saurait lui déférer serment sur le prix d'un bail verbal conclu par son père décédé (■ Cass. civ., 20 nov. 1945 : *D.* 1946, 184).

2) **Frais d'expertise.** Au cas où le prix d'estimation confirme celui déclaré par le preneur, les juges du fond peuvent comprendre les frais d'expertise dans la masse des dépens partagés entre les parties (■ Cass. req., 26 déc. 1899 : *DP* 1900, 1, 126).

3) **Caractère d'ordre public (non).** L'article 1716 n'a pas le caractère d'une disposition d'ordre public et, à défaut de convention entre les parties, il appartient au juge de fixer le prix selon les circonstances (■ Cass. 3e civ., 3 oct. 1968 : *JurisData* n° 1968-000356 ; *Gaz. Pal.* 1969, 1, 139). Jugé au contraire que viole cet article l'arrêt qui retient que le juge conserve la faculté de fixer le prix, selon les circonstances, en fonction d'autres éléments, et principalement en se référant aux manifestations de volonté des parties (■ Cass. 3e civ., 15 mars 2000, n° 97-19.959 : *JurisData* n° 2000-000963 ; *Bull. civ.* III, n° 54, p. 37 ; *Contrats, conc. consom.* 2000, 90, note Leveneur ; *Loyers et copr.* 2000, 185, 2e arrêt, note Vial-Pedroletti). Le juge n'a pas le pouvoir d'appliquer d'office les dispositions de l'article 1716 (■ Cass. 3e civ., 22 févr. 1989, n° 87-17.939 : *JurisData* n° 1989-001295 ; *Bull. civ.* III, n° 42, p. 24 ; *D.* 1990, 186, note Martin).

4) **Désaccord sur la désignation du tiers.** Les juges ne peuvent se substituer aux parties en désaccord sur la désignation du tiers auquel doit incomber la charge de déterminer le prix (■ Cass. 3e civ., 27 avr. 1976, n° 74-15.239 : *JurisData* n° 1976-098178 ; *Bull. civ.* III, n° 176, p. 137).

5) **Durée du bail verbal.** La durée d'un bail verbal, quel qu'en soit le prix, qu'il y ait eu ou non commencement de preuve par écrit, ne peut se prouver ni par témoins ni par présomptions ; l'usage des lieux seul doit servir à déterminer cette durée, et, par suite, le délai dans lequel le congé peut être utilement donné (■ Cass. civ., 28 juill. 1908 : *DP* 1908, 1, 461).

6) **Indexation.** Un tribunal ne peut accueillir une demande d'application de l'indexation de loyer sans constater, s'agissant d'un bail verbal, l'existence d'un accord d'indexation (■ Cass. 3e civ., 4 oct. 1995, n° 93-19.702 : *JCP* 95, IV, 2424 ; *Bull. civ.* III, n° 211, p. 142).

Art. 1717. – Le preneur a le droit de sous-louer et même de céder son bail à un autre, si cette faculté ne lui a pas été interdite.

Elle peut être interdite pour le tout ou partie.

Cette clause est toujours de rigueur.

I – SOUS-LOCATIONS

1) **Mise à disposition moyennant certaines contreparties.** Sur le principe que la sous-location implique l'existence d'une contrepartie à l'occupation, V. ■ Cass. 3e civ., 9 mars 1994, n° 92-10.211 : *Bull. civ.* III, n° 47, p. 28. ■ Cass. 3e civ., 14 nov. 2002, n° 01-12.558 : *JurisData* n° 2002-016495 ; *Loyers et copr.* 2003, 55, 1er arrêt, note Vial-Pedroletti. La mise à la disposition d'une personne, par le preneur d'un appartement, d'une chambre de service moyennant des heures de travail a pour contrepartie des prestations en nature et doit être regardée comme une véritable sous-location (■ Cass. 3e civ., 17 mars 1975, n° 74-20.031 : *JurisData* n° 1975-098103 ; *JCP* 75, IV, 153 ; *Bull. civ.* III, n° 103, p. 77. V. aussi ■ Cass. 3e civ., 7 avr. 1994, n° 92-14.478 : *Bull. civ.* III, n° 76, p. 49. ■ Paris, 31 janv. 2002, n° 2000/15684 : *JurisData* n° 2002-166526 ; *Loyers et copr.* 2003, 55, 2e arrêt, note Vial-Pedroletti). Mais il en va autrement lorsque l'occupant ne paye pas de loyer et fait seulement les courses pour les autres occupants, et, parfois, un achat pour l'appartement (■ Cass. 3e civ., 5 juill. 1995, n° 93-16.190 : *JurisData* n° 1995-001855 ; *JCP* 95, IV, 2160 ; *Bull.* III, n° 164, p. 111 ; *Loyers et copr.* 1995, 514).

2) **Indépendance de la sous-location.** La sous-location constitue un contrat distinct du bail principal et obéit à des règles qui lui sont propres, indépendantes des rapports juridiques unissant le propriétaire de l'immeuble au locataire principal (■ Cass. 3e civ., 24 avr. 1974, n° 73-10.088 : *JurisData* n° 1974-098166 ; *JCP* 74, IV, 203 ; *Bull. civ.* III, n° 167, p. 125).

3) **Incidence de la résiliation du bail principal.** La résiliation du bail principal pour sous-location irrégulière entraîne nécessairement la résiliation de celle-ci (■ Cass. 3e civ., 19 juin 1970, n° 68-13.854 : *JurisData* n° 1970-000434 ; *Bull. civ.* III,

n° 434, p. 315. V. aussi ■ Cass. 3e civ., 1er oct. 1997, n° 95-20.897 : *JurisData* n° 1997-003783 ; *Loyers et copr.* 1997, 303, note Vial-Pedroletti). Le sous-locataire qui se maintient dans les lieux malgré cette résiliation est redevable d'une indemnité d'occupation (■ Cass. 3e civ., 1er oct. 1997, préc.), dont le bailleur peut demander paiement au locataire principal (■ Cass. 3e civ., 4 mai 2000, n° 98-18.108 : *JurisData* n° 2000-001854 ; *Loyers et copr.* 2000, 186, note Vial-Pedroletti).

4) **Action du propriétaire contre le sous-locataire.** Un propriétaire désirant reprendre la disposition de locaux précédemment donnés à bail et trouvant dans les locaux un occupant se prétendant sous-locataire a qualité pour agir directement contre cet occupant à l'effet de contester l'existence ou la régularité du titre dont celui-ci se prévaut et de demander son expulsion (■ Cass. soc., 3 oct. 1957 : *JCP* 58, II, 10359).

5) **Autorisation en général de sous-louer. Effet.** L'autorisation en général de sous-louer ne dispense pas le locataire principal de l'obligation d'appeler le bailleur à concourir aux actes de sous-location (■ Cass. 3e civ., 13 mars 1979 : *JCP* 79, IV, 174).

6) **Baux soumis à la loi du 1er septembre 1948.** Sur l'interdiction pour le preneur de sous-louer et de céder, sauf clause contraire du bail, dans les baux soumis à la loi du 1er sept. 1948, v. art. 78 de ladite loi, p. 2800. Mais cette disposition n'est pas applicable aux sous-locations et cessions faites à une société civile professionnelle (L. n° 66-879, 29 nov. 1966, art. 33, p. 2909).

II – CESSIONS

7) **Doctrine.** D. Denis, *La cession de bail immobilier : D.* 1976, chron. 269.

8) **Nature de la cession de bail.** La cession du bail est un contrat d'une nature particulière, comportant cession de créance au profit du cessionnaire, mais aussi transfert à la charge de celui-ci de l'obligation de payer le loyer et d'exécuter les conditions de la location (■ Cass. soc., 12 nov. 1954 : *D.* 1955, 22). Une telle convention n'est pas assimilable à une vente et ne comporte pas nécessairement stipulation d'un prix (même arrêt).

9) **Opposabilité au bailleur.** La cession d'un bail n'est opposable au bailleur que si elle lui a été *signifiée conformément aux dispositions de l'article* 1690 du Code civil ou acceptée par lui dans un acte authentique (■ Cass. soc., 27 oct. 1955 : *JCP* 56, II, 9132, 1re esp.). L'une ou l'autre de ces formalités ne peut devenir inutile que si le bailleur a eu connaissance de la cession et l'a acceptée sans équivoque (■ Cass. ass. plén., 14 févr. 1975 : *JCP* 75, IV, 111 ; *Bull. civ.*, ■ Cass. ass. plén., n° 1, p. 1). Le fait de percevoir les loyers payés par le cessionnaire n'implique pas une acceptation sans équivoque (■ Cass. 3e civ., 5 mai 1975, n° 73-14.130 : *Bull. civ.* III, n° 150, p. 113).

10) **Obligations des cessionnaires successifs.** Les cessionnaires successifs d'un droit au bail deviennent, par l'effet même de la cession du contrat synallagmatique de louage, débiteurs du bailleur originaire et demeurent à ce titre, et malgré la rétrocession de leurs droits, tenus envers lui jusqu'à l'expiration du bail des obligations qui en dérivent (■ Cass. soc., 9 nov. 1956 : *Gaz. Pal.* 1957, 1, 120. V. en ce sens ■ Cass. civ., 7 janv. 1947 : *JCP* 47, II, 3510, note Becqué. ■ Cass. 3e civ., 27 oct. 1993, n° 91-17.332 : *Loyers et copr.* 1994, 97. V. en ce sens pour les dégradations causées par les prédécesseurs du dernier titulaire du bail commercial ■ Cass. 3e civ., 9 juill. 2003, n° 02-11.794 : *JurisData* n° 2003-019838 ; *JCP* G 2003, I, 186, n° 20, obs. Labarthe ; *JCP* E 2003, 30, obs. Barthez ; *Bull. civ.* III, n° 145, p. 130. V. cependant ■ Cass. 3e civ., 12 juill. 1988, n° 86-15.759 : *JurisData* n° 1988-001242 ; *Bull. civ.* III, n° 125, p. 69 ; *RTD com.* 1989, 217, obs. Pédamon). Jugé que l'engagement pris par le cédant de rester garant du paiement des loyers ne saurait s'analyser en un cautionnement (■ Paris, 1er mars 1990 : *JurisData* n° 1990-020789 ; *JCP* 90, II, 21559, note Petit). La nullité, ultérieurement prononcée, de la cession ne peut avoir aucun effet sur la résiliation du bail qui s'est produite de plein droit à la suite du commandement infructueux délivré au cessionnaire (■ Cass. 3e civ., 10 mai 1977, n° 76-10.035 : *JurisData* n° 1977-700195 ; *Gaz. Pal.* 1978, 1, 18, note Plancqueel. – Comp. ■ Cass. 3e civ., 10 juin 2009, n° 08-13.797, qui valide, comme non abusive, car elle instaure un régime plus favorable que celui de l'article 1717, la clause, incluse dans un contrat de location d'un emplacement de mobil-home, par laquelle le preneur-cédant s'engage à rester garant du paiement des loyers pendant 10 ans après la cession du bail).

11) **Absence de résiliation du bail pour des dégradations imputables aux preneurs précédents.** L'état actuel de vétusté de l'appartement ayant été constaté avant que le dernier preneur eût pris possession des lieux et les dégradations en cause ne pouvant, dès lors, pas lui être imputées, la cour d'appel en a exactement déduit que, si ce preneur était contractuellement tenu en vertu du contrat de cession de bail des obligations de la société cédante, il ne pouvait lui être reproché à faute par le bailleur, pour obtenir la résiliation du bail, des manquements des précédents preneurs (■ Cass. 3e civ., 30 juin 2010, n° 09-13.754 : *Bull. civ.* 2010, III, n° 134 ; *JCP* G 2010, doctr. 983, n° 24, obs. Barthez ; *Gaz. Pal.* 4 août 2010, 23, obs. Houtcieff ; *JCP* E 2010, n° 38, 10, note Chavance ; *ibid.* n° 51-52,

32, obs. Grignon ; *D.* 2010, 2608, obs. Monge et Nési).

12) Fusion par absorption. Alors que l'apport du seul droit au bail est assimilable à une cession, il n'en est pas de même lorsque cet apport est réalisé dans le cadre d'une fusion par absorption (■ Paris, 17 avr. 1976 : *JurisData* n° 1976-165175 ; *Gaz. Pal.*1976, 2, 751).

13) Résiliation amiable et conclusion d'un nouveau bail. Lorsque la résiliation amiable d'un bail commercial est subordonnée à la signature d'un nouveau bail avec le successeur du locataire, le bailleur peut, sauf abus de droit, modifier les conditions de la nouvelle convention (■ Cass. 3e civ., 14 nov. 2007 : *JurisData* n° 2007-041386 ; n° 06-15.544 ; *Bull. civ.* IV, n° 207 ; *D.* 2008, 15, obs. Rouquet ; *RTD civ.* 2008, 117, obs. Gautier ; *RDC* 2/2008, 388, obs. Seube ; *LPA*, 13 juin 2008, 25, note Algadi).

III – CLAUSES PROHIBITIVES OU RESTRICTIVES DE LA FACULTÉ DE SOUS-LOUER OU DE CÉDER

14) Exigence d'un consentement exprès et par écrit du bailleur. La clause d'un bail énonçant que les preneurs ne pourraient céder leurs droits sans le consentement exprès et par écrit du bailleur, si elle ne constitue pas une interdiction absolue de céder le bail et ne permet pas au bailleur de refuser son consentement à la cession sans motifs légitimes, oblige par contre le preneur à solliciter le consentement du bailleur avant de procéder à la cession (■ Cass. req., 16 nov. 1927 : *DP* 1928, 1, 61, rapp. Bricout). Elle s'applique en cas de cession de droits indivis sur un fonds de commerce dès lors que l'acte stipule que la cession comporte celle du droit au bail et que le cessionnaire s'oblige à exécuter les obligations du bail cédé (■ Cass. 3e civ., 30 avr. 1997, n° 95-17.598 : *JurisData* n° 1997-001811 ; *Bull. civ.* III, n° 89, p. 59). Le refus du propriétaire de donner son agrément à une cession qui diminuait la garantie qu'il tenait du bail ne constitue pas un abus de droit (■ Cass. soc., 25 mars 1958 : *Gaz. Pal.* 1958, 1, 437).

15) Clause n'autorisant la cession qu'au successeur. En présence d'une clause interdisant au locataire de céder ses droits à toute personne sauf à un successeur dans le même commerce, un arrêt peut retenir par une interprétation nécessaire, exclusive de dénaturation, des termes obscurs et ambigus de ladite clause, que celle-ci doit s'entendre dans la commune intention des parties comme ne comportant point l'obligation que le cessionnaire soit également l'acquéreur du fonds (■ Cass. 3e civ., 11 janv. 1978 : *JurisData* n° 1978-098031 ; *JCP* 78, II, 18944, note Boccara).

16) Sanction. Gravité de l'infraction. Après avoir constaté l'existence de l'infraction reprochée, une cour d'appel n'a fait qu'user de son pouvoir souverain d'appréciation en estimant que la sous-location ne revêtait pas une gravité suffisante pour entraîner la résiliation du bail (■ Cass. 3e civ., 19 févr. 1976 : *Gaz. Pal.* 1976, 1, somm. 134. – V. aussi ■ Paris, 6e ch. B, 27 janv. 2000 : *JurisData* n° 2000-106274).

Art. 1718 ***(L. n° 65-570, 13 juill. 1965).*** **– Les dispositions des deuxième et troisième alinéas de l'article 595 relatif aux baux passés par les usufruitiers sont applicables aux baux passés par le tuteur sans l'autorisation du conseil de famille.**

Art. 1719 ***(Mod., Ord. 17 oct. 1945 ; L. n° 46-682, 13 avr. 1946 ; L. n° 2000-1208, 13 déc. 2000 ; L. n° 2009-323, 25 mars 2009).*** **– Le bailleur est obligé, par la nature du contrat, et sans qu'il soit besoin d'aucune stipulation particulière :**

1° De délivrer au preneur la chose louée et, s'il s'agit de son habitation principale, un logement décent. Lorsque des locaux loués à usage d'habitation sont impropres à cet usage, le bailleur ne peut se prévaloir de la nullité du bail ou de sa résiliation pour demander l'expulsion de l'occupant ;

2° D'entretenir cette chose en état de servir à l'usage pour lequel elle a été louée ;

3° D'en faire jouir paisiblement le preneur pendant la durée du bail ;

4° D'assurer également la permanence et la qualité des plantations.

Bibliographie : C. Pérès, *Anéantissement du contrat et restitutions sous l'emprise de l'effectivité des droits fondamentaux : RDC* 2010/4, 1185. • N. Damas, *Les baux d'habitation à l'épreuve de la loi « Logement et exclusion » du 25 mars 2009 : AJDI* 2009, 274. • H. Périnet-Marquet, *Les dispositions affectant le droit civil contenues dans la loi de mobilisation pour le logement : Constr.-Urb.* mai 2009, étude 6. • J. Lafond, *La loi du 25 mars 2009 et les baux d'habitation : JCP* N 2009, 1136. • G. Vigneron, J.-M. Roux, B. Vial-Pedroletti et C. Coutant-Lapalus, *Droit de la copropriété et des baux d'habitation après la loi Molle du 25 mars 2009 : Loyers et copr.* mai 2009, étude 6.

• *Sommaire*

I – OBLIGATION DE DÉLIVRANCE

1) **Principe.** Le preneur dispose d'une action en indemnité contre le bailleur dès lors que le défaut de délivrance provient de ce dernier, spécialement en raison de la présence sur les terres, objet de la convention, d'un autre locataire dont le titre n'est pas opposable au preneur (■ Cass. 3e civ., 16 janv. 1980, n° 78-12.389 : *JurisData* n° 1980-700013 ; *JCP* 1980, IV, 120. ■ Cass. 3e civ., 28 sept. 2005 : *JCP* 2005, IV, 3271 ; *JurisData* n° 2005-029904 ; *Bull. civ.* III, n° 175, p. 161 ; *Loyers et copr.* 2005, 215, note Vial-Pedroletti. Sur l'idée que le bailleur doit répondre du fait du précédent locataire auquel le défaut de délivrance est imputable, V. ■ Cass. 3e civ., 19 mai 2004 : *JCP* 2005, I, 132, n° 7, obs. Viney ; *JurisData* n° 2005-023736 ; *Bull. civ.* III, n° 99, p. 90 ; *Loyers et copr.* 2004, 120, note Vial-Pedroletti). Le bailleur est obligé, par la nature du contrat, et sans qu'il soit besoin d'aucune stipulation particulière, de délivrer au preneur la chose louée (■ Cass. 3e civ., 25 juin 2008, n° 07-14.341 : *Bull. civ.* III, n° 111 ; *RDC* 2009, 161, obs. Seube. ■ Cass. 3e civ., 20 janv. 2009, n° 07-20.854 : *RDC* 2009/4, obs. C. Grimaldi. ■ Cass. 3e. civ., 19 déc. 2012, n° 11-28.170 : *Bull. civ.* III, n° 187 ; *RDC* 2013/2, 633, obs. Seube, qui caractérise un manquement à l'obligation de délivrance dans une hypothèse où les terres louées, faute de comporter l'habitation exigée par l'article L. 424-3 du Code de l'environnement, ne pouvaient, dès l'origine, être utilisées conformément à la destination de parc de chasse prévue au bail). Dans le même sens, ■ Cass. 3e civ., 6 mai 2014, n° 12-29.504 : *RDC* 2014/4, 647, obs. Seube, qui en déduit que le bailleur ne peut obtenir condamnation du locataire à lui payer les loyers s'il ne démontre pas, au préalable, lui avoir remis les clés.

2) **Preuve.** Lorsque le preneur allègue une délivrance partielle, le bailleur doit établir qu'il a satisfait entièrement à son obligation (■ Cass. 3e civ., 30 oct. 1972, n° 71-13.384 : *JurisData* n° 1972-000563 ; *Bull. civ.* III, n° 563, p. 414).

3) **Exécution forcée.** L'obligation de délivrance n'ayant aucun caractère personnel, le juge peut ordonner son exécution par la force publique (■ Cass. soc., 20 juin 1963 : *JurisData* n° 1963-097531 ; *JCP* 63, IV, 105 ; *Bull. civ.* IV, n° 531, p. 437).

4) **Délivrance partielle. Exception d'inexécution.** Un locataire ne peut invoquer la non-délivrance d'une cave d'importance minime pour se soustraire à l'obligation de payer le loyer (■ Cass. soc., 6 mars 1964 : *JurisData* n° 1964-097215 ; *Bull. civ.* IV, n° 215, p. 174).

5) **Mobil home. Livraison et installation aux frais et risques du locataire.** Ne donne pas de base légale à sa décision l'arrêt qui, pour condamner des locataires à payer des loyers arriérés à la suite de la location d'un « mobil home », se borne à énoncer que, selon le contrat, la livraison du matériel et son installation sont faites aux frais et risques du locataire, sous sa responsabilité, sans rechercher si l'obligation de livrer le « mobil home », dont ne pouvait s'exonérer la société bailleresse, avait été remplie (■ Cass. 1re civ., 11 oct. 1989, n° 87-11.954 : *JurisData* n° 1989-004052 ; *JCP* 89, IV, 394 ; *D.* 1991, 225, note Ancel. V. aussi pour une location d'automobile avec option d'achat ■ Cass. 1re civ., 4 juill. 1995 : *Contrats, conc. consom.* 1995, 200, note Leveneur).

6) **Affectation à l'usage prévu.** Dès lors que le preneur s'est trouvé dans l'impossibilité d'exercer dans les lieux loués l'activité prévue au bail qui se heurtait aux dispositions du plan d'occupation des sols, le bailleur, qui aurait dû vérifier si la chose louée pouvait être affectée à cet usage, a manqué à son obligation de délivrance (■ Cass. 3e civ., 2 juill. 1997, n° 95-16.632 : *JurisData* n° 1997-005588 ; *JCP* 97, IV, 1865 ; *Bull. civ.* III, n° 159, p. 107).

7) **Travaux de sécurité.** Le bailleur n'exécute pas son obligation de délivrance s'il ne réalise pas ou réalise avec retard des aménagements nécessaires à la sécurité des occupants d'une villa ou à son accès par voiture (■ Cass. 3e civ., 24 juin 1998, n° 96-17.471 : *JurisData* n° 1998-003091 ; *Loyers et copr.* 1998, 231, note Vial-Pedroletti). Le propriétaire d'un chapiteau destiné à recevoir du public, qui le loue à l'organisateur d'une manifestation, est tenu, au titre de son obligation de délivrance, de fournir au preneur l'extrait à jour du registre de sécurité concernant le chapiteau dans un délai permettant à l'organisateur d'obtenir l'autorisation municipale d'ouverture à la date prévue

(■ Cass. com., 4 avr. 2006, n° 04-15.657 : *JurisData* n° 2006-033062 ; *JCP* 2006, IV, 2006). Sur l'obligation pour les propriétaires d'immeubles bâtis de rechercher la présence de flocages contenant de l'amiante, V. Code de la santé publique, articles R. 1334-15 à R. 1334-22.

8) **Logement décent.** L'exigence de la délivrance au preneur d'un logement décent impose son alimentation en eau courante (■ Cass. 3e civ., 15 déc. 2004, n° 03-17.876 : *JurisData* n° 2004-026184 ; *JCP* 2005, II, 10000, avis Gariazzo ; *Bull. civ.* III, n° 239, p. 214). Les parties au bail ne peuvent valablement convenir que le locataire exécutera, même avec une contrepartie, les travaux de mise aux normes de confort et d'habitabilité prévus par le décret du 6 mars 1987 (logement décent) : ■ Cass. 3e civ., 3 févr. 2010, n° 08-21.205 : *RDC* 2010/3, 907, obs. G. Lardeux ; *AJDI* 2010, 640, obs. N. Damas ; *D.* 2010, 1192, note F. Niboyet ; *Dr. et patrimoine* mars 2011, 98, obs. P. Pelletier). La seule alimentation en électricité ne peut être considérée comme un équipement ou une installation permettant un chauffage normal du logement (exigence d'un appareil de chauffage) ; l'obligation pour le bailleur de délivrer un logement décent étant d'ordre public, la cour d'appel, qui n'était pas tenue de prendre en compte les stipulations du bail prévoyant la livraison d'un logement sans appareil de chauffage en contrepartie d'un loyer réduit, a condamné à bon droit la bailleresse à mettre en place une installation de chauffage (■ Cass. 3e civ., 4 juin 2014, n° 13-17.289 : *Bull. civ.* III, n° 73 ; *RDC* 2014/4, 649, obs. Seube ; *JCP* N 2014, 1353, note Barbièri). L'indemnisation du preneur pour les troubles de jouissance subis du fait du manquement par le bailleur à son obligation de délivrance d'un logement décent n'est pas subordonnée à une mise en demeure du bailleur (■ Cass. 3e civ., 4 juin 2014, n° 13-12.314 : *Bull. civ.* III, n° 74 ; *RDC* 2014/4, 649, obs. Seube ; *RTD imm.* 2014, 57, obs. Ringler ; *AJDI* 2014, 872, obs. Damas). Ayant retenu que le logement loué avait une surface inférieure à 9 mètres carrés et ne répondait pas aux règles d'habitabilité prévues par la loi et que le bailleur n'avait pas respecté son obligation de délivrer un logement décent, la cour d'appel a souverainement retenu que ce manquement autorisait le locataire à suspendre le paiement des loyers (■ Cass. 3e civ., 17 déc. 2015, n° 14-22.754).

9) **Défaut de paiement du premier loyer et du dépôt de garantie.** Le défaut de paiement par le locataire du premier loyer et du dépôt de garantie ne décharge pas le bailleur de son obligation de délivrance (■ Cass. 3e civ., 28 juin 2006 : *Bull. civ.* III, n° 161 ; *JurisData* n° 2006-034259 ; *JCP* 2006, IV, 2604).

10) **Clauses relatives à l'entretien de la chose louée et obligation de délivrance.** Le bailleur ne peut, par le biais d'une clause relative à l'exécution de travaux, s'affranchir de son obligation de délivrer les lieux loués (■ Cass. 3e civ., 1er juin 2005 : *JCP* 2005, IV, 2641 ; *JurisData* n° 2005-028690 ; *Bull. civ.* III, n° 119, p. 109). Si le bailleur peut mettre à la charge du preneur, par une clause expresse du bail, l'obligation de prendre en charge les travaux rendus nécessaires par la vétusté, il ne peut, en raison de l'obligation de délivrance à laquelle il est tenu, s'exonérer de l'obligation de procéder aux travaux rendus nécessaires par les vices affectant la structure de l'immeuble (■ Cass. 3e civ., 9 juill. 2008, n° 07-14.631 : *Bull. civ.* III, n° 121 ; *RDC* 2009/1, 156, obs. Lardeux). ■ Cass. 3e civ., 20 janv. 2009, n° 07-20.854 : *RDC* 2009/4, obs. C. Grimaldi, qui décide que la clause selon laquelle le preneur prend les lieux en l'état où ils se trouvent ne décharge pas le bailleur de son obligation de délivrance. Comp. ■ Cass. 1re civ., 2 avr. 2009, n° 08-14.545 : *JCP* 2009, n° 38, 248, n° 7, obs. Stoffel-Munck ; *Dr. et patrimoine* févr. 2010, 70, obs. Stoffel-Munck, qui juge que la clause par laquelle le preneur prendra les locaux dans l'état où ils se trouvent, sans pouvoir exercer aucun recours contre le bailleur, l'empêche d'imputer au bailleur l'existence d'une faute consistant à n'avoir pas délivré un bien conforme aux normes de sécurité (incendie déclaré dans le local loué en raison du caractère défectueux de l'installation électrique).

II – OBLIGATION D'ENTRETIEN

11) **Principe.** Sur le principe de l'obligation d'entretien du bailleur, V. ■ Cass. 3e civ., 7 mars 2001, n° 99-16.396 : *JurisData* n° 2001-008635 ; *JCP* 2001, IV, 1804 ; *Bull. civ.* III, n° 31, p. 25.

12) **Objet.** L'obligation continue d'entretien de l'article 1719 est distincte de l'obligation de réparer de l'article 1720, lequel ne vise que la réparation des accidents survenus en dehors de l'usure normale et que le bailleur ne peut connaître s'il n'en a pas été prévenu (■ Cass. soc., 21 févr. 1959 : *Bull. civ.* IV, n° 286, p. 233). Il appartient en conséquence au propriétaire de veiller de façon constante, et sans avoir même à être informé par son locataire de la nécessité des travaux à effectuer, à l'entretien de son immeuble, c'est-à-dire à la réparation des outrages naturels du temps et de l'usure normale due à l'action des éléments (même arrêt).

13) **Travaux prescrits par l'autorité administrative.** Les travaux prescrits par l'autorité administrative sont, sauf stipulation expresse contraire du bail, à la charge du propriétaire (■ Cass. 3e civ., 17 oct. 1990, n° 88-20.194 : *JurisData*

n° 1990-702603 ; *Bull. civ.* III, n° 187, p. 108. ▪ Cass. 3e civ., 13 juill. 1994, n° 91-10.568 : *JurisData* n° 1994-001927 ; *Loyers et copr.* 1994, 373 ; *Bull. civ.* III, n° 143, p. 90. ▪ Cass. 3e civ., 17 avr. 1996, n° 94-15.906 : *JurisData* n° 1996-001644 ; *JCP* 96, IV, 1358 ; *Bull. civ.* III, n° 103, p. 66. ▪ Cass. 3e civ., 10 mai 2001, n° 96-22.442 : *JurisData* n° 2001-009621 ; *JCP* 2001, IV, 2192 ; *Bull. civ.* III, n° 58, p. 47). Jugé que les travaux de transformation imposés par les services de sécurité de l'Administration doivent être pris entièrement en charge par le bailleur en application de l'article 1719, al. 3, puisque leur inexécution rendrait l'immeuble impropre à sa destination contractuelle (▪ Paris, 4 oct. 1979 : *JurisData* n° 1979-165065 ; *Gaz. Pal.* 1980, 1, 243, note J. et P.-H. Brault. – Voir en ce sens ▪ Cass. 3e civ., 10 mai 1989, n° 87-20.196 : *JurisData* n° 2001-009621 ; *Bull. civ.* III, n° 102, p. 57 ; *RTD civ.* 1990, 298, obs. Rémy). Mais les bailleurs n'ont pas à supporter la charge de travaux qui n'ont pas pour objet de rendre les lieux conformes à leur destination contractuelle et qui ne sont devenus nécessaires qu'en raison de l'utilisation que le locataire en a faite avec d'autres locaux appartenant à des tiers (▪ Cass. 3e civ., 20 juin 1989, n° 88-11.390 : *JurisData* n° 1989-002222 ; *JCP* 89, IV, 316 ; *Bull. civ.* III, n° 142, p. 78, mesures édictées par l'Administration visant à la protection de locaux contigus aux locaux loués à usage d'entrepôt).

14) Perte totale ou partielle. Le bailleur n'est pas tenu de reconstruire en cas de perte totale ou partielle (▪ Cass. com., 11 mai 1955 : *JCP* 55, II, 8953, note J.G.L. – Voir cependant pour une destruction due à la négligence du propriétaire ▪ Cass. 3e civ., 25 janv. 2006, n° 04-20.726 : *JurisData* n° 2006-031850 ; *Loyers et copr.* 2006, 69, note Vial-Pedroletti). Mais les juges du fond ne peuvent assimiler la réfection de volets à la reconstruction d'un immeuble partiellement détruit sans rechercher si les réparations seraient hors de proportion avec la valeur de la chose louée (▪ Cass. 3e civ., 4 juill. 1968, n° 66-13.329 : *Bull. civ.* III, n° 319, p. 246).

15) Entretien mis contractuellement à la charge d'autres personnes. L'obligation mise à la charge du bailleur par l'article 1719-2° doit s'entendre non seulement de l'entretien qu'il doit assurer personnellement mais de celui qu'il a pu mettre contractuellement à la charge d'autres personnes. Il en est ainsi notamment dans un immeuble d'habitation collective si le propriétaire s'est exonéré contractuellement de l'obligation d'entretien de certaines parties communes en mettant cette obligation à la charge des locataires, chacun pour une part déterminée. Dans ce cas, le propriétaire reste tenu, à l'égard des divers locataires, de l'observation par les autres de leurs obligations respectives (▪ Cass. soc., 6 févr. 1958 : *JCP* 1959, II, 11115, note Starck). L'obligation du bailleur d'assurer au preneur une jouissance paisible de la chose louée ne cesse qu'en cas de force majeure. Manque par conséquent à son obligation d'entretien le bailleur qui recourt aux services d'un plombier qui ne procède pas aux réparations nécessaires (▪ Cass. 3e civ., 29 avr. 2009, n° 08-12.261 : *Bull. civ.* III, n° 88 ; *RDC* 2009/4, 1497, obs. C. Grimaldi).

16) Clauses dérogatoires. Les juges du fond peuvent décider que le preneur, en acceptant, aux termes du bail, de prendre les locaux en leur état actuel, a renoncé à exiger les réparations que cet état peut justifier en contrepartie de la modicité du loyer convenu (▪ Cass. 3e civ., 12 nov. 1975, n° 74-14.878 : *JurisData* n° 1975-098327 ; *JCP* 76, IV, 6 ; *Bull. civ.* III, n° 327, p. 248). Mais la clause, selon laquelle le locataire prend les lieux en l'état où ils se trouvent, ne décharge pas le bailleur de son obligation de les maintenir, en cours de bail, en état de servir à l'usage auquel ils sont destinés (▪ Cass. 3e civ., 18 mars 1992, n° 90-12.809 : *Bull. civ.* III, n° 88. ▪ Cass. 3e civ., 12 juin 2001, n° 00-12.634 : *AJDI* 2001, 977, obs. Laurent. Sur la question V. aussi Lafond : *JCP* N 1996, 3715). Le bailleur est obligé, par la nature du contrat, et sans qu'il soit besoin d'aucune stipulation particulière, d'entretenir la chose en état de servir à l'usage pour lequel elle a été louée (▪ Cass. 3e civ., 9 nov. 2010, n° 09-69.762 : *AJDI* 2011, 205, obs. C. Dreveau, inefficacité de la clause stipulée dans le contrat de cession de fonds de commerce et non le contrat de bail, par laquelle le preneur reconnaissait connaître l'état de l'immeuble loué). Et l'entrée dans les lieux d'un preneur connaissant le mauvais état de ces lieux n'équivaut pas à une renonciation de ce preneur à se prévaloir ensuite de ses droits concernant l'obligation d'entretien du bailleur (▪ Cass. 3e civ., 2 mars 1977, n° 75-14.072 : *JurisData* n° 1977-700105 ; *Bull. civ.* III, n° 105, p. 82). La clause mettant les réparations, sans aucune exception, à la charge du preneur, doit, en raison de son caractère exorbitant, être interprétée de façon restrictive (▪ Cass. 1re civ., 17 oct. 1962, n° 60-13.627 : *Gaz. Pal.* 1963, 1, 154). Jugé que la clause mettant à la charge du preneur les grosses réparations et celles de la toiture n'exonère pas le bailleur de la réfection de cette dernière, dès lors qu'elle est totale (▪ Cass. 3e civ., 10 mai 1991, n° 89-18.165 : *JurisData* n° 1991-001440 ; *Bull. civ.* III, n° 127, p. 75. V. aussi ▪ Cass. 1re civ., 17 oct. 1962, préc.). La référence dans le bail aux grosses réparations de l'article 606 du Code civil est insuffisante à mettre à la charge du locataire les dépenses relatives au ravalement, à la toiture et au chauffage collectif, faute de stipulation expresse en ce sens (▪ Cass. 3e civ., 6 mars 2013, n° 11-27.331 : *Bull. civ.* III, n° 34 ; *RDC* 2013/3, 977, obs. Seube ; *Gaz. Pal.* 19 avr. 2013, 20, obs. Barbier ; *D.* 2013, 1794, obs. Dumont-Lefranc). Mais la clause mettant à la charge du preneur les travaux de mise en conformité avec toute réglementation doit recevoir application même si le bail a été signé avant l'entrée en vigueur du décret sur le désamiantage (■ Cass. 3e civ., 21 nov. 2001 : *Loyers et copr.* 2002, 56, note Vial-Pedroletti ; *JurisData* n° 2001-011945).

17) Clause abusive. Est abusive la clause du bail qui fait peser sur le locataire la quasi-totalité des dépenses incombant normalement au bailleur et dispense sans contrepartie le bailleur de toute participation aux charges qui lui incombent normalement en sa qualité de propriétaire (■ Cass. 3e civ., 17 déc. 2015, n° 14-25.523).

18) Indemnisation des travaux réalisés par le locataire. Le locataire doit obtenir l'autorisation judiciaire d'effectuer les travaux pour pouvoir demander remboursement des frais exposés au bailleur, sauf urgence à réaliser ces travaux (■ Cass. 3e civ., 9 nov. 2010, n° 09-69.762 : *AJDI* 2011, 205, obs. C. Dreveau).

19) Exécution en nature. Le preneur à bail de locaux à usage d'habitation, qui recherche la responsabilité du bailleur pour défaut d'exécution de son obligation d'entretien, ne pouvant refuser l'offre de ce dernier d'exécuter son obligation en nature, la cour d'appel, qui a constaté que le bailleur offrait de réaliser les travaux, a pu en déduire que le locataire ne pouvait demander une réparation en équivalent (■ Cass. 3e civ., 27 mars 2013, n° 12-13.734 : *Bull. civ.* ; *RDC* 2013/3, 890, obs. Genicon, 903, obs. Viney et 974, obs. Seube ; *Gaz. Pal.* 5 juin 2013, 17, obs. Mekki et 3 juill. 2013, 17, obs. Houtcieff ; *RTD civ.* 2013, 603, obs. Barbier ; *Dr. et patrimoine* mars 2014, 58, obs. Stoffel-Munck).

III – OBLIGATION DE FAIRE JOUIR PAISIBLEMENT LE PRENEUR

20) Offices publics d'HLM. L'obligation du bailleur de faire jouir paisiblement le preneur de la chose louée pendant la durée du bail ne comporte pas d'exception tenant à la qualité du bailleur. *Notamment, les offices publics d'HLM* restent tenus à garantie du fait des troubles causés aux locataires par d'autres locataires, alors même que l'attribution des logements obéit à des règles qui suppriment le droit de choisir les locataires dont dispose habituellement le bailleur (■ Cass. 3e civ., 30 nov. 1988, n° 87-15.914 : *JurisData* n° 1988-703064 ; *Bull. civ.* III, n° 169, p. 92).

21) Force majeure. L'obligation du bailleur d'assurer au preneur la jouissance paisible de la chose louée pendant la durée du bail ne cesse qu'en cas de force majeure (■ Cass. 3e civ., 9 oct. 1974, n° 73-11.721 : *D.* 1975, somm. 5 ; *Bull. civ.* III, n° 345, p. 264 : humidité. V. en ce sens ■ Cass. 3e civ., 3 nov. 1971, n° 70-12.691 : *JurisData* n° 1971-000528 ; *Bull. civ.* III, n° 528, p. 377, inondation. ■ Cass. 3e civ., 18 juin 2002, n° 01-02.006 : *JurisData* n° 2002-014939 ; *Loyers et copr.* 2002, 250, note Vial-Pedroletti. ■ Cass. 3e civ., 19 mai 2004, n° 02-19.908 : *JurisData* n° 2004-023734 ; *Bull. civ.* III, n° 100 ; *D.* 2004, inf. rap. p. 1640 ; *AJDI* 2004, 804, note Rouquet. ■ Cass. 3e civ., 29 avr. 2009, n° 08-12.261 : *Bull. civ.* III, n° 88 ; *RDC* 2009/4, 1497, obs. Grimaldi ; *D.* 2010, 1168, obs. Damas ; *Rev. Lamy dr. civ.* 2009, n° 62, p. 13, obs. Maugeri (nuisances olfactives, pompe électrique défectueuse, absence de force majeure). V. aussi, refusant de considérer que le défaut d'assurance du locataire contre l'incendie constitue un cas de force majeure, ■ Cass. 3e civ., 23 janv. 2008, n° 06-17.489 : *JurisData* n° 2008-042366 ; *Rev. loyers* 2008, 151, obs. Rémy.

22) Suppression du téléphone. Le bailleur ne peut, sans autorisation de justice, supprimer à son locataire l'usage du téléphone (■ Cass. 3e civ., 19 nov. 1975, n° 74-11.131 : *JurisData* n° 1975-098344 ; *Gaz. Pal.* 1976, 1, somm. 17).

23) Exclusivité au bénéfice du locataire commerçant. Dans le silence du bail et à défaut de circonstances particulières, l'article 1719 n'impose pas au bailleur l'obligation d'assurer au preneur pour l'exercice de son commerce le bénéfice d'une exclusivité dans l'immeuble (■ Cass. 3e civ., 25 févr. 1975 : *JurisData* n° 1975-098074 ; *JCP* 75, II, 18096, note B.B. ■ Cass. 3e civ., 16 oct. 1985, n° 84-14.105 : *JurisData* n° 1985-702704 ; *Bull. civ.* III, n° 123, p. 95. Pour la validité d'une clause d'exclusivité limitée à la durée du bail et à l'immeuble appartenant au bailleur, V. ■ Cass. 3e civ., 7 avr. 1993, n° 91-14.503 : *JurisData* n° 1993-000591 ; *Bull. civ.* III, n° 52, p. 32 ; *D.* 1994, somm. 222, obs. Serra). La clause d'exclusivité doit être interprétée restrictivement et ne s'applique qu'au commerce principal autorisé (■ Cass. 3e civ., 25 oct. 1972, n° 71-13.271 : *JurisData* n° 1972-000555 ; *Bull. civ.* III, n° 547, p. 400).

24) Trouble provoqué par un locataire. Le locataire qui trouble par une voie de fait la jouissance d'un autre locataire n'est pas un tiers dans le sens de l'article 1725. Dès lors, le locataire troublé dans sa jouissance par des infiltrations d'eau provenant d'un autre appartement peut assigner le propriétaire sauf à celui-ci à exercer son recours contre le locataire auteur du trouble (■ Cass. soc., 25 oct. 1946 : *JCP* 47, II, 3400, note Esmein). Lorsque le trouble de voisinage émane d'un immeuble donné en location, la victime de ce trouble peut en demander réparation au propriétaire, qui dispose d'un recours contre son locataire lorsque les nuisances résultent d'un abus de jouissance ou d'un manquement aux obligations nées du bail (■ Cass. 2e civ., 8 juill. 1987, n° 85-15.193 : *JurisData* n° 1987-001246 ; *Bull. civ.* II, n° 150, p. 86. V. déjà ■ Cass. civ., 10 juin 1949 : *JCP* 49, II, 5203, note Esmein. ■ Cass. 1re civ., 3 nov. 1960, n° 58-10.060 : *JurisData* n° 1960-000467 ; *D.* 1961, 371. Comp., limitant la portée de la règle au cas où le trouble trouve son origine dans l'immeuble donné en location, ■ Cass. 3e civ., 17 avr. 1996, n° 94-15.876 : *JurisData* n° 1996-001646 ; *JCP* 96, IV, 1381 ; *Bull. civ.* III, n° 108, p. 69 ; *RTD civ.* 1996, 638, obs. Jourdain ; *Resp. civ. et assur.* 1996, 251). Mais les obligations contractuelles auxquelles le preneur est tenu envers le bailleur ne l'exonèrent pas de la responsabilité qu'il peut encourir envers les colocataires d'autres appartements de l'immeuble, alors même que la faute commise serait en rapports étroits avec l'exécution du bail (■ Cass. 1re civ., 18 juill. 1961, n° 60-10.086 : *JCP* 61, II, 12301, note Esmein. V. aussi Corlay, *Les limites de l'obligation de garantie du bailleur en cas d'abus de jouissance d'un locataire au préjudice d'un autre locataire* : *D.* 1979, chron. 27). Viole l'article 1719 l'arrêt qui retient que ce texte n'est pas applicable en matière d'incendie, matière régie par les dispositions spécifiques de l'article 1384, alinéa 2 (■ Cass. 3e civ., 19 mai 2004 : *JCP* 2004, I, 132, n° 7, obs. Viney ; *JurisData* n° 2004-023734 ; *Bull. civ.* III, n° 100, p. 91 ; *Loyers et copr.* 2004, 122, note Vial-Pedroletti).

25) Trouble causé par le bailleur. Le locataire qui se plaint d'un trouble anormal de voisinage du fait de la réalisation par le bailleur d'une opération de construction immobilière ne peut agir que sur le fondement du bail (■ Cass. 3e civ., 10 nov. 1998, n° 96-15.483 : *JurisData* n° 1998-004257 ; *JCP* 98, IV, 3497 ; *Bull. civ.* III, n° 211, p. 141). Dès lors que le bail est en cours, le bailleur ne peut détruire les locaux loués, peu important que ces locaux soient inoccupés depuis longtemps, que le locataire n'exerce pas l'activité autorisée par le bail et ne justifie pas du paiement des derniers loyers (■ Cass. 3e civ., 9 mars 1994, n° 91-22.072 : *JurisData* n° 1994-000384 ; *Bull. civ.* III, n° 44, p. 27). Engage sa responsabilité contractuelle le bailleur propriétaire de l'appartement de l'étage supérieur d'où proviennent des infiltrations d'eau (■ Cass. 3e civ., 14 mai 1997, n° 95-14.517 : *JurisData* n° 1997-002056 ; *Bull. civ.* III, n° 105, p. 70. V. aussi pour un accident causé à un locataire par un ascenseur ■ Cass. 2e civ., 23 juin 1955 : *JCP* 55, II, 8981, pour un locataire asphyxié en raison du fonctionnement défectueux d'un chauffe-eau ■ Cass. 2e civ., 19 févr. 1966 : *JCP* 66, II, 14879, note G. L.-V.).

26) Nuisances sonores. Le bailleur peut être condamné à réparer le préjudice causé aux locataires par le bruit des surpresseurs d'eau de l'immeuble, dès lors que ces bruits, s'ils ne sont pas supérieurs aux niveaux limites réglementaires, causent néanmoins un trouble de jouissance du fait de leur fréquence, de leur émergence et de leurs caractéristiques spectrales (■ Cass. 3e civ., 4 déc. 1991, n° 90-14.600 : *JurisData* n° 1991-003116 ; *Loyers et copr.* 1992, 107).

27) Travaux de désamiantage. Sur l'admission de l'exception d'inexécution opposée par le preneur à une demande de paiement d'arriérés de loyers, V. ■ Cass. 3e civ., 19 nov. 2015, n° 14-24.612 : *RDC* 2016/2, 249, obs. Seube ; *Loyers et copr.* 2016, comm. 2, obs. Vial-Pedroletti, relevant un manquement à l'obligation de faire jouir paisiblement le preneur au motif que l'inspecteur du travail, connaissance prise des résultats négatifs de prélèvements, soulignait l'impossibilité d'affirmer que la poursuite des travaux dans les conditions constatées ne présentait aucun risque pour les salariés du preneur.

28) Construction partielle sur le terrain d'autrui. Manque à son obligation de jouissance paisible la société civile immobilière qui a donné à bail commercial des locaux dont une partie était construite sur le terrain d'autrui, malgré l'existence d'une convention d'occupation précaire, le risque d'éviction du preneur étant caractérisé (■ Cass. 3e civ., 2 mars 2017, nos 15-25.136 et 15-11.419, résiliation du bail commercial et allocation de dommages-intérêts au preneur).

29) Galerie commerciale. Dégradation de l'environnement commercial. Viole l'article 1719 la cour d'appel qui retient la responsabilité de la société bailleresse à l'égard du locataire exploitant un restaurant au sous-sol d'une galerie marchande en relevant que, si elle a tenté de remédier à la désaffection de la clientèle, elle n'en a pas moins fait le choix délibéré de rechercher un locataire unique au lieu des quatorze locataires d'origine et qu'elle a ainsi manqué à ses obligations de bailleresse (■ Cass. 3e civ., 12 juill. 2000, n° 98-18.857 : *JurisData* n° 2000-002872 ; *JCP* G 2000, IV, 2543 ; *JCP* E 2000, 1959 ; *JCP* N 2001, 66, note Kéita ; *Contrats, conc. consom.* 2000, 172, note Leveneur ; *Resp. civ. et assur.* 2000, 334 ; *Loyers et copr.* 2000, 274, note Brault et Pereira ; *Bull. civ.* III, n° 137, p. 94. V. aussi pour un locataire reprochant au bailleur d'avoir laissé se dégrader l'environnement ■ Cass. 3e civ., 28 juin 2005, n° 04-14.087 : *JurisData* n° 2005-029226 ; *Loyers et copr.* 2005, 203, note Pereira). *Adde*, ■ Cass. 3e. civ., 3 juill. 2013, n° 12-18.099 : à paraître au *Bull. civ.* ; *RDC* 2014/1, 61, obs. Seube ; *JCP* E 2014, 1074, obs. Loir ; *D.* 2013,

1743, obs. Rouquet et 2544, n° 3, obs. Pic ; *RTD imm.* 2013/3, 60, obs. Kenfack ; *RTD imm.* 2013/4, 66, obs. Dumond-Lefranc : il n'existe pas d'obligation légale pour le bailleur d'un local situé dans un centre commercial ou une galerie commerciale d'assurer le maintien de l'environnement commercial.

30) Galerie commerciale. Entretien des parties communes. Le bailleur d'un local situé dans un centre commercial dont il est propriétaire étant tenu d'entretenir les parties communes du centre, accessoires nécessaires à l'usage de la chose louée, la cour d'appel, qui a relevé un dépérissement général de l'immeuble, la suppression de l'accès aux toilettes WC du centre et l'existence de gravats et de levées de terre empêchant le libre accès au parking, en a justement déduit un manquement grave du bailleur à ses obligations légales (■ Cass. 3e civ., 19 déc. 2012, n° 11-23.541 : *Bull. civ.* III, n° 190 ; *RDC* 2013/2, 631, obs. Seube ; *JCP* N 2013, 1206, n° 2, obs. Kenfack ; *JCP* E 2013, p. 1109, obs. Rouquette-Terouanne ; *D.* 2013, 1794, obs. Dumont-Lefrand). Manque de base légale l'arrêt qui déboute des locataires de leur demande tendant à obtenir la réfection du centre commercial et l'indemnisation de leurs préjudices, au motif qu'en l'absence de stipulation spéciale le bailleur n'avait aucune obligation d'entretenir les parties communes, sans rechercher si le défaut d'entretien des parties communes du centre commercial n'avait pas pour effet de priver les preneurs des avantages qu'ils tenaient du bail (■ Cass. 3e civ., 31 oct. 2006, n° 05-18.377 : *JurisData* n° 2006-035652 ; *Contrats, conc. consom.* 2007, 41, note Leveneur ; *JCP* N 2007, 1137, note Djigo).

31) Clauses restrictives. L'obligation du bailleur de faire jouir paisiblement le preneur de la chose louée pendant la durée du bail n'étant pas de l'essence du contrat de louage, les parties sont libres de la restreindre en stipulant qu'en cas de dégâts mobiliers causés au preneur dans des hypothèses déterminées, celui-ci n'aura de recours que contre les colocataires auteurs d'un trouble de pur fait (■ Cass. civ., 16 juill. 1951 : *D. 1951, 587*). Jugé cependant que doivent être réputées non écrites les clauses du bail restreignant la responsabilité du bailleur en cas de trouble de jouissance subi par le preneur (■ Versailles, 26 nov. 1993 : *JurisData* n° 1993-045957 ; *Loyers et copr.* 1994, 145. Comp., relevant un manquement à « l'obligation essentielle » d'assurer la jouissance paisible, ■ Cass. 1re civ., 23 févr. 1994 : *JCP* 94, IV, 1124 ; *Contrats, conc. consom.* 1994, 94, note Leveneur).

32) Vente de l'immeuble loué. Dès lors qu'il est antérieur à la vente de l'immeuble loué, le manquement du bailleur à l'obligation de jouissance paisible engage la responsabilité de l'ancien propriétaire (■ Lyon, 22 mai 2001, n° 1999/02546 : *JurisData* n° 2001-156543 ; *Loyers et copr.* 2002, 85, note Vial-Pedroletti).

33) Infiltrations engageant la responsabilité de tiers. Un locataire ayant assigné les bailleurs en résiliation en se plaignant d'infiltrations d'eau, viole les articles 1719 et 1720 la cour d'appel qui rejette cette demande en retenant que la responsabilité des infiltrations incombe au syndicat des copropriétaires de l'immeuble et au syndicat des copropriétaires de l'immeuble voisin, alors qu'il appartenait aux bailleurs d'accomplir à l'égard du syndicat les diligences nécessaires pour satisfaire la demande du locataire (■ Cass. 3e civ., 24 sept. 2002, n° 00-13.297 : *JurisData* n° 2002-015718 ; *Resp. civ. et assur.* 2002, 367, note Groutel).

34) Exigences des preneurs liées à leurs pratiques religieuses. Les pratiques dictées par les convictions religieuses des preneurs n'entrent pas, sauf convention expresse, dans le champ contractuel du bail et ne font naître à la charge du bailleur aucune obligation spécifique (■ Cass. 3e civ., 18 déc. 2002 : *JCP* 2003, IV, 1297 ; *JurisData* n° 2002-017038 ; *Bull. civ.* III, n° 262, p. 227 ; *RTD civ.* 2003, 290, obs. Mestre et Fages ; *RDC* 2003, 220, obs. Marais, preneurs faisant valoir qu'ils ne pouvaient utiliser pendant le sabbat et les fêtes religieuses les systèmes de fermeture installés par le bailleur). Comp. en matière de copropriété, ■ Cass. 3e civ., 8 juin 2006, n° 05-14.774 : *Bull. civ.* III, n° 140 ; *D.* 2006, 2887, note Atias ; *RTD civ* 2006, 722, obs. Marguénaud, jugeant que la liberté religieuse, pour fondamentale qu'elle soit, ne pouvait avoir pour effet de rendre licites les violations des dispositions d'un règlement de copropriété (cabane édifiée temporairement par des copropriétaires sur leur balcon à l'occasion de la fête juive des cabanes). Rappr. ■ CEDH, 16 déc. 2008, *Khurshid Mustafa et Tarzibachi c/ Suède : JurisData n° 2008-010441 ; RTD civ.* 2009, 281, obs. Marguénaud ; *RDC* 2010/1, 131, obs. C. Grimaldi : constitue une violation de l'article 10 de la Convention européenne des droits de l'homme (liberté d'expression) l'expulsion de locataires d'origine irakienne de leur domicile avec leurs trois enfants, pour avoir refusé de retirer une antenne parabolique leur permettant de s'informer de la situation en Irak et de maintenir un lien entre leur famille et leur culture, comme étant disproportionnée par rapport au but essentiellement esthétique poursuivi par le bailleur.

35) Prescription de l'action en restitution de la jouissance. La prescription de l'action en restitution de la contrepartie en valeur de la jouissance des lieux ne pouvait courir avant le prononcé de la nullité du bail (■ Cass. 3e civ., 14 juin 2018, n° 17-13.422).

IV – OBLIGATION D'ASSURER LA PERMANENCE ET LA QUALITÉ DES PLANTATIONS

Voir : C. rur., art. L. 415-8, p. 2625.

36) **Frais de replantation.** Les frais de replantation ne constituent pas une amélioration mais l'obligation du bailleur d'assurer la permanence et la qualité des plantations (■ Cass. 3e civ., 28 sept. 2011, n° 10-14.933 : *Bull. civ.* III, n° 156 ; *RDC* 2012/1, 133, obs. J.-B. Seube ; *D.* 2012, 339, note F. Roussel ; *RD rur.* 2011, n° 397, p. 46, obs. S. Crevel).

Art. 1720. – **Le bailleur est tenu de délivrer la chose en bon état de réparations de toute espèce.**

Il doit y faire, pendant la durée du bail, toutes les réparations qui peuvent devenir nécessaires, autres que les locatives.

1) **Obligation de délivrer la chose en bon état. Clauses dérogatoires.** Sur la validité des clauses dérogeant à l'article 1720, V. ■ Cass. soc., 11 févr. 1955 : *Bull. civ.* IV, n° 122, p. 87. ■ Cass. soc., 12 nov. 1959 : *Bull. civ.* IV, n° 1115, p. 885. La clause par laquelle le preneur accepte les locaux dans l'état où ils se trouvent lors de l'entrée en jouissance ne dispense pas par elle-même le propriétaire de son obligation d'entretenir la chose louée en état de servir à l'usage auquel elle est destinée (■ Cass. 3e civ., 31 mai 1989, n° 87-19.666 : *JurisData* n° 1989-002236 ; *JCP* 1989, IV, 281. ■ Cass. 3e civ., 18 mars 1992, n° 90-13.759 : *JurisData* n° 1992-000689 ; *Loyers et copr.* 1992, 246. ■ Cass. 3e civ., 5 juin 2002, n° 00-19.037 : *JurisData* n° 2002-014576 ; *Bull. civ.* III, n° 123, p. 109 ; *RDC* 2003, 118, obs. Lardeux). S'agissant d'un bail prévoyant que le locataire prendra les lieux dans l'état où ils se trouvent sans pouvoir exiger aucune réparation ou remise en état, doit être cassé l'arrêt qui met à la charge du bailleur des travaux imposés par l'autorité publique en les assimilant à la force majeure (■ Cass. 3e civ., 6 juin 1978 : *JurisData* n° 1978-798237 ; *D.* 1979, 461, note H. C. V. aussi ■ Cass. 3e civ., 5 juin 1991, n° 89-21.166 : *JurisData* n° 1991-001497 ; *JCP* 1991, IV, 304. V. cependant ■ Cass. 3e civ., 22 avr. 1980, n° 78-13.301 : *D.* 1980, inf. rap. 512). *Adde* ■ Cass. 3e civ., 20 janv. 2009, n° 07-20.854 : *RDC* 2009/4, obs. C. Grimaldi ; *JCP* N 2009, 1316, n° 7, obs. Yang-Ting ; *JCP* E 2009, 1371, note Chavance ; *Gaz. Pal.* 1er mai 2009, 30, note Brault, qui décide que la clause selon laquelle le preneur prend les lieux en l'état où ils se trouvent ne décharge pas le bailleur de son obligation de délivrance. Comp. ■ Cass. 1re civ., 2 avr. 2009, n° 08-14.545 : *JCP* 2009, n° 38, 248, n° 7, obs. Stoffel-Munck ; *Dr. et patrimoine* févr. 2010, 70, obs. Stoffel-Munck), qui juge que la clause par laquelle le preneur prendra les locaux dans l'état où ils se trouvent, sans pouvoir exercer aucun recours contre le bailleur, l'empêche d'imputer au bailleur l'existence d'une faute consistant à n'avoir pas délivré un bien conforme aux normes de sécurité (incendie déclaré dans le local loué en raison du caractère défectueux de l'installation électrique).

2) **Clause mettant à la charge du locataire les grosses réparations.** En dépit de la clause du bail mettant à la charge du locataire les réparations visées à l'article 606 du Code civil, et qui est d'interprétation stricte, le locataire n'est pas tenu de refaire et remplacer les équipements atteints par la vétusté (■ Cass. com., 22 nov. 1994, n° 92-16.541 : *JurisData* n° 1994-002731 ; *Loyers et copr.* 1995, 54). La clause du bail mettant à la charge des preneurs les grosses réparations n'exonère pas le bailleur de la réfection totale de la chose louée dès lors que, comme en l'espèce, les travaux nécessaires touchent au gros œuvre et consistent en une modification de la structure de la chose louée (■ Cass. 3e civ., 28 mai 2008, n° 06-20.043 : *Bull. civ.* III, n° 98 ; *RDC* 2008, 1259, obs. Seube). La clause du bail, transférant au preneur la charge des grosses réparations et celle du clos et du couvert, doit être interprétée restrictivement et ne peut inclure la réfection totale de la toiture d'un des bâtiments compris dans l'assiette du bail (■ Cass. 3e civ., 29 sept. 2010, n° 09-69.337 : *Bull. civ.* 2010, III, n° 173 ; *RTD civ.* 2010, 797, obs. Gautier ; *D.* 2010, 2360, obs. Rouquet). Si le bailleur peut mettre à la charge du preneur, par une clause expresse du bail, l'obligation de prendre en charge les travaux rendus nécessaires par la vétusté, il ne peut, en raison de l'obligation de délivrance à laquelle il est tenu, s'exonérer de l'obligation de procéder aux travaux rendus nécessaires par les vices affectant la structure de l'immeuble (■ Cass. 3e civ., 9 juill. 2008, n° 07-14.631 : *Bull. civ.* III, n° 121 ; *RDC* 2009/1, 156, obs. Lardeux).

3) **Prise en compte du montant des loyers (non).** L'obligation imposée au propriétaire n'est pas limitée dans son étendue au montant des loyers payés par le locataire (■ Cass. soc., 5 janv. 1956 : *D.* 1956, 385, note Esmein) (sol. impl.). La loi

du 1er sept. 1948, en ce qui concerne l'obligation aux réparations, n'a apporté aucun changement aux règles fixées par l'article 1720, al. 2 (■ Cass. soc., 20 févr. 1953 : *JCP* 53, II, 7540, note Tunc). La modicité du loyer n'empêche pas le locataire de demander réparation du préjudice qu'il subit du fait qu'il doit quitter l'appartement pendant l'hiver en raison de l'absence de chauffage (■ Cass. 3e civ., 26 juin 1996, n° 94-17.238 : *JurisData* n° 1996-002791 ; *Loyers et copr.* 1996, 340).

4) Nécessité des réparations. Le bailleur n'est tenu d'effectuer les réparations autres que locatives qu'autant qu'elles sont nécessaires pour maintenir l'immeuble à l'usage pour lequel il a été loué (■ Cass. soc., 26 nov. 1954 : *Gaz. Pal.* 1955, 1, 122).

5) Mise aux normes de l'installation électrique. Viole l'article 1720 l'arrêt qui retient à la charge de la locataire la mise aux normes de l'installation électrique sans constater une clause du bail en ce sens (■ Cass. 3e civ., 12 juin 2001, n° 99-20.554 : *Loyers et copr.* 2001, 221, note Vial-Pedroletti).

6) Ravalement. Les dépenses de ravalement, qui ne constituent pas des charges locatives, incombent, sauf stipulation expresse contraire, au bailleur et le seul paiement de provisions ne suffit pas à caractériser un accord du preneur pour les prendre à sa charge (■ Cass. 3e civ., 19 déc. 2012, n° 11-25.414 : *Bull. civ.* III, n° 188 ; *RDC* 2013/2, 633, obs. Seube ; *D.* 2013, 1794, obs. Dumont-Lefrand ; *RTD imm.* 2013/2, 57, obs. Kenfack et Dumont-Lefrand ; *Gaz. Pal.* 19 av. 2013, 20, obs. Barbier).

7) Usufruitier. Viole les articles 605, 1719 et 1720 du Code civil et l'article 32 du CPC l'arrêt qui déclare irrecevable la demande des preneurs tendant à l'exécution de travaux de réparation, au motif qu'elle était dirigée comme la seule usufruitière, alors que l'article 605 du Code civil ne règle que les rapports entre l'usufruitier et le nu-propriétaire et que l'usufruitier est tenu aux obligations du bailleur à l'égard des locataires de l'immeuble sur lequel porte son usufruit (■ Cass. 3e civ., 28 juin 2006 : *Bull. civ.* III, n° 165 ; *JurisData* n° 2006-034260 ; *JCP* 2006, IV, 2605).

8) Mise en demeure et autorisation de justice. L'obligation pour le bailleur d'effectuer les grosses réparations peut être subordonnée à une mise en demeure en cas de circonstances particulières de nature à en justifier l'exigence, par exemple dans le cas d'un conflit entre le bailleur et le preneur sur le point de savoir si le bail a été résilié à la suite de la destruction de l'immeuble par cas fortuit (■ Cass. 1re civ., 21 févr. 1984, n° 82-15.017 : *JurisData* n° 1984-700265 ; *Bull. civ.* I, n° 68, p. 56). En l'absence de mise en demeure, adressée au bailleur, d'avoir à effectuer des travaux et de décision de justice autorisant le preneur à les faire exécuter, le bailleur n'est pas tenu d'en supporter la charge (■ Cass. 3e civ., 20 mars 1991, n° 89-19.866 : *JurisData* n° 1991-000834 ; *Bull.* III, n° 94, p. 55. V. en ce sens ■ Cass. 3e civ., 7 févr. 1990, n° 87-17.609 : *JurisData* n° 1990-700363 ; *Bull. civ.* III, n° 41, p. 21. ■ Cass. 3e civ., 16 juill. 1997, n° 95-17.272 : *JurisData* n° 1997-003416 ; *Contrats, conc. consom.* 1997, 175, note Leveneur. V. aussi sous art. 1144). En cas d'urgence, le preneur peut prendre l'initiative de faire effectuer les réparations, mais à la condition d'établir que la dépense a été effectuée de la façon la plus économique (■ Cass. 3e civ., 12 juin 2001, n° 00-15.816 : *JurisData* n° 2001-010211 ; *Loyers et copr.* 2001, 220, note Vial-Pedroletti).

9) Sanction. Les bailleurs qui n'exécutent pas les travaux de remise en état des lieux loués auxquels ils ont été condamnés par une précédente décision peuvent être condamnés à la résiliation du bail (■ Cass. 3e civ., 24 nov. 1993, n° 91-15.295 : *JurisData* n° 1993-002313 ; *Bull. civ.* III, n° 151, p. 99). Mais ne donne pas de base légale à sa décision la cour d'appel qui constate la résiliation du bail en retenant qu'il n'appartient au juge d'apprécier ni la gravité du manquement de faire procéder immédiatement et sans délai au ravalement de la façade de l'immeuble, ni l'opportunité d'accorder un délai quelconque, sans rechercher, comme il est demandé, si, compte tenu des délais nécessaires à l'exécution des travaux, eu égard à leur nature et à leur importance, la clause résolutoire n'a pas été mise en œuvre de mauvaise foi (■ Cass. 3e civ., 5 juin 1991, n° 90-11.391 : *JurisData* n° 1991-002029 ; *JCP* 91, IV, 304 ; *Bull. civ.* III, n° 163, p. 96). Sur l'obligation de réparation pesant sur le bailleur qui n'a pas réalisé les travaux nécessaires à la suite de la détérioration de canalisations d'évacuation, V. ■ Cass. 3e civ., 25 févr. 2004, n° 02-10.085 : *JurisData* n° 2004-022467 ; *Bull. civ.* III, n° 36, p. 34 ; *Loyers et copr.* 2004, 159, note Vial-Pedroletti.

10) Avance des frais de remise en état par le bailleur. Condamnation du preneur à effectuer les travaux. Le bailleur qui, en application de l'article 1144 du Code civil, dans sa rédaction antérieure à celle issue de l'ordonnance du 10 février 2016, a effectué l'avance des frais de remise en état du logement, peut demander la condamnation du preneur à exécuter les travaux ainsi financés (■ Cass. 3e civ., 21 déc. 2017, n° 15-24.430).

Art. 1721. – Il est dû garantie au preneur pour tous les vices ou défauts de la chose louée qui en empêchent l'usage, quand même le bailleur ne les aurait pas connus lors du bail.

S'il résulte de ces vices ou défauts quelque perte pour le preneur, le bailleur est tenu de l'indemniser.

1) Portée de l'obligation. Le bailleur doit garantie pour tous les vices ou défauts de la chose louée qui en empêchent l'usage, quand bien même il ne les aurait pas connus lors du bail et quand bien même il n'y aurait eu aucune faute de sa part à les avoir ignorés (■ Cass. 3e civ., 27 févr. 1973, n° 71-13.860 : *JurisData* n° 1973-098150 ; *Bull. civ.* III, n° 150, p. 108. – V. pour des applications ■ Cass. soc., 29 mars 1957 : *Gaz. Pal.* 1957, 2, 59, infiltrations de fumées par les fissures non apparentes d'une cheminée. ■ Cass. soc., 24 févr. 1960 : *JurisData* n° 1960-097210 ; *D.* 1960, 463, rupture de canalisation à la suite du gel. ■ Riom 8 mai 1962 : *Gaz. Pal.* 1962, 2, 167, mauvais établissement de la canalisation d'évacuation des eaux de ruissellement. ■ Paris, 9 avr. 1992 : *D.* 1992, inf. rap. 173, électrogène défectueux donné en location au propriétaire d'un manège. ■ Bordeaux, 9 janv. 2001, n° 00/03202 : *JurisData* n° 2001-143747 ; *Loyers et copr.* 2001, 168, note Vial-Pedroletti, travaux de détermitage. ■ Cass. 3e civ., 2 juill. 2003 : *JurisData* n° 2003-019713 ; *JCP* 2003, IV, 2529 ; *Contrats, conc. consom.* 2003, 173, 2e arrêt, note Leveneur ; *Bull. civ.* III, n° 138, p. 123 ; *D.* 2004, 1411, note Pignarre, présence d'amiante dans l'immeuble. ■ Cass. 3e civ., 9 nov. 2011, n° 10-24.742 : *Loyers et copr.* 2012/1, p. 13, obs. B. Vial-Pedroletti, installation électrique défectueuse). En revanche, la hauteur anormalement élevée d'un bac à douche ne suffit pas à caractériser l'existence d'un vice ou d'un défaut empêchant l'usage par le preneur de la chose louée (■ Cass. 3e civ., 8 avr. 2010, n° 08-21.410 : *Bull. civ.* 2010, III, n° 73). – Dès lors que la cause du trouble est extérieure à la chose louée et provient d'un mauvais entretien des parties communes de l'immeuble en copropriété, seule la responsabilité du syndic peut être recherchée, non celle du bailleur (■ Paris, 21 nov. 2001, n° 2000/02000 : *JurisData* n° 2001-161378 ; *Loyers et copr.* 2002, 82, note Vial-Pedroletti).

2) Vices apparents. Le bailleur ne répond ni des vices que le preneur a dû connaître ou a connus ni des inconvénients inhérents à la chose par suite de sa situation (■ Cass. civ., 10 juin 1949 : *D.* 1949, 496). Les juges du fait disposent d'un pouvoir souverain pour apprécier si le vice était suffisamment apparent pour être connu et apprécié du preneur (■ Cass. req., 7 déc. 1938 : *DH* 1939, 68). Mais la clause en vertu de laquelle le preneur « prend les lieux dans l'état où ils se trouvent » ne fait pas obstacle à son recours pour vices cachés fondé sur l'article 1721 (■ Paris, 1er oct. 1991 : *Loyers et copr.* 1992, 56). En ce qui concerne les vices apparus en cours de bail, la responsabilité du bailleur ne saurait être engagée d'une façon générale qu'au cas où, informé de leur survenance, il n'aurait pris aucune disposition pour y remédier (■ Cass. 2e civ., 2 févr. 1955 : *JCP* 55, IV, 37 ; *Bull. civ.* II, n° 62, p. 36).

3) Dommages corporels. La garantie due par le bailleur s'étend aux pertes résultant de dommages corporels (■ Cass. soc., 29 mars 1957 : *Gaz. Pal.* 1957, 2, 59). Mais le bailleur n'est pas tenu d'une obligation de résultat quant à la sécurité du locataire (■ Cass. 3e civ., 21 nov. 1990, n° 89-15.922 : *JurisData* n° 1990-703133 ; *Bull. civ.* III, n° 236, p. 134. V. en ce sens ■ Cass. 2e civ., 2 déc. 1998, n° 96-20.658 : *JurisData* n° 1998-004673 ; *Resp. civ. et assur.* 1999, 34 ; *RTD civ.* 1999, 407, obs. Jourdain, utilisation d'une cuisinière à gaz mise à la disposition du locataire. ■ Lyon, 30 mai 2000 : *JurisData* n° 2000-123172 ; *Loyers et copr.* 2001, 26, note Vial-Pedroletti). Doit être cassé l'arrêt qui retient la responsabilité du bailleur à l'égard de la locataire blessée par la chute d'une armoire qui s'est renversée sur elle alors qu'elle cherchait à l'ouvrir, sans constater l'existence d'un vice de la chose louée ou un manquement du bailleur à son obligation d'entretien (■ Cass. 3e civ., 29 avr. 1987, n° 85-18.647 : *JurisData* n° 1987-000882 ; *Bull. civ.* III, n° 90, p. 54). Le locataire victime d'une chute dans l'escalier doit démontrer que sa chute est due à un manquement des propriétaires à leurs obligations contractuelles d'assurer l'éclairage jusqu'à 22 heures (■ Cass. 1re civ., 18 nov. 1963, n° 62-13 801 : *JurisData* n° 1963-000498 ; *D.* 1964, 702). Pour une application à une chute résultant d'un dénivelé entre l'ascenseur et le rez-de-chaussée, V. ■ Cass. 3e civ., 1er avr. 2009, n° 08-10.070 : *Resp. civ. et assur.* 2009, n° 142, obs. Hocquet-Berg ; *Bull. civ.* III, n° 71 ; *RDC* 2009/4, 1367, obs. Carval ; *D.* 2009, 1083, obs. Chenu ; *ibid.* 2573 ; obs. Monge ; *Resp. civ. et assur.* 2009, comm. 142, obs. Hocquet-Berg ; *RTD civ.* 2009, 539, obs. Jourdain, qui décide que la victime n'a pas à prouver que le bailleur n'a pas fait le nécessaire pour l'entretien de l'ascenseur, mais seulement à démontrer que l'appareil présentait un dysfonctionnement à l'origine de son préjudice.

4) Force majeure. Le bailleur est exonéré de ses obligations de garantie en cas de force majeure (■ Cass. 3e civ., 26 oct. 1977, n° 76-10.994 : *JurisData* n° 1977-799357 ; *Gaz. Pal.* 1978, 2, 339, note Plancqueel). L'existence d'un vice caché ne saurait être assimilée à un cas de force majeure, lequel a nécessairement une origine extérieure à la chose louée (■ Cass. 3e civ., 2 avr. 2003 : *Juris-*

Data n° 2003-018479 ; *JCP* 2003, IV, 1981 ; *Bull. civ.* III, n° 74, p. 68). Absence de force majeure pour une installation électrique défectueuse (■ Cass. 3e civ., 9 nov. 2011, n° 10-24.742 : *Loyers et copr.* 2012/1, p. 13, obs. B. Vial-Pedroletti).

5) Action délictuelle du locataire contre l'architecte. Sur l'action délictuelle du locataire victime de désordres contre l'architecte, v. ■ Cass. 1re civ., 9 oct. 1962, n° 59-11490 : *JurisData* n° 1962-700405 ; *D.* 1963, 1, note Liet-Veaux ; *JCP* 62, II, 12910, note Esmein. ■ Cass. 3e civ., 10 déc. 1980, n° 79-10.966 : *JurisData* n° 1980-799495 ; *Gaz. Pal.* 1981, 2, 637, note Plancqueel.

6) Clauses dérogatoires. Sur la validité des clauses dérogeant à l'article 1721, V. ■ Cass. soc., 21 juin 1958 : *Gaz. Pal.* 1958, 2, 115. ■ Cass. 3e civ., 11 juill. 1972, n° 71-11.196 : *JurisData* n° 1972-000454 ; *JCP* 72, IV, 225 ; *Bull. civ.* III, n° 454, p. 330. Mais la clause de prise de possession par le preneur des locaux dans l'état où ils se trouvent ne saurait constituer une dérogation expresse et non équivoque (■ Paris, 7 juin 1995 : *JurisData* n° 1995-021747 ; *Loyers et copr.* 1995, 468). Un loueur de voitures automobiles peut être condamné à payer des dommages et intérêts au locataire, malgré la clause de non-responsabilité des vices cachés, dès lors qu'il s'est engagé à prendre toutes dispositions nécessaires pour faire réaliser par le vendeur, en exécution des garanties contractuelles, les réparations indispensables et qu'il ne prouve aucune démarche pour obtenir le bénéfice de cette garantie (■ Cass. com., 11 juin 1974, n° 72-10.220 : *JurisData* n° 1974-097186 ; *Gaz. Pal.* 1974, 2, somm. 241). La clause subrogeant le preneur dans les droits du bailleur envers l'assureur dommages-ouvrage n'est pas de nature à exonérer le bailleur de la garantie légale instituée par l'article 1721 du Code civil (■ Cass. 3e civ., 2 mars 2017, n° 15-24.876).

Art. 1722.

– Si, pendant la durée du bail, la chose louée est détruite en totalité par cas fortuit, le bail est résilié de plein droit ; si elle n'est détruite qu'en partie, le preneur peut, suivant les circonstances, demander ou une diminution du prix, ou la résiliation même du bail. Dans l'un et l'autre cas, il n'y a lieu à aucun dédommagement.

1) Ordre public (non). L'article 1722 du Code civil n'étant pas d'ordre public, les parties peuvent renoncer à son application par une clause contractuelle claire et précise ; le fait pour le preneur de renoncer à l'option offerte par l'alinéa 2 dudit article n'est pas contraire au statut des baux commerciaux, s'agissant de contracter sur les conditions de résiliation de plein droit du contrat et non de porter atteinte au droit au renouvellement (■ Cass. 3e civ., 17 déc. 2015, n° 14-23.385 : *RDC* 2016/2, 251, obs. Seube).

2) Charge de la preuve. Sur le principe que le bailleur ne peut s'exonérer de sa responsabilité que par la preuve d'un cas fortuit ou de force majeure, V. ■ Cass. 1re civ., 15 nov. 1966 : *D.* 1967, 490, note J. Mazeaud. Mais dès lors que la ruine de l'immeuble, se traduisant par une menace d'effondrement du premier étage, n'est pas contestée, c'est aux preneurs qui se prévalent de la faute de la bailleresse pour lui dénier le droit d'invoquer la résiliation de plein droit du bail qu'incombe la charge de la preuve que la ruine est due à cette faute et non au cas fortuit (■ Cass. 3e civ., 28 mai 1997, n° 95-14.352 : *JurisData* n° 1997-002335 ; *JCP* 97, IV, 1497 ; *Bull. civ.* III, n° 115, p. 77).

3) Cas fortuit ou de force majeure. Il y a cas fortuit au sens de l'article 1722 lorsque la ruine de l'immeuble par vétusté ne résulte pas de la faute du bailleur ou d'un manquement à ses obligations (■ Cass. 3e civ., 29 janv. 1975, n° 73-14.295 : *JurisData* n° 1975-098035 ; *JCP* 75, IV, 85 ; *Bull. civ.* III, n° 35, p. 27. ■ Cass. 3e civ., 6 mars 1984, n° 82-15.817 : *JurisData* n° 1984-700593 ; *Bull. civ.* III, n° 59, p. 47). Mais dès lors que la dégradation est due à un défaut d'entretien imputable au bailleur, celui-ci ne peut prétendre que la remise en état est hors de proportion avec la valeur actuelle des bâtiments (■ Cass. 3e civ., 30 sept. 1998, n° 96-17.014 : *JurisData* n° 1998-003643 ; *JCP* 98, IV, 3188 ; *Bull. civ.* III, n° 177, p. 118). – Sur le principe que l'article 1722 n'est pas applicable lorsque la perte de la chose est due à la faute du locataire ou des personnes dont il répond, V. ■ Paris, 8 déc. 1998, n° 1997/00613 : *JurisData* n° 1998-023209 ; *Loyers et copr.* 1999, 173, note Vial-Pedroletti.

4) Conséquences de la perte totale. Dès lors que les parties reconnaissent que l'incendie ayant détruit la totalité des lieux loués est dû à un cas fortuit, les juges du fond n'ont pas à rechercher si les frais de remise en état auraient constitué pour le bailleur, qui a perçu une indemnité d'assurance substantielle, une dépense excessive (■ Cass. 3e civ., 1er mars 1995, n° 93-13.812 : *JurisData* n° 1995-000511 ; *Bull.* III, n° 59, p. 41. V. aussi ■ Cass. 3e civ., 20 janv. 1981, n° 79-14.576 : *JurisData* n° 1981-700097 ; *Bull.* III, n° 15, p. 11. ■ Cass. 3e civ., 15 nov. 2005, n° 04-17.470 : *Loyers et copr.* 2006, 2, note Vial-Pedroletti. Sur l'obligation de reconstruction du propriétaire en matière de bail rural, V. C. rur., art. L. 411-30, p. 2609). En cas de perte totale entraînant la résiliation de plein droit, le bailleur ne peut être tenu d'indemniser le locataire que s'il y a faute de sa part (■ Cass. 3e civ., 13 juill. 1994, n° 91-22.260 : *JurisData* n° 1994-001381 ; *Loyers et* *copr.* 1994, 376). Mais le bailleur doit être débouté de sa demande en résiliation du bail commercial pour perte de la chose louée dès lors que la valeur actuelle de l'immeuble n'est pas connue avec certitude et qu'aucun élément de la cause n'autorise à admettre que le coût des travaux est disproportionné au regard de la valeur de cet immeuble (▪ Cass. 3e civ., 8 déc. 1993, n° 90-22.070 : *JurisData* n° 1993-002326 ; *Bull. civ.* III, n° 160, p. 107). V. aussi sous art. 1741, p. 1475.

5) **Impossibilité de jouir de la chose ou d'en faire un usage conforme à sa destination. Coût des travaux excédant la valeur de la chose.** L'application de l'article 1722 n'est pas restreinte au cas de perte totale et s'étend à celui où, par suite des circonstances, le preneur se trouve dans l'impossibilité de jouir de la chose ou d'en faire un usage conforme à sa destination (▪ Cass. 3e civ., 17 oct. 1968 : *JCP* 1968, IV, 179 ; *Bull. civ.* III, n° 383, n° 293. ▪ Paris, 27 oct. 1994 : *JurisData* n° 1994-023461 ; *Loyers et copr.* 1995, 56. V. pour un incendie ayant rendu l'immeuble impropre à sa destination d'hôtel ▪ Cass. 3e civ., 20 janv. 1981, n° 79-14.576 : *JurisData* n° 1981-700096 ; *Bull. civ.* III, n° 15, p. 11. Comp. pour un garage ▪ Cass. 3e civ., 19 mars 1997, n° 95-16.719 : *JurisData* n° 1997-001255 ; *JCP* 1997, IV, 1009 ; *Bull. civ.* III, n° 62, p. 39. V. pour une application à un bail de chasse en cas de disparition complète des lapins ▪ Cass. 1re civ., 24 févr. 1959 : *D.* 1959, 311), ainsi qu'au cas de nécessité de travaux dont le coût excède la valeur de la chose (▪ Cass. 3e civ., 2 juill. 2003 : *JurisData* n° 2003-019713 ; *JCP* 2003, IV, 2529 ; *Bull. civ.* III, n° 138, p. 123. ▪ Cass. 3e civ., 9 déc. 2009, n° 08-17.483 : *JurisData* n° 2009-050667 ; *Bull. civ.* 2009, III, n° 269). Jugé que l'arrêt de la fourniture d'eau courante en cours de location constitue une perte partielle par cas fortuit de nature à justifier une diminution de loyer (▪ Cass. 2e civ., 17 juin 1980 : *Bull. civ.* II, n° 116, p. 86). Au cas de perte partielle, il n'appartient qu'au preneur de demander la résiliation (▪ Cass. 3e civ., 16 mars 1994 : *Loyers et copr.* 1994, 236. ▪ Cass. 3e civ., 1er févr. 1995, n° 92-18.298 : *Bull. civ.* III, n° 33, p. 21 ; *Loyers et copr.* 1995, 319 ; *RD imm.* 1995, 800, obs. Collart-Dutilleul).

6) **Trouble de jouissance du fait de la puissance publique.** L'article 1722 peut être appliqué quand le trouble de jouissance résulte du fait de la puissance publique car la limitation de jouissance des locataires n'est ni inhérente à l'immeuble ni imputable aux bailleurs (▪ Cass. civ., 15 janv. 1941 : *DA* 1941, 66. – V. aussi ▪ TGI Paris, 22 juin 1970 : *JCP* 72, IV, 23). Le bail peut être résilié pour perte de la chose louée lorsque le coût des travaux prescrits par l'Administration en application d'une réglementation postérieure à la conclusion du bail excède la valeur de la chose louée (▪ Cass. 3e civ., 12 juin 1991, n° 89-20.140 : *JurisData* n° 1991-001535 ; *Bull. civ.* III, n° 169, p. 100). La résiliation peut être prononcée au vu d'une décision administrative ordonnant la démolition de l'immeuble en raison de son état (▪ Cass. 3e civ., 20 janv. 1988, n° 86-11.922 : *JurisData* n° 1988-000179 ; *Bull. civ.* III, n° 13, p. 6). Mais l'apposition de scellés criminels n'équivaut pas à une perte totale des lieux loués au sens de l'article 1722 (▪ Paris, 20 déc. 1995, n° 94.010320 : *JurisData* n° 1995-024256 ; *Loyers et copr.* 1996, 258). Jugé que le preneur contraint de mettre fin à son activité pour avoir contrevenu à des prescriptions administratives ne peut demander la résiliation du bail dès lors que ces prescriptions étaient antérieures à la conclusion du bail et ne peuvent être assimilées à la destruction de la chose louée (▪ Cass. 3e civ., 19 févr. 1997, n° 94-21.391 : *JurisData* n° 1997-000666 ; *JCP* E 97, 950, note crit. Djigo ; *Bull. civ.* III, n° 39, p. 24).

7) **Destruction de l'immeuble par suite de faits de guerre.** Sur la dérogation apportée à l'article 1722 en cas de destruction de l'immeuble par suite de faits de guerre, V. L. 1er sept. 1948, art. 70, p. 2798.

8) **Application aux fonds de commerce (non).** Les articles 1722 et 1733 du Code civil ne sont applicables qu'aux baux des maisons et des biens ruraux et non aux fonds de commerce (▪ Cass. com., 16 juill. 1980, n° 78-16.022 : *JurisData* n° 1980-798033 ; *JCP* 80, IV, 369 ; *Bull. civ.* IV, n° 294, p. 239).

9) **Application aux baux commerciaux.** L'article 1722 s'applique aux baux commerciaux (▪ Cass. 3e civ., 1er mars 1995, n° 93-12.047 : *JurisData* n° 1995-001305 ; *JCP* 95, IV, 1043 ; *Bull.* III, n° 59, p. 41). La locataire maintenue dans les lieux à la suite d'un congé donné par la bailleresse ne peut prétendre à l'indemnité d'éviction fixée par voie judiciaire après la survenance d'un incendie ayant détruit les locaux, dès lors qu'elle était maintenue aux clauses et conditions du bail expiré (▪ Cass. 3e civ., 29 sept. 1999, n° 97-22.129 : *JurisData* n° 1999-003385 ; *JCP* 99, IV, 2840 ; *Bull. civ.* III, n° 192, p. 133. V. en ce sens ▪ Cass. 3e civ., 29 sept. 2004, n° 03-13-997 : *JurisData* n° 2004-024955 ; *Bull. civ.* III, n° 159, p. 144). L'article 1722 prévoyant, en cas de destruction totale du bien loué, la résiliation de plein droit du bail, le locataire ne peut prétendre à une indemnité d'éviction qui ne lui était pas définitivement acquise au jour du sinistre (▪ Cass. 3e civ., 29 juin 2011, n° 10-19.975 : *Bull. civ.* III, n° 115 ; *JCP* N 2012, 1184, n° 11, obs. H. Kenfack ; *JCP* G 2011, doctr. 1141, n° 25, obs. P. Grosser ; *JCP* G 2011, doctr. 1030, n° 5, obs. M. Billiau ; *RTD com.* 2011, 728, obs. F. Kendérien ; *Gaz. Pal.* 22 oct. 2011, 37, note C.-E. Brault, destruction totale de l'immeuble par un incendie).

10) Éboulement d'une mine dû à un phénomène naturel. Le concessionnaire d'une mine ayant cessé de l'exploiter et consenti à un tiers un bail à ferme sur une partie des galeries affectées à usage de champignonnières ne saurait être déclaré responsable du dommage causé par un éboulement dû à un phénomène naturel de vieillissement (■ Cass. 3e civ., 7 juin 1989, n° 88-10.323 : *JurisData* n° 1989-001875 ; *JCP* 89, IV, 292 ; *Bull. civ.* III, n° 128, p. 71).

11) Remise en état par le locataire. Diminution du loyer. Le locataire qui a procédé à ses frais à une remise en état des lieux loués n'en a pas moins le droit d'obtenir une diminution du loyer sur le fondement de l'article 1722 (■ Cass. 3e civ., 11 juill. 1990, n° 89-11.100 : *JurisData* n° 1990-702306 ; *JCP* 90, IV, 341 ; *Bull. civ.* III, n° 172, p. 100).

12) Dédommagement et restitution des loyers. La demande de restitution des loyers formée par une association de chasse après l'incendie ayant ravagé le fonds du bailleur pour privation de l'exercice de la chasse ne constitue pas une demande d'indemnité (■ Cass. 3e civ., 1er avr. 1998, n° 96-10.399 : *JurisData* n° 1998-001490 ; *JCP* 98, IV, 2195 ; *Bull. civ.* III, n° 76, p. 51).

13) Question prioritaire de constitutionnalité. Sur le refus de renvoyer au Conseil constitutionnel la QPC relative à l'article 1722, au motif qu'en excluant tout dédommagement lorsque le bail est résilié de plein droit par suite de la disparition fortuite de la chose louée, l'article 1722 ne fait manifestement que tirer la conséquence nécessaire de la disparition de l'objet même de la convention que les parties avaient conclue et poursuit un objectif d'intérêt général en assurant, lors de l'anéantissement de leurs relations contractuelles dû à une cause qui leur est étrangère, un équilibre objectif entre leurs intérêts respectifs (■ Cass. 3e civ., 4 janv. 2011, n° 10-19.975 : *RTD com.* 2011, 318, obs. F. Kendérian ; *JCP* N 2012, 1184, n° 3, obs. H. Kenfack).

Art. 1723. – Le bailleur ne peut, pendant la durée du bail, changer la forme de la chose louée.

1) Accessoires de la chose louée. L'article 1723 s'applique non seulement aux immeubles et portions d'immeubles qui font l'objet principal du bail et dont le preneur a la jouissance privative, mais aussi aux accessoires de la chose louée et notamment aux entrées et couloirs d'accès dont le preneur a l'usage concurremment avec les autres locataires (■ Paris, 31 oct. 1957 : *Gaz. Pal.* 1957, 2, 397. V. aussi pour l'installation de gaz ■ Cass. civ., 4 janv. 1950 : *JCP* 50, IV, 33). Il en résulte l'obligation pour le bailleur de conserver à son locataire la jouissance entière des couloirs d'accès tels qu'ils existaient à l'époque du bail (même arrêt).

2) Exemples de modifications contraires à l'article 1723. La suppression d'un escalier constitue un changement de forme de la chose louée (■ Cass. 1re civ., 14 oct. 1964 : *JurisData* n° 1964-700445 ; *JCP* 65, II, 14189, note R.D.). Il en va de même pour la suppression de l'installation du gaz existant lors de l'entrée dans les lieux (■ Cass. civ., 4 janv. 1950, préc.), le déplacement de la loge du concierge (■ Cass. 1re civ., 17 mai 1960 : *Gaz. Pal.* 1960, 2, 166), la suppression d'une « vue sur le jardin » (■ Paris, 20 oct. 1960 : *Gaz. Pal.* 1961, 1, 65), ou l'obturation des ouvertures existantes nécessaires à la ventilation et à l'éclairage des lieux (■ Cass. 3e civ., 23 juin 1993, n° 91-14.333 : *JurisData* n° 1993-002059 ; *Loyers et copr.* 1993, 387).

3) Exemples de modifications admises. L'installation de poignées aux portes palières d'un ascenseur primitivement réservé aux personnes munies d'une clef spéciale ne constitue pas un changement de forme de la chose louée (■ Cass. 1re civ., 7 févr. 1967, n° 64-14.164 : *D.* 1967, 211, note Breton). Des locataires bénéficiant d'un chauffage individuel ne peuvent s'opposer, pour des raisons de convenances personnelles, aux modifications entraînées par l'installation d'un chauffage central commun à tout l'immeuble (■ Cass. 3e civ., 12 avr. 1972 : *JurisData* n° 1972-098209 ; *JurisData* n° 1972-098210 ; *JCP* 73, II, 17591, 1re esp., note Le Galcher-Baron). Les bailleurs peuvent faire installer un chauffage électrique à la place d'une chaudière de chauffage au fioul devenu inutilisable dès lors que l'installation électrique répond aux besoins des locataires (■ Cass. 3e civ., 7 févr. 1990, n° 88-16.225 : *JurisData* n° 1990-700361 ; *Bull. civ.* III, n° 41, p. 21).

4) Servitude sur un fonds donné à bail. Un propriétaire ayant concédé, sur une parcelle précédemment louée, une servitude de passage au profit d'un voisin qui lui avait acheté une autre parcelle, celui-ci est acquéreur d'un droit réel grevant la propriété du fonds et doit à ce titre exécuter les obligations incombant au propriétaire du fonds en sa qualité de bailleur. Il ne peut donc revendiquer l'exercice de celle-ci, qui constitue une modification substantielle de la chose louée, pendant la durée du bail (■ Cass. 3e civ., 23 oct. 1991, n° 89-14.147 : *JurisData* n° 1991-002639 ; *JCP* 91, IV, 454 ; *Bull. civ.* III, n° 248, p. 146).

5) Remise en état. Les juges du fond sont tenus d'ordonner la remise en état des lieux modifiés par le bailleur (■ Cass. 1re civ., 26 juin 1967 : *JurisData* n° 1967-000233 ; *D.* 1967, 673, substitution d'une sortie étroite sur une rue sans trottoir à un accès dégagé. V. aussi ■ Cass. 1re civ., 17 mai 1960, préc.). Viole l'article 1723 la cour d'appel qui déboute le locataire de sa demande en démolition des travaux d'extension en retenant que sa demande est justifiée dans son principe, mais que la démolition aurait des conséquences hors de proportion avec les données et les dimensions du litige (■ Cass. 3e civ., 3 avr. 1996, n° 94-14.485 : *JurisData* n° 1996-001365 ; *JCP* 96, IV, 1251 ; *Bull. civ.* III, n° 90, p. 59).

Art. 1724. – *(Mod., L. n° 2014-366, 24 mars 2014)* **Si, durant le bail, la chose louée a besoin de réparations urgentes et qui ne puissent être différées jusqu'à sa fin, le preneur doit les souffrir, quelque incommodité qu'elles lui causent, et quoiqu'il soit privé, pendant qu'elles se font, d'une partie de la chose louée.**

Mais, si ces réparations durent plus de vingt et un jours, le prix du bail sera diminué à proportion du temps et de la partie de la chose louée dont il aura été privé.

Si les réparations sont de telle nature qu'elles rendent inhabitable ce qui est nécessaire au logement du preneur et de sa famille, celui-ci pourra faire résilier le bail.

1) **Clause dérogatoire. Maintien de la responsabilité pour faute.** La clause du bail par laquelle le preneur s'engage à souffrir, par dérogation à l'article 1724, l'exécution de tous travaux n'a pas pour effet d'exonérer le bailleur de sa responsabilité personnelle et de celle des entrepreneurs pour les fautes commises dans l'exécution de ces travaux (■ Cass. 3e civ., 27 nov. 1974, n° 73-13.443 : *JurisData* n° 1974-000443 ; *Bull. civ.* III, n° 443, p. 342. Sur l'obligation de sécurité du bailleur, V. ■ Cass. 3e civ., 17 juin 1970, n° 68-12.251 : *JurisData* n° 1970-000407 ; *D.* 1970, somm. 211).

2) **Opposition du locataire à des travaux nécessaires.** Le congé délivré par le bailleur est fondé sur un motif légitime et doit être validé, dès lors que le locataire s'est opposé à la réalisation de travaux nécessaires qu'il avait lui-même réclamés (■ Paris, 31 mai 1995 : *JurisData* n° 1995-021693 ; *Loyers et copr.* 1995, 507).

3) **Logement inhabitable. Durée des travaux.** L'article 1724 n'est pas applicable dès lors que les preneurs ne démontrent pas que le logement était inhabitable et que la durée des travaux a excédé 40 jours (■ Lyon, 27 juin 2000, n° 1999/04330 : *JurisData* n° 2000-134869 ; *Loyers et copr.* 2001, 113, note Vial-Pedroletti, évacuation pendant quelques jours à la suite d'un arrêté de péril).

4) **Travaux destinés à améliorer l'habitat.** Sur le droit pour le propriétaire de locaux d'habitation d'effectuer, dans les mêmes conditions que les réparations urgentes visées à l'article 1724 du Code civil, les travaux destinés à adapter les locaux à des normes de salubrité, de sécurité, d'équipement et de confort, V. L. n° 67-561, 12 juill. 1967 relative à l'amélioration de l'habitat, p. 2938.

Art. 1725. – **Le bailleur n'est pas tenu de garantir le preneur du trouble que des tiers apportent par voies de fait à sa jouissance, sans prétendre d'ailleurs aucun droit sur la chose louée ; sauf au preneur à les poursuivre en son nom personnel.**

Bibliographie : A. Djigo, *Voies de fait commises par des tiers et garantie du bailleur : Loyers et copr.* 2001, chron. 5.

1) **Tiers.** Le colocataire n'est pas un tiers au sens de l'article 1725 (■ Cass. soc., 25 oct. 1946 : *JCP* 47, II, 3400, note Esmein. ■ Cass. 3e civ., 4 mars 1987, n° 84-17.195 : *Bull. civ.* III, n° 37, p. 23. ■ Cass. 3e civ., 16 nov. 1994, n° 93-11.184 : *JurisData* n° 1994-002083 ; *Bull.* III, n° 189, p. 121 ; *JCP* G 95, II, 22391 et *JCP* N 95, II, 936, note Djigo ; *RD imm.* 1995, 386, obs. Collart-Dutilleul. ■ Cass. 3e civ., 20 avr. 2005, n° 03-18.390 : *JurisData* n° 2005-028171 ; *Loyers et copr. 2005, 168*, note Vial-Pedroletti), pas plus que le concierge (■ Cass. 3e civ., 6 nov. 1970 : *JurisData* n° 1970-000586 ; *D.* 1971, 250) ou la commune liée au propriétaire par une convention de travaux publics (■ Cass. 3e civ., 7 nov. 2001 : *JCP* 2001, IV, 3033 ; *Bull. civ.* III, n° 121, p. 93 ; *JurisData* n° 2001-011579 ; *Resp. civ. et assur.* 2002, 70) ou les clients d'un autre locataire (■ Cass. 3e civ., 22 oct. 2003, n° 01-17.183 : *JurisData* n° 2003-020617 ; *Resp. civ. et assur.* 2004, 13, note Groutel ; *Loyers et copr.* 2004, 2, note Vial-Pedroletti ; *D.* 2004, 2078, note Boulogne-Yang-Ting). Mais il en va autrement du copropriétaire responsable d'infiltrations (■ Cass. 3e civ., 25 mars 1998, n° 96-10.119 : *JurisData* n° 1998-001354 ; *JCP* G 98, II, 10107 ; *JCP* E 98, 1402, note Djigo ; JCP N 98, 1299 ; Bull. civ. III, n° 73, p. 47. V. aussi ■ Cass. 3e civ., 28 juin 1999, n° 9604886 : *JurisData* n° 1999-044260 ; *Loyers et copr.* 2000, 246, note Vial-Pedroletti. ■ Paris, 21 sept. 1999, n° 1997/24166 : *JurisData* n° 1999-024244 ; *Loyers et copr.* 2000, 133, note Vial-Pedroletti).

2) Vol. Le bailleur n'est pas responsable en cas de vol commis par un tiers au préjudice du locataire (■ Cass. 1re civ., 1er mars 1960 : *JurisData* n° 1960-000136 ; *Bull. civ.* I, n° 135, p. 109. V. en ce sens pour le vol d'une voiture dans un emplacement de stationnement ■ Cass. 3e civ., 12 juin 1996, n° 94-70.251 : *JurisData* n° 1996-000235 ; *JCP* 96, IV, 1774 ; *Bull.* III, n° 137, p. 89), sauf en cas de faute commise par lui ou par son préposé en rapport direct de causalité avec le vol (■ Cass. civ., 8 avr. 1941 : *D.* 1945, 13, note Tunc. ■ Paris, 20 janv. 2005, n° 03/14200 : *JurisData* n° 2005-259600 ; *Loyers et copr.* 2005, 62, note Vial-Pedroletti). Manque à son obligation d'assurer une jouissance paisible des lieux loués le bailleur qui ne s'est pas assuré que toutes les précautions relatives à la sécurité des locataires ont été prises en raison de l'installation, à des fins de ravalement du bâtiment, d'un échafaudage constituant un mode d'accès facile pour les voleurs (■ Cass. 3e civ., 28 févr. 1990, n° 88-14.647 : *JCP* 90, IV, 163 ; *Bull. civ.* III, n° 63, p. 34). Sur la portée de la clause exonérant le bailleur de toute responsabilité en cas de vol lorsque le bailleur organise un service de surveillance, V. ■ Cass. 3e civ., 17 juill. 1986, n° 85-13.333 : *JurisData* n° 1986-001427 ; *D.* 1987, 481, note Delebecque. Pour une application de l'article 725 à l'exploitant d'un camping, V. ■ Cass. 3e civ., 4 avr. 2012, n° 11-11.676 : *Contrats, conc. consom.* 2012, comm. 170, obs. Leveneur ; *Resp. civ. et assur.* 2012, comm. 209, Groutel (location d'un chalet dans un camping, pas de responsabilité de l'exploitant du camping pour vol).

3) Atteinte directe ou indirecte à la jouissance. L'article 1725 s'applique seulement lorsque l'atteinte à la jouissance du preneur est l'objet direct du trouble (■ Cass. com., 23 janv. 1951 : *Bull. civ.* II, n° 37, p. 24. V. en ce sens ■ Paris, 23 févr. 1999, n° 1997/11040 : *JurisData* n° 1999-020366 ; *Loyers et copr.* 1999, 203, note Vial-Pedroletti. ■ Paris, 27 juin 2003, n° 2001/11784 : *JurisData* n° 2003-219487 ; *Loyers et copr.* 2003, 230, note Vial-Pedroletti). Les dégâts provoqués par une explosion portant atteinte à la substance même de la chose louée n'intéressent qu'indirectement cette jouissance (■ Cass. com., 23 janv. 1951, préc. V. aussi pour des désordres causés par des travaux exécutés par la RATP ■ Paris, 27 janv. 1998, n° 95/28286 : *JurisData* n° 1998-020093 ; *Loyers et copr.* 1998, 149, note Vial-Pedroletti. Jugé au contraire que le bailleur n'est pas responsable du trouble causé par des infiltrations dues à la rupture d'une canalisation du réseau d'eaux pluviales et que la cour d'appel viole l'article 1725 en accueillant la demande du locataire au motif que le fait du tiers n'atteint que de façon indirecte la jouissance du locataire (■ Cass. 3e civ., 28 juin 2000, n° 98-20.406 : *Loyers et copr.* 2000, 246, note Vial-Pedroletti ; *Bull. civ.* III, n° 128, p. 87).

4) Voie de fait et trouble de jouissance. L'article 1725 laisse au preneur le soin de résister à la voie de fait d'un tiers, même lorsqu'elle porte atteinte à l'immeuble ; le trouble de jouissance du locataire, même dans ce cas, résulte directement des agissements du tiers (■ Lyon, 24 sept. 1963 : *D.* 1964, 259). Sur le principe que le bailleur n'est pas responsable des troubles causés par une société de construction dès lors qu'ils ne portent pas atteinte à la matérialité de la chose louée mais directement à la jouissance des locataires, v. ■ Paris, 23 févr. 1999, n° 1997/11040 : *JurisData* n° 1999-020366 ; *Loyers et copr.* 1999, 203, note Vial-Pedroletti. *Contra*, pour des nuisances occasionnées par un chantier de rénovation ■ Paris, 14 sept. 2000, n° 1999/09703 : *JurisData* n° 2000-123730 ; *Loyers et copr.* 2001, 58, note Vial-Pedroletti. – V. aussi ■ Pau, 11 mars 2004, n° 01/03415 : *JurisData* n° 2004-249018 ; *Loyers et copr.* 2004, 198, note Vial-Pedroletti.

5) Aboiement de chiens. Le bailleur ne peut être tenu pour responsable de l'aboiement de chiens dans le voisinage (■ Nîmes, 18 juin 1998, n° 97.890 : *JurisData* n° 1998-030706 ; *Loyers et copr.* 1999, 30, note Vial-Pedroletti).

6) Carence du bailleur. Intrusion de tiers. Viole l'article 1725 la cour d'appel qui condamne le bailleur à faire cesser les troubles de jouissance en munissant la porte d'entrée d'une fermeture, en relevant l'existence de nombreuses intrusions, notamment de clochards, alors que les troubles proviennent d'agissements de tiers (■ Cass. 3e civ., 10 nov. 1987, n° 86-13.254 : *JurisData* n° 1987-001791 ; *Bull. civ.* III, n° 183, p. 107 ; *D.* 1987, inf. rap. 235). Mais jugé que ce texte est inapplicable lorsque l'intrusion de tiers dans l'appartement a été permise ou du moins facilitée par la carence du bailleur qui n'a pas effectué les travaux de réfection de la porte d'entrée (■ Cass. 3e civ., 12 juin 2001, n° 99-21.127 : *JurisData* n° 2001-010212 ; *Loyers et copr.* 2001, 220, note Vial-Pedroletti).

Art. 1726. – Si, au contraire, le locataire ou le fermier ont été troublés dans leur jouissance par suite d'une action concernant la propriété du fonds, ils ont droit à une diminution proportionnée sur le prix du bail à loyer ou à ferme, pourvu que le trouble et l'empêchement aient été dénoncés au propriétaire.

Art. 1727. – **Si ceux qui ont commis les voies de fait prétendent avoir quelque droit sur la chose louée, ou si le preneur est lui-même cité en justice pour se voir condamner au délaissement de la totalité ou de partie de cette chose, ou à souffrir l'exercice de quelque servitude, il doit appeler le bailleur en garantie, et doit être mis hors d'instance, s'il l'exige, en nommant le bailleur pour lequel il possède.**

Tiers invoquant un droit réel. L'appel en cause du bailleur n'est nécessaire que lorsque l'auteur du trouble invoque un droit réel (▪ Cass. soc., 22 déc. 1941 : *S.* 1942, 1, 90).

Art. 1728 *(Mod., L. n° 2014-873, 4 août 2014).* – **Le preneur est tenu de deux obligations principales :**

1° D'user de la chose louée raisonnablement, et suivant la destination qui lui a été donnée par le bail, ou suivant celle présumée d'après les circonstances, à défaut de convention ;

2° De payer le prix du bail aux termes convenus.

• *Sommaire*

I – OBLIGATION D'USER DE LA CHOSE EN BON PÈRE DE FAMILLE

1) Notion d'abus de jouissance. Au sens de l'article 1728 l'abus de jouissance existe lorsque la chose louée subit des détériorations non par l'usage normal qu'elle comporte en vertu du bail mais par le fait volontaire du preneur, indépendamment de l'intention ayant déterminé celui-ci (▪ Cass. soc., 6 juin 1946 : *D.* 1946, 310. V. aussi pour des nuisances sonores ▪ Paris, 28 janv. 1999, n° 1997/18803 : *JurisData* n° 1999-020356 ; *Loyers et copr.* 1999, 144, note Vial-Pedroletti).

2) Travaux d'aménagement exécutés par des entrepreneurs. Le preneur répond des dégradations causées à l'immeuble par les travaux d'aménagement qu'il a fait exécuter par des entrepreneurs (▪ Cass. 3e civ., 13 févr. 1979 : *JCP* 79, IV, 133).

3) Détention d'un animal familier. Sur le droit pour le locataire d'un local d'habitation de détenir un animal familier, v. L. n° 70-598, 9 juill. 1970, art. 10 (*JO* 10 juill. ; *JCP* 70, III, 36802). Il n'appartient pas au bailleur de dire que certaines races de chiens, ou certains croisements de races, doivent être écartés du champ d'application de cette disposition (▪ TI Anthony, 5 mai 1997 : *JurisData* n° 1997-970091 ; *Gaz. Pal.* 1997, 2, 507, note Pautot). Mais les troubles de jouissance causés par les animaux peuvent constituer des manquements graves du locataire justifiant la résiliation (même jugement).

4) Dommages causés par des personnes introduites par le locataire dans les lieux loués. Les locataires et occupants sont responsables des personnes qu'ils introduisent dans les lieux loués et qu'ils associent à la jouissance de ces lieux. Ils doivent en conséquence répondre vis-à-vis du bailleur des abus de jouissance causés par elles (▪ Cass. soc., 9 mars 1956 : *Bull. civ.* IV, n° 245, p. 179). Toutefois, sur la nécessité, pour obtenir la résiliation du bail en cas de troubles causés par les enfants du locataire, d'établir l'existence d'un lien entre ces troubles et un manquement à l'obligation pour le preneur d'user paisiblement de la chose louée, V. ▪ Cass. 3e civ., 14 oct. 2009, nos 08-12.744 et 08-16.955 : *Bull. civ.* III, n° 221 ; *D.* 2010, 1104, obs. Monge ; *Rev. Lamy dr. civ.* 2009, n° 66, p. 20, obs. Bugnicourt (absence de lien entre les troubles et le manquement imputé aux preneurs dans une hypothèse où les troubles avaient été commis dans un immeuble appartenant au même ensemble immobilier que celui où se situaient les lieux loués, mais distants de plus d'un kilomètre). Sur la possibilité de retenir, au titre du manquement du locataire à son obligation de jouissance paisible, des faits de violence commis par ses enfants et réitérés après que le locataire a quitté les lieux, V. ▪ Cass. 3e civ. 9 juill. 2014, n° 13-14.802 : *RDC* 2015/1, 56, obs. Seube).

5) Hébergement de tiers. Les clauses d'un bail d'habitation ne peuvent en vertu de l'article 8.1 de la Convention de sauvegarde des droits de l'homme et des libertés fondamentales, avoir pour effet de priver le preneur de la possibilité d'héberger ses proches (▪ Cass. 3e civ., 6 mars 1996, n° 92-18.763 : *JurisData* n° 1996-000981 ; *JCP* 1996, II, 22764, note Nguyen Van Tuong ; *Bull. civ.*

III, n° 60, p. 41 ; *RTD civ.* 1996, 580, obs. Hauser ; *Loyers et copr.* 1996, 201 ; *RTD civ.* 1996, 897, obs. Mestre). Dans le même sens, ▪ Cass. 3e civ., 22 mars 2006, pourvoi n° 04-19.349 ; *JurisData* n° 2006-032811 ; *JCP* 2006, IV, 1872. La stipulation contractuelle interdisant le prêt des lieux à un tiers sans le consentement exprès et écrit du bailleur est licite et ne fait pas obstacle, conformément aux dispositions de l'article 8, § 1, de la Convention européenne des droits de l'homme, à ce que le preneur héberge un membre de sa famille mais prohibe qu'il mette les locaux à la disposition d'un tiers, quel qu'il soit, si lui-même n'occupe plus effectivement les locaux (▪ Cass. 3e civ., 10 mars 2010, n° 09-10.412 : *Bull. civ.* 2010, III, n° 57 ; *RDC* 2010/3, 913, obs. J.-B. Seube ; *JCP* E 2010, nos 27-28, 29, obs. J.-B. Seube ; *RTD civ.* 2010, 343, obs. P.-Y. Gautier ; *AJDI* 2010, 808, obs. N. Damas ; *D.* 2010, 1531, note J.-M. Brigant). *Adde* en présence d'une clause imposant une occupation à caractère strictement personnel ▪ Cass. 3e civ., 5 mai 1993, n° 91-14.650 : *JurisData* n° 1993-001703 ; *Loyers et copr.* 1993, 292. Jugé que même si un bail stipule une interdiction d'héberger un tiers, une telle clause n'accorde pas au bailleur un droit de regard et d'ingérence dans la vie privée du preneur, auquel, notamment, il ne peut être reproché de vivre avec sa maîtresse (▪ Paris, 25 oct. 1996 : *JurisData* n° 1996-022883 ; *Loyers et copr.* 1997, 4, obs. Vial-Pedroletti. V. aussi, distinguant l'hébergement des proches et la sous-location, ▪ Paris, 31 oct. 2000, n° 1998/22045 : *JurisData* n° 2000-128227 ; *Loyers et copr.* 2001, 83, note Vial-Pedroletti. ▪ Paris, 12 sept. 2002, n° 2001/10415 : *JurisData* n° 2002-190030 ; *Loyers et copr.* 2003, 1, note Vial-Pedroletti. Voir cependant ▪ Versailles, 29 janv. 1999, n° 692/97 : *JurisData* n° 1999-040535 ; *Loyers et copr.* 1999, 282, note Vial-Pedroletti, décidant qu'une locataire n'use pas des lieux en bon père de famille lorsqu'elle héberge dans les lieux loués le père de son quatrième enfant). L'hébergement de tiers en violation d'une clause du bail peut être considéré comme n'étant pas suffisamment grave pour justifier la résiliation du bail (▪ Cass. 3e civ., 1er oct. 1997, n° 95-20.741 : *JurisData* n° 1997-003918 ; *RD imm. 1997, 629, obs. Collart Dutilleul).*

6) Injures adressées au bailleur. Les juges du fond peuvent décider que les injures écrites réitérées, adressées par le preneur au bailleur, à l'occasion de leurs litiges locatifs, constituent, à elles seules, un manquement à l'obligation de jouissance paisible (▪ Cass. 3e civ., 3 juin 1992, n° 90-20.422 : *JurisData* n° 1992-002319 ; *Loyers et copr.* 1992, 326).

7) Violences. Peut être accueillie la demande en résiliation dirigée contre la locataire qui exerce des violences à l'encontre d'un occupant de l'hôtel meublé qu'elle exploite, à l'encontre duquel elle a obtenu une ordonnance d'expulsion, alors qu'elle s'était engagée, aux termes du bail, à user de la chose en bon père de famille sans abus d'aucun genre et de s'abstenir de tout acte de nature à nuire moralement ou matériellement à la propriété (▪ Cass. 3e civ., 2 juill. 1997, n° 95-14.151 : *JurisData* n° 1997-003148 ; *Gaz. Pal.* 1997, 2, 695, note Barbier).

8) Prostitution. L'exercice dans les lieux loués de façon habituelle d'une activité de prostitution constitue un manquement manifeste à l'obligation d'user paisiblement des locaux suivant la destination d'habitation qui leur a été donnée par le contrat de location (▪ Paris, 13 janv. 1997 : *JurisData* n° 1997-020016 ; *Loyers et copr.* 1997, 66).

9) Bruit. Les locataires qui font régulièrement du bruit la nuit n'usent pas de la chose louée en bon père de famille (▪ Cass. 3e civ., 16 nov. 1993, n° 91-16.704 : *JurisData* n° 1993-002735 ; *Loyers et copr.* 1994, 13).

10) Responsabilité du preneur à l'égard des colocataires. Les obligations contractuelles auxquelles est tenu le preneur envers le bailleur ne l'exonèrent pas de la responsabilité qu'il peut encourir envers des colocataires d'autres appartements de l'immeuble, alors même que la faute commise serait en rapports étroits avec l'exécution du bail (▪ Cass. 1re civ., 18 juill. 1961, n° 60-10.086 : *JCP* 61, II, 12301, note Esmein. V. aussi Corlay, *Les limites de l'obligation de garantie du bailleur en cas d'abus de jouissance d'un locataire au préjudice d'un autre locataire : D.* 1979, chron. 27).

11) Action oblique. En l'état d'un règlement de copropriété déclarant chaque copropriétaire responsable des agissements répréhensibles de ses locataires, le syndicat des copropriétaires peut exercer par voie oblique l'action en résiliation en cas de carence du copropriétaire bailleur (▪ Cass. 3e civ., 14 nov. 1985, n° 84-15.577 : *JurisData* n° 1985-003126 ; *D.* 1986, 368, note Aubert).

12) Assurance (non). L'obligation pour le locataire d'un local meublé de s'assurer contre les risques dont il doit répondre est, sauf stipulation expresse contraire, facultative (▪ Cass. 3e civ., 20 janv. 2010, n° 09-65.791 : *Bull. civ.* 2010, III, n° 15 ; *RDC* 2010/3, 904, obs. G. Lardeux ; *RGDA* 2010, 442, note S. Abravanel-Jolly).

II – OBLIGATION DE RESPECTER LA DESTINATION DE LA CHOSE

13) Nécessité d'un préjudice pour le bailleur (non). Le preneur ne peut modifier l'usage et la destination de la chose louée, alors même que les modifications ne seraient susceptibles de causer aucun préjudice au bailleur (■ Cass. civ., 27 avr. 1948 : *JCP* 48, II, 4594. V. aussi sous art. 1741, annot. n° 2, p. 1475).

14) Détermination du caractère d'une location. Le caractère d'une location est déterminé, en principe, non par l'usage que le locataire a pu faire de la chose louée, mais par la destination que lui ont donnée les parties (■ Cass. ass. plén., 3 mai 1956 : *JCP* 56, II, 9345, note J.G.L. V. aussi ■ Cass. 3e civ., 16 oct. 1969 : *JurisData* n° 1969-000652 ; *Bull. civ.* III, n° 652, p. 493). Une simple attitude passive du bailleur n'implique pas à elle seule ni une modification de la nature même du bail ni un consentement à un changement de destination des lieux (■ Cass. ass. plén., 3 mai 1956, préc. V. aussi ■ Cass. 3e civ., 5 juin 1973, n° 72-12.363 : *JurisData* n° 1973-000400 ; *JCP* 73, IV, 276 ; *Bull. civ.* III, n° 400, p. 289). Dès lors que le bail stipule un usage d'habitation à l'exclusion de toute activité professionnelle ou commerciale, la tolérance du bailleur ne peut le priver du droit de demander la résiliation, en l'absence d'une autorisation non équivoque de changement de destination des lieux (■ Cass. 3e civ., 16 juill. 1997, n° 95-20.884 : *JurisData* n° 1997-003418 ; *RD imm.* 1997, 629, obs. Collart-Dutilleul). Les juges du fond peuvent déterminer la nature d'une location dans l'intention des parties en tenant compte notamment de l'emploi des lieux que fait le locataire sans opposition du bailleur (■ Cass. soc., 7 juin 1961 : *Gaz. Pal.* 1961, 2, 115) ou avec son accord (■ Cass. soc., 13 nov. 1967, n° 66-40.472 : *JCP* 67, IV, 181 ; *Bull. civ.* IV, n° 716, p. 606. ■ Paris, 18 déc. 1965 : *JurisData* n° 1965-096151 ; *JCP* 66, II, 14694, note R. D.).Jugé que, même si le bail a été conclu à usage exclusif d'habitation, la demande en résiliation peut être rejetée dès lors que la locataire, qui a sa résidence principale dans les lieux, y exerce une activité professionnelle qui ne trouble pas la paix des habitants de l'immeuble et ne la conduit pas à recevoir une clientèle ou des marchandises (■ Cass. 3e civ., 14 janv. 2004 : *JurisData* n° 2004-021790 ; *JCP* 2004, IV, 1452 ; *Bull. civ.* I, n° 2, p. 1 ; *Loyers et copr.* 2004, 65, note Vial-Pedroletti).

15) Obligation d'occuper les lieux. Manque à son obligation contractuelle d'occupation des lieux la locataire qui, depuis sa mutation professionnelle, *n'habite plus l'appartement* loué à titre de résidence principale (■ Cass. 3e civ., 16 juin 1999, n° 97-19.318 : *JurisData* n° 1999-002608 ; *Loyers et copr.* 1999, 256, note Vial-Pedroletti).

16) Obligation d'exercer l'activité prévue. L'obligation d'user de la chose en bon père de famille et suivant la destination qui lui a été donnée par le bail implique celle d'entretenir les lieux et d'y exploiter jusqu'à la fin du bail le commerce prévu par celui-ci (■ Cass. com., 29 mars 1960 : *JurisData* n° 1960-097341 ; *Gaz. Pal.* 1960, 1, 369). Mais la clause interdisant le changement de destination n'implique pas par elle-même l'obligation d'exercer l'activité prévue au bail (■ Cass. 3e civ., 20 mai 1987, n° 86-10.862 : *JurisData* n° 1987-001319 ; *Bull. civ.* III, n° 107, p. 63). De même, la destination de locaux d'habitation et professionnels n'implique pas l'obligation d'utiliser les lieux loués à chacun des usages prévus par la convention (■ Cass. 3e civ., 15 janv. 1992, n° 90-12.815 : *JurisData* n° 1992-000067 ; *JCP* 92, IV, 766).

17) Adhésion à une association de commerçants (non). La clause d'un bail commercial faisant obligation au preneur d'adhérer à une association de commerçants et à maintenir son adhésion pendant la durée du bail est entachée de nullité absolue. En vertu des articles 6, § 1, 11 et 13 de la Convention européenne des droits de l'homme, doit être cassé l'arrêt qui, après avoir constaté la nullité de plein droit de la clause du bail et de la clause des statuts de l'association faisant obligation au preneur d'adhérer et de maintenir son adhésion à cette association jusqu'au terme du bail, condamne le preneur, sur le seul fondement de l'article 1371 du Code civil et des principes gouvernant l'enrichissement sans cause, à payer à l'association, pour la période antérieure à cet arrêt, une somme équivalente aux cotisations versées, et pour la période postérieure et aussi longtemps qu'il exploitera le commerce, une somme équivalente aux cotisations qu'il aurait dû acquitter comme membre de l'association. En effet, une telle décision aboutit à une reconnaissance théorique, dénuée de toute effectivité, de la liberté du preneur de ne pas adhérer à l'association (■ Cass. com., 20 mai 2010, n° 09-65.045 : *RDC* 2010/3, 1185, obs. C. Pérès ; *RDC* 2011/1, 169, obs. C. Grimaldi ; *Gaz. Pal.* 11 juill. 2010, 28, note C.-E. Brault ; *JCP* G 2010, note 925, F. Planckeel ; *ibid.*, doctr. 983, n° 1, obs. M. Mekki ; *JCP* E 2010, 1692, note J. Raynaud). En revanche, la nullité emportant l'effacement rétroactif du contrat, l'annulation à raison de l'atteinte à la liberté fondamentale de ne pas s'associer ne fait pas échec au principe des restitutions réciproques que peut impliquer l'annulation d'un contrat exécuté (■ Cass. 3e civ., 23 nov. 2011, n° 10-23.928 : *Bull. civ.* III, n° 198 ; *RDC* 2012/2, 515, obs. Seube : *JCP* E 2012, 1094, n° 4, obs. Kenfack ; *JCP* G 2012, 63, n° 15, obs. Serinet ; *Gaz. Pal.* 18 févr. 2012, 23, obs. Barbier). V. aussi ■ Cass. 1re civ., 12 juill. 2012, n° 11-17.587 : *Bull. civ.* I, n° 161 ;

JCP G 2012, note 1103, Serinet ; *D.* 2012, 2059, obs. Creton et 2490, note Kenfack ; *Contrats, conc. consom.* 2012, comm. 254, obs. Malaurie-Vignal, décidant que la nullité de la clause d'adhésion avait pour effet de remettre les parties dans leur situation initiale, de sorte que la société devait restituer en valeur les services dont elle avait bénéficié à ce titre.

18) Clause d'habitation bourgeoise. La clause d'usage exclusif d'habitation bourgeoise est compatible avec l'exercice de la profession d'assistante maternelle (▪ Paris, 29 sept. 1992 : *JurisData* n° 1992-022665 ; *D.* 1992, inf. rap. 271). Si, en principe, la simple clause d'habitation bourgeoise n'interdit pas toute activité professionnelle, il en va autrement d'une activité artisanale (▪ Cass. soc., 15 juin 1962 : *JCP* 62, IV, 105. V. en ce sens pour une affectation du logement à usage commercial, et notamment de dépôt de marchandises, ▪ Cass. 3e civ., 10 mars 1993, n° 91-15.735 : *JurisData* n° 1993-000966 ; *Loyers et copr.* 1993, 211). Une personne morale ne pouvant habiter bourgeoisement un appartement, la faculté d'occuper à usage d'habitation un appartement suppose nécessairement l'autorisation d'en accorder la jouissance à l'un des représentants personnes physiques de la société locataire (▪ Cass. 3e civ., 23 mai 2002, n° 01-02.131 : *Bull. civ.* III, n° 104, p. 93).

19) Domiciliation d'activités professionnelles. La domiciliation des activités professionnelles du locataire à son domicile ne suffit pas à caractériser le changement de destination (▪ Cass. 3e civ., 25 juin 1991, n° 90-14.709 : *JurisData* n° 1991-003137 ; *Loyers et copr.* 1991, 364). Sur la possibilité de domicilier provisoirement une entreprise dans un local d'habitation, v. C. com., art. L. 123-11, al. 1er. Dans le même sens, ▪ Cass. 3e civ., 25 févr. 2016, n° 15-13.856 : la domiciliation d'une personne morale dans les locaux à usage d'habitation pris à bail par son représentant légal n'entraîne pas un changement de la destination des lieux si aucune activité n'y est exercée.

20) Déspécialisation des baux commerciaux. *Sur la déspécialisation* des baux commerciaux, V. C. com., art. L. 145-48 et L. 145-49.

21) Transformation secondaire et modification essentielle. Il relève du pouvoir d'appréciation des juges du fond d'estimer que les faits reprochés au locataire par le propriétaire constituent des transformations secondaires à l'intérieur des lieux loués faites pour la commodité du preneur et non une modification essentielle de la destination convenue, le locataire restant seulement tenu de remettre les lieux dans leur état primitif en fin de bail (▪ Cass. soc., 4 juin 1957 : *Bull. civ.* IV, n° 683, p. 487). Il n'y a pas lieu à résiliation lorsque le preneur ne fait qu'apporter les aménagements permettant une utilisation plus rationnelle des lieux loués sans modification de la distribution des pièces, aucune cloison, porte ou séparation n'ayant été touchée (▪ Cass. civ., 18 févr. 1963, n° 58-11.131 : *Bull. civ.* I, n° 106, p. 92. V. aussi ▪ Cass. 3e civ., 4 avr. 1991, n° 89-18.038 : *Loyers et copr.* 1991, 243, aménagements n'emportant aucune atteinte au gros œuvre, aucun percement, aucune pose ou dépose de revêtement mural. ▪ Cass. 3e civ., 13 juill. 1999, n° 97-18.926 : *JurisData* n° 1999-002937 ; *Loyers et copr.* 1999, 283, note Vial-Pedroletti, admettant la démolition partielle d'une cloison et l'installation d'une cabine de douche). Mais le percement d'un gros mur par un locataire outrepasse le droit de jouissance du preneur (▪ Cass. 1re civ., 23 oct. 1961, n° 60-11.535 : *JurisData* n° 1961-000476 ; *D.* 1961, 756). S'agissant de locaux à usage commercial et d'habitation, peuvent seuls être admis des changements dans la distribution des lieux loués nécessaires à l'exercice de la profession (▪ Cass. 3e civ., 11 mai 1993, n° 91-18.344 : *JurisData* n° 1993-001708 ; *Loyers et copr.* 1993, 293).

22) Modification justifiée par la vétusté. Jugé qu'il n'y a pas modification des lieux loués caractérisant un abus de jouissance lorsque la destruction d'une construction en planches par le locataire d'un immeuble est due à la vétusté, cet édifice ayant été remplacé par un hangar dont, en fin de location, le propriétaire pourra bénéficier (▪ Cass. 3e civ., 23 nov. 1971, n° 71-20.002 : *JurisData* n° 1971-000569 ; *JCP* 72, IV, 1 ; *Bull. civ.* III, n° 569, p. 406).

23) Installation d'une antenne de télévision. Sur le droit pour le locataire d'installer une antenne réceptrice de radiodiffusion, V. L. n° 66-457, 2 juill. 1966, mod. L. n° 90-1170, 29 déc. 1990 ; L. n° 2001-624, 17 juill. 2001 ; L. n° 2004-669, 9 juill. 2004. V. aussi V. Chardin, *Droit à l'antenne, Droit au câble* : *JCP* N 92, I, 2094. Le bailleur n'a pas à donner une autorisation préalable (▪ Paris, 5 févr. 1998, n° 96/00266 : *JurisData* n° 1998-020339 ; *Loyers et copr.* 1998, 179, 1er arrêt, note Vial-Pedroletti. Voir cependant ▪ Besançon, 2 févr. 2000, n° 98/00631 : *JurisData* n° 2000-134876 ; *Loyers et copr.* 2001, 140, note Vial-Pedroletti), mais il peut s'opposer à l'installation pour un motif sérieux et légitime (▪ Paris, 5 févr. 1998, n° 96/00265 : *JurisData* n° 1998-020338 ; *Loyers et copr.* 1998, 179, 2e arrêt, note Vial-Pedroletti). Le fait que certaines des chaînes ne sont pas agréées par le CSA ne peut constituer un motif sérieux et légitime permettant de s'opposer à l'installation d'une antenne individuelle (▪ Versailles, 13 oct. 1998, n° 96/00007480 : *JurisData* n° 1998-046725 ; *JCP*99, II, 10030, note Da Silva Farge ; *Loyers et copr.* 1999, 100, note Vigneron). Mais il en va autrement pour le risque de détérioration de l'étanchéité d'une toiture-terrasse (▪ Paris, 11 févr. 1999 : *JurisData* n° 1994-020225 ; *Loyers et copr.* 1999, 142, note Vial-Pedroletti). Le syndicat des copropriétaires ne peut imposer la souscription d'un abonnement pour la réception d'un ensemble de chaînes (▪ Cass. 3ᵉ civ., 1ᵉʳ déc. 1999, n° 98-11.726 : *JurisData* n° 1999-004296 ; *JCP* N 2000, 643, obs. Djigo ; *Loyers et copr.* 2000, 47, note Vigneron). V. aussi Recommandation n° 19 de la Commission relative à la copropriété : *Loyers et copr.* 1999, chron. 2.

24) Refus abusif du bailleur. Les juges du fond ne peuvent faire abstraction de la situation du commerce concerné pour apprécier l'abus du refus du propriétaire d'autoriser une modification du local dans lequel est exercée cette activité (▪ Cass. 3ᵉ civ., 27 juin 1990, n° 89-10.115 : *JurisData* n° 1990-002205 ; *JCP* 90, IV, 323 ; *Bull. civ.* III, n° 154, p. 87, inconvénients allégués peu sérieux voire inexistants).

III – OBLIGATION DE PAYER LE LOYER

25) Divisibilité de la dette de loyer. La dette de loyer n'est pas par elle-même indivisible (▪ Cass. 3ᵉ civ., 30 oct. 2013, n° 12-21.034 : *Bull. civ.* III, n° 136 ; *RDC* 2014/2, 216, obs. Klein). Dans le même sens (▪ Cass. 3ᵉ civ., 30 oct. 2013, n° 12-21.973 : *Bull. civ.* III, n° 136 ; *RDC* 2014/2, 216, note Klein ; *ibid.*, 223, note Seube ; *JCP G* 2014, doctr. 998, n° 3, obs. Loiseau ; *Contrats, conc. consom.* 2014, comm. 32, note Leveneur ; *D.* 2014, 1221, obs. Damas ; *RTD civ.* 2014, 137, obs. Gautier), qui en déduit que le congé donné par un des locataires était valable, de telle sorte que le contrat se poursuit avec le seul locataire restant dans les lieux devenu débiteur de l'intégralité de la dette.

26) Validité d'une clause de solidarité passive quant au paiement du loyer. ▪ Cass. 1ʳᵉ civ., 12 janv. 2017, n° 16-10.324 : *RTD civ.* 2017, 129, obs. Barbier ; *JCP* 2017, doctr. 325, n° 1, obs. Sauphanor-Brouillaud ; *RDC* 2017/2, 276, Seube ; *Defrénois* 2018, 26, Dauriac : n'est pas discriminatoire la clause de solidarité passive stipulant que tous les copreneurs solidaires sont tenus au paiement des loyers et des charges jusqu'à l'extinction du bail, quelle que soit leur situation personnelle ; n'est pas non plus abusive la stipulation de solidarité qui n'est pas illimitée dans le temps. (clause stipulant une solidarité passive jusqu'à 3 ans après la date de la réception du congé).

27) Durée de l'obligation. Le preneur est redevable du prix de la location au bailleur jusqu'à ce que le contrat ait pris fin soit par l'arrivée du terme convenu soit par la perte de la chose louée (▪ Cass. com., 18 oct. 1954 : *JCP* 54, IV, 157). La dénonciation du bail ne suffit pas à exonérer le locataire du paiement des loyers (▪ Cass. soc., 19 oct. 1967 : *Bull. civ.* IV, n° 655, p. 555).

28) Mois commencé. Sur l'usage selon lequel tout mois commencé est dû, V. ▪ Cass. 3ᵉ civ., 7 mars 2001, n° 98-22.362 : *JurisData* n° 2001-008840 ; *Loyers et copr.* 2001, 279, 1ʳᵉ esp., note Vial-Pedroletti. ▪ Paris, 24 févr. 1987 : *JurisData* n° 1987-020826 ; *D.* 1987, inf. rap. 58.

29) Retards systématiques. Encourt la résiliation du bail le preneur qui a usé de retards systématiques pour payer le loyer (▪ Cass. 3ᵉ civ., 10 oct. 1969 : *JurisData* n° 1969-000637 ; *JCP* 70, II, 16252, note R. D. ▪ Paris, 31 mai 2001, n° 2000/13344 : *JurisData* n° 2001-146817 ; *Loyers et copr.* 2001, 279, 2ᵉ esp., note Vial-Pedroletti).

30) Illicéité ou contestation du loyer. L'illicéité alléguée du loyer ne dispense pas le preneur de verser le prix conventionnellement fixé jusqu'à sa modification par décision judiciaire (▪ Cass. 3ᵉ civ., 16 mai 1974, n° 73-20.008 : *JurisData* n° 1974-098205 ; *Bull. civ.* III, n° 205, p. 154). Il en va de même en cas de contestation sur le loyer (▪ Paris, 6 déc. 1994 : *JurisData* n° 1994-024478 ; *Loyers et copr.* 1995, 206).

31) Paiement des charges. Réclamation déloyale et brutale. En l'état de l'obligation légale de régularisation annuelle des charges pesant sur le bailleur (bail d'habitation soumis à la loi du 6 juill. 1989), la réclamation présentée sur une période écoulée de cinq ans de plus du triple de la somme provisionnée, si elle est juridiquement recevable et exacte dans son calcul, est déloyale et brutale et constitutive d'une faute dans l'exécution du contrat, engageant la responsabilité du bailleur envers la locataire et sa caution solidaire (▪ Cass. 3ᵉ civ., 21 mars 2012, n° 11-14.174 : *Bull. civ.* III, n° 49 ; *RDC* 2012/3, 763, obs. Laithier et 806, obs. Deshayes ; *Gaz. Pal.* 4 juill. 2012, 18, obs. Houtcieff ; *D.* 2013, 863, obs. Damas). *Contra*, ▪ Cass. 3ᵉ civ., 15 déc. 2016, n° 15-22.844 : *RDC* 2017/1, 69, obs. Seube, qui censure les juges du fond qui, s'appuyant sur la déloyauté du bailleur, lui avait refusé le droit de réclamer le paiement de l'ensemble des charges locatives non régularisées sur trois années, alors que les charges doivent être remboursées sur justification et que, si le juge peut sanctionner l'usage déloyal d'une prérogative contractuelle, il ne peut porter atteinte à la substance même des droits et obligations légalement convenus entre les parties.

32) Défaut d'entretien. Exception d'inexécution. Le défaut d'entretien de l'immeuble autorise seulement le preneur à demander la résiliation du bail ou à requérir l'exécution des travaux nécessaires mais ne justifie pas le non-paiement des loyers (▪ Cass. 1re civ., 10 juin 1963 : *JurisData* n° 1963-000305 ; *Gaz. Pal.* 1963, 2, 441. ▪ Cass. 1re civ., 28 avr. 1965, n° 61-12.647 : *D.* 1965, 626. ▪ Paris, 11 avr. 1995 : *JurisData* n° 1995-020848 ; *Loyers et copr.* 1995, 415). Mais il est fait à bon droit application de l'exception *non adimpleti contractus* lorsque le locataire, intoxiqué par suite d'un vice de construction des cheminées de l'immeuble, s'est trouvé privé de la jouissance normale des lieux (▪ Cass. soc., 10 avr. 1959 : *D.* 1960, 61. ▪ Cass. 3e civ., 21 déc. 1987, n° 86-13.861 : *JurisData* n° 1987-002167 ; *Bull. civ.* III, n° 212, p. 125 ; *RTD civ.* 1988, 371, obs. Rémy. V. aussi pour des travaux de consolidation indispensables, ▪ Cass. 3e civ., 1er mars 1995, n° 93-14.275 : *JurisData* n° 1995-000512 ; *Gaz. Pal.* 1996, 1, 125, note Barbier ; *RD imm.* 1995, 600, obs. Collart Dutilleul, pour une dégradation importante des murs due à l'humidité ▪ Montpellier, 14 juin 1999, n° 98/0003035 : *JurisData* n° 1999-034135 ; *Loyers et copr.* 2000, 217, note Vial-Pedroletti, pour un appartement « objectivement inhabitable » ▪ Douai, 10 janv. 2002, n° 01/04594 : *JurisData* n° 2002-186169 ; *Loyers et copr.* 2003, 4, note Vial-Pedroletti. Comp., tirant argument de ce que le preneur n'a pu exploiter conformément aux stipulations du bail commercial, ▪ Cass. 3e civ., 15 déc. 1993, n° 91-10.199 : *JurisData* n° 1993-002405 ; *Bull. civ.* III, n° 168, p. 111 ; *D.* 1994, 462, note Storck). Jugé cependant que ne donne pas de base légale à sa décision la cour d'appel qui fait droit à l'exception d'inexécution sans constater qu'il y ait eu impossibilité totale d'utiliser les lieux loués (▪ Cass. 3e civ., 31 oct. 1978 : *JurisData* n° 1978-799329 ; *Bull. civ.* III, n° 329, p. 252. ▪ Paris, 25 févr. 1994 : *JurisData* n° 1994-020429 ; *Loyers et copr.* 1994, 330).

33) Quittance. Sur le droit pour le locataire d'exiger la remise d'une quittance ou d'un reçu à l'occasion d'un règlement effectué par lui, v. L. n° 77-1457, 29 déc. 1977, art. 11. ▪ Paris, 17 janv. 1995 : *JurisData* n° 1995-020456 ; *Loyers et copr.* 1995, 207.

34) Conversion du loyer en paiement de travaux. Pour une conversion du règlement du loyer pendant les quatre premières années d'occupation en paiement par le locataire des travaux de remise en état du logement, incombant au propriétaire, V. ▪ Cass. soc., 6 févr. 1985 : *JurisData* n° 1985-099138 ; *Bull. civ.* V, n° 89, p. 60.

35) Loyer stipulé portable. Lorsque le loyer est stipulé portable par le bail, le bailleur n'est pas tenu de mettre le locataire en demeure ou même de réclamer le paiement de ses loyers (▪ Paris, 19 déc. 1996 : *JurisData* n° 1996-023714 ; *Loyers et copr.* 1997, 65).

36) Mesures conservatoires. Le bailleur peut, en cas de loyers impayés, prendre des mesures conservatoires, même sans autorisation préalable du juge, dès lors que ces impayés résultent d'un contrat de bail écrit (L. n° 91-650, 9 juill. 1991, art. 62).

37) Renonciation du loyer convenu. Exigence d'une volonté non équivoque. Sur ce que la volonté de renoncer à exiger le loyer prévu au bail à compter du renouvellement doit reposer sur une volonté non équivoque du bailleur (▪ Cass. 3e civ., 22 janv. 2014, n° 12-29.856 : *Bull. civ.* III, n° 4 ; *RDC* 2014/4, 397, obs. Seube ; *JCP E* 2014, 1351, obs. Loir).

Art. 1729

(Mod., L. n° 2007-297, 5 mars 2007 ; L. n° 2014-873, 4 août 2014). – **Si le preneur n'use pas de la chose louée raisonnablement ou emploie la chose louée à un autre usage que celui auquel elle a été destinée, ou dont il puisse résulter un dommage pour le bailleur, celui-ci peut, suivant les circonstances, faire résilier le bail.**

1) Pouvoir souverain des juges du fond. Sur le pouvoir souverain des juges du fond pour apprécier la gravité du manquement en cas de modification apportée aux lieux loués par le locataire ou de changement de leur destination, v. sous art. 1728, p. 1458.

2) Sur la **clause résolutoire**, V. sous art. 1741, p. 1475.

3) Référés. Il n'entre pas dans les pouvoirs du juge des référés de prononcer la résiliation d'un bail pour violation par le locataire de ses obligations (▪ Cass. 3e civ., 27 nov. 1990, n° 89-14.033 : *JurisData* n° 1990-003317 ; *JCP* 91, IV, 35 ; *Bull. civ.* III, n° 254, p. 143).

4) *Nemo auditur*. V. ▪ Cass. 3e civ., 24 juin 1992, n° 90-21.276 : *JurisData* n° 1992-001419 ; *JCP* 92, IV, 2435 ; *Bull. civ.* III, n° 219, p. 133 ; *RTD civ.* 1993, 121, obs. Mestre, précisant que la règle « *nemo auditur* » n'interdit pas au bailleur ayant autorisé une modification des lieux loués prohibée par la loi de poursuivre la résiliation du bail.

5) Remise des clefs. Sur la responsabilité délictuelle du mandataire-liquidateur du preneur qui ne remet les clefs que sept mois après une mise en demeure, V. ▪ Cass. 3e civ., 17 juill. 1997, n° 95-22.070 : *JurisData* n° 1997-003364 ; *JCP* 97, IV, 2015 ; *Bull. civ.* III, n° 166, p. 111.

6) Surendettement ; effacement de la dette locative ; résolution. L'effacement de la dette locative suite à une procédure de surendettement, qui n'équivaut pas à son paiement ne fait pas disparaître le manquement contractuel du locataire qui n'a pas réglé le loyer, de sorte qu'il ne prive pas le juge, saisi d'une demande de résiliation judiciaire du contrat de bail, de la faculté d'apprécier, dans l'exercice de son pouvoir souverain, si le défaut de paiement justifie de prononcer la résiliation du bail (▪ Cass. 2e civ., 10 janv. 2019, n° 17-21.774).

Art. 1730. – **S'il a été fait un état des lieux entre le bailleur et le preneur, celui-ci doit rendre la chose telle qu'il l'a reçue, suivant cet état, excepté ce qui a péri ou a été dégradé par vétusté ou force majeure.**

Bibliographie : C. Del Cont, *Mise aux normes de l'immeuble et obligation du propriétaire : l'état des lieux* : *Defrénois* 2004, 763.

1) Responsabilité du locataire. Si l'article 1730 du Code civil fixe l'étendue de l'obligation de restituer que le contrat de location met à la charge du preneur de la chose louée, il ne concerne pas la réparation pouvant incomber au locataire en cas d'inexécution de cette obligation (▪ Cass. ch. mixte, 25 avr. 1975 : *JurisData* n° 1975-799002 ; *JCP* 75, IV, 182 ; *Bull. civ.*, ch. mixte, n° 2, p. 3). Un fermier responsable de l'incendie des bâtiments loués peut être condamné à rembourser à l'assureur du propriétaire l'indemnité sans abattement de vétusté réparant le dommage subi (même arrêt).

2) Avance par le bailleur du coût des travaux de remise en état (non). Le bailleur n'ayant pas à faire l'avance du coût des travaux de remise en état des lieux, l'indemnité qui lui est due ne saurait être réduite au motif qu'il pouvait faire effectuer ces travaux, le cas échéant avec autorisation judiciaire (▪ Cass. 3e civ., 11 déc. 1991, n° 90-15.246 : *JurisData* n° 1991-003269 ; *JCP* 92, IV, 526 ; *Bull. civ.* III, n° 310, p. 182).

3) Absence de réserve lors de l'entrée dans les lieux. Lorsque la locataire n'a formulé aucune observation en entrant dans les lieux, elle doit les restituer dans le même état, sauf à démontrer que les désordres constatés sont dus à la vétusté (▪ Cass. 3e civ., 28 févr. 1990 : *Bull. civ.* III, n° 64, p. 34. V. aussi ▪ Cass. 3e civ., 20 déc. 1995, n° 93-20.288 : *JurisData* n° 1995-003807 ; *Loyers et copr.* 1996, 115).

4) Sort des travaux et constructions. Application de l'article 555. Les dispositions de l'article 555 sont applicables aux rapports entre bailleurs et preneurs (▪ Cass. 1re civ., 7 mars 1955 : *JCP* 56, II, 9053, note Weill et Becqué ; *D.* 1955, 590, note Saint-Alary), à défaut d'une convention réglant le sort des constructions réalisées par le locataire (▪ Cass. 3e civ., 10 nov. 1999, n° 97-15.606 : *JurisData* n° 1999-003927 ; *JCP* 99, IV, 3142 ; *Bull. civ.* III, n° 211, p. 149 ; *Defrénois* 2000, 312, obs. Atias. ▪ Cass. 3e civ., 12 juill. 2000, n° 97-13.107 : *JurisData* n° 2000-002873 ; *JCP* 2001, I, 305, n° 2, obs. Périnet-Marquet ; II, 10537, note Chalas ; *Loyers et copr.* 2000, 243, note Vial-Pedroletti ; *Bull. civ.* III, n° 143, p. 98). Lorsque des constructions sont édifiées par le locataire, avec l'assentiment du propriétaire et en l'absence de toute convention réglant leur sort, l'article 555 du Code civil régit les relations entre les parties au terme du bail (▪ Cass. 3e civ., 3 oct. 1990, n° 88-18.415 : *RTD civ.* 1993, 164, obs. Zenati. ▪ Cass. 3e civ., 17 déc. 2013, n° 12-15.916 : *JurisData* n° 2013-029877 ; *JCP G* 2014, 467, n° 3, obs. Périnet-Marquet ; *JCP G* 2014, 232, Ravenne ; *RD imm.* 2014, p. 207, obs. C. Simler. – Comp. ▪ Cass. 3e civ., 14 nov. 2002, n° 01-01.176 : *JurisData* n° 2002-016494 ; *AJDI* 2003, 343, obs. Laporte-Leconte. ▪ Cass. 1re civ., 15 juin 2010, n° 09-67.178 : *RTD civ.* 2010, p. 590, obs. Revet qui considère que l'accord donné par le bailleur ne fait pas du locataire un constructeur de bonne foi). Sur ce que le locataire ne peut réclamer une indemnité fondée sur l'enrichissement sans cause, V. ▪ Pau, 12 juin 2001, n° 00/01847 : *JurisData* n° 2001-156144 ; *Loyers et copr.* 2002, 55, note Vial-Pedroletti. La clause qui prévoit que les travaux et aménagements divers effectués dans les lieux par le locataire deviendraient la propriété du bailleur lorsque cesserait l'occupation du locataire peut être interprétée comme ne constituant qu'une convention portant sur le sort de la construction que le propriétaire doit conserver moyennant une indemnité pour le calcul de laquelle, faute de prévision des parties, les juges du fond peuvent faire application de l'article 555 du Code civil (▪ Cass. 3e civ., 28 janv. 1971, n° 69-13.417 : *JurisData* n° 1971-098064 ; *JCP* 71, IV, 56 ; *Bull. civ.* III, n° 64, p. 45).

5) Sort des constructions et plantations. Accession différée en fin de bail. L'accession du bailleur aux constructions réalisées par le preneur ne joue qu'en fin de bail (▪ Cass. 1re civ.,

1er déc. 1964, n° 58-11.561 : *JCP* 65, II, 14213, note Esmein. ■ Cass. 1re civ., 23 oct. 1990, n° 88-13.129 : *JurisData* n° 1990-002707 ; *Bull. civ.* I, n° 217, p. 154. ■ Cass. 3e civ., 4 avr. 2002, n° 00-14.556 : *D.* 2002, somm. 2508, obs. Mallet-Bricout ; *JCP* E 2003, 585, n° 9, obs. Raynard ; *RTD civ.* 2003, 114, obs. Revet) de sorte que l'indemnité de dommages de guerre revient au preneur ou à ses ayants droit (■ Cass. 1re civ., 1er déc. 1964, préc.) et que le bailleur ne peut prétendre être indemnisé de la contre-valeur des améliorations détruites par un incendie avant la fin du bail (■ Cass. 3e civ., 2 avr. 2003 : *Loyers et copr.* 2003, 113, note Brault et Pereira-Osouf). Le preneur reste propriétaire, pendant la durée de la location, des constructions qu'il a régulièrement édifiées sur le terrain loué (■ Cass. 3e civ., 5 janv. 2012, n° 10-26.965 : *JurisData* n° 2012-000022 ; *Constr.-Urb.* 2012, comm. 45, note Santoni ; *JCP* G 2012, 465, n° 3, obs. Périnet-Marquet, qui précise également que la résiliation anticipée du bail du fait de l'expropriation ne prive pas le preneur de son droit à indemnité pour les constructions réalisées par lui). Un bail renouvelé étant un nouveau bail, l'accession joue dès le renouvellement (■ Cass. 3e civ., 26 nov. 1985 : *Gaz. Pal.* 1986, 1, 114, note Brault. – V. dans le même sens, ■ Cass. 3e civ., 27 sept. 2006 : *JCP* G 2007, I, 117, n° 5, obs. Périnet-Marquet ; *RDC* 2007, p. 371, obs. Lardeux ; *D.* 2007, p. 1188, note Tellier. ■ Cass. 3e civ., 14 nov. 2012, n° 11-22.982 : *RTD civ.* 2013, p. 149, note Dross). Pour une extension de la solution aux plantations effectuées par le preneur, V. ■ Cass. 3e civ., 23 nov. 2017, n° 16-16.815 : *RDC* 2018/1, 54, Seube ; *JCP* N 2017, rural 1341, Grimonprez : reprochant aux juges du fond de n'avoir pas recherché si les plantations n'étaient pas intervenues avant le renouvellement des baux de sorte qu'elles seraient devenues la propriété du bailleur lors de ce renouvellement. V. P. Hilt, *La date d'effet de l'accession dans les baux immobiliers* : *JCP* 2003, I, 183.

6) Sort des travaux et constructions. Cause de la fin du contrat. Dénaturent la clause claire et précise d'un bail prévoyant que les constructions édifiées par le preneur resteraient en fin de bail la propriété du bailleur les juges du fond qui estiment qu'elle vise uniquement l'échéance normale du bail et non point une extinction quelconque du contrat résultant de circonstances exceptionnelles telle une loi de nationalisation (■ Cass. 3e civ., 28 mars 1968, n° 66-11.862 : *JurisData* n° 1968-099141 ; *Bull. civ.* III, n° 141, p. 111). *Contra*, en matière d'expropriation, pour une clause visant l'hypothèse d'une cessation du contrat avant le terme de son expiration normale, ■ Cass. com., 24 oct. 1962, n° 57-11.781 : *Gaz. Pal.* 1963, 1, 30).

7) Réparations imputables à la vétusté. Le locataire est tenu de faire les réparations rendues nécessaires par la vétusté, même si elles ne sont pas imputables à un usage anormal des lieux (■ Cass. 3e civ., 23 févr. 1994, n° 92-11.238 : *JurisData* n° 1994-000887 ; *Loyers et copr.* 1994, 182).

8) Décès du preneur. Sur le principe que la succession du preneur est tenue même en l'absence de transmission du bail aux héritiers, V. ■ Cass. 1re civ., 7 oct. 1997, n° 95-21.279 : *JurisData* n° 1997-003901 ; *Dr. famille* 1998, 18, note Beignier.

9) Justification par le bailleur de l'exécution des travaux de réparation (non). Le bailleur qui retient le dépôt de garantie en raison de dégradations n'est pas tenu de justifier de l'exécution des travaux de réparation (■ Cass. 3e civ., 3 avr. 2001, n° 99-17.738 : *JurisData* n° 2001-009182 ; *Loyers et copr.* 2001, 139, note Vial-Pedroletti. V. en ce sens, au visa de l'article 1731, pour l'indemnisation réclamée en fin de bail au titre des réparations locatives ■ Cass. 3e civ., 30 janv. 2002 : *JCP* 2002, IV, 1425 ; *Loyers et copr.* 2002, 83, note Vial-Pedroletti ; *JurisData* n° 2002-012772 ; *Bull. civ.* III, n° 18, p. 14 ; *D.* 2003, somm. 458, obs. D. Mazeaud ; *RTD civ.* 2002, 321, obs. Gautier, et 816, obs. Jourdain. V. cependant, rappelant que le juge ne peut allouer des dommages-intérêts que s'il constate, au moment où il statue, qu'il est résulté un préjudice de la faute contractuelle, ■ Cass. 3e civ., 3 déc. 2003, n° 02-18.033 : *JurisData* n° 2003-021222 ; *Contrats, conc. consom.* 2004, 38, note Leveneur ; *JCP* 2004, I, 163, n° 1, obs. Viney ; *Resp. civ. et assur.* 2004, 144 ; *D.* 2005, somm. 186, obs. D. Mazeaud ; *RDC* 2004, 280, obs. Stoffel-Munck, et 359, obs. Seube, bailleur ne justifiant pas avoir réalisé des travaux ni dû consentir un bail à des conditions plus défavorables. Comp. ■ Cass. 3e civ., 25 janv. 2006, n° 04-18.672 : *JurisData* n° 2006-031795 ; *Loyers et copr.* 2006, 72, note Vial-Pedroletti, affirmant que l'indemnisation n'est pas subordonnée à l'exécution des réparations mais qu'elle suppose la preuve d'un préjudice).

10) Modification de la topographie de la parcelle louée. Même si la parcelle donnée à bail se trouvait déjà inondable avant la prise de possession par la société locataire, aucun élément ne justifie que celle-ci restitue les lieux à des cotes différentes et modifie ainsi les risques d'inondation, l'absence de constat d'état d'entrée dans les lieux ne pouvant faire échec à l'obligation du preneur de les restituer dans l'état où il les a reçus (■ Dijon, 12 oct. 2001 : *JCP* 2002, IV, 1349 ; *JurisData* n° 2001-157376).

11) Formalité du double (non). Un état des lieux établi contradictoirement par le bailleur et le preneur se borne à constater une situation de fait. Viole l'article 1325 qui décide que l'établissement d'un original unique ôte à l'état des lieux sa valeur probante (▪ Cass. 3e civ., 23 mai 2002, n° 00-17.604 : *JurisData* n° 2002-014443 ; *Bull. civ.* III, n° 110, p. 97).

12) Maintien de meubles dans le logement. La remise des clefs ne constitue pas un acte de restitution si le locataire a laissé des meubles dans les lieux (▪ Cass. 3e civ., 5 févr. 2003, n° 01-15.982 : *JurisData* n° 2003-017758 ; *Loyers et copr.* 2003, 191, note Vial-Pedroletti).

13) Indemnité de jouissance stipulée pour non-restitution du matériel loué en fin de bail. Requalification en clause pénale. Même si pour partie, l'indemnité de jouissance représente pour le bailleur une contrepartie du service dont le locataire continue de bénéficier après le terme de la location en conservant les matériels loués, cette indemnité vise également à contraindre le locataire à restituer le matériel loué et constitue une évaluation forfaitaire et anticipée du montant du préjudice résultant pour le bailleur de l'inexécution ; la clause prévoyant cette indemnité doit donc être qualifiée de clause pénale (▪ Cass. com., 14 juin 2016, n° 15-12.734 : *Contrats, conc. consom.* 2016, comm. 204, Leveneur ; *Gaz. Pal.*, 27 sept. 2016, 65, obs. Moreil, location de matériel informatique, indemnité pourtant fixée au même montant que le loyer).

14) Clause obligeant le preneur à entretenir les locaux. La clause obligeant le preneur à entretenir les locaux loués et à les rendre en fin de bail en bon état de toutes les réparations locatives d'entretien peut recevoir application en cours de bail (▪ Cass. 3e civ., 30 juin 2004, n° 02-20.721 : *JurisData* n° 2004-024377 ; *RDC* 2005, 354, obs. Seube).

15) Charge de la dépollution du site loué. La charge de la dépollution d'un site industriel incombe au dernier exploitant et non au propriétaire ; la remise en état du site résultant d'une obligation légale particulière dont la finalité est la protection de l'environnement, est donc à la charge du locataire, quand bien même le site serait déjà pollué lors de son entrée dans les lieux (▪ Cass. 3e civ., 2 avr. 2008, n° 07-12.360 : *JurisData* n° 2008-043485 ; *Bull. civ.* III, n° 63 ; *D.* 2008, AJ, 1146, obs. Foreset ; *ibid.*, pan. 2394, obs. Trébulle ; *JCP* 2008, II, 10158, note Parance ; *RDC* 2008, 1248, obs. Lardeux. V. aussi. ▪ Cass. 3e civ., 2 déc. 2009, n° 08-16.563 : *JurisData* n° 2009-050589 ; *Bull. civ.* 2009, III, n° 268 ; *D.* 2010, 1106, obs. Nési ; *Contrats, conc. consom.* 2010, comm. 68 ; *Rev. Lamy dr. civ.* 2010, n° 68, p. 22, obs. Bugnicourt. ▪ Cass. 3e civ., 19 mai 2010, n° 09-15.255 : *Bull. civ.* 2010, III, n° 101). Dans le même sens, ▪ Cass. 3e civ., 11 sept. 2013, n° 12-15.425 : *RDC* 2014/1, 63, obs. Seube ; *Gaz. Pal.* 14 nov. 2013, 21, note Mekki ; *RTD imm.* 2013/4, 27, obs. Fernand ; *JCP* N 2013, 1282, n° 7, obs. Boutonnet.

16) Libération des lieux en fin de bail. Une cour d'appel a pu retenir, dans une hypothèse où le contrat de bail avait été résilié de plein droit au décès du preneur faute de pouvoir être transféré à une des personnes limitativement énumérées par l'article 14 de la loi du 6 juillet 1989, qu'il appartenait au bailleur de prendre les mesures nécessaires en vue de la libération des lieux (▪ Cass. 3e civ., 10 déc. 2008, n° 07-19.320 : *RDC* 2009/2, 619, obs. Seube).

Art. 1731. – S'il n'a pas été fait d'état des lieux, le preneur est présumé les avoir reçus en bon état de réparations locatives, et doit les rendre tels, sauf la preuve contraire.

1) Bail rural. À défaut d'état des lieux établi lors de l'entrée en jouissance, s'agissant des terres, le preneur d'un bail rural n'est pas soumis à la présomption de bon état édictée par l'article 1731 (▪ Cass. 3e civ., 8 janv. 1974, n° 72-14.308 : *JurisData* n° 1974-098001 ; *Bull. civ.* III, n° 1, p. 1. ▪ Cass. 3e civ., 8 mars 1983, n° 81-16.399 : *JurisData* n° 1983-700565 ; *Defrénois* 1983, 845, obs. Vermelle).

2) Appartement meublé. *Pour une application de la présomption de l'article 1731 à un appartement meublé exclu du domaine d'application de la loi du 6 juillet 1989, V.* ▪ Cass. 3e civ., 30 sept. 1998, n° 95-43.660 : *JurisData* n° 1998-000364 ; *JCP* 98, IV, 3192 ; *Loyers et copr.* 1999, 1, note Vial-Pedroletti.

3) Réparations de gros entretien. La présomption de l'article 1731 ne s'applique qu'aux réparations locatives, à l'exclusion des réparations de gros entretien (▪ Cass. civ., 28 janv. 1936 : *DH* 1936, 148).

4) Objets garnissant les lieux. La présomption de l'article 1731 concerne l'état des lieux loués et non celui des objets mobiliers les garnissant (▪ Paris, 4 nov. 1957 : *JCP* 58, IV, 43).

5) Connaissance de l'état des lieux par le locataire. L'entrée dans les lieux d'un preneur connaissant leur mauvais état n'équivaut pas à une renonciation de sa part à se prévaloir ensuite de ses droits concernant l'obligation légale d'entretien du bailleur (■ Cass. 3e civ., 2 mars 1977, n° 75-14.072 : *Bull. civ.* III, n° 105, p. 82. V. aussi ■ Cass. 3e civ., 18 mars 1992, n° 89-15.310 : *JurisData* n° 1992-000391 ; *JCP* 92, IV, 1470 ; *Bull. civ.* III, n° 88, p. 53).

6) **Partie faisant obstacle à l'établissement de l'état des lieux.** À défaut d'état des lieux, la présomption établie par l'article 1731 ne peut être invoquée par celle des parties qui a fait obstacle à l'établissement des lieux (■ Cass. 3e civ., 7 oct. 1998, n° 96-20.409 : *JurisData* n° 1998-003707 ; *Loyers et copr.* 1999, 2, note Vial-Pedroletti). Mais dès lors qu'il n'est pas constaté qu'une partie s'est opposée à l'état des lieux, la présomption doit s'appliquer (■ Cass. 3e civ., 16 mai 2000, n° 98-15.463 : *Defrénois* 2001, 783, note Crône).

7) **Preuve contraire.** La preuve contraire prévue par l'article 1731 peut être faite par tout moyen (■ Cass. civ., 28 juin 1892 : *DP* 1892, 1, 378), y compris par témoins (■ Cass. req., 27 déc. 1921 : *DP* 1922, 1, 103. ■ Versailles, 11 oct. 1996, n° 7903/95 : *JurisData* n° 1996-045082 ; *Loyers et copr.* 1997, 94, note Vial-Pedroletti).

8) **Caution solidaire.** Celui qui se constitue caution solidaire des preneurs pour l'exécution des obligations du bail et s'engage à payer toutes les sommes qui pourraient être dues au bailleur au titre des loyers, charges et indemnités, est tenu dans les mêmes conditions que les preneurs, notamment quant aux modes de preuve de la créance du bailleur, au paiement des réparations locatives (■ Cass. 1re civ., 23 juin 1992, n° 91-11.678 : *JurisData* n° 1992-001854 ; *Bull. civ.* I, n° 193, p. 130).

Art. 1732. – Il répond des dégradations ou des pertes qui arrivent pendant sa jouissance, à moins qu'il ne prouve qu'elles ont eu lieu sans sa faute.

1) **Fonds de commerce.** L'article 1732, relatif aux baux des maisons et des biens ruraux, n'est pas applicable aux rapports entre loueur et locataire-gérant d'un fonds de commerce (■ Cass. com., 2 juill. 1996, n° 93-14.130 : *JurisData* n° 1996-002933 ; *JCP* 96, IV, 2003 ; *Bull.* IV, n° 198, p. 170 ; *Contrats, conc. consom.* 1996, 197, note Leveneur. ■ Cass. 3e civ., 13 oct. 1999, n° 97-16.614 : *JurisData* n° 1999-003584 ; *JCP* E 2000, 758, note Leveneur ; *Contrats, conc. consom.* 2000, 21, note Leveneur ; *RTD civ.* 2000, 352, obs. Gautier).

2) **Rapports de la copropriété avec le locataire d'un copropriétaire.** L'article 1732 ne s'applique que dans les rapports entre bailleur et preneur et non dans les rapports de la copropriété avec le locataire d'un copropriétaire (■ Cass. 3e civ., 5 juin 1991, n° 89-21.397 : *JurisData* n° 1991-003480 ; *JCP* 91, IV, 307 ; *Bull. civ.* III, n° 161, p. 95).

3) **Louage de meubles.** Pour une application de l'article 1732 à la location d'une voiture, V. ■ Cass. 1re civ., 5 mai 1998, n° 96-14.683 : *JurisData* n° 1998-002177 ; *Contrats, conc. consom.* 1998, 112, note Leveneur. Le locataire d'un avion en « coque nue » se voit transférer la garde et la gestion de l'appareil et doit répondre des dégradations ou des pertes survenues pendant la jouissance, conformément à l'article 1732 (■ T. com. Paris, 26 oct. 1992 : *JurisData* n° 1992-045155 ; *JCP* 93, IV, 353).

4) **Dégâts commis en dehors des lieux loués.** L'article 1732 en vertu duquel le preneur, sauf s'il prouve l'absence de faute de sa part, répond à l'égard du bailleur des dégradations survenues pendant sa jouissance ne limite pas cette responsabilité aux seuls dégâts commis dans les lieux loués (■ Cass. 3e civ., 6 déc. 1972, n° 71-14.801 : *D.* 1973, 188). Spécialement, il peut lui être demandé réparation de ceux occasionnés à tout l'immeuble à la suite d'une explosion provoquée par l'accumulation du gaz dans son appartement (même arrêt).

5) **Origine du dommage indéterminée.** Le preneur doit être déclaré responsable si l'origine de la fuite de gaz ayant provoqué l'explosion est demeurée indéterminée (■ Cass. 3e civ., 18 mars 1974, n° 73-10.303 : *JurisData* n° 1974-098120 ; *JCP* 74, IV, 165 ; *Bull. civ.* III, n° 120, p. 93. V. aussi pour un affaissement de terrain provoqué par la rupture d'une canalisation ■ Cass. 3e civ., 28 janv. 2004 : *JurisData* n° 2004-021998 ; *JCP* 2004, IV, 1573 ; *Bull. civ.* III, n° 12, p. 11 ; *Loyers et copr.* 2004, 64, note Vial-Pedroletti).

6) **Dégradations dues au gel.** Les dégradations dues au gel de l'installation de chauffage d'un immeuble loué à deux époux ont eu lieu sans la faute de l'épouse colocataire du bien si, ayant quitté les lieux en vertu d'une ordonnance l'autorisant à résider séparément, elle en a alors informé le bailleur et si les canalisations ont gelé après son départ (■ Cass. 3e civ., 8 avr. 1992, n° 90-15.047 : *JurisData* n° 1992-000828 ; *JCP* 92, IV, 1707 ; *Bull. civ.* III, n° 119, p. 73 ; *Loyers et copr.* 1992, 284). L'action dubailleur contre le preneur ne peut être accueillie que s'il est établi que le gel à l'origine des dommages s'est produit au cours de la jouissance des lieux par le preneur (■ Cass. 3e civ., 18 mars 1998, n° 96-11.624 : *JurisData* n° 1998-001258 ; *JCP* G 98, IV, 2050 ; *JCP* N 98, 1455 ;

Bull. civ. III, n° 62, p. 41 ; *Resp. civ. et assur.* 1998, 248 ; *Loyers et copr.* 1998, 117, note Vial-Pedroletti).

7) Vol du véhicule. Jugé, au visa des articles 1147 et 1148 anciens du Code civil, que le preneur du véhicule loué devait établir que le vol présentait les caractères de la force majeure pour s'exonérer de sa responsabilité à l'égard du loueur (▪ Cass. 1re civ., 26 avr. 2017, n° 16-12.850 : *Contrats, conc. consom.* 2017, comm. 141, Leveneur).

8) Remise à neuf des papiers, peintures et revêtements de sol. L'obligation du preneur ne s'étend pas à la remise à neuf des papiers, peintures et revêtements de sol atteints par la vétusté après plusieurs années d'occupation (▪ Cass. 3e civ., 17 oct. 1990, n° 89-14.823 : *JurisData* n° 1990-702639 ; *JCP* 90, IV, 400 ; *Bull. civ.* III, n° 188, p. 108).

9) Préjudice subi par le bailleur. La cour d'appel qui a constaté des dégâts dans le logement retient exactement que le locataire, tenu de restituer les lieux en bon état de réparations locatives, ne peut prétendre que les bailleurs ne subissent pas de préjudice (▪ Cass. 3e civ., 30 sept. 1998, n° 96-21.512 : *JurisData* n° 1998-003644 ; *JCP* 98, IV, 3192 ; *Loyers et copr.* 1999, 1, note Vial-Pedroletti. V. en ce sens ▪ Cass. 3e civ., 30 janv. 2002 : *JCP* 2002, IV, 1425 ; *Loyers et copr.* 2002, 83, note Vial-Pedroletti ; *JurisData* n° 2002–012772). L'indemnisation du bailleur n'est pas subordonnée à l'exécution des réparations (▪ Cass. 3e civ., 30 janv. 2002, préc.).

10) Vente de l'immeuble. Dégradations antérieures. Le droit du propriétaire de réclamer au locataire réparation de son préjudice constitue une créance personnelle qui, sauf stipulation contraire, ne se transmet pas à l'acquéreur de l'immeuble. L'acquéreur de l'immeuble n'a pas d'action contre le preneur pour des dégradations antérieures à son acquisition (▪ Cass. 1re civ., 13 janv. 1964 : *Gaz. Pal.* 1964, 1, 274). La vente de l'immeuble n'emporte pas de plein droit cession au profit de l'acquéreur des droits et actions à fin de dommages-intérêts qui ont pu naître au profit du vendeur en raison de dégradations causées à l'immeuble antérieurement à la vente (▪ Cass. 3e civ., 18 juin 1997, n° 95-18.254 : *JurisData* n° 1997-002880 ; *Bull. civ.* III, n° 149, p. 100 ; *Resp. civ. et assur.* 1997, 296 ; *D.* 1997, inf. rap. 170 ; *Contrats, conc. consom.* 1997, 178, note Leveneur ; *RTD civ.* 1997, 964, obs. Gautier ; *Defrénois* 1997, 1008, obs. Delebecque ; *RD imm.* 1997, 592, obs. Malinvaud et Boubli. V. aussi ▪ Cass. 3e civ., 25 janv. 1983, n° 81-13.636 : *JurisData* n° 1983-700192 ; *Bull. civ.* III, n° 26, p. 20). Dès lors qu'il n'est pas prouvé que les manquements sont postérieurs à cette acquisition, l'acquéreur peut réclamer l'application de la clause du bail selon laquelle le locataire doit restituer la chose en bon état de réparations locatives (▪ Cass. 3e civ., 21 nov. 2001 : *Loyers et copr.* 2002, 57, note Vial-Pedroletti ; *JurisData* n° 2001-011944).

11) Extinction par confusion résultant d'une cession de bail. La cession du bail au profit du bailleur ayant eu pour effet d'opérer son extinction, par confusion des qualités de propriétaire et de preneur, l'obligation de remise en état des lieux loués, à laquelle était tenu le dernier titulaire du bail, n'a pas été transmise au cessionnaire bailleur qui en demeure créancier ; de même, la dette de loyers échus avant la cession du bail n'est pas, sauf stipulation contraire, transmise au cessionnaire bailleur qui peut agir à ce titre contre le locataire initial (▪ Cass. 3e civ., 30 nov. 2017, n° 16-23.498 : *RDC* 2018/1, 56, obs. Seube ; *JCP* G 2018, note 137, Dagorne-Labbe).

12) Conclusion d'un nouveau bail. Renonciation du bailleur à invoquer les manquements (non). La conclusion d'un nouveau bail avec le même locataire n'empêche pas le bailleur de demander réparation des dégradations résultant de l'usage de la chose pendant toute la durée de la location (▪ Cass. 3e civ., 8 déc. 1999, n° 98-13.416 : *JurisData* n° 1999-004356 ; *Bull. civ.* III, n° 234, p. 164 ; *D.* 2000, 113, note Rouquet).

13) Libération des lieux avant l'expiration du préavis et occupation par des squatters. (▪ Cass. 3e civ., 9 janv. 2008 : *Bull. civ.* III, n° 3 ; *D.* 2008, 295, note Forest et obs. Damas ; *RTD civ.* 2008, 319, obs. Gautier), qui décide, au visa des articles 7 et 15-1 de la loi du 6 juillet 1989, dans une hypothèse où le locataire avait quitté les lieux avant l'expiration du préavis et où l'immeuble loué avait été occupé par des squatters, que la libération des lieux loués au cours du délai de préavis n'étant pas en soi constitutive d'un manquement à l'obligation de jouissance paisible, et que les juges du fond aurait dû rechercher si l'intrusion des squatters ne constituait pas un cas de force majeure ayant fait obstacle à sa restitution libre de toute occupation.

Art. 1733. – **Il répond de l'incendie, à moins qu'il ne prouve :**

Que l'incendie est arrivé par cas fortuit ou force majeure, ou par vice de construction,

Ou que le feu a été communiqué par une maison voisine.

I – DOMAINE D'APPLICATION

1) Louage de meubles. L'article 1733 s'applique au louage de meubles (▪ Cass. civ., 16 août 1882 : *DP* 1883, 1, 213, 1re esp. ▪ Cass. 1re civ., 6 mai 1968 : *JCP* 70, II, 16157, note Chevassus) sous réserve des fonds de commerce (▪ Cass. com., 16 juill. 1980, n° 78-16.022 : *JurisData* n° 1980-798033 ; *JCP* 80, IV, 369 ; *Bull. civ.* IV, n° 294, p. 239. ▪ Cass. com., 21 avr. 1992, n° 90-17.202 : *JurisData* n° 1992-000901 ; *Bull. civ.* IV, n° 168, p. 118. ▪ Montpellier, 9 mars 1992 : *JCP* 92, IV, 2086).

2) Application dans les seuls rapports entre bailleur et locataire. L'article 1733 ne s'applique que dans les rapports entre bailleur et locataire (▪ Cass. 3e civ., 22 juin 1983, n° 82-12.236 : *JurisData* n° 1983-701766 ; *Bull. civ.* III, n° 144, p. 112. ▪ Cass. 3e civ., 6 mars 1996, n° 94-13.212 : *Resp. civ. et assur.* 1996, 262. ▪ Cass. 3e civ., 17 juill. 1996, n° 94-16.590 : *JurisData* n° 1996-003217 ; *JCP* 96, IV, 2147 ; *Bull.* III, n° 184, p. 117 ; *Defrénois* 1997, 396, obs. Bénabent ; *RD imm.* 1996, 619, obs. Collart Dutilleul, pas d'application à la convention d'occupation précaire. ▪ Cass. 3e civ., 29 nov. 2000, n° 98-21.224 : *JurisData* n° 2000-007109 ; *JCP* 2001, IV, 1154 ; *Bull. civ.* III, n° 177, p. 123 ; *Resp. civ. et assur.* 2001, 87. ▪ Nîmes, 16 déc. 1997 : *JurisData* n° 1997-030596 ; *JCP* 98, IV, 2996). Un syndicat de copropriétaires n'a pas d'action sur le fondement de l'article 1733 contre le locataire d'un des copropriétaires (▪ Cass. 1re civ., 4 juin 1996, n° 93-13.870 : *JurisData* n° 1996-002250 ; *Resp. civ. et assur.* 1996, 324). Les juges du fond ne peuvent appliquer l'article 1733 à des locataires pour un incendie survenu avant la date prévue pour la prise d'effet du bail qu'à la condition de caractériser l'existence de rapports locatifs avant cette date (▪ Cass. 3e civ., 29 nov. 2000, préc.). L'article 1733 est inapplicable dans les rapports avec les tiers au contrat de location. Il en résulte que les frais de relogement des occupants de l'immeuble voisin ne peuvent être mis à la charge du locataire qu'à la condition de prouver sa faute, par application de l'article 1384, alinéa 2 (▪ Cass. 3e civ., 28 janv. 2016, n° 14-28.812 : *RDC* 2016/2, 255, obs. Boffa et *RDC* 2016/3, 447, obs. Knetsch ; *D.* 2016, 880, note Watz-Teracol ; *RCA* 2016, comm. 105, obs. Groutel ; *LPA*, 31 mars 2016, 9, note El Badawi).

3) Sous-location. Si faute de liens de droit entre le propriétaire et le sous-locataire, la présomption de responsabilité de l'article 1733 du Code civil ne s'applique pas entre eux, il en va différemment entre le locataire et le sous-locataire qui occupe exclusivement les lieux (▪ Cass. 3e civ., 24 janv. 2007, nos 06-13.028 et 06-14.253 ; *JurisData* n° 2007-037043 ; *Bull. civ.* III, n° 6 ; *RDC* 2007, p. 810, obs. J.-B. Seube). Pour une application de la présomption de responsabilité de l'article 1733 dans les rapports entre locataire et sous-locataire, V. aussi ▪ Cass. 3e civ., 23 mai 2012, n° 11-17.183 : *Bull. civ.* III, n° 78 ; *RDC* 2012/4, 1252, obs. Seube.

4) Action du nu-propriétaire (non). Le nu-propriétaire n'est pas recevable à exercer directement contre le locataire l'action en responsabilité de l'incendie prévue par l'article 1733 (▪ Cass. civ., 16 nov. 1948 : *D.* 1949, 26).

5) Occupation temporaire ou précaire. Sur le principe que l'article 1733 ne s'applique qu'au contrat de bail, V. ▪ Cass. 3e civ., 16 déc. 1970, n° 69-12.936 : *JurisData* n° 1970-000703 ; *D.* 1971, somm. p. 57. L'occupation contractuelle des lieux moyennant une contrepartie, fût-ce à titre temporaire ou précaire, soumet l'occupant à la présomption de responsabilité de l'article 1733 (▪ Cass. 3e civ., 2 juin 1977, n° 75-15.440 : *JurisData* n° 1977-700238 ; *D.* 1977, 694). Il en va de même lorsque le locataire s'est perpétué dans les lieux loués au-delà de l'expiration du bail et contre la volonté du propriétaire (▪ Cass. com., 27 mars 1990, n° 88-20.472 : *JurisData* n° 1990-000922 ; *JCP* 90, IV, 201 ; *Bull. civ.* IV, n° 89, p. 59 ; *RTD civ.* 1990, 485, obs. Jourdain). Mais l'article 1733 n'est applicable que lorsque les parties sont liées par une convention et, par conséquent, ne sauraient l'être lorsque le contrat a été rétroactivement anéanti par une décision irrévocable postérieure au sinistre (▪ Cass. 3e civ., 24 nov. 1976, n° 75-11.435 : *JCP* 77, IV, 9 ; *Bull. civ.* III, n° 423, p. 322), ou lorsque le logement est mis par une commune à la disposition d'une directrice d'école sans convention relative à l'occupation des lieux (▪ Cass. 3e civ., 29 nov. 1989, n° 88-14.050 : *JurisData* n° 1989-704071 ; *Bull. civ.* III, n° 220, p. 120), ou lorsque l'ancien locataire se maintient dans les lieux à titre précaire et sans contrepartie financière, en l'absence de toute preuve d'une convention (▪ Cass. 3e civ., 24 nov. 1993, n° 92-10.790 : *JurisData* n° 1993-002312 ; *Bull. civ.* III, n° 152, p. 100 ; *Defrénois* 1994, 1176, obs. Vermelle ; *Loyers et copr.* 1994, 100). Sur l'application de l'article 1733 lorsque le bâtiment fait l'objet à la fois d'un bail d'habitation et d'un bail rural, V. ▪ Cass. 3e civ., 31 mai 1989, n° 88-11.435 : *JurisData* n° 1989-701978 ; *RTD civ.* 1990, 301, obs. Rémy.

6) Feu allumé volontairement. Il importe peu pour l'application de la présomption de responsabilité prévue par les articles 1733 et 1735 que le feu ait été allumé volontairement ou non (▪ Cass. 3e civ., 19 mai 1971, n° 70-10.295 : *JurisData* n° 1971-098324 ; *JCP* 71, IV, 163 ; *Bull. civ.* III, n° 324, p. 231).

7) Alsace-Moselle. Les articles 1733 et 1734 ne sont pas applicables dans les départements du Haut-Rhin, du Bas-Rhin et de la Moselle (L. 1er juin 1924, art. 72).

II – RÉGIME

8) Exonération par la seule preuve de l'existence d'un vice (non). Seuls les articles 1733 et 1734 régissent les conséquences de l'incendie de la chose louée et le preneur ne peut pas s'exonérer de la présomption de responsabilité pesant sur lui par la seule preuve de l'existence d'un vice ayant pu contribuer à accroître les dommages (▪ Cass. 3e civ., 18 mars 1992, n° 90-12.809 : *JurisData* n° 1992-000671 ; *JCP* 92, IV, 1471 ; *Bull. civ.* III, n° 89, p. 53).

9) Ensemble immobilier indivisible. Dès lors que la construction élevée par un locataire sur un terrain loué, dans laquelle un incendie a pris naissance, forme avec les bâtiments se trouvant sur la même parcelle, appartenant au propriétaire et partiellement donnés par lui en location au preneur, un tout indivisible pour la jouissance et sa contrepartie, l'obligation de surveillance, le locataire est responsable sur le fondement de l'article 1733 de la perte du matériel et des marchandises entreposés par le bailleur dans la partie des locaux qu'il s'est réservée (▪ Cass. 3e civ., 5 févr. 1971, n° 69-13.849 : *JCP* 71, IV, 64 ; *Bull. civ.* III, n° 88, p. 64).

10) Incendie volontaire dont l'auteur est inconnu. Les juges du fond doivent rechercher si l'incendie volontaire, dont l'auteur est inconnu, a pu être facilité par une négligence imputable au locataire (▪ Cass. 3e civ., 2 oct. 1996, n° 94-21.589 : *JurisData* n° 1996-003599 ; *JCP* 96, IV, 2236 ; *Bull. civ.* III, n° 204, p. 132). Mais un incendie d'origine criminelle peut constituer pour le locataire un cas de force majeure (▪ Cass. 3e civ., 18 mars 1998, n° 96-14.840 : *JurisData* n° 1998-001260 ; *JCP* 98, IV, 2051 ; *Bull. civ.* III, n° 61, p. 40 ; *Resp. civ. et assur.* 1998, 249, note Groutel, discothèque. V. déjà, dans la même hypothèse, ▪ Cass. 3e civ., 12 déc. 1990, n° 89-14.919 : *JurisData* n° 1990-703387 ; *Bull. civ.* III, n° 260, p. 147).

11) Bailleur ayant conservé la jouissance conjointe des lieux incendiés. Le locataire est exonéré de la présomption si le bailleur a conservé la jouissance conjointe des lieux incendiés (▪ Cass. 3e civ., 22 févr. 1989, n° 87-18.415 : *JurisData* n° 1989-700536 ; *Bull. civ.* III, n° 43, p. 24. ▪ Cass. 3e civ., 15 févr. 1995, n° 92-19.913 : *JurisData* n° 1995-000233 ; *JCP* 95, IV, 910 ; *Bull.* III, n° 46, p. 33 ; *RD imm.* 1995, 599, obs. Collart Dutilleul. V. aussi dans les rapports entre locataire principal et sous-locataire, ▪ Cass. 3e civ., 30 mars 1994, n° 92-17.683 : *JurisData* n° 1994-000623 ; *Loyers et copr.* 1994, 234).

12) Exonération du locataire. Le locataire ne peut s'exonérer de la responsabilité qui lui incombe qu'à la condition de rapporter la preuve directe que le sinistre provient de l'un des cas limitativement énumérés par l'article 1733 (▪ Cass. civ., 13 avr. 1934 : *DH* 1934, 299. ▪ Cass. 1re civ., 10 juill. 2001, n° 98-16.687 : *JurisData* n° 2001-010602 ; *JCP* 2001, IV, 2661 ; *Bull. civ.* I, n° 207, p. 131). Il ne lui suffit pas de démontrer qu'aucune faute n'est imputable ni à lui ni aux personnes dont il répond (▪ Cass. civ., 10 févr. 1919 : *DP* 1921, 1, 193, 2 arrêts, note Lalou), pas plus que d'invoquer l'existence d'indices permettant d'attribuer le sinistre à une cause à laquelle il est demeuré étranger (▪ Orléans, 30 oct. 1975 : *JCP* 1976, IV, 364). Jugé que ne donne pas de base légale à sa décision l'arrêt qui exonère le locataire de la présomption de responsabilité édictée par l'article 1733 au motif que le sinistre résulte d'un défaut d'entretien de l'installation électrique imputable au bailleur sans rechercher si la faute ainsi relevée présentait pour le locataire les caractères d'imprévisibilité et d'irrésistibilité propres à la force majeure (▪ Cass. 3e civ., 24 avr. 1981, n° 79-15.678 : *JurisData* n° 1981-701213 ; *Bull. civ.* III, n° 81, p. 58. Voir cependant pour la fourniture fautive par le bailleur d'un réfrigérateur défectueux, qualifiée de cas fortuit, ▪ Paris, 13 nov. 2001, n° 1999/16626 : *JurisData* n° 2001-159141 ; *Resp. civ. et assur.* 2002, 71, note Grynbaum). Mais le vice de construction permettant l'exonération du locataire n'a pas à revêtir les caractères de la force majeure (▪ Cass. 3e civ., 21 mars 1990, n° 88-16.187 : *JurisData* n° 1990-700921 ; *Bull. civ.* III, n° 79, p. 42 ; *Defrénois* 1990, 1352, obs. Vermelle ; *RTD civ.* 1991, 138, obs. Rémy. ▪ Cass. 3e civ., 15 juin 2005 : *JCP* 2005, IV, 2727 ; *JurisData* n° 2005-028946 ; *Bull. civ.* III, n° 128, p. 117 ; *Loyers et copr.* 2005, 148, note Vial-Pedroletti ; *D.* 2005, 2580, note Rakotovahiny). Comp. ▪ Cass. 1re civ., 2 avr. 2009, n° 08-14.545 : *JCP* 2009, n° 38, 248, n° 7, obs. Stoffel-Munck ; *Dr. et patrimoine* févr. 2010, 70, obs. Stoffel-Munck, qui juge que la clause par laquelle le preneur prendra les locaux dans l'état où ils se trouvent, sans pouvoir exercer aucun recours contre le bailleur, l'empêche d'imputer au bailleur l'existence d'une faute consistant à n'avoir pas délivré un bien conforme aux normes de sécurité (incendie déclaré dans le local loué en raison du caractère défectueux de l'installation électrique).

13) Résiliation du bail de plein droit. Indifférence. Le droit du bailleur à réparation de son préjudice étant fondé sur les obligations du preneur au jour de l'incendie, il importe peu que le bail ait été résilié de plein droit par application de l'article 1722, et le preneur doit donc une indemnité compensatrice des loyers perdus jusqu'à la reconstruction de l'immeuble (■ Lyon, 24 nov. 1988 : *JurisData* n° 1988-049536 ; *D.* 1989, inf. rap. 18).

14) Déduction pour vétusté (non). Viole les articles 1733 et 1149 la cour d'appel qui retient que l'indemnité à la charge du preneur doit se calculer d'après le prix nécessaire pour reconstruire le bâtiment, diminué de la différence du neuf au vieux, alors que la déduction d'un coefficient de vétusté ne replace pas les propriétaires dans la situation où ils se seraient retrouvés si l'acte dommageable ne s'était pas produit (■ Cass. 3e civ., 9 janv. 1990 : *Loyers et copr.* 1991, 104. V. en ce sens ■ Cass. 3e civ., 19 juill. 1995, n° 93-16.106 : *JurisData* n° 1995-002097 ; *JCP* 95, IV, 2273).

15) Indemnisation du bailleur au titre des améliorations (non). Dès lors que le bailleur n'accédait à la propriété des améliorations réalisées par le locataire qu'à la fin du bail, il n'est pas fondé à prétendre au paiement de la contre-valeur des aménagements et améliorations détruits avant la fin du bail (■ Cass. 3e civ., 2 avr. 2003, n° 01-11.269 : *JurisData* n° 2003-018474 ; *Loyers et copr.* 2003, 113, note Brault et Pereira-Osouf ; *Bull. civ.* III, n° 76, p. 69).

Art. 1734 *(L. 5 janv. 1883).* – **S'il y a plusieurs locataires, tous sont responsables de l'incendie proportionnellement à la valeur locative de la partie de l'immeuble qu'ils occupent ;**

À moins qu'ils ne prouvent que l'incendie a commencé dans l'habitation de l'un d'eux, auquel cas celui-là seul en est tenu ;

Ou que quelques-uns ne prouvent que l'incendie n'a pu commencer chez eux, auquel cas ceux-là n'en sont pas tenus.

1) Pluralité de locataires. Doivent être mis hors de cause, à la suite d'un sinistre survenu dans les combles d'une maison divisés en deux parties, ceux qui n'utilisent pas les cases situées dans la partie où le feu a pris, exclue de leur surveillance, et dont les locaux et leur voie d'accès n'ont pas été incendiés (■ Cass. 3e civ., 16 juill. 1970, n° 69-10.128 : *JurisData* n° 1970-000488 ; *JCP* 70, IV, 239 ; *Bull. civ.* III, n° 488, p. 356). Au cas où des locataires, occupant la partie de l'immeuble où le feu a commencé, ne démontrent pas qu'il a commencé chez l'un d'eux, ils sont tenus d'indemniser le bailleur de la totalité du dommage causé par l'incendie, à quelque partie de l'immeuble qu'il se soit étendu (■ Cass. civ., 9 mai 1892 : *DP* 1892, 1, 607). Ils sont tenus divisément et à proportion de la valeur locative des lieux par eux occupés (■ Cass. civ., 29 déc. 1936 : *DH* 1937, 116. V. aussi ■ Cass. 1re civ., 7 juin 1968 : *Gaz. Pal.* 1968, 2, 209).

2) Incendie né dans les parties communes. Les articles 1733 et 1734 sont inapplicables si l'incendie est né dans les parties communes (■ Paris, *27 oct. 1998, n° 97/12143 : JurisData* n° 1998-023210 ; *Loyers et copr.* 1999, 174, note Vial-Pedroletti).

3) Occupation par le bailleur. L'exonération de la présomption de l'article 1734 ne peut résulter que de la preuve d'une occupation par le bailleur qui soit, dans ses modalités et conditions, assimilable à la jouissance usuelle d'un locataire (■ Cass. soc., 7 mars 1957 : *Bull. civ.* IV, n° 262, p. 185. – V. en ce sens ■ Cass. 3e civ., 23 juin 1976, n° 75-10.830 : *JurisData* n° 1976-098282 ; *Bull. civ.* III, n° 282, p. 216. ■ Cass. 3e civ., 1er oct. 2003, n° 02-11.557 : *JurisData* n° 2003-020382 ; *Resp. civ. et assur.* 2004, 12). Les locataires restent responsables lorsque le propriétaire n'a pas conservé la disposition du local servant de débarras où l'incendie s'est déclaré et dont il n'a pas les clefs (■ Cass. 3e civ., 13 déc. 1989, n° 88-13.903 : *JurisData* n° 1989-704077 ; *Bull. civ.* III, n° 233, p. 128. V. aussi pour un bailleur ayant conservé la jouissance privative du seul garage de la maison louée, ■ Cass. 3e civ., 2 avr. 2003, n° 01-17.017 : *JurisData* n° 2003-018478 ; *Loyers et copr.* 2003, 148, note Vial-Pedroletti ; *Bull. civ.* III, n° 75, p. 69). L'incendie ayant pris naissance dans la cuisine des locaux occupés par le locataire, la responsabilité de ce dernier est engagée, sans que puisse y faire obstacle la circonstance que l'un des propriétaires de l'immeuble en habitait l'autre partie (■ Cass. 3e civ., 21 févr. 1995 : *JCP* 95, IV, 979 ; *Bull. civ.* III, n° 89, p. 63). Le bailleur qui avait conservé la jouissance d'une partie de l'immeuble incendié et qui a enlevé prématurément les décombres, ce qui n'a pas permis de déterminer le point de départ et les causes de l'incendie, est responsable dès lors qu'il ne rapporte pas la preuve que le sinistre a pris naissance dans la partie des locaux occupés par le preneur ou qu'il serait dû à une faute de celui-ci (■ Cass. 3e civ., 14 nov. 1990, n° 89-12.798 : *JurisData* n° 1990-003065 ; *JCP* 91, IV, 16 ; *Bull. civ.* III, n° 229, p. 130).

4) Locataires non libérés de la présomption. Réparation du préjudice total. Celui ou ceux des locataires qui n'ont pu se dégager de la présomption de responsabilité doivent réparer la totalité du préjudice subi par le bailleur (■ Cass. 3e civ., 18 mai 1978, n° 77-10.238 : *JurisData* n° 1978-098201 ; *JCP* 78, IV, 217. V. aussi ■ Cass. 3e civ., 27 nov. 2002, n° 01-12.403 : *JurisData* n° 2002-016563 ; *Bull. civ.* III, n° 236, p. 203).

Art. 1735. – Le preneur est tenu des dégradations et des pertes qui arrivent par le fait des personnes de sa maison ou de ses sous-locataires.

Bibliographie : A. Djigo, *Responsabilité du preneur du fait des gens de sa maison : Loyers et copr.* 2000, chron. 4.

1) **Personnes de sa maison.** L'expression « personnes de sa maison » doit être entendue dans son sens le plus large. Spécialement, le preneur peut être déclaré responsable de la faute commise par un plombier qu'il avait chargé d'effectuer une réparation dans son appartement (▪ Cass. soc., 29 mai 1954 : *D.* 1954, 571. V. dans la même hypothèse ▪ Cass. 3e civ., 19 janv. 2000, n° 98-12.697 : *JurisData* n° 2000-000060 ; *Resp. civ. et assur.* 2000, 125, note Groutel ; *Bull. civ.* III, n° 8, p. 6 ; *Loyers et copr.* 2000, 83, note Vial-Pedroletti. ▪ Douai, 28 févr. 2002, n° 99/07203 : *JurisData* n° 2002-187848 ; *Loyers et copr.* 2003, 3, note Vial-Pedroletti). Il en va de même lorsque l'auteur de l'incendie volontaire qui a détruit le local loué a été introduit par lui dans les lieux et participait habituellement et avec son assentiment à leur usage (▪ Cass. 3e civ., 11 juill. 1990, n° 89-13.769 : *JurisData* n° 1990-702185 ; *JCP* 1990, IV, 342). Ne donne pas de base légale à sa décision la cour d'appel qui rejette une demande de résiliation du bail pour manquement à l'obligation de jouissance paisible des lieux loués, au motif que les auteurs des troubles, enfants des locataires, échappaient totalement à leur autorité, sans rechercher si ces enfants étaient hébergés par les locataires (▪ Cass. 3e civ., 10 nov. 2009, n° 09-11.027 : *JCP* 2010, n° 12, 314, note Rémy ; *RDC* 2010/2, 673, obs. Seube). Mais une personne invitée pour la soirée n'est pas « de la maison » des locataires (▪ Cass. 3e civ., 16 juin 2004, n° 03-15.528 : *JurisData* n° 2004-024152 ; *JCP* 2004, II, 10196, note Djigo ; *Loyers et copr.* 2004, 158, note Vial-Pedroletti ; *Bull. civ.* III, n° 119, p. 107). De même, ne peuvent être considérés comme des personnes de la maison du preneur, au sens de l'article 1735, les patients d'un médecin qui avait installé son cabinet médical dans l'immeuble loué. Le médecin ne peut donc être tenu pour responsable des dommages causés par ses patients dans les parties communes (▪ Cass. 3e civ., 19 nov. 2008, n° 07-15.508 : *Bull. civ.* III, n° 174 ; *RDC* 2009/2, 604, obs. Lardeux ; *D.* 2008, 3004, obs. Rouquet ; *Rev. Lamy dr. civ.* 2009, 18, note Bugnicourt ; *RTD civ.* 2009, 132, obs. Gautier ; *Defrénois* 2009, 435, obs. Dagorne-Labbe ; *D.* 2009, pan. 897, obs. Damas ; *ibid.* 1251, note Monge).

2) **Dommages causés aux parties communes.** La responsabilité du preneur n'est pas limitée aux dégradations qui arrivent aux locaux dont il a la jouissance (▪ Dijon, 20 nov. 1981 : *JurisData* n° 1981-600709 ; *D.* 1982, inf. rap. 224, dommages causés par des déménageurs dans la cage d'escalier).

3) **Responsabilité délictuelle des occupants.** La recevabilité de l'action en responsabilité délictuelle formée par le propriétaire d'un logement contre un occupant auquel il n'est pas contractuellement lié n'est pas subordonnée à la mise en cause du locataire (▪ Cass. 3e civ., 20 déc. 2018, n° 17-31.461 : *JCP G* 2019, avis 231, Sturlèse et note 232, Pignarre).

Art. 1736. – Si le bail a été fait sans écrit, l'une des parties ne pourra donner congé à l'autre qu'en observant les délais fixés par l'usage des lieux.

1) **Indivision.** Le concours de tous les héritiers coïndivisaires est nécessaire pour donner congé (▪ Cass. soc., 6 avr. 1965 : *D.* 1965, 630). Le congé donné par un des indivisaires ne saurait produire un effet valable que s'il est par la suite approuvé ou ratifié par les autres (▪ Cass. com., 5 oct. 1966 : *JurisData* n° 1966-099750 ; *Bull. civ.* III, n° 379, p. 333). Mais jugé que la nullité du congé délivré sans mandat par l'un des coïndivisaires est couverte par le partage intervenu avant la fin du bail et conférant rétroactivement à l'indivisaire la qualité de propriétaire du logement loué (▪ Paris, 2 juin 1998, n° 96/81024 : *JurisData* n° 1998-021452 ; *Loyers et copr.* 1999, 58, note Vial-Pedroletti).

2) **Congé par des copreneurs.** La colocataire qui a donné seule son congé, alors que le locataire s'était maintenu dans les lieux en application du bail, n'est pas, en l'absence de clause de solidarité, redevable des loyers et charges afférents à la période du préavis, dès lors que le logement se trouve occupé avant la fin du préavis par un autre locataire en accord avec le bailleur (▪ Cass. 3e civ., 28 oct. 2009, n° 08-17.209 : *Bull. civ.* III, n° 236 ; *LPA* 25 déc. 2009, 15, note Brenac). Au cas de location verbale consentie conjointement à plusieurs copreneurs, le congé donné par l'un d'eux met fin à la location et vaut à l'égard de tous, tout en laissant à ceux qui n'ont pas donné congé le bénéfice des lois d'exception sur les loyers (▪ Cass. soc., 19 juill. 1957 : *D.* 1957, 746). Sur le droit au bail du local servant effectivement à l'habitation de deux époux, v. art. 1751, p. 1479. V. sur cette question, C. Grimaldi, *L'effet du congé non donné par tous ou à tous les colocataires : état des lieux critique de la jurisprudence : RDC* 2010/3, 917.

3) Congé donné à des copreneurs. Il résulte de l'article 1736 du Code civil que si, pour mettre totalement fin au bail consenti à plusieurs personnes pour une durée indéterminée, congé doit être notifié à chacun des preneurs, le congé délivré à l'un d'eux seulement n'en demeure pas moins valable à l'égard de celui qui l'a reçu (■ Cass. soc., 21 janv. 1965 : *Gaz. Pal.* 1965, 1, 320). La notification d'un congé à l'un des preneurs solidaires d'un bail rural est opposable aux autres (■ Cass. 3e civ., 20 juill. 1989, n° 88-12.676 : *JurisData* n° 1989-003549 ; *JCP* 91, II, 21595, 1re esp., note Dumortier).

4) Congé donné pour une date antérieure à l'expiration du délai légal. Le congé donné pour une date antérieure à l'expiration du délai légal n'est pas nul, son effet devant seulement être reporté à la date exigée par le texte (■ Cass. soc., 3 août 1949 : *JCP* 49, II, 5117). Si en principe le congé ne peut être donné que pour l'une des époques fixées par l'usage pour le renouvellement des locations, les parties peuvent déroger à cette règle en fixant d'autres époques pour le début et la fin de la location (■ Cass. soc., 1er juill. 1954 : *Bull. civ.* IV, n° 470, p. 353).

5) Forme. Le congé n'est soumis en principe à aucune formalité et il suffit qu'il exprime la volonté de la part de celui qui le donne de mettre fin au bail lorsque ce dernier est fait sans détermination de durée (■ Cass. civ., 28 déc. 1949 : *D.* 1950, 158. Sur ce que le départ du locataire ne vaut pas nécessairement congé, V. ■ Cass. 3e civ., 4 oct. 1995, n° 93-20.461 : *JurisData* n° 1995-002428 ; *JCP* 95, IV, 2422 ; *Bull. civ.* III, n° 209, p. 141). Il peut ne pas être motivé et ne contenir aucune précision sur le mode et la date d'acquisition de l'immeuble par le propriétaire (■ Cass. 3e civ., 23 oct. 1969, n° 68-20.025 : *JCP* 69, IV, 280 ; *Bull. civ.* III, n° 668, p. 503). Si les preneurs reconnaissent avoir reçu une enveloppe recommandée à la date indiquée, et s'ils n'ont élevé aucune protestation contre la remise d'une enveloppe prétendue vide, c'est à eux qu'il appartient de prouver que l'enveloppe était vide (■ Cass. soc., 11 juin 1964 : *Gaz. Pal.* 1964, 2, 248).

6) Renonciation du propriétaire au bénéfice du congé. *La délivrance de quittances de loyers,* même sans réserves, n'est pas à elle seule suffisamment explicite pour valoir soit renonciation du propriétaire au bénéfice des effets d'un congé soit engagement locatif nouveau (■ Cass. 3e civ., 2 mai 1968 : *D.* 1968, 548).

7) Acte unilatéral. Le congé est un acte unilatéral qui met fin au bail et à l'obligation de payer le loyer par la seule manifestation de volonté de celui qui l'a délivré (■ Cass. 3e civ., 12 juin 1996, n° 94-16.701 : *JurisData* n° 1996-002350 ; *JCP* 96, IV, 1761 ; *Bull. civ.* III, n° 138, p. 89), sans qu'il soit besoin de le valider (■ Cass. 3e civ., 6 mars 1973, n° 71-14.747 : *Bull. civ.* III, n° 164, p. 119. ■ Cass. 3e civ., 1er févr. 1995, n° 92-21.376 : *JurisData* n° 1995-000144 ; *JCP* 95, IV, 784 ; *Bull. civ.* III, n° 32, p. 21).

8) Indivisibilité du bail. L'indivisibilité du bail cessant à son expiration, dès lors que les biens donnés à bail ont été divisés ensuite en plusieurs lots ayant fait chacun l'objet d'une vente distincte, le congé donné par l'acquéreur de l'un de ces lots, à l'expiration du bail, est valable (■ Cass. 3e civ., 4 mai 2000, n° 98-11.959 : *JurisData* n° 2000-001930 ; *Bull. civ.* III, n° 96, p. 64. V. en ce sens ■ Cass. 3e civ., 12 janv. 2005, n° 03-17.281 : *JurisData* n° 2005-026450 ; *Bull. civ.* III, n° 5, p. 5).

9) Congé donné par un mandataire après le décès du bailleur. Le congé donné par le mandataire dans les limites de son mandat est valable dès lors que la preuve n'est pas faite qu'il a eu connaissance du décès du bailleur, survenu cinq semaines auparavant (■ Cass. 3e civ., 19 juill. 1995, n° 93-14.579 : *JurisData* n° 1995-002109 ; *JCP* 95, IV, 2274 ; *Bull. civ.* III, n° 190, p. 129).

10) Congé et copreneurs solidaires. En présence d'une clause prévoyant que le congé ne pourrait être donné que par les deux locataires solidaires, le congé donné par un seul d'entre eux est sans effet, de sorte que le locataire sortant reste tenu des loyers dus après son congé, mais également de ceux dus après l'expiration de la période triennale au cours de laquelle le congé avait été délivré. (■ Cass. 3e civ, 14 juin 2018, n° 17-14.365 : *RDC* 2018, 4, 562, Seube).

Art. 1737. – **Le bail cesse de plein droit à l'expiration du terme fixé, lorsqu'il a été fait par écrit, sans qu'il soit nécessaire de donner congé.**

1) Terme fixé par un événement certain. Décès du preneur. Le bail dont le terme est fixé par un événement certain, même si la date de sa réalisation est inconnue (décès des preneurs), est conclu pour une durée déterminée (■ Cass. 3e civ., 18 janv. 1995, n° 92-17.702 : *JurisData* n° 1995-000119 ; *Loyers et copr.* 1995, 204 ; *RD imm.* 1995, 598, obs. Collart Dutilleul). Dans le même sens, ■ Cass. 3e civ., 10 mars 2010, n° 09-12.135 : *Bull. civ.* 2010, III, n° 56 ; *JCP* 2010, n° 22, 599, note Lauvergnat ; *RDC* 2010/3, 916, obs. J.-B. Seube : un bail d'habitation stipulant que le preneur sera maintenu dans les lieux sa vie durant, étant conclu pour une durée dont le terme est fixé par un événement certain, les bailleurs ne peuvent délivrer congé avant ce terme.

2) Remise des clefs. Sur le principe que le preneur est débiteur des loyers tant qu'il n'a pas remis effectivement les clés ou qu'il n'établit pas que le bailleur a refusé de les recevoir, V. ▪ Cass. 3e civ., 13 oct. 1999, n° 97-21.683 : *JurisData* n° 1999-003415 ; *Bull. civ.* III, n° 202, p. 141. ▪ Cass. 3e civ., 13 juin 2001, n° 99-14.998 : *JurisData* n° 2001-010083 ; *JCP* 2001, IV, 2495 ; *Bull. civ.* III, n° 74, p. 57. Le dépôt des clefs dans la boîte aux lettres de la gardienne de l'immeuble loué ne vaut pas preuve de la libération effective des lieux (▪ Lyon, 14 mars 2001, n° 1999/06224 : *JurisData* n° 2001-151364 ; *Loyers et copr.* 2002, 84, note Vial-Pedroletti. ▪ Rennes, 12 févr. 2004, n° 02/07459 : *JurisData* n° 2004-255382 ; *Loyers et copr.* 2005, 43, note Vial-Pedroletti). Leur remise à l'avocat du locataire est dépourvue d'effet à l'égard du bailleur (▪ Dijon, 18 oct. 2002, n° 02/00389 : *JurisData* n° 2002-192299 ; *Loyers et copr.* 2003, 84, note Vial-Pedroletti). Sauf stipulation conventionnelle, la remise des clés au bailleur par un des colocataires, manifestant la seule volonté de ce dernier de résilier le bail, ne peut suffire à mettre fin au contrat à l'égard des autres copreneurs (▪ Cass. 3e civ., 18 févr. 2015, n° 14-10.510 : *RDC* 2015, 511, note Seube ; *JCP* E 2015, 1199, note Cerati-Gauthier ; *D.* 2015, 1615, obs. Dumont-Lefrand). Mais l'acceptation de la remise des clés et l'établissement d'un état des lieux de sortie, qui n'établissent que la libération des lieux, ne suffisent pas à caractériser la renonciation non équivoque du bailleur aux loyers dus par la locataire jusqu'au terme du délai de préavis (▪ Cass. 3e civ., 14 avr. 2015, n° 14-11.064 : *RDC* 2015, 873, obs. Seube).

3) Cessation anticipée (non). Le locataire ne peut mettre un terme de façon prématurée à un bail à durée déterminée (▪ Cass. 3e civ., 3 avr. 2001, n° 99-20.337 : *JurisData* n° 2001-009185 ; *Loyers et copr.* 2001, 167, note Vial-Pedroletti). Le locataire ne peut imposer à son bailleur une date de résiliation antérieure à l'échéance annuelle contractuellement prévue (▪ Cass. 3e civ., 10 janv. 1990, n° 87-17.806 : *JurisData* n° 1990-000080 ; *JCP* 90, IV, 91 ; *Bull. civ.* III, n° 7, p. 5). Viole l'article 1134 la cour d'appel qui décide que la clause insérée dans un contrat de bail, conclu pour une durée de trois ans, et prévoyant pour chacune des parties une faculté de résiliation moyennant un préavis de deux mois, n'exclut pas que cette faculté soit exercée avant l'expiration du délai de trois ans, alors que le bail prévoyait qu'il était à durée déterminée (▪ Cass. 3e civ., 9 oct. 1996, n° 94-20.821 : *RD imm.* 1997, 140, obs. crit. Collart Dutilleul).

4) Améliorations. En l'absence de clause contraire du bail, l'accession de travaux effectués par le preneur doit se faire sans indemnité (▪ Cass. 3e civ., 16 sept. 2009, n° 08-10.487 : *Bull. civ.* III, n° 193 ; *RDC* 2009, 1391, note O. Deshayes).

5) Extinction par confusion. La confusion des droits locatifs et de propriété éteint le droit au bail (bail à construction) sur les parcelles dont le preneur devient propriétaire, de sorte qu'aucun transfert de propriété des constructions ne s'était produit entre le patrimoine du preneur et celui du bailleur et que la valeur des constructions ne pouvait entrer dans l'assiette des droits d'enregistrement (▪ Cass. com., 12 juin 2012, n° 11-18.978 : *RDC* 2012/4, 1257, obs. Seube).

Art. 1738. – **Si, à l'expiration des baux écrits, le preneur reste et est laissé en possession, il s'opère un nouveau bail dont l'effet est réglé par l'article relatif aux locations faites sans écrit.**

1) Notion de tacite reconduction. La tacite reconduction repose sur une présomption de volonté des parties dont l'existence est souverainement appréciée par les juges du fond (▪ Cass. 3e civ., 16 mai 1973 : *JCP* 73, IV, 241 ; *Bull. civ.* III, n° 348, p. 252. – V. pour une application, ▪ Cass. 3e civ., 29 nov. 1972, n° 71-12.554 : *JurisData* n° 1972-000647 ; *JCP* 73, IV, 13 ; *Bull. civ.* III, n° 639, p. 471). L'accord des parties ne s'est pas réalisé lorsque, avant même l'expiration d'un bail de neuf ans contenant clause de révision triennale du prix, la société locataire n'a pas donné suite à la demande du propriétaire tendant à l'augmentation du loyer en exécution de la clause précitée (▪ Cass. 1re civ., 31 mars 1965, n° 63-11.844 : *D.* 1965, 472). La tacite reconduction, reposant sur une présomption de volonté des deux parties, est exclue dans le cas où le maintien en possession du preneur est contredit par la volonté du bailleur d'obtenir la restitution du bien loué (▪ Cass. 3e civ., 20 févr. 1996, n° 94-14.824 : *JurisData* n° 1996-000587 ; *JCP* 96, I, 3958, n° 9, obs. Billiau ; *Bull. civ.* III, n° 87, p. 59).

2) Location mobilière. La tacite reconduction s'applique en matière de bail tant de meuble que d'immeuble et spécialement au cas où le locataire d'un matériel est resté en possession de celui-ci après l'expiration du bail à durée déterminée de ce matériel, dès lors que toutes les conditions de cette tacite reconduction sont réunies (▪ Amiens, 23 janv. 1969 : *JCP* 69, IV, 217).

3) Biens indivis. Un bail portant sur des biens indivis ne peut être considéré comme tacitement reconduit si l'un des indivisaires s'est opposé, en demandant en justice l'expulsion des preneurs, à la formation d'un nouveau bail (▪ Cass. 3e civ.,

17 janv. 1973, n° 71-12.731 : *JurisData* n° 1973-098057 ; *JCP* 73, IV, 85 ; *Bull. civ.* III, n° 57, p. 42).

4) Nouveau bail. Sur le principe que la reconduction donne naissance à un nouveau contrat, V. ■ Cass. 3e civ., 14 juin 1995, n° 93-13.165 : *JurisData* n° 1995-001495 ; *JCP* 95, IV, 1938 ; *Bull. civ.* III, n° 145, p. 98 ; *RD imm.* 1995, 802, obs. Collart Dutilleul. ■ Cass. 3e civ., 10 juin 1998, n° 96-15.626 : *JurisData* n° 1998-002671 ; *JCP* 98, I, 177, n° 6, obs. Billiau ; *Bull. civ.* III, n° 119, p. 81. Sur les conditions du nouveau bail, V. art. 1759, p. 1484.

5) Sort de la clause de solidarité. Lorsque le bail se poursuit par tacite reconduction au-delà du terme fixé par le contrat, la clause par laquelle le cédant reste garant solidaire du cessionnaire doit s'appliquer jusqu'à l'expiration du bail reconduit (■ Cass. 3e civ., 7 févr. 2007, n° 06-11.148 : *RDC* 2007/3, p. 812, obs. Seube).

Art. 1739. – **Lorsqu'il y a un congé signifié, le preneur, quoiqu'il ait continué sa jouissance, ne peut invoquer la tacite reconduction.**

Art. 1740. – **Dans le cas des deux articles précédents, la caution donnée pour le bail ne s'étend pas aux obligations résultant de la prolongation.**

Bibliographie : B. Vial-Pedroletti, *Poursuite du bail à son terme et sort des garanties de paiement : Loyers et copr.* 2001, chron. 1.

1) V. pour des **applications** ■ Paris, 28 nov. 1991 : *JurisData* n° 1991-024695 ; *D.* 1992, somm. 361, obs. Rozès. ■ Versailles, 2 oct. 1992 : *JurisData* n° 1992-045509 ; *D.* 1992, inf. rap. 271. ■ Cass. 1re civ., 4 oct. 2000, n° 97-21.356 : *JurisData* n° 2000-006107 ; *Bull. civ.* I, n° 234, p. 154. Voir cependant, étendant l'obligation de la caution à l'arriéré des loyers et des charges du bail renouvelé, ■ Cass. 3e civ., 13 juill. 2005, n° 04-15.064 : *JurisData* n° 2005-029474 ; *JCP* G 2005, I, 185, n° 4, obs. Simler. ■ Cass. 3e civ., 5 nov. 2009, n° 08-15.433 : *RDC* 2010/4, 1325, obs. C. Grimaldi ; *Gaz. Pal.* 6 mai 2010, 21, obs. Dumont-Lefrand ; *AJDI* 2010, 376, obs. La Vaissière.

2) Solidarité. L'obligation du copreneur solidaire ne s'étend pas à l'indemnité d'occupation (■ Cass. 3e civ., 13 juin 2001, n° 99-18.382 : *JurisData* n° 2001-010204 ; *Loyers et copr.* 2001, 222, note Vial-Pedroletti. V. aussi pour la caution ■ Cass. 3e civ., 3 avr. 1990 : *JCP* 90, IV, 212 ; *Bull. civ.* III, n° 106, p. 70 ; *RTD civ.* 1990, 528, obs. Bandrac. ■ Cass. 3e civ., 5 mai 2004, n° 03-10.201 : *JurisData* n° 2004-023496 ; *JCP* 2004, II, 10099, note Casey ; *Loyers et copr.* 2004, 121, note Vial-Pedroletti. *Contra* ■ Paris, 8 déc. 1998, n° 1997/07553 : *JurisData* n° 1998-024055 ; *Loyers et copr.* 1999, 85, note Vial-Pedroletti).

3) Caractère supplétif de l'article 1740. La caution reste tenue si son engagement porte sur toute la période au cours de laquelle le preneur demeurera dans les lieux sans exception ni réserve (■ Cass. com., 17 juill. 2001, n° 97-17.579 : *JurisData* n° 2001-010692 ; *JCP* 2001, I, 356, n° 3, obs. Simler). Mais ne vaut pas engagement exprès la clause stipulant que le cautionnement est donné « pour l'exécution du présent bail et de ses suites » (■ Metz, 30 mars 2000, n° 98/02129 : *JurisData* n° 2000-133476 ; *Loyers et copr.* 2001, 114, note Vial-Pedroletti). *Adde, a contrario,* ■ Cass. 3e civ., 5 nov. 2009, n° 08-15.433, cité *supra* note 1.

Art. 1741. – **Le contrat de louage se résout par la perte de la chose louée, et par le défaut respectif du bailleur et du preneur de remplir leurs engagements.**

1) Sur la **perte de la chose louée**, voir art. 1722, p. 1453. Le bail prend fin de plein droit par la perte *de la chose survenue par cas fortuit ou même par* la faute de l'une des parties, sauf les dommages-intérêts pouvant être mis à la charge de celle des parties déclarée responsable de cette perte (■ Cass. 3e civ., 22 janv. 1997, n° 95-12.410 : *JurisData* n° 1997-000202 ; *JCP* 97, II, 22943, note Djigo ; *Bull.* III, n° 17, p. 10 ; *D.* 1998, 43, note Farnocchia ; *Contrats, conc. consom.* 1997, 58, note Leveneur. V. sur cet arrêt B. Vial-Pedroletti, *Perte de la chose louée : articulation des articles 1722 et 1741 du Code civil* : *Loyers et copr.* 1997, chron. 5. V. en ce sens ■ Cass. com., 8 oct. 1991, n° 89-10.491 : *JurisData* n° 1991-002527 ; *JCP* 91, IV, 425 ; *Bull. civ.* IV, n° 278, p. 193. ■ Cass. 3e civ., 4 avr. 2001, n° 99-12.322 : Loyers et copr. 2001, 169, note Vial-Pedroletti).

2) Infraction aux obligations du bail. Les juges du fond disposent d'un pouvoir souverain pour apprécier si les infractions constatées aux obligations du bail doivent entraîner la résiliation (■ Cass. req., 13 févr. 1934 : *DH* 1934, 193. ■ Cass. 3e civ., 12 avr. 1972 : *JCP* 73, II, 17591, 2e esp., note Le Galcher-Baron). Ils ne peuvent rejeter la demande de résiliation formée par le bailleur au motif que ce dernier n'a aucun intérêt à agir parce qu'il ne justifie d'aucun préjudice ni d'aucune possibilité de préjudice (▪ Cass. 3e civ., 5 févr. 1971 : *Bull. civ.* III, n° 90, p. 65. V. en ce sens ▪ Cass. 3e civ., 4 mai 1994, n° 92-11.196 : *JCP* 94, IV, 1629 ; *Bull. civ.* III, n° 84, p. 53, absence de garantie par une police d'assurance pendant quatre ans. ▪ Cass. 3e civ., 13 nov. 1997, n° 95-16.419 : *JurisData* n° 1997-004432 ; *JCP* 97, IV, 2519 ; *Bull. civ.* III, n° 202, p. 136, travaux faits en contravention des clauses du bail ne portant pas atteinte à la solidité de l'immeuble et ne diminuant pas sa valeur locative).

3) **Résiliation judiciaire.** La résiliation d'un bail pour inexécution des engagements qu'il comporte n'a pas lieu, en l'absence d'une clause résolutoire, de plein droit. Elle doit être demandée en justice et ne prend effet, sauf disposition contraire, que du jour de la décision judiciaire (▪ Cass. 3e civ., 24 avr. 1974, n° 72-14.788 : *JurisData* n° 1974-098167 ; *JCP* 74, IV, 203 ; *Bull. civ.* III, n° 166, p. 124. ▪ Cass. 3e civ., 13 mai 1998, n° 96-13.586 : *JurisData* n° 1998-002112 ; *JCP* 98, IV, 2465 ; *Bull. civ.* III, n° 98, p. 66 ; *Contrats, conc. consom.* 1998, 113, note Leveneur. ▪ Cass. 3e civ., 31 janv. 2001, n° 97-16.814 : *JurisData* n° 2001-008159 ; *Loyers et copr.* 2001, 86, note Vial-Pedroletti). Le juge doit tenir compte de la situation au jour de sa décision (▪ Cass. 3e civ., 4 janv. 1995, n° 92-21.449 : *JurisData* n° 1995-000042 ; *Bull.* III, n° 1, p. 1. V. déjà ▪ Cass. 3e civ., 26 juin 1991, n° 89-18.638 : *JurisData* n° 1991-002037 ; *JCP* 91, IV, 337 ; *Bull. civ.* III, n° 188, p. 110). Sauf stipulation contraire du contrat, la demande de résiliation judiciaire du bail n'a pas à être précédée d'une mise en demeure (▪ Cass. 3e civ., 15 juill. 1971, n° 70-12.093 : *JurisData* n° 1971-000458 ; *JCP* 71, IV, 233 ; *Bull. civ.* III, n° 458, p. 327).

4) **Clause résolutoire.** Les juges ne peuvent, dès lors qu'ils constatent la matérialité de l'infraction, se refuser à déclarer acquise une clause résolutoire claire et précise insérée au bail, si rigoureuses que puissent en être les conséquences (▪ Cass. soc., 27 févr. 1959 : *Bull. civ.* IV, n° 315, p. 258. – V. en ce sens, ▪ Cass. 2e civ., 12 mars 1954 : *D.* 1954, 363). Mais les conditions d'application d'une clause résolutoire doivent être interprétées restrictivement (▪ Cass. 3e civ., 24 nov. 1976, n° 75-13.076 : *Bull. civ.* III, n° 424, p. 323). La clause résolutoire qui vise seulement le défaut de paiement d'un seul terme du loyer doit être interprétée strictement et ne peut être appliquée en cas de non-paiement du coût du commandement (▪ Cass. com., 28 oct. 1957 : *Gaz. Pal.* 1958, 1, 17).

5) **Mise en demeure visant la clause résolutoire.** Pour avoir effet, la mise en demeure visant *la clause résolutoire doit indiquer* de façon précise les manquements auxquels il doit être remédié (▪ Cass. 3e civ., 11 oct. 1977, n° 76-12.730 : *JCP* 77, IV, 289 ; *Bull. civ.* III, n° 331, p. 251). Le commandement est sans effet si le bailleur a agi de mauvaise foi en le signifiant en mairie pendant les vacances (▪ Cass. 3e civ., 15 déc. 1976, n° 75-15.377 : *Bull. civ.* III, n° 465, p. 354). Il appartient au bailleur, qui entend se prévaloir de la clause résolutoire, d'établir la persistance de l'infraction aux clauses du bail après l'expiration du délai de mise en demeure (▪ Cass. 3e civ., 13 nov. 1997 : *JCP* 97, IV, 2521 ; *Bull. civ.* III, n° 201, p. 136).

6) **Clause résolutoire de plein droit. Action en justice.** Malgré la clause de résiliation de plein droit stipulée en sa faveur, le propriétaire a toujours la faculté d'introduire une demande en résiliation de bail et le preneur qui n'a pas exécuté ses obligations ne saurait invoquer cette clause à son profit (▪ Cass. com., 29 juin 1954 : *Bull. civ.* III, n° 235, p. 176). Le fait, dans une assignation introductive d'instance, de demander que la résiliation soit prononcée et non constatée implique l'absence de tout recours à une clause résolutoire de plein droit (▪ Cass. 3e civ., 7 juin 1974, n° 73-10.775 : *JurisData* n° 1974-098239 ; *Gaz. Pal.* 1975, 1, 1, note Plancqueel). Mais tendent aux mêmes fins, à savoir la cessation des rapports locatifs entre les parties et l'expulsion du locataire, la demande initiale du bailleur en constatation de la résiliation du bail par application de la clause résolutoire et celle qu'il présente en cause d'appel tendant à ce que la location soit résiliée en raison du défaut d'occupation des lieux, de sorte que ces dernières prétentions ne sont pas nouvelles (▪ Cass. 3e civ., 20 févr. 1991, n° 89-17.113 : *JurisData* n° 1991-000386 ; *JCP* 91, IV, 145). La délivrance par le propriétaire d'un commandement visant la clause résolutoire ne le prive pas de la faculté de demander ultérieurement la résiliation du bail, même en invoquant les manquements objet de cette mise en demeure (▪ Cass. 3e civ., 4 mai 1994 : *JCP* 94, IV, 1629 ; *Bull. civ.* III, n° 84, p. 53).

7) **Clause résolutoire de plein droit au profit du bailleur. Action en exécution forcée.** La clause résolutoire de plein droit étant stipulée au profit du seul bailleur, ce dernier peut, quoi qu'ayant délivré un commandement de payer visant la clause, poursuivre l'exécution du contrat, le locataire ne pouvant se prévaloir de l'acquisition de la clause (▪ Cass. 3e civ., 27 avr. 2017, n° 16-13.625 : *RDC* 2017/3, 455, Seube ; *RTD civ.* 2017, 854, Barbier ; *D.* 2017, 1595, Tirel ; *RTD com.* 2017, 291, Monéger

8) **Résiliation obtenue contre le cessionnaire. Nullité ultérieure de la cession.** Les bailleurs s'adressant valablement au cessionnaire du bail pour obtenir le paiement du loyer, la nullité, ultérieurement prononcée, d'une cession de bail n'a pu avoir aucun effet sur la résiliation du bail qui s'était produite de plein droit à la suite du commandement infructueux délivré au cessionnaire (▪ Cass. 3e civ., 10 mai 1977, n° 76-10.035 : *JurisData* n° 1977-700195 ; *Gaz. Pal.* 1978, 1, 18, note Plancqueel).

9) Destruction de l'immeuble par suite de faits de guerre. Sur la dérogation apportée à l'article 1741 en cas de destruction de l'immeuble par suite de faits de guerre, V. L. 1er sept. 1948, art. 70, p. 2798.

Art. 1742. – Le contrat de louage n'est point résolu par la mort du bailleur, ni par celle du preneur.

Bibliographie : V. Brémond, *Réflexions autour du transfert à cause de mort du contrat de bail d'habitation : JCP* N 2002, 1234 et 1240.

1) Décès du locataire. En cas de décès du locataire, le droit au bail passe à ses héritiers ou à ses légataires universels ou à titre universel (■ Cass. soc., 11 oct. 1957 : *JCP* 58, II, 10349. ■ Cass. 3e civ., 26 juin 1996, n° 94-14.704 : *JurisData* n° 1996-002825 ; *JCP* 96, IV, 1917 ; *Bull. civ.* III, n° 155, p. 99. ■ Paris, 5 avr. 1995, n° 94-009969 : *JurisData* n° 1995-021611 ; *Loyers et copr.* 1995, 415), même si le bail contient interdiction de céder ou de sous-louer (■ Cass. soc., 7 déc. 1960, n° 60-20.018 : *Bull. civ.* IV, n° 1131, p. 876). Mais les parties ont la faculté de prévoir que la location est consentie au preneur seul, sans que, après décès, ses héritiers puissent se prévaloir du contrat consenti à leur auteur (■ Cass. soc., 4 juin 1959 : *JCP* 59, IV, 89 ; *Bull. civ.* IV, n° 656, p. 527).

2) Décès du locataire solidaire. Le décès de l'un des codébiteurs solidaires qui laisse plusieurs héritiers n'efface pas le caractère solidaire de la dette au regard des débiteurs originaires, de sorte que le congé délivré au seul conjoint survivant était opposable aux héritiers du preneur décédé (■ Cass. 3e civ., 19 févr. 2014, n° 12-17.263 : *Bull. civ.* III, n° 28 ; *RDC* 2014/4, 632, obs. Latina et 709, obs. Gaudemet ; *Gaz. Pal.* 18 avr. 2014, 24, obs. Barbier).

3) Legs particulier du droit au bail. Il ne résulte pas des termes très généraux de l'article 1742 que le droit au bail ne puisse faire l'objet d'un legs particulier (■ Cass. soc., 25 mars 1955 : *D.* 1955, 414). Mais lorsque le bail interdit au preneur de céder ou de sous-louer, même à titre gratuit, un parent ne saurait se prétendre titulaire du droit au bail en vertu d'un legs particulier (■ Cass. soc., 27 févr. 1958 : *Bull. civ.* IV, n° 316, p. 228).

4) Inclusion du droit au bail dans l'actif successoral. Le droit au bail appartient à la succession tant qu'il n'a pas été procédé au partage (■ Cass. 3e civ., 10 janv. 1978, n° 76-12.638 : *JurisData* n° 1978-098021 ; *JCP* 78, IV, 84 ; *Bull. civ.* III, n° 21, p. 16). Les constatations selon lesquelles l'un des héritiers s'est comporté comme unique titulaire du droit au bail ne privent pas les autres héritiers de leurs droits (■ Cass. 3e civ., 6 mars 1996, n° 93-11.113 : *JurisData* n° 1996-000762 ; *Loyers et copr.* 1996, 202).

5) Dissolution d'une association. Il résulte de l'article 1742 que la dissolution d'une association n'entraîne pas de plein droit la résiliation du bail qui lui a été consenti (■ Cass. 1re civ., 4 avr. 1991, n° 89-15.856 : *JurisData* n° 1991-000939 ; *Bull. civ.* I, n° 111, p. 75).

Art. 1743 ***(Ord. n° 45-2380, 17 oct. 1945 ; L. n° 46-682, 13 avr. 1946 ; mod., L. n° 2009-526, 12 mai 2009).*** **– Si le bailleur vend la chose louée, l'acquéreur ne peut expulser le fermier, le métayer ou le locataire, qui a un bail authentique ou dont la date est certaine.**

Il peut, toutefois, expulser le locataire de biens non ruraux s'il s'est réservé ce droit par le contrat de bail.

1) Application limitée au contrat de location. L'article 1743 ne concerne que le contrat de location, et non les conventions qui, fussent-elles du même jour, en sont distinctes ; spécialement, le preneur ne peut opposer à l'acheteur l'engagement de remise d'une année de loyers pris par le bailleur initial à titre personnel et par des actes dépourvus de date certaine (■ Cass. 3e civ., 18 déc. 1991, n° 89-19.245 : *JurisData* n° 1991-003271 ; *JCP* 92, IV, 609 ; *Bull. civ.* III, n° 321, p. 189).

2) Licitation d'un bien indivis. La règle selon laquelle le bail est opposable à l'acquéreur de la chose louée est de portée générale et s'applique en cas de licitation d'un bien indivis même si le bail a été consenti à l'un des indivisaires (■ Cass. 1re civ., 19 mars 1991, n° 88-16.208 : *JurisData* n° 1991-700838 ; *JCP* 91, IV, 193 ; *Bull. civ.* I, n° 90, p. 59).

3) Location d'un mur aux fins d'affichage. Le contrat aux termes duquel le propriétaire d'un immeuble cède à une entreprise d'affichage le droit d'apposer des affiches publicitaires sur des murs lui appartenant constitue un contrat de louage et il s'ensuit qu'en cas de vente de l'immeuble, l'article 1743 est applicable (■ Dijon, 14 nov. 1974 : *JCP* 75, IV, 163). Lorsque la location s'applique à une partie définie du mur d'une maison en vue de l'installation d'un panneau publicitaire, le bail la constatant est opposable à l'acquéreur de la mitoyenneté de ce bien immobilier (■ Cass. 3e civ., 1er mars 1989, n° 86-19.275 : *JurisData* n° 1989-001114 ; *JCP* 89, IV, 160 ; *Bull. civ.* III, n° 50, p. 29).

4) Défaut de date certaine. Connaissance du bail par l'acquéreur. L'article 1743 n'étant pas d'ordre public, la renonciation à se prévaloir du défaut de date certaine peut être expresse ou tacite de la part des tiers en faveur desquels cette règle est établie (■ Cass. soc., 15 juill. 1953 : *D.* 1953, 729, note Leris). Une location verbale est opposable à l'acquéreur de l'immeuble dès lors que dans l'acte de vente celui-ci a déclaré connaître l'état des baux de location de l'immeuble et faire son affaire personnelle de ces locations et qu'il a fait signifier au locataire qu'il entendait exercer contre lui la reprise de ses locaux (même arrêt). Jugé que la connaissance d'un bail verbal, que l'adjudicataire d'un immeuble vendu sur licitation a, par des dires annexés au cahier des charges de l'adjudication et lus avant cette dernière, rend impossible l'expulsion du locataire, en vertu de l'article 1743 (■ Cass. 3e civ., 15 janv. 1976, n° 74-13.328 : *JurisData* n° 1976-098016 ; *JCP* 76, IV, 76 ; *Bull. civ.* III, n° 18, p. 13. ■ Cass. 3e civ., 11 févr. 2004, n° 02-12.762 : *JurisData* n° 2004-022268 ; *JCP* 2004, II, 10109, note Djigo ; *Loyers et copr.* 2004, 84, note Vial-Pedroletti. V. aussi de manière générale, se contentant de la connaissance du bail par l'acquéreur, ■ Cass. 3e civ., 20 juill. 1989, n° 88-13.413 : *JurisData* n° 1989-702763 ; *Bull. civ.* III, n° 169, p. 92 ; *Defrénois* 1990, 494, obs. Vermelle ; *RTD civ.* 1990, 101, obs. Rémy. ■ Cass. 3e civ., 29 sept. 1999, n° 97-21.738 : *JurisData* n° 1999-003320 ; *Bull. civ.* III, n° 188, p. 131 ; *Contrats, conc. consom.* 2000, 19, note Leveneur ; *Loyers et copr.* 2000, 2, note Vial-Pedroletti. *Contra* ■ Cass. soc., 10 janv. 1963, n° 61-11.329 : *JurisData* n° 1963-700047 ; *JCP* 63, IV, 17 ; *Bull. civ.* IV, n° 47, p. 38. ■ Paris, 18 nov. 2004, n° 03/14715 : *JurisData* n° 2004-256817 ; *Loyers et copr.* 2005, 85, note crit. Vial-Pedroletti). Tout bail, même conclu postérieurement au commandement de saisie immobilière, dont l'adjudicataire a eu connaissance avant l'adjudication, lui est opposable (■ Cass. 3e civ., 23 mars 2011, n° 10-10.804 : *Bull. civ.* III, n° 43 ; *RDC* 2011/3, 896, obs. J.-B. Seube ; *D.* 2011, 1596, note C. Juillet ; *AJDI* 2001, 785, obs. N. Damas).

5) Apport en société. Sur l'application de l'article 1743 au cas d'apport en société, v. ■ Cass. com., 11 févr. 1964 : *JurisData* n° 1964-700066 ; *D.* 1964, 262, note Esmein.

6) Preuve des clauses et conditions opposées au locataire. Il appartient à l'acquéreur qui ne conteste pas l'existence du bail de rapporter la preuve des clauses et conditions qu'il oppose au locataire (■ Cass. 3e civ., 16 avr. 1970, n° 69-10.051 : *JurisData n° 1970-098252 ; JCP 70, IV, 141 ; Bull. civ.* III, n° 246, p. 181).

7) Dépôt de garantie. Le locataire d'un immeuble ne peut se voir opposer la clause relative à la transmission du dépôt de garantie au nouveau propriétaire (■ Cass. 3e civ., 18 janv. 1983, n° 81-15.516 : *JurisData* n° 1983-700179 ; *Bull. civ.* III, n° 14, p. 11 ; *Defrénois* 1983, 1167, obs. Aubert). Le sort du dépôt de garantie versé par le locataire lors de son entrée dans les lieux n'ayant pas été réglé dans l'acte de vente, l'acquéreur, qui s'est trouvé substitué au bailleur initial pour l'intégralité des clauses du contrat de bail et de ses accessoires, ne peut disposer de plus de droits que son vendeur et n'est donc pas fondé à réclamer au locataire le règlement d'un nouveau dépôt de garantie (■ Cass. 3e civ., 26 mars 2014, n° 13-10.698 : *Bull. civ.* III, n° 41 ; *RDC* 2014/3, 400, obs. Boffa ; *RDC* 2014, 4, 663, obs. Julienne ; *JCP* G 2014, doctr. 1162, n° 16, obs. Delebecque ; *D.* 2014, 1610, obs. Crocq ; *Gaz. Pal.* 2 juill. 2014, 19, obs. Houtcieff).

8) Sous-location. La sous-location n'est opposable à l'acquéreur de l'immeuble que si l'accord a date certaine ou était connu du nouveau propriétaire avant la vente (■ Cass. 3e civ., 17 nov. 1998, n° 97-13.494 : *JurisData* n° 1998-004428 ; *JCP* G 99, II, 10227 ; *JCP* N 2000, 969 et *JCP* E 2000, 82, note Auque).

9) Mention des éléments essentiels. Il suffit que la mention dans l'acte authentique rende compte des éléments essentiels du bail (■ Cass. 3e civ., 15 mars 2000, n° 98-14.354 : *JurisData* n° 2000-000967 ; *Loyers et copr.* 2000, 145, note Vial-Pedroletti).

10) Vente de l'immeuble loué et sort du cautionnement. Sur le sort du cautionnement constitué au profit du bailleur en cas de vente de l'immeuble, voir sous C. civ., art. 1692.

11) Obligations incombant au précédent bailleur avant la cession. La vente de l'immeuble ne dispense pas le précédent bailleur de son obligation d'effectuer les travaux qui se sont avérés nécessaires lorsqu'il était propriétaire et qui lui incombaient. Nonobstant la vente des lieux loués, le précédent bailleur est tenu d'indemniser le locataire du trouble de jouissance du fait de la non-exécution des travaux qui lui incombaient alors en qualité de propriétaire et ce trouble ne cesse que par l'exécution de ces travaux (■ Cass. 3e civ., 14 nov. 2007, n° 06-18.430 : *RDC* 2008, 385, obs. Seube). Dans le même sens : la vente de leur immeuble par les bailleurs ne les décharge pas de leur obligation de payer l'indemnité d'éviction due au locataire commerçant auquel ils ont délivré un congé avec refus de renouvellement du bail (■ Cass. 3e civ., 10 déc. 1997, n° 96-13.616 : *JurisData* n° 1997-004976 ; *JCP* 98, IV, 1190. ■ Cass. 3e civ., 15 déc. 1999, n° 97-22.161 : *JurisData* n° 1999-004456 ; *Bull. civ.* III, n° 243, p. 170 ; *RTD civ.* 2000, 351, obs. Gautier).

12) Manquements du locataire au bail antérieurs à la cession. S'agissant d'un terrain loué qui a été vendu à deux reprises, dès lors que le preneur a payé le prix du bail au dernier propriétaire en date, seul resté en la cause, le bail ne peut être résilié, l'acquéreur ne pouvant agir contre le locataire pour des manquements au bail antérieurs à la vente, sauf cession de créance ou subrogation expresse (■ Cass. 3e civ., 2 oct. 2002 : *Loyers et copr.* 2002, 276, note Vial-Pedroletti ; *JCP* 2002, IV, 2814 ; *JurisData* n° 2002-015679 ; *Bull. civ.* III, n° 189, p. 160).

13) **Extinction par confusion.** Sur l'extinction d'un bail commercial par confusion en cas d'acquisition du bien par le preneur, V. ■ Cass. com., 4 déc. 2012 (n° 11-25.958 : *JurisData* n° 2012-028230 ; *Bull. civ.* IV, n° 218 ; *RDC* 2013/2, 629, obs. Seube ; *JCP* N 2013 ; *RD rur.* mars 2013, chron. 1, Redon), qui en déduit qu'aucun transfert de la propriété des constructions réalisées par le preneur ne s'était produit entre son patrimoine et celui du bailleur avant cette acquisition.

Art. 1744 *(L. 4 sept. 1943 ; Ord. 17 oct. 1945).* **– S'il a été convenu lors du bail qu'en cas de vente l'acquéreur pourrait expulser le locataire et qu'il n'ait été fait aucune stipulation sur les dommages-intérêts, le bailleur est tenu d'indemniser le locataire de la manière suivante.**

Art. 1745. – S'il s'agit d'une maison, appartement ou boutique, le bailleur paye, à titre de dommages et intérêts, au locataire évincé, une somme égale au prix du loyer, pendant le temps qui, suivant l'usage des lieux, est accordé entre le congé et la sortie.

Art. 1746. – S'il s'agit de biens ruraux, l'indemnité que le bailleur doit payer au fermier est du tiers du prix du bail pour tout le temps qui reste à courir.

Art. 1747. – L'indemnité se réglera par experts, s'il s'agit de manufactures, usines ou autres établissements qui exigent de grandes avances.

Art. 1748 *(L. 4 sept. 1943 ; Ord. 17 oct. 1945).* **– L'acquéreur qui veut user de la faculté réservée par le bail d'expulser le locataire en cas de vente est, en outre, tenu de l'avertir au temps d'avance usité dans le lieu pour les congés.**

Art. 1749 *(L. 4 sept. 1943 ; Ord. 17 oct. 1945).* **– Les locataires ne peuvent être expulsés qu'ils ne soient payés par le bailleur, ou, à son défaut, par le nouvel acquéreur, des dommages-intérêts ci-dessus expliqués.**

Art. 1750. – Si le bail n'est pas fait par acte authentique, ou n'a point de date certaine, l'acquéreur n'est tenu d'aucuns dommages et intérêts.

Art. 1751 *(L. n° 62-902, 4 août 1962 ; mod., L. n° 2001-1135, 3 déc. 2001 ; L. n° 2014-366, 24 mars 2014).* **– Le droit au bail du local, sans caractère professionnel ou commercial, qui sert effectivement à l'habitation de deux époux, quel que soit leur régime matrimonial et nonobstant toute convention contraire et même si le bail a été conclu avant le mariage, ou de deux partenaires liés par un pacte civil de solidarité, dès lors que les partenaires en font la demande conjointement, est réputé appartenir à l'un et à l'autre des époux ou partenaires liés par un pacte civil de solidarité.**

En cas de divorce ou de séparation de corps, ce droit pourra être attribué, en considération des intérêts sociaux et familiaux en cause, par la juridiction saisie de la demande en divorce ou en séparation de corps, à l'un des époux, sous réserve des droits à récompense ou à indemnité au profit de l'autre époux.

En cas de décès d'un des époux ou d'un des partenaires liés par un pacte civil de solidarité, le conjoint ou le partenaire lié par un pacte civil de solidarité survivant cotitulaire du bail dispose d'un droit exclusif sur celui-ci sauf s'il y renonce expressément.

1) **Conditions de la cotitularité.** Pour qu'un bail conclu avant même le mariage soit réputé appartenir à l'un et à l'autre des époux, l'article 1751 du Code civil exige la double condition que le droit au bail soit sans caractère professionnel et qu'il serve effectivement à l'habitation des deux époux (■ Cass. 3e civ., 28 janv. 1971 : *JurisData* n° 1971-099059 ; *JCP* 72, II, 16982, note R. D.), ce qui exclut le bail consenti à usage mixte (■ Paris, 16 déc. 1999, n° 1998/13511 : *JurisData* n° 1999-102726 ; *Loyers et copr.* 2000, 82, note Vial-Pedroletti), et le prêt à usage avec obligation de restituer (■ Cass. 3e civ., 13 mars 2002 : *JCP* 2002, IV, 1720 ; *JurisData* n° 2002-013507). Peu importe le fait que le bail ait été consenti en considération de la fonction de l'un des conjoints (■ Angers, 19 janv. 1998, n° 9602707 : *JurisData* n° 1998-046154 ; *Loyers et copr.* 1999, 142, note Vial-Pedroletti). Le texte ne peut être étendu ni aux résidences secondaires ni aux locaux dans lesquels chacun des époux vit

séparément (■ Orléans, 20 févr. 1964 : *D.* 1964, 260. V. en cas d'autorisation de résidence séparée, ■ Montpellier, 10 avr. 1991 : *JurisData* n° 1991-034457 ; *JCP* 92, I, 3614, n° 3, obs. Wiederkehr), ni à un local annexe (■ Paris, 5 mai 1995, n° 94/17647 : *JurisData* n° 1995-021326 ; *Loyers et copr.* 1995, 463. ■ Paris, 10 févr. 2005, n° 03/16750 : *JurisData* n° 2005-268254 ; *Loyers et copr.* 2005, 127, note Vial-Pedroletti), ni à des locaux loués à usage de parking (■ Versailles, 21 nov. 1997, n° 3924/95 : *JurisData* n° 1997-048738 ; *Loyers et copr.* 1998, 180, note Vial-Pedroletti). La cotitularité est admise au profit de la seconde épouse, le bailleur ayant pas été informé du remariage avant le prononcé de la décision judiciaire tendant à voir constater la résiliation du bail et n'ayant pas demandé que la résiliation du bail soit opposable à ce nouveau conjoint (■ Cass. 3e civ., 9 nov. 2011, n° 10-20.287 : *Bull. civ.* III, n° 188 ; *JCP* G 2012, note 132, C. Coutant-Lapalus ; *AJF* 2012, 54, obs. de Boysson).

2) **Absence d'occupation effective par un des époux.** Les époux demeurent cotitulaires du bail jusqu'à transcription du jugement de divorce en marge des registres de l'état civil, quand bien même l'époux n'occuperait plus les lieux depuis plusieurs années (■ Cass. 3e civ., 31 mai 2006, n° 04-16.920 : *JurisData* n° 2006-033726 ; *Bull. civ.* III, n° 135 ; *Bull. inf. C. cass.* 1er oct. 2006, n° 1797 ; *RDC* 2006, 1143, obs. Lardeux ; *RTD civ.* 2006, 812, obs. Vareille ; *D.* 2006, 2777, note Damas ; *ibid.*, pan. 1568, obs. Lemouland et Vigneau ; *Dr. famille* 2006, n° 147, note Larribeau-Terneyre ; *RJPF* 2006/10, 24, note Leborgne ; *AJDI* 2006, 730, obs. Rouquet). Dans le même sens, ■ Cass. 3e civ., 1er avr. 2009, n° 08-15.929 : *Bull. civ.* III, n° 72 ; *RTD civ.* 2009, 567, obs. Vareille ; *ibid.* 510, obs. Hauser ; *RDC* 2009/4, 1484, obs. Lardeux ; *Dr. famille* 2009, comm. 70, obs. Larribeau-Terneyre ; *D.* 2009, act. jurispr. 1090, obs. Forest ; *JCP* 2009, n° 44, 391, n° 4, obs. Widerkehr ; *RJPF* 2009/6, 28, obs. Garé : l'époux reste, en application de l'article 1751, cotitulaire du bail, peu important qu'il n'occupât pas le logement en raison de la situation de crise conjugale, de sorte que le nouveau bail signé par l'épouse, à qui la jouissance du logement avait été accordée à titre provisoire pendant l'instance en divorce, lui est inopposable, de même que le congé délivré ensuite par cette dernière. V. aussi, ■ Cass. 3e civ., 18 mai 2011, n° 10-13.853 : *JCP* G 2011, 1371, n° 1, obs. G. Wiedercker ; *D.* 2011, pan. 2624, obs. V. Brémond ; *AJDI* 2011, 786, obs. *N. Damas ; RTD civ.* 2011, 518, obs. J. Hauser ; *Dr. famille* 2011, n° 131, obs. Lambert : attribution du bail reconnue à l'épouse survivante, autorisée à résider séparément de son époux par une ordonnance de non-conciliation qui avait attribué à ce dernier la jouissance du domicile conjugal, qui avait alors renoncé expressément au droit au bail sur le logement, alors que, à la date du décès de son époux, elle demeurait cotitulaire du bail relatif au local ayant servi à l'habitation des époux, et ne pouvait valablement renoncer antérieurement à un droit dont elle n'était pas encore titulaire.

3) **Droits et obligations des époux.** L'article 1751 a créé une indivision qui confère à chacun des époux des droits et des obligations identiques (■ Cass. soc., 4 nov. 1967, n° 65-12.703 : *Gaz. Pal.* 1968, 1, 40, 1re esp. ■ Paris, 22 oct. 1966 : *JCP* 67, II, 15043, note R. D.). Chacun des époux est tenu de l'obligation de payer les loyers (■ Cass. 1re civ., 7 mai 1969, n° 67-12. 829 : *Bull. civ.* I, n° 170, p. 138. ■ Paris, 2 nov. 1967 : *Gaz. Pal.*1968, 1, 40, 2e esp.), jusqu'à la transcription du divorce (■ Cass. 1re civ., 13 oct. 1992, n° 90-18.404 : *JurisData* n° 1992-002184 ; *JCP* 93, II, 22047, note Hauser ; *Bull. civ.* I, n° 251, p. 166 ; *RTD civ.* 1993, 180, obs. Lucet et Vareille. ■ Cass. 3e civ., 27 mai 1998, n° 96-15.884 : *JCP* 99, I, 154, n° 1, obs. Wiederkehr ; *Bull. civ.* III, n° 109, p. 73 ; *Dr. famille* 1998, 95, note Lécuyer ; *Loyers et copr.* 1998, 205, note Vial-Pedroletti. ■ Cass. 3e civ., 2 févr. 2000, n° 97-18.924 : *JurisData* n° 2000-000233 ; *Dr. famille* 2000, 41, note Beignier ; *Bull. civ.* III, n° 18, p. 13 ; *Loyers et copr.* 2000, 81, note Vial-Pedroletti. V. aussi pour la séparation de corps, ■ Cass. 3e civ., 2 juin 1993, n° 91-12.347 : *JurisData* n° 1993-001015 ; *Bull. civ.* III, n° 74, p. 49 ; *Defrénois* 1994, 880, obs. Vermelle). L'extinction de la créance à l'égard du mari, objet d'une procédure collective, laisse subsister l'obligation personnelle de l'épouse (■ Cass. 3e civ., 23 mars 2005, n° 03-20.457 : *JurisData* n° 2005-027712 ; *Loyers et copr.* 2005, 107, note Vial-Pedroletti ; *D.* 2005, somm. 2114, obs. Brémond). Le fait que l'épouse soit cotitulaire du bail ne saurait modifier le droit du propriétaire à faire prononcer la résiliation indivisible de ce bail à l'égard des deux époux (■ Dijon, 18 mars 1999, n° 96/00845 : *JurisData* n° 1999-041130 ; *Loyers et copr.* 2000, 1, note Vial-Pedroletti).

4) **Congé donné à ou par un seul époux.** Le congé donné à l'un d'eux est inopposable à l'autre (■ Cass. 3e civ., 27 avr. 1976, n° 74-13.925 : *JurisData* n° 1976-098176 ; *Bull. civ.* III, n° 178, p. 139. ■ Cass. 3e civ., 2 févr. 1982, n° 80-11.309 : *JurisData* n° 1982-700405 ; *JCP* 82, IV, 137 ; *Bull. civ.* III, n° 29, p. 19). Le congé donné par le titulaire originaire du bail sans le concours de son conjoint est inopposable à ce dernier (■ Cass. 3e civ., 20 févr. 1969, n° 67-14.488 : *JCP* 69, II, 15946, note R. D.). Le mari qui a seul donné congé reste tenu solidairement (■ Cass. 1re civ., 13 oct. 1992, préc.). L'obligation au paiement du loyer étant indivisible, chacun des époux ne peut être obligé qu'au même prix et toute modification du loyer doit être notifiée aux

deux (■ Paris, 7 oct. 1991 : *JurisData* n° 1991-023630 ; *Loyers et copr.* 1992, 46. ■ Paris, 13 avr. 1992 : *JurisData* n° 1992-020883 ; *Loyers et copr.* 1992, 276). En cas de congé délivré par le mari seul, suivi d'un second congé, notifié en commun, c'est ce dernier congé qui marque le point de départ du préavis de trois mois (■ Cass. 3e civ., 19 juin 2002, n° 01-00.652 : *JurisData* n° 2002-014866 ; *Loyers et copr.* 2002, 221, note Vial-Pedroletti ; *Defrénois* 2003, 672, note Brémond). Sur l'admission du mandat tacite, v. cpdt ■ Orléans, 12 avr. 1994 : *JurisData* n° 1994-043208 ; *JCP* 95, I, 3821, n° 2, obs. Wiederkehr.

5) **Formes du congé donné aux époux.** La loi n'impose pas une notification par huissier par acte séparé à chaque époux (■ Paris, 5 févr. 1996, n° 94-020133 : *JurisData* n° 1996-020108 ; *Loyers et copr.* 1996, 147). Le congé doit faire l'objet de deux lettres distinctes (■ Cass. 3e civ., 10 mai 1989, n° 88-10.363 : *JurisData* n° 1989-701520 ; *Bull. civ.* III, n° 103, p. 57 ; *JCP* G 91, II, 21595 ; *JCP* N 90, II, 305, 2e esp., note Dumortier ; *RTD civ.* 1990, 300, obs. Rémy. Pour la nullité du congé adressé à « Monsieur ou Madame », ■ Paris, 21 sept. 1992, n° 91-010589 : *JurisData* n° 1992-022424 ; *Loyers et copr.* 1993, 50). Il en va de même pour la notification de proposition d'un nouveau contrat (■ Cass. 3e civ., 18 mars 1992, n° 90-12.809 : *JurisData* n° 1992-000671 ; *Loyers et copr.* 1992, 234). Il appartient au bailleur de se renseigner sur la situation de famille de son locataire en l'invitant à produire une fiche familiale d'état civil (■ Paris, 21 sept. 1992, n° 91-010941 : *JurisData* n° 1992-022501 ; *Loyers et copr.* 1993, 49).

6) **Obligation de relogement. Insalubrité.** La proposition du relogement de la famille consécutive à un arrêté d'insalubrité portant interdiction d'habiter les lieux donnés à bail doit être adressée par le bailleur à chacun des époux cotitulaires du bail (■ Cass. 3e civ., 9 févr. 2017, n° 16-13.260 : *D.* 2017, 2119, Brémond ; *D.* 2017, 1149, Damas ; *AJDI* 2017, 425, Damas ; *Defrénois* 2017, 29 obs. Parneix, réparation du trouble de jouissance subi par le mari du fait du manquement par le bailleur à son l'obligation de relogement).

7) ***Transmission aux héritiers de l'époux* décédé (droit antérieur à la loi du 3 décembre 2001).** L'article 1751 ne modifie pas les règles de la dévolution successorale et ne contredit pas l'article 1742 (■ Cass. 3e civ., 8 oct. 1970, n° 69-20.044 : *Bull. civ.* III, n° 495, p. 361. ■ Paris, 5 avr. 1995 : *JurisData* n° 1995-021611 ; *Loyers et copr.* 1995, 415. ■ Cass. 3e civ., 8 déc. 1999, n° 98-12.922 : *JurisData* n° 1999-004355 ; *Bull. civ.* III, n° 233, p. 163). Dans le même sens, ■ Cass. 3e civ., 25 nov. 2009, n° 08-14.823 : *Bull. civ.* III, n° 264 : les descendants qui vivaient effectivement avec leur mère depuis au moins un an à la date du décès sont chacun, en application de l'article 16 de la loi du 22 juin 1982, devenus titulaires du bail avec leur père dont le droit locatif concurrent n'a pas fait obstacle à l'exercice de leurs droits locatifs propres.

8) **Droit exclusif du conjoint survivant (depuis la loi du 3 décembre 2001).** L'article 1751 du Code civil accorde au conjoint survivant un droit exclusif sur le logement qui servait effectivement à l'habitation des époux avant le décès, sauf renonciation de sa part, ce droit exclusif privant les héritiers qui vivent dans les lieux au moment du décès du preneur de tout droit locatif en présence d'un conjoint survivant (■ Cass. 3e civ., 28 juin 2018, n° 17-20.409 : *Defrénois* oct. 2018, 32, Dauriac).

9) **Situation existant lors de la notification du congé.** Viole l'article 1751 la cour d'appel qui déclare le congé inopposable au mari de la locataire en prenant en considération la situation résultant du congé et non celle qui existait lorsque cet acte a été notifié (■ Cass. 3e civ., 10 mai 1991, n° 89-17.044 : *JurisData* n° 1991-001389 ; *Bull. civ.* III, n° 126, p. 75).

10) **Faculté pour le conjoint de ne pas se prévaloir de l'inopposabilité.** Il résulte de l'article 11 de la loi du 22 juin 1982 (art. 15-II, L. 6 juill. 1989), rapproché des dispositions de l'article 1751 du Code civil, qu'en cas de vente d'un immeuble servant à l'habitation des deux époux, chacun d'eux bénéficie d'un droit de préemption aux conditions fixées par le propriétaire, et l'épouse est en droit de ne pas se prévaloir de l'inopposabilité du congé à son égard, prévue dans son seul intérêt, et d'user en revanche des droits ouverts au locataire (■ Cass. 3e civ., 16 oct. 1991, n° 89-20.260 : *JurisData* n° 1991-002619 ; *JCP* N 92, II, 349, note Grillet-Ponton).

11) **Transcription du jugement de divorce, cotitularité légale et conventionnelle.** La transcription du jugement de divorce ayant attribué le droit au bail à l'un des époux met fin à la cotitularité du bail tant légale que conventionnelle (■ Cass. 3e civ., 22 oct. 2015, n° 14-23.726 : *Defrénois* 2016, 177, note Champenois ; *RDC* 2016/1, obs. Boffa ; *Gaz. Pal.* 10 déc. 2015, 5, obs. Piedelièvre ; *D.* 2015, 2616, note Lakssimin).

12) **Divorce.** Sur la possibilité pour le juge de concéder à bail après divorce le local servant de logement à la famille et appartenant en propre ou personnellement à l'un des époux, V. art. 285-1, p. 268.

13) **Concubins.** L'article 1751 n'est pas applicable aux concubins (■ TI Privas, 7 sept. 1993, n° 1993-046390 : *RTD civ.* 1994, 81, obs. Hauser. ■ Paris, 20 mars 1996, n° 97/20717 : *JurisData* n° 1996-020960 ; *Dr. famille* 1996, 1, obs. Lécuyer ; ■ Besançon, 14 janv. 2003 : *JurisData* n° 2003-

199691 ; *Loyers et copr.* 2003, 124, note Vial-Pedroletti).

14) Acte délivré à l'épouse sous le nom du mari. N'est pas nulle l'assignation en paiement des loyers délivrée à l'épouse cotitulaire du bail sous le nom de son mari dès lors que cette mention ne laisse aucun doute quant à l'identité de la destinataire (■ Cass. 3e civ., 24 janv. 2001 : *JCP* 2001, IV, 1493 ; *JurisData* n° 2001-007879 ; *Defrénois* 2001, 590, 1re esp.).

15) Prorogation du bail. L'avenant destiné à proroger la durée du bail qui n'a pas été ratifié par l'épouse cotitulaire lui est inopposable (■ Cass. 3e civ., 25 sept. 2002, n° 00-22.173 : *JurisData* n° 2002-015852 ; *Loyers et copr.* 2002, 274, note Vial-Pedroletti ; *JCP* 2003, I, 111, n° 1, obs. Wiederkehr).

Art. 1751-1 *(L. n° 2014-366, 24 mars 2014)*. **– En cas de dissolution du pacte civil de solidarité, l'un des partenaires peut saisir le juge compétent en matière de bail aux fins de se voir attribuer le droit au bail du local, sans caractère professionnel ou commercial, qui sert effectivement à l'habitation des deux partenaires, sous réserve des créances ou droits à indemnité au profit de l'autre partenaire. Le bailleur est appelé à l'instance. Le juge apprécie la demande en considération des intérêts sociaux et familiaux des parties.**

Section II. – Des règles particulières aux baux à loyer

Art. 1752. – Le locataire qui ne garnit pas la maison de meubles suffisants peut être expulsé, à moins qu'il ne donne des sûretés capables de répondre du loyer.

1) Pouvoir d'appréciation des juges du fond. L'article 1752 n'ayant pas précisé l'étendue de l'obligation qu'il impose au locataire de garnir l'immeuble loué de meubles suffisants, les juges ont un large pouvoir d'appréciation pour déterminer dans chaque cas, compte tenu des circonstances et de la situation particulière des parties, si ce garnissement est suffisant (■ Cass. soc., 12 janv. 1956 : *Bull. civ.* IV, n° 34, p. 25), ou pour déterminer la nature et l'importance des sûretés capables de dispenser le locataire, en tout ou partie, de l'obligation de garnissement (■ Cass. soc., 16 juill. 1955 : *Gaz. Pal.* 1955, 2, 199).

2) Mobilier nécessaire à la jouissance du bien. Si le preneur peut suppléer à l'insuffisance du mobilier en fournissant des sûretés, le bailleur a toujours le droit d'exiger de son locataire qu'il apporte dans les lieux loués le mobilier nécessaire à leur jouissance suivant leur destination (■ Cass. civ., 12 juin 1951 : *D.* 1951, 525 ; *RTD civ.* 1951, 527, obs. Carbonnier).

3) Paiement régulier des loyers. Circonstance indifférente. L'obligation pour le preneur de garnir les lieux loués de meubles suffisants existe alors même que les loyers ou fermages précédemment échus ont été régulièrement payés (■ Cass. soc., 12 janv. 1956 : *Bull. civ.* IV, n° 34, p. 25).

4) Local à usage mixte de commerce et d'habitation. S'agissant d'un local à usage mixte de commerce et d'habitation, c'est la valeur de l'ensemble des marchandises et des meubles qui doit être prise en considération pour apprécier si le locataire remplit son obligation de garantir le paiement du loyer (■ Cass. 3e civ., 10 juin 1971, n° 70-12.815 : *Rev. loyers* 1971, 501).

Art. 1753. – Le sous-locataire n'est tenu envers le propriétaire que jusqu'à concurrence du prix de sa sous-location dont il peut être débiteur au moment de la saisie, et sans qu'il puisse opposer des payements faits par anticipation.

Les payements faits par le sous-locataire soit en vertu d'une stipulation portée en son bail, soit en conséquence de l'usage des lieux, ne sont pas réputés faits par anticipation.

Assiette de l'action directe. Le propriétaire a une action directe contre le sous-locataire dans la limite du sous-loyer (■ Cass. 3e civ., 19 févr. 1997, n° 95-12.491 : *JurisData* n° 1997-000670 ; *JCP* 97, IV, 799 ; *Bull.* III, n° 35, p. 22).

Art. 1754. – Les réparations locatives ou de menu entretien dont le locataire est tenu, s'il n'y a clause contraire, sont celles désignées comme telles par l'usage des lieux, et entre autres, les réparations à faire :

***Aux âtres, contrecœurs, chambranles* et tablettes des cheminées ;**

Au recrépiment du bas des murailles des appartements et autres lieux d'habitation, à la hauteur d'un mètre ;

Aux pavés et carreaux des chambres, lorsqu'il y en a seulement quelques-uns de cassés ;

Aux vitres, à moins qu'elles ne soient cassées par la grêle, ou autres accidents extraordinaires et de force majeure, dont le locataire ne peut être tenu ;

Aux portes, croisées, planches de cloison ou de fermeture de boutiques, gonds, targettes et serrures.

Voir : la jurisprudence rapportée au *JCl. Civil*, art. 1708-1762, fasc. 273. Sur la contribution du locataire aux charges issues des travaux d'économie d'énergie, v. D. n° 2009-1438, 23 nov. 2009 (bailleur social) ; D. n° 2009-1439, 23 nov. 2009 (bailleur privé) ; A. 23 nov. 2003 (bailleur social et privé) : *JO* 25 nov. 2009, p. 20227 et s. ; *JCP* 2009, n° 49, 503. *Adde*, G. Durand-Pasquier, *La performance énergétique des bâtiments. Des règles de droit entre incitation et contrainte : JCP* N 2010, 1113.

Clause contraire. La clause mettant les réparations, sans aucune exception, à la charge du preneur, doit, en raison de son caractère exorbitant, être interprétée de façon restrictive (■ Cass. 1re civ., 17 oct. 1962, n° 60-13.627 : *Gaz. Pal.* 1963, 1, 154). Jugé que la clause mettant à la charge du preneur les grosses réparations et celles de la toiture n'exonère pas le bailleur de la réfection de cette dernière, dès lors qu'elle est totale (■ Cass. 3e civ., 10 mai 1991, n° 89-18.165 : *JurisData* n° 1991-001440 ; *Bull. civ.* III, n° 127, p. 75. – V. aussi ■ Cass. 1re civ., 17 oct. 1962, préc.). La référence dans le bail aux grosses réparations de l'article 606 du Code civil est insuffisante à mettre à la charge du locataire les dépenses relatives au ravalement, à la toiture et au chauffage collectif, faute de stipulation expresse en ce sens (■ Cass. 3e civ., 6 mars 2013, n° 11-27.331 : *Bull. civ.* III, n° 34 ; *RDC* 2013/3, 977, obs. Seube ; *Gaz. Pal.* 19 avr. 2013, 20, obs. Barbier ; *D.* 2013, 1794, obs. Dumont-Lefranc).

Art. 1755. – **Aucune des réparations réputées locatives n'est à la charge des locataires, quand elles ne sont occasionnées que par vétusté ou force majeure.**

1) Aggravation de l'état vétuste due à un défaut d'entretien. Le locataire qui a accepté de prendre les lieux dans un état déjà vétuste ne peut être tenu que de l'aggravation de cet état due à un défaut d'entretien à lui imputable. La partie des dégâts imputés à la vétusté doit être supportée par le bailleur (■ Cass. 1re civ., 18 oct. 1965, n° 64-10.630 : *JCP* 65, II, 14441, note R. D.).

2) Force majeure. Si l'obligation de réparer pesant sur le locataire cesse en cas de force majeure, cette dernière n'autorise pas le locataire qui a procédé aux réparations à en demander le remboursement au bailleur qui s'est exonéré dans le bail de toute obligation de réparation (■ Cass. 1re civ., 14 mars 1978 : *JCP* 78, IV, 158 ; *Bull. civ.* III, n° 112, p. 87).

3) Réparations mises par le contrat à la charge du locataire. L'article 1755 n'est pas applicable pour les réparations dont le bail a prévu qu'elles seraient supportées par le locataire (■ Cass. 3e civ., 14 déc. 1988, n° 87-12.636 : *JurisData* n° 1988-703131 ; *JCP* 89, IV, 60).

4) Exigence d'une dérogation expresse. Le bailleur peut mettre à la charge du preneur, par une clause expresse du bail, l'obligation de prendre en charge les travaux rendus nécessaires par la vétusté (■ Cass. 3e civ., 9 juill. 2008, n° 07-14.631 : *Bull. civ.* III, n° 121 ; *RDC* 2009/1, 156, obs. Lardeux).

5) Papiers peints et peintures. Le bailleur est tenu de la remise en état des papiers peints et peintures qui n'ont pas été refaits depuis 16 ans (■ Aix-en-Provence, 2 mars 1998, n° 96/19475 : *JurisData* n° 1998-041517 ; *Loyers et copr.* 1998, 289, note Vial-Pedroletti).

Art. 1756. – **Le curement des puits et celui des fosses d'aisances sont à la charge du bailleur, s'il n'y a clause contraire.**

Évacuation des eaux usées et fosses d'aisance. Le prix du contrat d'entretien du réseau d'évacuation des eaux usées incombe au locataire (■ Cass. 3e civ., 21 févr. 1996, n° 94-14.008 : *JurisData* n° 1996-000583 ; *Loyers et copr.* 1996, 206), mais les dépenses consécutives au curage des fosses d'aisance ne sont pas des dépenses ayant trait à l'entretien de ce réseau d'évacuation (■ Cass. 3e civ., 21 févr. 1996, n° 94-14.008 : *JurisData* n° 1996-000583 ; *Loyers et copr.* 1996, 206). La vidange d'une fosse septique est une réparation locative incombant au preneur (■ Cass. 3e civ., 24 mars 2010, n° 09-10.218 : *JurisData* n° 2010-002476 : *Bull. civ.* 2010, III, n° 66).

Art. 1757. – **Le bail des meubles fournis pour garnir une maison entière, un corps de logis entier, une boutique, ou tous autres appartements, est censé fait pour la durée ordinaire des baux de maisons, corps de logis, boutiques ou autres appartements, selon l'usage des lieux.**

Art. 1758. – **Le bail d'un appartement meublé est censé fait à l'année, quand il a été fait à tant par an ;**

Au mois, quand il a été fait à tant par mois ;

Au jour, s'il a été fait à tant par jour.

Si rien ne constate que le bail soit fait à tant par an, par mois ou par jour, la location est censée faite suivant l'usage des lieux.

Art. 1759. – **Si le locataire d'une maison ou d'un appartement continue sa jouissance après l'expiration du bail par écrit, sans opposition de la part du bailleur, il sera censé les occuper aux mêmes conditions, pour le terme fixé par l'usage des lieux, et ne pourra plus en sortir ni en être expulsé qu'après un congé donné suivant le délai fixé par l'usage des lieux.**

1) **Conditions du nouveau bail.** Le nouveau bail qui se forme lorsque, à l'expiration d'un bail écrit, le preneur reste et est laissé en possession comporte les mêmes clauses et conditions que le précédent. Spécialement, la clause de résiliation et la clause fixant les modalités de paiement du loyer insérées dans le bail primitif continuent à être applicables (▪ Cass. com., 6 mai 1953 : *Bull. civ.* III, n° 160, p. 112). Mais les juges peuvent décider qu'une stipulation du contrat constituant une clause occasionnelle devient caduque à l'expiration du bail si elle ne présente aucun lien indivisible avec les autres stipulations (▪ Cass. com., 15 juin 1960, n° 57-10.355 : *Bull. civ.* III, n° 232, p. 215).

2) **Durée de la tacite reconduction.** La tacite reconduction s'opère pour une durée indéterminée et non pour une période fixe (▪ Cass. soc., 5 mai 1961, n° 60-20.111 : *JCP* 61, IV, 89 ; *Bull. civ.* IV, n° 468, p. 379. – V. aussi ▪ Cass. 3e civ., 2 mars 1988, n° 86-16.200 : *JurisData* n° 1988-700400 ; *JCP* 89, II, 21180, note Bruneau). Les stipulations du bail expiré ne peuvent influer sur la durée du bail renouvelé par tacite reconduction qui prend fin au terme fixé par l'usage des lieux (▪ Cass. 3e civ., 12 févr. 1985, n° 83-16.095 : *JurisData* n° 1985-000378 ; *Bull. civ.* III, n° 26, p. 19. ▪ Cass. 3e civ., 23 juin 1998, n° 96-17.697 : *JurisData* n° 1998-002978 ; *Loyers et copr.* 1998, 233, note Vial-Pedroletti).

Art. 1760. – **En cas de résiliation par la faute du locataire, celui-ci est tenu de payer le prix du bail pendant le temps nécessaire à la relocation, sans préjudice des dommages-intérêts qui ont pu résulter de l'abus.**

1) **Délai nécessaire pour relouer.** Les juges du fond disposent d'un pouvoir souverain pour déterminer le délai nécessaire pour relouer (▪ Cass. civ., 8 mars 1910 : *Gaz. Pal.* 1910, 2, 13. ▪ Paris, 14 nov. 1949 : *D.* 1950, 68).

2) **Preuve à rapporter par le bailleur.** Pour obtenir l'indemnité prévue par l'article 1760, le bailleur n'a qu'à prouver la résiliation aux torts du preneur et celui-ci, pour s'exonérer en totalité ou en partie, doit nécessairement prouver la relocation (▪ Cass. civ., 21 mai 1946 : *Gaz. Pal.* 1946, 2, 28).

3) **Champ d'application de l'article 1760.** L'article 1760 n'est applicable qu'à l'indemnisation du bailleur subissant un préjudice du fait de l'inoccupation prématurée de lieux loués (▪ Cass. 3e civ., 10 janv. 1990, n° 88-18.638 : *JurisData* n° 1990-700076 ; *Bull. civ.* III, n° 8, p. 5 ; *Defrénois* 1990, 1090, obs. Vermelle).

Art. 1761. – **Le bailleur ne peut résoudre la location, encore qu'il déclare vouloir occuper par lui-même la maison louée, s'il n'y a eu convention contraire.**

Voir : L. 1er sept. 1948, art. 18 et s., p. 2789.

Art. 1762. – **S'il a été convenu, dans le contrat de louage, que le bailleur pourrait venir occuper la maison, il est tenu de signifier d'avance un congé aux époques déterminées par l'usage des lieux.**

Section III. – Des règles particulières aux baux à ferme

Voir : Règles d'ordre public, C. rur., art. L. 411-1.

Art. 1763 *(Abr., Ord. 17 oct. 1945 ; L. 13 avr. 1946).*

Art. 1764. – **En cas de contravention, le propriétaire a droit de rentrer en jouissance, et le preneur est condamné aux dommages-intérêts résultant de l'inexécution du bail.**

Art. 1765. – **Si, dans un bail à ferme, on donne aux fonds une contenance moindre ou plus grande que celle qu'ils ont réellement, il n'y a lieu à augmentation ou diminution de prix pour le fermier que dans les cas et** ***suivant les règles exprimées au titre De la vente.***

Remembrement. L'article 33 (L. 123-15) du Code rural n'indique pas que le locataire d'une pièce de terre dont la superficie a été diminuée à la suite du remembrement doive continuer à payer un fermage calculé sur l'ancienne superficie, mais seulement qu'aucune indemnité n'est due au locataire qui obtient la résiliation totale ou partielle de son bail (▪ Cass. soc., 16 févr. 1965, n° 63-13.284 : *Gaz. Pal.* 1965, 1, 388).

Art. 1766 *(Mod., L. n° 2014-873, 4 août 2014)*. – **Si le preneur d'un héritage rural ne le garnit pas des bestiaux et des ustensiles nécessaires à son exploitation, s'il abandonne la culture, s'il ne cultive pas raisonnablement, s'il emploie la chose louée à un autre usage que celui auquel elle a été destinée, ou, en général, s'il n'exécute pas les clauses du bail, et qu'il en résulte un dommage pour le bailleur, celui-ci peut, suivant les circonstances, faire résilier le bail.**

En cas de résiliation provenant du fait du preneur, celui-ci est tenu des dommages et intérêts, ainsi qu'il est dit en l'article 1764.

1) **Manquements compromettant la bonne exploitation du fonds.** Sur le principe que les manquements du preneur ne peuvent entraîner la résiliation du bail que s'ils sont de nature à compromettre la bonne exploitation du fonds, V. C. rur., art. L. 411-31, p. 2609 et art. L. 411-43-2°, p. 2613. ■ Cass. 3e civ., 13 mars 1985, n° 84-10.260 : *JurisData* n° 1985-700888 ; *Bull. civ.* III, n° 55, p. 41. ■ Cass. 3e civ., 17 juill. 1996, n° 94-18.779 : *JurisData* n° 1996-003224 ; *JCP* 96, IV, 2153. Le renouvellement du bail par le seul effet de la loi, en l'absence de congé, ne prive pas le bailleur de la possibilité de demander sa résiliation pour des manquements du fermier antérieurs à ce renouvellement si ces manquements se sont poursuivis au cours du bail renouvelé (■ Cass. 3e civ., 22 mai 1986, n° 84-16.793 : *JurisData* n° 1986-000960 ; *Bull. civ.* III, n° 75, p. 59).

2) **Abandon de culture.** Le fait qu'une partie des terres soit en très mauvais état de culture, mal entretenues ou en friches peut compromettre la bonne exploitation du fonds et justifier la résiliation du bail (■ Cass. 3e civ., 16 déc. 1997, n° 96-14.732 : *JurisData* n° 1997-005381 ; *JCP* N 98, 1555, note Couturier). Mais l'abandon de la production de betteraves, impliquant la perte de quotas correspondants, ne constitue pas en lui-même une cause de résiliation (■ Cass. 3e civ., 2 déc. 1998, n° 97-12.392 : *JurisData* n° 1998-004618 ; *JCP* 99, IV, 1118).

3) **Congé préalable (non).** Sur le principe que la demande en résiliation peut être formée sans congé préalable, V. ■ Cass. 3e civ., 26 févr. 1986, n° 84-15.946 : *Bull. civ.* III, n° 16, p. 11.

Art. 1767. – **Tout preneur de bien rural est tenu d'engranger dans les lieux à ce destinés d'après le bail.**

Art. 1768. – **Le preneur d'un bien rural est tenu, sous peine de tous dépens, dommages et intérêts, d'avertir le propriétaire des usurpations qui peuvent être commises sur les fonds.**

Cet avertissement doit être donné dans le même délai que celui qui est réglé en cas d'assignation suivant la distance des lieux.

Art. 1769. – **Si le bail est fait pour plusieurs années, et que, pendant la durée du bail, la totalité ou la moitié d'une récolte au moins soit enlevée par des cas fortuits, le fermier peut demander une remise du prix de sa location, à moins qu'il ne soit indemnisé par les récoltes précédentes.**

S'il n'est pas indemnisé, l'estimation de la remise ne peut avoir lieu qu'à la fin du bail, auquel temps il se fait une compensation de toutes les années de jouissance ;

Et cependant le juge peut provisoirement dispenser le preneur de payer une partie du prix en raison de la perte soufferte.

Art. 1770. – **Si le bail n'est que d'une année, et que la perte soit de la totalité des fruits, ou au moins de la moitié, le preneur sera déchargé d'une partie proportionnelle du prix de la location.**

Il ne pourra prétendre à aucune remise, si la perte est moindre de moitié.

Art. 1771. – **Le fermier ne peut obtenir de remise, lorsque la perte des fruits arrive après qu'ils sont séparés de la terre, à moins que le bail ne donne au propriétaire une quotité de la récolte en nature ; auquel cas le propriétaire doit supporter sa part de la perte, pourvu que le preneur ne fût pas en demeure de lui délivrer sa portion de récolte.**

Le fermier ne peut également demander une remise, lorsque la cause du dommage était existante et connue à l'époque où le bail a été passé.

Art. 1772. – **Le preneur peut être chargé des cas fortuits par une stipulation expresse.**

Art. 1773. – **Cette stipulation ne s'entend que des cas fortuits ordinaires, tels que grêle, feu du ciel, gelée ou coulure.**

Elle ne s'entend pas des cas fortuits extraordinaires, tels que les ravages de la guerre, ou une inondation, auxquels le pays n'est pas ordinairement sujet, à moins que le preneur n'ait été chargé de tous les cas fortuits prévus ou imprévus.

V. pour une application de la distinction, ■ Cass. soc., 3 janv. 1952 : *D.* 1952, 665, note R. Savatier.

Art. 1774. – Le bail, sans écrit, d'un fonds rural, est censé fait pour le temps qui est nécessaire afin que le preneur recueille tous les fruits de l'héritage affermé.

Ainsi le bail à ferme d'un pré, d'une vigne, et de tout autre fonds dont les fruits se recueillent en entier dans le cours de l'année, est censé fait pour un an.

Le bail des terres labourables, lorsqu'elles se divisent par soles ou saisons, est censé fait pour autant d'années qu'il y a de soles.

Art. 1775 *(L. 24 oct. 1919 ; L. 15 juill. 1942).* – Le bail des héritages ruraux, quoique fait sans écrit, ne cesse, à l'expiration du terme fixé par l'article précédent, que par l'effet d'un congé donné par écrit par l'une des parties à l'autre, six mois au moins avant ce terme.

À défaut d'un congé donné dans le délai ci-dessus spécifié, il s'opère un nouveau bail dont l'effet est réglé par l'article 1774.

Il en est de même si, à l'expiration des baux écrits, le preneur reste et est laissé en possession.

Art. 1776 *(Abr., Ord. 17 oct. 1945).*

Art. 1777. – Le fermier sortant doit laisser à celui qui lui succède dans la culture, les logements convenables et autres facilités pour les travaux de l'année suivante ; et réciproquement, le fermier entrant doit procurer à celui qui sort les logements convenables et autres facilités pour la consommation des fourrages, et pour les récoltes restant à faire.

Dans l'un et l'autre cas, on doit se conformer à l'usage des lieux.

Art. 1778. – Le fermier sortant doit aussi laisser les pailles et engrais de l'année, s'il les a reçus lors de son entrée en jouissance ; et quand même il ne les aurait pas reçus, le propriétaire pourra les retenir suivant l'estimation.

CHAPITRE III. – DU LOUAGE D'OUVRAGE ET D'INDUSTRIE

Art. 1779 *(Mod., L. n° 67-3, 3 janv. 1967 ; L. n° 2009-526, 12 mai 2009).* – Il y a trois espèces principales de louage d'ouvrage et d'industrie :

1° Le louage de service ;

2° Celui des voituriers, tant par terre que par eau, qui se chargent du transport des personnes ou des marchandises ;

3° Celui des architectes, entrepreneurs d'ouvrages et techniciens par suite d'études, devis ou marchés.

Section I. – Du louage de service

(Intitulé mod., L. n° 2009-526, 12 mai 2009)

Rédaction antérieure. Section I. – Du louage de domestiques et ouvriers

Art. 1780 *(Mod., L. 27 déc. 1890).* – On ne peut engager ses services qu'à temps, ou pour une entreprise déterminée.

Le louage de service, fait sans détermination de durée, peut toujours cesser par la volonté d'une des parties contractantes.

Néanmoins, la résiliation du contrat par la volonté d'un seul des contractants peut donner lieu à des dommages-intérêts.

Pour la fixation de l'indemnité à allouer, le cas échéant, il est tenu compte des usages, de la nature des services engagés, du temps écoulé, des retenues opérées et des versements effectués en vue d'une pension de retraite, et, en général, de toutes les circonstances qui peuvent justifier l'existence et déterminer l'étendue du préjudice causé.

Les parties ne peuvent renoncer à l'avance au droit éventuel de demander des dommages-intérêts en vertu des dispositions ci-dessus.

Les contestations auxquelles pourra donner lieu l'application des paragraphes précédents, lorsqu'elles seront portées devant les tribunaux civils et devant les cours d'appel, seront instruites comme affaires sommaires et jugées d'urgence.

Voir : C. trav., (ancien) art. L. 122-1 et s.

Art. 1781 ***(Abr., L. 2 août 1868).***

Section II. – Des voituriers par terre et par eau

Art. 1782. – Les voituriers par terre et par eau sont assujettis, pour la garde et la conservation des choses qui leur sont confiées, aux mêmes obligations que les aubergistes dont il est parlé au titre *Du dépôt et du séquestre*.

Voir : art. 1952 et s., p. 1602. V. aussi C. com., L. 133-1 et s.

Art. 1783. – Ils répondent non seulement de ce qu'ils ont déjà reçu dans leur bâtiment ou voiture, mais encore de ce qui leur a été remis sur le port ou dans l'entrepôt, pour être placé dans leur bâtiment ou voiture.

Art. 1784. – Ils sont responsables de la perte et des avaries des choses qui leur sont confiées, à moins qu'ils ne prouvent qu'elles ont été perdues et avariées par cas fortuit ou force majeure.

Art. 1785. – Les entrepreneurs de voitures publiques par terre et par eau, et ceux des roulages publics, doivent tenir registre de l'argent, des effets et des paquets dont ils se chargent.

Art. 1786. – Les entrepreneurs et directeurs de voitures et roulages publics, les maîtres de barques et navires, sont en outre assujettis à des règlements particuliers, qui font la loi entre eux et les autres citoyens.

Section III. – Des devis et des marchés

Art. 1787. – Lorsqu'on charge quelqu'un de faire un ouvrage, on peut convenir qu'il fournira seulement son travail ou son industrie, ou bien qu'il fournira aussi la matière.

I – NATURE

1) Contrat d'entreprise et contrat de travail. Caractérise le contrat d'entreprise et non le contrat de louage de services le fait qu'un artisan travaille pour le compte d'un tiers à des conditions particulières, qu'il jouit d'une grande indépendance dans son travail, qu'il fait l'avance de certaines fournitures et que la rémunération qu'il perçoit est nettement plus élevée que celle des ouvriers (▪ Cass. soc., 21 juin 1957 : *D.* 1957, 560. – V. aussi ▪ Cass. soc., 13 févr. 1959 : *Bull. civ.* IV, n° 231, p. 189). La périodicité des versements faits à un entrepreneur à titre d'acompte au fur et à mesure de l'avancement des travaux n'est pas incompatible avec la notion de contrat d'entreprise (▪ Cass. 3e civ., 17 juill. 1972, n° 71-12.665 : *JurisData* n° 1972-000462 ; *JCP* 72, IV, 233 ; *Bull. civ.* III, n° 462, p. 335), pas plus que le respect des horaires imposés à une artiste par l'ORTF (▪ Cass. crim., 26 janv. 1967, n° 65-92.991 : *Gaz. Pal.* 1967, 1, 133).

2) Entreprise et transport. Constitue non un contrat de transport mais un louage d'industrie la convention dont l'objet consiste en travaux spéciaux et coûteux de manipulation (▪ Cass. com., 25 févr. 1963, n° 60-12.350 : *Bull. civ.* III, n° 118, p. 97). Le contrat de déménagement est un contrat d'entreprise qui se différencie du contrat de transport en ce que son objet n'est pas limité au déplacement de la marchandise (▪ Cass. com., 20 janv. 1998, n° 95-22.190 : *JurisData* n° 1998-000170 ; *JCP* 1998, IV, 1512 ; *Bull. civ.* IV, n° 26, p. 18. ▪ Cass. com., 3 avr. 2001 : *JCP* G 2002, II, 10048 et *JCP* E 2002, 642, note Delebecque ; *Bull. civ.* IV, n° 70, p. 67 ; *JurisData* n° 2001-009038. ▪ Cass. com., 26 juin 2001, n° 98-22.908 : *Contrats, conc. consom.* 2001, 153, note Leveneur. ▪ Cass. com., 11 juin 2002, n° 00-11.592 : *JurisData* n° 2002-014774 ; *Bull. civ.* IV, n° 102, p. 102. ▪ Cass. com., 1er avr. 2003 : *JurisData* n° 2003-018503 ; *JCP* 2003, IV, 1988 ; *Contrats, conc. consom.* 2003, 103, note Leveneur ; *Bull. civ.* IV, n° 52, p. 63 ; *RDC* 2003, 137, obs. Delebecque). Les règles spéciales concernant la livraison et la prescription dans le contrat de transport ne trouvent donc pas à s'appliquer (▪ Cass. com., 9 juill. 2002, n° 00-20.480 : *JurisData* n° 2002-015385 ; *Contrats, conc. consom.* 2003, 1, note Leveneur ▪ Cass. com., 6 juill. 2010, n° 09-14.661 : *Contrats, conc. consom.* 241, obs. L. Leveneur). Mais il en va autrement dès lors que les opérations de manutention pour le chargement et le déchargement des colis sont l'accessoire du transport proprement dit (▪ Cass. com., 10 mars 2004, n° 02-14.761 : *JurisData* n° 2004-022868 ; *Contrats, conc. consom.* 2004, 93, note Leveneur ; *Bull. civ.* IV, n° 46, p. 47). Pour la qualification de contrat *sui generis* appliquée au contrat de déménagement, V. ▪ Aix-en-Provence, 9 nov. 2017, n° 14-21.519 : *JCP* G 2018, act. 189, Gaucher. *Adde*, G. Brunaux, *La nature juridique du contrat de déménagement* : *Contrats, conc. consom.* 2010, étude 5.

3) Entreprise et vente de chose future. Sur la distinction entre le contrat de vente d'une chose future et le contrat d'entreprise lorsque l'entrepreneur fournit la matière, V. ▪ Cass. 1re civ., 1er août 1950 : *S.* 1951, 1, 100. *Adde* mettant en œuvre le critère du travail spécifique, ▪ Cass. 3e civ., 5 févr. 1985, n° 83-15.001 : *JurisData* n° 1985-000356 ; *D.* 1986, 499, note Huet. ▪ Cass. com., 4 juill. 1989, n° 88-14.371 : *JurisData* n° 1989-002412 ; *JCP* 1990, II, 21515, note Dagorne-Labbe ; *Bull. civ.* IV, n° 210, p. 141 ; *D.* 1990, 246, 2e esp., note Virassamy ; *RTD civ.* 1990, 105, obs. Rémy. V. aussi ▪ Cass. 3e civ., 3 janv. 1995 : *JCP* 1995, I, 3880, n° 1, obs. Labarthe et ▪ Cass. com., 17 mars 1998, n° 95-11.209 : *JurisData* n° 1998-001247 ; *JCP* 1998, IV, 2074 ; *Bull. civ.* IV, n° 104, p. 83 ; *Contrats, conc. consom.* 1998, 88, note Leveneur, distinguant entre le contrat de vente portant sur des produits répondant à des caractéristiques déterminées à l'avance par le fabricant et le contrat d'entreprise destiné à répondre à des besoins particuliers exprimés par le donneur d'ordres (v. en ce sens pour l'installation de moteurs sur un navire de pêche ▪ Cass. 1re civ., 14 déc. 1999, n° 97-12.223 : *JurisData* n° 1999-000442 ; *JCP* 2000, IV, 1217 ; *Bull. civ.* I, n° 340, p. 219 ; *Contrats, conc. consom.* 2000, 56, note Leveneur). ▪ Cass. com., 6 mars 2001, n° 98-18.562 : *JurisData* n° 2001-008543 ; *JCP* G 2001, II, 10564 et *JCP* E 2001, 1426, note Labarthe, relevant que les spécifications données par le client « ne traduisaient pas une exigence impliquant une confection particulière ». – Pour une application du critère du travail spécifique au contrat de sous-*traitance, V.* ▪ *Cass.* 1re *civ.,* 18 nov. 2009, n° 08-19.355 : *Bull. civ.* III, n° 252 ; *Contrats, conc. consom.* 2010, comm. 37, obs. Leveneur ; *D.* 2010, 741, note Labarthe. – Dès lors que l'objet du contrat n'est pas l'exécution d'un travail mais la fourniture d'une chose de genre, à savoir une certaine quantité d'eau, moyennant un prix constitué par une somme d'argent, la convention est une vente (▪ Cass. com., 27 nov. 2001, n° 99-13.133 : *JurisData* n° 2001-012029 ; *Contrats, conc. consom.* 2002, 42, note Leveneur, écartant l'argument selon lequel la livraison d'eau brute suppose des opérations matérielles antérieures constituant la cause de la rémunération). Les contrats conclus après l'achèvement des travaux pour transférer la propriété de l'immeuble sont des contrats de vente et non des contrats d'entreprise (▪ Cass. 1re civ., 13 nov. 1967, n° 65-14.184 : *D.* 1968, 257, note Saint-Alary). La construction d'un navire comporte certes une exécution d'actes qui, par leur nature, participeraient de la prestation de services, mais constitue juridiquement une vente de chose future dont l'exécution est réalisée par la livraison (▪ Rennes, 29 sept. 1983 : *Gaz. Pal.* 1985, 1, 330, note du Rusquec). L'affirmation selon laquelle une société a fourni un travail spécifique conforme aux exigences du marché et a donc agi en qualité d'entrepreneur et non de vendeur ne suffit pas à caractériser l'existence d'un contrat d'entreprise (▪ Cass. 3e civ., 11 mai 2005 : *Bull. civ.* III, n° 102, p. 95). *Adde*, ▪ Cass. 3e civ., 24 mai 2006, n° 05-11.938 (contrat de fourniture d'une installation de combustion de pneu – qualification de vente retenue, la cour précisant que la qualification de vente n'est exclusive ni d'études préalables, ni de travaux d'installation ou d'adaptation au site et que l'importance de l'installation ou sa complexité était sans incidence sur cette qualification).

4) Contrat à compte d'auteur. Si le contrat à compte d'auteur n'est pas un contrat d'édition au sens de l'art. 48 de la loi du 11 mars 1957 (CPI, art. L. 132-1), il est néanmoins un louage d'ouvrage régi par l'article 1787 dont l'exécution peut engager envers les tiers la responsabilité de l'entrepreneur, quitte à celui-ci à appeler en garantie le maître de l'ouvrage, c'est-à-dire l'auteur (▪ Paris, 18 nov. 1966 : *Gaz. Pal.* 1967, 1, 225).

5) Entreprise et dépôt. Le contrat de louage d'ouvrage prévu par les articles 1787 et s. implique un dépôt de la chose lorsque, comme le prévoit l'article 1789, elle est fournie par le maître de l'ouvrage (▪ Cass. soc., 7 oct. 1963, n° 61-12.200 : *D.* 1963, 748). Le contrat par lequel une société se voit confier un stock de papier en vue de son impression est un contrat d'entreprise (▪ Cass. 1re civ., 10 oct. 1995, n° 93-17.851 : *JCP* 95, IV, 2492 ; *Bull. civ.* I, n° 346, p. 242). Pour un contrat confiant à un entraîneur à la fois la mission de développer les performances d'un cheval (relevant d'un contrat d'entreprise), et celle de l'héberger (au titre d'un dépôt), V. ▪ Cass. 1re civ., 3 juill. 2001, n° 99-15.412 : *JurisData* n° 2001-010740 ; *Contrats, conc. consom.* 2001, 169, note Leveneur ; *Resp. civ. et assur.* 2001, 324. Pour la reconnaissance d'une obligation accessoire de sécurité sur les objets confiés à l'occasion d'un contrat d'entreprise, V. ▪ Cass. 1re civ., 2 oct. 2007, n° 06-21.650 :

RDC 2008, 402, obs. Puig, qui reproche aux juges du fond de n'avoir pas recherché si le salon de coiffure n'était pas tenu d'une obligation, accessoire au contrat d'entreprise, lui imposant de veiller à la sécurité des bijoux dont la cliente avait dû se dessaisir pour recevoir les soins contractuellement attendus (manucure), sans qu'il soit nécessaire de prouver l'existence d'un contrat de dépôt.

6) **Entreprise et promotion immobilière.** Est un contrat d'entreprise et non un contrat de promotion immobilière le contrat portant sur la réalisation complète, clés en mains, du projet de liaison ferroviaire Orlyval (▪ Paris, 14 janv. 1993 : *JurisData* n° 1993-020099 ; *JCP* 93, II, 22069, note Dumesnil-Rossi).

7) **Exécution d'actes matériels.** Le contrat d'entreprise est la convention par laquelle une personne charge un entrepreneur d'exécuter, en toute indépendance, un ouvrage et il en résulte que ce contrat, relatif à de simples actes matériels, ne confère à l'entrepreneur aucun pouvoir de représentation (▪ Cass. 1re civ., 19 févr. 1968 : *JurisData* n° 1968-700069 ; *JCP* 68, II, 15490. V. aussi ▪ Cass. 3e civ., 17 févr. 1999, n° 96-21.149 : *JurisData* n° 1999-000680 ; *JCP* 99, IV, 1656 ; *Bull. civ.* III, n° 40, p. 27). Mais agit en qualité de maître d'œuvre aussi bien qu'en qualité de mandataire l'entrepreneur qui a été chargé, en sus de la surveillance des travaux, de la conclusion pour le compte du propriétaire des marchés avec les entrepreneurs et du paiement de leurs travaux (▪ Cass. 3e civ., 28 janv. 1975, n° 73-12.734 : *JurisData* n° 1975-098032 ; *JCP* 75, IV, 87 ; *Bull. civ.* III, n° 32, p. 24). L'architecte est un locateur d'ouvrage et non un mandataire, à moins qu'il n'ait été chargé par son client d'accomplir, au nom et pour le compte de celui-ci, certains actes juridiques déterminés (▪ Cass. 1re civ., 2 févr. 1965, n° 63-11.348 : *JCP* 65, II, 14089).

8) **Travaux d'ordre intellectuel.** Les travaux d'ordre intellectuel ne sont pas exclus de la définition du contrat d'entreprise (▪ Cass. 3e civ., 28 févr. 1984, n° 82-15.550 : *JurisData* n° 1984-700313 ; *Bull. civ.* III, n° 51, p. 39).

9) **Forme.** Le contrat d'entreprise n'est soumis à aucune forme déterminée ; par suite, l'établissement d'un devis estimatif n'est pas nécessaire à son existence (▪ Cass. civ., 23 oct. 1945 : *D.* 1946, 19). L'accord préalable sur le coût des travaux n'est pas un élément essentiel du contrat (▪ Cass. 3e civ., 18 janv. 1977, n° 74-15.237 : *JurisData* n° 1977-098025 ; *Bull. civ.* III, n° 25, p. 21). Mais l'entrepreneur qui réclame le prix des travaux doit faire la preuve du contrat conformément aux art. 1341 et s. du Code civil (▪ Cass. com., 12 juin 1950 : *Bull. civ.* III, n° 209, p. 143).

II – RÉGIME

10) **Rémunération.** Sur le principe que le contrat d'entreprise est présumé conclu à titre onéreux, V. ▪ Cass. 3e civ., 17 déc. 1997, n° 96-12.209 : *JurisData* n° 1997-005147 ; *JCP* 1998, IV, 1307 ; *Bull. civ.* III, n° 226, p. 151. Lorsqu'elle n'est pas fixée dans le contrat, la rémunération peut être fixée par le juge en fonction des éléments de l'espèce, à défaut d'accord certain des parties sur le montant des honoraires dus (▪ Cass. 1re civ., 4 oct. 1989, n° 87-19.193 : *JurisData* n° 1989-703006 ; *JCP* 1989, IV, 385 ; *Bull. civ.* I, n° 301, p. 201, agence privée de recherches. ▪ Cass. 1re civ., 30 juin 1992, n° 90-19.346 : *JurisData* n° 1992-001515 ; *JCP* 1992, IV, 2538, médecin stomatologue. ▪ Cass. com., 24 nov. 1993, n° 91-18.650 : *JurisData* n° 1993-002297 ; *Bull. civ.* I, n° 339, p. 234 ; *Contrats, conc. consom.* 1994, 20, note Leveneur ; *RTD civ.* 1994, 631, obs. Gautier. ▪ Cass. 1re civ., 28 nov. 2000, n° 98-13.465 : *JurisData* n° 2000-007153 ; *JCP* G 2001, I, 301, n° 11, obs. Labarthe ; *JCP* E 2001, 616, note Labarthe ; *Contrats, conc. consom.* 2001, 38, note Leveneur ; *Bull. civ.* I, n° 305, p. 197, exploitant d'une décharge d'ordures ménagères). C'est à l'entrepreneur de fournir les éléments permettant au juge d'apprécier le montant de sa créance en fonction notamment de la qualité du travail fourni (▪ Cass. 1re civ., 18 nov. 1997, n° 95-16.367 : *JurisData* n° 1997-004723 ; *Defrénois* 1998, 405, obs. Atias). Sur le pouvoir du juge de réduire le montant des honoraires en cas de mauvaise exécution du travail, V. ▪ Cass. com., 2 mars 1993, n° 90-20.289 : *JurisData* n° 1993-000369 ; *Bull. civ.* IV, n° 83 ; *D.* 1994, somm. 11, obs. Kullmann (société de conseil en gestion d'entreprise). L'entrepreneur n'est pas fondé à faire valoir que son décompte ne peut plus être contesté dès lors qu'il n'avait pas été transmis au maître de l'ouvrage par le maître d'œuvre chargé de la vérification des comptes (▪ Cass. 3e civ., 10 févr. 2010, n° 09-12.125 : *JurisData* n° 2010-051497 ; *Bull. civ.* 2010, III, n° 37).

11) **Obligation d'information et de conseil.** L'obligation d'information et de conseil de l'entrepreneur installateur d'un matériau lui impose d'appeler l'attention du maître de l'ouvrage sur les inconvénients du produit choisi et sur les précautions à prendre pour sa mise en œuvre compte tenu de l'usage auquel ce matériau est destiné (▪ Cass. 1re civ., 20 juin 1995, n° 92-13.287 : *JurisData* n° 1995-001603 ; *Bull. civ.* I, n° 276, p. 191 ; *RTD civ.* 1996, 177, obs. Jourdain ; *RD imm.* 1995, 751, obs. Malinvaud et Boubli. ▪ Cass. 3e civ., 1er oct. 1997 : *JCP* 1997, IV, 2265 ; *Bull. civ.* III, n° 189, p. 125. ▪ Cass. 1re civ., 2 déc. 1997, n° 96-11.210 : *JurisData* n° 1997-004822 ; *Bull. civ.* I, n° 339, p. 231 ; *Defrénois* 1998, 403, obs. Atias ; *Resp. civ. et assur.* 1998, 96 ; *JCP* 1998, I, 129, n° 9, obs. Labarthe ; *RTD civ.* 1998, 380, obs. Jourdain). Il appartient au constructeur d'avertir le maître de l'ouvrage des risques inhé-

rents au matériau qu'il installe (le constructeur d'un poulailler industriel comportant des plafonds rampants constitués de mousse de polyuréthane facilement inflammable doit avertir le maître de l'ouvrage des risques inhérents à ce matériau ▪ Cass. 3e civ., 4 juill. 2007, n° 06-14.761 : *JurisData* n° 2007-039940). Il appartient à l'entrepreneur de se renseigner, même en présence d'un maître d'œuvre, sur la finalité des travaux qu'il a accepté de réaliser (▪ Cass. 3e civ., 15 févr. 2006 : *Bull. civ.* III, n° 37 ; *JurisData* n° 2006-032184 ; *Contrats, conc. consom.* 2006, 100, note Leveneur). Le devoir de conseil du maître d'œuvre ne l'oblige pas à rappeler au maître de l'ouvrage l'obligation de respecter les prescriptions du permis de construire qui s'imposent à lui en vertu de la loi (▪ Cass. 3e civ., 14 janv. 2009, n° 07-20.245 : *JurisData* n° 2009-046536 ; *Bull. civ.* III, n° 8 ; *JCP* 2009, II, 10084, note Noblot ; *Gaz. Pal.* 9 oct. 2009, 23, note Peisse). Mais le maître d'œuvre, chargé de la direction des travaux et de leur coordination, se doit d'alerter le maître de l'ouvrage sur la présence au chantier d'un sous-traitant non agréé (▪ Cass. 3e civ., 10 févr. 2010, n° 09-11.562 : *JurisData* n° 2010-051500 ; *Bull. civ.* 2010, III, n° 35). Le devoir de conseil peut s'étendre aux entrepreneurs entre eux, même s'ils ne sont pas contractuellement liés, dès lors que le travail de l'un dépend du travail de l'autre (▪ Cass. 3e civ., 31 janv. 2007, n° 05-18.311 : *JurisData* n° 2007-037154 ; *D.* 2007, act. jurispr. 579 ; *JCP* 2007, IV, 1469). La société de bourse, contractuellement tenue d'une obligation particulière de conseil, doit rapporter la preuve de l'exécution de cette obligation (▪ Cass. com., 22 mars 2011, n° 10-13.727 : *RDC* 2011, 3, 857, obs. S. Carval ; *RTD com.* 2011, 382, obs. M. Storck ; *Dr. et patrimoine* avr. 2012, 119, obs. A.-C. Muller ; *D.* 2011, 1600, note H. Causse). Sur le devoir de conseil de l'agent immobilier en matière d'investissement immobilier, V. ▪ Cass. 1re civ., 2 oct. 2013, n° 12-20.504 : *Bull. civ.* I, n° 194 ; *Contrats, conc. consom.* janv. 2014, comm. 3, Leveneur ; *Gaz. Pal.* 22 janv. 2014, 21, obs. Jaouen et 19 févr. 2014, 20, obs. Piédelièvre ; *RTD civ.* 2013, 855, obs. Gautier ; *JCP* N 2013, 1282, n° 18 obs. Mekki : un agent immobilier qui s'entremet habituellement dans des opérations immobilières de placement se doit d'informer et de conseiller l'acquéreur éventuel sur les caractéristiques de l'investissement qu'il lui propose et sur les choix à effectuer.

12) Obligation de délivrance. L'obligation de délivrance de produits complexes n'est pleinement exécutée qu'une fois réalisée la mise au point effective de la chose vendue ▪ Cass. com., *26 nov. 2013, n° 12-25.191 : Contrats, conc. consom.* févr. 2014, comm. 35, Leveneur ; *Comm. com. électr.* 2014/1, 36, obs. Loiseau (contrat de prestation de service internet).

13) Délai raisonnable d'exécution. À défaut de délai d'exécution fixé dans le contrat, l'entrepreneur est tenu d'exécuter sa prestation dans un délai raisonnable (▪ Cass. 3e civ., 16 mars 2011, n° 10-14.051 : *Bull. civ.* III, n° 35 ; *Contrats, conc. consom.* 2011, comm. 135, obs. L. Leveneur ; *JCP* E 2011, n° 25, p. 36, obs. L. Leveneur ; *Resp. civ. et assur.* 2011, comm. 259, travaux de peinture).

14) Responsabilité à l'égard des tiers. Le seul manquement à l'obligation contractuelle de résultat de livrer un ouvrage conforme et exempt de vices est impropre à caractériser une faute délictuelle à l'égard des tiers. (▪ Cass. 3e civ., 18 mai 2017, n° 16-11.203 : *Contrats, conc. consom.* 2017, comm. 163, Leveneur ; *JCP* G 2017, doctr. 1174, n° 2, obs. Stoffel-Munck ; *RTD civ.* 2017, 651, obs. Barbier et 666, obs. Jourdain ; *Gaz. Pal.* 26 sept. 2017, p. 33, note Houtcieff ; *AJ Contrat* 2017, n° 8, 377, note Chénédé ; *Resp. civ. et assur.* 2017, comm. 212, obs. Bloch ; *Gaz. Pal.* 27 juin 2017, 14, note Mazeaud ; *RDC* 2017/3, 425, obs. Borghetti ; *D.* 2017, 1225, Houtcieff.

15) Contribution la dette de responsabilité. Il incombe la cour d'appel qui a retenu la responsabilité *in solidum* de l'entrepreneur et du maître d'œuvre de répartir entre eux leur contribution à la totalité de la dette (▪ Cass. 3e civ., 21 déc. 2017, nos 16-22.222 et 17-10.074).

16) Sur la **sous-traitance**, voir L. n° 75-1334, 31 déc. 1975, p. 3005. – V. aussi *JCl. Civil,* art. 1787. La responsabilité contractuelle de l'entrepreneur principal est engagée vis-à-vis du maître de l'ouvrage, peu important que sa faute ne soit pas établie et que l'inexécution soit le fait d'un sous-traitant, dès lors qu'il est le seul contractant du maître et qu'il est tenu d'une obligation de résultat (▪ Cass. 3e civ., 9 sept. 2009, n° 08-17.354 : *RDC* 2010/1, 70, obs. Carval). L'entrepreneur principal n'est, en revanche, pas délictuellement responsable, envers les tiers, des dommages causés par son sous-traitant (▪ Cass. 3e civ., 8 sept. 2009, n° 08-12.273 : *RDC* 2010/1, 70, obs. Carval ; *JCP* 2010, n° 16, 456, n° 6, obs. Stoffel-Munck ; *D.* 2009, 239, note Dissaux). Le sous-traitant est tenu envers l'entrepreneur principal d'une obligation de résultat (▪ Cass. 3e civ., 2 févr. 2017, n° 15-29.420). Ayant relevé, d'une part, que le sous-traitant était tenu d'une obligation de résultat envers l'entrepreneur, d'autre part, que ce dernier avait commis une faute à l'égard de son sous-traitant en ne lui communiquant pas les indications nécessaires pour qu'il procédât à un séchage adapté aux contraintes que devait subir le réacteur, la cour d'appel a pu en déduire que la responsabilité des désordres devait être supportée par moitié par chacune de ces deux sociétés (▪ Cass. 3e civ., 9 mars 2017, nos 15-18.105, 15-19.104 et 15-21.541). Sur l'admission de la qualité de maître d'ouvrage apparent (locataire des lieux objets des travaux) et sur l'engagement de la responsabilité du maître d'ouvrage apparent pour défaut d'agrément du sous-traitant, V. ■ Cass. 3e civ., 23 mars 2017, n° 15-23.683 : *RTD civ.* 2017, 627, obs. Barbier. La caution ayant désintéressé le sous-traitant peut être subrogée dans l'exercice de son action directe contre le maître de l'ouvrage (■ Cass. 3e civ., 18 mai 2017, n° 16-10.719 : *RTD civ.* 2017, 657, Barbier ; *Constr.-Urb.* 2017/7, 28, Sizaire ; *D.* 2017, 1996, Crocq).

17) Réserve de propriété. Le bien remis en exécution d'un contrat d'entreprise peut être l'objet d'une propriété réservée (■ Cass. com., 29 mai 2001, n° 98-21.126 : *JurisData* n° 2001-010018 ; *JCP* E 2001, 1958, note Leveneur ; *Contrats, conc. consom.* 2001, 133, note Leveneur ; *RTD civ.* 2001, 930, obs. Crocq). V. aussi ■ Cass. com., 17 mars 1998, n° 95-17.997 : *JurisData* n° 1998-001250 ; *Bull. civ.* IV, n° 108 ; *D.* 1999, somm. 72, obs. Honorat. ■ Cass. com., 5 nov. 2003, n° 00-21.357 : *JurisData* n° 2003-020806 ; *Bull. civ.* III, n° 162 ; *D.* 2003, 2965 ; *RTD com.* 2004, 600, obs. Martin-Serf. ■ Cass. com., 19 nov. 2003, n° 01-01.137 : *JurisData* n° 2003-021073 ; *Bull. civ.* IV, n° 174 ; *D.* 2003, 3049, obs. Lienhard ; *JCP* 2004, I, 153, n° 1, obs. Cabrillac ; *RTD com.* 2004, 599, obs. Martin-Serf (tout contrat translatif de propriété peut contenir une clause de réserve de propriété). Pour une clause de renonciation à l'accession stipulée dans un contrat de construction, ■ Cass. 3e civ., 29 mars 2006, n° 04-18.088 : *Bull. civ.* III, n° 90 ; *RTD civ.* 2006, 351, obs. Revet).

18) Réparation en nature. L'entrepreneur, responsable de désordres de construction, ne peut imposer à la victime la réparation en nature du préjudice subi par celle-ci (■ Cass. 3e civ., 28 sept. 2005, n° 04-14.586 : *JurisData* n° 2005-029924 ; *Bull. civ.* III, n° 165 ; *Contrats, conc. consom.* 2006, 4, note Leveneur).

19) Résiliation. Ne donne pas de base légale à sa décision la cour d'appel qui condamne le maître de l'ouvrage au paiement de dommages-intérêts pour non-respect des formes contractuelles de rupture du contrat, sans rechercher si la résiliation ne trouvait pas sa justification dans la gravité des manquements du maître d'œuvre membre du groupement de maîtrise d'œuvre (■ Cass. 3e civ., 8 févr. 2018, n° 16-24.641).

20) Garagistes. La responsabilité de plein droit qui pèse sur le garagiste réparateur ne s'étend qu'aux dommages causés par le manquement à son obligation de résultat (■ Cass. 1re civ., 28 mars 2008, n° 06-18.350 : *Bull. civ.* I, n° 94 ; *RDC* 2008, 757, obs. Carval). Déjà en ce sens ■ Cass. 1re civ., 14 mars 1995, n° 93-14.918 : *JurisData* n° 1995-000603 ; *RTD civ.* 1995, 635, obs. Jourdain. ■ Cass. 1re civ., 16 oct. 2001 et ■ Cass. com., 22 janv. 2002, n° 00-13.510 : *JurisData* n° 2002-012866 ; *RTD civ.* 2002, 514, obs. Jourdain). V. aussi, dans le même sens, ■ Cass. 1re civ., 4 mai 2012, n° 11-13.598 : *Bull. civ.* I, n° 104 ; *RDC* 2012/4, 1200, obs. Deshayes ; *RTD civ.* 2012, 531, obs. Jourdain ; *Contrats, conc. consom.* 2012, comm. 199, obs. Leveneur ; *Gaz. Pal.* 4 juill. 2012, 186, obs. Houtcieff, et 28 nov. 2012, 333, obs. Mekki, en déduisant qu'il était nécessaire, pour engager la responsabilité du garagiste, après révision générale du véhicule, de prouver que la défectuosité de la pièce préexistait à l'intervention du garagiste et était décelable et réparable à un coût moindre que celui de son remplacement. Comp. auparavant : l'obligation de résultat qui pèse sur le garagiste en ce qui concerne la réparation du véhicule emporte à la fois présomption de faute et présomption de causalité entre la faute et le dommage et il appartient au garagiste de démontrer qu'il n'a pas commis de faute (■ Cass. 1re civ., 16 févr. 1988, n° 86-14.918 : *JurisData* n° 1988-000176 ; *Bull. civ.* I, n° 42. ■ Cass. 1re civ., 2 févr. 1994, n° 91-18.764 : *JurisData* n° 1994-000126 ; *Bull. civ.* I, n° 41 ; *JCP* 1994, II, 22294, note Delebecque ; *RTD civ.* 1994, 613, obs. Jourdain. ■ Cass. 1re civ., 20 juin 1995, n° 93-16.381 : *JurisData* n° 1995-001596 ; *Bull. civ.* I, n° 263. ■ Cass. 1re civ., 21 oct. 1997, n° 95-16.717 : *JurisData* n° 1997-004156 ; *Bull. civ.* I, n° 279 ; *Gaz. Pal.* 1999, 2, somm., 408, obs. Peisse. ■ Cass. 1re civ., 8 déc. 1998, n° 94-11.848 : *JurisData* n° 1998-004767 ; *Bull. civ.* I, n° 343).

Pour une hypothèse où le véhicule avait été pris en charge par deux garagistes sans qu'on sache à qui imputer les malfaçons, V. ■ Cass. 1re civ., 5 févr. 2014, n° 12-23.467 : *Bull. civ.* I, n° 17 ; *JCP* 2013, 189, Hocquet-Berg : le véhicule, confié au garage à la suite d'une panne électrique, n'avait pas été restitué en état de marche malgré les interventions conduites sur plusieurs organes électriques, de sorte qu'il appartenait à chacune des deux sociétés de prouver que la persistance de cette panne ne découlait pas de prestations insuffisantes ou défectueuses en regard de l'obligation de résultat pesant sur le réparateur professionnel, preuve que la seule indétermination de l'identité du dirigeant du garage au moment de ces interventions ne pouvait constituer.

21) Installateur. Il appartient à l'installateur de prouver qu'il a, de manière certaine, remis les attestations de conformité au distributeur d'électricité, sinon au maître de l'ouvrage (■ Cass. 3e civ., 25 mars 2015, n° 14-11.872 : à paraître au *Bull. civ.*).

22) Architecte. Le contrat d'architecte ayant notamment pour objet la réalisation par l'architecte de projets, de plans et devis de travaux, le seul refus par le maître de l'ouvrage d'un projet qui lui est soumis n'établit pas l'absence de contrat le liant à l'architecte (■ Cass. 3e civ., 9 févr. 2011, n° 10-10.264 : au *Bull. civ.* III, n° 20 ; *Contrats, conc. consom.* 2011, comm. 110, obs. L. Leveneur, qui casse un arrêt ayant débouté l'architecte de sa demande de rémunération). Il n'appartient pas à l'architecte chargé d'une mission relative à l'obtention des permis de démolir et de construire de réaliser des travaux de reconnaissance des sols pour effectuer un diagnostic de la pollution éventuelle ni d'attirer l'attention de l'acquéreur sur le risque d'acquérir le bien sans procéder à de telles investigations (▪ Cass. 3e civ., 30 janv. 2013, n° 11-27.792 : *Bull. civ.* III, n° 15 ; *JCP* N 2013, 1132, n° 3, obs. Mekki). Si le contrat de louage d'ouvrage est dissous par la mort de l'architecte, ses héritiers peuvent être tenus des obligations souscrites par lui avant son décès dans le cadre du contrat de maîtrise d'oeuvre conclu avec le maître de l'ouvrage (▪ Cass. 3e civ., 30 janv. 2019, n° 18-10.941).

23) Absence d'obligation au-delà des stipulations contractuelles. Forage. La société qui s'est engagée à exécuter des travaux de forage ne garantit pas la présence d'eau de sorte qu'il ne pouvait lui être fait reproché d'avoir manqué à une obligation qui ne lui incombait pas (▪ Cass. 1re civ., 3 mars 2011, n° 09-70.754 : *Bull. civ.* I, n° 43 ; *RDC* 2011/3, 841, obs. O. Deshayes ; *Contrats, conc. consom.* 2011, comm. 137, obs. L. Leveneur ; *Gaz. Pal.* 2011, nos 96-97, p. 21, obs. D. Houtcieff ; *JCP* G 2011, doctr. 566, n° 14, obs. J. Ghestin ; *Defrénois* 2011, 1485, obs. H. Lécuyer et J.-B. Seube).

24) Extension de l'obligation au-delà des stipulations contractuelles. Pose d'un insert. L'entrepreneur chargé du remplacement d'un insert dans une cheminée est tenu de s'assurer du bon fonctionnement de l'ensemble de l'installation (▪ Cass. 3e civ., 7 nov. 2012, n° 11-20.532 : *Bull. civ.* III, n° 162 ; *Contrats, conc. consom.* 2013, comm. 24, obs. Leveneur ; *RD imm.* 2013/2, 103, obs. Pourmarède).

25) Garantie des vices cachés. Réparation d'un navire. Jugé, au visa de l'article 1147 du Code civile et de l'article 9 de la loi du 3 janvier 1967, que la garantie des vices cachés ne peut s'appliquer qu'aux pièces ou aménagements fournis par l'entrepreneur qui a procédé à la réparation ou en être la conséquence (▪ Cass. com., 15 déc. 2009, n° 08-70.188). Sur la garantie due par l'entreprise qui a procédé à la réparation d'un navire, V. C. transports, art. L. 5113-6.

26) Faute de conception de l'ouvrage. L'absence de prise en compte de la nature du sol sur lequel a été construite une plate-forme, destinée au stationnement de véhicules poids-lourds, qui a subi un tassement généralisé entraînant la stagnation des eaux pluviales pendant plusieurs jours, constitue une faute de conception de l'ouvrage commise par l'entrepreneur intervenu en l'absence de maître d'œuvre (▪ Cass. 3e civ., 10 déc. 2015, n° 15-11.142).

Art. 1788. – Si, dans le cas où l'ouvrier fournit la matière, la chose vient à périr, de quelque manière que ce soit, avant d'être livrée, la perte en est pour l'ouvrier, à moins que le maître ne fût en demeure de recevoir la chose.

1) Risques de la chose et responsabilité de l'entrepreneur. L'article 1788 n'est pas applicable lorsque le problème posé est non celui de la responsabilité de l'un des cocontractants dans cette perte ou cette détérioration (▪ Cass. 1re civ., 2 déc. 1997, n° 95-19.466 : *JurisData* n° 1997-004823 ; *Bull. civ.* I, n° 339, p. 231 : *Defrénois* 1998, 403, obs. Atias ; *Resp. civ. et assur.* 1998, 96 ; *JCP* 98, 129, n° 9, obs. Labarthe ; *RTD civ.* 1998, 380, obs. Jourdain).

2) Étendue de l'obligation de l'entrepreneur. La perte que doit supporter l'entrepreneur en cas de destruction avant la réception des travaux est celle de la chose même qu'il a fournie. Le demandeur doit être débouté dès lors qu'aucun des éléments soumis à l'appréciation des juges du fond ne permet de distinguer dans la demande globale la part de la chose fournie (▪ Cass. 3e civ., 27 mars 1991, n° 89-19.498 : *JurisData* n° 1991-001271 ; *JCP* 91, IV, 202 ; *Bull. civ.* III, n° 103, p. 59). L'offre faite par l'entrepreneur, en cas de perte due à la force majeure, de rembourser le coût de la reconstruction selon les conditions du marché initial ou de reconstruire l'immeuble sauf à ne supporter que ce coût est satisfactoire (▪ Cass. 3e civ., 28 oct. 1992, n° 90-16.726 : *Bull. civ.* III, n° 281, p. 173 ; *RTD civ.* 1993, 602, obs. Gautier).

3) Accession. Risques et propriété. L'article 1788 n'a pour objet que de déterminer celui à qui incombent les risques en cas de perte de la chose (▪ Cass. 3e civ., 23 avr. 1974 : *JurisData* n° 1974-700164 ; *D.* 1975, 287, note J. Mazeaud). L'immeuble en construction sur le terrain d'autrui, auquel il s'incorpore, n'est pas la propriété de l'entrepreneur, même avant la réception des travaux par le maître de l'ouvrage (même arrêt).

4) Destruction d'éléments non fournis par l'entrepreneur. Au sens de l'article 1788, la perte que doit supporter l'entrepreneur est celle de la chose même qu'il a fournie (▪ Cass. 1re civ., 9 nov. 1999 : *JCP* 99, IV, 3133 ; *Bull. civ.* I, n° 293, p. 190. ▪ Cass. 3e civ., 15 déc. 2004, n° 02-20.614 : *JurisData* n° 2004-026183 ; *Bull. civ.* III, n° 241, p. 215). Dès lors que ce qui a été détruit par un incendie survenu dans un appartement où des ouvriers effectuaient des travaux n'était pas fourni par l'entrepreneur et que la faute de celui-ci ou de ses préposés n'est pas établie, les causes de l'incendie étant indéterminées, il n'y a pas lieu d'appliquer l'article 1788 du Code civil (▪ Cass. 3e civ., 12 oct. 1971, n° 70-10.943 : *JurisData* n° 1971-000482 ; *Bull. civ.* III, n° 482, p. 344. – V. aussi ▪ Cass. 3e civ., 14 juin 1983, n° 82-11.964 : *JurisData* n° 1983-701404 ; *Bull.*

civ. III, n° 138, p. 109. ▪ Cass. 1re civ., 3 nov. 1993, n° 90-18.876 : *JurisData* n° 1993-002070 ; *Bull. civ.* I, n° 309, p. 215).

5) Coût des travaux non livrés. Lorsque la perte de l'ouvrage est, par application de l'article 1788, à l'entrepreneur, celui-ci ne peut prétendre au paiement du coût des réalisations qu'il n'est pas en mesure de livrer et il doit restituer les acomptes versés, alors même que l'inexécution ne serait pas fautive (▪ Cass. 3e civ., 27 janv. 1976, n° 74-13.105 : *JurisData* n° 1976-098034 ; *JCP* 76, IV, 98 ; *Bull. civ.* III, n° 34, p. 24).

6) Sous-traitance. L'article 1788 s'applique dans les relations du sous-traitant avec l'entrepreneur principal (▪ Cass. 3e civ., 2 nov. 1983, n° 82-11.544 : *JurisData* n° 1983-702409 ; *JCP* 84, IV, 11 ; *Bull. civ.* III, n° 210, p. 161), mais il appartient aux juges du fond de rechercher si le sous-traitant n'a pas livré son ouvrage à une autre entreprise, s'exonérant ainsi de ses obligations (▪ Cass. 3e civ., 2 nov. 1983, n° 82-13.750 : *JurisData* n° 1983-702570 ; *JCP* 84, IV, 11 ; *Bull. civ.* III, n° 211, p. 161).

7) Absence de réception. Charge des risques. En l'absence de réception, le maître de l'ouvrage ne peut se voir opposer le cas fortuit par l'entrepreneur, qui doit supporter la charge des risques (▪ Cass. 3e civ., 19 févr. 1986, n° 83-17.052 : *JurisData* n° 1986-700017 ; *Bull. civ.* III, n° 10, p. 8 ; *RTD civ.* 1986, 607, obs. Rémy. – V. en ce sens ▪ Cass. 1re civ., 11 oct. 1983, n° 82-14.118 : *JurisData* n° 1983-702294 ; *Bull. civ.* I, n° 221, p. 198).

8) Inapplication de l'article 788 à défaut d'établissement de la perte de la chose. ▪ Cass. 3e civ., 16 sept. 2015, n° 14-20.392 (piscine en construction ; tempête Xynthia ; piscine nettoyée après le tempête, aucun élément ne permettant de dire que la reprise des travaux ne pouvait être envisagée ; inapplication de l'article 788).

Art. 1789. – **Dans le cas où l'ouvrier fournit seulement son travail ou son industrie, si la chose vient à périr, l'ouvrier n'est tenu que de sa faute.**

1) Contenu de l'obligation. Il résulte de l'article 1789 que le locateur d'ouvrage, débiteur des objets qui lui ont été confiés, n'est libéré qu'en établissant que ceux-ci ont péri sans sa faute et qu'il a pris les précautions nécessaires pour en éviter la disparition (▪ Cass. 1re civ., 9 févr. 1966 : *Bull. civ.* I, n° 103, p. 76. ▪ Cass. 1re civ., 24 mars 1987, n° 85-15.816 : *JurisData* n° 1987-000600 ; *Bull. civ.* I, n° 106, p. 79. V. aussi sur le principe ▪ Cass. 3e civ., 17 févr. 1999, n° 95-21.018 : *JurisData* n° 1999-000770 ; *JCP* 99, IV, 1658 ; *Contrats, conc. consom.* 1999, 51, note Leveneur ; *Resp. civ. et assur.* 1999, 184 ; *Bull. civ.* III, n° 41, p. 28 ; *RTD civ.* 1999, 629, obs. Jourdain. Sur ce que l'entrepreneur est libéré par la preuve de l'absence de faute, V. ▪ Cass. 1re civ., 11 déc. 2001 : *JCP* 2002, IV, 1147 ; *Bull. civ.* I, n° 312, p. 198 ; *JurisData* n° 2001-012088). Le teinturier n'est pas débiteur d'une obligation de résultat (▪ Cass. 1re civ., 20 déc. 1993, n° 92-11.385 : *JurisData* n° 1993-002616 ; *Bull. civ.* I, n° 376, p. 261 ; *Contrats, conc. consom.* 1994, 34, note Raymond ; *RTD civ.* 1994, 611, obs. Jourdain), mais il en va autrement pour l'entrepreneur chargé de la pose d'un carrelage (▪ Cass. 3e civ., 19 févr. et 3 avr. 2002, n° 01-01.153 : *RD imm.* 2002, 240, obs. Malinvaud).

2) Clauses dérogatoires. L'attribution des risques telle que prévue par l'article 1789 n'est pas d'ordre public et il est loisible à un contractant de stipuler qu'il ne sera pas responsable de ses fautes légères, susceptibles de causer un dommage aux biens de son cocontractant (▪ Cass. 1re civ., 25 févr. 1964, n° 62-12.768 : *Gaz. Pal.* 1964, 1, 391).

3) Chose confiée à l'entrepreneur. L'article 1789 suppose que la chose a été confiée à l'ouvrier chargé de l'exécution du travail (▪ Cass. 3e civ., 22 avr. 1971 : *Gaz. Pal.* 1972, 1, 77. Voir cependant, ne visant pas cette condition, ▪ Cass. 3e civ., 17 févr. 1999, préc., n° 1). Il n'est pas applicable au contrat de gardiennage, le gardien n'étant pas un « ouvrier » et aucune « matière » ne lui étant fournie (▪ Cass. 1re civ., 16 févr. 1983, n° 82-10.576 : *JurisData* n° 1983-700452 ; *Bull. civ.* I, n° 66, p. 57).

4) Rénovation d'un immeuble. En application des articles 1302 et 1789, l'entrepreneur est responsable de la perte de l'immeuble qu'il était chargé de rénover (▪ Bordeaux, 8 févr. 2000, n° 96/06968 : *JurisData* n° 2000-126788 ; *D.* 2001, 804, note Malinvaud).

Art. 1790. – **Si, dans le cas de l'article précédent, la chose vient à périr, quoique sans aucune faute de la part de l'ouvrier, avant que l'ouvrage ait été reçu, et sans que le maître fût en demeure de le vérifier, l'ouvrier n'a point de salaire à réclamer, à moins que la chose n'ait péri par le vice de la matière.**

Art. 1791. – **S'il s'agit d'un ouvrage à plusieurs pièces ou à la mesure, la vérification peut s'en faire par parties : elle est censée faite pour toutes les parties payées, si le maître paye l'ouvrier en proportion de l'ouvrage fait.**

Art. 1792 *(L. n° 78-12, 4 janv. 1978).* – **Tout constructeur d'un ouvrage est responsable de plein droit, envers le maître ou l'acquéreur de l'ouvrage, des dommages, même résultant d'un vice du sol, qui compromettent la solidité de l'ouvrage ou qui, l'affectant dans l'un de ses éléments constitutifs ou l'un de ses éléments d'équipement, le rendent impropre à sa destination.**

Une telle responsabilité n'a point lieu si le constructeur prouve que les dommages proviennent d'une cause étrangère.

Rédaction antérieure. Art. 1792 *(L. n° 67-3, 3 janv. 1967).* – Si l'édifice périt en tout ou partie par le vice de la construction, même par le vice du sol, les architectes, entrepreneurs et autres personnes liées au maître de l'ouvrage par un contrat de louage d'ouvrage en sont responsables pendant dix ans.

Bibliographie : J.-P. Karila, *La garantie décennale est-elle une garantie des vices cachés sous l'empire de la loi du 4 janvier 1978 ? : RD imm.* 1987, 27. • M. Dagot, *Garantie d'achèvement et garantie décennale : JCP* 90, I, 3456. • H. Périnet-Marquet, *Remarques sur la force de la garantie des constructeurs : JCP* 92, I, 3553. • Fr.-R. Boulloche, *La Cour de cassation et la responsabilité contractuelle des constructeurs*, in *La création du droit jurisprudentiel* in *Mélanges en l'honneur de J. Boré*, Dalloz 2007. • H. Périnet-Marquet, *La Cour de cassation et la responsabilité des constructeurs* in *Mélanges J. Foyer*, Économica 2008, p. 757.

Voir : CCH, art. R. 111-24 à R. 111-28.

I – DOMAINE

1) Action du locataire (non). Les locataires attributaires de maisons individuelles qu'a fait construire une coopérative d'habitations à loyers modérés ne sont ni propriétaires ni maîtres de l'ouvrage. Ils ne peuvent donc pas fonder sur l'article 1792 du Code civil une action contre l'entrepreneur et l'architecte en réparation de désordres dus à des infiltrations (▪ Cass. 3ᵉ civ., 25 janv. 1989, n° 87-14.379 : *JurisData* n° 1989-705743 ; *JCP* 1989, IV, 111 ; *Bull. civ.* III, n° 21, p. 12). Le locataire commercial ne peut agir sur le fondement de l'article 1792 (▪ Cass. 3ᵉ civ., 2 févr. 2005, n° 03-18.251 : *RD imm.* 2005, 131, obs. Malinvaud). Dans le même sens, ▪ Cass. 3ᵉ civ., 1ᵉʳ juill. 2009, n° 08-14.714 : *Bull. civ.* III, n° 162 ; *RD imm.* 2009, 547, note Malinvaud et Leguay ; *ibid.*, 539, note Tranchant ; *RDC* 2010/1, 62, obs. Viney ; *RDC* 2010/2, 681, obs. Grimaldi ; *Defrénois* 2010, 221, obs. Périnet-Marquet ; *LPA* 7 déc. 2009, 7, obs. Pignarre, Pimont et Clerc-Renaud : la société locataire d'un centre commercial ne dispose pas de l'action en garantie décennale, que la loi attache à la propriété de l'ouvrage et non à sa jouissance. L'assureur de la garantie décennale doit, par conséquent, être mis hors de cause. Le locataire peut, en revanche agir sur le fondement de la responsabilité contractuelle de droit commun contre l'entrepreneur et l'architecte.

2) Notion d'ouvrage. Constitue un ouvrage au sens de la garantie décennale la véranda édifiée sur un balcon qui constitue un travail de menuiserie métallique et de vitrerie formé de plusieurs parties verticales en glace avec des éléments fixes et des éléments mobiles, surmonté par des plaques en plastique, adossé à la façade de l'immeuble et représentant un ensemble composé d'une structure, d'un clos et d'un couvert (▪ Cass. 3ᵉ civ., 4 oct. 1989, n° 88-10.753 : *JurisData* n° 1989-703204 ; *JCP* 89, IV, 385 ; *Bull. civ.* III, n° 179, p. 98), de même qu'un caveau funéraire (▪ Cass. 3ᵉ civ., 17 déc. 2003, n° 02-17.388 : *JurisData* n° 2003-021509 ; *Resp. civ. et assur.* 2004, 71 ; *Bull. civ.* III, n° 231, p. 205 ; *RD imm.* 2004, 192, obs. Malinvaud). Il en va de même pour des travaux confortatifs de génie civil (▪ Cass. 3ᵉ civ., 12 juin 1991, n° 88-17.913 : *Bull. civ.* III, n° 168, p. 99), à condition qu'ils impliquent l'incorporation de matériaux dans le sol, au moyen de travaux de construction (▪ Cass. 3ᵉ civ., 12 juin 2002, n° 01-00.710 : *JurisData* n° 2002-014759 ; *RD imm.* 2002, 321, obs. Malinvaud) ou pour un silo (▪ Cass. 1ʳᵉ civ., 26 mars 1996, n° 93-20.229 : *JurisData* n° 1996-001180 ; *JCP* 96, IV, 1181 ; *RD imm.* 1996, 380, obs. crit. Malinvaud et Boubli), ou pour les réseaux d'évacuation d'eau construits par un lotisseur, même s'ils ne sont pas rattachés à un bâtiment (▪ Cass. 3ᵉ civ., 17 déc. 1997, n° 94-20.709 : *JurisData* n° 1997-005141 ; *JCP* 98, IV, 1308 ; *Bull. civ.* III, n° 224, p. 150. V. en ce sens pour des travaux de drainage réalisés en vue de la plantation de pommiers ▪ Cass. 3ᵉ civ., 6 nov. 2002, n° 01-11.311 : *JurisData* n° 2002-016236 ; *Bull. civ.* III, n° 214, p. 185 ; *RD imm.* 2003, 86, obs. Malinvaud), ou pour une installation de cheminée (▪ Cass. 3ᵉ civ., 25 févr. 1998, n° 96-16.214 : *JurisData* n° 1998-000836 ; *JCP* 98, IV, 1840 ; *Bull. civ.* III, n° 46, p. 31), ou pour la création d'un chemin d'accès (▪ Grenoble, 13 juin 2000, n° 98/02500 : *JurisData* n° 2000-131662 ; *JCP* 2001, IV, 1710), ou pour une installation frigorifique comprenant une salle de machines (▪ Cass. 3ᵉ civ., 18 juill. 2001 : *JCP* 2001, IV, 2734 ; *Resp. civ. et assur.* 2001, 323, note Courtieu ; *JurisData* n° 2001-010668 ; *Bull. civ.* III, n° 97, p. 74 ; *Defrénois* 2002, 57, obs. Périnet-Marquet), ou pour une installation de géothermie (▪ Paris, 12 sept. 2002, n° 2001/08997 : *JurisData* n° 2002-186759 ; *RD imm.* 2002, 543, obs. Malinvaud), ou pour un aquarium-vivarium ▪ Cass. 3ᵉ civ., 9 juin

2004, n° 02-20.292 : *RD imm.* 2004, 449, obs. Malinvaud, mais non pour un monument funéraire (■ Bordeaux, 25 mars 1991 : *JurisData* n° 1991-048200 ; *JCP* 92, IV, 1041), la réalisation d'un insert par aménagement d'une installation préexistante sans reprise de maçonnerie (■ Cass. 3e civ., 6 févr. 2002, n° 00-15.301 : *RD imm.* 2002, 149, obs. Malinvaud) ou des peintures n'ayant qu'un rôle esthétique (■ Cass. 3e civ., 27 avr. 2000, n° 98-15.970 : *JurisData* n° 2000-001576 ; *JCP* 2000, IV, 1965 ; *Bull. civ.* III, n° 88, p. 59 ; *Resp. civ. et assur.* 2000, 236. ■ Cass. 3e civ., 16 mai 2001, n° 99-15.062 : *JurisData* n° 2001-009561 ; *JCP* 2002, I, 124, n° 16, obs. Viney ; *Bull. civ.* III, n° 62, p. 49 ; *D.* 2002, 833, note Karila ; *Defrénois* 2002, 58, obs. Périnet-Marquet. ■ Cass. 3e civ., 11 mars 2003, n° 01-15.499 : *RD imm.* 2003, 279, obs. Malinvaud. V. aussi pour la coulure d'un revêtement d'étanchéité ■ Cass. 3e civ., 9 févr. 2000, n° 98-13.931 : *JurisData* n° 2000-000502 ; *Resp. civ. et assur.* 2000, 157, pour un système d'isolation thermique de façade ■ Cass. 3e civ., 26 juin 2002, n° 00-20.244 : *RD imm.* 2002, 416, obs. Malinvaud, pour une centrale de climatisation ■ Cass. 3e civ., 10 déc. 2003, n° 02-12.215 : *JurisData* n° 2003-021351 ; *Resp. civ. et assur.* 2004, 70 ; *Bull. civ.* III, n° 224, p. 198 ; *RD imm.* 2004, 193, obs. Malinvaud, pour la réalisation et le montage de moteurs et de transformateurs démontables ■ Cass. 3e civ., 12 janv. 2005, n° 03-17.081 : *JurisData* n° 2005-026451 ; *RD imm.* 2005, 128, obs. Malinvaud). Un ravalement ne peut être assimilé à la construction d'un ouvrage (■ Cass. 3e civ., 5 févr. 1985, n° 83-16.798 : *JurisData* n° 1985-700347 ; *Bull. civ.* III, n° 21, p. 15. ■ Cass. 3e civ., 4 avr. 2002, n° 00-17.107 : *RD imm.* 2002, 234, obs. Malinvaud). V. cependant, ■ Cass. 3e civ., 4 avr. 2013 (n° 11-25.198 : *JurisData* n° 2013-006188 ; *Bull. civ.* III, n° 45 ; *Gaz. Pal.* 15 mai 2013, 31, obs. Parmentier ; *RTD imm.* 2013/3, 37, obs. Tricoire ; *Resp. civ. assur.* juill. 2013, comm. 229, Groutel), qualifiant un ravalement d'ouvrage, au motif que les travaux comportaient notamment la restauration des pierres de façade, avaient pour objet de maintenir l'étanchéité nécessaire à la destination de l'immeuble et constituaient une opération de restauration lourde, d'une ampleur particulière compte tenu de la valeur architecturale de l'immeuble et de son exposition aux embruns océaniques. Dès lors que la « maison mobile », livrée par camion, a été simplement posée sans travaux ni fondations, il n'y a pas construction d'un ouvrage immobilier au sens des art. 1792 et s. du Code civil (■ Cass. 3e civ., 28 avr. 1993, n° 91-14.215 : *JurisData* n° 1993-000754 ; *JCP* 93, II, 22103, note Périnet-Marquet). Les juges du fond ne peuvent se borner, pour écarter la garantie décennale, à affirmer que l'architecte n'a exécuté que des travaux de rénovation, sans préciser la nature et la consistance de ceux-ci (■ Cass. 3e civ., 30 mars 1989, n° 87-10.451 : *JurisData* n° 1989-003990 ; *JCP* 89, IV, 206 ; *Bull. civ.* III, n° 76, p. 42. Pour l'application de la garantie décennale à des opérations de rénovation, V. ■ Cass. 3e civ., 30 mars 1994, n° 92-17.225 : *JurisData* n° 1994-000697 ; *Defrénois* 1994, 879, obs. Dubois ; *D.* 1995, 279, note Raffi. ■ Paris, 31 janv. 1996 : *JurisData* n° 1996-020251 ; *RD imm.* 1996, 215, obs. Malinvaud et Boubli). La garantie décennale est due dès lors que l'entrepreneur apporte à la toiture et à la charpente de l'immeuble des éléments nouveaux (■ Cass. 3e civ., 9 nov. 1994, n° 92-20.804 : *JurisData* n° 1994-002315 ; *Bull. civ.* III, n° 184, p. 117 ; *RD imm.* 1995, 106, obs. Malinvaud et Boubli ; *Gaz. Pal.* 1996, 1, somm. 11, obs. Peisse). Ne donne pas de base légale à sa décision la cour d'appel qui retient que la machine destinée à l'alimentation de porcs, indispensable au fonctionnement de la porcherie, constitue un élément d'équipement de celle-ci, dont le mauvais fonctionnement rend l'ouvrage impropre à sa destination, sans rechercher si le matériel atteint de désordres relève des travaux de construction faisant l'objet de la garantie légale (■ Cass. 3e civ., 22 juill. 1998, n° 95-18.415 : *JurisData* n° 1998-003344 ; *JCP* G 98, II, 10183 ; *JCP* E 98, 1922, note Périnet-Marquet ; *Bull. civ.* III, n° 170, p. 112 ; *D.* 1999, 201, note Sabirau-Perez. V. en ce sens dans une espèce similaire ■ Cass. 3e civ., 29 janv. 2003, n° 01-02.759 : *JurisData* n° 2003-017493 ; *RD imm.* 2003, 187, obs. Malinvaud). Des clôtures peuvent constituer en elles-mêmes un ouvrage (■ Cass. 3e civ., 17 févr. 1999, n° 95-21.412 : *JurisData* n° 1999-000682 ; *JCP* 99, IV, 1657 ; *Bull. civ.* III, n° 38, p. 26). Mais l'équipement industriel destiné à automatiser la fabrication du champagne ne relève pas de travaux de bâtiments ou de génie civil (■ Cass. 3e civ., 4 nov. 1999, n° 98-12.510 : *JurisData* n° 1999-003745 ; *JCP* 99, IV, 3098 ; *Bull. civ.* III, n° 209, p. 147 ; *Defrénois* 2000, 486, obs. Périnet-Marquet). La construction, sur plusieurs kilomètres, d'une conduite métallique fermée d'adduction d'eau à une centrale électrique constitue un ouvrage (■ Cass. 3e civ., 19 janv. 2017, n° 15-25.283 : *RD imm.* mars 2017, 151, obs. Malinvaud).

3) Désordres affectant les éléments d'équipement dissociables installés dans un ouvrage préexistant (oui). Les désordres affectant des éléments d'équipement, dissociables ou non, d'origine ou installés sur existant, relèvent de la responsabilité décennale lorsqu'ils rendent l'ouvrage dans son ensemble impropre à sa destination (■ Cass. 3e civ., 15 juin 2017, n° 15-19.640 : *JCP* G 2017, note 1018, Karila). *Contra* auparavant, ■ Cass. 3e civ., 10 déc. 2003, n° 02-12.215 : *RD imm.* 2004, 193, obs. Malinvaud ; *Defrénois* 2005, art. 380.79, n° 3, obs. H. Périnet-Marquet. ■ Cass.

3e civ., 18 janv. 2006, n° 04-17.888. ▪ Cass. 3e civ., 19 déc. 2006, n° 05-20.543 : *RD imm.* 2007, 163, obs. Malinvaud. ▪ Cass. 3e civ., 26 mai 2010, n° 09-14.401. ▪ Cass. 3e civ., 12 nov. 2015, n° 14-20.915. ▪ Cass. 3e civ., 26 nov. 2015, n° 14-19.835 : *RD imm.* 2016, 40, obs. Malinvaud, décidant que les éléments d'équipement dissociables non constitutifs d'un ouvrage, et installés sur un ouvrage préexistant, relevaient de la responsabilité contractuelle de droit commun.

4) Désordres affectant des éléments extérieurs à l'immeuble. Les désordres affectant les canalisations d'eau et de gaz ne sont pas couverts par la garantie décennale dès lors que les canalisations sont extérieures aux immeubles et que les malfaçons sont dues à l'absence de lit de sable de protection, les conduits étant posés directement sur le sol constitué de matières hétérogènes (▪ Cass. 3e civ., 22 févr. 1989, n° 87-16.460 : *JurisData* n° 1989-700527 ; *JCP* 89, IV, 151 ; *Bull. civ.* III, n° 41, p. 23. V. aussi ▪ Cass. 3e civ., 8 févr. 1995, n° 92-22.124 : *JurisData* n° 1995-000222 ; *RD imm.* 1995, 565, obs. Groslière et Saint-Alary-Houin).

5) Installation de chauffage. Constitue un ouvrage une installation de chauffage comportant une chaudière équipée d'un brûleur et une pompe à chaleur dont l'évaporateur est associé à une cuve enterrée (▪ Cass. 3e civ., 18 nov. 1992, n° 90-21.233 : *JurisData* n° 1992-002476 ; *JCP* 93, IV, 239). Mais il en va autrement pour la gaine destinée à la circulation de l'air chaud entre les ateliers d'une usine qui repose sur des supports constitués par des charpentes métalliques qui ne sont accrochées à des poteaux faisant corps avec le bâtiment que par des chevilles autoperforantes (▪ Cass. 3e civ., 24 mai 1989, n° 87-19.924 : *JurisData* n° 1989-002319 ; *JCP* 89, IV, 275), ou pour une installation de chauffage dont les différents éléments ont fait l'objet de commandes distinctes et directes à diverses sociétés, dont aucune n'a assumé l'installation globale (▪ Cass. 3e civ., 31 oct. 2001, n° 00-14.614 : *JurisData* n° 2001-011547 ; *RD imm.* 2002, 84, obs. Malinvaud). Les juges du fond doivent préciser les éléments au vu desquels l'appareil litigieux (chauffe-eau) peut être considéré comme formant indissociablement corps avec un ouvrage de viabilité, de fondation, d'ossature, de clos ou de couvert (▪ Cass. 3e civ., 3 mai 1989, n° 87-19.261 : *JCP* 89, IV, 248). L'installateur d'un ballon d'eau chaude n'est pas le constructeur d'un ouvrage au sens de l'article 1792 du Code civil (▪ *Cass. 3e civ., 26 avr.* 2006, pourvoi n° 05-13.971 ; *JurisData* n° 2006-033202 ; *JCP* 2006, IV, 2094).

6) Défaut d'étanchéité d'un gros ouvrage. Détérioration de menus ouvrages. La malfaçon qui affecte l'étanchéité d'un gros ouvrage ressortit à la garantie décennale même si elle cause la détérioration de menus ouvrages (▪ Cass. 3e civ., 7 oct. 1987, n° 86-14.041 : *JurisData* n° 1987-001502 ; *Bull. civ.* III, n° 159, p. 93. V. en ce sens pour un enduit extérieur fissuré, ▪ Cass. 3e civ., 3 mai 1990, n° 88-19.642 : *JurisData* n° 1990-701206 ; *Bull. civ.* III, n° 105, p. 58). Mais la garantie décennale n'est pas applicable s'il n'est pas établi que l'absence d'étanchéité des joints de balcons ait provoqué des infiltrations à l'intérieur des appartements, ce qui exclut toute atteinte à la destination de l'immeuble (▪ Cass. 3e civ., 12 mars 1986, n° 84-14.486 : *Bull. civ.* III, n° 28, p. 22).

7) Désordres compromettant la solidité de l'ouvrage ou le rendant impropre à sa destination. Sur le principe que les juges du fond doivent rechercher si le désordre est de nature à compromettre la solidité de l'ouvrage ou à le rendre impropre à sa destination, V. ▪ Cass. 3e civ., 20 mai 1998, n° 96-19.521 : *JurisData* n° 1998-002114 ; *JCP* 1998, IV, 2541 ; *Bull. civ.* III, n° 106, p. 71. La condition est remplie pour une infestation par des capricornes (▪ Cass. 3e civ., 25 sept. 2002, n° 01-01.034 : *JurisData* n° 2002-015579 ; *RD imm.* 2002, 544, obs. Malinvaud). Ne donne pas de base légale à sa décision la cour d'appel qui retient qu'un faux plafond n'est pas un élément constitutif de l'immeuble, qu'il ne fait pas indissociablement corps avec les ouvrages de viabilité, de fondation, d'ossature, de clos ou de couvert, que, élément statique, il n'est pas appelé à fonctionner et qu'il n'est affecté d'aucun dommage se traduisant par une détérioration ou altération de sa substance ou une diminution de sa solidité, sans rechercher si les désordres affectant cet élément d'équipement rendaient l'immeuble impropre à sa destination (▪ Cass. 3e civ., 14 oct. 1992, n° 91-11.628 : *JurisData* n° 1992-002097 ; *Bull. civ.* III, n° 267, p. 165. V. aussi ▪ Cass. 3e civ., 10 avr. 1996, n° 94-17.030 : *JurisData* n° 1996-001501 ; *JCP* 1996, IV, 1321 ; *Bull.* III, n° 100, p. 65. Aj. pour une fosse septique ▪ Cass. 3e civ., 2 juill. 2002, n° 00-13.313 : *JurisData* n° 2002-015230 ; *RD imm.* 2002, 417, obs. Malinvaud, pour une installation domotique. ▪ Cass. 3e civ., 26 févr. 2003, n° 01-12.750 : *JurisData* n° 2003-017910 ; *RD imm.* 2003, 279, obs. Malinvaud).

Des fissures superficielles de caractère esthétique ne relèvent pas de la garantie décennale (▪ Cass. 3e civ., 9 déc. 1998, n° 97-13.416 : *JurisData* n° 1998-004941 ; *Resp. civ. et assur.* 1999, 41). Mais pour l'admission de désordres esthétiques au titre de la garantie décennale, V. ▪ Cass. 3e civ., 4 avr. 2013, n° 11-25.198 : *Bull. civ.* III, n° 45 ; *Gaz. Pal.* 15 mai 2013, 31, obs. Parmentier ; *RTD imm.* 2013/3, 37, obs. Tricoire ; *Resp. civ. assur.* juill. 2013, comm. 229, Groutel (les désordres esthétiques généralisés des façades, qui affectaient sensiblement son aspect extérieur, devaient être appréciés par rapport à la situation particulière de l'immeuble qui constituait l'un des éléments du patrimoine architectural de la commune de Biarritz ; ces désordres portaient une grave atteinte à la destination de l'ouvrage). La fissuration d'une poutre ne compromettant pas la solidité de l'ouvrage dans l'immédiat ni, de façon certaine, dans le futur ne relève pas de la garantie décennale (▪ Cass. 3e civ., 25 sept. 2002 : *JCP* 2002, IV, 2733 ; *JurisData* n° 2002-015571 ; *RD imm.* 2003, 87, 1re esp., obs. Malinvaud). Les défauts d'isolation phonique donnent lieu à garantie décennale s'ils sont de nature à rendre les immeubles impropres à leur destination (▪ Cass. 3e civ., 20 févr. 1991, n° 89-17.176 : *JurisData* n° 1991-001235 ; *D.* 1991, 556, note Martin. – V. en ce sens pour la dégradation de tablettes supportant des vasques dans des salles de bains d'une résidence hôtelière ▪ Cass. 3e civ., 23 janv. 1991, n° 89-10.489 : *JurisData* n° 1991-000172 ; *D.* 1991, 593, note Martin). Il appartient aux juges du fond de rechercher si, nonobstant la conformité aux normes réglementaires applicables, les désordres d'isolation phonique relatifs à la diffusion des bruits aériens ne rendent pas l'immeuble impropre à sa destination (▪ Cass. 3e civ., 16 sept. 2003, n° 02-15.031 : *JurisData* n° 2003-020251 ; *RD imm.* 2003, 581, obs. Malinvaud. ▪ Cass. 3e civ., 9 déc. 2003, n° 02-18.628 : *JurisData* n° 2003-021478 ; *RD imm.* 2004, 196, obs. Malinvaud). Dans le même sens, ▪ Cass. ass. plén., 27 oct. 2006, n° 05-19.408 : *Bull. civ.* 2006, ▪ Cass. ass. plén., n° 12 ; *RD imm.* 2006, 502, obs. P. Malinvaud ; *ibid.* 2007, 89, obs. O. Tournafond ; avis et rapport au *BICC*, 15 janv. 2007, 45 et s. ; *JCP* 2006, n° 518, p. 2036 (les désordres d'isolation phonique peuvent relever de la garantie décennale même lorsque les exigences minimales légales et réglementaires ont été respectées). Il appartient aux juges du fond de rechercher si le non-respect des règles d'urbanisme affectant la construction et aboutissant à sa démolition n'était pas de nature à rendre l'immeuble impropre à sa destination (▪ Cass. 3e civ., 26 mai 2004, n° 02-19.464 : *JurisData* n° 2004-023839 ; *RD imm.* 2004, 381, obs. Malinvaud. V. aussi ▪ Cass. 3e civ., 15 déc. 2004, n° 03-16.820 : *JurisData* n° 2004-026182 ; *RD imm.* 2005, 130, obs. Malinvaud). Sur l'indemnisation des désordres futurs devant rendre l'immeuble impropre à sa destination dans le délai de dix ans, V. ▪ Cass. 3e civ., 29 janv. 2003, 2 arrêts : *JCP* G 2003, II, 10077 et *JCP* 2003, 992, avis Guérin ; *JCP* G 2003, I, 152, n° 26, obs. Viney ; *RD imm.* 2003, 185, 3e et 4e esp., obs. Malinvaud. ▪ Cass. 3e civ., 24 mai 2005, n° 04-13.210 : *JurisData* n° 2005-028596 ; *RD imm.* 2005, 336, obs. Malinvaud. Comp. ▪ Cass. 3e civ., 8 oct. 2003, n° 02-11.953 : *JurisData* n° 2003-020458 ; *RD imm.* 2004, 120, obs. Malinvaud. ▪ Cass. 3e civ., 16 déc. 2003, n° 02-17.712 : *JurisData* n° 2003-021598 ; *RD imm.* 2004, 197, obs. Malinvaud. L'article 1792 n'est pas applicable lorsque l'installation (de géothermie) a toujours fonctionné, mais seulement fait preuve d'un manque de performance certains mois de l'année (▪ Cass. 3e civ., 12 mai 2004, n° 02-20.247 : *JurisData* n° 2004-023700 ; *RD imm.* 2004, 380, obs. Malinvaud). La non-conformité aux normes parasismiques relève de la garantie décennale (▪ Cass. 3e civ., 7 oct. 2009, n° 08-17.620 : *Bull. civ.* III, n° 212 ; *D.* 2010, 1108, obs. Nési ; *RD imm.* 2009, 650, note Malinvaud ; *RDC* 2010/2, 605, obs. G. Viney. ▪ Cass. 3e civ., 11 mai 2011, n° 10-11.713 : *Bull. civ.* III, n° 70 ; *RD imm.* 2011, 405, obs. Ph. Malinvaud ; *Defrénois* 2012, 7, obs. H. Périnet-Marquet). Mais si les normes parasismiques n'avaient pas, à la date de la délivrance du permis de construire, de caractère obligatoire, elles n'entrent pas, sauf stipulations contractuelles particulières, dans le domaine d'intervention de l'architecte (▪ Cass. 3e civ., 1er déc. 2010, n° 09-15.282 : *Bull. civ.* III, n° 209 ; *RDC* 2011/3, 845, note O. Deshayes ; *RD imm.* 2011, 169, note Ph. Malinvaud ; *Constr.-Urb.* 2011, comm. 27, obs. M.-L. Pagès de Varenne). Un ouvrage qui n'est pas hors d'air et d'eau est impropre à sa destination (▪ Cass. 3e civ., 21 sept. 2011, n° 09-69.933 : *Bull. civ.* III, n° 153 ; *RD imm.* 2011, 568, obs. O. Tournafond ; *Defrénois* 2012, 7, obs. H. Périnet-Marquet ; *Constr.-Urb.* 2011, p. 30, obs. C. Sizaire, vente en l'état de futur achèvement, défaut d'étanchéité affectant les menuiseries extérieures). Les désordres ne compromettant pas la solidité de l'ouvrage ni ne le rendant impropre à sa destination, affectant un élément dissociable de l'immeuble, non destiné à fonctionner, relèvent de la garantie de droit commun (▪ Cass. 3e civ., 11 sept. 2013, n° 12-19.483 : *Bull. civ.* III, n° 103 ; *RDC* 2014/1, 33, obs. Guégan-Lécuyer ; *RTD imm.* 2013/4, 42, obs. Tricoire ; *RD imm.* 2013/11, 536, obs. Malinvaud).

8) Risque de dommage futur. Dommages ne survenant pas avec certitude dans le délai décennal. Justifie sa décision la cour d'appel, qui, pour dire que les désordres ne relèvent pas de l'article 1792 du Code civil, retient qu'elle ne peut pas affirmer que les dommages visés par cet article surviendront avec certitude dans le délai décennal (▪ Cass. 3e civ., 21 oct. 2009, n° 08-15.136 : *Bull. civ.* III, n° 225 ; *D.* 2010, 1108, obs. Nési). Relèvent en revanche de la responsabilité décennale les défauts de conformité d'une maison à la norme parasismique, même s'il n'est pas établi que la perte de l'ouvrage par séisme interviendra avec certitude dans le délai décennal, dès lors que ces défauts sont multiples, portent sur des éléments essentiels de la construction, peuvent avoir pour conséquence la perte de l'ouvrage, et font courir un danger important aux personnes (■ Cass. 3e civ., 7 oct. 2009, n° 08-17.620 : *Bull. civ.* III, n° 212 ; *D.* 2010, 1108, obs. Nési ; *RD imm.* 2009, 650, note Malinvaud ; *RDC* 2010, 605, obs. Viney). Viole les articles 1642-1 et 1792 la cour d'appel qui déduit de la seule circonstance que le dépassement des normes d'isolation phonique applicables aurait été limité, l'absence de désordre relevant de la garantie décennale ; en l'absence d'indication particulière dans le descriptif des prestations de l'immeuble vendu en l'état futur d'achèvement, constitue une impropriété à la destination l'exiguïté de l'accès à une place de parking qui rend celle-ci inutilisable pour une voiture de tourisme couramment commercialisée (■ Cass. 3e civ., 20 mai 2015, n° 14-15.107, à paraître au *Bull. civ.*). La certitude de la survenance, à court terme, d'un désordre est insuffisante à engager la responsabilité décennale du constructeur (■ Cass. 3e civ., 28 févr. 2018, n° 17-12.460).

9) Matériau non conforme aux normes. Élément suffisant (non). Le fait que le matériau ne soit pas conforme aux normes françaises ne suffit pas pour mettre en œuvre la garantie décennale dès lors qu'aucun défaut inhérent à ce matériau n'est caractérisé (■ Cass. 3e civ., 4 oct. 1989, n° 88-11.962 : *JurisData* n° 1989-003042 ; *Bull. civ.* III, n° 177, p. 97, tuiles).

10) Erreur d'implantation. L'erreur d'implantation d'une maison qui a entraîné le refus de délivrance du certificat de conformité, ne portant pas atteinte à la solidité de l'ouvrage et ne le rendant pas impropre à sa destination, ne relève pas de la garantie décennale mais d'une faute contractuelle du constructeur (■ Riom, 2 juin 1988 : *JurisData* n° 1988-046695 ; *JCP* 89, IV, 54).

11) Action récursoire du maître de l'ouvrage contre l'architecte. La garantie légale n'est pas applicable à l'architecte assigné en garantie par le maître de l'ouvrage condamné à réparer les dommages causés à un tiers (■ Cass. 3e civ., 15 oct. 1985, n° 84-12.336 : *Bull. civ.* III, n° 120, p. 93).

12) Option avec la responsabilité contractuelle de droit commun (non). Même s'ils ont comme origine une non-conformité aux stipulations contractuelles, les dommages qui relèvent d'une garantie légale ne peuvent donner lieu, contre les personnes tenues à cette garantie, à une action en réparation sur le fondement de la responsabilité contractuelle de droit commun (■ Cass. 3e civ., 4 oct. 1989, n° 88-11.559 : *JurisData* n° 1989-703041 ; *JCP* 1989, IV, 385 ; *Bull. civ.* III, n° 178, p. 98). – V. aussi ■ Cass. 3e civ., 13 avr. 1988, n° 85-15.463 : *JCP* 1989, II, 21315, note Martin. ■ Cass. 3e civ., 10 avr. 1996, n° 94-17.030 : *JCP* 1996, IV, 1321 ; *Bull. civ.* III, n° 100, p. 65. ■ Cass. 3e civ., 23 mai 2007, n° 06-13.656 : *JurisData* n° 2007-039013 ; *Bull. civ.* III, n° 80 ; *Bull. inf. C. cass.* 1er oct. 2007, n° 1902 ; *RD imm.* 2007, 355, obs. Malinvaud ; *RGDA* 2007, 666, note Karila ; *D.* 2007, act. jurispr. 1659, obs. Guiomard (exclusion des stipulations prévues en cas de non-respect du contrat lorsque les dommages relèvent de la garantie légale). Comp. ■ Cass. 3e civ., 21 févr. 1990, n° 88-10.623 : *JurisData* n° 1990-000498 ; *D.* 1990, 277, note Dubois. V. J.-P. Karila, *Garanties légales et responsabilité contractuelle de droit commun des locateurs d'ouvrages immobiliers après la réception de l'ouvrage : D.* 1990, chron. 307.

Mais pour l'admission d'une option avec la responsabilité contractuelle de droit commun en cas de faute dolosive du constructeur, V. ■ Cass. 3e civ., 27 juin 2001 : *JCP* G 2001, II, 10626, note Malinvaud ; *ibid.* I, 124, n° 18, obs. Viney ; *JCP* E 2001, 2056, note Rakotovahiny ; *D.* 2001, 2995, concl. Weber et note Karila ; *Resp. civ. et assur.* 2001, 299, note Groutel ; *JurisData* n° 2001-010351 ; *Bull. civ.* III, n° 83, p. 63 ; *Defrénois* 2002, 64, obs. Périnet-Marquet ; *RTD civ.* 2001, 887, obs. Jourdain : le constructeur, nonobstant la forclusion décennale, est, sauf faute extérieure au contrat, contractuellement tenu à l'égard du maître de l'ouvrage de sa faute dolosive. V. aussi ■ Cass. 3e civ., 16 mars 2005, n° 04-12.950 : *JurisData* n° 2005-027585 ; *Resp. civ. et assur.* 2005, 156, note Groutel. V. déjà ■ Cass. 3e civ., 5 janv. 1983 : *JurisData* n° 1983-700014 ; *JCP* 1983, IV, 88. ■ Cass. 3e civ., 23 juill. 1986, n° 84-17.768 : *JurisData* n° 1986-701409 ; *Bull. civ.* I, n° 129, p. 100). – Sur la notion de faute dolosive, V. ■ Cass. 3e civ., 27 juin 2001, préc. : *JurisData* n° 2001-010351 ; il y a faute dolosive lorsque le constructeur viole, de propos délibéré, même sans intention de nuire, par dissimulation ou par fraude ses obligations contractuelles. *Adde* ■ Cass. 3e civ., 7 févr. 2001, n° 99-14.432 : *JurisData* n° 2001-008189 ; *JurisData* n° 2005-029064 ; *Bull. civ.* III, n° 14 ; *Defrénois* 2001, 873, obs. Périnet-Marquet ; *RD imm.* 2001, 176, obs. Malinvaud (une violation des règles de l'art ne constitue pas nécessairement une faute dolosive). Pour un assouplissement de la notion de faute dolosive (plus de référence à la dissimulation ou la fraude), V. ■ Cass. 3e civ., 22 juin 2005, n° 04-14.587 : *JurisData* n° 2005-029064 ; *Bull. civ.* III, n° 135 ; *RDC* 2006, 833, obs. Carval ; *RD imm.* 2005, 338, obs. Malinvaud (silence gardé par un contrôleur technique sur la non-conformité de l'ouvrage aux normes techniques, faute dolosive). ■ Cass. 3e civ., 6 déc. 2005, n° 04-18.325 : *JurisData* n° 2005-031220 ; *JurisData* n° 1996-005009 ; *RD imm.* 2006, 137, obs. Malinvaud (violation consciente et délibérée des obligations contractuelles). ■ Cass. 3e civ., 8 sept. 2009, n° 08-17.336 : *Bull. civ.* III, n° 179 ; *RDC* 2010/1, 72, obs. Deshayes ; *RD imm.* 2009, 599, note Malinvaud ; *Defrénois* 2010, 225, obs. Périnet-Marquet ; *LPA* 6 nov. 2009, 7, note Tricoire ; *D.* 2009, 2221, obs. Vincent (constructeur n'ayant pas pris les précautions élémentaires dans la construction d'une cheminée, violation délibérée de ses obligations contractuelles). Comp. auparavant ▪ Cass. 3e civ., 18 déc. 1996, n° 95-10.658 : *JurisData* n° 1996-005009 ; *Bull. civ.* III, n° 239 ; *D.* 1997, somm. 289, obs. Delebecque ; *RD imm.* 1997, 243, obs. Malinvaud et Boubli (intention de nuire).

Sur le délai de prescription applicable à l'action en responsabilité contractuelle de droit commun engagée contre un constructeur, v. sous art. 1792-4-1, annot. n° 6, p. 1505.

13) Option avec la résolution et la garantie des vices cachés (constructeur-vendeur). Pour l'admission d'une option entre les garanties légales des articles 1792 et suivants du Code civil et l'action en résolution de la vente lorsque le constructeur de l'immeuble achevé en est également le vendeur, V. ▪ Cass. 3e civ., 2 mars 2005, n° 03-16.561 : *Bull. civ.* I, n° 49 ; *Resp. civ. et assur.* 2005, comm. 154 ; *RD imm.* 2005, 224, obs. Malinvaud. *Adde*, pour l'admission d'une option avec la garantie des vices cachés, ▪ Cass. 3e civ., 17 juin 2009, n° 08-15.503 : *Bull. civ.* III, n° 143 ; *Resp. civ. et assur.* 2009, comm. 291, obs. Groutel ; *RDC* 2009/4, 1475, obs. Brun ; *RD imm.* 2009, 475, obs. Tournafond ; *D.* 2009, 2573, obs. Nési ; *Defrénois* 2010, 221, obs. Périnet-Marquet) : lorsqu'une personne vend, après achèvement, un immeuble qu'elle a construit ou fait construire, l'action en garantie décennale n'est pas exclusive de l'action en garantie des vices cachés de droit commun de l'article 1641 du Code civil.

14) Responsabilité de droit commun. Devoir de conseil. Quelle que soit la qualification du contrat, tout professionnel de la construction est tenu, avant réception, d'une obligation de conseil et de résultat envers le maître de l'ouvrage (▪ Cass. 3e civ., 27 janv. 2010, n° 08-18.026 : *Bull. civ.* 2010, III, n° 22).

II – EFFETS

15) Cause étrangère exonératoire. N'a pas caractérisé la cause étrangère exonératoire de responsabilité l'arrêt qui énonce que les malfaçons révèlent des fautes d'exécution de l'entrepreneur qui ont pu échapper à l'attention de l'architecte non tenu à une présence constante sur le chantier et à un contrôle de l'exécution des travaux dans ses détails (▪ Cass. 3e civ., 14 déc. 1983, n° 82-15.791 : *JurisData* n° 1983-702631 ; *Bull. civ.* III, n° 261, p. 199), ou que le constructeur n'a commis aucune faute d'exécution et n'a fait que se conformer aux plans qui lui ont été fournis, dont le vice était indécelable pour lui (▪ Cass. 3e civ., 25 janv. 1989, n° 87-16.071 : *JurisData* n° 1989-000494 ; *JCP* 89, IV, 112 ; *Bull. civ.* III, n° 18, p. 10. ▪ Cass. 3e civ., 22 févr. 1989, n° 87-14.763 : *JCP* 89, IV, 150). De fortes précipitations pluviales ne pouvant être qualifiées ni de véritables dépressions, ni de tempêtes, ni encore moins de cyclones, et de tels événements étant susceptibles d'arriver en période de pluies dans les zones tropicales, ils ne possèdent pas les caractères d'imprévisibilité et d'irrésistibilité de la force majeure (▪ Cass. 3e civ., 27 févr. 2008, n° 06-19.348, n° 06-19.415 : *JurisData* n° 2008-042927). Mais il y a cause étrangère exonérant l'entrepreneur si l'architecte lui a dissimulé la recommandation d'une autre entreprise (▪ Cass. 3e civ., 16 oct. 1984 : *JurisData* n° 1984-701451 ; *D.* 1985, 431, 1re esp., note Rémery). Une cour d'appel qui a relevé que la cause des désordres siégeant dans « l'existant » n'était pas décelable au moment des travaux réalisés, que ces désordres étaient imprévisibles et que l'application du produit mis en œuvre était totalement étrangère au processus ayant engendré les désordres nouveaux, a pu retenir que l'entrepreneur apportait l'existence d'une cause étrangère exonératoire (▪ Cass. 3e civ., 26 févr. 2003, n° 01-16.441 : *JurisData* n° 2003-017908 ; *RD imm.* 2003, 281, obs. Malinvaud). La mise en jeu de la garantie décennale n'exige pas la recherche de la cause des désordres (▪ Cass. 3e civ., 8 déc. 1999, n° 98-11.665 : *JurisData* n° 1999-004353 ; *Bull. civ.* II, n° 230, p. 161. V. aussi ▪ Cass. 3e civ., 6 févr. 2002, n° 00-15.301 : *RD imm.* 2002, 150, obs. Malinvaud. ▪ Cass. 3e civ., 30 avr. 2002, n° 00-19.935 : *JurisData* n° 2002-014273 ; *RD imm.* 2002, 322, obs. Malinvaud).

16) Vice inconnu inhérent à la technique. Le fait que le vice inhérent à la technique n'était pas encore connu à l'époque de la construction ne constitue pas une cause étrangère exonératoire de responsabilité (▪ Cass. 3e civ., 17 mai 1983, n° 81-16.876 : *JurisData* n° 1983-701539 ; *Bull. civ.* III, n° 115, p. 91. – V. en ce sens pour le vice affectant des tuiles, ▪ Cass. 3e civ., 7 mars 1990, n° 88-14.866 : *JurisData* n° 1990-700641 ; *Bull. civ.* III, n° 69, p. 37, pour des panneaux isolants ▪ Cass. 3e civ., 28 nov. 2001, n° 00-14.320 : *JurisData* n° 2001-011893 ; *RD imm.* 2002, 94, obs. Malinvaud).

17) Respect des normes. Sur le principe que l'agrément par le Centre scientifique et technique du bâtiment n'exclut pas la faute, V. ▪ Cass. 3e civ., 17 mai 1983 et 28 nov. 2001, préc. L'agrément d'une technique et le respect des normes en vigueur ne sont pas exonératoires de la présomption de responsabilité pesant sur le contrôleur technique (▪ Cass. 3e civ., 3 avr. 2002, n° 01-01.722 : *RD imm.* 2002, 237, obs. Malinvaud). V. aussi, concernant les désordres d'isolation phonique, ■ Cass. ass. plén., 27 oct. 2006, préc. n. 6.

18) Sécheresse. Selon les circonstances, la sécheresse peut être un cas de force majeure (■ Cass. 3e civ., 22 déc. 2001 : *RD imm.* 2002, 88, 2e esp., obs. Malinvaud) ou ne pas l'être (■ Versailles, 4 et 25 nov. 1994 : *RD imm.* 1995, 553, obs. Malinvaud et Boubli. ■ Cass. 3e civ., 9 déc. 1998, n° 97-12.913 : *JurisData* n° 1998-004939 ; *Resp. civ. et assur.* 1999, 42. ■ Cass. 3e civ., 28 nov. 2001, n° 00-15.058 : *RD imm.* 2002, 88, 1re esp., obs. Malinvaud).

19) Défaut d'assurance du maître de l'ouvrage. Le défaut de souscription de l'assurance obligatoire par le maître de l'ouvrage n'est pas une cause exonératoire (■ Cass. 3e civ., 30 mars 1994, n° 91-19.623 : *Bull. civ.* III, n° 67, p. 40. ■ Cass. 3e civ., 17 déc. 2003, n° 02-17.134 : *JurisData* n° 2003-021609 ; *RD imm.* 2004, 198, obs. Malinvaud).

20) Acceptation des risques. Doit être cassé l'arrêt qui, pour laisser une part de responsabilité à la charge du maître de l'ouvrage, retient qu'il a pris le risque de faire exécuter des travaux rendus délicats en raison de la proximité d'immeubles bâtis, sans avoir recueilli l'avis d'un professionnel, motifs qui ne suffisent pas à caractériser sa faute ou son acceptation des risques (■ Cass. 3e civ., 18 déc. 2001, n° 00-18.211 : *RD imm.* 2002, 151, obs. Malinvaud). Mais le constructeur peut être exonéré partiellement lorsque le maître de l'ouvrage a pris des risques en refusant, par souci d'économie, de s'assurer les services d'un maître d'œuvre, négligeant à cet égard les conseils du fournisseur (■ Cass. 3e civ., 29 oct. 2003, n° 00-21.597 : *JurisData* n° 2003-020648 ; *RD imm.* 2004, 123, obs. Malinvaud. V. aussi, retenant l'acceptation délibérée des risques, ■ Cass. 3e civ., 15 déc. 2004, n° 02-16.581 : *JurisData* n° 2004-026178 ; *RD imm.* 2005, 132, obs. Malinvaud). L'acceptation délibérée des risques suppose que le maître de l'ouvrage ait été clairement informé des risques encourus (■ Cass. 3e civ., 25 mai 2005, n° 03-19.286 : *JurisData* n° 2005-028547 ; *RD imm.* 2005, 337, obs. Malinvaud).

21) Immixtion du maître de l'ouvrage. Sur le partage de responsabilité entre le maître de l'ouvrage ayant assumé le rôle de maître d'œuvre et l'entrepreneur qui n'a pas émis de réserves sur la conception défectueuse imposée par son client, V. ■ Cass. 3e civ., 21 déc. 1982, n° 81-16.289 : *JurisData* n° 1982-702947 ; *JCP* 83, IV, 80 ; *Bull. civ.* III, n° 263, p. 198. Comp. pour la faute d'un maître de l'ouvrage lui-même architecte, ■ Cass. 3e civ., 18 déc. 2001, n° 00-11.670 : *JurisData* n° 2001-012362 ; *RD imm.* 2002, 152, obs. Malinvaud. Si les architectes et entrepreneurs n'ont pas émis de réserves sur le choix des chaudières par le maître de l'ouvrage, ce dernier, bien qu'il soit un promoteur compétent et avisé, ne peut se voir reprocher son immixtion (■ Cass. 3e civ., 21 févr. 1984, n° 82-15.337 : *JurisData* n° 1984-700557 ; *Bull. civ.* III, n° 44, p. 33 ; *D.* 1985, 122, note Calais). Pour que soit retenue la responsabilité partielle du maître de l'ouvrage à l'occasion de désordres affectant la toiture, il faut qu'il ait été notoirement compétent en matière de construction et que soit caractérisée son immixtion fautive (■ Cass. 3e civ., 30 mars 1989, n° 88-10.145 : *JurisData* n° 1989-702421 ; *JCP* 89, IV, 206. ■ Cass. 3e civ., 14 nov. 2001, n° 99-13.638 : *JurisData* n° 2001-011849 ; *RD imm.* 2002, 87, obs. Malinvaud. ■ Cass. 3e civ., 6 mars 2002, n° 00-10.358 : *RD imm.* 2002, 236, obs. Malinvaud). Mais jugé que le choix délibéré du maître de l'ouvrage, décidé en toute connaissance de cause, peut exonérer le constructeur (■ Cass. 3e civ., 25 janv. 1995, n° 93-15.413 : *JurisData* n° 1995-000110 ; *JCP* 95, IV, 736 ; *RD imm.* 1995, 331, obs. Malinvaud et Boubli ; *Gaz. Pal.* 1996, 1, somm. 230, obs. Peisse. V. en ce sens ■ Cass. 3e civ., 20 mars 2002, n° 99-20.666 : *JurisData* n° 2002-013614 ; *RD imm.* 2002, 236, obs. Malinvaud ; *Bull. civ.* III, n° 68, p. 57). N'a pas commis d'immixtion ou de faute ayant concouru à la réalisation des dommages le maître de l'ouvrage (marchand de biens), dépourvu de compétence notoire en matière de construction, qui n'a ni assumé une mission de contrôle des travaux de l'entrepreneur, ni exercé une mission de coordination des entreprises, ni n'est intervenu dans les travaux de gros œuvre confiés au constructeur (■ Cass. 3e civ., 21 janv. 2015, n° 13-25.268 : à paraître au *Bull. civ.* ; *RD imm.* 2015/3, 137, obs. Malinvaud, dans une hypothèse où le maître de l'ouvrage avait lui-même conçu et posé les cloisons).

22) Transmission de l'action en garantie ou de l'action en responsabilité à l'acquéreur. Les acquéreurs successifs d'un immeuble sont recevables à agir contre les constructeurs sur le fondement de la garantie décennale qui accompagne, en tant qu'accessoire, l'immeuble, nonobstant la connaissance, par les acquéreurs, des vices de celui-ci lors de la signature de l'acte de vente et l'absence, dans ce dernier, de clause leur réservant un tel recours, à moins que le vendeur ne puisse invoquer un préjudice personnel lui conférant un intérêt direct et certain à agir (■ Cass. 3e civ., 23 sept. 2009, n° 08-13470 : *Bull. civ.* III, n° 202 ; *Defrénois* 2010, 221, obs. Périnet-Marquet ; *RD imm.* 2010, 107, note Nési ; *RDC* 2010/2, 589, obs. O. Deshayes). Pour une extension de la solution à la responsabilité de droit commun, V. ■ Cass. 3e civ., 10 juill. 2013, n° 12-21.910 : *JurisData* n° 2013-014564 ; *Bull. civ.* III, n° 102 ; *RDC* 2013, 1349, obs. Deshayes ; *RTD civ.* 2013, 839, obs. Barbier ; *JCP* N 2013, n° 1216, note Zalewski-Sicard ; *D.* 2013, 2448, note Cottet : *ibid.* chron. C. cass. 2547, note Georget ; *ibid.* 2014, 630, obs. Amrani-Mekki et Mekki ; *RD imm.* 2013, 517, étude Caston ;

Gaz. Pal., 2013. 3009, obs. Rias : sauf clause contraire, les acquéreurs successifs d'un immeuble ont qualité à agir, même pour les dommages nés antérieurement à la vente et ce nonobstant l'action en réparation intentée par le vendeur avant cette vente, contre les constructeurs sur le fondement de la responsabilité contractuelle de droit commun qui accompagne l'immeuble en tant qu'accessoire. Dans le même sens, ▪ Cass. 1re civ., 9 juill. 2014, n° 13-15.923 : à paraître au *Bull. civ.* ; *D.* 2014. chron. C. cass. 2191, obs. Georget ; *RD imm.* 2014. 574, obs. Malinvaud. V. aussi, ▪ Cass. 3e civ., 10 nov. 2016, n° 15-24.379 : viole les articles 1792 et 1792-1 la cour d'appel qui rejette la garantie décennale, au motif inopérant que les désordres décennaux relevés par l'expert étaient connus et/ou apparents au moment de la vente, alors que le caractère apparent ou caché des désordres s'apprécie en la personne du maître de l'ouvrage constructeur et au jour de la réception, qui correspond pour celui-ci à l'achèvement des travaux. Comp. auparavant, *RDC* 2010/2, 589, obs. Deshayes ; *Constr.-Urb.*, n° 2009, p. 26, obs. Pagès de Varenne (▪ Cass. 3e civ., 20 avr. 1982, n° 81-10.026 : *JCP* 1982, IV, 230 ; *Bull. civ.* III, n° 95, p. 66. ▪ Cass. 3e civ., 26 avr. 1983, n° 82-12.033 : *JCP* 1983, IV, 208 ; *Bull. civ.* III, n° 91, p. 72). Mais jugé que doit être cassé, pour défaut de base légale, l'arrêt qui condamne l'architecte envers l'acquéreur de l'immeuble construit en faisant application de la responsabilité de droit commun sans rechercher s'il existe entre eux un lien contractuel (▪ Cass. 3e civ., 7 mai 1986, n° 84-12.814 : *JurisData* n° 1986-000954 ; *Bull. civ.* III, n° 62, p. 49 ; *RTD civ.* 1987, 361, obs. crit. Rémy).

23) Action du maître de l'ouvrage contre le fournisseur. Le maître de l'ouvrage, comme le sous-acquéreur, jouit de tous les droits et actions attachées à la chose qui appartenait à son auteur ; il dispose donc à cet effet contre le fabricant d'une action contractuelle directe fondée sur la non-conformité de la chose livrée (▪ Cass. ass. plén., 7 févr. 1986 : *JCP* 86, II, 20616, note Malinvaud ; *D.* 1986, 293, note Bénabent ; *RTD civ.* 1986, 364, obs. Huet, et 605, obs. Rémy. ▪ Cass. 3e civ., 10 mai 1990, n° 88-14.478 : *Bull. civ.* III, n° 116, p. 64. ▪ Cass. 3e civ., 28 mars 2001, n° 99-14.721 : *JurisData* n° 2001-008986 ; *Contrats, conc. consom.* 2001, 118, note Leveneur. ▪ Cass. 3e civ., 12 déc. 2001, n° 00-14.671 : *JurisData* n° 2001-012236 ; *RD imm.* 2002, 92, obs. Malinvaud).

24) Réparation effective de l'immeuble (non). La garantie décennale n'est pas subordonnée à une réparation effective de l'immeuble affecté de désordres (▪ Cass. 3e civ., 21 janv. 2004 : *JurisData* n° 2004-021855 ; *JCP* 2004, IV, 1527 ; *Bull. civ.* III, n° 10, p. 7, démolition de l'immeuble affecté des désordres avant sa réparation. Comp., décidant que l'entrepreneur, responsable de désordres de construction, ne peut imposer à la victime la réparation en nature du préjudice subi par celle-ci, ▪ Cass. 3e civ., 28 sept. 2005 : *Contrats, conc. consom.* 2006, 4, note Leveneur ; *JCP* 2005, IV, 3283 ; *JurisData* n° 2005-029924 ; *Bull. civ.* III, n° 180, p. 165).

25) Sur l'**assurance obligatoire** des travaux de bâtiment, V. C. assur., art. L. 241-1 à L. 243-8, p. 1936.

Art. 1792-1 *(L. n° 78-12, 4 janv. 1978)*. **– Est réputé constructeur de l'ouvrage :**

1° Tout architecte, entrepreneur, technicien ou autre personne liée au maître de l'ouvrage par un contrat de louage d'ouvrage ;

2° Toute personne qui vend, après achèvement, un ouvrage qu'elle a construit ou fait construire ;

3° Toute personne qui, bien qu'agissant en qualité de mandataire du propriétaire de l'ouvrage, accomplit une mission assimilable à celle d'un locateur d'ouvrage.

1) Particulier constructeur. Aucune condition *de délai ne limite* l'application de l'article 1792-1 aux ventes intervenant immédiatement après achèvement (▪ Cass. 3e civ., 14 janv. 1998, n° 95-19.916 : *JurisData* n° 1998-000050 ; *JCP* 98, IV, 1446 ; *Bull. civ.* III, n° 11, p. 8, particulier ayant fait des travaux de transformation et ayant vendu sept ans plus tard. ▪ Cass. 3e civ., 2 oct. 2002 : *JCP* 2002, IV, 2825 ; *Resp. civ. et assur.* 2002, 365 ; *RD imm.* 2002, 546, obs. Malinvaud ; *JurisData* n° 2002-015687 ; *Bull. civ.* III, n° 204, p. 173, maître de l'ouvrage ayant revendu son pavillon deux ans après l'exécution des travaux de gros œuvre). Il importe peu que les désordres aient été apparents lors de la vente dès lors que l'action des acquéreurs est fondée sur l'article 1792-1.2° (▪ Cass. 3e civ., 28 févr. 2001, n° 99-12.751 : *JurisData* n° 2001-008467 ; *Bull. civ.* III, n° 23, p. 19 ; *Defrénois* 2002, 62, obs. Périnet-Marquet). Sur le principe que l'intention de vendre au moment de la construction ne suffit pas à donner la qualité de constructeur, V. ▪ Cass. 3e civ., 12 mars 1997, n° 95-12.727 : *JurisData* n° 1997-001063 ; *Defrénois* 1997, 811, obs. Dubois ; *D.* 1998, 234, note Storck (vendeur ayant construit pour son compte personnel et ayant décidé de vendre après achèvement).

2) Fournisseur de matériaux. En donnant au poseur des instructions techniques précises, le fournisseur de béton a ainsi participé activement à la construction dont il avait assumé la maîtrise d'œuvre et est intervenu en qualité de constructeur au sens de l'article 1792 du Code civil (■ Cass. 3e civ., 28 févr. 2018, n° 17-15.962).

3) Vente après achèvement. Étant réputée constructeur, la personne qui vend, après achèvement, un ouvrage qu'elle a construit ou fait construire est tenue d'une responsabilité pour faute prouvée en ce qui concerne les dommages intermédiaires (■ Cass. 3e civ., 4 nov. 2010, n° 09-12.988 : *Bull. civ.* III, n° 196 ; *Defrénois* 2012,7, obs. H. Périnet-Marquet ; *RD imm.* 2011, 116, obs. J.-P. Tricoire ; *Resp. civ. et assur.* 2011, comm. 69, obs. H. Groutel).

4) Immeuble en cours d'achèvement. Viole l'article 1792-1 l'arrêt qui retient que la vente d'un immeuble non achevé est une vente en l'état assimilable à celle d'un immeuble achevé (■ Cass. 3e civ., 9 juin 1999, n° 97-19.257 : *JurisData* n° 1999-002332 ; *JCP* 99, IV, 2437 ; *Bull. civ.* III, n° 133, p. 91). Viole l'article 1792-1, alinéa 2, l'arrêt qui, sur le fondement des articles 1792 et suivants, condamne les vendeurs d'une maison en cours de restauration à réparer le préjudice subi par les acquéreurs du fait de désordres dans les ouvrages exécutés, alors qu'il relève que ces travaux n'étaient pas achevés (■ Cass. 3e civ., 14 mars 2001, n° 99-18.348 : *JurisData* n° 2001-008637 ; *JCP* G 2001, IV, 1871 ; *JCP* N 2002, 1001, note Rakotovahiny ; *Bull. civ.* III, n° 34, p. 27).

5) Sous-traitance. Les sous-traitants ne sont pas tenus des garanties légales (■ Cass. 3e civ., 20 juin 1989, n° 88-10.939 : *JurisData* n° 1989-002171 ; *Bull. civ.* III, n° 146, p. 80).

6) Option avec l'action en garantie des vices cachés. Lorsqu'une personne vend, après achèvement, un immeuble qu'elle a construit ou fait construire, l'action en garantie décennale n'est pas exclusive de l'action en garantie des vices cachés de droit commun de l'article 1641 du Code civil (■ Cass. 3e civ., 17 juin 2009, n° 08-15.503 : *Resp. civ. et assur.* 2009, comm. 291, obs. Groutel ; *RDC* 2009/4, 1475, obs. Brun). Pour l'admission d'une option entre les garanties légales des articles 1792 et suivants du Code civil et l'action en résolution de la vente lorsque le constructeur de l'immeuble achevé en est également le vendeur, V. ■ Cass. 3e civ., 2 mars 2005, préc. sous C. civ., art. 1792, annot. n° 2, p. 1378. Rappr. ■ Cass. 3e civ., 3 mars 2010, n° 09-11282 : *Bull. civ.* 2010, III, n° 55, qui juge que le vendeur d'une villa rénovée, qui est responsable de plein droit sur le fondement de l'article 1792 du Code civil des dommages dus au choix de matériaux de mauvaise qualité et à la réalisation défectueuse des opérations de rénovation, ne peut invoquer l'application de la clause de non-garantie des vices cachés insérée dans l'acte de vente.

Art. 1792-2 *(L. n° 78-12, 4 janv. 1978 ; mod., Ord. n° 2005-658, 8 juin 2005).* **– La présomption de responsabilité établie par l'article 1792 s'étend également aux dommages qui affectent la solidité des éléments d'équipement d'un ouvrage, mais seulement lorsque ceux-ci font indissociablement corps avec les ouvrages de viabilité, de fondation, d'ossature, de clos ou de couvert.**

Un élément d'équipement est considéré comme formant indissociablement corps avec l'un des ouvrages de viabilité, de fondation, d'ossature, de clos de couvert lorsque sa dépose, son démontage ou son remplacement ne peut s'effectuer sans détérioration ou enlèvement de matière de cet ouvrage.

1) Mise en cause de la solidité de l'ouvrage (non). L'article 1792-2 n'exige en aucune façon que la solidité de l'ouvrage lui-même soit affectée, mais s'applique lorsque est affectée la solidité de l'élément d'équipement (■ Versailles, 23 juin 1995 : *JurisData* n° 1995-045735 ; *RD imm.* 1996, 73, obs. Malinvaud et Boubli).

2) Indissociabilité. Les juges du fond ne peuvent retenir qu'une chape est dissociable de la structure en se fondant sur les modalités de réparation, sans constater que sa dépose, son démontage ou son remplacement peut s'effectuer sans détérioration ou enlèvement de matières des ouvrages de viabilité, de fondation, d'ossature, de clos ou de couvert (■ Cass. 3e civ., 28 oct. 2003, n° 02-14.589 : *JurisData* n° 2003-020754 ; *RD imm.* 2004, 122, obs. Malinvaud).

Art. 1792-3 *(L. 78-12, 4 janv. 1978 ; rempl., Ord. n° 2005-658, 8 juin 2005).* **– Les autres éléments d'équipement de l'ouvrage font l'objet d'une garantie de bon fonctionnement d'une durée minimale de deux ans à compter de sa réception.**

1) Travaux de peinture. Des peintures n'ayant qu'un rôle esthétique ne constituent pas un élément d'équipement (■ Cass. 3e civ., 27 avr. 2000, n° 98-15.970 : *JurisData* n° 2000-001576 ; *JCP* 2000,

IV, 1965 ; *Bull. civ.* III, n° 88, p. 59. ■ Cass. 3e civ., 22 oct. 2002, n° 01-01.539 : *JurisData* n° 2002-016082 ; *RD imm.* 2003, 89, obs. Malinvaud).

2) Installation domotique. Viole l'article 1792-3 la cour d'appel qui applique la garantie décennale alors qu'elle relève que les désordres constatés dans « l'installation domotique » de l'immeuble affectent un élément d'équipement dissociable, sans constater que ces désordres rendent l'ouvrage principal impropre dans son ensemble à sa destination (■ Cass. 3e civ., 26 févr. 2003 : *JCP* 2003, IV, 1732 ; *JurisData* n° 2003-017909 ; *Resp. civ. et assur.* 2003, 135 ; *Bull. civ.* III, n° 47, p. 44).

3) Plafonds. Des plafonds ne peuvent relever de la garantie de l'article 1792-3 que s'ils sont dissociables (■ Cass. 3e civ., 14 déc. 2004, n° 03-18.142 : *JurisData* n° 2004-026291 ; *RD imm.* 2005, 131, obs. Malinvaud).

4) Revêtement végétal (non). Des désordres qui affectent le revêtement végétal d'une étanchéité, ne compromettant pas la solidité de l'ouvrage ni ne le rendant impropre à sa destination et concernant un élément dissociable de l'immeuble non destiné à fonctionner, ne relèvent pas de la garantie de bon fonctionnement (■ Cass. 3e civ., 18 févr. 2016, n° 15-10.750).

Art. 1792-4 *(L. n° 78-12, 4 janv. 1978).* – **Le fabricant d'un ouvrage, d'une partie d'ouvrage ou d'un élément d'équipement conçu et produit pour satisfaire, en état de service, à des exigences précises et déterminées à l'avance, est solidairement responsable des obligations mises par les articles 1792, 1792-2 et 1792-3 à la charge du locateur d'ouvrage qui a mis en œuvre, sans modification et conformément aux règles édictées par le fabricant, l'ouvrage, la partie d'ouvrage ou élément d'équipement considéré.**

Sont assimilés à des fabricants pour l'application du présent article :

Celui qui a importé un ouvrage, une partie d'ouvrage ou un élément d'équipement fabriqué à l'étranger ;

Celui qui l'a présenté comme son œuvre en faisant figurer sur lui son nom, sa marque de fabrique ou tout autre signe distinctif.

Bibliographie : Ph. Malinvaud, *L'action directe du maître de l'ouvrage contre les fournisseurs de matériaux et composants : D.* 1984, chron. 41.

1) Matériau. Le béton prêt à l'emploi n'est pas en lui-même un ouvrage ni une partie d'ouvrage, ni un élément d'équipement, mais un matériau (■ Cass. 3e civ., 24 nov. 1987, n° 86-15.488 : *Bull. civ.* III, n° 188, p. 110). Il en va de même pour un produit de revêtement d'étanchéité liquide, qui n'a pas été fabriqué en vue d'une utilisation bien définie à l'avance, qui n'a pas été soumis à des contraintes spécifiques imposées avant sa pose et qui ne présente aucune spécificité le distinguant des autres produits ayant la même finalité (■ Cass. 3e civ., 26 mai 1992, n° 90-15.883 : *JurisData* n° 1992-001529 ; *Bull. civ.* III, n° 167, p. 101).

2) Des **crochets destinés à retenir la neige sur un toit** ne constituent pas en eux-mêmes un ouvrage, une partie d'ouvrage, ou un élément d'équipement conçu pour satisfaire, en état de service, à des exigences précises et déterminées à l'avance (■ Cass. 3e civ., 11 janv. 1995, n° 93-10.502 : *JurisData* n° 1995-000001 ; *Bull.* III, n° 9, p. 5 ; *RD imm.* 1995, 335, obs. Malinvaud et Boubli ; *Gaz. Pal.* 1996, 1, somm. 9, obs. Peisse. Comp. pour des ossatures métalliques, ■ Versailles, 16 juin 1995 : *JurisData* n° 1995-044504 ; *RD imm.* 1996, 74, obs. Malinvaud et Boubli, pour des tuyaux convenant à des usages polyvalents ■ Cass.3e civ., 26 juin 2002, n° 00-19.686 : *JurisData* n° 2002-015132 ; *RD imm.* 2002, 422, obs. Malinvaud).

3) Plancher chauffant et panneaux d'isolation. Ayant relevé que les matériaux composant le plancher chauffant étaient des éléments d'équipement conçus pour satisfaire à des exigences précises et déterminées à l'avance, que les éléments entrant dans la composition du système dalle polystyrène et canalisation n'étaient pas des matériaux indifférenciés, mais un assemblage élaboré, et retenu que l'entrepreneur avait mis en œuvre sans modification et conformément aux règles édictées par le fabricant le système de chauffage considéré, la cour d'appel en a exactement déduit que la responsabilité du fabricant était engagée sur le fondement de l'article 1792-4 (■ Cass. 3e civ., 25 juin 1997, n° 95-18.234 : *JurisData* n° 1997-002992 ; *D.* 1998, 360, note Raffi. V. aussi pour des panneaux d'isolation ■ Cass. 3e civ., 12 juin 2002, n° 01-01.236 : *JurisData* n° 2002-014840 ; *RD imm.* 2002, 421, obs. Malinvaud ; *Bull. civ.* III, n° 133, p. 115 ; pour des panneaux isothermes découpés sur le chantier : ayant constaté qu'une société spécialisée avait déterminé les dimensions des différents panneaux commandés et les avaient fabriqués sur mesure afin de répondre à des exigences sanitaires et thermiques spécifiques, que les aménagements effectués sur le chantier étaient conformes aux prévisions et directives de la société spécialisée, la cour d'appel en a exactement déduit que le fabricant de ces panneaux, conçus et produits pour le bâtiment en cause et mis en œuvre sans modification, était solidairement responsable en application de l'article 1792-4 du Code civil (■ Cass. ass. plén., 26 janv. 2007, n° 06-12.165 : *RDC* 2007/3, p. 830, obs. Puig ; *D.* 2007, act. jurispr. 502, obs. Gallmeister ; *JCP* 2007, II, 10116, note Guérin ; *Contrats, conc. consom.* 2007, 147, note Leveneur. – V. aussi ■ Cass. 3e civ., 25 avr. 2007, nos 05-17.838 et 05-20.585 : *JurisData* n° 2007-038511 et n° 2007-038510 ; dans le même sens *a contrario*, ■ Cass. 3e civ., 27 févr. 2008, n° 07-11.280 : *JurisData* n° 2008-042924, ne relèvent pas de l'article 1792-4 des panneaux qui n'avaient pas été l'objet d'une fabrication spécifique pour les besoins précis des locaux du maître de l'ouvrage, aucune étude fixant à l'avance la capacité d'isolation thermique que devaient présenter ces panneaux ni aucune commande faisant référence à un dimensionnement particulier, n'ayant été faite s'agissant d'éléments indifférenciés pouvant être utilisés pour des locaux autres). *Contra*, auparavant ■ Cass. 3e civ., 22 sept. 2004, n° 02-21.441 : *JurisData* n° 2004-024865 ; *Bull. civ.* III, n° 151, p. 137 ; *Resp. civ. et assur.* 2004, 341 ; *RD imm.* 2004, 571, obs. Malinvaud ; *Defrénois* 2006, 67, obs. Périnet-Marquet et ■ Cass. 3e civ., 15 mars 2006, n° 04-20.228 : *JurisData* n° 2006-032672 ; *RD imm.* 2006, 234, obs. Malinvaud. Refusant l'application de l'article 1792-4 du Code civil pour des vitrages ■ Cass. 3e civ., 20 nov. 2002, n° 00-14.423 : *JurisData* n° 2002-016439 ; *Bull. civ.* III, n° 228, p. 196 ; *Resp. civ. et assur.* 2003, 75 ; pour des panneaux démontables d'un entrepôt frigorifique ■ Cass. 3e civ., 29 oct. 2003 : *JurisData* n° 2003-020649 ; *JCP* 2003, IV, 3007 ; *Resp. civ. et assur.* 2004, 10 ; *Defrénois* 2004, 450, 1re esp., obs. Périnet-Marquet ; pour des carreaux constituant un « matériau amorphe et indifférencié » ■ Cass. 3e civ., 4 févr. 2004, n° 02-17.219 : *JurisData* n° 2004-022117 ; *Bull. civ.* III, n° 18, p. 17.

4) **Système de chauffage.** Ne constitue pas un élément d'équipement un système de chauffage inclus dans des « villas solaires » qui n'est pas la réplique exacte de la maison lauréate du concours organisé par le ministère de l'Environnement, dont les données de base ont été modifiées et dont la mise en place exige la vérification de la compatibilité des installations avec les conditions climatiques locales (■ Cass. 3e civ., 6 oct. 1999, n° 98-12.384 : *JurisData* n° 1999-003389 ; *Bull. civ.* III, n° 196, p. 137 ; *Defrénois* 2000, 489, obs. Périnet-Marquet).

5) **Panneaux isolants.** Ne relèvent pas des dispositions de l'article 1792-4 du Code civil les panneaux isolants, indifférenciés, produits en grande quantité et qui n'ont pas été fabriqués spécifiquement pour le chantier litigieux (■ Cass. 3e civ., 7 janv. 2016, nos 14-17.033 et 14-17.669).

6) **Directives du fabricant.** Il appartient aux juges du fond, avant de retenir la responsabilité solidaire du fabricant ayant fourni la coque d'une piscine, de rechercher si l'entrepreneur qui a posé la coque a suivi les instructions du fabricant (■ Cass. 3e civ., 17 juin 1998, n° 95-20.841 : *JurisData* n° 1998-002725 ; *JCP* 98, IV, 2781 ; *Bull. civ.* III, n° 126, p. 85).

7) **Circulaire ministérielle.** Les juges du fond n'ont pas à s'expliquer sur une circulaire ministérielle prise pour l'application de l'article 1792-4 (■ Cass. 3e civ., 24 nov. 1987, préc.).

8) **Nécessité d'un louage d'ouvrage.** Dès lors que l'ouvrage a été construit par le propriétaire du terrain et qu'il n'existe aucun contrat de louage d'ouvrage avec quiconque, la cour d'appel en déduit exactement que l'intéressé n'est lié avec le fournisseur de matériaux que par un contrat de vente auquel s'applique la garantie des vices cachés (■ Cass. 3e civ., 13 nov. 2003, n° 00-22.309 : *JurisData* n° 2003-020910 ; *Contrats, conc. consom.* 2004, 21, note Leveneur ; *Bull. civ.* III, n° 192, p. 172 ; *RD imm.* 2004, 129, obs. Malinvaud).

Art. 1792-4-1 *(Anc. art. 2270, L. n° 2008-561, 17 juin 2008 ; L. n° 78-12, 4 janv. 1978)* (1). **– Toute personne physique ou morale dont la responsabilité peut être engagée en vertu des articles 1792 à 1792-4 du présent code est déchargée des responsabilités et garanties pesant sur elle, en application des articles 1792 à 1792-2, après dix ans à compter de la réception des travaux ou, en application de l'article 1792-3, à l'expiration du délai visé à cet article.**

1) **Faute dolosive. Responsabilité contractuelle malgré la forclusion décennale.** Le constructeur, nonobstant la forclusion décennale, est, *sauf faute extérieure au contrat*, contractuellement tenu à l'égard du maître de l'ouvrage de sa faute dolosive (■ Cass. 3e civ., 27 juin 2001 : *JCP* G 2001, II, 10626, note Malinvaud ; I, 124, n° 18, obs. Viney ; JCP E 2001, 2056, note Rakotovahiny ;

(1) Dispositions applicables aux contrats relatifs aux chantiers dont la déclaration réglementaire d'ouverture aura été établie postérieurement au 1er janv. 1979, L. n° 78-12, 4 janv. 1978.

Voir art. 1792 et s., p. 1494.

D. 2001, 2995, concl. Weber et note Karila ; *Resp. civ. et assur.* 2001, 299, note Groutel ; *JurisData* n° 2001-010351 ; *Bull. civ.* III, n° 83, p. 63 ; *Defrénois* 2002, 64, obs. Périnet-Marquet ; *RTD civ.* 2001, 887, obs. Jourdain. V. aussi ■ Cass. 3e civ., 16 mars 2005, n° 03-19.249 : *Resp. civ. et assur.* 2005, 156, note Groutel. V. déjà ■ Cass. 3e civ., 5 janv. 1983 : *JCP* 83, IV, 88. ■ Cass. 3e civ., 23 juill. 1986, n° 84-17.768 : *JurisData* n° 1986-701409 ; *Bull. civ.* I, n° 129, p. 100). ■ Cass. 3e civ., 27 mars 2013, n° 12-13.840 : *Bull. civ.* III, n° 39 ; *RDC* 2013/3, 911, obs. Carval ; *Gaz. Pal.* 17 mai 2013, 46, obs. Parmentier ; *Defrénois* 2013, 523, obs. Périnet-Marquet ; *Resp. civ. et assur.* 2013, comm. 193 Groutel ; *RD imm.* 2013, 373, obs. Tricoire : l'action fondée sur la faute dolosive du constructeur, étant de nature contractuelle, est une action attachée à l'immeuble et donc transmissible au sous-acquéreur, qui était recevable à se prévaloir de cette faute pour rechercher la responsabilité du constructeur après l'expiration de la garantie légale. ■ Cass. 3e civ., 5 janv. 2017, n° 15-22.772 : *D.* 2017, 392, note Mazeaud ; *RD imm.* mars 2017, 155, obs. Malinvaud ; *Constr.-Urb.*, févr. 2017, 1, obs. Périnet-Marquet ; *JCP* 2017, 434, note Karila : le constructeur est, nonobstant la forclusion décennale, contractuellement tenu à l'égard du maître de l'ouvrage de sa faute dolosive lorsque, de propos délibéré, même sans intention de nuire, il viole, par dissimulation ou par fraude, ses obligations contractuelles.

Contra, auparavant : ■ Cass. 1re civ., 30 mai 1978, n° 77-10.375 : *JurisData* n° 1978-000205 ; *Bull. civ.* I, n° 205, p. 164. ■ Cass. 3e civ., 9 mai 1979, n° 77-15.402 : *JurisData* n° 1979-735180 ; *D.* 1980, 414, note Espagnon : application du délai décennal, si lourdes qu'aient été les fautes reprochées à l'entrepreneur.

2) Notion de faute dolosive. ■ Cass. 3e civ., 27 juin 2001, n° 99-17.535, préc., violation par dissimulation ou par fraude de ses obligations contractuelles par le constructeur, de propos délibéré, même sans intention de nuire. Dans le même sens, ■ Cass. 3e civ., 5 janv. 2017, préc., qui décide que le fait que l'entrepreneur principal n'ait pas *pris les précautions élémentaires* pour surveiller la totalité de l'exécution des travaux qu'il a sous-traités, est insuffisant à caractériser sa faute dolosive. *Adde* ■ Cass. 3e civ., 7 févr. 2001 : *Bull. civ.* III, n° 14 ; *Defrénois* 2001, 873, obs. Périnet-Marquet ; *RD imm.* 2001, 176, obs. Malinvaud (une violation des règles de l'art ne constitue pas nécessairement une faute dolosive). ■ Cass. 3e civ., 22 juin 2005 : *JurisData* n° 2013-005629 ; *Bull. civ.* III, n° 135 ; *RDC* 2006, 833, obs. Carval ; *RD imm.* 2005, 338, obs. Malinvaud (silence gardé par un contrôleur technique sur la non-conformité de l'ouvrage aux normes techniques, faute dolosive). ■ Cass. 3e civ., 27 mars 2013, n° 12-13.840, préc. *supra* note 1 (la connaissance par le constructeur de l'insuffisance notoire des fondations à un moment où il était encore possible d'y remédier caractérisait une dissimulation constitutive d'une faute dolosive). – Pour un assouplissement de la notion de faute dolosive (plus de référence à la dissimulation ou à la fraude), V. ■ Cass. 3e civ., 8 sept. 2009, n° 08-17.336 : *Bull. civ.* III, n° 179 ; *RDC* 2010/1, 72, obs. Deslayes ; *RD imm.* 2009, 599, note Malinvaud ; *Defrénois* 2010, 225, obs. Périnet-Marquet ; *LPA*, 6 nov. 2009, note Tricoire ; *D.* 2009, 2221, obs. Vincent (constructeur n'ayant pas pris les précautions élémentaires dans la construction d'une cheminée, violation délibérée des obligations contractuelles) ; ■ Cass. 3e civ., 6 déc. 2005 : *RD imm.* 2006, 137, obs. Malinvaud (violation consciente et délibérée des obligations contractuelles). Comp. auparavant, ■ Cass. 3e civ., 18 déc. 1996 : *JCP* 1997, IV, 311 ; *Bull. civ.* III, n° 239, p. 156 ; *D.* 1997, somm. 289, obs. Delebecque : la faute dolosive suppose l'intention de nuire.

3) Action de l'entrepreneur contre le sous-traitant (jurisprudence rendue sous l'empire du droit antérieur à la réforme de 2008). L'action intentée par l'entrepreneur principal contre le sous-traitant ne relève pas de l'ancien article 2270 mais est soumise à la prescription trentenaire (■ Cass. 3e civ., 3 oct. 1985 : *JCP* 86, II, 20601, note Bloch).

4) Computation du délai. Le jour de réception des travaux ne doit pas être compris dans le délai de l'ancien article 2270 (■ Cass. 3e civ., 8 janv. 1980, n° 78-13.276 : *JurisData* n° 1980-099003 ; *Bull. civ.* III, n° 2, p. 2).

5) Réparation des malfaçons. Après réparation des malfaçons, un nouveau délai de dix ans recommence à courir (■ Cass. 3e civ., 29 juin 1983, n° 82-11.991 : *JurisData* n° 1983-701771 ; *Bull. civ.* III, n° 151, p. 118).

6) Responsabilité contractuelle de droit commun (jurisprudence rendue sous l'empire du droit antérieur à la réforme de 2008). La responsabilité contractuelle de droit commun du constructeur quant aux désordres de construction révélés en l'absence de réception se prescrit par dix ans à compter de la manifestation du dommage. De sorte que doit être cassé l'arrêt qui, pour accueillir la demande en réparation des désordres, retient que la réception n'était pas intervenue et que l'action en responsabilité contractuelle de droit commun résultant de l'article 1147 du Code civil dont disposait le maître de l'ouvrage à l'égard de l'architecte pour les désordres révélés en cours de chantier était soumise à la prescription trentenaire, à l'exclusion des règles relatives à la garantie décennale instituée par les articles 1792 et suivants du même code (■ Cass. 3e civ., 24 mai 2006 : *JurisData* n° 2006-033722 ; *Bull. civ.* III, n° 132 p. 109). La responsabilité contractuelle de droit commun du constructeur pour manquement au devoir de conseil ne peut être invoquée, quant aux désordres affectant l'ouvrage, au-delà d'un délai de dix ans à compter de la réception (■ Cass. 3e civ., 16 oct. 2002, 1er arrêt : *JurisData* n° 2002-015984 ; *Resp. civ. et assur.* 2003, 10 ; *D.* 2003, 300, note Malinvaud ; *Bull. civ.* III, n° 205, p. 174, 1er arrêt ; *RTD civ.* 2003, 308, obs. Jourdain. Dans le même sens, ■ Cass. 3e civ., 7 janv. 2016, nos 14-17.033 et 14-17.669). En revanche, l'action engagée par un maître de l'ouvrage à l'encontre d'un maître d'œuvre chargé d'une mission limitée à l'obtention d'un permis de construire visant seulement, en l'absence de tout désordre, à obtenir la réparation d'un préjudice qui résulterait d'un manque à gagner à raison de l'impossibilité de réaliser le projet initial de construire deux bâtiments, relève de la prescription trentenaire (■ Cass. 3e civ., 26 sept. 2007 : *JurisData* n° 2007-040509 ; *Constr.-Urb.* 2007, comm. 210, obs. Pagès de Varenne ; *JCP* G 2007, IV, 2922). V. sur l'ensemble du problème J.-P. Karila, *Vers l'uniformisation de tous délais d'action des différentes responsabilités des constructeurs d'ouvrages immobiliers : JCP* N 2004, 1160).

7) Action récursoire du maître de l'ouvrage contre les constructeurs. Le délai de prescription de l'action en garantie formée par un maître de l'ouvrage contre un entrepreneur a pour point de départ la date à laquelle il a été assigné en responsabilité par le tiers victime des travaux (■ Cass. 3e civ., 13 févr. 2013, n° 11-23.221 : *RDC* 2013/3, 925, obs. Carval).

Comp. auparavant : l'action en réparation de malfaçons exercée par l'acquéreur d'un immeuble contre le maître de l'ouvrage avant l'expiration du délai de garantie légale n'a pas pour effet de rendre recevable l'action récursoire intentée par celui-ci contre les constructeurs postérieurement à l'expiration de ce délai (■ Cass. 3e civ., 15 févr. 1989, n° 87-14.713 : *JurisData* n° 1989-000340 ; *JCP* 89, IV, 141 ; *Bull. civ.* III, n° 36, p. 20, 2 arrêts. ■ Cass. 3e civ., 14 juin 1995, n° 93-18.944 : *JurisData* n° 1995-001493 ; *JCP* 95, IV, 1945 ; *RD imm.* 1995, 755, obs. Malinvaud et Boubli). Comp. pour une action récursoire d'un architecte contre un sous-traitant, ■ Cass. 3e civ., 13 sept. 2006 : *JurisData n° 2006-034914* ; *Bull. civ.* III n° 174, p. 145 ; *RDI* 2006, p. 506, note Malinvaud).

8) Effet interruptif de l'assignation. L'assignation au fond ne peut interrompre le délai de garantie décennale qu'en ce qui concerne les désordres qui y sont expressément désignés (■ Cass. 3e civ., 31 mai 1989, n° 87-19.051 : *JurisData* n° 1989-702225 ; *JCP* 1989, IV, 283 ; *Bull. civ.* III, n° 122, p. 67. ■ Cass. 3e civ., 4 juill. 1990, n° 89-11.092 : *JurisData* n° 1990-002036 ; *Bull. civ.* III, n° 164, p. 95. ■ Cass. 3e civ., 6 mai 1998, n° 96-12.738 : *JurisData* n° 1998-001934 ; *JCP* 1998, IV, 2542 ; *Bull. civ.* III, n° 104, p. 70) et seulement si elle est adressée à celui que l'on veut empêcher de prescrire (■ Cass. 3e civ., 23 févr. 2000, n° 98-15.127 : *JurisData* n° 2000-000822 ; *JCP* 2000, IV, 1640 ; *Resp. civ. et assur.* 2000, 158). Viole les articles 2044 et 2270 la cour d'appel qui retient que l'action en responsabilité contractuelle de droit commun est irrecevable comme étant différente par sa nature de l'action en responsabilité décennale, de sorte que sa prescription n'a pu être interrompue par l'exercice de cette dernière, sans constater que la demande présentée subsidiairement sur le fondement de la responsabilité contractuelle de droit commun avait un objet différent de la demande principale qu'elle avait rejetée (■ Cass. 3e civ., 26 juin 2002, n° 00-12.023 : *JurisData* n° 2002-014976 ; *RD imm.* 2002, 419, obs. Malinvaud ; *Bull. civ.* III, n° 149, p. 127. V. aussi ■ Cass. 3e civ., 22 sept. 2004, n° 03-10.923 : *JurisData* n° 2004-024873 ; *Bull. civ.* III, n° 152, p. 138). Jugé que, ayant retenu à bon droit que la responsabilité contractuelle de droit commun des constructeurs ne pouvait être invoquée, quant aux défauts de conformité affectant l'ouvrage, au-delà d'un délai de dix ans à compter de la réception, et relevé qu'en l'espèce l'assignation en référé aux fins d'expertise avait été délivrée onze ans après la date de la réception des travaux, en soulignant également que la société maître de l'ouvrage n'alléguait pas avoir été mise dans l'impossibilité absolue d'agir dans le délai de dix ans de la réception puisque le défaut de conformité invoqué lui avait été révélé moins de trois ans après la date de ladite réception, de sorte qu'elle avait procédé à la recherche prétendument omise, la cour d'appel en a exactement déduit que la prescription était acquise (■ Cass. 3e civ., 22 nov. 2006, n° 05-19.565 : *JurisData* n° 2006-036042 ; *JCP* G 2006, IV, 3479). Est recevable l'action de l'assureur dommages-ouvrage contre l'assureur du responsable – l'assignation en référé qui lui avait été délivrée à la demande de l'assureur dommages-ouvrage en extension des opérations d'expertise judiciaire avait eu un effet interruptif de prescription – alors même que cette action est prescrite à l'encontre de la personne même de l'assuré, ceci dans la mesure où le maître d'ouvrage peut actionner directement l'assureur de responsabilité des constructeurs, cette action directe n'étant pas subordonnée à la mise en cause de l'assuré (■ Cass. 3e civ., 24 oct. 2007, n° 06-17.295 : *JurisData* n° 2007-041008 ; *JCP* G 2008,

II, 10040, note Guyader ; *Resp. civ. et assur.* 2007, comm. 369, obs. Groutel ; *Constr.-urb.* 2007, comm. 225, obs. Pagès de Varenne). L'assignation en référé-expertise délivrée par l'assureur dommages-ouvrage à un constructeur n'ayant pas le même objet que l'action en responsabilité décennale engagée par le maître de l'ouvrage n'a pu interrompre le délai courant contre ce dernier (■ Cass. 3e civ., 18 nov. 2009, nos 08-13.642 et 08-13.673 : *Bull. civ.* III, n° 250 ; *Resp. civ. et assur.* 2010, comm. 49 ; *JCP* 2010, n° 15, 428, n° 22, obs. Karila).

9) Solidarité. Interruption de la prescription. En application des règles de la solidarité passive dans les rapports des codébiteurs entre eux, les citations en référé délivrées dans le délai décennal par le maître de l'ouvrage à l'encontre de l'entrepreneur et de son assureur ont pour effet d'interrompre la prescription à l'égard du fabricant de matériaux, et donc de son assureur (■ Cass. 3e civ., 13 janv. 2010, n° 08-19.075 : *Bull. civ.* 2010, III, n° 7).

10) Copropriété. La forclusion décennale n'est pas interrompue, vis-à-vis des copropriétaires, par la demande relative aux dommages affectant les parties privatives, formée par le syndicat, ni par l'acte donné qui, se bornant à réserver la faculté d'exercer une action, ne constitue pas une décision consacrant la reconnaissance d'un droit (■ Cass. 3e civ., 15 nov. 1989, n° 88-11.271 : *JurisData* n° 1989-703671 ; *Bull. civ.* III, n° 212, p. 116).

11) Dommages futurs résultant des désordres. Sur le principe que la garantie décennale couvre les conséquences futures des désordres dont la réparation a été demandée au cours de la période de garantie, V. ■ Cass. 3e civ., 16 mai 2001, n° 99-15.974 : *JurisData* n° 2001-009653 ; *JCP* 2002, I, 124, n° 16, obs. Viney ; *Bull. civ.* III, n° 62, p. 49 ; *Defrénois* 2002, 58, obs. Périnet-Marquet. Dès lors que le désordre a été dénoncé pendant le délai de garantie décennale et a continué à produire des conséquences dommageables sur les mêmes ouvrages après l'expiration de ce délai, la demande formée à ce titre est recevable (■ Cass. 3e civ., 11 juill. 2001, n° 00-10.586 :*RD imm.* 2002, 85, obs. Malinvaud), sauf si les désordres n'ont présenté le degré de gravité requis qu'après le délai décennal (■ Cass. 3e civ., 29 mai 2002, n° 00-19.024 : *RD imm.* 2002, 323, obs. Malinvaud).

12) Dommages évolutifs. Absence d'expiration du délai de prescription dans une hypothèse où les désordres évolutifs s'étaient aggravés, avaient perduré malgré les travaux de renforcement conformément aux préconisations de l'expert et pouvaient compromettre la stabilité du bassin (■ Cass. 3e civ., 11 mars 2015, n° 13-28.351 : à paraître au *Bull. civ.*).

Art. 1792-4-2 *(Anc. art. 2270-2, L. n° 2008-561, 17 juin 2008 ; Ord. n° 2005-658, 8 juin 2005).* **– Les actions en responsabilité dirigées contre un sous-traitant en raison de dommages affectant un ouvrage ou des éléments d'équipement d'un ouvrage mentionnés aux articles 1792 et 1792-2 se prescrivent par dix ans à compter de la réception des travaux et, pour les dommages affectant ceux des éléments d'équipement de l'ouvrage mentionnés à l'article 1792-3, par deux ans à compter de cette même réception.**

Bibliographie : J. Bigot, *Responsabilité et assurance décennale : la clarification attendue* : *JCP* E 2005, 1176.

Art. 1792-4-3 *(L. n° 2008-561, 17 juin 2008).* **– En dehors des actions régies par les articles 1792-3, 1792-4-1 et 1792-4-2 les actions en responsabilité dirigées contre les constructeurs désignés aux articles 1792 et 1792-1 et leurs sous-traitants se prescrivent par dix ans à compter de la réception des travaux.**

Voir : pour l'entrée en vigueur de ces dispositions, voir L. n° 2008-561, 17 juin 2008, art. 26, p. 3293.

Art. 1792-5 *(L. n° 78-12, 4 janv. 1978 ; mod., L. n° 90-1129, 19 déc. 1990).* **– Toute clause d'un contrat *qui a pour objet, soit d'exclure ou de limiter* la responsabilité prévue aux articles 1792, 1792-1 et 1792-2, soit d'exclure les garanties prévues aux articles 1792-3 et 1792-6 ou d'en limiter la portée, soit d'écarter ou de limiter la solidarité prévue à l'article 1792-4, est réputée non écrite.**

Art. 1792-6 *(L. n° 78-12, 4 janv. 1978).* **– La réception est l'acte par lequel le maître de l'ouvrage déclare accepter l'ouvrage avec ou sans réserves. Elle intervient à la demande de la partie la plus diligente, soit à l'amiable, soit, à défaut, judiciairement. Elle est, en tout état de cause, prononcée contradictoirement.**

La garantie de parfait achèvement, à laquelle l'entrepreneur est tenu pendant un délai d'un an, à compter de la réception, s'étend à la réparation de tous les désordres signalés par le maître de l'ouvrage, soit au moyen de réserves mentionnées au procès-verbal de réception, soit par voie de notification écrite pour ceux révélés postérieurement à la réception.

Les délais nécessaires à l'exécution des travaux de réparation sont fixés d'un commun accord par le maître de l'ouvrage et l'entrepreneur concerné.

En l'absence d'un tel accord ou en cas d'inexécution dans le délai fixé, les travaux peuvent, après mise en demeure restée infructueuse, être exécutés aux frais et risques de l'entrepreneur défaillant.

L'exécution des travaux exigés au titre de la garantie de parfait achèvement est constatée d'un commun accord, ou, à défaut, judiciairement.

La garantie ne s'étend pas aux travaux nécessaires pour remédier aux effets de l'usure normale ou de l'usage.

Bibliographie : J. Chapron, *Observations sur la réception des travaux : RD imm.* 1995, 7. • H. Périnet-Marquet, *La réception des travaux : état des lieux. L'article 1792-6 du Code civil dix ans après : D.* 1988, chron. 287.

I – RÉCEPTION

1) Acte juridique unilatéral. Jugé que la loi du 4 janv. 1978 a reconnu à la réception la nature d'acte juridique, acte unilatéral accompli à l'initiative de la partie la plus diligente (■ TGI Aix-en-Provence, 8 janv. 1985 : *JurisData* n° 1985-600448 ; *D.* 1986, 289, note Bergel).

2) Constat d'huissier. Un constat d'huissier décrivant l'état des travaux de gros œuvre d'un pavillon réalisés par une entreprise qui a abandonné le chantier ne peut constituer une réception avec réserves que s'il a été établi contradictoirement (■ Cass. 3e civ., 3 mai 1989, n° 87-18.908 : *JurisData* n° 1989-701383 ; *JCP* 89, IV, 249).

3) Réception tacite. L'article 1792-6 n'exclut pas la possibilité d'une réception tacite (■ Cass. 3e civ., 12 oct. 1988, n° 87-11.174 : *JurisData* n° 1988-701822 ; *Bull. civ.* III, n° 137, p. 75. ■ Cass. 3e civ., 7 déc. 1988, n° 86-19.427 : *JurisData* n° 1988-002840 ; *Bull. civ.* III, n° 174, p. 95). Dès lors que le maître de l'ouvrage a pris possession des ouvrages et les a acceptés sans réserves, n'en contestant que le prix, la réception est caractérisée (■ Cass. 3e civ., 16 juill. 1987, n° 86-11.455 : *JurisData* n° 1987-001401 ; *Bull. civ.* III, n° 143, p. 84. ■ Versailles, 4 déc. 1987, n° 1671/86 : *JurisData* n° 1987-048171 ; *D.* 1989, 134, note Karila. *Contra* ■ Agen, 9 nov. 1983 : *JurisData* n° 1983-600243 ; *D.* 1985, 191, note Karila). Mais ne donne pas de base légale à sa décision la cour d'appel qui se borne à relever que les maîtres de l'ouvrage ont pris possession des lieux, ce qui ne suffit pas à caractériser leur volonté non équivoque d'accepter les travaux (■ Cass. 3e civ., 4 oct. 1989, n° 88-11.047 : *JurisData* n° 1989-003479 ; *Bull. civ.* III, n° 176, p. 97). Le fait que le maître de l'ouvrage a payé intégralement les travaux ne peut caractériser la réception tacite (■ Cass. 3e civ., 30 sept. 1998, n° 96-17.684 : *JurisData* n° 1998-003649 ; *JCP* 98, IV, 3194 ; *Bull. civ.* III, *n° 175, p. 117). Sur la nécessité d'un fait établissant* le caractère contradictoire de la réception, V. ■ Cass. 3e civ., 16 févr. 1994, n° 92-15.001 : *Bull. civ.* III, n° 22, p. 14. Les contestations du maître de l'ouvrage à l'encontre de la qualité des travaux excluent toute réception tacite, malgré le paiement de la facture (■ Cass. 3e civ., 24 mars 2016, n° 15-14.830). La volonté non équivoque de recevoir les travaux n'est pas établie dès lors que le maître de l'ouvrage a, dès l'origine, contesté la qualité des travaux de confortement et de reprise réalisés par l'entrepreneur (■ Cass. 3e civ., 14 déc. 2017, n° 16-24.752 : *Constr.-Urb.* 2018, 19, Pagès de Varenne).

4) Réception partielle. La réception partielle par lots n'est pas prohibée par la loi (■ Cass. 3e civ., 16 nov. 2010, n° 10-10.828 : *Defrénois* 2012, 7, obs. H. Périnet-Marquet ; *RD imm.* 2011, 285, obs. Ph. Malinvaud). En revanche, en raison du principe d'unicité de la réception, il ne peut y avoir réception partielle à l'intérieur d'un même lot, de sorte que la responsabilité décennale des constructeurs ne pouvait être mise en œuvre (■ Cass. 3e civ., 2 févr. 2017, n° 14-19.279).

5) Clause prévoyant que la prise de possession vaudra réception. Sur la validité d'une clause prévoyant que la prise de possession des lieux par le maître de l'ouvrage, intervenue sans réception contradictoire préalable, entraînera d'office une réception et une acceptation sans réserve des travaux, V. ■ Cass. 3e civ., 13 juill. 1993, n° 91-13.027 : *JCP* G 95, II, 22395 ; *JCP* N 95, II, 938, note Le Bars. Mais il appartient aux juges du fond de rechercher si le maître d'œuvre, tenu d'assister et de conseiller le maître de l'ouvrage lors de la réception, a informé ce dernier des conséquences de la prise de possession (■ Cass. 3e civ., 27 juin 2001 : *JCP* 2001, IV, 2566 ; *JurisData* n° 2001-010355 ; *Bull. civ.* III, n° 82, p. 62).

6) Fixation judiciaire. L'assureur dommages-ouvrage n'est pas partie au sens de l'article 1792-6 à la réception de l'ouvrage. Il n'a donc pas qualité pour agir en fixation judiciaire de la date de la réception (■ Cass. 3e civ., 23 avr. 1997, n° 95-18.317 : *JurisData* n° 1997-001707 ; *JCP* 97, IV, 1190 ; *Bull. civ.* III, n° 84, p. 56). Ne donne pas de base légale à sa décision l'arrêt qui fixe la date de réception judiciaire à une date à laquelle l'immeuble était effectivement habitable, sans rechercher si le constructeur n'avait pas fait obstacle à l'habitabilité effective de l'immeuble en empêchant le maître de l'ouvrage de prendre possession des lieux (■ Cass. 3e civ., 8 juin 2006 : *Bull. civ.* III, n° 139 ; *JurisData* n° 2006-033888 ; *JCP* 2006, IV, 2427). V. cependant ■ Cass. 3e civ., 24 nov. 2016, n° 15-26.090 qui reproche aux juges du fond de n'avoir pas prononcé la réception judiciaire des travaux à la date à laquelle l'ouvrage était habitable (travaux inachevés). En l'absence de réception amiable, la réception judiciaire peut être ordonnée si les travaux sont en état d'être reçus, sans qu'il soit besoin d'établir un refus abusif du maître de l'ouvrage de prononcer une réception expresse (■ Cass. 3e civ., 12 oct. 2017, n° 15-27.802 : *JCP* G 2017, note 1371, Karila).

7) Réception avant achèvement. Ajoute à la loi une condition qu'elle ne comporte pas l'arrêt qui affirme que la réception ne peut intervenir que lorsque l'ouvrage est achevé (■ Cass. 3e civ., 12 juill. 1989, n° 88-10.037 : *JurisData* n° 1989-002441 ; *Defrénois* 1990, 376, obs. Souleau ; *Bull. civ.* III, n° 161, p. 88. ■ Cass. 3e civ., 11 févr. 1998, n° 96-13.142 : *JurisData* n° 1998-000533 ; *JCP* 98, IV, 1729 ; *Bull. civ.* III, n° 28, p. 21) ou celui qui retient que le document signé des parties et intitulé « constat de réception des travaux » ne fait état d'aucune malfaçon, mais uniquement de travaux à terminer, ce qui implique la volonté du maître de l'ouvrage de ne pas recevoir la construction en l'état (■ Cass. 3e civ., 15 janv. 1997, n° 95-10.549 : *JurisData* n° 1997-000103 ; *JCP* 97, IV, 464 ; *Bull. civ.* III, n° 10, p. 6). L'achèvement de la totalité de l'ouvrage n'est pas une condition de la prise de possession d'un lot et de sa réception et le paiement de l'intégralité des travaux d'un lot et sa prise de possession par le maître de l'ouvrage valent présomption de réception tacite (■ Cass. 3e civ., 30 janv. 2019, n° 18-10.197).

8) Appréciation du caractère apparent ou caché du vice. Le caractère apparent ou caché d'un vice de construction ou d'un défaut de conformité doit s'apprécier au regard du maître de l'ouvrage lui-même, et non pas du maître d'œuvre, fût-il mandaté pour procéder à la réception (■ *Cass. 3e civ., 17 nov. 1993, n° 91-17.982 : JurisData* n° 1993-002135 ; *Bull. civ.* III, n° 146, p. 96. Sur le pouvoir souverain des juges du fond, V. ■ Cass. 3e civ., 4 nov. 2004, n° 03-12.481 : *JurisData* n° 2004-025451 ; *RD imm.* 2005, 129, obs. Malinvaud). Un défaut apparent est un défaut visible qui doit l'être dans toutes ses conséquences et toute son étendue pour un maître de l'ouvrage profane (■ Cass. 3e civ., 23 févr. 2000, n° 98-18.340 : *JurisData* n° 2000-000754 ; *Resp. civ. et assur.* 2000, 159. V. aussi ■ Cass. 3e civ., 18 déc. 2001 : *RD imm.* 2002, 150, obs. Malinvaud).

II – GARANTIE DE PARFAIT ACHÈVEMENT

9) Responsabilité contractuelle de droit commun. La garantie de parfait achèvement n'exclut pas l'application de la responsabilité contractuelle de droit commun (■ Cass. 3e civ., 22 mars 1995, n° 93-15.233 : *JurisData* n° 1995-000655 ; *JCP* G 1995, II, 22416 ; *JCP* N 1995, II, 1089, note Fossereau ; *Gaz. Pal.* 1996, 1, 13, note Boubli). La responsabilité contractuelle de droit commun de l'entrepreneur subsiste concurremment avec la garantie de parfait achèvement due par celui-ci, même si la mise en œuvre de la responsabilité n'est pas intervenue dans le délai de la garantie (■ Cass. 3e civ., 27 janv. 2010, n° 08-21.085 : *Bull. civ.* 2010, III, n° 20). La réception ayant été prononcée avec des réserves relatives au ravalement et le délai de la garantie de parfait achèvement étant expiré, la cour d'appel en a exactement déduit que l'obligation de résultat de l'entrepreneur principal persistait, pour les désordres réservés (■ Cass. 3e civ., 2 févr. 2017, n° 15-29.420).

10) Isolation phonique. Sur l'application de la garantie de parfait achèvement aux travaux de nature à satisfaire aux prescriptions légales ou réglementaires relatives aux exigences minimales requises en matière d'isolation phonique, voir L. n° 78-12, 4 janv. 1978, art. 7 (CCH, art. L. 111-11).

11) Vice ayant fait l'objet de réserves. Le vice qui a fait l'objet de réserves au moment de la réception ne peut donner lieu à l'application de la garantie décennale, mais à celle de la garantie de parfait achèvement (■ Cass. 3e civ., 29 avr. 1987, n° 84-10.558 : *JurisData* n° 1987-000762 ; *Bull. civ.* III, n° 89, p. 53. V. aussi ■ Cass. 3e civ., 26 oct. 1988, n° 87-13.115 : *JurisData* n° 1988-702418 ; *Bull. civ.* III, n° 145, p. 78), laquelle laisse subsister la responsabilité de droit commun des autres constructeurs (■ Cass. 3e civ., 17 nov. 1993, n° 92-11.026 : *JurisData* n° 1993-002137 ; *Bull. civ.* III, n° 147, p. 97. ■ Cass. 3e civ., 2 oct. 2001, n° 00-11.778 : *RD imm.* 2002, 89, obs. Malinvaud). Il importe peu à cet égard qu'avisé des réserves, l'entrepreneur n'ait pas réalisé les travaux de reprise dans le délai d'un an (■ Cass. 3e civ., 1er févr. 1989, n° 87-18.555 : *JurisData* n° 1989-700225 ; *JCP* 89, IV, 120 ; *Bull. civ.* III, n° 24, p. 15). La réception ayant été prononcée avec des réserves relatives au ravalement et le délai de la garantie de parfait achèvement étant expiré, la cour d'appel en a exactement déduit que l'obligation de résultat de l'entrepreneur principal persistait, pour les désordres réservés (■ Cass. 3e civ., 2 févr. 2017, n° 15-29.420). Mais les dispositions de l'article 1792-6 ne sont pas exclusives de l'application des dispositions des articles 1792, 1792-2 et 1792-3. Il en résulte que le maître de l'ouvrage peut demander sur le fondement de la garantie décennale réparation des désordres qui se sont révélés à l'intérieur du délai de la garantie de parfait achèvement (■ Cass. 3e civ., 4 févr. 1987, n° 85-16.584 : *JurisData* n° 1987-000159 ; *Bull. civ.* III, n° 16, p. 11. ■ Cass. 3e civ., 12 oct. 1994, n° 92-16.533 : *JurisData* n° 1994-001781 ; *JCP* 94, IV, 2478 ; *Bull. civ.* III, n° 172, p. 110 ; *RD imm.* 1995, 107, obs. Malinvaud et Boubli ; *Gaz. Pal.* 1996, 1, somm. 10, obs. Peisse). La mise en demeure de l'entrepreneur, en l'absence d'accord sur l'exécution des travaux, est nécessairement postérieure à la réception (■ Cass. 3e civ., 4 avr. 2001 : *JCP* 2001, IV, 2034 ; *JurisData* n° 2001-009023 ; *Bull. civ.* III, n° 41, p. 33). Sur le principe que les vices apparents non couverts par la garantie de parfait achèvement relèvent de la responsabilité de droit commun de l'entrepreneur, V. ■ Cass. 3e civ., 13 déc. 1995, n° 92-11.637 : *JurisData* n° 1995-003751 ; *Defrénois* 1996, 400, obs. Dubois. ■ Cass. 3e civ., 2 oct. 2001, n° 99-21.759 : *JurisData* n° 2001-011261 ; *Resp. civ. et assur.* 2001, 367, note Groutel.

12) Vente d'immeuble à construire. Le vendeur d'immeuble à construire n'est pas tenu de la garantie de l'article 1792-6 (■ Cass. 3e civ., 30 mars 1994 : *Bull. civ.* III, n° 69, p. 41 ; *Defrénois* 1994, 1524, obs. Dubois).

13) Action en garantie. La notification à l'entrepreneur d'un document intitulé procès-verbal de réception, contenant un certain nombre de réserves, ne peut pas être considérée comme une demande de garantie de parfait achèvement, alors que la demande a été introduite plus d'un an après la réception des travaux (■ Cass. 3e civ., 6 mai 1998, n° 95-20.870 : *JurisData* n° 1998-002113 ; *JCP* 98, IV, 2422 ; *Bull. civ.* III, n° 90, p. 61).

14) Délai de forclusion. Le principe selon lequel l'exception est perpétuelle ne s'applique pas au délai de la garantie biennale qui est un délai de forclusion, non de prescription (■ Cass. 3e civ., 4 nov. 2004, n° 03-13.414 : *JurisData* n° 2004-025453 ; *Bull. civ.* III, n° 186, p. 169).

Art. 1792-7 *(Ord. n° 2005-658, 8 juin 2005).* **– Ne sont pas considérés comme des éléments d'équipement d'un ouvrage au sens des articles 1792, 1792-2, 1792-3 et 1792-4 les éléments d'équipement, y compris leurs accessoires, dont la fonction exclusive est de permettre l'exercice d'une activité professionnelle dans l'ouvrage.**

Bibliographie : J. Bigot, *Responsabilité et assurance décennale : la clarification attendue* : *JCP* E 2005, 1176.

Art. 1793. – Lorsqu'un architecte ou un entrepreneur s'est chargé de la construction à forfait d'un bâtiment, d'après un plan arrêté et convenu avec le propriétaire du sol, il ne peut demander aucune augmentation de prix, ni sous le prétexte de l'augmentation de la main-d'œuvre ou des matériaux, ni sous celui de changements ou d'augmentations faits sur ce plan, si ces changements ou augmentations n'ont pas été autorisés par écrit et le prix convenu avec le propriétaire.

Bibliographie : B. Boubli, *Les travaux supplémentaires dans le marché à forfait* : *RD imm.* 1986, 415. • H. Marganne, *Les principes essentiels du marché à forfait* : *JCP* 2007, I, 178.

1) Sous-traitance. Les dispositions de l'article 1793 ne sont pas applicables à une convention de sous-traitance entre deux entreprises (■ Cass. 3e civ., 15 févr. 1983, n° 81-15.558 : *JurisData* n° 1983-700644 ; *Bull. civ.* III, n° 44, p. 35).

2) Notion de marché à forfait. Constitue un marché à forfait le contrat par lequel un entrepreneur se charge de la construction d'une maison d'après un devis convenu avec le propriétaire du sol et moyennant un prix définitivement fixé, éléments essentiels du caractère juridique du forfait. (■ Cass. 1re civ., 5 avr. 1965, n° 64-10.228 : *Bull. civ.* I, n° 245, p. 181). Mais jugé que l'existence du marché à forfait est subordonnée à la seule condition que *les parties aient arrêté à forfait le prix* des travaux prévus dans le plan et que les juges ne peuvent ajouter à cette condition légale celle de l'établissement d'un devis descriptif (■ Cass. civ., 18 janv. 1944 : *S.* 1944, 1, 146). Un marché de travaux peut ne pas présenter le caractère forfaitaire tout en comportant l'engagement de l'entrepreneur de construire sans que le coût de la construction dépasse un certain prix (■ Cass. 3e civ., 22 juin 1976, n° 75-11.612 : *JurisData* n° 1976-098277 ; *Bull. civ.* III, n° 277, p. 213).

3) Clauses incompatibles avec le caractère forfaitaire. Les dispositions de l'article 1793 cessent d'être applicables lorsque les parties, tout en stipulant le forfait, y ajoutent des clauses qui en modifient le caractère et la portée (■ Cass. req., 26 juin 1939 : *DH* 1939, 468), par exemple en se réservant la faculté d'engager des travaux supplémentaires dont le prix n'est pas déterminé (■ Cass. 3e civ., 8 oct. 1974 : *JurisData* n° 1974-000344 ; *JCP* 74, IV, 376 ; *Bull. civ.* III, n° 336, p. 257. ■ Cass. 3e civ., 28 févr. 1996, n° 94-15.561 : *RD imm.* 1996, 213, obs. Malinvaud et Boubli), à moins qu'il ne soit prévu que ces travaux supplémentaires devraient faire l'objet d'un accord écrit et qu'à défaut ils seraient compris dans le prix global, les parties ayant ainsi manifesté sans équivoque leur volonté de demeurer dans le cadre du forfait (■ Cass. 3e civ., 25 avr. 1972, n° 72-12.629 : *JurisData* n° 1972-098256 ; *Bull. civ.* III, n° 255, p. 182. – Comp. ■ Basse-Terre, 3 nov. 1980 : *D.* 1981, 373, note Floro).

4) Clauses relatives au prix. Jugé que la clause d'un marché de construction prévoyant une révision du prix en cas de modification des conditions économiques est compatible avec le caractère du forfait tel que défini par l'article 1793 (■ Cass. 1re civ., 11 févr. 1964, n° 62-12.169 : *JurisData* n° 1964-000079 ; *JCP* 64, IV, 46 ; *Bull. civ.* I, n° 79, p. 57), de même que les estimations détaillées visant à fixer l'échelonnement des versements à opérer par le maître de l'ouvrage (■ Cass. 3e civ., 6 mai 1980, n° 78-15.914 : *JurisData* n° 1980-099092 ; *Bull. civ.* III, n° 89, p. 64) ou la stipulation contractuelle par laquelle l'entrepreneur accepte que son mémoire ne soit vérifié par l'architecte que lorsque celui-ci sera en possession de tous les mémoires (■ Cass. 3e civ., 17 mai 1995, n° 93-15.332 : *JurisData* n° 1995-001107 ; *JCP* 95, IV, 1666 ; *RD imm.* 1995, 548, obs. Malinvaud et Boubli).

5) Construction d'un bâtiment. L'article 1793 n'est relatif qu'à la construction à forfait d'un bâtiment et ne peut s'appliquer à un marché n'ayant trait qu'à des aménagements intérieurs (■ Cass. 1re civ., 16 déc. 1964, n° 63-11.361 : *JurisData* n° 1964-700569 ; *D.* 1965, 347), ni à un marché portant sur un bâtiment flottant (■ Cass. com., 6 mars 1963 : *D.* 1963, 501. – V. aussi ■ Cass. 3e civ., 10 févr. 1976, n° 74-13.650 : *JurisData* n° 1976-098055 ; *JCP* 76, IV, 118 ; *Bull. civ.* III, n° 55, p. 43), ni à un bassin pour orques (■ Cass. 3e civ., 29 oct. 2003 : *JCP* 2003, IV, 3005 ; *JurisData* n° 2003-020645) ni à une piscine (■ Cass. 3e civ., 29 oct. 2003 : *JCP* 2003, IV, 3006 ; *JurisData* n° 2003-020644 ; *Defrénois* 2004, 447, obs. Périnet-Marquet). Par « propriétaire du sol » au sens de l'article 1793, il faut entendre toute personne, quel que soit son titre juridique, qui se comporte en propriétaire et par « construction » tout travail affectant le gros œuvre d'un édifice et faisant subir à celui-ci une importante transformation (■ Cass. soc., 3 déc. 1942 : *Gaz. Pal.* 1942, 2, 274. – V. aussi ■ Cass. civ., 23 mai 1959 : *D.* 1959, 489). *Des travaux nécessitant* l'adaptation et la modification du gros œuvre en fonction de leur exécution ne sont pas de simples aménagements et doivent être assimilés à une construction au sens de l'article 1793 (■ Cass. 3e civ., 15 déc. 1982, n° 81-11.459 : *JurisData* n° 1982-702941 ; *Bull. civ.* III, n° 254, p. 190). Relèvent de l'article 1793 les travaux d'installation électrique dans un hôtel en construction (■ Cass. 3e civ., 3 juill. 1991, n° 89-20.299 : *JurisData* n° 1991-001693 ; *Bull. civ.* III, n° 200, p. 117).

6) Interdiction de tout supplément de prix. Sur le principe que l'architecte ou l'entrepreneur ne peut réclamer aucun supplément de prix faute de justifier d'une autorisation par écrit, V. ■ Cass. civ., 10 juin 1931 : *DP* 1932, 1, 65, note Josserand. ■ Cass. com., 30 oct. 1968 : *Bull. civ.* IV, n° 244, p. 205. ■ Cass. 3e civ., 8 avr. 1998, n° 92-20.286 : *Contrats, conc. consom.* 1998, 95. À défaut d'autorisation écrite préalable, il faut une acceptation expresse et non équivoque du maître de l'ouvrage une fois les travaux effectués (■ Cass. 3e civ., 20 juin 2001, n° 99-20.242 : *JurisData* n° 2001-010230 ; *Defrénois* 2002, 55, obs. Périnet-Marquet). L'accord verbal du propriétaire sur les modifications apportées au plan primitif ne saurait être retenu sans réduire à néant la protection de ce propriétaire (■ Cass. 1re civ., 9 févr. 1959 : *D.* 1959, 105). Jugé qu'une lettre constituant une approbation de principe de l'exécution de nouveaux ouvrages ne répond que partiellement aux exigences de l'article 1793 et ne peut permettre de faire droit à une demande en paiement d'un supplément de prix (■ Cass. 3e civ., 29 oct. 1973, n° 72-13.079 : *JurisData* n° 1973-000553 ; *JCP* 73, IV, 403 ; *Bull. civ.* III, n° 553, p. 403). Le prix forfaitaire ne peut être augmenté pour tenir compte d'une erreur de calcul commise par l'entrepreneur dans le devis qui lui a servi de base pour la fixation du coût des travaux (■ Cass. 3e civ., 25 oct. 1972 : *JurisData* n° 1972-000547 ; *D.* 1973, 495, note J. Mazeaud), ni en invoquant le « manque de prévision » de l'entrepreneur (■ Cass. 3e civ., 6 mai 1998, n° 96-18.038 : *JurisData* n° 1998-001935 ; *JCP* 98, IV, 2423 ; *Bull. civ.* III, n° 94, p. 64). Les circonstances imprévisibles ne sont pas de nature à entraîner la modification du caractère forfaitaire du contrat (■ Cass. 3e civ., 20 nov. 2002, n° 01-14.010 : *JurisData* n° 2002-016437 ; *Bull. civ.* III, n° 230, p. 198 ; *JCP* E 2003, 31, note Guiderdoni). L'allégation d'un enrichissement sans cause ne peut servir à un entrepreneur pour déguiser une demande en supplément de prix formellement prohibée par l'article 1793 (■ Cass. civ., 5 nov. 1934 : *DH* 1934, 587). Ne donne pas de base légale à sa décision la cour d'appel qui met à la charge du maître de l'ouvrage des travaux supplémentaires sans constater que les modifications demandées avaient entraîné un bouleversement de l'économie des contrats, sans relever, à défaut d'une autorisation écrite préalable aux travaux, l'acceptation expresse et non équivoque, par le maître de l'ouvrage, de ces travaux une fois effectués et sans rechercher si le maître d'œuvre ayant visé les factures avait reçu mandat à cet effet (■ Cass. 3e civ., 24 janv. 1990, n° 88-13.384 : *JurisData* n° 1990-000233 ; *Bull. civ.* III, n° 28, p. 14 ; *D.* 1990, 257, note Bénabent. V. aussi ■ Cass. 3e civ., 13 mai 1992, n° 90-19.798 : *JurisData* n° 1992-001838 ; *Bull. civ.* III, n° 149, p. 91. ■ Cass. 3e civ., 23 nov. 1994, n° 93-11.278 : *JurisData* n° 1994-002066 ; *Bull.* III, n° 198, p. 127 ; *Gaz. Pal.* 1996, 1, somm. 11, obs. Peisse. ■ Cass. 3e civ.,

20 janv. 1999, n° 97-16.470 : *JurisData* n° 1999-000207 ; *JCP* 99, IV, 1452 ; *Bull. civ.* III, n° 16, p. 11. ▪ Cass. 3e civ., 12 juin 2002, n° 01-02.170 : *JurisData* n° 2002-014757 ; *Bull. civ.* III, n° 135, p. 116). Viole l'article 1134 du Code civil l'arrêt qui, pour accueillir la demande de l'entrepreneur en paiement de travaux supplémentaires, constate que l'économie du contrat avait été bouleversée et que les dispositions de l'article 1793 du Code civil devaient être écartées, alors que les motifs invoqués, quelle que soit la qualification du marché, ne suffisaient pas à établir que le maître de l'ouvrage avait expressément commandé les travaux supplémentaires avant leur réalisation, ou les avait acceptés sans équivoque après leur exécution (▪ Cass. 3e civ., 27 sept. 2006, *Bull. civ.* III, n° 189 ; *JurisData* n° 2006-035153 ; *JCP* 2006, IV, 3046).

7) Perte du caractère forfaitaire. Les marchés perdent leur caractère forfaitaire dès lors que de nombreuses modifications y ont été apportées, que ni les plans originaires ni les descriptifs annexés n'ont été respectés, que le volume et la nature des prestations fournies par chaque entrepreneur ont été modifiés de façon considérable en cours d'exécution des travaux et que ces modifications ont été voulues par le maître de l'ouvrage (▪ Cass. 3e civ., 8 mars 1995, n° 93-14.753 : *Bull.* III, n° 73, p. 49 ; *RD imm.* 1995, 549, obs. Malinvaud et Boubli).

8) Travaux commandés en dehors du marché à forfait. Les dispositions de l'article 1793 ne sont pas applicables quand les travaux supplémentaires ont été commandés et exécutés en dehors du marché à forfait (▪ Cass. 3e civ., 30 avr. 1969, n° 67-12.852 : *Bull. civ.* III, n° 338, p. 259), à condition qu'ils soient bien distincts de ceux originairement convenus (▪ Cass. 1re civ., 19 mai 1967 : *JCP* 67, IV, 98 ; *Bull. civ.* I, n° 167, p. 122).

9) Bouleversement de l'économie du contrat du fait d'un tiers. S'agissant d'un contrat conclu entre un architecte et un entrepreneur pilote, ce dernier ne peut réclamer un supplément de prix en invoquant le bouleversement de l'économie du contrat qui est dû au comportement du maître de l'ouvrage, non partie au contrat (▪ Cass. 3e civ., 6 déc. 2000, n° 99-13.429 : *JurisData* n° 2000-007220 ; *JCP* 2001, IV, 1222 ; *Defrénois* 2001, 872, obs. Périnet-Marquet).

10) Travaux indispensables à la sécurité. Les garde-corps indispensables à la sécurité de l'immeuble doivent être intégrés dans le marché forfaitaire initial (▪ Cass. 3e civ., 8 juin 2005 : *JCP* 2005, IV, 2677 ; *JurisData* n° 2005-028797 ; *Bull. civ.* III, n° 125, p. 115).

11) Responsabilité du tiers à l'origine d'un supplément de prix. Le caractère forfaitaire d'un marché ne peut exonérer de son obligation de réparer le préjudice le tiers au contrat d'entreprise dont l'erreur commise dans son étude préparatoire a conduit le maître de l'ouvrage et l'entrepreneur à conclure un avenant pour supplément de prix (▪ Cass. 3e civ., 13 févr. 2013, n° 11-25.978 : *Bull. civ.* III, n° 22 ; *RDC* 2013/3, 922, obs. Carval ; *RTD civ.* 2013, 389, Jourdain). Dans le même sens, ▪ Cass. 3e civ., 19 janv. 2017, n° 15-20.846 : *Constr.-Urb.*, mars 2017, 20, note Sizaire : le caractère forfaitaire d'un marché ne peut exonérer de son obligation de réparer le préjudice le tiers au contrat d'entreprise dont l'erreur commise dans son étude a conduit l'entrepreneur à établir un devis sous-évalué.

Art. 1794. – **Le maître peut résilier, par sa simple volonté, le marché à forfait, quoique l'ouvrage soit déjà commencé, en dédommageant l'entrepreneur de toutes ses dépenses, de tous ses travaux et de tout ce qu'il aurait pu gagner dans cette entreprise.**

1) Distinction avec l'action en résolution de droit commun. Sur la distinction entre la demande en résolution fondée sur l'article 1184 du Code civil et la demande en résiliation fondée sur l'article 1794, V. ▪ Cass. 3e civ., 6 févr. 1973, n° 71-14.806 : *JurisData* n° 1973-098100 ; *JCP* 73, IV, 114 ; *Bull. civ.* III, n° 100, p. 72.

2) Agence de voyages. L'article 1794 est applicable à la convention liant une agence de voyages aux voyageurs inscrits pour une croisière (▪ *Paris, 23 mai 1961 : Gaz. Pal. 1961*, 2, 283).

3) Fourniture ou non de la matière. L'article 1794 ne distingue pas selon que l'ouvrier fournit ou non la matière (▪ Cass. civ., 5 janv. 1897 : *DP* 1897, 1, 89, concl. Desjardins, et note Planiol. ▪ Paris, 28 juill. 1949 : *Gaz. Pal.* 1949, 2, 427).

4) Application à la demande de l'entrepreneur (non). L'article 1794 est inapplicable s'il est invoqué par l'entrepreneur seul (▪ Cass. 3e civ., 10 mai 1972, n° 70-14.493 : *JurisData* n° 1972-098298 ; *JCP* 72, IV, 163 ; *Bull. civ.* III, n° 298, p. 214).

5) Inefficacité de la dénonciation tardive. Dès lors qu'ils constatent que les travaux faisant l'objet d'un marché à forfait étaient pratiquement achevés au moment de la dénonciation du contrat par le maître de l'ouvrage et que l'entrepreneur avait exécuté ses engagements, les juges du fond peuvent estimer que cette dénonciation tardive ne peut entraîner la résiliation de la convention (▪ Cass. 3e civ., 18 févr. 1976, n° 74-13.480 : *JurisData* n° 1976-098069 ; *JCP* 76, IV, 124 ; *Bull. civ.* III, n° 69, p. 53).

6) Responsabilité contractuelle de l'entrepreneur. La résiliation intervenue sur le fondement de l'article 1794 n'empêche pas le maître de l'ouvrage de se prévaloir des manquements de l'entrepreneur à ses obligations contractuelles (■ Cass. 3e civ., 9 mars 1988, n° 86-18.464 : *JurisData* n° 1988-000507 ; *Bull. civ.* III, n° 55, p. 31).

Art. 1795. – **Le contrat de louage d'ouvrage est dissous par la mort de l'ouvrier, de l'architecte ou entrepreneur.**

Art. 1796. – **Mais le propriétaire est tenu de payer en proportion du prix porté par la convention, à leur succession, la valeur des ouvrages faits et celle des matériaux préparés, lors seulement que ces travaux ou ces matériaux peuvent lui être utiles.**

Art. 1797. – **L'entrepreneur répond du fait des personnes qu'il emploie.**

Incendie d'un stock de papier remis à un imprimeur. Le contrat par lequel une société se voit confier un stock de papier en vue de son impression est un contrat d'entreprise, et si, selon l'article 1789, l'entrepreneur qui fournit seulement son travail et son industrie n'est tenu que de sa faute lorsque la chose vient à périr, il répond, aux termes de l'article 1797, du fait du personnel qu'il emploie. Dès lors que l'incendie a été provoqué pendant ses heures de travail par un préposé de l'imprimeur, la perte du papier incombe à celui-ci (■ Cass. 1re civ., 10 oct. 1995, n° 93-17.851 : *JCP* 96, I, 3944, n° 16, obs. Viney ; *Bull. civ.* I, n° 346, p. 242).

Art. 1798. – **Les maçons, charpentiers et autres ouvriers qui ont été employés à la construction d'un bâtiment, ou d'autres ouvrages faits à l'entreprise, n'ont d'action contre celui pour lequel les ouvrages ont été faits, que jusqu'à concurrence de ce dont il se trouve débiteur envers l'entrepreneur, au moment où leur action est intentée.**

1) Salarié d'un cabinet de détective. Sur l'application de l'article 1798 au salarié d'un cabinet de détective à l'encontre d'un client de son patron, V. ■ T. com. Cambrai, 21 juin 1960 : *Gaz. Pal.* 1960, 2, 212.

2) Action directe du sous-traitant. Principe. Sur l'action directe du sous-traitant contre le maître de l'ouvrage, V. L. n° 75-1334, 31 déc. 1975, art. 4 et s., p. 3006.

3) Action directe du sous-traitant du sous-traitant. Jugé que l'action directe doit être accordée aux sous-traitants du sous-traitant de la même manière et sans distinction, selon leur rang, à l'encontre du maître de l'ouvrage qui reste toujours le même quelle que soit la succession des sous-traitants (■ Cass. 3e civ., 29 mai 1980 : *JurisData* n° 1980-799206 ; *D.* 1980, 443, note Bénabent, 1re esp.).

4) Sous-traitance. Absence d'acceptation et d'agrément. Sur le sort de l'action directe en cas d'absence d'acceptation et d'agrément, v. ■ Cass. ch. mixte, 13 mars 1981 : *JurisData* n° 1981-700338 ; *D.* 1981, 309, 1re esp., note Bénabent. – Comp. ■ CE, 2 juin 1989, n° 65631 : *JurisData* n° 1989-643368 ; *D.* 1990, 229, 2 arrêts, note crit. Bénabent. Jugé que le sous-traitant ne peut à la fois se prévaloir du contrat de sous-traitance pour obtenir le paiement de ses travaux et le rejeter pour échapper à ses obligations contractuelles (■ Cass. 3e civ., 13 avr. 1988, n° 86-18.961 : *JurisData* n° 1988-700622 ; *JCP* 89, II, 21302, 1er arrêt, note Martin. – V. aussi ■ Cass. 3e civ., 10 janv. 1990, n° 88-16.190 : *JurisData* n° 1990-000016 ; *Bull. civ.* III, n° 17, p. 9).

5) Sous-traitance. Origine des prestations. L'article 13, al. 2, de la loi du 31 déc. 1975 n'établit aucune distinction suivant l'origine des prestations fournies au titre du marché principal (■ Cass. ch. mixte, 18 juin 1982, 2 arrêts : *JurisData* n° 1982-701240 ; *JCP* 82, II, 19858, concl. Sadon, note G.F.).

6) Conflit entre banquier et sous-traitant. L'action directe ne peut plus être exercée après la date d'échéance à partir de laquelle la provision résultant de l'effet non accepté tiré par l'entrepreneur principal est acquise au banquier (■ Cass. com., 4 déc. 1984 : *JurisData* n° 1984-701955 ; *D.* 1985, 181, note Bénabent. V. dans ce sens ■ Cass. com., 18 févr. 1986, n° 84-16.390 : *JurisData* n° 1986-000563 ; *JCP* 87, II, 20730, note Synvet). Sur le cas où le concours bancaire est garanti par une cession de créances professionnelles, V. ■ Cass. com., 22 nov. 1988, 2 arrêts et ■ Cass. com., 20 juin 1989, n° 88-11.720 : *JurisData* n° 1989-001969 ; *JCP* 90, II, 21396. – Voir aussi H. Synvet, *Nouvelles variations sur le conflit opposant banquiers et sous-traitants* : *JCP* 90, I, 3425. – A.-M. Romani, *La protection des sous-traitants de marchés privés titulaires de l'action directe dans le conflit les opposant aux banquiers bénéficiaires de transferts de créances* : *D.* 1990, chron. 179.

7) Concours entre sous-traitants. En cas de concours entre plusieurs sous-traitants exerçant l'action directe, ceux-ci doivent être sur un pied d'égalité (■ Cass. 3e civ., 11 févr. 1987, n° 85-12.052 : *JurisData* n° 1987-000139 ; *D.* 1987, 256, note Bénabent).

Art. 1799. – Les maçons, charpentiers, serruriers et autres ouvriers qui font directement des marchés à prix fait, sont astreints aux règles prescrites dans la présente section : ils sont entrepreneurs dans la partie qu'ils traitent.

Art. 1799-1 ***(L. n° 94-475, 10 juin 1994 ; mod., L. n° 95-96, 1er févr. 1995 ; Ord. n° 2013-544, 27 juin 2013).*** **– Le maître de l'ouvrage qui conclut un marché de travaux privé visé au 3° de l'article 1779 doit garantir à l'entrepreneur le paiement des sommes dues lorsque celles-ci dépassent un seuil fixé par décret en Conseil d'État.**

Lorsque le maître de l'ouvrage recourt à un crédit spécifique pour financer les travaux, l'établissement de crédit ne peut verser le montant du prêt à une personne autre que celles mentionnées au 3° de l'article 1779 tant que celles-ci n'ont pas reçu le paiement de l'intégralité de la créance née du marché correspondant au prêt. Les versements se font sur l'ordre écrit et sous la responsabilité exclusive du maître de l'ouvrage entre les mains de la personne ou d'un mandataire désigné à cet effet.

Lorsque le maître de l'ouvrage ne recourt pas à un crédit spécifique ou lorsqu'il y recourt partiellement, et à défaut de garantie résultant d'une stipulation particulière, le paiement est garanti par un cautionnement solidaire consenti par un établissement de crédit, une société de financement, une entreprise d'assurance ou un organisme de garantie collective, selon des modalités fixées par décret en Conseil d'État. Tant qu'aucune garantie n'a été fournie et que l'entrepreneur demeure impayé des travaux exécutés, celui-ci peut surseoir à l'exécution du contrat après mise en demeure restée sans effet à l'issue d'un délai de quinze jours.

Les dispositions de l'alinéa précédent ne s'appliquent pas lorsque le maître de l'ouvrage conclut un marché de travaux pour son propre compte et pour la satisfaction de besoins ne ressortissant pas à une activité professionnelle en rapport avec ce marché.

Les dispositions du présent article ne s'appliquent pas aux marchés conclus par un organisme visé à l'article L. 411-2 du Code de la construction et de l'habitation, ou par une société d'économie mixte, pour des logements à usage locatif aidés par l'État et réalisés par cet organisme ou cette société.

Bibliographie : B. Fabre et R. Schmitt, *Garantie de paiement des entrepreneurs, Le décret n° 94-999 du 18 novembre 1994 : RD imm.* 1995, 17.

1) **Ordre public.** Les dispositions de l'article 1799-1 sont d'ordre public et les parties ne peuvent y déroger par des conventions particulières (■ Cass. 3e civ., 1er déc. 2004, n° 03-13.949 : *JurisData* n° 2004-025920 ; *Bull. civ.* III, n° 220, p. 198). Dans le même sens, ■ Cass. 3e civ., 9 sept. 2009, n° 07-21.225 : *Bull. civ.* III, n° 182 : il résulte des dispositions d'ordre public de l'article 1799-1 du Code civil que le maître de l'ouvrage est débiteur de l'obligation de garantie dès la signature du marché.

2) **Renonciation.** Ayant retenu que, si en application des dispositions d'ordre public de l'article 1799-1 du Code civil, l'entrepreneur est en droit de surseoir à l'exécution de ses travaux, la cour d'appel en a exactement déduit que, dès lors qu'il n'usait pas de cette faculté ainsi offerte de suspendre l'exécution du marché, l'entrepreneur était tenu d'exécuter les travaux en vertu du contrat (■ Cass. 3e civ., 12 sept. 2007, n° 06-14.540 : *JurisData* n° 2007-040339).

3) **Compensation.** La possibilité d'une compensation future avec une créance du maître de l'ouvrage, même contraire en son principe, ne dispense pas celui-ci de l'obligation légale de fournir la garantie de paiement du solde dû de l'article 1799-1 du Code civil (■ Cass. 3e civ., 11 mai 2010, n° 09-14.558 : *Bull. civ.* 2010, III, n° 91).

Décret n° 99-658 du 30 juillet 1999

pris pour l'application de l'article 1799-1 du Code civil
et fixant un seuil de garantie de paiement aux entrepreneurs de travaux

Art. 1er *(Mod., D. n° 2014-1315, 3 nov. 2014).* **–** Le seuil prévu au premier alinéa de l'article 1799-1 du Code civil est fixé, hors taxes, à 79 000 F et, à compter du 1er janvier 2002, à 12 000 euros. Les sommes dues s'entendent du prix convenu au titre du marché, déduction faite des arrhes et acomptes versés lors de la conclusion de celui-ci.

Pour l'application du deuxième alinéa de l'article 1799-1 précité, le crédit auquel recourt le maître de l'ouvrage doit être destiné exclusivement et en totalité au paiement de travaux exécutés par l'entrepreneur.

Le cautionnement solidaire prévu au troisième alinéa de l'article 1799-1 du Code civil doit être donné par un établissement de crédit, une société de financement, une entreprise d'assurance ou un organisme de garantie collective ayant son siège ou une succursale sur le territoire d'un État membre de la Communauté européenne ou d'un autre État partie à l'accord sur l'Espace économique européen. La caution est tenue sur les seules justifications présentées par l'entrepreneur que la créance est certaine, liquide et exigible et que le maître de l'ouvrage est défaillant. La mise en demeure visée du troisième alinéa de l'article 1799-1 du Code civil est faite par recommandé avec demande d'avis de réception.

Voir : L. n° 71-584, 16 juill. 1971, tendant à réglementer les retenues de garantie en matière de marchés de travaux définis par l'article 1779-3° du Code civil, p. 2953. – L. n° 75-1334, 31 déc. 1975, relative à la sous-traitance, p. 3005. – C. assur., art. L. 241-1 à L. 243-9, p. 1936.

CHAPITRE IV. – DU BAIL À CHEPTEL

Section I. – Dispositions générales

Art. 1800. – Le bail à cheptel est un contrat par lequel l'une des parties donne à l'autre un fonds de bétail pour le garder, le nourrir et le soigner, sous les conditions convenues entre elles.

1) Contrat portant sur un seul animal. Le contrat qui ne porte que sur un seul animal ne peut comporter la qualification de bail à cheptel (■ Cass. 1re civ., 8 juill. 1958 : *JCP* 58, IV, 126 ; *Bull. civ.* I, n° 365, p. 294).

2) Cheptel mort. Les règles du Code civil ne sont pas applicables au cheptel mort (■ Cass. civ., 30 mai 1922 : *S.* 1922, 1, 289, note Hugueney).

3) Compétence des tribunaux paritaires. Le bail à cheptel est traditionnellement considéré comme un bail rural et relève donc de la compétence des tribunaux paritaires (■ Cass. soc., 20 avr. 1956 : *JCP* 56, II, 9387, note Lacoste).

4) Combinaison du contrat de cheptel et du métayage. Le contrat de cheptel demeure régi par les articles 1804 à 1831 du Code civil et continue d'exister parallèlement au bail à colonat ; dès lors, les parties peuvent convenir que le contrat de cheptel vif jouera en même temps que le contrat de métayage qui l'enveloppe ; dans cette éventualité, le partage du croît se fait alors par moitié alors que celui du produit de l'exploitation s'effectue suivant la règle du tiercement posée par l'article 22 *bis* du statut des baux ruraux (C. rur., art. L. 417-3) (■ Cass. soc., 13 mai 1949 : *JCP* 49, II, 4918, note Ourliac et de Juglart).

Art. 1801 ***(Mod., L. n° 2009-526, 12 mai 2009).*** **– Il y a plusieurs sortes de cheptels :**

Le cheptel simple ou ordinaire,

Le cheptel à moitié,

Le cheptel donné au fermier ou au métayer.

Il y a encore une quatrième espèce de contrat improprement appelé *cheptel*.

Art. 1802. – On peut donner à cheptel toute espèce d'animaux susceptibles de croît ou de profit pour l'agriculture ou le commerce.

Art. 1803. – À défaut de conventions particulières, ces contrats se règlent par les principes qui suivent.

Section II. – Du cheptel simple

Art. 1804. – Le bail à cheptel simple est un contrat par lequel on donne à un autre des bestiaux à garder, nourrir et soigner, à condition que le preneur profitera de la moitié du croît, et qu'il supportera aussi la moitié de la perte.

Art. 1805 ***(L. 9 juin 1941).*** **– L'état numératif, descriptif et estimatif des animaux remis, figurant au bail, n'en transporte pas la propriété au preneur. Il n'a d'autre objet que de servir de base au règlement à intervenir au jour où le contrat prend fin.**

Art. 1806 *(Mod., L. n° 2014-873, 4 août 2014)*. – Le preneur doit les soins raisonnables à la conservation du cheptel.

Art. 1807. – Il n'est tenu du cas fortuit que lorsqu'il a été précédé de quelque faute de sa part, sans laquelle la perte ne serait pas arrivée.

Art. 1808. – En cas de contestation, le preneur est tenu de prouver le cas fortuit, et le bailleur est tenu de prouver la faute qu'il impute au preneur.

Art. 1809. – Le preneur, qui est déchargé par le cas fortuit, est toujours tenu de rendre compte des peaux des bêtes.

Art. 1810 *(L. 9 juin 1941 ; L. 5 oct. 1941)*. – Si le cheptel périt en entier sans la faute du preneur, la perte en est pour le bailleur.

S'il n'en périt qu'une partie, la perte est supportée en commun, d'après le prix de l'estimation originaire et celui de l'estimation à l'expiration du cheptel.

Art. 1811. – On ne peut stipuler :

Que le preneur supportera la perte totale du cheptel, quoique arrivée par cas fortuit et sans sa faute ;

Ou qu'il supportera, dans la perte, une part plus grande que dans le profit ;

Ou que le bailleur prélèvera, à la fin du bail, quelque chose de plus que le cheptel qu'il a fourni.

Toute convention semblable est nulle.

Le preneur profite seul des laitages, du fumier et du travail des animaux donnés à cheptel.

La laine et le croît se partagent.

Attribution au bailleur de la moitié des laitages. Les interdictions formulées par l'article 1811 du Code civil ayant un caractère dérogatoire au droit commun et devant être interprétées restrictivement, le paragraphe 6 de ce texte ne fait pas obstacle à ce que le bailleur à cheptel simple puisse stipuler expressément qu'il aura la moitié des laitages (■ Cass. soc., 18 nov. 1949 : *Bull. civ.* III, n° 1059, p. 1151).

Art. 1812. – Le preneur ne peut disposer d'aucune bête du troupeau, soit du fonds, soit du croît, sans le consentement du bailleur, qui ne peut lui-même en disposer sans le consentement du preneur.

Art. 1813. – Lorsque le cheptel est donné au fermier d'autrui, il doit être notifié au propriétaire de qui ce fermier tient ; sans quoi il peut le saisir et le faire vendre pour ce que son fermier lui doit.

Art. 1814. – Le preneur ne pourra tondre sans en prévenir le bailleur.

Art. 1815. – S'il n'y a pas de temps fixé par la convention pour la durée du cheptel, il est censé fait pour trois ans.

Art. 1816. – Le bailleur peut en demander plus tôt la résolution, si le preneur ne remplit pas ses obligations.

Art. 1817 *(L. 9 juin 1941)*. – À la fin du bail ou lors de sa résolution, le bailleur prélève des animaux de chaque espèce, de manière à obtenir un même fonds de bétail que celui qu'il a remis, notamment quant au nombre, à la race, à l'âge, au poids et à la qualité des bêtes ; l'excédent se partage.

S'il n'existe pas assez d'animaux pour reconstituer le fonds de bétail, tel qu'il est ci-dessus défini, les parties se font raison de la perte sur la base de la valeur des animaux au jour où le contrat prend fin.

Toute convention aux termes de laquelle le preneur, à la fin du bail ou lors de sa résolution, doit laisser un fonds de bétail d'une valeur égale au prix de l'estimation de celui qu'il aura reçu, est nulle.

Section III. – Du cheptel à moitié

Art. 1818. – Le cheptel à moitié est une société dans laquelle chacun des contractants fournit la moitié des bestiaux, qui demeurent communs pour le profit ou pour la perte.

Vente de mauvaise foi d'un animal. Abus de confiance (non). Les dispositions de l'article 408 du Code pénal (Nouv. C. pén., art. 314-1) ne visant pas la violation du contrat de société, il n'y a pas abus de confiance lorsque le preneur vend de mauvaise foi un animal (■ Cass. crim., 21 oct. 1932 : *DP* 1933, 1, 116, note Henry).

Art. 1819 *(Mod., L. n° 2009-526, 12 mai 2009)*. – **Le preneur profite seul, comme dans le cheptel simple, des laitages, du fumier et des travaux des bêtes.**

Le bailleur n'a droit qu'à la moitié des laines et du croît.

Toute convention contraire est nulle, à moins que le bailleur ne soit propriétaire de la métairie dont le preneur est fermier ou métayer.

Art. 1820. – **Toutes les autres règles du cheptel simple s'appliquent au cheptel à moitié.**

Section IV. – Du cheptel donné par le propriétaire à son fermier ou métayer

(Intitulé mod., L. n° 2009-526, 12 mai 2009)

Rédaction antérieure. Section IV. – Du cheptel donné par le propriétaire à son fermier ou colon paritaire.

§ 1. – Du cheptel donné au fermier

Art. 1821 *(L. 9 juin 1941)*. – **Ce cheptel (appelé aussi *cheptel de fer*) est celui pour lequel le propriétaire d'une exploitation rurale la donne à ferme à charge qu'à l'expiration du bail, le fermier laissera un même fonds de bétail que celui qu'il a reçu.**

Art. 1822 *(L. 9 juin 1941)*. – **L'état numératif, descriptif et estimatif des animaux remis, figurant au bail, n'en transporte pas la propriété au preneur ; il n'a d'autre objet que de servir de base au règlement à intervenir au moment où le contrat prend fin.**

Art. 1823. – **Tous les profits appartiennent au fermier pendant la durée de son bail, s'il n'y a convention contraire.**

Art. 1824. – **Dans les cheptels donnés au fermier, le fumier n'est point dans les profits personnels des preneurs, mais appartient à la métairie, à l'exploitation de laquelle il doit être uniquement employé.**

Art. 1825 *(L. 9 juin 1941 ; L. 5 oct. 1941)*. – **La perte, même totale et par cas fortuit, est en entier pour le fermier, s'il n'y a convention contraire.**

Art. 1826 *(L. 9 juin 1941)*. – **À la fin du bail ou lors de sa résolution, le preneur doit laisser des animaux de chaque espèce formant un même fonds de bétail que celui qu'il a reçu, notamment quant au nombre, à la race, à l'âge, au poids et à la qualité des bêtes.**

S'il y a un excédent, il lui appartient.

S'il y a un déficit, le règlement entre les parties est fait sur la base de la valeur des animaux au jour où le contrat prend fin.

Toute convention aux termes de laquelle le preneur, à la fin du bail ou lors de sa résolution, doit laisser un fonds de bétail d'une valeur égale au prix de l'estimation de celui qu'il a reçu est nulle.

§ 2. – Du cheptel donné au métayer

(Intitulé mod., L. n° 2009-526, 12 mai 2009)

Art. 1827 *(L. 9 juin 1941 ; L. 5 oct. 1941 ; mod., L. n° 2009-526, 12 mai 2009)*. – **Si le cheptel périt en entier sans la faute du métayer, la perte est pour le bailleur.**

Art. 1828 *(Mod., L. n° 2009-526, 12 mai 2009)*. – **On peut stipuler que le métayer délaissera au bailleur sa part de la toison à un prix inférieur à la valeur ordinaire ;**

Que le bailleur aura une plus grande part du profit ;

Qu'il aura la moitié des laitages ;

Mais on ne peut pas stipuler que le métayer sera tenu de toute la perte.

Art. 1829 *(Mod., L. n° 2009-526, 12 mai 2009)*. – Ce cheptel finit avec le bail de métayage.

Art. 1830. – Il est d'ailleurs soumis à toutes les règles du cheptel simple.

Section V. – Du contrat improprement appelé cheptel

Art. 1831. – Lorsqu'une ou plusieurs vaches sont données pour les loger et les nourrir, le bailleur en conserve la propriété ; il a seulement le profit des veaux qui en naissent.

TITRE VIII *BIS*. – DU CONTRAT DE PROMOTION IMMOBILIÈRE

(L. n° 71-579, 16 juill. 1971)

Remarque : les articles 1831-1 à 1831-5 sont insérés au Code de la construction et de l'habitation sous les numéros L. 221-1 à L. 221-5.

Art. 1831-1 *(Mod., L. n° 72-649, 11 juill. 1972)*. – Le contrat de promotion immobilière est un mandat d'intérêt commun par lequel une personne dite « promoteur immobilier » s'oblige envers le maître d'un ouvrage à faire procéder, pour un prix convenu, au moyen de contrats de louage d'ouvrage, à la réalisation d'un programme de construction d'un ou de plusieurs édifices ainsi qu'à procéder elle-même ou à faire procéder, moyennant une rémunération convenue, à tout ou partie des opérations juridiques, administratives et financières concourant au même objet. Ce promoteur est garant de l'exécution des obligations mises à la charge des personnes avec lesquelles il a traité au nom du maître de l'ouvrage. Il est notamment tenu des obligations résultant des articles 1792, 1792-1, 1792-2 et 1792-3 du présent code (1).

Si le promoteur s'engage à exécuter lui-même partie des opérations du programme, il est tenu, quant à ces opérations, des obligations d'un locateur d'ouvrage.

Notion de promoteur. Le professionnel de l'immobilier qui vend des appartements clés en mains après transformation d'un hôtel en immeuble d'habitation ne peut être considéré comme un promoteur (▪ Cass. 3e civ., 6 nov. 1985, n° 84-11.574 : *JurisData* n° 1985-002733 ; *Bull. civ.* III, n° 140, p. 107). Mais il en va autrement pour la personne qui propose des terrains à la vente, impose le choix du constructeur, signe le contrat de construction, les notices et les devis (▪ Versailles, 25 nov. 1994 : *JurisData* n° 1994-046356 ; *RD imm.* 1995, 556, obs. Groslière et Saint-Alary-Houin). Pour la qualification de promoteur de fait d'une société de défiscalisation immobilière, V. ▪ Cass. 3e civ., 8 avr. 2009, n° 07-20.706 : *Bull. civ.* III, n° 81 ; *Defrénois* 2010, 223, obs. Périnet-Marquet ; *RD imm.* 2010, 103, obs. Heugas-Darraspen ; *Constr.-Urb.* juin 2009, 26, obs. Sizaire.

Art. 1831-2. – Le contrat emporte pouvoir pour le promoteur de conclure les contrats, recevoir les travaux, liquider les marchés et généralement celui d'accomplir, à concurrence du prix global convenu, au nom du maître de l'ouvrage, tous les actes qu'exige la réalisation du programme.

Toutefois, le promoteur n'engage le maître de l'ouvrage, par les emprunts qu'il contracte ou par les actes de disposition qu'il passe, qu'en vertu d'un mandat spécial contenu dans le contrat ou dans un acte postérieur.

Le maître de l'ouvrage est tenu d'exécuter les engagements contractés en son nom par le promoteur en vertu des pouvoirs que celui-ci tient de la loi ou de la convention.

Art. 1831-3 *(Mod., L. n° 72-649, 11 juill. 1972)*. – Si, avant l'achèvement du programme, le maître de l'ouvrage cède les droits qu'il a sur celui-ci, le cessionnaire lui est substitué de plein droit, activement et passivement, dans l'ensemble du contrat. Le cédant est garant de l'exécution des obligations mises à la charge du maître de l'ouvrage par le contrat cédé.

Les mandats spéciaux donnés au promoteur se poursuivent entre celui-ci et le cessionnaire.

---

(1) L. n° 78-12, 4 janv. 1978, art. 5 et 14. Cette disposition s'applique aux contrats relatifs aux chantiers dont la déclaration réglementaire d'ouverture a été établie postérieurement au 1er janvier 1979.

Le promoteur ne peut se substituer un tiers dans l'exécution des obligations qu'il a contractées envers le maître de l'ouvrage sans l'accord de celui-ci.

Le contrat de promotion immobilière n'est opposable aux tiers qu'à partir de la date de sa mention au fichier immobilier.

Art. 1831-4. – La mission du promoteur ne s'achève à la livraison de l'ouvrage que si les comptes de construction ont été définitivement arrêtés entre le maître de l'ouvrage et le promoteur, le tout sans préjudicier aux actions en responsabilité qui peuvent appartenir au maître de l'ouvrage contre le promoteur.

Art. 1831-5. – Le règlement judiciaire ou la liquidation des biens n'entraîne pas de plein droit la résiliation du contrat de promotion immobilière. Toute stipulation contraire est réputée non écrite.

Voir : CCH, art. L. 222-1 à L. 232-2, p. 2152 et s. - CCH, art. R. 222-1 à R. 232-7 et s.

TITRE IX. – DE LA SOCIÉTÉ

(L. n° 78-9, 4 janv. 1978)

Bibliographie : Y. Chartier, *La société dans le Code civil après la loi du 4 janvier 1978 : JCP* 78, I, 2917. • J. Foyer, *La réforme du titre IX du livre III du Code civil : Rev. sociétés* 1978, 1. • B. Dondero, *Les groupements dépourvus de personnalité juridique en droit privé – Contribution à la théorie de la personnalité morale*, préf. H. Le Nabasque, PUAM, 2006. • M. Germain, *Le droit commun des sociétés après la loi n° 88-15 du 5 janvier 1988 relative au développement et à la transmission des entreprises : JCP* 88, I, 3341. • Y. Guyon, *Les dispositions générales de la loi n° 78-9 du 4 janvier 1978 portant réforme des sociétés : Rev. sociétés* 1979, 1. • Ch. Hannoun, *Le droit des sociétés à l'épreuve de la modernité* in *Mélanges B. Oppetit*, Litec 2009, p. 309. • M. Jeantin, *La réforme du droit des sociétés par la loi du 4 janvier 1978 : D.* 1978, chron. 173. • Th. Massart, *Convention d'indivision : la pérennité par la société : JCP* N 2013, 1266. • F. Deboissy et G. Wicker, *La distinction de l'indivision et de la société et ses enjeux fiscaux : RTD civ.* 2000, 225. • D. Bureau, *L'altération des types sociétaires* in *Mélanges P. Didier*, Économica 2008, p. 57. • B. Le Bars, *La fiducie dans les opérations sociétaires : Journ. sociétés* mai 2009, p. 18. • G. Wicker, *La théorie de la personnalité morale depuis la thèse de Bruno Oppetit* in *Mélanges B. Oppetit*, Litec 2009, p. 691. • M. Bertrel, *La détention du contrôle d'une société commerciale relève-t-elle vraiment du droit civil ? : RTD civ.* 2013, p. 759. • F. Terré, *Bientôt cinquante ans après la réforme des sociétés commerciales*, in *Mélanges M. Germain*, LexisNexis-Lextenso 2015, p. 813.

CHAPITRE I. – DISPOSITIONS GÉNÉRALES

Art. 1832 *(L. n° 85-697, 11 juill. 1985).* – **La société est instituée par deux ou plusieurs personnes qui conviennent par un contrat d'affecter à une entreprise commune des biens ou leur industrie en vue de partager le bénéfice ou de profiter de l'économie qui pourra en résulter.**

Elle peut être instituée, dans les cas prévus par la loi, par l'acte de volonté d'une seule personne.

Les associés s'engagent à contribuer aux pertes.

I – APPORTS

1) Exigence d'un apport. Il ne saurait y avoir de société sans apport (▪ Cass. com., 13 janv. 2009, n° 07-21.704 : *JurisData* n° 2009-046576 : *Bull. Joly Sociétés* 2009, p. 452, note Allegaert ; *Dr. sociétés* 2009, comm. 132, note Coquelet, qui refuse de reconnaître l'existence entre deux architectes d'un contrat de société en participation, faute pour les juges du fond d'avoir recherché si la mission confiée au demandeur à l'action constituait bel et bien un apport en industrie).

2) Fictivité. L'apport ne doit pas être fictif (▪ Cass. civ., 11 avr. 1927 : *DP* 1929, 1, 25, note Pic). Est fictif l'apport d'un bien grevé d'un passif supérieur à sa valeur réelle (▪ Paris, 21 déc. 1933 : *DP* 1935, 2, 30, note Pic) ou l'apport libéré grâce à un emprunt consenti à la société (▪ Cass. 3e civ., 19 juin 1996, n° 94-11.300 : *JurisData* n° 1996-002710 ; *JCP* G 1996, I, 3980 ; *JCP* E 1996, I, 589, n° 1, obs. Viandier et Caussain). Une société est purement fictive en l'absence d'apports en nature valides et d'*affectio societatis* (▪ Paris, 1er déc. 1992 : *JurisData* n° 1992-600085 ; *Dr. sociétés* 1993, n° 48, obs. Bonneau). En revanche, il n'y a pas de fictivité lorsque l'apport est simplement surévalué (▪ T. com. Paris, 24 janv. 1974 : *RJ com.* 1977, p. 157).

3) Fraude. Le créancier de l'apporteur peut intenter l'action paulienne lorsque l'apport a pour but d'organiser l'insolvabilité de ce dernier (▪ Cass. com., 19 avr. 1972, n° 70-12.579 : *JurisData* n° 1972-097112 ; *Rev. sociétés* 1973, 81, note Hémard). De même, l'apport de la nue-propriété d'un immeuble peut être déclaré inopposable aux créanciers de l'apporteur, au titre de l'action paulienne, s'il peut être établi que la difficulté de négocier les parts sociales et le risque d'hypothèque sur les immeubles du chef de la société constituent des facteurs de diminution du gage des créanciers et d'appauvrissement du débiteur (▪ Cass. 3e civ., 20 déc. 2000 : *JurisData* n° 2000-007487 ; *Bull. Joly Sociétés* 2001, p. 305, note Le Nabasque). L'action paulienne a été admise et l'apport de deux immeubles réalisé par deux époux à une SCI déclaré inopposable au créancier, au motif que cet apport constitue un appauvrissement du patrimoine du débiteur susceptible de porter préjudice au créancier dès lors que la saisie des parts sociales émises en contrepartie de cet apport n'offrait pas les mêmes garanties qu'une saisie immobilière et qu'il existait des dettes sociales réduisant la valeur des parts devenue inférieure à celle des immeubles hypothéqués peu après l'apport (▪ Cass. com., 3 déc. 2002 : *JurisData* n° 2002-016940 ; *RJDA* 5/2003, n° 495 ; *Dr. sociétés* 2003, comm. 141, obs. F.-X. Lucas). La fraude paulienne a également été reconnue à l'occasion de l'apport par une ex-épouse de son droit indivis de propriété sur un immeuble à une société créée à cet effet et de la cession ultérieure par elle à son ex-époux des parts sociales reçues en échange de l'apport (■ Cass. 3e civ., 26 févr. 2003, n° 01-14.836 : *RJDA* 5/2003, n° 494).

4) Apports en numéraire. Il est parfaitement licite de stipuler dans une société civile que les apports en numéraire seront versés à la société au fur et à mesure de ses besoins (■ Cass. 1re civ., 28 juin 1967 : *Bull. civ.* I, n° 244, p. 179), à moins que le versement des apports soit soumis à une condition purement potestative (■ Cass. 1re civ., 18 juin 1974 : *Bull. civ.* I, n° 198, p. 169). Voir : cpdt en matière de sociétés commerciales, C. com., art. L. 223-7 (libération intégrale des apports dès la souscription dans les sociétés à responsabilité limitée) et L. 225-3 (libération au minimum de la moitié de l'apport en numéraire dès la souscription dans les sociétés anonymes). Un apport en numéraire peut être valablement effectué à l'aide de sommes d'argent issues d'une libéralité ou d'un emprunt, si ce dernier est réel et sérieux. Tel n'est pas le cas quand le prêt est fictif (■ Cass. crim., 28 mai 1979 : *JCP* G 1979, IV, p. 251) ou limité à quelques jours (■ CA Douai, 27 oct. 1972 : *JCP* G 1973, IV, p. 352). En revanche, deux personnes ont pu valablement apporter en société des dons manuels qu'elles avaient reçus de leurs coassociés (■ Cass. 1re civ., 23 mai 1977 : *D.* 1978, jurispr. p. 89). Rien n'interdit aux associés de prévoir dans les statuts qu'un apport en numéraire peut être libéré par voie de compensation avec la créance résultant d'une avance en compte courant consentie par un associé d'une société civile immobilière (■ Cass. 3e civ., 28 nov. 2001, n° 00-13.335 : *JurisData* n° 2001-011891 ; *Defrénois* 2002, p. 616, note Honorat). Au demeurant, même en l'absence de prévision statutaire, la compensation de plein droit peut jouer entre la créance de libération du capital social et celle résultant du solde créditeur d'un compte courant d'associé (■ Cass. com., 8 janv. 2002, n° 98-22.976 : *JurisData* n° 2002-012503 ; *JCP* E 2002, 1639, n° 3, obs. Caussain, Deboissy et Wicker).

5) Apports en nature. L'apport en propriété d'un immeuble ne peut donner lieu à rescision pour lésion de plus des sept douzièmes (■ Cass. req., 12 juin 1945 : *JCP* 1946, II, 3203). Mais il en va autrement si l'apport dissimule une vente (■ Cass. com., 10 juin 1953 : *JCP* 1954, II, 7908, note Bastian). L'apporteur doit garantir la société contre toute éviction, c'est-à-dire contre tout fait ou acte nuisible à la possession paisible du bien apporté de sorte que l'apporteur d'un fonds de commerce ne saurait exercer une activité concurrente, notamment en *créant un autre fonds par le biais d*'un prête-nom (■ Cass. req., 3 mai 1899 : *S.* 1901, 1, p. 133). Lorsque l'usufruitier et le nu-propriétaire apportent conjointement leurs droits sur un bien immobilier, la société recueille l'intégralité du droit de propriété sur l'immeuble (■ Cass. 3e civ, 5 sept. 2012, n° 11-19.549 : *Bull. Joly Sociétés* 2012, p. 840, note Massart ; *RTD civ.* 2012, p. 745, note Revet).

Par l'apport en jouissance, l'apporteur confère à la société, pour un temps déterminé, l'usage ou le droit de percevoir les fruits de sorte que celle-ci dispose donc de la faculté d'utiliser librement le bien apporté (*usus*) ou de le louer (*fructus*) pendant le délai prévu qui est en général la durée effective de la société, mais l'apporteur en reste propriétaire et le récupérera à la dissolution du groupement (■ Cass. com., 3 déc. 1991, n° 88-16.695 : *JurisData* n° 1991-003017 ; *JCP* E 1992, I, 145, n° 3, obs. Viandier et Caussain ; *JCP* E 1992, II, 330, note Bonneau). Une action en justice ne peut faire l'objet d'un apport en jouissance rémunéré par l'attribution de droits sociaux (■ Cass. com., 31 mai 2005, n° 02-18.547 : *JurisData* n° 2005-028698 ; *Bull. civ.* IV, n° 124, p. 132).

Bibliographie : C. Regnaut-Moutier, *La notion d'apport en jouissance*, thèse Caen, 1991, LGDJ, 1995. – Ph. Engel, *Associé et créancier, l'apporteur en jouissance dans les sociétés de capitaux : JCP* E 1998, n° 92, p. 2056. – L. Godon, *L'apport en jouissance d'actions : Rev. sociétés* 1999, p. 795. – N. Peterka, *Réflexions sur la nature juridique de l'apport en jouissance : Bull. Joly Sociétés* 2000, p. 361.

6) Apports en industrie. En réalisant un apport en industrie, l'associé met à la disposition de la société son activité, ses connaissances professionnelles et techniques, son expérience des affaires, sans oublier ses relations ou son crédit, ceci dit, il ne fait aucun doute que l'apporteur en industrie est bien un associé à part entière (■ Cass. 1re civ., 30 mars 2004 : *D.* 2004, cah. dr. aff., act. jurispr. p. 1088, obs. Lienhard ; *Bull. Joly Sociétés* 2004, p. 1001, note Baillod). Les apports en industrie ne peuvent se ramener à une aide occasionnelle ou à de simples tâches d'exécution matérielle, ils doivent constituer une participation à la direction effective de la société (■ Paris, 15 nov. 1993 : *JurisData* n° 1993-600045 ; *Bull. Joly Sociétés* 1994, 86, note crit. Cuisance). En toute hypothèse, l'apporteur en industrie doit ainsi procurer à la société les services promis et lui reverser tous les gains réalisés par l'activité faisant l'objet de son apport (■ Cass. req., 16 juill. 1929 : *Rev. sociétés* 1929, p. 335). Sur la nécessité pour les juges du fond de rechercher en quoi consiste l'influence reconnue à l'un des associés de fait et si cette influence est licite. V.■ Cass. 1re civ., 16 juill. 1997, n° 95-11.837 : *JurisData* n° 1997-003343 ; *JCP* 1997, IV, 2024 ; *Bull. civ.* I, n° 247, p. 165. Les apporteurs en industrie participent aux décisions collectives en fonction du nombre de parts représentatives de leurs apports (Rép. min., 25 juill. 1983 : *JCP* 1984, IV, 16). *Adde*, Y. Gyon, *Les apports en industrie dans les sociétés civiles professionnelles : Defrénois* 1999, art. 36918, p. 3. – C. Malecki, *L'apporteur en savoir-*

faire : du mal-aimé au bien-aimé ? : Bull. Joly Sociétés 2004, p. 1169.

7) Compte courant d'associé. Méconnaît l'article 1134 du Code civil, l'arrêt qui étend une donation-partage de parts d'une société civile immobilière au solde du compte courant d'associé de la donatrice sans avoir constaté le consentement de cette dernière en ce sens, alors que la cour avait constaté que la donation-partage ne portait que sur les droits d'associés eux-mêmes, sans autre précision, de sorte qu'elle ne pouvait s'étendre en l'absence de clause particulière au solde créditeur de son compte courant (▪ Cass. 3ᵉ civ., 18 nov. 2009, n° 08-18.740 : *JurisData* n° 2009-050354 ; *Bull. Joly Sociétés* 2010, p. 241, note Garçon ; *Dr. sociétés* 2010, comm. 23, obs. Mortier). Sauf convention contraire, le compte courant d'associés est remboursable à tout moment (▪ Cass. com., 24 juin 1997, n° 95-20.056 : *Bull. civ.* IV, n° 207 ; *JurisData* n° 1997-003010 ; *JCP* G 1997, II, 22966, note Mousseron ; *Dr. sociétés* 1997, comm. 138, obs. Bonneau ; *Bull. Joly Sociétés* 1997, p. 871, note Saintourens ; *Defrénois* 1998, art. 36811, n° 2, p. 667, obs. Hovasse. ▪ Cass. com., 3 nov. 2004, n° 01-17.491 : *JurisData* n° 2004-025485 ; *Dr. sociétés* 2005, comm. 24, obs. Trébulle. ▪ Cass. com., 8 déc. 2009, n° 08-16.418 : *JurisData* n° 2009-050685 ; *Dr. sociétés* 2010, comm. 42, obs. Coquelet ▪ Cass. 3ᵉ civ., 3 mai 2018, n° 16-16.558 : *JurisData* n° 2018-007293 ; *Dr. sociétés* 2018, comm. 140, obs. Hovasse). *Adde*, ▪ CA Paris, 14ᵉ ch., sect. B, 30 mai 2008 : *JurisData* n° 2008-368180 ; *Dr. sociétés* 2008, comm. 243, obs. Coquelet). Ainsi, le retrait d'un associé d'une SCI n'est pas une condition du remboursement de son compte-courant d'associé (▪ Cass. 3ᵉ civ., 12 nov. 2014, n° 13-16.182 : *Gaz. Pal.* 2015, n° 27, p. 18, obs. Dondero ; *Dr. sociétés* 2015, comm. 25, obs. Hovasse). Si les associés ont droit au remboursement à tout moment de leur compte dit courant, c'est à la condition que ce remboursement ne constitue pas un paiement préférentiel au détriment des créanciers de l'entreprise (▪ Cass. com., 24 mai 2018, n° 17-10.119 : *Dr. sociétés* 2019, comm. 20, obs. Mortier).

Bibliographie : F. Vinckel, *Le droit au remboursement du compte courant d'associé, à l'aune des entreprises en difficulté : Dr. sociétés* 2011, étude 3. – V. égal. M.-C. Barrut, *La société civile immobilière et les comptes courants d'associés. - Neuf questions à se poser avant d'agir : JCP* N 2010, 1128.

II – PARTICIPATION AUX BÉNÉFICES ET AUX PERTES

8) Principe. Sur le principe que la participation aux bénéfices et aux pertes est de l'essence du contrat de société, V. ▪ Cass. com., 19 mai 1954 : *Bull. civ.* III, n° 189, p. 143. ▪ Cass. com., 21 oct. 1970, n° 69-12.269 : *JurisData* n° 1970-097277 ; *Bull. civ.* IV, n° 277, p. 243. Dans ce sens, doit être considérée fictive au sens de l'article 1382 du Code civil, la SCI constituée au moyen d'un apport en nue-propriété avant donation des droits sociaux correspondant dès lors qu'elle n'a pour objet, ni la recherche de profits, ni la réalisation d'économies (▪ Cass. com., 13 janv. 2009 : *JurisData* n° 2009-046581 ; *Dr. sociétés* 2009, comm. 66, obs. Coquelet. – V. égal. ▪ Cass. com., 15 mai 2007 : *JurisData* n° 2007-038954 ; *Dr. sociétés* 2007, comm. 174, note Mortier ; *Bull. Joly Sociétés* 2007, p. 1094, note Mathey. – *Adde*, Cozian, *Abus de droit, apport-cession et apport-donation : la Cour de cassation serait-elle en train de perdre le cap ? : JCP* E 2007, 2100. – Debat, *Pour une conception unitaire de l'abus de droit. À propos de l'arrêt Saunier : RFN* 2007, comm. 126. – Sur la distinction avec le contrat d'association, V. L. 1ᵉʳ juill. 1901, art. 1ᵉʳ, p. 2770. Viole l'article 1832 du Code civil, et ne caractérise pas l'existence d'une société créée de fait, la cour d'appel qui, pour accueillir une demande en dissolution, retient que l'ensemble des éléments soumis à son appréciation démontre une volonté commune de collaborer sur un pied d'égalité à la poursuite de l'œuvre commune mais n'établit pas l'intention des parties de contribuer aux pertes (▪ Cass. com., 21 avr. 1992, n° 90-20.451 : *Bull. Joly Sociétés* 1992, 666, note Cuisance). Les juges du fond ne peuvent conclure à l'absence d'*affectio societatis* en se déterminant par des motifs relatifs aux motivations des parties, impropres à exclure leur volonté réelle de s'associer (▪ Cass. com., 10 févr. 1998, n° 95-21.906 : *JurisData* n° 1998-000524 ; *JCP* 98, IV, 1733 ; *Bull. civ.* IV, n° 71, p. 55).

Bibliographie : M. Caffin-Moi, *Pour un cantonnement de l'exigence de contribution aux pertes*, in *Mélanges P. Merle*, Dalloz 2012, p. 101.

9) Répartition des bénéfices et des pertes. Voir art. 1844-1, p. 1542.

III – *AFFECTIO SOCIETATIS*

10) Principe. La volonté commune de s'associer, exclusive de tout lien de subordination, est une condition essentielle de l'existence d'une société (▪ Cass. com., 19 nov. 1962 : *JCP* 62, IV, 170 ; *Bull. civ.* III, n° 463, p. 381. ▪ Paris, 13 oct. 1960 : *JCP* 61, II, 11954, note B. P.). Ne donne pas de base légale à sa décision l'arrêt qui, pour admettre l'existence d'une société de fait entre deux personnes, se borne à affirmer leur volonté de participer aux bénéfices et aux pertes sans constater l'*affectio societatis* qui est distincte de cette volonté (■ Cass. com., 19 mai 1969 : *Bull. civ.* IV, n° 181, p. 177).

11) Notion. L'*affectio societatis* implique le concours à la gestion, le pouvoir de contrôle et de critique, la participation à l'administration (■ Paris, 11 juill. 1951 : *S.* 1953, 2, 81, note Dalsace. ■ TGI Paris, 14 mars 1973 : *Rev. sociétés* 1974, 92, note Guilberteau). Ne donne pas de base légale à sa décision la cour d'appel qui n'a pas recherché si, en « s'intéressant » à la gestion d'un fonds de commerce, un associé a collaboré de façon effective à l'exploitation du fonds dans un intérêt commun et sur un pied d'égalité aux bénéfices tout en participant dans le même esprit aux pertes (■ Cass. com., 3 juin 1986, n° 85-12.118 : *JurisData* n° 1986-701264 ; *Bull. civ.* IV, n° 116, p. 98). Si les conditions de validité d'une société doivent s'apprécier lors de sa constitution, le juge peut, pour qualifier les relations contractuelles entre les parties, se fonder sur des éléments postérieurs (■ Cass. com., 12 oct. 1993, n° 91-13.966 : *JurisData* n° 1993-002352 ; *Bull. civ.* IV, n° 330, p. 237).

Bibliographie : J.-F. Barbièri, *Retour sur l'*affectio societatis*, une intention mal aimée*, in *Mélanges P. Serlooten*, Dalloz 2016, p. 285.

12) Achat en commun d'un ticket de loto. En raison de la nature même du billet de loterie, qui repose sur des chances de gain et des risques de perte, c'est dans l'exercice de son pouvoir souverain que la cour d'appel, après avoir constaté l'achat en commun d'un ticket de loto, constitutif d'un apport, en a déduit la volonté de s'associer pour un partage du coût et des gains éventuels (■ Cass. 1re civ., 14 janv. 2003, n° 00-19.984 : *JurisData* n° 2003-017240 ; *JCP* E 2003, 763, note F.-X. Lucas ; *Bull. civ.* I, n° 13, p. 8).

13) Fictivité. Lorsqu'au moment de la constitution d'une société, un associé fait une cession en blanc des parts qu'il vient d'acquérir, l'*affectio societatis* fait totalement défaut et la société est fictive (■ Cass. com., 6 oct. 1953 : S. 1954, 1, 149, note Robert. – Comp. ■ Cass. 1re civ., 20 oct. 1971, n° 70-12.701 : *JurisData* n° 1971-000270 ; *Bull. civ.* I, n° 270, p. 228). Mais l'absence d'activité sociale, le déséquilibre des apports comme les limitations statutaires apportées au pouvoir du gérant sont impropres à établir que les associés n'ont pas eu l'intention de se considérer comme associés (■ Cass. com., 11 mars 2008 : *JurisData* n° 2008-043213 ; *Dr. sociétés* 2008, comm. 116, obs. *Coquelet ; Bull. Joly Sociétés 2008, p. 615, note* Reille).

14) Nullité. La nullité d'une société pour défaut d'*affectio societatis* entraîne l'inexistence de tout lien véritable d'association entre les pseudo-associés et exclut notamment que les apports de ceux-ci soient entrés dans un patrimoine commun (■ Cass. 3e civ., 8 janv. 1975, n° 73-13.635 : *Rev. sociétés* 1976, 301, note Balensi). Une société fictive est une société nulle et non inexistante (■ Cass. com., 16 juin 1992, n° 90-17.237 : *JurisData* n° 1992-001326 ; *D.* 1993, 508, 2e esp., note Collet. V. aussi ■ Cass. com., 22 juin 1999, n° 98-13.611 : *JurisData* n° 1999-002640 ; *JCP* G 2000, II, 10266, note Menjucq ; *JCP* E 2000, 181, note Cutajar. Comp., décidant que l'absence d'*affectio societatis* a pour conséquence l'inexistence de la société, ■ Cass. 3e civ., 22 juin 1976, n° 74-10.119 : *JurisData* n° 1976-700052 ; *D.* 1977, 619, note Diener).

15) Exclusion d'un associé (non). Aucune disposition légale ne donne pouvoir à la juridiction saisie d'obliger l'associé qui demande la dissolution pour mésintelligence à céder ses parts à cette dernière et aux autres associés qui offrent de les racheter (■ Cass. com., 12 mars 1996, n° 94-11.954 : *JurisData* n° 1996-000822 ; *JCP* G 96, IV, 1071 ; *JCP* E 96, II, 831 et *JCP* N 96, II, 1515, note Paclot ; *JCP* N 97, II, 60, note Bonneau ; *Bull. civ.* IV, n° 86, p. 71 ; *D.* 1997, 133, note Langlès. – V. aussi ■ Toulouse, 10 juin 1999, n° 98/00670 : *JurisData* n° 1999-042702 ; *JCP* E 2000, 1620, note Daigre). – Voir également, sur l'admission des clauses statutaires d'exclusion, art. 1835, annot. n° 2, p. 1529 ; sur l'exception admise lorsqu'une action en nullité d'une société est diligentée par un associé, art. 1844-12, al. 2, p. 1552.

Bibliographie : J.-J. Ansault, *Les clauses statutaires d'exclusion à l'aune de la liberté contractuelle : Journ. sociétés* 2012, n° 104, p. 28. – J.-M. Bermond de Vaulx, *L'exclusion d'un associé : Dr. sociétés* 1996, chron. 14. – B. Caillaud, *L'exclusion d'un associé dans les sociétés : S.* 1966. – P. Hoang, *La sanction de l'inexécution du contrat-organisation par l'exclusion d'un membre* in *Mélanges P. Didier*, Économica 2008, p. 206. – R. Poesy, *Bref retour sur une question controversée : l'exclusion judiciaire de l'associé d'une société non cotée : RJ com.* 2001, p. 159. – J.-P. Storck, *La continuation de la société par l'élimination d'un associé : Rev. sociétés* 1982, p. 233. – J. Granotier, *L'exclusion d'un associé : vers de nouveaux équilibres ? : JCP* G 2012, 653.

16) Influence de l'absence d'*affectio societatis* sur la cession de droit sociaux (non). L'absence d'*affectio societatis* ne saurait être invoquée pour remettre en cause une cession de droits sociaux (■ Cass. com., 11 juin 2013, n° 12-22.296 : *JurisData* n° 2013-011988 ; *RTD civ.* 2013, p. 594, note Barbier ; *JCP* E 2013, 1519, n° 3, obs. Buchberger ; *JCP* E 2013, 1527, note Dondero ; *Bull. Joly Sociétés* 2013, p. 624, note Le Cannu ; *Dr. sociétés* 2013, comm. 175, obs. Mortier).

Art. 1832-1 *(Mod., L. n° 82-596, 10 juill. 1982 ; L. n° 85-1372, 23 déc. 1985).* **– Même s'ils n'emploient que des biens de communauté pour les apports à une société ou pour l'acquisition de parts sociales, deux époux seuls ou avec d'autres personnes peuvent être associés dans une même société et participer ensemble ou non à la gestion sociale.**

Rédaction antérieure. Même s'ils n'emploient que des biens de communauté pour les apports à une société ou pour l'acquisition de parts sociales, deux époux seuls ou avec d'autres personnes peuvent être associés dans une même société et participer ensemble ou non à la gestion sociale. Toutefois, cette faculté n'est ouverte que si les époux ne doivent pas, l'un et l'autre, être indéfiniment et solidairement responsables des dettes sociales.

Les avantages et libéralités résultant d'un contrat de société entre époux ne peuvent être annulés parce qu'ils constitueraient des donations déguisées, lorsque les conditions en ont été réglées par un acte authentique.

Bibliographie : *Pour les époux.* J. Bardoul, *Les conjoints associés : Rev. sociétés* 1983, 5. • A. Colomer, *La nature juridique des parts de société au regard du régime matrimonial : Defrénois* 1978, art. 31588. • J. Revel, *Droit des sociétés et régime matrimonial : D.* 1993, chron. p. 33. • M. Tchendjou, *Le conjoint de l'associé : RTD com.* 1996, 409.

Pour le PACS. R. Besnard-Goudet, *Réflexions sur le PACS et le droit des sociétés : JCP* E 2001, p. 1128. • H. Hovasse, R. Gentilhomme et M. Deslandes, *PACS et sociétés : Actes prat. ing. sociétaire* janv.-févr. 2001. • C. Malecki, *Le Pacs et le droit des sociétés : Rev. sociétés* 2000, p. 653 ; *Ibid, Conjoints, pacsés : que reste-t-il de leurs différences en droit des sociétés après la loi n° 2006-728 du 23 juin 2006 ? : JCP* E 2006, 2409.

Art. 1832-2 *(L. n° 82-596, 10 juill. 1982).* **– Un époux ne peut, sous la sanction prévue à l'article 1427, employer des biens communs pour faire un apport à une société ou acquérir des parts sociales non négociables sans que son conjoint en ait été averti et sans qu'il en soit justifié dans l'acte.**

La qualité d'associé est reconnue à celui des deux époux qui fait l'apport ou réalise l'acquisition.

La qualité d'associé est également reconnue, pour la moitié des parts souscrites ou acquises, au conjoint qui a notifié à la société son intention d'être personnellement associé. Lorsqu'il notifie son intention lors de l'apport ou de l'acquisition, l'acception ou l'agrément des associés vaut pour les deux époux. Si cette notification est postérieure à l'apport ou à l'acquisition, les clauses d'agrément prévues à cet effet par les statuts sont opposables au conjoint ; lors de la délibération sur l'agrément, l'époux associé ne participe pas au vote et ses parts ne sont pas prises en compte pour le calcul du quorum et de la majorité.

Les dispositions du présent article ne sont applicables que dans les sociétés dont les parts ne sont pas négociables et seulement jusqu'à la dissolution de la communauté.

Bibliographie : J. Derruppé, *Les droits sociaux acquis avec des biens communs selon la loi du 10 juillet 1982 : Defrénois* 1983, 521. • T. Lépine, *Le sort des parts sociales dans la liquidation et le partage de communauté : JCP* N 2012, 1364. • R. Mortier, *La qualité d'associé en régime de communauté : Gaz. Pal.* 2012, nos 321-322, p. 11. • A. Rabreau, *Plaidoyer pour la suppression de l'article 1832-2 du Code civil*, in *Mélanges M. Germain*, LexisNexis-Lextenso, 2015, p. 697.

1) Apport conjoint de biens communs. Dans la mesure où il résultait des statuts de la SCI que les deux époux, mariés sous le régime de la communauté légale, avaient fait ensemble un apport en numéraire et reçu en contrepartie 50 parts, la cour d'appel a exactement décidé que les deux époux en question avaient chacun la qualité d'associé (■ Cass. com., 15 mai 2012, n° 11-13.240 : *JurisData* n° 2012-010825 ; *RTD civ.* 2012, p. 526, note Fages ; *Bull. Joly Sociétés* 2012, p. 718, note Lecuyer ; *Dr. sociétés* 2012, comm. 139, note Hovasse ; *RTD com.* 2012, p. 575, note Monsérié-Bon ; *Dr. sociétés* 2012, comm. 135, note Mortier ; *Rev. sociétés* 2013, p. 38, note Naudin ; *D.* 2012, p. 2691, note Rabreau).

2) Prix symbolique. Pour le rejet de la demande en annulation de l'acquisition de parts sociales non négociables effectuée par le mari seul moyennant le prix symbolique de 1 F, V. ■ Cass. 1re civ., 17 janv. 1995, n° 93-10.462 : *Bull. civ.* I, n° 33, p. 23 ; *JCP* 95, I, 3869, n° 12, obs. Simler ; *RTD civ.* 1995, 914, obs. Gautier, 1996, 458, obs. Vareille.

3) Présomption de communauté. La présomption de communauté de l'article 1402 dispense le conjoint de rapporter la preuve du caractère commun des fonds employés et c'est aux tiers qui lui contestent la qualité d'associé de prouver le caractère propre des deniers (■ Cass. 1re civ., 11 avr. 1996 : *JCP* 96, I, 3962, n° 10, obs. Simler ; Defrénois 1996, 1440, obs. Champenois. ■ Cass. 1re civ., 11 juin 1996, n° 94-17.771 : *JurisData* n° 1996-002370 ; *JCP* 96, IV, 1769 ; *Bull. civ.* I, n° 251, p. 177).

4) Présomption de pouvoirs en matière bancaire. En application de l'article 221 du Code civil, les actions déposées sur un compte ouvert au nom de l'un des époux sont au seul pouvoir de celui-ci, alors même qu'elles ont la nature de biens communs, il en résulte que le texte interdit au conjoint de solliciter la restitution des titres, le « dépositaire » ne pouvant valablement les remettre qu'entre les mains de l'époux au nom duquel ils ont été inscrits (▪ Cass. 1re civ., 3 juill. 2001 : *JurisData* n° 2001-010458 ; *Bull. civ.* I, n° 198 ; *JCP* G 2002, I, 103, n° 17, obs. Simler ; *Bull. Joly Sociétés* 2001, p. 1172, note Baranger ; *RTD civ.* 2001, p. 941, obs. Vareille ; *Defrénois* 2002, p. 397, note Champenois).

5) Divorce. La revendication de la qualité d'associé peut être exercée jusqu'à la date à laquelle le jugement de divorce passe en force de chose jugée (▪ Cass. com., 18 nov. 1997, n° 95-16.371 : *JurisData* n° 1997-004536 ; *JCP* G 98, I, 135, n° 10, obs. Simler ; *JCP* E 1998, 517, note Vidal ; *Bull. civ.* IV, n° 298, p. 257 ; *Dr. famille* 1998, 5, note Lécuyer ; *RTD civ.* 1998, 889, obs. Hauser).

6) Condamnation *in solidum* des époux. Ne donne pas de base légale à sa décision la cour d'appel qui retient que les parts sociales sont des biens de communauté et que l'épouse est engagée par les dettes sociales au même titre que son époux, sans rechercher si elle avait la qualité d'associée de la société (▪ Cass. 3e civ., 20 févr. 2002 : *JCP* G 2002, IV, 1586 ; *JCP* E 2002, 766, note Bonneau ; *JCP* N 2002, 1719, n° 6, obs. Simler ; *JurisData* n° 2002-013003 ; *Bull. civ.* III, n° 42, p. 36. *Contra*, décidant que les dettes grevant les parts sociales communes sont des dettes communes, exécutoires sur les biens communs, ▪ Poitiers, 12 déc. 2000, n° 9901067 : *JurisData* n° 2000-146033 ; *JCP* N 2002, 1222, note Casey).

7) Fraude. L'action en nullité régie par l'article 1427 du Code civil qui vient sanctionner la violation du principe posé à l'article 1832-2, alinéa 1er du Code civil est soumise à la prescription de deux ans et est exclusive de l'action en inopposabilité ouverte par l'article 1421 du Code civil qui vise à condamner les actes frauduleux, ce dernier texte ne trouvant à s'appliquer qu'à défaut d'autre sanction (▪ Cass. 1re civ., 23 mars 2011, n° 09-66.512 : *JurisData* n° 2011-004226 ; *Dr. sociétés* 2011, comm. 107, note Hovasse ; *Bull. Joly Sociétés* 2011, p. 464, note S. et A. Gaudemet).

8) Perception du dividende par le conjoint de l'associé. La Cour de cassation affirme que seul l'associé a qualité pour percevoir les dividendes, de sorte qu'il convient de rechercher, lorsque de telles sommes sont perçues par le conjoint de l'associé, si ce dernier avait donné son accord pour qu'elles soient versées entre les mains de son conjoint (▪ Cass. 1re civ., 5 nov. 2014, n° 13-25.820 : *JurisData* n° 2014-012769 ; *JCP* G 2015, doctr. 138, n° 3, obs. Deboissy et Wicker ; *JCP* N 2015, 1072, note Garçon).

Art. 1833. – Toute société doit avoir un objet licite et être constituée dans l'intérêt commun des associés.
***(Al. créé, L. n° 2019-486, 22 mai 2019)* La société est gérée dans son intérêt social, en prenant en considération les enjeux sociaux et environnementaux de son activité.**

Bibliographie : D. Schmidt, *De l'intérêt commun des associés* : *JCP* 94, I, 3793.

I – OBJET

1) Objet réel. Il faut entendre par *objet* de la société non pas l'objet de l'obligation assumée par les associés, mais la cause de cette obligation, c'est-à-dire le but que les dirigeants de la société se sont assigné, les tribunaux ayant le pouvoir de rechercher si les énonciations contenues dans les statuts concordent avec le but réel de la société qui seul doit être pris en considération au point de vue de la licéité (▪ Paris, 21 nov. 1951 : *S.* 1952, 2, 105, concl. Gégout).

2) Holding. Sur la validité des « sociétés de portefeuille », V. ▪ Cass. com., 2 juill. 1985 : *JurisData* n° 1985-099114 ; *JurisData* n° 1985-099114 ; *Bull. Joly* 1986, 229.

3) Illicéité. Pour des hypothèses d'objet illicite, V. ▪ Cass. req., 24 mai 1913 : *DP* 1916, 1, 264 (établissement de jeux) ; ▪ Cass. com., 19 juill. 1954 : *JCP 1954, II, 8322*, note J. G. B. (société créée pour faciliter pendant la guerre les entreprises de l'ennemi) ; ▪ Lyon, 13 juin 1960 : *JCP* 1961, II, 12103, note Boitard (entente illicite) ; ▪ Cass. com., 11 juill. 2006, n° 04-16.759 : *JurisData* n° 2006-034588 ; *Dr. sociétés* 2007, comm. 2, note Lécuyer ; *JCP* E 2006, 2595, note Serinet (manquements graves aux dispositions d'ordre public du Code de la santé publique relatives à la délivrance de médicaments vétérinaires).

II – INTÉRÊT COMMUN

4) Intérêt commun. À défaut de clause statutaire contraire, la qualité d'associé n'impose pas à ce sujet de droit de s'abstenir d'exercer une activité concurrente de celle de la société de sorte qu'il doit seulement s'abstenir d'actes de concurrence déloyale (▪ Cass. com., 15 nov. 2011, n° 10-15.049 : *JurisData* n° 2011-025126 ; *Dr. sociétés* 2012, comm. 24, note Roussille ; *RTD com.* 2012, p. 134, obs. Constantin ; *Bull. Joly Sociétés* 2012, p. 112, note Le Nabasque ; *JCP* E 2011, 1893, note Couret et Dondero. ▪ Cass. com., 3 mars 2015, n° 13-25.237 : *JurisData* n° 2015-004268 ; *Dr. sociétés* 2015, comm. 103, obs. Mortier. – Comp. ▪ Cass. com., 6 mai 1991, n° 89-13.780 : *Bull. civ.* IV, n° 151).

5) Abus de majorité. La jurisprudence conditionne l'existence de l'abus de majorité à la réunion de deux éléments : l'atteinte portée à l'intérêt social par la décision adoptée et la rupture d'égalité entre les actionnaires, au profit des majoritaires (■ Cass. com., 18 avr. 1961 : *JCP* G 1961, II, 12164, note Bastian ; ■ Cass. com., 2 juill. 1985 : *Bull. Joly Sociétés* 1985, p. 962). Cet abus peut également consister en une abstention constitutive d'un abus de majorité négatif, notamment l'opposition abusive d'un associé majoritaire qui ne s'est pas rendu à la convocation d'une assemblée générale extraordinaire, laquelle devait procéder à l'application d'une disposition obligatoire (■ Cass. 1re civ., 16 juill. 1998, n° 96-16.247 : *Bull. civ.* I, n° 262 ; *JCP* E 1998, p. 1736, note Daigre ; *Dr. sociétés* oct. 1998, n° 121, obs. Bonneau ; *Defrénois* 1998, p. 1293, obs. Hovasse ; *RTD com.* 1999, p. 110, obs. Champaud et Danet ; *D.* 2000, n° 3, cah. dr. aff., juripr., p. 63, note Dondero. V. sur cet arrêt, J.-J. Daigre, *SCP : L'associé en industrie est un associé en capital en puissance : Bull. Joly Sociétés* 1998, p. 1131. – Y. Guyon, *Les apports en industrie dans les sociétés civiles professionnelles : Defrénois* 1999, p. 3).

Conformément aux principes susvisés, l'abus de majorité a été retenu par le juge à l'occasion de l'allocation de rémunérations excessives aux dirigeants, notamment l'octroi d'une prime correspondant à plusieurs fois le montant des bénéfices sociaux alors que ceux-ci ont été mis en réserve pendant plusieurs exercices sans politique d'investissement corrélative (■ Cass. com., 1er juill. 2003, n° 99-19.328 : *JurisData* n° 2003-019889 ; *RJDA* 11/2003, n° 1074) ; de la décision d'interposer une société en commandite par actions entre une société regroupant les activités commerciales et la société anonyme réunissant les actionnaires, alors que le chiffre d'affaires ainsi que la valeur des actions de cette société s'étaient effondrés, que le minoritaire avait perdu tout pouvoir d'influence et de contrôle, et que le majoritaire s'était ainsi assuré une complète liberté de manœuvre (■ Cass. com., 24 janv. 1995, n° 93-13.273 : *Bull. civ.* IV, n° 27. *Adde* P. Le Cannu, *La sous-filialisation abusive : Bull. Joly Sociétés* 1995, p. 321 et 303. Dans la même affaire, ■ Cass. com., 30 nov. 2004, n° 03-15.278 : *JurisData* n° 2004-025927 ; *RJDA* 3/2005, n° 263) ; de la délibération autorisant le remplacement des gérants actuels d'une SCI (associés majoritaires) au profit des seules personnes de leur choix et au moment que chacun d'eux aura fixé unilatéralement, alors que l'intérêt social imposait que les dirigeants soient parfaitement libres à l'égard des associés (■ CA Paris, 27 févr. 1997, n° 94.015374 : *JurisData* n° 1997-020338 ; *RJDA* 5/1997, n° 651 ; *JCP* E 1997, II, 982, note Viandier ; *Rev. sociétés* 1997, p. 393, note Guyon ; *Dr. sociétés* mai 1997, n° 79, obs. Bonneau ; *Bull. Joly Sociétés* 1997, p. 573, note Garçon. V. sur cet arrêt, C. Champaud, *Clan et hoirie, société et entreprise : Dr. et patrimoine* nov. 1997, p. 64) ; d'une autorisation de cautionnement hypothécaire donnée par l'assemblée générale extraordinaire d'une société pour garantir un prêt consenti à son associé majoritaire (■ Cass. 3e civ., 25 mars 1998, n° 96-17.307 : *JurisData* n° 1998-001357 ; *RJDA* 6/1998, n° 722 ; *JCP* N 1998, n° 42, p. 1511, note Randoux ; *JCP* E 1998, n° 50, p. 1971, note Garçon ; *Bull. Joly Sociétés* 1998, p. 635, note Couret ; *Banque et droit* janv.-févr. 1999, p. 477, obs. Rontchevsky) ; de la réduction du capital social à zéro suivie d'une augmentation de capital, quand les pertes sont nées de conventions conclues illégalement par les actionnaires majoritaires, intéressés à ces conventions, dans le but de se placer dans une meilleure position que le minoritaire (■ T. com. Paris, 20 juin 2006, n° 05/00518 : *RJDA* 3/2007, n° 273). Constitue également un abus de majorité, et est donc nulle, l'augmentation du capital d'une société civile afin de financer des travaux non urgents incombant au locataire, ainsi que des travaux d'extension non déterminés précisément – ces éléments étant révélateurs d'une méconnaissance de l'intérêt social –, alors que l'émission des parts sociales a été réalisée sans droit préférentiel de souscription ni prime d'émission, et ce malgré l'existence de réserves et de plus-values d'actif – tous éléments constitutifs d'une rupture d'égalité entre associés (■ CA Toulouse, 1re ch., sect. 1, 2 juin 2009 : *JurisData* n° 2009-007301 ; *Dr. sociétés* 2010, comm. 22, obs. Mortier). Voir sur la constitution de réserves excessives sans intérêt pour la société et préjudiciable aux intérêts pécuniaires des minoritaires, note sous art. 1844-1, p. 1542. Constitue également un abus de majorité, la décision de vente prise par l'assemblée générale, la cession étant intervenue à un prix très inférieur à sa valeur réelle et ayant été faite au détriment tant de la SCI, laquelle a été privée de son actif, que de l'associé minoritaire, dont les parts sociales ont perdu toute valeur, tandis que les associés majoritaires se sont retrouvés, *via* la nouvelle SCI constituée par eux, seuls propriétaires de l'immeuble (■ Cass. com., 24 mai 2016, n° 14-28.121 : *JurisData* n° 2016-010269 ; *Dr. sociétés* 2016, comm. 160, obs. Mortier).

En revanche, le refus d'effectuer des apports en compte courant à une société en perdition et l'exercice au nom d'une autre société d'une action en résiliation de bail, bien qu'éventuellement constitutifs de fautes, ne caractérisent pas un abus de majorité dans la mesure où ces agissements n'impliquent pas de décisions réservées aux assemblées générales (■ CA Paris, 4 juin 1998, n° 96/12266 : *JurisData* n° 1998-021563 ; *JCP* E 1999, n° 1, p. 29, obs. Viandier et Caussain ; *RTD com.* 1999, p. 119, obs. Champaud et Danet). Cet abus a été également invoqué, mais sans succès, à propos de la mise en réserve des bénéfices de la société décidée par les majoritaires et contestée par les minoritaires (■ CA Toulouse, 1er mars 1993 : *JurisData* n° 1993-600039 ; *Bull. Joly Sociétés* 1994, p. 57, note Couret ; ■ CA Versailles, 7 déc.

1995, n° 7787/94 : *JurisData* n° 1995-600125 ; *Bull. Joly Sociétés* 1996, p. 197. Sur ce dernier arrêt, E. Lepoutre, *Autofinancement des entreprises et abus de majorité : Bull. Joly Sociétés* 1996, p. 189). La suppression d'une clause de non-concurrence par une décision d'assemblée générale ne constitue pas non plus un abus de majorité, argument pris qu'elle n'est pas contraire à l'intérêt de la société et ne porte pas atteinte à l'intérêt des minoritaires (■ CA Basse-Terre, 29 janv. 2007, n° 03/01137 : *JurisData* n° 2007-340833 ; *Dr. sociétés* janv. 2008, n° 13, obs. Monnet).

Le juge qui constate l'abus de majorité prononce la nullité de la décision prise au cours de l'assemblée générale ordinaire ou extraordinaire (■ Cass. com., 18 avr. 1961, préc. *Adde*, E. Lepoutre, *Les sanctions des abus de minorité et de majorité dans les sociétés commerciales : Dr. et patrimoine* déc. 1995, n° 33, p. 68). Eu égard à son caractère d'ordre public, cette sanction peut même être demandée par le ou les actionnaires qui ont voté en faveur de la résolution litigieuse (■ CA Versailles, 20 mai 1999, n° 4547/97 : *JurisData* n° 1999-043101 ; *BRDA* 2/2000, p. 6, n° 8, décision de l'assemblée générale de procéder à un coup d'accordéon : réduction du capital à zéro, puis augmentation successive). Rien n'interdit aux associés de demander en référé des mesures d'urgence en cas de carence de la société à prendre des mesures qu'impliquent la nullité (■ CA Paris, 20 mars 2002, n° 2001/22215 : *JurisData* n° 2002-174895 ; *RJDA* 7/2002, n° 769). Reste que le juge n'a pas le pouvoir de modifier une résolution même prise abusivement à la majorité par une assemblée légalement constituée, car il se substituerait aux décisions prises par les associés dans une assemblée qui est souveraine (■ T. com. Paris, ord. réf., 12 févr. 1991 : *JurisData* n° 1991-600392 ; *Bull. Joly Sociétés* 1991, p. 592, note Jeantin). À la nullité peut se substituer ou s'adjoindre la mise en jeu de la responsabilité des majoritaires, génératrice de dommages-intérêts au profit des minoritaires (■ Cass. 1re civ., 16 juill. 1998, préc.). Ces derniers doivent alors démontrer l'existence de l'abus et du lien de causalité entre celui-ci et le préjudice subi par eux (■ CA Versailles, 20 juin 2006, n° 05/02777 : *JurisData* n° 2006-321059 ; *RJDA* 2/2007, n° 156).

6) Abus de minorité. L'abus de minorité suppose de la part du ou des associés minoritaires une attitude non seulement contraire à l'intérêt général de la société – ce qui est le cas lorsque l'intéressé fait échec à la réalisation d'une opération essentielle pour celle-ci mais aussi dictée par l'unique dessein de favoriser ses propres intérêts aux dépens de l'ensemble des autres associés (■ Cass. com., 15 juill. 1992, n° 90-17.216 : *JurisData* n° 1992-001690 ; *RJDA* 8-9/1992, n° 826 ; *Rev. sociétés* 1993, p. 400, note Merle ; ■ Cass. com., 9 mars 1993, *Flandin : JurisData n° 1993-000497 ; Bull. civ.* IV, n° 101 ; *RJDA* 4/1993, n° 323 et p. 253, concl. Raynaud ; *D.* 1993, jurispr. p. 363, note Guyon ; *Rev. sociétés* 1993, p. 403, note Merle ; *JCP* G 1993, II, 22107, note Paclot ; *JCP* E 1993, II, 448, note Viandier). L'abus de minorité réside notamment dans le refus du minoritaire de voter une augmentation de capital ayant pour objet de porter celui-ci au minimum légal, par crainte de perdre sa minorité de blocage (■ CA Paris, 25 oct. 1994, n° 92-013421 : *JurisData* n° 1994-024131 ; *Rev. sociétés* 1995, p. 111, obs. Guyon ; *Dr. sociétés* janv. 1995, n° 14, obs. Vidal), alors qu'une telle mesure était indispensable au maintien de l'agrément d'une agence d'intermédiation bancaire (■ CA Paris, 25 mai 1993, n° 91-024107 : *JurisData* n° 1993-021757 ; *D.* 1993, jurispr. p. 541, note Couret ; *Bull. Joly Sociétés* 1993, p. 852, note Le Cannu ; *Rev. sociétés* 1993, p. 827, note Durand-Lépine) ; l'obstruction purement égoïste par les minoritaires à une prise de décision, par crainte d'une dilution de leurs parts dans le capital social (■ CA Paris, 26 juin 1990, n° 90/547 : *JurisData* n° 1990-022330 ; *JCP* G 1990, II, 21589, et *JCP* E 1990, II, 15915, note Germain ; *RTD com.* 1990, p. 594, obs. Champaud ; *Bull. Joly Sociétés* 1990, p. 755, note Le Cannu ; *Rev. sociétés* 1990, p. 613, note Boizard).

A été censurée pour manque de base légale la décision de la cour d'appel qui a retenu l'existence d'un abus de minorité à l'encontre d'un associé hostile à une augmentation de capital, en lui faisant grief de vouloir entraver le fonctionnement de la société, sans caractériser le dessein de favoriser ses intérêts personnels au détriment de l'autre associé (■ Cass. com., 31 janv. 2006, n° 04-14.182 : *JurisData* n° 2006-032004 ; *Bull. Joly Sociétés* 2006, p. 784, note Scholer. En ce sens, ■ Cass. com., 20 mars 2007, n° 05-19.225 : *JurisData* n° 2007-038097 ; *BRDA* 7/2007, n° 4 ; *RJDA* 6/2007, n° 617 ; *Dr. sociétés* mai 2007, n° 87, obs. Lécuyer. Sur cet arrêt, D. Gibirila, *Le refus d'un actionnaire minoritaire de voter une augmentation de capital : Rev. Lamy dr. aff.* juin 2007, n° 979). En toute hypothèse, la Cour de cassation subordonne la qualification d'abus de minorité à la condition préalable du respect du droit à l'information du minoritaire (■ Cass. com., 27 mai 1997, n° 95-15.690 : *JurisData* n° 1997-002355 ; *Bull. civ.* IV, n° 159 ; *BRDA* 11/1997, p. 4 ; *RJDA* 8-9/1997, n° 1046 ; *D. affaires* 1997, n° 26, p. 836 ; *Dr. sociétés* 1997, n° 142, obs. Vidal ; *Defrénois* 1997, p. 1279, obs. Hovasse ; *D.* 1998, somm. p. 182, obs. Hallouin).

Quant à la sanction de l'abus de minorité, la Cour de cassation a considéré que le juge ne pouvait se substituer aux organes sociaux légalement compétents et il lui était possible de désigner un mandataire aux fins de représenter les associés minoritaires défaillants à une nouvelle assemblée et de voter en leur nom dans le sens des décisions conformes à l'intérêt social mais ne portant pas atteinte à l'intérêt légitime des minoritaires (▪ Cass. com., 9 mars 1993, n° 91-14.685 : *JurisData* n° 1993-000497 ; *Bull. civ.* IV, n° 101 ; *RJDA* 4/1993, n° 323 et p. 253, concl. Raynaud ; *D.* 1993, jurispr. p. 363, note Guyon ; *Rev. sociétés* 1993, p. 403, note Merle ; *JCP* G 1993, II, 22107, note Paclot ; *JCP* E 1993, II, 448, note Viandier. Comp. ▪ Cass. com., 14 janv. 1992, n° 90-13.055 : *JurisData* n° 1992-000021 ; *D.* 1992, jurispr. p. 337, note Bousquet ; *JCP* E 1992, II, 301, note Viandier ; *JCP* N 1992, II, 193, note Bonneau ; *Dr. sociétés* mars 1992, n° 55, obs. Le Nabasque ; *Rev. sociétés* 1992, p. 44, note Merle ; *Bull. Joly Sociétés* 1992, p. 273, note Le Cannu ; *RTD com.* 1992, p. 636, obs. Reinhard ; *LPA* 3 juill. 1992, n° 80, p. 31, note Gibirila, qui avait souligné que, hormis l'allocation d'éventuels dommages-intérêts, il existe d'autres solutions permettant la prise en compte de l'intérêt social). Reste qu'en aucune façon, le juge ne peut fixer dans sa décision le sens du vote du mandataire *ad hoc* nommé par lui (▪ Cass. com., 4 févr. 2014, n° 12-29.348 : *JurisData* n° 2014-001765 ; *JCP* E 2014, 1123). Et, de fait, lorsqu'un administrateur judiciaire est désigné en qualité de mandataire *ad hoc* pour représenter un associé minoritaire et voter en son nom, il ne peut opposer à ce dernier le secret professionnel tiré de son statut d'administrateur judiciaire pour refuser de lui rendre compte de l'exécution de ce mandat (▪ Cass. com., 18 nov. 2014, n° 13-19.767 : *Gaz. Pal.* 2015, n° 27, p. 19, obs. Dondero ; *Dr. sociétés* 2015, comm. 22, obs. Mortier). En toute hypothèse, un abus de minorité n'est pas susceptible d'entraîner l'adoption d'une décision qui n'aurait pas atteint une majorité insuffisante (▪ Cass. 3e civ., 21 déc. 2017, n° 15-25.627 : *Dr. sociétés* 2018, comm. 43, obs. Hovasse ; *JCP* G 2018, 115, note Klein).

7) Abus d'égalité. Le refus d'associés égalitaires de voter la suppression de l'attribution gratuite, au profit de l'un d'eux, d'un immeuble appartenant à la société ne suffit pas à caractériser un comportement contraire à l'intérêt général de la société, en ce que ces associés auraient interdit la réalisation d'une opération essentielle pour celle-ci dans l'unique dessein de favoriser leurs propres intérêts au détriment des autres associés, justifiant la désignation d'un mandataire *ad hoc* avec mission de voter en leur lieu et place l'occupation de l'immeuble moyennant le paiement d'un loyer (▪ Cass. 3e civ., 14 févr. 2007 : *JurisData* n° 2007-037406 ; *Dr. sociétés* 2007, comm. 67, obs. F.-X. Lucas. V. dans le même sens, ▪ Cass. com., 16 juin 1998, n° 96-13.997 : *BRDA* 13/1998, p. 3 ; *RJDA* 10/1998, n° 1114 ; *Bull. Joly Sociétés* 1998, p. 1083, note Le Cannu ; *Rev. sociétés* 1999, p. 103, note Medjaoui, où le juge a observé un refus de voter la mise en réserve des bénéfices, alors que leur distribution aurait diminué le fonds de roulement et le crédit de la société auprès des banques au moment où celle-ci avait besoin d'emprunter).

Art. 1834. – **Les dispositions du présent chapitre sont applicables à toutes les sociétés s'il n'en est autrement disposé par la loi en raison de leur forme ou de leur objet.**

Art. 1835. – **Les statuts doivent être établis par écrit. Ils déterminent, outre les apports de chaque associé, la forme, l'objet, l'appellation, le siège social, le capital social, la durée de la société et les modalités de son fonctionnement.**

***(Al. créé, L. n° 2019-486, 22 mai 2019)* Les statuts peuvent préciser une raison d'être, constituée des principes dont la société se dote et pour le respect desquels elle entend affecter des moyens dans la réalisation de son activité.**

Bibliographie : M. Germain, *Pactes, statuts et ordre public*, in *Mélanges P. Merle*, Dalloz 2012, p. 305. • J.-J. Ansault, *Les pactes extrastatutaires sous la surveillance de l'ordre public sociétaire*, in *Mélanges M. Germain*, LexisNexis-Lextenso, 2015, p. 1. • M. Buchberger, *L'ordre public sociétaire*, in *Mélanges M. Germain*, LexisNexis-Lextenso, 2015, p. 181.

1) Liberté statutaire. La société étant un contrat, les parties peuvent librement y insérer toutes les dispositions qu'elles jugent nécessaires *à la protection* de la société qu'elles créent, sous la seule réserve de ne violer aucune règle d'ordre public (▪ CA Rouen, 8 févr. 1974 : *JurisData* n° 1974-600289 ; *Rev. sociétés* 1974, p. 507, note Rodière). Dans ce sens, elles peuvent insérer une clause de non-concurrence (▪ Cass. com., 20 févr. 1979, n° 77-12.874 : *D.* 1979, inf. rap. p. 248).

2) Clause d'exclusion. Si la Cour de cassation a proclamé le principe de l'interdiction de l'exclusion d'un associé (V. ▪ Cass. com., 12 mars 1996, préc., sous art. 1832), il en va différemment lorsque la loi prévoit expressément des exceptions à cette règle ou encore lorsque des clauses statutaires reconnaissent une telle possibilité dans l'hypothèse où un événement prévu à l'avance viendrait à se réaliser (▪ Cass. com., 13 déc. 1994, n° 93-11.569 : *JCP* E 1995, II, 705, note Paclot. ▪ Cass. com., 8 mars 2005, n° 02-17.692 : *JurisData* n° 2005-027475 ; *JCP* E 2005, 1046, n° 9, obs. Caussain, Deboissy et Wicker. – Voir également ▪ Montpellier, 17 déc. 1992 : *JurisData* n° 1992-600237 ; *Bull. Joly* 1993, 649). Ayant constaté que le gérant avait décidé l'exclusion partielle de l'associé après lui avoir notifié la mise en œuvre de la procédure prévue en pareil cas, par une lettre qui précisait le motif de l'exclusion envisagée ainsi que ses modalités et qui invitait l'associé concerné à présenter ses observations sur ces points, la Haute juridiction a approuvé la cour d'appel qui en a justement déduit que cet associé n'était pas fondé à se prévaloir de l'inobservation du principe de la contradiction (■ Cass. com., 20 mars 2012, n° 11-10.855 : *JurisData* n° 2012-004961 ; *Dr. sociétés* 2012, comm. 77, obs. Hovasse). En toute hypothèse, la clause ne saurait amputer les prérogatives politiques du sujet de droit concerné par la procédure en lui interdisant de prendre part au vote (■ Cass. com., 23 oct. 2007, n° 06-16.537 : *Bull. civ.* IV, n° 225 ; *JCP* G 2007, II, 10197, note Bureau ; *D.* 2008, 47, note Paclot ; *ibid.* 2008, 1563, chron. Paillusseau ; *ibid.* 2009, p. 323, obs. Hallouin et Lamazerolles ; *Rev. sociétés* 2007, p. 814, note Le Cannu ; *RTD com.* 2007, 791, obs. Le Cannu et Dondero ; *ibid.* 2008, p. 566, obs. Champaud et Danet ; *JCP* E 2007, 2433, note Viandier ; *JCP* E 2008, 1280, § 8, obs. Caussain, Deboissy et Wicker ; *Dr. sociétés* 2007, comm. 219, note Hovasse ; *Bull. Joly* 2008, 101, note Schmidt. Comp. ■ Cass. com., 24 oct. 2018, n°s 15-27.911 et 17-18.957 : *JurisData* n° 2018-018758 ; *Dr. sociétés* 2019, comm. 4, obs. Hovasse, qui fait interdiction au juge des référés de modifier les règles d'adoption des résolutions telles que fixées par les statuts, celle-ci seraient-elles illicites). Par deux décisions rendues, dans une même affaire, la Haute juridiction rappelle qu'une clause statutaire d'exclusion qui confierait à l'assemblée générale des associés le pouvoir d'exclure l'un des leurs ne saurait interdire, dans le même temps, à l'intéressé de prendre part au vote ; la clause litigieuse doit alors être réputée non écrite dans son intégralité (■ Cass. com., 9 juill. 2013, n°s 11-27.235 et 12-21.238 : *Rev. sociétés* 2014, p. 40, note Ansault ; *D.* 2013, p. 2729, obs. Hallouin, Lamazerolles et Rabreaus ; *JCP* E 2013, 1516, note Dondero ; *Bull. Joly* 2013, p. 636, note Poracchia ; *Gaz. Pal.* 2013, n° 260, p. 22, note Zattara-Gros ; *Gaz. Pal.* 2013, n° 241, p. 15, note Hebraud ; *Dr. sociétés* 2013, comm. 154, note Mortier ; *RLDA* 2013/86, n° 4753, note Reygrobellet). Pour autant, selon la Cour de cassation, ne contrevient pas aux dispositions de l'article 1844 du Code civil, l'article des statuts d'une société prévoyant que « [...] *l'assemblée générale statuant à l'unanimité moins les voix de l'associé mis en cause, peut,* [...] *exclure tout membre de la société* [pour certaines] *causes* », dès lors que l'intéressé, convoqué à l'assemblée générale litigieuse, a émis un vote dont il a été tenu compte (■ Cass. com., 24 oct. 2018, n° 17-26.402 : *JurisData* n° 2018-018758 ; *Dr. sociétés* 2019, comm. 4, Hovasse ; *Dr. sociétés* 2019, comm. 21, obs. Mortier ; *Bull. Joly Sociétés* 2019, p. 23, note Brignon ; *BRDA* 23/18, note Couret ; *JCP* G 2019, 101, note Gaède et Paclot).

Art. 1836. – Les statuts ne peuvent être modifiés, à défaut de clause contraire, que par accord unanime des associés.

En aucun cas, les engagements d'un associé ne peuvent être augmentés sans le consentement de celui-ci.

1) Portée. L'article 1836 ne règle que les conditions auxquelles doivent satisfaire les décisions modificatives des statuts, mais non celles relatives aux décisions prises, conformément aux statuts, en vue de l'exécution de l'objet social. Des associés ne peuvent donc refuser de contribuer au financement de certains investissements en invoquant les dispositions de l'article 1836, alinéa 2 (■ Cass. 1re civ., 8 nov. 1988, n° 87-10.514 : *JurisData* n° 1988-703465 ; *Bull. civ.* I, n° 313, p. 213. V. aussi ■ Cass. com., 9 juin 2004, n° 01-15.713 : *JurisData* n° 2004-024177 ; *Bull. civ.* IV, n° 122, p. 125). A violé les articles 1134, 1836, alinéa 2, et 1869 du Code civil une cour d'appel qui a rejeté la demande de l'intéressé d'autorisation de retrait et en remboursement de la valeur de ses droits sociaux et accueilli la demande de la SCI en paiement d'une certaine somme au titre de l'appel de fonds, alors qu'en aucun cas les engagements d'un associé ne peuvent être augmentés sans le consentement de celui-ci et que les statuts ne stipulaient explicitement aucune obligation des associés à contribuer aux pertes au cours de la vie sociale (■ Cass. com., 5 mai 2009, n° 08-14.043 : *JurisData* n° 2009-048086 ; *Dr. sociétés* 2009, comm. 181, obs. Mortier).

2) Réduction du droit des associés. La suppression de la mise à disposition des associés des biens immobiliers de la société, si elle a eu pour effet de réduire leurs droits, n'a augmenté que les charges de la société et non les leurs (■ Cass. 3e civ., 8 oct. 1997, n° 95-14.089 : *JurisData* n° 1997-003836 ; *Bull. Joly Sociétés* 1997, p. 1079, note Stemmer ; *Dr. sociétés* 1998, comm. 20, note Bonneau).

Bibliographie : S. Le Normand, *La modification des statuts par le dirigeant* : *Dr. sociétés* 2012, étude 11.

3) Appel de fonds complémentaires. Lorsqu'une société en nom collectif a été mise en demeure par sa banque d'exiger de ses associés un autofinancement complémentaire et que l'assemblée des associés réunie à cette fin décide des appels de fonds, les juges ont pu considérer, sans dénaturer une clause de statuts, ni violer l'art. 1134 du Code civil, qu'un associé qui n'avait pas donné son consentement n'était pas tenu de verser les sommes qui lui étaient réclamées (■ Cass. com., 7 mars 1989, n° 87-12.882 : *JurisData* n° 1989-000698 ; *Bull. civ.* IV, n° 81, p. 54). Dans la mesure où les engagements d'un associé ne sauraient être augmentés sans le consentement de ce dernier, le refus de ce sujet de droit de répondre à des appels de fonds pendant le cours de la vie sociale ne peut, sauf à ce que ceux-ci soient prévus par les statuts, être considéré comme fautif (■ Cass. com., 10 juill. 2012, n° 11-14.267 : *JurisData* n° 2012-015708 ; *Bull. Joly Sociétés* 2012, p. 693, note Dondero ; *Dr. sociétés* 2012, comm. 204, obs. Hovasse ; *Rev. sociétés* 2012, p. 701, note Massart).

4) Clause de non-concurrence. L'insertion d'une clause de non-concurrence dans les statuts d'une société anonyme augmente les engagements des associés et ne peut être décidée qu'à l'unanimité (■ Cass. com., 26 mars 1996, n° 93-21.250 : *JurisData* n° 1996-001168 ; *Bull.* IV, n° 94, p. 79).

5) Pénalité statutaire nouvelle. L'engagement d'un associé de société coopérative agricole de livrer une certaine quantité de blé n'est pas augmenté par l'ajout d'une pénalité dont le montant n'excède pas la valeur des quantités de blé manquantes (■ Cass. 1re civ., 30 nov. 2016, n° 15-23.105 : *JurisData* n° 2016-025426 ; *Dr. sociétés* 2017, comm. 20, obs. Mortier).

6) Qualité pour agir. L'article 1836, alinéa 2, est une disposition d'ordre public, sanctionnée par une nullité absolue qui peut être demandée par tout associé (■ Cass. com., 13 nov. 2003, n° 00-20.646 : *JurisData* n° 2003-020998 ; *JCP* E 2004, 337, note Viandier, et 601, n° 7, obs. Caussain, Deboissy et Wicker).

Art. 1837. – Toute société dont le siège est situé sur le territoire français est soumise aux dispositions de la loi française.

Les tiers peuvent se prévaloir du siège statutaire, mais celui-ci ne leur est pas opposable par la société si le siège réel est situé en un autre lieu.

1) Établissement principal. Le lieu du siège social est en règle générale celui où l'entreprise a principalement sa direction juridique, financière, administrative et technique, et non celui où elle a seulement une exploitation et des organes de caractère secondaire (■ Cass. civ., 7 juill. 1947 : *JCP* 47, II, 3871, note J. L.). Cependant, est valable l'assignation signifiée à une société en un lieu autre que celui où elle localise son siège social lorsque la société dispose en ce lieu de représentants ou de préposés qualifiés (■ Cass. soc., 21 mars 1973, n° 71-40.785 : *JurisData* n° 1973-096178 ; *Bull. civ.* V, n° 178, p. 161).

2) Critère du contrôle. Si en principe la nationalité d'une société se détermine par la situation de son siège social, pareil critère cesse d'avoir application lorsque, le territoire sur lequel est établi ce siège social étant passé sous une souveraineté étrangère, les personnes qui ont le contrôle de la société et les organes sociaux investis conformément au pacte social ont décidé de transférer dans le pays auquel elle se rattachait le siège de la société afin qu'elle conserve sa nationalité et continue d'être soumise à la loi qui la régissait (■ Cass. 1re civ., 30 mars 1971, n° 68-14.124 : *JCP* 72, II, 17140. – V. aussi B. Oppetit, note : *JCP* 72, II, 17101).

3) Siège fictif. Sur l'inopposabilité aux tiers du siège social fictif, V. ■ Cass. req., 23 juin 1924 : *DH* 1924, 541. – V. aussi ■ Cass. civ., 7 juill. 1947 : *JCP* 47, II, 3871, note J. L. (transfert fictif). Les juges du fond apprécient souverainement le caractère réel ou fictif du siège social d'une société (■ Cass. com., 12 déc. 1972, n° 71-11.682 : *JurisData* n° 1972-098331 ; *Bull. civ.* IV, n° 331, p. 307).

4) Domiciliation de société. Lorsque les locaux du siège social statutaire sont en travaux, la réception des actes adressés à la société reste possible dès lors que les tiers ont été informés (■ T. com. Paris, 1re ch. B., 24 avr. 2006 : *JurisData* n° 2006-327166 ; *Dr. sociétés* 2007, comm. 90, obs. Lécuyer).

5) Droit communautaire. Si une société peut transférer son siège dans un État membre autre que celui dans lequel elle s'est constituée, cet État peut considérer, sans heurter les dispositions des articles 43 et 48 du traité CE, que cette société ne relève plus de son droit national (■ CJCE, 16 déc. 2008, aff. C-210/06 : *JurisData* n° 2008-009839 ; *D.* 2009, p. 465, note Kovar ; *JCP* G 2008, II, 10027, note Menjucq ; *Dr. et patrimoine* mai 2009, p. 95, note Poracchia. – *Adde* Damman, Wynaendt et Nader, *La renaissance inattendue de la théorie du siège réel* : *D.* 2009, p. 574).

Art. 1838. – La durée de la société ne peut excéder quatre-vingt-dix-neuf ans.

Bibliographie : J.-Ph. Dom, *La société après son terme statutaire*, in *Mélanges P. Serlooten*, Dalloz 2016, p. 327.

Art. 1839 ***(Mod., L. n° 2009-526, 12 mai 2009).*** **– Si les statuts ne contiennent pas toutes les énonciations exigées par la législation ou si une formalité prescrite par celle-ci pour la constitution de la société a été omise ou irrégulièrement accomplie, tout intéressé est recevable à demander en justice que soit ordonnée, sous astreinte, la régularisation de la constitution. Le ministère public peut agir aux mêmes fins.**

Les mêmes règles sont applicables en cas de modification des statuts.

L'action aux fins de régularisation prévue à l'alinéa premier se prescrit par trois ans à compter de l'immatriculation de la société ou de la publication de l'acte modifiant les statuts.

1) **Régularisation.** Voir : D. n° 78-704, 3 juill. 1978, art. 4 et s., p. 3057.

2) **Personne intéressée.** Voir : sur la notion de personne intéressée au sens de l'article 1839, Rép. min. n° 28158 : *JO* Sénat 5 nov. 1980, p. 4385 ; *JCP* 81, IV, 45.

Art. 1840. – **Les fondateurs, ainsi que les premiers membres des organes de gestion, de direction ou d'administration, sont solidairement responsables du préjudice causé soit par le défaut d'une mention obligatoire dans les statuts, soit par l'omission ou l'accomplissement irrégulier d'une formalité prescrite pour la constitution de la société.**

En cas de modification des statuts, les dispositions de l'alinéa précédent sont applicables aux membres des organes de gestion, de direction ou d'administration alors en fonction.

L'action se prescrira par dix ans, à compter du jour où l'une ou l'autre, selon le cas, des formalités visées à l'alinéa 3 de l'article 1839 aura été accomplie.

Art. 1841 *(Mod., Ord. n° 2009-80, 22 janv. 2009 ; mod., L. n° 2016-1691, 9 déc. 2016)*. – **Il est interdit aux sociétés n'y ayant pas été autorisées par la loi de procéder à une offre au public de titres financiers ou d'émettre des titres négociables ou de procéder à une offre au public, au sens de l'article L. 411-1 du Code monétaire et financier, de parts sociales, à peine de nullité des contrats conclus ou des titres ou parts sociales émis.**

Principe. Il est interdit aux sociétés n'y ayant pas été autorisées par la loi de procéder à une offre au public ou à un appel public à l'épargne portant sur leurs parts sociales (■ Cass. com., 15 mars 2017, n° 14-18.452 : *JurisData* n° 2017-004504 : *Rev. sociétés* 2017, p. 576, note B. François ; *RTD com.* 2017 p. 399, note Rontchevsky ; *RTD com.* 2017, p. 652, note Monsèrié-Bon).

Art. 1842. – **Les sociétés autres que les sociétés en participation visées au chapitre III jouissent de la personnalité morale à compter de leur immatriculation.**

Jusqu'à l'immatriculation, les rapports entre les associés sont régis par le contrat de société et par les principes généraux du droit applicable aux contrats et obligations.

Bibliographie : P.-Y. Gautier, *Des limites de la personnalité morale*, in *Mélanges P. Merle*, Dalloz 2012, p. 293.

1) **Modalités de l'immatriculation.** V. aussi : sur les modalités de l'immatriculation, C. com., art. L. 123-1 et s.

2) **Société civile immobilière. Droits des associés sur les loyers (non).** Chaque associé n'ayant droit qu'à une part des bénéfices, une SCI ne peut payer directement aux associés le montant des loyers qui lui sont dus (■ Cass. 3e civ., 29 mai 2002, n° 01-02.317 : *JurisData* n° 2002-014499 ; *Bull. civ.* III, n° 119, p. 105).

3) **Immatriculation des sociétés civiles.** Les sociétés civiles n'ayant pas procédé à leur immatriculation au RCS avant le 1er novembre 2002 ont, à cette date, perdu la personnalité juridique, de sorte qu'une SCI, laquelle n'était pas immatriculée à la date de son pourvoi, se trouvait donc, à ce moment, dépourvue du droit d'ester en justice (■ *Cass. com., 26 févr. 2008* : *JurisData* n° 2008-042929 ; *Dr. sociétés* 2008, comm. 120, obs. Mortier ; *Banque et droit* 2008, n° 118, p. 48, note Storck). Il a été jugé, par ailleurs, que doivent assumer personnellement les charges immobilières consécutives à l'achat d'un lot de copropriété par une ancienne société civile, ayant perdu sa personnalité morale faute d'immatriculation au 1er novembre 2002, les ex-associés qui, d'une part, ne sont pas fondés à se prévaloir des dispositions de l'article 1844-3 du Code civil pour en déduire que la société qu'ils ont fait ultérieurement immatriculer n'était pas une personne morale nouvelle et, d'autre part, ne justifient pas avoir cédé ou transféré à cette société le lot de copropriété litigieux (■ Cass. com., 7 janv. 2014, n° 11-25.635 : *Bull. Joly Sociétés* 2014, p. 252, note Barbièri).

Voir : sur l'obligation d'immatriculation des sociétés civiles anciennes, L. n° 2001-420, 15 mai 2001, art. 44. V. sur les conséquences du défaut d'immatriculation F.-X. Lucas : *JCP* N 2003, 1494. – B. Jadaud : *JCP* N 2003, 1535. – F. Deboissy et G. Wicker : *JCP* E 2004, 383.

4) **Groupe de sociétés.** Dans la mesure où les sociétés d'un même groupe disposent chacune d'une personnalité juridique propre, une société mère ne saurait être tenue de financer une de ses filiales afin de lui permettre d'exécuter ses obligations, sauf à ce qu'il soit démontré que la société mère a entendu personnellement s'engager aux

côtés de sa filiale ou que la preuve d'une immixtion fautive ou d'une confusion des patrimoines soit établie (■ Cass. com., 26 mars 2008 : *JurisData* n° 2008-043377 ; *Dr. sociétés* 2008, comm. 172, obs. Coquelet ; *Bull. Joly Sociétés* 2008, p. 908, note Trébulle, à propos de la remise en état d'un site pollué). Ainsi, la Haute juridiction n'a pas hésité à condamner la société mère à acquitter la dette d'un créancier impayé de sa filiale au motif que l'immixtion de la première dans les affaires de la seconde avait été de nature à créer une apparence propre à faire croire à ce créancier que la mère se substituait à la structure débitrice (■ Cass. com., 3 févr. 2015, n° 13-24.895 : *Bull. Joly* 2015, p. 128, obs. Couret ; *JCP* E 2015, 1159, note Dondero). Conformément à ces principes, ne donne pas de base légale à sa décision la cour d'appel qui déclare une société mère solidairement responsable de sa filiale sans constater que l'immixtion de la société mère dans les affaires de sa filiale avait été de nature à créer pour la victime une apparence trompeuse propre à lui permettre de croire légitimement que cette société était aussi son cocontractant (■ Cass. com., 12 juin 2012, n° 11-16.109 : *Dr. sociétés* 2012, comm. 157, note Mortier ; *RTD civ.* 2012, 546, obs. crit. Gautier). Une filiale ne peut demander au cocontractant de sa société mère réparation du préjudice qu'elle a subi en exécutant le contrat auquel elle était tiers (■ Cass. com., 18 déc. 2012, n° 11-25.567 : *JurisData* n° 2012-012947 ; *Bull. Joly Sociétés* 2013, p. 191, note Barbier ; *D.* 2012, p. 746, note Boffa).

5) **Préjudice moral.** Doit être cassée la décision aux termes de laquelle des sociétés ne peuvent prétendre à un quelconque préjudice moral découlant de la violation d'une clause de non-concurrence et d'actes de concurrence déloyale (■ Cass. com., 15 mai 2012, n° 11-10.278 : *JurisData* n° 2012-010606 ; *Bull. Joly Sociétés* 2012, 536, note Barbièri ; *JCP* G 2012, 1224, n° 1, obs. Bloch ; *D.* 2012, p. 2285, note Dondero ; *D.* 2012, p. 2688, note Lamazerolle ; *Dr. sociétés* 2012, comm. 137, obs. Mortier ; *Rev. sociétés* 2012, p. 620, note Stoffel-Munck ; *JCP* G 2012, 1012, note Wester-Ouisse). Au demeurant, la Cour de cassation n'hésite pas à reconnaître que les agissements déloyaux causent à la société victime un préjudice, fût-il seulement moral (■ Cass. com., 9 févr. 1993, n° 91-12.258 : *Bull. civ.* IV, n° 53. ■ Cass. com., 27 févr. 1996, n° 94-16.885. ■ Cass. com., 25 avr. 2001, n° 98-19.570). Le juge retient une solution similaire en matière de diffamation (■ Cass. crim., 10 mars 2004, n° 02-85.285 : *Bull. crim.*, n° 64).

Bibliographie : P. Stoffel-Munck, *Le préjudice moral des personnes morales* in *Mélanges en l'honneur de Ph. Le Tourneau*, Dalloz 2007, p. 959. – R. Pierre, *Les droits fondamentaux des personnes morales de droit privé*, Univ. europ., 2011, préf. J.-P. Marguénaud.

6) **Atteinte à la vie privée.** Si les personnes morales disposent, notamment, d'un droit à la protection de leur nom, de leur domicile, de leurs correspondances et de leur réputation, seules les personnes physiques peuvent se prévaloir d'une atteinte à la vie privée au sens de l'article 9 du Code civil (■ Cass. 1re civ., 17 mars 2016, n° 15-14.072 : *JurisData* n° 2016-004671 ; *D.* 2016, p. 2365, obs. Hallouin ; *Dr. sociétés* 2016, comm. 98, obs. Mortier ; *Bull. Joly Sociétés* 2016, p. 314, note Poracchia).

Art. 1843. – Les personnes qui ont agi au nom d'une société en formation avant l'immatriculation sont tenues des obligations nées des actes ainsi accomplis, avec solidarité si la société est commerciale, sans solidarité dans les autres cas. La société régulièrement immatriculée peut reprendre les engagements souscrits, qui sont alors réputés avoir été dès l'origine contractés par celle-ci.

Bibliographie : J.-J. Ansault, *Dans les méandres des actes accomplis pour le compte d'une société en formation : Journ. sociétés* 2014, n° 117, p. 19. • B. Saintourens, *L'acte juridique accompli pour une société en formation : Le royaume des incertitudes* in *Mélanges en l'honneur de Jean Hauser*, LexisNexis-Dalloz 2012, p. 1019. • E. Gueguant, *Les actes de procédure réalisés avant l'immatriculation de la société* : *Dr. sociétés* 2019, étude 1.

1) **Actes éligibles à la reprise.** Prive de base légale sa décision la cour d'appel ayant conclu à la substitution rétroactive de la société dans l'exécution des actes conclus pendant la période de formation sans rechercher si les associés fondateurs avaient déclaré, dans l'acte litigieux, agir pour le compte de la société en formation (■ Cass. com., 2 févr. 2010, n° 09-13.405 : *JurisData* n° 2010-051446 ; *Dr. sociétés* 2010, comm. 132, obs. Coquelet). C'est dire que la reprise ne peut porter que sur un engagement expressément souscrit pour le compte de la société en formation (■ Cass. com., 23 janv. 2007, n° 05-17.715 : *JurisData* n° 2007-037126 ; *Dr. sociétés* 2007, comm. 54, obs. Monnet). Si l'acte juridique est souscrit par une société en son nom alors même que cette structure sociale n'existe pas encore, la convention est frappée de nullité absolue de sorte qu'elle ne saurait faire l'objet d'un acte de confirmation ou de ratification effectué par la société en cause après son immatriculation (■ Cass. 3e civ., 5 oct. 2011, nos 09-72.855et 09-70.571 : *Bull. Joly Sociétés* 2011, p. 948, note Le Cannu ; *BRDA* 20/11, n° 4 ; *Dr. sociétés* 2012, comm. 4, obs. Mortier. ■ Cass. com., 21 févr. 2012,

n° 10-27630 : *Bull. Joly Sociétés* 2012, p. 472, note Dondero. ■ Cass. com., 11 juin 2013, n° 11-27.356 : *JurisData* n° 2013-011844 ; *Gaz. Pal.* 2013, n°s 258-260, note Dondero ; *Dr. sociétés* 2013, comm. 198, obs. Mortier). Un GAEC ayant obtenu sa reconnaissance au moment de sa formation n'est pas tenu, lors de son immatriculation, de procéder aux formalités de reprise de sa demande d'autorisation d'exploiter, dans la mesure où celle-ci ne constitue pas un engagement au sens du système en cause (■ Cass. 3e civ., 5 nov. 2014, n° 13-10.888 : *Rev. sociétés* 2015, p. 361, note Ansault ; *Bull. Joly Sociétés* 2015, n° 1, p. 20, note Barbieri ; *Gaz. Pal.* 2015, n° 27, p. 20, note Dondero).

2) Modalités de la reprise. Sur les modalités de la reprise des engagements souscrits au nom de la société, V. D. n° 78-704, 3 juill. 1978, art. 6, p. 3057. V. pour des applications, ■ Cass. 1re civ., 26 avr. 2000 : *JurisData* n° 2000-001562 ; *Bull. civ.* I, n° 123, p. 182 ; *Dr. sociétés* 2000, comm. 118, obs. Bonneau ; *JCP* G 2001, II, 10504, note Stark et Sainte-Rose ; *JCP* E 2000, 1766, note Bonnard ; *RTD com.* 2000, p. 931, obs. Champaud. ■ Cass. 1re civ., 2 oct. 2002, n° 00-10.499 : *JurisData* n° 2002-015659 ; *Bull. civ.* I, n° 227, p. 174 ; *Dr. sociétés* 2003, comm. 63, note Trébulle ; *JCP* 2003, I, 134, n° 1, obs. Caussain, Deboissy et Wicker. ■ Cass. com., 1er avr. 2003 : *JurisData* n° 2003-018728 ; *Dr. sociétés* 2003, comm. 205, obs. Trébulle ; *Bull. Joly Sociétés* 2003, p. 827, note Scholer. Dès lors que les statuts d'une société ne comportent, ni dans leur texte ni en annexe, la liste des engagements pris avant la signature des statuts ni de ceux qui auraient été autorisés après cette date pour le compte de la société en formation et qu'il n'est pas rapporté la preuve que ces engagements aient été repris par la société au cours d'une assemblée générale des actionnaires réunie depuis son immatriculation, la société n'est pas tenue de ces engagements qui restent à la charge de ceux qui se sont engagés pour elle (■ Cass. com., 3 avr. 1973, n° 71-13.527 : *JurisData* n° 1973-097150 ; *Rev. sociétés* 1974, 90 ; *Bull. civ.* IV, n° 150, p. 129). D'une manière générale, le juge condamne toute idée de reprise implicite des actes accomplis pendant la période d'observation (■ Cass. com., 17 juin 2008 : *JurisData* n° 2008-044481 ; *Dr. sociétés* 2008, comm. 199, obs. Coquelet). V. not. rappelant la nécessité du strict respect des modalités de reprise des actes passés pour le compte d'une société en formation, réglementairement détaillées, ■ Cass. 3e civ., 24 janv. 2007 : *JurisData* n° 2007-037094 ; *Dr. sociétés* 2007, comm. 64, obs. Lécuyer. ■ Cass. com., 9 oct. 2007, n° 06-16.483 : *JurisData* n° 2007-040737 ; *Dr. sociétés* 2008, comm. 25, obs. Mortier ; *JCP* G 2008, II, 10068, note Lebel, qui affirme que l'acceptation de cessions de créances professionnelles par trois des quatre fondateurs de la société en formation n'emporte pas reprise par ces dernières. Mais jugé que la ratification par la société peut résulter de l'acceptation par le gérant, après l'immatriculation, de deux lettres de change en paiement des commandes (■ Cass.com., 28 oct. 1974 : *Rev. sociétés* 1976, 75, note J. H., 2e esp.). De manière assez souple, le juge a pu considérer que la société, dont les statuts avaient été déposés avant la déclaration d'adjudicataire, avait été constituée pour l'acquisition du bien litigieux, ce dont il résultait que sa gérante avait nécessairement qualité pour se porter acquéreur de ce bien pour la société (■ Cass. 2e civ., 10 sept. 2009, n° 08-15.882 : *JurisData* n° 2009-049428 ; *Dr. sociétés* 2009, comm. 217, obs. Coquelet ; *JCP* E 2010, 1200, note Coquelet ; *JCP* G 2010, 233, n° 1, obs. Deboissy et Wicker ; *Dr. et patrimoine* 2010, n° 191, p. 98, obs. Poracchia). Le droit spécial de la reprise des actes par la société une fois formée n'exclut pas le jeu du droit commun de la substitution de contractant (■ Cass. 2e civ., 14 déc. 2006 : *JurisData* n° 2006-036454 ; *Dr. sociétés* 2007, comm. 23, obs. Lécuyer ■ Cass. com., 21 mars 2018, n° 15-29.377 : *JurisData* n° 2018-004159 ; *Dr. sociétés* 2018, comm. 119, obs. Mortier). Selon la Cour de cassation, le changement de forme sociale décidé par les associés au cours de la période de formation ne fait pas obstacle à la reprise de l'ensemble des engagements conclus pour le compte de la société en formation dès lors que le projet commun des associés n'est pas lui-même modifié (■ Cass. com., 13 juill. 2010, n° 09-16.103 : *JurisData* n° 2010-012452 ; *Bull. Joly sociétés* 2010, p. 882, note Barbièri ; *Dr. sociétés* 2010, obs. Coquelet).

3) Caractère déclaratif de l'acte de reprise des engagements. La reprise des engagements souscrits au nom de la société en formation s'opère de manière rétroactive (■ Cass. 3e civ., 9 juill. 2003 : *JurisData* n° 2003-019840 ; *JCP* 2003, IV, 2603 ; *Bull. civ.* III, n° 159, p. 140 ; *Defrénois* 2004, 303, obs. Piedelièvre). Cela explique notamment que, ayant relevé qu'il n'était pas contesté qu'une société, régulièrement immatriculée, avait repris l'engagement résultant d'une vente par une délibération de ses associés, une cour d'appel en a exactement déduit que peu importait la date de la délibération dès lors que, par l'effet rétroactif de cette reprise, la société en cause était réputée propriétaire de l'immeuble à l'égard des tiers et de la SCI concernée depuis l'origine de la vente et justifiait avoir qualité pour agir en diminution du prix (■ Cass. 3e civ., 7 avr. 2016, n° 15-10.881 : *JurisData* n° 2016-006382 ; *Bull. Joly Sociétés* 2016, p. 642, note Barbier ; *Dr. sociétés* 2016, comm. 100, note Hovasse).

4) Défaut de reprise. Seules les personnes qui ont accompli des actes au nom d'une société en formation sont tenues solidairement et indéfiniment de tels actes, à défaut d'éléments établissant l'existence d'une société créée de fait (■ Cass. com., 17 mai

1989, n° 87-15.644 : *JurisData* n° 1989-701475 ; *Bull. civ.* IV, n° 151, p. 101). Ainsi, la personne qui participe à la gestion d'une société en formation en intervenant dans l'embauche du personnel et en supervisant la production est tenue des obligations nées des actes ainsi accomplis (■ Cass. soc., 1er févr. 2001 : *JurisData* n° 2001-008121 ; *JCP* 2001, I, 326, n° 1, obs. Viandier et Caussain). Le contrat de travail conclu par une société en formation n'est pas, en l'absence de reprise, opposable au mandataire-liquidateur (■ Cass. soc., 27 mai 2003, n° 01-42.959 : *JCP* E 2004, 29, n° 2, obs. crit. Caussain, Deboissy et Wicker). S'agissant d'un emprunt contracté pour le compte d'une société en formation et non repris après immatriculation, l'associé est personnellement tenu en qualité d'emprunteur, par conséquent, l'article 1415 du Code civil est applicable à son engagement (■ Cass. 1re civ., 9 juill. 2014, n° 13-20.356 : *JurisData* n° 2014-016038 ; *Bull. Joly Sociétés* 2014, p. 367, note J.-F. Barbièri ; *JCP* G 2015, doctr. 138, n° 1, obs. Deboissy et Wicker ; *Dr. sociétés* 2014, comm. 160, obs. Mortier). Justifie légalement sa décision la cour d'appel qui, après avoir énoncé que le prêt contracté au nom d'une société en cours de constitution n'engage, en l'absence de reprise de cet engagement, que celui qui se dit son représentant, que l'obligation de restituer les fonds est, dès lors, à la charge d'une partie distincte de la personne morale prévue tant par le contrat de prêt que par la sûreté garantissant l'exécution de celui-ci, puis constaté que l'état des actes accomplis pour le compte de la société en formation faisait apparaître que le prêt litigieux n'avait pas été repris par celle-ci, en déduit que la sûreté réelle ne pouvait garantir la dette personnelle des cogérants (■ Cass. com., 1er avr. 2014, n° 12-23.501 : *JurisData* n° 2014-006599 ; *Dr. sociétés* 2014, comm. 161, obs. Mortier).

5) **Adjudication. Surenchère.** N'encourt pas la nullité l'enchère portée au nom et pour le compte d'une société en cours de formation lorsqu'en raison de la reprise des actes accomplis pendant sa formation, l'enchère est réputée avoir été conclue dès l'origine par la société ultérieurement immatriculée (■ Cass. 2e civ., 10 sept. 2009, n° 08-15.882 : *JurisData* n° 2009-049428 ; *Dr. sociétés* 2009, comm. 217, obs. Coquelet ; *JCP* G 2010, 233, n° 1, obs. Deboissy et Wicker ; *Dr. et patrimoine* 2010, n° 191, p. 98, obs. Poracchia. ■ Cass. 2e civ., 19 déc. 2002, n° 00-20.250 : *JurisData* n° 2002-017020 ; *JCP* N 2003, 1248, note Garçon ; *JCP* E 2003, 1203 et *JCP* G 2004, I, 103, n° 1, obs. Caussain, Deboissy et Wicker). Pour autant, selon la Cour de cassation, une cour d'appel qui relève que la société en formation avait déclaré faire surenchère, ce dont il résultait que cette déclaration avait été faite par la société en formation elle-même, et non par une personne ayant agi en son nom a, nonobstant la présence dans les statuts de la société d'une clause de reprise des engagements antérieurs à l'immatriculation au registre du commerce et des sociétés, exactement retenu que la déclaration de surenchère était nulle, à défaut pour la société d'avoir la personnalité juridique au jour de cette déclaration (■ Cass. 2e civ., 28 sept. 2017, n° 16-20.903 : *JurisData* n° 2017-019402 ; *Dr. sociétés* 2018, comm. 41, obs. Mortier).

6) **Société en formation et société créée de fait.** Dès lors que l'activité développée dépasse l'accomplissement des simples actes nécessaires à la constitution de la société, il appartient aux juges du fond de rechercher si les éléments constitutifs d'une société créée de fait sont réunis (■ Cass. com., 4 déc. 2001, n° 98-17.584 : *JurisData* n° 2001-012140 ; *JCP* E 2002, 594, note F.-X. Lucas). Dans ce sens, c'est à bon droit que des juges du fond ont pu déduire qu'en l'absence d'immatriculation au registre du commerce, une société créée de fait s'est substituée à la société en formation, et que l'activité développée avait dépassé l'accomplissement des simples actes nécessaires à sa constitution (■ Cass. com., 26 mai 2009, n° 08-13.891 : *JurisData* n° 2009-048376 ; *RTD com.* 2009, p. 567, note Champaud ; *Dr. sociétés* 2009, comm. 197, obs. Coquelet ; *Rev. sociétés* 2010, p. 26, note Dondero).

7) **Prétention émise par ou contre une société en formation.** Est irrecevable toute prétention émise par ou contre une société en formation, dépourvue du droit d'agir en raison de son absence de personnalité morale, sans que cette situation soit susceptible d'être régularisée (■ Cass. com., 20 juin 2006, n° 03-15.957 : *JurisData* n° 2006-034150 ; *Bull. civ.* IV, n° 146, p. 155 ; *Bull. Joly* 2006, § 291, p. 1419, note Barbièri ; *D.* 2006, p. 1820, obs. Lienhard ; *Dr. sociétés* 2007, comm. 43, obs. Lécuyer). Voir déjà dans ce sens, ■ Cass. com., 30 nov. 1999, n° 96-17.061 : *Bull. civ.* IV, n° 218, p. 183 ; *D.* 2000, p. 627, note Lamazerolles ; *Rev. sociétés* 2000, p. 512, note Beaubrun. *Adde*, D. Gibirila, *L'incapacité d'ester en justice d'une société en formation et ses enjeux* : *RJDA* 2006, p. 915.

Art. 1843-1. – L'apport d'un bien ou d'un droit soumis à publicité pour son opposabilité aux tiers peut être publié dès avant l'immatriculation et sous la condition que celle-ci intervienne. À compter de celle-ci, les effets de la formalité rétroagissent à la date de son accomplissement.

Art. 1843-2 *(Mod., L. n° 82-596, 10 juill. 1982).* **– Les droits de chaque associé dans le capital social sont proportionnels à ses apports lors de la constitution de la société ou au cours de l'existence de celle-ci.**

Les apports en industrie ne concourent pas à la formation du capital social mais donnent lieu à l'attribution de parts ouvrant droit au partage des bénéfices et de l'actif net, à charge de contribuer aux pertes.

Art. 1843-3 ***(Mod., L. n° 2001-420, 15 mai 2001).*** **– Chaque associé est débiteur envers la société de tout ce qu'il a promis de lui apporter en nature, en numéraire ou en industrie.**

Les apports en nature sont réalisés par le transfert des droits correspondants et par la mise à la disposition effective des biens.

Lorsque l'apport est en propriété, l'apporteur est garant envers la société comme un vendeur envers son acheteur.

Lorsqu'il est en jouissance, l'apporteur est garant envers la société comme un bailleur envers son preneur. Toutefois, lorsque l'apport en jouissance porte sur des choses de genre ou sur tous autres biens normalement appelés à être renouvelés pendant la durée de la société, le contrat transfère à celle-ci la propriété des biens apportés, à charge d'en rendre une pareille quantité, qualité et valeur ; dans ce cas, l'apporteur est garant dans les conditions prévues à l'alinéa précédent.

L'associé qui devait apporter une somme dans la société et qui ne l'a point fait devient de plein droit et sans demande, débiteur des intérêts de cette somme à compter du jour où elle devait être payée et ce sans préjudice de plus amples dommages-intérêts, s'il y a lieu. En outre, lorsqu'il n'a pas été procédé dans un délai légal aux appels de fonds pour réaliser la libération intégrale du capital, tout intéressé peut demander au président du tribunal statuant en référé soit d'enjoindre sous astreinte aux administrateurs, gérants et dirigeants de procéder à ces appels de fonds, soit de désigner un mandataire chargé de procéder à cette formalité.

L'associé qui s'est obligé à apporter son industrie à la société lui doit compte de tous les gains qu'il a réalisés par l'activité faisant l'objet de son apport.

Voir : note sous art. 1832, p. 1521.

Qualification de l'action d'un associé tendant à la libération des apports. L'action tendant à obtenir la libération du capital d'une société, fondée sur l'alinéa 5 de l'article 1843-3 du Code civil, n'est pas une action sociale, mais une action propre à tout intéressé, de sorte qu'une telle action est recevable, lorsqu'elle est exercée par un associé contre un autre, alors même que la société n'a pas été mise en cause (▪ Cass. com., 7 juill. 2009, n° 08-16.433 : *JurisData* n° 2009-049262 ; *JCP* E 2009, 2125, note Gourdon). En revanche, viole par fausse application de l'article 1843-5, alinéa 5 du Code civil la cour d'appel qui approuve la condamnation directe au paiement de l'associé débiteur, en relevant que ce dernier ne critique pas l'assignation en ce qu'elle lui réclame de se libérer personnellement de la fraction de capital qu'il reste devoir, alors que le président du tribunal, statuant en référé, ne peut prononcer que l'une des deux mesures prévues par ce texte, c'est-à-dire soit l'injonction sous astreinte aux administrateurs gérants et dirigeants de procéder à ces appels de fonds, soit la désignation d'un mandataire chargé de procéder à cette formalité (▪ Cass. com., 7 juill. 2009, préc.).

Art. 1843-4 ***(Mod., Ord. n° 2014-863, 31 juill. 2014).*** **– Dans les cas où la loi renvoie au présent article pour fixer les conditions de prix d'une cession des droits sociaux d'un associé, ou le rachat de ceux-ci par la société, la valeur de ces droits est déterminée, en cas de contestation, par un expert désigné, soit par les parties, soit à défaut d'accord entre elles, par ordonnance du président du tribunal statuant en la forme des référés et sans recours possible.**

L'expert ainsi désigné est tenu d'appliquer, lorsqu'elles existent, les règles et modalités de détermination de la valeur prévues par les statuts de la société ou par toute convention liant les parties.

II. – Dans les cas où les statuts prévoient la cession des droits sociaux d'un associé ou le rachat de ces droits par la société sans que leur valeur soit ni déterminée ni déterminable, celle-ci est déterminée, en cas de contestation, par un expert désigné dans les conditions du premier alinéa.

L'expert ainsi désigné est tenu d'appliquer, lorsqu'elles existent, les règles et modalités de détermination de la ***valeur prévues par toute convention*** **liant les parties.**

Art. 1843-4 ancien. – Dans tous les cas où sont prévus la cession des droits sociaux d'un associé, ou le rachat de ceux-ci par la société, la valeur de ces droits est déterminée, en cas de contestation, par un expert désigné, soit par les parties, soit à défaut d'accord entre elles, par ordonnance du président du tribunal statuant en la forme des référés et sans recours possible.

Bibliographie : ***Antérieure à la réforme du 31 juillet 2014.*** R. Mortier, *Le tiers estimateur* in *La sortie de l'investisseur*, Litec coll. « Colloques et débats », 2007, vol. 1, p. 99 et s. • J. Moury, *Droit des ventes et des cessions de droits sociaux à dire de tiers*, Dalloz Référence, 2011/2012. • *Ibid., Supplique à l'adresse de mesdames et messieurs les Hauts conseillers afin qu'ils accordent grâces aux praticiens de la tierce estimation : Rev. sociétés* 2013, p. 330. • M. Buchberger, *Cessions de droits sociaux et exigence d'un prix déterminable : D.* 2012, chron. 1632. • B. Dondero, *Article 1843-4 du Code civil : clarifications suggérées* in *Mélanges D. Tricot*, Dalloz-Litec, 2011, p. 640. • F.-X. Lucas, *La place de la liberté contractuelle dans la détermination du prix de droits sociaux à dire d'expert*, in *Mélanges P. Le Cannu*, Dalloz-LGDJ- IRJS – Transactive, 2014, p. 343.

Postérieure à la réforme du 31 juillet 2014. N. Borga, *L'application dans le temps du nouvel article 1843-4 du Code civil : D.* 2014, p. 2359. • A. Constantin, *Réforme de l'article 1843-4 du Code civil par l'ordonnance n° 2014-863 du 31 juillet 2014 : faut-il s'en réjouir ou s'en inquiéter ? : RTD com.* 2014, p. 633. • A. Couret et A. Reygrobellet, *La disponibilité de l'article 1843-4 du Code civil : D.* 2014, p. 2005. • B. Dondero, *La réforme de l'article 1843-4 du Code civil : JCP* E 2014, 1531. • H. Le Nabasque, *Dispositions relatives à la valorisation des droits sociaux en cas de cession : réforme de l'article 1843-4 du Code civil : Rev. sociétés* 2014, p. 647. • F.-X Lucas et D. Poracchia, *Le nouvel article 1843-4 du Code civil : Bull. Joly Sociétés* 2014, p. 474. • R. Mortier, *Le nouvel article 1843-4 du Code civil issu de l'ordonnance numéro 2014-863 du 31 juillet 2014 : Dr. sociétés* 2014, étude 19. • S. Schiller, *Une nouvelle rédaction pour l'article 1843-4 du Code civil : JCP* N 2014, 1282. • H. Synvet, *L'article 1843-4 du Code civil comme illustration des dérèglements affectant les sources du droit des sociétés*, in *Mélanges P. Serlooten*, Dalloz 2016, p. 355.

1) Caractère obligatoire de l'évaluation (jurisprudence antérieure à la réforme du 31 juillet 2014). Lorsque le prix n'a fait l'objet d'aucune contestation antérieure à la levée de l'option qui parfait la cession, la demande de fixation du prix à dire d'expert doit être rejetée dans la mesure où, par référence aux stipulations précisant les modalités de calcul du prix de cession, celui-ci était déterminable (▪ Cass. com., 24 nov. 2009, n° 08-21.369 : *JurisData* n° 2009-050459 ; *Dr. sociétés* 2010, comm. 21, obs. Coquelet ; *Bull. Joly Sociétés* 2010, p. 318, note Le Cannu et Mathez ; *Rev. sociétés* 2010, p. 21 note Moury ; *JCP G* 2010, 120, note Mouy ; *RJDA* 2010, p. 310, note Petit ; *Dr. et patrimoine* 2010, n° 191, p. 108, obs. Porrachia. *Adde*, H. Le Nabasque, *Retour (d'humeur) sur l'article 1843-4 du Code civil : Rev. sociétés* 2011, p. 149. – Comp. ▪ Cass. com., 4 déc. 2012, n° 10-16.280 : *JurisData* n° 2012-028238 ; *RTD com.* 2013, p. 805, note Constantin ; *D.* 2013, p. 147, note Couret ; *JCP* E 2013, 1000, note Dondero ; *JCP* E 2013, 1115, note Garnier ; *Bull. Joly Sociétés* 2013, p. 230, note F.-X. Lucas ; *Dr. sociétés* 2013, comm. 41, obs. Mortier, qui censure une décision de cour d'appel qui avait considéré que le cédant invoquait à tort les dispositions de l'article 1843-4 du Code civil, argument pris que dans l'acte extrastatutaire en cause, les parties n'avait aucunement convenu, *en cas de désaccord*, de désigner un expert pour la détermination du prix de cession des actions).

Pour la Haute juridiction, les dispositions de l'article 1843-4 du Code civil, qui ont pour finalité la protection des intérêts de l'associé cédant, sont sans application à la cession de droits sociaux ou à leur rachat par la société résultant de la mise en œuvre d'une promesse unilatérale de vente librement consentie par un associé (▪ Cass. com., 11 mars 2014, n° 11-26.915 : *D.* 2014, p. 759, note Dondero ; *Dr. sociétés* 2014, comm. 78, obs. Mortier ; *JCP* E 2014, 1159, note Couret ▪ Cass. com., 14 nov. 2018, n° 17-15.828 : *JurisData* n° 2018-020952 ; *Dr. sociétés* 2019, comm. 41, obs. Mortier). Auparavant, la cour d'appel de Versailles avait déjà jugé que l'article 1843-4 du Code civil n'était applicable que lorsque la cession des parts sociales n'est pas spontanément voulue par les parties, mais se trouve imposée par des règles législatives, statutaires ou extrastatutaires, ce qui exclut en conséquence l'hypothèse d'une promesse de vente librement consentie selon un prix déterminable sur des éléments objectifs (▪ CA Versailles, 13e ch., 10 sept. 2009, n° 05-01.862 : *JurisData* n° 2009-012284 ; *Dr. sociétés* 2010, comm. 21, obs. Coquelet).

En se remettant, en cas de désaccord sur le prix de cession d'actions, à l'estimation d'un expert désigné conformément aux articles 275 de la loi du 24 juillet 1966 (C. com., art. L. 228-24) et 1843-4 du Code civil, les contractants font de la décision de celui-ci leur loi et, à défaut d'erreur grossière, il n'appartient pas aux juges, en modifiant le prix, d'imposer aux parties une convention différente de celles qu'elles avaient entendu établir (▪ Cass. com., 4 nov. 1987, n° 86-10.027 : *JurisData* n° 1987-701701 ; *JCP* 1988, II, 21050, note Viandier ; ▪ Cass. com., 19 avr. 2005 : *Bull. civ.* IV, n° 95, p. 99). Le juge ne peut donc pas imposer d'autorité aux parties une méthode de détermination du prix qui n'a pas recueilli leur accord. (▪ Cass. com., 12 févr. 2008, n° 07-87.862 : *JurisData* n° 2008-042978 ; *Dr. sociétés* 2008, comm. 68, obs. Coquelet). Dans le même sens, la chambre commerciale de la Cour de cassation considère que l'estimation des parts du notaire qui se retire de la SCP s'opère au jour de la publication de l'arrêté ministériel acceptant le retrait, et qu'il appartient au seul expert désigné de procéder à cette évaluation, sans que le juge puisse y procéder lui-même ; elle en déduit qu'en se prononçant elle-même sur la pertinence, au jour de la publication de l'arrêté ministériel, d'une estimation antérieure de près de deux années, la cour d'appel a violé l'article 1843-4 du Code civil (▪ Cass. 1re civ., 28 juin 2007 : *JurisData* n° 2007-039757 ; *Dr. sociétés* 2007, comm. 193, obs. Mortier ; *Defrénois* 2007, p. 1303, obs. Hovasse ; *Rev. sociétés* 2007, p. 832, obs. Daigre). Dans la même affaire, la Cour de cassation a considéré que les dispositions de l'article 1843-4 du Code civil ne font pas obstacle à ce que l'actualisation du rapport en cause soit confiée au même expert, en cause d'appel, par le conseiller de la mise en état (▪ Cass. 1re civ., 9 déc. 2010, n° 09-10.141 : *JurisData* n° 2010-023235 ; *Dr. sociétés* 2011, comm. 28, note Hovasse). Voir en ce sens pour l'arbitrage ; ▪ Paris, 15 mai 1996 : *JCP* G 1996, I, 3980 et *JCP* E 1996, I, 589, n° 5, obs. Viandier et Caussain. ▪ Cass. 1re civ., 25 nov. 2003 : *Bull. civ.* I, n° 243, p. 191 ; *JCP* G 2004, IV, 1139 ; *JCP* E 2004, 601, n° 2, obs. Caussain, Deboissy et Wicker ; *JurisData* n° 2003-021051 ; *RTD civ.* 2004, 308, obs. Gautier. – Comp., écartant l'erreur grossière ; ▪ Cass. 1re civ., 25 janv. 2005, n° 01-10.395 : *JurisData* n° 2005-026628 ; *JCP* G 2005, II, 10046 et *JCP* E 2005, 821, note Renard-Payen ; *Contrats, conc. consom.* 2005, 79, note Leveneur ; *Bull. civ.* I, n° 49, p. 39. V. également sur la reconnaissance d'une erreur grossière de l'expert, ▪ Cass. com., 3 mai 2012, n° 11-12.717 : *JurisData* n° 2012-009208 ; *JCP* E 2012, 1395 ; *Gaz. Pal.* 21-22 déc. 2012, p. 25, note Dondero. ▪ CA Paris, pôle 5, 8e ch., 22 oct. 2013, n° 10/17138, *Canuet c/ SCI Voltaire : JurisData* n° 2013-024704 ; *Dr. sociétés* 2014, comm. 40, note Mortier.

Le pouvoir de désigner un expert chargé de l'évaluation des droits sociaux appartient au seul président du tribunal (▪ Cass. com., 30 nov. 2004, n° 03-15.278 : *JurisData* n° 2004-025927 ; *JCP* E 2005, 135, note Hovasse ; *Bull. civ.* IV, n° 211, p. 237). Voir également : C. com., art. L. 653-9, al. 2, qui permet au tribunal d'ordonner la cession forcée des parts sociales ou actions détenues par un dirigeant d'une société soumise à une procédure collective.

2) Expertise (jurisprudence antérieure à la réforme du 31 juillet 2014). L'expert a toute latitude pour évaluer la valeur des parts selon les critères qu'il estime valables (▪ Cass. com., 29 juin 1993, n° 91-16.796 : *Dr. sociétés* 1993, n° 158, note Bonneau). Le juge ne peut désigner un expert chargé de fixer le prix d'une cession d'actions que dans les cas où est prévu la cession des droits sociaux d'un associé ou le rachat de ceux-ci par la société (▪ Cass. com., 26 nov. 1996, n° 94-19.071 : *JurisData* n° 1996-004512 ; *Contrats, conc. consom.* 1997, 26, note Leveneur ; *JCP* 97, I, 4012, n° 5, obs. Viandier et Caussain). Seul l'expert détermine les critères qu'il juge les plus appropriés pour fixer la valeur des droits, parmi lesquels peuvent figurer ceux prévus par les statuts (▪ Cass. com., 5 mai 2009, n° 08-17.465 : *JurisData* n° 2009-048051 ; *D.* 2009, p. 1349, note Lienhard ; *Dr. sociétés* 2009, comm. 114, note Mortier ; *Gaz. Pal.* 16 juin 2009, n° 176, p. 8, note Zavaro. – Comp. ▪ Cass. com., 4 déc. 2007 : *JurisData* n° 2007-041783 ; *Dr. sociétés* 2008, comm. 23, note Mortier ; *JCP* E 2008, 1159, note Hovasse ; *Bull. Joly* 2008, p. 216 et s., note Lucas ; *Procédures* 2008, comm. 115, note Croze. – C. Grimaldi et Netto, *Cession de droits sociaux par un expert : article 1591 ou article 1843-4 du Code civil ? : JCP* E 2008, 2001, p. 34. ▪ Cass. com., 4 déc. 2007 : *JurisData* n° 2007-041854 ; *Dr. sociétés* 2008, comm. 177, note Mortier. – V. aussi C. Théron et G. Mouy, *La détermination du prix de cession forcée des titres sociaux : Journ. sociétés*, avr. 2009, p. 49). Mais, en l'absence de dispositions statutaires, la valeur des droits sociaux de l'associé qui se retire doit être déterminée à la date la plus proche de celle du remboursement de la valeur de ces droits (▪ Cass. com., 4 mai 2010, n° 08-20.693 : *Bull. Joly Sociétés* 2010, p. 660, note F.-X. Lucas ; *Dr. sociétés* 2010, comm. 137, note Hovasse). Dans ces conditions, constitue une erreur grossière de l'expert le fait pour ce dernier d'évaluer les droits sociaux à la date de l'arrêt ayant autorisé le retrait d'un associé, et non pas à la date la plus proche de celle du remboursement de la valeur (▪ Cass. com., 15 janv. 2013, n° 12-11.666 : *JurisData* n° 2013-000317 ; *D.* 2013, p. 342, note Couret ; *JCP* E 2013, 1129, note Dondero ; *Bull. Joly Sociétés* 2013, p. 182, note Mortier. ▪ CA Chambéry, ch. civ., 1re sect., 28 mai 2013, n° 12/00993, *Ouvrier-Bonnaz c/ SCI Clos des écureuils : JurisData* n° 2013-024898 ; *Dr. sociétés* 2014, comm. 40, obs. Mortier). En revanche, viole l'article 1843-4 du Code civil, dans sa rédaction applicable à l'espèce, la cour d'appel qui, pour annuler le rapport de l'expert et rejeter les demandes de l'associé exclu, retient que l'expert a manifestement retenu une autre valeur que celle fixée par les statuts et convenue entre les parties, ce constat caractérisant une erreur grossière d'appréciation, alors qu'il appartenait à l'expert de déterminer lui-même, selon les critères qu'il jugeait appropriés à l'espèce, et sans être lié par la convention ou les directives des parties, la valeur des droits sociaux litigieux (▪ Cass. com., 13 sept. 2017, n° 16-12.978 : *Dr. sociétés* 2017, comm. 183, obs. Mortier). V. sur le retrait d'un associé de société civile, art. 1869, p. 1566.

3) Recours contre l'ordonnance de désignation de l'expert (non). L'ordonnance statuant sur la demande de désignation d'un expert sur le fondement de l'article 1843-4 du Code civil est, en vertu de la lettre même de ce texte, sans recours possible (▪ Cass. com., 14 sept. 2010, n° 09-68.850 : *Bull. Joly Sociétés* 2010, § 209, p. 966, note Caffin-Moi ; Dr. sociétés 2011, comm. 26, obs. Coquelet ▪ Cass. 2e civ., 7 juin 2018, n° 17-18.722). Cette solution générale s'applique à toute voie de recours y compris le pourvoi en cassation mais sans atteindre toutefois celles ouvertes en cas d'excès de pouvoir (▪ Cass. com., 3 mai 2012, n° 11-16.349 : *Juris-*

Data n° 2012-00910 ; *Dr. sociétés* 2012, comm. 136, obs. Mortier. ■ Cass. 1re civ., 6 déc. 1994, n° 92-18.007 : *JurisData* n° 1994-002432 ; *Bull. civ.* 1994, I, n° 364 ; *Dr. sociétés* 1995, comm. 68, note Bonneau. ■ Cass. 2e civ., 1er juin 2017, n° 16-15.577 : *Dr. sociétés* 2017, comm. 182, obs. Mortier). Selon la Cour de cassation, il importe peu, au regard du droit de recours contre l'ordonnance rendue par le juge des référés, que la décision critiquée conduise ou non à la nomination de l'expert dans la mesure où ce juge a bien été saisi d'une demande de désignation d'un expert au sens de l'article 1843-4 du Code civil (■ Cass. com., 11 mars 2008, n° 07-13.189 : *JurisData* n° 2008-043142 ; *JCP* E 2008, 1551, obs. Coquelet). Ainsi, le pouvoir de désigner un expert chargé de l'évaluation de droits sociaux en vertu de l'article 1843-4 du Code civil appartient au seul président du tribunal, de sorte que la cour d'appel ne peut elle-même y procéder (■ Cass. 1re civ., 7 oct. 2015, n° 14-20.696 : *JurisData* n° 2015-022065 ; *Dr. sociétés* 2016, comm. 2, obs. Mortier).

4) **Valeur constitutionnelle.** Ne revêt pas un caractère sérieux le grief d'inconstitutionnalité, au regard du principe de contradiction, des dispositions de l'article 1843-4 du Code civil qui n'ont ni pour objet, ni pour effet d'investir l'expert du pouvoir de prononcer une sanction ayant le caractère d'une punition et ne font pas par elles-mêmes obstacle à l'application d'une procédure contradictoire (■ Cass. com., 8 mars 2011, n° 10-40.069 : *JurisData* n° 2011-003165 : *Dr. sociétés* 2011, comm. 103, obs. Coquelet). La date d'évaluation par l'expert des droits sociaux cédés à la date la plus proche de celle de leur remboursement, telle qu'interprétée par la Cour de cassation est conforme à la Constitution (■ Cons. const., 16 sept. 2016, n° 2016-563 QPC : *JurisData* n° 2016-020426 ; *Dr. sociétés* 2016, comm. 181, obs. Mortier).

5) **Licéité de la clause d'évaluation des droits sociaux par voie d'arbitrage (oui).** Le caractère d'ordre public de l'article 1843-4 du Code civil n'exclut pas l'arbitrabilité du litige, de sorte que la circonstance qu'une clause accorde aux arbitres le pouvoir de procéder eux-mêmes à l'évaluation et de trancher le litige, contrairement au pouvoir de l'expert nommé en application de l'article 1843-4 du Code civil d'évaluer sans trancher, ne la rend pas manifestement inapplicable ou nulle (■ Cass. com., 10 oct. 2018, n° 16-22.215 : *JurisData* n° 2018-017444 ; *Dr. sociétés* 2019, comm. 2, obs. Mortier).

Art. 1843-5 ***(L. n° 88-15, 5 janv. 1988).*** **– Outre l'action en réparation du préjudice subi personnellement, un ou plusieurs associés peuvent intenter l'action sociale en responsabilité contre les gérants. Les demandeurs sont habilités à poursuivre la réparation du préjudice subi par la société ; en cas de condamnation, les dommages-intérêts sont alloués à la société.**

Est réputée non écrite toute clause des statuts ayant pour effet de subordonner l'exercice de l'action sociale à l'avis préalable ou à l'autorisation de l'assemblée ou qui comporterait par avance renonciation à l'exercice de cette action.

Aucune décision de l'assemblée des associés ne peut avoir pour effet d'éteindre une action en responsabilité contre les gérants pour la faute commise dans l'accomplissement de leur mandat.

1) **Action individuelle en responsabilité contre le dirigeant.** La recevabilité de l'action individuelle en responsabilité ouverte aux associés contre le dirigeant est conditionnée par la preuve d'un préjudice personnel subi par l'associé (■ Cass. com., 26 janv. 1970 : *Bull. civ.* IV, n° 30 ; *D.* 1970, p. 643, note Guyénot ; *JCP* 1970, II, 16385, note Guyon ; ■ Cass. com., 1er avr. 1997, n° 94-18.912 : *Bull. Joly Sociétés* 1997, p. 650, note Barbièri ; *RTD com.* 1997, p. 647, obs. Petit et Reinhard. ■ Cass. com., 7 juill. 2009, n° 08-19.512 : *JurisData* n° 2009-049103 ; *Dr. sociétés* 2009, comm. 184, obs. Hovasse).

Constitue un préjudice propre aux associés le refus fautif du dirigeant de leur verser le dividende voté (■ CA Paris, 2 mai 1935 : *Gaz. Pal.* 1935). Dans le même esprit, le fait d'avoir été sciemment induits en erreur sur les raisons et les conditions d'une réduction de capital social dans le but de racheter leurs titres à moindre coût relève d'un préjudice propre aux associés minoritaires (■ Cass. com., 8 nov. 2005, n° 03-19.679 : *JurisData* n° 2005-030877 ; *JCP* E 2006, 1497, note Navarro ; *Bull. Joly Sociétés* 2006, p. 502, note Daigre ; *Dr. sociétés* 2006, comm. 41, obs. Hovasse. V. à propos de la publication de comptes infidèles, ■ Cass. crim., 30 juin 2002, n° 01-84.256 : *JurisData* n° 2002-013027 ; *JCP* E 2002, 1082, note Cellier ; *JCP* E 2002, 1639, obs. Caussain, Deboissy et Wicker ; *Bull. Joly Sociétés* 2002, p. 797, note Barbièri).

En revanche, le juge a considéré que le préjudice résultant de l'insuffisance des bénéfices distribués aux associés à la suite d'un défaut d'encaissement et de revalorisation des loyers dus à une SCI ne se distinguait pas de celui qui atteignait la société tout entière dont il n'était que le corollaire (■ Cass. 3e civ., 22 sept. 2009, n° 08-18.483 : *JurisData* n° 2009-049619 ; *Dr. sociétés* 2010, comm. 1, obs. Coquelet). Dans le même sens, la Haute juridiction refuse d'indemniser le « préjudice financier » consécutif à la décision du gérant de vendre, sans autorisation des associés, l'un des immeubles appartenant à la société au motif que la perte de valeur subie par les parts sociales ne constituait pas un préjudice personnel étranger au patrimoine de la SCI (▪ Cass. 3e civ., 22 sept. 2009, n° 08-18.785 : *JurisData* n° 2009-049620 ; *Dr. sociétés* 2010, comm. 1, obs. Coquelet). V. not. sur cette question, R. Vatinet, *La réparation du préjudice causé par la faute des dirigeants sociaux devant les juridictions civiles : Rev. sociétés* 2003, p. 247 et s. *Adde*, A. Couret, *Interrogations autour du préjudice individuel de l'actionnaire : RJDA* 5/1997, p. 391.

En toute hypothèse, la recevabilité de l'action en responsabilité de l'associé contre le dirigeant social n'est pas subordonnée à la preuve d'une faute détachable des fonctions (▪ Cass. com., 9 mars 2010, n° 08-21.547 : *JurisData* n° 2010-001500 ; *Dr. sociétés* 2010, comm. 109, obs. Coquelet).

2) Action sociale exercée *ut singuli*. Le pouvoir conféré à l'associé par l'article 1843-5 du Code civil est cantonné par la loi à la demande de condamnation du dirigeant et aux actions qui constituent l'accessoire de cette demande de sorte que cette action sociale *ut singuli* ne confère pas à l'associé un droit général de représenter la société dans toute instance dirigée contre les actes du dirigeant, fussent-ils contraires à l'intérêt de la société (▪ CA Paris, 28 mai 2009 : *BRDA* 19/2009, n° 2 ; *Dr. et patrimoine* 2010, n° 191, p. 104, note Poracchia). Les règles propres au droit des biens ne font pas obstacle à l'action sociale de l'associé indivisaire, qui, agissant seul, recherche la condamnation du dirigeant au profit de la société (▪ Cass. crim., 4 nov. 2009, n° 09-80.818 : *BRDA* 24/2009, n° 1 ; *Dr. et patrimoine* 2010, n° 191, p. 104, note Poracchia).

3) Mesures conservatoires. Si l'action sociale *ut singuli* permet non seulement d'établir la créance de réparation appartenant à la société, mais encore de mettre en œuvre les mesures de contrainte destinées à assurer l'effectivité de cette créance, de telles mesures doivent être sollicitées au nom de la société en cause (▪ Cass. 2e civ., 14 sept. 2006 : *JurisData* n° 2006-034995 ; *Bull. civ.* II, n° 228, p. 215 ; *Dr. sociétés* 2006, comm. 175, obs. Lécuyer). Rien n'interdit à l'actionnaire exerçant l'action sociale *ut singuli* de demander au juge de l'exécution la fixation d'une astreinte pour assurer l'exécution de la condamnation du dirigeant au paiement de dommages-intérêts à la société (▪ Cass. com., 7 juill. 2009, n° 08-15.835 : *Dr. et patrimoine* 2010, n° 191, p. 104, note Poracchia ; *Rev. sociétés* 2009, p. 833, note Thomas ; *RTD com.* 2009, p. 578, obs. Le Cannu et Dondero). V. égal. J.-Chr. Pagnucco, *L'action sociale* ut singuli *et* ut universi *en droit des groupements*, LGDJ, Fondation Varenne 2006.

Art. 1844. – Tout associé a le droit de participer aux décisions collectives.

Les copropriétaires d'une part sociale indivise sont représentés par un mandataire unique, choisi parmi les indivisaires ou en dehors d'eux. En cas de désaccord, le mandataire sera désigné en justice à la demande du plus diligent.

Si une part est grevée d'un usufruit, le droit de vote appartient au nu-propriétaire, sauf pour les décisions concernant l'affectation des bénéfices, où il est réservé à l'usufruitier.

Les statuts peuvent déroger aux dispositions des deux alinéas qui précèdent.

Bibliographie : P. Le Cannu, *Tout associé a le droit de participer aux décisions collectives*, in *Mélanges P. Merle*, Dalloz 2012, p. 443.

1) Ordre public. Sur le caractère d'ordre public du droit de vote dans les sociétés par actions, V. ▪ Cass. com., 9 févr. 1999, n° 96-17.661 : *JurisData* n° 1999-000568 ; *JCP* E 99, 724, note Guyon (statuts étendant les formalités applicables aux conventions conclues entre le gérant et la société en commandite par actions à celles conclues avec les descendants de ce gérant).

2) Participation d'un tiers non associé (non). Il résulte de l'article 1844 du Code civil que seuls les associés ont le droit de participer aux décisions collectives de la société ; ayant relevé que les héritiers d'un associé, qui n'étaient pas associés de la SCI, avaient cependant pris part à l'assemblée générale et à l'élection des gérants, la cour d'appel en a exactement déduit que l'assemblée générale qui s'était tenue irrégulièrement devait être déclarée nulle (▪ Cass. 3e civ., 8 juill. 2015, n° 13-27.248 : *JurisData* n° 2015-016906 ; *Gaz. Pal.* 2015, n° 272, p. 13, obs. Dondero ; *Dr. sociétés* 2015, comm. 189, obs. Mortier).

3) Représentation des copropriétaires d'une part indivise. Juridiquement, tous les indivisaires ont la qualité d'associé (▪ Cass. 1re civ., 6 févr. 1980, n° 78-12.513 : *Bull. civ.* I, n° 49 ; *D.* 1981, IR 36, obs. Bousquet ; *Rev. sociétés* 1980, p. 521, note Viandier). Il en résulte qu'ils ont tous le droit de participer aux décisions collectives, peu important qu'un mandataire commun soit désigné pour représenter l'indivision (▪ Cass. com., 21 janv. 2014, n° 13-10.151 : *D.* 2014, p. 647, note Borga ; *JCP* E 2014, 1069, note Couret ; *Dr. sociétés* 2014, comm. 59, obs. Mortier ; *Bull. Joly Sociétés* 2014, p. 212, note Poracchia et Barbier ; *Defrénois* 2014, p. 438, note

Rabreau ; *Gaz. Pal.* 2014, n° 58, p. 5, note Tadros). En cas de désaccord entre les copropriétaires d'une part sociale indivise sur le choix du mandataire unique qui, selon l'article 1844 du Code civil, doit les représenter, il ne peut être dérogé aux dispositions impératives de ce texte prévoyant la désignation du mandataire en justice (▪ Cass. com., 15 déc. 2010, n° 09-10.140 : *JurisData* n° 2010-023825 ; *Dr. sociétés* 2011, comm. 45, note Coquelet ; *Dr. sociétés* 2011, comm. 48, note Hovasse ; *JCP* E 2011, 1072, note Hovasse ; *Bull. Joly sociétés* 2011, p. 373, note F.-X. Lucas).

4) Convocation. Charge de la preuve. En vertu de l'article 1315 du Code civil selon lequel il appartient à celui qui se prétend libéré d'une obligation d'en rapporter la preuve, le défaut de convocation à une assemblée générale incombe à la société et non à l'associé (▪ Cass. com., 10 nov. 2009, n° 05-15.809 : *JurisData* n° 2009-051297 ; *Dr. sociétés* 2010, comm. 40, obs. Coquelet ; *Bull. Joly Sociétés* 2010, p. 124, note Schmidt).

5) Nue-propriété et usufruit. Sur le principe que le nu-propriétaire de droits sociaux a le droit de participer aux décisions collectives, V. ▪ Cass. com., 4 janv. 1994, n° 91-20.256 : *JurisData* n° 1994-000057 ; *Bull. civ.* IV, n° 10, p. 8 ; *JCP* 94, I, 3769, n° 4, obs. Viandier et Caussain ; *RTD civ.* 1994, 644, obs. Zenati. ▪ Pau, 23 févr. 1994 : *JurisData* n° 1994-042763 ; *JCP* 95, I, 3833, n° 1, obs. Viandier et Caussain. ▪ Rennes, 27 mai 2003 : *JurisData* n° 2003-229678 ; *JCP* N 2003, 1545, Annexe 1. L'assemblée générale, ayant pour objet des décisions collectives autres que celles qui concernent l'affectation des bénéfices, ne saurait être annulée au motif que l'usufruitier des parts sociales n'avait pas été convoqué pour y participer (▪ Cass. 3e civ., 15 sept. 2016, n° 15-15.172 : *JurisData* n° 2016-018580 ; *Gaz. Pal.* 2016, n° 38, p. 65, note Dondero ; *RTD civ.* 2017, p. 184, note Dross ; *D.* 2016, p. 2199, note Danos ; *Dr. sociétés* 2016, comm. 184, obs. Hovasse ; *Bull. Joly Sociétés* 2016, p. 722, Rabreau). La constitution d'un usufruit sur des parts sociales fait perdre à l'usufruitier sa qualité d'associé quelle que soit l'étendue du droit de vote qui lui est accordé par les statuts (▪ Cass. 3e civ., 29 nov. 2006 : *JurisData* n° 2006-036159 ; *Dr. sociétés* 2007, comm. 25, obs. F.-X. Lucas ; *RTD civ. 2007, p. 153, note Revet). Voir M. Cozian, Du nu-propriétaire ou de l'usufruitier, qui a la qualité d'associé ?* : *JCP* E 94, I, 374. – J. Derruppé, *Un associé méconnu : l'usufruitier de parts ou actions : Defrénois* 1994, 1137. – J.-P. Garçon, *La situation des titulaires de droits sociaux démembrés : JCP* E 1995, I, 269. – Y. Paclot, *Repenser l'attribution du droit de vote en cas de démembrement de droits sociaux : JCP* E 2006, 1251. – A. Rabreau, *L'usufruit des droits sociaux*, préface de J.-C. Hallouin, Litec 2006, « Biblio. de droit de l'entreprise ». L'article 1844 permettant dans son 4e alinéa d'élargir le droit de vote dans les assemblées générales au profit des usufruitiers, les dispositions du 3e alinéa de cet article n'ont pas un caractère impératif (▪ Cass. 3e civ., 2 mars 1994, n° 91-21.696 : *Dr. sociétés* 1994, n° 85, note Bonneau). La clause, insérée dans les statuts d'une société en commandite par actions, qui ne permet pas à l'usufruitier de voter les décisions concernant les bénéfices et subordonne à la seule volonté des nus-propriétaires le droit d'user de la chose grevée d'usufruit et d'en percevoir les fruits, est nulle, l'article 578 attachant à l'usufruit ces prérogatives essentielles (▪ Cass. com., 31 mars 2004 : *Bull. civ.* IV, n° 70, p. 71 ; *JCP* G 2004, IV, 2106 ; *JCP* N 2004, 1303, note Hovasse et 1453, note Rabreau ; *JCP* E 2004, 929, note Rabreau ; *JurisData* n° 2004-023106 ; *D.* 2004, act. jurispr., p. 1167, obs. Lienhard ; *D.* 2004, somm., p. 2925, obs. Hallouin ; *D.* 2005, pan., p. 1430, obs. Thullier ; *Gaz. Pal.* 2004, p. 1887, avis Lafortune ; *Dr. sociétés* 2004, comm. 107, obs. Hovasse ; *Bull. Joly Sociétés* 2004, p. 836, avis Lafortune et note Madon et Jacomet ; *Dr. et patrimoine* juill.-août 2004, p. 110, obs. Poracchia ; *Rev. sociétés* 2004, p. 317, note Le Cannu ; *RTD civ.* 2004, p. 318, obs. Revet ; *Defrénois* 2005, p. 505, note Fiorina. – Voir sur cet arrêt F. Deboissy et G. Wicker : *JCP* E 2004, 1290). Les statuts peuvent déroger à la règle selon laquelle si une part est grevée d'un usufruit, le droit de vote appartient au nu-propriétaire, à condition qu'il ne soit pas dérogé au droit de celui-ci de participer aux décisions collectives (▪ Cass. com., 22 févr. 2005, n° 03-11.027 : *JurisData* n° 2005-027126 ; *JCP* G 2005, I, 156 et *JCP* E 2005, 1046, n° 3, obs. Caussain, Deboissy et Wicker ; *JCP* E 2005,968, note Kaddouch ; *Rev. sociétés* 2005, p. 353, note Le Cannu ; *JCP* N 2005, 1720, note J.-P. Garçon. ▪ Cass. 2e civ., 13 juill. 2005 : *JurisData* n° 2005-029464 ; *D.* 2005, pan., p. 2952, obs. Hallouin et Lamazerolles ; *Dr. et patrimoine* déc. 2005, p. 87, obs. Poracchia ; *Bull. Joly Sociétés* 2006, p. 217, § 43, note Le Cannu ; *RJ com.* 2006, p. 37, obs. Grosclaude. – Comp. ▪ Cass. com., 2 déc. 2008, n° 08-13.185 : *JurisData* n° 2008-046126 ; *Dr. sociétés* 2009, comm. 46, obs. Coquelet ; *D.* 2009, p. 780, note Dondero ; *D.* 2009, p. 12, obs. Lienhard, qui censure une décision de cour d'appel au motif que les juges du fond avaient considéré qu'une clause des statuts attribuant à l'usufruitier le droit de vote d'une délibération relative à la fusion-absorption de la société était illicite ; dans une telle situation, l'usufruitier ne pouvait être sanctionné, le cas échéant, que sur le fondement de l'abus de majorité). La décision par laquelle un usufruitier décide, en assemblée générale, d'affecter les bénéfices d'une société à un compte de réserve ne constitue pas une donation indirecte faite aux nus-propriétaires, dans la mesure où, avant la décision d'attribution des fruits, l'usufruitier n'avait aucun droit sur les sommes en cause (▪ Cass. com., 28 janv. 2009, n° 08-12.649 : *JurisData* n° 2009-046845 ; *JCP* G 2009, I, 127, note Périnet-Marquet.

■ Cass. com., 10 févr. 2009, n° 07-21.806 : *Dr. sociétés* 2009, comm. 71, obs. Mortier ; *RTD civ.* 2009, p. 348, Th. Revet ; *RTD com.* 2009, p. 357, C. Champeau et D. Danet ; *RDC* 2009, p. 1185, Neau-Leduc. – Comp. ■ Cass. 1re civ., 22 juin 2016, nos 15-19.471 et 15-19.516 : *JurisData* n° 2016-012090 ; *JCP* G 2016, 1005, note Laurent ; *JCP* G 2016, doctr. 1191, n° 6, obs. Périnet-Marquet ; *Dr. sociétés* 2016, comm. 141, obs. Hovasse, qui considère que, si l'usufruitier a droit aux bénéfices distribués, il n'en a aucun sur ceux qui ont été mis en réserve, lesquels constituent l'accroissement de l'actif social et reviennent, en tant que tels, au nu-propriétaire ■ Cass. com., 24 mai 2016, n° 15-17.788 : *JurisData* n° 2016-009988 ; *Gaz. Pal.* 2016, n° 30, p. 68, note Moulin ; *JCP* G 2016, doctr. 1191, n° 6, obs. Périnet-Marquet, qui énonce que lorsque la collectivité des associés décide de distribuer un dividende par prélèvement sur les réserves, le droit de jouissance de l'usufruitier de droits sociaux s'exerce, sauf convention contraire, entre celui-ci et le nu-propriétaire, sous la forme d'un quasi-usufruit sur le produit de cette distribution revenant aux parts sociales grevées d'usufruit de sorte que l'usufruitier se trouve tenu, en application de l'article 587, d'une dette de restitution exigible au terme de l'usufruit et qui, prenant sa source dans la loi, est déductible de l'assiette de l'ISF jusqu'à la survenance de ce terme). – V. égal. H. Hovasse, *Mise en réserve des bénéfices et donation indirecte* : *JCP* E 2008, 1647). Sur la répartition de l'imposition entre le nu-propriétaire et l'usufruitier de droits sociaux dans les sociétés de personnes et assimilées, v. Instr. 8 nov. 1999 : *JCP* E 99, 1980 ; *Defrénois* 1999, 1371. Le nu-propriétaire indivis de droits sociaux est susceptible de demander seul la nomination d'un administrateur provisoire (■ Cass. 3e civ., 17 janv. 2019, n° 17-26.695 : *JurisData* n° 2019-000289 ; *JCP* G 2019, 237, note Heinich).

Art. 1844-1. – La part de chaque associé dans les bénéfices et sa contribution aux pertes se déterminent à proportion de sa part dans le capital social et la part de l'associé qui n'a apporté que son industrie est égale à celle de l'associé qui a le moins apporté, le tout sauf clause contraire.

Toutefois, la stipulation attribuant à un associé la totalité du profit procuré par la société ou l'exonérant de la totalité des pertes, celle excluant un associé totalement du profit ou mettant à sa charge la totalité des pertes sont réputées non écrites.

Bibliographie : J. Richard, *À propos de la contribution aux pertes et aux dettes de l'apporteur de son industrie* : *JCP* N 80, prat. 7693.

I – NOTION DE CLAUSE LÉONINE

1) Forfait. La clause aux termes de laquelle un associé renonce aux bénéfices mais se ménage le droit de percevoir une redevance mensuelle forfaitaire est une clause léonine, dès lors qu'elle l'exonère de toute contribution aux pertes (■ Cass. com., 18 oct. 1994, n° 92-18.188 : *JurisData* n° 1994-001870 ; *Dr. sociétés* 1994, n° 205, obs. Le Nabasque).

2) Répartition inégalitaire. L'article 1844-1 n'interdit pas aux associés de fixer un partage des bénéfices et des pertes dans une proportion différente des apports (■ Cass. 1re civ., 16 oct. 1990, n° 87-15.467 : *JurisData* n° 1990-002699 ; *Rev. sociétés* 1991, 395, obs. Champaud). La stipulation limitant le risque d'un associé à une certaine somme ne prévoit pas une exonération quasi totale des pertes, et ne confère pas une vocation quasi exclusive aux bénéfices (même arrêt).

3) Garantie de remboursement. Dans le cadre d'une société en participation, où un associé avait fait apport de terrains, et l'autre d'une *somme d'argent, le remboursement* de cette somme étant garanti à l'associé apporteur par son coassocié et non par la société, c'est sans dénaturer la convention des parties qu'un arrêt retient, dans la mesure où les charges et profits devaient être répartis entre les associés dans les proportions déterminées par la convention, que la participation aux pertes de l'associé apporteur de capitaux n'était pas exclue (■ Cass. 1re civ., 29 oct. 1990 : *Bull. Joly* 1990, 1052, note Le Cannu).

II – PROMESSES D'ACHAT À PRIX MINIMUM GARANTI

4) Jurisprudence retenant le caractère léonin. Sur le caractère léonin des conventions de rachat à prix minimum, V. ■ Cass. 1re civ., 22 juill. 1986, n° 84-15.177 : *Bull. civ.* I, n° 224, p. 213 ; *JCP* E 87, II, 16342, obs. Viandier et Caussain. ■ Cass. 1re civ., 7 avr. 1987 : *JurisData* n° 1987-701822 ; *JCP* 88, II, 21006, note Germain. ■ Caen, 16 janv. 1990 : *D.* 1991, 410, note Delaporte. ■ Poitiers, 5 févr. 1992 : *JurisData* n° 1992-042457 ; *Dr. sociétés* 1992, n° 231 ; *JCP* E 93, I, 215, obs. Viandier et Caussain.

5) Jurisprudence écartant le caractère léonin. Jugé en revanche qu'est prohibée par l'article 1844-1 la seule clause qui porte atteinte au pacte social dans les termes de cette disposition légale, laquelle ne vise pas la convention dont l'objet n'est autre, sauf fraude, que d'assurer, moyennant un prix librement convenu, la transmission des droits sociaux (■ Cass. com., 20 mai 1986, n° 85-16.716 : *JurisData* n° 1986-000981 ; *Rev. sociétés* 1986, 587, note Randoux. V. aussi ■ Cass. com.,

10 janv. 1989, n° 87-12.155 : *JurisData* n° 1989-002717 ; *Bull. civ.* IV, n° 19, p. 11 ; *JCP* 89, II, 21256, note Viandier ; *D.* 1990, 250, note Forschbach. V. aussi ▪ Cass. com., 12 mars 1996, n° 93-17.813 : *JurisData* n° 1996-000817 ; *Bull. civ.* IV, n° 88, p. 73. ▪ Cass. com., 19 oct. 1999, n° 97-12.705 : *JurisData* n° 1999-003607 ; *JCP* G 2000, II, 10250 ; *JCP* N 2000, 1003, note Guyon ; *Bull. civ.* IV, n° 177, p. 150. ▪ Paris, 13 févr. 1996, n° 93-025155 : *JurisData* n° 1996-020211 ; *JCP* E 96, I, 589, n° 11, obs. Viandier et Caussain). Sur la validité de la promesse unilatérale d'achat des titres moyennant un prix plancher, V. ▪ Cass. com., 16 nov. 2004, n° 00-22.713 : *JurisData* n° 2004-025665 ; *JCP* G 2005, I, 117 et *JCP* E 2005, 131, n° 1, obs. Caussain, Deboissy et Wicker ; *Bull. civ.* IV, n° 197, p. 224. ▪ Cass. com., 22 févr. 2005, n° 03-17.421 : *JurisData* n° 2005-027218 ; *JCP* G 2005, I, 156 et *JCP* E 2005, 1046, n° 1, obs. Caussain, Deboissy et Wicker ; *JCP* E 2005, 938, note Hovasse. Pour la chambre commerciale, ne contreviennent pas aux dispositions de l'article 1844-1 du Code civil les promesses d'achat qui ont eu pour objet d'assurer l'équilibre des engagements en garantissant aux bénéficiaires, lesquels ont été avant tout, dans cette opération, des bailleurs de fonds, le remboursement de l'investissement auquel ils n'auraient pas consenti sans lesdites promesses (▪ Cass. com., 3 mars 2009 : *JurisData* n° 2009-047296 ; *Dr. sociétés* 2009, comm. 110, obs. Coquelet ; *Bull. Joly Sociétés* 2009, p. 583, obs. F.-X. Lucas). – *Adde*, F.-X. Lucas, *Du contrat de société au contrat d'investissement : RD. bancaire et fin.* 2005, p. 50.

6) Portage. Pour le refus d'appliquer l'article 1844-1, al. 2, à une convention de portage qui n'a pas « pour effet d'affranchir le porteur de toute contribution aux pertes, en sa qualité ostensible d'actionnaire, celui-ci demeure tenu à l'égard des tiers », V. ▪ TGI Lille, 28 oct. 1986 : *JurisData* n° 1986-601700 ; *Rev. sociétés* 1987, 600, note Witz. V. aussi ▪ Cass. com., 19 mai 1992 : *Dr. sociétés* 1992, n° 209, obs. Le Nabasque. ▪ Cass. com., 24 mai 1994 : *D.* 1994, 503, note Couret, cassant ▪ Poitiers, 5 févr. 1992, préc. ▪ Paris, 22 oct. 1996, n° 94-010621 : *JurisData* n° 1996-022940 ; *JCP* 97, I, 4012, n° 3, obs. Viandier et Caussain.

III – ABUS DE MAJORITÉ

7) Principe. Traditionnellement, la jurisprudence sanctionne sur le terrain de l'abus de majorité la mise en réserve systématique du bénéfice distribuable, en soulignant qu'une société est avant tout constituée en vue de se partager des bénéfices (▪ Cass. com., 1er juill. 2003, n° 99-19.328 : *JurisData* n° 2003-019889 ; *Bull. Joly Sociétés* 2003, p. 1137, § 236, note Constantin ; *Dr. sociétés* 2003, n° 185, obs. Trébulle. ▪ Cass. com., 3 juin 2003, n° 00-14.386 : *Bull. Joly Sociétés* 2003, p. 1049, § 221, note Godon. ▪ Cass. com., 22 avr. 1976 : *JurisData* n° 1976-097131 ; *Bull. civ.* IV, n° 131 ; *Rev. sociétés* 1976, p. 479, note Schmidt. ▪ Cass. com., 6 juin 1990, n° 88-19.420 : *JurisData* n° 1990-001629 ; *Bull. Joly Sociétés* 1990, p. 782, § 233, note Le Cannu. ▪ Cass. com., 23 juin 1987, n° 86-13.040 : *JurisData* n° 1987-001039 ; *Bull. Joly Sociétés* 1987, p. 624, § 257 ; *JCP* E 1987, I, 16959, n° 8, obs. Viandier et Caussain. – *Adde*, P. Reigné, *L'abus de majorité par mise en réserve systématique des bénéfices sociaux et par incorporation de réserves au capital social : RF compt.* avr. 1990, p. 82). Reste que l'affectation des résultats d'une société à un compte de réserves n'est pas toujours contraire aux dispositions des articles 1832 et 1833 du Code civil, dans la mesure où l'augmentation des capitaux propres de la société a pour effet d'accroître la valeur des actions, et partant, de réaliser l'objectif poursuivi par le contrat de société (▪ CA Reims, ch. civ., 1re sect., 10 sept. 2007, n° 04/02958 : *JurisData* n° 2007-350715 ; *Dr. sociétés* 2008, comm. 45, obs. Coquelet).

Art. 1844-2 *(L. n° 78-753, 17 juill. 1978)*. – **Il peut être consenti hypothèque ou toute autre sûreté réelle sur les biens de la société en vertu de pouvoirs résultant de délibérations ou délégations établies sous signatures privées alors même que la constitution de l'hypothèque ou de la sûreté doit l'être par acte authentique.**

Nantissement de fonds de commerce. Sur la possibilité d'appliquer l'article 1844-2 à la radiation de l'inscription de nantissement sur fonds de commerce, v. Rép. min. Just., n° 9836 : *JO Sénat*, 19 mars 1983, p. 734 ; *JCP* 84, IV, 31.

Art. 1844-3. – **La transformation régulière d'une société en une société d'une autre forme n'entraîne pas la création d'une personne morale nouvelle. Il en est de même de la prorogation ou de toute autre modification statutaire.**

Conséquences sur le cautionnement. Le changement de forme de la société cautionnée ne modifie pas l'engagement de la caution (▪ Cass. com., 20 févr. 2001 : *JurisData* n° 2001-008282 ; *JCP* 2001, I, 326, n° 2, obs. Viandier et Caussain ; *Bull. civ.* IV, n° 38, p. 35 ; *Defrénois* 2001, 1193, obs. Honorat).

Art. 1844-4. – **Une société, même en liquidation, peut être absorbée par une autre société ou participer à la constitution d'une société nouvelle, par voie de fusion.**

Elle peut aussi transmettre son patrimoine par voie de scission à des sociétés existantes ou à des sociétés nouvelles.

Ces opérations peuvent intervenir entre des sociétés de forme différente.

Elles sont décidées, par chacune des sociétés intéressées, dans les conditions requises pour la modification de ses statuts.

Si l'opération comporte la création de sociétés nouvelles, chacune de celles-ci est constituée selon les règles propres à la forme de société adoptée.

1) **Fusion ou scission. Notion.** L'opération consistant en une cession de l'actif social immobilier à une autre société, accompagnée du paiement du passif social et du remboursement des apports des actionnaires ne réalise pas une fusion ou une scission (■ Cass. com., 3 nov. 1975, n° 74-11.927 : *JurisData* n° 1975-097248 ; *Bull. civ.* IV, n° 248, p. 207). La transmission universelle de patrimoine issue d'un apport partiel d'actif ne saurait être exclue sans rechercher si les stipulations du traité d'apport partiel d'actif n'avaient pas placé cette opération de restructuration sous le régime des fusions (■ Cass. com., 26 mai 2009, n° 08-16.417 : *JurisData* n° 2009-048378 ; *RTD com.* 2009, p. 573, obs. Le Cannu et Dondero ; *Dr. sociétés* 2010, comm. 2, obs. Coquelet). L'opération de fusion-absorption, qui entraîne la dissolution sans liquidation de la société absorbée et la transmission universelle de son patrimoine à la société absorbante et qui n'a pas pour contrepartie l'attribution à la société absorbée de droits sociaux au sein de la société absorbante, ne constitue pas un apport réalisé par la première entité à la seconde (■ Cass. com., 9 nov. 2010, n° 09-70.726 : *JurisData* n° 2010-020700 ; *Dr. sociétés* 2011, comm. 1, obs. Coquelet ; *Defrénois* 2011, p. 181, note Hovasse ; *Bull. Joly Sociétés* 2011, p. 122, note Le Cannu ; *Defrénois* 2011, p. 185, note Randoux).

2) **Transmission universelle de patrimoine. Effets sur le fond du droit.** L'article 1690 du Code civil n'a pas d'application lorsqu'à la suite d'une fusion de sociétés, la société absorbante vient activement et passivement aux lieu et place de la société absorbée (■ Cass. 1re civ., 7 mars 1972 : *JurisData* n° 1972-000071 ; *JCP* 72, II, 17270, note Guyon). Dans le même sens, la société absorbante devenant l'ayant cause universel de la société absorbée, l'inscription du nantissement pris à l'égard de la seconde conserve ses effets à l'égard de la première, sans qu'il soit nécessaire que le créancier procède à une inscription modificative postérieure à la fusion (■ Cass. com., 2 déc. 2008, n° 07-19.325 : *JurisData* n° 2008-046128 ; *Dr. sociétés* 2009, comm. 47, obs. Coquelet).Le caractère personnel *de l'astreinte ne s'oppose pas à ce que sa liquida*tion, qui tend à une condamnation pécuniaire, puisse être poursuivie à l'encontre de la société absorbante pour des faits commis par la société absorbée antérieurement à la date de la publication de la fusion-absorption (■ Cass. 2e civ., 1er sept. 2016, n° 15-19.524 : *JurisData* n° 2016-016026 ; *JCP* G 2016, doctr. 1051, n° 8, obs. Billiau ; *Dr. sociétés* 2016, comm. 182, obs. Mortier ; *RD bancaire et fin.* 2016, comm. 253, obs. Piédelièvre).

3) **Transmission universelle de patrimoine. Effets processuels.** En sa qualité d'ayant cause universel, la société absorbante acquiert de plein droit, à la date de la fusion, la qualité de partie aux instances engagées par la société absorbée (■ Cass. com., 21 oct. 2008, n° 07-19.102 : *JurisData* n° 2008-045484 ; *Dr. sociétés* 2008, comm. 253, obs. Hovasse ; *Rev. sociétés* 2009, p. 351, note Thomas). Par conséquent, elle peut se prévaloir des condamnations prononcées au nom de la société absorbée même en vertu de jugements rendus postérieurement à sa dissolution (■ Cass. com., 21 oct. 2008, préc.). De manière symétrique, la chose jugée à l'égard de la société dissoute lui est opposable (■ Cass. com., 18 févr. 2004, n° 02-11.453 : *JurisData* n° 2004-022393 ; *Bull. Joly Sociétés* 2004, p. 671, note Constantin ; *Dr. sociétés* 2004, comm. 84, note Hovasse ; *JCP* E 2004, 739, note Trébulle). Par identité de motifs, le juge considère que cette solution est applicable lorsque la transmission universelle de patrimoine résulte de la dissolution sans liquidation d'une société devenue unipersonnelle (V. ■ Cass. soc., 25 oct. 2007, n° 06-42.238 : *JurisData* n° 2007-043338 ; *Dr. sociétés* 2008, comm. 102, obs. Monnet) mais également lorsqu'elle trouve son origine dans un apport partiel d'actif soumis au régime des scissions (■ Cass. 2e civ., 7 janv. 2010, n° 08-18.619 : *JurisData* n° 2010-050962 ; *JCP* E 2010, 1145, obs. Deboissy et Wicker ; *Dr. sociétés* 2010, comm. 65, obs. Coquelet. V. dans le même sens, ■ Cass. com., 3 avr. 2007, n° 06-10.481 : *JCP* E 2008, 2545, n° 3, obs. Deboissy et Wicker). Pour sa part, la société apporteuse ne peut plus prétendre exercer à l'avenir les actions en justice afférentes à la branche d'activité apportée, ni même poursuivre celles qu'elle avait elle-même initiées avant l'adoption du projet d'apport (■ CA Paris, 4e ch., sect. B, 13 mai 2005 : *Bull. Joly Sociétés* 2005, p. 1363, note Daigre ; ■ Cass. 2e civ., 9 nov. 2006, n° 05-18.047 : *D.* 2007, p. 702, note Kessler).

4) **Cession de droit sociaux.** Est nulle pour défaut d'objet toute cession de parts, d'actions ou de droits conférés par ces titres, d'une société

ayant disparu par l'effet d'une opération de fusion-absorption (■ Cass. com., 26 mai 2009, n° 08-12.691 : *JurisData* n° 2009-048342 ; *Dr. sociétés* 2009, comm. 152, obs. Coquelet ; *JCP* G 2009, 405, n° 4, obs. Deboissy et Wicker ; *RTD civ.* 2009, p. 527, note Fages ; *RDC* 2009, p. 1341, obs. Laithier).

Art. 1844-5 ***(Mod., L. n° 81-1162, 30 déc. 1981 ; L. n° 88-15, 5 janv. 1988 ; L. n° 2001-420, 15 mai 2001).*** **– La réunion de toutes les parts sociales en une seule main n'entraîne pas la dissolution de plein droit de la société. Tout intéressé peut demander cette dissolution si la situation n'a pas été régularisée dans le délai d'un an. Le tribunal peut accorder à la société un délai maximal de six mois pour régulariser la situation. Il ne peut prononcer la dissolution si, au jour où il statue sur le fond, cette régularisation a eu lieu.**

L'appartenance de l'usufruit de toutes les parts sociales à la même personne est sans conséquence sur l'existence de la société.

En cas de dissolution, celle-ci entraîne la transmission universelle du patrimoine de la société à l'associé unique, sans qu'il y ait lieu à liquidation. Les créanciers peuvent faire opposition à la dissolution dans le délai de trente jours à compter de la publication de celle-ci. Une décision de justice rejette l'opposition ou ordonne soit le remboursement des créances, soit la constitution de garanties si la société en offre et si elles sont jugées suffisantes. La transmission du patrimoine n'est réalisée et il n'y a disparition de la personne morale qu'à l'issue du délai d'opposition ou, le cas échéant, lorsque l'opposition a été rejetée en première instance ou que le remboursement des créances a été effectué ou les garanties constituées.

Les dispositions du troisième alinéa ne sont pas applicables aux sociétés dont l'associé unique est une personne physique.

Bibliographie : J.-J. Daigre, *La dissolution d'une filiale à 100 % est une fusion : JCP* 93, I, 3638. • B. Rolland, *Dissolution des sociétés unipersonnelles : une intervention législative opportune ? : JCP* E 2001, 1761. • S. Plantin, *L'article 1844-5 du Code civil : fusion ou confusion ? : JCP* E 2003, 1506.

1) Réunion en une seule main. Voir sur la possibilité pour l'associé entre les mains duquel sont réunies toutes les parts sociales de dissoudre la société à tout moment par déclaration au greffe du tribunal de commerce, D. n° 78-704, 3 juill. 1978, art. 8, p. 3058. L'article 1844-5 n'est pas applicable s'il existe un coassocié titulaire de parts d'industrie (■ Cass. 1re civ., 30 mars 2004 : *JCP* 2004, IV, 2088 ; *JurisData* n° 023079).

2) Société unipersonnelle à responsabilité limitée. Jugé sous l'empire du droit antérieur à la loi du 15 mai 2001 que la loi a créé pour les sociétés unipersonnelles une exception à la règle de la liquidation des sociétés dissoutes, qu'elles n'ont pas le choix entre une dissolution suivie de liquidation ou une dissolution entraînant la transmission universelle du patrimoine social à l'associé unique, et qu'elles sont soumises obligatoirement à la règle prévue pour le cas où toutes les parts d'une société sont réunies en une seule main et où la situation n'a pas été régularisée (■ Douai, 14 nov. 1996 : *JurisData* n° 1996-612639 ; *JCP* G 97, I, 4012, n° 1, obs. Viandier et Caussain ; II, 22785 ; *JCP* E 97, II, 925, note Daigre).

3) Application dans le temps de la loi du 15 mai 2001. Les dispositions de la loi du 15 mai 2001 concernant la transmission du patrimoine des sociétés dont l'associé unique est une personne physique ne peuvent remettre en cause les effets d'une transmission intervenue avant l'entrée en vigueur de la loi (■ Cass. com., 7 janv. 2004 : *JurisData* n° 2004-021687 ; *JCP* 2004, IV, 1405).

4) Dissolution postérieure au jugement déclaratif du redressement judiciaire. La dissolution de la société dont toutes les parts sociales sont réunies en une seule main, intervenue postérieurement au jugement d'ouverture du redressement judiciaire, n'entraîne pas la transmission universelle de son patrimoine à l'associé unique (■ Cass. com., 12 juill. 2005 : *JCP* G 2006, I, 114 et *JCP* E 2006, 1834, n° 1, obs. Caussain, Deboissy et Wicker ; *JCP* E 2005, 1586, 2e esp., note Legros ; *D.* 2005, 2002, 2e esp., note Lienhard ; *JurisData* n° 2005-029482).

5) Conséquences d'une dissolution sans liquidation d'une société unipersonnelle. En cas de dissolution pour réunion des parts sociales en une seule main, la transmission universelle de patrimoine fait bénéficier l'associé unique du délai couru à l'encontre de la société dissoute (■ Cass. 3e civ., 12 mars 2008 : *JurisData* n° 2008-043151 ; *Dr. sociétés* 2008, comm. 91, obs. Coquelet ; *Bull. Joly Sociétés* 2008, p. 476, note Le Cannu). Mais les opérations de liquidation entreprises restent sans emport (■ Cass. com., 7 déc. 2010, n° 09-17.169 : *JurisData* n° 2010-023293 ; *Bull. Joly Sociétés* 2011, p. 442, note Coquelet). Quant au passif social, le droit pour la victime d'obtenir réparation du préjudice subi existe dès que le dommage est causé et le fait que ce droit n'ait pas été judiciairement reconnu avant la dissolution sans liquidation d'une société universelle ne fait pas obstacle à sa transmission à l'associé unique (■ Cass. com., 2 févr. 2010 : *JurisData* n° 2010-051503 ; *Dr. sociétés* 2010, comm. 133, obs. Coquelet).

6) **Conséquences d'une dissolution-liquidation d'une société unipersonnelle.** Si, à compter de la clôture des opérations de liquidation, la société ne peut plus être représentée que par un administrateur *ad hoc* désigné en justice, l'ancien associé unique, personne physique, d'une société unipersonnelle dissoute et dont la liquidation a été clôturée, peut se prévaloir d'un droit propre et personnel sur la créance dont il est devenu titulaire à la suite de la société (■ Cass. com., 5 mai 2009, n° 08-12.601 : *JurisData* n° 2009-048049 ; *Rev. sociétés* 2009, p. 575, note Barbièri ; *Dr. sociétés* 2009, comm. 131, obs. Coquelet).

7) **Opposabilité de la dissolution de la société aux tiers.** La disparition de la personnalité juridique d'une société n'est rendue opposable aux tiers que par la publication au registre du commerce et des sociétés des actes ou événements l'ayant entraînée, même si ceux-ci ont fait l'objet d'une autre publicité légale telle que la publication dans un journal d'annonces légales, laquelle constitue uniquement, aux termes de l'article 1844-5, alinéa 3 du Code civil, le point de départ du délai d'opposition ouvert aux créanciers (■ Cass. com., 20 sept. 2011, n° 10-15.068 : *JurisData* n° 2011-019396 ; *Dr. sociétés* 2012 comm. 2, note Mortier ; *Rev. sociétés* 2011, p. 727, obs. Roussel-Galle).

Art. 1844-6. – **La prorogation de la société est décidée à l'unanimité des associés, ou, si les statuts le prévoient, à la majorité prévue pour la modification de ceux-ci.**

Un an au moins avant la date d'expiration de la société, les associés doivent être consultés à l'effet de décider si la société doit être prorogée.

À défaut, tout associé peut demander au président du tribunal, statuant sur requête, la désignation d'un mandataire de justice chargé de provoquer la consultation prévue ci-dessus.

1) **Principe.** Faute d'une prorogation obtenue dans les termes de l'article 1844-6 du Code civil, la société est considérée comme dissoute (■ Cass. com., 12 nov. 1992 : *JurisData* n° 1992-003004 ; *RJDA* 3/1993, n° 225 ; *JCP* G 1993, II, 22039 et *JCP* E 1993, II, 408, note Guyon ; *Rev. sociétés* 1993, p. 571, note Le Cannu ; *Bull. Joly Sociétés* 1993, p. 561, note Jeantin ; *Dr. sociétés* 1993, chron. 3, obs. Bonneau, rejetant le pourvoi contre ■ CA Paris, 4e ch., 29 oct. 1990 : *JurisData* n° 1991-600043 ; *Bull. Joly Sociétés* 1991, p. 46, note Derruppé ; *D.* 1992, somm. p. 177, obs. Bousquet et Bugeja. ■ Cass. com., 13 sept. 2017, n° 16-12.479 : *Dr. sociétés* 2017, comm. 184, obs. Hovasse. – Comp. ■ Cass. com., 23 oct. 2007 : *JurisData* n° 2007-041013 ; *Dr. sociétés* 2007, comm. 210, obs. Lécuyer ; *D.* 2007, p. 2813, obs. Lienhard ; *Bull. Joly Sociétés* 2008, p. 110, note Saintourens, qui semble reconnaître la possibilité d'une prorogation tacite de la société. ■ Cass. com., 31 janv. 2012, n° 10-24.715 : *Bull. Joly Société* 2012, p. 290, note Barbièri, qui remarque que la prorogation de durée d'une société pourrait être « expresse ou tacite »).

2) **Droit des tiers d'invoquer la violation d'une clause de prorogation (non).** La clause statutaire qui organise les modalités de prorogation d'une société ne peut être invoquée par les tiers (■ Cass. com., 30 juin 2015, n° 14-17.649 : *JurisData* n° 2015-017841 ; *Bull. Joly Sociétés* 2015, p. 417, note Barbièri ; *Dr. sociétés* 2015, comm. 193, obs. Hovasse).

3) **Reconnaissance d'une société devenue de fait.** Lorsque les associés, après terme, persistent à se comporter comme associés, le juge admet l'existence d'une société devenue de fait (■ Cass. 1re civ., 13 déc. 2005 : *JurisData* n° 2005-031271 ; *Bull. civ.* I, n° 287 ; *Dr. sociétés* 2006, comm. 34, obs. Lécuyer ; *D.* 2006, act. jurispr., p. 233, obs. Lienhard ; *Rev. sociétés* 2006, p. 319, note Randoux ; *Dr. et patrimoine* juin 2006, p. 99, obs. Poracchia ; *JCP* E 2006, 2035, n° 4, obs. Caussain, Deboissy et Wicker ; *adde* P. Le Cannu, *La troublante énigme de la « société devenue de fait » : Bull. Joly Sociétés* 2006, p. 565).

Art. 1844-7 ***(Mod., L. n° 88-15, 5 janv. 1988 ; L. n° 2005-845, 26 juill. 2005 ; mod., L. n° 2014-873, 4 août 2014*** (1) (2)***).*** – **La société prend fin :**

1° Par l'expiration du temps pour lequel elle a été constituée, sauf prorogation effectuée conformément à l'article 1844-6 ;

2° Par la réalisation ou l'extinction de son objet ;

3° Par l'annulation du contrat de société ;

(1) Dispositions non applicables aux procédures en cours au 1er juillet 2014, Ord. n° 2014-326, 12 mars 2014, art. 116.

(2) Dispositions applicables dans les îles Wallis et Futuna, Ord. n° 2014-326, 12 mars 2014, art. 115, II.

4° Par la dissolution anticipée décidée par les associés ;

5° Par la dissolution anticipée prononcée par le tribunal à la demande d'un associé pour justes motifs, notamment en cas d'inexécution de ses obligations par un associé, ou de mésentente entre associés paralysant le fonctionnement de la société ;

6° Par la dissolution anticipée prononcée par le tribunal dans le cas prévu à l'article 1844-5 ;

7° Par l'effet d'un jugement ordonnant la clôture de la liquidation judiciaire pour insuffisance d'actif ;

8° Pour toute autre cause prévue par les statuts.

1) Réalisation de l'objet social (illustration). Bien que l'article 2 des statuts de la SCI ait stipulé que la société avait pour objet la construction et l'aménagement d'un immeuble collectif à usage d'habitation en vue de sa division par appartements, destinés à être attribués aux associés, soit en jouissance, soit en propriété, la cour d'appel a pu retenir que la dissolution de la société était intervenue de plein droit en raison de la réalisation de son objet principal, alors que la division de l'immeuble en lots et leur attribution n'ont pu intervenir depuis 1970 (▪ Cass. com., 3 avr. 2007 : *JurisData* n° 2007-038433 ; *Dr. sociétés* 2007, comm. 107, obs. Lécuyer ; *Bull. Joly Sociétés* 2007, p. 1101, obs. Garçon). En revanche, l'absence d'activité commerciale d'une société et le fait qu'elle génère des pertes ne provoquent pas sa dissolution pour réalisation de son objet social dès lors que cet objet est encore réalisable (▪ Cass. com., 20 nov. 2012, n° 11-27.835 : *Bull. Joly Sociétés* 2013, p. 8, note Barbièri ; *Dr. sociétés* 2013, comm. 20, obs. Mortier). Dans le même esprit, viole l'article 1844-7, 2°, du Code civil, ensemble les articles L. 323-1 et L. 323-4 du Code rural et de la pêche maritime, la cour d'appel qui, pour accueillir une demande en dissolution et en liquidation d'un GAEC pour cause d'extinction de son objet social, énonce que le travail en commun constitue, du fait des dispositions de la loi, l'objet social du GAEC et que, dès lors, la disparition du travail en commun liée à l'unicité d'associé entraîne la disparition de l'objet social, alors que la perte de sa qualité d'associé par un sujet de droit ne faisait pas par elle-même obstacle à ce que l'activité constituant l'objet du GAEC fût réalisée par le travail en commun de plusieurs associés (▪ Cass. com., 20 nov. 2012, n° 10-25.081 : *Bull. Joly Sociétés* 2013, p. 214, note Barbièri ; *Dr. sociétés* 2013, comm. 20, obs. Mortier). Une cour d'appel a pu déduire d'une interprétation souveraine des statuts que l'objet social statutaire de la société était exclusivement cantonné à l'exploitation d'un fonds de commerce alimentaire et que l'exploitation d'une station-service ne pouvait s'y rattacher, de sorte que la cessation définitive de l'exploitation du fonds de commerce alimentaire avait pour conséquence l'extinction de son objet social, impliquant la dissolution de plein droit de la société en cause (▪ Cass. com., 30 mars 2016, n° 14-13.729 : *JurisData* n° 2016-006015 ; *Dr. sociétés* 2016, comm. 99, note Mortier). Dans le même esprit, la vente des terrains apportés en jouissance à une société décidée par les associés sans engagement de quiconque de faire des nouveaux apports alors que leur exploitation constitue l'unique objet social met fin à la société (▪ Cass. com., 8 nov. 2016, n° 14-23.461 : *JurisData* n° 2016-023311 ; *Bull. Joly Sociétés* 2017, p. 130, note J.-F. Barbièri ; *Dr. sociétés* 2017, comm. 19, obs. Mortier).

2) Juste motif. Gravité de la mésentente. Par principe, la mésintelligence entre associés ne peut constituer un juste motif de dissolution de la société que si elle paralyse le fonctionnement de la société (▪ Cass. com., 16 mars 1954 : *JCP* 54, II, 8172, note J. R. ▪ Cass. com., 31 janv. 1989, n° 87-16.124 : *Bull. civ.* IV, n° 46, p. 28. ▪ Cass. ch. mixte, 16 déc. 2005, n° 04-10.986 : *JurisData* n° 2005-031451 ; *JCP* E 2006, 1348, avis Domingo. ▪ Lyon, 10 févr. 1958 : *Gaz. Pal.* 1958, 1, 272. ▪ Paris, 17 nov. 1965 : *D.* 1966, 52. ▪ Paris, 7 juill. 1995 : *JCP* 1996, I, 3916, n° 2, obs. Viandier et Caussain. ▪ Toulouse, 10 juin 1999, n° 98/00670 : *JurisData* n° 1999-042702 ; *JCP* 2000, II, 10372, note Daigre. ▪ Cass. 3ᵉ civ., 16 mars 2011, n° 10-15.459 : *JurisData* n° 2011-003904 ; *Dr. sociétés* 2011, comm. 106, obs. Coquelet. ▪ Cass. com., 21 juin 2011, n° 10-21.928 : *JurisData* n° 2011-012272 ; *Dr. sociétés* 2011, comm. 167, note Mortier ; *Bull. Joly* 2011, 670, note Barbièri). Il appartient ici à celui qui réclame la dissolution de rapporter la preuve d'une telle paralysie (▪ Cass. 1ʳᵉ civ., 4 févr. 2015, n° 13-28.183).

Une cour d'appel peut retenir d'office certaines péripéties de la procédure elle-même comme des signes de la mésentente (▪ Cass. com., 4 déc. 1968 : *JCP* 1969, IV, 23). Jugé que c'est en considération de l'intensité de l'*affectio societatis* que doit être appréciée la gravité de la mésentente (▪ Lyon, 11 oct. 1954 : *D.* 1955, 14. – Voir en ce sens ▪ Besançon, 3 nov. 1954 : *JCP* 1955, II, 8750). En toute hypothèse, l'impossibilité de prendre toute décision collective est un juste motif de dissolution (▪ Paris, 12 sept. 1995 : *JurisData* n° 1995-023123 ; *JCP* 1996, I, 3916, n° 3, obs. Viandier et Caussain. – V. aussi ▪ Cass. com., 18 nov. 1997 : *JCP* G 1998, I, 131, *JCP* E 98, 509 et *JCP* N 1998, 1472, n° 4, obs. Viandier et Caussain, relevant chez les associés la « volonté commune de rompre le lien qui les unissait ». ▪ Cass. 3ᵉ civ., 8 juill. 1998 : *JCP* G 1999, I, 118 et

JCP E 1999, 29, n° 1, obs. Viandier et Caussain, mésentente se traduisant par la nécessité de recourir aux soins constants d'un administrateur provisoire pour la gestion courante et simple des biens sociaux). De même, la dissolution anticipée d'une société est valablement prononcée dès lors que la société n'a jamais fonctionné conformément aux règles statutaires, que l'un des associés réclame la dissolution tandis que l'autre veut gérer seul et que le fonds n'est plus exploité depuis un an, ce dont il résulte une mésentente caractérisée entre associés paralysant le fonctionnement de la société (■ Cass. com., 19 sept. 2006 : *JurisData* n° 2006-035096 ; *Dr. sociétés* 2007, comm. 42, obs. Lécuyer). Un juste motif de dissoudre la société se trouve caractérisé lorsque les décisions ne peuvent être prises qu'au prix de violations des statuts, la structure sociale ne fonctionnant plus normalement dans de telles conditions (■ Cass. com., 10 mai 2011, n° 10-16.323 : *JurisData* n° 2011-008373 ; *Rev. sociétés* 2011, p. 566, note Saintourens ; *Bull. Joly Sociétés* 2011, p. 874, note F.-X. Lucas ; *Dr. sociétés* 2011, comm. 148, note Mortier. – V. égal. sur le fait que l'appréciation de la paralysie de la société s'opère par rapport à son fonctionnement normal, ■ Cass. com., 31 janv. 1989, n° 87-16.124 : *Bull. civ.* IV, n° 46. ■ Cass. com., 20 oct. 1998, n° 96-20.473). Dès lors que la mésentente grave entre les associés n'était pas spécialement imputable à l'un ou l'autre des deux groupes en conflit et que, faisant obstacle aux décisions collectives, elle paralysait le fonctionnement de la société, la décision des juges du fond de dissoudre la société en raison d'une telle mésentente paralysant le fonctionnement de la structure sociale se trouve parfaitement justifiée (■ Cass. com., 10 sept. 2013, n° 12-20.523 : *JurisData* n° 2013-018884 ; *Bull. Joly Sociétés* 2014, p. 37, note Barbièri ; *Dr. sociétés* 2014, comm. 21, obs. Mortier ; *Rev. sociétés* 2013, p. 632, note Prévost. – Comp. ■ Cass. 1re civ., 16 oct. 2013, n° 12-26.729 : *JurisData* n° 2013-022726 ; *Dr. sociétés* 2014, comm. 22, obs. Mortier, qui relève que le fonctionnement normal de la société était paralysé). En revanche, le fait que le gérant associé éconduit affirme qu'il usera systématiquement dans le futur de sa minorité de blocage pour contester les décisions prises en assemblée ne saurait constituer un motif propre à établir que la mésentente entre les associés paralyse concrètement le fonctionnement de la société (■ Cass. com., 13 juill. 2010, n° 09-16.103 : *JurisData* n° 2010-012452 ; *Dr. sociétés* 2010, comm. 198, obs. Hovasse).

La dissolution pour juste motif n'exclut pas qu'un abus de minorité soit caractérisé (■ Cass. com., 10 mai 2011, n° 10-16.323 : *JurisData* n° 2011-008373 ; *Rev. sociétés* 2011, p. 566, note Saintourens ; *Bull. Joly Sociétés* 2011, p. 874, note F.-X. Lucas ; *Dr. sociétés* 2011, comm. 148, note Mortier).

3) Juste motif. Société en sommeil. La mise en sommeil d'une société ne rend pas impossible son fonctionnement normal justifiant sa dissolution pour juste motif (■ Cass. com., 23 mars 2010, n° 08-22.073 : *JurisData* n° 2010-002639 ; *JCP* E 2010, 1449, note Viandier). V. égal. dans ce sens, ■ Cass. com., 20 nov. 2012, n° 11-27.835 : *Bull. Joly Sociétés* 2013, p. 8, note Barbièri ; *Dr. sociétés* 2013, comm. 20, obs. Mortier).

4) Clause contraire (non). Aucune convention et spécialement aucune disposition des statuts ne peut entraver l'exercice du droit d'intenter une action en dissolution (■ Cass. com., 12 juin 1961 : *JurisData* n° 1961-098265 ; *D.* 1961, 661). Jugé cependant que la clause des statuts prévoyant le recours à un arbitre n'apporte aucune renonciation ni restriction au droit d'intenter une action en dissolution et doit donc recevoir effet (■ Cass. com., 30 janv. 1967 : *JCP* 1967, II, 15215, note P. L.).

5) Bien-fondé de la demande. L'imputabilité de la mésentente au demandeur, laquelle fait obstacle à ce qu'elle soit regardée comme un juste motif de dissolution de la société, demeure sans incidence sur la recevabilité de la demande (■ Cass. com., 16 sept. 2014, n° 13-20.083 : *JurisData* n° 2014-021070 ; *JCP* G 2015, doctr. 138, n° 6, obs. Deboissy et Wicker ; *Dr. sociétés* 2014, comm. 162, obs. Hovasse ; *JCP* E 2014, 1585, note Dondero. Au demeurant, dès lors que la preuve n'est pas rapportée que le demandeur est à l'origine de la mésentente, son action doit être accueillie, sans que les juges puissent l'obliger à céder ses parts à la société et aux autres associés qui offrent de les racheter (■ Cass. com., 12 mars 1996, n° 93-17.813 : *JurisData* n° 1996-000817 ; *JCP* G 1996, IV, 1071 ; *JCP* E 1996, II, 831 et *JCP* N 1996, II, 1515, note Paclot ; *JCP* N 1997, II, 60, note Bonneau ; *Bull. civ.* IV, n° 86, p. 71 ; *D.* 1997, 133, note Langlès. ■ CA Aix-en-Provence, 8e ch., sect. B., 23 nov. 2007 : *JurisData* n° 2007-357379 ; *Dr. sociétés* 2008, comm. 118, obs. Coquelet).

6) Conséquences de la dissolution. Une société dissoute n'est pas susceptible d'être transformée (■ Cass. com., 12 nov. 1992, n° 91-10.303 : *JurisData* n° 1992-003004 ; *JCP* 1993, II, 22039, note Guyon). Elle ne dispose plus du droit d'utiliser ou de transmettre sa dénomination sociale (même arrêt). Dans le même sens, l'assignation délivrée au nom d'une société dissoute doit être frappée de nullité (■ CA Paris, 4e ch., sect. A., 10 sept. 2008 : *JurisData* n° 2008-373474 ; *Dr. sociétés* 2009, comm. 65, obs. Coquelet). Le juge considère que la dissolution n'est pas une cause légitime d'opposition au paiement d'un chèque (■ CA Besançon, 2e ch. civ., 24 juin 2009 : *JurisData* n° 2009-377952 ; *Dr. sociétés* 2009, comm. 218, obs. Coquelet).

7) Dissolution anticipée. Réduction de la durée. Pour la Haute Juridiction, réduire la durée d'une société n'équivaut pas à décider sa dissolution anticipée (■ Cass. com., 28 nov. 2018, n° 16-29.053 : *Dr. sociétés* 2019, comm. 22, obs. Hovasse).

8) Mise en cause de la société. Nulle partie ne pouvant être jugée sans avoir été entendue ou appelée, la demande en dissolution d'une société impose de mettre celle-ci en cause (■ Cass. 1re civ., 4 juill. 1995, n° 93-16.913 : *JurisData* n° 1995-001789 ; *Bull. civ.* I, n° 299, p. 209).

9) SCP. Sur le principe que l'article 1844-7, 5°, s'applique aux sociétés civiles professionnelles, V. ■ Cass. 1re civ., 18 juill. 1995, n° 95-11.410 : *Defrénois* 1996, 468, note Forgeard.

10) Liquidation judiciaire. Viole l'article 1844-7-7° et les articles 391 et 403 de la loi du 24 juillet 1966 (C. com., art. L. 622-9) l'arrêt qui retient que le jugement de liquidation judiciaire n'a pas pour effet la dissolution de la société et que le conseil d'administration et le directoire sont seulement dessaisis dans les conditions prévues à l'article 152 de la loi du 25 janvier 1985 (C. com., art. L. 237-2 et L. 237-15) (■ Cass. com., 3 juin 1997, n° 93-18.425 : *JurisData* n° 1997-002488 ; *Bull. civ.* IV, n° 173, p. 154. V. aussi pour la prescription de l'action d'un créancier contre un associé sous art. 1859). Une société dissoute en application de l'article 1844-7-7° ne peut former un pourvoi que par l'intermédiaire de son liquidateur amiable ou d'un mandataire *ad hoc* (■ Cass. com., 15 mai 2001 : *JCP* E 2002, 75, note Legros ; *JurisData* n° 2001-009741). Mais la société peut être représentée par l'administrateur provisoire nommé avant l'ouverture de la procédure dès lors que sa mission a été maintenue par ordonnance, ce dont il résulte qu'il a reçu les pouvoirs d'un mandataire *ad hoc* (■ Cass. com., 20 févr. 2001, n° 97-22.019 : *JurisData* n° 2001-008285 ; *JCP* E 2001, 1532, note Legros). Sur ce qu'une association ne prend pas fin par l'effet du jugement ordonnant la liquidation judiciaire, V. ■ Cass. com., 14 déc. 2004, n° 02-11.024 : *JurisData* n° 2004-026303 ; *JCP* E 2005, 640, note F.-X. Lucas.

Bibliographie : J.-P. Legros, *Le domaine d'application de l'article 1844-7, 7° du Code civil* in *Mélanges D. Tricot*, Dalloz-Litec 2011, p. 507.

Art. 1844-8 *(Mod., L. n° 88-15, 5 janv. 1988)*. **– La dissolution de la société entraîne sa liquidation, hormis les cas prévus à l'article 1844-4 et au troisième alinéa de l'article 1844-5. Elle n'a d'effet à l'égard des tiers qu'après sa publication.**

Le liquidateur est nommé conformément aux dispositions des statuts. Dans le silence de ceux-ci, il est nommé par les associés ou, si les associés n'ont pu procéder à cette nomination, par décision de justice. Le liquidateur peut être révoqué dans les mêmes conditions. La nomination et la révocation ne sont opposables aux tiers qu'à compter de leur publication. Ni la société ni les tiers ne peuvent, pour se soustraire à leurs engagements, se prévaloir d'une irrégularité dans la nomination ou dans la révocation du liquidateur, dès lors que celle-ci a été régulièrement publiée.

La personnalité morale de la société subsiste pour les besoins de la liquidation jusqu'à la publication de la clôture de celle-ci.

Si la clôture de la liquidation n'est pas intervenue dans un délai de trois ans à compter de la dissolution, le ministère public ou tout intéressé peut saisir le tribunal, qui fait procéder à la liquidation ou, si celle-ci a été commencée, à son achèvement.

Bibliographie : J. Honorat, *L'article 1844-8 du Code civil et la fin de la personnalité morale des sociétés : Defrénois* 1981, 1345.

1) Nomination du liquidateur. Voir D. n° 78-704, 3 juill. 1978, art. 9 et s., art. 27 et s., *p. 3058*.

2) Nature mobilière des parts. La personnalité morale d'une société civile immobilière survivant à sa dissolution pour les besoins de la liquidation, les parts sociales d'une telle société conservent leur nature de meubles incorporels jusqu'au partage (■ Cass. 2e civ., 27 oct. 1971 : *JurisData* n° 1971-099288 ; *D.* 1972, 473, note Donnier).

3) Caractère définitif de la dissolution. La personnalité morale ne survivant que pour les besoins de la liquidation, la société ne peut récupérer sa personnalité morale même après la décision d'une nouvelle assemblée générale annulant une décision de dissolution prise antérieurement et régulièrement publiée (■ Paris, 20 déc. 1948 : *JCP* 49, II, 5080, note Sarraute et Tager, 3e esp. ■ Amiens, 6 janv. 1969 : *D.* 1969, 266).

4) Pouvoirs du liquidateur. Le liquidateur peut passer valablement un accord dès lors qu'il est indiscutablement la suite et la conclusion d'une affaire courante conclue antérieurement (■ Cass. 1re civ., 16 févr. 1966 : *Bull. civ.* I, n° 124, p. 93).

5) Fin de la personne morale. La dissolution constatée par une assemblée générale et suivie du partage met fin à la personnalité morale de la société, même si les liquidateurs n'ont pu rendre compte de leur mission (■ Cass. com., 8 nov. 1971, n° 68-13.807 : *JurisData* n° 1971-097267 ; *Bull. civ.* IV, n° 267, p. 250).

6) Faillite. Une société en cours de liquidation peut être déclarée en faillite (■ Cass. com., 27 janv. 1958 : *D.* 1958, 349, note Houin). Le jugement de clôture pour extinction du passif est sans influence sur la dissolution (■ Cass. com., 26 oct. 1999, n° 97-16.208 : *JurisData* n° 1999-003877 ; *JCP* 99, IV, 3085 ; *Bull. civ.* IV, n° 196, p. 166).

7) Remplacement du liquidateur. Le liquidateur défaillant peut être remplacé par un autre désigné par le tribunal (■ Cass. 1re civ., 4 oct. 1988, n° 86-11.320 : *JurisData* n° 1988-701698 ; *Bull. civ.* I, n° 271, p. 186).

8) Représentation d'une société liquidée. La désignation d'un mandataire *ad hoc* chargé de représenter une société qui n'a plus d'existence, dans le cadre d'une vérification de comptabilité s'inscrit en dehors de tout procès ou litige et relève de la juridiction gracieuse. L'absence de représentant légal de la société exige qu'elle n'ait pas à être faite contradictoirement (■ Cass. com., 23 mai 2006 : *JurisData* n° 2006-033814 ; *Dr. sociétés* 2006, comm. 157, obs. Lécuyer).

9) Immatriculation des sociétés civiles. Une société civile dissoute avant l'entrée en vigueur de la loi NRE du 15 mai 2001 n'est pas soumise à l'obligation d'immatriculation instaurée par cette loi et sa personnalité subsiste pour les besoins de sa liquidation (■ Cass. 3e civ., 9 nov. 2005 : *JurisData* n° 2005-030681 ; *RTD com.* 2006, p. 147, obs. Monsérié-Bon ; *Dr. sociétés* 2006, comm. 17, obs. F.-X. Lucas). Faute d'avoir été immatriculée au registre du commerce et des sociétés dans le délai prévu par le texte en cause, la SCI, dépourvue de personnalité morale, est soumise aux règles applicables aux sociétés en participation (■ Cass. 3e civ., 4 mai 2016, n° 14-28.243 : *JurisData* n° 2016-008385 ; *JCP* E 2016, 1400, note Dondero ; *Dr. sociétés* 2016, comm. 121, obs. Hovasse ; *JCP* N 2016, 1222, note Storck).

Art. 1844-9. – Après paiement des dettes et remboursement du capital social, le partage de l'actif est effectué entre les associés dans les mêmes proportions que leur participation aux bénéfices, sauf clause ou convention contraire.

Les règles concernant le partage des successions, y compris l'attribution préférentielle, s'appliquent aux partages entre associés.

Toutefois, les associés peuvent valablement décider, soit dans les statuts, soit par une décision ou un acte distinct, que certains biens seront attribués à certains associés. À défaut, tout bien apporté qui se retrouve en nature dans la masse partagée est attribué, sur sa demande, et à charge de soulte, s'il y a lieu, à l'associé qui en avait fait l'apport. Cette faculté s'exerce avant tout autre droit à une attribution préférentielle.

Tous les associés, ou certains d'entre eux seulement, peuvent aussi demeurer dans l'indivision pour tout ou partie des biens sociaux. Leurs rapports sont alors régis, à la clôture de la liquidation, en ce qui concerne ces biens, par les dispositions relatives à l'indivision.

1) Paiement du créancier. Le liquidateur amiable ne saurait refuser à un créancier social le paiement intégral de sa créance au motif qu'il convient de maintenir une certaine égalité entre les créanciers et de tenir compte des oppositions au paiement faites par certains d'entre eux (■ Cass. 1re civ., 17 oct. 1973, n° 72-10.948 : *JurisData* n° 1973-000271 ; *D.* 1975, 157, note Steinmetz).

2) Exigence d'un consentement unanime des parties à l'acte de partage. Viole par fausse application de l'article 1844-9 du Code civil la cour d'appel qui considère que ce texte permet d'organiser le partage social au vu d'une assemblée, alors que le partage amiable requiert le consentement unanime des parties (■ Cass. com., 30 mai 2007 : *JurisData* n° 2007-039052 ; *JCP* N 2007, 1270, note Garçon ; *Dr. sociétés* 2008, comm. 5, obs. Mortier ; *Bull. Joly Sociétés* 2007, p. 1287, note Lécuyer ; *Rev. sociétés* 2007, p. 787, note Barbièri ; *RTD com.* 2007, p. 553, obs. Monsérié-Bon).

3) Apport en jouissance. En cas d'apport en jouissance pour la durée de la société, l'apporteur reprend avant tout partage les objets qu'il n'avait mis en commun que pour la jouissance (■ Aix-en-Provence, 31 mai 1951 : *Gaz. Pal.* 1951, 2, 169).

4) Indivision. L'alinéa 4 de l'article 1844-9 permet aux associés de rester dans l'indivision pour tout ou partie des biens sociaux, lesquels sont alors régis, à la clôture de la liquidation, par les dispositions relatives à l'indivision (■ Cass. com., 31 mai 1988, n° 87-11.037 : *JurisData* n° 1988-001887 ; *Bull. civ.* IV, n° 188, p. 131. V. aussi pour une EARL, ■ Cass. com., 24 mars 1998, n° 96-10.172 : *JurisData* n° 1998-001337 ; *JCP* G 98, IV, 2122 ; *JCP* E 98, 1733, note Fortuné-Cavalié ; *JCP* N 98, 1273). Mais il n'est pas au pouvoir de la volonté des associés, fût-elle unanime, de décider qu'il n'y a pas lieu de procéder à la liquidation et au partage d'une société dissoute non plus qu'à la désignation d'un liquidateur (■ Cass. com., 24 oct. 1989, n° 88-12.713 : *JurisData* n° 1989-703248 ; *JCP* 90, II, 21453, note Guyon).

5) Retrait. Rescision pour lésion (non). Si l'article 1844-9 dispose que les règles concernant le partage des successions s'appliquent au partage de l'actif entre associés, ce texte ne peut recevoir application que lorsque l'actif social a été établi après paiement des dettes et remboursement du capital social, et la liquidation de la société ne se confond pas avec le retrait d'associé qui laisse survivre la société après une simple réduction de capital et qui ne donne lieu qu'à l'évaluation des droits de l'associé. Le retrait d'associé n'est donc pas susceptible de rescision pour lésion (■ Cass. 3e civ., 15 janv. 1997, n° 94-22.154 : *JurisData* n° 1997-000098 ; *JCP* G 97, II, 22842 et *JCP* E 97, II, 930, note Couret ; *Bull. civ.* III, n° 15, p. 9 ; *D.* 1997, 216, note Malaurie ; *RTD civ.* 1997, 687, obs. Gautier). V. sur cet arrêt, J.-P. Garçon et F.-X. Lucas, *Peut-on encore parler de partage partiel d'une société ? : JCP* E 1998, 1296 ; *JCP* N 98, 1585.

6) Apport en industrie. Le juge a pu reconnaître à l'associé en industrie le droit d'obtenir, lors du partage de l'actif social, l'attribution des biens issus de son travail (■ Cass. 1re civ., 30 mai 2006, n° 04-14.749 : *JurisData* n° 2006-033760 ; *RTD civ.* 2006, p. 589, note Revet).

7) Assiette du droit de partage en cas de dissolution d'une société. Le droit de partage s'applique à l'actif net diminué du capital social et augmenté des primes non incorporées au capital (■ Cass. com., 26 sept. 2018, n° 16-24.070 : *Dr. sociétés* 2018, comm. 205, obs. Hovasse).

Art. 1844-10. – **La nullité de la société ne peut résulter que de la violation des dispositions *(Mots rempl., L. n° 2019-486, 22 mai 2019)* « de l'article 1832 et du premier alinéa des articles 1832-1 et 1833 », ou de l'une des causes de nullité des contrats en général.**

Toute clause statutaire contraire à une disposition impérative du présent titre, dont la violation n'est pas sanctionnée par la nullité de la société, est réputée non écrite.

La nullité des actes ou délibérations des organes de la société ne peut résulter que de la violation d'une disposition impérative du présent titre *(Mots aj., L. n° 2019-486, 22 mai 2019)* « , à l'exception du dernier alinéa de l'article 1833, » ou de l'une des causes de nullité des contrats en général.

Bibliographie : P.-Y. Gautier, *De l'annulation, au sein d'un groupement, d'un acte juridique à effets successifs*, in *Mélanges M. Germain*, LexisNexis-Lextenso 2015, p. 33. ● J. Moury, *Les nullités « en cascade » en droit des sociétés : Rev. sociétés* 2013, p. 599.

1) Cause illicite. Sur la nullité d'une société pour cause illicite, V. ■ Cass. com., 19 janv. 1970, n° 68-12.940 : *D.* 1970, 479, note Poulain.

2) Statuts. Sous réserve des cas où il a été fait usage de la faculté, ouverte par une disposition impérative, d'aménager conventionnellement la règle posée par celle-ci, le non-respect des stipulations contenues dans les statuts ou dans le règlement intérieur n'est pas sanctionné par la nullité (■ Cass. com., 18 mai 2010, n° 09-14.855 : *JurisData* n° 2010-006635 ; *Dr. sociétés* 2010, comm. 156, obs. Coquelet). Dès lors, la disposition qui impose l'unanimité, sauf clause contraire, pour modifier les statuts d'une SCI, est impérative au sens de l'article 1844-10 du Code civil, la méconnaissance des règles de majorité renforcée requise par les statuts en cause se trouve sanctionnée par la nullité de la délibération de l'assemblée générale (■ Cass. 3e civ., 8 juill. 2015, n° 13-14.348 : *JurisData* n° 2015-017375 ; *Bull. Joly Sociétés* 2015, p. 643, note Hovasse ; *Dr. sociétés* 2015, comm. 190, obs. Mortier).

3) Formalités de publicité. Voir sur la nullité prévue en cas d'inobservation des formalités de publicité dans les sociétés en nom collectif et les sociétés en commandite simple, V. C. com., art. L. 235-2.

4) Fictivité. Une société fictive est nulle et non inexistante (■ Cass. com., 16 juin 1992, n° 90-17.237 : *JurisData* n° 1992-001326 ; *D.* 1993, 508, 2e esp., note Collet). V. aussi ■ Cass. com., 22 juin 1999, n° 98-13.611 : *JurisData* n° 1999-002640 ; *JCP* G 2000, II, 10266, note Menjucq ; *JCP* E 2000, 181, note Cutajar). ■ Cass. com., 14 juin 2016, n° 14-18.671 : *JurisData* n° 2016-011605 ; *Bull. Joly Sociétés* 2016, p. 593, note Legros ; *Dr. sociétés* 2016, comm. 203, obs. Mortier ; *RD bancaire et fin.* 2016, comm. 207, obs. Piédelièvre).

5) Absence de convocation de certains associés. Tout associé peut se prévaloir de l'absence de convocation d'un associé à l'assemblée générale (■ Cass. 3e civ., 21 oct. 1998, n° 96-19.646 : *JurisData* n° 1998-003938 ; *JCP* G 99, II, 10015 ; *JCP* E 99, 85, 1er arrêt, note Guyon ; *JCP* N 99, 496 ; *Bull. civ.* IV, n° 203, p. 135).

6) Nature de la sanction affectant une délibération sociale irrégulière. Si l'article 1844-10, alinéa 2 du Code civil répute non écrite toute clause statutaire contraire à une disposition impérative du titre IX du livre troisième du même code dont la violation n'est pas sanctionnée par la nullité de la société, cette disposition est inapplicable aux irrégularités affectant les actes ou délibérations des organes de la société, dont la nullité peut seulement être demandée dans les cas prévus par le troisième alinéa du même texte (■ Cass.

com., 3 avr. 2007 : *JurisData* n° 2007-038369 ; *Dr. sociétés* 2007, comm. 171, obs. Lécuyer ; *Bull. Joly Sociétés* 2007, p. 894, note Le Cannu ; *D.* 2007, p. 1148, note Lienhard).

7) **Trouble mental d'un associé.** Dès lors que, selon l'article 1844-10 du Code civil, la nullité des délibérations des organes de la société peut résulter de l'une des causes de nullité des contrats en général, doit être annulée l'assemblée générale extraordinaire de la société civile dont l'associée unique était atteinte d'un trouble mental (■ CA Paris, pôle 5, ch. 8, 26 juin 2018, n° 17/03617 : *Dr. sociétés* 2019, comm. 1, obs. Mortier).

8) **Conditions de validité de la convocation à l'assemblée générale des associés d'une société civile.** Les associés sont convoqués, à peine de nullité en cas de grief, quinze jours au moins avant la réunion de l'assemblée, par lettre recommandée (■ Cass. ch. mixte, 16 déc. 2005 : *JurisData* n° 2005-031451 ; *Bull. civ.*, ch. mixte, n° 9, p. 19, *JCP* G 2006, I, 168, n° 9, obs. Caussain, Deboissy et Wicker ; *Bull. Joly* 2006, § 107, p. 536, obs. Grosclaude ; *D.* 2006, p. 146, note Lienhard ; *Dr. sociétés* 2006, comm. 36, obs. F.-X. Lucas ; *JCP* E 2006, 1348, avis Domingo). Par cette décision rendue en chambre mixte, la Cour de cassation répond de façon affirmative et dissipe l'hésitation qu'avaient pu faire naître des arrêts rendus par ses première et troisième chambres civiles. L'une jugeait que le non-respect du formalisme de l'article 40 du décret du 3 juillet 1978 devait être sanctionné par la nullité de la convocation (■ Cass. 1re civ., 4 oct. 1988, n° 86-11.320 : *JurisData* n° 1988-701698 ; *Bull. civ.* IV, n° 271, p. 186 ; *Rev. sociétés* 1989, p. 62, obs. Guyon), l'autre que les modalités de convocation des associés aux assemblées générales n'étant pas prescrites par des dispositions impératives du titre neuvième du Code civil, ces irrégularités ne pouvaient entraîner la nullité des assemblées (■ Cass. 3e civ., 11 oct. 2000, n° 99-10.108 : *JurisData* n° 2000-006186 ; *Bull. civ.* III, n° 161, p. 112 ; *D.* 2000, act. jurispr. p. 406, obs. Lienhard ; *D.* 2000, somm., p. 479, obs. Hallouin ; *Dr. sociétés* 2000, comm. 169, obs. Bonneau ; *Bull. Joly* 2001, p. 72, note Grosclaude ; *Dr. et patrimoine* févr. 2001, p. 118, obs. Poracchia ; *RTD com.* 2001, p. 164, obs. Monsérié-Bon ; *Rev. sociétés* 2001, p. 336, note Saintourens ; *Defrénois* 2001, p. 524, obs. Honorat. ■ Cass. 3e civ., 19 juill. 2000, n° 98-10.469 : *JurisData* n° 2000-003014 ; *Bull. civ.* III, n° 150, p. 103. ■ Cass. 3e civ., 24 sept. 2003, n° 02-13.039 : *JurisData* n° 2003-020444 ; *JCP* E 2004, p. 32, obs. Caussain, Deboissy et Wicker ; *Dr. sociétés* 2004, comm. 21, obs. F.-X. Lucas).

9) **Comportement du demandeur à la nullité.** L'associé qui refuse de participer aux décisions collectives ne saurait demander la nullité des délibérations pour défaut d'information préalable (■ Cass. com., 21 juin 2011, n° 10-21.928 : *JurisData* n° 2011-012272 ; *Dr. sociétés* 2011, comm. 167, note Mortier ; *Bull. Joly* 2011. 670, note Barbièri).

10) **Conséquence de l'illicéité de l'objet social sur la demande visant à l'apurement des comptes entre associés.** Voir , art. 1871-1, annot., p. 1569.

Art. 1844-11. – **L'action en nullité est éteinte lorsque la cause de la nullité a cessé d'exister le jour où le tribunal statue sur le fond en première instance, sauf si cette nullité est fondée sur l'illicéité de l'objet social.**

Art. 1844-12. – **En cas de nullité d'une société ou d'actes ou délibérations postérieurs à sa constitution, fondée sur un vice de consentement ou l'incapacité d'un associé, et lorsque la régularisation peut intervenir, toute personne, y ayant intérêt, peut mettre en demeure celui qui est susceptible de l'opérer, soit de régulariser, soit d'agir en nullité dans un délai de six mois à peine de forclusion. Cette mise en demeure est dénoncée à la société.**

La société ou un associé peut soumettre au tribunal saisi dans le délai prévu à l'alinéa précédent, toute mesure susceptible de supprimer l'intérêt du demandeur notamment par le rachat de ses droits sociaux. En ce cas, le tribunal peut, soit prononcer la nullité, soit rendre obligatoires les mesures proposées si celles-ci ont été préalablement adoptées par la société aux conditions prévues pour les modifications statutaires. Le vote de l'associé dont le rachat des droits est demandé est sans influence sur la décision de la société.

En cas de contestation, la valeur des droits sociaux à rembourser à l'associé est déterminée conformément aux dispositions de l'article 1843-4.

Art. 1844-13. – **Le tribunal, saisi d'une demande en nullité, peut, même d'office, fixer un délai pour *permettre de couvrir les nullités*. Il ne peut prononcer la nullité moins de deux mois après la date de l'exploit introductif d'instance.**

Si, pour couvrir une nullité, une assemblée doit être convoquée, ou une consultation des associés effectuée, et s'il est justifié d'une convocation régulière de cette assemblée ou de l'envoi aux associés du texte des projets de décision accompagné des documents qui doivent leur être communiqués, le tribunal accorde par jugement le délai nécessaire pour que les associés puissent prendre une décision.

Art. 1844-14. – Les actions en nullité de la société ou d'actes et délibérations postérieurs à sa constitution se prescrivent par trois ans à compter du jour où la nullité est encourue.

1) Défaut d'*affectio societatis*. Sur ce que la nullité pour défaut d'*affectio societatis* est prescrite dans le délai de trois ans, V. ▪ Cass. 1re civ., 20 nov. 2001 : *JCP* G 2002, II, 10148, note Matsopoulou ; *JCP* E 2002, 225, note Viandier ; *Bull. civ.* I, n° 286, p. 181 ; *JurisData* n° 2001-011755.

2) Exception de nullité. Si l'action en nullité d'une délibération d'une assemblée générale prise en violation des statuts de la société est soumise à la prescription triennale instituée par l'article 1844-14, l'exception de nullité est perpétuelle (▪ Cass. com., 20 nov. 1990, n° 89-18.156 : *JurisData* n° 1990-002964 ; *JCP* E 91, II, 195 ; *JCP* N 92, II, 369, note Legros. ▪ Cass. 3e civ., 25 mars 1998, n° 96-17.307 : *JurisData* n° 1998-001357 ; *JCP* E 98, 1971, note Garçon ; *Bull. civ.* III, n° 74, p. 48).

3) Cession de droits sociaux. L'action en annulation d'une cession de droits sociaux n'est soumise à la prescription triennale que dans l'hypothèse où elle est fondée sur une irrégularité affectant la décision sociale ayant accordé au cessionnaire l'agrément exigé par la loi ou les statuts, irrégularité qui ne peut être invoquée que par la société ou les associés (▪ Cass. 3e civ., 6 oct. 2004, n° 01-00.896 : *JurisData* n° 2004-025086 ; *JCP* E 2004, 1773, note Hovasse ; *Bull. civ.* III, n° 166, p. 152). Ainsi, l'action en annulation d'un acte de rachat de titres sociaux, fondée sur un vice affectant l'acte lui-même, et non sur une irrégularité de la délibération ayant autorisé la conclusion de l'acte en cause, est soumise à la prescription de droit commun et non à la prescription triennale de l'article 1844-14 du Code civil (▪ Cass. com., 20 mars 2012, n° 11-13.534 : *Bull. Joly Sociétés* 2012, p. 475, note Lécuyer).

Art. 1844-15. – Lorsque la nullité de la société est prononcée, elle met fin, sans rétroactivité, à l'exécution du contrat.

À l'égard de la personne morale qui a pu prendre naissance, elle produit les effets d'une dissolution prononcée par justice.

Art. 1844-16. – Ni la société ni les associés ne peuvent se prévaloir d'une nullité à l'égard des tiers de bonne foi. Cependant, la nullité résultant de l'incapacité ou de l'un des vices du consentement est opposable même aux tiers par l'incapable et ses représentants légaux, ou par l'associé dont le consentement a été surpris par erreur, dol ou violence.

1) Société fictive. Une société fictive est nulle et non inexistante. Il appartient aux juges du fond de rechercher si l'administration fiscale, créancier, est un tiers de bonne foi auquel cette nullité est inopposable (▪ Cass. com., 16 juin 1992, n° 90-17.237 : *JurisData* n° 1992-001326 ; *D.* 1993, 508, 2e esp., note Collet). La nullité de la société fictive opérant sans rétroactivité, l'hypothèque consentie par la société avant que sa fictivité ne soit déclarée demeure valable et opposable aux créanciers chirographaires, en l'absence de fraude à leurs droits (▪ Cass. com., 22 juin 1999, n° 98-13.611 : *JurisData* n° 1999-002640 ; *JCP* G 2000, II, 10266, note Menjucq ; *JCP* E 2000, 181, note Cutajar).

2) Défaut de convocation d'un associé. Viole l'article 1844-16 l'arrêt qui annule la vente consentie par une société civile immobilière aux motifs que l'absence de convocation d'un associé entraîne la nullité de la délibération et que l'acquéreur ne peut demander le maintien de la cession, en raison de sa bonne foi, le consentement de la société ayant été irrégulièrement donné (▪ Cass. 3e civ., 21 oct. 1998 : *JCP* N 99, 29 ; *JCP* G 1999, II, 10015 et *JCP* E 1999, 85, 2e arrêt, note Guyon ; *Bull. civ.* IV, n° 204, p. 135).

3) Nullité de la souscription de parts sociales. La souscription de parts sociales ayant été annulée comme étant le résultat d'un démarchage prohibé, la demande de la banque créancière peut être rejetée dès lors que les juges du fond n'ont prononcé ni la nullité de la société ni la nullité d'actes ou de délibérations d'organes sociaux, écartant ainsi justement l'application de l'article 1844-16 (▪ Cass. com., 5 oct. 1999, n° 96-20.939 : *JurisData* n° 1999-003373 ; *Bull. civ.* IV, n° 162, p. 137).

Art. 1844-17. – L'action en responsabilité fondée sur l'annulation de la société ou des actes et délibérations postérieurs à la constitution se prescrit par trois ans à compter du jour où la décision d'annulation est passée en force de chose jugée.

La disparition de la cause de nullité ne met pas obstacle à l'exercice de l'action en dommages-intérêts tendant à la réparation du préjudice causé par le vice dont la société, l'acte ou la délibération était entaché. Cette action se prescrit par trois ans à compter du jour où la nullité a été couverte.

CHAPITRE II. – DE LA SOCIÉTÉ CIVILE

Bibliographie : J.-F. Barbièri, L'évolution des relations entre les associés de société civile et les tiers : *Bull. Joly Sociétés* 2008, p. 1054. • A. Lecourt, *Quelle place pour la société civile dans le paysage sociétaire français ? : Bull. Joly Sociétés* 2008, n° spécial, p. 1043. • B. Raynaud, *La société civile, véhicule de transmission anticipée de patrimoine : JCP* N 2013, 1044. • P. Corlay, *La protection des biens dans le nouveau droit commun des sociétés civiles : RTD com.* 1981, 233. • A. Arnaud-Enemy, *La pratique des sociétés civiles non immatriculées au 1er novembre 2002 : JCP* N 2007, 1197.

Section I. – Dispositions générales

Art. 1845. – Les dispositions du présent chapitre sont applicables à toutes les sociétés civiles, à moins qu'il n'y soit dérogé par le statut légal particulier auquel certaines d'entre elles sont assujetties.

Ont le caractère civil toutes les sociétés auxquelles la loi n'attribue pas un autre caractère à raison de leur forme, de leur nature, ou de leur objet.

Art. 1845-1 *(Mod., L. n° 2001-1168, 11 déc. 2001).* **– Le capital social est divisé en parts égales.**

Les dispositions du chapitre I du titre III du livre II du Code de commerce relatives au capital variable des sociétés sont applicables aux sociétés civiles.

Section II. – Gérance

Art. 1846. – La société est gérée par une ou plusieurs personnes, associées ou non, nommées soit par les statuts, soit par un acte distinct, soit par une décision des associés.

Les statuts fixent les règles de désignation du ou des gérants et le mode d'organisation de la gérance.

Sauf disposition contraire des statuts, le gérant est nommé par une décision des associés représentant plus de la moitié des parts sociales.

Dans le silence des statuts, et s'il n'en a été décidé autrement par les associés lors de la désignation, les gérants sont réputés nommés pour la durée de la société.

Si, pour quelque cause que ce soit, la société se trouve dépourvue de gérant, tout associé peut demander au président du tribunal statuant sur requête la désignation d'un mandataire chargé de réunir les associés en vue de nommer un ou plusieurs gérants.

1) **Démission du gérant.** La démission d'un dirigeant de société ne peut être rétractée (▪ Cass. com., 7 avr. 2009, n° 07-14.626 : *JurisData* n° 2009-047888 ; *RTD com.* 2009, p. 566, note Champaud ; *RTD civ.* 2009, p. 531, note Fages ; *Dr. sociétés* 2009, comm. 179, obs. Mortier ; *Bull. Joly Sociétés* 2009, p. 773, note Saintourens).

2) **Cogérance facultative.** Dès lors qu'une stipulation des statuts instaurait une cogérance facultative, la société avait le choix de nommer un ou plusieurs gérants de sorte qu'il n'y avait aucune anomalie à ce que l'assemblée des associés ne remplace pas l'un des deux gérants dont le mandat était parvenu à son terme (▪ Cass. com., 13 juill. 2010 : *Dr. sociétés* 2010, comm. 198, obs. Hovasse).

3) **Pouvoir du tuteur du gérant.** Le tuteur d'une personne protégée à laquelle a été dévolue la fonction de gérant de société n'est pas investi du pouvoir de représenter celle-ci (▪ Cass. 1re civ., 12 juill. 2012, n° 11-13.161 : *JurisData* n° 2012-015713 ; *JCP* N 2012, 1365, note Azincourt ; *Dr. sociétés* 2012, comm. 179, obs. Hovasse ; *Rev. sociétés* 2013, p. 86, note Gaudemet ; *RTD civ.* 2012, p. 711, note Hauser ; *Bull. Joly Sociétés* 2012, p. 770, note Monsèrié-Bon).

4) **Nomination d'un mandataire *ad hoc*.** La vacance de la gérance de sociétés civiles ne suffit pas à elle seule à justifier la désignation d'un administrateur provisoire (▪ Cass. 3e civ., 16 nov. 2017, n° 16-23.685 : *JurisData* n° 2017-022994 ; *Dr. sociétés* 2018, comm. 4, obs. Hovasse). La nomination d'un mandataire *ad hoc* n'a pas pour effet de dessaisir les organes sociaux, de sorte que le gérant de la société ultérieurement nommé par décision des associés en remplacement du gérant décédé a seul qualité pour engager la société et exercer une voie de recours (▪ Cass. com., 15 mars 2017, n° 15-12.742 : JurisData n° 2017-004482 ; *Dr. sociétés* 2017, comm. 117, obs. Mortier).

Art. 1846-1. – Hors les cas visés à l'article 1844-7, la société prend fin par la dissolution anticipée que peut prononcer le tribunal à la demande de tout intéressé, lorsqu'elle est dépourvue de gérant depuis plus d'un an.

Art. 1846-2. – **La nomination et la cessation de fonction des gérants doivent être publiées.**

Ni la société, ni les tiers ne peuvent, pour se soustraire à leurs engagements, se prévaloir d'une irrégularité dans la nomination des gérants ou dans la cessation de leur fonction, dès lors que ces décisions ont été régulièrement publiées.

Art. 1847. – **Si une personne morale exerce la gérance, ses dirigeants sont soumis aux mêmes conditions et obligations et encourent les mêmes responsabilités, civile et pénale, que s'ils étaient gérants en leur nom propre, sans préjudice de la responsabilité solidaire de la personne morale qu'ils dirigent.**

Art. 1848. – **Dans les rapports entre associés, le gérant peut accomplir tous les actes de gestion que demande l'intérêt de la société.**

S'il y a plusieurs gérants, ils exercent séparément ces pouvoirs, sauf le droit qui appartient à chacun de s'opposer à une opération avant qu'elle ne soit conclue.

Le tout, à défaut de dispositions des statuts sur le mode d'administration.

1) Rôle des clauses statutaires. Dans une affaire, le juge a pu décider que la décision de la gérante d'une SCI de consentir un abandon de loyers à la société locataire, afin de lui permettre de se maintenir dans les lieux et de poursuivre son activité jusqu'au rétablissement de sa situation financière, était conforme aux statuts, à l'objet social, et à l'intérêt social (■ Cass. 3e civ., 29 janv. 2008 : *JurisData* n° 2008-042555 ; *Dr. sociétés* 2008, comm. 119, obs. Mortier).

2) Moment de l'opposition. Est sans effet l'opposition à la poursuite de l'instance en contestation de la désignation d'un délégué syndical formée par le cogérant de la société civile professionnelle postérieurement à la déclaration faite au greffe par la SCP représentée par un avocat (■ Cass. soc., 3 mai 2011, n° 10-20.084 : *Bull. Joly* 2011, p. 787, note Gil ; *Dr. sociétés* 2011, comm. 128, obs. Hovasse).

Art. 1849. – **Dans les rapports avec les tiers, le gérant engage la société par les actes entrant dans l'objet social.**

En cas de pluralité de gérants, ceux-ci détiennent séparément les pouvoirs prévus à l'alinéa précédent. L'opposition formée par un gérant aux actes d'un autre gérant est sans effet à l'égard des tiers, à moins qu'il ne soit établi qu'ils en ont eu connaissance.

Les clauses statutaires limitant les pouvoirs des gérants sont inopposables aux tiers.

1) Actes entrant dans l'objet social. Doit être cassée la décision qui a annulé la promesse de vente, souscrite par le gérant d'une SCI, portant sur l'unique immeuble de la société, pour cause de contrariété à l'objet social, alors que la cour avait relevé que l'article 2 des statuts précisait que la société en cause avait pour objet « la propriété de tous biens immobiliers situés en France, ainsi que toutes opérations mobilières ou immobilières susceptibles d'en favoriser le développement immobilier », ce dont il se déduisait que la promesse de vente immobilière qui était par elle-même susceptible de favoriser le développement de la propriété de biens immobiliers entrait dans l'objet social (■ Cass. com., 26 févr. 2008 : *JurisData* n° 2008-042949 ; *JCP* N 2008, 1253, note Garçon ; *Dr. sociétés* 2008, comm. 149, obs. Mortier). Dans le même esprit, le gérant d'une SCI dont l'objet consistait dans « la propriété, l'exploitation et la gestion de tous immeubles et ensembles immobiliers à usage d'habitation » était en droit de vendre l'immeuble social sans épuiser l'objet de la société et sans entraîner la disparition automatique et nécessaire de la structure ni une modification des statuts (■ Cass. 3e civ., 18 déc. 2001, n° 00-16.530 : *Bull. Joly Sociétés* 2002, p. 434, note Saintourens). En somme, la vente d'immeubles d'une société civile doit être jugée conforme à l'objet social lorsque celui-ci autorisait l'aliénation des immeubles, aliénation qui, au surplus, ne l'épuisait pas (■ Cass. 3e civ., 2 juin 2015, n° 14-16.165 : *JurisData* n° 2015-017737 ; *Dr. sociétés* 2015, comm. 166, obs. Hovasse). En revanche, malgré la rédaction large de l'objet social, une cour d'appel a pu décider que le gérant d'une SCI dont l'objet ne comprenait pas la vente ne pouvait réaliser le seul actif que moyennant la tenue préalable d'une assemblée respectant la majorité requise pour prononcer une modification statutaire (■ Cass. 3e civ., 6 sept. 2011, n° 10-21.815 : *JurisData* n° 2011-025493 ; *JCP* N 2011, 1309, note Garçon). V. sur la possibilité de consentir un cautionnement en faveur d'une société commerciale, art. 1854, annot. n° 2, p. 1558.

2) Sanction de l'absence de pouvoir. Selon la Haute juridiction, la nullité d'un contrat de bail fondée sur l'absence de pouvoir du mandataire social, qui est relative, ne peut être demandée que par la partie représentée (■ Cass. 1re civ., 12 nov. 2015, n° 14-23.340 : *JurisData* n° 2015-025068 ; *Bull. Joly Sociétés* 2016, p. 69, note Barbier ; *Dr. sociétés* 2016, comm. 25, obs. Hovasse ; *Defrénois* 2016, n° 2, p. 71, obs. Seube).

3) Inopposabilité des clauses statutaires. Les clauses statutaires limitant les pouvoirs des gérants sont inopposables aux tiers, sans qu'il importe qu'ils en aient eu connaissance ou non (■ Cass. 3e civ., 24 janv. 2001, n° 99-12.841 : *JurisData* n° 2001-007877 ; *JCP* G 2001, II, 10496, *JCP* E 2001, 713 et *JCP* N 2001, 1473, note F.-X. Lucas ; *Defrénois* 2001, 1272, note Daublon).

Art. 1850. – **Chaque gérant est responsable individuellement envers la société et envers les tiers, soit des infractions aux lois et règlements, soit de la violation des statuts, soit des fautes commises dans sa gestion.**

Si plusieurs gérants ont participé aux mêmes faits, leur responsabilité est solidaire à l'égard des tiers et des associés. Toutefois, dans leurs rapports entre eux, le tribunal détermine la part contributive de chacun dans la réparation du dommage.

Bibliographie : N. Émeric, *La notion de faute séparable des fonctions des dirigeants sociaux à la lumière de la jurisprudence récente : Rev. sociétés* 2013, p. 535. • J. Monnet, *Assurance et faute séparable des fonctions de dirigeant de société : Dr. sociétés* 2007, repère 10.

1) Responsabilité personnelle à l'égard de la société. Faute détachable (non). La responsabilité d'un gérant vis-à-vis de la société qu'il dirige n'est pas subordonnée à la preuve d'une faute détachable de ses fonctions (■ Cass. 1re civ., 15 mai 2007 : *JurisData* n° 2007-038977 ; *Dr. sociétés* 2007, comm. 151, obs. Mortier).

2) Responsabilité personnelle à l'égard des tiers. Faute détachable (oui). La responsabilité personnelle d'un dirigeant à l'égard des tiers ne peut être retenue que s'il a commis une faute séparable de ses fonctions ; il en est ainsi lorsque le dirigeant commet intentionnellement une faute d'une particulière gravité incompatible avec l'exercice normal des fonctions sociales (■ Cass. com., 20 mai 2003, n° 99-17.092 : *JurisData* n° 2003-019081 ; *JCP* 2003, II, 10178, note Reifegerste ; *JCP* E 2003, 1203 et *JCP* G 2004, I, 103, n° 2, obs. Caussain, Deboissy et Wicker ; *JCP* G 2004, I, 101, n° 21, obs. Viney ; *RTD civ.* 2003, p. 5097, obs. Jourdain ; *Defrénois* 2003, 1067, note Maleville-Costedoat. V. sur cet arrêt F.-X. Lucas, *La responsabilité civile des dirigeants d'entreprise : Rev. Lamy dr. civ.* 2004/1, 38. – V. également, ■ Cass. com., 25 janv. 2005 : *JurisData* n° 2005-026720 ; *Dr. sociétés* 2005, comm. 129, obs. Lucas. V. en ce sens pour les administrateurs d'une association ■ Cass. 2e civ., 7 oct. 2004, n° 02-14.399 : *JurisData* n° 2004-025067 ; *Resp. civ. et assur.* 2004, 358 ; *Bull. civ.* II, n° 439, p. 373). Jugé que la passivité d'un gérant ne constitue pas une faute intentionnelle d'une particulière gravité incompatible avec l'exercice normal de ses fonctions (■ Cass. 3e civ., 7 déc. 2005 : *JurisData* n° 2005-031230 ; *Dr. sociétés* 2006, comm. 54, obs. F.-X. Lucas). En revanche, commet une faute intentionnelle d'une particulière gravité, incompatible avec l'exercice normal de ses fonctions, et engage donc sa responsabilité et celle de son gérant, la SARL gérante d'une SCI qui, informée de litiges à venir, a prélevé par anticipation des sommes dans la trésorerie de la SCI, au lieu de constituer des provisions (■ Cass. com., 6 nov. 2007 : *JurisData* n° 2007-041274 ; *Dr. sociétés* 2008, comm. 27, obs. Mortier ; *JCP* E 2007, 2520).

Art. 1851. – **Sauf disposition contraire des statuts le gérant est révocable par une décision des associés représentant plus de la moitié des parts sociales. Si la révocation est décidée sans juste motif, elle peut donner lieu à dommages-intérêts.**

Le gérant est également révocable par les tribunaux pour cause légitime, à la demande de tout associé.

Sauf clause contraire, la révocation d'un gérant, qu'il soit associé ou non, n'entraîne pas la dissolution de la société. Si le gérant révoqué est un associé, il peut, à moins qu'il n'en soit autrement convenu dans les statuts, ou que les autres associés ne décident la dissolution anticipée de la société, se retirer de celle-ci dans les conditions prévues à l'article 1869, deuxième alinéa.

1) Juste motif de révocation. Le plus souvent, le juste motif de révocation du gérant résulte d'une faute de gestion (■ Cass. com., 31 janv. 2012, n° 10-26.329 : *JurisData* n° 2012-001295 ; *Dr. sociétés* 2012, comm. 61, obs. Hovasse. ■ Cass. 3e civ., 24 sept. 2003 : *JurisData* n° 2003-020444 ; *Dr. sociétés* 2004, comm. 23, note Lucas ; *JCP* E 2004, 29, n° 8, obs. Caussain, Deboissy et Wicker. V. égal. pour des illustrations, ■ CA Paris, 9 avr. 1993 : *JurisData* n° 1993-600248 ; *Bull. Joly Sociétés* 1993, § 219, p. 755, note Le Cannu, défaut d'établissement d'une comptabilité dont la tenue était prévue par les statuts. ■ CA Dijon, 2 nov. 1955 : *Gaz. Pal.* 1956, 1, p. 42 ; *Rev. sociétés* 1956, p. 72, dépassement par le gérant de ses pouvoirs légaux. ▪ T. com. Seine, 6 nov. 1953 : *JCP* G 1953, II, 7882, obstacles élevés par le gérant à l'exercice du droit de communication reconnu aux associés. ▪ CA Nancy, 9 déc. 1949 : *Rev. sociétés* 1950, p. 38, désintérêt manifeste pour les affaires sociales). Mais, lorsque le maintien en fonction du gérant risque de nuire gravement à la société, ce dernier peut être révoqué pour juste motif, malgré l'absence de faute de gestion de sa part, dans la mesure où une atteinte à l'intérêt social se trouve caractérisée (▪ CA Paris, 4 avr. 1997, 15e ch., sect. B. : *JurisData* n° 1997-020959 ; *Dr. sociétés* 1997, comm. 177, note Bonneau, qui reconnaît que la perte des capacités intellectuelles du gérant peut constituer un juste motif de révocation de celui-ci). Dans le même sens, une mésentente entre cogérants est susceptible de compromettre l'intérêt social et d'entraîner une révocation pour juste motif (V. ▪ Cass. com., 4 mai 1999 : *JurisData* n° 1999-001982 ; *RJDA* 7/1999, n° 792. ▪ CA Paris, 25 mars 1997, 15e ch., sect. A. : *JurisData* n° 1997-020757 ; *RJDA* 12/1997, n° 1500. ▪ CA Paris, 5e ch., sect. C., 5 nov. 1999 : *JurisData* n° 1999-112360 ; *RJDA* 2/2000, n° 177. ▪ CA Paris, 25e ch., 5 mars 2004 : *RJDA* 11/2004, n° 1226). Quant à la révocation pour cause de mésentente du gérant avec les associés, celle-ci doit être étayée par des faits objectifs de nature à compromettre l'intérêt social, de sorte qu'un simple changement de majorité, et le désir de cette majorité de nommer un gérant de son choix ne peut légitimer la révocation du gérant (▪ Cass. com., 29 mai 1972, n° 70-14.186 : *JurisData* n° 1972-097165 ; *JCP* G 1972, I, 2254 ; *Rev. sociétés* 1973, p. 487, note Hémard. ▪ CA Paris, 15 févr. 1950 : *JCP* G 1950, II, 5544, note Bastian, infirmant ▪ T. com. Seine, 27 sept. 1947 : *JCP* G 1947, II, 3411, note Hémard. ▪ CA Bordeaux, 8 mai 1950 : *Rev. sociétés* 1950, p. 282). En revanche, constitue une cause de révocation du gérant pour juste motif la modification de la gestion privant les associés – enfants et épouse du gérant – de la jouissance de l'actif social dans le contexte de la révélation à ces derniers de l'existence de la famille naturelle du gérant et de sa volonté de la rejoindre (▪ Cass. com., 25 sept. 2007 : *JurisData* n° 2007-042100 ; *Dr. sociétés*, comm. 28, obs. Mortier).

Voir également : pour l'affirmation de ce principe dans d'autres formes sociales, C. com., art. L. 221-12, art. L. 223-25, art. L. 225-55, art. L. 225-61.

2) Dérogations statutaires. Quoique la solution soit contestée, la Cour de cassation reconnaît que les statuts d'une société civile peuvent valablement contenir une clause prévoyant que la révocation du gérant, même décidée sans juste motif, ne donnera pas lieu à dommages-intérêts (▪ Cass. 3e civ., 6 janv. 1999 : *JurisData* n° 1999-000018 ; *Bull. civ.* III, n° 6 ; *Dr. sociétés* 1999, comm. 34, note Bonneau ; *JCP* E 1999, n° 15, p. 668, obs. Viandier et Caussain ; *RTD com.* 1999, p. 451, obs. Monsèrié-Bon ; *Bull. Joly Sociétés* 1999, § 105, p. 498, note Couret ; *Rev. sociétés* 1999, p. 380, note Saintourens). *Adde*, J. Attard, *La révocation des dirigeants sociaux : de la licéité des clauses écartant l'exigence légale du juste motif* : *JCP* G 2000, I, 217.

3) Cause légitime de révocation. La révocation judiciaire d'un gérant procède bien d'une cause légitime lorsque le juge constate que ce dirigeant refuse la communication des documents comptables, met à disposition ceux-ci dans des locaux très éloignés du siège, transfère le siège social dans une autre région, convoque des associés à des adresses volontairement erronées pour les tenir à l'écart d'une assemblée devant décider d'une augmentation de capital et n'informe pas certains associés du délai de souscription pour les empêcher de souscrire, afin de conforter sa position majoritaire (▪ Cass. com., 7 juin 2011, n° 10-17.792 : *JurisData* n° 2011-011215 ; *Dr. sociétés* 2011, comm. 150, note Hovasse). Dans le même sens, le gérant d'une SCI qui s'abstient de tenir une comptabilité s'expose à une révocation judiciaire pour cause légitime (▪ Cass. com., 4 nov. 2014, n° 13-22.487 : *JurisData* n° 2014-027138 ; *Dr. sociétés* 2015, comm. 45, obs. Hovasse). Doit être cassée la décision d'une cour d'appel qui, pour déclarer un associé irrecevable en sa demande tendant à la révocation du gérant d'une société civile d'exploitation agricole, avait retenu que tous les associés doivent être mis en cause afin qu'ils puissent faire valoir leurs observations éventuelles dans la mesure où le texte de l'article 1851, alinéa 2, ne prévoit pas une telle exigence (▪ Cass. com., 15 janv. 2013, n° 11-28.510 : *JurisData* n° 2013-000314 ; *Dr. sociétés* 2013, comm. 43, note Hovasse). S'agissant de la révocation du gérant d'une société civile par les tribunaux pour cause légitime à la demande de tout associé, une cour d'appel ne saurait exiger que soient prouvées des fautes intentionnelles de particulière gravité, incompatibles avec l'exercice normal des fonctions sociales ou contraires à l'intérêt social (▪ Cass. 3e civ., 12 mars 2014, n° 13-14.374 : *JCP* E 2014, 1190, note Dondero ; *Dr. sociétés* 2014, comm. 99, note Hovasse).

Section III. – Décisions collectives

Art. 1852. – Les décisions qui excèdent les pouvoirs reconnus aux gérants sont prises selon les dispositions statutaires ou, en l'absence de telles dispositions, à l'unanimité des associés.

1) Abus d'égalité. Le refus d'associés égalitaires de voter la suppression de l'attribution gratuite, au profit de l'un d'eux, d'un immeuble appartenant à la société ne suffit pas à caractériser un comportement contraire à l'intérêt général de la société, en ce que ces associés auraient interdit la réalisation d'une opération essentielle pour celle-ci dans l'unique des sein de favoriser leurs propres intérêts au détriment des autres associés, justifiant la désignation d'un mandataire *ad hoc* avec mission de voter en leur lieu et place l'occupation de l'immeuble moyennant le paiement d'un loyer (■ Cass. 3e civ., 14 févr. 2007 : *JurisData* n° 2007-037406 ; *Dr. sociétés* 2007, comm. 67, obs. F.-X. Lucas).

2) Modalités de naissance des dividendes. Les dividendes n'ont pas d'existence juridique avant la constatation de sommes distribuables par l'organe social compétent et la détermination de la part attribuée à chaque associé de sorte qu'en l'absence d'une telle décision, la société civile n'est pas débitrice de ses associés (■ Cass. com., 13 sept. 2017, n° 16-13.674 : *JurisData* n° 2017-017734 ; *Dr. fisc.* 2017, act. 626, note Deboissy et Wicker ; *D.* 2017, 2237, note Gallois-Cochet ; *Dr. sociétés* 2017, comm. 185, obs. Hovasse ; *RD bancaire et fin.* 2017, comm. 256, obs. Piédelièvre ; *D.* 2017, note Rabreau ; *Procédures* 2017, comm. 262, obs. Raschel).

Art. 1853. – **Les décisions sont prises par les associés réunis en assemblée. Les statuts peuvent aussi prévoir qu'elles résulteront d'une consultation écrite.**

1) Calcul du quorum à l'occasion d'une consultation des associés par correspondance. Viole l'article 1134 du Code civil, la Cour d'appel qui assimile la manifestation de volonté d'un associé de ne pas participer à la consultation à une réponse valant participation à celle-ci, alors que le fait d'exprimer un refus de participer à la consultation doit être assimilé à une absence de réponse (■ Cass. 3e civ., 14 févr. 2007 : *JurisData* n° 2007-037405 ; *Dr. sociétés* 2007, comm. 68, obs. F.-X. Lucas ; *Dr. sociétés* 2007, comm. 173, obs. Mortier).

2) Nullité pour méconnaissance des statuts. Sous réserve des cas dans lesquels il a été fait usage de la faculté, ouverte par une disposition impérative d'aménager conventionnellement la règle posée par celle-ci, le non-respect des stipulations contenues dans les statuts ou dans le règlement intérieur n'est pas sanctionné par la nullité (■ Cass. com., 19 mars 2013, n° 12-15.283 : *JurisData* n° 2013-004943).

Art. 1854. – **Les décisions peuvent encore résulter du consentement de tous les associés exprimé dans un acte.**

1) Preuve. Sur le principe que le consentement des associés doit être exprimé par écrit, V. ■ Cass. 1re civ., 21 mars 2000 : *JurisData* n° 2000-001118 ; *JCP* G 2000, II, 10345 et *JCP* E 2000, 950, note Hovasse ; *JCP* N 2000, 1204, note Jadaud ; *Bull. civ.* I, n° 99, p. 66 ; *D.* 2000, 475, note Chartier ; *Defrénois* 2000, 849, note Saintourens (associés partageant les résultats d'une façon inégalitaire alors que les statuts prévoyaient une répartition égalitaire).

2) Cautionnement souscrit par une société civile au profit d'une société commerciale. En une phrase unique, la Cour de cassation a pu synthétiser les conditions alternatives de validité de ce type de sûreté en indiquant que le cautionnement donné par une société n'est valable que s'il entre directement dans son objet social ou s'ilexiste une communauté d'intérêts entre cette société et la personne cautionnée ou encore s'il résulte du consentement unanime des associés (■ Cass. 1re civ., 8 nov. 2007, n° 04-17.893 : *JurisData* n° 2007-041233 ; *RD bancaire et fin.* 2008, comm. 6, obs. Cerles ; *Dr sociétés* 2008, comm. 26, obs. Mortier ; *Banque et droit* janv.-févr. 2008, p. 56, obs. Storck). Ceci dit, la Haute juridiction tend également à exiger que le contrat de garantie soit conforme à l'intérêt social, étant entendu que le consentement unanime des associés à la sûreté pour autrui litigieuse n'implique pas que cette condition de validité soit remplie (V. not. dans ce sens, ■ Cass. com., 28 mars 2000, n° 96-19.260 : *JurisData* n° 2000-001251 ; *JCP* E 2001, 135 ; *JCP* N 2001, 1393, note Ferries ; *Bull. civ.* IV, n° 69, p. 58, qui reconnaît que le cautionnement souscrit par une société civile au profit d'une société commerciale est valable dès lors qu'il est consenti avec l'accord de tous les associés et qu'il n'est pas allégué qu'il est contraire à l'intérêt social ■ Cass. com., 8 nov. 2011, n° 10-24.438 : *Defrénois* 2012, p. 235, obs. S. Cabrillac ; *Dr. sociétés* 2012, comm. 6, obs. Hovasse ; *Bull. Joly Sociétés* 2012, p. 297, note F.-X. Lucas, qui affirme que la sûreté donnée par une société doit, pour être valable, non seulement résulter du consentement unanime des associés, mais également être conforme à l'intérêt social. ■ Cass. 3e civ., 12 sept. 2012, n° 11-17.948 : *JurisData* n° 2012-020134 ; *RD bancaire et fin.* 2012, comm. 180, obs. Cerles ; *JCP* G 2013, 90, n° 4, obs. Deboissy et Wicker ; *Dr. sociétés* 2012, comm. 178, note

Mortier ; qui fait grief à une cour d'appel de ne pas avoir recherché, ainsi qu'il le lui était demandé, si la garantie consentie par la SCI n'était pas contraire à son intérêt social, dès lors que la valeur de son unique bien immobilier évaluée à 133 000 € était inférieure au montant de son engagement et qu'en cas de mise en jeu de la garantie, son entier patrimoine devrait être réalisé, ce qui était de nature à compromettre son existence même. ■ Cass. com., 23 sept. 2014, n° 13-17.347 : *RLDC* 2014/120, n° 5615, obs. Ansault ; *RD bancaire et fin.* 2014, comm. 197, obs. Cerles ; *JCP* G 2015, doctr. 138, n° 1, obs. Deboissy et Wicker ; *Gaz. Pal.* 2014, n° 338, p. 19, obs. Dumont-Lefrand ; *JCP* N 2014, 1387, note Garçon ; *Dr. sociétés* 2014, comm. 185, obs. Hovasse ; *Rev. sociétés* 2014, p. 714, note A. Viandier, qui souligne que le cautionnement solidaire et hypothécaire accordé en garantie de la dette d'un associé doit être frappé de nullité en tant qu'il s'avère contraire à l'intérêt social de la structure puisqu'il est de nature à compromettre son existence même, peu important la conformité de la sûreté à l'objet social). En somme, à défaut de proportionnalité entre l'engagement de caution souscrit par une société civile et l'avantage qu'elle peut en retirer, le cautionnement conclu est annulable pour défaut d'intérêt social (■ Cass. 3e civ., 15 sept. 2015, n° 14-21.348 : *Gaz. Pal.* 2015, n° 344, p. 16, note Dumont-Lefrand. ■ Cass. com., 2 nov. 2016, n° 16-10.363 : *JurisData* n° 2016-026403 ; *JCP* N 2017, 1121, note Houin-Bressand ; *Dr. sociétés* 2017, comm. 3, obs. Hovasse ; *Banque et droit* 2017, n° 171, p. 63, note Rontchevsky. ■ Cass. com., 14 févr. 2018, n° 16-19.762 : *JurisData* n° 2018-002247 ; *RTD civ.* 2018, p. 459, note Crocq ; *Dr. sociétés* 2018, comm. 81, obs. Hovasse. – Comp. sur la notion d'intérêt social, ■ Cass. com., 26 juin 2007, n° 06-10.766 : *JurisData* n° 2007-039832 ; *Dr. sociétés* 2007, comm. 192, note Mortier. V. également J.-P. Garçon, *La validation atypique du cautionnement hypothécaire non directement conforme à l'objet social* : *JCP* N 2000, 1404). Dans une telle situation, l'action en nullité absolue qui visait une sûreté irrégulièrement accordée se trouvait soumise, sous l'empire des dispositions antérieures à la loi du 17 juin 2008, à la prescription trentenaire (■ Cass. 1re civ., 18 oct. 2017, n° 16-17.184).

Bibliographie : S. Schiller, J. Prieur et J.-F. Carré, *Quel cautionnement peut accorder une société civile face à la divergence entre les chambres de la Cour de cassation ?* : *JCP* N 2012, 1371. – S. Schiller, N. Ducrocq-Picarrougne et L. Gayet, *Le cautionnement par des sociétés civiles ou commerciales dans les groupes familiaux* : *JCP* N 2015, 1100. – S. Schiller, *Le cautionnement par une société dans les groupes familiaux*, in *Mélanges P. Bloch*, Bruylant 2016, p. 207. – E. Schlumberger, *Retour sur la jurisprudence relative aux garanties de la dette d'autrui octroyées par une société*, in *Mélanges H. Hovasse*, LexisNexis 2016, p. 187. – M. Storck, *Sûreté accordée par une SCI : l'exigence de non-contrariété à l'intérêt social* : *Dr. sociétés* 2015, étude 2. – R. Dalmau, *La nullité des sûretés consenties par les sociétés civiles en garantie des dettes d'autrui : un ouvrage encore sur le métier* : *Rev. sociétés* 2018, p. 487 et s.

Section IV. – Information des associés

Art. 1855. – Les associés ont le droit d'obtenir, au moins une fois par an, communication des livres et des documents sociaux, et de poser par écrit des questions sur la gestion sociale auxquelles il devra être répondu par écrit dans le délai d'un mois.

1) Procédures. Sur la communication aux associés des pièces relatives aux procédures introduites par la société ou dirigées contre elle, V. ■ TGI Nanterre, 15 mars 1983 : *JurisData* n° 1983-000961 ; *D.* 1983, 514, note Jeantin.

2) Sociétés de gestion collective de droits d'auteur. Voir sur ce que le droit de communication prévu par l'article 1855 du Code civil s'applique aux sociétés de gestion collective de droits d'auteur ou de droits voisins, CPI, art. L. 321-5 (réd. L. 1er août 2000).

3) Société civile immobilière. Pour une application des articles 1855 et 1856 à une société civile immobilière, V. ■ Paris, 12 févr. 2003, n° 2002/17545 : *JurisData* n° 2003-206620 ; *JCP* N 2003, 1525, note Garçon.

4) Nomination d'un mandataire *ad hoc* (oui). Selon la Haute Juridiction, la nomination d'un mandataire *ad hoc* constitue bien l'une des voies pour parvenir à l'exécution des obligations d'information des associés d'une société civile (■ Cass. 3e civ., 21 juin 2018, n° 17-13.212 : *JurisData* n° 2018-010671 ; *Dr. sociétés* 2018, comm. 163, obs. Hovasse).

Art. 1856. – Les gérants doivent, au moins une fois dans l'année, rendre compte de leur gestion aux associés. Cette reddition de compte doit comporter un rapport écrit d'ensemble sur l'activité de la société au

cours de l'année ou de l'exercice écoulé comportant l'indication des bénéfices réalisés ou prévisibles et des pertes encourues ou prévues.

Formalisme. L'obligation de rendre compte par écrit faite au gérant est sanctionnée par la nullité, mais il en va autrement pour les simples irrégularités formelles dans l'accomplissement des actes d'information prescrits par le décret du 3 juill. 1978 (■ Cass. 1re civ., 31 oct. 1989, n° 87-10.005 : *JurisData* n° 1989-703430 ; *Bull. civ.* I, n° 339, p. 226).

Section V. – Engagement des associés à l'égard des tiers

Art. 1857. – À l'égard des tiers, les associés répondent indéfiniment des dettes sociales à proportion de leur part dans le capital social à la date de l'exigibilité ou au jour de la cessation des paiements.

L'associé qui n'a apporté que son industrie est tenu comme celui dont la participation dans le capital social est la plus faible.

Bibliographie : D. Gibirila, *L'obligation aux dettes sociales dans les sociétés civiles : D.* 1998, chron. 625. • F. Julienne, *L'entrée d'un mineur dans une société civile ou commerciale : JCP* N 2014, 1004. • Anne-Françoise Zattara-Gros, *Le nouveau droit applicable au mineur associé : vers un droit civil des sociétés ?* in *Mélanges H. Hovasse*, LexisNexis 2016, p. 201.

1) Nature de l'engagement. L'associé d'une société civile, qui désintéresse un créancier social en application de l'article 1857 du Code civil, acquitte la dette de la société de sorte qu'il ne paie pas une dette personnelle (■ Cass. 3e civ., 6 mai 2015, n° 14-15.222 : *JurisData* n° 2015-010268 ; *Dr. sociétés* 2015, comm. 126, obs. Hovasse ; *JCP* E 2015, 1315, note Lebel).

2) Portée de l'engagement. L'engagement des associés envers les tiers s'étend à toutes les obligations dont la société est tenue sans qu'il y ait lieu de faire de distinction entre les obligations de sommes d'argent et les autres obligations, spécialement les obligations en nature comme celles d'effectuer ou d'achever des travaux de bâtiment (■ Montpellier, 19 avr. 1979 : *JurisData* n° 1979-698013 ; *JCP* 81, II, 19484, note Steinmetz).

3) Associés tenus. Seul est tenu à l'égard des tiers l'associé qui a cette qualité au jour de l'exigibilité ou au jour de la cessation des paiements (■ Cass. 1re civ., 26 nov. 1991, n° 88-20.094 : *JurisData* n° 1991-003022 ; *Dr. sociétés* 1992, comm. 3, note Bonneau ; *Bull. civ.* 1991, I, n° 334 ; *RTD civ.* 1992, p. 853, note Gautier. ■ Cass. 3e civ., 20 févr. 2002, n° 00-14.845 : *Bull. civ.* 2002, III, n° 45 ; *Bull. Joly Sociétés* 2002, p. 816, note Garçon. ■ Cass. com., 13 avr. 2010, n° 07-17.912 : *Rev. sociétés* 2011, p. 104, note Barbièri ; *Dr. sociétés* 2010, comm. 136, obs. Hovasse).

4) Condamnation *in solidum* (non). Les associés ne peuvent être condamnés *in solidum* (■ Cass. 3e civ., 27 mars 1996, n° 93-13.904 : *JurisData n° 1996-001266 ; Resp. civ. et assur.* 1996, 248).

5) Lien contractuel des associés avec le créancier social (non). Viole l'article 1165 la cour d'appel qui retient que les associés d'une société civile sont tenus envers le créancier avec lequel la société a contracté, dès la date du contrat, et qu'ils ne peuvent invoquer à son encontre les dispositions de l'article 1382 (■ Cass. 3e civ., 8 nov. 2000, n° 95-18.331 : *JurisData* n° 2000-006745 ; *JCP* G 2001, II, 10450 ; *JCP* N 2001, 503, concl. Weber et note Chartier). Pour la Haute juridiction, la qualité d'associé de société civile tenu au paiement des dettes sociales ne modifie pas sa qualité de tiers, de sorte que l'associé ne se trouve pas contractuellement lié avec les sujets de droit avec lesquels la société a contracté (■ Cass. com., 2 juin 2015, n° 13-25.337 : *JurisData* n° 2015-013141 ; *JCP* E 2015, 1489, note Lebel).

6) Dette délictuelle. Application de la loi dans le temps. Une société civile ayant été condamnée sur le fondement de l'article 1384, alinéa 1er, à indemniser les victimes de dommages consécutifs à des travaux de construction, la cour d'appel ne peut condamner l'un des associés sur le fondement de l'article 1857 en retenant que la date à retenir est la date de signification de l'arrêt confirmant la condamnation de la société, alors qu'elle constate que le sinistre, fait générateur, est daté de 1966 et alors que c'est la loi en vigueur au moment de l'accident qui doit être appliquée (■ Cass. 3e civ., 23 janv. 2002 : *JCP* 2002, IV, 1375 ; *JurisData* n° 2002-012674 ; *Bull. civ.* III, n° 14, p. 11).

7) Obligation des héritiers aux parts sociales. Les héritiers qui ont recueilli dans la succession des parts sociales et sont devenus associés ne sont tenus indéfiniment, à l'égard des tiers, des dettes de la société que dans la double proportion de leurs parts dans le capital social et de leurs droits respectifs dans la succession (■ Cass. 1re civ., 1er juill. 2003 : *JurisData* n° 2003-019698 ; *JCP* G 2004, I, 155 et *JCP* N 2004, 1489, n° 2, obs. Le Guidec ; *Bull. civ.* I, n° 154, p. 121 ; *Defrénois* 2003, 1409, note Brémond ; *RTD civ.* 2004, 291, obs. Mestre et Fages).

8) Procédure collective affectant la société. Définitivement admise au passif de la liquidation judiciaire, la créance se trouve consacrée dans son existence et son montant à l'égard des associés obligés aux dettes sociales de sorte que ceux-ci ne sauraient se prévaloir de la prescription éventuelle de ladite créance (■ Cass. com., 13 oct. 2015, n° 11-20.746 : *JurisData* n° 2015-022863 ; *Bull. Joly Sociétés* 2015, p. 664, obs. Borga ; *Dr. sociétés* 2015, comm. 211, obs. Hovasse).

9) Procédure collective affectant l'associé. La Haute juridiction décide que le créancier d'une société civile qui entend préserver son droit d'action contre un associé doit procéder à une déclaration de créance au passif de la procédure collective de cet associé, peu important que cette procédure ait été ouverte avant que sa créance ne soit devenue exigible (■ Cass. com., 30 juin 2004 : *JurisData* n° 2004-024379 ; *D.* 2004, act. jurispr. p. 2155, obs. Lienhard ; *Bull. Joly Sociétés* 2005, p. 231, § 40, note Lucas ; *Rev. sociétés* 2004, p. 952, note Barbièri. ■ Cass. 3e civ., 23 mai 2007 : *JurisData* n° 2007-038936 ; *Dr. sociétés* 2007, comm. 131, obs. Lucas ; *Dr. sociétés* 2007, comm. 157, obs. Legros ; *JCP* E 2007, 2554, note Cerati-Gauthier).

Art. 1858. – Les créanciers ne peuvent poursuivre le paiement des dettes sociales contre un associé qu'après avoir préalablement et vainement poursuivi la personne morale.

1) Subsidiarité de l'engagement. Les associés ne sont pas les débiteurs conjoints de la société et ne sont tenus qu'en tant que débiteurs subsidiaires (■ Cass. 3e civ., 31 mai 1995, n° 93-11.442 : *JurisData* n° 1995-001348 ; *JCP* 95, IV, 1820 ; *Bull. civ.* III, n° 134, p. 90). L'extinction d'une créance contre une société civile immobilière fait disparaître l'obligation des associés qui ne sont tenus que du passif social (■ Cass. 3e civ., 22 mars 1995, n° 92-20.048 : *JurisData* n° 1995-000665 ; *JCP* 95, IV, 1272 ; *Bull. civ.* III, n° 84, p. 56). Le créancier ne peut poursuivre les associés qu'après avoir produit au passif de la société débitrice l'intégralité de sa créance (■ Cass. com., 20 févr. 1996, n° 93-14.071 : *JCP* 96, IV, 886 ; *Defrénois* 1996, 1428, obs. Atias). Viole l'article 1858 la cour d'appel qui condamne personnellement un associé au motif que celui-ci cumulant les fonctions de gérant et de liquidateur, la demande en paiement avait été valablement dirigée à son encontre (■ Cass. 3e civ., 3 juill. 1996, n° 94-11.215 : *JurisData* n° 1996-002918 ; *JCP* 96, IV, 2023 ; *Bull. civ.* III, n° 174, p. 112 ; *Defrénois* 1996, 1294, obs. Honorat). Toute exécution forcée implique que le créancier soit muni d'un titre exécutoire à l'égard de la personne même qui doit exécuter, et le titre délivré à l'encontre d'une société n'emporte pas le droit de saisir les biens des associés, fussent-ils tenus indéfiniment *et solidairement des dettes sociales,* à défaut de titre exécutoire pris contre eux (■ Cass. 2e civ., 19 mai 1998, n° 96-12.944 : *JurisData* n° 1998-002124 ; *D.* 1998, 405, concl. Tatu).

2) Vaines poursuites. Droit commun. Sur la nécessité d'une poursuite, V. ■ Cass. 3e civ., 7 févr. 2001, n° 99-14.432 : *JurisData* n° 2001-008189 ; *JCP* 2001, I, 326, n° 10, obs. Viandier et Caussain. ■ Cass. 3e civ., 18 juill. 2001, n° 00-11.798 : *JurisData* n° 2001-010823 ; *JCP* G 2002,II, 10052, note F.-X. Lucas ; *JCP* G 2001, I, 372, n° 3 et *JCP* E 2001, 1910, n° 3, obs. Viandier et Caussain. ■ Cass. com., 27 sept. 2005 : *JCP* 2005, IV, 3312 ; *JurisData* n° 2005-029928 ; *Bull. civ.* IV, n° 188, p. 203. ■ Cass. com., 6 déc. 2005 : *JurisData* n° 2005-031185 ; *Dr. sociétés* 2006, comm. 18, obs. F.-X. Lucas. L'envoi d'un simple commandement de payer, qui ne constitue pas une mesure d'exécution, n'est pas suffisant (■ Cass. 3e civ., 23 avr. 1992, n° 90-17.529 : *JurisData* n° 1992-001195 ; *Rev. sociétés* 1992, 763, note Saintourens. V. aussi en cas d'absence de « véritable mesure d'exécution » ■ Cass. 3e civ., 6 janv. 1999, n° 97-10.645 : *JurisData* n° 1999-000017 ; *Bull. civ.* III, n° 3, p. 2, pour une société n'ayant pas comparu ■ Cass. 3e civ., 14 juin 2000, n° 98-22.956 : *JurisData* n° 2000-002553 ; *JCP* G 2000, I, 282, n° 9 et *JCP* E 2000, 1809, obs. Viandier et Caussain). Viole l'article 1858 du Code civil, l'arrêt qui retient que le créancier a obtenu un jugement condamnant la société, inscrit sur ses biens une hypothèque de second rang, et qu'il produit une correspondance du notaire faisant apparaître l'existence d'une inscription d'un autre créancier en premier rang sur les mêmes biens, motifs impropres à établir que les poursuites diligentées préalablement contre la société étaient, du fait de l'insuffisance du patrimoine social, privées de toute efficacité (■ Cass. com., 20 nov. 2001 : *JurisData* n° 2001-011777 ; *JCP* G 2002, II, 10092 et *JCP* N 2002, 1621, note Ammar ; *JCP* E 2002, 1046, note Berthoud-Ribaute). Quant à l'appréciation des vaines poursuites, les recherches infructueuses ne doivent pas être confondues avec les poursuites infructueuses (■ Cass. 3e civ., 4 juin 2009, n° 08-12.805 : *JurisData* n° 2009-048511 ; *Bull. Joly Sociétés* 2009, p. 979, note Garçon ; *Dr. sociétés* 2009, comm. 156, obs. Mortier ; *Rev. sociétés* 2009, p. 640, note Saintourens). Faisant suite à une décision de dissolution, la clôture de la liquidation, laquelle établit qu'il n'y a plus d'actif social, dispense le créancier de discuter la société civile (■ Cass. 3e civ., 31 mars 2004, n° 01-16.971 : *JurisData* n° 2004-023100 ; *Dr. sociétés*

2004, comm. 123, note F.-X. Lucas ; *Bull. Joly Sociétés* 2004, p. 998, note Garçon ; ■ Cass. 3e civ., 26 sept. 2007, n° 05-18.842 : *JurisData* n° 2007-040513 ; *Dr. sociétés* 2008, comm. 48, note Mortier ; ■ Cass. com., 25 sept. 2007, n° 06-11.088 : *JurisData* n° 2007-040518 ; *Dr. sociétés* 2008, comm. 49, note Mortier ; ■ Cass. 3e civ., 10 févr. 2010, n° 09-10.982 : *JurisData* n° 2010-051501 ; *Dr. sociétés* 2010, comm. 67, obs. Hovasse).

3) **Vaines poursuites. Procédure collective affectant la société civile.** Le créancier n'est pas tenu d'attendre la fin de la procédure collective ouverte contre la société (■ Cass. com., 18 janv. 1994, n° 91-15.932 : *JCP* E 94, II, 363, n° 10, obs. Viandier et Caussain. – V. aussi ■ Bordeaux, 23 mai 1990 : *JurisData* n° 1990-043860 ; *Dr. sociétés* 1991, n° 97. ■ Cass. 3e civ., 8 oct. 1997, n° 95-11.870 : *JurisData* n° 1997-003837 ; *JCP* E 98, 511, n° 9, obs. Viandier et Caussain ; *D.* 1998, 139, note Gibirila). Le fait que la société soumise à la procédure collective ne dispose d'aucun actif disponible suffit à établir que toute poursuite préalable à son encontre s'est révélée vaine (■ Cass. com., 24 janv. 2006 : *JurisData* n° 2006-031803 ; *Dr. sociétés* 2006, comm. 73, obs. F.-X. Lucas ; *RTD com.* 2006, p. 916, note Martin-Serf ; *Bull. Joly Sociétés* 2006, p. 588, note Daigre ; *JCP* E 2006, 1569, n° 10, obs. Cabrillac et Petel). Il résulte des dispositions de l'article 1858 du Code civil que les créanciers d'une société civile de droit commun ne peuvent poursuivre le paiement des dettes sociales contre les associés, débiteurs subsidiaires du passif social envers les tiers, qu'après avoir préalablement et vainement poursuivi la personne morale, mais aussi que dans le cas où la société est soumise à une procédure de liquidation judiciaire, la déclaration de la créance à la procédure dispense le créancier d'établir que le patrimoine social est insuffisant pour le désintéresser ; en l'occurrence l'action intentée contre les associés peut être régularisée si la créance a été régulièrement déclarée à la procédure (■ Cass. ch. mixte, 18 mai 2007 : *JurisData* n° 2007-038899 ; *Act. proc. coll.* 2007-11, comm. 128, obs. Regnaut-Moutier ; *JCP* G 2007, II, 10128, note Legros ; *JCP* E 2007, 2119, n° 10, obs. Pétel ; *JCP* E 2007, 1977, n° 10, obs. Caussain, Deboissy et Wicker ; *D.* 2007, p. 1414, obs. Lienhard ; *JCP* N 2007, 1271, note Guyader ; *Dr. sociétés* 2007, comm. 130, obs. Lucas ; *Dr. sociétés* 2007, comm. 157, obs. Legros ; *Bull. Joly Sociétés* 2007, p. 1174, § 316, note Perochon. – Comp. ■ Cass. com., 18 sept. 2007, n° 06-17.384 : *JurisData* n° 2007-040417 ; *Dr. sociétés* 2008, comm. 6, obs. Mortier. – *Adde*, A. Cerati-Gauthier, *Poursuite d'un associé par un créancier social : JCP* E 2007, 2157).

4) **Attribution du liquidateur en cas de liquidation judiciaire.** Le liquidateur judiciaire ne saurait poursuivre les associés pour le paiement des dettes sociales dans la mesure où cette action est réservée aux créanciers (■ Cass. com., 24 janv. 2006, n° 04-19.061 : *D.* 2006. 445, obs. Lienhard ; *Rev. sociétés* 2006, p. 410, note Barbièri ; *ibid.* p. 637, note Bonneau ; *RTD com.* 2006, 435, obs. Monsèrié-Bon et Grosclaude ; *ibid.*, p. 916, obs. Martin-Serf). Toutefois, ce même liquidateur se trouve admis à agir contre les associés pour qu'ils contribuent aux pertes (■ Cass. com., 20 sept. 2011, n° 10-24.888 : *JurisData* n° 2011-019356 ; *Dr. sociétés* 2011, comm. 212, obs. Hovasse ; *RTD com.* 2012, p. 771, note Monsèrié-Bon). Mieux, dans ces circonstances, seul le liquidateur peut agir contre les associés en fixation de leur contribution aux pertes sociales (■ Cass. com., 3 mai 2018, n° 15-20.348 : *JurisData* n° 2018-007569 ; *Dr. sociétés* 2018, comm. 186, obs. Hovasse).

Art. 1859. – **Toutes les actions contre les associés non liquidateurs ou leurs héritiers et ayants cause se prescrivent par cinq ans à compter de la publication de la dissolution de la société.**

1) **Distinction.** La prescription quinquennale de l'article 1859 du Code civil s'applique contre l'associé d'une SCI, même s'il a été liquidateur, pris en sa seule qualité d'associé responsable des dettes sociales (■ Cass. com., 15 mars 2011, n° 10-13.824 : *JurisData* n° 2011-003902 ; *JCP* G 2011, 452 ; *D.* 2011, p. 873, obs. Lienhard). L'autorité de la chose jugée attachée à la décision d'admission de la créance au passif de la procédure collective d'une société ne prive pas l'associé, poursuivi en exécution de son obligation subsidiaire au paiement des dettes sociales, d'opposer au créancier la prescription de l'article 1859 du Code civil, distincte de celle résultant de la créance détenue contre la société, et propre à l'action du créancier contre l'associé (■ Cass. 2e civ., 21 mars 2019, n° 17-10.663 : *JurisData* n° 2019-004160).

2) **Liquidation judiciaire.** Viole les articles 1844-7-7° et 1859 la cour d'appel qui retient que la dissolution d'une société ne peut être confondue avec sa liquidation judiciaire et que la prescription applicable en matière de dissolution ne saurait être étendue à la liquidation judiciaire dont le régime est différent, alors qu'en application de l'article 1844-7-7°, le jugement ordonnant la liquidation judiciaire de la société emporte dissolution de celle-ci et que le jugement de liquidation judiciaire et la dissolution de la société sont tous deux soumis à des formalités de publicité (■ Cass. 3e civ., 13 nov. 2003 : *JCP* 2004, IV, 1018 ; *JurisData* n° 2003-020908).

3) Point de départ du délai de prescription. La publication au *BODACC* du jugement de la liquidation judiciaire d'une société civile constitue le point de départ de la prescription de l'action, visée par l'article 1859 du Code civil (■ Cass. com., 12 déc. 2006 : *JurisData* n° 2006-036466 ; *Dr. sociétés* 2007, comm. 45, obs. F.-X. Lucas. ■ CA Paris, 15e ch., sect. B, 25 mai 2007 : *JurisData* n° 2007-350125 ; *Constr.-Urb.* 2008, comm. 20, obs. Sizaire). V. déjà en ce sens, ■ Cass. com., 8 mars 2005 : *JurisData* n° 2005-027600 ; *Bull. civ.* IV, n° 54, p. 59 ; *Dr. sociétés* 2005, comm. 192, note F.-X. Lucas ; *Rev. proc. coll.* 2005, p. 231, obs. Dumont ; *Rev. Sociétés* 2005, p. 892, note Barbièri. *Adde*, ■ Cass. 3e civ., 13 nov. 2003 : *JurisData* n° 2003-020908 ; *Bull. civ.* III, n° 198, p. 176 ; *Act. proc. coll.* 2003, comm. 262, obs. Regnaut-Moutier ; *Bull. Joly Sociétés* 2004, p. 212, note Le Cannu ; *RTD com.* 2004, p. 114, obs. Monsérié-Bon ; *Rev. sociétés* 2004, p. 149, note Barbièri). Doit être cassé l'arrêt d'appel qui avait repoussé le point de départ de la prescription au jour où le créancier disposait d'un titre pour agir contre la société débitrice, dans la mesure où aucune disposition légale ne prévoit un point de départ du délai de prescription différent selon que le créancier dispose ou non un titre contre celle-ci (■ Cass. 3e civ., 26 sept. 2007, n° 05-18.842 : *JurisData* n° 2007-040513 ; *Dr. sociétés* 2008, comm. 48, obs. Mortier. Comp. ■ Cass. com., 13 déc. 2011, n° 11-10.008 : *JurisData* n° 2011-028440 ; *Dr. sociétés* 2012, comm. 21, note Hovasse. – V. déjà en ce sens ■ Cass. 3e civ., 9 juin 1999 : *JurisData* n° 1999-002328 ; *Bull. civ.* III, n° 139 ; *RTD com.* 1999 ; p. 692, obs. Monsèrié-Bon).

Art. 1860. – S'il y a déconfiture, faillite personnelle, liquidation de biens ou règlement judiciaire [*redressement ou liquidation judiciaires*] atteignant l'un des associés, à moins que les autres unanimes ne décident de dissoudre la société par anticipation ou que cette dissolution ne soit prévue par les statuts, il est procédé, dans les conditions énoncées à l'article 1843-4, au remboursement des droits sociaux de l'intéressé, lequel perdra alors la qualité d'associé.

1) Dissolution anticipée de la société (non). La liquidation judiciaire d'un associé ne saurait emporter mécaniquement la dissolution anticipée de la société (■ Cass. com., 13 déc. 2011, n° 11-11.667 : *Dr. sociétés* 2012, comm. 42, obs. Hovasse ; *Bull. Joly sociétés* 2012, p. 316, note F.-X. Lucas).

2) Remboursement préalable. La perte de la qualité d'associé ne saurait être préalable au remboursement des droits sociaux (■ Cass. 3e civ., 9 déc. 1998, n° 97-10.478 : *JurisData* n° 1998-004752 ; *Bull. civ.* III, n° 243, p. 161). La règle présente un caractère d'ordre public, de sorte qu'aucune clause statutaire ne saurait remettre en cause cette solution (■ Cass. com., 5 mai 2015, n° 14-10.913 : *JurisData* n° 2015-010158 ; *Bull. Joly Sociétés* 2015, p. 355, obs. Barbièri ; *Dr. sociétés* 2015, comm. 127, obs. Hovasse). La prescription de l'action en remboursement des droits sociaux en application de l'article 1860 du Code civil court à compter de la proposition de remboursement qu'il appartient à la société d'adresser à l'associé défaillant (■ Cass. com., 27 juin 2018, n° 16-18.687 : *JurisData* n° 2018-011168 ; *Dr. sociétés* 2018, comm. 186, obs. Hovasse ; *JCP E* 1631, n° 14, obs. Buchberger).

3) Redressement judiciaire d'un associé et contrat en cours. Le contrat de société ne constituant pas un contrat en cours, les dispositions relatives à l'exclusion de l'associé d'une SCI en redressement judiciaire doivent recevoir application (■ Cass. com., 10 juill. 2007 : *JurisData* n° 2007-040144 ; *Dr. sociétés* 2007, comm. 196, obs. Legros ; *D.* 2007, p. 2107, obs. Lienhard ; *JCP* G 2007, IV, 2761 et E 2162).

Section VI. – Cession des parts sociales

Art. 1861. – Les parts sociales ne peuvent être cédées qu'avec l'agrément de tous les associés.

***Les statuts peuvent toutefois convenir* que cet agrément sera obtenu à une majorité qu'ils déterminent, ou qu'il peut être accordé par les gérants. Ils peuvent aussi dispenser d'agrément les cessions consenties à des associés ou au conjoint de l'un d'eux. Sauf dispositions contraires des statuts, ne sont pas soumises à agrément les cessions consenties à des ascendants ou descendants du cédant.**

Le projet de cession est notifié, avec demande d'agrément, à la société et à chacun des associés. Il n'est notifié qu'à la société quand les statuts prévoient que l'agrément peut être accordé par les gérants.

Lorsque deux époux sont simultanément membres d'une société, les cessions faites par l'un d'eux à l'autre doivent, pour être valables, résulter d'un acte notarié ou d'un acte sous seing privé ayant acquis date certaine autrement que par le décès du cédant.

1) Agrément. Champ d'application. L'attribution des parts sociales d'un associé à son ex-épouse était inopposable à la SCI et à ses associés dès lors que l'intéressée ne pouvait se voir reconnaître la qualité d'associée en l'absence d'agrément des associés et d'un acquiescement à la cession envisagée (■ CA Dijon, ch. civ., sect. B, 28 janv. 2010 : *JurisData* n° 2010-000226).

2) Qualité pour agir. Une cession non agréée est nulle, de nullité relative, laquelle ne peut être soulevée que par la société et les associés (■ Cass. 3e civ., 19 juill. 2000, n° 98-17.258 : *JurisData* n° 2000-003015 ; *Bull. civ.* III, n° 151, p. 104 ; *Dr. sociétés* 2000, comm. 168 note Bonneau ; *Bull. Joly Sociétés* 2000, p. 1083, note Le Cannu ; *Rev. sociétés* 2000, p. 737, note Barbièri ; ■ Cass. 3e civ., 6 oct. 2004, n° 01-00.896 : *JurisData* n° 2004-025086 ; *JCP* E 2004, 1773, note Hovasse). Néanmoins, chaque titulaire de l'action en nullité peut renoncer à s'en prévaloir et ainsi donner pleine efficacité à la cession non agréée (■ Cass. com., 21 mars 1995, n° 93-14.564 : *JurisData* n° 1995-000698 ; *JCP* N 1995, II, p. 1398 ; *Bull. Joly Sociétés* 1995, p. 526, note Le Cannu ; *JCP* E 1995, I, 475, n° 12, obs. Viandier et Caussain ; ■ Cass. com., 7 juill. 2004, n° 00-22.411 : *Dr. sociétés* 2004, comm. 173, note Monnet). L'associé cédant ne peut invoquer la nullité d'une cession en blanc (■ Cass. 3e civ., 6 déc. 2000, n° 99-11.332 : *JurisData* n° 2000-007217 ; *JCP* E 2001, 1001, note Besnard Goudet).

3) Assimilation d'une cession de parts sociales à une cession de créance. Celui qui vend une créance ou tout autre droit incorporel devant en garantir l'existence au temps du transport, le cédant de parts de SCI ne peut être condamné à indemniser le cessionnaire au motif qu'un emplacement de stationnement correspondant aux parts sociales cédées était impropre à sa destination (■ Cass. 3e civ., 15 mars 2006 : *JurisData* n° 2007-032676 ; *Bull. civ.* III n° 71 p. 59 ; *Dr. sociétés* 2007, comm. 46, obs. F.-X. Lucas). V. C. civ. art. 1693, p. 1430.

4) Adjudication. Ayant relevé que l'article 2 du cahier des charges précisait que l'adjudication au profit d'un tiers ne serait réalisée que sous la condition résolutoire d'obtention de l'agrément dans les conditions prévues aux statuts et qu'il était loisible aux associés d'acquérir les parts comme à la société de procéder à leur rachat, et que l'article 9 des statuts stipulait que les dispositions des articles 1861 à 1864 du Code civil relatives à la procédure d'agrément s'appliquaient, une cour d'appel, qui a constaté que le cahier des charges n'avait fait l'objet d'aucune contestation avant le jour de l'adjudication, en a exactement déduit que l'adjudicataire n'était plus recevable à en contester les clauses et conditions (■ Cass. 3e civ., 14 janv. 2009 : *JurisData* n° 2009-046534 ; *Dr. sociétés* 2009, comm. 70, obs. Mortier).

5) Garantie de passif. Selon la Haute juridiction, c'est dans l'exercice de son pouvoir souverain d'appréciation de la volonté des parties, rendue nécessaire par l'imprécision du contrat, qu'une cour d'appel a décidé que l'inexécution par les cessionnaires de leur obligation d'informer les cédants, dans le délai convenu de dix jours, par lettre recommandée avec demande d'avis de réception, de toute réclamation, de toute action contentieuse et de tout fait et événement générateur de la garantie de passif, devait être interprétée en faveur des débiteurs de cette dernière, et faisait à elle seule obstacle à ce qu'ils invoquent le bénéfice de celle-ci (■ Cass. com., 9 juin 2009, n° 08-17.843 : *JurisData* n° 2009-048527 ; *RTD com.* 2009, p. 747, note Champaud et Danet ; *JCP* G 2009, 405, n° 3, obs. Deboissy et Wicker ; *Rev. sociétés* 2010, p. 87, note Dom ; *RTD civ.* 2009, p. 741, note Gautier ; *Dr. sociétés* 2009, comm. 175, note Coquelet et comm. 180, obs. Mortier). Au demeurant, une garantie de passif, garantissant l'acte de cession de toutes les parts sociales de la SCI, peut être efficacement souscrite par un seul des covendeurs (■ Cass. com., 30 mai 2012, n° 11-17.858 : *JurisData* n° 2012-011534 ; *Dr. sociétés* 2012, comm. 138, obs. Hovasse).

Art. 1862. – **Lorsque plusieurs associés expriment leur volonté d'acquérir, ils sont, sauf clause ou convention contraire, réputés acquéreurs à proportion du nombre de parts qu'ils détenaient antérieurement.**

Si aucun associé ne se porte acquéreur, la société peut faire acquérir les parts par un tiers désigné à l'unanimité des autres associés ou suivant les modalités prévues par les statuts. La société peut également procéder au rachat des parts en vue de leur annulation.

Le nom du ou des acquéreurs proposés, associés ou tiers, ou l'offre de rachat par la société, ainsi que le prix offert sont notifiés au cédant. En cas de contestation sur le prix, celui-ci est fixé conformément aux dispositions de l'article 1843-4, le tout sans préjudice du droit du cédant de conserver ses parts.

Art. 1863. – ***Si aucune offre d'achat n'****est faite au cédant dans un délai de six mois à compter de la dernière des notifications prévues au troisième alinéa de l'article 1861, l'agrément à la cession est réputé acquis, à moins que les autres associés ne décident, dans le même délai, la dissolution anticipée de la société.**

Dans ce dernier cas, le cédant peut rendre caduque cette décision en faisant connaître qu'il renonce à la cession dans le délai d'un mois à compter de ladite décision.

Art. 1864. – Il ne peut être dérogé aux dispositions des deux articles qui précèdent que pour modifier le délai de six mois prévu à l'article 1863, premier alinéa, et sans que le délai prévu par les statuts puisse excéder un an ni être inférieur à un mois.

Art. 1865. – La cession de parts sociales doit être constatée par écrit. Elle est rendue opposable à la société dans les formes prévues à l'article 1690, ou, si les statuts le stipulent, par transfert sur les registres de la société.

Elle n'est opposable aux tiers qu'après accomplissement de ces formalités et après publication.

1) **Gérant participant à l'acte comme partie.** Viole l'article 1865 la cour d'appel qui relève que le gérant de la société a participé à l'acte comme une partie qui s'oblige, manifestant ainsi la volonté de la société et de la communauté des associés d'accepter la cession et qui en déduit qu'en dépit de l'omission des formalités prescrites par les statuts, prévoyant la signification à la société ou son acceptation par acte authentique, l'acte de cession est opposable à cette société au regard des statuts et de l'article 1690 (■ Cass. 3e civ., 11 oct. 2000, n° 99-11.430 : *JurisData* n° 2000-006187 ; *Bull. civ.* III, n° 162, p. 112 ; *Defrénois* 2001, 520, 1re esp., obs. Honorat).

2) **Opposabilité d'une cession par les tiers aux parties.** Jugé que le créancier pouvait, après avoir vainement mis en demeure la société civile d'exécuter son obligation, se retourner contre l'associé, cessionnaire de parts, dès lors que l'article 8 des statuts modifiés par la gérance, mentionnait la qualité d'associé du cessionnaire et que ces statuts modifiés avaient fait l'objet d'un dépôt au greffe du tribunal de grande instance, l'extrait Kbis du registre du commerce précisant le nom du nouvel associé cessionnaire, lequel avait ultérieurement été nommé gérant (■ Cass. 3e civ., 25 avr. 2007 : *JurisData* n° 2007-038512 ; *Dr. sociétés* 2007, comm. 128, obs. Lécuyer ; *Dr. sociétés* 2007, comm. 111, obs. Lucas ; *Bull. Joly Sociétés* 2007, p. 1085, obs. Garçon ; *Rev. sociétés* 2007, p. 845, note Mathey). En revanche, le tiers qui a personnellement connaissance d'un acte de cession de parts non publié au registre du commerce et des sociétés (RCS) ne peut pas soutenir que cette cession lui est inopposable (■ Cass. com., 24 sept. 2013, n° 12-24.083 : *JurisData* n° 2013-020591 ; *Bull. Joly Sociétés* 2013, p. 806, note Constantin ; *Dr. sociétés* 2013, comm. 200, obs. Hovasse).

3) **Conflit entre le cessionnaire et un créancier saisissant.** Une saisie conservatoire pratiquée sur des parts sociales par un créancier du cédant est pleinement efficace dès lors que la cession n'a pas encore été rendue opposable aux tiers (■ Cass. com., 21 juin 2017, n° 15-24.449 : *JurisData* n° 2017-012246 ; *Dr. sociétés* 2017, comm. 162, obs. Hovasse).

Art. 1866. – Les parts sociales peuvent faire l'objet d'un nantissement constaté, soit par acte authentique, soit par acte sous signatures privées signifié à la société ou accepté par elle dans un acte authentique, et donnant lieu à une publicité dont la date détermine le rang des créanciers nantis. Ceux dont les titres sont publiés le même jour viennent en concurrence.

Le privilège du créancier gagiste subsiste sur les droits sociaux nantis, par le seul fait de la publication du nantissement.

Art. 1867. – Tout associé peut obtenir des autres associés leur consentement à un projet de nantissement dans les mêmes conditions que leur agrément à une cession de parts.

Le consentement donné au projet de nantissement emporte agrément du cessionnaire en cas de réalisation forcée des parts sociales à la condition que cette réalisation soit notifiée un mois avant la vente aux associés et à la société.

Chaque associé peut se substituer à l'acquéreur dans un délai de cinq jours francs à compter de la vente. Si plusieurs associés exercent cette faculté, ils sont, sauf clause ou convention contraire, réputés acquéreurs à proportion du nombre de parts qu'ils détenaient antérieurement. Si aucun associé n'exerce cette faculté, la société peut racheter les parts elle-même, en vue de leur annulation.

Art. 1868. – La réalisation forcée qui ne procède pas d'un nantissement auquel les autres associés ont donné leur consentement doit pareillement être notifiée un mois avant la vente aux associés et à la société.

Les associés peuvent, dans ce délai, décider la dissolution de la société ou l'acquisition des parts dans les conditions prévues aux articles 1862 et 1863.

Si la vente a eu lieu, les associés ou la société peuvent exercer la faculté de substitution qui leur est reconnue par l'article 1867. Le non-exercice de cette faculté emporte agrément de l'acquéreur.

Section VII. – Retrait ou décès d'un associé

Art. 1869. – Sans préjudice des droits des tiers, un associé peut se retirer totalement ou partiellement de la société, dans les conditions prévues par les statuts ou, à défaut, après autorisation donnée par une décision unanime des autres associés. Ce retrait peut également être autorisé pour justes motifs par une décision de justice.

À moins qu'il ne soit fait application de l'article 1844-9, troisième alinéa, l'associé qui se retire a droit au remboursement de la valeur de ses droits sociaux, fixée, à défaut d'accord amiable, conformément à l'article 1843-4.

1) **Situation personnelle d'un associé.** L'article 1869 n'interdit pas au juge de retenir, comme justes motifs permettant d'autoriser le retrait d'un associé, des éléments touchant à la situation personnelle de celui-ci (▪ Cass. 1re civ., 27 févr. 1985, n° 83-14.069 : *JurisData* n° 1985-000664 ; *Bull. civ.* I, n° 81, p. 74).

2) **Ostracisme.** Constitue un juste motif, permettant à un associé d'obtenir l'autorisation de justice de se retirer d'une société civile, l'abus de majorité consistant, pour d'autres associés, dans le fait de le tenir complètement à l'écart de la vie sociale en ne lui communiquant aucun compte et en ne le convoquant pas aux assemblées générales, tout en refusant leur accord à son retrait afin de pouvoir continuer à profiter des fonds qu'il avait apportés (▪ Nancy, 30 janv. 1991 : *JurisData* n° 1991-042313 ; *D.* 1992, somm. 180, obs. Bousquet et Bugeja). Mais le fait pour le gérant d'avoir présenté à des tiers les associés comme des collaborateurs ne démontre pas l'absence d'affectio societatis entre les associés (▪ Cass. 1re civ., 27 janv. 1998, n° 95-16.876 : *JurisData* n° 1998-000216 ; *JCP* E 98, 508, n° 3, obs. Viandier et Caussain). Les agissements des associés qui privent un associé de l'exercice de ses droits constituent des justes motifs de retrait au sens de l'article 1869 du Code civil (▪ CA Bordeaux, 2e ch., 28 janv. 2014, n° 11/07063, *Dulaurier c/ Dulaurier : JurisData* n° 2014-001451 ; *Dr. sociétés* 2014, comm. 79, obs. Hovasse).

3) **Divorce des associés.** Si le juge accepte parfois de prononcer le retrait pour juste motif d'un associé de société civile lorsque celui-ci divorce d'avec son conjoint, lui-même associé (▪ Cass. 3e civ., 17 déc. 2008, n° 07-14.601 : *JurisData* n° 2008-046372 ; *Dr. sociétés* 2009, comm. 48, obs. Mortier. – V. égal. ▪ CA Toulouse, 7 déc. 2000 : *RTD com.* 2001, p. 473, obs. Monsèrié-Bon. – Rappr. ▪ CA Paris, 22 sept. 1995 : *JurisData* n° 1995-023113 ; *Dr. sociétés* 1995, comm. 236, obs. Bonneau ; *RJDA* 1995, n° 1383), cette seule circonstance *n'est pas toujours suffisante* (▪ Cass. 3e civ., 13 févr. 2008 : *JurisData* n° 2008-042769 ; *Dr. sociétés* 2008, comm. 148, note Mortier).

4) **Retrait judiciaire.** Lorsque les statuts prévoient que la demande en retrait par décision de justice implique l'offre préalable faite à l'année qui se retire aux autres associés de leur céder les parts concernées par la demande, une demande de retrait judiciaire est irrecevable (▪ Cass. com., 20 mars 2007 : *Dr. Sociétés* 2007, consom. 92, obs. F.-X. Lucas ; *JurisData* n° 2007-038096 ; *JCP* G 2007, II, 10103, note Hovasse).

5) **Conditions (oui).** La décision de l'assemblée générale d'une société civile autorisant le retrait d'un associé peut être assortie de conditions ; il suffit alors que ces conditions soient déterminables (▪ Cass. com., 14 avr. 2015, n° 14-11.605 : *JurisData* n° 2015-008413 ; *Bull. Joly Sociétés* 2015, p. 366, obs. Barbièri ; *Dr. sociétés* 2015, comm. 106, obs. Hovasse). Pour autant, l'assemblée générale des associés d'une SCI ne saurait décider à l'unanimité, sans autre précision, que le retrait d'un associé interviendra au jour de la cession de l'ensemble des biens immobiliers appartenant à la société dans la mesure où l'effectivité du droit de retrait se trouve alors altérée (▪ Cass. 3e civ., 29 sept. 2016, n° 15-18.396 : *JurisData* n° 2016-019824 ; *Dr. sociétés* 2016, comm. 205, obs. Hovasse ; *JCP* N 2017, 1110, note M. Storck).

6) **Date d'évaluation des droits sociaux en cas de retrait.** En l'absence de dispositions statutaires, la valeur des droits sociaux de l'associé qui se retire doit être déterminée à la date la plus proche de celle du remboursement de la valeur de ces droits (▪ Cass. com., 4 mai 2010, n° 08-20.693 : *JurisData* n° 2010-005328 ; *Dr. sociétés* 2010, comm. 137, obs. Hovasse). Dans la mesure où la valeur des droits sociaux de l'associé qui se retire doit être déterminée à la date la plus proche de celle du remboursement de la valeur de ces droits, une cour d'appel en a exactement déduit que l'expert nommé sur le fondement de l'article 1843-4 du Code civil avait commis une erreur grossière en évaluant les parts sociales de l'associé à la date de l'arrêt ayant autorisé le retrait (▪ Cass. com., 15 janv. 2013, n° 12-11.666 : *JurisData* n° 2013-000317 ; *D.* 2013, p. 342, note Couret ; *JCP* E 2013, 1129, note Dondero ; *Bull. Joly Sociétés* 2013, p. 182, note Mortier).

7) **Reprise de l'apport.** Le retrayant d'une société civile qui exerce son droit de retrait peut obtenir, par application de l'article 1844-9, alinéa 3, du Code civil, que lui soient attribués les biens

apportés par lui lorsque ceux-ci se retrouvent en nature dans l'actif social (■ Cass. 3e civ., 12 mai 2010, n° 09-14.747 : *JurisData* n° 2010-005910 ; *Rev. sociétés* 2010, p. 384, note Barbièri ; *Bull. Joly Sociétés* 2010, p. 825, note Garçon ; *Dr. sociétés* 2010, comm. 160, obs. Hovasse).

8) Perte de la qualité d'associé. Date. L'associé autorisé à se retirer judiciairement d'une société civile, en vertu de l'article 1869 du Code civil, ne perd sa qualité d'associé et donc sa qualité à agir qu'après remboursement de la valeur de ses droits sociaux de sorte qu'une action en annulation de résolutions de mise en réserves de bénéfices et en demande de dommages et intérêts pour cause d'abus de majorité doivent être déclarées recevables (■ Cass. com., 17 juin 2008 : *JurisData* n° 2008-044423 ; *JCP* G 2008, II, 10169, note Lebel ; *D.* 2008, p. 1818, note Lienhard ; *Dr. sociétés* 2008, comm. 176, obs. Mortier ; *Banque et droit* 2008, n° 120, p. 45, note Riasseto). Dans le même esprit, l'associé retrayant conserve tous les droits attachés à sa qualité d'associé et notamment le droit aux dividendes, tant que n'est pas intervenu le remboursement intégral de la valeur de ses droits (■ Cass. com., 27 avr. 2011, n° 10-17.778 : *JurisData* n° 2011-007260 ; *Dr. sociétés* 2011, comm. 151, obs. Hovasse). Comp. ■ Cass. 1re civ., 17 déc. 2009, n° 08-19.895 : *JurisData* n° 2009-050766 ; *Dr. sociétés* 2010, comm. 45, obs. Hovasse ; *D.* 2010, p. 745, note Laroche, qui précise que l'associé d'une société civile professionnelle de notaires, qui exerce la faculté de retrait, perd à compter de la publication de l'arrêté constatant son retrait, les droits attachés à sa qualité d'associé et est réputé démissionnaire ; que, partant, il perd la qualité d'associé de la SCP dont l'objet est l'exercice en commun de la profession de ses membres. V. s'agissant de l'exercice du droit de retrait dans les sociétés civiles professionnelles de notaire, D. n° 67-868, 2 oct. 1967, art. 31.

9) Possibilité de retrait au cours de la liquidation (non). Dans la mesure où la personnalité morale d'une société dissoute ne subsiste que pour les besoins de sa liquidation, les opérations inhérentes à l'accueil d'une demande de retrait formée par un associé d'une société dissoute qui vise au remboursement de la valeur de ses droits sociaux, sont étrangères aux besoins de la liquidation et partant doivent être rejetées (■ Cass. com., 12 févr. 2013, n° 12-13.837 : *JurisData* n° 2013-002098 ; *Dr. sociétés* 2013, comm. 62, obs. Hovasse ; *Bull. Joly Sociétés* 2013, p. 245, note F.-X. Lucas).

10) Caractère personnel du droit de retrait (oui). Le créancier ne peut exercer, par la voie de l'action oblique, le droit de retrait de l'associé qui est un droit strictement personnel au sens de l'article 1166 du Code civil (■ Cass. com., 4 déc. 2012, n° 11-14.592 : *JurisData* n° 2012-028181 ; *JCP* E 2013, 1150, note Lebel ; *Bull. Joly Sociétés* 2013, p. 212, note Monsèrié-Bon ; *D.* 2013, p. 751, note Moury).

11) Sort du capital social non libéré. Dans la mesure où l'article 1843-3, alinéa 1er du Code civil prévoit que chaque associé est débiteur envers la société de tout ce qu'il a promis de lui apporter en nature, en numéraire ou en industrie, le capital social non libéré doit être envisagé comme une créance de la société contre son associé, laquelle ne s'éteint pas lorsque celui-ci se retire de la société (■ Cass. 3e civ., 17 janv. 2019, n° 17-22.070 : *JurisData* n° 2019-000440 ; *Dr. sociétés* 2019, comm. 64, obs. Hovasse ; *JCP* E 2019, 1172, note Schultz).

Art. 1870. – La société n'est pas dissoute par le décès d'un associé, mais continue avec ses héritiers ou légataires, sauf à prévoir dans les statuts qu'ils doivent être agréés par les associés.

Il peut, toutefois, être convenu que ce décès entraînera la dissolution de la société ou que celle-ci continuera avec les seuls associés survivants.

Il peut également être convenu que la société continuera soit avec le conjoint survivant, soit avec un ou plusieurs des héritiers, soit avec toute autre personne désignée par les statuts ou, si ceux-ci l'autorisent, par disposition testamentaire.

Sauf clause contraire des statuts, lorsque la succession est dévolue à une personne morale, celle-ci ne peut devenir associée qu'avec l'agrément des autres associés, donné selon les conditions statutaires ou, à défaut, par l'accord unanime des associés.

Art. 1870-1. – Les héritiers ou légataires qui ne deviennent pas associés n'ont droit qu'à la valeur des parts sociales de leur auteur. Cette valeur doit leur être payée par les nouveaux titulaires des parts ou par la société elle-même si celle-ci les a rachetées en vue de leur annulation.

La valeur de ces droits sociaux est déterminée au jour du décès dans les conditions prévues à l'article 1843-4.

1) Droit sur les bénéfices réalisés. Les héritiers qui ne sont pas encore devenus associés ne peuvent faire valoir de droit sur les bénéfices réalisés postérieurement au décès de leur auteur (■ Cass. com., 14 déc. 2004, n° 01-10.893 : *JurisData* n° 2004-026195 ; *Bull. civ.* IV, n° 230, p. 260).

2) Obligation des ayants droit non agréés de l'associé décédé de trouver un acquéreur pour être indemnisés (non). La Haute juridiction affirme que les ayants droit ne sont nullement tenus de présenter un projet de cession portant sur des parts qui, en l'absence d'agrément, ne leur ont pas été transmises (■ Cass. com., 29 sept. 2009, n° 08-16.368 : *JurisData* n° 2009-049687 ; *Bull. Joly Sociétés* 2010, p. 56, note Barbièri ; *Dr. sociétés* 2009, comm. 221, obs. Mortier).

CHAPITRE III. – DE LA SOCIÉTÉ EN PARTICIPATION

Art. 1871. – Les associés peuvent convenir que la société ne sera point immatriculée. La société est dite alors « société en participation ». Elle n'est pas une personne morale et n'est pas soumise à publicité. Elle peut être prouvée par tous moyens.

Les associés conviennent librement de l'objet, du fonctionnement et des conditions de la société en participation, sous réserve de ne pas déroger aux dispositions impératives des articles 1832, 1832-1, 1833, 1836, deuxième alinéa, 1841, 1844, premier alinéa, et 1844-1, deuxième alinéa.

Bibliographie : G. Dedeurwaerder, *La personnalité fiscale des sociétés en participation et des sociétés créées de fait*, in *Mélanges P. Serlooten*, Dalloz 2016, p. 147.

1) Preuve. Si le tiers peut se contenter de démontrer une apparence globale de société, indépendamment de la révélation des différents éléments constitutifs (■ Cass. com., 8 juill. 2003, n° 99-19.821 : *JurisData* n° 2003-020036 ; *RJDA* 11/2003, n° 1068. ■ Cass. com., 4 juin 2002, n° 99-10.726 : *JurisData* n° 2002-014801 ; *Dr. sociétés* 2002, comm. 187, note Bonneau), le prétendu associé ne peut pas s'épargner l'effort de prouver l'existence d'apports, d'une volonté de participer aux bénéfices et aux pertes et d'une *affectio societatis*, conformément aux prescriptions de l'article 1832 du Code civil (■ Cass. 1re civ., 14 janv. 2003, n° 00-20.267 : *JurisData* n° 2003-017246 ; *RJDA* 4/2003, n° 400, pour l'achat en commun d'un ticket de loto, « qui repose sur des chances de gain et des risques de pertes ». ■ CA Paris, 15e ch., 26 nov. 1999, n° 1997/19604 : *JurisData* n° 1999-110138 ; *RJDA* 7-8/2000, n° 792, pour pool bancaire). Au demeurant, le comportement des parties permet parfois d'induire, en l'absence de tout document constitutif, la réunion des éléments essentiels du contrat de société (Comp. ■ Cass. com., 29 janv. 2008 : *JCP* E 2008, 1550, note Viandier, cassation d'un arrêt d'appel qui avait accueilli la demande en estimant que même si le tiers n'avait pas signé le projet de contrat de société en participation qui lui avait été soumis, son comportement attestait « une volonté certaine de collaborer... de façon active et intéressée, à l'entreprise commune de production du spectacle ». ■ Cass. com., 12 oct. 1993 : *Bull. Joly Sociétés* 1993, p. 1265, note Jeantin ; *JCP* N 1994, II, p. 270, note Bonneau ; *Rev. sociétés* 1994, p. 283, note Bénac-Schmidt ; *Dr. sociétés* 1994, n° 1, note Bonneau ; *RJDA* 1994, n° 51, refus d'admettre l'existence d'une société en participation car l'attitude des intéressés révélait leur intention de conclure un prêt). La désignation d'une société en participation par une dénomination ne signifie nullement qu'on lui prête une personnalité morale (■ Cass. com., 27 mai 2014, n° 13-14.220 : *JurisData* n° 2014-011523 ; *Bull. Joly Sociétés* 2014, p. 387, note Dondero ; *Dr. sociétés* 2014, comm. 124, obs. Hovasse).

2) Professions libérales. Voir : sur l'exercice sous forme de sociétés en participation des professions libérales soumises à un statut législatif ou réglementaire ou dont le titre est protégé, V. L. n° 90-1258, 31 déc. 1990, art. 22 et 23.

3) Pool bancaire. La notion de pool bancaire doit s'analyser juridiquement comme une société en participation ; ainsi, l'existence d'un chef de file ne fait pas disparaître les liens personnels entre les participants au pool et le bénéficiaire du prêt (■ Versailles, 6 juin 1996 : *JurisData* n° 1996-043734 ; *D.* 1998, 83, note Bergoin). Le chef de file du pool, sauf disposition conventionnelle contraire, ne peut, sans excéder ses pouvoirs, consentir, sans leur accord, un abandon de créance engageant les membres du pool, sauf à établir le caractère abusif de leur refus d'y consentir (■ Cass. com., 27 mars 2001, n° 98-22.828 : *JurisData* n° 2001-008912 ; *JCP* E 2001, 1677, note Storck ; *Bull. civ.* IV, n° 66, p. 62 ; *D.* 2001, 1534, note Avena-Robardet).

4) Société de spectacle. A violé les articles 1832 et 1871 du Code civil la cour d'appel qui a considéré que, nonobstant le fait qu'une société d'exploitation d'art cinématographique n'ait en définitive pas signé le projet de contrat de société en participation ayant pour objet la coproduction d'un spectacle avec une société d'exploitation théâtrale, son comportement démontrait une volonté certaine de collaborer, de façon active et intéressée, à l'entreprise commune de coproduction, de sorte qu'elle aurait constitué avec elle une société en participation et se serait ainsi engagée à contribuer aux pertes pour moitié, sans avoir au préalable constaté l'existence d'un engagement des parties de partager les bénéfices et de contribuer aux pertes pouvant résulter de la production litigieuse, et sans constater l'existence d'apports consentis par chacune des parties (■ Cass. com., 29 janv. 2008 : *JCP* E 2008, 1550, note Viandier).

5) Conséquence de l'absence de la personnalité morale. Une société en participation ne saurait avoir la qualité de créancier d'une obligation, faute de personnalité morale (■ Cass. com., 20 mai 2008 : *JurisData* n° 2008-043989 ; *Dr. sociétés* 2008, comm. 170, obs. Coquelet ; *Rev. sociétés* 2008, p. 620 ; *JCP* E 2008, 2234, note Mortier ; *Banque et droit* 2008, n° 122, p. 56, note Storck). Dans le même esprit, le cautionnement ayant pour objet de garantir les dettes d'une société en participation ne peut fonder la condamnation de la caution à garantir la dette d'une personne autre que le débiteur désigné dans l'acte de cautionnement (■ Cass. com., 6 juill. 2010, n° 09-68.778 : *JurisData* n° 2010-011294 ; *Rev. Lamy dr. civ.* 2010/75, obs. Ansault ; *Dr. sociétés* 2010, comm. 175, obs. Coquelet ; *JCP* E 2010, 1916, note Dondero ; *RD bancaire et fin.* 2010, comm. 171, obs. D. Legeais ; *JCP* G 2011, 226, n° 2, obs. Simler. *Adde*, H. Barbier, *Nullité du cautionnement des dettes d'une société en participation : Rev. Lamy dr. civ.* 2010/77, n° 4046). En outre, le défaut de personnalité juridique d'une société en participation n'est pas de nature à étendre les effets des condamnations prononcées à l'encontre de cette seule société aux associés, qui n'étaient pas personnellement parties aux instances ayant conduit à ces condamnations (■ Cass. com., 14 mars 2006 : *JurisData* n° 2006-032750 ; *Dr. sociétés* 2006, comm. 121, obs. F.-X. Lucas). Quant au gérant d'une société en participation, dépourvue de personnalité morale, il est en sa qualité de mandataire des associés, responsable des fautes commises à leur égard dans sa gestion (■ Cass. com., 6 mai 2008 : *JurisData* n° 2008-043805 ; *Dr. sociétés* 2008, comm. 171, note Coquelet ; *D.* 2008, p. 2113, note Dondero ; *RTD civ.* 2008, p. 500, note Gautier ; *Bull. Joly Sociétés* 2008, p. 762, note Le Cannu ; *Rev. sociétés* 2008, p. 618, note Poracchia ; *Banque et droit* 2008, p. 52, note Storck). Autrement dit, toute faute commise par le gérant d'une société en participation, laquelle est dépourvue de personnalité juridique, constitue une faute personnelle de nature à engager sa responsabilité à l'égard des tiers, peu important qu'elle soit ou non détachable de l'exercice du mandat qui a pu lui être donné par les autres associés (■ Cass. com., 4 févr. 2014, n° 13-13.386 : *JCP* E 2014, 1160, note B. Dondero ; *Dr. sociétés* 2014, comm. 81, obs. Hovasse ; *Dr. sociétés* 2014, comm. 60, obs. Mortier). Par ailleurs, la circonstance que la société en participation ne soit pas titulaire d'un patrimoine propre ne fait pas obstacle à la cession par les associés des droits qu'ils tiennent du contrat de société (■ Cass. com., 15 mai 2012, n° 11-30.192 : *Bull. Joly Sociétés* 2012, p. 842, note Godon). Quoique la société en participation n'ait pas la personnalité morale, la Cour de cassation admet qu'un acte accompli en son nom peut échapper à la nullité, s'il est ratifié par ses associés (■ Cass. com., 8 févr. 2017, n° 14-29.747 : *JurisData* n° 2017-001846 ; *Dr. sociétés* 2017, comm. 59, obs. Hovasse).

Art. 1871-1. – À moins qu'une organisation différente n'ait été prévue, les rapports entre associés sont régis, en tant que de raison, soit par les dispositions applicables aux sociétés civiles, si la société a un caractère civil, soit, si elle a un caractère commercial, par celles applicables aux sociétés en nom collectif.

Liquidation et partage. À la dissolution de la société, chaque associé a droit, après paiement des dettes, au remboursement de ses apports et à une part de l'actif subsistant proportionnelle à ces apports (■ Cass. com., 29 nov. 1988, n° 85-15.184 : *JurisData* n° 1988-702697 ; *Bull. civ.* IV, n° 332, p. 223). L'objet illicite d'une société ne fait pas obstacle aux opérations d'apurement des comptes entre les associés, consécutives à sa dissolution (■ Cass. com., 11 juill. 2006, n° 04-16.759 : *JurisData* n° 2006-034588 ; *Bull. civ.* IV, n° 180, p. 198 ; *JCP* E 2006, 2442 ; *JCP* E 2006, 2595, note Sérinet ; *Bull. Joly* 2006, § 283, p. 1355, note Granier ; *Dr. sociétés* 2007, comm. 2, obs. Lécuyer).

Art. 1872. – À l'égard des tiers, chaque associé reste propriétaire des biens qu'il met à la disposition de la société.

Sont réputés indivis entre les associés les biens acquis par emploi ou remploi de deniers indivis pendant la durée de la société et ceux qui se trouvaient indivis avant d'être mis à la disposition de la société.

Il en est de même de ceux que les associés auraient convenu de mettre en indivision.

Il peut en outre être convenu que l'un des associés est, à l'égard des tiers, propriétaire de tout ou partie des biens qu'il acquiert en vue de la réalisation de l'objet social.

Bibliographie : F. Dekeuwer-Defossez, *L'indivision dans les sociétés en participation* : *JCP* 80, I, 2970.

Art. 1872-1. – Chaque associé contracte en son nom personnel et est seul engagé à l'égard des tiers.

Toutefois, si les participants agissent en qualité d'associés au vu et au su des tiers, chacun d'eux est tenu à l'égard de ceux-ci des obligations nées des actes accomplis en cette qualité par l'un des autres, avec solidarité, si la société est commerciale, sans solidarité dans les autres cas.

Il en est de même de l'associé qui, par son immixtion, a laissé croire au cocontractant qu'il entendait s'engager à son égard, ou dont il est prouvé que l'engagement a tourné à son profit.

Dans tous les cas, en ce qui concerne les biens réputés indivis en application de l'article 1872, deuxième et troisième alinéas, sont applicables dans les rapports avec les tiers, soit les dispositions du chapitre VI du titre I du livre III du présent code, soit, si les formalités prévues à l'article 1873-2 ont été accomplies, celles du titre IX *bis* du présent livre, tous les associés étant alors, sauf convention contraire, réputés gérants de l'indivision.

1) **Révélation aux tiers.** Si, dans la société en participation, chaque associé contracte en son nom personnel et est seul engagé à l'égard des tiers, il en est toutefois différemment si les participants agissent en qualité d'associé au vu et au su des tiers, ou si un associé a, par son immixtion, laissé croire au cocontractant qu'il entendait s'engager à son égard (■ Cass. com., 15 juill. 1987, n° 86-10.787 : *JurisData* n° 1987-001360 ; *Bull. civ.* IV, n° 195, p. 143 ; *JCP* 88, II, 20958, note Petel. ■ Cass. com., 26 nov. 1996, n° 94-15.403 : *JurisData* n° 1996-004515 ; *JCP* 97, II, 22904, note Gibirila. V. sur ce dernier arrêt, Ch. Goyet, *L'article 1872-1 du Code civil s'applique-t-il aux situations informelles : D.* 1998, chron. 37). Les juges doivent caractériser les actes personnels des participants permettant de considérer qu'ils ont agi en qualité d'associés au vu et au su des tiers ou qu'ils se sont immiscés dans l'accord passé par le gérant avec un tiers, faisant croire à celui-ci qu'ils entendaient s'engager à son égard (■ Cass. com., 26 nov. 1996, préc.). Si les membres d'une société en participation sont tenus à l'égard des tiers des obligations nées des actes accomplis par l'un des autres, c'est à la condition que ces actes aient été accomplis en qualité d'associé (■ Cass. com., 13 janv. 1998, n° 95-19.198 : *JurisData* n° 1998-000063 ; *JCP* 98, IV, 1490 ; *Bull. civ.* IV, n° 23, p. 16).

2) **Coproduction.** Jugé que la publication du contrat de coproduction ne lui confère pas un caractère ostensible (■ Versailles, 4 nov. 1993, n° 049108 : *JurisData* n° 1993-049108 ; *D.* 1994, somm. 277, obs. Hassler).

Art. 1872-2. – Lorsque la société en participation est à durée indéterminée, sa dissolution peut résulter à tout moment d'une notification adressée par l'un d'eux à tous les associés, pourvu que cette notification soit de bonne foi, et non faite à contretemps.

À moins qu'il n'en soit autrement convenu, aucun associé ne peut demander le partage des biens indivis en application de l'article 1872 tant que la société n'est pas dissoute.

Société à durée déterminée. Les dispositions de l'article 1872-2, al. 2, sont applicables à toutes les sociétés en participation, même lorsqu'elles sont à durée déterminée (■ Cass. com., 1er oct. 1996, n° 94-15.660 : *JurisData* n° 1996-003587 ; *JCP* E 97, II, 963, note Gibirila).

Art. 1873. – Les dispositions du présent chapitre sont applicables aux sociétés créées de fait.

Bibliographie : F. Dekeuwer-Defossez, *Illusions et dangers du statut des sociétés créées de fait : D.* 1982, chron. 83. ● M. Germain, *Société en formation et société créée de fait : Dr. sociétés* mai 1982, chron. p. 2. ● G. Kessler, *Société créée de fait : les leçons du droit comparé : D. affaires* 2005, p. 86. ● F.-X. Lucas, *La société dite « créée de fait »* in *Mélanges Y. Guyon*, Dalloz 2003, p. 737. ● B. Maubru, *Les sociétés créées de fait entre époux* in *Mélanges J. Derruppé*, GLN Litec, 1991, p. 275.

I – PRINCIPES

1) **Égalité.** La renonciation à collaborer sur un pied d'égalité dans la poursuite d'une activité commune est exclusive de toute société créée de fait (■ Cass. com., 8 mars 1984 : *JCP* E 84, I, 363, n° 1, obs. Viandier et Caussain).

2) **Contribution aux pertes.** Ne caractérise *pas l'existence d'une prétendue société créée de fait* la cour d'appel qui, pour accueillir une demande en dissolution, retient que l'ensemble des éléments soumis à son appréciation démontre une volonté commune de collaborer sur un pied d'égalité à la poursuite de l'œuvre commune, mais n'établit pas l'intention des parties de contribuer aux pertes (■ Cass. com., 21 avr. 1992, n° 88-16.905 : *JurisData* n° 1992-002542 ; *Bull. Joly* 1992, 666, note Cuisance). Mais jugé que cette intention n'a pas à être expressément constatée dès lors que les résultats de l'exploitation ont toujours été positifs (■ Cass. com., 16 juin 1998, n° 96-12.337 : *JurisData* n° 1998-002766 ; *JCP* 98, IV, 2814 ; *Defrénois* 1999, 415, note Gibirila).

3) **Apparence.** Si l'existence d'une société créée de fait exige la réunion des éléments constitutifs de toute société, l'apparence d'une telle société s'apprécie globalement, indépendamment de la révélation de ces divers éléments (■ Cass. 1re civ., 13 nov. 1980 : *JurisData* n° 1980-715166 ; *Bull. civ.* I, n° 293 ; *D.* 1981, p. 541, note

Calais-Auloy ; *Rev. sociétés* 1981, p. 788, note Philippe ; ■ Cass. com., 3 nov. 1988, n° 87-11.795 : *JurisData* n° 1988-703461 ; *Bull. civ.* IV, n° 289, p. 197) ; *Defrénois* 1989, p. 551, obs. Honorat ; *Rev. sociétés* 1990, p. 242, note Prieur). Il en résulte qu'une personne peut être engagée à l'égard d'une autre si elle a créé l'apparence qu'elle a traité pour le compte d'une société dont elle est l'associée (■ Cass. com., 11 juill. 2006 : *JurisData* n° 2006-034735 ; *Dr. sociétés* 2006, comm. 159, obs. F.-X. Lucas). Justifie sa décision l'arrêt qui, ayant retenu que les tiers étaient fondés à croire en l'apparence d'une société créée de fait, décide que le débiteur pouvait valablement se libérer de sa dette entre les mains d'un seul associé (■ Cass. com., 10 déc. 1991, n° 90-14.108 : *JurisData* n° 1991-003152 ; *Dr. sociétés* 1992, n° 76, note Bonneau).

4) Compatibilité d'une société créée de fait avec le statut de collaborateur (oui). Selon la Cour de cassation, l'option pour le statut de collaborateur, et tout spécialement celui de l'article L. 321-5 du Code rural, n'est incompatible ni avec l'existence d'une société créée de fait entre les coexploitants, ni avec l'intention de créer une telle société (■ Cass. com., 10 juill. 2007, n° 06-11.938 : *JurisData* n° 2007-040260 ; *Dr. sociétés* 2008, comm. 24, obs. Mortier. *Adde*, H. Lécuyer, *Le conjoint collaborateur après le décret du 1er août 2006 : Dr. sociétés* 2006, étude 20).

5) Exécution forcée d'un jugement contre une société créée de fait. Les associés ayant laissé prospérer l'apparence d'une société entre eux, le jugement rendu contre la société créée de fait pouvait être exécuté à leur encontre (■ Cass. 2e civ., 22 mai 2008 : *JurisData* n° 2008-043975 ; *Rev. sociétés* 2008, p. 630, note Barbièri ; *Bull. Joly Sociétés* 2008, p. 866, note Dondero ; *Dr. sociétés* 2008, comm. 178, comm. Mortier).

6) Poursuite contre un associé. Une personne ne peut être tenue des obligations d'une société de fait que s'il est établi qu'elle a agi au vu et au su des tiers comme un associé de la société créée de fait (■ Cass. com., 21 févr. 2012, n° 10-12.211).

7) Renvoi aux règles propres à la société civile en raison de l'objet. Les associés d'une société créée de fait qui pratique une activité libérale à caractère civil se voient appliquer par principe l'article 1854 du Code civil, étant entendu qu'une déclaration fiscale n'est pas un acte au sens de ce texte (■ Cass. com., 4 déc. 2012, n° 11-24.174 : *Dr. sociétés* 2013, comm. 24, obs. Hovasse).

II – SOCIÉTÉS DE CONCUBINS

8) Principe. La seule cohabitation, même prolongée, de personnes non mariées ne saurait donner naissance entre elles à une société, même si elles ont convenu de mettre leurs ressources en commun (■ Cass. com., 9 nov. 1981, n° 80-12.477 : *JurisData* n° 1981-703237 ; *Rev. sociétés* 1983, 91, note Chartier. V. en ce sens ■ Grenoble, 10 janv. 2000 et ■ Riom, 4 juill. 2000, n° 99/02022 : *JurisData* n° 2000-119260 ; *Dr. famille* 2000, 138, note Lécuyer. ■ Cass. com., 9 oct. 2001 : *JCP* 2001, IV, 2874 ; *Bull. civ.* IV, n° 165, p. 156 ; *Dr. famille* 2002, 18, note Lécuyer ; *JurisData* n° 2001-011213. ■ Paris, 12 sept. 2002, n° 2001/03899 : *JurisData* n° 2002-192045 ; *D.* 2003, somm. 1940, obs. Lemouland. ■ CA Nîmes, 1re ch., sect. A., 15 avr. 2008 : *JurisData* n° 2008-364463 ; *Dr. sociétés* 2008, comm. 197, obs. Coquelet). Il appartient aux juges du fond de relever des éléments de nature à démontrer une intention de s'associer distincte de la mise en commun d'intérêts inhérente à la vie maritale (■ Cass. 1re civ., 12 mai 2004 : *JCP* G 2004, IV, 2352 ; *JCP* E 2004, 1510, n° 8, obs. Caussain, Deboissy et Wicker ; *JurisData* n° 2004-023609 ; *Bull. civ.* I, n° 131, p. 108 ; *Dr. sociétés* 2004, comm. 163, obs. Trébulle ; *Bull. Joly* 2004, p. 1284, § 260, note Dereu ; *RTD com.* 2004, p. 743, obs. Champaud et Danet ; *Rev. sociétés* 2005, p. 131, note F.-X. Lucas). L'existence d'apports, l'intention de collaborer sur un pied d'égalité à la réalisation d'un projet commun et l'intention de participer aux bénéfices ou aux économies ainsi qu'aux pertes éventuelles doivent être établies cumulativement et ne peuvent se déduire les unes des autres (■ Cass. com., 23 juin 2004, 2 arrêts : *JCP* G 2004, IV, 2764 et 2765 ; *JCP* E 2004, 1510, n° 9, obs. Caussain, Deboissy et Wicker ; *Dr. famille* 2004, 168, 1re et 2e esp., note Larribau-Terneyre ; *D.* 2004, somm. 2969, obs. Vigneau ; *JurisData* nos 024315 et 024314 ; *Bull. civ.* IV, nos 134 et 135, p. 148 et 149). Mais à défaut de réunion des éléments d'une société créée de fait, la concubine peut être indemnisée sur la base de la théorie de l'enrichissement sans cause (■ Nîmes, 15 juin 2000 : *Dr. famille* 2001, 54, 1er arrêt, note Lécuyer ; *JurisData* n° 2000-126501, collaboration excédant les limites d'une simple contribution aux dépenses ordinaires. – Comp. ■ Cass. 1re civ., 20 janv. 2010, n° 08-16.105 : *JurisData* n° 2010-051160 ; *Dr. sociétés* 2010, comm. 83, obs. Roussille, qui considère que c'est dans l'exercice de son pouvoir souverain d'appréciation que la cour d'appel a estimé que l'intention des concubins de collaborer sur un pied d'égalité à un projet commun n'était pas établie et que l'assistance apportée sur le plan administratif par la concubine à la bonne marche de l'entreprise artisanale de maçonnerie qu'elle avait constituée avec son concubin n'excédait pas une simple entraide et qu'elle n'était donc pas fondée à réclamer une indemnisation sur le fondement de l'enrichissement sans cause).

9) Apports. Le concubinage ne peut suffire à prouver l'intention des concubins de s'associer en fait pour autre chose que pour vivre en commun ;

l'ouverture d'un compte joint pour recevoir les fonds destinés à payer les dépenses d'une construction ne peut suffire à établir la volonté des parties de s'associer que si les apports respectifs des parties sont au moins proportionnels à leurs ressources personnelles, en tenant éventuellement compte de leurs apports complémentaires en industrie (▪ Paris, 17 avr. 1991 : *JurisData* n° 1991-021739 ; *JCP* E 91, II, 187, note Guyon. Voir cependant, se contentant d'une telle ouverture et de la souscription solidaire d'un emprunt, ▪ Orléans, 22 août 2000 : *Dr. famille* 2001, 54, 2ᵉ arrêt, note Lécuyer ; *JurisData* n° 2000-132598. Comp., se contentant de la mise en commun de ressources financières pour la réalisation d'un projet immobilier commun, ▪ Cass. 1ʳᵉ civ., 26 juin 2001 : *Dr. famille* 2002, 28, note Lécuyer ; *JurisData* n° 2001-013178). Jugé que la concubine qui ne justifie ni d'une procuration sur les comptes bancaires de son concubin, ni de versement sur ses comptes personnels par celui-ci, ni de l'existence d'un compte joint, n'apporte pas la preuve d'une société créée de fait (▪ Toulouse, 13 janv. 1998, n° 96/00964 : *JurisData* n° 1998-040812 ; *Dr. famille* 1998, 149, 1ᵉʳ arrêt, note Lécuyer). Pour un apport en nature résultant du travail non rémunéré à temps complet de la concubine, V. ▪ Nîmes, 30 mai 2002, n° 00/964 : *JurisData* n° 2002-201615 ; *Dr. famille* 2003, 87, 1ᵉʳ arrêt, note Lécuyer. Si l'existence d'une société créée de fait entre concubins qui aurait pour objet la seule réalisation d'un projet immobilier est envisageable, le travail domestique et l'éducation des enfants réalisés par la concubine ne saurait être qualifiés d'apport en industrie (▪ Cass. com., 24 sept. 2013, n° 12-23.699 : *JurisData* n° 2013-020527 ; *Dr. sociétés* 2013, comm. 197, obs. Mortier).

10) *Affectio societatis.* Les juges saisis d'une demande en dissolution de la société de fait qui aurait existé entre deux concubins doivent rechercher s'il y a eu de la part des intéressés volonté d'exploiter les commerces sur un pied d'égalité, de partager les bénéfices, et, en cas de déficit, de contribuer aux pertes, volonté qui ne peut être présumée et résulter de la participation aux dépenses de la vie commune (▪ Cass. 1ʳᵉ civ., 23 juin 1987, n° 85-18.308 : *JurisData* n° 1987-001264 ; *Bull. civ.* I, n° 205, p. 152. – V. aussi ▪ Paris, 9 nov. 1992 : *JurisData* n° 1992-023191 ; *D.* 1993, inf. rap. 47. ▪ Cass. 1ʳᵉ civ., 18 juill. 1995, n° 93-19.449 : *JurisData* n° 1995-002133 ; *JCP* 95, I, 3885, n° 5, obs. Viandier et Caussain. V. cependant, se contentant de la mise en commun des ressources financières, ▪ Basse-Terre, 9 mars 1998, n° 9700588 : *JurisData* n° 1998-041173 ; *Dr. famille* 1998, 149, 2ᵉ arrêt, note Lécuyer ; *JCP* 99, I, 101, n° 2, obs. Bosse-Platière). En relevant d'une part que le concubin a cautionné l'emprunt souscrit par la concubine afin de contribuer aux pertes éventuelles dans l'hypothèse où sa concubine ne pourrait faire face aux échéances de cet emprunt, d'autre part, que les concubins ont mis leurs ressources en commun pour construire l'immeuble assurant leur logement et celui de leurs enfants, participant ainsi aux bénéfices, et enfin que le concubin est à l'origine de cette construction au même titre que la concubine, ce qui implique l'*affectio societatis*, la cour d'appel a caractérisé l'existence d'une société de fait (▪ Cass. 1ʳᵉ civ., 11 févr. 1997, n° 95-13.029 : *JurisData* n° 1997-000537 ; *JCP* 97, I, 4045, n° 1, obs. Farge, II, 22820, note Garé ; *Bull. civ.* I, n° 46, p. 30. – Comp. ▪ CA Aix-en-Provence, 1ʳᵉ ch. A, 30 mai 2007 : *JurisData* n° 2007-337420 ; *JCP* G 2007, IV, 3109). – L'intention de s'associer en vue d'une entreprise commune ne peut se déduire de la participation financière à la réalisation d'un projet immobilier et est distincte de la mise en commun d'intérêts inhérents au concubinage (▪ Cass. 1ʳᵉ civ., 20 janv. 2010, n° 08-13.200 : *JurisData* n° 2010-051159 ; *Bull. civ.* 2010, I, n° 11 ; *Dr. sociétés* 2010, comm. 83, obs. Coquelet ; *Bull. Joly Sociétés* 2010, p. 448, note Vallansan ; *Dr. famille* 2010, comm. 35, obs. Larribau-Terneyre).

Voir : L. n° 78-9, 4 janv. 1978, modifiant le titre IX du livre III du Code civil, p. 3016. – D. n° 78-704, 3 juill. 1978, relatif à l'application de la loi n° 78-9 du 4 janvier 1978 modifiant le titre IX du livre III du Code civil, p. 3057. – L. n° 66-879, 29 nov. 1966, relative aux sociétés civiles professionnelles, p. 2904.

III – LES SOCIÉTÉS ENTRE ÉPOUX

11) Principes. L'existence d'une société créée de fait ne saurait se déduire de la seule participation de l'époux à l'entreprise de son conjoint (▪ Cass. 1ʳᵉ civ., 28 juin 1972, n° 70-12.893 : *JurisData* n° 1972-000171 ; *Bull. civ.* 1972, I, n° 171. ▪ Cass. com., 20 janv. 1975, n° 73-13.012 : *JurisData* n° 1975-097017 ; *Bull. civ.* 1975, IV, n° 17. ▪ CA Paris, 31 mai 1996 : *JurisData* n° 1996-021251 ; *RJDA* 10/1996, n° 1205). Dans le même sens, la reconnaissance des caractères de la société créée de fait ne saurait résulter de la seule recherche active par l'épouse de moyens de permettre la réussite du plan de redressement de l'entreprise, en consentant notamment conjointement avec son mari une hypothèque conventionnelle sur un bien commun, en acceptant la vente de certains biens communs, en effectuant des démarches ou des négociations pour le compte de l'entreprise et en ouvrant un compte bancaire fonctionnant sous sa signature (▪ CA Paris, 6 avr. 1999, n° 1998/24499 : *JurisData* n° 1999-022853 ; *RJDA* 8-9/1999, n° 934 ; *Bull. Joly Sociétés* 1999, p. 1168, note Saintourens). A été aussi censuré un arrêt qui, pour caractériser une société de ce type, a relevé que les époux exerçaient une activité commune et que la femme avait contribué à l'activité agricole en fournissant le logement des bandes de veaux dans les bâtiments de la ferme, tandis que le mari apportait son industrie, mais sans constater la volonté des intéressés de collaborer sur un pied d'égalité et de participer aux bénéfices et aux pertes (■ Cass. 1re civ., 27 nov. 1985, n° 84-10.805 : *JurisData* n° 1985-003352 ; *Bull. Joly Sociétés* 1986, p. 194). Il n'y a pas de société créée de fait lorsque les tâches accomplies par l'ex-épouse ne se rapportaient pas à la responsabilité de la gestion du fonds, faute de volonté commune des époux séparés de biens de s'associer sur un pied d'égalité en partageant les bénéfices et les pertes (■ Cass. 1re civ., 3 déc. 2008 : *Dr. sociétés* 2009, comm. 45, obs. Coquelet. V. également pour des époux séparés de biens ayant créé une association ■ Cass. 2e civ., 21 oct. 1997 : *Dr. famille* 1998, 14, note Beignier ; *RTD civ.* 1998, 731, obs. Vareille).

En revanche, une société créée de fait a été reconnue entre deux époux dentistes divorcés, aux motifs qu'ils avaient exercé en commun dès leur mariage, leur profession de chirurgien-dentiste, tenu un seul registre de recettes sans distinguer celles de l'un ou de l'autre, effectué une seule déclaration fiscale pour les années 1973 à 1976, confondu leur patrimoine en réalisant des paiements sans faire de compte entre eux et en procédant à de nombreux virements sur leurs comptes bancaires, de tels éléments démontrant sans ambiguïté la volonté des deux époux de s'associer sur un pied d'égalité pour l'exercice d'une activité commune et de contribuer aux bénéfices et aux pertes (■ Cass. com., 27 févr. 1996, n° 94-14.568 : *JurisData* n° 1996-000911 ; *Rev. sociétés* 1996, p. 549, note Barbièri).

Voir : Sur l'obligation faite au conjoint du chef d'une entreprise artisanale, commerciale ou libérale qui y exerce de manière régulière une activité professionnelle, d'opter pour le statut de conjoint collaborateur, salarié ou associé, C. com., art. L. 121-4. V. aussi sur l'extension de ce dispositif au conjoint « pacsé » du chef d'entreprise, C. com., art. L. 121-8.

IV – LES SOCIÉTÉS EN FORMATION

12) Principe. À la différence d'une société créée de fait, les actes effectués pour le compte d'une société en formation ont une portée limitée ; ils sont, en raison de leur caractère occasionnel, destinés à démarrer l'activité de la société et constituent « des actes préparatoires indispensables à la réalisation de l'objet social » (■ Cass. com., 4 mai 1981, n° 78-15.882 : *JurisData* n° 1981-701591 ; *Rev. sociétés* 1982, p. 277, note Philippe ; *D.* 1982, inf. rap. p. 124, obs. Vasseur ; *D.* 1982, jurispr. p. 482, note Daigre).

C'est dire que les actes accomplis dans le contexte d'une société créée de fait dépassent le cadre étroit d'une constitution de société pour s'inscrire dans une structure large et permanente ; ce sont des « actes d'exploitation » distincts des « actes nécessaires à la création de la société » (■ Cass. com., 7 avr. 1992 : *RJDA* 10/1992, n° 913 ; *Bull. Joly Sociétés* 1992, p. 622, note Le Cannu ; *LPA* 10 déc. 1993, n° 148, p. 16, note Gibirila. ■ CA Paris, 13 mai 1997 : *JurisData* n° 1997-021436 ; *BRDA* 21/1997, p. 3 ; *D. affaires* 1997, n° 34, p. 1124 ; *JCP* G 1998, II, 10031, note Gibirila). Dans le même esprit, une cour d'appel qui a retenu qu'une société, en cours de formation, avait pour objet social l'acquisition des parts d'une autre société et que l'emprunt contracté par un associé, au nom de la société en formation, avait servi à cette acquisition, et qui a retenu encore que l'autre associé s'était présenté comme l'un des associés de la société dans un courrier adressé à un tiers et avait participé à l'acte de prêt en s'engageant en qualité de caution, a pu en déduire qu'en l'absence d'immatriculation au registre du commerce, une société créée de fait s'était substituée à la société en formation et que l'activité développée par les associés avait dépassé l'accomplissement des simples actes nécessaires à sa constitution (■ Cass. com., 26 mai 2009 : *JurisData* n° 2009-048376 ; *JCP* E 2010, 1235, note Besnard Goudet ; *Rev. sociétés* 2010, p. 26). Ici, le projet des parties d'immatriculer une société ne fait pas obstacle à la naissance entre elles d'une société créée de fait, dès lors que leur activité dépasse l'accomplissement de simples actes nécessaires à la constitution de la société (■ Cass. com., 4 déc. 2001 : *JurisData* n° 2001-012140 ; *RJDA* 3/2002, n° 257 ; *Dr. sociétés* 2002, comm. 53, obs. Bonneau ; *JCP* E 2002, 594, note F.-X. Lucas).

TITRE IX *BIS*. – DES CONVENTIONS RELATIVES À L'EXERCICE DES DROITS INDIVIS

(L. n° 76-1286, 31 déc. 1976)

Bibliographie : M. Dagot : *JCP* 77, I, 2862. • D. Martin : *D.* 1977, chron. 221. • N. Leblond, *La crise dans l'indivision : Defrénois* 2010, art. 39171, p. 2173.

Art. 1873-1 *(L. n° 76-1286, 31 déc. 1976).* **– Ceux qui ont des droits à exercer sur des biens indivis, à titre de propriétaires, de nus-propriétaires ou d'usufruitiers peuvent passer des conventions relatives à l'exercice de ces droits.**

CHAPITRE I. – DES CONVENTIONS RELATIVES À L'EXERCICE DES DROITS INDIVIS EN L'ABSENCE D'USUFRUITIER

(L. n° 76-1286, 31 déc. 1976)

Art. 1873-2 *(L. n° 76-1286, 31 déc. 1976).* – **Les coïndivisaires, s'ils y consentent tous, peuvent convenir de demeurer dans l'indivision.**

À peine de nullité, la convention doit être établie par un écrit comportant la désignation des biens indivis et l'indication des quotes-parts appartenant à chaque indivisaire. Si les biens indivis comprennent des créances, il y a lieu aux formalités de l'article 1690 ; s'ils comprennent des immeubles, aux formalités de la publicité foncière.

Publicité foncière. L'inobservation des formalités de publicité foncière prescrites par l'article 1873-2 n'est pas sanctionnée par la nullité de la convention (▪ Cass. 1re civ., 10 juill. 2013, n° 12-12.115 : *Bull. civ.* I, n° 154 ; *RTD civ.* 2013, 828, obs. Hauser ; *JCP* N 2013, doctr. 1282, n° 14, obs. Mekki ; *Defrénois* 2014, 7, obs. Piedelièvre ; *AJF* 2013, 516, obs. Levillain ; *Gaz. Pal.* 30 mars 2014, 26, obs. Murat).

Art. 1873-3 *(L. n° 76-1286, 31 déc. 1976).* – **La convention peut être conclue pour une durée déterminée qui ne saurait être supérieure à cinq ans. Elle est renouvelable par une décision expresse des parties. Le partage ne peut être provoqué avant le terme convenu qu'autant qu'il y en a de justes motifs.**

La convention peut également être conclue pour une durée indéterminée. Le partage peut, en ce cas, être provoqué à tout moment, pourvu que ce ne soit pas de mauvaise foi ou à contretemps.

Il peut être décidé que la convention à durée déterminée se renouvellera par tacite reconduction pour une durée déterminée ou indéterminée. À défaut d'un pareil accord, l'indivision sera régie par les articles 815 et suivants à l'expiration de la convention à durée déterminée.

Notion de contretemps. Pour un exemple de la notion de contretemps visée par l'al. 2, V. ▪ TGI Aix-en-Provence, 3 févr. 1983 : *JCP* N 84, II, 33, note Dagot.

Art. 1873-4 *(L. n° 76-1286, 31 déc. 1976 ; mod., L. n° 78-627, 10 juin 1978).* – **La convention tendant au maintien de l'indivision requiert la capacité ou le pouvoir de disposer des biens indivis.**

Elle peut, toutefois, être conclue au nom d'un mineur, par son représentant légal seul ; mais, dans ce cas, le mineur devenu majeur peut y mettre fin, quelle qu'en soit la durée, dans l'année qui suit sa majorité.

Art. 1873-5 *(L. n° 76-1286, 31 déc. 1976).* – **Les coïndivisaires peuvent nommer un ou plusieurs gérants, choisis ou non parmi eux. Les modalités de désignation et de révocation du gérant peuvent être déterminées par une décision unanime des indivisaires.**

À défaut d'un tel accord, le gérant pris parmi les indivisaires ne peut être révoqué de ses fonctions que par une décision unanime des autres indivisaires.

Le gérant, qui n'est pas indivisaire, peut être révoqué dans les conditions convenues entre ses mandants ou, à défaut, par une décision prise à la majorité des indivisaires en nombre et en parts.

Dans tous les cas, la révocation peut être prononcée par le tribunal à la demande d'un indivisaire lorsque le gérant, par ses fautes de gestion, met en péril les intérêts de l'indivision.

Si le gérant révoqué est un indivisaire, la convention sera réputée conclue pour une durée indéterminée à compter de sa révocation.

Indivision de deux membres. Si l'indivision ne comprend que deux membres, dont le gérant, l'article 1873-5 donne au seul coïndivisaire de celui-ci le pouvoir de le révoquer (▪ Cass. 1re civ., 13 janv. 1993 : *JCP* 93, IV, 651).

Art. 1873-6 *(L. n° 76-1286, 31 déc. 1976 ; mod., L. n° 85-1372, 23 déc. 1985).* – **Le gérant représente les indivisaires dans la mesure de ses pouvoirs, soit pour les actes de la vie civile, soit en justice tant en demandant qu'en défendant. Il est tenu d'indiquer, à titre purement énonciatif, le nom de tous les indivisaires dans le premier acte de procédure.**

Le gérant administre l'indivision et exerce, à cet effet, les pouvoirs attribués à chaque époux sur les biens communs. Il ne peut, toutefois, disposer des meubles corporels que pour les besoins d'une exploitation normale

des biens indivis, ou encore s'il s'agit de choses difficiles à conserver ou sujettes à dépérissement. Toute clause extensive des pouvoirs du gérant est réputée non écrite.

L'engagement d'un cheval dans une course à réclamer constitue une offre publique de vente et s'analyse en un acte de disposition dépassant l'exploitation normale (■ Cass. 1re civ., 14 mai 1991, n° 90-12.360 : *JurisData* n° 1991-001485 ; *JCP* 91, IV, 266 ; *Bull. civ.* I, n° 153, p. 101).

Art. 1873-7 *(L. n° 76-1286, 31 déc. 1976).* – **Le gérant exerce les pouvoirs qu'il tient de l'article précédent lors même qu'il existe un incapable parmi les indivisaires.**

Néanmoins, l'article 456 [504], alinéa 3, est applicable aux baux consentis au cours de l'indivision.

Bibliographie : M. Dagot, *Le bail du bien indivis : JCP* 85, I, 3178.

Renvoi : Renvoi à l'ancien article 506, alinéa 3, du Code civil : art. remplacé par l'article 504 du Code civil depuis la loi n° 2007-308 du 5 mars 2007.

Art. 1873-8 *(L. n° 76-1286, 31 déc. 1976).* – **Les décisions qui excèdent les pouvoirs du gérant sont prises à l'unanimité, sauf au gérant, s'il est lui-même indivisaire, à exercer les recours prévus par les articles 815-4, 815-5 et 815-6.**

S'il existe des incapables mineurs ou majeurs parmi les indivisaires, les décisions dont il est parlé à l'alinéa précédent donnent lieu à l'application des règles de protection prévues en leur faveur.

Il peut être convenu entre les indivisaires qu'en l'absence d'incapables certaines catégories de décisions seront prises autrement qu'à l'unanimité. Toutefois, aucun immeuble indivis ne peut être aliéné sans l'accord de tous les indivisaires, si ce n'est en application des articles 815-4 et 815-5 ci-dessus.

Art. 1873-9 *(L. n° 76-1286, 31 déc. 1976).* – **La convention d'indivision peut régler le mode d'administration en cas de pluralité de gérants. À défaut de stipulations spéciales, ceux-ci détiennent séparément les pouvoirs prévus à l'article 1873-6, sauf le droit pour chacun de s'opposer à toute opération avant qu'elle ne soit conclue.**

Art. 1873-10 *(L. n° 76-1286, 31 déc. 1976).* – **Le gérant a droit, sauf accord contraire, à la rémunération de son travail. Les conditions en sont fixées par les indivisaires, à l'exclusion de l'intéressé, ou, à défaut, par le président du tribunal de grande instance statuant à titre provisionnel.**

Le gérant répond, comme un mandataire, des fautes qu'il commet dans sa gestion.

Art. 1873-11 *(L. n° 76-1286, 31 déc. 1976).* – **Chaque indivisaire peut exiger la communication de tous les documents relatifs à la gestion. Le gérant doit, une fois par an, rendre compte de sa gestion aux indivisaires. À cette occasion, il indique par écrit les bénéfices réalisés et les pertes encourues ou prévisibles.**

Chaque indivisaire est tenu de participer aux dépenses de conservation des biens indivis. À défaut d'accord particulier, les articles 815-9, 815-10 et 815-11 du présent code sont applicables à l'exercice du droit d'usage et de jouissance, ainsi qu'à la répartition des bénéfices et des pertes.

Art. 1873-12 *(L. n° 76-1286, 31 déc. 1976).* – **En cas d'aliénation de tout ou partie des droits d'un indivisaire dans les biens indivis, ou dans un ou plusieurs de ces biens, les coïndivisaires bénéficient des** ***droits de préemption et de substitution*** **prévus par les articles 815-14 à 815-16 et 815-18 du présent code.**

La convention est réputée conclue pour une durée indéterminée lorsque, pour quelque cause que ce soit, une part indivise est dévolue à une personne étrangère à l'indivision.

Art. 1873-13 *(L. n° 76-1286, 31 déc. 1976 ; L. n° 78-627, 10 juin 1978).* – **Les indivisaires peuvent convenir qu'au décès de l'un d'eux, chacun des survivants pourra acquérir la quote-part du défunt, ou que le conjoint survivant, ou tout autre héritier désigné, pourra se la faire attribuer à charge d'en tenir compte à la succession d'après sa valeur à l'époque de l'acquisition ou de l'attribution.**

Si plusieurs indivisaires ou plusieurs héritiers exercent simultanément leur faculté d'acquisition ou d'attribution, ils sont réputés, sauf convention contraire, acquérir ensemble la part du défunt à proportion de leurs droits respectifs dans l'indivision ou la succession.

Les dispositions du présent article ne peuvent préjudicier à l'application des dispositions des articles (1) 831 à 832-2.

> **Rédaction antérieure.** (al. 3) Les dispositions du présent article ne peuvent préjudicier à l'application des dispositions des articles 832 à 832-3.

Attribution éliminatoire. L'attribution éliminatoire peut être demandée, sous les conditions prévues par la loi, lors du partage d'une indivision conventionnelle (■ Cass. 1re civ., 3 déc. 2014, n° 13-27.627 : *RTD imm.* 2015/1, 55, obs. Painchaux ; *Gaz. Pal.* 20 mars 2015, 23, note Depret).

Art. 1873-14 *(L. n° 76-1286, 31 déc. 1976 ; mod., L. n° 2006-728, 23 juin 2006)* (1). **– La faculté d'acquisition ou d'attribution est caduque si son bénéficiaire ne l'a pas exercée par une notification faite aux indivisaires survivants et aux héritiers du prédécédé dans le délai d'un mois à compter du jour où il aura été mis en demeure de prendre parti. Cette mise en demeure ne peut elle-même avoir lieu avant l'expiration du délai prévu au titre « *Des successions* » pour faire inventaire et délibérer.**

> **Rédaction antérieure.** La faculté d'acquisition ou d'attribution est caduque si son bénéficiaire ne l'a pas exercée par une notification faite aux indivisaires survivants et aux héritiers du prémourant dans le délai d'un mois à compter du jour où il aura été mis en demeure de prendre parti. Cette mise en demeure ne peut elle-même avoir lieu avant l'expiration du délai prévu au titre « Des successions » pour faire inventaire et délibérer.

Lorsqu'il n'a pas été prévu de faculté d'acquisition ou d'attribution, ou que celle-ci est caduque, la quote-part du défunt échoit à ses héritiers ou légataires. En pareil cas, la convention d'indivision sera réputée conclue pour une durée indéterminée à compter de l'ouverture de la succession.

Art. 1873-15 *(L. n° 76-1286, 31 déc. 1976).* **– L'article 815-17 est applicable aux créanciers de l'indivision, ainsi qu'aux créanciers personnels des indivisaires.**

Toutefois, ces derniers ne peuvent provoquer le partage que dans les cas où leur débiteur pourrait lui-même le provoquer. Dans les autres cas, ils peuvent poursuivre la saisie et la vente de la quote-part de leur débiteur dans l'indivision en suivant les formes prévues par le Code de procédure civile. Les dispositions de l'article 1873-12 sont alors applicables.

Présomption de propriété contenue dans le contrat de mariage. Les dispositions de l'article 1873-15, al. 2, d'après lesquelles les créanciers personnels ne peuvent provoquer le partage que dans les cas où leur débiteur pourrait lui-même le provoquer, ne sont applicables qu'aux conventions relatives à l'exercice des droits indivis réglementées par les articles 1873-2 et 1873-3. L'existence d'une telle convention ne saurait résulter de la simple présomption de propriété indivise résultant de la clause du contrat de mariage visant l'acquisition d'un immeuble au nom des deux époux (■ Cass. 1re civ., 28 févr. 1984, n° 83-10.403 : *JurisData* n° 1984-700378 ; *D.* 1984, inf. rap. 477, obs. Martin ; *Bull. civ.* I, n° 76, p. 62).

CHAPITRE II. – DES CONVENTIONS RELATIVES À L'EXERCICE DES DROITS INDIVIS EN PRÉSENCE D'UN USUFRUITIER

(L n° 76-1286, 31 déc. 1976)

Art. 1873-16 *(L. n° 76-1286, 31 déc. 1976).* **– Lorsque les biens indivis sont grevés d'un usufruit, des conventions, soumises en principe aux dispositions du chapitre précédent, peuvent être conclues, soit entre les nus-propriétaires, soit entre les usufruitiers, soit entre les uns et les autres. Il peut y avoir pareillement convention entre ceux qui sont en indivision pour la jouissance et celui qui est nu-propriétaire de tous les biens, de même qu'entre l'usufruitier universel et les nus-propriétaires.**

Art. 1873-17 *(L. n° 76-1286, 31 déc. 1976).* **– Lorsque les usufruitiers n'ont pas été parties à la convention, les tiers qui ont traité avec le gérant de l'indivision ne peuvent se prévaloir au préjudice des droits d'usufruit des pouvoirs qui lui auraient été conférés par les nus-propriétaires.**

(1) Dispositions d'application : V. L. n° 2006-728, 23 juin 2006, art. 47, II, p. 3262.

Art. 1873-18 *(L. n° 76-1286, 31 déc. 1976)*. **– Lorsque la convention passée entre usufruitiers et nus-propriétaires prévoit que des décisions seront prises à la majorité en nombre et en parts, le droit de vote afférent aux parts est divisé par moitié entre l'usufruit et la nue-propriété, à moins que les parties n'en soient autrement convenues.**

Toute dépense excédant les obligations de l'usufruitier, telles qu'elles sont définies par les articles 582 et suivants, ne l'engage qu'avec son consentement donné dans la convention elle-même ou par un acte ultérieur.

L'aliénation de la pleine propriété des biens indivis ne peut être faite sans l'accord de l'usufruitier, sauf le cas où elle est provoquée par les créanciers habiles à poursuivre la vente.

La loi du 31 décembre 1976 est entrée en vigueur le 1er juillet 1977. Elle est applicable aux indivisions existant à cette date. Toutefois, les conventions tendant au maintien de l'indivision et conclues avant la promulgation de la loi restent régies par les dispositions en vigueur au jour de ladite promulgation à moins que les parties ne décident de mettre, pour l'avenir, leurs conventions en conformité des dispositions de la présente loi (art. 9).

TITRE X. – DU PRÊT

Art. 1874 *(Mod., L. n° 2009-526, 12 mai 2009)*. **– Il y a deux sortes de prêt :**

Celui des choses dont on peut user sans les détruire ;

Et celui des choses qui se consomment par l'usage qu'on en fait ;

La première espèce s'appelle *prêt à usage* ;

La deuxième s'appelle *prêt de consommation*, ou simplement *prêt*.

Bibliographie : P. Mistretta, *La durée du prêt : entre pouvoir du juge et liberté contractuelle : JCP* 2000, I, 234. ● S. Bros, *« Le dualisme du prêt en question » in Mélanges en l'honneur de M.-S. Payet : D.* 2011, 101. ● E. Savaux et R.-N. Schütz, *« Quelques enseignements sur le contrat de prêt fournis par la restitution de la chose empruntée » in Mélanges en l'honneur de M.-S. Payet : D.* 2011, 505.

1) Valeurs mobilières. Le prêt de valeurs mobilières constitue un prêt de consommation lorsque l'emprunteur a l'obligation de rendre des titres de même nature et de même qualité (▪ Cass. civ., 8 mai 1950 : *JCP* 50, II, 5602, note Delaire. ▪ Angers, 8 nov. 1960 : *JCP* 61, II, 11984, note P. E.). Mais il y a prêt à usage si l'emprunteur doit restituer des titres numérotés (▪ Cass. crim., 11 mai 1901 : *DP* 1902, 1, 415. – V. en ce sens pour le prêt de lingots d'or individualisés, ▪ T. corr. Seine, 21 oct. 1958 : *Gaz. Pal.* 1958, 2, 337).

2) Preuve de l'existence du prêt. La preuve de la remise des fonds à une personne ne suffit pas à justifier son obligation de restituer la somme reçue par elle, le juge devant constater que la preuve du prêt litigieux est rapportée conformément aux règles qui gouvernent la preuve des actes juridiques (▪ Cass. 1re civ., 7 févr. 1961 : *JCP* 1961, IV, 43 ; *Bull. civ.* I, n° 86, p. 71. – Comp. ▪ Cass. 3e civ., 19 févr. 1970, n° 68-12.892 : *JurisData* n° 1970-098129 ; *Bull. civ.* III, n° 127, p. 92. ▪ Cass. 1re civ., 4 déc. 1984, n° 83-14.360 : *JurisData* n° 1984-702025 ; *Bull. civ.* I, n° 324). Dans le même sens, ▪ Cass. 1re civ., 8 avr. 2010, n° 09-10.977 : *JurisData* n° 2010-003464 ; *Bull. civ.* 2010, I, n° 89 ; *JCP* 2010, act. 436, Dissaux ; *Contrats, conc. consom.* 2010, comm. 175, obs. L. Leveneur ; *Dr. et patrimoine* juill. 2010, 100 et 102, obs. L. Aynès et P. Stoffel-Munck ; *D.* 2010, 2092, n° 5, obs. C. Creton ; *JCP* N 2010, chron. 1230, n° 8, obs. S. Piédelièvre). V. aussi ▪ Cass. 1re civ., 9 févr. 2012, n° 10-28.475 : *Bull. civ.* I, n° 25 ; *JCP* G 2012, act. 200, obs. B. Waltz ; *Gaz. Pal.* 21 mars 2012, p. 13, obs. S. Piédelièvre : il incombe à celui qui a sciemment acquitté la dette d'autrui, sans être subrogé dans les droits du créancier, de démontrer que la cause dont procédait ce paiement impliquait, pour le débiteur, l'obligation de lui rembourser la somme ainsi versée (obligation de prouver l'existence du prêt pour celui qui demande restitution). – Sur l'impossibilité d'utiliser l'action en enrichissement sans cause – en raison de son caractère subsidiaire – pour pallier la carence du demandeur dans l'administration de la preuve du prêt, V. ▪ Cass. 1re civ., 31 mars 2011, n° 09-13.966, *Bull. civ.* I, n° 167 ; *Contrats, conc. consom.* 2011, comm. 136, obs. L. Leveneur ; *LPA* 13 juill. 2011, 21, note Y. Dagorne-Labbé ; *D.* 2011, 2891, I. Gelbard-Le Dauphin.

CHAPITRE I. – DU PRÊT À USAGE OU COMMODAT

Section I. – De la nature du prêt à usage

Art. 1875 *(Mod., L. n° 2009-526, 12 mai 2009).* **– Le prêt à usage est un contrat par lequel l'une des parties livre une chose à l'autre pour s'en servir, à la charge par le preneur de la rendre après s'en être servi.**

Bibliographie : C. Mauro, *Permanence et évolution du commodat : Defrénois* 2000, 1024.

1) **Absence de transfert de la possession.** Le prêt à usage d'un immeuble n'emporte aucun transfert de la possession (■ Cass. 1re civ., 5 juill. 1960 : *JurisData* n° 1960-000365 ; *D.* 1960, 709).

2) Sur la **distinction entre prêt à usage et dépôt**, V. ■ Cass. civ., 22 févr. 1897 : *DP* 1901, 1, 75.

3) Sur la **distinction entre don manuel et prêt à usage** de bijoux de famille, V. ■ Cass. 1re civ., 23 mars 1983 : *JurisData* n° 1983-700853 ; *JCP* 84, II, 20202, note Barbièri ; *Defrénois* 1984, 182, note Breton.

4) **Sur la distinction entre prêt à usage et contrat de transport**, V. ■ Cass. 1re civ., 20 mai 2010, n° 09-65.835 : *Contrats, conc. consom.* 2010, comm. 201, obs. L. Leveneur ; *Rev. dr. transp.* oct. 2010, 30, obs. Ph. Delebecque ; *RGDA* 2010, 801, note F. Turgné.

5) **L'obligation de restituer la chose** est de l'essence du contrat (■ Cass. civ., 29 janv. 1877 : *DP* 1877, 1, 280. ■ Cass. 1re civ., 12 nov. 1998, n° 96-19.549 : *JurisData* n° 1998-004243 ; *JCP* G 98, IV, 3513 ; *JCP* N 99, 547, note Moizard ; *JCP* E 99, 1682, note M. Audit ; *D.* 1999, 414, note Langlade-O'Sughrue ; *Contrats, conc. consom.* 1999, 22, note Leveneur ; *Bull. civ.* I, n° 312, p. 216 ; *RTD civ.* 1999, 129, obs. Gautier ; *Defrénois* 1999, 802, obs. Bénabent). L'emprunteur doit restituer même s'il n'a pas été en demeure de le faire (■ Cass. 1re civ., 4 janv. 1977, n° 75-11.348 : *JurisData* n° 1977-000004 ; *Bull. civ.* I, n° 4, p. 3), sous réserve de respecter un délai de préavis raisonnable (■ Cass. 1re civ., 10 mai 2005 : *JCP* 2005, IV, 2417 ; *JurisData* n° 2005-026520 ; *Bull. civ.* I, n° 204, p. 173 ; *Defrénois* 2005, 1154, note Crône). Mais jugé que la restitution *in specie* ne doit être ordonnée que s'il s'attache à la chose une valeur autre qu'économique, par exemple sentimentale, et que tel n'est pas le cas lorsque le contrat commercial en cause ne met en jeu qu'un intérêt pécuniaire (■ Pau, 15 févr. 1973 : *JCP* 73, II, 17584, note J. B.). Sur le lieu de la restitution, *V.* ■ *Cass. 1re civ.*, 30 sept. 2003 : *JurisData* n° 2003-020388 ; *JCP* 2003, IV, 2830 ; *Contrats, conc. consom.* 2003, 175, note Leveneur ; *Bull. civ.* I, n° 197, p. 154.

6) **Mise à disposition par un magasin de chariots.** Le fait par un magasin self-service de mettre à la disposition de ses clients éventuels des chariots destinés à transporter les marchandises achetées par ses clients s'analyse en une offre de prêt à usage ou commodat (■ Rennes, 19 déc. 1972 : *D.* 1973, 650).

7) **Placement « au pair » d'un cheval de selle.** En l'absence d'un contrat écrit, la convention verbale de placement « au pair » d'un cheval de selle par le propriétaire chez un preneur qui peut ainsi monter gratuitement l'animal à charge de le nourrir est un prêt à usage ou commodat (■ Bordeaux, 13 nov. 1979 : *JurisData* n° 1979-070098 ; *JCP* 80, IV, 390).

8) **Usage personnel par l'emprunteur.** Le commodat suppose que l'emprunteur doit se servir personnellement de la chose (■ Cass. 1re civ., 3 nov. 1988, n° 87-13.319 : *JurisData* n° 1988-702408 ; *Bull. civ.* I, n° 300, p. 205 ; *JCP* 89, IV, 3 ; *RTD civ.* 1989, 570, obs. Rémy).

9) **Mise à disposition dans le cadre d'un stage.** La mise à disposition d'un local au stagiaire d'un lycée agricole constitue l'accessoire du contrat de stage et non un prêt à usage (■ Cass. 1re civ., 8 juin 1999, n° 97-15.969 : *JurisData* n° 1999-002356 ; *D.* 2000, 423, note Julien).

10) **Bijoux de famille.** Un bijou de famille ne pouvant être donné à un tiers, il est simplement remis à charge de restitution (■ Cass. 1re civ., 30 oct. 2007, n° 05-14.258 : *JurisData* n° 2007-041139 ; *Contrats, conc. consom.* 2008, 37, note Leveneur).

11) **Terrain à usage agricole.** Le prêt à usage agricole de terres autorise l'emprunteur à faire consommer l'herbe par ses animaux ou à la récolter (■ Cass. 1re civ., 18 févr. 2009, n° 08-11234 : *RDC* 2009/3, 1138, obs. Puig).

12) **Bien immatériel.** Pour une extension de la notion de prêt à usage à la mise à disposition d'un livre dématérialisé par une bibliothèque, V. ■ CJUE, 10 nov. 2016, aff. C-174/15 : *RTD civ.* 2017, 173, obs. Gautier ; *CCE* 2017, n° 3, note Loiseau ; *Propr. intell.* 2017, 19, obs. Lucas, concernant l'application d'une directive du 12 décembre 2006 sur le droit de location et de prêt.

Art. 1876. – Ce prêt est essentiellement gratuit.

1) **Application.** Dès lors qu'ils constatent que les occupants d'un pavillon meublé versaient à son propriétaire une indemnité mensuelle, les juges du fond ne peuvent sans contradiction qualifier prêt la convention onéreuse en vertu de laquelle les lieux étaient occupés (■ Cass. soc., 31 janv. 1958 : *D.* 1958, 449. V. en ce sens pour le fait de confier, en vue de sa vente, une voiture à un acheteur potentiel, ■ Nancy, 31 janv. 2000 : *JurisData* n° 2000-130691 ; *JCP* 2001, IV, 1959. V. aussi pour le contrat mettant à la charge du collaborateur du dentiste titulaire du bail une rétrocession de partie de ses honoraires ■ Cass. 3e civ., 22 oct. 2003, n° 02-12.977 : *JurisData* n° 2003-020619 ; *Loyers et copr.* 2004, 4, note Vial-Pedroletti ; *JCP* 2003, IV, 2963 ; *Defrénois* 2004, 445, obs. Aubert ; *RDC* 2004, 362, obs. Seube, pour la convention mettant à la charge d'une société toutes les charges afférentes à l'exploitation du bien ■ Cass. 3e civ., 14 janv. 2004, n° 02-12.663 : *JurisData* n° 2004-021788 ; *RDC* 2004, 708, obs. Seube). Dès lors qu'une indemnité à la charge de l'acquéreur est prévue par la convention par laquelle le vendeur met une propriété rurale à la disposition de son cocontractant afin de lui permettre d'exploiter immédiatement les lieux dans l'attente de la décision d'octroi de prêt, l'opération est à titre onéreux et relève du statut des baux ruraux (■ Cass. 3e civ., 17 oct. 2007, n° 06-12.533 : *JCP* N 2008, 34, obs. Barbièri ; *RDC* 2008, 383, obs. Seube).

2) **Redevance d'entretien.** L'entretien des immeubles occupés ne peut être considéré comme l'équivalent d'un loyer (■ T. civ. Seine, 17 mai 1954 : *D.* 1954, 581).

3) **Avantage commun des parties.** Le contrat par lequel un garage met gracieusement à la disposition d'un conducteur une voiture pour participer à un rallye automobile, s'il revêt les apparences d'un commodat, n'est cependant pas un contrat de pure bienfaisance puisque le prêteur et le commodataire peuvent l'un et l'autre éventuellement retirer un avantage de l'utilisation du véhicule aux fins convenues (■ Cass. 1re civ., 9 mai 1966 : *JurisData* n° 1966-000272 ; *JCP* 66, IV, 90 ; *Bull. civ.* I, n° 272, p. 210).

4) **Commodat détachable d'un contrat à titre onéreux.** Lorsqu'une société met gratuitement un engin à la disposition d'une autre société, les juges du fond peuvent décider qu'il y a un commodat détachable du marché de sous-traitance liant d'autre part les deux sociétés (■ Cass. com., 27 janv. 1969, n° 67-10.562 : *JCP* 69, IV, 64 ; *Bull. civ.* IV, n° 27, p. 26. – Comp., pour le prêt de cuves accessoire à un contrat de distribution conclu entre une société pétrolière et un pompiste, ■ Pau, 15 févr. 1973 : *JCP* 73, II, 17584, note J. B.).

5) **Préjudice résultant du défaut de restitution.** Le caractère gratuit du prêt n'exclut pas l'existence d'un préjudice lorsque la chose n'est pas restituée au prêteur (■ Cass. 1re civ., 10 mai 1989, n° 87-10.875 : *JurisData* n° 1989-001465 ; *JCP* 89, IV, 258 ; *Bull. civ.* I, n° 191, p. 127).

Art. 1877. – Le prêteur demeure propriétaire de la chose prêtée.

Art. 1878. – Tout ce qui est dans le commerce, et qui ne se consomme pas par l'usage, peut être l'objet de cette convention.

Art. 1879 ***(Mod., L. n° 2009-526, 12 mai 2009).*** **– Les engagements qui se forment par le prêt à usage passent aux héritiers de celui qui prête, et aux héritiers de celui qui emprunte.**

Mais si l'on n'a prêté qu'en considération de l'emprunteur, et à lui personnellement, alors ses héritiers ne peuvent continuer de jouir de la chose prêtée.

Section II. – Des engagements de l'emprunteur

Art. 1880. – ***(Mod., L. n° 2014-873, 4 août 2014)*** **L'emprunteur est tenu de veiller raisonnablement à la garde et à la conservation de la chose prêtée. Il ne peut s'en servir qu'à l'usage déterminé par sa nature ou par la convention ; le tout à peine de dommages-intérêts, s'il y a lieu.**

1) **Exonération.** Sur le principe que l'emprunteur peut s'exonérer en rapportant la preuve de l'absence de faute de sa part ou d'un cas fortuit, V. ■ Cass. 1re civ., 6 oct. 1999, n° 98-10.697 : *JurisData* n° 1999-003472 ; *Resp. civ. et assur.* 2000, 23.

2) **Incendie de la chose prêtée.** L'emprunteur est responsable lorsque la chose prêtée est détruite à la suite d'un incendie dont les causes sont demeurées inconnues (■ Cass. 1re civ., 5 juill. 1960 : *D.* 1975, 648, note Ponsard. ■ Cass. 1re civ.,

29 avr. 1985, n° 84-13.286 : *JurisData* n° 1985-701394 ; *Bull. civ.* I, n° 133, p. 124. ▪ Cass. 1re civ., 6 nov. 2002, n° 99-21.136 : *JurisData* n° 2002-016354 ; *Resp. civ. et assur.* 2003, 49 ; *Contrats, conc. consom.* 2003, 37, note Leveneur ; *RDC* 2003, 130, obs. Seube). En cas de perte d'une chose ayant fait l'objet d'un prêt à usage ou commodat, l'emprunteur ne peut s'exonérer qu'en rapportant la preuve de l'absence de faute de sa part ou d'un cas fortuit (▪ Cass. 1re civ., 28 juin 2012, n° 11-17.629 : *Contrats, conc. consom.* 2012, comm. 226, obs. Leveneur – incendie de la chose prêtée ; *RTD com.*, 698, obs. Bouloc). Dans le même sens, ▪ Cass. 1re civ., 6 févr. 1996, n° 94-10.784 : *JurisData* n° 1996-000404 ; *JCP* 96, IV, 753 ; *Bull. civ.* I, n° 68, p. 44 ; *Defrénois* 1996, 1435, obs. Bénabent ; *Resp. civ. et assur.* 1996, 140, chalet détruit dans un incendie en l'absence des emprunteurs. V. aussi, dans la même hypothèse, ▪ Cass. 1re civ., 1er mars 2005, n° 02-17.537 : *Bull. civ.* I, n° 103, p. 89. – Aj., ▪ Cass. 1re civ., 6 mai 1997, n° 95-14.125 : *JurisData* n° 1997-002307 ; *JCP* 97, IV, 1343 ; *Bull. civ.* I, n° 144, p. 96, incendie d'un tracteur prêté en vue de son achat.

3) Contamination de la parcelle prêtée. Sur la responsabilité de l'emprunteur d'une parcelle qui la contamine en organisant des parties de « ball trap », V. ▪ Cass. 1re civ., 10 oct. 1995, n° 93-15.626 : *JurisData* n° 1995-002620 ; *Bull. civ.* I, n° 350, p. 247 ; *D.* 1996, somm. 118, obs. Delebecque ; *Resp. civ. et assur.* 1996, 29.

4) Défaut d'occupation de l'immeuble. L'emprunteur n'est pas tenu d'être présent en permanence dans l'immeuble prêté (▪ Reims, 9 déc. 2002 : *JurisData* n° 2002-206742 ; *JCP* 2003, IV, 2501).

Art. 1881. – **Si l'emprunteur emploie la chose à un autre usage, ou pour un temps plus long qu'il ne le devrait, il sera tenu de la perte arrivée, même par cas fortuit.**

Art. 1882. – **Si la chose prêtée périt par cas fortuit dont l'emprunteur aurait pu la garantir en employant la sienne propre, ou si, ne pouvant conserver que l'une des deux, il a préféré la sienne, il est tenu de la perte de l'autre.**

Art. 1883. – **Si la chose a été estimée en la prêtant, la perte qui arrive, même par cas fortuit, est pour l'emprunteur, s'il n'y a convention contraire.**

Art. 1884. – **Si la chose se détériore par le seul effet de l'usage pour lequel elle a été empruntée, et sans aucune faute de la part de l'emprunteur, il n'est pas tenu de la détérioration.**

Détérioration pour faute. Celui qui emprunte une chose à titre gratuit est tenu de réparer les détériorations occasionnées par sa faute (▪ Cass. 2e civ., 17 janv. 2013, n° 11-29.032 : *Contrats, conc. consom.* 2013, comm. 72, obs. Leveneur).

Art. 1885. – **L'emprunteur ne peut pas retenir la chose par compensation de ce que le prêteur lui doit.**

Prise en compte de l'ensemble des relations contractuelles unissant les parties. Les juges du fond ne peuvent refuser à l'emprunteur d'un matériel l'exercice d'un droit de rétention sur celui-ci pour garantir le paiement d'une créance qu'il a contre le prêteur sans rechercher si la remise à l'emprunteur du matériel litigieux était détachable de l'ensemble des relations contractuelles unissant les parties (▪ Cass. 1re civ., 28 févr. 1989, n° 87-13.374 : *JurisData* n° 1989-700469 ; *JCP* 89, IV, 164 ; *Bull. civ.* I, n° 100, p. 64).

Art. 1886. – **Si, pour user de la chose, l'emprunteur a fait quelque dépense, il ne peut pas la répéter.**

Dépenses nécessaires pour user de la conservation de la chose. Absence de répétition. En vertu de l'article 1890 du Code civil, seules peuvent être répétées les dépenses extraordinaires, nécessaires et tellement urgentes que l'emprunteur n'a pu en prévenir le prêteur ; selon l'article 1886, toutes autres dépenses que ferait l'emprunteur, y compris pour user de la chose, ne sont pas soumises à répétition (▪ Cass. 1re civ., 13 juill. 2016, n° 15-10.474 : *Contrats, conc. consom.* 2016, comm. 228, Leveneur ; travaux de rénovation et d'amélioration effectués sur l'immeuble prêté, absence de répétition alors que les juges du fond avaient jugé les dépenses nécessaires pour user de l'immeuble prêté).

Art. 1887. – **Si plusieurs ont conjointement emprunté la même chose, ils en sont solidairement responsables envers le prêteur.**

Prêt d'une somme d'argent. Solidarité (non). L'article 1887 ne concerne pas le prêt d'une somme d'argent mais le prêt à usage (■ Cass. 1re civ., 20 févr. 2001 : *Contrats, conc. consom.* 2001, 85, note Leveneur ; *RTD civ.* 2001, 907, obs. Gautier).

Section III. – Des engagements de celui qui prête à usage

Art. 1888. – Le prêteur ne peut retirer la chose prêtée qu'après le terme convenu, ou, à défaut de convention, qu'après qu'elle a servi à l'usage pour lequel elle a été empruntée.

1) Caractère d'ordre public (non). L'article 1888 n'est pas d'ordre public et le retrait de la chose peut être laissé à la discrétion du prêteur (■ Aix-en-Provence, 16 mai 1973 : *D.* 1974, 676, note Bories).

2) Prêt à durée indéterminée. Nécessité d'une réclamation. Sur la nécessité pour le prêteur de réclamer la restitution en cas de prêt à durée indéterminée, V. ■ Cass. 1re civ., 4 juill. 1979 : *RTD civ.* 1980, 368, obs. Cornu.

3) Prêt à durée indéterminée. Usage permanent. Les dispositions de l'article 1888 ne sont applicables, lorsque aucun terme n'a été fixé, que si l'usage d'une chose pour un besoin déterminé requiert une certaine durée (■ Cass. 1re civ., 10 mai 1989, n° 87-10.875 : *JurisData* n° 1989-001465 ; *Bull. civ.* I, n° 191, p. 127). Lorsque aucun terme n'a été convenu pour le prêt d'une chose d'un usage permanent, sans qu'aucun terme naturel soit prévisible, le prêteur est en droit d'y mettre fin à tout moment, en respectant un délai de préavis raisonnable (■ Cass. 1re civ., 3 févr. 2004, n° 01-00.004 : *JurisData* n° 2004-022091 ; *D.* 2004, 903, note Noblot ; *Contrats, conc. consom.* 2004, 53, note Leveneur ; *JCP* E 2004, 831, note Garnier ; *Bull. civ.* I, n° 34, p. 28 ; *Defrénois* 2004, 1452, note Crône ; *RTD civ.* 2004, 312, obs. Gautier ; *RDC* 2004, 647, obs. Stoffel-Munck ; ■ Cass. 3e civ., 19 janv. 2005, n° 03-16.623 : *JurisData* n° 2005-026520 ; *Contrats, conc. consom.* 2005, 103, note Leveneur ; *Bull. civ.* III, n° 12, p. 10 ; *D.* 2005, 2439, 1re esp., note Dagorne-Labbe ; ■ Cass. 1re civ., 10 mai 2005, n° 02-17.256 : *JurisData* n° 2005-028324 ; *Contrats, conc. consom.* 2005, 163, note Leveneur ; *D.* 2005, 2439, 2e esp., note Dagorne-Labbe ; ■ Cass. 3e civ., 4 avr. 2007, n° 06-12.195 : *D.* 2007, p. 2757, chron. C. Cass, Monge et Nési. V. aussi ■ Cass. 1re civ., 24 sept. 2009, n° 08-10.517 : *Bull. civ.* I, n° 177 ; *RDC* 2010/1, 144, obs. Puig ; *Contrats, conc. consom.* 2010, comm. 3, obs. Leveneur ; *JCP* 2009, n° 42, 326, obs. Bléry ; *ibid.*, n° 45, 401, note Bléry ; *JCP* 2010, n° 19-20, 546, n° 15, obs. Amrani-Mekki ; *D.* 2010, 528, obs. Sommer et Leroy-Gissinger ; *RTD civ.* 2010, 147, obs. Théry ; *RTD civ.* 2010, 129, obs. Gautier qui refuse au prêteur la possibilité d'invoquer le droit de résiliation unilatérale du prêt à durée indéterminée, qu'il n'avait pas invoqué dès la première instance en expulsion, en raison du principe de concentration des moyens (revirement de jurisprudence quant au droit de résiliation unilatérale intervenu après la première instance). ■ Cass. 1re civ., 3 juin 2010, n° 09-14.633 : *Bull. civ.* 2010, I, n° 127 ; *JCP* G 2010, note 1146, Mekki ; *RTD civ.* 2010, 557, obs. Fages ; *JCP* G 2010, doctr. 983, n° 2, obs. P. Grosser ; *JCP* E 2010, n° 51-52, 30, obs. Grignon, qui décide que le respect effectif des libertés syndicales, autres que celles propres à la fonction publique territoriale, ne crée aucune obligation aux communes de consentir des prêts gracieux et perpétuels de locaux de leur domaine privé. *Contra*, antérieurement, décidant qu'à défaut de terme convenu, le prêteur d'un appartement ne peut retirer la chose qu'après que le besoin de l'emprunteur a cessé, ■ Cass. 1re civ., 19 nov. 1996, n° 94-20.446 : *JurisData* n° 1996-004410 ; *JCP* 1997, IV, 89 ; *D.* 1997, 145, note crit. Bénabent ; *Bull. civ.* I, n° 407, p. 284. Comp., laissant au juge le soin de déterminer la durée du prêt, ■ Cass. 1re civ., 12 nov. 1998, n° 96-19.549 : *JurisData* n° 1998-004243 ; *JCP* G 1999, II, 10157, note Audit ; *JCP* N 1999, 547, note Moizard ; *Contrats, conc. consom.* 1999, 22, note Leveneur ; *Bull. civ.* I, n° 312, p. 216 ; *RTD civ.* 1999, 129, obs. Gautier ; ■ Cass. 1re civ., 29 mai 2001 : *JCP* G 2001, IV, 2337 ; *JCP* E 2002, 496 ; *Contrats, conc. consom.* 2001, 131, note Leveneur ; *D.* 2002, 30, concl. Sainte-Rose ; *JurisData* n° 2001-009830 ; *Bull. civ.* I, n° 153, p. 100).

4) Prêt à durée déterminée. Mise en demeure (non). Dès lors que la durée du prêt est déterminée, l'emprunteur doit restituer à l'arrivée du terme ou, dans le cas d'une résiliation judiciaire, au moment où cette résiliation prend effet, sans que le prêteur ait à le mettre en demeure (■ Cass. com., 7 déc. 1993, n° 91-11.364 : *JurisData* n° 1993-002436 ; *Bull. civ.* IV, n° 461, p. 335).

Art. 1889. – Néanmoins, si, pendant ce délai, ou avant que le besoin de l'emprunteur ait cessé, il survient au prêteur un besoin pressant et imprévu de sa chose, le juge peut, suivant les circonstances, obliger l'emprunteur à la lui rendre.

1) Justification du besoin pressant. En cas de prêt par deux époux d'un appartement à leur fils pour que celui-ci s'y installe avec son épouse et ses trois enfants, doit être rejetée la demande des prêteurs qui ne justifient ni d'une limitation de la durée du prêt ni d'un besoin pressant de reprendre leur bien (■ Cass. 1re civ., 3 févr. 1993 : *JCP* 94, II, 22239, note Morgand-Cantegrit ; *D.* 1994, 248, 1re esp., note Bénabent ; *RTD civ.* 1994, 125, obs. Gautier. Comp. ■ Cass. 1re civ., 8 déc. 1993 : *D.* 1994, 248, 2e esp.). Le « besoin » est celui de récupérer la chose pour l'utiliser, en l'espèce pour habiter la maison, condition qui n'est pas remplie dans le cas d'un prêteur qui dispose d'une habitation (■ Rouen, 4 janv. 2005 : *JCP* 2005, IV, 3208 ; *JurisData* n° 277161).

2) Cessation du besoin de l'emprunteur. Sur le principe qu'à défaut de terme convenu, le prêteur ne peut retirer la chose qu'après que le besoin de l'emprunteur a cessé, V. ■ Cass. 1re civ., 19 nov. 1996, préc.

Art. 1890. – Si, pendant la durée du prêt, l'emprunteur a été obligé, pour la conservation de la chose, à quelque dépense extraordinaire, nécessaire, et tellement urgente qu'il n'ait pas pu en prévenir le prêteur, celui-ci sera tenu de la lui rembourser.

1) Obligation d'entretien du prêteur (non). Le prêteur, contrairement au bailleur, n'est pas tenu de garantir à l'emprunteur d'entretenir la chose en état de servir à l'usage pour lequel elle lui a été remise (■ Reims, 9 déc. 2002 : *JurisData* n° 2002-206742 ; *JCP* 2003, IV, 2501).

2) Dépenses nécessaires pour user de la conservation de la chose. Absence de répétition. En vertu de l'article 1890 du Code civil, seules peuvent être répétées les dépenses extraordinaires, nécessaires et tellement urgentes que l'emprunteur n'a pu en prévenir le prêteur ; selon l'article 1886, toutes autres dépenses que ferait l'emprunteur, y compris pour user de la chose, ne sont pas soumises à répétition (■ Cass. 1re civ., 13 juill. 2016, n° 15-10.474 : *Contrats, conc. consom.* 2016, comm. 228, Leveneur ; travaux de rénovation et d'amélioration effectués sur l'immeuble prêté, absence de répétition alors que les juges du fond avaient jugé les dépenses nécessaires pour user de l'immeuble prêté).

Art. 1891. – Lorsque la chose prêtée a des défauts tels qu'elle puisse causer du préjudice à celui qui s'en sert, le prêteur est responsable, s'il connaissait les défauts et n'en a pas averti l'emprunteur.

1) Connaissance du vice ou du défaut par le prêteur. Le contrat de prêt à usage ou commodat, contrat gratuit, n'entraîne contre le prêteur la responsabilité des défauts préjudiciables de la chose prêtée que si, les connaissant, il n'en a pas averti l'emprunteur (■ Cass. req., 22 févr. 1897 : *DP* 1901, 1, 75). Il appartient au commodataire d'établir que le vice de fabrication que présentait la chose, et qui pour lui était un vice caché, avait pu au cours d'utilisations antérieures être décelé ou tout au moins soupçonné par le prêteur (■ Cass. 1re civ., 26 oct. 1960 : *D.* 1961, 10). À défaut de la preuve de l'existence d'un vice ou défaut de la chose au moment du prêt, le prêteur est exonéré, même s'il est un professionnel (■ Cass. 2e civ., 13 déc. 1973, n° 72-12.915 : *JurisData* n° 1973-099335 ; *Bull. civ.* II, n° 335, p. 272 ; *Gaz. Pal.* 1974, 1, 551, note Plancqueel). Mais jugé que le prêteur professionnel, comme le vendeur professionnel, est tenu de connaître les vices de la chose (■ Douai, 10 déc. 1963 : *Gaz. Pal.* 1964, 1, 231). Est responsable le propriétaire d'une jument qui, pour avoir été lui-même victime d'une chute, savait que l'animal pouvait avoir des réactions brutales et imprévisibles et qui n'en a pas averti l'emprunteur, pour qui ces défauts n'étaient pas apparents (■ Cass. crim., 17 sept. 2002 : *JCP* 2002, IV, 2887 ; *Resp. civ. et assur.* 2002, 368 ; *JurisData* n° 2002-015765).

2) Vice apparent. Le préjudice causé à l'emprunteur par la chose prêtée ne peut être mis à la charge du prêteur que dans la mesure où l'emprunteur, que le prêteur n'avait pas averti, ne pouvait normalement déceler le défaut de la chose, ce qui n'est pas le cas lorsque le vice est apparent (■ Cass. soc., 18 mars 1975, n° 74-11.014 : *JurisData* n° 1975-096151 ; *JCP* 75, IV, 154 ; *Bull. civ.* V, n° 151, p. 133).

3) Caractère contractuel de la responsabilité. L'article 1891 a pour effet de limiter l'étendue de la responsabilité générale et délictuelle prévue en l'article 1386 et d'attribuer ainsi à cette responsabilité en matière de prêt à usage un caractère contractuel (■ Cass. req., 1er avr. 1941 : *S.* 1941, 1, 112).

4) Obligation d'information du prêteur. Le garagiste qui prête un véhicule de remplacement à un client est tenu d'informer celui-ci sur l'étendue des garanties de son contrat d'assurance et sur l'intérêt de souscrire, éventuellement, des garanties complémentaires (■ Cass. 1re civ., 25 nov. 2003 : *JCP* 2004, IV, 1136 ; *JurisData* n° 2003-021052 ; *Contrats, conc. consom.* 2004, 20, note Leveneur ; *Bull. civ.* I, n° 235, p. 186).

CHAPITRE II. – DU PRÊT DE CONSOMMATION OU SIMPLE PRÊT

Section I. – De la nature du prêt de consommation

Art. 1892. – Le prêt de consommation est un contrat par lequel l'une des parties livre à l'autre une certaine quantité de choses qui se consomment par l'usage, à la charge par cette dernière de lui en rendre autant de même espèce et qualité.

Bibliographie : F. Grua, *Le prêt d'argent consensuel* : *D.* 2003, 1492. • A. Gourio et D. Legeais, *Les devoirs du banquier envers son client et les cautions* : *RDC* 2012/3, 1053.

1) Contrat réel. Le prêt qui n'est pas consenti par un établissement de crédit est un contrat réel qui suppose la remise d'une chose (■ Cass. 1re civ., 7 mars 2006 : *Bull. civ.* I, n° 138 ; *JurisData* n° 2006-032543 ; *JCP* 2006, II, 10109, note Piedelièvre ; *Contrats, conc. consom.* 2006, 128, note Leveneur). Dans le même sens, ■ Cass. 1re civ., 19 juin 2008, n° 06-19.056 : *Bull. civ.* I, n° 175 ; *D.* 2008, 2555, note Chénedé ; *RDC* 2009/1, 183, obs. Puig ; *D.* 2008, AJ, 1827, obs. Delpech ; *ibid.*, pan. 2368, obs. Creton, qui décide que la cause du contrat de prêt est constituée par la remise de la chose, laquelle est aussi une condition de formation du prêt demeuré un contrat réel lorsque celui-ci a été consenti par un particulier. En conséquence, n'inverse pas la charge de la preuve l'arrêt qui constate que le débiteur d'une reconnaissance de dette ne rapportait pas la preuve du non-versement de la somme litigieuse, dès lors que l'article 1132 du Code civil met la preuve du défaut ou de l'illicéité de la cause à la charge de celui qui l'invoque (même arrêt). V. aussi, ■ Cass. 1re civ., 14 janv. 2010, n° 08-18.581 : *Bull. civ.* 2010, I, n° 7 ; *JCP* 2010, n° 18, 516, n° 17, obs. Serinet ; *JCP* 2010, n° 14, 380, note Dissaux ; *D.* 2010, 620, note François ; *D.* 2010, 2092, n° 5, obs. C. Creton), qui décide, au visa des articles 1315 et 1332 du Code civil, qu'il incombait aux emprunteurs, qui avaient signé des reconnaissances de dettes et contestaient l'existence de la cause de celles-ci, de prouver que les sommes prêtées ne leur avaient pas été remises. Dans le même sens, ■ Cass. 1re civ., 12 janv. 2012, n° 10-16.413 : *JCP* G 2012, doctr. 561, n° 7, obs. J. Ghestin. V. toutefois, pour une hypothèse où la remise des fonds avait été fixée par les parties à une date postérieure à la reconnaissance de dette, ce dont il résultait que le contrat de prêt ne pouvait être définitivement formé à la date de la reconnaissance et que celle-ci ne faire présumer la cause de l'obligation de l'emprunteur prétendument constituée par cette remise, ■ Cass. 1re civ., 9 févr. 2012, n° 10-27.785 : *Bull. civ.* ; *JCP* G 2012, doctr. 561, obs. J. Ghestin. *Adde*, ■ Cass. 1re civ., 27 févr. 2013 (n° 11-22.640 : *JurisData* n° 2013-003417 ; *Contrats, conc. consom.* 2013, comm. 109, Leveneur), qui applique l'article 1326 du Code civil au motif que les prêts en cause n'étaient pas des contrats synallagmatiques, dès lors qu'ils ne créaient pas d'obligations réciproques, seule l'emprunteuse s'étant engagée. – Un prêt de consommation, contrat réel, ne se réalise que par la remise de la chose prêtée à l'emprunteur lui-même ou à un tiers qui la reçoit et la détient pour le compte de l'emprunteur (■ Cass. 1re civ., 20 juill. 1981, n° 80-12.529 : *JurisData* n° 1981-002523 ; *JCP* 1981, IV, 369 ; *Bull. civ.* I, n° 267, p. 220 ; *Defrénois* 1982, 1085, obs. Aubert). Un prétendu contrat de prêt ne peut constituer un engagement valable à la charge de l'emprunteur supposé lorsqu'il est constant que celui-ci n'a rien reçu ni pu recevoir et que le versement mentionné dans l'acte a été fictif et s'est opéré par un simple jeu d'écriture (■ Cass. req., 29 nov. 1887 : *DP* 1889, 1, 159). Doit être cassé pour violation de l'article 1131 l'arrêt qui, s'agissant de deux reconnaissances de dettes précisant que les sommes ont été prêtées pour permettre l'acquisition de deux immeubles, déboute le créancier de sa demande en remboursement en constatant que les sommes n'ont pu servir à une telle acquisition et que les reconnaissances de dettes ont une fausse cause (■ Cass. 1re civ., 16 févr. 1999, n° 96-16.093 : *JurisData* n° 1999-000686 ; *JCP* 1999, IV, 1660).

2) Contrat consenti par un professionnel du crédit. Contrat réel (non). Sur le principe que les prêts régis par les articles L. 312-7 et suivants du Code de la consommation n'ont pas la nature de contrat réel, V. ■ Cass. 1re civ., 27 mai 1998, n° 96-17.312 : *JurisData* n° 1998-002335 ; *D.* 1999, 194, note Bruschi ; *Defrénois* 1999, 16, note S. Piedelièvre. Le prêt consenti par un professionnel du crédit n'est pas un contrat réel (■ Cass. 1re civ., 28 mars 2000, n° 97-21.422 : *JurisData* n° 2000-001226 ; *JCP* G 2000, II, 10296 ; *JCP* E 2000, 898, concl. Sainte-Rose, et 1383, note Leveneur ; *JCP* N 2000, 1270, note Lochouarn ; *Bull. civ.* I, n° 105, p. 70 ; *Contrats, conc. consom.* 2000, 106, note Leveneur ; *D.* 2000, 482, note S. Piedelièvre ; *Defrénois* 2000, 720, obs. Aubert. ■ Cass. 1re civ., 27 nov. 2001 : *JCP* 2002, II, 10050, note S. Piedelièvre ; *Dr. famille* 2002, 9, note Beignier ; *JurisData* n° 2001-011877). ■ Cass. 1re civ., 27 juin 2006, n° 05-16.905 ; *JurisData* n° 2006-034288 ; *Contrats, conc. consom.* 2006, 221, note Leveneur, qui en déduit que la preuve du contrat de prêt requiert seulement que soit établi l'accord des volontés et qu'il n'appartient pas au prêteur, qui demande remboursement des sommes prêtées, de prouver que ces sommes avaient été effectivement remises à l'emprunteur. *Contra*, ▪ Cass. 1re civ., 14 janv. 2010, n° 08-13.160 : *Bull. civ.* 2010, I, n° 6 ; *JCP* 2010, n° 18, 516, n° 17, obs. Serinet ; *JCP* 2010, n° 14, 380, note Dissaux ; *D.* 2010, 620, note François ; *D.* 2010, 2092, n° 5, obs. C. Creton : si le prêt consenti par un professionnel du crédit est un contrat consensuel, il appartient au prêteur qui sollicite l'exécution de l'obligation de restitution de l'emprunteur d'apporter la preuve de l'exécution préalable de son obligation de remise des fonds. ▪ Cass. 1re civ., 5 juill. 2006, n° 04-12.588 : *Bull. civ.* I, n° 358 ; *D.* 2007, 50, note Ghestin, qui ajoute que l'obligation de l'emprunteur trouve alors sa justification présumée dans la signature de celui qui se présente comme tel, et que si l'emprunteur s'offre à établir que son engagement est en réalité sans justification, la constatation de l'existence effective de celle-ci restitue à la dette sa validité. Le prêt consenti par un professionnel du crédit n'étant pas un contrat réel, c'est dans l'obligation souscrite par le prêteur que l'obligation de l'emprunteur trouve sa cause, dont l'existence, comme l'exactitude, doit être appréciée au moment de la conclusion du contrat (▪ Cass. 1re civ., 19 juin 2008, n° 06-19.753 : *JurisData* n° 2008-044407 ; *Bull. civ.* I, n° 174 ; *Contrats, conc. consom.* 2008, comm. 255, obs. Leveneur ; *D.* 2008, 2555, note Chénedé ; *JCP* 2008, II, 10150, note Constantin ; *JCP* E 2008, 1964, note Legeais ; *RDC* 2008, 1129, obs. Laithier ; *RDC* 2009, 188, obs. Puig ; *D.* 2008, AJ, 1825, obs. Delpech, *ibid.*, pan. 2369, obs. Creton, qui refuse de prendre en compte une utilisation des fonds prêtés non conforme à l'affectation initialement prévue pour caractériser un défaut de cause. – V. aussi ▪ Cass. com., 7 avr. 2009, n° 08-12.192 : *Bull. civ.* IV, n° 54 ; *JCP* 2009, n° 39, 273, n° 8, obs. Ghestin ; *ibid.*, n° 27, 77, note Lasserre Capdeville ; *D.* 2009, 2080, note Ghestin ; *Defrénois* 2009, 1942, note François ; *Dr. et patrimoine* juill. 2009, 87, obs. Aynès et Stoffel-Munck ; *RTD com.* 2009, 598, obs. Legeais ; *JCP* E 2009, 2020, n° 14, obs. Stoufflet ; *Gaz. Pal.* 4 sept. 2009, 8, obs. Bury, qui prend peut-être en compte l'affectation des fonds prêtés).

3) Preuve de l'existence du prêt. V. *supra*, sous art. 1874, annot. n° 2, p. 1577.

4) Tradition (remise à un tiers). La tradition est réputée faite lorsque la chose prêtée a été remise à un tiers, notamment au notaire rédacteur de l'acte d'emprunt, qui l'a reçue et la détient pour le compte de l'emprunteur (▪ Cass. req., 15 mars 1886 : *DP* 1887, 1, 28). La tradition de la somme prêtée est réputée faite lorsque le prêteur a remis les fonds à un tiers à la demande de l'emprunteur (▪ Cass. 1re civ., 22 juin 2004, n° 01-14.165 : *JurisData* n° 2004-024258 ; *JCP* E 2004, 1820, note Piedelièvre ; *Contrats, conc. consom.* 2004, 153, note Leveneur ; *Bull. civ.* I, n° 175, p. 145).

5) Ouverture de crédit. L'ouverture de crédit, qui constitue une promesse de prêt, donne naissance à un prêt, à concurrence des fonds utilisés par le client (▪ Cass. com., 21 janv. 2004, n° 01-01.129 : *JurisData* n° 2004-022000 ; *JCP* G 2004, II, 10062, note Piedelièvre ; *JCP* E 2004, 649, note Salati). Sur le prêt résultant du découvert bancaire, V. ▪ Paris, 28 juin 1989 : *JurisData* n° 1989-600720 ; *D.* 1989, 563, note Martin. ▪ Paris, 24 mai 1989 : *JurisData* n° 1989-605067 ; *D.* 1989, 623, note Gavalda et Stoufflet.

6) Indivisibilité entre prêt et vente. Ayant constaté que l'offre de crédit était affectée au contrat principal et avait été renseignée par le vendeur, et que le prêteur avait remis les fonds empruntés entre les mains de ce dernier, la cour d'appel a caractérisé l'existence d'une indivisibilité conventionnelle entre les contrats de vente et de prêt au sens de l'article 1218 du Code civil ; la résolution du contrat de vente doit donc entraîner celle du contrat de crédit (▪ Cass. 1re civ., 10 sept. 2015, n° 14-13.658 : *RDC* 2016/1, obs. Laithier ; *Contrats, conc. consom.* 2015, comm. 274, Leveneur ; *RTD com.* 2015, 723, obs. Legeais ; *JCP* 2015, 1138, note Lasserre Capdeville ; *Defrénois* 2016, 69, obs. Lécuyer et Seube ; *JCP* E 2016, 1021, obs. Seube ; *Gaz. Pal.* 5 janv. 2016, 37, obs. Houtcieff ; *Dr. et patrimoine* févr. 2016, 72, obs. Stoffel-Munck ; *D.* 2016, 566, Mekki). Dans le même sens, ▪ Cass. 1re civ., 10 sept. 2015, n° 14-17.772. V. aussi, ▪ Cass. 1re civ., 1er juill. 1997, n° 95-15.642 : *Bull. civ.* 1997, I, 224 ; *D.* 1998, jurispr. 32, Aynès ; *D.* 1998, somm. 110, Mazeaud, considérant que les deux contrats répondaient à une cause unique. *Contra*, considérant que la cause de l'obligation de l'emprunteur réside dans la mise à sa disposition des fonds nécessaires à l'acquisition effectuée et non dans l'exécution du contrat de vente (▪ Cass. 1re civ., 20 nov. 1974 : *JurisData* n° 1974-000311 ; *Bull. civ.* I, n° 311, p. 267. ▪ Cass. com., 5 mars 1996, n° 93-20.773 : *Bull. civ.* 1996, IV, 75 ; *Contrats, conc. consom.* 1997, comm. 135, Leveneur ; *D.* 1996, somm. 327, Libchaber). Pour la jurisprudence relative à l'indivisibilité des contrats, V. sous art. 1131 ancien, annot. n° 26, p. 1089.

7) Consommateurs. Sur la réglementation des prêts d'argent liés à des ventes ou à des prestations de services, V. C. consom., art. L. 311-1 et s. ancien p. 2071. – V. M. Dagot : *JCP* 80, I, 2973 et 2979. – C. Gavalda : *D.* 1980, chron. 211.

8) Remboursement en devise étrangère. Pour une appréciation du caractère abusif d'une clause de remboursement du prêt en devise étrangère, V. ▪ CJUE, 20 sept. 2017, aff. C-186/16, *Andriciuc et a.* : *JCP* G 2017, doctr. 1269, n° 1, obs. Sauphanor-Brouillaud (les conséquences économiques de la clause doivent notamment être intelligibles pour le consommateur).

9) Non-restitution. Abus de confiance (non). Le contrat de prêt de consommation ne figurant pas parmi ceux limitativement énumérés à l'article 408 du Code pénal (C. pén., art. 314-1), la non-restitution des sommes prêtées ne peut servir de base à des poursuites pour abus de confiance (▪ Cass. crim., 6 juin 1967, n° 66-91.848 : *Gaz. Pal.* 1967, 2, 165).

10) Devoir de mise en garde du banquier, emprunteurs profanes. Manque à son devoir de mise en garde le banquier qui accorde à ses clients, emprunteurs profanes, un crédit excessif au regard de leurs facultés contributives, sans vérifier leurs capacités financières et sans les alerter sur les risques de l'endettement né de l'octroi des prêts (▪ Cass. 1re civ., 12 juill. 2005, n° 03-10.921 : *JurisData* n° 2005-029447 ; *Bull. civ.* I, n° 327 ; *D.* 2005, 3094, note Parance ; *ibid.*, act. jurispr. 2276, obs. Delpech ; *JCP* G 2005, II, 10140, note Gourio ; *JCP* E 2005, 1359, note Legeais). Dans le même sens, ▪ Cass. 1re civ., 2 nov. 2005, n° 02-14.614 : *JurisData* n° 2005-030522 ; *Bull. civ.* I, n° 397 ; *RTD com.* 2006, 171, obs. Legeais. ▪ Cass. 1re civ., 21 févr. 2006, n° 02-19.066 : *JurisData* n° 2006-032291 ; *Bull. civ.* I, n° 91 ; *D.* 2006, 1618, note François ; *JCP* E 2006, 1522, note Legeais. ▪ Cass. com., 20 juin 2006, n° 04-14.114 : *JurisData* n° 2006-034266 ; *Bull. civ.* IV, n° 145 ; *JCP* 2006, II, 10122, note Gourio. ▪ Cass. 1re civ., 12 juill. 2006, n° 04-13.192 : *JurisData* n° 2006-034560 ; *Bull. civ.* I, nos 397 et 398 ; *JurisData* nos 2006-034560 et 2006-34745 ; *Contrats, conc. consom.* 2007, 38, obs. Raymond ; *JCP* G 2006, act. 384 ; *JCP* N 2007, 1157, n° 6, obs. Piedelièvre. ▪ Cass. 1re civ., 26 sept. 2006, n° 04-20.508 : *JurisData* n° 2006-306549 ; *Contrats, conc. consom.* 2006, 251, obs. Raymond. ▪ Cass. 1re civ., 13 févr. 2007, n° 04-17.287. ▪ Cass. ch. mixte, 29 juin 2007, n° 05-21.104 ; *Bull. civ.*, ch. mixte, n° 7 ; *JCP* E 2007, 2105, note Legeais ; *D.* 2007, 2081, note Piedelièvre ; *RDC 2008, 298, obs. Carval.* ▪ *Cass. 1re civ.*, 24 sept. 2009, n° 08-16.345 : *Resp. civ. et assur.* 2009, comm. 360. ▪ Cass. com., 17 nov. 2009, n° 08-70.197. V. aussi, ▪ Cass. 1re civ., 18 févr. 2009, n° 08-11.221 : *Bull. civ.* I, n° 36 ; *JCP* 2009, II, 10091, note Gourio (absence de caractérisation d'un risque d'endettement) ; *D.* 2009, 1179, note Lasserre Capdeville ; *Dr. famille* 2009, comm. 80, obs. Beignier ; *RTD civ.* 2009, 536, obs. Jourdain ; *Dr. et patrimoine* sept. 2009, 101, obs. Mattout et Prime. – La charge de la preuve incombe à la banque, qui doit justifier avoir satisfait à son devoir de mise en garde ▪ Cass. com., 11 déc. 2007, n° 03-20.747 : *JurisData* n° 2007-041922. ▪ Cass. com., 20 déc. 2007, n° 06-16.543 : *Bull. civ.* I, n° 395 ; *RDC* 2008, 298, obs. Carval. Mais l'emprunteur coupable d'une dissimulation que la banque ne pouvait normalement déceler n'est pas fondé à lui imputer un manquement au devoir de mise en garde (▪ Cass. 1re civ., 30 oct. 2007, n° 06-17.003 : *Bull. civ.* I, n° 330 ; *JCP* E 2007, 2576, note Legeais ; *D.* 2008, 256, note Bazin). Dans le même sens, ▪ Cass. 1re civ., 25 juin 2009, n° 08-16434 : *Bull. civ.* I, n° 139 ; *Resp. civ. et assur.* 2009, comm. 289 ; *Gaz. Pal.* 5 mars 2010, 28, note Bury ; *Banque et droit* déc. 2009, 25, obs. Bonneau : il ne saurait être reproché à une banque de s'être fondée sur des informations erronées quant à la composition de leur patrimoine sciemment fournies par les emprunteurs. *Adde*, la banque qui consent un prêt à un emprunteur non averti est tenue à son égard, lors de la conclusion du contrat, d'un devoir de mise en garde en considération de ses capacités financières et des risques de l'endettement né de l'octroi du prêt, dont elle ne peut être dispensée par la présence au côté de l'emprunteur d'une personne avertie, peu important qu'elle soit tiers ou partie (▪ Cass. 1re civ., 30 avr. 2009, n° 07-18.334 : *Bull. civ.* I, n° 85 ; *Resp. civ. et assur.* 2009, comm. 180 ; *Gaz. Pal.* 24 mai 2009, 5, note Piedelièvre ; *ibid.*, 4 sept. 2009, 9, note Bury ; *JCP* 2009, n° 38, 242, avis Mellottée ; *JCP* E 2009, 1583, note Legeais ; *ibid.*, 1644, n° 6, obs. Simler ; *RTD com.* 604, obs. Legeais ; *Dr. et patrimoine* sept. 2009, 102, obs. Mattout et Prüm ; *Dr. et patrimoine* déc. 2009, 97, note Aynès). *Contra*, ▪ Cass. com., 12 nov. 2008, n° 07-15.949 : *JCP* E 2009, 1305, note Legeais ; *RD bancaire et fin.* 2009, comm. 9, obs. Cerles), qui a, au contraire, qualifié de cautions averties un couple assisté d'un conseiller, concluant qu'ils avaient souscrit leurs engagements en pleine connaissance de la situation de la société débitrice. – V. aussi ▪ Cass. com., 3 mai 2006 (*D.* 2006, 1618, note François ; *ibid.*, 1445, obs. Delpech ; *RTD civ.* 2007, 103, obs. Mestre et Fages ; *JCP* 2006, II, 10122, note Gourio ; *JCP* E 2006, 1890, note Legeais ; *Gaz. Pal.* 2006, 1927, note Piedelièvre), décidant de la qualité d'emprunteur averti d'une personne, assistée de son conjoint, présent lors de la signature des actes, lequel exerçait alors des fonctions de cadre supérieur au sein même de l'établissement prêteur. Le banquier n'est pas tenu d'un devoir de conseil envers son client, portant sur le caractère illusoire de la rentabilité de l'opération envisagée ou sur l'impossibilité de bénéficier des avantages fiscaux escomptés, mais d'un devoir de mise en garde, portant sur le caractère excessif du prêt accordé au regard des facultés de remboursement des emprunteurs (▪ Cass. com., 3 mai 2006 : *Bull. civ.* IV, n° 101 ; *JurisData* n° 2006-033322 ; *D.* 2006, 1618, note François ; *ibid.*, act. jurispr. 1445, obs. Delpech ; *JCP* E 2006, 1890, note

Legeais ; *JCP* 2006, II, 10122, note Gourio). V. aussi ▪ Cass. com., 19 juin 2007, n° 05-22.037 : *D.* 2007, 1952, obs. Delpech ; *RDC* 2009, 304, obs. Carval (le banquier n'est pas tenu d'une obligation de mise en garde lorsqu'il conclut une convention de *swap* de taux d'intérêts dépourvue de caractère spéculatif). Dans le même sens, ▪ Cass. com., 30 juin 2015, n° 14-17.907 : *JCP* N 2016, 1087, n° 45, obs. Piedelièvre (la banque n'était pas tenue d'un devoir de mise en garde concernant un investissement ne présentant aucun caractère spéculatif et n'était pas tenue de porter à la connaissance des investisseurs une circonstance connue de tous, telle que la possible défaillance de la société locataire à payer régulièrement les loyers). *Adde*, ▪ Cass. com., 8 avr. 2008, n° 07-11.554 : *Bull. civ.* IV, n° 77 ; *RDC* 2008, 1177, obs. Carval (admettant la faute de l'établissement de crédit, consistant à fournir à son client un conseil inadapté à sa situation personnelle dont il a connaissance, dans une hypothèse où le produit n'était pas spéculatif). – Comp. ▪ Cass. com., 26 mars 2008, n° 07-11.554 : *Bull. civ.* IV, n° 69 ; *RDC* 2008, 1177, obs. Carval : le banquier aurait dû informer sa cliente, avocate titulaire d'un DEA en droit des affaires mais qui n'était jamais intervenue sur le Nouveau marché avant les opérations litigieuses, des risques particuliers engendrés par ce marché, celui-ci présentant un caractère spéculatif et s'adressant en priorité et principalement à une clientèle très avertie. V. sur la question, C. Boismain, *L'obligation de mise en garde du banquier dispensateur de crédit* : *JCP* 2010, n° 11, 301.

Le préjudice né du manquement par un établissement de crédit à son obligation de mise en garde s'analyse en la perte d'une chance de ne pas contracter (▪ Cass. com., 20 oct. 2009, n° 08-20.274 : *Bull. civ.* IV, n° 127 ; *JCP* 2009, 482, note Piedelièvre ; *JCP* E 2009, 2053, note Legeais ; *JCP* 2010, n° 16, 456, n° 3, obs. Stoffel-Munck ; *D.* 2009, 2971, note Houtcieff ; *RDC* 2010/1, 30, obs. Mazeaud ; *RDC* 2010/3, 610, obs. Viney ; *Rev. Lamy dr. civ.* 2009/66, 28, obs. Ansault ; *D.* 2009, 2607, obs. Delpech ; *Gaz. Pal.* 20 nov. 2009, 24, note Guerchoun ; *ibid.*, 5 mars 2010, 34, note Mignot ; *ibid.*, 31, note Bury ; *LPA* 19 févr. 2010, 11, note Dagorne-Labbé ; *LPA* 5 mars 2010, 9, note Serlooten).

Sur le point de départ de l'action en responsabilité pour manquement au devoir de mise en garde, V. ▪ Cass. 1re civ., 26 janv. 2010, n° 08-18.354 : *JCP* 2010, 354, note Gourio ; *RDC* 2010/3, 843, obs. Borghetti ; *D.* 2010, 934, obs. Avena-Robardet et note Lasserre-Capdeville ; *JCP* E 2010, n° 7, p. 9, note Legeais ; *Gaz. Pal.* 23 mars 2010, 19, note S. Piedelièvre) : la prescription d'une action en responsabilité court à compter de la réalisation du dommage ou de la date à laquelle il est révélé à la victime ; le dommage résultant d'un manquement à l'obligation de mise en garde consistant en une perte de chance de ne pas contracter se manifeste dès l'octroi des crédits. *Adde*, ▪ Cass., 17 mai 2017, n° 15-21.260 : *RTD civ.* 2017, 865, Barbier : la prescription d'une action en responsabilité contractuelle court à compter de la réalisation du dommage ou de la date à laquelle il est révélé à la victime, si celle-ci établit qu'elle n'en avait pas eu précédemment connaissance ; le dommage résultant d'un manquement à l'obligation de mise en garde d'information et de conseil consistant en la perte de la chance de ne pas contracter ou d'éviter le risque qui s'est réalisé se manifeste dès l'octroi du crédit, à moins que l'emprunteur ne démontre qu'il pouvait, à cette date, légitimement ignorer ce dommage (emprunteur averti, pas d'ignorance légitime du dommage).

Voir : sous art. 1147 ancien, p. 1114.

11) Devoir de mise en garde du banquier, emprunteurs avertis (non). Le banquier n'engage pas sa responsabilité en accordant à ses clients, emprunteurs avertis, le crédit immobilier qu'ils ont demandé, s'il ne dispose pas, sur la fragilité de leur situation financière, d'informations qu'eux-mêmes auraient ignorées (▪ Cass. 1re civ., 12 juill. 2005, n° 03-10.921 : *JurisData* n° 2005-029447 ; *Bull. civ.* I, nos 324 et 325 ; *D.* 2005, 3094, note Parance ; *ibid.*, act. jurispr., 2276, obs. Delpech ; *JCP* G 2005, II, 10140, note Gourio ; *JCP* E 2005, 1359, note Legeais. ▪ Cass. com., 3 mai 2006 : *Bull. civ.* IV, n° 102 ; *JurisData* n° 2006-033323 ; *D.* 2006, 1618, note François ; *ibid.*, act. jurispr. 1445, obs. Delpech ; *JCP* E 2006, 1890, note Legeais ; *JCP* G 2006, II, 10122, note Gourio (emprunteuse assistée par son conjoint, ancien cadre supérieur au sein de l'établissement prêteur). ▪ Cass. 1re civ., 27 juin 2006 : *Bull. civ.* I, n° 331 ; *JurisData* n° 2006-034241 ; *JCP* 2006, IV, 2603). ▪ Cass. com., 8 mars 2011, n° 10-11.545 : *JCP* N 2012, 1120, n° 8, obs. S. Piedelièvre ; *RD bancaire et fin.* 2011, comm. 126, obs. J. Crédot et T. Samin ; *RTD com.* 2011, 396, obs. D. Legeais (crédit *in fine*, emprunteur dirigeant de sociétés impliqué dans la gestion de biens immobiliers). Mais comp. ▪ Cass. ch. mixte, 29 juin 2007, n° 05-21.104 : *JurisData* n° 2007-039908 ; *Bull. inf. C. cass.* 15 oct. 2007, rapp. Betch et avis Maynial ; *D.* 2007, 2081, note Piedelièvre ; *ibid.*, 1950, obs. Avena-Robardet ; *ibid.*, 2008, 878, obs. Martin ; *RTD civ.* 2007, 779, obs. Jourdain ; *RTD com.* 2007, 579, obs. Legeais ; *JCP* E 2007, 2105, note Legeais ; *RDC* 2008, 298, obs. Carval, qui censure l'arrêt d'une cour d'appel pour avoir rejeté la demande formée par deux coemprunteurs, dont l'un était averti, sans préciser si l'autre coemprunteur était non averti. Voir auparavant (refus d'engager la responsabilité de la banque en l'absence d'informations privilégiées détenues par cette dernière sur la situation de l'emprunteur, sans distinguer selon que l'emprunteur était profane ou averti) ■ Cass. com., 26 mars 2002, n° 99-13.810 : *JurisData* n° 2002-013739 ; *Bull. civ.* IV, n° 57 ; *D.* 2002, act. jurispr., 1341, note Lienhard ; *JCP* E 2002, 852, note Gourio. ■ Cass. com., 3 déc. 2002, n° 99-14.951 ; *JCP* 2004, II, 10003, note Bachurel. ■ Cass. com., 24 sept. 2003, n° 02-11.362 : *JurisData* n° 2003-020223 ; *Bull. civ.* IV, n° 137 ; *RTD com.* 2004, 142, obs. Legeais. Sur le caractère d'emprunteur averti d'une commune ayant eu recours à des prêts à taux variable, V. ■ Cass. com., 28 mars 2018, n° 16-26.210.

12) Devoir de mise en garde à l'égard de la caution non avertie sur le risque d'endettement de l'emprunteur. La banque est tenue à un devoir de mise en garde à l'égard d'une caution non avertie lorsque, au jour de son engagement, celui-ci n'est pas adapté aux capacités financières de la caution ou s'il existe un risque de l'endettement né de l'octroi du prêt garanti, lequel résulte de l'inadaptation du prêt aux capacités financières de l'emprunteur (■ Cass. com., 15 nov. 2017, n° 16.16.790 : *Contrats, conc. consom.* 2018, comm. 21, Leveneur ; *JCP* E 2018, aff. 1010, Legeais ; *LPA* 28 févr. 2018, 11, Barbièri ; *D.* 2017, 2573, Albiges).

13) Indemnité de recouvrement. Clause pénale. La clause mettant à la charge de l'emprunteur une indemnité de recouvrement est une clause pénale : ■ Cass. com., 4 mai 2017, n° 15-19.141 : *RTD civ.* 2017, 645, Barbier ; *RTD com.* 2017, 413, Legeais ; *AJ contrat* 2017, 335, Bros ; *JCP* E 2017, aff. 1405, Lasserre Capdeville et aff. 1637, Mathey ; *Gaz. Pal.* 14 nov. 2017, 66, Moreil ; *Banque et droit* 2017, n° 175, p. 23 et n° 176, p. 27, Bonneau ; *RD bancaire et fin.* 2017/3, 47.

14) Assurance de prêt. Le banquier qui mentionne dans l'offre de prêt que celui-ci sera garanti par un contrat d'assurance souscrit par l'emprunteur auprès d'un assureur choisi par ce dernier est tenu de vérifier s'il a été satisfait à cette condition ou, à tout le moins, de l'éclairer sur les risques d'un défaut d'assurance (■ Cass. 2e civ., 14 juin 2007, n° 03-19.229 : *Resp. civ. et assur.* 2007, comm. 330, note Courtieu ; *RDC* 2008, 302, obs. Carval). Le banquier, qui propose à son client auquel il consent un prêt, d'adhérer au contrat d'assurance de groupe qu'il a souscrit, est tenu de l'éclairer sur l'adéquation des risques couverts à sa situation personnelle d'emprunteur, la remise de la notice ne suffisant pas à satisfaire à cette obligation (■ Cass. ass. plén., 2 mars 2007, n° 06-15.267 : *JurisData* n° 2007-037777 ; *Bull. civ.* 2007, n° 4 ; *Bull. inf. C. cass.* 15 mai 2007, rapp. Renard-Payen, avis Main ; *RDC* 2007, 750, obs. Viney ; *JCP* 2007, II, 10098, note Gourio ; *ibid.*, I, 158, n° 6, obs. Simler ; *JCP* E 2007, 1375, note Legeais ; *D.* 2007, 985, note Piedelièvre ; *D.* 2008, pan. 127, obs. Groutel ; *ibid.*, 880, obs. R. Martin ; *Rev. Lamy dr. civ.* 2007/39, n° 2556, obs. Bicheron ; *RGDA* 2007, 397, note Kullmann ; *LPA* 10 mai 2007, note Markhoff ; *LPA* 25 mai 2007, note Gossou ; *LPA* 23 août 2007, note Prigent ; *RD imm.* 2007, 319, obs. Grynbam. ■ Cass. 2e civ., 2 oct. 2008, nos 07-15.276 et 07-16.018 : *Bull. civ.* II, n° 201 et n° 202 ; *RDC* 2009/1, 101, obs. Carval et 2009/3, 1142, obs. Grynbaum ; *Resp. civ. et assur.* 2008, comm. 339, obs. Courtieu ; *RGDA* 2009, 204, note Kulmann ; *LPA* 30 janv. 2009, 13, note Siffrein-Blanc ; *Dr. et patrimoine* mars 2009, 104, obs. Mattout et Prüm ; *JCP* 2009, I, 133, obs. Bigot et Mayaux ; *D.* 2009, 1044, obs. R. Martin et Synvet. ■ Cass. 2e civ., 3 sept. 2009, n° 08-13.952 : *JurisData* n° 2009-049370 ; *JCP* 2009, n° 49, 511, note Dupont ; *JCP* N 2010, 1126, note Dupont). La connaissance par l'emprunteur des stipulations du contrat d'assurance de groupe auquel il avait adhéré ne pouvait dispenser chacun des banquiers de l'éclairer sur l'adéquation des risques couverts par ces stipulations, fussent-elles claires et précises, à sa situation personnelle d'emprunteur (■ Cass. 1re civ., 22 janv. 2009, n° 07-19.867 : *Bull. civ.* I, n° 7 ; *RDC* 2009/3, 1142, obs. Grynbaum ; *RGDA* 2009, 204, note Kulmann ; *JCP* 2009, II, 10055, note Dupont ; *ibid.*, I, 133, obs. Bigot et Mayaux ; *Dr. famille* 2009, comm. 80, obs. Beignier ; *Gaz. Pal.* 4 sept. 2009, 17, note Bury ; *Resp. civ. et assur.* 2009, comm. 112). – En cas de manquement de l'assureur à son devoir de conseil, pour n'avoir pas informé l'emprunteur de l'absence de couverture du risque invalidité permanente, l'emprunteur peut obtenir réparation de la perte de chance d'avoir pu s'adresser à d'autres assureurs (■ Cass. 1re civ., 18 sept. 2008, n° 06-17.859 : *Bull. civ.* I, n° 204 ; *RDC* 2009/1, 104, obs. Carval et 2009/3, 1142, obs. Grynbaum ; *RGDA* 2008, 994, note Kulmann ; *JCP* E 2008, 2321, note Legeais ; *Dr. et patrimoine* mars 2009, 105, obs. Mattout et Prüm ; *D.* 2009, 747, obs. Chauvin et Creton ; *ibid.* 1044, obs. R. Martin et Synvet).

15) Anéantissement du prêt. Restitutions. Les restitutions dues à la suite de l'anéantissement d'un contrat de prêt (intérêts et frais) ne constituent pas, en elles-mêmes, un préjudice réparable (■ Cass. 1re civ., 2 juill. 2014, nos 12-28.615 et 13-17.280 : *RDC* 2015/1, 61, obs. Boffa ; *D.* 2015, 124).

Art. 1893. – **Par l'effet de ce prêt, l'emprunteur devient le propriétaire de la chose prêtée ; et c'est pour lui qu'elle périt, de quelque manière que cette perte arrive.**

Confiscation. L'article 1893 s'applique même en cas de confiscation ordonnée par un gouvernement étranger (■ Paris, 18 févr. 1927 : *DP* 1928, 2, 49, note R. Savatier, 2e esp.).

Art. 1894 *(Mod., L. n° 2009-526, 12 mai 2009)*. – **On ne peut pas donner, à titre de prêt de consommation, des choses qui, quoique de même espèce, sont différentes, comme les animaux : alors c'est un prêt à usage.**

Art. 1895 *(Mod., L. n° 2009-526, 12 mai 2009)*. – **L'obligation qui résulte d'un prêt en argent n'est toujours que de la somme énoncée au contrat.**

S'il y a eu augmentation ou diminution d'espèces avant l'époque du payement, le débiteur doit rendre la somme prêtée, et ne doit rendre que cette somme dans les espèces ayant cours au moment du payement.

Voir : sous art. 1243 ancien, p. 1182.

Art. 1896. – **La règle portée en l'article précédent n'a pas lieu, si le prêt a été fait en lingots.**

Art. 1897. – **Si ce sont des lingots ou des denrées qui ont été prêtés, quelle que soit l'augmentation ou la diminution de leur prix, le débiteur doit toujours rendre la même quantité et qualité, et ne doit rendre que cela.**

Section II. – Des obligations du prêteur

Art. 1898. – **Dans le prêt de consommation, le prêteur est tenu de la responsabilité établie par l'article 1891 pour le prêt à usage.**

Art. 1899. – **Le prêteur ne peut pas redemander les choses prêtées avant le terme convenu.**

1) **Date du remboursement dépendant de la volonté du prêteur.** La faculté pour le prêteur de se faire rembourser à l'époque fixée par lui constitue non pas une condition potestative affectant l'existence même de l'obligation, mais une simple modalité d'exécution de l'engagement contracté par l'emprunteur (■ Cass. com., 7 févr. 1955 : *Gaz. Pal.* 1955, 1, 254).

2) **Déchéance du terme.** Si le contrat de prêt d'une somme d'argent peut prévoir que la défaillance de l'emprunteur non commerçant entraînera la déchéance du terme, celle-ci ne peut, sauf disposition expresse et non équivoque, être déclarée acquise au créancier sans la délivrance d'une mise en demeure restée sans effet, précisant le délai dont dispose le débiteur pour y faire obstacle (■ Cass. 1re civ., 3 juin 2015, n° 14-15.655 : *RDC* 2015, 836, obs. Laithier ; *D.* 2015, 1677, note Poissonnier ; *RTD com.* 2015, 875, obs. Barbier ; *Gaz. Pal.* 8 oct. 2015, 15, obs. Piedelièvre) ; V. aussi art. 1188 ancien, p. 1160.

Art. 1900. – **S'il n'a pas été fixé de terme pour la restitution, le juge peut accorder à l'emprunteur un délai suivant les circonstances.**

1) **Office du juge.** Viole l'article 1900 la cour d'appel qui déboute un créancier de sa demande en remboursement de prêts d'argent, au motif que ces prêts avaient été consentis sans condition de durée, sans obligation de se libérer par acomptes et sans intérêts, alors qu'il appartenait le cas échéant au juge d'accorder des délais de paiement à l'emprunteur (■ Cass. 1re civ., 29 juin 1982, n° 81-13.725 : *JurisData* n° 1982-701849 ; *Bull. civ.* I, n° 246, p. 211).

2) **Fixation du terme par le juge. Terme postérieur à la demande en justice.** La date du terme de l'engagement doit se situer à une date postérieure à la demande en justice (■ Cass. 1re *civ., 19 janv. 1983, n° 81-15.105 : JurisData* n° 1983-700077 ; *Bull. civ.* I, n° 29, p. 26). Dans le même sens, ■ Cass. com., 26 janv. 2010, n° 08-12.591 : *JCP* 2010, n° 18, 516, n° 22, obs. Grosser : lorsqu'un prêt d'argent a été consenti sans qu'un terme ait été fixé, il appartient au juge, saisi d'une demande de remboursement, de fixer, eu égard aux circonstances et, notamment à la commune intention des parties, la date du terme de l'engagement, qui doit se situer à une date postérieure à celle de la demande en justice.

3) **Limitation du délai (non).** Le délai que peut accorder le juge n'est pas limité à la durée des délais de grâce (■ Cass. 1re civ., 12 oct. 1977, n° 76-13.825 : *JurisData* n° 1977-000362 ; *Bull. civ.* I, n° 362, p. 286).

Art. 1901. – **S'il a été seulement convenu que l'emprunteur payerait quand il le pourrait, ou quand il en aurait les moyens, le juge lui fixera un terme de payement suivant les circonstances.**

V. pour des applications, ■ Cass. 1re civ., 17 févr. 1976, n° 74-12.562 : *JurisData* n° 1976-000072 ; *Bull. civ.* I, n° 72, p. 58. ■ Paris, 13 oct. 1986 : *D.* 1987, 618, note Maury. La clause de retour à meilleure fortune n'est pas potestative (■ Cass. 1re civ., 20 nov. 1990, n° 89-13.899 : *JCP* 91, IV, 25 ; *Bull. civ.* I, n° 255, p. 180), mais les juges du fond ne peuvent accorder au débiteur des délais de paiement avant d'avoir recherché si sa situation s'est améliorée (même arrêt).

Section III. – Des engagements de l'emprunteur

Art. 1902. – L'emprunteur est tenu de rendre les choses prêtées, en même quantité et qualité et au terme convenu.

Valeurs mobilières. Le prêteur qui a remis à l'emprunteur des valeurs de bourse avec la charge pour celui-ci de rendre au terme convenu des titres de même nature et en nombre égal a ainsi clairement manifesté sa volonté de remplacer les choses prêtées par autant de choses de même espèce et qualité et non par des choses d'une valeur égale à celle qu'avaient les titres au jour du prêt (■ Cass. civ., 8 mai 1952 : *JCP* 52, II, 5602, note Delaire). Mais constitue un prêt d'argent et non un prêt de valeurs mobilières le prêt de titres fait à une personne en vue de lui permettre de se procurer des fonds, dès lors que l'emprunteur a la possibilité de rembourser à l'échéance soit en argent soit en valeurs mobilières de la même espèce (■ Cass. civ., 19 mars 1928 : *DH* 1928, 303).

Art. 1903. – S'il est dans l'impossibilité d'y satisfaire, il est tenu d'en payer la valeur eu égard au temps et au lieu où la chose devait être rendue d'après la convention.

Si ce temps et ce lieu n'ont pas été réglés, le payement se fait au prix du temps et du lieu où l'emprunt a été fait.

Impossibilité absolue. L'impossibilité visée par l'article 1903 doit être absolue (■ Paris, 17 juill. 1946 : *D.* 1948, 169, note Weill).

Art. 1904 *(L. 7 avr. 1900)*. **– Si l'emprunteur ne rend pas les choses prêtées ou leur valeur au terme convenu, il en doit l'intérêt du jour de la sommation ou de la demande en justice.**

Prêteur ayant dû emprunter une somme égale à la somme prêtée. L'emprunteur doit les intérêts au jour de la sommation ou de la demande en justice et non à partir du jour où le remboursement aurait dû avoir lieu, alors même que le prêteur a dû emprunter une somme égale à la somme prêtée et payer à ses propres prêteurs des intérêts à un taux élevé (■ Cass. civ., 29 janv. 1906 : *DP* 1906, 1, 120).

CHAPITRE III. – DU PRÊT À INTÉRÊT

Art. 1905. – Il est permis de stipuler des intérêts pour simple prêt, soit d'argent, soit de denrées, ou autres choses mobilières.

1) **Intérêts variables.** Les parties peuvent prévoir des intérêts variables, calculés en fonction des bénéfices réalisés par l'emprunteur avec le capital mis à sa disposition (■ Cass. com., 15 mars 1971, n° 68-11.893 : *Bull. civ.* IV, n° 80, p. 72. ■ Paris, 11 mars 1967 : *JCP* 68, II, 15334, note H. B., 2e esp.). Sur la distinction entre le prêt d'argent et le contrat de société, v. ■ *Cass. req., 10 juill. 1905 : DP 1906, 1,* 19. ■ Cass. com., 15 mars 1971, préc.

2) **Intérêt négatif.** Sur les conséquences d'un taux d'intérêt conventionnel stipulé variable, qui devient négatif, V. ■ Colmar, 8 mars 2017, n° 16/00310 : *RDC* 2017/3, 446, Libchaber (condamnation de la banque à rémunérer l'emprunteur). *Adde*, D.-R. Martin, « *De l'intérêt* » : *Banque et droit* 2016, H. S., 26.

3) **Nécessité d'une stipulation expresse.** Il résulte de l'article 1905 que le prêt d'argent ne produit d'intérêts que moyennant une stipulation expresse du contrat et cette règle ne reçoit d'exception que lorsque les sommes prêtées entrent en compte courant (■ Cass. 1re civ., 23 juill. 1974 : *JurisData* n° 1974-700243 ; *D.* 1975, 586, note Stoufflet ; *Bull. civ.* I, n° 243, p. 208).

4) **Usure.** Sur la notion d'usure et sur la réglementation de la négociation du prêt à intérêts, V. C. consom., art. L. 313-1 et s. ancien p. 2084.

5) Sur la **capitalisation des intérêts**, V. art. 1343-2, p. 1121.

6) Sur l'**imputation des paiements**, V. art. 1343-1, p. 1194.

Art. 1906. – L'emprunteur qui a payé des intérêts qui n'étaient pas stipulés ne peut ni les répéter ni les imputer sur le capital.

1) Intérêts versés après amortissement d'obligations. Sur l'interdiction de la répétition des intérêts versés après amortissement des obligations des sociétés anonymes, V. C. com., art. L. 228-45.

2) Imputation unilatérale par la banque au débit du compte. La banque qui a imputé unilatéralement au débit du compte de son client des intérêts que celui-ci n'avait pas payés volontairement ne peut invoquer à son encontre les dispositions de l'article 1906 (▪ Cass. com., 23 oct. 1990, n° 88-19.244 : *JurisData* n° 1990-002652 ; *JCP* E 90, II, 106 ; *JCP* G 91, II, 21710 et *JCP* N 91, II, 322, note Stoufflet ; *D.* 1991, 73, note Gavalda).

3) Répétition de la partie des intérêts illégalement perçue. Si, en application de l'article 1906, le paiement d'intérêts fait preuve du caractère onéreux d'un prêt, ce texte ne s'oppose cependant pas à la répétition de la partie des intérêts illégalement perçue au regard de l'article 1907 et de l'article 4 de la loi du 28 décembre 1966 (▪ Cass. com., 13 déc. 1994, n° 93-11.035 : *JurisData* n° 1994-002995 ; *Bull. civ.* IV, n° 381, p. 315. ▪ Cass. com., 18 juin 1996, n° 94-14.968 : *JurisData* n° 1996-002854 ; *JCP* 96, IV, 1838 ; *Bull. civ.* IV, n° 183, p. 158).

4) Déchéance du droit aux intérêts. La déchéance du droit aux intérêts conventionnels prononcée à l'encontre de la banque (pour non-respect du formalisme de l'offre préalable de crédit) (C. consom., art. L. 312-8), ne constitue pas un paiement ; le montant correspondant doit, par conséquent, être imputé sur le capital (▪ Cass. 1re civ., 18 févr. 2009, n° 05-12.584 : *Contrats, conc. consom.* 2009, comm. 150, obs. Raymond ; *JCP* N 2010, 1001, n° 10, obs. Piedelièvre).

Art. 1907. – **L'intérêt est légal ou conventionnel. L'intérêt légal est fixé par la loi. L'intérêt conventionnel peut excéder celui de la loi toutes les fois que la loi ne le prohibe pas.**

Le taux de l'intérêt conventionnel doit être fixé par écrit.

1) Sur le **taux d'intérêt légal**, V. C. monét. fin., art. L. 313-2, p. 2282 et D. n° 2014-98, 4 févr. 2014, p. 3185.

2) Omission de l'indication ou erreur dans l'indication du taux effectif global. Si l'omission dans un contrat de prêt d'argent de l'indication du taux effectif global de l'intérêt conventionnel n'entraîne pas la nullité du contrat, il résulte de la combinaison de l'article 1907, 2e alinéa du Code civil et de l'article 4 de la loi du 28 décembre 1966 (C. consom., art. L. 313-2) qu'en matière de prêt d'argent l'exigence d'un écrit mentionnant le taux effectif global est une condition de la validité de la stipulation d'intérêt (▪ Cass. 1re civ., 24 juin 1981 : *JurisData* n° 1981-702008 ; *JurisData* n° 1981-702009 ; *JCP* 1982, II, 19713, 1er arrêt, note Vasseur. – V. aussi ▪ Cass. 1re civ., 26 mai 1982, n° 81-11.715 : *JurisData* n° 1982-701205 ; *JCP* 1982, IV, 278 ; *Bull. civ.* I, n° 197, p. 172. ▪ Cass. com., 9 avr. 1991, n° 88-19.499 : *JCP* E 1991, II, 179 et *JCP* N 1992, II, 344, note Stoufflet. V. pour une convention modificative, ▪ Cass. com., 15 oct. 1996, n° 94-16.770 : *D.* 1997, somm. 171, obs. Aynès). L'emprunteur ne peut en revanche se prévaloir de la nullité de la stipulation de l'intérêt conventionnel lorsque l'erreur alléguée est en sa faveur (▪ Cass. 1re civ., 12 oct. 2016, n° 15-25.034 : *RDC* 2017/1, 25, obs. Stoffel-Munck ; *Gaz. Pal.* 21 févr. 2017, 59, obs. Roussille ; *JCP N 2017, 1098, obs. Piedelièvre*, emprunteurs arguant d'un taux effectif global inférieur à celui qui était stipulé).

En cas d'octroi d'un crédit à un consommateur ou à un non-professionnel, la prescription de l'action en nullité de la stipulation de l'intérêt conventionnel engagée par celui-ci en raison d'une erreur affectant le taux effectif global, court, de même que l'exception de nullité d'une telle stipulation contenue dans un acte de prêt ayant reçu un commencement d'exécution, à compter du jour où l'emprunteur a connu ou aurait dû connaître cette erreur ; le point de départ de la prescription est donc la date de la convention lorsque l'examen de sa teneur permet de constater l'erreur, ou lorsque tel n'est pas le cas, la date de la révélation de celle-ci à l'emprunteur (▪ Cass. 1re civ., 11 juin 2009, n° 08-11.755 : *Bull. civ.* I, n° 125 ; *RTD com.* 600, obs. Legeais ; *JCP* 2009, n° 39, 273, n° 14, obs. Serinet ; *JCP* E 2009, 1839, note Gourio ; *RDC* 2009/4, 1440, obs. Fenouillet ; *ibid.*, 1516, obs. Serinet ; *D.* 2009, 1689, obs. Avena-Robardet ; *ibid.* 2778, note Grimonprez ; *RD bancaire et fin.* 2009, comm. 150, obs. Crédot et Samin ; *Defrénois* 2009, 1929, obs. Piedelièvre ; *JCP* N 2010, 1001, n° 14, obs. Piedelièvre ; *Gaz. Pal.* 4 sept. 2009, 10, note Bury). *Adde*, ▪ Cass. com., 4 mai 2017, n° 15-19.141 : *RTD civ.* 2017, 645, Barbier ; *RTD com.* 2017, 413, Legeais ; *AJ contrat* 2017, 335, Bros ; *JCP* E 2017, aff. 1405, Lasserre Capdeville et aff. 1637, Mathey ; *Gaz. Pal.* 14 nov. 2017, 66, Moreil ; *Banque et droit* 2017, n° 175, p. 23 et n° 176, p. 27, Bonneau ; *RD bancaire et fin.* 2017/3, 47 : l'action en annulation d'un prêt fondée sur une erreur ou un dol concernant la stipulation du taux effectif global se prescrit, dans les relations entre professionnels, par le délai de cinq ans à compter du jour où l'emprunteur a connu ou aurait dû connaître le vice affectant ce taux ; le point de départ de cette prescription est la date de la convention de prêt mentionnant le taux prétendument erroné.

La sanction de l'erreur entachant le taux effectif global mentionné dans les prêt et avenant litigieux, appelle la substitution du taux légal au taux conventionnel dans chacun de ces actes, à compter de leur souscription et selon le taux légal en vigueur à leurs dates respectives, peu important l'absence de novation du prêt (■ Cass. 1re civ., 15 oct. 2014, n° 13-16.555, à paraître au *Bull. civ.*; *RTD com.* 2014, 835, obs. Legeais; *LPA* 14 févr. 2015, 11, Deramoudt; *Gaz. Pal.* 18 févr. 2015, 16, obs. Piedelièvre).

3) Fixation par écrit du taux. La règle selon laquelle le taux d'intérêt doit être fixé par écrit, prescrite pour la validité même de la stipulation d'intérêt, est d'application générale et il ne peut y être dérogé même en matière d'intérêts afférents au solde débiteur d'un compte courant (■ Cass. 1re civ., 9 févr. 1988 et ■ Cass. com., 12 avr. 1988, n° 87-11.199 : *JurisData* n° 1988-000604; *JCP* 88, II, 21026, note Stoufflet. ■ Cass. com., 12 févr. 1991 : *JCP* G 91, II,21740 et *JCP* N 92, II, 352, note Amlon), sauf à ce que, à l'égard de ces intérêts, ses effets ne remontent pas au-delà de la date d'entrée en vigueur du décret du 4 sept. 1985 (■ Cass. com., 12 avr. 1988, n° 87-11.199 : *JurisData* n° 1988-000604; *JCP* 88, II, 21026, 2e esp., note Stoufflet. – Voir cependant ■ Versailles, 18 janv. 1990 : *JCP* 90, II, 21539, note Stoufflet).

4) Absence d'écrit. Indication du taux sur les relevés de compte. En l'absence d'un accord écrit sur ce point, l'indication du taux d'intérêt sur les relevés de compte ne répond pas à l'exigence formulée par l'art. 1907, al. 2, même si elle ne fait pas l'objet d'une protestation de la part du client (■ Cass. 1re civ., 17 janv. 1995, n° 92-16.901 : *JurisData* n° 1995-000045; *JCP* 95, IV, 684; *Bull. civ.* I, n° 36, p. 25; *D.* 1995, 213, note Martin. Voir cependant, admettant les relevés de compte à la condition qu'ils portent l'indication du taux effectif global, ■ Cass. com., 18 juin 1996, n° 94-20.413 : *JurisData* n° 1996-002508; *JCP* 96, IV, 1838; *Bull. civ.* IV, n° 183, p. 158. ■ Cass. com., 9 juill. 1996, n° 94-17.612 : *JurisData* n° 1996-003074; *JCP* G 96, IV, 2049; *Bull. civ.* IV, n° 205, p. 176 et *JCP* E 96, II, 861, note Stoufflet; *Defrénois* 1996, 1363, obs. D. Mazeaud; *Contrats, conc. consom.* 1996, 182, 2e esp., note Leveneur. V. aussi ■ Cass. com., 18 oct. 1996 : *Bull. civ.* IV, n° 232, p. 202. ■ Cass. com., 24 juin 1997, n° 95-16.646 : *JurisData* n° 1997-003008; *Bull. civ.* IV, n° 205, p. 178). Le caractère automatique de la variation du taux effectif global en fonction de la modification du taux de base décidée par la banque ne dispense pas celle-ci de faire figurer le taux effectif appliqué sur les relevés reçus par l'emprunteur (■ Cass. 1re civ., 19 oct. 2004, n° 01-17.091 : *JurisData* n° 2004-025265; *JCP* G 2004, II, 10194, note Raby; *JCP* E 2004, 1862, avis Cavarroc).

5) Preuve par photocopie (non). Sur le principe qu'une photocopie ne valant que comme commencement de preuve par écrit ne permet pas d'établir la stipulation d'intérêts, V. ■ Cass. 1re civ., 14 févr. 1995, n° 92-17.061 : *JCP* G 95, II, 22402 et *JCP* E 95, II, 679, note Chartier; *D.* 1995, 340, note S. Piedelièvre.

6) Intérêt légal et intérêt conventionnel. Viole l'article 1907, alinéa 2, la cour d'appel qui ordonne le cumul des intérêts produits, tant au taux conventionnel qu'au taux légal, par la même somme d'argent au cours de la même période (■ Cass. 1re civ., 15 mars 2005, n° 03-10.711 : *JurisData* n° 2005-027567; *Bull. civ.* I, n° 133, p. 114).

Art. 1908. – **La quittance du capital donnée sans réserve des intérêts en fait présumer le payement et en opère la libération.**

1) Intérêts courant depuis la quittance jusqu'au règlement effectif. Lorsque la quittance est donnée pour le capital et les intérêts échus jusqu'à une certaine date, les intérêts ayant couru depuis ce jour jusqu'au règlement effectif demeurent dus à défaut d'une mention de renonciation (■ Cass. 2e civ., 5 janv. 1972, n° 70-13.174 : *JurisData* n° 1972-099003; *Bull. civ.* II, n° 3, p. 2).

2) Renonciation du créancier aux intérêts (non). L'article 1908 ne peut être invoqué pour prouver que le créancier qui a donné quittance sans réserve des intérêts a renoncé à exiger ces intérêts (■ Cass. 1re civ., 30 janv. 1980, n° 78-13.212 : JurisData n° 1980-000040; Bull. civ. I, n° 40, p. 33).

Art. 1909. – **On peut stipuler un intérêt moyennant un capital que le prêteur s'interdit d'exiger.**

Dans ce cas, le prêt prend le nom de *constitution de rente*.

Art. 1910. – **Cette rente peut être constituée de deux manières, en perpétuel ou en viager.**

Art. 1911. – **La rente constituée en perpétuel est essentiellement rachetable.**

Les parties peuvent seulement convenir que le rachat ne sera pas fait avant un délai qui ne pourra excéder dix ans, ou sans avoir averti le créancier au terme d'avance qu'elles auront déterminé.

Art. 1912. – **Le débiteur d'une rente constituée en perpétuel peut être contraint au rachat :**
1° S'il cesse de remplir ses obligations pendant deux années ;
2° S'il manque à fournir au prêteur les sûretés promises par le contrat.

Art. 1913. – **Le capital de la rente constituée en perpétuel devient aussi exigible en cas de faillite ou de déconfiture du débiteur.**

Art. 1914. – **Les règles concernant les rentes viagères sont établies au titre *Des contrats aléatoires*.**

Voir : art. 1968 et s., p. 1609.

TITRE XI. – DU DÉPÔT ET DU SÉQUESTRE

CHAPITRE I. – DU DÉPÔT EN GÉNÉRAL ET DE SES DIVERSES ESPÈCES

Art. 1915. – **Le dépôt, en général, est un acte par lequel on reçoit la chose d'autrui, à la charge de la garder et de la restituer en nature.**

Bibliographie : *Le dépôt est-il véritablement un contrat ?*, Débats, in *RDC* 2014/1, 142, avec P. Rémy, *Le dépôt est un contrat comme les autres (une relecture de Flexible droit)*. • A. Bénabent, *Dépôt, la marginalité par la preuve*. • P.-Y. Gautier, *Le dépôt : exercices de qualification*. • S. Pimont, *La question d'un grand juriste à propos d'un (tout) petit contrat (Exercice de lecture)*. Pour une approche historique du contrat de dépôt, V. • J. Charriaud, *Le dépôt est-il véritablement un contrat ? Éléments de réponse au travers d'une analyse historico-comparative du dépôt irrégulier* : *RDC* 2017/3, 538.

1) Définition. Il ne suffit pas, pour caractériser le dépôt, d'une obligation de garde chez celui qui reçoit la chose, mais il faut aussi que cette obligation soit la cause principale de la remise de cette chose (▪ Limoges, 16 janv. 1939 : *DH* 1939, 205. – V. en ce sens ▪ Cass. crim., 9 juill. 1953 : *D.* 1953, 556). Un transfert momentané et précaire de la détention peut être insuffisant pour constituer un contrat de dépôt (▪ Paris, 9 févr. 1956 : *D.* 1956, 701). Mais il y a dépôt dans le fait, par le représentant d'une maison de joaillerie, à la suite de pourparlers relatifs à un achat de bijoux et pour laisser aux acheteurs le temps de se procurer les fonds nécessaires au paiement du prix, de confier à ceux-ci et de laisser dans leurs bureaux une mallette contenant une quantité importante de bijoux (▪ Cass. crim., 23 juill. 1927 : *S.* 1929, 1, 73, note Roux) ou dans le fait pour un éleveur de prendre en pension un cheval dès sa naissance (▪ Cass. 1re civ., 10 janv. 1990, n° 87-20.231 : *JurisData* n° 1990-700013 ; *Bull. civ.* I, n° 6, p. 5 ; *RTD civ.* 1990, 517, obs. Rémy. Comp. ▪ Cass. 1re civ., 3 juill. 2001, n° 99-12.859 : *JurisData* n° 2001-010725 ; *Contrats, conc. consom.* 2001, 169, note Leveneur ; *Resp. civ. et assur.* 2001, 324, contrat confiant à un entraîneur à la fois la mission de développer les performances d'un cheval, relevant d'un contrat d'entreprise, et celle de l'héberger, au titre d'un dépôt. ▪ Cass. 1re civ., 11 févr. 2003, n° 00-13.432 : *JurisData* n° 2003-017766 ; *LPA* 10 déc. 2003, n° 246, p. 12, note Babert, excluant l'existence d'un dépôt en notant que l'obligation de garde n'était que l'accessoire de l'obligation principale d'entraînement).

2) Volonté du dépositaire. Le fait par un ouvrier de laisser ses vêtements de ville dans le vestiaire de l'établissement où il travaille n'est pas constitutif du contrat de dépôt volontaire si le patron ne s'est pas expressément ou implicitement reconnu dépositaire (▪ Cass. civ., 24 juill. 1929 : *DH* 1929, 474. V. en ce sens, pour du matériel laissé par un entrepreneur dans la cour d'une ferme, ▪ Cass. req., 20 juill. 1925 : *DH* 1925, 496).

3) Dépôt et nantissement. Quand, à l'appui d'une promesse d'achat d'immeuble, une somme a été versée à un intermédiaire à titre de garantie, étant stipulé que, passé un délai, la promesse serait considérée comme nulle et les fonds restitués, sont réunis les caractères essentiels non d'un contrat de dépôt mais du contrat de nantissement (▪ Cass. crim., 9 juill. 1953 : *D.* 1953, 556).

4) Dépôt et prêt à usage. Sur la distinction entre dépôt et prêt à usage, v. ▪ Cass. civ., 22 févr. 1897 : *DP* 1901, 1, 75.

5) Dépôt et mandat. Le fait de confier des bijoux pour les vendre à un prix déterminé caractérise le contrat de mandat et non le contrat de dépôt (▪ Cass. req., 19 mars 1929 : *DH* 1929, 218). Le seul fait par le mandataire de recevoir des fonds pour le compte de son mandant ne suffit pas, en dehors de toute autre circonstance, à transformer le mandat en dépôt (■ Cass. civ., 26 juin 1905 : *DP* 1905, 1, 513, concl. Baudoin. V. aussi ■ Cass. 1re civ., 21 févr. 1995, n° 93-12.486 : *Bull. civ.* I, n° 101, p. 72).

6) Dépôt et transport. Constitue un contrat de transport, et non un contrat de dépôt, l'expédition, sans indication d'un destinataire définitif, de colis à une entreprise dont l'objet social exclusif est de faire les transports et non de recevoir en dépôt des marchandises comme garde-meubles (■ Cass. com., 7 févr. 1955 : *Bull. civ.* III, n° 60, p. 44). Mais l'entreprise de garde-meubles chargée par le commissionnaire de conserver un cadre de déménagement arrivé à destination et dont le destinataire n'a pu être retrouvé est un dépositaire (■ Cass. com., 18 févr. 1969 : *JurisData* n° 1969-799064 ; *JCP* 69, II, 16072, note Rodière). Pour la qualification de contrat de transport et l'exclusion de la qualification de dépôt dans une hypothèse où l'entreposage des biens dans les locaux du transporteur ne constituait qu'une modalité d'exécution du contrat de transport, V. ■ Cass. com., 14 déc. 2010, n° 09-68.860.

7) Dépôt et entreprise. Un garagiste est responsable de la disparition du véhicule dont il a conservé la garde à titre de dépositaire salarié après l'avoir réparé (■ Cass. 1re civ., 24 janv. 1955 : *Bull. civ.* I, n° 37, p. 32). L'existence d'un contrat d'entreprise n'exclut pas que le garagiste soit aussi tenu des obligations du dépositaire (■ Cass. 1re civ., 11 juill. 1984, n° 83-13.754 : *Bull. civ.* I, n° 230, p. 194. Dans le même sens, ■ Cass. 1re civ., 8 oct. 2009, n° 08-20.048 : *Bull. civ.* I, n° 204 ; *Contrats, conc. consom.* 2010, comm. 1, obs. Leveneur ; *JCP* E 2010, 1038, note Leveneur ; *D.* 2010, 480, note Mouly-Guillemaud : le contrat de dépôt d'un véhicule auprès d'un garagiste existe, en ce qu'il est l'accessoire du contrat d'entreprise, indépendamment de tout accord de gardiennage. V. aussi, ■ Cass. 1re civ., 5 avr. 2005, n° 02-16.926 : *JurisData* n° 2005-027910 ; *Contrats, conc. consom.* 2005, comm. 148, obs. Leveneur ; *JCP* 2006, I, 123, n° 10, obs. Labarthe ; *RDC* 2005, 1025, obs. Bénabent et 1123, obs. Puig : le contrat de dépôt d'un véhicule auprès d'un garagiste, accessoire à un *contrat d'entreprise*, est présumé fait à titre onéreux. – *Adde*, dans le sens d'une qualification distributive : ■ Cass. 1re civ., 30 mai 2006 : *Bull. civ.* I, n° 270 ; *JurisData* n° 2006-033702 ; *Contrats, conc. consom.* 2006, 181, obs. Leveneur ; *JCP* 2006, IV, 2377 : l'entrepreneur ayant reçu une chose en dépôt pour réparation n'est en principe pas libéré de ses obligations de dépositaire par la réalisation des travaux commandés, mais demeure tenu de conserver cette chose jusqu'à restitution : bateau détruit dans un incendie). Comp., faisant peser sur le détaillant une « obligation qui s'apparente à celle d'un dépositaire », de garder et restituer les marchandises invendues, ■ Cass. 1re civ., 22 janv. 1991, n° 89-11.357 : *JurisData* n° 1991-700363 ; *Bull. civ.* I, n° 28, p. 17. Voir cependant, excluant toute qualification distributive pour ne retenir que celle d'entreprise, ■ Cass. 1re civ., 26 janv. 1999, n° 97-10.028 : *JurisData* n° 1999-000339 ; *JCP* 1999, I, 191, n° 10, obs. Labarthe ; *Bull. civ.* I, n° 28, p. 18. *Adde*, ■ Cass. 1re civ., 17 mai 1955 : *Bull. civ.* I, n° 204, p. 174 : lorsqu'un constructeur d'automobiles accepte la voiture qu'un particulier lui confie pour la faire réparer, il est tenu non en vertu d'un dépôt gratuit mais d'un contrat d'entreprise.

8) Dépôt et vente. Constitue non une vente sous condition résolutoire mais un contrat de dépôt la convention aux termes de laquelle des machines à écrire sont expédiées à une personne en vue d'une vente possible à des tiers, le propriétaire des machines conservant la faculté de les reprendre (■ Cass. com., 28 mars 1950 : *Bull. civ.* II, n° 125, p. 85). La remise des biens en vue de leur vente n'est pas exclusive de l'existence d'un contrat de dépôt (■ Cass. 1re civ., 15 oct. 1996, n° 94-19.459 : *JurisData* n° 1996-003790 ; *JCP* 96, IV, 2383 ; *Bull.* I, n° 351, p. 246).

9) Dépôt et location. Le contrat de garage est assimilable à un dépôt salarié et non à un contrat de location même si le propriétaire de la voiture bénéficie d'un box particulier ayant une clé lui permettant d'entrer et de sortir librement dès lors que l'on n'est pas en présence d'une simple remise louée privativement à un particulier sans autre obligation pour le propriétaire de l'immeuble que d'assurer à son locataire la libre jouissance des lieux (■ Cass. 1re civ., 2 nov. 1966 : *JurisData* n° 1966-700489 ; *JCP* 67, II, 14963 ; *D.* 1967, 319, note Pélissier. V. aussi ■ Cass. 3e civ., 26 oct. 1977 : *JurisData* n° 1977-099362 ; *Bull. civ.* III, n° 362, p. 275). Jugé que le droit de l'usager dans le parc à voitures de l'Aéroport de Paris est réduit à l'occupation temporaire du domaine public sans obligation de gardiennage ni de surveillance de la part de l'Aéroport et que cette situation exclut l'existence d'un contrat de dépôt volontaire (■ Paris, 9 janv. 1980 : *JurisData* n° 1980-608108 ; *Gaz. Pal.* 1980, 2, 507, note Rodière ; *D.* 1981, 219, note Fabre et, sur pourvoi, ■ Cass. 1re civ., 10 mars 1981, n° 80-10.996 : *JurisData* n° 1981-700756 ; *D.* 1981, 395). Jugé que ne constitue pas un contrat de dépôt salarié le contrat par lequel la société concessionnaire d'un port de plaisance loue à des particuliers des postes de mouillage pour les bateaux, dès lors que les parties ont entendu ne mettre à la charge de ladite société qu'une obligation de surveillance et non une obligation de garde et de conservation, même si les propriétaires en avaient déposé les clefs au bureau de la société concessionnaire pour permettre les obligations facultatives d'entretien (■ Cass. 1re civ., 21 juill. 1980, n° 78-16.044 : *Juris-*

Data n° 1980-705071 ; *Bull. civ.* I, n° 228, p. 183. V. en ce sens ▪ Montpellier, 21 oct. 1981 : *JurisData* n° 1981-600244 ; *JCP* 82, II, 19751, note de Juglart. Mais V. en sens inverse lorsque la garde a été promise ▪ Cass. com., 13 déc. 1982, n° 80-16.547 : *JurisData* n° 1982-702968 ; *Bull. civ.* IV, n° 405, p. 337).

10) Dépôt des clés et dépôt du véhicule. Le contrat de dépôt par lequel le propriétaire d'un véhicule confie les clés de celui-ci au chasseur d'un restaurant ne porte pas sur le véhicule lui-même, mais seulement sur les clés, le propriétaire profitant d'une prestation de service de stationnement sur la voie publique n'impliquant nullement la garde, la surveillance et l'obligation de restitution (▪ Paris, 15 mars 1995 : *JurisData* n° 1995-020639 ; *Gaz. Pal.* 1996, 2, 381).

11) Sperme. Les règles du contrat de dépôt ne sont pas applicables au sperme humain (▪ TGI Créteil, 1er août 1984 : *JurisData* n° 1984-000829 ; *JCP* 84, II, 20321, note Corone. – Comp. ▪ TGI Toulouse, 26 mars 1991, n° 40 89 7291 : *JurisData* n° 1991-046226 ; *JCP* 92, II, 21807, note Pédrot).

Art. 1916. – Il y a deux espèces de dépôts : le dépôt proprement dit, et le séquestre.

CHAPITRE II. – DU DÉPÔT PROPREMENT DIT

Section I. – De la nature et de l'essence du contrat de dépôt

Art. 1917. – Le dépôt proprement dit est un contrat essentiellement gratuit.

Art. 1918. – Il ne peut avoir pour objet que des choses mobilières.

Art. 1919 *(Mod., L. n° 2009-526, 12 mai 2009)*. – Il n'est parfait que par la remise réelle ou fictive de la chose déposée.

La remise fictive suffit, quand le dépositaire se trouve déjà nanti, à quelque autre titre, de la chose que l'on consent à lui laisser à titre de dépôt.

Art. 1920. – Le dépôt est volontaire ou nécessaire.

Section II. – Du dépôt volontaire

Art. 1921. – Le dépôt volontaire se forme par le consentement réciproque de la personne qui fait le dépôt et de celle qui le reçoit.

Acte de complaisance. Les juges du fond peuvent retenir que l'acceptation par pure complaisance d'un objet par le préposé d'un bar ne caractérise pas un contrat de dépôt (▪ Cass. 3e civ., 25 sept. 1984 : *Bull. civ.* III, n° 242, p. 201). Mais le fait d'avoir reçu un véhicule pour réparation et de l'avoir conservé pendant près de dix ans sans avoir sollicité son enlèvement caractérise un dépôt et non un acte de complaisance (▪ Paris, 7 mai 1998, n° 96/07546 : *JurisData* n° 1998-021340 ; *JCP* 99, IV, 1093).

Art. 1922. – Le dépôt volontaire ne peut régulièrement être fait que par le propriétaire de la chose déposée, ou de son consentement exprès ou tacite.

Art. 1923 *(Abr., L. n° 80-525, 12 juill. 1980)*.

> **Rédaction antérieure. Art. 1923.** – Le dépôt volontaire doit être prouvé par écrit. La preuve testimoniale n'en est point reçue pour valeur excédant 5 000 francs (50 F).

Art. 1924 *(Mod., L. n° 80-525, 12 juill. 1980 ; Ord. n° 2016-131, 10 févr. 2016)*. – Lorsque le dépôt étant au-dessus du chiffre prévu à l'article 1359 n'est point prouvé par écrit, celui qui est attaqué comme dépositaire en est cru sur sa déclaration, soit pour le fait même du dépôt, soit pour la chose qui en faisait l'objet, soit pour le fait de sa restitution.

1) Preuve testimoniale (non). Il résulte de l'article 1924 que le dépôt doit être prouvé, lorsqu'il dépasse le chiffre prévu à l'article 1341, soit par écrit, soit sur la déclaration de celui qui est attaqué comme dépositaire. Viole ce texte la cour d'appel qui se fonde sur une preuve testimoniale du contrat de dépôt contesté (▪ Cass. 1re civ., 6 févr. 1996, n° 94-12.234 : *JurisData* n° 1996-000408 ; *Contrats, conc. consom.* 1996, 80, note Leveneur ; *JCP* 96, IV, 748 ; *Bull. civ.* I, n° 61, p. 41. V. aussi

■ Cass. 1re civ., 20 févr. 1996, n° 93-18.799 : *JurisData* n° 1996-000532 ; *JCP* 96, IV, 874 ; *Bull. civ.* I, n° 92, p. 62. ■ Cass. 1re civ., 12 avr. 2005 : *JCP* 2005, IV, 2245 ; *JurisData* n° 2005-027998 ; *Bull. civ.* I, n° 177, p. 150 ; *RTD civ.* 2005, 615, obs. Gautier).

2) **Opposabilité aux tiers de la déclaration du dépositaire.** La déclaration du dépositaire fait foi vis-à-vis du déposant mais n'est pas opposable aux tiers (■ Cass. req., 15 juill. 1878 : *DP* 1879, 1, 179).

3) Sur l'**indivisibilité de l'aveu**, v. art. 1356 ancien, p. 1228. Pour une illustration, V. ■ Cass. 1re civ., 31 oct. 2012, n° 11-15.462 : *Bull. civ.* I, n° 225 ; *Contrats, conc. consom.* 2012, comm. 1, obs. Leveneur ; *D.* 2013, 209, note Lardeux (indivisibilité de l'aveu concernant l'existence du dépôt et la restitution de la somme déposée).

Art. 1925. – Le dépôt volontaire ne peut avoir lieu qu'entre personnes capables de contracter.

Néanmoins, si une personne capable de contracter accepte le dépôt fait par une personne incapable, elle est tenue de toutes les obligations d'un véritable dépositaire ; elle peut être poursuivie par le tuteur ou administrateur de la personne qui a fait le dépôt.

Art. 1926. – Si le dépôt a été fait par une personne capable à une personne qui ne l'est pas, la personne qui a fait le dépôt n'a que l'action en revendication de la chose déposée, tant qu'elle existe dans la main du dépositaire, ou une action en restitution jusqu'à concurrence de ce qui a tourné au profit de ce dernier.

Section III. – Des obligations du dépositaire

Art. 1927. – Le dépositaire doit apporter, dans la garde de la chose déposée, les mêmes soins qu'il apporte dans la garde des choses qui lui appartiennent.

1) **Pour une application** du principe posé par l'article 1927, V. ■ Cass. 1re civ., 20 déc. 1966 : *JurisData* n° 1966-700555 ; *JCP* 68, II, 15556, note Raynaud. C'est au dépositaire d'établir qu'il a mis en œuvre toutes les diligences nécessaires pour éviter le dommage (■ Cass. 1re civ., 5 janv. 1999, n° 97-13.793 : *JurisData* n° 1999-000039 ; *Resp. civ. et assur.* 1999, 141, saillie fortuite de la jument confiée).

2) **Exonération du dépositaire.** Si le dépositaire n'est tenu que d'une obligation de moyens, il lui incombe, en cas de perte ou détérioration de la chose déposée, de prouver qu'il y est étranger, en établissant qu'il a donné à cette chose les mêmes soins que ceux qu'il aurait apportés à la garde de celles qui lui appartiennent ou en démontrant que la détérioration est due à la force majeure ; par principe, le fait du débiteur ou de son préposé ou substitué ne peut constituer la force majeure (■ Cass. 1re civ., 14 oct. 2010, n° 09-16.967 : *Bull. civ.* I, n° 198 ; *RDC* 2011/2, 454, note G. Viney ; *D.* 2011, 2891, obs. I. Gelbard-Le Dauphin).

3) **Agression d'un bijoutier.** Ne donne pas de base légale à sa décision l'arrêt qui, pour refuser de décharger un bijoutier de son obligation de restituer les objets remis en dépôt, se borne à retenir que l'agression dont il a été victime n'a pas le caractère de la force majeure, sans rechercher si le vol était ou non imputable à une faute ou à une négligence commise par l'intéressé, alors que celui-ci n'est tenu que d'une obligation de moyen et qu'il est exonéré de restituer la chose lorsqu'il apporte la preuve de l'absence de faute (■ Cass. com., 22 nov. 1988, n° 87-14.588 : *JurisData* n° 1988-702482 ; *JCP* 89, IV, 29 ; *Bull. civ.* IV, n° 316, p. 212).

4) **Obligation d'assurance (non).** Le dépositaire n'a pas, sauf convention contraire, l'obligation de faire assurer les objets qui lui sont confiés (■ Cass. 1re civ., 18 oct. 1954 : *JCP* 54, II, 8378).

Art. 1928. – La disposition de l'article précédent doit être appliquée avec plus de rigueur :

1° Si le dépositaire s'est offert lui-même pour recevoir le dépôt ;

2° S'il a stipulé un salaire pour la garde du dépôt ;

3° Si le dépôt a été fait uniquement pour l'intérêt du dépositaire ;

4° S'il a été convenu expressément que le dépositaire répondrait de toute espèce de faute.

1) **Dépôt en vue de la vente.** La responsabilité aggravée joue dans le cas du dépôt dit « contrat de confié » par lequel le propriétaire d'un bijou le remet à un joaillier en vue de la vente (■ Cass. com., 12 nov. 1986, n° 85-11.730 : *JurisData* n° 1986-002131 ; *Bull. civ.* IV, n° 205, p. 177). L'application du contrat de confié n'est pas limitée aux seuls professionnels de la joaillerie (■ Cass. 1re civ., 15 oct. 1996, n° 94-19.472 : *JCP* 96, IV, 2383 ; *Bull. civ.* I, n° 351, p. 246).

2) **Obligations du dépositaire salarié, obligation de moyens renforcée.** Le dépositaire salarié doit apporter dans la garde de la chose

déposée non seulement le même soin qu'il apporte à la garde des choses qui lui appartiennent, mais encore un soin identique à celui d'un bon père de famille (■ Orléans, 30 juill. 1942 : *DC* 1943, 17, note Tunc). Il en est ainsi que le dépôt salarié soit un dépôt nécessaire ou non (■ Cass. 1re civ., 4 janv. 1965 : *Bull. civ.* I, n° 2, p. 2). Si le dépositaire n'est tenu que d'une obligation de moyens, il lui appartient, en cas de détérioration ou de perte de la chose déposée, de prouver qu'il y est étranger, en établissant qu'il n'a pas commis de faute ou en démontrant que la détérioration est due à la force majeure (■ Cass. 1re civ., 7 févr. 2006, n° 04-19.972 : *JurisData* n° 2006-032124 ; *Contrats, conc. consom.* 2006, 101, note Leveneur, marchandises détruites par un incendie dont l'origine était inconnue). Dans le même sens, ■ Cass. 1re civ., 10 janv. 1990, n° 87-20.231 : *JurisData* n° 1990-700013 ; *Bull. civ.* I, n° 6, p. 5 (juments). ■ Caen, 3 oct. 2000 : *JurisData* n° 2000-142438 ; *JCP* 2001, IV, 2284. ■ Cass. 1re civ., 30 mars 2005, n° 03-20.410 : *JurisData* n° 2005-027804 ; *Bull. civ.* I, n° 157, p. 133. – V. aussi ■ Cass. 1re civ., 20 juill. 1994, n° 92-16.078 : *Bull. civ.* I, n° 256, p. 185. ■ Cass. 1re civ., 5 janv. 1999 : *Contrats, conc. consom.* 1999, 51, note Leveneur). Comp. ■ Cass. 1re civ., 22 mai 2008, n° 06-17.863 : *JCP* 2008, act. 366, qui juge qu'il incombe au dépositaire, en cas de détérioration, de prouver qu'il y est étranger, en établissant qu'il a donné à la chose les mêmes soins que ceux qu'il aurait apporté à la garde de celles qui lui appartiennent, sauf à prouver que cette détérioration existait avant la mise en dépôt. Le garagiste à qui une automobile a été confiée en vue de sa vente, et non pour son entretien, ne commet aucune faute en faisant un essai, lequel a provoqué un incendie à la suite d'une fuite du système d'injection, dès lors qu'il n'était pas tenu de vérifier l'organe responsable du sinistre (■ Cass. 1re civ., 29 mai 1996, n° 94-13.333 : *JurisData* n° 1996-002114 ; *JCP* 96, IV, 1613 ; *Bull.* I, n° 225, p. 156). La responsabilité du garagiste peut être retenue en cas d'incendie en l'absence d'un système d'alarme et d'une surveillance nocturne (■ Cass. 1re civ., 22 avr. 1997, n° 95-12.180 : *Resp. civ. et assur.* 1997, 234).

3) Clauses contractuelles. La responsabilité du dépositaire, même appréciée avec plus de rigueur à l'égard d'un dépositaire salarié, n'est engagée que dans la mesure prévue par les clauses du contrat (■ Cass. 1re civ., 9 déc. 1953 : *JCP* 54, IV, 9 ; *Bull. civ.* I, n° 360, p. 298) ; mais les clauses de non-responsabilité sont inopposables au déposant en cas de faute lourde (■ Cass. req., 24 oct. 1932 : *DP* 1932, 1, 176, note E.P. ■ Paris, 28 nov. 1951 : *D.* 1952, 23). Le dépositaire salarié qui a commis une faute lourde équipollente au dol doit en réparer toutes les conséquences, même imprévisibles (■ Cass. com., 25 mars 1963 : *D.* 1964, 17, note Rodière, 3e esp.). Sur la preuve de l'acceptation par le déposant d'une clause limitative de responsabilité, V. ■ Lyon, 25 avr. 1967 : *JCP* 68, II, 15324, note Guyon. Les parties à un contrat de dépôt salarié sont libres de convenir de mettre à la charge du déposant, qui entend se prévaloir d'un manquement du dépositaire à l'obligation de moyens qui lui incombe, la preuve de ce manquement (■ Cass. 1re civ., 30 oct. 2007, n° 06-19.390 : *JurisData* n° 2007-041103 ; *RDC* 2008/2, obs. Laithier).

4) Dépôt de titres. Si la banque dépositaire de titres assume, en vertu des usages, les obligations accessoires au contrat, inhérentes à la détention de ces titres, aux droits qui y sont attachés et à leur restitution, ni ces usages ni l'équité ni la loi ne l'obligent en outre à informer le déposant d'un événement affectant la vie de la société émettrice des titres (■ Cass. com., 9 janv. 1990, n° 88-17.291 : *JurisData* n° 1990-700002 ; *JCP* 90, II, 21459, note Stoufflet ; *D.* 1990, 173, note Brill).

5) Preuve du caractère salarié du dépôt. Le contrat de dépôt d'un véhicule auprès d'un garagiste, accessoire à un contrat d'entreprise, est présumé fait à titre onéreux (■ Cass. 1re civ., 5 avr. 2005 : *JCP* 2006, I, 123, n° 8, obs. Labarthe ; *JurisData* n° 2005-027910 ; *Contrats, conc. consom.* 2005, 148, note Leveneur ; *Bull. civ.* I, n° 165, p. 140).

Art. 1929. – **Le dépositaire n'est tenu, en aucun cas, des accidents de force majeure, à moins qu'il n'ait été mis en demeure de restituer la chose déposée.**

V. art. 1302 ancien, p. 1210. Pour des **applications**, V. ■ Cass. 1re civ., 23 déc. 1958 : *D.* 1959, 53. ■ Paris, 17 déc. 1970 : *Gaz. Pal.* 1971, 1, 293, note Desforges. V. pour un attentat, ■ Cass. 1re civ., 7 oct. 1997 : *Resp. civ. et assur.* 1997, 367, pour une manifestation d'agriculteurs ■ Cass. 1re civ., 9 nov. 1999, n° 97-16.306 : *JurisData* n° 1999-003918 ; *JCP* 2000, IV, 1004 ; *Bull. civ.* I, n° 307, p. 199.

Art. 1930. – **Il ne peut se servir de la chose déposée, sans la permission expresse ou présumée du déposant.**

Art. 1931. – **Il ne doit point chercher à connaître quelles sont les choses qui lui ont été déposées, si elles lui ont été confiées dans un coffre fermé ou sous une enveloppe cachetée.**

1) Respect du secret par le juge. Le juge des référés ne peut assortir la restitution d'un pli fermé par le dépositaire au déposant de mesures restrictives ayant pour résultat de donner connaissance à un tiers du contenu de ce pli, de telles mesures constituant une violation du droit du déposant à disposer comme il l'entendra du pli fermé qu'il a remis en dépôt (■ Lyon, 13 juin 1972 : *JCP* 72, IV, 313).

2) Sur la **responsabilité du dépositaire en cas de violation du secret du dépôt**, V. ■ Cass. req., 20 mai 1946 : *S.* 1946, 1, 102.

Art. 1932. – Le dépositaire doit rendre identiquement la chose même qu'il a reçue.

Ainsi, le dépôt des sommes monnayées doit être rendu dans les mêmes espèces qu'il a été fait, soit dans le cas d'augmentation, soit dans le cas de diminution de leur valeur.

1) La **remise de souverains d'or** conservés par la banque dans une cassette close déposée dans un coffre constitue un dépôt régulier (■ Cass. 1re civ., 29 nov. 1983, n° 82-14.490 : *JurisData* n° 1983-702493 ; *Bull. civ.* I, n° 280, p. 251).

2) En cas de **dépôt portant sur des titres nominatifs**, la remise par le dépositaire de nouveaux titres, quoique de même type et de même valeur que ceux aliénés, ne constitue pas la restitution, laquelle n'aurait pu être effectuée que par la représentation des titres déposés dans leur individualité excluant tout remplacement (■ Cass. civ., 27 nov. 1900 : *DP* 1902, 1, 473, note Thaller). Le déposant dont le droit est absolu n'a pas à établir l'intérêt plus ou moins grand qu'il peut avoir à la restitution des objets dans leur individualité (■ Paris, 5 févr. 1935 : *DH* 1935, 228).

3) Frais de remise en état de la chose. Au cas où les frais de remise en état de la chose sont supérieurs à la valeur de remplacement, l'article 1932 est respecté s'il est procédé à son remplacement par un objet semblable et présentant le même état (■ Paris, 27 janv. 1960 : *D.* 1960, somm. 65).

4) Mandat de négocier une vente. Livraison à l'acheteur (non). Quand le mandat de négocier une vente est assorti d'un dépôt, l'obligation, édictée par l'article 1932, de rendre la chose au déposant exclut pour le dépositaire toute possibilité de la livrer à l'acheteur (■ Lyon, 25 févr. 1957 : *JCP* 57, II, 10148).

5) Charge de la preuve de l'identité des objets restitués avec ceux remis en dépôt. Inverse la charge de la preuve la cour d'appel qui exige du dépositaire qu'il établisse que les choses qu'il se proposait de restituer étaient identiques à celles qu'il avait reçues, alors qu'il incombait au déposant de prouver qu'elles ne l'étaient pas (■ Cass. 1re civ., 26 sept. 2012, n° 11-12.890 : *Bull. civ.* I, n° 177 ; *Contrats, conc. consom.* 2012, comm. 272, obs. Leveneur ; *D.* 2012, 2826, n° 3, obs. Delebecque). Sur la preuve de la non-identité des objets restitués avec ceux remis en dépôt, V. ■ Cass. com., 18 janv. 1972, n° 70-10.480 : *JurisData* n° 1972-097025 ; *Bull. civ.* IV, n° 25, p. 23.

Art. 1933. – Le dépositaire n'est tenu de rendre la chose déposée que dans l'état où elle se trouve au moment de la restitution. Les détériorations qui ne sont pas survenues par son fait sont à la charge du déposant.

1) Détérioration de la chose déposée. Obligation de moyens renforcée. Il résulte de la combinaison des articles 1927 et 1933 que si le dépositaire n'est tenu que d'une obligation de moyens, il lui appartient de prouver, en cas de détérioration de la chose déposée, qu'il est étranger à cette détérioration en établissant qu'il a donné à la chose les mêmes soins qu'il apporte à la garde des choses lui appartenant (■ Cass. 1re civ., 24 juin 1981 : *JCP* 1981, IV, 328 ; *Bull. civ.* I, n° 232, p. 189), sauf à prouver que cette détérioration existait avant la mise en dépôt (■ Cass. 1re civ., 22 mai 2008, n° 06-17.863 : *JurisData* n° 2008-043972 ; *JCP* 2008, act. 366 ; *Contrats, conc. consom.*, 2008, comm. 223, obs. Leveneur ; *Defrénois* 2008, 1953, obs. Libchaber). Dans le même sens, ■ Cass. 1re civ., 5 mars 2009, n° 07-21519 : *RDC* 2009/3, 1135, obs. Puig : il incombe au dépositaire de prouver que les détériorations existaient avant la mise en dépôt ou, à défaut, qu'il avait donné au véhicule confié les mêmes soins que ceux qu'il aurait apportés à la garde des choses lui appartenant. La cour d'appel, en exigeant des déposants qu'ils établissent que les dégradations étaient postérieures à la remise de la chose au dépositaire, a donc inversé la charge de la preuve. Dans le même sens, ■ Cass. 1re civ., 5 févr. 2014, n° 12-23.467 : *Bull. civ.* I, n° 177 ; *JCP* 2013, 189, Hocquet-Berg ; *RTD civ.* 2014, 367, obs. Barbier ; *ibid.* 377, obs. Jourdain ; *Gaz. Pal.* 16 avr. 2014, 8, obs. Gerry-Vernières ; *JCP* E 2014, 1287, obs. Ranouil ; *LPA* 21 avr. 2014, 12, Fabas-Serlooten (traces de moisissure et excès d'humidité). V. aussi ■ Cass. 1re civ., 6 avr. 2016, n° 15-12.402 : *Contrats, conc. consom.* 2016, comm. 160, Leveneur ; *RTD civ.* 2016, 649, obs. Jourdain ; *JCP* G 2016, doctr. 797, n° 7, obs. Grosser (mécanicien dépositaire d'un bateau ayant constaté, antérieurement au dépôt, la destruction de certaines pièces et préconisé leur changement ; voie d'eau). ▪ Cass. 1re civ., 1er juin 2017, n° 16-20.780 : *Contrats, conc. consom.* 2017, comm. 190, Leveneur : le dépositaire n'est exonéré de son obligation de restituer la chose que lorsqu'il apporte la preuve de l'absence de faute ou de négligence de sa part (bague confiée à un bijoutier et volée).

2) **Valeur de remplacement.** La valeur de remplacement de la chose déposée doit être estimée à la date où les juges allouent des dommages-intérêts, sauf à justifier une autre évaluation (▪ Cass. 1re civ., 15 juill. 1999, n° 97-15.780 : *Bull. civ.* I, n° 240, p. 154).

3) **Clause de non-recours. Atteinte à la substance de l'obligation essentielle (non).** Pour l'admission de la validité d'une clause de non-recours contre le dépositaire ou son assureur en cas de sinistre, une telle clause ne vidant pas de toute substance l'obligation essentielle du contrat de stockage des produits pharmaceutiques, V. ▪ Cass. com., 26 avr. 2017, n° 15-23.239 : *RDC* 2017/3, 431, Knetsch ; *RTD civ.* 2017, 851, Barbier.

Art. 1934. – **Le dépositaire auquel la chose a été enlevée par une force majeure, et qui a reçu un prix ou quelque chose à la place, doit restituer ce qu'il a reçu en échange.**

Art. 1935. – **L'héritier du dépositaire, qui a vendu de bonne foi la chose dont il ignorait le dépôt, n'est tenu que de rendre le prix qu'il a reçu, ou de céder son action contre l'acheteur, s'il n'a pas touché le prix.**

Art. 1936. – **Si la chose déposée a produit des fruits qui aient été perçus par le dépositaire, il est obligé de les restituer. Il ne doit aucun intérêt de l'argent déposé, si ce n'est du jour où il a été mis en demeure de faire la restitution.**

Fruits que le dépositaire aurait pu percevoir. Il résulte de l'article 1936 que le dépositaire d'une chose frugifère est redevable non seulement des fruits qu'il a perçus mais également de ceux qu'il aurait pu percevoir (▪ Cass. 1re civ., 7 mars 1979, n° 77-15.391 : *JurisData* n° 1979-000086 ; *JCP* 79, IV, 167 ; *Bull. civ.* I, n° 86, p. 71).

Art. 1937. – **Le dépositaire ne doit restituer la chose déposée qu'à celui qui la lui a confiée, ou à celui au nom duquel le dépôt a été fait, ou à celui qui a été indiqué pour le recevoir.**

Bibliographie : F. Grua, *Sur les ordres de paiement en général : D.* 1996, chron. 172.

1) **Restitution au seul déposant.** Sur le principe que le dépositaire ne doit restituer qu'au déposant, indépendamment de sa qualité de propriétaire de la chose remise en dépôt, V. ▪ Cass. 1re civ., 20 juin 1995, n° 93-15.510 : *JurisData* n° 1995-001591 ; *Contrats, conc. consom.* 1995, 161, note Leveneur ; *Resp. civ. et assur.* 1995, 331 ; *Bull. civ.* I, n° 269, p. 187. ▪ Cass. 1re civ., 3 juill. 2001 : *JCP* 2002, I, 103, n° 17, obs. Simler ; *Dr. famille* 2001, 120, note Beignier ; *Resp. civ. et assur.* 2001, 322 ; *JurisData* n° 2001-010458 ; *Bull. civ.* I, n° 198, p. 126 ; *D.* 2002, 1102, note Comangès ; *Defrénois* 2002, 397, obs. Champenois. ▪ Cass. com., 11 mars 2003, n° 02-13.680 : *JurisData* n° 2003-018278 ; *D.* 2004, 1479, note Laugier. Il ne peut être exigé de celui qui a fait le dépôt de prouver qu'il est propriétaire de la chose déposée (▪ Cass. 1re civ., 27 nov. 2001 : *JCP* 2002, IV, 1044 ; *Contrats, conc. consom.* 2002, 23, note Leveneur ; *JurisData* n° 2001-011874 ; *Bull. civ.* I, n° 290, p. 183).

2) ***Application dans les relations entre époux.*** ▪ Cass. 1re civ., 8 juill. 2009, n° 08-17.300 : *Bull. civ.* I, n° 163 ; *D.* 2010, 360, note Chénedé ; *JCP* 2009, n° 43, 353, note Naudin ; *JCP* 2009, n° 44, 391, n° 5, obs. Wiederkehr ; *JCP* E 2009, 2022, note Naudin ; *JCP* N 2009, 1329, note Douville ; *D.* 2009, 1970, obs. Egéa. – C. Assimopoulos, *Le point sur l'autonomie bancaire des époux : Dr. famille* 2009, étude 34 ; *RJPF* 2010/1, 21, obs. Vauvillé, qui décide, en application des articles 221 et 1937 du Code civil, que, dès lors que l'épouse n'avait pas le pouvoir de disposer des fonds déposés sur le compte ouvert au seul nom de son mari, la banque, après avoir indemnisé le titulaire du compte du fait des retraits et virements opérés par l'épouse sur le compte, était fondée à se prévaloir du bénéfice de subrogation et à demander à l'épouse la restitution des sommes prélevées. V. aussi sous art. 221, p. 205.

3) **Procuration. Preuve.** Le banquier dépositaire, qui se borne à exécuter les ordres de paiement que lui transmet le mandataire du déposant, peut rapporter la preuve par tous moyens du contrat de mandat (procuration) auquel il n'est pas partie (▪ Cass. 1re civ., 3 juin 2015, nos 14-19.825 et 14-20.518 : *D.* 2015, 1588, Tehrani ; *JCP* 2015, doctr. 1342, n° 16, obs. Storck ; *RJPF* 2015/10, 25, obs. Egéa ; *Contrats, conc. consom.* 2015, comm. 222, Leveneur ; *D.* 2016, 167, obs. Aynès ; *Gaz. Pal.* 8 mars 2016, 59, obs. Houin-Bressand : retraits d'argent effectués par l'épouse, séparée de biens, sur le compte de son mari,

preuve par tous moyens de la procuration donnée à l'épouse).

4) Mandataire du déposant. L'article 1937 n'exige pas que le nom du mandataire ait été porté à la connaissance du dépositaire préalablement à la restitution et il suffit qu'à ce moment le mandataire du déposant justifie d'une procuration régulière (■ Cass. com., 14 janv. 1949 : *Bull. civ.* II, n° 238, p. 639).

5) Faute du déposant. Seule une faute commise par le déposant des fonds et ayant trompé le banquier dépositaire sur l'authenticité d'un ordre de paiement qu'il a exécuté peut dégager celui-ci de son obligation de restitution (■ Cass. com., 28 janv. 1992, n° 90-15.935 : *JCP* 92, IV, 930 ; *Bull. civ.* IV, n° 37, p. 30. ■ Cass. com., 26 nov. 1996, n° 94-14.519 : *JurisData* n° 1996-004513 ; *JCP* 97, IV, 127 ; *Bull. civ.* IV, n° 283, p. 243). Viole l'article 1937 l'arrêt qui retient, pour écarter la responsabilité des sociétés déposantes, que la préposée indélicate s'est servi des moyens mis à sa disposition pour exercer ses fonctions à des fins personnelles et s'est ainsi placée hors des fonctions auxquelles elle était employée, alors qu'elle a agi dans l'exercice de ses fonctions de directrice de gestion (■ Cass. com., 7 juin 1994, n° 91-22.328 : *JurisData* n° 1994-003011 ; *Bull. civ.* IV, n° 205, p. 164 ; *RTD civ.* 1995, 127, obs. Jourdain).

6) Cession de créances professionnelles. Le banquier du cédant de créances professionnelles reçoit les paiements au nom et pour le compte de son client, qui en est destinataire, de sorte qu'il n'est pas tenu à restitution envers le tiers qu'est le cessionnaire (■ Cass. com., 4 juill. 1995, n° 93-12.977 : *JurisData* n° 1995-001827 ; *JCP* 95, II, 22553, note D. Legeais ; *D.* 1995, 488, note Martin et Synvet ; *D.* 1996, somm. 208, obs. S. Piedelièvre ; *RTD civ.* 1996, 192, obs. Gautier, 422, obs. Zenati).

7) Réception des fonds par le banquier du bénéficiaire d'un virement. Le virement vaut paiement dès réception des fonds par le banquier du bénéficiaire qui les détient pour le compte de son client (■ Cass. com., 3 févr. 2009, n° 06-21.184 : *Bull. civ.* IV, n° 16 ; *JurisData* n° 2009-046858 ; *Contrats, conc. consom.* 2009, comm. 95, obs. Leveneur ; *JCP* 2009, II, 10045, note Barbièri ; *JCP* E 2009, 1227, note Stoufflet ; *RTD civ.* 2009, 533, obs. Fages ; *Dr. et patrimoine* sept. 2009, 97, obs. Mattout et Prüm).

Art. 1938. – **Il ne peut pas exiger de celui qui a fait le dépôt la preuve qu'il était propriétaire de la chose déposée.**

Néanmoins, s'il découvre que la chose a été volée, et quel en est le véritable propriétaire, il doit dénoncer à celui-ci le dépôt qui lui a été fait, avec sommation de le réclamer dans un délai déterminé et suffisant. Si celui auquel la dénonciation a été faite néglige de réclamer le dépôt, le dépositaire est valablement déchargé par la tradition qu'il en fait à celui duquel il l'a reçu.

1) Principe. Sur le principe que la restitution n'est pas subordonnée à la preuve par le déposant de son droit de propriété, V. ■ Cass. 1re civ., 28 janv. 1997, n° 95-13.835 : *JurisData* n° 1997-000304 ; *Contrats, conc. consom.* 1997, 60, note Leveneur.

2) Chose ni volée ni détournée. Si la chose n'a été ni volée ni détournée frauduleusement, le dépositaire n'a d'autre obligation, à défaut d'une saisie-arrêt ou d'une opposition régulière, que de restituer la chose au déposant (■ Paris, 22 déc. 1953 : *JCP* 54, IV, 55).

3) Complicité de recel de communauté. Le dépositaire peut engager sa responsabilité si, par imprudence, il se rend complice d'un recel de communauté (■ Cass. 1re civ., 16 oct. 1967 : *Bull. civ.* I, n° 297, p. 223).

Art. 1939 *(Mod., L. n° 2009-526, 12 mai 2009)*. – **En cas de mort de la personne qui a fait le dépôt, la chose déposée ne peut être rendue qu'à son héritier.**

S'il y a plusieurs héritiers, elle doit être rendue à chacun d'eux pour leur part et portion.

Si la chose déposée est indivisible, les héritiers doivent s'accorder entre eux pour la recevoir.

1) Justifications dues aux héritiers. Il découle de l'article 1939 que le dépositaire doit à chacun des héritiers du déposant non seulement la restitution, pour sa part et portion, des titres qu'il détenait à la date du décès mais aussi la justification de la décharge des titres qu'il avait détenus antérieurement et qu'il avait restitués ou dont il avait fait emploi suivant les ordres du déposant (■ Cass. 2e civ., 30 janv. 1963 : *Bull. civ.* II, n° 92, p. 69).

2) Agent de change. Restitution à l'un des héritiers. Sur la responsabilité de l'agent de change qui restitue les titres de son client décédé à l'un des ayants droit agissant seul, V. ■ TGI Seine, 15 oct. 1958 : *JCP* 63, II, 13294, note Boitard.

3) Décès du déposant avant la restitution. Si le déposant meurt avant que le dépôt ait été remis à la personne indiquée, la chose ne peut être rendue qu'à l'héritier (■ Cass. req., 16 avr. 1902 : *DP*

1902, 1, 222). Mais jugé que la règle de l'article 1939 est sans application lorsque le déposant, par un acte de dernière volonté, a valablement disposé de cette chose et n'a eu recours au dépôt que pour assurer l'exécution de sa volonté (■ Cass. civ., 28 juill. 1909 : *DP* 1910, 1, 44).

4) Dépôt par plusieurs d'une chose indivisible. Il résulte de l'article 1939, alinéa 3, qu'en cas de dépôt par deux ou plusieurs personnes d'une chose indivisible, les déposants doivent s'accorder entre eux pour en recevoir la restitution et que si le dépositaire a restitué cette chose à un seul d'entre eux, les autres peuvent agir en représentation de la chose tant contre le dépositaire que contre celui des déposants à qui elle a été restituée (■ Cass. 1re civ., 19 janv. 1982 : *Bull. civ.* I, n° 30, p. 26).

Art. 1940 ***(L. n° 85-1372, 23 déc. 1985).*** **– Si la personne qui a fait le dépôt a été dessaisie de ses pouvoirs d'administration, le dépôt ne peut être restitué qu'à celui qui a l'administration des biens du déposant.**

Vérification de la capacité de la personne qui demande la restitution. En vertu de l'article 1940 qui n'est pas limitatif et a une portée générale, le dépositaire doit vérifier la capacité de la personne qui demande la restitution du dépôt et cette précaution s'impose aussi bien à l'égard de l'héritier que du déposant lui-même (■ Cass. civ., 5 juin 1945 : *D.* 1945, 305, note Ripert).

Art. 1941 ***(L. n° 85-1372, 23 déc. 1985).*** **– Si le dépôt a été fait par un tuteur ou un administrateur, dans l'une de ces qualités, il ne peut être restitué qu'à la personne que ce tuteur ou cet administrateur représentaient, si leur gestion ou leur administration est finie.**

Art. 1942. – Si le contrat de dépôt désigne le lieu dans lequel la restitution doit être faite, le dépositaire est tenu d'y porter la chose déposée. S'il y a des frais de transport, ils sont à la charge du déposant.

Art. 1943. – Si le contrat ne désigne pas le lieu de la restitution, elle doit être faite dans le lieu même du dépôt.

Art. 1944 ***(Mod., Ord. n° 2011-1895, 19 déc. 2011).*** **– Le dépôt doit être remis au déposant aussitôt qu'il le réclame, lors même que le contrat aurait fixé un délai déterminé pour la restitution ; à moins qu'il n'existe, entre les mains du dépositaire, une saisie ou une opposition à la restitution et au déplacement de la chose déposée.**

1) Forme de la réclamation. Le dépôt doit être remis au déposant aussitôt qu'il le réclame, soit verbalement, soit par sommation, soit par tout acte équivalent (■ Cass. 1re civ., 28 févr. 1989, n° 87-17.350 : *JurisData* n° 1989-700468 ; *Bull. civ.* I, n° 97, p. 62, assignation).

2) Lieu de la restitution. Si le contrat ne désigne pas le lieu de la restitution, celle-ci doit être faite dans le lieu même du dépôt (■ Cass. 1re civ., 16 mars 1999, n° 97-14.118 : *JurisData* n° 1999-001193 ; *Resp. civ. et assur.* 1999, 183).

3) Forme de l'opposition. L'opposition doit être faite par acte extrajudiciaire et l'envoi d'une lettre recommandée ne suffit pas (■ Cass. com., 11 févr. 2003 : *JurisData* n° 2003-017602 ; *JCP* 2003, IV, 1638 ; *Bull. civ.* IV, n° 19, p. 24).

Art. 1945. – Le dépositaire infidèle n'est point admis au bénéfice de cession (1)**.**

Art. 1946. – Toutes les obligations du dépositaire cessent, s'il vient à découvrir et à prouver qu'il est lui-même propriétaire de la chose déposée.

Section IV. – Des obligations de la personne par laquelle le dépôt a été fait

Art. 1947. – La personne qui a fait **le dépôt est tenue de rembourser au dépositaire les dépenses qu'il a faites pour la conservation de la chose déposée, et de l'indemniser de toutes les pertes que le dépôt peut lui avoir occasionnées.**

(1) Les articles 1265 et suivants du Code civil ont été abrogés par la loi n° 91-650 du 9 juillet 1991.

Frais de conservation. Le dépositaire a droit au remboursement des frais exposés pour entreposer la marchandise à lui confiée même s'il s'agit d'un dépôt gratuit dès lors que les juges du fond estiment que les dépenses ont été faites pour la conservation de la chose (■ Cass. civ., 28 avr. 1925 : *DP* 1927, 1, 23). Mais manque de base légale la décision qui, pour condamner un déposant à payer une indemnité au dépositaire « pour gardiennage », se borne à constater le dépôt sans préciser que ce dépôt avait été convenu à titre onéreux ni que le dépositaire avait fait des dépenses pour la conservation de la chose (■ Cass. 1re civ., 7 mars 1973, n° 71-14.809 : *JurisData* n° 1973-000088 ; *Bull. civ.* I, n° 88, p. 82).

Art. 1948. – **Le dépositaire peut retenir le dépôt jusqu'à l'entier payement de ce qui lui est dû à raison du dépôt.**

1) Opposabilité à tous du droit de rétention. Le droit de rétention est un droit réel opposable à tous, et même aux tiers non tenus de la dette. Viole l'article 1948 la cour d'appel qui, pour écarter le droit de rétention d'un garagiste, énonce que ce dernier s'était, dans un protocole, désigné le vendeur comme débiteur unique du prix des travaux de réparation (■ Cass. 1re civ., 7 janv. 1992, n° 90-14.545 : *JurisData* n° 1992-000015 ; *JCP* 92, II, 21971, note Ramarolato-Ratiary ; *Bull. civ.* I, n° 4, p. 3. V. aussi en faveur de la qualification de droit réel ■ Versailles, 27 févr. 1997 : *JurisData* n° 1997-990099 ; *JurisData* n° 1997-990099 ; *D.* 1998, somm. 101, obs. Piedelièvre. Comp., énonçant que le droit de rétention n'est pas une sûreté et n'est pas assimilable au gage, ■ Cass. com., 20 mai 1997, n° 95-11.915 : *JurisData* n° 1997-002191 ; *JCP* 97, IV, 1464 ; *D.* 1998, somm. 102, obs. Piedelièvre, 115, obs. Libchaber. ■ Cass. com., 9 juin 1998, n° 96-12.719 : *JurisData* n° 1998-002639 ; *JCP* G 99, I, 116 et *JCP* E 99, 618, n° 12, obs. Delebecque ; *D.* 1999, somm. 300, obs. S. Piedelièvre, précisant que le détenteur ne peut demander l'attribution judiciaire du bien). Jugé cependant que l'entrepreneur chargé de l'édification d'un bâtiment n'est pas titulaire d'un droit réel sur l'immeuble, et qu'il ne bénéficie pas d'un droit de rétention sur le bien construit ou sur le produit de sa vente jusqu'au paiement du prix des travaux (■ Cass. 3e civ., 23 juin 1999, n° 97-19.288 : *JurisData* n° 1999-002635 ; *JCP* 2000, I, 209, n° 10, obs. Delebecque ; *RTD civ.* 2000, 133, obs. Crocq).

2) Créances visées. La rétention n'est autorisée que pour ce qui est dû à raison du dépôt (■ Cass. com., 23 juin 1964 : *D.* 1965, 79, note Rodière. ■ Cass. com., 4 déc. 1984, n° 83-12.288 : *JurisData* n° 1984-702090 ; *Bull. civ.* IV, n° 328, p. 267). Elle peut être exercée dans tous les cas où, la créance ayant pris naissance à l'occasion de la chose retenue, il existe entre cette créance et cette chose un lien de connexité matérielle (■ Cass. 1re civ., 22 mai 1962 : *D.* 1965, 58, note Rodière. – V. aussi ■ Cass. 1re civ., 9 févr. 1988, n° 86-13.699 : *JurisData* n° 1988-098566 ; *D.* 1988, 448, note Delebecque).

3) Incidence de la bonne foi. Viole l'article 1948 la cour d'appel qui décide qu'un garagiste ne peut exercer son droit de rétention « en raison de son absence de bonne foi », sans pour autant retenir que l'existence ou le montant de la créance en soient affectés (■ Cass. 1re civ., 7 janv. 1992, préc.).

4) Saisie entre les mains du dépositaire. Le dépositaire qui demande validation de la saisie qu'il a faite entre ses propres mains ne peut plus invoquer le droit de rétention (■ Cass. 1re civ., 10 oct. 1962 : *JurisData* n° 1962-000413 ; *JCP* 62, II, 12926, note J. A.).

5) Pour la **rétention d'un fichier sur bande magnétique,** V. ■ Cass. com., 8 févr. 1994, n° 92-14.484 : *JurisData* n° 1994-000434 ; *Bull. civ.* IV, n° 56, p. 42 ; *Contrats, conc. consom.* 1994, 136, note Leveneur ; *D.* 1995, somm. 91, obs. Libchaber.

6) Expert-comptable. Sur la légitimité de la rétention opposée par l'expert-comptable à l'administrateur au redressement judiciaire, V. ■ Versailles, 27 févr. 1997 : *JCP* 98, II, 10134, note Gorchs.

Section V. – Du dépôt nécessaire

Art. 1949. – **Le dépôt nécessaire est celui qui a été forcé par quelque accident, tel qu'un incendie, une ruine, un pillage, un naufrage ou autre événement imprévu.**

1) Notion de dépôt nécessaire. Pour qu'il y ait dépôt nécessaire aux termes de l'article 1949, il suffit que le déposant ait été contraint de faire ce dépôt par une nécessité pressante et pour soustraire la chose qui en est l'objet à une ruine imminente (■ Cass. req., 17 juill. 1923 : *DP* 1923, 1, 203). Pour des applications, V. ■ Cass. civ., 3 janv. 1951 : *JCP* 51, IV, 29 (chevaux confiés par un agriculteur à un autre agriculteur pendant la dernière guerre mondiale). ■ Cass. crim., 3 nov. 1967 : *Bull. crim.*

1967, n° 283, p. 661 (remise d'espèces et valeurs en cas d'hospitalisation d'urgence). ▪ Cass. com., 22 nov. 1988, n° 87-13.522 : *JurisData* n° 1988-702476 ; *JCP* 89, IV, 31 (bijou retiré par une assistante médicale avant un examen radiologique d'urgence).

2) **Vêtements laissés par un ouvrier dans un vestiaire.** Le fait par un ouvrier de laisser ses vêtements de ville dans un vestiaire de l'établissement où il travaille n'est pas constitutif d'un dépôt nécessaire (▪ Cass. civ., 24 juill. 1929 : *DH* 1929, 474).

3) **Remise à un professionnel.** N'est pas constitutif d'un dépôt nécessaire la remise à un artiste, à un joaillier ou à un tailleur d'objets s'attachant à leur activité professionnelle (▪ Paris, 17 déc. 1959 : *JCP* 60, IV, 128. ▪ Cass. 1re civ., 8 févr. 2005 : *JCP* 2005, IV, 1601 ; *JurisData* n° 2005-026878 ; *Bull. civ.* I, n° 67, p. 60 ; *Defrénois* 2005, 1233, obs. Libchaber, cassant ▪ Paris, 10 sept. 2001 : *D.* 2002, 1300, note Bloud-Rey, dépôt de bagues dans un salon de coiffure avant des soins de manucure. *Adde*, dans la même affaire, ▪ Cass. 1re civ., 2 oct. 2007, n° 06-21.650 : *RDC* 2008, 402, obs. Puig, qui reproche aux juges du fond de n'avoir pas recherché si le salon de coiffure n'était pas tenu d'une obligation, accessoire au contrat d'entreprise, lui imposant de veiller à la sécurité des bijoux dont la cliente avait dû se dessaisir pour recevoir les soins contractuellement attendus, sans qu'il soit nécessaire de prouver l'existence d'un contrat de dépôt. V. cependant ▪ Lyon, 30 juill. 1946 : *D.* 1947, 377, note Tunc, garagiste réparateur. Comp. ▪ Paris, 21 oct. 1949 : *D.* 1950, 758, note Giverdon, dépôt d'un vêtement par la cliente d'un salon de coiffure).

Art. 1950 ***(L. n° 80-525, 12 juill. 1980 ; mod., Ord. n° 2016-131, 10 févr. 2016).*** **– La preuve par témoins peut être reçue pour le dépôt nécessaire, même quand il s'agit d'une valeur supérieure au chiffre prévu à l'article 1359.**

V. pour une application, ▪ Cass. 1re civ., 14 févr. 1990, n° 88-14.562 : *JurisData* n° 1990-700373 ; *Bull. civ.* I, n° 44, p. 33.

Art. 1951. – Le dépôt nécessaire est d'ailleurs régi par toutes les règles précédemment énoncées.

Art. 1952 ***(L. n° 73-1141, 24 déc. 1973).*** **– Les aubergistes ou hôteliers répondent, comme dépositaires, des vêtements, bagages et objets divers apportés dans leur établissement par le voyageur qui loge chez eux ; le dépôt de ces sortes d'effets doit être regardé comme un dépôt nécessaire.**

Bibliographie : L. Bihl, *La notion de dépôt hôtelier : JCP* 74, I, 2616. • R. Zimmermann, *L'évolution de la responsabilité des aubergistes et des hôteliers en Angleterre : RDC* 2007/4, p. 1287.

1) **Auberges ou hôtelleries.** On ne saurait étendre les dispositions exceptionnelles de l'article 1952 au propriétaire de l'établissement qui, bien qu'ouvert au public, n'entre pas dans la catégorie des auberges ou hôtelleries (▪ Cass. civ., 26 janv. 1875 : *DP* 1875, 1, 219, bateau-lavoir. – V. en ce sens ▪ Cass. 1re civ., 17 déc. 1957 : *JCP* 58, II, 10452, clinique. ▪ Cass. 1re civ., 11 mars 1969 : *D.* 1969, 492, restaurant. ▪ Paris, 9 janv. 1980 : *Gaz. Pal.* 1980, 2, 507, note Rodière ; *D.* 1981, 219, note Fabre, *Aéroports de Paris*). Pour une exclusion de la qualification de contrat d'hôtellerie en cas de location d'un chalet dans un camping, V. ▪ Cass. 3e civ., 4 avr. 2002, n° 11-11.676 : *Contrats, conc. consom.* 2012, comm. 170, obs. Leveneur ; *Resp. civ. et assur.* 2012, comm. 209, Groutel (pas de responsabilité de l'exploitant du camping pour vol).

2) **Voyageur.** Le terme « voyageur » désigne limitativement les personnes reçues à titre temporaire et passager et qui n'ont ni le temps ni les moyens de vérifier les garanties offertes par la maison (▪ Cass. civ., 25 juin 1913 : *DP* 1914, 1, 243. – V. en ce sens ▪ Cass. 1re civ., 17 déc. 1957 : *JCP* 58, II, 10452. – Voir cependant ▪ T. com. Seine, 17 nov. 1950 : *JCP* 50, II, 5932, note Rodière).

3) **Lieu du vol.** Les juges du fond qui ont constaté que le vol du véhicule automobile a été commis sur le parc de stationnement de l'hôtel qui a la jouissance privative de ce bien réservé à la clientèle ont ainsi suffisamment caractérisé le lieu de commission du vol de nature à engager la responsabilité de l'hôtelier (▪ Cass. 1re civ., 18 janv. 1989, n° 87-16.530 : *JurisData* n° 1989-700043 ; *Bull. civ.* I, n° 20, p. 14. Voir cependant pour un « parking non gardé » ▪ Rouen, 13 oct. 1994, n° 92039888 : *JurisData* n° 1994-051001 ; *JCP* 95, II, 22487, note de Quenaudon). Ils peuvent estimer que les obligations de l'hôtelier se sont poursuivies jusqu'au départ de son client, dès lors qu'ils retiennent que celui-ci est resté dans l'établissement jusqu'au moment du vol (▪ Cass. 1re civ., 20 mars 1990, n° 88-19.050 : *JCP* 90, II, 21564, note Goubeaux). Sur les vols dans les parcs de stationnement dépendant de l'hôtel, v. aussi sous art. 1954, annot. n° 3, p. 1604.

4) Effets du voyageur. Les effets du voyageur englobent sa voiture automobile ainsi que les bagages y contenus dès lors que le véhicule se trouve garé dans l'enceinte de l'hôtel ou de ses dépendances (■ Paris, 11 mars 1965 : *Gaz. Pal.* 1965, 2, 275. – V. en ce sens ■ Cass. 1re civ., 16 déc. 1964 : *JurisData* n° 1964-700572 ; *D.* 1965, 96. – Comp. ■ Cass. 1re civ., 6 juin 1961 : *JCP* 61, II, 12206, note H. B. ■ Nîmes, 23 nov. 1961 : *JCP* 62, II, 12641, note H. G.). Sur les vols dans les parcs de stationnement dépendant de l'hôtel, v. aussi sous art. 1954, annot. n° 3, p. 1604.

5) Sur la **vente des objets abandonnés ou laissés en gage par les voyageurs** aux aubergistes et hôteliers, v. L. 31 mars 1896, p. 2769.

6) Dépôts dans les établissements de santé. V. L. n° 92-614, 6 juill. 1992 relative à la responsabilité du fait des vols, pertes et détériorations des objets déposés dans les établissements de santé et certains établissements sociaux ou médico-sociaux, et à la vente des objets abandonnés dans ces établissements. – D. n° 93-550, 27 mars 1993 portant application de ladite loi.

Art. 1953 ***(L. n° 73-1141, 24 déc. 1973 ; mod., L. n° 2009-526, 12 mai 2009).*** **– Ils sont responsables du vol ou du dommage de ces effets, soit que le vol ait été commis ou que le dommage ait été causé par leurs préposés, ou par des tiers allant et venant dans l'hôtel.**

Cette responsabilité est illimitée, nonobstant toute clause contraire, au cas de vol ou de détérioration des objets de toute nature déposés entre leurs mains ou qu'ils ont refusé de recevoir sans motif légitime.

Dans tous les autres cas, les dommages-intérêts dus au voyageur sont, à l'exclusion de toute limitation conventionnelle inférieure, limités à l'équivalent de 100 fois le prix de location du logement par journée, sauf lorsque le voyageur démontre que le préjudice qu'il a subi résulte d'une faute de celui qui l'héberge ou des personnes dont ce dernier doit répondre.

1) Exonération par la force majeure. Sur le principe que l'hôtelier ne peut s'exonérer que par la preuve de la force majeure, V. ■ Cass. civ., 16 juill. 1946 : *JCP* 46, II, 3311, note Barbier. La faute prévisible du client, qui laisse dans son véhicule fermé à clef des objets tels qu'un appareil photographique ou un vêtement doublé de fourrure, ne fait pas obstacle à l'indemnisation (■ Cass. 1re civ., 18 janv. 1989, n° 87-17.570 : *JurisData* n° 1989-700046 ; *JCP* 89, IV, 104 ; *Bull. civ.* I, n° 20, p. 14).

2) Preuve par le voyageur du dépôt et de la détérioration. La responsabilité de l'hôtelier suppose que le voyageur apporte la preuve du dépôt et de la détérioration (■ Cass. req., 13 mai 1936 : *DH* 1936, 397. – V. en ce sens ■ Cass. 1re civ., 18 mars 1957 : *Gaz. Pal.* 1957, 1, 363. ■ Cass. 1re civ., 4 nov. 1986, n° 85-13.524 : *Bull. civ.* I, n° 250, p. 240).

3) Évaluation du dommage en cas de vol. Jugé qu'en cas de vol, l'évaluation du dommage, toute vérification étant impossible, s'effectue en tenant compte de l'honorabilité et de la situation sociale de la victime, des circonstances de fait, *c'est-à-dire de ce qu'il était normal* d'emporter dans les bagages, et de la catégorie de l'hôtel, le quantum du dommage réputé prévisible variant avec la fortune présumée de la clientèle (■ Nîmes, 23 nov. 1961 : *JCP* 62, II, 12641, note H. G.).

4) Faute de l'hôtelier. Sur le principe que la limitation légale de responsabilité de l'article 1953, al. 3, tombe devant la faute de surveillance caractérisée de l'hôtelier en relation avec le vol, V. ■ Paris, 5 janv. 1996 : *JurisData* n° 1996-020511 ; *JurisData* n° 1996-020511 ; *JurisData* n° 1996-020511 ; *JCP* 96, II, 22679, 1re esp., note Hassler (passe général placé dans un casier à côté de ceux réservés aux clés des clients). ■ Cass. 1re civ., 6 juill. 2000, n° 98-10.051 : *JurisData* n° 2000-002828 ; *JCP* 2000, II, 10543, 2e esp., note Gauvin ; *Resp. civ. et assur.* 2000, 333, note Groutel ; *Bull. civ.* I, n° 208, p. 135 ; *RTD civ.* 2001, 156, obs. Jourdain (engagement de l'hôtelier d'assurer la sécurité des véhicules en stationnement). La limitation de responsabilité ne s'applique pas en cas de vol lorsqu'il est établi que deux échelles appartenant à l'hôtelier avaient été laissées à proximité des fenêtres de la chambre occupée par le voyageur et que ni les volets ni les fenêtres de cette chambre ne pouvaient rester fermés (■ Cass. 1re civ., 13 oct. 1965 : *JCP* 65, II, 14403. – Comp. ■ Cass. 1re civ., 5 févr. 1957 : *D.* 1957, 232).

5) Mise à disposition du client d'un compartiment pour les objets de valeur. La mise à la disposition du client d'un compartiment destiné à placer des objets de valeur dans la salle des coffres caractérise suffisamment, au regard de l'article 1953, al. 2, le dépôt entre les mains de l'hôtelier des bijoux placés dans ce coffre (■ Cass. 1re civ., 14 févr. 1990 : *Bull. civ.* I, n° 44, p. 33). Le seul fait de ne pas déclarer l'importance des bijoux déposés ne constitue pas la faute du client dont l'hôtelier, pour être exonéré de sa responsabilité illimitée, doit rapporter la preuve (même arrêt). Mais pour une limitation de la responsabilité de l'hôtelier en cas de vol de biens de trop grande valeur placés par les clients dans le coffre-fort individuel de leur chambre d'hôtel au mépris des consignes de sécurité, V. ■ Cass. 1re civ., 12 juin 2012, n° 11-18.450.

6) Clauses d'exonération. Connaissance par le client. L'hôtelier qui entend s'exonérer conventionnellement de sa responsabilité doit rapporter la preuve que la clause dont il se prévaut a été connue et acceptée par son client. Le seul fait de faire figurer une telle clause sur une carte de bienvenue et sur une affiche placée dans la chambre ne saurait suffire à établir que le client, à supposer qu'il en ait eu connaissance, l'ait acceptée (■ Paris, 5 janv. 1996 : *JCP* 96, II, 22679, 1re esp., note Hassler). L'hôtelier ne peut s'exonérer par l'apposition d'un panneau « parking non gardé » (■ Cass. 1re civ., 22 févr. 2000, n° 98-11.391 : *JurisData* n° 2000-000763 ; *JCP* 2000, II, 10543, 1re esp., note Gauvin ; *D.* 2001, 341, note Gout ; *Bull. civ.* I, n° 57, p. 39 ; *Resp. civ. et assur.* 2000, 160, note Groutel ; *RTD civ.* 2000, 579, obs. Jourdain).

Art. 1954 *(L. n° 73-1141, 24 déc. 1973)*. **– Les aubergistes ou hôteliers ne sont pas responsables des vols ou dommages qui arrivent par force majeure, ni de la perte qui résulte de la nature ou d'un vice de la chose, à charge de démontrer le fait qu'ils allèguent.**

Par dérogation aux dispositions de l'article 1953, les aubergistes ou hôteliers sont responsables des objets laissés dans les véhicules stationnés sur les lieux dont ils ont la jouissance privative à concurrence de cinquante fois le prix de location du logement par journée.

Les articles 1952 et 1953 ne s'appliquent pas aux animaux vivants.

Bibliographie : P. Servant, *L'extrême rapidité des revirements de jurisprudence en matière de responsabilité hôtelière* : *D.* 2001, chron. 2914.

1) Principe de responsabilité illimitée en cas de faute. Il résulte du rapprochement des articles 1952, 1953 et 1954 que si la responsabilité de l'hôtelier est limitée à cinquante fois le prix journalier de location du logement pour les effets volés dans les véhicules de ses clients stationnés sur les lieux dont il a la jouissance privative, cette disposition ne saurait avoir pour effet de décharger l'hôtelier de l'obligation de réparer l'intégralité du préjudice de la victime d'un tel vol lorsque celle-ci rapporte la preuve qu'il a manqué audevoir de prudence et de surveillance qui lui incombe (■ Cass. 1re civ., 27 janv. 1982, n° 80-15.154 : *JurisData* n° 1982-700243 ; *Bull. civ.* I, n° 50, p. 43 ; *JCP* 83, II, 19936, note Chabas. ■ Paris, 5 janv. 1996 : *JCP* 96, II, 22679, 1re esp., note Hassler).

2) Stationnement. Jouissance non privative. L'hôtelier n'a pas la jouissance privative d'un parking non clôturé, utilisable par n'importe quel automobiliste (■ Cass. 1re civ., 15 oct. 1996, n° 94-19.472 : *JCP* 96, IV, 2382 ; *Bull. civ.* I, n° 353, p. 247 ; *Resp. civ. et assur.* 1996, 394). Mais il en va autrement lorsque l'hôtelier est propriétaire du terrain (■ Cass. 1re civ., 22 févr. 2000, n° 98-11.391 : *JurisData* n° 2000-000763 ; *JCP* 2001, II, 10543, 1re esp., note Gauvin ; *Bull. civ.* I, n° 57, p. 39 ; *Resp. civ. et assur.* 2000, 160, note Groutel ; *RTD civ.* 2000, 579, obs. Jourdain. Viole les articles 1952, 1953 et 1954 l'arrêt qui retient que la responsabilité de l'hôtelier ne peut être engagée à raison du vol du véhicule que s'il a la jouissance privative de l'aire de stationnement (■ Cass. 1re civ., 30 mai 2000, n° 98-16.211 : *JurisData* n° 2000-002304 ; *JCP 2000, IV, 2265* ; *Bull. civ. I*, n° 163, p. 106 ; *Resp. civ. et assur.* 2000, 267, note Groutel ; *RTD civ.* 2000, 579, obs. Jourdain.). V. en ce sens ■ Cass. 1re civ., 29 sept. 2004 : *JCP* G 2004, IV, 3101 ; *JCP* E 2005, 570, note Alfroy ; *JurisData* n° 024951 ; *Bull. civ.* I, n° 218, p. 183 ; *Resp. civ. et assur.* 2004, 342).

3) Vol de ou dans la voiture. Faute de l'hôtelier. Le fait pour l'hôtelier de ne pas assurer la surveillance particulière du véhicule fermé à clef de son client n'est pas constitutif d'une faute de nature à faire échec à la limitation de responsabilité (■ Cass. 1re civ., 20 mars 1990, n° 88-19.050 : *JCP* 90, II, 21564, note Goubeaux ; *RTD civ.* 1990, 680, obs. Rémy). Ne donne pas de base légale à sa décision la cour d'appel qui déclare l'hôtelier responsable du vol de l'automobile de son client en retenant une faute de sa part, en raison d'un défaut de clôture ou de surveillance du parc de stationnement, dépendant de l'hôtel, sans relever qu'il s'était engagé à assurer la sécurité du véhicule sur l'emplacement où il était en stationnement (■ Cass. 1re civ., 2 avr. 1996, n° 94-12.859 : *JurisData* n° 1996-001344 ; *JCP* 96, II, 22679, 2e esp., note Hassler ; *Bull.* I, n° 161, p. 114 ; *Contrats, conc. consom.* 1996, 123, note Leveneur ; *Gaz. Pal.* 1996, 2, 380, note du Rusquec ; *Resp. civ. et assur.* 1996, 223 ; *RTD civ.* 1996, 917, obs. Jourdain. V. aussi ■ Cass. 1re civ., 22 juin 1999, n° 97-16.560 : *JurisData* n° 1999-002626 ; *JCP* G 2000, II, 10259 ; *JCP* E 2000, 507, note Gauvin ; *Resp. civ. et assur.* 1999, 298 ; *JCP* 99, IV, 2543 ; *Bull. civ.* I, n° 210, p. 136 ; *RTD civ.* 1999, 845, obs. Jourdain. V. aussi pour un véhicule volé devant l'hôtel sur la voie publique ■ Cass. 1re civ., 11 janv. 2000, n° 97-19.758 : *JurisData* n° 2000-000022 ; *JCP* 2000, IV, 1319 ; *Resp. civ. et assur.* 2000, 87 ; *Bull. civ.* I, n° 4, p. 2. V. cependant, retenant la responsabilité de l'hôtel en relevant qu'il est débiteur d'une obligation de surveillance à l'égard du client qui n'a pas d'autre choix que de venir en voiture à l'hôtel, ■ Grenoble, 29 avr. 1996 : *JurisData* n° 1996-040970 ; Gaz. Pal. 1996, 2, 385). Sur le principe que les règles relatives à la responsabilité de l'hôtelier ne sont pas applicables en cas de location d'un appartement meublé, V. ■ Cass. 1re civ., 19 oct. 1999, n° 97-19.772 : *JurisData* n° 1999-003951 ; *Bull. civ.* I, n° 278, p. 181 ; *Resp. civ. et assur.* 1999, 365).

4) Vol à main armée. Si l'irrésistibilité de l'événement est, à elle seule, constitutive de la force majeure lorsque sa prévision ne saurait permettre d'en empêcher les effets, encore faut-il que le débiteur ait pris toutes les mesures requises pour éviter la réalisation de cet événement (■ Cass. 1re civ., 9 mars 1994, n° 91-17.459 : *Bull. civ.* I, n° 91, p. 70). Tel n'est pas le cas pour un vol à main armée dans un hôtel de Saint-Tropez lorsque l'hôtelier ou ses préposés n'ont pas effectué un contrôle strict des entrées, le veilleur de nuit ayant lui-même ouvert la porte d'entrée à l'un des malfaiteurs (même arrêt).

5) Calcul du plafond légal. Les articles 1953 et 1954 se réfèrent au « prix de location du logement par journée ». Cette référence est faite au logement pris effectivement en location. En l'espèce, où le véhicule qui a acheminé les clients a entraîné la location de deux chambres, il y a lieu de retenir comme unité de compte le prix de deux chambres effectivement occupées (■ Grenoble, 28 juin 1995 : *JurisData* n° 1995-042932 ; *Gaz. Pal.* 1996, 2, 383).

CHAPITRE III. – DU SÉQUESTRE

Section I. – Des diverses espèces de séquestre

Bibliographie : Ph. Belloir, *Le séquestre : LPA* 30 mars 2000, p. 4.

Art. 1955. – **Le séquestre est ou conventionnel ou judiciaire.**

Section II. – Du séquestre conventionnel

Art. 1956. – **Le séquestre conventionnel est le dépôt fait par une ou plusieurs personnes, d'une chose contentieuse, entre les mains d'un tiers qui s'oblige de la rendre, après la contestation terminée, à la personne qui sera jugée devoir l'obtenir.**

1) Somme remise en garantie. Pour un séquestre portant sur une somme remise en garantie, V. ■ Cass. 1re civ., 31 janv. 1994 : *Contrats, conc. consom.* 1995, 68, note Leveneur.

2) Redressement judiciaire du séquestre. En cas de mise en redressement judiciaire d'un banquier, les droits des parties l'ayant constitué séquestre conventionnel à recouvrer la somme remise ou à la transférer chez un tiers ne peuvent être exercés qu'aux mêmes conditions que celles s'imposant à d'autres déposants (■ Cass. com., 4 mars 1997, n° 94-13.170 : *JurisData* n° 1997-000897 ; *JCP* 97, IV, 914 ; *Contrats, conc. consom.* 1997, 110, note Leveneur).

Art. 1957. – **Le séquestre peut n'être pas gratuit.**

Art. 1958. – **Lorsqu'il est gratuit, il est soumis aux règles du dépôt proprement dit, sauf les différences ci-après énoncées.**

Art. 1959. – **Le séquestre peut avoir pour objet non seulement des effets mobiliers, mais même des immeubles.**

Art. 1960. – **Le dépositaire chargé du séquestre ne peut être déchargé, avant la contestation terminée, que du consentement de toutes les parties intéressées, ou pour une cause jugée légitime.**

Condition suspensive. *S'agissant* d'une promesse de vente assortie d'une condition suspensive, le notaire séquestre de l'indemnité d'immobilisation ne peut en restituer le montant au bénéficiaire de la promesse que lorsqu'il est établi que la condition suspensive ne s'est pas accomplie (■ Cass. 1re civ., 13 nov. 1997, n° 95-18.276 : *JurisData* n° 1997-004412 ; *JCP* 97, IV, 2569 ; *Bull. civ.* I, n° 310, p. 211).

Section III. – Du séquestre ou dépôt judiciaire

Art. 1961. – **La justice peut ordonner le séquestre :**

1° Des meubles saisis sur un débiteur ;

2° D'un immeuble ou d'une chose mobilière dont la propriété ou la possession est litigieuse entre deux ou plusieurs personnes ;

3° Des choses qu'un débiteur offre pour sa libération.

1) Énumération non limitative. L'énumération de l'article 1961 n'est pas limitative (■ Cass. soc., 15 mars 1956 : *Bull. civ.* IV, n° 256, p. 186). Le séquestre peut être ordonné toutes les fois que les juges estiment qu'il convient de prescrire cette mesure pour assurer la conservation des droits des parties (■ Cass. 1re civ., 16 nov. 1955 : *JCP* 55, IV, 178 ; *Bull. civ.* I, n° 397, p. 321. – V. en ce sens ■ Cass. 2e civ., 27 nov. 1963 : *JurisData* n° 1963-700772 ; *JCP* 65, II, 14443, note R. L., 2e esp.).

2) Office du juge des référés. Une mesure de séquestre ne se justifie que s'il existe un litige sérieux et la contestation sérieuse n'est pas nécessairement un obstacle à la décision de référé mais peut au contraire en être la condition (■ Cass. 2e civ., 14 févr. 1973 : *JurisData* n° 1973-099052 ; *Gaz. Pal.* 1973, 2, 500). Mais le juge des référés ne peut ordonner une mesure de séquestre, en cas d'urgence, qu'à la condition que son ordonnance ne fasse aucun préjudice au principal (■ Cass. com., 22 janv. 1969 : *Bull. civ.* IV, n° 23, p. 23). Il n'est pas nécessaire pour la désignation du séquestre que celui-ci soit partie à la procédure (■ Cass. com., 29 janv. 1974, n° 72-14.147 : *JurisData* n° 1974-097038 ; *JCP* 74, II, 17815, note Bernard).

3) Mesure de sûreté générale. Sur l'administration et la liquidation des biens mis sous séquestre en conséquence d'une mesure de sûreté générale, V. L. 5 oct. 1940 ; A. 23 nov. 1940 ; L. 19 janv. 1942.

4) Arrêt du cours des intérêts. Il résulte de l'article 1961-3° que lorsqu'il remet au séquestre désigné par justice les choses qu'il a offertes pour sa libération, le débiteur est libéré et les intérêts cessent donc de courir (■ Cass. 1re civ., 17 févr. 1998, n° 95-19.305 : *JurisData* n° 1998-000678 ; *JCP* 98, IV, 1795 ; *Bull. civ.* I, n° 64, p. 43 ; *Contrats, conc. consom.* 1998, 58, note Leveneur ; *RTD civ.* 1998, 700, obs. Gautier).

Art. 1962 ***(Mod., L. n° 2014-873, 4 août 2014).*** **– L'établissement d'un gardien judiciaire produit, entre le saisissant et le gardien, des obligations réciproques. Le gardien doit apporter, pour la conservation des effets saisis, les soins raisonnables.**

Il doit les représenter, soit à la décharge du saisissant pour la vente, soit à la partie contre laquelle les exécutions ont été faites, en cas de mainlevée de la saisie.

L'obligation du saisissant consiste à payer au gardien le salaire fixé par la loi.

1) Mission du séquestre. Le séquestre judiciaire doit conserver et administrer les biens séquestrés dans la mesure que commandent la nature même de ceux-ci et l'étendue de sa mission (■ Cass. 1re civ., 18 mars 1959 : *JCP* 59, IV, 50 ; *Bull. civ.* I, n° 169, p. 140). Il peut être autorisé à accomplir des actes d'administration susceptibles d'assurer la conservation de la chose litigieuse (■ Cass. 1re civ., 7 oct. 1953 : *JCP* 53, IV, 158 ; *Bull. civ.* I, n° 267, p. 220). S'agissant d'actions, les pouvoirs du séquestre ne comportent pas normalement le droit de vote qui appartient en principe à l'actionnaire ou au mandataire choisi par lui. Toutefois, la conservation de ces actions peut en certaines circonstances nécessiter l'exercice de tous ou de certains des droits qui y sont attachés, et singulièrement celui du droit de vote, pour la sauvegarde des intérêts sociaux et des intérêts de toute personne à qui la propriété des actions sera reconnue (■ Paris, 18 avr. 1961 : *JCP* 62, II, 12748, concl. Lambert).

2) Saisie conservatoire. Le saisi ne peut demander aux juges statuant sur la validité d'une saisie conservatoire la désignation d'un séquestre pour procéder à la vente des biens saisis et en consacrer le produit à l'extinction de la créance (■ Cass. 2e civ., 13 mai 1966 : *JurisData* n° 1966-000579 ; *D.* 1967, 126).

3) Faute du séquestre. Le séquestre est responsable en cas de faute même très légère (■ Cass. 2e civ., 14 nov. 1956 : *Bull. civ.* II, n° 586, p. 378). Mais il peut s'exonérer par son absence de faute (■ Cass. 2e civ., 2 juill. 1997, n° 95-20.154 : *JurisData* n° 1997-003259 ; *JCP* 97, IV, 1897 ; *Bull. civ.* II, n° 213, p. 125 ; *Resp. civ. et assur.* 1997, 346 ; *D.* 1998, somm. 197, obs. Delebecque). Il devient gardien de la chose au sens des articles 1384 et 1385 du Code civil (■ Cass. 2e civ., 5 mars 1953 : *D.* 1953, 473, note R. Savatier). Ayant constaté que le vin saisi était « piqué » et que le séquestre n'établissait pas qu'au moment de son acquisition ledit vin n'était pas loyal et marchand, c'est sans inverser la charge de la preuve que la cour d'appel énonce que le séquestre ne s'exonère pas de sa responsabilité (■ Cass. 1re civ., 15 mai 2008, n° 07-11.250 : *Bull. civ.* I, n° 138).

4) Auxiliaire de justice occasionnel. Celui qui a reçu par ordonnance de référé un mandat de séquestre est bien, en cette qualité, un auxiliaire de justice occasionnel dont le remboursement des frais est soumis à taxe (■ Cass. 2e civ., 1er juin 1967 : *Bull. civ.* II, n° 205, p. 143). Le séquestre jouit du droit de rétention sur la chose conformément à l'article 1948 du Code civil (■ Cass. 1re civ., 22 mai 1962 : *JCP* 62, IV, 94 ; *Bull. civ.* I, n° 258, p. 231), ainsi que du privilège mobilier de l'article 2102-3° (2332-3°) du même code (■ Cass. civ., 29 juin 1875 : *DP* 1875, 1, 471).

Art. 1963. – Le séquestre judiciaire est donné, soit à une personne dont les parties intéressées sont convenues entre elles, soit à une personne nommée d'office par le juge.

Dans l'un et l'autre cas, celui auquel la chose a été confiée est soumis à toutes les obligations qu'emporte le séquestre conventionnel.

1) Sur le pouvoir souverain des juges du fond pour désigner le séquestre, V. ■ Cass. 1re civ., 30 juin 1965 : *JurisData* n° 1965-000435 ; *Bull. civ.* I, n° 436, p. 323.

2) **Responsabilité extracontractuelle du séquestre judiciaire.** La responsabilité du notaire, séquestre judiciaire, est extracontractuelle (■ Cass. 1re civ., 14 févr. 2018, n° 16-20.278 : *RDC* 2018/3, 349, Pellet).

TITRE XII. – DES CONTRATS ALÉATOIRES

Rédaction antérieure. Art. 1964 ***(Mod., L. n° 2009-526, 12 mai 2009 ; abrogé à compter du 1er octobre 2016, Ord. n° 2016-131, 10 févr. 2016).*** – Le contrat aléatoire est une convention réciproque dont les effets, quant aux avantages et aux pertes, soit pour toutes les parties, soit pour l'une ou plusieurs d'entre elles, dépendent d'un événement incertain.

Tels sont :

Le contrat d'assurance ;

Le jeu et le pari ;

Le contrat de rente viagère.

Bibliographie : V. Lasserre-Kiesow, *L'aléa : JCP* 2009, n° 31-35, 182. • F. Grua, *in RTD civ.* 1983, 263.

1) **Sur le contrat d'assurance.** V. C. assur., art. L. 111-1 et s., p. 1890 ; art. R. 111-1 et s., p. 1963 ; *JCl. Civil* Annexes, *V° Assurance*. Sur les assurances obligatoires, V. C. assur., art. L. 211-1 et s. ; C. assur. art. R.* 211-1 et s. V. aussi L. 10 août 1943 sur l'assurance scolaire obligatoire (*JCP* 43, III, 7644). V. aussi sous art. 1104. Le contrat d'assurance dont les effets dépendent de la durée de vie humaine comporte un aléa et constitue un contrat d'assurance sur la vie (■ Cass. ch. mixte, 23 nov. 2004, 4 arrêts : *JurisData* n° 2004-262630 ; *JCP* 2005, IV, 1000 à 1003 ; *JCP* E 2005, 82, note Mélin). V. sur ces arrêts J. Ghestin : *JCP* G 2005, I, 111. – Ph. Grosjean : *JCP* N 2005, 1003. – H. Lécuyer : *Dr. famille* 2005, chron. 6). Sur ce que la nullité du contrat d'assurance pour défaut d'aléa n'est qu'une nullité relative, v. ■ Cass. 1re civ., 9 nov. 1999, n° 97-16.454 : *JurisData* n° 1999-003913 ; *JCP* E 2000, 1186, note Roueil ; *Defrénois* 2000, 250, obs. D. Mazeaud.

2) **Mort du contractant avant la signature de l'acte authentique de vente.** Il résulte des articles 1104, alinéa 2 et 1964 du Code civil que l'aléa existe dès lors qu'au moment de la formation du contrat les parties ne peuvent apprécier l'avantage qu'elles en retireront parce que celui-ci dépend d'un événement incertain. S'agissant d'une promesse de vente d'un immeuble, ayant relevé qu'une partie du prix de vente avait été convertie en obligation d'entretien et de soins au profit de l'oncle de la venderesse, âgé de quatre-vingt-cinq ans et habitant dans l'immeuble vendu en vertu d'un droit d'usage et d'habitation qu'il s'était réservé sa vie durant dans l'acte de vente de ce même bien à sa nièce, la cour d'appel a pu en déduire que le caractère indéterminé de cette obligation constituait un aléa librement accepté par les parties comme étant susceptible de profiter à l'une ou l'autre en fonction de la durée de vie de l'usager et que la disparition de celui-ci avant la signature de l'acte authentique de vente faisait partie intégrante de cet aléa (■ Cass. 3e civ., 4 juill. 2007, n° 06-13.275 : *JurisData* n° 2007-039943 ; *Contrats, conc. consom.* 2007, 293, note Leveneur ; *Defrénois* 2007, art. 38697-76, p. 1737, obs. Savaux). Mais pour la rente viagère, dans l'hypothèse de la mort causée par la maladie dont le contractant était atteint et survenue dans les vingt jours de la date du contrat, v. art. 1975.

CHAPITRE I. – DU JEU ET DU PARI

Art. 1965. – La loi n'accorde aucune action pour une dette du jeu ou pour le payement d'un pari.

Bibliographie : M. Favero, *De la notion de spéculation à une réforme de l'exception de jeu : JCP* E 2005, 405.

I – RÈGLES GÉNÉRALES

1) **Contrat de jeu.** Ne constitue pas un contrat de jeu au sens de l'article 1965 et ne permet donc pas d'invoquer l'exception tirée de cet article le concours de slogans publicitaires tendant à promouvoir et à favoriser les activités commerciales de membres d'une association, ayant par ce fait

une utilité sociale et n'étant pas entaché d'immoralité, et qui, dépourvu de la notion d'enjeu, ne comporte pour les organisateurs aucune chance de gains ni aucun risque de perte pour les concurrents (▪ Paris, 13 déc. 1974 : *JurisData* n° 1974-760104 ; *D.* 1975, 234, note Fergani. V. en ce sens, pour un concours organisé par l'ORTF, ▪ TGI Paris, 18 déc. 1974 : *Gaz. Pal.* 1975, 1, 258).

2) Marchés à terme. En déclarant en termes absolus et impératifs que nul ne peut se soustraire aux obligations résultant de tous marchés à terme sur effets publics et autres, de tous marchés à livrer sur denrées et marchandises, lors même qu'ils se résoudraient par le paiement d'une simple différence, la loi du 28 mars 1885 a entendu, quand les opérations sur effets ou marchandises ont pris la forme de marchés à terme, interdire aux parties d'opposer l'exception de jeu et aux juges de rechercher l'intention des parties (▪ Cass. civ., 19 déc. 1939 : *DH* 1940, 37. V. aussi, pour les instruments financiers à terme, L. n° 96-597 du 2 juillet 1996 de modernisation des activités financières, art. 46-I). Mais l'exception de jeu doit être admise lorsque les juges du fond constatent souverainement que les spéculations litigieuses, dénommées marchés à terme, ne constituent que des combinaisons de jeu sur la hausse et la baisse des valeurs (▪ Cass. req., 11 juill. 1933 : *Gaz. Pal.* 1933, 2, 716). Jugé que la remise de sommes pour « opérations de bourse » est faite dans un but déterminé qui est licite et auquel ne s'applique pas l'article 1965 du Code civil (▪ Paris, 4 juill. 1967 : *D.* 1967, 721).

3) Preuve d'une dette de jeu. La preuve d'une dette de jeu peut être administrée par tous moyens, notamment par présomption (▪ Cass. com., 12 mars 1963 : *D.* 1963, 500).

4) Exception de jeu. Ordre public. L'exception de jeu est d'ordre public (▪ Cass. 1re civ., 24 nov. 1969 : *JurisData* n° 1969-000354 ; *JCP* 71, II, 16728, note Bénabent, 1re esp.).

5) Avances de fonds. Le refus d'action pour dette de jeu est opposable au tiers qui a fait à un joueur des avances de fonds qu'il savait devoir servir au jeu (▪ Cass. crim., 22 janv. 1927 : *DH* 1927, 116). Mais les juges du fond doivent constater expressément que les fonds étaient destinés et avaient effectivement servi à alimenter une partie de jeu (▪ Cass. crim., 19 juill. 1929 : *DP* 1933, 1, 26, note Capitant, 1re esp.). Cette preuve ne peut résulter d'une simple présomption (même arrêt. – V. en ce sens ▪ Lyon, 17 avr. 1956 : *Gaz. Pal.* 1956, 1, 429. ▪ Aix-en-Provence, 14 nov. 1958 : *Gaz. Pal.* 1959, 1, 154. Comp. ▪ Paris, 30 juin 1972 : *Gaz. Pal.* 1972, 2, 875 ; mais pour l'admission de présomptions graves, précises et concordantes, V. ▪ Cass. crim., 19 nov. 1932 : *DP* 1933, 1, 26, note Capitant, 2e esp. ▪ T. corr. Seine, 13 oct. 1965 : *Gaz. Pal.* 1966, 1, 108).

6) Pari. Responsabilité d'un joueur. Seul un fait ayant pour objet de porter sciemment atteinte à l'aléa inhérent au pari sportif est de nature à engager la responsabilité d'un joueur et, le cas échéant, de son club, à l'égard d'un parieur (▪ Cass. 2e civ., 14 juin 2018, n° 17-20.046 : *RDC* 2018/3, Bénabent ; *RTD civ.* 2018, p. 908, Jourdain ; *D* 2018, p. 1784, Borghetti ; *Gaz. Pal* 25 sept. 2018, p. 29, obs. Traullé).

II – RÈGLES PROPRES À CERTAINS JEUX

7) L'achat en commun d'un ticket au PMU, lequel est autorisé et réglementé par les pouvoirs publics, constitue une opération qui échappe aux dispositions de l'article 1965 (▪ Cass. 1re civ., 4 mai 1976 : *JurisData* n° 1976-700154 ; *JCP* 77, II, 18540, note de Lestang).

8) Casinos. La loi ayant autorisé et les pouvoirs publics ayant réglementé la tenue des jeux de hasard dans des casinos comme le Palm Beach à Cannes, les dettes résultant des jeux qui s'y déroulent régulièrement ne peuvent être considérées comme ayant une cause illicite (▪ Cass. 1re civ., 18 janv. 1984, n° 82-11.656 : *JurisData* n° 1984-700259 ; *JCP* 84, IV, 95 ; *Bull. civ.* I, n° 26, p. 20. – V. en ce sens ▪ Cass. 1re civ., 31 janv. 1984, n° 82-15.904 : *JurisData* n° 1984-700181 ; *D.* 1985, 40, note Diener), ce qui n'exclut pas que le client d'un casino puisse se prévaloir de l'article 1965 s'il est établi que la dette se rapporte à des prêts consentis par le casino pour alimenter le jeu (▪ Cass. 1re civ., 31 janv. 1984, préc. – V. aussi ▪ TGI Pontoise, 29 juin 1988 : *D.* 1990, 42, note Diener).

9) Chèques remis en paiement de dettes de jeu. Doit être cassé l'arrêt qui rejette la demande en paiement de dommages-intérêts et en remboursement de la créance que la remise d'un chèque bancaire sans provision avait prétendu éteindre au motif que la dette constitue une dette de jeu pour laquelle la loi n'accorde aucune action alors que la tenue de jeux de hasard dans les casinos de stations balnéaires, thermales et climatiques est autorisée par la loi et réglementée par les pouvoirs publics et que ces établissements sont habilités à recevoir des chèques (▪ Cass. ch. mixte, 14 mars 1980, n° 79-90.154 : *JurisData* n° 1980-798003 ; *Bull. civ.*, ch. mixte, n° 3, p. 3 ; *Gaz. Pal.* 1980, 1, 290, concl. Robin). Les juges du fond peuvent rejeter l'exception de jeu s'ils relèvent qu'il n'y a pas eu prêt de la part du caissier du casino, mais simple « accord de commodité » entre le client et lui pour que celui-ci n'ait à établir qu'un seul chèque en fin de soirée plutôt qu'une série de chèques successifs chaque fois qu'il allait chercher des jetons (■ Cass. 1re civ., 3 mai 1988, n° 86-16.859 : *JurisData* n° 1988-001185 ; *Bull. civ.* I, n° 124, p. 86). Si toute remise de plaques contre un chèque ne constitue pas une avance et ne caractérise pas une opération de crédit, il peut en être autrement lorsque les circonstances de l'espèce démontrent que celle-ci n'a eu pour but que de couvrir un prêt consenti par le casino pour alimenter le jeu (■ Cass. 1re civ., 19 mai 1992, n° 89-21.903 : *JurisData* n° 1992-002662 ; *D.* 1992, 494, note Diener). N'a pas donné de base légale à sa décision la cour d'appel qui a déclaré irrecevable la demande en paiement formée par le casino au motif que la dette constitue une dette de jeu dès lors que le casino a accepté que la somme soit payée par carte de crédit, s'attachant ainsi exclusivement au mode de paiement de la dette, sans rechercher dans quelles conditions et à quelles fins elle a été contractée (■ Cass. 1re civ., 3 déc. 1996, n° 94-21.713 : *JurisData* n° 1996-004672 ; *JCP* 97, IV, 209 ; *Contrats, conc. consom.* 1997, 43, note Leveneur). Si toute remise de plaques contre un chèque ne constitue pas une avance et ne constitue pas une opération de crédit, il en est autrement lorsque les circonstances de l'espèce démontrent que celle-ci n'a eu pour but que de couvrir un prêt consenti par le casino pour alimenter le jeu (■ Cass. 1re civ., 30 juin 1998, n° 96-17.789 : *JurisData* n° 1998-002986 ; *JCP* 98, IV, 2968 ; *Bull. civ.* I, n° 229, p. 159 ; *D.* 1999, somm. 112, obs. Libchaber. V. aussi ■ Cass. 1re civ., 11 mai 1999, n° 97-17.367 : *JurisData* n° 1999-001927 ; *JCP* 99, IV, 2228 ; *Contrats, conc. consom.* 1999, 137, note Leveneur ; *Bull. civ.* I, n° 154, p. 102).

10) Irrégularité du chèque. Le recouvrement d'une créance de jeu représentée par un chèque ne peut être admis lorsque la formule du chèque, irrégulière (notamment faute de date) et détournée de ses fins, constitue de ce fait une reconnaissance de dette (■ Cass. 1re civ., 22 nov. 1988, n° 86-17.888 : *JurisData* n° 1988-702978 ; *Bull. civ.* I, n° 328, p. 223 ; *JCP* 89, IV, 29). Sur la distinction entre l'action en réparation du dommage résultant du délit d'émission de chèque sans provision et l'action en remboursement de la créance que la remise du chèque prétendait éteindre, V. ■ Cass. crim., 1er juin 1977 : *JurisData* n° 1977-095197 ; *D.* 1978, inf. rap. 82 ; *Gaz. Pal.* 1977, 2, 582. ■ Cass. crim., 4 juill. 1979, n° 78-93.807 : *JurisData* n° 1979-096239 ; *Bull. crim.* 1979, n° 239, p. 647.

11) Sur **la réglementation des loteries**, V. L. 21 mai 1836, mod. L. n° 86-1019, 9 sept. 1986. – D. n° 87-264, 13 avr. 1987. – D. n° 87-430, 19 juin 1987. – Sur la réglementation des paris sur les courses de chevaux ou de lévriers, v. L. du 2 juin 1891, mod. L. n° 51-681, 24 mai 1951, art. 4. et 5. – D. n° 83-878, 4 oct. 1983 relatif aux sociétés de courses de chevaux et au pari mutuel.

Art. 1966. – Les jeux propres à exercer au fait des armes, les courses à pied ou à cheval, les courses de chariot, le jeu de paume et autres jeux de même nature, qui tiennent à l'adresse et à l'exercice du corps, sont exceptés de la disposition précédente.

Néanmoins le tribunal peut rejeter la demande, quand la somme lui paraît excessive.

Billard. L'article 1966 est applicable au jeu de billard (■ Paris, 10 juill. 1902 : *S.* 1902, 2, 301). Mais jugé que les paris engagés par les personnes étrangères au jeu sont illicites lorsque l'opération à laquelle se livrent les parieurs n'implique ni raisonnement ni calcul de combinaison, ce qui est précisément le caractère des jeux de hasard (■ Cass. crim., 16 mars 1905 : *DP* 1905, 1, 533).

Art. 1967. – Dans aucun cas, le perdant ne peut répéter ce qu'il a volontairement payé, à moins qu'il n'y ait eu, de la part du gagnant, dol, supercherie ou escroquerie.

CHAPITRE II. – DU CONTRAT DE RENTE VIAGÈRE

Section I. – Des conditions requises pour la validité du contrat

Art. 1968. – La rente viagère peut être constituée à titre onéreux, moyennant une somme d'argent ou pour une chose mobilière appréciable, ou pour un immeuble.

Viager financier. Pour une illustration de contrat de rente viagère constituée à titre onéreux en contrepartie du versement d'une somme d'argent, V. ■ Caen, 18 janv. 2018, n° 16/00267 : *JurisData* n° 2018-000910 ; *JCP* G 2018, act., 296, Raoul-Cormeil.

Art. 1969. – Elle peut être aussi constituée, à titre purement gratuit, par donation entre vifs ou par testament. Elle doit être alors revêtue des formes requises par la loi.

1) Constitution faite en rémunération de services rendus. Doit être considérée comme un acte à titre onéreux la constitution de rente viagère faite en rémunération de services rendus (■ Cass. req., 15 janv. 1890 : *DP* 1891, 1, 30. – V. aussi ■ Paris, 8 nov. 1892 : *DP* 1894, 2, 191).

2) Stipulation pour autrui. Une rente consentie à titre gratuit peut être constituée sans formes solennelles si elle est l'exécution d'une stipulation pour autrui aux termes de laquelle le père du constituant impose à son fils le service de cette rente comme contrepartie d'avantages concédés (■ Cass. req., 12 févr. 1935 : *DH* 1936, somm. 11).

Art. 1970. – Dans le cas de l'article précédent, la rente viagère est réductible, si elle excède ce dont il est permis de disposer ; elle est nulle, si elle est au profit d'une personne incapable de recevoir.

Art. 1971. – La rente viagère peut être constituée, soit sur la tête de celui qui en fournit le prix, soit sur la tête d'un tiers, qui n'a aucun droit d'en jouir.

Art. 1972. – Elle peut être constituée sur une ou plusieurs têtes.

Art. 1973 *(Mod., L. n° 63-1092, 6 nov. 1963 ; L. n° 2006-728, 23 juin 2006)*. **– Elle peut être constituée au profit d'un tiers, quoique le prix en soit fourni par une autre personne.**

Dans ce dernier cas, quoiqu'elle ait les caractères d'une libéralité, elle n'est point assujettie aux formes requises pour les donations ; sauf les cas de réduction et de nullité énoncés dans l'article 1970.

Lorsque, constituée par des époux ou l'un d'eux, la rente est stipulée réversible au profit du conjoint survivant, la clause de réversibilité peut avoir les caractères d'une libéralité ou ceux d'un acte à titre onéreux. Dans ce dernier cas, la récompense ou l'indemnité due par le bénéficiaire de la réversion à la communauté ou à la succession du prédécédé est égale à la valeur de la réversion de la rente. Sauf volonté contraire des époux, la réversion est présumée avoir été consentie à titre gratuit.

Rédaction antérieure. Art. 1973. – [...].

Lorsque, constituée par des époux ou l'un d'eux, la rente est stipulée réversible au profit du conjoint survivant, la clause de réversibilité peut avoir les caractères d'une libéralité ou ceux d'un acte à titre onéreux. Dans ce dernier cas, la récompense ou l'indemnité due par le bénéficiaire de la réversion à la communauté ou à la succession du prémourant est égale à la valeur de la réversion de la rente. Sauf volonté contraire des époux, la réversion est présumée avoir été consentie à titre gratuit.

1) Constitution à titre gratuit au profit d'un tiers. Forme notariée (non). Sur le principe qu'une rente viagère constituée à titre gratuit au profit d'un tiers est dispensée de la forme notariée, V. ■ Cass. req., 19 févr. 1935 : *DH* 1935, 178.

2) Droit transitoire. Les dispositions de la loi du 6 nov. 1963 sont applicables aux contrats conclus antérieurement à son entrée en vigueur sous réserve seulement des décisions judiciaires passées en force de chose jugée (art. 3).

3) Stipulation de réversibilité au profit du conjoint survivant. La veuve du bénéficiaire d'une rente viagère ayant demandé aux débirentiers le paiement des arrérages impayés en invoquant la clause de réversion inscrite à son profit, viole les articles 1973 et 1096 du Code civil l'arrêt qui rejette cette demande au motif que la stipulation de réversibilité de la rente expressément acceptée par elle était nulle comme méconnaissant la révocabilité des donations entre époux, alors que l'irrévocabilité de la donation et l'acceptation par la veuve de la stipulation faite à son profit ne pouvaient avoir pour effet de porter atteinte à la révocabilité de ladite stipulation (■ Cass. 1re civ., 25 avr. 1989, n° 87-14.536 : *Bull. civ.* I, n° 167, p. 110 ; *JCP* 89, II, 21370, note de La Marnierre ; *D.* 1989, 445, note Morin. V. aussi, dans la même affaire, ■ Cass. 1re civ., 10 mai 1995, n° 93-13.612 : *Defrénois* 1996, 785, note Gélot, cassant l'arrêt de renvoi ayant décidé que la rente, ayant contractuellement un caractère alimentaire, ne pouvait être prise en considération pour un éventuel dépassement de la quotité disponible, et énonçant qu'il appartenait aux juges du fond de rechercher si la clause de réversibilité de la rente constituait de la part du déposant l'exécution d'une obligation alimentaire permettant d'écarter la présomption posée par l'al. 3 de l'article 1973).

Art. 1974. – Tout contrat de rente viagère créé sur la tête d'une personne qui était morte au jour du contrat ne produit aucun effet.

Art. 1975. – Il en est de même du contrat par lequel la rente a été créée sur la tête d'une personne atteinte de la maladie dont elle est décédée dans les vingt jours de la date du contrat.

Bibliographie : J. Viatte, *L'aléa dans les ventes d'immeubles à charge de rentes viagères* : *Gaz. Pal.* 1975, 1, doctr. 297.

1) Vente avec réserve d'usufruit et bail à nourriture. L'article 1975 n'est pas applicable aux ventes avec réserve d'usufruit (■ Cass. civ., 12 nov. 1930 : *DP* 1932, 1, 28), ni au bail à nourriture (■ Cass. civ., 28 janv. 1952 : *D.* 1952, 321, note Lalou). Mais dès lors que la convention met à la charge de l'acheteur le paiement d'une rente viagère, l'obligation accessoire d'entretenir le vendeur n'est pas de nature à enlever à la convention son caractère de rente viagère et l'article 1975 peut alors être appliqué (■ Cass. 1re civ., 4 juin 1971 : *JurisData* n° 1971-000179 ; *JCP* 71, II, 16884, note Lindon. ■ Cass. 3e civ., 8 mai 1973, n° 71-13.969 : *JurisData* n° 1973-098328 ; *Bull. civ.* III, n° 328, p. 237).

2) Rente réversible. L'article 1975 n'est pas applicable lorsque la rente viagère ayant été créée sur plusieurs têtes et stipulée réversible pour le tout au profit des divers crédirentiers, l'un de ceux-ci succombe à une maladie préexistante dans les vingt jours qui suivent la convention (■ Cass. civ., 14 nov. 1904 : *DP* 1905, 1, 89, note Planiol). Jugé que, s'agissant d'une rente viagère réversible créée sur la tête d'une mère et de son fils, le décès de la mère, laissant subsister intacte la dette incombant aux acquéreurs, n'a donc aucune influence sur le jeu éventuel de l'article 1975 et que c'est seulement en la personne du fils, décédé quatre jours plus tard, que doit être recherchée la réalisation des conditions légales. Par suite, si le fils a succombé à une maladie dont il était atteint lors de la conclusion du contrat, sa veuve peut à bon droit solliciter la nullité de la vente par application de l'article 1975 (■ Cass. 1re civ., 7 janv. 1971 : *JurisData* n° 1971-000008 ; *JCP* 71, II, 16691, note R. L.).

3) Renonciation à un jugement prononçant la résolution. La renonciation par le crédirentier à un jugement prononçant la résolution de la vente d'un immeuble moyennant rente viagère peut être considérée comme une vente annulable en vertu de l'article 1975 (■ Cass. 3e civ., 11 févr. 1971, n° 70-11.103 : *JurisData* n° 1971-098110 ; *Bull. civ.* III, n° 110, p. 79).

4) Décès du crédirentier dans les 20 jours du contrat. Le fait que la fraction payable comptant du prix de vente et le premier arrérage de la rente viagère prévue pour le surplus aient été, conformément aux dispositions mêmes de l'acte de cession, versés par le débirentier n'empêche pas l'héritier du crédirentier décédé dans les 20 jours de la date du contrat de se prévaloir de la nullité d'ordre public prévue par l'article 1975 (■ Cass. 3e civ., 10 nov. 1992, n° 90-20.193 : *JurisData* n° 1992-002398 ; *JCP* G 93, IV, 169 ; *JCP* N 93, II, 194, 1re esp., obs. Leveneur). Mais lorsque l'acquéreur d'un immeuble moyennant rente viagère a exécuté les obligations que lui imposait la condition suspensive, le point de départ du délai de vingt jours de l'article 1975 est reporté au jour de la signature de l'engagement en vertu de l'effet rétroactif accordé à l'accomplissement de la condition par l'article 1179 (■ Cass. 3e civ., 3 oct. 1968 : *D.* 1969, 81).

5) Maladie visée par l'article 1975. L'article 1975 n'exige ni que la mort imminente du crédirentier ait été prévue par son cocontractant ni même que l'existence de la maladie ait été connue ; il suffit que le crédirentier soit décédé d'une maladie qui avait déjà attaqué son organisme lors du contrat, même si rien à cette date ne permettait de penser qu'il était menacé d'une fin prochaine (■ Paris, 18 févr. 1956 : *D.* 1956, 326). Jugé que lorsque le crédirentier est décédé d'une manière brutale, imprévue et imprévisible d'un ictus apoplectique (hémorragie cérébrale), son état latent d'artério-sclérose ne peut être considéré comme la maladie visée par l'article 1975 (■ Caen, 10 févr. 1971 : *JCP* 71, IV, 283).

6) Secret médical. À peine de priver le plus souvent d'effet l'article 1975, les juges ne peuvent écarter des débats, au seul motif qu'elles seraient incompatibles avec le secret professionnel, les constatations du médecin qui a donné ses soins au malade dans la période qui a précédé le décès (■ Cass. 1re civ., 12 févr. 1963 : *JurisData* n° 1963-000098 ; *JCP* 63, II, 13107, concl. Lindon).

7) Connaissance par l'acheteur de l'imminence du décès. Défaut d'aléa. L'article 1975 n'interdit pas de constater la nullité d'une vente consentie moyennant le versement d'une rente viagère, même lorsque le décès du crédirentier survient plus de 20 jours après le contrat, dès lors que les juges du fond relèvent que l'acheteur, familier du vendeur, n'ignorait pas, le jour de la conclusion de la vente, que le décès du vendeur était imminent, ce qui enlevait tout caractère aléatoire au contrat dont le prix n'était plus réel et sérieux (■ Cass. 1re civ., 2 mars 1977, n° 75-14.556 : *JurisData* n° 1977-000115 ; *Bull. civ.* I, n° 115, p. 89. – V. en ce sens ■ Cass. 3e civ., 6 nov. 1969 : *JurisData* n° 1969-000723 ; *JCP* 70, II, 16502, note Bénabent. ■ Cass. 3e civ., 4 nov. 1980, n° 79-11.680 : *JurisData* n° 1980-735216 ; *JCP* 81, IV, 33 ; *Bull. civ.* III, n° 169, p. 127. ■ Cass. 3e civ., 2 févr. 2000, n° 98-10.714 : *JurisData* n° 2000-000242 ; *JCP* G 2000, II, 10289 ; *JCP* N 2000, 1636, note Weber ; *Bull. civ.* III, n° 26, p. 18). Il n'est pas nécessaire, dans cette hypothèse, que le crédirentier soit décédé de la maladie dont il était atteint au jour de la signature du contrat (■ Cass. 1re civ., 16 avr. 1996, n° 93-19.661 : *JCP* 96, IV, 1375 ; *Bull. civ.* I, n° 184, p. 128 ; *D.* 1996, 584, note Dagorne-Labbe ; *Contrats, conc. consom.* 1996, 121, note Leveneur ; *Defrénois* 1996, 1078, obs. Bénabent, débirentier médecin traitant de la crédirentière et en contact avec les spécialistes la soignant pour une grave maladie). Jugé que le grand âge du crédirentier ne supprime pas à lui seul le caractère aléatoire de la vente (▪ Cass. 1re civ., 23 juin 1981 : *JurisData* n° 1981-702479 ; *Bull. civ.* I, n° 231, p. 188).

Art. 1976. – **La rente viagère peut être constituée au taux qu'il plaît aux parties contractantes de fixer.**

1) **Appréciation de la vileté du prix. Principes.** Il convient pour apprécier la vileté du prix de comparer les revenus de la propriété et des intérêts du capital qu'elle représente avec la valeur des prestations fournies (▪ Cass. 1re civ., 4 juill. 1995, n° 93-12.749 : *JurisData* n° 1995-002112 ; *Bull.* I, n° 304, p. 212 ; *RD imm.* 1996, 228, obs. Groslière et Saint-Alary-Houin. ▪ Cass. 3e civ., 16 juill. 1998, n° 96-12.720 : *JurisData* n° 1998-003276 ; *JCP* 98, IV, 3127 ; *Bull. civ.* III, n° 169, p. 111). Jugé que la vente doit être annulée si la rente est inférieure à l'intérêt du capital représentant la valeur des biens vendus (▪ Cass. 1re civ., 5 févr. 1964 : *Gaz. Pal.* 1964, 2, 93. – Comp. ▪ Cass. 3e civ., 9 févr. 1977, n° 75-14.987 : *JurisData* n° 1977-098070 ; *Bull. civ.* III, n° 70, p. 55). Pour une application de vileté du prix, dans une hypothèse où les revenus du bien étaient supérieurs à la rente fixée, v. ▪ Cass. 3e civ., n° 09-17.293 : *Contrats, conc. consom.* 2011, comm. 25, obs. L. Leveneur.

2) **Revenu normal de la chose.** Par prix dérisoire, il faut entendre non seulement la stipulation d'une rente égale ou inférieure au revenu net effectivement déclaré, mais encore la stipulation d'une rente égale ou inférieure au revenu normal de la chose correspondant à sa valeur vénale au jour de la vente (▪ Cass. 1re civ., 15 nov. 1961, n° 60-10.993 : *Bull. civ.* I, n° 533, p. 422. – V. Pour des applications, ▪ Cass. 3e civ., 7 déc. 1971 : *JurisData* n° 1971-000605 ; *D.* 1972, 275. ▪ Cass. 3e civ., 9 déc. 1975 : *Bull. civ.* III, n° 368, p. 279).

3) **Prise en compte de l'ensemble des conditions de la vente.** Doit être cassé l'arrêt qui prononce la nullité de la vente consentie pour un prix payable comptant et pour une rente viagère au motif que la rente était inférieure au revenu de la propriété, de sorte que les acquéreurs n'avaient payé réellement que la partie du prix payable comptant, alors qu'il appartenait aux juges du fond de rechercher si le prix de l'ensemble des conditions de la vente était vil et si la conversion d'une partie du prix en rente viagère était conforme aux règles usuelles en la matière (▪ Cass. 3e civ., 13 nov. 1986, n° 85-12.543 : *JurisData* n° 1986-701914 ; *Bull. civ. III, n° 160, p. 125*). Ayant constaté que la valeur vénale de l'immeuble, fixée dans l'acte à 2 200 000 F, s'élevait en réalité à 4 860 000 F, et que la rente, calculée en tenant compte de l'âge des deux crédirentiers, de la réserve du droit de jouissance et de la charge des grosses réparations, excédait de plus du double celle prévue, la cour d'appel a pu retenir que le montant de la rente était dérisoire et que la vente était dépourvue d'aléa, le débirentier étant certain d'obtenir un bénéfice très au-delà de la durée d'espérance de vie des crédirentiers (▪ Cass. 3e civ., 12 juin 1996, n° 94-16.988 : *JurisData* n° 1996-002355 ; *JCP* 97, II, 22781, note Dagorne-Labbe ; *Bull. civ.* III, n° 147, p. 95).

4) **Fruits résultant de l'industrie de l'acquéreur.** On ne doit comprendre dans le revenu de l'immeuble que les fruits et intérêts que procure la propriété du bien, à l'exclusion des fruits que l'acquéreur retire de l'exploitation grâce à son travail (▪ Cass. 1re civ., 24 oct. 1978, n° 76-14.798 : *JurisData* n° 1978-000319 ; *Bull. civ.* I, n° 319, p. 246).

5) **Crédirentier se réservant la jouissance.** Sur le cas où le crédirentier se réserve la jouissance d'une partie du bien, v. ▪ Cass. 1re civ., 12 oct. 1977, n° 76-14.177 : *JurisData* n° 1977-000367 ; *Bull. civ.* I, n° 367, p. 290. L'appréciation de l'aléa et du caractère sérieux du prix se fait en ce cas par comparaison entre le montant de la rente et l'intérêt que procurerait le capital représenté par la propriété grevée de cette réserve (▪ Cass. 3e civ., 16 juill. 1998, n° 96-12.720 : *JurisData* n° 1998-003276 ; *JCP* 98, IV, 3127 ; *Bull. civ.* III, n° 169, p. 111). V. aussi ▪ Cass. 3e civ., 4 juill. 2007, nos 06-14.122 et 06-14.156 : *JurisData* n° 2007-039941 ; *Defrénois* 2007, art. 38697-78, p. 1750, obs. Savaux (comparaison entre le montant de la rente et les revenus calculés à partir de la valeur vénale au jour de la vente de l'immeuble grevé).

6) **Rescision pour lésion.** Sur la possibilité d'exercer l'action en rescision pour lésion contre une vente d'immeuble moyennant rente viagère en l'absence d'aléa, V. sous art. 1674, p. 1418.

7) Sur la **révision des rentes viagères constituées entre particuliers**, V. L. n° 49-420, 25 mars 1949, p. 2801 ; A. 13 déc. 2013, portant majoration de certaines rentes viagères, p. 3184. – V. aussi *JCl. Civil*, App. art. 1968 à 1983.

8) **Dettes d'aliments.** Sur ce que les rentes viagères constituées entre particuliers doivent être regardées comme des dettes d'aliments pour l'application de l'article L. 112-2 du Code monétaire et financier (V. ce texte, p. 2276).

Section II. – Des effets du contrat entre les parties contractantes

Art. 1977. – Celui au profit duquel la rente viagère a été constituée moyennant un prix peut demander la résiliation du contrat si le constituant ne lui donne pas les sûretés stipulées pour son exécution.

Art. 1978. – Le seul défaut de payement des arrérages de la rente n'autorise point celui en faveur de qui elle est constituée, à demander le remboursement du capital, ou à rentrer dans le fonds par lui aliéné : il n'a que le droit de saisir et de faire vendre les biens de son débiteur et de faire ordonner ou consentir, sur le produit de la vente, l'emploi d'une somme suffisante pour le service des arrérages.

Bibliographie : D. Arlie, *La résolution du contrat de rente viagère : RTD civ.* 1997, 855.

1) Bail à nourriture. Si, aux termes de l'article 1978, le seul défaut de paiement des arrérages par le débirentier dans un contrat de rente viagère n'autorise pas le crédirentier à rentrer dans le fonds par lui aliéné, cette disposition, strictement exceptionnelle, ne saurait être étendue en dehors du cas précis qu'elle prévoit. Spécialement, si l'acheteur d'un immeuble s'est engagé à fournir au vendeur le logement et l'entretien de sa personne et s'il ne remplit pas ses engagements, le vendeur est en droit de demander la résolution du contrat (■ Cass. 1re civ., 8 févr. 1960 : *JurisData* n° 1960-000085 ; *D.* 1960, 417). Pourune application de la résolution d'un bail à nourriture, V. ■ Cass. 3e civ., 14 avr. 2010, n° 08-21.346 : *Bull. civ.* 2010, III, n° 84 ; *Contrats, conc. consom.* 2010, comm. 173, obs. L. Leveneur ; *RTD civ.* 2010, 554, obs. B. Fages).

2) Prix consistant pour partie en une rente. Lorsque le prix consiste pour partie en une rente et pour partie en un capital, l'article 1978 est applicable seulement au défaut de paiement des arrérages de la rente et non au défaut de paiement du capital (■ Cass. 3e civ., 28 mai 1986, n° 85-13.112 : *JurisData* n° 1986-700999 ; *Bull. civ.* III, n° 84, p. 64 ; *RTD civ.* 1987, 363, obs. Rémy).

3) Clauses résolutoires. Validité. Sur la validité des clauses résolutoires dérogeant à l'article 1978, V. ■ Lyon, 1er juin 1972 : *Gaz. Pal.* 1972, 2, 873. – V. aussi ■ Cass. 1re civ., 3 nov. 1965 : *Bull. civ.* I, n° 585, p. 443. ■ Cass. 1re civ., 6 janv. 1987, n° 85-11.527 : *JurisData* n° 1987-000372 ; *Bull. civ.* I, n° 6, p. 5. ■ Cass. 3e civ., 10 nov. 1992, n° 90-21.417 : *JurisData* n° 1992-002399 ; *JCP* 93, II, 22136, note Enama.

4) Clauses résolutoires. Portée. Ne donne pas de base légale à sa décision la cour d'appel qui retient que la résolution du contrat est intervenue de plein droit, alors qu'elle constate que la clause résolutoire avait pour seul objet de permettre au crédirentier de demander cette résolution en justice (■ Cass. 1re civ., 10 oct. 1995, n° 93-14.581 : *JurisData* n° 1995-002452 ; *JCP* 95, IV, 2516 ; *Bull. civ.* I, n° 357, p. 249, paiement intervenu après l'assignation). Dans une hypothèse où deux clauses résolutoires ont été insérées, l'une pour défaut de paiement du prix, l'autre pour défaut de paiement des arrérages de la rente, jugé que dès lors que le prix a été converti en rente viagère, la rente n'est qu'une modalité de paiement du prix. Aussi, en s'abstenant de payer un terme de cette rente à son échéance, l'acheteur est défaillant dans son obligation de payer le prix au moment où il est exigible ; la cour d'appel en a donc déduit, à bon droit, que la clause résolutoire pour défaut de paiement du prix devait recevoir application (■ Cass. ass. plén., 4 avr. 2008, n° 07-14.523 ; *JurisData* n° 2008-043506 ; *Contrats, conc. consom.* 2008, comm. 26 ; *RDC* 2008, 787, obs. Bénabent ; *RDC* 2009, 151, obs. Pimont ; *Defrénois* 2008, 1829, note Dagorne-Labbe).

5) Clauses résolutoires. Transmission aux héritiers. Lorsque le contrat comporte une clause permettant la résolution judiciaire pour non-paiement et que le crédirentier décède sans avoir manifesté l'intention d'exercer l'action, et sans qu'il soit établi qu'il se soit trouvé dans l'impossibilité de s'en prévaloir, ses héritiers ne peuvent agir, le service de la rente viagère constituant un droit personnel non transmissible et le juge ne pouvant résoudre un contrat ayant cessé d'exister (■ Cass. 1re civ., 13 déc. 1988, n° 86-16.290 : *JurisData* n° 1988-702853 ; *Bull. civ.* I, n° 357, p. 242 ; *JCP* 89, II, 21349, note Behar-Touchais). Si l'action en résolution ouverte au crédirentier est transmissible à ses héritiers, c'est à la condition qu'il ait, de son vivant, accompli les formalités prévues par cette clause (■ Cass. 1re civ., 15 juin 1994, n° 92-14.907 : *JCP* 95, I, 3828, n° 12, obs. Jamin ; *Bull. civ.* I, n° 217, p. 158 ; *Defrénois* 1994, 1532, obs. Vermelle). Tel n'est pas le cas lorsqu'il a seulement adressé au débiteur une lettre recommandée alors que le contrat prévoyait un commandement de payer (même arrêt).

Art. 1979. – Le constituant ne peut se libérer du payement de la rente, en offrant de rembourser le capital, et en renonçant à la répétition des arrérages payés ; il est tenu de servir la rente pendant toute la vie de la personne ou des personnes sur la tête desquelles la rente a été constituée, quelle que soit la durée de la vie de ces personnes, et quelque onéreux qu'ait pu devenir le service de la rente.

Rachat de la rente. L'article 1979 n'étant pas d'ordre public, les parties peuvent donner à l'acheteur la possibilité de racheter la rente (■ Cass. 1re civ., 21 mai 1958 : *JCP* 58, IV, 99 ; *Bull. civ.* I, n° 264, p. 208). Lorsque le débirentier veut user de cette possibilité, il convient de se placer, pour apprécier si les offres réelles faites par lui sont satisfactoires au regard des lois sur la révision des rentes viagères, au moment où est né le litige relatif au calcul de la rente et à l'évaluation du capital représentatif (■ Cass. 1re civ., 2 juill. 1962 : *Bull. civ.* I, n° 330, p. 291).

Art. 1980. – **La rente viagère n'est acquise au propriétaire que dans la proportion du nombre de jours qu'il a vécu.**

Néanmoins, s'il a été convenu qu'elle serait payée d'avance, le terme qui a dû être payé est acquis du jour où le payement a dû en être fait.

1) **Clause dérogatoire.** Les parties peuvent convenir que le débirentier n'aura pas d'arrérages à payer pour le trimestre au cours duquel décédera le créancier (■ Cass. civ., 5 juill. 1932 : *DH* 1932, 475).

2) **Arrérages échus. Action des héritiers.** Si le service d'une rente viagère constitue un droit personnel qui s'éteint au décès du crédirentier, il n'en demeure pas moins que les arrérages échus et non versés sont acquis à celui-ci jusqu'à son décès et que ses héritiers peuvent donc en poursuivre le paiement (■ Cass. 1re civ., 18 avr. 2000, n° 98-11.950 : *JurisData* n° 2000-001503 ; *Bull. civ.* I, n° 116, p. 78 ; *Defrénois* 2000, 990, note Dagorne-Labbe ; *RTD civ.* 2000, 598, obs. Gautier).

Art. 1981. – **La rente viagère ne peut être stipulée insaisissable que lorsqu'elle a été constituée à titre gratuit.**

Sur les clauses d'inaliénabilité, voir art. 900-1, p. 709.

Art. 1982 *(Abr., L. n° 2009-526, 12 mai 2009).*

Art. 1983. – **Le propriétaire d'une rente viagère n'en peut demander les arrérages qu'en justifiant de son existence, ou de celle de la personne sur la tête de laquelle elle a été constituée.**

Sommation adressée par le crédirentier. La sommation adressée aux débirentiers qui fait état de la mesure de tutelle à laquelle est soumis le crédirentier laisse présumer que celui-ci est en vie (■ Cass. 1re civ., 12 janv. 1994, n° 91-18.567 : *JurisData* n° 1994-000262 ; *Bull. civ.* I, n° 19, p. 15 ; *JCP* 94, II, 22331, note Dagorne-Labbe).

Voir : L. n° 49-420, 25 mars 1949, révisant certaines rentes viagères constituées entre particuliers, p. 2801. – L. n° 74-1118, 27 déc. 1974, relative à la revalorisation de certaines rentes allouées en réparation du préjudice causé par un véhicule terrestre à moteur et portant diverses dispositions d'ordre civil, p. 3002.

TITRE XIII. – DU MANDAT

CHAPITRE I. – DE LA NATURE ET DE LA FORME DU MANDAT

Art. 1984. – **Le mandat ou procuration est un acte par lequel une personne donne à une autre le pouvoir de faire quelque chose pour le mandant et en son nom.**

Le contrat ne se forme que par l'acceptation du mandataire.

1) **Ordonnance du 10 février 2016.** Sur les nouvelles dispositions relatives à la représentation, V. art. 1153 et s., p. 820 issus de l'ordonnance du 10 février 2016.

I – REPRÉSENTATION DU MANDANT

2) **Principe.** Sur le principe que l'exécution des obligations contractées par le mandataire au nom

et pour le compte du mandant n'incombe qu'à ce dernier, v. art. 1998. Doit être cassé pour violation des articles 1984 du Code civil et 32 du Code de procédure civile l'arrêt qui constate la représentation d'une personne dans l'instance d'appel engagée le 1er mars 1983, alors que cette personne était décédée le 16 mai 1982 (■ Cass. 3e civ., 4 mars 1987 : *Bull. civ.* III, n° 42, p. 26).

3) Responsabilité du mandataire envers les tiers. Le mandataire est personnellement responsable envers les tiers lésés des délits ou quasi-délits qu'il peut commettre, soit spontanément, soit même sur les instructions du mandant, dans l'accomplissement de sa mission (■ Cass. ch. mixte, 26 mars 1971 : *JurisData* n° 1971-096006 ; *JCP* 71, II, 16762, note Lindon. ■ Cass. 1re civ., 20 avr. 1977, n° 75-14.232 : *JurisData* n° 1977-000181 ; *Bull. civ.* I, n° 181, p. 142. ■ Cass. 1re civ., 13 oct. 1992, n° 91-10.619 : *JurisData* n° 1992-002269 ; *Bull. civ.* I, n° 250, p. 165. ■ Cass. 3e civ., 6 janv. 1999, n° 96-18.690 : *JurisData* n° 1999-000016 ; *Resp. civ. et assur.* 1999, 72 ; *Bull. civ.* III, n° 3, p. 2 ; *D.* 2000, 426, note Asfar ; *RTD civ.* 1999, 403, obs. Jourdain). Le mandataire professionnel est par exemple tenu de vérifier la qualité exacte du mandant qu'il engage dans un acte juridique (■ Cass. 1re civ., 13 oct. 1992, préc.). Si la faute contractuelle d'un mandataire à l'égard de son mandant peut être qualifiée de faute quasi délictuelle à l'égard d'un tiers, c'est à la condition qu'elle constitue aussi la violation d'une obligation générale de prudence et de diligence (■ Cass. com., 17 juin 1997, n° 95-14.105 : *JurisData* n° 1997-002871 ; *JCP* 97, IV, 1719 ; *RTD civ.* 1998, 113, obs. Jourdain). Viole l'article 1382 la cour d'appel qui énonce que la faute du mandataire ne peut être invoquée que si elle est détachable du contrat (■ Cass. 1re civ., 18 mai 2004, n° 01-13.844 : *JurisData* n° 2004-023715 ; *Resp. civ. et assur.* 2004, 247 ; *Bull. civ.* I, n° 141, p. 117 ; *D.* 2005, somm. 187, obs. D. Mazeaud ; *RTD civ.* 2004, 516, obs. Jourdain).

4) Commissionnaire et courtier. À la différence d'un mandataire, un commissionnaire agit en son nom propre ou sous un nom social qui n'est pas celui de son commettant (■ Cass. com., 3 mai 1965 : *JurisData* n° 1965-098280 ; *Bull. civ.* III, n° 280, p. 253). Les agences de voyage sont des mandataires et non des commissionnaires de transport (■ Cass. req., 14 nov. 1939 : *DH* 1940, 75. – Comp. ■ Cass. 1re civ., 13 nov. 1956 : *JCP* 57, II, 9799, note Rodière). Sur ce que la qualité de courtier n'emporte pas nécessairement celle de mandataire, V. ■ Cass. 1re civ., 18 oct. 2005 : *JCP* 2005, IV, 3429 ; *JurisData* n° 2005-030313 ; *Bull. civ.* I, n° 366, p. 304 ; *Contrats, conc. consom.* 2006, 20, note Leveneur. Pour une requalification d'un contrat de commission-affiliation en mandat et le rejet de la qualification d'agence commerciale, V. ■ Cass. com., 26 févr. 2008, n° 06-20.772 : *JurisData* n° 2008-042945 ; *Contrats, conc. consom.* 2008, n° 95, obs. Mathey.

5) Impresario. Sauf dispositions contraires du contrat, l'impresario ou agent artistique, qui a pour mission d'opérer le placement de l'artiste, agit non comme mandataire de ce dernier mais en qualité d'intermédiaire et, comme tel, est seul tenu des engagements qu'il prend à l'égard des tiers (■ Cass. com., 22 mai 1991, n° 88-15.796 : *JurisData* n° 1991-001403 ; *JCP* G 92, II, 21865 et *JCP* E 92, II, 323, note Saint-Jours). Dans le même sens, ■ Cass. com., 16 avr. 2013, n° 11-24.018 : *Contrats, conc. consom.* 2013, comm. 152, obs. Leveneur.

6) Prête-nom. Rapports avec le mandant. Dans ses rapports avec le mandant, le prête-nom, à la différence de ses rapports avec les tiers, n'est qu'un mandataire (■ Cass. soc., 17 juill. 1958 : *Bull. civ.* I, n° 940, p. 707), mais le prête-nom ne représentant pas le mandant, l'acquisition faite par lui donne lieu à la perception d'un double droit de mutation (■ Cass. req., 10 févr. 1936 : *DP* 1937, 1, 91, rapp. Pilon).

7) Prête-nom. Rapports avec les tiers. Seul le prête-nom est engagé vis-à-vis du tiers même si celui-ci a su qu'il avait affaire à un prête-nom (■ Cass. com., 26 avr. 1982, n° 81-11.304 : *JurisData* n° 1982-701600 ; *D.* 1986, 233, note Rambure), à moins qu'il ait lui-même participé sciemment à la simulation (■ Cass. 3e civ., 8 juill. 1992, n° 90-12.452 : *JurisData* n° 1992-001700 ; *JCP* 93, II, 21982, note Wiederkehr). Sur la nullité de la convention de prête-nom ayant pour objet d'éviter que l'immeuble acquis tombe en communauté, V. ■ Cass. req., 26 juin 1883 : *DP* 1884, 1, 229.

8) Mandat en blanc. La personne à qui est remise une procuration dans laquelle ne figure pas le nom du mandataire doit être réputée avoir reçu mandat de choisir celui-ci (■ Cass. 1re civ., 28 févr. 1989, n° 85-16.973 : *JurisData* n° 1989-700714 ; *JCP* 89, IV, 164 ; *Bull. civ.* I, n° 98, p. 63).

9) Mandat et contrat de travail. Sur la distinction entre mandat et contrat de travail, V. ■ Cass. soc., 22 juill. 1954 : *Bull. civ.* I, n° 576, p. 426. Jugé qu'il n'y a pas incompatibilité de droit entre un contrat de travail et un mandat (■ Cass. soc., 25 févr. 1988, n° 84-42.619 : *Bull. civ.* V, n° 136, p. 89).

10) Contrat et entremise. Ayant constaté que le mandat donnait seulement pouvoir au mandataire de mettre en vente l'immeuble et de trouver acquéreur, sans autorisation d'accepter une offre d'achat ni de conclure la vente, la cour d'appel, qui en a exactement déduit qu'il s'agissait d'un contrat d'entremise, a retenu à bon droit qu'un tel contrat ne pouvait être assimilé à une offre de vente qui aurait été transformée en une vente parfaite par l'acceptation d'un éventuel acheteur (■ Cass. 3e civ., 17 juin 2009, n° 08-13.833 : *Bull. civ.* 2009, III, n° 148 ; *D.* 2009, 2724, note Dissaux ; *Defrénois* 2009, art. 39040, n° 3, obs. Libchaber ; *LEDC* sept. 2009, 1, obs. Deshayes ; *JCP* N 2010, 1003, note Lebel). Dans le même sens, ■ Cass. 1re civ., 12 nov. 2015, n° 14-16.625. Mais comp. ■ Cass. 3e civ., 8 juin 2010 (n° 09-66.495 : *RDC* 2011/1, 25, obs. Savaux ; *LEDC* sept. 2010, 2, obs. Deshayes), qui semble retenir une solution contraire. Et il y a formation de la vente lorsque le propriétaire d'un bien, ayant donné un mandat de recherche d'un acquéreur à un agent immobilier, porte la mention « bon pour accord », sans réserves, sur une offre d'achat à un prix inférieur à celui du mandat (■ Cass. 1re civ., 12 nov. 2015, n° 14-17.790 : *Contrats, conc. consom.* 2016, comm. 30, Leveneur).

II – ACCOMPLISSEMENT D'ACTES JURIDIQUES

11) Principe. Le contrat d'entreprise est relatif à de simples actes matériels et ne confère à l'entrepreneur aucun pouvoir de représentation (■ Cass. 1re civ., 19 févr. 1968 : *JurisData* n° 1968-700069 ; *JCP* 68, II, 15490. V. aussi pour des « actes matériels de présentation de produits à l'exclusion d'actes juridiques » pour le compte du cocontractant ■ Cass. com., 8 janv. 2002 : *Contrats, conc. consom.* 2002, 78, note Malaurie-Vignal et 87, note Leveneur ; *RTD civ.* 2002, 323, obs. Gautier). Mais agit en qualité de maître d'œuvre aussi bien qu'en qualité de mandataire l'entrepreneur qui a été chargé, en sus de la surveillance des travaux, de la conclusion pour le compte du propriétaire des marchés avec les entrepreneurs et du paiement de leurs travaux (■ Cass. 3e civ., 28 janv. 1975, n° 73-12.734 : *JurisData* n° 1975-098032 ; *JCP* 75, IV, 87 ; *Bull. civ.* III, n° 32, p. 24). Sur l'exigence d'un pouvoir d'accomplir un acte juridique par représentation pour caractériser un mandat, V. ■ Cass. com., 3 mars 2015, n° 13-15.569 : *Contrats, conc. consom.* 2015, comm. 135, Leveneur.

12) Architecte. L'architecte est un locateur d'ouvrage et non un mandataire, à moins qu'il n'ait été chargé par son client d'accomplir, au nom et pour le compte de celui-ci, certains actes juridiques déterminés (■ Cass. 1re civ., 2 févr. 1965 : *JCP* 65, II, 14089).

13) Enfants confiés en vue de leur entretien et de leur éducation. Constitue un mandat la convention intervenue entre le père de deux enfants d'une part et sa sœur et son beau-frère d'autre part à qui il a confié lesdits enfants pendant ses voyages en mer en les chargeant de passer divers actes juridiques en vue de l'entretien et de l'éducation de leurs nièces (■ Cass. 1re civ., 9 mars 1970, n° 68-13.406 : *Bull. civ.* I, n° 83, p. 68).

14) Mandat et dépôt. Sur la distinction entre mandat et dépôt, V. ■ Cass. req., 19 mars 1929 : *DH* 1929, 218. Le seul fait pour un mandataire de recevoir des fonds pour le compte de son mandant ne suffit pas à transformer le mandat en dépôt (■ Cass. com., 1er juin 1993, n° 90-20.745 : *JurisData* n° 1993-001250 ; *JCP* E 94, II, 537, note Virassamy).

Art. 1985 ***(Mod., L. n° 80-525, 12 juill. 1980).*** **– Le mandat peut être donné par acte authentique ou par acte sous seing privé, même par lettre. Il peut aussi être donné verbalement, mais la preuve testimoniale n'en est reçue que conformément au titre : « *Des contrats ou des obligations conventionnelles en général* ».**

L'acceptation du mandat peut n'être que tacite, et résulter de l'exécution qui lui a été donnée par le mandataire.

Bibliographie : C. Lazerges, *Les mandats tacites : RTD civ.* 1975, 222.

1) Renvoi au droit commun. La preuve d'un mandat ne peut être reçue que conformément aux règles générales de la preuve des conventions. Ces règles sont applicables non seulement dans les rapports du mandant et du mandataire, mais encore à l'encontre des tiers qui ont traité avec le mandataire prétendu, l'ayant cause ne pouvant avoir plus de droit que son auteur (■ Cass. 1re civ., 22 mai 1959 : *D.* 1959, 490. V. aussi ■ Cass. 1re civ., 19 déc. 1995 : *JCP* 96, IV, 367 ; *Bull. civ.* I, n° 473, p. 328 ; *Contrats, conc. consom.* 1996, 75, note Leveneur). *Contra,* pour ce qui concerne la preuve par le banquier du mandat auquel il n'est pas partie, ■ Cass. 1re civ., 3 juin 2015, cité *infra*, note 2.

2) Procuration. Preuve. Le banquier dépositaire, qui se borne à exécuter les ordres de paiement que lui transmet le mandataire du déposant, peut rapporter la preuve par tous moyens du contrat de mandat auquel il n'est pas partie (■ Cass. 1re civ., 3 juin 2015, nos 14-19.825 et 14-20.518 : *RDC* 2015/2, 242, obs. Huet ; *D.* 2015, 1588, Tehrani ; *JCP* 2015, doctr. 1342, n° 16, obs. Storck ; *RJPF* 2015/10, 25, obs. Egéa ; *Contrats, conc. consom.* 2015, comm. 222, Leveneur ; *D.* 2016, 167, obs. Aynès ; *Gaz. Pal.* 8 mars 2016, 59, obs. Houin-Bressand : retraits d'argent effectués par l'épouse, séparée de biens, sur le compte de son mari, preuve par tous moyens de la procuration donnée à l'épouse).

3) Mandat tacite, apparent, verbal. La preuve d'un mandat tacite doit répondre aux exigences des articles 1341 et suivants du Code civil (■ Cass. 3e civ., 29 oct. 1970, n° 69-12.293 : *JurisData* n° 1970-000562 ; *JCP* 70, IV, 299 ; *Bull. civ.* III, n° 562, p. 408. Pour des exemples de mandats tacites, V. ▪ Cass. civ., 3 nov. 1947 : *JCP* 47, II, 4009, notaire. ▪ Cass. 2e civ., 30 sept. 1981, n° 80-14.775 : *JurisData* n° 1981-702638 ; *Bull. civ.* II, n° 173, p. 111, huissier. ▪ Cass. 1re civ., 22 oct. 1996, n° 94-15.613 : *Bull.* I, n° 358, p. 251, courtier d'assurances). Mais la preuve de l'apparence d'un mandat peut être faite par présomptions (▪ Cass. 1re civ., 15 juill. 1959 : *Gaz. Pal.* 1959, 2, 160). Pour un exemple de commencement de preuve par écrit rendant vraisemblable l'existence du mandat verbal donné à une agence immobilière, V. ▪ Cass. 1re civ., 20 avr. 1983, n° 82-10.150 : *JurisData* n° 1983-700952 ; *Bull. civ.* I, n° 126, p. 109.

4) **Preuve des diligences accomplies et des résultats.** Si celui qui invoque un mandat doit le prouver par écrit, les diligences accomplies et les résultats obtenus par lui dans l'exécution de ce mandat constituent des faits qui peuvent être établis par tous moyens (▪ Cass. 1re civ., 2 févr. 1966 : *JurisData* n° 1966-000083 ; *JCP* 66, IV, 38 ; *Bull. civ.* I, n° 83, p. 63).

5) **Autorisation de prélèvement bancaire.** La validité d'une autorisation de prélèvement sur un compte bancaire n'est pas subordonnée à son établissement par écrit (▪ Cass. com., 1er avr. 1997, n° 95-12.965 : *JurisData* n° 1997-001519 ; *JCP* 97, IV, 1122 ; *Contrats, conc. consom.* 1997, 112, note Leveneur).

6) **Agent immobilier. Nécessité d'un mandat écrit. Nullité relative.** Les règles de l'enrichissement sans cause ne peuvent tenir en échec les dispositions d'ordre public des articles 6, I de la loi n° 70-9 du 2 janvier 1970 et 72 du décret n° 72-678 du 20 juillet 1972, lesquels subordonnent la licéité de l'intervention d'un agent immobilier dans toute opération immobilière, et partant, son droit à rémunération comme à indemnisation, à la détention d'un mandat écrit préalablement délivré à cet effet par l'une des parties à l'opération (▪ Cass. 1re civ., 18 juin 2014, n° 13-13.553 : *Bull. civ.* I, n° 110 ; *Gaz. Pal.* 21 oct. 2014, 6, obs. Houtcieff ; *JCP G* 2014, doctr. 998, n° 2, obs. Loiseau ; *RTD civ.* 2014, 671, obs. Gautier). Sur l'exclusion du mandat apparent concernant l'agent immobilier, V. sous art. 1998, annot. n° 10, p. 1625.

Sur la sanction, par une nullité relative, du non-respect par le mandat de l'agent immobilier des prescriptions formelles de la loi de 1970, ▪ Cass. ch. mixte, 24 févr. 2017, n° 15-20.411 ; *JCP* 2017, 305, avis Sturlèse et 306, note Pignarre et doctr. 325, n° 5, obs. Serinet : l'évolution du droit des obligations, résultant de l'ordonnance n° 2016-131 du 10 février 2016, conduit à apprécier différemment l'objectif poursuivi par les dispositions relatives aux prescriptions formelles que doit respecter le mandat, lesquelles visent la seule protection du mandant dans ses rapports avec le mandataire ; l'existence de dispositions protectrices du locataire, qui assurent un juste équilibre entre les intérêts de ce dernier et ceux du bailleur, et la finalité de protection du seul propriétaire des règles fixées par les articles 7, alinéa 1er, de la loi du 2 janvier 1970 et 72, alinéa 5, du décret du 20 juillet 1972 conduisent à modifier la jurisprudence et à décider que la méconnaissance des règles précitées doit être sanctionnée par une nullité relative (non-respect de la mention de tous les mandats par ordre chronologique sur un registre ; rejet de l'action en nullité exercée par le locataire auquel il a été donné congé pour vendre). *Contra*, auparavant, retenant la nullité absolue, ▪ Cass. 3e civ., 3 nov. 2016, n° 15-23.534 ; *Contrats, conc. consom.* 2017, comm. 30 ; *Defrénois* 2017, 239, obs. Lécuyer et Seube : lorsqu'il est assorti d'une clause d'exclusivité ou d'une clause pénale ou qu'il comporte une clause de garantie de rémunération en faveur de l'intermédiaire, le mandat doit rappeler la faculté qu'a chacune des parties, passé le délai de trois mois à compter de sa signature, de le dénoncer à tout moment, dans les conditions de forme et de délai réglementairement prescrites, et en faire mention, comme de la clause dont cette faculté de résiliation procède, en caractères très apparents ; cette disposition influant sur la détermination de la durée du mandat, est prescrite à peine de nullité absolue de l'entier contrat.

Sur l'application de la loi de 1970 dans les rapports entre deux professionnels, V. ▪ Cass. 1re civ., 23 janv. 2019, n° 18-11.677 : *Contrats, conc. consom.* 2019, comm. 59, Leveneur : la loi n'établit aucune distinction en fonction de la profession du mandant.

Art. 1986. – Le mandat est gratuit, s'il n'y a convention contraire.

1) **Principe de gratuité.** Pour un rappel du principe, V. ▪ Cass. 1re civ., 4 mai 2012, n° 11-10.943 : *Bull. civ.* I, n° 100 ; *Contrats, conc. consom.* 2012, comm. 200, obs. Leveneur.

2) **Présomption de mandat salarié.** Le mandat est présumé salarié en faveur des personnes qui font profession de s'occuper des affaires d'autrui (▪ Cass. 2e civ., 24 oct. 1958 : *Bull. civ.* II, n° 653, p. 430. – V. en ce sens ▪ Cass. req., 1er juill. 1936 : *DH* 1936, 428. ▪ Cass. 1re civ., 19 déc. 1989, n° 87-11.428 : *Bull. civ.* I, n° 399, p. 267. ▪ Cass. 1re civ., 16 juin 1998, n° 96-10.718 : *JurisData* n° 1998-002744 ; *JCP* 98, IV, 2790 ; *Bull. civ.* I, n° 211, p. 145 ; *Contrats, conc. consom.* 1998, 127, note Leveneur).

Art. 1987. – **Il est ou spécial et pour une affaire ou certaines affaires seulement, ou général et pour toutes les affaires du mandant.**

Art. 1988. – **Le mandat conçu en termes généraux n'embrasse que les actes d'administration.**

S'il s'agit d'aliéner ou hypothéquer, ou de quelque autre acte de propriété, le mandat doit être exprès.

Bibliographie : J.-F. Sagaut, *De quelques questions au sujet de la pratique du mandat : RDC* 2009/2, 723.

1) **Administrateur provisoire d'une succession. Action en justice.** L'administrateur provisoire d'une succession peut ester en justice, même si ce pouvoir ne lui a pas été conféré, si l'introduction de l'action constitue un acte conservatoire et d'administration (▪ Cass. 1re civ., 25 oct. 1972 : *JurisData* n° 1972-000217 ; *Bull. civ.* I, n° 217, p. 188).

2) **Gestion d'un immeuble.** Le fait de conférer à un tiers la gestion d'un immeuble n'implique nullement qu'on lui donne en même temps mandat de le vendre (▪ Paris, 2 oct. 1965 : *D.* 1966, 545. – V. en ce sens ▪ Cass. 1re civ., 17 janv. 1973, n° 70-14.321 : *JurisData* n° 1973-000027 ; *Bull. civ.* I, n° 25, p. 23).

3) **Notaire.** Le fait de mandater un notaire pour élaborer un projet définitif et établir les formalités de la vente ne caractérise pas l'existence d'un mandat exprès d'aliéner donné au notaire (▪ Cass. 3e civ., 17 juill. 1991, n° 90-12.056 : *JCP* N 92, II, 181, note Venandet).

4) **Avocat.** Pour aliéner un bien immobilier appartenant à sa cliente, l'avocat doit disposer d'un mandat exprès (▪ Cass. 1re civ., 12 mai 1993, n° 91-17.600 : *JurisData* n° 1993-000845 ; *D.* 1993, 411, note Chartier, 1er arrêt ; *JCP* 93, II, 22132, note Martin). Tel n'est pas le cas lorsqu'il est chargé par le propriétaire de l'expulsion de locataire (▪ Cass. 1re civ., 16 mars 1994, n° 92-15.614 : *JurisData* n° 1994-000669 ; *Bull. civ.* I, n° 99, p. 75).

5) **Cession du fonds de commerce et cession des actions.** La cession de la totalité ou de la majorité des actions d'une société anonyme ne constituant pas la cession du fonds de commerce figurant à l'actif de la personne morale, ne peut être accueillie la demande de l'agent immobilier en paiement de l'indemnité forfaitaire prévue au mandat exclusif de vente du fonds de commerce (▪ Cass. 1re civ., 6 déc. 1994, n° 93-12.837 : *Bull. civ.* I, n° 365, p. 263).

6) **Pouvoir de contracter des emprunts.** Le mandant peut conférer au mandataire le pouvoir de contracter des emprunts d'une façon générale et sans spécifier de quels prêts il s'agit (▪ Cass. 1re civ., 21 nov. 1995, n° 93-16.646 : *JurisData* n° 1995-003166 ; *JCP* 96, IV, 80 ; *Bull. civ.* I, n° 417, p. 291).

7) **Gage.** Lorsque le gage est constitué par un mandataire, celui-ci doit être muni d'un pouvoir spécial (▪ Cass. com., 14 juin 1948 : *JCP* 48, II, 4534, note Becqué).

8) **Hypothèque.** Le consentement du débiteur étant l'élément essentiel de la convention hypothécaire, si ce débiteur stipule par un mandataire, la procuration doit participer de l'authenticité du contrat lui-même ; ces deux actes forment un tout indivisible et sont soumis aux mêmes conditions (▪ Cass. civ., 7 févr. 1854 : *DP* 1854, 1, 49).

9) **Renonciation à un nom patronymique commercial. Nécessité d'un mandat spécial.** Le mandat de vente d'actions, qui autorisait, en termes généraux, le mandataire à souscrire à tout engagement ou garantie n'emportait pas le pouvoir, pour celui-ci, de consentir une interdiction ou une limitation de l'usage, par son mandant, de son nom de famille, constitutives d'actes de disposition (▪ Cass. com., 10 juill. 2018, n° 16-23.694 : *RTD civ* 2018, p. 933, Gautier ; *Dr. soc.* 2018, p. 24, Mortier).

Art. 1989. – **Le mandataire ne peut rien faire au-delà de ce qui est porté dans son mandat : le pouvoir de transiger ne renferme pas celui de compromettre.**

1) **Interprétation restrictive. Principe.** Il résulte de l'article 1989 que l'objet du mandat doit être interprété restrictivement (▪ Orléans, 15 févr. 1973 : *JCP* 73, IV, 254).

2) **Mandat de passer un acte et mandat d'ester en justice.** Le mandat de passer un acte, fût-ce après procédure, n'implique pas nécessairement celui d'ester en justice sur la validité de cet acte (▪ Cass. soc., 3 févr. 1955 : *Bull. civ.* IV, n° 94, p. 66).

3) **Avoué.** Le mandat légal de l'avoué ne comporte pas le pouvoir d'acquiescer (▪ Cass. 3e civ., 17 oct. 1972, n° 71-12.672 : *JurisData* n° 1972-000528 ; *Bull. civ.* III, n° 517, p. 377), ni celui de percevoir les fonds dus à son client, faute de prouver un mandat tacite en ce sens (▪ Cass. 2e civ., 5 janv. 1972, n° 70-13.174 : *JurisData* n° 1972-099003 ; *Bull. civ.* II, n° 3, p. 2).

4) **Mandat exclusif de vendre. Emprunt (non).** Le mandat exclusif de vendre ne confère pas au mandataire le pouvoir d'emprunter au

nom du mandant (■ Orléans, 14 juin 1973 : *JCP* 74, IV, 56), ni celui de faire effectuer des travaux dans l'immeuble (■ Cass. 3e civ., 4 juill. 1972, n° 71-11.975 : *JurisData* n° 1972-000443 ; *Bull. civ.* III, n° 443, p. 323).

5) Commissaire-priseur. Sur le principe que le commissaire-priseur doit respecter le « prix de réserve », V. ■ Cass. com., 27 avr. 1993, n° 91-12.561 : *JurisData* n° 1993-000785 ; *Bull. civ.* IV, n° 261, p. 181 ; *RTD civ.* 1994, 128, obs. Gautier.

6) Preuve de l'étendue du mandat. La preuve de l'étendue du mandat peut être rapportée par tous moyens (■ Cass. 1re civ., 23 mai 1964 : *JurisData* n° 1964-000264 ; *Gaz. Pal.* 1964, 2, 171).

Art. 1990 *(L. n° 65-570, 13 juill. 1965).* **– Un mineur non émancipé peut être choisi pour mandataire ; mais le mandant n'aura d'action contre lui que d'après les règles générales relatives aux obligations des mineurs.**

1) Mandataire incapable. Un mandat peut être donné à un incapable dont les actes accomplis pour le compte du mandant échappent aux causes de nullité qui vicieraient les mêmes actes accomplis par l'incapable pour son propre compte (■ Cass. civ., 5 déc. 1933 : *DH* 1934, 49).

2) Mandataire adjudicataire (non). Sur l'interdiction faite aux mandataires de se rendre adjudicataires des biens qu'ils sont chargés de vendre, V. art. 1596, p. 1366.

CHAPITRE II. – DES OBLIGATIONS DU MANDATAIRE

Art. 1991. – Le mandataire est tenu d'accomplir le mandat tant qu'il en demeure chargé, et répond des dommages-intérêts qui pourraient résulter de son inexécution.

Il est tenu de même d'achever la chose commencée au décès du mandant, s'il y a péril en la demeure.

Inexécution et mauvaise exécution. Si le mandataire est, sauf cas fortuit, présumé en faute du seul fait de l'inexécution de son mandat, cette présomption ne saurait être étendue à l'hypothèse d'une mauvaise exécution de ce dernier. C'est donc sans interversion de la charge de la preuve que les juges du fond décident qu'il appartient alors au mandant d'établir les fautes de gestion par lui alléguées à l'encontre de son mandataire (■ Cass. 1re civ., 18 janv. 1989, n° 87-16.530 : *JurisData* n° 1989-700043 ; *Bull. civ.* I, n° 26, p. 18 ; *D.* 1989, 302, note Larroumet ; *RTD civ.* 1989, 558, obs. Jourdain, et 572, obs. Rémy. Dans le même sens ■ Cass. 1re civ., 16 mai 2006, *Bull. civ.* I, n° 241 ; *JurisData* 2006-033518 ; *JCP* 2006, IV, 2272, qui en déduit que les juges du fond sont alors fondés à ne pas retenir certains manquements comme faute lorsque le mandataire a agi à titre gratuit. Comp. ■ Cass. com., 14 févr. 1989, n° 86-13.876 : *JurisData* n° 1989-700290 ; *Bull. civ.* IV, n° 64, p. 42.

Art. 1992. – Le mandataire répond non seulement du dol, mais encore des fautes qu'il commet dans sa gestion.

Néanmoins, la responsabilité relative aux fautes est appliquée moins rigoureusement à celui dont le mandat est gratuit qu'à celui qui reçoit un salaire.

1) Inexécution de l'obligation. Présomption de faute. Tout mandataire, salarié ou non, répond au regard de son mandant de l'inexécution de l'obligation qu'il a contractée et du préjudice qui en est résulté pour le mandant, l'inexécution de l'obligation faisant présumer la faute du mandataire, hors cas fortuit (■ Cass. soc., 30 nov. 1945 : *D.* 1946, 155. – V. en ce sens ■ Cass. 1re civ., 8 déc. 1965 : *Bull. civ.* I, n° 686, p. 525).

2) Faute d'abstention. Sur le principe que la faute du mandataire peut résulter d'une abstention, V. ■ Cass. 1re civ., 11 avr. 1995, n° 91-21.137 : *JurisData* n° 1995-000873 ; *JCP* 95, IV, 1470 ; *D.* 1995, somm. 231, obs. Delebecque.

3) Mandat gratuit. Sur le principe que la responsabilité est appliquée moins rigoureusement à celui dont le mandat est gratuit, V. ■ Cass. 1re civ., 14 juin 2000, n° 98-17.752 : *JurisData* n° 2000-002525 ; *Contrats, conc. consom.* 2000, 156, note Leveneur. Si, aux termes de l'article 1992, alinéa 2, la responsabilité relative aux fautes est appliquée moins rigoureusement à celui dont le mandat est gratuit qu'à celui qui reçoit un salaire, cette disposition ne concerne que l'appréciation de la faute et non l'étendue de la réparation (■ Cass. 1re civ., 4 janv. 1980, n° 78-41.291 : *Bull. civ.* I, n° 11, p. 9). Ne commet pas de faute le mandataire qui, en exécution d'un mandat à titre gratuit, engage des paris au PMU sur des sommes qui lui ont été confiées en modifiant le numéro de la combinaison retenue, dès lors que ce manquement avait été commis de bonne foi avec la croyance erronée d'un succès plus probable du numéro substitué (■ Cass. 1re civ.,

16 mai 2006, préc. sous art. 1991). Sur l'admission de la faute d'un mandataire non professionnel, malgré le caractère gratuit du mandat, V. ▪ Cass. com., 24 mars 2015, n° 14-10.255 (mandataire non professionnel mais spécialiste du financement et de la transmission d'entreprises et de la prise de participation dans des sociétés, n'ayant pas procédé à une vérification élémentaire des pouvoirs du signataire d'un cautionnement, et qui ne pouvait donc arguer d'une apparence des pouvoirs de ce signataire).

4) Interdiction de se porter contrepartie. Sur l'interdiction pour le mandataire de se porter contrepartie à l'acte qu'il est chargé de conclure, V. jurisprudence sous art. 1596, p. 1366 et nouvel art. 1161, p. 821.

5) Dol émanant du mandataire. Nullité du contrat. Sur ce que le dol émanant du mandataire est opposable au mandant et constitue une cause de nullité du contrat conclu au nom de ce dernier, V. ▪ Cass. com., 13 déc. 2016, n° 15-15.092 : *Contrats, conc. consom.* 2017, comm. 48, Leveneur.

6) Remise de fonds. Le mandataire à qui a été remise une somme en vue de souscrire à une augmentation de capital ne peut voir sa responsabilité recherchée dès lors qu'il a exécuté l'obligation mise à sa charge par un mandat gratuit dont l'objet ne s'étendait pas à une surveillance des capitaux (▪ Cass. 1re civ., 2 avr. 1962 : *Bull. civ.* I, n° 190, p. 167). Mais engage sa responsabilité le mandataire gratuit chargé de placer des fonds qui fait preuve de la plus grande légèreté en consentant un prêt à une personne dont il ne pouvait ignorer les difficultés financières (▪ Cass. 1re civ., 5 févr. 1975 : *D.* 1975, 410, note R. R.). Commet une faute le mandataire salarié qui dépose l'argent confié par le mandant à la banque, ultérieurement déclarée en règlement judiciaire, contre des bons de caisse et qui les fait renouveler à une époque où il ne pouvait ignorer les difficultés de la banque, ni le fait que le projet de la cession de la majorité du capital de celle-ci n'avait pas abouti à un résultat définitif (▪ Cass. 1re civ., 2 mai 1989, n° 87-18.688 : *JurisData* n° 1989-001307 ; *Bull. civ.* I, n° 179, p. 119).

7) Transporteur. Commet une faute le transporteur routier chargé de livrer un colis contre remboursement qui livre, non pas contre un paiement en espèces ou la remise d'un chèque immédiatement convertible, mais en contrepartie d'un ordre de virement sur une banque, constituant un simple titre de crédit impliquant une suite d'opérations comptables pour réaliser le paiement, et n'offrant pas, par sa nature, les mêmes garanties au créancier (▪ Cass. com., 20 janv. 1987, n° 85-13.164 : *JurisData* n° 1987-000073 ; *Bull. civ.* IV, n° 29, p. 20).

8) Notaire, avoué. Il y a faute pour le notaire à ne pas signaler immédiatement au mandant que la procuration qu'il a donnée n'est pas conforme aux prétentions qu'il a exprimées préalablement (▪ Paris, 18 mars 1985 : *JurisData* n° 1985-021630 ; *JCP* 87, II, 20732, note Dagot). Il appartient à l'avoué, qui répond comme mandataire professionnel salarié des négligences commises par lui dans l'exercice de son mandat, de prendre toutes précautions utiles dans l'intérêt de ses clients, et d'appeler leur attention sur les conséquences possibles d'une prise de qualité sans réserve (▪ Cass. 1re civ., 18 janv. 1989, n° 87-11.001 : *JurisData* n° 1989-702747 ; *Bull. civ.* I, n° 17, p. 11).

9) Agent immobilier. Devoir de conseil. L'agent immobilier, tenu d'une obligation de renseignement et de conseil, doit s'assurer que se trouvent réunies toutes les conditions nécessaires à l'efficacité juridique de la convention (▪ Cass. 3e civ., 21 oct. 2014, n° 13-12.433 : *JCP* N 2015, 1107, n° 11, obs. Mekki, promesse annulée en raison de travaux d'extension irréguliers). L'agent immobilier qui a été maintenu dans l'ignorance de la destination particulière que le mandant projetait de donner à l'immeuble, en l'affectant, au contraire de ce qu'il avait déclaré, à une exploitation professionnelle immédiate, n'a failli ni à ses obligations d'investigation ni à son devoir d'information et de conseil sur l'inadaptation du bien à la réalisation d'un tel projet (▪ Cass. 1re civ., 29 mars 2017, n° 15-50.102).

10) Gestion de terres agricoles. Le mandat général de gestion confié à un mandataire professionnel pour la gestion de terres agricoles fait obligation au mandataire de renseigner le mandant sur les règles d'ordre public de fixation du fermage et de l'informer quant aux conditions de mise en conformité du bail. ▪ Cass. 3e civ., 28 sept. 2011, n° 10-10.162 : *Bull. civ.* III, n° 158.

11) Opérations de Bourse. L'agent de change n'est pas débiteur d'une obligation de résultat (▪ Paris, 25 nov. 1988, n° 87.8004 : *JurisData* n° 1988-025983 ; *D.* 1989, inf. rap. 1. V. aussi, évoquant le caractère aléatoire de la recherche d'un acquéreur pour une importante quantité de titres, ▪ Cass. com., 7 oct. 1997, n° 95-15.270 : *JurisData* n° 1997-003825 ; *Contrats, conc. consom.* 1998, 3, note Leveneur). Le mandataire ne peut se dérober à l'exécution d'instructions précises et ne peut se voir reprocher d'avoir manqué à son devoir de conseil dès lors que la vente des titres résulte d'un ordre manuscrit qui souligne l'urgence de l'opération. Il ne peut donc engager sa responsabilité en raison des pertes subies par le mandant (▪ Cass. 1re civ., 19 mars 1996, n° 94-14.934 : *JurisData* n° 1996-001010 ; *JCP* 96, IV, 1122 ; *Bull. civ.* I, n° 140, p. 98).

12) Cession d'entreprise. Limite au devoir de conseil du mandataire. Jugé qu'il n'appartenait pas au mandataire (intermédiaire en cession d'entreprises) de préconiser un audit de la société ayant acquis les titres sociaux, mise ultérieurement en redressement judiciaire, dans une hypothèse où le mandant, professionnel du secteur industriel concerné, disposait de toutes les informations utiles au moment de la conclusion de la convention de cession des titres sur la situation financière de l'acquéreur proposé (▪ Cass. com., 29 mars 2011, n° 09-71.443 : *Bull. Joly* 2011, 556, obs. J.-F. Barbièri).

13) Obligation d'alerte. Jurisprudence. Il entre dans les obligations de la société d'exploitation d'une clinique, mandataire rémunérée pour le recouvrement des honoraires des médecins exerçant auprès d'elle, d'attirer leur attention sur la portée rétroactive d'une jurisprudence leur ouvrant désormais droit à la perception d'une somme forfaitaire complémentaire auprès des caisses primaires d'assurance maladie (▪ Cass. 1re civ., 12 juill. 2007, n° 06-17.979 : *Bull. civ.* I, n° 266 ; *D.* 2007, AJ, 2234, obs. Delpech ; *RD sanit. soc.* 2007, 902, obs. Tauran ; *Rev. Lam. dr. civ.* 2007, n° 42, p. 12, note Doireau).

14) Responsabilité quasi délictuelle. Exonération (non). Le mandataire du vendeur ne peut s'exonérer dans l'acte de vente de toute responsabilité quasi délictuelle (▪ Cass. 1re civ., 20 juin 1995, n° 93-16.672 : *JurisData* n° 1995-001722 ; *Bull. civ.* I, n° 270, p. 187). Mais ne constitue pas une faute de sa part le fait de ne pas rechercher les vices cachés pouvant affecter le bien qu'il est chargé de vendre (même arrêt).

15) Gérant d'une société en participation. Le gérant d'une société en participation, dépourvue de personnalité morale, est en sa qualité de mandataire des associés, responsable des fautes commises à leur égard dans sa gestion (▪ Cass. com., 6 mai 2008, n° 07-12.251 : *Bull. civ.* IV, n° 96 ; *D.* 2008, 2113, note Dondero ; *RTD civ.* 2008, 500, obs. Gautier).

16) Mandataire d'un courtier d'assurances. Le renvoi fait par l'article L. 511-1 du Code des assurances à l'article 1384 du Code civil a, pour seul objet, de faire bénéficier le client du mandataire d'un courtier d'assurances de la garantie de ce dernier et non d'exonérer ce mandataire de sa responsabilité personnelle à l'égard des tiers (▪ Cass. 2e civ., 7 juill. 2011, n° 10-21.719 : *Contrats, conc. consom.* 2011, comm. 231, obs. L. Leveneur ; *Resp. civ. et assur.* 2011, comm. 379, obs. H. Groutel ; *D.* 2012, 644, obs. H. Adida-Canac et O.-L. Bouvier).

17) Obligation de loyauté. Agent général d'assurances. Si l'exercice de la liberté d'expression ne constitue pas une faute professionnelle justifiant la révocation d'un agent général d'assurances, c'est sous réserve que cet exercice n'excède pas les limites du droit de critique admissible en regard du devoir de loyauté découlant du mandat d'intérêt commun qui le lie à l'entreprise d'assurances (▪ Cass. 1re civ., 27 nov. 2013, n° 12-24.651 : à paraître au *Bull. civ.* ; *RTD civ.* 2014, 127, obs. Jourdain ; *RGDA* 2014/1, 65, Langé ; *Gaz. Pal.* 22 janv. 2014, 17, obs. Guégan-Lécuyer ; *Gaz. Pal.* 5 févr. 2014, 14, obs. Michalski ; *JCP* G 2014, doctr. 1163, n° 12, obs. Dreyer).

Art. 1993. – Tout mandataire est tenu de rendre compte de sa gestion, et de faire raison au mandant de tout ce qu'il a reçu en vertu de sa procuration, quand même ce qu'il aurait reçu n'eût point été dû au mandant.

1) Généralité de la règle. Les dispositions générales et absolues de l'article 1993 s'appliquent à toutes choses et sommes reçues pour quelque cause que ce soit par le mandataire en sa qualité et dans l'accomplissement des actes où il est le représentant du mandant (▪ Cass. com., 15 nov. 1950 : *Bull. civ.* III, n° 335, p. 238). *Viole l'article 1193 du Code civil la cour d'appel* qui décide qu'il n'y avait pas lieu d'imposer une reddition de compte aux mandataires car le demandeur ne rapportait aucun élément permettant d'estimer qu'ils avaient dépassé le mandat qui leur avait été confié en abusant de la procuration consentie (▪ Cass. 1re civ., 16 mai 2006 : *Bull. civ.* I, n° 240 ; *JurisData* n° 2006-033508 ; *JCP* 2006, IV, 2271).

2) Procuration bancaire. Pour une application de l'article 1993 à l'héritier ayant, en vertu d'une procuration, effectué des retraits sur le compte de sa mère, V. ▪ Cass. 1re civ., 2 févr. 1999, n° 96-21.460 : *JurisData* n° 1999-000448 ; *JCP* G 99, IV, 1591 ; *JCP* N 99, 682 ; *Bull. civ.* I, n° 35, p. 24. V. aussi pour une procuration donnée sur les comptes d'une personne se trouvant en maison de retraite ou hospitalisée, ▪ Rennes, 30 janv. 2001, n° 99/02005 : *JurisData* n° 2001-159376 ; *Dr. famille* 2002, 103, 4e arrêt, note Beignier.

3) Sommes reçues en vertu du mandat. Doivent être considérées comme reçues en vertu du mandat et non à l'occasion de l'exercice de ce mandat les sommes remises au mandataire pour le compte du mandant et dont il a, en son nom, donné décharge (▪ Cass. 1re civ., 8 juill. 1975 : *JurisData* n° 1975-700226 ; *D.* 1976, 315, note Gaury). Il est dès lors tenu de faire raison de la totalité de celles-ci audit mandant sauf si ce dernier a accepté expressément l'utilisation que le mandataire en a faite (même arrêt). Mais lorsque, par suite d'une erreur purement matérielle, le mandataire reçoit une somme supérieure à celle qu'il est chargé de toucher et qu'on entend lui verser, la réception de l'excédent a lieu non en vertu du mandat mais à l'occasion de l'exercice de ce mandat et par un fait qui, étant en dehors de ses prévisions, ne confère aucun droit au mandant sur la somme ainsi perçue (■ Cass. civ., 24 juill. 1900 : *DP* 1905, 1, 261). Sur la responsabilité pénale du syndic de copropriété qui n'a pas mentionné dans ses comptes les primes qu'il a reçues des entrepreneurs chargés d'entretenir l'immeuble, V. ■ Cass. crim., 12 nov. 1985, n° 84-90.548 : *JurisData* n° 1985-003139 ; *Bull. crim.* 1985, n° 349.

4) Dispense de rendre compte. Le mandant pouvant toujours dispenser le mandataire de son obligation de rendre compte et cette dispense pouvant même être tacite, les juges du fond peuvent l'induire des circonstances de la cause en estimant souverainement que les liens qui unissaient les parties avaient pu rendre impossible ou même simplement inutile l'obtention d'un quitus formel par le mandataire (■ Cass. 1re civ., 12 nov. 1957 : *Bull. civ.* I, n° 431, p. 348. V. pour le gendre du mandant ■ Cass. 1re civ., 7 janv. 1982 : *D.* 1982, inf. rap. 211). Mais jugé que la vie commune du mandant et du mandataire en couple homosexuel n'implique ni une présomption d'exécution des dispositions de l'article 1993 ni une renonciation tacite à son application (■ Paris, 6 déc. 1990 : *JurisData* n° 1990-025494 ; *JCP* 91, IV, 179).

5) Forme de la reddition de comptes. Constitue la reddition de comptes exigée par l'article 1993 l'acte sous seing privé par lequel les mandants reconnaissent avoir été intégralement réglés de toutes les sommes en provenance de la vente conclue le même jour, pour laquelle ils avaient donné mandat, et donnent pleine et entière décharge à leur mandataire (■ Cass. 1re civ., 18 janv. 1989, n° 87-17.570 : *JurisData* n° 1989-700046 ; *JCP* 89, IV, 102 ; *Bull. civ.* I, n° 26, p. 18).

Art. 1994. – **Le mandataire répond de celui qu'il s'est substitué dans la gestion : 1° quand il n'a pas reçu le pouvoir de se substituer quelqu'un ; 2° quand ce pouvoir lui a été conféré sans désignation d'une personne, et que celle dont il a fait choix était notoirement incapable ou insolvable.**

Dans tous les cas, le mandant peut agir directement contre la personne que le mandataire s'est substituée.

1) Possibilité de substitution. Lorsque la convention ne prévoit aucune possibilité de substitution et que la nature de la mission ne permet pas de la présumer, le mandataire ne peut se substituer un tiers (■ Cass. 1re civ., 26 nov. 1961 : *Bull. civ.* I, n° 625, p. 495). Lorsque le mandat donné à un avoué ne lui confère pas le droit de se substituer un confrère, l'avoué auquel il remet les dossiers de son client après s'être démis de ses fonctions peut être désavoué par celui-ci (■ Cass. req., 8 janv. 1912 : *DP* 1913, 1, 185, 2e esp.).

2) Substitution non autorisée. Responsabilité à l'égard du mandant. Il résulte de l'article 1994 que la substitution de mandataire sans autorisation du mandant a pour seul effet de rendre le mandataire initial responsable du fait de celui qu'il s'est substitué, contre lequel le mandant peut agir directement, mais que la responsabilité du mandataire substitué ne peut être engagée que s'il a commis une faute (■ Cass. 1re civ., 26 nov. 1981, n° 80-15.740 : *JurisData* n° 1981-703389 ; *Bull. civ.* I, n° 355, p. 300. V. aussi ■ Cass. com., 2 déc. 1997 : *Contrats, conc. consom.* 1998, 42, note Leveneur ; *JCP* G 98, II, 10160 et *JCP* E 98, 1689, note Storck, précisant qu'à défaut d'interdiction, la validité des actes effectués par le sous-mandataire n'est pas affectée). Tel est le cas s'il ne s'assure pas que la personne à laquelle il remet des fonds destinés au mandant présente toutes garanties à cet égard (■ Cass. 1re civ., 23 janv. 1996 : *JCP* 96, IV, 604 ; *Bull.* I, n° 39, p. 25).

3) Substitution autorisée. Obligation de surveillance du mandataire. Le mandataire qui s'est substitué un tiers pour l'exécution de sa mission, même avec l'autorisation du mandant, reste tenu d'une obligation de surveillance vis-à-vis du mandataire substitué pour la bonne exécution du contrat (■ Cass. 1re civ., 29 mai 1980, n° 79-11.784 : *JurisData* n° 1980-000163 ; *Bull. civ.* I, n° 163, p. 131).

4) Action du substitué contre le mandant. Le substitué jouit d'une action personnelle et directe contre le mandant pour obtenir le remboursement de ses avances et frais et le paiement de la rétribution qui lui est due (■ Cass. 1re civ., 27 déc. 1960 : *D.* 1961, 491, note Bigot. ■ Cass. com., 8 juill. 1986, n° 85-10.220 : *JurisData* n° 1986-701349 ; *Bull. civ.* IV, n° 153, p. 130. ■ Cass. com., 4 déc. 1990, n° 89-12.723 : *JurisData* n° 1990-003278 ; *Bull. civ.* IV, n° 312, p. 216. V. en sens inverse pour un contrat de commission, ■ Cass. com., 9 déc. 1997, n° 95-22.096 : *JurisData* n° 1997-004928 ; *JCP* E 98, II, 2022, note Litty ; *Bull. civ.* IV, n° 333, p. 288. Comp. ■ Cass. com., 24 mars 1998, n° 95-14.187 : *Contrats, conc. consom.* 1998, 87, note Leveneur ; *RTD civ.* 1998, 932, obs. Gautier). Cette action peut être exercée que la substitution ait été ou non autorisée par le mandant (■ Cass. com., 9 nov.

1987, n° 86-11.989 : *JurisData* n° 1987-099705 ; *Bull. civ.* III, n° 233, p. 174. ▪ Cass. com., 19 mars 1991, n° 89-17.267 : *JurisData* n° 1991-001557 ; *JCP* 91, IV, 191 ; *Bull. civ.* IV, n° 102, p. 71. ▪ Cass. com., 5 oct. 1993, n° 91-17.563 : *D.* 1995, 169, note Auckenthaler. ▪ Aix-en-Provence, 20 févr. 1992 : *JurisData* n° 1992-040567 ; *JCP* 92, IV, 1588), l'action ne pouvant toutefois être exercée qu'autant que l'action du mandataire intermédiaire n'est pas elle-même éteinte (▪ Cass. com., 3 déc. 2002, n° 00-18.988 : *JurisData* n° 2002-016642 ; *Contrats, conc. consom.* 2003, 55, note Leveneur ; *D.* 2003, 786, note Mallet-Bricout ; *Bull. civ.* IV, n° 188, p. 214 ; *Defrénois* 2003, 236, obs. Savaux ; *RTD civ.* 2003, 312, obs. Gautier). Ne donne pas de base légale à sa décision la cour d'appel qui rejette l'action du mandataire substitué contre le mandant, au motif que le mandataire principal avait reçu paiement de sa créance avant que le mandataire substitué n'exerce son action en justice, sans rechercher si, par la demande en paiement qu'il avait adressée au mandant, le mandataire substitué n'avait pas exercé dès cette date l'action directe dont il était titulaire (▪ Cass. com., 13 févr. 2007, n° 05-10.174 ; *JurisData* n° 2007-03766 ; *JCP* 2007, IV, 1592). Le mandant peut opposer au mandataire substitué la faute commise par ce dernier (▪ Cass. com., 25 juin 1991, n° 89-20.506 : *JurisData* n° 1991-001769 ; *JCP* 91, IV, 343 ; *Bull. civ.* IV, n° 237, p. 165). Le mandataire substitué ne peut opposer au mandant le fait qu'il croyait agir au seul profit du mandataire initial (▪ Cass. com., 14 oct. 1997, n° 95-18.739 : *JurisData* n° 1997-004030 ; *JCP* 98, I, 113, n° 7, obs. Jamin ; *D.* 1998, 115, rapp. Rémery, somm. 112, obs. Delebecque ; *Bull.* IV, n° 266, p. 230).

5) **Cession de créances professionnelles.** Le banquier du cédant de créances professionnelles reçoit les paiements au nom et pour le compte de son client, qui en est destinataire, de sorte qu'il n'est pas tenu à restitution envers le tiers qu'est le cessionnaire (▪ Cass. com., 4 juill. 1995, n° 93-12.977 : *JurisData* n° 1995-001827 ; *JCP* 95, II, 22553, note D. Legeais ; *D.* 1995, 488, note Martin et Synvet ; *D.* 1996, somm. 208, obs. S. Piedelièvre ; *RTD civ.* 1996, 192, obs. Gautier, 422, obs. Zenati).

6) **Clause compromissoire. Opposabilité au mandataire substitué.** La clause d'arbitrage international s'impose à toute partie venant aux droits de l'un des contractants et doit donc recevoir application à l'égard des mandataires substitués (▪ Cass. 1re civ., 8 févr. 2000, n° 95-14.330 : *JurisData* n° 2000-000510 ; *JCP* E 2001, 1336, note Ammar).

Art. 1995. – Quand il y a plusieurs fondés de pouvoir ou mandataires établis par le même acte, il n'y a de solidarité entre eux qu'autant qu'elle est exprimée.

Art. 1996. – Le mandataire doit l'intérêt des sommes qu'il a employées à son usage, à dater de cet emploi ; et de celles dont il est reliquataire, à compter du jour qu'il est mis en demeure.

1) **Preuve de l'usage personnel.** Le mandataire qui a encaissé le prix de titres appartenant à son mandant doit le restituer, mais s'il n'est pas justifié qu'il ait employé à son usage les sommes en provenant, il n'est tenu des intérêts qu'en qualité de reliquataire dans les conditions prévues par l'article 1996 (▪ Cass. 1re civ., 19 avr. 1961 : *JCP* 61, IV, 82 ; *Bull. civ.* I, n° 212, p. 166).

2) **Dommages-intérêts.** Si le mandataire peut être tenu à des dommages-intérêts supplémentaires, c'est à la condition que, conformément à l'article 1153, le mandant ait subi un préjudice indépendant de celui causé par le simple retard (▪ Cass. 1re civ., 9 mai 1990, n° 88-10.082 : *JurisData* n° 1990-701153 ; *JCP* 90, IV, 258 ; *Bull. civ.* I, n° 100, p. 73).

Art. 1997. – Le mandataire qui a donné à la partie avec laquelle il contracte, en cette qualité, une suffisante connaissance de ses pouvoirs n'est tenu d'aucune garantie pour ce qui a été fait au-delà, s'il ne s'y est personnellement soumis.

1) **Responsabilité envers les tiers.** V. sous art. 1984, annot. n° 3, p. 1615.

2) **Mandataire traitant en son nom.** Le mandataire qui traite en son propre nom avec un tiers devient le débiteur direct de ce dernier sauf son recours contre le mandant (▪ Cass. 3e civ., 17 oct. 1972, n° 70-14.425 : *JurisData* n° 1972-000517 ; *JCP* 72, IV, 272 ; *Bull. civ.* III, n° 528, p. 384. ▪ Cass. 1re civ., 17 nov. 1993, n° 91-16.733 : *JurisData* n° 1993-003166 ; *Bull. civ.* I, n° 329, p. 228 ; *Defrénois* 1994, 791, obs. Delebecque). Le mandataire qui ne fait pas connaître suffisamment ses pouvoirs aux tiers est seulement tenu d'une obligation de faire qui n'est autre que celle du porte-fort et dont l'inexécution se résout seulement en dommages-intérêts, sans qu'il puisse être considéré comme une caution tenue de l'engagement qu'il prend au nom du mandant et dont il ne saurait être tenu que s'il s'y est personnellement soumis (▪ Dijon, 19 mai 1931 : *DH* 1931, 405).

CHAPITRE III. – DES OBLIGATIONS DU MANDANT

Art. 1998. – **Le mandant est tenu d'exécuter les engagements contractés par le mandataire, conformément au pouvoir qui lui a été donné.**

Il n'est tenu de ce qui a pu être fait au-delà, qu'autant qu'il l'a ratifié expressément ou tacitement.

I – OBLIGATION D'EXÉCUTER LES ENGAGEMENTS CONTRACTÉS PAR LE MANDATAIRE

1) Principe. L'exécution des obligations contractuelles passées par un mandataire au nom et pour le compte de son mandant incombe à ce dernier seul (▪ Cass. 2e civ., 21 janv. 1966 : *JCP* 66, IV, 30 ; *Bull. civ.* II, n° 99, p. 71. ▪ Cass. com., 9 mai 1985, n° 83-15.603 : *JurisData* n° 1985-701068 ; *Bull. civ.* IV, n° 143, p. 123. – V. aussi ▪ Cass. 1re civ., 2 févr. 1999, n° 96-21.460 : *JurisData* n° 1999-000448 ; *Resp. civ. et assur.* 1999, 123). Il incombe au seul titulaire du compte, sur lequel ont été indûment versés des fonds, et, après son décès, à sa succession de les restituer. Le mandataire ayant reçu procuration sur le compte ne peut donc être condamné, en cette seule qualité, à répéter les arrérages de rente versés après le décès du titulaire (▪ Cass. 1re civ., 25 juin 1996, n° 94-17.633 : *JurisData* n° 1996-002765 ; *JCP* 96, IV, 1941 ; *Bull.* I, n° 266, p. 187). Pour une application du principe au contrat d'achat d'espaces publicitaires contracté par l'intermédiaire d'un mandataire, V. ▪ Cass. com., 4 oct. 2011, n° 10-24.810 : *Bull. civ.* IV, n° 149 ; *RTD com.* 2011, 790, obs. B. Bouloc ; *Contrats, conc. consom.* 2012, comm. 1, obs. L. Leveneur, selon lequel le seul fait que le vendeur d'espaces publicitaires n'ait pas adressé directement ses factures à l'annonceur ne lui interdit pas de demander paiement à l'annonceur, quand bien même il prétendrait les avoir déjà réglées entre les mains de l'intermédiaire.

2) Dépassement de pouvoir. Le mandant n'est pas tenu, sauf ratification, de ce que le mandataire a fait au-delà du pouvoir qu'il a reçu (▪ Cass. 3e civ., 4 juill. 1972, n° 71-11.975 : *JurisData* n° 1972-000443 ; *JCP* 72, IV, 220 ; *Bull. civ.* III, n° 443, p. 323), mais il est tenu dans cette limite (▪ Cass. 1re civ., 26 janv. 1999, n° 97-11.952 : *JurisData* n° 1999-000339 ; *JCP* 99, IV, 1509 ; *Bull. civ.* I, n° 30, p. 20).

3) Concert frauduleux entre le mandataire et un tiers. Le mandant n'est pas tenu des engagements contractés par son mandataire à la suite d'un concert frauduleux entre lui et un tiers (▪ Cass. 3e civ., 29 nov. 1972, n° 71-12.554 : *JurisData* n° 1972-000647 ; *JCP* 73, IV, 75 ; *Bull. civ.* III, n° 647, p. 476. V. en ce sens ▪ Cass. req., 14 avr. 1908 : *DP* 1908, 1, 344. ▪ Cass. 1re civ., 9 juin 1958 : *D.* 1958, somm. 130).

4) Mandataire sans pouvoir. Nullité relative. La nullité d'un contrat pour absence de pouvoir du mandataire, qui est relative, ne peut être demandée que par la partie représentée (▪ Cass. 1re civ., 9 juill. 2009, n° 08-15.413 : *Contrats, conc. consom.* 2009, comm. 260, obs. Leveneur). Dans le même sens, ▪ Cass. 1re civ., 12 nov. 2015, n° 14-23.340 : *Contrats, conc. consom.* 2016, comm. 31, Leveneur ; *Defrénois* 2016, 69, obs. Lécuyer et Seube et 124, note Lebel (décès du gérant de la SCI antérieur à la conclusion du contrat). ▪ Cass. 3e civ., 26 janv. 2017, n° 15-26.814 : *JCP* 2017, doctr. 325, n° 4, obs. Serinet. – Déjà en ce sens, ▪ Cass. 1re civ., 25 mai 1992, n° 90-14.020 : *JurisData* n° 1992-001551 ; *Bull. civ.* I, n° 156. ▪ Cass. 1re civ., 2 nov. 2005, n° 03-17.443 : *JurisData* n° 2005-030521 ; *Bull. civ.* I, n° 395 ; *RTD civ.* 2006, 138, obs. Gautier. V. aussi en cas de décès du mandant, sous art. 2003, p. 1631. Voir cependant ▪ Cass. ass. plén., 28 mai 1982, n° 79-13.660 : *JurisData* n° 1982-701097 ; *D.* 1983, 117, concl. Cabannes, à propos de l'action par laquelle le propriétaire indivis d'un bien prétend faire déclarer inopposable à son égard l'aliénation consentie par une personne n'ayant pas qualité pour le représenter.

5) Obligations résultant des actes antérieurs à la révocation. Le mandant doit assurer toutes les obligations résultant des actes conclus par le mandataire au nom du mandant avant la prise d'effet de la révocation du mandat. Viole l'article 1998 l'ordonnance du bâtonnier qui énonce que la convention d'honoraires conclue avec un avocat par le mandataire n'est plus opposable par l'avocat à compter du moment où il en a eu connaissance pour les actes qu'il n'a pas encore diligentés (▪ Cass. 1re civ., 8 nov. 1994, n° 92-18.077 : *Bull. civ.* I, n° 323, p. 234).

II – MANDAT APPARENT

6) Principe. Le mandant peut être engagé sur le fondement d'un mandat apparent, même en l'absence d'une faute susceptible de lui être reprochée si la croyance du tiers à l'étendue des pouvoirs du mandataire est légitime, ce caractère supposant que les circonstances autorisaient le tiers à ne pas vérifier les limites exactes de ces pouvoirs (▪ Cass. ass. plén., 13 déc. 1962, n° 57-11.569 : *JCP* 63, II, 13105, note Esmein. V. en ce sens ▪ Cass. 1re civ., 29 avr. 1969 : *JurisData* n° 1969-700153 ; *D.* 1970, 23, note Calais-Auloy, 2 arrêts ; *JCP* 69, II, 15972, note Lindon, 1re et 2e esp. ▪ Cass. com.,

29 avr. 1970, n° 69-10.431 : *JurisData* n° 1970-097137 ; *JCP* 71, II, 16694, note Mayer-Jack, 2 arrêts. ▪ Cass. com., 12 juill. 1993, n° 91-15.667 : *JurisData* n° 1993-001501 ; *JCP* E 94, II, 559, note Lecène-Marénaud). Les juges du fond doivent caractériser ces circonstances (▪ Cass. com., 6 juin 1989, n° 86-11.968 : *JurisData* n° 1989-701842 ; *JCP* 89, IV, 293 ; *Bull. civ.* IV, n° 179, p. 119 ; *RTD civ.* 1990, 270, obs. Mestre. ▪ Cass. com., 27 juin 1995, n° 93-13.208 : *Contrats, conc. consom.* 1995, 199, note Leveneur. V. aussi ▪ Cass. 1re civ., 3 juin 1998, n° 96-12.505 : *JurisData* n° 1998-002440 ; *JCP* 98, IV, 2676 ; *Bull. civ.* I, n° 194, p. 133, mandat apparent résultant de ce que la commande a été faite sur du papier à en-tête de la société et de ce que le matériel a été pour partie conservé par celle-ci, qui l'a payé. ▪ Cass. 1re civ., 28 juin 2005 : *Contrats, conc. consom.* 2005, 202, note Leveneur ; *JCP* 2005, IV, 2887 ; *JurisData* n° 2005-029166 ; *Bull. civ.* I, n° 284, p. 236, commune engagée par son maire en l'absence de délibération du conseil municipal). Sur la notion de croyance légitime, v. J.-L. Sourioux, *La croyance légitime* : *JCP* 82, I, 3058.

7) Notaire. Pour une application de la théorie du mandat apparent au notaire, V. ▪ Cass. 3e civ., 2 oct. 1974 : *JurisData* n° 1974-799331 ; *JCP* 1976, II, 18247, note Thuillier. ▪ Cass. 3e civ., 21 janv. 1981, n° 79-10.833 : *JurisData* n° 1981-700208 ; *Bull. civ.* III, n° 19, p. 13. V. aussi pour l'agent immobilier, ▪ Cass. 1re civ., 6 janv. 1994, n° 91-22.117 : *JurisData* n° 1994-001573 ; *Bull. civ.* I, n° 1, p. 1. Comp. pour l'aval donné par le notaire aux affirmations du prétendu mandataire ▪ Cass. 1re civ., 22 mai 1991, n° 89-20.596 : *JurisData* n° 1991-003154 ; *JCP* N 1992, II, 372, note Leveneur. Mais dès lors que le compromis précise qu'aucun mandataire n'est désigné par le vendeur pour réaliser la vente et que les venderesses sont intervenues directement dans la négociation sur le prix, les acquéreurs n'ont pu se méprendre sur l'absence de pouvoir du notaire (▪ Cass. 1re civ., 15 oct. 1991, n° 90-12.526 : *JurisData* n° 1991-003784 ; *Bull. civ.* I, n° 272, p. 180). Le mandat apparent ne peut être admis pour l'établissement d'un acte par un notaire instrumentaire avec le concours de son confrère, les deux officiers publics étant tenus de procéder à la vérification de leurs pouvoirs respectifs (▪ Cass. 1re civ., 5 nov. 2009, n° 08-18.056 : *Bull. civ.* I, n° 221 ; *D.* 2010, 938, note Dissaux. ▪ Cass. 1re civ., 20 mars 2013, n° 12-11.567 : *Bull. civ.* I, n° 50).

8) Avocat. Ne donne pas de base légale à sa décision la cour d'appel qui, une personne étant entrée en pourparlers avec le syndic à la liquidation des biens par l'intermédiaire d'un avocat et ayant fait connaître ensuite qu'elle ne donnait plus suite à sa proposition, retient que l'avocat a laissé croire au syndic qu'il était le mandataire de l'intéressé et que la vente a été parfaite, sans relever de circonstances ayant autorisé le syndic à ne pas vérifier les pouvoirs de l'avocat qui ne relevaient pas de l'exercice normal de ses attributions de représentation dans une instance en justice (▪ Cass. com., 7 janv. 1992, n° 89-21.605 : *Bull. civ.* IV, n° 6, p. 5).

9) Courtier d'assurance. Pour une application de la théorie du mandat apparent dans une hypothèse où le prétendu mandataire d'une société d'assurance avait détourné les fonds des clients et été reconnu coupable d'abus de confiance, l'apparence résultant notamment du fait que les contrats litigieux avaient été établis à en-tête de la société d'assurance (▪ Cass. 1re civ., 8 avr. 2010, n° 09-10.790). V. aussi ▪ Cass. 1re civ., 20 janv. 1993, n° 91-12.342 : *JurisData* n° 1993-000729 ; *RGAT* 1993, 394, note Langé (délivrance d'une attestation d'assurance par le pseudo mandataire). ▪ Cass. 1re civ., 6 janv. 1994, n° 90-20.786 : *RGAT* 1994, 909, note Langé (utilisation par le courtier de papier à en-tête de la compagnie d'assurance).

10) Intermédiaire immobilier (limites). Le mandat apparent ne peut tenir en échec les règles impératives résultant des articles 1er et 6 de la loi n° 70-9 du 2 janvier 1970 qui imposent le recours à l'écrit pour les conventions conclues avec les agents immobiliers ; et de l'article 72 du décret n° 72-678 du 20 juillet 1972, qui oblige le titulaire de la carte professionnelle « transactions sur immeubles et fonds de commerce » à détenir un mandat écrit précisant son objet (▪ Cass. 1re civ., 31 janv. 2008, n° 05-15.774 : *Bull. civ.* I, n° 30 ; *D.* 2008, chron. C. cass., p. 638, obs. Chauvin et Creton ; *Defrénois* 2008, art. 38740-4, p. 701, obs. Savaux ; *Defrénois* 2008, 1105, obs. Dagorne-Labbe ; *RTD com.* 2008, 616, obs. Bouloc ; *JCP* N 2008, n° 19, p. 15, note Piedelièvre ; *Contrats, conc. consom.* 2008, n° 124, obs. Leveneur). Dans le même sens, ▪ Cass. 1re civ., 5 juin 2008, n° 04-16.368 : *Bull. civ.* I, n° 163 ; *Rev. Lamy dr. civ.* 2008, n° 52, p. 11, note Maugeri). ▪ Cass. 1re civ., 2 déc. 2015, n° 14-17.211 : *Contrats, conc. consom.* 2016, comm. 59, Leveneur : la preuve de l'existence et de l'étendue du mandat de gestion immobilière délivré à un professionnel ne peut être rapportée que par écrit ; ni le mandat apparent, ni la ratification de l'acte ne peuvent tenir en échec ces règles impératives.

11) Consommateurs. Droit de repentir. Il résulte de la combinaison de l'article 1998, al. 1er du Code civil, et des articles 7, al. 1er, et 13, al. 3 de la loi du 10 janv. 1978 relative à l'information et à la protection des consommateurs dans le domaine de certaines opérations de crédit (C. consom., art. L. 311-15 et L. 311-25, al. 2) que l'emprunteur peut exercer son droit de rétractation auprès du vendeur s'il a la croyance légitime que celui-ci a pouvoir d'engager l'organisme de crédit et que les circonstances l'autorisent à ne pas vérifier les limites exactes de ce pouvoir (■ Cass. 1re civ., 12 févr. 1991, n° 88-11.916 : *JurisData* n° 1991-000325 ; *Bull. civ.* I, n° 62, p. 39 ; *RTD civ.* 1991, 525, obs. Mestre).

12) Vente de biens ecclésiastiques. Pour une application à une vente de biens ecclésiastiques, V. ■ Cass. 3e civ., 20 avr. 1988 : *JCP* 89, II, 21229, note Monéger, cassant ■ Bastia, 20 déc. 1985 : *JurisData* n° 1985-600768 ; *D.* 1987, 363, note crit. Monéger.

13) Autres applications. Pour d'autres applications de la théorie du mandat apparent, V. ■ Cass. com., 29 mars 1966 : *JCP* 67, II, 15310, 1re esp. ■ Cass. com., 26 janv. 1976 : *D.* 1976, inf. rap. 112. ■ Cass. 2e civ., 17 oct. 1979, n° 77-11.694 : *Bull. civ.* II, n° 242, p. 166. ■ Cass. com., 8 juill. 1981, n° 80-10.518 : *JurisData* n° 1981-002356 ; *Bull. civ.* IV, n° 315, p. 244. ■ Cass. 3e civ., 4 mai 1982, n° 81-11.415 : *JurisData* n° 1982-701681 ; *Bull. civ.* III, n° 111, p. 78.

14) Mandat écrit. La théorie du mandat apparent est applicable même dans des domaines où le mandat écrit est obligatoire (■ Cass. 1re civ., 6 janv. 1994, n° 91-22.117 : *JurisData* n° 1994-001573 ; *Contrats, conc. consom.* 1994, 49, note Leveneur ; *D.* 1994, somm. 208, obs. Delebecque, agent immobilier).

15) Encaissement d'une somme. Le mandat apparent peut porter sur l'encaissement d'une somme d'argent (■ Cass. 1re civ., 7 juin 1995, n° 93-14.515 : *JurisData* n° 1995-001535 ; *Bull. civ.* I, n° 240, p. 169).

16) Rapports des époux avec les tiers. Sur la réticence de la jurisprudence à admettre l'application de la théorie dans les rapports des époux avec les tiers, V. ■ Cass. 1re civ., 24 mars 1981, n° 79-14.965 : *JurisData* n° 1981-700900 ; *JCP* 82, II, 19746, note Le Guidec ; *RTD civ.* 1981, 854, obs. G. Durry ; *RTD civ.* 1982, 407 et 413, obs. R. Nerson et J. Rubellin-Devichi ; *Defrénois* 1982, 1652, obs. G. Champenois : la preuve de l'apparence du mandat, lors de la conclusion d'une promesse de vente portant sur un bien commun, ne pouvait résulter de l'attitude purement passive de l'épouse lors des pourparlers, ni de la profession du mari (marchand de biens), ni du concours de deux avocats à l'acte ne dispensant l'acquéreur de s'assurer de l'étendue des pouvoirs de son vendeur, dont il ne pouvait ignorer qu'il était marié. *Adde* ■ Cass. 1re civ., 28 nov. 2006, n° 04-19.058 : *RTD civ.* 2007, 379, obs. B. Vareille ; *Dr. famille* 2007, comm. 16, obs. B. Beignier, qui approuve les juges du fond d'avoir retenu que la seule communauté de vie des époux n'était pas de nature à légitimer l'acquéreur d'un terrain dans la croyance en l'existence d'un mandat apparent conféré par une épouse commune en biens à son époux, aucune manifestation positive ne pouvant accréditer l'existence d'un tel mandat. ■ Cass. 1re civ., 31 mars 2010, n° 08-19.649 : *Bull. civ.* 2010, I, n° 81 ; *RDC* 2010/3, 952, obs. C. Goldie-Genicon ; *JCP* 2010, n° 17, 487, obs. Simler ; *Dr. famille* 2010, comm. 83, obs. B. Beignier : ayant relevé que le « protocole d'accord » stipulant l'aliénation des terrains avait été signé par le mari seul et retenu que, sachant qu'ils constituaient des biens communs, la société, professionnelle de l'immobilier, aurait dû s'assurer de l'accord de l'épouse, la cour d'appel a souverainement estimé que la preuve d'un mandat apparent de l'épouse au mari ne pouvait résulter de l'attitude passive de celle-ci lors des négociations ayant précédé et suivi la signature de l'acte. – Pour une application beaucoup plus souple de la théorie du mandat apparent, v. auparavant, ■ Cass. 1re civ., 14 déc. 1976 : *JurisData* n° 1976-700403 ; *Bull. civ.* I, n° 403 ; *JCP* 1978, II, 18864, note J. Monéger ; *RTD civ.* 1977, 570, obs. G. Cornu ; *Defrénois* 1977, 928, obs. G. Champenois ; *adde*, J. Monéger, *Le mandat apparent d'un époux de vendre un immeuble dépendant de la communauté* : *JCP* N 1979, I, 137. V. aussi, ■ Cass. 1re civ., 11 mars 1986, n° 84-12.940 : *JurisData* n° 1986-000463 ; *Bull. civ.* I, n° 67 ; *Defrénois* 1987, 404, obs. J.-L. Aubert, qui admet le mandat apparent dans une espèce où le notaire rédacteur de l'acte litigieux avait, à tort, fait état de l'existence d'une procuration notariée donnée par l'épouse à son mari, sans s'assurer de la réalité de cette procuration. – Comp., pour des hypothèses où le pseudo mandataire n'est pas un des époux mais un tiers (notaire ou avocat) : ■ Cass. 3e civ., 5 juin, 2002, n° 00-21.562 : *Bull. civ.* III, n° 131, qui admet, dans une hypothèse où le notaire avait notifié à la SAFER l'intention des époux de vendre un bien commun sans s'assurer du consentement de l'épouse à l'acte, que la SAFER avait pu légitimement croire que le notaire avait le pouvoir d'engager les époux. ■ Cass. 3e civ., 13 mai 2009, n° 08-16.720 : *Bull. civ.* III, n° 110 ; *JCP* 2009, n° 37, 212, note Barbièri ; *JCP* 2010, n° 17, 487, n° 14, obs. Simler, qui refuse l'application de la théorie de l'apparence dans une espèce où l'absence de consentement de l'épouse se révélait parfaitement à la lecture de la lettre d'information du notaire, ce dont il résultait que la SAFER n'avait pu légitimement croire que le notaire avait reçu mandat de l'épouse. ■ Cass. 3e civ., 2 mars 2005, n° 03-15.466 : *Bull. civ.* III, n° 56, qui admet l'existence d'un mandat apparent donné par l'épouse à son avocat, dans une hypothèse où cet avocat s'était porté signataire d'une transaction emportant aliénation de droits immobiliers sur un immeuble commun. V. aussi sous art. 1432.

III – RATIFICATION

17) Forme. La ratification par le mandant des actes faits par le mandataire en dehors des pouvoirs à lui conférés résulte de tous actes, faits et circonstances qui manifestent de la part du mandant la volonté certaine de ratifier (■ Cass. civ., 2 déc. 1935 : *DH* 1936, 52). Elle n'est pas assujettie aux formes et conditions exigées par l'article 1338 spécial à la ratification d'une obligation nulle (■ Cass. req., 13 juin 1884 : *DP* 1884, 1, 232). Dans le même sens, ■ Cass. 1re civ., 10 sept. 2015, n° 14-24.291 : *JCP* N 2016, 1087, n° 18, obs. Piedelièvre : l'absence de pouvoir du mandataire, sanctionnée par une nullité relative, est susceptible d'être couverte par une ratification ultérieure résultant de l'exécution volontaire du contrat et n'implique pas que les conditions de confirmation d'un acte nul soient remplies dans les termes de l'article 1338 du Code civil. Il appartient aux juges du fond de rechercher si l'épouse n'a pas ratifié la clôture du plan d'épargne-logement ouvert à son nom en accusant réception de l'attestation des intérêts acquis et en souscrivant avec son époux un prêt à l'aide de ces intérêts (■ Cass. 1re civ., 6 mai 2003 : *JurisData* n° 2003-018903 ; *JCP* 2003, IV, 2140).

18) Irrégularité de la représentation. Ratification de l'acte authentique. Les irrégularités affectant la représentation conventionnelle d'une partie à un acte notarié (emprunteurs représentés par une secrétaire au lieu d'un clerc) ne relèvent pas des défauts de forme que l'article 1318 du Code civil sanctionne par la perte du caractère authentique de cet acte ; ces irrégularités, qu'elles tiennent en une nullité du mandat, un dépassement ou une absence de pouvoir, sont sanctionnées par la nullité relative de l'acte accompli pour le compte de la partie représentée, qui seule peut la demander, à moins qu'elle ratifie ce qui a été fait pour elle hors ou sans mandat, dans les conditions de l'article 1998, alinéa 2, du Code civil, cette ratification pouvant être tacite et résulter de l'exécution volontaire d'un contrat par la partie qui y était irrégulièrement représentée (■ Cass. 1re civ., 2 juill. 2014, n° 13-19.626 : à paraître au *Bull. civ.* ; *Contrats, conc. consom.* 2014, comm. 238, Leveneur ; *Defrénois* 2014, 1105, note Dagorne-Labbe ; *JCP* G 2014, doctr. 1195, n° 11, obs. Serinet ; *D.* 2015, 529, n° 2, obs. Amrani-Mekki et Mekki). Dans le même sens, ■ Cass. 1re civ., 15 oct. 2014, n° 13-22.329. ■ Cass. 1re civ., 15 janv. 2015, n° 14-11.460 : *D.* 2015, 529, n° 2, obs. Amrani-Mekki et Mekki).

19) Effet rétroactif. La ratification a un effet rétroactif qui remonte au jour de l'acte ratifié (■ Cass. 3e civ., 20 déc. 1971, n° 70-11.802 : *JurisData* n° 1971-000645 ; *Bull. civ.* III, n° 645, p. 461).

20) Dépassement du mandat. Le fait que le mandataire qui dépasse son mandat déclare agir en son nom personnel ne s'oppose pas à ce que le mandant ratifie ses actes (■ Cass. 1re civ., 28 avr. 1980 : *JurisData* n° 1980-000129 ; *Bull. civ.* I, n° 129, p. 105).

21) Effets de la ratification à l'égard des tiers. Sur le principe que la ratification ne peut préjudicier aux tiers qu'à la condition que l'acte ratifié leur ait été révélé, V. ■ Cass. civ., 4 mars 1891 : *DP* 1891, 1, 313.

Art. 1999. – Le mandant doit rembourser au mandataire les avances et frais que celui-ci a faits pour l'exécution du mandat, et lui payer ses salaires lorsqu'il en a été promis.

S'il n'y a aucune faute imputable au mandataire, le mandant ne peut se dispenser de faire ces remboursements et paiements, lors même que l'affaire n'aurait pas réussi, ni faire réduire le montant des frais et avances sous le prétexte qu'ils pouvaient être moindres.

1) Validité du mandat. Le salaire n'est dû que si le mandat est valable (■ Cass. 1re civ., 8 oct. 1986 : *Bull. civ.* I, n° 234, p. 223).

2) Date du mandat. La date du mandat importe peu puisque la procuration donnée emporte ratification rétroactive des actes du mandataire (■ Cass. 1re civ., 25 mars 1981, n° 79-16.847 : *JurisData* n° 1981-700904 ; *Bull. civ.* I, n° 104, p. 88).

3) Faute du mandataire. Si le mandant ne peut se dispenser de faire au mandataire les remboursements et paiements relatifs à l'exécution du mandat, c'est à la condition qu'il n'y ait aucune faute imputable audit mandataire (■ Cass. com., 19 févr. 1958 : *Bull. civ.* III, n° 83, p. 68. ■ Cass. 1re civ., 8 déc. 1976 : *D.* 1976, inf. rap. 138).

4) Agent immobilier. Commission. L'agent immobilier qui a servi d'intermédiaire a droit à la commission prévue dès lors que la vente est parfaite, même si le vendeur et l'acheteur ont décidé d'un commun accord de se dégager l'un et l'autre de la vente consentie (■ Cass. 1re civ., 16 oct. 1963 : *JCP* 1964, II, 13595), la clause selon laquelle la commission serait versée à la signature de l'acte authentique devant être interprétée comme constituant un terme et non une condition (même arrêt). Le droit à commission de l'agent immobilier naît du jour où la vente est définitivement conclue, c'est-à-dire au jour de la promesse synallagmatique, à moins que les parties n'aient expressément fait de la réitération des consentements par acte authentique un élément essentiel de leur engagement (■ Cass. 1re civ., 9 déc. 2010, n° 09-71.205 : *Bull. civ.* I, n° 253 ; *RDC* 2011/2, 523, obs. M. Mekki ; *Contrats, conc. consom.* 2011, comm. 54, obs. L. Leveneur). V. cependant,

■ Cass. 3e civ., 11 mars 2009, n° 07-20.509 : *Bull. civ.* III, n° 60 ; *JCP* N 2010, 1001, n° 20, obs. Piedelièvre, qui refuse à l'agent immobilier le droit de percevoir sa commission dans une hypothèse où les acquéreurs, qui avaient conclu une promesse de vente sous condition suspensive d'obtention d'un prêt avec les vendeurs, avaient renoncé à leur acquisition avant la réitération par acte authentique. Jugé que la commission n'est pas due si la vente a été subordonnée à une condition suspensive qui ne s'est pas réalisée (■ Cass. 1re civ., 23 déc. 1968 : *D.* 1969, 235). V. aussi, ■ Cass. 1re civ., 27 nov. 2013, n° 12-13.897 : à paraître au *Bull. civ.* ; *Contrats, conc. consom.* 2014, comm. 31, Leveneur ; *JCP* N 2014, 1057, n° 13, obs. Piedelièvre ; *RTD imm.* 2014/1, 41, obs. Mallet-Bricout, qui refuse le paiement de l'indemnité forfaitaire prévue au contrat, égale au montant de la commission, dans une hypothèse où la vente était subordonnée à la condition suspensive d'obtention d'un prêt et dans laquelle le prêt n'a pas été obtenu. La commission n'est pas due non plus si les parties ont convenu que la signature de l'acte authentique concrétiserait la réalisation de la vente et déterminerait le paiement de la commission (■ Cass. 1re civ., 2 mars 1966 : *JurisData* n° 1966-700156 ; *D.* 1966, 396). Il résulte des dispositions d'ordre public de l'article 6-1 de la loi du 2 janvier 1970 qu'aucune commission ni somme d'argent quelconque ne peut être exigée par l'agent immobilier ayant concouru à une opération qui n'a pas été effectivement conclue ; l'agent immobilier ne peut, dès lors, prétendre, sous couvert de l'application d'une clause pénale, au paiement d'une indemnité compensatrice de sa perte de rémunération (■ Cass. 3e civ., 9 juill. 2014, n° 13-19.061 : à paraître au *Bull. civ.* ; *JCP* N 2014, doctr. 1107, n° 11, obs. Mekki ; *D.* 2015, 529, obs. Amrani-Mekki et Mekki ; *Defrénois* 2014, 1019, obs. Lécuyer et Seube). Aucune disposition des articles 6 de la loi n° 70-9 du 2 janvier 1970 et 73 du décret n° 72-678 du 20 juillet 1972 ne fait obstacle à ce qu'un agent immobilier détienne un mandat d'un vendeur et un mandat d'un acquéreur pour une même opération ; il en résulte que le droit à commission existe pour chacun des mandats dès lors que sont satisfaites les exigences prescrites par les articles 6 de la loi et 73 du décret (■ Cass. 1re civ., 9 avr. 2015, n° 14-13.501, à paraître au *Bull. civ.*). En l'état d'une clause prévoyant que les honoraires de l'agent immobilier seraient à la charge de l'acquéreur, *sauf si avant la* réitération de l'acte authentique une partie venait à être défaillante, la commission de l'agent immobilier étant alors à la charge de cette dernière, la commission de l'agent immobilier est due par l'acquéreur dès lors que l'acte authentique de vente avait été signé par les parties, fût-ce en exécution d'un jugement (■ Cass. 1re civ., 12 nov. 2016, n° 17-31.639).

5) Agent immobilier. Responsabilité civile pour perte de la commission. Même s'il n'est pas débiteur de la commission, l'acquéreur dont le comportement fautif a fait perdre celle-ci à l'agent immobilier, par l'entremise duquel il a été mis en rapport avec le vendeur qui l'avait mandaté, doit, sur le fondement de la responsabilité délictuelle, réparation à cet agent immobilier de son préjudice ; la cour d'appel a pu retenir, dans une espèce où les acquéreurs avaient directement acquis le bien auprès des vendeurs, que les manœuvres frauduleuses utilisées par les acquéreurs, consistant en l'emprunt d'une fausse identité, avaient fait perdre à l'agent immobilier la commission qu'il aurait pu exiger du vendeur, en a exactement déduit qu'ils devaient être condamnés à lui payer des dommages-intérêts (■ Cass. ass. plén., 9 mai 2008, n° 07-12.449 : *Bull. civ.*, n° 3 ; *JCP* 2008, II, 10183, note Kenfack ; *Defrénois* 2008, 1986, obs. Savaux ; *D.* 2008, 2328, note Thomat-Raynaud ; *RTD civ.* 2008, 485, obs. Jourdain ; *ibid.*, 498, note Gautier ; *Gaz. Pal.* 23 mai 2008, p. 11, note de Gouttes ; *RDC* 2008, 1151, obs. Carval). *Adde* ■ Cass. 3e civ., 8 juin 2010, n° 09-14.949 : *Bull. civ.* 2010, III, n° 112 ; *RTD civ.* 2010, 581, obs. Gautier ; *ibid.* 552, obs. Fages ; *JCP* N 2010, n° 29, 33, note Barbièri ; *D.* 2011, 62, note Dagorne-Labbe, qui décide que la constatation de manœuvres frauduleuses destinées à éluder la commission d'un agent immobilier n'ouvre pas droit au paiement de la commission contractuellement prévue mais seulement à la réparation de son préjudice par l'allocation de dommages-intérêts. L'agent immobilier, qui ne pouvait prétendre au versement d'une commission que le mandat n'avait pas régulièrement fixée, n'a pas subi de perte de chance d'en recevoir le paiement (■ Cass. 1re civ., 8 mars 2012, n° 11-14.234 : *Bull. civ.* I, n° 47 ; *Gaz. Pal.* 8 avr. 2012, p. 20, obs. D. Houtcieff ; *Gaz. Pal.* 29 avr. 2012, p. 17, obs. M. Mekki). *Adde*, ■ Cass. 1re civ., 29 mai 2013, n° 12-17.172 : à paraître au *Bull. civ.* ; *JCP* N 2013, 1277, n° 5, obs. Mekki ; *LPA* 27 déc. 2013, 7, note Coulon : en concluant la vente au mépris de l'interdiction de négociation directe qui les frappaient encore, pour une durée qui n'avait rien d'abusif, les mandants avaient manqué à leurs obligations contractuelles en privant l'agent immobilier, dont l'intervention avait été déterminante, de la réalisation de l'acquisition dont ils l'avait chargé, justifiant ainsi la décision des juges du fond d'accorder à ce dernier une indemnité compensatrice de la commission dont cette faute l'avait privé. V. aussi, ■ Cass. 1re civ., 6 avr. 2016, n° 15-14.631 : *JCP* G 2016, doctr. 797, n° 9, obs. Virassamy : n'est pas fautif le fait, pour l'acquéreur non lié contractuellement à l'agent immobilier par l'intermédiaire duquel il a visité le bien, d'adresser une nouvelle offre d'achat aux vendeurs par l'intermédiaire d'un autre agent immobilier également mandaté par ces derniers. ■ Cass. 1re civ., 16 nov. 2016, n° 15-22.010 : le refus du mandant de réaliser l'opération aux conditions convenues dans le mandat ne peut lui être imputé à faute pour justifier sa condamnation au paiement de dommages-intérêts, hormis s'il est établi que le mandant a conclu l'opération en privant le mandataire de la rémunération à laquelle il aurait pu légitimement prétendre ; l'agent immobilier ne peut dès lors se prévaloir des dispositions de la clause, qui emportait obligation de conclure la vente sauf à payer la somme contractuellement prévue.

Sur l'interdiction pour les personnes se livrant ou prêtant leur concours à certaines opérations sur les immeubles et les fonds de commerce de percevoir une rémunération avant que l'opération ait été effectivement conclue et constatée dans un seul acte contenant l'engagement des parties, v. L. n° 70-9, 2 janv. 1970, art. 6, p. 2949. – D. n° 72-678, 20 juill. 1972, art. 73, p. 2989.

6) Réduction des honoraires excessifs. Si le mandat, gratuit par nature, peut être rémunéré, le salaire du mandataire peut être réduit s'il est hors de proportion avec les diligences faites et les services rendus et si le mandant n'a pas été parfaitement informé tant de l'importance du service que de la valeur de la rémunération accordée (■ Cass. com., 23 janv. 1962 : *JurisData* n° 1962-098052 ; *Bull. civ.* III, n° 52, p. 42. – V. en ce sens ■ Cass. 1re civ., 7 mai 1969 : *Bull. civ.* I, n° 172, p. 140. Sur ce que l'aléa exclusivement supporté par une des parties (généalogiste) ne fait pas obstacle à la révision éventuelle de la rémunération convenue. V. ■ Cass. 1re civ., 23 nov. 2011, n° 10-16.770 : *Bull. civ.* I, n° 206 ; *RDC* 2012/2, 396, obs. Laithier ; *D.* 2012, 589, note M. Séjean ; *AJF* 2012. 112, obs. A. Bonnet ; *LEDC* févr. 2012, p. 7, obs. M. Latina ; *Gaz. Pal.* 12 janv. 2012, p. 17, obs. D. Houtcieff ; *JCP* 2011, act., 1344, obs. B. Waltz ; *RLDC* 2012, n° 89, p. 16, obs. A. Paulin. Sur la possibilité de réduire le montant des honoraires dus à un généalogiste en vertu d'un contrat de révélation de succession doublé d'un mandat, V. ■ Cass. 1re civ., 5 mai 1998, n° 96-16.500 : *JurisData* n° 1998-001919 ; *JCP* 1998, I, 177, obs. Labarthe ; *Bull. civ.* I, n° 168, p. 112). À défaut de convention entre les parties, il appartient aux juges du fond d'apprécier, eu égard aux circonstances de la cause et à l'importance des services rendus, le montant de la rémunération à laquelle peut prétendre un conseil juridique (■ Cass. 1re civ., 19 juin 1990, n° 88-20.266 : *JurisData* n° 1990-001994 ; *Bull. civ.* I, n° 170, p. 120). Mais les juges du fond ne peuvent réduire le montant de la commission que le mandant a reconnu devoir au mandataire après la fin du mandat (■ Cass. 1re civ., 19 janv. 1970, n° 68-13.859 : *Bull. civ.* I, n° 23, p. 19. – V. aussi ■ Cass. 1re civ., 14 janv. 1976 : *JurisData* n° 1976-000010 ; *JCP* 1976, II, 18388). L'article 10 de la loi du 31 décembre 1971 ne peut faire obstacle au pouvoir des tribunaux de réduire les honoraires initialement convenus entre l'avocat et son client lorsque ceux-ci apparaissent exagérés au regard du service rendu (■ Cass. 1re civ., 3 mars 1998, n° 96-11.138 : *JurisData* n° 1998-000948 ; *JCP* 1998, II, 10115, note Sainte-Rose ; *Bull. civ.* I, n° 85, p. 57 ; *RTD civ.* 1998, 404, obs. Gautier. ■ Cass. 1re civ., 7 juill. 1998, n° 96-10.387 : *JurisData* n° 1998-003149 ; *JCP* 1998, IV, 3008 ; *Contrats, conc. consom.* 1998, 159, note Leveneur). Il appartient au mandant de démontrer en quoi la rémunération convenue, acceptée par lui, serait abusive et procurerait un avantage excessif au mandataire (■ Cass. 1re civ., 24 sept. 2002, n° 00-12.146 : *JurisData* n° 2002-015814 ; *Contrats, conc. consom.* 2003, 3, note Leveneur). Pour une illustration du contrôle du juge sur le salaire dû au mandataire, V. ■ Cass. 1re civ., 17 déc. 2009, n° 08-17.357 : *JurisData* n° 2009-050774 (association mandataire ayant défendu les intérêts de sa mandante en étudiant un dossier de 1 500 pages – salaire justifié).

7) Réduction des honoraires excessifs payés après service rendu. Si les juges du fond apprécient souverainement d'après les conventions des parties et les circonstances de la cause le montant de l'honoraire dû à l'avocat, il ne leur appartient pas de le réduire dès lors que le principe et le montant de l'honoraire ont été acceptés par le client après service rendu, que celui-ci ait été ou non précédé d'une convention (■ Cass. 2e civ., 5 juin 2003, n° 01-15.411). Dans le même sens, ■ Cass. 2e civ., 6 mars 2014, n° 13-14.922). Le paiement après service rendu, dont la remise en cause est interdite, n'est pas subordonné à la fin de la mission de l'avocat et peut s'entendre des diligences facturées au fur et à mesure de leur accomplissement (■ Cass. 2e civ., 8 févr. 2018, n° 16-22.217 : *JCP* G 2018, act. 239, Caseau-Roche).

V. cependant, concernant les honoraires dus à un avocat, ■ Cass. com., 6 juill. 2017, n° 16-19.354 : *RDC* 2018/1, 23, Stoffel-Munck ; *D.* 2017, 2410, Pellier ; *D.* 2018, 87, Wickers ; *Gaz. Pal.* 5 sept. 2017, 20, Boyer : le fait que l'honoraire ait été payé par le client après service rendu ne lui interdit pas d'agir en réduction de son montant s'il l'estime rétrospectivement excessif, dès lors que la facture émise par l'avocat était formellement irrégulière faute d'avoir détaillé les diligences accomplies, quand bien même le client aurait été par ailleurs informé de la consistance de celles-ci.

8) Avocat. Évaluation judiciaire de l'honoraire de résultat. Méconnaît l'étendue de ses pouvoirs le premier président qui refuse d'évaluer le montant de l'honoraire de résultat selon le mode de calcul convenu entre les parties, alors qu'il résultait de ses propres constatations que cet honoraire était fondé en son principe (▪ Cass. 2e civ., 8 févr. 2018, nos 16-28.632 et 16-28.633 : *JCP* G 2018, act. 239, Caseau-Roche).

9) Droit de rétention. Le mandataire a un droit de rétention sur les objets qui lui ont été confiés pour l'exécution de son mandat (▪ Cass. civ., 17 janv. 1866 : *DP* 1866, 1, 76. – V. en ce sens ▪ Angers, 10 juill. 1934 : *DH* 1934, 531. ▪ Colmar, 30 janv. 1973 : *D.* 1973, somm. 99).

10) Privilège (non). Le mandataire n'est investi par la loi en cette seule qualité d'aucun privilège pour le recouvrement des avances faites par lui, sauf s'il peut se prévaloir du privilège du conservateur prévu par l'article 2102, 3° du Code civil (▪ Cass. civ., 21 janv. 1908 : *DP* 1910, 1, 161).

11) Commissaire-priseur. Le commissaire-priseur a droit au remboursement de ses frais et avances même si l'opération a été annulée à la demande de l'acquéreur en raison d'une inexactitude du catalogue (▪ Cass. 1re civ., 23 mars 1982, n° 81-10.447 : *Bull. civ.* I, n° 119, p. 103. V. aussi ▪ Cass. com., 20 févr. 1990, n° 88-10.695 : *JurisData* n° 1990-000375 ; *JCP* 90, IV, 153 ; *Bull. civ.* IV, n° 50, p. 34).

12) Responsabilité d'un tiers à l'égard du mandataire. V. ▪ Cass. ass. plén., 9 mai 2008, préc., qui admet la responsabilité délictuelle des acquéreurs fautifs à l'égard de l'agent immobilier auquel ils avaient fait perdre la commission prévue dans le contrat conclu avec les vendeurs, en concluant directement avec ces derniers.

Art. 2000. – **Le mandant doit aussi indemniser le mandataire des pertes que celui-ci a essuyées à l'occasion de sa gestion, sans imprudence qui lui soit imputable.**

1) Redressements fiscaux. Pour une application en cas de redressements fiscaux mis en recouvrement contre le mandataire, V. ▪ Cass. 1re civ., 28 juin 1989, n° 87-12.830 : *JCP* 89, IV, 329 ; *Bull. civ.* I, n° 260, p. 173 ; *Defrénois* 1990, 501, obs. Vermelle.

2) Incarcération du mandataire. V. aussi pour un mandataire chargé sous le IIIe Reich de récupérer les biens d'un israélite et lui-même incarcéré, ▪ Colmar, 16 févr. 1937 : *Gaz. Pal.* 1937, 1, 862.

3) Clauses dérogatoires. L'article 2000 n'est pas d'ordre public (▪ Cass. req., 9 févr. 1938 : *DH* 1938, 213. ▪ Cass. com., 4 déc. 1990, n° 88-18.781 : *JurisData* n° 1990-003176 ; *Bull. civ.* IV, n° 311, p. 216 ; *D.* 1991, 328, note Testu). Les parties peuvent par exemple prévoir un forfait de 25 % pour le recouvrement des créances excluant tout autre versement par le mandant (▪ Cass. req., 9 févr. 1938, préc.). Mais la qualification de « forfaitaire » donnée à la rémunération due au mandataire n'est pas suffisante pour rendre certaine la renonciation de ce dernier au bénéfice de l'article 2000 dès lors que les pertes de gestion ne sont pas comprises dans l'énumération du contrat qui ne vise que les frais (▪ Cass. com., 17 déc. 1991, n° 89-21.356 : *JurisData* n° 1991-003197 ; *JCP* G 92, IV, 631 et *JCP* E, II, 372, 1re esp., note Gross ; *Bull. civ.* IV, n° 393, p. 272. V. en ce sens ▪ Cass. com., 28 janv. 1992, n° 90-17.339 : *JurisData* n° 1992-000093 ; *JCP* E 92, *II, 372, 3e esp., note Gross.* Pour une clause de renonciation trop « hermétique » pour avoir été acceptée en connaissance de cause, V. ▪ Cass. com., 5 févr. 2002, n° 98-17.529 : *JurisData* n° 2002-013054 ; *Contrats, conc. consom.* 2002, 88, note Leveneur).

4) Pertes essuyées à l'occasion de la gestion. L'article 2000 concerne sans distinction toutes les pertes essuyées par le mandataire à l'occasion de la gestion du mandat, et pas seulement les pertes « exceptionnelles » (▪ Cass. com., 28 janv. 1992, n° 89-21.512 : *JurisData* n° 1992-000694 ; *JCP* E 92, II, 372, 4e esp., note Gross). Il appartient au mandataire de démontrer à partir d'éléments comptables probants que le déficit de caisse trouve son origine dans un déficit d'exploitation engendré par des pertes dont le mandant doit l'indemniser (▪ Cass. 1re civ., 4 déc. 2001 : *JCP* 2002, IV, 1095 ; *Bull. civ.* I, n° 302, p. 192 ; *JurisData* n° 2001-011978).

5) Imprudence du mandataire. Si l'imprudence du mandataire est exclusive de l'application de l'article 2000, cette imprudence ne peut pas être déduite de la seule existence des pertes (▪ Cass. com., 28 janv. 1992 : *JCP* E 92, II, 372, 3e esp., note Gross).

6) Compensation avec les sommes dues au mandant. Le distributeur de carburants peut, pour obtenir le remboursement des pertes subies à l'occasion de sa gestion, opposer la compensation avec les recettes provenant de la vente et non encore reversées au mandant (▪ Cass. com., 1er juin 1993, n° 90-20.745 : *JurisData* n° 1993-001250 ; *JCP* E 94, II, 537, note Virassamy).

7) Forfait couvrant les pertes. Les pertes de gestion dont les parties peuvent décider qu'elles seront couvertes par un forfait sont exclusives de celles qui ont pour origine un fait imputable au mandant (▪ Cass. com., 26 oct. 1999, n° 96-20.063 : *JurisData* n° 1999-003667 ; *JCP* 99, IV, 3062 ; *Contrats, conc. consom.* 2000, 41, note Leveneur ; *Bull. civ.* IV, n° 195, p. 165 ; *RTD civ.* 2000, 137, obs. Gautier).

Art. 2001. – L'intérêt des avances faites par le mandataire lui est dû par le mandant, à dater du jour des avances constatées.

1) Liquidation par le juge. La circonstance que les frais et débours du mandataire salarié ont été liquidés par les juges ne fait pas obstacle à l'application de l'article 2001 (■ Cass. 1re civ., 13 mai 1981, n° 79-17.096 : *JurisData* n° 1981-701378 ; *JCP* 81, IV, 267 ; *Bull. civ.* I, n° 164, p. 133).

2) Salaire et avances. Le salaire du mandataire ne constitue pas des avances au sens de l'article 2001 et ne produit d'intérêts que du jour de la demande formée par lui (■ Cass. civ., 21 nov. 1893 : *DP* 1894, 1, 269).

Art. 2002. – Lorsque le mandataire a été constitué par plusieurs personnes, pour une affaire commune, chacune d'elles est tenue solidairement envers lui de tous les effets du mandat.

1) Frais et honoraires des notaires. Les notaires ont une action solidaire pour le paiement de leurs frais et honoraires contre toutes les parties qui ont eu recours à leur ministère (■ Cass. civ., 30 janv. 1889 : *DP* 1889, 1, 400).

2) Condamnation *in solidum* d'une société et de son gérant de fait. Est légalement justifié l'arrêt qui condamne *in solidum* une société et songérant de fait en paiement du coût de travaux commandés par le mandataire de celui-ci dès lors que la cour d'appel a retenu une ratification tacite par la société des initiatives dudit gérant et qu'il s'en déduit que l'un et l'autre étaient, en vertu de l'article 2002, solidairement tenus de la dette (■ Cass. 3e civ., 1er juill. 1971, n° 67-14.109 : *JurisData* n° 1971-000436 ; *Bull. civ.* III, n° 436, p. 311).

CHAPITRE IV. – DES DIFFÉRENTES MANIÈRES DONT LE MANDAT FINIT

Art. 2003 *(Mod., L. n° 2009-526, 12 mai 2009)*. **– Le mandat finit :**

Par la révocation du mandataire ;

Par la renonciation de celui-ci au mandat ;

Par la mort, la tutelle des majeurs ou la déconfiture, soit du mandant, soit du mandataire.

1) Décès du mandant. Le contrat conclu par un mandataire dépourvu de pouvoir à la suite du décès du mandant est nul de nullité absolue (■ Cass. 1re civ., 9 juin 1976, n° 73-10.157 : *JCP* 76, IV, 257 ; *Bull. civ.* I, n° 213, p. 173). Mais le congé donné par le mandataire dans la limite de son mandat est valable s'il n'est pas établi qu'il a eu connaissance du décès du bailleur survenu 5 semaines auparavant (■ Cass. 3e civ., 19 juill. 1995 : *JurisData* n° 1976-700213 ; *JCP* 95, IV, 2274 ; *Bull.* III, n° 190, p. 129). L'article 2003 n'est que supplétif de la volonté des parties et cesse de s'appliquer lorsque telle est la volonté du mandant (■ Cass. req., 22 mai 1860 : *DP* 1860, 1, 448), cette volonté pouvant s'induire notamment de l'objet du mandat et du but pour lequel il a été donné (■ Paris, 12 déc. 1967 : *D.* 1968, 269. – V. sur pourvoi ■ Cass. 2e civ., 4 juin 1969 : *Bull. civ. II*, n° 185, p. 134). Toutefois, le mandat *post mortem* ne peut transgresser les règles d'ordre public édictées en matière successorale (■ Cass. 1re civ., 28 juin 1988, n° 86-13.639 : *JurisData* n° 1988-701992 ; *Bull. civ.* I, n° 209, p. 147 ; *JCP* 89, II, 21366, note Martin ; *D.* 1989,181, note Najjar ; *RTD civ.* 1989, 116, obs. Patarin). Le mandat donné par le représentant d'une société ne prend pas fin au décès de celui-ci (■ Cass. 2e civ., 7 déc. 1994, n° 92-20.354 : *JurisData* n° 1994-002342 ; *JCP* 95, II, 22517, note du Rusquec).

2) Faillite du mandant. Si la faillite du mandant met fin au mandat par lui donné uniquement dans son intérêt, cet événement reste sans influence sur le mandat conféré dans l'intérêt du mandant et de tiers pour une affaire commune à toutes les parties (■ Cass. civ., 31 juill. 1912 : *DP* 1913, 1, 81).

3) Aliénation mentale du mandant. L'aliénation mentale du mandant ne met pas fin, à elle seule, au mandat en l'absence d'interdiction (■ Cass. 1re civ., 22 oct. 1963 : *JCP* 63, IV, 162 ; *Bull. civ.* I, n° 448, p. 382).

4) Mandataire désigné par autorité de justice. Le mandataire désigné par autorité de justice ne peut mettre fin lui-même à ses fonctions sans y avoir été expressément autorisé par une décision de l'autorité qui l'a désigné (■ Cass. 1re civ., 10 juin 1986, n° 85-10.345 : *JurisData* n° 1986-701216 ; *Bull. civ.* I, n° 161, p. 162).

Art. 2004. – Le mandant peut révoquer sa procuration quand bon lui semble, et contraindre, s'il y a lieu, le mandataire à lui remettre, soit l'écrit sous seing privé qui la contient, soit l'original de la procuration, si elle a été délivrée en brevet, soit l'expédition, s'il en a été gardé minute.

I – RÈGLES GÉNÉRALES

1) Libre révocabilité. Le mandat est librement révocable même si sa durée est déterminée (■ Cass. 3e civ., 27 avr. 1988, n° 86-11.718 : *JurisData* n° 1988-700867 ; *D.* 1989, 351, note Atias, syndic de copropriété). Mais jugé que lorsque les parties ont entendu se lier par un mandat qui comporte un terme précis, elles ne peuvent, sans faute, en abréger unilatéralement et arbitrairement la durée, peu important à cet égard l'incertitude dudit terme. Tel est le cas spécialement d'un mandat salarié de mener à bonne fin la commercialisation d'appartements qui stipule qu'il doit cesser à la fin du mois suivant la dernière vente (■ Cass. soc., 22 juin 1977, n° 76-10.491 : *JurisData* n° 1977-098418 ; *Bull. civ.* V, n° 418, p. 329).

2) Stipulation d'irrévocabilité. Le pouvoir stipulé irrévocable donné par une partie à une autre de céder différents biens ne la prive pas du droit de disposer personnellement de ceux-ci en qualité de propriétaire (■ Cass. 1re civ., 16 juin 1970, n° 68-11.949 : *D.* 1971, 261, note Aubert). Le mandat, même stipulé irrévocable, de rechercher un acquéreur en vue de la vente d'un bien ne prive pas le mandant du droit de renoncer à l'opération ; la révocation produit alors tous ses effets, sous réserve de la responsabilité du mandant envers le mandataire (■ Cass. 1re civ., 5 févr. 2002 : *JCP* 2003, II, 10029, note D. Martin ; *D.* 2002, 2640, note Dagorne-Labbe, somm. 2838, obs. Aynès ; *JurisData* n° 2002-012945 ; *Bull. civ.* I, n° 40, p. 32). ■ Cass. 1re civ., 30 mai 2006 : *Bull. civ.* I, n° 269 ; *JurisData* n° 2006-033704 ; *Contrats, conc. consom.* 2006, 184, note Leveneur, qui en déduit que la clause pénale stipulée au contrat, pour le cas où le mandant refuserait de passer la vente, ne peut recevoir application). V. I. Najjar, *Mandat et irrévocabilité* : *D.* 2003, 708.

3) Mandat donné par des indivisaires. Le mandat donné d'un commun accord par plusieurs indivisaires ne peut être révoqué par l'un d'eux sans l'accord des autres (■ Cass. 1re civ., 17 juill. 1973 : *Bull. civ.* I, n° 247, p. 217).

4) Révocation partielle. Les restrictions apportées par le mandant aux pouvoirs qu'il avait précédemment accordés à son mandataire constituent une révocation partielle qui peut selon l'article 2004 intervenir au gré du mandant (■ Cass. 1re civ., 8 janv. 1969 : *Bull. civ.* I, n° 7, p. 4). Sauf stipulation d'irrévocabilité, la révocation partielle du mandat est, comme sa révocation totale, laissée à la discrétion du mandant, le mandataire pouvant renoncer au contrat ainsi modifié. Le mandant peut, par conséquent, révoquer la seule clause d'exclusivité insérée dans le mandat (■ Cass. 1re civ., 25 févr. 2010, n° 08-22.066 : *JurisData* n° 2010-000797 ; *Bull. civ.* 2010, I, n° 44 ; *Contrats, conc. consom.* 2010, comm. 117, obs. Leveneur ; *JCP* N 2010, 1182, note Leveneur ; *ibid.*, chron. 1320, n° 13, obs. S. Piedelièvre ; *Defrénois* 2010, 1708, obs. J.-B. Seube ; *RTD civ.* 2010, 345, obs. P.-Y. Gautier).

5) Clauses contraires. Si le mandant peut révoquer le mandat gratuit de même que le mandat salarié quand bon lui semble, il peut renoncer à ce droit ou en soumettre l'exercice à des conditions déterminées (■ Cass. req., 9 juill. 1885 : *DP* 1886, 1, 310). Les dispositions de l'article 2004 ayant un caractère supplétif, l'indemnité contractuelle de résiliation d'un mandat qui aménage les conditions de rupture du contrat ne représente que le prix de la faculté de résiliation unilatérale, en dehors de toute notion d'inexécution, et n'a donc pas le caractère d'une clause pénale (■ Cass. 1re civ., 6 mars 2001, n° 98-20.431 : *JurisData* n° 2001-008560 ; *JCP* 2002, II, 10067, note Dagorne-Labbe ; *Bull. civ.* I, n° 51, p. 33 ; *RTD civ.* 2001, 589, obs. Mestre et Fages ; *D.* 2001, somm. 3243, obs. Delebecque).

6) Mandat condition d'une donation. Jugé que s'agissant d'une donation d'une créance donnant mandat au donataire de recouvrer celle-ci, la procuration incluse dans l'acte est une condition de la donation, dès lors qu'elle permet au donataire de faire tous actes et introduire toutes actions en vue d'entrer en possession des biens qui constituaient l'objet même de la donation, et qu'elle participe donc à son caractère irrévocable (■ Cass. 1re civ., 17 juin 1959 : *Bull. civ.* I, n° 302, p. 251).

7) Révocation vexatoire. Un avocat n'est pas fondé à soutenir que la révocation de son mandat a un caractère vexatoire dès lors que cette révocation a été précédée d'un entretien avec lui, qu'il n'a pas été dessaisi des procédures en cours, et que la décision de l'évincer, en raison de son âge qui le rend moins disponible, n'implique aucun reproche à son égard (■ Cass. 1re civ., 2 mai 1984, n° 83-12.056 : *JurisData* n° 1984-700867 ; *Bull. civ.* I, n° 143, p. 121).

8) Date d'opposabilité de la révocation. La révocation du mandat n'est opposable au mandataire qu'au jour où celui-ci a eu connaissance de la volonté du mandant et non au jour où cette volonté s'est exprimée (■ Cass. 3e civ., 28 févr. 1984, n° 82-15.062 : *JurisData* n° 1984-700311 ; *Bull. civ.* III, n° 52, p. 39).

II – MANDAT D'INTÉRÊT COMMUN

9) Principe. La règle édictée par l'article 2004 selon laquelle le mandant peut révoquer sa procuration quand bon lui semble n'est pas applicable en cas de mandat donné dans l'intérêt commun du mandant et du mandataire, un tel mandat ne pouvant être révoqué que du consentement mutuel des parties ou pour une cause légitime reconnue en justice ou suivant les clauses et conditions spéciales du contrat (■ Cass. com., 10 nov. 1959 : *JCP* 60, II, 11509, note M. P., 2e esp. – V. en ce sens ■ Cass. req., 6 janv. 1873 : *DP* 1873, 1, 116. ■ Cass. com., 10 févr. 1975, n° 73-14.324 : *JurisData* n° 1975-097039 ; *JCP* 75, IV, 113 ; *Bull. civ.* IV, n° 39, p. 31. ■ Cass. com., 3 juin 1997, n° 95-12.402 : *JurisData* n° 1997-002084 ; *Bull. civ.* IV, n° 172, p. 153. ■ Cass. com., 18 janv. 2000, n° 97-21.368 : *JurisData* n° 2000-000273 ; *Contrats, conc. consom.* 2000, 75, note Leveneur). Mais l'absence de cause légitime ne prive pas d'effet la révocation du mandat d'intérêt commun (■ Cass. 1re civ., 2 oct. 2001 : *JCP* G 2001, II, 10094, note Dagorne-Labbe ; *JCP* E 2002, 593, note Treppoz ; *Contrats, conc. consom.* 2002, 3, note Leveneur ; *Bull. civ.* I, n° 239, p. 151 ; *RTD civ.* 2002, 118, obs. Gautier ; *JurisData* n° 2001-011123 ; *Defrénois* 2002, 321, note Rabreau). Sur le principe que le mandat d'intérêt commun peut être révoqué suivant les clauses et conditions spécifiées au contrat, V. à propos d'un contrat de concession ensuite nové en mandat d'intérêt commun, ■ Cass. com., 3 juill. 2001, n° 98-16.691 : *JurisData* n° 2001-010514 ; *JCP* 2001, IV, 2638 ; *Bull. civ.* IV, n° 131, p. 123 ; *D.* 2001, somm. 3245, obs. Delebecque.

A – Notion de mandat d'intérêt commun

10) Mandat donné par des copropriétaires à l'un d'eux. Un mandat donné pour cinq ans par une commission de copropriétaires à l'un d'eux ne peut être révoqué par la majorité des mandants avant l'expiration du délai prévu, dès lors que le gérant, étant l'un des copropriétaires, a un intérêt pécuniaire à l'exécution de son mandat (■ Cass. civ., 13 mai 1885 : *DP* 1885, I, 350).

11) Intérêt commun. Le mandat doit être considéré comme étant d'intérêt commun lorsque la réalisation de son objet présente pour le mandant comme pour le mandataire l'intérêt d'un essor de l'entreprise par création et développement de la clientèle (■ Cass. com., 20 janv. 1971, n° 69-14.744 : *JurisData* n° 1971-098020 ; *Bull. civ.* IV, n° 20, p. 19. V. aussi ■ Cass. com., 17 mai 1989, n° 87-17.420 : *JurisData* n° 1989-001471 ; *JCP* 89, IV, 267 ; *Bull. civ.* IV, n° 157, p. 105, correspondant d'une société de presse chargé de prospecter des annonceurs publicitaires. ■ Cass. 1re civ., 2 déc. 1997, n° 95-15.015 : *JurisData* n° 1997-004827 ; *Bull. civ.* I, n° 342, p. 233, mandataire-courtier chargé de diffuser des jeux de la Française des jeux auprès de détaillants). Le contrat de dépositaire de presse conclu en vue de la distribution d'un journal dans un secteur déterminé constitue un mandat d'intérêt commun, dès lors que la société et le dépositaire disposaient d'une clientèle commune que le dépositaire était chargé de fidéliser et de développer, ce dernier ayant intérêt à l'essor de l'entreprise par création et développement de la clientèle (■ Cass. com., 20 févr. 2007, n° 05-18.444 ; *JurisData* n° 2007-037690 ; *Bull. civ.* IV, n° 157 ; *JCP* E 2007, n° 30, p. 23, note Leveneur ; *Contrats, conc. consom.* 2007, comm. 145, obs. Leveneur ; *ibid.*, n° 5, p. 19, obs. Malaurie-Vignal ; *JCP* E 2008, n° 20, p. 26, note Respaud ; *ibid.*, n° 15, p. 19, note Grignon).

12) Moins-value du fonds résultant de la résiliation. Le fait que le fonds de commerce d'un diffuseur de presse agissant en qualité de mandataire ait subi une moins-value du fait de la résiliation du contrat établit que le diffuseur avait un intérêt à la diffusion des journaux, c'est-à-dire à l'exécution même de l'objet du contrat, d'où il s'ensuit que le contrat constituait un mandat d'intérêt commun par nature irrévocable, indépendamment des usages professionnels (■ Cass. com., 2 mars 1993, n° 90-18.403 : *JurisData* n° 1993-000480 ; *JCP* 93, II, 22176, note Béhar-Touchais ; *D.* 1994, 48, note Aubert-Monpeyssen. V. aussi ■ Cass. com., 29 févr. 2000, n° 97-15.935 : *JurisData* n° 2000-000750 ; *JCP* E 2000, 1287, note Cadou ; *JCP* E 2001, 323, obs. Grignon ; *Bull. civ.* IV, n° 44, p. 37 ; *Contrats, conc. consom.* 2000, 93, note Leveneur). V. J. Ghestin : *D.* 1994, chron. 73.

13) Pas de mandat d'intérêt commun sans pouvoir de représentation. L'intermédiaire (distributeur d'abonnements téléphoniques), qui n'est investi d'aucun pouvoir de représentation et n'a donc pas la qualité de mandataire, ne peut revendiquer l'existence d'un mandat d'intérêt commun (■ Cass. com., 21 juin 2011, n° 10-18.577 : *RDC* 2012/1, 139, obs. C. Grimaldi ; *Contrats, conc. consom.* 2011, comm. 190, obs. N. Mathey ; *D.* 2012, 577, obs. D. Ferrier).

14) Mandat salarié. La stipulation d'un salaire ne suffit pas à faire considérer le mandat comme donné dans l'intérêt du mandataire (■ Cass. 1re civ., 13 juin 1966 : *JurisData* n° 1966-000359 ; *Bull. civ.* I, n° 359, p. 276).

15) Agent immobilier. Le mandat donné à un agent immobilier n'est pas un mandat d'intérêt commun (■ Cass. 1re civ., 14 mars 1984 ; *Bull. civ.* I, n° 92, p. 76).

16) Contrat entre un praticien et une clinique. N'est pas un mandat d'intérêt commun le contrat d'exercice de la chimiothérapie conclu entre un praticien et une clinique (■ Cass. 1re civ., 25 juin 1996, n° 94-16.330 : *JCP* 96, IV, 1942 ; *Bull. civ.* I, n° 269, p. 189).

17) Concession exclusive. Le contrat de concession exclusive ne constitue pas un mandat d'intérêt commun (■ Cass. com., 7 oct. 1997, n° 95-14.158 : *JurisData* n° 1997-003832 ; *JCP* 98, II, 10085, note Chazal ; *D.* 1998, 413, 1re esp., note Jamin ; *RTD civ.* 1998, 130, obs. Gautier). Comp. ■ Cass.

com., 9 oct. 2007, n° 06-14.880 : *JCP* G 2007, II, 10211, obs. N. Dissaux ; *Contrats, conc. consom.* 2007, n° 298, obs. Malaurie-Vignal ; *D.* 2008, 388, note Ferrier ; *Comm. com. électr.* 2008, n° 42, note Stoffel-Munck ; *RTD civ.* 2008, 119, obs. Gautier, qui accorde une indemnité en fin de contrat au franchisé sur le fondement de l'article 1371 du Code civil.

18) Agent sportif. Sur la qualification de mandat d'intérêt commun du contrat d'agent sportif, V. ▪ Toulouse, 1er déc. 2009 : *JCP* 2010, n° 13, 348, note Rizzo.

19) Promotion immobilière. Sur le mandat d'intérêt commun résultant du contrat de promotion immobilière, voir art. 1831-1, p. 1518.

B – Révocation du mandat d'intérêt commun

20) Non-renouvellement d'un mandat à durée déterminée. L'exception à la règle de libre révocabilité vaut pour la révocation du mandat d'intérêt commun et non pour le non-renouvellement d'un mandat à durée déterminée (▪ Cass. com., 5 déc. 1989, n° 88-12.431 : *JurisData* n° 1989-703922 ; *Bull. civ.* IV, n° 304, p. 205).

21) Faute du mandataire. La révocation du mandat d'intérêt commun reste possible en cas de faute du mandataire (▪ Cass. 1re civ., 17 mars 1987, n° 85-11.570 : *JurisData* n° 1987-000571 ; *Bull. civ.* I, n° 94, p. 71, « production » insuffisante d'un agent d'assurances).

22) Circonstances nouvelles. La révocation du mandat d'intérêt commun reste possible en cas de circonstances nouvelles telles que la réorganisation de l'entreprise (▪ Cass. com., 11 juill. 1963, n° 85-11.570 : *JurisData* n° 1987-000571 ; *Bull. civ.* III, n° 376, p. 316), à condition qu'elle n'ait pas pour but d'éviter le paiement de la commission du mandataire (▪ Cass. 1re civ., 21 juin 1988, n° 86-15.356 : *JurisData* n° 1988-001348 ; *Bull. civ.* I, n° 199, p. 138), ou encore la cessation de la fabrication du produit à distribuer (▪ Cass. com., 20 juin 1967 : *Bull. civ.* III, n° 267, p. 257), ou le fait que les deux parties se trouvent en situation de concurrence, que ce soit à l'initiative du mandataire (▪ Paris, 9 févr. 1978 : *Gaz. Pal.* 1978, 2, somm. 469), ou à celle du mandant (▪ Cass. com., 25 mars 1974 : *Bull. civ.* IV, n° 103, p. 83).

23) Renonciation à l'indemnité de résiliation. Est licite la clause prévoyant une faculté de résiliation réciproque sans indemnité du mandat d'intérêt commun (▪ Cass. com., 11 déc. 1973, n° 72-12.948 : *JurisData* n° 1973-098358 ; *JCP* 74, IV, 34 ; *Bull. civ.* IV, n° 358, p. 319. ▪ Cass. com., 10 oct. 1984, n° 83-13.636 : *JurisData* n° 1984-701631 ; *Bull. civ.* IV, n° 260, p. 213). Mais le fait que le mandant ait respecté la clause prévoyant la notification de la résiliation par lettre recommandée avec préavis de trois mois ne dispense pas le juge de rechercher l'existence d'une cause légitime ou d'une renonciation contractuelle à l'indemnité (▪ Cass. com., 6 juill. 1993, n° 91-15.469 : *JurisData* n° 1993-001498 ; *D.* 1993, inf. rap. 184). Les juges du fond doivent caractériser la renonciation du mandataire et ne peuvent se borner à relever que le contrat ne prévoit pas d'indemnité de résiliation (▪ Cass. com., 3 juin 1997, n° 95-11.480 : *JurisData* n° 1997-002486 ; *Bull. civ.* IV, n° 171, p. 152 ; *Defrénois* 1997, 1078, obs. Bénabent).

24) Révocation selon la convention. Preuve d'un préjudice (non). La révocation du mandat d'intérêt commun, effectuée selon les formes prévues par la convention, n'est pas subordonnée à la preuve d'un préjudice causé au mandant (▪ Cass. 1re civ., 7 juin 1989, n° 87-15.973 : *JurisData* n° 1989-701839 ; *JCP* 89, IV, 293 ; *Bull. civ.* I, n° 229, p. 153).

25) Agents commerciaux. L'exclusion de l'application du décret du 23 déc. 1958 relatif aux agents commerciaux n'écarte pas la possibilité de se prévaloir des effets différents attachés par le droit commun au mandat conclu dans l'intérêt commun du mandant et du mandataire (▪ Cass. com., 8 oct. 1969 : *JurisData* n° 1969-097283 ; *D.* 1970, 143, 2e esp.).

26) Obligation de non-concurrence. Ayant reconnu l'existence d'un mandat d'intérêt commun et l'existence d'une faute du mandataire, qui a conservé le fichier de la clientèle, les juges du fond peuvent mettre à sa charge une obligation de non-concurrence limitée dans le temps et dans l'espace (▪ Cass. com., 25 juin 1991, n° 89-20.506 : *JurisData* n° 1991-001769 ; *JCP* 91, IV, 343 ; *Bull. civ.* IV, n° 236, p. 165).

Art. 2005. – **La révocation notifiée au seul mandataire ne peut être opposée aux tiers qui ont traité dans l'ignorance de cette révocation, sauf au mandant son recours contre le mandataire.**

1) V. pour une application, ▪ Cass. 3e civ., 10 janv. 1984, n° 81-13.957 : *JurisData* n° 1984-700024 ; *Bull. civ.* III, n° 7, p. 5.

2) Preuve de la connaissance de la révocation. Il appartient au mandant d'établir que le tiers qui a traité avec son mandataire était informé de la révocation du mandat (▪ Cass. com., 17 juin 1997, n° 95-14.535 : *JurisData* n° 1997-002868 ; *Bull. civ.* IV, n° 194, p. 169).

Art. 2006. – **La constitution d'un nouveau mandataire pour la même affaire vaut révocation du premier, à compter du jour où elle a été notifiée à celui-ci.**

Art. 2007. – **Le mandataire peut renoncer au mandat, en notifiant au mandant sa renonciation.**

Néanmoins, si cette renonciation préjudicie au mandant, il devra en être indemnisé par le mandataire, à moins que celui-ci ne se trouve dans l'impossibilité de continuer le mandat sans en éprouver lui-même un préjudice considérable.

1) Justification de la renonciation. Le mandataire ne peut renoncer au mandat que sous la double condition de notifier sa renonciation au mandant et de montrer qu'il lui eût été impossible de continuer le mandat sans en éprouver lui-même un préjudice considérable (▪ Cass. req., 7 juill. 1870 : *DP* 1871, 1, 168).

2) Mandat gratuit. Jugé que le mandataire peut renoncer à assurer l'exécution d'un mandat gratuit sans avoir à notifier sa renonciation au mandant (▪ Cass. civ., 31 oct. 1923 : *Gaz. Pal.* 1923, 2, 760).

3) Agents commerciaux. Les règles spéciales applicables aux agents commerciaux ne dérogent pas aux dispositions de l'article 2007. Dès lors qu'ils relèvent que la cessation brutale des fonctions de l'agent commercial a entraîné un préjudice pour le mandant, les juges du fond ont pu condamner le mandataire, par ailleurs privé de l'indemnité compensatrice, à des dommages- intérêts (▪ Cass. com., 14 mars 1995, n° 93-12.144 : *JurisData* n° 1995-000568 ; *JCP* 95, IV, 1157 ; *Bull. civ.* IV, n° 74, p. 69 ; *RTD civ.* 1996, 195, obs. Gautier).

Art. 2008. – **Si le mandataire ignore la mort du mandant ou l'une des autres causes qui font cesser le mandat, ce qu'il a fait dans cette ignorance est valide.**

V. pour une **application** ▪ Paris, 22 déc. 1956 : *D.* 1956, 295.

Art. 2009. – **Dans les cas ci-dessus, les engagements du mandataire sont exécutés à l'égard des tiers qui sont de bonne foi.**

Art. 2010. – **En cas de mort du mandataire, ses héritiers doivent en donner avis au mandant, et pourvoir, en attendant, à ce que les circonstances exigent pour l'intérêt de celui-ci.**

TITRE XIV ANCIEN. – DU CAUTIONNEMENT

(Abr., Ord. n° 2006-346, 23 mars 2006)

Art. 2011 ancien à 2043 ancien *(Dénum., Ord. n° 2006-346, 23 mars 2006)*. – **V. C. civ., art. 2288 à 2320.**

TITRE XIV. – DE LA FIDUCIE

(L. n° 2007-211, 19 févr. 2007)

Bibliographie : *Antérieure à la réforme.* M. Grimaldi, *La fiducie : réflexions sur l'institution et sur l'avant-projet de loi qui la consacre : Defrénois* 1991, art. 35085, p. 897 et s., art. 35094, p. 961 et s. • C. Larroumet, *La fiducie inspirée du trust : D.* 1990, 119. • M. Cantin-Cumyn, *L'avant-projet de loi relatif à la fiducie : un point de vue civiliste d'outre-Atlantique : D.* 1992, 117. • F. Barrière, *La réception du trust au travers de la fiducie*, thèse Paris-II, 2001. • R. Libchaber, *Une fiducie française, inutile et incertaine... in Mélanges Ph. Malaurie : Defrénois* 2005, p. 303 et s. • M.-E. Mathieu, *Vers un contrat de fiducie dans le Code civil : Dr. et patrimoine* févr. 2007, n° 146, p. 22. • A. Prüm, *L'arrivée annoncée de la fiducie : RD bancaire* janv. 2007, 1. • A.-S. Courtier, *La fiducie et le principe d'unité de patrimoine : Gaz. Pal.* 14-15 févr. 2007, p. 3.

Postérieure à la réforme. P. Dupichot, *Opération fiducie sur le sol français : JCP* N 2007, étude 1130. • R. Libchaber, *Les aspects civils de la fiducie dans la loi du 19 février 2007 : Defrénois* 2007, art. 38631 et 38639, p. 1094 et p. 1194. • J. Rochfeld, *La fiducie spéciale ou le droit à deux vitesses : RTD civ.* 2007, p. 412. • V. Roussel, *La fiducie, une révolution nationale, L'avis des praticiens : Defrénois* 2007, act. p. 106. • L. Aynès, *Fiducie : analyse et applications pratiques de la loi : Rev. Lamy dr. civ.* 2008, n° 46, suppl. • G. Blanluet et J.-P. Le Gall, *La fiducie, une œuvre inachevée – Un appel à une réforme après la loi du 19 février 2007 : JCP* 2007, I, 169 (aspect fiscal). • P. Marini, *La fiducie, enfin ! : JCP* E 2007, 2050. • F. Barrière, *La loi instituant la fiducie : entre équilibre et incohérence : JCP* E 2007, 2053. • C. Larroumet, *La loi du*

19 février 2007 sur la fiducie. Propos critique : D. 2007, 1350. • P. Crocq, *Lacunes et limites de la loi au regard du droit des sûretés : D.* 2007, 1354. • B. Mallet-Bricout, *Le fiduciaire propriétaire ? : JCP* N 2010, 1073.

Sur la loi du 4 août 2008. R. Dammann et G. Podeur, *Le nouveau paysage du droit des sûretés : première étape de la réforme de la fiducie et du gage sans dépossession : D.* 2008, 2300. *Adde*, des mêmes auteurs, *Fiducie-sûreté : droit positif et perspectives d'avenir : Mél. AEDBF-France*, 2008.

Sur l'ordonnance du 30 janvier 2009. M. Grimaldi et R. Dammann, *La fiducie sur ordonnances : D.* 2009, 670. • P. Dupichot, *La fiducie-sûreté en pleine lumière : JCP* 2009, I, 132. • F. Barrière, *La fiducie-sûreté : JCP* N 2009, 1291. • A. Raynouard et F. Jourdain-Thomas, *La fiducie, nouvel outil de gestion et de sûreté : JCP* N 2010, 1063.

Dossiers spéciaux (aspects civils, fiscaux et comptables). *JCP* E 2007, n° 36. • *Rev. Lamy dr. civ.* 2007, n° 40. • Dossier Fiducie : *D.* 2007, 1347 et s. • *La fiducie fait son entrée dans le droit français : LPA* 15 mars 2007, p. 3.

Voir : *infra*, annexes, D. n° 2010-219, 2 mars 2010, relatif au traitement automatisé de données à caractère personnel dénommé « Registre national des fiducies », p. 3329. – D. n° 2009-1627, 23 déc. 2009, relatif à l'exercice de la fiducie par les avocats : *JCP* 2010, n° 1-2, act. 7. – C. Sand, *Dernières précisions concernant les conditions d'exercice de la qualité de fiduciaire par les avocats : JCP* 2010, n° 4, 76. – CNC (Conseil national de comptabilité), avis du 7 février 2008, relatif au traitement comptable de la fiducie, sur lequel, X. Delpech, *Enfin un cadre comptable pour la fiducie ! : D.* 2008, p. 533.

Art. 2011 ***(L. n° 2007-211, 19 févr. 2007).*** **– La fiducie est l'opération par laquelle un ou plusieurs constituants transfèrent des biens, des droits ou des sûretés, ou un ensemble de biens, de droits ou de sûretés, présents ou futurs, à un ou plusieurs fiduciaires qui, les tenant séparés de leur patrimoine propre, agissent dans un but déterminé au profit d'un ou plusieurs bénéficiaires.**

Art. 2012 ***(L. n° 2007-211, 19 févr. 2007 ; mod., Ord. n° 2009-112, 30 janv. 2009).*** **– La fiducie est établie par la loi ou par contrat. Elle doit être expresse.**

Si les biens, droits ou sûretés transférés dans le patrimoine fiduciaire dépendent de la communauté existant entre les époux ou d'une indivision, le contrat de fiducie est établi par acte notarié à peine de nullité.

Art. 2013 ***(L. n° 2007-211, 19 févr. 2007).*** **– Le contrat de fiducie est nul s'il procède d'une intention libérale au profit du bénéficiaire. Cette nullité est d'ordre public.**

Art. 2014 ***(Abr., L. n° 2008-776, 4 août 2008).***

> **Rédaction antérieure. Art. 2014.** – Seules peuvent être constituants les personnes morales soumises de plein droit ou sur option à l'impôt sur les sociétés. Les droits du constituant au titre de la fiducie ne sont ni transmissibles à titre gratuit, ni cessibles à titre onéreux à des personnes autres que des personnes morales soumises à l'impôt sur les sociétés.

Art. 2015 ***(L. n° 2007-211, 19 févr. 2007 ; mod., L. n° 2008-776, 4 août 2008 ; Ord. n° 2013-544, 27 juin 2013 ; mod. à compter du 3 janvier 2018, Ord. n° 2017-1107, 22 juin 2017).*** **– Seuls peuvent avoir la qualité de fiduciaires les établissements de crédit mentionnés au I de l'article L. 511-1 du Code monétaire et financier, les institutions et services énumérés à l'article L. 518-1 du même code, les entreprises d'investissement mentionnées à l'article L. 531-4 du même code, les sociétés de gestion de portefeuille ainsi que les entreprises d'assurance régies par l'article L. 310-1 du Code des assurances.**

Les membres de la profession d'avocat peuvent également avoir la qualité de fiduciaire.

Art. 2016 ***(L. n° 2007-211, 19 févr. 2007).*** **– Le constituant ou le fiduciaire peut être le bénéficiaire ou l'un des bénéficiaires du contrat de fiducie.**

Art. 2017 ***(L. n° 2007-211, 19 févr. 2007 ; mod., Ord. n° 2009-112, 30 janv. 2009).*** **– Sauf stipulation contraire du contrat de fiducie, le constituant peut, à tout moment, désigner un tiers chargé de s'assurer de la préservation de ses intérêts dans le cadre de l'exécution du contrat et qui peut disposer des pouvoirs que la loi accorde au constituant.**

Lorsque le constituant est une personne physique, il ne peut renoncer à cette faculté.

Art. 2018 ***(L. n° 2007-211, 19 févr. 2007 ; mod., L. n° 2008-776, 4 août 2008).*** **– Le contrat de fiducie détermine, à peine de nullité :**

1° Les biens, droits ou sûretés transférés. S'ils sont futurs, ils doivent être déterminables ;

2° La durée du transfert, qui ne peut excéder quatre-vingt-dix-neuf ans à compter de la signature du contrat ;

3° L'identité du ou des constituants ;

4° L'identité du ou des fiduciaires ;
5° L'identité du ou des bénéficiaires ou, à défaut, les règles permettant leur désignation ;
6° La mission du ou des fiduciaires et l'étendue de leurs pouvoirs d'administration et de disposition.

Art. 2018-1 *(L. n° 2008-776, 4 août 2008).* – Lorsque le contrat de fiducie prévoit que le constituant conserve l'usage ou la jouissance d'un fonds de commerce ou d'un immeuble à usage professionnel transféré dans le patrimoine fiduciaire, la convention conclue à cette fin n'est pas soumise aux chapitres IV et V du titre IV du livre Ier du Code de commerce, sauf stipulation contraire.

Art. 2018-2 *(L. n° 2008-776, 4 août 2008).* – La cession de créances réalisée dans le cadre d'une fiducie est opposable aux tiers à la date du contrat de fiducie ou de l'avenant qui la constate. Elle ne devient opposable au débiteur de la créance cédée que par la notification qui lui en est faite par le cédant ou le fiduciaire.

Art. 2019 *(L. n° 2007-211, 19 févr. 2007).* – À peine de nullité, le contrat de fiducie et ses avenants sont enregistrés dans le délai d'un mois à compter de leur date au service des impôts du siège du fiduciaire ou au service des impôts des non-résidents si le fiduciaire n'est pas domicilié en France.

Lorsqu'ils portent sur des immeubles ou des droits réels immobiliers, ils sont, sous la même sanction, publiés dans les conditions prévues aux articles 647 et 657 du Code général des impôts.

La transmission des droits résultant du contrat de fiducie et, si le bénéficiaire n'est pas désigné dans le contrat de fiducie, sa désignation ultérieure doivent, à peine de nullité, donner lieu à un acte écrit enregistré dans les mêmes conditions.

Art. 2020 *(L. n° 2007-211, 19 févr. 2007).* – Un registre national des fiducies est constitué selon des modalités précisées par décret en Conseil d'État.

Art. 2021 *(L. n° 2007-211, 19 févr. 2007).* – Lorsque le fiduciaire agit pour le compte de la fiducie, il doit en faire expressément mention.

De même, lorsque le patrimoine fiduciaire comprend des biens ou des droits dont la mutation est soumise à publicité, celle-ci doit mentionner le nom du fiduciaire ès qualités.

Art. 2022 *(L. n° 2007-211, 19 févr. 2007 ; rempl., L. n° 2008-776, 4 août 2008).* – Le contrat de fiducie définit les conditions dans lesquelles le fiduciaire rend compte de sa mission au constituant.

Toutefois, lorsque pendant l'exécution du contrat le constituant fait l'objet d'une mesure de tutelle, le fiduciaire rend compte de sa mission au tuteur à la demande de ce dernier au moins une fois par an, sans préjudice de la périodicité fixée par le contrat. Lorsque pendant l'exécution du contrat le constituant fait l'objet d'une mesure de curatelle, le fiduciaire rend compte de sa mission, dans les mêmes conditions, au constituant et à son curateur.

Le fiduciaire rend compte de sa mission au bénéficiaire et au tiers désigné en application de l'article 2017, à leur demande, selon la périodicité fixée par le contrat.

Art. 2023 *(L. n° 2007-211, 19 févr. 2007).* – Dans ses rapports avec les tiers, le fiduciaire est réputé disposer des pouvoirs les plus étendus sur le patrimoine fiduciaire, à moins qu'il ne soit démontré que les tiers avaient connaissance de la limitation de ses pouvoirs.

Art. 2024 *(L. n° 2007-211, 19 févr. 2007).* – L'ouverture d'une procédure de sauvegarde, de redressement judiciaire ou de liquidation judiciaire au profit du fiduciaire n'affecte pas le patrimoine fiduciaire.

Art. 2025 *(L. n° 2007-211, 19 févr. 2007).* – Sans préjudice des droits des créanciers du constituant titulaires d'un droit de suite attaché à une sûreté publiée antérieurement au contrat de fiducie et hors les cas de fraude aux droits des créanciers du constituant, le patrimoine fiduciaire ne peut être saisi que par les titulaires de créances nées de la conservation ou de la gestion de ce patrimoine.

En cas d'insuffisance du patrimoine fiduciaire, le patrimoine du constituant constitue le gage commun de ces créanciers, sauf stipulation contraire du contrat de fiducie mettant tout ou partie du passif à la charge du fiduciaire.

Le contrat de fiducie peut également limiter l'obligation au passif fiduciaire au seul patrimoine fiduciaire. Une telle clause n'est opposable qu'aux créanciers qui l'ont expressément acceptée.

Art. 2026 *(L. n° 2007-211, 19 févr. 2007).* **– Le fiduciaire est responsable, sur son patrimoine propre, des fautes qu'il commet dans l'exercice de sa mission.**

Art. 2027 *(L. n° 2007-211, 19 févr. 2007 ; mod., L. n° 2008-776, 4 août 2008).* **– En l'absence de stipulations contractuelles prévoyant les conditions de son remplacement, si le fiduciaire manque à ses devoirs ou met en péril les intérêts qui lui sont confiés ou encore s'il fait l'objet d'une procédure de sauvegarde ou de redressement judiciaire, le constituant, le bénéficiaire ou le tiers désigné en application de l'article 2017 peut demander en justice la nomination d'un fiduciaire provisoire ou solliciter le remplacement du fiduciaire. La décision judiciaire faisant droit à la demande emporte de plein droit dessaisissement du fiduciaire originaire et transfert du patrimoine fiduciaire en faveur de son remplaçant.**

Art. 2028 *(L. n° 2007-211, 19 févr. 2007).* **– Le contrat de fiducie peut être révoqué par le constituant tant qu'il n'a pas été accepté par le bénéficiaire.**

Après acceptation par le bénéficiaire, le contrat ne peut être modifié ou révoqué qu'avec son accord ou par décision de justice.

Art. 2029 *(L. n° 2007-211, 19 févr. 2007 ; rempl., L. n° 2008-776, 4 août 2008).* **– Le contrat de fiducie prend fin par le décès du constituant personne physique, par la survenance du terme ou par la réalisation du but poursuivi quand celle-ci a lieu avant le terme.**

Lorsque la totalité des bénéficiaires renonce à la fiducie, il prend également fin de plein droit, sauf stipulations du contrat prévoyant les conditions dans lesquelles il se poursuit. Sous la même réserve, il prend fin lorsque le fiduciaire fait l'objet d'une liquidation judiciaire ou d'une dissolution ou disparaît par suite d'une cession ou d'une absorption et s'il est avocat, en cas d'interdiction temporaire, de radiation ou d'omission du tableau.

Art. 2030 *(L. n° 2007-211, 19 févr. 2007 ; mod., L. n° 2008-776, 4 août 2008).* **– Lorsque le contrat de fiducie prend fin en l'absence de bénéficiaire, les droits, biens ou sûretés présents dans le patrimoine fiduciaire font de plein droit retour au constituant.**

Lorsqu'il prend fin par le décès du constituant, le patrimoine fiduciaire fait de plein droit retour à la succession.

Art. 2031 *(Abr., L. n° 2008-776, 4 août 2008).*

> **Rédaction antérieure. Art. 2031.** – En cas de dissolution du constituant, lorsque les ayants droit ne sont pas des personnes morales soumises à l'impôt sur les sociétés, le patrimoine fiduciaire ne peut être attribué à ces ayants droit ès qualités avant la date à laquelle le contrat de fiducie prend fin. Dans cette situation, les droits des ayants droit au titre de la fiducie ne sont pas transmissibles à titre gratuit entre vifs ni cessibles à titre onéreux.

Art. 2032 à 2043 *(Dénum., Ord. n° 2006-346, 23 mars 2006).*
Voir : C. civ., art. 2309 à 2320.

TITRE XV. – DES TRANSACTIONS

Art. 2044 *(Mod., Loi n° 2016-1547, 18 nov. 2016).* **– La transaction est un contrat par lequel les parties, par des concessions réciproques, terminent une contestation née, ou préviennent une contestation à naître.**

Ce contrat doit être rédigé par écrit.

Bibliographie : B. Mallet-Bricout, C. Nourissat, *La transaction dans toutes ses dimensions*, Dalloz 2006. • J.-P. Chauchard, *La transaction dans l'indemnisation du préjudice corporel : RTD civ.* 1989, 1. • Ch. Jarrosson, *Les concessions réciproques dans la transaction : D.* 1997, chron. 267. • X. Lagarde, *Les spécificités de la transaction consécutive à un licenciement : JCP* 2001, I, 337. • P. Gerbault, *L'erreur dans la transaction : LPA* 2006, n° 140, p. 5. • J. Ghestin, *L'existence de concessions réciproques, condition de validité de la transaction : JCP* 2008, n° hors-série 2, *Quatre-vingts ans de la Semaine juridique*, p. 34. • L. Mayer, *La transaction, un contrat spécial : RTD civ.* 2014, 523. Sur l'apport de la loi du 18 novembre 2016, V. • Y. Strickler, *Les modes alternatifs de règlement des différends dans la loi n° 2016-1547 du 18 novembre 2016 de modernisation de la justice du XXIe siècle : Procédures* 2017, 24. • S. Amrani-Mekki, *Les modes amiables de résolution des différends dans la loi de modernisation de la justice du XXIe siècle : Gaz. Pal.* 31 janv. 2017, 46. • G. Loiseau, *Nouvelles dispositions relatives à la transaction et à la convention d'arbitrage : Comm. com. électr.* 2017, 42. • T. Clay, *L'arbitrage, les modes alternatifs de règlement des différends et la transaction dans la loi « Justice du XXIe siècle » : JCP* N 2016, 2219.

1) Définition. Exigence de concessions réciproques. La transaction est l'acte correspondant à une contestation sérieuse existant entre les parties et par lequel celles-ci se sont consenti des concessions réciproques (▪ Cass. civ., 13 mars 1922 : *DP* 1925, 1, 139. ▪ Cass. com., 22 nov. 1988, n° 86-12.972 : *JurisData* n° 1988-702478 ; *Bull. civ.* IV, n° 320, p. 215. ▪ Cass. 1re civ., 3 mai 2000, n° 98-12.819 : *JurisData* n° 2000-001686 ; *Bull. civ.* I, n° 130, p. 87) quelle que soit leur importance relative (▪ Cass. soc., 17 mars 1982, n° 80-40.455 : *JurisData* n° 1982-700635 ; *Bull. civ.* V, n° 180, p. 133 ; *Defrénois* 1983, 407, obs. Vermelle. ▪ Cass. soc., 13 mai 1992, n° 89-40.844 : *JurisData* n° 1992-001046 ; *JCP* 1992, IV, 1983 ; *RTD civ.* 1992, 783, obs. Gautier). Jugé que la formule « reçu pour solde de tout compte », apposée sur une quittance par le bénéficiaire d'un contrat d'assurance-décès, n'établit pas l'existence de concessions réciproques (▪ Cass. 1re civ., 13 mars 2001, n° 99-10.379 : *RTD civ.* 2001, 581, obs. Mestre et Fages). Comp. toutefois, concernant l'application de la loi du 5 juillet 1985, ▪ Cass. 2e civ., 16 nov. 2006 (*Bull. civ.* II, n° 320 ; *RDC* 2007/3, p. 671, obs. Pérès ; *RCA* 2006, 372, note Groutel) : *JurisData* n° 2006-035942 ; la loi du 5 juillet 1985 instituant un régime d'indemnisation en faveur des victimes d'accident de la circulation, d'ordre public, dérogatoire au droit commun, qualifie de transaction la convention qui se forme lors de l'acceptation par la victime de l'offre de l'assureur et cette transaction ne peut être remise en cause à raison de l'absence de concessions réciproques. V. aussi ▪ Cass. 1re civ., 20 janv. 2010, n° 08-19.627 : *Bull. civ.* 2010, I, n° 13 ; *Dr. famille* 2010, comm. 65, obs. Maria ; *Rev. Lamy dr. civ.* 2010, n° 69, p. 12, obs. Le Gallou, qui en déduit, lorsque la victime de l'accident de la circulation est un majeur sous tutelle, que l'accord trouvé entre la victime et l'assureur doit être soumis à l'approbation du conseil de famille ou du juge des tutelles. *Contra*, auparavant, ▪ Aix-en-Provence, 14 avr. 2004 : *JurisData* n° 2004-249831 ; *D.* 2004, 2959, note Bloch, refusant la qualification de transaction à raison de l'absence de concession de la part de l'assureur, tenu par les dispositions de la loi du 5 juillet 1985 d'indemniser la victime non conductrice de seize ans, dans toutes les composantes de son préjudice. Pour un exemple de concessions réciproques entre le FIPOL et un pêcheur à pied, à la suite de la marée noire de l'*Érika*, V. ▪ Cass. 1re civ., 6 déc. 2007, n° 06-18.049 : *Contrats, conc. consom.* 2008, 90, note Leveneur ; *Defrénois* 2008, art. 38740-3, p. 693, obs. Libchaber.

2) Concessions indirectes. Est valide la transaction contenant des concessions indirectes (▪ Cass. com., 25 oct. 2011, n° 10-23.538 : *JCP* G 2012, doctr. 63, n° 11, obs. J. Ghestin ; *Dr. sociétés* 2012, 18, obs. R. Mortier).

3) Licenciement. À défaut de concessions réciproques de la part de l'employeur, la transaction passée avec le salarié à l'issue de l'entretien préalable au licenciement est nulle (▪ Cass. soc., 6 déc. 1994, n° 91-42.160 : *JurisData* n° 1994-002407 ; *Bull. civ.* V, n° 328, p. 224. V. aussi ▪ Cass. soc., 20 juin 1995, n° 92-40.194 : *JurisData* n° 1995-001610 ; *JCP* E 96, II, 793, note Finel). Constitue une transaction l'accord par lequel l'employeur verse, outre les indemnités de rupture conventionnelle, une somme correspondant à environ deux mois de salaire, le salarié acceptant une clause de non-concurrence (▪ Cass. soc., 5 janv. 1994, n° 89-40.961 : *JurisData* n° 1994-000022 ; *Bull. civ.* V, n° 1, p. 1 ; *D.* 1994, 586, note Puigelier). Si les parties à un contrat de travail décident, d'un commun accord, d'y mettre fin, elles se bornent à organiser les conditions de la cessation de leurs relations de travail, tandis que la transaction, consécutive à une rupture du contrat de travail par l'une ou l'autre des parties, a pour objet de mettre fin, par des concessions réciproques, à toute contestation née ou à naître résultant de cette rupture. Il s'ensuit que la transaction ayant pour objet de mettre fin au litige résultant d'un licenciement ne peut être valablement conclue qu'une fois la rupture intervenue et définitive (▪ Cass. soc., 29 mai 1996, n° 94-06.009 : *JurisData* n° 1996-002103 ; *Bull.* V, n° 215, p. 150 ; *D.* 1997, 49, note Chazal. ▪ Cass. soc., 16 juill. 1997, n° 94-42.283 : *JurisData* n° 1997-003379 ; *JCP* 97, IV, 2004 ; *Bull.* V, n° 278, p. 202. ▪ Cass. ch. mixte, 12 févr. 1999, n° 96-17.468 : *JurisData* n° 1999-000700 ; *Bull. civ.* I, n° 1, p. 1. Sur la distinction, V. aussi ▪ Cass. soc., 20 juin 1995, préc. ▪ Cass. soc., 15 déc. 2010, n° 09-40.701 : *RDC* 2011/2, 425, note Y.-M. Laithier : la rupture d'un commun accord du contrat de travail à durée indéterminée a pour seul objet de mettre fin aux relations des parties et ne constitue pas une transaction destinée à mettre fin, par des concessions réciproques, à toute contestation née ou à naître résultant de la rupture définitive du contrat de travail). Dès lors que la rupture du contrat de travail résulte du texte même de la transaction, celle-ci est nulle (▪ Cass. soc., 28 janv. 1998, n° 95-45.029 : *JurisData* n° 1998-000600 ; *JCP* 98, IV, 1591 ; *Bull. civ.* V, n° 49, p. 36). Il en va de même si l'employeur s'abstient de procéder au licenciement (▪ Cass. soc., 7 mai 1998, n° 96-18.184 : JurisData n° 1998-005099 ; *JCP* 98, IV, 2420 ; *Bull. civ.* V, n° 236, p. 178) ou si la transaction est conclue avant la notification du licenciement (▪ Cass. soc., 16 nov. 2004, n° 02-43.427 : *Bull. civ.* V, n° 291, p. 264). Mais la nullité est une nullité relative instituée dans l'intérêt du salarié et ne peut donc être invoquée par l'employeur (▪ Cass. soc., 28 mai 2002 : *JCP* G 2002, II, 10147 et *JCP* E 2002, 1469, note Corrignan-Carsin ; *JurisData* n° 2002-014504 ; *Defrénois* 2002, 1253, obs. Libchaber). La transaction ne peut être valablement conclue par le salarié licencié que lorsqu'il a eu connaissance effective des motifs du licenciement par réception de la lettre de licenciement ; est donc nulle la transaction conclue après que le salarié a retiré la lettre de licenciement auprès des services postaux, même si la lettre a été envoyée et a été présentée avant la conclusion du contrat (▪ Cass. soc., 14 juin 2006, n° 04-48.157 : *Bull. civ.* V, n° 215 ; *D.* 2007, 182, obs. Berthier ; *Rev. dr. trav.* 2006, 172, obs. Lardy-Pélissier). La transaction, ayant pour objet de mettre fin à toute contestation résultant de la rupture du contrat de travail à l'initiative de l'employeur, est valablement conclue par le salarié licencié lorsqu'il a eu connaissance effective des motifs de cette rupture par la réception de la lettre recommandée lui notifiant son licenciement, même lorsque l'effet de la rupture est différé du fait de la signature d'une convention de reclassement personnalisé (▪ Cass. soc., 31 mai 2011, n° 10-14.313 : *Bull. civ.* V, n° 137). Le caractère frauduleux de licenciements notifiés pour motifs personnels alors que la cause réelle en est économique affecte la validité des transactions ensuite conclues. Toutefois, faute de procéder d'une cause immorale, il ne fait pas obstacle à la restitution par les salariés des sommes perçues en exécution des transactions annulées (▪ Cass. soc., 10 nov. 2009, n° 08-43.805 à 08-43.823 : *Bull. civ.* V, n° 251 ; *RDC* 2010/2, obs. Neau-Leduc et 557, obs. Laithier ; *JCP* 2010, 94, note Mouly ; *Procédures*, janv. 2010, comm. n° 11, obs. Bugada. Le reçu pour solde de tout compte établi en exécution d'une transaction conclue antérieurement à la notification du licenciement n'a pas d'effet libératoire (▪ Cass. soc., 13 janv. 1998, n° 95-41.592 : *JurisData* n° 1998-000055 ; *JCP* 98, IV, 1452 ; *Bull. civ.* V, n° 12, p. 10). La transaction forfaitaire et définitive par laquelle le salarié licencié renonce à toutes réclamations de quelque nature qu'elles soient rend irrecevable la demande présentée en vue du paiement d'une prime d'intéressement (▪ Cass. ass. plén., 4 juill. 1997, n° 93-43.375 : *JurisData* n° 1997-003182 ; *JCP* G 97, II, 22952 et *JCP* E 97, II, 1032, note Corrignan-Carsin ; *D.* 1998, 101, note Boulmier ; *Bull. civ.*, n° 10, p. 24 ; *RTD civ.* 1998, 135, obs. Gautier). Mais la transaction ayant mis fin au différend relatif à l'exécution du contrat de travail n'exclut pas ce droit dès lors que le montant de l'intéressement n'était ni déterminé ni déterminable pour l'exercice en cours (▪ Cass. soc., 9 mars 1999, n° 96-43.602 : *JurisData* n° 1999-000976 ; *Bull. civ.* V, n° 107, p. 77).

4) Contrepartie dérisoire. Il n'y a pas de concessions réciproques si une partie abandonne *ses droits pour une contrepartie si faible* qu'elle est pratiquement inexistante (▪ Cass. 1re civ., 4 mai 1976 : *JCP* 76, IV, 209 ; *Bull. civ.* I, n° 157, p. 124. V. aussi ▪ Cass. soc., 19 févr. 1997, n° 95-12.650 : *JurisData* n° 1997-000649 ; *Bull. civ.* V, n° 74, p. 51 ; *RTD civ.* 1997, 967, obs. Gautier, absence de concession appréciable. ▪ Cass. soc., 18 févr. 1998, n° 95-42.500 : *JurisData* n° 1998-000649 ; *JCP* E 99, 379, note Duval, versement au salarié d'une somme inférieure au montant de l'indemnité conventionnelle de licenciement à laquelle il pouvait prétendre. ▪ Cass. soc., 6 avr. 1999, n° 97-40.384 : *Bull. civ.* V, n° 162, p. 118, transaction consécutive à un licenciement sans préavis pour insuffisance professionnelle alors que cette insuffisance ne présente pas un caractère fautif. ▪ Cass. soc., 18 mai 1999, n° 97-40.686 : *Bull. civ.* V, n° 223, p. 163, paiement par l'employeur d'une somme de 6 000 F en contrepartie du rétablissement de la clause de non-concurrence. ▪ Cass. 1re civ., 9 juill. 2003, n° 01-11.963 : *JurisData* n° 2003-019815 ; *JCP* G 2003, II, 10171 et *JCP* E 2003, 1630, note Desgorces ; *Bull. civ.* I, n° 174, p. 136, écart important entre le montant transactionnel reçu de l'assureur et celui prévu au contrat d'assurance.

5) Contestation à naître. La convention qui tend à prévenir une contestation à naître présente le caractère d'une transaction même si elle ne porte que sur certains faits pouvant donner lieu à contestation et ne comporte pas renonciation totale des parties à l'exercice de leurs droits (▪ Cass. 1re civ., 12 juill. 1976, n° 74-12.423 : *JurisData* n° 1976-000262 ; *JCP* 76, IV, 302 ; *Bull. civ.* I, n° 262, p. 213. V. pour un contrat de travail à durée déterminée, ▪ Cass. soc., 9 avr. 1996, n° 93-42.254 : *JurisData* n° 1996-005632 ; *D.* 1997, 193, note Mouly). Il suffit que les éléments compris dans la transaction ne soient pas indissociables des autres (▪ Cass. 2e civ., 8 nov. 1989, n° 88-16.960 : *JurisData* n° 1989-704613 ; *JCP* 90, IV, 5). Mais jugé que la transaction qui a pour but de mettre fin au litige résultant d'un licenciement ne peut valablement être conclue qu'une fois la rupture intervenue et définitive (▪ Cass. soc., 29 mai 1996, n° 92-45.115 : *JurisData* n° 1996-002069 ; *Bull. civ.* V, n° 215, p. 150 ; *D.* 1997, 49, note Chazal).

6) Procès-verbal d'une médiation pénale. Le procès-verbal établi et signé à l'occasion d'une médiation pénale, qui contient les engagements de l'auteur des faits incriminés, pris envers sa victime en contrepartie de la renonciation de celle-ci à sa plainte et, le cas échéant, à une indemnisation intégrale, afin d'assurer la réparation des conséquences dommageables de l'infraction et d'en prévenir la réitération par le règlement des désaccords entre les parties, constitue une transaction qui, en dehors de toute procédure pénale, tend à régler tous les différends s'y trouvant compris et laisse au procureur de la République la libre appréciation des poursuites en considération du comportement du mis en cause (▪ Cass. 1re civ., 10 avr. 2013, n° 12-13.672 : *Bull. civ.* I, n° 80 ; *LPA* 26 sept. 2013, 8, note Ludwiczak ; *Act. Jur. Dr. Pén.* 2013/7, 422, Lavric).

7) Transaction et convention d'honoraires. Le document établi entre le client et l'avocat, en présence d'un membre du Conseil de l'Ordre, ne constitue pas une transaction, mais une convention d'honoraires qui demeure toujours soumise, en cas de contestation de l'une ou l'autre partie, à la procédure spéciale instituée par les articles 97 et s. du décret du 9 juin 1972 (■ Cass. 1re civ., 11 févr. 1992, n° 90-18.027 : *JurisData* n° 1992-000248 ; *JCP* 92, IV, 1087).

8) Preuve. L'écrit prévu par l'article 2044 n'est pas exigé pour la validité du contrat de transaction (■ Cass. 1re civ., 18 mars 1986, n° 84-16.817 : *JurisData* n° 1986-000486 ; *Bull. civ.* I, n° 74, p. 71). Celui-ci est soumis aux règles édictées par l'article 1347 du Code civil ; la preuve peut en être rapportée par témoins ou par présomptions lorsqu'il existe un commencement de preuve par écrit (■ Cass. 3e civ., 6 févr. 1973 : *JCP* 73, IV, 115 ; *Bull. civ.* III, n° 104, p. 75. V. aussi ■ Cass. soc., 9 avr. 1996, n° 93-42.414 : *D.* 1997, 193, note Mouly). Lorsque aucune contestation n'est soulevée sur l'existence même de la transaction, mais seulement sur sa nature et sa portée, la preuve est libre (■ Cass. soc., 22 juin 1960 : *JCP* 60, IV, 122 ; *Bull. civ.* IV, n° 671, p. 520). La transaction ayant entre les parties l'autorité de la chose jugée en dernier ressort, celles-ci ne peuvent en modifier les modalités d'exécution qu'aux conditions de forme auxquelles elle est soumise, c'est-à-dire par écrit (■ Cass. 1re civ., 10 oct. 1995, n° 91-20.920 : *JurisData* n° 1995-002450 ; *JCP* 95, IV, 2526 ; *Bull. civ.* I, n° 360, p. 251 ; *RTD civ.* 1996, 644, obs. Gautier).

9) Avocat. Secret professionnel. S'il est vrai qu'en cas d'échec de négociations intentées avant le procès, la correspondance entre avocats revêt un caractère confidentiel, même en l'absence de mention inscrite sur les documents, ce caractère disparaît, malgré ces mentions, lorsqu'un accord est intervenu entre les parties avant le procès (■ Cass. 1re civ., 26 juin 1974, n° 93-20.771 : *D.* 1975, 254, note Gaury).

10) Obligation de ne pas dénigrer. Des restrictions peuvent être apportées à la liberté d'expression pour assurer la protection de la réputation et des droits d'autrui dès lors que ces restrictions sont proportionnées au but recherché ; tel est le cas d'une transaction par laquelle les parties avaient entendu mettre fin à une intense polémique médiatique entretenue par le salarié après son licenciement, de nature à nuire à la réputation de son employeur, cette transaction, qui comportait l'engagement réciproque de cesser tout propos critique et dénigrant, étant précise dans son objet et quant aux personnes physiques et morales ainsi qu'aux programmes que le salarié s'engageait à ne pas critiquer ni dénigrer, et limitée à dix-huit mois (■ Cass. soc., 14 janv. 2014, n° 12-27.284 : *Bull. civ.* V, n° 6 ; *JCP* E 2014, 1259, note Perrier ; *RTD civ.* 2014, 360, obs. Barbier et 400, obs. Gautier ; *D.* 2014, 179, obs. Mathieu).

11) Transaction et promesse de porte-fort. L'inexécution d'une promesse de porte-fort ne peut être sanctionnée que par des dommages-intérêts et ne peut entraîner la résolution de la transaction dans laquelle elle est incluse (■ Cass. 1re civ., 7 mars 2018, n° 15-21.244 : *RDC* 2018/3, 341, note T. Genicon et 352, note G. Viney.

Art. 2045 *(Mod., L. n° 68-5, 3 janv. 1968 ; L. n° 2011-525, 17 mai 2011).* **– Pour transiger, il faut avoir la capacité de disposer des objets compris dans la transaction.**

Le tuteur ne peut transiger pour le mineur ou le majeur en tutelle que conformément à l'article 467, au titre *De la minorité, de la tutelle et de l'émancipation* ; et il ne peut transiger avec le mineur devenu majeur, sur le compte de tutelle, que conformément à l'article 472 au même titre.

Les établissements publics de l'État ne peuvent transiger qu'avec l'autorisation expresse du Premier ministre.

1) Administration légale. L'administrateur légal doit obtenir l'autorisation du juge des tutelles *si l'acte*, tout en se présentant comme une transaction, constitue une renonciation à un droit au sens de l'article 389-5, al. 3, du Code civil (■ Cass. ch. mixte, 29 janv. 1971, n° 67-93.320 : *JurisData* n° 1971-095001 ; *D.* 1971, 301, concl. Lindon, note Hauser et Abitbol).

2) Établissements publics. Autorisation du Premier ministre. L'autorisation mentionnée à l'article 2045 n'est pas au nombre des décisions dont l'article 13 de la Constitution réserve la signature au président de la République (■ CE, 23 avr. 2001, n° 215552 : *Contrats et marchés publics* 2001, 126, note Delelis).

Art. 2046. **– On peut transiger sur l'intérêt civil qui résulte d'un délit.**

La transaction n'empêche pas la poursuite du ministère public.

Ordre public. Sur l'interdiction de transiger dans les matières d'ordre public, voir sous art. 6, p. 33.

Rédaction antérieure. Art. 2047 *(Abr., L. n° 2016-1547, 18 nov. 2016).* – On peut ajouter à une transaction la stipulation d'une peine contre celui qui manquera de l'exécuter.

Art. 2048. – Les transactions se renferment dans leur objet : la renonciation qui y est faite à tous droits, actions et prétentions, ne s'entend que de ce qui est relatif au différend qui y a donné lieu.

1) **Interprétation restrictive.** Sur le principe que les termes d'une transaction doivent être interprétés restrictivement, V. ▪ Cass. 1re civ., 18 oct. 1960 : *Bull. civ.* I, n° 440, p. 360.

2) **Portée de la transaction. Droit social.** Le salarié a déclaré, dans une transaction, n'avoir plus rien à réclamer à l'employeur à « quelque titre que ce soit et pour quelque cause que ce soit, tant en raison de l'exécution que de la rupture du contrat de travail », ne peut pas prétendre au paiement de sommes à titre de dommages et intérêts pour perte de salaires et d'une indemnité compensatrice de préavis (▪ Cass. soc., 5 nov. 2014, n° 13-18.984 : à paraître au *Bull. civ.*).

Art. 2049. – Les transactions ne règlent que les différends qui s'y trouvent compris, soit que les parties aient manifesté leur intention par des expressions spéciales ou générales, soit que l'on reconnaisse cette intention par une suite nécessaire de ce qui est exprimé.

V. pour une application ▪ Cass. soc., 12 oct. 1999 : *JCP* 2000, II, 10383, note Puigelier ; *RTD civ.* 2000, 139, obs. Gautier. V. aussi sous art. 2044, n° 2.

Art. 2050. – Si celui qui avait transigé sur un droit qu'il avait de son chef, acquiert ensuite un droit semblable du chef d'une autre personne, il n'est point, quant au droit nouvellement acquis, lié par la transaction antérieure.

Art. 2051. – La transaction faite par l'un des intéressés ne lie point les autres intéressés, et ne peut être opposée par eux.

1) **Principe.** Sauf intention contraire des parties, la transaction n'emporte pas novation et ne peut produire aucun effet à l'égard des personnes qui y sont restées étrangères (▪ Cass. 1re civ., 25 févr. 1976, n° 73-13.191 : *JurisData* n° 1976-000086 ; *Bull. civ.* I, n° 86, p. 71. ▪ Cass. 1re civ., 21 janv. 1997, n° 94-16.157 : *JurisData* n° 1997-000191 ; *JurisData* n° 1997-000193 ; *Contrats, conc. consom.* 1997, 62, note Leveneur). Les héritiers légitimes qui ont transigé avec les légataires universels sur l'émolument de la succession n'en sont pas moins recevables à demander contre les légataires particuliers étrangers à cette transaction la nullité du testament pour insanité d'esprit du testateur (▪ Cass. civ., 3 janv. 1883 : *DP* 1883, 1, 457).

2) **Codébiteurs solidaires. Transaction faite par un coobligé pour sa part.** Pour une application de l'article 2051 à la transaction faite par un coobligé, V. ▪ Cass. com., 14 févr. 1989, n° 87-14.232 : *JurisData* n° 1989-700296 ; *Bull. civ.* IV, n° 67, p. 44.

3) **Codébiteurs solidaires. Transaction portant sur l'obligation elle-même.** Les codébiteurs solidaires peuvent invoquer une transaction conclue par l'un d'eux si elle leur permet d'améliorer leur situation (▪ Cass. 1re civ., 27 oct. 1969 : *JurisData* n° 1969-000314 ; *D.* 1970, 12).

4) **Caution.** Une transaction homologuée ne constitue pas un titre exécutoire à l'encontre de la caution qui n'y est pas partie, même lorsque le protocole transactionnel contient l'engagement de la caution (▪ Cass. 2e civ., 8 janv. 2015, n° 13-27.377 : à paraître au *Bull. civ.* ; *JCP G* 2015, 400, note Perrier).

5) **Renonciation expresse à un droit.** Si l'effet relatif des contrats interdit aux tiers de se prévaloir de l'autorité d'une transaction à laquelle ils ne sont pas intervenus, ces mêmes tiers peuvent néanmoins invoquer la renonciation à un droit que renferme cette transaction (▪ Cass. soc., 20 nov. 2013, n° 10-28.582 : *RDC* 2014/2, 243, obs. Pellet ; *Gaz. Pal.* 22 janv. 2014, 9, obs. Garinot, qui en déduit que, dans l'hypothèse d'une transaction dans laquelle le salarié avait renoncé à remettre en cause son licenciement, la société qui avait repris partie des contrats de travail dans le cadre de la liquidation judiciaire de l'employeur était fondée à se prévaloir de cette renonciation pour s'opposer à la demande de réintégration formée à son encontre par l'intéressé). Dans le même sens : ▪ Cass. 1re civ., 25 févr. 2003 : *JCP* 2003, IV, 1726 ; *JurisData* n° 2003-017892 ; *Bull. civ.* I, n° 60, p. 45.

6) **Représentant des salariés.** La transaction conclue par un représentant des salariés n'a l'autorité de la chose jugée à l'égard des salariés qu'à la condition que celui-ci ait reçu un mandat spécial de chacun d'eux (▪ Cass. soc., 31 mars 2009, n° 06-46.378).

7) Accidents de la circulation. Jugé, sur le fondement de l'article L. 421-3 du Code des assurances, que constitue un droit fondamental en vue d'un procès équitable, le droit d'être pleinement informé de la faculté de contester devant un juge une transaction opposée à celui qui n'y était pas partie (■ Cass. ass. plén., 29 mai 2009, n° 08-11.422 ; *Bull. civ.* V ; *RTD civ.* 2009, 550, obs. Gautier ; *D.* 2009, 1607, note Beaugendre).

Art. 2052. – *(Mod., L. n° 2016-1547, 18 nov. 2016)* **La transaction fait obstacle à l'introduction ou à la poursuite entre les parties d'une action en justice ayant le même objet.**

1) Autorité de la chose jugée. Si le juge peut rescinder la transaction pour dol, il n'a pas le pouvoir d'en modifier les termes, ni pour ce motif ni pour fait nouveau (■ Cass. 1re civ., 17 déc. 2002, n° 99-20.201 : *JurisData* n° 2002-017165 ; *JCP* G 2003, II, 10081 et *JCP* E 2003, 906, note Kenfack ; *Bull. civ.* I, n° 309, p. 243 ; *RTD civ.* 2003, 313, obs. Gautier). Si une transaction conclue en cours d'instance produit les mêmes effets qu'un jugement sur le fond pour l'application de l'article R. 1452-6 du Code du travail, elle n'interdit toutefois pas d'engager par la suite une nouvelle procédure portant sur des prétentions dont le fondement est né ou s'est révélé postérieurement à la transaction (■ Cass. soc., 13 juin 2012, n° 10-26.857 : *Bull. civ.* V, n° 183 ; *JCP* 2012, doctr. 1254, n° 14, obs. Amrani-Mekki).

2) Partage. Rescision. Sur l'admission de la rescision lorsque la transaction a pour objet de faire cesser l'indivision, v.art. 888, p. 699. V. not. ■ Cass. 1re civ., 14 nov. 2006, n° 05-11.465 ; *JurisData* n° 2006-035870 ; *JCP* 2006, IV, 3411 (transaction signée par des époux pour partager les biens communs).

3) Indivisibilité. Il résulte des articles 1351 et 2052 que l'autorité de la chose jugée attachée à une transaction ayant réglé définitivement un préjudice est indissociable et opposable aux parties en cause dans toutes ses dispositions, aussi bien celle fixant le montant global du dommage à réparer que celle déterminant le capital représentatif des arrérages de la rente-invalidité échus et à échoir et le paiement de l'indemnité complémentaire (■ Cass. 2e civ., 14 févr. 1974, n° 72-13.504 : *JurisData* n° 1974-099064 ; *JCP* 74, II, 17757, note R. Savatier). Mais les juges du fond peuvent décider que les diverses parties de la convention ne dépendent pas les unes des autres et que leur exécution peut être poursuivie divisément (■ Cass. 1re civ., 17 oct. 1962 : *Bull. civ.* I, n° 429, p. 368).

4) Sida. Acceptation de l'offre du Fonds d'indemnisation. L'acceptation de l'offre d'indemnisation présentée par le Fonds d'indemnisation des transfusés et hémophiles contaminés empêche la victime d'agir en réparation contre la Fondation nationale de transfusion sanguine (■ Cass. 2e civ., 26 janv. 1994, n° 93-06.009 : *JurisData* n° 1994-000355 ; *JCP* 94, IV, 849).

5) Pourvoi en cassation (non). Les transactions ayant entre les parties l'autorité de la chose jugée en dernier ressort, le pourvoi en cassation devient donc sans objet (■ Cass. 1re civ., 18 juill. 1977 : *Bull. civ.* I, n° 340, p. 268).

6) Modification des modalités d'exécution. La transaction ayant entre les parties l'autorité de la chose jugée en dernier ressort, celles-ci ne peuvent en modifier les modalités d'exécution qu'aux conditions de forme auxquelles elle est soumise, c'est-à-dire par écrit (■ Cass. 1re civ., 10 oct. 1995 : *JCP* 95, IV, 2526 ; *Bull.* I, n° 360, p. 251 ; *RTD civ.* 1996, 644, obs. Gautier).

7) Défaut d'exécution. La transaction, qui ne met fin au litige que sous réserve de son exécution, ne peut être opposée par l'une des parties que si celle-ci en a respecté les conditions (■ Cass. 1re civ., 12 juill. 2012, n° 09-11.582 : *Bull. civ.* I, n° 173 ; *Contrats, conc. consom.* 2012, comm. 250, obs. Leveneur. Dans le même sens, ■ Cass. 1re civ., 7 nov. 1995, n° 93-15.378 : *JurisData* n° 1995-002876 ; *Bull.* I, n° 400, p. 279).

8) Condition suspensive. Sur ce que la non-réalisation de la condition suspensive assortissant la transaction autorise le juge à refuser de lui conférer force exécutoire, V. ■ Cass. 1re civ., 10 sept. 2014, n° 13-11.843 : à paraître au *Bull. civ.* ; *RTD civ.* 2014, 904, obs. Gautier ; *D.* 2015, 287, obs. Fricero ; *Gaz. Pal.* 21 déc. 2014, 29, Lauvergnat ; *JCP* G 2014, doctr. 1232, n° 6, obs. Libchaber.

9) Éléments de préjudice inconnus. Sur le principe que l'accord intervenu ne peut avoir d'effet sur des éléments de préjudice inconnus lors de l'établissement des quittances, V. ■ Cass. 1re civ., 26 janv. 1999, n° 96-21.192 : *JurisData* n° 1999-000342 ; *Resp. civ. et assur.* 1999, 100.

10) Erreur de droit. La transaction signée par le créancier et la caution solidaire dans l'ignorance de l'extinction de la créance pour défaut de déclaration à la procédure collective du débiteur principal, ayant pour cause le jugement condamnant la caution au paiement, ne peut être considérée comme un titre nul, dès lors que cette ignorance est le résultat d'une erreur de droit (■ Cass. 1re civ., 19 déc. 2000, n° 98-12.015 : *JurisData* n° 2000-007499 ; *JCP* 2001, IV, 1318 ; *Bull. civ.* I, n° 334, p. 216 ; *RTD civ.* 2001, 380, obs. Gautier. Mais v. en sens inverse en l'absence de jugement de condamnation, ▪ Cass. 1re civ., 29 mai 2001, sous art. 2053, p. 1644).

Pour l'admission de la rescision d'une transaction pour erreur de droit portant sur l'objet de la transaction, V. ▪ Cass. 1re civ., 22 mai 2008, cité sous art. 2053, p. 1644.

L'exclusion de l'erreur de droit comme cause de nullité de la transaction ne concerne que la règle applicable aux droits objet de la contestation qu'elle a pour but de terminer, et non les engagements souscrits pour garantir l'exécution de la transaction (cautionnements) : ▪ Cass. 1re civ., 8 mars 2012, n° 09-12.246 : *Bull. civ.* I, n° 53 ; *JCP* 2012, note 517, Piedelièvre et doctr. 561, n° 5, obs. Ghestin ; *D.* 2012, 1102, note Thibierge ; *D.* 2012, 1573, obs. Crocq et 2050, obs. Creton.

11) Lésion et contrainte économique. Sur ce que la contrainte économique se rattache à la violence et non à la lésion, V. ▪ Cass. 1re civ., 30 mai 2000, n° 98-15.242 : *JCP* G 2001, II, 10461, note Loiseau ; *JCP* E 2001, II, 571, note Secnazi ; *Contrats, conc. consom.* 2000, 142, note Leveneur ; *Bull. civ.* I, n° 169, p. 109 ; *D.* 2000, 879, note Chazal ; *Defrénois* 2000, 1124, obs. Delebecque ; *D.* 2001, somm. 1140, obs. D. Mazeaud ; *RTD civ.* 2000, 827, obs. Mestre et Fages, 863, obs. Gautier.

12) Homologation. Sur ce que le président du TGI peut conférer force exécutoire à la transaction, V. CPC, art. 1441-4. L'ordonnance rendue en application de cet article est une ordonnance sur requête au sens de l'article 812, alinéa 1er, soumise aux recours prévus par l'article 496 du même code (▪ Cass. 2e civ., 24 mai 2007, n° 06-11.259 : *JurisData* n° 2007-038926 ; *JCP* 2007, II, 10172, note Croze et Fradin). Voir Y. Desdevises *Les transactions homologuées : vers des contrats juridictionnalisables ? : D.* 2000, chron. 284.

13) Absence de nullité de la transaction pour erreur de droit en cas de nullité de la vente pour erreur. Les transactions ne pouvant être attaquées pour cause d'erreur de droit, ni pour cause de lésion, et les parties ayant, par leur transaction, irrévocablement confirmé la vente du tableau litigieux et s'étant désistées de toutes instances et actions relatives à celui-ci, l'annulation ultérieure de cette vente n'est pas de nature à fonder l'annulation de la transaction (▪ Cass. 1re civ., 17 mars 2016, n° 14-27.168 : *JCP* G 2016, 585, note Deharo ; *Contrats, conc. consom.* 2016, comm. 137, Leveneur ; *RTD civ.* 2016, 347, obs. Barbier ; *D.* 2016, 1231, note L. Mayer ; *JCP* G 2016, doctr. 797, n° 3, obs. Serinet).

Rédaction antérieure. Art. 2052. – Les transactions ont, entre les parties, l'autorité de la chose jugée en dernier ressort.
Elles ne peuvent être attaquées pour cause d'erreur de droit, ni pour cause de lésion.

Art. 2053 à 2058 *(Abr., L. n° 2016-1547, 18 nov. 2016).*

Rédaction antérieure. Art. 2053. – Néanmoins, une transaction peut être rescindée, lorsqu'il y a erreur dans la personne ou sur l'objet de la contestation.
Elle peut l'être dans tous les cas où il y a dol ou violence.

1) Nouvelles malfaçons. L'erreur porte sur l'objet de la contestation et la transaction doit être annulée, lorsque de nouvelles malfaçons sont apparues (▪ Cass. 3e civ., 24 mai 1978, n° 77-10.286 : *JurisData* n° 1978-098221 ; *Bull. civ.* III, n° 221, p. 168).

2) Erreur sur l'existence même de la créance. Doit être annulée la transaction conclue par une partie qui a commis une erreur sur l'existence même de la créance invoquée par son cocontractant, alors que seul le montant de cette créance, fût-il forfaitairement fixé, était entré dans le champ des prévisions contractuelles (▪ Cass. 1re civ., 13 déc. 1972 : *JurisData* n° 1972-000290 ; *Gaz. Pal.* 1973, 1, 293, note A. P. Comp. pour une transaction entre employeur et salarié conclue sur la croyance commune que seule l'indemnité légale de licenciement pouvait être réclamée par le salarié ▪ Cass. soc., 24 nov. 1998, n° 95-43.523 : *JurisData* n° 1998-004476 ; *JCP* E 99, 869, note Taquet ; pour des cautions solidaires s'engageant à régler une certaine somme à une banque dans l'ignorance de ce que la créance de cette banque était éteinte pour ne pas avoir été déclarée à la faillite du débiteur principal, ▪ Cass. 1re civ., 29 mai 2001, n° 99-16.753 : *JurisData* n° 2001-009834 ; *JCP* 2001, IV, 2341 ; *Bull. civ.* I, n° 156, p. 101 ; *RTD civ.* 2001, 909, obs. Gautier, affirmant que la transaction est nulle « faute d'objet »). Il y a erreur sur l'objet de la contestation si elle porte sur le principe de la responsabilité, mais non sur les modalités de cette responsabilité, cette erreur n'étant pas substantielle (▪ Toulouse, 17 déc. 1954 : *D.* 1955, 122).

3) Erreur sur l'importance du préjudice. Si l'erreur sur l'importance du préjudice ne constitue pas une erreur sur l'objet de la transaction, il en est autrement de l'erreur sur l'existence de la lésion génératrice du dommage (▪ Cass. 1re civ., 12 janv. 1970 : *JurisData* n° 1970-000010 ; *JCP* 70, IV, 57 ; *Bull. civ.* I, n° 10, p. 7. V. aussi ▪ Cass. 2e civ., 10 janv. 1990, n° 88-15.112 : *JurisData* n° 1990-700075 ; *Bull. civ.* II, n° 9, p. 5).

4) Erreur de droit. Erreur sur la détermination réglementaire de la surface d'un bien. S'agissant d'une transaction destinée à compenser la différence entre la surface annoncée du bien vendu et sa surface mesurée, l'erreur sur la détermination réglementaire de cette surface, fût-elle de droit, affecte l'objet de la contestation tel que défini par ladite transaction et justifie la révision de celle-ci (■ Cass. 1re civ., 22 mai 2008, n° 06-19.643 : *JCP* 2008, act. 371 ; *JurisData* n° 2008-043973 ; *Contrats, conc. consom.* 2008, comm. 225, obs. Leveneur).

5) Aggravation de l'état de la victime. Il y a erreur sur l'un des éléments essentiels de la transaction lorsqu'il résulte des certificats médicaux établis au moment de la transaction que l'intéressé, soigné jusqu'alors pour une affection déterminée, ne pouvait avoir en vue une affection révélée ultérieurement (■ Cass. 1re civ., 24 mai 1966 : *JurisData* n° 1966-700317 ; *JCP* 66, II, 14769, note R. L., 1re esp.). Mais il en va autrement lorsque les lésions corporelles alléguées ne sont que l'aggravation d'affections connues au moment de la transaction (■ Cass. 1re civ., 14 juin 1966 : *JurisData* n° 1966-700360 ; *JCP* 66, II, 14769, note R. L., 2e esp. – V. en ce sens ■ Cass. 1re civ., 21 févr. 1979, n° 77-11.108 : *Bull. civ.* I, n° 72, p. 58).

6) Erreur sur les conséquences de l'accident. Jugé que la victime d'un accident corporel a commis une erreur sur l'objet de la contestation en signant une quittance définitive après avoir été dédommagée de la perte de salaire, alors qu'elle n'a pu, compte tenu des circonstances, connaître les conséquences de l'accident autres qu'une simple perte de salaire (■ Cass. 1re civ., 10 juin 1986, n° 84-13.673 : *JurisData* n° 1986-701214 ; *Bull. civ.* I, n° 164, p. 165).

7) Erreur sur les qualités substantielles d'une œuvre d'art. L'erreur sur l'objet de la contestation ne se confond pas avec les qualités substantielles de l'œuvre vendue susceptible d'entraîner la nullité de la vente, et l'objet de la contestation, à laquelle a mis fin la transaction validant irrévocablement la vente du tableau, sans en définir l'auteur, et stipulant sa donation par l'acquéreur à un tiers, ne se confond pas davantage avec la vente elle-même (■ Cass. 1re civ., 17 mars 2016, n° 14-27.168 : *JCP* G 2016, 585, note Deharo ; *Contrats, conc. consom.* 2016, comm. 137, Leveneur ; *RTD civ.* 2016, 347, obs. Barbier ; *D.* 2016, 1231, note L. Mayer ; *JCP* G 2016, doctr. 797, n° 3, obs. Serinet ; *D.* 2017, 375, obs. Mekki).

8) Causes de rescision. Caractère limitatif. Sur le principe qu'une transaction ne peut être rescindée que pour l'une des causes prévues par l'article 2053, V. ■ Cass. 2e civ., 1er avr. 1998, n° 96-17.165 : *JurisData* n° 1998-001480 ; *JCP* 98, IV, 2234 ; *Bull. civ.* II, n° 120, p. 71 ; *Resp. civ. et assur.* 1998, 237.

9) Rescision pour dol. Sur ce que la transaction peut être rescindée pour dol, V. ■ Cass. 2e civ., 20 oct. 2005, n° 03-19.895 : *JurisData* n° 2005-030470 ; *Contrats, conc. consom.* 2006, 23, note Leveneur (dissimulation des revenus véritables d'une des parties). La seule circonstance que les mensonges reprochés au salarié aient amené l'employeur à lui consentir des concessions plus avantageuses n'est pas de nature à affecter la validité de la transaction ; il appartient à la cour d'appel de rechercher si, sans les mensonges invoqués, il est évident que l'employeur n'aurait pas signé la transaction (■ Cass. soc., 12 févr. 1997, n° 93-44.042 : *JurisData* n° 1997-000555 ; *JCP* 97, IV, 744 ; *Bull. civ.* V, n° 61, p. 41 ; *RTD civ.* 1997, 693, obs. Gautier ; *Defrénois* 1997, 1077, obs. crit. Bénabent).

Rédaction antérieure. Art. 2054. – Il y a également lieu à l'action en rescision contre une transaction, lorsqu'elle a été faite en exécution d'un titre nul, à moins que les parties n'aient expressément traité sur la nullité.

Erreur de droit (non). La rescision d'une transaction conclue en exécution d'un titre nul ne peut être demandée lorsque la nullité du titre est le résultat d'une erreur de droit (■ Cass. com., 26 nov. 1957 : *Bull. civ.* III, n° 326, p. 279. V. en ce sens ■ Cass. req., 19 déc. 1865 : *DP* 1866, 1, 182).

Rédaction antérieure. Art. 2055. – La transaction faite sur pièces qui depuis ont été reconnues fausses est entièrement nulle.

1) Fausseté d'un testament. Doit être annulée *la transaction conclue sur* la validité d'un testament que les héritiers prétendent entaché de captation et qui est reconnu faux par la suite (■ Cass. req., 1er août 1877 : *DP* 1878, 1, 298).

2) Comptes erronés. N'est pas nulle la transaction conclue sur la base de calculs et de comptes erronés (■ Cass. com., 13 févr. 1956 : *Bull. civ.* III, n° 66, p. 56).

Rédaction antérieure. Art. 2056. – La transaction sur un procès terminé par un jugement passé en force de chose jugée, dont les parties ou l'une d'elles n'avaient point connaissance, est nulle.

Si le jugement ignoré des parties était susceptible d'appel, la transaction sera valable.

Arrangement amiable sur l'exécution. Les droits reconnus par un jugement définitif peuvent cependant faire l'objet d'une transaction valable si la partie qui a obtenu cette décision préfère couper court par un arrangement amiable aux difficultés de fait que présenterait son exécution (■ Cass. req., 12 nov. 1902 : *DP* 1902, 1, 566).

Rédaction antérieure. Art. 2057. – Lorsque les parties ont transigé généralement sur toutes les affaires qu'elles pouvaient avoir ensemble, les titres qui leur étaient alors inconnus, et qui auraient été postérieurement découverts, ne sont point une cause de rescision, à moins qu'ils n'aient été retenus par le fait de l'une des parties.

Mais la transaction serait nulle si elle n'avait qu'un objet sur lequel il serait constaté, par des titres nouvellement découverts, que l'une des parties n'avait aucun droit.

Rédaction antérieure. Art. 2058. – L'erreur de calcul dans une transaction doit être réparée.

Notion d'erreur de calcul. Les seules erreurs de calcul qui peuvent donner lieu à rectification sont celles commises dans les opérations arithmétiques faites soit par les parties en commun, soit par le tiers qu'elles ont chargé de préparer la transaction ou de traduire en chiffres les bases de transaction arrêtées entre elles (▪ Cass. req., 16 juin 1875 : *DP* 1877, 1, 71. V. en ce sens ▪ Cass. com., 13 févr. 1956 : *Bull. civ.* III, n° 66, p. 56. ▪ Cass. 3e civ., 15 mai 1991, n° 90-10.710 : *JurisData* n° 1991-001451 ; *Bull. civ.* III, n° 145, p. 85). Tel n'est pas le cas de l'erreur portant sur l'existence de certains éléments de la créance objet de la transaction (▪ Cass. com., 27 oct. 1958 : *D.* 1958, 727. V. aussi pour la transaction conclue sur la base de calculs et de comptes erronés, ▪ Cass. com., 13 févr. 1956 : *Bull. civ.* III, n° 66, p. 56).

TITRE XVI. – DE LA CONVENTION D'ARBITRAGE

(Intitulé mod., L. n° 2016-1547, 18 nov. 2016)

Voir : CPC, art. 1442 à 1507 (D. n° 81-500, 12 mai 1981).

Bibliographie : J. Robert, *La législation nouvelle sur l'arbitrage : D.* 1980, chron. 189. • *L'arbitrage en matière internationale : D.* 1981, chron. 209. Sur l'apport de la loi du 18 nov. 2016, V. • Y. Strickler, *Les modes alternatifs de règlement des différends dans la loi n° 2016-1547 du 18 novembre 2016 de modernisation de la justice du XXIe siècle : Procédures* 2017, 24. • S. Amrani-Mekki, *Les modes amiables de résolution des différends dans la loi de modernisation de la justice du XXIe siècle : Gaz. Pal.* 31 janv. 2017, 46. • G. Loiseau, *Nouvelles dispositions relatives à la transaction et à la convent ion d'arbitrage : Comm. com. électr.* 2017, 42. • T. Clay, *L'arbitrage, les modes alternatifs de règlement des différends et la transaction dans la loi « Justice du XXIe siècle » : JCP* 2016, 2219.

Art. 2059 *(L. n° 72-626, 5 juill. 1972).* – **Toutes personnes peuvent compromettre sur les droits dont elles ont la libre disposition.**

Art. 2060 *(L. n° 72-626, 5 juill. 1972 ; mod., L. n° 75-596, 9 juill. 1975).* – **On ne peut compromettre sur les questions d'état et de capacité des personnes, sur celles relatives au divorce et à la séparation de corps ou sur les contestations intéressant les collectivités publiques et les établissements publics et plus généralement dans toutes les matières qui intéressent l'ordre public.**

Toutefois des catégories d'établissements publics à caractère industriel et commercial peuvent être autorisées par décret à compromettre.

Ordre public. Le compromis n'est pas nul par cela seul que la convention à laquelle il a trait est soumise à certains égards à une réglementation présentant le caractère d'ordre public. Lorsque la nullité du contrat donne elle-même naissance à des litiges relatifs aux restitutions et dommages-intérêts sur lesquels il n'est pas interdit de compromettre, la responsabilité éventuelle de l'une ou de l'autre des parties, dans la conclusion du contrat nul, en cas d'inexécution, ne met en œuvre aucune règle impérative d'ordre public et peut être soumise à des arbitres (▪ Colmar, 29 nov. 1968, n° 68938 : *JCP* 70, II, 16246, note Oppetit et Level. – Comp. ▪ Paris, 24 nov. 1955 : *JCP* 56, II, 9079, note Motulsky). ▪ Cass. 1re civ., 8 juill. 2010, n° 09-67.013 : *RTD com.* 2011, 667, obs. Delebecque ; *Rev. crit. DIP* 2010, 743, Bureau et Muir Watt ; *JCP* E 2010, 2214, note Raynard ; *RJ com.* 2010, 543, note Berlioz, qui admet la possible application de la clause compromissoire dans un litige mettant en cause l'article L. 442-6 du Code du commerce, peu important que des dispositions d'ordre public régissent le fond du litige, dès lors que le recours à l'arbitrage n'est pas exclu du seul fait que des dispositions impératives, fussent-elles constitutives d'une loi de police, sont applicables.

Art. 2061 *(Mod., L. n° 2016-1547, 18 nov. 2016).* – **La clause compromissoire doit avoir été acceptée par la partie à laquelle on l'oppose, à moins que celle-ci n'ait succédé aux droits et obligations de la partie qui l'a initialement acceptée.**

Lorsque l'une des parties n'a pas contracté dans le cadre de son activité professionnelle, la clause ne peut lui être opposée.

Sur les apports de la loi du 18 nov. 2016, V. Ph. Casson, *« Les tribulations de l'article 2061 du Code civil » : JCP* G 2018, note 312 (passage d'une nullité à une simple inopposabilité lorsqu'une des parties n'a pas contracté dans le cadre de con activité professionnelle. V. aussi, C. Jarrosson et J.-B. Racine, *« Les dispositions relatives à l'arbitrage dans la loi de modernisation de la justice du xxie siècle » : Rev. arb.* 2016, p. 1007. – L. Weiller, *« L'arbitrage du xxie siècle » : Procédures* 2017, étude 9. – Th. Clay, *« Les articles relatifs aux conventions d'arbitrage » : Cah. arb.* 2017, p. 17. – P. Berlioz, *« La clause compromissoire dans les contrats immobiliers après la réforme de l'article 2061 du Code civil »* in *Liber Amicorum* en l'honneur du professeur Joel Monéger : LexisNexis, hors coll., mai 2017, p. 3.

1) Nullité de la clause compromissoire hors des contrats conclus à raison d'une activité professionnelle (droit antérieur à la loi du 18 nov. 2016). La clause compromissoire insérée dans un contrat qui n'était pas conclu à raison d'une activité professionnelle n'est pas valable (■ Cass. 2e civ., 16 juin 2011, n° 10-22.780 : *Bull. civ.* II, n° 133 ; *RDC* 2011, 1279, obs. Y.-M. Serinet ; *JCP* G 2011, doctr. 1397, n° 5, obs. T. Clay ; *Contrats, conc. consom.* 2011, comm. 206, obs. L. Leveneur ; *Rev. arb.* 2011, 950, note J. Billemony ; *RGDA* 2011, 1139, obs. R. Schulz ; *Gaz. Pal.* 2011, nos 329-330, p. 33, obs. B. Cerveau, contrat d'assurance collective prévoyant que les conclusions du médecin s'imposaient aux parties). Dans le même sens, ■ Cass. 1re civ., 20 déc. 2017, n° 16-21.425 : *JCP* G 2018, note Casson.

2) Nécessité d'une activité professionnelle pour les deux parties. Commerçant retraité. Nullité de la clause compromissoire insérée dans un contrat conclu avec deux commerçants retraités n'exerçant plus aucune activité professionnelle (■ Cass. 1re civ., 29 févr. 2012, n° 11-12.782 : *Bull. civ.* I, n° 40 ; *JCP* G 2012, note 405, J. Monéger ; *JCP* G 2012, doctr. 843, n° 1, obs. Ortscheidt ; *Procédures* 2012, 21, note L. Weiller).

3) Inopposabilité de la clause compromissoire au sous-acquéreur dans les chaînes européennes de contrats translatifs de propriété. Une clause attributive de juridiction convenue dans le contrat conclu entre le fabricant d'un bien et l'acquéreur de celui-ci ne peut pas être opposée au tiers sous-acquéreur qui, au terme d'une succession de contrats translatifs de propriété conclus entre des parties établies dans différents États membres, a acquis ce bien et veut engager une action en responsabilité à l'encontre du fabricant, sauf s'il est établi que ce tiers a donné son consentement effectif à l'égard de ladite clause (■ Cass. 1re civ., 11 sept. 2013, n° 09-12.442 : *Bull. civ.* I, n° 162 ; *D.* 2014, 121, note Mazeaud ; *Contrats, conc. consom.* 2013, comm. 257, Leveneur ; *RTD com.* 2013, 384, obs. Delebecque ; *RTD civ.* 2013, 839, obs. Barbier ; *JCP* 2013, note 1129, Nourissat).

4) Clause compromissoire et ensemble contractuel. La transaction et le contrat d'assurance formant un ensemble contractuel, la convention d'arbitrage qui figurait dans le contrat d'assurance n'était pas manifestement inapplicable au litige (■ Cass. 1re civ., 9 juill. 2014, n° 13-17.495 : à paraître au *Bull. civ.* ; *RTD civ.* 2014, 888, obs. Barbier ; *D.* 2014, 2092, Mazeaud ; *AJ Contrats d'affaires* 2014, 329, obs. Dubarry ; *D.* 2014, 2541, obs. Clay ; *D.* 2015, 529, obs. Amrani-Mekki et Mekki ; *Gaz. Pal.* 21 nov. 2014, 15, obs. Bensaude ; *RGDA* 2014, 543, note Heuzé).

5) Action du ministre de l'Économie sur le fondement de l'article L. 442-6, III du Code de commerce. Inapplicabilité de la clause compromissoire. L'action ainsi attribuée au titre d'une mission de gardien de l'ordre public économique pour protéger le fonctionnement du marché et de la concurrence est une action autonome dont la connaissance est réservée aux juridictions étatiques au regard de sa nature et de son objet ; dès lors, le ministre n'agissant ni comme partie au contrat ni sur le fondement de celui-ci, la cour d'appel a caractérisé l'inapplicabilité manifeste au litige de la convention d'arbitrage du contrat de distribution (■ Cass. 1re civ., 6 juill. 2016, n° 15-21.811 : *JCP* G 2016, doctr. 1257, n° 10, obs. Virassamy ; *D.* 2016, 1910, note Roda et 2025, obs. d'Avout et Bollée ; *Contrats, conc. consom.* 2016, comm. 214, obs. Mathey).

6) Inapplicabilité manifeste de la clause compromissoire. L'inapplicabilité manifeste de la clause d'arbitrage ne peut être déduite de l'impossibilité alléguée par le liquidateur judiciaire de faire face au coût de la procédure d'arbitrage (■ Cass. 1re civ., 13 juill. 2016, n° 15-19.389 ; *JCP* G 2016, 1002, note de Fontmichel ; *JCP* G 2016, doctr. 1257, n° 10, obs. Virassamy).

Rédaction antérieure. Art. 2061. – *(L. n° 2001-420, 15 mai 2001)* Sous réserve des dispositions législatives particulières, la clause compromissoire est valable dans les contrats conclus à raison d'une activité professionnelle.

Bibliographie : Ch. Jarrosson, *Le nouvel essor de la clause compromissoire après la loi du 15 mai 2001* : *JCP* G 2001, I, 333 ; *JCP* E 2001, 1371 ; *JCP* N 2002, 1040.

1) V. CPC, art. 1442 et s.

2) L'État, **les collectivités territoriales et les établissements publics** sont autorisés, dans les contrats qu'ils concluent conjointement avec des sociétés étrangères pour la réalisation d'opérations d'intérêt national, à souscrire des clauses compromissoires en vue du règlement, le cas échéant définitif, de litiges liés à l'application et l'interprétation de ces contrats *(L. n° 86-972, 19 août 1986, art. 9)*.

3) Droit transitoire. La loi du 15 mai 2001 est applicable aux clauses compromissoires antérieures à son entrée en vigueur (▪ Cass. 1re civ., 22 nov. 2005, n° 04-12.655 : *JCP* G 2006, II, 10015, note Cornut ; *JCP* E 2006, 1196, note Croze ; *D.* 2006, 277, note Le Bars et Callé. ▪ TGI Paris, réf., 8 oct. 2002 : *JCP* G 2003, I, 164 et *JCP* E 2003, 1588, n° 1, obs. Béguin ; *JCP* G 2004, II, 10014, note F. Fages. ▪ Orléans, 18 mars 2004, n° 03/01760 : *JurisData* n° 2004-234826 ; *JCP* G 2004, II, 10103, note Le Bars et Callé ; *JCP* G 2004, I, 179 et *JCP* E 2004, 1816, n° 3, obs. Béguin).

TITRE XVII. – DE LA CONVENTION DE PROCÉDURE PARTICIPATIVE

(Titre créé à compter de la date prévue à l'article 43 de la loi n° 2010-1609 du 22 décembre 2010 et au plus tard le 1er septembre 2011, L. n° 2010-1609, 22 déc. 2010)

Bibliographie : F. G'sell-Macrez, *Vers la justice participative ? Pour une négociation « à l'ombre du droit ? : D.* 2010, 2450. • S. Sauphanor, *La convention de procédure participative : aspects pratiques : Gaz. Pal.* 16 janv. 2011, 10. • A. Sauret, *La convention de procédure participative : une nouvelle règle de traitement à l'amiable de certains différends survenant en droit social : Gaz. Pal.* 4 mars 2011, 33. • H. Poivey-Leclercq, *La convention de procédure participative « un pacte de non-agression à durée déterminée » : JCP* G 2011, act. 70. • M. Douchy-Oudot, *Convention de procédure participative : Procédures* 2011, n° 3, 49. Sur l'apport de la loi du 18 nov. 2016, V. • Y. Strickler, *Les modes alternatifs de règlement des différends dans la loi n° 2016-1547 du 18 novembre 2016 de modernisation de la justice du XXIe siècle : Procédures* févr. 2017, 24. • S. Amrani-Mekki, *Les modes amiables de résolution des différends dans la loi de modernisation de la justice du XXIe siècle : Gaz. Pal.* 31 janv. 2017, 46. • T. Clay, *L'arbitrage, les modes alternatifs de règlement des différends et la transaction dans la loi « Justice du XXIe siècle » : JCP* 2016, 2219.

Art. 2062 *(L. n° 2010-1609, 22 déc. 2010). – (Mod., L. n° 2016-1547, 18 nov. 2016)* La convention de procédure participative est une convention par laquelle les parties à un différend s'engagent à œuvrer conjointement et de bonne foi à la résolution amiable de leur différend ou à la mise en état de leur litige.

Cette convention est conclue pour une durée déterminée.

Art. 2063 *(L. n° 2010-1609, 22 déc. 2010).* – La convention de procédure participative est, à peine de nullité, contenue dans un écrit qui précise :

1° Son terme ;

2° L'objet du différend ;

3° Les pièces et informations nécessaires à la résolution du différend « ou à la mise en état du litige » *(Mod., L. n° 2016-1547, 18 nov. 2016)* et les modalités de leur échange ;

4° *(L. n° 2016-1547, 18 nov. 2016)* Le cas échéant, les actes contresignés par avocats que les parties s'accordent à établir, dans des conditions prévues par décret en Conseil d'État.

Art. 2064 *(L. n° 2010-1609, 22 déc. 2010).* – Toute personne, assistée de son avocat, peut conclure une convention de procédure participative sur les droits dont elle a la libre disposition, sous réserve des dispositions de l'article 2067.

(Al. abr. à compter du 7 août 2015, L. n° 2015-990, 6 août 2015).

Art. 2065 *(L. n° 2010-1609, 22 déc. 2010).* – Tant qu'elle est en cours, la convention de procédure participative « conclue avant la saisine d'un juge » *(Mod., L. n° 2016-1547, 18 nov. 2016)* rend irrecevable tout recours au juge pour qu'il statue sur le litige. Toutefois, l'inexécution de la convention par l'une des parties autorise une autre partie à saisir le juge pour qu'il statue sur le litige.

En cas d'urgence, la convention ne fait pas obstacle à ce que des mesures provisoires ou conservatoires soient demandées par les parties.

Art. 2066 *(L. n° 2010-1609, 22 déc. 2010).* – Les parties qui, au terme de la convention de procédure participative, parviennent à un accord réglant en tout ou partie leur différend peuvent soumettre cet accord à l'homologation du juge.

Lorsque, faute de parvenir à un accord au terme de la convention « conclue avant la saisine d'un juge » *(Mod., L. n° 2016-1547, 18 nov. 2016)*, les parties soumettent leur litige au juge, elles sont dispensées de la conciliation ou de la médiation préalable le cas échéant prévue.

(Al. créé à compter du 7 août 2015, L. n° 2015-990, 6 août 2015) Le deuxième alinéa n'est pas applicable aux litiges en matière prud'homale.

Art. 2067 *(L. n° 2010-1609, 22 déc. 2010).* – Une convention de procédure participative peut être conclue par des époux en vue de rechercher une solution consensuelle en matière de divorce ou de séparation de corps.

L'article 2066 n'est pas applicable en la matière. La demande en divorce ou en séparation de corps présentée à la suite d'une convention de procédure participative est formée et jugée suivant les règles prévues au titre VI du livre Ier relatif au divorce.

Art. 2068 *(L. n° 2010-1609, 22 déc. 2010).* – La procédure participative est régie par le Code de procédure civile.

TITRE XVII ANCIEN. – DU NANTISSEMENT

(Abr., Ord. n° 2006-346, 23 mars 2006)

Art. 2071 et 2072 *(Abr., Ord. n° 2006-346, 23 mars 2006).*

CHAPITRE I. – DU GAGE

Art. 2073 à 2084 *(Abr., Ord. n° 2006-346, 23 mars 2006).*

CHAPITRE II. – DE L'ANTICHRÈSE

Art. 2085 à 2091 *(Abr., Ord. n° 2006-346, 23 mars 2006).*

TITRE XVIII. – DES PRIVILÈGES ET HYPOTHÈQUES

(Abr., Ord. n° 2006-346, 23 mars 2006)

Art. 2092 à 2203-1 *(Dénum., Ord. n° 2006-346, 23 mars 2006).* – V. table de concordance.

Anciennes références	Nouvelles références
2011	2288
2012	2289
2013	2290
2014	2291
2015	2292
2016	2293
2017	2294

Anciennes références	Nouvelles références
2018	2295
2019	2296
2020	2297
2021	2298
2022	2299
2023	2300
2024	2301
2025	2302
2026	2303
2027	2304
2028	2305
2029	2306
2030	2307
2031	2308
2032	2309
2033	2310
2034	2311
2035	2312
2036	2313
2037	2314
2038	2315
2039	2316
2040	2317
2041	2318
2042	2319
2043	2320
2092	2284
2092-3	2205
2093	2285
2094	2323
2095	2324
2096	2325
2097	2326
2098	2327
2099	2328
2100	2330
2101	2331
2102	2332
2103	2374
2104	2375

Anciennes références	Nouvelles références
2105	2376
2106	2377
2107	2378
2108	2379
2108-1	2380
2109	2381
2110	2382
2111	2383
2111-1	2384
2112	2385
2113	2386
2114	2393
2115	2394
2116	2395
2117	2396
2118	2397
2119	2398
2120	2399
2121	2400
2122	2401
2123	2412
2124	2413
2125	2414
2126	2415
2127	2416
2128	2417
2129	2418
2134	2425
2136	2402
2137	2403
2138	2404
2139	2405
2140	2406
2141	2407
2142	2408
2143	2409
2144	2410
2145	2411
2146	2426
2147	2427

Anciennes références	Nouvelles références
2148	2428
2148-1	2429
2149	2430
2150	2431
2151	2432
2152	2433
2154	2434
2154-1	2435
2154-2	2436
2154-3	2437
2155	2438
2156	2439
2157	2440
2158	2441
2159	2442
2160	2443
2161	2444
2162	2445
2163	2446
2164	2447
2165	2448
2166	2461
2167	2462
2168	2463
2169	2464
2170	2465
2171	2466
2172	2467
2173	2468
2174	2469
2175	2470
2176	2471
2177	2472
2178	2473
2179	2474
2180	2488
2181	2476
2182	2477
2183	2478
2184	2479

Anciennes références	Nouvelles références
2185	2480
2186	2481
2187	2482
2188	2483
2189	2484
2190	2485
2191	2486
2192	2487
2196	2449
2197	2450
2198	2451
2199	2452
2200	2453
2201	2454
2202	2455
2203	2456
2203-1	2457
2284	2489
2285	2490
2286	2491
2287	2492
2288	2493
2289	2494
2290	2495
2290-1	2496
2291	2497
2292	2498
2293	2499
2294	2500
2295	2501
2296	2502
2297	2503
2298	2504
2299	2505
2300	2506
2301	2507
2302	2508
2303	2509
2304	2510
2305	2511

Anciennes références	Nouvelles références
2306	2512
2307	2513
2308	2514
2309	2515
2310	2516
2311	2517
2312	2518
2313	2519
2314	2520
2315	2521
2316	2522
2317	2523
2318	2524
2319	2525
2320	2526
2321	2527
2322	2528
2323	2529
2324	2530
2325	2531
2326	2532
2327	2533
2328	2534

TITRE XX. – DE LA PRESCRIPTION EXTINCTIVE

(Mod., L. n° 2008-561, 17 juin 2008)

Bibliographie : *Sur la réforme de la prescription opérée par la loi du 17 juin 2008.* V. notamment : S. Amrani-Mekki, *Liberté, simplicité, efficacité, la nouvelle devise de la prescription ? : JCP* G 2008, I, 160. • F. Ancel, *Note sous la loi n° 2008-561 du 17 juin 2008 portant réforme de la prescription en matière civile : Gaz. Pal.* 2008, p. 2118. • M. Bandrac, *La nouvelle nature juridique de la prescription extinctive en matière civile : RDC* 2008, p. 1414. • C. Biguenet-Maurel, *Réforme de la prescription civile*, éd. Lefebvre, 2008. • C. Brenner et H. Lécuyer, *La réforme de la prescription : JCP* E 2009, 1197. • Ph. Casson et Ph. Pierre (dir.), *La réforme de la prescription en matière civile : le chaos enfin régulé ?*, Thèmes et commentaires : Actes : *D.*, 2010. • A. Colin, *Pour une conception renouvelée de la prescription*, Préface D. Fenouillet : *Defrénois Lextenso éditions* 2010. • D. Dupuis et G.-L. Harang, *La réforme de la prescription par la loi n° 2008-561 du 17 juin 2008 : plus court mais pas plus simple : Cah. dr. entr.* 2008, n° 6, p. 30. • B. Fauvarque-Cosson et J. François, *Commentaire de la loi du 17 juin 2008 portant réforme de la prescription en matière civile : D.* 2008, p. 2512. • N. Fricero, *La nouvelle prescription entre sécurité et modernité : Rev. Lamy dr. civ. sept. 2008.* • *Ibid., La prescription* extinctive un an après la loi n° 2008-521 du 17 juin 2008 : ce qu'il faut savoir ! : Procédures 2009, étude 6. • C. Grimaldi, *La durée des droits : péremption ou prescription : approche empirique : D.* 2012, p. 514. • F. Jacob, *L'unification des délais : LPA* 2 avr. 2009, p. 7. • X. Lagarde, *Réforme de la prescription en matière civile : entre simplifications et incertitudes : Gaz. Pal.* 2009, n° 101, p. 2. • J. Lasserre-Capdeville, *Causes d'interruption et de suspension : LPA* 2 avr. 2009, p. 12. • A.-M. Leroyer, *Commentaire de la loi du 17 juin 2008 : RTD civ.* 2008, p. 563. • L. Leveneur, *Réforme de la prescription : trois petits tours au Parlement et quelques questions : JCP*

N 2008, 1356. • *Ibid : Contrats, conc. consom.* 2008, comm. 195. • Ph. Malaurie, *La réforme de la prescription civile : JCP* G 2009, I, 134. • Ph. Malaurie, *La réforme de la prescription civile : Defrénois* 2008, p. 2042. • Ph. Malinvaud, *L'interruption de la prescription et la caducité de l'assignation avant et après la loi du 17 juin 2008 : RD imm.* 2009, p. 121. • M. Mignot, *Réforme de la prescription : le point de départ du délai : Defrénois* 2009, p. 393. • *Ibid., Les définitions des prescriptions extinctives et acquisitives. À propos des articles 2219 et 2258 : LPA* 2 avr. 2009, p. 3. • *Ibid., Rapport de synthèse : LPA* 2 avr. 2009, p. 59. • F. Rouvière, *La distinction des délais de prescription, butoir et de forclusion : LPA* 2009, n° 152, p. 7. • C. Thépot-Olagne, *L'application de la loi dans le temps : LPA* 2 avr. 2009, p. 56. ■ *Adde, La réforme du droit de la prescription extinctive : perspectives nationales et transfrontalières : Rev. Lamy dr. aff.* 2009/42. • F.-X. Licari, *Aspects fondamentaux du nouveau droit de la prescription : réflexions théoriques et pratiques sur les choix opérés par la loi du 17 juin 2008 : Rev. Lamy dr. aff.* 2009/42, n° 2551. • G. Wiederkher, *Conflits de lois dans le temps et dans l'espace en matière de prescription : Rev. Lamy dr. aff.* 2009/42, n° 2552. • D. Mazeaud, *Liberté contractuelle et pouvoir du juge dans le nouveau droit de la prescription extinctive : Rev. Lamy dr. aff.* 2009/42, n° 2553. • Cl. Witz, *La prescription extinctive dans les instruments d'uniformisation du droit : Rev. Lamy dr. aff.* 2009/42, n° 2554. • S. Guillemard, *La prescription extinctive en droit français – Regard d'une juriste québécoise : Rev. Lamy dr. aff.* 2009/42, n° 2555. • F. Limbach, *Droit français et allemand de la prescription : zones de lumières et zones d'ombre : Rev. Lamy dr. aff.* 2009/42, n° 2556. • S. Hocquet-Berg, *La réparation des dommages dans le nouveau droit de la responsabilité : Rev. Lamy dr. aff.* 2009/42, n° 2557. • B. Palli, *L'impact du nouveau droit de la prescription sur le droit du travail : Rev. Lamy dr. aff.* 2009/42, n° 2558. • A. Bénabent, *Réflexions finales : Rev. Lamy dr. aff.* 2009/42, n° 2559.

Sur des comparaisons avec les droits étrangers. F. Limbach, *La prescription extinctive en droit allemand : D.* 2008, p. 2535. • Y. Levano, *La prescription extinctive en droit allemand après la réforme du droit des obligations : RID comp.* 2004, p. 947. • F.-X. Licari, *Le nouveau droit français de la prescription extinctive à la lumière d'expériences étrangères récentes ou en gestation (Louisiane, Allemagne, Israël) : RID comp.* 2009, p. 739. • D. Mazeaud et R. Wintgen, *La prescription extinctive dans les codifications savantes : D.* 2008, p. 2523. • Y.-M. Laithier, *Le nouveau droit de la prescription extinctive et le rapport « Limitations of Actions » de la Law Commission anglaise : D.* 2008, p. 2538 (mais aucune réforme ne serait actuellement en vue). • B. François, *La prescription extinctive en droit américain et en droit français : différences et convergences : D.* 2008, p. 2543. • Ch. Dumont de Chassart, *Éclairage étranger sur la récente réforme française de la prescription (Réforme de la prescription extinctive en droit belge : dix ans après) : Rev. Lamy dr. civ.* 2009/57, n° 3321. V. égal. P. Jourdain et P. Wéry (ss dir.), *La prescription extinctive : études de droit comparé*, Schulthess-Bruylant LGDJ, 2010.

Sur les incidences de la réforme opérée par la loi du 17 juin 2008 relativement à certaines matières. V. notamment, N. Balat et M. Grimaldi, *Entre contrainte et contrat : le nouveau délai de prescription extinctive : Rev. dr. aff. Univ. Panthéon-Assas* 2010, n° 7, p. 189. • J.-C. Bardout, *Les conséquences de la réforme de la prescription civile en matière familiale : AJF* 2008, p. 291. • Ph. Billet, *Prescription des obligations financières liées à la réparation des atteintes à l'environnement : les affres du temps : JCP* A 2008, act. 697. • A. Bouty, *La prescription en droit de la construction après la loi du 17 juin 2008 : RD imm.* 2009, p. 150. • Cl. Brenner, *De quelques aspects procéduraux de la réforme de la prescription extinctive : RDC* 2008, p. 1431. • P. Cagnoli, *Prescription et procédures collectives : Rev. proc. coll.* 2011, étude 12. • M.-P. Camproux-Duffrène, *Réforme de la prescription civile : les aspects environnementaux : LPA* 2 avr. 2009, p. 45. • E.-A. Caprioli, *Archivage électronique et loi nouvelle sur la prescription en matière civile : Comm., com. électr.* 2008, comm. 141. • F. Chautard, L. Le Berre et A.-S. Maigret-Mathiot, *Principales incidences de la réforme de la prescription civile en droit du travail, notamment au niveau de la relation individuelle de travail : Procédures* 2009, étude 1. • R. De Quenaudon, *La réforme de la prescription : aspects de droit du travail : LPA* 2 avr. 2009, p. 53. • G. Durand-Pasquier, *La responsabilité des constructeurs à l'aune de la réforme du droit de la prescription : Constr.-urb.* 2008, comm. 36. • G. Eckert et J.-Ph. Kovar, *La réforme de la prescription : aspects de droit public : LPA* 2 avr. 2009, p. 25. • N. Fricéro, *La prescription après la loi du 17 juin en droit de la construction : RD imm.* 2011, p. 435. • J. Kayser, *La loi portant réforme de la prescription en matière civile et les Modes Alternatifs de Résolution des Conflits : JCP* E 2008, 1938. • G. Legrand, *Droit bancaire ; La réforme de la prescription et ses incidences : Banque* 2010, n° 720, p. 53. • J. Lelieur, *L'impact de la réforme de la prescription civile sur l'action des victimes d'infractions pénales : LPA* 2 avr. 2009, p. 50. • E. Lauvaux et E. Émile-Zola-Place, *La prescription des créances de redevances dans les secteurs de l'édition et de la production depuis la loi du 17 juin 2008 : Comm. com. électr.* 2009, étude 22. • P. de Lescure, *La responsabilité contractuelle de droit commun des constructeurs en cas de dommage à l'ouvrage depuis la loi du 17 juin 2008 : RD imm.* 2009, p. 458. • Ph. Malinvaud, *Prescription et responsabilité des constructeurs après la réforme du 17 juin 2008 : RD imm.* 2009, p. 368. • G. Martin, *Prescription et droit de l'environnement : RDC* 2008, p. 1468. • T. Moussa, *Prescription des titres exécutoires et prescription de l'action : Dr. et proc.* 2011, p. 284. • G. Rebecq et D. Tatoueix, *La prescription des titres exécutoires en matière judiciaire : Dr. et proc.* 2010, n° 7, p. 201. • J.-L. Puygauthier, *Prescription extinctive et pratique notariale : JCP* N 2013, 1286. • Ph. Simler, *La réforme du droit de la prescription : aspects de droit des biens : LPA* 2 avr. 2009, p. 34. • M. Storck, *La prescription commerciale et la réforme du 17 juin 2008 : LPA* 2 avr. 2009, p. 37. • J.-P. Storck, *Réforme du droit de la prescription et la responsabilité des constructeurs : LPA* 2 avr. 2009, p. 42. • J.-P. Tricoire, *La réforme de la prescription en droit des biens et en droit de la construction : LPA* 2009, n° 147, p. 7.

• G. Viney, *Les modifications apportées par la loi du 17 juin 2008 à la prescription extinctive des actions en responsabilité civile* : *RDC* 2009, p. 493. • V. Zalewski, *Réforme de la prescription civile : impact sur le droit immobilier* : *Defrénois* 2008, p. 2461.

Sur l'état du droit antérieur. A. Ballot-Léna, *Les multiples points de départ de la prescription extinctive* : *LPA* 7 déc. 2007, p. 5. • M. Bandrac, *La nature juridique de la prescription extinctive en matière civile*, Économica 1986 ; *Les tendances récentes de la prescription extinctive en droit français* : *RID comp.* 1994, p. 359. • A. Benabent, *Le chaos de la prescription extinctive* in *Mélanges Boyer* 1996, p. 123. • R. Cario, *Les modifications conventionnelles de la prescription* : *LPA* 6 nov. 1998, p. 9. • P. Courbe, *Les désordres de la prescription*, ouvrage collectif, PU Rouen, 2000. • V. Lasserre-Kiesow, *La prescription, les lois et la faux du temps* : *JCP* N 2004, 1225. • Ch. Jamin, *Les avocats et l'avant-projet de réforme du droit des obligations et du droit de la prescription* : *JCP* G 2006, act. 479. • P. Jestaz, *Prescription et possession en droit français des biens* : *D.* 1984, chron. p. 27. • P. Catala (ss. dir.), *Avant-projet de réforme du droit des obligations et de la prescription*, La Documentation française, ministère de la Justice, 2006. • M. Mignot, *La proposition de loi portant réforme de la prescription en matière civile : une nouvelle application du droit de ne pas payer ses dettes* : *LPA* 26 févr. 2008, n° 41, p. 6. • Ph. Malaurie, *La réforme de la prescription civile (suite)* : *LPA* 22 févr. 2008, n° 39, p. 3. • Ph. Malaurie, *La réforme de la prescription civile* : *Defrénois* 2007, p. 1659. • A. Niemic, *L'avant-projet de réforme du droit des obligations et de la prescription : une véritable codification de la rencontre de volonté* : *LPA* 23 janv. 2008, 17, p. 11. • F. Pollaud-Dulian, *De la prescription en droit d'auteur* : *RTD civ.* 1999, p. 585. • A. Trescases, *Les délais préfix* : *LPA* 30 janv. 2008, p. 6. • M. Vasseur, *Délais préfix, délais de prescription, délais de procédure* : *RTD civ.* 1950, p. 439. • F. Zenati et S. Fournier, *Essai d'une théorie unitaire de la prescription* : *RTD civ.* 1996, p. 339.

CHAPITRE I. – DISPOSITIONS GÉNÉRALES

Loi n° 2008-561 du 17 juin 2008
portant réforme de la prescription en matière civile

Art. 26. – I. – Les dispositions de la présente loi qui allongent la durée d'une prescription s'appliquent lorsque le délai de prescription n'était pas expiré à la date de son entrée en vigueur. Il est alors tenu compte du délai déjà écoulé.

II. – Les dispositions de la présente loi qui réduisent la durée de la prescription s'appliquent aux prescriptions à compter du jour de l'entrée en vigueur de la présente loi, sans que la durée totale puisse excéder la durée prévue par la loi antérieure.

III. – Lorsqu'une instance a été introduite avant l'entrée en vigueur de la présente loi, l'action est poursuivie et jugée conformément à la loi ancienne. Cette loi s'applique également en appel et en cassation.

Principe. La prescription étant toujours en cours au jour de l'entrée en vigueur de la loi n° 2008-561 du 17 juin 2008 qui en a réduit le délai de trente à cinq ans, l'action en inopposabilité du syndic n'est pas prescrite dès lors qu'elle a été introduite dans le délai de cinq ans suivant l'entrée en vigueur de la loi et que la durée totale du délai écoulé n'excède pas le délai de prescription précédemment applicable (▪ Cass. 3e civ., 26 janv. 2017, n° 14-29.272 : *JurisData* n° 2017-000940). En matière de répétition de l'indu, la Cour de cassation a également rappelé que la prescription réduite commence à courir, sauf disposition contraire, du jour de l'entrée en vigueur de la loi nouvelle, sans que la durée totale puisse excéder la durée prévue par la loi antérieure (▪ Cass. 2e civ., 5 juill. 2018, n° 17-14.244 : *JurisData* n° 2018-012387 ; *Contrats, conc. consom.* 2018, comm. 189, obs. Leveneur).

Art. 2219 *(L. n° 2008-561, 17 juin 2008)* (1). – **La prescription extinctive est un mode d'extinction d'un droit résultant de l'inaction de son titulaire pendant un certain laps de temps.**

Art. 2220 *(L. n° 2008-561, 17 juin 2008)* (1). – **Les délais de forclusion ne sont pas, sauf dispositions contraires prévues par la loi, régis par le présent titre.**

Bibliographie : X. Lagarde, *La distinction entre prescription et forclusion à l'épreuve de la réforme du 17 juin 2008* : *D.* 2018, p. 469.

(1) Pour l'entrée en vigueur de ces dispositions, L. n° 2008-561, 17 juin 2008, art. 26, p. 3293.

Voir : sur les exceptions où les délais de forclusion et les délais de prescription sont soumis à des règles communes, art. 2222, p. 1657 ; art. 2241, p. 1673 ; art. 2244, p. 1676.

Validité des clauses de forclusion conventionnelle. Selon la Cour de cassation, la clause qui fixe un terme au droit d'agir du créancier institue un délai de forclusion (■ Cass. com., 26 janv. 2016, n° 14-23.285 : *JurisData* n° 2016-001026 ; *JCP* G 2016, 365, note Balat ; *D.* 2016, p. 682, note J. François ; *JCP* G 2016, doctr. 553, n° 7, note Simler).

Art. 2221 *(L. n° 2008-561, 17 juin 2008)* (1). **– La prescription extinctive est soumise à la loi régissant le droit qu'elle affecte.**

Art. 2222 *(L. n° 2008-561, 17 juin 2008)* (1). **– La loi qui allonge la durée d'une prescription ou d'un délai de forclusion est sans effet sur une prescription ou une forclusion acquise. Elle s'applique lorsque le délai de prescription ou le délai de forclusion n'était pas expiré à la date de son entrée en vigueur. Il est alors tenu compte du délai déjà écoulé.**

En cas de réduction de la durée du délai de prescription ou du délai de forclusion, ce nouveau délai court à compter du jour de l'entrée en vigueur de la loi nouvelle, sans que la durée totale puisse excéder la durée prévue par la loi antérieure.

Bibliographie : N. Balat, *Forclusion et prescription : RTD civ.* 2016, p. 751.

Confirmation de la jurisprudence antérieure. Les règles posées par l'article 2222 du Code civil rejoignent les solutions jurisprudentielles antérieures (■ Cass. 1re civ., 28 nov. 1973 : *D.* 1974, p. 112, note J. Massip. ■ Cass. com., 13 juin 1995, n° 93-21.403 : *JurisData* n° 1995-001517 ; *Bull. civ.* IV, n° 179. ■ Cass. soc., 22 nov. 2001, n° 00-10.585 : *Bull. civ.* V, n° 356).

Art. 2223 *(L. n° 2008-561, 17 juin 2008)* (1). **– Les dispositions du présent titre ne font pas obstacle à l'application des règles spéciales prévues par d'autres lois.**

Voir : sur l'action des professionnels pour les biens et les services qu'ils fournissent aux consommateurs, C. consom., art. L. 218-2.

Sur les prescriptions applicables au règlement des salaires, honoraires ou émoluments des officiers publics et des auxiliaires de justice, L. 24 déc. 1897, p. 2770.

Sur la soumission des poursuites en exécution des titres judiciaires et assimilés à un délai propre, CPC ex., art. L. 111-4.

CHAPITRE II. – DES DÉLAIS ET DU POINT DE DÉPART DE LA PRESCRIPTION EXTINCTIVE

Section I. – Du délai de droit commun et de son point de départ

Art. 2224 *(L. n° 2008-561, 17 juin 2008)* (1). **– Les actions personnelles ou mobilières se prescrivent par cinq ans à compter du jour où le titulaire d'un droit a connu ou aurait dû connaître les faits lui permettant de l'exercer.**

Voir aussi : sur l'existence d'actions mixtes, CPC, art. 46.

Voir : *art. 2227, p. 1667, 2233 à 2239, p. 1669.*

Bibliographie : J. Klein, *Le point de départ de la prescription*, Économica, 2013.

1) Application de la loi dans le temps. Les dispositions de la loi du 17 juin 2008 qui réduisent la durée de la prescription s'appliquent aux prescriptions à compter du jour de l'entrée en vigueur de ladite loi, sans que la durée totale puisse excéder la durée prévue par la loi antérieure (■ Cass. 3e civ., 26 janv. 2017, n° 14-29.272 : *JurisData* n° 2017-000940). Considérant que la nullité pour défaut d'objet est relative, la Haute Juridiction en déduit qu'une telle nullité est soumise à la pres-

(1) Pour l'entrée en vigueur de ces dispositions, L. n° 2008-561, 17 juin 2008, art. 26, p. 3293.

cription quinquennale de sorte qu'il n'y a pas lieu de faire application des dispositions spéciales de la loi du 17 juin 2008, cette dernière n'ayant pas eu pour effet de réduire le délai de prescription applicable en l'espèce (■ Cass. 3e civ., 24 janv. 2019, n° 17-25.793 : *JurisData* n° 2019-000622 ; *JCP* G 2019, 270, note Klein). V. déjà dans ce sens sous l'empire du droit antérieur, ■ Cass. 1re civ., 16 mai 2012, n° 11-16.239 : *JurisData* n° 2012-011029 ; *Procédures* 2012, comm. 324, note Perrot).

Voir : L. n° 2008-561, 17 juin 2008, art. 26, II, p. 3293.

2) Action en nullité absolue. Avant la réforme de 2008, les actions en nullité absolue avaient été soumises, en l'absence de disposition spécifique, au délai trentenaire de droit commun prévu par l'ancien article 2262. V. not. ■ Cass. 1re civ., 26 janv. 1983 : *JurisData* n° 1983-700079 ; *JurisData* n° 1983-700079 ; *D.* 1983, 317, note Breton ; ■ Cass. 3e civ., 15 déc. 1999, n° 98-10.430 : *JurisData* n° 1999-004458 ; *JCP* 2000, II, 10236, concl. Weber ; ■ Cass. com., 11 mars 2008 : *JurisData* n° 2008-043141 ; *JCP* G 2008, IV, 1721, à propos d'une convention passée entre une mutuelle et un directeur bénévole prévoyant une rémunération. La vente consentie sans prix sérieux est affectée d'une nullité qui, étant fondée sur l'absence d'un élément essentiel de ce contrat, est une nullité absolue soumise à la prescription trentenaire de droit commun (■ Cass. com., 23 oct. 2007 : *JurisData* n° 2007-041009 ; *Dr. sociétés* 2007, comm. 209, note Lécuyer ; *JCP* G 2008, I, n° 7, 104, obs. Wintgen ; *JCP* G 2008, II, 10124, note Roget ; *D.* 2007, p. 2812, note Delpech).

3) Action en nullité relative. Sur l'action en nullité relative, v. art. 1304 ancien, p. 1211.

4) Exception opposée à la demande principale. La prescription de droit commun ne s'applique pas aux exceptions opposées à la demande principale (■ Cass. civ., 2 avr. 1946 : *D.* 1946, 305. V. en ce sens pour l'action en nullité prévue par l'article 1427 du Code civil ; ■ Cass. 1re civ., 8 déc. 1981, n° 80-15.090 : *JurisData* n° 1981-703397 ; *JCP* 1982, IV, 81 ; *Bull. civ.* I, n° 366, p. 310, et pour l'action en nullité d'une reconnaissance d'enfant naturel ; ■ Cass. 1re civ., 21 déc. 1982, n° 81-13.919 : *JurisData* n° 1982-702931 ; *Bull. civ.* I, n° 371, p. 319 ; *D.* 1983, inf. rap. 331, obs. Huet-Weiller). La règle ne joue pas en cas de demande reconventionnelle (■ Cass. com., 17 nov. 1998, n° 96-20.288 : *RTD civ.* 1999, 618, obs. Mestre). Sur le principe que l'exception ne joue que pour faire échec à la demande d'exécution d'un acte juridique qui n'a pas encore été exécuté, V. ■ Cass. 1re civ., 1er déc. 1998, n° 96-17.761 : *JurisData* n° 1998-004599 ; *JCP* G 1999, I, 171, n° 5, obs. Fabre-Magnan ; *JCP* E 1999, 56, note Morvan ; *Defrénois* 1999, 364, obs. Aubert ; *RTD civ.* 1999, 621, obs. Mestre (emprunteurs ayant réglé les premières échéances). ■ Cass. 1re civ., 9 nov. 1999 : *JCP* 2000, II, 10335, note Seraglini ; *Bull. civ.* I, n° 298, p. 194 ; *RTD civ.* 2000, 568, obs. Mestre et Fages ; ■ Cass. 1re civ., 13 mars 2001, n° 98-19.691 : *JurisData* n° 2001-008613 ; *Bull. civ.* I, n° 70, p. 45. ■ Cass. 1re civ., 13 févr. 2007, n° 05-18.097 : *JurisData* n° 2007-037344 ; *Bull. civ.* I, n° 57).

5) Consécration partielle de l'adage *Contra non valentem*. Sous l'empire du droit antérieur, le juge retardait déjà le point de départ de la prescription lorsque le créancier ignorait les faits qui lui auraient permis d'agir en justice (V. not. ■ Cass. civ., 27 mai 1857 : *DP* 1857, 1, 290 ; ■ Cass. com., 7 avr. 1967 : *Bull. civ.* III, n° 125 ; ■ Cass. com., 13 avr. 1999, n° 97-16.632 : *JurisData* n° 1999-001640 ; *Bull. civ.* IV, n° 89 ; *JCP* G 1999, II, 10222, note Fages ; ■ Cass. 2e civ., 22 mars 2005, n° 03-30.489 : *Bull. civ.* II, n° 75). Avant l'entrée en vigueur de la réforme de la prescription, la Cour de cassation a expressément intégré comme critère déclencheur alternatif la simple connaissance supposée de l'agent (■ Cass. com., 10 juill. 2008, n° 07-10.485 : *JCP* E 2008, 2221, note Gourio et Aynès, en matière de prêt). Pour la Cour de cassation, après avoir relevé que le décès du dernier co-emprunteur constituait l'événement déclenchant le remboursement du prêt viager hypothécaire, en ce qu'il rendait la créance exigible, une cour d'appel a exactement énoncé que cet événement n'était pas suffisant pour constituer le point de départ du délai de prescription au sens de l'article 2224 du Code civil et qu'il était nécessaire que le prêteur ait connaissance de la survenance du décès mais aussi de l'identité du ou des débiteurs de l'obligation de remboursement (■ Cass. 1re civ., 15 mars 2017, n° 15-27.574 : *JurisData* n° 2017-004480). V. égal. art. 2234, p. 1670.

6) Prescription quinquennale pour les dettes périodiques. La fixation à cinq ans du délai de prescription de droit commun des actions personnelles ou mobilières a conduit à faire disparaître du Code civil l'ancien article 2277, lequel prévoyait que les actions en paiement des salaires, rentes et pensions, des loyers, fermages et charges locatives, des intérêts des sommes prêtées et généralement de toutes les dettes périodiques se payant par termes d'une année au plus se prescrivaient par cinq ans. Il en va de même de l'action en répétition des loyers, fermages et charges locatives qui avait été assimilée à l'ensemble de ces actions par une loi n° 2005-32 du 18 janvier 2005.

7) Devoir de conseil. Jugé sous l'empire du droit antérieur que le dommage résultant d'un manquement au devoir de conseil dû à l'assuré sur l'adéquation de la garantie souscrite à ses besoins se réalise au moment du refus de garantie opposé par l'assureur (■ Cass. 2e civ., 18 mai 2017, n° 16-17.754 : *JurisData* n° 2017-009639 ; *CCC* 2017, comm. 164, obs. Leveneur ; *Gaz. Pal.* 2017, n° 35, p. 6, note Noguéro).

8) Honoraires d'avocats. Si l'action en paiement d'un avocat se trouve diligentée à l'encontre d'une personne physique qui a eu recours à ses services à des fins qui n'entrent pas dans un cadre professionnel, elle doit nécessairement être soumise au délai de prescription biennale de l'article L. 137-2 du Code de la consommation, étant entendu que, dans le cas contraire, c'est bien le délai quinquennal de droit commun qui s'impose (■ Cass. 2e civ., 26 mars 2015, n° 14-15.013 : *JurisData* n° 2015-006375. ■ Cass. 2e civ., 26 mars 2015, n° 14-11.599 : *JurisData* n° 2015-006376. ■ Cass. 2e civ., 26 oct. 2017, n° 16-23.599 : *JurisData* n° 2017-021034 ; *CCC* 2018, comm. 18, obs. Berheim-Desvaux).

9) Crédit immobilier. Quant à l'application de l'article L. 137-2 du Code de la consommation, si l'action du prêteur en paiement des mensualités impayées se prescrit échéance par échéance, l'action en paiement du solde du prêt se prescrit à compter de la date de déchéance du terme (■ Cass. 1re civ., 11 févr. 2016, nos 14-28.383, 14-27.143, 14-22.938 et 14-29.539 : *JurisData* nos 2016-002036, 2016-002048, 2016-002028 et 2016-002043 ; *JCP* G 2016, 405, note Gouëzel ; *JCP* G 2016, act. 220, obs. Lasserre Capdeville ; *Gaz. Pal.* 2016 n° 14, p. 30, obs. Piedelièvre). Auparavant, la Cour considérait que le point de départ du délai de prescription biennale prévu par le texte en cause se situait au jour où le titulaire du droit a connu ou aurait dû connaître les faits lui permettant d'exercer l'action concernée, soit, selon elle à l'époque, dans le cas d'une action en paiement au titre d'un crédit immobilier consenti par un professionnel à un consommateur, à la date du premier incident de paiement non régularisé (■ Cass. 1re civ., 10 juill. 2014, n° 13-15.511 : *JurisData* n° 2014-016028 ; *JCP* G 2014, 948, Lasserre Capdeville ; *JCP* E 2014, 1441, D. Legeais. ■ Cass. 1re civ., 16 avr. 2015, n° 13-24.024 : *JurisData* n° 2015-008114. ■ Cass. 1re civ., 3 juin 2015, n° 14-16.950 : *JurisData* n° 2015-013165. ■ Cass. 1re civ., 17 juin 2015, n° 14-13.622 : *JurisData* n° 2015-014973).

10) Prêt viager hypothécaire. Pour la Cour de cassation, après avoir relevé que le décès du dernier coemprunteur constituait l'événement déclenchant le remboursement du prêt, en ce qu'il rendait la créance exigible, une cour d'appel a exactement énoncé, sans dénaturer l'acte de prêt, que cet événement n'était pas suffisant pour constituer le point de départ du délai de prescription et qu'il était nécessaire que le prêteur ait connaissance de la survenance du décès mais aussi de l'identité du ou des débiteurs de l'obligation de remboursement (■ Cass. 1re civ., 15 mars 2017, n° 15-27.574 : *JurisData* n° 2017-004480 ; *RD bancaire et fin.* 2017, comm. 109, obs. Mathey ; *JCP* G 2017, doctr. 1040, n° 10, obs. Billau. ■ Cass. 1re civ., 11 mai 2017, n° 16-13.278 : *JurisData* n° 2017-008813 ; *RD bancaire et fin.* 2017, comm. 109, obs. Mathey).

11) Immeuble en l'état futur d'achèvement. Un immeuble en l'état futur d'achèvement doit être assimilé à un bien de consommation de sorte que l'action en paiement du prix de vente d'un tel immeuble ne se trouve pas soumise à la prescription quinquennale de droit commun instaurée par l'article 2224 du Code civil pour toutes les actions personnelles ou mobilières mais relève de l'article L. 137-2 du Code de la consommation (■ Cass. 1re civ., 17 févr. 2016, n° 14-29.612 : *JurisData* n° 2016-002674).

12) Quasi-contrat. La prescription de l'action du généalogiste gérant d'affaires à l'encontre de l'héritier auquel il a révélé sa qualité ne relève pas de l'article L. 137-2 du Code de la consommation, devenu l'article L. 218-2 du même code, qui retient le principe d'une prescription biennale affectant l'action des professionnels pour les biens ou les services qu'ils fournissent contractuellement aux consommateurs (■ Cass. 1re civ., 9 juin 2017, n° 16-21.247 : *JurisData* n° 2017-010942 ; *Defrénois* 2017, n° 21, p. 30, note Lecuyer).

13) Abus. Un créancier qui agit en recouvrement de sa créance dans le délai de prescription ne commet pas de faute, sauf abus dans l'exercice de ce droit de sorte que le moyen, qui se borne à invoquer le caractère tardif de l'action engagée par la banque dans le délai de prescription, n'est pas fondé (■ Cass. com., 2 nov. 2016, n° 14-29.723 : *JurisData* n° 2016-02288 ; *Contrats, conc. consom.* 2017, comm., 28, obs. Leveneur ; *Gaz. Pal.* 2017, n° 8, p. 66, note Bourassin).

14) Décision de condamnation. Si, depuis l'entrée en vigueur de la loi du 17 juin 2008, le créancier peut poursuivre pendant dix ans l'exécution du jugement portant condamnation au paiement d'une somme payable à termes périodiques, il ne peut, en vertu de l'article 2224 du Code civil, applicable en raison de la nature de la créance, obtenir le recouvrement des arriérés échus plus de cinq ans avant la date de sa demande et non encore exigibles à la date à laquelle le jugement avait été obtenu (■ Cass. 1re civ., 8 juin 2016, n° 15-19.614 : *JurisData* n° 2016-011061 ; *Gaz. Pal.* 2016, n° 43, p. 28, note Ansault ; *RD bancaire et fin.* 2016, comm. 174, note Piédelièvre. ■ Cass. 2e civ., 26 janv. 2017, n° 15-28.173 : *JurisData* n° 2017-000901 ; *Procédures* 2017, comm. 63, obs. Raschel ;

RD bancaire et fin. 2017, comm. 124, note Piédelièvre. – V. aussi ▪ Cass. avis, 4 juill. 2016, n° 16006 : *JCP G* 2016, 987, note Poillot ; *Gaz. Pal.* 2017, n° 42, p. 80, note Lauvergnat).

15) **Contrat d'assurance et mandat d'arbitrage.** Lorsqu'un contrat d'assurance et un mandat d'arbitrage sont unis par un lien tel qu'il en résulte que les actions en responsabilité formées contre le mandataire et l'assureur dérivent toutes du contrat d'assurance, celles-ci sont soumises à une prescription biennale (▪ Cass. 2e civ., 8 févr. 2018, n° 17-11.659 : *JurisData* n° 2018-001555).

16) **Créance d'un héritier contre la succession.** La créance détenue par un copartageant sur la succession relève de la prescription de droit commun édictée à l'article 2224 du Code civil (▪ Cass. 1re civ., 28 mars 2018, n° 17-14.104 : *JurisData* n° 2018-004670).

17) **Requête en rectification d'erreur matérielle.** La requête en rectification d'erreur matérielle, qui ne tend qu'à réparer les erreurs ou omissions matérielles qui affectent un jugement et qui ne peut aboutir à une modification des droits et obligations reconnus aux parties dans la décision déférée, n'est soumise à aucun délai de prescription (▪ Cass. 2e civ., 7 juin 2018, n° 16-28.539 : *JurisData* n° 2018-009607 ; *JCP G* 2018, 827, note Deharo ; *JCP G* 2018, doctr. 1288, obs. Libchaber).

18) **Nullité des statuts d'une association.** Selon la Cour de cassation, le point de départ du délai de prescription d'une demande en nullité des statuts et de la désignation du conseil d'administration d'une association est la date de la déclaration en préfecture (▪ Cass. 2e civ., 6 sept. 2018, n° 17-19.657 : *JurisData* n° 2018-015024).

19) **Action en liquidation d'une astreinte.** L'action en liquidation d'une astreinte n'est pas soumise au délai de prescription prévu à l'article L. 111-4 du Code des procédures civiles d'exécution applicable à l'exécution des titres exécutoires, mais au délai de prescription des actions personnelles et mobilières prévu à l'article 2224 du Code civil (▪ Cass. 2e civ., 21 mars 2019, n° 17-22.241 : *JurisData* n° 2019-004159).

Voir aussi : ***Sur certaines actions soumises à la prescription quinquennale en vertu de dispositions législatives particulières.***
- Sur la prescription quinquennale en matière d'indivision, art. 815-10, p. 646.
- Sur la prescription quinquennale en matière commerciale, C. com., art. L. 110-4.
- Sur la prescription quinquennale en matière d'action contre les associés non liquidateurs, C. com., art. L. 237-13.
- Sur la prescription quinquennale relative à l'Autorité de la concurrence, C. com., art. L. 462-7.

Voir aussi : ***Sur certaines actions soumises à la prescription décennale en vertu de dispositions législatives particulières.***
- Sur les actions tenant à l'état des personnes, art. 321, p. 293.
- Sur l'option successorale, art. 780, p. 605.
- Sur la responsabilité du producteur du fait des produits défectueux, art. 1386-16 ancien, p. 1252.
- Sur les actions en responsabilité contractuelle contre les loueurs d'ouvrages, architectes, entrepreneurs, promoteurs, ainsi que leurs sous-traitants, pour le gros œuvre, art. 1792-4-1 et 1792-4-3, p. 1504.
- Sur les actions en responsabilité nées d'un événement ayant entraîné un dommage corporel, art. 2226, p. 1662.
- Sur l'action en réparation d'une aggravation de dommage de la victime d'un accident de la circulation, C. assur., art. L. 211-19 (V. ss. art. 2226, p. 1662).
- Sur l'action contre le fonds de garantie des victimes d'acte de terrorisme, C. assur., art. L. 422-3 (V. ss. art. 2226, p. 1662).
- Sur les actions en responsabilité pour irrégularités dans la constitution d'une société commerciale contre les fondateurs et premiers dirigeants, C. com., art. L. 210-8 (V. ss. art. 2226, p. 1662).
- Sur l'action en responsabilité des professionnels de santé des établissements de santé publics ou privés à l'occasion d'acte de prévention, de diagnostic ou de soin, C. santé publ., art. L. 1142-28 (V. ss. art. 2226, p. 1662).
- Sur les actions entre copropriétaires ou entre ceux-ci et le syndicat, L. 10 juill. 1965, p. 2868.
- Sur l'exécution des titres exécutoires, CPC ex., art. L. 111-4.

Voir aussi : ***Sur certaines actions soumises à la prescription quadriennale en vertu de dispositions législatives particulières.***
- Sur la prescription quadriennale concernant les créances sur l'État et des personnes morales de droit public, L. n° 68-1250, 31 déc. 1968, art. 1er.
- Sur la prescription quadriennale concernant les créances fiscales et assimilées, LPF, art. L. 274.

Voir aussi : ***Sur certaines actions soumises à la prescription triennale en vertu de dispositions législatives particulières.***
- Sur les actions en nullité des sociétés ou d'actes ou délibération postérieures à leur constitution, art. 1844-14, p. 1553 ; C. com., art. L. 235-9.

– Sur les actions en responsabilité ou en nullité prévues en matière de société, C. com., art. L. 223-23 ; C. com., art. L. 225-42 ; C. com., art. L. 225-90 ; C. com., art. L. 225-254 ; C. com., art. L. 235-9 ; C. com., art. L. 235-13 (V. ss. art. 2226, p. 1662).

– Sur l'action en régularisation en matière de constitution de sociétés, C. com., art. L. 210-7.

– Sur l'action en nullité en matière de conventions réglementées dans les sociétés anonymes, C. com., art. L. 225-42 ; C. com., art. L. 225-90.

– Sur l'action en insuffisance d'actif contre les dirigeants de personnes morales subissant une liquidation judiciaire, C. com., art. L. 651-2 (V. ss. art. 2226, p. 1662).

– Sur la procédure de redressement fiscal, LPF, art. L. 169, 174, 176 et 180.

– Sur la réparation des dommages causés ou subis par des élèves dans les établissements d'enseignement public, C. éduc., art. L. 911-4 (V. ss. art. 2226, p. 1662).

– Sur les actions en matière de lettres de change, C. com., art. L. 511-78.

Voir aussi : ***Sur certaines actions soumises à la prescription biennale en vertu de dispositions législatives particulières.***

– Sur l'action en nullité des actes accomplis par un époux commun en biens en outrepassant ses pouvoirs, art. 1427, p. 1293.

– Sur l'action en garantie des vices cachés, art. 1648, p. 1410.

– Sur la garantie due par les constructeurs pour les éléments ne formant pas corps avec l'ouvrage essentiel, art. 1792-3, p. 1502.

– Sur les actions dérivant d'un contrat d'assurance, C. assur., art. L. 114-1, p. 1902.

– Sur les actions des professionnels, pour les biens ou les services qu'ils fournissent aux consommateurs, C. consom., art. L. 137-2 ancien ; C. consom., art. L. 218-2, nouveau.

– Sur les actions relatives aux prestations et indemnités en matière d'accident du travail, CSS, art. L. 431-2.

– Sur les actions relatives aux prestations familiales, CSS, art. L. 553-1.

Voir aussi : ***Sur certaines actions soumises à la prescription annale en vertu de dispositions législatives particulières.***

– Sur l'action en nullité des actes de disposition par un époux des droits par lesquels est assuré le logement de famille, art. 215, al. 3, p. 191.

– Sur les actions en révocation des donations pour cause d'ingratitude, art. 957, p. 746.

– Sur les actions en paiement de nourriture fournie aux matelots, de fournitures nécessaires aux constructions, équipements et avitaillements des navires et d'ouvrages faits, C. com., art. L. 110-4, II.

– Sur les actions du porteur d'une lettre de change contre les endosseurs et contre le tireur (C. com., art. L. 511-78, al. 2. – V. ss. art. 2224, p. 1657).

– Sur les actions du porteur d'un chèque contre le tiré, C. monét. fin., art. L. 131-59.

Voir aussi : ***Sur certaines actions soumises à des prescriptions inférieures à un an en vertu de dispositions législatives particulières.***

– Sur les actions des endosseurs d'une lettre de change les uns contre les autres et contre le tireur, C. com., art. L. 511-78 (V. sous art. 2224, p. 1657).

– Sur les actions en matière de chèque à l'exception de l'action du porteur contre le tiré (C. monét. fin., art. L. 131-59).

– Sur la prescription de deux mois qui s'applique à la contestation par les copropriétaires absents ou opposants des décisions de l'assemblée générale du syndicat de copropriété (L. 10 juill. 1965, art. 42, p. 2898).

Section II. – De quelques délais et points de départ particuliers

Art. 2225 *(L. n° 2008-561, 17 juin 2008)* (1). **– L'action en responsabilité dirigée contre les personnes ayant représenté ou assisté les parties en justice, y compris à raison de la perte ou de la destruction des pièces qui leur ont été confiées, se prescrit par cinq ans à compter de la fin de leur mission.**

Voir aussi : Sur les actions du mineur contre le tuteur, les organes de tutelle ou l'État, art. 475, p. 425.

Fin d'une distinction retenue par le droit antérieur. Il résultait de l'ancien article 2276 du Code civil que les avocats et avoués étaient déchargés des pièces reçues dans l'exercice de leur mission judiciaire cinq ans après le jugement ou la cessation de leur concours. Il a été jugé notamment que l'ancien article 2276 n'instituait une prescription de cinq ans que pour les actions en responsabilité à raison de la perte ou de la destruction de pièces, et qu'il était inapplicable à une

(1) Pour l'entrée en vigueur de ces dispositions, L. n° 2008-561, 17 juin 2008, art. 26, p. 3293.

action tendant à demander compte à un avoué d'une somme d'argent reçue pour le compte de sa cliente (■ Cass. 1re civ., 19 oct. 1982, n° 81-15.707 : *JurisData* n° 1982-702305 ; *Bull. civ.* I, n° 289, p. 248). Quant à l'ancien article 2277-1 du même code, il prévoyait que leur responsabilité encourue pour le fait de représentation ou d'assistance des parties en justice se prescrivait par dix ans à compter de la fin de leur mission. À ce propos, la Cour de cassation a pu décider que la cessation définitive des fonctions de l'avocat mettant fin à la mission de celui-ci sans notification préalable, viole l'ancien article 2277-1 du Code civil une cour d'appel qui affirme que la cessation d'activité ne pouvait être retenue comme point de départ du délai de prescription de dix ans en cause, faute pour l'avocat d'en avoir informé son client (■ Cass. 1re civ., 30 janv. 2007 : *JurisData* n° 2007-037149 ; *JCP* G 2007, IV, 1477). Au regard de ce texte, la Cour de cassation considère qu'à chaque acte de représentation pour lequel l'avocat a été mandaté correspond un point de départ distinct, mécaniquement déduit de la date de son achèvement (■ Cass. 1re civ., 14 janv. 2016, n° 14-23.200 : *JurisData* n° 2016-000280 ; *JCP* G 2016, 325, note Klein).

Ordonnance n° 45-2592 du 2 novembre 1945

relative au statut des huissiers

Art. 2 *bis* *(L. n° 2008-561, 17 juin 2008)*. – L'action en responsabilité dirigée contre les huissiers de justice pour la perte ou la destruction des pièces qui leur sont confiées dans l'exécution d'une commission ou la signification d'un acte se prescrit par deux ans.

Code de commerce

Art. L. 321-17 *(Mod., L. n° 2004-130, 11 févr. 2004 ; L. n° 2008-561, 17 juin 2008 ; L. n° 2011-850, 20 juill. 2011)*. – Les opérateurs de ventes volontaires de meubles aux enchères publiques mentionnés à l'article L. 321-4 et les officiers publics ou ministériels compétents pour procéder aux ventes judiciaires et volontaires ainsi que les experts qui les assistent dans la description, la présentation et l'estimation des biens engagent leur responsabilité au cours ou à l'occasion des prisées et des ventes de meubles aux enchères publiques, conformément aux règles applicables à ces ventes.

Les clauses qui visent à écarter ou à limiter leur responsabilité sont interdites et réputées non écrites.

Les actions en responsabilité civile engagées à l'occasion des prisées et des ventes volontaires et judiciaires de meubles aux enchères publiques se prescrivent par cinq ans à compter de l'adjudication ou de la prisée. Mention de ce délai de prescription doit être rappelée dans la publicité prévue à l'article L. 321-11.

Art. 2226 *(L. n° 2008-561, 17 juin 2008)* (1). – **L'action en responsabilité née à raison d'un événement ayant entraîné un dommage corporel, engagée par la victime directe ou indirecte des préjudices qui en résultent, se prescrit par dix ans à compter de la date de la consolidation du dommage initial ou aggravé.**

Toutefois, en cas de préjudice causé par des tortures ou des actes de barbarie, ou par des violences ou des agressions sexuelles commises contre un mineur, l'action en responsabilité civile est prescrite par vingt ans.

Voir : sur la responsabilité des constructeurs d'ouvrages et de leurs sous-traitants, art. 1792-4-1 à 1792-4-3, p. 1504.

1) Préjudice corporel. En cas de préjudice corporel, la prescription de l'action en responsabilité extracontractuelle mais aussi de l'action en responsabilité contractuelle sera dorénavant de dix ans. Se trouve aussi consacré le retardement du point de départ de la prescription auquel le juge était parvenu sous l'empire du droit antérieur en décidant que la date de la consolidation faisait alors courir le délai de prescription prévu à l'ancien article 2270-1 du Code civil (■ Cass. 2e civ., 4 mai 2000, n° 97-21.731 : *JurisData* n° 2000-001691 ; *JCP* 2000, IV, 2088 ; *Bull. civ.* II, n° 75, p. 53 ; *Resp. civ. et assur.* 2000, 221, note Groutel ; *RTD civ.* 2000, 851, obs. Jourdain. ■ Cass. 1re civ., 11 juill. 2002 : *JCP* 2002, IV, 2551 ; *JurisData* n° 2002-015168 ; *Bull. civ.* II, n° 177, p. 141 ; *JCP* 2003, I, 154, n° 53, obs. Viney). De même, la prescription de l'action en réparation de l'aggravation de l'état de santé de la victime ne commençait à courir qu'à compter de la manifestation de cette aggravation

(1) Pour l'entrée en vigueur de ces dispositions, L. n° 2008-561, 17 juin 2008, art. 26, p. 3293.

(■ Cass. 1re civ., 15 nov. 2001 : *JCP* 2001, IV, 3069 ; *JurisData* n° 2001-011607 ; *Resp. civ. et assur.* 2002, 53 ; *Bull. civ.* II, n° 167, p. 115. – V. aussi pour l'aggravation du dommage initial causé par l'édification d'une construction ■ Cass. 2e civ., 11 déc. 2003 : *JurisData* n° 2003-021484 ; *JCP* 2004, IV, 1277 ; *Bull. civ.* II, n° 380, p. 312 ; *D.* 2004, somm. 1341, obs. Delebecque). Pour la Haute Juridiction, la consolidation ne saurait dépendre de l'attitude de la victime et des choix qu'elle a pu faire s'agissant des traitements et soins que justifiaient son état (■ Cass. 1re civ., 17 janv. 2018, n° 14-13.351 : *JurisData* n° 2018-000298 ; *RTD civ* 2018, p. 426, Jourdain).

2) Préjudice causé par des tortures ou des actes de barbarie, ou par des violences ou des agressions sexuelles commises contre un mineur. Appréciation. La prescription de dix ans de l'action en responsabilité née à raison d'un événement ayant entraîné un dommage corporel, prévue à l'article 2226, alinéa 1er du Code civil s'applique quand bien même l'événement ayant entraîné le dommage est en relation avec des faits de tortures, d'actes de barbarie, de violences ou d'agressions sexuelles commis contre un mineur, visés par l'alinéa 2 de ce texte ; ainsi, l'action en responsabilité d'enfants contre leur mère est soumise à la prescription décennale, quand bien même les abstentions reprochées à leur mère de dénoncer les faits commis contre eux et de leur porter secours auraient entretenu des rapports étroits avec les faits d'agressions sexuelles et de violence reprochés à leur père (■ Cass. 2e civ., 3 mars 2016, n° 15-13.747 : *JurisData* n° 2016-003538).

Code de l'environnement

Art. L. 152-1 *(L. n° 2008-561, 17 juin 2008 ; mod., L. n° 2016-1087, 8 août 2016)*. **–** Les obligations financières liées à la réparation des dommages causés à l'environnement par les installations, travaux, ouvrages et activités régis par le présent code se prescrivent par dix ans à compter du jour où le titulaire de l'action a connu ou aurait dû connaître la manifestation du dommage.

Code de la santé publique

Section VI. – Prescription en matière de responsabilité médicale

Art. L. 1142-28 *(L. n° 2002-303, 4 mars 2002 ; mod., L. n° 2008-561, 17 juin 2008 ; L. n° 2016-41, 26 janv. 2016 ; L. n° 2019-1917, 29 déc. 2016)*. **–** Les actions tendant à mettre en cause la responsabilité des professionnels de santé ou des établissements de santé publics ou privés à l'occasion d'actes de prévention, de diagnostic ou de soins et les demandes d'indemnisation formées devant l'Office national d'indemnisation des accidents médicaux, des affections iatrogènes et des infections nosocomiales en application du II de l'article L. 1142-1 et des articles L. 1142-24-9, L. 1221-14, L. 3111-9, L. 3122-1 et L. 3131-4 se prescrivent par dix ans à compter de la consolidation du dommage.

Le titre XX du livre III du code civil est applicable, à l'exclusion de son chapitre II.

Code des assurances

TITRE Ier. – L'ASSURANCE DES VÉHICULES TERRESTRES À MOTEUR ET DE LEURS REMORQUES ET SEMI-REMORQUES

Art. L. 211-19 *(L. n° 2008-561, 17 juin 2008)*. **–** La victime peut, dans le délai prévu par l'article 2226 du Code civil, demander la réparation de l'aggravation du dommage qu'elle a subi à l'assureur qui a versé l'indemnité.

....

Section I. – Indemnisation des victimes des actes de terrorisme et d'autres infractions

Art. L. 422-3 *(D. n° 88-260, 18 mars 1988 ; mod., L. n° 2008-561, 17 juin 2008)*. **–** En cas de litige, le juge civil, si les faits générateurs du dommage ont donné lieu à des poursuites pénales, n'est pas tenu de surseoir à statuer jusqu'à décision définitive de la juridiction répressive.

Les victimes des dommages disposent, dans le délai prévu à l'article 2226 du Code civil, du droit d'action en justice contre le fonds de garantie.

Code de commerce

LIVRE II. – DES SOCIÉTÉS COMMERCIALES
ET DES GROUPEMENTS D'INTÉRÊT ÉCONOMIQUE

Art. L. 210-8. – Les fondateurs de la société, ainsi que les premiers membres des organes de gestion, d'administration, de direction et de surveillance sont solidairement responsables du préjudice causé par le défaut d'une mention obligatoire dans les statuts ainsi que par l'omission ou l'accomplissement irrégulier d'une formalité prescrite par la loi et les règlements pour la constitution de la société.

Les dispositions de l'alinéa précédent sont applicables en cas de modification des statuts, aux membres des organes de gestion, d'administration, de direction, de surveillance et de contrôle, en fonction lors de ladite modification.

L'action se prescrit par dix ans à compter de l'accomplissement de l'une ou l'autre, selon le cas, des formalités visées au quatrième alinéa de l'article L. 210-7.

CHAPITRE III. – DES SOCIÉTÉS À RESPONSABILITÉ LIMITÉE

Art. L. 223-23. – Les actions en responsabilité prévues aux articles L. 223-19 et L. 223-22 se prescrivent par trois ans à compter du fait dommageable ou, s'il a été dissimulé, de sa révélation. Toutefois, lorsque le fait est qualifié crime, l'action se prescrit par dix ans.

CHAPITRE V. – DES SOCIÉTÉS ANONYMES

Art. L. 225-254 *(Mod., L. n° 2001-420, 15 mai 2001)*. – L'action en responsabilité contre les administrateurs ou le directeur général, tant sociale qu'individuelle, se prescrit par trois ans, à compter du fait dommageable ou s'il a été dissimulé, de sa révélation. Toutefois, lorsque le fait est qualifié crime, l'action se prescrit par dix ans.

TITRE III. – DISPOSITIONS COMMUNES
AUX DIVERSES SOCIÉTÉS COMMERCIALES

Art. L. 235-13. – L'action en responsabilité fondée sur l'annulation de la société ou des actes et délibérations postérieurs à sa constitution se prescrit par trois ans à compter du jour où la décision d'annulation est passée en force de chose jugée.

La disparition de la cause de nullité ne met pas obstacle à l'exercice de l'action en intérêts tendant à la réparation du préjudice causé par le vice dont la société, l'acte ou la délibération était entaché. Cette action se prescrit par trois ans à compter du jour où la nullité a été couverte.

LIVRE VI. – DES DIFFICULTÉS DES ENTREPRISES

TITRE V. – DES RESPONSABILITÉS ET DES SANCTIONS

CHAPITRE Ier. – DE LA RESPONSABILITÉ POUR INSUFFISANCE D'ACTIF

Art. L. 651-2 *(Mod., Ord. n° 2010-1512, 9 déc. 2010)*. – Lorsque la liquidation judiciaire d'une personne morale fait apparaître une insuffisance d'actif, le tribunal peut, en cas de faute de gestion ayant contribué à cette insuffisance d'actif, décider que le montant de cette insuffisance d'actif sera supporté, en tout ou en partie, par tous les dirigeants de droit ou de fait, ou par certains d'entre eux, ayant contribué à la faute de gestion. En cas de pluralité de dirigeants, le tribunal peut, par décision motivée, les déclarer solidairement responsables. *(Mots aj., L. n° 2016-1691, 9 déc. 2016)* « Toutefois, en cas de simple négligence du dirigeant de droit ou de fait dans la gestion de la société, sa responsabilité au titre de l'insuffisance d'actif ne peut être engagée ».

Lorsque la liquidation judiciaire a été ouverte ou prononcée à raison de l'activité d'un entrepreneur individuel à responsabilité limitée à laquelle un patrimoine est affecté, le tribunal peut, dans les mêmes conditions, condamner cet entrepreneur à payer tout ou partie de l'insuffisance d'actif. La somme mise à sa charge s'impute sur son patrimoine non affecté.

L'action se prescrit par trois ans à compter du jugement qui prononce la liquidation judiciaire.

Les sommes versées par les dirigeants ou l'entrepreneur individuel à responsabilité limitée entrent dans le patrimoine du débiteur. Elles sont réparties au marc le franc entre tous les créanciers. Les dirigeants ou l'entrepreneur individuel à responsabilité limitée ne peuvent pas participer aux répartitions à concurrence des sommes au versement desquelles ils ont été condamnés.

Code de l'éducation

Art. L. 911-4. – Dans tous les cas où la responsabilité des membres de l'enseignement public se trouve engagée à la suite ou à l'occasion d'un fait dommageable commis, soit par les élèves ou les étudiants qui leur sont confiés à raison de leurs fonctions, soit au détriment de ces élèves ou de ces étudiants dans les mêmes conditions, la responsabilité de l'État est substituée à celle desdits membres de l'enseignement qui ne peuvent jamais être mis en cause devant les tribunaux civils par la victime ou ses représentants.

Il en est ainsi toutes les fois que, pendant la scolarité ou en dehors de la scolarité, dans un but d'enseignement ou d'éducation physique, non interdit par les règlements, les élèves et les étudiants confiés ainsi aux membres de l'enseignement public se trouvent sous la surveillance de ces derniers.

L'action récursoire peut être exercée par l'État soit contre le membre de l'enseignement public, soit contre les tiers, conformément au droit commun.

Dans l'action principale, les membres de l'enseignement public contre lesquels l'État pourrait éventuellement exercer l'action récursoire ne peuvent être entendus comme témoins.

L'action en responsabilité exercée par la victime, ses parents ou ses ayants droit, intentée contre l'État, ainsi responsable du dommage, est portée devant le tribunal de l'ordre judiciaire du lieu où le dommage a été causé et dirigée contre *(Mots rempl., L. n° 2015-177, 16 févr. 2015)* « l'autorité académique compétente ».

La prescription en ce qui concerne la réparation des dommages prévus par le présent article est acquise par trois années à partir du jour où le fait dommageable a été commis.

Code des transports

TITRE II. – LES CONTRATS RELATIFS À L'EXPLOITATION DU NAVIRE

CHAPITRE Ier. – LE TRANSPORT DE PERSONNES

Art. L. 5421-6. – L'action en responsabilité contre le transporteur se prescrit par deux ans.

....

Art. L. 5421-12. – Les actions nées à l'occasion des transports de bagages se prescrivent par un an.

....

Art. L. 5422-18. – L'action contre le transporteur à raison de pertes ou dommages se prescrit par un an. Ce délai peut être prolongé par un accord conclu entre les parties postérieurement à l'événement qui a donné lieu à l'action.

Les actions récursoires peuvent être intentées, même après les délais prévus par les dispositions de l'alinéa précédent, pendant trois mois à compter du jour de l'exercice de l'action contre la personne garantie ou du jour où celle-ci a, à l'amiable, réglé la réclamation.

Quel que soit son fondement, l'action en responsabilité contre le transporteur à raison de pertes ou dommages ne peut être exercée que dans les conditions et limites fixées par les dispositions de la présente section.

SIXIÈME PARTIE. – AVIATION CIVILE

CHAPITRE II. – TRANSPORT DE MARCHANDISES

Art. L. 6422-5. – L'action en responsabilité contre le transporteur est intentée, sous peine de déchéance, dans le délai de deux ans à compter de l'arrivée à destination du jour où l'aéronef aurait dû arriver ou de l'arrêt du transport.

L'action en responsabilité, à quelque titre que ce soit, ne peut être exercée que dans les conditions prévues par le présent chapitre.

Code de commerce

LIVRE Ier. – DU COMMERCE EN GÉNÉRAL

TITRE III. – DES COURTIERS, DES COMMISSIONNAIRES, DES TRANSPORTEURS, DES AGENTS COMMERCIAUX ET DES VENDEURS À DOMICILE INDÉPENDANTS

Art. L. 133-6. – Les actions pour avaries, pertes ou retards, auxquelles peut donner lieu contre le voiturier le contrat de transport, sont prescrites dans le délai d'un an, sans préjudice des cas de fraude ou d'infidélité.

Toutes les autres actions auxquelles ce contrat peut donner lieu, tant contre le voiturier ou le commissionnaire que contre l'expéditeur ou le destinataire, aussi bien que celles qui naissent des dispositions de l'article 1269 du Nouveau Code de procédure civile, sont prescrites dans le délai d'un an.

Le délai de ces prescriptions est compté, dans le cas de perte totale, du jour où la remise de la marchandise aurait dû être effectuée et, dans tous les autres cas, du jour où la marchandise aura été remise ou offerte au destinataire.

Le délai pour intenter chaque action récursoire est d'un mois. Cette prescription ne court que du jour de l'exercice de l'action contre le garanti.

Dans le cas de transports faits pour le compte de l'État, la prescription ne commence à courir que du jour de la notification de la décision ministérielle emportant liquidation ou ordonnancement définitif.

Code de l'environnement

CHAPITRE VI. – INDEMNISATION DES DÉGÂTS DE GIBIERS

Section II. – Indemnisation judiciaire des dégâts causés aux récoltes

Art. L. 426-7 *(Mod., L. n° 2005-157, 23 févr. 2005)*. – Les actions en réparation du dommage causé aux cultures et aux récoltes par le gibier se prescrivent par six mois à partir du jour où les dégâts ont été commis.

Loi du 29 juillet 1881
sur la liberté de la presse

CHAPITRE V. – DES POURSUITES ET DE LA RÉPRESSION

Paragraphe 3. – Peines complémentaires, récidive, circonstances atténuantes, prescription

Art. 65. – L'action publique et l'action civile résultant des crimes, délits et contraventions prévus par la présente loi se prescriront après trois mois révolus, à compter du jour où ils auront été commis ou du jour du dernier acte d'instruction ou de poursuite s'il en a été fait.

Toutefois, avant l'engagement des poursuites, seules les réquisitions aux fins d'enquête seront interruptives de prescription. Ces réquisitions devront, à peine de nullité, articuler et qualifier les provocations, outrages, diffamations et injures à raison desquels l'enquête est ordonnée.

Les prescriptions commencées à l'époque de la publication de la présente loi, et pour lesquelles il faudrait encore, suivant les lois existantes, plus de trois mois à compter de la même époque, seront, par ce laps de trois mois, définitivement accomplies.

Code de procédure pénale

Art. 10 *(Ord. n° 58-1296, 23 déc. 1958 ; L. n° 80-1042, 23 déc. 1980 ; L. n° 81-82, 2 févr. 1981 ; mod., L. n° 2008-561, 17 juin 2008 ; L. n° 2019-222, 23 mars 2019)*. – Lorsque l'action civile est exercée devant une juridiction répressive, elle se prescrit selon les règles de l'action publique. Lorsqu'elle est exercée devant une juridiction civile, elle se prescrit selon les règles du Code civil.

Lorsqu'il a été statué sur l'action publique, les mesures d'instruction ordonnées par le juge pénal sur les seuls intérêts civils obéissent aux règles de la procédure civile.

Lorsque la juridiction répressive a omis de se prononcer sur une ou plusieurs demandes de la partie civile régulièrement constituée, celle-ci peut ressaisir la juridiction afin qu'il soit statué sur sa demande conformément aux articles 710 et 711. La présence du ministère public à cette audience est facultative.

Lorsque l'état mental ou physique d'une personne citée ou renvoyée devant une juridiction de jugement rend durablement impossible sa comparution personnelle dans des conditions lui permettant d'exercer sa défense et que la prescription de l'action publique se trouve ainsi suspendue, le président de cette juridiction peut, d'office, ou à la demande du ministère public ou des parties, décider, après avoir ordonné une expertise permettant de constater cette impossibilité, qu'il sera tenu une audience publique pour statuer uniquement sur l'action civile. La personne doit alors être représentée à cette audience par un avocat.

Art. 2226-1 *(Créé, L. n° 2016-1087, 8 août 2016)*. – **L'action en responsabilité tendant à la réparation du préjudice écologique réparable en application du chapitre III du sous-titre II du titre III du présent livre se prescrit par dix ans à compter du jour où le titulaire de l'action a connu ou aurait dû connaître la manifestation du préjudice écologique.**

Art. 2227 *(L. n° 2008-561, 17 juin 2008)* (1). – **Le droit de propriété est imprescriptible. Sous cette réserve, les actions réelles immobilières se prescrivent par trente ans à compter du jour où le titulaire d'un droit a connu ou aurait dû connaître les faits lui permettant de l'exercer.**

Voir aussi : Sur le rôle de la prescription acquisitive à laquelle l'action en revendication peut se heurter, art. 2272, p. 1686 et art. 2276, p. 1689.

– Sur le maintien de la prescription trentenaire pour certaines actions en nullité du mariage, art. 184, p. 168 et art. 191, p. 169. Comp. art. 181, p. 167.

Bibliographie : *Sous l'empire du droit antérieur.* N. Kanayama, *La révolution et la prescription : la naissance du principe de l'imprescriptibilité de l'action en revendication en droit français : La révolution et l'ordre juridique privé, rationalité ou scandale ?*, Colloque Orléans, 1986, t. II, PUF 1988, p. 733. • T. Lamarche, *L'imprescriptibilité et le droit : RTD civ.* 2004, p. 403.

1) Action en revendication. Droit antérieur. Sous l'empire du droit antérieur, le juge considérait déjà que l'ancien article 2262 du Code civil (prescription trentenaire) ne s'appliquait pas à l'action en revendication intentée par le propriétaire dépossédé de son immeuble, laquelle pouvait être exercée tant que le défendeur ne justifiait pas être lui-même devenu propriétaire de l'immeuble revendiqué par une possession contraire réunissant tous les caractères exigés pour la prescription acquisitive (■ Cass. req., 12 juill. 1905 : *DP* 1907, 1, 141, rapp. Potier. – V. aussi ■ Cass. 3e civ., 9 juill. 1970, n° 68-14.283 : *JurisData* n° 1970-000478 ; *JCP* 1971, II, 16579, note Goubeaux. ■ Cass. 3e civ., 22 juin 1983 : *JurisData* n° 1983-701552 ; *JurisData* n° 1983-701552 ; *JCP* 1986, II, 20565, 1re esp., note Barbièri. ■ Cass. 1re civ., 2 juin 1993, n° 90-21.982 : *JurisData* n° 1993-001013 ; *JCP* 93, IV, 1943 ; *D.* 1994, 582, note Fauvarque-Cosson). La prescription trentenaire ne pouvait pas non plus être opposée en matière de propriété littéraire ou artistique (■ Cass. 1re civ., 13 nov. 1973, n° 71-14.469 : *JurisData* n° 1973-000302 ; *Bull. civ.* I, n° 302, p. 269).

2) Action en partage. Caractère imprescriptible. L'action en partage n'est pas susceptible de prescription (■ Cass. 1re civ., 12 déc. 2007 : *JurisData* n° 2007-041904 ; *JCP* G 2008, I, 127, n° 9, obs. Périnet-Marquet ; *JCP* G 2008, IV, 1100. ■ Cass. req., 13 déc. 1937 : *S.* 1938, 1, p. 84). Voir art. 815, p. 632.

CHAPITRE III. – DU COURS DE LA PRESCRIPTION EXTINCTIVE

Bibliographie : *Sous l'empire du droit antérieur.* M. Bruschi, *La prescription en droit de la responsabilité civile*, préf. A. Sériaux, Économica 1997, coll. « Droit civil ». • P. Ancel et B. Fauvarque-Cosson, *Variations sur le processus d'harmonisation du droit à travers l'exemple du droit de la prescription extinctive : RDC* 2004/3, p. 801. • M. Douchy-Oudot, *Courtes prescriptions et forclusions en droit de la consommation* in *Mélanges Calais-Auloy*, Dalloz 2004, p. 355. • F. Dumont, *Les prescriptions en droit du travail : éléments de réflexion sur l'analyse de la prescription : JCP* S 2006, n° 1747. • Ch. Jubault, *Les « exceptions » dans le Code civil, à la frontière de la procédure et du fond : LPA* 15 janv. 2003, n° 11, p. 4. • T. Le Bars, *La computation des délais de prescription et de procédure. Quiproquo sur le dies a quo et le dies ad quiem : JCP* G 2000, I, 258. • R. Libchaber, *Le point sur l'interversion des prescriptions en cas de condamnation en justice : D.* 2006, p. 254.

(1) Pour l'entrée en vigueur de ces dispositions, L. n° 2008-561, 17 juin 2008, art. 26, p. 3293.

Section I. – Dispositions générales

Art. 2228 *(L. n° 2008-561, 17 juin 2008)* (1). **– La prescription se compte par jours, et non par heures.**

Art. 2229 *(L. n° 2008-561, 17 juin 2008)* (1). **– Elle est acquise lorsque le dernier jour du terme est accompli.**

Computation. Si, pour le calcul du délai de prescription, le jour du point de départ dudit délai ou *dies a quo* n'entre pas en ligne de compte, il n'en est pas de même du dernier jour du terme fixé ou *dies ad quem* qui est compris dans ledit délai à l'expiration duquel la prescription est acquise (■ Dijon, 22 nov. 1926 : *DH* 1927, 59. – V. aussi ■ Cass. com., 8 mai 1972, n° 71-10.584 : *JurisData* n° 1972-097135 ; *JCP* 72, IV, 163 ; *Bull. civ.* IV, n° 136, p. 137. ■ Amiens, 19 janv. 1960 : *D.* 1960, 482). Lorsque le délai est fixé par années ou par mois, le dernier jour du délai est celui qui porte le même quantième que le premier jour (■ Cass. soc., 24 févr. 1961 : *Bull. civ.* IV, n° 252, p. 199. ■ Cass. com., 8 mai 1972, préc.). La prescription est acquise lorsque le dernier jour du terme est accompli, étant entendu que les règles de computation des délais de procédure énoncées aux articles 641 et 642 du Code de procédure civile, prévoyant que le délai expire à la fin du jour portant le même quantième que celui du point de départ, sont sans application en matière de prescription (■ Cass. 1re civ., 12 déc. 2018, n° 17-25.697 : *JurisData* n° 2018-022709 ; *Contrats, conc. consom.* 2019, comm. 39, obs. Leveneur ; *Procédures* 2019, comm. 39, obs. Strickler).

Art. 2230 *(L. n° 2008-561, 17 juin 2008)* (1). **– La suspension de la prescription en arrête temporairement le cours sans effacer le délai déjà couru.**

Art. 2231 *(L. n° 2008-561, 17 juin 2008)* (1). **– L'interruption efface le délai de prescription acquis. Elle fait courir un nouveau délai de même durée que l'ancien.**

Condamnation de la jurisprudence antérieure relative à la prescription. La jurisprudence retenait classiquement que l'interruption des courtes prescriptions du Code civil que l'on fondait sur des présomptions de paiement s'accompagnait d'une interversion de la prescription, de sorte que courait un nouveau délai qui empruntait sa durée à la prescription de droit commun. Ainsi, l'ancien article 2274 limitait l'effet interversif aux seules prescriptions visées par les anciens articles 2271 à 2273, à l'exclusion de celle visée par l'article L. 110-4 du Code de commerce (■ Cass. 1re civ., 14 déc. 2004, n° 02-12.274 : *JurisData* n° 2004-026247 ; *Contrats, conc. consom.* 2005, 63, note Leveneur. ■ Cass. com., 8 juill. 2008, n° 07-15.933 : *JurisData* n° 2008-044790 ; *Bull. civ.* IV, n° 149 ; *D.* 2008, 2071, note Delpech). C'est seulement lorsque la dette a été reconnue selon les modalités prévues par l'alinéa 2 de l'article 2274, que la courte prescription faisait place à la prescription trentenaire (■ Cass. 1re civ., 5 févr. 1991, n° 89-14.738 : *JurisData* n° 1991-000361 ; *JCP* 1991, IV, 127 ; *Bull. civ.* I, n° 52, p. 33). Sur le principe que l'interruption du bref délai en matière de vices cachés faisait courir la prescription de droit commun, V. ■ Cass. 1re civ., 21 oct. 1997, n° 95-18.462 : *JurisData* n° 1997-004182 ; *JCP* G 1998, II, 10063, note Mouloungui ; *JCP* E 1998, 563, note Leveneur ; *D.* 1998, 409, note Bruschi ; *Contrats, conc. consom.* 1998, 23, note Leveneur.

Art. 2232 *(L. n° 2008-561, 17 juin 2008)* (1). **– Le report du point de départ, la suspension ou l'interruption de la prescription ne peut avoir pour effet de porter le délai de la prescription extinctive au-delà de vingt ans à compter du jour de la naissance du droit.**

(Mod., L. n° 2016-1087, 8 août 2016) **Le premier alinéa n'est pas applicable dans les cas mentionnés aux articles 2226, 2226-1, 2227, 2233 et 2236, au premier alinéa de l'article 2241 et à l'article 2244. Il ne s'applique pas non plus aux actions relatives à l'état des personnes.**

Bibliographie : M. Mignot, *Le délai butoir : Gaz. Pal.* 25 févr. 2009, p. 2.

Voir : sur la mise à l'écart de l'article 2232 du Code civil relativement à l'exécution des titres judiciaires et assimilés, CPC ex., art. L. 111-4.

(1) Pour l'entrée en vigueur de ces dispositions, L. n° 2008-561, 17 juin 2008, art. 26, p. 3293.

Sur la mise à l'écart de l'article 2232 du Code civil relativement aux actions tendant à mettre en cause la responsabilité des professionnels ou des établissements de santé à l'occasion d'actes de prévention, de diagnostic ou de soin, C. santé publ., art. L. 1142-28, p. 2686.

Code du travail

Art. L. 1134-5 *(L. n° 2008-561, 17 juin 2008)*. – L'action en réparation du préjudice résultant d'une discrimination se prescrit par cinq ans à compter de la révélation de la discrimination.

Ce délai n'est pas susceptible d'aménagement conventionnel.

Les dommages et intérêts réparent l'entier préjudice résultant de la discrimination, pendant toute sa durée.

Loi n° 83-634 du 13 juillet 1983

portant droits et obligations des fonctionnaires

Art. 7 *bis* *(L. n° 2008-561, 17 juin 2008)*. – L'action en réparation du préjudice résultant d'une discrimination se prescrit par cinq ans à compter de la révélation de la discrimination.

Ce délai n'est pas susceptible d'aménagement conventionnel.

Les dommages et intérêts réparent l'entier préjudice résultant de la discrimination, pendant toute sa durée.

Section II. – Des causes de report du point de départ ou de suspension de la prescription

Bibliographie : *Sous l'empire du droit antérieur.* M. Buy, *Prescriptions de courte durée et suspension de la prescription : JCP* 1977, I, 2833. • J. Carbonnier, *La règle « contra non valentem »... : Rev. crit. législ. et jurispr.* 1937, p. 155 ; *Notes sur la prescription extinctive : RTD civ.* 1952, p. 175.

Art. 2233 *(L. n° 2008-561, 17 juin 2008)* (1). **– La prescription ne court pas :**

1° À l'égard d'une créance qui dépend d'une condition, jusqu'à ce que la condition arrive ;

2° À l'égard d'une action en garantie, jusqu'à ce que l'éviction ait lieu ;

3° À l'égard d'une créance à terme, jusqu'à ce que ce terme soit arrivé.

1) Exigibilité de la créance. Pour les droits personnels, la prescription commence à courir, aujourd'hui comme hier, du jour de l'exigibilité de la créance (V. not. ■ Cass. 1re civ., 9 juin 1998, n° 96-10.794 : *JurisData* n° 1998-002651 ; *Bull. civ.* I, n° 206. ■ Cass. 3e civ., 14 juin 2006, n° 05-14.181 : *JurisData* n° 2006-034019 ; *Bull. civ.* III, n° 151, cassation de l'arrêt qui, pour déclarer prescrite l'action exercée par un indivisaire pour obtenir des autres le paiement de sa part du prix de vente du bien indivis, retient comme point de départ de la prescription l'acte portant reconnaissance de ses droits de copropriété, alors que la prescription ne pouvait avoir commencé à courir avant la date de la vente). Dans le même sens, l'on doit admettre que lorsqu'une dette est payable par termes successifs, la prescription se divise comme la dette elle-même et court contre chacune de ses parties à compter de son échéance (■ Cass. soc., 13 déc. 1945 : *D.* 1946, 137). Au visa de l'article 2233, la Haute juridiction a pu considérer qu'à l'égard d'une dette payable par termes successifs, la prescription se divise comme la dette elle-même et court à l'égard de chacune de ses fractions à compter de son échéance (■ Cass. 1re civ., 28 juin 2012, n° 11-17.744 : *Procédures* 2012, comm. 274, note Perrot). V. égal. art. 2224, p. 1657, qui dans la généralité de son énoncé intègre ces solutions.

2) Extension du champ d'application aux droits réels. Bien que l'ancien article 2257 du Code civil visait la « créance », le juge considérait que la règle selon laquelle la prescription ne court point à l'égard d'une créance qui dépend d'une condition jusqu'à ce que celle-ci se réalise, était générale et s'appliquait aux droits réels aussi bien qu'aux créances (■ Cass. 3e civ., 25 oct. 1968 : *JurisData* n° 1968-000417 ; *JCP* 1968, IV, 191 ; *Bull. civ.* III, n° 417, p. 317). V. égal. art. 2224, p. 1657, qui dans la généralité de son énoncé intègre ces solutions.

(1) Pour l'entrée en vigueur de ces dispositions, L. n° 2008-561, 17 juin 2008, art. 26, p. 3293.

Art. 2234 *(L. n° 2008-561, 17 juin 2008)* (1). – **La prescription ne court pas ou est suspendue contre celui qui est dans l'impossibilité d'agir par suite d'un empêchement résultant de la loi, de la convention ou de la force majeure.**

Impossibilité d'agir survenant en cours de prescription. Sous l'empire du droit antérieur, le juge avait parfois admis de relever le créancier de la prescription encourue lorsque l'impossibilité d'agir survenait pendant le cours du délai (▪ Cass. 1re civ., 18 févr. 2003, n° 99-21.199 : *JurisData* n° 2003-017968 ; *JCP* N 2003, 1664, qui exige que les juges du fond recherchent si le trouble mental dont a été victime le créancier n'était pas constitutif d'une impossibilité d'agir avant la mise en place d'un régime de représentation. – V. aussi ▪ Cass. 2e civ., 22 déc. 1965 : *Bull. civ.* II, n° 1088, qui reconnaît l'impossibilité d'agir du créancier pendant la durée d'un sursis conventionnel à exécution). Néanmoins, la loi nouvelle remet en cause la jurisprudence qui tendait à exiger que cette impossibilité se soit prolongée jusqu'à l'issue du délai requis pour prescrire (▪ Cass. com., 11 janv. 1994, n° 92-10.241 : *JurisData* n° 1994-000065 ; *Bull. civ.* IV, n° 22 ; *RTD civ.* 1995, p. 114, obs. Mestre, qui considère qu'il appartenait au titulaire du droit menacé de prescription de profiter du temps restant pour le défendre par un acte interruptif). Ainsi, la Haute Juridiction considère que la règle selon laquelle la prescription ne court pas contre celui qui est empêché d'agir ne s'applique pas lorsque le titulaire de l'action disposait encore, à la cessation de l'empêchement, du temps nécessaire pour agir avant l'expiration du délai de prescription (▪ Cass. 1re civ., 13 mars 2019, n° 17-50.053 : *JurisData* n° 2019-003735). Si l'effet interruptif de prescription d'une déclaration de créance s'étend aux poursuites de saisie immobilière qui tendent au même but, soit le recouvrement de la créance, le créancier, lorsqu'il a déclaré sa créance, ne peut, dès lors qu'il n'est pas dans l'impossibilité d'agir sur l'immeuble, au sens de l'article 2234 du Code civil, bénéficier de la prolongation de l'effet interruptif de prescription de sa déclaration jusqu'à la clôture de la procédure collective, cet effet prenant fin à la date de la décision ayant statué sur la demande d'admission de sa créance (▪ Cass. com., 12 juill. 2016, n° 15-17.321 : *JurisData* n° 2016-013738 ; *Procédures* 2016, comm. 285, obs. Laporte). L'impossibilité d'agir doit être appréciée au regard du lien que fait naître la solidarité entre le créancier et chaque codébiteur solidaire, peu important que le créancier ait la faculté, en application de l'article 2245, alinéa 1er, du Code civil, d'interrompre la prescription à l'égard de tous les codébiteurs solidaires, y compris leurs héritiers, en agissant contre l'un quelconque d'entre eux (▪ Cass. 1re civ., 23 janv. 2019, n° 17-18.219 : *JurisData* n° 2019-000621 ; *Contrats, conc. consom.* 2019, comm. 60, obs. Leveneur). V. égal. sur l'impossibilité d'agir survenue initialement, art. 2224, p. 1657.

Art. 2235 *(L. n° 2008-561, 17 juin 2008)* (1). – **Elle ne court pas ou est suspendue contre les mineurs non émancipés et les majeurs en tutelle, sauf pour les actions en paiement ou en répétition des salaires, arrérages de rente, pensions alimentaires, loyers, fermages, charges locatives, intérêts des sommes prêtées et, généralement, les actions en paiement de tout ce qui est payable par années ou à des termes périodiques plus courts.**

Voir : L. n° 74-631, 5 juill. 1974, fixant à dix-huit ans l'âge de la majorité, art. 20, p. 3000.

1) Limitation conventionnelle de la prescription. La limitation conventionnelle de la prescription n'en modifie pas la nature. Dès lors, c'est à bon droit que le délai de prescription accordé aux adhérents d'une société mutualiste pour agir contre celle-ci est suspendu en cas de minorité du réclamant (▪ Cass. 1re civ., 6 oct. 1976, n° 75-11.340 : *JurisData* n° 1976-000285 ; *JurisData* n° 1976-000286 ; *D.* 1977, 25, note Gaury).

2) Caractère personnel de la suspension. La *suspension de la prescription dont* bénéficie un mineur lui est purement personnelle et cesse de produire effet à l'égard de la partie subrogée dans ses droits à partir du jour de la subrogation (▪ Cass. 2e civ., 31 janv. 1996, n° 94-13.665 : *JCP* 1996, IV, 668 ; *Bull. civ.* II, n° 27, p. 17 ; *Resp. civ. et assur.* 1996, 122. ▪ Cass. 2e civ., 25 nov. 1992, n° 91-13.251 : *JurisData* n° 1992-002551 ; *Bull. civ.* II, n° 277, p. 137 ; *RTD civ.* 1993, 128, obs. Mestre. ▪ Cass. 2e civ., 4 juill. 2007 : *JurisData* n° 2007-039919 ; *JCP* G 2007, IV, 2672). Le majeur n'est relevé par le mineur qu'en matière indivisible et l'état d'indivision d'un immeuble dépendant d'une succession ne crée aucun lien d'indivisibilité entre les cohéritiers (▪ Cass. 1re civ., 13 juin 1963 : JurisData n° 1963-000317 ; JurisData n° 1963-000317 ; *JurisData* n° 1963-000317 ; *JCP* 1963, IV, 103 ; *Bull. civ.* I, n° 317, p. 268).

(1) Pour l'entrée en vigueur de ces dispositions, L. n° 2008-561, 17 juin 2008, art. 26, p. 3293.

3) Ordre public international. L'application de la loi étrangère qui prévoit que l'action en réparation d'un dommage causé par l'auteur d'un accident doit être exercée dans le délai qu'elle fixe ne fait pas obstacle, conformément à la conception française de l'ordre public international, à l'application de la règle générale fixée par l'ancien article 2252 du Code civil (C. civ., art. 2235) selon laquelle la prescription ne court pas contre les mineurs non émancipés (■ Cass. 1re civ., 21 mars 1979 : *JurisData* n° 1979-715111 ; *JurisData* n° 1979-715111 ; *JCP* 1980, II, 19311, note Monéger).

4) Majeurs non protégés. L'ancien article 2252 (C. civ., art. 2235) n'est pas applicable aux actes de majeurs qui n'ont pas fait l'objet de protection (■ Cass. 1re civ., 18 févr. 1992, n° 90-17.952 : *JurisData* n° 1992-000425 ; *Bull. civ.* I, n° 54, p. 38 ; *D.* 1993, 277, 2e esp., note Massip). Ainsi, les majeurs sous « curatelle » et les majeurs sous « sauvegarde de justice » n'en bénéficient pas (■ Cass. 1re civ., 17 oct. 1978, n° 77-11.763 : *JurisData* n° 1978-000305 ; *Bull. civ.* I, n° 305 raisonnant encore en termes d'internés non interdits. ■ CA Bourges, 24 juin 2003 : *JurisData* n° 2003-218965. ■ CA Rennes, 17 févr. 2006 : *JurisData* n° 2006-305091. – *Contra* ■ CA Douai, 13 nov. 1997 : *JurisData* n° 1997-045493).

Art. 2236 *(L. n° 2008-561, 17 juin 2008)* (1). **– Elle ne court pas ou est suspendue entre époux, ainsi qu'entre partenaires liés par un pacte civil de solidarité.**

Principe. Époux. En matière de prescription extinctive, il a été jugé que l'ancien article 2253 du Code civil (C. civ., art. 2236) suspendait entre les époux l'action en révocation des donations pour cause d'ingratitude (■ Cass. civ., 17 mars 1835 : *Dalloz jurispr. gén., V° Prescription civile*, n° 709. – *Contra* ■ CA Orléans, 19 nov. 1842 : *Dalloz jurispr. gén., V° Disposition entre vifs*, n° 2383) ainsi que l'action en déclaration de simulation (■ Cass. 1re civ., 3 juin 1975, n° 71-10.173 : *JurisData* n° 1975-000188 ; *D.* 1975, inf. rap. p. 189 ; *Bull. civ.* I, n° 191) ou encore l'action en paiement d'une indemnité d'occupation (■ CA Paris, 3 juill. 1995 : *JurisData* n° 1995-022636) ou d'un loyer (■ Cass. 1re civ., 3 juill. 1979 : *JCP* 1979, IV, 306 ; *Bull. civ.* I, n° 99, p. 160).

Art. 2237 *(L. n° 2008-561, 17 juin 2008)* (1). **– Elle ne court pas ou est suspendue contre l'héritier acceptant à concurrence de l'actif net, à l'égard des créances qu'il a contre la succession.**

Exclusion de l'héritier acceptant pur et simple. L'héritier acceptant pur et simple ne bénéficie pas de la cause de suspension prévue par le texte (■ CA Poitiers, 28 juill. 1988 : *JurisData* n° 1988-046956).

Art. 2238 *(L. n° 2008-561, 17 juin 2008 ; mod. à compter de la date prévue à l'article 43 de la loi n° 2010-1609 du 22 déc. 2010 et au plus tard le 1er septembre 2011, L. n° 2010-1609, 22 déc. 2010 ; mod., L. n° 2015-990, 6 août 2015 ; Ord. n° 2016-131, 10 févr. 2016)* (1). **– La prescription est suspendue à compter du jour où, après la survenance d'un litige, les parties conviennent de recourir à la médiation ou à la conciliation ou, à défaut d'accord écrit, à compter du jour de la première réunion de médiation ou de conciliation. La prescription est également suspendue à compter de la conclusion d'une convention de procédure participative ou à compter de l'accord du débiteur constaté par l'huissier de justice pour participer à la procédure prévue à l'article L. 125-1 du Code des procédures civiles d'exécution.**

Le délai de prescription recommence à courir, pour une durée qui ne peut être inférieure à six mois, à compter de la date à laquelle soit l'une des parties ou les deux, soit le médiateur ou le conciliateur déclarent que la médiation ou la conciliation est terminée. En cas de convention de procédure participative, le délai de prescription recommence à courir à compter du terme de la convention, pour une durée qui ne peut être inférieure à six mois. En cas d'échec de la procédure prévue au même article, le délai de prescription recommence à courir à compter de la date du refus du débiteur, constaté par l'huissier, pour une durée qui ne peut être inférieure à six mois.

Droit antérieur. Jugé que si les parties à un contrat avaient intégré dans leur contrat une clause de conciliation ou de médiation préalable avant tout procès, elle établit une fin de non-recevoir conventionnelle de sorte que la prescription se trouvait suspendue pendant toute la durée de

(1) Pour l'entrée en vigueur de ces dispositions, L. n° 2008-561, 17 juin 2008, art. 26, p. 3293.

la tentative de règlement amiable du litige (■ Cass. ch. mixte, 14 févr. 2003, n° S01/36279 : *JurisData* n° 2003-212484 ; *Bull. civ.*, ch. mixte, n° 1 ; *JCP* E 2003, 707, note Croze et Gautier ; *D.* 2003, 1386, note Ancel et Cottin ; *RTD civ.* 2003, p. 2480, obs. R. Perrot. ■ Cass. com., 17 juin 2003, n° 01-17.377 : *Bull. civ.* IV, n° 101 ; *RTD civ.* 2004, p. 136, obs. R. Perrot. ■ Cass. 1re civ., 27 janv. 2004, n° 00-22.320 : *JurisData* n° 2004-021972 ; *Bull. civ.* I, n° 23.

Code monétaire et financier

TITRE Ier. – LES OPÉRATIONS DE BANQUES ET LES SERVICES DE PAIEMENT

Art. L. 316-1 *(Anc. art. L. 315-1, créé à compter du 1er novembre 2009, Ord. n° 2009-866, 15 juill. 2009 ; dénum. et mod., L. n° 2013-100, 28 janv. 2013 ; mod., Ord. n° 2015-1033, 20 août 2015 ; Ord. n° 2017-1252, 9 août 2017).* – Tout consommateur a droit de recourir gratuitement à un médiateur dans les conditions prévues au chapitre II du titre Ier du livre VI du code de la consommation en vue de la résolution d'un litige qui l'oppose à un établissement de crédit, une société de financement, un établissement de monnaie électronique, un établissement de paiement ou un prestataire de services d'information sur les comptes et relatif aux services fournis et à l'exécution de contrats conclus dans le cadre du présent titre et du titre II du présent livre et relatifs aux produits mentionnés aux titres Ier et II du livre II.

Un compte rendu annuel d'activité établi par chaque médiateur est transmis au président de la commission d'évaluation et de contrôle de la médiation de la consommation mentionnée à l'article L. 155-1 du code de la consommation, au gouverneur de la Banque de France, ainsi qu'au président du comité consultatif institué à l'article L. 614-1.

Art. 2239 *(L. n° 2008-561, 17 juin 2008)* (1). – **La prescription est également suspendue lorsque le juge fait droit à une demande de mesure d'instruction présentée avant tout procès.**

Le délai de prescription recommence à courir, pour une durée qui ne peut être inférieure à six mois, à compter du jour où la mesure a été exécutée.

Voir : sur la combinaison de cet effet suspensif avec l'effet interruptif d'une demande en justice, art. 2241, p. 1673.

1) Droit antérieur. Sous l'empire du droit antérieur, les demandeurs ne bénéficiaient pas de l'interruption de la prescription jusqu'à l'accomplissement de la mesure d'instruction ordonnée (■ Cass. 2e civ., 6 mars 1991, n° 89-16.995 : *JurisData* n° 1991-000631 ; *RTD civ.* 1991, 595, obs. Perrot, qui affirme que le délai recommence à courir dès que l'ordonnance a été rendue).

2) Bénéficiaire de la suspension. La suspension de la prescription, en application de l'article 2239 du Code civil, lorsque le juge accueille une demande de mesure d'instruction présentée avant tout procès, qui fait, le cas échéant, suite à l'interruption de cette prescription au profit de la partie ayant sollicité cette mesure en référé et tend à préserver les droits de la partie ayant sollicité celle-ci durant le délai de son exécution, ne joue qu'à son profit (■ Cass. 2e civ., 31 janv. 2019, n° 18-10.011 : *JurisData* n° 2019-001169 ; *JCP* G 2019, 307, note Taisne).

3) Délai de forclusion (non). La suspension de la prescription prévue par l'article 2239 du Code civil n'est pas applicable au délai de forclusion (■ Cass. 3e civ., 3 juin 2015, n° 14-15.796).

4) Contrat d'assurance (oui). Jugé que les articles L. 114-1, L. 114-2 et L. 114-3 du Code des assurances ne font pas obstacle à l'application de l'article 2239 du Code civil de sorte que la suspension de la prescription prévue par l'article 2239 du Code civil est applicable aux actions dérivant d'un contrat d'assurance (■ Cass. 2e civ., 19 mai 2016, n° 15-19.792 : *JurisData* n° 2016-009359 ; *JCP* G 2016, doctr. 1051, n° 11, obs. Billiau ; *RDI* 2016, p. 418, obs. Noguéro).

5) Vente d'immeuble. Le délai d'un an prévu par le dernier alinéa de l'article 46 de la loi du 10 juillet 1965 pour introduire l'action en diminution du prix est un délai de forclusion et la suspension de la prescription prévue par l'article 2239 du Code civil n'est pas applicable au délai de forclusion (■ Cass. 3e civ., 2 juin 2016, n° 15-16.967 : JurisData n° 2016-010657 ; *Contrats, conc. consom.* 2016, comm. 205, obs. Leveneur).

(1) Pour l'entrée en vigueur de ces dispositions, L. n° 2008-561, 17 juin 2008, art. 26, p. 3293.

Code de procédure civile

Art. 145. – S'il existe un motif légitime de conserver ou d'établir avant tout procès la preuve de faits dont pourrait dépendre la solution d'un litige, les mesures d'instruction légalement admissibles peuvent être ordonnées à la demande de tout intéressé, sur requête ou en référé.

Section III. – Des causes d'interruption de la prescription

Art. 2240 *(L. n° 2008-561, 17 juin 2008)* (1). – **La reconnaissance par le débiteur du droit de celui contre lequel il prescrivait interrompt le délai de prescription.**

1) Qualité. Pour interrompre la prescription, la reconnaissance de dette doit émaner du débiteur ou de son mandataire de sorte qu'une telle reconnaissance effectuée par l'expert-comptable qui n'est ni le mandataire ni le préposé de son client auquel il est lié par un contrat de louage d'ouvrage n'emporte aucun effet de ce point de vue (■ Cass. 1re civ., 4 mai 2012, n° 11-15.617 : *JurisData* n° 2012-009088 ; *Contrats, conc. consom.* 2012, comm. 201, obs. Leveneur ; *Procédures* 2012, comm. 217, note Perrot). En toute hypothèse, la reconnaissance de la dette par le débiteur doit être claire et non équivoque pour être interruptive du délai de la prescription (■ Cass. 1re civ., 18 oct. 2017, n° 16-23.021).

2) Autorisation de prélèvement. S'agissant d'un prêt immobilier dont la banque a prononcé la déchéance du terme, est interruptif de la prescription de la créance, chaque paiement intervenu en exécution de l'autorisation de prélèvement mensuel donnée par l'emprunteur sur son compte en paiement du solde du prêt (■ Cass. 1re civ., 25 janv. 2017, n° 15-25.759 : *JurisData* n° 2017-000943).

3) Nantissement sur une police d'assurance-vie. Le nantissement de police d'assurance-vie n'implique pas une reconnaissance tacite du droit du créancier interrompant la prescription (■ Cass. 1re civ., 11 mai 2017, n° 16-12.811 : *RTD civ.* 2017, p. 706, obs. Crocq ; *RTD civ.* 2017, 696, obs. Dross ; *JCP* G 2017, doctr. 1239, n° 20, obs. Delebecque ; *JCP* G 2017, 637, obs. Mignot).

4) Invocation de la prescription. L'action tendant à voir déclarer un droit prescrit ne constitue pas, par elle-même, la reconnaissance non équivoque de ce droit par le demandeur à cette action (■ Cass. com., 9 mai 2018, n° 17-14.568 : *JurisData* n° 2018-007551 ; *JCP G* 2018, doctr. 1288, n° 3, obs. Libchaber ; *JCP* G 2018, doctr. 1221, n° 11, obs. Simler).

Art. 2241 *(L. n° 2008-561, 17 juin 2008)* (1). – **La demande en justice, même en référé, interrompt le délai de prescription ainsi que le délai de forclusion.**

Il en est de même lorsqu'elle est portée devant une juridiction incompétente ou lorsque l'acte de saisine de la juridiction est annulé par l'effet d'un vice de procédure.

Bibliographie : A. Bédon, *Computation des délais et actes interruptifs de prescription : Dr. et proc.* 2011, p. 279. • D. Mas, *L'acte de saisine de la juridiction, le vice de procédure et la Cour de cassation – De l'interprétation de l'article 2241, alinéa 2 du Code civil : JCP* G 2017, 1177.

Voir aussi : en ce que la nullité pour vice de procédure recouvre aussi bien les nullités de fond que de forme, CPC, art. 73.

1) Causes d'interruption limitatives. Il ne fait pas de doute que l'énumération légale du nouvel article 2241 est limitative à l'instar de celle de l'ancien article 2244. Il en résulte qu'une mise en demeure même par lettre recommandée n'interrompt normalement pas la prescription (V. not. ■ Cass. 2e civ., 26 juin 1991, n° 90-12.985 : *Bull. civ.* II, n° 195. ■ Cass. com., 13 oct. 1992, n° 90-21.818 : *JurisData* n° 1992-002983 ; *Bull. civ.* IV, n° 308), sous réserve des dispositions qui prévoient spécialement le contraire (C. assur., art. L. 114-2, p. 1902) et de l'accord des parties. Il en va de même pour une simple mise en garde (■ Paris, 27 avr. 1989, n° 86-42.566 : *D.* 1990, somm. 85, obs. A. Robert) ou de simples démarches (■ Cass. com., 12 nov. 1997, n° 96-10.494 : *JurisData* n° 1997-004923 ; *Resp. civ. et assur.* 1998, 116). Dans le même sens, une intervention purement formelle de la victime se constituant

(1) Pour l'entrée en vigueur de ces dispositions, L. n° 2008-561, 17 juin 2008, art. 26, p. 3293.

partie civile sans former aucune demande tendant à la réparation de son préjudice ne peut être assimilée à une demande en justice (■ Cass. 1re civ., 25 janv. 2000, n° 97-22.658 : *JurisData* n° 2000-000259 ; *Resp. civ. et assur.* 2000, 112 ; *Bull. civ.* I, n° 23, p. 15 ; *D.* 2001, 1348, note Matsopoulou).

2) Demande en justice. Notion. La loi nouvelle substitue l'expression de « demande en justice » à celle de « citation en justice » que la diversification des modes d'introduction de l'action en justice avait rendue trop restrictive. Il ne fait pas de doute que le texte nouveau vise la demande initiale comme les demandes incidentes (V. déjà sous l'empire du droit antérieur, ■ Cass. 2e civ., 26 nov. 1998, n° 95-19.280 : *Bull. civ.* II, nos 282 et 283. ■ Cass. soc., 22 mars 2000, n° 98-40.445 : *Bull. civ.* V, n° 120), la demande au fond aussi bien que celle qui est présentée en référé (V. déjà l'ancien article 2244 à la suite de la loi n° 85-677 du 5 juillet 1985). De même, il a été jugé que des conclusions constituent une demande en justice et sont, à ce titre, interruptives de la prescription extinctive du droit invoqué (■ Cass. 1re civ., 1er oct. 1996, n° 94-19.210 : *JurisData* n° 1996-003595 ; *Bull. civ.* I, n° 334, p. 234. – V. aussi ■ Cass. 2e civ., 26 nov. 1998, n° 96-12.262 : *JurisData* n° 1998-004607 ; *JCP* 1999, IV, 1073). En outre, l'entrée en vigueur de la loi du 17 juin 2008 ne devrait pas modifier la règle selon laquelle les requêtes ne sont normalement interruptives de prescription que si elles sont des modes d'introduction d'une instance, autrement dit si elles sont une forme de demande en justice. Dans ce sens, sous l'empire du droit antérieur, la requête en injonction de payer s'était toujours vue refuser l'effet interruptif en elle-même et c'était la signification de l'ordonnance obtenue qui valait interruption de la prescription (■ Cass. 1re civ., 10 juill. 1990, n° 89-13.345 : *Bull. civ.* I, n° 194. ■ Cass. 1re civ., 5 nov. 2009, n° 08-18.095 : *JurisData* n° 2009-050221 ; *JCP* G 2010, 546, n° 9 note Amrani-Mekki ; *Gaz. Pal.* 10-11 févr. 2010, p. 20, obs. Piedelièvre). Selon la Cour de cassation, le délai de prescription biennale n'est pas suspendu pendant l'examen, par la commission de surendettement ou par le juge du tribunal d'instance, de la recevabilité de la demande formée par le débiteur et le recours formé par un créancier contre la décision par laquelle une commission de surendettement déclare un débiteur recevable en sa demande de traitement de sa situation financière ne constitue pas, au regard de son objet, une demande en justice de nature à interrompre le délai de prescription en application de l'article 2241 du Code civil (■ Cass. 2e civ., 17 mars 2016, n° 14-24.986 : *JurisData* n° 2016-004642). En revanche, le dépôt d'une requête en autorisation d'une inscription provisoire de nantissement sur un fonds de commerce ne constitue pas une demande en justice au sens de ce texte (■ Cass. 2e civ., 22 sept. 2016, n° 15-13.034 : *JurisData* n° 2016-018939 ; *Procédures* 2016, comm. 321, obs. Strickler).

3) Signification à celui que l'on veut empêcher de prescrire (non). Au rebours du droit antérieur, l'article 2241 n'exige plus que l'acte interruptif ait été signifié à celui que l'on veut empêcher de prescrire. Au demeurant, le législateur ne fait ici qu'entériner l'interprétation du juge, lequel considérait que l'acte n'avait pas besoin d'être porté à la connaissance de celui qui prescrit avant l'expiration du délai de prescription, la loi exigeant seulement qu'il en soit le destinataire (■ Cass. 2e civ., 11 déc. 1985, n° 84-14.238 : *JurisData* n° 1985-001950 ; *Bull. civ.* II, n° 195 ; *JCP* G 1986, II, 20677, note Taisne. ■ Cass. 1re civ., 10 juill. 1990, n° 89-13.345 : *Bull. civ.* I, n° 194 ; *RTD civ.* 1991, p. 341, obs. J. Mestre. ■ Cass. 2e civ., 29 nov. 1995, n° 93-21.063 : *JurisData* n° 1995-003409 ; *Bull. civ.* II, n° 294 ; *JCP* G 1996, II, 22699, note Sander ; *RTD civ.* 1996, p. 465, obs. R. Perrot. ■ Cass. 3e civ., 15 juin 2005, n° 03-17.478 : *JurisData* n° 2005-028947 ; *Bull. civ.* III, n° 133 ; *D.* 2005, 3005, note Tchotourian. – *Adde* ■ Cass., avis, 10 juill. 2006, n° 0060007 : *JurisData* n° 2006-034741 ; *Bull. civ.* 2006, avis, n° 7. – Comp. ■ Cass. 2e civ., 9 juin 2005, n° 03-11.185 : *JurisData* n° 2005-028792 ; *Bull. civ.* II, n° 149 ; *RTD civ.* 2005, p. 632, obs. Ph. Théry). Selon la Haute Juridicition, après avoir exactement rappelé que pour être interruptive de prescription, une demande en justice doit être dirigée contre celui que l'on veut empêcher de prescrire, une cour d'appel en a déduit, à bon droit, que l'action engagée, par la victime devant la CIVI en vue de son indemnisation par le Fonds de garantie des victimes des actes de terrorisme et d'autres infractions (FGTI), ne pouvait avoir interrompu la prescription à l'égard du responsable qui n'était pas partie à cette instance (■ Cass. 2e civ., 13 sept. 2018, n° 17-20.966 : *JurisData* n° 2018-015507 ; *Resp. civ. et assur.* 2018, comm. 296, obs. Groutel).

4) Demande portée devant un juge incompétent. Dans la mesure où l'article 2241, alinéa 2, reconduit purement et simplement la disposition de l'ancien article 2246, il faut continuer d'admettre que la règle en cause recouvre tous les cas d'incompétence (■ Cass. ch. mixte, 24 nov. 2006, n° 04-18.610 : *JurisData* n° 2006-036120 ; *Bull. civ.*, ch. mixte, n° 11, p. 31 ; *JCP* G 2006, act. 568 ; JCP G 2007, II, 10058, note Pétel-Teyssié ; RTD civ. 2007, p. 169, note Théry ; *RTD civ.* 2007, p. 175, note Perrot ; *D.* 2007, p. 1112, note Wintgen à propos de la saisine du tribunal d'instance, opérée dans les délais, lequel s'est avéré, en l'espèce, incompétent en raison du montant du litige. ■ Cass. 2e civ.,

10 janv. 2008 : *JurisData* n° 2008-042181 ; *JCP* G 2008, IV, 1251 ▪ Cass. 3e civ., 2 juin 2010, n° 09-13.075 : *JurisData* n° 2010-007835 ; *Procédures* 2010, comm. 310, obs. Perrot). De même, la demande en justice portée devant un juge incompétent doit toujours interrompre la prescription sans qu'il y ait à distinguer entre l'incompétence relative et l'incompétence absolue (▪ Cass. crim., 13 mars 1967, n° 66-91.665 : *Gaz. Pal.* 1967, 2, 24), sauf si le demandeur est de mauvaise foi (▪ Cass. 2e civ., 16 déc. 2004 : *JCP* G 2005, II, 10073, note Sander ; *JurisData* n° 2004-026171, saisie d'un tribunal incompétent pour profiter d'une facilité procédurale offerte par le droit local applicable en Alsace-Moselle). Doit également être reconduite la solution selon laquelle ne donne pas de base légale à sa décision l'arrêt qui, pour refuser de considérer comme cause d'interruption de la prescription la constitution de partie civile devant le juge d'instruction, se fonde sur l'incompétence des juridictions répressives pour statuer sur l'action en responsabilité contre le transporteur par air (▪ Cass. ch. mixte, 24 févr. 1978, n° 73-12.290 : *Bull. civ.*, ch. mixte, n° 3, p. 3). Ayant relevé que, en soutenant que le tribunal arbitral avait violé les dispositions de l'ancien article 2246 du Code civil (C. civ., art. 2242, al. 2) et, partant, l'ordre public en rejetant son exception de prescription, la société recourante l'invitait à vérifier la pertinence du raisonnement juridique par lequel les arbitres avaient rejeté cette exception, la cour d'appel a retenu, à juste titre, qu'il lui était demandé d'exercer un contrôle au fond de la sentence qui échappait au juge de l'annulation, de sorte que le recours devait être rejeté (▪ Cass. 1re civ., 14 nov. 2006 : *JurisData* n° 2006-035882 ; *JCP* G 2006, IV, 3427). L'interruption de la prescription résultant de la demande en justice devant une juridiction incompétente cesse de produire ses effets à compter du prononcé de la décision de sorte que, en l'espèce, la prescription de deux mois prévue à l'article L. 1617-5, 2, du Code général des collectivités territoriales était donc acquise au jour de la délivrance de l'assignation (▪ Cass. 1re civ., 8 févr. 2017, n° 15-27.124 : *JurisData* n° 2017-001820).

5) Demande portée devant une juridiction inexistante. Doit être cassé l'arrêt qui, pour déclarer prescrite l'action du justiciable après avoir relevé que l'assignation portait mention d'une date correspondant à un jour férié et où la juridiction ne siégeait pas, retient que cet acte, privé d'une mention substantielle, était impuissant à saisir les premiers juges, devait être tenu pour inexistant sans qu'il soit besoin d'en prononcer la nullité et ne pouvait avoir d'effet interruptif de la prescription (▪ Cass. ch. mixte, 7 juill. 2006 : *JurisData* n° 2006-034521 ; *Bull. civ.*, ch. mixte, n° 6, p. 18 ; *JCP* G 2006, II, 10146, note Putman ; *RTD civ.* 2006, p. 820, note Perrot. – V. égal. ▪ Cass. 3e civ., 24 oct. 2007, n° 06-20.397 : *Bull. civ.* III, n° 184. ▪ Cass. 1re civ., 17 janv. 2008, n° 05-14.644 : *JurisData* n° 2008-042305 ; *Bull. civ.* I, n° 13.). V. antérieurement affirmant qu'une citation en justice devant une juridiction inexistante est sans effet interruptif de prescription (▪ Cass. 2e civ., 23 mars 2000, n° 97-11.932 : *JurisData* n° 2000-001230 ; *JCP* 2000, II, 10348, note Desideri ; *Bull. civ.* II, n° 53, p. 36).

6) Caducité de l'assignation. À défaut d'avoir été expressément condamné par le législateur de 2008, doit être conservée la solution selon laquelle l'assignation dont la caducité a été constatée n'a pas pu interrompre le cours de la prescription de sorte que la demande est irrecevable si la seconde assignation a été délivrée hors du délai légal (▪ Cass. ass. plén., 3 avr. 1987, n° 86-11.536 : *Bull. civ.* 1987, ▪ Cass. ass. plén., n° 2 ; *JCP* G 1987, II, 20792, concl. Cabannes ; *D.* 1988. somm. 122, obs. Julien ; *Gaz. Pal.* 1987, 2, somm. 486, obs. Croze et Morel ; *RTD civ.* 1987, p. 401, obs. R. Perrot. ▪ Cass. 1re civ., 17 mai 1988, n° 86-10.817 : *JurisData* n° 1988-701156 ; *Bull. civ.* 1988, I, n° 147 ; *JCP* G 1989, II, 21197, note Boulanger. – V. aussi ▪ Cass. soc., 21 mai 1996, n° 92-44.347 : *JurisData* n° 1996-001962 ; *JCP* 1996, IV, 1557 ; *Bull. civ.* V, n° 193, p. 136). Comp. antérieurement au décret n° 2005-1678 du 28 décembre 2005, en ce qui concerne le tribunal de commerce ▪ Cass. 2e civ., 12 nov. 1987, n° 86-11.728 : *JurisData* n° 1987-001777 ; *Bull. civ.* II, n° 224 ; *D.* 1988, somm. 124, obs. Julien ; *Gaz. Pal.* 1988, 1, somm. 124, obs. Croze et Morel ; *RTD civ.* 1988.179, obs. Perrot. ▪ Cass. 2e civ., 14 oct. 2004, n° 02-18.540 : *JurisData* n° 2004-025185 ; *Bull. civ.* II, n° 462.

7) Citation nulle pour vice de procédure. Désormais, la prescription est interrompue même si l'assignation est nulle par l'effet d'un vice de procédure (▪ Cass. 1re civ., 25 nov. 2010, n° 09-69.124 : *JurisData* n° 2010-022125 ; *Procédures* 2011, comm. 50, obs. Perrot ; *Contrats, conc. consom.* 2011, comm. 45, obs. Raymond). Au demeurant, l'article 2241 du Code civil ne distinguant pas dans son alinéa 2 entre le vice de forme et l'irrégularité de fond, l'assignation même affectée d'un vice de fond a un effet interruptif (▪ Cass. 3e civ., 11 mars 2015, n° 14-15.198 : *JurisData* n° 2015-004885 ; *JCP* G 2015, doctr. 1044, n° 11, obs. Billiau). Dans la mesure où, en l'absence de disposition spéciale, les lois relatives à la procédure et aux voies d'exécution sont d'application immédiate, une citation frappée de nullité pour un vice de procédure dans un contentieux antérieur à l'entrée en vigueur de la loi 17 juin 2008 conserve désormais son effet interruptif (▪ Cass. 2e civ., 17 févr. 2011, n° 10-13.977 : *JurisData* n° 2011-001963 ; *Procédures* 2011, comm. 132, obs. Perrot).

8) Demande reconventionnelle. Seule constitue, pour le défendeur à une action, une demande en justice interrompant la prescription celle par laquelle il prétend obtenir un avantage autre que le simple rejet de la prétention de son adversaire de sorte que pour la Haute juridiction, une cour d'appel, faisant ainsi ressortir, sans méconnaître l'oralité de la procédure devant le tribunal de commerce, que la société défenderesse n'avait pas formé de demande reconventionnelle devant ce tribunal, en a exactement déduit que le délai de prescription des créances n'avait pas été interrompu au cours de l'instance devant le tribunal de commerce (▪ Cass. 2e civ., 1er févr. 2018, n° 17-14.664 : *JurisData* n° 2018-001017 ; *Procédures* 2018, comm. 101, obs. Strickler ; *JCP G* 2018, doctr. 530, obs. Libchaber).

9) Effets de l'interruption de la prescription d'une action sur une autre action. En principe, l'interruption de la prescription ne peut s'étendre d'une action à une autre (▪ Cass. com., 4 juill. 2006, n° 04-16.578 : *Bull. civ.* IV, n° 168 ; *RTD com.* 2007, 438, obs. Bouloc) ; il en est autrement lorsque les deux actions, bien qu'ayant une cause distincte, tendent à un seul et même but de sorte que la seconde est virtuellement comprise dans la première (▪ Cass. 2e civ., 3 févr. 2011, n° 09-17.213 : *JurisData* n° 2012-014381 ; *RTD civ.* 2011, 387, obs. Perrot). Ainsi l'effet interruptif de prescription qui s'attache à l'action paulienne s'étend à l'action ultérieure en recouvrement de la créance (▪ Cass. 2e civ., 28 juin 2012, n° 11-20.011 : *Procédures* 2012, comm. 277, obs. Perrot ; *RD bancaire et fin.* 2012, comm. 160, obs. Piedelièvre). Jugé également que la demande en partage judiciaire d'une communauté ayant existé entre des parents et de la succession de la mère tend au même but que l'action en rescision du partage amiable de cette communauté et de cette succession (▪ Cass. 1re civ., 5 oct. 2016, n° 15-25.459 : *JurisData* n° 2016-020277 ; *Dr. famille* 2016, comm. 259, obs. Nicod).

Art. 2242 *(L. n° 2008-561, 17 juin 2008)* (1). **– L'interruption résultant de la demande en justice produit ses effets jusqu'à l'extinction de l'instance.**

Art. 2243 *(L. n° 2008-561, 17 juin 2008)* (1). **– L'interruption est non avenue si le demandeur se désiste de sa demande ou laisse périmer l'instance, ou si sa demande est définitivement rejetée.**

Principe. Il résulte de l'article 2243 du Code civil et de l'article 5 du Code de procédure civile que l'interruption de la prescription résultant de la demande en justice n'est non avenue que si le juge saisi de cette demande a constaté que le demandeur s'est désisté de sa demande ou a laissé périmer l'instance, ou si le juge a définitivement rejeté cette demande (▪ Cass. 2e civ., 2 juin 2016, nos 15-19.618 et 15-19.619 : *JurisData* n° 2016-010640 ; *Procédures* 2016, comm. 254, obs. Strickler). Si, en application de l'article 2241 du Code civil, une déclaration d'appel, serait-elle formée devant une cour d'appel incompétente, interrompt le délai d'appel, cette interruption est, en application de l'article 2243 du Code civil, non avenue lorsque l'appel est définitivement rejeté par un moyen de fond ou par une fin de non-recevoir (▪ Cass. 2e civ., 21 mars 2019, n° 17-10.663 : *JurisData* n° 2019-004160).

Art. 2244 *(Rempl. à compter du 1er juin 2012, Ord. n° 2011-1895, 19 déc. 2011)*. **– Le délai de prescription ou le délai de forclusion est également interrompu par une mesure conservatoire prise en application du Code des procédures civiles d'exécution ou un acte d'exécution forcée.**

Commandement aux fins de saisie-vente. Le commandement aux fins de saisies-ventes qui, sans être un acte d'exécution forcée, engage la mesure d'exécution forcée, interrompt la prescription de la créance qu'elle tend à recouvrer (▪ Cass. 2e civ., 13 mai 2015, n° 14-16.025).

Art. 2245 *(L. n° 2008-561, 17 juin 2008)* (1). **– L'interpellation faite à l'un des débiteurs solidaires par une demande en justice ou par un acte d'exécution forcée ou la reconnaissance par le débiteur du droit de celui contre lequel il prescrivait interrompt le délai de prescription contre tous les autres, même contre leurs héritiers.**

En revanche, l'interpellation faite à l'un des héritiers d'un débiteur solidaire ou la reconnaissance de cet héritier n'interrompt pas le délai de prescription à l'égard des autres cohéritiers, même en cas de créance hypothécaire, si

(1) Pour l'entrée en vigueur de ces dispositions, L. n° 2008-561, 17 juin 2008, art. 26, p. 3293.

l'obligation est divisible. Cette interpellation ou cette reconnaissance n'interrompt le délai de prescription, à l'égard des autres codébiteurs, que pour la part dont cet héritier est tenu.

Pour interrompre le délai de prescription pour le tout, à l'égard des autres codébiteurs, il faut l'interpellation faite à tous les héritiers du débiteur décédé ou la reconnaissance de tous ces héritiers.

1) Caution solidaire. Paiement partiel. Le paiement d'une partie de la dette par la caution solidaire interrompt la prescription à l'égard du débiteur principal (▪ Cass. req., 23 juill. 1929 : *DP* 1931, 1, 73, note Holleaux).

2) Action en rescision pour lésion exercée par un copartageant. Il résulte des termes de l'ancien article 2249 (C. civ., art. 2245) que lorsque l'obligation est indivisible, l'interruption de la prescription faite par l'un des créanciers à l'égard de l'un des débiteurs profite à tous les créanciers ou nuit à tous les débiteurs. La matière de la rescision du partage pour cause de lésion, qui remet en question les droits de toutes les parties, est indivisible. Par suite, lorsqu'un copartageant agit en rescision contre un autre, il interrompt la prescription de l'article 1304 du Code civil à l'égard de tous les copartageants (▪ Cass. 1re civ., 5 janv. 1966 : *JurisData* n° 1966-700016 ; *JCP* 1966, II, 14592, note Voirin).

Art. 2246 *(L. n° 2008-561, 17 juin 2008)* (1). – **L'interpellation faite au débiteur principal ou sa reconnaissance interrompt le délai de prescription contre la caution.**

Déclaration de créance au passif du débiteur principal. Il résulte des anciens articles 2244 et 2250 (C. civ., art. 2246) du Code civil et de l'article L. 621-43 du Code de commerce, dans sa rédaction antérieure à la loi du 26 juillet 2005 de sauvegarde des entreprises, que la déclaration de créance interrompt la prescription à l'égard de la caution sans qu'il soit besoin d'une notification à son endroit et que cet effet se prolonge jusqu'à la clôture de la procédure collective (▪ Cass. com., 26 sept. 2006 : *JurisData* n° 2006-035155 ; *Bull. civ.* IV, n° 190, p. 208 ; *JCP* G 2006, IV, 3058 ; *Act. proc. coll.* 2006, n° 17, obs. Le Corre ; *D.* 2006, act. jurispr. p. 2460, obs. Lienhard). V. égal. dans ce sens, ▪ Cass. com., 15 mars 2005, n° 03-19.841 : *JurisData* n° 2005-027665 ; *Bull. civ.* IV, n° 63, p. 67. ▪ Cass. com., 12 déc. 1995, n° 93-18.959 : *JurisData* n° 1995-003894 ; *Bull. civ.* IV, n° 299, p. 274).

CHAPITRE IV. – DES CONDITIONS DE LA PRESCRIPTION EXTINCTIVE

Section I. – De l'invocation de la prescription

Art. 2247 *(L. n° 2008-561, 17 juin 2008)* (1). – **Les juges ne peuvent pas suppléer d'office le moyen résultant de la prescription.**

Voir aussi : sur la possibilité pour le juge de soulever d'office la fin de non-recevoir tirée des prescriptions spéciales du droit de la consommation, C. consom., art. R. 632-1.

1) Ordre public (non). Le moyen tiré de la prescription n'est pas d'ordre public même si le délai de prescription de l'action civile est fixé en référence à celui de la prescription de l'action publique (▪ Cass. 2e civ., 5 mai 1971 : *JurisData n° 1971-099168 ; JurisData* n° 1971-099168 ; *D.* 1971, 470, note Huet. ▪ Cass. 2e civ., 13 mars 1980 : *JurisData* n° 1980-099059 ; *JurisData* n° 1980-099059 ; *Bull. civ.* II, n° 59, p. 46). La règle de l'article 2223 doit recevoir application nonobstant l'article 125 du Code de procédure civile qui fait obligation au juge de soulever d'office les fins de non-recevoir ayant un caractère d'ordre public (▪ Cass. 1re civ., 9 déc. 1986, n° 85-15.160 : *Bull. civ.* I, n° 293, p. 278 ; *JCP* 1987, II, 20862, note Bey). Le juge ne peut appliquer une prescription plus courte que celle invoquée (▪ Aix-en-Provence, 12 mai 1964, n° 63-92.580 : *Gaz. Pal.* 1964, 2, 405). Dès lors que les juges ne peuvent suppléer d'office le moyen résultant de la prescription et que l'obligation des débiteurs, en l'occurrence des constructeurs, n'avait pas de caractère indivisible, la prescription soulevée par l'un d'entre eux ne saurait profiter aux autres (▪ Cass. 3e civ., 11 mai 2006 : *JurisData* n° 2006-033524 ; *Bull. civ.* III n° 114, p. 96).

2) Moyen tiré de la prescription. Forme. Il n'est pas nécessaire que le moyen tiré de la pres-

(1) Pour l'entrée en vigueur de ces dispositions, L. n° 2008-561, 17 juin 2008, art. 26, p. 3293.

cription soit proposé en termes formels, il suffit qu'il ressorte implicitement de la nature même de la demande et de l'ensemble des faits sur lesquels elle est fondée (■ Cass. civ., 3 août 1870 : *DP* 1870, 1, 358).

3) Charge de la preuve. Sur le principe que c'est à celui qui invoque le bénéfice de la prescription d'en rapporter la preuve (V. ■ Cass. 3e civ., 26 janv. 2005, n° 03-17.173 : *JurisData* n° 2005-026622 ; *RD imm.* 2005, 133, obs. Malinvaud).

Art. 2248 *(L. n° 2008-561, 17 juin 2008)* (1). **– Sauf renonciation, la prescription peut être opposée en tout état de cause, même devant la cour d'appel.**

Possibilité de faire valoir la prescription en dehors de tout litige. La Haute juridiction a pu décider qu'un sujet de droit n'est pas sans intérêt à faire constater la prescription de la créance d'une banque afin de pouvoir apprécier la consistance exacte du patrimoine dont il hérite ainsi que l'étendue des droits dont on peut disposer compte tenu des hypothèques garantissant cette créance litigieuse, et ce même en dehors de tout litige (■ Cass. 1re civ., 9 juin 2011, n° 10-10.348 : *D.* 2011, p. 2144, note Creton ; *D.* 2011, p. 2311, note Grayot-Dirx ; *Procédures* 2011, comm. 255, note Perrot ; *RTD civ.* 2011, p. 535, obs. Fages ; *Dr. et proc.* 2011, p. 260, obs. Lefort ; *JCP* G 2011, 1397, n° 11, obs. Amrani-Mekki).

Bibliographie : N. Aymeric, *L'incidence du comportement du débiteur sur la prescription : RTD civ.* 2013, p. 519.

Art. 2249 *(L. n° 2008-561, 17 juin 2008)* (1). **– Le paiement effectué pour éteindre une dette ne peut être répété au seul motif que le délai de prescription était expiré.**

Confirmation du droit antérieur. Sous l'empire du droit antérieur, le juge considérait déjà que le paiement d'une dette après l'écoulement de la prescription n'était pas indu et que le débiteur ne pouvait agir en répétition alors même qu'il avait payé en ignorant que la prescription le mettait à l'abri de toute action en exécution (■ Cass. req., 21 janv. 1935 : *DP* 1937, 1, p. 67, rapp. Pilon ; *S.* 1935, 1, 321. ■ Cass. req., 17 janv. 1938 : *DP* 1940, 1, p. 57, note J. Chevallier. ■ Cass. 3e civ., 25 avr. 2007, n° 06-10.283 : *JurisData* n° 2007-038513 ; *Contrats, conc. consom.* 2007, comm. 197, obs. Leveneur).

Section II. – De la renonciation à la prescription

Art. 2250 *(L. n° 2008-561, 17 juin 2008)* (1). **– Seule une prescription acquise est susceptible de renonciation.**

Effets. La renonciation du sujet de droit à une prescription acquise ne fait pas courir un nouveau délai de prescription (■ Cass. 2e civ., 16 nov. 2006 : *JurisData* n° 2006-035897 ; *JCP* G 2006, IV, 3405).

Art. 2251 *(L. n° 2008-561, 17 juin 2008)* (1). **– La renonciation à la prescription est expresse ou tacite.**

La renonciation tacite résulte de circonstances établissant sans équivoque la volonté de ne pas se prévaloir de la prescription.

Forme de la renonciation. Droit antérieur. L'article 2251 confirme la jurisprudence antérieure qui reconnaissait que la renonciation à une prescription acquise n'était subordonnée dans sa forme à aucune condition substantielle et pouvait résulter de tout acte et de tout fait qui, implicitement ou explicitement, *manifeste* de la part du défendeur la volonté de renoncer (■ Cass. civ., 9 nov. 1943 : *DA* 1944, 37). Les tribunaux sont investis à cet égard d'un souverain pouvoir d'appréciation (même arrêt). Et de fait, l'invocation de la prescription est possible à n'importe quelle étape du procès, sans que le débiteur ait à justifier de ses intentions (■ Cass. 2e civ., 12 avr. 2018, n° 17-15.434 : *JurisData* n° 2018-005625 ; *JCP* G 2018, doctr. 1288, obs. Libchaber).

(1) Pour l'entrée en vigueur de ces dispositions, L. n° 2008-561, 17 juin 2008, art. 26, p. 3293.

Art. 2252 *(L. n° 2008-561, 17 juin 2008)* (1). **– Celui qui ne peut exercer par lui-même ses droits ne peut renoncer seul à la prescription acquise.**

Art. 2253 *(L. n° 2008-561, 17 juin 2008)* (1). **– Les créanciers, ou toute autre personne ayant intérêt à ce que la prescription soit acquise, peuvent l'opposer ou l'invoquer lors même que le débiteur y renonce.**

1) Renonciation de nature à créer ou à augmenter l'insolvabilité du débiteur. La disposition de l'ancien article 2225 (C. civ., art. 2253) qui permet au créancier, ou à toute autre personne ayant intérêt à ce que la prescription soit acquise, de l'opposer bien que le débiteur y renonce, ne peut être invoquée qu'autant que cette renonciation est de nature à créer ou à augmenter l'insolvabilité dudit débiteur (■ Cass. soc., 9 nov. 1950 : *Bull. civ.* V, n° 830, p. 559).

2) Champ d'application. L'ancien article 2225 (C. civ., art. 2253) s'applique à toutes les prescriptions (■ Cass. civ., 12 juill. 1880 : *DP* 1881, 1, 437).

3) Action en distraction (non). Le demandeur à la distraction n'est pas recevable à invoquer le moyen tiré de la prescription de la créance cause de la saisie (■ Cass. 2e civ., 25 oct. 2007, n° 05-21.807 : *JurisData* n° 2007-041120 ; *Procédures* 2008, comm. 13, obs. Perrot ; *RD bancaire et fin.* 2008, comm. 19, obs. Piedelièvre).

Section III. – De l'aménagement conventionnel de la prescription

Art. 2254 *(L. n° 2008-561, 17 juin 2008)* (1). **– La durée de la prescription peut être abrégée ou allongée par accord des parties. Elle ne peut toutefois être réduite à moins d'un an ni étendue à plus de dix ans.**

Les parties peuvent également, d'un commun accord, ajouter aux causes de suspension ou d'interruption de la prescription prévues par la loi.

Les dispositions des deux alinéas précédents ne sont pas applicables aux actions en paiement ou en répétition des salaires, arrérages de rente, pensions alimentaires, loyers, fermages, charges locatives, intérêts des sommes prêtées et, généralement, aux actions en paiement de tout ce qui est payable par années ou à des termes périodiques plus courts.

Bibliographie : Ph. Hoonakker, *La disposition de la prescription : LPA* 2 avr. 2009, p. 19. ● L. Leveneur, *Le nouvel article 2254 du Code civil, Liber Amicorum Ch. Larroumet*, Économica, 2010, p. 283.

Voir : sur l'impossibilité de modifier conventionnellement la durée de la prescription, ni d'ajouter des causes de suspension ou d'interdiction à celle-ci en droit des assurances, C. assur., art. L. 114-3, p. 1902.

– Sur l'interdiction de tout aménagement de la prescription quinquennale de l'action en réparation du préjudice résultant d'une discrimination pour les salariés et pour les fonctionnaires, C. trav., art. L. 1134-5 ; L. 13 juill. 1983, art. 7 *bis* (V. ss art. 2232, p. 1668).

1) Droit antérieur. Raccourcissement conventionnel des délais (oui). Sous l'empire du droit antérieur, les contractants étaient déjà libres d'adopter conventionnellement des délais de prescription plus brefs que ceux prévus par la loi (■ Cass. 1re civ., 1er févr. 1853 : *DP* 1853, 1, p. 77 ; *S.* 1856, 1, p. 892. ■ Cass. civ., 4 déc. 1895 : *DP* 1896, 1, p. 241, note L. Sarrut ; *S.* 1896, 1, p. 113, note *Ch. Lyon-Caen.* ■ *Cass. req.*, 26 *mars* 1902 : *DP* 1902, 1, p. 248. ■ Cass. req., 15 nov. 1909 : *DP* 1911, 1, p. 393, note P. Dupuich. ■ Cass. civ., 31 janv. 1950 : *D.* 1950, p. 261, note P. Lerebours-Pigeonnière ; *S.* 1950, 1, p. 121, note J.-P. Niboyet ; *JCP* G 1950, II, 5541, note A. Weill. ■ Cass. 1re civ., 6 oct. 1976 : *JurisData* n° 1976-000286 ; *D.* 1977, p. 25, note Ch. Gaury. ■ Cass. com., 21 janv. 1992 : *Bull. civ.* IV, n° 30. ■ Cass. com., 21 mars 1995, n° 93-12.383 : *JurisData* n° 1995-000779 ; *Bull. civ.* IV, n° 92). Néanmoins, la brièveté des délais conventionnellement retenus ne devait pas être telle qu'il en résultait, en pratique, une élision de l'obligation (■ T. civ. Périgueux, 6 juill. 1954 : *Gaz. Pal.* 1954, 2, p. 248 ; *RTD civ.* 1955, p. 330, obs. H. et L. Mazeaud ■ Cass. com., 17 déc. 1973, n° 72-12.821 : *JurisData* n° 1973-099364 ; *Bull. civ.* IV, n° 367 ; *JCP* G 1975, II, 17912, note Savatier). La disposition contractuelle abrégeant le délai de prescription reçoit application même en cas de faute lourde (■ Cass. com., 12 juill. 2004, n° 01-01.472 : *JurisData* n° 2004-024803 ; *Contrats, conc. consom.* 2004, 169, note Leveneur ; *JCP* 2005, I, 132, n° 11, obs. Viney ; *RTD civ.* 2005, 133, obs. Mestre et Fages ; *RDC* 2005/2, 272, obs. D. Mazeaud ; *D.* 2005, somm. 2845, obs. Fauvarque-Cosson).

(1) Pour l'entrée en vigueur de ces dispositions, L. n° 2008-561, 17 juin 2008, art. 26, p. 3293.

2) Droit antérieur. Allongement conventionnel des délais (non). Sous l'empire du droit antérieur, les parties ne pouvaient pas conventionnellement allonger le délai de prescription mais la jurisprudence admettait la validité des accords par lesquels les parties convenaient d'une suspension de la prescription, même si cela revenait à allonger le délai de manière détournée (▪ Cass. 1re civ., 25 juin 2002, n° 00-16.840 : *JurisData* n° 2002-014965 ; *D.* 2003, p. 155, note Stoffel-Munck).

3) Droit antérieur. Causes conventionnelles de suspension et d'interruption. Sous l'empire du droit antérieur, le juge offrait déjà aux parties la possibilité d'ajouter aux causes légales de suspension (▪ Cass. 1re civ., 13 mars 1968 : *JurisData* n° 1968-700098 ; *JCP* 1969, II, 15903, note Prieur. ▪ Cass. com., 30 mars 2005, n° 02-10.422 : *JurisData* n° 2005-027862 ; *Bull. civ.* IV, n° 75 ; *Resp. civ. et assur.* 2005, 179, note Groutel) ou d'interruption (▪ Cass. 1re civ., 25 juin 2002, n° 99-14.847 : *JurisData* n° 2002-015077 ; *D.* 2003, p. 155, note Stoffel-Munck).

Code de la consommation

Art. L. 218-1 *(Ord. n° 2016-301, 14 mars 2016)*. – Par dérogation à l'article 2254 du Code civil, les parties au contrat entre un professionnel et un consommateur ne peuvent, même d'un commun accord, ni modifier la durée de la prescription, ni ajouter aux causes de suspension ou d'interruption de celle-ci.

Code de la mutualité

Art. L. 221-12-1 *(L. n° 2008-561, 17 juin 2008)*. – Par dérogation à l'article 2254 du Code civil, les parties à une opération individuelle ou collective ne peuvent, même d'un commun accord, ni modifier la durée de la prescription, ni ajouter aux causes de suspension ou d'interruption de celle-ci.

TITRE XXI. – DE LA POSSESSION ET DE LA PRESCRIPTION ACQUISITIVE

(L. n° 2008-561, 17 juin 2008)

CHAPITRE I. – DISPOSITIONS GÉNÉRALES

Bibliographie : A. Abdel-Baki, *Du rôle de la possession en matière mobilière*, thèse Paris, 1943. • F. Alt-Maes, *Une évolution vers l'abstraction : de nouvelles applications de la détention : RTD civ.* 1987, p. 21. • L. Jacques, *La possession et la détention, in* Propositions de l'Association H. Capitant pour une réforme du droit des biens, Litec, 2009, p. 68. • F. Julienne, *Possession en droit patrimonial de la famille : Dr. et patrimoine* 2013, n° 230, p. 67. • Fl. Lerique, *La question de la possession des personnes publiques : Dr. et patrimoine* 2013, n° 230, p. 71. • G.-A. Likilimba, *La possession « corpore alieno » : RTD civ.* 2005, p. 1. • B. Mallet-Bricout, *Éléments constitutifs de la possession : permanence ou renouvellement des débats ? : Dr. et patrimoine* 2013, n° 230, p. 41. • G. Piette, *La possession en droit des sûretés : Dr. et patrimoine* 2013, n° 230, p. 58. • S. Lucas Raffali, *Le « corpus » virtuel. La notion de « corpus » a-t-elle seulement un sens ? : RRJ* 2000, p. 1461. • R. Saleilles, *De la possession des meubles. Études de droit allemand et de droit français*, LGDJ, 1907. • B. Saintourens, *La possession en droit des affaires : Dr. et patrimoine* 2013, n° 230, p. 58. • Ph. Simler, *Possession et détention : pertinence de la distinction : Dr. et patrimoine* 2013, n° 230, p. 36. • J.-M. Trigeaud, *La possession des biens immobiliers, Nature et fondement*, Économica 1981. • H. Vialleton, *De la possession des servitudes*, thèse Bordeaux, 1927.

Art. 2255 *(Anc. art. 2228, dénum., L. n° 2008-561, 17 juin 2008)*. – **La possession est la détention ou la** *jouissance d'une chose ou d'un droit* **que nous tenons ou que nous exerçons par nous-mêmes, ou par un autre qui la tient ou qui l'exerce en notre nom.**

1) Personne morale. Viole l'article 2228 (anc.) l'arrêt qui déclare qu'une association ne saurait prétendre avoir détenu une partie d'ouvrage inachevé (▪ Cass. 3e civ., 8 déc. 1976, n° 75-12.194 : *JurisData* n° 1976-000449 ; *Bull. civ.* III, n° 449, p. 341).

2) Actes matériels. La possession légale utile pour prescrire, si elle se conserve par la seule intention, ne peut s'établir à l'origine que par des actes d'occupation réelle (■ Cass. civ., 13 déc. 1948 : *D.* 1949, 72. – V. en ce sens ■ Cass. 3e civ., 15 mars 1977 : *JurisData* n° 1977-799121 ; *JurisData* n° 1977-799121 ; *Bull. civ.* III, n° 121, p. 94). Les juges du fond doivent relever les actes matériels de nature à caractériser la possession (■ Cass. 3e civ., 15 mars 1978, n° 76-14.029 : *JurisData* n° 1978-098123 ; *Bull. civ.* III, n° 123, p. 96. ■ Cass. 3e civ., 27 avr. 1983, n° 82-11.511 : *JurisData* n° 1983-701340 ; *Bull. civ.* III, n° 98, p. 77). L'existence d'un acte notarié constatant l'usucapion n'est pas suffisante (■ Cass. 3e civ., 11 juin 1992, n° 90-16.439 : *JurisData* n° 1992-001240 ; *Bull. civ.* III, n° 199, p. 122 ; *D.* 1993, somm. 302, 1re esp., obs. A. Robert), même en cas de paiement des impôts par le demandeur (■ Cass. 3e civ., 30 juin 1999, n° 97-11.388 : *JurisData* n° 1999-002710 ; *JCP* 2000, II, 10399, note Celerien ; I, 211, n° 2, obs. Périnet-Marquet ; *Bull. civ.* III, n° 159, p. 110), non plus que les actions engagées contre l'auteur des défendeurs en sa qualité de prétendu propriétaire (■ Cass. 3e civ., 13 janv. 1999, n° 96-19.735 : *JurisData* n° 1999-000126 ; *JCP* 99, I, 175, n° 5, obs. Périnet-Marquet ; *Bull. civ.* III, n° 12, p. 8). Mais il appartient au juge d'apprécier la valeur probante de l'acte notarié quant à l'existence d'actes matériels de nature à caractériser la possession invoquée (■ Cass. 3e civ., 4 oct. 2000, n° 98-11.780 : *JurisData* n° 2000-006094 ; *JCP* 2001, I, 305, n° 4, obs. Périnet-Marquet ; *Bull. civ.* III, n° 158, p. 110). Jugé qu'à elle seule l'immersion de terres par les eaux d'un étang ne peut constituer, au sens des articles 2228 et 2229 [anciens] du Code civil, une possession légale utile pour prescrire (■ Cass. 3e civ., 20 juin 1968 : *Bull. civ.* III, n° 292, p. 225).

3) Copropriété. Le droit de copropriété peut s'acquérir par prescription (■ Cass. 1re civ., 16 avr. 1959 : *JCP* 59, IV, 62 ; *Bull. civ.* I, n° 198 p. 167. V. aussi, appliquant l'article 2265, ■ Paris, 15 sept. 1995 : *Defrénois* 1996, 802, obs. Atias).

4) Possession par l'intermédiaire d'autrui. Celui qui passe sur un terrain enclavé en versant au propriétaire prétendu une indemnité n'exerce pas seulement un droit de passage, mais effectue des actes de possession pour le compte du bénéficiaire de la redevance (■ Cass. 3e civ., 12 déc. 1984, n° 82-14.989 : *JurisData* n° 1984-70214 ; *Bull. civ.* III, n° 216, p. 169). De même, le propriétaire d'un terrain peut invoquer les actes de possession accomplis en son nom par le fermier (■ Cass. 3e civ., 24 janv. 1990, n° 87-18.747 : *JurisData* n° 1990-700590 ; *Bull. civ.* III, n° 30, p. 15 ; *Defrénois* 1990, 1029, obs. Aubert ; *D.* 1991, somm. 20, obs. A. Robert). V. aussi pour l'usufruitier sous art. 2234, p. 1670. Pour une application à l'antichrèse-bail, V. ■ Cass. 3e civ., 18 déc. 2002, 1er arrêt : *JurisData* n° 2002-017037 ; *JCP* 2003, II, 10024, avis Guérin ; I, 124, n° 12, obs. Delebecque ; *D.* 2003, 963, note Delebecque).

Art. 2256 *(Anc. art. 2230, dénum., L. n° 2008-561, 17 juin 2008).* – **On est toujours présumé posséder pour soi, et à titre de propriétaire, s'il n'est prouvé qu'on a commencé à posséder pour un autre.**

1) Principe. Les juges n'ont pas à caractériser spécialement l'élément intentionnel de la possession (■ Cass. 1re civ., 21 déc. 1964 : *Bull. civ.* I, n° 589, p. 454).

2) Preuve. C'est au demandeur en revendication qu'il appartient de prouver la précarité de la possession du défendeur (■ Cass. 1re civ., 7 févr. 1962 : *Bull. civ.* I, n° 91). Dans la mesure où aucun contrat n'avait été signé entre l'artiste et le propriétaire de la galerie, avec lequel il entretenait des relations amicales, la preuve du caractère équivoque de la possession de ce dernier n'apparaissait pas établi ; il en résulte que le galeriste peut efficacement opposer à une revendication une possession exercée sur des objets mobiliers pendant plus de trente ans (■ Cass. 1re civ., 19 mars 2009, n° 07-12.290 : *JurisData* n° 2009-047472 ; *Bull. civ.* I, n° 60 ; *JCP G* 2009, 2009, 337, obs. Périnet-Marquet ; *Dr et patrimoine* 2009, n° 182, p. 86, obs. Seube).

Art. 2257 *(Anc. art. 2231, dénum., L. n° 2008-561, 17 juin 2008).* – **Quand on a commencé à posséder pour autrui, on est toujours présumé posséder au même titre, s'il n'y a preuve du contraire.**

1) Principe. Lorsque des mandataires ont opéré des retraits sur un livret de Caisse d'épargne à l'aide d'une procuration, ils détiennent les fonds pour un autre, et, suivant la présomption posée par l'ancien article 2231, ils sont toujours réputés les détenir au même titre (■ Cass. 1re civ., 3 mars 1987, n° 85-16.227 : *JurisData* n° 1987-00044 ; *Bull. civ.* I, n° 82, p. 61). Mais celui qui est entré en possession de fonds par l'effet d'une procuration peut prouver par tous moyens l'intention du mandant de lui consentir un don manuel (■ Cass. 1re civ., 19 févr. 2002, n° 99-16.086 : *JurisData* n° 2002-013267 ; *Dr. famille* 2002, 103, 1er arrêt, note Beignier. V. aussi pour le cas où le titulaire de la procuration avait été institué légataire particulier des livrets de caisse d'épargne, ■ Grenoble, 29 janv. 2002, n° 99/03639 : *JurisData* n° 2002-

171376 ; *Dr. famille* 2002, 103, 3e arrêt, note Beignier).

2) **Preuve contraire.** La présomption est une présomption simple, la preuve contraire pesant sur le détenteur (■ Cass. 1re civ., 3 mars 1987, n° 85-16.227 : *JurisData* n° 1987-000448 ; *Bull. civ.* I, n° 82). Viole l'article 2231 (anc.) la cour d'appel qui admet la prescription acquisitive du terrain loué en retenant qu'à l'expiration du bail, les preneurs ont été laissés dans les lieux, qu'aucun loyer ne leur a jamais été réclamé et qu'aucun congé ne leur a été délivré (■ Cass. 3e civ., 19 déc. 1990, n° 89-13.986 : *JurisData* n° 1990-703456 ; *JCP* 91, IV, 69 ; *Bull. civ.* III, n° 270, p. 153).

CHAPITRE II. – DE LA PRESCRIPTION ACQUISITIVE

Art. 2258 *(L. n° 2008-561, 17 juin 2008)* (1). **– La prescription acquisitive est un moyen d'acquérir un bien ou un droit par l'effet de la possession sans que celui qui l'allègue soit obligé d'en rapporter un titre ou qu'on puisse lui opposer l'exception déduite de la mauvaise foi.**

1) **Constitutionalité de l'usucapion.** V. art. 544, note n° 44, p. 475.

2) **Compatibilité de l'usucapion à la convention EDH.** V. art. 544, note n° 45, p. 476.

Voir : L. n° 2017-285, 6 mars 2017 visant à favoriser l'assainissement cadastral et la résorption du désordre de propriété. – D. n° 2017-1802, 28 décembre 2017, relatif à l'acte de notoriété portant sur un immeuble situé en Corse, en Guadeloupe, en Guyane, en Martinique, à La Réunion, à Mayotte ou à Saint-Martin.

Art. 2259 *(L. n° 2008-561, 17 juin 2008)* (1). **– Sont applicables à la prescription acquisitive les articles 2221 et 2222, et les chapitres III et IV du titre XX du présent livre sous réserve des dispositions du présent chapitre.**

Usucapion. Conditions de la suspension. En matière d'usucapion, la suspension du mode d'acquisition par possession prolongée n'est susceptible d'être réalisée au profit d'un mineur que si celui-ci démontre que pendant le temps d'accomplissement de la prescription, lui-même ou ses auteurs pouvaient prétendre à l'exercice d'un droit réel sur la chose même au sujet de laquelle les parties étaient en litige, ce droit réel pouvant être fondé aussi bien sur un titre d'acquisition que sur des faits de possession suffisants pour conduire à la prescription (■ Cass. 1re civ., 12 oct. 1953 : *D.* 1954, 40).

Section I. – Des conditions de la prescription acquisitive

Art. 2260 *(Anc. art. 2226, dénum. et mod., L. n° 2008-561, 17 juin 2008).* **– On ne peut prescrire les biens ou les droits qui ne sont point dans le commerce.**

1) **Biens soumis à une indivision forcée.** Les biens soumis à une indivision forcée ne sont pas imprescriptibles (■ Cass. 1re civ., 10 juin 1964 : *Bull. civ.* I, n° 310, p. 242).

2) **Actions relatives à la filiation.** Voir : sur la prescriptibilité des actions relatives à la filiation, art. 321, p. 293.

3) **Nom.** Le nom est imprescriptible (■ Cass. req., 14 avr. 1934 : *DH* 1934, 265). Mais le principe de l'immutabilité ne fait pas obstacle à ce que la possession prolongée d'un nom puisse en permettre l'acquisition dès lors que cette possession n'a pas été déloyale (■ Cass. 1re civ., 31 janv. 1978, n° 75-13.011 : *JurisData* n° 1978-000041 ; *JCP* 79, II, 19035, note Nérac ; *D.* 1979, 182, note R. Savatier).

4) **Sépulture.** Le droit réel immobilier dont bénéficie le concessionnaire d'une sépulture s'étend par accession au monument construit sur la concession par un tiers. Il en résulte que le droit d'usage du monument, ainsi incorporé au droit du concessionnaire, est, comme ce droit, hors du commerce, et qu'il ne peut donc être acquis par prescription (■ Cass. 1re civ., 13 mai 1980 : *JurisData* n° 1980-700147 ; *Bull. civ.* I, n° 147, p. 119).

(1) Pour l'entrée en vigueur de ces dispositions, L. n° 2008-561, 17 juin 2008, art. 26, p. 3293.

5) Collections des musées de France. Voir : sur ce que les collections des musées de France sont imprescriptibles, C. patr., art. L. 451-3.

Voir : C. patr., L. 621-17 et L. 622-13, sur les monuments historiques. – C. env., art. L. 341-14, p. 2198.

Art. 2261 *(Anc. art. 2229, dénum., L. n° 2008-561, 17 juin 2008).* – **Pour pouvoir prescrire, il faut une possession continue et non interrompue, paisible, publique, non équivoque, et à titre de propriétaire.**

Bibliographie : G. Nicolau, *L'équivoque, entre vice et vertu : RTD civ.* 1996, p. 57 et s.

1) Possession paisible. Doit être cassé l'arrêt qui, pour rejeter l'exception de prescription trentenaire invoquée par une partie, se fonde sur l'absence de possession paisible, alors qu'il n'est ni démontré ni même allégué que cette partie ait acquis ou gardé la possession des terres revendiquées au moyen de voies de fait accompagnées de violences matérielles ou morales qui seules pouvaient rendre non paisible la possession invoquée pour la prescription (▪ Cass. 3e civ., 30 avr. 1969 : *Bull. civ.* III, n° 348, p. 267. V. aussi ▪ Cass. 3e civ., 15 févr. 1995, n° 93-14.143 : *JurisData* n° 1995-000329 ; *Bull. civ.* III, n° 53, p. 37 ; *RD imm.* 1995, 284, obs. Bergel). L'existence d'une servitude de passage n'est pas de nature à exclure l'acquisition par prescription du sol du fonds servant (▪ Cass. 3e civ., 4 oct. 2000, n° 98-23.150 : *JurisData* n° 2000-006095 ; *JCP* 2001, I, 305, n° 3, obs. Périnet-Marquet ; *Bull. civ.* III, n° 159, p. 111).

2) Possession publique. La possession pouvant conduire à la prescription acquisitive ne peut être tenue pour publique qu'à la condition de se manifester par des signes ostensibles de nature à la révéler à celui contre lequel on prescrit et provoquer au besoin sa contradiction (▪ Cass. 1re civ., 9 févr. 1955 : *JCP* 55, IV, 41 ; *Bull. civ.* I, n° 65, p. 61). Il suffit pour que le vice de clandestinité puisse être écarté que la possession ait été connue de la partie adverse (▪ Cass. 1re civ., 7 juill. 1965 : *Bull. civ.* I, n° 459, p. 344). V. égal. pour une dissimulation entachant la possession en cause d'un vice de clandestinité, ▪ Cass. 3e civ., 8 mars 2005 : *JurisData* n° 2005-027442 ; *JCP* G 2005, I, 181, n° 4, obs. Périnet-Marquet ; *JCP* G 2005, IV, 1877.

3) Possession équivoque. La possession n'est équivoque que si les actes du possesseur ne révèlent pas son intention de se conduire en propriétaire, et ce vice est sans relation avec la mauvaise foi, l'équivoque supposant le doute dans l'esprit des tiers, mais non dans celui du possesseur (▪ Cass. 1re civ., 13 juin 1963 : *JCP* 1963, IV, 103 ; *Bull. civ.* I, n° 317, p. 268. – Comp. ▪ Cass. 3e civ., 10 avr. 2013, n° 11-21.947 : *JurisData* n° 2013-006710 ; *JCP* G 2013, 1060, n° 6, obs. Périnet-Marquet. ▪ Cass. 3e civ., 5 juin 2013, n° 11-22.958 : *JurisData* n° 2013-011305 ; *JCP* G 2013, 1060, n° 6, obs. Périnet-Marquet). Il est d'usage en montagne qu'une borde fasse l'objet d'une utilisation collective et que ceux qui l'utilisent y fassent des actes d'entretien de sorte que l'utilisation collective de la borde par une communauté de personnes y ayant intérêt est exclusive de la possibilité d'acquérir la propriété par prescription acquisitive (▪ CA Pau, 1re ch., 29 sept. 2009 : *JurisData* n° 2009-012961 ; *JCP* G 2009, 526).

4) Conservation de la possession. *Solo animo.* Si la possession légale d'un fonds immobilier, quand elle a été une fois acquise au moyen d'actes matériels de détention ou de jouissance accomplis *animo domini*, peut se conserver par la seule intention du possesseur, c'est à la double condition qu'il n'y ait pas eu renonciation expresse ou tacite et que la possession ait été exercée dans toutes les occasions comme à tous les moments où elle devait l'être d'après la nature de la chose possédée, sans intervalles anormaux assez prolongés pour constituer des lacunes et rendre la possession discontinue (▪ Cass. civ., 11 janv. 1950 : *D.* 1950, 125, note Lenoan). Dans le même sens, il a été jugé que si la possession légale utile à la prescription acquisitive ne peut s'établir à l'origine que par des actes matériels d'occupation réelle et se conserve tant que le cours n'en est pas interrompu ou suspendu par un acte ou un fait contraire, elle peut être poursuivie, jusqu'à l'expiration du délai de prescription, par la seule intention des possesseurs (▪ Cass. 3e civ., 20 févr. 2013, n° 11-25.398 : *JCP* G 2013, 429, n° 2, obs. Périnet-Marquet).

5) Propriété indivise. Les actes de possession accomplis par un coïndivisaire sont en principe équivoques à l'égard des autres, mais ils perdent ce caractère dès lors qu'ils démontrent l'intention de leur auteur de se comporter comme seul et unique propriétaire du bien indivis dont il établit avoir la possession exclusive (▪ Cass. 3e civ., 6 juin 1974, n° 72-12.423 : *JurisData* n° 1974-098235 ; *JCP* 74, IV, 271 ; *Bull. civ.* III, n° 235, p. 179. ▪ Cass. 1re civ., 17 avr. 1985, n° 83-70.184 : *JCP* 85, II, 20464, concl. Gulphe, et, sur renvoi, ▪ Fort-de-France, 3 avr. 1987 : *JurisData* n° 1987-601483 ; *D.* 1987, 568, note Breton. ▪ Cass. 3e civ., 27 nov. 1985, n° 84-15.259 : *JurisData* n° 1985-003401 ; *Bull. civ.* III, n° 158, p. 119 ; *RD imm.* 1986, 345, obs. Bergel). L'héritier qui invoque le bénéfice de l'usucapion doit rapporter la preuve d'actes manifestant à l'encontre de ses cohéritiers son intention de se comporter en propriétaire exclusif (■ Cass. 1re civ., 27 oct. 1993, n° 91-13.286 : *JurisData* n° 1993-002223 ; *JCP* 93, IV, 337 ; *Bull. civ.* I, n° 304, p. 209). Jugé que lorsque deux concubins ont toujours vécu ensemble dans un immeuble, la possession de celui qui a survécu à l'autre est équivoque (■ Cass. 1re civ., 7 déc. 1977, n° 76-13.044 : *JurisData* n° 1977-000469 ; *JCP* 78, IV, 47 ; *Bull. civ.* I, n° 469, p. 372. ■ Dijon, 7 juin 1996 : *JurisData* n° 1996-044461 ; *JCP* 97, IV, 285).

6) Office du juge. Les juges du fond doivent relever des actes de possession accomplis personnellement à titre de propriétaires (■ Cass. 3e civ., 25 févr. 1998, n° 96-15.045 : *JurisData* n° 1998-000834 ; *JCP* 98, IV, 1857 ; *Bull. civ.* III, n° 48, p. 32 ; *Defrénois* 1998, 811, obs. Atias. V. aussi ■ Cass. 3e civ., 23 mai 2002 : *JCP* G 2002, I, 176 et *JCP* N 2002, 1666, n° 2, obs. Périnet-Marquet ; *D.* 2003, somm. 2043, obs. Reboul-Maupin). Ils sont souverains pour décider si la possession a un caractère équivoque ou si elle est exclusive (■ Cass. 3e civ., 23 avr. 1969 : *Bull. civ.* III, n° 320, p. 244). Ils peuvent apprécier les faits de possession autrement que ne l'avait fait la sentence antérieurement rendue au possessoire (■ Cass. 1re civ., 12 juill. 1954 : *JCP* 54, 126 ; *Bull. civ.* I, n° 241, p. 205).

Art. 2262 ***(Anc. art. 2232, dénum., L. n° 2008-561, 17 juin 2008).*** **– Les actes de pure faculté et ceux de simple tolérance ne peuvent fonder ni possession ni prescription.**

1) Pouvoir souverain des juges du fond. Les juges du fond sont souverains pour apprécier si les faits de possession invoqués constituent de simples actes de pure tolérance (■ Cass. 3e civ., 30 janv. 1973 : *Bull. civ.* III, n° 88, p. 63).

2) Ouverture d'une vue. Dès lors qu'un acte autorise l'ouverture de vues non situées à distance légale mais que cette autorisation est révocable à première demande si le propriétaire ou ses ayants droit venaient à construire, la prescription acquisitive trentenaire invoquée par les bénéficiaires de l'autorisation a pour point de départ l'édification de l'immeuble (■ Cass. 3e civ., 17 juin 1992, n° 90-14.434 : *JurisData* n° 1992-001251 ; *Bull. civ.* III, n° 212, p. 129).

3) Jour de « souffrance » et action possessoire. La Cour de cassation n'a pas hésité à casser une décision qui ordonne au voisin de démolir une toiture sur cour au motif qu'elle entraîne un trouble possessoire dans la servitude d'éclairement résultant de trois ouvertures dont bénéficie la voisine, laquelle possède depuis plus d'un an, sans rechercher si les ouvertures litigieuses ne relèvent pas d'une qualification incompatible avec l'action possessoire (■ Cass. 3e civ., 1er avr. 2009, n° 07-16.551 : *Bull. civ.* III, n° 70 ; *Constr.-Urb.* 2009, comm. 83, obs. Cornille ; *Constr.-Urb.* 2009, comm. 70, obs. Pagès-de-Varenne).

Art. 2263 ***(Anc. art. 2233, dénum., L. n° 2008-561, 17 juin 2008).*** **– Les actes de violence ne peuvent fonder non plus une possession capable d'opérer la prescription.**

La possession utile ne commence que lorsque la violence a cessé.

Art. 2264 ***(Anc. art. 2234, dénum., L. n° 2008-561, 17 juin 2008).*** **– Le possesseur actuel qui prouve avoir possédé anciennement, est présumé avoir possédé dans le temps intermédiaire, sauf la preuve contraire.**

Exigence d'une possession actuelle. Dès lors qu'il n'est plus possesseur actuel, celui qui a possédé anciennement à plusieurs reprises distinctes ne peut invoquer l'article 2234 (anc.) (■ Cass. 3e civ., 3 janv. 1969 : *JurisData* n° 1969-700007 ; *JCP* 69, II, 15935, note Goubeaux).

Art. 2265 ***(Anc. art. 2235, dénum., L. n° 2008-561, 17 juin 2008).*** **– Pour compléter la prescription, on peut joindre à sa possession celle de son auteur, de quelque manière qu'on lui ait succédé, soit à titre universel ou particulier, soit à titre lucratif ou onéreux.**

1) Usufruitier. L'usufruit étant un droit réel, démembrement du droit de la propriété, le possesseur d'un tel droit peut joindre à la sienne la possession à titre de propriétaire de son auteur (■ Cass. 1re civ., 13 févr. 1963 : *Gaz. Pal.* 1963, 2, 82. ■ Cass. 3e civ., 21 mars 1984, n° 83-10.473 : *JurisData n° 1984-700628 ; Bull. civ. III, n° 78, p. 62* ; *JCP* 86, II, 20640, 1re esp., note de la Marnierre ; *D.* 1984, inf. rap. 425, obs. Martin).

2) Héritier. À la différence du successeur particulier, l'héritier succède aux vices de la possession de son auteur (■ Cass. 1re civ., 16 juin 1971 : *D.* 1971, 566, note A. B.).

3) Identité de nature des prescriptions. L'identité de nature des prescriptions envisageables pour chacun des acquéreurs successifs suffit à justifier la jonction des possessions (■ Paris, 27 avr. 1989 : *D.* 1990, somm. 85, obs. A. Robert).

4) Acquéreur. Un acquéreur ne peut joindre à sa possession celle de son vendeur pour prescrire un bien resté en dehors de la vente (■ Cass. 3e civ.,

17 avr. 1996, n° 94-15.748 : *JCP* 96, IV, 1374 ; *Bull. civ.* III, n° 107, p. 68. V. en ce sens ▪ Cass. 3e civ., 3 oct. 2000, n° 98-20.646 : *JurisData* n° 2000-006159 ; *Defrénois* 2001, 452, obs. Atias. ▪ Nancy, 27 févr. 2001, n° 97/01401 : *JurisData* n° 2001-147875 ; *JCP* 2002, IV, 1141).

5) Servitude au profit de deux fonds distincts. On ne peut cumuler la possession d'une servitude au profit d'un fonds dominant avec la possession d'une servitude au profit d'un autre fonds dominant (▪ Cass. 3e civ., 15 déc. 1999 : *JCP* 2000, IV, 1234 ; *Bull. civ.* III, n° 240, p. 168).

Art. 2266 *(Anc. art. 2236, dénum. et mod., L. n° 2008-561, 17 juin 2008).* **– Ceux qui possèdent pour autrui ne prescrivent jamais, par quelque laps de temps que ce soit.**

Ainsi, le locataire, le dépositaire, l'usufruitier et tous autres qui détiennent précairement le bien ou le droit du propriétaire ne peuvent le prescrire.

1) Détention précaire. Notion. La détention précaire est caractérisée par la reconnaissance par le détenteur du droit d'autrui et par la conscience lorsqu'il entre dans les lieux de ce qu'il entre en possession pour le compte d'autrui, ce qui lui interdit de se prévaloir d'une quelconque prescription acquisitive (▪ Paris, 3 mars 1998 : *RD imm.* 1998, 192, obs. Bergel). La Cour de cassation avait déjà admis que la remise d'objets précieux à des orfèvres et bijoutiers est une détention précaire qui empêche ces sujets de droit d'invoquer l'article 2279 ancien (▪ Cass. com., 25 févr. 1981, n° 79-11.644 : *JurisData* n° 1981-700604 ; *Bull. civ.* IV, n° 107).

2) Usufruitier. Si l'usufruitier peut être détenteur du droit réel d'usufruit, il résulte des termes de l'article 2236 (anc.) qu'il n'est qu'un détenteur précaire à l'égard du droit de propriété et que le nu-propriétaire possède par son intermédiaire (▪ Cass. 1re civ., 13 févr. 1963 : *Gaz. Pal.* 1963, 2, 82. V. aussi ▪ Cass. 1re civ., 3 juin 1997, n° 95-16.484 : *JurisData* n° 1997-002461 ; *Bull. civ.* I, n° 189, p. 127).

3) Locataire. L'action en revendication par laquelle le propriétaire d'un meuble réclame la restitution à celui à qui il l'a remis à titre précaire naît de son droit de propriété et de l'absence de droit du détenteur. Il en résulte que la forclusion prévue à l'article L. 311-37 du Code de la consommation ne constitue pas un titre pour le locataire et n'est pas applicable à l'action en revendication de la chose louée, exercée par le crédit-bailleur (▪ Cass. 1re civ., 20 déc. 1994, n° 93-11.624 : *JCP* 95, II, 22423, note Monachon Duchene).

4) Succession vacante. Doit être rejetée la demande d'un locataire qui sollicite de l'administrateur provisoire de la succession de se voir déclaré propriétaire des biens par usucapion trentenaire dans la mesure où la vacance de la succession ne saurait modifier le caractère précaire de la possession du demandeur (▪ Cass. 3e civ., 26 nov. 2008, n° 07-17.836 : *Bull. civ.* III, n° 190 ; *JCP* G 2009, I, 127, n° 5, obs. Périnet-Marquet ; *D.* 2009, p. 2300, obs. Mallet-Bricout ; *RLDC* 2009/57, n° 3317, obs. Pouliquen ; *Defrénois* 2009. 1046, obs. Atias).

5) Sommes déposées. Voir : sur l'acquisition par l'État des dépôts et avoirs en banque ou en caisse d'épargne n'ayant fait l'objet de la part des ayants droit d'aucune opération ou réclamation depuis trente ans (CGPPP, art. L. 1126-1, 3°, p. 2236). – Voir pour les sommes déposées à la Caisse des Dépôts et Consignations, C. monét. fin., art. L. 518-24. Voir : sur la prescription trentenaire des sommes déposées dans les caisses d'épargne, Instruction ministérielle n° 11-002-D61 du 11 janvier 2011. La prescription quadriennale prévue par la loi du 31 décembre 1968 n'est pas applicable aux créances de restitution des sommes déposées (▪ Cass. 1re civ., 6 juill. 1999, n° 97-19.105 : *Bull. civ.* I, n° 229, p. 148).

6) Incertitude sur l'origine de l'occupation. Selon la Haute juridiction, le possesseur d'un terrain qui s'était vu « confier » la parcelle litigieuse par le conjoint du véritable propriétaire, ne pouvait être considéré que comme un détenteur précaire (▪ Cass. 3e civ., 17 oct. 2007, n° 06-17.220 : *JurisData* n° 2007-040868 ; *JCP* G 2008, I, 127, n° 1, obs. Périnet-Marquet ; *JCP* G 2008, II, 10011, note Maréchal).

Art. 2267 *(Anc. art. 2237, dénum. et mod., L. n° 2008-561, 17 juin 2008).* **– Les héritiers de ceux qui tenaient le bien ou le droit à quelqu'un des titres désignés par l'article précédent, ne peuvent non plus prescrire.**

Détention d'une œuvre d'art. Les héritiers d'un galeriste ne sauraient opposer une prescription acquisitive qui les aurait mis à l'abri d'une action en revendication des héritiers d'un artiste dans la mesure où des écrits désignaient les œuvres comme prêtées ou déposées en vue de leur vente, ce qui caractérisait une détention précaire de leur auteur (▪ Cass. 1re civ., 22 mars 2012, n° 10-28.590 : *JurisData* n° 2012-005093 ; *JCP* G 2012, 1186, n° 3, obs. Périnet-Marquet).

Art. 2268 *(Anc. art. 2238, dénum. et mod., L. n° 2008-561, 17 juin 2008).* **– Néanmoins, les personnes énoncées dans les articles 2266 et 2267 peuvent prescrire, si le titre de leur possession se trouve**

interverti, soit par une cause venant d'un tiers, soit par la contradiction qu'elles ont opposée au droit du propriétaire.

Contradiction. La contradiction, pour valoir interversion de titre et conduire à la prescription, doit s'adresser directement au propriétaire qui est ainsi mis en demeure de la contester. Des conclusions signifiées au cours d'une instance ne peuvent valoir interversion que si le propriétaire est représenté dans l'instance et reçoit la signification de ces conclusions (■ Cass. req., 31 déc. 1924 : *DH* 1925, 41). Jugé que la construction d'une bergerie et la plantation d'arbres sur la parcelle litigieuse par le détenteur précaire n'est pas une contradiction suffisante (■ Cass. 1re civ., 25 janv. 1965 : *Bull. civ.* I, n° 72, p. 54. – Pour d'autres applications, V. ■ Cass. 1re civ., 15 févr. 1965 : *D.* 1965, 352. ■ Cass. 1re civ., 13 nov. 1970 : *JCP* 72, II, 17077, note Ghestin). Une cour d'appel peut retenir que le seul fait pour un locataire d'avoir cessé de payer son loyer au propriétaire ne suffit pas pour intervertir son titre au sens de l'article 2238 du Code civil (■ Cass. 3e civ., 27 sept. 2006 : *JurisData* n° 2006-035149 ; *Bull. civ.* III n° 191, p. 159 ; *JCP* G 2007, I, 117, n° 6, obs. Périnet-Marquet : *JCP* G 2007, II, 10100, note Forest). Il a été jugé que des actes d'exploitation, réalisés depuis plus de trente ans sur la parcelle litigieuse, ne caractérisaient pas la volonté de celui qui les avait effectués de se comporter en propriétaire, dans la mesure où le sujet de droit en cause pouvait également les avoir faits à titre de détenteur précaire ; qu'en revanche, l'interversion de titre était bien intervenue au jour où l'occupant du terrain avait clairement fait connaître qu'il se considérait comme propriétaire, à savoir au jour de la publication de l'acte notarié intitulé « notoriété prescriptive » (■ Cass. 3e civ., 17 oct. 2007, n° 06-17.220 : *JurisData* n° 2007-040868 ; *JCP* G 2008, I, 127, n° 1, obs. Périnet-Marquet ; *JCP* G 2008, II, 10011, note Maréchal).

Art. 2269 ***(Anc. art. 2239, dénum. et mod., L. n° 2008-561, 17 juin 2008).*** **– Ceux à qui les locataires, dépositaires, usufruitiers et autres détenteurs précaires ont transmis le bien ou le droit par un titre translatif de propriété, peuvent [le] prescrire.**

Art. 2270 ***(Anc. art. 2240, dénum., L. n° 2008-561, 17 juin 2008).*** **– On ne peut pas prescrire contre son titre, en ce sens que l'on ne peut point se changer à soi-même la cause et le principe de sa possession.**

Titre ne donnant aucun droit au possesseur. L'article 2240 est inapplicable à celui qui possède un bien sur lequel le titre ne lui donnait aucun droit (■ Cass. 3e civ., 2 déc. 1975, n° 74-10.481 : *JurisData* n° 1975-099355 ; *Bull. civ.* III, n° 355, p. 270).

Art. 2271 ***(L. n° 2008-561, 17 juin 2008)*** (1). **– La prescription acquisitive est interrompue lorsque le possesseur d'un bien est privé pendant plus d'un an de la jouissance de ce bien soit par le propriétaire, soit même par un tiers.**

Section II. – De la prescription acquisitive en matière immobilière

Art. 2272 ***(L. n° 2008-561, 17 juin 2008)*** (1). **– Le délai de prescription requis pour acquérir la propriété immobilière est de trente ans.**

Toutefois, celui qui acquiert de bonne foi et par juste titre un immeuble en prescrit la propriété par dix ans.

Bibliographie : I. Omarjee et Fl. Grivaux, *Pratique notariale de la prescription trentenaire : l'acte de notoriété acquisitive : JCP* N 2010, 1337.

I – RÈGLES COMMUNES AUX DEUX FORMES DE PRESCRIPTION ACQUISITIVE

1) Position de la CEDH. La Cour européenne des droits de l'homme a déclaré l'usucapion *conforme à l'article 1er du premier protocole* additionnel à la Convention européenne de sauvegarde des droits de l'homme (■ CEDH, gde ch., 30 août 2007, n° 44302/02, *PYE LTD c/ Royaume-Uni* : *JCP* G 2008, I, 127, n° 1, obs. Périnet-Marquet ; *D.* 2008, p. 2469, obs. Reboul-Maupin ; *RTD civ.* 2007, p. 727, obs. Marguenaud ; *RTD civ.* 2008, p. 507, obs. Revet). Par ailleurs, rien n'interdit à une législation de prévoir une possession plus longue pour l'usucapion d'une propriété publique que pour celle d'une propriété privée (■ CEDH,

(1) Pour l'entrée en vigueur de ces dispositions, L. n° 2008-561, 17 juin 2008, art. 26, p. 3293.

4 oct. 2011, n° 405608 : *JCP* G 2011, 1298, n° 4, obs. Périnet-Marquet). Voir, sur la défense du droit de propriété, annot. n° 1 et s., sous art. 544, p. 464.

A – Conditions de l'usucapion

2) Conditions. Seul celui qui revendique la propriété d'une parcelle peut invoquer la prescription acquisitive à son profit (■ Cass. 3e civ., 5 nov. 2015, n° 14-20.845 : *JurisData* n° 2015-024534 ; *RTD civ.* 2016, p. 150, note Dross ; *JCP* G 2016, 446, n° 3, obs. Périnet-Marquet). Par ailleurs, la prescription acquisitive suppose une possession paisible, publique, continue et non équivoque pendant trente ans, sauf si les conditions de la prescription abrégée sont réunies. Cette possession doit se manifester par des actes matériels de jouissance (V. not. ■ Cass. 3e civ., 15 mars 1977 : *JCP* G 1980, II, 19281, note Régnier. ■ Cass. 3e civ., 15 mars 1978, n° 76-14.029 : *JurisData* n° 1978-098123 ; *Bull. civ.* 1978, III, n° 123. ■ Cass. 3e civ., 27 avr. 1983, n° 82-11.511 : *JurisData* n° 1983-701340 ; *Bull. civ.* 1983, III, n° 98. ■ Cass. 3e civ., 11 juin 1992, n° 90-16.439 : *JurisData* n° 1992-001240 ; *Bull. civ.* III, n° 199 ; *D.* 1999, somm. p. 36, obs. A. Robert ; *RD imm.* 1993, p. 53, note Bergel ; *Defrénois* 1992, p. 1521, obs. Défrenois-Souleau. ■ Cass. 3e civ., 13 janv. 1999, n° 96-22.188 : *JurisData* n° 1999-000120 ; *Bull. civ.* III, n° 12 ; *JCP* G 1999, I, 175, n° 5, obs. Périnet-Marquet. ■ Cass. 3e civ., 23 mai 2002, n° 00-20.861 : *JurisData* n° 2002-014442 ; *Bull. civ.* III, n° 108 ; *JCP* G 2002, I, 176, n° 2, obs. Périnet-Marquet ; *D.* 2003, somm. p. 2043, obs. Reboul-Maupin. ■ Cass. 3e civ., 4 mai 2011, n° 09-10.831 : *JurisData* n° 2011-007969 ; *JCP* G 2011, 1298, n° 5, obs. Périnet-Marquet. ■ Cass. 3e civ., 14 janv. 2015, n° 13-22.256 : *JurisData* n° 2015-000282 ; *JCP* G 2015, doctr. 546, n° 5, obs. Périnet-Marquet. ■ Cass. 3e civ., 19 nov. 2015, n° 14-24.255 : *JurisData* n° 2015-025757 ; *JCP* G 2016, 446, n° 5, obs. Périnet-Marquet. – V. égal. ■ CA Paris, ch. 2, sect. B, 10 mai 2007 : *JurisData* n° 2007-333016, *JCP* G 2007, IV, 2231, pour un possesseur qui s'est comporté pendant plus de trente ans en véritable propriétaire du lot de copropriété et a accompli de façon continue et publique des actes matériels de possession) et se trouve subordonnée à l'existence d'un *animus domini*, c'est-à-dire à la volonté de celui qui exerce l'acte matériel de jouissance de se comporter en propriétaire (V. en dernier lieu, ■ Cass. 3e civ., 27 juin 2007 : *JurisData* n° 2007-039770 ; *Bull. civ.* III, n° 115 ; *JCP* G 2008, I, 127, n° 5, obs. Périnet-Marquet ; *JCP* G 2007, IV, 2590). La possession qui remplit les conditions exigées par la loi pour conduire à l'usucapion suffit à rendre le possesseur propriétaire, qu'il ait ou non acquis ses droits du même auteur que le revendiquant (■ Cass. 3e civ., 6 nov. 1975 : *JCP* 1977, II, 18609, note Dagot). La prescription est acquise lorsque la possession utile s'est prolongée pendant le temps requis compte tenu des causes qui en ont interrompu ou suspendu le cours. Doit donc être cassée la décision d'une cour d'appel qui limite à la seule période de trente années précédant immédiatement l'action en justice le délai pendant lequel serait prise en considération, pour la prescription, la possession des terres en litige par le défendeur, lequel invoquait des faits d'occupation réelle par ses auteurs et par lui-même bien antérieurs à la date ainsi fixée (■ Cass. 3e civ., 30 avr. 1969 : *Bull. civ.* III, n° 348, p. 267). Le point de départ de la prescription acquisitive trentenaire doit être fixé à la date où l'interversion de titre invoquée par le détenteur précaire s'est manifestée efficacement, en l'espèce par la publication de l'acte notarié de « notoriété prescriptive » (■ Cass. 3e civ., 17 oct. 2007, n° 06-17.220 : *JurisData* n° 2007-040868 ; *JCP* G 2008, I, 127, n° 5, obs. Périnet-Marquet ; *JCP* G 2008, II, 10011, note Maréchal).

B – Effets de l'usucapion

3) Rétroactivité de l'usucapion. La possession d'une parcelle ayant commencé en 1953 et ayant présenté les conditions requises pour usucaper, le possesseur est fondé à se prévaloir de la prescription acquisitive trentenaire et à obtenir la nullité de la vente de ladite parcelle consentie en 1978 par la défenderesse, qui constitue la vente de la chose d'autrui (■ Cass. 3e civ., 10 juill. 1996, n° 94-21.168 : *JurisData* n° 1996-003030 ; *JCP* 1996, IV, 2118 ; *Bull. civ.* III, n° 180, p. 115 ; *D.* 1998, 509, note N. Reboul ; *RTD civ.* 1997, 701, obs. Zenati).

4) Livre foncier. La prescription trentenaire détruit la présomption de propriété attachée dans le département du Bas-Rhin, du Haut-Rhin et de la Moselle à l'inscription au livre foncier (■ Cass. 3e civ., 13 nov. 1997, n° 95-21.952 : *JurisData* n° 1997-004430 ; *D.* 1998, somm. 346, 1re esp., obs. A. Robert).

5) Publicité (non). Sur le principe que l'usucapion produit effet à l'égard de tous indépendamment de toute publicité, V. ■ Cass. 3e civ., 13 nov. 1984, n° 83-13.865 : *JurisData* n° 1984-701887 ; *D.* 1985, 345, note Aubert ; *RD imm.* 1985, 231, obs. Bergel.

II – SPÉCIFICITÉS DE LA PRESCRIPTION ACQUISITIVE ABRÉGÉE

6) Interprétation stricte. Les dispositions qui restreignent la durée ordinaire de la prescription doivent être strictement limitées aux actions qu'elles concernent (■ Cass. civ., 27 oct. 1924 :

DP 1926, 1, 132). Le bénéfice de la prescription abrégée de l'ancien article 2265, siège à l'époque de la prescription abrégée, ne saurait être étendu aux donataires qui, en face d'un héritier réservataire, ne peuvent se prévaloir que de la prescription trentenaire de droit commun (▪ Cass. 1re civ., 24 nov. 1982, n° 81-13.426 : *JurisData* n° 1982-702923 ; *Bull. civ.* I, n° 340, p. 291).

7) Notion de juste titre. Le juste titre dont l'article 2272 fait une condition d'application de la prescription acquisitive abrégée est celui qui, considéré en soi, serait de nature à transférer la propriété à la partie qui invoque la prescription (▪ Cass. 3e civ., 29 févr. 1968 : *JCP* 68, IV, 60 ; *Bull. civ.* III, n° 83, p. 67. ▪ Cass. 3e civ., 5 oct. 1994, n° 92-15.926 : *JCP* 1995, I, 3835, n° 1, obs. Périnet-Marquet ; *RTD civ.* 1996, 426, obs. Zenati. ▪ Cass. 3e civ., 13 janv. 1999, n° 96-19.735 : *JurisData* n° 1999-000126 ; *JCP* 1999, I, 175, n° 6, obs. Périnet-Marquet ; *Bull. civ.* III, n° 13, p. 9. ▪ Cass. 3e civ., 13 déc. 2000 : *JCP* 2001, IV, 1268 ; *Bull. civ.* III, n° 192, p. 134 ; *D.* 2002, 2154, note Lipinski ; *Defrénois* 2001, 1284, obs. Piedelièvre). La prescription abrégée ne saurait donc pas bénéficier à celui qui a acquis son bien du véritable propriétaire (▪ Cass. 3e civ., 27 mai 1998 : *JCP* 1999, I, 120, n° 5, obs. Périnet-Marquet ; *Bull. civ.* III, n° 113, p. 75 ; *D.* 1998, somm. 348, obs. A. Robert, action en bornage. ▪ Cass. 3e civ., 13 déc. 2000 : *JCP* 2001, I, 358, n° 1, obs. Périnet-Marquet ; *JurisData* n° 2000-007320. ▪ Cass. 2e civ., 11 juill. 2013, n° 12-13.737 : *RD bancaire et fin.* 2013, comm. 161, obs. Piedelièvre ; *Dr. et patrimoine* 2013, p. 68, obs. Seube. ▪ Cass. 1re civ., 7 oct. 2015, n° 14-16.946 : *JurisData* n° 2015-022064 ; *RTD civ.* 2016, p. 146, note Dross ; *JCP* G 2016, 446, n° 4, obs. Périnet-Marquet). Sur ce que les juges du fond doivent relever, au besoin d'office, que le vendeur n'est pas le véritable propriétaire, V. ▪ Cass. 3e civ., 19 déc. 2001 : *JCP* G 2002, I, 176 et *JCP* N 2002, 1666, n° 5, obs. Périnet-Marquet ; *Bull. civ.* III, n° 159, p. 124 ; *JurisData* n° 2001-012293. L'acte de partage émanant du véritable propriétaire ne saurait, en raison de son caractère déclaratif, constituer un juste titre au sens de l'article 2272 du Code civil (▪ Cass. 3e civ., 11 févr. 2015, n° 13-24.770 : *JCP* G 2015, doctr. 546, n° 5, obs. Périnet-Marquet). Il doit concerner exactement dans sa totalité le bien que le possesseur a entre les mains et qu'il entend prescrire (▪ Cass. 3e civ., 26 nov. 1970 : *D.* 1971, 127. ▪ *Cass. 3e civ., 18 sept. 2013, n° 12-14.378* : *RTD civ.* 2013, p. 871, note Dross). Ainsi, tout titre ne correspondant pas exactement au bien ne peut permettre l'usucapion abrégée, peu importe ici que la différence soit minime (▪ Cass. 3e civ., 13 déc. 2006 : *JurisData* n° 2006-036457 ; *JCP* G 2007, I, 117, n° 7 obs. Périnet-Marquet ; *JCP* G 2007, IV, 1124. ▪ CA Toulouse, ch. 1, sect. 1, 25 juin 2007 : *JurisData* n° 2007-341518 ; *JCP* G 2007, IV, 2967. – Comp. ▪ Cass. 3e civ., 23 févr. 2005, n° 03-17.899 : *JurisData* n° 2005-027097 ; *JCP* G 2005, I, 185, n° 2, obs. Périnet-Marquet ; *D.* 2005, p. 2344, obs. Mallet-Bricout, qui avait admis que certaines discordances mineures dans la description du bien, figurant dans des titres de propriété différents, ne font pas obstacle à ce que ces titres puissent être considérés comme de justes titres permettant la prise en compte d'une usucapion abrégée au sens de l'ancien article 2265 du Code civil). Le titre putatif étant impuissant à fonder l'usucapion décennale, l'acquéreur ne peut prescrire par dix ans la partie non mentionnée dans son titre (▪ Cass. 1re civ., 6 nov. 1963 : *Bull. civ.* I, n° 489, p. 409). Les actes de vente de biens immobiliers, constitués par des lots de copropriété qui sont nécessairement composés de parties privatives et de quotes-parts de parties communes, peuvent être le juste titre qui permet à l'ensemble des copropriétaires de prescrire sur les parties communes de la copropriété les droits indivis de propriété qu'ils ont acquis accessoirement aux droits exclusifs qu'ils détiennent sur les parties privatives de leurs lots (▪ Cass. 3e civ., 30 avr. 2003 : *JurisData* n° 2003-018809 ; *JCP* 2003, IV, 2097 ; *Bull. civ.* III, n° 91, p. 83 ; *D.* 2003, somm. 2047, obs. Mallet-Bricout ; *RTD civ.* 2003, 523, obs. Revet). Mais l'état descriptif de division d'un immeuble en copropriété ne confère aucun droit particulier au syndicat des copropriétaires de cet immeuble et ne constitue pas le juste titre requis pour se prévaloir de l'acquisition par usucapion d'une servitude de surplomb du fonds voisin (▪ Cass. 3e civ., 30 avr. 2002 : *JCP* G 2002, I, 176 et *JCP* N 2002, 1666, n° 4, obs. Périnet-Marquet ; *D.* 2002, somm. 2510, obs. Reboul-Maupin ; *JurisData* n° 2002-014131 ; *Bull. civ.* III, n° 89, p. 78). L'acte revêtu d'une fausse signature ne peut constituer un juste titre (▪ Cass. 3e civ., 30 nov. 1982, n° 81-10.148 : *Bull. civ.* III, n° 237, p. 176). Un acte argué de faux peut, sans qu'il soit nécessaire de se prononcer sur le fond d'une telle allégation, constituer un juste titre au sens de la prescription abrégée (▪ Cass. 3e civ., 14 juin 2018, n° 16-22.359 : *RTD civ.* 2018, p. 944, note Dross).

8) Date certaine. Le juste titre doit avoir acquis date certaine opposable au revendiquant (▪ Cass. 3e civ., 16 janv. 1969 : *D.* 1969, 453). Mais un acte de vente, bien que non publié, constitue un juste titre au sens de l'article 2265 (▪ Cass. 1re civ., 19 mai 1958 : *Bull. civ.* I, n° 252, p. 199 ; *JCP* N 58, II, 10886, note Bulté. ▪ Cass. 3e civ., 31 janv. 1984, n° 82-12.156 : *D.* 1984, 396, note Aubert).

Art. 2273 *(Anc. art. 2267, dénum. et mod., L. n° 2008-561, 17 juin 2008).* **– Le titre nul par défaut de forme ne peut servir de base à la prescription de dix ans.**

1) Vente. Un acte de vente, nul en tant qu'acte instrumentaire, peut revêtir tous les caractères d'un juste titre dès lors que la preuve est rapportée de l'accord de volonté des parties contractantes et de la réalité de l'opération qu'il constate (▪ Cass. 1re civ., 24 juin 1958 : *JCP* 58, IV, 117 ; *Bull. civ.* I, n° 338, p. 271).

2) Donation nulle de nullité absolue. Une donation entre époux faite par personne interposée, nulle d'une nullité absolue, ne peut pas constituer un juste titre au sens de l'article 2265 (anc.) (▪ Paris, 16 mars 1949 : *JCP* 49, II, 4960, note Becqué).

Art. 2274 *(Anc. art. 2268, dénum., L. n° 2008-561, 17 juin 2008).* **– La bonne foi est toujours présumée, et c'est à celui qui allègue la mauvaise foi à la prouver.**

Art. 2275 *(Anc. art. 2269, dénum., L. n° 2008-561, 17 juin 2008).* **– Il suffit que la bonne foi ait existé au moment de l'acquisition.**

1) Connaissance postérieure à l'acquisition. La connaissance que le possesseur a eue, lors de la prise de possession, des droits du revendiquant sur l'immeuble doit rester sans incidence sur l'appréciation de sa bonne foi dès lors qu'elle est postérieure à l'acquisition (▪ Cass. 1re civ., 4 juill. 1962 : *D.* 1962, 570. ▪ Cass. 3e civ., 7 avr. 1994, n° 92-13.048 : *JurisData* n° 1994-000820 ; *Bull. civ.* III, n° 80, p. 51 ; *D.* 1995, somm. 192, 2e esp., obs. A. Robert). La bonne foi consiste ici en la croyance de l'acquéreur, au moment de l'acquisition, de tenir la chose du véritable propriétaire (▪ Cass. 3e civ., 18 janv. 1972, n° 70-11.350 : *JurisData* n° 1972-098039 ; *JCP* 1972, IV, 55 ; *Bull. civ.* III, n° 39, p. 28. – V. en ce sens ▪ Cass. req., 11 mai 1909 : *DP* 1909, 1, 312).

2) Legs particulier. Moment de l'acquisition. Lorsque le titre de l'acquéreur *a non domino* résulte d'un legs particulier, il faut entendre par moment de l'acquisition non le jour du décès du testateur où, par l'effet d'une fiction légale, se produira rétroactivement le transfert de propriété, mais le jour où en réalité l'acquisition du legs se consomme et devient définitive, c'est-à-dire celui où le légataire manifeste de façon certaine sa volonté d'accepter (▪ Rouen, 18 juill. 1949 : *D.* 1952, 9, note Lebrun).

Section III. – De la prescription acquisitive en matière mobilière

Art. 2276 *(Anc. art. 2279, dénum., L. n° 2008-561, 17 juin 2008).* **– En fait de meubles, la possession vaut titre.**

Néanmoins, celui qui a perdu ou auquel il a été volé une chose, peut la revendiquer pendant trois ans, à compter du jour de la perte ou du vol, contre celui dans les mains duquel il la trouve ; sauf à celui-ci son recours contre celui duquel il la tient.

Bibliographie : M. Cuilleron, *Revendication des meubles perdus ou volés et protection possessoire (Réflexions sur 1re civ., 1er juin 1977 à la lumière de l'article 2282 du Code civil) : RTD civ.* 1986, p. 504. • T.-J. Dorhout Mess, *La revendication des meubles perdus ou volés contre le possesseur de bonne foi* in *Mélanges Savatier*, Dalloz 1965, p. 265. • W. Dross, *Le singulier destin de l'article 2279 du Code civil : RTD civ.* 2006, 27. • M. Cuilleron, *Revendication des meubles perdus ou volés et protection possessoire (Réflexions sur 1re civ., 1er juin 1977 à la lumière de l'article 2282 du Code civil) : RTD civ.* 1986, p. 504. • J. Guyenot, *Régime des titres perdus ou détruits : Gaz. Pal.* 1977, 2, doctr. p. 376. • C. Lopard, *Le gagiste a non domino : LPA 22 janv. 2004, p. 5.* • M. Muller, *L'acquéreur de bonne foi d'un meuble. Vers un nouvel équilibre entre ses droits et ceux du propriétaire injustement dépouillé : RTD civ.* 1989, p. 697. • A. Rabut, *La SICOVAM et les oppositions sur titres ayant fait l'objet d'une dépossession volontaire : JCP* N 1985, Prat. 9238. • J.-P. Viennois, *La revendication des créances : RRJ* 2001, p. 1421 et s.

I – RÈGLES GÉNÉRALES

1) Meubles corporels. La règle « en fait de meubles, possession vaut titre » ne s'applique qu'aux meubles corporels susceptibles de tradition manuelle (▪ Cass. com., 19 janv. 1960 : *JCP* 1960, IV, 34 ; *Bull. civ.* III, n° 30, p. 25). Elle doit être écartée pour des objets mobiliers non individualisés ou des installations constituant des immeubles par destination (même arrêt. V. en ce sens ▪ Cass. req., 25 nov. 1929 : *DH* 1930, 3, espèces non individualisées). Elle est inapplicable aux meubles par anticipation, l'acquéreur de ceux-ci étant en mesure de vérifier la qualité du vendeur en consultant les titres de la propriété immobilière dont ces biens font partie jusqu'à la vente (■ Cass. 3e civ., 4 juill. 1968 : *Gaz. Pal.* 1968, 2, 298). Sur le principe que l'article 2279 (anc.) ne s'applique pas aux souvenirs de famille, V. ■ Cass. 1re civ., 29 nov. 1994, n° 92-21.993 : *JurisData* n° 1994-002256 ; *JCP* 95, IV, 289 ; *Bull. civ.* I, n° 354, p. 255. ■ TGI ■ Paris, 29 juin 1988 : *JCP* 89, II, 21195, note Agostini ; *RTD civ.* 1989, 774, obs. Zenati. ■ Caen, 22 janv. 2004 : *JCP* G 2004, IV, 2851 ; *JCP* N 2005, 1088, note Alfroy ; *JurisData* n° 2004-236822. L'article 2279 (anc.) n'est pas applicable aux meubles incorporels (■ Cass. civ., 26 janv. 1914 : *DP* 1914, 1, 112, fonds de commerce. ■ Cass. soc., 3 juill. 1953 : *Bull. civ.* IV, n° 536, p. 386, droits locatifs ; ■ Paris, 17 févr. 1988 : *D.* 1989, somm. 50, obs. Colombet, pour les droits d'auteurs. ■ Cass. com., 7 mars 2006 : *Bull. civ.* IV, n° 62, p. 62 ; *JurisData* n° 2006-032577 ; *JCP* G 2006, II, 10143, note Loiseau, *JCP* G 2006, I, 178, n° 3, obs. Périnet-Marquet ; *RTD civ.* 2006, p. 348, note Revet, sur la possession d'une licence de débit de boissons de 4e catégorie). Mais il doit être étendu aux titres de créances dites au porteur qui se transmettent par simple tradition manuelle, mais non aux titres nominatifs dont la transmission est soumise à des règles particulières (■ Cass. civ., 4 juill. 1876 : *DP* 1877, 1, 33). Comp. ■ Cass. 2e civ., 29 mars 2006 : *JurisData* n° 2006-032909 ; *Bull. civ.* II, n° 91, p. 86 ; *JCP* G 2006, IV, 1948, à propos de contrats de capitalisation, matérialisés sous forme de bons au porteur, analysés comme des droits de créance incorporés aux écrits qui en sont le support. En matière de compte joint, la règle de l'article 2279 (anc.) ne peut être invoquée que par celui des titulaires qui prélève en son nom personnel et à son profit, au moyen d'un chèque, une somme détenue sur le compte (■ Cass. 1re civ., 18 déc. 1985, n° 83-16.162 : *JurisData* n° 1985-703371 ; *Bull. civ.* I, n° 358, p. 322 ; *RTD civ.* 1987, 139, obs. Patarin).

Bibliographie : A. Pelissier, *Possession et meubles incorporels* Montpellier, préface M. Cabrillac : *Dalloz*, 2001 ; *Ibid.*, *La possession à l'épreuve de l'immatériel* : *Dr. et patrimoine* 2013, n° 230, p. 48. – B. Parance, *La possession des biens incorporels* : Th. Paris I, 2003.

2) Domaine public. Le domaine public étant inaliénable et imprescriptible, les objets mobiliers qui en font partie ne peuvent donner lieu à l'application, de l'article 2279 (anc.) et peuvent être l'objet d'une revendication perpétuelle (■ Cass. req., 17 juin 1896 : *DP* 1897, 1, 257, note Guénée. – V. aussi ■ T. corr. Montluçon, 29 sept. 1965 : *D.* 1965, 774, note Delpech). La protection du domaine public mobilier impose qu'il soit dérogé à la règle selon laquelle en fait de meubles, la possession vaut titre, étant entendu que l'ingérence que constituent l'inaliénabilité du bien et l'imprescriptibilité de l'action en revendication à l'égard du possesseur de bonne foi poursuit un but légitime relevant de l'intérêt général, de telle sorte que la condamnation du possesseur à restituer le bien litigieux ne saurait être disproportionnée (■ Cass. 1re civ., 13 févr. 2019, n° 18-13.748 : *JurisData* n° 2019-001949 ; *JCP* G 2019, 336, note Noual). Voir : sur les objets mobiliers classés, C. patr., art. L. 622-13 et art. L. 622-17.

3) Possession à titre de propriétaire. L'article 2279 (anc.) n'établit une présomption de propriété en faveur du possesseur qu'autant que la possession dont il se prévaut est exercée à titre de propriétaire (■ Cass. 2e civ., 5 avr. 1960 : *Bull. civ.* II, n° 252, p. 171. – Comp. sur la présomption dont bénéficie le possesseur qui prétend avoir reçu une chose en don manuel, ■ CA Paris, 8e ch., sect. A, 13 mars 2008 : *JurisData* n° 2008-359153 ; *JCP* G 2008, IV, 1807). Il suppose que le propriétaire véritable revendique le meuble dont il a perdu possession entre les mains d'un tiers, défendeur au procès en revendication (■ Cass. 1re civ., 20 févr. 1996 : *JCP* 96, IV, 872 ; *Bull. civ.* I, n° 96, p. 66). Doit être cassé l'arrêt qui décide que les règles d'une chambre syndicale professionnelle ne peuvent faire échec aux dispositions de l'article 2279 (anc.) du Code civil, sans rechercher si les usages professionnels invoqués pourraient recevoir application dans les rapports entre les parties et si ces usages ne prévoient pas qu'une remise d'objets précieux constitue un état de détention précaire par celui au bénéfice de qui elle intervient (■ Cass. com., 25 févr. 1981, n° 79-11.644 : *JurisData* n° 1981-700604 ; *JCP* 81, IV, 168 ; *Bull. civ.* IV, n° 107, p. 82). Dès lors que les juges du fond ont constaté que la détention d'un objet par une personne résultait de ses fonctions salariées au service d'un tiers, ils ont nécessairement écarté la présomption légale de l'article 2279 (anc.), laquelle implique l'existence d'une possession (■ Cass. soc., 3 janv. 1964 : *Bull. civ.* IV, n° 9, p. 7). Mais jugé que le créancier gagiste a sur les choses mobilières remises en gage un droit réel qui lui permet d'invoquer la maxime de l'article 2279, alinéa 1er (anc.), quand il est de bonne foi et que son nantissement est régulier (■ Cass. civ., 19 juin 1928 : *DP* 1929, 1, 45). En outre, il résulte des articles 2268 et 2279 (anc.) du Code civil que le créancier gagiste est présumé possesseur de bonne foi, peu important que la possession de son auteur soit entachée d'un vice et qu'il n'a pas dès lors à effectuer des vérifications ou des recherches que ni la loi ni les usages du commerce ne lui imposent (■ Cass. com., 26 sept. 2006 : *JurisData* n° 2006-035177 ; *JCP* G 2006, I, 195, n° 16 obs. Delebecque. – Voir dans le même sens, ■ Cass. com., 14 nov. 1989, n° 88-11.790 : *JurisData* n° 1989-003497 ; *Bull.*

civ. IV, n° 290, p. 196). Voir : sur les conséquences de la rédaction de l'article 2235 du Code civil sur cette solution, art. 2335, p. 1791. Le détenteur d'un titre au porteur qui déclare lui-même qu'il l'a remis à l'encaissement uniquement pour se renseigner sur la valeur de ce document n'a pas l'*animus domini* et ne peut se prévaloir de l'article 2279 (anc.) (■ Orléans, 7 mai 1998, n° 96002189 : *JurisData* n° 1998-044269 ; *JCP* 99, IV, 2472).

4) Dépossession du demandeur en revendication. L'acquéreur qui restitue la chose au véritable propriétaire victime d'un abus de confiance perd la possession de cette chose et ne peut plus revendiquer le bénéfice de l'article 2279 (anc.) (■ Cass. 1re civ., 5 oct. 1972 : *JurisData* n° 1972-000197 ; *JCP* 73, II, 17485, note Bénabent). Mais le possesseur de bonne foi d'un tableau dépossédé par l'autorité de police peut exercer l'action en revendication (■ Cass. 1re civ., 3 nov. 1981, n° 80-14.955 : *JurisData* n° 1981-703610 ; *Bull. civ.* I, n° 324, p. 275).

5) Possession publique. La possession n'est pas publique lorsque le possesseur refuse de dévoiler le lieu du dépôt de l'objet détenu (■ Aix-en-Provence, 4 juin 1985 : *D.* 1989, 30, obs. A. Robert) ou lorsque le tiers détenteur a dissimulé la réalité du don manuel aux services de police et n'en a révélé l'existence qu'après une perquisition à son domicile (■ Cass. 1re civ., 8 mars 2005 : *JCP* 2005, I, 181, n° 4, obs. Périnet-Marquet ; *JurisData* n° 2005-027442 ; *Bull. civ.* I, n° 123, p. 105). La conservation de livres dans une cave ne rend pas la possession clandestine (■ TGI Paris, 30 nov. 1988 : *JurisData* n° 1988-050955 ; *D.* 1990, somm. 87, obs. A. Robert).

6) Possession non équivoque. La possession du détenteur doit être non équivoque (■ Cass. 1re civ., 20 déc. 1955 : *JCP* 56, II, 9455, note Weill). En présence d'un don manuel, c'est à celui qui revendique la propriété de prouver le caractère équivoque de la possession ou l'absence d'un tel don, (■ Cass. 1re civ., 3 févr. 2010, n° 08-19.293 : *JurisData* n° 2010-051393 ; *JCP* G 2010, act. 176, Cornut ; *JCP* G 2010, note 284, L. d'Avout ; *JCP* N 2010, 284, Périnet-Marquet). La communauté d'habitation ayant existé entre le détenteur de meubles et son ancienne concubine qui les revendique, sans rendre de plein droit équivoque la possession de ces choses, peut, jointe à d'autres circonstances, lui imprimer ce caractère et rendre par suite inapplicables les dispositions de l'article 2279 (anc.) (■ Cass. 1re civ., 30 janv. 1957 : *Bull. civ.* I, n° 50, p. 41. – V. en ce sens, dans les rapports entre époux, ■ Cass. 1re civ., 2 mars 1976 : *JurisData* n° 1976-79908 ; *D.* 1977, 253, note Donnier. ■ Cass. 1re civ., 4 avr. 1984, n° 83-10.635 : *JurisData* n° 1984-700995 ; *Bull. civ.* I, n° 130, p. 108. ■ Cass. 1re civ., 7 nov. 1995, n° 92-10.051 : *Bull. civ.* I, n° 395 ; *D.* 1996, jurispr. p. 451, note Piedelièvre ; *Defrénois* 1996, art. 36278, obs. Champenois ; *RTD civ.* 1997, p. 211, obs. Vareille ; *RTD civ.* 1998, p. 139, obs. Zénati. ■ Cass. 1re civ., 27 nov. 2001, n° 99-10.633 : *Bull. civ.* I, n° 297 ; *D.* 2002, p. 119, note Chartier ; *JCP* G 2002, II, n° 10050, note Piedelièvre ; *RTD civ.* 2002, p. 121, obs. Revet. ■ Cass. 3e civ., 8 oct. 2014, n° 13-22.938 : *Dr. famille* 2014, comm. 184, note Beignier ; *RTD civ.* 2015, p. 170, note Dross. – Voir cependant ■ Cass. 1re civ., 13 févr. 1980, n° 78-15.600 : *JurisData* n° 1980-700057 ; *D.* 1980, 491, note A. Robert). Jugé que la possession de la concubine sur les meubles en cause n'est pas équivoque du seul fait de la cohabitation des parties pendant plusieurs mois dès lors que ceux-ci garnissaient son domicile (■ Lyon, 15 févr. 2001 : *Dr. famille* 2001, 92, note crit. Lécuyer ; *JurisData* n° 2001-144223. V. en sens inverse pour un chien ■ TGI Cusset, 19 juill. 2001 : *JurisData* n° 2001-154226 ; *Dr. famille* 2001, 105, note Lécuyer). La seule qualité d'intermédiaire professionnel pour l'achat de meubles n'est pas de nature à entacher d'équivoque et de précarité la possession des meubles qui garnissent son domicile (■ Cass. 1re civ., 7 juin 1995, n° 93-11.463 : *JCP* 95, IV, 1884 ; *Bull. civ.* I, n° 241, p. 169 ; *D.* 1996, somm. 56, obs. A. Robert). Lorsque le meuble a été acquis lors d'une vente aux enchères par une épouse séparée de biens avant le divorce, la possession de l'ex-mari est précaire et équivoque, et cette possession ainsi viciée se transmet à sa légataire universelle (■ Cass. 1re civ., 9 déc. 1986, n° 85-11.263 : *JurisData* n° 1986-002605 ; *Bull. civ.* I, n° 291, p. 277). La détention de titres au porteur, non susceptibles d'un usage commun, dans un coffre loué sans dissimulation n'est pas non plus de nature à vicier la possession (■ Cass. 1re civ., 11 juin 1991, n° 89-20.422 : *JurisData* n° 1991-002161 ; *Bull. civ.* I, n° 199, p. 130. Comp., énonçant de manière générale que les règles de preuve de l'article 1538 excluent l'application de l'article 2279 (anc.), ■ Cass. 1re civ., 7 nov. 1995, n° 92-10.051 : *JurisData* n° 1995-002885 ; *JCP* G 96, I, 3908 et *JCP* N 96, II, 801, n° 16, obs. Storck ; *Bull.* I, n° 395, p. 276 ; *D.* 1996, 451, note S. Piedelièvre ; *Defrénois* 1996, 409, obs. Champenois ; *D.* 1997, somm. 21, 2e esp., obs. A. Robert ; *RTD civ.* 1997, 211, obs. Vareille, 1998, 139, obs. Zenati. ■ Cass. 1re civ., 27 nov. 2001 : JCP G 2002, II, 10050, note Piedelièvre ; *JCP* G 2002 I, 167 et *JCP* N 2002, 1719, n° 16, obs. Storck ; *Dr. famille* 2002, 9, note Beignier ; *D.* 2002, 680, note Gridel ; *Bull. civ.* I, n° 297, p. 112 ; *JurisData* n° 2001-011877). La possession d'un acquéreur d'automobile est équivoque dès lors qu'il ne s'est pas fait remettre les cartes grises et n'a pas vérifié que le vendeur détenait ces documents (■ Cass. 1re civ., 14 mai 1996, n° 93-21.187 : *JurisData* n° 1996-001832 ; *JCP* 96, I, 3972, n° 2, obs. Périnet-Marquet ; *RTD civ.* 1998, 408, obs. Zenati. V. aussi ■ Cass. com., 15 oct.

2002, n° 00-14.328 : *JurisData* n° 2002-015902 ; *Bull. civ.* IV, n° 146, p. 165).

7) Bonne foi. L'article 2279 (anc.) exige la bonne foi du possesseur (▪ Cass. 1re civ., 13 janv. 1965 : *Bull. civ.* I, n° 35, p. 26). La bonne foi, qui est présumée sauf preuve contraire, s'entend de la croyance pleine et entière où s'est trouvé le possesseur, au moment de son acquisition, des droits de son auteur à la propriété des biens qu'il a transmis. Le doute sur ce point est exclusif de la bonne foi (▪ Cass. 1re civ., 23 mars 1965 : *Bull. civ.* I, n° 206, p. 151. ▪ Orléans, 17 mars 1965 : *JCP* 65, II, 14186, note Boursigot. ▪ Paris, 23 janv. 1991, n° 2342/90 : *JurisData* n° 1991-020600 ; *D.* 1991, somm. 306, 2e esp., obs. A. Robert. V. cependant, plus indulgent, ▪ Cass. com., 28 juin 1994, n° 92-17.311 : *JurisData* n° 1994-001532 ; *JCP* 95, I, 3835, n° 4, obs. Périnet-Marquet. ▪ Cass. com., 24 avr. 2007 : *JurisData* n° 2007-038519 ; *Bull. civ.* IV, n° 115 ; *JCP* G 2007, I, 197, n° 2, obs. Périnet-Marquet ; *JCP* G 2007, IV, 2109 ; *D.* 2007, p. 1337, obs. Delpech ; *RTD com.* 2007, p. 824, obs. Bouloc, où l'acheteur a été considéré de bonne foi alors qu'il avait acquis les véhicules au vu de photocopies de documents administratifs mentionnant le véritable propriétaire des biens litigieux. – Comp. ▪ Cass. 1re civ., 30 oct. 2008, n° 07-19.633 : *JurisData* n° 2008-045576 ; *JCP* G 2009, I, 127, n° 7, obs. Périnet-Marquet, qui considère que la possession du véhicule litigieux présente un caractère équivoque dès lors que l'acquéreur avait accepté d'acquérir le véhicule sans se faire remettre la carte grise y afférente, ni à tout le moins sans avoir vérifié que le vendeur détenait ce document. V. dans le même sens, ▪ Cass. 1re civ., 14 mai 1996, n° 93-21.187 : *JurisData* n° 1996-001832 ; *Bull. civ.* I, n° 1999. ▪ Cass. com., 15 oct. 2002, n° 00-14.328 : *JurisData* n° 2002-015902 ; *Bull. civ.* IV, n° 146). La bonne foi s'apprécie lors de l'entrée effective en possession (▪ Cass. 1re civ., 27 nov. 2001 : *JCP* 2002, IV, 1049 ; *Bull. civ.* I, n° 295, p. 186 ; *D.* 2002, somm. 2505, obs. Mallet-Bricout ; *JurisData* n° 2001-011875). Jugé que celui qui appréhende une épave est *ipso facto* dans la situation d'un possesseur de mauvaise foi (▪ Cass. civ., 6 nov. 1951 : *JCP* 52, IV, 1 ; *Bull. civ.* I, n° 288, p. 226). Dans le même esprit, celui qui découvre, par le pur effet du hasard, une chose cachée ou enfouie a nécessairement conscience, au moment de la découverte, qu'il n'est pas le propriétaire de cette chose, et ne peut être considéré comme un possesseur de bonne foi ; par suite, il ne saurait se prévaloir des dispositions de l'article 2276 du Code civil *pour faire échec à l'action en revendication* d'une chose ainsi découverte, dont il prétend qu'elle constitue un trésor au sens de l'article 716, alinéa 2, du même Code, étant entendu que, conformément à l'article 2227 de ce code, une telle action n'est pas susceptible de prescription (▪ Cass. 3e civ., 6 juin 2018, n° 17-16.091 : *LPA* 24 juill. 2018, p. 6, note J.-F. Barbièri ; *RTD civ.* 2018, p. 940, note Dross ; *RDC* 2018, p. 444, note Danos ; *RTD civ.* 2018, p. 940, note Dross ; *Gaz. Pal.* 13 nov. 2018, p. 69, note J. Laurent ; *JCP* 2018, 1886, obs. Périnet-Marquet).

8) Effet de la règle « en fait de meubles ». La règle « en fait de meubles possession vaut titre » s'oppose à ce que le revendiquant soit admis à prouver son droit de propriété à l'encontre du possesseur de bonne foi (▪ Cass. req., 21 nov. 1927 : *DP* 1928, 1, 172, rapp. Bricout). Si l'article 2279 (anc.), alinéa 1er, ne met pas le possesseur d'objets mobiliers à l'abri d'une action en restitution lorsqu'il est personnellement obligé à restituer, il n'en subsiste pas moins pour le demandeur à une telle action la charge de faire la preuve du lien personnel sur lequel elle est fondée, et cela conformément aux règles du droit commun, à défaut de quoi le possesseur a titre pour conserver et détenir les meubles (▪ Cass. 1re civ., 7 janv. 1955 : *JCP* 55, IV, 22 ; *Bull. civ.* I, n° 6, p. 6). C'est dire que la présomption qui résulte de la possession implique pour le demandeur en revendication de prouver le titre précaire en vertu duquel le prétendu possesseur détient un meuble ou le vice affectant sa possession, que ne suffit pas à caractériser le paiement du prix par le revendiquant, à défaut de quoi ce défendeur a titre pour le conserver (▪ Cass. 1re civ., 20 oct. 1982, n° 81-13.482 : *Bull. civ.* I, n° 298. ▪ Cass. 1re civ., 24 oct. 2012, n° 11-16.431 : *D.* 2013, p. 351, note Tadros ; *JCP* G 2013, 429, n° 3, obs. Périnet-Marquet. – V. égal. dans ce sens ▪ Cass. 3e civ., 17 janv. 1995, n° 92-20.207, inédit).

9) Crédit-bail. Si la publicité prévue par le décret du 4 juillet 1972 permet l'identification des parties au contrat de crédit-bail et des biens objets de l'opération par les créanciers ou ayants cause à titre onéreux du client de l'entreprise de crédit-bail, il n'en est pas de même pour le sous-acquéreur, possesseur de bonne foi du bien mobilier, dont le droit de propriété demeure opposable au crédit-bailleur en dépit de l'accomplissement des formalités de publicité (▪ Cass. com., 14 oct. 1997, n° 95-10.006 : *JurisData* n° 1997-004027 ; *JCP* G 98, I, 171, n° 9, obs. Périnet-Marquet et *JCP* E, 327, note Leveneur ; *Contrats, conc. consom.* 1998, 1, note Leveneur).

10) Droit international privé. Dès lors que la loi française est seule applicable au droit réel dont sont l'objet les biens mobiliers situés en France, l'article 2279 ancien du Code civil (C. civ., art. 2276) s'appliquait aux biens litigieux, en l'occurrence des toiles, qui se trouvaient en France au moment de la revendication (▪ Cass. 1re civ., 3 févr. 2010, n° 08-19.293 : *JurisData* n° 2010-051393 ; *JCP* G 2010, act. 176, Cornut ; *JCP* G 2010, note 284, L. d'Avout. V. égal. dans ce sens, ▪ Cass.

civ., 14 mars 1939 : *S.* 1939, 1, p. 182. ■ Cass. 1re civ., 9 déc. 1974, n° 73-10.795 : *JurisData* n° 1974-000328 ; *JDI* 1975, p. 534, note Ponsard ; *Rev. crit. DIP* 1975, p. 504, note Mezger).

II – MEUBLES PERDUS OU VOLÉS

11) Vol. Le terme de vol employé dans l'article 2279 (anc.) doit être entendu dans l'acception même que ce mot reçoit en matière pénale (■ Paris, 19 janv. 1933 : *DH* 1933, 185). Sur la nécessité de l'intention frauduleuse, v. ■ Cass. 1re civ., 27 févr. 1980, n° 78-15.864 : *JurisData* n° 1980-000071 ; *D.* 1980, inf. rap. 419. L'article 2279 (anc.), alinéa 2, est applicable en cas de vol même si l'auteur n'est pas punissable en vertu de l'article 380 du Code pénal (■ Paris, 7 mars 1934 : *Gaz. Pal.* 1934, 1, 919), mais il en va autrement en cas d'acquittement (■ Paris, 19 janv. 1933, préc.). Les dispositions de l'article 2279 (anc.), alinéa 2, sont limitatives et ne doivent pas, par voie d'analogie, être étendues à l'escroquerie (■ Cass. civ., 19 juin 1928 : *DP* 1929, 1, 45), ni à l'abus de confiance (■ Cass. civ., 6 juill. 1886 : *DP* 1887, 1, 25. ■ Cass. 1re civ., 9 janv. 1996 : *Bull. civ.* I, n° 22, p. 15 ; *JCP* 96, I, 3972, n° 6, obs. Périnet-Marquet).

12) Perte. La perte de la chose peut résulter d'un cas de force majeure aussi bien que d'une négligence (■ Bordeaux, 6 juin 1950 : *JCP* 50, IV, 167). Le dessaisissement involontaire et même forcé résultant d'un fait de guerre constitue le cas de perte prévu par l'article 2279 (anc.), alinéa 2 (■ Cass. civ., 13 févr. 1951 : *S.* 1951, 1, 199).

13) Droit du propriétaire. En vertu de l'article 2279 (anc.), alinéa 2, la personne qui a perdu la chose est en droit de la revendiquer sans avoir à prouver sa propriété sur le meuble dont elle était possesseur de bonne foi (■ Cass. civ., 21 mai 1951 : *D.* 1951, 507), ni à prouver que la possession de celui qui détient la chose est entachée de vice (■ Cass. civ., 10 mai 1950 : *D.* 1950, 429).

14) Délai préfix. Le délai de trois années prévu par l'article 2279 (anc.), alinéa 2, présente le caractère d'un délai préfix qui commence à courir du jour de la perte ou du vol (■ Cass. crim., 30 oct. 1969 : *JCP* 70, II, 16333, note Goubeaux ; *D.* 1970, 115. – V. en ce sens ■ Bordeaux, 22 janv. 1974 : *D.* 1974, 542, note Rodière).

15) Titres au porteur. Voir : sur les règles applicables aux titres au porteur perdus ou volés, D. n° 56-27, 11 janv. 1956, mod. D. n° 93-225, 16 févr. 1993. – Voir aussi : pour les titres émis par l'État, D. n° 64-1183, 27 nov. 1964.

Art. 2277 *(Anc. art. 2280, dénum., L. n° 2008-561, 17 juin 2008).* – **Si le possesseur actuel de la chose volée ou perdue l'a achetée dans une foire ou dans un marché, ou dans une vente publique, ou d'un marchand vendant des choses pareilles, le propriétaire originaire ne peut se la faire rendre qu'en remboursant au possesseur le prix qu'elle lui a coûté.**

Le bailleur qui revendique, en vertu de l'article 2332, les meubles déplacés sans son consentement et qui ont été achetés dans les mêmes conditions, doit également rembourser à l'acheteur le prix qu'ils lui ont coûté.

Bibliographie : M. Muller, *L'acquéreur de bonne foi d'un meuble. Vers un nouvel équilibre entre ses droits et ceux du propriétaire injustement dépouillé : RTD civ.* 1989, 697.

1) Demandeur en remboursement resté en possession de la chose. La demande en remboursement du prix formée en vertu de l'article 2280 par l'acquéreur de la chose volée ou perdue suppose qu'il soit resté en possession de la chose (■ Cass. 1re civ., 22 févr. 1956 : *D.* 1956, 286. – V. en ce sens ■ Paris, 7 févr. 1950 : *D.* 1951, 456, note Lalou, 1re esp.). Mais l'appréhension par les services de police du véhicule volé n'entraîne que le déplacement de la détention précaire et le possesseur de bonne foi conserve donc sa créance en remboursement du prix (■ Cass. 1re civ., 22 nov. 1988, n° 87-11.885 : *JurisData* n° 1988-702773 ; *Bull. civ.* I, n° 331, p. 224 ; *JCP* 89, IV, 32 ; *D.* 1990, somm. 86, 2e esp., obs. A. Robert ; *RTD civ.* 1990, 521, obs. Zenati). Le droit au remboursement suppose que la possession soit de bonne foi(■ Paris, 24 avr. 1998 : *D.* 1998, somm. 347, obs. A. Robert, véhicule acheté à un inconnu dans un lieu vaguement désigné et pour un prix très inférieur à sa valeur réelle).

2) Marchand de choses pareilles. Il ne suffit pas que l'acheteur ait cru ou même pu croire traiter avec un marchand de choses pareilles, il faut que celui-ci le soit en réalité (■ Poitiers, 25 janv. 1938 : *DH* 1938, 190). Le terme de marchand est pris dans son sens propre de commerçant faisant sa profession d'acheter des marchandises en vue de les revendre ensuite à son profit, et non pas comme plus ou moins vaguement synonyme de commerçant en général, sans spécification de la nature exacte des actes de commerce accomplis (■ Paris, 7 févr. 1950 : *D.* 1951, 456, note Lalou, 1re esp.). Jugé que le banquier, quand il négocie des bons du Trésor, est un marchand vendant des choses pareilles au sens de l'article 2280 (■ Paris, 8 nov. 1946 : *JCP* 46, II, [illegible]58, note A. S.).

Mais jugé en sens inverse pour un courtier en tableaux (■ Cass. crim., 31 mars 1978 : *Gaz. Pal.* 1979, 1, 13) ou un brocanteur dont le magasin tenait du « bric-à-brac » (■ Pau, 3 juill. 1979 : *D.* 1981, inf. rap. 232) ou un marché aux puces accessibles à des vendeurs non commerçants et notoirement connu comme lieu d'écoulement des marchandises volées (■ Lyon, 8 nov. 2001 : *JCP* 2003, IV, 1203 ; *JurisData* n° 2001-160356). Un garagiste radié du registre du commerce, mais qui a conservé son garage et qui utilise des tampons correspondant à son activité de commerçant en voitures neuves et d'occasion, peut être considéré comme un marchand vendant des choses pareilles (■ Cass. 1re civ., 22 nov. 1988, n° 86-17.888 : *JurisData* n° 1988-702978 ; *Bull. civ.* I, n° 331, p. 224 ; *JCP* 89, IV, 32 ; *D.* 1990, somm. 86, 2e esp., obs. A. Robert ; *RTD civ.* 1990, 521, obs. Zenati).

3) **Recours du propriétaire.** Le propriétaire qui, pour se faire rendre une chose perdue ou volée, a dû rembourser au possesseur actuel le prix qu'elle lui a coûté ne saurait puiser dans les articles 2279, 2280 (anc.) et 1251 du Code civil le principe d'une action en indemnité contre celui qui a cessé d'avoir la possession de la chose volée ou perdue. La seule action appartenant dans ce cas au propriétaire doit être fondée par application de l'article 1382 sur l'existence d'une faute commise par le défendeur (■ Cass. civ., 11 févr. 1931 : *DP* 1931, 1, 129, note R. Savatier).

4) **Épave.** Les dispositions des articles 2279 et 2280 [anciens] s'appliquent si le possesseur actuel de la chose perdue ou volée l'a acquise, comme épave, de l'Administration des Domaines (■ Cass. 1re civ., 23 oct. 1957 : *D.* 1957, 745).

5) **Possession non paisible.** Si le vendeur est entré en possession de la chose des mains de son acquéreur en sachant qu'elle a été volée, sa possession n'est pas paisible et ne peut lui conférer le droit de rétention qu'offre l'article 2280 (anc.) (■ Cass. com., 3 déc. 2003 : *JurisData* n° 2003-021361 ; *JCP* 2004, IV, 1224 ; *Bull. civ.* IV, n° 196, p. 219).

CHAPITRE III. – DE LA PROTECTION POSSESSOIRE

Art. 2278 *(Anc. art. 2282, dénum., L. n° 2008-561, 17 juin 2008).* – **La possession est protégée, sans avoir égard au fond du droit, contre le trouble qui l'affecte ou la menace.**

La protection possessoire est pareillement accordée au détenteur contre tout autre que celui de qui il tient ses droits.

Bibliographie : J.-L. Bergel, *Protection de la possession : faut-il maintenir une protection spécifique ? : Dr. et patrimoine* 2013, n° 230, p. 53.

1) **Immeubles.** Sur le principe que la protection possessoire ne concerne que les immeubles, V. ■ Cass. 1re civ., 6 févr. 1996, n° 94-13.388 : *JurisData* n° 1996-000401 ; *JCP* 96, IV, 729 ; *Bull. civ.* I, n° 57, p. 39 ; *D.* 1996, somm. 331, obs. Libchaber ; *RTD civ.* 1996, 943, obs. Zenati.

2) **Domaine public.** L'action en complainte ne peut être intentée par un particulier contre l'administration relativement à un bien du domaine public (■ Cass. 1re civ., 7 juill. 1954 : *D.* 1954, 661. V. aussi ■ Cass. 3e civ., 25 avr. 1990 : *Bull. civ.* III, n° 97, p. 52 ; *D.* 1991, somm. 19, obs. A. Robert ; *Defrénois* 1990, 1331, obs. Souleau).

3) **Chemin public.** Les propriétaires riverains d'un chemin public ont, sur celui-ci, des droits qu'ils peuvent, par l'exercice d'une action possessoire, faire valoir dans leur intérêt privé, en cas de trouble apporté dans leur usage par des particuliers (■ Cass. 3e civ., 7 nov. 1991, n° 90-11.614 : *JurisData* n° 1991-0029[illegible] ; *Bull. civ.* III, n° 287, p. 169).

4) **Inexécution d'une convention.** L'inexécution ou la violation d'une convention ne peut donner lieu à l'action possessoire (■ Cass. 3e civ., 28 nov. 1969 : *D.* 1970, 84, note E. F. – V. en ce sens pour le manquement aux stipulations d'une clause d'un règlement de copropriété, ■ Cass. 3e civ., 22 juin 1976, n° 75-10.475 : *JurisData* n° 1976-098274 ; *D.* 1976, inf. rap. 265. ■ Cass. 3e civ., 10 juin 1980 : *JurisData* n° 1980-035380 ; *D.* 1981, inf. rap. 230. – V. égal., ■ Cass. 3e civ., 8 févr. 2006, n° 04-20.366 : *JurisData* n° 2006-032073 ; *Bull. civ.* III, n° 24 ; *RTD civ.* 2007, obs. Mestre et Fage qui rappellent que la mise en œuvre de l'article 2278 du Code civil suppose qu'il n'existe aucune relation contractuelle entre le demandeur et le défendeur). En cas de vente d'un immeuble, ici une parcelle, dont la propriétaire initiale avait conventionnellement accordé la détention à un tiers, l'acquéreur de la parcelle devient alors celui de qui le détenteur tient ses droits, de sorte qu'une action possessoire diligentée par celui-ci contre celui-là est exclue, car une telle action ne peut être exercée contre celui duquel le détenteur ou le possesseur tient ses droits (■ Cass. 3e civ., 18 févr. 2009, n° 08-10.973 : *JurisData* n° 2009-047102 ; *JCP* N 2009, 1143, note Grimonprez ; *JCP* G 2009, I, 127, n° 6, obs. Périnet-Marquet).

5) Servitudes discontinues ou non apparentes. Les servitudes discontinues ou non apparentes peuvent bénéficier d'une protection possessoire dès lors que la possession est corroborée par un titre (■ Cass. 1re civ., 4 janv. 1961 : *JurisData* n° 1961-000002 ; *JCP* 61, II, 12021. V. en ce sens ■ Cass. civ., 13 mars 1889 : *DP* 1889, 1, 379. ■ Cass. 1re civ., 14 juin 1965 : *JurisData* n° 1965-000387 ; *Bull. civ.* I, n° 387, p. 287. ■ Cass. 3e civ., 16 févr. 1982 : *JurisData* n° 1982-700274 ; *D.* 1984, inf. rap. 424, 2e esp., obs. A. Robert). Les servitudes de passage peuvent être protégées par l'action en réintégration (■ Cass. 3e civ., 15 févr. 1995, n° 93-13.102 : *JurisData* n° 1995-000229 ; *JCP* 95, IV, 905 ; *Bull. civ.* III, n° 45, p. 33 ; *RTD civ.* 1995, 925, obs. Zenati. *Contra*, ■ Cass. civ., 28 oct. 1885 : *DP* 1886, 1, 309. ■ Cass. 1re civ., 5 juill. 1961 : *Bull. civ.* I, n° 372, p. 297. ■ Cass. 3e civ., 20 oct. 1982 : *JurisData* n° 1982-002329) ou par la complainte (■ Versailles, 7 juin 1996 : *JurisData* n° 1996-043344 ; *D.* 1997, 360, note A. Robert). Le titre doit permettre d'établir que l'intéressé a entendu exercer un droit et non user d'une simple tolérance (■ Cass. 1re civ., 14 oct. 1963 : *D.* 1964, 513, note Tallon. ■ Cass. 3e civ., 28 juin 1989, n° 88-11.364 : *JurisData* n° 1989-702376 ; *Bull. civ.* III, n° 149, p. 82). Il peut consister dans un simple procès-verbal de bornage (■ Cass. 3e civ., 8 oct. 1985, n° 84-12.213 : *JurisData* n° 1985-702682 ; *D.* 1986, inf. rap. 404), ou prendre la forme d'un titre né de la destination du père de famille (■ Cass. 1re civ., 30 juin 1965 : *Bull. civ.* I, n° 435, p. 322. ■ Cass. 3e civ., 18 janv. 1983 : *Bull. civ.* III, n° 13, p. 10 ; *D.* 1984, inf. rap. 424, obs. A. Robert), ou même être un titre légal (■ Cass. 2e civ., 16 févr. 1982, préc.). En cas d'enclave, c'est le fait même de l'enclave qui constitue le titre permettant d'exercer l'action possessoire (■ Cass. 3e civ., 11 mai 1976, n° 74-14.746 : *JurisData* n° 1976-098197 ; *Bull. civ.* III, n° 197, p. 154). La protection possessoire d'une servitude discontinue, dès lors qu'elle suppose d'être fondée sur un titre, n'appartient qu'au propriétaire du fonds dominant (■ Cass. 3e civ., 17 sept. 2013, n° 12-20.724 : *RD rur.* 2014, comm. 26, note Collard et Travely ; *RTD civ.* 2013, p. 868, note Dross ; *JCP* N 2013, 1287, note Grimonprez ; *Dr. et patrimoine* 2013, n° 231, p. 71, obs. Seube).

6) Servitudes continues et apparentes. Les servitudes continues et apparentes peuvent être protégées par la réintégrande (■ Cass. 1re civ., 28 mai 1962 : *Bull. civ.* I, n° 268, p. 239, qui affirme de façon générale que l'action peut être exercée par celui qui, détenant des ouvrages servant à l'exercice d'une servitude, en a été violemment dépossédé).

7) Prétention contraire à la possession. L'action possessoire ne peut être accueillie que si les faits allégués impliquent une prétention contraire à la possession (■ Cass. 3e civ., 7 juin 1990, n° 88-17.659 : *JurisData* n° 1990-001718 ; *Bull. civ.* III, n° 135, p. 77).

8) Référés. Sur la compétence du juge des référés pour protéger l'exercice d'une servitude en cas de trouble manifestement illicite, V. ■ Cass. ass. plén., 28 juin 1996, n° 94-15.935 : *JurisData* n° 1996-002806 ; *JCP* 96, II, 22712, note Mémeteau ; *D.* 1996, 497, rapp. Weber et note Coulon ; *Defrénois* 1996, 1427, obs. Atias ; *RTD civ.* 1997, 463, obs. Zenati. – V. aussi ■ Cass. 3e civ., 22 mars 1995, n° 92-21.269 : *JurisData* n° 1995-000666 ; *JCP* 95, I, 3891, n° 8, obs. Cadiet ; *D.* 1996, 193, note Leroy ; *RTD civ.* 1996, 427, obs. Zenati ; *RD imm.* 1996, 179, obs. Bergel. Mais le juge du tribunal d'instance qui statue en référé ne peut fonder sa décision sur les règles des actions possessoires (■ Cass. 3e civ., 21 nov. 2001, n° 99-21.841 : *JurisData* n° 2001-011941 ; *JCP* 2002, II, 10164, note Ferreira).

9) Non-cumul du possessoire et du pétitoire. N'enfreint pas l'interdiction de cumuler le possessoire et le pétitoire la cour d'appel qui constate que le demandeur jouit sur le passage litigieux d'une possession annale corroborée par son acte d'achat et par le titre de ses auteurs (■ Cass. 3e civ., 18 févr. 1971, n° 69-12.178 : *JurisData* n° 1971-098120 ; *Bull. civ.* III, n° 120, p. 86). Mais statue au pétitoire l'arrêt qui déboute le demandeur de son action possessoire et retient que le défendeur a pu pratiquer l'ouverture litigieuse ayant le caractère de vue en vertu de la prescription acquisitive antérieure à une interruption de deux années (■ Cass. 3e civ., 7 nov. 1972, n° 71-11.447 : *JurisData* n° 1972-000577 ; *Bull. civ.* III, n° 577, p. 425). La règle du non-cumul du possessoire et du pétitoire, qui constitue une règle propre aux actions possessoires, est étrangère à l'action en bornage, de nature pétitoire (■ Cass. 1re civ., 4 nov. 1963 : *JurisData* n° 1963-000469 ; *D.* 1964, 50). Viole la règle du non-cumul du possessoire et du pétitoire l'arrêt qui énonce dans son dispositif que les parcelles ne sont pas enclavées (■ Cass. 3e civ., 4 janv. 1990, n° 88-16.702 : *JurisData* n° 1990-700024 ; *JCP G* 1990, IV, 83 ; *Bull. civ.* III, n° 1, p. 1), ou que le terrain appartenant au demandeur bénéficie d'une servitude de passage sur celui appartenant au défendeur (■ Cass. 3e civ., 20 mars 1991, n° 89-12.578 : *JurisData* n° 1991-000745 ; *JCP* 91, IV, 189 ; *Bull. civ.* III, n° 93, p. 55). L'action pétitoire engagée postérieurement à l'action possessoire rend celle-ci sans objet (■ Cass. 3e civ., 6 janv. 2010 : *JurisData* n° 2010-050964 ; *JCP* N 2010, n° 21, note 8). L'interdiction faite au défendeur d'agir au pétitoire avant d'avoir mis un terme au trouble emporte l'impossibilité d'agir avant la fin de l'instance possessoire (■ Cass. 3e civ., 23 janv. 2013, n° 11-28.266 : *JCP* G 2013, 429, n° 4, obs. Périnet-Marquet).

10) Défendeur à l'action. L'action possessoire peut être intentée contre l'auteur matériel du trouble, sans qu'il soit nécessaire de prouver que le défendeur profite de cette dépossession (■ Cass. 3e civ., 7 mars 2012, n° 11-10.177 : *JurisData* n° 2012-003742 ; *JCP* G 2012, 465, n° 4, obs. Périnet-Marquet).

Code du patrimoine

Section I. – Archives publiques

Art. L. 212-1 *(Mod., Ord. n° 2017-1134, 5 juill. 2014).* – Les archives publiques sont imprescriptibles.

Nul ne peut détenir sans droit ni titre des archives publiques.

Le propriétaire du document, l'administration des archives ou tout service public d'archives compétent peut engager une action en revendication d'archives publiques, une action en nullité de tout acte intervenu en méconnaissance du deuxième alinéa ou une action en restitution.

Lorsque les archives publiques appartiennent au domaine public, les actions en nullité ou en revendication s'exercent dans les conditions prévues aux articles L. 112-22 et L. 112-23.

Les modalités d'application des dispositions qui précèdent sont fixées par décret en Conseil d'État.

Section II. – Archives privées

Sous-section 1. – Classement comme archives historiques

Art. L. 212-20. – Les archives classées comme archives historiques sont imprescriptibles.

Art. L. 212-21. – Les effets du classement suivent les archives, en quelques mains qu'elles passent.

....

Art. L. 451-3. – Les collections des musées de France sont imprescriptibles.

LIVRE VI. – MONUMENTS HISTORIQUES, SITES ET ESPACES PROTÉGÉS

Art. L. 622-13. – Tous les objets mobiliers classés au titre des monuments historiques sont imprescriptibles.

Art. L. 622-14. – Les objets classés au titre des monuments historiques appartenant à l'État sont inaliénables.

Les objets classés au titre des monuments historiques appartenant à une collectivité territoriale ou à un établissement public ou d'utilité publique ne peuvent être aliénés qu'avec l'accord de l'autorité administrative et dans les formes prévues par les lois et règlements. La propriété ne peut en être transférée qu'à l'État, à une personne publique ou à un établissement d'utilité publique.

Art. L. 622-16. – Tout particulier qui aliène un objet classé au titre des monuments historiques est tenu de faire connaître à l'acquéreur l'existence du classement.

Toute aliénation doit, dans les quinze jours de la date de son accomplissement, être notifiée à l'autorité administrative par celui qui l'a consentie.

Art. L. 622-17 *(Mod., L. n° 2016-925, 7 juill. 2016).* – L'acquisition faite en violation de l'article L. 622-14 est nulle. Les actions en nullité ou en revendication peuvent être exercées à toute époque tant par l'autorité administrative que par le propriétaire originaire. Elles s'exercent sans préjudice des demandes en dommages-intérêts qui peuvent être dirigées soit contre les parties contractantes solidairement responsables, soit contre l'officier public qui a prêté son concours à l'aliénation. Lorsque l'aliénation illicite a été consentie par une personne publique ou un établissement d'utilité publique, cette action en dommages-intérêts est exercée par l'autorité administrative au nom et au profit de l'État.

L'acquéreur ou sous-acquéreur de bonne foi, entre les mains duquel l'objet est revendiqué, a droit au remboursement de son prix d'acquisition. Si la revendication est exercée par l'autorité administrative, celle-ci aura recours contre le vendeur originaire pour le montant intégral de l'indemnité qu'elle aura dû payer à l'acquéreur ou sous-acquéreur.

Les dispositions du présent article sont applicables aux objets perdus ou volés. – [L. 31 déc. 1913, art. 20].

Section III. – Dispositions communes aux objets classés et aux objets inscrits

Art. L. 622-29. – Les effets du classement ou de l'inscription au titre des monuments historiques d'un objet mobilier suivent l'objet en quelques mains qu'il passe.

Art. 2279 *(Anc. art. 2283, dénum., L. n° 2008-561, 17 juin 2008 ; Abr., L. n° 2015-177, 16 févr. 2015).*

Rédaction antérieure. Art. 2279. – Les actions possessoires sont ouvertes dans les conditions prévues par le Code de procédure civile à ceux qui possèdent ou détiennent paisiblement

Bibliographie : H. Périnet-Marquet, *La fin des actions possessoires, chronique d'une mort annoncée : JCP* G 2015, 244. • S. Piedelièvre, *Brèves remarques sur la disparition des actions possessoires avec la loi du 16 février 2015 : Gaz. Pal.* 2015, n° 78

LIVRE QUATRIÈME

DES SÛRETÉS

(Ord. n° 2006-346, 23 mars 2006 ; ratifiée L. n° 2007-212, 20 févr. 2007)

Bibliographie : *Sur la réforme du droit des sûretés opérée par l'ordonnance du 23 mars 2006.* Ph. Simler, *La réforme du droit des sûretés : JCP* G 2006, I, 124 ; *JCP* E 2006, 1559. • *Ibid., Dispositions générales du Livre IV nouveau du Code civil : JCP* G 2006, suppl. n° 20, p. 5. • D. Robine, *Aperçu de la réforme du droit des sûretés par l'ordonnance n° 2006-346 du 23 mars 2006 : Bull. Joly Sociétés* 2006, p. 880. • L. Aynès, *Présentation générale de la réforme : D.* 2006, p. 1289. • S. Prigent, *La réforme du droit des sûretés : une avancée sur la voie de la modernisation : AJDI* 2006, p. 346. • B. Soinne, *Brèves réflexions sur la réforme du droit des sûretés en France : Rev. proc. coll.* 2006, p. 9. • E. Frémaux et G. Daublon, *La réforme du droit des sûretés : Defrénois* 2006, p. 1085. • D. Houtcieff et E. Filiberti, *Pleins feux sur l'ordonnance sûretés : LPA* 28 avr. 2006, p. 4. • V. Avena-Robardet, *Réforme des sûretés : présentation de l'ordonnance du 23 mars 2006 : D.* 2006, p. 908. • E. Bouretz et J. Desclozaux, *Réforme du droit des sûretés : une réforme nécessaire : Cah. dr. entr.* 2006, n° 5, p. 9. • D. Legeais, *Réforme des sûretés : Ordonnance du 23 mars 2006 : RTD com.* 2006, p. 636. • S. Piedelièvre, *Premier aperçu sur la réforme du droit des sûretés par l'ordonnance du 23 mars 2006 : Defrénois* 2006, p. 791. • A. Cerles et G. Carrée, *La réception de l'ordonnance sûretés par les praticiens : LPA* 28 avr. 2006, p. 10. • *La réforme des sûretés après neuf mois de pratique*, Colloque Université de Pau, 8 déc. 2006 : *Rev. Lamy dr. aff.* mars 2007, p. 67. • P. Crocq, *Sûretés réelles : les apports des textes d'application de la réforme des sûretés : Rev. Lamy dr. civ.* févr. 2008, suppl. 9. • *Adde*, L. Aynès, Ph. Stoffel-Munck et a., *Réforme des sûretés : premiers bilans : Dr. et patrimoine* avr. 2012, p. 55 et s. • Ph. Dupichot, *Le nouveau droit français des sûretés ; bréviaire à l'attention du juriste étranger, Mél. C. Jauffret-Spinosi*, Dalloz 2013, p. 277.

Sur le rapport du groupe de travail chargé de proposer une réforme globale du droit des sûretés. Rapport Grimaldi, *pour une réforme globale des sûretés : Dr. et patrimoine* sept. 2005, p. 48 et s. • M. Grimaldi, *Projet de réforme du droit des sûretés : RDC* 2005, p. 782.

Sur l'avant-projet de réforme du droit des sûretés de l'Association Henri Capitant (2017). P. Crocq, *Vers une réforme du droit des sûretés : Banque et droit* 2017, n° 176, p. 44. • M. Grimaldi, D. Mazeaud et Ph. Dupichot, *Présentation d'un avant-projet de réforme des sûretés : D.* 2017 p. 1717. • A. Gouëzel et L. Bougerol, *Le cautionnement dans l'avant-projet de réforme du droit des sûretés : propositions de modification : D.* 2018, p. 678. • J.-D. Pellier *Une certaine idée du cautionnement, À propos de l'avant-projet de réforme du droit des sûretés de l'Association Henri Capitant : D.* 2018, p. 686. • M. Julienne, *Vers une (nouvelle) réforme des sûretés : JCP N* 2018, act. 739. • R. Dammann et M. Guermonprez, *Pour une réforme du droit des sûretés en adéquation avec le droit des entreprises en difficulté : D.* 2018, p. 1160. • Ch. Gijsbers, *L'influence de la réforme du droit des sûretés sur le droit de la construction : RDI* 2018, p. 200.

Sur les incidences de la réforme des contrats sur le droit des sûretés. C. Albigès, *La réforme du droit des contrats et la formation du contrat de cautionnement : AJ contrat* 2017, p. 248. • M.-P. Dumont-Lefrand, *L'incidence de la réforme du droit des contrats sur le régime des garanties : AJ contrat* 2017, p. 254. • N. Dissaux, *L'abus de solidarité : AJ contrat* 2017, p. 259. • A. Riéra, *Le porte-fort et le droit des sûretés : AJ contrat* 2017, p. 262. • Y. Picod, *Cession de dette et droit des sûretés : AJ contrat* 2017, p. 268.

Sur les sources du droit des sûretés. Ph. Dupichot, *Le pouvoir des volontés individuelles en droit des sûretés*, préface M. Grimaldi, Éd. Panthéon-Assas 2005. • P. Jourdain, *Quelques réflexions sur la notion de garantie en droit privé* in *Mélanges Ph. Malinvaud*, Litec 2007, p. 303. • D. Houtcieff, *Le droit des sûretés hors du Code civil : LPA* 22 juin 2005, p. 8.

Sur l'impact du droit du financement sur le droit des sûretés. Th. Arachtingi, *Les contrats de crédit syndiqué à l'épreuve de la crise : Rev. Lamy dr. civ.* 2009/62, n° 3517. • Y. Baranes et a., *Secured transactions/opérations garanties : Rev. dr. uniforme* 2010-2, p. 307. • Ph. Dupichot, *Les sûretés du financement d'acquisition immobilière : JCP* N 2015, 1095. • D. Houtcieff, *Les sûretés à l'épreuve de la crise : Rev. Lamy dr. civ.* 2009/62, n° 3518. • D. Legeais, *De la distinction des sûretés civiles et commerciales* in *Mélanges P. Didier*, Économica 2008, p. 237. • C. Houin-Bressand, *Les contre-garanties des sûretés bancaires : RD bancaire et fin.* 2009, dossier 2. • J.-L. Mangel, *Les sûretés et la pratique notariale : JCP* N 2012, 1336.

Sur les liens entre le droit des sûretés et le régime général des obligations. A. Hontebeyrie, *Régime général de l'obligation et droit des sûretés : Rev. Lamy dr. civ.* 2014/113, n° 5362.

Sur les liens entre le droit des sûretés et le droit des personnes. M. Bourassin, *Les sûretés sur le logement du majeur protégé : RTD civ.* 2011, p. 433.

Sur les liens entre le droit des sûretés et le droit de la famille. M. Fargel, *Sûretés personnelles contre sûretés réelles : l'influence limitée du droit de la famille : JCP* N 2012, 1337.

Sur les liens entre le droit des sûretés et le droit des biens. P. Crocq, *Propriété et garantie*, préface M. Gobert, LGDJ 1995. • Ph. Dupichot, *Regards sur le pouvoir de la volonté en droit des biens et des sûretés réelles, Mélanges Baudoin*, Blais 2012, p. 1041. • Ch. Gijsbers, *Sûretés et droit des biens*, Économica 2015, préf. M. Grimaldi. • D. Houtcieff, *Le droit commun des sûretés est-il apte à saisir l'incorporel ? : Rev. Lamy dr. civ.* 2009/65, suppl. n° 3627. • M. Mignot, *Le numerus clausus et les sûretés réelles*, in *Liberté contractuelle et droits réels*, Institut universitaire Varenne, 2015, (dir. L. Andreu), p. 195. • L. Prud'homme, *Exclusivité et garanties de paiement*, préface P. Crocq, LGDJ, 2012. • G. Piette, *La possession en droit des sûretés : Dr. et patrimoine* 2013, n° 230, p. 58. • *Quelle réforme pour le droit des sûretés ? : RD bancaire et fin.* 2016, dossier 1.

Sur les liens entre le droit des sûretés et le droit des sociétés. J.-J Ansault, *Droit des sûretés et droit des sociétés : Rev. Lamy dr. civ.* 2013/110, n° 38. • *Ibid., L'autorisation des garanties octroyées par les sociétés anonymes : un dispositif à rafraîchir : Rev. Lamy dr. civ.* 2013/105, n° 5121. • F. Bailly et I. Binet, *Opérations de fusion : de la négociation des sûretés : Rev. Lamy dr. civ.* 2013/106, n° 5158.

Sur les liens entre le droit des sûretés et le droit international. E. Charpentier, *Regard sur le droit québécois des sûretés : RD bancaire et fin.* 2016, dossier 6. • E. Muniz Espada, *Quelle réforme pour le droit des sûretés ? Quelques particularités du droit espagnol : RD bancaire et fin.* 2016, dossier 8. • P. Nabet, *Sûretés et droit international privé : JCP* N 2012, 1341. • G. Busseuil, *Le choix entre sûretés personnes et sûretés réelles : perspectives européennes : JCP* N 2012, 1342.

Sur les liens entre le droit des sûretés et le droit des successions. Coll. Nanterre, 5 déc. 2016, *Sûretés et successions : quelles interactions ? : JCP* N 2017, 1142.

Sur l'impact du droit des procédures collectives commerciales sur les sûretés. N. Borga, *Regards sur les sûretés dans l'ordonnance du 18 décembre 2008 : RD bancaire et fin.* 2009, étude 20. • P. Crocq, *L'ordonnance du 18 décembre 2008 et le droit des sûretés : Rev. proc. coll.* 2009, étude 10 et *JCP* E 2009, 1313 ; *La réforme des procédures collectives et le droit des sûretés : D.* 2006, p. 1306. • R. Dammann et G. Le Beuze, *Réforme des sûretés et procédures collectives : quelles sûretés choisir ? : Cah. dr. entr.* mars-avr. 2007, p. 45. • R. Dammann et G. Podeur, *Fiducie-sûreté et droit des procédures collectives : évolution ou révolution ? : D.* 2007, p. 1359 ; *Les sûretés-propriété face au plan de sauvegarde : D.* 2008, p. 928. • M. Farge et O. Gout, *L'impact du nouveau droit des entreprises en difficulté sur le droit des sûretés : Rev. Lamy dr. civ.* mars 2009, p. 25. • O. Gout, *Les sûretés face aux procédures collectives : JCP* N 2012, 1339. • P.-M. Le Corre, *Les incidences de la réforme du droit des sûretés sur les créanciers confrontés aux procédures collectives : JCP* E 2007, 1185. • H. Lefèvre, *Les conséquences de la réforme des sûretés sur le droit des procédures collectives : LPA* 27 mars 2008. • P. Pailler, *Le sort des sûretés dans la nouvelle ordonnance de réforme du droit des procédures collectives du 14 mars 2014 : Rev. Lamy dr. civ.* 2014/115, n° 5419. • V. Rouit, *La mise en œuvre des sûretés et garanties en cas de difficulté des entreprises débitrices principales : Rev. Lamy dr. civ.* 2011/87, n° 4414. • Y. Saito, *Le sort du cautionnement d'un débiteur principal en difficulté en droit japonais*, in *Mélanges P. Bloch*, Bruylant 2016, p. 443. • M. Sénéchal, *Sûretés et procédures collectives, à la recherche d'un équilibre : Mél. P. Le Cannu*, 2014, p. 771. • S. Vermeille et A. Bézert, *L'analyse économique au secours du droit des sûretés et du droit des procédures collectives : D.* 2014, p. 289.

Sur l'impact du droit des procédures collectives civiles sur les sûretés. M. Bourassin, *Sûretés et surendettement des particuliers : LPA* 2012, n° 203, p. 4. • A. Gourio, *La réforme du crédit à la consommation : JCP* E 2010, 1675. • S. Piedelièvre, *Les nouvelles règles relatives au surendettement des particuliers : JCP* G 2010, 858.

Sur le principe de proportionnalité et le droit des sûretés. P. Crocq, *Sûretés et proportionnalité* in *Mélanges Simler*, Litec-Dalloz 2006, p. 291. • J. Lasserre Capdeville, *Le banquier dispensateur de crédit face au principe de proportionnalité : Banque et droit* 2007, p. 25. • J. Etter et S. Gobin, *Sûretés consenties en garantie d'un crédit et proportionnalité : RD bancaire et fin.* 2015, étude 15.

Sur différentes garanties spéciales. B. Bouloc, *Remarques sur la garantie professionnelle des notaires* in *Mélanges B. Gross*, PU Nancy, 2009, p. 39. • B. Bury, *Les garanties financières immobilières.* La construction de maison individuelle, le banquier et les *garanties : RD bancaire et fin.* 2009, dossier 7. • G. Eckert, *Les garanties des collectivités publiques* in *Mélanges Simler*, Litec-Dalloz 2006.

Sur l'EIRL et le droit des sûretés. V. Bonnet, *Les sûretés et l'EIRL : JCP* N 2012, 1338. • N. Borga, *L'EIRL et la constitution de sûretés personnelles : Bull. Joly entr. diff.* 2011, p. 76 et s. • S. Cabrillac, *EIRL et sûretés personnelles : faute de grives, on mange des merles : CDE* 2011, dossier 16. • E. Cevaër et P.-E. Perrot, *L'EIRL et les sûretés négatives. Un vin nouveau pour de* *vieilles outres* : *JCP* E 2011, 1443 ; *JCP* N 2011, 1182. • Ch. Albiges, *Sûretés et EIRL : les sûretés réelles portant sur un bien déterminé* : *CDE* 2011, dossier 17. • A. Gourio, *Entreprise et crédit* : *Gaz. Pal.* 2011, n° 139, p. 29. • E. Lisanti, *Le nantissement du patrimoine affecté* : *CDE* 2011, dossier 18. • F. Macorig-Venier, *Observations sur l'EIRL et les sûretés* : *Bull. Joly Sociétés* 2011, p. 253. • M. Mignot, *L'EIRL et les sûretés* : *RRJ* 2011-3, p. 1455. • F. Pérochon, *EIRL : un patrimoine peut en garantir un autre, La validité des sûretés constituées au titre d'un patrimoine de l'EIRL en garantie des dettes de l'autre patrimoine*, in dossier, EIRL et droit des entreprises en difficulté : l'épreuve de vérité : *Rev. proc. coll.* 2011, dossier 25. • S. Piedelièvre, *Patrimoine d'affectation, droits des créanciers et droit des sûretés* : *Mél. P. Le Cannu* 2014, p. 547. • H. Synvet et A. Gaudemet, *EIRL et sûretés* : *LPA* 2011, n° 84, p. 32. • Ph. Théry, *L'accès au crédit de l'EIRL : garantir et exécuter* : *Defrénois* 2011, p. 569.

Sur diverses problématiques du droit des sûretés. J.-F. Carré et S. Bol, *Garantie des engagements de ses associés par une SCI : conditions de validité* : *RJDA* 1/2009, chron. p. 3. • Randoux, *Réflexions actuelles sur le formalisme* : *JCP* N 2012, 1350. • D. Legeais, *De l'efficacité des garanties* : *Mél. D. Martin*, LGDJ-Lextenso éditions, 2015, p. 427. • M. Mignot, *De la garantie comme modèle ; analyse comparée du contrat d'assurance et du contrat de cautionnement de dettes futures* : *RRJ* 2013, p. 1225. • J. Attard, *Quels sont les devoirs du notaire en matière de sûretés ?* : *Defrénois* 2018, n° 17, p. 21. • C.-A. Michel, *La concurrence entre les sûretés*, préf. Ph. Dupichot, t. 580 : *LGDJ*, coll. Bibl. dr. priv., 2018.

Sur la réforme du droit des sûretés de l'OHADA. P. Crocq, *Les grandes orientations du projet de réforme de l'Acte uniforme portant organisation des sûretés* : *Rev. Lamy dr. civ.* nov. 2010, p. 27. • *Ibid.*, *Le nouvel Acte Uniforme portant organisation des Sûretés* : *D.* 2011, p. 432. • V. également le dossier, *Bientôt un nouveau droit des sûretés de l'OHADA* : *Dr. et patrimoine* nov. 2010, p. 45 et s. • R. Akono-Adam, *Le sort des sûretés personnelles dans l'avant-projet de réforme de l'Acte uniforme portant organisation des procédures collectives du 10 avril 1998* : *RD bancaire et fin.* 2015, étude 17.

Art. 2284 *(Anc. art. 2092, dénum., Ord. n° 2006-346, 23 mars 2006).* – **Quiconque s'est obligé personnellement, est tenu de remplir son engagement sur tous ses biens mobiliers et immobiliers, présents et à venir.**

Bibliographie : P. Catala, *La transformation du patrimoine dans le droit civil moderne* : *RTD civ.* 1966, p. 185. • Y. Guilhaudis et J.-G. Raffray, *Pratique de la déclaration notariée d'insaisissabilité* : *JCP N* 2005, p. 605. • A. Sériaux, *Notion de patrimoine* : *RTD civ.* 1994, p. 801.

1) Limitation conventionnelle. Sur la validité d'une limitation conventionnelle au droit de gage général, V. ▪ Cass. 1re civ., 15 févr. 1972 : *Bull. civ.* I, n° 50, p. 44.

2) Limitation du droit de gage en raison de la qualité du débiteur (non). Viole l'article 2092 (C. civ., art. 2284, nouveau) la décision qui refuse à un marchand de tableaux, créancier d'un peintre, le droit de faire procéder à la vente forcée des œuvres de son débiteur et ordonne que la vente sera effectuée volontairement et selon les formes prévues par les parties dans des accords antérieurs depuis lors résiliés, au motif qu'une vente massive de tableaux risquerait d'entraîner une dépréciation de la cote de l'auteur (▪ Cass. 1re civ., 18 mars 1971, *Bull. civ.* I, n° 93).

3) Protection de l'entrepreneur individuel et de son conjoint. Voir C. com., art. L. 526-1 à L. 526-5, p. 1999.

4) EIRL. V. C. com., art. L. 526-6 à L. 526-21, p. 2001.

5) Biens insaisissables. Autorisation judiciaire (non). Le juge ne peut pas autoriser la saisie de biens insaisissables (▪ Cass. 2e civ., 7 déc. 1988 : *Bull. civ.* II, n° 247, p. 133).

6) Rentes sur l'État. L'insaisissabilité des rentes sur l'État a seulement pour objet d'interdire la saisie-arrêt sur ces rentes pratiquée entre les mains des agents du Trésor public, mais elle ne met aucun obstacle aux contrats librement consentis dont elles peuvent être l'objet et ne s'oppose pas notamment à ce qu'elles puissent valablement être données en gage ou en nantissement (▪ Cass. civ., 26 juill. 1928 : *DH* 1928, 528), ni à ce que les créanciers en fassent ordonner la réalisation à leur profit par justice (▪ Cass. civ., 23 nov. 1897 : *DP* 1898, 1, 39). Sur l'insaisissabilité des deniers de l'État, V. ▪ Cass. 2e civ., 16 déc. 1965 : *Gaz. Pal.* 1966, 1, 185.

7) Loyers. Jugé que le caractère alimentaire peut être reconnu, à concurrence de 1 500 F par mois, aux sommes perçues à titre de loyer par un propriétaire d'appartements qui, pour des raisons de santé, a cessé toute activité (▪ Aix-en-Provence, 14 mars 1973 : *D.* 1973, 569).

8) Bien saisissable. La loi entend protéger non les entreprises ou activités importantes, mais le travail personnel du saisi (▪ Aix-en-Provence, 19 févr. 1982 : *JCP* 84, II, 20174, note Prévault, saisie d'un matériel d'école). Jugé qu'il résulte de l'article 592-1 du Code de procédure civile (anc.) que tout objet se rattachant à une activité de loisirs, tenant au confort, à la décoration ou à l'esthétique d'une habitation, à l'amélioration des conditions d'existence, en un mot au superflu, non indispensable à la vie courante du saisi et de son entourage, peut faire l'objet d'une saisie (■ Riom, 31 mars 1978 : *D.* 1978, 532, note Almairac).

9) Indemnité réparant le préjudice corporel. Les indemnités allouées à un débiteur en liquidation des biens en réparation du préjudice corporel dont il a été victime par le fait d'un tiers ne font pas partie des biens exclus du droit de gage général des créanciers, dont le dessaisissement édicté au profit de la masse n'est qu'une application, et ils doivent donc être versés à la masse des créanciers (■ Cass. ass. plén., 15 avr. 1983 : *JCP* 84, II, 20126, note Chartier). Ces créanciers peuvent également appréhender les sommes d'argent entrées dans le patrimoine du débiteur par l'exercice d'une des actions visées par l'article 1166 du Code civil (■ Cass. 2e civ., 23 nov. 1983 : *JCP* 85, II, 20378, note Chartier).

10) Prestation compensatoire. La prestation compensatoire, si elle présente un caractère indemnitaire, présente aussi un caractère alimentaire et doit être déclarée insaisissable (■ Cass. 2e civ., 27 juin 1985 : *Bull. civ.* II, n° 131, p. 86 ; *D.* 1986, 230, note Philippe. Sur le principe que la prestation compensatoire est soustraite au jeu de la compensation légale, V. ■ Cass. 2e civ., 9 juill. 1997, n° 94-16.210 : *JurisData* n° 1997-003387 ; *JCP* 98, II, 10033, note Pataut ; *D.* 1998, 544, note Yamba ; *Bull. civ.* II, 220, p. 129 ; *Dr. famille* 1997, 161, note Lécuyer. ■ Cass. 2e civ., 2 oct. 1997, n° 96-11.698 : *JCP* 97, IV, 2208 ; *Bull. civ.* II, n° 239, p. 141 ; *Dr. famille* 1998, 10, note Lécuyer. ■ Cass. 2e civ., 2 déc. 1998, n° 96-22.313 : *JurisData* n° 1998-004609 ; *Dr. famille* 1999, 28, note Lécuyer).

11) Immeuble grevé d'une clause de tontine. Le droit de gage général des créanciers ne pouvant s'exercer que sur les biens dont le débiteur est propriétaire, l'immeuble grevé d'une clause de tontine ne peut être saisi dès lors que la condition suspensive de survie n'est pas réalisée à la date du commandement (■ Cass. 1re civ., 18 nov. 1997, n° 95-20.842 : *JurisData* n° 1997-004561 ; *JCP* 98, II, 10051, note du Rusquec ; *JCP* 98, I, 171, n° 10, obs. Périnet-Marquet ; *Bull. civ.* I, n° 315, p. 214 ; *Dr. famille* 1998, 77, note Beignier). V. sur cet arrêt B.-H. Dumortier, *Le tontinier face à la saisie ou comment se révèle l'indivision* : *JCP* N 1998, 1498.

12) Contrat épargne-prévoyance-investissement. Tant que le contrat épargne-prévoyance-investissement n'est pas dénoué, le souscripteur est seulement investi, sauf acceptation du bénéficiaire désigné, du droit personnel de faire racheter le contrat et de désigner ou modifier le bénéficiaire de la prestation. Dès lors, nul créancier du souscripteur n'est en droit de se faire attribuer immédiatement ce que ce dernier ne peut recevoir (■ Cass. 1re civ., 25 nov. 1997, n° 96-10.527 : *JurisData* n° 1997-004658 ; *JCP* 98, I, 149, n° 12, obs. Delebecque. ■ Cass. 1re civ., 28 avr. 1998, n° 96-11.140 : *JurisData* n° 1998-002004 ; *JCP* E 98, 1309, note Bigot ; *Dr. famille* 1998, 159, 1er arrêt, note Beignier ; *Resp. civ. et assur.* 1998, 367, note Groutel. V. aussi S. Hovasse-Banget, *L'insaisissabilité de la valeur de rachat d'un contrat d'assurance-vie* : *Defrénois* 1998, 861).

13) Salaires. Sur la fraction saisissable des salaires, V. [C. trav. anc., art. R. 145-2] nouveaux art. R. 3252-2 à R. 3252-4.

Code monétaire et financier

PARTIE LÉGISLATIVE

(Ord. n° 2000-1223, 14 déc. 2000)

LIVRE III. – LES SERVICES

TITRE IER. – LES OPÉRATIONS DE BANQUES ET LES SERVICES DE PAIEMENT

(Intitulé rempl., Ord. n° 2009-866, 15 juill. 2009)

CHAPITRE III. – CRÉDITS

Section II. – Catégories de crédits

Sous-section 2. – Crédits aux entreprises

Paragraphe 3. – Garanties des crédits aux entrepreneurs individuels

Art. L. 313-21 *(Mod., L. n° 2010-658, 15 juin 2010, art. 10 ; mod. à compter du 1er janvier 2014, Ord. n° 2013-544, 27 juin 2013).* – À l'occasion de tout concours financier qu'il envisage de consentir à un entrepreneur individuel pour les besoins de son activité professionnelle, l'établissement de crédit ou la société de financement qui a l'intention de demander une sûreté réelle sur un bien non nécessaire à l'exploitation ou une sûreté personnelle consentie par une personne physique doit informer par écrit l'entrepreneur de la possibilité qui lui est offerte de proposer une garantie sur les biens nécessaires à l'exploitation de l'entreprise ou de solliciter une garantie auprès d'un autre établissement de crédit, d'une société de financement ou d'une entreprise d'assurance habilitée à pratiquer les opérations de caution. L'établissement de crédit ou la société de financement indique, compte tenu du montant du concours financier sollicité, le montant de la garantie qu'il souhaite obtenir.

À défaut de réponse de l'entrepreneur individuel dans un délai de quinze jours ou en cas de refus par l'établissement de crédit ou la société de financement de la garantie proposée par l'entrepreneur individuel, l'établissement de crédit ou la société de financement fait connaître à ce dernier le montant chiffré des garanties qu'il souhaite prendre sur les biens non nécessaires à l'exploitation de l'entreprise ou auprès de tout autre garant. En cas de désaccord de l'entrepreneur, l'établissement de crédit ou la société de financement peut renoncer à consentir le concours financier sans que sa responsabilité puisse être mise en cause.

L'établissement de crédit ou la société de financement qui n'a pas respecté les formalités prévues aux premier et deuxième alinéas ne peut dans ses relations avec l'entrepreneur individuel se prévaloir des garanties qu'il aurait prises. En cas de garantie constituée par une sûreté immobilière ou mobilière donnant lieu à publicité, l'établissement de crédit ou la société de financement ne peut plus s'en prévaloir à compter de la radiation de l'inscription de la sûreté.

Sûretés personnelles. Bien que l'obligation d'information s'impose aussi bien lorsque l'établissement de crédit envisage de prendre des sûretés réelles que lorsqu'il demande des garanties personnelles, la Cour de cassation considère que les sûretés personnelles sont extrinsèques aux « relations avec l'entrepreneur individuel », de sorte que l'application littérale de cette formule doit conduire à refuser à la caution le bénéfice de la sanction fulminée (V. en ce sens, ▪ Cass. com., 16 nov. 2010, n° 09-67.585 : *JurisData* n° 2010-021603 ; *RD bancaire et fin.* 2011, comm. 14, obs. D. Legeais ; *JCP* G 2011, 226, n° 3, obs. Simler. ▪ Cass. com., 3 juin 2009, n° 08-13.613 : *JurisData* n° 2009-048525 ; *JCP* E 2009, 1702 ; *D.* 2009, p. 1601, obs. Avena-Robardet ; *RD bancaire et fin.* 2009, comm. 156, obs. Cerles ; *Banque et droit* 2009, n° 127, p. 24, obs. Bonneau ; *JCP* G 2009, 492, note Simler. V. aussi, ▪ CA Amiens, 15 nov. 2007 : *JurisData* n° 2007-354133 ; cette chron., *JCP* G 2008, I, 152, n° 6 ; *RD bancaire et fin.* 2008, comm. 43, obs. Legeais).

Art. 2285 *(Anc. art. 2093, dénum., Ord. n° 2006-346, 23 mars 2006).* **– Les biens du débiteur sont le gage commun de ses créanciers ; et le prix s'en distribue entre eux par contribution, à moins qu'il n'y ait entre les créanciers des causes légitimes de préférence.**

Bibliographie : L. Aynès et P.-Y. Gautier, *De l'application stricte des privilèges : D.* 1994, chron. p. 13 • M. Cabrillac, *Les ambiguïtés de l'égalité entre les créanciers* in *Mélanges en hommage à A. Breton et F. Derrida : Dalloz* 1991, p. 31.

1) **Principe d'égalité.** Viole les articles 2093 et 2094 (anciens) le jugement qui, pour annexer un dire au cahier des charges, retient qu'il n'est pas illicite et qu'il n'est ni préjudiciable à l'intérêt de la vente, ni préjudiciable à l'intérêt d'aucune partie, alors que la clause avantageait spécialement un créancier au détriment des autres (▪ Cass. 3e civ., 17 juin 1992, n° 89-19.328 : *JurisData* n° 1992-001684 ; *Bull. civ. III, n° 209, p. 127. V. aussi* ▪ *Cass. 2e civ.*, 13 mars 1996, n° 93-11.755 : *JurisData* n° 1996-000832 ; *JCP* 96, IV, 1061 ; *Bull. civ.* II, n° 61, p. 39 ; *RD imm.* 1996, 258, obs. Delebecque et Simler, clause mettant à la charge de l'adjudicataire, en sus du prix, le montant des appels de fonds qui seraient faits par une association constituée pour la prise en charge de travaux de rénovation de l'immeuble).

2) **Égalité des créanciers admis à titre chirographaire dans la procédure collective du débiteur.** En dépit de son privilège de vendeur d'immeuble, un créancier admis au passif à titre chirographaire ne saurait conserver les sommes à lui payées en violation de la règle de l'égalité des créanciers chirographaires (▪ Cass. com. 11 févr. 2004, n° 02-17.520 : *JurisData* n° 2004-022277 ; *Bull. civ.* IV, n° 27, p. 27 ; *JCP* E 2004, p. 879, note Millet ; *RTD com.* 2005, p. 165, obs. Martin Serf).

3) **Interprétation stricte des privilèges.** Après avoir énoncé que les dispositions légales relatives aux privilèges doivent être interprétées restrictivement, la Cour de cassation souligne qu'une cour d'appel retient à bon droit que le privilège du Trésor, reconnu aux articles 1920 et 1926 du Code général des impôts comme s'exerçant avant tout autre sur les meubles et effets immobiliers appartenant aux redevables en quelque lieu qu'ils se trouvent, ne saurait être étendu à leur caution solidaire (▪ Cass. com., 19 déc. 2006 : *JurisData* n° 2006-036645 ; *Bull. civ.* IV, n° 264 ; *JCP* G 2007, 212, I, n° 24).

Art. 2286 *(Ord. n° 2006-346, 23 mars 2006).* **– Peut se prévaloir d'un droit de rétention sur la chose :**

1° Celui à qui la chose a été remise jusqu'au paiement de sa créance ;

2° Celui dont la créance impayée résulte du contrat qui l'oblige à la livrer ;

3° Celui dont la créance impayée est née à l'occasion de la détention de la chose ;

4° *(L. n° 2008-776, 4 août 2008)* **Celui qui bénéficie d'un gage sans dépossession.**

Le droit de rétention se perd par le dessaisissement volontaire.

Bibliographie : *Sur le droit de rétention en général.* A. Aynès, *Le droit de rétention, Unité ou pluralité*, préface Ch. Larroumet, Économica 2005 ; *La consécration légale des droits de rétention : D.* 2006, p. 1301. • K. Luciano, *Analyse juridique du droit de rétention : Rev. proc. coll.* 2012, étude 29.

Sur le droit de rétention « fictif ». A. Aynès, *L'extension du droit de rétention dans le projet de réforme du droit des procédures collectives : JCP* G 2008, aperçu rapide 300.0. Buisine, *L'opposabilité du droit de rétention « fictif » dans le cadre d'un plan de cession : Rev. proc. coll.* 2011, étude 31. • S. Piedelièvre, *Le nouvel article 2286, 4°, du Code civil : D.* 2008, p. 2950. • R. Dammann et G. Podeur, *Le nouveau paysage du droit des sûretés : première étape de la réforme de la fiducie et du gage sans dépossession : D.* 2008, p. 2300. • D. Legeais, *Droit de rétention du créancier gagiste : RD bancaire et fin.* 2008, n° 139.

Sur l'efficacité du droit de rétention au sein d'une procédure collective. P.-M. Le Corre, *La mesure de l'efficacité des gages sans dépossession dans les procédures collectives. L'inopposabilité du droit de rétention conféré par l'article 2286, 4° du Code civil aux créanciers gagistes sans dépossession : JCP* E 2009, 1204. • Ph. Pétel, *Le nouveau droit des entreprises en difficulté : acte II. – Commentaire de l'ordonnance n° 2008-1345 du 18 décembre 2008 : JCP* E 2009, 1049.

Sur diverses problématiques suscitées par le droit de rétention. G. Jiogue, *Le droit de rétention conventionnel, étude de droit français et de droit OHADA : RD prosp.* 2007, p. 1765.

1) Nature de droit réel. S'agissant d'une vente de véhicules, le droit de rétention exercé par le vendeur initial sur les documents administratifs est opposable aux sous-acquéreurs, alors même que ces derniers ont, de bonne foi, payé le prix au vendeur intermédiaire et que celui-ci a fait l'objet d'une liquidation judiciaire, argument pris que le droit de rétention est un droit réel opposable à tous, y compris aux tiers non tenus à la dette (▪ Cass. 1re civ., 24 sept. 2009, n° 08-10.152 : *Bull. civ.* 2009, I, n° 178 ; *JurisData* n° 2009-049541 ; *Rev. Lamy dr. civ.* 2009/65, n° 3609, obs. Ansault ; *JCP* G 2009, 380, obs. A. Aynès et 492, n° 17, obs. Delebecque ; *D.* 2009, p. 1661, note Borga ; *Dr. et patrimoine* 2010, n° 195, p. 91, note Ph. Dupichot ; *Banque et droit* 2009, n° 128, p. 64, obs. Jacob ; *JCP* E 2009, 1399, note D. Legeais ; *Gaz. Pal.* 2009, n° 309, p. 13, note Piedelièvre. V. aussi, ▪ Cass. 1re civ., 16 mai 2018, n° 17-16.842 : *JurisData* n° 2018-008355 ; *JCP* G 2018, doctr. 1221, n° 20, obs. Delebecque).

2) Certitude de la créance. Le droit de rétention ne saurait être reconnu au profit de celui dont la créance apparaît douteuse (▪ Cass. com., 26 mars 2013, n° 12-12.204 : *JurisData* n° 2013-005991 ; *JCP* G 2013, 585, n° 13, obs. Delebecque). V. déjà en ce sens, ▪ Cass. 1re civ., 3 mai 1966 : *JurisData* n° 1966-700261 ; *D.* 1966, jurispr. p. 649, note J. Mazeaud.

3) Nécessité d'invoquer le droit de rétention (oui). À défaut de se prévaloir de l'existence d'un droit de rétention sur le bien objet du litige, l'attitude passive du sujet de droit qui refuse de délivrer la chose constitue une faute susceptible d'engager sa responsabilité civile (▪ Cass. 1re civ., 9 juin 2011, n° 10-14.414 : *JurisData* n° 2011-011175 ; *Rev. Lamy dr. civ.* 2011/85, n° 4350, obs. Ansault ; *JCP* G 2011, n° 17, obs. Delebecque).

4) Existence d'une connexité conventionnelle entre la créance et la détention. Voir art. 2337, al. 2 (gage avec dépossession), p. 1792 et art. 2391 (antichrèse), p. 1815.

La remise de certificats d'immatriculation au prêteur qui finance l'achat de véhicules ne constitue pas un gage mais génère un droit de rétention, en outre la clause de substitution de tels documents par d'autres au fur et à mesure des ventes et achats des automobiles en cause est parfaitement valable (▪ Cass. com., 22 mars 2005, n° 02-12.138 : *JurisData* n° 2005-027731 ; *JCP* G 2005, I, 135, n° 17, obs. Delebecque).

5) Existence d'une connexité juridique entre la créance et la détention. Voir : art. 1612, p. 1381, 1613 (vente), p. 1382 et 1673 (réméré), p. 1418.

6) Existence d'une connexité matérielle entre la créance et la détention. Voir art. 1948, p. 1601 (dépositaire) ; 1999, p. 1627 (mandataire).

7) Obligation de conservation. Le droit de retenir la marchandise jusqu'à complet paiement ne dispense aucunement le rétenteur de procéder aux diligences nécessaires à sa conservation (▪ Cass. 1re civ., 7 nov. 2006, n° 05-12.429 : *RTD civ.* 2007, p. 159, obs. P. Crocq ; *JCP* G 2007, I, 2007, n° 20, obs. Delebecque).

8) Rétention du dossier d'un client. Les contestations concernant la restitution des pièces à la suite de problèmes d'honoraires d'avocat doivent se régler sur le fondement des règles déontologiques applicables, de sorte que la rétention du dossier d'un client est interdite (■ Cass. 2e civ., 9 oct. 2008 : *JurisData* n° 2008-045286 ; *Bull. civ.* 2008, II, n° 205 ; *JCP* G 2009, I, 150, n° 20, note Delebecque ; *JCP* G 2008, IV, 2759).

9) Rétention sur des documents administratifs. Pour la Cour de cassation, le droit de rétention peut s'exercer sur de simples documents administratifs concernant un véhicule, étant entendu qu'il ne s'étend pas alors au véhicule lui-même (■ Cass. com., 23 avr. 2013, n° 12-13.690 : *JurisData* n° 2013-007919 ; *RTD com.* 2013, p. 575, obs. D. Legeais ; *Gaz. Pal.* 2013, nos 163-164, p. 21, obs. Dumont-Lefrand).

10) Site internet. Un hébergeur de site web peut exercer son droit de rétention en désactivant le site (■ CA Toulouse, 2e ch., sect. 2, 12 oct. 2010, n° 08/05858 : *JurisData* n° 2010-022968 ; *RD bancaire et fin.* 2011, comm. 54, obs. D. Legeais).

11) Étendue du droit de rétention. La Haute juridiction admet que le bien retenu, en l'occurrence un immeuble objet d'un gage, comprend aussi les fruits produits par celui-ci et en l'espèce les loyers de l'immeuble (■ Cass. com., 6 oct. 2009, n° 08-19.458 : *JurisData* n° 2009-049845 ; *JCP* G 2009, 492, n° 12, obs. Delebecque ; *Dr. et patrimoine* 2010, n° 195, p. 91, note Ph. Dupichot ; *RD bancaire et fin.* 2010, comm. 10, obs. Legeais ; *Banque et droit* 2009, n° 129, p. 49, note Rontchevsky). En revanche, la rétention exercée sur les clefs d'un immeuble qu'un officier ministériel détient pour avoir instrumenté l'expulsion de son occupant n'emporte pas la détention de l'immeuble lui-même (■ Cass. 1re civ., 11 mai 2017, n° 15-26.646 :*JurisData* n° 2017-008810 ; *RTD civ.* 2017, p. 705, obs. Crocq ; *JCP* G 2017, doctr. 1239, n° 13, obs. Simler).

Code de commerce

LIVRE SIXIÈME. – DES DIFFICULTÉS DES ENTREPRISES

TITRE II. – DE LA SAUVEGARDE

CHAPITRE II. – DE L'ENTREPRISE AU COURS DE LA PÉRIODE D'OBSERVATION

Art. L. 622-7 *(Anc. art. L. 621-24, dénum. et mod., L. n° 2005-845, 26 juill. 2005 et ann., tabl. I ; rempl., Ord. n° 2008-1345, 18 déc. 2008)*. – I. – Le jugement ouvrant la procédure emporte, de plein droit, interdiction de payer toute créance née antérieurement au jugement d'ouverture, à l'exception du paiement par compensation de créances connexes. Il emporte également, de plein droit, interdiction de payer toute créance née après le jugement d'ouverture, non mentionnée au I de l'article L. 622-17. Ces interdictions ne sont pas applicables au paiement des créances alimentaires.

De même, il emporte, de plein droit, inopposabilité du droit de rétention conféré par le 4° de l'article 2286 du Code civil pendant la période d'observation et l'exécution du plan, sauf si le bien objet du gage est compris dans une cession d'activité décidée en application de l'article L. 626-1.

Il fait enfin obstacle à la conclusion et à la réalisation d'un pacte commissoire.

II. – Le juge-commissaire peut autoriser le débiteur à faire un acte de disposition étranger à la gestion courante de l'entreprise, à consentir une hypothèque, un gage ou un nantissement ou à compromettre ou transiger. *(Mots aj. à compter du 1er juillet 2014, Ord. n° 2014-326, 12 mars 2014)* « Néanmoins, si cet acte est susceptible d'avoir une incidence déterminante sur l'issue de la procédure, le juge-commissaire ne peut statuer qu'après avoir recueilli l'avis du ministère public. »

Le juge-commissaire peut aussi l'autoriser à payer des créances antérieures au jugement, pour retirer le gage ou une chose légitimement retenue ou encore pour obtenir le retour de biens et droits transférés à titre de garantie dans un patrimoine fiduciaire, lorsque ce retrait ou ce retour est justifié par la poursuite de l'activité. Ce paiement peut en outre être autorisé pour lever l'option d'achat d'un contrat de crédit-bail, lorsque cette levée d'option est justifiée par la poursuite de l'activité. *(Mots suppr. à compter du 1er juillet 2014, Ord. n° 2014-326, 12 mars 2014)* « et que le paiement à intervenir est d'un montant inférieur à la valeur vénale du bien objet du contrat ».

III. – Tout acte ou tout paiement passé en violation des dispositions du présent article est annulé à la demande de tout intéressé ou du ministère public, présentée dans un délai de trois ans à compter de la conclusion de l'acte ou du paiement de la créance. Lorsque l'acte est soumis à publicité, le délai court à compter de celle-ci.

TITRE III. – DU REDRESSEMENT JUDICIAIRE

CHAPITRE I. – DE L'OUVERTURE ET DU DÉROULEMENT DU REDRESSEMENT JUDICIAIRE

Art. L. 631-14 *(Rempl., Ord. n° 2008-1345, 18 déc. 2008 ; mod., L. n° 2009-526, 12 mai 2009)*. – Les articles L. 622-3 à L. 622-9, à l'exception de l'article L. 622-6-1, et L. 622-13 à L. 622-33 sont applicables à la procédure de redressement judiciaire, sous réserve des dispositions qui suivent.

Il est réalisé une prisée des actifs du débiteur concomitamment à l'inventaire prévu à l'article L. 622-6.

Lorsque l'administrateur a une mission de représentation, il exerce les prérogatives conférées au débiteur par le II de l'article L. 622-7 et par le troisième alinéa de l'article L. 622-8. En cas de mission d'assistance, il les exerce concurremment avec le débiteur.

[...].

TITRE IV. – De la liquidation judiciaire et du rétablissement professionnel

(Titre créé à compter du 1er janvier 2006, L. n° 2005-845, 26 juill. 2005 ; intitulé rempl. à compter du 1er juillet 2014, Ord. n° 2014-326, 12 mars 2014)

Art. L. 641-3 *(L. n° 2005-845, 26 juill. 2005 ; mod., Ord. n° 2008-1345, 18 déc. 2008 ; Ord. n° 2014-326, 12 mars 2014 ; L. n° 2015-1786, 29 déc. 2015)*. – Le jugement qui ouvre la liquidation judiciaire a les mêmes effets que ceux qui sont prévus en cas de sauvegarde par les premier et troisième alinéas du I et par le III de l'article L. 622-7, par les articles L. 622-21 et L. 622-22, par la première phrase de l'article L. 622-28 et par l'article L. 622-30.

Le juge-commissaire peut autoriser le liquidateur ou l'administrateur lorsqu'il en a été désigné à payer des créances antérieures au jugement, pour retirer le gage ou la chose légitimement retenue ou encore pour lever l'option d'achat d'un contrat de crédit-bail.

[...].

CHAPITRE II. – DE LA RÉALISATION DE L'ACTIF

Section I. – De la cession de l'entreprise

Art. L. 642-12 *(L. n° 2005-845, 26 juill. 2005 ; mod., Ord. n° 2008-1345, 18 déc. 2008)*. – *(Rempl. à compter du 1er juillet 2014, Ord. n° 2014-326, 12 mars 2014)*. Lorsque la cession porte sur des biens grevés d'un privilège spécial, d'un gage, d'un nantissement ou d'une hypothèque, le tribunal affecte à chacun de ces biens, pour la répartition du prix et l'exercice du droit de préférence, la quote-part du prix, déterminée au vu de l'inventaire et de la prisée des actifs et correspondant au rapport entre la valeur de ce bien et la valeur totale des actifs cédés.

Rédaction antérieure. Lorsque la cession porte sur des biens grevés d'un privilège spécial, d'un gage, d'un nantissement ou d'une hypothèque, une quote-part du prix est affectée par le tribunal à chacun de ces biens pour la répartition du prix et l'exercice du droit de préférence.

Le paiement du prix de cession fait obstacle à l'exercice à l'encontre du cessionnaire des droits des créanciers inscrits sur ces biens.

Jusqu'au paiement complet du prix qui emporte purge des inscriptions grevant les biens compris dans la cession, les créanciers bénéficiant d'un droit de suite ne peuvent l'exercer qu'en cas d'aliénation du bien cédé par le cessionnaire.

Toutefois, la charge des sûretés immobilières et mobilières spéciales garantissant le remboursement d'un crédit consenti à l'entreprise pour lui permettre le financement d'un bien sur lequel portent ces sûretés est transmise au cessionnaire. Celui-ci est alors tenu d'acquitter entre les mains du créancier les échéances convenues avec lui et qui restent dues à compter du transfert de la propriété ou, en cas de location-gérance, de la jouissance du bien sur lequel porte la garantie. Il peut être dérogé aux dispositions du présent alinéa par accord entre le cessionnaire et les créanciers titulaires des sûretés.

(Ord. n° 2008-1345, 18 déc. 2008) Les dispositions du présent article n'affectent pas le droit de rétention acquis par un créancier sur des biens compris dans la cession.

Section II. – De la cession des actifs du débiteur

Art. L. 642-20-1 *(Ord. n° 2008-1345, 18 déc. 2008)*. – À défaut de retrait du gage ou de la chose légitimement retenue dans les conditions prévues par le deuxième alinéa de l'article L. 641-3, le liquidateur doit, dans les six mois du jugement de liquidation judiciaire, demander au juge-commissaire l'autorisation de procéder à la réalisation. Le liquidateur notifie l'autorisation au créancier quinze jours avant la réalisation.

Le créancier gagiste, même s'il n'est pas encore admis, peut demander au juge-commissaire, avant la réalisation, l'attribution judiciaire. Si la créance est rejetée en tout ou en partie, il restitue au liquidateur le bien ou sa valeur, sous réserve du montant admis de sa créance.

En cas de vente par le liquidateur, le droit de rétention est de plein droit reporté sur le prix. L'inscription éventuellement prise pour la conservation du gage est radiée à la diligence du liquidateur.

Art. 2287 *(Ord. n° 2006-346, 23 mars 2006).* **– Les dispositions du présent livre ne font pas obstacle à l'application des règles prévues en cas d'ouverture d'une procédure de sauvegarde, de redressement judiciaire ou de liquidation judiciaire ou encore en cas d'ouverture d'une procédure de traitement des situations de surendettement des particuliers.**

TITRE PREMIER. – DES SÛRETÉS PERSONNELLES

(Ord. n° 2006-346, 23 mars 2006)

Bibliographie : *Sur la réforme du droit des sûretés personnelles opérée par l'ordonnance du 23 mars 2006.* N. Rontchevsky, *Les dispositions relatives au droit des sûretés personnelles : D.* 2006, p. 1303. • C. Houin-Bressand, *Le crédit par signature* in *Mélanges AEDBF-France*, janv. 2009. • D. Houtcieff, *Les sûretés personnelles : JCP* G 2006, suppl. n° 20, p. 7. • Voir également sur le projet de réforme, Ph. Simler, *Les sûretés personnelles : Dr. et patrimoine* sept. 2005, p. 55.

Sur diverses problématiques du droit des sûretés personnelles. A.-S. Barthez, *L'avenir des sûretés personnelles alternatives : RD Bancaire et fin.* 2016, dossier 4. • O. Boskovic, *L'efficacité internationale des sûretés personnelles : RD bancaire et fin.* 2016, dossier 5. • M. Bourassin, *L'efficacité des garanties personnelles*, préface M.-N. Jobard-Bachellier et V. Brémond, LGDJ 2006. • Ph. Dupichot, *L'efficience économique du droit des sûretés personnelles : LPA* 2010, n° 74, p. 3. • S. Lafont, *Pour une nouvelle classification des sûretés personnelles : Rev. Lamy dr. civ.* 2009/57, n° 3298. • N. Leblond, *Une sûreté méconnue : l'assurance-crédit : Rev. Lamy dr. civ.* juill.-août 2010, p. 30. • J.-D. Pellier, *Essai d'une théorie des sûretés personnelles à la lumière de la notion d'obligation*, préface Ph. Delebecque, LGDJ, 2012. • Ph. Pétel, *Les sûretés personnelles dans le nouveau droit des entreprises en difficulté : CDE* 2009, n° 4, dossier sûretés et procédures collectives, p. 20 ; Institut d'études juridiques du Conseil supérieur du Notariat, *L'hypothèque et les sûretés personnelles, brève comparaison : JCP* N 2012, 1179.

Art. 2287-1 *(Ord. n° 2006-346, 23 mars 2006).* **– Les sûretés personnelles régies par le présent titre sont le cautionnement, la garantie autonome et la lettre d'intention.**

CHAPITRE I. – DU CAUTIONNEMENT

(Ord. n° 2006-346, 23 mars 2006)

Bibliographie : Ph. Simler, *Cautionnement et garanties autonomes*, Litec 5e éd. 2015. • *Ibid., Le cautionnement est-il encore une sûreté accessoire ?* in *Mélanges G. Goubeaux*, Dalloz-LGDJ, 2009, p. 497. • *Ibid., Démantèlement du caractère accessoire du cautionnement ? : JCP* G 2011, supplément au n° 41, étude 8. • *Ibid., Les emprunts et cautionnements des époux. – Le désordre généré par l'article 1415 du Code civil : JCP* N 2009, 1188. • *Ibid., 2006, une occasion manquée pour le cautionnement : JCP* N 2016, 1109. • M. Bourassin, *La rationalisation du droit du cautionnement : RD bancaire et fin.* 2016, dossier 3. • M. Burgard, *Le cautionnement donné par un conjoint en régime de communauté : LPA* 11 oct. 2011, p. 7. • A. Cerles et M. Séjean, *Le cautionnement : du Code civil au Code de la consommation ou les illusions de la protection* in *Mélanges Simler*, Litec-Dalloz 2006, p. 273. • D. Gallois-Cochet, *La responsabilité civile du banquier comme moyen de défense de la caution en cas de cession de créance : JCP* G 2006, I, 175. • Y. Delecraz et M. Chetaille, *Caution mutuelle ou hypothèque : faire le bon choix : RJDA* 2011, p. 355. • F. Guerchoun, *Faut-il privilégier le cautionnement authentique ? : Rev. Lamy dr. civ.* 2009/59, n° 3384. • D. Houtcieff, *Les dispositions applicables au cautionnement issues de la loi pour l'initiative économique : JCP* G 2003, I, 161. • *Ibid., La remise en cause du caractère accessoire du cautionnement : RD bancaire et fin.* 2012, dossier 38. • *Ibid., Le cautionnement à l'épreuve de la réforme du droit des contrats : D.* 2016, p. 2183. • D. Legeais, *La réforme du cautionnement par la loi du 29 juillet 1998 relative à la lutte contre les exclusions : JCP* E 98, 1724 ; *JCP* N 98, 1835. • *Ibid., Le Code de la consommation siège d'un nouveau droit commun du cautionnement, Commentaire des dispositions relatives au cautionnement introduites par les lois du 1er août 2003 relatives à l'initiative économique et sur la ville : JCP* E 2003, 1433. • *Ibid., Perspectives d'évolution du cautionnement : Dr. et patrimoine* 2008, n° 174, p. 46. • *Ibid., Quelle protection pour la caution ? : RD bancaire et fin.* 2012, dossier 37. • *Ibid., Portée de l'intervention de Bpifrance (ex OSEO) pour les financements et leur cautionnement : JCP* E 2016, 1532. • G. Légier, *Les conflits de lois en matière de cautionnement* in *Mélanges Simler*, Litec-Dalloz 2006, p. 375. • F. Macorig-Venier, *La protection du dirigeant caution : CDE* 2012, dossier 36. • S. Piedelièvre, *Surendettement et cautionnement : Defrénois* 2000, 1073. • J.-B. Racine, *Arbitrage et cautionnement en droit français : Cah. arb.* 2010-2, p. 351. • *Ibid., La réforme de certains cautionnements par la loi du 1er août 2003 : Defrénois* 2003, 137. • F. Rouvière, *Le caractère subsidiaire du cautionnement : RTD com.* 2011, p. 689. • J. Théron, *La défense de la caution limitée par le principe de la concentration des moyens : RD bancaire et fin.* 2012, dossier 40. • I. Tricot-Chamard, *Les vicissitudes de la mention manuscrite dans le cautionnement : suite ou fin ? : JCP* G 2004, I, 112. • C. Albiges, *La caducité et le contrat de cautionnement. État des lieux et perspectives*, Mél. Ph. Neau-Leduc : *LGDJ*, 2018, p. 1. • D. Arlie, *À propos du degré de subsidiarité du cautionnement : LPA* 2018, n° 191, p. 5.

Section I. – De la nature et de l'étendue du cautionnement

(Ord. n° 2006-346, 23 mars 2006)

Art. 2288 ***(Anc. art. 2011, dénum., Ord. n° 2006-346, 23 mars 2006). –*** **Celui qui se rend caution d'une obligation se soumet envers le créancier à satisfaire à cette obligation, si le débiteur n'y satisfait pas lui-même.**

• ***Sommaire***

I – DÉFINITION DU CAUTIONNEMENT

1) Distinction avec la lettre d'intention ou de confort. Voir art. 2322, p. 1777.

2) Distinction avec la garantie autonome. Voir art. 2321, p. 1773.

3) Distinction avec le porte-fort d'exécution. Voir C. civ., art. 1120.

4) Engagement de payer la dette d'autrui. Sur la distinction entre cautionnement et engagement de payer la dette d'autrui, V. ▪ Cass. com., 3 janv. 1995 et ▪ Paris, 3 mars 1995 : *RTD civ.* 1995, 888, obs. Mestre. L'engagement pris par le cédant d'un bail de « rester garant et répondant solidaire du paiement des loyers » ne saurait s'analyser en un cautionnement (▪ Paris, 1er mars 1990 : *JurisData* n° 1990-020789 ; *JCP* N 92, II, 2, note Petit). La garantie de bonne exécution souscrite par un cessionnaire d'actions bénéficiaire d'une faculté de substitution doit s'analyser comme un engagement de codébiteur solidaire, lequel échappe aux règles propres au contrat de cautionnement (▪ Cass. com., 8 juin 2017, n° 15-28.438 : *JurisData* n° 2017-010890 ; *JCP* E 2017, 1539, note Aubry de Maromont ; *RD bancaire et fin.* 2017, comm. 163, obs. D. Legeais ; *D.* 2017, p. 1689, note J. François ; *RTD civ.* 2017, p. 660, obs. Barbier ; *RTD civ.* 2017, p. 679, obs. Gautier).

5) Cautionnement à titre personnel et obligation d'associé. L'obligation résultant d'un cautionnement signé à titre personnel ne peut se confondre avec l'obligation de répondre des dettes sociales qui résulte de la qualité d'associé (▪ Cass. 3e civ., 3 juill. 1979 : *JurisData* n° 1979-700149 ; *JCP* 80, II, 19384, note Dekeuwer-Defossez).

6) Sûreté réelle consentie pour garantir la dette d'un tiers. Cautionnement réel. Une sûreté réelle consentie pour garantir la dette d'un tiers n'impliquant aucun engagement personnel à satisfaire à l'obligation d'autrui et n'étant pas dès lors un cautionnement, lequel ne se présume pas, la cour d'appel a exactement retenu que l'article 1415 du Code civil n'était pas applicable au nantissement de titres dématérialisés donné par le conjoint (▪ Cass. ch. mixte, 2 déc. 2005, n° 03-18.210 : *Bull. civ.*, ch. mixte, n° 7, p. 17 ; *JCP* G 2005, II, 10183 et *JCP* N 2006, 1009, note Simler ; *JCP* E 2006, 1056, note Piedelièvre ; *D.* 2006, 729, avis Sainte-Rose et note Aynès ; *Contrats, conc. consom.* 2006, 62, note Leveneur. V. sur cet arrêt, B. Beignier : *Dr. famille* 2006, chron. 13. – Ph. Simler, *Et pourtant, une sûreté réelle constituée en garantie de la dette d'un tiers est un cautionnement... réel* : *JCP* G 2006, I, 172). V. dans le même sens, ▪ Cass. 1re civ., 28 févr. 2006, n° 02-10.602 : *Bull. civ.* I, n° 102, p. 96 ; *RD bancaire et fin.* 2006, n° 103, obs. Cerles. C'est en reprenant exactement dans les mêmes termes l'analyse de la nature de cette sûreté que le juge reconnaît que son bénéficiaire n'est pas tenu de l'obligation d'information issue de l'article L. 313-22 du Code monétaire et financier (▪ Cass. 1re civ., 7 févr. 2006, n° 02-16.010 : *JurisData* n° 2006-032053 ; *Bull. civ.* I, n° 53, p. 55 ; *D.* 2006, p. 574, obs. Avena-Robardet, et p. 1543, note Bonnet ; *RD bancaire et fin.* 2006, n° 66, note Legeais ; ▪ Cass. com., 7 mars 2006, n° 04-13.762 : *JurisData* n° 2006-032578 ; *Bull. civ.* IV, n° 59, p. 59 ; *RD bancaire et fin.* 2006, n° 101, obs. Legeais. Comp., ▪ Cass. com., 13 sept. 2011, n° 10-17.659 : *JurisData* n° 2011-018715 ; *Rev. Lamy dr. civ.* 2011/87, n° 4417, obs. Ansault ; *Defrénois* 2012, p. 235, obs. S. Cabrillac ; *JCP* G 2011, 1259, n° 5, obs. Simler). Elle conduit également la Cour de cassation à affirmer que cette sûreté ne saurait être disproportionnée (▪ Cass. 1re civ., 7 mai 2008, n° 07-11.692 : *JurisData* n° 2008-043783 ; *RDC* 2008, p. 1285, note Aynès ; *Dr. et patrimoine* oct. 2008, p. 95, obs. Aynès et Dupichot ; *RTD civ.* 2008,

p. 700, obs. Crocq ; *JCP* G 2008, I, 211, n° 16, obs. Delebecque ; *Banque et droit* 2008, n° 120, p. 41, obs. Jacob ; *RD bancaire et fin.* 2008, comm. 136, obs. Legeais ; *Rev. Lamy dr. civ.* 2008/50, n° 3027, note Marraud des Grottes ; *D.* 2008, p. 2036, note Piedelièvre. – *Adde*, Mathieu, *Bref propos sur la disparition du cautionnement hypothécaire : RD bancaire et fin.* 2008, étude 15. V. égal. sur la mise à l'écart de l'article L. 313-10 du Code de la consommation, ■ Cass. 1re civ., 5 nov. 2009, n° 08-15.433 : *JurisData* n° 2009-050222 ; *Gaz. Pal.* 14 janv. 2010, n° 14, note Albiges ; *Dr. et patrimoine* 2010, n° 195, p. 87, note Ph. Dupichot) et à dispenser le créancier de son devoir de mise en garde à l'égard d'un constituant « non averti » (■ Cass. com., 24 mars 2009 : *Bull. civ.* 2009, IV, n° 43 ; *JurisData* n° 2009-047550 ; *D.* 2009, p. 943, obs. Avena-Robardet ; *JCP* G 2009, 10091, note Gourio ; *JCP* E 2009, 1399, note Legeais ; *JCP* G 2009, I, 150, n° 7, obs. Simler. *Adde*, J.-J. Ansault, *Quand le devoir de mise en garde rencontre le cautionnement réel : Rev. Lamy dr. civ.* 2010/63, n° 3534. V. dans le même sens, ■ Cass. com., 9 févr. 2010, n° 09-13.432 : *JurisData* n° 2010-051547 ; *Dr. et patrimoine* 2010, n° 195, p. 87, note Ph. Dupichot). Selon la Haute juridiction, l'article 2314 du Code civil ne saurait être invoqué par le constituant d'une sûreté réelle pour autrui (■ Cass. 3e civ., 12 avr. 2018, n° 17-17.542 : *JurisData* n° 2018-005672 ; *JCP* G 2018, 670, note A. Aynès ; *RTD civ.* 2018, p. 461, obs. Crocq ; *JCP E* 2018, 1302, note D. Legeais ; *JCP N* 2018, act. 402, obs. Séjean-Chazal ; *D.* 2018, p. 1540, note Gouëzel ; *RDC* 2018, p. 371, obs. Houtcieff). La qualification de sûreté réelle pour autrui justifie également la censure d'un arrêt ayant condamné le tiers constituant au paiement de la dette dans la limite de son engagement réel hypothécaire (■ Cass. com., 21 févr. 2006, n° 04-14.051 : *JurisData* n° 2006-032305 ; *Bull. civ.* IV, n° 42, p. 43 ; *RD bancaire et fin.* 2006, n° 65, obs. D. Legeais ; *D.* 2006, p. 1543, note Bonnet. *Adde*, Ph. Théry, *L'hypothèque constituée pour garantir la dette d'autrui et la délivrance d'une copie exécutoire : Defrénois* 2011, p. 1289). Comp. ■ Cass. 1re civ., 28 juin 2007 : *JCP* G 2007, I, 212, n° 10, note Simler ; *JurisData* n° 2007-039791, où la Haute juridiction confirme une décision qui a qualifié de « cautionnement hypothécaire » le contrat en cause. La Cour de Cassation rappelle aux juges du fond qu'il leur appartient de rechercher si les cautions, tout en constituant l'un de leurs biens en garantie des dettes de la société, n'avaient pas, en outre, voulu se porter cautions personnelles de ces dettes (■ Cass. com., 21 mars 2006, n° 05-12.864 : *JurisData* n° 2006-032820 ; *Bull. civ.* IV, n° 72, p. 71 ; *Rev. Lamy dr. civ.* 2006/27, n° 2055, note Marraud des Grottes). En tout état de cause, l'interruption de la prescription résultant de la déclaration par le créancier de la créance garantie à la procédure collective et l'interversion de la prescription résultant de la décision d'admission de la créance sont opposables au tiers constituant d'une sûreté réelle en garantie de la dette du débiteur (■ Cass. com., 17 nov. 2009, n° 08-16.605 : *JurisData* n° 2009-050357 ; *RD bancaire et fin.* 2010, comm. 15, obs. Legeais). Pour la Haute juridiction, la sûreté réelle consentie pour garantir la dette d'un tiers, n'impliquant aucun engagement personnel à satisfaire à l'obligation d'autrui, n'est pas un cautionnement ; que, limitée au bien affecté en garantie, elle n'ouvre, au tiers qui la constitue, ni le bénéfice de discussion, ni le bénéfice de division (■ Cass. 1re civ., 25 nov. 2015, n° 14-21.332 : *Dr. et patrimoine* 2016, n° 258, p. 121, note A. Aynès ; *Gaz. Pal.* 2016, n° 7, p. 29, note Albiges ; *RD bancaire et fin.* 2016, comm. 20, obs. D. Legeais ; *JCP* G 2016, 218, note Pellier). La Haute juridiction a aussi censuré une cour d'appel qui avait annulé un « cautionnement hypothécaire » souscrit par une sociétés d'attribution à temps partagé, argument pris que seule la constitution d'un cautionnement est spécialement interdit à ce type de structure (■ Cass. 3e civ., 23 mars 2017, n° 16-10.766 : *JurisData* n° 2017-005292 ; *JCP* G 2017, doctr. 511, n° 2, obs. Simler).

Lorsque le juge se prononce en faveur d'un cumul d'engagements, il devra toujours veiller à distinguer la situation dans laquelle la caution de droit commun contre-garantit son engagement de caution au moyen d'une sûreté réelle (■ Cass. 1re civ., 15 nov. 2005, n° 03-15.473 : *JurisData* n° 2005-030786 ; *RD bancaire et fin.* 2006, n° 64, note Legeais ; ■ CA Paris, 26 mars 2009, n° 09/19120 : *Banque et droit* 2010, n° 127, p. 46 note Rontchevsky ; ■ Cass. 1re civ., 9 janv. 2019, n° 17-19.570 : *Gaz. Pal.* 2019, n° 7, p. 27, note Albiges ; *Defrénois* 2019, n° 11, p. 26, note Gijsbers) d'une juxtaposition de garantie où le garant associe à un véritable engagement de caution une sûreté réelle pour autrui (■ Cass. com., 21 mars 2006, préc.). Que l'hypothèque constituée par un tiers soit ou non doublée d'un engagement personnel, elle ne peut être constituée que par un acte authentique de sorte qu'était doublement erroné l'arrêt qui avait cru pouvoir faire application du principe de la liberté de la preuve en matière commerciale au cautionnement hypothécaire souscrit par un gérant de société, alors que ce principe ne peut jouer pour l'acte solennel que constitue l'hypothèque et qu'il ne s'applique en toute hypothèse qu'à l'égard des commerçants, qualité dont est dépourvu le gérant d'une société (■ Cass. 3e civ., 15 févr. 2006, n° 04-19.095 : *JurisData* n° 2006-032190 ; *Bull. civ.* III, n° 35, p. 29 ; *RD bancaire et fin.* 2006, n° 63, obs. Legeais).

Jugé auparavant que l'article 1415 du Code civil est applicable à la caution réelle (■ Cass. 1re civ., 11 avr. 1995 : *JCP* 1995, I, 3869, n° 9, obs. Simler ; *Bull. civ.* I, n° 165, p. 118 ; *D.* 1995, somm. 327, obs.

Grimaldi, 1996, somm. 204, obs. S. Piedelièvre ; *RTD civ.* 1997, 726, obs. Vareille. ▪ Cass. 1re civ., 26 mai 1999, n° 96-14.675 : *JurisData* n° 1999-002116 ; *JCP* 1999, I, 156, n° 5, 2e esp., obs. Simler ; *Defrénois* 2000, 439, obs. Champenois), et que dans le cas d'un cautionnement réel consenti par un époux sur des biens communs sans le consentement exprès de l'autre, l'époux caution reste tenu, par application de l'article 1415, du paiement de la dette sur ses biens propres et ses revenus dans la double limite du montant de la somme garantie et de la valeur des biens engagés, celle-ci étant appréciée au jour de la demande d'exécution de la garantie (▪ Cass. 1re civ., 15 mai 2002 : *JCP* G 2002, II, 10109, 1er arrêt, concl. Petit et note Piedelièvre ; I, 167, n° 5, obs. Simler ; *JCP* E 2002, 1424, n° 3, obs. Simler ; *JurisData* n° 2002-014339 ; *Dr. famille* 2002, 90, 1er arrêt, note Beignier ; *RTD civ.* 2002, 546, obs. Crocq. V. aussi ▪ Cass. com., 13 nov. 2002, n° 01-87.686 : *Bull. civ.* IV, n° 161, p. 185 ; *RDC* 2003, 170, obs. Grimaldi).

Bibliographie : J.-J. Ansault, *Le cautionnement réel*, préf. P. Crocq, *Defrénois*, coll. « Doctorat et Notariat », t. 40, 2009. – J. Revel, *La garantie de la dette d'autrui et le droit du régime matrimonial : D.* 2006, p. 1309. – C. Corgas-Bernard, *Le temps des sûretés réelles pour autrui : Rev. Lamy dr. civ.* oct. 2007, p. 29 et s.

Voir : art. 509, p. 439 ; art. 1422, al. 2, p. 1289 et 2334, p. 1791.

II – CARACTÈRES DU CAUTIONNEMENT

7) Insolvabilité avérée du débiteur. Il n'est pas interdit de se porter sciemment caution d'un débiteur dont l'insolvabilité est avérée (▪ Cass. com., 10 oct. 1995, n° 93-11.374 : *JurisData* n° 1995-002553 ; *JCP* 95, IV, 2487 ; *Bull. civ.* IV, n° 223, p. 209 ; *D.* 1996, somm. 265, obs. Aynès, cautionnement d'une société en liquidation des biens).

8) Force majeure. En raison de la nature monétaire de l'obligation souscrite par la caution, celle-ci ne saurait invoquer, à son profit, la survenance d'un cas de force majeure pour l'exonérer de sa prestation (▪ Cass. com., 16 sept. 2014, n° 13-20.306 : *RLDC* 2014, n° 5617, obs. Ansault ; *JCP* G 2014, doctr. 1162, n° 7, obs. Simler.)

A – Caractère accessoire

9) Principe. Sur le principe qu'il ne peut y avoir de cautionnement que si l'obligation du débiteur principal est établie, V. ▪ Cass. com., 17 mars 1992, n° 89-20.016 : *JCP* 94, II, 22317, note Mouly. Il résulte de l'article 2011 (anc.) que celui qui est débiteur d'une obligation à titre principal ne peut être tenu de la même obligation comme caution (▪ Cass. com., 28 avr. 1964 : *JCP* 64, IV, 81 ; *Bull. civ.* III, n° 215, p. 182. – V. en ce sens, ▪ Cass. com., 12 juill. 1976, n° 75-12.792 : *JurisData* n° 1976-098313 ; *JCP* 76, IV, 299).

10) Titre exécutoire. Le créancier cessionnaire bénéficie du titre obtenu contre la caution par le cédant (▪ Cass. com., 27 mars 2007 : *JurisData* n° 2007-038229 ; *RD bancaire et fin.* 2007, comm. 101, obs. Legeais ; *Procédures* 2007, comm. 167, obs. Perrot ; *JCP* G 2007, I, 158, n° 10, obs. Simler. – V. dans le même sens, ▪ Cass. 2e civ., 3 nov. 2005, n° 03-14.932 : *Bull. civ.* II, n° 280).

11) Prescription. Le cautionnement étant un contrat accessoire, la prescription de l'obligation de la caution ne commence à courir que du jour où l'obligation principale est devenue exigible (▪ Cass. com., 22 janv. 1979, n° 77-12.467 : *Bull. civ.* IV, n° 24, p. 19. ▪ Cass. 1re civ., 20 juill. 1981, n° 80-11.731 : *JurisData* n° 1981-002525 ; *JCP* 81, IV, 366 ; *Bull. civ.* I, n° 266, p. 219).

12) Chose jugée. La chose jugée contre le débiteur principal relativement à l'existence de la dette cautionnée est opposable à la caution (▪ Cass. 1re civ., 29 mars 1978 : *JurisData* n° 1978-700125 ; *Bull. civ.* I, n° 125, p. 100). Néanmoins, la caution peut invoquer la nullité de son propre engagement si cette question n'a pas fait l'objet du jugement qui lui est opposé de sorte que l'autorité de la chose jugée de la décision d'admission de la créance garantie ne fait pas obstacle à une action en nullité du cautionnement pour dol (▪ Cass. com., 8 juill. 2008 : *JurisData* n° 2008-044839 ; *JCP* E 2008, 2294, note Burgard, 1re esp. ; *JCP* G 2008, I, 211, note Simler. – V. dans le même sens, ▪ Cass. com., 3 déc. 2003 : *JurisData* n° 2003-021422). En toute hypothèse, le prononcé à l'encontre de la caution d'un jugement la condamnant à exécuter son engagement ne fait pas obstacle à ce qu'elle oppose au créancier l'extinction de sa créance pour une cause postérieure audit jugement, celui-ci serait-il passé en force de chose jugée (▪ Cass. com., 5 déc. 1995, n° 94-43.473 : *JCP* 96, IV, 223 ; *Bull. civ.* IV, n° 277, p. 257 ; *D.* 1996, somm. 268, obs. Aynès ; *RTD civ.* 1996, 431, obs. Bandrac).

13) Loi applicable. Le contrat de cautionnement est soumis à sa loi propre, le droit français s'applique dès lors qu'il résulte de dispositions du contrat de cautionnement que les parties ont décidé de se soumettre à ce droit (▪ Cass. com., 8 juin 2010, nos 08-16.298 et 08-16.485 : *RD bancaire et fin.* 2011, comm. 50, obs. Cerles).

14) Clause attributive de compétence. A défaut de stipulation contraire, la clause attributive de compétence contenue dans le contrat principal vaut également pour le cautionnement et la loi applicable au cautionnement est celle qui régit l'obligation principale (▪ Cass. soc., 14 janv. 1976, n° 74-13.518 : *JCP* 76, IV, 77 ; *Bull. civ.* V, n° 25, p. 21. – V. aussi ▪ Cass. 1re civ., 1er juill. 1981, n° 80-11.934 : *JurisData* n° 1981-002004 ; *JCP* 81, IV, 338). Jugé cependant que la caution ne peut invoquer une clause compromissoire contenue dans le contrat principal auquel elle n'a pas été partie (▪ Cass. com., 22 nov. 1977 : *JurisData* n° 1977-700426 ; *Bull. civ.* IV, n° 273, p. 231).

15) Bail. Caution solidaire du preneur. Celui qui se constitue caution solidaire des preneurs pour l'exécution des obligations du bail et s'engage à payer toutes les sommes qui pourraient être dues au bailleur au titre des loyers, charges et indemnités, est tenu dans les mêmes conditions que les preneurs, notamment quant aux modes de preuve de la créance du bailleur, au paiement des réparations locatives (▪ Cass. 1re civ., 23 juin 1992, n° 90-20.589 : *Bull. civ.* I, n° 193, p. 130).

16) Pour d'autres incidences du caractère accessoire du cautionnement, voir *infra*, art. 2289, 2290 et 2313.

B – Caractère gratuit ou onéreux

17) Acte de disposition (non). Le cautionnement emporte obligation de la caution mais non dessaisissement immédiat et définitif d'un élément patrimonial et ne constitue donc pas un acte de disposition à titre gratuit tombant sous le coup de la prohibition édictée par l'article 1422 du Code civil (▪ Cass. 1re civ., 21 nov. 1973 : *JurisData* n° 1973-000318 ; *D.* 1975, 549, note Steinmetz. – V. en ce sens ▪ Cass. 1re civ., 11 juill. 1978, n° 77-11.550 : *JurisData* n° 1978-000264 ; *JCP* 78, IV, 292 ; *Bull. civ.* I, n° 264, p. 207), même s'il constitue un contrat de bienfaisance (▪ Cass. 1re civ., 27 janv. 1982, n° 80-17.124 : *Bull. civ.* I, n° 46). Mais a été annulé pour fraude l'engagement de caution souscrit par le mari seul, ce dernier s'étant prévalu à l'insu de son épouse, pour être agréé comme caution, de la propriété d'un bien commun assurant le logement de la famille dont il ne pouvait disposer sans l'accord écrit de son épouse (▪ Cass. 1re civ., 21 juin 1978, n° 76-14.524 : *JurisData* n° 1978-000236 ; *D.* 1979, 479, note Chartier).

18) Cautionnement-libéralité. F.-X. Testu, *Le cautionnement-libéralité : JCP 89, I, 3377*. Comp. ▪ Bordeaux, 17 juin 1998, n° 97001050 : *JurisData* n° 1998-042778 ; *Dr. famille* 1999, 1, note Lécuyer, relevant que l'engagement de caution du concubin a manifestement été causé par son intention bienveillante de permettre à sa concubine d'obtenir le crédit qu'elle désirait.

C – Caractère civil ou commercial

19) Intérêt patrimonial personnel de la caution. Principe. Si le cautionnement est par nature un contrat civil, il revêt un caractère commercial lorsque la caution a un intérêt personnel dans l'opération commerciale à l'occasion de laquelle il est intervenu (▪ Cass. com., 9 oct. 1978, n° 77-10.467 : *JurisData* n° 1978-097214 ; *JCP* 78, IV, 340 ; *Bull. civ.* IV, n° 214, p. 181. ▪ Cass. com., 16 sept. 2014, n° 13-18.940 : *Gaz Pal.* 2014, n° 338, p. 13, obs. Dumont-Lefrand).

20) Intérêt patrimonial personnel de la caution. Cautionnement donné par un dirigeant social ou un associé. A un caractère commercial le cautionnement donné envers un créancier par le président du conseil d'administration d'une société anonyme, agissant en cette qualité, qui, bien que n'étant pas commerçant, avait un intérêt personnel à la non-exigence immédiate de la dette, laquelle permettait la survie de la société dont il était le dirigeant (▪ Cass. com., 29 janv. 1991, n° 89-12.446 : *JurisData* n° 1991-000216 ; *JCP* 1991, IV, 118. Comp. ▪ CA Grenoble, 12 févr. 2009 : *JurisData* n° 2009-003722 ; *JCP G* 2009, 492, n° 1, obs. Simler qui souligne que la garantie souscrite par un dirigeant peut échapper à la qualification commerciale s'il n'est pas investi d'un pouvoir effectif de direction. V. aussi pour le cautionnement donné par le conjoint du gérant de la société ▪ Paris, 19 sept. 1997 et ▪ Nancy, 27 nov. 1997 : *JurisData* n° 1997-048704 ; *JCP G* 1998, I, 149 et *JCP E* 1998, 1594, n° 3, obs. Simler. V. égal. ▪ CA Montpellier, 28 avr. 2009 : *JurisData* n° 2009-010321 ; *JCP G* 2009, 492, n° 1, obs. Simler, qui considère que le cautionnement par le concubin bénévole de sa compagne commerçante a un caractère commercial, au motif que de leur communauté de vie, avec leurs enfants, découlait un intérêt financier de la caution au succès de l'activité commerciale de la débitrice). Mais le seul fait que la caution soit un porteur important de parts de la société cautionnée est insuffisant pour impliquer le caractère commercial du cautionnement (▪ Toulouse, 29 avr. 1992 : *JurisData* n° 1992-042549 ; *JCP* 1992, IV, 3111). Il a été jugé que l'intérêt patrimonial personnel de l'épouse du dirigeant, laquelle s'était portée caution de la structure, permet de qualifier le cautionnement en cause de commercial dès lors que l'implication personnelle dans la bonne marche de la société est démontrée (▪Cass. com., 3 oct. 2018, n° 17-19.841 : *Gaz. Pal.* 2019, n° 7, p. 22, note Dumont-Lefrand).

L'intérêt patrimonial personnel des associés, de nature à conférer à leur engagement de caution un caractère commercial, peut être valablement caractérisé dans la mesure où les cautions ont contribué à la création de la société, qu'elles ont accepté de remplacer le gérant en cas d'empêchement de celui-ci et qu'elles sont habilitées par les statuts à signer les effets de commerce dans le cadre de la procédure de double signature (▪ Cass. com., 21 févr. 2006, n° 05-10.363 : *JurisData* n° 2006-032325 ; *Bull. Joly Sociétés* 2006, p. 764, note Baranger ; *LPA* 18 janv. 2007, p. 6, note Guerchoun. V. égal. dans ce sens, ■ CA Bourges, 19 mars 2009 : *JurisData* n° 2009-377834 ; *JCP* G 2009, 492, n° 1, obs. Simler).

21) Incidence sur la qualité de commerçant. Le caractère commercial du cautionnement, à lui seul, ne confère pas la qualité de commerçant à la caution (■ Cass. com., 25 mars 1997, n° 95-12.018 : *JurisData* n° 1997-001536 ; *Bull. civ.* IV, n° 79, p. 69).

III – VALIDITÉ DU CAUTIONNEMENT

22) Exception de nullité. La caution assignée en exécution de son engagement peut exciper de la nullité du cautionnement, y compris après l'expiration du délai de prescription, dès lors que le cautionnement n'a reçu aucun début d'exécution (■ Cass. com., 31 janv. 2017, n° 14-29.474 : *JurisData* n° 2017-001401 ; *Rev. proc. coll.* 2017, comm. 30, note Gijsbers ; *D.* 2017, p. 738, note Houtcieff). Il importe peu que le créancier ait assigné la caution avant l'écoulement du délai de prescription de l'action en nullité (■ Cass. com., 31 janv. 2017, n° 14-29.474 : *JurisData* n° 2017-001401, Gijsbers ; *D.* 2017, p. 738, note Houtcieff. ■ Cass. 1re civ., 12 nov. 2015, n° 14-21.725 : *RD bancaire et fin.* 2016, comm. 13, note Legeais. Comp. ■ Cass. com., 26 mai 2010, n° 09-14.431 : *JurisData* n° 2010-007228 ; *Rev. Lamy dr. civ.* 2010/73, n° 3881, obs. Ansault ; *JCP* E 2010, 1857, note Richard ; *RD bancaire et fin.* 2010, comm. 136, obs. D. Legeais ; *JCP* G 2011, 226, n° 8, obs. Simler qui soulignait que la règle selon laquelle l'exception de nullité est perpétuelle ne s'appliquait que si l'action en exécution de l'obligation litigieuse est introduite après l'expiration du délai de prescription de l'action en nullité. V. art. 1185, p. 825.

23) Absence de cause. Selon la Haute juridiction, l'engagement de caution souscrit par un dirigeant social après le prononcé de la liquidation judiciaire du débiteur principal en garantie d'une dette antérieure à l'ouverture de la procédure collective est dépourvu de cause en raison de l'absence d'un avantage consenti ici au débiteur par le créancier (■ Cass. com., 17 mai 2017, n° 15-15.746 : *JurisData* n° 2017-009369 ; *D.* 2017, p. 1996, note Crocq ; *RDC* 2017, p. 421, obs. Laithier ; *RD bancaire et fin.* 2017, comm. 161, obs. D. Legeais ; *D.* 2017, p. 1694, note D. Mazeaud ; *JCP* G 2017, doctr. 842, n° 4, obs. Serinet ; *JCP* G 2017, doctr. 1239, n° 7, obs. Simler). En revanche, l'obligation résultant d'un cautionnement consenti en garantie du remboursement de concours financiers n'est pas sans cause au sens de l'article 1131 du Code civil, dans sa rédaction antérieure à celle issue de l'ordonnance du 10 février 2016, du seul fait que ces concours n'auraient été renouvelés que pour une durée de quelques mois, tandis que le cautionnement aurait été souscrit pour une durée de cinq ans (■ Cass. com., 25 oct. 2017, n° 16-16.839).

A – Indication du débiteur garanti

24) Principe. Un acte de cautionnement n'est valable que s'il comporte l'indication du débiteur de l'obligation garantie (■ Cass. com., 22 janv. 1985, n° 90-14.495 : *JurisData* n° 1992-000945 ; *Bull. civ.* IV, n° 29, p. 24. ■ Cass. 1re civ., 22 avr. 1992, n° 90-18.160 : *Bull. civ.* I, n° 128, p. 86). Jugé cependant que l'acte peut en ce cas constituer un commencement de preuve par écrit (■ Cass. 1re civ., 20 oct. 1993, n° 91-21.782 : *JurisData* n° 1993-002181 ; *JCP* 94, II, 22351, note Simler. V. aussi ■ Cass. crim., 14 mai 1996, n° 94-16.840 : *JurisData* n° 1996-002007 ; *RTD civ.* 1996, 662, obs. Bandrac. ■ Cass. com., 20 janv. 1998, n° 97-81.054 : *JurisData* n° 1998-000900 ; *Bull. civ.* IV, n° 25, p. 17). N'est pas nul pour indétermination de son objet l'engagement de caution, limité dans son montant, qui garantit le remboursement de dettes futures dès lors qu'y est identifié le débiteur de celles-ci (■ Cass. 1re civ., 10 déc. 2002 : *JCP* 2003, IV, 1209 ; *JurisData* n° 2002-016776 ; *Bull. civ.* I, n° 303, p. 237).

25) Société en participation. Le cautionnement ayant pour objet de garantir les dettes d'une société en participation ne peut fonder la condamnation de la caution à garantir la dette d'une personne autre que le débiteur désigné dans l'acte de cautionnement (■ Cass. com., 6 juill. 2010, n° 09-68.778 : *JurisData* n° 2010-011294 ; *Rev. Lamy dr. civ.* 2010/75, obs. Ansault ; *Dr. sociétés* 2010, comm. 175, obs. Coquelet ; *JCP* E 2010, 1916, note Dondero ; *RD bancaire et fin.* 2010, comm. 171, obs. D. Legeais ; *JCP* G 2011, 226, n° 2, obs. Simler. *Adde*, H. Barbier, *Nullité du cautionnement des dettes d'une société en participation : Rev. Lamy dr. civ.* 2010/77, n° 4046).

B – Cautionnement indéfini

26) Validité. Sur la validité du cautionnement indéfini, V. ■ Cass. com., 11 mai 1993, n° 90-19.932 : *JurisData* n° 1993-000838 ; *JCP* 94, II, 22188, note Delebecque. ■ Cass. com., 22 janv. 1994 : *Defrénois* 1994, 1170, obs. Aynès.

C – Vices du consentement

27) Erreur. Carence ou insolvabilité du débiteur. L'acte de cautionnement doit être annulé pour erreur sur le motif principal et déterminant de l'engagement de caution lorsque la caution démontre qu'elle était, au moment de la signature, dans l'ignorance de la carence manifeste des époux cautionnés consécutive à la déclaration de faillite du mari (■ Cass. 1re civ., 1er mars 1972 : *JurisData* n° 1972-000070 ; *D.* 1973, 733, note Malaurie, 1re esp. – V. aussi ■ Cass. 1re civ., 19 mars 1985, n° 84-10.533 : *JCP* 86, II, 20659, note Bouteiller. ■ Cass. com., 1er oct. 2002, n° 00-13.189 : *JurisData* n° 2002-015708 ; *JCP* G 2003, I, 124 et *JCP* E 2003, 852, n° 3, obs. Simler ; *JCP* G 2003, II, 10072, note Buy ; *RTD civ.* 2003, 322, obs. Crocq. Comp. ■ Cass. com., 11 janv. 1994, n° 91-17.691 : *JurisData* n° 1994-000052 ; *Bull. civ.* IV, n° 15, p. 12 ; *RTD civ.* 1994, 899, obs. Bandrac). Ainsi, des cautions personnelles ne peuvent être déliées de leur obligation pour erreur sur la solvabilité du débiteur que si elles démontrent qu'elles avaient fait de cette circonstance la condition de leur engagement (■ Cass. 1re civ., 25 oct. 1977 : *JurisData* n° 1977-000388 ; *JCP* 77, IV, 306 ; *Bull. civ.* I, n° 388, p. 306. ■ Cass. 1re civ., 20 mars 1989, n° 87-15.450 : *JurisData* n° 1989-705753 ; *Bull. civ.* I, n° 127, p. 83. ■ Cass. com., 28 juin 2011, n° 10-15.412 : *JurisData* n° 2011-014010 ; *RD bancaire et fin.* 2011, comm. 164, obs. D. Legeais ; *JCP* G 2001, 1259, n° 1, obs. Simler).

28) Erreur sur l'étendue des garanties fournies au créancier. L'erreur commise par la caution sur l'étendue des garanties fournies au créancier ayant déterminé son consentement constitue une cause de nullité du cautionnement (■ Cass. 1re civ., 1er juill. 1997, n° 95-15.642 : *JurisData* n° 1997-003169 ; *JCP* 98, I, 103, n° 2, obs. Simler ; *Bull. civ.* I, n° 219, p. 146 ; *RTD civ.* 1997, 970, obs. Bandrac ; *Defrénois* 1997, 1425, obs. Aynès ; *D.* 1999, 181, note Brémond, croyance erronée à une hypothèque inscrite de 2e rang alors qu'elle est de 4e rang. – Voir également sur l'annulation d'un cautionnement pour erreur sur le rang de la sûreté réelle prise par ailleurs par le créancier, ■ CA Limoges, 18 nov. 2008 : *JurisData* n° 2008-375411 ; *JCP* G 2009, I, 150, n° 2, obs. Simler). Il a été jugé que l'erreur de la caution pouvait porter sur le caractère subsidiaire de la garantie offerte par la société Oseo (devenu Bpifrance) au créancier (■ Cass. com., 22 sept. 2015, n° 14-17.671 : *JurisData* n° 2015-021146 ; *Gaz. Pal.* 2015, n° 344, p. 14, note Albigès ; *RD bancaire et fin.* 2015, comm. 193, note D. Legeais). Manque de base légale l'arrêt d'une cour d'appel qui n'a pas recherché, ainsi qu'elle y était invitée par les conclusions, si la caution n'avait pas fait de l'existence de deux autres cautionnements souscrits le même jour pour garantir les dettes de la société la condition déterminante de son propre engagement (■ Cass. 1re civ., 5 févr. 2009 : *JurisData* n° 2009-047021 ; *JCP* G 2009, I, 150, n° 2, obs. Simler. – V. égal. dans ce sens, ■ Cass. com., 18 mars 2014, n° 13-11.733, inédit : *JurisData* n° 2014-005256 ; *JCP* G 2014, 635, n° 2, obs. Simler).

29) Erreur sur l'activité réelle de la société débitrice. Pour l'erreur substantielle et déterminante commise par la caution sur l'activité réelle de la société débitrice, V. ■ Paris, 13 janv. 1998, n° 95/15445 : *JurisData* n° 1998-020049 ; *JCP* G 98, I, 149 et *JCP* E 98, 1593, n° 2, obs. Simler (entreprise d'imprimerie fabriquant en réalité de la fausse monnaie).

30) Conscience de l'engagement. Sur l'annulation pour erreur de l'engagement souscrit par des cautions « positivement illettrées », V. ■ Cass. 1re civ., 25 mai 1964 : *Bull. civ.* I, n° 269, p. 210. Comp., décidant que le document dactylographié signé par une caution analphabète ne peut pas valoir comme commencement de preuve par écrit d'un contrat de cautionnement, ■ Aix-en-Provence, 24 sept. 1992, n° 91/06298 : *JurisData* n° 1992-045229 ; *JCP* 93, IV, 281. Mais jugé que la simplicité du jeu du cautionnement est à la portée de toute intelligence moyenne et que la caution est mal fondée à exciper de son ignorance (■ Paris, 1re ch., 9 avr. 1992 : *JurisData* n° 1992-021195). Le fait qu'une caution ait des difficultés à s'exprimer en français ne saurait équivaloir à une absence de conscience (■ Chambéry, 28 nov. 1995 : *JCP* 96, IV, 2575). Toutefois, un notaire a vu sa responsabilité engagée au motif qu'il n'avait pas invité son client à se faire assister par un interprète alors qu'il avait constaté sa mauvaise connaissance de la langue française (■ Cass. 1re civ., 13 mai 2014, n° 13-13.509 : *JurisData* n° 2014-009380 : *Bull. civ.* I, n° 82 ; *JCP* G 2014, doctr. 1162, n° 2, obs. Simler).

31) Obligation d'information – OSEO (BIP). Si un créancier jouit cumulativement d'un cautionnement et d'une garantie OSEO, il peut être tenu d'une obligation spécifique d'information quant à l'objet et au fonctionnement exact de celle-ci envers l'emprunteur et la caution non avertie (■ Cass. com., 3 déc. 2013, n° 12-23.976 : *JurisData* n° 2013-027847 ; *RD bancaire et fin.* 2014, comm. 8, obs. Legeais. ■ CA Toulouse, 2e ch., sect. 2, 8 oct. 2013, n° 12/00998 : *JurisData* n° 2013-022461 : *RD bancaire et fin.* 2014, comm. 8, obs. Legeais ; *Banque et droit* 2014, n° 153, p. 43, note Netter. ■ CA Orléans, ch. éco. fin., 6 juin 2013, n° 12/01613 : *JurisData* n° 2013-021416 : *RD bancaire et fin.* 2014, comm. 8, obs. Legeais).

32) Dol. Le dol ne peut entraîner la nullité du cautionnement que s'il émane de l'autre partie, le dol du débiteur principal étant sans influence sur la validité du cautionnement (■ Cass. 1re civ., 27 juin 1973 : *JurisData* n° 1973-000219 ; *D.* 1973, 733, note Malaurie, 2e esp ; ■ Cass. 1re civ., 20 mars 1989, n° 87-15.450 : *JurisData* n° 1989-705753 ; *Bull. civ.* I, n° 127, p. 83 ; ■ Amiens, 13 nov. 1975 : *JCP* 1978, II, 18938, note Simler. Comp., rejetant le moyen comme nouveau, ■ Cass. com., 13 nov. 2002, n° 95-18.994 : *JurisData* n° 2002-016332 ; *JCP* 2003, I, 122, n° 1, obs. Loiseau ; *Bull. civ.* IV, n° 161,

p. 185). Constitue un dol le fait pour la banque créancière de ne pas avoir indiqué à la caution de façon claire et précise dans l'acte de cautionnement que le crédit qu'elle accordait au débiteur serait immédiatement utilisé pour résorber le découvert du compte (▪ Cass. com., 26 mai 1992, n° 90-13.540 : *JurisData* n° 1992-001227 ; *JCP* 1992, IV, 2113 ; *Bull. civ.* IV, n° 204, p. 142 ; ▪ CA Caen, 1re ch., sect. civ., 13 nov. 2007 : *JurisData* n° 2007-351526 ; *JCP* G 2008, IV, 1734. V. aussi ▪ Cass. com., 23 juin 1998, n° 95-15.456 : *JurisData* n° 1998-002906 ; *JCP* 1998, IV, 2847 ; *Bull. civ.* IV, n° 208, p. 171 ; *Contrats, conc. consom.* 1998, 126, note Leveneur, établissement de crédit-bail incitant les dirigeants de la société cautionnée à se méprendre sur les risques réels de leurs engagements. Comp. pour d'autres applications ▪ Grenoble, 22 sept. et 28 oct. 1997, n° 95/4823 ; ▪ Paris, 3 mars 1998, n° 95/28102 : *JurisData* n° 1998-020427 ; *JCP* G 1998, I, 149 et *JCP* E 1998, 1593, n° 2, obs. Simler). Le défaut d'information ne peut être constitutif de réticence dolosive que s'il a pour objet de déterminer la caution à s'engager (▪ Cass. 1re civ., 13 févr. 1996, n° 93-21.165 : *JurisData* n° 1996-000414 ; *JCP* 1996, IV, 798 ; *Bull. civ.* I, n° 78, p. 51 ; *D.* 1996, somm. 265, obs. Aynès ; ▪ Cass. com., 13 févr. 2007 : *JurisData* n° 2007-037432 ; *RD bancaire et fin.* 2008, comm. 9, obs. Legeais ; *Banque et droit* janv.-févr. 2008, note Rontchevsky, p. 5 ▪ Cass. com., 16 mars 2010, n° 09-12.226 : *JurisData* n° 2010-002226 ; *JCP* G 2010, 708, n° 1, obs. Simler). La caution, qui, du fait de ses qualités et fonctions, avait nécessairement connaissance lors de son engagement de la situation irrémédiablement compromise de la société, ne saurait reprocher à la banque de lui avoir délibérément caché cet élément, sauf à démontrer que la banque avait sur la société débitrice des informations qu'elle-même ignorait (▪ Cass. com., 28 janv. 2014, n° 12-27.703). Toujours en matière de dol par réticence, la clause du cautionnement stipulant la connaissance de la situation du débiteur ne peut être utilement invoquée par le créancier contre la caution dès lors que l'établissement de crédit en cause connaissait la situation obérée de ce même débiteur (▪ Cass. 1re civ., 5 févr. 2009 : *JurisData* n° 2009-047021 ; *JCP* G 2009, I, 150, n° 3, obs. Simler ; ▪ Cass. 1re civ., 2 avr. 2009, n° 07-20.250 : *Rev. Lamy dr. civ.* 2009, p. 1514, note Houtcieff). Aux termes de l'article L. 213-6 du Code de l'organisation judiciaire, le juge de l'exécution est susceptible d'apprécier la validité de l'acte notarié de cautionnement, argué en l'occurrence de dol, ayant permis à l'établissement financier créancier de pratiquer la saisie-attribution dont la caution demande la mainlevée (▪ Cass. 2e civ., 18 juin 2009, n° 08-10.843 : *JurisData* n° 2009-048640 ; *D.* 2009, p. 2525, note Ansault ; *Gaz. Pal.* 2009, n° 277-279, p. 17, note Brenner ; *Dr. et patrimoine* déc. 2009, p. 99, obs. Crocq ; *JCP* G 2009, n° 36, 191, note Desdevises et Mérand et 492, n° 2, obs. Simler ; *JCP* E 2009, 1730 ; *Procédures* 2009, comm. 273, note Perrot ; *RTD civ.* 2009, p. 577, note Perrot ; *RD bancaire et fin.* 2009, comm. 139, obs. Piedelièvre et comm. 155, obs. Legeais ; *Defrénois* 2009, p. 2090, note Théry et p. 2344, note Libchaber ; *Banque et droit* 2009, n° 126, p. 41, obs. Rontchevsky). Sont nuls pour dol les cautionnements consentis dans le seul but d'adjoindre à un débiteur, dont le créancier connaissait la situation financière fragile, de nouveaux débiteurs, sans l'intention de conclure une nouvelle convention de collaboration prévue dans un protocole transactionnel (▪ Cass. com., 4 juill. 2018, n° 16-21.743 et 16-21.787 : *JurisData* n° 2018-012874 ; *JCP* G 2018, doctr. 1221, n° 2, obs. Simler).

33) Obligation de contracter de bonne foi. Manque à l'obligation de contracter de bonne foi la banque qui sait que la situation de son débiteur est lourdement obérée au moment où le cautionnement est consenti et qui omet, par une réticence dolosive, de révéler cette situation aux cautions (▪ Cass. 1re civ., 26 nov. 1991, n° 90-14.978 : *JurisData* n° 1991-003008 ; *Bull. civ.* I, n° 331, p. 215. ▪ Cass. 1re civ., 13 mai 2003 : *JurisData* n° 2003-018952 ; *JCP* 2003, II, 10144, note Desgorces ; I, 170, n° 1, obs. Loiseau ; *Bull. civ.* I, n° 114, p. 89 ; *Defrénois* 2003, 1568, obs. Libchaber. ▪ CA Rennes, 1re ch. B, 8 nov. 2007 : *JurisData* n° 2007-351696 ; *JCP* G 2008, IV, 1893). Jugé que le créancier qui sait la situation de son débiteur irrémédiablement compromise et qui laisse la caution s'engager manque à son obligation de contracter de bonne foi (▪ Cass. 1re civ., 16 mai 1995, n° 92-20.976 : *JurisData* n° 1995-004493 ; *JCP* 96, II, 22736, note F.-X. Lucas. V. aussi ▪ Cass. 1re civ., 18 févr. 1997, n° 95-11.816 : *JurisData* n° 1997-000653 ; *JCP* G 97, IV, 806 et *JCP* E 1997, II, 944, note D. Legeais ; *Bull. civ.* I, n° 61, p. 39. ▪ Grenoble, 28 oct. 1997 : *JurisData* n° 1997-046685 ; *JCP* 98, IV, 1492). Dès lors qu'il appartient au banquier d'établir l'existence et le montant de la créance dont il réclame le paiement à la caution ou à ses ayants droit, ceux-ci sont en droit d'obtenir la communication par lui des documents concernant le débiteur principal nécessaires à l'administration d'une telle preuve, sans que puisse leur être opposé le secret bancaire (▪ Cass. com., 16 déc. 2008, n° 07-18.729 : *JurisData* n° 2008-046301 ; *JCP* E 2009, 1037, note Bonneau ; *RTD civ.* 2009, p. 146, note Crocq ; *RD bancaire et fin.* 2009, comm. 1, note Credot et Samin ; *RD bancaire et fin.* 2009, comm. 14, obs. Legeais ; *JCP* G 2009, I, 150, n° 10, obs. Simler, décision qui casse ▪ CA Colmar, 2e ch. civ., sect. A, 7 juin 2007 : *JCP* G 2007, II, 10178, note Simler ; *JCP* G 2007, I, 212, n° 7, note Simler ; *JurisData* n° 2007-341842).

34) Manquement contractuel susceptible de causer un préjudice à la caution en sa qualité de tiers. Tiers au contrat principal, la caution peut invoquer le manquement contractuel qui lui cause un préjudice, en l'occurrence la dissimulation de passif par le cédant d'un fonds de commerce, lequel avait conduit au redressement judiciaire du cessionnaire cautionné (■ Cass. com., 23 sept. 2014, n° 13-14.241, inédit : *JurisData* n° 2014-021850 ; *RTD civ.* 2015, p. 181, note Crocq ; *JCP G* 2014, doctr. 1162, n° 4, obs. Simler).

35) Violence morale. Sur la nullité d'un cautionnement contracté sous l'empire d'une violence morale, V. ■ Cass. com., 28 mai 1991, n° 89-14.931 : *JurisData* n° 1991-001418 ; *D.* 1992, 166, note Morvan ; *RTD civ.* 1991, obs. Bandrac (pressions diverses, notamment menace de remise en cause du changement de régime matrimonial). A été jugé que la violence morale ne peut résulter des appels même incessants d'un banquier, dès lors qu'il existe une raison légitime comme celle de finaliser un acte de cautionnement pour garantir un concours bancaire à la société, dont le gérant n'est autre que le fils de la caution, et ce, bien avant la procédure de redressement judiciaire qui n'est intervenue que quinze mois plus tard et qu'aucun élément médical personnel ne vient corroborer la détresse psychologique dont la caution en cause se prévaut, qui l'aurait conduite à un discernement suffisamment altéré pour remettre en cause la validité de son consentement (■ Cass. com., 22 janv. 2013, n° 11-17.954 : *RD bancaire et fin.* 2013, comm. 56, obs. D. Legeais ; *Gaz. Pal.* 2013, n° 80, p. 17, obs. Albiges). Le vice de violence ne saurait être retenu dès lors que les correspondances échangées entre la caution et la banque, quoiqu'elles comportaient des menaces de rupture de concours financier, ne contenaient aucune forme de pression psychologique ou autre de nature à faire impression sur une personne raisonnable et lui inspirer la crainte d'exposer sa personne ou sa fortune à un mal considérable et présent au sens de l'article 1112 du Code civil (■ Cass. com., 28 janv. 2014, n° 12-28.480 : *Gaz. Pal.* 2014, n° 79, p. 14, note Albiges).

36) Cécité de la caution. Sur l'annulation du cautionnement donné par une caution atteinte de cécité, V. ■ Grenoble, 31 janv. 1995, n° 92-16.308 : *JCP G 95, I, 3889 ; JCP E 95, I, 515* et *JCP N* 96, prat. 3638, n° 4, obs. Simler.

37) Interdépendance entre les engagements des cautions. L'acte de cautionnement doit être annulé en cas de pluralité de cautions, dont l'une vient à disparaître à la suite d'une annulation, lorsque les autres démontrent qu'elles avaient fait du maintien de la totalité des cautions la condition déterminante de leur propre engagement (■ Cass. 1re civ., 2 mai 1989, n° 87-16.748 : *JurisData* n° 1989-004689 ; *Bull. civ.* I, n° 175, p. 116. Comp. ■ Cass. com., 11 avr. 2018, nos 15-27.133, 15-27.798, 15-27.840 et 15-29.442 : *JurisData* n° 2018-005777 ; *JCP G* 2018, doctr. 1221, n° 3, obs. Simler).

38) Caractère excessif de l'engagement. Devoir de mise en garde. Pour la faute de la banque qui demande un aval manifestement disproportionné par rapport aux revenus de l'intéressé, V. ■ Cass. com., 17 juin 1997, n° 95-14.105 : *JurisData* n° 1997-002871 ; *JCP* G 97, IV, 1721 ; *JCP* E 97, II, 1007, note D. Legeais ; *D.* 1998, 208, note Casey ; *Defrénois* 1997, 1424, obs. Aynès ; *RTD civ.* 1998, 100, obs. Mestre, 157, obs. Crocq. ■ Cass. com., 11 juin 2003 : *JCP* G 2003, I, 176 et *JCP* E 2003, 69, n° 4, obs. Simler. Dans le même esprit, la Cour de cassation considère que la caution qui n'est pas impliquée dans la vie de l'entreprise de son compagnon, débiteur principal, ne saurait être appréhendée comme une caution avertie, de sorte que le créancier professionnel commet une faute en lui faisant souscrire un engagement disproportionné (■ Cass. com., 2 oct. 2012, n° 11-28.331 : *Gaz. Pal.* 2012, n° 313, p. 12, note Piedelièvre). V. égal. ■ Cass. 1re civ., 9 juill. 2003, n° 01-11.959 : *JurisData* n° 2003-020118 ; *JCP* G 2003, II, 10167 et *JCP* E 2003, 1590, note Casey ; *Bull. civ.* I, n° 167, p. 130 ; *RTD civ.* 2004, 124, obs. Crocq, précisant que le préjudice subi par la caution est équivalent à la mesure excédant les biens que la caution pouvait proposer en garantie. V. en ce sens ■ Cass. 1re civ., 6 avr. 2004, n° 01-10.926 : *Bull. civ.* I, n° 110, p. 90 ; *Defrénois* 2005, 339, obs. Théry. ■ CA Lyon, 16 janv. 1998, n° 96/16172 : *JurisData* n° 1998-020029 ; *JCP* G 99, I, 116 et *JCP* E 99, 615, n° 6, 1re esp., obs. Simler. ■ CA Paris, 27 nov. 1998, n° 1996/01482 : *JurisData* n° 1998-022965 ; *JCP* G 99, II, 10092 et *JCP* E 99, 1057, note Casey ; *JCP* G 99, I, 116 et *JCP* E 99, 615, n° 6, 2e esp., obs. Simler. ■ Cass. 1re civ., 20 déc. 2007 : *JurisData* n° 2007-041982 ; *Contrats, conc. consom.* 2008, comm. 115, obs. Raymond ; *RD bancaire et fin.* 2000, comm. 10, obs. Legeais ; *JCP* G 2008, IV, 1141. V. cependant ■ Versailles, 31 oct. 1997 : *JurisData* n° 1997-023269 ; *RTD civ.* 1998, 421, obs. Crocq.

Si, pour la première chambre civile, la disproportion de l'engagement d'une caution solidaire s'apprécie par rapport à la totalité de l'engagement et non de la charge résiduelle théorique après l'exercice de recours en contribution contre les cofidéjusseurs (■ Cass. 1re civ., 22 oct. 1996, n° 94-19.987 : *JurisData* n° 1996-003993 ; *JCP* G 1997, I, 3991, n° 5, obs. Simler. ■ Cass. 1re civ., 29 oct. 2002 : *JurisData* n° 2002-016156 ; *RJDA* 2/2003, n° 191. – V. également ■ CA Colmar, 2 juill. 2008 : *JurisData* n° 2008-369552 ; *JCP* G 2009, IV, 1374 ; *JCP* G 2009, I, 150, n° 9, obs. Simler), la chambre commerciale a mesuré, dans un contentieux, la proportionnalité des engagements de deux cautions solidaires par référence à la moitié du montant du prêt cautionné (■ Cass. com., 21 juin 2005 : *JurisData* n° 2005-029129). En cas de pluralité de cautions solidaires ou d'existence d'autres sûretés, le caractère manifestement disproportionné de l'engagement s'apprécie au regard des revenus de chacune des cautions (■ Cass. com., 13 sept. 2011, n° 10-18.323 : *JurisData* n° 2011-018736 ; *JCP* G 2011, 1259, n° 4, obs. Simler). Toujours quant à l'appréciation de la disproportion, la Haute juridiction admet que l'on puisse tenir compte des espérances de gain provenant de l'opération financée (■ Cass. 1re civ., 4 mai 2012, n° 11-11.461 : *JurisData* n° 2012-009463 ; *RD bancaire et fin.* 2012, comm. 120, obs. Cerles ; *RTD civ.* 2012, p. 556, obs. Crocq ; *Banque et droit* 2012, p. 41, obs. Jacob ; *JCP* G 2012, 1291, n° 6, note Simler).

Ceci dit, les cautions, dirigeants de la société, qui n'ont jamais prétendu ni démontré que la banque aurait eu, sur leurs revenus, leurs patrimoines et leurs facultés de remboursement raisonnablement prévisibles en l'état du succès escompté de l'opération immobilière entreprise par la société, des informations qu'eux-mêmes auraient ignorées, ne sont pas fondées à rechercher la responsabilité de cette banque (■ Cass. com., 8 oct. 2002 : *JCP* G 2003, II, 10017, note Picod ; I, 124, n° 6, obs. Simler ; I, 134, n° 3, obs. Caussain, Deboissy et Wicker ; *JCP* E 2002, 1730, note D. Legeais ; *Contrats, conc. consom.* 2003, 20, note Leveneur ; *Resp. civ. et assur.* 2002, 363 ; *JurisData* n° 2002-015772 ; *RTD civ.* 2003, 125, obs. Crocq. V. aussi ■ Cass. com., 17 déc. 2003, n° 01-16.153 : *JCP* G 2004, II, 10072 et *JCP* E 2004, 1100, 2e esp., note Casey).

Ainsi dans une même opération globale, le juge pouvait considérer que certaines cautions détenaient toutes les informations utiles pour leur permettre d'apprécier la portée des engagements qu'elles avaient souscrits alors qu'un autre garant, jeune étudiant disposant d'un patrimoine modique et n'exerçant aucune fonction de direction, était en mesure de reprocher au créancier un manquement à son obligation de mise en garde (■ Cass. com., 3 mai 2006, n° 04-17.283 : *Bull. civ.* IV, n° 103, p. 102 ; *JCP* G 2006, II, 10122, note Gourio). En toute hypothèse, la sanction de la disproportion ne saurait consister en l'annulation du cautionnement (■ Cass. 1re civ., 29 juin 2004, n° 02-13.424 : *JurisData* n° 2004-024343 ; *Bull. civ.* 2004, I, n° 185, p. 153).

Au stade de la conclusion du contrat de cautionnement, le devoir de mise en garde du garant à l'égard d'un engagement excessif pèse sur tout créancier professionnel (■ Cass. com., 13 févr. 2007 : *JurisData* n° 2007-037432 ; *RD bancaire et fin.* 2008, comm. 9, obs. Legeais ; *Banque et droit* janv.-févr. 2008, note Rontchevsky, p. 58, qui considère qu'un vendeur de fonds de commerce n'a pas la qualité de créancier professionnel) mais ne profite qu'à la caution non avertie. (■ Cass. com., 3 févr. 2009 : *JurisData* n° 2009-046878 ; *JCP* E 2009, 1305, note D. Legeais, pour une caution, associée de la société débitrice et concubine du gérant, mais non investie de fonctions dirigeantes ■ Cass. com., 3 juill. 2012, n° 11-17.450 : *JurisData* n° 2012-014970 ; *JCP* G 2013, 585, n° 7, obs. Simler, qui précise que le devoir de mise en garde se trouve subordonné à la reconnaissance du caractère non-averti de la caution). Au demeurant, l'on ne saurait imputer une faute d'imprudence à une caution non avertie au seul motif qu'elle n'a procédé à aucune étude prévisionnelle quant à la faisabilité du projet auquel elle a apporté sa garantie (■ Cass. com., 31 mai 2011, n° 10-30.665). Quant à son contenu, la mise en garde suppose qu'une caution non avertie soit informée non seulement des dangers qu'elle encourt en raison de ses facultés contributives au regard de la dette garantie (■ Cass. com., 12 janv. 2010, n° 08-16.812 : *Dr. et patrimoine* 2010, n° 195, p. 88, note Ph. Dupichot ; *JCP* E 2010, 1341, note Legrand) mais aussi du risque de non-remboursement par l'emprunteur (■ Cass. com., 16 mars 2010 : *Dr. et patrimoine* 2010, n° 195, p. 88, note Ph. Dupichot ■ Cass. com., 27 nov. 2012, n° 11-22.706 : *Dr. et patrimoine* 2013, n° 222, p. 81, note Ph. Dupichot). Dans ce contexte, la banque est tenue à un devoir de mise en garde à l'égard d'une caution non avertie lorsque, au jour de son engagement, celui-ci n'est pas adapté aux capacités financières de la caution ou il existe un risque d'endettement né de l'octroi du prêt garanti, lequel résulte de l'inadaptation du prêt aux capacités financières de l'emprunteur de sorte que la caution peut se prévaloir du devoir de mise en garde alors même que le cautionnement est adapté à ses facultés financières (■ Cass. com., 15 nov. 2017, n° 16-16.790 : *JurisData* n° 2017-022852 ; *Contrats, conc. consom.* 2018, comm. 21, note Leveneur ; *RD bancaire et fin.* 2018, comm. 7, obs. D. Legeais ; *JCP* G 2017, 1256, Lasserre Capdeville ; *BJS* 2018, p. 34, note Juillet ; *D.* 2017, p. 2573, note Albiges ; *Banque et droit* 2018, n° 177, p. 22, obs. Bonneau ; *Banque et droit* 2018, n° 177, p. 59, obs. Jacob. Comp, ■ Cass. com., 13 janv. 2015, n° 13-24.875 : *Gaz. Pal.* 2015, n° 78, p. 12, obs. Albiges qui avait admis qu'une caution, même non avertie, ne saurait bénéficier d'un quelconque devoir de mise en garde lorsque le montant de l'obligation principale garantie est adapté aux capacités financières du débiteur).

Par le passé, les dirigeants cautions étaient volontiers considérés comme des cautions averties en raison de leur seul statut (■ Cass. com., 17 févr. 2009 : *JurisData* n° 2009-047115 ; *JurisData* n° 2009-047116 ; *JCP* G 2009, I, 150, n° 6, obs. Simler ■ Cass. com., 9 févr. 2010, n° 09-11.436 : *Dr. et patrimoine* 2010, n° 195, p. 86, note Ph. Dupichot, qui relève que le garant président-directeur général est nécessairement une caution avertie ■ Cass. com., 27 mars

2012, n° 10-20.077 : *JurisData* n° 2012-005757, qui considère que la caution, du fait de ses fonctions de dirigeant au sein de la société, était particulièrement avertie de la situation financière de celle-ci de sorte que la banque n'était pas tenue à son égard d'une devoir de mise en garde), à moins qu'il soit prouvé que le créancier avait sur les risques de l'opération garantie des informations qu'ils auraient eux-mêmes ignorées (▪ Cass. com., 24 mars 2009 : *JurisData* n° 2009-047598 ; *JCP* G 2009, I, 150, n° 6, obs. Simler). En la matière, la situation de la caution administrateur de la société emprunteuse apparaissait plus ambiguë dans la mesure où le juge a pu considérer dans une espèce que les deux administrateurs en cause n'étaient pas avertis tout en laissant entendre que leur fonction ferait néanmoins présumer cette qualité (▪ Cass. com., 9 févr. 2010, n° 09-10.312 : *Rev. Lamy dr. civ.* 2010/70, n° 3776, note Ansault ; *Dr. et patrimoine* 2010, n° 195, p. 87, note Ph. Dupichot). Aujourd'hui, le juge a tendance à considérer que la qualité de caution avertie ne peut se déduire de la seule qualité de dirigeant et d'associé de la société débitrice principale (▪ Cass. com., 22 mars 2016, n° 14-20.216 : *JurisData* n° 2016-005362 ; *JCP* G 2016, doctr. 553, n° 2, note Simler. ▪ Cass. com., 20 avr. 2017, n° 15-15.096 : *JurisData* n° 2017-007245 ; *RD bancaire et fin.* 2017, comm. 113, obs. D. Legeais. ▪ Cass. com., 17 mai 2017, n° 15-25.775 : *JurisData* n° 2017-009415 ; *RD bancaire et fin.* 2017, comm. 159, obs. D. Legeais. ▪ Cass. com., 12 juill. 2017, n° 16-10.793 : *JurisData* n° 2017-013954 ; *JCP* E 2017, 1472 ; *RD bancaire et fin.* 2017, comm. 208 et 209, obs. D. Legeais ; *D.* 2017, p. 2020, note Lasserre-Capdeville. – Comp. ▪ Cass. com., 18 janv. 2017, n° 15-12.723 : *Rev. sociétés* 2017, p. 282, note Ansault ; *Gaz. Pal.* 2017, n° 8, p. 29, obs. Albiges, qui souligne qu'en l'espèce les fonctions de responsabilité, qui nécessitent des compétences techniques et commerciales, et l'implication de la caution, personnellement chargée de la constitution et du suivi des dossiers de financement, justifient que le garant soit qualifié de caution avertie et ne bénéficie pas du devoir de mise en garde. V. aussi dans ce sens, ▪ Cass. com., 28 juin 2017, n° 15-18.279 : *JurisData* n° 2017-012818 ; *JCP* G 2017, doctr. 1239, n° 8, obs. Simler, pour une caution successivement dirigeant de plusieurs sociétés).

En outre, la Haute juridiction a pu admettre qu'une cour d'appel avait légalement justifié sa décision en jugeant que l'épouse du chef d'entreprise, « dont la profession antérieure lui permettait de comprendre la portée des engagements pris, était coacquéreur du fonds de commerce et avait mené cette entreprise commune avec (son mari) » devait être qualifiée de caution avertie (▪ Cass. com., 22 nov. 2011, n° 10-25.920 : *JurisData* n° 2011-025983 ; *RD bancaire et fin.* 2012, comm. 11, obs. D. Legeais ; *JCP* G 2012, 626, n° 5, obs. Simler). Suivant une logique similaire, la Cour de cassation a approuvé un arrêt qui a considéré comme cautions averties les parents du gérant de la société débitrice, censés, par leurs fonctions respectives dans d'autres sociétés que la société cautionnée, rompus au domaine des affaires (▪ Cass. com., 13 mars 2012, n° 10-30.923 : *JCP* G 2012, 626, n° 5, obs. Simler). En revanche, la Cour de cassation a censuré pour manque de base légale un arrêt qui avait reconnu la qualité de caution avertie à des époux dirigeants, non de la société débitrice, mais d'une société tierce, au motif qu'il n'était ni allégué ni démontré que les cautions étaient impliquées dans la gestion de la société cautionnée (▪ Cass. com., 31 janv. 2012, n° 10-24.694 : *JurisData* n° 2012-001378 ; *JCP* G 2012, 626, n° 5, obs. Simler). Dans le même esprit, la Haute juridiction a pu considérer qu'à l'aune de ses activités antérieures, un gérant qui s'est porté caution avant le début de l'activité de la société débitrice n'était pas une caution avertie à la date du cautionnement (▪ Cass. com., 11 avr. 2012, n° 10-25.904 : *JurisData* n° 2012-007024 ; *RD bancaire et fin.* 2012, comm. 83, obs. Legeais ; *Banque et droit* 2012, p. 19, obs. Bonneau ; *RTD com.* 2012, p. 382, obs. Legeais ; *JCP* G 2012, 1291, n° 8, note Simler). Ainsi, le dirigeant caution dépourvu d'expérience est non averti (▪ Cass. com., 13 nov. 2012, n° 11-24.178 : *JurisData* n° 2012-025848 ; *JCP* G 2013, 585, n° 6, obs. Simler. ▪ Cass. com., 5 févr. 2013, n° 11-26.262 : *JurisData* n° 2013-001585 ; *RD bancaire et fin.* 2013, comm. 52, obs. Legeais). Selon la Cour de cassation, la qualité de caution avertie ne saurait résulter du seul statut de dirigeants de la société des cautions allégué par la banque, cependant qu'il n'est pas démontré qu'elles avaient une compétence particulière en matière financière les qualifiant pour mesurer les enjeux et les risques de l'opération dans laquelle ils s'engageaient (▪ Cass. com., 27 nov. 2012, n° 11-25.967 : *JurisData* n° 2012-027963 ; *RD bancaire et fin.* 2013, comm. 14, D. Legeais ; *JCP* G 2013, 585, n° 6, obs. Simler). La qualité de caution avertie ne saurait être reconnue à des époux dirigeants, non de la société débitrice, mais d'une société tierce dès lors qu'il n'était ni allégué ni démontré que les cautions étaient impliquées dans la gestion de la société cautionnée (▪ Cass. com., 31 janv. 2012, n° 10-24.694 : *JurisData* n° 2012-001378).

Par ailleurs, naguère, ont aussi été considérés comme caution avertie le seul associé d'une société en dehors du dirigeant (▪ Cass. com., 28 nov. 2006 : *JurisData* n° 2006-036247 ; *RD bancaire et fin.* 2007, comm. 7, obs. D. Legeais), un associé fondateur, détenant 75 % du capital de la société (▪ Cass. com., 13 févr. 2007 : *JurisData* n° 2007-037433), un associé « impliqué » dans l'activité commerciale de la société (▪ Cass. 1re civ., 27 févr. 2007 : *JurisData* n° 2007-037699). À l'inverse, un simple associé, n'exerçant pas par ailleurs des fonctions de gérant, a été considéré comme non averti (▪ Cass. com., 11 mai 2010, n° 09-66.611 : *JurisData* n° 2010-005933 ;

Dr. et patrimoine 2010, n° 195, p. 87, note Ph. Dupichot). Aujourd'hui, la seule qualité d'associé majoritaire apparaît impropre à établir que la caution était avertie (■ Cass. 1re civ., 5 juill. 2017, n° 16-18.003 : *JurisData* n° 2017-013625 ; *RD bancaire et fin.* 2017, comm. 209, obs. D. Legeais, pour un des trois associés d'une SCI « constituée pour réaliser une opération à visée spéculative », ■ Cass. com., 12 juill. 2017, n° 15-26.155 : *JurisData* n° 2017-015024, pour un associé-fondateur d'une SCI, « informé de l'opération immobilière d'envergure » et disposant « de toutes les informations utiles pour apprécier l'opportunité du projet ». – Comp. ■ Cass. com., 13 sept. 2017, n° 15-20.294 : *JurisData* n° 2017-017688 ; *JCP* E 2017, 1586, note D. Legeais, pour un attaché de direction, au regard de ses compétences professionnelles, faute de précisons relatives aux dites compétences).

Sont également traités comme des cautions averties les professionnels du droit (Voir pour un huissier garant d'une société créée et cautionnée par lui, ■ Cass. 1re civ., 13 nov. 2008 : *JurisData* n° 2008-045842 ; *JCP* G 2009, I, 150, n° 6, obs. Simler). Voir aussi un autre arrêt de la Haute juridiction qui censure une décision en ce qu'elle n'a pas vérifié si les associés cautions ne disposaient pas de tous les renseignements, ces cautions averties ne prouvant pas que la banque disposait d'informations qu'elles ignoraient (■ Cass. com., 13 févr. 2007 : *JurisData* n° 2007-037432).

Au demeurant, la banque n'est pas tenue à un devoir de mise en garde à l'égard de cautions qui se sont fait assister d'un conseiller lors de la souscription de leur engagement (■ Cass. com., 12 nov. 2008, n° 07-15.949 : *RD bancaire et fin.* 2009, comm. 9, obs. Cerles. Comp. ■ Cass. 1re civ., 30 avr. 2009 : *JurisData* n° 2009-047953 ; *JCP* G 2009, act. 256, obs. Dumoulin ; *JCP* E 2009, 1583, note D. Legeais).

En toute hypothèse, une banque ne manque pas à son devoir de mise en garde envers les cautions, dès lors que le prêt a été octroyé sur la base d'un prévisionnel dressé par un cabinet d'expertise comptable établissant le caractère réaliste des projections de viabilité de l'entreprise (■ Cass. com., 22 févr. 2017, n° 15-14.915 : *JurisData* n° 2017-002802).

Le préjudice consécutif à la violation du devoir de mise en garde de la caution consiste en la perte d'une chance de ne pas contracter (■ Cass. com., 20 oct. 2009, n° 08-20.274 : *JurisData* n° 2009-049987 ; *Bull. civ.* 2009, IV, n° 127 ; *D.* 2009, p. 2971, note Houtcieff ; *JCP* E 2009, 2053, note Legeais ; *Banque et droit* 2009, n° 128, p. 62, obs. Rontchevsky. ■ Cass. com., 1er déc. 2009 : *Gaz. Pal.* 14 janv. 2010, n° 14, p. 16, obs. Dumont-Lefrand). V. égal. sur l'évaluation de la perte de chance de mise en garde, ■ Cass. com., 8 nov. 2011, n° 10-23.662 : *JurisData* n° 2011-025307 ; *RD bancaire et fin.* 2012, comm. 13, obs. D. Legeais ; *JCP* G 2012, 626, n° 6, obs. Simler.

Enfin, selon la Cour de cassation, l'aval, en ce qu'il garantit le paiement d'un titre dont la régularité n'est pas discutée, constitue un engagement cambiaire gouverné par les règles propres du droit du change, de sorte que l'avaliste n'est pas fondé à rechercher la responsabilité de la banque pour manquement au devoir de mise en garde ni pour violation de l'article L. 341-4 du Code de la consommation (■ Cass. com., 30 oct. 2012, n° 11-23.519 : *Dr. et patrimoine* 2013, n° 222, p. 83, note Ph. Dupichot. ■ Cass. 1re civ., 19 déc. 2013, n° 12-25.888 : *D.* 2014, p. 518, note Piette et Lasserre-Capdeville ; *Banque et droit* 2014, n° 153, p. 46, note Netter ; *JCP* G 2014, 635, n° 10, obs. Simler. V. égal. en faveur de l'exclusion des règles de droit commun relatives à l'information due au garant, ■ Cass. com., 20 avr. 2017, n° 15-14.812 : *JurisData* n° 2017-007206 ; *RD bancaire et fin.* 2017, comm. 164, obs. D. Legeais ; *D.* 2017, p. 1996, note Crocq ; *Banque et droit* 2017, p. 68, obs. Netter ; *Banque et droit* juill.-août 2017, p. 27, obs. Bonneau ; *JCP* G 2017, doctr. 1239, n° 2, obs. Simler).

Bibliographie : S. Piedelièvre, *Le cautionnement excessif : Defrénois* 1998, 849. – D. Bakouche, *La proportionnalité dans le cautionnement à l'épreuve de la loi et de la jurisprudence : Contrats, conc. consom.* 2004, chron. 5. – F. Crédot et P. Bouteiller, *De quel manquement au devoir de mise en garde la caution peut-elle se prévaloir ? : JCP* E 2010, 1785. – N. Mathey, *Le caractère excessif de l'engagement de la caution : RD bancaire et fin.* 2012, dossier 41. – D. Robine, *Responsabilité du créancier envers la caution pour manquement à une obligation de mise en garde : la Cour de cassation lève les obstacles : RD bancaire et fin.* 2017, étude 20.

Comp. en matière de sûreté réelle pour autrui, sous art. 2288, annot. n° 6, p. 1708. Sur l'impossibilité pour le créancier professionnel de se prévaloir d'un cautionnement conclu par une personne physique dont l'engagement était, lors de sa conclusion, manifestement disproportionné à ses biens et revenus, V. C. consom., art. L. 314-18, p. 2101 et art. L. 332-1, p. 2108 ; C. com., art. L. 650-1, p. 1782.

39) Devoir du notaire. Lorsque le cautionnement est conclu par acte authentique, le devoir de conseil incombant au notaire l'oblige à attirer l'attention de la caution sur la portée et sur les risques présentés par l'engagement, particulièrement en présence d'une stipulation inhabituelle (■ Cass. 1re civ., 19 déc. 2006 : *RD bancaire et fin.* 2007, n° 64, obs. Legeais ; *JCP* G 2007, I, 158, n° 8, obs. Simler). Toutefois, ce devoir de conseil ne saurait être illimité et, quoique garant de l'efficacité de l'acte qu'il instrumente, le notaire n'est pas en principe tenu de vérifier lui-même la solvabilité de la caution (■ Cass. 1re civ., 13 mars 2007 : *Banque et droit* juill.-août 2007, 114, p. 51, obs. Rontchevsky).

IV – CADUCITÉ DU CAUTIONNEMENT

40) Cessation des fonctions du dirigeant social caution (non). Le cautionnement n'est pas caduc pour défaut de cause et ne cesse pas de produire effet lorsque le dirigeant social qui a cautionné la société cède la quasi-totalité de ses actions et quitte la fonction qu'il occupait au sein de la société (■ Cass. com., 16 févr. 1977 : *JCP* 79, II, 19154, note Simler. – V. aussi ■ Cass. 1re civ., 4 juill. 1979, n° 77-12.201 : *JurisData* n° 1979-000200 ; *JCP* 79, IV, 302 ; *Bull. civ.* I, n° 200, p. 161. ■ Cass. com., 14 nov. 1980 : *JurisData* n° 1980-745220 ; *JCP* 81, IV, 39 ; *Bull. civ.* IV, n° 371, p. 299. ■ Cass. com., 24 avr. 1990 : *D.* 1991, 177, note Morvan. ■ Cass. com., 14 oct. 2008, n° 07-16.947 : *JurisData* n° 2008-045437 ; *JCP* G 2008, I, 211, n° 5, obs. Simler), à moins qu'il ait fait de l'exercice de ses fonctions une condition de la convention (■ Cass. com., 3 nov. 1988, n° 86-10.497 : *JurisData* n° 1988-702317 ; *JCP* 89, IV, 3 ; *Bull. civ.* IV, n° 283, p. 193 ; *D.* 1989, 185, 1re esp., note Aynès. V. aussi ■ Cass. com., 30 mai 1989 : *Bull. civ.* IV, n° 166, p. 110). Le dirigeant d'une société qui se porte caution des dettes que celle-ci viendrait à contracter continue, peu important qu'il ait ou non notifié au créancier la cession de ses parts, d'être tenu des dettes nées après la cessation de ses fonctions, à moins qu'il n'ait stipulé expressément que le cautionnement était lié à l'exercice de ces fonctions et cesserait de produire effet lorsqu'il y serait mis fin ou que la caution n'ait alors résilié son engagement (■ Cass. com., 15 oct. 1991, n° 89-19.122 : *JurisData* n° 1991-002529 ; *Bull. civ.* IV, n° 285, p. 198). Dans ce sens, ayant relevé que le cautionnement souscrit par un dirigeant alors qu'il était toujours en fonction garantissait toutes les dettes, y compris les dettes futures de la société et ne cessait pas avant que la caution ne révoque expressément son engagement, la cour d'appel, qui a retenu que ni la bonne foi devant régir les relations entre la banque et la caution, ni le devoir d'information n'imposait au créancier d'avertir l'ancien dirigeant de l'octroi d'un nouveau prêt, consenti après qu'il eut cessé ses fonctions au sein de la société, a légalement justifié sa décision en faisant droit à la demande de paiement formée contre cette même caution (■ Cass. com., 8 janv. 2008 : *JurisData* n° 2008-042190 ; *JCP* G 2008, IV, 1263 ; *Bull. Joly Sociétés* 2008, p. 182, note Barbièri). V. aussi, G. Deharo, *La substitution de caution. Remède à la situation inconfortable du dirigeant caution ou manifestation de l'évolution du droit des contrats ?* : *RTD com.* 2005, p. 447.

41) Incidence du divorce sur le cautionnement donné au conjoint. Le divorce est sans incidence sur le cautionnement consenti par un époux au profit de l'autre (■ Cass. com., 24 juin 1969 : *JCP* 70, II, 16221, note Prieur. ■ Cass. com., 28 févr. 1977 : *JCP* 77, IV, 110. – V. aussi ■ Cass. 1re civ., 15 juill. 1981 : *Bull. civ.* I, n° 255, p. 211).

42) Fusion de la société créancière ou débitrice. V. art. 2292, annot n° 33, p. 1729.

43) Délai prévu pour la mise en œuvre de l'engagement de caution. Dès lors que le contrat de cautionnement prévoit expressément un délai pour mettre en œuvre la garantie, la caution peut efficacement opposer au créancier le non-respect de ce délai contractuel (■ Cass. com., 15 oct. 2013, n° 12-21.704 : *RD bancaire et fin.* 2014, comm. 12, obs. Cerles ; *RTD civ.* 2014, p. 155, note Crocq ; *LPA* 2014, n° 58, p. 10, note Gouëzel ; *Banque et droit* 2013, n° 152, p. 44, note Rontchevsky ; *JCP* E 2014, 1074, n° 7, obs. Seube ; *JCP* G 2013, 1256, n° 8, obs. Simler).

Art. 2289 ***(Anc. art. 2012, dénum., Ord. n° 2006-346, 23 mars 2006).*** **– Le cautionnement ne peut exister que sur une obligation valable.**

On peut néanmoins cautionner une obligation, encore qu'elle pût être annulée par une exception purement personnelle à l'obligé ; par exemple, dans le cas de minorité.

1) Principe. Sur le principe que le cautionnement ne peut exister que sur une obligation valable, V. ■ Cass. com., 25 nov. 1980 : *JCP* 81, IV, 56 ; *Bull. civ. IV, n° 394, p. 317.*

2) Garantie du paiement de dettes délictuelles. Le cautionnement garantissant le paiement à la victime de créances nées d'un délit ou d'un quasi-délit est licite (■ Cass. 1re civ., 8 oct. 1996, n° 94-19.239 : *JurisData* n° 1996-003674 ; *JCP* 97, I, 4033, n° 2, obs. Simler et Delebecque ; *Bull. civ.* I, n° 342, p. 240 ; *RTD civ.* 1997, 180, obs. Bandrac. ■ Cass. 1re civ., 13 mai 1998, n° 96-16.087 : *JurisData* n° 1998-002134 ; *JCP* 98, IV, 2469 ; *Bull. civ.* I, n° 173, p. 115 ; *JCP* G 99, I, 116 et *JCP* E 99, 615, n° 5, obs. Simler). Mais jugé que le cautionnement de conséquences éventuelles de délits non encore commis s'apparenterait à une véritable assurance interdite par la loi (■ Toulouse, 25 mai 1992 : *JCP* 92, IV, 3110).

3) Annulation d'un contrat de prêt. Tant que les parties n'ont pas été remises en l'état antérieur à la conclusion de leur convention annulée, l'obligation de restituer inhérente au contrat de prêt demeure valable ; dès lors, le cautionnement en considération duquel le prêt a été consenti subsiste tant que cette obligation valable n'est pas éteinte (■ Cass. com., 17 nov. 1982, n° 81-10.757 : *JurisData* n° 1982-703006 ; *JCP* 84, II, 20216, note Delebecque et Mouly. ■ Cass. 1re civ., 25 mai 1992, n° 90-21.031 : *JurisData* n° 1992-001194 ; *JCP* 92, IV, 2112 ; *Bull. civ.* I, n° 154, p. 106 ; *RTD civ.* 1992, 799, obs. Bandrac.

■ Cass. 1re civ., 4 juin 1996, n° 93-13.870 : *JurisData* n° 1996-002250 ; *JCP* 96, IV, 1683 ; *Bull. civ.* I, n° 236, p. 165. ■ Cass. 1re civ., 1er juill. 1997, n° 95-12.163 : *JurisData* n° 1997-003164 ; *JCP* 97, IV, 1881 ; *Bull. civ.* I, n° 224, p. 150 ; *Defrénois* 1997, 1251, note Aynès).

4) **Nullité d'un contrat successif.** Au cas où est constatée la nullité d'un contrat successif, seule la disparition des obligations nées de ce contrat peut entraîner la disparition du cautionnement, lequel conserve son efficacité à l'égard des obligations subsistantes (■ Cass. com., 12 févr. 1991, n° 89-18.412 : *JurisData* n° 1991-000490 ; *JCP* 91, II, 21754, note Delebecque ; *D.* 1991, somm. 387, obs. Aynès ; *RTD civ.* 1991, 371, obs. Bandrac).

5) **Obligation conditionnelle.** Le cautionnement d'une obligation conditionnelle ne peut exister lorsque la condition est défaillie, nonobstant la renonciation ultérieure du créancier et du débiteur principal à cette condition, qui est inopposable à la caution (■ Cass. com., 29 avr. 1997, n° 95-13.505 : *JurisData* n° 1997-001799 ; *JCP* 97, II, 22893, note Billiau ; *Bull. civ.* I, n° 133, p. 88 ; *Defrénois* 1997, 1426, obs. Aynès).

6) **Défaut de pouvoir du directeur de la société débitrice.** La caution peut invoquer le défaut de pouvoir du directeur de la société débitrice qui ne constitue pas une exception purement personnelle à la société (■ Cass. 1re civ., 20 oct. 1987, n° 84-17.412 : *JurisData* n° 1987-001642 ; *Bull. civ.* I, n° 269, p. 195).

7) **Prêt à une association non déclarée.** Le prêt contracté au nom d'une association non déclarée ne fait naître une obligation de restitution qu'à la charge de celui qui se dit le représentant de l'association. Mais le cautionnement ne pouvant fonder la condamnation à garantir les dettes d'une personne autre que le débiteur prévu, cette personne physique s'étant portée caution ne peut être condamnée (■ Cass. 1re civ., 5 mai 1998, n° 96-13.610 : *JurisData* n° 1998-001913 ; *JCP* 98, IV, 2404 ; *Bull. civ.* I, n° 159, p. 107. Comp. ■ Cass. 1re civ., 26 avr. 2000, n° 98-10.693 : *JurisData* n° 2000-001565 ; *JCP* 2000, I, 257, n° 4, obs. Simler ; *Bull. civ.* I, n° 123, p. 82 ; *Defrénois* 2001, 569, note Crône, cautionnement d'une société en formation ne reprenant pas à son compte les engagements pris par les fondateurs).

Art. 2290 *(Anc. art. 2013, dénum., Ord. n° 2006-346, 23 mars 2006).* **– Le cautionnement ne peut excéder ce qui est dû par le débiteur, ni être contracté sous des conditions plus onéreuses.**

Il peut être contracté pour une partie de la dette seulement, et sous des conditions moins onéreuses.

Le cautionnement qui excède la dette, ou qui est contracté dans des conditions plus onéreuses, n'est point nul : il est seulement réductible à la mesure de l'obligation principale.

1) **Cautionnement partiel. Imputation des paiements.** Si le cautionnement ne garantit qu'une partie de la dette, il n'est éteint que lorsque cette dette est intégralement payée, les paiements partiels faits par le débiteur principal s'imputant d'abord, sauf convention contraire, sur la portion de dette non cautionnée (■ Cass. com., 5 nov. 1968 : *D.* 1969, 314. – V. aussi ■ Cass. com., 11 juin 1996, n° 94-15.097 : *JurisData* n° 1996-002340 ; *JCP* 96, IV, 1766 ; *Bull. civ.* IV, n° 164, p. 142 ; *RTD civ.* 1996, 950, obs. Crocq. Voir cependant ■ TGI Strasbourg, 11 févr. 1972 : *D.* 1972, 680, note Puech).

2) **Affectation des fonds remis au débiteur.** Sur la possibilité pour la caution de subordonner son engagement à l'affectation à une fin déterminée des fonds remis au débiteur principal, V. ■ Cass. 3e civ., 4 juill. 1968 : *Bull. civ.* III, n° 320, p. 247. ■ Cass. com., 7 févr. 1972, n° 69-14.242 : *JurisData* n° 1972-097046 ; *Bull. civ.* IV, n° 46, p. 43. Sur l'obligation de surveillance du banquier prêteur dans cette hypothèse, V. ■ TGI Strasbourg, 6 févr. 1978 : *D.* 1979, inf. rap. 360.

3) **Capitalisation des intérêts.** La caution ne peut promettre la capitalisation des intérêts lorsqu'elle n'est pas stipulée dans le contrat principal (■ Cass. civ., 2 févr. 1886 : *DP* 1886, 1, 233, 2e esp.).

4) **Intérêts mis à la charge d'un tiers.** Viole l'article 2013 (anc.) la cour d'appel qui décide qu'un particulier, qui s'était porté caution d'un emprunteur envers une banque, était tenu non seulement du paiement de la somme principale, mais également des intérêts de celle-ci, alors que le contrat d'ouverture de crédit avait prévu que les intérêts du prêt seraient à la charge d'un tiers (■ Cass. 1re civ., 2 mai 1989, n° 87-17.599 : *JurisData* n° 1989-701437 ; *JCP* 89, IV, 246).

5) **Déchéance du terme.** La déchéance du terme encourue par le débiteur principal ne s'étend pas à la caution (■ Cass. 1re civ., 20 déc. 1976 : *JurisData* n° 1976-700415 ; *JurisData* n° 1976-700415 ; *JCP* 77, II, 18611, concl. Gulphe. ■ Cass. com., 8 mars 1994, n° 92-11.854 : *JurisData* n° 1994-000443 ; *Bull. civ.* IV, n° 96, p. 74 ; *D.* 1994, 557, note Bazin). Dès lors que le jugement d'ouverture du redressement judiciaire ne rend pas exigibles les créances non échues à la date de son prononcé, la caution ne peut être condamnée à payer à une banque le remboursement anticipé intégral des prêts consentis au débiteur principal en redressement judiciaire (■ Cass. com., 14 nov. 1989, n° 88-12.411 : *JurisData* n° 1989-703499 ; *Bull. civ.* IV, n° 285, p. 193. V. aussi ■ Cass. com., 2 mars 1993, n° 90-22.135 : *JurisData* n° 1993-000368 ; *JCP* 93, I, 3680, n° 5, obs. Simler), et la clause contraire doit être réputée non écrite (■ Cass. 1re civ., 24 janv. 1995, n° 92-21.436 : *JurisData* n° 1995-000264 ; *Bull. civ.* I,

n° 51, p. 36 ; *JCP* E 96, II, 807, 1re esp., note S. Piedelièvre. V. aussi ■ Cass. com., 20 juin 1995, n° 93-13.523 : *JurisData* n° 1995-001572 ; *JCP* E 96, II, 807, 2e esp.). En outre, la déchéance du terme résultant de la liquidation judiciaire du débiteur principal est inopposable à la caution, sauf convention contraire, corrélativement l'admission définitive des créances ne justifie pas que la caution règle une créance non échue au jour du jugement d'ouverture (■ Cass. com., 4 nov. 2014, n° 12-35.357 : *RLDC* 2015/122, n° 5692, obs. Ansault ; *Gaz Pal.* 2014, n° 338, p. 22, obs. Dumont-Lefrand). Cela étant, lorsque le compte courant d'une société se trouve clôturé par l'effet de sa liquidation judiciaire, il en résulte que le solde de ce compte est immédiatement exigible de la caution (■ Cass. com., 13 déc. 2016, n° 14-16.037 : *JurisData* n° 2016-026837 ; *BJE* 2017, n° 2, p. 105, note Borga ; *RTD civ.* 2017, p. 196, note Crocq ; *Gaz. Pal.* 2017, n° 8, p. 32, obs. Dumont-Lefrand ; *Rev. proc. coll.* 2017, comm. 27, obs. Gijsbers ; *Act. proc. coll.* 2017, comm. 30, F. Petit).

6) Convention de compte courant. Redressement judiciaire. La caution qui garantit toutes les dettes d'un débiteur ayant conclu une convention de compte courant avec une banque ne peut être condamnée à payer le solde débiteur du compte à l'ouverture du redressement judiciaire dès lors que la convention de compte courant se poursuit (■ Cass. com., 3 janv. 1995, n° 90-19.832 : *JurisData* n° 1995-000050 ; *Bull. civ.* IV, n° 1, p. 1 ; *JCP* G 95, I, 3851 et *JCP* E 95, I, 482, n° 8, obs. Simler et Delebecque. V. aussi ■ Cass. com., 16 avr. 1996, n° 94-14.250 : *Bull. civ.* IV, n° 119, p. 101).

Voir : sur la portée de la résiliation du compte courant, art. 2311, annot. n° 2, p. 1757.

7) Solde définitif du compte après liquidation des opérations en cours. Le montant dû par la caution dans la limite de son engagement s'établit au solde définitif du compte après liquidation des opérations en cours (■ Cass. com., 6 nov. 1990 : *Bull. civ.* IV, n° 260, p. 182 ; *D.* 1991, somm. 387, 1re esp., obs. Aynès. V. aussi ■ Cass. com., 4 juin 1996, n° 94-13.476 : *JurisData* n° 1996-002210 ; *JCP* 96, IV, 1684 ; *Bull. civ.* IV, n° 155, p. 136).

8) Renonciation aux poursuites contre le débiteur. Caution solidaire. La Haute juridiction considère que la renonciation aux poursuites contre le débiteur ne libère pas la caution solidaire dans la mesure où le juge donne plein effet au protocole d'accord aux termes duquel « les parties renoncent de fait à intenter quelque action en justice que ce soit contre l'autre partie, sans pour autant renoncer aux actions à l'encontre des cautions solidaires » (■ Cass. com., 22 mai 2007 : *JurisData* n° 2007-038960 ; *JCP* G 2007, I, 212, n° 8, note Simler ; *D.* 2007, p. 1999, note Deshayes ; *RD bancaire et fin.* juill.-août 2007, comm. 147, obs. Cerles).

Code de commerce

PARTIE LÉGISLATIVE

LIVRE SIXIÈME. – DES DIFFICULTÉS DES ENTREPRISES

TITRE PREMIER. – DE LA PRÉVENTION DES DIFFICULTÉS DES ENTREPRISES

CHAPITRE I. – DE LA PRÉVENTION DES DIFFICULTÉS DES ENTREPRISES, DU MANDAT *AD HOC* ET DE LA PROCÉDURE DE CONCILIATION

Art. L. 611-10-2 *(Ord. n° 2008-1345, 18 déc. 2008 ; mod., Ord. n° 2010-1512, 9 déc. 2010)*. – Les personnes coobligées ou ayant consenti une sûreté personnelle ou ayant affecté ou cédé un bien en garantie peuvent se prévaloir *(Mots aj. à compter du 1er juillet 2014, Ord. n° 2014-326, 12 mars 2014)* « des mesures accordées au débiteur en application du cinquième alinéa de l'article L. 611-7 ainsi que » des dispositions de l'accord constaté ou homologué.

(...).

....

TITRE II. – DE LA SAUVEGARDE

....

CHAPITRE II. – DE L'ENTREPRISE AU COURS DE LA PÉRIODE D'OBSERVATION

Art. L. 622-26 *(Mod., L. n° 2009-526, 12 mai 2009)*. – À défaut de déclaration dans des délais prévus à l'article L. 622-24, les créanciers ne sont pas admis dans les répartitions et les dividendes à moins que le juge-commissaire ne les relève de leur forclusion s'ils établissent que leur défaillance n'est pas due à leur fait ou qu'elle est due à une omission *(Mot suppr. à compter du 1er juillet 2014, Ord. n° 2014-326, 12 mars*

2014) « volontaire » du débiteur lors de l'établissement de la liste prévue au deuxième alinéa de l'article L. 622-6. Ils ne peuvent alors concourir que pour les distributions postérieures à leur demande.

(Ord. n° 2008-1345, 18 déc. 2008) Les créances non déclarées régulièrement dans ces délais sont inopposables au débiteur pendant l'exécution du plan et après cette exécution lorsque les engagements énoncés dans le plan ou décidés par le tribunal ont été tenus. Pendant l'exécution du plan, elles sont également inopposables aux personnes physiques coobligées ou ayant consenti une sûreté personnelle ou ayant affecté ou cédé un bien en garantie.

[...].

....

Art. L. 622-28 *(Anc. art. L. 621-48, dénum. et mod., L. n° 2005-845, 26 juill. 2005 et ann., tabl. I ; mod., Ord. n° 2008-1345, 18 déc. 2008 ; Ord. n° 2016-131, 10 févr. 2016).* – Le jugement d'ouverture arrête le cours des intérêts légaux et conventionnels, ainsi que de tous intérêts de retard et majorations, à moins qu'il ne s'agisse des intérêts résultant de contrats de prêt conclus pour une durée égale ou supérieure à un an ou de contrats assortis d'un paiement différé d'un an ou plus. Les personnes physiques coobligées ou ayant consenti une sûreté personnelle ou ayant affecté ou cédé un bien en garantie peuvent se prévaloir des dispositions du présent alinéa. Nonobstant les dispositions de l'article 1343-2 du Code civil, les intérêts échus de ces créances ne peuvent produire des intérêts.

Le jugement d'ouverture suspend jusqu'au jugement arrêtant le plan ou prononçant la liquidation toute action contre les personnes physiques coobligées ou ayant consenti une sûreté personnelle ou ayant affecté ou cédé un bien en garantie. Le tribunal peut ensuite leur accorder des délais ou un différé de paiement dans la limite de deux ans.

Les créanciers bénéficiaires de ces garanties peuvent prendre des mesures conservatoires.

....

CHAPITRE VI. – DU PLAN DE SAUVEGARDE

Section II. – Du jugement arrêtant le plan et de l'exécution du plan

Art. L. 626-11 *(Anc. art. L. 621-65, dénum. et rempl., L. n° 2005-845, 26 juill. 2005 et ann., tabl. I ; mod., Ord. n° 2008-1345, 18 déc. 2008).* – Le jugement qui arrête le plan en rend les dispositions opposables à tous.

À l'exception des personnes morales, les coobligés et les personnes ayant consenti une sûreté personnelle ou ayant affecté ou cédé un bien en garantie peuvent s'en prévaloir.

....

TITRE III. – DU REDRESSEMENT JUDICIAIRE

CHAPITRE I. – DE L'OUVERTURE ET DU DÉROULEMENT DU REDRESSEMENT JUDICIAIRE

Art. L. 631-14 *(Rempl., Ord. n° 2008-1345, 18 déc. 2008).* – Les articles L. 622-3 à L. 622-9, à l'exception de l'article L. 622-6-1, et L. 622-13 à L. 622-33 sont applicables à la procédure de redressement judiciaire, sous réserve des dispositions qui suivent.

[...].

Les personnes coobligées ou ayant consenti une sûreté personnelle ou ayant affecté ou cédé un bien en garantie ne bénéficient pas de l'inopposabilité prévue au deuxième alinéa de l'article L. 622-26 et ne peuvent se prévaloir des dispositions prévues au premier alinéa de l'article L. 622-28.

....

Art. L. 631-20 *(L. n° 2005-845, 26 juill. 2005 ; mod., Ord. n° 2008-1345, 18 déc. 2008).* – Par dérogation aux dispositions de l'article L. 626-11, les coobligés et les personnes ayant consenti une sûreté personnelle ou ayant affecté ou cédé un bien en garantie ne peuvent se prévaloir des dispositions du plan.

Art. 2291 *(Anc. art. 2014, dénum., Ord. n° 2006-346, 23 mars 2006).* – **On peut se rendre caution sans ordre de celui pour lequel on s'oblige, et même à son insu.**

On peut aussi se rendre caution, non seulement du débiteur principal, mais encore de celui qui l'a cautionné.

Bibliographie : B. Saintourens, *Certificateur de caution et sous-cautions : les oubliés des réformes du cautionnement* in *Mélanges M. Cabrillac*, Litec 1999, p. 397.

1) Relation entre le certificateur et le créancier. Dans la mesure où le certificateur garantit l'engagement de la caution de premier rang, son obligation demeure dans la dépendance du rapport de droit unissant celle-ci au créancier (▪ Cass. com., 19 janv. 1981 : *Bull. civ.* IV, n° 30 ; *JCP* G 1981, IV, 114 ; *D.* 1981, inf. rap. p. 503, obs. Vasseur. ▪ CA Orléans, 21 sept. 2006 : *JurisData* n° 2006-313132).

2) Relation entre le certificateur et le débiteur principal. Dès lors qu'il n'y a aucun lien juridique entre le certificateur qui a acquitté la dette et le débiteur principal, celui-ci doit se retourner contre la caution, laquelle pourra à son tour agir contre le débiteur (V. ▪ Cass. com., 10 mars 1981, n° 79-16.011 : *JurisData* n° 1981-701342 ; *Bull. civ.* IV, n° 127 ; *JCP* G 1981, IV, 192).

Art. 2292 *(Anc. art. 2015, dénum., Ord. n° 2006-346, 23 mars 2006).* – **Le cautionnement ne se présume point ; il doit être exprès, et on ne peut pas l'étendre au-delà des limites dans lesquelles il a été contracté.**

• Sommaire

I – FORMALISME DU CAUTIONNEMENT

A – Caractère exprès

1) Présomption de cautionnement (non). Le cautionnement ne se présumant pas et devant être exprès, doit être cassé l'arrêt qui déduit l'existence d'un cautionnement du fait de la présence de la prétendue caution aux côtés des parties contractantes (▪ Cass. 1re civ., 24 avr. 1968 : *D.* 1968, 358, note Voulet) ou qui déduit l'acceptation de sa qualité de caution par un dirigeant d'une société débitrice du seul silence conservé par celui-ci à une lettre du créancier lui rappelant qu'il s'était porté personnellement avaliste de la société débitrice (▪ Cass. com., 16 déc. 1981, n° 80-13.450 : *JurisData* n° 1981-703664 ; *JCP* 82, IV, 88 ; *Bull. civ.* IV, n° 447, p. 358. V. aussi ▪ Cass. com., 24 janv. 1989, n° 87-14.313 : *JurisData* n° 1989-000246 ; *JCP* 89, IV, 111. ▪ Angers, 26 mars 1996 : *JCP* 97, IV, 1292 ; *JurisData* n° 1996-044847). Le caractère exprès du cautionnement commande que le nouveau dirigeant d'une société locataire ne soit pas tenu en qualité de caution au seul motif que le contrat de bail souscrit par son prédécesseur stipulait que le bail serait cautionné par le dirigeant (▪ CA Paris, 3 mai 2007 : *JCP* G 2007, I, 212, n° 1, note Simler ; *JurisData* n° 2007-340543). L'exigence d'un caractère exprès vaut en matière commerciale (▪ Paris, 1er avr. 1997 : *JurisData* n° 1997-020950. Voir cependant ▪ Toulouse, 21 août 1997 : *JurisData* n° 1997-044278).

2) Signature. Sur le principe que l'acte par lequel une partie s'engage à donner son cautionnement doit être constaté dans un titre comportant la signature de celui qui souscrit cet engagement, V. ▪ Cass. 1re civ., 15 nov. 1989, n° 87-18.003 : *JurisData* n° 1989-703595 ; *JCP* 90, II, 21422, note D. Legeais. ▪ Cass. 1re civ., 2 juill. 1996, n° 94-15.586 : *JurisData* n° 1996-002891 ; *JCP* 97, I, 4033, n° 4, obs. Simler et Delebecque ; *D.* 1997, somm. 164, 1re esp., obs. Aynès ; *Bull. civ.* I, n° 281, p. 196 ; *Defrénois* 1997, 390, 1re esp., obs. Aynès. Viole les articles 1326 et 2015 (anc.) la cour d'appel qui retient que l'acte a été signé par le comptable de la société et non par la caution elle-même, mais qui retient que l'engagement est valable, celle-ci ayant intérêt à éviter une assignation (▪ Cass. 1re civ., 2 juill. 1996, préc.). La signature unique apposée par deux époux cogérants d'une société dans un acte portant reconnaissance de dette envers une autre société et cautionnement ne peut prouver le cautionnement (▪ Cass. com., 11 juill. 1995 : *JCP* G 97, I, 3991 et *JCP* E 97, I, 631, n° 1, obs. Simler et Delebecque. Voir cependant ▪ Cass. com., 18 mai 1999, n° 97-14.289 : *JCP* 99, I, 156, n° 3, obs. Simler, la signature apposée à la fois en qualité de représentant de la société débitrice et en qualité de caution constitue un commencement de preuve par écrit, complété par l'élément extrinsèque que constitue sa qualité de gérant, rendant parfaite la preuve de l'acte de cautionnement).

3) Date. L'absence de date sur un acte de cautionnement ne peut fonder une action en nullité de l'engagement (▪ Cass. com., 1er févr. 2011, n° 09-17.411 : *JurisData* n° 2011-001128 ; *Rev. Lamy dr. civ.* 2011/4206, obs. Ansault ; *RD bancaire et fin.* 2011, comm. 47, obs. Cerles).

4) Cautionnement réel. Sur le principe que le cautionnement réel ne fait pas naître en lui-même d'engagement personnel, voir art. 2288, p. 1708.

5) Terminologie. Le mot cautionnement n'a rien de sacramentel et celui qui entend s'engager personnellement peut très bien substituer à ce mot un terme équivalent et notamment le mot aval qui est certes impropre lorsqu'il est utilisé en dehors du droit cambiaire mais qui est suffisamment révélateur de la volonté des parties (■ Lyon, 10 févr. 1976 : *D.* 1976, inf. rap. 290. V. aussi ■ Cass. com., 25 oct. 1994 : *JCP* 94, IV, 2616). Si une mention d'aval portée sur une lettre de change annulée ne constitue pas, à elle seule, la preuve d'un cautionnement, elle peut être retenue comme commencement de preuve d'une telle garantie (■ Cass. com., 24 juin 1997, n° 95-18.153 : *JurisData* n° 1997-003006 ; *Bull. civ.* IV, n° 198, p. 173). L'acte par lequel une personne s'engage à « prendre à sa charge le nantissement » d'un fonds de commerce et à rembourser le créancier exprime sans équivoque la volonté de se porter caution (■ Cass. com., 11 déc. 1978, n° 77-12.403 : *JurisData* n° 1978-098302 ; *Bull. civ.* IV, n° 302, p. 248).

6) Cautionnement par acte authentique. L'acte authentique constatant un cautionnement donné par procuration peut être annulé dès lors qu'il existe dans l'acte une clause d'une typographie différente du reste de l'acte et que rien dans l'acte n'annonçait l'obligation de la caution résultant de l'addition d'une telle stipulation (■ Cass. 1re civ., 13 nov. 2008 : *JurisData* n° 2008-045842 ; *RD bancaire et fin.* 2009, comm. 8, obs. Legeais).

B – Mentions manuscrites

1° *Domaine d'application de l'exigence légale*

7) Cautionnement par acte authentique. L'article 1326 est inapplicable au cautionnement consenti par acte authentique (■ Cass. com., 20 mars 1990, n° 88-14.913 : *JurisData* n° 1990-700627 ; *Bull. civ.* IV, n° 83, p. 55 ; *Defrénois* 1990, 809, obs. Aynès. ■ Cass. 1re civ., 4 févr. 1997, n° 94-20.983 : *JurisData* n° 1997-000418 ; *JCP* 97, IV, 680 ; *Bull. civ.* I, n° 42, p. 27. ■ Cass. com., 11 févr. 2004, n° 01-16.192 : *JurisData* n° 2004-022273 ; *JCP* 2004, IV, 1700 ; *Defrénois* 2004, 724, obs. Théry. V. en ce sens pour le mandat de se rendre caution ■ Cass. 1re civ., 13 févr. 1996, n° 94-10.908 : *JurisData* n° 1996-000417 ; *JCP* 96, I, 3983, n° 1, obs. Virassamy ; *Bull. civ.* I, n° 79, p. 51 ; *D.* 1996, somm. 265, obs. Aynès). Mais la formalité de l'annexion à l'acte authentique de cautionnement de la procuration *sous seing privé* de se porter caution ne suffit pas à purger celle-ci de ses vices de forme, au regard de l'article 1326, en tant qu'il assure la protection de la caution (■ Cass. 1re civ., 7 nov. 2000, n° 98-13.432 : *JurisData* n° 2000-006734 ; *Bull. civ.* I, n° 277, p. 179 ; *Defrénois* 2001, 256, obs. Aubert. V. aussi ■ Cass. 1re civ., 6 mars 2001, n° 98-15.920 : *JurisData* n° 2001-008565 ; *JCP* G 2001, IV, 1780 ; *JCP* E 2001, 758, note D. Legeais ; *Bull. civ.* I, n° 57, p. 37).

8) Cautionnement réel. L'article 1326 n'est pas applicable à un cautionnement réel (■ Cass. 1re civ., 13 mai 1998, n° 96-14.852 : *JCP* G 99, I, 116 et *JCP* E 99, 613, n° 1, obs. Simler ; *JCP* N 98, 1667, note S. Piedelièvre ; *Bull. civ.* I, n° 172, p. 115).

9) Cautionnement de montant indéterminé. Sur la nécessité des mentions manuscrites dans le cautionnement de montant indéterminé, V. ■ Cass. 1re civ., 3 mars 1970 : *JurisData* n° 1970-000080 ; *D.* 1970, 403, note Étesse. ■ Cass. 1re civ., 20 juin 1978, n° 76-15.551 : *JurisData* n° 1978-000234 ; *JCP* 78, IV, 264 ; *Bull. civ.* I, n° 274, p. 186. ■ Cass. 1re civ., 4 mars 1986, n° 84-16.818 : *JurisData* n° 1986-000110 ; *D.* 1987, 342, 2e esp., note Aynès. L'exigence vaut pour le mandat sous seing privé de se porter caution (■ Cass. 1re civ., 31 mai 1988, n° 86-17.495 : *JurisData* n° 1988-701773 ; *JCP* 89, II, 21181, note Simler ; *D.* 1989, somm. 289, obs. Aynès. ■ Cass. 1re civ., 27 juin 1995, n° 93-10.077 : *JurisData* n° 1995-001731 ; *D.* 1996, somm. 264, obs. Aynès ; *Defrénois* 1996, 807, obs. Aynès).

10) Mandat sous seing privé de se porter caution. Sur ce que le mandat sous seing privé de se porter caution est soumis aux mêmes exigences que le cautionnement lui-même, V. ■ Cass. 1re civ., 31 mai 1988, n° 86-17.495 : *JCP* 89, II, 21181, note Simler ; *D.* 1989, somm. 289, obs. Aynès. ■ Cass. 1re civ., 27 juin 1995, n° 93-10.077 : *JurisData* n° 1995-001731 ; *D.* 1996, somm. 264, obs. Aynès ; *Defrénois* 1996, 807, obs. Aynès. ■ Cass. 1re civ., 2 juill. 1996, n° 94-14.943 : *JurisData* n° 1996-002896 ; *JCP* 96, IV, 1989 ; *Bull. civ.* I, n° 282, p. 197 ; *Defrénois* 1997, 390, 4e esp., obs. Aynès, 405, obs. Bénabent ; *D.* 1997, somm. 164, 5e esp., obs. Aynès. Mais jugé que la procuration peut constituer un commencement de preuve par écrit du cautionnement susceptible d'être complété par l'indication au pied de l'acte de cautionnement des précisions sur la portée, la nature et les modalités de remboursement de l'obligation cautionnée (■ Cass. com., 1er oct. 2002 : *JCP* 2002, IV, 2836 ; *JurisData* n° 2002-015710).

11) Prorogation des effets du cautionnement. Une mention manuscrite n'est pas exigible pour un acte ultérieur destiné à proroger les effets du cautionnement pour une année (■ Cass. com., 9 juill. 1991, n° 89-19.373 : *JurisData* n° 1991-001847 ; *JCP* 92, IV, 352 ; *Bull. civ.* IV, n° 251, p. 175).

2° Contenu de l'exigence légale

12) Cumul avec des cautionnements antérieurs. La clause selon laquelle le cautionnement ne se confond pas avec ceux que la caution a donnés précédemment au profit du même créancier en garantie des dettes contractées par le même débiteur principal n'est pas soumise à l'exigence légale d'une mention manuscrite émanant de la caution (■ Cass. com., 3 janv. 1989, n° 87-13.817 : *JurisData* n° 1989-700004 ; *JCP* 89, IV, 79 ; *D.* 1989, somm. 292, 2e esp., obs. Aynès ; *Bull. civ.* IV, n° 2, p. 1).

13) Stipulation de solidarité. Si la stipulation de solidarité doit être expresse, cette modalité de l'engagement de la caution ne doit pas nécessairement être rédigée de la main de celle-ci (■ Cass. 1re civ., 31 janv. 1989, n° 87-11.204 : *JurisData* n° 1989-002882 ; *JCP* 89, IV, 117 ; *D.* 1989, somm. 292, 1re esp., obs. Aynès ; *Bull. civ.* I, n° 45, p. 29. V. en ce sens ■ Cass. com., 27 nov. 1991, n° 89-16.184 : *JurisData* n° 1991-003014 ; *JCP* 92, IV, 367. ■ Cass. com., 7 janv. 1992, n° 89-17.717 : *JurisData* n° 1992-000018 ; *JCP* 92, IV, 683 ; *Bull. civ.* IV, n° 1, p. 1), à moins que les parties à l'acte de cautionnement en aient décidé autrement (■ Cass. 1re civ., 26 nov. 1991, n° 90-14.518 : *JurisData* n° 1991-003019 ; *JCP* 92, IV, 368 ; *Bull. civ.* I, n° 330, p. 214).

14) Nature des dettes garanties. Il n'est pas nécessaire que la mention manuscrite précise la nature des dettes garanties ■ Cass. com., 29 oct. 1991, n° 89-19.542 : *JurisData* n° 1991-002719 ; *JCP* 92, II, 21874, 2e esp., note D. Legeais ; *Bull. civ.* IV, n° 315, p. 218. ■ Cass. 1re civ., 20 déc. 1994, n° 92-22.103 : *Bull. civ.* I, n° 382, p. 274. ■ Cass. 1re civ., 9 mai 1996, n° 94-12.258 : *JurisData* n° 1996-001790 ; *Contrats, conc. consom.* 1996, 137, note Leveneur ; *Bull. civ.* I, n° 193, p. 135 ; *D.* 1996, somm. 263, obs. Aynès.

• **Engagement déterminé**

15) Principe. Par application des articles 1326 et 2015 (anc.), l'engagement souscrit par la caution doit comporter sa signature ainsi que la mention, écrite de sa main, de la somme en toutes lettres et en chiffres de toute obligation déterminable au jour de l'engagement (■ Cass. 1re civ., 15 nov. 1989 : *JCP* 90, II, 21422, note D. Legeais).

16) Somme mentionnée en chiffres mais pas en lettres. La condition légale n'est pas remplie et le cautionnement est irrégulier si le montant figure seulement en chiffres et n'est pas mentionné *en toutes lettres (■ Cass. 1re civ., 15 nov. 1989, préc.).*

17) Somme mentionnée en lettres mais pas en chiffres. Le cautionnement n'est pas régulier si la somme n'est mentionnée qu'en lettres et pas en chiffres et il ne peut valoir que comme commencement de preuve par écrit (■ Cass. 1re civ., 13 nov. 1996, n° 94-12.856 : *JurisData* n° 1996-004243 ; *JCP* 97, II, 22810, note Dagorne-Labbe ; *Bull. civ.* I, n° 393, p. 274 ; *D.* 1997, 368, note Pasqualini, somm. 164, 2e esp., obs. Aynès ; *Contrats, conc. consom.* 1997, 25, note Leveneur ; *Defrénois* 1997, 390, 2e esp., obs. Aynès ; *RTD civ.* 1998, 110, obs. Mestre. V. aussi ■ Cass. 1re civ., 25 mai 2005, n° 04-11.622 : *JCP* 2005, II, 10169, note Piedelièvre ; *Contrats, conc. consom.* 2005, 188, note Leveneur ; *Defrénois* 2005, 1489, note Piedelièvre). Mais jugé à propos d'une reconnaissance de dette que l'omission de la mention manuscrite en chiffres exigée par l'article 1326 n'a pas pour effet de priver l'écrit de sa force probante dès lors qu'il comporte la mention de la somme en toutes lettres (■ Cass. 1re civ., 19 nov. 2002 : *Contrats, conc. consom.* 2003, 54, note Leveneur ; *JCP* 2003, IV, 1056 ; *JurisData* n° 2002-016423 ; *Bull. civ.* I, n° 278, p. 217. V. en ce sens ■ Cass. 1re civ., 18 sept. 2002 : *JCP* G 2003, I, 124 et *JCP* E 2003, 852, n° 2, obs. Simler ; *JurisData* n° 2002-015497).

18) Intérêts et accessoires. Il résulte de l'article 2016 (anc.) que le cautionnement indéfini s'étend de plein droit à tous les accessoires de la dette et l'article 1326 limite l'exigence de la mention manuscrite à la somme ou à la quantité due, sans l'étendre à la nature de la dette, à ses accessoires ou à ses composantes (■ Cass. 1re civ., 29 oct. 2002, 2 arrêts : *JurisData* n° 2002-016102 ; *JCP* G 2002, II, 10187, *JCP* E 2002, 1804 et *JCP* N 2003, 1377, note D. Legeais ; *JCP* G 2003, I, 124 et *JCP* E 2003, 852, n° 1, obs. Simler ; *Contrats, conc. consom.* 2003, 67, note Leveneur ; *JurisData* nos 2002-016102 et 2002-016097 ; *Bull. civ.* I, n° 247 et 250, p. 190 et 192 ; *Defrénois* 2003, 229, 2e arrêt, note Piedelièvre. ■ Cass. com., 4 févr. 2003, n° 00-19.959 : *JurisData* n° 2003-017502 ; *Bull. civ.* IV, n° 13, p. 19. V. déjà ■ Cass. com., 3 avr. 2002 : *JCP* 2002, IV, 1880 ; *JurisData* n° 2002-013812 ; *Bull. civ.* IV, n° 64, p. 67. V. en sens inverse, antérieurement, ■ Cass. 1re civ., 3 mai 1984 : *D.* 1984, inf. rap. 481 ; *Bull. civ.* I, n° 147, p. 125. ■ Cass. 1re civ., 9 déc. 1986, n° 85-13.252 : *JurisData* n° 1986-702889 ; *Bull. civ.* I, n° 287, p. 274. ■ Cass. 1re civ., 22 mai 2001, n° 98-23.332 : *JurisData* n° 2001-009704 ; *JCP* 2001, IV, 2302 ; *Bull. civ.* I, n° 145, p. 95. Comp., prenant en compte les « circonstances de l'acte », ■ Cass. 1re civ., 22 mai 2002, n° 99-17.245 : *JurisData* n° 2002-014427 ; *JCP* E 2002, 1381, 2e esp., note D. Legeais ; *Bull. civ.* I, n° 139, p. 106, 2e arrêt).

19) Mention du taux des intérêts. La mention manuscrite portée sur l'acte de caution doit préciser expressément le taux des intérêts (■ Cass. 1re civ., 10 mai 1988, n° 86-15.749 : *JurisData* n° 1988-001187 ; *D.* 1989, 442, note Urbain-Parleani. ■ Cass. 1re civ., 17 juill. 1990, n° 89-12.609 : *JurisData* n° 1990-002227 ; *JCP* 90, IV, 349 ; *Bull. civ.* I, n° 200, p. 142. ■ Cass. 1re civ., 2 avr. 1997, n° 95-14.235 : *JurisData* n° 1997-001470 ; *JCP* 97, IV, 1130 ; *Bull. civ.* I, n° 114, p. 76. ■ Cass. 1re civ., 10 juill. 2001, n° 98-21.575 : *JurisData* n° 2001-010601 ; *JCP* 2001, I, 356, n° 1, obs. Simler ; *Bull. civ.* I, n° 208, p. 132), à moins que le cautionnement porte sur des dettes de nature indéterminée dont le taux ne peut être fixé lors de l'engagement de la caution (■ Cass. com., 11 juin 1991, n° 89-11.727 : *JurisData* n° 1991-001605 ; *JCP* E 1991, II, 227, note D. Legeais ; *D.* 1991, somm. 384, obs. Aynès. ■ Cass. 1re civ., 9 juin 1993, n° 91-17.785 : *JurisData* n° 1993-001240 ; *JCP* 93, IV, 2007). Faute pour la caution d'avoir précisé de sa main le taux conventionnel, l'engagement relatif aux intérêts doit être considéré comme indéterminé et seul le taux légal peut être appliqué, sans qu'il y ait à considérer que la caution, épouse du débiteur, avait accès à tous les documents contractuels de celui-ci (■ Cass. 1re civ., 10 mars 1992, n° 90-16.466 : *JCP* 92, IV, 1407 ; *Bull. civ.* I, n° 77, p. 52. ■ Cass. com., 17 mars 1992, n° 90-13.819 : *JurisData* n° 1992-000666 ; *JCP* 92, IV, 1483. Voir cependant ■ Cass. com., 7 juill. 1992, n° 90-19.235 : *JurisData* n° 1992-001711 ; *JCP* 93, I, 3680, n° 4, obs. Simler). Jugé cependant que dès lors qu'elle a écrit de sa main qu'elle garantissait les intérêts et que le taux de ceux-ci a été fixé par écrit, la caution est tenue au paiement desdits intérêts, peu important que leur taux ne figure pas dans la mention manuscrite (■ Cass. com., 31 mai 1994, 2 arrêts : *JurisData* n° 1994-001235 ; *JCP* 94, I, 3807, n° 5, obs. Simler et Delebecque ; *Bull. civ.* IV, nos 190 et 191, p. 152 ; *RTD civ.* 1994, 903, obs. Bandrac. Comp. ■ Cass. 1re civ., 13 oct. 1999, n° 97-21.451 : *JurisData* n° 1999-003553 ; *JCP* 2000, II, 10307, note Casey ; *Contrats, conc. consom.* 2000, 20, note Leveneur ; *Dr. famille* 2000, 25, 2e arrêt, note Beignier ; *Bull. civ.* I, n° 273, p. 178, refusant à des cautions dirigeants de société la possibilité de se prévaloir de l'absence d'indication manuscrite du taux des intérêts. Mais V. en sens inverse pour un cautionnement civil, ■ Cass. 1re civ., 29 fév. 2000 : *JCP* G 2000, II, 10382, note Casey ; *JCP* E 2000, 801, note D. Legeais ; *Bull. civ.* I, n° 68, p. 46). Après avoir relevé que les cautionnements étaient donnés au pied de l'acte dans lequel étaient stipulées les modalités de l'éventuelle variation du taux des intérêts contractuels et de calcul de l'indemnité de recouvrement, une cour d'appel a pu en déduire que l'indication, dans les mentions manuscrites, que les cautions s'engageaient au paiement des intérêts et des accessoires du prêt constituait un commencement de preuve par écrit complété par des éléments extrinsèques (■ Cass. 1re civ., 23 juin 1992, n° 91-11.064 : *JurisData* n° 1992-001494 ; *JCP* 92, IV, 2439. V. aussi ■ Cass. 1re civ., 21 févr. 1995, n° 92-18.988 : *JurisData* n° 1995-000338 ; *Bull. civ.* I, n° 90, p. 64 ; *JCP* G 95, I, 3889, *JCP* E 95, I, 515 et *JCP* N 96, prat. 3638, n° 7, obs. Simler ; *JCP* N 96, II, 1433, note S. Piedelièvre ; *Contrats, conc. consom.* 1995, 127, note Leveneur ; *D.* 1996, somm. 266, obs. Aynès).

• **Engagement indéterminé**

20) Exigence d'une mention non équivoque. Lorsque le montant de la somme que la caution s'est engagée à payer ne peut être chiffré au moment de l'établissement de l'acte, il s'agit d'un engagement indéterminé et, en ce cas, il résulte de la combinaison des articles 1326 et 2015 (anc.) que l'acte juridique la constatant doit porter, écrite de la main de la caution, une mention exprimant sous une forme quelconque, mais de façon explicite et non équivoque, la connaissance qu'elle a de la nature et de l'étendue de l'obligation contractée (■ Cass. 1re civ., 4 mars 1986, n° 85-10.560 : *JurisData* n° 1986-000120 ; *D.* 1987, 342, 2e esp., note Aynès. V. en ce sens ■ Cass. 1re civ., 20 juin 1978, n° 76-15.551 : *JurisData* n° 1978-000234 ; *JCP* 78, IV, 264 ; *Bull. civ.* I, n° 274, p. 186). Peut être écarté comme inopérant le moyen par lequel le créancier soutient que la caution aurait pu être plus amplement informée si elle l'avait souhaité (■ Cass. 1re civ., 3 oct. 1995, n° 93-11.279 : *Bull. civ.* I, n° 339, p. 238 ; *D.* 1996, somm. 263, obs. Aynès).

21) Appréciation du caractère non équivoque. Pour l'appréciation du caractère explicite et non équivoque de l'engagement, il doit être tenu compte non seulement des termes employés, mais également de la qualité, des fonctions et des connaissances de la caution, de ses relations avec le créancier et le débiteur, de l'obligation cautionnée, ainsi que de la nature et des caractéristiques de cette dernière ■ Cass. com., 15 nov. 1988, n° 86-14.284 : *JCP* 89, IV, 20 ; *Bull. civ.* IV, n° 310, p. 208 : *D.* 1990, 3, note P. Ancel. ■ Cass. 1re civ., 28 oct. 1991 : *JCP* 92, II, 21874, 1re esp., note D. Legeais ; *Bull. civ.* I, n° 286, p. 188. ■ Cass. 1re civ., 9 mai 1994, n° 92-19.965 : *JCP* 94, I, 3807, n° 6, obs. Simler et Delebecque. V. pour la prise en considération des fonctions de président-directeur général de la caution ■ Cass. 1re civ., 4 juin 1996, n° 93-18.612 : *JurisData* n° 1996-002257 ; *JCP* 96, IV, 1682 ; *Bull. civ.* I, n° 235, p. 164. – Voir cependant, mettant l'accent sur l'analyse intrinsèque de l'acte de cautionnement, ■ Cass. 1re civ., 7 mars 1989, 2 arrêts : *JurisData* n° 1989-700692 ; *JCP* 89, II, 21317, note D. Legeais ; *D.* 1989, somm. 290, obs. Aynès). La condition a été considérée comme remplie dans le cas d'une caution qui ne contestait pas avoir eu connaissance de la portée de son engagement qui figurait au bas du contrat, lequel précisait le prix, le nombre de versements et les modalités de calcul (■ Cass. 1re civ., 1er oct. 1986, n° 85-13.388 : *JurisData* n° 1986-701643 ; *Bull. civ.* I, n° 228, p. 218 ; *D.* 1987, 341, 2e esp., note Aynès. Comp. pour une caution principal actionnaire de la société débitrice et parfaitement au courant de la situation des engagements de cette société, ■ Cass. 1re civ., 4 févr. 1986, n° 84-15.263 : *D.* 1987, 342, 1re esp., note Aynès). Mais il ne suffit pas de constater que l'intéressé n'a pas contesté, lors des premières réclamations, la réalité de son engagement, la circonstance n'établissant pas sans équivoque qu'il s'est engagé en parfaite connaissance de cette réalité comme de l'étendue de cet engagement (■ Cass.

com., 18 févr. 1992, n° 89-20.939 : *JurisData* n° 1992-000313 ; *Bull. civ.* IV, n° 76, p. 55). Jugé que la fonction exercée par le gérant peut seulement constituer un élément extrinsèque de nature à compléter le commencement de preuve par écrit résultant de l'acte de cautionnement (■ Cass. com., 9 nov. 1993, n° 90-20.696 : *JurisData* n° 1993-002958 ; *Contrats, conc. consom.* 1994, 24, note Leveneur. V. aussi ■ Cass. com., 23 mai 2000, n° 97-12.493 : *JurisData* n° 2000-002127 ; *Contrats, conc. consom.* 2000, 138, note Leveneur ; *Bull. civ.* IV, n° 107, p. 96). Ne donne pas de base légale à sa décision la cour d'appel qui condamne la caution en retenant qu'elle s'est engagée « du fait du contrat d'affacturage et de ses avenants éventuels » sans préciser en quoi l'étendue de son obligation à la garantie de dettes futures, telle qu'elle avait été ultérieurement accrue, était déterminable au moment de l'engagement (■ Cass. com., 7 juill. 1992, n° 90-18.418 : *JurisData* n° 1992-002004 ; *JCP* 92, IV, 2611 ; *Bull. civ.* IV, n° 260, p. 181). Le caractère explicite et non équivoque de la connaissance par la caution de la nature et de l'étendue de son engagement doit s'apprécier au jour de l'acte (■ Cass. 1re civ., 9 mai 2001 : *JCP* 2001, IV, 2181 ; *JurisData* n° 2001-009360 ; *Bull. civ.* I, n° 124, p. 81).

3° *Portée de l'exigence légale*

22) Caractère probatoire. Après des décisions ambiguës, la Haute juridiction a confirmé que les exigences de l'article 1326 du Code civil concernaient le domaine probatoire, y compris en matière de cautionnement (■ Cass. 1re civ., 15 nov. 1989 : *JCP* 90, II, 21422, note D. Legeais. ■ Cass. 1re civ., 24 janv. 1990, n° 88-12.605 : *JurisData* n° 1990-000067 ; *Bull. civ.* I, n° 19, p. 14 ; *Defrénois* 1990, 810, obs. Aynès. ■ Cass. com., 19 juin 1990, n° 88-14.950 : *JurisData* n° 1990-701764 ; *Bull. civ.* IV, n° 180, p. 123 ; *JCP* 90, II, 21578, note D. Legeais. ■ Cass. com., 26 juin 1990, n° 88-14.659 : *JurisData* n° 1990-701971 ; *JCP* 90, IV, 324 ; *Bull. civ.* IV, n° 188, p. 128 ; *Defrénois* 1990, 1345, obs. Aynès. ■ Cass. com., 14 juin 1994, n° 91-21.315 : *JurisData* n° 1994-001299 ; *Bull. civ.* IV, n° 209, p. 167. ■ Cass. 1re civ., 6 juill. 2004, n° 01-15.041 : *JurisData* n° 2004-024532 ; *Bull. civ.* I, n° 199, p. 167).

23) Commencement de preuve par écrit *complété par des éléments extrinsèques.* Le cautionnement irrégulier peut valoir comme commencement de preuve par écrit (■ Cass. 1re civ., 15 oct. 1991, n° 89-21.936 : *JurisData* n° 1991-003547 ; *JCP* E 92, II, 21923, II, 366, note Simler) susceptible d'être complété par des éléments extérieurs à l'acte (■ Cass. 1re civ., 20 oct. 1992, n° 90-21.183 : *JurisData* n° 1992-002276 ; *Bull. civ.* I, n° 259, p. 170. ■ Cass. com., 25 mai, 1er et 22 juin 1993, n° 91-13.108 : *JurisData* n° 1993-001518 ; *RTD civ.* 1993, 861, obs. Bandrac. ■ Cass. com., 14 déc. 1993, n° 91-17.928 : *JurisData* n° 1993-002703 ; *Bull. civ.* IV, n° 468, p. 341. Comp. ■ Cass. 1re civ., 23 févr. 1999 ; *D.* 1999, 411, 2e esp., note P. Ancel, relevant l'absence d'éléments extrinsèques établissant que la caution a eu conscience de son engagement), par exemple tirés des conclusions de la caution qui ne contestent pas le montant de son engagement (■ Cass. com., 11 janv. 1994, n° 91-17.691 : *JurisData* n° 1994-000052 ; *Bull. civ.* IV, n° 15, p. 12 ; *Defrénois* 1994, 1168, 1re esp., obs. Aynès ; *RTD civ.* 1994, 899, obs. Bandrac. ■ Cass. 1re civ., 23 févr. 1999, n° 96-20.140 : *JurisData* n° 1999-000938 ; *D.* 1999, 411, 1re esp., note P. Ancel), d'une lettre (■ Cass. com., 31 mai 1994, n° 91-19.316 : *Bull. civ.* IV, n° 192, p. 154), ou d'une reconnaissance de dette ultérieure ainsi que par des actes d'exécution de cette reconnaissance (■ Cass. 1re civ., 27 juin 1995, n° 93-10.077 : *JurisData* n° 1995-001731 ; *Bull. civ.* I, n° 286, p. 198 ; *D.* 1996, 133, note Micha-Goudet), ou de l'aveu extrajudiciaire (■ Cass. 1re civ., 29 oct. 2002 : *JCP* 2003, IV, 2994 ; *JurisData* n° 2002-016093 ; *Defrénois* 2003, 258, obs. Aubert), ou de la signature portée dans l'acte de cession du fonds de commerce par le vendeur s'étant porté caution du remboursement du prêt consenti à l'acquéreur (■ Cass. 1re civ., 15 janv. 2002 : *JCP* G 2002, IV, 1318 ; *JCP* E 2002, 592, 2e esp., note D. Legeais ; 1424, n° 5, obs. Simler ; *JurisData* n° 2002-012509 ; *Bull. civ.* I, n° 13, p. 10, 1er arrêt ; *RTD civ.* 2003, 122, obs. Crocq), ou encore de la qualité de la caution (directeur technique de la société débitrice) et de ses relations de concubinage avec la gérante (■ Cass. 1re civ., 13 nov. 1997, n° 95-21.401 : *JurisData* n° 1997-004407 ; *JCP* 97, IV, 2522 ; *Bull. civ.* I, n° 305, p. 207 ; *RTD civ.* 1998, 884, obs. Hauser). Mais jugé que les éléments extrinsèques susceptibles de compléter le commencement de preuve par écrit constitué par l'acte de cautionnement irrégulier ne peuvent être puisés dans les autres énonciations de l'acte (■ Cass. 1re civ., 5 mai 2004, n° 02-17.155 : *JurisData* n° 2004-023493 ; *Bull. civ.* I, n° 125, p. 103). L'absence de protestation à la suite d'une correspondance ne suffit pas à établir que la caution s'est engagée en parfaite connaissance de cause du débiteur cautionné (■ Cass. 1re civ., 27 févr. 1996, n° 93-20.173 : *JurisData* n° 1996-000689 ; *JCP* 96, IV, 918 ; *Bull. civ.* I, n° 110, p. 76 ; *D.* 1996, somm. 264, obs. Aynès ; *Defrénois* 1996, 806, obs. Aynès). Jugé sous l'empire du droit antérieur à la loi du 1er août 2003 que la qualité d'associé, fût-il majoritaire, est impropre, à elle seule, à compléter valablement le commencement de preuve par écrit (■ Cass. com., 31 mai 1994, n° 91-19.316 : *Bull. civ.* IV, n° 193, p. 154 ; *JCP* E 95, II, 675, note Despaquis ; *Defrénois* 1994, 1167, obs. Aynès ; *RTD civ.* 1994, 902, obs. Bandrac. ■ Cass. com., 29 avr. 2003, n° 00-13.251 : *JurisData* n° 2003-019114 ; *JCP* G 2003, I, 176 et *JCP* E 2003, 69, n° 3, obs. Simler), mais qu'il en va autrement pour la qualité de dirigeant (■ Cass. com., 6 déc. 1994, n° 90-20.378 : *JurisData* n° 1994-002447 ; *JCP* 95, IV, 342 ; *Bull. civ.* IV, n° 363,

p. 300. ■ Cass. com., 17 déc. 1996, n° 95-16.620 : *D.* 1997, somm. 164, 4ᵉ esp., obs. Aynès).

24) Éléments portés dans l'acte de cautionnement. Le commencement de preuve par écrit peut être complété par des éléments tirés de l'acte préimprimé au pied duquel le cautionnement a été donné et qui contient toutes les précisions sur la portée, la nature et les modalités du remboursement (■ Cass. 1re civ., 9 déc. 1997, n° 95-20.680 : *JCP* 98, IV, 1196 ; *Bull. civ.* I, n° 360, p. 243 ; *D.* 1999, 322, note Brémond), et plus généralement par tout élément extérieur à l'engagement de caution, fût-il porté dans le même acte (■ Cass. 1re civ., 15 janv. 2002 : *JCP* G 2002, IV, 1317 ; *JCP* E 2002, 592, 1re esp., note D. Legeais ; 1424, n° 5, obs. Simler ; *JurisData* n° 2002-012510 ; *Bull. civ.* I, n° 13, p. 10, 2ᵉ arrêt ; *RTD civ.* 2003, 122, obs. Crocq. ■ Cass. 1re civ., 12 mars 2002 : *JCP* 2002, IV, 1704 ; *JurisData* n° 2002-013491 ; *Bull. civ.* I, n° 87, p. 68. *Contra*, ■ Cass. com., 31 mai 1994, n° 91-19.316 : *Bull. civ.* IV, n° 193, p. 154 ; *JCP* E 95, II, 675, note Despaquis ; *Defrénois* 1994, 1167, obs. Aynès ; *RTD civ.* 1994, 902, obs. Bandrac). Les juges du fond ne peuvent donc écarter, au motif erroné de leur caractère intrinsèque, les paraphes portés à l'acte unique comportant cession du fonds de commerce et engagement de caution (■ Cass. 1re civ., 15 janv. 2002, préc.).

25) Consommateurs. Sur le formalisme à peine de nullité du cautionnement dans le domaine du crédit aux consommateurs, V. C. consom., art. L. 314-15 et s., p. 1732. – Comp. pour le cautionnement souscrit par une personne physique en faveur d'un créancier professionnel, C. consom., art. L. 331-1 et s., p. 2108 (réd. L. n° 2003-721, 1er août 2003).

26) Cautionnement en matière de bail d'habitation. Sur le formalisme à peine de nullité du cautionnement à durée indéterminée souscrit au profit du bailleur dans le bail d'habitation, voir L. n° 89-462, 6 juill. 1989, art. 22-1, p. 3137.

27) Cautionnement donné par un commerçant. Sur la liberté de preuve du cautionnement donné par un commerçant, V. ■ Cass. com., 11 déc. 1990 : *D.* 1991, 584, note Bandrac. ■ Cass. com., 12 mai 1998, n° 95-15.355 : *JurisData* n° 1998-002053 ; *Contrats, conc. consom.* 1998, 128, note Leveneur.

II – INTERPRÉTATION DU CAUTIONNEMENT

28) Principe d'interprétation stricte. Sur le principe que le cautionnement doit être interprété strictement, V. ■ Cass. 1re civ., 15 déc. 1993, n° 92-11.555 : *JurisData* n° 1993-002628 ; *JCP* 94, IV, 465 ; *Bull. civ.* I, n° 366, p. 255. V. aussi, écartant une clause « stéréotypée et préimprimée », ■ Cass. com., 9 juin 1998, n° 95-19.464 : *JurisData* n° 1998-002643 ; *JCP* 98, IV, 2724. Doit également être censuré pour dénaturation le raisonnement d'une cour d'appel qui avait interprété un contrat de cautionnement qui contenait des dispositions jugées claires et précises par la Chambre commerciale (■ Cass. com., 11 févr. 2014, n° 13-10.408 : *Gaz. Pal.* 2014, nos 78 et 79, p. 18, obs. Albiges).

29) Cautionnement général. En présence d'un engagement général de garantie de toutes les dettes du débiteur, concrétisé dans plusieurs actes successifs, les juges du fond doivent rechercher si, en raison de la concomitance de chacun des actes de cautionnement avec un prêt de même montant que celui visé dans la formule manuscrite, la caution n'avait pas eu la volonté non équivoque de garantir seulement le remboursement de chacun de ces prêts et non les autres engagements du débiteur (■ Cass. com., 20 oct. 1992, n° 90-13.161 : *JCP* 93, I, 3717, n° 3, obs. Simler).

30) Primauté des mentions manuscrites. La caution ne peut être condamnée à payer le montant du décompte dactylographié si celui-ci est supérieur au montant figurant dans les mentions manuscrites (■ Cass. com., 28 mai 1991, n° 89-17.672 : *JurisData* n° 1991-001414 ; *Bull. civ.* IV, n° 181, p. 129. V. en ce sens ■ Cass. 1re civ., 16 juin 1987, n° 86-12.051 : *JurisData* n° 1987-001042 ; *Bull. civ.* I, n° 195, p. 145). Les juges n'ont donc pas à rechercher si les clauses dactylographiées de l'acte étendent au paiement des frais l'engagement manuscrit de la caution portant sur le principal (■ Cass. 1re civ., 3 mai 1984 : *D.* 1984, inf. rap. 481 ; *Bull. civ.* I, n° 147, p. 125). Peut être relevé d'office le moyen tiré de ce que les juges du fond n'ont pas limité la condamnation des cautions au montant de l'engagement tel qu'il est exprimé par la mention écrite de sa main (■ Cass. 1re civ., 3 mars 1987, n° 85-13.230 : *JurisData* n° 1987-000380 ; *Bull. civ.* I, n° 77, p. 58).

31) Cautionnement donné à une société ou à un fonds de commerce. Lorsque le cautionnement est consenti à un débiteur en sa qualité de gérant d'une société, les dettes contractées à titre personnel par ce gérant ne sont pas garanties (■ Cass. 1re civ., 20 déc. 1977 : *JCP* 79, II, 19155, note Simler). Viole l'article 2015 l'arrêt qui condamne la caution à payer les dettes de deux fonds de commerce, au motif que les deux fonds constituaient une même entreprise, alors que le cautionnement n'avait été donné que pour les dettes liées à l'exploitation d'un fonds (■ Cass. 1re civ., 15 déc. 1993 : *JCP* 94, IV, 465 ; *Bull. civ.* I, n° 366, p. 255. ■ Cass. com., 18 janv. 2017, n° 15-14.428 : *JurisData* n° 2017-000574 ; *JCP* G 2017, doctr. 511, n° 8, obs. Simler). Le cautionnement ne porte que sur les dettes propres de la société cautionnée et ne peut être étendu aux filiales de celle-ci (■ Cass. com., 25 nov. 1997 : *JCP* 98, IV, 1062 ; *Bull. civ.* IV, n° 300, p. 258).

32) Changement de forme de la société cautionnée. La transformation de la société débitrice n'opère pas novation (■ Cass. com., 8 nov. 1972 et 9 avr. 1973 : *JurisData* n° 1972-097278 ; *JurisData* n° 1972-097278 ; *D.* 1973, 753, note Malaurie. V. aussi ■ Cass. com., 20 févr. 2001 : *JurisData* n° 2001-008282 ; *JCP* 2001, I, 326, n° 2, obs. Viandier et Caussain ; *Bull. civ.* IV, n° 38, p. 35 ; *Defrénois* 2001, 1193, obs. Honorat).

33) Fusion. La fusion ou la scission de la société créancière est considérée comme une cause de libération de la caution engagée dans un cautionnement de dettes futures de sorte que l'obligation du garant n'est maintenue pour la garantie des dettes postérieures à l'opération en cause que si la caution manifeste expressément sa volonté d'étendre son engagement au profit de la société absorbante (■ Cass. com., 6 mars 1978, n° 76-14.152 : *JurisData* n° 1978-098079 ; *Bull. civ.* IV, n° 79 ; *D.* 1979, inf. rap. p. 138, obs. Vasseur ; ■ Cass. com., 20 janv. 1987, n° 85-14.035 : *JurisData* n° 1987-099070 ; *Bull. civ.* IV, n° 20 ; *JCP* G 1987, II, 20844, et *JCP* N 1988, II, 114, note Germain ; *Gaz. Pal.* 1987, 1, p. 217, note Piedelièvre ; *D.* 1987, somm. p. 453, obs. Aynès ; *Rev. sociétés* 1987, p. 397, note Barret ; *RD bancaire et bourse* 1988, p. 28, obs. Contamine-Raynaud ; ■ Cass. com., 17 juin 1990 : *Bull. civ.* IV, n° 216 ; *JCP* E 1991, II, 143 ; *JCP* N 1991, II, 149, note Grellière ; *Rev. sociétés* 1991, p. 67, note Randoux ; ■ Cass. com., 21 janv. 2003, n° 97-13.027 : *JurisData* n° 2003-017338 ; *Bull. civ.* IV, n° 9 ; *D.* 2003, p. 496 ; *Defrénois* 2003, art. 37739, p. 713, obs. Honorat ; *JCP* G 2003, IV, 1444 ; ■ CA Paris, 29 sept. 2006 : *JurisData* n° 2006-317702 ; ■ CA Colmar, 14 nov. 2007 : *JurisData* n° 2007-358357). Après un arrêt marqué par une relative ambiguïté (■ Cass. com., 8 nov. 2005 : *JurisData* n° 2005-030656 ; *Bull. civ.* IV, n° 218 ; *JCP* G 2005, II, 10170, note Houtcieff ; *JCP* G 2006, I, 131, n° 9, obs. Simler ; *D.* 2005, p. 2875, obs. Lienhard ; *RTD com.* 2006, p. 145, obs. Le Cannu, et p. 179, obs. Legeais), cette solution traditionnelle a été réaffirmée (■ Cass. com., 14 mai 2008 : *JurisData* n° 2008-044010 ; *RD bancaire et fin.* 2008, comm. 105, obs. Cerles ; *JCP* G 2008, I, 211, n° 7, note Simler ; ■ Cass. com., 30 juin 2009, n° 08-10.719 : *JurisData* n° 2009-049183 ; *D.* 2009, p. 2163, obs. Lienhard ; *JCP* G 2009, 492, n° 7, note Simler. ■ Cass. com., 16 sept. 2014, n° 13-17.779 : *RLDC* 2014/5618, obs. Ansault ; *Gaz. Pal.* 2014, n° 338, p. 20, obs. Dumont-Lefrand ; *JCP* G 2014, doctr. 1162, n° 7, obs. Simler, qui précise que la manifestation expresse de la volonté de la caution d'étendre son engagement au profit la société absorbante, même connue du débiteur principal, n'a pas pour conséquence d'étendre mécaniquement les effets du nantissement consenti pour contre-garantir le cautionnement initial). Au demeurant, l'extinction de l'obligation de couverture de la caution du fait de la scission emporte nécessairement extinction de la même obligation de la sous-caution envers la caution (■ Cass. com., 8 mars 2017, n° 15-14.290 : *JurisData* n° 2017-003973 ; *JCP* G 2017, doctr. 511, n° 13, obs. Simler).

Dans le même sens, la caution cesse de garantir les dettes nées après une fusion ou une scission de la société débitrice lorsque l'opération donne naissance à une personne morale nouvelle (■ Cass. com., 14 déc. 1966 : *Bull. civ.* IV, n° 482 ; ■ Cass. com., 17 oct. 1978, n° 76-15.147 : *JurisData* n° 1978-097231 ; *Bull. civ.* IV, n° 231 ; *Rev. sociétés* 1979, 846, note Hémard ; ■ Cass. com., 25 oct. 1983, n° 82-13.358 : *JurisData* n° 1983-702394 ; *Bull. civ.* IV, n° 274 ; *JCP* G 1984, IV, 7 ; *Rev. sociétés* 1984, p. 297, note Mabilat). En revanche, la banque n'a pas l'obligation d'informer la caution, qui s'est engagée à garantir l'ensemble des engagements d'une société à son égard, des conséquences de la transmission universelle des patrimoines d'autres sociétés à la société garantie qui les a absorbées (■ Cass. com., 28 févr. 2018, n° 16-18.692 : *JurisData* n° 2018-002736 ; *RTD civ.* 2018, p. 458, obs. Crocq ; *JCP* G 2018, 482, note Simler ; *JCP* E 2018, 1285, note R. Marty ; *RD bancaire et fin.* 2018, comm. 63, obs. D. Legeais ; *RTD com.* 2018, p. 376, obs. A. Lecourt).

Néanmoins, le juge considère que les opérations d'absorption et de fusion sont inopposables au créancier lorsqu'elles sont entachées de fraude (■ Cass. com., 10 oct. 1995, n° 93-15.619 : *JurisData* n° 1995-002552 ; *Bull. civ.* IV, n° 224 ; *JCP* G 1995, IV, 2488 ; *LPA* 13 déc. 1995, obs. Couret et Le Cannu ; *Defrénois* 1996, art. 36333, p. 648, obs. Piedelièvre).

Dans la mesure où l'article L. 236-3, I, du Code de commerce affirme que la fusion entraîne la dissolution sans liquidation des sociétés qui disparaissent et la transmission universelle de leur patrimoine aux sociétés bénéficiaires dans l'état où il se trouve à la date de réalisation définitive de l'opération, il en résulte qu'en cas d'absorption d'une société ayant souscrit un engagement de sous-caution, la société absorbante est tenue d'exécuter cet engagement dans les termes de celui-ci (■ Cass. com., 7 janv. 2014, n° 12-20.204 : *Rev. sociétés* 2014, p. 291, note Ansault ; *LPA* 2014, n° 38, p. 3, note S. Piedelièvre ; *Gaz. Pal.* 2014, n° 35, p. 15, note Zattara-Gros ; *Bull. Joly sociétés* 2014, p. 98, note Couret et Dondéro ; *RTD civ.* 2014, p. 154, note Crocq ; *Gaz. Pal.* 2014, n°s 78-79, p. 15, note Dumont-Lefrand ; *Gaz. Pal.* 2014, n° 30, p. 13, note Mignot ; *Dr. sociétés* 2014, comm. 45, obs. Gallois-Cochet ; *JCP* G 2014, 236, note H. Hovasse ; *JCP* G 2014, 435, note Simler). – Comp. en cas de décès de la caution, personne physique, V. sous art. 2294, note n° 2, p. 1746.

Voir aussi : G. Damy, *Le sort du cautionnement dans les opérations de fusion : évolutions et précisions jurisprudentielles pour les banques : Banque et droit* 2006, p. 28.

34) Perte de la qualité de dirigeant de la société cautionnée. V. art. 2288, annot n° 40, p. 1719.

35) Durée de l'engagement. Dénature les termes clairs et précis d'un acte de cautionnement qui ne comportait aucune limitation dans le temps de l'obligation de la caution la cour d'appel qui retient que l'intention des parties lors de l'établissement du prêt avait été de limiter l'engagement de la caution à la durée de son activité au sein de la société (▪ Cass. 1re civ., 4 juill. 1979, n° 77-12.201 : *JurisData* n° 1979-000200 ; *JCP* 79, IV, 302 ; *Bull. civ.* I, n° 200, p. 161. Voir aussi sous art. 2288, p. 1708). Lorsque la caution s'est engagée pour un temps déterminé, ce n'est pas étendre abusivement son engagement au-delà des limites dans lesquelles il a été souscrit que de le faire jouer pour une dette échue avant la date prévue, même si les poursuites sont engagées après cette date (▪ Paris, 28 nov. 1975 : *JurisData* n° 1975-155054 ; *JCP* 76, II, 18263, note Simler. – V. en ce sens ▪ Cass. com., 16 juill. 1973, n° 72-11.035 : *JurisData* n° 1973-097243 ; *Bull. civ.* IV, n° 244, p. 221. ▪ Cass. 1re civ., 6 nov. 1985, n° 84-13.609 : *JurisData* n° 1985-702758 ; *Bull. civ.* I, n° 288, p. 257). Il ne pourrait en aller autrement qu'en cas de stipulation contractuelle limitant dans le temps le droit de poursuite du créancier (▪ Cass. com., 28 janv. 1992, n° 90-14.919 : *JurisData* n° 1992-000097 ; *JCP* 92, IV, 917 ; *Bull. civ.* IV, n° 35, p. 28. ▪ Cass. com., 15 oct. 2013, n° 12-21.704 : *JurisData* n° 2013-022802 ; *Bull. civ.* IV, n° 151 ; *JCP* G 2013, doctr. 1256, n° 8, obs. Simler. ▪ Cass. com., 26 janv. 2016, n° 14-23.285 : *JurisData* n° 2016-001026 ; *JCP* G 2016, doctr. 553, n° 8, obs. Simler. – Comp. ▪ Cass. 1re civ., 22 juin 2016, n° 15-19.993 : *JurisData* n° 2016-012380 ; *RD bancaire et fin.* 2016, comm. 199, obs. Cerles ; *JCP* G 2016, doctr. 1224, n° 3, obs. Simler). Le cautionnement donné en garantie du remboursement d'un prêt dont le terme est stipulé est un engagement limité dans le temps. La volonté exprimée par la caution d'y mettre fin unilatéralement avant le terme prévu est sans effet (▪ Cass. com., 7 juill. 1992, n° 89-20.661 : *JCP* 92, IV, 2610 ; *Bull. civ.* IV, n° 262, p. 182. ▪ Cass. 1re civ., 27 juin 1995, n° 93-14.053 : *JurisData* n° 1995-001726 ; *Bull. civ.* I, n° 283, p. 196 ; *JCP* G 95, II, 22526 ; *JCP* E 95, II, 717 et *JCP* N 96, II, 503, note Béhar-Touchais ; *D.* 1996, 276, note S. Piedelièvre). Dès lors qu'elle tendait à priver d'effet l'exercice par la caution de la faculté, qui lui était reconnue, de révoquer unilatéralement le cautionnement à durée indéterminée qu'elle avait souscrit, la clause litigieuse était nulle, de sorte que, ne pouvant recevoir application, elle n'était pas de nature à affecter la validité de ce cautionnement (▪ Cass. 1re civ., 7 mars 2006, n° 04-12.914 : *JurisData* n° 2006-032541 ; *Bull. civ.* I, n° 132, p. 123). Dans la mesure où le renouvellement du cautionnement implique un nouvel accord de volontés compte tenu de l'exigence du caractère exprès de l'engagement, il a été jugé qu'un tel contrat de garantie souscrit pour une durée d'un an renouvelable ne peut être considéré comme tacitement reconduit (▪ CA Toulouse, 2 mai 2012, n° 10/04989 : *JurisData* n° 2012-008945 ; *JCP* G 2012, 1291, n° 10, note Simler).

36) Solde d'un compte courant. Lorsque la caution a garanti le solde d'un compte courant, il appartient aux juges de rechercher si le débit du solde provisoire existant au jour de la révocation du cautionnement n'a pas été effacé par les remises subséquentes et si le solde réclamé après clôture définitive ne résulte pas d'avances effectuées par le banquier postérieurement à la révocation (▪ Cass. com., 22 nov. 1972 : *JurisData* n° 1972-097298 ; *JurisData* n° 1972-097298 ; *Gaz. Pal.* 1973, 1, 213, note Martin. ▪ Cass. 1re civ., 17 mai 1983, n° 82-12.587 : *Bull. civ.* I, 146, p. 128. – Comp. ▪ Cass. com., 24 oct. 1989, n° 88-15.988 : *JurisData* n° 1989-703246 ; *Bull. civ.* IV, n° 256, p. 172. ▪ Cass. 1re civ., 28 oct. 1997, n° 95-21.345 : *JurisData* n° 1997-004223 ; *JCP* 97, IV, 2428 ; *Bull. civ.* I, n° 296, p. 199 ; *RTD civ.* 1998, 150, obs. Bandrac).

Bibliographie : S. Bernheim-Desvaux, *La clause de résiliation à effet limité du cautionnement d'un compte courant : Contrats, conc. consom.* 2013, formule 4.

37) Vente de l'immeuble loué. Cautionnement du preneur. En cas de vente de l'immeuble donné à bail, le cautionnement garantissant le paiement des loyers est, sauf stipulation contraire, transmis de plein droit au nouveau propriétaire en tant qu'accessoire de la créance de loyers cédée à l'acquéreur par l'effet combiné de l'article 1743 et des articles 1692, 2013 (anc.) et 2015 (anc.) (▪ Cass. ass. plén., 6 déc. 2004 : *JCP* G 2005, II, 10010, note Piedelièvre ; *JCP* E 2004, 1901, note Belloc et de Fréminville ; *JCP* N 2005, 1103, note Raby ; *Loyers et copr.* 2005, 25, note Vial-Pedroletti ; *RDC* 2005/2, 406, obs. Houtcieff ; *Defrénois* 2005, 316, note Aynès. *Contra*, antérieurement, ▪ Cass. com., 26 oct. 1999, n° 96-18.188 : *JCP* G 2000, II, 10320, note Casey ; *JCP* E 2000, 416, note Gout ; *Bull. civ.* IV, n° 184, p. 158 ; *D.* 2000, 224, note Aynès ; *Defrénois* 2000, 480, note S. Piedelièvre. ▪ Cass. 3e civ., 3 déc. 2003, n° 02-14.645 : JurisData n° 2003-021219 ; *Loyers et copr.* 2004, 63, note Vial-Pedroletti). V. C. Larroumet, *L'acquéreur de l'immeuble loué et la caution du locataire : D.* 2000, chron. 155. – Y. Trémorin, *La caution du locataire et la vente de l'immeuble loué : JCP* N 2000, 950.

38) Bail. Il est bien établi en jurisprudence que le cautionnement d'un contrat de bail ne s'étend pas au renouvellement ou à la reconduction de ce dernier, sauf volonté contraire des parties (V. not. ■ Cass. 1re civ., 5 nov. 2009, n° 08-14.425 : *JurisData* n° 2009-050225 ; *Rev. Lamy dr. civ.* 2010/67, n° 3679, obs. Ansault qui précise que l'extinction de l'obligation de couverture de la caution consécutive à la survenance du terme du bail qui unit le créancier au débiteur prive le bailleur du droit de demander paiement au garant au titre de la période postérieure quand bien même ce bail serait tacitement reconduit. V. dans le même sens, ■ Cass. 1re civ., 4 oct. 2000, n° 97-21.356 : *JurisData* n° 2000-006107 ; *Bull. civ.* IV, n° 234, p. 154). La cour a admis l'existence de cette preuve contraire du fait que le contrat prévoyait que la caution devait garantir les sommes dues au preneur pendant toute la durée de son occupation (■ Cass. 1re civ., 21 mars 2006, n° 04-17.323 : *JurisData* n° 2006-032856 ; *RTD civ.* 2006, p. 798, note Crocq). Voir art. 1740, p. 1475. Dans le même esprit, pour la Cour de cassation, le cautionnement d'un bail dérogatoire et de ses cessions ou renouvellements ne s'étend pas au bail commercial soumis au statut qui résulte de plein droit de sa prolongation (■ Cass. 3e civ., 23 mai 2013, n° 11-17.071 : *JurisData* n° 2013-010129 ; *RD bancaire et fin.* 2013, comm. 129, obs. D. Legeais ; *JCP G* 2013, 1256, n° 5, obs. Simler).

39) Cautionnement par deux époux. Lorsque, par le même acte, deux époux se sont obligés en qualité de cautions pour un certain montant, la jurisprudence considère qu'ils sont tenus ensemble à hauteur de ladite somme pour la même fraction de la dette garantie (■ Cass. com., 3 juill. 2008 : *JurisData* n° 2008-044679 ; *RD bancaire et fin.* 2008, comm. 135, obs. Legeais ; *JCP G* 2008, I, 211, obs. Simler. ■ Cass. 1re civ., 15 févr. 2005 : *JurisData* n° 2005-027001 ; *JCP G* 2005, I, 135, n° 6, obs. Simler). En revanche, le juge se prononce en faveur d'un cumul des engagements de caution lorsque ceux-ci ont été souscrits dans des actes distincts (■ Cass. 1re civ., 1er juin 1999, n° 90-18.948 : *JurisData* n° 1999-002169 ; *Bull. civ.* I, n° 181 ; *JCP G* 2000, I, 209, n° 1, obs. Simler).

Voir : C. civ., art. 1415, p. 1280.

40) Intérêt stipulé postérieurement à la conclusion du cautionnement. Selon la Haute juridiction, le cautionnement ne s'étend pas aux intérêts stipulés postérieurement à sa souscription (■ Cass. 1re civ., 20 oct. 2011, n° 10-21.426 : *JurisData* n° 2011-022521 ; *JCP G* 2012, 626, n° 1, obs. Simler).

Loi n° 89-462 du 6 juillet 1989

tendant à améliorer les rapports locatifs et portant modification de la loi n° 86-1290 du 23 décembre 1986

Art. 22-1 *(L. n° 94-624, 21 juill. 1994 ; mod., L. n° 2002-73, 17 janv. 2002 ; L. n° 2006-872, 13 juill. 2006 ; L. n° 2009-323, 25 mars 2009 ; L. n° 2009-1437, 24 nov. 2009).* – Le cautionnement ne peut pas être demandé, à peine de nullité, par un bailleur qui a souscrit une assurance ou toute autre forme de garantie, garantissant les obligations locatives du locataire, sauf en cas de logement loué à un étudiant ou un apprenti. Cette disposition ne s'applique pas au dépôt de garantie mentionné à l'article 22.

Si le bailleur est une personne morale autre qu'une société civile constituée exclusivement entre parents et alliés jusqu'au quatrième degré inclus, le cautionnement ne peut être demandé que :

- s'il est apporté par un des organismes dont la liste est fixée par décret en Conseil d'État ;
- ou si le logement est loué à un étudiant ne bénéficiant pas d'une bourse de l'enseignement supérieur.

Lorsqu'un cautionnement pour les sommes dont le locataire serait débiteur dans le cadre d'un contrat de location conclu en application du présent titre est exigé par le bailleur, celui-ci ne peut refuser la caution présentée au motif qu'elle ne possède pas la nationalité française ou qu'elle ne réside pas sur le territoire métropolitain.

(Al. abr., L. n° 2018-1021, 23 nov. 2018).

Lorsque le cautionnement d'obligations résultant d'un contrat de location conclu en application du présent titre ne comporte aucune indication de durée ou lorsque la durée du cautionnement est stipulée indéterminée, la caution peut le résilier unilatéralement. La résiliation prend effet au terme du contrat de location, qu'il s'agisse du contrat initial ou d'un contrat reconduit ou renouvelé, au cours duquel le bailleur reçoit notification de la résiliation.

(Al. mod., L. n° 2017-86, 27 janv. 2017 ; L. n° 2018-1021, 23 nov. 2018) La personne physique qui se porte caution signe l'acte de cautionnement faisant apparaître le montant du loyer et les conditions de sa révision tels qu'ils figurent au contrat de location, la mention exprimant de façon explicite et non équivoque la connaissance qu'elle a de la nature et de l'étendue de l'obligation qu'elle contracte ainsi que la reproduction de l'avant-dernier alinéa du présent article. Le bailleur remet à la caution un exemplaire du contrat de location. Ces formalités sont prescrites à peine de nullité du cautionnement.

1) Champ d'application. Les exigences de l'article 22-1 de la loi du 6 juillet 1989, relatives à la reproduction manuscrite par la caution de certaines mentions dans le contrat, concernent l'ensemble des cautionnements, qu'ils soient à durée déterminée ou à durée indéterminée (▪ Cass. 3e civ., 27 sept. 2006, n° 05-17.804 : *JurisData* n° 2006-035145 ; *Bull. civ.* n° 187, p. 156 ; *JCP G* 2006, I, 195, n° 2, obs. Simler. V. aussi B. Vial-Pedroletti, *Cautionnement et formalisme : appel à l'unité (à propos du cautionnement du bail d'habitation) : Loyers et copr.* 2006, étude 5). Selon la Cour de cassation, la caution doit reproduire manuscritement le pénultième alinéa du texte, relatif à l'engagement à durée indéterminée et à la faculté de résiliation corrélative, alors même qu'elle s'oblige pour une durée déterminée (▪ Cass. 3e civ., 14 sept. 2010, n° 09-14.001 : *JurisData* n° 2010-016102 ; *RD bancaire et fin.* 2010, comm. 211, obs. D. Legeais ; *JCP G* 2011, 226, n° 4, obs. Simler ; *Loyers et copr.* 2010, comm. 279, obs. Vial-Pedroletti). En revanche, le cautionnement d'un bail d'habitation par acte authentique est dispensé de la mention manuscrite prescrite par cette disposition (▪ Cass. 3e civ., 9 juill. 2008 : *JurisData* n° 2008-044784 ; *JCP G* 2008, I, 211, n° 2, obs. Simler ; *JCP G* 2008, II, 10174, note Perruchot-Triboulet ; *D.* 2008, p. 2079, obs. Rouquet ; *Defrénois* 2008, 1989, obs. Savaux. – V. aussi F. Hébert, *La mention manuscrite de la caution d'un bail d'habitation ne concerne pas les actes notariés : JCP* N 2008, 1293. ▪ CA Grenoble, 23 oct. 2006 : *JurisData* n° 2006-322596 ; *JCP G* 2007, I, 158, n° 2, obs. Simler ; *Loyers et copr.* 2007, comm. 50, obs. Vial-Pedroletti. *Contra*, ▪ CA Aix-en-Provence, 7 févr. 2001 : *Bull. Aix* 2001, p. 199).

2) Sanction. La nullité prescrite par l'article 22-1 est encourue en l'absence de tout grief (▪ Cass. 3e civ., 8 mars 2006, n° 05-11.042 : *JurisData* n° 2006-032572 ; *Bull. civ.* III, n° 59 ; *JCP G* 2006, II, 10131, note Bazin ; *D.* 2006, p. 808, obs. Rouquet ; *RD bancaire et fin.* 2006, n° 95, obs. Cerles ; *Contrats, conc. consom.* 2006, comm. 127, obs. Leveneur ; *RDC* 2006/3, p. 749, obs. Lardeux ; *RTD civ.* 2006, p. 797, obs. Crocq.

Voir : sur l'exclusion de la mention manuscrite lorsque le cautionnement est inséré dans un acte authentique, art. 1317-1 ancien, p. 1220.

Voir : sur l'exclusion de la mention manuscrite lorsque le cautionnement est inséré dans un acte d'avocat, L. n° 71-1130, 31 déc. 1971, art. 66-3-3 nouv., p. 2967.

Code de la consommation

PARTIE LÉGISLATIVE

LIVRE TROISIÈME. – CRÉDIT

TITRE PREMIER. – OPERATIONS DES CREDIT

CHAPITRE IV. – DISPOSITIONS COMMUNES AU CRÉDIT À LA CONSOMMATION ET AU CRÉDIT IMMOBILIER

Section III. – Les sûretés personnelles

(Ord. n° 2016-301, 14 mars 2016)

Art. L. 314-15 *(Ord. n° 2016-301, 14 mars 2016)*. **–** La personne physique qui s'engage par acte sous seing privé en qualité de caution pour l'une des opérations relevant des chapitres II ou III du présent titre fait précéder sa signature de la mention manuscrite suivante et uniquement de celle-ci :

« En me portant caution de X ..., dans la limite de la somme de ... couvrant le paiement du principal, des intérêts et, le cas échéant, des pénalités ou intérêts de retard et pour la durée de ..., je m'engage à rembourser au prêteur les sommes dues sur mes revenus et mes biens si X ... n'y satisfait pas lui-même. »

Omission de la conjonction « et ». La caution solidaire des engagements bancaires d'un particulier ne peut reprocher à la cour d'appel d'avoir refusé dannuler son cautionnement alors qu'il avait omis, dans la mention manuscrite, la conjonction de coordination « et » entre, d'une part, la formule définissant le montant et la teneur de l'engagement et d'autre part, celle relative à la durée de celui-ci. Une telle omission n'affecte en effet ni le sens, ni la portée de la mention manuscrite prescrite par l'ancien article L. 313-7 du Code de la consommation (▪ Cass. 1re civ., 9 nov. 2004, n° 02-17.028 : *Bull. civ.* 2004, I, n° 254 ; *LPA* 29 mars 2005, p. 5, obs. Houtcieff ; *JCP E* 2005, 180, note D. Legeais ; *Defrénois* 2005, art. 38181, p. 1035, note Piedelièvre). En l'absence de la formule spéciale visée à l'ancien article L. 313-8 du Code de la consommation propre à la solidarité, l'adjonction du mot « solidaire » dans la mention prescrite à l'ancien article L. 313-7 du Code de la consommation demeure sans incidence sur la validité de l'engagement, lequel doit alors être appréhendé comme un cautionnement simple (■ Cass. 1re civ., 5 avr. 2012, n° 11-12.515 : *JurisData* n° 2012-006566 ; *JCP* E 2012, 1329, note D. Legeais ; *RD bancaire et fin.* 2012, comm. 86, obs. Cerles ; *Contrats, conc. consom.* 2012, comm. 186, obs. Raymond ; *JCP* G 2012, 1291, n° 2, note Simler).

Voir : sur l'exclusion de la mention manuscrite lorsque le cautionnement est inséré dans un acte d'avocat, L. n° 71-1130, 31 déc. 1971, art. 66-3-3 nouv., p. 2967.

Art. L. 314-16 *(Ord. n° 2016-301, 14 mars 2016)*. – Lorsque le créancier demande un cautionnement solidaire pour l'une des opérations relevant des chapitres II ou III du présent titre, la personne physique qui se porte caution fait précéder sa signature de la mention manuscrite suivante :

« En renonçant au bénéfice de discussion défini à l'article 2298 du Code civil et en m'obligeant solidairement avec X ..., je m'engage à rembourser le créancier sans pouvoir exiger qu'il poursuive préalablement X... ».

Voir : sur l'exclusion de la mention manuscrite lorsque le cautionnement est inséré dans un acte d'avocat, L. n° 71-1130, 31 déc. 1971, art. 66-3-3 nouv., p. 2967.

Art. L. 314-17 *(Ord. n° 2016-301, 14 mars 2016)*. – Toute personne physique qui s'est portée caution à l'occasion d'une opération de crédit relevant des chapitres II ou III du présent titre est informée par l'établissement prêteur de la défaillance du débiteur principal dès le premier incident de paiement caractérisé susceptible d'inscription au fichier institué à l'article L. 751-1.

Art. L. 314-18 *(Ord. n° 2016-301, 14 mars 2016)*. – Un établissement de crédit, une société de financement, un établissement de monnaie électronique, un établissement de paiement ou un organisme mentionné au 5 de l'article L. 511-6 du Code monétaire et financier ne peut se prévaloir d'un contrat de cautionnement d'une opération de crédit relevant des chapitres II ou III du présent titre, conclu par une personne physique dont l'engagement était, lors de sa conclusion, manifestement disproportionné à ses biens et revenus, à moins que le patrimoine de cette caution, au moment où celle-ci est appelée, ne lui permette de faire face à son obligation.

Livre III. – Crédit

Titre IV. – Sanctions

Chapitre Ier. – Opérations de crédit

Section IV. – Sûretés personnelles

(L. n° 2017-203, 21 févr. 2017)

Art. L. 341-51-1 *(L. n° 2017-203, 21 févr. 2017)*. – Les prescriptions des articles L. 314-15 et L. 314-16 sont prévues à peine de nullité de l'engagement.

Partie législative

(Partie créée à compter du 1er juillet 2016, Ord. n° 2016-301, 14 mars 2016)

Livre III. – Crédit

TITRE III – CAUTIONNEMENT

(Ord. n° 2016-301, 14 mars 2016)

Bibliographie : L. Aynès, *La réforme du cautionnement par la loi Dutreil : Dr. et patrimoine*, nov. 2003, p. 28. ● A. Cerles, *La mention manuscrite du Code de la consommation : une protection de la caution source de contentieux : RD bancaire et fin.* 2012, dossier 39. ● D. Legeais, *Le Code de la consommation siège d'un nouveau droit du cautionnement : JCP* E 2003, p. 1610. ● Y. Picod, *Le formalisme de la mention manuscrite de la caution* in *Mélanges François Chabast*, Bruylant, 2011, p. 775 et s. ● C. Bouix, *Le juge face au formalisme légal. L'exemple du cautionnement : RD bancaire et fin.* 2013, étude 8. ● G. Piette, *Solutions pour mettre un terme au contentieux relatif aux mentions manuscrites dans le cautionnement : D.* 2017, p. 1064. ● M. Robert-Nicoud, *Les mentions manuscrites de la caution à l'égard d'un créancier professionnel : état des lieux : RJDA* 10/2018, p. 815.

CHAPITRE I. – FORMALISME

Art. L. 331-1 *(Ord. n° 2016-301, 14 mars 2016)*. – Toute personne physique qui s'engage par acte sous seing privé en qualité de caution envers un créancier professionnel fait précéder sa signature de la mention manuscrite suivante et uniquement de celle-ci :

« En me portant caution de X ...., dans la limite de la somme de .... couvrant le paiement du principal, des intérêts et, le cas échéant, des pénalités ou intérêts de retard et pour la durée de ...., je m'engage à rembourser au prêteur les sommes dues sur mes revenus et mes biens si X .... n'y satisfait pas lui-même. »

1) Appréciation de la notion de créancier professionnel. Selon la Cour de cassation, une cour d'appel a exactement retenu qu'au sens des anciens articles L. 341-2 et L. 341-3 du Code de la consommation le créancier professionnel s'entend de celui dont la créance est née dans l'exercice de sa profession ou se trouve en rapport direct avec l'une de ses activités professionnelles, même si celle-ci n'est pas principale (■ Cass. 1re civ., 9 juill. 2009, n° 08-15.910 : *JurisData* n° 2009-049063 ; *Rev. Lamy dr. civ.* 2009/64, n° 3574, obs. Ansault ; *RTD civ.* 2009, p. 758, note Crocq ; *Gaz. Pal.* 2009, n° 270-272, p. 10, note Dagorne-Labbe ; *D.* 2009, p. 2032, obs. Delpech et p. 2198, note Piedelièvre ; *JCP G* 2009, n° 40, 286 et *JCP E* 2009, 1840, note Legeais ; *RTD com.* 2009, p. 601, obs. Legeais ; *Banque et droit* 2009, n° 127, p. 44, obs. Jacob ; *JCP G* 2009, 492, n° 5, note Simler, où il s'agissait d'un cautionnement souscrit par l'associé d'une société envers une autre à la suite de la cession par celle-ci des parts détenues dans celle-là et conversion en prêt du compte courant d'associé détenu par la société cédante dans celle dont elle avait cédé les parts. V. égal. toujours dans le même sens d'une acception large de la notion de créancier professionnel, ■ Cass. 1re civ., 25 juin 2009, n° 07-21.506 : *JurisData* n° 2009-048756 ; *D.* 2009, p. 1820 ; *RTD com.* 2009, p. 601, obs. Legeais ; *JCP E* 2009, 1776, note Legeais ; *RD bancaire et fin.* 2009, comm. 153, note Cerles. ■ Cass. 1re civ., 10 sept. 2014, n° 13-19.426 : *JurisData* n° 2014-020365 : *RD bancaire et fin.* 2014, comm. 199, obs. Cerles. ■ Cass. 1re civ., 1er oct. 2014, n° 13-16.273 : *Gaz. Pal.* 2014, n° 338, p. 16, obs. Albiges ; *Contrats, conc. consom.* 2015, comm. 19, obs. Raymond ; *RD bancaire et fin.* 2014, comm. 199, obs. Cerles. ■ Cass. 1re civ., 15 oct. 2014, n° 13-20.919 : *RLDC* 2014/121, n° 5649, obs. Ansault ; *Gaz. Pal.* 2014, n° 338, p. 16, obs. Albiges ; *Contrats, conc. consom.* 2015, comm. 19, obs. Raymond. *Contra* ■ CA Lyon, 24 févr. 2009 : *JurisData* n° 2009-001824 ; *JCP G* 2009, 492, n° 5, note Simler, qui considère que n'est pas un créancier professionnel une SCI de type familial, constituée « en vue d'exploiter un bien immobilier » ; ■ CA Douai, 14 mai 2009 : *JurisData* n° 2009-007781 ; *JCP G* 2009, 492, n° 5, note Simler, qui juge que le brasseur, caution d'une société exploitant un débit de boissons et contre-garanti par les associés de celle-ci, n'avait pas la qualité de créancier professionnel au motif qu'il n'était pas prêteur de deniers). Pour la Haute juridiction, l'absence de but lucratif d'une association n'est pas exclusive de la qualification de créancier professionnel au sens des articles L. 341-2 et L. 341-3 du Code de la consommation (■ Cass. com., 27 sept. 2017, n° 15-24.895 : *JurisData* n° 2017-018665 ; *Gaz. Pal.* 2017 n° 39, p. 74, note Bourassin ; *RTD civ.* 2018 p. 178, note P. Crocq ; *Gaz. Pal.* 2017 n° 40, p. 26, note Dumont-Lefrand ; *RD bancaire et fin.* 2017, comm. 242, comm. D. Legeais ; *Gaz. Pal.* 2017, n° 42, p. 33, note Piédelièvre ; *AJ Contrat* 2017, p. 544, obs. Picod ; *JCP G* 2017, doctr. 1239, n° 5, obs. Simler). *Adde*, O. Gout, *La notion de créancier professionnel dans le droit du cautionnement : Rev. Lamy dr. civ.* 2009/64, n° 3646.

2) Sous-cautionnement. La première chambre civile refuse de faire application à un sous-cautionnement de l'exigence de mention manuscrite issue de la loi Dutreil au motif que le formalisme des anciens articles L. 341-2 et L. 341-3 du Code de la consommation s'impose uniquement au professionnel titulaire d'une créance envers un débiteur dont l'obligation est garantie par un cautionnement (■ Cass. 1re civ., 11 mars 2014, n° 12-29.195 : *RTD civ.* 2014, p. 692, note Crocq ; *RDC* 2014, p. 410, note Barthez) alors que la chambre commerciale adopte une solution opposée (■ Cass. com., 27 sept. 2017, n° 15-24.895 : *JurisData* n° 2017-018665 ; *Gaz. Pal.* 2017 n° 39, p. 74, note Bourassin ; *RTD civ.* 2018 p. 178, note P. Crocq ; *Gaz. Pal.* 2017 n° 40, p. 26, note Dumont-Lefrand ; *RD bancaire et fin.* 2017, comm. 242, comm. D. Legeais ; *Gaz. Pal.* 2017, n° 42, p. 33, note Piédelièvre ; *AJ Contrat* 2017, p. 544, obs. Picod ; *JCP G* 2017, doctr. 1239, n° 5, obs. Simler.

3) Loi de police (non). Selon la Cour de cassation, l'ancien article L. 341-2 du Code de la consommation n'est pas une loi dont l'observation est nécessaire pour la sauvegarde de l'organisation politique, sociale et économique du pays au point de régir impérativement la situation et de constituer une loi de police (■ Cass. 1re civ., 16 sept. 2015, n° 14-10.373 : *JurisData* n° 2015-020553 ; *JCP G* 2015, 1188, note Berlioz ;

JCP E 2015, 1587, note Kleiner et Porcheron ; *JCP* N 2016, 1004, note Marmisse-d'Abbadie d'Arrast ; *RD bancaire et fin.* 2015, comm. 191, obs. D. Legeais ; *RD bancaire et fin.* 2016, comm. 39, note Robine ; *RLDA* 110/2015, n° 5768, note O. Boskovic ; *D.* 2015, p. 2356, note Abadie et Lasserre Capdeville ; *JCP* G 2015, doctr. 1222, n° 1, note Simler).

4) Acte authentique (non). L'exigence de mentions manuscrites, en l'espèce celles des anciens articles L. 341-2 et L. 341-3 du Code de la consommation et de l'ancien article 1326 du Code civil, ne s'applique pas lorsque l'existence du cautionnement est constatée dans un accord transactionnel homologué par le juge (■ Cass. com., 14 juin 2017, n° 12-11.644 : *JurisData* n° 2017-011364 ; *Gaz. Pal.* 2017, n° 40, p. 27, note Albiges ; *D.* 2017, p. 1998, obs. Crocq ; *JCP* E 2017, 1384, note D. Legeais ; *JCP* G 2017, 866, note Simler).

5) Personne illettrée. Selon la Cour de cassation, la personne physique qui ne se trouve pas en mesure de faire précéder sa signature des mentions manuscrites exigées par les anciens articles L. 341-2 et L. 341-3 du Code de la consommation destinées à assurer sa protection et son consentement éclairé, ne peut valablement s'engager que par acte authentique en qualité de caution envers un créancier professionnel (■ Cass. 1re civ., 9 juill. 2015, n° 14-21.763 : *JurisData* n° 2015-016740 ; *RTD civ.* 2015, p. 915, note Crocq ; *RD bancaire et fin.* 2015, comm. 151, note Cerles ; *Contrats, conc. consom.* 2015, comm. 240, obs. Raymond ; *JCP* G 2015, doctr. 1222, n° 2, obs. Simler).

6) Dirigeant caution. L'insuffisance de la mention manuscrite de la caution personne physique, qu'elle soit avertie ou profane, en l'espèce le gérant de la société débitrice, doit être sanctionnée automatiquement par la nullité du cautionnement, sans que le juge puisse apprécier la gravité ou la portée du manquement constaté (■ Cass. com., 10 janv. 2012, n° 10-26.630 : *RDC* 2012, p. 1263, note Barthez ; *RD bancaire et fin.* 2012, comm. 48, obs. Cerles ; *D.* 2012, p. 276, obs. Avena-Robardet. V. déjà ■ CA Orléans, ch. com., éco et fin., 8 févr. 2007, n° 06/00973 : *JurisData* n° 2007-351512 ; *Dr. sociétés* 2008, comm. 70, obs. Coquelet ; ■ CA Amiens, 11 oct. 2007, n° 06/00419 : *JurisData* n° 2007-348049 ; *Banque et droit* mars-avr. 2008, p. 44, obs. Jacob). Ainsi, l'ancien article L. 341-2 est applicable à toute personne physique qui s'engage par acte sous seing privé en qualité de caution envers un créancier professionnel, sans que soient exclus de son champ application certaines personnes physiques en raison de leur fonction ou de leurs liens avec l'entreprise débitrice (■ Cass. 1re civ., 8 mars 2012, n° 09-12.246 : *RDC* 2012, note Barthez ; *Bull. Joly Sociétés* 2012, p. 478, note Houtcieff ; *D.* 2012, p. 1102, note L. Thibierge ; *JCP* G 2012, 517, note Piedelièvre ; *Gaz. Pal.* 28-29 mars 2012, p. 14, obs. Dumont-Lefrand).

7) Contrats principaux visés. Pour la Cour de cassation, le formalisme prévu au bénéfice de la personne physique qui s'engage par acte sous seing privé en qualité de caution envers un créancier professionnel ne se limite pas au cautionnement des prêts accordés aux personnes physiques par les établissements de crédit (■ Cass. 1re civ., 15 oct. 2014, n° 13-21.605 : *RLDC* 2014/121, n° 5648, note Ansault ; *Contrats, conc. consom.* 2015, comm. 20, obs. Raymond). Auparavant, certaines juridictions faisaient application du dispositif dès lors que le créancier était un « professionnel » (V. en ce sens, à propos d'un contrat de sous-location de locaux commerciaux, ■ CA Versailles, ch. 12, 15 janv. 2013, n° 11/04447 : *JurisData* n° 2013-001121 ; *JCP* G 2013, 585, n° 2 obs. Simler ; à propos d'un contrat de fournitures, ■ CA Paris, pôle 5, ch. 1, 11 avr. 2012, n° 10/24043 : *JurisData* n° 2012-014098 ; *JCP* G 2012, 1291, n° 4, note Simler, qui considère que le mot « créancier » dans l'ancien article L. 341-2 du Code de la consommation « corrobore le fait que la protection instituée par le législateur n'est pas limitée aux seules dettes cautionnées procédant d'opérations de prêt »). Ceci dit, eu égard à la référence faite par le texte au « prêteur », d'autres juges du fond considéraient que le champ d'application du dispositif prévu à l'ancien article L. 341-2 du Code de la consommation se limitait au cautionnement qui vise à garantir un contrat de prêt (■ CA Montpellier, 7 sept. 2010, n° 10/00081 : *JurisData* n° 2010-031109. ■ CA Paris, pôle 4, ch. 4, 12 oct. 2010, n° 08/24317 : *JurisData* n° 2010-020078).

8) Conversion par réduction d'un aval. En application du phénomène de la conversion par réduction, l'aval est, selon la jurisprudence, susceptible de constituer un cautionnement, il se trouve alors soumis au formalisme édicté par les anciens articles L. 341-2 et L. 341-3 du Code de la consommation (■ Cass. com., 5 juin 2012, n° 11-19.627 : *D.* 2012, act. 1604, obs. Delpech). Par conséquent, l'aval donné par une personne physique au profit d'un créancier professionnel sur une lettre de change annulée pour vice de forme ne peut constituer un cautionnement valable, faute de comporter les mentions manuscrites prévues par les anciens articles L. 341-2 et L. 341-3 du Code de la consommation (■ Cass. com., 27 sept. 2016, n° 14-22.013 : *JurisData* n° 2016-019561 ; *JCP* E 2016, 1588, note D. Legeais ;

RD bancaire et fin. 2016, comm. 243, obs. Cerles ; *JCP* G 2017, doctr. 511, n° 3, obs. Simler).

9) Mention portée par un tiers. Doit être annulé l'acte de cautionnement dont la mention manuscrite exigée par l'ancien article L. 341-2 du Code de la consommation n'a pas été rédigée par la caution elle-même, même si la signature de celle-ci n'est pas contestée (■ Cass. com., 13 mars 2012, n° 10-27.814 : *RD bancaire et fin.* 2012, comm. 85, note Cerles ; *RDC* 2012, p. 1265, obs. Barthez). Pour autant, la Haute juridiction admet que les mentions des articles L. 341-2 et L. 341-3, aujourd'hui L. 331-1 et L. 331-2, du Code de la consommation peuvent valablement avoir été écrites par un tiers mandaté à cet effet (■ Cass. com., 20 sept. 2017, n° 12-18.364 : *Gaz. Pal.* 2017, n° 40, p. 27, note Albiges ; *RTD civ.* 2018, p. 176, note Crocq ; *JCP* G 2017, doctr. 1239, n° 2, obs. Simler ; *JCP* G 2017, 1281, note Simler).

10) Formule équivalente. La nullité d'un engagement de caution souscrit par une personne physique envers un créancier professionnel est encourue du seul fait que la mention manuscrite portée sur l'engagement de caution n'est pas identique aux mentions prescrites par les anciens articles L. 341-2 et L. 341-3 du Code de la consommation, à l'exception de l'hypothèse dans laquelle ce défaut d'identité résulterait d'une erreur matérielle (■ Cass. com., 5 avr. 2011, n° 09-14.358 : *Rev. Lamy dr. civ.* 2011/83, n° 4271, note Ansault ; *Defrénois* 2012, p. 235, obs. S. Cabrillac ; *RDC* 2011, p. 906, note Houtcieff ; *RD bancaire et fin.* 2011, comm. 89, note D. Legeais). L'apposition d'une virgule entre la formule caractérisant l'engagement de caution et celle relative à la solidarité n'affecte pas la portée des mentions manuscrites conformes à la disposition légale (■ Cass. com., 5 avr. 2011, n° 10-16.426 : *Rev. Lamy dr. civ.* 2011/83, n° 4271, note Ansault ; *Defrénois* 2012, p. 235, obs. S. Cabrillac ; *RDC* 2011, p. 906, note Houtcieff ; *RD bancaire et fin.* 2011, comm. 89, note D. Legeais, qui casse ■ CA Rennes, 1re ch. B, 22 janv. 2010, n° 08/08806 : *JCP* E 2010, 1189, note Bouteiller, dans lequel la cour d'appel avait décidé que les mentions manuscrites prescrites par les anciens articles L. 341-2 et L. 341-3 du Code de la consommation ne peuvent être jointes en une seule et même mention et en les séparant d'une virgule). Toujours dans ce sens, pour la Haute juridiction, ni l'omission d'un point, ni la *substitution d'une virgule à un point* entre la formule caractérisant l'engagement de la caution et celle relative à la solidarité, ni l'apposition d'une minuscule au lieu d'une majuscule au début de la seconde de ces formules n'affectent la portée des mentions manuscrites conformes pour le surplus aux dispositions légales (■ Cass. 1re civ., 11 sept. 2013, n° 12-19.094 : *JurisData* n° 2013-018943 ; *JCP* G 2013, 1074, Lasserre-Capdeville ; *JCP* E 2013, 1573, 1re esp., note D. Legeais ; *JCP* G 2013, 1256, n° 1, note Simler). Le fait de juxtaposer sans ponctuation les deux mentions manuscrites prescrites par les anciens articles L. 341-2 et L. 341-3 du Code de la consommation ne justifie pas l'annulation du cautionnement dès lors que l'examen du contrat permet de constater que le garant a entendu reproduire à l'identique les mentions obligatoires figurant en lettres majuscules, sans précision des accents ; l'absence de reproduction manuscrite de la ponctuation ne pouvant être considérée comme révélant un problème de compréhension de la part de la caution de sorte que le simple oubli de la ponctuation, à l'exclusion de tout autre élément, permet de qualifier ce manque de simples erreurs matérielles (■ Cass. com., 14 juin 2016, n° 15-11.106 : *JurisData* n° 2016-020271 ; *RD bancaire et fin.* 2016, comm. 200, obs. Cerles ; *D.* 2016, p. 1955, obs. Crocq ; *JCP* E 2016, 1587, n° 15, obs. Mathey). Dès lors que le garant avait déclaré accepter de se porter caution au lieu de reproduire la formule « en me portant caution » prévue par l'ancien article L. 341-2 du Code de la consommation, avait mis un point à la place d'une virgule après l'indication de la durée de son engagement et avait fait référence à l'ancien article 2021 du Code civil, alors que cet article était devenu l'article 2298 à l'issue de la loi du 23 mars 2006, dont le contenu était le même que celui de l'article 2021, la nullité du cautionnement n'était pas encourue puisque les différences ainsi observées n'affectaient pas la portée des mentions manuscrites prescrites par la loi (■ Cass. 1re civ., 22 janv. 2014, n° 12-29.177 : *Gaz. Pal.* 2014 n° 79, p. 12, note Albiges *JCP* G 2014, 635, n° 1, obs. Simler). Selon la Haute juridiction, le fait d'évoquer le caractère « personnel et solidaire » du cautionnement et de substituer le terme « banque » à ceux de « prêteur » et de « créancier » n'affectent ni le sens ni la portée des mentions manuscrites prescrites par les anciens articles L. 341-2 et suivants du Code de la consommation (■ Cass. com., 10 avr. 2013, n° 12-18.544 : *JurisData* n° 2013-006862 ; *Defrénois* 2014, p. 432, note S. Cabrillac ; *D.* 2013, p. 1707, note Crocq ; *Dr. et patrimoine* 2013, n° 227, p. 90, obs. Ph. Dupichot ; *JCP* N 2013, n° 18, act. 528 ; *JCP* E 2013, 1268, note D. Legeais ; *D.* 2013, p. 1460, note Lasserre-Capdeville et Piette ; *JCP* G 2013, 1256, n° 1, obs. Simler). En outre, la Chambre commerciale n'a pas jugé bon d'annuler un cautionnement alors que la mention manuscrite litigieuse étendait l'engagement de caution, au-delà du prêteur, à toute personne qui se substituerait à lui, au terme d'une fusion, scission ou apport d'actifs (■ Cass. com., 27 janv. 2015, n° 13-28.502 : *Gaz. Pal.* 2015, n° 78, p. 12, note Dumont-Lefrand ■ Cass. com., 28 mars 2018, n° 16-26.561 : *JCP G* 2018, doctr. 1221, n° 1, obs. Simler). Si la simple référence au « bénéficiaire du crédit » n'est pas suffisante pour identifier le débiteur principal (■ Cass. com., 24 mai 2018, n° 16-24.400 : *Bull. civ.* IV, à paraître ; *D.* 2018, p. 1884, obs. Crocq ; *D.* 2018, p. 2106, obs. D. R. Martin et H. Synvet ; *Gaz. Pal.* 26 juin 2018, p. 27, obs. Dumont-Lefrand ; *JCP G* 2018, doctr. 1221, n° 1, obs. Simler), la désignation de ce dernier par le truchement d'un renvoi à la forme sociale en cause – ici une « SARL » - se révèle suffisante dès lors que, par ailleurs, la dénomination sociale complète apparaît aussi dans la mention manuscrite exigée par l'article L. 331-1 du Code de la consommation (■ Cass. com., 21 nov. 2018, n° 16-25.128 : *JurisData* n° 2018-020821). Conformément à ces principes, le cautionnement sera, en revanche, frappé de nullité lorsqu'il est revêtu d'une mention qui ne reprend qu'approximativement la formule de l'article L. 341-2 du Code de la consommation, en omettant toute mention de durée, et qu'il se trouve assorti par ailleurs d'une ponctuation incorrecte (■ Cass. 1re civ., 16 mai 2012, n° 11-17.411 : *JurisData* n° 2012-011505 ; *RD bancaire et fin.* 2012, comm. 119, obs. Cerles ; *Contrats, conc. consom.* 2012, comm. 215, obs. Raymond ; *Gaz. Pal.* 19-20 sept. 2012, p. 17, obs. Albiges). De même, en raison du caractère désordonné et confus de la mention manuscrite rendant nécessaire son interprétation, la Cour a pu annuler un cautionnement dans lequel le nom du bénéficiaire de l'engagement de caution ne figurait pas dans ladite mention *in limine*, mais était visé *in fine*, tandis que le montant de l'engagement était cité deux fois (■ Cass. com., 27 janv. 2015, n° 13-24.778 : *Gaz. Pal.* 2015, n° 78, p. 12, note Dumont-Lefrand). La Cour de cassation n'hésite pas à annuler le cautionnement dès lors que la modification rend la mention inintelligible (■ Cass. com., 22 sept. 2015, n° 14-15.645 : *D.* 2016, p. 1955, obs. Crocq ; *RD bancaire et fin.* 2015. comm. 192, obs. Legeais). Il a été jugé également que la substitution du terme « ou » au terme « et » modifie le sens et la portée de la mention manuscrite légale quant à l'assiette du gage du créancier de sorte que le cautionnement doit être annulé (■ Cass. com., 26 janv. 2016, n° 14-20.868 : *D.* 2016, p. 1955, obs. Crocq ; *JCP E* 2016, 1292, n° 28, obs. Salgueiro).

11) Omissions diverses. L'omission des termes « mes biens » dans la mention manuscrite prévue à l'ancien article L. 341-2 du Code de la consommation a pour conséquence de limiter le gage du créancier aux seuls revenus de la caution sans pour autant affecter la validité du cautionnement (■ Cass. com., 1er oct. 2013, n° 12-20.278 : *JurisData* n° 2013-02129 ; *JCP E* 2013, 1624, note D. Legeais ; *JCP G* 2013, 1256, n° 1, obs. Simler ; *Dr. et patrimoine* 2014, n° 233, p. 58, obs. Ph. Dupichot ; *JCP G* 2014, 207, note Pellier ; *D.* 2014, p. 127, note Julienne et Andreu ; *JCP G* 2014, 635, n° 1, obs. Simler). Pour la Haute juridiction, l'oubli de la référence aux « intérêts » dans la mention manuscrite entraîne une limitation de l'engagement de la caution au seul capital de la dette principale sans provoquer la nullité du contrat (■ Cass. com., 4 nov. 2014, n° 13-24.706 : *Gaz. Pal.* 2014, n° 338, p. 15, obs. Albiges ; *RLDC* 2015/122, n° 5691, obs. Ansault ; *RD bancaire et fin.* 2015, comm. 6, obs. Cerles ; *RTD civ.* 2015, p. 182, note Crocq ; *Contrats, conc. consom.* 2015, comm. 43, obs. Raymond. *Adde*, D. Legeais, *Le formalisme du cautionnement : retour vers le futur* : *JCP E* 2014, 1645).

12) Ajouts à la mention (oui). Les précisions concernant la désignation du débiteur ne sont pas formellement interdites par l'ancien article L. 341-2 du Code de la consommation dès lors qu'elles ne modifient en rien la formule légale ni n'en rendent sa compréhension plus difficile pour la caution (■ Cass. com., 16 oct. 2012, n° 11-23.623 : *JurisData* n° 2012-023416 ; *RD bancaire et fin.* 2013, comm. 15, obs. Cerles ; *JCP G* 2012, 1405, note Dumery ; *Dr. et patrimoine* 2013, n° 222, p. 83, obs. P. Dupichot ; *JCP G* 2012, 1291, n° 1, obs. Simler. ■ Cass. com., 4 nov. 2014, n° 13-23.130 : *Gaz. Pal.* 2014, n° 338, p. 15, obs. Albiges ; *RD bancaire et fin.* 2015, comm. 6, obs. Cerles ; *Contrats, conc. consom.* 2015, comm. 43, obs. Raymond. *Adde*, D. Legeais, *Le formalisme du cautionnement : retour vers le futur* : *JCP E* 2014, 1645).

13) Montant. L'ancien article L. 341-2 du Code de la consommation n'impose pas la mention du montant de l'engagement de la caution à la fois en chiffres et en lettres (■ Cass. com., 18 janv. 2017, n° 14-26.604 : *JurisData* n° 2017-000504 ; *Rev. proc. coll.* 2017, comm. 28, obs. Gijsbers ; *Gaz. Pal.* 2017, n° 8, p. 26, obs. Dumont-Lefrand ; *JCP G* 2017, doctr. 511, n° 3, obs. Simler). Dans la mesure où le législateur n'a pas prévu l'indication, au sein de la mention manuscrite, du montant et des modalités de calcul des pénalités, l'engagement de la caution doit s'étendre à l'indemnité de résiliation prévue dans un contrat de crédit-bail, même si la mention manuscrite ne la précise pas (■ Cass. com., 29 nov. 2016, n° 15-21.197 : *JurisData* n° 2016-025420 ; *Gaz. Pal.* 2017, n° 8, p. 26, note Albigès).

14) Durée. Si les dispositions de l'ancien article L. 341-2 du Code de la consommation ne précisent pas la manière dont la durée de l'engagement de caution doit être exprimée dans la mention manuscrite, il n'en demeure pas moins que, s'agissant d'un élément essentiel permettant à la caution de mesurer la portée exacte de son engagement, cette mention doit être exprimée sans qu'il soit nécessaire de se reporter aux clauses imprimées de l'acte (■ Cass. 1re civ., 9 juill. 2015, n° 14-24.287 : *JurisData* n° 2015-016786 ; *JCP* E 2016, 1067, note Brocard ; *RTD civ.* 2015, p. 916, note Crocq ; *RD bancaire et fin.* 2015, comm. 153, note Cerles ; *D.* 2015, p. 2231, note Kassoul. *Adde*, J.-D. Pellier, *De l'intérêt de l'acte authentique en matière de cautionnement : JCP* G 2015, 1069). Selon la Haute juridiction, la mention « pour la durée de 108 mensualités » se réfère au montant de l'engagement et non à sa durée de sorte que le cautionnement doit être annulé (■ Cass. com., 26 janv. 2016, n° 14-20.202 : *JurisData* n° 2016-001199 ; *JCP* G 2016, doctr. 553, n° 2, note Ph. Simler. ■ Cass. com., 9 févr. 2016, n° 14-18.721 : *JurisData* n° 2016-002093 ; *JCP* G 2016, doctr. 553, n° 2, note Ph. Simler). Dans une affaire où il existait une contradiction entre la durée stipulée à la première page de l'acte de cautionnement et celle figurant dans la mention manuscrite, la Haute juridiction a considéré que la validité de l'engagement de la caution ne se trouve pas affectée par la contradiction entre les deux dates indiquées dans l'*instrumentum*, dès lors que l'une des mentions manuscrites était conforme à celles prescrites par la loi (■ Cass. com., 31 janv. 2017, n° 15-15.890 : *JurisData* n° 2017-001389 ; *Rev. proc. coll.* 2017, comm. 29, obs. Gijsbers ; *JCP* G 2017, 169, obs. Pellier). Dans la mesure où elle n'affecte ni le sens, ni la portée de l'engagement de la caution, la modulation par la mention manuscrite du montant et de la durée de l'engagement en fonction des caractéristiques du prêt garanti – dans la limite de telle somme pendant 9 mois, puis d'une somme moindre pour la durée restante du crédit – reste parfaitement valable (■ Cass. com., 4 mai 2017, n° 15-18.493 : *JurisData* n° 2017-008427 ; *JCP* G 2017, doctr. 1239, n° 2, obs. Simler). Il en va de même du cautionnement à durée indéterminée consenti « jusqu'au paiement effectif de toutes les sommes dues », argument pris que cette mention ne modifie pas, selon la Cour de cassation, le sens et la portée de la mention manuscrite légale (■ Cass. com., 15 nov. 2017, n° 16-10.504 : *RTD civ.* 2018, p. 179, note Crocq ; *Gaz. Pal.* 2018, n° 7, p. 30, note Dumont-Lefrand ; *RDC* 2018, p. 63, note Houtcieff ; *JCP* G 2018, 13, note Simler). Reste que la mention « pour la durée de... » qu'impose, pour un cautionnement à durée déterminée, l'ancien article L. 341-2 du Code de la consommation implique l'indication d'une durée précise, laquelle exigence n'est pas satisfaite lorsque les mentions des différents actes de cautionnement, stipulant un engagement de la caution jusqu'au 31 janvier 2014 « ou toute autre date reportée d'accord » entre le créancier et le débiteur principal, ne permettent pas au garant de connaître, au moment de son engagement, la date limite de celui-ci (■ Cass. com., 13 déc. 2017, n° 15-24.294 : *RTD civ.* 2018, p. 179, note Crocq ; *Banque et droit* 2018, n° 177, p. 56, obs. Jacob ; *RD bancaire et fin.* 2018, comm. 4, obs. D. Legeais ; *JCP* 2017, 77, note Pellier).

15) Exigence de la signature. Une juridiction du fond n'a pas hésité à annuler un cautionnement qui ne comportait pas de signature mais un simple paraphe en bas de chaque page (■ CA Toulouse, 22 mai 2012, n° 11/00598 : *JurisData* n° 2012-010990 ; *JCP* G 2012, 1291, n° 1, note Simler ; *RD bancaire et fin.* 2012, comm. 149, obs. Cerles).

16) Emplacement de la signature. À peine de nullité de l'acte, l'engagement manuscrit doit nécessairement précéder la signature de la caution (■ Cass. com., 22 janv. 2013, n° 11-22.831 : *JurisData* n° 2013-000912 ; *Gaz. Pal.* 2013, nos 79 à 80, p. 15, note Albiges ; *RD bancaire et fin.* 2013, comm. 54, obs. Cerles. ■ Cass. com., 1er avr. 2014, n° 13-15.735 : *JCP* G 2014, 635, n° 1, obs. Simler). Ainsi, dès lors que la caution appose sa signature immédiatement sous les clauses préimprimées de l'acte et inscrit la mention manuscrite légalement requise sous sa signature, sans la réitérer sous cette mention, le cautionnement doit être frappé de nullité (■ Cass. com., 17 sept. 2013, n° 12-15.577 : *JurisData* n° 2013-019876 ; *Defrénois* 2014, p. 432, note S. Cabrillac ; *JCP* E 2013, 1573, 2e esp., note D. Legeais ; *D.* 2013, p. 2220, obs. Avena-Robardet ; *Dr. et patrimoine* 2014, n° 233, p. 59, obs. Ph. Dupichot). Reste que la Cour a pu également juger que dans le cas où la mention manuscrite, dont le texte est conforme aux dispositions de l'ancien article L. 341-2 du Code de la consommation et qui figure sous la signature de la caution, se trouve immédiatement suivie du paraphe de celle-ci, il en résulte que ni le sens, ni la portée, ni, en conséquence, la validité de cette mention ne s'en est trouvée affectée (■ Cass. 1re civ., 22 sept. 2016, n° 15-19.543 : *JurisData* n° 2016-018933 ; *JCP* E 2016, 1569, D. Legeais ; *JCP* G 2016, doctr. 1224, n° 1, obs. Simler). V. C. consom., art. L. 331-2, p. 2108 sur la notion de signature unique.

17) Nullité relative (oui). La violation du formalisme des anciens articles L. 341-2 et L. 341-3 du Code de la consommation, qui a pour finalité la protection des intérêts de la caution, est sanctionnée par une nullité relative, à laquelle elle peut renoncer par une exécution volontaire de son engagement irrégulier, en connaissance du vice l'affectant (■ Cass. com., 5 févr. 2013, n° 12-11.720 : *JCP* N 2013, act. 160 ; *Gaz. Pal.* 2013, n°s 79 à 80, p. 15, note Albiges ; *RDC* 2013, p. 1450, note Barthez ; *Defrénois* 2014, p. 432, note S. Cabrillac ; *D.* 2013, p. 1708, note Crocq ; *Dr. et patrimoine* 2014, n° 233, p. 90, obs. Ph. Dupichot ; *D.* 2013, p. 1113, note Libchaber ; *JCP* G 2013, note 440, Simler ; *JCP* E 2013, 1174, Le Gac-Pech ; *RD bancaire et fin.* 2013, comm. 51, D. Legeais ; *Contrats, conc. consom.* 2013, comm. 124, Raymond ; *Banque et droit* 2013, n° 144, p. 42, note Jacob ; *JCP* N 2013, 1123, note Piedelièvre ; *D.* 2013, p. 428, obs. Avena-Robardet).

18) Preuve. Le cautionnement souscrit par une personne physique envers un créancier professionnel devant, à peine de nullité, respecter le formalisme strict de l'ancien article L. 341-2 du Code de la consommation, les règles du commencement de preuve par écrit ne trouvent pas à s'appliquer (■ Cass. 1re civ., 25 juin 2009, n° 07-21.506 : *JurisData* n° 2009-048756 ; *D.* 2009, p. 1820 ; *RTD com.* 2009, p. 601, obs. D. Legeais ; *JCP* E 2009, 1776, note D. Legeais ; *RD bancaire et fin.* 2009, comm. 153, note Cerles). Par ailleurs, si l'on se place toujours sur le terrain probatoire, l'engagement de caution pris en violation de l'ancien article L. 341-2 du Code de la consommation ne saurait être régularisé, même par un aveu judiciaire (■ Cass. com., 28 avr. 2009, n° 08-11.616 : *JurisData* n° 2009-047975 ; *RD bancaire et fin.* 2009, comm. 122, obs. Cerles ; *JCP* G 2009, 14, note Piedelièvre et 2009, 492, n° 6, obs. Simler).

19) Application au sous-cautionnement (non). De manière discutable, des juges du fond ont pu affirmer que les anciens articles L. 341-2 et L. 341-3 du Code de la consommation, relatifs aux mentions manuscrites, ainsi que l'ancien article L. 341-4 du même code, relatif à l'exigence de proportionnalité, ne sont pas applicables aux rapports entre un établissement de cautionnement mutuel et ses sous-cautions alors même qu'il ne fait pas de doute que l'établissement de caution mutuel a bien la qualité de créancier professionnel et que les sous-cautions demeurent à tous égards de véritables cautions (■ CA Paris, pôle 5, ch. 6, 28 avr. 2011 : *JurisData* n° 2011-007447 ; *JCP* G 2011, 1259, n° 2, obs. Simler).

20) Transaction. L'erreur de droit comme cause de nullité de la transaction ne concerne que la règle applicable aux droits objet de la contestation qu'elle a pour but de terminer, et non les engagements souscrits pour garantir l'exécution de la transaction (■ Cass. 1re civ., 8 mars 2012, n° 09-12246 : *Bull. Joly Sociétés* 2012, p. 478, note Houtcieff).

Art. L. 331-2 *(Ord. n° 2016-301, 14 mars 2016).* – Lorsque le créancier professionnel demande un cautionnement solidaire, la personne physique qui se porte caution fait précéder sa signature de la mention manuscrite suivante :

« En renonçant au bénéfice de discussion défini à l'article 2298 du Code civil et en m'obligeant solidairement avec X je m'engage à rembourser le créancier sans pouvoir exiger qu'il poursuive préalablement X ».

1) Loi de police (non). Selon la Cour de cassation, l'ancien article L. 341-3 du Code de la consommation n'est pas une loi dont l'observation est nécessaire pour la sauvegarde de l'organisation politique, sociale et économique du pays au point de régir impérativement la situation et de constituer une loi de police (■ Cass. 1re civ., 16 sept. 2015, n° 14-10.373 : *JurisData* n° 2015-020553 ; *JCP* G 2015, 1188, note Berlioz ; *JCP* E 2015, 1587, note Kleiner et Porcheron ; *JCP* N 2016, 1004, note Marmisse-d'Abbadie d'Arrast ; *RD bancaire et fin.* 2015, comm. 191, obs. D. Legeais ; *RD bancaire et fin.* 2016, comm. 39, note Robine ; *RLDA* 110/2015, n° 5768, note O. Boskovic ; *D.* 2015, p. 2356, note Abadie et Lasserre Capdeville).

2) Caution avertie. L'ancien article L. 341-3 du Code de la consommation est applicable à toute personne physique qu'elle soit ou non avertie dès lors qu'elle s'engage par acte sous seing privé en qualité de caution envers un créancier professionnel (■ Cass. com., 10 janv. 2012, n° 10-26630 : *RD bancaire et fin.* 2012, comm. 48, obs. Cerles ; *D.* 2012, p. 276, obs. Avena-Robardet).

3) Acte authentique. Le cautionnement solidaire par acte authentique n'est pas soumis à l'exigence de la mention manuscrite de l'article L. 341-3 du Code de la consommation (■ Cass. com., 6 juill. 2010, n° 08-21.760 : *JurisData* n° 2010-011188 ; *Rev. Lamy dr. civ.* 2010/75, n° 3966, note Ansault ; *JCP* G 2010, act. 789, obs. J.-J. Barbieri ; *JCP* E 2010, 1764, obs. D. Legeais ; *D.* 2010, p. 1747 et p. 2129, note Piedelièvre ; *RTD civ.* 2010, p. 593, obs. Crocq ; *D.* 2011, p. 406, obs. Crocq ; *Contrats, conc. consom.* 2010, comm. 263, obs. Raymond. V. dans le même sens, ■ Cass. 1re civ., avis, 8 avr. 2010, n° 9002 : *JCP* N 2010,

1231, note Barbièri ; *RD bancaire et fin.* 2010, comm. 134, obs. Cerles).

4) Formule équivalente. La Cour de cassation a reconnu la validité de la stipulation maintenant la référence à l'ancien article 2021 du Code civil s'agissant du bénéfice de discussion (■ Cass. 1re civ., 27 nov. 2013, n° 12-21.393 : *Defrénois* 2014, p. 432, note S. Cabrillac ; *JCP* E 2014, 1010, note D. Legeais ; *JCP* G 2014, 635, n° 1, obs. Simler). Les juges du fond ont pu admettre la validité de la mention évoquant « le bénéfice de la description (sic) » (■ CA Lyon, 20 juin 2013, n° 12/02169 : *Defrénois* 2014, p. 432, note S. Cabrillac ; *JCPG* 2013, 1256, n° 1, obs. Simler). En revanche, la Haute juridiction considère que la mention qui vise la renonciation « au bénéficiaire de discussion », au lieu de « au bénéfice de discussion » s'avère inintelligible, étant entendu que l'irrégularité de la clause de solidarité n'affecte pas la validité du contrat lui-même (■ Cass. com., 4 mai 2017, n° 15-19.756 : *JurisData* n° 2017-008430 ; *RD bancaire et fin.* 2017, comm. 112, obs. D. Legeais ; *JCP* G 2017, doctr. 1239, n° 3, obs. Simler). Sur l'admission de formules équivalentes, V. C. consom., art. L. 331-1, p. 2108.

5) Signature unique (oui). En présence d'un cautionnement solidaire soumis aux anciens articles L. 341-2 et L. 341-3 du Code de la consommation, la Haute juridiction considère que ne contrevient pas aux dispositions d'ordre public du premier de ces textes l'acte de cautionnement solidaire litigieux qui, à la suite de la mention prescrite par ce texte, comporte celle prévue par le second, suivie de la signature de la caution (■ Cass. com., 27 mars 2012, n° 10-24.698 : *JurisData* n° 2012-005702 ; *Contrats, conc. consom.* 2012, comm. 159, obs. Raymond ; *JCP* G 2012, 1291, n° 1, note Simler ; *RJDA* 2012/7, n° 717. ■ Cass. com., 2 oct. 2012, n° 11-24.460 : *JurisData* n° 2012-022229. ■ Cass. com., 16 oct. 2012, n° 11-23.623 : *JurisData* n° 2012-023416 : *JCP* G 2012, 1405, note Dumery ; *D.* 2012, p. 2509, obs. Avena-Robardet. ■ Cass. com., 16 oct. 2012, n° 11-23.623 : *JurisData* n° 2012-023416 ; *RD bancaire et fin.* 2013, comm. 15, obs. Cerles ; *JCP* G 2012, 1405, note Dumery ; *Dr. et patrimoine* 2013, n° 222, p. 83, obs. P. Dupichot ; *JCP* G 2012, 1291, n° 1 obs. Simler). Dans le même sens, la Haute juridiction n'a pas hésité à valider un cautionnement où le garant avait successivement recopié la mention manuscrite de l'ancien article L. 341-2 et celle de l'article L. 341-3 du Code de la consommation, en signant qu'une fois à la fin de la seconde mention, étant entendu que le juge précise que les deux mentions s'étaient succédé sans une quelconque adjonction ou clause préimprimée émanant du créancier (■ Cass. com., 22 janv. 2013, n° 11-25.887 : *JurisData* n° 2013-032169 ; *Gaz. Pal.* 2013, nos 79 à 80, p. 15, note Albiges ; *Contrats, conc. consom.* 2013, comm. 89, note Raymond). Toujours en présence de l'application cumulative des deux dispositions visées, une cour d'appel a jugé valable un cautionnement alors que la signature se trouvait placée avant les mentions manuscrites, le signataire ayant, au moyen d'une accolade et d'une flèche, renvoyé les mentions manuscrites audessus de sa signature (■ CA Lyon, 6 sept. 2012, n° 10/07918 : *JurisData* n° 2012-021163).

6) Sanction. La violation de l'ancien article L. 341-3 du Code de la consommation n'entraine pas la nullité du contrat du cautionnement mais celui-ci dégénère en cautionnement simple (■ Cass. com., 8 mars 2011, n° 10-10.699 : *JurisData* n° 2011-003162 ; *Rev. Lamy dr. civ.* 2011/82, n° 4239, note Ansault ; *Defrénois* 2012, p. 235, obs. S. Cabrillac ; *RTD civ.* 2011, p. 375, obs. Crocq ; *JCP* E 2011, 1270, note D. Legeais ; *D.* 2011, p. 1193, note Picod ; *Gaz. Pal.* 2011, n° 244, p. 19, obs. Piedelièvre ; *JCP* G 2011, 770, n° 2, obs. Simler ■ Cass. com., 10 mai 2012, n° 11-17.671. ■ Cass. com., 16 oct. 2012, n° 11-23.623 : *JurisData* n° 2012-023416 ; *RD bancaire et fin* 2013, comm. 15, obs. Cerles ; *JCP* G 2012, 1405, note Dumery ; *Dr. et patrimoine* 2013, n° 222, p. 83, obs. P. Dupichot, *JCP* G 2012, 1291, n° 1, obs. Simler).

Art. L. 331-3 *(Ord. n° 2016-301, 14 mars 2016)*. – Les stipulations de solidarité et de renonciation au bénéfice de discussion figurant dans un contrat de cautionnement consenti par une personne physique au bénéfice d'un créancier professionnel sont réputées non écrites si l'engagement de la caution n'est pas limité à un montant global, expressément et contractuellement déterminé, incluant le principal, les intérêts, les frais et accessoires.

1) Application dans le temps. Le formalisme de la clause de solidarité imposé par l'ancien article L. 341-5 ne s'applique pas aux cautionnements souscrits antérieurement à l'entrée en vigueur de la loi du 1er août 2003 (■ Cass. com., 13 févr. 2007, n° 05-19.878 : *JurisData* n° 2007-037428 ; *Bull. civ.* IV, n° 31 ; *JCP* G 2007, I, 158, n° 4, obs. Simler).

2) Acte authentique. Le cautionnement solidaire par acte authentique doit respecter la disposition de l'ancien article L. 341-5 du Code de la consommation, réputant non écrite la clause de solidarité souscrite par une caution personne physique au profit d'un créancier professionnel si son engagement n'est pas limité à un montant déterminé (■ Cass. com., 6 juill. 2010, n° 08-21.760 : *JurisData* n° 2010-011188 ; *Bull. civ.* IV, n° 118 ; *Rev. Lamy dr. civ.* 2010/75, n° 3966, note Ansault ; *JCP* G 2010, act. 789, obs. Barbièri ; *JCP* E 2010, 1764, obs. D. Legeais ; *D.* 2010, p. 1747 et p. 2129, note Piedelièvre ; *RTD civ.* 2010, p. 593, obs. Crocq ; *Contrats, conc. consom.* 2010, comm. 263, obs. Raymond. V. dans le même sens, ■ Cass. 1re civ., avis, 8 avr. 2010, n° 9002, 08-21.760 : *JurisData* n° 2010-010902 ; *JCP* N 2010, 1231, note Barbièri ; *RD bancaire et fin.* 2010, comm. 134, obs. Cerles ; *RTD civ.* 2010, p. 593, note Crocq).

CHAPITRE II. – PROPORTIONNALITE

Art. L. 332-1 *(Ord. n° 2016-301, 14 mars 2016).* – Un créancier professionnel ne peut se prévaloir d'un contrat de cautionnement conclu par une personne physique dont l'engagement était, lors de sa conclusion, manifestement disproportionné à ses biens et revenus, à moins que le patrimoine de cette caution, au moment où celle-ci est appelée, ne lui permette de faire face à son obligation.

1) **Application dans le temps.** La règle issue de l'ancien article L. 341-4 du Code de la consommation ne s'applique pas aux contrats souscrits avant la loi du 1er août 2003 dans la mesure où elle n'a pas un caractère interprétatif (■ Cass. ch. mixte, 22 sept. 2006, n° 05-13.517 : *JurisData* n° 2006-035113 ; *JCP* G 2006, II, 10180, note Houtcieff et I, 195, n° 4, obs. Simler ; *D.* 2006, p. 2391, obs. Avena-Robardet ; *RTD civ.* 2006, p. 799, note Crocq. ■ Cass. com., 13 févr. 2007, n° 04-19.727 : *JurisData* n° 2007-037361 ; *Bull. civ.* IV, n° 31 ; *JCP* G 2007, I, 158, n° 4, obs. Simler. ■ Cass. 1re civ., 20 déc. 2007 : *JurisData* n° 2007-041982 ; *Contrats, conc. consom.* 2008, comm. 115, obs. Raymond ; *RD bancaire et fin.* 2000, comm. 10, obs. Legeais ; *JCP* G 2008, IV, 1141. ■ Cass. 1re civ., 10 sept. 2014, n° 12-28.977 : *RLDC* 2014/120, n° 5616, obs. Ansault). Antérieurement, les juges du fond étaient divisés sur ce point. V. not. Simler, *JCP* G 2006, I, 131, n° 5 et les références citées.

2) **Diligences du créancier professionnel.** En l'absence d'anomalies apparentes, le créancier n'a pas à vérifier l'exactitude des déclarations d'une caution quant à ses biens et revenus (■ Cass. com., 14 déc. 2010, n° 09-69.807 : *Rev. Lamy dr. civ.* 2010/79, n° 4129, obs. Ansault ; *RD bancaire et fin.* 2011, comm. 49, obs. D. Legeais ; *JCP* E 2011, 1117, obs. D. Legeais).

3) **Application au dirigeant (oui).** L'ancien article L. 341-4 du Code de la consommation s'applique indifféremment à toutes les cautions personnes physiques, y compris à la caution dirigeant social (■ Cass. com., 13 avr. 2010, n° 09-66.309 : *Rev. Lamy dr. civ.* 2010/72, n° 3848, note Ansault ; *D.* 2011, obs. Crocq, p. 406 ; *RD bancaire et fin.* 2010, comm. 138, obs. D. Legeais. ■ Cass. com., 19 oct. 2010, n° 09-69.203 ; *Rev. Lamy dr. civ.* 2010/74, n° 3933, obs. Ansault. ■ Cass. com., 14 déc. 2010, n° 09-69.807 : *Rev. Lamy dr. civ.* 2010/79, n° 4129, obs. Ansault ; *RD bancaire et fin.* 2011, comm. 49, obs. D. Legeais ; *JCP* E 2011, 1117, obs. D. Legeais. ■ Cass. com., 10 juill. 2012, n° 11-16.355 : *JurisData* n° 2012-015651).

4) **Application au donneur d'aval (non).** Selon la Cour de cassation, l'aval, en ce qu'il garantit le paiement d'un titre dont la régularité n'est pas discutée, constitue un engagement cambiaire gouverné par les règles propres du droit du change, de sorte que l'avaliste n'est pas fondé à rechercher la responsabilité de la banque pour manquement au devoir de mise en garde ni pour violation de l'ancien article L. 341-4 du Code de la consommation (■ Cass. com., 30 oct. 2012, n° 11-23.519 : *JurisData* n° 2012-024614 ; *RD bancaire et fin.* 2013, comm. 10, obs. Cerles ; *RTD com.* 2013, p. 124, note D. Legeais ; *Contrats, conc. consom.* 2013, comm. 66, obs. Raymond).

5) **Application aux cofidéjusseurs (oui).** La sanction du cautionnement disproportionné prive le contrat de cautionnement d'effet à l'égard tant du créancier que des cofidéjusseurs (■ Cass. ch. mixte, 27 févr. 2015, n° 13-13.709 : *JurisData* n° 2015-003619 ; *RDC* 2016, p. 59, note Barthez ; *Dr. et patrimoine* 2015, n° 247, p. 22, note S. Cabrillac ; *RTD civ.* 2015, p. 433, note Crocq ; *JCP* E 2015, 1318, note Danos ; *JCP* G 2015, 505, note Simler ; *JCP* E 2015, 1149, note D. Legeais). Partant, le défaut de proportionnalité de l'engagement peut être opposé par une caution personne physique à son cofidéjusseur créancier professionnel (■ Cass. 1re civ., 26 sept. 2018, n° 17-17.903 : *JurisData* n° 2018-016370 ; *JCP* G 2018, doctr. 1221, n° 6, obs. Simler).

6) **Appréciation de la disproportion.** La disproportion manifeste du cautionnement aux biens et revenus de la caution au jour où il a été souscrit suppose que la caution se trouve, lorsqu'elle le souscrit, dans l'impossibilité manifeste de faire face à un tel engagement avec ses biens et revenus (■ Cass. com., 28 févr. 2018, n° 16-24.841 : *JurisData* n° 2018-002761 ; *RTD civ.* 2018 p. 457, note Crocq ; *JCP* E 2018, 1197, note Legeais). Pour apprécier la disproportion d'un engagement, le juge tient compte de l'ensemble des obligations ou engagements incombant au débiteur au jour du cautionnement contesté (■ Cass. com., 9 avr.

2013, n° 12-17.891 : *JurisData* n° 2013-006721 ; *Defrénois* 2014, p. 434, note S. Cabrillac ; *JCP G* 2013, 585, n° 8, obs. Simler). C'est donc l'endettement global de la caution, y compris celui résultant d'engagement de caution (■ Cass. com., 22 mai 2013, n° 11-24.812 : *JurisData* n° 2013-009952 ; *JCPE* 2013, 428 ; *D.* 2013, p. 1340, obs. Avena-Robardet ; *Defrénois* 2014, p. 434, note S. Cabrillac ; *D.* 2013, p. 1710, obs. Crocq ; *RD bancaire et fin.* 2013, comm. 130, obs. Cerles ; *JCPG* 2013, 1256, n° 2, obs. Simler. ■ Cass. 1re civ., 15 janv. 2015, n° 13-23.489 : *Gaz. Pal.* 2015, n° 78, p. 14, obs. Albiges ; *RTD civ.* 2015, p. 183, note Crocq ; *Dr. et patrimoine* 2015, n° 251, p. 89, obs. Ph. Dupichot. ■ Cass. com., 29 sept. 2015, n° 13-24.568 : *JurisData* n° 2015-021591 ; *JCP* G 2015, doctr. 1222, n° 9, obs. Simler, qui précise que doivent être pris en considération les cautionnements antérieurs quand bien même auraient-ils été déclarés disproportionnés Comp. ■ Cass. com., 21 nov. 2018, n° 16-25.128 : *JurisData* n° 2018-020821 ; *Gaz. Pal.* 2019, n° 7, p. 24, note Dumont-Lefrand ; *RD bancaire et fin.* 2019, comm. 9, obs. D. Legeais qui énonce que si la disproportion doit être appréciée en prenant en considération l'endettement global de la caution, y compris celui résultant d'autres engagements de caution, il ne peut être tenu compte d'un cautionnement antérieur que le juge déclare nul, et qui est ainsi anéanti rétroactivement). En revanche, il ne peut être tenu compte, pour l'appréciation du caractère disproportionné d'un cautionnement, d'autres engagements souscrits postérieurement, que ce soit envers d'autres créanciers ou envers le même (■ Cass. com., 12 mars 2013, n° 11-29.030 : *JurisData* n° 2013-004293 ; *JCP* G 2013, 585, n° 8, obs. Simler). Dans le même ordre d'idées, s'agissant d'un cautionnement de dettes futures, la disproportion de la sûreté personnelle s'apprécie en prenant en considération l'endettement global de la caution au moment où cet engagement est consenti, sans avoir à tenir compte de ses engagements postérieurs, même si ceux-ci interviennent avant la date de naissance des créances futures garanties (■ Cass. com., 3 nov. 2015, n° 14-26.051 : *Gaz. Pal.* 2015, n° 344, p. 18, note Albigès ; *JCP* E 2016, 1052, note Lasserre Capdeville ; *RD bancaire et fin.* 2016, comm. 19, obs. Cerles ; *RTD com.* 2015, p. 727, note D. Legeais ; *JCP* G 2016, doctr. 553, n° 10, obs. Simler). Le remboursement d'une partie du crédit par le débiteur n'implique pas que le cautionnement souscrit par le garant soit proportionné à ses biens et revenus (■ Cass. com., 15 déc. 2009, n° 07-21.554 : *JurisData* n° 2009-050818 ; *Rev. Lamy dr. civ.* 2010/68, n° 3713, obs. Ansault). La Cour de cassation exige une comparaison entre le seul engagement de la caution et ses biens et revenus, en faisant abstraction d'autres cautionnements ou d'autre sûretés réelles (■ Cass. com., 5 avr. 2011, n° 10-18.106 : *Rev. Lamy dr. civ.* 2011/83, n° 4272, obs. Ansault ; *Defrénois* 2012, p. 235, obs. S. Cabrillac ; *Gaz. Pal.* 2011, n° 244, p. 19, obs. Piedelièvre et n° 265, p. 20, obs. Albiges ; *JCP* G 2011, 1259, n° 4, obs. Simler). C'est dire que la disproportion s'apprécie lors de la conclusion du contrat de cautionnement au regard du montant de l'engagement souscrit et des biens et revenus de chaque caution (■ Cass. com., 22 mai 2013, n° 11-24.812 : *JurisData* n° 2013-009952 ; *JCPE* 2013, 428 ; *D.* 2013, p. 1340, obs. Avena-Robardet ; *D.* 2013, p. 1710, obs. Crocq ; *RD bancaire et fin.* 2013, comm. 130, obs. Cerles ; *JCP* G 2013, 1256, n° 2, obs. Simler). Dès lors que la réduction du gage de créancier prévu en cas de violation de l'article 1415 du Code civil ne joue pas, les engagements des cautions s'apprécient tant au regard de leurs biens et revenus propres que de ceux de la communauté (■ Cass. 1re civ., 14 nov. 2012, n° 11-24.341 : *RD bancaire et fin.* 2013, comm. 13, obs. Cerles ; *Dr. et patrimoine* févr. 2013, p. 83, obs. P. Dupichot. ■ Cass. com., 5 févr. 2013, n° 11-18.644 : *Gaz. Pal.* 2013, nos 79 à 80, p. 17, note Albiges ; *Defrénois* 2014, p. 435, obs. S. Cabrillac ; *Defrénois* 2013, p. 1149, obs. Champenois ; *JCP* G 2013, 417, note Gout ; *RD bancaire et fin.* 2013, comm. 53, obs. D. Legeais ; *Banque et droit* 2013, n° 148, p. 48, Jacob ; *Contrats, conc. consom.* 2013, comm. 125, obs. Raymond, qui considère que la proportionnalité de l'engagement des époux doit être appréciée au regard de l'ensemble du patrimoine familial). Ainsi, le consentement exprès donné en application de l'article 1415 du Code civil par un époux au cautionnement consenti par son conjoint ayant pour effet d'étendre l'assiette du gage du créancier aux biens communs, la Cour de cassation reconnaît que c'est à bon droit qu'une cour d'appel a apprécié la proportionnalité de l'engagement contracté par le mari, seul, tant au regard de ses biens et revenus propres que de ceux de la communauté, incluant les salaires de son épouse (■ Cass. com., 22 févr. 2017, n° 15-14.915 : *JurisData* n° 2017-002802 ; *JCP* G 2017, doctr. 511, n° 9, obs. Simler). Cela étant, pour la Haute juridiction, en l'absence du consentement exprès du conjoint donné conformément à l'article 1415 du Code civil, la disproportion manifeste de l'engagement de la caution s'apprécie par rapport à ses biens, sans distinction, peu important que certains d'entre eux, ici les biens communs, ne puissent pas être engagés pour l'exécution de la condamnation éventuelle de celle-ci (■ Cass. com., 15 nov. 2017, n° 16-10.504 ; *RTD civ.* 2018, p. 184, note Crocq ; *Gaz. Pal.* 2018, n° 7, p. 30, note Dumont-Lefrand ; *RDC* 2018, p. 63, note Houtcieff ; *JCP* G 2018, 13, note Simler ■ Cass. com., 6 juin 2018, n° 16-26.182 : *JurisData* n° 2018-009745 ; *JCP*

G 2018, 900, note Simler ; *JCP E* 2018, 1378, note D. Legeais ; *RD bancaire et fin.* 2018, comm. 94, obs. D. Legeais ; *D.* 2018, p. 1851, note Gallois). Si deux époux séparés de biens se sont portés cautions, l'appréciation de la disproportion doit se faire individuellement, et non en faisant masse de leurs revenus et de leurs patrimoines (■ Cass. 1re civ., 25 nov. 2015, n° 14-24.800 : *JurisData* n° 2015-026439 ; *JCP* G 2016, doctr. 553, n° 7, note Simler ■ Cass. com., 24 mai 2018, n° 16-23.036 : *JurisData* n° 2018-008589 ; *D.* 2018, p. 1891, obs. Crocq ; *JCP* G 2018, 900, note Simler ; *JCP E* 2018, 1378, note D. Legeais. ■ Cass. com., 4 juill. 2018, n° 17-14.805 : *JurisData* n° 2018-012875 ; *JCP* G 2018, doctr. 1221, n° 7, obs. Simler). Pour la Chambre commerciale, la proportionnalité de l'engagement de la caution ne peut être appréciée au regard des revenus escomptés de l'opération garantie (■ Cass. com., 4 juin 2013, n° 12-15.518 : *JurisData* n° 2013-011472 ; *Defrénois* 2014, p. 434, note S. Cabrillac ; *Dr. et patrimoine* 2014, p. 59, note Ph. Dupichot ; *JCP* G 2013, 1256, n° 2, obs. Ph. Simler. ■ Cass. com., 4 juin 2013, n° 12-18.216 : *JurisData* n° 2013-011473 ; *Defrénois* 2014, p. 434, note S. Cabrillac ; *RD bancaire et fin.* 2013, comm. 131, obs. A. Cerles ; *Dr. et patrimoine* 2014, p. 59, note Ph. Dupichot ; *JCP* G 2013, 1256, n° 2, obs. Ph. Simler. ■ Cass. com., 10 févr. 2015, n° 13-27.141 : *Gaz. Pal.* 2015, n° 78, p. 14, obs. Albiges. ■ Cass. com., 22 sept. 2015, n° 14-22.913 : *Gaz. Pal.* 2015, n° 344, p. 17, note Albigès ; *D.* 2015, p. 2044, 2e esp., note Juillet ; *JCP* G 2015, doctr. 1222, n° 9, obs. Simler). En revanche, s'agissant de la sanction de la disproportion sur le fondement de l'article 1147 du Code civil, la première Chambre civile admettait que l'on puisse tenir compte des espérances de gain provenant de l'opération financée (■ Cass. 1re civ., 4 mai 2012, n° 11-11.461 : *JurisData* n° 2012-009463 ; *RD bancaire et fin.* 2012, comm. 120, obs. Cerles ; *RTD civ.* 2012, p. 556, obs. Crocq ; *Banque et droit* 2012, p. 41, obs. Jacob ; *JCP* G 2012, 1291, n° 6, note Simler). Par une décision récente, elle s'est finalement alignée sur une position de la chambre commerciale (■ Cass. civ. 1re, 3 juin 2015, n° 14-13.126 : *D.* 2015, p. 1817, obs. Crocq ; *JCP* G 2015, doctr. 1222, n° 9, obs. Simler). – V. : *sur l'appréciation jurisprudentielle* de la disproportion fondée sur l'article 1147 du Code civil, art. 2288, note n° 38, p. 1715. Reste que, pour le juge, les parts sociales et la créance inscrite en compte courant d'associé dont est titulaire la caution au sein de la société cautionnée font partie du patrimoine devant être pris en considération pour l'appréciation de ses biens et revenus à la date de la souscription de son engagement (■ Cass. com., 26 janv. 2016, n° 13-28.378 : *Rev. sociétés* 2016, p. 598, note Ansault ; *Bull. Joly Sociétés* 2016, p. 225, note Borga ; *JCP* G 2016, doctr. 553, n° 9, obs. Simler). Cela étant, les revenus procurés au garant par la société débitrice à l'époque de son engagement doivent être pris en considération (■ Cass. com., 26 janv. 2016, n° 14-20.226 : *JurisData* n° 2016-001210 ; *JCP* G 2016, doctr. 553, n° 9, note Simler ■ Cass. com., 5 sept. 2018, n° 16-25.185, *JCP* G 2018, doctr. 1221, n° 8, obs. Simler, qui rappelle que si ne peuvent être pris en considération les revenus escomptés de l'opération garantie pour apprécier la disproportion du cautionnement au moment où il a été souscrit, il doit, en revanche, être tenu compte des revenus réguliers perçus par la caution jusqu'à la date de son engagement, quand bien même ceux-ci proviendraient de la société dont les engagements sont garantis par le cautionnement). En toute hypothèse, la connaissance par la caution de la situation du débiteur principal est indifférente (■ Cass. 1re civ., 30 oct. 2013, n° 12-14.982, inédit : *JurisData* n° 2013-024084 ; *Contrats, conc. consom.* 2014, comm. 50, obs. G. Raymond ; *JCP* G 2014, 635, n° 7, obs. Simler).

7) Appréciation de la possibilité pour la caution de faire face à son engagement. La capacité de la caution à faire face à son engagement au moment où elle est appelée s'apprécie au regard de l'ensemble des éléments d'actif et de passif composant son patrimoine et ne peut résulter de la seule existence de liquidités d'un montant supérieur à la somme due au titre de cet engagement (■ Cass. com., 30 janv. 2019, n° 17-31.011 : *JurisData* n° 2019-001211 ; *RD bancaire et fin.* 2019, comm. 46, obs. D. Legeais).

8) Charge de la preuve. Il appartient à la caution, qui entendait opposer au créancier les dispositions de l'ancien article 341-4 du Code de la consommation, de rapporter la preuve du caractère disproportionné de son engagement par rapport à ses biens et revenus (■ Cass. com., 22 janv. 2013, n° 11-25.377 : *Gaz. Pal.* 2013, nos 79 à 80, note Albiges ; *RD bancaire et fin.* 2013, comm. 55, obs. Legeais ; *JCP* G 2013, 585, n° 7, obs. Simler). En revanche, il résulte de la combinaison de l'article 1315 du Code civil et de l'article L. 341-4 du Code de la consommation qu'il incombe au créancier professionnel qui entend se prévaloir d'un contrat de cautionnement dont le caractère manifestement disproportionné lors de sa conclusion aux biens et revenus de la caution – personne physique – n'est pas contesté, d'établir qu'au moment où il l'appelle, le patrimoine de celle-ci lui permet de faire face à son obligation (■ Cass. com., 1er avr. 2014, n° 13-11.313 : *JCP* G 2014, 635, n° 6, obs. Simler. ■ Cass. 1re civ., 10 sept. 2014, n° 12-28.977 : *RLDC* 2014/120, n° 5616, obs. Ansault). Pour autant, le créancier professionnel n'a pas à vérifier la situation financière de la caution de sorte que les juges du fond peuvent valablement se fonder sur la fiche remplie par le concubin du garant pour en déduire que le cautionnement n'est pas manifestement disproportionné (■ Cass. com., 13 sept. 2017, n° 15-20.294 : *RTD civ.* 2018, p. 182, note Crocq ; *Gaz. Pal.* 2017, n° 40, p. 32, note Albigès ; *AJ Contrat* 2017, 494, obs. Houtcieff ; *RD bancaire et fin.* 2017, comm. 211, obs. D. Legeais).

9) **Nature de la sanction.** Dans la mesure où l'ancien article L. 341-4 du Code de la consommation n'a pas pour objet de réparer un préjudice, la sanction réside dans l'impossibilité de se prévaloir du cautionnement et ne s'apprécie pas à la mesure de la disproportion (■ Cass. com., 22 juin 2010, n° 09-67.814 : *RTD civ.* 2010, p. 593, note Crocq ; *Dr. et patrimoine* 2010, n° 195, p. 87, note Ph. Dupichot ; *D.* 2010, p. 1985, note Houtcieff ; *Banque et droit* 2010, n° 13359, obs. Jacob ■ Cass. com., 28 mars 2018, n° 16-25.651 : *JurisData* n° 2018-004837 ; *D.* 2018, p. 1890, obs. Crocq ; *JCP G* 2018, doctr. 1221, n° 9, obs. Simler).

10) **Retour à meilleure fortune.** Lorsque les charges qui permettaient de considérer le cautionnement comme disproportionné à l'époque de sa conclusion ont été acquittées ou réduites dans l'intervalle qui s'écoule entre la souscription de ce contrat et la défaillance du débiteur principal, le créancier peut valablement mettre en œuvre la garantie litigieuse (■ CA Grenoble, 4 juin 2012, n° 10/01742 : *JurisData* n° 2012-013098 ; *JCP* G 2012, 1291, n° 7, note Simler).

11) **Conception française de l'ordre public international.** S'agissant du cautionnement souscrit par un dirigeant résidant en France pour garantir la dette d'une société russe, la Cour de cassation a admis l'exequatur d'une décision russe sans rechercher si la décision en cause violait l'ancien article L. 341-4 du Code de la consommation, argument pris que cette prescription ne fait pas partie de la conception française de l'ordre public international (■ Cass. 1re civ., 30 janv. 2013, n° 11-10.588 : *JCP* G 2013, 165, note Akchoti ; *Defrénois* 2014, p. 434, note S. Cabrillac ; *D.* 2013, p. 1706, obs. Crocq et p. 2293, obs. L. d'Avout et Bollée ; *RTD com.* 2013, p. 389, obs. Delebecque).

12) **Incidence d'un plan de sauvegarde.** Pour déterminer si, au sens de l'ancien article L. 341-4 du Code de la consommation, le patrimoine de la caution lui permet de faire face à son obligation au moment où elle est appelée, le juge doit, en principe, se placer au jour où la caution est assignée ; toutefois si, à ce moment, le débiteur principal bénéficie d'un plan de sauvegarde en cours d'exécution, l'appréciation doit être différée au jour où le plan n'est plus respecté, l'obligation de la caution n'étant exigible qu'en cas de défaillance du débiteur principal (■ Cass. com., 1er mars 2016, n° 14-16.402 : *JCP* G 2016, doctr. 553, n° 10, obs. Simler).

13) **Défense au fond.** Constitue une défense au fond, qui échappe à la prescription, le moyen selon lequel l'engagement de caution d'une personne physique manifestement disproportionné à ses biens et revenus se trouve privé d'effet à l'égard du créancier professionnel (■ Cass. 1re civ., 31 janv. 2018, n° 16-24.092 : *JurisData* n° 2018-000976 ; *RTD civ.* 2018 p. 455, note Crocq ; *JCP* G 2018, 275, note Serinet ; *Gaz. Pal.* 2018, n° 9, p. 20, note Mignot ■ Cass. com., 28 mars 2018, n° 16-27.832 : *JurisData* n° 2018-004914 ; *JCP* G 2018, doctr. 1221, n° 5, obs. Simler). Dès lors qu'elle constitue un moyen de défense, la disproportion de l'engagement est recevable en cause d'appel (■ Cass. com., 4 juill. 2018 : *JurisData* n° 2018-012875 ; *JCP G* 2018, doctr. 1221, n° 5, obs. Simler).

CHAPITRE III. – INFORMATION EN COURS D'EXECUTION

Art. L. 333-1 *(Ord. n° 2016-301, 14 mars 2016)*. – Sans préjudice des dispositions particulières, toute personne physique qui s'est portée caution est informée par le créancier professionnel de la défaillance du débiteur principal dès le premier incident de paiement non régularisé dans le mois de l'exigibilité de ce paiement.

Application dans le temps. La chambre commerciale de la Cour de cassation a précisé que l'obligation d'information prévue à l'ancien article L. 341-1 du Code de la consommation, relative au premier incident de paiement, ne *s'applique pas* à un incident de paiement antérieur à l'entrée en vigueur de la loi (■ Cass. com., 13 févr. 2007, n° 05-13.308 : *JurisData* n° 2007-037362 *Bull. civ.* IV, n° 32 ; *JCP* G 2007, I, 158, n° 4, obs. Simler ; *Banque et droit* mars-avr. 2007, n° 112, p. 59, obs. Jacob ; *RTD civ.* 2007, p. 370, obs. Crocq).

Art. L. 333-2 *(Ord. n° 2016-301, 14 mars 2016)*. – Le créancier professionnel fait connaître à la caution personne physique, au plus tard avant le 31 mars de chaque année, le montant du principal et des intérêts, commissions, frais et accessoires restant à courir au 31 décembre de l'année précédente au titre de l'obligation garantie, ainsi que le terme de cet engagement.

Si l'engagement est à durée indéterminée, il rappelle la faculté de révocation à tout moment et les conditions dans lesquelles celle-ci est exercée.

1) Application dans le temps. Selon la Haute juridiction, l'application de l'ancien article L. 341-6 du Code de la consommation ne peut entraîner la déchéance du droit aux intérêts conventionnels qu'à compter de la date de son entrée en vigueur et n'est pas applicable aux situations consommées avant cette date (■ Cass. com., 13 févr. 2007, n° 05-13.308 : *Juris-Data* n° 2007-037362 ; *Bull. civ.* IV, n° 32 ; *JCP* G 2007, I, 158, n° 4, obs. Simler ; *Banque et droit* mars-avr. 2007, n° 112, p. 59, obs. Jacob ; *RTD civ.* 2007, p. 370, obs. Crocq).

2) Cautionnements visés. Les dispositions d'ordre public édictées par l'ancien article L. 341-6 du Code de la consommation, issues de la loi n° 2003-721 du 1er août 2003, sont, relativement à l'information due à la caution personne physique postérieurement à cette date, applicables à tout cautionnement consenti par une personne physique à un créancier professionnel, peu important son plafond (■ Cass. 1re civ., 28 nov. 2012, n° 10-28.372 : *JurisData* n° 2012-027337 ; *D.* 2013, p. 547, note Gout ; *JCP* E 2013, pan. 1007 ; *RD bancaire et fin.* 2013, comm. 12, obs. D. Legeais).

3) Compétence du juge de l'exécution. Le juge de l'exécution est compétent pour prononcer, sur le fondement de l'ancien article L. 341-6 du Code de la consommation, la déchéance des intérêts dus par la caution pour défaut d'information annuelle portant sur le montant du principal et des intérêts restant dus par le débiteur principal (■ Cass. 2e civ., 19 mars 2009 : *JurisData* n° 2009-047575 ; *RD bancaire et fin.* 2009, n° 88, obs. Legeais ; *JCP* G 2009, 492, n° 2, obs. Simler).

Partie législative

(Partie créée à compter du 1er juillet 2016, Ord. n° 2016-301, 14 mars 2016)

Livre III. – Crédit

Titre IV. – Sanctions

Chapitre III. – Cautionnement

Art. L. 343-1. – Les formalités définies à l'article *(Référence rempl., L. n° 2017-203, 21 févr. 2017)* « L. 331-1 » sont prévues à peine de nullité.

Art. L. 343-2. – Les formalités définies à l'article L. 331-2 sont prévues à peine de nullité.

Art. L. 343-3. – Les stipulations de solidarité et de renonciation au bénéfice de discussion figurant dans un contrat de cautionnement consenti par une personne physique au bénéfice d'un créancier professionnel sont réputées non écrites si l'engagement de la caution n'est pas limité à un montant global, expressément et contractuellement déterminé, incluant le principal, les intérêts, les frais et accessoires.

Art. L. 343-4. – Un créancier professionnel ne peut se prévaloir d'un contrat de cautionnement conclu par une personne physique dont l'engagement était, lors de sa conclusion, manifestement disproportionné à ses biens et revenus, à moins que le patrimoine de cette caution, au moment où celle-ci est appelée, ne lui permette de faire face à son obligation.

Art. L. 343-5. – *Lorsque le créancier ne se conforme* pas à l'obligation définie à l'article L. 333-1, la caution n'est pas tenue au paiement des pénalités ou intérêts de retards échus entre la date de ce premier incident et celle à laquelle elle en a été informée.

Art. L. 343-6. – Lorsqu'un créancier ne respecte pas les obligations prévues à l'article L. 333-2, la caution n'est pas tenue au paiement des pénalités ou intérêts de retard échus depuis la précédente information jusqu'à la date de communication de la nouvelle information.

Art. 2293 *(Anc. art. 2016, dénum., Ord. n° 2006-346, 23 mars 2006).* – **Le cautionnement indéfini d'une obligation principale s'étend à tous les accessoires de la dette, même aux frais de la première demande, et à tous ceux postérieurs à la dénonciation qui en est faite à la caution.**

Lorsque ce cautionnement est contracté par une personne physique, celle-ci est informée par le créancier de l'évolution du montant de la créance garantie et de ces accessoires au moins annuellement à la date convenue entre les parties ou, à défaut, à la date anniversaire du contrat, sous peine de déchéance de tous les accessoires de la dette, frais et pénalités.

Bibliographie : G. Biardeaud et Ph. Flores, *Information annuelle de la caution et article 2293 du Code civil : mais où reste donc le contentieux ? : D.* 2007, p. 174. • J. Djoudi, *La sanction de l'obligation d'information annuelle de la caution : RD bancaire et fin.* mai-juin 2007, n° 16, p. 60. • P. Grosser, *La Cour de cassation et l'article 2293 du Code civil* in *Mélanges G. Goubeaux*, Dalloz-LGDJ, 2009, p. 203.

1) **Dommages-intérêts.** Le cautionnement qui garantit en termes généraux et indéfinis l'exécution d'un contrat s'étend à tous les accessoires de ce contrat et notamment aux dommages-intérêts que peut entraîner l'inexécution des obligations qui en découlent (▪ Cass. req., 20 mars 1922 : *DP* 1923, 1, 21). Mais doit être cassé l'arrêt qui condamne le vendeur d'un fonds de commerce, tenu solidairement de l'exécution du bail avec l'acquéreur, à payer l'indemnité due par ce dernier, demeuré dans les lieux après une décision d'expulsion. En effet, cette indemnité ne peut être considérée comme un accessoire de la dette au sens de l'article 2016 (anc.) du Code civil et, n'étant due qu'en raison de la faute délictuelle résultant d'un maintien sans droit dans les lieux, ne se rattache pas au contrat de bail qui avait pris fin avec la résiliation (▪ Cass. 3e civ., 14 nov. 1973, n° 72-11.702 : *JurisData* n° 1973-000579 ; *JCP* 74, IV, 433 ; *Bull. civ.* III, n° 579, p. 422. ▪ Cass. 3e civ., 3 avr. 1990, n° 88-16.653 : *JurisData* n° 1990-701141 ; *JCP* 90, IV, 212 ; *Bull. civ.* III, n° 106, p. 70 ; *RTD civ.* 1990, 528, obs. Bandrac. – *Contra*, ▪ Paris, 8 nov. 1975 : *JurisData* n° 1975-165073 ; *JCP* 78, II, 18908, note Simler. – V. aussi art. 1740, p. 1475).

2) **Clause pénale.** Les juges du fond peuvent décider dans l'exercice de leur pouvoir souverain que l'engagement de la caution s'étend à la clause pénale stipulée au contrat (▪ Cass. 1re civ., 8 févr. 1977 : *JurisData* n° 1977-000069 ; *JCP* 78, IV, 301 ; *Bull. civ.* I, n° 280, p. 219. V. aussi pour une indemnité de résiliation dans un contrat de crédit-bail ▪ Cass. com., 23 nov. 1999, n° 97-12.598 : *JurisData* n° 1999-004043 ; *JCP* 2000, IV, 1066 ; *Bull. civ.* IV, n° 203, p. 172, pour une caution s'étant engagée aux accessoires ▪ Cass. com., 6 févr. 2001, n° 97-10.646 : *JurisData* n° 2001-008030 ; *Bull. civ.* III, n° 29, p. 27).

3) **Cautionnement d'un montant défini.** Lorsque le garant fixe un plafond à son engagement de caution, celui-ci doit s'analyser en un cautionnement défini, qualification qui exclut l'obligation d'information issue de l'article 2293 du Code civil (▪ Cass. com., 12 janv. 2010, n° 08-19.268 : *JurisData* n° 2010-051098 ; *Rev. Lamy dr. civ.* 2010/69, n° 3744, obs. Ansault ; *RD bancaire et fin.* 2010, comm. 56, obs. Legeais).

Art. 2294 *(Anc. art. 2017, dénum., Ord. n° 2006-346, 23 mars 2006 ; mod., L. n° 2011-525, 17 mai 2011)* (1). **– Les engagements des cautions passent à leurs héritiers si l'engagement était tel que la caution y fût obligée.**

1) **Dettes non exigibles au décès de la caution.** Dès lors que la dette est née avant le décès de la caution, les héritiers de celle-ci sont tenus, même si la dette n'était pas encore exigible à cette date (▪ Cass. 1re civ., 20 juill. 1994 : *Bull. civ.* I, n° 258, p. 187 ; *JCP* N 95, II, 652, note Leveneur ; *Contrats, conc. consom.* 1994, 245, note Leveneur. V. en ce sens ▪ Cass. com., 14 nov. 1966 : *D.* 1967, 198. ▪ Cass. 1re civ., 10 juin 1997 : *Bull.* I, n° 194, p. 129).

2) **Dettes futures indéterminées.** Fait une exacte application de l'article 2017 (anc.) la cour d'appel qui rejette la demande d'un créancier envers les héritiers d'une caution décédée en relevant qu'aucune dette n'existait à la charge du débiteur principal au décès de la caution et que celle-ci, qui n'était pas tenue à cette date, ne pouvait transmettre d'engagements à ses héritiers pour des dettes nées postérieurement (▪ Cass. com., 29 juin 1982, *Ernault* : *JCP* 1982, IV, 321 ; *Bull. civ.* IV, n° 258, p. 224 ; *D.* 1983, 360, note Mouly. V. en ce sens ▪ Cass. 1re civ., 3 juin 1986, n° 85-10.639 : *JurisData* n° 1986-701063 ; *JCP* 1986, II, 20666, concl. Gulphe ; *Defrénois* 1987, 81, note Piedelièvre. Voir cependant, décidant, au regard de l'application dans le temps de l'article 57 de la loi du 23 décembre 1985, que la date à laquelle naît la créance à l'égard de la caution est la date à laquelle elle s'engage, ▪ Cass. 1re civ., 14 mai

(1) Dispositions applicables en Polynésie française, en Nouvelle-Calédonie et dans les îles Wallis-et-Futuna, L. n° 2011-525, 17 mai 2011, art. 200.

1991, n° 89-21.491 : *JurisData* n° 1991-001316 ; *JCP* 1992, II, 21830, 2e esp., note crit. Le Guidec). Toute clause ayant pour effet de mettre à la charge des héritiers d'une caution des dettes nées après le décès de leur auteur, et dont celui-ci n'était pas tenu de son vivant, constitue un pacte sur succession future (■ Cass. com., 13 janv. 1987, n° 84-14.146 : *JurisData* n° 1987-000288 ; *Bull. civ.* IV, n° 9, p. 6 ; *JCP* 1988, II, 20954, note de La Marnierre).

3) Dirigeant social caution de la société. Le dirigeant social qui s'est porté caution pour la société n'est pas tenu des dettes de celle-ci qui sont apparues après son décès, mais il l'est du montant de la position débitrice du compte courant existant à la date de son décès, sous réserve des remises postérieures ayant eu pour effet d'effacer ou de réduire ce montant, et par suite, ses héritiers sont tenus de son engagement (■ Cass. com., 6 déc. 1988, n° 87-12.674 : *Bull. civ.* IV, n° 336, p. 226).

Art. 2295 ***(Anc. art. 2018, dénum., Ord. n° 2006-346, 23 mars 2006 ; rempl., L. n° 2009-594, 27 mai 2009).*** **– Le débiteur obligé à fournir une caution doit en présenter une qui ait la capacité de contracter et qui ait un bien suffisant pour répondre de l'objet de l'obligation.**

Le créancier ne peut refuser la caution présentée par un débiteur au motif qu'elle ne réside pas dans le ressort de la cour d'appel dans lequel elle est demandée.

1) Fondement. Les dispositions de l'article 2018 (anc.) qui déterminent les qualités que doit présenter la caution que le débiteur s'est engagé à fournir sont protectrices des seuls intérêts du créancier et ne peuvent être invoquées par la caution pour se soustraire à son engagement (■ Cass. 1re civ., 7 juin 1988, n° 86-18.264 : *JurisData* n° 1988-001777 ; *Bull. civ.* I, n° 173, p. 120. V. en ce sens ■ Colmar, 12 et 15 févr. 1982 : *JurisData* n° 1982-041910 et n° 1982-041918).

2) Nantissement en espèces. La condition relative au domicile n'est pas applicable à la caution qui a fourni et consigné un nantissement en espèces (■ Cass. req., 19 mai 1890 : *DP* 1891, 1, 370).

Art. 2296 ***(Anc. art. 2019, dénum., Ord. n° 2006-346, 23 mars 2006).*** **– La solvabilité d'une caution ne s'estime qu'eu égard à ses propriétés foncières, excepté en matière de commerce, ou lorsque la dette est modique.**

On n'a point égard aux immeubles litigieux, ou dont la discussion deviendrait trop difficile par l'éloignement de leur situation.

Art. 2297 ***(Anc. art. 2020, dénum., Ord. n° 2006-346, 23 mars 2006).*** **– Lorsque la caution reçue par le créancier, volontairement ou en justice, est ensuite devenue insolvable, il doit en être donné une autre.**

Cette règle reçoit exception dans le cas seulement où la caution n'a été donnée qu'en vertu d'une convention par laquelle le créancier a exigé une telle personne pour caution.

Portée. La disposition de l'article 2020 (anc.), al. 1er, conçue en termes généraux, n'est pas limitée aux cas où le débiteur est obligé à fournir une caution par la loi ou par une décision des tribunaux (■ Cass. 3e civ., 4 janv. 1983, n° 81-14.571 : *JCP* 83, IV, 86 ; *Bull. civ.* III, n° 1, p. 1).

Section II. – De l'effet du cautionnement

(Ord. n° 2006-346, 23 mars 2006)

Sous-section 1. – De l'effet du cautionnement entre le créancier et la caution

(Ord. n° 2006-346, 23 mars 2006)

Art. 2298 ***(Anc. art. 2021, dénum., Ord. n° 2006-346, 23 mars 2006).*** **– La caution n'est obligée envers le créancier à le payer qu'à défaut du débiteur, qui doit être préalablement discuté dans ses biens, à moins que la caution n'ait renoncé au bénéfice de discussion, ou à moins qu'elle ne se soit obligée solidairement avec le débiteur, auquel cas l'effet de son engagement se règle par les principes qui ont été établis pour les dettes solidaires.**

1) Déchéance du terme. La déchéance du terme encourue par le débiteur principal ne s'étend pas à la caution (■ Cass. 1re civ., 20 déc. 1976 : *JCP* 77, II, 18611, concl. Gulphe. ■ Cass. com., 8 mars 1994, n° 92-11.854 : *JurisData* n° 1994-000443 ; *Bull. civ.* IV, n° 96, p. 74 ; *D.* 1994, 557, note Bazin), la clause contraire étant réputée non écrite (■ Cass. 1re civ., 24 janv. 1995, n° 92-21.436 : *JurisData* n° 1995-000264 ; *JCP* 95, I, 3851, n° 6, obs. Simler et Delebecque ; *Bull. civ.* I, n° 51, p. 36).

2) Insolvabilité notoire du débiteur. Le bénéfice de discussion ne peut être invoqué lorsque l'insolvabilité du débiteur est notoire

(■ Cass. 3e civ., 4 avr. 1973, n° 72-11.506 : *JurisData* n° 1973-098258 ; *Bull. civ.* III, n° 258, p. 187. – V. en ce sens ■ Cass. com., 17 mars 1969 : *Bull. civ.* IV, n° 96, p. 97). Jugé même que les juges du fond peuvent déclarer la caution mal fondée à invoquer le bénéfice de discussion dès lors qu'ils relèvent que deux procédures de distribution par contribution des biens du débiteur avaient été ouvertes et que le créancier ne pouvait attendre l'issue de ces procédures longues et aléatoires alors surtout que l'échéance de la dette était passée depuis longtemps (■ Cass. 1re civ., 25 mai 1966 : *JurisData* n° 1966-000326 ; *Bull. civ.* I, n° 326, p. 248).

3) Débiteur sans travail et sans domicile connu. Jugé que le bénéfice de discussion doit être refusé, faute d'indication des biens du débiteur, lorsque celui-ci est sans travail et sans domicile connu (■ Paris, 5 nov. 1982 : *JurisData* n° 1982-027931).

4) Caution réelle. Pour la Haute juridiction, la sûreté réelle consentie pour garantir la dette d'un tiers, n'impliquant aucun engagement personnel à satisfaire à l'obligation d'autrui, n'est pas un cautionnement ; que, limitée au bien affecté en garantie, elle n'ouvre pas au tiers qui la constitue le bénéfice de discussion (■ Cass. 1re civ., 25 nov. 2015, n° 14-21.332 : *Gaz. Pal.* 2016, n° 7, p. 29, note Albiges ; *RD bancaire et fin.* 2016, comm. 20, obs. D. Legeais ; *JCP* G 2016, 218, note Pellier. Comp. ■ Cass. 1re civ., 6 mars 1979 : *JCP* 79, II, 19140, concl. Gulphe, qui précise que le bénéfice de discussion n'est pas accordé à la caution réelle en l'absence de stipulation contraire. Mais l'existence d'un cautionnement réel n'oblige pas la banque bénéficiaire de ce cautionnement à recourir contre les cautions réelles avant de mettre en jeu la garantie à elle consentie d'autre part par une caution personnelle (■ Cass. com., 10 nov. 1981, n° 80-12.092 : *JurisData* n° 1981-703239 ; *D.* 1982, 417, note Agostini).

5) Cautions solidaires. Remise de dette. Il résulte des articles 1285 et 2021 (anc.) du Code civil que lorsque le créancier a accordé une remise conventionnelle à l'une des cautions solidaires, les cofidéjusseurs qui restent tenus ne peuvent être poursuivis que déduction faite de la part de la caution bénéficiaire de la remise (■ Cass. 1re civ., 18 mai 1978, n° 76-14.196 : *JurisData* n° 1978-000195 ; *JCP* 78, IV, 218 ; *Bull. civ.* I, n° 195, p. 157. ■ Cass. 1re civ., 11 juill. 1984, n° 82-16.837 : *JurisData* n° 1984-701397 ; *Bull. civ.* I, n° 229, p. 193 ; *JCP* 86, II, 20576, note Dumortier ; *RTD civ.* 1985, 408, obs. Rémy). V. aussi sous art. 2313, p. 1758.

6) Cautions solidaires. Novation. Il résulte de la combinaison des articles 2021 (anc.) et 1281 qu'en l'absence de convention contraire, la novation opérée à l'égard de deux cautions solidaires libère leur cofidéjusseur (■ Cass. 1re civ., 11 janv. 1984, n° 82-13.328 : *JurisData* n° 1984-700051 ; *Bull. civ.* I, n° 11, p. 10 ; *JCP* 86, II, 20647, note Dumortier). Jugé cependant que la novation par changement de débiteur opérée à l'égard de l'une des cautions n'a pas pour effet de libérer le débiteur principal et, par suite, pas davantage les autres cautions solidaires (■ Cass. com., 7 déc. 1999, n° 96-15.915 : *JurisData* n° 1999-004336 ; *Bull. civ.* IV, n° 219, p. 185 ; *JCP* G 2000, II, 10377, note S. Piedelièvre ; I, 257, n° 12, obs. Simler ; *JCP* E 2000, 1477, note S. Piedelièvre, et 2003, note Dumortier ; *JCP* N 2001, 105, note Dumortier).

7) Cautions solidaires. Compensation. La caution solidaire peut invoquer la compensation survenue entre son créancier et l'un des codébiteurs garantis (■ Cass. com., 17 nov. 2009, n° 08-70.197 : *Rev. Lamy dr. civ.* 2010/68, n° 3714, obs. Ansault ; *RD bancaire et fin.* 2010, comm. 52, obs. Cerles).

8) Cautions solidaires. Représentation mutuelle (non). La solidarité entre cautions n'a pas pour effet leur représentation mutuelle dans l'exercice de la faculté de révocation (■ Cass. 1re civ., 13 juin 1995, n° 92-19.358 : *JurisData* n° 1995-001590 ; *JCP* G 95, I, 3889, n° 8, obs. Simler ; *JCP* E 95, II, 769 et *JCP* G 96, II, 22593, note Leveneur ; *JCP* N 96, prat. 3638, n° 8, obs. Simler ; *Contrats, conc. consom.* 1995, 162, note Leveneur ; *Bull. civ.* I, n° 258, p. 180).

9) Contestation d'une sentence arbitrale par la caution solidaire (oui). Le droit effectif au juge implique que la caution solidaire, qui n'a pas été partie à l'instance arbitrale, soit recevable à former tierce opposition à l'encontre de la sentence arbitrale déterminant le montant de la dette du débiteur principal à l'égard du créancier (■ Cass. com., 5 mai 2015, n° 14-16.644 : *JurisData* n° 2015-010282 ; *RTD civ.* 2015, p. 882, note Barbier ; *D.* 2015, p. 1810, note Crocq ; *RD bancaire et fin.* 2015, comm. 122, obs. Legeais ; *Banque et droit* 2015, p. 87, obs. Rontchevsky ; *JCP* G 2015, doctr. 1222, n° 5, obs. Simler ; *RTD civ.* 2015, p. 933, note Théry).

Loi n° 94-126 du 11 février 1994

relative à l'initiative et à l'entreprise individuelle

Art. 47. – II. – Les stipulations de solidarité et de renonciation au bénéfice de discussion figurant dans un contrat de cautionnement d'une dette contractuelle professionnelle consenti par une personne physique au bénéfice d'un entrepreneur individuel sont réputées non écrites si l'engagement de la caution n'est pas limité à un montant global, expressément et contractuellement déterminé, incluant le principal, les intérêts, les frais et accessoires.

En cas de cautionnement à durée indéterminée consenti par une personne physique pour garantir une dette professionnelle d'un entrepreneur individuel, le créancier doit respecter les dispositions prévues à l'article 48 de la loi n° 84-148 du 1er mars 1984 relative à la prévention et au règlement amiable des difficultés des entreprises.

(L. n° 98-657, 29 juill. 1998) Lorsque le cautionnement est consenti par une personne physique pour garantir une dette professionnelle d'un entrepreneur individuel ou d'une entreprise constituée sous forme de société, le créancier informe la caution de la défaillance du débiteur principal dès le premier incident de paiement non régularisé dans le mois de l'exigibilité de ce paiement. À défaut, la caution ne saurait être tenue au paiement des pénalités ou intérêts de retard échus entre la date de ce premier incident et celle à laquelle elle en a été informée.

Les dispositions du premier alinéa seront applicables aux contrats conclus après l'entrée en vigueur de la présente loi et celles du second alinéa aux créanciers mentionnés à cet alinéa à compter du 1er septembre 1994.

Voir : C. consom., art. L. 314-17, p. 2101, L. 333-1, p. 2108, L. 331-2, p. 2108, L. 331-3, p. 2108 et L. 333-2, p. 2108.

Application au dirigeant (oui). L'obligation d'information prévue par l'article 47, II, alinéa 3, de la loi du 11 février 1994, dans sa rédaction issue de la loi du 29 juillet 1998, qui impose à tout créancier d'aviser la caution de la défaillance du débiteur principal dès le premier incident de paiement, non régularisé dans le mois de l'exigibilité de ce paiement, doit être respectée même lorsque le cautionnement a été souscrit par un dirigeant de la société cautionnée, lequel connaît exactement la situation de l'entreprise (■ Cass. com., 27 nov. 2007 : *JurisData* n° 2007-041626 ; *JCP* G 2008, IV, 1020).

Art. 2299 *(Anc. art. 2022, dénum., Ord. n° 2006-346, 23 mars 2006).* **– Le créancier n'est obligé de discuter le débiteur principal que lorsque la caution le requiert, sur les premières poursuites dirigées contre elle.**

1) Principe. La jurisprudence refuse le bénéfice de discussion lorsque le débat a effectivement déjà porté sur le fond, notamment sur l'étendue de la dette principale ou du cautionnement (■ Cass. soc., 29 mars 1960 : *Bull. civ.* IV, n° 341, p. 264).

2) Premières poursuites. La caution ne peut invoquer le bénéfice de discussion pour la première fois en cause d'appel même si elle n'a pas conclu en première instance (■ Cass. 1re civ., 15 juill. 1999, n° 97-04.129 : *JurisData* n° 1999-002906 ; *Bull. civ.* I, n° 236, p. 152 ; ■ CA Paris, 18 nov. 1998 : *JurisData* n° 1998-023509).

Art. 2300 *(Anc. art. 2023, dénum., Ord. n° 2006-346, 23 mars 2006).* **– La caution qui requiert la discussion doit indiquer au créancier les biens du débiteur principal et avancer les deniers suffisants pour faire la discussion.**

Elle ne doit indiquer ni des biens du débiteur principal situés hors de l'arrondissement de la cour royale [hors du ressort de la cour d'appel] du lieu où le paiement doit être fait, ni des biens litigieux, ni ceux hypothéqués à la dette qui ne sont plus en la possession du débiteur.

Conditions de mise en œuvre du bénéfice de discussion. Dans la mesure où les cautions simples n'ont proposé aucun bien du débiteur principal à la discussion du créancier, ni avancé les deniers suffisants pour faire la discussion, *elles ne sauraient se prévaloir efficacement* de l'article 2299 du Code civil (■ Cass. 2e civ., 23 oct. 2008 : *JurisData* n° 2008-045470 ; *JCP* G 2008, IV, 2826 ; *D.* 2008, p. 2802, obs. Gallmeister ; *RD bancaire et fin.* 2008, comm. 170, obs. Cerles ; *Banque et droit* déc. 2008, p. 47, obs. Jacob).

Art. 2301 *(Anc. art. 2024, dénum., Ord. n° 2006-346, 23 mars 2006).* **– Toutes les fois que la caution a fait l'indication des biens autorisée par l'article précédent, et qu'elle a fourni les deniers suffisants pour la discussion, le créancier est, jusqu'à concurrence des biens indiqués, responsable, à l'égard de la caution, de l'insolvabilité du débiteur principal survenue par le défaut de poursuites. En toute hypothèse, le montant des dettes résultant du cautionnement ne peut avoir pour effet de priver la personne physique qui s'est portée caution d'un minimum de ressources fixé à l'article L. 331-2 du Code de la consommation.**

Cautions visées. Le « reste à vivre » bénéficie à toute caution et non pas seulement à la caution simple (■ Cass. com., 31 janv. 2012, n° 10-28.236 : *JurisData* n° 2012-001264 ; *RD bancaire et fin.* 2012, comm. 51, obs. D. Legeais ; *D.* 2012, p. 428, obs. Avena-Robardet).

Art. 2302 *(Anc. art. 2025, dénum., Ord. n° 2006-346, 23 mars 2006).* **– Lorsque plusieurs personnes se sont rendues cautions d'un même débiteur pour une même dette, elles sont obligées chacune à toute la dette.**

Cautionnements par actes séparés sans solidarité. Des cautions s'étant engagées par actes séparés sans stipulation de solidarité, chacune d'entre elles n'est solidaire que du débiteur principal, et la décharge consentie par le créancier à l'une n'a pas d'effet sur l'engagement de l'autre, en l'absence de convention contraire (■ Cass. 1re civ., 23 juin 1992, n° 91-11.678 : *JurisData* n° 1992-001854 ; *Bull. civ.* I, n° 192, p. 129 ; *JCP* 93, II, 22134, note Dumortier).

Art. 2303 *(Anc. art. 2026, dénum., Ord. n° 2006-346, 23 mars 2006).* **– Néanmoins, chacune d'elles peut, à moins qu'elle n'ait renoncé au bénéfice de division, exiger que le créancier divise préalablement son action, et la réduise à la part et portion de chaque caution.**

Lorsque, dans le temps où une des cautions a fait prononcer la division, il y en avait d'insolvables, cette caution est tenue proportionnellement de ces insolvabilités ; mais elle ne peut plus être recherchée à raison des insolvabilités survenues depuis la division.

1) Caution réelle. Pour la Haute juridiction, la sûreté réelle consentie pour garantir la dette d'un tiers, n'impliquant aucun engagement personnel à satisfaire à l'obligation d'autrui, n'est pas un cautionnement ; que, limitée au bien affecté en garantie, elle n'ouvre pas au tiers qui la constitue le bénéfice de division (■ Cass. 1re civ., 25 nov. 2015, n° 14-21.332 : *Gaz. Pal.* 2016, n° 7, p. 29, note Albiges ; *RD bancaire et fin.* 2016, comm. 20, obs. D. Legeais ; *JCP* G 2016, 218, note Pellier. Comp. ■ Cass. 1re civ., 6 mars 1979 : *JCP* 79, II, 19140, concl. Gulphe qui énonce que le bénéfice de division n'est pas accordé à la caution réelle en l'absence de stipulation contraire).

2) Cautions solidaires. Les cautions solidaires d'un même débiteur ne peuvent opposer au créancier qui les poursuit solidairement en paiement le bénéfice de division ; doit être cassé l'arrêt qui en a décidé autrement au motif que la solidarité existait seulement entre le débiteur et chaque caution (■ Cass. 1re civ., 27 juin 1984, n° 83-12.107 : *JurisData* n° 1984-701190 ; *Bull. civ.* I, n° 213, p. 179 ; *JCP* 86, II, 20689, note Dumortier. V. aussi ■ Cass. com., 7 janv. 1992, n° 89-17.717 : *JurisData* n° 1992-000018 ; *JCP* 92, IV, 683 ; *Bull. civ.* IV, n° 1, p. 1. ■ Cass. com., 11 déc. 2001, n° 98-12.291 : *JurisData* n° 2001-012129 ; *JCP* E 2002, 1602, note Farge).

Art. 2304 *(Anc. art. 2027, dénum., Ord. n° 2006-346, 23 mars 2006).* **– Si le créancier a divisé lui-même et volontairement son action, il ne peut revenir contre cette division, quoiqu'il y eût, même antérieurement au temps où il l'a ainsi consentie, des cautions insolvables.**

Cautionnement solidaire. L'article 2027 (anc.) est inapplicable en matière de cautionnement solidaire (■ Cass. req., 7 juin 1882 : *DP* 1882, 1, 441, rapp. Lepelletier, note Aubry).

Sous-section 2. – De l'effet du cautionnement entre le débiteur et la caution

(Ord. n° 2006-346, 23 mars 2006)

Art. 2305 *(Anc. art. 2028, dénum., Ord. n° 2006-346, 23 mars 2006).* **– La caution qui a payé a son recours contre le débiteur principal, soit que le cautionnement ait été donné au su ou à l'insu du débiteur.**

Ce recours a lieu tant pour le principal que pour les intérêts et les frais ; néanmoins, la caution n'a de recours que pour les frais par elle faits depuis qu'elle a dénoncé au débiteur principal les poursuites dirigées contre elle.

Elle a aussi recours pour les dommages et intérêts, s'il y a lieu.

Bibliographie : N. Martial Braz, *Les recours de la caution au cœur de la tempête ! : D.* 2013, p. 935. ● M. Ranouil, *Les recours entre coobligés*, Bibl. de l'IRJS, 2014, préf. P. Jourdain.

1) Nécessité d'un paiement. L'article 2028 (anc.) est inapplicable au recours exercé par une caution avant tout paiement, même partiel, de sa part (■ Cass. 1re civ., 25 oct. 1994, n° 91-16.729 : *JurisData* n° 1994-001953 ; *JCP* 94, *IV, 2607).*

2) Paiement partiel. La caution qui a payé ne fût-ce que partiellement le créancier puise dans l'article 2028 (anc.) un droit personnel de recours contre le débiteur principal, droit indépendant de la subrogation qui lui est assurée par les articles 2029 (anc.) et 1251 (■ Cass. civ., 25 nov. 1891 : *DP* 1892, 1, 261). Jugé cependant qu'une société de caution mutuelle d'administrateurs de biens, qui a payé les créanciers du cabinet dans les limites de la garantie accordée, ne peut concourir avec ces mêmes créanciers, non intégralement désintéressés ; dès lors que cette intervention serait contraire à l'objet même de l'engagement de cette société créée en application de l'article 8 du décret du 25 mars 1965, en vue d'assurer le remboursement des sommes d'argent, effets ou valeurs reçus par ses adhérents (■ Cass. 1re civ., 28 juin 1977, n° 76-10.299 : *JCP* 79, II, 19045, note Guillot). La caution peut renoncer dans le contrat à tout recours contre le débiteur principal et à toute subrogation dans les droits du créancier tant que ce dernier n'est pas intégralement désintéressé (■ Cass. com., 19 déc. 1972, n° 71-11.556 : *JurisData* n° 1972-099338 ; *Bull. civ.* IV, n° 338, p. 313).

Bibliographie : S. Bernheim-Desvaux, *La clause de non-concours de la caution : Contrats, conc. consom.* 2013, formule 10.

3) Intérêts. Les intérêts pour lesquels le deuxième alinéa de l'article 2028 (anc.) accorde une action aux cautions sont, non ceux payés par celles-ci au créancier et dont le remboursement leur est dû à titre principal dans le cadre de l'action subrogatoire, mais les intérêts des sommes versées pour le compte du débiteur principal à compter de ces versements. Ces intérêts constituent la réparation du préjudice causé à la caution qui a payé en raison du retard mis par le débiteur principal à lui rembourser le montant des versements effectuées pour son compte et sont calculés sur la base du taux de l'intérêt pendant la période considérée (■ Cass. 1re civ., 18 déc. 1978, n° 77-14.620 : *JCP* 79, IV, 70 ; *Bull. civ.* I, n° 391, p. 304). Ils courent de plein droit en vertu de l'article 2028, al. 2 par exception à la règle de l'article 1153, al. 2 (■ Cass. 1re civ., 26 avr. 1977, n° 75-14.889 : *JurisData* n° 1977-000187 ; *JCP* 77, IV, 160 ; *Bull. civ.* I, n° 187, p. 147). Le taux est le taux légal, sauf convention contraire fixant un taux différent (■ Cass. 1re civ., 22 mai 2002, n° 00-18.822 : *JurisData* n° 2002-014424 ; *Bull. civ.* I, n° 138, p. 105 ; *JCP* G 2003, I, 124 et *JCP* E 2003, 852, n° 9, obs. Simler. V. en ce sens pour le recours subrogatoire ouvert à la caution ■ Cass. 1re civ., 29 oct. 2002 : *JCP* E 2003, 852, n° 9, obs. Simler ; *Defrénois* 2003, 1613, obs. Théry).

4) Dommages-intérêts. Les juges du fond peuvent accorder des dommages-intérêts à la caution si les retards volontaires du débiteur principal entraînent pour elle des débours, des tracas et des frais irrépétibles (■ Cass. 1re civ., 18 déc. 1978 : *JCP* 79, IV, 70 ; *Bull. civ.* I, n° 391, p. 304).

5) Assurance de responsabilité. La caution qui exerce seulement le recours que lui ouvre l'article 2028 (anc.) n'est pas un tiers au sens de l'article L. 114-1 du Code des assurances (■ Cass. 1re civ., 14 oct. 1997, n° 95-17.269 : *JurisData* n° 1997-004036 ; *JCP* 97, IV, 2314 ; *Bull. civ.* I, n° 273, p. 185).

6) Opposabilité d'un protocole d'accord entre cofidéjusseurs. Le cofidéjusseur qui paye sa quote-part aux cautions *solvens* conserve son recours personnel contre le débiteur principal, quand bien même ses cofidéjusseurs auraient renoncé à leur propre recours dans un protocole d'accord (■ Cass. com., 1er oct. 2013, n° 12-23.975 : *Gaz. Pal.* 2013, nos 338-339, p. 17, obs. Dumont-Lefrand ; *Banque et droit* 2013, n° 152, p. 45, note F. Jacob ; *RD bancaire et fin.* 2013, comm. 193, obs. Legeais ; *JCP* G 2014, 635, n° 5, obs. Simler).

Code de commerce

PARTIE LÉGISLATIVE

LIVRE SIXIÈME. – DES DIFFICULTÉS DES ENTREPRISES

....

TITRE IV. – De la liquidation judiciaire et du rétablissement professionnel

(Titre créé à compter du 1er janvier 2006, L. n° 2005-845, 26 juill. 2005 ; intitulé remplacé à compter du 1er juillet 2014, Ord. n° 2014-326, 12 mars 2014)

....

CHAPITRE III. – DE L'APUREMENT DU PASSIF

....

Section II. – De la clôture des opérations de liquidation judiciaire

Art. L. 643-11 *(L. n° 2005-845, 26 juill. 2005 ; mod., Ord. n° 2010-1512 ; mod. à compter du 1er juillet 2014, Ord. n° 2014-326, 12 mars 2014 ; L. n° 2015-1702, 21 déc. 2015)*. – I. – Le jugement de clôture de liquidation judiciaire pour insuffisance d'actif ne fait pas recouvrer aux créanciers l'exercice individuel de leurs actions contre le débiteur. Il est fait exception à cette règle :

1° Pour les actions portant sur des biens acquis au titre d'une succession ouverte pendant la procédure de liquidation judiciaire ;

2° Lorsque la créance trouve son origine dans une infraction pour laquelle la culpabilité du débiteur a été établie ou lorsqu'elle porte sur des droits attachés à la personne du créancier.

II. – Les coobligés et les personnes ayant consenti une sûreté personnelle ou ayant affecté ou cédé un bien en garantie peuvent poursuivre le débiteur s'ils ont payé à la place de celui-ci.

[...].

Chapitre V. – Du rétablissement professionnel

Art. L. 645-11 *(Mod., Ord. n° 2014-1088, 26 sept. 2014 ; L. n° 2015-1702, 21 déc. 2015)*. – La clôture de la procédure de rétablissement professionnel entraîne effacement des dettes à l'égard des créanciers dont la créance est née antérieurement au jugement d'ouverture de la procédure, a été portée à la connaissance du juge commis par le débiteur et a fait l'objet de l'information prévue à l'article L. 645-8. Ne peuvent être effacées les *(Mots rempl., L. n° 2016-1547, 18 nov. 2016)* « dettes correspondant aux créances des salariés, aux créances alimentaires et aux » créances mentionnées aux 1° à 3° du I et au II de l'article L. 643-11. Les dettes effacées sont mentionnées dans le jugement de clôture.

Code de la consommation

PREMIÈRE PARTIE (LÉGISLATIVE)

LIVRE SEPTIÈME. – TRAITEMENT DES SITUATIONS DE SURENDETTEMENT

....

TITRE IV. – RETABLISSEMENT PERSONNEL

....

Chapitre II. – Procédure de rétablissement personnel avec liquidation judiciaire

....

Section 4. – Clôture de la procédure

(Ord. n° 2016-301, 14 mars 2016)

Art. L. 742-20 *(Ord. n° 2016-301, 14 mars 2016)*. – S'il constate lors de l'audience d'ouverture de la procédure de rétablissement personnel avec liquidation judiciaire que le débiteur se trouve manifestement dans la situation définie au second alinéa de l'article L. 742-21, le juge peut ouvrir et clôturer la procédure de rétablissement personnel avec liquidation judiciaire pour insuffisance d'actif par un même jugement. Le jugement emporte les mêmes effets que ceux mentionnés à l'article L. 742-22.

Les créances dont les titulaires n'auraient pas formé tierce opposition dans un délai fixé par décret sont éteintes.

Art. L. 742-21 *(Ord. n° 2016-301, 14 mars 2016)*. – Lorsque l'actif réalisé est suffisant pour désintéresser les créanciers, le juge prononce la clôture de la procédure.

Lorsque l'actif réalisé est insuffisant pour désintéresser les créanciers, lorsque le débiteur ne possède rien d'autre que des biens meublants nécessaires à la vie courante et des biens non professionnels indispensables à l'exercice de son activité professionnelle, ou lorsque l'actif n'est constitué que de biens dépourvus de valeur marchande ou dont les frais de vente seraient manifestement disproportionnés au regard de leur valeur vénale, le juge prononce la clôture pour insuffisance d'actif.

Art. L. 742-22 *(Ord. n° 2016-301, 14 mars 2016)*. – La clôture entraîne l'effacement de toutes les dettes non professionnelles du débiteur, arrêtées à la date du jugement d'ouverture, à l'exception de celles dont le montant a été payé en lieu et place du débiteur par la caution ou le coobligé, personnes physiques.

Cette clôture entraîne aussi l'effacement de la dette résultant de l'engagement que le débiteur a donné de *cautionner ou* d'acquitter solidairement la dette d'un entrepreneur individuel ou d'une société.

Art. L. 742-23 *(Ord. n° 2016-301, 14 mars 2016)*. – Si la situation du débiteur l'exige, le juge l'invite à solliciter une mesure d'aide ou d'action sociale qui peut comprendre un programme d'éducation budgétaire, notamment une mesure d'accompagnement social personnalisé, dans les conditions prévues par le livre II du Code de l'action sociale et des familles.

Art. 2306 *(Anc. art. 2029, dénum., Ord. n° 2006-346, 23 mars 2006)*. **– La caution qui a payé la dette est subrogée à tous les droits qu'avait le créancier contre le débiteur.**

1) Principe. Sur le principe que la caution subrogée dispose de toutes les actions qui appartenaient au créancier et qui se rattachaient à la créance avant le paiement, V. ■ Cass. 1re civ., 7 déc. 1983, n° 82-16.838 : *JurisData* n° 1983-702752 ; *Bull. civ.* I, n° 291, p. 260. La subrogation ne s'opère que pour les droits du créancier contre le débiteur (■ Cass. 1re civ., 4 déc. 2001 : *JCP* 2002, IV, 1098 ; *Bull. civ.* I, n° 302, p. 192 ; *JurisData* n° 2001-011972, recours en contribution de la caution de second rang également créancier). La Haute juridiction admet que l'action paulienne du créancier se transmet à la caution subrogée (■ Cass. 1re civ., 11 mai 2017, n° 16-15.430 : *JurisData* n° 2017-008957 ; *JCP* G 2017, doctr. 1239, n° 10, obs. Simler).

2) Cumul (oui). Les recours subrogatoire et personnel de la caution ne sont pas exclusifs l'un de l'autre (■ Cass. com., 9 déc. 2008, n° 07-19.708 : *RTD civ.* 2009, p. 553, note Crocq ; *JCP* G 2009, I, 136, n° 11, obs. Cabrillac).

3) Recours contre les codébiteurs. Aux termes de l'article 2029 (anc.), lorsqu'elle a cautionné l'un des débiteurs d'une dette solidaire, la caution qui paie le créancier est subrogée à tous les droits qu'avait ce dernier non seulement contre le débiteur cautionné mais encore contre les autres débiteurs solidaires (■ Cass. com., 19 mars 1962 : *D.* 1962, 505).

4) Tiers détenteur. La caution peut invoquer l'article 2029 (anc.) contre le tiers détenteur de l'immeuble hypothéqué à la même dette (■ Cass. req., 16 mars 1938 : *DP* 1939, 1, 41, note Voirin).

5) Paiement partiel. Sur le droit de préférence que peut invoquer le créancier contre la caution lorsqu'il n'a été payé qu'en partie, voir art. 1252 ancien, p. 1193. Jugé que le privilège du Trésor est par sa nature exclusif de tout concours de la part de la caution qui, après avoir payé le montant de la dette cautionnée, voudrait agir comme subrogée pour s'attribuer une part des biens du redevable qui n'est pas entièrement libéré (■ Cass. civ., 14 janv. 1888 : *DP* 1888, 1, 55. *Contra* ■ Bordeaux, 27 févr. 1979 : *JurisData* n° 1979-600279 ; *Banque* 1979, 536).

6) Surendettement du débiteur. La mesure de réduction prévue par l'article L. 331-7, al. 1er, 4°, du Code de la consommation ne s'applique pas à la créance de la caution qui a payé la dette du débiteur principal (■ Cass. 1re civ., 15 juill. 1999, n° 97-10.882 : *JurisData* n° 1999-002926 ; *JCP* G 99, II, 10196, note S. Piedelièvre ; *JCP* E 99, 1925, note D. Legeais ; *RTD civ.* 1999, 877, obs. Crocq. ■ Cass. 1re civ., 28 mars 2000, n° 98-04.097 : *Bull. civ.* I, n° 107, p. 71. ■ Cass. 1re civ., 26 avr. 2000, n° 97-10.616 : *JurisData* n° 2000-001563 ; *Bull. civ.* I, n° 122, p. 81).

7) Liquidation judiciaire du débiteur. Engage sa responsabilité vis-à-vis de la caution la banque qui s'abstient de se renseigner et de déclarer sa créance au passif du débiteur en liquidation judiciaire, faisant perdre ainsi à la caution le bénéfice de son recours subrogatoire (■ Cass. 1re civ., 19 déc. 2000, n° 98-16.118 : *JurisData* n° 2000-007498 ; *JCP* 2001, IV, 1318 ; *Bull. civ.* I, n° 334, p. 216). En tout état de cause, rien ne s'oppose à ce que la caution puisse exercer un recours subrogatoire après la clôture pour insuffisance d'actif (■ Cass. com., 12 mai 2009, n° 08-13.430 : *JurisData* n° 2009-048253 ; *RTD civ.* 2009, p. 554, note Crocq).

8) Réserve du recours contre la caution. La réserve du recours contre la caution stipulée dans une cession de créance est inopposable à la caution car elle prive celle-ci d'un recours subrogatoire contre le débiteur principal si elle venait à payer ce dernier (■ CA Angers, 2 mai 2012, n° 11/01452 : *JurisData* n° 2012-014073 ; *JCP* G 2012, 1291, n° 11, note Simler).

9) Prescription biennale imposée à la caution bancaire. En présence d'un cautionnement donné par un établissement financier en vue de garantir le remboursement d'un crédit immobilier accordé à un consommateur par un établissement bancaire, l'article L. 137-2 du Code de la consommation impose à la caution *solvens* d'exercer son recours en remboursement dans un délai de deux ans, y compris si elle choisit la voie du recours subrogatoire (■ Cass. 1re civ., 17 mars 2016, n° 15-12.494 : *JCP* G 2016, doctr. 553, n° 11, obs. Simler).

Art. 2307 *(Anc. art. 2030, dénum., Ord. n° 2006-346, 23 mars 2006)*. **– Lorsqu'il y avait plusieurs débiteurs principaux solidaires d'une même dette, la caution qui les a tous cautionnés a, contre chacun d'eux, le recours pour la répétition du total de ce qu'elle a payé.**

Principe. ■ Cass. 3e civ., 25 mai 1977 : *D.* 1977, inf. rap. 453.

Art. 2308 *(Anc. art. 2031, dénum., Ord. n° 2006-346, 23 mars 2006)*. **– La caution qui a payé une première fois n'a point de recours contre le débiteur principal qui a payé une seconde fois, lorsqu'elle ne l'a point averti du paiement par elle fait ; sauf son action en répétition contre le créancier.**

Lorsque la caution aura payé sans être poursuivie et sans avoir averti le débiteur principal, elle n'aura point de recours contre lui dans le cas où, au moment du paiement, ce débiteur aurait eu des moyens pour faire déclarer la dette éteinte ; sauf son action en répétition contre le créancier.

1) **Mise en garde du débiteur principal.** Sur la responsabilité encourue par la caution qui paye malgré la mise en garde du débiteur principal et en l'absence de toute poursuite, V. ▪ Cass. 1re civ., 16 nov. 1971, n° 70-11.242 : *JurisData* n° 1971-000288 ; *Bull. civ.* I, n° 288, p. 246. Conformément à ce dispositif, une banque qui avait imprudemment payé un créancier a justement étécondamnée à recréditer le compte du débiteur principal (▪ Cass. com., 28 janv. 2014, n° 12-28.728, inédit : *JurisData* n° 2014-001040 ; *RD bancaire et fin.* 2014, comm. 49, obs. D. Legeais ; *JCP* G 2014, 635, n° 9, obs. Simler).

2) **Opposabilité par la sous-caution (non).** Dans les rapports existant entre le débiteur principal, la caution et la sous-caution, cette dernière doit, à tous égards, être traitée comme une caution, en sorte qu'elle ne peut se prévaloir, contre la caution qui a payé le créancier, des dispositions de l'article 2031 (anc.) que seul le débiteur est en droit d'invoquer (▪ Cass. 1re civ., 26 févr. 2002 : *JCP* G 2002, IV, 1622 ; *JCP* E 2002, 1424, n° 11, obs. Simler ; *D.* 2002, 2863, note Djoudi ; *JurisData* n° 2002-013238 ; *Bull. civ.* I, n° 67, p. 51).

Art. 2309 ***(Anc. art. 2032, dénum., Ord. n° 2006-346, 23 mars 2006).*** **– La caution, même avant d'avoir payé, peut agir contre le débiteur, pour être par lui indemnisée :**

1° Lorsqu'elle est poursuivie en justice pour le paiement ;

2° Lorsque le débiteur a fait faillite ou est en déconfiture ;

3° Lorsque le débiteur s'est obligé de lui rapporter sa décharge dans un certain temps ;

4° Lorsque la dette est devenue exigible par l'échéance du terme sous lequel elle avait été contractée ;

5° Au bout de dix années, lorsque l'obligation principale n'a point de terme fixe d'échéance, à moins que l'obligation principale, telle qu'une tutelle, ne soit pas de nature à pouvoir être éteinte avant un temps déterminé.

Bibliographie : C. Mouly, *Les recours anticipés de la caution contre sa sous-caution : JCP* 80, I, 2985.

1) **Date de naissance de la créance de la caution.** La créance de la caution qui agit avant paiement contre le débiteur principal sur le fondement de l'article 2309 du Code civil prend naissance à la date de l'engagement de celle-ci, de sorte qu'elle ne saurait arguer que cette créance est née à la date de l'assignation délivrée par le créancier (▪ Cass. com., 3 févr. 2009, n° 06-20.070 : *JurisData* n° 2009-046857 ; *JCP* E 2009, 1347, n° 12, obs. Cabrillac).

2) **Recours contre un codébiteur (non).** La caution n'a aucun recours avant paiement contre un codébiteur solidaire du débiteur cautionné et ne dispose contre lui que du recours après paiement fondé sur la subrogation ou la gestion d'affaires (▪ Cass. com., 27 nov. 1978 : *JurisData* n° 1978-700277 ; *Bull. civ.* IV, n° 277, p. 228. V. en ce sens pour le recours de la caution contre la caution solidaire, ▪ Cass. com., 24 mars 1980, n° 78-12.504 : *Bull. civ.* IV, n° 141, p. 109. ▪ Cass. com., 3 mars 1981, n° 78-16.385 : *JurisData* n° 1981-700577 ; *JCP* 81, IV, 176 ; *Bull. civ.* IV, n° 117, p. 90. ▪ Cass. com., 12 juin 2001, n° 99-12.681 : *JurisData* n° 2001-010101 ; *JCP* 2001, IV, 2498 ; *Bull. civ.* IV, n° 114, p. 105. ▪ *Cass. com., 11 déc. 2001 : JCP G 2002, I, 120* et *JCP* E 2002, 591, n° 1, obs. Simler ; *Bull. civ.* IV, n° 196, p. 191 ; *JurisData* n° 2001-012130).

3) **Conditions du recours anticipé. Obligation de renseignement du créancier (non).** Il appartient à la caution de s'assurer par ses propres moyens que les conditions de l'article 2032 (anc.) lui ouvrant un droit de poursuite anticipé contre le débiteur sont remplies et le créancier n'est pas déchu de ses droits contre elle pour ne pas l'avoir renseignée spontanément à cet égard (▪ Cass. civ., 13 juin 1939 : *DH* 1939, 417. – V. aussi ▪ Cass. com., 24 juin 1969 : *JCP* 70, II, 16221, note Prieur).

4) **Production au redressement judiciaire du débiteur.** La caution, qui dispose contre le débiteur d'une créance personnelle d'indemnité, peut produire au redressement judiciaire du débiteur même si le créancier a lui-même produit sa créance (▪ Cass. com., 29 oct. 1991, n° 89-20.486 : *JurisData* n° 1991-002722 ; *Bull. civ.* IV, n° 316, p. 218). Sur ce que le défaut de déclaration des créances n'emporte plus extinction, voir : C. com., art. L. 622-26.

5) **Affectation spéciale au paiement de la dette (non).** Il ne résulte de l'article 2032 (anc.) aucune affectation spéciale des sommes à provenir du recours préventif exercé par la caution contre le débiteur principal tombé en faillite à la garantie du créancier bénéficiaire du cautionnement (▪ Cass. civ., 10 janv. 1922 : *DP* 1922, 1, 145, note Percerou).

6) **Saisie-arrêt sur le compte du débiteur principal.** La caution sur les biens de laquelle une saisie-arrêt a été pratiquée peut appeler en

garantie, avant paiement, le débiteur principal et pratiquer elle-même une saisie-arrêt sur un compte de celui-ci (■ Cass. com., 1er févr. 1977, n° 75-12.168 : *JurisData* n° 1977-097033 ; *Bull. civ.* IV, n° 33, p. 31).

7) Possibilité pour le créancier d'invoquer l'article 2309 (non). Le créancier ne saurait invoquer l'article 2032 (anc.) contre la caution, en détournant ainsi ce texte de sa finalité (■ Cass. com., 19 juin 1984, n° 83-12.932 : *Bull. civ.* IV, n° 198, p. 165 ; *D.* 1985, 140, note Honorat ; *JCP* 86, II, 20659, note Storck. ■ Cass. 1re civ., 1er déc. 1993, n° 91-19.973 : *JurisData* n° 1993-002429 ; *JCP* 94, IV, 335 ; *Bull. civ.* I, n° 353, p. 246. V. aussi, en cas d'extinction de la créance pour défaut de production dans la procédure collective, sous l'empire du droit antérieur à la loi du 26 juillet 2005, ■ Cass. com., 17 juill. 1990, n° 89-13.138 : *JurisData* n° 1990-002113 ; *Bull. civ.* IV, n° 215, p. 148. ■ Cass. com., 12 juill. 1994, n° 92-14.483 : *JurisData* n° 1994-001471 ; *Bull. civ.* IV, n° 260, p. 206. ■ Cass. com., 1er févr. 2000 : *JurisData* n° 2000-000541 ; *JCP* 2000, I, 257, n° 11, obs. Simler).

8) Action oblique de la caution. La caution disposant, avant même d'avoir payé, d'une créance personnelle d'indemnité contre le débiteur, elle peut exercer, du chef de cette créance, par voie oblique, une action contre l'assureur en exécution du contrat qui les lie (■ Cass. 1re civ., 25 mai 2005, n° 04-14.695 : *JurisData* n° 2005-028529 ; *Bull.* I, n° 225, p. 190).

Sous-section 3. – De l'effet du cautionnement entre les cofidéjusseurs

(Ord. n° 2006-346, 23 mars 2006)

Art. 2310 *(Anc. art. 2033, dénum., Ord. n° 2006-346, 23 mars 2006).* **– Lorsque plusieurs personnes ont cautionné un même débiteur pour une même dette, la caution qui a acquitté la dette a recours contre les autres cautions, chacune pour sa part et portion.**

Mais ce recours n'a lieu que lorsque la caution a payé dans l'un des cas énoncés en l'article précédent.

Bibliographie : J. Mestre, *Pluralité d'obligés accessoires* : *RTD civ.* 1981, p. 1 ; *Ibid.*, *Les cofidéjusseurs* : *Dr. et patrimoine* janv. 1998, p. 66 et avr. 1998, p. 64

1) Cautionnement par actes séparés sans solidarité. L'article 2033 (anc.) est applicable dans le cas d'un cautionnement consenti par plusieurs personnes, à des dates différentes, par des actes séparés et sans solidarité, à concurrence de 150 000 francs chacune, afin de garantir toutes les sommes que devrait ou pourrait devoir une société à une banque (■ Cass. 1re civ., 3 oct. 1995, n° 92-18.442 : *Bull. civ.* I, n° 338, p. 237 ; *D.* 1996, somm. 266, obs. Aynès ; *JCP* G 95, IV, 2428 ; *JCP* N 96, II, 1631, 2e esp., note S. Piedelièvre). Mais celle des cautions qui n'a pas payé au-delà de sa part et portion n'a pas de recours contre les autres (même arrêt).

2) Cautions solidaires. Montant du recours. Au cas où plusieurs personnes s'obligent comme cautions solidaires d'une même dette, celle des cautions qui s'est trouvée contrainte d'acquitter la dette doit diviser son recours contre ses cofidéjusseurs, ne pouvant poursuivre chacun d'eux que pour sa part et portion (■ Cass. civ., 13 juin 1939 : *DH* 1939, 417. ■ Cass. 1re civ., 10 janv. 1995, n° 93-12.663 : *JurisData* n° 1995-000059 ; *Bull. civ.* I, n° 25, p. 18 ; *D.* 1995, 573, 1re esp. ; *JCP* G 95, I, 3889, *JCP* E 95, I, 515 et *JCP* N 96, prat. 3638, n° 9, obs. Simler ; *JCP* N 96, I, 1631, 1re esp., note S. Piedelièvre. Comp. le système suggéré par ■ Poitiers, 11 juin 1981 : *JurisData* n° 1981-042424 ; *D.* 1982, 79, note Mestre). La répartition de la charge du paiement doit être faite entre les cautions proportionnellement à l'étendue de leurs engagements respectifs (■ Cass. 1re civ., 2 févr. 1982 : *JurisData* n° 1982-700245 ; *Bull. civ.* I, n° 55, p. 47 ; *JCP* 82, II, 19825, note Simler. ■ Cass. com., 24 janv. 2006, n° 03-20.178 : *JurisData* n° 2006-031777 ; *JCP* G 2006, I, 195, n° 8, obs. Simler ; *RJDA* 7-8/2006, n° 921). Mais la clause selon laquelle la charge de la dette est répartie différemment entre les cautions n'est pas illicite (■ Cass. com., 11 juin 1991, n° 89-18.857 : *JurisData* n° 1991-001601 ; *Bull. civ.* IV, n° 215 ; *D.* 1991, somm. 386, obs. Aynès). À défaut de stipulation contraire du cautionnement, les cautions sont tenues par parts égales et non en fonction du nombre de parts possédées dans le capital de la société garantie (■ Cass. com., 28 juin 1994, n° 92-17.374 : *JurisData* n° 1994-001536 ; *JCP* 94, I, 3807, n° 9, obs. Simler et Delebecque ; *Defrénois* 1994, 1166, obs. Aynès).

3) Défaut de paiement préalable par la caution. Si l'action en paiement contre ses cofidéjusseurs n'est ouverte qu'à la caution qui a acquitté la dette, la caution qui est poursuivie en paiement peut appeler en garantie ses cofidéjusseurs, chacun pour sa part et portion, la condamnation prononcée de ce chef à leur encontre ne pouvant recevoir exécution qu'après paiement de la dette par la caution (■ Cass. 1re civ., 15 juin 2004 : *JCP* G 2004, I, 188, n° 7, obs. Simler ; *JurisData* n° 2004-024133 ; *Bull. civ.* I, n° 169, p. 140). V. égal. I. Despres, *De l'inexistence du recours avant paiement entre cofidéjusseurs* : *Rev. Lamy dr. civ.* 2004/10, n° 415).

4) Identité de la dette garantie par les cofidéjusseurs. Les cautions qui ont payé la dette d'une société à l'égard d'un « pool bancaire » ne sont pas fondées à exercer le recours prévu par l'article 2033 (anc.) à l'encontre d'autres cautions de la même société, dès lors que celles-ci garantissent la dette de ladite société à l'égard, non pas du « pool bancaire », mais d'une banque appartenant à celui-ci (■ Cass. 1re civ., 25 avr. 1990, n° 88-14.419 : *JurisData* n° 1990-701187 ; *JCP* 90, IV, 232 ; *Bull. civ.* I, n° 83, p. 61).

5) Répartition de la charge de l'insolvabilité de certains des cofidéjusseurs. V. art. 2303, al. 2, p. 1750.

6) Transaction entre le créancier et l'un des cofidéjusseurs. Si la transaction intervenue entre le créancier et l'une des cautions, emporte bien réduction de la dette, elle n'interdit pas au cofidéjusseur concerné d'agir contre les autres cautions en contribution (■ Cass. 1re civ., 12 juill. 2007 : *JCP* G 2007, I, 252, n° 9, obs. Simler ; *JCP* G 2007, II, 10195, note Cochet ; *RD bancaire et fin.* sept. 2007, comm. 185, obs. Cerles ; *JurisData* n° 2007-04011 ; *D.* 2007, p. 2157, obs. Delpech).

7) Possibilité d'invoquer l'article 2314 du Code civil (oui). Un cofidéjusseur est recevable à opposer à la caution *solvens*, en vertu des règles qui gouvernent la subrogation, les exceptions qu'il aurait pu opposer au créancier originaire, y compris le bénéfice de cession d'actions (■ Cass. 1re civ., 19 avr. 1988, n° 86-12.719 : *JurisData* n° 1988-001177 ; *Bull. civ.* I, n° 103 ; *JCP* G 1988, IV, 218. ■ Cass. com., 11 déc. 2007, n° 06-13.592 : *JurisData* n° 2007-041920 ; *Bull. civ.* IV, n° 261 ; *JCP* G 2008, I, 152, n° 10, obs. Simler ; *RD bancaire et fin.* 2008, comm. 5, obs. D. Legeais). Si l'action en contribution emprunte la voie d'un recours personnel, le cofidéjusseur poursuivi peut seulement imputer à la caution *solvens* la faute d'avoir négligé d'opposer le bénéfice de subrogation au créancier, voire d'avoir elle-même laissé perdre une sûreté dans laquelle elle était subrogée (■ Cass. com., 27 nov. 2001, n° 97-22.614 : *JurisData* n° 2001-012025 ; *JCP* G 2002, I, 120, n° 2, obs. Simler). Par ailleurs, le bénéfice de subrogation peut être mis en œuvre par voie d'action contre le créancier à l'occasion du recours entre cofidéjusseurs (■ Cass. com., 5 avr. 2011, n° 09-72.820 : *JurisData* n° 2011-005723 ; *JCP* G 1259, note Simler).

8) Compensation avec des dommages et intérêts dus par le créancier. L'extinction par compensation de la dette de l'un des cofidéjusseurs avec des dommages et intérêts obtenus du créancier libère les autres (■ Cass. com., 3 nov. 2010, n° 09-16.173 : *JurisData* n° 2010-020240 ; *RD bancaire et fin.* 2011, comm. 9, obs. Legeais ; *JCP* G 2011, 226, n° 6, obs. Simler. ■ Cass. com., 21 nov. 2006, n° 05-19.605 : *JurisData* n° 2006-036112 ; *JCP* G 2007, I, 158, n° 9, obs. Simler).

9) Renonciation. L'article 2033 (anc.) n'est pas d'ordre public et rien n'empêche une caution solidaire de renoncer à son bénéfice en s'engageant à n'exercer aucun recours contre les autres cautions (■ Lyon, 13 oct. 1981 : *JurisData* n° 1981-042687 ; *JCP* 82, IV, 209). La renonciation, si elle doit être expresse, ne doit pas être nécessairement rédigée de la main de la caution (■ Cass. 1re civ., 9 mai 1990, n° 88-16.571 : *JurisData* n° 1990-701151 ; *JCP* 90, IV, 256 ; *Bull. civ.* I, n° 98, p. 72 ; *Defrénois* 1990, 810, obs. Aynès).

10) Recours contre la sous-caution. L'article 2033 (anc.) est inapplicable au recours de la caution contre sa sous-caution (■ Paris, 18 mars 1982 : *JurisData* n° 1982-028848). Comp., dans les rapports unissant une caution de premier rang et une sous-caution, la première ne saurait se prévaloir à l'encontre de la seconde des droits dont elle bénéficierait en raison d'une subrogation dans les droits du créancier, lequel demeure étranger au rapport de droit qu'elles entretiennent (■ Cass. com., 16 janv. 2007 : *JurisData* n° 2007-036941 ; *JCP* G 2007, I, 158, n° 11, obs. Simler ; *Rev. Lamy dr. civ.* 2007/36, n° 2453, obs. Ansault. ■ Cass. com., 17 mai 2017, n° 15-18.460 : *JurisData* n° 2017-009368 ; *JCP* G 2017, act. 641, obs. Rivollier ; *RD bancaire et fin.* 2017, comm. 220, obs. Houin-Bressand ; *D.* 2017, p. 1117 ; *RTD civ.* 2017, p. 657, obs. Barbier ; *JCP* G 2017, doctr. 1239, n° 11, obs. Simler).

11) Faute de la caution *solvens*. La prétention que l'un des cofidéjusseurs aurait commis une faute engageant sa responsabilité de nature à le priver du droit de faire valoir l'action récursoire de l'article 2033 (anc.) ne peut être accueillie dès lors qu'elle est invoquée par des cofidéjusseurs comme moyen de défense à l'application de cet article et non par voie de demande reconventionnelle (■ Cass. com., 2 avr. 1996, n° 94-15.812 : *JurisData* n° 1996-001334 ; *JCP* 96, IV, 1259 ; *Bull.* IV, n° 99, p. 85).

12) Révocation. Inopposabilité aux autres cautions. Dès lors que chacune des quatre cautions a donné sa garantie en considération des trois autres, celle qui a révoqué son engagement sans informer ses cofidéjusseurs ne peut leur opposer cette révocation (■ Cass. 1re civ., 7 déc. 1999 : *JurisData* n° 1999-004438 ; *JCP* G 2000, I, 257, n° 12, obs. Simler ; *JCP* E 2000, 561, concl. Sainte-Rose ; *Bull. civ.* I, n° 335, p. 216).

13) Dol. Dans les rapports entre cofidéjusseurs, le dol peut être invoqué par la caution qui se prévaut de la nullité du cautionnement lorsqu'il émane de son cofidéjusseur (■ Cass. com., 29 mai 2001 : *JCP* G 2002, II, 10084 et *JCP* E 2002, 999, note

Mortier ; *Bull. civ.* IV, n° 100, p. 92 ; *RTD civ.* 2001, 920, obs. Crocq ; *JurisData* n° 2001-009794).

14) Date de naissance de la créance de la caution ayant payé la dette. La créance de la caution qui a payé la dette et qui agit contre son cofidéjusseur sur le fondement de l'article 2033 (anc.) prend naissance à la date de l'engagement de caution (■ Cass. com., 16 juin 2004, n° 01-17.199 : *JurisData* n° 2004-024157 ; *Bull. civ.* IV, n° 123, p. 126 ; *RTD civ.* 2004, p. 758, note Crocq).

15) Disproportion de l'engagement de la caution poursuivie. Dans la mesure où la sanction prévue par l'article L. 341-4 du Code de la consommation prive le contrat de cautionnement d'effet à l'égard tant du créancier que des cofidéjusseurs, le cofidéjusseur *solvens* ne peut ultérieurement agir, sur le fondement de l'article 2310 du Code civil, contre la caution qui a été déchargée en raison de la disproportion manifeste de son engagement (■ Cass., ch. mixte, 27 févr. 2015, n° 13-13.709 : *JurisData* n° 2015-003619 ; *RDC* 2016, p. 59, note Barthez ; *Dr. et patrimoine* 2015, n° 247, p. 22, note S. Cabrillac ; *RTD civ.* 2015, p. 433, note Crocq ; *JCP* E 2015, 1318, note Danos ; *JCP* G 2015, 505, note Simler ; *JCP* E 2015, 1149, note D. Legeais).

Section III. – De l'extinction du cautionnement

(Ord. n° 2006-346, 23 mars 2006)

Art. 2311 *(Anc. art. 2034, dénum., Ord. n° 2006-346, 23 mars 2006)*. **– L'obligation qui résulte du cautionnement s'éteint par les mêmes causes que les autres obligations.**

1) Prescription. Le cautionnement étant un contrat accessoire, la prescription de l'obligation qui en découle ne commence à courir que du jour où l'obligation principale est exigible (■ Cass. com., 22 janv. 1979, n° 77-12.467 : *Bull. civ.* IV, n° 24, p. 19. ■ Cass. 1re civ., 20 juill. 1981, n° 80-11.731 : *JurisData* n° 1981-002525 ; *JCP* 81, IV, 366 ; *Bull. civ.* I, n° 266, p. 219).

2) Résiliation du compte courant. Si la caution reste tenue lors de la clôture du compte courant du solde débiteur existant au jour de la résiliation, c'est seulement dans la mesure où ce solde n'a pas été effacé par des remises effectuées par le débiteur postérieurement à la résiliation (■ Cass. com., 22 nov. 1972 : *Gaz. Pal.* 1973, 1, 213, note Martin. – V. aussi ■ Cass. com., 30 mai 1978 : *JurisData* n° 1978-745099 ; *JCP* 80, II, 19325, note Simler, 1re esp. ■ Cass. 1re civ., 17 mai 1983, n° 82-12.587 : *Bull. civ.* I, n° 146, p. 128. ■ Cass. com., 12 mai 1998, n° 96-17.026 : *JurisData* n° 1998-002052 ; *JCP* 98, IV, 2470 ; *Bull. civ.* IV, n° 151, p. 122). La clause qui a pour effet de restreindre la portée de la révocation de l'engagement de caution intervenant avant la clôture du compte courant, en laissant subsister à la charge de la caution une obligation ne pouvant excéder le montant réel de la dette garantie au moment de cette révocation traduit en réalité la transformation d'un cautionnement sans limitation de montant en un cautionnement d'un montant déterminé par l'état du compte courant au moment de la révocation. Elle n'est contraire ni à l'ordre public, ni au principe d'indivisibilité du compte courant ni au caractère accessoire du cautionnement, ni aux articles 2015, 2034 et 2036 (anciens) (■ Cass. com., 12 févr. 1991, n° 89-10.882 : *JurisData* n° 1991-000368 ; *Bull. civ.* I, n° 62, p. 42 ; *JCP* G 91, II, 21740 et *JCP* N 92, II, 352, note Amlon. – *Adde*, J. Djoudi, *L'interruption du cautionnement d'un compte courant : RD bancaire et fin.* 2009, dossier 7).

3) Garantie de l'exécution d'obligations à durée indéterminée. La caution garantissant l'exécution d'un bail à durée indéterminée peut mettre fin unilatéralement à son engagement (■ Cass. 3e civ., 25 avr. 1990, n° 88-15.189 : *JurisData* n° 1990-701162 ; *Bull. civ.* III, n° 101, p. 54). La caution qui s'est engagée à garantir sans détermination d'objet ni de durée les obligations, contractées ou qui viendraient à l'être du débiteur envers le créancier, doit la garantie de toutes les obligations à durée déterminée convenues antérieurement à la résiliation unilatérale du cautionnement, quand bien même l'exécution de ces obligations se poursuivrait, en vertu des stipulations contractuelles, après la date de cette résiliation (■ Cass. com., 11 mai 1993 : *JCP* 94, II, 22188, note Delebecque). Mais le cautionnement donné en garantie du remboursement d'un prêt dont le terme est stipulé est un engagement limité dans le temps, et la volonté exprimée par la caution d'y mettre fin unilatéralement avant le terme prévu est sans effet (■ Cass. com., 7 juill. 1992, n° 90-19.084 : *JCP* 92, IV, 2610 ; *Bull. civ.* IV, n° 262, p. 182. ■ Cass. 1re civ., 27 juin 1995, n° 93-10.077 : *JurisData* n° 1995-001731 ; *JCP* G 95, II, 22526 et *JCP* E 95 II, 717, note Béhar-Touchais ; *Bull. civ.* I, n° 283, p. 196). Le cautionnement d'un prêt engage la caution dès sa conclusion et avant même la remise des fonds à l'emprunteur. Il en résulte que cette caution ne peut prétendre qu'il s'agit du cautionnement à durée indéterminée d'une dette future déterminée (■ Cass. 1re civ., 27 juin 1995, préc.).

4) **Répétition de l'indu.** Le remboursement de l'intégralité du prêt par le débiteur principal éteint l'engagement accessoire de la caution, lequel ne peut être étendu à une créance non afférente à la dette garantie mais à la répétition de l'indu consécutive à un paiement fait par erreur par le créancier (▪ Cass. 1re civ., 7 avr. 1999, n° 97-11.349 : *Juris-Data* n° 1999-001451 ; *JCP* 99, IV, 2024 ; *Bull. civ.* I, n° 121, p. 80).

5) **Compensation.** La compensation entre les dommages et intérêts octroyés à la caution et son obligation de payer née du contrat de garantie ne libère pas le débiteur principal (▪ Cass. com., 13 mars 2012, n° 10-28.635 : *Juris-Data* n° 2012-004173 ; *JCP* E 2012, 1275, note Barbieri ; *JCP* G 2012, 626, n° 7, obs. Simler ; *JCP* G 2012, 616, note Simler ; *JCP* E 2012, 1350, note Tisseyre. *Adde*, N. Martial-Braz, *Compensation et cautionnement : les liaisons dangereuses : RD bancaire et fin.* 2012, dossier 42).

Art. 2312 *(Anc. art. 2035, dénum., Ord. n° 2006-346, 23 mars 2006).* **– La confusion qui s'opère dans la personne du débiteur principal et de sa caution, lorsqu'ils deviennent héritiers l'un de l'autre, n'éteint point l'action du créancier contre celui qui s'est rendu caution de la caution.**

Art. 2313 *(Anc. art. 2036, dénum., Ord. n° 2006-346, 23 mars 2006).* **– La caution peut opposer au créancier toutes les exceptions qui appartiennent au débiteur principal, et qui sont inhérentes à la dette.**

Mais elle ne peut opposer les exceptions qui sont purement personnelles au débiteur.

1) **Action directe du créancier contre la caution.** L'action directe dont dispose le créancier à l'égard d'une société de caution mutuelle, caution légale d'un cabinet de conseils juridiques, n'interdit pas à celle-ci de se prévaloir de l'article 2036 (anc.) et de lui opposer toutes les exceptions qui appartiennent au débiteur principal et qui sont inhérentes à la dette (▪ Paris, 28 févr. 1991, n° 90-13487 : *JurisData* n° 1991-021222 ; *JCP* 92, II, 21911, note Ginestet).

2) **Transaction.** La caution est fondée à invoquer l'extinction de la dette résultant d'une transaction (▪ Paris, 30 oct. 1963 : *JCP* 64, IV, 31). Il en est ainsi spécialement au cas de remise partielle de la dette consentie par le créancier, et en décider autrement reviendrait, contrairement au caractère accessoire du cautionnement, à admettre que la caution peut devoir plus que le débiteur principal (▪ Amiens, 25 avr. 1973 : *JCP* 73, IV, 433).

3) **Remise de dette.** Sur le principe qu'en cas de remise conventionnelle accordée par le créancier à l'une des cautions solidaires, les cofidéjusseurs qui restent tenus ne peuvent être poursuivis que déduction faite de la part de la caution bénéficiaire de la remise, V. ▪ Cass. 1re civ., 18 mai 1978, n° 76-14.196 : *JurisData* n° 1978-000195 ; *JCP* 78, IV, 218 ; *Bull. civ.* I, n° 195, p. 157. ▪ Cass. 1re civ., 11 juill. 1984, n° 82-16.837 : *JurisData* n° 1984-701397 ; *Bull. civ.* I, n° 229, p. 193 ; *JCP* 86, II, 20576, note Dumortier ; *RTD civ.* 1985, 408, obs. Rémy. Malgré leur caractère volontaire, les réductions de créances consenties par les créanciers dans le cadre d'un plan de continuation de l'entreprise ne peuvent être assimilées aux remises conventionnelles et ne peuvent profiter aux cautions (▪ Cass. com., 17 nov. 1992, n° 89-14.997 : *JurisData* n° 1992-002539 ; *JCP* 93, I, 3680, n° 7, obs. Simler). Il en va de même pour les mesures consenties par les créanciers dans le plan conventionnel de règlement prévu par l'article L. 331-6 (anc.) du Code de la consommation, dans le cadre de la procédure de surendettement des particuliers, qui ne constituent pas, eu égard à la finalité d'un tel plan, une remise de dette au sens de l'article 1287 du Code civil (▪ Cass. 1re civ., 13 nov. 1996, n° 94-16.475 : *JurisData* n° 1996-005486 ; *JCP* G 97, II, 22780, note Mury ; *JCP* E 97, II, 903, note D. Legeais ; *D.* 1997, 141, concl. Sainte-Rose et note Moussa, somm. 178, obs. D. Mazeaud ; *Defrénois* 1997, 292, note Aynès ; *RTD civ.* 1997, 190, obs. Crocq. V. en ce sens pour le redressement judiciaire civil ▪ Cass. 1re civ., 3 mars 1998 : *JCP* G 98, II, 10117 et *JCP* E 1998, 1311, note S. Piedelièvre ; *D.* 1998, 421, concl. Sainte-Rose ; *RTD civ.* 1998, 423, obs. Crocq).

4) **Paiement. Imputation.** Sur le principe que l'imputation légale faite du paiement effectué par le débiteur principal est opposable à la caution, V. ▪ Cass. 1re civ., 17 nov. 1998, n° 96-22.455 : *JurisData* n° 1998-004347 ; *JCP* G 99, IV, 1009 ; *JCP* N 99, 669. Si le cautionnement ne garantit qu'une partie de la dette, il n'est éteint que lorsque cette dette est intégralement payée, les paiements partiels faits par le débiteur principal s'imputant d'abord, sauf convention contraire, sur la portion de dette non cautionnée (▪ Cass. com., 5 nov. 1968 : *D.* 1969, 314. – V. aussi ▪ Cass. com., 11 juin 1996, n° 94-15.097 : *JurisData* n° 1996-002340 ; *JCP* 96, IV, 1766 ; *Bull. civ.* IV, n° 164, p. 142 ; *RTD civ.* 1996, 950, obs. Crocq. Voir cependant ▪ TGI Strasbourg, 11 févr. 1972 : *D.* 1972, 680, note Puech). Le débiteur conserve en dépit du cautionnement la faculté prévue par l'article 1253 de décider de l'imputation de ses paiements (▪ Cass. 1re civ., 14 oct. 1975, n° 74-12.345 : *JurisData* n° 1975-000268 ; *JCP* 75, IV, 352 ; *Bull. civ.* I, n° 268, p. 226), à moins que la caution n'établisse que l'imputation est le résultat d'un accord frauduleux à son égard (▪ Cass. 1re civ.,

22 mai 1973 : *JCP* 73, II, 17572, note Dagot). La caution peut invoquer les règles relatives à l'imputation des paiements faits par le débiteur principal (■ Cass. 1re civ., 19 janv. 1994, n° 92-12.585 : *JurisData* n° 1994-000049 ; *Bull. civ.* I, n° 28, p. 22 ; *D.* 1994, somm. 213, obs. Delebecque ; *RTD civ.* 1994, 608, obs. Mestre). À défaut d'une imputation conventionnelle, c'est la dette cautionnée qui doit être considérée comme acquittée (■ Cass. 1re civ., 29 oct. 1963 : *D.* 1964, 39). Mais, s'agissant de deux prêts dont un seul est cautionné, jugé que les juges du fond doivent rechercher quelle dette le débiteur principal a entendu acquitter, ou, à défaut de cette manifestation de volonté, quelle dette il a le plus d'intérêt d'acquitter (■ Cass. 1re civ., 19 janv. 1994, préc.). Lorsque deux cautions ont garanti solidairement chacune la moitié d'un prêt, le remboursement partiel s'impute non, pour moitié, sur ce que chacune doit, mais, au regard de chacune, sur ce que doit l'autre (■ Cass. com., 27 mars 2012, n° 11-13.960 : *JurisData* n° 2012-005820 ; *RJDA* 7/2012, n° 711 ; *JCP* G 2012, 1291, n° 5, note Simler).

5) Novation. Sur la libération de la caution résultant de la novation opérée à l'égard du débiteur principal, voir art. 1281 ancien, p. 1202. La transformation de la société débitrice n'opère pas novation (■ Cass. com., 8 nov. 1972 et 9 avr. 1973 : *D.* 1973, 753, note Malaurie), pas plus que la fusion-absorption (■ Cass. com., 17 oct. 1978, n° 76-15.147 : *JurisData* n° 1978-097231 ; *Bull. civ.* IV, n° 231, p. 195. – V. aussi pour la scission, ■ Cass. com., 11 déc. 1978 : *Bull. civ.* IV, n° 304, p. 250. Comp. pour l'apport partiel d'actif, ■ Versailles, 17 sept. 1998, n° 3372/95 : *JurisData* n° 1998-049717 ; *JCP* E 99, 624, note Varin). Jugé que le donneur d'aval par acte séparé reste tenu lorsque la lettre de change n'a été remplacée par une autre que pour opérer un report d'échéance (■ Cass. com., 12 juin 1978, n° 77-10.643 : *JurisData* n° 1978-097159 ; *D.* 1978, inf. rap. 340 ; *Bull. civ.* IV, n° 159, p. 137).

6) Compensation. La caution, même solidaire, peut opposer au créancier la compensation (■ Cass. 1re civ., 1er juin 1983, n° 82-10.749 : *JurisData* n° 1983-701114 ; *D.* 1984, 152, note Aubert ; *RTD civ.* 1984, 330, obs. Rémy. ■ Cass. com., 7 janv. 1992, n° 89-17.717 : *JurisData* n° 1992-000018 ; *JCP* 92, IV, 683 ; *RTD civ.* 1993, 624, obs. Bandrac. ■ Cass. com., 17 juill. 2001, n° 98-15.736 : *JCP* 2001, IV, 2739 ; *Bull. civ.* IV, n° 138, p. 133), même si le débiteur principal renonce à l'invoquer (■ Cass. com., 26 oct. 1999, n° 96-16.837 : *JurisData* n° 1999-003674 ; *JCP* 99, IV, 3038 ; *Bull. civ.* IV, n° 181, p. 155).

7) Droit du débiteur principal de demander une suspension des poursuites. Le droit de demander une suspension des poursuites en application des articles 7 et 9 de la loi du 7 janvier 1982, inhérent à la nature même de la dette du débiteur principal rapatrié, n'est pas purement personnel à ce débiteur principal (■ Cass. 1re civ., 4 nov. 1987, n° 85-16.067 : *JurisData* n° 1987-001996 ; *Bull. civ.* I, n° 278, p. 201. ■ Cass. 1re civ., 13 mars 1996, n° 94-11.386 : *JurisData* n° 1996-000962 ; *JCP* 96, IV, 1060 ; *Bull. civ.* I, n° 133, p. 95 ; *Defrénois* 1996, 805, obs. Aynès).

8) Résolution ou caducité du contrat principal. La caution qui peut opposer au créancier toutes les exceptions qui sont inhérentes à la dette peut demander la résolution du contrat principal (■ Cass. 1re civ., 20 déc. 1988, n° 87-13.129 : *JurisData* n° 1988-702970 ; *Bull. civ.* I, n° 368, p. 249 ; *D.* 1989, 166, note Aynès ; *RTD civ.* 1989, 598, obs. Bandrac), ou faire constater, à son seul profit, sa caducité (■ Cass. 1re civ., 12 juin 1990, n° 88-18.808 : *JurisData* n° 1990-001759 ; *JCP* 90, IV, 303 ; *Bull. civ.* I, n° 158, p. 112 ; *Defrénois* 1990, 1348, obs. Aynès ; *RTD civ.* 1990, 692, obs. Zenati).

9) Exception de non-clôture de compte courant. La caution peut opposer au créancier l'exception de non-clôture de compte courant appartenant au débiteur principal (■ Cass. 1re civ., 24 janv. 1990, n° 87-19.409 : *JurisData* n° 1990-000120 ; *JCP* 90, IV, 110 ; *Bull. civ.* I, n° 20, p. 14 ; *Defrénois* 1990, 812, obs. Aynès).

10) Défaut de production au passif de la procédure collective. Jugé sous l'empire du droit antérieur à la loi du 26 juillet 2005 que la caution peut opposer au créancier l'exception tirée de l'extinction de la créance non produite au passif de la procédure collective (■ Cass. com., 17 juill. 1990, n° 89-13.439 : *JurisData* n° 1990-002118 ; *D.* 1990, 494, 2e et 3e esp., note Honorat ; *JCP* E 91, II, 101, note Amlon ; *RTD civ.* 1991, 372, obs. Bandrac. V. en sens inverse pour une garantie financière professionnelle ■ Cass. ass. plén., 4 juin 1999, n° 96-18.094 : *JurisData* n° 1999-002217 ; *JCP* G 99, II, 10152 et *JCP* E 99, 1294, note Behar-Touchais, pour le cautionnement solidaire substitué à la retenue de garantie exigée dans les marchés privés de construction ■ Cass. 3e civ., 3 oct. 2001, n° 99-18.080 : *JurisData* n° 2001-011231 ; *JCP* E 2002, 123, note F.-X. Lucas), celle-ci ne libérant pas, en revanche, le codébiteur solidaire (■ Cass. com., 19 janv. 1993, n° 89-16.518 : *JurisData* n° 1993-000067 ; *JCP* E 93, II, 22056, II, 411, note Pétel ; *RTD civ.* 1993, 581, obs. Mestre. V. aussi, décidant que l'extinction est sans effet sur l'obligation de l'autre caution, ■ Cass. com., 28 janv. 1997, n° 94-21.702 : *JurisData* n° 1997-000323 ; *Defrénois* 1997, 394, obs. Aynès ; *JCP* 97, II, 22946, note Dagorne-Labbe ; 98, I, 103, n° 17, obs. Simler ; *Bull. civ.* IV, n° 27, p. 24 ; *D.* 1997, somm. 167, obs. Aynès), mais que la caution qui a payé avant l'extinction des droits du créancier principal pour défaut de déclaration ne peut reprocher au créancier d'avoir omis de déclarer cette créance éteinte (■ Cass. com., 6 juin 2000, n° 98-18.063 : *JurisData* n° 2000-002561 ; *JCP* 2002, II, 10008, note Boronad-Lesoin).

Aujourd'hui, le défaut de déclaration des créances n'emporte plus extinction (C. com., art. L. 622-26, V. sous art. 2290, p. 1720). Selon la Haute Juridiction, il en résulte que le défaut de déclaration de la créance n'est pas une exception inhérente à la dette susceptible d'être opposée par la caution au créancier bien qu'elle lui permette de faire valoir le bénéfice de subrogation si elle en éprouve un préjudice (■ Cass. com., 12 juill. 2011, n° 09-71.113 : *JurisData* n° 2011-014300 ; *Rev. Lamy dr. civ.* 2011/86, n° 4382, obs. Ansault ; *Bull. Joly Sociétés* 2011, p. 816, note Barbièri ; *Defrénois* 2012, p. 235, obs. S. Cabrillac ; *RTD civ.* 2011, p. 782, note Crocq ; *JCP* G 2011, 901, note Dissaux ; *Gaz. Pal.* 2011, n° 265, p. 20, note Dumont-Lefrand ; *Gaz. Pal.* 2011, n° 300, p. 8, note Juillet ; *RTD com.* 2011, p. 625, note Legeais ; *D.* 2011, p. 1894, obs. Lienhard ; *RD bancaire et fin.* 2011, comm. 162, obs. Cerles ; *LPA* 21 déc. 2011, p. 18, note Piedelièvre ; *JCP* G 2011, 1259, n° 7, obs. Simler. *Adde*, M. Mignot, *La non-déclaration de créance et le bénéfice de subrogation : Rev. Lamy dr. civ.* 2011/88, n° 4459).

Voir : pour des situations dans lesquelles le créancier est soumis à une obligation de déclarer sa créance dans un certain délai sous peine d'une extinction de celle-ci, qui entraînerait une libération de la caution, art. 792, al. 2, p. 608. – C. consom., art. L. 332-7 ancien.

11) Résolution du plan de continuation adopté dans la procédure collective du débiteur principal. Dans la mesure où la résolution d'un plan de continuation n'emporte pas extinction des créances qui en faisaient l'objet, cette sanction ne met pas fin au cautionnement garantissant son exécution (■ Cass. com., 8 juill. 2008 : *JurisData* n° 2008-044792 ; *JCP* G 2008, IV, 2504 ; *RD bancaire et fin.* 2008, comm. 137, obs. A. Cerles). V. égal., C. com., art. L. 626-10.

12) Sous-caution. Si la sous-caution, laquelle garantit à la caution le remboursement de ce que peut lui devoir le débiteur principal, ne peut opposer à celle-ci aucune exception afférente à l'obligation principale, elle peut néanmoins rechercher sa responsabilité pour ne pas avoir fait valoir une telle exception lors des poursuites du créancier (■ Cass. com., 27 mai 2008 : *JurisData* n° 2008-044131 ; *Bull. civ.* IV, n° 106 ; *RD bancaire et fin.* 2008, comm. 119, obs. Legeais ; *D.* 2008, p. 1399, note Gout ; *RTD civ.* 2008, p. 517, obs. Crocq ; *Banque et droit* sept.-oct. 2008, p. 80, obs. Jacob ; *JCP* G 2008, I, 211, obs. Simler ; *JCP* G 2008, IV, 2177. – *Contra*, admettant l'opposabilité par la sous-caution des exceptions inhérentes à la dette principale, ■ CA Paris, 15e ch., sect. B, 20 mars 2008 : *JurisData* n° 2008-366007).

13) Dol. La nullité relative tirée du dol affectant le consentement du débiteur principal constitue une exception purement personnelle à celui-ci et ne peut être opposée au créancier par la caution pour échapper à son engagement (■ Cass. ch. mixte, 8 juin 2007 : *JurisData* n° 2007-039197 ; *JCP* G 2007, act. 274, obs. Casey ; *JCP* G 2007, II, 10138, note Simler ; *D.* 2007, p. 1782, obs. Avena-Robardet, et p. 2201, note Houtcieff ; *RD bancaire et fin.* juill.-août 2007, n° 145, p. 16, obs. Cerles ; *Banque et droit* juill.-août 2007, n° 114, p. 48, obs. Jacob).

14) Renonciation au droit d'agir contre le débiteur. La caution ne peut pas invoquer la renonciation du créancier au droit d'agir contre le débiteur principal (■ Cass. com., 22 mai 2007, n° 06-12.196 : *JurisData* n° 2007-038960 ; *Bull. civ.* IV, n° 136 ; *D.* 2007, p. 1999, note Deshayes).

15) Clause de conciliation. La fin de non-recevoir tirée du défaut de mise en œuvre d'une clause contractuelle qui institue une procédure de conciliation, obligatoire et préalable à la saisine du juge, ne concerne, lorsqu'une telle clause figure dans un contrat de prêt, que les modalités d'exercice de l'action du créancier contre le débiteur principal et non la dette de remboursement elle-même dont la caution est également tenue, de sorte qu'elle ne constitue pas une exception inhérente à la dette que la caution peut opposer (■ Cass. com., 13 oct. 2015, n° 14-19.734 : *JurisData* n° 2015-022385 ; *RTD civ.* 2015, p. 917, note Crocq ; *D.* 2016, p. 682, note François ; *RD bancaire et fin.* 2016, comm. 16, obs. D. Legeais ; *D.* 2016, p. 628, note V. Mazeaud ; *JCP* E 2015, 1557, note Pellier ; *JCP* G 2015, 1165, obs. Perrier ; *RTD civ.* 2015, p. 932, note Théry).

16) Possibilité de se prévaloir du contrat garanti en tant que fait juridique (oui). La caution, tiers au contrat principal, peut invoquer sur le plan délictuel un manquement contractuel lui causant un préjudice (■ Cass. com., 29 nov. 2016, n° 15-13.919 : *JurisData* n° 2016-025416 ; *RD bancaire et fin.* 2017, comm. 18, obs. D. Legeais. – Comp. ■ Cass. com., 11 oct. 2016, n° 15-20.014 : *JurisData* n° 2016-021122 ; *JCP* G 2017, doctr. 511, n° 5, obs. Simler, qui admet qu'une caution puisse invoquer efficacement une clause du contrat de prêt subordonnant toute action à une décision majoritaire pour faire échec aux poursuites engagées contre elle).

Art. 2314 ***(Anc. art. 2037, dénum., Ord. n° 2006-346, 23 mars 2006).*** **– La caution est déchargée, lorsque la subrogation aux droits, hypothèques et privilèges du créancier, ne peut plus, par le fait de ce créancier, s'opérer en faveur de la caution. Toute clause contraire est réputée non écrite.**

Bibliographie : S. Betant-Robet, *La décharge de la caution par application de l'article 2037 du Code civil* : *RTD civ.* 1974, 309. • D. Houtcieff, *Contribution à une théorie du bénéfice de subrogation de la caution* : *RTD civ.* 2006, p. 191 • D. Vidal, *Les causes de décharge de la caution par le fait du créancier* : *Dr. et patrimoine* juin 1996, 50. • R. Marty, *Cautionnement et comportement du créancier* : *JCP* E 2007, 2062.

1) Droit transitoire. L'article 2037 (anc.), modifié par l'article 49 de la loi du 1er mars 1984, qui ne présente aucun caractère interprétatif, n'est pas applicable aux cautionnements souscrits antérieurement à l'entrée en vigueur de cette loi (■ Cass. 1re civ., 25 mai 1987, n° 85-16.508 : *Bull. civ.* I, n° 163, p. 124. ■ Cass. com., 10 janv. 1989, n° 86-19.389 : *JurisData* n° 1989-702711 ; *JCP* 89, IV, 91 ; *Bull. civ.* IV, n° 10, p. 6). La renonciation à son bénéfice, effectuée avant que la loi ne répute une telle clause non écrite, n'empêche pas la caution de mettre en cause la responsabilité du créancier fautif (■ Paris, 20 janv. 1998, n° 95/17396 : *JurisData* n° 1998-020033 ; *JCP* 99, IV, 1091).

2) Responsabilité du banquier dispensateur de crédit. – Soutien abusif. La caution qui invoque la faute du banquier ayant permis la survie artificielle de la société et favorisé l'accroissement de ses dettes se place hors du cadre de l'article 2037 (anc.) et ne peut agir en responsabilité contre la banque que par voie de demande reconventionnelle et non par voie d'exception (■ Cass. com., 22 avr. 1997, n° 95-11.532 : *JurisData* n° 1997-001695 ; *JCP* 97, IV, 1187 ; *Bull. civ.* IV, n° 96, p. 84. ■ Cass. 1re civ., 24 juin 1997 : *JCP* 97, IV, 1822 ; *Bull. civ.* I, n° 211, p. 141. V. aussi ■ Cass. com., 3 mai 1994, n° 90-17.230 : *JurisData* n° 1994-001761 ; *Contrats, conc. consom.* 1994, 160, note Leveneur. ■ Paris, 20 janv. 1998, n° 95/17396 : *JurisData* n° 1998-020033 ; *JCP* 99, IV, 1092). Viole l'article 2037 (anc.) et l'article 1147 la cour d'appel qui interdit à la banque de se prévaloir en ce cas de l'engagement de caution (■ Cass. 1re civ., 17 mars 1998, n° 96-16.190 : *JurisData* n° 1998-001283 ; *JCP* 98, IV, 2058 ; *Bull. civ.* I, n° 114, p. 75 ; *Defrénois* 1998, 807, obs. Aubert). Mais jugé au contraire que la caution peut procéder par voie de défense au fond pour demander à être déchargée du cautionnement (■ Cass. com., 26 oct. 1999, n° 96-12.571 : *JurisData* n° 1999-003664 ; *JCP* G 2000, II, 10262, note *D. Legeais* ; *I*, 209, n° 4, obs. Simler ; *JCP* E 2000, 271, note D. Legeais ; *Bull. civ.* IV, n° 162, p. 137). Sur le maintien de l'option procédurale, V. ■ Cass. ch. mixte, 21 févr. 2003, n° 99-18.759 : *JurisData* n° 2003-017890 ; *JCP* G 2003, I, 176 et *JCP* E 2003, 69, n° 6, obs. Simler ; *JCP* E 2003, 1073, 1er arrêt, note D. Legeais ; *Bull. civ.* I, n° 3, p. 7. Mais dès lors que la banque justifie d'un principe certain de créance, sa faute ne peut être invoquée par voie d'exception dans le cadre d'une défense à une action paulienne (■ Cass. ch. mixte, 21 févr. 2003, n° 99-18.759 : *JurisData* n° 2003-017890 ; *JurisData* n° 2003-017891 ; *JCP* E 2003, 1073, 2e arrêt). S'agissant du préjudice subi par la caution, l'établissement de crédit qui a, par sa faute, retardé l'ouverture de la procédure collective de son client, n'est tenu de réparer que l'aggravation de l'insuffisance d'actif qu'il a ainsi contribué à créer, à l'exclusion de tout autre préjudice (■ Cass. com., 28 janv. 2014, n° 12-27.703 : *Bull. Joly Sociétés* 2014, p. 216, note Ansault). Au demeurant, les cautions considérées comme averties se trouvent privées de la possibilité d'opposer à la banque le fait qu'elles auraient octroyé abusivement un crédit au débiteur principal (■ Cass. com., 28 janv. 2014, n° 12-27.703 : *Bull. Joly Sociétés* 2014, p. 216, note Ansault. ■ Cass. com., 18 févr. 2004, n° 02-18.064 : *RTD com.* 2004, 583, obs. D. Legeais). V. sur l'octroi abusif de crédit, C. com., art. L. 650-1, p. 1782.

3) Responsabilité du banquier dispensateur de crédit – Rupture brutale de crédit. Une rupture brutale de crédit peut faire perdre une chance à la caution de ne pas être appelée en garantie (■ Cass. com., 30 mars 2010, n° 09-14.287 : *JurisData* n° 2010-002987 ; *Dr. et patrimoine* 2010, n° 195, p. 85, note Ph. Dupichot. ■ Cass. com., 22 avr. 1980, n° 78-14.275 : *JurisData* n° 1980-098163 ; *Bull. civ.* 1980, IV, n° 163 ; *D.* 1981, inf. rap. p. 22, obs. Vasseur. – Comp. ■ Cass. com., 18 mars 2014, n° 12-29.583 : *JCP* G 2014, 635, n° 4, obs. Simler).

4) Autorité de la chose jugée. L'autorité de chose jugée d'une décision ayant condamné la caution en dernier ressort à payer lui interdit d'invoquer ultérieurement le bénéfice de subrogation (■ Cass. 1re civ., 1er juill. 2010, n° 09-10.364 : *D.* 2011, p. 406, note Crocq ; *RD bancaire et fin.* 2010, comm. 170, obs. D. Legeais. Comp. ■ Cass. com., 6 juill. 2010, n° 09-15.671 : *Rev. Lamy dr. civ.* 2010/75, n° 3968, obs. Ansault ; *RD bancaire et fin.* 2010, comm. 170, obs. D. Legeais ; *Banque et droit* 2010, n° 133, p. 61, obs. Rontchevsky, où la caution invoquait ultérieurement une limitation du droit de gage du créancier). V. égal. ■ Cass. com., 25 oct. 2011, n° 10-21.383 : *JurisData* n° 2011-023406 ; *JCP* E 2011, 1922, note Rolland ; *D.* 2011, p. 2735, obs. Avena-Robardet ; *RD bancaire et fin.* 2012, comm. 14, obs. D. Legeais ; *Banque et droit* janv.-févr. 2012, p. 58, obs. Rontchevsky ; *JCP* G 2012, 626, n° 2, obs. Simler, qui, après avoir affirmé qu'il appartient à la caution, défenderesse à l'action en paiement, de présenter, dès l'instance initiale, l'ensemble des moyens qu'elle estimait de nature à justifier le rejet total ou partiel de la demande, considère que la caution, définitivement condamnée au paiement principal de la dette après avoir obtenu que la déchéance des intérêts fût prononcée contre le créancier, ne saurait engager la responsabilité de ce même créancier afin d'obtenir une réduction supplémentaire de son obligation.

5) Retard abusif dans le recouvrement de la créance. La Cour de cassation invite le créancier à agir en temps utile pour ne pas laisser inutilement s'accumuler les dettes cautionnées dans la mesure où elle considère fautif le créancier ayant attendu plus de treize ans après l'échéance impayée pour poursuivre la caution (■ Cass. com., 20 mai 2006 : *RD bancaire et fin.* 2006, comm. 130, obs. Legeais. – V. déjà en ce sens, ■ Cass. 1re civ., 16 juill. 1998, n° 96-17.476 : *JCP* G 1999, II, 10000 ; *JCP* E 1999, p. 129, note Fages). Statuant sous l'empire du droit antérieur à la réforme du droit de la prescription issue de la loi du 17 juin 2008, la Haute juridiction a néanmoins jugé, dans une espèce où une banque avait attendu quinze ans avant d'agir contre la caution, qu'un créancier qui agit en recouvrement de sa créance dans le délai de prescription ne commet pas de faute, sauf abus dans l'exercice de ce droit (■ Cass. com., 2 nov. 2016, n° 14-29.723 : *JurisData* n° 2016-022887 ; *Contrats, conc. consom.* 2017, comm. 28, obs. Leveneur ; *Gaz. Pal.* 2017, n° 8, p. 66, note Bourassin). *Adde*, S. Reifegerste, *Pour une obligation de minimiser le dommage*, préf. H. Muir-Watt, PUAM, 2002.

I – PERSONNES POUVANT INVOQUER LE BÉNÉFICE DE L'ARTICLE 2314

6) Caution et avaliste. Le bénéfice de l'article 2037 (anc.) peut être invoqué par la caution solidaire (■ Cass. civ., 12 déc. 1898 : *S.* 1902, 1, 86. ■ Cass. req., 30 juin 1942 : *DA* 1943, 21. ■ Cass. com., 9 avr. 2013, n° 12-14.596 : *JurisData* n° 2013-006868), le donneur d'aval (■ Cass. req., 30 juin 1942, préc. ■ Paris, 5 oct. 1966 : *D.* 1967, 115 ; *JCP* 67, II, 15301, note Lescot), et la caution réelle (■ Cass. 1re civ., 23 nov. 1954 : *Bull. civ.* I, n° 331, p. 279. *Contra* ■ Cass. 3e civ., 12 avr. 2018, n° 17-17.542), ainsi que par le cofidéjusseur à l'encontre de la caution qui a payé le créancier sans opposer l'exception (■ Cass. com., 27 nov. 2001 : *JCP* G 2002, I, 120 et *JCP* E 2002, 591, n° 2, obs. Simler). Si le bénéfice de subrogation ne peut être opposé par la caution qu'au créancier poursuivant ou à celui qui lui est subrogé, il n'est pas susceptible de fonder une demande de garantie (■ Cass. com., 11 déc. 2007 : *JurisData* n° 2007-041920 ; *RD bancaire et fin.* 2008, comm. 5, obs. Legeais ; *JCP* G 2008, IV, 1111).

Bien que le bénéfice de subrogation soit le plus souvent opposé au créancier par voie d'exception, rien n'interdit à la caution de mettre en œuvre cette prérogative par voie d'action afin d'obtenir sa décharge avant que le créancier n'agisse contre elle ou encore pour forcer le créancier à lui rembourser les sommes qu'elle lui aurait d'ores et déjà versées (■ Cass. 1re civ., 14 nov. 2002, n° 01-10.841 : *JurisData* n° 2002-016500 ; *JCP* N 2003, 1642, note Pimont. ■ Cass. com., 5 nov. 2003, n° 00-12.041 : *JurisData* n° 2003-020823 ; *JCP* G 2004, I, 188, n° 10, obs. Simler. ■ CA Paris, ch. 15, sect. B, 2 juill. 2004 : *JurisData* n° 2004-248269. ■ CA Paris, ch. 15, sect. B, 12 juin 2008 : *JurisData* n° 2008-367581).

7) Codébiteur solidaire (non). Le codébiteur solidaire ne peut se prévaloir des dispositions de l'article 2037 ancien (■ Cass. req., 24 juin 1914 : *DP* 1916, 1, 39), non plus que le tiers détenteur d'un immeuble hypothéqué par le débiteur lui-même (■ Cass. civ., 18 déc. 1854 : *DP* 1855, 1, 34).

II – DROITS, HYPOTHÈQUES ET PRIVILÈGES VISÉS PAR L'ARTICLE 2314

8) Principe. L'article 2037 (anc.) est inapplicable en l'absence de tous droits, hypothèques ou privilèges auxquels la caution aurait pu être subrogée (■ Cass. 1re civ., 27 mars 1974 : *JurisData* n° 1974-700012 ; *JCP* 75, II, 18070, note Simler. – V. en ce sens ■ Cass. com., 10 avr. 1967 : *Gaz. Pal.* 1967, 1, 310. ■ Cass. 1re civ., 21 mars 1984, n° 83-10.035 : *JurisData* n° 1984-700819 ; *Bull. civ.* I, n° 111, p. 92). Il appartient aux cautions d'indiquer quel droit précis, susceptible de permettre une subrogation, a été perdu du fait de la seule inaction du créancier (■ Cass. 1re civ., 22 mai 2002, n° 98-22.674 : *JurisData* n° 2002-014434 ; *JCP* E 2002, 1381, 2e esp., note D. Legeais ; *Bull. civ.* I, n° 139, p. 106, 2e arrêt). Lorsqu'un bien grevé d'une sûreté se trouve inclus dans le plan de cession, la caution ne saurait se prévaloir de l'article 2314 du Code civil dans l'hypothèse où le créancier aurait donné son accord au cessionnaire pour que le montant des échéances postérieures à la cession et incombant à ce dernier soit réduite (■ Cass. com., 19 oct. 2010, n° 09-68.377 : *Act. proc. coll.* 2010, n° 277, obs. Amlon ; *Rev. Lamy dr. civ.* 2010/77, n° 4050, obs. Ansault ; *D.* 2011, p. 406, note Crocq).

9) Droit de rétention. Le droit de rétention confère à son titulaire le droit de refuser la restitution de la chose légitimement retenue jusqu'à complet paiement, même en cas de redressement ou de liquidation judiciaires du débiteur, et la perte de ce droit préjudicie aux cautions (■ Cass. 1re civ., 25 nov. 1997, n° 95-22.049 : *JCP* G 98, I, 149 et *JCP* E 98, 1596, n° 6, obs. Simler ; *Bull. civ.* IV, n° 301, p. 258).

10) Cautionnement. La perte par le créancier d'un autre cautionnement ouvre au garant poursuivi en paiement la possibilité d'invoquer l'article 2314 du Code civil (■ Cass. com., 9 avr. 2013, n° 12-14.596 : *JurisData* n° 2013-006868 ; *RD bancaire et fin.* 2013, comm. 87, obs. D. Legeais ; *JCP* E 2013, 1454, n° 8, obs. Seube ; *JCP* G 2013, 1256, n° 6, obs. Simler). Dans la mesure où la sanction prévue par l'article L. 341-4 du Code de la consommation prive le contrat de cautionnement d'effet à l'égard tant du créancier que des cofidéjusseurs, le cofidéjusseur solvable recherché n'est pas fondé, à défaut de transmission d'un droit dont il aurait été privé, à revendiquer le bénéfice de l'article 2314 du Code civil (■ Cass. ch. mixte, 27 févr. 2015, n° 13-13.709 : *JurisData* n° 2015-003619 ; *RDC* 2016, p. 59, note Barthez ; *Dr. et patrimoine* 2015, n° 247, p. 22, note S. Cabrillac ; *RTD civ.* 2015, p. 433, note Crocq ; *JCP* E 2015, 1318, note Danos ; *JCP* G 2015, 505, note Simler ; *JCP* E 2015, 1149, note D. Legeais).

11) Défaut de revendication du bien par le crédit-bailleur. La caution d'un crédit-preneur mis en liquidation judiciaire peut être déchargée de son obligation si le crédit-bailleur ne revendique pas les matériels entre les mains du mandataire-liquidateur, ce qui a eu pour résultat de la priver d'être subrogée dans un droit pouvant lui profiter (■ Cass. com., 14 févr. 1995, n° 93-13.848 : *JurisData* n° 1995-000243 ; *Bull. civ.* IV, n° 41, p. 34).

12) Défaut de la notification de la cession par bordereau « Dailly ». Lorsqu'un établissement de crédit, cessionnaire d'une créance professionnelle, s'abstient de notifier la cession au débiteur cédé, la caution qui invoque la subrogation dans les droits du cessionnaire ne justifie pas de la perte d'un droit préférentiel conférant un avantage particulier au créancier pour le recouvrement de sa créance et n'est, dès lors, pas fondée à se prévaloir des dispositions de l'article 2314 du Code civil (■ Cass. 1re civ., 30 sept. 1997, n° 95-18.545 : *JCP* 1998, I. 103, n° 15, obs. Simler. ■ Cass. com., 18 nov. 1997, n° 95-13.581 : *Bull. civ.* IV, n° 293 ; *D.* 1998. 140, obs. Bénabent. ■ Cass. com., 2 nov. 2016, n° 15-12.491 : *JurisData* n° 2016-022827 ; *Banque et droit* 2017, n° 171, p. 12, obs. Bonneau ; *RTD civ.* 2017, p. 195, note Crocq ; *D.* 2017, p. 147, note Dumont-Lefrand ; *JCP* E 2016, 1653, note D. Legeais ; *JCP* G 2016, 1391, note Simler. – Comp. ■ Cass. com., 27 sept. 2016, n° 14-18.282 : *JurisData* n° 2016-019572 ; *JCP* G 2016, 1391, note Simler ; *RTD civ.* 2016, p. 904, note Crocq, qui se réfère également au caractère facultatif de la notification).

13) Absence d'opposition à la cession du bien gagé. Viole l'article 2037 (anc.) la cour d'appel qui rejette la demande de la caution hypothécaire tendant à être déchargée de son obligation au motif essentiel que la perte du bénéfice de la subrogation n'était pas caractérisée et qu'il ne pouvait être fait grief audit créancier d'avoir laissé dépérir la sûreté, alors qu'elle avait retenu que ce créancier, quelles que soient les difficultés, disposait des moyens de droit pour s'opposer à la cession du bien gagé (■ Cass. com., 17 mars 1992 : *JCP* 92, IV, 1484 ; *Bull. civ.* IV, n° 115, p. 84).

14) Omission d'informer l'assureur du bien gagé. Une banque créancière peut se voir opposer l'article 2314 du Code civil dès lors qu'elle omet d'informer l'assureur de l'existence d'un nantissement et de s'opposer au paiement de l'indemnité d'assurance (■ Cass. com., 18 juin 2013, n° 12-18.949, inédit : *JurisData* n° 2013-012498 ; *RD bancaire et fin.* 2013, comm. 151, obs. D. Legeais ; *JCP* G 2013, 1256, n° 6, obs. Simler).

15) Antériorité des garanties. La caution doit démontrer que les garanties existaient antérieurement au cautionnement (■ Cass. 1re civ., 5 oct. 1964 : *JurisData* n° 1964-000419 ; *JCP* 65, II, 13979), ou que le créancier s'était engagé à les prendre (■ Cass. 1re civ., 27 févr. 1968 : *JurisData* n° 1968-000081 ; *JCP* 68, IV, 58 ; *Bull. civ.* I, n° 81, p. 64. ■ Cass. 1re civ., 8 oct. 1980, n° 79-13.748 : *JurisData* n° 1980-705086 ; *Bull. civ.* I, n° 249, p. 199. ■ Cass. 1re civ., 17 oct. 1995, n° 93-19.840 : *JCP* 95, IV, 2561 ; *Bull. civ.* I, n° 366, p. 255 ; *D.* 1996, somm. 268, obs. Aynès. V. aussi ■ Cass. 1re civ., 29 févr. 2000, n° 98-10.902 : *JurisData* n° 2000-000765 ; *Bull. civ.* I, n° 70, p. 47 ; *D.* 2001, somm. 699, obs. Aynès. – V. également,annot. n° 8, p. 1762). Jugé que la caution peut invoquer l'article 2037 (anc.) dès lors qu'elle pouvait normalement croire, au moment où elle s'est engagée, que le créancier prendrait les garanties que la loi attache sous certaines conditions à sa créance (■ Cass. 1re civ., 9 févr. 1970, n° 67-11.272 : *Gaz. Pal.* 1970, 1, 201, mais pour une espèce où la caution ne pouvait avoir cette croyance, V. ■ Cass. 1re civ., 6 janv. 1998 : *JCP* G 99, I, 116 et *JCP* E 99, 616, n° 8, obs. Simler), ou qu'il userait de garanties prévues par la loi, comme l'opposition à la vente par le débiteur de son fonds de commerce (■ Cass. com., 20 oct. 1980, n° 78-15.432 : *JurisData* n° 1980-798087 ; *Bull. civ.* IV, n° 340, p. 274).

16) Hypothèque conservatoire. La caution ne peut reprocher au créancier de n'avoir pas pris d'hypothèque conservatoire (■ Cass. com., 21 févr. 1977, n° 75-15.563 : *JurisData* n° 1977-097054 ; *JCP* 77, IV, 102 ; *Bull. civ.* IV, n° 54. ■ Paris, 12 févr. 1982 : *JurisData* n° 1982-020274 ; *Gaz. Pal.* 1982, 2, somm. 298).

17) Possibilité de percevoir un dividende au sein de la procédure collective du débiteur. La perte d'un dividende dans la procédure collective du débiteur que sanctionne le défaut de déclaration de la créance garantie au sein de la procédure en cause doit être assimilée à la perte d'un droit au sens de l'article 2314 du Code civil (■ Cass. com., 12 juill. 2011, n° 09-71.113 : *JurisData* n° 2011-014300 ; *Rev. Lamy dr. civ.* 2011/86, n° 4382, obs. Ansault ; *Bull. Joly Sociétés* 2011, p. 816, note Barbièri ; *RTD civ.* 2011, p. 782, note Crocq ; *JCP* G 2011, 901, note Dissaux ; *Gaz. Pal.* 2011, n° 265, p. 20, note Dumont-Lefrand ; *Gaz. Pal.* 2011, n° 300, p. 8, note Juillet ; *RTD com.* 2011, p. 625, note D. Legeais ; *D.* 2011, p. 1894, obs. Lienhard ; *RD bancaire et fin.* 2011, comm. 162, obs. Cerles ; *LPA* 21 déc. 2011, p. 18, note Piedelièvre ; *JCP* G 2011, 1259, n° 7, obs. Simler. ■ Cass. com., 19 févr. 2013, n° 11-28.423 : *JCP* E 2013, 1216, n° 7, obs. Pétel ; *JCP* G 2013, 585, n° 9, obs. Simler. ■ Cass. com., 3 juill. 2013, n° 12-21.126 : *JurisData* n° 2013-013830 ; *RD bancaire et fin.* 2013, comm. 152, obs. Cerles ; *JCP* G 2013, 1256, n° 6, obs. Simler. ■ Cass. com., 16 sept. 2014, n° 13-19.040 : *Gaz. Pal.* 2014, n° 338, p. 21, obs. Dumont-Lefrand).

III – FAIT DU CRÉANCIER

18) Principe. L'article 2037 (anc.) s'applique aussi bien au cas où c'est par simple négligence du créancier que la subrogation est devenue impossible qu'au cas où cette impossibilité proviendrait d'un fait direct et positif de sa part (■ Cass. 1re civ., 6 oct. 1971 : *JurisData* n° 1971-000253 ; *D.* 1973, 316, note Ivainer. Comp. ■ Cass. com., 2 avr. 1996, n° 93-19.074 : *JurisData* n° 1996-001330 ; *JCP* 96, IV, 1258 ; *Bull. civ.* IV, n° 100, p. 85 ; *D.* 1996, somm. 268, obs. Aynès ; *JCP* G 97, I, 3991 et *JCP* E 97 I, 631, n° 8, obs. Simler et Delebecque, décidant que l'application du texte est subordonnée, d'une part à un fait de commission ou d'omission, mais imputable au créancier, c'est-à-dire fautif, et, d'autre part, à un fait qui lui est exclusivement imputable. V. aussi sur l'exigence d'imputabilité, ■ Cass. 1re civ., 3 févr. 1998, n° 96-15.628 : *JCP* 98, IV, 1660 ; *Bull. civ.* I, n° 42, p. 28, sur l'exigence d'exclusivité, ■ Cass. 1re civ., 3 mars 1998 : *JCP* G 99, I, 116 et *JCP* E 99, 616, n° 8, obs. Simler ; *Bull. civ.* I, n° 88, p. 59. ■ Cass. 1re civ., 9 mai 2001 : *JCP* 2001, IV, 2182 ; *JurisData* n° 2001-009367 ; *Bull. civ.* I, n° 125, p. 81. ■ Cass. 1re civ., 7 déc. 2004, n° 03-10.631 : *JurisData* n° 2004-026050 ; *Bull. civ.* I, n° 300, p. 251, sur l'exigence d'un lien direct entre la dépréciation du gage et le fait du créancier ■ Cass. 1re civ., 14 nov. 2001 : *JCP* G 2002, I, 120 et *JCP* E 2002, 591, n° 3, obs. Simler ; *Bull. civ.* I, n° 275, p. 175 ; *JurisData* n° 2001-011602). Pour la Cour de cassation, la renonciation par le créancier au bénéfice d'un nantissement pour les besoins d'un plan de continuation ne lui est pas exclusivement imputable (■ Cass. com., 19 nov. 2013, n° 12-26.539, inédit : *JurisData* n° 2013-026288 ; *Rev. proc. coll.* 2014, comm. 26, obs. Fraimout ; *JCP* G 2014, 635, n° 12, obs. Simler).

19) Preuve. C'est à la caution de rapporter la preuve que la subrogation a été rendue impossible par le fait du créancier. Les juges du fond ne peuvent, pour décharger la caution, inverser la charge de la preuve en énonçant que la banque créancière ne démontre pas que la caution ait été informée de la situation et qu'elle ne justifie pas de la conservation du droit au bail, élément essentiel du fonds de commerce nanti (■ Cass. 1re civ., 13 nov. 1996, n° 94-16.091 : *JurisData* n° 1996-004247 ; *JCP* 97, IV, 19 ; *Bull. civ.* I, n° 394, p. 275 ; *Defrénois* 1997, 396, obs. Aynès ; *D.* 1997, somm. 166, obs. Aynès). Dès lors que c'est en pleine connaissance de cause du risque couru par lui de perdre sa sûreté que le créancier a accepté que la caution hypothécaire prenne possession du prix de vente du bien grevé sans prise préalable d'une nouvelle hypothèque et sans séquestre des sommes litigieuses, la cour d'appel a pu en déduire que c'est bien par son fait que la sûreté a été perdue (■ Cass. 1re civ., 6 juin 2001 : *JCP* G 2002, I, 120 et *JCP* E 2002, 591, n° 3, obs. Simler ; *JurisData* n° 2001-009938 ; *Bull. civ.* I, n° 161, p. 105).

20) Applications. Fautes du créancier. Pour des exemples de fautes commises par le créancier, V. ■ Cass. com., 27 juin 1967 : *Bull. civ.* III, n° 263, p. 254 (remise des fonds à l'acquéreur du véhicule donné en gage). ■ Cass. com., 7 oct. 1968 : *Bull. civ.* IV, n° 252, p. 225 (créancier dispensant formellement le notaire de prendre les sûretés stipulées dans l'acte). ■ Cass. 1re civ., 6 oct. 1971, préc. (créancier faisant preuve dans le recouvrement de la créance d'une « volonté d'atermoiement »). ■ Cass. com., 24 avr. 1972, n° 71-11.596 : *JurisData* n° 1972-097116 ; *Bull. civ.* IV, n° 116, p. 117 (mainlevée du gage). ■ Cass. 3e civ., 12 nov. 1974, n° 73-12.930 : *JurisData* n° 1974-000409 ; *JCP* 75, II, 18182, note Simler (négligence du bailleur à informer les cautions de l'inexécution de ses obligations par la locataire). ■ Cass. com., 3 mai 2006, n° 04-19.315 : *JurisData* n° 2006-033320 ; *Bull. civ.* 2006, IV, n° 104, p. 103 ; *JCP* G 2006, I, 195, n° 7, note Simler ; *JCP* E 2006, 2061, note D. Legeais ; *D.* 2006, p. 1693, note Houtcieff (défaut d'exercice du droit conféré par une cession conditionnelle de loyers). – Comp., ■ Cass. 1re civ., 16 juill. 1998, n° 96-17.476 : *JurisData* n° 1998-003286 ; *JCP* G 99, II, 10000 et *JCP* E 99, 128, note Fages, reprochant au bailleur, mais sur le terrain de l'article 1147, d'avoir laissé s'accroître la dette de loyers. ■ Cass. com., 16 avr. 1991, n° 89-15.983 : *JurisData* n° 1991-001198 ; *JCP* 91, II, 21716, note Bouteiller (créancier nanti mais classé dans les créanciers chirographaires par le jugement arrêtant le plan de redressement, qui ne demande pas au représentant des créanciers d'interjeter appel de ce jugement). ■ Cass. 1re civ., 9 mai 1994, n° 91-12.162 : *JurisData* n° 1994-000995 ; *Bull. civ.* I, n° 169, p. 125 ; *RTD civ.* 1994, 906, obs. Bandrac (créancier n'ayant pas accompli les démarches nécessaires pour inscrire le nantissement offert en garantie par l'emprunteur dans l'acte de prêt). ■ Cass. com., 6 févr. 1996, n° 94-13.622 : *JCP* 96, IV, 743 ; *Bull. civ.* IV, n° 33, p. 25 (banque refusant de justifier de sa déclaration de créance au passif du redressement judiciaire du tiré accepteur). ■ Cass. 1re civ., 1er juin 1999, n° 97-15.754 : *JurisData* n° 1999-002173 ; *JCP* 99, IV, 2384 ; *Bull. civ.* I, n° 182, p. 119 (créancier gagiste ayant cédé à vil prix le véhicule nanti dans des conditions ayant rendu impossible toute appréciation réelle de la valeur de ce véhicule). La reprise et la vente du matériel donné en crédit-bail par le crédit-bailleur ne constitue pas une faute du créancier (■ Cass. com., 23 nov. 1999 : *JCP* 2000, IV, 1066 ; *Bull. civ.* IV, n° 203, p. 172). Celui-ci n'est pas tenu non plus de se porter acquéreur du bien immobilier offert en garantie pour en sauvegarder la valeur, et ce même si une faculté de surenchère lui est ouverte (■ Cass. 1re civ., 19 déc. 2000, n° 98-12.015 : *JurisData* n° 2000-007499 ; *JCP* 2001, IV, 1308 ; *Bull. civ.* I, n° 327, p. 212 ; *Defrénois* 2001, 940, obs. Théry). Le fait que la banque créancière ait été informée du changement d'adresse de la société n'implique pas qu'elle ait eu connaissance du déplacement du fonds de commerce, ce qui l'a empêchée d'inscrire son nantissement au greffe compétent (■ Cass. com., 29 janv. 2002 : *JCP* G 2002, IV, 1439 ; *JCP* E 2002, 810, note Kéita ; 1424, n° 8, obs. Simler ; *JurisData* n° 2002-012784 ; *Bull. civ.* IV, n° 22, p. 22). Il ne saurait être reproché au créancier de ne pas avoir inscrit un gage spécial sur les véhicules si l'on considère que ces biens faisaient partie des éléments composant le fonds de commerce dès leur acquisition, et que c'est bien le seul fonds qui avait vocation à faire l'objet d'un nantissement conventionnel entre le créancier et le débiteur principal (■ Cass. com. 19 déc. 2006 : *JurisData* n° 2006-036660 ; *JCP* G 2007, IV, 1231 ; *RD bancaire et fin.* 2007, n° 56, obs. Legeais ; *JCP* G 2007, I, 158, n° 13, obs. crit. Simler).

21) Applications. Faculté offerte au créancier. Si l'attribution judiciaire du gage ne constitue qu'une faculté pour le créancier, ce dernier, lorsqu'il est par ailleurs garanti par un cautionnement, commet une faute au sens de l'article 2037 (anc.) si, en s'abstenant de demander cette attribution, il prive la caution d'un droit qui pouvait lui profiter (■ Cass. com., 13 mai 2003, n° 00-15.404 : *JurisData* n° 2003-019078 ; *D.* 2003, 1629, 2e esp., obs. Avena-Robardet et somm. 52, 2e esp., obs. Le Corre ; *Bull. civ.* IV, n° 73, p. 83 ; ■ Cass. com., 17 févr. 2009, n° 07-20.458 : *JurisData* n° 2009-047106 ; *JCP* E 2009, 1347, n° 10, obs. Cabrillac ; *Banque et droit* mars-avr. 2009, p. 52, obs. Jacob ; *JCP* G 2009, I, 150, n° 14, obs. Simler. – Comp. ■ Cass. com., 25 nov. 2008 : *JurisData* n° 2008-046019 ; *RD bancaire et fin.* 2009, comm. 7, obs. Legeais. *Contra* ■ Cass. 1re civ., 8 juill. 2003, n° 01-03.177 : *JurisData* n° 2003-019945 ; *D.* 2004, somm. 52, 1re esp., obs. Le Corre. Comp, ne tranchant pas clairement la question, ■ Cass. ch. mixte, 10 juin 2005, n° 02-21.296 : *JurisData* n° 2005-028901 ; *Bull. civ.*, ch. mixte, n° 5, p. 13 ; *JCP* G 2005, II, 10130, note Simler ; *JCP* E 2005, 1088, note Legeais ; *D.* 2005, 2020, note Piedelièvre). Lorsque, concomitamment, le créancier se garantit par un cautionnement et bénéficie d'une sûreté réelle provisoire, il a l'obligation de rendre celle-ci définitive afin de ne pas compromettre le recours subrogatoire de la caution *solvens* (■ Cass. ch. mixte, 17 nov. 2006, n° 04-19.123 : *JurisData* n° 2006-035992 ; *Bull. civ.*, ch. mixte, n° 10, p. 30 ; *D.* 2006, p. 2907 note Avena-Robardet ; *RD bancaire et fin.* 2007, p. 15 note Cerles ; *RTD civ.* 2007, p. 157 ; *Banque et droit* 2007, n° 111, p. 47, note Jacob ; *JCP* N 2007, 1045, note Le Magueresse ; *JCP* E 2006, 2132, note D. Houtcieff ; *RTD civ.* 2007, p. 157, note Crocq). En revanche, sur le fondement de l'article 1147 du Code civil, la Cour de cassation a pu décider que, dans la mesure où la constitution conventionnelle d'une sûreté définitive faisant suite à une promesse initiale relève du seul pouvoir du promettant, la caution ne saurait invoquer utilement la violation du devoir du créancier bénéficiaire d'une telle promesse de sûreté réelle (■ Cass. 1re civ., 19 nov. 2009, n° 08-19.173 : *JurisData* n° 2009-050332 ; *Rev. Lamy dr. civ.* 2010/68, n° 3715, obs. Ansault ; *RD bancaire et fin.* 2010, comm. 4, note Cerles ; *Dr. et patrimoine* 2010, n° 195, p. 85, note Ph. Dupichot ; *JCP* G 2010, 14, note Simler). Désormais, au terme d'un revirement de la première chambre civile (v. auparavant ■ Cass. 1re civ., 29 févr. 2000, n° 97-20.090 : *JurisData* n° 2000-000769 ; *Bull. civ.* I, n° 70, p. 47 ; *D.* 2001, p. 699, obs. Aynès), tout prêteur de deniers se trouve obligé envers sa caution à inscrire le privilège du même nom institué par l'article 2374 du Code civil (■ Cass. 1re civ., 3 avr. 2007, n° 06-12.531 : *JurisData* n° 2007-038317 ; *Bull. civ.* I, n° 138 ; *D.* 2007, p. 1572, note Houtcieff. Par ailleurs, la Cour de cassation a pu juger que défaut de prise d'une sûreté judiciaire constitue pour le créancier une faute justifiant la décharge de la caution par application de l'article 2314 du Code civil (■ Cass. com., 14 janv. 2014, n° 12-21.389, inédit : *JurisData* n° 2014-000201 ; *JCP* G 2014, 635, n° 11, obs. Simler). – V. plus généralement sur la question, R. Marty, *Cautionnement et comportement du créancier* : *JCP* E 2007, I, 2062). *Adde*, comp. J. Mestre, *Réflexions sur l'abus du droit de recouvrer sa créance* in *Mélanges P. Raynaud*, Dalloz-Sirey, 1985, p. 439 et s.

22) Caution dirigeant social de la société débitrice. La caution qui est en même temps dirigeant social de la société débitrice ne peut se voir reprocher le défaut de renouvellement d'une inscription hypothécaire (▪ Cass. com., 3 mars 1980 : *JurisData* n° 1980-700105 ; *JCP* 80, IV, 193 ; *Bull. civ.* IV, n° 105, p. 82. ▪ Cass. com., 19 févr. 1985, n° 83-15.712 : *JurisData* n° 1985-700456 ; *D.* 1986, 11, note A. Honorat ; *Rev. sociétés* 1985, 866).

23) Faute du débiteur principal. Ne donne pas de base légale à sa décision l'arrêt qui décharge une caution de ses obligations par application de l'article 2037 (anc.), sans rechercher si la disparition du gage n'était pas due seulement au fait du créancier, mais n'avait pas aussi pour origine les négligences du débiteur principal (▪ Cass. com., 15 nov. 1988, n° 87-11.626 : *JurisData* n° 1988-702403 ; *JCP* 89, IV, 20 ; *D.* 1989, somm. 296, 1re esp., obs. Aynès. V. aussi ▪ Cass. com., 3 nov. 1988 : *Bull. civ.* IV, n° 283, p. 193. ▪ Cass. com., 12 nov. 1991, n° 89-19.296 : *JurisData* n° 1991-002837 ; *Bull. civ.* IV, n° 340, p. 236. ▪ Cass. com., 11 janv. 1994, n° 91-17.691 : *JurisData* n° 1994-000052 ; *Bull. civ.* IV, n° 15, p. 12 ; *RTD civ.* 1994, 899, obs. Bandrac). Dans une affaire où une caution reprochait à la banque de ne pas avoir fait usage de la faculté de former opposition sur le prix de vente d'un fonds de commerce conformément à l'article L. 141-14 du Code de commerce, la Cour de cassation a pu décider que la cour d'appel aurait dû rechercher si la caution, en même temps dirigeante de l'entreprise principale, n'avait pas eu la possibilité comme la banque elle-même de solliciter en référé soit le dépôt du prix d'acquisition du fonds de commerce à la Caisse des dépôts, soit la nomination d'un séquestre répartiteur, de sorte que la perte de la sûreté n'était donc pas le fait exclusif du créancier (▪ Cass. com., 25 nov. 2008 : *JurisData* n° 2008-046019 ; *RD bancaire et fin.* 2009, comm. 7, obs. Legeais). Sur le cas de la faute partagée du débiteur et de la caution, V. ▪ Cass. com., 20 janv. 1975, n° 73-11.575 : *JurisData* n° 1975-097016 ; *Bull. civ.* IV, n° 16, p. 14.

24) Fait d'un tiers. La caution ne peut être déchargée lorsque la disparition du gage est le fait d'un tiers (▪ Cass. com., 10 févr. 1970 : *JurisData* n° 1970-097048 ; *D.* 1970, 693).

25) Prorogations du terme. Il résulte des dispositions des articles 2037 et 2039 (anciens) que le créancier peut accorder plusieurs prorogations du terme primitivement stipulé en faveur du débiteur principal sans perdre son recours contre la caution, dès lors que celle-ci n'établit pas que, par son fait ou sa négligence, ce créancier lui a fait perdre le bénéfice de la subrogation (▪ Cass. 1re civ., 16 févr. 1970, n° 67-11.736 : *D.* 1970, 428. V. en ce sens ▪ Cass. civ., 31 juill. 1900 : *DP* 1901, 1, 275).

IV – PRÉJUDICE DE LA CAUTION

26) Principe. La caution ne peut se prévaloir de l'article 2037 (anc.) lorsque la négligence du créancier ne lui cause aucun préjudice (▪ Cass. req., 8 nov. 1896 : *DP* 1897, 1, 569. ▪ Cass. 3e civ., 3 déc. 1974, n° 73-12.851 : *JurisData* n° 1974-000451 ; *JCP* 75, IV, 26 ; *Bull. civ.* III, n° 451, p. 349. ▪ Cass. com., 26 mai 1999, n° 96-14.675 : *JurisData* n° 1999-002116 ; *Bull. civ.* IV, n° 112, p. 91. ▪ Cass. 1re civ., 22 mai 2002, n° 99-17.245 : *JurisData* n° 2002-014427 ; *JCP* E 2002, 1381, 1re esp., note D. Legeais ; *Bull. civ.* I, n° 139, p. 106, 1er arrêt. ▪ Cass. com., 12 juill. 2011, n° 09-71.113 : *JurisData* n° 2011-014300 ; *Rev. Lamy dr. civ.* 2011/86, n° 4382, obs. Ansault ; *Bull. Joly Sociétés* 2011, p. 816, note Barbièri ; *RTD civ.* 2011, p. 782, note Crocq ; *JCP* G 2011, 901, note Dissaux ; *Gaz. Pal.* 2011, n° 265, p. 20, note Dumont-Lefrand ; *Gaz. Pal.* 2011, n° 300, p. 8, note Juillet ; *RTD com.* 2011, p. 625, note D. Legeais ; *D.* 2011, p. 1894, obs. Lienhard ; *RD bancaire et fin.* 2011, comm. 162, obs. Cerles ; *LPA* 21 déc. 2011, p. 18, note Piedelièvre ; *JCP* G 2011, 1259, n° 7, obs. Simler). Dans ce sens, un cofidéjusseur ne saurait opposer au créancier poursuivant le bénéfice de non-subrogation issu de l'article 2314 du Code civil au motif que ce dernier a perdu l'avantage d'un droit préférentiel contre un autre cofidéjusseur, dès lors que ce garant a d'ores et déjà payé davantage que sa part dans la dette et se trouve, par conséquent, protégé de toute action en contribution à son encontre (▪ Cass. 1re civ., 14 janv. 2010, n° 08-14.814 : *JurisData* n° 2010-051125 ; *Rev. Lamy dr. civ.* 2010/69, n° 3743, obs. Ansault).

C'est au créancier, pour ne pas encourir la déchéance de ses droits contre la caution, d'établir que la subrogation qui est devenue impossible par son inaction n'aurait pas été efficace (▪ Cass. com., 27 févr. 1996, n° 94-14.313 : *JurisData* n° 1996-003970 ; *Bull. civ.* IV, n° 68, p. 54 ; *D.* 1996, somm. 269, obs. Aynès ; *Defrénois* 1996, 809, obs. Aynès ; *Defrénois* 1997, 100, note S. Piedelièvre ; *JCP* G 97, I, 3991 et *JCP* E 97, I, 631, n° 8, obs. Simler et Delebecque. V. aussi. ▪ Cass. 1re civ., 18 mai 2004 : *JCP* G 2004, I, 188, n° 10, obs. Simler. ▪ Cass. com., 21 mars 2006 : *RJDA* 7/2006, n° 833. ▪ Cass. com., 8 avr. 2015, n° 13-22.969 : *JurisData* n° 2015-007573 ; *RD bancaire et fin.* 2015, comm. 74, obs. D. Legeais). Toujours dans ce sens, et selon une jurisprudence à peu près constante, c'est au créancier qu'il appartient de prouver que le préjudice subi par la caution du fait de la perte des droits préférentiels est inférieur au montant de son engagement (V. notamment ▪ Cass. 1re civ., 22 mai 2008, n° 07-14.808 : *JurisData* n° 2008-044026 ; *RD bancaire et fin.* 2008, comm. 106, obs. Cerles. ▪ Cass. com., 30 juin 2009, n° 08-17.789 : *JurisData* n° 2009-049189 ; *D.* 2009, p. 2325, note

Picod). Dès lors que la faute du créancier a privé la caution d'un droit préférentiel lui conférant un avantage particulier pour le recouvrement de sa créance contre le débiteur principal, ne donne pas de base légale à sa décision l'arrêt qui la condamne en relevant qu'elle ne subit aucun préjudice du fait qu'elle peut encore obtenir, par l'effet de la subrogation, un remboursement sur la vente du matériel pour lequel le nantissement n'a pas été pris, sans vérifier qu'elle bénéficierait de la même certitude de paiement que si elle avait été subrogée dans la sûreté convenue (▪ Cass. 1re civ., 26 janv. 1999 : *JCP* G 99, II, 10041 et *JCP* E 99, 577, concl. Sainte-Rose ; *Bull. civ.* I, n° 27, p. 18. V. aussi ▪ Cass. 1re civ., 26 avr. 2000, n° 98-10.917 : *JurisData* n° 2000-001562 ; *JCP* 2000, IV, 1958 ; *Bull. civ.* I, n° 121, p. 81, limitation du nantissement du fonds de commerce à un seul propriétaire indivis, ayant pour effet de limiter l'efficacité de la sûreté).

27) Limite de la décharge. La caution n'est déchargée qu'à concurrence de la valeur des droits pouvant lui être transmis par subrogation et dont elle a été privée par la faute du créancier (▪ Cass. 1re civ., 24 févr. 1987, n° 85-12.406 : *JurisData* n° 1987-00038 ; *Bull. civ.* I, n° 64, p. 46. V. en ce sens ▪ Cass. 1re civ., 9 mai 1994, n° 91-21.162 : *Bull. civ.* I, n° 169, p. 125 ; ▪ Cass. 1re civ., 15 déc. 1998 : *JCP* G 1999, I, 116 et *JCP* E 1999, 616, n° 8, obs. Simler ; *Bull. civ.* I, n° 361, p. 249 ; *D.* 2000, 215, note Boujeka. ▪ Cass. com., 19 oct. 2010, n° 09-69.951 : *JurisData* n° 2010-019117 ; *JCP* G 2011, 226, n° 7, obs. Simler). Cette valeur doit s'apprécier à la date de l'exigibilité de l'obligation de la caution, c'est-à-dire à la date de la défaillance du débiteur principal (▪ Cass. 1re civ., 15 déc. 1998 : *JCP* G 1999, I, 116 et *JCP* E 1999, 616, n° 8, obs. Simler ; *Bull. civ.* 1998, I, n° 361, p. 249 ; *D.* 2000, 215, note Boujeka). Néanmoins, la valeur du droit préférentiel perdu par la caution du fait de la négligence du créancier ne s'apprécie pas à la date de la défaillance du débiteur principal lorsque le créancier était empêché de mettre en œuvre la sûreté (▪ Cass. com., 17 févr. 2009, n° 07-20.458 : *JurisData* n° 2009-047106 ; *RTD civ.* 2009, p. 555, note Crocq ; *JCP* E 2009, 1347, n° 10, obs. Cabrillac ; *Banque et droit* mars-avr. 2009, p. 52, obs. Jacob ; *JCP* G 2009, I, 150, n° 14, obs. Simler). Sur l'obligation pour les juges du fond de rechercher quelle aurait été la valeur de la sûreté, si elle avait été prise, à la date de sa mise en œuvre, V. ▪ Cass. 1re civ., 12 févr. 2002 : *JCP* 2002, IV, 1520 ; *JurisData* n° 2002-012958 ; *Bull. civ.* I, n° 51, p. 40.

Code monétaire et financier

Partie législative

Livre III. – Les services

Titre Ier. – Les opérations de banque, les services de paiement et l'émission et la gestion de monnaie électronique

Chapitre III. – Crédits

Section II. – Catégories de crédits

Sous-section 2. – Crédits aux entreprises

Paragraphe 4. – Régime des engagements de garantie

Art. L. 313-22. – Les établissements de crédit *(Mots aj. à compter du 1er janvier 2014, Ord. n° 2013-544, 27 juin 2013)* « ou les sociétés de financement » ayant accordé un concours financier à une entreprise, sous la condition du cautionnement par une personne physique ou une personne morale, sont tenus au plus tard avant le 31 mars de chaque année de faire connaître à la caution le montant du principal et des intérêts, commissions, frais et accessoires restant à courir au 31 décembre de l'année précédente au titre de l'obligation bénéficiant de la caution, ainsi que le terme de cet engagement. Si l'engagement est à durée indéterminée, ils rappellent la faculté de révocation à tout moment et les conditions dans lesquelles celle-ci est exercée.

(L. n° 2016-1691, 9 déc. 2016) La réalisation de cette obligation légale ne peut en aucun cas être facturée à la personne qui bénéficie de l'information.

Le défaut d'accomplissement de la formalité prévue à l'alinéa précédent emporte, dans les rapports entre la caution et l'établissement tenu à cette formalité, déchéance des intérêts échus depuis la précédente information jusqu'à la date de communication de la nouvelle information. Les paiements effectués par le débiteur principal sont réputés, dans les rapports entre la caution et l'établissement, affectés prioritairement au règlement du principal de la dette.

1) Nature de l'obligation. La délivrance de l'information annuelle par le créancier à la caution dans les termes de l'article L. 313-22 du Code monétaire et financier ne constitue pas un acte d'exécution du cautionnement susceptible de rendre irrecevable l'exception de nullité diligentée par le garant (■ Cass. com., 8 avr. 2015, n° 13-14.447 : *JurisData* n° 2015-007651 ; *RDC* 2016, p. 58, note Barthez ; *RTD civ.* 2015, p. 432, obs. Crocq ; *RD bancaire et fin.* 2015, comm. 75, obs. D. Legeais ; *JCP* G 2015, 652, note Séjean ; *JCP* G 2015, doctr. 1222, n° 9, note Simler).

2) Débiteurs de l'obligation. – Nature de l'opération garantie. L'obligation prévue par l'article 48 de la loi du 1er mars 1984 ne s'impose pas aux établissements de crédit-bail (■ Cass. com., 30 nov. 1993, n° 91-12.123 : *JurisData* n° 1993-002959 ; *JCP* 94, IV, 337 ; *Bull. civ.* IV, n° 435, p. 316. ■ Cass. 1re civ., 12 déc. 1995, n° 94-10.783 : *JurisData* n° 1995-003718 ; *JCP* 96, IV, 295 ; *Bull. civ.* I, n° 457, p. 318) ni aux compagnies d'assurance (■ Cass. com., 26 oct. 1999, n° 97-13.212 : *JurisData* n° 1999-003676 ; *JCP* 99, IV, 3036 ; *Bull. civ.* IV, n° 183, p. 157. ■ Limoges, 19 mars 1991 : *JurisData* n° 1991-045667) ni aux sociétés de caution mutuelle garantissant l'établissement de crédit, créancier principal (■ Paris, 4 mars 1992 : *JurisData* n° 1992-020444 ; *RTD civ.* 1992, 607, obs. Bandrac). À l'instar de l'opération de crédit-bail (■ Cass. com., 29 mai 2001, n° 97-11.151 : *D.* 2001, p. 2716, obs. Julien. ■ Cass. 3e civ., 23 juin 2004, n° 02-14.289 : *RDI* 2005, p. 25, obs. Saint-Alary-Houin. ■ Cass. com., 8 nov. 2011, n° 10-24.171 : *RTD com.* 2012, p. 183, obs. Bouloc), le contrat de location avec option d'achat est exclu du champ d'application de l'ancien article L. 313-22 du Code monétaire et financier (■ Cass. com., 28 janv. 2014, n° 12-24.592 : *Gaz. Pal.* 2014, nos 78-79, p. 19, note Dumont-Lefrand ; *JCP* G 2014, 301, note Lasserre Capdeville ; *Contrats, conc. consom.* 2014, comm. 85, note Leveneur). Il résulte de l'article 2017 (anc.) que le texte est applicable aux héritiers de la caution (■ Cass. com., 9 déc. 1997, n° 94-21.392 : *JurisData* n° 1997-004931 ; *JCP* 98, IV, 1198 ; *Bull. civ.* IV, n° 323, p. 280).

3) Cautionnements visés. L'article 48 de la loi du 1er mars 1984 n'est pas applicable au cautionnement portant sur une ouverture de crédit en compte courant octroyé à titre personnel au débiteur principal (■ Cass. 1re civ., 9 mai 1996, n° 94-14.230 : *JurisData* n° 1996-001786 ; *JCP* 96, IV, 1429 ; *Bull. civ.* I, n° 192, p. 135). Mais il s'applique à toute dette de l'entreprise garantie par une caution, qu'il s'agisse d'une opération déterminée ou d'un ensemble d'opérations (■ Paris, 12 juin 1992 : *JurisData* n° 1992-021572 ; *JCP* 93, II, 21988, note Croze). Il importe peu que le cautionnement ait été donné lors de l'octroi du concours financier ou postérieurement, pour continuer de l'accorder (■ Cass. com., 11 avr. 1995, n° 93-10.575 : *D.* 1995, 588, note Picod). Le fait qu'une banque consente des crédits à une personne physique pour les besoins de l'exploitation de son fonds de commerce suffit à caractériser l'octroi de concours financiers à une entreprise, au sens de l'article 48 de la loi du 1er mars 1984 (■ Cass. com., 18 févr. 1997, n° 95-10.840 : *JurisData* n° 1997-000679 ; *JCP* 97, IV, 798 ; *Bull.* IV, n° 53, p. 47. V. aussi ■ Cass. 1re civ., 4 févr. 2003 : *JCP* 2003, IV, 1556 ; *JurisData* n° 2003-017449 ; *Bull. civ.* I, n° 34, p. 27. ■ Cass. 1re civ., 29 juin 2004, n° 02-19.445 : *JurisData* n° 2004-024338 ; *Bull. civ.* I, n° 186, p. 154. ■ Cass. 1re civ., 15 mars 2005, n° 03-19.155 : *Bull. civ.* I, n° 130, p. 112). L'exercice d'une activité économique libérale constitue, au sens du texte précité, une entreprise, peu important qu'elle soit en voie de création (■ Cass. 1re civ., 12 mars 2002 : *JCP* G 2002, IV, 1702 ; *JCP* E 2002, 1424, n° 2, obs. Simler ; *JurisData* n° 2002-013492 ; *Bull. civ.* I, n° 86, p. 66, 1er arrêt, prêt consenti en vue de l'achat d'un portefeuille d'assurance. V. en ce sens pour une association ■ Cass. 1re civ., 12 mars 2002 : *JCP* 2002, IV, 1703 ; *JurisData* n° 2002-013496 ; *Bull. civ.* I, n° 86, p. 66, 2e arrêt. Comp. pour une société civile immobilière ■ Cass. 1re civ., 12 mars 2002 : *JCP* 2002, IV, 1706 ; *JurisData* n° 2002-013490 ; *Bull. civ.* I, n° 86, p. 66, 3e arrêt). Si une SCI est susceptible d'avoir une activité économique caractérisant l'existence d'une entreprise, une telle société, lorsqu'elle a conservé un usage strictement familial, n'entre pas dans le domaine de l'article L. 313-22 du Code monétaire et financier (■ CA Aix-en-Provence, 1re ch., sect. A, 11 sept. 2007, n° 06/06990 : *JurisData* n° 2007-347697 ; *JCP* G 2008, II, 10028, note Pellier). En revanche, est approuvé l'arrêt ayant jugé que l'objet statutaire d'une SCI, lequel mentionnait tout « achat, vente et gestion de tous biens immobiliers » conférait à cette société le caractère d'une entreprise ; alors que son objet effectif était limité en l'espèce à une unité d'habitation (■ Cass. 1re civ., 28 juin 2007, n° 06-14.867 : *JCP* G 2007, I, 212, n° 4, note Simler ; *RJDA* 10/2007, n° 1010). Encore faut-il établir que l'octroi du prêt a été subordonné au cautionnement (■ Cass. 1re civ., 1er déc. 1998, n° 96-20.055 : *JurisData* n° 1998-004598 ; *Bull. civ.* I, n° 337, p. 233, cautionnement donné antérieurement au concours financier).

Tout établissement de crédit qui s'est porté caution est dispensé de l'obligation d'information dans ses rapports avec sa ou ses sous-cautions puisqu'il ne s'agit pas alors d'un « concours financier » (■ Cass. com., 3 déc. 2003 : *JCP* 2004,

IV, 1216 ; *JurisData* n° 2003-021362 ; *Bull. civ.* IV, n° 188, p. 211. V. déjà ▪ Paris, 29 avr. 1997, n° 96/13858 : *JurisData* n° 1997-022815 ; *RTD civ.* 1997, 704, obs. Bandrac). Dans le même esprit, il a été jugé que l'aval d'un billet à ordre souscrit par un emprunteur, garantie d'un titre cambiaire, ne constitue pas le cautionnement d'un concours financier à une entreprise de sorte qu'il n'est donc pas soumis à l'exigence de l'information annuelle prescrite par l'article L. 313-22 du Code monétaire et financier (▪ Cass. com., 16 juin 2009, n° 08-14.532 : *JurisData* n° 2009-048657 ; *JCP* E 2009, 1703 ; *RTD civ.* 2009, p. 759, note Crocq ; *D.* 2009, p. 1755, obs. Delpech ; *RD bancaire et fin.* 2009, comm. 158, obs. Cerles ; *JCP* E 2010, 1035, note Dumont-Lefrand ; *Banque et droit* 2009, n° 126, p. 43, obs. Rontchevsky, et n° 127, p. 25, obs. Bonneau ; *JCP* G 2009, 492, n° 2, obs. Simler. V. déjà, dans le même sens, ▪ CA Paris, 3e ch., sect. A, 31 mars 1992 : *JurisData* n° 1992-021191). V. sur le principe que la sûreté réelle pour autrui (ex-cautionnement réel) n'est pas concernée par cette disposition, V. art. 2288, note n° 6, p. 1708.

4) **Cautionnement indéfini donné par une personne physique.** Sur l'obligation d'information annuelle pesant de manière générale sur le créancier bénéficiaire d'un cautionnement indéfini donné par une personne physique (V., art. 2293, al. 2, p. 1745).

5) **Créance professionnelle.** Sur l'obligation d'information pesant sur le créancier bénéficiaire d'un cautionnement donné par une personne physique à une obligation principale contractée entre un particulier et un professionnel, voir C. consom., art. L. 331-1, p. 2108.

6) **Durée de l'obligation.** L'obligation d'information s'applique dès lors qu'un concours financier existe au 31 décembre précédent, ne serait-ce que depuis quelques jours (▪ CA Paris, 15e ch., sect. B, 17 nov. 2006 : *JurisData* n° 2006-321073 ; *JCP* G 2007, I, 158, n° 3, obs. Simler ; *RJDA* 4/2007, p. 383, n° 400, pour un prêt ayant pris effet le 10 décembre). Les établissements de crédit ayant accordé à une entreprise *un concours financier, au sens* de l'article L. 313-22 du Code monétaire et financier sous la condition d'un cautionnement, doivent se conformer aux prescriptions de ce texte jusqu'à l'extinction de la dette, de sorte que l'obligation d'information à l'égard de la caution est susceptible de se prolonger après une décision de justice ayant acquis force de chose jugée qui condamne ce garant au paiement (▪ Cass. ch. mixte, 17 nov. 2006, n° 04-12.863 : *Bull. civ.*, ch. mixte, n° 9, p. 29 ; *D.* 2006, p. note Avena-Robardet ; *RD bancaire et fin.* 2007, p. 17 obs. Legeais ; *Banque et droit* 2007, n° 111, p. 46, note Rontchevsky ; *JCP* G 2007, I, 158, n° 3, obs. Simler). Il en résulte notamment que le juge de l'exécution a pouvoir pour ordonner une mainlevée de saisie-attribution dès lors que la banque n'a pas exécuté son devoir d'information à l'égard de la caution postérieurement au jugement de condamnation (▪ Cass. com., 4 juill. 2007 : *JurisData* n° 2007-039922 ; *RD bancaire et fin.* 2007, comm. 181, obs. Legeais ; *JCP* G 2007, IV, 2663). Jugé antérieurement que l'obligation d'information prévue par l'article 48 de la loi du 1er mars 1984 durait jusqu'à l'extinction de la dette (▪ Cass. com., 25 mai 1993, n° 91-15.183 : *JurisData* n° 1993-001036 ; *JCP* 93, II, 22147, note Croze ; *D.* 1994, 177, note Ngafaounain, 1re esp. ▪ Cass. com., 30 nov. 1993, n° 91-14.856 : *JurisData* n° 1993-002431 ; *JCP* 94, IV, 338 ; *Bull. civ.* IV, n° 434, p. 315. ▪ Cass. com., 25 avr. 2001, n° 96-22.035 : *JurisData* n° 2001-009280 ; *JCP* E 2001, 1276, 1re esp., note D. Legeais. ▪ Cass. 1re civ., 6 nov. 2001 : *JCP* 2001, IV, 3022 ; *Bull. civ.* I, n° 265, p. 168 ; *JurisData* n° 2001-011568), même après assignation de la caution en paiement des sommes restant dues par l'emprunteur (▪ Cass. 1re civ., 30 mars 1994, n° 92-19.609 : *JCP* 94, IV, 144 ; *Bull. civ.* I, n° 123, p. 90. ▪ Cass. 1re civ., 27 juin 1995, n° 92-21.085 : *JurisData* n° 1995-001729 ; *JCP* 95, IV, 2093 ; *Bull. civ.* I, n° 282, p. 195), mais se trouvait éteinte après la condamnation de la caution à exécuter ses engagements (▪ Cass. 1re civ., 13 déc. 2005, n° 02-13.492 : *JurisData* n° 2005-031474 ; *Bull. civ.* I, n° 488, p. 410 ; *JCP* G 2006, I, 131, n° 6, obs. Simler).

7) **Cautionnement donné par un dirigeant social.** L'obligation prévue par l'article 48 de la loi du 1er mars 1984 (C. monét. fin., art. 313-22) doit être respectée même lorsque le cautionnement a été souscrit par un dirigeant de la société cautionnée en connaissant exactement la situation (▪ Cass. com., 25 mai 1993, n° 91-15.183 : *JurisData* n° 1993-001036 ; *JCP* 93, II, 22147, note Croze ; *D.* 1994, 177, note Ngafaounain. ▪ Cass. com., 5 oct. 1993, n° 91-13.921 : *JurisData* n° 1993-001876 ; *JCP* 93, IV, 2524. ▪ Cass. 1re civ., 27 févr. 1996, n° 93-21.624 : *JurisData* n° 1996-000550 ; *Bull. civ.* I, n° 109, p. 76. ▪ Cass. com., 25 nov. 2008 : *JurisData* n° 2008-045992 ; *JCP* G 2009, IV, 1023 ; *D.* 2009, p. 15, obs. Avena-Robardet ; *RD bancaire et fin.* 2009, comm. 11, obs. Cerles. ▪ Cass. 1re civ., 22 janv. 2009 : *JurisData* n° 2009-046663 ; *JCP* G 2009, I, 150, n° 5, obs. Simler. – Comp. ▪ Cass. com., 25 nov. 2008 : *JurisData* n° 2008-046021 ; *JCP* E 2008, 2525, note Bonneau ; *RD bancaire et fin.* 2009, comm. 10, obs. Cerles).

8) **Associés indéfiniment responsables d'une société de personne (non).** Dès lors

qu'ils n'ont pas la qualité de caution, les associés indéfiniment responsables d'une société de personnes, bien que tenus des dettes de la structure sociale, ne peuvent se prévaloir de l'article L. 313-22 du Code monétaire et financier (■ Cass. com., 9 déc. 2008 : *JurisData* n° 2008-046214 ; *Banque et droit* janv.-févr. 2009, p. 24).

9) Pluralité de cautions. S'il y a plusieurs cautions solidaires, chaque caution doit être informée personnellement, sans que le créancier puisse se prévaloir de la représentation mutuelle des codébiteurs (■ Cass. com., 17 mai 1994, n° 92-13.103 : *JurisData* n° 1994-001226 ; *JCP* 94, IV, 1804 ; *Bull. civ.* IV, n° 177, p. 141).

10) Caution solidaire. L'admission définitive de la créance n'interdit pas à la caution d'invoquer l'exception personnelle tirée de l'inobservation par la banque de son obligation d'information envers la caution (■ Cass. com., 22 avr. 1997, n° 94-12.862 : *JurisData* n° 1997-001700 ; *JCP* 97, IV, 1188 ; *Bull.* IV, n° 97, p. 85 ; *RTD civ.* 1998, 152, obs. Crocq).

11) Objet de l'information. L'information due par l'établissement de crédit doit ventiler la dette, préciser le terme de l'engagement de caution, et rappeler, le cas échéant, la faculté de révocation ainsi que les conditions d'exercice de cette faculté (■ Cass. com., 5 oct. 1993 : *JCP* 93, IV, 2524. – V. aussi ■ Versailles, 17 sept. 1998 : *JurisData* n° 1998-210675 ; *JCP* E 99, 624, note Varin). Dans le cas d'un découvert en compte courant, l'information annuelle due à la caution doit porter sur le montant de l'autorisation de découvert, le solde dû au 31 décembre de l'année précédente et le taux des intérêts applicable à cette date, les intérêts ne pouvant être extraits de ce solde tant que le compte n'a pas été clôturé (■ Cass. com., 10 janv. 2012, n° 10-25.586 : *JurisData* n° 2012-000174 ; *JCP* G 2012, 327, note Simler ; *JCP* G 2012, 626, n° 3, obs. Simler. Comp. ■ Cass. com., 10 janv. 2006, n° 04-15.677 : *JurisData* n° 2006-031633. ■ Cass. com., 25 mai 1993, n° 91-15.183 : *JurisData* n° 1993-001036 ; *Bull. civ.* IV, n° 203 ; *JCP* G 1993, II, 22147, note Croze ; *D.* 1994, jurispr. p. 177, note Ngafaounain ; *LPA* 21 juill. 1993, p. 7, note Gavalda. ■ Cass. com., 31 mars 1998, n° 95-15.325 : *JurisData* n° 1998-001730 ; *RD bancaire et bourse* 1998, p. 102, note Crédot et Gérard). Les juges du fond doivent impérativement permettre à la Cour de cassation de vérifier que les informations fournies par l'établissement de crédit aux cautions répondent aux exigences de l'article L. 313-22 du Code monétaire et financier (■ Cass. com., 15 juin 2011, n° 10-19.564 : *Rev. Lamy dr. civ.* 2011/85, n° 4348, obs. Ansault).

12) Forme de l'information. L'information peut être fournie dans une lettre simple (■ Cass. com., 27 nov. 1991, n° 89-16.184 : *JurisData* n° 1991-003014 ; *JCP* 92, IV, 367. ■ Cass. com., 17 juin 1997, n° 95-14.105 : *JurisData* n° 1997-002871 ; *JCP* E 97, II, 1007, note D. Legeais ; *RTD civ.* 1998, 154, obs. Crocq) ou par voie d'assignation (■ Cass. com., 25 avr. 2001, n° 96-22.035 : *JurisData* n° 2001-009280 ; *JCP* E 2001, 1276, 2e esp., note D. Legeais ; *Bull. civ.* IV, n° 73, p. 70).

13) Preuve. Il n'incombe pas à l'établissement de crédit de prouver que la caution a effectivement reçu l'information envoyée (■ Cass. 1re civ., 25 nov. 1997 : *JCP* G 98, I, 149 et *JCP* E 98, 1594, n° 4, obs. Simler ; *Bull. civ.* I, n° 326, p. 221. ■ Cass. com., 17 oct. 2000, n° 97-18.746 : *JurisData* n° 2000-006282 ; *JCP* 2000, IV, 2796. ■ Cass. 1re civ., 2 oct. 2002 : *JCP* 2002, IV, 2794 ; *Contrats, conc. consom.* 2003, 21, note Leveneur ; *JurisData* n° 2002-015655 ■ Cass. com., 4 mai 2017, n° 15-20.352). Mais encore faut-il qu'il démontre que le document adressé contenait les informations exigées (■ Cass. 1re civ., 17 nov. 1998, n° 96-22.455 : *JurisData* n° 1998-004347 ; *JCP* G 99, I, 116 et *JCP* E 99, 615, n° 4, obs. Simler. ■ Cass. 1re civ., 19 févr. 2008, n° 06/05716 : *RD bancaire et fin.* 2008, comm. 42, obs. Legeais, qui rappelle que la simple fourniture d'un listing informatique ne saurait suffire à prouver, à elle-seule, le respect de l'article L. 313-22 du Code monétaire et financier ■ Cass. com., 21 nov. 2018, n° 16-25.128 : *JurisData* n° 2018-020821, qui considère qu'une cour d'appel ne saurait se contenter de mentionner l'existence de courriers d'information sans justifier que ceux-ci contenaient les précisions informatives imposées par la loi). Quant à l'envoi de la lettre d'information, les juges du fond considèrent, dans l'exercice de leur pouvoir souverain d'appréciation, qu'il est présumé dès lors que la banque produit une copie de celle-ci, sauf à la caution à apporter des éléments permettant de douter de cet envoi (■ Cass. com., 26 oct. 1999 : *JCP* 2000, I, 257, n° 8, obs. Simler relevant « qu'aucun élément ne permet de douter de leur envoi ». ■ Cass. 1re civ., 26 avr. 2000 : *JurisData* n° 2000-001779 ; *JCP* 2000, I, 257, n° 8, obs. Simler. ■ Cass. com., 26 juin 2001, n° 99-14.844 : *JurisData* n° 2001-010362 ; *JCP* 2002, II, 10043, note Licari ; *JCP* G 2002, I, 120, n° 4, obs. Simler, affirmant qu'il appartient aux juges du fond d'indiquer les « présomptions permettant de douter » de l'envoi. Comp ■ Cass. com., 28 oct. 2008 : *D.* 2008, obs. Avena-Robardet ; *RTD civ.* 2009, p. 146, note Crocq ; *RD bancaire et fin.* 2008, comm. 168, obs. Legeais).

14) Sanction du défaut d'information. Le défaut d'accomplissement de la formalité prévue par l'article 48 de la loi du 1er mars 1984 emporte, dans les rapports entre la caution et l'établissement qui y est tenu, déchéance des intérêts, sans faire obstacle à l'action en paiement exercée par l'établissement contre la caution pour des autres sommes dues en vertu du cautionnement (■ Cass. com., 25 mai 1993, n° 91-15.183 : *JurisData* n° 1993-001036 ; *JCP* 93, IV, 1853. ■ Cass. com., 11 juin 1996, n° 93-20.098 : *JurisData* n° 1996-002656 ; *JCP* 96, IV, 1766 ; *Bull. civ.* IV, n° 164, p. 142 ; *RTD civ.* 1996, 950, obs. Crocq. ■ Cass. 1re civ., 31 mars 1998 : *JCP* 98, IV, 2200 ; *Bull. civ.* I, n° 134, p. 89. ■ Cass. 1re civ., 17 nov. 1998, n° 96-22.455 : *JurisData* n° 1998-004347 ; *JCP* G 99, IV, 1009 ; *JCP* N 99, 669. ■ Cass. com., 30 mars 1999, n° 96-42.912 : *JurisData* n° 1999-001390 ; *JCP* 99, IV, 1969). Sauf dol ou faute lourde du dispensateur de crédit, l'omission est sanctionnée par la déchéance des intérêts (■ Cass. com., 25 avr. 2001, n° 96-22.035 : *JurisData* n° 2001-009280 ; *JCP* G 2002, I, 120 et *JCP* E 2002, 591, n° 4, obs. Simler ; *JCP* E 2001, 1276, 3e et 4e esp., note D. Legeais ; *RTD civ.* 2001, p. 922, obs. Crocq. ■ Cass. 1re civ., 6 nov. 2001 : *JCP* G 2001, IV, 3021 ; *JCP* E 2002, 679, note D. Legeais ; *Bull. civ.* I, n° 264, p. 168 ; *JurisData* n° 2001-011573 ; *Defrénois* 2002, 540, note Brémond. Comp. ■ Cass. 1re civ., 4 févr. 2003 : *JurisData* n° 2003-017451 ; *JCP* G 2003, II, 10152 et *JCP* E 2003, 1469, note de Gentili-Picard ; *Contrats, conc. consom.* 2003, 83, note Leveneur ; *Bull. civ.* I, n° 35, p. 28, réservant l'hypothèse d'un dol ou d'une « faute distincte ». V. égal. ■ Cass. com., 22 mars 2016, n° 14-24.791 : *JurisData* n° 2016-005512 ; *JCP* G 2016, doctr. 553, n° 4, note Simler). Les paiements effectués par le débiteur principal sont réputés, dans les rapports entre la caution et l'établissement, affectés prioritairement au règlement du principal de la dette (C. monét. fin., art. L. 313-22, al. 2). La caution est seulement tenue des intérêts au taux légal à compter de la première mise en demeure qu'elle reçoit (■ Cass. com., 17 mai 1994, n° 92-13.103 : *JurisData* n° 1994-001226 ; *JCP* 94, IV, 1804 ; *Bull. civ.* IV, n° 177, p. 141. ■ Cass. 1re civ., 9 déc. 1997, n° 95-19.485 : *JurisData* n° 1997-004950 ; *JCP* 98, IV, 1198 ; *Bull. civ.* I, n° 359, p. 242. ■ Cass. 1re civ., 12 mars 2002 : *JCP* 2002, IV, 1703 ; *JurisData* n° 2002-013496). La déchéance des intérêts s'applique même lorsque ceux-ci ont été inscrits en compte courant (■ Cass. com., 25 mai 1993, n° 91-15.183 : *JurisData* n° 1993-001036 ; *JCP* 93, II, 22147, note Croze ; *D.* 1994, 177, 1re esp., note Ngafaounain. ■ Versailles, 14 sept. 1995, n° 4661/93 : *JurisData* n° 1995-045946 ; *JCP* G 97, I, 3991 et *JCP* E 97, I, 631, n° 4, obs. Simler et Delebecque). Les intérêts payés par le débiteur principal ne peuvent être imputés sur le capital restant dû en vertu du cautionnement (■ Cass. com., 11 juin 1996, n° 93-20.098 : *JurisData* n° 1996-002656 ; *JCP* G 97, I, 3991 et *JCP* E 97, I, 631, n° 4, obs. Simler et Delebecque). La déchéance s'applique à compter de la date à laquelle l'information doit, au plus tard, être fournie (■ Cass. com., 17 oct. 2000, n° 97-18.746 : *JurisData* n° 2000-006282 ; *Bull. civ.* IV, n° 154, p. 138). La déchéance des intérêts sanctionnant le défaut de l'information annuelle portant sur le montant des encours prescrit par l'article L. 313-22 du Code monétaire et financier est applicable en cas de cautionnement d'un compte courant (■ Cass. com., 2 nov. 2016, n° 14-29.723 : *JurisData* n° 2016-022887 ; *JCP* E 2016, act. 1644 ; *JCP* G 2017, doctr. 511, n° 7, obs. Simler).

15) Ordre public. Sur le caractère d'ordre public de la règle énoncée par l'article 48 de la loi du 1er mars 1984, V. ■ Cass. com., 14 déc. 1993, n° 91-21.896 : *JurisData* n° 1993-002573 ; *JCP* 94, IV, 467 ; *Bull. civ.* IV, n° 467, p. 340.

16) Cautionnement de dettes professionnelles. Sur l'extension des obligations prévues par l'article 48 de la loi du 1er mars 1984 au cautionnement à durée indéterminée consenti par une personne physique pour garantir une dette professionnelle, voir L. n° 94-126, 11 févr. 1994, art. 47, II, al. 2, p. 3186.

17) Consommateurs. Opérations de crédit. Sur l'obligation d'information des personnes physiques s'étant portées cautions à l'occasion de certaines opérations de crédit, voir C. consom., art. L. 313-9, p. 2087.

18) Garantie à première demande. Les articles 2037 (anc.) du Code civil et 48 de la loi du 1er mars 1984 ne sont pas applicables à la garantie à première demande (■ Nancy, 22 sept. 1997 : *JurisData* n° 1997-048646 ; *JCP* 98, IV, 2360).

19) Intérêts inscrits en compte courant. La déchéance encourue pour manquement à l'obligation d'information de la caution s'applique même lorsque les intérêts ont été inscrits en compte courant (■ Cass. com., 27 oct. 1998, n° 96-10.968 : *JurisData* n° 1998-004061 ; *JCP* 98, IV, 3394 ; *Bull. civ.* IV, n° 255, p. 212).

20) Affectation des paiements du débiteur principal. Les paiements effectués par le débiteur principal sont réputés, dans les rapports entre la caution et l'établissement, affectés prioritairement au règlement principal de la dette (L. n° 99-532, 25 juin 1999, art. 114, devenu C. monét. fin., art. L. 313-22, *in fine*). Cette disposition ne présente aucun caractère interprétatif et n'est donc pas applicable à des situations consommées avant la date de son entrée en vigueur (■ Cass. 1re civ., 18 mars 2003, 2 arrêts : *JurisData* n° 2003-018251 ; *JurisData* nos 2003-018251 et 2003-018250 ; *JCP* G 2003, I, 176 et *JCP* E 2003, 69, n° 5, obs. Simler ; *Bull. civ.* I, nos 80 et 81, p. 60 et 61 ; *D.* 2003, 1035, note Lienhard. ■ Cass. com., 29 avr. 2003 : *JurisData* n° 2003-018822 ; *JCP* 2003, IV, 2101 ; *Bull. civ.* IV, n° 62, p. 71. ■ Cass. 1re civ., 2 juin 2004, n° 02-16.479 : *JurisData* n° 2004-023883 ; *Bull. civ.* I, n° 156, p. 131. ■ Cass. 1re civ., 5 juill. 2006 : *JurisData* n° 2006-034646, qui reproche aux juges du fond de ne pas avoir vérifié si tous les paiements étaient bien postérieurs à l'entrée en vigueur du texte. ■ Cass. com., 27 févr. 2007 : *JurisData* n° 2007-037789 ; *JCP* G 2007, I, 158, n° 4, obs. Simler ; *JCP* G 2007, IV, 1721).

21) Moyen de défense au fond. Le manquement à l'obligation d'information annuelle envers la caution constitue un moyen de défense au fond, recevable en cause d'appel (■ Cass. com., 6 juin 2018, n° 17-10.103 : *JurisData* n° 2018-009754 ; *D.* 2018, p. 1892, obs. Crocq. ■ Cass. com., 5 sept. 2018, n° 17-16.145 : *JurisData* n° 2018-015602 ; *JCP* G 2018, doctr. 1221, n° 5, obs. Simler).

22) Code de la consommation. Sur l'obligation d'information de la caution personne physique pesant sur le créancier professionnel, voir : C. consom., art. L. 333-2, p. 2108.

Art. 2315 *(Anc. art. 2038, dénum., Ord. n° 2006-346, 23 mars 2006).* – **L'acceptation volontaire que le créancier a faite d'un immeuble ou d'un effet quelconque en paiement de la dette principale, décharge la caution, encore que le créancier vienne à en être évincé.**

1) Réception en paiement d'une chose autre que ce qui était dû. La caution n'est, selon l'article 2038 (anc.), déchargée de son engagement que si le créancier qui a été évincé a accepté de recevoir en paiement autre chose que ce qui était dû en vertu de la convention principale (■ Cass. com., 20 oct. 1965 : *D.* 1966, 353, note Cabrillac).

2) Dation en paiement portant sur une créance irrécouvrable. Jugé que la dation en paiement portant sur une créance irrécouvrable ne peut décharger la caution (■ Cass. com., 28 nov. 1972, n° 71-12.769 : *JurisData* n° 1972-098309 ; *Bull. civ.* IV, n° 309, p. 289).

3) Preuve du paiement. C'est à la caution qui se prétend déchargée de son obligation d'établir que le paiement des créances cédées a été effectif (■ Cass. com., 28 janv. 1997, n° 94-19.347 : *JurisData* n° 1997-000320 ; *JCP* 97, IV, 605 ; *Bull.* IV, n° 28, p. 25 ; *D.* 1997, somm. 166, obs. Aynès).

Art. 2316 *(Anc. art. 2039, dénum., Ord. n° 2006-346, 23 mars 2006).* – **La simple prorogation de terme, accordée par le créancier au débiteur principal, ne décharge point la caution, qui peut, en ce cas, poursuivre le débiteur pour le forcer au paiement.**

1) Paiement par la caution au terme prévu. La caution a le droit de payer le créancier au terme fixé initialement, nonobstant la prorogation de terme consentie par le créancier au débiteur (■ Caen, 24 janv. 1887 : *DP* 1888, 2, 127), mais elle peut engager sa responsabilité si elle paye malgré la mise en garde du débiteur et en l'absence de toute poursuite (■ Cass. 1re civ., 16 nov. 1971, n° 70-11.242 : *JurisData* n° 1971-000288 ; *Bull. civ.* I, n° 288, p. 246).

2) Défaut de poursuite du débiteur. La caution qui n'a pas poursuivi le débiteur après la prorogation du terme reste tenue de ses obligations (■ Rennes, 13 juin 1963 : *D.* 1964, somm. 33).

***3) Prorogation* subordonnée au consentement de la caution.** Lorsque le contrat de cautionnement interdit au créancier d'accorder aucune prorogation de délai sans le consentement exprès et écrit de la caution et que le créancier accorde néanmoins de tels délais, la caution est déchargée (■ Cass. 1re civ., 14 mars 1979, n° 77-13.209 : *JurisData* n° 1979-000092 ; *JCP* 79, IV, 174 ; *Bull. civ.* I, n° 92, p. 76. V. aussi pour une prorogation tacite résultant d'une absence de poursuites, ■ Cass. 1re civ., 1er déc. 1993, n° 91-19.973 : *JurisData* n° 1993-002429 ; *JCP* 94, I, 3807, n° 7, obs. Simler et Delebecque). Mais l'attitude bienveillante du créancier qui n'a pas poursuivi le débiteur à première défaillance n'est pas nécessairement constitutive d'une prorogation volontaire de délai (■ Cass. 1re civ., 7 juin 1978, n° 77-10.444 : *JurisData* n° 1978-000220 ; *JCP* 78, IV, 242 ; *Bull. civ.* I, n° 220, p. 175. – Voir cependant ■ Dijon, 17 mai 1974 : *JurisData* n° 1974-600062 ; *JCP* 76, II, 18222, note Dagot. – V. M. Dagot, *De la clause aux termes de laquelle le créancier ne peut consentir aucune prorogation de délai au débiteur sous peine de perdre tous ses recours contre la caution* : *JCP* 73, I, 2577).

4) Tacite reconduction et prorogation de crédit. La tacite reconduction d'une ouverture de crédit n'entraîne pas prorogation du contrat primitif, mais donne naissance à un nouveau contrat (■ Cass. com., 11 févr. 1997, n° 95-15.130 : *JurisData* n° 1997-000564 ; *JCP* 97, I, 4033, n° 3, obs. Simler et Delebecque ; *Bull. civ.* IV, n° 46, p. 42 ; *RTD civ.* 1998, 150, obs. Bandrac. V. aussi ■ Cass. com., 6 févr. 2001, n° 97-19.130 : *JurisData* n° 2001-008195 ; *JCP* 2001, I, 370, n° 24, obs. Constantin). Dans la mesure où le contrat reconduit donne naissance à de nouvelles dettes du débiteur, la caution ne saurait garantir les dettes nées du renouvellement d'une concession automobile (■ Cass. com., 18 févr. 2003, n° 99-12.906 : *JurisData* n° 2003-017871), d'une convention de domiciliation (■ CA Aix-en-Provence, 29 mars 2012, n° 09/22028 : *JurisData* n° 2012-006940 ; *JCP* G 2012, 1291, n° 9, note Simler) ou encore d'une convention de location-gérance (■ Cass. com., 9 avr. 2013, n° 12-18.019 : *JurisData* n° 2013-006892 ; *JCP* G 2013, 1256, n° 7, obs. Simler). V. sur l'affirmation expresse de cette solution en matière de contrat de bail, art. 1740, p. 1475.

Section IV. – De la caution légale et de la caution judiciaire

(Ord. n° 2006-346, 23 mars 2006)

Art. 2317 *(Anc. art. 2040, dénum., Ord. n° 2006-346, 23 mars 2006)*. **– Toutes les fois qu'une personne est obligée, par la loi ou par une condamnation, à fournir une caution, la caution offerte doit remplir les conditions prescrites par les articles 2295 et 2296.**
(Abr., L. n° 2011-525, 17 mai 2011) (1).

Art. 2318 *(Anc. art. 2041, dénum., Ord. n° 2006-346, 23 mars 2006)*. **– Celui qui ne peut pas trouver une caution, est reçu à donner à sa place un gage en nantissement suffisant.**

Caution due par l'usufruitier (art. 601). La règle de l'article 2041 (anc.) qui s'entend aussi de la faculté de constituer, le cas échéant, une hypothèque suffisante, s'applique à tous les cas où un texte spécial n'en a pas autrement ordonné, et il en est ainsi notamment pour l'usufruitier, la loi n'ayant édicté à cet égard aucune disposition contraire (■ Cass. civ., 3 févr. 1897 : *DP* 1897, 1, 601, note Planiol).

Art. 2319 *(Anc. art. 2042, dénum., Ord. n° 2006-346, 23 mars 2006)*. **– La caution judiciaire ne peut point demander la discussion du débiteur principal.**

Art. 2320 *(Anc. art. 2043, dénum., Ord. n° 2006-346, 23 mars 2006)*. **– Celui qui a simplement cautionné la caution judiciaire, ne peut demander la discussion du débiteur principal et de la caution.**

CHAPITRE II. – DE LA GARANTIE AUTONOME

(Ord. n° 2006-346, 23 mars 2006)

Art. 2321 *(Ord. n° 2006-346, 23 mars 2006)*. **– La garantie autonome est l'engagement par lequel le garant s'oblige, en considération d'une obligation souscrite par un tiers, à verser une somme soit à première demande, soit suivant des modalités convenues.**

Le garant n'est pas tenu en cas d'abus ou de fraude manifestes du bénéficiaire ou de collusion de celui-ci avec le donneur d'ordre.

Le garant ne peut opposer aucune exception tenant à l'obligation garantie.

Sauf convention contraire, cette sûreté ne suit pas l'obligation garantie.

Bibliographie : M. Contamine-Raynaud, *Les rapports entre la garantie à première demande et le contrat de base en droit français* in *Mélanges Roblot*, LGDJ 1984, p. 413. ● Ph. Delebecque, *Les garanties autonomes en droit interne : Bull. Joly Sociétés* 1992, p. 374 et 606. ● *Ibid.*, *Garanties et contre-garanties* in *Mélanges Gavalda*, Dalloz 2001, p. 91. ● D. Gallois-Cochet, *Garanties autonomes et lettres d'intentions* in *La réforme du droit des sûretés après neuf mois de pratique : Rev. Lamy dr. aff.* 2007, p. 67. ● Ch. Gavalda et S. Stoufflet, *La lettre de garantie internationale : RTD com.* 1980, p. 1. ● Ch. Hannoun, *Réflexions sur la distinction de la fraude et de l'abus dans les garanties à première demande : RD bancaire et bourse* 1988, p. 187. ● C. Houin-Bressand, *Les contre-garanties*, Dalloz 2006, coll. « Nouvelle bibliothèque des thèses », préf. H. Synvet.

(1) Dispositions applicables en Polynésie française, en Nouvelle-Calédonie et dans les îles Wallis-et-Futuna, L. n° 2011-525, 17 mai 2011, art. 200.

• D. Houtcieff, *La garantie autonome souscrite par une personne physique : une sûreté en quête d'identité : Rev. Lamy dr. civ.* 2006, n° 29, p. 31. • F. Jacob, *L'avenir des garanties autonomes en droit interne in Mélanges Simler*, Litec-Dalloz 2006, p. 341. • Ch. Léguevaques, *Garanties autonomes en droit interne, À la recherche de l'autonomie : Dr. et patrimoine* avr. 1997, p. 34. • J.-P. Mattout, *Règles uniformes de la Chambre de commerce internationale relatives aux garanties sur demande (n° 758) : D.* 2010, p. 1296. • Ch. Mouly, *L'avenir de la garantie indépendante en droit interne français in Mélanges Breton-Derrida*, Dalloz 1991, p. 267. • S. Piedelièvre, *Remarques sur les nouvelles règles uniformes de la CCI relatives aux garanties sur demande : RTD com.* 1993, p. 615 ; *Le projet de convention de la commission des Nations-Unies pour le commerce international sur les garanties indépendantes et les lettres de crédit stand-by : RTD com.* 1996, p. 633. • Y. Poullet, *Les garanties contractuelles dans le commerce international : DPCI* 1979, 387 ; *La garantie à première demande, un acte unilatéral abstrait ?* in *Mélanges J. Pardon*, AEDBF-Bruylant 1996, p. 411 ; *Les garanties autonomes : les exceptions au devoir de paiement* in *L'actualité des garanties à première demande : Cah. AEDBF* 1997, p. 123. • A. Prüm, *Application de l'adage « fraus omnia corrumpit » à propos des garanties à première demande : DPCI* 1987, p. 121 ; *De l'autonomie des contre-garanties à première demande : Mél. AEDBF-France* 1997, éd. Banque, p. 261 ; *Pratiques et réglementations internationales des garanties à première demande* in *L'actualité des garanties à première demande : Cah. AEDBF* 1997, p. 231 ; *La consécration légale des garanties autonomes* in *Mélanges Simler*, Litec-Dalloz 2006, p. 409 et s. • Ph. Simler, *Les solutions de substitution au cautionnement : JCP* G 1990, I, 3427 ; *JCP* N 1990, I, 387 et *JCP* E 1990, II, 15659 ; *À propos des garanties autonomes de droit interne souscrites par des personnes physiques : JCP* N 1991, I, 343 ; *Règles uniformes de la CCI relatives aux garanties sur demande : LPA* 13 mai 1992. • *Adde*, Assoc. H. Capitant, *Les engagements abstraits pris par le banquier*, Économica, t. XXXV, p. 215 et s., spéc., Molenaar, *Rapport général*, p. 217 et s.

Voir : sur les conséquences de l'ouverture d'une procédure collective du débiteur principal sur le garant autonome : C. com., art. L. 611-10-2, p. 1721, L. 622-26, p. 1721, L. 622-28, p. 1722, L. 626-11, p. 1722, L. 631-14, p. 1705, L. 631-20, p. 1722.

1) Distinction avec le cautionnement. Sur la distinction entre cautionnement et garantie à première demande, V. ▪ Cass. com., 20 déc. 1982, n° 81-12.579 : *D.* 1983, 365, note Vasseur. ▪ Cass. com., 19 févr. 1991 : *JCP* E 1991, II, 163, note Vasseur. ▪ Cass. com., 11 mars 1997, n° 95-18.356 : *JurisData* n° 1997-001071 ; *JCP* 1997, IV, 987 ; *Bull.* IV, n° 67, p. 60. ▪ Cass. com., 7 oct. 1997, n° 95-15.259 : *JurisData* n° 1997-003833 ; *JCP* G 1998, I, 149, n° 8, obs. Simler ; *JCP* E 1998, 226, note Legeais ; *Bull. civ.* IV, n° 242, p. 210. L'engagement d'un garant à première demande est causé, dès lors que le donneur d'ordre a un intérêt économique à la conclusion du contrat de base, peu important qu'il n'y soit pas partie (▪ Cass. com., 19 avr. 2005, n° 02-17.600 : *JurisData* n° 2005-028185 ; *JCP* 2005, II, 10075, note Piedelièvre). Sur ce que la garantie à première demande n'est pas subordonnée à la défaillance du débiteur principal, V. ▪ Cass. 1re civ., 12 déc. 2000, n° 96-15.099 : *JurisData* n° 2000-007389 ; *Contrats, conc. consom.* 2001, 54, note Leveneur. En dépit de la mention, même manuscrite, de paiement à première demande, l'engagement par lequel une personne garantit à une banque le remboursement de sa créance envers une autre personne et s'engage à régler « toutes les sommes dues par le débiteur comme décrit ci-dessus », ayant pour objet la propre dette du débiteur principal, n'est pas un engagement autonome mais un cautionnement (▪ Cass. com., *13 déc. 1994*, n° 92-12.626 : *Bull. civ.* IV, n° 375, p. 310 ; *D.* 1995, 209, rapp. Le Dauphin et note Aynès ; *JCP* E 1995, I, 482, n° 11, obs. Simler et Delebecque ; *Contrats, conc. consom.* 1995, 51, note Leveneur. V. aussi ▪ Cass. 1re civ., 13 mars 1996 : *JCP* 1997, I, 3991 et *JCP* E 1997, I, 631, n° 11, obs. Simler et Delebecque ; ▪ Cass. 1re civ., 23 févr. 1999, n° 97-10.008 : *JurisData* n° 1999-000784 ; *JCP* G 1999, I, 156, n° 6, obs. Simler ; *JCP* G 1999, II, 10189, note Ginestet ; *Contrats, conc. consom.* 1999, 69, note Leveneur ; ▪ Cass. com., 18 mai 1999, n° 96-13.796 : *JurisData* n° 1999-001994 ; *JCP* 1999, II, 10199 et *JCP* E 1999, 1927, note Stoufflet ; *Contrats, conc. consom.* 1999, 155, note Leveneur ; *Bull. civ.* IV, n° 102, p. 83 ; ▪ Cass. com., 6 mai 2003, n° 01-01.890 : *JurisData* n° 2003-019140 ; *JCP* G 2003, II, 10186 et *JCP* E 2004, 515, note Guerchoun ; ▪ Cass. 1re civ., 6 juill. 2004, n° 01-15.041 : *JurisData* n° 2004-024532 ; *Bull. civ.* I, n° 199, p. 167 ; ▪ CE, 9e et 10e ss-sect., 6 juin 2007 : *JCP* G 2007, I, 212, n° 11, note Simler ; *JurisData* n° 2007-072000). Dans ces conditions, dès lors que l'engagement du garant a pour objet la propre dette du débiteur, il importe peu que, par ailleurs, le contrat comprenne une clause de paiement à première demande, d'irrévocabilité et d'inconditionnalité ou même d'inopposabilité des exceptions (▪ Cass. com., 16 juin 2009, n° 08-17.490 : *JurisData* n° 2009-048736 ; *RD bancaire et fin.* 2009, comm. 154, obs. Legeais ; *JCP* G 2009, 492, note Simler. V. aussi, ▪ CA Paris, pôle 5, ch. 6, 18 juin 2009 : *JurisData* n° 2009-007015. Comp. ▪ Cass. com., 12 mai 2009, n° 08-11.877 : *JurisData* n° 2009-048264 ; *RD bancaire et fin.* 2009, comm. 154, obs. Legeais ; *JCP* G 2009, 492, note Simler, où le juge a qualifié de cautionnement une garantie ayant pour objet non la somme due, mais la « somme ci-dessus visée », mais où les parties s'étaient référées expressément à certains textes propres au cautionnement, avaient subordonné l'efficacité de la garantie à la mise en demeure du débiteur et convenu que l'imputation des paiements faits par celui-ci s'appliquerait au montant de la garantie. En toute hypothèse, les termes d'un engagement, qui ont pour objet la dette du débiteur principal, doivent être considérés incompatibles avec une garantie autonome (■ Cass. 1re civ., 12 déc. 2018, n° 17-12.477 : *Gaz. Pal.* 2019, n° 7, p. 26, note Albigès ; *RD bancaire et fin.* 2019, comm. 13, obs. D. Legeais).

En revanche, une sûreté conventionnelle « de toutes sommes pouvant être dues », souscrite à l'occasion d'une cession de droits sociaux, doit s'analyser en une garantie autonome (■ Cass. com., 28 avr. 2009, n° 08-16.060 : *JurisData* n° 2009-048018 ; *JCP* G 2009, 492, n° 9, obs. Simler). Dans le même esprit, l'engagement de payer « toute somme à concurrence de [tel montant] » est une garantie autonome (■ Cass. com., 31 mai 2011, n° 10-14.979 : *JurisData* n° 2011-011176 ; *Gaz. Pal.* 2011, n° 265, p. 20, note Dumont-Lefrand ; *Dr. et patrimoine* 2012, n° 221, p. 90, note Ph. Dupichot ; *JCP* E 2011, 1583, note D. Legeais ; *RD bancaire et fin.* 2011, comm. 167, obs. D. Legeais ; *Banque et droit* 2011, n° 139, p. 43, note Rontchevsky ; *JCP* G 2011, 1259, n° 9, obs. Simler).

En outre, la référence à l'engagement du garant de verser au bénéficiaire les sommes dont la personne garantie serait « débitrice » n'a pas pour effet de disqualifier la garantie en cautionnement dans la mesure où il n'est pas fait obligation au garant de se reporter aux modalités du contrat de base pour évaluer sa propre obligation (■ Cass. com., 7 juin 2006, n° 05-11.779 : *JurisData* n° 2006-034085 ; *RD bancaire et fin.* 2006, n° 134, obs. Legeais. ■ Cass. com., 11 avr. 2012, n° 10-25.904 : *JurisData* n° 2012-007024 ; *RD bancaire et fin.* 2012, comm. 83, obs. D. Legeais ; *Banque et droit* 2012, p. 19, obs. Bonneau ; *RTD com.* 2012, p. 382, obs. D. Legeais ; *JCP* G 2012, 1291, n° 12, note Simler). Dans le même sens, pour échapper à la rigueur de son engagement, le garant ne saurait remettre en cause la qualification de garantie autonome attribuée conventionnellement au contrat souscrit en raison des modalités de l'appel en garantie, lesquelles exigeaient que le bénéficiaire indique que la somme réclamée était due par le débiteur principal (■ Cass. com., 5 oct. 2010, n° 09-14.673 : *JurisData* n° 2010-017784 ; *Rev. Lamy dr. civ.* 2010/77, n° 4049, obs. Ansault ; *D.* 2011, p. 406, note Crocq ; *JCP* E 2010, 2124, note Juillet ; *JCP* G 2011, 226, note Simler).

2) Nullité d'une garantie autonome pour dol. Considérant qu'il y avait tromperie sur l'obligation principale, la Cour de cassation a pu approuver l'arrêt de la cour d'appel qui a annulé pour dol la garantie, dont l'objet était le paiement du prix de cession des parts et non le paiement de l'indemnité d'éviction (■ Cass. com., 14 mai 2008 : *JurisData* n° 2008-044008 ; *RD bancaire et fin.* 2008, comm. 111, obs. Legeais ; *Banque et droit* sept.-oct. 2008, p. 81, obs. Rontchevsky ; *JCP* G 2008, I, 211, n° 11, obs. Simler).

3) Devoir de mise en garde (non). Le créancier bénéficiaire d'une garantie à première demande n'est débiteur d'aucune obligation de mise en garde à l'égard du garant autonome (■ Cass. com., 30 janv. 2019, n° 17-21.279, : *JurisData* n° 2019-001123 ; *RD bancaire et fin.* 2019, comm. 48, obs. D. Legeais).

4) Cause de l'engagement. L'engagement d'un garant à première demande est causé, dès lors que le donneur d'ordre a un intérêt économique à la conclusion du contrat de base, peu important qu'il n'y soit pas partie (■ Cass. com., 19 avr. 2005, n° 02-17.600 : *JurisData* n° 2005-028185 ; *Bull. civ.* IV, n° 91, p. 94 ; *JCP* G 2005, II, 10075, note Pétel ; *JCP* G 2005, I, 185, n° 9, obs. Simler ; *JCP* E 2005, 916, note Stoufflet ; *RD bancaire et fin.* août-sept. 2005, n° 133, obs. Cerles ; *Banque et droit* mai-juin 2005, p. 63, obs. Jacob. ■ Cass. com., 3 juin 2014, n° 13-17.643 : *JurisData* n° 2014-012246 ; *RD bancaire et fin.* 2014, comm. 134, obs. Cerles ; *JCP* G 2014, 2014, doctr. 1162, n° 8, obs. Simler).

5) Obstacle à l'exécution. L'autonomie de la garantie à première demande a pour corollaire que le donneur d'ordre, sur lequel pèsera automatiquement le poids de l'exécution de la sûreté, ne peut rien entreprendre pour faire obstacle à la mise en œuvre de celle-ci, partant, le juge doit refuser systématiquement de donner suite à toute demande allant dans ce sens, quelle que soit la forme qu'elle pourrait prendre : défense judiciaire de payer, mise sous séquestre ou encore sursis à statuer (V. not., ■ Cass. com., 26 nov. 2003 : *JCP* G 2004, I, 141, n° 9, note Simler ; *JurisData* n° 2003-021078 ; *Bull. civ.* IV, n° 175. – V. dans ce sens, ■ CA Paris, pôle 5, ch. 6, 1er mars 2012, n° 11/09732 : *JurisData* n° 2012-003898. ■ CA Angers, 6 déc. 2011, n° 10/02699 : *JurisData* n° 2011-031091). Seule une plainte avec constitution de partie civile pourrait conduire le juge civil à surseoir à statuer (■ Cass. com., 5 juin 2007 et ■ Cass. com., 7 juin 2007, n° 05-21.111 : *JurisData* n° 2007-039387 ; *JCP* G 2007, I, 212, n° 12, obs. Simler. – V. également dans ce sens, ■ CA Paris, 13 janv. 1989 : *JurisData* n° 1989-020486 ; *D.* 1990, somm. p. 211, obs. Vasseur ; *RTD com.* 1990, p. 444, obs. Cabrillac et Teyssié. ■ CA Paris, 20 mai 2005 : *JurisData* n° 2005-276239 ; *Banque et droit* sept.-oct. 2005, n° 103, p. 80, obs. Stoufflet et Affaki). La nouvelle rédaction de l'article 4 du Code de procédure pénale est susceptible de remettre en cause cette solution. Voir : CPP, art. 4. Si en raison de l'autonomie du crédit documentaire par rapport au contrat de base, le donneur d'ordre ne peut en paralyser la réalisation dans la mesure où le contrat de garantie est stipulé irrévocable, il peut néanmoins, en établissant une fraude portant sur la mise en place ou l'exécution de ce crédit documentaire, faire obstacle à l'exécution par la banque de ses engagements en recourant à une saisie conservatoire, sous réserve de justifier d'une créance sur le bénéficiaire du crédit documentaire, paraissant fondée en son principe et de circonstances susceptibles d'en menacer le recouvrement (■ Cass. com., 16 déc. 2008, n° 07-19.777 : *JurisData* n° 2008-046298 ; *D.* 2009, p. 161, note Delpech ; *JCP* E 2009, 1106, note Stoufflet).

6) Abus manifeste de l'appel en garantie. L'abus peut se révéler dans la cause de l'appel en garantie notamment s'il est établi que le bénéficiaire n'a plus aucune créance à garantir contre le donneur d'ordre (■ Cass. com., 7 oct. 1997 : *JurisData* n° 1997-003833 ; *JCP* G 1998, I, 149, n° 8, obs. Simler, et *JCP* E 1998, p. 226, note Legeais ; *RD bancaire et bourse* 1998, p. 17, obs. Contamine-Raynaud ; *RTD com.* 1998, p. 189, obs. Cabrillac, qui réserve l'hypothèse où il y aurait une certitude judiciairement constatée que la prétention du bénéficiaire serait infondée au moment de l'appel de la garantie) ou encore si l'appel de la garantie est manifestement extérieur aux dispositions de la convention dans laquelle la garantie s'insère (■ Cass. com., 18 avr. 2000, n° 97-19.043 : *JurisData* n° 2000-001557 ; *RJDA* 7-8/2000, n° 803 ; *RD bancaire et fin.* 2000, p. 231, obs. Mattout ; *Banque et droit* nov.-déc. 2000, p. 46, obs. Jacob ; *Dr. et patrimoine* 2001, comm. 94, p. 91, obs. Saint-Alary, où la garantie a été appelée au titre d'un autre contrat que celui visé dans la lettre de garantie).

7) Fraude manifeste. L'appel en garantie n'est pas manifestement frauduleux du seul fait que la banque garante siégeait au conseil d'administration d'une banque intermédiaire par laquelle les fonds devaient transiter (■ Cass. com., 31 mai 2011, n° 10-14.979 : *JurisData* n° 2011-011176 ; *Gaz. Pal.* 2011, n° 265, p. 20, note Dumont-Lefrand ; *Dr. et patrimoine* 2012, n° 221, p. 90, note Ph. Dupichot ; *JCP* E 2011, 1583, note D. Legeais ; *RD bancaire et fin.* 2011, comm. 167, obs. D. Legeais ; *Banque et droit* 2011, n° 139, p. 43, note Rontchevsky ; *JCP* G 2011, 1259, n° 9, obs. Simler).

8) Rapports entre le souscripteur de la garantie et le donneur d'ordre. Le recours en *remboursement* du souscripteur d'une garantie autonome, consécutif à la mise en œuvre victorieuse de celle-ci, prend naissance au jour de la conclusion du contrat, de sorte que l'ouverture ultérieure d'une procédure d'insolvabilité à l'encontre du donneur d'ordre confère à une telle créance la qualité de créance « antérieure », laquelle n'est pas susceptible d'intervenir au sein d'une compensation entre dettes connexes en raison du caractère autonome de la garantie qui l'a générée (■ Cass. com., 19 déc. 2006 : *JurisData* n° 2006-036653 ; *Rev. Lamy dr. civ.* 2007/35, n° 2399, obs. Ansault ; *Banque et droit* 2007, n° 111, p. 49, note F. Jacob). En affirmant que le recours subrogatoire du garant autonome contre le débiteur principal suppose que la créance garantie ait été admise à la procédure collective de ce dernier, la Cour de cassation reconnaît de manière incidente l'existence d'un recours subrogatoire au profit du garant autonome (■ Cass. com., 24 juin 2008 : *JurisData* n° 2008-044613 ; *JCP* G 2008, I, 211, obs. Simler). En toute hypothèse, la démonstration de l'absence de préjudice justifie le remboursement du montant de la garantie appelée par le bénéficiaire (■ Cass. com., 15 nov. 2011, n° 10-26.511 : *JurisData* n° 2011-025314 ; *JCP* G 2012, 626, n° 11, obs. Simler).

9) Rapports entre le donneur d'ordre et le bénéficiaire. Le recours après paiement du donneur d'ordre contre le bénéficiaire ne requiert pas d'autre preuve que celle de l'inexécution par ce dernier de ses obligations (■ Cass. com., 31 mai 2016, n° 13-25.509 : *JurisData* n° 2016-010722 ; *JCP* G 2016, 857, note Ansault ; *RTD civ.* 2016, p. 906, note Crocq ; *RD bancaire et fin.* 2016, comm. 162 et 163, obs. Legeais. ■ Cass. com., 7 juin 1994, n° 93-11.340 : *JurisData* n° 1994-001258 ; *Bull. civ.* IV, n° 202 ; *JCP* G 1994, I, 3807, n° 15, obs. Simler).

10) Transmission de la garantie autonome. Sauf convention contraire, la garantie autonome, qui ne suit pas l'obligation garantie, n'est pas transmise en cas de scission de la société bénéficiaire de la garantie (■ Cass. com., 31 janv. 2017, n°s 15-19.158 et 15-19.174 : *JurisData* n° 2017-001404 ; *RD bancaire et fin.* 2017, étude 6, note Ansault ; *Dr. sociétés* 2017, comm. 63, note Coupet ; *JCP* G 2017, 310, note Simler. – Comp. ■ Cass. com., 19 déc. 2006 : *JurisData* n° 2006-036835 ; *JCP* G 2007, I, 158, n° 14, obs. Simler, qui a pu juger que la garantie autonome se transmettait avec le prêt garanti en cas d'apport partiel d'actif).

11) Contre-garantie. Le caractère manifestement abusif de l'appel de la contre-garantie ne peut résulter du seul caractère manifestement abusif de la garantie de premier rang (■ Cass. com., 3 mai 2016, n° 14-28.962 : *JurisData* n° 2016-008370 ; *JCP* G 2016, 721, Simler ; *D.* 2016, p. 1748, Netter ; *RD bancaire et fin.* 2016, comm. 164, obs. Cerles). Doit être censuré l'arrêt qui a fait droit au recours d'un garant autonome à l'encontre de son propre contre-garant dès lors que les premiers juges n'ont pas recherché comme ils y étaient invités si le garant autonome avait demandé la prorogation de sa contre-garantie avant qu'elle ne vienne à expiration (■ Cass. com., 22 juin 2010, n° 09-14.582 : *JurisData* n° 2010-010245 ; *JCP* G 2011, 226, n° 10, obs. Simler). L'indépendance entre la garantie de premier rang et la contre-garantie n'est pas exclusive d'actions en responsabilité (■ Cass. com., 30 mars 2010, n° 09-12.701 : *JurisData* n° 2010-002925 ; *RDC* 2010, p. 1345, obs. Barthez ; *JCP* G 2011, 158, n° 9, obs. Béguin ; *JCP* G 2010, note 567, Gout ; *D.* 2010,p. 2274, obs. Houin-Bressand ; *RTD com.* 2010, 593, obs. D. Legeais ; *JCP* G 2010, 708, n° 9, obs. Simler ; *Rev. Lamy dr. civ.* 2010/72, n° 3850, obs. Ansault ; *RD bancaire et fin.* 2010, comm. 139, obs. Cerles ; *Banque et droit* 2010, n° 131, p. 42, obs. Rontchevsky. L'exigibilité de la contre-garantie marque le point de départ de sa prescription, étant entendu que l'exigibilité visée n'est pas subordonnée, sauf stipulation contraire, à l'exécution de la garantie de premier rang (■ Cass. com., 13 sept. 2011, n° 10-19.384 : *JurisData* n° 2011-018649 ; *Rev. Lamy dr. civ.* 2011/87, n° 4416, obs. Ansault ; *Defrénois* 2012, p. 235, obs. S. Cabrillac ; *Gaz. Pal.* 2011, n° 265, p. 20, note Dumont-Lefrand ; *Dr. et patrimoine* 2012, n° 211, p. 20, obs. Ph. Dupichot ; *JCP* E 2011, 1705 ; *D.* 2011, p. 2268, obs. Delpech ; *JCP* G 2011, 1259, n° 10, obs. Simler).

Loi n° 89-462 du 6 juillet 1989

tendant à améliorer les rapports locatifs et portant modification de la loi n° 86-1290 du 23 décembre 1986

Art. 22-1-1 *(Ord. n° 2006-346, 23 mars 2006).* – La garantie autonome prévue à l'article 2321 du Code civil ne peut être souscrite qu'en lieu et place du dépôt de garantie prévu à l'article 22 et que dans la limite du montant résultant des dispositions du premier alinéa de cet article.

CHAPITRE III. – DE LA LETTRE D'INTENTION

(Ord. n° 2006-346, 23 mars 2006)

Art. 2322 ***(Ord. n° 2006-346, 23 mars 2006).*** **– La lettre d'intention est l'engagement de faire ou de ne pas faire ayant pour objet le soutien apporté à un débiteur dans l'exécution de son obligation envers son créancier.**

Bibliographie : N. Rontchevsky, *Faire le nécessaire* in *Mélanges Simler*, Litec-Dalloz 2006, p. 417.

Voir : sur les conséquences de l'ouverture d'une procédure collective du débiteur principal sur le constituant d'une lettre d'intention : C. com., art. L. 611-10-2, p. 1721, L. 622-26, p. 1721, L. 622-28, p. 1722, L. 626-11, p. 1722, L. 631-14, p. 1705, L. 631-20, p. 1722.

1) Distinction avec le cautionnement. Une lettre d'intention peut, selon ses termes, lorsqu'elle a été acceptée par son destinataire et eu égard à la commune intention des parties, constituer à la charge de celui qui l'a souscrite un engagement contractuel de faire ou de ne pas faire pouvant aller jusqu'à l'obligation d'assurer un résultat, même si elle ne constitue pas un cautionnement (■ Cass. com., 21 déc. 1987, n° 85-13.173 : *JurisData* n° 1987-702171 ; *D.* 1989, 112, note Brill. ■ Cass. com., 23 oct. 1990, n° 89-12.924 : *JCP* E 91, II, 154, 92 et *JCP* N 92, II, 242, note Larroumet ; *RTD civ.* 1991, 332, obs. Mestre. ■ Paris, 26 sept. et 10 déc. 1991, n° 91-007493 : *JurisData* n° 1991-024748 ; *JCP* E 92, II, 345, note Grellière. ■ Paris, 3 juin 1997, n° 94/13327 : *JurisData* n° 1997-021358 ; *D.* 1998, 5, note Najjar. Comp., retenant une obligation de moyens, ■ Cass. com., 4 oct. 1994, n° 92-15.330 : *JurisData* n° 1994-001767 ; *Bull. civ.* IV, n° 276, p. 221 ; *JCP* E 95, II, 708, note Médus. ■ Cass. com., 18 avr. 2000, n° 98-12.286 : *JurisData* n° 2000-001555 ; *JCP* E 2000, 2007, note Leveneur ; *JCP* E 2001, 321, obs. P. Mousseron ; *Contrats, conc. consom.* 2000, 123, note Leveneur ; *Bull. civ.* IV, n° 78, p. 69). ■ Cass. com., 25 oct. 2011, n° 10-25.607 : *Rev. Lamy dr. civ.* 2011/88, n° 4460, obs. Ansault ■ Cass. com., 25 oct. 2011, n° 10-25.607 : *JurisData* n° 2011-023496 ; *RJDA* 2/2012, n° 207 ; *JCP* G 2012, 626, n° 12, obs. Delebecque). En revanche, lorsque la société émettrice manifeste de manière éclairée et non équivoque sa volonté de se soumettre envers la banque à satisfaire à l'obligation de sa filiale, si celle-ci n'y satisfait elle-même, elle se rend bien caution de cette obligation (■ CA Aix-en-Provence, 8e ch., sect. C, 22 févr. 2007 : *JurisData* n° 2007-343056 ; *RD bancaire et fin.* 2007, comm. 225, note Cerles ; *Dr. sociétés* 2008, comm. 3, obs. Cerles).

2) Distinction avec le porte-fort. Si la fonction de sûreté personnelle que peut remplir la promesse de porte-fort lorsqu'elle a pour objet non la ratification d'un acte juridique, mais l'exécution d'une obligation par un tiers fait peu de doute, la Cour de cassation semble tantôt reconnaître un caractère autonome à cet engagement (■ Cass. 1re civ., 25 janv. 2005, n° 01-15.926 : *JurisData* n° 2005-026634 ; *Bull. civ.* I, n° 43 ; *JCP* G 2005, I, 185, n° 12, obs. Simler ; *RTD civ.* 2005, p. 391, obs. Mestre et Fages) et tantôt assimiler celui-ci à un cautionnement pour lui appliquer l'exigence de la mention manuscrite de l'article 1326 du Code civil (■ Cass. com., 13 déc. 2005, n° 03-19.217 : *JurisData* n° 2005-031318 ; *Bull. civ.* IV, n° 256 ; *JCP* G 2006, II, 10021, note Simler ; *JCP* E 2006, 1342, note Grosser ; *RTD civ.* 2006, p. 305, obs. Mestre et Fages ; *Contrats, conc. consom.* 2006, comm. 63, obs. Leveneur. ■ Cass. com., 18 déc. 2007, n° 05-14.328 : *JurisData* n° 2007-042117 ; *JCP* G 2008, I, 152, n° 13, obs. Simler ; *Banque et droit* 2008, n° 148, p. 43, obs. Rontchevsky). Pour autant, la Chambre commerciale paraît infléchir sa position puisque dans une affaire où le gérant d'une société avait accepté de se porter fort du respect par celle-ci des clauses et conditions d'un contrat de concession, elle affirme que l'engagement de porte-fort constitue un engagement de faire, et non d'exécuter l'obligation du débiteur garanti, de sorte que l'article 1326 ne lui est pas applicable (■ Cass. com., 18 juin 2013, n° 12-18.890 : *JurisData* n° 2013-012446 ; *JCP* E 2013, 1585, note Leveneur ; *Contrats, conc. consom.* 2013, comm. 203, obs. L. Leveneur ; *Banque et droit* 2013, n° 150, p. 40, obs. Rontchevsky. ■ Cass. com., 8 juill. 2014, n° 13-14.777, inédit : *JurisData* n° 2014-018855). Ce faisant, elle tend à consacrer la spécificité du porte-fort d'exécution au sein des sûretés personnelles (■ Cass. com., 1er avr. 2014, n° 13-10.629 : *JurisData* n° 2014-006497 ; *JCP* G 2014, 752, Dagorne-Labbe ; *Contrats, conc. consom.* 2014, comm. 150, obs. Leveneur ; *D.* 2014, p. 1185, note Dondero ; *RTD com.* 2014, p. 309, obs. Saintourens ; *RDC* 2014, p. 347, obs. Génicon ; *JCP* G 2014, doctr. 1162, n° 9, obs. Simler).

3) Intensité de l'engagement contenu dans la lettre d'intention. La lettre d'intention par laquelle une société ne s'engage pas à payer aux lieu et place de sa sous-filiale, mais promet seulement de faire respecter par celle-ci des engagements conclus dans un protocole ne fait naître qu'une obligation de moyens et ne constitue pas une garantie au sens de l'article 98 de la loi du 24 juillet 1966 sur les sociétés commerciales (*C. com., art. L. 225-35.* ■ *Cass.* com., 26 janv. 1999, n° 97-10.003 : *JurisData* n° 1999-000318 ; *JCP* G 1999, I, 156, n° 7, obs. Simler ; *JCP* G 1999, II, 10087 et *JCP* E 1999, 674, note Legeais ; *D.* 1999, 577, note Aynès ; *RTD civ.* 1999, 833, obs. Mestre ; *Defrénois* 99, 740, obs. D. Mazeaud. V. aussi pour une société ayant offert son concours pour aider sa filiale ■ Cass. com., 9 juill. 2002, n° 98-22.284 : *JCP* G 2002, II, 10166, note François et rect. 10175 *bis* ; *JCP* G 2003, I, 124 et *JCP* E 2003, 852, n° 11, obs. Simler ; *JCP* E 2003, 234, note Ferreira ; *Bull. civ.* IV, n° 117, p. 126 ; *Defrénois* 2002, 1614, obs. Libchaber). Mais jugé qu'en présence d'une lettre contenant l'engagement ferme de la société mère de faire le nécessaire pour que la filiale dispose d'une trésorerie suffisante lui permettant de faire face à ses engagements au titre des crédits de trésorerie et de découvert envers la banque, une cour d'appel a pu en déduire que la société-mère s'obligeait à l'obtention du résultat (■ Cass. com., 26 févr. 2002, n° 99-10.729 : *D.* 2002, 1273, note Lienhard ; *JCP* G 2002, I, 162, n° 12, obs. Simler ; *JCP* E 2002, 918, note Legeais ; 1424, n° 13, obs. Simler ; *Bull. civ.* IV, n° 43, p. 43). Comp. ■ Cass. com., 20 févr. 2007 : *JCP* G 2007, I, 212, n° 14, note Simler ; *JurisData* n° 2007-037498 ; *JCP* G 2007, II, 10082, note Descorps-Declère ; *D.* 2007, p. 807, obs. Delpech ; *Dr. sociétés* 2007, comm. 74, obs. Hovasse, où la Cour de cassation a considéré que l'engagement « de faire en sorte que les besoins de trésorerie de la société garantie soient assurés au mieux » devait s'analyser en une obligation de résultat. ■ Cass. com., 17 mai 2011, n° 09-16.186 : *Rev. Lamy dr. civ.* 2011/86, n° 4308, obs. Ansault, où la Cour de cassation a considéré qu'en s'engageant dans une lettre d'intention à faire en sorte que la situation financière de sa filiale lui permette de remplir ses engagements à tout moment vis-à-vis de la banque, la société-mère avait bien souscrit une obligation de résultat au profit de l'établissement de crédit ■ Cass. com., 20 oct. 2009, n° 08-19.620 : *JurisData* n° 2009-050037 ; *Bull. Joly Sociétés* 2010, p. 133, note Barbièri ; *RD bancaire et fin.* 2010, comm. 13, obs. Cerles ; *JCP* G 2009, 492, n° 11, obs. Simler, où dans le cadre d'une opération complexe de cession d'actions, l'engagement d'une société-mère « de faire honorer » par l'une de ses filiales un contrat souscrit par elle a été jugé constitutif d'une lettre d'intention valant obligation de résultat.

Voir : sur la question de la nécessité d'une autorisation préalable donnée par le conseil d'administration ou le conseil de surveillance conditionnant l'efficacité d'une lettre d'intention, C. com., art. L. 225-35 et C. com. art. L. 225-68.

4) Stipulation pour autrui. Rien n'interdit que l'engagement issu d'une lettre d'intention s'inscrive dans une stipulation pour autrui insérée dans un pacte d'actionnaires (■ Cass. com., 20 févr. 2007 : *JCP* G 2007, I, 212, n° 14, note Simler ; *JurisData* n° 2007-037498 ; *JCP* G 2007, II, 10082, note Descorps-Declère ; *D.* 2007, p. 807, obs. Delpech ; *Dr. sociétés* 2007, comm. 74, obs. Hovasse).

TITRE II. – DES SÛRETÉS RÉELLES (1)

(Ord. n° 2006-346, 23 mars 2006)

Sous-titre premier. – Dispositions générales

(Ord. n° 2006-346, 23 mars 2006)

Bibliographie : P. Crocq, *La future réforme du droit français des sûretés réelles : Rev. Lamy dr. civ.* 2005/20, n° 829. • Ph. Dupichot, *L'efficience économique du droit des sûretés réelles : LPA* 2010, n° 76, p. 7. • *Ibid., Regards sur le pouvoir de la volonté en droit des biens et des sûretés réelles* in *Mélanges J.-L. Baudoin*, éd. Yvon Blais, 2012. • M. Attal, *Les incidences internationales de la réforme du droit français des sûretés réelles : D.* 2006, p. 1738. • O. Gout, *Quel droit commun pour les sûretés réelles ? : RTD civ.* 2013, p. 255. • F. Pérez Hualde, *Les sûretés réelles dans la législation argentine : RD bancaire et fin.* 2016, dossier 7. • I. Riassetto, *Constitution d'une sûreté portant sur un bien indisponible : Rev. Lamy dr. civ.* 2009/61, n° 3461. • M.-H. Pero Augereau-Hue et B. Delorme, *Les garanties réelles sur le domaine public : JCP* N 2013, 1158. • E. Sander, *Le droit local des sûretés réelles immobilières : après l'ordonnance du 23 mars 2006 relative aux sûretés : JCP* N 2007, 1322. • V. égal., *Les sûretés réelles et droit des entreprises en difficulté*, CRAJEFE-CERDP, Nice, 20 mars 2010 : *LPA* 2011, n° 30. • A.-X. Briatte, *Circulation des créances, transfert des sûretés réelles et pratique notariale : RD bancaire et fin.* 2014, étude 3. • N. Borga et O. Gout, *L'attractivité du droit français des sûretés réelles, 10 ans après la réforme*, Actes du Colloque Lyon 3, 25 mars 2016, LGDJ, coll. Les grands colloques, 2016.

Art. 2323 ***(Anc. art. 2094, dénum., Ord. n° 2006-346, 23 mars 2006).*** **– Les causes légitimes de préférence sont les privilèges et hypothèques.**

1) Principe d'égalité. Viole les articles 2093 et 2094 (anciens) le jugement qui, pour annexer un dire au cahier des charges, retient qu'il n'est pas illicite et qu'il n'est ni préjudiciable à l'intérêt de la vente, ni préjudiciable à l'intérêt d'aucune partie, alors que la clause avantageait spécialement un créancier au détriment des autres (■ Cass. 3e civ., 17 juin 1992 : *Bull. civ.* III, n° 209, p. 127. V. aussi ■ Cass. 2e civ., 13 mars 1996, n° 93-11.755 : *JurisData* n° 1996-000832 ; *JCP* 96, IV, 1061 ; *Bull. civ.* II, n° 61, p. 39 ; *RD imm.* 1996, 258, obs. Delebecque et Simler, clause mettant à la charge de l'adjudicataire, en sus du prix, le montant des appels de fonds qui seraient faits par une association constituée pour la prise en charge de travaux de rénovation de l'immeuble).

2) Indisponibilité et constitution d'une sûreté réelle. L'indisponibilité d'une valeur mobilière, quand elle est simplement temporaire, ne fait pas obstacle à son affectation en nantissement (■ Cass. com., 30 sept. 2008 : *JurisData* n° 2008-045192 ; *RTD civ.* 2008, p. 706, note Crocq ; *D.* 2008, p. 2596, obs. Delpech ; *JCP* G 2008, IV, 2724).

Code de commerce

LIVRE SIXIÈME. – DES DIFFICULTÉS DES ENTREPRISES

TITRE PREMIER. – DE LA PRÉVENTION DES DIFFICULTÉS DES ENTREPRISES

CHAPITRE I. – DE LA PRÉVENTION DES DIFFICULTÉS DES ENTREPRISES, DU MANDAT *AD HOC* ET DE LA PROCÉDURE DE CONCILIATION

Art. L. 611-11 *(L. n° 2005-845, 26 juill. 2005 ; mod., Ord. n° 2008-1345, 18 déc. 2008).* – *(Mod. à compter du 1er juillet 2014, Ord. n° 2014-326, 12 mars 2014)* En cas d'ouverture d'une procédure de sauvegarde, de redressement judiciaire ou de liquidation judiciaire, les personnes qui avaient consenti, dans le cadre d'une procédure de conciliation ayant donné lieu à l'accord homologué mentionné au II de l'article L. 611-8, un nouvel apport en trésorerie au débiteur en vue d'assurer la poursuite d'activité de l'entreprise et sa pérennité, sont payées, pour le montant de cet apport, par privilège avant toutes les autres créances, selon le rang prévu au II de l'article L. 622-17 et au II de l'article L. 641-13. Les personnes qui fournissent, dans le même cadre, un nouveau bien ou service en vue d'assurer la poursuite d'activité de l'entreprise et sa pérennité bénéficient du même privilège pour le prix de ce bien ou de ce service.

(1) Sur les modifications du présent titre dans sa version applicable en Nouvelle-Calédonie : V. Ord. n° 2013-516, 20 juin 2013, art. 3, II.

Cette disposition ne s'applique pas aux apports consentis par les actionnaires et associés du débiteur dans le cadre d'une augmentation de capital.

Les créanciers signataires de l'accord ne peuvent bénéficier directement ou indirectement de cette disposition au titre de leurs concours antérieurs à l'ouverture de la conciliation.

....

TITRE II. – DE LA SAUVEGARDE

....

CHAPITRE II. – DE L'ENTREPRISE AU COURS DE LA PÉRIODE D'OBSERVATION

Art. L. 622-17 *(Anc. art. L. 621-32, dénum. et mod., L. n° 2005-845, 26 juill. 2005 et ann., tabl. I ; Ord. n° 2008-1345, 18 déc. 2008)*. **–** I. – Les créances nées régulièrement après le jugement d'ouverture pour les besoins du déroulement de la procédure ou de la période d'observation, ou en contrepartie d'une prestation fournie au débiteur pendant cette période, sont payées à leur échéance.

II. – Lorsqu'elles ne sont pas payées à l'échéance, ces créances sont payées par privilège avant toutes les autres créances, assorties ou non de privilèges ou sûretés, à l'exception de celles garanties par le privilège établi aux articles L. 143-10, L. 143-11, L. 742-6 et L. 751-15 du Code du travail, des frais de justice nés régulièrement après le jugement d'ouverture pour les besoins du déroulement de la procédure et de celles garanties par le privilège établi par l'article L. 611-11 du présent code.

III. – Leur paiement se fait dans l'ordre suivant :

1° Les créances de salaires dont le montant n'a pas été avancé en application des articles L. 143-11-1 à L. 143-11-3 du Code du travail ;

2° Les prêts consentis ainsi que les créances résultant de l'exécution des contrats poursuivis conformément aux dispositions de l'article L. 622-13 et dont le cocontractant accepte de recevoir un paiement différé ; ces prêts et délais de paiement sont autorisés par le juge-commissaire dans la limite nécessaire à la poursuite de l'activité pendant la période d'observation et font l'objet d'une publicité. En cas de résiliation d'un contrat régulièrement poursuivi, les indemnités et pénalités sont exclues du bénéfice du présent article ;

3° Les autres créances, selon leur rang.

IV. – Les créances impayées perdent le privilège que leur confère le II du présent article si elles n'ont pas été portées à la connaissance de l'administrateur et, à défaut, du mandataire judiciaire ou, lorsque ces organes ont cessé leurs fonctions, du commissaire à l'exécution du plan ou du liquidateur, dans le délai d'un an à compter de la fin de la période d'observation. *(Mots aj. à compter du 1er juillet 2014, Ord. n° 2014-326, 12 mars 2014)* « Lorsque cette information porte sur une créance déclarée pour le compte du créancier en application de l'article L. 622-24, elle rend caduque cette déclaration si le juge n'a pas statué sur l'admission de la créance. »

....

CHAPITRE VI. – DU PLAN DE SAUVEGARDE

....

Section II. – Du jugement arrêtant le plan et de l'exécution du plan

Art. L. 626-20. – I. – Par dérogation aux dispositions des articles L. 626-18 et L. 626-19, ne peuvent faire l'objet de remises ou de délais *(Mots aj. à compter du 1er juillet 2014, Ord. n° 2014-326, 12 mars 2014)* « qui n'auraient pas été acceptés par les créanciers » :

1° Les créances garanties par le privilège établi aux articles L. 143-10, L. 143-11, L. 742-6 et L. 751-15 du Code du travail ;

2° Les créances résultant d'un contrat de travail garanties par les privilèges prévus au 4° de l'article 2101 et au 2° de l'article 2104 du Code civil lorsque le montant de celles-ci n'a pas été avancé par les institutions mentionnées à l'article L. 143-11-4 du Code du travail ou n'a pas fait l'objet d'une subrogation.

3° *(Créé à compter du 1er juillet 2014, Ord. n° 2014-326, 12 mars 2014)* Les créances garanties par le privilège établi au premier alinéa de l'article L. 611-11.

II. – Dans la limite de 5 % du passif estimé, les créances les plus faibles prises dans l'ordre croissant de leur montant et sans que chacune puisse excéder un montant fixé par décret, sont remboursées sans remise ni délai. Cette disposition ne s'applique pas lorsque le montant des créances détenues par une même personne excède un dixième du pourcentage ci-dessus fixé ou lorsqu'une subrogation a été consentie ou un paiement effectué pour autrui.

Art. L. 626-22 *(Anc. art. L. 621-80, dénum. et mod., L. n° 2005-845, 26 juill. 2005 et ann., tabl. I ; mod., Ord. n° 2008-1345, 18 déc. 2008).* **-** En cas de vente d'un bien grevé d'un privilège spécial, d'un gage, d'un nantissement ou d'une hypothèque, la quote-part du prix correspondant aux créances garanties par ces sûretés est versée en compte de dépôt à la Caisse des dépôts et consignations et les créanciers bénéficiaires de ces sûretés ou titulaires d'un privilège général sont payés sur le prix après le paiement des créances garanties par le privilège établi aux articles L. 143-10, L. 143-11, L. 742-6 et L. 751-15 du Code du travail.

Ils reçoivent les dividendes à échoir d'après le plan, réduits en fonction du paiement anticipé, suivant l'ordre de préférence existant entre eux.

Si un bien est grevé d'un privilège, d'un gage, d'un nantissement ou d'une hypothèque, une autre garantie peut lui être substituée en cas de besoin, si elle présente des avantages équivalents. En l'absence d'accord, le tribunal peut ordonner cette substitution.

TITRE III. – DU REDRESSEMENT JUDICIAIRE

CHAPITRE II. – DE LA NULLITÉ DE CERTAINS ACTES

Art. L. 632-1 *(Anc. art. L. 621-107, dénum., L. n° 2005-845, 26 juill. 2005 et ann., tabl. I ; mod., Ord. n° 2006-346, 23 mars 2006 ; L. n° 2007-211, 19 févr. 2007 ; Ord. n° 2008-1345, 18 déc. 2008 ; Ord. n° 2010-1512, 9 déc. 2010).* **-** I. - Sont nuls, lorsqu'ils sont intervenus depuis la date de cessation des paiements, les actes suivants :

[...] ;

6° Toute hypothèque conventionnelle, toute hypothèque judiciaire ainsi que l'hypothèque légale des époux et tout droit de nantissement ou de gage constitués sur les biens du débiteur pour dettes antérieurement contractées ;

[...].

10° Tout avenant à un contrat de fiducie affectant des droits ou biens déjà transférés dans un patrimoine fiduciaire à la garantie de dettes contractées antérieurement à cet avenant.

TITRE IV. – De la liquidation judiciaire et du rétablissement professionnel

(Titre créé à compter du 1er janvier 2006, L. n° 2005-845, 26 juill. 2005 ; intitulé remplacé à compter du 1er juillet 2014, Ord. n° 2014-326, 12 mars 2014)

CHAPITRE I. – DU JUGEMENT DE LIQUIDATION JUDICIAIRE

Art. L. 641-13 *(L. n° 2005-845, 26 juill. 2005 ; mod., Ord. n° 2008-1345, 18 déc. 2008 ; à compter du 1er juillet 2014, Ord. n° 2014-326, 12 mars 2014).* **-** I. - Sont payées à leur échéance les créances nées régulièrement après le jugement qui ouvre ou prononce la liquidation judiciaire :

- si elles sont nées pour les besoins du déroulement de la procédure ou du maintien provisoire de l'activité autorisé en application de l'article L. 641-10 ;
- si elles sont nées en contrepartie d'une prestation fournie au débiteur pendant le maintien de l'activité ou en exécution d'un contrat en cours *(Mots rempl., L. n° 2016-1547, 18 nov. 2016)* « régulièrement décidée après le jugement d'ouverture de la procédure de sauvegarde ou de redressement judiciaire, s'il y a lieu, et après le jugement d'ouverture de la procédure de liquidation judiciaire » ;
- ou si elles sont nées des besoins de la vie courante du débiteur, personne physique.

En cas de prononcé de la liquidation judiciaire, sont également payées à leur échéance les créances nées régulièrement après le jugement d'ouverture de la procédure de sauvegarde ou de redressement judiciaire mentionnées au I de l'article L. 622-17.

II. - Lorsqu'elles ne sont pas payées à l'échéance, ces créances sont payées par privilège avant toutes les autres créances, sans préjudice des droits de rétention opposables à la procédure collective, à l'exception de celles qui sont garanties par le privilège établi aux articles L. 143-10, L. 143-11, L. 742-6 et L. 751-15 du Code du travail, des frais de justice nés régulièrement après le jugement d'ouverture pour les besoins du déroulement de la procédure, de celles qui sont garanties par le privilège établi par l'article L. 611-11 du présent code et de celles qui sont garanties par des sûretés immobilières.

III. – Leur paiement se fait dans l'ordre suivant :

1° Les créances de salaires dont le montant n'a pas été avancé en application des articles L. 143-11-1 à L. 143-11-3 du Code du travail ;

2° Les prêts consentis ainsi que les créances résultant de la poursuite d'exécution des contrats en cours conformément aux dispositions de l'article L. 622-13 du présent code et dont le cocontractant accepte de recevoir un paiement différé ; ces prêts et délais de paiement sont autorisés par le juge-commissaire dans la limite nécessaire à la poursuite de l'activité et font l'objet d'une publicité. En cas de résiliation d'un contrat régulièrement poursuivi, les indemnités et pénalités sont exclues du bénéfice du présent article ;

3° Les sommes dont le montant a été avancé en application du 3° de l'article L. 143-11-1 du Code du travail ;

4° Les autres créances, selon leur rang.

IV. – Les créances impayées perdent le privilège que leur confère le II du présent article si elles n'ont pas été portées à la connaissance du mandataire judiciaire, de l'administrateur lorsqu'il en est désigné ou du liquidateur, au plus tard dans le délai de six mois à compter de la publication du jugement ouvrant ou prononçant la liquidation ou, à défaut, dans le délai d'un an à compter de celle du jugement arrêtant le plan de cession. Lorsque cette information porte sur une créance déclarée pour le compte du créancier en application de l'article L. 622-24, elle rend caduque cette déclaration si le juge n'a pas statué sur l'admission de la créance.

....

TITRE V. – DES RESPONSABILITÉS ET DES SANCTIONS

Art. L. 650-1 *(L. n° 2005-845, 26 juill. 2005 ; mod., Ord. n° 2008-1345, 18 déc. 2008)*. – Lorsqu'une procédure de sauvegarde, de redressement judiciaire ou de liquidation judiciaire est ouverte, les créanciers ne peuvent être tenus pour responsables des préjudices subis du fait des concours consentis, sauf les cas de fraude, d'immixtion caractérisée dans la gestion du débiteur ou si les garanties prises en contrepartie de ces concours sont disproportionnées à ceux-ci.

Pour le cas où la responsabilité d'un créancier est reconnue, les garanties prises en contrepartie de ses concours peuvent être annulées ou réduites par le juge.

Art. 2324 ***(Anc. art. 2095, dénum., Ord. n° 2006-346, 23 mars 2006)*. – Le privilège est un droit que la qualité de la créance donne à un créancier d'être préféré aux autres créanciers, même hypothécaires.**

1) **Interprétation restrictive.** Le privilège est une faveur concédée par la loi qui ne peut exister qu'autant qu'il a été formellement créé par le législateur (■ Cass. req., 13 janv. 1937 : *Gaz. Pal.* 1937, 1, 512), les dispositions légales devant être interprétées restrictivement (■ Cass. soc., 30 nov. 1951 : *D.* 1952, 121, note Voirin).

2) **Faillite. Ordre public.** Les règles légales qui déterminent les conditions d'existence des hypothèques et des privilèges et leur opposabilité à la masse dans une faillite sont d'ordre public (■ Paris, 30 avr. 1957 : *Gaz. Pal.* 1957, 2, 29).

Art. 2325 ***(Anc. art. 2096, dénum., Ord. n° 2006-346, 23 mars 2006)*. – Entre les créanciers privilégiés, la préférence se règle par les différentes qualités des privilèges.**

Privilèges mobiliers. Primauté des privilèges spéciaux. Sauf dérogations prévues par la loi, les privilèges spéciaux mobiliers l'emportent sur les privilèges généraux sur les meubles (■ Cass. com., 25 oct. 1976 : *D.* 1977, 380, note Taisne).

Art. 2326 ***(Anc. art. 2097, dénum., Ord. n° 2006-346, 23 mars 2006)*. – Les créanciers privilégiés qui sont dans le même rang, sont payés par concurrence.**

Art. 2327 ***(Anc. art. 2098, dénum., Ord. n° 2006-346, 23 mars 2006)*. – Le privilège, à raison des droits du Trésor public et l'ordre dans lequel il s'exerce, sont réglés par les lois qui les concernent.**

Le Trésor royal [Trésor public] ne peut cependant obtenir de privilège au préjudice des droits antérieurement *acquis à des tiers.*

Voir : CGI, art. 1920, 1923, 1924, 1926, 1927 à 1929, 1929 *quater* et 1929 *sexies*, p. 2229. – LPF, art. L. 262 et L. 265, p. 2427.

1) **Conflit de privilèges. Date de naissance du privilège du Trésor.** Il est de l'essence du privilège que son rang soit déterminé d'après la faveur attachée par la loi à la qualité de la créance qu'il garantit. Aucun texte ne dérogeant à ce principe à l'égard du Trésor public, son privilège ne

doit donc pas être classé d'après la priorité du temps et ne peut être primé par ceux afférents à des créances nées avant la sienne, spécialement par le privilège du bailleur garantissant les loyers échus avant l'ouverture de l'exercice auquel les contributions directes sont afférentes (▪ Cass. civ., 27 juill. 1925 : *DP* 1927, 1, 110, concl. Lescouvé), ni par le privilège du créancier nanti inscrit avant la naissance de la créance du Trésor (▪ Cass. civ., 26 oct. 1926 : *DH* 1926, 548. Voir cependant en matière de contributions indirectes ▪ Cass. civ., 29 nov. 1934 : *DH* 1934, 556). Mais jugé que le Trésor public ne peut primer les créanciers bénéficiant du nantissement constitué sur le fonds de commerce par ses propriétaires antérieurs (▪ Cass. com., 15 avr. 1975 : *JCP* 75, II, 18177, note Stemmer et Bost ; *D.* 1975, 571, note Derrida).

2) Privilège nouveau. Application dans le temps. La loi créant un privilège nouveau au profit du Trésor s'applique aux droits dus avant la loi qui l'a créé dès lors que les créanciers antérieurs du redevable ne justifient d'aucun droit acquis (▪ Cass. civ., 22 juill. 1936 : *DH* 1936, 490. – V. en ce sens ▪ Cass. civ., 23 nov. 1938 : *DH* 1939, 50. – Voir cependant pour le privilège de la Sécurité sociale, ▪ Cass. com., 7 mai 1957 : *JCP* 57, II, 10152, note A. P.). Mais le créancier nanti sur un fonds de commerce a un droit acquis à l'encontre du Trésor lorsqu'il a inscrit son privilège antérieurement à la promulgation de la loi nouvelle (▪ Cass. com., 24 nov. 1948 : *Gaz. Pal.* 1949, 1, 82).

3) Compétence. Le contentieux du privilège du Trésor est de la compétence des tribunaux judiciaires (▪ T. confl., 13 janv. 1936 : *DP* 1936, 3, 69, rapp. Pilon).

4) Douanes. Sur le privilège garantissant les droits de douane, voir : C. douanes, art. 379 et s.

Art. 2328 ***(Anc. art. 2099, dénum., Ord. n° 2006-346, 23 mars 2006).*** **– Les privilèges peuvent être sur les meubles ou sur les immeubles.**

Art. 2328-1 ***(L. n° 2007-211, 19 févr. 2007 ; mod., L. n° 2008-776, 4 août 2008 ; abr. à compter du 1er octobre 2017, Ord. n° 2017-748, 4 mai 2017).*** **– Toute sûreté réelle peut être constituée, inscrite, gérée et réalisée pour le compte des créanciers de l'obligation garantie par une personne qu'ils désignent à cette fin dans l'acte qui constate cette obligation.**

Bibliographie : J.-F. Adelle, *L'agent des sûretés en droit français : pour une clarification des régimes de l'article 2328-1 du Code civil et de la fiducie-sûreté : RD bancaire et fin.* 2010, étude 20. • G. Ansaloni et I. Dursun, *L'agent des sûretés : une fiducie spéciale au service de la prise de garantie pour le compte d'un pool bancaire : JCP* E 2009, 1671. • Ph. Delebecque, *L'agent des sûretés : un nouveau commissionnaire ? : JCP* G 2008, I, 211, n° 14. • Ch. Jacomin, *L'agent des sûretés au service du syndicat bancaire : Rev. Lamy dr. civ.* mai 2012, p. 27. • J.-L. Michaud, *La cotitularité des sûretés : Dr. et patrimoine* 2008, n° 173, p. 52. • J. Leavy, *L'agent des sûretés n'est pas un fiduciaire : Banque et droit*, 2011, n° 136, p. 9. • P. Nabet, *Pour un agent des sûretés efficace en droit français. Ou comment donner un effet utile à l'article 2328-1 du Code civil : D.* 2012, p. 1901.

Agent des sûretés et dettes parallèles. Sous certaines conditions, le recours à un agent des sûretés, titulaire d'une dette parallèle dans un financement international, n'est pas contraire à la conception française de l'ordre public international, étant entendu que, par ailleurs, ledit agent des sûretés a qualité pour déclarer la créance en cause à la procédure collective du débiteur principal (▪ Cass. com., 13 sept. 2011, nos 10-25.533, 10-25.731 et 10-25.908 : *JurisData* n° 2011-018623 ; *Rev. Lamy dr. civ.* 2011/67, n° 4418, obs. Ansault ; *JCP* G 2012, 626, n° 14, obs. Delebecque ; *Bull. Joly Sociétés* 2011, p. 987, note Libchaber ; *D.* 2011, p. 2518, note L. d'Avout et Borga ; *RTD civ.* 2012, p. 113, obs. Fages ; *RTD civ.*, 2012, p. 116, obs. Fages ; *Rev. crit. DIP* 2012, p. 870, note Remery ; *RTD com.* 2011, p. 801, obs. Vallens).

Sous-titre *II.* – Des sûretés sur les meubles

(Ord. n° 2006-346, 23 mars 2006)

Bibliographie : O. Gout, *Le droit des sûretés réelles mobilières après l'ordonnance du 23 mars 2006 : LPA* 18 mai 2006, p. 6.

Art. 2329 ***(Ord. n° 2006-346, 23 mars 2006 ; mod., Ord. n° 2009-112, 30 janv. 2009).*** **– Les sûretés sur les meubles sont :**

1° Les privilèges mobiliers ;

2° Le gage de meubles corporels ;

3° Le nantissement de meubles incorporels ;

4° La propriété retenue ou cédée à titre de garantie.

CHAPITRE I. – DES PRIVILÈGES MOBILIERS

(Ord. n° 2006-346, 23 mars 2006)

Art. 2330 *(Anc. art. 2100, dénum., Ord. n° 2006-346, 23 mars 2006).* – Les privilèges sont ou généraux, ou particuliers sur certains meubles.

Section I. – Des privilèges généraux

Art. 2331 *(Anc. art. 2101, dénum., Ord. n° 2006-346, 23 mars 2006).* – Les créances privilégiées sur la généralité des meubles sont celles ci-après exprimées, et s'exercent dans l'ordre suivant :

1° Les frais de justice ;

2° Les frais funéraires ;

3° Les frais quelconques de la dernière maladie, quelle qu'en ait été la terminaison, concurremment entre ceux à qui ils sont dus ;

4° Sans préjudice de l'application éventuelle des dispositions des articles L. 143-10, L. 143-11, L. 742-6 et L. 751-15 du Code du travail :

Les rémunérations des gens de service pour l'année échue et l'année courante ;

Le salaire différé résultant du contrat de travail institué par l'article 63 du décret du 29 juillet 1939 relatif à la famille et à la natalité françaises *(C. rur. pêche marit., art. L. 321-13 à L. 321-21)*, pour l'année échue et l'année courante ;

La créance du conjoint survivant instituée par l'article 14 de la loi n° 89-1008 du 31 décembre 1989 relative au développement des entreprises commerciales et artisanales et à l'amélioration de leur environnement économique, juridique et social et la créance du conjoint survivant instituée par l'article L. 321-21-1 du Code rural et de la pêche maritime ;

Les rémunérations pour les six derniers mois des salariés, apprentis et l'indemnité due par l'employeur aux jeunes en stage d'initiation à la vie professionnelle, telle que prévue à l'article L. 980-11-1 du Code du travail ;

L'indemnité de fin de contrat prévue à l'article L. 122-3-4 du Code du travail et l'indemnité de précarité d'emploi prévue à l'article L. 124-4-4 du même code ;

L'indemnité due en raison de l'inobservation du délai-congé prévue à l'article L. 122-8 du Code du travail et l'indemnité compensatrice prévue à l'article L. 122-32-6 du même code ;

Les indemnités dues pour les congés payés ;

Les indemnités de licenciement dues en application des conventions collectives de travail, des accords collectifs d'établissement, des règlements de travail, des usages, des dispositions des articles L. 122-9, L. 122-32-6, L. 761-5 et L. 761-7 du Code du travail pour la totalité de la portion inférieure ou égale au plafond visé à l'article L. 143-10 du Code du travail et pour le quart de la portion supérieure audit plafond ;

Les indemnités dues, le cas échéant, aux salariés, en application des articles L. 122-3-8, deuxième alinéa, L. 122-14-4, L. 122-14-5, deuxième alinéa, L. 122-32-7 et L. 122-32-9 du Code du travail ;

5° Les fournitures de subsistances faites au débiteur et à sa famille pendant la dernière année et, pendant le même délai, les produits livrés par un producteur agricole dans le cadre d'un accord interprofessionnel à long terme homologué, ainsi que les sommes dues par tout contractant d'un exploitant agricole en application d'un contrat type homologué ;

6° La créance de la victime de l'accident ou de ses ayants droit, relative aux frais médicaux, pharmaceutiques et funéraires, ainsi qu'aux indemnités allouées à la suite de l'incapacité temporaire de travail ;

7° Les allocations dues aux ouvriers et employés par les caisses de compensation et autres institutions agréées pour le service des allocations familiales ou par les employeurs dispensés de l'affiliation à une telle institution en vertu de l'article 74 *f* du livre I du Code du travail ;

8° Les créances des caisses de compensation et autres institutions agréées pour le service des allocations familiales à l'égard de leurs adhérents pour les cotisations que ceux-ci se sont engagés à leur verser en vue du paiement des allocations familiales et de la péréquation des charges résultant du versement desdites prestations.

I – SUPER-PRIVILÈGE DES SALARIÉS

1) Période de référence. Le salarié qui a travaillé un mois au cours des six derniers mois précédant le jugement déclaratif de liquidation des biens ou de règlement judiciaire est en droit de prétendre au bénéfice du super-privilège pour les salaires et indemnités afférentes à son temps de travail, encore que celui-ci n'ait pas immédiatement précédé le jugement déclaratif (■ Cass. soc., 25 oct. 1972 : *JurisData* n° 1972-099574 ; *D.* 1973, 218, note Lyon-Caen. V. en ce sens pour le privilège ordinaire des salariés ■ Cass. soc., 15 mars 1983, n° 82-11.348 : *JurisData* n° 1983-700543 ; *D.* 1983, inf. rap. 342, obs. Honorat ; *Bull. civ.* IV, n° 59, p. 12).

2) Plafond mensuel. Déduction des avances. Le plafond mensuel prévu par l'article L. 143-10 du Code du travail étant identique pour toutes les catégories de bénéficiaires, il s'ensuit que les acomptes déjà perçus dont la déduction est prévue doivent venir en diminution dudit plafond pour ne pas rompre l'égalité entre salariés créanciers se prévalant de la même disposition et auxquels la loi a voulu assurer le seul règlement de la portion insaisissable et incessible de leur rémunération (■ Cass. soc., 29 avr. 1975, n° 73-13.712 : *D.* 1975, 678, note F. D.).

3) Rang. La banque subrogée dans les droits des salariés pour avoir avancé les sommes permettant de payer les créances super-privilégiées ne peut prétendre être préférée au créancier gagiste invoquant le report de son droit de rétention sur le prix de vente des objets gagés (■ Orléans, 9 déc. 1974 : *JurisData* n° 1974-097317 ; *D.* 1975, 768, note Derrida). Mais le super-privilège des salariés prime le privilège du créancier nanti sur marchés de travaux publics (■ Cass. com., 5 mai 1980 : *JurisData* n° 1980-700172 ; *D.* 1980, 447, note A. H., 2ᵉ esp.). Jugé que l'hypothèque sur l'aéronef doit être préférée au super-privilège (■ TGI Le Puy, 21 nov. 1986 : *JurisData* n° 1986-044708 ; *JCP* 87, II, 20756, note Le Gall).

4) Modalités de paiement des créances garanties. Sur les modalités de paiement des *créances garanties* par le super-privilège des salariés, voir : C. com., art. L. 625-8. Sur le régime d'assurance organisé pour garantir les salariés contre le risque de la cessation des paiements de l'employeur, voir : C. trav., anciens art. L. 143-11-1 à L. 143-11-9, nouveaux art. L. 3253-6 à L. 3253-16.

II – PRIVILÈGE DES FRAIS DE JUSTICE

5) Frais visés. Le privilège établi par l'article 2101-1° (anc.) du Code civil pour les frais de justice s'étend à tous les frais faits dans l'intérêt commun des créanciers pour la conservation, la liquidation et la réalisation des biens du débiteur (■ Cass. req., 1ᵉʳ avr. 1890 : *DP* 1891, 1, 364, avances faites pour les besoins de la liquidation d'une société. – V. en ce sens ■ Cass. civ., 15 févr. 1938 : *DH* 1938, 177, frais de séquestre. ■ Cass. com., 5 déc. 1995, n° 93-21.655 : *JurisData* n° 1995-003883 ; *JCP* 96, IV, 255 ; *Bull. civ.* IV, n° 285, p. 263 ; *D.* 1996, somm. 389, obs. S. Piedelièvre ; *RTD civ.* 1996, 433, obs. Bandrac, frais engagés par le syndic d'une liquidation des biens ; *RD imm.* 1996, 258, obs. Delebecque et Simler). Mais les honoraires d'un avocat ne sont pas des frais de justice au sens de ce texte (■ Montpellier, 13 déc. 1935 : *DH* 1936, 138), pas plus que les frais d'expertise comptable (■ Caen, 12 avr. 1973 : *D.* 1974, 499, note Sigalas. – *Contra* ■ Nîmes, 7 févr. 1973 : *D.* 1974, 224).

6) Profit du créancier. Le privilège des frais de justice ne peut être opposé à un créancier que lorsque les frais exposés lui ont profité (■ Cass. com., 19 oct. 1970, n° 69-12.616 : *JurisData* n° 1970-097269 ; *Gaz. Pal.* 1971, 1, 72).

III – PRIVILÈGE DES FRAIS FUNÉRAIRES

7) Montant. Les frais exposés à l'occasion des funérailles du défunt doivent être en relation avec sa position sociale et sa fortune apparente (■ Bordeaux, 15 juill. 1903 : *DP* 1904, 2, 326).

8) Assiette. Le privilège des frais funéraires ne s'exerce que sur les biens dépendant de la succession du défunt (■ Cass. civ., 22 oct. 1946 : *JCP* 46, II, 3350, note Becqué).

IV – PRIVILÈGE DES FRAIS DE DERNIÈRE MALADIE

9) Notion. Le privilège institué par l'article 2101-3° (anc.) a pour objet d'assurer au débiteur malade les soins que réclame son état. Si les frais d'entretien d'un aliéné dans un asile ne rentrent pas dans ceux prévus à cet article, les frais afférents aux traitements nécessités par son état pathologique, quel qu'il soit, ne sauraient être exclus, et il n'y a pas lieu de distinguer suivant qu'il s'agit d'un placement volontaire ou d'un placement ordonné par l'autorité publique (■ Cass. civ., 21 mars 1938 : *DH* 1938, 354).

10) Frais faits pour le débiteur. Le privilège ne peut être invoqué si les frais ont été faits pour des soins donnés aux membres de la famille du débiteur (■ Cass. civ., 3 août 1897 : *DP* 1898, 1, 394).

V – PRIVILÈGE DES SALARIÉS

11) Bénéficiaires. Les serviteurs attachés à une exploitation agricole peuvent, comme ceux qui sont attachés à la personne ou à la maison d'habitation, être qualifiés gens de service lorsqu'ils accomplissent les travaux de la campagne dans les liens de subordination qui caractérisent la domesticité (■ Cass. civ., 14 déc. 1921 : *DP* 1925, 1, 104), mais le privilège de l'article 2101-4° (anc.) ne peut être invoqué par ceux qui travaillent pour leur compte personnel et n'ont ni contrat de travail ni lien de subordination (■ Cass. req., 27 mars 1933 : *DH* 1933, 284).

12) **Créances garanties.** Les frais de route mis à la charge de l'employeur ne sont pas privilégiés (■ Cass. civ., 13 mai 1931 : *DH* 1931, 379), ni les dommages-intérêts ayant pour cause la rupture anticipée d'un contrat de travail à durée déterminée (■ Cass. civ., 13 déc. 1938 : *DH* 1939, 33), ni les sommes dues au titre de la participation des salariés aux fruits de l'expansion des entreprises (■ T. com. Paris, 15 juin 1975 : *Gaz. Pal.* 1975, 2, 752). Voir cpdt pour l'intéressement aux résultats de l'exploitation agricole perçu par l'associé d'exploitation, CPI, art. L. 321-11. Mais le pourcentage alloué à un cadre sur le chiffre d'affaires constitue un élément du salaire et est comme celui-ci assorti du privilège (■ Paris, 29 nov. 1962 : *D.* 1963, 648, note Verdier).

13) **Indemnités de préavis et de congés payés. Condition de période (non).** Les textes ayant déclaré privilégiées les indemnités compensatrices de préavis et de congés payés ne mentionnent, pour ces créances, aucune condition restrictive de période, à la différence de ce qu'ils prescrivent pour les salaires, lesquels ne sont assortis d'un privilège que pour les six derniers mois, de sorte qu'il n'y a pas lieu d'ajouter à la loi, pour les indemnités dont s'agit, une restriction qu'elle ne comporte pas (■ Cass. soc., 5 févr. 1969 : *JCP* 69, IV, 70 ; *Bull. civ.* V, n° 76, p. 64).

14) **Période de référence.** L'article 2101-4° (anc.) vise les six derniers mois qui ont précédé l'ouverture de la faillite (■ Cass. com., 16 janv. 1961 : *JCP* 61, II, 12104, note Nectoux. ■ Cass. 3e civ., 23 mai 1995, n° 91-14.921 : *JurisData* n° 1995-001227 ; *Bull. civ.* III, n° 131, p. 88). Lorsqu'il s'agit de l'exercice du privilège attaché aux salaires mensuels des employés, il y a lieu de rechercher uniquement la date à laquelle ils auraient dû être perçus et non celle à laquelle ils sont devenus exigibles par l'effet d'une décision de justice (■ Cass. com., 16 janv. 1961, préc.).

15) Sur le **contrat de salaire différé**, voir : CPI, art. L. 321-13 et s..

16) **Textes spéciaux.** Sur les privilèges résultant de textes spéciaux et prenant rang concurremment avec celui établi par l'article 2101-4° (anc.), voir : L. 27 déc. 1895, art. 4 (privilège des caisses de retraite, de secours ou de prévoyance fondées au profit des employés et ouvriers) ; CSS, art. L. 243-4, et L. 243-5 (privilèges des caisses de sécurité sociale et des institutions de retraite ou de prévoyance complémentaire des salariés). Voir : aussi ; C. aviation civile, art. L. 426-5 (privilège de la caisse de retraite du personnel navigant professionnel de l'aéronautique). Les auteurs, compositeurs et artistes bénéficient du privilège de l'article 2101-4° (anc.) en vue du paiement des redevances qui leur sont dues pour les trois dernières années à l'occasion de la cession, de l'exploitation ou de l'utilisation de leurs œuvres (CPI, art. L. 131-8, p. 2488).

VI – PRIVILÈGE POUR FOURNITURES DE SUBSISTANCES

17) **Notion.** Doivent être considérées comme créances privilégiées en vertu de l'article 2101-5° (anc.) non seulement celles qui résultent de fournitures nécessaires à l'alimentation du débiteur et de sa famille mais aussi celles qui ont trait à des fournitures destinées au chauffage et à l'éclairage en tant qu'elles constituent des accessoires indispensables à la subsistance journalière du ménage (■ Cass. civ., 11 avr. 1933 : *DH* 1933, 297).

18) **Entretien et séjour d'une personne dans un hôpital.** On ne saurait, du point de vue du privilège institué par l'article 2101-5° (anc.), établir aucune assimilation entre les frais nécessités par l'entretien et le séjour d'une personne dans un hôpital ou un asile et les fournitures de subsistance faites au débiteur ou à sa famille par les marchands ou maîtres de pension (■ Cass. civ., 21 mars 1938 : *DH* 1938, 354).

19) **Aliments réclamés par l'ex-épouse.** L'article 2101-5° (anc.) n'est pas applicable lorsque la somme litigieuse correspond non à des subsistances fournies au débiteur mais à des aliments réclamés par l'ex-épouse de celui-ci, qui ne peut d'ailleurs être visée par l'expression « sa famille » (■ Dijon, 30 nov. 1993 : *JurisData* n° 1993-050780 ; *D.* 1996, somm. 67, 2e esp., obs. Blary-Clément).

Section II. – Des privilèges spéciaux

Art. 2332 *(Anc. art. 2102, dénum., Ord. n° 2006-346, 23 mars 2006).* – **Les créances privilégiées sur certains meubles sont :**

1° Les loyers et fermages des immeubles, sur les fruits de la récolte de l'année, et sur le prix de tout ce qui garnit la maison louée ou la ferme, et de tout ce qui sert à l'exploitation de la ferme : savoir, pour tout ce qui est échu, et

pour tout ce qui est à échoir, si les baux sont authentiques, ou si, étant sous signature privée, ils ont une date certaine ; et, dans ces deux cas, les autres créanciers ont le droit de relouer la maison ou la ferme pour le restant du bail, et de faire leur profit des baux ou fermages, à la charge, toutefois, de payer au propriétaire tout ce qui lui serait encore dû.

Et, à défaut de baux authentiques, ou lorsque, étant sous signature privée, ils n'ont pas une date certaine, pour une année à partir de l'expiration de l'année courante.

Le même privilège a lieu pour les réparations locatives et pour tout ce qui concerne l'exécution du bail. Il a lieu également pour toute créance résultant, au profit du propriétaire ou bailleur, de l'occupation des lieux à quelque titre que ce soit.

Néanmoins, les sommes dues pour les semences, pour les engrais et amendements, pour les produits anti-cryptogamiques et insecticides, pour les produits destinés à la destruction des parasites végétaux et animaux nuisibles à l'agriculture, ou pour les frais de la récolte de l'année, seront payées sur le prix de la récolte, et celles dues pour ustensiles sur le prix de ces ustensiles, par préférence au propriétaire, dans l'un et l'autre cas.

Le propriétaire peut saisir les meubles qui garnissent sa maison ou sa ferme, lorsqu'ils ont été déplacés sans son consentement, et il conserve sur eux son privilège, pourvu qu'il ait fait la revendication ; savoir : lorsqu'il s'agit du mobilier qui garnissait une ferme, dans le délai de quarante jours ; et dans celui de quinzaine, s'il s'agit de meubles garnissant une maison ;

2° La créance sur le gage dont le créancier est saisi ;

3° Les frais faits pour la conservation de la chose ;

4° Le prix d'effets mobiliers non payés, s'ils sont encore en la possession du débiteur, soit qu'il ait acheté à terme ou sans terme ;

Si la vente a été faite sans terme, le vendeur peut même revendiquer ces effets tant qu'ils sont en la possession de l'acheteur, et en empêcher la revente, pourvu que la revendication soit faite dans la huitaine de la livraison, et que les effets se trouvent dans le même état dans lequel cette livraison a été faite ;

Le privilège du vendeur ne s'exerce toutefois qu'après celui du propriétaire de la maison ou de la ferme, à moins qu'il ne soit prouvé que le propriétaire avait connaissance que les meubles et autres objets garnissant sa maison ou sa ferme n'appartenaient pas au locataire ;

Il n'est rien innové aux lois et usages du commerce sur la revendication ;

5° Les fournitures d'un aubergiste, sur les effets du voyageur qui ont été transportés dans son auberge ;

6° *(Abr., L. n° 98-69, 6 févr. 1998)* ;

7° Les créances résultant d'abus et prévarications commis par les fonctionnaires publics dans l'exercice de leurs fonctions, sur les fonds de leur cautionnement, et sur les intérêts qui en peuvent être dus ;

8° Les créances nées d'un accident au profit des tiers lésés par cet accident ou de leurs ayants droit, sur l'indemnité dont l'assureur de la responsabilité civile se reconnaît ou a été judiciairement reconnu débiteur à raison de la convention d'assurance.

Aucun paiement fait à l'assuré ne sera libératoire tant que les créanciers privilégiés n'auront pas été désintéressés ;

9° Les créances nées du contrat de travail de l'auxiliaire salarié d'un travailleur à domicile répondant à la définition de l'article 33 du livre I du Code du travail *(C. trav., art. L. 721-1)*, sur les sommes dues à ce travailleur par les donneurs d'ouvrage.

I – PRIVILÈGE DU BAILLEUR D'IMMEUBLE

1) Créance. Le privilège du bailleur s'étend aux indemnités d'occupation (■ Cass. com., 25 oct. 2011, n° 10-25.257 : *JurisData* n° 2011-023391 ; *Loyers et copr.* 2012, comm. 16, note Brault ; *JCP* G 2012, 626, n° 26, obs. Delebecque ; *JCP* G 2012, doctr. 117, n° 13, obs. Pétel ; *D.* 2011, p. 2653, obs. Lienhard).

2) Assiette. Meubles appartenant à des tiers. Le privilège du bailleur d'immeuble porte sur tous les meubles garnissant la maison, même si ces meubles appartiennent à des tiers ; ceux-ci ne peuvent prétendre écarter les effets du privilège qu'en démontrant que le bailleur connaissait l'origine des meubles au moment de leur introduction dans l'immeuble (■ Cass. 1re civ., 12 mai 1969 : *D.* 1970, 43). La connaissance ultérieure par le bailleur du droit de propriété d'un tiers ne peut faire obstacle à l'exercice du privilège (■ Cass. 3e civ., 4 févr. 1976 : *JCP* 1976, IV, 107 ; *Bull. civ.* III, n° 47, p. 36). Le bailleur qui se prévaut de son privilège sur les meubles garnissant les locaux de son locataire l'emporte sur le vendeur faisant état de la clause de réserve de propriété grevant les meubles litigieux sous réserve de la mauvaise foi du créancier privilégié (■ Cass. 3e civ., 24 juin 2009, n° 08-14.357 : *JurisData* n° 2009-048770 ; *JCP* G 2009, 492, n° 21, obs. Delebecque ; *D.* 2009, p. 1888, note Prigent ; *RD bancaire et fin.* 2009, comm. 161, note Legeais et comm. 169, note Piedelièvre. ■ Cass. com., 16 nov. 2010, n° 09-70.765 : *JurisData* n° 2010-021379 ; *JCP* G 2011, 226, n° 21, obs. Delebecque).

3) Cession des meubles au sous-locataire. Le locataire qui sous-loue à un tiers en cédant à celui-ci les meubles le garnissant ne transmet la propriété de ces meubles qu'avec la charge du privilège du bailleur et ce dernier doit être colloqué sur le prix de vente non seulement pour les loyers dus par le sous-locataire mais aussi pour les loyers restant dus par le locataire principal (■ Cass. civ., 20 févr. 1911 : *DP* 1912, 1, 425, note de Loynes).

4) Matériel et bétail servant à l'exploitation du fonds. Le bailleur d'une propriété non bâtie peut exercer son privilège sur le prix de vente du matériel et du bétail servant à l'exploitation du fonds dès lors que ceux-ci sont attachés à demeure à ce dernier et affectés à sa mise en valeur (■ Cass. 1re civ., 13 mars 1950 : *D.* 1950, 415).

5) Redressement judiciaire. Sur la limitation du privilège du bailleur quant aux créances garanties en cas de procédure de sauvegarde, voir : C. com., art. L. 622-16. Jugé, sous l'empire de la loi du 13 juillet 1967, que le privilège du bailleur pour le recouvrement des loyers échus avant le jugement déclaratif est toujours limité aux deux dernières années de location et ce, que le bail ait été résilié ou continué (■ Cass. com., 9 janv. 1974 : *JCP* 74, II, 17777, note Thuillier).

6) Sur la limitation du privilège du bailleur d'un fonds rural, voir : L. 19 févr. 1889, art. 1er.

7) Conflit avec le nantissement du fonds de commerce. Le privilège du bailleur d'immeuble et celui du créancier nanti sur un fonds de commerce étant tous les deux fondés sur la notion que les créanciers titulaires se trouvent, soit expressément, soit tacitement, investis d'un droit de gage sur les biens qui en constituent l'assiette, la préférence à accorder à leurs titulaires respectifs doit être déterminée suivant la date à laquelle chacune d'elles a été rendue opposable aux tiers (■ Cass. com., 14 févr. 1977, n° 75-13.907 : *JurisData* n° 1977-097043 ; *Bull. civ.* IV, n° 43, p. 38).

8) Copropriété. *Les créances de toute nature* du syndicat à l'encontre de chaque copropriétaire sont garanties par le privilège prévu par l'article 2102-1° (anc.) en faveur du bailleur (L. n° 65-557, 10 juill. 1965, fixant le statut de la copropriété des immeubles bâtis, art. 19, p. 2878).

II – PRIVILÈGE DU CONSERVATEUR

9) Frais permettant d'éviter la perte totale ou partielle. Pour donner naissance au privilège prévu par l'article 2102-3° (anc.), il faut mais il suffit que les frais exposés aient eu pour résultat de profiter aux créanciers en prévenant la perte totale ou partielle de leur gage (■ Cass. req., 12 juin 1939 : *DH* 1939, 453). Jugé qu'en exigeant que les frais faits pour la conservation de la chose aient été exposés non dans des conditions normales d'exploitation mais dans une circonstance exceptionnelle pour que le créancier bénéficie du privilège prévu à l'article 2102-3° (anc.), la cour d'appel ajoute une condition que la loi ne contient pas et viole ainsi le texte (■ Cass. com., 5 janv. 1981 : *Bull. civ.* IV, n° 2, p. 2, cassant ■ Rennes, 28 mars 1979, n° 77-13.647 : *JurisData* n° 1979-097285 ; *JCP* N 80, II, 200). V. H. Thuillier, *Réflexions sur la notion de conservation dans le privilège du conservateur* : *JCP* 68, I, 2167.

10) Pouvoir des juges du fond. Dans l'impossibilité d'énumérer toutes les dépenses qui contribuent à la conservation d'une chose dans le patrimoine du débiteur, la loi n'a désigné ni les personnes ni la nature particulière des créances appelées à bénéficier du privilège et elle a laissé aux juges du fond le soin de déterminer dans chaque cas d'espèce les avances qui réunissent ces conditions (■ Cass. civ., 14 févr. 1900 : *DP* 1900, 1, 175. ■ Cass. req., 12 juin 1939 : *DH* 1939, 453).

11) Prêt. Les fonds prêtés à un débiteur n'acquièrent le caractère de frais de conservation qu'autant qu'ils ont été réellement utilisés dans l'intérêt de l'ensemble des créanciers en empêchant la perte totale ou partielle de la chose (■ Cass. com., 3 déc. 1952 : *D.* 1953, 75).

12) Garagiste. Un garagiste ne saurait être privilégié pour des travaux ou fournitures constituant un apport en valeur au véhicule, tel que le remplacement de pièces cassées ou usagées, si ces frais, au moment où ils ont eu lieu, n'étaient ni urgents, ni nécessaires (■ Cass. com., 16 mai 1966 : *D.* 1967, 139, note Bourdon. Voir cependant pour des travaux exécutés sur des véhicules pour leur permettre de rouler en toute sécurité ■ Dijon, 5 avr. 1994, n° 92-44.817 : *JCP* 95, I, 3851, n° 22, obs. Simler et Delebecque).

13) Avocat, expert-comptable. Les honoraires d'avocat peuvent être privilégiés si l'intervention de l'avocat a été suivie d'une décision judiciaire favorable (■ Paris, 6 déc. 1973 : *Gaz. Pal.* 1975, 1, 358. – Voir cependant ■ Aix-en-Provence, 21 déc. 1972 : *D.* 1973, 409, commissaire aux comptes. ■ Caen, 12 avr. 1973 : *D.* 1974, 499, note Sigalas, frais d'expertise comptable). Le terme « frais » n'a de sens que pour le débiteur et il est donc sans intérêt que les soins donnés à un procès par l'avocat, et sa plaidoirie, ne constituent pas pour lui des frais (■ Lyon, 28 nov. 1955 : *JCP* 56, II, 9160).

14) Installation et entretien des appareils de radiophonie d'un navire. Ont pu être déclarées privilégiées dans la masse d'un armateur en liquidation des biens les créances concernant les frais d'installation et d'entretien des appareils de radiophonie du navire, ces installations étant nécessaires à l'obtention du permis de naviguer (■ Cass. com., 9 oct. 1984, n° 83-15.370 : *JurisData* n° 1984-701709 ; *JCP* 84, IV, 347).

15) Assiette. Le privilège grève tous les meubles y compris les animaux (■ Cass. civ., 14 févr. 1900 : *DP* 1900, 1, 175, vétérinaire). Mais il ne peut trouver application lorsque le droit de préférence dont se prévaut le créancier porte non sur un meuble déterminé mais sur l'ensemble du patrimoine du débiteur (■ Cass. com., 18 juill. 1974 : *JurisData* n° 1974-097235 ; *D.* 1975, 182, honoraires d'avocat. ■ Cass. 1re civ., 7 janv. 1997, n° 94-16.151 : *JCP* 97, IV, 401 ; *Bull.* I, n° 3, p. 2 ; *D.* 1997, somm. 253, obs. Piedelièvre, frais d'expertise amiable à la suite d'un incendie. V. en ce sens ■ Rennes, 28 mars 1979 : *JCP* N 80, II, 200. – Voir cependant ■ Paris, 6 déc. 1973 : *Gaz. Pal.* 1975, 1, 358). Le privilège ne peut porter que sur la chose conservée dans la mesure où celle-ci garde son individualité et peut être identifiée (■ Cass. com., 28 avr. 1975 : *D.* 1975, somm. 95).

16) Détention de la chose par le créancier (non). Le privilège s'appliquant indépendamment de toute détention de la chose, doit être cassé l'arrêt qui décide que le réparateur d'un camion ne peut être privilégié que pour les réparations effectuées lors de la dernière remise du véhicule (■ Cass. 1re civ., 13 nov. 1962 : *JCP* 63, II, 12976, note J. A.).

17) Rang. Le privilège du conservateur doit primer celui du créancier gagiste pour les frais qui ont permis la conservation de la chose postérieurement à la constitution du gage (■ Cass. civ., 13 juill. 1913 : *DP* 1915, 1, 65, note de Loynes. ■ Cass. 1re civ., 13 nov. 1962 : *JCP* 63, II, 12976, note J. A. ■ Cass. com., 4 févr. 1980, n° 78-13.775 : *JurisData* n° 1980-797054 ; *Bull. civ.* IV, n° 54, p. 42).

III – PRIVILÈGE DU VENDEUR DE MEUBLES

18) Fonds de commerce. Sur le privilège du vendeur de fonds de commerce, voir : C. com., art. L. 141-5.

19) Redressement judiciaire. Sur les limites apportées au privilège et au droit de revendication du vendeur de meubles au cas où l'acquéreur fait l'objet d'une procédure collective, voir : C. com., art. L. 624-11 à L. 624-18.

20) Action contre le tiers acquéreur (non). L'article 2102 (anc.) donne au vendeur d'effets mobiliers non payés le droit de se faire payer par préférence sur le prix en provenant lorsqu'il peut les saisir en la possession de son débiteur ou en arrêter le prix entre les mains des tiers, mais ne l'autorise pas à poursuivre le recouvrement de sa créance contre le tiers acquéreur de ces effets, même si ce tiers, au moment où il prend lesdits effets en paiement de sa propre créance, savait qu'une partie de leur prix était encore due (■ Cass. civ., 19 févr. 1894 : *DP* 1894, 1, 413).

IV – AUTRES PRIVILÈGES MOBILIERS SPÉCIAUX

21) Navires, bateaux, avions. Sur les privilèges sur les navires, voir : C. transports, art. L. 5114-8 ; sur les privilèges sur les bateaux de navigation intérieure, voir : C. transports, art. L. 4122-11 et s. ; sur les privilèges sur les aéronefs, voir : C. transports, art. L. 6122-16 et s.

22) Transport. Sur le privilège du commissionnaire de transport, V. C. com., art. L. 132-2.

23) Travaux publics. Sur le privilège des ouvriers et fournisseurs en matière de marchés de travaux publ, voir : C. trav., ancien art. L. 143-6, art. L. 3253-22 nouveau ; CMP, art. 109 et 110.

Section III. – Du classement des privilèges

Voir : sur l'influence d'une procédure collective sur le classement des titulaires de privilèges, C. com., art. L. 622-17, p. 2005, L. 626-22, p. 1781, L. 642-12, p. 1706. Voir aussi C. com., art. L. 643-13.

Art. 2332-1 *(Ord. n° 2006-346, 23 mars 2006).* – **Sauf dispositions contraires, les privilèges spéciaux priment les privilèges généraux.**

Art. 2332-2 *(Ord. n° 2006-346, 23 mars 2006).* – **Les privilèges généraux s'exercent dans l'ordre de l'article 2331, à l'exception du privilège du Trésor public, dont le rang est déterminé par les lois qui le concernent, et du privilège des caisses de sécurité sociale, qui vient au même rang que le privilège des salariés.**

Art. 2332-3 *(Ord. n° 2006-346, 23 mars 2006).* – **Les privilèges spéciaux du bailleur d'immeuble, du conservateur et du vendeur de meuble s'exercent dans l'ordre qui suit :**

1° Le privilège du conservateur, lorsque les frais de conservation sont postérieurs à la naissance des autres privilèges ;

2° Le privilège du bailleur d'immeuble, qui ignorait l'existence des autres privilèges ;

3° Le privilège du conservateur, lorsque les frais de conservation sont antérieurs à la naissance des autres privilèges ;

4° Le privilège du vendeur de meuble ;

5° Le privilège du bailleur d'immeuble, qui connaissait l'existence des autres privilèges.

Entre les conservateurs du même meuble, la préférence est donnée au plus récent. Entre les vendeurs du même meuble, elle est donnée au plus ancien.

Pour l'application des règles ci-dessus, le privilège de l'hôtelier est assimilé au privilège du bailleur d'immeuble ; le privilège de l'auxiliaire salarié d'un travailleur à domicile l'est au privilège du vendeur de meuble.

Art. 2332-4 *(Créé, L. n° 2016-1547, 18 nov. 2016).* – **Les sommes dues aux producteurs agricoles par leurs acheteurs sont payées, lorsque ces derniers font l'objet d'une procédure de sauvegarde, de redressement ou de liquidation judiciaire, nonobstant l'existence de toute autre créance privilégiée à l'exception de celles garanties par les articles L. 3253-2 et L. 3253-5 du Code du travail, à due concurrence du montant total des produits livrés par le producteur agricole au cours des quatre-vingt-dix jours précédant l'ouverture de la procédure.**

CHAPITRE II. – DU GAGE DE MEUBLES CORPORELS

(Ord. n° 2006-346, 23 mars 2006)

Section I. – Du droit commun du gage

(Ord. n° 2006-346, 23 mars 2006)

Bibliographie : *Sur la réforme.* D. Legeais, *Le gage des meubles corporels : JCP* G 2006, suppl. n° 20, p. 12. • R. Dammann, *La réforme des sûretés mobilières : une occasion manquée : D.* 2006, p. 1298. • L. Aynès, *Le gage de meubles corporels : Rev. Lamy dr. civ.* 2006/29, suppl. n° 5, n° 2166. • *Ibid., Le nouveau droit du gage : Dr. et patrimoine* 2007, n° 161, p. 48 et s. • M. Julienne, *L'acte authentique dans le nouveau droit du gage : JCP* N 2016, 1107.

Sur le projet de réforme. L. Aynès, *Le gage de meubles corporels : Dr. et patrimoine* sept. 2005, p. 61.

Sur diverses problématiques suscitées par le contrat de gage. L. Andreu, *Risque de non-paiement : le gage avec dépossession et le gage sans dépossession sont-ils équivalents ?* in *Risques d'entreprises : quelles stratégies juridiques ?*, LGDJ 2012, p. 329. • L. Andreu, *Gage avec dépossession contre gage sans dépossession : D.* 2012, p. 1761. • J.-J. Ansault, *Le gage du Code civil : gage de droit commun ou droit commun du gage ? : RD bancaire et fin.* 2014, dossier 39. • M. Julienne, *Les gages spéciaux : modèles pour le droit commun ? : D.* 2016, p. 1266.

Voir : sur l'influence d'une procédure collective sur le classement des titulaires de gages de meubles corporels, C. com., art. L. 622-17, p. 2005, L. 626-22, p. 1781, L. 642-12, p. 1706, L. 641-3, p. 1706, L. 642-20-1, al. 2, p. 1706. Voir aussi, C. com., art. L. 643-13.

Art. 2333 *(Ord. n° 2006-346, 23 mars 2006).* – **Le gage est une convention par laquelle le constituant accorde à un créancier le droit de se faire payer par préférence à ses autres créanciers sur un bien mobilier ou un ensemble de biens mobiliers corporels, présents ou futurs.**

Les créances garanties peuvent être présentes ou futures ; dans ce dernier cas, elles doivent être déterminables.

Bibliographie : J. Mestre, *Le gage des choses futures : D.* 1982, chron. 141.

1) Meubles devenus immeubles par destination. Ne saurait être compris dans un nantissement qui porte sur un ensemble mobilier un objet devenu immeuble par destination (■ Cass. crim., 26 oct. 1960 : *JCP* 60, IV, 166. V. aussi ■ Cass. req., 28 juill. 1937 : *DH* 1937, 534. ■ Cass. civ., 27 juin 1944 : *DC* 1944, 93, note Chéron). Mais, par exception, les créanciers nantis sur l'outillage et le matériel d'équipement conservent leur privilège si le bien grevé devient immeuble par destination (L. n° 51-59, 18 janv. 1951, art. 8, devenu C. com., art. L. 525-8. Voir pour une application ■ Paris, 2e ch., 14 nov. 1983 : *JurisData* n° 1983-028304).

2) Gage commercial. V. : C. com., art. L. 521-1 à L. 521-3.

3) Gage sur stock réservé aux établissements de crédit. Voir : C. com., art. L. 527-1 à L. 527-9.

4) Imputation des paiements. Dès lors qu'un gage garantit une fraction d'une dette unique, les paiements partiels issus de sa réalisation s'imputent sur la partie garantie de cette dette (■ Cass. ass. plén., 6 nov. 2009, n° 08-17.095 : *JurisData* n° 2009-050139 ; *Rev. Lamy dr. civ.* 2010/67, n° 3680, obs. Ansault ; *RTD civ.* 2010, p. 358, note Crocq ;*Banque et droit* 2010, n° 129, p. 46, note Jacob ; *RD bancaire et fin.* 2010, comm. 11, obs. Legeais ; *JCP* G 2010, 13, note Piedelièvre. *Adde*, N. Martial-Braz, *Entre les intérêts du créancier et ceux du débiteur, le cœur de la Cour de cassation ne balance plus* : *Rev. Lamy dr. civ.* 2010/68, n° 3712). V. égal. dans cette même affaire, ■ Cass. 1re civ., 25 mai 2005 : *JurisData* n° 2005-028583 ; *JCP* E 2005, 1860, n° 16, obs. Delebecque. Comp. pour le privilège du Trésor, ■ Cass. com., 17 mai 2011, n° 10-14.787.

5) Clause de substitution. Jugé sous l'empire du droit antérieur qu'une clause de substitution stipulée dans le contrat de gage permet au créancier gagiste d'opposer sa qualité de possesseur de bonne foi au créancier revendiquant relativement à des biens qui sont venus en remplacement de ceux qui étaient initialement gagés (■ Cass. com., 26 mai 2010, n° 09-65.812 : *RDC* 2010, p. 1341, obs. A. Aynès ; *RTD civ.* 2010, p. 595, note Crocq ; *RD bancaire et fin.* 2010, comm. 176, obs. Cerles ; *JCP* G 2011, 226, n° 17, obs. Delebecque ; *Dr. et patrimoine* 2010, n° 195, p. 91, note Ph. Dupichot ; *Banque et droit* 2010, n° 132, p. 46, Jacob ; *JCP* E 2010, 1601, note D. Legeais ; *RTD com.* 2010, 596, obs. D. Legeais).

6) Clause de réserve de propriété. Aucune obligation ne pèse sur le créancier gagiste de vérifier, lors de la constitution du gage, que les marchandises litigieuses ne sont pas grevées d'une clause de réserve de propriété (■ Cass. com., 11 sept. 2012, n° 11-22.240 : *JurisData* n° 2012-020153 ; *JCP* G 2012, 1291, n° 17, note Delebecque).

7) Gages de stocks. Dès lors que la sûreté envisagée entre dans le champ d'application des articles L. 527-3 et suivants du Code de commerce propres au gage spécial de stocks, les parties ne peuvent soumettre leur contrat au droit commun du gage de meubles sans dépossession (■ Cass. com., 19 févr. 2013, n° 11-21.763 : *JCP* G 2013, 585, n° 16, obs. Delebecque ; *JCP* E 2013, 1173, obs. D. Legeais ; *Gaz. Pal.* 2013, n° 87, p. 9, note Mignot ; *JCP* G 2013, 539, note Martial-Braz ; *D.* 2013, p. 493, Dammann et Podeur ; *Rev. Lamy dr. civ.* 2013/103, n° 5047, obs. Gijsbers). À la suite de la résistance des juges du fond dans l'affaire en cause (■ CA Paris, pôle 5, ch. 9, 27 févr. 2014, n° 13/03840 : *JCP* G 2014, 635, n° 19, obs. Simler), l'Assemblée plénière a confirmé la position de la Chambre commerciale (■ Cass. ass. plén., 7 déc. 2015, n° 14-18.435 : *JurisData* n° 2015-027117 ; *JCP* G 2016, 57, note Ansault et Gijsbers ; *Dr. et patrimoine* 2016, n° 258, p. 122, note A. Aynès ; *LPA* 2016, n° 35, p. 8, note Andreu et Quiévy ; *JCP* G 2016, doctr. 553, n° 20, obs. Delebecque). V. sur le nouveau régime du gage des stocks issus de l'ordonnance n° 2016-56 du 29 janvier 2016, lequel remet en cause cette jurisprudence, C. com., art. L. 527-1.

Bibliographie : C. Juillet, *La réforme du gage des stocks* : *D.* 2016, p. 561.

8) Recours au droit commun du gage (oui). Selon la Haute juridiction, le warrant agricole, dont le régime n'exclut pas qu'il puisse concerner des biens mobiliers corporels futurs, peut non seulement porter sur les récoltes pendantes par les racines, conformément à l'article L. 342-1 du Code rural et de la pêche maritime, mais également sur les récoltes futures, en application du droit commun du gage (■ Cass. 1re civ., 12 nov. 2015, n° 14-23.106 : *JurisData* n° 2015-025201 ; *Gaz. Pal.* 2016, n° 7, p. 31, note Albigès ; *D.* 2016, p. 178, note Juillet ; *RD bancaire et fin.* 2016, comm. 23, obs. D. Legeais).

Art. 2334 ***(Ord. n° 2006-346, 23 mars 2006)*. – Le gage peut être consenti par le débiteur ou par un tiers ; *dans ce dernier cas, le créancier* n'a *d'action que sur le bien affecté en garantie.***

Sûreté réelle consentie pour garantir la dette d'un tiers. Voir art. 2288, annot. n° 6, p. 1708 et 1422, p. 1289.

Art. 2335 ***(Ord. n° 2006-346, 23 mars 2006)*. – Le gage de la chose d'autrui est nul. Il peut donner lieu à des dommages et intérêts lorsque le créancier a ignoré que la chose fût à autrui.**

Validité et opposabilité du gage sur la chose d'autrui sous l'empire du droit antérieur. Il résulte des articles 2268 et 2279 du Code civil que le créancier gagiste est présumé possesseur de bonne foi, peu important que la possession de son auteur soit entachée d'un vice et qu'il n'a pas dès lors à effectuer des vérifications ou des recherches que ni la loi ni les usages du commerce ne lui imposent (▪ Cass. com., 26 sept. 2006 : *JurisData* n° 2006-035177 ; *JCP* G 2006, I, 195, n° 16, obs. Delebecque). Le maintien de cette solution après l'entrée en vigueur de l'ordonnance du 23 mars 2006 dépend du caractère de la nullité prévue par ce texte (V. not. pour la présentation des termes de ce débat, D. Legeais, *Le gage des meubles corporels* : *JCP* G 2006, suppl. n° 20, p. 12). Une réponse ministérielle semble admettre implicitement que le texte de l'article 2335 du Code civil n'édicte qu'une nullité relative de sorte que les solutions antérieures ne paraissent pas remises en cause (Rép. min. n° 16491 : *JOAN* Q, 29 avr. 2008, p. 3667 ; *D.* 2008, p. 1335 ; *RTD civ.* 2008, p. 519, obs. Crocq ; *JCP* G 2008, I, 211, obs. Delebecque. V. égal. dans ce sens, ▪ CA Poitiers, 2e ch., 11 janv. 2011, *SAS Miele* : *JurisData* n° 2011-019778).

Art. 2336 ***(Ord. n° 2006-346, 23 mars 2006).*** **– Le gage est parfait par l'établissement d'un écrit contenant la désignation de la dette garantie, la quantité des biens donnés en gage ainsi que leur espèce ou leur nature.**

1) Date certaine. Aux termes de l'article 1328, l'acte sous seing privé constitutif du gage n'a date certaine, hors le cas de son enregistrement ou de la mort d'un des signataires, que du jour où sa substance est constatée dans un acte public (▪ Cass. 1re civ., 2 avr. 1962 : *D.* 1963, somm. 12 ; *Bull. civ.* I, n° 192, p. 169). La dépossession qui a été réalisée par l'inscription sur un compte spécial des sommes affectées en garantie de la créance n'est pas opposable aux tiers en l'absence d'écrit ayant date certaine (▪ Cass. com., 23 avr. 2003 : *JurisData* n° 2003-018868 ; *JCP* G 2003, II, 10140 et *JCP* E 2003, 1116, note Schmidt et Delespaul).

2) Application au gage commercial (non). Pour la Chambre commerciale, le formalisme de l'article 2336 du Code civil n'est pas applicable au gage de nature commerciale (▪ Cass. com., 17 févr. 2015, n° 13-27.080 : *Rev. sociétés* 2015, p. 663, note Ansault ; *D.* 2015, p. 787, note Borga ; *Gaz. Pal.* 2015, n° 78, p. 18, obs. Dumont-Lefrand).

Art. 2337 ***(Ord. n° 2006-346, 23 mars 2006 ; mod., L. n° 2008-561, 17 juin 2008).*** **– Le gage est opposable aux tiers par la publicité qui en est faite.**

Il l'est également par la dépossession entre les mains du créancier ou d'un tiers convenu du bien qui en fait l'objet.

Lorsque le gage a été régulièrement publié, les ayants cause à titre particulier du constituant ne peuvent se prévaloir de l'article 2276.

Bibliographie : G. Ansaloni, *Sur l'opposabilité du gage sans dépossession de droit commun* : *JCP* E 2009, 1672. • A. Hontebeyrie, *Le gage sans dépossession et l'immeuble par destination* : *JCP* N 2016, 1108. • J.-F. Quievy, *Du gage avec dépossession par tierce détention de la chose d'autrui* : *Gaz. Pal.* 2009, n° 277 à 279, doctr. p. 3. • J.-F. Quiévy, *De la dépossession entre les mains du créancier gagiste* : *Mél. D. Martin*, LGDJ-Lextenso éditions, 2015, p. 527. • P. Arroyo et E. Taÿ-Pamart, *Gage sans dépossession : quelle efficacité en cas de procédure collective ?* : *Banque et droit* 2013, n° 149, p. 18.

1) Caractères de la mise en possession. Pour les gages constitués sous l'empire du droit antérieur où la dépossession était une condition de formation du contrat comme pour les gages avec dépossession conclus après le 25 mars 2006, où elle s'analyse comme une formalité équivalente à la publicité, la remise du bien meuble corporel au bénéficiaire se réalise par tradition. Il est de l'essence du contrat que la mise en possession soit un fait apparent, d'une notoriété suffisante pour avertir les tiers que le débiteur est dessaisi et que l'objet engagé ne fait plus partie de son actif libre (▪ Cass. req., 23 mai 1927 : *S.* 1928, 1, 97, *note Bourcart*. – *V.* en ce sens ▪ Cass. civ., 21 mars 1938 : *DH* 1938, 257. ▪ Cass. com., 3 nov. 1980, n° 77-14.829 : *JurisData* n° 1980-745120 ; *JCP* 81, IV, 31 ; *Bull. civ.* IV, n° 359, p. 289). Elle doit être réelle (▪ Cass. com., 6 avr. 1960 : *JurisData* n° 1960-098147 ; *Bull. civ.* III, n° 147, p. 133) et permanente (▪ Cass. civ., 9 avr. 1894 : *DP* 1894, 1, 409, note Boistel), mais jugé que le privilège doit être maintenu en cas de remise temporaire au débiteur des marchandises constituées en gage pour leur faire subir certains traitements (▪ Cass. req., 11 avr. 1933 : *Gaz. Pal.* 1933, 2, 172).

2) Tiers convenu. L'ordonnance du 23 mars 2006 reprenant la solution traditionnelle selon laquelle la dépossession peut intervenir entre les mains d'un tiers convenu, les solutions consacrées sur ce point sous l'empire de l'ancienne législation doivent pouvoir être reprises. Ainsi, le nouveau propriétaire chez lequel un locataire est autorisé par justice à transporter son mobilier n'est pas un tiers convenu entre les parties au sens de l'article 2076 (anc.) (▪ Cass. civ., 7 janv. 1919 : *DP* 1923, 1, 104). Le tiers convenu n'est responsable qu'en cas d'erreur manifeste d'estimation (▪ Paris,

2 juin 1992 : *JurisData* n° 1992-022164 ; *JCP* 93, I, 3680, n° 21, obs. Delebecque). Le fait de constituer mandataire une personne par ailleurs salariée du constituant n'enlève rien au caractère effectif de la dépossession (■ Cass. com., 12 janv. 2010, n° 08-17.420 : *RDC* 2010, 1336, obs. A. Aynès ; *D.* 2011, p. 406, note Crocq ; *JCP* G 2010, 708, n° 15, obs. Delebecque ; *Dr. et patrimoine* sept. 2010, p. 93, obs. Ph. Dupichot ; *RD bancaire et fin.* 2010, comm. 61, obs. D. Legeais. Comp. ■ Cass. com., 8 avr. 2015, n° 14-13.787 : *RLDC* 129/2015, n° 5939, note Ansault). En revanche, lorsque le tiers convenu possède les marchandises gagées dans des locaux mis à la disposition du constituant aux termes d'un bail commercial, sans que le bailleur n'ait autorisé cette seconde mise à disposition, la dépossession est considérée comme fictive et le gage inopposable au bailleur (■ Cass. com., 23 sept. 2014, n° 12-26.203 : *Gaz. Pal.* 2014, n° 338, p. 23, obs. Dumont-Lefrand).

3) Revendication du véritable propriétaire. Le créancier gagiste de bonne foi peut invoquer l'article 2279 pour résister à l'action en revendication du véritable propriétaire (■ Cass. civ., 19 juin 1928 : *DP* 1929, 1, 45). Mais au cas où l'objet a été perdu ou volé, et l'article 2280 ne lui étant pas applicable, il ne peut exiger alors du propriétaire le remboursement des sommes prêtées (■ Cass. civ., 11 mai 1898 : *DP* 1898, 1, 504).

4) Détournement de gage. Voir C. pén., art. 314-5.

5) Opposabilité aux tiers du gage commercial sans dépossession. Quoique la Cour de cassation considère que l'écrit ne constitue pas une condition de validité du gage commercial sans dépossession, elle affirme que l'opposabilité aux tiers de cette sûreté exige que soient respectées les formalités d'inscription sur le registre *ad hoc* visé à l'article 2338 du Code civil (■ Cass. com., 17 févr. 2015, n° 13-27.080 : *Rev. sociétés* 2015, p. 663, note Ansault ; *D.* 2015, p. 787, note Borga ; *Gaz. Pal.* 2015, n° 78, p. 18, obs. Dumont-Lefrand).

Art. 2338 ***(Ord. n° 2006-346, 23 mars 2006).*** **– Le gage est publié par une inscription sur un registre spécial dont les modalités sont réglées par décret en Conseil d'État.**

Bibliographie : P. Bouteiller, *La publicité des gages sans dépossession (gage de droit commun et gage des stocks) : JCP* E 2007, 1112.

Inscription du gage sans dépossession de droit commun. Voir D. n° 2006-1804, 23 déc. 2006, pris pour l'application de l'article 2338 du Code civil et relatif à la publicité du gage sans dépossession (*JO* 31 déc.), p. 3264. Voir également : pour la détermination de la catégorie à laquelle le bien affecté en garantie appartient, A. 1er févr. 2007 relatif à la nomenclature visée à l'article 2 (6°) du décret n° 2006-1804 pris pour l'application de l'article 2338 du Code civil et relatif à la publicité du gage sans dépossession (*JO* 10 févr.), p. 3274.

Art. 2339 ***(Ord. n° 2006-346, 23 mars 2006).*** **– Le constituant ne peut exiger la radiation de l'inscription ou la restitution du bien gagé qu'après avoir entièrement payé la dette garantie en principal, intérêts et frais.**

Art. 2340 ***(Ord. n° 2006-346, 23 mars 2006).*** **– Lorsqu'un même bien fait l'objet de plusieurs gages successifs sans dépossession, le rang des créanciers est réglé par l'ordre de leur inscription.**

Lorsqu'un bien donné en gage sans dépossession fait ultérieurement l'objet d'un gage avec dépossession, le droit de préférence du créancier gagiste antérieur est opposable au créancier gagiste postérieur lorsqu'il est régulièrement publié nonobstant le droit de rétention de ce dernier.

Art. 2341 ***(Ord. n° 2006-346, 23 mars 2006).*** **– Lorsque le gage avec dépossession a pour objet des choses fongibles, le créancier doit les tenir séparées des choses de même nature qui lui appartiennent. À *défaut, le constituant* peut se prévaloir des dispositions du premier alinéa de l'article 2344.**

Si la convention dispense le créancier de cette obligation, il acquiert la propriété des choses gagées à charge de restituer la même quantité de choses équivalentes.

Bibliographie : S. Torck, *Les garanties réelles mobilières sur biens fongibles après l'ordonnance du 23 mars 2006 relative aux sûretés : RD bancaire et fin.* juill.-août 2006, p. 39 ● D. R. Martin, *De la garantie monétaire : RD bancaire et fin.* mars-avr. 2006, p. 43. ● D. R. Martin, *Le gage-espèces : D.* 2007, p. 2556. ● S. Bros, *Le gage-espèces : Dr. et patrimoine* 2007, n° 161, p. 77 et s. ● S. Torck, *Les sûretés sur sommes d'argent après l'ordonnance du 23 mars 2006 portant réforme du droit des sûretés et la loi sur la fiducie du 19 février 2007 : RD bancaire et fin.* 2008, étude 2.

Art. 2342 ***(Ord. n° 2006-346, 23 mars 2006).*** **– Lorsque le gage sans dépossession a pour objet des choses fongibles, le constituant peut les aliéner si la convention le prévoit à charge de les remplacer par la même quantité de choses équivalentes.**

Art. 2343 *(Ord. n° 2006-346, 23 mars 2006).* **– Le constituant doit rembourser au créancier ou au tiers convenu les dépenses utiles ou nécessaires que celui-ci a faites pour la conservation du gage.**

Art. 2344 *(Ord. n° 2006-346, 23 mars 2006).* **– Lorsque le gage est constitué avec dépossession, le constituant peut réclamer la restitution du bien gagé, sans préjudice de dommages-intérêts, si le créancier ou le tiers convenu ne satisfait pas à son obligation de conservation du gage.**

Lorsque le gage est constitué sans dépossession, le créancier peut se prévaloir de la déchéance du terme de la dette garantie ou solliciter un complément de gage si le constituant ne satisfait pas à son obligation de conservation du gage.

Administration (non). Le créancier gagiste, soumis à une obligation de conservation de la chose remise en gage, commet une faute s'il s'oppose à l'exécution des ordres donnés par le constituant en l'absence d'une clause restrictive des pouvoirs de celui-ci ou d'une clause expresse l'y autorisant dans la mesure où il ne dispose ni du droit d'user de cette chose, ni du droit de l'administrer (■ Cass. com., 12 juill. 2005, n° 04-10.214 : *JurisData* n° 2005-029480 ; *Bull. civ.* IV, n° 175, p. 189 ; *JCP* G 2005, I, 185, n° 17, obs. Delebecque ; *RTD com.* 2006, p. 473, obs. Bouloc ; *D.* 2005, p. 2142, obs. Delpech).

Art. 2345 *(Ord. n° 2006-346, 23 mars 2006).* **– Sauf convention contraire, lorsque le détenteur du bien gagé est le créancier de la dette garantie, il perçoit les fruits de ce bien et les impute sur les intérêts ou, à défaut, sur le capital de la dette.**

Art. 2346 *(Ord. n° 2006-346, 23 mars 2006).* **– À défaut de paiement de la dette garantie, le créancier peut faire ordonner en justice la vente du bien gagé. Cette vente a lieu selon les modalités prévues par les procédures civiles d'exécution sans que la convention de gage puisse y déroger.**

Obligation de demander la réalisation du gage (non). Sur le principe que le créancier gagiste n'est pas tenu de demander la réalisation de son gage à l'échéance, V. ■ Cass. com., 10 oct. 2000 : *JCP* G 2001, II, 10575 et *JCP* E 2001, 1477, note Piedelièvre ; *JCP* G 2001, I, 315, n° 18, obs. Delebecque ; *JurisData* n° 2000-006176 ; *Bull. civ.* IV, n° 151, p. 137. V. aussi ■ Cass. com., 19 nov. 2002, n° 02-82.118 : *JurisData* n° 2002-017293 ; *Bull. civ.* IV, n° 172, p. 197 ; *JCP* G 2003, I, 124, n° 17, obs. Delebecque ; *JCP* E 2003, 449, note Bouteiller. V. art. 2314, annot. n° 20, p. 1764.

Art. 2347 *(Ord. n° 2006-346, 23 mars 2006).* **– Le créancier peut aussi faire ordonner en justice que le bien lui demeurera en paiement.**

Lorsque la valeur du bien excède le montant de la dette garantie, la somme égale à la différence est versée au débiteur ou, s'il existe d'autres créanciers gagistes, est consignée.

1) **Attribution judiciaire demandée par le créancier de second rang.** Rien n'interdit à un créancier de second rang de demander l'attribution judiciaire du bien affecté (■ Cass. com., 3 juin 2008, n° 07-12.017 : *JurisData* n° 2008-044214 ; *RTD civ.* 2008, p. 701, note Crocq ; *D.* 2008. 1691, obs. Lienhard ; *RD bancaire et fin.* 2008, comm. 113, obs. D. Legeais).

2) **Procédures collectives.** Sur la possibilité pour le créancier gagiste d'obtenir l'attribution judiciaire du gage lorsque le constituant est soumis à une liquidation judiciaire, voir C. com., art. L. 642-20-1, p. 1706.

3) **Fonds de commerce (non).** Sur la mise à l'écart de la faculté d'attribution judiciaire du bien à l'égard du nantissement de fonds de commerce, voir C. com., art. L. 142-1, al. 2.

4) **Gage avec dépossession. Exigence d'une possession actuelle.** L'attribution judiciaire n'est plus possible lorsque la chose gagée avec dépossession n'est plus dans les mains du créancier mais a été remise au vendeur bénéficiant d'une clause de réserve de propriété (■ Cass. com., 5 avr. 1994, n° 90-11.559 : *JurisData* n° 1994-000743 ; *Bull. civ.* IV, n° 146, p. 116).

5) **Gage sans dépossession. Rôle de l'inscription.** La solution aux termes de laquelle l'attribution judiciaire du bien, objet d'un gage sans dépossession bénéficiant d'un droit de suite, en l'occurrence un nantissement de l'outillage avec apposition d'une plaque, pouvait être obtenue contre le constituant, et le bien réclamé, suivant le droit commun au tiers détenteur, est transposable au nouveau gage par inscription (■ Cass. com., 28 janv. 1997, *Bull. civ.* IV, n° 32, p. 28). En effet, ce nouveau gage comporte lui-aussi un droit de suite. Voir art. 2337, p. 1792.

6) **Effets.** L'effet translatif s'opère immédiatement dès le prononcé de la décision ordonnant attribution judiciaire du gage, laquelle éteint la

créance garantie à due concurrence de la valeur du bien affecté (■ Cass. com., 24 janv. 2006, n° 02-15.295 : *JurisData* n° 2006-031885 ; *JCP* G 2006, I, 131, n° 15 obs. Delebecque).

Art. 2348 *(Ord. n° 2006-346, 23 mars 2006).* **– Il peut être convenu, lors de la constitution du gage ou postérieurement, qu'à défaut d'exécution de l'obligation garantie le créancier deviendra propriétaire du bien gagé.**

La valeur du bien est déterminée au jour du transfert par un expert désigné à l'amiable ou judiciairement, à défaut de cotation officielle du bien sur un marché organisé au sens du Code monétaire et financier. Toute clause contraire est réputée non écrite.

Lorsque cette valeur excède le montant de la dette garantie, la somme égale à la différence est versée au débiteur ou, s'il existe d'autres créanciers gagistes, est consignée.

Bibliographie : L. Aynès, *Présentation générale de la réforme* in Dossier, *La réforme des sûretés : D.* 2006, p. 1289. • A. Gogos-Gintrand, *Le pacte commissoire : une institution dangereuse par nature : RRJ* 2011, p. 1. • F. Martin et B. Gérard-Godard, *Le pacte commissoire : JCP* N 2011, 1183. • Ch. Jacomin et B. Lacourte, *De l'intérêt du pacte commissoire dans les sûretés réelles : Rev. Lamy dr. civ.* 2012/99, n° 4894. • S. Pérus, *Des aspects pratiques du pacte commissoire : Rev. Lamy dr. civ.* 2008/50, n° 3023. • V. sous l'empire du droit antérieur, lequel interdisait de manière générale le pacte commissoire tout en essayant de cantonner cette prohibition, G. Wiederker, *Pacte commissoire et sûretés conventionnelles* in *Études offertes A. Jauffret* LGDJ 1974, p. 662.

Procédures collectives. Voir sur l'impossibilité de conclure ou de réaliser un pacte commissoire pendant les phases de sauvegarde, de redressement et de liquidation judiciaire du constituant, C. com., art. L. 622-7, p. 1705, L. 631-14, p. 1705 et L. 641-3, p. 1706.

Code de la consommation

PREMIÈRE PARTIE (LÉGISLATIVE)

LIVRE TROISIÈME. – CRÉDIT

TITRE PREMIER. – OPERATION DE CRÉDIT

CHAPITRE II. – CRÉDIT À LA CONSOMMATION

....

Section VII. – Exécution du contrat de crédit

(Ord. n° 2016-301, 14 mars 2016)

....

Art. L. 312-38 *(Ord. n° 2016-301, 14 mars 2016).* – Aucune indemnité ni aucuns frais autres que ceux mentionnés aux articles L. 312-39 et L. 312-40 ne peuvent être mis à la charge de l'emprunteur dans les cas de défaillance prévus par ces articles.

Toutefois, le prêteur peut réclamer à l'emprunteur, en cas de défaillance de celui-ci, le remboursement des frais taxables qui lui ont été occasionnés par cette défaillance, à l'exclusion de tout remboursement forfaitaire de frais de recouvrement.

En cas de défaillance de l'emprunteur, seuls les modes de réalisation du gage autorisés par les articles 2346 et 2347 du Code civil sont ouverts aux créanciers gagistes, à l'exclusion du pacte commissoire prévu à l'article 2348 du même code qui est réputé non écrit.

Art. 2349 *(Ord. n° 2006-346, 23 mars 2006).* **– Le gage est indivisible nonobstant la divisibilité de la dette entre les héritiers du débiteur ou ceux du créancier.**

L'héritier du débiteur qui a payé sa portion de dette ne peut demander la restitution de sa portion dans le gage tant que la dette n'est pas entièrement acquittée.

Réciproquement, l'héritier du créancier, qui a reçu sa portion de créance, ne peut remettre le gage au préjudice de ceux de ses cohéritiers qui ne sont pas payés.

Clause contraire (oui). La clause qui prévoit la réduction globale de la couverture de la créance détenue par plusieurs banques et garantie par un gage portant sur des marchandises vaut stipulation de divisibilité du gage (■ Cass. com., 10 juill. 2012, n° 11-22.846 : *JCP* G 2012, 1291, n° 18, note Delebecque).

Art. 2350 *(Ord. n° 2006-346, 23 mars 2006)*. **– Le dépôt ou la consignation de sommes, effets ou valeurs, ordonné judiciairement à titre de garantie ou à titre conservatoire, emporte affectation spéciale et droit de préférence au sens de l'article 2333.**

Primauté du privilège du Trésor notifié avant la conversion d'une saisie conservatoire. Ayant relevé que la société avait fait procéder à la conversion de la saisie conservatoire après la notification des avis à tiers détenteur, la cour d'appel a exactement retenu que le droit de préférence du créancier saisissant ne pouvait être invoqué à l'égard du trésorier dont la créance fiscale bénéficie du privilège de l'article 1920 du Code général des impôts (■ Cass. 2e civ., 18 janv. 2007 : *JurisData* n° 2007-036919 ; *Bull. civ.* II, n° 14 ; *JCP* G 2007, I, 212, n° 25, obs. Delebecque ; *D.* 2007, p. 451).

Section II. – Du gage portant sur un véhicule automobile

(Ord. n° 2006-346, 23 mars 2006)

Voir : D. n° 53-968, 30 sept. 1953.

Art. 2351 *(Ord. n° 2006.346, 23 mars 2006)*. **– Lorsqu'il porte sur un véhicule terrestre à moteur ou une remorque immatriculés, le gage est opposable aux tiers par la déclaration qui en est faite à l'autorité administrative dans les conditions fixées par décret en Conseil d'État.**

Bibliographie : D. Legeais, *Le nouveau droit du gage portant sur un véhicule automobile : JCP* E 2007, 1482. • E. Le Corre-Broly, *Le gage sur véhicule automobile source d'interrogations : D.* 2014, p. 440.

1) Possibilité de constituer un gage sans dépossession de droit commun (non). Selon une réponse ministérielle, il n'est pas possible de constituer un gage sans dépossession de droit commun pour les cas visés par le décret du 30 septembre 1953 (Rép. min. n° 1055 : *JO* 9 oct. 2007, p. 6172).

2) Opposabilité de l'inscription aux sous-acquéreurs. Dès l'instant où le gage est régulièrement publié, il est opposable aux tiers acquéreurs même de bonne foi (■ Cass. 1re civ., 16 janv. 2013, n° 12-12.226 : *JCP* G 2013, 585, n° 11, obs. Delebecque).

Art. 2352 *(Ord. n° 2006-346, 23 mars 2006)*. **– Par la délivrance du reçu de la déclaration, le créancier gagiste sera réputé avoir conservé le bien remis en gage en sa possession.**

Droit de rétention fictif. L'ordonnance du 23 mars 2006 conserve le droit de rétention fictif reconnu au bénéficiaire par le droit antérieur, de sorte qu'il se reporte sur le prix de vente si l'organe de la procédure collective compétent réalise le gage (■ Cass. com. 13 janv. 1987, n° 85-12.741 : *JurisData* n° 1987-000291 ; *Bull. civ.* IV, n° 10, p. 7). Néanmoins, ce droit ne saurait prévaloir contre une rétention effective valablement exercée par un autre créancier sur le véhicule (■ Cass. com. 11 juin 1969 : *Bull. civ.* IV, n° 221, p. 211 ; *D.S*, 1970, p. 244, note Bihr).

Art. 2353 *(Ord. n° 2006-346, 23 mars 2006)*. **– La réalisation du gage est soumise, quelle que soit la qualité du débiteur, aux règles prévues aux articles 2346 à 2348.**

Section III. – Dispositions communes

(Ord. n° 2006-346, 23 mars 2006)

Art. 2354 *(Ord. n° 2006-346, 23 mars 2006)*. **– Les dispositions du présent chapitre ne font pas obstacle à l'application des règles particulières prévues en matière commerciale ou en faveur des établissements de prêt sur gage autorisés.**

CHAPITRE III. – DU NANTISSEMENT DE MEUBLES INCORPORELS

(Ord. n° 2006-346, 23 mars 2006)

Bibliographie : J. Stoufflet, *Le gage des meubles corporels : JCP* G 2006, suppl. n° 20, p. 19. • P. Crocq, *Le nantissement de créances : Rev. Lamy dr. civ.* 2006/29, suppl. n° 5, n° 2167. • Ph. Delebecque, *Les sûretés sur créances monétaires*, in *Le droit des affaires d'aujourd'hui à demain, en hommage à Y. Chaput*, LexisNexis, 2014, p. 85. • M. Julienne, *Le nantissement* *de créance*, Economica 2012, préf. L. Aynès ; *La nature juridique du nantissement de créance : Mél. D. Martin*, LGDJ-Lextenso éditions, 2015, p. 315. • C. Lisanti, *Quelques remarques à propos des sûretés sur les meubles incorporels dans l'ordonnance du 23 mars 2006 : D.* 2006, p. 2671. • F. Martin et B. Gérard-Godard, *Les différents régimes juridiques du nantissement des titres sociaux : JCP* N 2011, 1144. • F. Moulière, *Nantissement de créances futures, nouveau contrat aléatoire : RTD com.* 2011, p. 677. • M. Mignot, *L'indisponibilité de la créance nantie : une pièce manquante essentielle du dispositif législatif issu de l'ordonnance n° 2006-346 du 23 mars 2006 : RD bancaire et fin.* 2010, étude 2. • A. Raynouard, *Les gages de titres et les nantissements de créance après l'ordonnance du 23 mars 2006 : RJ com.* 2006, p. 196 et s. • D. Legeais, *Le nantissement de créances : Dr. et patrimoine* 2007, n° 161, p. 54 et s. • Ph. Dupichot, *Le nantissement, un an après : LPA* 27 mars 2008. • B. Dupont-Legrand, *Droit de rétention fictif et nantissement de créances : l'exclusivité au paiement ? : RRJ* 2012, p. 1825. • V. égal. sur le projet de réforme, H. Synvet, *Le nantissement des meubles incorporels : Dr. et patrimoine* sept. 2005, p. 64.

Voir : sur l'influence d'une procédure collective sur le classement des titulaires de nantissement de meubles incorporels, C. com., art. L. 622-17, p. 2005, L. 626-22, p. 1781, L. 642-12, p. 1706. Voir aussi, C. com., art. L. 643-13.

Art. 2355 ***(Ord. n° 2006-346, 23 mars 2006).*** **– Le nantissement est l'affectation, en garantie d'une obligation, d'un bien meuble incorporel ou d'un ensemble de biens meubles incorporels, présents ou futurs.**

Il est conventionnel ou judiciaire.

Le nantissement judiciaire est régi par les dispositions applicables aux procédures civiles d'exécution.

Le nantissement conventionnel qui porte sur les créances est régi, à défaut de dispositions spéciales, par le présent chapitre.

Celui qui porte sur d'autres meubles incorporels est soumis, à défaut de dispositions spéciales, aux règles prévues pour le gage de meubles corporels.

1) Cession de créance réalisée à titre de garantie (non). En dehors des cas prévus par la loi, la combinaison des anciens articles 2075 et 2078 du Code civil alors applicables conduit à admettre que l'acte par lequel un débiteur cède et transporte à son créancier, à titre de garantie, tous ses droits sur des créances, constitue un nantissement de créance et non une cession de créance de droit commun réalisée à titre de garantie (▪ Cass. com., 19 déc. 2006 : *JurisData* n° 2006-036663 ; *Bull. civ.* IV, n° 250 ; *D.* 2007, p. 319, note Dammann et Podeur ; *D.* 2007, p. 76, note Delpech ; *Banque mag.* 2007, n° 689, p. 75, note Guillot et Boccara ; *Rev. Lamy dr. civ.* 2007/36, n° 2449, note Houtcieff ; *Banque et droit* 2007, n° 111, p. 49, note Jacob ; *D.* 2007, p. 344, note Larroumet ; *JCP* E 2007, 1131, note Legeais ; *RD bancaire et fin.* 2007, p. 20, note Legeais ; *RTD civ.* 2007, p. 160, note Crocq. – *Adde*, G. Mouy, *La cession de créance à titre de garantie : une sûreté à part : Journ. sociétés* janv. 2009, p. 70. Comp. ▪ Cass. com., 26 mai 2010, n° 09-13.388 : *D.* 2010, p. 1340, note Borga ; *RD bancaire et fin.* 2010, comm. 142, obs. Cerles ; *RTD civ.* 2010, p. 577, note Crocq ; *JCP* G 2011, 226, n° 19, obs. Delebecque ; *Dr. et patrimoine* 2010, n° 195, p. 96, note Ph. Dupichot, qui reprend la même formule mais consacre au profit du bénéficiaire l'existence d'un droit exclusif à recevoir le paiement de la créance nantie).

2) Nantissement de fonds de commerce – droit de rétention (non). Il résulte de la combinaison des articles L. 2286, 4°, du Code civil et 2355, alinéa 5, du même Code que le titulaire d'un nantissement de fonds de commerce ne saurait se prévaloir d'un droit de rétention fictif (▪ Cass. com., 26 nov. 2013, n° 12-27.390 : *RTD civ.* 2014, p. 158, note Crocq ; *Gaz. Pal.* 2014, nos 78 et 79, p. 22, obs. Dumont-Lefrand).

Art. 2356 ***(Ord. n° 2006-346, 23 mars 2006).*** **– À peine de nullité, le nantissement de créance doit être conclu par écrit.**

Les créances garanties et les créances nanties sont désignées dans l'acte.

Si elles sont futures, l'acte doit **permettre leur individualisation ou contenir des éléments permettant celle-ci tels que l'indication du débiteur, le lieu de paiement, le montant des créances ou leur évaluation et, s'il y a lieu, leur échéance.**

1) Droit antérieur (rappel). Avant l'entrée en vigueur de l'ordonnance du 23 mars 2006, la signification du nantissement s'analysait comme une condition substantielle de la naissance du droit réel au profit du créancier gagiste (▪ Cass. com., 9 mai 2007 : *JurisData* n° 2007-038948 ; *Bull. civ.* IV, n° 127 ; *JCP* G 2007, I, 212, n° 22, obs. Delebecque ; *JCP* G 2007, IV, 2206 ; *D.* 2007, p. 1497, obs. Delpech). Désormais, la sûreté est parfaite dès l'accord des parties matérialisé dans un écrit dûment daté. L'acte n'a plus à être signifié aux tiers : il leur est opposable à la date de l'acte (C. civ., art. 1361).

2) Détermination des créances futures. Une juridiction du fond a prononcé la nullité d'un nantissement consenti par un client qui avait remis à titre de sûreté à sa banque « l'ensemble de ses comptes actuels et futurs en raison de toute avance, prêt ou crédit de toute nature, opération de bourse ou autre opération sur titres ou sur instruments financiers et au titre de toute prestation de service » au motif que les créances futures garanties n'étaient pas suffisamment déterminées (■ CA Colmar, 24 nov. 2011, n° 11/02000 : *JurisData* n° 2011-026292 ; *JCP* G 2012, 1291, n° 20, note Delebecque).

Art. 2357 *(Ord. n° 2006-346, 23 mars 2006)*. **– Lorsque le nantissement a pour objet une créance future, le créancier nanti acquiert un droit sur la créance dès la naissance de celle-ci.**

Art. 2358 *(Ord. n° 2006-346, 23 mars 2006)*. **– Le nantissement de créance peut être constitué pour un temps déterminé.**

Il peut porter sur une fraction de créance, sauf si celle-ci est indivisible.

Art. 2359 *(Ord. n° 2006-346, 23 mars 2006)*. **– Le nantissement s'étend aux accessoires de la créance à moins que les parties n'en conviennent autrement.**

Art. 2360 *(Ord. n° 2006-346, 23 mars 2006)*. **– Lorsque le nantissement porte sur un compte, la créance nantie s'entend du solde créditeur, provisoire ou définitif, au jour de la réalisation de la sûreté sous réserve de la régularisation des opérations en cours, selon les modalités prévues par les procédures civiles d'exécution.**

Sous cette même réserve, au cas d'ouverture d'une procédure de sauvegarde, de redressement judiciaire, de liquidation judiciaire ou d'une procédure de traitement des situations de surendettement des particuliers contre le constituant, les droits du créancier nanti portent sur le solde du compte à la date du jugement d'ouverture.

Bibliographie : H. Synvet, *Le nantissement de compte : Dr. et patrimoine* 2007, n° 161, p. 62 et s.

1) Distinction du gage-espèces et du nantissement du solde d'un compte bancaire. Dans la mesure où les sommes en cause avaient été transférées sur un compte impersonnel, purement interne à la banque, ouvert au nom du constituant pour la seule commodité des écritures, la Haute juridiction écarte la qualification de nantissement de créance et considère que l'opération doit s'analyser en un gage-espèces (■ Cass. com., 6 févr. 2007 : *JurisData* n° 2007-037323 ; *JCP* G 2007, I, 212 ; *Rev. Lamy dr. civ.* 2007, n° 39, p. 25, note D. Legeais ; *RTD civ.* 2007, p. 373, obs. Crocq).

2) Loi applicable. En matière de nantissement de compte bancaire, la loi applicable doit être déterminée en fonction du lieu où le compte, réceptacle de la créance nantie, est tenu (■ CA Paris, 15e ch. B, 10 mai 2007 : *JurisData* n° 2007-340793 ; *JCP* G 2007, I, 212, n° 21, obs. Delebecque). *Adde*, M. Attal, *La reconnaissance des sûretés mobilières conventionnelles en France*, thèse Toulouse I, 2004.

Art. 2361 *(Ord. n° 2006-346, 23 mars 2006)*. **– Le nantissement d'une créance, présente ou future, prend effet entre les parties et devient opposable aux tiers à la date de l'acte.**

Parallélisme avec la cession Dailly. Dans la mesure où le régime juridique de la constitution d'un nantissement de créance de droit commun est calqué sur celui de la cession Dailly, l'on peut penser que la jurisprudence relative aux conflits opposant le bénéficiaire d'une cession Dailly et des tiers invoquant des droits concurrents sur la créance nantie aura vocation à être transposée aux contentieux du même ordre où intervient un tel nantissement de créance de droit commun issu de l'ordonnance du 23 mars 2006. Voir : C. monét. fin., art. L. 313-27.

Art. 2362 *(Ord. n° 2006-346, 23 mars 2006)*. **– Pour être opposable au débiteur de la créance nantie, le nantissement de créance doit lui être notifié ou ce dernier doit intervenir à l'acte.**

À défaut, seul le constituant reçoit valablement paiement de la créance.

Art. 2363 *(Ord. n° 2006-346, 23 mars 2006)*. **– Après notification, seul le créancier nanti reçoit valablement paiement de la créance donnée en nantissement tant en capital qu'en intérêts.**

***Chacun des créanciers, les autres dûment appelés,* peut en poursuivre l'exécution.**

Art. 2364 *(Mod., Ord. n° 2006-346, 23 mars 2006 ; L. n° 2007-212, 20 févr. 2007)*. **– Les sommes payées au titre de la créance nantie s'imputent sur la créance garantie lorsqu'elle est échue.**

Dans le cas contraire, le créancier nanti les conserve à titre de garantie sur un compte ouvert auprès d'un établissement habilité à les recevoir à charge pour lui de les restituer si l'obligation garantie est exécutée. En cas

de défaillance du débiteur de la créance garantie et huit jours après une mise en demeure restée sans effet, le créancier affecte les fonds au remboursement de sa créance dans la limite des sommes impayées.

Art. 2365 *(Ord. n° 2006-346, 23 mars 2006)*. **– En cas de défaillance de son débiteur, le créancier nanti peut se faire attribuer, par le juge ou dans les conditions prévues par la convention, la créance donnée en nantissement ainsi que tous les droits qui s'y rattachent.**

Il peut également attendre l'échéance de la créance nantie.

Art. 2366 *(Ord. n° 2006-346, 23 mars 2006)*. **– S'il a été payé au créancier nanti une somme supérieure à la dette garantie, celui-ci doit la différence au constituant.**

CHAPITRE IV. – DE LA PROPRIÉTÉ RETENUE OU CÉDÉE À TITRE DE GARANTIE

(Ord. n° 2006-346, 23 mars 2006 ; intitulé rempl., Ord. n° 2009-112, 30 janv. 2009)

Section I. – De la propriété retenue à titre de garantie

(Ord. n° 2009-112, 30 janv. 2009)

Bibliographie : P. Crocq, *La réserve de propriété : JCP* G 2006, suppl. n° 20, p. 23 • *Ibid., La réserve de propriété : Dr. et patrimoine* sept. 2005, p. 75 • *Ibid., Dix ans après : l'évolution récente des propriétés-garanties* in *Ruptures, mouvements et continuité du droit – Autour de Michelle Gobert*, Économica 2004, p. 347 • Ph. Dupichot, *Propriété et garantie au lendemain de l'ordonnance relative aux sûretés : Rev. Lamy dr. civ.* 2006/29, suppl. n° 5, n° 2168.

Art. 2367 *(Ord. n° 2006-346, 23 mars 2006)*. **– La propriété d'un bien peut être retenue en garantie par l'effet d'une clause de réserve de propriété qui suspend l'effet translatif d'un contrat jusqu'au complet paiement de l'obligation qui en constitue la contrepartie.**

La propriété ainsi réservée est l'accessoire de la créance dont elle garantit le paiement.

1) Nature juridique. En qualifiant la clause de réserve de propriété de « sûreté » (V. art. 2329, p. 1783 et 2373, al. 2, p. 1807), l'ordonnance du 23 mars 2006 reprend une solution que la Cour de cassation avait déjà énoncée dans plusieurs décisions (▪ Cass. com., 9 mai 1995, n° 93-13.781 : *JurisData* n° 1995-001097 ; *RTD civ.* 1996, p. 441, obs. Crocq ; *Rev. proc. coll.* 1995, p. 487, n° 28, obs. Soinne. ▪ Cass. com., 23 janv. 2001 : *JurisData* n° 2001-007979 ; *Bull. civ.* IV, n° 23, p. 21 ; *JCP* G 2001, I, 321, n° 13, obs. Cabrillac ; *RTD civ.* 2001, p. 399, obs. Crocq ; *D.* 2001, p. 702, obs. Lienhard ; *RTD com.* 2001, p. 518, obs. Martin-Serf ; *Act. proc. coll.* 2001, comm. 52, obs. Regnaut-Moutier). Ultérieurement et dans la droite ligne des textes nouveaux, la Haute juridiction a conservé cette analyse (▪ Cass. com., 17 oct. 2018, n° 17-14.986 : *JurisData* n° 2018-018022 ; *Contrats, conc. consom.* 2019, comm. 1, obs. Leveneur ; *JCP* E 2019, 1071, n° 9, obs. Dumont).

2) Champ d'application. Conformément aux solutions adoptées par le droit antérieur, l'ordonnance du 23 mars 2006 permet d'intégrer une clause de réserve de propriété dans n'importe quel type de contrat translatif de propriété (▪ Cass. com., 19 nov. 2003 : *JurisData* n° 2003-021073 ; *Bull. civ.* IV, n° 174, p. 191 ; *Act. proc. coll.* 2004, comm. 20, obs. Alleaume ; *JCP* G 2004, I, 113, n° 1, obs. Ch. Caron ; *D.* 2003, p. 3049, obs. Lienhard ; *D.* 2004, p. 801, note A. et F.-X. Lucas ; *LPA* 19 févr. 2004, p. 9, note Lécuyer ; *RTD com.* 2004, p. 599, obs. Martin-Serf), et notamment dans un contrat d'entreprise lorsqu'il produit de tels effets (▪ Cass. com., 29 mai 2001 : *JurisData* n° 2001-010018 ; *RTD civ.* 2001, p. 930, obs. Crocq ; *Contrats, conc. consom.* 2001, comm. 133, obs. Leveneur. ▪ Cass. com., 5 nov. 2003 : *JurisData* n° 2003-020806 ; *JCP* G 2003, IV, 3057 ; *JCP* E 2003, 1762 ; *Bull. civ.* IV, n° 162, p. 180 ; *D.* 2003, p. 2965 ; *RTD com.* 2004, p. 600, obs. Martin-Serf).

3) Caractère accessoire. L'alinéa 2 de l'article 2367 du Code civil confirme expressément les décisions du juge, lesquelles ont déjà affirmé sous l'empire du droit antérieur que la réserve de propriété constitue bien un accessoire de la créance garantie (▪ Cass. com., 15 mars 1988 : *JurisData* n° 1988-700578 ; *RTD civ.* 1988, p. 791, obs. Bandrac ; *RD bancaire et fin.* 1988, n° 8, p. 129, obs. Credot et Gérard ; *RD bancaire et fin.* 1988, n° 7, p. 103, obs. Dekeuwer-Defossez ; *JCP* G 1989, II, 21348, note Morançais-Demester ; *D.* 1988, p. 330, note Pérochon ; *Banque* juin 1988, n° 484, p. 699, obs. Rives-Lange ; *Gaz. Pal.* 1988, 1, p. 244, note Soinne. ▪ Cass. com., 11 juill. 1988 : *JurisData* n° 1988-001317 ; *Bull. civ.* 1988, IV, n° 237, p. 163 ; *RD bancaire et fin.* 1988, n° 10, p. 206, obs. Dekeuwer-Defossez ; *RTD com.* 1988, p. 656, obs. Cabrillac et Teyssié ; *Rev. proc. coll.* 1989, p. 66, obs. Delebecque ; *RTD com.* 1988, p. 698, obs. Martin-Serf ; *Banque* sept. 1988, n° 486, p. 932, obs. Rives-Lange). En dépit de cette analyse, la Haute juridiction a admis que la réserve de propriété pouvait survivre à l'extinction de la créance qu'elle garantissait (■ Cass. com., 9 janv. 1996 : *JurisData* n° 1996-000364 ; *JCP* G 1996, I, 3935, n° 19, obs. Cabrillac ; *RTD civ.* 1996, p. 436, obs. Crocq ; *D.* 1996, p. 184, Derrida ; *RTD com.* 1997, p. 331, obs. Martin-Serf ; *Dr. et patrimoine* mai 1996, p. 85, obs. Monsèrié ; *JCP* G 1996, I, 3942, n° 4, obs. Simler et Delebecque. ■ Cass. com., 11 mars 1997 : *JurisData* n° 1997-001069 ; *Bull. civ.* IV, n° 70, p. 63 ; *RD bancaire et bourse* 1997, p. 132, obs. Campana et Calendini.

4) **Prérogatives.** Si la clause de réserve de propriété constitue une sûreté réelle, elle ne confère à son bénéficiaire aucun droit de préférence dans les répartitions au sein d'une procédure collective (■ Cass. com., 15 oct. 2013, n° 13-10.463 : *JCP* G 2013, 1256, n° 9, obs. Delebecque ; *Dr. et patrimoine* 2014, n° 233, p. 70, obs. Ph. Dupichot).

5) **Clauses abusives.** Doit être réputée non écrite comme abusive, au sens de l'article L. 132-1 du Code de la consommation, dans sa rédaction antérieure à celle issue de l'ordonnance n° 2016-301 du 14 mars 2016, la clause, telle qu'interprétée par le juge, prévoyant la subrogation du prêteur dans la réserve de propriété du vendeur en application des dispositions de l'article 1250, 1°, du Code civil, dans sa rédaction antérieure à celle issue de l'ordonnance n° 2016-131 du 10 février 2016 (Avis n° 16011, 28 nov. 2016 : *RTD* 2017, p. 197, note Crocq ; *JCP* G 2017, 431, note Gouëzel ; *JCP* E 2017, 1065, note Poissonnier). Selon la Cour, doit également être réputée non écrite comme abusive, sauf preuve contraire, au sens de l'article L. 132-1 du Code de la consommation, dans sa rédaction antérieure à celle issue de l'ordonnance n° 2016-301 du 14 mars 2016, la clause, telle qu'interprétée par le juge, prévoyant la renonciation du prêteur au bénéfice de la réserve de propriété grevant le bien financé et la faculté d'y substituer unilatéralement un gage portant sur le même bien ; au surplus, elle doit être réputée non écrite, au sens du même texte, dès lors qu'elle ne prévoit pas d'informer l'emprunteur d'une telle renonciation (Avis n° 16011, 28 nov. 2016 : *RTD* 2017, p. 197, note Crocq). Enfin, doit être réputée non écrite comme abusive, au sens de l'article L. 132-1 du Code de la consommation, dans sa rédaction antérieure à celle issue de l'ordonnance n° 2016-301 du 14 mars 2016, la clause, telle qu'interprétée par le juge, ne prévoyant pas, en cas de revente par le prêteur du bien financé grevé d'une réserve de propriété, la possibilité pour l'emprunteur de présenter lui-même un acheteur faisant une offre (Avis n° 16011, 28 nov. 2016 : *RTD* 2017, p. 197, note Crocq).

Art. 2368 ***(Ord. n° 2006-346, 23 mars 2006).*** **– La réserve de propriété est convenue par écrit.**

Art. 2369 ***(Ord. n° 2006-346, 23 mars 2006).*** **– La propriété réservée d'un bien fongible peut s'exercer, à concurrence de la créance restant due, sur des biens de même nature et de même qualité détenus par le débiteur ou pour son compte.**

Procédures collectives. Voir Code de commerce, article L. 624-16, alinéa 3. Jugé sur le fondement du droit des procédures collectives, qu'en cas de revendications concurrentes des mêmes biens fongibles par plusieurs bénéficiaires de réserves de propriété, ces biens doivent leur être restitués à proportion de la quantité livrée par chacun d'eux et restant impayée à la date de l'ouverture, ce qui exclut une répartition à proportion du montant de la créance restant due (■ Cass. com., 29 nov. 2016, n° 15-12.350 : *JurisData* n° 2016-025371 ; *RTD civ.* 2017, p. 200, note Crocq ; *JCP* G 2017, doctr. 511, n° 18, obs. Delebecque ; *Rev. sociétés* 2017, p. 180, obs. Roussel Galle ; *Act. proc. coll.* 2017, 19, obs. Pérochon).

Art. 2370 ***(Ord. n° 2006-346, 23 mars 2006).*** **– L'incorporation d'un meuble faisant l'objet d'une réserve de propriété à un autre bien ne fait pas obstacle aux droits du créancier lorsque ces biens peuvent être séparés sans subir de dommage.**

Procédures collectives. Voir Code de commerce, article L. 624-16, alinéa 3.

Art. 2371 ***(Ord. n° 2006-346, 23 mars 2006).*** **– À défaut de complet paiement à l'échéance, le créancier peut demander la restitution du bien afin de recouvrer le droit d'en disposer.**

La valeur du bien repris est imputée, à titre de paiement, sur le solde de la créance garantie.

Lorsque la valeur du bien repris excède le montant de la dette garantie encore exigible, le créancier doit au débiteur une somme égale à la différence.

1) Effets de la réserve de propriété en cas de défaillance du débiteur. L'alinéa 1 du nouvel article 2371 du Code civil consacre l'analyse jurisprudentielle issue du droit antérieur selon laquelle la mise en œuvre de la clause de réserve de propriété ne conduit pas à la résolution du contrat translatif en cause (▪ Cass. com., 1er oct. 1985 : *JurisData* n° 1985-799116 ; *Bull. civ.* IV, n° 222, p. 184 ; *D.* 1986, p. 246, note Cabrillac ; *D.* 1986, p. 169, obs. Derrida ; *Rev. proc. coll.* 1987, p. 69, obs. Soinne). Elle réalise l'exécution même de la convention sous la forme d'une dation en paiement dans la mesure où le créancier reçoit le droit de disposer du bien, prérogative dont il s'était dépouillé en s'engageant à transférer la propriété de ce bien au débiteur (▪ Cass. com., 5 mars 1996 : *JurisData* n° 1996-000766 ; *Bull. civ.* IV, n° 72, p. 59 ; *JCP* G 1996, I, 3960, n° 11, obs. Cabrillac ; *RTD civ.* 1996, p. 443, obs. Crocq. ▪ Cass. com., 23 janv. 2001 : *JurisData* n° 2001-007979 ; *Bull. civ.* IV, n° 23, p. 21 ; *JCP* G 2001, I, 321, n° 13, obs. Cabrillac ; *RTD civ.* 2001, p. 399, obs. Crocq ; *D.* 2001, p. 702, obs. Liénhard ; *RTD com.* 2001, p. 518, obs. Martin-Serf ; *Act. proc. coll.* 2001, comm. 52, obs. Regnaut-Moutier).

2) Enrichissement du bénéficiaire (non). Si la réalisation de la clause de réserve de propriété éteint la créance de son bénéficiaire à l'encontre du débiteur du prix à concurrence de la valeur du bien repris, le créancier peut être tenu de restituer tout ou partie des sommes déjà reçues si la valeur du bien revendiqué est supérieure au montant de la créance qui n'a pas été encore acquittée (▪ Cass. com., 5 mars 1996 : *JurisData* n° 1996-000766 ; *Bull. civ.* IV, n° 72, p. 59 ; *JCP* G 1996, I, 3960, n° 11, obs. Cabrillac ; *RTD civ.* 1996, p. 443, obs. Crocq. ▪ Cass. com., 23 janv. 2001 : *JurisData* n° 2001-007979 ; *Bull. civ.* IV, n° 23, p. 21 ; *JCP* G 2001, I, 321, n° 13, obs. Cabrillac ; *RTD civ.* 2001, p. 399, obs. Crocq ; *D.* 2001, p. 702, obs. Liénhard ; *RTD com.* 2001, p. 518, obs. Martin-Serf ; *Act. proc. coll.* 2001, comm. 52, obs. Regnaut-Moutier.

Art. 2372 *(Ord. n° 2006-346, 23 mars 2006).* – **Le droit de propriété se reporte sur la créance du débiteur à l'égard du sous-acquéreur ou sur l'indemnité d'assurance subrogée au bien.**

1) Report de la clause de réserve de propriété sur la créance du prix de revente. L'article 2372 du Code civil entérine la position de la Cour de cassation qui avait reconnu dans le passé le jeu de la subrogation réelle lorsque le débiteur principal est *in bonis* (▪ Cass. com., 29 mai 2001 : *JurisData* n° 2001-010018 ; *RTD civ.* 2001, p. 930, obs. Crocq ; *Contrats, conc. consom.* 2001, comm. 133, obs. Leveneur). *Adde*, J.-J. Ansault, *Le prix de revente d'un bien affecté d'une réserve de propriété sous les feux de la rampe ! : Rev. Lamy dr. civ.* 2010/67, n° 3678.

2) Report de la clause de réserve de propriété sur l'indemnité d'assurance en cas de perte du bien. Abondant dans le sens du juge, l'ordonnance du 23 mars 2006 reconnaît que la réserve de propriété peut se reporter sur l'indemnité d'assurance (▪ Cass. com., 1er oct. 1985 : *JurisData* n° 1985-799116 ; *Bull. civ.* IV, n° 222, p. 184 ; *D.* 1986, p. 246, note Cabrillac ; *D.* 1986, p. 169, obs. Derrida ; *Rev. proc. coll.* 1987, p. 69, obs. Soinne).

Code de commerce

Art. L. 624-18 *(Mod., Ord. n° 2008-1345, 18 déc. 2008).* – **Peut être revendiqué le prix ou la partie du prix des biens visés à l'article L. 624-16 qui n'a été ni payé, ni réglé en valeur, ni compensé entre le débiteur et l'acheteur à la date du jugement ouvrant la procédure. Peut être revendiquée dans les mêmes conditions l'indemnité d'assurance subrogée au bien.**

Section II. – De la propriété cédée à titre de garantie

(Ord. n° 2009-112, 30 janv. 2009)

Bibliographie : *Sur le régime de la fiducie-sûreté sous l'empire de la loi du 19 février 2007.* A. Cerles, *La fiducie, nouvelle reine des sûretés ? : JCP* E 2007, 2054. • P. Crocq, *Lacunes et limites de la loi au regard du droit des sûretés : D.* 2007, p. 1354 et s. • Ph. Dupichot, *Opération de fiducie sur le sol français : JCP* E 2007, act. 134.

Sur le régime de la fiducie-sûreté sous l'empire de la loi du 4 août 2008. P. Crocq, *La nouvelle réglementation de la fiducie*, *Lamy droit de l'exécution forcée* 2008, Lettre d'actualité n° 31. • R. Dammann et G. Podeur, *Le nouveau paysage du droit des sûretés : première étape de la réforme de la fiducie et du gage sans dépossession : D.* 2008, p. 2300.

Sur le régime de la fiducie-sûreté issue de l'ordonnance du 30 janvier 2009. J.-J. Ansault, *La fiducie-sûreté ressuscitée ! : Journ. sociétés* mai 2009, p. 22. • *Ibid.*, *Fiducie-sûreté et sûretés réelles traditionnelles : que choisir ? : Dr. et patrimoine* 2010, n° 192, p. 52. • A. Aynès, *Fiducie immobilière : belle endormie : JCP* N 2016, 1106. • L. Aynès, *L'introduction de la fiducie* en droit français : *Rev. Lamy dr. civ.* 2009/60, n° 3441. • *Ibid., Le régime juridique de la fiducie : Rev. Lamy dr. civ.* 2009/60, n° 3443. • *Ibid., Quelques retouches à la fiducie-sûreté : Dr. et patrimoine* déc. 2009, p. 99. • F. Barrière, *La fiducie-sûreté : JCP* E 2009, 1808. • B. Bédaride, *Plaidoyer pour l'utilisation urgente de la fiducie-sûreté pour refinancer l'immobilier d'entreprise : RD bancaire et fin.* 2012, étude 2. • G. Berthelot, *Le traitement de la fiducie-sûreté dans la nouvelle ordonnance sur les procédures collectives : Dr. et patrimoine* oct. 2009, p. 84. • M. Burgard, *La fiducie après la loi du 4 août 2008, l'ordonnance du 30 janvier 2009 et la loi du 12 mai 2009 : LPA* 24 août 2009, p. 3. • R. Dammann, *La fiducie achève de faire sa place dans le droit français : LPA* 27 mars 2009, p. 3 ; *Avantages et inconvénients de la fiducie en cas de procédure collective : Rev. Lamy dr. civ.* 2009/60, n° 3442. • R. Dammann et M. Robinet, *Quel avenir pour les sûretés réelles classiques face à la fiducie-sûreté ? : Cah. dr. entr.* 2009, n° 4, p. 35. • *Ibid., Procédures collectives ; la fiducie redistribue les cartes : Banque mag.* janv. 2010, p. 34. • R. Damman, *Fiducie-sûreté et conflits de lois : Travaux du comité français de DIP*, 2008-10, p. 17 s. • Ph. Dupichot, *La fiducie-sûreté en pleine lumière : JCP* G 2009, I, 132. • *Ibid., Janus ou le double visage des sûretés rechargeables : Dr. et patrimoine* 2010, n° 192, p. 68. • L. Galliez et F. Pouzenc, *La fiducie-sûreté : mode d'emploi : Dr. et patrimoine* 2011, n° 206, p. 34. • M. Grimaldi et R. Dammann, *La fiducie sur ordonnances : D.* 2009, p. 670. • A. Gourio, *La fiducie-sûreté : D.* 2009, p. 1944. • I. Legrand, *La fiducie-sûreté : le bilan d'une aventure législative de trois ans : Banque et droit* 2009, n° 128, p. 19. • S. Lerond et G. Dumont, *Quand la fiducie prend le relais de l'assurance-vie : Dr. et patrimoine* oct. 2011, p. 20. • O. Fille-Lambie et L.-J. Laisney, *La fiducie : nouvelle garantie des crédits syndiqués ? : Dr. et patrimoine* 2010, n° 192, p. 76. • B. Mallet-Bricout, *Quelle efficacité pour la nouvelle fiducie-sûreté ? : Dr. et patrimoine* oct. 2009, p. 79. • *Ibid., Le fiduciaire propriétaire ? : JCP* E 2010, 1191. • S. Prigent, *Constitution d'une fiducie-sûreté : Defrénois* 2010, p. 1555. • *Ibid., Rechargement d'une fiducie-sûreté : Defrénois* 2010, p. 1782. • *Ibid., Fiducie-sûreté : retour sur des choix fiscaux : Defrénois* 2010, p. 2105. • *Ibid., L'extinction d'une fiducie-sûreté dont le constituant s'est acquitté de sa dette : Defrénois* 2011, p. 48. • *Ibid., Extinction d'une fiducie-sûreté dont le constituant ne s'est pas acquitté de sa dette : Defrénois* 2011, p. 259. • A. Raynouard et F. Jourdain-Thomas, *La fiducie, nouvel outil de gestion et de sûreté : JCP* N 2010, 1063. • V. égal. le colloque : *L'avenir de la fiducie : de la théorie à la pratique : RTDF* 2010/4, p. 86 et s.

Voir : sur les conséquences de l'ouverture d'une procédure collective du débiteur principal sur le constituant d'une fiducie-sûreté pour autrui, C. com., art. L. 611-10-2, p. 1721, L. 622-26, p. 1721, L. 622-28, p. 1722, L. 626-11, p. 1722, L. 631-14, p. 1705, L. 631-20, p. 1722.

Voir : D. n° 2010-219, 2 mars 2010, relatif au traitement automatisé de données à caractère personnel dénommé « Registre national des fiducies », p. 3329.

Art. 2372-1 *(Ord. n° 2009-112, 30 janv. 2009 ; rempl., L. n° 2009-526, 12 mai 2009)*. **– La propriété d'un bien mobilier ou d'un droit peut être cédée à titre de garantie d'une obligation en vertu d'un contrat de fiducie conclu en application des articles 2011 à 2030.**

Par dérogation à l'article 2029, le décès du constituant personne physique ne met pas fin au contrat de fiducie constitué en application de la présente section.

Rédaction antérieure. Art. 2372-1. – La propriété d'un bien mobilier ou d'un droit peut être cédée à titre de garantie d'une obligation en vertu d'un contrat de fiducie conclu en application des articles 2011 à 2030 du Code civil.

Art. 2372-2 *(Ord. n° 2009-112, 30 janv. 2009)*. **– En cas de fiducie conclue à titre de garantie, le contrat mentionne à peine de nullité, outre les dispositions prévues à l'article 2018, la dette garantie et la valeur estimée du bien ou du droit transféré dans le patrimoine fiduciaire.**

Art. 2372-3 *(Ord. n° 2009-112, 30 janv. 2009)*. **– À défaut de paiement de la dette garantie et sauf stipulation contraire du contrat de fiducie, le fiduciaire, lorsqu'il est le créancier, acquiert la libre disposition du bien ou du droit cédé à titre de garantie.**

Lorsque le fiduciaire n'est pas le créancier, ce dernier peut exiger de lui la remise du bien, dont il peut alors librement disposer, ou, si le contrat de fiducie le prévoit, la vente du bien ou du droit cédé et la remise de tout ou partie du prix.

La valeur du bien ou du droit cédé est déterminée par un expert désigné à l'amiable ou judiciairement, sauf si elle résulte d'une cotation officielle sur un marché organisé au sens du Code monétaire et financier ou si le bien est une somme d'argent. Toute clause contraire est réputée non écrite.

Art. 2372-4 *(Ord. n° 2009-112, 30 janv. 2009)*. **– Si le bénéficiaire de la fiducie a acquis la libre disposition du bien ou du droit cédé en application de l'article 2372-3, il verse au constituant, lorsque la valeur mentionnée au dernier alinéa de cet article excède le montant de la dette garantie, une somme égale à la différence entre cette valeur et le montant de la dette, sous réserve du paiement préalable des dettes nées de la conservation ou de la gestion du patrimoine fiduciaire.**

Sous la même réserve, si le fiduciaire procède à la vente du bien ou du droit cédé en application du contrat de fiducie, il restitue au constituant la part du produit de cette vente excédant, le cas échéant, la valeur de la dette garantie.

Art. 2372-5 *(Ord. n° 2009-112, 30 janv. 2009 ; mod., L. n° 2009-526, 12 mai 2009)*. **– La propriété cédée en application de l'article 2372-1 peut être ultérieurement affectée à la garantie de dettes autres que celles mentionnées par l'acte constitutif pourvu que celui-ci le prévoie expressément.**

Le constituant peut l'offrir en garantie, non seulement au créancier originaire, mais aussi à un nouveau créancier, encore que le premier n'ait pas été payé. Lorsque le constituant est une personne physique, le patrimoine fiduciaire ne peut alors être affecté en garantie d'une nouvelle dette que dans la limite de sa valeur estimée au jour de la recharge.

À peine de nullité, la convention de rechargement établie selon les dispositions de l'article 2372-2 est enregistrée sous la forme prévue à l'article 2019. La date d'enregistrement détermine, entre eux, le rang des créanciers.

Les dispositions du présent article sont d'ordre public et toute clause contraire à celles-ci est réputée non écrite.

Rédaction antérieure. Art. 2372-5. – [...].
Le constituant peut alors l'offrir en garantie, non seulement au créancier originaire, mais aussi à un nouveau créancier, encore que le premier n'ait pas été payé. Cette propriété ne peut être alors affectée en garantie d'une nouvelle dette que dans la limite de sa valeur estimée au jour de la recharge.

Art. 2372-6 *(Abr., L. n° 2009-526, 12 mai 2009)*.

Rédaction antérieure. Art. 2372-6 *(Ord. n° 2009-112, 30 janv. 2009)*. **–** Les dispositions de la présente section ne sont pas applicables aux fiducies constituées à titre de garantie par les personnes morales.

Code de commerce

PARTIE LÉGISLATIVE

TITRE II. – DE LA SAUVEGARDE

CHAPITRE II. – DE L'ENTREPRISE AU COURS DE LA PÉRIODE D'OBSERVATION

Art. L. 622-7 *(Anc. art. L. 621-24, dénum. et mod., L. n° 2005-845, 26 juill. 2005 et ann., tabl. I ; rempl., Ord. n° 2008-1345, 18 déc. 2008)*. **–** [...].

II. – Le juge-commissaire peut autoriser le débiteur à faire un acte de disposition étranger à la gestion courante de l'entreprise, à consentir une hypothèque, un gage ou un nantissement ou à compromettre ou transiger. *(Mots aj. à compter du 1er juillet 2014, Ord. n° 2014-326, 12 mars 2014)* « Néanmoins, si cet acte est susceptible d'avoir une incidence déterminante sur l'issue de la procédure, le juge-commissaire ne peut statuer qu'après avoir recueilli l'avis du ministère public. »

Le juge-commissaire peut aussi l'autoriser à payer des créances antérieures au jugement, pour retirer le gage ou une chose légitimement retenue ou encore pour obtenir le retour de biens et droits transférés à titre de garantie dans un patrimoine fiduciaire, lorsque ce retrait ou ce retour est justifié par la poursuite de l'activité. Ce paiement peut en outre être autorisé pour lever l'option d'achat d'un contrat de crédit-bail, lorsque cette levée d'option est justifiée par la poursuite de l'activité *(Mots suppr. à compter du 1er juillet 2014, Ord. n° 2014-326, 12 mars 2014)* « et que le paiement à intervenir est d'un montant inférieur à la valeur vénale du bien objet du contrat ».

....

Art. L. 622-13 *(Anc. art. L. 621-28, dénum. et mod., L. n° 2005-845, 26 juill. 2005 et ann., tabl. I ; rempl., Ord. n° 2008-1345, 18 déc. 2008)*. **–** I. – Nonobstant toute disposition légale ou toute clause contractuelle, aucune indivisibilité, résiliation ou résolution d'un contrat en cours ne peut résulter du seul fait de l'ouverture d'une procédure de sauvegarde.

Le cocontractant doit remplir ses obligations malgré le défaut d'exécution par le débiteur d'engagements antérieurs au jugement d'ouverture. Le défaut d'exécution de ces engagements n'ouvre droit au profit des créanciers qu'à déclaration au passif.

II. – L'administrateur a seul la faculté d'exiger l'exécution des contrats en cours en fournissant la prestation promise au cocontractant du débiteur.

Lorsque la prestation porte sur le paiement d'une somme d'argent, celui-ci doit se faire au comptant, sauf pour l'administrateur à obtenir l'acceptation, par le cocontractant du débiteur, de délais de paiement. Au vu des documents prévisionnels dont il dispose, l'administrateur s'assure, au moment où il demande l'exécution, qu'il disposera des fonds nécessaires à cet effet. S'il s'agit d'un contrat à exécution ou paiement échelonnés dans le temps, l'administrateur y met fin s'il lui apparaît qu'il ne disposera pas des fonds nécessaires pour remplir les obligations du terme suivant.

(Mod. à compter du 1er juillet 2014, Ord. n° 2014-326, 12 mars 2014) Au vu des documents prévisionnels dont il dispose, l'administrateur s'assure, au moment où il demande l'exécution du contrat, qu'il disposera des fonds nécessaires pour assurer le paiement en résultant. S'il s'agit d'un contrat à exécution ou paiement échelonnés dans le temps, l'administrateur y met fin s'il lui apparaît qu'il ne disposera pas des fonds nécessaires pour remplir les obligations du terme suivant.

III. – Le contrat en cours est résilié de plein droit :

1° Après une mise en demeure de prendre parti sur la poursuite du contrat adressée par le cocontractant à l'administrateur et restée plus d'un mois sans réponse. Avant l'expiration de ce délai, le juge-commissaire peut impartir à l'administrateur un délai plus court ou lui accorder une prolongation, qui ne peut excéder deux mois, pour se prononcer ;

2° À défaut de paiement dans les conditions définies au II et d'accord du cocontractant pour poursuivre les relations contractuelles. En ce cas, le ministère public, l'administrateur, le mandataire judiciaire ou un contrôleur peut saisir le tribunal aux fins de mettre fin à la période d'observation.

IV. – À la demande de l'administrateur, la résiliation est prononcée par le juge-commissaire si elle est nécessaire à la sauvegarde du débiteur et ne porte pas une atteinte excessive aux intérêts du cocontractant.

V. – Si l'administrateur n'use pas de la faculté de poursuivre le contrat ou y met fin dans les conditions du II ou encore si la résiliation est prononcée en application du IV, l'inexécution peut donner lieu à des dommages et intérêts au profit du cocontractant, dont le montant doit être déclaré au passif. Le cocontractant peut néanmoins différer la restitution des sommes versées en excédent par le débiteur en exécution du contrat jusqu'à ce qu'il ait été statué sur les dommages et intérêts.

VI. – Les dispositions du présent article ne concernent pas les contrats de travail. Elles ne concernent pas non plus le contrat de fiducie, à l'exception de la convention en exécution de laquelle le débiteur conserve l'usage ou la jouissance de biens ou droits transférés dans un patrimoine fiduciaire.

....

Art. L. 622-23-1 *(Ord. n° 2008-1345, 18 déc. 2008)*. – Lorsque des biens ou droits présents dans un patrimoine fiduciaire font l'objet d'une convention en exécution de laquelle le débiteur constituant en conserve l'usage ou la jouissance, aucune cession ou aucun transfert de ces biens ou droits ne peut intervenir au profit du fiduciaire ou d'un tiers du seul fait de l'ouverture de la procédure, de l'arrêté du plan ou encore d'un défaut de paiement d'une créance née antérieurement au jugement d'ouverture. Cette interdiction est prévue à peine de nullité de la cession ou du transfert.

....

CHAPITRE IV. – DE LA DÉTERMINATION DU PATRIMOINE DU DÉBITEUR

....

Section III. – Des droits du vendeur de meubles, des revendications et des restitutions

Art. L. 624-10-1 *(Ord. n° 2008-1345, 18 déc. 2008)*. – Lorsque le droit à restitution a été reconnu dans les conditions prévues aux articles L. 624-9 ou L. 624-10 et que le bien fait l'objet d'un contrat en cours au jour de l'ouverture de la procédure, la restitution effective intervient au jour de la résiliation ou du terme du contrat.

....

CHAPITRE VI. – DU PLAN DE SAUVEGARDE

....

Section III. – Des comités de créanciers

Art. L. 626-30 *(L. n° 2005-845, 26 juill. 2005 ; rempl., Ord. n° 2008-1345, 18 déc. 2008)*. – Les *(Mots aj. à compter du 1er janvier 2014, Ord. n° 2013-544, 27 juin 2013)* « sociétés de financement, les » établissements de crédit et ceux assimilés, tels que définis par décret en Conseil d'État ainsi que les principaux fournisseurs de biens ou de services, sont constitués en deux comités de créanciers par l'administrateur judiciaire. La composition des comités est déterminée au vu des créances nées antérieurement au jugement d'ouverture de la procédure.

Les *(Mots aj. à compter du 1er janvier 2014, Ord. n° 2013-544, 27 juin 2013)* « sociétés de financement, les » établissements de crédit et ceux assimilés, ainsi que tous les titulaires d'une créance acquise auprès de ceux-ci ou d'un fournisseur de biens ou de services, sont membres de droit du comité des établissements de crédit.

À l'exclusion des collectivités territoriales et de leurs établissements publics, chaque fournisseur de biens ou de services est membre de droit du comité des principaux fournisseurs lorsque sa créance représente plus de 3 % du total des créances des fournisseurs. Les autres fournisseurs, sollicités par l'administrateur, peuvent en être membres.

Pour l'application des dispositions qui précèdent aux créanciers bénéficiaires d'une fiducie constituée à titre de garantie par le débiteur, sont seules prises en compte, lorsqu'elles existent, celles de leurs créances non assorties d'une telle sûreté.

....

Art. L. 626-30-2 *(Ord. n° 2008-1345, 18 déc. 2008 ; mod. à compter du 1er juillet 2014, Ord. n° 2014-326, 12 mars 2014)*. – Le débiteur, avec le concours de l'administrateur, présente aux comités de créanciers des propositions en vue d'élaborer le projet de plan mentionné à l'article L. 626-2. Tout créancier membre d'un comité peut également soumettre un projet de plan qui fera l'objet d'un rapport de l'administrateur.

Les projets de plan proposés aux comités ne sont soumis ni aux dispositions de l'article L. 626-12 ni à celles de l'article L. 626-18, à l'exception de son dernier alinéa. Chaque projet peut notamment prévoir des délais de paiement, des remises et, lorsque le débiteur est une société par actions dont tous les actionnaires ne supportent les pertes qu'à concurrence de leurs apports, des conversions de créances en titres donnant ou pouvant donner accès au capital. Chaque projet peut établir un traitement différencié entre les créanciers si les différences de situation le justifient. *(Mots aj., L. n° 2016-1547, 18 nov. 2016)* « Ne peuvent faire l'objet de remises ou de délais qui n'auraient pas été acceptés par les créanciers les créances garanties par le privilège établi au premier alinéa de l'article L. 611-11 ». Chaque projet prend en compte les accords de subordination entre créanciers conclus avant l'ouverture de la procédure.

Après discussion avec le débiteur et l'administrateur, les comités se prononcent sur chaque projet, le cas échéant modifié, dans un délai de vingt à trente jours suivant la transmission des propositions du débiteur. À la demande du débiteur ou de l'administrateur, le juge-commissaire peut augmenter ou réduire ce délai, qui ne peut toutefois être inférieur à quinze jours. À défaut de proposition du débiteur, l'administrateur fixe la date à laquelle les comités se prononceront.

La décision est prise par chaque comité à la majorité des deux tiers du montant des créances détenues par les membres ayant exprimé un vote, tel qu'il a été indiqué par le débiteur et certifié par son ou ses commissaire aux comptes ou, lorsqu'il n'en a pas été désigné, établi par son expert-comptable. Pour les créanciers bénéficiaires d'une fiducie constituée à titre de garantie par le débiteur, sont seuls pris en compte les montants de leurs créances non assorties d'une telle sûreté. Chaque créancier membre de l'un des comités institués en application de l'article L. 626-30 informe, s'il y a lieu, l'administrateur de l'existence de toute convention soumettant son vote à des conditions ou ayant pour objet le paiement total ou partiel de la créance par un tiers ainsi que de l'existence d'accords de subordination. L'administrateur soumet à ce créancier les modalités de calcul des voix correspondant aux créances lui permettant d'exprimer un vote. En cas de désaccord, le créancier ou l'administrateur peut saisir le président du tribunal statuant en référé.

Ne prennent pas part au vote les créanciers pour lesquels le projet de plan ne prévoit pas de modification des modalités de paiement ou prévoit un paiement intégral en numéraire dès l'arrêté du plan ou dès l'admission de leurs créances.

....

Art. L. 626-33 *(Mod., Ord. n° 2008-1345, 18 déc. 2008)*. – Les créanciers qui ne sont pas membres des comités institués en application de l'article L. 626-30, et pour leurs créances assorties de cette sûreté, les créanciers bénéficiaires d'une fiducie constituée à titre de garantie par le débiteur sont consultés selon les dispositions des articles L. 626-5 à L. 626-6.

Les dispositions du plan relatives aux créanciers qui ne sont pas membres des comités institués en application de l'article L. 626-30 sont arrêtées selon les dispositions des articles L. 626-12 et L. 626-18 à L. 626-20.

....

TITRE III. – DU REDRESSEMENT JUDICIAIRE

CHAPITRE I. – DE L'OUVERTURE ET DU DÉROULEMENT DU REDRESSEMENT JUDICIAIRE

Art. L. 631-14 *(L. n° 2005-845, 26 juill. 2005 ; rempl., Ord. n° 2008-1345, 18 déc. 2008 ; mod., L. n° 2009-526, 12 mai 2009)*. – Les articles L. 622-3 à L. 622-9, à l'exception de l'article L. 622-6-1, et L. 622-13 à L. 622-33 sont applicables à la procédure de redressement judiciaire, sous réserve des dispositions qui suivent.

Il est réalisé une prisée des actifs du débiteur concomitamment à l'inventaire prévu à l'article L. 622-6.

Lorsque l'administrateur a une mission de représentation, il exerce les prérogatives conférées au débiteur par le II de l'article L. 622-7 et par le troisième alinéa de l'article L. 622-8. En cas de mission d'assistance, il les exerce concurremment avec le débiteur.

(Créé à compter du 1er juillet 2014, Ord. n° 2014-326, 12 mars 2014) Lorsqu'est exercée la faculté prévue par le II de l'article L. 622-13 et que la prestation porte sur le paiement d'une somme d'argent, celui-ci doit se faire au comptant, sauf pour l'administrateur à obtenir l'acceptation de délais de paiement par le cocontractant du débiteur. Au vu des documents prévisionnels dont il dispose, l'administrateur s'assure, au moment où il demande l'exécution, qu'il disposera des fonds nécessaires à cet effet.

Lorsque la procédure de redressement judiciaire a été ouverte en application du troisième alinéa de l'article L. 626-27 et que le débiteur a transféré des biens ou droits dans un patrimoine fiduciaire avant l'ouverture de la procédure de sauvegarde ayant donné lieu au plan résolu, la convention en exécution de laquelle celui-ci conserve l'usage ou la jouissance de ces biens ou droits n'est pas soumise aux dispositions de l'article L. 622-13 et les dispositions de l'article L. 622-23-1 ne sont pas applicables.

Pour l'application de l'article L. 622-23, l'administrateur doit également être mis en cause lorsqu'il a une mission de représentation.

Les personnes coobligées ou ayant consenti une sûreté personnelle ou ayant affecté ou cédé un bien en garantie ne bénéficient pas de l'inopposabilité prévue au deuxième alinéa de l'article L. 622-26 et ne peuvent se prévaloir des dispositions prévues au premier alinéa de l'article L. 622-28.

....

Art. L. 632-1 *(Anc. art. L. 621-107, dénum., L. n° 2005-845, 26 juill. 2005 et ann., tabl. I ; mod., Ord. n° 2006-346, 23 mars 2006 ; L. n° 2007-211, 19 févr. 2007 ; Ord. n° 2008-1345, 18 déc. 2008 ; Ord. n° 2010-1512, 9 déc. 2010)*. – I. – Sont nuls, lorsqu'ils sont intervenus depuis la date de cessation des paiements, les actes suivants :

[...] ;

9° Tout transfert de biens ou de droits dans un patrimoine fiduciaire, à moins que ce transfert ne soit intervenu à titre de garantie d'une dette concomitamment contractée ;

10° Tout avenant à un contrat de fiducie affectant des droits ou biens déjà transférés dans un patrimoine fiduciaire à la garantie de dettes contractées antérieurement à cet avenant.

[...].

....

TITRE IV. – De la liquidation judiciaire et du rétablissement professionnel

(Titre créé à compter du 1er janvier 2006, L. n° 2005-845, 26 juill. 2005 ; intitulé remplacé à compter du 1er juillet 2014, Ord. n° 2014-326, 12 mars 2014)

CHAPITRE I. – DU JUGEMENT DE LIQUIDATION JUDICIAIRE

Art. L. 641-11-1 *(Ord. n° 2008-1345, 18 déc. 2008)*. – I. – Nonobstant toute disposition légale ou toute clause contractuelle, aucune indivisibilité, résiliation ou résolution d'un contrat en cours ne peut résulter du seul fait de l'ouverture ou du prononcé d'une liquidation judiciaire.

Le cocontractant doit remplir ses obligations malgré le défaut d'exécution par le débiteur d'engagements antérieurs au jugement d'ouverture. Le défaut d'exécution de ces engagements n'ouvre droit au profit des créanciers qu'à déclaration au passif.

II. – Le liquidateur a seul la faculté d'exiger l'exécution des contrats en cours en fournissant la prestation promise au cocontractant du débiteur.

Lorsque la prestation porte sur le paiement d'une somme d'argent, celui-ci doit se faire au comptant, sauf pour le liquidateur à obtenir l'acceptation, par le cocontractant du débiteur, de délais de paiement. Au vu des documents prévisionnels dont il dispose, le liquidateur s'assure, au moment où il demande l'exécution, qu'il disposera des fonds nécessaires à cet effet. S'il s'agit d'un contrat à exécution ou paiement échelonnés dans le temps, le liquidateur y met fin s'il lui apparaît qu'il ne disposera pas des fonds nécessaires pour remplir les obligations du terme suivant.

III. – Le contrat en cours est résilié de plein droit :

1° Après une mise en demeure de prendre parti sur la poursuite du contrat adressée par le cocontractant au liquidateur et restée plus d'un mois sans réponse. Avant l'expiration de ce délai, le juge-commissaire peut impartir au liquidateur un délai plus court ou lui accorder une prolongation, qui ne peut excéder deux mois, pour se prononcer ;

2° À défaut de paiement dans les conditions définies au II et d'accord du cocontractant pour poursuivre les relations contractuelles ;

3° Lorsque la prestation du débiteur porte sur le paiement d'une somme d'argent, au jour où le cocontractant est informé de la décision du liquidateur de ne pas poursuivre le contrat.

IV. – À la demande du liquidateur, lorsque la prestation du débiteur ne porte pas sur le paiement d'une somme d'argent, la résiliation est prononcée par le juge-commissaire si elle est nécessaire aux opérations de liquidation et ne porte pas une atteinte excessive aux intérêts du cocontractant.

V. – Si le liquidateur n'use pas de la faculté de poursuivre le contrat ou y met fin dans les conditions du II ou encore si la résiliation du contrat est prononcée en application du IV, l'inexécution peut donner lieu à des dommages et intérêts au profit du cocontractant, dont le montant doit être déclaré au passif. Le cocontractant peut néanmoins différer la restitution des sommes versées en excédent par le débiteur en exécution du contrat jusqu'à ce qu'il ait été statué sur les dommages et intérêts.

VI. – Les dispositions du présent article ne concernent pas les contrats de travail. Elles sont également inapplicables au contrat de fiducie et à la convention en exécution de laquelle le débiteur constituant conserve l'usage ou la jouissance de biens ou droits transférés dans un patrimoine fiduciaire.

CHAPITRE II. – DE LA RÉALISATION DE L'ACTIF

Section I. – De la cession de l'entreprise

Art. L. 642-7 *(Mod., Ord. n° 2008-1345, 18 déc. 2008)*. – [...].

La convention en exécution de laquelle le débiteur constituant conserve l'usage ou la jouissance de biens ou droits transférés à titre de garantie dans un patrimoine fiduciaire ne peut être cédée au cessionnaire, sauf accord des bénéficiaires du contrat de fiducie.

[...].

Sous-titre III. – Des sûretés sur les immeubles

(Ord. n° 2006-346, 23 mars 2006)

Art. 2373 *(Ord. n° 2006-346, 23 mars 2006 ; mod., Ord. n° 2009-112, 30 janv. 2009 ; L. n° 2009-526, 12 mai 2009)*. – **Les sûretés sur les immeubles sont les privilèges, le gage immobilier et les hypothèques.**

La propriété de l'immeuble peut également être retenue ou cédée en garantie.

CHAPITRE I. – DES PRIVILÈGES IMMOBILIERS

(Ord. n° 2006-346, 23 mars 2006)

Section I. – Des privilèges spéciaux

(Ord. n° 2006-346, 23 mars 2006)

Art. 2374 *(Anc. art. 2103, dénum., Ord. n° 2006-346, 23 mars 2006 ; mod., L. n° 2006-728, 23 juin 2006 ; Ord. n° 2007-42, 11 janv. 2007 ; Mod., L. n° 2014-366, 24 mars 2014).* – Les créanciers privilégiés sur les immeubles sont :

1° Le vendeur, sur l'immeuble vendu, pour le paiement du prix ;

S'il y a plusieurs ventes successives dont le prix soit dû en tout ou en partie, le premier vendeur est préféré au second, le deuxième au troisième, et ainsi de suite ;

1° *bis.* Conjointement avec le vendeur et, le cas échéant, avec le prêteur de deniers mentionné au 2°, le syndicat des copropriétaires, sur le lot vendu, pour le paiement des charges et travaux mentionnés à l'article 10, au *c* du II de l'article 24 et à l'article 30 de la loi n° 65-557 du 10 juillet 1965 fixant le statut de la copropriété des immeubles bâtis et des cotisations au fonds de travaux mentionné à l'article 14-2 de la même loi, relatifs à l'année courante et aux quatre dernières années échues.

Toutefois, le syndicat est préféré au vendeur et au prêteur de deniers pour les créances afférentes aux charges et travaux de l'année courante et des deux dernières années échues ;

1° *ter.* Conjointement avec le vendeur et, le cas échéant, avec le prêteur de deniers mentionné au 2° du présent article, l'opérateur mentionné à l'article L. 615-10 du Code de la construction et de l'habitation, si le bien vendu est assorti d'une servitude sur des biens d'intérêt collectif.

2° Même en l'absence de subrogation, ceux qui ont fourni les deniers pour l'acquisition d'un immeuble, pourvu qu'il soit authentiquement constaté, par l'acte d'emprunt, que la somme était destinée à cet emploi et, par quittance du vendeur, que ce paiement a été fait des deniers empruntés ;

3° Les cohéritiers, sur les immeubles de la succession, pour la garantie des partages faits entre eux, et des soultes ou retours de lots ; pour la garantie des indemnités dues en application de l'article 924, les immeubles donnés ou légués sont assimilés aux immeubles de la succession ;

4° Les architectes, entrepreneurs, maçons et autres ouvriers employés pour édifier, reconstruire ou réparer des bâtiments, canaux et autres ouvrages quelconques, pourvu néanmoins que, par un expert nommé d'office par le tribunal de grande instance dans le ressort duquel les bâtiments sont situés, il ait été dressé préalablement un procès-verbal, à l'effet de constater l'état des lieux relativement aux ouvrages que le propriétaire déclarera avoir dessein de faire, et que les ouvrages aient été, dans les six mois au plus de leur perfection, reçus par un expert également nommé d'office ;

Mais le montant du privilège ne peut excéder les valeurs constatées par le second procès-verbal, et il se réduit à la plus-value existant à l'époque de l'aliénation de l'immeuble et résultant des travaux qui y ont été faits ;

5° Ceux qui ont prêté les deniers, pour payer ou rembourser les ouvriers, jouissent du même privilège, pourvu que cet emploi soit authentiquement constaté par l'acte d'emprunt, et par la quittance des ouvriers, ainsi qu'il a été dit ci-dessus pour ceux qui ont prêté les deniers pour l'acquisition d'un immeuble ;

6° Les créanciers du défunt et les légataires de sommes d'argent sur les immeubles de la succession, ainsi que les créanciers personnels de l'héritier sur les immeubles de ce dernier, pour la garantie des droits qu'ils tiennent de l'article 878 ;

7° Les accédants à la propriété titulaires d'un contrat de location-accession régi par la loi n° 84-595 du 12 juillet 1984 définissant la location-accession à la propriété immobilière sur l'immeuble faisant l'objet du contrat, pour la garantie des droits qu'ils tiennent de ce contrat ;

8° *(8° rempl. à compter du 1er mars 2019, L. n° 2018-1021, 23 nov. 2018)* L'État, la commune ou l'établissement public de coopération intercommunale à fiscalité propre, selon le cas, pour la garantie des créances nées de l'application des articles L. 123-3, L. 129-2, L. 129-4, L. 511-2, L. 511-4 ou L. 521-3-2 du Code de la construction de l'habitation ou des articles L. 1331-29-1 ou L. 1331-30 du Code de la santé publique.

Voir : sur l'influence d'une procédure collective sur le classement des titulaires de privilèges immobiliers, C. com., art. L. 622-17, p. 2005, L. 626-22, p. 1781, L. 642-12, p. 1706. Voir aussi, C. com., art. L. 643-13.

I – PRIVILÈGE DU VENDEUR D'IMMEUBLE

1) Échange. Le coéchangiste dispose du privilège du vendeur pour le paiement de la soulte (■ Cass. req., 11 mai 1863 : *DP* 1864, 1, 191).

2) Fondement. Le privilège du vendeur d'immeuble est attaché par la loi à la créance en raison de sa nature et il prend naissance avec elle (■ Cass. civ., 17 févr. 1947 : *JCP* 47, II, 3475, note R. C.).

3) Accessoires du prix. Si le privilège institué au profit du vendeur d'immeuble peut s'étendre à des accessoires du prix, c'est à la condition que ces accessoires soient expressément mentionnés dans l'acte de vente (■ Cass. req., 17 nov. 1936 : *DH* 1937, 86). L'évaluation de la créance garantie doit être mentionnée dans l'inscription du privilège (■ Cass. com., 6 mars 1950 : *S.* 1950, 1, 164).

II – PRIVILÈGE DU PRÊTEUR DE DENIERS POUR L'ACQUISITION D'UN IMMEUBLE

4) Formalités. Les formalités prescrites par l'article 2103-2° (anc.) tendent seulement à certifier l'origine des deniers vis-à-vis des tiers. Le bénéficiaire de ce privilège n'est donc pas fondé à se plaindre d'une irrégularité qui ne lui a pas été opposée par les parties intéressées à s'en prévaloir (■ Cass. 3e civ., 18 févr. 1987, n° 85-12.434 : *JurisData* n° 1987-000345 ; *Bull. civ.* III, n° 31, p. 18).

5) Assiette. Même dans l'hypothèse où un prêt est souscrit par l'un seulement des acquéreurs d'un bien immobilier, pour financer sa part, l'assiette du privilège de prêteur de deniers est constituée par la totalité de l'immeuble et le prêteur, titulaire d'une sûreté légale née antérieurement à l'indivision, peut se prévaloir des dispositions de l'article 815-17, alinéa 1er, du Code civil, de sorte qu'une cour d'appel a exactement retenu que ce privilège grevait de plein droit la totalité de l'immeuble acquis, même s'il était né du chef d'un seul acquéreur, et que la banque aurait pu poursuivre la vente forcée de l'immeuble dont elle avait partiellement financé l'acquisition sans engager une procédure préalable de partage et *sans que puissent lui être opposés* les démembrements de la propriété convenus entre les acquéreurs (■ Cass. 1re civ., 9 janv. 2019, n° 17-27.411 : *JurisData* n° 2019-000090 ; *Defrénois* 2019, n° 11, p. 25, note Gijsbers ; *JCP* N 2019, 1131, note Simon-Michel).

III – PRIVILÈGE DU SYNDICAT DES COPROPRIÉTAIRES

6) Mise en œuvre. Le privilège immobilier bénéficiant au syndicat de copropriétaires pour le paiement des charges et travaux ne s'exerce qu'en cas de vente du lot de copropriété (■ Cass. 3e civ., 15 févr. 2006 : *Bull. civ.* III, n° 40, p. 32 ; *JCP* G 2006, I, 195, n° 13, obs. Simler ; *RTD civ.* 2006, p. 599, obs. Crocq). La mise en œuvre de ce privilège est subordonnée à des conditions de procédure et de forme particulières dans la mesure où le syndicat doit notamment délivrer une opposition au paiement du prix de la vente du lot de copropriété concerné, laquelle mentionnera le montant et les causes des créances afférentes aux charges et aux travaux impayés. Si le bénéficiaire du privilège omet d'annexer à l'acte le relevé détaillé des sommes réclamées, le juge considère que son droit réel de garantie se trouve privé d'efficacité (■ Cass. 3e civ., 25 oct. 2006, n° 05-16.835 : *JurisData* n° 2006-035536 ; *Bull. civ.* III, n° 206 ; *JCP* G 2006, IV, 3232 ; *JCP* G 2007, I, 212).

Bibliographie : M. Cazajus, *Le sort de la créance du syndicat des copropriétaires en liquidation judiciaire : Dr. et patrimoine* 2015, n° 249, p. 18.

IV – PRIVILÈGE DES COPARTAGEANTS

7) Partage ou acte équivalent. Le privilège des copartageants résulte de tout acte équivalant à partage faisant totalement cesser l'indivision en ce qui concerne les immeubles soumis à ce privilège, alors même que les parties n'auraient pas qualifié l'acte du nom de partage (■ Cass. civ., 19 oct. 1903 : *DP* 1906, 1, 273, note de Loynes).

8) Fruits perçus depuis le décès. Le privilège du copartageant garantit les créances entre héritiers pour restitution de fruits perçus depuis le décès (■ Cass. civ., 15 janv. 1896 : *DP* 1896, 1, 441, note de Loynes).

9) Biens confondus avec ceux de la succession. Le privilège établi sur les immeubles héréditaires par les articles 2103-3° et 2109 (anciens) ne s'étend pas à la garantie due entre les héritiers pour le partage des biens d'une autre origine qui avaient été confondus avec ceux de la succession et partagés en même temps (■ Cass. civ., 6 avr. 1881 : *DP* 1881, 1, 358).

V – PRIVILÈGE DES ARCHITECTES ET ENTREPRENEURS

10) Travaux antérieurs à la publication du procès-verbal. Le privilège est refusé pour les travaux faits avant la publication du procès-verbal constatant l'état primitif des lieux (■ Cass. ch. réunies, 31 janv. 1898 : *DP* 1898, 1, 233, concl. Manau et note de Loynes. – V. aussi ■ Pau, 18 nov. 1965 : *JCP* 66, IV, 168). Mais il peut garantir la plus-value donnée à l'immeuble par les travaux postérieurs dès lors qu'une expertise permet de fixer l'état des lieux au moment de la publication (■ Cass. 1re civ., 24 mars 1953 : *S.* 1955, 1, 38).

11) Ensemble immobilier. S'agissant d'un marché indivisible portant sur la construction de plusieurs bâtiments formant un ensemble, il ne saurait être reproché aux entrepreneurs de n'avoir pas fait dresser un procès-verbal de réception des travaux pour chaque élément de ce marché (■ Cass. 1re civ., 24 mars 1953 : *S.* 1955, 1, 38).

VI – PRIVILÈGE DU PRÊTEUR DE DENIERS POUR LE FINANCEMENT DE TRAVAUX IMMOBILIERS

12) Formalités. À défaut de l'accomplissement des formalités de l'article 2103-5° (anc.), celui qui a avancé des fonds pour payer les travaux de construction ou de réparation d'un édifice ne jouit d'aucun privilège sur la plus-value procurée à l'immeuble et ne peut même pas exercer l'action de *in rem verso* fondée sur un enrichissement sans cause (■ Cass. civ., 12 févr. 1923 : *DP* 1924, 1, 129, note Rouast).

VII – PRIVILÈGE DE LA SÉPARATION DES PATRIMOINES

13) Doctrine. Y. Lequette, *Le privilège de la séparation des patrimoines à l'épreuve de l'article 815-17 du Code civil : Études Weill* 1983, p. 371.

14) Droit de suite. Sur le droit de suite conféré par le privilège de séparation des patrimoines, V. ■ Cass. civ., 5 déc. 1924 : *S.* 1927, 1, 5, note Hubert.

15) Procédure collective. Lorsque des héritiers en état de règlement judiciaire ont accepté purement et simplement une succession, les créanciers de la succession peuvent inscrire le privilège prévu par l'article 2103-6° (anc.) et cette inscription est opposable à la masse malgré la règle de l'arrêt du cours des inscriptions (■ Aix-en-Provence, 24 oct. 1974 : *D.* 1975, somm. 30).

Loi n° 2007-212 du 20 février 2007

portant diverses dispositions intéressant la Banque de France

Art. 10. – III. – Pendant un délai de deux ans à compter de la date de promulgation de la présente loi, le prêteur de deniers dont le privilège a été inscrit avant cette date peut renoncer à la sûreté qu'il tient du 2° de l'article 2374 du Code civil en contrepartie de la constitution par le débiteur d'une hypothèque rechargeable régie par l'article 2422 du même code en garantie de la créance initialement privilégiée. Ces renonciations et constitutions sont consenties dans un même acte notarié qui est inscrit dans les formes prévues à l'article 2428 du même code.

Par dérogation à l'article 2423 du même code, la somme garantie ne peut être supérieure au montant en capital de la créance privilégiée.

L'hypothèque constituée prend le rang du privilège de prêteur de deniers antérieurement inscrit.

Toutefois, si une convention de rechargement est publiée, ce rang est inopposable aux créanciers qui ont inscrit une hypothèque entre la date de publicité du privilège de prêteur de deniers et celle de l'acte notarié prévu au premier alinéa.

Le III de l'article 7 de la loi n° 2006-1666 du 21 décembre 2006 de finances pour 2007 est applicable aux transformations mentionnées au premier alinéa lorsque le privilège de prêteur de deniers a été inscrit avant l'entrée en vigueur de l'ordonnance n° 2006-346 du 23 mars 2006 précitée.

Section II. – Des privilèges généraux

(Ord. n° 2006-346, 23 mars 2006)

Art. 2375 *(Anc. art. 2104, dénum., Ord. n° 2006-346, 23 mars 2006).* – **Les créances privilégiées sur la généralité des immeubles sont :**

1° Les frais de justice ;

2° Sans préjudice de l'application éventuelle des dispositions des articles L. 143-10, L. 143-11, L. 742-6 et L. 751-15 du Code du travail :

Les rémunérations des gens de service pour l'année échue et l'année courante ;

Le salaire différé résultant du contrat de travail institué par l'article 63 du décret du 29 juillet 1939 relatif à la famille et à la natalité françaises *[C. rur. pêche marit., art. L. 321-13 à L. 321-21]*, **pour l'année échue et l'année courante ;**

La créance du conjoint survivant instituée par l'article 14 de la loi n° 89-1008 du 31 décembre 1989 relative au développement des entreprises commerciales et artisanales et à l'amélioration de leur environnement économique, juridique et social et la créance du conjoint survivant instituée par l'article L. 321-21-1 du Code rural et de la pêche maritime.

Les rémunérations pour les six derniers mois des salariés, apprentis et l'indemnité due par l'employeur aux jeunes en stage d'initiation à la vie professionnelle, telle que prévue à l'article L. 980-11-1 du Code du travail ;

L'indemnité de fin de contrat prévue à l'article L. 122-3-4 du Code du travail et l'indemnité de précarité d'emploi prévue à l'article L. 124-4-4 du même code ;

L'indemnité due en raison de l'inobservation du délai-congé prévue à l'article L. 122-8 du Code du travail et l'indemnité compensatrice prévue à l'article L. 122-32-6 du même code ;

Les indemnités dues pour les congés payés ;

Les indemnités de licenciement dues en application des conventions collectives de travail, des accords collectifs d'établissement, des règlements de travail, des usages, des dispositions des articles L. 122-9, L. 122-32-6, L. 761-5 et L. 761-7 du Code du travail pour la totalité de la portion inférieure ou égale au plafond visé à l'article L. 143-10 du Code du travail et pour le quart de la portion supérieure audit plafond ;

Les indemnités dues, le cas échéant, aux salariés, en application des articles L. 122-3-8, deuxième alinéa, L. 122-14-4, L. 122-14-5, deuxième alinéa, L. 122-32-7 et L. 122-32-9 du Code du travail.

Voir : sur l'influence d'une procédure collective sur le classement des titulaires de privilèges immobiliers, C. com., art. L. 622-17, p. 2005, L. 626-22, p. 1781, L. 642-12, p. 1706 Voir aussi, C. com., art. L. 643-13.

Art. 2376 *(Anc. art. 2105, dénum., Ord. n° 2006-346, 23 mars 2006).* **– Lorsqu'à défaut de mobilier, les créanciers privilégiés énoncés en l'article précédent se présentent pour être payés sur le prix d'un immeuble en concurrence avec les autres créanciers privilégiés sur l'immeuble ils priment ces derniers et exercent leurs droits dans l'ordre indiqué audit article.**

1) **Champ d'application.** La règle de l'article 2105 (anc.), assurant la priorité aux privilèges généraux sur les privilèges spéciaux immobiliers ne s'applique qu'au conflit entre les créanciers à privilège spécial d'un propriétaire antérieur et les créanciers à privilège général du propriétaire actuel (■ Cass. 1re civ., 20 mars 1956 : *D.* 1956, 374).

2) **Fraude ou négligence.** Le créancier titulaire d'un privilège général ne peut être déchu de son recours sur les immeubles que si les créanciers contestants établissent l'existence d'un mobilier suffisant et rapportent, à l'encontre du créancier privilégié, la preuve d'une fraude ou d'une négligence qui l'aurait privé d'une collocation utile sur ce mobilier (■ Cass. civ., 24 févr. 1932 : *DH* 1932, 217. ■ Lyon, 12 juin 1984 : *JurisData* n° 1984-601096 ; *Gaz. Pal.* 1984, 2, 686, note Bejat et Lafarge. ■ T. com. Dunkerque, 11 janv. 1984 : *Gaz. Pal.* 1984, 1, 399, note Chartier).

3) **Nécessité d'une démarche du créancier privilégié (non).** L'article 2105 (anc.) n'impose pas aux créanciers privilégiés énoncés à l'article 2104 (anc.) et qui ont produit à la liquidation des biens d'agir dans un certain délai et au plus tard au moment de la répartition du prix de vente. Il suffit que ces créanciers privilégiés existent, qu'ils ne trouvent pas de meubles suffisants dans l'actif du débiteur pour se désintéresser, et qu'au moment de l'ouverture de la procédure collective, l'actif comprenne un immeuble, même hypothéqué (■ Douai, 10 juin 1986 : *JurisData* n° 1986-046980 ; *Gaz. Pal.* 1987, 1, 280, note Bejat).

Section III. – Des cas où les privilèges doivent être inscrits

(Ord. n° 2006-346, 23 mars 2006)

Art. 2377 *(Anc. art. 2106, dénum., Ord. n° 2006-346, 23 mars 2006).* **– Entre les créanciers, les privilèges ne produisent d'effet à l'égard des immeubles qu'autant qu'ils sont rendus publics par une inscription** *(Mots rempl. à compter du 1er janvier 2013, Ord. n° 2010-638, 10 juin 2010)* **« au fichier immobilier », de la manière déterminée par les articles suivants et par les articles 2426 et 2428.**

Rédaction antérieure. Entre les créanciers, les privilèges ne produisent d'effet à l'égard des immeubles qu'autant qu'ils sont rendus publics par une inscription à la conservation des hypothèques, de la manière déterminée par les articles suivants et par les articles 2426 et 2428.

Art. 2378 *(Anc. art. 2107, dénum., Ord. n° 2006-346, 23 mars 2006)*. **– Sont exceptées de la formalité de l'inscription les créances énumérées à l'article 2375 et les créances du syndicat de copropriétaires énumérées à l'article 2374.**

Art. 2379 *(Anc. art. 2108, dénum., Ord. n° 2006-346, 23 mars 2006)*. **– Le vendeur privilégié, ou le prêteur qui a fourni les deniers pour l'acquisition d'un immeuble, conserve son privilège par une inscription qui doit être prise, à sa diligence, en la forme prévue aux articles 2426 et 2428 et dans le délai de deux mois à compter de l'acte de vente ; le privilège prend rang à la date dudit acte.**

L'action résolutoire établie par l'article 1654 ne peut être exercée après l'extinction du privilège du vendeur, ou à défaut d'inscription de ce privilège dans le délai ci-dessus imparti, au préjudice des tiers qui ont acquis des droits sur l'immeuble du chef de l'acquéreur et qui les ont publiés.

Art. 2380 (1) *(Anc. art. 2108-1, dénum., Ord. n° 2006-346, 23 mars 2006)*. **– Dans le cas de vente d'un immeuble à construire conclue à terme conformément à l'article 1601-2, le privilège du vendeur ou celui du prêteur de deniers prend rang à la date de l'acte de vente si l'inscription est prise avant l'expiration d'un délai de deux mois à compter de la constatation par acte authentique de l'achèvement de l'immeuble.**

1) **Résolution constatée en application d'une clause résolutoire.** L'article 2108 (anc.) ne vise que le cas où l'action résolutoire est celle ouverte par l'article 1654 au vendeur impayé, et non celui où la résolution a été constatée conformément à l'article 1656, en application d'une clause résolutoire publiée en exécution du décret du 4 janvier 1955 (■ Cass. 3e civ., 8 juill. 1992, n° 90-14.039 : *JurisData* n° 1992-001779 ; *JCP* 92, IV, 2653 ; *Bull. civ.* III, n° 247, p. 152).

2) **Prix de la vente.** Le prix de la vente dont le paiement est garanti par le privilège du vendeur consiste dans la somme d'argent que l'acquéreur s'oblige à payer. Une obligation de faire contractée et non exécutée ne peut, malgré une évaluation requise à des fins fiscales, être considérée comme un prix (■ Cass. 3e civ., 17 mars 1981, n° 79-15.388 : *JurisData* n° 1981-700878 ; *Bull. civ.* III, n° 56, p. 42).

3) **Sous-acquéreur.** Pour que, conformément à l'article 2108 (anc.), le vendeur qui n'a pas inscrit son privilège dans les deux mois de l'acte de vente perde, vis-à-vis des tiers qui ont acquis des droits sur l'immeuble du chef de l'acquéreur et les ont publiés, le bénéfice de l'action résolutoire, il faut que l'exercice de celle-ci soit postérieur à la publication (■ Cass. 3e civ., 26 nov. 1970, n° 69-12.961 : *JurisData* n° 1970-000647 ; *JCP* 71, IV, 5 ; *Bull. civ.* III, n° 647, p. 470). Dès lors que le privilège d'un vendeur d'immeuble a fait l'objet d'une inscription l'ayant conservé pendant dix ans, ainsi que l'action résolutoire qui lui est liée en application de l'article 2108 (anc.), al. 2, le tiers, devenu sous-acquéreur du bien à une date comprise dans la période décennale, ne peut utilement prétendre que, l'inscription n'ayant pas été renouvelée avant l'expiration décennale prévue par l'article 2154 (anc.), la résolution de la vente prononcée contre le premier acquéreur cesserait de lui être opposable (■ Cass. 3e civ., 23 avr. 1969 : *JCP* 69, IV, 146 ; *Bull. civ.* III, n° 321, p. 245).

4) **Associations syndicales de remembrement.** Aucune inscription du privilège prévu à l'article 2108 (anc.) ne peut être prise à l'encontre des associations syndicales de remembrement (D. n° 55-564, 20 mai 1955, art. 1er).

Art. 2381 *(Anc. art. 2109, dénum., Ord. n° 2006-346, 23 mars 2006 ; mod., L. n° 2006-728, 23 juin 2006)*. **– Le cohéritier ou copartageant conserve son privilège sur les biens de chaque lot ou sur le bien licité pour les soultes et retours de lots ou pour le prix de la licitation, par l'inscription faite à sa diligence sur chacun des immeubles, en la forme prévue aux articles 2426 et 2428, et dans un délai de deux mois à dater de l'acte de partage ou de l'adjudication par licitation ou de l'acte fixant l'indemnité prévue par l'article 924 du présent code ; le privilège prend rang à la date dudit acte ou adjudication.**

Rédaction antérieure. Art. 2381. – Le cohéritier ou copartageant conserve son privilège sur les biens de chaque lot ou sur le bien licité pour les soulte et retour de lots ou pour le prix de la licitation, par l'inscription faite à sa diligence sur chacun des immeubles, en la forme prévue aux articles 2426 et 2428, et dans un délai de deux mois à dater de l'acte de partage ou de l'adjudication par licitation ou de l'acte fixant l'indemnité prévue par l'article 866 du présent code ; le privilège prend rang à la date dudit acte ou adjudication.

(1) Dispositions applicables en Nouvelle-Calédonie dans leur version en vigueur au 21 juin 2013, Ord. n° 2013-516, 20 juin 2013, art. 1er.

1) Adjudication sur licitation. Point de départ du délai. En cas d'adjudication sur licitation, le délai de deux mois court à partir du jugement d'adjudication et non à compter du partage définitif de la succession, même si le cahier des charges comporte une clause d'attribution (■ Cass. civ., 19 oct. 1903 : *DP* 1906, 1, 273, note de Loynes).

2) Effet déclaratif du partage. En vertu de l'effet déclaratif du partage, le privilège du copartageant inscrit dans le délai légal prend rang à la date du début de l'indivision et prime l'hypothèque, légale ou conventionnelle, inscrite au cours de celle-ci (■ Cass. 1re civ., 13 juill. 2004, n° 02-10.073 : *JurisData* n° 2004-024669 ; *Bull. civ.* I, n° 206, p. 172 ; *JCP* 2005, I, 187 et *JCP* N 2006, 1071, n° 6, obs. Le Guidec ; *Defrénois* 2005, 342, obs. Théry).

Art. 2382 *(Anc. art. 2110, dénum., Ord. n° 2006-346, 23 mars 2006)*. **– Les architectes, entrepreneurs, maçons et autres ouvriers employés pour édifier, reconstruire ou réparer des bâtiments, canaux, ou autres ouvrages, et ceux qui ont, pour les payer et rembourser, prêté les deniers dont l'emploi a été constaté, conservent par la double inscription faite :**

1° Du procès-verbal qui constate l'état des lieux ;

2° Du procès-verbal de réception, leur privilège à la date de l'inscription du premier procès-verbal.

Délai d'inscription du procès-verbal. Il n'y a pas déchéance lorsque le procès-verbal de réception dressé dans les six mois suivant la fin des travaux n'a pas été inscrit dans ce délai (■ Bordeaux, 21 mai 1952 : *JCP* 52, IV, 160).

Art. 2383 *(Anc. art. 2111, dénum., Ord. n° 2006-346, 23 mars 2006 ; rempl., L. n° 2006-728, 23 juin 2006)*. **– Les créanciers du défunt et les légataires de sommes d'argent, ainsi que les créanciers personnels de l'héritier, conservent leur privilège par une inscription sur chacun des immeubles visés au 6° de l'article 2374, en la forme prévue aux articles 2426 et 2428 et dans les quatre mois de l'ouverture de la succession. Le privilège prend rang à la date de cette ouverture.**

> **Rédaction antérieure. Art. 2383.** – Les créanciers et légataires d'une personne défunte conservent leur privilège par une inscription prise sur chacun des immeubles héréditaires, en la forme prévue aux articles 2426 et 2428, et dans les quatre mois de l'ouverture de la succession ; le privilège prend rang à la date de ladite ouverture.

Rapports des créanciers successoraux et des légataires entre eux. La séparation des patrimoines, en faisant cesser la confusion du patrimoine du défunt avec celui de l'héritier, ne confère au créancier qui l'a réclamée aucun privilège par rapport aux autres créanciers de la succession et, jusqu'à concurrence de la somme réservée par l'inscription, la répartition du prix des biens s'opère entre eux comme si tous s'étaient inscrits (■ Cass. req., 10 avr. 1906 : *DP* 1909, 1, 113).

Art. 2384 *(Anc. art. 2111-1, dénum., Ord. n° 2006-346, 23 mars 2006)*. **– Les accédants à la propriété conservent leur privilège par une inscription prise à leur diligence sur l'immeuble faisant l'objet du contrat de location-accession, en la forme prévue aux articles 2426 et 2428 et dans un délai de deux mois à compter de la signature de ce contrat ; le privilège prend rang à la date dudit contrat.**

Art. 2384-1 *(Ord. n° 2007-42, 11 janv. 2007 ; mod., L. n° 2009-323, 25 mars 2009)*. **– Le titulaire de la créance conserve son privilège par la double inscription faite :**

1° Par leur auteur, soit de l'arrêté de police, pris en application de l'article L. 1331-28 du Code de la santé publique, de l'article L. 123-3 du Code de la construction et de l'habitation pour les mesures édictées sous peine ***d'interdiction d'habiter ou d'utiliser les locaux*** **ou de fermeture définitive de l'établissement, ou des articles L. 129-2, L. 129-3, L. 511-2 ou L. 511-3 de ce dernier code, comportant une évaluation sommaire du coût des mesures ou des travaux à exécuter, soit de la mise en demeure effectuée en application de l'article L. 1331-26-1 ou du II de l'article L. 1331-29 du Code de la santé publique, de l'article L. 123-3 du Code de la construction et de l'habitation pour la mise en œuvre de mesures édictées sous peine d'interdiction d'habiter ou d'utiliser les locaux ou de fermeture définitive de l'établissement, de l'article L. 129-2 ou du IV de l'article L. 511-2 de ce dernier code, comportant l'évaluation du coût des mesures ou travaux à exécuter ;**

2° Du titre de recouvrement de la créance par son auteur.

Pour les créances nées de l'application de l'article L. 521-3-2 du Code de la construction et de l'habitation, du I de l'article L. 511-2 du même code ou du I de l'article L. 1331-28 du Code de la santé publique lorsque la démolition du bâtiment déclaré insalubre ou menaçant ruine a été ordonnée, le privilège prend rang à

concurrence du montant évalué ou de celui du titre de recouvrement, s'il lui est inférieur, à compter de la première inscription et à compter de la deuxième inscription pour la fraction du montant du titre de recouvrement qui serait supérieure au montant résultant de la première inscription.

Pour les autres créances, le privilège est conservé à concurrence du montant évalué ou de celui du titre de recouvrement, s'il lui est inférieur.

Art. 2384-2 *(Ord. n° 2007-42, 11 janv. 2007 ; L. n° 2009-323, 25 mars 2009).* – Par dérogation à l'article 2384-1, le privilège peut également être conservé par la seule inscription du titre de recouvrement, à concurrence de sa valeur.

Dans ce cas, pour les créances nées de l'application de l'article L. 521-3-2 du Code de la construction et de l'habitation, du I de l'article L. 511-2 du même code ou du I de l'article L. 1331-28 du Code de la santé publique lorsque la démolition du bâtiment déclaré insalubre ou menaçant ruine a été ordonnée, le privilège prend rang à compter de l'émission du titre s'il est présenté à l'inscription dans un délai de deux mois à compter de l'émission.

Art. 2384-3 *(Ord. n° 2007-42, 11 janv. 2007).* – Les frais d'inscription sont à la charge des débiteurs.

Art. 2384-4 *(Ord. n° 2007-42, 11 janv. 2007).* – Lorsque les mesures prescrites par l'arrêté ou la mise en demeure mentionnés au 1° de l'article 2384-1 ont été exécutées par le propriétaire ou l'exploitant, la publication à leurs frais d'un arrêté de mainlevée avant l'inscription du titre de recouvrement prévue au 2° du même article emporte caducité de la première inscription. Mention est faite de la radiation résultant de cette caducité en marge de l'inscription, aux frais du propriétaire ou de l'exploitant.

La radiation de la seconde inscription ne peut intervenir que conformément aux dispositions des articles 2440 et suivants.

Art. 2385 *(Anc. art. 2112, dénum., Ord. n° 2006-346, 23 mars 2006).* – Les cessionnaires de ces diverses créances privilégiées exercent tous les mêmes droits que les cédants en leurs lieu et place.

Art. 2386 *(Anc. art. 2113, dénum., Ord. n° 2006-346, 23 mars 2006).* – Les hypothèques inscrites sur les immeubles affectés à la garantie des créances privilégiées, pendant le délai accordé par les articles 2379, 2381 et 2383 pour requérir l'inscription du privilège, ne peuvent préjudicier aux créanciers privilégiés.

Toutes créances privilégiées soumises à la formalité de l'inscription, à l'égard desquelles les conditions ci-dessus prescrites pour conserver le privilège n'ont pas été accomplies, ne cessent pas néanmoins d'être hypothécaires, mais l'hypothèque ne prend rang, à l'égard des tiers, que de la date des inscriptions.

CHAPITRE II. – DU GAGE IMMOBILIER

(Intitulé rempl., L. n° 2009-526, 12 mai 2009)

Art. 2387 *(Ord. n° 2006-346, 23 mars 2006 ; mod., L. n° 2009-526, 12 mai 2009).* – Le gage immobilier est l'affectation d'un immeuble en garantie d'une obligation ; il emporte dépossession de celui qui le constitue.

Bibliographie : P. Crocq, *Des chrysanthèmes pour l'antichrèse : Rev. Lamy dr. civ.* déc. 2008, p. 65. • A.-X. Briatte, *La place du gage immobilier, entre hypothèque et fiducie-sûreté : RD bancaire et fin.* 2016, étude 31. • R. Tendler, *L'antichrèse, mythe ou réalité ? : D.* 1989, chron. 143. • F. Lejeune, *Une sûreté nouvelle : l'antichrèse-bail : Journ. not.* 1986, 571 • G. Piette, *La nature de l'antichrèse, après l'ordonnance du 23 mars 2006 : D.* 2006, p. 1688 • N. Borga, *L'autonomie conceptuelle de l'antichrèse : D.* 2006, p. 2090 • Ph. Dupichot, *L'antichrèse : JCP G* 2006, suppl. n° 20, p. 26.

Voir : sur l'influence d'une procédure collective sur le classement des titulaires de gages immobiliers, C. com., art. L. 622-7, p. 1705, L. 622-17, p. 2005, L. 626-22, p. 1781, L. 631-14, p. 1705, L. 642-12, p. 1706, L. 641-3, p. 1706, L. 642-20-1, al. 2, p. 1706. Voir aussi, C. com., art. L. 643-13.

1) **Dépossession du constituant.** L'antichrèse *suppose le dessaisissement du constituant* et la remise de l'exploitation de l'immeuble au créancier (■ Nancy, 8 juin 1977 : *JurisData* n° 1977-761240 ; *JCP* 78, II, 18847). La possession étant la détention ou la jouissance d'une chose ou d'un droit tenu ou exercé par son titulaire ou par un autre qui la tient ou l'exerce en son nom, viole les articles 2085 (anc.), 2086 (anc.), 2231 et 2240 l'arrêt qui décide que le fait pour l'antichrésiste de n'entreprendre aucun acte positif destiné à marquer sa volonté de garder la possession juridique ou matérielle des biens nantis a pour conséquence de faire disparaître la condition essentielle à la validité de

l'antichrèse, à savoir la dépossession du constituant (■ Cass. 3e civ., 18 déc. 2002, 1er arrêt : *JCP* G 2003, II, 10024, avis Guérin ; *JCP* G 2003, I, 124, 12, obs. Delebecque ; *JCP* E 2003, 706, note Picod ; *Bull. civ.* III, n° 261, p. 226 ; *RTD civ.* 2003, 319, obs. Revet, et p. 327, obs. Crocq, cassant Papeete, 11 avr. 2001 : *JCP* G 2002, II, 10004, note Picod ; *JCP* G 2002, I, 120 et *JCP* E 2002, 591, n° 5, obs. Delebecque).

2) Antichrèse et promesse de vente. Ne constitue pas un contrat d'antichrèse la convention par laquelle l'une des parties consent à l'autre une promesse de vente d'un immeuble sur lequel elle vient de lui conférer une hypothèque pour sûreté d'une créance (■ Cass. 1re civ., 25 mars 1957 : *Gaz. Pal.* 1957, 2, 24), ni la promesse de vente consentie par le débiteur d'une somme à lui prêtée avec stipulation que la vente ne pourrait se réaliser qu'en cas de remboursement de la dette et que le prix se compenserait alors avec la somme prêtée, le promettant s'interdisant de consentir des baux sur les locaux faisant l'objet de la vente mais continuant à percevoir les loyers (■ Cass. 1re civ., 26 déc. 1961 : *D.* 1962, 381, note Voirin, et, sur renvoi, ■ Orléans, 30 oct. 1963 : *D.* 1964, somm. 69, et, sur nouveau pourvoi, ■ Cass. 1re civ., 22 mars 1966 : *JurisData* n° 1966-000201 ; *JCP* 66, IV, 70 ; *Bull. civ.* I, n° 203, p. 155).

3) Caractère accessoire. Les droits du créancier antichrésiste s'éteignent par l'extinction de l'obligation principale ; tel est le cas lorsque le créancier, par la perception des loyers produits par le bien affecté, a obtenu le remboursement de l'intégralité de sa créance en principal (■ CA Paris, 2e ch., sect. B, 24 janv. 2008 : *JurisData* n° 2008-353071 ; *JCP* G 2008, IV, 1395).

Art. 2388 ***(Ord. n° 2006-346, 23 mars 2006 ; mod., L. n° 2009-526, 12 mai 2009).*** **– Les dispositions relatives à l'hypothèque conventionnelle prévues au dernier alinéa de l'article 2397 et aux articles 2413, 2414, 2416, 2417 et 2421 sont applicables au gage immobilier.**

Le sont également les dispositions relatives aux effets de l'hypothèque prévues aux articles 2458 à 2460.

Art. 2389 ***(Ord. n° 2006-346, 23 mars 2006).*** **– Le créancier perçoit les fruits de l'immeuble affecté en garantie à charge de les imputer sur les intérêts, s'il en est dû, et subsidiairement sur le capital de la dette.**

Il est tenu, à peine de déchéance, de pourvoir à la conservation et à l'entretien de l'immeuble et peut y employer les fruits perçus avant de les imputer sur la dette. Il peut à tout moment se soustraire à cette obligation en restituant le bien à son propriétaire.

Art. 2390 ***(Ord. n° 2006-346, 23 mars 2006).*** **– Le créancier peut, sans en perdre la possession, donner l'immeuble à bail, soit à un tiers, soit au débiteur lui-même.**

Art. 2391 ***(Ord. n° 2006-346, 23 mars 2006).*** **– Le débiteur ne peut réclamer la restitution de l'immeuble avant l'entier acquittement de sa dette.**

Assiette du droit de rétention. L'assiette du droit de rétention concerne tant l'immeuble que ses fruits (■ Cass. com., 6 oct. 2009, n° 08-19.458 : *JurisData* n° 2009-049845 ; *JCP* G 2009, 492, n° 12, obs. Delebecque ; *Dr. et patrimoine* 2010, n° 195, p. 91, note Ph. Dupichot ; *RD bancaire et fin.* 2010, comm. 10, obs. D. Legeais ; *Banque et droit* 2009, n° 129, p. 49, note Rontchevsky).

Art. 2392 ***(Ord. n° 2006-346, 23 mars 2006 ; mod., L. n° 2009-526, 12 mai 2009).*** **– Les droits du créancier titulaire d'un droit de gage immobilier s'éteignent notamment :**

1° Par l'extinction de l'obligation principale ;

2° Par la restitution anticipée de l'immeuble à son propriétaire.

CHAPITRE III. – DES HYPOTHÈQUES

(Ord. n° 2006-346, 23 mars 2006)

Section I. – Dispositions générales

(Ord. n° 2006-346, 23 mars 2006)

Art. 2393 ***(Anc. art. 2114, dénum., Ord. n° 2006-346, 23 mars 2006).*** **– L'hypothèque est un droit réel sur les immeubles affectés à l'acquittement d'une obligation.**

Elle est, de sa nature, indivisible, et subsiste en entier sur tous les immeubles affectés, sur chacun et sur chaque portion de ces immeubles.

Elle les suit dans quelques mains qu'ils passent.

Voir : sur l'influence d'une procédure collective sur le classement des titulaires d'une hypothèque, C. com., art. L. 622-17, p. 2005, L. 626-22, p. 1781, L. 642-12, p. 1706. Voir aussi, C. com., art. L. 643-13.

1) **Objet de l'hypothèque.** Un créancier peut valablement prendre une hypothèque sur un droit réel immobilier de sorte qu'une hypothèque est susceptible de grever un bail emphytéotique (■ Cass. 3e civ., 15 mai 1991, n° 89-21.031 : *RD imm.* 1991, p. 357). Néanmoins, l'expiration du bail emphytéotique en cause fera disparaître l'hypothèque qui le grevait (■ Cass. 3e civ., 7 oct. 2009, n° 08-14.962 : *JurisData* n° 2009-049790 ; *JCP* G 2009, 492, n° 15, obs. Delebecque ; *Rev. Lamy dr. civ.* 2009/66, n° 3648, obs. Ansault ; *RD bancaire et fin.* 2010, comm. 12, obs. Legeais). Une affectation hypothécaire peut également porter sur la nue-propriété d'un bien grevé d'un usufruit, mais cette sûreté réelle immobilière aura nécessairement pour objet, en cas d'extinction de l'usufruit, la pleine propriété de ce bien (■ Cass. com., 13 mars 2012, n° 11-10.289 : *JurisData* n° 2012-004272 ; *JCP* G 2012, 1291, n° 15, note Delebecque ; *JCP* G 2012, 1186, n° 6, obs. Périnet Marquet ; *RD bancaire et fin.* 2012, comm. 96, S. Piedelièvre).

2) **Effets à l'égard du constituant.** Le créancier hypothécaire est fondé à s'opposer aux actes qui auraient pour conséquence forcée la diminution de valeur de l'immeuble hypothéqué (■ Cass. civ., 2 juin 1934 : *DP* 1935, 1, 65, note Fréjaville). Jugé que si le titulaire d'une sûreté immobilière doit supporter normalement la perception et l'aliénation des fruits qui n'entrent pas, lorsqu'ils sont détachés du sol, dans la valeur qui lui a été affectée en garantie, il en va autrement pour l'aliénation des produits qui affecte l'étendue de sa garantie puisque la valeur de l'immeuble s'en trouve dépréciée. En conséquence, il doit conserver son privilège sur l'indemnité d'arrachage de ceps de vigne (■ Bordeaux, 19 juin 1986 : *JurisData* n° 1986-042025 ; *D.* 1987, 295, note crit. Denis). L'action paulienne constitue une arme redoutable dans les mains des créanciers privilégiés, car celle-ci est recevable, hors toute exigence d'insolvabilité, dès lors que l'acte frauduleux a pour effet de rendre impossible l'exercice d'un droit spécial dont disposait le créancier sur le bien du débiteur (■ Cass. 1re civ., 8 oct. 2008 : *JurisData* n° 2008-045299 ; *JCP* G 2008, I, 211, n° 15, obs. Delebecque. – Comp. ■ Cass. 3e civ., 31 mars 2016, n° 14-25.604 : *JurisData* n° 2016-005772 ; *JCP* G n° 17, obs. Delebecque). Néanmoins, un immeuble hypothéqué ne constitue pas un bien indisponible de sorte que l'existence d'un privilège ou d'une hypothèque sur un immeuble ne fait obstacle ni à sa vente ni à l'inscription d'une nouvelle sûreté réelle sur ce bien (■ Cass. 3e civ., 18 juin 2008 : *JurisData* n° 2008-044416 ; *JCP* G 2008, IV, 2323 ; *JCP* G 2008, I, 211, n° 17, obs. Delebecque).

3) **Indivisibilité.** En vertu du principe de l'indivisibilité consacré par l'article 2114 (anc.), le créancier dont l'hypothèque s'étend à plusieurs immeubles est en droit de choisir celui sur le prix duquel il veut être colloqué pour la totalité de sa créance, sans que les autres créanciers ayant sur le même bien des sûretés postérieures en rang puissent le contraindre à diviser sa demande de collocation pour la faire porter proportionnellement sur le prix de tous les immeubles qui lui sont affectés. Cette faculté d'option ne saurait être refusée que si elle était exercée frauduleusement ou sans intérêt légitime (■ Cass. 3e civ., 15 févr. 1972 : *JurisData* n° 1972-098099 ; *JurisData* n° 1972-098098 ; *D.* 1972, 463, note E. F.). Mais le créancier peut y renoncer (■ Cass. civ., 19 déc. 1911 : *DP* 1913, 1, 505, note de Loynes. – V. aussi ■ Paris, 30 mai 1940 : *DH* 1940, 200).

4) **Division de l'immeuble par suite d'un partage.** L'hypothèque étant indivisible, la division de l'immeuble par suite d'un partage n'entraîne pas la division de l'hypothèque (■ Cass. 3e civ., 6 mars 1996, n° 94-13.242 : *JurisData* n° 1996-000758 ; *JCP* 96, IV, 996 ; *Bull. civ.* III, n° 63, p. 42 ; *RD imm.* 1996, 256, obs. Delebecque et Simler ; *D.* 1996, somm. 387, obs. S. Piedelièvre ; *Defrénois* 1997, 401, obs. Aynès).

5) **Hypothèque sur un immeuble commun.** Redressement judiciaire du mari. Ayant prêté des fonds à des époux communs en biens qui se sont engagés solidairement à les rembourser, deux banques n'ont pas déclaré leurs créances dans la liquidation judiciaire du mari. Le liquidateur ayant demandé la radiation du chef des deux époux de l'hypothèque conventionnelle inscrite sur l'immeuble commun, doit être cassé l'arrêt qui fait droit à cette demande alors qu'à défaut d'extinction de l'obligation distincte contractée par la femme, l'hypothèque qui en garantit indivisiblement le paiement subsiste et que les banques, privées de tout droit à participer aux répartitions faites dans le cadre de la procédure ouverte contre le mari, conservent, après paiement des créanciers admis, le droit de faire valoir leur hypothèque sur le solde pouvant subsister sur le prix de l'immeuble grevé (■ Cass. com., 14 mai 1996, n° 94-11.366 : *JurisData* n° 1996-001808 ; *D.* 1996, 460, note Derrida, somm. 388, obs. S. Piedelièvre ; *JCP* G 97, I, 3991 et *JCP* E 97, I, 631, n° 14, obs. Simler et Delebecque ; *RTD civ.* 1996, 666, obs. Crocq ; *Defrénois* 1996, 1134, note Derrida).

6) **Annulation. Prêt.** L'hypothèque survit à l'annulation du contrat de prêt qu'elle garantit (■ Cass. 3e civ., 5 nov. 2008, n° 07-17.357 : *JurisData* n° 2008-045686 ; *RTD civ.* 2009, p. 148, note Crocq ;

JCP G 2009, I, 150, n° 16, obs. Delebecque ; *RD bancaire et fin.* 2009, comm. 31, obs. Legeais ; *Banque et droit* 2008, n° 122, p. 50, obs. Rontchevsky ; *JCP* G 2009, I, 138, n° 27, obs. Serinet. ■ Cass. 1re civ., 20 déc. 2012, n° 11-22.815 : *JCP* G 2013, 585, n° 11, obs. Delebecque. – V. déjà en ce sens, ■ Cass. com., 2 nov. 1994, n° 92-14.487 : *JurisData* n° 1994-001952 ; *Bull. civ.* IV, n° 321 ; *JCP* G 1995, I, 3851, n° 13, obs. Delebecque ; *Defrénois* 1995, art. 36040, n° 38, note Aynès).

7) Droit de suite. Le droit de suite est un droit réel opposable à tous, et notamment à tout acquéreur indépendamment de sa bonne ou mauvaise foi (■ Cass. 3e civ., 6 nov. 2002, n° 01-11.882 : *JurisData* n° 2002-016239 ; *Bull. civ.* III, n° 219, p. 189). En l'absence de purge organisée par un notaire ; le créancier hypothécaire ne justifie pas d'un préjudice certain dans la mesure où il dispose contre l'acquéreur, pour le recouvrement de sa créance, d'un droit de suite, lequel constitue, non une voie de droit qui ne serait que la conséquence de la situation dommageable imputée à la faute dudit notaire, mais un effet attaché à l'hypothèque (■ Cass. 1re civ., 27 févr. 2013, n° 12-16.891). En raison de l'effet rétroactif de la résolution de la vente, les droits constitués sur l'immeuble se trouvent anéantis, de sorte que le bénéficiaire de l'hypothèque ne saurait exercer son droit de suite à l'encontre du vendeur rétabli dans ses droits, lequel n'a pas la qualité de tiers détenteur de l'immeuble (■ Cass. 3e civ., 7 janv. 2016, n° 14-18.360 : *Gaz. Pal.* 2016, p. 32, obs. Albiges ; *JCP* N 2016, 1087, n° 52, note Piedelièvre ; *JCP* G 2016, doctr. 553, n° 14, obs. Delebecque).

Art. 2394 ***(Anc. art. 2115, dénum., Ord. n° 2006-346, 23 mars 2006).*** **– L'hypothèque n'a lieu que dans les cas et suivant les formes autorisés par la loi.**

Art. 2395 ***(Anc. art. 2116, dénum., Ord. n° 2006-346, 23 mars 2006).*** **– Elle est ou légale, ou judiciaire, ou conventionnelle.**

Art. 2396 ***(Anc. art. 2117, dénum., Ord. n° 2006-346, 23 mars 2006).*** **– L'hypothèque légale est celle qui résulte de la loi.**

L'hypothèque judiciaire est celle qui résulte des jugements.

L'hypothèque conventionnelle est celle qui résulte des conventions.

Art. 2397 ***(Anc. art. 2118, dénum. et mod., Ord. n° 2006-346, 23 mars 2006).*** **– Sont seuls susceptibles d'hypothèques :**

1° Les biens immobiliers qui sont dans le commerce, et leurs accessoires réputés immeubles ;

2° L'usufruit des mêmes biens et accessoires pendant le temps de sa durée.

L'hypothèque s'étend aux améliorations qui surviennent à l'immeuble.

1) Distinction entre meubles et immeubles, voir art. 517 et s., p. 454.

2) Biens frappés d'inaliénabilité. Les biens frappés d'inaliénabilité ne sont pas susceptibles d'hypothèque (■ Cass. 3e civ., 29 juin 1983 : *JurisData* n° 1983-701607 ; *Bull. civ.* III, n° 152, p. 119. ■ Cass. 1re civ., 23 févr. 2012, n° 09-13.113 : *JurisData* n° 2012-002550 ; *JCP* G 2012, act. 302 ; *Gaz. Pal.* 29 mars 2012, p. 21, obs. Albiges ; *JCP* G 2012, 626, n° 16, obs. Delebecque). En revanche, la Haute juridiction n'est pas hostile à l'inscription d'une hypothèque judiciaire conservatoire sur un bien insaisissable (■ Cass. com., 11 juin 2014, n° 13-13.643 : *JurisData* n° 2014-012570 ; *JCP* G 2014, 925, Barbieri ; *JCP* G 2014, doctr. 1162, n° 13, obs. Delebecque. – Comp. ■ Cass. 1re civ., 9 oct. 1985, n° 84-13.306 : *JurisData* n° 1985-702619 ; *Bull. civ.*, I, n° 252, admettant l'inscription d'une hypothèque conservatoire en dépit d'une clause d'inaliénabilité). C'est par une interprétation souveraine des clauses litigieuses de l'acte en cause qu'une cour d'appel a estimé qu'en consentant expressément à la constitution d'hypothèques sur l'immeuble ayant fait l'objet de la donation-partage, les donateurs avaient nécessairement accepté le principe de son aliénation à la demande du créancier hypothécaire en l'absence de remboursement des prêts (■ Cass. 1re civ., 5 déc. 2018, n° 17-28.130 : *Defrénois* 2019, n° 11, p. 28, obs. Gijsbers).

3) Immeubles par destination. L'hypothèque s'étend aux biens immobilisés par destination postérieurement à sa constitution (■ Cass. civ., 1er mai 1906 : *DP* 1909, 1, 345).

4) Réunion de l'usufruit à la nue-propriété. En cas de réunion de l'usufruit à la nue-propriété, l'hypothèque qui ne grevait originairement que la nue-propriété s'étend à la pleine propriété (■ Nîmes, 9 juill. 1934 : *Gaz. Pal.* 1934, 2, 676).

5) Nantissement de l'outillage et du matériel. L'article 2133 (anc.) n'est pas applicable aux biens nantis en application de la loi relative au nantissement de l'outillage et du matériel (C. com., art. L. 525-8, al. 2).

Art. 2398 *(Anc. art. 2119, dénum., Ord. n° 2006-346, 23 mars 2006)*. – **Les meubles n'ont pas de suite par hypothèque.**

Bibliographie : E. Putman, *Sur l'origine de la règle « meubles n'ont point de suite par hypothèque » : RTD civ.* 1994, 543.

Art. 2399 *(Anc. art. 2120, dénum., Ord. n° 2006-346, 23 mars 2006)*. – **Il n'est rien innové par le présent code aux dispositions des lois maritimes concernant les navires et bâtiments de mer.**

1) Sur l'**hypothèque maritime**, voir C. douanes, art. 241 et suivants.

2) Sur l'**hypothèque fluviale**, voir C. transports, art. L. 4122-1 et suivants.

3) Sur l'**hypothèque sur aéronefs**, voir C. transports, art. L. 6122-1 et suivants.

Section II. – Des hypothèques légales

(Ord. n° 2006-346, 23 mars 2006)

Sous-section 1. – Dispositions générales

(Ord. n° 2006-346, 23 mars 2006)

Art. 2400 *(Anc. art. 2121, dénum., Ord. n° 2006-346, 23 mars 2006)*. – **Indépendamment des hypothèques légales résultant d'autres codes ou de lois particulières, les droits et créances auxquels l'hypothèque légale est attribuée sont :**

1° Ceux d'un époux, sur les biens de l'autre ;

2° Ceux des mineurs ou majeurs en tutelle, sur les biens du tuteur ou de l'administrateur légal ;

3° Ceux de l'État, des départements, des communes et des établissements publics, sur les biens des receveurs et administrateurs comptables ;

4° Ceux du légataire, sur les biens de la succession, en vertu de l'article 1017 ;

5° Ceux énoncés en l'article 2331, 2°, 3°, 5°, 6°, 7° et 8°.

1) **Comptables publics.** Sur l'inscription de l'hypothèque légale prévue par l'article 2121-3° (anc.), voir : D. n° 66-270, 22 avr. 1966, mod. D. n° 87-693, 20 août 1987, mod. Ord. n° 2006-346, 23 mars 2006.

2) **Personnes en tutelle.** Sur les règles particulières à l'hypothèque légale des personnes en tutelle, V. art. 2409 et s., p. 1820. L'hypothèque des personnes en tutelle ne s'applique pas à la tutelle des pupilles de l'État (C. action soc. et fam., art. L. 224-9, al. 6) ni à la tutelle des pupilles de la Nation lorsqu'elle est confiée au service départemental de l'office national des pupilles de la Nation (C. pens. mil., art. L. 474).

3) **Transformation en hypothèques légales de certains privilèges.** Les privilèges spéciaux ou généraux sur les immeubles autres que ceux visés aux articles 2103 et 2104 (anciens) sont transformés en hypothèques légales et sont soumis aux règles édictées pour ces dernières par le Code civil (D. n° 55-22, 4 janv. 1955, art. 15, p. 2810).

4) **Copropriété.** Sur l'hypothèque légale du syndicat de copropriété, voir L. n° 65-557, 10 juill. 1965, art. 19, p. 2878.

5) **Aide sociale.** Sur l'hypothèque légale en matière d'aide sociale, voir C. action soc. et fam., art. L. 132-9, p. 1864.

6) **Trésor.** Sur l'hypothèque légale du Trésor pour le recouvrement des impositions de toute nature et amendes fiscales visées par l'article 1907 du Code général des impôts, voir CGI, art. 1929 *ter* ; pour le recouvrement des droits de mutation par décès, voir CGI, art. 1929, 2, p. 2230. Sur l'hypothèque légale de l'administration des douanes, (C. douanes, art. 379).

Art. 2401 *(Anc. art. 2122, dénum., Ord. n° 2006-346, 23 mars 2006)*. – **Sous réserve tant des exceptions résultant du présent code, d'autres codes ou de lois particulières que du droit pour le débiteur de se prévaloir des dispositions des articles 2444 et suivants, le créancier bénéficiaire d'une hypothèque légale peut inscrire son droit sur tous les immeubles appartenant actuellement à son débiteur, sauf à se conformer aux dispositions de l'article 2426. Il peut, sous les mêmes réserves, prendre des inscriptions complémentaires sur les immeubles entrés, par la suite, dans le patrimoine de son débiteur.**

Sous-section 2. – Des règles particulières à l'hypothèque légale des époux

(Ord. n° 2006-346, 23 mars 2006)

Art. 2402 *(Anc. art. 2136, dénum., Ord. n° 2006-346, 23 mars 2006).* **– Quand les époux ont stipulé la participation aux acquêts, la clause, sauf convention contraire, confère de plein droit à l'un et à l'autre la faculté d'inscrire l'hypothèque légale pour la sûreté de la créance de participation.**

L'inscription pourra être prise avant la dissolution du régime matrimonial, mais elle n'aura d'effet qu'à compter de cette dissolution et à condition que les immeubles sur lesquels elle porte existent à cette date dans le patrimoine de l'époux débiteur.

En cas de liquidation anticipée, l'inscription antérieure à la demande a effet du jour de celle-ci, l'inscription postérieure n'ayant effet que de sa date ainsi qu'il est dit à l'article 2425.

L'inscription pourra également être prise dans l'année qui suivra la dissolution du régime matrimonial ; elle aura alors effet de sa date.

Art. 2403 *(Anc. art. 2137, dénum., Ord. n° 2006-346, 23 mars 2006).* **– Hors le cas de la participation aux acquêts, l'hypothèque légale ne peut être inscrite que par l'intervention de justice, ainsi qu'il est expliqué au présent article et à l'article suivant.**

Si l'un des époux introduit une demande en justice tendant à faire constater une créance contre son conjoint ou les héritiers de celui-ci, il peut, dès l'introduction de la demande, requérir une inscription provisoire de son hypothèque légale en présentant l'original de l'assignation signifiée ainsi qu'un certificat du greffier qui atteste que la juridiction est saisie de l'affaire. Le même droit lui appartient en cas de demande reconventionnelle, sur présentation d'une copie des conclusions.

L'inscription est valable trois ans et renouvelable. Elle est soumise aux règles des chapitres IV et suivants du présent titre.

Si la demande est admise, la décision est mentionnée, à la diligence de l'époux demandeur, en marge de l'inscription provisoire, à peine de nullité de cette inscription, dans le mois à dater du jour où elle est devenue définitive. Elle forme le titre d'une inscription définitive qui se substitue à l'inscription provisoire, et dont le rang est fixé à la date de celle-ci. Lorsque le montant du capital de la créance allouée et de ses accessoires excède celui des sommes que conserve l'inscription provisoire, l'excédent ne peut être conservé que par une inscription prise conformément aux dispositions de l'article 2428 et ayant effet de sa date, ainsi qu'il est dit à l'article 2425.

Si la demande est entièrement rejetée, le tribunal, à la requête de l'époux défendeur, ordonne la radiation de l'inscription provisoire.

1) **Application immédiate.** L'article 2137 (anc.) peut être invoqué par des époux mariés avant le 1er février 1966 (■ Cass. 1re civ., 22 janv. 1980 : *D.* 1980, inf. rap. 294).

2) **Inscription conservatoire d'hypothèque judiciaire.** L'article 2137 (anc.) ne fait pas obstacle à ce que, quand les conditions en sont remplies, l'époux demandeur recoure à une inscription conservatoire d'hypothèque judiciaire (■ Cass. 1re civ., 31 janv. 1984, n° 82-16.373 : *JurisData n° 1984-700087 ; Defrénois 1984, 925, note Piedelièvre ; JCP* 85, II, 20362, note Boulanger).

3) **Demande en justice.** La demande en justice visée par l'article 2137 (anc.), al. 2, peut être présentée dans le cadre d'une assignation en divorce (■ Cass. 2e civ., 4 mars 1999, n° 97-11.316 : *JCP* 99, I, 158, n° 9, obs. Delebecque ; *Bull. civ.* II, n° 46, p. 33 ; *D.* 1999, somm. 302, obs. S. Piedelièvre ; *Defrénois* 1999, 1364, obs. Champenois ; *RTD civ.* 2000, 612, obs. Vareille).

4) **Radiation. Motivation de la décision.** Ne donne pas de base légale à sa décision l'arrêt qui se borne, pour ordonner la radiation de l'inscription de son hypothèque légale, à retenir que l'épouse ne prouve pas que sa créance n'est pas suffisamment garantie par les saisies conservatoires ordonnées à son profit (■ Cass. 2e civ., 16 oct. 1985, n° 84-12.817 : *JurisData* n° 1985-002843 ; *Bull. civ.* II, n° 155, p. 102).

5) **Publication du jugement de divorce.** Sur le principe que la publication du jugement de divorce ne vaut pas inscription de l'hypothèque légale, V. ■ Cass. 3e civ., 13 déc. 2000, n° 99-10.902 : *JurisData* n° 2000-007318 ; *Dr. famille* 2001, 29, note Beignier ; *JCP* 2001, II, 10542, note Casey ; *Bull. civ.* III, n° 189, p. 132 ; *Defrénois* 2001, 945, obs. Théry.

Art. 2404 *(Anc. art. 2138, dénum., Ord. n° 2006-346, 23 mars 2006).* **– Pareillement si, pendant le mariage, il y a lieu de transférer d'un époux à l'autre l'administration de certains biens, par application de**

l'article 1426 ou de l'article 1429, le tribunal, soit dans le jugement même qui ordonne le transfert, soit dans un jugement postérieur, peut décider qu'une inscription de l'hypothèque légale sera prise sur les immeubles du conjoint qui aura la charge d'administrer. Dans l'affirmative, il fixe la somme pour laquelle il sera pris inscription et désigne les immeubles qui en seront grevés. Dans la négative, il peut, toutefois, décider que l'inscription de l'hypothèque sera remplacée par la constitution d'un gage, dont il détermine lui-même les conditions.

Si, par la suite, des circonstances nouvelles paraissent l'exiger, le tribunal peut toujours décider, par jugement, qu'il sera pris, soit une première inscription, soit des inscriptions complémentaires ou qu'un gage sera constitué.

Les inscriptions prévues par le présent article sont prises et renouvelées à la requête du ministère public.

Voir : D. n° 55-1350, 14 oct. 1955, art. 87 et 88, p. 2863.

Art. 2405 *(Anc. art. 2139, dénum., Ord. n° 2006-346, 23 mars 2006).* – Quand l'hypothèque légale a été inscrite par application des articles 2402 ou 2403, et sauf clause expresse du contrat de mariage l'interdisant, l'époux bénéficiaire de l'inscription peut consentir, au profit des créanciers de l'autre époux ou de ses propres créanciers, une cession de son rang ou une subrogation dans les droits résultant de son inscription.

Il en est ainsi même en ce qui concerne l'hypothèque légale ou éventuellement l'hypothèque judiciaire, garantissant la pension alimentaire allouée ou susceptible d'être allouée à un des époux, pour lui ou pour ses enfants.

Si l'époux bénéficiaire de l'inscription, en refusant de consentir une cession de rang ou subrogation, empêche l'autre époux de faire une constitution d'hypothèque qu'exigerait l'intérêt de la famille ou s'il est hors d'état de manifester sa volonté, les juges pourront autoriser cette cession de rang ou subrogation aux conditions qu'ils estimeront nécessaires à la sauvegarde des droits de l'époux intéressé. Ils ont les mêmes pouvoirs lorsque le contrat de mariage comporte la clause visée au premier alinéa.

Art. 2406 *(Anc. art. 2140, dénum., Ord. n° 2006-346, 23 mars 2006).* – Quand l'hypothèque a été inscrite par application de l'article 2404, la cession de rang ou la subrogation ne peut résulter, pendant la durée du transfert d'administration, que d'un jugement du tribunal qui a ordonné ce transfert.

Dès la cessation du transfert d'administration, la cession de rang ou la subrogation peut être faite dans les conditions prévues à l'article 2405.

Art. 2407 *(Anc. art. 2141, dénum., Ord. n° 2006-346, 23 mars 2006).* – Les jugements pris en application des deux articles précédents sont rendus dans les formes réglées par le Code de procédure civile.

Sous réserve des dispositions de l'article 2403, l'hypothèque légale des époux est soumise, pour le renouvellement des inscriptions, aux règles de l'article 2434.

Art. 2408 *(Anc. art. 2142, dénum., Ord. n° 2006-346, 23 mars 2006).* – Les dispositions des articles 2402 à 2407 sont portées à la connaissance des époux ou futurs époux dans les conditions fixées par un décret.

Voir : D. n° 55-1350, 14 oct. 1955, art. 86, p. 2863.

Sous-section 3. – Des règles particulières à l'hypothèque légale des personnes en tutelle

(Ord. n° 2006-346, 23 mars 2006)

Art. 2409 *(Mod., L. n° 2007-308, 5 mars 2007).* – À l'ouverture de toute tutelle, le conseil de famille ou, à défaut, le juge, après avoir entendu le tuteur, décide si une inscription doit être requise sur les immeubles du tuteur. Dans l'affirmative, il fixe la somme pour laquelle il sera pris inscription et désigne les immeubles qui en seront grevés. Dans la négative, il peut, toutefois, décider que l'inscription de l'hypothèque sera remplacée par la constitution d'un gage, dont il détermine lui-même les conditions.

Au cours de la tutelle, le conseil de famille ou, à défaut, le juge peut toujours ordonner, lorsque les intérêts du mineur ou du majeur en tutelle paraissent l'exiger, qu'il sera pris, soit une première inscription, soit des inscriptions complémentaires, ou qu'un gage sera constitué.

Les inscriptions prévues par le présent article sont prises à la requête du greffier du juge des tutelles, et les frais en sont imputés au compte de la tutelle.

Rédaction antérieure. Art. 2409 *(Anc. art. 2143, dénum., Ord. n° 2006-346, 23 mars 2006).* – À l'ouverture de toute tutelle, le conseil de famille, après avoir entendu le tuteur, décide si une inscription doit être requise sur les immeubles du tuteur. Dans l'affirmative, il fixe la somme pour laquelle il sera pris inscription et désigne les immeubles qui en seront grevés. Dans la négative, il peut, toutefois, décider que l'inscription de l'hypothèque sera remplacée par la constitution d'un gage, dont il détermine lui-même les conditions.

Au cours de la tutelle, le conseil de famille peut toujours ordonner, lorsque les intérêts du mineur ou du majeur en tutelle paraissent l'exiger, qu'il sera pris, soit une première inscription, soit des inscriptions complémentaires, ou qu'un gage sera constitué.

Dans les cas où il y a lieu à l'administration légale selon l'article 389, le juge des tutelles, statuant soit d'office, soit à la requête d'un parent ou allié ou du ministère public, peut pareillement décider qu'une inscription sera prise sur les immeubles de l'administrateur légal, ou que celui-ci devra constituer un gage.

Les inscriptions prévues par le présent article sont prises à la requête du greffier du juge des tutelles, et les frais en sont imputés au compte de la tutelle.

Voir : D. n° 55-1350, 14 oct. 1955, art. 87, 2° et 88, p. 2863.

Art. 2410 *(Mod., L. n° 2007-308, 5 mars 2007).* – **Le pupille, après sa majorité ou son émancipation, ou le majeur en tutelle, après la mainlevée de la tutelle des majeurs, peut requérir, dans le délai d'un an, l'inscription de son hypothèque légale ou une inscription complémentaire.**

Ce droit peut, en outre, être exercé par les héritiers du pupille ou du majeur en tutelle dans le même délai, et, au cas de décès de la personne protégée avant cessation de la tutelle ou mainlevée de la tutelle des majeurs, dans l'année du décès.

Rédaction antérieure. Art. 2410 *(Anc. art. 2144, dénum., Ord. n° 2006-346, 23 mars 2006).* – Le pupille, après sa majorité ou son émancipation, ou le majeur en tutelle, après la mainlevée de la tutelle des majeurs, peut requérir, dans le délai d'un an, l'inscription de son hypothèque légale ou une inscription complémentaire.

Ce droit peut, en outre, être exercé par les héritiers du pupille ou du majeur en tutelle dans le même délai, et, au cas de décès de l'incapable avant cessation de la tutelle ou mainlevée de la tutelle des majeurs, dans l'année du décès.

Art. 2411 *(Anc. art. 2145, dénum., Ord. n° 2006-346, 23 mars 2006).* – **Pendant la minorité et la tutelle des majeurs, l'inscription prise en vertu de l'article 2409 doit être renouvelée, conformément à l'article 2434 du Code civil, par le greffier du tribunal d'instance.**

Section III. – Des hypothèques judiciaires

(Ord. n° 2006-346, 23 mars 2006)

Art. 2412 *(Anc. art. 2123, dénum., Ord. n° 2006-346, 23 mars 2006).* – **L'hypothèque judiciaire résulte des jugements soit contradictoires, soit par défaut, définitifs ou provisoires, en faveur de celui qui les a obtenus.**

Elle résulte également des *(Mots rempl., L. n° 2016-1547, 18 nov. 2016)* **« sentences arbitrales revêtues de l'exequatur » ainsi que des décisions judiciaires rendues en pays étrangers et déclarées exécutoires par un tribunal français.**

Sous réserve du droit pour le débiteur de se prévaloir, soit en cours d'instance, soit à tout autre moment, des dispositions des articles 2444 et suivants, le créancier qui bénéficie d'une hypothèque judiciaire peut inscrire son droit sur tous les immeubles appartenant actuellement à son débiteur, sauf à se conformer aux dispositions de l'article 2426. Il peut, sous les mêmes réserves, prendre des inscriptions complémentaires sur les immeubles entrés par la suite dans le patrimoine de son débiteur.

1) Distinction avec l'hypothèque conservatoire. L'hypothèque visée à l'article 2412 du Code civil est une hypothèque légale qui en tant que telle n'est pas soumise aux dispositions de la loi du 9 juillet 1991, lesquelles sont aujourd'hui codifiées au sein du Code des procédures civiles d'exécution (■ Cass. 1re civ., 14 mars 2012, n° 10-28.143 : *JurisData* n° 2012-004280 ; *JCP* G 2012, act. 358 ; *D.* 2012, p. 804, obs. Avena-Robardet ; *JCP* G 2012, 626, n° 18, obs. Delebecque. ■ Cass. com., 11 oct. 2016, n° 14-28.072).

2) Délai. L'inscription définitive de l'hypothèque judiciaire conservatoire, précédée ou non d'une signification, doit être prise dans les deux mois du jugement au fond passé en force de chose jugée, faute de quoi une telle inscription est tardive, de sorte que les poursuites de saisie entreprises sur son fondement sont caduques (■ Cass. 2e civ., 12 oct. 2006, n° 05-10.511 : *JurisData* n° 2006-035316 ; *Bull. civ.* II, n° 271, p. 252 ; *JCP* G 2006, I, 195, n° 14, obs. Simler).

3) Jugements des tribunaux administratifs. Sur l'hypothèque résultant des jugements des tribunaux administratifs, voir CJA, art. L. 11.

4) Contraintes décernées par les caisses de sécurité sociale. Sur l'hypothèque judiciaire résultant des contraintes décernées par les directeurs des organismes de sécurité sociale, voir : CSS, art. L. 244-9. V. par ex. ▪ Cass. 3e civ., 13 déc. 2000, n° 99-11.822 : *JurisData* n° 2000-007319 ; *JCP* E 2001, 1087, n° 12, obs. Delebecque ; *Bull. civ.* III, n° 190, p. 132.

5) Contraintes décernées pour le recouvrement des contributions à l'assurance chômage et à l'assurance des créances des salariés. Voir : C. trav., anc. art. L. 351-6 (art. L. 5422-16 nouveau) et anc. art. L. 143-11-6 (art. L. 3253-18 nouveau).

6) Contraintes douanières. Voir : C. douanes, art. 379.

7) Trésor. Condamnations pécuniaires. Le recouvrement par les comptables directs du Trésor des condamnations pécuniaires autres que les amendes et les frais de justice est garanti par l'hypothèque judiciaire instituée par l'article 2123 (anc.), al. 1er (D. n° 64-1333, 22 déc. 1964, art. 4, al. 2).

8) Jugement d'homologation d'un partage. Le jugement qui homologue un partage peut donner lieu à inscription de l'hypothèque judiciaire quand il reconnaît à l'une des parties un droit de créance contre son copartageant (▪ Cass. civ., 7 févr. 1938 : *DH* 1938, 161).

9) Appel. Si la radiation d'une hypothèque judiciaire prise en vertu d'un jugement frappé d'appel peut être obtenue de la cour qui infirme ce jugement, aucune mesure de ce genre ne peut être sollicitée, qu'il s'agisse de radiation ou même simplement de réduction, lorsque le jugement est confirmé (▪ Cass. req., 16 juin 1938 : *DH* 1938, 485. – V. en ce sens en cas d'opposition, ▪ Cass. civ., 4 août 1913 : *DP* 1917, 1, 121, note Cézar-Bru).

10) Spécialité de l'hypothèque judiciaire. Sur le principe de la spécialité de l'hypothèque judiciaire, V. ▪ Cass. 3e civ., 25 oct. 1976, n° 75-10.823 : *JurisData* n° 1976-099368 ; *JCP* 76, IV, 374 ; *Bull. civ.* III, n° 368, p. 279. ▪ Cass. 3e civ., 21 oct. 1980, n° 79-11.163 : *JurisData* n° 1980-705151 ; *Bull. civ.* III, n° 160, p. 119 ; *JCP* N 81, II, 57, note Stemmer ; *Journ. not.* 1981, 450, note J. V.

11) Inscription prise en vertu d'une ordonnance de référé. Viole l'article 2123 (anc.) l'arrêt qui, pour accueillir la demande de mainlevée de l'inscription d'hypothèque judiciaire définitive, retient que ce texte concerne l'hypothèque judiciaire résultant des jugements tandis que l'inscription litigieuse a été prise en vertu d'une ordonnance de référé allouant une provision au créancier, laquelle n'a pas, au principal, autorité de chose jugée et qu'ainsi la sûreté a été abusivement qualifiée de définitive, alors qu'il n'existait à cette date aucune décision au fond ayant autorité de chose jugée (▪ Cass. 3e civ., 26 sept. 2001 : *JCP* 2001, IV, 2786 ; *Bull. civ.* III, n° 107, p. 82 ; *JurisData* n° 2001-011083).

12) Inscription sur un immeuble d'une société civile non inscrite au RCS. L'absence d'inscription d'une société civile au RCS n'interdit pas à un créancier d'inscrire une hypothèque légale sur un immeuble dont elle est propriétaire, dès lors que cette qualité n'est pas contestée et que le titre exécutoire du créancier, en l'occurrence un syndicat de copropriété, est dûment établi (▪ Cass. 3e civ., 1er juill. 2009, n° 08-14.762 : *JurisData* n° 2009-049934 ; *Rev. Lamy dr. civ.* 2009/64, n° 3575, obs. Ansault ; *JCP* G 2009, 492, n° 14, note Delebecque ; *Defrénois* 2009, p. 2069, note Piedelièvre).

Section IV. – Des hypothèques conventionnelles

(Ord. n° 2006-346, 23 mars 2006)

Bibliographie : Ph. Delebecque, *Le régime des hypothèques* : *JCP* G 2006, suppl. n° 20, p. 29. • Ph. Dupichot, *La réforme du régime hypothécaire* : *D.* 2006, p. 1291. • Ch. Albiges, *L'hypothèque conventionnelle transfrontalière européenne* : *Dr. et patrimoine* 2006, p. 74. • E. Muniz Espada, *L'eurohypothèque* : *D.* 2007, p. 1712. • V. égal. sur le projet de réforme, M. Grimaldi, *L'hypothèque* : *Dr. et patrimoine* sept. 2005, p. 72.

Art. 2413 *(Anc. art. 2124, dénum., Ord. n° 2006-346, 23 mars 2006).* **– Les hypothèques conventionnelles ne peuvent être consenties que par ceux qui ont la capacité d'aliéner les immeubles qu'ils y soumettent.**

1) Chose d'autrui. L'hypothèque de la chose d'autrui est nulle de nullité absolue et ne saurait être validée par le fait que le constituant deviendrait ultérieurement propriétaire (▪ Cass. civ., 24 mai 1892 : *DP* 1892, 1, 327).

2) Propriétaire apparent. La nullité du titre du propriétaire apparent, serait-elle d'ordre public, est sans influence sur la validité des aliénations ou constitutions d'hypothèques par lui consenties,dès lors que la cause de la nullité est demeurée et devait nécessairement être ignorée de tous (■ Cass. 1re civ., 3 avr. 1963 : *JurisData* n° 1963-700204 ; *JCP* 64, II, 13502, note Mazeaud ; *D.* 1964, 306, note Calais-Auloy. Sur la nécessité d'une erreur légitime des créanciers, V. ■ Cass. 3e civ., 24 sept. 2003 : *JurisData* n° 2003-020376 ; *JCP* 2004, II, 10113, note Mahinga ; *Bull. civ.* III, n° 162, p. 144 ; *Defrénois* 2004, 305, obs. Piedelièvre).

Art. 2414 ***(Anc. art. 2125, dénum. et mod., Ord. n° 2006-346, 23 mars 2006).*** **– Ceux qui n'ont sur l'immeuble qu'un droit suspendu par une condition, ou résoluble dans certains cas, ou sujet à rescision, ne peuvent consentir qu'une hypothèque soumise aux mêmes conditions ou à la même rescision.**

L'hypothèque d'un immeuble indivis conserve son effet quel que soit le résultat du partage si elle a été consentie par tous les indivisaires. Dans le cas contraire, elle ne conserve son effet que dans la mesure où l'indivisaire qui l'a consentie est, lors du partage, alloti du ou de ces immeubles indivis ou, lorsque l'immeuble est licité à un tiers, si cet indivisaire est alloti du prix de la licitation.

L'hypothèque d'une quote-part dans un ou plusieurs immeubles indivis ne conserve son effet que dans la mesure où l'indivisaire qui l'a consentie est, lors du partage, alloti du ou de ces immeubles indivis ; elle le conserve alors dans toute la mesure de cet allotissement sans être limitée à la quote-part qui appartenait à l'indivisaire qui l'a consentie ; lorsque l'immeuble est licité à un tiers, elle le conserve également si cet indivisaire est alloti du prix de la licitation.

Bibliographie : M. Dagot, *L'hypothèque de l'immeuble indivis après la loi du 31 décembre 1976 : JCP* 80, I, 2994. ● J. Lafond, *L'hypothèque de droits immobiliers indivis : JCP* N 2002, 1399. ● W. Dross, *L'hypothèque consentie par l'indivisaire ; proposition de réécriture des articles 815-17 et 2414 du C. civ.*, Mél. Ph. Neau-Leduc : *LGDJ*, 2018, p. 393.

1) Hypothèque consentie par tous les indivisaires. Droit de poursuite des créanciers. Dès lors que la constitution d'hypothèque sur un bien indivis a été consentie par tous les indivisaires, le créancier hypothécaire, fût-il créancier de l'un seulement des indivisaires, peut poursuivre la saisie et la vente de cet immeuble avant le partage de l'indivision (■ Cass. 1re civ., 20 nov. 1990, n° 89-13.876 : *JurisData* n° 1990-003366 ; *Bull. civ.* I, n° 259, p. 183 ; *Defrénois* 1991, 1054, note X. Savatier. V. aussi ■ Cass. 1re civ., 14 juin 2000, n° 98-10.577 : *JCP* 2001, I, 309, n° 11, obs. Storck. ■ Cass. com., 19 déc. 2000, n° 97-17.728 : *JurisData* n° 2000-007473 ; *JCP* E 2001, 1087, n° 11, obs. Delebecque ; *Bull. civ.* IV, n° 202, p. 176 ; *Defrénois* 2001, 943, obs. Théry).

2) Hypothèque consentie par un indivisaire. Si un indivisaire peut consentir seul une hypothèque sur l'immeuble indivis (■ Cass. 3e civ., 29 nov. 1989, n° 87-13.947 : *JurisData* n° 1989-703845 ; *Bull. civ.* III, n° 221, p. 121), cette hypothèque ne produit aucun effet lorsque l'immeuble grevé devient la propriété entière d'un indivisaire autre que le constituant (■ Cass. 3e civ. 7 mai 1986, n° 84-16.950 : *Juris Data* n° 1986-000953 ; *JCP* N 1987, II, 13, note Dagot).

3) Hypothèque d'une quote-part indivise. Au rebours des solutions admises sous l'empire du droit antérieur, l'hypothèque d'une quote-part indivise conservera dorénavant son effet dans toute la mesure de l'allotissement du constituant sans plus être limitée à sa seule quote-part (v. auparavant ■ CA Paris, 18 déc. 1978 : *JurisData* n° 1980-099948 ; *JCP* N 1980, II, 10, note Stemmer et sur pourvoi, ■ Cass. 3e civ., 21 oct. 1980, n° 79-11.163 : *JurisData* n° 1980-705151 ; *JCP* N 1980, II, 57, note Stemmer).

Art. 2415 ***(Anc. art. 2126, dénum., Ord. n° 2006-346, 23 mars 2006).*** **– Les biens des mineurs, des majeurs en tutelle, et ceux des absents, tant que la possession n'en est déférée que provisoirement, ne peuvent être hypothéqués que pour les causes et dans les formes établies par la loi, ou en vertu de jugements.**

Art. 2416 ***(Anc. art. 2127, dénum. et rempl., Ord. n° 2006-346, 23 mars 2006).*** **– L'hypothèque conventionnelle ne peut être consentie que par acte notarié.**

1) Acceptation du créancier. Il n'est pas nécessaire que l'acceptation du créancier soit formulée dans l'acte constitutif ni qu'elle soit faite par acte notarié (■ Cass. req., 3 nov. 1903 : *DP* 1906, 1, 529).

2) Mandat de consentir une hypothèque. Le mandat à l'effet de consentir une hypothèque doit être donné par acte notarié (■ Cass. req., 19 janv. 1864 : *DP* 1864, 1, 292. Voir : cpdt pour l'hypothèque consentie sur les biens d'une société, art. 1844-2, p. 1543).

3) Responsabilité du notaire. Les notaires, tenus professionnellement d'éclairer les parties sur les conséquences de leurs actes, ne peuvent décliner le principe de leur responsabilité en alléguant qu'ils se sont bornés à donner la forme authentique aux déclarations reçues par eux. Par suite, dès lors que le notaire savait pertinemment que les débiteurs avaient épuisé tout crédit et qu'à brève échéance leurs créanciers seraient amenés à réaliser leur gage et qu'il a sciemment reproduit dans l'acte une fausse déclaration des emprunteurs sur l'inexistence d'autres hypothèques, sa responsabilité doit être retenue (■ Cass. 1re civ., 21 avr. 1971 : *JurisData* n° 1971-000120 ; *D.* 1971, 565, note Ghestin. – V. J. Ghestin, *La responsabilité individuelle et collective des notaires en raison de l'insuffisance des gages : D.* 1971, chron. 117).

Art. 2417 ***(Anc. art. 2128, dénum., Ord. n° 2006-346, 23 mars 2006).* – Les contrats passés en pays étranger ne peuvent donner d'hypothèque sur les biens de France, s'il n'y a des dispositions contraires à ce principe dans les lois politiques ou dans les traités.**

Hypothèque consentie à l'étranger sur un bien situé en France. La Cour de cassation admet la réitération en France d'une hypothèque consentie à l'étranger sur un bien situé en France à l'aide de procurations répondant aux exigences de forme de la loi française (■ Cass. 1re civ., 12 juin 2013, n° 12-15467 : *RTDI* 2013, p. 26, obs. Albiges ; *Defrénois* 2014, p. 436, note S. Cabrillac ; *RD bancaire et fin.* 2013, comm. 157, obs. Cerles ; *JCP* G 2013, 1256, obs. Delebecque ; *D.* 2013, p. 1450, obs. Ravel d'Esclapon ; *JCP* N 2013, 1253, note Randoux). Jugé toutefois que, en considération de la traduction du certificat dressé par le *notary* public australien et après avoir constaté qu'il avait simplement apostillé la procuration à l'effet de constituer hypothèque, reçue du notaire français, une cour d'appel en a exactement déduit que cet acte ne revêtait pas les solennités requises en France pour un acte authentique, dès lors que la forme suivie n'était pas équivalente à celle du droit français quant à la protection de la caution hypothécaire (■ Cass. 1re civ., 14 avr. 2016, n° 15-18.157 : *JurisData* n° 2016-006976 ; *RD bancaire et fin.* 2016, comm. 166, obs. Cerles ; *JCP* G 2016, 1224, n° 13, obs. Delebecque ; *JCP* N 2016, n° 26, 1209 note Farge et Hébert).

Art. 2418 ***(Anc. art. 2129, dénum., Ord. n° 2006-346, 23 mars 2006).* – La constitution d'une hypothèque conventionnelle n'est valable que si le titre authentique constitutif de la créance ou un acte authentique postérieur déclare spécialement la nature et la situation de chacun des immeubles sur lesquels l'hypothèque est consentie, ainsi qu'il est dit à l'article 2426 ci-après.**

Promesse d'hypothèque. L'engagement de constituer une hypothèque, créateur d'une simple obligation de faire, n'est pas soumis aux conditions de validité exigées par l'article 2129 (anc.) (■ Cass. 3e civ., 7 janv. 1987, n° 85-13.157 : *JurisData* n° 1987-000317 ; *Bull. civ.* III, n° 4, p. 2).

Art. 2419 ***(Ord. n° 2006-346, 23 mars 2006).* – L'hypothèque ne peut, en principe, être consentie que sur des immeubles présents.**

Art. 2420 ***(Ord. n° 2006-346, 23 mars 2006).* – Par exception à l'article précédent, l'hypothèque peut être consentie sur des immeubles à venir dans les cas et conditions ci-après :**

1° Celui qui ne possède pas d'immeubles présents et libres ou qui n'en possède pas en quantité suffisante pour la sûreté de la créance peut consentir que chacun de ceux qu'il acquerra par la suite sera affecté au paiement de celle-ci au fur et à mesure de leur acquisition ;

2° Celui dont l'immeuble présent assujetti à l'hypothèque a péri ou subi des dégradations telles qu'il est devenu insuffisant pour la sûreté de la créance le peut pareillement, sans préjudice du droit pour le créancier de poursuivre dès à présent son remboursement ;

3° Celui qui possède un droit actuel lui permettant de construire à son profit sur le fonds d'autrui peut hypothéquer les bâtiments dont la construction est commencée ou simplement projetée ; en cas de destruction de ceux-ci, l'hypothèque est reportée de plein droit sur les nouvelles constructions édifiées au même emplacement.

Bibliographie : S. Tanagho, *L'hypothèque de biens à venir : RTD civ.* 1970, 441.

1) Biens présents insuffisants au moment de la constitution. L'hypothèque sur les biens à venir est régulièrement constituée par cela seul que, à la date de l'acte constitutif, les biens présents du débiteur avaient été, dans les termes de l'article 2130 (anc.), grevés d'hypothèque, alors même que cette dernière hypothèque disparaîtrait par l'effet d'une condition résolutoire (■ Cass. civ., 11 mars 1895 : *DP* 1895, 1, 305, note Michel).

2) Inscription. Si l'hypothèque de biens à venir frappe ces biens dès qu'ils sont entrés dans le patrimoine du débiteur, elle ne prend rang vis-à-vis des autres créanciers que du jour de son inscription (■ Cass. req., 4 mars 1902 : *DP* 1902, 1, 214).

Art. 2421 *(Ord. n° 2006-346, 23 mars 2006)*. **– L'hypothèque peut être consentie pour sûreté d'une ou plusieurs créances, présentes ou futures. Si elles sont futures, elles doivent être déterminables.**

La cause en est déterminée dans l'acte.

Art. 2422 *(Ord. n° 2006-346, 23 mars 2006 ; abr. à compter du 1er juillet 2014, L. n° 2014-344, 17 mars 2014 ; rétabli dans la version suivante, L. n° 2014-1545, 20 déc. 2014)*. **– L'hypothèque constituée à des fins professionnelles par une personne physique ou morale peut être ultérieurement affectée à la garantie de créances professionnelles autres que celles mentionnées dans l'acte constitutif pourvu que celui-ci le prévoie expressément.**

Le constituant peut alors l'offrir en garantie, dans la limite de la somme prévue dans l'acte constitutif et mentionnée à l'article 2423, non seulement au créancier originaire, mais aussi à un nouveau créancier encore que le premier n'ait pas été payé.

La convention de rechargement qu'il passe soit avec le créancier originaire, soit avec le nouveau créancier revêt la forme notariée.

Elle est publiée, sous la forme prévue à l'article 2430, à peine d'inopposabilité aux tiers.

Sa publication détermine le rang des créanciers bénéficiaires de la même hypothèque.

Sans préjudice du second alinéa de l'article 2424, le présent article est d'ordre public et toute clause contraire à celui-ci est réputée non écrite.

Rédaction antérieure. Art. 2422 *(Ord. n° 2006-346, 23 mars 2006).* – L'hypothèque peut être ultérieurement affectée à la garantie de créances autres que celles mentionnées par l'acte constitutif pourvu que celui-ci le prévoie expressément.

Le constituant peut alors l'offrir en garantie, dans la limite de la somme prévue dans l'acte constitutif et mentionnée à l'article 2423, non seulement au créancier originaire, mais aussi à un nouveau créancier encore que le premier n'ait pas été payé.

La convention de rechargement qu'il passe, soit avec le créancier originaire, soit avec le nouveau créancier, revêt la forme notariée.

Elle est publiée, sous la forme prévue à l'article 2430, à peine d'inopposabilité aux tiers.

Sa publication détermine, entre eux, le rang des créanciers inscrits sur l'hypothèque rechargeable.

Les dispositions du présent article sont d'ordre public et toute clause contraire à celles-ci est réputée non écrite.

Bibliographie : *Sur le régime de l'hypothèque rechargeable issu de l'ordonnance du 23 mars 2006.* A. Provansal, *L'hypothèque rechargeable ou le style baroque : Gaz. Pal.* 2 mars 2007, p. 8. • A. Gourio, *L'hypothèque rechargeable : RD bancaire et fin.* sept.-oct. 2006, p. 39. • A. Gourio, *Feu l'hypothèque rechargeable : JCP* E 2014, 185. • D. Legeais, *Crédit garanti par une hypothèque rechargeable : ordonnance du 23 mars 2006 : RTD com.* 2006, p. 640. • M. Grimaldi, *L'hypothèque rechargeable et le prêt viager hypothécaire : JCP* G 2006, suppl. n° 20, p. 33 • E. Frémeaux, *L'hypothèque rechargeable. Formules : JCP* N 2006, 1196. • M. Dagot, *L'hypothèque rechargeable*, Litec 2006. • G. Khairallah, *Hypothèque rechargeable et prêt viager hypothécaire : aspects internationaux : Defrénois* 2007, p. 929 et s. • S. Prigent, *L'hypothèque rechargeable : Defrénois* 2007, p. 1268 et s. • D. Savouré, *L'hypothèque rechargeable : JCP* N 2007, 1175. • P. Cuiff, *Le caractère hybride de la convention de rechargement : Rev. Lamy dr. civ.* janv. 2007, p. 27 et s. • Y. Le Magueresse, *De l'hypothèque rechargeable en matière de vente en l'état futur d'achèvement, haro sur le privilège du vendeur : JCP* N 2008, 117. • Ch. Gijsbers, *Requiem pour l'hypothèque rechargeable : Rev. Lamy dr. civ.* 2014/113, n° 5341.

Sur le régime de l'hypothèque rechargeable issu de la loi du 20 décembre 2014. L. Andreu, *L'hypothèque rechargeable ressuscitée : JCP* G 2015, 78. • E. Frémeaux, *Pour l'hypothèque rechargeable – Libres propos : JCP* N 2016, 1102. • C. Gijsbers, *Hypothèque rechargeable : rétablissement pour les professionnels par la loi du 20 décembre 2014 : D.* 2015, p. 62. • H. Heugas-Darraspen et J. Salvandy, *L'hydre de l'hypothèque rechargeable ? : RD imm.* 2015, p. 341. • S. Piedelièvre, *Le retour de l'hypothèque rechargeable : JCP* N 2015, act. 135.

1) Inscription. Le décret n° 2007-201 du 15 février 2007 (*JO* 16 févr.) relatif au contenu du bordereau prévu par l'article 2428 du Code civil pour l'inscription des privilèges et hypothèques, est venu adapter le décret n° 55-22 du 4 janvier 1955 à la publication des inscriptions d'hypothèques rechargeables (Voir : déjà, Instr. 1er déc. 2006 : BOI-10-D-06 ; *JCP* N 2006, 1377). Enfin, le décret n° 2007-404 du 22 mars 2007 (*JO* 24 mars) a opéré des transformations dans le domaine de la publicité foncière pour permettre l'entrée en vigueur de ce mécanisme (*JCP* N 2007, act. 294 ; *JCP* G 2008, I, 212, n° 17, obs. Delebecque). Voir art. 2428, p. 1829.

2) Transformation d'une hypothèque conventionnelle en hypothèque rechargeable. Voir : sur l'exonération temporaire des avenants transformant une hypothèque conventionnelle en hypothèque rechargeable, L. n° 2006-1666, 21 décembre 2006, de finances pour 2007, art. 7 : *JCP* N 2007, 1026. Dans une instruction du 12 octobre 2006 (Instr. 12 oct. 2006 : *BOI* 7 A-2-06 ; *JCP* N 2006, n° 42, art. 614), l'Administration a déjà fixé les conditions d'application de cette exonération, afin d'en permettre la mise en œuvre immédiate avant même son adoption définitive.

Art. 2423 *(Ord. n° 2006-346, 23 mars 2006)*. – **L'hypothèque est toujours consentie, pour le capital, à hauteur d'une somme déterminée que l'acte notarié mentionne à peine de nullité. Le cas échéant, les parties évaluent à cette fin les rentes, prestations et droits indéterminés, éventuels ou conditionnels. Si la créance est assortie d'une clause de réévaluation, la garantie s'étend à la créance réévaluée, pourvu que l'acte le mentionne.**

L'hypothèque s'étend de plein droit aux intérêts et autres accessoires.

Lorsqu'elle est consentie pour sûreté d'une ou plusieurs créances futures et pour une durée indéterminée, le constituant peut à tout moment la résilier sauf pour lui à respecter un préavis de trois mois. Une fois résiliée, elle ne demeure que pour la garantie des créances nées antérieurement.

Mise en exergue d'une durée propre à l'hypothèque. La faculté de résiliation unilatérale offerte au constituant d'une hypothèque de dettes futures à durée indéterminée révèle la durée propre de l'hypothèque indépendamment de celle, distincte, de son inscription (V. not. M. Grimaldi et Ph. Dupichot, *Durée et sûretés : RDC* 2004, p. 95. Voir art. 2434, p. 1832).

Art. 2424 *(Ord. n° 2006-346, 23 mars 2006)*. – **L'hypothèque est transmise de plein droit avec la créance garantie. Le créancier hypothécaire peut subroger un autre créancier dans l'hypothèque et conserver sa créance.**

Il peut aussi, par une cession d'antériorité, céder son rang d'inscription à un créancier de rang postérieur dont il prend la place.

Bibliographie : S. Lamiaux, *Substitution de débiteurs et inscription hypothécaire : JCP* N 2011, 1106.

Section V. – Du classement des hypothèques

(Ord. n° 2006-346, 23 mars 2006)

Art. 2425 *(Anc. art. 2134, dénum. et mod., Ord. n° 2006-346, 23 mars 2006 ; mod., L. fin. n° 2006-1666, 21 déc. 2006 ; L. n° 2006-1640, 21 déc. 2006)*. – **Entre les créanciers, l'hypothèque, soit légale, soit judiciaire, soit conventionnelle, n'a rang que du jour de l'inscription prise par le créancier** *(Mots rempl. à compter du 1er janvier 2013, Ord. n° 2010-638, 10 juin 2010)* **« au fichier immobilier », dans la forme et de la manière prescrites par la loi.**

Rédaction antérieure. Entre les créanciers, l'hypothèque, soit légale, soit judiciaire, soit conventionnelle, n'a rang que du jour de l'inscription prise par le créancier à la conservation des hypothèques, dans la forme et de la manière prescrites par la loi.

Lorsque plusieurs inscriptions sont requises le même jour relativement au même immeuble, celle qui est requise en vertu du titre portant la date la plus ancienne est réputée d'un rang antérieur, quel que soit l'ordre qui résulte du registre prévu à l'article 2453.

Toutefois, les inscriptions de séparations de patrimoine prévues par l'article 2383, dans le cas visé au second alinéa de l'article 2386, ainsi que celles des hypothèques légales prévues à l'article 2400, 1°, 2° et 3°, sont réputées d'un rang antérieur à celui de toute inscription d'hypothèque judiciaire ou conventionnelle prise le même jour.

Si plusieurs inscriptions sont prises le même jour relativement au même immeuble, soit en vertu de titres prévus au deuxième alinéa mais portant la même date, soit au profit de requérants titulaires du privilège et des hypothèques visés par le troisième alinéa, les inscriptions viennent en concurrence quel que soit l'ordre du registre susvisé.

L'inscription de l'hypothèque légale du Trésor ou d'une hypothèque judiciaire conservatoire est réputée d'un rang antérieur à celui conféré à la convention de rechargement lorsque la publicité de cette convention est postérieure à l'inscription de cette hypothèque.

Les dispositions du cinquième alinéa s'appliquent à l'inscription de l'hypothèque légale des organismes gestionnaires d'un régime obligatoire de protection sociale.

L'ordre de préférence entre les créanciers privilégiés ou hypothécaires et les porteurs de warrants, dans la mesure où ces derniers sont gagés sur des biens réputés immeubles, est déterminé par les dates auxquelles les titres respectifs ont été publiés, la publicité des warrants demeurant soumise aux lois spéciales qui les régissent.

Bibliographie : S. Bérard, *Publicité foncière et formalités : ce qui change au 1er janvier 2013 : JCP* N 2013, act. 100. • C. Laporte, *Disparition au 1er janvier 2013 des conservateurs des hypothèques : Procédures* 2013, repère 1. • S. Bérard, *La réforme de la publicité foncière : Dr. fisc.* 2013, act. 33. • A. Massoc-Mandre, *Suppression du régime des conservateurs des hypothèques. Doutes sur la valeur de l'ordonnance n° 2010-638 du 10 juin 2010 : JCP* N 2010, act. 577. • Ch. Lebel, *La disparition de la Conservation des hypothèques au profit du fichier immobilier par l'ordonnance n° 2010-638 du 10 juin 2010 portant suppression du régime des conservateurs des hypothèques : RD rur.* 2010, alerte 155.

1) Inscription hypothécaire le même jour. Dans le cas de figure où deux inscriptions hypothécaires prises le même jour sur un même immeuble viennent en concurrence et où les biens du débiteur sont insuffisants pour remplir leurs titulaires de leurs droits, la répartition des deniers du débiteur se fait par contribution (■ Cass. com., 5 mai 2015, n° 14-17.941 : *JCP* G 2015, doctr. 1222, n° 16, obs. Delebecque ; *Defrénois* 2015, n° 23, p. 1233, obs. Piedelièvre).

2) Cession d'antériorité précédant la constitution de l'hypothèque. Bien que s'analysant en une double subrogation dans l'hypothèque, la cession d'antériorité peut être antérieure à la constitution de l'hypothèque (■ Cass. 3e civ., 19 juin 1979, n° 78-10.617 : *JurisData* n° 1979-799134 ; *Bull. civ.* III, n° 134, p. 101).

3) Effets de la cession d'antériorité. La cession d'antériorité convenue entre créanciers hypothécaires n'agit qu'entre eux sans pouvoir modifier les droits ou les obligations des autres créanciers ni du débiteur ou de ses coobligés, ni des tiers ; elle n'opère donc que dans la limite de la plus faible des créances (■ Cass. 3e civ., 23 janv. 1973 : *JurisData* n° 1973-098069 ; *D.* 1973, 427, note Franck ; *JCP* 75, II, 18032, note Bez).

4) Prime d'arrachage de ceps. L'opération d'arrachage de ceps ne s'analyse pas en une vente puisqu'elle ne transfère pas la propriété des ceps enlevés. Il en résulte que le créancier hypothécaire n'a pas de droit sur la prime d'arrachage (■ Cass. 3e civ., 12 oct. 1994, n° 92-14.367 : *JurisData* n° 1994-001793 ; *Bull. civ.* III, n° 180, p. 114 ; *JCP* N 95, II, 571, note S. Piedelièvre ; *RD imm.* 1995, 141, obs. Delebecque et Simler).

5) Indemnité d'assurance. Sur l'attribution aux créanciers hypothécaires selon leur rang de l'indemnité d'assurance en cas de destruction du bien grevé, voir : C. assur., art. L. 121-13, al. 1er et 2, p. 1904. Doit être censurée la décision qui condamne l'assureur au paiement du créancier hypothécaire sans avoir constaté qu'au moment où il avait réglé aux assurés les indemnités dues à la suite de l'incendie, ledit assureur, qui n'était pas tenu de rechercher ou de vérifier au préalable l'existence d'éventuelles inscriptions d'hypothèques sur l'immeuble sinistré, avait reçu de la banque une opposition à leur paiement ou que cette banque prouvait qu'il avait effectué ce règlement de mauvaise foi, en connaissance de sa qualité de créancière hypothécaire (■ Cass. 2e civ., 22 nov. 2018, n° 17-20.926 : *Defrénois* 2019, n° 11, p. 28, obs. Gijsbers ; *Resp. civ. et assur.* 2019, comm. 58, obs. Groutel).

6) Warrant agricole. Sur le concours entre le créancier hypothécaire ou privilégié et le porteur d'un warrant agricole lorsque les objets warrantés ont le caractère d'immeubles par nature ou par destination, voir : C. rur. pêche marit., art. L. 342-1 et suivants. V. aussi ■ Cass. 3e civ., 28 janv. 1975, n° 73-13.420 : *JurisData* n° 1975-098033 ; *JCP* 75, IV, 87 ; *Bull. civ.* III, n° 34, p. 26 ; *Defrénois* 1975, 773, note Franck.

7) Renonciation. Pour un exemple de renonciation des parties à se prévaloir des dispositions de l'article 2134 (anc.), V. ■ Cass. 3e civ., 6 nov. 2002 : *JurisData* n° 2002-016237 ; *JCP* 2002, IV, 3074 ; *Defrénois* 2003, 788, obs. Piedelièvre.

CHAPITRE IV. – DE L'INSCRIPTION DES PRIVILÈGES ET DES HYPOTHÈQUES

(Ord. n° 2006-346, 23 mars 2006)

Section I. – Du mode d'inscription des privilèges et des hypothèques

(Ord. n° 2006-346, 23 mars 2006)

Art. 2426 *(Anc. art. 2146, dénum., Ord. n° 2006-346, 23 mars 2006 ; Ord. n° 2010-638, 10 juin 2010).* **– Sont inscrits au service chargé de la publicité foncière de la situation des biens :**

1° Les privilèges sur les immeubles sous réserve des seules exceptions visées à l'article 2378 ;

2° Les hypothèques légales, judiciaires ou conventionnelles.

L'inscription, qui n'est jamais faite d'office par ce service, ne peut avoir lieu que pour une somme et sur des immeubles déterminés, dans les conditions fixées par l'article 2428.

En toute hypothèse, les immeubles sur lesquels l'inscription est requise doivent être individuellement désignés, avec indication de la commune où ils sont situés, à l'exclusion de toute désignation générale, même limitée à une circonscription territoriale donnée.

1) Lieu d'inscription. L'inscription prise dans un lieu autre que celui où elle devait l'être est inopérante, la connaissance personnelle que les tiers ont obtenue d'une hypothèque ne pouvant suppléer à l'inscription, seul mode légal de publicité (■ Cass. civ., 4 févr. 1918 : *S.* 1918-1919, 1, 47).

2) Inscription à la requête d'un simple gérant d'affaires. L'inscription peut être valablement opérée à la requête d'un tiers agissant comme un simple gérant d'affaires, sauf au débiteur sur le bien duquel l'inscription a été prise sans droit à en faire ordonner la radiation, le même droit appartenant à l'acquéreur qui a un intérêt légitime à obtenir la radiation d'une inscription nuisible par elle-même à son crédit (■ Cass. civ., 6 juin 1952 : *D.* 1953, somm. 43).

3) Délai d'inscription. La loi ne fixe aucun délai pour la prise d'une inscription d'hypothèque conventionnelle (■ Cass. 3e civ., 10 juill. 2002 : *JurisData* n° 2002-015196 ; *JCP* 2002, IV, 2561 ; *Defrénois* 2003, 784, obs. Piedelièvre, caution sommant le garant six ans après l'acte de régulariser l'inscription).

4) Commencement d'exécution. Selon la Cour de cassation, l'inscription d'une hypothèque constitue un commencement d'exécution indépendamment de la personne qui l'effectue, lequel est de nature à remettre en cause la possibilité pour le constituant de faire valoir une exception de nullité (■ Cass. 3e civ., 9 mars 2017, n° 16-11.728 : *JurisData* n° 2017-003904 ; *JCP* G 2017, doctr. 511, n° 18, obs. Delebecque ; *JCP* N 2017, 1173, note Piédelièvre).

5) Commandement de payer valant saisie immobilière. Pour la Cour de cassation, si celui qui a obtenu un jugement en sa faveur bénéficie d'une hypothèque judiciaire, il n'est pas dispensé de procéder à l'inscription de celle-ci dans les conditions de l'article 2426 de ce code et que aucun texte ne le prévoyant, la publication du commandement valant saisie immobilière à la requête de la banque n'est pas assimilable à une inscription d'hypothèque sur l'immeuble saisi (■ Cass. 2e civ., 28 sept. 2017, n° 16-20.437 : *JurisData* n° 2017-018679 ; *RD bancaire et fin.* 2017, comm. 246, note D. Legeais ; *Defrénois* 2018, n° 4, p. 33, note Gijsbers ; *RD bancaire et fin.* 2017, comm. 261, obs. Piédelièvre).

Rédaction antérieure. Art. 2426. – Sont inscrits au bureau des hypothèques de la situation des biens :

1° Les privilèges sur les immeubles sous réserve des seules exceptions visées à l'article 2378 ;

2° Les hypothèques légales, judiciaires ou conventionnelles.

L'inscription, qui n'est jamais faite d'office par le conservateur, ne peut avoir lieu que pour une somme et sur des immeubles déterminés, dans les conditions fixées par l'article 2428.

En toute hypothèse, les immeubles sur lesquels l'inscription est requise doivent être individuellement désignés, avec indication de la commune où ils sont situés, à l'exclusion de toute désignation générale, même limitée à une circonscription territoriale donnée.

Art. 2427 *(Anc. art. 2147, dénum. et mod., Ord. n° 2006-346, 23 mars 2006 ; mod., Ord. n° 2006-461, 21 avr. 2006 ; L. n° 2006-728, 23 juin 2006).* – **Les créanciers privilégiés ou hypothécaires ne peuvent prendre utilement inscription sur le précédent propriétaire, à partir de la publication de la mutation opérée au profit d'un tiers. Nonobstant cette publication, le vendeur, le prêteur de deniers pour l'acquisition et le copartageant peuvent utilement inscrire, dans les délais prévus aux articles 2379 et 2381, les privilèges qui leur sont conférés par l'article 2374.**

L'inscription ne produit aucun effet entre les créanciers d'une succession si elle n'a été faite par l'un d'eux que depuis le décès, dans le cas où la succession n'est acceptée qu'à concurrence de l'actif net ou est déclarée vacante. Toutefois, les privilèges reconnus au vendeur, au prêteur de deniers pour l'acquisition, au copartageant, ainsi qu'aux créanciers et légataires du défunt, peuvent être inscrits dans les délais prévus aux articles 2379, 2381 et 2383, nonobstant l'acceptation à concurrence de l'actif net ou la vacance de la succession.

En cas de saisie immobilière ou de procédure de sauvegarde, de redressement judiciaire ou de liquidation judiciaire ou encore en cas de procédure de traitement des situations de surendettement des particuliers, ***l'inscription des privilèges et hypothèques*** **produit les effets réglés par les dispositions du titre XIX du livre III du présent Code et par celles des titres II, III ou IV du livre sixième du Code de commerce.**

Dans les départements du Bas-Rhin, du Haut-Rhin et de la Moselle, en cas d'exécution forcée immobilière, l'inscription des privilèges et hypothèques produit les effets réglés par les dispositions de la loi du 1er juin 1924.

Bibliographie : M. Dagot, *L'arrêt du cours des inscriptions hypothécaires* : *JCP* 79, I, 2924.

1) Promesse unilatérale de vente. Le bénéficiaire d'une promesse unilatérale ne peut opposer la mutation dont il se prévaut aux créanciers hypothécaires qui ont pris des inscriptions postérieurement à la publication de la promesse et à la levée d'option mais antérieurement à la publication de l'acte authentique constatant la réalisation de la promesse de vente (■ Cass. 3e civ., 22 févr. 1977 : *JurisData* n° 1977-700091 ; *Bull. civ.* III, n° 91, p. 71).

2) Acceptation bénéficiaire ou vacance de la succession. L'article 2147 (anc.), al. 2, est inopérant à l'égard des créanciers autres que les créanciers du défunt, les seuls habiles, si cette disposition n'existait pas, à poursuivre les héritiers comme représentants du défunt pour obtenir une hypothèque judiciaire sur les biens de la succession (■ TGI Saint-Brieuc, 18 nov. 1959 : *JCP* 60, II, 11597, note Bulté).

3) Procédure collective. Sur l'interdiction des inscriptions après le jugement ouvrant la procédure de sauvegarde, voir : C. com., art. L. 622-30. Jugé sous l'empire du droit antérieur que le jugement prononçant le règlement judiciaire produit ses effets dès la première heure du jour où il a été prononcé, de sorte que l'hypothèque inscrite le même jour est inopposable à la masse des créanciers (■ Cass. com., 12 nov. 1979, n° 78-10.859 : *JurisData* n° 1979-098284 ; *Bull. civ.* IV, n° 284, p. 226).

4) Refus fautif de donner mainlevée. Commettent une faute les créanciers hypothécaires qui refusent d'autoriser la mainlevée d'hypothèques inscrites après la publication de la vente (■ Aix-en-Provence, 25 nov. 1982 : *JurisData* n° 1982-698116 ; *JCP* 83, II, 20067, note Dagot).

5) Cession d'un bail emphytéotique de l'immeuble hypothéqué. La cession d'un bail emphytéotique et d'un bail à construction est inopposable au tiers qui a inscrit une hypothèque, même s'il en a eu personnellement connaissance (■ Cass. 2e civ., 11 juill. 2002, n° 00-20.697 : *JurisData* n° 2002-015173 ; *Defrénois* 2003, 782, obs. Piedelièvre).

Art. 2428 *(Anc. art. 2148, dénum., Ord. n° 2006-346, 23 mars 2006 ; mod., D. n° 2007-201, 15 févr. 2007 ; Ord. n° 2010-638, 10 juin 2010).* **– L'inscription des privilèges et hypothèques est opérée par le service chargé de la publicité foncière sur le dépôt de deux bordereaux datés, signés et certifiés conformes entre eux par le signataire du certificat d'identité prévu aux articles 5 et 6 du décret [n° 55-22] du 4 janvier 1955 ; un décret en Conseil d'État détermine les conditions de forme auxquelles le bordereau destiné à être conservé par ce service doit satisfaire. Au cas où l'inscrivant ne se serait pas servi d'une formule réglementaire, le service chargé de la publicité foncière accepterait cependant le dépôt, sous réserve des dispositions de l'avant-dernier alinéa du présent article.**

Toutefois, pour l'inscription des hypothèques et sûretés judiciaires, le créancier présente en outre, soit par lui-même, soit par un tiers, audit service :

1° L'original, une expédition authentique ou un extrait littéral de la décision judiciaire donnant naissance à l'hypothèque, lorsque celle-ci résulte des dispositions de l'article 2412 ;

2° L'autorisation du juge, la décision judiciaire ou le titre pour les sûretés judiciaires conservatoires.

Chacun des bordereaux contient exclusivement les indications et mentions fixées par décret en Conseil d'État.

Le dépôt est refusé :

1° À défaut de présentation du titre générateur de la sûreté pour les hypothèques et sûretés judiciaires ;

2° À défaut de la mention visée de la certification de l'identité des parties prescrite par les articles 5 et 6 du décret [n° 55-22] du 4 janvier 1955, ou si les immeubles ne sont pas individuellement désignés, avec indication de la commune où ils sont situés.

Si le service chargé de la publicité foncière, après avoir accepté le dépôt, constate l'omission d'une des mentions prescrites, ou une discordance entre, d'une part, les énonciations relatives à l'identité des parties ou à la désignation des immeubles contenues dans le bordereau, et, d'autre part, ces mêmes énonciations contenues dans les bordereaux ou titres déjà publiés depuis le 1er janvier 1956, la formalité est rejetée, à moins que le requérant ne régularise le bordereau ou qu'il ne produise les justifications établissant son exactitude, auxquels cas la formalité prend rang à la date de la remise du bordereau constatée au registre de dépôts.

La formalité est également rejetée lorsque les bordereaux comportent un montant de créance garantie supérieur à celui figurant dans le titre pour les hypothèques et sûretés judiciaires ainsi que, dans l'hypothèse visée au premier alinéa du présent article, si le requérant ne substitue pas un nouveau bordereau sur formule réglementaire au bordereau irrégulier en la forme.

Le décret prévu ci-dessus détermine les modalités du refus du dépôt ou du rejet de la formalité.

1) Sur l'**inscription provisoire d'hypothèque**, V. CPC ex., art. R. 532-1 – J.-L. Meunier : *Defrénois* 1994, 81.

2) Sur la **responsabilité du conservateur** qui ne se conforme pas à l'alinéa 6 de l'article 2148 (anc.) alors que la personne mentionnée sur le bordereau comme propriétaire de l'immeuble grevé n'a pas fait publier son titre, (V. ▪ Limoges, 14 mars 1990 : *JurisData* n° 1990-603479 ; *D.* 1991, 161, note S. Piedelièvre).

3) Concordance du document déposé et des documents publiés antérieurement. Si le conservateur constate une discordance entre, d'une part, les énonciations relatives à l'identité des parties ou à la désignation des immeubles contenues dans le bordereau et, d'autre part, les mêmes énonciations contenues dans les bordereaux ou titres déjà publiés depuis le 1er janvier 1956, la formalité est rejetée (▪ Cass. 3e civ., 18 juill. 2001, n° 99-19.102 : *JurisData* n° 2001-010669 ; *JCP* 2002, I, 120, n° 6, obs. Delebecque ; *Defrénois* 2001, 1291, obs. S. Piedelièvre. – V. aussi ▪ Cass. 3e civ., 4 juill. 2001, n° 98-16.775 : *JurisData* n° 2001-010484 ; *JCP* 2001, IV, 2633 ; *Bull. civ.* III, n° 100, p. 77 ; *Defrénois* 2001, 1288, obs. S. Piedelièvre).

4) Multiplicité des sources au sein de l'article 2428 du Code civil. V. sur la genèse et le déclassement de l'article 2428 du Code civil, C. const., 23 nov. 2006 : *LPA* 22 déc. 2006, obs. Schoettl ; *Rev. Lamy dr. civ.* 2007/34, n° 2366, obs. Ansault.

Rédaction antérieure. Art. 2428. – L'inscription des privilèges et hypothèques est opérée par le conservateur des hypothèques sur le dépôt de deux bordereaux datés, signés et certifiés conformes entre eux par le signataire du certificat d'identité prévu aux articles 5 et 6 du décret [n° 55-221] du 4 janvier 1955 ; un décret en Conseil d'État détermine les conditions de forme auxquelles le bordereau destiné à être conservé au bureau des hypothèques doit satisfaire. Au cas où l'inscrivant ne se serait pas servi d'une formule réglementaire, le conservateur accepterait cependant le dépôt, sous réserve des dispositions de l'avant-dernier alinéa du présent article.

Toutefois, pour l'inscription des hypothèques et sûretés judiciaires, le créancier présente en outre, soit par lui-même, soit par un tiers, au conservateur des hypothèques :

1° L'original, une expédition authentique ou un extrait littéral de la décision judiciaire donnant naissance à l'hypothèque, lorsque celle-ci résulte des dispositions de l'article 2412 ;

2° L'autorisation du juge, la décision judiciaire ou le titre pour les sûretés judiciaires conservatoires.

Chacun des bordereaux contient exclusivement les indications et mentions fixées par décret en Conseil d'État.

Le dépôt est refusé :

1° À défaut de présentation du titre générateur de la sûreté pour les hypothèques et sûretés judiciaires ;

2° À défaut de la mention visée de la certification de l'identité des parties prescrite par les articles 5 et 6 du décret [n° 55-22] du 4 janvier 1955, ou si les immeubles ne sont pas individuellement désignés, avec indication de la commune où ils sont situés.

Si le conservateur, après avoir accepté le dépôt, constate l'omission d'une des mentions prescrites, ou une discordance entre, d'une part, les énonciations relatives à l'identité des parties ou à la désignation des immeubles contenues dans le bordereau, et, d'autre part, ces mêmes énonciations contenues dans les bordereaux ou titres déjà publiés depuis le 1er janvier 1956, la formalité est rejetée, à moins que le requérant ne régularise le bordereau ou qu'il ne produise les justifications établissant son exactitude, auxquels cas la formalité prend rang à la date de la remise du bordereau constatée au registre de dépôts.

La formalité est également rejetée lorsque les bordereaux comportent un montant de créance garantie supérieur à celui figurant dans le titre pour les hypothèques et sûretés judiciaires ainsi que, dans l'hypothèse visée au premier alinéa du présent article, si le requérant ne substitue pas un nouveau bordereau sur formule réglementaire au bordereau irrégulier en la forme.

Le décret prévu ci-dessus détermine les modalités du refus du dépôt ou du rejet de la formalité.

Art. 2429 *(Anc. art. 2148-1, dénum., Ord. n° 2006-346, 23 mars 2006).* **– Pour les besoins de leur inscription, les privilèges et hypothèques portant sur des lots dépendant d'un immeuble soumis au statut de la copropriété sont réputés ne pas grever la quote-part de parties communes comprise dans ces lots.**

Néanmoins, les créanciers inscrits exercent leurs droits sur ladite quote-part prise dans sa consistance au moment de la mutation dont le prix forme l'objet de la distribution ; cette quote-part est tenue pour grevée des mêmes sûretés que les parties privatives et de ces seules sûretés.

Art. 2430 *(Anc. art. 2149, dénum. et mod., Ord. n° 2006-346, 23 mars 2006 ; Ord. n° 2010-638, 10 juin 2010).* **– Sont publiées au fichier immobilier, sous forme de mentions en marge des inscriptions existantes, les subrogations aux privilèges et hypothèques, mainlevées, réductions, cessions d'antériorité et transferts qui ont été consentis, prorogations de délais, changements de domicile et, d'une manière générale, toutes modifications, notamment dans la personne du créancier bénéficiaire de l'inscription, qui n'ont pas pour effet d'aggraver la situation du débiteur.**

Il en est de même pour les dispositions par acte entre vifs ou testamentaires, à charge de restitution, portant sur des créances privilégiées ou hypothécaires.

Sont publiées sous la même forme les conventions qui doivent l'être en application de l'article 2422.

Les actes et décisions judiciaires constatant ces différentes conventions ou dispositions et les copies, extraits ou expéditions déposés au service chargé de la publicité foncière en vue de l'exécution des mentions doivent contenir la désignation des parties conformément au premier alinéa des articles 5 et 6 du décret [n° 55-22] du 4 janvier 1955. Cette désignation n'a pas à être certifiée.

En outre, au cas où la modification mentionnée ne porte que sur partie des immeubles grevés, lesdits immeubles doivent, sous peine de refus du dépôt, être individuellement désignés.

1) Publicité obligatoire. La publicité prévue par l'article 2149 (anc.), al. 1er est obligatoire et nécessaire pour rendre les transmissions d'une hypothèque opposables aux tiers (■ Cass. 3e civ., 18 mars 1974, n° 73-10.285 : *JCP* 74, IV, 168 ; *Bull. civ.* III, n° 126, 96. ■ Cass. 3e civ., 2 févr. 1982 : *JurisData* n° 1982-700160 ; *D.* 1982, 306, note Franck. – Voir cependant ■ Cass. com., 7 déc. 1981, n° 80-16.284 : *JurisData* n° 1981-703413 ; *Bull. civ.* IV, n° 427, p. 340. – V. en ce sens pour les cessions d'antériorité ■ Cass. 3e civ., 20 nov. 1973, n° 72-11.834 : *JurisData* n° 1973-000589 ; *JCP* 74, IV, 102, note J. A. ; *Bull. civ.* III, n° 589, p. 429). Pour l'inopposabilité de la cession d'antériorité à la caution à défaut de publicité, V. ■ Cass. com., 6 janv. 1987, n° 84-11.313 : *JurisData* n° 1987-000295 ; *D.* 1987, 375, note crit. Aynès.

2) Saisie immobilière. Publication de la quittance subrogative. En matière de saisie immobilière, la quittance subrogative au profit du premier subrogé n'est pas opposable au second si elle n'a pas été publiée avant la procédure de subrogation engagée par celui-ci (■ Cass. 2e civ., 21 janv. 1987, n° 85-12.747 : *JurisData* n° 1987-000074 ; *Bull. civ.* II, n° 23, p. 13).

3) Créancier subrogé. Publication du commandement de saisie. La publication, par le créancier subrogé dans une hypothèque régulièrement publiée, du commandement à fin de saisie, comportant mention des titres exécutoires et des sûretés y rattachées, est équivalente à la formalité de la mention en marge (■ Cass. 3e civ., 15 févr. 1972 : *D.* 1972, 433, note Franck).

4) Subrogations. Mentions en marge. Toutes modifications, notamment dans la personne du créancier bénéficiaire d'une inscription hypothécaire, qui n'ont pas pour effet d'aggraver la situation du débiteur, sont publiées sous forme de mentions en marge des inscriptions existantes. Par suite, viole l'article 2149 (anc.) l'arrêt qui rejette la demande de collocation du créancier hypothécaire au motif que les subrogations aux hypothèques initialement inscrites sont inopposables aux tiers pour avoir été publiées postérieurement à la publication du jugement d'adjudication, alors que les subrogations invoquées comportaient modification dans la personne du titulaire de l'inscription sans aggraver la situation du débiteur (■ Cass. 3e civ., 16 juill. 1987, n° 85-10.541 : *JurisData* n° 1987-701448 ; *Bull. civ.* III, n° 145, p. 85. – V. aussi ■ Cass. 3e civ., 20 déc. 1989, n° 88-11.904 : *JurisData* n° 1989-704635 ; *Bull. civ.* III, n° 246, p. 134 ; *Defrénois* 1990, 447, obs. Aynès).

5) Publication d'une mainlevée. Pouvoir de contrôle du conservateur. Le pouvoir de contrôle du conservateur des hypothèques, qui s'étend à la validité au fond de la mainlevée totale d'une inscription hypothécaire, doit s'exercer lorsque la publication d'une telle mainlevée est demandée, celle-ci entraînant nécessairement la radiation de l'inscription (■ Cass. 3e civ., 9 févr. 1994, n° 92-16.301 : *JurisData* n° 1994-000111 ; *Defrénois* 1994, 488, note Aynès ; *RD imm.* 1995, 143, obs. Delebecque et Simler).

Rédaction antérieure. Art. 2430. – Sont publiées par le conservateur, sous forme de mentions en marge des inscriptions existantes, les subrogations aux privilèges et hypothèques, mainlevées, réductions, cessions d'antériorité et transferts qui ont été consentis, prorogations de délais, changements de domicile et, d'une manière générale, toutes modifications, notamment dans la personne du créancier bénéficiaire de l'inscription, qui n'ont pas pour effet d'aggraver la situation du débiteur.

Il en est de même pour les dispositions par actes entre vifs ou testamentaires, à charge de restitution, portant sur des créances privilégiées ou hypothécaires.

Sont publiées sous la même forme les conventions qui doivent l'être en application de l'article 2422.

Les actes et décisions judiciaires constatant ces différentes conventions ou dispositions et les copies, extraits ou expéditions déposés au bureau des hypothèques en vue de l'exécution des mentions doivent contenir la désignation des parties conformément au premier alinéa des articles 5 et 6 du décret [n° 55-22] du 4 janvier 1955. Cette désignation n'a pas à être certifiée.

En outre, au cas où la modification mentionnée ne porte que sur partie des immeubles grevés, lesdits immeubles doivent, sous peine de refus du dépôt, être individuellement désignés.

Art. 2431 (1) ***(Anc. art. 2150, dénum., Ord. n° 2006-346, 23 mars 2006 ; mod., Ord. n° 2010-638, 10 juin 2010).* – Le service chargé de la publicité foncière fait mention, sur le registre prescrit par**

(1) Dispositions applicables en Nouvelle-Calédonie dans leur version en vigueur au 21 juin 2013, Ord. n° 2013-516, 20 juin 2013, art. 1er.

l'article 2453 ci-après, du dépôt des bordereaux, et remet au requérant, tant le titre ou l'expédition du titre, que l'un des bordereaux, au pied duquel il mentionne la date du dépôt, le volume et le numéro sous lesquels le bordereau destiné aux archives a été classé.

La date de l'inscription est déterminée par la mention portée sur le registre des dépôts.

(Al. abr. à compter du 1er janvier 2013, Ord. n° 2010-638, 10 juin 2010).

Rédaction antérieure. Art. 2431. – Le conservateur fait mention, sur le registre prescrit par l'article 2453 ci-après, du dépôt des bordereaux, et remet au requérant, tant le titre ou l'expédition du titre, que l'un des bordereaux, au pied duquel il mentionne la date du dépôt, le volume et le numéro sous lesquels le bordereau destiné aux archives a été classé.

La date de l'inscription est déterminée par la mention portée sur le registre des dépôts.

Les bordereaux destinés aux archives seront reliés sans déplacement par les soins et aux frais des conservateurs.

Art. 2432 *(Anc. art. 2151, dénum. et mod., Ord. n° 2006-346, 23 mars 2006).* – **Le créancier privilégié dont le titre a été inscrit, ou le créancier hypothécaire inscrit pour un capital produisant intérêt et arrérages, a le droit d'être colloqué, pour trois années seulement, au même rang que le principal, sans préjudice des inscriptions particulières à prendre, portant hypothèque à compter de leur date, pour les intérêts et arrérages autres que ceux conservés par l'inscription primitive.**

(Mod., L. n° 2015-992, 17 août 2015) **Toutefois, le créancier a le droit d'être colloqué pour la totalité des intérêts, au même rang que le principal, lorsque l'hypothèque a été consentie en garantie du prêt viager défini au I de l'article L. 314-1 du Code de la consommation.**

1) **Intérêts de la créance spécialement garantie.** La disposition de l'article 2151 (anc.), qui limite à trois années les intérêts pour lesquels le créancier hypothécaire ou privilégié peut être colloqué au même rang que pour le principal, ne s'applique qu'aux intérêts de la créance spécialement garantie par l'inscription (■ Cass. civ., 24 juill. 1905 : *DP* 1906, 1, 118).

2) **Intérêts échus avant que l'hypothèque ait produit son effet légal.** L'article 2151 (anc.) ne concerne que les intérêts échus antérieurement à la date à laquelle l'hypothèque a produit son effet légal, les intérêts échus après cette date étant garantis sans limitation de durée jusqu'au règlement définitif (■ Cass. 2e civ., 5 déc. 1984, n° 83-13.658 : *Juris-Data* n° 1984-702164 ; *Bull. civ.* II, n° 186, p. 131).

3) **Intérêts simples.** L'inscription ne conserve que les intérêts simples et non les intérêts composés produits postérieurement à l'inscription originaire et dérivant d'une convention d'anatocisme. Ces intérêts composés doivent faire l'objet d'une inscription spéciale portant hypothèque à compter de sa date (■ Cass. civ., 12 avr. 1948 : *D.* 1948, 311).

4) **Variabilité du taux d'intérêt.** Le seul effet de l'absence de mention de la variabilité du taux d'intérêt, en cas d'exigibilité anticipée du capital, est de ne permettre la conservation des intérêts que dans la limite du taux précisé dans le bordereau (■ Cass. 1re civ., 8 juin 1983, n° 82-11.993 : *Juris-Data* n° 1983-701253 ; *JCP* 83, IV, 258 ; *Bull. civ.* I, n° 171, p. 151).

Art. 2433 *(Anc. art. 2152, dénum., Ord. n° 2006-346, 23 mars 2006).* – **Il est loisible à celui qui a requis une inscription ainsi qu'à ses représentants ou cessionnaires par acte authentique de changer** *(Mots rempl. à compter du 1er janvier 2013, Ord. n° 2010-638, 10 juin 2010)* **« au service chargé de la publicité foncière » le domicile par lui élu dans cette inscription, à la charge d'en choisir et indiquer un autre situé en France métropolitaine, dans les départements d'outre-mer ou dans la collectivité territoriale de Saint-Pierre-et-Miquelon.**

Rédaction antérieure. Il est loisible à celui qui a requis une inscription ainsi qu'à ses représentants ou cessionnaires par acte authentique de changer au bureau des hypothèques le domicile par lui élu dans cette inscription, à la charge d'en choisir et indiquer un autre situé en France métropolitaine, dans les départements d'outre-mer ou dans la collectivité territoriale de Saint-Pierre-et-Miquelon.

Art. 2434 *(Anc. art. 2154, dénum. et rempl., Ord. n° 2006-346, 23 mars 2006).* – **L'inscription conserve le privilège ou l'hypothèque jusqu'à la date que fixe le créancier en se conformant aux dispositions qui suivent.**

Si le principal de l'obligation garantie doit être acquitté à une ou plusieurs dates déterminées, la date extrême d'effet de l'inscription prise avant l'échéance ou la dernière échéance prévue est, au plus, postérieure de un an à cette échéance, sans toutefois que la durée de l'inscription puisse excéder cinquante années.

Si l'échéance ou la dernière échéance est indéterminée, notamment dans le cas prévu à l'article L. 314-1 du Code de la consommation, ou si l'hypothèque est assortie d'une clause de rechargement prévue à l'article 2422, la durée de l'inscription est au plus de cinquante années au jour de la formalité.

Si l'échéance ou la dernière échéance est antérieure ou concomitante à l'inscription, la durée de l'inscription est au plus de dix années au jour de la formalité.

Lorsque la sûreté garantit plusieurs créances et que celles-ci sont telles que plusieurs des trois alinéas précédents sont applicables, le créancier peut requérir soit, pour chacune d'elles, des inscriptions distinctes, soit une inscription unique pour l'ensemble jusqu'à la date la plus éloignée. Il en est de même lorsque le premier de ces trois alinéas étant seul applicable, les différentes créances ne comportent pas les mêmes échéances ou dernières échéances.

Remembrement. Sur la conservation du rang antérieur des privilèges et hypothèques en cas de remembrement des exploitations rurales, voir C. rur. pêche marit., art. L. 123-13. V. aussi pour le cas de remembrement réalisé par une association foncière urbaine, C. urb., art. L. 322-6.

Art. 2435 *(Anc. art. 2154-1, dénum., Ord. n° 2006-346, 23 mars 2006).* **– L'inscription cesse de produire effet si elle n'a pas été renouvelée au plus tard à la date visée au premier alinéa de l'article 2434.**

Chaque renouvellement est requis jusqu'à une date déterminée. Cette date est fixée comme il est dit à l'article 2434 en distinguant suivant que l'échéance ou la dernière échéance, même si elle résulte d'une prorogation de délai, est ou non déterminée et qu'elle est ou non postérieure au jour du renouvellement.

Le renouvellement est obligatoire, dans le cas où l'inscription a produit son effet légal, notamment en cas de réalisation du gage, jusqu'au paiement ou à la consignation du prix.

Bibliographie : M. Vion, *Jusqu'à quel moment les inscriptions hypothécaires doivent-elles être renouvelées ?* : *Defrénois* 1980, 929.

1) **Paiement ou consignation du prix.** Sur le principe que le renouvellement est obligatoire, dans le cas où l'inscription a produit son effet légal, jusqu'au paiement ou à la consignation du prix, V. ▪ Cass. 3e civ., 20 nov. 2002 : *JCP* 2003, IV, 1074 ; *JurisData* n° 2002-016440 ; *Bull. civ.* III, n° 233, p. 201 ; *Defrénois* 2004, 301, obs. Piedelièvre. Doit être cassé l'arrêt qui décide qu'une inscription hypothécaire est devenue caduque faute de renouvellement, alors que si les juges constatent qu'à la suite de la réalisation du gage, le droit du créancier avait été reporté de l'immeuble sur le prix et que l'inscription avait donc produit son effet légal antérieurement à l'expiration de sa validité, le paiement et la consignation prévus par l'article 2154-1 (anc.) à partir desquels le renouvellement de l'inscription hypothécaire n'est plus obligatoire n'excluaient pas un paiement du prix d'adjudication conformément aux dispositions impératives du cahier des charges, lequel stipulait affectation spéciale aux paiements à faire aux créanciers (▪ Cass. 3e civ., 8 janv. 1980, n° 78-13.257 : *D.* 1980, 368, note Franck). La consignation quoique partielle libère l'adjudicataire de l'immeuble saisi à due concurrence et tient lieu à son égard de paiement (▪ Cass. 3e civ., 29 juin 1983 : *JCP* 83, IV, 289 ; *Bull. civ.* III, n° 150, p. 117 ; *D.* 1984, 86, note Franck. ▪ Cass. 3e civ., 11 mars 1987, n° 83-15.874 : *JurisData* n° 1987-000491 ; *Bull. civ.* III, n° 47, p. 28). Dès lors que l'acquéreur, s'agissant d'une vente volontaire, a entrepris de procéder à des offres réelles et que la consignation a été faite en la seule présence de l'un des créanciers, cette consignation ne satisfait pas aux prescriptions de l'article 2154-1 (▪ Cass. 3e civ., 19 mai 1999, n° 97-16.673 : *JurisData* n° 1999-001977 ; *Bull. civ.* III, n° 118, p. 79).

2) **Procédure collective. Admission au passif.** L'admission au passif de la liquidation des biens du débiteur ne dispense pas le créancier d'observer les règles imposées par la loi pour la conservation de son hypothèque (▪ Cass. com., 24 avr. 1974, n° 73-10.443 : *JurisData* n° 1974-097129 ; *D.* 1975, 107).

3) **Droit du créancier. Nouvelle inscription hypothécaire.** Lorsque l'inscription de l'hypothèque est périmée, le créancier peut procéder unilatéralement à l'inscription nouvelle sans l'accord du débiteur (▪ Cass. 3e civ., 25 avr. 2007 : *JCP* G 2007, I, 212, n° 18, note Delebecque ; *JurisData* n° 2007-038517 ; *Bull. civ.* III, n° 60 ; *Banque et droit* 2007, n° 114, p. 50, note Rontchevsky).

4) **Société absorbante.** Si le renouvellement d'une inscription hypothécaire peut valablement émaner d'une société absorbante, à condition de ne pas aggraver la situation du débiteur, encore faut-il que l'inscription initiale ait été valablement obtenue par un créancier pourvu de la personnalité morale (▪ Cass. 1re civ., 16 sept. 2010, n° 09-65.909 : *JurisData* n° 2010-015972 ; *JCP* G 2011, 226, n° 12, obs. Delebecque ; *RD bancaire et fin.* 2010, comm. 223, obs. Piedelièvre ; *Rev. sociétés* 2011, p. 159, note Saintourens).

5) **Responsabilité de l'avocat.** Dès lors que le créancier fait volontairement le choix de ne pas mandater l'avocat pour qu'il se charge de renouveler une inscription hypothécaire, il ne saurait engager la responsabilité civile du professionnel en cause au motif qu'un tel renouvellement n'a pas été réalisé (▪ Cass. 1re civ., 17 juin 2010,

n° 09-15.697 : *JurisData* n° 2010-009350 ; *JCP* G 2011, 226, n° 12, obs. Delebecque ; *JCP* G 2010, 1068, n° 9, obs. Pillet).

6) **Cautionnement hypothécaire.** À défaut de stipulation contraire, l'expiration du délai de validité de l'inscription hypothécaire ne constitue pas le terme de l'engagement hypothécaire (▪ Cass. 1re civ., 12 janv. 2012, n° 10-18.669 : *JurisData* n° 2012-000230 ; *JCP* G 2012, note 274, Ansault ; *JCP* G 2012, 626, n° 21, obs. Delebecque ; *Journ. sociétés* févr. 2012, p. 50, obs. Hontbeyrie).

Art. 2436 *(Anc. art. 2154-2, dénum. et rempl., Ord. n° 2006-346, 23 mars 2006).* **– Si l'un des délais prévus aux articles 2434 et 2435 n'a pas été respecté, l'inscription n'a pas d'effet au-delà de la date d'expiration de ce délai.**

Péremption et existence du droit réel de garantie. Le droit hypothécaire ou le privilège subsiste malgré la péremption de l'inscription hypothécaire (▪ Cass. 3e civ., 8 janv. 1974, n° 72-11.176 : *JurisData* n° 1974-098004 ; *Bull. civ.* II, n° 4. ▪ Cass. 3e civ., 25 avr. 2007 : *JCP* G 2007, I, 212, n° 18, note Delebecque ; *JurisData* n° 2007-038517 ; *Bull. civ.* III, n° 60 ; *Banque et droit* 2007, n° 114, p. 50, note Rontchevsky). Dans le même sens, en matière de sûretés réelles pour autrui, la péremption d'une inscription hypothécaire n'emporte pas disparition de la sûreté en l'absence de stipulation des parties dans ce sens (▪ Cass. 3e civ., 22 oct. 2014, n° 13-28.477 : *RLDC* 2015/122, n° 5694, obs. Ansault ; *RTD civ.* 2015, p. 183, note Crocq).

Art. 2437 *(Anc. art. 2154-3, dénum., Ord. n° 2006-346, 23 mars 2006).* **– Quand il a été pris inscription provisoire de l'hypothèque légale des époux ou d'hypothèque judiciaire, les dispositions des articles 2434 à 2436 s'appliquent à l'inscription définitive et à son renouvellement. La date retenue pour point de départ des délais est celle de l'inscription définitive ou de son renouvellement.**

Les articles 2154 à 2154-3 (anciens) sont applicables dans les territoires de la Nouvelle-Calédonie, de la Polynésie française et des îles Wallis-et-Futuna (L. n° 96-609, 5 juill. 1996, art. 9).

Art. 2438 *(Anc. art. 2155, dénum., Ord. n° 2006-346, 23 mars 2006).* **– S'il n'y a stipulation contraire, les frais des inscriptions, dont l'avance est faite par l'inscrivant, sont à la charge du débiteur, et les frais de la publicité de l'acte de vente, qui peut être requise par le vendeur en vue de l'inscription en temps utile de son privilège, sont à la charge de l'acquéreur.**

Art. 2439 *(Anc. art. 2156, dénum., Ord. n° 2006-346, 23 mars 2006).* **– Les actions auxquelles les inscriptions peuvent donner lieu contre les créanciers seront intentées devant le tribunal compétent, par exploits faits à leur personne, ou au dernier des domiciles par eux élus sur les bordereaux d'inscription, et ce, nonobstant le décès, soit des créanciers, soit de ceux chez lesquels ils auront fait élection de domicile.**

Section II. – De la radiation et de la réduction des inscriptions

(Ord. n° 2006-346, 23 mars 2006)

Sous-section 1. – Dispositions générales

(Ord. n° 2006-346, 23 mars 2006)

Art. 2440 *(Anc. art. 2157, dénum. et mod., Ord. n° 2006-346, 23 mars 2006).* **– Les inscriptions sont rayées du consentement des parties intéressées et ayant capacité à cet effet, ou en vertu d'un jugement en dernier ressort ou passé en force de chose jugée.**

La radiation s'impose au créancier qui n'a pas procédé à la publication, sous forme de mention en marge, prévue au quatrième alinéa de l'article 2422.

Bibliographie : C. Dantcheff, *Les mainlevées hypothécaires*, LexisNexis, 2017. ● W. Nonnenmacher, *Nouvel habit pour les mainlevées : JCP N 2009, 1056.*

1) **Mainlevée sans paiement. Capacité.** Si la mainlevée consentie après que la dette a été payée suppose la capacité de recevoir paiement, en revanche la mainlevée sans paiement exige que l'on soit capable de disposer d'un droit réel immobilier et d'y renoncer (▪ Cass. 3e civ., 16 juill. 1975 : *JurisData* n° 1975-799257 ; *JurisData* n° 1975-799257 ; *D.* 1975, 593, note Franck).

2) Hypothèque judiciaire provisoire. L'article 2157 (anc.) est étranger à l'institution de l'hypothèque judiciaire provisoire dont la constitution et la radiation sont réglementées par les articles 54 et 55 (abrogés) du Code de procédure civile (■ Cass. 3e civ., 21 nov. 1978 : *JurisData* n° 1978-700351 ; *Bull. civ.* III, n° 351, p. 269 ; *JCP* N 79, II, 71, note Frémont).

3) Référés. Violent l'article 2157 (anc.) le juge des référés qui déclare satisfactoire la consignation offerte par le débiteur et ordonne la radiation des hypothèques inscrites sur le bien affecté en garantie alors que cette mesure ne pouvait être prise que par le tribunal de grande instance (■ Cass. 1re civ., 9 mars 1977 : *JurisData* n° 1977-000128 ; *Bull. civ.* I, n° 128, p. 99), ainsi que la cour d'appel qui a ordonné en référé la mainlevée d'une hypothèque judiciaire, alors qu'une telle mesure ne pouvait être prise que par le tribunal de grande instance (■ Cass. 2e civ., 24 avr. 1989, n° 88-10.977 : *JurisData* n° 1989-702097 ; *JCP* 89, IV, 240. ■ Cass. 2e civ., 8 juin 1995, n° 93-17.428 : *Bull. civ.* II, n° 176, p. 101 ; *D.* 1996, somm. 206, obs. S. Piedelièvre ; *RD imm.* 1996, 101, obs. Delebecque et Simler).

4) Hypothèque légale des époux. Sur la mainlevée d'une inscription prise au profit d'un époux lorsque la créance pour la sûreté de laquelle l'hypothèque ou le privilège a été inscrit résulte d'un contrat auquel il avait consenti sans le concours de son conjoint, voir : D. n° 55-1350, 14 oct. 1955, art. 59-1, p. 2843.

5) Copie exécutoire à ordre. Sur la mainlevée de l'inscription hypothécaire garantissant une créance représentée par une copie exécutoire à ordre, voir : L. n° 76-519, 15 juin 1976, art. 10 et 11, p. 3015.

6) Rétablissement de l'inscription. Le tiers acquéreur d'un immeuble grevé d'une inscription hypothécaire, dont le titre a été transcrit entre la radiation de cette inscription et la décision qui annule l'ordonnance ayant prononcé cette radiation, ne peut se voir opposer les effets de l'inscription rétablie (■ Cass. 3e civ., 4 févr. 1998, n° 96-13.984 : *JurisData* n° 1998-000404 ; *JCP* 98, IV, 1679 ; *Bull. civ.* III, n° 24, p. 19).

7) Portée de la mainlevée de l'inscription. Dès lors qu'une banque avait donné mainlevée d'une inscription hypothécaire, elle vaut renonciation à cette inscription, peu important que l'établissement de crédit ait procédé à cette opération en prenant en considération une créance d'un montant erroné (■ Cass. 3e civ., 9 juin 2010, n° 09-14.303 : *JurisData* n° 2010-008683 ; *JCP* G 2011, 226, n° 14, obs. Delebecque).

8) Rôle du notaire. Le notaire est tenu d'accomplir les formalités nécessaires à la mise en place de la sûreté, y compris l'affectation des fonds permettant la radiation des inscriptions antérieures (■ Cass. 1re civ., 3 mars 2011, n° 09-16.091 : *Rev. Lamy dr. civ.* 2011/82, n° 4241, obs. Ansault ; *Defrénois* 2012, p. 235, obs. S. Cabrillac ; *JCP* G 2011, 770, n° 8, obs. Simler ; *RD bancaire et fin.* 2011, comm. 100, note D. Legeais ; *Banque et droit* 2011, n° 136, p. 60, note Rontchevsky).

Art. 2441 ***(Anc. art. 2158, dénum. et mod., Ord. n° 2006-346, 23 mars 2006 ; mod., L. n° 2007-212, 20 févr. 2007).*** **– Dans l'un et l'autre cas, ceux qui requièrent la radiation déposent *(Mots rempl. à compter du 1er janvier 2013, Ord. n° 2010-638, 10 juin 2010)* « au service chargé de la publicité foncière » l'expédition de l'acte authentique portant consentement, ou celle du jugement.**

Aucune pièce justificative n'est exigée à l'appui de l'expédition de l'acte authentique en ce qui concerne les énonciations établissant l'état, la capacité et la qualité des parties, lorsque ces énonciations sont certifiées exactes dans l'acte par le notaire ou l'autorité administrative.

(Al. mod. à compter du 1er janvier 2013, Ord. n° 2010-638, 10 juin 2010) **La radiation de l'inscription peut être requise par le dépôt au service chargé de la publicité foncière d'une copie authentique de l'acte notarié certifiant que le créancier a, à la demande du débiteur, donné son accord à cette radiation ; le contrôle opéré par ce service se limite à la régularité formelle de l'acte à l'exclusion de sa validité au fond.**

Rédaction antérieure. Art. 2441. – Dans l'un et l'autre cas, ceux qui requièrent la radiation déposent au bureau du conservateur l'expédition de l'acte authentique portant consentement, ou celle du jugement.

Aucune pièce justificative n'est exigée à l'appui de l'expédition de l'acte authentique en ce qui concerne les énonciations établissant l'état, la capacité et la qualité des parties, lorsque ces énonciations sont certifiées exactes dans l'acte par le notaire ou l'autorité administrative.

La radiation de l'inscription peut être requise par le dépôt au bureau du conservateur d'une copie authentique de l'acte notarié certifiant que le créancier a, à la demande du débiteur, donné son accord à cette radiation ; le contrôle du conservateur se limite à la régularité formelle de l'acte à l'exclusion de sa validité au fond.

Contrôle du conservateur. Si l'alinéa 2 de l'article 2158 (anc.) dispose qu'aucune pièce justificative ne doit être exigée à l'appui de l'expédition de l'acte authentique, en ce qui concerne les énonciations établissant l'état, la capacité et la qualité des parties, lorsque ces énonciations sont certifiées exactes par le notaire, encore faut-il que lesdites énonciations puissent remplacer la production des justifications. Cet alinéa ne dispense pas le conservateur d'exercer son pouvoir de contrôle qui ne se limite pas à la régularité formelle de la mainlevée mais s'étend à sa validité au fond (■ Cass. 3e civ., 16 juill. 1975 : *D.* 1975, 593, note Frank). Ce pouvoir de contrôle doit s'exercer lorsque la publication d'une mainlevée totale est demandée, celle-ci entraînant nécessairement la radiation de l'inscription (■ Cass. 3e civ., 9 févr. 1994, n° 92-16.301 : *JurisData* n° 1994-000111 ; *Bull. civ.* III, n° 19, p. 12).

Art. 2442 *(Anc. art. 2159, dénum., Ord. n° 2006-346, 23 mars 2006).* **– La radiation non consentie est demandée au tribunal dans le ressort duquel l'inscription a été faite, si ce n'est lorsque cette inscription a eu lieu pour sûreté d'une condamnation éventuelle ou indéterminée, sur l'exécution ou liquidation de laquelle le débiteur et le créancier prétendu sont en instance ou doivent être jugés dans un autre tribunal ; auquel cas la demande en radiation doit y être portée ou renvoyée.**

Cependant la convention faite par le créancier et le débiteur, de porter, en cas de contestation, la demande à un tribunal qu'ils auraient désigné, recevra son exécution entre eux.

Art. 2443 *(Anc. art. 2160, dénum., Ord. n° 2006-346, 23 mars 2006).* **– La radiation doit être ordonnée par les tribunaux, lorsque l'inscription a été faite sans être fondée ni sur la loi, ni sur un titre, ou lorsqu'elle l'a été en vertu d'un titre soit irrégulier, soit éteint ou soldé, ou lorsque les droits de privilège ou d'hypothèque sont effacés par les voies légales.**

Art. 2444 *(Anc. art. 2161, dénum., Ord. n° 2006-346, 23 mars 2006).* **– Lorsque les inscriptions prises en vertu des articles 2401 et 2412 sont excessives, le débiteur peut demander leur réduction en se conformant aux règles de compétence établies dans l'article 2442.**

Sont réputées excessives les inscriptions qui grèvent plusieurs immeubles lorsque la valeur d'un seul ou de quelques-uns d'entre eux excède une somme égale au double du montant des créances en capital et accessoires légaux, augmenté du tiers de ce montant.

Art. 2445 *(Anc. art. 2162, dénum., Ord. n° 2006-346, 23 mars 2006).* **– Peuvent aussi être réduites comme excessives les inscriptions prises d'après l'évaluation faite par le créancier des créances conditionnelles, éventuelles ou indéterminées dont le montant n'a pas été réglé par la convention.**

L'excès, dans ce cas, est arbitré par les juges d'après les circonstances, les probabilités et les présomptions de fait, de manière à concilier les droits du créancier avec l'intérêt du crédit à conserver au débiteur, sans préjudice des nouvelles inscriptions à prendre avec hypothèque du jour de leur date, lorsque l'événement aura porté les créances indéterminées à une somme plus forte.

Bibliographie : S. Piedelièvre, *La réduction des inscriptions hypothécaires* : *Defrénois* 2000, 737.

Sur le pouvoir discrétionnaire des juges du fond pour décider la réduction, V. ■ Cass. 3e civ., 21 févr. 1984, n° 83-10.409 : *Bull. civ.* III, n° 46, p. 35.

Sous-section 2. – Dispositions particulières relatives aux hypothèques des époux et des personnes en tutelle

(Ord. n° 2006-346, 23 mars 2006)

Art. 2446 *(Anc. art. 2163, dénum., Ord. n° 2006-346, 23 mars 2006).* **– Quand l'hypothèque légale a été inscrite par application des articles 2402 ou 2403, et sauf clause expresse du contrat de mariage l'interdisant, l'époux bénéficiaire de l'inscription peut en donner mainlevée totale ou partielle.**

Il en est ainsi même en ce qui concerne l'hypothèque légale, ou éventuellement l'hypothèque judiciaire, garantissant la pension alimentaire allouée ou susceptible d'être allouée à un époux, pour lui ou pour ses enfants.

Si l'époux bénéficiaire de l'inscription, en refusant de réduire son hypothèque ou d'en donner mainlevée, empêche l'autre époux de faire une constitution d'hypothèque ou une aliénation qu'exigerait l'intérêt de la famille ou, s'il est hors d'état de manifester sa volonté, les juges pourront autoriser cette réduction ou cette mainlevée aux conditions qu'ils estimeront nécessaires à la sauvegarde des droits de l'époux intéressé. Ils ont les mêmes pouvoirs lorsque le contrat de mariage comporte la clause visée au premier alinéa.

Quand l'hypothèque a été inscrite par application de l'article 2404, l'inscription ne peut être rayée ou réduite, pendant la durée du transfert d'administration, qu'en vertu d'un jugement du tribunal qui a ordonné le transfert.

Dès la cessation du transfert d'administration, la radiation ou la réduction peut être faite dans les conditions prévues aux alinéas 1 et 3 ci-dessus.

Art. 2447 *(Anc. art. 2164, dénum., Ord. n° 2006-346, 23 mars 2006).* – Si la valeur des immeubles sur lesquels l'hypothèque du mineur ou du majeur en tutelle a été inscrite excède notablement ce qui est nécessaire pour garantir la gestion du tuteur, celui-ci peut demander au conseil de famille de réduire l'inscription aux immeubles suffisants.

Il peut pareillement lui demander de réduire l'évaluation qui avait été faite de ses obligations envers le pupille.

L'administrateur légal peut, dans les mêmes cas, lorsqu'une inscription a été prise sur ses immeubles en vertu de l'article 2409, demander au juge des tutelles de la réduire, soit quant aux immeubles grevés, soit quant aux sommes garanties.

Le tuteur et l'administrateur légal peuvent en outre, s'il y a lieu, sous l'observation des mêmes conditions, demander la mainlevée totale de l'hypothèque.

La radiation partielle ou totale de l'hypothèque sera faite au vu d'un acte de mainlevée signé par un membre du conseil de famille ayant reçu délégation à cet effet, en ce qui concerne les immeubles du tuteur, et au vu d'une décision du juge des tutelles, en ce qui concerne les immeubles de l'administrateur légal.

Art. 2448 *(Anc. art. 2165, dénum., Ord. n° 2006-346, 23 mars 2006).* – Les jugements sur les demandes d'un époux, d'un tuteur ou d'un administrateur légal dans les cas prévus aux articles précédents sont rendus dans les formes réglées au Code de procédure civile.

Si le tribunal prononce la réduction de l'hypothèque à certains immeubles, les inscriptions prises sur tous les autres sont radiées.

Section III. – De la publicité des registres et de la responsabilité en matière de publicité foncière

(Intitulé rempl. à compter du 1er janvier 2013, Ord. n° 2010-638, 10 juin 2010)

Art. 2449 *(Anc. art. 2196, dénum., Ord. n° 2006-346, 23 mars 2006 ; mod. à compter du 1er janvier 2013, Ord. n° 2010-638, 10 juin 2010).* – Les services chargés de la publicité foncière sont tenus de délivrer, à tous ceux qui le requièrent, copie ou extrait des documents, autres que les bordereaux d'inscription, qui y sont déposés dans la limite des cinquante années précédant celle de la réquisition, et copie ou extrait des inscriptions subsistantes ou certificat qu'il n'existe aucun document ou inscription entrant dans le cadre de la réquisition.

Ils sont également tenus de délivrer sur réquisition, dans un délai de dix jours, des copies ou extraits du fichier immobilier ou certificat qu'il n'existe aucune fiche entrant dans le cadre de la réquisition.

Art. 2450 *(Anc. art. 2197, dénum., Ord. n° 2006-346, 23 mars 2006 ; rempl. à compter du 1er janvier 2013, Ord. n° 2010-638, 10 juin 2010).* – I. – L'État est responsable du préjudice résultant des fautes commises par chaque service chargé de la publicité foncière dans l'exécution de ses attributions, notamment :

1° Du défaut de publication des actes et décisions judiciaires déposés dans les services chargés de la publicité foncière et des inscriptions requises, toutes les fois que ce défaut de publication ne résulte pas d'une décision de refus ou de rejet ;

2° De l'omission, dans les certificats délivrés par les services chargés de la publicité foncière, d'une ou plusieurs des inscriptions existantes, à moins dans ce dernier cas que l'erreur ne provienne de désignations insuffisantes ou inexactes qui ne pourraient leur être imputées.

II. – L'action en responsabilité de l'État pour les fautes commises par chaque service chargé de la publicité foncière est exercée devant le juge judiciaire et, sous peine de forclusion, dans le délai de dix ans suivant le jour où la faute a été commise.

Voir : sur la compétence du tribunal de grande instance de Paris pour connaître des actions en responsabilité intentées contre l'État sur le fondement de l'article 2450, II du Code civil, COJ, art. R. 211-7-1.

Art. 2451 *(Anc. art. 2198, dénum. et mod., Ord. n° 2006-346, 23 mars 2006 ; mod. à compter du 1er janvier 2013, Ord. n° 2010-638, 10 juin 2010).* – Lorsque le service chargé de la publicité foncière, délivrant un certificat au nouveau titulaire d'un droit visé à l'article 2476, omet une inscription de privilège ou d'hypothèque, le droit demeure dans les mains du nouveau titulaire, affranchi du privilège ou de l'hypothèque non révélé, pourvu que la délivrance du certificat ait été requise par l'intéressé en conséquence de la publication de son titre. Sans préjudice de son recours éventuel contre l'État, le créancier bénéficiaire de l'inscription omise ne perd pas le droit de se prévaloir du rang que cette inscription lui confère tant que le prix n'a pas été payé par l'acquéreur ou que l'intervention dans l'ordre ouvert entre les autres créanciers est autorisée.

Art. 2452 *(Anc. art. 2199, dénum., Ord. n° 2006-346, 23 mars 2006 ; mod. à compter du 1er janvier 2013, Ord. n° 2010-638, 10 juin 2010).* – En dehors des cas où ils sont fondés à refuser le dépôt ou à rejeter une formalité, conformément aux dispositions législatives ou réglementaires sur la publicité foncière, les services chargés de la publicité foncière ne peuvent refuser ni retarder l'exécution d'une formalité ni la délivrance des documents régulièrement requis, sous peine des dommages et intérêts des parties ; à l'effet de quoi, procès-verbaux des refus ou retardements seront, à la diligence des requérants, dressés sur-le-champ, soit par un juge du tribunal d'instance, soit par un huissier audiencier du tribunal, soit par un autre huissier ou un notaire assisté de deux témoins.

Art. 2453 *(Anc. art. 2200, dénum., Ord. n° 2006-346, 23 mars 2006 ; mod. à compter du 1er janvier 2013, Ord. n° 2010-638, 10 juin 2010).* – Les services chargés de la publicité foncière seront tenus d'avoir un registre sur lequel ils inscriront, jour par jour, et par ordre numérique, les remises qui leur seront faites d'actes, décisions judiciaires, bordereaux et, généralement, de documents déposés en vue de l'exécution d'une formalité de publicité.

Ils ne pourront exécuter les formalités qu'à la date et dans l'ordre des remises qui leur auront été faites.

Chaque année, une reproduction des registres clôturés pendant l'année précédente sera déposée sans frais au greffe d'un tribunal de grande instance ou d'un tribunal d'instance situés dans un arrondissement autre que celui où réside le service chargé de la publicité foncière.

Le tribunal au greffe duquel sera déposée la reproduction sera désigné par arrêté du ministre de la Justice.

Un décret déterminera les modalités d'application du présent article et, notamment, les procédés techniques susceptibles d'être employés pour l'établissement de la reproduction à déposer au greffe.

Art. 2454 *(Anc. art. 2201, dénum., Ord. n° 2006-346, 23 mars 2006).* – Le registre tenu en exécution de l'article précédent est coté et paraphé à chaque page, par première et dernière, par le juge d'instance dans le ressort duquel le bureau est établi. Il est arrêté chaque jour.

Par dérogation à l'alinéa précédent, un document informatique écrit peut tenir lieu de registre ; dans ce cas, il doit être identifié, numéroté et daté dès son établissement par des moyens offrant toute garantie en matière de preuve.

Art. 2455 et 2456 *(Abr. à compter du 1er janvier 2013, Ord. n° 2010-638, 10 juin 2010).*

Art. 2457 *(Anc. art. 2203-1, dénum. et mod., Ord. n° 2006-346, 23 mars 2006 ; mod. à compter du 1er janvier 2013, Ord. n° 2010-638, 10 juin 2010).* – Dans les services chargés de la publicité foncière dont le registre est tenu conformément aux dispositions du deuxième alinéa de l'article 2454, il est délivré un certificat des formalités acceptées au dépôt et en instance d'enregistrement au fichier immobilier sur les immeubles individuellement désignés dans la demande de renseignements. Un décret en Conseil d'État précise le contenu de ce certificat.

Section III (Rédaction antérieure). – De la publicité des registres et de la responsabilité des conservateurs

(Ord. n° 2006-346, 23 mars 2006)

Rédaction antérieure. Art. 2449 *(Anc. art. 2196, dénum., Ord. n° 2006-346, 23 mars 2006).* – Les conservateurs des hypothèques sont tenus de délivrer, à tous ceux qui le requièrent, copie ou extrait des documents, autres que les bordereaux d'inscription, déposés à leur bureau dans la limite des cinquante années précédant celle de la réquisition, et copie ou extrait des inscriptions subsistantes ou certificat qu'il n'existe aucun document ou inscription entrant dans le cadre de la réquisition.

Ils sont également tenus de délivrer sur réquisition, dans un délai de dix jours, des copies ou extraits du fichier immobilier ou certificat qu'il n'existe aucune fiche entrant dans le cadre de la réquisition.

Rédaction antérieure. Art. 2450 *(Anc. art. 2197, dénum., Ord. n° 2006-346, 23 mars 2006).* – Ils sont responsables du préjudice résultant :

1° Du défaut de publication des actes et décisions judiciaires déposés à leurs bureaux, et des inscriptions requises, toutes les fois que ce défaut de publication ne résulte pas d'une décision de refus ou de rejet ;

2° De l'omission, dans les certificats qu'ils délivrent, d'une ou de plusieurs des inscriptions existantes, à moins dans ce dernier cas, que l'erreur ne provînt de désignations insuffisantes ou inexactes qui ne pourraient leur être imputées.

Désignations insuffisantes ou inexactes. Sur l'exonération du conservateur en cas de désignations insuffisantes ou inexactes, V. : D. n° 55-22, 4 janv. 1955, art. 9, p. 2809, D. 55-22, 4 janv. 1955, art. 41, p. 2816, D. n° 55-1350, 14 oct. 1955, art. 85-2, 2, p. 2861.

Rédaction antérieure. Art. 2451 *(Anc. art. 2198, dénum., Ord. n° 2006-346, 23 mars 2006).* – Lorsque le conservateur, délivrant un certificat au nouveau titulaire d'un droit visé à l'article 2476, omet une inscription de privilège ou d'hypothèque, le droit demeure dans les mains du nouveau titulaire, affranchi du privilège ou de l'hypothèque non révélé, pourvu que la délivrance du certificat ait été requise par l'intéressé en conséquence de la publication de son titre. Sans préjudice de son recours éventuel contre le conservateur, le créancier bénéficiaire de l'inscription omise ne perd pas le droit de se prévaloir du rang que cette inscription lui confère tant que le prix n'a pas été payé par l'acquéreur ou que l'intervention dans l'ordre ouvert entre les autres créanciers est autorisée.

Rédaction antérieure. Art. 2452 *(Anc. art. 2199, dénum., Ord. n 2006-346, 23 mars 2006).* – En dehors des cas où ils sont fondés à refuser le dépôt ou à rejeter une formalité, conformément aux dispositions législatives ou réglementaires sur la publicité foncière, les conservateurs ne peuvent refuser ni retarder l'exécution d'une formalité ni la délivrance des documents régulièrement requis, sous peine des dommages et intérêts des parties ; à l'effet de quoi, procès-verbaux des refus ou retardements seront, à la diligence des requérants, dressés sur-le-champ, soit par un juge du tribunal d'instance, soit par un huissier audiencier du tribunal, soit par un autre huissier ou un notaire assisté de deux témoins.

Bibliographie : Masounabe Puyanne, *La mise en cause du conservateur des hypothèques : JCP* N 62, I, 1702.

1) Rejet du dépôt. Sur le principe que le conservateur ne peut refuser le dépôt d'un acte dont la publicité est requise ou rejeter la formalité que dans les cas limitativement énumérés par la loi, V. ▪ Cass. 3e civ., 14 mars 1968 : *JCP* 68, II, 15536, note Bulté.

2) Responsabilité. Mise en demeure (non). En vertu des articles 2197 et 2199 (anc.), la responsabilité du conservateur des hypothèques est engagée conformément aux principes du droit commun toutes les fois qu'il commet dans l'exercice de ses fonctions une faute ou une négligence préjudiciable. Par suite, le procès-verbal visé par l'article 2199 (anc.) pour constater des refus ou des retardements n'est qu'une modalité de preuve et aucune mise en demeure n'est prévue lors d'une réquisition à fin de publicité pour mettre en jeu ladite responsabilité (▪ Cass. 3e civ., 29 oct. 1969 : *JCP* 69, IV, 289 ; *Bull. civ.* III, n° 690, p. 519).

3) Lien de causalité. Sur la nécessité d'un lien de causalité entre la faute du conservateur et le dommage, V. ▪ Cass. 1re civ., 27 nov. 1963 : *JCP* N 64, II, 13587, note Bulté ; *Bull. civ.* I, n° 522, p. 438. Sur la responsabilité solidaire du conservateur et de l'officier ministériel rédacteur de l'acte en cas de faute commune, V. ▪ Cass. civ., 2 janv. 1924 : *DP* 1924, 1, 14, 1re esp.

4) Déclaration de jugement commun. Sur la possibilité d'appeler le conservateur en déclaration de jugement commun, V. ▪ Cass. 3e civ., 21 nov. 1978 : *Bull. civ.* III, n° 351, p. 269 ; *JCP* N 79, II, 71, note Frémont.

Rédaction antérieure. Art. 2453 *(Anc. art. 2200, dénum., Ord. n° 2006-346, 23 mars 2006).* – Les conservateurs seront tenus d'avoir un registre sur lequel ils inscriront, jour par jour, et par ordre numérique, les remises qui leur seront faites d'actes, décisions judiciaires, bordereaux et, généralement, de documents déposés en vue de l'exécution d'une formalité de publicité.

Ils ne pourront exécuter les formalités qu'à la date et dans l'ordre des remises qui leur auront été faites.

Chaque année, une reproduction des registres clôturés pendant l'année précédente sera déposée sans frais au greffe d'un tribunal de grande instance ou d'un tribunal d'instance situés dans un arrondissement autre que celui où réside le conservateur. Le tribunal au greffe duquel sera déposée la reproduction sera désigné par arrêté du ministre de la Justice.

Un décret déterminera les modalités d'application du présent article et, notamment, les procédés techniques susceptibles d'être employés pour l'établissement de la reproduction à déposer au greffe (1).

(1) D. n° 55-1597, 7 déc. 1955.

Rédaction antérieure. Art. 2454 *(Anc. art. 2201, dénum., Ord. n° 2006-346, 23 mars 2006)*. – Le registre tenu en exécution de l'article précédent est coté et paraphé à chaque page, par première et dernière, par le juge d'instance dans le ressort duquel le bureau est établi. Il est arrêté chaque jour.

Par dérogation à l'alinéa précédent, un document informatique écrit peut tenir lieu de registre ; dans ce cas, il doit être identifié, numéroté et daté dès son établissement par des moyens offrant toute garantie en matière de preuve.

Rédaction antérieure. Art. 2455 *(Anc. art. 2202, dénum., Ord. n° 2006-346, 23 mars 2006)*. – Les conservateurs sont tenus de se conformer, dans l'exercice de leurs fonctions, à toutes les dispositions du présent chapitre, à peine d'une amende de 30 à 300 euros pour la première contravention, et de destitution pour la seconde ; sans préjudice des dommages et intérêts des parties, lesquels seront payés avant l'amende.

Rédaction antérieure. Art. 2456 *(Anc. art. 2203, dénum., Ord. n° 2006-346, 23 mars 2006)*. – Les mentions de dépôts sont faites sur le registre dont la tenue est prescrite par l'article 2453, de suite, sans aucun blanc ni interligne, à peine, contre le conservateur, de 60 à 600 euros d'amende, et des dommages et intérêts des parties, payables aussi par préférence à l'amende.

Rédaction antérieure. Art. 2457 *(Anc. art. 2203-1, dénum., Ord. n° 2006-346, 23 mars 2006)*. – Dans les bureaux des hypothèques dont le registre est tenu conformément aux dispositions du deuxième alinéa de l'article 2454, il est délivré un certificat des formalités acceptées au dépôt et en instance d'enregistrement au fichier immobilier sur les immeubles individuellement désignés dans la demande de renseignements. Un décret en Conseil d'État précise le contenu de ce certificat.

CHAPITRE V. – DE L'EFFET DES PRIVILÈGES ET DES HYPOTHÈQUES

(Ord. n° 2006-346, 23 mars 2006 ; mod., L. n° 2007-212, 20 févr. 2007).

Loi n° 2007-212 du 20 février 2007

portant diverses dispositions intéressant la Banque de France

Art. 10. – II. [...].

3° Dans le chapitre V du sous-titre III du titre II du livre IV [du Code civil], la division en sections 1 et 2 est supprimée.

Art. 2458 *(Ord. n° 2006-346, 23 mars 2006)*. – **À moins qu'il ne poursuive la vente du bien hypothéqué selon les modalités prévues par les lois sur les procédures civiles d'exécution, auxquelles la convention d'hypothèque ne peut déroger, le créancier hypothécaire impayé peut demander en justice que l'immeuble lui demeure en paiement. Cette faculté ne lui est toutefois pas offerte si l'immeuble constitue la résidence principale du débiteur.**

1) Clause de voie parée (interdiction). L'ordonnance du 23 mars 2006 a maintenu le principe de la prohibition de la clause de voie parée, laquelle dispense le créancier du respect de la procédure de saisie immobilière (voir : C. civ., art. 2190 et s.). Dans le même temps, la nouvelle rédaction de l'article 2458 du Code civil conforte la possibilité ancienne pour les volontés individuelles de stipuler ultérieurement une telle clause (▪ Cass. civ., 25 mars 1903 : *DP* 1904, I, p. 273, note Guenée. – Comp. ▪ Cass. com., 5 oct. 2004, n° 01-00.863 : *JurisData* n° 2004-025097 ; *JCP* G 2004, II, 10191, note Piedelièvre ; *D.* 2005, p. 2083, note *Crocq ; RTD com.* 2005, p. 408, obs. Bouloc).

2) Privilège immobilier. S'agissant des privilèges immobiliers, l'attribution judiciaire en pleine propriété est possible (Rép. min. n° 9227 : *JOAN* Q 30 avr. 2013, p. 4796 ; *RTD civ.* 2013, p. 656, obs. Crocq ; *JCP* G 2013, 1256, n° 12, obs. Simler).

3) Liquidation judiciaire. Selon la Cour de cassation, la demande d'un créancier hypothécaire impayé tendant à ce que l'immeuble grevé lui demeure en paiement, par application de l'article 2458 du Code civil, tend au paiement d'une somme d'argent, au sens de l'article L. 622-21 du Code de commerce de sorte qu'à défaut de disposition autorisant, par dérogation au principe de l'interdiction des poursuites posé par ce texte, la présentation d'une telle demande en cas de procédure collective, comme il en existe pour l'attribution judiciaire du gage, la demande d'attribution de l'immeuble hypothéqué est irrecevable (▪ Cass. com., 28 juin 2017, n° 16-10.591 : JurisData n° 2017-012576 ; *Gaz. Pal.* 2017, n° 44, p. 43, note Ansault ; *RTD civ.* 2017, p. 707, obs. Crocq ; *JCP* G 2017, doctr. 1239, n° 17, note Delebecque ; *Rev. proc. coll.* 2017, p. 31, obs. Macorig-Venier ▪ Cass. com., 19 sept. 2018, n° 17-14.964 : *JCP* G 2018, doctr. 1221, n° 17, obs. Delebecque).

Art. 2459 *(Ord. n° 2006-346, 23 mars 2006)*. **– Il peut être convenu dans la convention d'hypothèque que le créancier deviendra propriétaire de l'immeuble hypothéqué. Toutefois, cette clause est sans effet sur l'immeuble qui constitue la résidence principale du débiteur.**

Bibliographie : C. Carbonnel, *Le pacte commissoire en matière de sûretés réelles immobilières ou la réforme inachevée : JCP* E 2007, 2536. • S. Piedelièvre, *Les nouveaux modes de réalisation des sûretés immobilières : dix ans après : JCP* N 2016, 1102.

1) **Pacte commissoire (oui).** Dans un souci de simplifier la réalisation du droit du créancier hypothécaire, l'ordonnance du 23 mars 2006 affirme la possibilité pour celui-ci de conclure avec le constituant un pacte commissoire, clause qui n'avait jamais été prohibée en matière hypothécaire mais dont l'usage était assez rare (V. not. ▪ Cass. civ. 1er juill. 1844 : *S.* 1845, I, p. 17. ▪ Cass. 1re civ. 25 mars 1957 : *Bull. civ.* I, n° 149. ▪ Cass. 1re civ., 5 févr. 1958 : *Bull. civ.* I, n° 78), aux termes de laquelle il deviendra propriétaire de l'immeuble grevé, en cas de défaillance du débiteur. V. égal. J.-M. Hocquard, *Le pacte commissoire : une fausse bonne idée : Dr. et patrimoine* nov. 2005, p. 80.

2) **Procédures collectives.** Voir sur l'impossibilité de conclure ou de réaliser un pacte commissoire pendant les phases de sauvegarde, de redressement et de liquidation judiciaire du constituant, C. com., art. L. 622-7, p. 1705, L. 631-14, p. 1705, et L. 641-3, p. 1706.

Art. 2460 *(Ord. n° 2006-346, 23 mars 2006)*. **– Dans les cas prévus aux deux articles précédents, l'immeuble doit être estimé par expert désigné à l'amiable ou judiciairement.**

Si sa valeur excède le montant de la dette garantie, le créancier doit au débiteur une somme égale à la différence ; s'il existe d'autres créanciers hypothécaires, il la consigne.

Art. 2461 *(Anc. art. 2166, dénum. et mod., Ord. n° 2006-346, 23 mars 2006)*. **– Les créanciers ayant privilège ou hypothèque inscrits sur un immeuble, le suivent en quelques mains qu'il passe, pour être payés suivant l'ordre de leurs créances ou inscriptions.**

Bibliographie : J.-P. Sénéchal, *L'acquéreur d'un immeuble hypothéqué : Mél. P. Le Cannu*, 2014, p. 577.

1) **Inopposabilité d'un bail à long terme.** L'inopposabilité d'un bail à long terme au créancier hypothécaire lui confère le droit de poursuivre la vente forcée de l'immeuble libre de tout bail à long terme. Dès lors, un tel bail est également inopposable à l'adjudicataire de l'immeuble (▪ Cass. 3e civ., 20 mars 1996, n° 94-14.665 : *Juris-Data* n° 1996-001019 ; *Bull. civ.* III, n° 71, p. 47).

2) **Vente amiable.** En cas de vente amiable, le créancier hypothécaire ne peut exercer son droit de préférence qu'après avoir fait saisir et vendre l'immeuble entre les mains du tiers acquéreur (▪ Cass. 3e civ., 27 janv. 1999, n° 96-16.022 : *Juris-Data* n° 1999-000330 ; *D.* 1999, somm. 303, obs. S. Piedelièvre ; *Bull. civ.* III, n° 26, p. 16).

3) **Rapport entre le tiers acquéreur et le créancier hypothécaire.** Le juge considère que le bénéficiaire de l'hypothèque n'est pas créancier de l'acquéreur du bien grevé de sorte que l'exercice de son droit de suite par le créancier hypothécaire à l'encontre du tiers détenteur soumis à un redressement ou en liquidation judiciaire ne saurait impliquer de la part du premier une déclaration de créancier au sein de la procédure ouverte à l'égard du second (▪ Cass. com., 11 juin 2002 : *Bull. civ.* IV, n° 103 ; *JCP* G 2003, I, 133, n° 6, obs. Cabrillac ; *RTD civ.* 2003, p. 328, note Crocq ; *JCP* G 2002, II, 10116, rapp. Remery ; *Defrénois* 2003, art. 37691, n° 24, obs. Théry). V. égal. C. com., art. L. 622-26, p. 1721.

Art. 2462 *(Anc. art. 2167, dénum., Ord. n° 2006-346, 23 mars 2006)*. **– Si le tiers détenteur ne remplit pas les formalités qui seront ci-après établies, pour purger sa propriété, il demeure, par l'effet seul des inscriptions, obligé comme détenteur à toutes les dettes hypothécaires, et jouit des termes et délais accordés au débiteur originaire.**

Art. 2463 *(Anc. art. 2168, dénum., Ord. n° 2006-346, 23 mars 2006)*. **– Le tiers détenteur est tenu, dans le même cas, ou de payer tous les intérêts et capitaux exigibles, à quelque somme qu'ils puissent monter, ou de délaisser l'immeuble hypothéqué, sans aucune réserve.**

Intérêts visés. L'article 2168 (anc.), en disposant que le tiers détenteur doit payer tous les intérêts exigibles, n'entend mettre à sa charge que ceux qui peuvent lui être légitimement réclamés en cette qualité, c'est-à-dire ceux qui ont été réservés soit par l'inscription principale, à concurrence de trois années, soit par des inscriptions particulières (▪ Paris, 15 déc. 1927 : *DH* 1928, 157).

Art. 2464 *(Anc. art. 2169, dénum., Ord. n° 2006-346, 23 mars 2006 ; Ord. n° 2006-461, 21 avr. 2006).* – **Faute par le tiers détenteur de satisfaire à l'une de ces obligations, chaque créancier titulaire d'un droit de suite sur l'immeuble a le droit de poursuivre la saisie et la vente de l'immeuble dans les conditions du titre XIX du livre III.**

Rédaction antérieure. Faute par le tiers détenteur de satisfaire pleinement à l'une de ces obligations, chaque créancier hypothécaire a droit de faire vendre sur lui l'immeuble hypothéqué *« trente jours après commandement fait au débiteur originaire, et sommation faite au tiers détenteur de payer la dette exigible ou de délaisser l'héritage ».*

1) **Code des procédures civiles d'exécution.** L'Ordonnance n° 2011-1895 du 19 décembre 2011 dans son article 4 a abrogé le titre XIX du livre III du Code civil. Ses dispositions sont reprises dans le livre III du Code des procédures civiles d'exécution.

2) **Sommation et commandement.** La sommation au tiers détenteur de payer ou de délaisser, prescrite par l'article 2169 (anc.) commeformalité préalable à la saisie de l'immeuble hypothéqué, doit être précédée ou tout au moins accompagnée d'un commandement au débiteur originaire ; ces deux actes se complètent l'un l'autre et sont liés entre eux de telle sorte que la nullité de l'un réfléchit nécessairement sur l'autre en en paralysant les effets légaux (■ Cass. civ., 17 mars 1886 : *DP* 1886, 1, 340. – V. en ce sens ■ Cass. req., 25 nov. 1862 : *DP* 1863, 1, 209).

3) **Sommation. Formalité de procédure (non).** La sommation prévue par l'article 2169 (anc.) ne constitue pas une formalité de procédure dont l'inobservation ne serait susceptible d'entraîner la nullité de la saisie immobilière que dans les conditions prévues par l'article 114 du Code de procédure civile (■ Cass. 2e civ., 5 juill. 1982 : *JCP* 82, IV, 332).

4) **Codébiteurs solidaires.** Pour parvenir à la vente sur un tiers détenteur qui n'a pas satisfait à ses obligations légales, tout créancier hypothécaire doit préalablement adresser un commandement à chacun des codébiteurs originaires, si ceux-ci restent tenus de la dette (■ Cass. 2e civ., 8 janv. 1997 : *JCP* 97, IV, 400 ; *Bull. civ.* II, n° 3, p. 2 ; *D.* 1997, somm. 254, obs. S. Piedelièvre, coemprunteur tenu solidairement n'ayant réglé que la moitié de la dette).

5) **Indication d'un délai dans la sommation (non).** Jugé sous l'empire du droit antérieur qu'aucun texte n'exigeait que la sommation faite au tiers détenteur indique le délai de trente jours pour payer ou délaisser (■ Cass. 2e civ., 5 avr. 2007 : *D.* 2007, p. 1278, obs. Avena-Robardet ; *AJDI* 2007, p. 764, obs. Cohet-Cordey ; *Dr. et patrimoine* 2007, n° 164, p. 94, obs. Lefort).

Art. 2465 *(Anc. art. 2170, dénum., Ord. n° 2006-346, 23 mars 2006).* – **Néanmoins, le tiers détenteur qui n'est pas personnellement obligé à la dette, peut s'opposer à la vente de l'héritage hypothéqué qui lui a été transmis, s'il est demeuré d'autres immeubles hypothéqués à la même dette dans la possession du principal ou des principaux obligés, et en requérir la discussion préalable selon la forme réglée au titre *Du cautionnement* ; pendant cette discussion, il est sursis à la vente de l'héritage hypothéqué.**

Art. 2466 *(Anc. art. 2171, dénum., Ord. n° 2006-346, 23 mars 2006).* – **L'exception de discussion ne peut être opposée au créancier privilégié ou ayant hypothèque spéciale sur l'immeuble.**

Art. 2467 *(Anc. art. 2172, dénum., Ord. n° 2006-346, 23 mars 2006).* – **Quant au délaissement par hypothèque, il peut être fait par tous les tiers détenteurs qui ne sont pas personnellement obligés à la dette, et qui ont la capacité d'aliéner.**

Art. 2468 *(Anc. art. 2173, dénum., Ord. n° 2006-346, 23 mars 2006 ; Ord. n° 2006-461, 21 avr. 2006).* – **Il peut l'être même après que le tiers détenteur a reconnu l'obligation ou subi condamnation en cette qualité seulement : le délaissement n'empêche pas que jusqu'à la vente forcée, le tiers détenteur ne puisse reprendre l'immeuble en payant toute la dette et les frais.**

Condamnation personnelle du tiers détenteur au paiement. Si l'article 2173 (anc.) n'a fixé aucun délai pour le délaissement d'un immeuble hypothéqué, qui peut être effectué même après la saisie et jusqu'à l'adjudication, c'est à la condition qu'il ne soit pas intervenu un jugement condamnant personnellement le tiers détenteur au paiement de la créance hypothécaire du poursuivant (■ Cass. civ., 6 nov. 1945 : *D.* 1946, 36).

Art. 2469. – **Le délaissement par hypothèque se fait au greffe du tribunal de la situation des biens ; et il en est donné acte par ce tribunal.**

Sur la pétition du plus diligent des intéressés, il est créé à l'immeuble délaissé un curateur sur lequel la vente de l'immeuble est poursuivie dans les formes prescrites pour les expropriations.

Rédaction antérieure. Art. 2469. – *(Anc. art. 2174, dénum., Ord. n° 2006-346, 23 mars 2006 ; Ord. n° 2006-461, 21 avr. 2006)*
Le délaissement par hypothèque se fait au greffe du tribunal de la situation des biens ; et il en est donné acte par ce tribunal.
Sur la pétition du plus diligent des intéressés, il est créé à l'immeuble délaissé un curateur sur lequel la vente de l'immeuble est poursuivie dans les formes prescrites pour la saisie immobilière.

Art. 2470 ***(Anc. art. 2175, dénum., Ord. n° 2006-346, 23 mars 2006 ; mod., L. n° 2009-526, 12 mai 2009).*** **– Les détériorations qui procèdent du fait ou de la négligence du tiers détenteur, au préjudice des créanciers hypothécaires ou privilégiés, donnent lieu contre lui à une action en indemnité ; mais il ne peut répéter ses dépenses et améliorations que jusqu'à concurrence de la plus-value résultant de l'amélioration.**

Plus-value résultant de travaux indispensables. L'acquéreur d'un immeuble hypothéqué peut réclamer aux créanciers inscrits, après que son acquisition a été frappée de surenchère, la plus-value résultant de travaux indispensables à la consolidation et à la conservation de l'immeuble (■ Cass. req., 27 janv. 1914 : *DP* 1916, 1, 97, note Cézar-Bru). Mais les juges du fond peuvent, en considérant l'imprudence dont il a fait preuve en exécutant des travaux importants avant que son titre fût devenu définitif, décider qu'il n'est en droit de récupérer sa créance que sur la différence existant entre le prix de la première adjudication et celui de la seconde, sans distinguer selon que la seconde sera ou non tranchée à son profit (même arrêt).

Art. 2471 ***(Anc. art. 2176, dénum., Ord. n° 2006-346, 23 mars 2006).*** **– Les fruits de l'immeuble hypothéqué ne sont dus par le tiers détenteur qu'à compter du jour de la sommation de payer ou de délaisser, et, si les poursuites commencées ont été abandonnées pendant trois ans, à compter de la nouvelle sommation qui sera faite.**

Art. 2472 ***(Anc. art. 2177, dénum., Ord. n° 2006-346, 23 mars 2006 ; Ord. n° 2006-461, 21 avr. 2006).*** **– Les servitudes et droits réels que le tiers détenteur avait sur l'immeuble avant sa possession, renaissent après le délaissement ou après la vente forcée de l'immeuble.**

Ses créanciers personnels, après tous ceux qui sont inscrits sur les précédents propriétaires, exercent leur hypothèque à leur rang, sur le bien délaissé ou vendu.

Rédaction antérieure. Art. 2472. – Les servitudes et droits réels que le tiers détenteur avait sur l'immeuble avant sa possession, renaissent après le délaissement ou après l'adjudication faite sur lui.
Ses créanciers personnels, après tous ceux qui sont inscrits sur les précédents propriétaires, exercent leur hypothèque à leur rang, sur le bien délaissé ou adjugé.

Art. 2473 ***(Anc. art. 2178, dénum., Ord. n° 2006-346, 23 mars 2006 ; Ord. n° 2006-461, 21 avr. 2006).*** **– Le tiers détenteur qui a payé la dette hypothécaire, ou délaissé l'immeuble hypothéqué, ou subi la vente forcée de cet immeuble, a le recours en garantie, tel que de droit, contre le débiteur principal.**

Rédaction antérieure. Le tiers détenteur qui a payé la dette hypothécaire, ou délaissé l'immeuble hypothéqué, ou subi l'expropriation de cet immeuble, a le recours en garantie, tel que de droit, contre le débiteur principal.

Tiers détenteur devenu adjudicataire. Le tiers détenteur a un recours en garantie même s'il s'est porté adjudicataire (■ Cass. civ., 10 oct. 1897 : *DP* 1898, 1, 13).

Art. 2474 ***(Ord. n° 2006-346, 23 mars 2006).*** **– Le tiers détenteur qui veut purger sa propriété en payant le prix, observe les formalités qui sont établies dans le chapitre VIII du présent titre.**

CHAPITRE VI. – DE LA PURGE DES PRIVILÈGES ET DES HYPOTHÈQUES

(Ord. n° 2006-346, 23 mars 2006 ; mod., L. n° 2007-212, 20 févr. 2007)

Loi n° 2007-212 du 20 février 2007

portant diverses dispositions intéressant la Banque de France

Art. 10. – [...].
II. – 4° Dans le chapitre VI du même sous-titre III, la division en sections 1 et 2 est supprimée.

Art. 2475 *(Ord. n° 2006-346, 23 mars 2006).* – **Lorsque, à l'occasion de la vente d'un immeuble hypothéqué, tous les créanciers inscrits conviennent avec le débiteur que le prix en sera affecté au paiement total ou partiel de leurs créances ou de certaines d'entre elles, ils exercent leur droit de préférence sur le prix et ils peuvent l'opposer à tout cessionnaire comme à tout créancier saisissant de la créance de prix.**

Par l'effet de ce paiement, l'immeuble est purgé du droit de suite attaché à l'hypothèque.

À défaut de l'accord prévu au premier alinéa, il est procédé aux formalités de purge conformément aux articles ci-après.

Bibliographie : J. Combarieu, *La purge amiable des privilèges et hypothèques, article 2475 du Code civil : JCP* N 2008, 1059.

Art. 2476 *(Anc. art. 2181, dénum., Ord. n° 2006-346, 23 mars 2006).* – **Les contrats translatifs de la propriété d'immeubles ou droits réels immobiliers que les tiers détenteurs voudront purger de privilèges et hypothèques, seront publiés** *(Mots rempl. à compter du 1er janvier 2013, Ord. n° 2010-638, 10 juin 2010)* **« au service chargé de la publicité foncière » de la situation des biens, conformément aux lois et règlements concernant la publicité foncière.**

Rédaction antérieure. Les contrats translatifs de la propriété d'immeubles ou droits réels immobiliers que les tiers détenteurs voudront purger de privilèges et hypothèques, seront publiés au bureau des hypothèques de la situation des biens, conformément aux lois et règlements concernant la publicité foncière.

Art. 2477 (1) *(Anc. art. 2182, dénum., Ord. n° 2006-346, 23 mars 2006).* – **La simple publication** *(Mots rempl. à compter du 1er janvier 2013, Ord. n° 2010-638, 10 juin 2010)* **« au service chargé de la publicité foncière » des titres translatifs de propriété ne purge pas les hypothèques et privilèges établis sur l'immeuble.**

Le vendeur ne transmet à l'acquéreur que la propriété et les droits qu'il avait lui-même sur la chose vendue : il les transmet sous l'affectation des mêmes privilèges et hypothèques dont la chose vendue était grevée.

Rédaction antérieure. La simple publication au bureau des hypothèques des titres translatifs de propriété ne purge pas les hypothèques et privilèges établis sur l'immeuble.

Art. 2478 *(Anc. art. 2183, dénum. et mod., Ord. n° 2006-346, 23 mars 2006).* – **Si le nouveau propriétaire veut se garantir de l'effet des poursuites autorisées dans le chapitre VI du présent titre, il est tenu, soit avant les poursuites, soit dans le mois, au plus tard, à compter de la première sommation qui lui est faite, de notifier aux créanciers, aux domiciles par eux élus dans leurs inscriptions :**

1° Extrait de son titre, contenant seulement la date et la qualité de l'acte, le nom et la désignation précise du vendeur ou du donateur, la nature et la situation de la chose vendue ou donnée ; et, s'il s'agit d'un corps de biens, la dénomination générale seulement du domaine et des arrondissements dans lesquels il est situé, le prix et les charges faisant partie du prix de la vente, ou l'évaluation de la chose si elle a été donnée ;

2° Extrait de la publication de l'acte de vente ;

3° Un état hypothécaire sommaire sur formalités faisant apparaître les charges réelles qui grèvent l'immeuble.

1) **Héritier bénéficiaire adjudicataire.** Sur le droit pour l'héritier bénéficiaire qui s'est porté adjudicataire de l'immeuble de procéder à la purge, V. ■ Cass. ch. réunies, 12 janv. 1876 : *DP* 1876, 1, 52.

2) **Sommation.** La sommation de payer ou de délaisser faite au tiers détenteur de l'immeuble hypothéqué à l'effet de le mettre en demeure de purger est la même que celle qui doit lui être adressée, en vertu de l'article 2169 (anc.), comme préliminaire de la saisie à poursuivre contre lui (■ Cass. req., 25 nov. 1862 : *DP* 1863, 1, 209).

3) **Dispense des notifications.** Les créanciers peuvent dispenser l'acquéreur des notifications (■ Cass. req., 14 avr. 1934 : *Gaz. Pal.* 1934, 2, 19).

4) **Acquisitions à l'amiable par l'État ou les communes.** Sur les règles spéciales relatives à la purge en matière d'acquisitions immobilières faites à l'amiable par l'État ou les établissements publics nationaux suivant les règles du droit civil, voir : CGPPP, art. L. 1212-2 et CGCT, art. R. 2241-3. – V. aussi en ce qui concerne les communes et les établissements publics qui en dépendent, CGCT, art. R. 2241-5 et R. 3213-8.

5) **Alsace-Moselle.** Sur les règles applicables dans les départements du Bas-Rhin, du Haut-Rhin et de la Moselle, v. L. 1er juin 1924, art. 187 à 193.

(1) Dispositions applicables en Nouvelle-Calédonie dans leur version en vigueur au 21 juin 2013, Ord. n° 2013-516, 20 juin 2013, art. 1er.

Art. 2479 *(Anc. art. 2184, dénum. et mod., Ord. n° 2006-346, 23 mars 2006).* **– L'acquéreur ou le donataire déclarera, par le même acte, qu'il est prêt à acquitter, sur-le-champ, les dettes et charges hypothécaires, jusqu'à concurrence seulement du prix ou, s'il a reçu l'immeuble par donation, de la valeur qu'il a déclarée, sans distinction des dettes exigibles ou non exigibles.**

1) **Stipulation contraire.** Les notifications faites aux créanciers inscrits par l'adjudicataire d'un immeuble hypothéqué doivent, conformément à l'article 2184 (anc.), contenir l'offre d'affecter l'intégralité du prix de vente à l'acquittement des charges hypothécaires et cette obligation ne peut être modifiée par des stipulations particulières qui sont inopposables aux créanciers inscrits en tant qu'elles portent atteinte aux conditions légales auxquelles la faculté de purge se trouve subordonnée (■ Cass. req., 7 nov. 1939 : *DC* 1941, 65, note Voirin).

2) **Résolution du titre d'acquisition.** L'engagement contracté par l'acquéreur du fait de l'offre et des notifications, n'ayant été pris par lui qu'en sa qualité de tiers détenteur, disparaît lorsque son titre d'acquisition est rétroactivement résolu (■ Cass. civ., 13 juill. 1903 : *DP* 1905, 1, 393, note de Loynes).

Art. 2480 *(Anc. art. 2185, dénum. et mod., Ord. n° 2006-346, 23 mars 2006).* **– Lorsque le nouveau propriétaire a fait cette notification dans le délai fixé, tout créancier dont le titre est inscrit, peut requérir la mise de l'immeuble aux enchères et adjudications publiques, à la charge :**

1° Que cette réquisition sera signifiée au nouveau propriétaire dans quarante jours, au plus tard, de la notification faite à la requête de ce dernier ;

2° Qu'elle contiendra soumission du requérant, de porter ou de faire porter le prix à un dixième en sus de celui qui aura été stipulé dans le contrat, ou déclaré par le nouveau propriétaire ;

3° Que la même signification sera faite dans le même délai au précédent propriétaire, débiteur principal ;

4° Que l'original et les copies de ces exploits seront signés par le créancier requérant, ou par son fondé de procuration expresse, lequel, en ce cas, est tenu de donner copie de sa procuration ;

5° Qu'il offrira de donner caution jusqu'à concurrence du prix et des charges.

Le tout à peine de nullité.

1) **Délai.** Le délai de quarante jours est de rigueur (■ Cass. req., 28 mars 1928 : *DH* 1928, 286). Sur la computation et la majoration des délais, voir CPC, art. 640 et s.

2) **Rente viagère éteinte par le décès du créancier.** Le créancier inscrit peut exercer le droit de surenchère même si l'un des éléments du prix d'adjudication consiste dans l'obligation de servir une rente viagère et que cette rente est éteinte par le décès du créancier survenu depuis l'adjudication. Il y a lieu alors de faire la soumission de payer le dixième en sus du capital de ladite rente (■ Cass. req., 6 juill. 1881 : *DP* 1882, 1, 449, concl. Latour).

3) **Limitation aux immeubles hypothéqués.** La faculté reconnue par l'article 2185 (anc.) à tout créancier inscrit de requérir en cas de purge l'adjudication publique des immeubles affectés à sa créance constitue l'exercice du droit de suite dérivant de son hypothèque et ne peut s'exercer dès lors à l'égard des biens que cette hypothèque ne frappe pas (■ Cass. civ., 6 nov. 1894 : *DP* 1896, 1, 225).

Art. 2481 *(Anc. art. 2186, dénum., Ord. n° 2006-346, 23 mars 2006).* **– À défaut, par les créanciers, d'avoir requis la mise aux enchères dans le délai et les formes prescrites, la valeur de l'immeuble demeure définitivement fixée au prix stipulé dans le contrat, ou déclaré par le nouveau propriétaire lequel est, en conséquence, libéré de tout privilège et hypothèque, en payant ledit prix aux créanciers qui seront en ordre de recevoir, ou en le consignant.**

1) **Achèvement de la purge.** La purge n'est achevée qu'à partir du moment où l'acquéreur a payé ou consigné son prix (■ Cass. civ., 15 févr. 1938 : *DH* 1938, 177).

2) **Intérêts du prix.** Les intérêts du prix courent à compter de la sommation de payer ou de délaisser (■ Cass. civ., 6 mars 1900 : *DP* 1902, 1, 305, note de Loynes).

Art. 2482 *(Anc. art. 2187, dénum., Ord. n° 2006-346, 23 mars 2006 ; Ord. n° 2006-461, 21 avr. 2006).* **– En cas de revente sur enchères, elle aura lieu suivant les formes établies pour les ventes forcées sur saisie immobilière, à la diligence soit du créancier qui l'aura requise, soit du nouveau propriétaire.**

Le poursuivant énoncera dans les affiches le prix stipulé dans le contrat, ou déclaré, et la somme en sus à laquelle le créancier s'est obligé de la porter ou faire porter.

Rédaction antérieure. Art. 2482. – En cas de revente sur enchères, elle aura lieu suivant les formes établies pour les expropriations forcées, à la diligence soit du créancier qui l'aura requise, soit du nouveau propriétaire.
Le poursuivant énoncera dans les affiches le prix stipulé dans le contrat, ou déclaré, et la somme en sus à laquelle le créancier s'est obligé de la porter ou faire porter.

Vente après surenchère sur aliénation volontaire. Sur les formalités spéciales prévues pour la vente après surenchère sur aliénation volontaire, V. CPC (anc.), art. 836 à 838.

Art. 2483 *(Anc. art. 2188, dénum., Ord. n° 2006-346, 23 mars 2006).* **– L'adjudicataire est tenu, au-delà du prix de son adjudication, de restituer à l'acquéreur ou au donataire dépossédé les frais et loyaux coûts de son contrat, ceux de la publication** *(Mots rempl. à compter du 1er janvier 2013, Ord. n° 2010-638, 10 juin 2010)* **« au fichier immobilier », ceux de notification et ceux faits par lui pour parvenir à la revente.**

Rédaction antérieure. L'adjudicataire est tenu, au-delà du prix de son adjudication, de restituer à l'acquéreur ou au donataire dépossédé les frais et loyaux coûts de son contrat, ceux de la publication au bureau des hypothèques, ceux de notification et ceux faits par lui pour parvenir à la revente.

Rétroactivité de la surenchère. La surenchère, si elle anéantit rétroactivement le droit de l'adjudicataire et fait tomber les droits réels consentis par lui sur l'immeuble, est sans influence sur les actes de jouissance et d'administration accomplis sans fraude. Par suite, l'adjudicataire surenchéri conserve les fruits qu'il a perçus durant sa possession (■ Cass. civ., 18 nov. 1924 : *DP* 1925, 1, 25, note Matter).

Art. 2484 *(Anc. art. 2189, dénum., Ord. n° 2006-346, 23 mars 2006).* **– L'acquéreur ou le donataire qui conserve l'immeuble mis aux enchères, en se rendant dernier enchérisseur, n'est pas tenu de faire publier le jugement d'adjudication.**

Art. 2485 *(Anc. art. 2190, dénum., Ord. n° 2006-346, 23 mars 2006).* **– Le désistement du créancier requérant la mise aux enchères, ne peut, même quand le créancier paierait le montant de la soumission, empêcher l'adjudication publique, si ce n'est du consentement exprès de tous les autres créanciers hypothécaires.**

Art. 2486 *(Anc. art. 2191, dénum., Ord. n° 2006-346, 23 mars 2006).* **– L'acquéreur qui se sera rendu adjudicataire aura son recours tel que de droit contre le vendeur, pour le remboursement de ce qui excède le prix stipulé par son titre, et pour l'intérêt de cet excédent, à compter du jour de chaque paiement.**

Faute de l'acquéreur. Le recours en garantie n'est pas fondé si l'éviction dont se plaint l'acquéreur est la conséquence de sa faute (■ Cass. req., 30 déc. 1891 : *DP* 1892, 1, 511).

Art. 2487 (1) *(Anc. art. 2192, dénum., Ord. n° 2006-346, 23 mars 2006 ; mod., Ord. n° 2010-638, 10 juin 2010).* **– Dans le cas où le titre du nouveau propriétaire comprendrait des immeubles et des meubles, ou plusieurs immeubles, les uns hypothéqués, les autres non hypothéqués, situés dans le même ou relevant du ressort territorial de plusieurs services chargés de la publicité foncière, aliénés pour un seul et même prix, ou pour des prix distincts et séparés, soumis ou non à la même exploitation, le prix de chaque immeuble frappé d'inscriptions particulières et séparées, sera déclaré dans la notification du nouveau propriétaire, par ventilation s'il y a lieu, du prix total exprimé dans le titre.**

Le créancier surenchérisseur ne pourra, en aucun cas, être contraint d'étendre sa soumission ni sur le mobilier, ni sur d'autres immeubles que ceux qui sont hypothéqués à sa créance et situés dans le même arrondissement ; sauf le recours du nouveau propriétaire contre ses auteurs, pour l'indemnité du dommage qu'il éprouverait, soit de la division des objets de son acquisition, soit de celle des exploitations.

Acquisition d'immeubles aliénés pour un seul et même prix. L'acquéreur de plusieurs immeubles aliénés pour un seul et même prix n'est tenu de déclarer le prix de chaque immeuble, par ventilation du prix total, que lorsqu'un ou plusieurs d'entre eux sont frappés d'inscriptions particulières et séparées qui ne grèvent pas les autres (■ Cass. civ., 14 nov. 1894 : *DP* 1896, 1, 517, note de Loynes).

Dans le cas où le titre du nouveau propriétaire comprendrait des immeubles et des meubles, ou

(1) Dispositions applicables en Nouvelle-Calédonie dans leur version en vigueur au 21 juin 2013, Ord. n° 2013-516, 20 juin 2013, art. 1er.

plusieurs immeubles, les uns hypothéqués, les autres non hypothéqués, situés dans le même ou dans divers arrondissements de bureaux, aliénés pour un seul et même prix, ou pour des prix distincts et séparés, soumis ou non à la même exploitation, le prix de chaque immeuble frappé d'inscriptions particulières et séparées, sera déclaré dans la notification du nouveau propriétaire, par ventilation s'il y a lieu, du prix total exprimé dans le titre.

CHAPITRE VII. – DE L'EXTINCTION DES PRIVILÈGES ET DES HYPOTHÈQUES

(Ord. n° 2006-346, 23 mars 2006)

Art. 2488 *(Anc. art. 2180, dénum. et mod., Ord. n° 2006-346, 23 mars 2006 ; Ord. n° 2010-638, 10 juin 2010).* **– Les privilèges et hypothèques s'éteignent :**

1° Par l'extinction de l'obligation principale sous réserve du cas prévu à l'article 2422 ;

2° Par la renonciation du créancier à l'hypothèque sous la même réserve ;

3° Par l'accomplissement des formalités et conditions prescrites aux tiers détenteurs pour purger les biens par eux acquis ;

4° Par la prescription.

La prescription est acquise au débiteur, quant aux biens qui sont dans ses mains, par le temps fixé pour la prescription des actions qui donnent l'hypothèque ou le privilège.

Quant aux biens qui sont dans la main d'un tiers détenteur, elle lui est acquise par le temps réglé pour la prescription de la propriété à son profit : dans le cas où la prescription suppose un titre, elle ne commence à courir que du jour où ce titre a été publié au fichier immobilier.

Rédaction antérieure. Quant aux biens qui sont dans la main d'un tiers détenteur, elle lui est acquise par le temps réglé pour la prescription de la propriété à son profit : dans le cas où la prescription suppose un titre, elle ne commence à courir que du jour où ce titre a été publié au bureau des hypothèques de la situation des immeubles.

Les inscriptions prises par le créancier n'interrompent pas le cours de la prescription établie par la loi en faveur du débiteur ou du tiers détenteur ;

5° Par la résiliation permise au dernier alinéa de l'article 2423 et dans la mesure prévue par ce texte.

1) Paiement de la créance. L'hypothèque est éteinte lorsqu'elle a produit son effet légal et que d'un droit sur la chose elle a été transformée en un droit sur le prix ; il en est ainsi notamment lorsque la créance qu'elle garantit est payée (■ Cass. 3e civ., 23 janv. 1973 : *D.* 1973, 427, note Franck ; *JCP* 75, II, 18032, note Bez). Le constituant d'une hypothèque conventionnelle ne saurait reprocher au juge de refuser de prononcer la mainlevée de cette sûreté réelle dès lors que le sujet de droit en cause n'a pas exécuté intégralement la prestation qui faisait l'objet de la garantie (■ Cass. com., 28 juin 2011, n° 10-17.242 : *Rev. Lamy dr. civ.* 2011/86, n° 4383, obs. Ansault).

2) Prescription de la créance. En dehors de toute demande en paiement du créancier, le propriétaire de l'immeuble hypothéqué a la possibilité de faire judiciairement constater la prescription de la créance garantie par la sûreté réelle en cause (■ Cass. 1re civ., 9 juin 2011, n° 10-10.348 : *Defrénois* 2012, p. 235, obs. S. Cabrillac ; *JCP* G 2011, 1259, n° 13, obs. Delebecque).

3) Novation. Sur le sort des privilèges et hypothèques en cas de novation, voir art. 1278 ancien et s., p. 1202.

4) Renonciation au droit d'inscrire une hypothèque. La renonciation au droit d'inscrire une hypothèque qui est, comme l'hypothèque judiciaire, dépourvue de tout effet légal à défaut de cette formalité peut être considérée par son auteur comme équivalant à une renonciation portant sur l'hypothèque elle-même (■ Cass. civ., 15 juin 1926 : *DP* 1927, 1, 149, note H. L.).

5) Faute du créancier. L'article 2180 (anc.) énumère limitativement les cas dans lesquels s'éteignent les hypothèques et ne figurent pas dans cette énumération les fautes commises par le créancier au profit de qui l'hypothèque a été constituée (■ Cass. com., 2 juin 1980 : *Bull. civ.* IV, n° 229, p. 186).

CHAPITRE VIII. – DE LA PROPRIÉTÉ CÉDÉE À TITRE DE GARANTIE

(Ord. n° 2009-112, 30 janv. 2009)

Voir : Bibliographie sous le chapitre IV, section II.

Voir également, sur les conséquences de l'ouverture d'une procédure collective du débiteur principal sur le constituant d'une fiducie-sûreté pour autrui, C. com., art. L. 611-10-2, p. 1721, L. 622-26, p. 1721, L. 622-28, p. 1722, L. 626-11, p. 1722, L. 631-14, p. 1705, L. 631-20, p. 1722.

Voir : D. n° 2010-219, 2 mars 2010, relatif au traitement automatisé de données à caractère personnel dénommé « Registre national des fiducies », p. 3329.

Art. 2488-1 *(Ord. n° 2009-112, 30 janv. 2009 ; rempl., L. n° 2009-526, 12 mai 2009).* **– La propriété d'un bien immobilier peut être cédée à titre de garantie d'une obligation en vertu d'un contrat de fiducie conclu en application des articles 2011 à 2030.**

Par dérogation à l'article 2029, le décès du constituant personne physique ne met pas fin au contrat de fiducie constitué en application du présent chapitre.

Rédaction antérieure. Art. 2488-1. – La propriété d'un bien immobilier peut être cédée à titre de garantie d'une obligation en vertu d'un contrat de fiducie conclu en application des articles 2011 à 2030 du Code civil.

Bibliographie : L. Andreu, *Les attraits de la clause de réserve de propriété immobilière : JCP* N 2016, 1105.

Art. 2488-2 *(Ord. n° 2009-112, 30 janv. 2009).* **– En cas de fiducie conclue à titre de garantie, le contrat mentionne à peine de nullité, outre les dispositions prévues à l'article 2018, la dette garantie et la valeur estimée de l'immeuble transféré dans le patrimoine fiduciaire.**

Art. 2488-3 *(Ord. n° 2009-112, 30 janv. 2009).* **– À défaut de paiement de la dette garantie et sauf stipulation contraire du contrat de fiducie, le fiduciaire, lorsqu'il est le créancier, acquiert la libre disposition du bien cédé à titre de garantie.**

Lorsque le fiduciaire n'est pas le créancier, ce dernier peut exiger de lui la remise du bien, dont il peut alors librement disposer, ou, si la convention le prévoit, la vente du bien et la remise de tout ou partie du prix.

La valeur du bien est déterminée par un expert désigné à l'amiable ou judiciairement. Toute clause contraire est réputée non écrite.

Art. 2488-4 *(Ord. n° 2009-112, 30 janv. 2009).* **– Si le bénéficiaire de la fiducie a acquis la libre disposition du bien en application de l'article 2488-3, il verse au constituant, lorsque la valeur mentionnée au dernier alinéa de cet article excède le montant de la dette garantie, une somme égale à la différence entre cette valeur et le montant de la dette, sous réserve du paiement préalable des dettes nées de la conservation ou de la gestion du patrimoine fiduciaire.**

Sous la même réserve, si le fiduciaire procède à la vente du bien en application du contrat de fiducie, il restitue au constituant la part du produit de cette vente excédant, le cas échéant, la valeur de la dette garantie.

Art. 2488-5 *(Ord. n° 2009-112, 30 janv. 2009 ; mod., L. n° 2009-526, 12 mai 2009).* **– La propriété cédée en application de l'article 2488-1 peut être ultérieurement affectée à la garantie de dettes autres que celles mentionnées par l'acte constitutif pourvu que celui-ci le prévoie expressément.**

Le constituant peut l'offrir en garantie, non seulement au créancier originaire, mais aussi à un nouveau créancier, encore que le premier n'ait pas été payé. Lorsque le constituant est une personne physique, le patrimoine fiduciaire ne peut alors être affecté en garantie d'une nouvelle dette que dans la limite de sa valeur estimée au jour de la recharge.

À peine de nullité, la convention de rechargement établie selon les dispositions de l'article 2488-2 est publiée sous la forme prévue à l'article 2019. La date de publication détermine, entre eux, le rang des créanciers.

Les dispositions du présent article sont d'ordre public et toute clause contraire à celles-ci est réputée non écrite.

Rédaction antérieure. Art. 2488-5. – [...].

Le constituant peut alors l'offrir en garantie non seulement au créancier originaire, mais aussi à un nouveau créancier, encore que le premier n'ait pas été payé. Cette propriété ne peut être alors affectée en garantie d'une nouvelle dette que dans la limite de sa valeur estimée au jour de la recharge.

Rédaction antérieure. Art. 2488-6 *(Ord. n° 2009-112, 30 janv. 2009).* – Les dispositions du présent chapitre ne sont pas applicables aux fiducies constituées à titre de garantie par les personnes morales.

TITRE III. – DE L'AGENT DES SÛRETÉS

(Titre créé à compter du 1er octobre 2017, Ord. n° 2017-748, 4 mai 2017)

Bibliographie : V. Barbier, *Le nouvel agent des sûretés : une petite révolution au service des crédits syndiqués : RD bancaire et fin.* 2017, dossier 28. • P. Crocq, J.-J. Ansault et E. Gentil, *L'agent des sûretés : RLDC* 2017, suppl., n° 152, p. 18. • M. Julienne, *L'agent des sûretés : portée pratique et théorique d'une réforme : RDC* 2017, p. 461. • L.-J. Laisney, *Changement de régime pour l'agent des sûretés : AJ contrat* 2017, p. 248, p. 273. • D. Legeais, *Publication de l'ordonnance relative à l'agent des sûretés : JCP* E 2017, act. 391. • D. Robine, *Le nouvel agent des sûretés français : une attrayante figure en clair-obscur : RD bancaire et fin.* 2017, étude 12.

Art. 2488-6 *(Créé à compter du 1er octobre 2017, Ord. n° 2017-748, 4 mai 2017).* – Toute sûreté ou garantie peut être prise, inscrite, gérée et réalisée par un agent des sûretés, qui agit en son nom propre au profit des créanciers de l'obligation garantie.

L'agent des sûretés est titulaire des sûretés et garanties.

Les droits et biens acquis par l'agent des sûretés dans l'exercice de sa mission forment un patrimoine affecté à celle-ci, distinct de son patrimoine propre.

(Al créé, L. n° 2019-486, 22 mai 2019) Les qualités requises du bénéficiaire de la sûreté s'apprécient en la personne du créancier de l'obligation garantie.

Art. 2488-7 *(Créé à compter du 1er octobre 2017, Ord. n° 2017-748, 4 mai 2017).* – À peine de nullité, la convention par laquelle les créanciers désignent l'agent des sûretés doit être constatée par un écrit qui mentionne sa qualité, l'objet et la durée de sa mission ainsi que l'étendue de ses pouvoirs.

Art. 2488-8 *(Créé à compter du 1er octobre 2017, Ord. n° 2017-748, 4 mai 2017).* – Lorsque l'agent des sûretés agit au profit des créanciers de l'obligation garantie, il doit faire expressément mention de sa qualité.

Art. 2488-9 *(Créé à compter du 1er octobre 2017, Ord. n° 2017-748, 4 mai 2017).* – L'agent des sûretés peut, sans avoir à justifier d'un mandat spécial, exercer toute action pour défendre les intérêts des créanciers de l'obligation garantie et procéder à toute déclaration de créance.

Art. 2488-10 *(Créé à compter du 1er octobre 2017, Ord. n° 2017-748, 4 mai 2017).* – Les droits et biens acquis par l'agent des sûretés dans l'exercice de sa mission ne peuvent être saisis que par les titulaires de créances nées de leur conservation ou de leur gestion, sous réserve de l'exercice d'un droit de suite et hors les cas de fraude.

L'ouverture d'une procédure de sauvegarde, de redressement judiciaire, de liquidation judiciaire *(Mots rempl., L. n° 2019-486, 22 mai 2019)* « , de rétablissement professionnel, de surendettement ou de résolution bancaire » à l'égard de l'agent des sûretés est sans effet sur le patrimoine affecté à sa mission.

Art. 2488-11 *(Créé à compter du 1er octobre 2017, Ord. n° 2017-748, 4 mai 2017).* – En l'absence de stipulations contractuelles prévoyant les conditions de son remplacement et si l'agent des sûretés manque à ses devoirs, met en péril les intérêts qui lui sont confiés ou fait l'objet de l'ouverture d'une procédure de sauvegarde, de redressement judiciaire, de liquidation judiciaire *(Mots rempl., L. n° 2019-486, 22 mai 2019)* « , de rétablissement professionnel, de surendettement ou de résolution bancaire », tout créancier bénéficiaire des sûretés et garanties peut demander en justice la désignation d'un agent des sûretés provisoire ou le remplacement de l'agent des sûretés.

Tout remplacement conventionnel ou judiciaire de l'agent des sûretés emporte de plein droit transmission du patrimoine affecté au nouvel agent des sûretés.

Art. 2488-12 *(Créé à compter du 1er octobre 2017, Ord. n° 2017-748, 4 mai 2017).* – L'agent des sûretés est responsable, sur son patrimoine propre, des fautes qu'il commet dans l'exercice de sa mission.

LIVRE CINQUIÈME

DISPOSITIONS APPLICABLES À MAYOTTE

(Anc. livre IV, dénum., Ord. n° 2006-346, 23 mars 2006 (1))

Bibliographie : R. Cabrillac et J.-B. Seube, *Pitié pour le Code civil ! (à propos de l'ordonnance n° 2002-1476 du 19 décembre 2002) : D.* 2003, p. 1058.

Art. 2489 *(Anc. art. 2284, dénum., Ord. n° 2006-346, 23 mars 2006).* **– Le présent code est applicable à Mayotte dans les conditions définies au présent livre.**

Art. 2490 *(Anc. art. 2285, dénum., Ord. n° 2006-346, 23 mars 2006 ; mod., Ord. n° 2011-337, 29 mars 2011).* **– Pour l'application du présent code à Mayotte, les termes énumérés ci-après sont remplacés comme suit :**

1° « Tribunal de grande instance » ou « tribunal d'instance » par : « tribunal de première instance » ;

2° « Cour » ou « cour d'appel » par : « chambre d'appel de Mamoudzou » ;

3° « Juge d'instance » par : « président du tribunal de première instance ou son délégué » ;

4° « Département » ou « arrondissement » par : « collectivité départementale » ;

5° *(Al. suppr.).*

6° « décret du 4 janvier 1955 » par : « dispositions du titre IV du livre IV » ;

7° « bureau des hypothèques » ou « conservation des hypothèques » par : « service de la conservation de la propriété immobilière » ;

8° « conservateur des hypothèques » par : « conservateur de la propriété immobilière » ;

9° « inscription à la conservation des hypothèques » par : « inscription au livre foncier » ;

10° « fichier immobilier » par : « livre foncier ».

TITRE PRÉLIMINAIRE. – DISPOSITIONS RELATIVES AU TITRE PRÉLIMINAIRE

Art. 2491 *(Anc. art. 2286, dénum., Ord. n° 2006-346, 23 mars 2006).* **– Les articles 1er à 6 sont applicables à Mayotte.**

TITRE PREMIER. – DISPOSITIONS RELATIVES AU LIVRE PREMIER

Art. 2492 *(Anc. art. 2287, dénum., Ord. n° 2006-346, 23 mars 2006 ; rempl., L. n° 2006-911, 24 juill. 2006 ; mod., L. n° 2010-1487, 7 déc. 2010).* **– Le livre Ier est applicable à Mayotte sous réserve des dispositions ci-après.**

(1) Sur le statut civil de droit local applicable à Mayotte et les juridictions compétentes pour en connaître : V. Ord. n° 2010-590, 3 juin 2010.

Art. 2493 *(Abr., Ord. n° 2011-337, 29 mars 2011 ; rétabli à compter d'une date fixée par décret en Conseil d'État, et au plus tard le 1er mars 2019, L. n° 2018-778, 10 sept. 2018)..* – Pour un enfant né à Mayotte, le premier alinéa de l'article 21-7 et l'article 21-11 ne sont applicables que si, à la date de sa naissance, l'un de ses parents au moins résidait en France de manière régulière, sous couvert d'un titre de séjour, et de manière ininterrompue depuis plus de trois mois.

Art. 2494 *(Abr., L. n° 2006-911, 24 juill. 2006 ; rétabli à compter d'une date fixée par décret en Conseil d'État, et au plus tard le 1er mars 2019, L. n° 2018-778, 10 sept. 2018)..* – L'article 2493 est applicable dans les conditions prévues à l'article 17-2.

Toutefois, les articles 21-7 et 21-11 sont applicables à l'enfant né à Mayotte de parents étrangers avant l'entrée en vigueur de la loi n° 2018-778 du 10 septembre 2018 pour une immigration maîtrisée, un droit d'asile effectif et une intégration réussie, si l'un des parents justifie avoir résidé en France de manière régulière pendant la période de cinq ans mentionnée aux mêmes articles 21-7 et 21-11.

Art. 2495 *(Anc. art. 2290, dénum., Ord. n° 2006-346, 23 mars 2006 ; abr. à compter du 31 mars 2011, date de la première réunion suivant le renouvellement du conseil général de Mayotte en 2011, L. n° 2010-1487, 7 déc. 2010 ; rétabli à compter d'une date fixée par décret en Conseil d'État, et au plus tard le 1er mars 2019, L. n° 2018-778, 10 sept. 2018)..* – À la demande de l'un des parents et sur présentation de justificatifs, la mention qu'au jour de la naissance de l'enfant, il réside en France de manière régulière, sous couvert d'un titre de séjour, et de manière ininterrompue depuis plus de trois mois est portée sur l'acte de naissance de l'enfant selon des conditions et modalités fixées par décret en Conseil d'État.

Lorsque l'officier de l'état civil refuse d'apposer la mention, le parent peut saisir le procureur de la République, qui décide, s'il y a lieu, d'ordonner cette mesure de publicité en marge de l'acte, selon des modalités prévues par décret en Conseil d'État.

Art. 2496 *(Abr., Ord. n° 2010-590, 3 juin 2010).*

Art. 2497 *(Abr., Ord. n° 2005-759, 4 juill. 2005 ; dénum., Ord. n° 2006-346, 23 mars 2006).*

Art. 2498 *(Anc. art. 2292, dénum., Ord. n° 2006-346, 23 mars 2006 ; abr. à compter du 31 mars 2011, date de la première réunion suivant le renouvellement du conseil général de Mayotte en 2011, L. n° 2010-1487, 7 déc. 2010).*

Art. 2499 *(Anc. art. 2293, dénum., Ord. n° 2006-346, 23 mars 2006 ; mod., L. n° 2009-1436, 24 nov. 2009 ; abr. à compter du 1er novembre 2017, L. n° 2016-1547, 18 nov. 2016)*

Art. 2499-1 à 2499-5 *(L. n° 2006-911, 24 juill. 2006 ; abr. à compter d'une date fixée par décret en Conseil d'État, et au plus tard le 1er mars 2019, L. n° 2018-778, 10 sept. 2018)*

TITRE II. – DISPOSITIONS RELATIVES AU LIVRE II

Art. 2500 *(Anc. art. 2294, dénum., Ord. n° 2006-346, 23 mars 2006).* – Les articles *(Réf. rempl., L. n° 2015-177, 16 févr. 2015)* 515-14 à 710, à l'exception des articles 642 et 643, sont applicables à Mayotte sous réserve des adaptations prévues aux articles 2501 et 2502.

Les dispositions intéressant les immeubles ne s'appliquent que sous réserve des dispositions du titre IV du présent livre.

Art. 2501 *(Anc. art. 2295, dénum., Ord. n° 2006-346, 23 mars 2006 ; mod., L. n° 2015-177, 16 févr. 2015).* – Pour l'application de l'article 524, sont soumis au régime des immeubles par destination, quand ils ont été placés par le propriétaire pour le service et l'exploitation du fonds, les poissons des plans d'eau n'ayant aucune communication avec les cours d'eau, canaux et ruisseaux et les poissons des piscicultures et enclos piscicoles.

Art. 2502 *(Anc. art. 2296, dénum., Ord. n° 2006-346, 23 mars 2006)*. – Pour l'application de l'article 564, les mots : « ou plan d'eau visé aux articles 432 et 433 du Code rural » sont remplacés par les mots : « pisciculture ou enclos piscicoles ».

TITRE III. – DISPOSITIONS RELATIVES AU LIVRE III

Art. 2503 *(Anc. art. 2297, dénum., Ord. n° 2006-346, 23 mars 2006 ; rempl., L. n° 2006-728, 23 juin 2006 ; mod., L. n° 2008-561, 17 juin 2008)*. – Les articles 711 à 832-1 et 833 à 2279 sont applicables à Mayotte sous réserve des adaptations figurant aux articles 2504 à 2508.

Les dispositions intéressant les immeubles ne s'appliquent que sous réserve des dispositions du titre IV du présent livre.

Art. 2504 *(Abr., Ord., n° 2012-789, 31 mai 2012)*.

Art. 2505 *(Anc. art. 2299, dénum., Ord. n° 2006-346, 23 mars 2006 ; rempl., L. n° 2006-728, 23 juin 2006)*. – Pour l'application à Mayotte du premier alinéa de l'article 833, les références : « 831 à 832-4 » sont remplacées par les références : « 831 à 832-1, 832-3 et 832-4 ».

Pour l'application du deuxième alinéa de l'article 833, les mots : « de l'article 832 » sont remplacés par les mots : « des articles 832 et 832-2 ».

Art. 2506 *(Abr., L. n° 2006-728, 23 juin 2006)*.

Art. 2507 *(Anc. art. 2301, dénum., Ord. n° 2006-346, 23 mars 2006 ; L. n° 2006-728 du 23 juin 2006)*. – Pour l'application à Mayotte de l'article 1873-13, les mots : « 831 à 832-1, 832-3 et 832-4 » sont remplacés par les mots : « 832 à 832-2 ».

Art. 2508 *(Anc. art. 2302, dénum. et mod., Ord. n° 2006-346, 23 mars 2006 ; Ord. n° 2010-638, 10 juin 2010 ; mod., Ord. n° 2017-1491, 25 oct. 2017)*. – Les dispositions des titre XIX du livre III et titre II du livre IV sont applicables à Mayotte sous réserve des dispositions du titre IV du présent livre et des dispositions suivantes :

1° Le 4° de l'article 2331 est applicable à Mayotte dans les conditions suivantes :

a) *(Abrogé)* ;

b) Le troisième alinéa n'est pas applicable ;

c) Le quatrième alinéa est remplacé par les dispositions suivantes :

« La créance du conjoint survivant du chef d'une entreprise artisanale ou commerciale qui justifie par tous moyens avoir participé directement et effectivement à l'activité de l'entreprise pendant au moins dix années, sans recevoir de salaire ni être associé aux bénéfices et aux pertes de l'entreprise.

« Les droits de créance précités sont d'un montant égal à trois fois le salaire minimum interprofessionnel de croissance annuel en vigueur au jour du décès dans la limite de 25 % de l'actif successoral et, le cas échéant, le montant des droits propres du conjoint survivant dans les opérations de partage successoral et de liquidation du régime matrimonial est diminué de celui de cette créance. Pour la liquidation des droits de succession, cette créance s'ajoute à la part du conjoint survivant. » ;

d) Le cinquième alinéa est remplacé par les dispositions suivantes : « Les rémunérations pour les six derniers mois des salariés et apprentis. » ;

e) *(Abrogé)* ;

f) *(Abrogé)* ;

g) *(Abrogé)* ;

h) *(Abrogé)* ;

2° À l'article 2332, le 9° n'est pas applicable ;

3° À l'article 2377, les mots : « par une inscription au fichier immobilier, de la manière déterminée par les articles suivants et par les articles 2426 et 2428 » sont remplacés par les mots : « par inscription sur le livre foncier tenu par le conservateur de la propriété immobilière, de la manière déterminée par la loi, et à compter de la date de cette inscription, sous réserve des exceptions prévues par les articles suivants » ;

4° Aux articles 2425 et 2431, la référence au registre prévu à l'article 2453 est remplacée par la référence au registre des dépôts des actes et documents à inscrire.

TITRE IV. – DISPOSITIONS RELATIVES À L'IMMATRICULATION DES IMMEUBLES ET AUX DROITS SUR LES IMMEUBLES

(Ord. n° 2005-870, 28 juill. 2005)

Art. 2509 *(Anc. art. 2303, dénum., Ord. n° 2006-346, 23 mars 2006).* – À Mayotte, les droits sur les immeubles, les privilèges et les hypothèques ainsi que les règles concernant l'organisation, la constitution, la transmission et l'extinction des droits réels immobiliers et autres droits et actes soumis à publicité sont ceux de la législation civile de droit commun, sous réserve des dispositions du présent titre.

CHAPITRE I. – DU RÉGIME DE L'IMMATRICULATION DES IMMEUBLES

Section I. – Dispositions générales

Art. 2510 *(Anc. art. 2304, dénum., Ord. n° 2006-346, 23 mars 2006).* – L'immatriculation d'un immeuble garantit le droit de propriété ainsi que tous les autres droits reconnus dans le titre de propriété établi au terme d'une procédure permettant de révéler l'ensemble des droits déjà constitués sur cet immeuble. Les modalités de cette procédure sont fixées par décret en Conseil d'État.

Art. 2511 *(Anc. art. 2305, dénum., Ord. n° 2006-346, 23 mars 2006).* – Sous réserve des dispositions des troisième et quatrième alinéas du présent article, sont immatriculés sur le livre foncier de Mayotte mentionné à l'article 2513 les immeubles de toute nature, bâtis ou non, à l'exception de ceux dépendant du domaine public. Sont inscrites sur le même livre les mutations et constitutions de droits sur ces immeubles.

Tout immeuble non immatriculé qui fait l'objet d'une vente devant les tribunaux est immatriculé préalablement à l'adjudication dans des conditions fixées par décret en Conseil d'État.

Les parcelles d'immeubles sur lesquelles sont édifiées des sépultures privées peuvent être immatriculées.

Les droits collectifs immobiliers consacrés par la coutume ne sont pas soumis au régime de l'immatriculation. Leur conversion en droits individuels de propriété permet l'immatriculation de l'immeuble.

Art. 2512 *(Anc. art. 2306, dénum., Ord. n° 2006-346, 23 mars 2006).* – L'immatriculation des immeubles et l'inscription des droits mentionnés à l'article 2521 sur le livre foncier sont obligatoires quel que soit le statut juridique du propriétaire ou du titulaire des droits.

Sans préjudice des droits et actions réciproques des parties pour l'exécution de leurs conventions, les droits mentionnés à l'article 2521 ne sont opposables aux tiers que s'ils ont été publiés par voie, selon le cas, d'immatriculation ou d'inscription sur le livre foncier conformément aux dispositions du présent chapitre.

Art. 2513 *(Anc. art. 2307, dénum., Ord. n° 2006-346, 23 mars 2006 ; Ord. n° 2016-131, 10 févr. 2016).* – Le livre foncier est constitué des registres destinés à la publicité des droits sur les immeubles.

Le livre foncier est tenu par le service de la conservation de la propriété immobilière. Il peut être tenu, par ce service, sous forme électronique dans les conditions définies par l'article 1366.

Art. 2514 *(Anc. art. 2308, dénum., Ord. n° 2006-346, 23 mars 2006 ; mod., L. n° 2007-224, 21 févr. 2007).* – L'immatriculation des immeubles et l'inscription des droits sur les immeubles mentionnés à l'article 2521 a lieu sur requête présentée dans des conditions fixées par décret en Conseil d'État.

Une pré-notation peut être inscrite sur décision judiciaire dans le but d'assurer à l'un des droits mentionnés à l'article 2521 son rang d'inscription ou de garantir l'efficacité d'une rectification ultérieure.

Une inscription provisoire conservatoire est opérée, sur demande du requérant, par le conservateur pendant le délai imparti pour lever un obstacle à l'inscription requise, dans des conditions fixées par décret en Conseil d'État.

Art. 2515 *(Anc. art. 2309, dénum., Ord. n° 2006-346, 23 mars 2006).* – L'action tendant à la revendication d'un droit sur l'immeuble non révélé au cours de la procédure d'immatriculation est irrecevable.

Section II. – De l'immatriculation des immeubles et de ses effets

Art. 2516 *(Anc. art. 2310, dénum., Ord. n° 2006-346, 23 mars 2006).* – L'immeuble à immatriculer est préalablement borné.

Toutefois, tout propriétaire, en accord avec les propriétaires limitrophes, peut renoncer au bornage.

Les bornes appartiennent au propriétaire dont l'immeuble est borné.

Art. 2517 *(Anc. art. 2311, dénum., Ord. n° 2006-346, 23 mars 2006).* – L'immatriculation donne lieu à l'établissement, par le conservateur de la propriété immobilière, d'un titre de propriété.

Le titre de propriété atteste, en tant que de besoin, de la qualité de propriétaire.

Il constitue devant les juridictions le point de départ des droits sur l'immeuble au moment de l'immatriculation.

Des titres spéciaux peuvent être établis, sur demande des intéressés, après l'immatriculation de l'immeuble.

Art. 2518 *(Anc. art. 2312, dénum., Ord. n° 2006-346, 23 mars 2006).* – Toute modification du titre de propriété postérieure à l'immatriculation ne fait foi des droits qui y sont mentionnés que jusqu'à preuve contraire.

Art. 2519 *(Anc. art. 2313, dénum., Ord. n° 2006-346, 23 mars 2006).* – Le titre de propriété et ses inscriptions conservent le droit qu'ils relatent tant qu'ils n'ont pas été annulés ou modifiés et font preuve à l'égard des tiers que la personne qui y est dénommée est investie des droits qui y sont mentionnés.

Art. 2520 *(Anc. art. 2314, dénum., Ord. n° 2006-346, 23 mars 2006).* – S'il rejette la requête d'immatriculation ou estime ne pas pouvoir y donner suite, le conservateur la transmet au tribunal.

Il en est de même s'il existe des oppositions ou des demandes d'inscription dont la mainlevée en la forme authentique n'a pas été donnée ou auxquelles le requérant refuse d'acquiescer.

Le tribunal peut ordonner l'immatriculation, totale ou partielle, des immeubles ainsi que l'inscription des droits réels et des charges dont il a reconnu l'existence. Il fait rectifier, s'il y a lieu, le bornage et le plan de l'immeuble.

Le conservateur établit le titre de propriété conformément à la décision du tribunal commandant l'immatriculation, lorsqu'elle est devenue définitive, après rectification éventuelle du bornage et du plan de l'immeuble ou exécution des formalités prescrites.

Section III. – De l'inscription des droits sur l'immeuble

Art. 2521 *(Anc. art. 2315, dénum., Ord. n° 2006-346, 23 mars 2006 ; mod., L. n° 2009-526, 12 mai 2009 ; Ord. n° 2010-462, 6 mai 2010).* – Sans préjudice d'autres droits dont l'inscription est prévue par les dispositions du présent code, d'autres codes ou de la législation civile applicables à Mayotte, sont inscrits sur le livre foncier, aux fins d'opposabilité aux tiers :

1° Les droits réels immobiliers suivants :

a) *La propriété immobilière ;*

b) L'usufruit de la même propriété établi par la volonté de l'homme ;

c) L'usage et l'habitation ;

d) L'emphytéose, régie par les dispositions des articles L. 451-1 à L. 451-12 du Code rural et de la pêche maritime ;

e) La superficie ;

f) Les servitudes ;

g) Le gage immobilier ;

h) Le droit réel résultant d'un titre d'occupation du domaine public de l'État ou de l'un de ses établissements publics délivré en application du Code du domaine de l'État et des collectivités publiques applicable à Mayotte ;

i) Les privilèges et hypothèques ;

2° Les baux d'une durée supérieure à douze ans et, même pour un bail de moindre durée, les quittances ou cessions d'une durée équivalente à trois années de loyer ou fermage non échus ;

3° Les droits soumis à publicité en vertu des 1° et 2°, résultant des actes ou décisions constatant ou prononçant la résolution, la révocation, l'annulation ou la rescision d'une convention ou d'une disposition à cause de mort.

Toutefois, les servitudes qui dérivent de la situation naturelle des lieux ou qui sont établies par la loi sont dispensées de publicité.

Art. 2522 *(Anc. art. 2316, dénum., Ord. n° 2006-346, 23 mars 2006).* – Sont inscrites sur le livre foncier, à peine d'irrecevabilité, lorsqu'elles portent sur les droits mentionnés aux 1° et 2° de l'article 2521, les demandes en justice tendant à obtenir la résolution, la révocation, l'annulation ou la rescision d'une convention ou d'une disposition à cause de mort.

Art. 2523 *(Anc. art. 2317, dénum., Ord. n° 2006-346, 23 mars 2006).* – Le titulaire d'un des droits mentionnés à l'article 2521 ne peut être inscrit avant que le droit de son auteur immédiat n'ait été lui-même inscrit.

Le titulaire d'un droit autre que la propriété ne peut être inscrit qu'après l'inscription du propriétaire de l'immeuble, sauf si ce dernier a été acquis par prescription ou accession.

Art. 2524 *(Anc. art. 2318, dénum., Ord. n° 2006-346, 23 mars 2006).* – Tout acte portant sur un droit susceptible d'être inscrit doit être, pour les besoins de l'inscription, dressé en la forme authentique par un notaire, une juridiction de droit commun ou une autorité publique.

Tout acte entre vifs, translatif ou déclaratif de propriété immobilière, tout acte entre vifs portant constitution ou transmission d'une servitude foncière souscrit sous une autre forme doit être suivi, à peine de caducité, d'un acte authentique ou, en cas de refus de l'une des parties, d'une demande en justice, dans les six mois qui suivent la passation de l'acte.

Les justifications nécessaires aux écrits passés en la forme authentique pour constater les droits transférés ou constitués sur un immeuble immatriculé sont fixées par décret en Conseil d'État. Ce décret détermine également la liste des pièces à fournir pour obtenir l'inscription des droits en cas d'ouverture d'une succession.

Art. 2525 *(Anc. art. 2319, dénum., Ord. n° 2006-346, 23 mars 2006).* – Les officiers ministériels et les autorités publiques sont tenus de faire inscrire, sans délai et indépendamment de la volonté des parties, les droits mentionnés à l'article 2521 résultant d'actes dressés devant eux et visés à l'article 2524.

Art. 2526 *(Anc. art. 2320, dénum., Ord. n° 2006-346, 23 mars 2006).* – Toute personne qui y a intérêt requiert du conservateur, en produisant les écrits passés en la forme authentique constitutifs des droits à inscrire et autres pièces dont le dépôt est prescrit par le présent titre, l'inscription, la radiation ou la rectification de l'inscription d'un droit.

Art. 2527 *(Anc. art. 2321, dénum., Ord. n° 2006-346, 23 mars 2006).* – Le conservateur de la propriété immobilière ou le tribunal lorsqu'il est saisi, vérifie si le droit visé dans la requête est susceptible d'être inscrit, si les actes produits à l'appui de la requête répondent à la forme prescrite, et si l'auteur du droit est lui-même inscrit conformément aux dispositions de l'article 2523.

Art. 2528 *(Anc. art. 2322, dénum., Ord. n° 2006-346, 23 mars 2006).* – Les droits soumis à inscription en application de l'article 2521 sont, s'ils n'ont pas été inscrits, inopposables aux tiers qui, sur le même immeuble, ont acquis, du même auteur, des droits concurrents soumis à inscription.

Ces droits sont également inopposables, s'ils ont été inscrits, lorsque les droits invoqués par ces tiers, ont été antérieurement inscrits.

Ne peuvent toutefois se prévaloir de cette disposition les tiers qui étaient eux-mêmes chargés de faire publier les droits concurrents, ou leurs ayants cause à titre universel.

Art. 2529 *(Anc. art. 2323, dénum., Ord. n° 2006-346, 23 mars 2006).* – Dans le cas où plusieurs formalités de nature à produire des effets opposables aux tiers en vertu de l'article 2528, sont requises le même jour relativement au même immeuble, celle qui est requise en vertu du titre dont la date est la plus ancienne est réputée d'un rang antérieur, quel que soit l'ordre des dépôts enregistrés.

Lorsqu'une formalité obligatoire en vertu des 1°, à l'exclusion du *i*, et 2° de l'article 2521 et de nature à produire des effets opposables aux tiers en vertu de l'article 2528, et une inscription d'hypothèque, sont requises le même jour relativement au même immeuble, et que l'acte à publier et le titre de l'inscription portent la même date, l'inscription est réputée d'un rang antérieur, quel que soit l'ordre des dépôts enregistrés.

Si des formalités concurrentes, obligatoires en vertu des 1°, à l'exclusion du i, et 2° de l'article 2521 et de nature à produire des effets opposables aux tiers en vertu de l'article 2528 sont requises le même jour et si les actes à publier portent la même dite, les formalités sont réputées du même rang.

Lorsqu'une formalité de nature à produire des effets opposables aux tiers en vertu de l'article 2528 et la publicité d'un commandement valant saisie sont requises le même jour relativement au même immeuble, le rang des formalités est réglé, quel que soit l'ordre des dépôts enregistrés, d'après les dates, d'une part, du titre exécutoire mentionné dans le commandement, d'autre part, du titre de la formalité concurrente ; lorsque les titres sont de la même date, la publicité du commandement valant saisie est réputée d'un rang préférable.

En toute hypothèse, les inscriptions de séparations de patrimoine prévues par l'article 2383, dans le cas visé au deuxième alinéa de l'article 2386 du même code ainsi que celles des hypothèques légales prévues par l'article 2400 (1°, 2° et 3°) sont réputées d'un rang antérieur à celui de toute autre formalité requise le même jour.

CHAPITRE II. – DISPOSITIONS DIVERSES

Section I. – Privilèges et hypothèques

Art. 2530 *(Anc. art. 2324, dénum., Ord. n° 2006-346, 23 mars 2006).* – Par dérogation aux dispositions de l'article 2375, les seuls privilèges généraux sur les immeubles applicables à Mayotte sont les frais de justice et les droits du Trésor public. Ces deux privilèges sont exonérés de l'inscription sur le livre foncier.

Art. 2531 *(Anc. art. 2325, dénum., Ord. n° 2006-346, 23 mars 2006).* – Sont seuls susceptibles d'hypothèques :

1° Les biens immobiliers qui sont dans le commerce et leurs accessoires réputés immeubles ;

2° L'usufruit des mêmes biens et accessoires, pendant le temps de sa durée ;

3° L'emphytéose, pendant le temps de sa durée ;

4° Le droit de superficie.

Art. 2532 *(Anc. art. 2326, dénum., Ord. n° 2006-346, 23 mars 2006).* – L'hypothèque conventionnelle ne peut être consentie que par un acte passé en forme authentique. La transmission et la mainlevée de l'hypothèque ont lieu dans la même forme.

Les contrats passés hors de Mayotte ne peuvent valablement avoir pour objet de constituer une hypothèque sur des immeubles situés à Mayotte qu'à la condition d'être conformes aux dispositions du présent titre.

Section II. – Expropriation forcée

Art. 2533 *(Abr. et partiellement recodifié, Ord. n° 2011-1895, 19 déc. 2011. - V. CPC ex., art. L. 612-5).*

Rédaction antérieure. Art. 2533 *(Anc. art. 2327, Ord. n° 2005-870, 28 juill. 2005 ; dénum., Ord. n° 2006-346, 23 mars 2006 ; mod. à compter du 31 mars 2011, date de la première réunion suivant le renouvellement du conseil général de Mayotte en 2011, L. n° 2010-1487, 7 déc. 2010 ; abr. et partiellement recodifié, Ord. n° 2011-1895, 19 déc. 2011. - V. CPC ex., art. L. 612-5).* – Le créancier en possession d'un certificat nominatif d'inscription délivré par le conservateur de la propriété immobilière, ou d'un titre exécutoire peut, à défaut de paiement à l'échéance, poursuivre la vente par expropriation forcée des immeubles immatriculés de son débiteur affectés à la créance.

Art. 2534 *(Anc. art. 2328, dénum., Ord. n° 2006-346, 23 mars 2006).* – Pour les besoins de leur publication, les ordonnances d'exécution forcée portant sur des lots dépendant d'un immeuble soumis au statut de la copropriété sont réputées ne pas porter sur la quote-part des parties communes comprises dans ces lots.

Néanmoins, les créanciers saisissants exercent leur droit sur ladite quote-part, prise dans sa consistance au moment de la mutation dont le prix forme l'objet de la distribution.

ANNEXES

I. – TEXTES CODIFIÉS

Code de l'action sociale et des familles

(Ord. n° 2000-1249, 21 déc. 2000)

LIVRE PREMIER. – DISPOSITIONS GÉNÉRALES

TITRE PREMIER. – PRINCIPES GÉNÉRAUX

CHAPITRE IV – PERSONNES HANDICAPÉES

....

Art. L. 114-1 *(Rempl., L. n° 2002-73, 17 janv. 2002 ; mod., L. n° 2005-102, 11 févr. 2005).* – Toute personne handicapée a droit à la solidarité de l'ensemble de la collectivité nationale, qui lui garantit, en vertu de cette obligation, l'accès aux droits fondamentaux reconnus à tous les citoyens ainsi que le plein exercice de sa citoyenneté.

L'État est garant de l'égalité de traitement des personnes handicapées sur l'ensemble du territoire et définit des objectifs pluriannuels d'actions.

Art. L. 114-1-1 *(Mod. à compter de la date prévue au II de l'article 89 de la loi n° 2016-41 du 26 janvier 2016 et au plus tard le 31 décembre 2017, L. n° 2016-41, 26 janv. 2016).* – La personne handicapée a droit à la compensation des conséquences de son handicap quels que soient l'origine et la nature de sa déficience, son âge ou son mode de vie.

Cette compensation consiste à répondre à ses besoins, qu'il s'agisse de l'accueil de la petite enfance, de la scolarité, de l'enseignement, de l'éducation, de l'insertion professionnelle, des aménagements du domicile ou du cadre de travail nécessaires au plein exercice de sa citoyenneté et de sa capacité d'autonomie, du développement ou de l'aménagement de l'offre de service, permettant notamment à l'entourage de la personne handicapée de bénéficier de temps de répit, du développement de groupes d'entraide mutuelle ou de places en établissements spécialisés, des aides de toute nature à la personne ou aux institutions pour vivre en milieu ordinaire ou adapté, ou encore en matière d'accès aux procédures et aux institutions spécifiques au handicap ou aux moyens et prestations accompagnant la mise en œuvre de la protection juridique régie par le titre XI du livre Ier du Code civil. Ces réponses adaptées prennent en compte l'accueil et l'accompagnement nécessaires aux personnes handicapées qui ne peuvent exprimer seules leurs besoins.

Les besoins de compensation sont inscrits dans un plan personnalisé de compensation du handicap élaboré en considération des besoins et des aspirations de la personne handicapée tels qu'ils sont exprimés dans son projet de vie, formulé par la personne elle-même ou, à défaut, avec ou pour elle par son représentant légal lorsqu'elle ne peut exprimer son avis.

Le plan personnalisé de compensation du handicap comprend, d'une part, l'orientation définie selon les dispositions du troisième alinéa et, le cas échéant, d'autre part, un plan d'accompagnement global.

Un plan d'accompagnement global est élaboré sur proposition de l'équipe pluridisciplinaire avec l'accord préalable de la personne concernée ou de son représentant légal :

1° En cas d'indisponibilité ou d'inadaptation des réponses connues ;

2° En cas de complexité de la réponse à apporter, ou de risque ou de constat de rupture du parcours de la personne.

Un plan d'accompagnement global est également proposé par l'équipe pluridisciplinaire quand la personne concernée ou son représentant légal en fait la demande.

Un plan d'accompagnement global peut également être proposé par l'équipe pluridisciplinaire dans la perspective d'améliorer la qualité de l'accompagnement selon les priorités définies par délibération de la commission exécutive mentionnée à l'article L. 146-4 du présent code et revues annuellement. L'accord préalable de la personne concernée ou de son représentant légal est également requis.

Le plan d'accompagnement global, établi avec l'accord de la personne handicapée ou de ses parents lorsqu'elle est mineure ou de son représentant légal, sans préjudice des voies de recours dont elle dispose, identifie nominativement les établissements, les services mentionnés à l'article L. 312-1 ou les dispositifs prévus à l'article L. 312-7-1 correspondant aux besoins de l'enfant, de l'adolescent ou de l'adulte, et précise la nature et la fréquence de l'ensemble des interventions requises dans un objectif d'inclusion : éducatives et de scolarisation, thérapeutiques, d'insertion professionnelle ou sociale, d'aide aux aidants. Il comporte l'engagement des acteurs chargés de sa mise en œuvre opérationnelle. Il désigne parmi ces derniers un coordonnateur de parcours.

Le plan d'accompagnement global est élaboré dans les conditions prévues à l'article L. 146-8. Un décret fixe les informations nécessaires à l'élaboration des plans d'accompagnement globaux, que les agences régionales de santé, les services de l'État et les collectivités territoriales recueillent en vue de les transmettre à la maison départementale des personnes handicapées.

Le plan d'accompagnement global est actualisé chaque fois que nécessaire et au moins une fois par an, dans les conditions et selon les modalités prévues au présent article et à l'article L. 146-9.

.....

Art. L. 114-5 *(Rempl., L. n° 2005-102, 11 févr. 2005).* – Nul ne peut se prévaloir d'un préjudice du seul fait de sa naissance.

La personne née avec un handicap dû à une faute médicale peut obtenir la réparation de son préjudice lorsque l'acte fautif a provoqué directement le handicap ou l'a aggravé, ou n'a pas permis de prendre les mesures susceptibles de l'atténuer.

Lorsque la responsabilité d'un professionnel ou d'un établissement de santé est engagée vis-à-vis des parents d'un enfant né avec un handicap non décelé pendant la grossesse à la suite d'une faute caractérisée, les parents peuvent demander une indemnité au titre de leur seul préjudice. Ce préjudice ne saurait inclure les charges particulières découlant, tout au long de la vie de l'enfant, de ce handicap. La compensation de ce dernier relève de la solidarité nationale.

.....

Art. L. 116-4 *(L. n° 2015-1776, 28 déc. 2015 ; mod., Ord. n° 2016-131, 10 févr. 2016).* – I. - Les personnes physiques propriétaires, gestionnaires, administrateurs ou employés d'un établissement ou service soumis à autorisation ou à déclaration en application du présent code ou d'un service soumis à agrément ou à déclaration mentionné au 2° de l'article L. 7231-1 du Code du travail, ainsi que les bénévoles ou les volontaires qui agissent en leur sein ou y exercent une responsabilité, ne peuvent profiter de dispositions à titre gratuit entre vifs ou testamentaires faites en leur faveur par les personnes prises en charge par l'établissement ou le service pendant la durée de cette prise en charge, sous réserve des exceptions prévues aux 1° et 2° de l'article 909 du Code civil. L'article 911 du même code est applicable aux libéralités en cause.

L'interdiction prévue au premier alinéa du présent article est applicable au couple ou à l'accueillant familial soumis à un agrément en application de l'article L. 441-1 du présent code et à son conjoint, à la personne avec laquelle il a conclu un pacte civil de solidarité ou à son concubin, à ses ascendants ou descendants en ligne directe, ainsi qu'aux salariés mentionnés à l'article L. 7221-1 du Code du travail accomplissant des services à la personne définis au 2° de l'article L. 7231-1 du même code, s'agissant des dispositions à titre gratuit entre vifs ou testamentaires faites en leur faveur par les personnes qu'ils accueillent ou accompagnent pendant la durée de cet accueil ou de cet accompagnement.

II. - Sauf autorisation de justice, il est interdit, à peine de nullité, à quiconque est frappé de l'interdiction prévue au I de se rendre acquéreur d'un bien ou cessionnaire d'un droit appartenant à une personne prise en charge, accueillie ou accompagnée dans les conditions prévues par le I ou de prendre à bail le logement occupé par cette personne avant sa prise en charge ou son accueil.

Pour l'application du présent II, sont réputées personnes interposées, le conjoint, le partenaire d'un pacte civil de solidarité, le concubin, les ascendants et les descendants des personnes auxquelles s'appliquent les interdictions ci-dessus édictées.

TITRE III. – PROCÉDURES

CHAPITRE II. – PARTICIPATION ET RÉCUPÉRATION

Art. L. 132-1. – **Il est tenu compte, pour l'appréciation des ressources des postulants à l'aide sociale, des revenus professionnels et autres et de la valeur en capital des biens non productifs de revenu, qui est évaluée dans les conditions fixées par voie réglementaire.**

Les dispositions du présent article ne sont pas applicables en cas de demande d'admission à l'aide médicale de l'État, laquelle est régie par le chapitre I du titre V du livre II.

Art. L. 132-2. – **La retraite du combattant et les pensions attachées aux distinctions honorifiques n'entrent pas en ligne de compte dans le calcul des ressources des postulants à l'aide sociale, mentionnées à l'article L. 132-1.**

Art. L. 132-3. – **Les ressources de quelque nature qu'elles soient à l'exception des prestations familiales, dont sont bénéficiaires les personnes placées dans un établissement au titre de l'aide aux personnes âgées ou de l'aide aux personnes handicapées, sont affectées au remboursement de leurs frais d'hébergement et d'entretien dans la limite de 90 %. Toutefois les modalités de calcul de la somme mensuelle minimum laissée à la disposition du bénéficiaire de l'aide sociale sont déterminées par décret. La retraite du combattant et les pensions attachées aux distinctions honorifiques dont le bénéficiaire de l'aide sociale peut être titulaire s'ajoutent à cette somme.**

Art. L. 132-4. – **La perception des revenus, y compris l'allocation de logement à caractère social, des personnes admises dans les établissements sociaux ou médico-sociaux au titre de l'aide sociale aux personnes âgées, peut être assurée par le comptable de l'établissement public ou par le responsable de l'établissement de statut privé, soit à la demande de l'intéressé ou de son représentant légal, soit à la demande de l'établissement lorsque l'intéressé ou son représentant ne s'est pas acquitté de sa contribution pendant trois mois au moins. Dans les deux cas, la décision est prise par le représentant de la collectivité publique d'aide sociale compétente, qui précise la durée pendant laquelle cette mesure est applicable. Le comptable de l'établissement reverse mensuellement à l'intéressé ou à son représentant légal, le montant des revenus qui dépasse la contribution mise à sa charge. En tout état de cause, l'intéressé doit disposer d'une somme mensuelle minimale. Le montant de celle-ci ainsi que le délai dans lequel il doit être répondu aux demandes et les délais minimum et maximum pour lesquels la décision mentionnée ci-dessus est prise, sont fixés par décret.**

Art. L. 132-5. – **Les participations exigées des parents pour un enfant admis au bénéfice de l'aide sociale, soit hospitalisé, soit placé dans un établissement de rééducation, soit confié au service de l'aide sociale à l'enfance, ne peuvent être inférieures, sauf exceptions dûment motivées, aux allocations familiales qu'ils perçoivent du chef de cet enfant. Ces allocations peuvent être versées directement par les caisses à l'établissement ou au service dans les conditions fixées par voie réglementaire.**

Lorsque l'hospitalisation ou le placement dépasse un mois, les allocations mensuelles d'aide à l'enfance et d'aide à la famille du chef de cet enfant sont suspendues à partir du premier jour du mois suivant l'hospitalisation ou le placement et pendant toute la durée de ceux-ci.

Art. L. 132-6 *(L. n° 2004-1, 2 janv. 2004 ; mod., L. n° 2007-293, 5 mars 2007).* – **Les personnes tenues à l'obligation alimentaire instituée par les articles 205 et suivants du Code civil sont, à l'occasion de toute**

demande d'aide sociale, invitées à indiquer l'aide qu'elles peuvent allouer aux postulants et à apporter, le cas échéant, la preuve de leur impossibilité de couvrir la totalité des frais.

Les enfants qui ont été retirés de leur milieu familial par décision judiciaire durant une période d'au moins trente-six mois cumulés au cours des douze premières années de leur vie sont, sous réserve d'une décision contraire du juge aux affaires familiales, dispensés de droit de fournir cette aide.

Cette dispense s'étend aux descendants des enfants susvisés.

La proportion de l'aide consentie par les collectivités publiques est fixée en tenant compte du montant de la participation éventuelle des personnes restant tenues à l'obligation alimentaire. La décision peut être révisée sur production par le bénéficiaire de l'aide sociale d'une décision judiciaire rejetant sa demande d'aliments ou limitant l'obligation alimentaire à une somme inférieure à celle qui avait été envisagée par l'organisme d'admission. La décision fait également l'objet d'une révision lorsque les débiteurs d'aliments ont été condamnés à verser des arrérages supérieurs à ceux qu'elle avait prévus.

Art. L. 132-7. – En cas de carence de l'intéressé, le représentant de l'État ou le président du conseil général peut demander en son lieu et place à l'autorité judiciaire la fixation de la dette alimentaire et le versement de son montant, selon le cas, à l'État ou au département qui le reverse au bénéficiaire, augmenté le cas échéant de la quote-part de l'aide sociale.

Art. L. 132-8 *(L. n° 2001-647, 20 juill. 2001 ; mod., L. n° 2015-1776, 28 déc. 2015).* – Des recours sont exercés, selon le cas, par l'État ou le département :

1° Contre le bénéficiaire revenu à meilleure fortune ou contre la succession du bénéficiaire ;

2° Contre le donataire, lorsque la donation est intervenue postérieurement à la demande d'aide sociale ou dans les dix ans qui ont précédé cette demande ;

3° Contre le légataire.

4° À titre subsidiaire, contre le bénéficiaire d'un contrat d'assurance-vie souscrit par le bénéficiaire de l'aide sociale, à concurrence de la fraction des primes versées après l'âge de soixante-dix ans. Quand la récupération concerne plusieurs bénéficiaires, celle-ci s'effectue au prorata des sommes versées à chacun de ceux-ci.

En ce qui concerne les prestations d'aide sociale à domicile, de soins de ville prévus par l'article L. 111-2 et la prise en charge du forfait journalier, les conditions dans lesquelles les recours sont exercés, en prévoyant, le cas échéant, l'existence d'un seuil de dépenses supportées par l'aide sociale, en deçà duquel il n'est pas procédé à leur recouvrement, sont fixées par voie réglementaire.

Le recouvrement sur la succession du bénéficiaire de l'aide sociale à domicile ou de la prise en charge du forfait journalier s'exerce sur la partie de l'actif net successoral, défini selon les règles de droit commun, qui excède un seuil fixé par voie réglementaire.

Art. L. 132-9 *(Mod., L. n° 2001-647, 20 juill. 2001).* – Pour la garantie des recours prévus à l'article L. 132-8, les immeubles appartenant aux bénéficiaires de l'aide sociale sont grevés d'une hypothèque légale, dont l'inscription est requise par le représentant de l'État ou le président du conseil général dans les conditions prévues à l'article 2428 du Code civil.

Les bordereaux d'inscription doivent mentionner le montant des prestations allouées au bénéficiaire de l'aide sociale.

L'hypothèque prend rang, à l'égard de chaque somme inscrite, à compter de la date de l'inscription correspondante.

Aucune inscription ne pourra être prise lorsque la valeur globale des biens de l'allocataire est inférieure à une somme fixée par voie réglementaire.

Les formalités relatives à l'inscription de l'hypothèque mentionnée ci-dessus, ainsi qu'à sa radiation, ne donnent lieu à aucune perception au profit du Trésor.

Les prestations d'aide sociale à domicile et la prise en charge du forfait journalier mentionnées à l'article L. 132-8 ne sont pas garanties par l'inscription d'une hypothèque légale.

Art. L. 132-10. – L'État ou le département sont, dans la limite des prestations allouées, subrogés dans les droits de l'allocataire en ce qui concerne les créances pécuniaires de celui-ci contre toute personne physique ou morale en tant que ces créances ne sont ni incessibles, ni insaisissables et que la subrogation a été signifiée au débiteur.

Art. L. 132-11. – Tous les recouvrements relatifs au service de l'aide sociale sont opérés comme en matière de contributions directes.

Les actes faits et les décisions rendues dans le cadre de l'attribution des prestations d'aide sociale mentionnées à l'article L. 111-1 sont dispensés du droit de timbre et enregistrés gratis lorsqu'il y a lieu à la formalité de l'enregistrement.

Art. L. 132-12. – Sauf disposition contraire, les modalités d'application du présent chapitre sont déterminées par décret en Conseil d'État, et notamment celles prévues aux articles L. 132-1, L. 132-5, L. 132-8 et L. 132-9.

....

TITRE IV. – INSTITUTIONS

....

CHAPITRE VI – INSTITUTIONS RELATIVES AUX PERSONNES HANDICAPÉES

(L. n° 2002-73, 17 janv. 2002 ; intitulé rempl., L. n° 2005-102, 11 févr. 2005)

Art. L. 146-1 A *(L. n° 2005-102, 11 févr. 2005)*. – Dans toutes les instances nationales ou territoriales qui émettent un avis ou adoptent des décisions concernant la politique en faveur des personnes handicapées, les représentants des personnes handicapées sont nommés sur proposition de leurs associations représentatives en veillant à la présence simultanée d'associations participant à la gestion des établissements et services sociaux et médico-sociaux mentionnés aux 2°, 3°, 5° et 7° du I de l'article L. 312-1 et d'associations n'y participant pas.

Section I. – Consultation des personnes handicapées

(L. n° 2005-102, 11 févr. 2005)

Art. L. 146-1 *(L. n° 2002-73, 17 janv. 2002 ; mod., L. n° 2005-102, 11 févr. 2005 ; L. n° 2015-1776, 28 déc. 2015 ; L. n° 2018-699, 3 août 2018)*. – Le Conseil national consultatif des personnes handicapées assure la participation des personnes handicapées à l'élaboration et à la mise en œuvre des politiques les concernant.

Il peut être consulté par les ministres compétents sur tout projet, programme ou étude intéressant les personnes handicapées.

Il peut se saisir de toute question relative à la politique concernant les personnes handicapées.

Le Conseil national consultatif des personnes handicapées est chargé, dans des conditions fixées par décret, d'évaluer la situation matérielle, financière et morale des personnes handicapées en France et des personnes handicapées de nationalité française établies hors de France prises en charge au titre de la solidarité nationale, et de présenter toutes les propositions jugées nécessaires au Parlement et au Gouvernement, visant à assurer, par une programmation pluriannuelle continue, la prise en charge de ces personnes.

Le conseil comprend notamment un député et un sénateur, des représentants des départements, des associations ou organismes regroupant des personnes handicapées, développant des actions de recherche dans le domaine du handicap ou finançant leur protection sociale, ainsi que des organisations syndicales et patronales représentatives.

La composition, les modalités de désignation des membres du conseil et ses modalités de fonctionnement sont fixées par décret .

....

CHAPITRE VII. – CONSEIL NATIONAL POUR L'ACCÈS AUX ORIGINES PERSONNELLES

(L. n° 2002-93, 22 janv. 2002)

Art. L. 147-1 *(L. n° 2002-93, 22 janv. 2002)*. – Un Conseil national, placé auprès du ministre chargé des affaires sociales, est chargé de faciliter, en liaison avec les départements et les collectivités d'outre-mer, l'accès aux origines personnelles dans les conditions prévues au présent chapitre.

Il assure l'information des départements, des collectivités d'outre-mer et des organismes autorisés et habilités pour l'adoption sur la procédure de recueil, de communication et de conservation des renseignements visés à l'article L. 147-5, ainsi que sur les dispositifs d'accueil et d'accompagnement des personnes à la recherche de leurs origines, des parents de naissance et des familles adoptives concernés par cette recherche ainsi que sur l'accueil et l'accompagnement des femmes demandant le bénéfice des dispositions de l'article L. 222-6.

Il émet des avis et formule toutes propositions utiles relatives à l'accès aux origines personnelles. Il est consulté sur les mesures législatives et réglementaires prises dans ce domaine.

Il est composé d'un magistrat de l'ordre judiciaire, d'un membre de la juridiction administrative, de représentants des ministres concernés, d'un représentant des conseils généraux, de trois représentants d'associations de défense des droits des femmes, d'un représentant d'associations de familles adoptives, d'un représentant d'associations de pupilles de l'État, d'un représentant d'associations de défense du droit à la connaissance de ses origines, et de deux personnalités que leurs expérience et compétence professionnelles médicales, paramédicales ou sociales qualifient particulièrement pour l'exercice de fonctions en son sein.

Art. L. 147-2 *(L. n° 2002-93, 22 janv. 2002 ; mod., L. n° 2007-293, 5 mars 2007)*. – Le Conseil national pour l'accès aux origines personnelles reçoit :

1° La demande d'accès à la connaissance des origines de l'enfant formulée :

– s'il est majeur, par celui-ci ;

– s'il est mineur, et qu'il a atteint l'âge de discernement, par celui-ci avec l'accord de ses représentants légaux ;

– s'il est majeur placé sous tutelle, par son tuteur ;

– s'il est décédé, par ses descendants en ligne directe majeurs ;

2° La déclaration de la mère ou, le cas échéant, du père de naissance par laquelle chacun d'entre eux autorise la levée du secret de sa propre identité ;

3° Les déclarations d'identité formulées par leurs ascendants, leurs descendants et leurs collatéraux privilégiés ;

4° La demande du père ou de la mère de naissance s'enquérant de leur recherche éventuelle par l'enfant.

Art. L. 147-3 *(L. n° 2002-93, 22 janv. 2002)*. – La demande d'accès à la connaissance de ses origines est formulée par écrit auprès du Conseil national pour l'accès aux origines personnelles ou du président du conseil général ; elle peut être retirée à tout moment dans les mêmes formes.

Le père ou la mère de naissance qui font une déclaration expresse de levée du secret ou les ascendants, descendants ou collatéraux privilégiés du père ou de la mère de naissance qui font une déclaration d'identité sont informés que cette déclaration ne sera communiquée à la personne concernée que si celle-ci fait elle-même une demande d'accès à ses origines.

Art. L. 147-4 *(L. n° 2002-93, 22 janv. 2002)*. – Le conseil communique au président du conseil général copie de l'ensemble des demandes et déclarations reçues en application de l'article L. 147-2.

Art. L. 147-5 *(L. n° 2002-93, 22 janv. 2002)*. – Pour satisfaire aux demandes dont il est saisi, le conseil recueille copie des éléments relatifs à l'identité :

1° De la femme qui a demandé le secret de son identité et de son admission lors de son accouchement dans un établissement de santé et, le cas échéant, de la personne qu'elle a désignée à cette occasion comme étant l'auteur de l'enfant ;

2° De la ou des personnes qui ont demandé la préservation du secret de leur identité lors de l'admission de leur enfant comme pupille de l'État ou de son accueil par un organisme autorisé et habilité pour l'adoption ;

3° Des auteurs de l'enfant dont le nom n'a pas été révélé à l'officier de l'état civil lors de l'établissement de l'acte de naissance.

Les établissements de santé et les services départementaux ainsi que les organismes autorisés et habilités pour l'adoption communiquent au conseil national, sur sa demande, copie des éléments relatifs à l'identité des personnes mentionnées aux alinéas qui précèdent ainsi que tout renseignement ne portant pas atteinte au secret de cette identité, et concernant la santé des père et mère de naissance, les origines de l'enfant et les raisons et circonstances de sa remise au service de l'aide sociale à l'enfance ou à un organisme autorisé et habilité pour l'adoption.

Pour satisfaire aux demandes dont il est saisi, le conseil recueille également, auprès de l'Autorité centrale pour l'adoption, de la mission de l'adoption internationale ou des organismes autorisés et habilités pour l'adoption, les renseignements qu'ils peuvent obtenir des autorités du pays d'origine de l'enfant en complément des informations reçues initialement.

Art. L. 147-6 *(L. n° 2002-93, 22 janv. 2002)*. – Le conseil communique aux personnes mentionnées au 1° de l'article L. 147-2, après s'être assuré qu'elles maintiennent leur demande, l'identité de la mère de naissance :

– s'il dispose déjà d'une déclaration expresse de levée du secret de son identité ;

– s'il n'y a pas eu de manifestation expresse de sa volonté de préserver le secret de son identité, après avoir vérifié sa volonté ;

– si l'un de ses membres ou une personne mandatée par lui a pu recueillir son consentement exprès dans le respect de sa vie privée ;

– si la mère est décédée, sous réserve qu'elle n'ait pas exprimé de volonté contraire à l'occasion d'une demande d'accès à la connaissance des origines de l'enfant. Dans ce cas, l'un des membres du conseil ou une personne mandatée par lui prévient la famille de la mère de naissance et lui propose un accompagnement.

Si la mère de naissance a expressément consenti à la levée du secret de son identité ou, en cas de décès de celle-ci, si elle ne s'est pas opposée à ce que son identité soit communiquée après sa mort, le conseil communique à l'enfant qui a fait une demande d'accès à ses origines personnelles l'identité des personnes visées au 3° de l'article L. 147-2.

Le conseil communique aux personnes mentionnées au 1° de l'article L. 147-2, après s'être assuré qu'elles maintiennent leur demande, l'identité du père de naissance :

– s'il dispose déjà d'une déclaration expresse de levée du secret de son identité ;

– s'il n'y a pas eu de manifestation expresse de sa volonté de préserver le secret de son identité, après avoir vérifié sa volonté ;

– si l'un de ses membres ou une personne mandatée par lui a pu recueillir son consentement exprès dans le respect de sa vie privée ;

– si le père est décédé, sous réserve qu'il n'ait pas exprimé de volonté contraire à l'occasion d'une demande d'accès à la connaissance des origines de l'enfant. Dans ce cas, l'un des membres du conseil ou une personne mandatée par lui prévient la famille du père de naissance et lui propose un accompagnement.

Si le père de naissance a expressément consenti à la levée du secret de son identité ou, en cas de décès de celui-ci, s'il ne s'est pas opposé à ce que son identité soit communiquée après sa mort, le conseil communique à l'enfant qui a fait une demande d'accès à ses origines personnelles l'identité des personnes visées au 3° de l'article L. 147-2.

Le conseil communique aux personnes mentionnées au 1° de l'article L. 147-2 les renseignements ne portant pas atteinte à l'identité des père et mère de naissance, transmis par les établissements de santé, les services départementaux et les organismes visés au cinquième alinéa de l'article L. 147-5 ou recueillis auprès des père et mère de naissance, dans le respect de leur vie privée, par un membre du conseil ou une personne mandatée par lui.

Art. L. 147-7 *(L. n° 2002-93, 22 janv. 2002)*. – L'accès d'une personne à ses origines est sans effet sur l'état civil et la filiation. Il ne fait naître ni droit ni obligation au profit ou à la charge de qui que ce soit.

Art. L. 147-8 *(L. n° 2002-93, 22 janv. 2002)*. – Le procureur de la République communique au conseil national, sur sa demande, les éléments figurant dans les actes de naissance d'origine, lorsque ceux-ci sont considérés comme nuls en application de l'article 354 du Code civil.

Sous réserve des dispositions de l'article 6 de la loi n° 51-711 du 7 juin 1951 sur l'obligation, la coordination et le secret en matière de statistiques, les administrations ou services de l'État et des collectivités publiques, les organismes de sécurité sociale et les organismes qui assurent la gestion des prestations sociales sont tenus de réunir et de communiquer au conseil national les renseignements dont ils disposent permettant de déterminer les adresses de la mère et du père de naissance.

Art. L. 147-9 *(L. n° 2002-93, 22 janv. 2002)*. – Lorsque, pour l'exercice de sa mission, le conseil national demande la consultation de documents d'archives publiques, les délais prévus au troisième alinéa de l'article 6 et à l'article 7 de la loi n° 79-18 du 3 janvier 1979 sur les archives ne lui sont pas opposables.

Art. L. 147-10 *(L. n° 2002-93, 22 janv. 2002)*. – Les personnes participant, à quelque titre que ce soit, aux travaux du conseil sont tenues au secret professionnel dans les conditions et sous les peines fixées par les articles 226-13 et 226-14 du Code pénal.

Art. L. 147-11 *(L. n° 2002-93, 22 janv. 2002)*. – Les modalités d'application du présent chapitre sont fixées par décret en Conseil d'État. Le décret relatif aux conditions dans lesquelles sont traités et conservés les informations relatives à l'identité des personnes et les renseignements ne portant pas atteinte au secret de l'identité, en application de l'article L. 147-5, est pris après avis de la Commission nationale de l'informatique et des libertés.

CHAPITRE VIII. – CONSEIL SUPÉRIEUR DE L'ADOPTION ET AUTORITÉ CENTRALE POUR L'ADOPTION INTERNATIONALE

(L. n° 2002-93, 22 janv. 2002)

Art. L. 148-1 *(L. n° 2002-93, 22 janv. 2002 ; D. 14 juin 2005 ; Ord. n° 2016-1562, 21 nov. 2016 ; L. n° 2019-222, 23 mars 2019)*. – Il est créé un Conseil supérieur de l'adoption.

Il est composé de parlementaires, de représentants de l'Etat, de représentants des conseil généraux ou de la collectivité de Corse, d'un magistrat, de représentants des organismes autorisés ou habilités pour l'adoption, de représentants des associations de familles adoptives, de personnes adoptées et de pupilles de l'Etat, d'un représentant du service social d'aide aux émigrants, d'un représentant de la mission pour l'adoption internationale, ainsi que de personnalités qualifiées.

Il se réunit à la demande de son président, du garde des sceaux, ministre de la justice, du ministre chargé de la famille, du ministre des affaires étrangères ou de la majorité de ses membres, et au moins une fois par semestre.

Le Conseil supérieur de l'adoption émet des avis et formule toutes propositions utiles relatives à l'adoption, y compris l'adoption internationale. Il est consulté sur les mesures législatives et réglementaires prises en ce domaine.

Les modalités d'application du présent article sont fixées par décret.

Art. L. 148-2 *(L. n° 2002-93, 22 janv. 2002 ; D. n° 2006-1128, 8 sept. 2006)*. – Il est institué une Autorité centrale pour l'adoption chargée d'orienter et de coordonner l'action des administrations et des autorités compétentes en matière d'adoption internationale.

Un décret en Conseil d'État précise les conditions d'application du présent article.

....

LIVRE DEUXIÈME. – DIFFÉRENTES FORMES D'AIDE ET D'ACTION SOCIALES

....

TITRE II. – ENFANCE

CHAPITRE I. – SERVICE DE L'AIDE SOCIALE À L'ENFANCE

Art. L. 221-1 *(L. n° 2002-2, 2 janv. 2002 ; mod., L. n° 2007-293, 5 mars 2007 ; L. n° 2016-297, 14 mars 2016 ; L. n° 2018-703, 3 août 2018)*. – Le service de l'aide sociale à l'enfance est un service non personnalisé du département chargé des missions suivantes :

1° *Apporter* un soutien matériel, éducatif et psychologique tant aux mineurs et à leur famille ou à tout détenteur de l'autorité parentale, confrontés à des difficultés risquant de mettre en danger la santé, la sécurité, la moralité de ces mineurs ou de compromettre gravement leur éducation ou leur développement physique, affectif, intellectuel et social, qu'aux mineurs émancipés et majeurs de moins de vingt et un ans confrontés à des difficultés familiales, sociales et éducatives susceptibles de compromettre gravement leur équilibre ;

2° Organiser, dans les lieux où se manifestent des risques d'inadaptation sociale, des actions collectives visant à prévenir la marginalisation et à faciliter l'insertion ou la promotion sociale des jeunes et des familles, notamment des actions de prévention spécialisée visées au 2° de l'article L. 121-2 ;

3° Mener en urgence des actions de protection en faveur des mineurs mentionnés au 1° du présent article ;

4° Pourvoir à l'ensemble des besoins des mineurs confiés au service et veiller à leur orientation, en collaboration avec leur famille ou leur représentant légal ;

5° Mener, notamment à l'occasion de l'ensemble de ces interventions, des actions de prévention des situations de danger à l'égard des mineurs et, sans préjudice des compétences de l'autorité judiciaire, organiser le recueil et la transmission, dans les conditions prévues à l'article L. 226-3, des informations préoccupantes relatives aux mineurs dont la santé, la sécurité, la moralité sont en danger ou risquent de l'être ou dont l'éducation ou le développement sont compromis ou risquent de l'être, et participer à leur protection ;

5° *bis* Veiller au repérage et à l'orientation des mineurs victimes ou menacés de violences sexuelles, notamment des mineures victimes de mutilations sexuelles ;

6° Veiller à ce que les liens d'attachement noués par l'enfant avec d'autres personnes que ses parents soient maintenus, voire développés, dans son intérêt supérieur ;

7° Veiller à la stabilité du parcours de l'enfant confié et à l'adaptation de son statut sur le long terme ;

8° Veiller à ce que les liens d'attachement noués par l'enfant avec ses frères et sœurs soient maintenus, dans l'intérêt de l'enfant.

Pour l'accomplissement de ses missions, et sans préjudice de ses responsabilités vis-à-vis des enfants qui lui sont confiés, le service de l'aide sociale à l'enfance peut faire appel à des organismes publics ou privés habilités dans les conditions prévues aux articles L. 313-8, L. 313-8-1 et L. 313-9 ou à des personnes physiques.

Le service contrôle les personnes physiques ou morales à qui il a confié des mineurs, en vue de s'assurer des conditions matérielles et morales de leur placement.

Art. L. 221-2 *(Mod., L. n° 2005-706, 27 juin 2005 ; L. n° 2016-297, 14 mars 2016).* – Le service de l'aide sociale à l'enfance est placé sous l'autorité du président du conseil général.

Le département organise sur une base territoriale les moyens nécessaires à l'accueil et à l'hébergement des enfants confiés au service. Un projet de service de l'aide sociale à l'enfance est élaboré dans chaque département. Il précise notamment les possibilités d'accueil d'urgence, les modalités de recrutement par le département des assistants familiaux ainsi que l'organisation et le fonctionnement des équipes travaillant avec les assistants familiaux, qui en sont membres à part entière. Le département doit en outre disposer de structures d'accueil pour les femmes enceintes et les mères avec leurs enfants.

Pour l'application de l'alinéa précédent, le département peut conclure des conventions avec d'autres collectivités territoriales ou recourir à des établissements et services habilités.

Dans chaque département, un médecin référent « protection de l'enfance », désigné au sein d'un service du département, est chargé d'organiser les modalités de travail régulier et les coordinations nécessaires entre les services départementaux et la cellule de recueil, de traitement et d'évaluation des informations préoccupantes, d'une part, et les médecins libéraux et hospitaliers ainsi que les médecins de santé scolaire du département, d'autre part, dans des conditions définies par décret.

Art. L. 221-2-1 *(L. n° 2016-297, 14 mars 2016).* – Lorsqu'un enfant est pris en charge par le service de l'aide sociale à l'enfance sur un autre fondement que l'assistance éducative, le président du conseil *départemental peut décider,* si tel est l'intérêt de l'enfant et après évaluation de la situation, de le confier à un tiers, dans le cadre d'un accueil durable et bénévole. Sans préjudice de la responsabilité du président du conseil départemental, le service de l'aide sociale à l'enfance informe, accompagne et contrôle le tiers à qui il confie l'enfant. Un référent désigné par le service est chargé de ce suivi et de la mise en œuvre du projet pour l'enfant prévu à l'article L. 223-1-1. Les conditions d'application du présent article sont précisées par décret.

Art. L. 221-2-2 *(L. n° 2016-297, 14 mars 2016).* – Pour permettre l'application du troisième alinéa de l'article 375-5 du Code civil, le président du conseil départemental transmet au ministre de la justice les informations dont il dispose sur le nombre de mineurs privés temporairement ou définitivement de la protection de leur famille dans le département. Le ministre de la justice fixe les objectifs de répartition proportionnée des accueils de ces mineurs entre les départements, en fonction de critères démographiques et d'éloignement géographique. Les modalités d'application du présent article, notamment les conditions d'évaluation de la situation de ces mineurs et la prise en compte de la situation particulière des collectivités relevant de l'article 73 de la Constitution, de Saint-Barthélemy, de Saint-Martin et de Saint-Pierre-et-Miquelon, sont définies par décret en Conseil d'État.

Art. L. 221-3 *(Rempl., L. n° 2012-301, 5 mars 2012 ; mod., L. n° 2016-297, 14 mars 2016)*. – Lorsqu'une famille bénéficiaire d'une prestation d'aide sociale à l'enfance, hors aide financière, ou d'une mesure judiciaire de protection de l'enfance change de département à l'occasion d'un changement de domicile, le président du conseil général du département d'origine en informe le président du conseil général du département d'accueil et lui transmet, pour l'accomplissement de ses missions, les informations relatives au mineur et à la famille concernés.

Il en va de même lorsque la famille est concernée par une information préoccupante en cours de traitement ou d'évaluation.

Pour l'accomplissement de sa mission de protection de l'enfance, le président du conseil départemental peut demander au président du conseil départemental d'un autre département des renseignements relatifs à un mineur et à sa famille quand ce mineur a fait l'objet par le passé, au titre de la protection de l'enfance, d'une information préoccupante, d'un signalement ou d'une prise en charge dans cet autre département. Le président du conseil départemental ainsi saisi transmet les informations demandées.

Les modalités de cette transmission d'informations sont définies par décret en Conseil d'État, après avis de la Commission nationale de l'informatique et des libertés.

Le service de l'aide sociale à l'enfance répond dans les meilleurs délais aux demandes de coopération transmises par une autorité centrale ou une autre autorité compétente, fondées sur les articles 55 et 56 du règlement (CE) n° 2201/2003 du Conseil du 27 novembre 2003 relatif à la compétence, la reconnaissance et l'exécution des décisions en matière matrimoniale et en matière de responsabilité parentale abrogeant le règlement (CE) n° 1347/2000 et les articles 31 à 37 de la convention concernant la compétence, la loi applicable, la reconnaissance, l'exécution et la coopération en matière de responsabilité parentale et de mesures de protection des enfants, signée à la Haye le 19 octobre 1996.

Art. L. 221-4 *(Mod., L. n° 2009-526, 12 mai 2009)*. – Lorsqu'il est avisé par le juge des enfants d'une mesure d'assistance éducative prise en application des articles 375 à 375-8 du Code civil ou d'une mesure judiciaire d'aide à la gestion du budget familial prise en application des articles 375-9-1 et 375-9-2 du même code, le président du conseil général lui communique les informations dont il dispose sur le mineur et sa situation familiale.

Lorsqu'un enfant bénéficie d'une mesure prévue à l'article 375-2 ou aux 1°, 2°, 4° et 5° de l'article 375-3 du Code civil, le président du conseil général organise, sans préjudice des prérogatives de l'autorité judiciaire, entre les services du département et les services chargés de l'exécution de la mesure, les modalités de coordination en amont, en cours et en fin de mesure, aux fins de garantir la continuité et la cohérence des actions menées. Le service qui a été chargé de l'exécution de la mesure transmet au président du conseil général un rapport circonstancié sur la situation et sur l'action ou les actions déjà menées. Il en avise, sauf en cas de danger pour l'enfant, le père, la mère, toute personne exerçant l'autorité parentale ou le tuteur.

Art. L. 221-5. – *(Abr., L. n° 2011-334, 29 mars 2011).*

Art. L. 221-6. – Toute personne participant aux missions du service de l'aide sociale à l'enfance est tenue au secret professionnel sous les peines et dans les conditions prévues par les articles 226-13 et 226-14 du Code pénal.

Elle est tenue de transmettre sans délai au président du conseil général ou au responsable désigné par lui toute information nécessaire pour déterminer les mesures dont les mineurs et leur famille peuvent bénéficier, et notamment toute information sur les situations de mineurs susceptibles de relever du chapitre VI du présent titre.

L'article 226-13 du Code pénal n'est pas applicable aux personnes qui transmettent des informations dans les conditions prévues par l'alinéa précédent ou dans les conditions prévues par l'article L. 221-3 du présent code.

Art. L. 221-7. – Le procureur de la République peut, à l'occasion d'une procédure d'adoption, prendre connaissance des dossiers concernant les enfants recueillis par le service. En toutes matières, le service de l'aide sociale à l'enfance peut, de sa propre initiative ou sur la demande de ce magistrat, lui fournir tous renseignements relatifs aux pupilles. Les renseignements ainsi obtenus ne peuvent être révélés à l'occasion d'une procédure quelconque, ni mentionnés dans une décision de justice. Ils ne peuvent être communiqués qu'aux magistrats de l'ordre judiciaire.

Art. L. 221-8. – Dans tous les cas où la loi ou des règlements exigent la production de l'acte de naissance, il peut y être supplée, s'il n'a pas été établi un acte de naissance provisoire dans les conditions prévues à l'article 58 du Code civil et s'il y a lieu d'observer le secret, par un certificat d'origine dressé par le représentant de l'État dans le département ou son représentant.

Toutefois, est communiqué aux magistrats de l'ordre judiciaire qui en font la demande à l'occasion d'une procédure pénale, le lieu où est tenu l'état civil d'un pupille de l'État, ou d'un ancien pupille, ou le lieu où est tenue l'identité du ou des parents ou de la personne qui a remis le pupille ou l'ancien pupille.

Ces renseignements ne peuvent être révélés au cours de cette procédure ou mentionnés dans la décision à intervenir ; toutes mesures sont, en outre, prises pour qu'ils ne puissent être portés, directement ou indirectement, à la connaissance de l'intéressé ou de toute personne non liée, de par ses fonctions, par le secret professionnel mentionné aux articles 226-13 et 226-14 du Code pénal.

Art. L. 221-9. – Le contrôle du service de l'aide sociale à l'enfance est assuré par l'inspection générale des affaires sociales.

CHAPITRE II. – PRESTATIONS D'AIDE SOCIALE À L'ENFANCE

Art. L. 222-1. – Sans préjudice des pouvoirs reconnus à l'autorité judiciaire, les prestations d'aide sociale à l'enfance mentionnées au présent chapitre sont accordées par décision du président du conseil général du département où la demande est présentée.

Art. L. 222-2. – L'aide à domicile est attribuée sur sa demande, ou avec son accord, à la mère, au père ou, à défaut, à la personne qui assume la charge effective de l'enfant, lorsque la santé de celui-ci, sa sécurité, son entretien ou son éducation l'exigent et, pour les prestations financières, lorsque le demandeur ne dispose pas de ressources suffisantes.

Elle est accordée aux femmes enceintes confrontées à des difficultés médicales ou sociales et financières, lorsque leur santé ou celle de l'enfant l'exige.

Elle peut concourir à prévenir une interruption volontaire de grossesse.

Elle peut être accordée aux mineurs émancipés et aux majeurs âgés de moins de vingt et un ans, confrontés à des difficultés sociales.

Art. L. 222-3 *(Mod., L. n° 2007-293, 5 mars 2007).* – L'aide à domicile comporte, ensemble ou séparément :

– l'action d'un technicien ou d'une technicienne de l'intervention sociale et familiale ou d'une aide-ménagère ;
– l'intervention d'un service d'action éducative ;
– le versement d'aides financières, effectué sous forme soit de secours exceptionnels, soit d'allocations mensuelles, à titre définitif ou sous condition de remboursement, éventuellement délivrés en espèces ;
– un accompagnement en économie sociale et familiale.

Art. L. 222-4 *(Mod., L. n° 2007-293, 5 mars 2007).* – Les secours et allocations mensuelles d'aide à domicile sont incessibles et insaisissables. Toutefois, à la demande du bénéficiaire, ils peuvent être versés à toute personne temporairement chargée de l'enfant.

Lorsqu'un délégué aux prestations familiales a été nommé, il reçoit de plein droit les allocations mensuelles d'aide à domicile.

Art. L. 222-4-1 *(Abr., L. n° 2013-108, 31 janv. 2013).*

Art. L. 222-4-2 *(L. n° 2007-293, 5 mars 2007).* – Sur décision du président du conseil général, le service de l'aide à l'enfance et les services habilités accueillent tout mineur, pendant tout ou partie de la journée, dans un lieu situé, si possible, à proximité de son domicile, afin de lui apporter un soutien éducatif, ainsi qu'un accompagnement à sa famille dans l'exercice de sa fonction parentale.

Art. L. 222-5 *(Mod., L. n° 2009-323, 25 mars 2009 ; L. n° 2016-297, 14 mars 2016).* – Sont pris en charge par le service de l'aide sociale à l'enfance sur décision du président du conseil général :

1° Les mineurs qui ne peuvent demeurer provisoirement dans leur milieu de vie habituel et dont la situation requiert un accueil à temps complet ou partiel, modulable selon leurs besoins, en particulier de stabilité affective, ainsi que les mineurs rencontrant des difficultés particulières nécessitant un accueil spécialisé, familial ou dans un établissement ou dans un service tel que prévu au 12° du I de l'article L. 312-1 ;

2° Les pupilles de l'État remis aux services dans les conditions prévues aux articles L. 224-4, L. 224-5, L. 224-6 et L. 224-8 ;

3° Les mineurs confiés au service en application du 4° de l'article 375-3 du Code civil, des articles 375-5, 377, 377-1, 380, 433 du même code ou du 4° de l'article 10 et du 4° de l'article 15 de l'ordonnance n° 45-174 du 2 février 1945 relative à l'enfance délinquante ;

4° Les femmes enceintes et les mères isolées avec leurs enfants de moins de trois ans qui ont besoin d'un soutien matériel et psychologique, notamment parce qu'elles sont sans domicile. Ces dispositions ne font pas obstacle à ce que les établissements ou services qui accueillent ces femmes organisent des dispositifs visant à préserver ou à restaurer des relations avec le père de l'enfant, lorsque celles-ci sont conformes à l'intérêt de celui-ci.

Peuvent être également pris en charge à titre temporaire par le service chargé de l'aide sociale à l'enfance les mineurs émancipés et les majeurs âgés de moins de vingt et un ans qui éprouvent des difficultés d'insertion sociale faute de ressources ou d'un soutien familial suffisants.

Un accompagnement est proposé aux jeunes mentionnés au 1° du présent article devenus majeurs et aux majeurs mentionnés à l'avant-dernier alinéa, au-delà du terme de la mesure, pour leur permettre de terminer l'année scolaire ou universitaire engagée.

Art. L. 222-5-1 *(L. n° 2016-297, 14 mars 2016).* – Un entretien est organisé par le président du conseil départemental avec tout mineur accueilli au titre des 1°, 2° ou 3° de l'article L. 222-5, un an avant sa majorité, pour faire un bilan de son parcours et envisager les conditions de son accompagnement vers l'autonomie. Dans le cadre du projet pour l'enfant, un projet d'accès à l'autonomie est élaboré par le président du conseil départemental avec le mineur. Il y associe les institutions et organismes concourant à construire une réponse globale adaptée à ses besoins en matière éducative, sociale, de santé, de logement, de formation, d'emploi et de ressources.

L'entretien peut être exceptionnellement renouvelé afin de tenir compte de l'évolution des besoins des jeunes concernés.

Art. L. 222-5-2 *(L. n° 2016-297, 14 mars 2016).* – Un protocole est conclu par le président du conseil départemental, conjointement avec le représentant de l'État dans le département et le président du conseil régional et avec le concours de l'ensemble des institutions et des organismes concernés, afin de préparer et de mieux accompagner l'accès à l'autonomie des jeunes pris en charge ou sortant des dispositifs de l'aide sociale à l'enfance et de la protection judiciaire de la jeunesse. Ce protocole organise le partenariat entre les acteurs afin d'offrir aux jeunes de seize à vingt et un ans une réponse globale en matière éducative, culturelle, sociale, de santé, de logement, de formation, d'emploi et de ressources.

Art. L. 222-5-3 *(L. n° 2016-297, 14 mars 2016).* – Peuvent être pris en charge dans un centre parental, au titre de la protection de l'enfance, les enfants de moins de trois ans accompagnés de leurs deux parents quand ceux-ci ont besoin d'un soutien éducatif dans l'exercice de leur fonction parentale. Peuvent également être accueillis, dans les mêmes conditions, les deux futurs parents pour préparer la naissance de l'enfant.

Art. L. 222-6 *(Mod., L. n° 2002-93, 22 janv. 2002).* – Toute femme qui demande, lors de son accouchement, la préservation du secret de son admission et de son identité par un établissement de santé est informée des conséquences juridiques de cette demande et de l'importance pour toute personne de connaître ses origines et son histoire. Elle est donc invitée à laisser, si elle l'accepte, des renseignements sur sa santé et celle du père, les origines de l'enfant et les circonstances de la naissance ainsi que, sous pli fermé, son identité. Elle est informée de la possibilité qu'elle a de lever à tout moment le secret de son identité et, qu'à défaut, son identité ne pourra être communiquée que dans les conditions prévues à l'article L. 147-6. Elle est également informée qu'elle peut à tout moment donner son identité sous pli fermé ou compléter les renseignements qu'elle a donnés au moment de la naissance. Les prénoms donnés à l'enfant et, le cas échéant, mention du fait qu'ils l'ont été par la mère, ainsi que le sexe de l'enfant et la date, le lieu et l'heure de sa naissance sont mentionnés à l'extérieur de ce pli. Ces formalités sont accomplies par les personnes visées à l'article L. 223-7 avisées sous la responsabilité du directeur de l'établissement de santé. À défaut, elles sont accomplies sous la responsabilité de ce directeur.

Les frais d'hébergement et d'accouchement des femmes qui ont demandé, lors de leur admission dans un établissement public ou privé conventionné, à ce que le secret de leur identité soit préservé, sont pris en charge par le service de l'aide sociale à l'enfance du département siège de l'établissement.

Sur leur demande ou avec leur accord, les femmes mentionnées au premier alinéa bénéficient d'un accompagnement psychologique et social de la part du service de l'aide sociale à l'enfance.

Pour l'application des deux premiers alinéas, aucune pièce d'identité n'est exigée et il n'est procédé à aucune enquête.

Les frais d'hébergement et d'accouchement dans un établissement public ou privé conventionné des femmes qui, sans demander le secret de leur identité, confient leur enfant en vue d'adoption sont également pris en charge par le service de l'aide sociale à l'enfance du département, siège de l'établissement.

Art. L. 222-7. – Sauf disposition contraire, les modalités d'application du présent chapitre sont déterminées par décret en Conseil d'État.

CHAPITRE III. – DROITS DES FAMILLES DANS LEURS RAPPORTS AVEC LES SERVICES DE L'AIDE SOCIALE À L'ENFANCE

Art. L. 223-1 *(Mod., L. n° 2007-293, 5 mars 2007 ; L. n° 2016-297, 14 mars 2016).* – Toute personne qui demande une prestation prévue au présent titre ou qui en bénéficie est informée par les services chargés de la protection de la famille et de l'enfance des conditions d'attribution et des conséquences de cette prestation sur les droits et obligations de l'enfant et de son représentant légal.

Elle peut être accompagnée de la personne de son choix, représentant ou non une association, dans ses démarches auprès du service. Néanmoins, celui-ci a la possibilité de proposer également un entretien individuel dans l'intérêt du demandeur.

Le deuxième alinéa s'applique en outre aux démarches du père, de la mère, de toute autre personne exerçant l'autorité parentale ou du tuteur, auprès des services et établissements accueillant les mineurs mentionnés aux 1° et 3° de l'article L. 222-5.

L'attribution d'une ou plusieurs prestations prévues au présent titre est précédée d'une évaluation de la situation prenant en compte l'état du mineur, la situation de la famille et les aides auxquelles elle peut faire appel dans son environnement.

Le président du conseil départemental met en place une commission pluridisciplinaire et pluri-institutionnelle chargée d'examiner, sur la base des rapports prévus à l'article L. 223-5, la situation des enfants confiés à l'aide sociale à l'enfance depuis plus d'un an lorsqu'il existe un risque de délaissement parental ou lorsque le statut juridique de l'enfant paraît inadapté à ses besoins. La commission examine tous les six mois la situation des enfants de moins de deux ans. Sont associés à l'examen de la situation de l'enfant son référent éducatif et la personne physique qui l'accueille ou l'accompagne au quotidien. La commission peut formuler un avis au président du conseil départemental sur le projet pour l'enfant mentionné à l'article L. 223-1-1. Cet avis est remis à chacune des personnes morales ou physiques auxquelles le projet pour l'enfant est remis et au juge, lorsque celui-ci est saisi. Les membres de cette commission sont soumis au secret professionnel, selon les modalités prévues aux articles L. 221-6 et L. 226-2-2. Sa composition et son fonctionnement sont fixés par décret.

Sur la base des informations dont il dispose, le président du conseil général veille à assurer le suivi et, dans la mesure du possible, la continuité des interventions mises en œuvre pour un enfant et sa famille au titre de la protection de l'enfance.

Art. L. 223-1-1 *(L. n° 2016-297, 14 mars 2016).* – Il est établi, pour chaque mineur bénéficiant d'une prestation d'aide sociale à l'enfance, hors aides financières, ou d'une mesure de protection judiciaire, un document unique intitulé « projet pour l'enfant », qui vise à garantir son développement physique, psychique, affectif, intellectuel et social. Ce document accompagne le mineur tout au long de son parcours au titre de la protection de l'enfance.

Le projet pour l'enfant est construit en cohérence avec les objectifs fixés dans la décision administrative ou judiciaire le concernant. Dans une approche pluridisciplinaire, ce document détermine la nature et les objectifs des interventions menées en direction du mineur, de ses parents et de son environnement, leur délai de mise en œuvre, leur durée, le rôle du ou des parents et, le cas échéant, des tiers intervenant auprès du mineur ; il mentionne, en outre, l'identité du référent du mineur.

Le projet pour l'enfant prend en compte les relations personnelles entre les frères et sœurs, lorsqu'elles existent, afin d'éviter les séparations, sauf si cela n'est pas possible ou si l'intérêt de l'enfant commande une autre solution.

L'élaboration du projet pour l'enfant comprend une évaluation médicale et psychologique du mineur afin de détecter les besoins de soins qui doivent être intégrés au document.

Le président du conseil départemental est le garant du projet pour l'enfant, qu'il établit en concertation avec les titulaires de l'autorité parentale et, le cas échéant, avec la personne désignée en tant que tiers digne de confiance ainsi qu'avec toute personne physique ou morale qui s'implique auprès du mineur. Ce dernier est associé à l'établissement du projet pour l'enfant, selon des modalités adaptées à son âge et à sa maturité. Le projet pour l'enfant est remis au mineur et à ses représentants légaux et est communicable à chacune des personnes physiques ou morales qu'il identifie selon les conditions prévues par la loi n° 78-753 du 17 juillet 1978 portant diverses mesures d'amélioration des relations entre l'administration et le public et diverses dispositions d'ordre administratif, social et fiscal.

Le projet pour l'enfant est transmis au juge lorsque celui-ci est saisi.

Il est mis à jour, sur la base des rapports mentionnés à l'article L. 223-5, afin de tenir compte de l'évolution des besoins fondamentaux de l'enfant. Après chaque mise à jour, il est transmis aux services chargés de mettre en œuvre toute intervention de protection.

Les autres documents relatifs à la prise en charge de l'enfant, notamment le document individuel de prise en charge et le contrat d'accueil dans un établissement, s'articulent avec le projet pour l'enfant.

Un référentiel approuvé par décret définit le contenu du projet pour l'enfant.

Art. L. 223-1-2 *(L. n° 2016-297, 14 mars 2016)*. – Lorsque l'enfant pris en charge par le service de l'aide sociale à l'enfance est confié à une personne physique ou morale, une liste des actes usuels de l'autorité parentale que cette personne ne peut pas accomplir au nom de ce service sans lui en référer préalablement est annexée au projet pour l'enfant.

Le projet pour l'enfant définit les conditions dans lesquelles les titulaires de l'autorité parentale sont informés de l'exercice des actes usuels de l'autorité parentale.

Art. L. 223-2 *(Mod., L. n° 2007-293, 5 mars 2007)*. – Sauf si un enfant est confié au service par décision judiciaire ou s'il s'agit de prestations en espèces, aucune décision sur le principe ou les modalités de l'admission dans le service de l'aide sociale à l'enfance ne peut être prise sans l'accord écrit des représentants légaux ou du représentant légal du mineur ou du bénéficiaire lui-même s'il est mineur émancipé.

En cas d'urgence et lorsque le représentant légal du mineur est dans l'impossibilité de donner son accord, l'enfant est recueilli provisoirement par le service qui en avise immédiatement le procureur de la République.

Si le représentant légal est en mesure de donner son accord mais le refuse, le service saisit l'autorité judiciaire en vue de l'application de l'article 375-5 du Code civil.

Si, dans le cas prévu au deuxième alinéa du présent article, l'enfant n'a pas pu être remis à sa famille ou le représentant légal n'a pas pu ou a refusé de donner son accord dans un délai de cinq jours, le service saisit également l'autorité judiciaire en vue de l'application de l'article 375-5 du Code civil.

En cas de danger immédiat ou de suspicion de danger immédiat concernant un mineur ayant abandonné le domicile familial, le service peut, dans le cadre des actions de prévention, pendant une durée maximale de soixante-douze heures, accueillir le mineur, sous réserve d'en informer sans délai les parents, toute autre personne exerçant l'autorité parentale ou le tuteur, ainsi que le procureur de la République. Si au terme de ce délai le retour de l'enfant dans sa famille n'a pas pu être organisé, une procédure d'admission à l'aide sociale à l'enfance ou, à défaut d'accord des parents ou du représentant légal, une saisine de l'autorité judiciaire est engagée.

Pour toutes les décisions relatives au lieu et au mode de placement des enfants déjà admis dans le service, l'accord des représentants légaux ou du représentant légal est réputé acquis si celui-ci n'a pas fait connaître son opposition dans un délai de quatre semaines à compter du jour où il a reçu la notification de la demande du service, ou de six semaines à compter de la date d'envoi s'il n'a pas accusé réception de la notification.

Sous réserve des pouvoirs reconnus à l'autorité judiciaire, les mesures prises dans le cadre du présent chapitre ne peuvent en aucun cas porter atteinte à l'autorité parentale que détiennent le ou les représentants légaux de l'enfant, et notamment au droit de visite et au droit d'hébergement.

Art. L. 223-3 *(Mod., L. n° 2007-293, 5 mars 2007 ; L. n° 2016-297, 14 mars 2016)*. – Pour l'application des décisions judiciaires prises en vertu du 4° de l'article 10, du 4° de l'article 15 et du deuxième alinéa de l'article 17 de l'ordonnance n° 45-174 du 2 février 1945 relative à l'enfance délinquante, du 3° de l'article 375-3 et des articles 377 à 380 du Code civil, le représentant légal du mineur donne son avis par écrit préalablement au choix du mode et du lieu de placement et à toute modification apportée à cette décision.

Lorsque le service départemental de l'aide sociale à l'enfance auquel est confié un enfant en application de l'article 375-3 du Code civil envisage de modifier le lieu de placement de cet enfant, il en informe le juge compétent au moins un mois avant la mise en œuvre de sa décision. Cette disposition ne s'applique ni en cas d'urgence ni, pour l'enfant de deux ans révolus confié à une même personne ou à un même établissement pendant moins de deux années, en cas de modification prévue dans le projet pour l'enfant.

Art. L. 223-3-1 *(L. n° 2007-293, 5 mars 2007 ; mod., L. n° 2016-297, 14 mars 2016)*. – Si l'enfant est confié au service départemental de l'aide sociale à l'enfance en application du 3° de l'article 375-3 du Code civil, le juge fixe la nature et la fréquence des droits de visite et d'hébergement des parents et peut décider que leurs conditions d'exercice sont déterminées conjointement entre le service et les parents dans le cadre du document prévu à l'article L. 223-1-1 du présent code. Ce document lui est adressé. Il est saisi de tout désaccord.

Art. L. 223-3-2 *(L. n° 2016-297, 14 mars 2016)*. – Au terme de l'accueil d'un enfant par le service de l'aide sociale à l'enfance, le président du conseil départemental s'assure qu'un accompagnement permet le retour et le suivi de l'enfant dans sa famille dans les meilleures conditions.

Art. L. 223-4. – Le service examine avec le mineur toute décision le concernant et recueille son avis.

Art. L. 223-5 *(Mod., L. n° 2007-293, 5 mars 2007 ; L. n° 2016-297, 14 mars 2016)*. – Sauf dans les cas où un enfant est confié au service par décision judiciaire, aucune mesure ne peut être prise pour une durée supérieure à un an. Elle est renouvelable dans les mêmes conditions.

Le service élabore au moins une fois par an, ou tous les six mois pour les enfants âgés de moins de deux ans, un rapport, établi après une évaluation pluridisciplinaire, sur la situation de tout enfant accueilli ou faisant l'objet d'une mesure éducative. Ce rapport porte sur la santé physique et psychique de l'enfant, son développement, sa scolarité, sa vie sociale et ses relations avec sa famille et les tiers intervenant dans sa vie. Il permet de vérifier la *bonne mise en œuvre du projet* pour l'enfant mentionné à l'article L. 223-1-1 et l'adéquation de ce projet aux besoins de l'enfant ainsi que, le cas échéant, l'accomplissement des objectifs fixés par la décision de justice. Un référentiel approuvé par décret en Conseil d'État fixe le contenu et les modalités d'élaboration du rapport.

Lorsque l'enfant est confié au service de l'aide sociale à l'enfance en application du 3° de l'article L. 222-5 du présent code et du 3° de l'article 375-3 du Code civil, ce rapport est transmis à l'autorité judiciaire annuellement ou tous les six mois pour les enfants de moins de deux ans.

Sans préjudice des dispositions relatives à la procédure d'assistance éducative, le contenu et les conclusions de ce rapport sont préalablement portés à la connaissance du père, de la mère, de toute autre personne exerçant l'autorité parentale, du tuteur et du mineur, en fonction de son âge et de sa maturité.

Art. L. 223-6. – Les articles L. 223-2, L. 223-3 et L. 223-5 ne sont pas applicables aux enfants admis dans le service en vertu des dispositions du chapitre IV du présent titre.

Les articles L. 223-1, L. 223-2, L. 223-4 et le premier alinéa de l'article L. 223-5 sont applicables dans les cas mentionnés aux articles L. 226-3 et L. 226-4.

Art. L. 223-7 *(L. n° 2002-93, 22 janv. 2002 ; mod., L. n° 2016-297, 14 mars 2016).* – Pour l'application de l'article L. 222-6, dans chaque département, le président du conseil général désigne au sein de ses services au moins deux personnes chargées d'assurer les relations avec le Conseil national pour l'accès aux origines personnelles, d'organiser, dès que possible, la mise en œuvre de l'accompagnement psychologique et social dont peut bénéficier la femme et de recevoir, lors de la naissance, le pli fermé mentionné au premier alinéa de l'article L. 222-6, de lui délivrer l'information prévue à l'article L. 224-5 et de recueillir les renseignements relatifs à la santé des père et mère de naissance, aux origines de l'enfant et aux raisons et circonstances de sa remise au service de l'aide sociale à l'enfance ou à l'organisme autorisé et habilité pour l'adoption. Elles s'assurent également de la mise en place d'un accompagnement psychologique de l'enfant.

Ces personnes devront suivre une formation initiale et continue leur permettant de remplir ces missions. Cette formation est assurée par le Conseil national pour l'accès aux origines personnelles qui, selon des modalités définies par décret, procède à un suivi régulier de ces personnes.

Lorsqu'un enfant né sous le secret est restitué à l'un de ses parents, le président du conseil départemental propose un accompagnement médical, psychologique, éducatif et social du parent et de l'enfant pendant les trois années suivant cette restitution, afin de garantir l'établissement des relations nécessaires au développement physique et psychologique de l'enfant ainsi que sa stabilité affective.

Art. L. 223-8 *(Anc. art. L. 223-7, dénum., L. n° 2002-93, 22 janv. 2002).* – Un décret en Conseil d'État fixe les modalités d'application du présent chapitre.

CHAPITRE IV. – PUPILLES DE L'ÉTAT

Section I. – Organes chargés de la tutelle

Art. L. 224-1 *(Mod. à compter du 1er janvier 2018, Ord. n° 2016-1562, 21 nov. 2016).* – Les organes chargés de la tutelle des pupilles de l'État mentionnée au présent chapitre sont le représentant de l'État dans le département, ou, en Corse, le représentant de l'État dans la collectivité de Corse, qui exerce la fonction de tuteur et peut se faire représenter, et le conseil de famille des pupilles de l'État ; la tutelle des pupilles de l'État ne comporte pas de juge de tutelle ni de subrogé tuteur.

Le tuteur et le conseil de famille des pupilles de l'État exercent les attributions conférées à ces organes selon le régime de droit commun. À cette fin, le conseil de famille doit examiner au moins une fois par an la situation de chaque pupille. Avant toute décision du président du conseil départemental, ou, en Corse, du président du conseil exécutif relative au lieu et au mode de placement des pupilles de l'État, l'accord du tuteur et celui du conseil de famille doivent être recueillis, ainsi que l'avis du mineur dans les conditions prévues à l'article L. 223-4. Le mineur capable de discernement est, en outre, entendu par le tuteur, ou son représentant, et par le conseil de famille, ou l'un de ses membres désignés par lui à cet effet.

Lorsque le mineur se trouve dans une situation de danger manifeste, le tuteur, ou son représentant, prend toutes les mesures d'urgence que l'intérêt de celui-ci exige.

Art. L. 224-2 *(Mod. à compter du 1er janvier 2018, Ord. n° 2016-1562, 21 nov. 2016).* – Chaque conseil de famille comprend :

– des représentants du conseil départemental désignés par cette assemblée, sur proposition de son président, ou, en Corse, des représentants de la collectivité de Corse désignés par l'Assemblée de Corse ;

– des membres d'associations à caractère familial, notamment issus de l'union départementale des associations familiales, d'associations d'assistants maternels et d'associations de pupilles et anciens pupilles *de l'État choisis par le représentant de l'État* dans le département sur des listes de présentation établies par lesdites associations ;

– des personnalités qualifiées désignées par le représentant de l'État dans le département, ou, en Corse, par le représentant de l'État dans la collectivité de Corse.

Le conseil de famille est renouvelé par moitié. Le mandat de ses membres est de six ans. Il est renouvelable une fois. Ses membres assurant la représentation d'associations peuvent se faire remplacer par leur suppléant.

Les membres du conseil de famille sont tenus au secret professionnel selon les prescriptions des articles 226-13 et 226-14 du Code pénal.

La composition et les règles de fonctionnement du ou des conseils de famille institués dans le département, ou, en Corse, dans la collectivité de Corse sont fixées par voie réglementaire.

Art. L. 224-3. – Les décisions et délibérations de toute nature du conseil de famille des pupilles de l'État sont soumises aux voies de recours applicables au régime de la tutelle de droit commun.

Art. L. 224-3-1 *(Créé à compter du 1er janvier 2015, Ord. n° 2014-1543, 19 déc. 2014)*. – Le conseil de famille du département du Rhône est compétent également sur le territoire de la métropole de Lyon. Il est dénommé « conseil de famille départemental-métropolitain ».

Pour l'application des dispositions du quatrième alinéa de l'article L. 224-2, il comprend des représentants du conseil général du Rhône et du conseil de la métropole de Lyon.

Section II. – Admission en qualité de pupille de l'État

Art. L. 224-4 *(Mod., L. n° 2016-297, 14 mars 2016)*. – Sont admis en qualité de pupille de l'État :

1° Les enfants dont la filiation n'est pas établie ou est inconnue, qui ont été recueillis par le service de l'aide sociale à l'enfance depuis plus de deux mois ;

2° Les enfants dont la filiation est établie et connue, qui ont expressément été remis au service de l'aide sociale à l'enfance en vue de leur admission comme pupilles de l'État par les personnes qui ont qualité pour consentir à leur adoption, depuis plus de deux mois ;

3° Les enfants dont la filiation est établie et connue, qui ont expressément été remis au service de l'aide sociale à l'enfance depuis plus de six mois par leur père ou leur mère en vue de leur admission comme pupilles de l'État et dont l'autre parent n'a pas fait connaître au service, pendant ce délai, son intention d'en assumer la charge ; avant l'expiration de ce délai de six mois, le service s'emploie à connaître les intentions de l'autre parent ;

4° Les enfants orphelins de père et de mère pour lesquels la tutelle n'est pas organisée selon le chapitre II du titre X du livre I du Code civil et qui ont été recueillis par le service de l'aide sociale à l'enfance depuis plus de deux mois ;

5° Les enfants dont les parents ont fait l'objet d'un retrait total de l'autorité parentale en vertu des articles 378 et 378-1 du Code civil et qui ont été recueillis par le service de l'aide sociale à l'enfance en application de l'article 380 dudit code ;

6° Les enfants recueillis par le service de l'aide sociale à l'enfance en application des articles 381-1 et 381-2 du Code civil.

Art. L. 224-5 *(Mod., L. n° 2002-93, 22 janv. 2002 ; à compter du 1er janvier 2014, L. n° 2013-673, 26 juill. 2013)*. – Lorsqu'un enfant est recueilli par le service de l'aide sociale à l'enfance dans les cas mentionnés aux 1°, 2°, 3° et 4° de l'article L. 224-4, un procès-verbal est établi.

Il doit être mentionné au procès-verbal que les parents à l'égard de qui la filiation de l'enfant est établie, la mère ou le père de naissance de l'enfant ou la personne qui remet l'enfant ont été informés :

1° Des mesures instituées, notamment par l'État, les collectivités territoriales et les organismes de sécurité sociale pour aider les parents à élever eux-mêmes leurs enfants ;

2° Des dispositions du régime de la tutelle des pupilles de l'État suivant le présent chapitre ;

3° Des délais et conditions suivant lesquels l'enfant pourra être repris par ses père ou mère ainsi que des modalités d'admission en qualité de pupille de l'État mentionnées à l'article L. 224-8 ;

4° De la possibilité de laisser tous renseignements concernant la santé des père et mère, les origines de l'enfant, les raisons et les circonstances de sa remise au service de l'aide sociale à l'enfance.

De plus, lorsque l'enfant est remis au service par ses père ou mère, selon les 2° ou 3° de l'article L. 224-4, ceux-ci doivent être invités à consentir à son adoption ; le consentement est porté sur le procès-verbal ; celui-ci doit également mentionner que les parents ont été informés des délais et conditions dans lesquels ils peuvent rétracter leur consentement, selon les deuxième et troisième alinéas de l'article 348-3 du Code civil.

Art. L. 224-6 *(Mod., L. n° 2016-297, 14 mars 2016)*. – L'enfant est déclaré pupille de l'État à titre provisoire à la date à laquelle est établi le procès-verbal prévu à l'article L. 224-5. La tutelle est organisée à compter de la date de cette déclaration.

Toutefois, dans un délai de deux mois suivant la date à laquelle il a été déclaré pupille de l'État à titre provisoire, l'enfant peut être repris immédiatement et sans aucune formalité par celui de ses père ou mère qui l'avait confié au service. Ce délai est porté à six mois, dans le cas prévu au 3° de l'article L. 224-4 pour celui des père ou mère qui n'a pas confié l'enfant au service.

Au-delà de ces délais, la décision d'accepter ou de refuser la restitution d'un pupille de l'État est, sous réserve des dispositions de l'article 352 du Code civil, prise par le tuteur, avec l'accord du conseil de famille. En cas de refus, les demandeurs peuvent saisir le tribunal de grande instance.

Lorsqu'un enfant pupille de l'État est restitué à l'un de ses parents, le président du conseil départemental propose un accompagnement médical, psychologique, éducatif et social du parent et de l'enfant pendant les trois années suivant cette restitution, afin de garantir l'établissement des relations nécessaires au développement physique et psychologique de l'enfant ainsi que sa stabilité affective.

Art. L. 224-7 *(L. n° 2002-93, 22 janv. 2002)*. – Les renseignements et le pli fermé mentionnés à l'article L. 222-6, ainsi que l'identité des personnes qui ont levé le secret, sont conservés sous la responsabilité du président du conseil général qui les transmet au Conseil national pour l'accès aux origines personnelles, sur la demande de celui-ci.

Sont également conservées sous la responsabilité du président du conseil général les demandes et déclarations transmises par le Conseil national pour l'accès aux origines personnelles en application de l'article L. 147-4.

Les renseignements concernant la santé des père et mère de naissance, les origines de l'enfant, les raisons et circonstances de sa remise au service de l'aide à l'enfance, ainsi que l'identité des père et mère de naissance, s'ils ont levé le secret de leur identité, sont tenus à la disposition de l'enfant majeur, de ses représentants légaux ou de lui-même avec l'accord de ceux-ci s'il est mineur, de son tuteur s'il est majeur placé sous tutelle, de ses descendants en ligne directe majeurs s'il est décédé.

Art. L. 224-8 *(Rempl. à compter du 1er janvier 2014, L. n° 2013-673, 26 juill. 2013)*. – I. - L'enfant est admis en qualité de pupille de l'État par arrêté du président du conseil général pris soit après la date d'expiration des délais prévus aux 1° à 4° de l'article L. 224-4 en cas d'admission en application de ces mêmes 1° à 4°, soit une fois le jugement passé en force de chose jugée lorsque l'enfant est admis dans les conditions prévues aux 5° ou 6° du même article.

II. - L'arrêté mentionné au I peut être contesté par :

1° Les parents de l'enfant, en l'absence d'une déclaration judiciaire d'abandon ou d'un retrait total de l'autorité parentale ;

2° Les membres de la famille de l'enfant ;

3° Le père de naissance ou les membres de la famille de la mère ou du père de naissance, lorsque l'enfant a été admis en application du 1° de l'article L. 224-4 ;

4° Toute personne ayant assuré la garde de droit ou de fait de l'enfant.

L'action n'est recevable que si le requérant demande à assumer la charge de l'enfant.

III. - L'arrêté mentionné au I est notifié aux personnes mentionnées au 1° du II, ainsi qu'à celles mentionnées aux 2° à 4° du même II qui, avant la date de cet arrêté, ont manifesté un intérêt pour l'enfant auprès du service de l'aide sociale à l'enfance. Cette notification, qui est faite par tout moyen permettant d'établir une date certaine de réception, mentionne les voies et délais de recours ainsi que la juridiction compétente. Elle précise que l'action n'est recevable que si le requérant demande à assumer la charge de l'enfant.

IV. - Le recours contre l'arrêté mentionné au I est formé, à peine de forclusion, devant le tribunal de grande instance dans un délai de trente jours à compter de la date de la réception de sa notification.

V. - S'il juge la demande conforme à l'intérêt de l'enfant, le tribunal prononce l'annulation de l'arrêté mentionné au I et confie l'enfant au demandeur, à charge, le cas échéant, pour ce dernier de requérir l'organisation de la tutelle, ou lui délègue les droits de l'autorité parentale. Dans le cas où il rejette le recours, le tribunal peut autoriser le demandeur, dans l'intérêt de l'enfant, à exercer un droit de visite dans les conditions qu'il détermine.

Section III. – Statut des pupilles

Art. L. 224-9. – *(Mod., Ord. n° 2010-420, 27 avr. 2010)* (1) Les deniers des pupilles de l'État sont confiés au directeur départemental des finances publiques.

Rédaction antérieure. Les deniers des pupilles de l'État sont confiés au trésorier-payeur général.

Le tuteur peut autoriser, au profit du pupille, le retrait de tout ou partie des fonds lui appartenant.

Les revenus des biens et capitaux appartenant aux pupilles sont perçus au profit du département jusqu'à leur majorité, à titre d'indemnité d'entretien et dans la limite des prestations qui leur ont été allouées. Lors de la reddition des comptes, le tuteur, à son initiative ou à la demande du conseil de famille, peut proposer, avec l'accord de ce dernier, au président du conseil général toute remise jugée équitable à cet égard.

Les héritiers, autres que les frères et sœurs élevés eux-mêmes par le service, qui se présentent pour recueillir la succession d'un pupille, doivent rembourser au département les frais d'entretien du pupille, déduction faite des revenus que le département avait perçus.

Lorsqu'aucun héritier ne se présente, les biens des pupilles de l'État décédés sont recueillis par le département et utilisés pour l'attribution de dons ou de prêts aux pupilles et anciens pupilles de l'État.

Les biens du tuteur ne sont pas soumis à l'hypothèque légale instituée à l'article 2121 du Code civil.

Art. L. 224-10. – Lorsque les père ou mère d'un ancien pupille sont appelés à sa succession, ils sont tenus, dans la limite de l'actif net qu'ils recueillent dans cette succession, d'effectuer au département le remboursement des frais d'entretien de l'enfant, à moins qu'ils n'aient obtenu la remise de l'enfant pendant sa minorité, ou que le président du conseil général ne leur accorde une exonération totale ou partielle dudit remboursement.

Art. L. 224-11. – L'association départementale d'entraide entre les pupilles et anciens pupilles de l'État participe à l'effort d'insertion sociale des personnes admises ou ayant été admises dans le service de l'aide sociale à l'enfance. À cet effet, elle peut notamment leur attribuer des secours, primes diverses et prêts d'honneur.

Ses ressources sont constituées par les cotisations de ses membres, les subventions du département, des communes, de l'État, les dons et legs.

Le conseil d'administration comporte deux membres des conseils de famille des pupilles de l'État.

Section IV. – Dispositions communes

Art. L. 224-12. – Sont déterminés par décrets en Conseil d'État :

1° La composition et les règles de fonctionnement du ou des conseils de famille institués dans le département en application de l'article L. 224-2.

2° Les conditions de recueil des renseignements mentionnés au 4° de l'article L. 224-5.

CHAPITRE V. – ADOPTION

Section I. – Adoption des pupilles de l'État

Art. L. 225-1 *(Mod., L. n° 2016-297, 14 mars 2016)*. – Les enfants admis en qualité de pupille de l'État en application des articles L. 224-4 et L. 224-8 doivent faire l'objet, dans les meilleurs délais, d'un projet de vie, défini par le tuteur avec l'accord du conseil de famille, qui peut être une adoption, si tel est l'intérêt de l'enfant. Ce projet de vie s'articule avec le projet pour l'enfant mentionné à l'article L. 223-1-1.

Lorsque ce projet de vie est celui d'une adoption, la définition du projet d'adoption, simple ou plénière suivant les circonstances particulières à la situation de l'enfant ainsi que le choix des adoptants éventuels sont assurés par le tuteur, avec l'accord du conseil de famille ; le mineur capable de discernement est préalablement entendu par le tuteur ou son représentant et par le conseil de famille ou l'un de ses membres désignés par lui à cet effet.

(1) Dans les circonscriptions dans lesquelles les directions régionales, départementales et locales des finances publiques n'ont pas encore été constituées, les présentes dispositions demeurent applicables dans leur rédaction antérieure à l'ordonnance n° 2010-420 du 27 avril 2010, au plus tard jusqu'au 31 décembre 2012, Ord. n° 2010-420, 27 avr. 2010, art. 130.

Art. L. 225-2 *(Mod., L. n° 2005-744, 4 juill. 2005 ; à compter du 1er janvier 2018, Ord. n° 2016-1562, 21 nov. 2016).* – Les pupilles de l'État peuvent être adoptés soit par les personnes à qui le service de l'aide sociale à l'enfance les a confiés pour en assurer la garde lorsque les liens affectifs qui se sont établis entre eux justifient cette mesure, soit par des personnes agréées à cet effet, soit, si tel est l'intérêt desdits pupilles, par des personnes dont l'aptitude à les accueillir a été régulièrement constatée dans un État autre que la France, en cas d'accord international engageant à cette fin ledit État.

L'agrément est accordé pour cinq ans, dans un délai de neuf mois, par le président du conseil départemental, ou, en Corse, par le président du conseil exécutif après avis d'une commission dont la composition est fixée par voie réglementaire. Le délai court à compter de la date à laquelle la personne confirme sa demande d'agrément dans les conditions fixées par voie réglementaire. L'agrément est délivré par un arrêté dont la forme et le contenu sont définis par décret.

L'agrément est délivré pour l'accueil d'un ou de plusieurs enfants simultanément. Une notice, dont la forme et le contenu sont définis par décret, décrivant le projet d'adoption des personnes agréées est jointe à l'agrément. Cette notice peut être révisée par le président du conseil départemental, ou, en Corse, par le président du conseil exécutif sur demande du candidat à l'adoption.

L'agrément est caduc à compter de l'arrivée au foyer d'au moins un enfant français ou étranger, ou de plusieurs simultanément.

Art. L. 225-3 *(Mod., L. n° 2005-744, 4 juill. 2005).* – Les personnes qui demandent l'agrément bénéficient des dispositions de l'article L. 223-1.

Les conseils généraux proposent aux candidats des réunions d'information pendant la période d'agrément. Elles peuvent demander que tout ou partie des investigations effectuées pour l'instruction du dossier soient accomplies une seconde fois et par d'autres personnes que celles auxquelles elles avaient été confiées initialement. Elles sont informées du déroulement de ladite instruction et peuvent prendre connaissance de tout document figurant dans leur dossier dans les conditions fixées aux articles 3 et 4 de la loi n° 78-753 du 17 juillet 1978 portant diverses mesures d'amélioration des relations entre l'administration et le public et diverses dispositions d'ordre administratif, social et fiscal.

Art. L. 225-4. – Tout refus ou retrait d'agrément doit être motivé.

Art. L. 225-5. – Après un refus ou un retrait d'agrément, le délai à partir duquel une nouvelle demande peut être déposée est de trente mois.

Art. L. 225-6. – Lorsque les personnes agréées changent de département, leur agrément demeure valable sous réserve d'une déclaration préalable adressée au président du conseil général de leur nouveau département de résidence. Lorsque des personnes à qui un refus ou un retrait d'agrément a été notifié changent de département de résidence, ce refus ou ce retrait leur demeure opposable.

Art. L. 225-7. – Les décisions relatives à l'agrément mentionné à l'article L. 225-2 sont transmises sans délai par le président du conseil général au ministre chargé de la famille.

Art. L. 225-8. – Toute personne membre de la commission mentionnée au deuxième alinéa de l'article L. 225-2 a droit à des autorisations d'absence de la part de son employeur pour participer aux réunions de cette instance.

Si la personne mentionnée au premier alinéa est fonctionnaire ou assimilée, ce droit s'exerce conformément à l'article 59 de la loi n° 84-53 du 26 janvier 1984 portant dispositions statutaires relatives à la fonction publique territoriale et à l'article 45 de la loi n° 86-33 du 9 janvier 1986 portant dispositions statutaires relatives à la fonction publique hospitalière. S'agissant des agents de la fonction publique de l'État, les modalités d'exercice de ce droit sont déterminées par les dispositions statutaires qui leur sont applicables.

Si la personne mentionnée au premier alinéa est salariée, ces autorisations ne peuvent être refusées que dans les conditions prévues aux deuxième et troisième alinéas de l'article L. 211-13. En outre, si elle assure la représentation d'une association affiliée à l'une des unions mentionnées à l'article L. 211-3, son employeur bénéficie des dispositions prévues au dernier alinéa de l'article L. 211-13. Si elle représente l'association mentionnée au premier alinéa de l'article L. 224-11, cette dernière rembourse à l'employeur le maintien de son salaire.

Art. L. 225-9. – Le département accorde une aide financière sous condition de ressources aux personnes adoptant un enfant dont le service de l'aide sociale à l'enfance leur avait confié la garde.

Art. L. 225-10. – Le Gouvernement présente au Parlement, tous les trois ans à compter du 1er janvier 1997, un rapport relatif à l'adoption indiquant notamment, par année et par département, le nombre d'agréments demandés, accordés, refusés ou retirés, le nombre des pupilles de l'État et le nombre d'adoptions et de placements en vue d'adoption les concernant.

Section II. – Organismes autorisés et habilités pour l'adoption

Art. L. 225-11 *(Mod., L. n° 2002-93, 22 janv. 2002).* – Tout organisme, personne physique ou morale de droit privé, qui sert d'intermédiaire pour l'adoption ou le placement en vue d'adoption de mineurs de quinze ans, doit avoir obtenu une autorisation préalable d'exercer cette activité auprès du président du conseil général de chaque département dans lequel elle envisage de placer les mineurs concernés (1).

Toutefois, l'organisme autorisé dans un département au minimum peut servir d'intermédiaire pour l'adoption ou le placement en vue de l'adoption de mineurs de quinze ans dans d'autres départements, sous réserve d'adresser préalablement une déclaration de fonctionnement au président de chaque conseil général concerné. Le président du conseil général peut à tout moment interdire dans son département l'activité de l'organisme si celui-ci ne présente pas de garanties suffisantes pour assurer la protection des enfants, de leurs parents ou des futurs adoptants.

Art. L. 225-12. – Les organismes autorisés doivent obtenir une habilitation du ministre chargé des affaires étrangères pour exercer leur activité au profit de mineurs étrangers (1).

Art. L. 225-13. – Les décisions d'autorisation ou d'interdiction d'exercer prises au titre de l'article L. 225-11 sont transmises par le président du conseil général au ministre chargé de la famille et, le cas échéant, au ministre chargé des affaires étrangères.

Art. L. 225-14. – Les œuvres d'adoption sont réputées être titulaires des autorisations prévues au premier alinéa de l'article L. 225-11 dans tous les départements où elles étaient autorisées à exercer leur activité au 10 janvier 1986.

Art. L. 225-14-1 *(L. n° 2002-93, 22 janv. 2002).* – Les organismes autorisés et habilités pour l'adoption communiquent les dossiers individuels qu'ils détiennent aux intéressés qui leur en font la demande dans les conditions prévues par la loi n° 78-753 du 17 juillet 1978 portant diverses mesures d'amélioration des relations entre l'administration et le public et diverses dispositions d'ordre administratif, social et fiscal.

Art. L. 225-14-2 *(L. n° 2002-93, 22 janv. 2002).* – Les dispositions de la loi n° 79-18 du 3 janvier 1979 relative aux archives s'appliquent aux archives des organismes autorisés et habilités pour l'adoption.

Lorsqu'un organisme autorisé et habilité pour l'adoption cesse ses activités, les dossiers des enfants qui lui ont été remis sont transmis au président du conseil général et conservés sous sa responsabilité.

Section III. – Agence française de l'adoption
(L. n° 2005-744, 4 juill. 2005)

Art. L. 225-15 *(L. n° 2005-744, 4 juill. 2005).* – Il est créé une Agence française de l'adoption qui a pour mission d'informer, de conseiller et de servir d'intermédiaire pour l'adoption de mineurs étrangers de quinze ans.

L'État, les départements et des personnes morales de droit privé constituent à cette fin un groupement d'intérêt public.

L'Agence française de l'adoption est autorisée à intervenir comme intermédiaire pour l'adoption dans l'ensemble des départements.

(1) V. D. n° 2002-575, 18 avr. 2002.

Elle est habilitée à intervenir comme intermédiaire pour l'adoption dans les États parties à la convention de La Haye du 29 mai 1993 sur la protection des enfants et la coopération en matière d'adoption internationale. À la demande du ministre chargé des affaires étrangères, après avis de l'Autorité centrale pour l'adoption internationale, l'Agence française de l'adoption suspend ou cesse son activité dans l'un de ces pays si les procédures d'adoption ne peuvent plus être menées dans les conditions définies par la convention précitée, et la reprend, le cas échéant, lorsque ces conditions peuvent de nouveau être respectées. Pour exercer son activité dans les autres pays d'origine des mineurs, elle doit obtenir l'habilitation du ministre chargé des affaires étrangères prévue à l'article L. 225-12.

Pour l'exercice de son activité, dans les pays d'origine, elle s'appuie sur un réseau de correspondants.

Elle assure ses compétences dans le strict respect des principes d'égalité et de neutralité.

(L. n° 2011-525, 17 mai 2011) Sous réserve des dispositions de la présente section, ce groupement est régi par le chapitre II de la loi n° 2011-525 du 17 mai 2011 de simplification et d'amélioration de la qualité du droit.

Art. L. 225-16 *(L. n° 2005-744, 4 juill. 2005)*. – Dans chaque département, le président du conseil général désigne au sein de ses services au moins une personne chargée d'assurer les relations avec l'Agence française de l'adoption.

Outre les moyens mis à la disposition de l'agence par les personnes morales de droit privé qui en sont membres, l'État et les départements assurent sa prise en charge financière selon des modalités définies par voie réglementaire.

Le personnel de l'agence est soumis au secret professionnel dans les conditions prévues aux articles 226-13 et 226-14 du Code pénal.

Les dispositions des articles L. 225-14-1 et L. 225-14-2 du présent code sont applicables à l'agence.

Section IV. – Adoption internationale

(Anc. sect. III, dénum., L. n° 2005-744, 4 juill. 2005)

Art. L. 225-17 *(Anc. art. L. 225-15, dénum., L. n° 2005-744, 4 juill. 2005)*. – Les personnes qui accueillent, en vue de son adoption, un enfant étranger doivent avoir obtenu l'agrément prévu aux articles L. 225-2 à L. 225-7.

Art. L. 225-18 *(Anc. art. L. 225-16, dénum. et rempl., L. n° 2005-744, 4 juill. 2005)*. – Le mineur placé en vue d'adoption ou adopté bénéficie d'un accompagnement par le service de l'aide sociale à l'enfance ou l'organisme mentionné à l'article L. 225-11 à compter de son arrivée au foyer de l'adoptant et jusqu'au prononcé de l'adoption plénière en France ou jusqu'à la transcription du jugement étranger. Cet accompagnement est prolongé si l'adoptant le demande, notamment s'il s'y est engagé envers l'État d'origine de l'enfant. Dans ce dernier cas, il s'effectue selon les modalités de calendrier déterminées au moment de l'engagement.

Art. L. 225-19 *(Anc. art. L. 225-17, dénum., L. n° 2005-744, 4 juill. 2005)*. – Est puni d'un an d'emprisonnement et d'une amende de 15 000 € le fait d'exercer l'activité d'intermédiaire pour l'adoption ou le placement en vue de l'adoption de mineurs de quinze ans sans avoir obtenu l'autorisation préalable prévue au premier alinéa de l'article L. 225-11 ou malgré une interdiction d'exercer.

Les personnes physiques coupables des infractions prévues au présent article encourent également la peine complémentaire d'interdiction, suivant les modalités de l'article 131-27 du Code pénal, d'exercer l'activité professionnelle d'accueil, d'hébergement ou de placement de mineurs.

Art. L. 225-20 *(Anc. art. L. 225-18, dénum., L. n° 2005-744, 4 juill. 2005)*. – Un décret en Conseil d'État fixe les modalités d'application du présent chapitre et notamment des articles L. 225-1 à L. 225-7 (1).

(1) V. D. n° 98-771, 1er sept. 1998.

CHAPITRE VI. – PROTECTION DES MINEURS MALTRAITÉS

Art. L. 226-1. – Les missions définies au 5° de l'article L. 221-1 sont menées par le service de l'aide sociale à l'enfance, en liaison avec le service départemental de protection maternelle et infantile mentionné à l'article L. 2112-1 du Code de la santé publique, et le service départemental d'action sociale mentionné à l'article L. 123-2 du présent code ainsi qu'avec les autres services publics compétents.

Art. L. 226-2 *(Mod., L. n° 2007-293, 5 mars 2007).* – Ces missions comportent notamment l'information et la sensibilisation de la population et des personnes concernées par les situations de mineurs en danger ou qui risquent de l'être ainsi que la publicité du dispositif de recueil d'informations prévu à l'article L. 226-3.

Le président du conseil général peut faire appel aux associations concourant à la protection de l'enfance et de la famille pour participer aux actions d'information et de sensibilisation prévues à l'alinéa précédent.

Art. L. 226-2-1 *(L. n° 2007-293, 5 mars 2007).* – Sans préjudice des dispositions du II de l'article L. 226-4, les personnes qui mettent en œuvre la politique de protection de l'enfance définie à l'article L. 112-3 ainsi que celles qui lui apportent leur concours transmettent sans délai au président du conseil général ou au responsable désigné par lui, conformément à l'article L. 226-3, toute information préoccupante sur un mineur en danger ou risquant de l'être, au sens de l'article 375 du Code civil. Lorsque cette information est couverte par le secret professionnel, sa transmission est assurée dans le respect de l'article L. 226-2-2 du présent code. Cette transmission a pour but de permettre d'évaluer la situation du mineur et de déterminer les actions de protection et d'aide dont ce mineur et sa famille peuvent bénéficier. Sauf intérêt contraire de l'enfant, le père, la mère, toute autre personne exerçant l'autorité parentale ou le tuteur sont préalablement informés de cette transmission, selon des modalités adaptées.

Art. L. 226-2-2 *(L. n° 2007-293, 5 mars 2007).* – Par exception à l'article 226-13 du Code pénal, les personnes soumises au secret professionnel qui mettent en œuvre la politique de protection de l'enfance définie à l'article L. 112-3 ou qui lui apportent leur concours sont autorisées à partager entre elles des informations à caractère secret afin d'évaluer une situation individuelle, de déterminer et de mettre en œuvre les actions de protection et d'aide dont les mineurs et leur famille peuvent bénéficier. Le partage des informations relatives à une situation individuelle est strictement limité à ce qui est nécessaire à l'accomplissement de la mission de protection de l'enfance. Le père, la mère, toute autre personne exerçant l'autorité parentale, le tuteur, l'enfant en fonction de son âge et de sa maturité sont préalablement informés, selon des modalités adaptées, sauf si cette information est contraire à l'intérêt de l'enfant.

Art. L. 226-3 *(Rempl., L. n° 2007-293, 5 mars 2007 ; mod., L. n° 2016-297, 14 mars 2016).* – Le président du conseil général est chargé du recueil, du traitement et de l'évaluation, à tout moment et quelle qu'en soit l'origine, des informations préoccupantes relatives aux mineurs en danger ou qui risquent de l'être. Le représentant de l'État et l'autorité judiciaire lui apportent leur concours.

Des protocoles sont établis à cette fin entre le président du conseil général, le représentant de l'État dans le département, les partenaires institutionnels concernés et l'autorité judiciaire en vue de centraliser le recueil des informations préoccupantes au sein d'une cellule de recueil, de traitement et d'évaluation de ces informations.

L'évaluation de la situation d'un mineur à partir d'une information préoccupante est réalisée par une équipe pluridisciplinaire de professionnels identifiés et formés à cet effet. À cette occasion, la situation des autres mineurs présents au domicile est également évaluée. Un décret précise les conditions d'application du présent alinéa.

Après évaluation, les informations individuelles font, si nécessaire, l'objet d'un signalement à l'autorité judiciaire.

Les services publics, ainsi que les établissements publics et privés susceptibles de connaître des situations de mineurs en danger ou qui risquent de l'être, participent au dispositif départemental. Le président du conseil général peut requérir la collaboration d'associations concourant à la protection de l'enfance.

Les informations mentionnées au premier alinéa ne peuvent être collectées, conservées et utilisées que pour assurer les missions prévues au 5° de l'article L. 221-1.

Art. L. 226-3-1 *(L. n° 2007-293, 5 mars 2007 ; mod., L. n° 2016-297, 14 mars 2016).* – Dans chaque département, un observatoire départemental de la protection de l'enfance, placé sous l'autorité du président du conseil général, a pour missions :

1° De recueillir, d'examiner et d'analyser les données relatives à l'enfance en danger dans le département, au regard notamment des informations anonymes transmises dans les conditions prévues à l'article L. 226-3. Ces données sont ensuite adressées par chaque département à l'Observatoire national de la protection de l'enfance ;

2° D'être informé de toute évaluation des services et établissements intervenant dans le domaine de la protection de l'enfance et assurée en application de l'article L. 312-8 ;

3° De suivre la mise en œuvre du schéma départemental prévu à l'article L. 312-5 en tant qu'il concerne les établissements et services mentionnés aux 1° et 4° du I de l'article L. 312-1, et de formuler des avis ;

4° De formuler des propositions et avis sur la mise en œuvre de la politique de protection de l'enfance dans le département ;

5° De réaliser un bilan annuel des formations continues délivrées dans le département en application de l'article L. 542-1 du Code de l'éducation, qui est rendu public, et d'élaborer un programme pluriannuel des besoins en formation de tous les professionnels concourant dans le département à la protection de l'enfance.

La composition pluri-institutionnelle de l'observatoire départemental de la protection de l'enfance est précisée par décret.

L'observatoire départemental de la protection de l'enfance établit des statistiques qui sont portées à la connaissance de l'assemblée départementale et transmises aux représentants de l'État et de l'autorité judiciaire.

Art. L. 226-3-1-1 *(Créé à compter du 1er janvier 2018, Ord. n° 2016-1562, 21 nov. 2016).* – L'observatoire de la protection de l'enfance de la collectivité de Corse est placé sous l'autorité du président du conseil exécutif.

L'observatoire de la protection de l'enfance de la collectivité de Corse établit des statistiques pour chaque circonscription administrative de l'État de Corse-du-Sud et de Haute-Corse. Elles sont portées à la connaissance de l'Assemblée de Corse et transmises aux représentants de l'État et de l'autorité judiciaire compétents.

Pour l'application des dispositions du chapitre VI du titre II du livre II à la collectivité de Corse, les mots : « président du conseil départemental » sont remplacés par les mots : « président du conseil exécutif ».

Art. L. 226-3-2 *(L. n° 2012-301, 5 mars 2012 ; rect. JO, 10 mars 2012 ; mod., L. n° 2016-297, 14 mars 2016).* – Dans le cas où la procédure de transmission d'informations prévue à l'article L. 221-3 est rendue impossible par l'absence d'information sur la nouvelle adresse de la famille et si l'interruption de l'évaluation ou du traitement de l'information préoccupante, de la prestation d'aide sociale à l'enfance ou de la mesure judiciaire de protection de l'enfance met en danger le mineur concerné, le président du conseil général du département d'origine avise sans délai l'autorité judiciaire de la situation en application de l'article L. 226-4.

En l'absence d'informations sur la nouvelle adresse de la famille, s'il considère que le mineur qui fait l'objet d'une information préoccupante en cours d'évaluation ou de traitement et dont la famille est bénéficiaire d'une prestation d'aide sociale à l'enfance hors aide financière, ou d'une mesure judiciaire de protection de l'enfance est en danger ou risque de l'être, le président du conseil général du département d'origine peut également, pour ses missions de protection de l'enfance, saisir la caisse primaire d'assurance maladie et la caisse d'allocations familiales compétentes, qui lui communiquent la nouvelle adresse de la famille dans un délai de dix jours à compter de la réception de la demande et dans le respect des dispositions relatives au secret professionnel. À cette fin, la caisse primaire d'assurance maladie peut accéder aux informations contenues (Rect. JO10 mars 2012) dans le répertoire national inter-régimes des bénéficiaires de l'assurance maladie visé à l'article L. 161-32 du Code de la sécurité sociale.

Le président du conseil général du département d'origine communique sans délai au président du conseil général du département d'accueil l'adresse de la famille et lui transmet les informations relatives à cette famille et au mineur concerné en application de l'article L. 221-3 du présent code.

Art. L. 226-3-3 *(L. n° 2016-297, 14 mars 2016).* – Sont transmises à l'observatoire départemental de la protection de l'enfance et à l'Observatoire national de la protection de l'enfance, sous forme anonyme, les informations relatives aux mesures, mentionnées aux articles L. 222-3, L. 222-4-2, L. 222-5 et L. 223-2 du présent code, aux articles 375-2, 375-3 et 375-9-1 du Code civil, à l'article 1er du décret n° 75-96 du 18 février 1975 fixant les modalités de mise en œuvre d'une action de protection judiciaire en faveur de jeunes majeurs et à l'article 1183 du Code de procédure civile, dont bénéficient des mineurs ou des majeurs de moins de vingt et un ans. Sont également transmises à l'Observatoire national de la protection de l'enfance, sous forme anonyme, les informations relatives aux mesures prévues au huitième alinéa de l'article 8, aux cinquième à avant-dernier alinéas de l'article 10, aux 2° à 5° de l'article 15, aux 2° à 4° de l'article 16 et aux articles 16 *bis* et 25 de l'ordonnance n° 45-174 du 2 février 1945 relative à l'enfance délinquante ainsi qu'aux mesures de placement, à quelque titre que ce soit, dans les centres définis à l'article 33 de la même ordonnance, aux fins d'exploitation conditionnée à la succession ou la simultanéité de ces mesures avec les signalements ou mesures mentionnés à la première phrase du présent article, dans le cadre des missions mentionnées au premier alinéa de l'article L. 226-6 du présent code. La nature et les modalités de transmission de ces informations sont fixées par décret.

Art. L. 226-4 *(Rempl., L. n° 2007-293, 5 mars 2007 ; mod., L. n° 2016-297, 14 mars 2016).* – I. - Le président du conseil général avise sans délai le procureur de la République aux fins de saisine du juge des enfants lorsqu'un mineur est en danger au sens de l'article 375 du Code civil et :

1° Qu'il a déjà fait l'objet d'une ou plusieurs actions mentionnées aux articles L. 222-3 et L. 222-4-2 et au 1° de l'article L. 222-5, et que celles-ci n'ont pas permis de remédier à la situation ;

2° Que, bien que n'ayant fait l'objet d'aucune des actions mentionnées au 1°, celles-ci ne peuvent être mises en place en raison du refus de la famille d'accepter l'intervention du service de l'aide sociale à l'enfance ou de l'impossibilité dans laquelle elle se trouve de collaborer avec ce service ;

3° Que ce danger est grave et immédiat, notamment dans les situations de maltraitance.

Il avise également sans délai le procureur de la République lorsqu'un mineur est présumé être en situation de danger au sens de l'article 375 du Code civil mais qu'il est impossible d'évaluer cette situation.

Le président du conseil général fait connaître au procureur de la République les actions déjà menées, le cas échéant, auprès du mineur et de la famille intéressés.

Le procureur de la République informe dans les meilleurs délais le président du conseil général des suites qui ont été données à sa saisine.

II. - Toute personne travaillant au sein des organismes mentionnés à l'avant-dernier alinéa de l'article L. 226-3 qui avise directement, du fait de la gravité de la situation, le procureur de la République de la situation d'un mineur en danger adresse une copie de cette transmission au président du conseil général. Lorsque le procureur a été avisé par une autre personne, il transmet au président du conseil général les informations qui sont nécessaires à l'accomplissement de la mission de protection de l'enfance confiée à ce dernier et il informe cette personne des suites réservées à son signalement, dans les conditions prévues aux articles 40-1 et 40-2 du Code de procédure pénale.

Art. L. 226-5 *(Mod., L. n° 2007-293, 5 mars 2007).* – Le président du conseil général informe les personnes qui lui ont communiqué des informations dont elles ont eu connaissance à l'occasion de l'exercice de leur activité professionnelle « ou d'un mandat électif » des suites qui leur ont été données.

Sur leur demande, il fait savoir aux autres personnes l'ayant informé si une suite a été donnée.

En cas de saisine de l'autorité judiciaire, il en informe par écrit les parents de l'enfant ou son représentant légal.

Art. L. 226-6 *(Mod., L. n° 2007-293, 5 mars 2007 ; L. n° 2016-297, 14 mars 2016).* – L'État, les départements et des personnes morales de droit public ou privé constituent un groupement d'intérêt public pour gérer un service d'accueil téléphonique gratuit ainsi qu'un Observatoire national de la protection de l'enfance afin d'exercer, à l'échelon national, les missions d'observation, d'analyse et de prévention des mauvais traitements et de protection des mineurs en danger prévues au présent chapitre.

Le service d'accueil téléphonique répond, à tout moment, aux demandes d'information ou de conseil concernant les situations de mineurs en danger ou présumés l'être. Il transmet immédiatement au président du conseil général, selon le dispositif mis en place en application de l'article L. 226-3, les informations qu'il recueille et les appréciations qu'il formule à propos de ces mineurs. À cette fin, le président du conseil général informe le groupement des modalités de fonctionnement permanent du dispositif départemental.

L'Observatoire national de la protection de l'enfance contribue au recueil et à l'analyse des données et des études concernant la protection de l'enfance, en provenance de l'État, des collectivités territoriales, des établissements publics, des fondations et des associations œuvrant en ce domaine. Il contribue à la mise en cohérence des différentes données et informations, à l'amélioration de la connaissance des phénomènes de mise en danger des mineurs et recense les pratiques de prévention, ainsi que de dépistage et de prise en charge médico-sociale et judiciaire des mineurs en danger, dont les résultats évalués ont été jugés concluants, afin d'en assurer la promotion auprès de l'État, des collectivités territoriales, des établissements publics, des fondations et des associations œuvrant dans ce domaine. Il présente au Gouvernement et au Parlement un rapport annuel rendu public.

Art. L. 226-7. – La convention constitutive du groupement précise les conditions dans lesquelles le dispositif mentionné à l'article L. 226-3 transmet au service d'accueil téléphonique les informations qu'il recueille pour l'établissement de l'étude prévue à l'article L. 226-6.

Art. L. 226-8. – L'affichage des coordonnées du service d'accueil téléphonique est obligatoire dans tous les établissements et services recevant de façon habituelle des mineurs.

Art. L. 226-9 *(L. n° 2004-1, 2 janv. 2004 ; mod., L. n° 2016-297, 14 mars 2016).* – Le secret professionnel est applicable aux agents du service d'accueil téléphonique et de l'Observatoire national de la protection de l'enfance dans les conditions prévues aux articles 226-13 et 226-14 du Code pénal. Le quatrième alinéa de l'article L. 226-3 est également applicable aux informations recueillies par le service d'accueil téléphonique.

Art. L. 226-10 *(L. n° 2004-1, 2 janv. 2004 ; mod., L. n° 2016-297, 14 mars 2016).* – Outre les moyens mis à la disposition du service d'accueil téléphonique et de l'Observatoire national de la protection de l'enfance par les autres membres constituant le groupement, sa prise en charge financière est assurée à parts égales par l'État et les départements. La participation financière de chaque département est fixée par voie réglementaire en fonction de l'importance de la population.

Art. L. 226-11. – Les dépenses résultant de l'application du présent chapitre constituent, pour le département, des dépenses obligatoires.

Art. L. 226-12 *(Rempl., L. n° 2007-293, 5 mars 2007).* – Les règles relatives à la formation sur la protection de l'enfance sont fixées par les dispositions de l'article L. 542-1 du Code de l'éducation.

Art. L. 226-12-1 *(L. n° 2007-293, 5 mars 2007).* – Les cadres territoriaux qui, par délégation du président du conseil général, prennent des décisions relatives à la protection de l'enfance et fixent les modalités de leur mise en œuvre doivent avoir suivi une formation adaptée à l'exercice de ces missions. Cette formation, en partie commune aux différentes professions et institutions, est dispensée dans des conditions fixées par voie réglementaire.

Art. L. 226-13. – Le ministre chargé de la famille présente au Parlement tous les trois ans à compter du 30 juin 1992, un rapport rendant compte des résultats des recherches menées sur l'enfance maltraitée et proposant toutes mesures propres à en diminuer la fréquence et la gravité. Le même rapport établit un bilan de fonctionnement du dispositif départemental de recueil d'informations et du service d'accueil téléphonique mentionnés aux articles L. 226-3 et L. 226-6.

CHAPITRE VII. – MINEURS ACCUEILLIS HORS DU DOMICILE PARENTAL

(Intitulé rempl., L. n° 2001-624, 17 juill. 2001)

Art. L. 227-1 *(L. n° 2001-624, 17 juill. 2001).* – Tout mineur accueilli hors du domicile de ses parents jusqu'au quatrième degré ou de son tuteur est placé sous la protection des autorités publiques.

Sous réserve des dispositions des articles L. 227-2 à L. 227-4, cette protection est assurée par le président du conseil général du lieu où le mineur se trouve.

Elle s'exerce sur les conditions morales et matérielles de leur accueil en vue de protéger leur sécurité, leur santé et leur moralité.

Art. L. 227-2. – Dans le cas où les mineurs ont été confiés à des particuliers ou à des établissements en application des articles 375-3 et 375-5 du Code civil, ils sont placés sous la protection conjointe du président du conseil général et du juge des enfants.

Art. L. 227-2-1 *(L. n° 2016-297, 14 mars 2016).* – Lorsque la durée du placement excède un seuil fixé par décret selon l'âge de l'enfant, le service départemental de l'aide sociale à l'enfance auquel a été confié le mineur en application de l'article 375-3 du Code civil examine l'opportunité de mettre en œuvre d'autres mesures susceptibles de garantir la stabilité des conditions de vie de l'enfant afin de lui permettre de bénéficier d'une continuité relationnelle, affective, éducative et géographique dans un lieu de vie adapté à ses besoins. Il en informe le juge des enfants qui suit le placement, en présentant les raisons qui l'amènent à retenir ou à exclure les mesures envisageables.

Art. L. 227-3 *(L. n° 2001-624, 17 juill. 2001).* – Cette protection est assurée dans les conditions prévues soit :
- par le Code de la santé publique ;
- par d'autres dispositions visant les établissements soumis à une réglementation particulière ;
- par les dispositions des articles L. 227-1, L. 227-2 et L. 227-4 à L. 227-12.

Art. L. 227-4 *(L. n° 2001-624, 17 juill. 2001 ; rempl., Ord. n° 2005-1092, 1er sept. 2005).* – La protection des mineurs, dès leur inscription dans un établissement scolaire en application de l'article L. 113-1 du Code de l'éducation, qui bénéficient hors du domicile parental, à l'occasion des vacances scolaires, des congés professionnels ou des loisirs, d'un mode d'accueil collectif à caractère éducatif entrant dans une des catégories fixées par décret en Conseil d'État, est confiée au représentant de l'État dans le département.

Ce décret définit, pour chaque catégorie d'accueil, la réglementation qui lui est applicable, et les conditions dans lesquelles un projet éducatif doit être établi.

Les dispositions du présent article ne sont pas applicables à l'accueil organisé par des établissements d'enseignement scolaire.

Art. L. 227-5 *(L. n° 2001-624, 17 juill. 2001 ; mod., Ord. n° 2005-1092, 1er sept. 2005).* – Les personnes organisant l'accueil de mineurs mentionné à l'article L. 227-4 ainsi que celles exploitant les locaux où ces mineurs sont hébergés doivent en faire la déclaration préalable auprès de l'autorité administrative. Celle-ci peut s'opposer à l'organisation de cette activité lorsque les conditions dans lesquelles elle est envisagée présentent des risques pour la santé et la sécurité physique ou morale des mineurs et notamment lorsque les exigences prévues au dernier alinéa ne sont pas satisfaites.

Les personnes organisant l'accueil des mineurs mentionné à l'article L. 227-4, ainsi que celles exploitant les locaux où cet accueil se déroule, sont tenues de souscrire un contrat d'assurance garantissant les conséquences pécuniaires de leur responsabilité civile, ainsi que de celle de leurs préposés et des participants aux activités qu'elles proposent. Les assurés sont tiers entre eux.

Les personnes organisant l'accueil des mineurs mentionné à l'article L. 227-4 sont également tenues d'informer les responsables légaux des mineurs concernés de leur intérêt à souscrire un contrat d'assurance de personnes couvrant les dommages corporels auxquels peuvent les exposer les activités auxquels ils participent.

Un décret en Conseil d'État précise les modalités d'application des dispositions ci-dessus, notamment le contenu de la déclaration préalable, les normes d'hygiène et de sécurité auxquelles doit satisfaire l'accueil, les exigences liées à la qualification des personnes assurant l'encadrement des mineurs, les conditions particulières d'encadrement et de pratique des activités physiques, ainsi que les modalités de souscription aux contrats d'assurance obligatoire.

Art. L. 227-6 *(Abr., Ord. n° 2005-1092, 1er sept. 2005).*

Voir : la rédaction de cet article issue de la loi n° 2019-486 du 22 mai 2019, en *addendum*, p. 3587

Art. L. 227-7 et L. 227-7-1 *(Abr., Ord. n° 2005-1477, 1er déc. 2005).*

Art. L. 227-8 *(L. n° 2001-624, 17 juill. 2001 ; mod., L. n° 2009-526, 12 mai 2009).* – Est puni de six mois d'emprisonnement et de 3 750 € d'amende :

1° le fait pour une personne de ne pas souscrire la déclaration préalable mentionnée à l'article L. 227-5 ;

2° le fait d'apporter un changement aux conditions d'accueil des mineurs mentionné à l'article L. 227-4, sans avoir souscrit à cette déclaration ;

3° le fait de ne pas souscrire aux garanties d'assurance mentionnées à l'article L. 227-5.

Est puni d'un an d'emprisonnement et de 7 500 € d'amende le fait de s'opposer de quelque façon que ce soit à l'exercice des fonctions dont sont chargés les agents mentionnés à l'article L. 227-9.

Est puni de deux ans d'emprisonnement et de 30 000 € :

1° le fait d'exercer des fonctions à quelque titre que ce soit en vue de l'accueil de mineurs mentionnés à l'article L. 227-4, ou d'exploiter les locaux accueillant ces mineurs malgré les incapacités prévues à l'article L. 133-6 ;

2° le fait de ne pas exécuter les décisions préfectorales prévues aux articles L. 227-5, L. 227-10 et L. 227-11.

Art. L. 227-9 *(L. n° 2001-624, 17 juill. 2001)*. – La surveillance de l'accueil des mineurs mentionné à l'article L. 227-4 est exercée par des agents placés sous l'autorité du ministre chargé de la jeunesse et des sports et du représentant de l'État dans le département.

Outre les officiers de police judiciaire agissant conformément aux dispositions du Code de procédure pénale, les fonctionnaires du ministère chargé de la jeunesse et des sports habilités à cet effet par le ministre chargé de la jeunesse et des sports et assermentés dans des conditions fixées par décret en Conseil d'État peuvent rechercher et constater par procès-verbal les infractions prévues à l'article L. 227-8.

Pour l'exercice de leurs missions, les fonctionnaires mentionnés à l'alinéa précédent peuvent accéder aux locaux, lieux ou installations où se déroule cet accueil, à l'exclusion des domiciles et de la partie des locaux servant de domicile, demander la communication de tout document professionnel et en prendre copie, recueillir sur convocation ou sur place les renseignements et justifications.

Le procureur de la République est préalablement informé par les fonctionnaires mentionnés au premier alinéa des opérations envisagées en vue de la recherche des infractions.

Ceux-ci ne peuvent effectuer leur visite qu'entre 8 heures et 20 heures, ou, en dehors de ces heures, sur appel provenant d'une personne se trouvant dans ces locaux, lieux ou installations, ou sur plainte ou réclamation. Dans ce cas, la visite est soumise à autorisation du président du tribunal de grande instance ou du magistrat délégué par lui, saisi sans forme par l'agent habilité.

Dans le cas où l'accès est refusé, la demande de visite précise les locaux, lieux et installations concernés. Elle comporte tous les éléments de nature à justifier cet accès.

Le président du tribunal de grande instance ou le magistrat délégué par lui statue immédiatement par ordonnance. Celle-ci mentionne les locaux, lieux, installations, dont l'accès est autorisé, ainsi que le nom et la qualité de l'agent habilité à procéder à la visite.

La visite s'effectue sous le contrôle du président du tribunal de grande instance ou du magistrat délégué par lui qui l'a autorisée ; celui-ci peut se rendre sur place pendant l'intervention et, à tout moment, décider la suspension ou l'arrêt de la visite.

L'ordonnance est notifiée à la personne responsable des locaux, lieux, installations, soit sur place au moment de la visite contre récépissé, soit, en son absence, après la visite, par lettre recommandée avec demande d'avis de réception.

L'ordonnance susceptible d'appel est exécutoire à titre provisoire.

Les procès-verbaux font foi jusqu'à preuve contraire et sont transmis au procureur de la République dans les cinq jours suivant leur établissement. Une copie en est également remise à l'intéressé.

Toute personne exerçant une fonction à quelque titre que ce soit dans l'accueil de mineurs mentionné à l'article L. 227-4 ou exploitant des locaux les accueillant est tenue de fournir aux agents mentionnés au premier alinéa du présent article tous renseignements leur permettant d'apprécier les conditions matérielles et morales de fonctionnement de l'accueil.

Art. L. 227-10 *(Ord. n° 2004-637, 1er juill. 2004 ; Ord. n° 2005-1092, 1er sept. 2005)*. – Après avis de la commission départementale compétente en matière de jeunesse et de sport, le représentant de l'État dans le département peut prononcer à l'encontre de toute personne dont la participation à un accueil de mineurs mentionné à l'article L. 227-4 ou à l'organisation d'un tel accueil présenterait des risques pour la santé et la sécurité physique ou morale des mineurs mentionnés à l'article L. 227-4, ainsi que de toute personne qui est sous le coup d'une mesure de suspension ou d'interdiction d'exercer prise en application de l'article L. 463-6 du Code de l'éducation, l'interdiction temporaire ou permanente d'exercer une fonction particulière ou quelque fonction que ce soit auprès de ces mineurs, d'exploiter des locaux les accueillant ou de participer à l'organisation des accueils.

En cas d'urgence, le représentant de l'État dans le département peut, sans consultation de ladite commission, prendre une mesure de suspension d'exercice à l'égard des personnes mentionnées à l'alinéa précédent. Cette mesure est limitée à six mois. Dans le cas où l'intéressé fait l'objet de poursuites pénales, la mesure de suspension s'applique jusqu'à l'intervention d'une décision définitive rendue par la juridiction compétente.

Art. L. 227-11 *(L. n° 2001-624, 17 juill. 2001 ; rempl., Ord. n° 2005-1092, 1er sept. 2005 ; mod., Ord. n° 2005-1477, 1er déc. 2005)*. – I. – Le représentant de l'État dans le département peut adresser, à toute personne qui exerce une responsabilité dans l'accueil des mineurs mentionné à l'article L. 227-4 ou aux exploitants des locaux les accueillant, une injonction pour mettre fin :

– aux manquements aux dispositions prévues à l'article L. 227-5 ;

– aux risques pour la santé et la sécurité physique ou morale des mineurs que présentent les conditions de leur accueil ;

– aux manquements aux dispositions relatives au projet éducatif prévues à l'article L. 227-4 ;

– aux manquements aux dispositions prévues à l'article L. 133-6 et à l'article L. 227-10.

À l'expiration du délai fixé dans l'injonction, le représentant de l'État dans le département peut, de manière totale ou partielle, interdire ou interrompre l'accueil de mineurs mentionné à l'article L. 227-4, ainsi que prononcer la fermeture temporaire ou définitive des locaux dans lesquels il se déroule, si la ou les personnes qui exercent une responsabilité dans l'accueil des mineurs mentionné à l'article L. 227-4 ou les exploitants des locaux les accueillant n'ont pas remédié aux situations qui ont justifié l'injonction.

En cas d'urgence ou lorsque l'une des personnes mentionnées à l'alinéa précédent refuse de se soumettre à la visite prévue à l'article L. 227-9, le représentant de l'État dans le département peut décider, sans injonction préalable, d'interdire ou d'interrompre l'accueil ou de fermer les locaux dans lesquels il se déroule.

Le cas échéant, il prend, avec la personne responsable de l'accueil, les mesures nécessaires en vue de pourvoir au retour des mineurs dans leur famille.

II. – Lorsque les conditions d'accueil présentent ou sont susceptibles de présenter des risques pour la santé ou la sécurité physique ou morale des mineurs ou que sont constatés des manquements aux obligations rappelées au I, le représentant de l'État dans le département peut adresser à la personne morale qui organise l'accueil de mineurs mentionné à l'article L. 227-4 les injonctions nécessaires pour prévenir ces risques ou mettre fin à ces manquements.

Si, à l'expiration du délai fixé, il n'a pas été mis fin aux dysfonctionnements constatés, le représentant de l'État dans le département peut, après avis de la commission mentionnée à l'article L. 227-10, prononcer à l'encontre de la personne morale l'interdiction temporaire ou définitive d'organiser l'accueil de mineurs mentionné à l'article L. 227-4.

Art. L. 227-12 *(L. n° 2001-624, 17 juill. 2001)*. – Les conditions d'application des articles L. 227-10 et L. 227-11 sont fixées par décret en Conseil d'État.

CHAPITRE VIII. – DISPOSITIONS FINANCIÈRES

Art. L. 228-1. – Le père, la mère et les ascendants d'un enfant pris en charge par le service de l'aide sociale à l'enfance restent tenus envers lui des obligations prévues aux articles 203 à 211 du Code civil.

Sous réserve d'une décision judiciaire contraire, sont dispensés des obligations énoncées aux articles 205, 206 et 207 du Code civil les pupilles de l'État qui auront été élevés par le service de l'aide sociale à l'enfance jusqu'à la fin de la scolarité obligatoire, à moins que les frais d'entretien occasionnés par le pupille remis ultérieurement à ses parents n'aient été remboursés au département.

Art. L. 228-2. – Sans préjudice des décisions judiciaires prises sur le fondement de l'article 40 de l'ordonnance n° 45-174 du 2 février 1945 relative à l'enfance délinquante et de l'article 375-8 du Code civil, une contribution peut être demandée à toute personne prise en charge par le service de l'aide sociale à l'enfance ou, si elle est mineure, à ses débiteurs d'aliments. Cette contribution est fixée par le président du conseil général dans les conditions prévues par le règlement départemental d'aide sociale dans la limite d'un plafond fixé par voie réglementaire.

Art. L. 228-3. – Le département prend en charge financièrement au titre de l'aide sociale à l'enfance, à l'exception des dépenses résultant de placements dans des établissements et services publics de la protection judiciaire de la jeunesse, les dépenses d'entretien, d'éducation et de conduite de chaque mineur :

1° Confié par l'autorité judiciaire en application des articles 375-3, 375-5 et 433 du Code civil à des personnes physiques, établissements ou services publics ou privés ;

2° Confié au service de l'aide sociale à l'enfance dans les cas prévus au 3° de l'article L. 222-5 ;

3° Ou pour lequel est intervenue une délégation d'autorité parentale, en application des articles 377 et 377-1 du Code civil, à un particulier ou à un établissement habilité dans les conditions fixées par voie réglementaire.

Il prend également en charge les dépenses afférentes aux mesures d'action éducative en milieu ouvert exercées sur le mineur et sa famille en application des articles 375-2, 375-4 et 375-5 du Code civil et confiées soit à des personnes physiques, établissements et services publics ou privés, soit au service de l'aide sociale à l'enfance.

Art. L. 228-4 *(Rempl., L. n° 2016-1547, 18 nov. 2016)*. – Sous réserve des deuxième à cinquième alinéas du présent article, les prestations d'aide sociale à l'enfance mentionnées au chapitre II du présent titre sont à la charge du département qui a prononcé l'admission dans le service de l'aide sociale à l'enfance.

Les dépenses mentionnées à l'article L. 228-3 sont prises en charge par le département du siège de la juridiction qui a prononcé la mesure en première instance, nonobstant tout recours éventuel contre cette décision.

Toutefois, par exception au deuxième alinéa du présent article, lorsque la juridiction qui a prononcé la mesure en première instance a un ressort territorial s'étendant sur plusieurs départements, les dépenses sont prises en charge dans les conditions suivantes :

1° Les dépenses mentionnées au 2° de l'article L. 228-3 sont prises en charge par le département auquel le mineur est confié par l'autorité judiciaire, à la condition que ce département soit l'un de ceux mentionnés au troisième alinéa du présent article ;

2° Les autres dépenses mentionnées à l'article L. 228-3 résultant de mesures prononcées en première instance par l'autorité judiciaire sont prises en charge par le département sur le territoire duquel le mineur réside ou fait l'objet d'une mesure de placement, à la condition que ce département soit l'un de ceux mentionnés au troisième alinéa du présent article.

Lorsque, pendant l'exécution de la mesure, la juridiction décide de se dessaisir du dossier au profit d'une autre juridiction, elle porte cette décision à la connaissance des présidents des conseils généraux concernés. Le département du ressort de la juridiction désormais saisie prend en charge les frais afférents à l'exécution de la mesure dans les conditions fixées aux deuxième à cinquième alinéas du présent article.

Le département chargé de la prise en charge financière d'une mesure, en application des deuxième à cinquième alinéas ci-dessus, assure celle-ci selon le tarif en vigueur dans le département où se trouve le lieu de placement de l'enfant.

Art. L. 228-5. – Une convention signée entre le représentant de l'État dans le département et le président du conseil général fixe les conditions dans lesquelles les mineurs accueillis sur le territoire national à la suite d'une décision gouvernementale prise pour tenir compte de situations exceptionnelles sont pris en charge par le service de l'aide sociale à l'enfance. Les dépenses en résultant pour le département sont intégralement remboursées par l'État.

Art. L. 228-6. – La dispense des droits de timbre et d'enregistrement sur les actes du service de l'aide sociale à l'enfance est régie par les dispositions de l'article 1067 du Code général des impôts.

Code des assurances

PREMIÈRE PARTIE (LÉGISLATIVE)

LIVRE PREMIER. – LE CONTRAT

TITRE PREMIER. – RÈGLES COMMUNES AUX ASSURANCES DE DOMMAGES NON MARITIMES ET AUX ASSURANCES DE PERSONNES

(Intitulé rempl., Ord. n° 2011-839, 15 juill. 2011) (1)

CHAPITRE I. – DISPOSITIONS GÉNÉRALES

Art. L. 111-1 *(L. n° 92-665, 16 juill. 1992 ; mod., L. n° 2009-1255, 19 oct. 2009)*. – Les titres Ier, II et III du présent livre ne concernent que les assurances terrestres. À l'exception des articles L. 111-6, L. 112-2, *L. 112-4, L. 112-7 et L. 113-4-1, ils ne sont applicables ni (Mots rempl., Ord. n° 2011-839, 15 juill. 2011)* (1) « aux contrats d'assurance régis par le titre VII du présent livre » ni aux opérations d'assurance

(1) (Dispositions applicables aux contrats conclus ou renouvelés, tacitement ou non, à compter du 1er juillet 2012, Ord. n° 2011-839, 15 juill. 2011).

crédit ; les opérations de réassurance conclues entre assureurs et réassureurs sont exclues de leur champ d'application.

Il n'est pas dérogé aux dispositions des lois et règlements relatifs aux sociétés à forme tontinière ; aux assurances contractées par les chefs d'entreprise, à raison de la responsabilité des accidents de travail survenus à leurs ouvriers et employés ; aux sociétés ou caisses d'assurances et de réassurances mutuelles agricoles.

Art. L. 111-2 *(Mod., Ord. n° 2009-106, 30 janv. 2009 ; à compter du 1er avril 2018, Ord. n° 2017-1433, 4 oct. 2017).* – Ne peuvent être modifiées par convention les prescriptions des titres Ier, II, III et IV du présent livre, sauf celles qui donnent aux parties une simple faculté et qui sont contenues au dernier alinéa du I et au II de l'article L. 111-10 et dans les articles L. 112-1, L. 112-5, L. 112-6, L. 113-10, L. 121-5 à L. 121-8, L. 121-12, L. 121-14, L. 122-1, L. 122-2, L. 122-6, L. 124-1, L. 124-2, L. 127-6, L. 132-1, L. 132-10, L. 132-15 et L. 132-19.

Art. L. 111-3 *(Mod., Ord. n° 2008-556, 13 juin 2008).* – Dans tous les cas où l'assureur se réassure contre les risques qu'il a assurés ou les transfère à un véhicule de titrisation mentionné à l'article L. 310-1-2, il reste seul responsable vis-à-vis de l'assuré.

Art. L. 111-4 *(L. n° 94-5, 4 janv. 1994).* – L'autorité administrative peut imposer l'usage de clauses types de contrats.

Art. L. 111-5 *(Abr., L. n° 2005-1564, 15 déc. 2005).*

Art. L. 111-6 *(L. n° 94-5, 4 janv. 1994 ; mod., L. n° 2016-816, 20 juin 2016).* – Sont regardés comme grands risques :

1° Ceux qui relèvent des catégories suivantes :

a) Les corps de véhicules ferroviaires, aériens, maritimes, lacustres et fluviaux ainsi que la responsabilité civile afférente auxdits véhicules ;

b) Les marchandises transportées ;

c) Le crédit et la caution, lorsque le souscripteur exerce à titre professionnel une activité industrielle, commerciale ou libérale, à condition que le risque se rapporte à cette activité ;

d) Les installations d'énergies marines renouvelables, définies par un décret en Conseil d'État ;

2° Ceux qui concernent l'incendie et les éléments naturels, les autres dommages aux biens, la responsabilité civile générale, les pertes pécuniaires diverses, les corps de véhicules terrestres à moteur ainsi que la responsabilité civile, y compris celle du transporteur, afférente à ces véhicules, lorsque le souscripteur exerce une activité dont l'importance dépasse certains seuils définis par décret en Conseil d'État.

Art. L. 111-7 *(L. n° 2007-1774, 17 déc. 2007 ; mod., L. n° 2013-672, 26 juill. 2013).* – I. – Toute discrimination directe ou indirecte fondée sur la prise en compte du sexe comme facteur dans le calcul des primes et des prestations ayant pour effet des différences en matière de primes et de prestations est interdite.

Les frais liés à la grossesse et à la maternité n'entraînent pas un traitement moins favorable des femmes en matière de primes et de prestations.

Par dérogation au premier alinéa, le ministre chargé de l'économie peut autoriser par arrêté des différences de primes et de prestations fondées sur la prise en compte du sexe et proportionnées aux risques lorsque des données *actuarielles et statistiques pertinentes et précises* établissent que le sexe est un facteur déterminant dans l'évaluation du risque d'assurance. Ces arrêtés sont pris conjointement avec le ministre chargé de la sécurité sociale lorsqu'ils portent sur des opérations mentionnées aux 1° et 2° de l'article L. 310-1.

II. – Un arrêté du ministre chargé de l'économie et du ministre chargé de la sécurité sociale fixe les conditions dans lesquelles les données mentionnées au troisième alinéa du I sont collectées ou répertoriées par les organismes professionnels mentionnés à l'article L. 132-9-2 et les conditions dans lesquelles elles leur sont transmises. Ces données régulièrement mises à jour sont publiées dans des conditions fixées par cet arrêté et au plus tard à la date d'entrée en vigueur de l'arrêté mentionné au troisième alinéa du I.

Par dérogation au premier alinéa du présent II, les données mentionnées au dernier alinéa du I peuvent, s'agissant des risques liés à la durée de la vie humaine, prendre la forme de tables homologuées et régulièrement mises à jour par arrêté du ministre chargé de l'économie.

II *bis*. - La dérogation prévue au dernier alinéa du I est applicable aux contrats et aux adhésions à des contrats d'assurance de groupe conclus ou effectuées au plus tard le 20 décembre 2012 et à ces contrats et adhésions reconduits tacitement après cette date.

La dérogation n'est pas applicable aux contrats et aux adhésions mentionnés au premier alinéa du présent II *bis* ayant fait l'objet après le 20 décembre 2012 d'une modification substantielle, nécessitant l'accord des parties, autre qu'une modification qu'une au moins des parties ne peut refuser.

III. – Le présent article s'applique aux contrats d'assurance autres que ceux conclus dans les conditions prévues à l'article L. 911-1 du Code de la sécurité sociale, ainsi qu'aux opérations mentionnées à l'article L. 322-2-2 du présent code qui en découlent directement.

Art. L. 111-8 *(Mod., L. n° 2016-41, 26 janv. 2016)*. – Toute discrimination directe ou indirecte fondée sur la prise en compte d'un don d'organes, de cellules ou de gamètes comme facteur de refus de contrat d'assurance ou dans le calcul des primes et des prestations du donneur ayant pour effet des différences en matière de primes et de prestations est interdite.

Art. L. 111-9 *(Créé à compter du 1er avril 2018, Ord. n° 2017-1433, 4 oct. 2017)*. – Constitue un support durable, au sens du présent code, tout instrument offrant la possibilité à l'assuré, à l'assureur, à l'intermédiaire ou au souscripteur d'un contrat d'assurance de groupe de stocker des informations qui lui sont adressées personnellement, afin de pouvoir s'y reporter ultérieurement pendant un laps de temps adapté aux fins auxquelles les informations sont destinées, et qui permet la reproduction à l'identique des informations conservées.

Art. L. 111-10 *(Créé à compter du 1er avril 2018, Ord. n° 2017-1433, 4 oct. 2017)*. – I. - L'assureur, l'intermédiaire ou le souscripteur d'un contrat d'assurance de groupe qui souhaite fournir ou mettre à disposition des informations ou des documents à un assuré sur un support durable autre que le papier, vérifie au préalable que ce mode de communication est adapté à la situation de celui-ci ; il s'assure qu'il est en mesure de prendre connaissance de ces informations et documents sur le support durable envisagé. Lorsque l'assuré fournit à cette fin une adresse électronique, celle-ci est vérifiée par l'assureur, l'intermédiaire ou le souscripteur.

Après ces vérifications, l'assureur, l'intermédiaire ou le souscripteur informe l'assuré de façon claire, précise et compréhensible de la poursuite de la relation commerciale sur un support durable autre que le papier. Il renouvelle ces vérifications annuellement.

Sauf lorsqu'il est indiqué dans le contrat conclu que le service fourni est de nature exclusivement électronique, l'assureur, l'intermédiaire ou le souscripteur doit informer l'assuré du droit de celui-ci de s'opposer à l'utilisation de ce support dès l'entrée en relation ou à n'importe quel moment ; il est tenu de justifier à tout moment de la relation que cette information a bien été portée à la connaissance de l'assuré.

II. - Sauf lorsqu'il est indiqué dans le contrat conclu que le service fourni est de nature exclusivement électronique, l'assuré peut, à tout moment et par tout moyen, demander qu'un support papier soit utilisé sans frais pour la poursuite de la relation commerciale. Il peut par ailleurs effectuer, dans les mêmes conditions, l'ensemble des formalités et obligations qui lui incombent sur tout support durable convenu avec l'assureur, l'intermédiaire ou le souscripteur.

Art. L. 111-11 *(Créé à compter du 1er avril 2018, Ord. n° 2017-1433, 4 oct. 2017)*. – Lorsque l'assureur, l'intermédiaire ou le souscripteur d'un contrat d'assurance de groupe met à disposition de l'assuré un espace personnel sécurisé sur internet, il garantit l'accessibilité des informations et documents conservés dans cet espace pendant une durée adaptée à leur finalité. Pour les documents précontractuels et contractuels, cette durée ne peut être inférieure à cinq ans après la fin de la relation contractuelle.

Lorsque l'assureur, l'intermédiaire ou le souscripteur envisage de ne plus rendre accessibles ces informations et documents, il doit en informer préalablement, dans un délai qui ne peut être inférieur à deux mois, l'assuré par tout moyen adapté à la situation de ce dernier.

Art. L. 111-12 *(Créé à compter du 1er avril 2018, Ord. n° 2017-1433, 4 oct. 2017)*. – Lorsqu'une signature est exigée, celle-ci peut être apposée par écrit ou par tout autre moyen prévu à l'article 1367 du Code civil.

L'envoi recommandé électronique est équivalent à l'envoi par lettre recommandée, dès lors qu'il satisfait aux exigences de l'article L. 100 du Code des postes et communications électroniques.

CHAPITRE II. – CONCLUSION ET PREUVE DU CONTRAT D'ASSURANCE
FORME ET TRANSMISSION DES POLICES

Art. L. 112-1. – L'assurance peut être contractée en vertu d'un mandat général ou spécial ou même sans mandat, pour le compte d'une personne déterminée. Dans ce dernier cas, l'assurance profite à la personne pour le compte de laquelle elle a été conclue, alors même que la ratification n'aurait lieu qu'après le sinistre.

L'assurance peut aussi être contractée pour le compte de qui il appartiendra. La clause vaut, tant comme assurance au profit du souscripteur du contrat que comme stipulation pour autrui au profit du bénéficiaire connu ou éventuel de ladite clause.

Le souscripteur d'une assurance contractée pour le compte de qui il appartiendra est seul tenu au paiement de la prime envers l'assureur ; les exceptions que l'assureur pourrait lui opposer sont également opposables au bénéficiaire du contrat, quel qu'il soit.

Art. L. 112-2 *(Mod. à compter du 1er avril 2018, Ord. n° 2017-1433, 4 oct. 2017 ; à compter du 1er octobre 2018, Ord. n° 2018-361, 16 mai 2018).* – L'assureur doit obligatoirement fournir une fiche d'information sur le prix et les garanties avant la conclusion du contrat.

Avant la conclusion du contrat, l'assureur remet à l'assuré un exemplaire du projet de contrat et de ses pièces annexes ou une notice d'information sur le contrat qui décrit précisément les garanties assorties des exclusions, ainsi que les obligations de l'assuré. Les documents remis au preneur d'assurance précisent la loi qui est applicable au contrat si celle-ci n'est pas la loi française, les modalités d'examen des réclamations qu'il peut formuler au sujet du contrat et de recours à un processus de médiation dans les conditions prévues au titre V du livre Ier du Code de la consommation, sans préjudice pour lui d'intenter une action en justice, ainsi que l'adresse du siège social et, le cas échéant, de la succursale qui se propose d'accorder la couverture. Avant la conclusion d'un contrat comportant des garanties de responsabilité, l'assureur remet à l'assuré une fiche d'information, dont le modèle est fixé par arrêté, décrivant le fonctionnement dans le temps des garanties déclenchées par le fait dommageable, le fonctionnement dans le temps des garanties déclenchées par la réclamation, ainsi que les conséquences de la succession de contrats ayant des modes de déclenchement différents.

Un décret en Conseil d'État définit les moyens de constater la remise effective des documents mentionnés à l'alinéa précédent. Il détermine, en outre, les dérogations justifiées par la nature du contrat ou les circonstances de sa souscription.

Avant la conclusion d'un contrat d'assurance portant sur un risque non-vie, le distributeur fournit au souscripteur ou à l'adhérent un document d'information normalisé sur le produit d'assurance élaboré par le concepteur du produit, dans des conditions définies par décret en Conseil d'État.

La fourniture de ce document n'est pas requise pour les contrats couvrant les risques mentionnés à l'article L. 111-6 ainsi que pour les contrats mentionnés au b de l'article L. 861-4 du Code de la sécurité sociale. Elle n'est pas non plus requise pour les contrats soumis à l'obligation de remise de la fiche standardisée d'information mentionnée à l'article L. 313-10 du Code de la consommation et pour les opérations d'assurance mentionnées au 15 de l'article R. 321-1 du présent code.

La proposition d'assurance n'engage ni l'assuré, ni l'assureur ; seule la police ou la note de couverture constate *leur engagement réciproque.*

Est considérée comme acceptée la proposition faite, par lettre recommandée ou par envoi recommandé électronique, de prolonger ou de modifier un contrat ou de remettre en vigueur un contrat suspendu, si l'assureur ne refuse pas cette proposition dans les dix jours après qu'elle lui soit parvenue.

Les dispositions de l'alinéa précédent ne sont pas applicables aux assurances sur la vie.

Art. L. 112-2-1 *(Mod. à compter du 1er avril 2018, Ord. n° 2017-1433, 4 oct. 2017 ; à compter du 1er octobre 2018, Ord. n° 2018-361, 16 mai 2018)* (1) (2). – I. - 1° La fourniture à distance d'opérations

(1) Dispositions applicables dans les îles Wallis et Futuna, L. n° 2014-344, 17 mars 2014, art. 33, VI.
(2) Dispositions applicables aux contrats conclus après le 13 juin 2014, L. n° 2014-344, 17 mars 2014, art. 34.

d'assurance à un consommateur est régie par le présent livre et par les articles L. 121-26, L. 121-26-1, L. 121-28 et L. 121-30 à L. 121-33 du Code de la consommation ;

2° Pour l'application du 1°, il y a lieu d'entendre :

a) « Le souscripteur, personne physique, qui agit à des fins qui n'entrent pas dans le cadre de son activité commerciale ou professionnelle » là où est mentionné « le consommateur » ;

b) « L'assureur ou l'intermédiaire d'assurance » là où est mentionné « le fournisseur » ;

c) « Le montant total de la prime ou cotisation » là où est mentionné « le prix total » ;

d) « Droit de renonciation » là où est mentionné « le droit de rétractation » ;

e) « Le II de l'article L. 112-2-1 du Code des assurances » là où est mentionné « l'article L. 121-29 » ;

f) « Le III de l'article L. 112-2-1 du Code des assurances » là où est mentionné « l'article L. 121-27 » ;

3° Pour l'application de l'article L. 121-28 du Code de la consommation, les conditions contractuelles doivent comprendre, outre les informations prévues selon les cas à l'article L. 112-2 ou à l'article L. 132-5-1, un modèle de rédaction destiné à faciliter l'exercice du droit de renonciation lorsque ce droit existe.

II. - 1° Toute personne physique ayant conclu à des fins qui n'entrent pas dans le cadre de son activité commerciale ou professionnelle un contrat à distance dispose d'un délai de quatorze jours calendaires révolus pour renoncer, sans avoir à justifier de motif ni à supporter de pénalités. Ce délai commence à courir :

a) Soit à compter du jour où le contrat à distance est conclu ;

b) Soit à compter du jour où l'intéressé reçoit les conditions contractuelles et les informations, conformément à l'article L. 121-28 du Code de la consommation, si cette dernière date est postérieure à celle mentionnée au *a* ;

2° Toutefois, en ce qui concerne les contrats d'assurance vie, le délai précité est porté à trente jours calendaires révolus. Ce délai commence à courir :

a) Soit à compter du jour où l'intéressé est informé que le contrat à distance a été conclu ;

b) Soit à compter du jour où l'intéressé reçoit les conditions contractuelles et les informations, conformément à l'article L. 121-28, si cette dernière date est postérieure à celle mentionnée au *a* ;

3° Le droit de renonciation ne s'applique pas :

a) Aux polices d'assurance de voyage ou de bagage ou aux polices d'assurance similaires à court terme d'une durée inférieure à un mois ;

b) Aux contrats d'assurance mentionnés à l'article L. 211-1 du présent code ;

c) Aux contrats exécutés intégralement par les deux parties à la demande expresse du consommateur avant que ce dernier n'exerce son droit de renonciation.

III. - En temps utile avant la conclusion à distance d'un contrat, le souscripteur reçoit les informations suivantes :

1° La dénomination de l'entreprise d'assurance contractante, l'adresse de son siège social, lorsque l'entreprise d'assurance est inscrite au registre du commerce et des sociétés, son numéro d'immatriculation, les coordonnées de l'autorité chargée de son contrôle ainsi que, le cas échéant, l'adresse de la succursale qui propose la couverture ou l'identité, l'adresse de l'intermédiaire d'assurance et son numéro d'immatriculation au registre mentionné au I de l'article L. 512-1 ;

2° Le montant total de la prime ou cotisation ou, lorsque ce montant ne peut être indiqué, la base de calcul de cette prime ou cotisation permettant au souscripteur de vérifier celle-ci ;

3° La durée minimale du contrat ainsi que les garanties et exclusions prévues par celui-ci ;

4° La durée pendant laquelle les informations fournies sont valables, les modalités de conclusion du contrat et de paiement de la prime ou cotisation ainsi que l'indication, le cas échéant, du coût supplémentaire spécifique à l'utilisation d'une technique de commercialisation à distance ;

5° L'existence ou l'absence d'un droit à renonciation et, si ce droit existe, sa durée, les modalités pratiques de son exercice notamment l'adresse à laquelle la notification de la renonciation doit être envoyée. Le souscripteur doit également être informé du montant de prime ou de cotisation que l'assureur peut lui réclamer en contrepartie de la prise d'effet de la garantie, à sa demande expresse, avant l'expiration du délai de renonciation ;

6° La loi sur laquelle l'assureur se fonde pour établir les relations précontractuelles avec le consommateur ainsi que la loi applicable au contrat et la langue que l'assureur s'engage à utiliser, avec l'accord du souscripteur, pendant la durée du contrat ;

7° Les modalités d'examen des réclamations que le souscripteur peut formuler au sujet du contrat et de recours à un processus de médiation dans les conditions prévues au titre V du livre Ier du Code de la consommation, sans préjudice pour lui d'intenter une action en justice ainsi que, le cas échéant, l'existence de fonds de garantie ou d'autres mécanismes d'indemnisation.

8° Le document d'information normalisé prévu par l'article L. 112-2 pour les assurances portant sur un risque non-vie.

Les informations sur les obligations contractuelles communiquées en phase précontractuelle doivent être conformes à la loi applicable au contrat.

Ces informations, dont le caractère commercial doit apparaître sans équivoque, sont fournies de manière claire et compréhensible par tout moyen adapté à la technique de commercialisation à distance utilisée.

IV. - L'assureur doit également indiquer, pour les contrats d'assurance vie les informations mentionnées aux articles L. 132-5-1 et L. 132-5-2, notamment le montant maximal des frais qu'il peut prélever et, lorsque les garanties de ces contrats sont exprimées en unités de compte, les caractéristiques principales de celles-ci. Dans ce dernier cas, il doit en outre préciser qu'il ne s'engage que sur le nombre des unités de compte et non sur leur valeur qui peut être sujette à des fluctuations à la hausse comme à la baisse. L'assureur doit de plus fournir les informations prévues par l'article L. 522-3.

V. - Un décret en Conseil d'État fixe les informations communiquées au souscripteur en cas de communication par téléphonie vocale.

VI. - Les infractions aux dispositions du présent article sont constatées et sanctionnées par l'Autorité de contrôle prudentiel et de résolution dans les conditions prévues à la section 2 du chapitre unique du titre Ier du livre III.

Les infractions constituées par l'absence matérielle des éléments d'information prévus au III du présent article, ainsi que le refus de l'assureur de rembourser le souscripteur personne physique dans les conditions fixées à l'article L. 121-30 du Code de la consommation peuvent également être recherchées et constatées par les agents mentionnés aux articles L. 511-3 et L. 511-21 du même code, dans les conditions prévues à l'article L. 511-6 de ce code.

Les conditions d'application du présent article sont définies en tant que de besoin par décret en Conseil d'État.

Art. L. 112-3 *(Mod., L. n° 2005-1579, 19 déc. 2005).* – Le contrat d'assurance et les informations transmises par l'assureur au souscripteur mentionnées dans le présent code sont rédigés par écrit, en français, en caractère apparents.

Par dérogation aux dispositions du précédent alinéa concernant l'emploi de la langue française, lorsque, en vertu des articles L. 181-1 et L. 183-1, les parties au contrat ont la possibilité d'appliquer une autre loi que la loi française, les documents mentionnés au premier alinéa du présent article peuvent être rédigés dans une autre langue que le français. Le choix d'une autre langue que le français est effectué d'un commun accord entre les parties et, sauf lorsque le contrat couvre les grands risques définis à l'article L. 111-6, à la demande écrite du seul souscripteur.

Lorsque les parties au contrat n'ont pas la possibilité d'appliquer une autre loi que la loi française, ces documents peuvent toutefois, d'un commun accord entre les parties et à la demande écrite du seul souscripteur, être rédigés dans la langue ou dans l'une des langues officielles de l'État dont il est ressortissant.

Lorsque, avant la conclusion du contrat, l'assureur a posé des questions par écrit à l'assuré, notamment par un formulaire de déclaration du risque ou par tout autre moyen, il ne peut se prévaloir du fait qu'une question exprimée en termes généraux n'a reçu qu'une réponse imprécise.

Toute addition ou modification au contrat d'assurance primitif doit être constatée par un avenant signé des parties. Par dérogation, la modification proposée par l'assureur d'un contrat complémentaire santé individuel ou collectif visant à le mettre en conformité avec les règles fixées par le décret en Conseil d'État mentionné à l'article L. 871-1 du Code de la sécurité sociale est réputée acceptée à défaut d'opposition du souscripteur. L'assureur informe par écrit le souscripteur des nouvelles garanties proposées et des conséquences juridiques, sociales, fiscales et tarifaires qui résultent de ce choix en application du même article. Ce dernier dispose d'un délai de trente jours pour refuser par écrit cette proposition. Les modifications acceptées entrent en application au plus tôt un mois après l'expiration du délai précité de trente jours et dans un délai compatible avec les obligations légales et conventionnelles d'information des adhérents ou affiliés par le souscripteur.

Les présentes dispositions ne font pas obstacle à ce que, même avant la délivrance de la police ou de l'avenant, l'assureur et l'assuré ne soient engagés l'un à l'égard de l'autre par la remise d'une note de couverture.

Art. L. 112-4 *(Mod., L. n° 94-5, 4 janv. 1994).* – La police d'assurance est datée du jour où elle est établie. Elle indique :

– les noms et domiciles des parties contractantes ;

– la chose ou la personne assurée ;
– la nature des risques garantis ;
– le moment à partir duquel le risque est garanti et la durée de cette garantie ;
– le montant de cette garantie ;
– la prime ou la cotisation de l'assurance.

La police indique en outre :
– la loi applicable au contrat lorsque ce n'est pas la loi française ;
– l'adresse du siège social de l'assureur et, le cas échéant, de la succursale qui accorde la couverture ;
– le nom et l'adresse des autorités chargées du contrôle de l'entreprise d'assurance qui accorde la couverture.

Les clauses des polices édictant des nullités, des déchéances ou des exclusions ne sont valables que si elles sont mentionnées en caractères très apparents.

Art. L. 112-5 *(Mod., L. n° 2007-1775, 17 déc. 2007)*. – Sous réserve de l'article L. 132-6, [l]a police d'assurance peut être à personne dénommée, à ordre ou au porteur.

Les polices à ordre se transmettent par voie d'endossement, même en blanc.

Le présent article n'est toutefois applicable aux contrats d'assurance sur la vie que dans les conditions prévues par l'article L. 132-6.

Art. L. 112-6. – L'assureur peut opposer au porteur de la police ou au tiers qui en invoque le bénéfice les exceptions opposables au souscripteur originaire.

Art. L. 112-7 *(Rempl. à compter du 1er janvier 2016, Ord. n° 2015-378, 2 avr. 2015)*. – Lorsqu'un contrat d'assurance est proposé en libre prestation de services au sens de l'article L. 362-2 ou par une succursale en application de l'article L. 362-1, le souscripteur est informé, avant la conclusion de tout engagement, du nom de l'État membre de l'Union européenne où est situé le siège social de l'entreprise ou, le cas échéant, la succursale avec laquelle le contrat sera conclu.

Les informations mentionnées à l'alinéa précédent doivent figurer sur tous documents remis au souscripteur ou à l'assuré.

Le contrat ou la note de couverture doit indiquer l'adresse du siège social de l'entreprise d'assurance qui accorde la couverture, ou le cas échéant celle de la succursale ainsi que le nom et l'adresse du représentant mentionné à l'article L. 362-3.

Art. L. 112-8 *(L. n° 94-5, 4 janv. 1994)*. – Lorsqu'un contrat couvrant la responsabilité civile résultant de l'emploi de véhicules à moteur autre que la responsabilité civile du transporteur est souscrit en libre prestation de services au sens de l'article L. 310-3, le contrat ou la note de couverture doit indiquer le nom et l'adresse du représentant pour la gestion des sinistres désigné en France par l'assureur.

Art. L. 112-9 *(Mod. à compter du 1er juillet 2016, Ord. n° 2016-301, 14 mars 2016 ; à compter du 1er avril 2018, Ord. n° 2017-1433, 4 oct. 2017)*. – I. - Toute personne physique qui fait l'objet d'un démarchage à son domicile, à sa résidence ou à son lieu de travail, même à sa demande, et qui signe dans ce cadre une proposition d'assurance ou un contrat à des fins qui n'entrent pas dans le cadre de son activité commerciale ou professionnelle, a la faculté d'y renoncer par lettre recommandée ou par envoi recommandé électronique avec demande d'avis de réception pendant le délai de quatorze jours calendaires révolus à compter du jour de la conclusion du contrat, sans avoir à justifier de motifs ni à supporter de pénalités.

La proposition d'assurance ou le contrat comporte, à peine de nullité, la mention du texte du premier alinéa et comprend un modèle de rédaction destiné à faciliter l'exercice de la faculté de renonciation.

L'exercice du droit de renonciation dans le délai prévu au premier alinéa entraîne la résiliation du contrat à compter de la date de réception de la lettre recommandée ou de l'envoi recommandé électronique mentionnés au même alinéa. Dès lors qu'il a connaissance d'un sinistre mettant en jeu la garantie du contrat, le souscripteur ne peut plus exercer ce droit de renonciation.

En cas de renonciation, le souscripteur ne peut être tenu qu'au paiement de la partie de prime ou de cotisation correspondant à la période pendant laquelle le risque a couru, cette période étant calculée jusqu'à la date de la résiliation. L'entreprise d'assurance est tenue de rembourser au souscripteur le solde au plus tard dans les trente jours suivant la date de résiliation. Au-delà de ce délai, les sommes non versées produisent de plein droit intérêt au taux légal.

Toutefois, l'intégralité de la prime reste due à l'entreprise d'assurance si le souscripteur exerce son droit de renonciation alors qu'un sinistre mettant en jeu la garantie du contrat et dont il n'a pas eu connaissance est intervenu pendant le délai de renonciation.

Le présent article n'est applicable ni aux contrats d'assurance sur la vie ou de capitalisation ni aux contrats d'assurance de voyage ou de bagages ni aux contrats d'assurance d'une durée maximum d'un mois.

Les infractions aux dispositions du présent article sont constatées et sanctionnées par l'autorité instituée à l'article L. 612-1 du Code monétaire et financier dans les conditions prévues au livre III du présent code.

II. - Les infractions constituées par la violation des dispositions du deuxième alinéa et de la deuxième phrase du quatrième alinéa du I sont recherchées et constatées par les agents mentionnés aux articles L. 511-3 et L. 511-21 du Code de la consommation, dans les conditions prévues à l'article L. 511-5 de ce code.

Est puni de 15 000 € d'amende le fait de ne pas rembourser le souscripteur dans les conditions prévues à la deuxième phrase du quatrième alinéa du I du présent article.

Art. L. 112-10 *(L. n° 2014-344, 17 mars 2014 ; mod., L. n° 2016-1691, 9 déc. 2016)*. – L'assuré qui souscrit à des fins non professionnelles un contrat d'assurance constituant un complément d'un bien ou d'un service vendu par un fournisseur, s'il justifie d'une garantie antérieure pour l'un des risques couverts par ce nouveau contrat, peut renoncer à ce nouveau contrat, sans frais ni pénalités, tant qu'il n'a pas été intégralement exécuté ou que l'assuré n'a fait intervenir aucune garantie, et dans la limite d'un délai de quatorze jours calendaires à compter de la conclusion du nouveau contrat.

Avant la conclusion d'un contrat d'assurance, l'assureur remet à l'assuré un document l'invitant à vérifier s'il n'est pas déjà bénéficiaire d'une garantie couvrant l'un des risques couverts par le nouveau contrat et l'informant de la faculté de renonciation mentionnée au premier alinéa. Un arrêté du ministre chargé des assurances fixe le contenu et le format de ce document d'information.

Lorsque l'assuré a exercé sa faculté de renonciation dans les conditions prévues au premier alinéa, l'assureur est tenu de rembourser, le cas échéant, le montant de la prime payée par l'assuré dans un délai de trente jours à compter de la date d'exercice du droit de renonciation. Toutefois, l'intégralité de la prime reste due à l'assureur si le souscripteur exerce son droit de renonciation alors qu'un sinistre mettant en jeu la garantie du contrat est intervenu durant le délai de renonciation prévu au premier alinéa.

Le présent article s'applique aux contrats d'assurance qui couvrent :

1° Soit le risque de mauvais fonctionnement, de perte, y compris de vol, ou d'endommagement des biens fournis ;

2° Soit l'endommagement ou la perte, y compris le vol, de bagages et les autres risques liés à un voyage, même si l'assurance couvre la vie ou la responsabilité civile, à la condition que cette couverture soit accessoire à la couverture principale relative aux risques liés à ce voyage.

3° Soit la perte, y compris le vol, de moyens de paiement, ainsi que de tout autre bien inclus dans une offre portant sur les moyens de paiement.

Art. L. 112-11 *(Créé à compter du 1er octobre 2018, Ord. n° 2018-361, 16 mai 2018)*. – Lorsqu'un bien ou un service qui n'est pas une assurance est proposé en complément d'un contrat d'assurance dans le cadre d'un lot, le distributeur fournit, avant la conclusion du contrat, une description appropriée des différents éléments de ce lot et indique comment leur interaction modifie le risque ou la couverture d'assurance.

CHAPITRE III. – OBLIGATIONS DE L'ASSUREUR ET DE L'ASSURÉ

Art. L. 113-1 *(Mod., L. n° 81-5, 7 janv. 1981)*. – Les pertes et les dommages occasionnés par des cas fortuits ou causés par la faute de l'assuré sont à la charge de l'assureur, sauf exclusion formelle et limitée contenue dans la police.

Toutefois, l'assureur ne répond pas des pertes et dommages provenant d'une faute intentionnelle ou dolosive de l'assuré.

Art. L. 113-2 *(Mod. à compter du 1er avril 2018, Ord. n° 2017-1433, 4 oct. 2017)*. – L'assuré est obligé :

1° De payer la prime ou cotisation aux époques convenues ;

2° De répondre exactement aux questions posées par l'assureur, notamment dans le formulaire de déclaration du risque par lequel l'assureur l'interroge lors de la conclusion du contrat, sur les circonstances qui sont de nature à faire apprécier par l'assureur les risques qu'il prend en charge ;

3° De déclarer, en cours de contrat, les circonstances nouvelles qui ont pour conséquence soit d'aggraver les risques, soit d'en créer de nouveaux et rendent de ce fait inexactes ou caduques les réponses faites à l'assureur, notamment dans le formulaire mentionné au 2° ci-dessus.

L'assuré doit, par lettre recommandée ou par envoi recommandé électronique, déclarer ces circonstances à l'assureur dans un délai de quinze jours à partir du moment où il en a eu connaissance ;

4° De donner avis à l'assureur, dès qu'il en a eu connaissance et au plus tard dans le délai fixé par le contrat, de tout sinistre de nature à entraîner la garantie de l'assureur. Ce délai ne peut être inférieur à cinq jours ouvrés.

Ce délai minimal est ramené à deux jours ouvrés en cas de vol et à vingt-quatre heures en cas de mortalité du bétail.

Les délais ci-dessus peuvent être prolongés d'un commun accord entre les parties contractantes.

Lorsqu'elle est prévue par une clause du contrat, la déchéance pour déclaration tardive au regard des délais prévus au 3° et au 4° ci-dessus ne peut être opposée à l'assuré que si l'assureur établit que le retard dans la déclaration lui a causé un préjudice. Elle ne peut également être opposée dans tous les cas où le retard est dû à un cas fortuit ou de force majeure.

Les dispositions mentionnées aux 1°, 3° et 4° ci-dessus ne sont pas applicables aux assurances sur la vie.

Art. L. 113-3 *(Mod., L. n° 81-5, 7 janv. 1981 ; L. n° 2013-504, 14 juin 2013)*. – La prime est payable au domicile de l'assureur ou du mandataire désigné par lui à cet effet. Toutefois, la prime peut être payable au domicile de l'assuré ou à tout autre lieu convenu dans les cas et conditions limitativement fixés par décret en Conseil d'État.

À défaut de paiement d'une prime, ou d'une fraction de prime, dans les dix jours de son échéance, et indépendamment du droit pour l'assureur de poursuivre l'exécution du contrat en justice, la garantie ne peut être suspendue que trente jours après la mise en demeure de l'assuré. Au cas où la prime annuelle a été fractionnée, la suspension de la garantie, intervenue en cas de non-paiement d'une des fractions de prime, produit ses effets jusqu'à l'expiration de la période annuelle considérée. La prime ou fraction de prime est portable dans tous les cas, après la mise en demeure de l'assuré.

L'assureur a le droit de résilier le contrat dix jours après l'expiration du délai de trente jours mentionné au deuxième alinéa du présent article.

Le contrat non résilié reprend pour l'avenir ses effets, à midi le lendemain du jour où ont été payés à l'assureur ou au mandataire désigné par lui à cet effet, la prime arriérée ou, en cas de fractionnement de la prime annuelle, les fractions de prime ayant fait l'objet de la mise en demeure et celles venues à échéance pendant la période de suspension ainsi que, éventuellement, les frais de poursuites et de recouvrement.

Lorsque l'adhésion au contrat résulte d'une obligation prévue par une convention de branche ou un accord professionnel ou interprofessionnel, l'assureur ne peut faire usage des dispositions du présent article relatives à la suspension de la garantie et à la résiliation du contrat.

Les dispositions des deuxième à avant-dernier alinéas du présent article ne sont pas applicables aux assurances sur la vie.

Art. L. 113-4 *(L. n° 89-1014, 31 déc. 1989)*. – En cas d'aggravation du risque en cours de contrat, telle que, si les circonstances nouvelles avaient été déclarées lors de la conclusion ou du renouvellement du contrat, l'assureur n'aurait pas contracté ou ne l'aurait fait que moyennant une prime plus élevée, l'assureur a la faculté soit de dénoncer le contrat, soit de proposer un nouveau montant de prime.

Dans le premier cas, la résiliation ne peut prendre effet que dix jours après notification et l'assureur doit alors rembourser à l'assuré la portion de prime ou de cotisation afférente à la période pendant laquelle le risque n'a pas couru. Dans le second cas, si l'assuré ne donne pas suite à la proposition de l'assureur ou s'il refuse expressément le nouveau montant, dans le délai de trente jours à compter de la proposition, l'assureur peut résilier le contrat au terme de ce délai, à condition d'avoir informé l'assuré de cette faculté, en la faisant figurer en caractères apparents dans la lettre de proposition.

Toutefois, l'assureur ne peut plus se prévaloir de l'aggravation des risques quand, après en avoir été informé de quelque manière que ce soit, il a manifesté son consentement au maintien de l'assurance, spécialement en continuant à recevoir les primes ou en payant, après un sinistre, une indemnité.

L'assuré a droit en cas de diminution du risque en cours de contrat à une diminution du montant de la prime. Si l'assureur n'y consent pas, l'assuré peut dénoncer le contrat. La résiliation prend alors effet trente jours après la dénonciation. L'assureur doit alors rembourser à l'assuré la portion de prime ou cotisation afférente à la période pendant laquelle le risque n'a pas couru.

L'assureur doit rappeler les dispositions du présent article à l'assuré, lorsque celui-ci l'informe soit d'une aggravation, soit d'une diminution de risques.

Les dispositions du présent article ne sont applicables ni aux assurances sur la vie, ni à l'assurance maladie lorsque l'état de santé de l'assuré se trouve modifié.

Art. L. 113-4-1 ***(L. n° 2009-1255, 19 oct. 2009).*** **– L'assureur crédit qui renonce à garantir les créances détenues par son assuré sur un client de ce dernier, lorsque ce client est situé en France, motive sa décision auprès de l'assuré lorsque ce dernier le demande.**

Art. L. 113-5 ***(L. n° 81-5, 7 janv. 1981).*** **– Lors de la réalisation du risque ou à l'échéance du contrat, l'assureur doit exécuter dans le délai convenu la prestation déterminée par le contrat et ne peut être tenu au-delà.**

Art. L. 113-6 ***(L. n° 89-1014, 31 déc. 1989 ; mod., L. n° 2005-845, 26 juill. 2005).*** **– En cas de liquidation judiciaire d'une entreprise mentionnée à l'article L. 310-1, les contrats qu'elle détient dans son portefeuille sont soumis aux dispositions des articles L. 326-12 et L. 326-13, à compter de l'arrêté ou de la décision prononçant le retrait de l'agrément administratif.**

Art. L. 113-7 ***(Abr., L. n° 89-1014, 31 déc. 1989).***

Art. L. 113-8 ***(Mod., L. n° 81-5, 7 janv. 1981).*** **– Indépendamment des causes ordinaires de nullité, et sous réserve des dispositions de l'article L. 132-26, le contrat d'assurance est nul en cas de réticence ou de fausse déclaration intentionnelle de la part de l'assuré, quand cette réticence ou cette fausse déclaration change l'objet du risque ou en diminue l'opinion pour l'assureur, alors même que le risque omis ou dénaturé par l'assuré a été sans influence sur le sinistre.**

Les primes payées demeurent alors acquises à l'assureur, qui a droit au paiement de toutes les primes échues à titre de dommages et intérêts.

Les dispositions du second alinéa du présent article ne sont pas applicables aux assurances sur la vie.

Art. L. 113-9. – L'omission ou la déclaration inexacte de la part de l'assuré dont la mauvaise foi n'est pas établie n'entraîne pas la nullité de l'assurance.

Si elle est constatée avant tout sinistre, l'assureur a le droit soit de maintenir le contrat, moyennant une augmentation de prime acceptée par l'assuré, soit de résilier le contrat dix jours après notification adressée à l'assuré par lettre recommandée, en restituant la portion de la prime payée pour le temps où l'assurance ne court plus.

Dans le cas où la constatation n'a lieu qu'après un sinistre, **l'indemnité est réduite en proportion du taux des primes payées par rapport au taux des primes qui auraient été dues, si les risques avaient été complètement et exactement déclarés.**

Art. L. 113-10. – Dans les assurances où la prime est décomptée soit en raison des salaires, soit d'après le nombre des personnes ou des choses faisant l'objet du contrat, il peut être stipulé que, pour toute erreur ou omission dans les déclarations servant de base à la fixation de la prime, l'assuré doit payer, outre le montant de la prime, une indemnité qui ne peut en aucun cas excéder 50 p. 100 de la prime omise.

Il peut être également stipulé que lorsque les erreurs ou omissions ont, par leur nature, leur importance ou leur répétition, un caractère frauduleux, l'assureur est en droit de répéter les sinistres payés, et ce indépendamment du paiement de l'indemnité ci-dessus prévue.

Art. L. 113-11 *(Mod., à compter de la date prévue au I de l'article 5 de la loi n° 2010-238 du 9 mars 2010, L. n° 2010-238, 9 mars 2010).* – Sont nulles :

1° Toutes clauses générales frappant de déchéance l'assuré en cas de violation des lois ou des règlements, à moins que cette violation ne constitue un crime ou un délit intentionnel ;

2° Toutes clauses frappant de déchéance l'assuré à raison de simple retard apporté par lui à la déclaration du sinistre aux autorités ou à des productions de pièces, sans préjudice du droit pour l'assureur de réclamer une indemnité proportionnée au dommage que ce retard lui a causé.

3° Toutes clauses frappant de déchéance l'assuré en cas de non-respect des dispositions prévues aux articles L. 129-8 et L. 129-9 du Code de la construction et de l'habitation.

Art. L. 113-12 *(Mod. à compter du 1er avril 2018, Ord. n° 2017-1433, 4 oct. 2017).* – La durée du contrat et les conditions de résiliation, particulièrement le droit pour l'assureur et l'assuré de résilier le contrat tous les ans, sont fixées par la police.

Toutefois, l'assuré a le droit de résilier le contrat à l'expiration d'un délai d'un an, en adressant une lettre recommandée ou un envoi recommandé électronique à l'assureur au moins deux mois avant la date d'échéance de ce contrat.

Lorsque l'assuré a souscrit un contrat à des fins professionnelles, l'assureur a aussi le droit de résilier le contrat dans les mêmes conditions.

Dans les autres cas, l'assureur peut résilier le contrat à l'expiration d'un délai d'un an, à la condition d'envoyer une lettre recommandée à l'assuré au moins deux mois avant la date d'échéance du contrat.

Il peut être dérogé à ces règles de résiliation annuelle pour les contrats individuels d'assurance maladie et pour la couverture des risques autres que ceux des particuliers.

Le délai de résiliation court à partir de la date figurant sur le cachet de la poste ou de la date d'expédition de l'envoi recommandé électronique.

Les dispositions du présent article ne sont pas applicables aux assurances sur la vie.

Art. L. 113-12-1 *(L. n° 2014-344, 17 mars 2014).* – La résiliation unilatérale du contrat d'assurance couvrant une personne physique en dehors de son activité professionnelle par l'assureur, dans les cas prévus au présent livre ou en application du premier alinéa de l'article L. 113-12, doit être motivée.

Art. L. 113-12-2 *(L. n° 2014-344, 17 mars 2014 ; mod., L. n° 2017-203, 21 févr. 2017 ; à compter du 1er avril 2018, Ord. n° 2017-1433, 4 oct. 2017)* (1). – Sans préjudice de l'article L. 113-12, lorsque le contrat d'assurance a pour objet de garantir, en cas de survenance d'un des risques que ce contrat définit, soit le remboursement total ou partiel du montant restant dû au titre d'un contrat de crédit mentionné au 1° de l'article L. 313-1 du Code de la consommation, soit le paiement de tout ou partie des échéances dudit prêt, l'assuré peut résilier le contrat dans un délai de douze mois à compter de la signature de l'offre de prêt définie à l'article L. 313-24 du même code. L'assuré notifie à l'assureur ou à son représentant sa demande de résiliation par lettre recommandée ou par envoi recommandé électronique au plus tard quinze jours avant le terme de la période de douze mois susmentionnée. Si l'assuré fait usage du droit de résiliation mentionné au présent alinéa ou à l'article L. 113-12 du présent code, il notifie à l'assureur par lettre recommandée ou par envoi recommandé électronique la décision du prêteur prévue au deuxième alinéa de l'article L. 313-31 du Code de la consommation ainsi que la date de prise d'effet du contrat d'assurance accepté en substitution par le prêteur. En cas d'acceptation par le prêteur, la résiliation du contrat d'assurance prend effet dix jours après la réception par l'assureur de la décision du prêteur ou à la date de prise d'effet du contrat accepté en substitution par le prêteur si celle-ci est postérieure. En cas de refus par le prêteur, le contrat d'assurance n'est pas résilié.

Ce droit de résiliation appartient exclusivement à l'assuré.

Pendant toute la durée du contrat d'assurance et par dérogation à l'article L. 113-4, l'assureur ne peut pas *résilier ce contrat d'assurance pour* cause d'aggravation du risque, sauf dans certaines conditions définies par décret en Conseil d'État, résultant d'un changement de comportement volontaire de l'assuré.

(1) Dispositions applicables aux contrats souscrits à compter du 26 juillet 2014, L. n° 2014-344, 17 mars 2014, art. 54, VI.

Art. L. 113-13 *(Abr., L. n° 89-1014, 31 déc. 1989).*

Art. L. 113-14 *(Mod. à compter du 1er avril 2018, Ord. n° 2017-1433, 4 oct. 2017).* – Dans tous les cas où l'assuré a la faculté de demander la résiliation, il peut le faire à son choix, soit par une déclaration faite contre récépissé au siège social ou chez le représentant de l'assureur dans la localité, soit par acte extrajudiciaire, soit par lettre recommandée ou par envoi recommandé électronique, soit par tout autre moyen indiqué dans la police.

Art. L. 113-15 *(Mod., L. n° 81-5, 7 janv. 1981).* – La durée du contrat doit être mentionnée en caractères très apparents dans la police.

La police doit également mentionner que la durée de la tacite reconduction ne peut en aucun cas être supérieure à une année.

Art. L. 113-15-1 *(Mod., L. n° 2014-344, 17 mars 2014 ; mod. à compter du 1er avril 2018, Ord. n° 2017-1433, 4 oct. 2017).* – Pour les contrats à tacite reconduction couvrant les personnes physiques en dehors de leurs activités professionnelles, la date limite d'exercice par l'assuré du droit à dénonciation du contrat doit être rappelée avec chaque avis d'échéance annuelle de prime ou de cotisation. Lorsque cet avis lui est adressé moins de quinze jours avant cette date, ou lorsqu'il lui est adressé après cette date, l'assuré est informé avec cet avis qu'il dispose d'un délai de vingt jours suivant la date d'envoi de cet avis pour dénoncer la reconduction du contrat. Dans ce cas, le délai de dénonciation court à partir de la date figurant sur le cachet de la poste ou certifiée par un horodatage satisfaisant à des exigences définies par décret.

Lorsque cette information ne lui a pas été adressée conformément aux dispositions du premier alinéa, l'assuré peut mettre un terme au contrat, sans pénalités, à tout moment à compter de la date de reconduction en adressant une lettre recommandée ou un envoi recommandé électronique à l'assureur. La résiliation prend effet le lendemain de la date figurant sur le cachet de la poste ou de la date d'expédition de l'envoi recommandé électronique.

L'assuré est tenu au paiement de la partie de prime ou de cotisation correspondant à la période pendant laquelle le risque a couru, période calculée jusqu'à la date d'effet de la résiliation. Le cas échéant, l'assureur doit rembourser à l'assuré, dans un délai de trente jours à compter de la date d'effet de la résiliation, la partie de prime ou de cotisation correspondant à la période pendant laquelle le risque n'a pas couru, période calculée à compter de ladite date d'effet. À défaut de remboursement dans ces conditions, les sommes dues sont productives d'intérêts au taux légal.

Les dispositions du présent article ne s'appliquent ni aux assurances sur la vie, ni aux assurances de groupe relevant de l'article L. 141-1.

Art. L. 113-15-2 *(L. n° 2014-344, 17 mars 2014).* – Pour les contrats d'assurance couvrant les personnes physiques en dehors de leurs activités professionnelles et relevant des branches définies par décret en Conseil d'État, l'assuré peut, à l'expiration d'un délai d'un an à compter de la première souscription, résilier sans frais ni pénalités les contrats et adhésions tacitement reconductibles. La résiliation prend effet un mois après que l'assureur en a reçu notification par l'assuré, par lettre ou tout autre support durable.

Le droit de résiliation prévu au premier alinéa est mentionné dans chaque contrat d'assurance. Il est en outre rappelé avec chaque avis d'échéance de prime ou de cotisation.

Lorsque le contrat est résilié dans les conditions prévues au premier alinéa, l'assuré n'est tenu qu'au paiement de la partie de prime ou de cotisation correspondant à la période pendant laquelle le risque est couvert, cette période étant calculée jusqu'à la date d'effet de la résiliation. L'assureur est tenu de rembourser le solde à l'assuré dans un délai de trente jours à compter de la date de résiliation. A défaut de remboursement dans ce délai, les sommes dues à l'assuré produisent de plein droit intérêts au taux légal.

Pour l'assurance de responsabilité civile automobile définie à l'article L. 211-1 et pour l'assurance mentionnée au g de l'article 7 de la loi n° 89-462 du 6 juillet 1989 tendant à améliorer les rapports locatifs et portant modification de la loi n° 86-1290 du 23 décembre 1986, le nouvel assureur effectue pour le compte de l'assuré souhaitant le rejoindre les formalités nécessaires à l'exercice du droit de résiliation dans les conditions prévues au premier alinéa du présent article. Il s'assure en particulier de la permanence de la couverture de l'assuré durant la procédure.

Un décret en Conseil d'État précise les modalités et conditions d'application du présent article.

Art. L. 113-16 *(Mod., L. n° 89-1014, 31 déc. 1989)*. – En cas de survenance d'un des événements suivants :

- changement de domicile ;
- changement de situation matrimoniale ;
- changement de régime matrimonial ;
- changement de profession ;
- retraite professionnelle ou cessation définitive d'activité professionnelle,

le contrat d'assurance peut être résilié par chacune des parties lorsqu'il a pour objet la garantie de risques en relation directe avec la situation antérieure et qui ne se retrouvent pas dans la situation nouvelle.

La résiliation du contrat ne peut intervenir que dans les trois mois suivant la date de l'événement.

La résiliation prend effet un mois après que l'autre partie au contrat en a reçu notification.

L'assureur doit rembourser à l'assuré la partie de prime ou de cotisation correspondant à la période pendant laquelle le risque n'a pas couru, période calculée à compter de la date d'effet de la résiliation.

Il ne peut être prévu le paiement d'une indemnité à l'assureur dans les cas de résiliation susmentionnés.

Les dispositions du présent article ne sont pas applicables aux assurances sur la vie. Elles sont applicables à compter du 9 juillet 1973 aux contrats souscrits antérieurement au 15 juillet 1972.

Un décret en Conseil d'État fixe les conditions d'application du présent article, et notamment la date qui, pour chacun des cas énumérés au premier alinéa, est retenue comme point de départ du délai de résiliation.

Art. L. 113-17 *(L. n° 89-1014, 31 déc. 1989)*. – L'assureur qui prend la direction d'un procès intenté à l'assuré est censé aussi renoncer à toutes les exceptions dont il avait connaissance lorsqu'il a pris la direction du procès.

L'assuré n'encourt aucune déchéance ni aucune autre sanction du fait de son immixtion dans la direction du procès s'il avait intérêt à le faire.

CHAPITRE IV. – COMPÉTENCE ET PRESCRIPTION

Art. L. 114-1 *(Mod., L. n° 2006-1640, 21 déc. 2006)*. – Toutes actions dérivant d'un contrat d'assurance sont prescrites par deux ans à compter de l'événement qui y donne naissance.

Toutefois, ce délai ne court :

1° En cas de réticence, omission, déclaration fausse ou inexacte sur le risque couru, que du jour où l'assureur en a eu connaissance ;

2° En cas de sinistre, que du jour où les intéressés en ont eu connaissance, s'ils prouvent qu'ils l'ont ignoré jusque-là.

Quand l'action de l'assuré contre l'assureur a pour cause le recours d'un tiers, le délai de la prescription ne court que du jour où ce tiers a exercé une action en justice contre l'assuré ou a été indemnisé par ce dernier.

La prescription est portée à dix ans dans les contrats d'assurance sur la vie lorsque le bénéficiaire est une personne distincte du souscripteur et, dans les contrats d'assurance contre les accidents atteignant les personnes, lorsque les bénéficiaires sont les ayants droit de l'assuré décédé.

Pour les contrats d'assurance sur la vie, nonobstant les dispositions du 2°, les actions du bénéficiaire sont prescrites au plus tard trente ans à compter du décès de l'assuré.

Art. L. 114-2 *(Mod. à compter du 1er avril 2018, Ord. n° 2017-1433, 4 oct. 2017)*. – La prescription est interrompue par une des causes ordinaires d'interruption de la prescription et par la désignation d'experts à la suite d'un sinistre. L'interruption de la prescription de l'action peut, en outre, résulter de l'envoi d'une lettre recommandée ou d'un envoi recommandé électronique, avec accusé de réception, adressés par l'assureur à l'assuré en ce qui concerne l'action en paiement de la prime et par l'assuré à l'assureur en ce qui concerne le règlement de l'indemnité.

Art. L. 114-3 *(L. n° 2008-561, 17 juin 2008)*. – Par dérogation à l'article 2254 du Code civil, les parties au contrat d'assurance ne peuvent, même d'un commun accord, ni modifier la durée de la prescription, ni ajouter aux causes de suspension ou d'interruption de celle-ci.

TITRE II. – RÈGLES RELATIVES AUX ASSURANCES DE DOMMAGES NON MARITIMES

(Intitulé rempl., Ord. n° 2011-839, 15 juill. 2011) (1)

CHAPITRE I. – DISPOSITIONS GÉNÉRALES

Art. L. 121-1. – L'assurance relative aux biens est un contrat d'indemnité ; l'indemnité due par l'assureur à l'assuré ne peut pas dépasser le montant de la valeur de la chose assurée au moment du sinistre.

Il peut être stipulé que l'assuré reste obligatoirement son propre assureur pour une somme, ou une quotité déterminée, ou qu'il supporte une déduction fixée d'avance sur l'indemnité du sinistre.

Art. L. 121-2 *(Mod. à compter du 1er octobre 2016, Ord. n° 2016-131, 10 févr. 2016).* – L'assureur est garant des pertes et dommages causés par des personnes dont l'assuré est civilement responsable en vertu de l'article 1242 du Code civil, quelles que soient la nature et la gravité des fautes de ces personnes.

Art. L. 121-3. – Lorsqu'un contrat d'assurance a été consenti pour une somme supérieure à la valeur de la chose assurée, s'il y a eu dol ou fraude de l'une des parties, l'autre partie peut en demander la nullité et réclamer, en outre, des dommages et intérêts.

S'il n'y a eu ni dol ni fraude, le contrat est valable, mais seulement jusqu'à concurrence de la valeur réelle des objets assurés et l'assureur n'a pas droit aux primes pour l'excédent. Seules les primes échues lui restent définitivement acquises, ainsi que la prime de l'année courante quand elle est à terme échu.

Art. L. 121-4 *(Mod., L. n° 82-600, 13 juill. 1982).* – Celui qui est assuré auprès de plusieurs assureurs par plusieurs polices, pour un même intérêt, contre un même risque, doit donner immédiatement à chaque assureur connaissance des autres assureurs.

L'assuré doit, lors de cette communication, faire connaître le nom de l'assureur avec lequel une autre assurance a été contractée et indiquer la somme assurée.

Quand plusieurs assurances contre un même risque sont contractées de manière dolosive ou frauduleuse, les sanctions prévues à l'article L. 121-3, premier alinéa, sont applicables.

Quand elles sont contractées sans fraude, chacune d'elles produit ses effets dans les limites des garanties du contrat et dans le respect des dispositions de l'article L. 121-1, quelle que soit la date à laquelle l'assurance aura été souscrite. Dans ces limites, le bénéficiaire du contrat peut obtenir l'indemnisation de ses dommages en s'adressant à l'assureur de son choix.

Dans les rapports entre assureurs, la contribution de chacun d'eux est déterminée en appliquant au montant du dommage le rapport existant entre l'indemnité qu'il aurait versée s'il avait été seul et le montant cumulé des indemnités qui auraient été à la charge de chaque assureur s'il avait été seul.

Art. L. 121-5. – S'il résulte des estimations que la valeur de la chose assurée excède au jour du sinistre la somme garantie, l'assuré est considéré comme restant son propre assureur pour l'excédent, et supporte, en conséquence, une part proportionnelle du dommage, sauf convention contraire.

Art. L. 121-6. – Toute personne ayant intérêt à la conservation d'une chose peut la faire assurer.

Tout intérêt direct ou indirect à la non-réalisation d'un risque peut faire l'objet d'une assurance.

Art. L. 121-7. – *Les déchets, diminutions* et pertes subies par la chose assurée et qui proviennent de son vice propre ne sont pas à la charge de l'assureur, sauf convention contraire.

Art. L. 121-8. – L'assureur ne répond pas, sauf convention contraire, des pertes et dommages occasionnés soit par la guerre étrangère, soit par la guerre civile, soit par des émeutes ou par des mouvements populaires.

Lorsque ces risques ne sont pas couverts par le contrat, l'assuré doit prouver que le sinistre résulte d'un fait autre que le fait de guerre étrangère ; il appartient à l'assureur de prouver que le sinistre résulte de la guerre civile, d'émeutes ou de mouvements populaires.

(1) (Dispositions applicables aux contrats conclus ou renouvelés, tacitement ou non, à compter du 1er juillet 2012, Ord. n° 2011-839, 15 juill. 2011).

Art. L. 121-9. – En cas de perte totale de la chose assurée résultant d'un événement non prévu par la police, l'assurance prend fin de plein droit et l'assureur doit restituer à l'assuré la portion de la prime payée d'avance et afférente au temps pour lequel le risque n'est plus couru.

Art. L. 121-10 *(Mod. à compter du 1er avril 2018, Ord. n° 2017-1433, 4 oct. 2017).* – En cas de décès de l'assuré ou d'aliénation de la chose assurée, l'assurance continue de plein droit au profit de l'héritier ou de l'acquéreur, à charge par celui-ci d'exécuter toutes les obligations dont l'assuré était tenu vis-à-vis de l'assureur en vertu du contrat.

Il est loisible, toutefois, soit à l'assureur, soit à l'héritier ou à l'acquéreur de résilier le contrat. L'assureur peut résilier le contrat dans un délai de trois mois à partir du jour où l'attributaire définitif des objets assurés a demandé le transfert de la police à son nom.

En cas d'aliénation de la chose assurée, celui qui aliène reste tenu vis-à-vis de l'assureur au paiement des primes échues, mais il est libéré, même comme garant des primes à échoir, à partir du moment où il a informé l'assureur de l'aliénation par lettre recommandée ou par envoi recommandé électronique.

Lorsqu'il y a plusieurs héritiers ou plusieurs acquéreurs, si l'assurance continue, ils sont tenus solidairement du paiement des primes.

Il ne peut être prévu le paiement d'une indemnité à l'assureur dans les cas de résiliation susmentionnés.

Les dispositions du présent article ne sont pas applicables au cas d'aliénation d'un véhicule terrestre à moteur.

Art. L. 121-11 *(Mod. à compter du 1er avril 2018, Ord. n° 2017-1433, 4 oct. 2017).* – En cas d'aliénation d'un véhicule terrestre à moteur ou de ses remorques ou semi-remorques, et seulement en ce qui concerne le véhicule aliéné, le contrat d'assurance est suspendu de plein droit à partir du lendemain, à zéro heure, du jour de l'aliénation ; il peut être résilié, moyennant préavis de dix jours, par chacune des parties.

À défaut de remise en vigueur du contrat par accord des parties ou de résiliation par l'une d'elles, la résiliation intervient de plein droit à l'expiration d'un délai de six mois à compter de l'aliénation.

L'assuré doit informer l'assureur, par lettre recommandée ou par envoi recommandé électronique, de la date d'aliénation.

Il ne peut être prévu le paiement d'une indemnité à l'assureur dans les cas de résiliation susmentionnés.

L'ensemble des dispositions du présent article est applicable en cas d'aliénation de navires ou de bateaux de plaisance quel que soit le mode de déplacement ou de propulsion utilisé.

Art. L. 121-12. – L'assureur qui a payé l'indemnité d'assurance est subrogé, jusqu'à concurrence de cette indemnité, dans les droits et actions de l'assuré contre les tiers qui, par leur fait, ont causé le dommage ayant donné lieu à la responsabilité de l'assureur.

L'assureur peut être déchargé, en tout ou en partie, de sa responsabilité envers l'assuré, quand la subrogation ne peut plus, par le fait de l'assuré, s'opérer en faveur de l'assureur.

Par dérogation aux dispositions précédentes, l'assureur n'a aucun recours contre les enfants, descendants, ascendants, alliés en ligne directe, préposés, employés, ouvriers ou domestiques, et généralement toute personne vivant habituellement au foyer de l'assuré, sauf le cas de malveillance commise par une de ces personnes.

L'assureur qui a payé l'indemnité d'assurance ne recouvre son action subrogatoire contre l'auteur du dommage, lorsque celui-ci est l'une des personnes énumérées par l'article L. 121-12, qu'en cas de malveillance dirigée contre l'assuré (▪ Cass. ass. plén., 13 nov. 1987 : *Bull. civ.* 1987, ▪ Cass. ass. plén., n° 5, p. 5).

Art. L. 121-13 *(Mod. à compter du 1er octobre 2016, Ord. n° 2016-131, 10 févr. 2016).* – Les indemnités dues par suite d'assurance contre l'incendie, contre la grêle, contre la mortalité du bétail, ou les autres risques, sont attribuées sans qu'il y ait besoin de délégation expresse, aux créanciers privilégiés ou hypothécaires, suivant leur rang.

Néanmoins, les paiements faits de bonne foi avant opposition sont valables.

Il en est de même des indemnités dues en cas de sinistre par le locataire ou par le voisin, par application des *articles 1733* et *1240* du Code civil.

En cas d'assurance du risque locatif ou du recours du voisin, l'assureur ne peut payer à un autre que le propriétaire de l'objet loué, le voisin ou le tiers subrogé à leurs droits, tout ou partie de la somme due, tant que lesdits propriétaire, voisin ou tiers subrogé n'ont pas été désintéressés des conséquences du sinistre, jusqu'à concurrence de ladite somme.

Art. L. 121-14. – L'assuré ne peut faire aucun délaissement des objets assurés, sauf convention contraire.

Art. L. 121-15. – L'assurance est nulle si, au moment du contrat, la chose assurée a déjà péri ou ne peut plus être exposée aux risques.

Les primes payées doivent être restituées à l'assuré, sous déduction des frais exposés par l'assureur, autres que ceux de commissions, lorsque ces derniers ont été récupérés contre l'agent ou le courtier.

Dans le cas mentionné au premier alinéa du présent article, la partie dont la mauvaise foi est prouvée doit à l'autre une somme double de la prime d'une année.

Art. L. 121-16 *(L. n° 95-101, 2 févr. 1995).* – Toute clause des contrats d'assurance tendant à subordonner le versement d'une indemnité en réparation d'un dommage causé par une catastrophe naturelle au sens de l'article L. 125-1 à un immeuble bâti à sa reconstruction sur place est réputée non écrite dès lors que l'espace est soumis à un plan de prévention des risques naturels prévisibles.

Art. L. 121-17 *(L. n° 95-101, 2 févr. 1995).* – Sauf dans le cas visé à l'article L. 121-16, les indemnités versées en réparation d'un dommage causé à un immeuble bâti doivent être utilisées pour la remise en état effective de cet immeuble ou pour la remise en état de son terrain d'assiette, d'une manière compatible avec l'environnement dudit immeuble.

Toute clause contraire dans les contrats d'assurance est nulle d'ordre public.

Un arrêté du maire prescrit les mesures de remise en état susmentionnées, dans un délai de deux mois suivant la notification du sinistre au maire par l'assureur ou l'assuré.

CHAPITRE II. – LES ASSURANCES CONTRE L'INCENDIE

....

CHAPITRE III. – LES ASSURANCES CONTRE LA GRÊLE ET LA MORTALITÉ DU BÉTAIL

....

CHAPITRE IV. – LES ASSURANCES DE RESPONSABILITÉ

Art. L. 124-1. – Dans les assurances de responsabilité, l'assureur n'est tenu que si, à la suite du fait dommageable prévu au contrat, une réclamation amiable ou judiciaire est faite à l'assuré par le tiers lésé.

Art. L. 124-1-1 *(L. n° 2003-706, 1er août 2003).* – Au sens du présent chapitre, constitue un sinistre tout dommage ou ensemble de dommages causés à des tiers, engageant la responsabilité de l'assuré, résultant d'un fait dommageable et ayant donné lieu à une ou plusieurs réclamations. Le fait dommageable est celui qui constitue la cause génératrice du dommage. Un ensemble de faits dommageables ayant la même cause technique est assimilé à un fait dommageable unique.

Art. L. 124-2. – L'assureur peut stipuler qu'aucune reconnaissance de responsabilité, aucune transaction, intervenues en dehors de lui, ne lui sont opposables. L'aveu de la matérialité d'un fait ne peut être assimilé à la reconnaissance d'une responsabilité.

Art. L. 124-3. – *(L. n° 2007-1774, 17 déc. 2007)* Le tiers lésé dispose d'un droit d'action directe à l'encontre de l'assureur garantissant la responsabilité civile de la personne responsable.

L'assureur ne peut payer à un autre que le tiers lésé tout ou partie de la somme due par lui, tant que ce tiers n'a pas été désintéressé, jusqu'à concurrence de ladite somme, des conséquences pécuniaires du fait dommageable ayant entraîné la responsabilité de l'assuré.

Art. L. 124-4. – Dans le cas prévu par l'article L. 25-1 du Code de la route, comme il est dit à cet article, « l'assureur du propriétaire du véhicule est tenu de garantir dans les limites du contrat la réparation du dommage causé au tiers sauf recours, s'il y a lieu, contre la collectivité publique qui, par son fait, a causé le dommage ayant donné lieu à la responsabilité de l'assureur et sans qu'une majoration de prime puisse en résulter pour le propriétaire. Il est statué sur ce recours ainsi que sur toute action en responsabilité en cas de non-assurance du véhicule dans les conditions prévues par l'article 1er de la loi n° 57-1424 du 31 décembre 1957 ».

Art. L. 124-5 *(L. n° 2003-706, 1er août 2003)*. – La garantie est, selon le choix des parties, déclenchée soit par le fait dommageable, soit par la réclamation. Toutefois, lorsqu'elle couvre la responsabilité des personnes physiques en dehors de leur activité professionnelle, la garantie est déclenchée par le fait dommageable. Un décret en Conseil d'État peut également imposer l'un de ces modes de déclenchement pour d'autres garanties.

Le contrat doit, selon les cas, reproduire le texte du troisième ou du quatrième alinéa du présent article.

La garantie déclenchée par le fait dommageable couvre l'assuré contre les conséquences pécuniaires des sinistres, dès lors que le fait dommageable survient entre la prise d'effet initiale de la garantie et sa date de résiliation ou d'expiration, quelle que soit la date des autres éléments constitutifs du sinistre.

La garantie déclenchée par la réclamation couvre l'assuré contre les conséquences pécuniaires des sinistres, dès lors que le fait dommageable est antérieur à la date de résiliation ou d'expiration de la garantie, et que la première réclamation est adressée à l'assuré ou à son assureur entre la prise d'effet initiale de la garantie et l'expiration d'un délai subséquent à sa date de résiliation ou d'expiration mentionné par le contrat, quelle que soit la date des autres éléments constitutifs des sinistres. Toutefois, la garantie ne couvre les sinistres dont le fait dommageable a été connu de l'assuré postérieurement à la date de résiliation ou d'expiration que si, au moment où l'assuré a eu connaissance de ce fait dommageable, cette garantie n'a pas été resouscrite ou l'a été sur la base du déclenchement par le fait dommageable. L'assureur ne couvre pas l'assuré contre les conséquences pécuniaires des sinistres s'il établit que l'assuré avait connaissance du fait dommageable à la date de la souscription de la garantie.

Le délai subséquent des garanties déclenchées par la réclamation ne peut être inférieur à cinq ans. Le plafond de la garantie déclenchée pendant le délai subséquent ne peut être inférieur à celui de la garantie déclenchée pendant l'année précédant la date de la résiliation du contrat. Un délai plus long et un niveau plus élevé de garantie subséquente peuvent être fixés dans les conditions définies par décret.

Lorsqu'un même sinistre est susceptible de mettre en jeu les garanties apportées par plusieurs contrats successifs, la garantie déclenchée par le fait dommageable ayant pris effet postérieurement à la prise d'effet de la loi n° 2003-706 du 1er août 2003 de sécurité financière est appelée en priorité, sans qu'il soit fait application des quatrième et cinquième alinéas de l'article L. 121-4.

Les dispositions du présent article ne s'appliquent pas aux garanties d'assurance pour lesquelles la loi dispose d'autres conditions d'application de la garantie dans le temps.

CHAPITRE V. – L'ASSURANCE DES RISQUES DE CATASTROPHES NATURELLES

(D. n° 85-863, 2 août 1985)

....

CHAPITRE VI. – L'ASSURANCE CONTRE LES ACTES DE TERRORISME

(D. n° 88-260, 18 mars 1988)

Section I. – Dommages corporels

....

Section II. – Dommages matériels

....

CHAPITRE VII. – L'ASSURANCE DE PROTECTION JURIDIQUE

(L. n° 89-1014, 31 déc. 1989)

Art. L. 127-1 *(L. n° 89-1014, 31 déc. 1989)*. – Est une opération d'assurance de protection juridique toute opération consistant, moyennant le paiement d'une prime ou d'une cotisation préalablement convenue, à prendre en charge des frais de procédure ou à fournir des services découlant de la couverture d'assurance, en cas de différend ou de litige opposant l'assuré à un tiers, en vue notamment de défendre ou représenter en demande l'assuré dans une procédure civile, pénale, administrative ou autre ou contre une réclamation dont il est l'objet ou d'obtenir réparation à l'amiable du dommage subi.

Art. L. 127-2 *(L. n° 89-1014, 31 déc. 1989)*. – L'assurance de protection juridique fait l'objet d'un contrat distinct de celui qui est établi pour les autres branches ou d'un chapitre distinct d'une police unique avec indication du contenu de l'assurance de protection juridique et de la prime correspondante.

Art. L. 127-2-1 *(L. n° 2007-210, 19 févr. 2007)*. – Est considéré comme sinistre, au sens du présent chapitre, le refus qui est opposé à une réclamation dont l'assuré est l'auteur ou le destinataire.

Art. L. 127-2-2 *(L. n° 2007-210, 19 févr. 2007)*. – Les consultations ou les actes de procédure réalisés avant la déclaration du sinistre ne peuvent justifier la déchéance de la garantie. Toute clause contraire est réputée non écrite.

Cependant, ces consultations et ces actes ne sont pas pris en charge par l'assureur, sauf si l'assuré peut justifier d'une urgence à les avoir demandés.

Art. L. 127-2-3 *(L. n° 2007-210, 19 févr. 2007)*. – L'assuré doit être assisté ou représenté par un avocat lorsque son assureur ou lui-même est informé de ce que la partie adverse est défendue dans les mêmes conditions.

Art. L. 127-3 *(L. n° 89-1014, 31 déc. 1989 ; mod., L. n° 2007-210, 19 févr. 2007)*. – Tout contrat d'assurance de protection juridique stipule explicitement que, lorsqu'il est fait appel à un avocat ou à toute autre personne qualifiée par la législation ou la réglementation en vigueur pour défendre, représenter ou servir les intérêts de l'assuré, dans les circonstances prévues à l'article L. 127-1, l'assuré a la liberté de le choisir.

Le contrat stipule également que l'assuré a la liberté de choisir un avocat ou, s'il le préfère, une personne qualifiée pour l'assister, chaque fois que survient un conflit d'intérêt entre lui-même et l'assureur.

Aucune clause du contrat ne doit porter atteinte, dans les limites de la garantie, au libre choix ouvert à l'assuré par les deux alinéas précédents.

L'assureur ne peut proposer le nom d'un avocat à l'assuré sans demande écrite de sa part.

Art. L. 127-4 *(L. n° 89-1014, 31 déc. 1989)*. – Le contrat stipule qu'en cas de désaccord entre l'assureur et l'assuré au sujet de mesures à prendre pour régler un différend, cette difficulté peut être soumise à l'appréciation d'une tierce personne désignée d'un commun accord par les parties ou, à défaut, par le président du tribunal de grande instance statuant en la forme des référés. Les frais exposés pour la mise en œuvre de cette faculté sont à la charge de l'assureur. Toutefois, le président du tribunal de grande instance, statuant en la forme des référés, peut en décider autrement lorsque l'assuré a mis en œuvre cette faculté dans des conditions abusives.

Si l'assuré a engagé à ses frais une procédure contentieuse et obtient une solution plus favorable que celle qui lui avait été proposée par l'assureur ou par la tierce personne mentionnée à l'alinéa précédent, l'assureur l'indemnise des frais exposés pour l'exercice de cette action, dans la limite du montant de la garantie.

Lorsque la procédure visée au premier alinéa de cet article est mise en œuvre, le délai de recours contentieux est suspendu pour toutes les instances juridictionnelles qui sont couvertes par la garantie d'assurance et que l'assuré est susceptible d'engager en demande, jusqu'à ce que la tierce personne chargée de proposer une solution en ait *fait connaître la teneur.*

Art. L. 127-5 *(L. n° 89-1014, 31 déc. 1989)*. – En cas de conflit d'intérêt entre l'assureur et l'assuré ou de désaccord quant au règlement du litige, l'assureur de protection juridique informe l'assuré du droit mentionné à l'article L. 127-3 et de la possibilité de recourir à la procédure mentionnée à l'article L. 127-4.

Art. L. 127-5-1 *(L. n° 2007-210, 19 févr. 2007)*. – Les honoraires de l'avocat sont déterminés entre ce dernier et son client, sans pouvoir faire l'objet d'un accord avec l'assureur de protection juridique.

Art. L. 127-6 *(L. n° 89-1014, 31 déc. 1989)*. – Les dispositions du présent chapitre ne s'appliquent pas :

1° À l'assurance de protection juridique lorsque celle-ci concerne des litiges ou des risques qui résultent de l'utilisation de navires de mer ou sont en rapport avec cette utilisation ;

2° À l'activité de l'assureur de responsabilité civile pour la défense ou la représentation de son assuré dans toute procédure judiciaire ou administrative, lorsqu'elle s'exerce en même temps dans l'intérêt de l'assureur.

Art. L. 127-7 *(L. n° 89-1014, 31 déc. 1989)*. – Les personnes qui ont à connaître des informations données par l'assuré pour les besoins de sa cause, dans le cadre d'un contrat d'assurance de protection juridique, sont tenues au secret professionnel, dans les conditions et sous les peines prévues à l'article 226-13 du Code pénal.

Art. L. 127-8 *(L. n° 2007-210, 19 févr. 2007)*. – Le contrat d'assurance de protection juridique stipule que toute somme obtenue en remboursement des frais et des honoraires exposés pour le règlement du litige bénéficie par priorité à l'assuré pour les dépenses restées à sa charge et, subsidiairement, à l'assureur, dans la limite des sommes qu'il a engagées.

CHAPITRE VIII. – L'ASSURANCE DES RISQUES DE CATASTROPHES TECHNOLOGIQUES

(L. n° 2003-699, 30 juill. 2003)

Art. L. 128-1 *(L. n° 2003-699, 30 juill. 2003 ; mod., Ord. n° 2011-91, 20 janv. 2011)*. – En cas de survenance d'un accident dans une installation relevant du titre I du livre V du Code de l'environnement et endommageant un grand nombre de biens immobiliers, l'état de catastrophe technologique est constaté par une décision de l'autorité administrative qui précise les zones et la période de survenance des dommages auxquels sont applicables les dispositions du présent chapitre.

Les mêmes dispositions sont applicables aux accidents liés au transport de matières dangereuses ou causés par les installations mentionnées à l'article L. 211-2 du Code minier.

Le présent chapitre ne s'applique pas aux accidents nucléaires définis par la convention sur la responsabilité civile dans le domaine de l'énergie nucléaire signée à Paris le 29 juillet 1960.

Un décret en Conseil d'État précise les conditions d'application du présent article.

Art. L. 128-2 *(L. n° 2003-699, 30 juill. 2003)*. – Les contrats d'assurance souscrits par toute personne physique en dehors de son activité professionnelle et garantissant les dommages d'incendie ou tous autres dommages à des biens à usage d'habitation ou placés dans des locaux à usage d'habitation situés en France, ainsi que les dommages aux corps de véhicules terrestres à moteur, ouvrent droit à la garantie de l'assuré pour les dommages résultant des catastrophes technologiques affectant les biens faisant l'objet de ces contrats.

Cette garantie s'applique également aux contrats souscrits par ou pour le compte des syndicats de copropriété, et garantissant les dommages aux parties communes des immeubles d'habitation en copropriété, ainsi qu'aux contrats souscrits par les organismes visés à l'article L. 411-2 du Code de la construction et de l'habitation et garantissant les dommages aux immeubles d'habitation dont ils ont la propriété.

Cette garantie couvre la réparation intégrale des dommages, dans la limite, pour les biens mobiliers, des valeurs déclarées ou des capitaux assurés au contrat.

Sauf stipulations plus favorables, les indemnisations résultant de cette garantie doivent être attribuées aux assurés dans un délai de trois mois à compter de la date de remise de l'état estimatif des biens endommagés ou des pertes subies ou de la date de publication, lorsque celle-ci est postérieure, de la décision administrative prévue à l'article L. 128-1.

Art. L. 128-3 *(L. n° 2003-699, 30 juill. 2003)*. – L'entreprise d'assurance intervenant au titre de l'article L. 128-2 est subrogée dans les droits des assurés indemnisés à concurrence des sommes versées à ce titre.

Toute personne victime de dommages mentionnés aux articles L. 128-2 ou L. 421-16 établit avec son entreprise d'assurance ou le fonds de garantie un descriptif des dommages qu'elle a subis. Le montant des indemnités versées en application des articles précités est mentionné au descriptif. Lorsque le montant des indemnités qui sont ainsi versées à la victime est inférieur à des montants précisés par décret en Conseil d'État, celle-ci est présumée avoir subi les dommages mentionnés au descriptif et les indemnités sont présumées réparer lesdits dommages dans les conditions des articles précités, même s'il n'a pas été procédé à une expertise ou si une expertise a été réalisée par un expert choisi par l'assureur ou le fonds de garantie. Ces présomptions sont simples. En tout état de cause, le montant des indemnités versées à la victime lui reste acquis.

Art. L. 128-4 *(Mod., Ord. n° 2015-1324, 22 oct. 2015).* – Dans les zones et secteurs, tels que définis à l'article L. 515-16 du Code de l'environnement, délimitées par un plan de prévention des risques technologiques approuvé dans les conditions prévues à l'article L. 515-22 du même code, l'obligation prévue au premier alinéa de l'article L. 128-2 du présent code ne s'impose pas aux entreprises d'assurance à l'égard des biens mentionnés au même article, à l'exception, toutefois, des biens existant antérieurement à la publication de ce plan.

Cette obligation ne s'impose pas non plus aux entreprises d'assurance à l'égard des biens immobiliers construits en violation des règles administratives en vigueur lors de leur mise en place et tendant à prévenir les dommages causés par une catastrophe technologique.

Les entreprises d'assurance ne peuvent toutefois se soustraire à cette obligation que lors de la conclusion initiale ou du renouvellement du contrat.

....

TITRE III. – RÈGLES RELATIVES AUX ASSURANCES DE PERSONNES ET AUX OPÉRATIONS DE CAPITALISATION

(Intitulé mod., L. n° 92-665, 16 juill. 1992)

CHAPITRE PREMIER. – DISPOSITIONS GÉNÉRALES

Art. L. 131-1 *(Mod., L. n° 2015-990, 6 août 2015).* – En matière d'assurance sur la vie et d'assurance contre les accidents atteignant les personnes, les sommes assurées sont fixées par le contrat.

En matière d'assurance sur la vie ou d'opération de capitalisation, le capital ou la rente garantis peuvent être exprimés en unités de compte constituées de valeurs mobilières ou d'actifs offrant une protection suffisante de l'épargne investie et figurant sur une liste dressée par décret en Conseil d'État. Le contractant ou le bénéficiaire obtient le règlement en espèces. La remise de titres ou de parts, dans le respect des actifs éligibles en représentation des engagements en unités de compte, est possible dans le respect des conditions suivantes :

1° Le contractant ou le bénéficiaire peut opter pour la remise de titres ou de parts lorsque ceux-ci sont négociés sur un marché réglementé, à l'exception des titres ou des parts qui confèrent directement le droit de vote à l'assemblée générale des actionnaires d'une société inscrite à la cote officielle d'une bourse de valeurs. Dans le cas où un organisme de placement collectif en valeurs mobilières ou un placement collectif relevant des paragraphes 1 et 2, du sous-paragraphe 2 du paragraphe 5 et du paragraphe 6 de la sous-section 2, du paragraphe 2 ou du sous-paragraphe 1 du paragraphe 1 de la sous-section 3 de la section 2 du chapitre IV du titre Ier du livre II du Code monétaire et financier a été scindé en application des articles L. 214-7-4, L. 214-24-33, L. 214-8-7 ou L. 214-24-41 du même code, l'assureur propose au contractant ou au bénéficiaire le règlement correspondant aux actions ou parts de l'organisme issu de la scission et qui a reçu les actifs dont la cession n'aurait pas été conforme à l'intérêt des actionnaires ou des porteurs de parts, sous forme de remise des actions ou parts de cet organisme ;

2° Le contractant peut opter irrévocablement à tout moment, avec l'accord de l'assureur, pour la remise de titres ou de parts non négociés sur un marché réglementé, notamment de parts de fonds communs de placement à risques ou non négociables, au moment du rachat des engagements exprimés en unité de compte d'un contrat. Un bénéficiaire désigné par le contrat peut également, dans des conditions définies par décret en Conseil d'État, opter irrévocablement pour la remise de tels titres ou parts en cas d'exercice de la clause bénéficiaire. L'exercice de cette option par le bénéficiaire n'entraîne pas acceptation du bénéfice du contrat, au sens de l'article L. 132-9 du présent code.

Ce paiement en titres ou en parts non négociables ou non négociés sur un marché réglementé ne peut s'opérer qu'avec des titres ou des parts qui ne confèrent pas de droit de vote et qu'à la condition que le contractant, son conjoint, leurs ascendants, leurs descendants ou leurs frères et sœurs n'aient pas détenu, directement ou indirectement, au cours des cinq années précédant le paiement, des titres ou des parts de la même entité que ceux remis par l'assureur ;

3° Le contractant ou un bénéficiaire désigné par le contrat peut également opter irrévocablement pour la remise des parts ou actions de fonds d'investissements alternatifs mentionnées au 1° dans les conditions prévues au 2°.

Art. L. 131-2 *(Mod., L. n° 92-665, 16 juill. 1992).* – Dans l'assurance de personnes, l'assureur, après paiement de la somme assurée, ne peut être subrogé aux droits du contractant ou du bénéficiaire contre des tiers à raison du sinistre.

Toutefois, dans les contrats garantissant l'indemnisation des préjudices résultant d'une atteinte à la personne, l'assureur peut être subrogé dans les droits du contractant ou des ayants droit contre le tiers responsable, pour le remboursement des prestations à caractère indemnitaire prévues au contrat.

Art. L. 131-3 *(Abr., Ord. n° 2009-106, 30 janv. 2009 ; rétabli, L. n° 2014-344, 17 mars 2014).* – Les entreprises d'assurance régies par le présent code qui commercialisent des contrats d'assurance complémentaire en matière de santé doivent faire figurer dans les documents de communication à leurs assurés ou destinés à faire leur publicité les conditions de prise en charge, de façon simple et normalisée, chiffrée en euros, pour les frais de soins parmi les plus courants ou pour ceux pour lesquels le reste à charge est le plus important, selon des modalités précisées par arrêté du ministre chargé de la sécurité sociale.

Art. L. 131-4 *(L. n° 2016-1691, 9 déc. 2016).* – I. - Lorsqu'une ou plusieurs unités de compte mentionnées à l'article L. 131-1 sont constituées de parts ou d'actions d'un organisme de placement collectif qui fait l'objet d'une suspension du rachat ou de l'émission de ses parts ou actions et qui n'est pas en mesure de publier une valeur liquidative, l'entreprise d'assurance peut :

1° Proposer au contractant ou bénéficiaire de procéder, sur cette partie du contrat, au règlement des rachats, des prestations en capital en cas de vie et en cas de décès et des capitaux constitutifs de rentes, à la date de conversion, sous forme de remise des parts ou actions de cet organisme de placement collectif ;

2° Suspendre ou restreindre, sur cette partie du contrat uniquement, les facultés d'arbitrage, les versements de primes, les possibilités de rachats ou de transferts, le paiement des prestations en cas de vie ou de décès et les conversions en rentes ;

3° Dans le cadre de l'information qu'elle transmet au contractant, calculer les capitaux ou les rentes garantis des contrats sans tenir compte de la partie du contrat exprimée en unités de compte constituées d'actions ou de parts de l'organisme de placement collectif concerné. L'entreprise indique alors que cette partie du contrat n'a pas été intégrée au calcul des capitaux ou des rentes garantis en raison de l'absence de valeur liquidative.

II. - Lorsqu'une ou plusieurs unités de compte mentionnées à l'article L. 131-1 sont constituées de parts ou actions d'un organisme de placement collectif qui fait l'objet d'une suspension du rachat ou de l'émission de ses parts ou actions et qui est en mesure de publier une valeur liquidative ou qui fait l'objet d'un plafonnement temporaire du rachat de ses parts ou actions, l'entreprise d'assurance peut :

1° Proposer au contractant ou bénéficiaire de procéder, outre le règlement en espèces, sur cette partie du contrat, au règlement de tout ou partie des rachats et des prestations en capital en cas de vie et en cas de décès sous forme de remise des parts ou actions de cet organisme de placement collectif ;

2° Suspendre ou restreindre, sur cette partie du contrat uniquement, les facultés d'arbitrage et les versements de primes, les possibilités de rachats ou de transferts, le paiement des prestations en cas de vie ou de décès et les conversions en rentes.

Un décret en Conseil d'État précise les modalités de calcul de la valeur de rachat lorsque le plafonnement temporaire des rachats des parts ou actions de l'organisme de placement collectif concerné conduit à exécuter les ordres, nécessaires à l'exécution des dispositions et facultés prévues par les contrats d'assurance sur la vie et de capitalisation, à différentes valeurs liquidatives.

L'Autorité de contrôle prudentiel et de résolution peut remettre en cause les décisions de suspension ou de restriction prises par l'entreprise d'assurance en application du 2°. Elle statue dans un délai de trente jours à compter de la date de début de cette suspension ou de cette restriction. Lorsqu'une décision de suspension ou de restriction est remise en cause par l'Autorité de contrôle prudentiel et de résolution, les demandes de rachats, de transferts, d'arbitrages, de versements de primes, de paiement des prestations en cas de vie ou de décès et de conversion en rentes reçues pendant la période de suspension sont exercées sur la base d'une valeur de rachat dont le calcul est fondé, sur cette partie du contrat uniquement, sur la valeur liquidative des parts ou actions de l'organisme de placement collectif concerné qui aurait été retenue sans l'exercice de cette faculté de suspension ou restriction par l'entreprise d'assurance.

L'Autorité de contrôle prudentiel et de résolution se prononce en tenant compte de l'intérêt des assurés et bénéficiaires de l'entreprise d'assurance, de l'impact potentiel sur son bilan des mesures de suspension du rachat ou d'émission de parts ou actions ou de plafonnement temporaire du rachat de parts ou actions d'organismes de placement collectif et de sa capacité à honorer, dans le futur, ses engagements d'assurance.

III. - L'entreprise d'assurance informe sans délai l'Autorité de contrôle prudentiel et de résolution de la mise en œuvre des facultés prévues aux I et II. Cette information est également portée à la connaissance des contractants concernés.

IV. - L'ensemble des dispositions du présent article sont applicables nonobstant les délais de règlement prévus aux articles L. 132-21 et L. 132-23-1 ou tout autre délai ou modalité de valorisation prévus contractuellement afférents à la réalisation des opérations susvisées.

V. - Les modalités d'application du présent article sont précisées par décret en Conseil d'État.

CHAPITRE II. – LES ASSURANCES SUR LA VIE ET LES OPÉRATIONS DE CAPITALISATION

(Intitulé mod., L. n° 92-665, 16 juill. 1992)

Section I. – Dispositions générales

Art. L. 132-1 *(Mod., L. n° 81-5, 7 janv. 1981)*. – La vie d'une personne peut être assurée par elle-même ou par un tiers.

Plusieurs personnes peuvent contracter une assurance réciproque sur la tête de chacune d'elles par un seul et même acte.

Art. L. 132-2 *(L. n° 81-5, 7 janv. 1981 ; mod., L. n° 2001-1135, 3 déc. 2001)*. – L'assurance en cas de décès contractée par un tiers sur la tête de l'assuré est nulle, si ce dernier n'y a pas donné son consentement par écrit avec indication du capital ou de la rente initialement garantis.

Le consentement de l'assuré doit, à peine de nullité, être donné par écrit, pour toute cession ou constitution de gage et pour transfert du bénéfice du contrat souscrit sur sa tête par un tiers.

Les dispositions du premier alinéa ne sont pas applicables aux contrats d'assurance de groupe à adhésion obligatoire.

Art. L. 132-3 *(Mod., L. n° 2005-102, 11 févr. 2005 ; L. n° 2019-222, 23 mars 2019)*. – Il est défendu à toute personne de contracter une assurance en cas de décès sur la tête d'un mineur âgé de moins de douze ans, d'un majeur en tutelle, d'une personne placée dans un établissement psychiatrique d'hospitalisation. Toutefois, cette prohibition n'est pas applicable aux formules de financement d'obsèques mentionnées à l'article L. 2223-33-1 du code général des collectivités territoriales souscrites sur la tête d'un majeur en tutelle.

Toute assurance contractée en violation de cette prohibition est nulle.

La nullité est prononcée sur la demande de l'assureur, du souscripteur de la police ou du représentant de l'incapable.

Les primes payées doivent être intégralement restituées.

L'assureur et le souscripteur sont en outre passibles, pour chaque assurance conclue sciemment en violation de cette interdiction, d'une amende de 4 500 euros.

Ces dispositions ne mettent point obstacle dans l'assurance en cas de décès, au remboursement des primes payées en exécution d'un contrat d'assurance en cas de vie, souscrit sur la tête d'une des personnes mentionnées au premier alinéa ci-dessus ou au remboursement du seul montant des primes payées, en exécution d'un contrat d'assurance de survie, souscrit au bénéfice d'une des personnes mentionnées au premier alinéa ci-dessus.

Art. L. 132-4. – Une assurance en cas de décès ne peut être contractée par une autre personne sur la tête d'un mineur parvenu à l'âge de douze ans sans l'autorisation de celui de ses parents qui est investi de l'autorité parentale, de son tuteur ou de son curateur.

Cette autorisation ne dispense pas du consentement personnel de l'incapable.

À défaut de cette autorisation et de ce consentement, la nullité du contrat est prononcée à la demande de tout intéressé.

Art. L. 132-4-1 *(L. n° 2007-1775, 17 déc. 2007 ; L. n° 2019-222, 23 mars 2019).* – Lorsqu'une tutelle a été ouverte à l'égard du stipulant, la souscription ou le rachat d'un contrat d'assurance sur la vie ainsi que la désignation ou la substitution du bénéficiaire ne peuvent être accomplis qu'avec l'autorisation du juge des tutelles ou du conseil de famille s'il a été constitué. Après l'ouverture d'une curatelle, ces mêmes actes ne peuvent être accomplis qu'avec l'assistance du curateur.

Par dérogation à la première phrase du premier alinéa, aucune autorisation n'est requise pour les formules de financement d'obsèques mentionnées à l'article L. 2223-33-1 du code général des collectivités territoriales souscrites sur la tête d'un majeur en tutelle.

Pour l'application du premier alinéa, lorsque le bénéficiaire du contrat d'assurance sur la vie est le curateur ou le tuteur, il est réputé être en opposition d'intérêts avec la personne protégée.

L'acceptation du bénéfice d'un contrat d'assurance sur la vie conclu moins de deux ans avant la publicité du jugement d'ouverture de la curatelle ou de la tutelle du stipulant peut être annulée sur la seule preuve que l'incapacité était notoire ou connue du cocontractant à l'époque où les actes ont été passés.

Art. L. 132-5 *(Mod. à compter du 1er janvier 2016, L. n° 2014-617, 13 juin 2014).* – Le contrat d'assurance sur la vie et le contrat de capitalisation doivent comporter des clauses tendant à définir, pour assurer la sécurité des parties et la clarté du contrat, l'objet du contrat et les obligations respectives des parties, selon des énonciations précisées par décret en Conseil d'État.

Le contrat précise les conditions d'affectation des bénéfices techniques et financiers.

Le contrat d'assurance comportant des valeurs de rachat et le contrat d'assurance sur la vie ne comportant pas de valeur de rachat dont les bénéficiaires sont des personnes physiques précisent les conditions dans lesquelles, en cas de décès, la revalorisation du capital garanti intervient à compter du décès de l'assuré jusqu'à la réception des pièces mentionnées à l'article L. 132-23-1 ou, le cas échéant, jusqu'au dépôt de ce capital à la Caisse des dépôts et consignations en application de l'article L. 132-27-2. Les frais prélevés après la date de la connaissance du décès sont plafonnés dans des conditions fixées par décret en Conseil d'État. L'assureur ne peut prélever de frais au titre de l'accomplissement de ses obligations de recherche et d'information.

Pour les contrats d'assurance sur la vie ne comportant pas de valeur de rachat ou de transfert dont les bénéficiaires sont des personnes physiques et pour les contrats comportant une valeur de rachat ou de transfert, la revalorisation, mentionnée au troisième alinéa du présent article, de la part du capital garanti en cas de décès dont la valeur en euros a été arrêtée ne peut être inférieure à un taux fixé par décret en Conseil d'État.

Art. L. 132-5-1 *(Rempl., L. n° 2005-1564, 15 déc. 2005 ; mod. à compter du 1er avril 2018, Ord. n° 2017-1433, 4 oct. 2017).* – Toute personne physique qui a signé une proposition ou un contrat d'assurance sur la vie ou de capitalisation a la faculté d'y renoncer par lettre recommandée ou par envoi recommandé électronique, avec demande d'avis de réception, pendant le délai de trente jours calendaires révolus à compter du moment où elle est informée que le contrat est conclu. Ce délai expire le dernier jour à vingt-quatre heures. S'il expire un samedi, un dimanche ou un jour férié ou chômé, il n'est pas prorogé.

La renonciation entraîne la restitution par l'entreprise d'assurance ou de capitalisation de l'intégralité des sommes versées par le contractant, dans le délai maximal de trente jours calendaires révolus à compter de la réception de la lettre recommandée ou de l'envoi recommandé électronique. Au-delà de ce délai, les sommes non restituées produisent de plein droit intérêt au taux légal majoré de moitié durant deux mois, puis, à l'expiration de *ce délai de deux mois*, au double du taux légal.

Les dispositions du présent article sont précisées, en tant que de besoin, par arrêté ministériel.

Elles ne s'appliquent pas aux contrats d'une durée maximale de deux mois.

Art. L. 132-5-2 *(Mod., Ord. n° 2014-696, 26 juin 2014 ; L. n° 2014-1662, 30 déc. 2014 ; à compter du 1er avril 2018, Ord. n° 2017-1433, 4 oct. 2017).* – Avant la conclusion d'un contrat d'assurance sur la vie ou d'un contrat de capitalisation, par une personne physique, l'assureur remet à celle-ci, contre récépissé, une note d'information sur les conditions d'exercice de la faculté de renonciation et sur les dispositions essentielles du contrat. Un arrêté fixe les informations qui doivent figurer dans cette note, notamment en ce qui concerne les garanties exprimées en unités de compte. Toutefois, la proposition d'assurance ou le projet de contrat vaut note d'information, pour les contrats d'assurance ou de capitalisation comportant une valeur de rachat ou de transfert, lorsqu'un encadré, inséré en début de proposition d'assurance ou de projet de contrat, indique en caractères très apparents la nature du contrat. L'encadré comporte en particulier le regroupement des frais dans une même rubrique, les garanties offertes et la disponibilité des sommes en cas de rachat, la participation aux bénéfices, ainsi que les modalités de désignation des bénéficiaires. Un arrêté du ministre chargé de l'économie, pris après avis de l'Autorité de contrôle prudentiel et de résolution , fixe le format de cet encadré ainsi que, de façon limitative, son contenu.

La proposition ou le contrat d'assurance ou de capitalisation comprend :

1° Un modèle de rédaction destiné à faciliter l'exercice de la faculté de renonciation ;

2° Une mention dont les termes sont fixés par arrêté du ministre chargé de l'économie, précisant les modalités de renonciation.

La proposition ou le projet de contrat d'assurance ou de capitalisation indique, pour les contrats qui en comportent, les valeurs de rachat au terme de chacune des huit premières années du contrat au moins, ainsi que, dans le même tableau, la somme des primes ou cotisations versées au terme de chacune des mêmes années. Toutefois, pour les contrats mentionnés au deuxième alinéa de l'article L. 132-23, l'entreprise indique les valeurs de transfert au lieu des valeurs de rachat. La proposition ou le projet de contrat d'assurance ou de capitalisation indique les valeurs minimales et explique le mécanisme de calcul des valeurs de rachat ou de transfert lorsque celles-ci ne peuvent être établies.

Le défaut de remise des documents et informations prévus au présent article entraîne, pour les souscripteurs de bonne foi, la prorogation du délai de renonciation prévu à l'article L. 132-5-1 jusqu'au trentième jour calendaire révolu suivant la date de remise effective de ces documents, dans la limite de huit ans à compter de la date où le souscripteur est informé que le contrat est conclu.

Les dispositions du présent article sont précisées, en tant que de besoin, par arrêté ministériel.

Elles ne s'appliquent pas aux contrats d'une durée maximale de deux mois.

Art. L. 132-5-3 *(L. n° 2005-1564, 15 déc. 2005 ; mod. à compter du 1er avril 2018, Ord. n° 2017-1433, 4 oct. 2017)*. – Pour les contrats d'assurance de groupe sur la vie mentionnés à l'article L. 141-1 comportant des valeurs de rachat ou de transfert, lorsque le lien qui unit l'adhérent au souscripteur ne rend pas obligatoire l'adhésion au contrat, la notice remise par le souscripteur inclut, outre les informations mentionnées au deuxième alinéa de l'article L. 141-4, celles contenues dans la note mentionnée à l'article L. 132-5-2. L'encadré mentionné au premier alinéa de l'article L. 132-5-2 est inséré en début de notice. Lors de l'adhésion, le souscripteur doit remettre à l'adhérent un modèle de rédaction mentionné au troisième alinéa de l'article L. 132-5-2. Il communique à l'adhérent la mention visée au quatrième alinéa du même article ainsi que, dans les conditions définies au même article, les valeurs de rachat ou de transfert. La faculté de renonciation s'exerce conformément aux articles L. 132-5-1 et L. 132-5-2.

La notice doit indiquer l'objet social et les coordonnées du souscripteur.

La notice précise que les droits et obligations de l'adhérent peuvent être modifiés par des avenants auxdits contrats. Les modalités d'adoption de ces avenants par le souscripteur sont communiquées par ce dernier à *l'adhérent.*

Le souscripteur est tenu de communiquer, chaque année, à l'adhérent les informations établies par l'entreprise d'assurance et mentionnées à l'article L. 132-22.

Art. L. 132-6 *(Rempl., L. n° 2007-1775, 17 déc. 2007)*. – La police d'assurance sur la vie ne peut être ni à ordre, ni au porteur.

Art. L. 132-7 *(L. n° 98-546, 2 juill. 1998 ; mod., L. n° 2005-1564, 15 déc. 2005)*. – L'assurance en cas de décès est de nul effet si l'assuré se donne volontairement la mort au cours de la première année du contrat.

L'assurance en cas de décès doit couvrir le risque de suicide à compter de la deuxième année du contrat. En cas d'augmentation des garanties en cours de contrat, le risque de suicide, pour les garanties supplémentaires, est couvert à compter de la deuxième année qui suit cette augmentation.

Les dispositions du premier alinéa ne sont pas applicables aux contrats mentionnés à l'article L. 141-1 souscrits par les organismes mentionnés au dernier alinéa de l'article L. 141-6.

L'assurance en cas de décès doit couvrir dès la souscription, dans la limite d'un plafond qui sera défini par décret (1), les contrat mentionnés à l'article L. 141-1 souscrits par les organismes mentionnés à la dernière phrase du dernier alinéa de l'article L. 141-6, pour garantir le remboursement d'un prêt contracté pour financer l'acquisition du logement principal de l'assuré.

Art. L. 132-8 *(L. n° 81-5, 7 janv. 1981 ; mod., L. n° 2007-1775, 17 déc. 2007).* – Le capital ou la rente garantis peuvent être payables lors du décès de l'assuré à un ou plusieurs bénéficiaires déterminés.

Est considérée comme faite au profit de bénéficiaires déterminés la stipulation par laquelle le bénéfice de l'assurance est attribué à une ou plusieurs personnes qui, sans être nommément désignées, sont suffisamment définies dans cette stipulation pour pouvoir être identifiées au moment de l'exigibilité du capital ou de la rente garantis.

Est notamment considérée comme remplissant cette condition la désignation comme bénéficiaires des personnes suivantes :

– les enfants nés ou à naître du contractant, de l'assuré ou de toute autre personne désignée ;
– les héritiers ou ayants droit de l'assuré ou d'un bénéficiaire prédécédé.

L'assurance faite au profit du conjoint profite à la personne qui a cette qualité au moment de l'exigibilité.

Les héritiers, ainsi désignés, ont droit au bénéfice de l'assurance en proportion de leurs parts héréditaires. Ils conservent ce droit en cas de renonciation à la succession.

En l'absence de désignation d'un bénéficiaire dans la police ou à défaut d'acceptation par le bénéficiaire, le contractant a le droit de désigner un bénéficiaire ou de substituer un bénéficiaire à un autre. Cette désignation ou cette substitution ne peut être opérée, à peine de nullité, qu'avec l'accord de l'assuré, lorsque celui-ci n'est pas le contractant. Cette désignation ou cette substitution peut être réalisée soit par voie d'avenant au contrat, soit en remplissant les formalités édictées par l'article 1690 du Code civil, soit par endossement quand la police est à ordre, soit par voie testamentaire.

Lorsque l'assureur est informé du décès de l'assuré, l'assureur est tenu de rechercher le bénéficiaire, et, si cette recherche aboutit, de l'aviser de la stipulation effectuée à son profit.

Art. L. 132-9 *(Mod., L. n° 81-5, 7 janv. 1981 ; Ord. n° 2009-106, 30 janv. 2009).* – I. – Sous réserve des dispositions du dernier alinéa de l'article L. 132-4-1, la stipulation en vertu de laquelle le bénéfice de l'assurance est attribué à un bénéficiaire déterminé devient irrévocable par l'acceptation de celui-ci, effectuée dans les conditions prévues au II du présent article. Pendant la durée du contrat, après acceptation du bénéficiaire, le stipulant ne peut exercer sa faculté de rachat et l'entreprise d'assurance ne peut lui consentir d'avance sans l'accord du bénéficiaire.

Tant que l'acceptation n'a pas eu lieu, le droit de révoquer cette stipulation n'appartient qu'au stipulant et ne peut être exercé de son vivant ni par ses créanciers ni par ses représentants légaux. Lorsqu'une tutelle a été ouverte à l'égard du stipulant, la révocation ne peut intervenir qu'avec l'autorisation du juge des tutelles ou du conseil de famille s'il a été constitué.

Ce droit de révocation ne peut être exercé, après la mort du stipulant, par ses héritiers, qu'après l'exigibilité de la somme assurée et au plus tôt trois mois après que le bénéficiaire de l'assurance a été mis en demeure par acte extrajudiciaire, d'avoir à déclarer s'il accepte.

L'attribution à titre gratuit du bénéfice d'une assurance sur la vie à une personne déterminée est présumée faite sous la condition de l'existence du bénéficiaire à l'époque de l'exigibilité du capital ou de la rente à moins que le contraire ne résulte des termes de la stipulation.

II. – Tant que l'assuré et le stipulant sont en vie, l'acceptation est faite par un avenant signé de l'entreprise d'assurance, du stipulant et du bénéficiaire. Elle peut également être faite par un acte authentique ou sous seing privé, signé du stipulant et du bénéficiaire, et n'a alors d'effet à l'égard de l'entreprise d'assurance que lorsqu'elle lui est notifiée par écrit.

Lorsque la désignation du bénéficiaire est faite à titre gratuit, l'acceptation ne peut intervenir que trente jours au moins à compter du moment où le stipulant est informé que le contrat d'assurance est conclu.

Après le décès de l'assuré ou du stipulant, l'acceptation est libre.

(1) V. D. n° 2002-452, 28 mars 2002.

Art. L. 132-9-1 *(L. n° 2005-1564, 15 déc. 2005).* – Le contrat comporte une information sur les conséquences de la désignation du ou des bénéficiaires et sur les modalités de cette désignation. Il précise que la clause bénéficiaire peut faire l'objet d'un acte sous seing privé ou d'un acte authentique.

Art. L. 132-9-2 *(L. n° 2005-1564, 15 déc. 2005 ; mod. à compter du 1er avril 2018, Ord. n° 2017-1433, 4 oct. 2017).* – Toute personne physique ou morale peut demander par lettre ou tout autre support durable à un ou plusieurs organismes professionnels représentatifs, habilités à cet effet par arrêté du ministre chargé de l'économie, à être informée de l'existence d'une stipulation effectuée à son bénéfice dans une police souscrite par une personne physique dont elle apporte, par tout moyen, la preuve du décès.

Dans les quinze jours suivant la réception de la lettre mentionnée au premier alinéa, l'organisme transmet cette demande aux entreprises agréées pour exercer les opérations d'assurance dépendant de la durée de la vie humaine. Lorsque la personne morale ou physique mentionnée audit alinéa est désignée dans une police comme bénéficiaire, ces entreprises disposent d'un délai d'un mois pour l'informer de l'existence d'un capital ou d'une rente garantis payables à son bénéfice.

Art. L. 132-9-3 *(L. n° 2007-1775, 17 déc. 2007 ; mod., L. n° 2013-672, 26 juill. 2013).* – I. - Les entreprises d'assurance mentionnées au 1° de l'article L. 310-1 du présent code ainsi que les institutions de prévoyance et unions régies par le titre III du livre IX du Code de la sécurité sociale s'informent, au moins chaque année, dans les conditions prévues au II du présent article, du décès éventuel de l'assuré.

II *(II mod. à compter du 1er janvier 2016, L. n° 2014-617, 13 juin 2014).* - Les organismes professionnels mentionnés à l'article L. 132-9-2 consultent chaque année, dans le respect de la loi n° 78-17 du 6 janvier 1978 relative à l'informatique, aux fichiers et aux libertés, les données figurant au répertoire national d'identification des personnes physiques et relatives au décès des personnes qui y sont inscrites. Les entreprises d'assurance ainsi que les institutions de prévoyance et unions mentionnées au I obtiennent de ces organismes professionnels communication de ces données en vue d'effectuer des traitements de données nominatives. Ces traitements ont pour objet la recherche des assurés, des souscripteurs et des bénéficiaires décédés des contrats d'assurance sur la vie et des bons ou contrats de capitalisation, à l'exception de ceux au porteur.

Art. L. 132-9-3-1 *(Créé à compter du 1er janvier 2016, L. n° 2014-617, 13 juin 2014).* – Les entreprises d'assurance, les institutions de prévoyance et les unions mentionnées au I de l'article L. 1329-3 publient chaque année, chacune pour ce qui la concerne, le nombre et l'encours des contrats non réglés. Elles précisent les démarches, le nombre de recherches et le nombre et l'encours des contrats correspondants qu'elles ont effectuées au cours de l'année en application des articles L. 1329-2 et L. 1329-3, ainsi que les sommes dont le versement au bénéficiaire résulte de ces démarches. Elles établissent chaque année, chacune pour ce qui la concerne, un rapport, adressé à leur demande à l'Autorité de contrôle prudentiel et de résolution et au ministre chargé de l'économie, précisant le nombre et l'encours des contrats d'assurance sur la vie et des bons et contrats de capitalisation répondant à des critères fixés par arrêté du ministre chargé de l'économie, dont les capitaux ou les rentes dus n'ont pas été versés au bénéficiaire.

Art. L. 132-9-4 *(L. n° 2013-672, 26 juill. 2013).* – Les organismes professionnels mentionnés à l'article L. 132-9-2 publient chaque année un bilan de l'application des articles L. 132-9-2 et L. 132-9-3, qui comporte le nombre et l'encours des contrats d'assurance sur la vie, souscrits auprès de leurs membres, répondant à des critères fixés par arrêté du ministre chargé de l'économie, dont les capitaux ou les rentes dus n'ont pas été versés au bénéficiaire.

Art. L. 132-9-5 *(L. n° 2016-1691, 9 déc. 2016).* – Les entreprises d'assurance proposant des contrats d'assurance vie dont les prestations sont liées à la cessation d'activité professionnelle informent annuellement les assurés ayant dépassé la date de liquidation de leur pension dans un régime obligatoire d'assurance vieillesse ou, à défaut, celle mentionnée à l'article L. 161-17-2 du Code de la sécurité sociale, de la possibilité de liquider les prestations au titre du contrat.

Elles établissent chaque année, chacune pour ce qui la concerne, un rapport adressé à l'Autorité de contrôle prudentiel et de résolution et au ministre chargé de l'économie, précisant le nombre et l'encours des contrats non liquidés pour lesquels l'adhérent a dépassé l'âge de départ en retraite, ainsi que les moyens mis en œuvre pour les en informer.

Art. L. 132-10 *(Rempl., Ord. n° 2006-346, 23 mars 2006 ; mod., L. n° 2007-1775, 17 déc. 2007).* **– La police d'assurance peut être donnée en nantissement soit par avenant soit par endossement à titre de garantie, si elle est à ordre, soit par acte soumis aux formalités des articles 2355 à 2366 du Code civil.**

Quand l'acceptation du bénéficiaire est antérieure au nantissement, ce dernier est subordonné à l'accord du bénéficiaire.

Quand l'acceptation du bénéficiaire est postérieure au nantissement, celle-ci est sans effet à l'égard des droits du créancier nanti.

Sauf clause contraire, le créancier nanti peut provoquer le rachat nonobstant l'acceptation du bénéficiaire.

Art. L. 132-11 *(Mod., L. n° 81-5, 7 janv. 1981).* **– Lorsque l'assurance en cas de décès a été conclue sans désignation d'un bénéficiaire, le capital ou la rente garantis font partie du patrimoine ou de la succession du contractant.**

Décès simultané du souscripteur et du bénéficiaire. Lorsque l'héritier du bénéficiaire, décédé dans le même accident et à la même heure que l'assuré, ne peut justifier que le bénéficiaire ait survécu ne serait-ce qu'un instant à l'assuré, il en résulte qu'au moment du décès de l'assuré le contrat était devenu sans bénéficiaire de sorte que le capital décès faisait partie de la succession du contractant (■ Cass. 2e civ., 1er juin 2011, n° 10-30.430 : *Resp. civ. et assur.* 2011, 13, étude Pierre : *JurisData* n° 2011-010213).

Art. L. 132-12 *(Mod., L. n° 81-5, 7 janv. 1981).* **– Le capital ou la rente stipulés payables lors du décès de l'assuré à un bénéficiaire déterminé ou à ses héritiers ne font pas partie de la succession de l'assuré. Le bénéficiaire, quelles que soient la forme et la date de sa désignation, est réputé y avoir eu seul droit à partir du jour du contrat, même si son acceptation est postérieure à la mort de l'assuré.**

1) **Volonté contraire du souscripteur.** Sur la possibilité pour un souscripteur de décider par testament d'intégrer ses contrats d'assurance –vie dans sa succession et de préciser que les capitaux assurés devront figurer dans le lot du légataire de la quotité disponible qu'il institue, V. ■ Cass. 1re civ., 8 juill. 2010, n° 09-12.491 : *AJ fam.* 2010, 445, obs. Bicheron ; *Defrénois* 2011, p. 703, obs. Vareille ; *JCP* N 2010, 1371, note S. Hovasse ; *RJPF* oct. 2010, p. 30, note Delmas Saint-Hilaire ; *RTD civ.* 2011, 167, obs. M. Grimaldi. V. aussi, pour l'inclusion dans la succession du capital d'un contrat d'assurance-vie que le défunt avait déclaré par testament léguer à l'un de ses enfants, ■ Cass. 1re civ., 10 oct. 2012, n° 11-17.891 : *JCP* N 2012, 1369, note Van Steenlandt ; *Resp. civ. et assur.* 2013, 72, note Pierre.

2) **Changement de bénéficiaire.** Le souscripteur d'un contrat d'assurance prévoyant le versement d'un capital à lui-même à une date donnée ou à sa femme s'il venait à décéder avant cette date, avait, un mois avant sa mort, demandé une avance maximale sur sa police et révoqué la désignation de son épouse comme bénéficiaire en lui substituant deux enfants mineurs. Jugé qu'il ne peut réclamer que l'attribution de l'avance et que, par application de l'article L. 132-12 du Code des assurances, la créance sur la compagnie née en raison du décès a été acquise au seul profit des bénéficiaires désignés en dernier lieu (■ Cass. ass. plén., 12 déc. 1986 : *JCP* 87, II, 20760, concl. Cabannes et note Boyer ; *D.* 1987, 269, note Ghestin).

Art. L. 132-13 *(Mod., L. n° 81-5, 7 janv. 1981).* **– Le capital ou la rente payables au décès du contractant à un bénéficiaire déterminé ne sont soumis ni aux règles du rapport à succession, ni à celles de la réduction pour atteinte à la réserve des héritiers du contractant.**

Ces règles ne s'appliquent pas non plus aux sommes versées par le contractant à titre de primes, à moins que celles-ci n'aient été manifestement exagérées eu égard à ses facultés.

Bibliographie : M. Mignot, *Histoire d'un contresens* : *LPA* 18 juill. 2008, p. 7.

1) **Contrats de capitalisation.** Les dispositions des articles L. 132-12 et L. 132-13 du Code des assurances ne s'appliquent pas aux contrats de capitalisation (■ Cass. 1re civ., 18 juill. 2000 : *JCP* G 2001, II, 10434 ; *Dr. famille* 2000, 149, 1er arrêt, note Leroy. V. sur cet arrêt J. Bigot : *JCP* 2001, act. 49. – F. Sauvage et D. Faucher : *JCP* N 2000, 1683. V. en ce sens ■ Cass. 1re civ., 29 janv. 2002 : *JCP* G 2002, I, 178 et *JCP* N 2003, 1007, n° 11, obs. Le Guidec ; *JurisData* n° 009836).

2) **Qualification des assurances-placement.** Le contrat d'assurance dont les effets dépendent de la durée de vie humaine comporte un aléa et constitue un contrat d'assurance sur la vie (■ Cass. ch. mixte, 23 nov. 2004, 4 arrêts : *D.* 2005, 1905, note Beignier ; *JCP* G 2005, IV, 1000 à 1003 ; *JCP* E 2005, 82, note Mélin ; *Defrénois* 2005, 605, obs. Aubert ; *RTD civ.* 2005, 434, obs. Grimaldi). V. sur ces arrêts J. Ghestin : *JCP* G 2005,

I, 111. – Ph. Grosjean : *JCP* N 2005, 1003. – Durry : *Risques* déc. 2005, p. 117. – Ph. Delmas-Saint-Hilaire : *RJPF* févr. 2005, 25. – Lécuyer : *Dr. famille* 2005, étude 6. – Leduc et Pierre : *Resp. civ. et assur.* 2005, étude 3. – Terré et Lequette, *Grands arrêts de la jurisprudence civile*, t. 1, 12e éd., 2007, n° 132). Mais si l'absence d'aléa est caractérisée (versements sur un actif d'épargne par un malade sur le point d'entrer dans une unité de soins palliatifs), la qualification d'assurance-vie est exclue, de sorte que l'article L. 132-13 ne joue pas (■ Cass. 1re civ., 4 juill. 2007, n° 05-10.254 : *JurisData* n° 2007-039916 ; *Dr. famille* 2007, comm. 176, note Nicolas ; *JCP* 2007, IV, 2685 ; *RJPF* 10/2007, n° 28, note Casey).

3) Requalification en donation. Un contrat d'assurance-vie peut-être requalifié en donation (déclenchant l'assujettissement de l'opération aux droits de mutation à titre gratuit) si les circonstances dans lesquelles son bénéficiaire a été désigné révèlent la volonté du souscripteur de se dépouiller de manière irrévocable (■ Cass. ch. mixte, 21 déc. 2007, n° 06-12.769 : *D.* 2008, 218, note Bruguière-Fontenille ; *JCP* 2009, I, 109, obs. Le Guidec ; *Resp. civ. et assur.* 2008, étude 5 par Pierre et Gentilhomme ; *RTD civ.* 2008, 137, obs. Grimaldi).

4) Caractère manifestement exagéré des primes. L'utilité de la souscription est l'un des critères devant être pris en compte (■ Cass. 2e civ., 10 avr. 2008, n° 06-16.725 : *Resp. civ. et assur.* 2008, 207 ; *Dr. famille* 2008,127, note Nicolas). Le caractère manifestement exagéré des primes s'apprécie non pas au moment du décès du souscripteur, mais du versement, au regard de l'âge ainsi que des situations patrimoniale et familiale du souscripteur et de l'utilité de ce contrat pour ce dernier (■ Cass. 1re civ., 12 nov. 2009 : *JurisData* n° 2009-050290 ; *Dr. famille* 2010, comm. 7, note Beignier). Le caractère exagéré manifestement s'apprécie au moment du versement, au regard de l'âge, des situations patrimoniale et familiale du souscripteur, ainsi que de l'utilité du contrat pour celui-ci (■ Cass. 1re civ., 19 mars 2014, n° 13-12.076 : Bull. civ. I, n° 52).

V. Ph. Pierre, Entre utilité et conventionnalité, le tandem des primes d'assurance-vie exagérées : *JCP N* 2014, 1338.

5) Recel successoral. Si les primes sont manifestement exagérées, les sommes versées constituent des libéralités dont la dissimulation volontaire par l'héritier gratifié constitue un recel (■ Cass. 1re civ., 4 juin 2009 : *JurisData* n° 2009-048464 ; *Dr. famille* 2009, comm. 110, note Beignier ; *JCP* 2009, p. 375, obs. Le Guidec ; *Resp. civ. et assur.* 2009, étude 12, Pierre).

6) Volonté contraire du souscripteur. Sur la prise en compte du capital d'assurance-vie pour le calcul de la réserve et de la quotité disponible lorsque le souscripteur en a exprimé la volonté dans son testament, V. ■ Cass. 1re civ., 8 juill. 2010, n° 09-12.491, cité sous l'article. L. 132-12).

7) Legs du capital d'une assurance-vie. Pour l'application des règles ordinaires de la réduction des libéralités au legs du capital d'un contrat d'assurance-vie par le souscripteur, alors qu'il avait entendu inclure ce capital dans sa succession et en gratifier l'un de ses enfants, ■ Cass. 1re civ., 10 oct. 2012, n° 11-17.891, cité sous l'article L. 132-12.

8) Bénéficiaire incapable de recevoir à titre gratuit. V. pour la nullité d'un avenant désignant comme bénéficiaire un médecin ayant soigné le souscripteur pendant sa dernière maladie au sens de l'article 909 du Code civil, de sorte que ce médecin était frappé d'une incapacité de recevoir à titre gratuit, ■ Cass. 1re civ., 4 nov. 2010, n° 07-21.303 : *RTD civ.* 2011, 163, obs. M. Grimaldi.

9) Révocation pour cause d'ingratitude. V. pour une action révocatoire de la désignation du bénéficiaire d'une assurance-vie pour cause d'ingratitude et l'application du délai d'un an de l'article 957 du Code civil, ■ Cass. 1re civ., 20 oct. 2010, n° 09-16.451 : *JurisData* n° 2010-018905 ; *JCP* N 2011, 1098, note J.-C. Bonneau.

Art. L. 132-14 ***(Mod. à compter d'une date fixée par décret, et au plus tard le 1er janvier 2019, L. fin. rect. n° 2017-1775, 28 déc. 2017).*** **– Sous réserve des dispositions des articles L. 262, L. 263 B et L. 273 A du Livre des procédures fiscales, de l'article 387 *bis* du Code des douanes, de l'article L. 1617-5 du Code général des collectivités territoriales et du II de l'article 128 de la loi n° 2004-1485 du 30 décembre 2004 de finances rectificative pour 2004, [l]e capital ou la rente garantis au profit d'un bénéficiaire déterminé ne peuvent être réclamés par les créanciers du contractant. Ces derniers ont seulement droit au remboursement des primes, dans le cas indiqué par l'article L. 132-13, deuxième alinéa, en vertu soit de article 1341-2 du Code civil , soit des articles 107 et 108 de la loi n° 85-98 du 25 janvier 1985 relative au redressement et à la liquidation judiciaires des entreprises .**

Primes manifestement excessivesL'autorisation donnée par un juge des tutelles de placer sous contrat d'assurance-vie des capitaux revenant à un majeur protégé ne prive pas les créanciers du droit de revendiquer la réintégration à la succession des primes manifestement excessives au regard des facultés du souscripteur (■ Cass. 1re civ., 7 févr. 2018, n° 17-10.818 : *RDC* 2018, p. 394, Godechot-Patrice).

Art. L. 132-15 *(L. n° 81-5, 7 janv. 1981 ; mod., L. n° 2007-1775, 17 déc. 2007).* – Tout bénéficiaire peut, après avoir accepté la stipulation faite à son profit et si la cessibilité de ce droit a été expressément prévue ou avec le consentement du contractant et de l'assuré, transmettre lui-même le bénéfice du contrat par une cession dans la forme de l'article 1690 du Code civil.

Art. L. 132-16. – Le bénéfice de l'assurance contractée par un époux commun en biens en faveur de son conjoint, constitue un propre pour celui-ci.

Aucune récompense n'est due à la communauté en raison des primes payées par elle, sauf dans les cas spécifiés dans l'article L. 132-13, deuxième alinéa.

Art. L. 132-17 *(Mod., L. n° 85-98, 25 janv. 1985).* – Les articles L. 621-112 et L. 621-114 du Code de commerce concernant les droits du conjoint du débiteur en liquidation de biens ou en règlement judiciaire sont sans application en cas d'assurance sur la vie contractée par un commerçant au profit de son conjoint.

Art. L. 132-18 *(Rempl. L. n° 81-5, 7 janv. 1981 ; mod., L. n° 2001-1135, 3 déc. 2001 ; à compter du 1er janvier 2016, Ord. n° 2015-378).* – Dans le cas de réticence ou fausse déclaration mentionné à l'article L. 113-8, dans le cas où l'assuré s'est donné volontairement la mort au cours du délai mentionné à l'article L. 132-7 ou lorsque le contrat exclut la garantie du décès en raison de la cause de celui-ci, l'assureur verse au contractant, ou en cas de décès de l'assuré, au bénéficiaire, une somme égale à la valeur de rachat ou de transfert, lorsqu'elle existe, ou à défaut de la provision mathématique déterminée sur la base des paramètres prévus dans les conditions tarifaires du contrat.

Art. L. 132-19. – Tout intéressé peut se substituer au contractant pour payer les primes.

Art. L. 132-20 *(L. n° 81-5, 7 janv. 1981 ; L. n° 92-665, 16 juill. 1992).* – L'entreprise d'assurance ou de capitalisation n'a pas d'action pour exiger le paiement des primes.

Lorsqu'une prime ou fraction de prime n'est pas payée dans les dix jours de son échéance, l'assureur adresse au contractant une lettre recommandée par laquelle il l'informe qu'à l'expiration d'un délai de quarante jours à dater de l'envoi de cette lettre le défaut de paiement, à l'assureur ou au mandataire désigné par lui, de la prime ou fraction de prime échue ainsi que des primes éventuellement venues à échéance au cours dudit délai, entraîne soit la résiliation du contrat en cas d'inexistence ou d'insuffisance de la valeur de rachat, soit la réduction du contrat.

L'envoi de la lettre recommandée par l'assureur rend la prime portable dans tous les cas.

Le défaut de paiement d'une cotisation due au titre d'un contrat de capitalisation ne peut avoir pour sanction que la suspension ou la résiliation pure et simple du contrat et, dans ce dernier cas, la mise à la disposition du porteur de la valeur de rachat que ledit contrat a éventuellement acquise.

Art. L. 132-21 *(Mod., Ord. n° 2014-696, 26 juin 2014).* – Le contrat précise les modalités de calcul de la valeur de rachat ou de la valeur de transfert et, le cas échéant, de la valeur de réduction. Pour le calcul de la valeur de réduction, il ne peut être prévu d'imputer sur la provision mathématique *(Mots aj. à compter du 1er janvier 2016, Ord. n° 2015-378, 2 avr. 2015)* « déterminée sur la base des paramètres prévus dans les conditions tarifaires » du contrat une indemnité de réduction.

Dans la limite de la valeur de rachat du contrat, l'assureur peut consentir des avances au contractant.

En cas de demande de rachat du contrat par le contractant, l'entreprise d'assurance ou de capitalisation lui verse la valeur de rachat du contrat dans un délai qui ne peut excéder deux mois.

En cas de demande de transfert du contrat par l'adhérent, l'entreprise d'assurance verse à l'organisme d'assurance d'accueil la valeur de transfert du contrat dans un délai et selon des modalités fixées par décret.

Au-delà des délais mentionnés aux deux alinéas précédents, les sommes non versées produisent de plein droit intérêt au taux légal majoré de moitié durant deux mois, puis, à l'expiration de ce délai de deux mois, au double du taux légal.

Art. L. 132-21-1 *(Ord. n° 2014-696, 26 juin 2014 ; rempl. à compter du 1er janvier 2016, Ord. n° 2015-378, 2 avr. 2015 ; mod., L. n° 2016-1691, 9 déc. 2016).* – Pour tout contrat d'assurance sur la vie comportant une valeur de rachat ou de transfert et pour tout contrat de capitalisation, la valeur de rachat ou, le cas échéant, de transfert, lorsqu'elle existe, est égale à la différence entre la valeur actuelle des engagements respectivement pris par l'assureur et par les assurés, dans la limite, pour la valeur de rachat des contrats d'assurance sur la vie, du montant assuré en cas de décès.

La valeur de rachat ou de transfert des engagements mentionnés à l'article L. 134-1 inclut le montant de la conversion des droits exprimés en parts de la provision de diversification mentionnée à ce même article, selon des dispositions spécifiques précisées par un décret en Conseil d'État.

La valeur de rachat ou de transfert des contrats d'assurance sur la vie ou de capitalisation est calculée en tenant compte, dans la détermination de l'engagement de l'assuré ou du souscripteur, de la partie des primes devant être versées par l'intéressé, représentative des frais d'acquisition du contrat, lorsque ces frais ont été portés en charge déductible par l'entreprise avant la fin de l'exercice à la clôture duquel la valeur de rachat est calculée. Toutefois, pour chaque contrat d'assurance sur la vie ou de capitalisation, la valeur de rachat ou de transfert ne peut être inférieure de plus de 5 % à la valeur de rachat ou de transfert qui serait calculée sans qu'elle tienne compte de la partie des primes mentionnée au présent alinéa. Le montant des frais à l'entrée et sur versement mis à la charge de l'intéressé au cours d'une année donnée ne peut excéder 5 % du montant des primes versées cette même année. Cette dernière limite ne s'applique pas aux formules de financement d'obsèques mentionnées à l'article L. 2223-33-1 du Code général des collectivités territoriales pour lesquelles les chargements d'acquisition représentent chaque année un montant inférieur ou égal à 2,5 % du capital garanti.

Lorsque le mécanisme prévu au précédent alinéa n'est pas appliqué, la valeur de rachat ou de transfert peut être diminuée d'une indemnité dont le montant maximal est fixé par décret en Conseil d'État.

Pour les contrats d'assurance sur la vie ou de capitalisation, un arrêté du ministre chargé de l'économie fixe les règles de calcul actuariel qui leur sont applicables.

Art. L. 132-22 *(Mod., L. n° 2010-1330, 9 nov. 2010 ; Ord. n° 2014-696, 26 juin 2014). – (Al. mod. à compter du 1er janvier 2016, L. n° 2014-617, 13 juin 2014)* L'entreprise d'assurance ou de capitalisation communique chaque année au contractant :

– le montant de la valeur de rachat ou, pour les contrats liés à la cessation d'activité professionnelle, de transfert ;
– le cas échéant, le montant de la valeur de réduction de son contrat ;
– le montant des capitaux garantis ;
– la prime du contrat.

(Al. mod. à compter du 1er janvier 2016, L. n° 2014-617, 13 juin 2014) Elle communique également chaque année au contractant dans des conditions précisées par arrêté du ministre chargé de l'économie :

– le rendement garanti et la participation aux bénéfices techniques et financiers de son contrat ;
– le taux moyen de rendement des actifs détenus en représentation des engagements au titre des contrats de même catégorie ;
– et, pour les contrats dont les garanties sont exprimées en unités de compte, les valeurs de ces unités de compte, leur évolution annuelle à compter de la souscription du contrat et les modifications significatives affectant chaque unité de compte.

Ces montants ne peuvent tenir compte de participations bénéficiaires qui ne seraient pas attribuées à titre définitif.

L'entreprise d'assurance ou de capitalisation indique en termes précis et clairs dans cette communication ce que signifient les opérations de rachat, de transfert et de réduction et quelles sont leurs conséquences légales et contractuelles.

(Al. mod. à compter du 1er janvier 2016, L. n° 2014-617, 13 juin 2014) Pour les contrats relevant du chapitre IV, l'entreprise d'assurance ou de capitalisation indique les modalités et conditions de rachat.

Pour les contrats liés à la cessation d'activité professionnelle, l'entreprise d'assurance ou de capitalisation fournit, dans cette communication, une estimation du montant de la rente viagère qui serait versée à l'assuré à partir de ses droits personnels. Elle précise, le cas échéant, les conditions dans lesquelles l'assuré peut demander le transfert de son contrat auprès d'une autre entreprise d'assurance, d'une mutuelle ou d'une institution de prévoyance. Un arrêté précise les conditions d'application du présent alinéa.

(Al. mod. à compter du 1er janvier 2016, L. n° 2014-617, 13 juin 2014) Pour les contrats comportant un terme, l'entreprise d'assurance ou de capitalisation adresse au contractant, un mois avant la date du terme, un relevé d'information spécifique. Ce relevé contient, outre les informations mentionnées aux alinéas précédents, le

rappel en caractères très apparents de la date du terme du contrat, et, le cas échéant, de sa prorogation tacite, et du fait que la revalorisation cesse à compter de cette date, sauf stipulation contractuelle contraire.

(Al. mod. à compter du 1er janvier 2016, L. n° 2014-617, 13 juin 2014) Le relevé spécifique mentionné au treizième alinéa est adressé à nouveau par l'entreprise d'assurance ou de capitalisation au contractant un an après le terme du contrat si le contractant ne s'est pas manifesté depuis le terme.

Le contrat fait référence à l'obligation d'information prévue aux alinéas précédents.

(Al. mod. à compter du 1er janvier 2016, L. n° 2014-617, 13 juin 2014) L'entreprise d'assurance ou de capitalisation communique également au contractant la date d'échéance du contrat.

Art. L. 132-22-1 *(Abr. à compter du 1er janvier 2016, Ord. n° 2015-378, 2 avr. 2015).*

Art. L. 132-22-2 *(Ord. n° 2009-106, 30 janv. 2009).* – Les sommes dues au titre d'une garantie de fidélité sont diminuées en cas de rachat avant le terme prévu par cette garantie selon des modalités fixées par décret.

Art. L. 132-23 *(Mod., Ord. n° 2014-696, 26 juin 2014 ; L. n° 2016-1691, 9 déc. 2016).* – Les assurances temporaires en cas de décès ainsi que les rentes viagères immédiates ou en cours de service ne peuvent comporter ni réduction ni rachat. Les assurances de capitaux de survie ou de rente de survie, les assurances en cas de vie sans contre-assurance et les rentes viagères différées sans contre-assurance ne peuvent comporter de rachat.

Les contrats d'assurance de groupe en cas de vie dont les prestations sont liées à la cessation d'activité professionnelle, y compris les contrats qui relèvent du régime de retraite complémentaire institué par la Caisse nationale de prévoyance de la fonction publique, ne comportent pas de possibilité de rachat. Les contrats qui relèvent du régime de retraite complémentaire institué par la Caisse nationale de prévoyance de la fonction publique peuvent prévoir, à la date de liquidation des droits individuels intervenant à partir de la date de cessation d'activité professionnelle, une possibilité de rachat dans la limite de 20 % de la valeur des droits individuels résultant de ces contrats. La convention d'assurance de groupe dénommée « complémentaire retraite des hospitaliers » peut également prévoir, à la date de liquidation des droits individuels intervenant à partir de la date de cessation d'activité professionnelle, une possibilité de rachat dans la limite de 20 % de la valeur des droits individuels garantis par la convention à la date de liquidation. Si une possibilité de rachat lui est ouverte, l'affilié reçoit, lorsqu'il demande la liquidation de ses droits, une information détaillant les options soumises à son choix, dont le contenu est fixé par arrêté du ministre chargé de l'économie. Toutefois, ces contrats doivent prévoir une faculté de rachat intervenant lorsque se produisent l'un ou plusieurs des événements suivants :

– expiration des droits de l'assuré aux allocations chômage accordées consécutivement à une perte involontaire d'emploi, ou le fait pour un assuré qui a exercé des fonctions d'administrateur, de membre du directoire ou de membre de conseil de surveillance, et n'a pas liquidé sa pension dans un régime obligatoire d'assurance vieillesse, de ne pas être titulaire d'un contrat de travail ou d'un mandat social depuis deux ans au moins à compter du non-renouvellement de son mandat social ou de sa révocation ;

– cessation d'activité non salariée de l'assuré à la suite d'un jugement de liquidation judiciaire en application des dispositions du livre VI du Code de commerce ou toute situation justifiant ce rachat selon le président du tribunal de commerce auprès duquel est instituée une procédure de conciliation telle que visée à l'article L. 611-4 du Code de commerce, qui en effectue la demande avec l'accord de l'assuré ;

– invalidité de l'assuré correspondant au classement dans les deuxième ou troisième catégories prévues à l'article L. 341-4 du Code de la sécurité sociale ;

– décès du conjoint ou du partenaire lié par un pacte civil de solidarité ;

– situation de surendettement de l'assuré définie à l'article L. 330-1 du Code de la consommation, sur demande adressée à l'assureur, soit par le président de la commission de surendettement des particuliers, soit par le juge lorsque le déblocage des droits individuels résultant de ces contrats paraît nécessaire à l'apurement du passif de l'intéressé.

Les droits individuels résultant des contrats d'assurance de groupe en cas de vie dont les prestations sont liées à la cessation d'activité professionnelle, y compris les contrats qui relèvent du régime de retraite complémentaire institué par la Caisse nationale de prévoyance de la fonction publique, sont transférables, dans des conditions fixées par décret.

Pour les autres assurances sur la vie et pour les opérations de capitalisation, l'assureur ne peut refuser la réduction ou le rachat. Toutefois, le contrat peut stipuler que les engagements relevant du chapitre IV ne sont pas rachetables durant une période qui ne peut excéder une durée fixée par décret en Conseil d'État, sauf lorsque se produisent l'un ou plusieurs des événements mentionnés aux troisième à septième alinéas.

L'assureur peut d'office substituer le rachat à la réduction si la valeur de rachat est inférieure à un montant fixé par décret.

Art. L. 132-23-1 *(Rempl. à compter du 1er janvier 2016, L. n° 2014-617, 13 juin 2014).* – L'entreprise d'assurance dispose d'un délai de quinze jours, après réception de l'avis de décès et de sa prise de connaissance des coordonnées du bénéficiaire ou au terme prévu pour le contrat, afin de demander au bénéficiaire du contrat d'assurance sur la vie de lui fournir l'ensemble des pièces nécessaires au paiement.

À réception de ces pièces, l'entreprise d'assurance verse, dans un délai qui ne peut excéder un mois, le capital ou la rente garantis au bénéficiaire du contrat d'assurance sur la vie.

Plusieurs demandes de pièces formulées par l'entreprise d'assurance ne peuvent concerner des pièces identiques ou redondantes.

Au-delà du délai prévu au deuxième alinéa, le capital non versé produit de plein droit intérêt au double du taux légal durant deux mois puis, à l'expiration de ce délai de deux mois, au triple du taux légal. Si, au-delà du délai de quinze jours mentionné au premier alinéa, l'entreprise a omis de demander au bénéficiaire l'une des pièces nécessaires au paiement, cette omission n'est pas suspensive du délai de versement mentionné au présent article.

Art. L. 132-24 *(L. n° 81-5, 7 janv. 1981 ; mod., L. n° 2007-1775, 17 déc. 2007).* – Le contrat d'assurance cesse d'avoir effet à l'égard du bénéficiaire qui a été condamné pour avoir donné volontairement la mort à l'assuré ou au contractant.

Le montant de la *(Mots rempl. à compter du 1er janvier 2016, Ord. n° 2015-378, 2 avr. 2015)* « valeur de rachat ou de transfert, lorsqu'elle existe, ou à défaut de la provision mathématique déterminée sur la base des paramètres prévus dans les conditions tarifaires » doit être versé par l'assureur au contractant ou à ses ayants cause à moins qu'ils ne soient condamnés comme auteurs ou complices du meurtre de l'assuré ou du contractant.

Si le bénéficiaire a tenté de donner la mort à l'assuré, le contractant a le droit de révoquer l'attribution du bénéfice de l'assurance, même si le bénéficiaire avait déjà accepté la stipulation faite à son profit.

Art. L. 132-25 *(L. n° 81-5, 7 janv. 1981).* – Lorsque l'assureur n'a pas eu connaissance de la désignation d'un bénéficiaire, par testament ou autrement, ou de l'acceptation d'un autre bénéficiaire ou de la révocation d'une désignation, le paiement du capital ou de la rente garantis fait à celui qui, sans cette désignation, cette acceptation ou cette révocation, y aurait eu droit, est libératoire pour l'assureur de bonne foi.

Art. L. 132-26 *(Mod., L. n° 81-5, 7 janv. 1981).* – L'erreur sur l'âge de l'assuré n'entraîne la nullité de l'assurance que lorsque son âge véritable se trouve en dehors des limites fixées pour la conclusion des contrats par les tarifs de l'assureur.

Dans tout autre cas, si, par suite d'une erreur de ce genre, la prime payée est inférieure à celle qui aurait dû être acquittée, le capital ou la rente garantis sont réduits en proportion de la prime perçue et de celle qui aurait correspondu à l'âge véritable de l'assuré. Si, au contraire, par suite d'une erreur sur l'âge de l'assuré, une prime trop forte a été payée, l'assureur est tenu de restituer la portion de prime qu'il a reçue en trop sans intérêt.

Art. L. 132-27 *(Rempl., L. n° 2010-737, 1er juill. 2010).* – Toutes les informations, y compris les communications à caractère publicitaire, relatives à un contrat d'assurance sur la vie ou à un contrat de capitalisation présentent un contenu exact, clair et non trompeur. Les communications à caractère publicitaire sont clairement identifiées comme telles.

Art. L. 132-27-1 *(Abr. à compter du 1er octobre 2018, Ord. n° 2018-361, 16 mai 2018).*

Art. L. 132-27-2 *(Créé à compter du 1er janvier 2016, L. n° 2014-617, 13 juin 2014).* – I. – Les sommes dues au titre des contrats d'assurance sur la vie et des bons ou contrats de capitalisation qui ne font pas l'objet d'une demande de versement des prestations ou du capital sont déposées à la Caisse des dépôts et consignations à l'issue d'un délai de dix ans à compter de la date de prise de connaissance par l'assureur du décès de l'assuré ou de l'échéance du contrat. Le dépôt intervient dans le mois suivant l'expiration de ce délai. Les sommes dues au titre d'un contrat d'assurance temporaire en cas de décès ne font pas l'objet de ce dépôt lorsque le décès de l'assuré est intervenu antérieurement au 1er janvier 2015.

Le dépôt à la Caisse des dépôts et consignations des sommes dues au titre des contrats mentionnés au premier alinéa du présent I et comportant, en tout ou partie, des engagements exprimés en unités de compte mentionnés au second alinéa de l'article L. 131-1 ou affectés à l'acquisition de droits donnant lieu à la constitution d'une provision de diversification s'effectue en numéraire. La valeur de ces engagements ou de ces droits est celle atteinte à l'expiration du délai de dix ans mentionné au premier alinéa du présent I, sauf si les stipulations contractuelles prévoient une date antérieure.

Le souscripteur du contrat ou les bénéficiaires des sommes déposées à la Caisse des dépôts et consignations ne peuvent en obtenir le versement qu'en numéraire, nonobstant toute stipulation contraire.

Les entreprises d'assurance, les institutions de prévoyance et les unions transmettent à la Caisse des dépôts et consignations les informations nécessaires, le cas échéant, au versement des sommes mentionnées au troisième alinéa au souscripteur du contrat ou à ses bénéficiaires.

Jusqu'à l'expiration du délai mentionné au III, elles conservent les informations et documents relatifs à l'encours des contrats à la date du dépôt prévu au deuxième alinéa du présent I, à la computation du délai mentionné au premier alinéa et au régime d'imposition applicable, ainsi que les informations et documents permettant d'identifier les souscripteurs et les bénéficiaires de ces contrats. Ces informations et documents sont transmis à la Caisse des dépôts et consignations à sa demande. Elles conservent également les informations et documents permettant d'apprécier qu'elles ont satisfait à leurs obligations en matière de contrats non réglés.

Le dépôt des sommes à la Caisse des dépôts et consignations en application du présent I est libératoire de toute obligation pour l'assureur et le souscripteur, à l'exception des obligations en matière de conservation d'informations et de documents prévues à l'avant-dernier alinéa. Ce caractère libératoire n'emporte cependant pas exonération de responsabilité pour les manquements commis antérieurement à ce dépôt.

II. – Six mois avant l'expiration du délai mentionné au premier alinéa du I du présent article, les entreprises d'assurance, les institutions de prévoyance et les unions mentionnées au I de l'article L. 132-9-3 informent le souscripteur ou les bénéficiaires du contrat, par tout moyen à leur disposition, de la mise en œuvre du présent article.

La Caisse des dépôts et consignations organise, dans le respect de la loi n° 78-17 du 6 janvier 1978 relative à l'informatique, aux fichiers et aux libertés, la publicité appropriée de l'identité des souscripteurs des contrats dont les sommes garanties ont fait l'objet du dépôt mentionné au I du présent article, afin de permettre aux souscripteurs ou aux bénéficiaires des contrats de percevoir les sommes qui leur sont dues. Ces derniers communiquent à la Caisse des dépôts et consignations les informations permettant de vérifier leur identité et de déterminer le montant des sommes qui leur sont dues.

Le notaire chargé d'établir l'actif successoral en vue du règlement de la succession pour laquelle il a été mandaté obtient, sur sa demande auprès de la Caisse des dépôts et consignations, le versement des sommes déposées en application du I et dues aux ayants droit du défunt, lorsque ces sommes entrent dans l'actif successoral. Le notaire restitue ces sommes aux ayants droit.

Le notaire joint à sa demande le mandat l'autorisant à agir au nom des ayants droit.

III. – Par dérogation au premier alinéa de l'article L. 518-24 du Code monétaire et financier, les sommes déposées à la Caisse des dépôts et consignations en application du présent article et qui n'ont pas été réclamées par le souscripteur ou leurs bénéficiaires sont acquises à l'État à l'issue d'un délai de vingt ans à compter de la date de leur dépôt à la Caisse des dépôts et consignations.

Jusqu'à l'expiration de ce délai, la Caisse des dépôts et consignations détient, pour le compte des souscripteurs ou de leurs bénéficiaires, les sommes qui lui ont été déposées.

Pour chaque dépôt correspondant à un contrat d'assurance sur la vie ou à un bon ou contrat de capitalisation, le montant des sommes versées par la Caisse des dépôts et consignations à son souscripteur ou à ses bénéficiaires ou acquises à l'État ne peut être inférieur au montant des sommes déposées à la Caisse des dépôts et consignations, diminué, le cas échéant, des versements partiels réalisés par la Caisse des dépôts et consignations en application du présent article.

IV. – Un décret en Conseil d'État précise les modalités d'application du présent article.

Voir : la rédaction de cet article issue de la loi n° 2019-486 du 22 mai 2019, en *addendum*, p. 3587

Section II. – Les assurances populaires

Art. L. 132-28 *(Abr., L. n° 85-608, 11 juin 1985 ; rétabli dans la version suivante, Ord. n° 2008-1271, 5 déc. 2008).* – **I. – L'intermédiaire mentionné à l'article L. 511-1 établit des conventions avec les entreprises d'assurance ou de capitalisation proposant les contrats d'assurance individuels comportant des valeurs de rachat, les contrats de capitalisation, les contrats mentionnés à l'article L. 132-5-3 et à l'article L. 441-1 et en raison desquels il exerce son activité d'intermédiation.**

Ces conventions prévoient notamment :

1° Les conditions dans lesquelles l'intermédiaire mentionné à l'article L. 511-1 est tenu de soumettre à l'entreprise d'assurance ou de capitalisation les documents à caractère publicitaire préalablement à leur diffusion afin de vérifier leur conformité au contrat d'assurance ou de capitalisation et, le cas échéant, à la notice ou note ;

2° Les conditions dans lesquelles sont mises à disposition de l'intermédiaire par l'entreprise d'assurance ou de capitalisation les informations nécessaires à l'appréciation de l'ensemble des caractéristiques du contrat.

II. – Un décret en Conseil d'État précise les modalités d'application du I, notamment les cas et conditions dans lesquels l'obligation d'établir des conventions n'est pas justifiée compte tenu de la nature des contrats ou de leur mode de distribution.

Section III. – Participation des assurés aux bénéfices techniques et financiers

(Abr., L. n° 94-5, 4 janv. 1994 ; rétablie à compter du 1er janvier 2016, Ord. n° 2015-378, 2 avr. 2015)

Art. L. 132-29 *(Créé à compter du 1er janvier 2016, Ord. n° 2015-378, 2 avr. 2015 ; mod., Ord. n° 2017-484, 6 avr. 2017).* – **Les entreprises d'assurance sur la vie ou de capitalisation et les fonds de retraite professionnelle supplémentaire font participer les assurés aux bénéfices techniques et financiers qu'ils réalisent, dans les conditions fixées par arrêté du ministre chargé de l'économie.**

Section IV. – Les assurances ayant pour objet l'acquisition d'immeubles au moyen de constitution de rentes viagères

Art. L. 132-30 *(Mod., L. n° 94-5, 4 janv. 1994).* – **Les contrats comportant des opérations d'acquisition d'immeubles au moyen de la constitution de rentes viagères sont soumis aux dispositions du présent article.**

Les crédirentiers conservent individuellement pour le service de leurs rentes, même à l'encontre de toute convention contraire, le privilège de l'article 2103, 1° du Code civil sur l'immeuble cédé. S'il existe des héritiers en ligne directe des crédirentiers, ces derniers ne peuvent traiter avec l'assureur qu'après y avoir été autorisés par jugement rendu en chambre du conseil sur simple requête.

L'estimation de la valeur actuelle, en pleine propriété, des immeubles cédés, est expressément stipulée aux contrats de rentes viagères et garantie sincère et véritable par un expert désigné par le tribunal de grande instance du ressort desdits immeubles. L'attestation de l'expert, suivie de sa signature, figure aux contrats.

Art. L. 132-31. – **La nullité des contrats dans lesquels l'une des prescriptions de l'article L. 132-30 n'est pas observée peut être demandée par tout intéressé et par le ministère public.**

CHAPITRE III. – ACCÈS À L'ASSURANCE CONTRE LES RISQUES D'INVALIDITÉ OU DE DÉCÈS

(L. 2002-303, 4 mars 2002)

Art. L. 133-1 *(Rempl., L. n° 2016-41, 26 janv. 2016).* – **L'accès à l'assurance contre les risques d'invalidité ou de décès est garanti dans les conditions fixées aux articles L. 1141-1 à L. 1141-3, L. 1141-5 et L. 1141-6 du Code de la santé publique.**

Art. L. 1141-1. – Les entreprises et organismes qui proposent une garantie des risques d'invalidité ou de décès ne doivent pas tenir compte des résultats de l'examen des caractéristiques génétiques d'une personne demandant à bénéficier de cette garantie, même si ceux-ci leur sont transmis par la personne concernée ou avec son accord. En outre, ils ne peuvent poser aucune question relative aux tests génétiques et à leurs résultats, ni demander à une personne de se soumettre à des tests génétiques avant que ne soit conclu le contrat et pendant toute la durée de celui-ci.

Art. L. 1141-2 *(Rempl., L. n° 2007-131, 31 janv. 2007 ; mod., à compter du 1er janvier 2014, Ord. n° 2013-544, 27 juin 2013)*. – Une convention nationale relative à l'accès au crédit des personnes présentant, du fait de leur état de santé ou de leur handicap, un risque aggravé est conclue entre l'État, les organisations professionnelles représentant les établissements de crédit, les sociétés de financement, les entreprises d'assurance, les mutuelles et les institutions de prévoyance ainsi que des organisations nationales représentant les malades et les usagers du système de santé agréées en vertu de l'article L. 1114-1 ou représentant les personnes handicapées. Cette convention a pour objet :

– de faciliter l'assurance des prêts demandés par les personnes présentant un risque aggravé en raison de leur état de santé ou d'un handicap ;

– d'assurer la prise en compte complète par les établissements de crédit ou les sociétés de financement des garanties alternatives à l'assurance ;

– de définir des modalités particulières d'information des demandeurs, d'instruction de leur dossier et de médiation.

Toute personne présentant, du fait de son état de santé ou de son handicap, un risque aggravé bénéficie de plein droit de cette convention.

Art. L. 1141-2-1 *(L. n° 2007-131, 31 janv. 2007 ; mod., à compter du 1er janvier 2014, Ord. n° 2013-544, 27 juin 2013)*. – La convention prévue à l'article L. 1141-2 définit notamment :

1° Les conditions d'âge des emprunteurs, l'objet, le montant et la durée des prêts ;

2° Les modalités d'information des demandeurs d'emprunt sur les dispositions relatives à l'accès au crédit et à l'assurance emprunteur ;

3° Les conditions dans lesquelles un demandeur d'emprunt peut se prévaloir, pendant un délai déterminé, d'une offre d'assurance, y compris pour un bien différent de celui visé par cette offre ;

4° La couverture des risques décès et invalidité, dans les cas où elle est requise ;

5° Les garanties de confidentialité des données à caractère personnel et de nature médicale ;

6° Un mécanisme de mutualisation, mis en œuvre par les entreprises d'assurance, les mutuelles, les institutions de prévoyance, les établissements de crédit et les sociétés de financement, permettant, sous condition de ressources des demandeurs d'emprunt, de limiter le coût additionnel résultant du risque aggravé pour l'assurance décès et invalidité des crédits professionnels et des crédits destinés à l'acquisition de la résidence principale ;

7° Les dispositifs d'études et de recherche permettant de recueillir, d'analyser et de publier les données disponibles sur la mortalité et la morbidité résultant des principales pathologies, en vue de fournir les éléments statistiques nécessaires à la tarification du risque ;

8° La procédure d'instruction des demandes d'emprunt et les modalités selon lesquelles la personne est informée des motifs des refus d'assurance ;

9° Un dispositif de médiation entre, d'une part, les personnes présentant un risque aggravé de santé et, d'autre part, les organismes d'assurance, les établissements de crédit et les sociétés de financement ;

10° La composition et les modalités de fonctionnement d'une instance de suivi et de propositions associant les parties et chargée d'évaluer régulièrement la réalisation des objectifs et engagements de la convention.

Art. L. 1141-3 *(Rempl., L. n° 2007-131, 31 janv. 2007)*. – La convention prévue à l'article L. 1141-2 est conclue pour une durée de trois ans.

La convention et ses avenants sont publiés au *Journal officiel*.

Pour celles de ses dispositions qui prévoient les conditions de collecte et d'utilisation ainsi que les garanties de confidentialité des données à caractère personnel de nature médicale, la convention fait l'objet, préalablement à sa conclusion, d'une consultation de la Commission nationale de l'informatique et des libertés, qui donne un avis sur sa conformité à la loi n° 78-17 du 6 janvier 1978 relative à l'informatique, aux fichiers et aux libertés.

À défaut d'accord, ou en cas de dénonciation, compromettant la mise en œuvre ou la pérennité du dispositif conventionnel, les conditions de collecte et d'utilisation et les garanties de confidentialité des données à caractère personnel de nature médicale sont fixées dans les six mois par décret en Conseil d'État, après avis de la Commission nationale de l'informatique et des libertés.

Au cas où la convention ne serait pas signée par l'une des organisations professionnelles mentionnées à l'article L. 1141-2, un décret peut, après consultation des signataires de la convention et de l'organisation professionnelle non signataire, étendre son application aux entreprises et organismes représentés par l'organisation non signataire.

À défaut de prorogation ou de renouvellement de la convention ou en cas de dénonciation de la convention, les dispositions énumérées à l'article L. 1141-2-1 sont fixées dans les six mois par décret en Conseil d'État. Ce décret prend effet à la date d'expiration de la convention.

Art. L. 1141-4 *(L. n° 2007-131, 31 janv. 2007)*. – L'instance de suivi et de propositions mentionnée au 10° de l'article L. 1141-2-1 adresse un rapport d'évaluation au Gouvernement et au Parlement au plus tard trois mois avant l'échéance de la convention.

Art. L. 1141-5 *(L. n° 2016-41, 26 janv. 2016)*. – La convention nationale mentionnée à l'article L. 1141-2 détermine les modalités et les délais au-delà desquels les personnes ayant souffert d'une pathologie cancéreuse ne peuvent, de ce fait, se voir appliquer une majoration de tarifs ou une exclusion de garanties pour leurs contrats d'assurance ayant pour objet de garantir le remboursement d'un crédit relevant de ladite convention. La convention prévoit également les délais au-delà desquels aucune information médicale relative aux pathologies cancéreuses ne peut être recueillie par les organismes assureurs dans ce cadre.

Sur la base des propositions établies et rendues publiques par l'institut mentionné à l'article L. 1415-2, la liste des pathologies et les délais mentionnés au premier alinéa du présent article sont fixés conformément à une grille de référence, définie par ladite convention, permettant de fixer, pour chacune des pathologies, les délais au-delà desquels aucune majoration de tarifs ou d'exclusion de garantie ne sera appliquée ou aucune information médicale ne sera recueillie pour les pathologies concernées.

Cette grille de référence est rendue publique.

Dans tous les cas, le délai au-delà duquel aucune information médicale relative aux pathologies cancéreuses ne peut être recueillie par les organismes assureurs ne peut excéder dix ans après la date de fin du protocole thérapeutique ou, pour les pathologies cancéreuses survenues avant l'âge de dix-huit ans, cinq ans à compter de la fin du protocole thérapeutique.

Ces modalités et ces délais sont mis à jour régulièrement en fonction des progrès thérapeutiques et des données de la science.

Un décret en Conseil d'État définit les sanctions applicables en cas de manquement à la présente obligation.

Les candidats à l'assurance sont informés, dans des conditions prévues par décret, de l'interdiction prévue au présent article.

La convention prévoit l'extension des dispositifs prévus aux deux premiers alinéas aux pathologies autres que cancéreuses, notamment les pathologies chroniques, dès lors que les progrès thérapeutiques et les données de la science attestent de la capacité des traitements concernés à circonscrire significativement et durablement leurs effets.

TITRE IV. – LES ASSURANCES DE GROUPE

CHAPITRE I. – DISPOSITIONS GENERALES RELATIVES AUX ASSURANCES DE GROUPE

(Anc. chap. unique, dénum., L. n° 2005-842, 26 juill. 2005 ; intitulé créé à compter de la date prévue au VI de l'article 65 de la loi n° 2006-1770 du 30 décembre 2006, L. n° 2006-1770, 30 déc. 2006)

Art. L. 141-1 *(Anc. art. L. 140-1, dénum., L. n° 2005-842, 26 juill. 2005)*. – **Est un contrat d'assurance de groupe le contrat souscrit par une personne morale ou un chef d'entreprise en vue de l'adhésion d'un ensemble de personnes répondant à des conditions définies au contrat, pour la couverture des risques dépendant de la durée de la vie humaine, des risques portant atteinte à l'intégrité physique de la personne ou liés à la maternité, des risques d'incapacité de travail ou d'invalidité ou du risque de chômage.**

Les adhérents doivent avoir un lien de même nature avec le souscripteur.

....

CHAPITRE II. – RÈGLES PARTICULIÈRES AUX CONTRATS D'ASSURANCE SUR LA VIE DIVERSIFIÉS

(L. n° 2005-842, 26 juill. 2005 ; intitulé créé neuf mois après la publication de la loi [JO 31 déc. 2006], L. n° 2006-1770, 30 déc. 2006 ; chap. abr., Ord. n° 2014-696, 26 juin 2014)

....

CHAPITRE III. – RETRAITE PROFESSIONNELLE SUPPLÉMENTAIRE

(Ord. n° 2006-344, 23 mars 2006)

....

CHAPITRE IV. – CONTRATS DE PRÉVOYANCE ET DE RETRAITE SUPPLÉMENTAIRE SOUSCRITS PAR DES ASSOCIATIONS

(Créé neuf mois après la publication de la loi [JO 31 déc. 2006], L. n° 2006-1770, 30 déc. 2006)

Section I. – Contrats de prévoyance et de retraite supplémentaire des professions non salariées

Section II. – Plan d'épargne retraite populaire

....

Chapitre V. – Dispositions particulières relatives à la coassurance de certaines opérations collectives avec les organismes d'assurance relevant du Code de la sécurité sociale et du Code de la mutualité

(L. n° 2014-856, 31 juill. 2014)

....

TITRE V. – LE CONTRAT DE CAPITALISATION

(Abr., L. n° 92-665, 16 juill. 1992).

TITRE VI. – DISPOSITIONS DIVERSES RELATIVES AUX CONTRATS D'ASSURANCE ET DE CAPITALISATION

....

Section V. – Effet sur les contrats d'assurance de la réquisition des biens et services

Art. L. 160-6 *(Mod. à compter du 1er avril 2018, Ord. n° 2017-1433, 4 oct. 2017).* – **La réquisition de la propriété de tout ou partie d'un bien mobilier entraîne de plein droit, dans la limite de la réquisition, la résiliation ou la réduction des contrats d'assurance relatifs à ce bien, à compter de la date de dépossession de celui-ci. Toutefois, l'assuré a le droit d'obtenir de l'assureur qu'à la résiliation soit substituée la simple suspension des effets du contrat en vue de le remettre ultérieurement en vigueur sur les mêmes risques ou sur les risques similaires.**

La réquisition de l'usage de tout ou partie d'un bien mobilier ou immobilier entraîne, de plein droit, la suspension des effets des contrats d'assurance relatifs à ce bien, dans la limite de la réquisition, et dans la mesure de la responsabilité de l'État telle qu'elle est définie à l'article 20 de l'ordonnance n° 59-63 du 6 janvier 1959 .

La suspension prévue aux alinéas précédents ne modifie ni la durée du contrat, ni les droits respectifs des parties quant à cette durée. Elle prend effet à la date de dépossession du bien. Le contrat suspendu reprend ses effets, de plein droit, à partir du jour de la restitution totale ou partielle du bien requis, s'il n'a pas antérieurement pris fin pour une cause légale ou conventionnelle ; l'assuré doit, par lettre recommandée ou par envoi recommandé électronique, aviser l'assureur de cette restitution dans le délai d'un mois à partir du jour où il en a eu connaissance. Faute de notification dans ce délai, le contrat ne reprend ses effets qu'à partir du jour où l'assureur a reçu de l'assuré notification de la restitution.

Art. L. 160-7 *(Mod. à compter du 1er avril 2018, Ord. n° 2017-1433, 4 oct. 2017).* – **La réquisition de services, au sens de l'article 2 de l'ordonnance n° 59-63 du 6 janvier 1959 relative aux réquisitions de biens et de services, ainsi que dans le cas de logement ou de cantonnement, entraîne de plein droit la suspension des effets des contrats d'assurance de dommages, dans la limite de la réquisition, et dans la mesure de la responsabilité de l'État telle qu'elle est définie à l'article 20 de l'ordonnance n° 59-63 du 6 janvier 1959 précitée.**

La suspension prévue à l'alinéa précédent ne modifie ni la durée du contrat ni les droits respectifs des parties quant à cette durée. Elle prend effet à la date d'entrée en vigueur de la réquisition de services. Le contrat

suspendu reprend ses effets, de plein droit, à partir du jour de la fin de la réquisition de services, s'il n'a pas antérieurement pris fin pour une cause légale ou conventionnelle. L'assuré doit, par lettre recommandée ou par envoi recommandé électronique, aviser l'assureur de la fin de la réquisition de services dans le délai d'un mois à partir du jour où il en a eu connaissance. Faute de notification dans ce délai, le contrat ne reprend ses effets qu'à partir du jour où l'assureur a reçu de l'assuré notification de la cessation de la réquisition.

L'État, le prestataire de services et l'assureur peuvent néanmoins décider que les contrats d'assurance de dommages continuent leurs effets et couvrent les risque liés à la réquisition, pour la durée déterminée par ces contrats. Dans ce cas, les dommages survenant à l'occasion d'une réquisition de services et couverts par un contrat d'assurance sont indemnisés par l'assureur. Nonobstant toute disposition contraire, le prestataire de services et l'assureur renoncent de ce fait à l'indemnisation par l'État de ces dommages.

En cas de réquisition de services au sens de l'article 2 de l'ordonnance précitée, les contrats d'assurance de personnes continuent leurs effets de plein droit nonobstant toute clause contraire et sans que l'assureur puisse se prévaloir du droit de résiliation prévu à l'article L. 113-4. Lorsque l'État est responsable en application de l'article 20 de l'ordonnance précitée, l'assureur peut mettre en cause la responsabilité de l'État dans la mesure où l'aggravation du risque est imputable à la réquisition.

Art. L. 160-8 *(Mod. à compter du 1er avril 2018, Ord. n° 2017-1433, 4 oct. 2017)*. – Dans tous les cas autres que ceux prévus aux troisième et quatrième alinéas de l'article L. 160-7, l'assuré doit, par lettre recommandée ou par envoi recommandé électronique et dans le délai d'un mois à partir du jour où il a eu connaissance de la dépossession ou de l'entrée en vigueur de la réquisition de services, en aviser l'assureur en précisant les biens sur lesquels porte la réquisition. À défaut de notification dans ce délai, l'assureur a droit, à titre de dommages-intérêts, à la fraction de prime correspondant au temps écoulé entre la date à laquelle l'assuré a eu connaissance de la dépossession ou de l'entrée en vigueur de la réquisition de services et la date à laquelle il en a avisé l'assureur.

En cas de résiliation, l'assureur doit, sous déduction éventuelle des dommages-intérêts prévus ci-dessus, restituer à l'assuré la portion de prime payée d'avance et afférente au temps où le risque n'est plus couru.

En cas de suspension, cette portion de prime est conservée par l'assureur au crédit de l'assuré et porte intérêt au taux des avances sur titres de la Banque de France à compter de la plus prochaine échéance.

En cas de réduction, la fraction de prime payée en excédent est également conservée par l'assureur au crédit de l'assuré ; elle porte intérêt dans les mêmes conditions et s'impute de plein droit sur les primes à échoir.

Si le contrat suspendu, ou réduit, prend fin pendant la réquisition, la portion de prime payée en trop est restituée à l'assuré avec les intérêts. Toutefois, elle s'impute de plein droit sur la somme due par l'assuré qui, au cours de la réquisition, aura fait garantir d'autres risques par l'assureur.

Art. L. 160-9 ancien *(Abr., L. n° 2005-1564, 15 déc. 2005)*.

Section V *bis*. – Effet sur les contrats d'assurance sur la vie de la confiscation pénale

(L. n° 2013-1117, 6 déc. 2013)

Art. L. 160-9 *(L. n° 2013-1117, 6 déc. 2013)*. – La décision définitive de confiscation d'une somme ou d'une créance figurant sur un contrat d'assurance sur la vie, prononcée par une juridiction pénale, entraîne de plein droit la résolution judiciaire du contrat et le transfert des fonds confisqués à l'État.

Section VI. – Assurances sur la vie à capital variable immobilier

(L. n° 2006-1770, 30 déc. 2006)

Art. L. 160-10 *(L. n° 2006-1770, 30 déc. 2006 ; mod., Ord. n° 2013-676, 25 juill. 2013)*. – Les sociétés civiles à objet strictement immobilier, autres que les sociétés civiles de placement immobilier, dont les parts sont intégralement détenues, directement ou indirectement, par des entreprises d'assurance au 1er janvier 2007 et dont une partie ou la totalité desdites parts constituent à la même date des unités de compte de contrats d'assurance sur la vie ou de capitalisation peuvent adopter le régime des sociétés de placement à prépondérance immobilière à capital variable prévu au sous-paragraphe 2 du paragraphe 3 de la sous-section 2 de la section 2 du chapitre IV du titre Ier du livre II du Code monétaire et financier, dans les conditions prévues à la présente section ainsi qu'au I de l'article L. 214-35 du même code.

Art. L. 160-11 *(L. n° 2006-1770, 30 déc. 2006 ; mod., Ord. n° 2010-76, 21 janv. 2010 ; Ord. n° 2013-676, 25 juill. 2013).* – Pour les contrats d'assurance sur la vie et de capitalisation dont une unité de compte est constituée de parts d'une société mentionnée à l'article L. 160-10 ou par une société civile de placement immobilier et sous réserve des articles L. 160-14 et L. 160-15, l'adoption par une telle société du régime des organismes de placement collectif immobilier, dans les conditions définies à la présente section, entraîne substitution de cette unité de compte par l'unité de compte exprimée en parts d'organisme de placement collectif immobilier issue de l'adoption du nouveau régime. Cette substitution s'opère sans qu'il soit fait application du cinquième alinéa de l'article L. 112-3. Il en va de même, le cas échéant, des adaptations des dispositions des contrats, notamment celles relatives à l'éventuelle clause d'affectation au contrat d'assurance des sommes distribuées par la société mentionnée à l'article L. 160-10, dans la stricte mesure nécessaire exigée par l'adoption par ladite société du régime des sociétés de placement à prépondérance immobilière à capital variable. De telles adaptations sont soumises à l'autorisation préalable de l'autorité mentionnée à l'article L. 612-1 du Code monétaire et financier qui dispose d'un délai de deux mois pour se prononcer. L'autorité vérifie également, préalablement à la substitution et dans les mêmes délais, le maintien, dans le document d'information établi par la nouvelle société mentionné à l'article L. 214-53 du Code monétaire et financier, de l'orientation de gestion que retenait ladite société au regard des critères de destination et de localisation des actifs immobiliers.

Art. L. 160-12 *(L. n° 2006-1770, 30 déc. 2006).* – La société mentionnée à l'article L. 160-10 se prononce sur l'adoption du régime des sociétés de placement à prépondérance immobilière à capital variable dans les conditions fixées par les statuts de ladite société.

Art. L. 160-13 *(L. n° 2006-1770, 30 déc. 2006).* – L'entreprise d'assurance informe les souscripteurs de contrats d'assurance vie et de capitalisation ne relevant pas de l'article L. 141-1 et comportant des unités de compte constituées de parts d'une société mentionnée à l'article L. 160-10 de l'intention de cette société d'adopter le régime mentionné à ce même article. Chaque souscripteur dispose d'un délai de trente jours pour exprimer son opposition par écrit. La société ne peut adopter le régime mentionné à ce même article en cas d'opposition dans ce délai d'une majorité de souscripteurs dont une part ou la totalité des droits est exprimée en des parts de telles sociétés.

Art. L. 160-14 *(L. n° 2006-1770, 30 déc. 2006).* – Pour les contrats mentionnés à l'article L. 141-1 dont une unité de compte est constituée de parts d'une société mentionnée à l'article L. 160-10, l'entreprise d'assurance informe le ou les souscripteurs et les adhérents de l'intention de cette société d'adopter le régime mentionné à ce même article. Le ou les souscripteurs disposent d'un délai de trente jours pour exprimer leur opposition par écrit. La société ne peut adopter le régime mentionné à ce même article en cas d'opposition dans ce délai d'un ou de souscripteurs représentant une majorité des adhérents dont une part ou la totalité des droits est exprimée en des parts de telles sociétés.

Art. L. 160-15 *(L. n° 2006-1770, 30 déc. 2006).* – La date prévue d'entrée en vigueur du régime des sociétés de placement à prépondérance immobilière à capital variable relatif à la société mentionnée à l'article L. 160-10 est postérieure d'au moins deux mois à l'expiration du délai de trente jours mentionné aux articles L. 160-13 et L. 160-14.

Art. L. 160-16 *(L. n° 2006-1770, 30 déc. 2006).* – L'entreprise d'assurance communique aux souscripteurs et aux adhérents les caractéristiques principales de l'unité de compte résultant de la substitution mentionnée à l'article L. 160-11.

Art. L. 160-17 *(L. n° 2006-1770, 30 déc. 2006 ; Ord. n° 2014-696, 26 juin 2014).* – Pour les contrats d'assurance sur la vie ou de capitalisation, lorsque le souscripteur ou l'adhérent exerce sa faculté de rachat *moins de deux mois après la substitution* mentionnée à l'article L. 160-11, il ne peut lui être appliqué l'indemnité mentionnée au deuxième alinéa de l'article L. 132-21-1, nonobstant toute convention contraire.

Art. L. 160-18 *(L. n° 2006-1770, 30 déc. 2006).* – Lorsqu'une société mentionnée à l'article L. 160-10 ou une société civile de placement immobilier adopte le régime des sociétés de placement à prépondérance immobilière à capital variable dans les conditions définies à la présente section, cette opération n'entraîne aucun frais direct ou indirect pour les souscripteurs ou adhérents de contrats d'assurance vie et de capitalisation dont une unité de compte est constituée de parts d'une telle société.

Art. L. 160-19 *(Mod., Ord. n° 2013-676, 25 juill. 2013 ; à compter du 1er janvier 2016, Ord. n° 2015-378, 2 avr. 2015 ; L. n° 2016-1691, 9 déc. 2016)*. – Le présent article s'applique aux organismes de placement collectif qui ont été créés conformément à l'article L. 160-10 du présent code et dont les parts ou actions constituent une unité de compte d'un contrat d'assurance sur la vie.

Il ne peut être versé de rétrocession de commission par le dépositaire mentionné à l'article L. 214-59 du Code monétaire et financier ou par la société mentionnée à l'article L. 214-61 du même code au bénéfice de l'entreprise d'assurance proposant ledit contrat ou d'une entreprise appartenant au même groupe au sens de l'article L. 356-1 du présent code.

Art. L. 160-20 *(L. n° 2006-1770, 30 déc. 2006)*. – Un arrêté du ministre en charge de l'économie précise en tant que de besoin les conditions d'application de la présente section ainsi que les règles techniques applicables aux contrats d'assurance sur la vie à capital variable immobilier.

....

TITRE IX. – DISPOSITIONS PARTICULIÈRES AUX DÉPARTEMENTS DU BAS-RHIN, DU HAUT-RHIN ET DE LA MOSELLE ET DISPOSITIONS APPLICABLES À MAYOTTE ET DANS LES ILES WALLIS-ET-FUTUNA

(L. n° 91-412, 6 mai 1991 ; intitulé rempl., L. n° 2005-1564, 15 déc. 2005)

CHAPITRE I. – DISPOSITIONS PARTICULIÈRES AUX DÉPARTEMENTS DU BAS-RHIN, DU HAUT-RHIN ET DE LA MOSELLE EN MATIÈRE D'ASSURANCE GÉNÉRALE

(L. n° 91-412, 6 mai 1991 ; intitulé rempl., L. n° 2005-1564, 15 déc. 2005)

....

CHAPITRE II. – DISPOSITIONS PARTICULIÈRES AUX DÉPARTEMENTS DU BAS-RHIN, DU HAUT-RHIN ET DE LA MOSELLE APPLICABLES AUX ASSURANCES NON FLUVIALES

(L. n° 91-412, 6 mai 1991 ; intitulé rempl., L. n° 2005-1564, 15 déc. 2005)

....

LIVRE DEUXIÈME. – ASSURANCES OBLIGATOIRES

TITRE PREMIER. – L'ASSURANCE DES VÉHICULES TERRESTRES À MOTEUR ET DE LEURS REMORQUES ET SEMI-REMORQUES

CHAPITRE PREMIER. – L'OBLIGATION DE S'ASSURER

Section I. – Personnes assujetties

Art. L. 211-1 *(Mod., L. n° 2007-1774, 17 déc. 2007)*. – Toute personne physique ou toute personne morale autre que l'État, dont la responsabilité civile peut être engagée en raison de dommages subis par des tiers résultant d'atteintes aux personnes ou aux biens dans la réalisation desquels un véhicule, est impliqué, doit, pour faire circuler celui-ci, être couverte par une assurance garantissant cette responsabilité, dans les conditions fixées par décret en Conseil d'État. Pour l'application du présent article, on entend par « véhicule » tout véhicule terrestre à moteur, c'est-à-dire tout véhicule automoteur destiné à circuler sur le sol et qui peut être actionné par une force mécanique sans être lié à une voie ferrée, ainsi que toute remorque, même non attelée.

Les contrats d'assurance couvrant la responsabilité mentionnée au premier alinéa du présent article doivent également couvrir la responsabilité civile de toute personne ayant la garde ou la conduite, même non autorisée, du véhicule, à l'exception des professionnels de la réparation, de la vente et du contrôle de l'automobile, ainsi que la responsabilité civile des passagers du véhicule objet de l'assurance. Toutefois, en cas de vol d'un véhicule, ces contrats ne couvrent pas la réparation des dommages subis par les auteurs, coauteurs ou complices du vol.

L'assureur est subrogé dans les droits que possède le créancier de l'indemnité contre la personne responsable de l'accident lorsque la garde ou la conduite du véhicule a été obtenue contre le gré du propriétaire.

Ces contrats doivent être souscrits auprès d'une entreprise d'assurance agréée pour pratiquer les opérations d'assurance contre les accidents résultant de l'emploi de véhicules automobiles.

Les membres de la famille du conducteur ou de l'assuré, ainsi que les élèves d'un établissement d'enseignement de la conduite des véhicules terrestres à moteur agréé, en cours de formation ou d'examen, sont considérés comme des tiers au sens du premier alinéa du présent article.

Art. L. 211-2. – Les dispositions de l'article L. 211-1 ne sont pas applicables aux dommages causés par les chemins de fer et les tramways.

Art. L. 211-3 *(Abr., L. n° 96-314, 12 avr. 1996).*

Section II. – Étendue de l'obligation d'assurance

Art. L. 211-4 *(Mod., L. n° 2007-1774, 17 déc. 2007).* – L'assurance prévue à l'article L. 211-1 doit comporter une garantie de la responsabilité civile s'étendant à l'ensemble des territoires des États membres de la Communauté européenne ainsi qu'aux territoires de tout État tiers pour lequel les bureaux nationaux de tous les États membres de la Communauté européenne se portent individuellement garants du règlement des sinistres survenus sur leur territoire et provoqués par la circulation des véhicules ayant leur stationnement habituel dans cet État tiers. Cette garantie, lorsqu'elle est appelée à jouer hors du territoire français, est accordée par l'assureur dans les limites et conditions prévues par la législation nationale de l'État sur le territoire duquel s'est produit le sinistre ou par celle de l'État où le véhicule a son stationnement habituel lorsque la couverture d'assurance y est plus favorable.

Cette assurance ne peut être résiliée et sa prime ne peut être modifiée au motif d'un séjour du véhicule dans un État membre de la Communauté européenne autre que la France pendant la durée du contrat.

Cette assurance doit également comporter une garantie de la responsabilité civile en cas de sinistre survenant au cours du trajet reliant directement deux territoires où le traité instituant la Communauté économique européenne est applicable, lorsqu'il n'existe pas, pour le territoire parcouru, de bureau national d'assurance.

Dans ce cas, l'assureur n'est tenu de couvrir que les dommages dont peuvent être victimes les ressortissants des États mentionnés au premier alinéa du présent article, dans les conditions prévues par la législation nationale sur l'obligation d'assurance en vigueur dans l'État où le véhicule qui a causé l'accident a son stationnement habituel.

Art. L. 211-4-1 *(L. n° 2007-1774, 17 déc. 2007).* – Le véhicule est réputé avoir son lieu de stationnement habituel en France :

1° Lorsqu'il porte une plaque d'immatriculation qui lui correspond et qui a été délivrée par les autorités françaises ;

2° Lorsque, bien que soumis à l'obligation d'immatriculation en France, il est dépourvu de plaque d'immatriculation ou porte une plaque qui ne lui correspond pas ou ne lui correspond plus et que l'accident survient sur le territoire français ;

3° Lorsqu'il n'est pas soumis à l'obligation d'immatriculation et que la personne qui en a la garde est domiciliée en France.

Art. L. 211-5. – Le règlement d'administration publique mentionné à l'article L. 211-1 fixe les conditions d'application du présent titre, et notamment l'étendue de la garantie que doit comporter le contrat d'assurance, les modalités d'établissement et de validité des documents justificatifs prévus pour l'exercice du contrôle, ainsi que les obligations imparties aux utilisateurs de véhicules en circulation internationale munis d'une lettre de nationalité autre que la lettre française.

Tout contrat d'assurance souscrit par une personne assujettie à l'obligation instituée à l'article L. 211-1 est, nonobstant toutes clauses contraires, réputé comporter des garanties au moins équivalentes à celles fixées dans le règlement d'administration publique prévu à l'alinéa précédent.

Art. L. 211-5-1 *(L. n° 2014-344, 17 mars 2014).* – Tout contrat d'assurance souscrit au titre de l'article L. 211-1 mentionne la faculté pour l'assuré, en cas de dommage garanti par le contrat, de choisir le réparateur professionnel auquel il souhaite recourir. Cette information est également délivrée, dans des conditions définies par arrêté, lors de la déclaration du sinistre.

Art. L. 211-6 *(Mod., L. n° 2003-87, 3 févr. 2003).* – Est réputée non écrite toute clause stipulant la déchéance de la garantie de l'assuré en cas de condamnation pour conduite en état d'ivresse ou sous l'empire d'un état alcoolique ou pour conduite après usage de substances ou plantes classées comme stupéfiants.

Art. L. 211-7. – Les dispositions du présent titre ne portent pas atteinte aux prescriptions réglementaires en vigueur, dans la mesure où ces prescriptions concernent des risques différents ou imposent des obligations plus étendues.

Section III. – Franchises, exclusions de garantie et déchéances

Néant.

Section IV. – Contrôle de l'obligation d'assurance

Néant.

Section V. – Dispositions relatives à l'assurance des véhicules en circulation internationale et de certains autres véhicules

Néant.

Section VI. – Procédures d'indemnisation

(D. n° 88-260, 18 mars 1988)

Art. L. 211-8 *(D. n° 88-260, 18 mars 1988).* – Les dispositions de la présente section s'appliquent, même lorsqu'elles sont transportées en vertu d'un contrat, aux victimes d'un accident de la circulation dans lequel est impliqué un véhicule terrestre à moteur ainsi que ses remorques ou semi-remorques, à l'exception des chemins de fer et des tramways circulant sur des voies qui leur sont propres.

Art. L. 211-9 *(L. n° 2003-706, 1er août 2003).* – Quelle que soit la nature du dommage, dans le cas où la responsabilité n'est pas contestée et où le dommage a été entièrement quantifié, l'assureur qui garantit la responsabilité civile du fait d'un véhicule terrestre à moteur est tenu de présenter à la victime une offre d'indemnité motivée dans le délai de trois mois à compter de la demande d'indemnisation qui lui est présentée. Lorsque la responsabilité est rejetée ou n'est pas clairement établie, ou lorsque le dommage n'a pas été entièrement quantifié, l'assureur doit, dans le même délai, donner une réponse motivée aux éléments invoqués dans la demande.

Une offre d'indemnité doit être faite à la victime qui a subi une atteinte à sa personne dans le délai maximum de huit mois à compter de l'accident. En cas de décès de la victime, l'offre est faite à ses héritiers et, s'il y a lieu, à son conjoint. L'offre comprend alors tous les éléments indemnisables du préjudice, y compris les éléments relatifs aux dommages aux biens lorsqu'ils n'ont pas fait l'objet d'un règlement préalable.

Cette offre peut avoir un caractère provisionnel lorsque l'assureur n'a pas, dans les trois mois de l'accident, été informé de la consolidation de l'état de la victime. L'offre définitive d'indemnisation doit alors être faite dans un délai de cinq mois suivant la date à laquelle l'assureur a été informé de cette consolidation.

En tout état de cause, le délai le plus favorable à la victime s'applique.

En cas de pluralité de véhicules, et s'il y a plusieurs assureurs, l'offre est faite par l'assureur mandaté par les autres.

Art. L. 211-10 *(D. n° 88-260, 18 mars 1988 ; mod., L. n° 2003-706, 1er août 2003).* – À l'occasion de sa première correspondance avec la victime, l'assureur est tenu, à peine de nullité relative de la transaction qui pourrait intervenir, d'informer la victime qu'elle peut obtenir de sa part, sur simple demande, la copie du procès-verbal d'enquête de police ou de gendarmerie et de lui rappeler qu'elle peut à son libre choix se faire assister d'un avocat et, en cas d'examen médical, d'un médecin.

Sous la même sanction, cette correspondance porte à la connaissance de la victime les dispositions du troisième alinéa de l'article L. 211-9 et celles de l'article L. 211-12.

Art. L. 211-11 *(D. n° 88-260, 18 mars 1988 ; mod., L. n° 2003-1199, 18 déc. 2003).* – Dès lors que l'assureur n'a pu, sans qu'il y ait faute de sa part, savoir que l'accident avait imposé des débours aux tiers payeurs visés à l'article 29 de la loi n° 85-677 du 5 juillet 1985 et à l'article L. 211-25, ceux-ci perdent tout droit à remboursement contre lui et contre l'auteur du dommage. Toutefois, l'assureur ne peut invoquer une telle ignorance à l'égard des organismes versant des prestations de sécurité sociale.

Dans tous les cas, le défaut de production des créances des tiers payeurs, dans un délai de quatre mois à compter de la demande émanant de l'assureur, entraîne déchéance de leurs droits à l'encontre de l'assureur et de l'auteur du dommage.

Dans le cas où la demande émanant de l'assureur ne mentionne pas la consolidation de l'état de la victime, les créances produites par les tiers payeurs peuvent avoir un caractère provisionnel. Il en est de même lorsque les prestations de sécurité sociale sont versées après avis de la commission départementale d'éducation spéciale ou de la commission technique d'orientation et de reclassement professionnel.

Art. L. 211-12 *(D. n° 88-260, 18 mars 1988).* – Lorsque, du fait de la victime, les tiers payeurs n'ont pu faire valoir leurs droits contre l'assureur, ils ont un recours contre la victime à concurrence de l'indemnité qu'elle a perçue de l'assureur au titre du même chef de préjudice et dans les limites prévues à l'article 31 de la loi n° 85-677 du 5 juillet 1985. Ils doivent agir dans un délai de deux ans à compter de la demande de versement des prestations.

Art. L. 211-13 *(D. n° 88-260, 18 mars 1988).* – Lorsque l'offre n'a pas été faite dans les délais impartis à l'article L. 211-9, le montant de l'indemnité offerte par l'assureur ou allouée par le juge à la victime produit intérêt de plein droit au double du taux de l'intérêt légal à compter de l'expiration du délai et jusqu'au jour de l'offre ou du jugement devenu définitif. Cette pénalité peut être réduite par le juge en raison de circonstances non imputables à l'assureur.

Art. L. 211-14 *(D. n° 88-260, 18 mars 1988).* – Si le juge qui fixe l'indemnité estime que l'offre proposée par l'assureur était manifestement insuffisante, il condamne d'office l'assureur à verser au fonds de garantie prévu par l'article L. 421-1 une somme au plus égale à 15 p. 100 de l'indemnité allouée, sans préjudice des dommages et intérêts dus de ce fait à la victime.

Art. L. 211-15 *(D. n° 88-260, 18 mars 1988).* – L'assureur doit soumettre au juge des tutelles ou au conseil de famille, compétents suivant les cas pour l'autoriser, tout projet de transaction concernant un mineur ou un majeur en tutelle. Il doit également donner avis sans formalité au juge des tutelles, quinze jours au moins à l'avance, du paiement du premier arrérage d'une rente ou de toute somme devant être versée à titre d'indemnité au représentant légal de la personne protégée.

Le paiement qui n'a pas été précédé de l'avis requis ou la transaction qui n'a pas été autorisée peut être annulé à la demande de tout intéressé ou du ministère public à l'exception de l'assureur.

Toute clause par laquelle le représentant légal se porte fort de la ratification par le mineur ou le majeur en tutelle de l'un des actes mentionnés à l'alinéa premier du présent article est nulle.

Art. L. 211-16 *(Mod. à compter du 1er avril 2018, Ord. n° 2017-1433, 4 oct. 2017).* – La victime peut, par lettre recommandée ou par envoi recommandé électronique avec demande d'avis de réception, dénoncer la transaction dans les quinze jours de sa conclusion.

Toute clause de la transaction par laquelle la victime abandonne son droit de dénonciation est nulle.

Les dispositions ci-dessus doivent être reproduites en caractères très apparents dans l'offre de transaction et dans la transaction à peine de nullité relative de cette dernière.

Transaction. La loi du 5 juillet 1985 instituant un régime d'indemnisation d'ordre public, dérogatoire au droit commun, qualifie de transaction la convention qui se forme lors de l'acceptation par la victime de l'offre de l'assureur et cette transaction ne peut être remise en cause à raison de l'absence de concessions réciproques (■ Cass. 2e civ., 16 nov. 2006 : *JurisData* n° 2006-035895 ; *Bull. civ.* II, n° 320, p. 296 ; *Resp. civ. et assur.* 2006, 372, note Groutel).

Art. L. 211-17 *(D. n° 88-260, 18 mars 1988).* – Le paiement des sommes convenues doit intervenir dans un délai d'un mois après l'expiration du délai de dénonciation fixé à l'article L. 211-16. Dans le cas contraire, les sommes non versées produisent de plein droit intérêt au taux légal majoré de moitié durant deux mois, puis, à l'expiration de ces deux mois, au double du taux légal.

Art. L. 211-18 *(D. n° 88-260, 18 mars 1988).* – En cas de condamnation résultant d'une décision de justice exécutoire, même par provision, le taux de l'intérêt légal est majoré de 50 p. 100 à l'expiration d'un délai de deux mois et il est doublé à l'expiration d'un délai de quatre mois à compter du jour de la décision de justice, lorsque celle-ci est contradictoire et, dans les autres cas, du jour de la notification de la décision.

Art. L. 211-19 *(D. n° 88-260, 18 mars 1988 ; mod., L. n° 2008-561, 17 juin 2008).* – La victime peut, dans le délai prévu par l'article 2226 du Code civil, demander la réparation de l'aggravation du dommage qu'elle a subi à l'assureur qui a versé l'indemnité.

Art. L. 211-20 *(D. n° 88-260, 18 mars 1988).* – Lorsque l'assureur invoque une exception de garantie légale ou contractuelle, il est tenu de satisfaire aux prescriptions des articles L. 211-9 à L. 211-17 pour le compte de qui il appartiendra ; la transaction intervenue pourra être contestée devant le juge par celui pour le compte de qui elle aura été faite, sans que soit remis en cause le montant des sommes allouées à la victime ou à ses ayants droit.

Art. L. 211-21 *(D. n° 88-260, 18 mars 1988 ; mod., L. n° 96-314, 12 avr. 1996).* – Pour l'application des articles L. 211-9 à L. 211-17, l'État ainsi que les collectivités publiques, les entreprises ou organismes bénéficiant d'une exonération en vertu de l'article L. 211-2 sont assimilés à un assureur.

Art. L. 211-22 *(D. n° 88-260, 18 mars 1988 ; mod., L. n° 2003-706, 1er août 2003).* – Les dispositions des articles L. 211-9, L. 211-10 et L. 211-13 à L. 211-19 sont applicables au fonds de garantie des assurances obligatoires de dommages institué par l'article L. 421-1, dans ses rapports avec les victimes ou leurs ayants droit ; toutefois, les délais prévus à l'article L. 211-9 courent contre le fonds à compter du jour où celui-ci a reçu les éléments justifiant son intervention.

L'application des articles L. 211-13 et L. 211-14 ne fait pas obstacle aux dispositions particulières qui régissent les actions en justice contre le fonds. Lorsque le fonds de garantie est tenu aux intérêts prévus à l'article L. 211-14, ils sont versés au Trésor public.

Art. L. 211-23 *(D. n° 88-260, 18 mars 1988).* – Sous le contrôle de l'autorité publique, une publication périodique rend compte des indemnités fixées par les jugements et les transactions.

Art. L. 211-24 *(D. n° 88-260, 18 mars 1988).* – Un décret en Conseil d'État fixe les mesures nécessaires à l'application de la présente section. Il détermine notamment les causes de suspension ou de prorogation des délais mentionnés à l'article L. 211-9, ainsi que les informations réciproques que se doivent l'assureur, la victime et les tiers payeurs.

Art. L. 211-25 *(D. n° 88-260, 18 mars 1988).* – Les deux premiers alinéas de l'article 33 de la loi n° 85-677 du 5 juillet 1985 sont applicables aux assureurs.

Lorsqu'il est prévu par contrat, le recours subrogatoire de l'assureur qui a versé à la victime une avance sur indemnité du fait de l'accident peut être exercé contre l'assureur de la personne tenue à réparation dans la limite *du solde subsistant après paiements aux tiers visés à l'article 29 de la même loi du 5 juillet 1985.* Il doit être exercé, s'il y a lieu, dans les délais impartis par la loi aux tiers payeurs pour produire leurs créances.

Section VII. – Pénalités

Art. L. 211-26 *(L. n° 2004-204, 9 mars 2004).* – Les dispositions du Code de la route réprimant la conduite d'un véhicule terrestre à moteur sans être couvert par une assurance garantissant sa responsabilité civile conformément aux dispositions de l'article L. 211-1 du présent code sont reproduites ci-après :

Art. L. 324-2. – I. – Le fait, y compris par négligence, de mettre ou de maintenir en circulation un véhicule terrestre à moteur ainsi que ses remorques ou semi-remorques sans être couvert par une assurance garantissant sa responsabilité civile conformément aux dispositions de l'article L. 211-1 du Code des assurances est puni de 3 750 € d'amende.

II. – Toute personne coupable de l'infraction prévue au présent article encourt également les peines complémentaires suivantes :

1° La peine de travail d'intérêt général, selon les modalités prévues à l'article 131-8 du Code pénal et selon les conditions prévues aux articles 131-22 à 131-24 du même code ;

2° La peine de jours-amende dans les conditions fixées aux articles 131-5 à 131-25 du Code pénal ;

3° La suspension, pour une durée de trois ans au plus, du permis de conduire, cette suspension ne pouvant pas être limitée à la conduite en dehors de l'activité professionnelle ;

4° L'annulation du permis de conduire avec interdiction de solliciter la délivrance d'un nouveau permis pendant trois ans au plus ;

5° L'interdiction de conduire certains véhicules terrestres à moteur, y compris ceux pour la conduite desquels le permis de conduire n'est pas exigé, pour une durée de cinq ans au plus ;

6° L'obligation d'accomplir, à ses frais, un stage de sensibilisation à la sécurité routière ;

7° La confiscation du véhicule dont le condamné s'est servi pour commettre l'infraction, s'il en est le propriétaire.

III. – L'immobilisation peut être prescrite dans les conditions prévues aux articles L. 325-1 à L. 325-3.

IV *(IV créé, L. n° 2016-1547, 18 nov. 2016)*. - Dans les conditions prévues aux articles 495-17 et suivants du Code de procédure pénale, l'action publique peut être éteinte par le versement d'une amende forfaitaire d'un montant de 500 €. Le montant de l'amende forfaitaire minorée est de 400 € et le montant de l'amende forfaitaire majorée de 1 000 €.

Art. L. 211-27 ***(Anc. art. L. 211-26, dénum., L. n° 2004-204, 9 mars 2004).*** **– Les amendes *(Mots ajoutés à compter de la date prévue au V de l'article 35 de la loi n° 2016-1547 du 18 novembre 2016 et au plus tard le 31 décembre 2018, L. n° 2016-1547, 18 nov. 2016)* « forfaitaires, les amendes de composition pénale et les amendes » prononcées pour violation de l'obligation d'assurance prévue par l'article L. 211-1, y compris les amendes qu'une mesure de grâce aurait substituées à l'emprisonnement, sont affectées d'une majoration de 50 % perçue, lors de leur recouvrement, au profit du fonds de garantie institué par l'article L. 420-1.**

Si la juridiction civile est saisie d'une contestation sérieuse, portant sur l'existence ou la validité de l'assurance, la juridiction pénale appelée à se prononcer sur les poursuites exercées pour violation de l'obligation d'assurance sursoit à statuer jusqu'à ce qu'il ait été jugé définitivement sur la contestation.

Les dispositions du présent article ne sont pas applicables lorsque l'assurance de la responsabilité civile concerne les véhicules ayant leur stationnement habituel sur le territoire d'un État visé à l'article L. 211-4 à l'exception de la France et de Monaco.

CHAPITRE II. – L'OBLIGATION D'ASSURER LE BUREAU CENTRAL DE TARIFICATION

Art. L. 212-1 ***(Mod., L. n° 2015-990, 6 août 2015).*** **– Toute personne assujettie à l'obligation d'assurance qui, ayant sollicité la souscription d'un contrat auprès d'une entreprise d'assurance couvrant en France les risques de responsabilité civile résultant de l'emploi de véhicules terrestres à moteur, se voit opposer un refus, peut saisir un bureau central de tarification dont les conditions de constitution et les règles de fonctionnement sont fixées par le décret en Conseil d'État prévu à l'article L. 211-1.**

Le bureau central de tarification a pour rôle exclusif de fixer le montant de la prime moyennant laquelle l'entreprise d'assurance intéressée est tenue de garantir le risque qui lui a été proposé. Il peut, dans les conditions fixées par le décret en Conseil d'État susmentionné, déterminer le montant d'une franchise qui reste à la charge de l'assuré. Il est tenu de statuer sur les demandes qui lui sont adressées.

Art. L. 212-2. **– Est nulle toute clause des traités de réassurance tendant à exclure certains risques de la garantie de réassurance en raison de la tarification adoptée par le bureau central de tarification.**

Art. L. 212-3 ***(Mod. à compter du 1er janvier 2016, Ord. n° 2015-378, 2 avr. 2015).*** **– Toute entreprise d'assurance qui couvre le risque de responsabilité civile résultant de l'emploi de véhicules terrestres à moteur qui maintient son refus de garantir le risque dont la prime a été fixée par le bureau central de tarification est**

considérée comme ne fonctionnant plus conformément à la réglementation en vigueur. Elle encourt, selon le cas, soit le retrait des agréments prévus aux articles L. 321-1, L. 321-7 ou L. 329-1, soit les sanctions prévues à l'article L. 363-4.

CHAPITRE III. – CONTRIBUTION AU PROFIT DE LA SÉCURITÉ SOCIALE

(Abr., L. n° 2001-1246, 21 déc. 2001)

Art. L. 213-1 et L. 213-2 ***(Abr., L. n° 2001-1246, 21 déc. 2001).***

CHAPITRE IV. – DISPOSITIONS PARTICULIÈRES AUX DÉPARTEMENTS ET TERRITOIRES D'OUTRE-MER ET À LA COLLECTIVITÉ TERRITORIALE DE MAYOTTE

(Intitulé mod., Ord. n° 92-255, 4 mars 1992)

Section I. – Dispositions particulières aux départements d'outre-mer

Art. L. 214-1 ***(Mod., Ord. n° 2008-698, 11 juill. 2008).*** **– Des décrets en Conseil d'État fixent la date d'entrée en vigueur, ainsi que les modalités d'application ou d'adaptation des chapitres Ier et II aux départements d'outre-mer ainsi qu'à Saint-Barthélemy et à Saint-Martin** (1).

Section II. – Dispositions particulières aux territoires d'outre-mer

Art. L. 214-2 ***(Abr., L. n° 2005-1564, 15 déc. 2005).***

Section III. – Dispositions particulières à la collectivité territoriale de Mayotte

(Ord. n° 92-255, 4 mars 1992)

Art. L. 214-3 ***(Abr., L. n° 2005-1564, 15 déc. 2005).***

Art. L. 214-4 ***(Abr., Ord. n° 92-1067, 1er oct. 1992).***

TITRE I *BIS*. – L'ASSURANCE HABITATION

(L. n° 2014-366, 24 mars 2014)

Art. L. 215-1 ***(L. n° 2014-366, 24 mars 2014).*** **– Toute personne assujettie à l'obligation d'assurance énoncée au g de l'article 7 de la loi n° 89-462 du 6 juillet 1989 tendant à améliorer les rapports locatifs et portant modification de la loi n° 86-1290 du 23 décembre 1986 ou tout bailleur souscrivant une assurance habitation pour le compte d'un locataire dans les conditions définies au même g qui, ayant sollicité la souscription d'un contrat auprès d'une entreprise d'assurance couvrant en France les risques dont elle doit répondre en sa qualité de locataire, se voit opposer un refus peut saisir le bureau central de tarification prévu à l'article L. 212-1.**

Le bureau central de tarification fixe le montant de la prime moyennant laquelle l'entreprise d'assurance intéressée est tenue de garantir le risque qui lui a été proposé. Il peut, dans les conditions fixées par décret en Conseil d'État, déterminer le montant d'une franchise qui reste à la charge de l'assuré.

Toute entreprise d'assurance qui maintient son refus de garantir le risque dont la prime a été fixée par le bureau central de tarification est considérée comme ne fonctionnant plus conformément à la réglementation en vigueur. Elle encourt, selon le cas, soit le retrait des agréments prévus aux articles L. 321-1, L. 321-7, L. 321-8 ou L. 321-9, soit les sanctions prévues ***(Mots rempl. à compter du 1er janvier 2016, Ord. n° 2015-378, 2 avr. 2015)*** **« à l'article L. 363-4 ».**

....

TITRE II. – L'ASSURANCE DES ENGINS DE REMONTÉE MÉCANIQUE

CHAPITRE UNIQUE

....

(1) V. C. assur., art. R. 214-1 à R. 214-4.

TITRE III. – L'ASSURANCE DE LA RESPONSABILITÉ CIVILE DES CHASSEURS

CHAPITRE UNIQUE

(Abr., L. n° 93-1444, 31 déc. 1993).

TITRE IV. – L'ASSURANCE DES TRAVAUX [DE LA] CONSTRUCTION

(L. n° 78-12, 4 janv. 1978 ; intitulé mod., Ord. n° 2005-658, 8 juin 2005)

CHAPITRE I. – L'ASSURANCE DE RESPONSABILITÉ OBLIGATOIRE

Art. L. 241-1 *(Mod., L. n° 2014-790, 10 juill. 2014 ; L. n° 2015-990, 6 août 2015).* – Toute personne physique ou morale, dont la responsabilité décennale peut être engagée sur le fondement de la présomption établie par les articles 1792 et suivants du Code civil, doit être couverte par une assurance.

À l'ouverture de tout chantier, elle doit justifier qu'elle a souscrit un contrat d'assurance la couvrant pour cette responsabilité. Tout candidat à l'obtention d'un marché public doit être en mesure de justifier qu'il a souscrit un contrat d'assurance le couvrant pour cette responsabilité.

Tout contrat d'assurance souscrit en vertu du présent article est, nonobstant toute stipulation contraire, réputé comporter une clause assurant le maintien de la garantie pour la durée de la responsabilité décennale pesant sur la personne assujettie à l'obligation d'assurance.

Art. L. 241-2 *(L. n° 78-12, 4 janv. 1978 ; Ord. n° 2005-658, 8 juin 2005).* – Celui qui fait réaliser pour le compte d'autrui des travaux de construction doit être couvert par une assurance de responsabilité garantissant les dommages visés aux articles 1792 et 1792-2 du Code civil et résultant de son fait.

Il en est de même lorsque les travaux de construction sont réalisés en vue de la vente.

CHAPITRE II. – L'ASSURANCE DE DOMMAGES OBLIGATOIRE

Art. L. 242-1 *(Mod., L. n° 2008-735, 28 juill. 2008).* – Toute personne physique ou morale qui, agissant en qualité de propriétaire de l'ouvrage, de vendeur ou de mandataire du propriétaire de l'ouvrage, fait réaliser des travaux de construction, doit souscrire avant l'ouverture du chantier, pour son compte ou pour celui des propriétaires successifs, une assurance garantissant, en dehors de toute recherche des responsabilités, le paiement de la totalité des travaux de réparation des dommages de la nature de ceux dont sont responsables les constructeurs, au sens de l'article 1792-1, les fabricants et importateurs ou le contrôleur technique sur le fondement de l'article 1792 du Code civil.

Toutefois, l'obligation prévue au premier alinéa ci-dessus ne s'applique ni aux personnes morales de droit public, ni aux personnes morales assurant la maîtrise d'ouvrage dans le cadre d'un contrat de partenariat conclu en application de l'article 1er de l'ordonnance n° 2004-559 du 17 juin 2004 sur les contrats de partenariat, ni aux personnes morales exerçant une activité dont l'importance dépasse les seuils mentionnés au dernier alinéa de l'article L. 111-6, lorsque ces personnes font réaliser pour leur compte des travaux de construction pour un usage autre que l'habitation.

L'assureur a un délai ma imal de soixante jours, courant à compter de la réception de la déclaration du sinistre, pour notifier à l'assuré s décision quant au principe de la mise en jeu des garanties prévues au contrat.

Lorsqu'il accepte la m se en jeu des garanties prévues au contrat, l'assureur présente, dans un délai maximal de quatre-vingt-dix jours courant à compter de la réception de la déclaration du sinistre, une offre d'indemnité, revêtant le cas éch ant un caractère provisionnel et destinée au paiement des travaux de réparation des dommages. En ca d'acceptation, par l'assuré, de l'offre qui lui a été faite, le règlement de l'indemnité par l'assureur intervi t dans un délai de quinze jours.

Lorsque l'assu ur ne respecte pas l'un des délais prévus aux deux alinéas ci-dessus ou propose une offre d'indemnité m ifestement insuffisante, l'assuré peut, après l'avoir notifié à l'assureur, engager les dépenses nécessaires à réparation des dommages. L'indemnité versée par l'assureur est alors majorée de plein droit d'un intérêt égal double du taux de l'intérêt légal.

Dans les s de difficultés exceptionnelles dues à la nature ou à l'importance du sinistre, l'assureur peut, en même te s qu'il notifie son accord sur le principe de la mise en jeu de la garantie, proposer à l'assuré la fixation d'un délai supplémentaire pour l'établissement de son offre d'indemnité. La proposition doit se fonder exclusivement sur des considérations d'ordre technique et être motivée.

Le délai supplémentaire prévu à l'alinéa qui précède est subordonné à l'acceptation expresse de l'assuré et ne peut excéder cent trente-cinq jours.

L'assurance mentionnée au premier alinéa du présent article prend effet après l'expiration du délai de garantie de parfait achèvement visé à l'article 1792-6 du Code civil. Toutefois, elle garantit le paiement des réparations nécessaires lorsque :

Avant la réception, après mise en demeure restée infructueuse, le contrat de louage d'ouvrage conclu avec l'entrepreneur est résilié pour inexécution, par celui-ci, de ses obligations ;

Après la réception, après mise en demeure restée infructueuse, l'entrepreneur n'a pas exécuté ses obligations.

Toute entreprise d'assurance agréée dans les conditions fixées par l'article L. 321-1, même si elle ne gère pas les risques régis par les articles L. 241-1 et L. 241-2 ci-dessus, est habilitée à prendre en charge les risques prévus au présent article.

Art. L. 242-2 *(L. n° 78-12, 4 janv. 1978).* – Dans les cas prévus par les articles 1831-1 à 1831-5 du Code civil relatifs au contrat de promotion immobilière, ainsi que par les articles L. 222-1 à L. 222-5 du Code de la construction et de l'habitation, les obligations définies aux articles L. 241-2 et L. 242-1 incombent au promoteur immobilier.

CHAPITRE III. – DISPOSITIONS COMMUNES

Art. L. 243-1 *(L. n° 78-12, 4 janv. 1978 ; L. n° 89-1014, 31 déc. 1989).* – Les obligations d'assurance ne s'appliquent pas à l'État lorsqu'il construit pour son compte.

Art. L. 243-1-1 *(Ord. n° 2005-658, 8 juin 2005 ; mod., L. n° 2008-735, 28 juill. 2008).* – I. – Ne sont pas soumis aux obligations d'assurance édictées par les articles L. 241-1, L. 241-2, et L. 242-1 les ouvrages maritimes, lacustres, fluviaux, les ouvrages d'infrastructures routières, portuaires, aéroportuaires, héliportuaires, ferroviaires, les ouvrages de traitement de résidus urbains, de déchets industriels et d'effluents, ainsi que les éléments d'équipement de l'un ou l'autre de ces ouvrages.

Les voiries, les ouvrages piétonniers, les parcs de stationnement, les réseaux divers, les canalisations, les lignes ou câbles et leurs supports, les ouvrages de transport, de production, de stockage et de distribution d'énergie, les ouvrages de stockage et de traitement de solides en vrac, de fluides et liquides, les ouvrages de télécommunications, les ouvrages sportifs non couverts, ainsi que leurs éléments d'équipement, sont également exclus des obligations d'assurance mentionnées au premier alinéa, sauf si l'ouvrage ou l'élément d'équipement est accessoire à un ouvrage soumis à ces obligations d'assurance.

II. – Ces obligations d'assurance ne sont pas applicables aux ouvrages existants avant l'ouverture du chantier, à l'exception de ceux qui, totalement incorporés dans l'ouvrage neuf, en deviennent techniquement indivisibles.

Art. L. 243-2 *(Mod., L. n° 2014-344, 17 mars 2014 ; L. n° 2015-990, 6 août 2015).* – Les personnes soumises aux obligations prévues par les articles L. 241-1 à L. 242-1 du présent code doivent justifier qu'elles ont satisfait auxdites obligations.

Les justifications prévues au premier alinéa, lorsqu'elles sont relatives aux obligations prévues par les articles L. 241-1 et L. 241-2, prennent la forme d'attestations d'assurance, jointes aux devis et factures des professionnels assurés. Un arrêté du ministre chargé de l'économie fixe un modèle d'attestation d'assurance comprenant des mentions minimales.

Lorsqu'un acte intervenant avant l'expiration du délai de dix ans prévu à l'article 1792-4-1 du Code civil a pour effet de transférer la propriété ou la jouissance du bien, quelle que soit la nature du contrat destiné à conférer ces droits, à l'exception toutefois des baux à loyer, mention doit être faite dans le corps de l'acte ou en annexe de l'existence ou de l'absence des assurances mentionnées au premier alinéa du présent article. L'attestation d'assurance mentionnée au deuxième alinéa y est annexée.

Art. L. 243-3 *(L. n° 78-12, 4 janv. 1978).* – Quiconque contrevient aux dispositions des articles L. 241-1 à L. 242-1 du présent code sera puni d'un emprisonnement de six mois et d'une amende de 75 000 € ou de l'une de ces deux peines seulement.

Les dispositions de l'alinéa précédent ne s'appliquent pas à la personne physique construisant un logement pour l'occuper elle-même ou le faire occuper par son conjoint, ses ascendants, ses descendants ou ceux de son conjoint.

Art. L. 243-4 *(L. n° 78-12, 4 janv. 1978).* – Toute personne assujettie à l'obligation de s'assurer qui, ayant sollicité la souscription d'un contrat auprès d'une entreprise d'assurance dont les statuts n'interdisent pas la prise en charge du risque en cause en raison de sa nature, se voit opposer un refus, peut saisir un bureau central de tarification dont les conditions de constitution et les règles de fonctionnement sont fixées par décret en Conseil d'État.

Le bureau central de tarification a pour rôle exclusif de fixer le montant de la prime moyennant laquelle l'entreprise d'assurance intéressée est tenue de garantir le risque qui lui a été proposé. Il peut déterminer le montant d'une franchise qui reste à la charge de l'assuré.

Art. L. 243-5 *(L. n° 78-12, 4 janv. 1978).* – Est nulle toute clause des traités de réassurance tendant à exclure certains risques de la garantie de réassurance en raison de la tarification adoptée par le bureau central de tarification.

Art. L. 243-6 *(L. n° 78-12, 4 janv. 1978).* – Toute entreprise d'assurance qui maintient son refus de garantir un risque dont la prime a été fixée par le bureau central de tarification est considérée comme ne fonctionnant plus conformément à la réglementation en vigueur et encourt le retrait de l'agrément administratif prévu par l'article L. 321-1 du présent code.

Art. L. 243-7 *(L. n° 78-12, 4 janv. 1978).* – Les dispositions de l'article L. 113-16 et du deuxième alinéa de l'article L. 121-10 du présent code ne sont pas applicables aux assurances obligatoires prévues par le présent titre.

Les victimes des dommages prévus par la loi n° 78-12 du 4 janvier 1978 ont la possibilité d'agir directement contre l'assureur du responsable desdits dommages si ce dernier est en règlement judiciaire ou en liquidation de biens.

Art. L. 243-8 *(L. n° 78-12, 4 janv. 1978).* – Tout contrat d'assurance souscrit par une personne assujettie à l'obligation d'assurance en vertu du présent titre est, nonobstant toute clause contraire, réputé comporter des garanties au moins équivalentes à celles figurant dans les clauses types prévues par l'article L. 310-7 du présent code.

Art. L. 243-9 *(L. n° 2006-1771, 30 déc. 2006 ; mod., L. n° 2008-735, 28 juill. 2008).* – Les contrats d'assurance souscrits par les personnes assujetties à l'obligation d'assurance de responsabilité ou de dommages en vertu du présent titre peuvent, pour des travaux de construction destinés à un usage autre que l'habitation, comporter des plafonds de garantie.

Un décret en Conseil d'État fixe les conditions dans lesquelles les montants de garantie peuvent être plafonnés, en fonction notamment du montant des ouvrages, de leur nature ou de leur destination, de la qualité du maître d'ouvrage et du constructeur et, le cas échéant, du niveau de la couverture d'assurance des différents intervenants à une même construction.

TITRE V. – L'ASSURANCE DE RESPONSABILITÉ CIVILE MÉDICALE

(L. n° 2002-303, 4 mars 2002)

CHAPITRE I. – L'OBLIGATION DE S'ASSURER

Art. L. 251-1 *(L. n° 2002-303, 4 mars 2002).* – Ainsi qu'il est dit à l'article L. 1142-2 du Code de la santé publique ci-après reproduit :

Art. L. 1142-2 *(L. n° 2002-1577, 30 déc. 2002 ; mod., L. n° 2009-879, 21 juill. 2009 ; L. fin. n° 2011-1977, 28 déc. 2011).* – Les professionnels de santé exerçant à titre libéral, les établissements de santé, services de santé et organismes mentionnés à l'article L. 1142-1, et toute autre personne morale, autre que l'État, exerçant des activités de prévention, de diagnostic ou de soins ainsi que les producteurs, exploitants et fournisseurs de produits de santé, à l'état de produits finis, mentionnés à l'article L. 5311-1, à l'exclusion du 5°, sous réserve des dispositions de l'article L. 1222-9, et des 11°, 14° et 15°, utilisés à l'occasion de ces activités, sont tenus de souscrire une assurance destinée à les garantir pour leur responsabilité civile ou administrative susceptible d'être engagée en raison de dommages subis par des tiers et résultant d'atteintes à la personne survenant dans le cadre de l'ensemble de cette activité.

Les professionnels de santé exerçant à titre libéral sont également tenus au paiement de la contribution mentionnée à l'article L. 426-1 du Code des assurances.

Une dérogation à l'obligation d'assurance prévue au premier alinéa peut être accordée par arrêté du ministre chargé de la santé aux établissements publics de santé disposant des ressources financières leur permettant d'indemniser les dommages dans des conditions équivalentes à celles qui résulteraient d'un contrat d'assurance.

Les contrats d'assurance souscrits en application du premier alinéa peuvent prévoir des plafonds de garantie. Les conditions dans lesquelles le montant de la garantie peut être plafonné pour les professionnels de santé exerçant à titre libéral, notamment le montant minimal de ce plafond, sont fixées par décret en Conseil d'État.

L'assurance des professionnels de santé, des établissements, services et organismes mentionnés au premier alinéa couvre leurs salariés agissant dans la limite de la mission qui leur est impartie, même si ceux-ci disposent d'une indépendance dans l'exercice de l'art médical.

Le crédit-bailleur de produits de santé ou le loueur assimilable au crédit-bailleur ne sont pas tenus à l'obligation d'assurance prévue au premier alinéa.

En cas de manquement à l'obligation d'assurance prévue au présent article, l'instance disciplinaire compétente peut prononcer des sanctions disciplinaires.

Art. L. 251-2 *(L. n° 2002-1577, 30 déc. 2002 ; L. n° 2003-706, 1er août 2003).* **– Constitue un sinistre, pour les risques mentionnés à l'article L. 1142-2 du Code de la santé publique, tout dommage ou ensemble de dommages causés à des tiers, engageant la responsabilité de l'assuré, résultant d'un fait dommageable ou d'un ensemble de faits dommageables ayant la même cause technique, imputable aux activités de l'assuré garanties par le contrat, et ayant donné lieu à une ou plusieurs réclamations.**

Constitue une réclamation toute demande en réparation amiable ou contentieuse formée par la victime d'un dommage ou ses ayants droit, et adressée à l'assuré ou à son assureur.

Tout contrat d'assurance conclu en application de l'article L. 1142-2 du même code garantit l'assuré contre les conséquences pécuniaires des sinistres pour lesquels la première réclamation est formée pendant la période de validité du contrat, quelle que soit la date des autres éléments constitutifs du sinistre, dès lors que le fait dommageable est survenu dans le cadre des activités de l'assuré garanties au moment de la première réclamation.

Le contrat d'assurance garantit également les sinistres dont la première réclamation est formulée pendant un délai fixé par le contrat, à partir de la date d'expiration ou de résiliation de tout ou partie des garanties, dès lors que le fait dommageable est survenu pendant la période de validité du contrat et dans le cadre des activités garanties à la date de résiliation ou d'expiration des garanties, quelle que soit la date des autres éléments constitutifs du sinistre. Ce délai ne peut être inférieur à cinq ans.

Le dernier contrat conclu, avant sa cessation d'activité professionnelle ou son décès, par un professionnel de santé mentionné à la quatrième partie du Code de la santé publique exerçant à titre libéral, garantit également les sinistres pour lesquels la première réclamation est formulée pendant un délai fixé par le contrat, à partir de la date de résiliation ou d'expiration de tout ou partie des garanties, dès lors que le fait dommageable est survenu pendant la période de validité du contrat ou antérieurement à cette période dans le cadre des activités de l'assuré garanties à la date de résiliation ou d'expiration des garanties, quelle que soit la date des autres éléments constitutifs du sinistre. Ce délai ne peut être inférieur à dix ans. Cette garantie ne couvre pas les sinistres dont la première réclamation est postérieure à une éventuelle reprise d'activité. Le contrat ne peut prévoir pour cette garantie un plafond inférieur à celui de l'année précédant la fin du contrat.

Le contrat ne garantit pas les sinistres dont le fait dommageable était connu de l'assuré à la date de la souscription.

Lorsqu'un même sinistre est susceptible de mettre en jeu la garantie apportée par plusieurs contrats successifs, il est couvert en priorité par le contrat en vigueur au moment de la première réclamation, sans qu'il soit fait application des dispositions des quatrième et cinquième alinéas de l'article L. 121-4.

Art. L. 251-3 *(L. n° 2007-127, 30 janv. 2007).* – Pour les contrats souscrits par une personne assujettie à l'obligation d'assurance en vertu du présent titre, et sans préjudice des possibilités de résiliation mentionnées aux articles L. 113-3, L. 113-4, L. 113-6 et L. 113-9, en cas de résiliation ou de dénonciation de la tacite reconduction à l'initiative de l'assureur, dans les conditions prévues par la police, le délai de prise d'effet à compter de la notification à l'assuré ne peut pas être inférieur à trois mois.

L'assuré est tenu au paiement de la partie de prime correspondant à la période pendant laquelle le risque a couru, période calculée jusqu'à la date d'effet de la résiliation. Le cas échéant, l'assureur doit rembourser à l'assuré, dans un délai de trente jours à compter de la date d'effet de la résiliation, la partie de prime correspondant à la période pendant laquelle le risque n'a pas couru, période calculée à compter de ladite date d'effet. À défaut de remboursement dans ces conditions, les sommes dues sont productives d'intérêts au taux légal.

CHAPITRE II. – L'OBLIGATION D'ASSURER. LE BUREAU CENTRAL DE TARIFICATION

Art. L. 252-1 *(L. n° 2002-303, 4 mars 2002).* – Toute personne assujettie à l'obligation d'assurance prévue à l'article L. 1142-2 du Code de la santé publique qui, ayant sollicité la souscription d'un contrat auprès d'une entreprise d'assurance couvrant en France les risques de responsabilité civile mentionnée au même article, se voit opposer deux refus, peut saisir un bureau central de tarification dont les conditions de constitution et les règles de fonctionnement sont fixées par décret en Conseil d'État.

Le bureau central de tarification a pour rôle exclusif de fixer le montant de la prime moyennant laquelle l'entreprise d'assurance intéressée est tenue de garantir le risque qui lui a été proposé. Il peut, dans les conditions fixées par décret en Conseil d'État, déterminer le montant d'une franchise qui reste à la charge de l'assuré.

Le bureau central de tarification saisit le représentant de l'État dans le département lorsqu'une personne assujettie à l'obligation d'assurance prévue à l'article L. 1142-2 du Code de la santé publique présente un risque d'assurance anormalement élevé. Il en informe le professionnel concerné. Dans ce cas, il fixe le montant de la prime pour un contrat dont la durée ne peut excéder six mois.

Est nulle toute clause des traités de réassurance tendant à exclure certains risques de la garantie de réassurance en raison de la tarification adoptée par le bureau central de tarification.

Art. L. 252-2 *(L. n° 2002-303, 4 mars 200 ; mod. à compter du 1er janvier 2016, Ord. n° 2015-378, 2 avr. 2015).* – Toute entreprise d'assurance qui maintient son refus de garantir le risque dont la prime a été fixée par le bureau central de tarification institué à l'article L. 252-1 est considérée comme ne fonctionnant plus conformément à la réglementation en vigueur. Elle encourt, selon le cas, soit le retrait des agréments prévus aux articles L. 321-1, L. 321-7 et L. 329-1, soit les sanctions prévues à l'article L. 363-4.

LIVRE QUATRIÈME. – ORGANISATIONS ET RÉGIMES PARTICULIERS D'ASSURANCE

TITRE II. – LE FONDS DE GARANTIE

(Intitulé mod., D. n° 2004-176, 17 févr. 2004)

CHAPITRE I. – LE FONDS DE GARANTIE DES ASSURANCES OBLIGATOIRES DE DOMMAGES

(Intitulé mod., L. n° 2003-706, 1er août 2003)

Section I. – Dispositions générales

(Intitulé mod., L. n° 2003-706, 1er août 2003)

Art. L. 421-1 *(L. n° 77-574, 7 juin 1977 ; mod., L. n° 2010-1249, 22 oct. 2010 ; L. fin. rect. n° 2012-1510, 29 déc. 2012).* – I. – Le fonds de garantie des assurances obligatoires de dommages indemnise, dans les conditions prévues aux 1 et 2 du présent I, les victimes ou les ayants droit des victimes des dommages nés d'un accident survenu en France dans lequel est impliqué un véhicule au sens de l'article L. 211-1.

1. Le fonds de garantie indemnise les dommages résultant d'atteintes à la personne :

a) Lorsque le responsable des dommages est inconnu ;

b) Lorsque le responsable des dommages n'est pas assuré, sauf par l'effet d'une dérogation légale à l'obligation d'assurance ;

c) Lorsque l'assureur du responsable est totalement ou partiellement insolvable, dans les situations non couvertes par les dispositions de la section 6 du présent chapitre.

2. Le fonds de garantie indemnise les dommages aux biens, dans les conditions et limites fixées par un décret en Conseil d'État :

a) Lorsque le responsable des dommages est inconnu, sous réserve que l'accident ait causé une atteinte à la personne ;

b) Lorsque le responsable des dommages est identifié mais n'est pas assuré, sauf par l'effet d'une dérogation légale à l'obligation d'assurance ;

c) Lorsque l'assureur du responsable est totalement ou partiellement insolvable, dans les situations non couvertes par les dispositions de la section 6 du présent chapitre.

Dans le cas d'un accident impliquant un véhicule expédié d'un État membre de la Communauté européenne vers la France et survenant dans les trente jours suivant l'acceptation de la livraison du véhicule par l'acheteur, le fonds de garantie est tenu d'intervenir au titre du *b* des 1 et 2, quel que soit l'État membre sur le territoire duquel survient l'accident.

Lorsqu'il intervient au titre du *c* des 1 et 2 pour prendre en charge, pour le compte de l'entreprise en liquidation, le règlement des dommages mentionnés à l'article L. 211-1, le fonds de garantie ne peut exercer aucun recours contre les assurés et souscripteurs de contrats pour le recouvrement des indemnités qu'il a versées.

II. – Le fonds de garantie indemnise également, dans les conditions prévues aux 1 et 2 du présent II, les victimes ou les ayants droit des victimes de dommages nés d'un accident de la circulation causé, dans les lieux ouverts à la circulation publique, par une personne circulant sur le sol ou un animal.

1. Le fonds de garantie indemnise les dommages résultant d'atteintes à la personne :

a) Lorsque la personne responsable du dommage est inconnue ou n'est pas assurée ;

b) Lorsque l'animal responsable du dommage n'a pas de propriétaire ou que son propriétaire est inconnu ou n'est pas assuré.

2. Le fonds de garantie indemnise les dommages aux biens, dans les conditions et limites fixées par décret en Conseil d'État :

a) Lorsque la personne responsable du dommage est identifiée mais n'est pas assurée ;

b) Lorsque la personne responsable du dommage est inconnue, sous réserve que l'accident ait causé une atteinte à la personne ;

c) Lorsque le propriétaire de l'animal responsable du dommage n'est pas assuré ;

d) (Abr., L. n° 2010-1249, 22 oct. 2010) ;

e) (Abr., L. n° 2010-1249, 22 oct. 2010).

III. – Lorsque le fonds de garantie intervient au titre des I et II, les indemnités doivent résulter soit d'une décision juridictionnelle exécutoire, soit d'une transaction ayant reçu l'assentiment du fonds de garantie.

Lorsque le fonds de garantie intervient au titre des I et II, il paie les indemnités allouées aux victimes ou à leurs ayants droit qui ne peuvent être prises en charge à aucun autre titre lorsque l'accident ouvre droit à réparation. Les versements effectués au profit des victimes ou de leurs ayants droit et qui ne peuvent pas donner lieu à une action récursoire contre le responsable des dommages ne sont pas considérés comme une indemnisation à un autre titre.

IV *(IV mod., L. fin. rect. n° 2012-1510, 29 déc. 2012)*. – Le fonds de garantie est également chargé de gérer et de financer, pour les rentes allouées au titre des accidents survenus avant le 1er janvier 2013, les majorations de rentes prévues à l'article 1er de la loi n° 74-1118 du 27 décembre 1974 relative à la revalorisation de certaines rentes allouées en réparation du préjudice causé par un véhicule terrestre à moteur et portant diverses dispositions d'ordre civil et à l'article 1er de la loi n° 51-695 du 24 mai 1951 portant majoration de certaines rentes viagères et pensions, au titre des états justificatifs certifiés. Les créances relatives aux majorations de rentes visées au présent alinéa se prescrivent dans un délai de quatre ans à partir du premier jour de l'année suivant celle au cours de laquelle les droits ont été acquis. Le fonds peut contrôler sur pièces et sur place l'exactitude des renseignements fournis par les organismes débirentiers.

La gestion de cette mission par le fonds fait l'objet d'une comptabilité séparée des autres missions, selon des modalités fixées par arrêté du ministre chargé de l'économie.

V. - Le fonds de garantie peut financer, selon des modalités et dans des limites fixées par décret en Conseil d'État, des actions visant à réduire le nombre des accidents de la circulation et à prévenir l'absence d'assurance de responsabilité civile automobile.

(Alinéa créé à compter de la date prévue au V de l'article 35 de la loi n° 2016-1547 du 18 novembre 2016 et au plus tard le 31 décembre 2018, L. n° 2016-1547, 18 nov. 2016) Le fonds de garantie peut également mener directement, selon des modalités fixées par décret en Conseil d'État, des actions visant à limiter les cas de défaut d'assurance de responsabilité civile automobile. Pour mener ces actions, le fonds de garantie est autorisé à conserver pendant une durée de sept ans les informations communiquées par l'organisme d'information mentionné à l'article L. 451-1 relatives aux véhicules terrestres à moteur ne répondant pas à l'obligation d'assurance mentionnée à l'article L. 211-1.

VI. - Le fonds de garantie est l'organisme chargé des missions mentionnées aux articles L. 424-1 à L. 424-7.

Art. L. 421-2 *(L. n° 2003-706, 1er août 2003 ; mod., Ord. n° 2017-1609, 27 nov. 2017).* – Le fonds de garantie est une personne morale de droit privé. Il regroupe les entreprises d'assurance qui couvrent les risques faisant l'objet d'une assurance obligatoire en matière d'assurance automobile et de chasse et en matière d'assurance de dommages prévue par l'article L. 242-1.

Art. L. 421-3 *(Mod., L. n° 85-677, 5 juill. 1985).* – Le fonds de garantie est subrogé dans les droits que possède le créancier de l'indemnité contre la personne responsable de l'accident ou son assureur. Il a droit, en outre, à des intérêts calculés au taux légal en matière civile et à des frais de recouvrement.

Lorsque le fonds de garantie transige avec la victime, cette transaction est opposable à l'auteur des dommages, sauf le droit pour celui-ci de contester devant le juge le montant des sommes qui lui sont réclamées du fait de cette transaction. Cette contestation ne peut avoir pour effet de remettre en cause le montant des indemnités allouées à la victime ou à ses ayants droit.

Art. L. 421-4 *(Mod., L. fin. rect. n° 2013-1279, 29 déc. 2013).* – Le fonds de garantie est alimenté par des contributions des entreprises d'assurance, des automobilistes assurés et des responsables d'accidents d'automobiles non bénéficiaires d'une assurance.

Art. L. 421-4-1 *(L. fin. rect. n° 2013-1279, 29 déc. 2013 ; mod., Ord. n° 2017-1609, 27 nov. 2017).* – Les contributions pour l'alimentation du fonds de garantie mentionnées à l'article L. 421-4 sont ainsi définies :

1° La contribution des assurés est assise sur toutes les primes ou cotisations nettes qu'ils versent aux entreprises d'assurance pour l'assurance des risques de responsabilité civile résultant d'accidents causés par les véhicules terrestres à moteur et des remorques ou semi-remorques des véhicules lorsque le risque est situé sur le territoire de la République française. Elle est perçue par les entreprises d'assurance suivant les mêmes règles et sous les mêmes garanties et sanctions que la taxe sur les conventions d'assurance prévue à l'article 991 du Code général des impôts. Elle est recouvrée mensuellement par le fonds de garantie ;

2° La contribution des entreprises d'assurance est proportionnelle aux primes ou cotisations du dernier exercice, accessoires et rappels compris et annulations déduites, relatives à l'assurance des véhicules terrestres à moteur et des remorques ou semi-remorques des véhicules lorsque le risque est situé sur le territoire de la République française. Elle est acquittée par les entreprises d'assurance suivant les mêmes règles et sous les mêmes garanties et sanctions que la taxe sur les conventions d'assurance prévue au même article 991. Elle est recouvrée mensuellement par le fonds de garantie ;

3° *(Abr. à compter d'une date fixée par décret et au plus tard le 1er juillet 2018, Ord. n° 2017-1609, 27 nov. 2017)* La contribution des entreprises d'assurance au titre du financement de la mission définie à *l'article L. 421-9 du présent code est* proportionnelle aux primes ou cotisations du dernier exercice, accessoires et rappels compris et annulations déduites, relatives aux contrats dont la souscription est rendue obligatoire, à l'exception des garanties relatives à la responsabilité du transporteur maritime, fluvial et aérien, y compris ceux souscrits en application du règlement (CE) n° 2027/97 du Conseil, du 9 octobre 1997, relatif à la responsabilité des transporteurs aériens en cas d'accident, lorsque le risque est situé dans l'Union européenne. Elle est acquittée par les entreprises d'assurance suivant les mêmes règles et sous les mêmes garanties et sanctions que la taxe sur les conventions d'assurance prévue à l'article 991 du Code général des impôts. Elle est recouvrée mensuellement par le fonds de garantie ;

4° *(Abr. à compter d'une date fixée par décret et au plus tard le 1er juillet 2018, Ord. n° 2017-1609, 27 nov. 2017)* Lorsque le montant total des provisions inscrites au passif de la section « Opérations du fonds de garantie résultant de la défaillance d'entreprises d'assurance dommages » devient inférieur à 250 millions d'euros pendant une durée supérieure à six mois consécutifs, une contribution extraordinaire des entreprises d'assurance au titre de la section « Défaillance des entreprises d'assurance de dommage » est appelée. Son montant permet de ramener le montant total des provisions de la section considérée à ce seuil. Cette contribution extraordinaire est acquittée par les entreprises d'assurance sous les mêmes garanties que la taxe sur les conventions d'assurance prévue à l'article 991 du Code général des impôts. Elle est recouvrée par le fonds de garantie.

Rédaction antérieure. Les entreprises adhérentes disposent d'un délai d'un mois pour verser au fonds leur cotisation à compter de la réception de l'appel du fonds. Le fonds de garantie informe l'Autorité de contrôle prudentiel et de résolution de tout retard de versement de plus d'un mois ou de tout refus de versement d'une entreprise d'assurance, afin que l'autorité mette en œuvre, le cas échéant, les procédures de sanctions prévues à la section 7 du chapitre II du titre Ier du livre VI du Code monétaire et financier.

Rédaction antérieure. Les cotisations versées au fonds de garantie par les entreprises dont l'adhésion au fonds a pris fin ne peuvent faire l'objet d'un reversement par celui-ci.

Rédaction antérieure. La contribution extraordinaire est proportionnelle aux primes ou cotisations du dernier exercice, accessoires et rappels compris et annulations déduites, relatives aux contrats dont la souscription est rendue obligatoire, à l'exception des garanties relatives à la responsabilité du transporteur maritime, fluvial et aérien, y compris ceux souscrits en application du règlement (CE) n° 2027/97 du Conseil, du 9 octobre 1997, précité, lorsque le risque est situé dans l'Union européenne ;

5° La contribution des responsables d'accidents causés par l'utilisation des véhicules définis au 1° du présent article, non bénéficiaires d'une assurance, est assise sur le montant total des indemnités mises à leur charge à titre de réparation des dommages résultant de ces accidents. Sont considérées comme bénéficiaires d'une assurance, au sens du présent article, les personnes dont la responsabilité civile est couverte par un contrat d'assurance dans les conditions prévues à l'article L. 211-1. Un tel bénéfice ne leur est toutefois acquis, au sens du présent article, que pour la part excédant la franchise prévue éventuellement par leur contrat en application de l'article L. 121-1.

En cas d'instance judiciaire, la décision doit faire apparaître si le responsable est ou non bénéficiaire d'une assurance.

La contribution est liquidée et recouvrée par les services de la direction générale des finances publiques, selon les mêmes règles, sous les mêmes garanties et sous les mêmes sanctions qu'en matière de droits d'enregistrement. Elle est perçue sur la notification faite à cette direction par le fonds de garantie.

La contribution doit être acquittée dans le délai d'un mois à compter de la réclamation adressée par la direction générale des finances publiques.

Art. L. 421-4-2 *(L. fin. rect. n° 2013-1279, 29 déc. 2013 ; mod., L. fin. n° 2018-1317, 28 déc. 2018)*. – Le taux des contributions mentionnées à l'article L. 421-4-1 est fixé par arrêté du ministre chargé des assurances dans les limites suivantes :

1° Pour la contribution des assurés, ce taux est compris entre 0 % et 2 % des primes mentionnées au 1° du même article ;

2° Pour la contribution des entreprises d'assurance au titre de la section "automobile", ce taux est compris entre 0 % et 14 % de la totalité des charges de cette section ;

3° *(Abr. à compter d'une date fixée par décret et au plus tard le 1er juillet 2018, Ord. n° 2017-1609, 27 nov. 2017)* ;

4° Pour la contribution des responsables d'accidents non assurés, ce taux est fixé à 10 % des indemnités restant à leur charge. Toutefois, ce taux peut être ramené à 5 % lorsque l'accident a été provoqué par un véhicule utilisé par l'État ou par un État étranger. Il est également ramené à 5 % des indemnités restant à leur propre charge pour les bénéficiaires d'une assurance avec franchise.

Art. L. 421-5. – Le fonds de garantie peut intervenir même devant les juridictions répressives et même pour la première fois en cause d'appel, en vue notamment de contester le principe ou le montant de l'indemnité réclamée, dans toutes les instances engagées entre les victimes d'accidents ou leurs ayants droit, d'une part, les responsables ou leurs assureurs, d'autre part. Il intervient alors à titre principal et peut user de toutes les voies de recours ouvertes par la loi.

Art. L. 421-6 *(L. n° 89-1014, 31 déc. 1989 ; L. fin. rect. n° 2013-1279, 29 déc. 2013).* – Un décret en Conseil d'État fixe les conditions d'application des articles L. 421-1 à L. 421-5 et notamment les bases et modalités juridiques de détermination des indemnités pouvant être dues par le fonds de garantie, les personnes exclues du bénéfice du fonds, les obligations et droits respectifs ou réciproques du fonds de garantie, de l'assureur, du responsable de l'accident, de la victime ou de ses ayants droit, les délais assignés pour l'exercice de ces droits ou la mise en jeu de ces obligations, les conditions de fonctionnement, d'intervention en justice du fonds de garantie, les conditions dans lesquelles il peut être exceptionnellement mis en cause, les modalités du contrôle exercé sur l'ensemble de la gestion du fonds par le ministre de l'Économie et des Finances.

Art. L. 421-6-1 *(L. fin. rect. n° 2012-1510, 29 déc. 2012).* – Il est instauré une contribution pour le financement de la mission prévue au IV de l'article L. 421-1, à la charge des assurés et affectée au fonds de garantie. Cette contribution est assise sur toutes les primes ou cotisations nettes qu'ils versent aux entreprises d'assurance pour l'assurance des risques de responsabilité civile résultant d'accidents causés par les véhicules terrestres à moteur et des remorques ou semi-remorques des véhicules lorsque le risque est situé sur tout le territoire de la France métropolitaine, des départements d'outre-mer, du Département de Mayotte, de Saint-Barthélemy, de Saint-Martin et de Saint-Pierre-et-Miquelon. Elle est perçue par les entreprises d'assurance suivant les mêmes règles et sous les mêmes garanties et sanctions que la taxe sur les conventions d'assurance. Elle est recouvrée mensuellement par le fonds de garantie. Un décret fixe son montant dans la limite de 1 % de ces primes ou cotisations. Cette contribution s'applique aux primes émises à compter du 1er juillet 2013.

Art. L. 421-7 *(Mod., L. n° 94-5, 4 janv. 1994).* – Lorsque l'auteur d'un accident n'est pas en mesure de justifier qu'il a été satisfait à l'obligation d'assurance instituée par l'article L. 211-1, la victime et le fonds de garantie sont fondés à se prévaloir des mesures conservatoires prévues aux articles 48 à 57 du Code de procédure civile.

Toutefois, ces dispositions ne sont pas applicables lorsque l'assurance de la responsabilité civile concerne des véhicules ayant leur stationnement habituel sur le territoire d'un État visé à l'article L. 211-4 à l'exception de la France et de Monaco.

Section II. – Dispositions spéciales aux accidents de chasse survenus en France métropolitaine

Art. L. 421-8 *(Mod. à compter d'une date fixée par décret et au plus tard le 1er juillet 2018, Ord. n° 2017-1609, 27 nov. 2017).* – Le fonds de garantie institué par l'article L. 421-1 est chargé d'indemniser les dommages corporels occasionnés par tous actes de chasse ou de destruction des animaux nuisibles dans les parties du territoire où l'assurance instituée par l'article L. 223-13 du Code rural est obligatoire, même si ces actes ne sont pas compris dans l'obligation d'assurance, dès lors qu'ils sont le fait d'un auteur demeuré inconnu, ou non assuré, ou que son assureur est totalement ou partiellement insolvable.

Les dépenses résultant de l'application de l'alinéa précédent sont couvertes par les contributions des sociétés d'assurances, des chasseurs assurés et des responsables d'accidents corporels de chasse non bénéficiaires d'une assurance, ainsi que par une majoration de 50 % des amendes, y compris celles qu'une mesure de grâce aurait substituées à l'emprisonnement, prononcées pour un acte de chasse effectué sans permis ou dans un lieu, un temps ou au moyen d'engins prohibés.

Les contributions prévues pour l'alimentation du fonds de garantie sont fixées dans les conditions suivantes :

1° La contribution des assurés est fixée à une somme forfaitaire par personne garantie pour sa responsabilité civile résultant d'accidents de chasse ou de destruction des animaux susceptibles d'occasionner des dégâts ;

2° La contribution des entreprises d'assurance est proportionnelle aux sommes recouvrées par elles au titre de la contribution des assurés mentionnée au 1°.

Elle est liquidée et recouvrée par les entreprises d'assurance suivant les mêmes règles et sous les mêmes garanties et sanctions que la taxe sur les conventions d'assurance prévue à l'article 991 du Code général des impôts.

Les taux et quotités des contributions mentionnées à ce même article sont fixés par arrêté du ministre chargé des assurances, dans les limites suivantes :

a) Pour la contribution des assurés, ce montant est compris entre 0 € et la somme forfaitaire maximale de 0,38 € par personne garantie ;

b) Pour la contribution des entreprises d'assurance, ce taux est compris entre 0 % et 12 % de la totalité des charges des opérations du fonds de garantie afférentes à la chasse et à la destruction des animaux susceptibles d'occasionner des dégâts.

Section III. – Dispositions communes aux accidents d'automobile survenus en France métropolitaine et dans les départements d'outre-mer, et aux accidents de chasse survenus en France métropolitaine

Néant.

Section IV. – Organisation, fonctionnement et contrôle du fonds de garantie

Néant.

Section V. – Régime financier du fonds de garantie

....

Section VI. – Intervention du fonds en cas de retrait d'agrément administratif d'entreprises d'assurances obligatoires

(Intitulé mod., L. n° 2003-706, 1er août 2003)

....

Section VII. – Dispositions particulières aux départements d'outre-mer

Néant.

Section VIII. – Dispositions particulières aux territoires d'outre-mer et à la collectivité territoriale de Mayotte

(Abr., L. n° 2005-1564, 15 déc. 2005).

Section IX. – Dispositions particulières applicables aux accidents d'automobile survenus à l'étranger

....

Section X. – Dispositions spéciales aux catastrophes technologiques

(L. n° 2003-699, 30 juill. 2003)

....

Section XI. – Dispositions particulières applicables aux dommages immobiliers d'origine minière

(L. n° 2003-699, 30 juill. 2003)

....

CHAPITRE II. – LE FONDS DE GARANTIE DES VICTIMES DES ACTES DE TERRORISME ET D'AUTRES INFRACTIONS

(D. n° 88-260, 18 mars 1988 ; intitulé mod., L. n° 90-589, 6 juill. 1990)

Section I – Indemnisation des victimes des actes de terrorisme et d'autres infractions

(Division créée, L. n° 2008-644, 1er juill. 2008)

Art. L. 422-1 *(D. n° 88-260, 18 mars 1988 ; mod., L. n° 90-589, 6 juill. 1990 ; L. fin. rect. n° 2013-1279, 29 déc. 2013 ; à compter du 1er octobre 2014, L. n° 2014-896, 15 août 2014).* – **Pour l'application de l'article L. 126-1, la réparation intégrale des dommages résultant d'une atteinte à la personne est assurée par l'intermédiaire du fonds de garantie des victimes des actes de terrorisme et d'autres infractions.**

Ce fonds, doté de la personnalité civile, est alimenté par un prélèvement sur les contrats d'assurance de biens dans les conditions suivantes.

Ce prélèvement est assis sur les primes ou cotisations des contrats d'assurance de biens qui garantissent les biens situés sur le territoire national et relevant des branches 3 à 9 de l'article R. 321-1, dans sa rédaction en vigueur à la date de publication de la loi n° 2013-1279 du 29 décembre 2013 de finances rectificative pour 2013, et souscrits auprès d'une entreprise mentionnée à l'article L. 310-2.

Le montant de la contribution, compris entre 0 € et 6,50 €, est fixé par arrêté du ministre chargé des assurances.

Cette contribution est perçue par les entreprises d'assurance suivant les mêmes règles et sous les mêmes garanties et sanctions que la taxe sur les conventions d'assurance prévue à l'article 991 du Code général des impôts. Elle est recouvrée mensuellement par le fonds de garantie.

Il est subrogé dans les droits que possède la victime contre la personne responsable du dommage ainsi que contre les personnes tenues à un titre quelconque d'en assurer la réparation totale ou partielle, dans la limite du montant des prestations à la charge desdites personnes.

Le fonds est également alimenté par des versements prévus au II de l'article 728-1 du Code de procédure pénale. Lorsque ces versements sont effectués, la victime est alors directement indemnisée par le fonds à hauteur, le cas échéant, des versements effectués et, à hauteur de ces versements, l'avant-dernier alinéa du présent article n'est pas applicable.

Art. L. 422-1-1 *(Créé, L. n° 2019-222, 23 mars 2019)*. – Le fonds de garantie mentionné à l'article L. 422-1 peut requérir de toute administration ou tout service de l'Etat et des collectivités publiques, de tout organisme de sécurité sociale, de tout organisme assurant la gestion des prestations sociales, de tout employeur ainsi que des établissements financiers ou entreprises d'assurance susceptibles de réparer tout ou partie du préjudice la réunion et la communication des renseignements dont ceux-ci disposent ou peuvent disposer relatifs à l'exécution de leurs obligations éventuelles, sans que ne puisse lui être opposé le secret professionnel.

Le fonds de garantie informe la victime mentionnée à l'article L. 126-1 avant toute réquisition susceptible de porter sur des renseignements relatifs à sa personne ou à sa situation et sollicite son accord préalable lorsque la réquisition est adressée à son employeur.

Les renseignements ainsi recueillis ne peuvent être utilisés à d'autres fins que l'instruction du dossier d'indemnisation et leur divulgation est interdite. Les personnes qui ont à connaître des documents et informations fournis au fonds de garantie sont tenues au secret professionnel dans les conditions et sous les peines prévues aux articles 226-13 et 226-14 du code pénal.

Art. L. 422-2 *(D. n° 88-260, 18 mars 1988 ; mod., L. fin. n° 2016-1827, 23 déc. 2016 ; L. n° 2019-222, 23 mars 2019)*. – Le fonds de garantie est tenu, dans un délai d'un mois à compter de la demande qui lui est faite, de verser une ou plusieurs provisions à la victime qui a subi une atteinte à sa personne ou, en cas de décès de la victime, à ses ayants droit, sans préjudice du droit pour ces victimes de saisir le juge des référés.

Le fonds de garantie est tenu de présenter à toute victime une offre d'indemnisation dans un délai de trois mois à compter du jour où il reçoit de celle-ci la justification de ses préjudices. Cette disposition est également applicable en cas d'aggravation du dommage.

Les articles L. 211-15 à L. 211-18 sont applicables à ces offres d'indemnisation. Les offres tardives ou manifestement insuffisantes peuvent ouvrir droit à des dommages et intérêts au profit de la victime.

Le fonds rembourse aux régimes d'assurance maladie les dépenses mentionnées au 1° et au *a* du 2° du II de l'article L. 169-10 du Code de la sécurité sociale.

Le présent article s'applique lorsque la juridiction reconnaît le droit à indemnisation de la victime. En ce cas, le délai mentionné au deuxième alinéa court à compter du jour où la décision de la juridiction est exécutoire.

Rédaction future. Art. L. 422-2 *(D. n° 88-260, 18 mars 1988 ; mod., L. fin. n° 2016-1827, 23 déc. 2016 ; L. n° 2019-222, 23 mars 2019)*. – Le fonds de garantie est tenu, dans un délai d'un mois à compter de la demande qui lui est faite, de verser une ou plusieurs provisions à la victime qui a subi une atteinte à sa personne ou, en cas de décès de la victime, à ses ayants droit, sans préjudice du droit pour ces victimes de saisir le juge des référés.

(Alinéa créé à compter du 1er septembre 2020, L. n° 2019-222, 23 mars 2019) Pour procéder à l'examen médical de la victime mentionnée à l'article L. 126-1, le fonds de garantie choisit un médecin spécialisé en évaluation des dommages corporels inscrit sur les listes des experts judiciaires dressées par les cours d'appel.

Le fonds de garantie est tenu de présenter à toute victime une offre d'indemnisation dans un délai de trois mois à compter du jour où il reçoit de celle-ci la justification de ses préjudices. Cette disposition est également applicable en cas d'aggravation du dommage.

Les articles L. 211-15 à L. 211-18 sont applicables à ces offres d'indemnisation. Les offres tardives ou manifestement insuffisantes peuvent ouvrir droit à des dommages et intérêts au profit de la victime.

Le fonds rembourse aux régimes d'assurance maladie les dépenses mentionnées au 1° et au *a* du 2° du II de l'article L. 169-10 du Code de la sécurité sociale.

Le présent article s'applique lorsque la juridiction reconnaît le droit à indemnisation de la victime. En ce cas, le délai mentionné au *(Mot rempl. à compter du 1er septembre 2020, L. n° 2019-222, 23 mars 2019)* « troisième » alinéa court à compter du jour où la décision de la juridiction est exécutoire.

Art. L. 422-3 ***(D. n° 88-260, 18 mars 1988 ; mod., L. n° 2008-561, 17 juin 2008).*** **– En cas de litige, le juge civil, si les faits générateurs du dommage ont donné lieu à des poursuites pénales, n'est pas tenu de surseoir à statuer jusqu'à décision définitive de la juridiction répressive.**

Les victimes des dommages disposent, dans le délai prévu à l'article 2226 du Code civil, du droit d'action en justice contre le fonds de garantie.

Art. L. 422-4 ***(L. n° 90-589, 6 juill. 1990 ; mod., L. n° 2008-644, 1er juill. 2008).*** **– Les indemnités allouées en application des articles 706-3 à 706-14 du Code de procédure pénale par la commission instituée par l'article 706-4 de ce code ainsi que les indemnités et provisions prévues par l'article L. 422-7 du présent code sont versées par le fonds de garantie des victimes des actes de terrorisme et d'autres infractions.**

Art. L. 422-5 ***(L. n° 92-665, 16 juill. 1992).*** **– Le fonds de garantie peut interjeter appel de décisions rendues par la commission instituée par l'article 706-4 du Code de procédure pénale.**

Art. L. 422-6 ***(Rempl., L. n° 2008-644, 1er juill. 2008).*** **– Les articles L. 422-1 à L. 422-5 sont applicables dans les îles Wallis-et-Futuna, en Polynésie française et en Nouvelle-Calédonie.**

LIVRE V. – INTERMÉDIAIRES D'ASSURANCE

(Intitulé rempl., L. n° 2005-1564, 15 déc. 2005)

Art. L. 500 ***(L. n° 2005-1564, 15 déc. 2005).*** **– Pour l'application du présent livre, les mots : « entreprise d'assurance » désignent les entreprises mentionnées à l'article L. 310-2 du présent code, les mutuelles ou les unions régies par le livre II du Code de la mutualité, les institutions de prévoyance ou les unions régies par le titre III du livre IX du Code de la sécurité sociale et les institutions régies par l'article L. 727-2 du Code rural.**

Art. L. 500-1 ***(L. n° 2005-1564, 15 déc. 2005 ; mod., Ord. n° 2008-698, 11 juill. 2008).*** **– Pour l'application du présent livre, les mots : « en France » désignent la France métropolitaine, les collectivités territoriales régies par l'article 73 de la Constitution ainsi que Saint-Barthélemy et Saint-Martin et** ***(Mots suppr. à compter du 1er janvier 2016, Ord. n° 2015-378, 2 avr. 2015)*** **« Mayotte et » Saint-Pierre-et-Miquelon.**

TITRE PREMIER. – DISTRIBUTION D'ASSURANCES

(Intitulé rempl. à compter du 1er octobre 2018, Ord. n° 2018-361, 16 mai 2018)

CHAPITRE I. – CHAMP D'APPLICATION, DÉFINITIONS ET EXIGENCES PROFESSIONNELLES ET ORGANISATIONNELLES

(Rempl. à compter du 1er octobre 2018, Ord. n° 2018-361, 16 mai 2018)

Section I. – Champ d'application et définitions

Art. L. 511-1 ***(Rempl. à compter du 1er octobre 2018, Ord. n° 2018-361, 16 mai 2018).*** **– I. - La distribution d'assurances ou de réassurances est l'activité qui consiste à fournir des recommandations sur des contrats d'assurance ou de réassurance, à présenter, proposer ou aider à conclure ces contrats ou à réaliser d'autres travaux préparatoires à leur conclusion, ou à contribuer à leur gestion et à leur exécution, notamment en cas de sinistre.**

Est également considérée comme de la distribution d'assurances la fourniture d'informations sur un ou plusieurs contrats d'assurance selon des critères choisis par le souscripteur ou l'adhérent sur un site internet ou par d'autres moyens de communication et l'établissement d'un classement de produits d'assurance comprenant une comparaison des prix et des produits, ou une remise de prime, lorsque le souscripteur ou

l'adhérent peut conclure le contrat directement ou indirectement au moyen du site internet ou par d'autres moyens de communication.

II. - Les activités suivantes ne sont pas considérées comme de la distribution d'assurances ou de réassurances au sens du I :

1° La fourniture d'informations à titre occasionnel dans le cadre d'une autre activité professionnelle lorsque :

a) Le fournisseur ne prend pas d'autres mesures pour aider à conclure ou à exécuter un contrat d'assurance ;

b) Ces activités n'ont pas pour objet d'aider le souscripteur ou l'adhérent à conclure ou à exécuter un contrat de réassurance ;

2° L'activité consistant exclusivement en la gestion, l'évaluation et le règlement des sinistres ;

3° La simple fourniture de données et d'informations sur des preneurs d'assurance potentiels à des intermédiaires d'assurance ou de réassurance, des entreprises d'assurance ou de réassurance, lorsque le fournisseur ne prend pas d'autres mesures pour aider le souscripteur ou l'adhérent à conclure un contrat d'assurance ou de réassurance ;

4° La simple fourniture d'informations sur des produits d'assurance ou de réassurance, sur un intermédiaire d'assurance ou de réassurance, une entreprise d'assurance ou de réassurance à des preneurs d'assurance potentiels, lorsque le fournisseur ne prend pas d'autres mesures pour aider le souscripteur ou l'adhérent à conclure un contrat d'assurance ou de réassurance.

III. - Est un distributeur de produits d'assurance ou de réassurance tout intermédiaire d'assurance ou de réassurance, tout intermédiaire d'assurance à titre accessoire ou toute entreprise d'assurance ou de réassurance.

Est un intermédiaire d'assurance ou de réassurance toute personne physique ou morale autre qu'une entreprise d'assurance ou de réassurance et son personnel et autre qu'un intermédiaire d'assurance à titre accessoire, qui, contre rémunération, accède à l'activité de distribution d'assurances ou de réassurances ou l'exerce.

Est un intermédiaire d'assurance à titre accessoire toute personne autre qu'un établissement de crédit, qu'une entreprise d'investissement ou qu'une société de financement qui, contre rémunération, accède à l'activité de distribution d'assurances ou l'exerce pour autant que les conditions suivantes soient remplies :

1° La distribution d'assurances ne constitue pas l'activité professionnelle principale de cette personne ;

2° La personne distribue uniquement des produits d'assurance qui constituent un complément à un bien ou à un service ;

3° Les produits d'assurance concernés ne couvrent pas de risques liés à l'assurance vie ou de responsabilité civile, à moins que cette couverture ne constitue un complément au bien ou au service fourni dans le cadre de l'activité professionnelle principale de l'intermédiaire.

IV. - Pour l'activité de distribution d'assurances, l'employeur ou mandant est civilement responsable, conformément aux dispositions de l'article 1242 du Code civil, du dommage causé par la faute, l'imprudence ou la négligence de ses employés ou mandataires agissant en cette qualité, lesquels sont considérés, pour l'application du présent article, comme des préposés, nonobstant toute convention contraire.

V. - Un décret en Conseil d'État précise les conditions d'application du présent article.

Section II. – Exigences professionnelles

Art. L. 511-2 *(Rempl. à compter du 1er octobre 2018, Ord. n° 2018-361, 16 mai 2018).* – I. - Les distributeurs de produits d'assurance et de réassurance et leur personnel dont les activités consistent à fournir des recommandations sur des contrats d'assurance ou de réassurance, à présenter, à proposer ou à aider à conclure ces contrats ou à réaliser d'autres travaux préparatoires à leur conclusion, possèdent, préalablement au commencement de leur activité, les connaissances et aptitudes appropriées leur permettant de mener à bien leurs missions et de satisfaire à leurs obligations de manière adéquate.

II. - Les intermédiaires d'assurance et de réassurance et le personnel des entreprises d'assurance et de réassurance ainsi que le personnel des intermédiaires d'assurance et de réassurance exerçant les activités mentionnées au I respectent les exigences en matière de formation et de développement professionnels continus, afin de maintenir un niveau de performance adéquat correspondant à la fonction qu'ils occupent et au marché concerné.

Ils doivent être en mesure de justifier par tout moyen du respect des exigences qui leur sont applicables ou qui sont applicables à leur personnel en matière de formation et de développement professionnels continus.

Un décret en Conseil d'État précise les modalités du présent II.

III. - Les personnes qui, au sein de la structure de direction des entreprises visées aux I et II, sont responsables de la distribution de produits d'assurance et de réassurance ainsi que toutes les autres personnes prenant directement part à la distribution d'assurances ou de réassurances possèdent des connaissances et des aptitudes professionnelles nécessaires à l'exercice de leurs tâches.

Les intermédiaires d'assurance et de réassurance attestent du respect de ces exigences applicables en matière de connaissances et d'aptitudes professionnelles, selon des modalités précisées par décret.

Art. L. 511-3 *(Rempl. à compter du 1er octobre 2018, Ord. n° 2018-361, 16 mai 2018)*. – Les intermédiaires d'assurance et de réassurance, les personnes physiques qui travaillent pour une entreprise d'assurance ou de réassurance ou un intermédiaire d'assurance ou de réassurance, et qui sont responsables de l'activité de distribution d'assurances ou de réassurances, ainsi que le personnel qui prend directement part à cette activité, doivent posséder l'honorabilité nécessaire à leurs fonctions, cette condition étant vérifiée au regard des dispositions des I à VI de l'article L. 322-2 qui leurs sont applicables.

Les personnes responsables de la distribution d'assurances à titre accessoire satisfont également à cette exigence d'honorabilité.

Section III. – Exigences organisationnelles

Art. L. 511-4 *(Rempl. à compter du 1er octobre 2018, Ord. n° 2018-361, 16 mai 2018)*. – Afin de garantir le respect des exigences énoncées aux articles L. 511-2 et L. 511-3 par le personnel exerçant une activité de distribution d'assurances ou de réassurances, les entreprises d'assurance ou de réassurance approuvent, mettent en œuvre et actualisent régulièrement leurs politiques internes et leurs procédures internes appropriées. Elles créent en leur sein une fonction chargée d'assurer la bonne mise en œuvre des politiques et procédures approuvées et transmettent à l'Autorité de contrôle prudentiel et de résolution, à la demande de cette dernière, le nom de la personne responsable de cette fonction.

Ces entreprises créent, tiennent et mettent à jour des registres contenant tous les documents pertinents concernant l'application des dispositions des articles L. 511-2 et L. 511-3.

Art. L. 511-5 *(Rempl. à compter du 1er octobre 2018, Ord. n° 2018-361, 16 mai 2018)*. – Dans le cadre de la procédure d'immatriculation, l'organisme qui tient le registre mentionné au I de l'article L. 512-1 échange de manière continue avec l'Autorité de contrôle prudentiel et de résolution et ses homologues dans les autres États membres, des informations pertinentes portant notamment sur l'honorabilité et les connaissances et aptitudes professionnelles des intermédiaires d'assurance ou de réassurance et les intermédiaires d'assurance à titre accessoire.

« Cet organisme échange également avec les mêmes personnes des informations concernant les intermédiaires d'assurance ou de réassurance et les intermédiaires d'assurance à titre accessoire qui ont fait l'objet d'une sanction ou d'une autre mesure susceptible de conduire à leur radiation du registre.

Art. L. 511-6 *(Rempl. à compter du 1er octobre 2018, Ord. n° 2018-361, 16 mai 2018)*. – Toutes les personnes tenues de recevoir ou de divulguer des informations en relation avec les dispositions du présent chapitre sont astreintes au secret professionnel dans les conditions prévues à l'article L. 612-17 du Code monétaire et financier.

CHAPITRE II. – PRINCIPES GÉNÉRAUX RELATIFS À L'INTERMÉDIATION D'ASSURANCE

(Rempl., L. n° 2005-1564, 15 déc. 2005 ; mod. à compter du 1er octobre 2018, Ord. n° 2018-361, 16 mai 2018)

Section I. – Obligation d'immatriculation

Art. L. 512-1 *(Mod. à compter du 1er octobre 2018, Ord. n° 2018-361, 16 mai 2018)*. – I. - Les intermédiaires d'assurance ou de réassurance et les intermédiaires d'assurance à titre accessoire définis à l'article L. 511-1 doivent être immatriculés sur un registre unique des intermédiaires, qui est librement accessible au public.

Un décret en Conseil d'État précise les conditions d'immatriculation sur ce registre et détermine les informations qui doivent être rendues publiques. Il détermine également les modalités de sa tenue par un organisme doté de la personnalité morale et composé de membres issus des domaines de l'assurance, de la banque et de la finance.

Un commissaire du Gouvernement est désigné auprès de cet organisme. Sa mission et les modalités de sa désignation sont fixées par décret en Conseil d'État.

L'immatriculation, renouvelable chaque année, est subordonnée au paiement préalable, auprès de l'organisme mentionné au deuxième alinéa, de frais d'inscription annuels fixés par arrêté du ministre chargé de l'économie, dans la limite de 250 €.

Ces frais d'inscription sont recouvrés par l'organisme mentionné au deuxième alinéa, qui est soumis au contrôle général économique et financier de l'État. Leur paiement intervient au moment du dépôt de la demande d'inscription ou de la demande de renouvellement.

Lorsque la demande d'inscription ou de renouvellement est déposée sans le paiement correspondant, l'organisme mentionné au deuxième alinéa adresse au redevable par courrier recommandé avec accusé de réception une lettre l'informant qu'à défaut de paiement dans les trente jours suivant la date de réception de cette lettre la demande d'inscription ne pourra être prise en compte. Dans le cas d'une demande de renouvellement, le courrier indique que l'absence de paiement entraîne la radiation du registre.

II. - Les dispositions du présent article ne s'appliquent pas aux personnes physiques salariées d'un intermédiaire d'assurance ou de réassurance ou d'un intermédiaire d'assurance à titre accessoire.

Art. L. 512-2 *(Mod. à compter du 1er octobre 2018, Ord. n° 2018-361, 16 mai 2018).* – Les entreprises soumises au contrôle de l'Autorité de contrôle prudentiel et de résolution, les autres entreprises mentionnées à l'article L. 310-2 ou les entreprises de réassurance, qui recourent aux services d'intermédiaires, doivent s'assurer que ceux-ci sont immatriculés conformément aux dispositions de l'article L. 512-1.

Les entreprises qui recourent à des intermédiaires ressortissants d'un État membre de l'Union européenne ou d'un autre État partie à l'accord sur l'Espace économique européen autre que la France et exerçant sur le territoire français en régime de libre prestation de services ou de libre établissement s'assurent auprès de l'organisme qui tient le registre prévu au I de l'article L. 512-1 que ceux-ci sont immatriculés conformément au droit de leur pays d'origine.

L'organisme qui tient le registre mentionné au I de l'article L. 512-1 refuse l'immatriculation à un intermédiaire si les dispositions législatives, réglementaires ou administratives d'un pays tiers applicables à une ou à plusieurs personnes physiques ou morales avec lesquelles cet intermédiaire a des liens étroits au sens du 9° de l'article L. 310-3, ou des difficultés liées à la mise en œuvre de ces dispositions législatives, réglementaires et administratives, entravent le bon exercice de sa mission.

Section II. – Autres conditions d'accès et d'exercice

(L. n° 2005-1564, 15 déc. 2005)

Art. L. 512-3 *(Mod. à compter du 1er octobre 2018, Ord. n° 2018-361, 16 mai 2018).* – I. - Lors de leur immatriculation ou du renouvellement de celle-ci, les intermédiaires d'assurance ou de réassurance et les intermédiaires d'assurance à titre accessoire sont tenus de transmettre à l'organisme qui tient le registre prévu au I de l'article L. 512-1 toute information nécessaire à la vérification des conditions relatives à l'accès à l'activité d'intermédiaire et à son exercice. Ils sont également tenus d'informer dans les meilleurs délais cet organisme lorsqu'ils ne respectent plus les conditions prévues à la présente section.

II. - Le non-respect par les intermédiaires d'assurance ou de réassurance et les intermédiaires d'assurance à titre accessoire des conditions prévues à la présente section entraîne leur radiation d'office du registre unique des intermédiaires par l'organisme mentionné au I de l'article L. 512-1. Cet organisme rend publique la radiation ainsi prononcée.

Sous-section 1. – Conditions d'honorabilité

Art. L. 512-4 *(Mod. à compter du 1er octobre 2018, Ord. n° 2018-361, 16 mai 2018).* – Sont soumis aux dispositions prévues aux I à VI de l'article L. 322-2 les intermédiaires d'assurance ou de réassurance et les intermédiaires d'assurance à titre accessoire personnes physiques qui exercent en leur nom propre, les personnes qui dirigent, gèrent ou administrent des intermédiaires personnes morales, les personnes qui sont membres d'un organe de contrôle, disposent du pouvoir de signer pour le compte ou sont directement responsables de l'activité d'intermédiation au sein de ces intermédiaires, ainsi que les salariés des entreprises d'assurance qui sont directement responsables de l'activité d'intermédiation.

Sous-section 2. – Conditions de capacité professionnelle

Art. L. 512-5 *(Mod. à compter du 1er octobre 2018, Ord. n° 2018-361, 16 mai 2018).* – Sont déterminées par décret en Conseil d'État les conditions de capacité professionnelle que doivent remplir les intermédiaires d'assurance ou de réassurance et les intermédiaires d'assurance à titre accessoire personnes physiques qui exercent en leur nom propre, les personnes qui dirigent, gèrent ou administrent des intermédiaires personnes morales ou des entreprises d'assurance ou de réassurance, les personnes qui sont membres d'un organe de contrôle, disposent du pouvoir de signer pour le compte ou sont directement responsables de l'activité d'intermédiation au sein de ces intermédiaires ou entreprises, ainsi que les salariés de ces intermédiaires ou entreprises. Ce décret tient compte notamment de la nature de l'activité exercée par ces personnes et des produits distribués.

Sous-section 3. – Assurance de responsabilité civile

Art. L. 512-6 *(Mod. à compter du 1er octobre 2018, Ord. n° 2018-361, 16 mai 2018).* – Tout intermédiaire d'assurance ou de réassurance et les intermédiaires d'assurance à titre accessoire doit souscrire un contrat d'assurance le couvrant contre les conséquences pécuniaires de sa responsabilité civile professionnelle, sauf si cette assurance ou une garantie équivalente lui est déjà fournie par une entreprise d'assurance ou de réassurance ou par un intermédiaire d'assurance ou de réassurance ou par une autre entreprise pour le compte desquels il agit ou par lesquels il est mandaté ou si ces entreprises ou cet intermédiaire assument l'entière responsabilité des actes de cet intermédiaire. Dans tous les cas, les intermédiaires doivent être en mesure de justifier à tout moment leur situation au regard de cette obligation.

Sous-section 4. – Garantie financière

Art. L. 512-7 *(Mod. à compter du 1er octobre 2018, Ord. n° 2018-361, 16 mai 2018).* – Tout intermédiaire d'assurance ou de réassurance et les intermédiaires d'assurance à titre accessoire qui, même à titre occasionnel, encaisse des fonds destinés à être versés soit à une entreprise d'assurance, soit à des assurés, ou qui a recours à un mandataire non agent chargé de transmettre ces fonds, doit souscrire une garantie financière spécialement affectée au remboursement de ces fonds aux assurés, sauf si ce mandataire peut justifier lui-même d'une telle garantie.

Cette garantie ne peut résulter que d'un engagement de caution délivré par un établissement de crédit, une société de financement ou par une entreprise d'assurance régie par le présent code.

L'obligation prévue par le présent article ne s'applique pas aux versements pour lesquels l'intermédiaire a reçu d'une entreprise d'assurance un mandat écrit le chargeant expressément de l'encaissement des primes ou cotisations et éventuellement du règlement des sinistres.

Dans tous les cas, les intermédiaires doivent être en mesure de justifier à tout moment leur situation au regard de cette obligation.

Section III. – Dispositions générales

(L. n° 2005-1564, 15 déc. 2005)

Art. L. 512-8 *(L. n° 2005-1564, 15 déc. 2005).* – Un décret en Conseil d'État précise les modalités d'application du présent chapitre et détermine les conditions de l'intermédiation.

CHAPITRE III. – DÉROGATIONS AUX PRINCIPES GÉNÉRAUX POUR LES INTERMÉDIAIRES D'ASSURANCE À TITRE ACCESSOIRE

(Rempl. à compter du 1er octobre 2018, Ord. n° 2018-361, 16 mai 2018)

Art. L. 513-1 *(Créé à compter du 1er octobre 2018, Ord. n° 2018-361, 16 mai 2018).* – Les obligations mentionnées au présent livre ne s'appliquent pas aux intermédiaires d'assurance à titre accessoire lorsque l'ensemble des conditions suivantes sont remplies :

1° Le contrat d'assurance constitue un complément au bien ou au service fourni par un fournisseur et couvre :

a) Soit le risque de mauvais fonctionnement, de perte, y compris du vol, ou d'endommagement du bien ou de non-utilisation du service ;

b) Soit l'endommagement ou la perte de bagages y compris le vol et les autres risques liés à un voyage ;

2° Le montant de la prime du contrat d'assurance calculé sur une année ne dépasse pas 600 € ;

3° Par dérogation au 2°, lorsque le contrat d'assurance constitue un complément à un service mentionné au 1° et que la durée de ce service est égale ou inférieure à trois mois, le montant de la prime par personne ne dépasse pas 200 €.

Art. L. 513-2 *(Créé à compter du 1er octobre 2018, Ord. n° 2018-361, 16 mai 2018).* – L'entreprise ou l'intermédiaire d'assurance qui exerce l'activité de distribution via un intermédiaire d'assurance à titre accessoire mentionné à l'article L. 513-1 fait en sorte que :

1° Des informations soient mises à la disposition du souscripteur éventuel ou de l'adhérent éventuel, avant la conclusion du contrat, sur l'identité et l'adresse de l'intermédiaire, ainsi que sur les procédures de réclamation ;

2° Des dispositions appropriées et proportionnées soient prises pour assurer le respect des dispositions de l'article L. 521-1 et des I à III de l'article L. 521-4 ;

3° Le document d'information sur le produit d'assurance mentionné à l'article L. 112-2 soit fourni au souscripteur éventuel ou à l'adhérent éventuel avant la conclusion du contrat ;

4° Le souscripteur éventuel ou l'adhérent éventuel soit informé de la possibilité d'acheter séparément le bien ou le service fourni par le fournisseur.

CHAPITRE IV. – CONTRÔLE DES CONDITIONS D'ACCÈS ET D'EXERCICE DE L'ACTIVITÉ DE DISTRIBUTION

(Intitulé rempl. à compter du 1er octobre 2018, Ord. n° 2018-361, 16 mai 2018)

Section I. – Justifications exigées des personnes habilitées à présenter des opérations d'assurance ou de capitalisation

Section II. – Modalités de contrôle spéciales aux conditions de capacité professionnelle

Section III. – Modalités de contrôle spéciales aux conditions d'honorabilité

Section IV. – Dispositions diverses et pénalités

Art. L. 514 *(L. n° 99-532, 25 juin 1999 ; mod., Ord. n° 2010-76, 21 janv. 2010).* – Les associations souscriptrices bénéficiant d'une dérogation aux règles d'exercice de l'intermédiation en assurance et qui se livrent à cette activité sont tenues de déclarer à l'Autorité de contrôle prudentiel leur activité et le type de produits qu'elles présentent. Elles informent celle-ci de toute modification dans la nature de leur activité ainsi que de la cessation de leur activité.

Art. L. 514-1 *(Mod., L. n° 2005-1564, 15 déc. 2005).* – Les infractions aux dispositions du chapitre II du titre I du livre V sont punies d'un emprisonnement de deux ans et d'une amende de 6 000 €, ou de l'une de ces deux peines seulement.

Art. L. 514-2 *(L. n° 81-5, 7 janv. 1981 ; rempl., L. n° 2009-526, 12 mai 2009 ; mod., Ord. n° 2010-76, 21 janv. 2010).* – Le fait de présenter en vue de leur souscription ou de faire souscrire des contrats pour le compte d'une entreprise soumise au contrôle de l'Autorité de contrôle prudentiel, d'une autre entreprise mentionnée à l'article L. 310-2 ou d'une entreprise mentionnée à l'article L. 310-1-1 et non habilitée à pratiquer les opérations correspondantes sur le territoire de la République française est puni d'une amende de 3 000 €. En cas de récidive, une peine d'emprisonnement de six mois peut en outre être prononcée.

L'amende prévue au présent article est prononcée pour chacun des contrats proposés ou souscrits, sans que le total des amendes encourues puisse excéder 6 000 €.

Art. L. 514-3 *(Abr., L. n° 89-1014, 31 déc. 1989).*

Art. L. 514-4 *(Rempl., L. n° 2005-1564, 15 déc. 2005 ; mod., Ord. n° 2010-76, 21 janv. 2010 ; mod. à compter du 1er octobre 2018, Ord. n° 2018-361, 16 mai 2018).* – I. - Lorsque l'Autorité de contrôle prudentiel et de résolution a connaissance d'une information pouvant entraver le bon exercice de la mission de l'organisme chargé de la tenue du registre mentionné au I de l'article L. 512-1, ou lorsqu'elle a connaissance d'une infraction commise par un intermédiaire susceptible d'entraîner la radiation de ce registre, ou lorsqu'elle fait usage de son pouvoir de sanction en application du I de l'article L. 612-41 du Code monétaire et financier, elle en informe l'organisme chargé de la tenue de ce registre.

Lorsque l'Autorité de contrôle prudentiel et de résolution a connaissance d'une information susceptible de relever de l'article L. 512-2, elle en informe, sans tarder, l'organisme chargé de la tenue de ce registre.

II. - L'organisme chargé de la tenue du registre mentionné au I de l'article L. 512-1 communique toute information qui lui est demandée par l'Autorité de contrôle prudentiel et de résolution agissant dans le cadre de ses missions.

III. - L'organisme mentionné au I de l'article L. 512-1 communique également, à son initiative, toute information utile à l'Autorité de contrôle prudentiel et de résolution.

CHAPITRE V. – DISPOSITIONS SPÉCIALES CONCERNANT LA LIBERTÉ D'ÉTABLISSEMENT ET LA LIBRE PRESTATION DE SERVICES

(Rempl. à compter du 1er octobre 2018, Ord. n° 2018-361, 16 mai 2018

Section I.— Exercice de la libre prestation de services et manquement à des obligations dans le cadre de cet exercice

Art. L. 515-1 *(Rempl. à compter du 1er octobre 2018, Ord. n° 2018-361, 16 mai 2018).* – I. - Tout intermédiaire d'assurance ou de réassurance ou tout intermédiaire d'assurance à titre accessoire immatriculé en France qui envisage d'exercer une activité pour la première fois sur le territoire d'un autre État membre en vertu du régime de libre prestation de services transmet les informations suivantes à l'organisme qui tient le registre mentionné au I de l'article L. 512-1 :

1° Son nom, son adresse et son numéro d'immatriculation ;

2° L'État membre ou les États membres dans lesquels il envisage d'exercer son activité ;

3° Parmi les catégories d'intermédiaires, celle au titre de laquelle il entend exercer et, le cas échéant, le nom de toute entreprise d'assurance ou de réassurance qu'il représente ;

4° Les branches d'assurance concernées, s'il y a lieu.

II. - L'organisme qui tient le registre mentionné au I de l'article L. 512-1 communique les informations mentionnées au I, dans un délai d'un mois à compter de leur réception, à l'autorité compétente de l'État membre d'accueil. Cet organisme informe par écrit l'intermédiaire d'assurance ou de réassurance ou l'intermédiaire d'assurance à titre accessoire que l'autorité compétente de l'État membre d'accueil a reçu ces informations et qu'il peut commencer à exercer son activité dans cet État. Le cas échéant, cet organisme indique au même moment à l'intermédiaire que les informations concernant les dispositions d'intérêt général applicables à l'activité envisagée dans l'État membre d'accueil sont publiées par les autorités compétentes de cet État, et que l'intermédiaire doit respecter ces dispositions afin de pouvoir commencer à y exercer ses activités.

III. - En cas de changement de l'un des éléments d'information communiqués conformément au I, l'intermédiaire d'assurance ou de réassurance ou l'intermédiaire d'assurance à titre accessoire en avise par écrit, un mois au moins avant d'appliquer ce changement, l'organisme qui tient le registre mentionné au I de l'article L. 512-1. L'autorité compétente de l'État membre d'accueil est également informée de ce changement par cet organisme dès que possible, et au plus tard un mois à compter de la date de réception de cette information.

IV. - L'organisme qui tient le registre mentionné au I de l'article L. 512-1 accuse réception des informations mentionnées au I qui lui sont communiquées par l'autorité de l'État membre d'origine d'un intermédiaire d'assurance ou de réassurance ou d'un intermédiaire d'assurance à titre accessoire qui souhaite exercer son activité en France en vertu du régime de libre prestation de services.

Art. L. 515-2 *(Rempl. à compter du 1er octobre 2018, Ord. n° 2018-361, 16 mai 2018).* – I. - Si l'Autorité de contrôle prudentiel et de résolution constate qu'un intermédiaire d'assurance ou de réassurance ou un intermédiaire d'assurance à titre accessoire qui exerce des activités en France au titre de la libre prestation de services enfreint l'une des obligations prévues par les livres I et V, elle communique ces éléments à l'autorité compétente de l'État membre d'origine.

Si en dépit des mesures prises par l'État membre d'origine, ou si ces mesures s'avèrent insuffisantes ou qu'elles font défaut, l'intermédiaire d'assurance ou de réassurance ou l'intermédiaire d'assurance à titre accessoire persiste à agir d'une manière clairement préjudiciable aux intérêts des souscripteurs ou adhérents en France ou au bon fonctionnement des marchés de l'assurance et de la réassurance, l'Autorité de contrôle prudentiel et de résolution peut, après en avoir informé l'autorité compétente de l'État membre d'origine, prendre les mesures appropriées pour prévenir de nouvelles irrégularités, y compris, pour autant que cela soit absolument nécessaire, en demandant à l'organisme qui tient le registre mentionné au I de l'article L. 512-1, en application du I de l'article L. 514-4, de prendre les dispositions visant à empêcher l'intermédiaire concerné de distribuer de nouveaux contrats en France. Dans ce cas, l'Autorité en informe l'Autorité européenne des assurances et des pensions professionnelles et peut demander à cette dernière de lui prêter assistance conformément à l'article 19 du règlement (UE) n° 1094/2010.

II. - Sans préjudice des dispositions du I, l'Autorité de contrôle prudentiel et de résolution peut prendre des mesures appropriées pour prévenir ou sanctionner les irrégularités commises en France lorsqu'elle estime nécessaire d'engager une action immédiate pour protéger les droits des souscripteurs ou adhérents. Ces mesures incluent notamment la possibilité d'empêcher les intermédiaires d'assurance ou de réassurance et les intermédiaires d'assurance à titre accessoire de distribuer de nouveaux contrats en France.

III. - Toute mesure adoptée par l'Autorité de contrôle prudentiel et de résolution et par l'organisme qui tient le registre mentionné au I de l'article L. 512-1 au titre du présent article fait l'objet d'une décision motivée qui est communiquée par l'Autorité à l'intermédiaire d'assurance ou de réassurance ou à l'intermédiaire d'assurance à titre accessoire concerné. L'Autorité communique sans délai cette décision à l'autorité compétente de l'État membre d'origine, à l'Autorité européenne des assurances et des pensions professionnelles et à la Commission européenne.

IV. - Saisie par l'autorité compétente d'un autre État membre d'un manquement aux obligations prévues par la directive (UE) 2016/97 du Parlement européen et du Conseil du 20 janvier 2016 dans cet État de la part d'un intermédiaire d'assurance ou de réassurance ou d'un intermédiaire d'assurance à titre accessoire immatriculé en France exerçant des activités dans cet État au titre de la libre prestation de services, l'Autorité de contrôle prudentiel et de résolution prend, le cas échéant et dès que possible après examen des informations communiquées par son homologue, les mesures appropriées pour remédier à cette situation. Elle informe l'autorité compétente qui l'a saisie des mesures prises.

Section II. – Exercice de la liberté d'établissement et manquement à des obligations dans le cadre de cet exercice

Art. L. 515-3 *(Rempl. à compter du 1er octobre 2018, Ord. n° 2018-361, 16 mai 2018)*. – I. - Tout intermédiaire d'assurance ou de réassurance ou tout intermédiaire d'assurance à titre accessoire immatriculé en France qui envisage d'établir une succursale ou une présence permanente sur le territoire d'un autre État membre en vertu du régime de libre établissement en informe l'organisme qui tient le registre mentionné au I de l'article L. 512-1 et transmet à ce dernier les informations suivantes :

1° Son nom, son adresse et son numéro d'immatriculation ;

2° L'État membre sur le territoire duquel il envisage d'établir une succursale ou d'assurer une présence permanente sous une autre forme juridique ;

3° Parmi les catégories d'intermédiaires, celle au titre de laquelle il entend exercer et, le cas échéant, le nom de toute entreprise d'assurance ou de réassurance qu'il représente ;

4° Les branches d'assurance concernées, s'il y a lieu ;

5° L'adresse, dans l'État membre d'accueil, pour toute correspondance concernant la communication de documents ;

6° Le nom de toute personne responsable de la gestion de la succursale ou de la présence permanente.

II. - Sauf si l'organisme qui tient le registre mentionné au I de l'article L. 512-1 a des raisons de douter de l'adéquation de la structure organisationnelle ou de la situation financière de l'intermédiaire d'assurance ou de réassurance ou de l'intermédiaire d'assurance à titre accessoire aux activités de distribution envisagées, il transmet, dans un délai d'un mois à compter de leur réception, les informations mentionnées au I à l'autorité compétente de l'État membre d'accueil, laquelle en accuse réception. Cet organisme informe par écrit l'intermédiaire d'assurance ou de réassurance ou l'intermédiaire d'assurance à titre accessoire que l'autorité compétente de l'État membre d'accueil a reçu ces informations.

Dans un délai d'un mois à compter de la réception de ces informations, l'organisme qui tient le registre mentionné au I de l'article L. 512-1 reçoit, de la part de l'autorité compétente de l'État membre d'accueil, communication des dispositions d'intérêt général applicables dans cet État. Cet organisme communique ces informations à l'intermédiaire et lui indique qu'il peut commencer à exercer ses activités dans l'État membre d'accueil, à condition qu'il respecte ces dispositions. Si l'intermédiaire d'assurance ou de réassurance ou l'intermédiaire d'assurance à titre accessoire n'a pas reçu communication de ces informations au terme du délai susmentionné, il peut établir la succursale et commencer à exercer ses activités.

III. - Lorsque l'organisme qui tient le registre mentionné au I de l'article L. 512-1 refuse de transmettre les informations mentionnées au I à l'autorité compétente de l'État membre d'accueil, il communique à l'intermédiaire d'assurance ou de réassurance ou à l'intermédiaire d'assurance à titre accessoire, dans un délai d'un mois à compter de la réception de toutes les informations mentionnées au I, les motifs de ce refus.

IV. - En cas de changement de l'un des éléments d'information communiqués conformément au I, l'intermédiaire d'assurance ou de réassurance ou l'intermédiaire d'assurance à titre accessoire en avise par écrit, un mois au moins avant d'appliquer ce changement, l'organisme qui tient le registre mentionné au I de l'article L. 512-1. Cet organisme informe l'autorité compétente de l'État membre d'accueil de ce changement, dès que possible, et au plus tard dans un délai d'un mois à compter de la date à laquelle il a reçu cette information.

V. - L'organisme qui tient le registre mentionné au I de l'article L. 512-1 accuse réception des informations mentionnées au I, qui lui sont transmises par l'autorité compétente de l'État membre d'origine de l'intermédiaire d'assurance ou de réassurance ou de tout intermédiaire d'assurance à titre accessoire qui envisage d'établir une succursale ou une présence permanente en France. Dans le délai d'un mois suivant la réception de ces informations, il communique à l'autorité susmentionnée les dispositions d'intérêt général applicables en France.

Art. L. 515-4 *(Créé à compter du 1er octobre 2018, Ord. n° 2018-361, 16 mai 2018).* – I. - Lorsque l'Autorité de contrôle prudentiel et de résolution constate qu'un intermédiaire d'assurance ou de réassurance ou qu'un intermédiaire d'assurance à titre accessoire enfreint les dispositions des chapitres V et VI du présent titre, du titre II du présent livre ainsi que celles des articles L. 112-2, L. 112-2-1 et L. 112-11, elle peut prendre les mesures appropriées en vue de mettre un terme aux infractions constatées.

II. - Si l'Autorité de contrôle prudentiel et de résolution estime qu'un intermédiaire d'assurance ou de réassurance ou un intermédiaire d'assurance à titre accessoire qui exerce des activités en France en régime de libre établissement enfreint l'une des obligations prévues par les livres Ier et V du présent code, et que le contrôle de cet intermédiaire ne lui incombe pas en application de l'article L. 515-5, elle informe de ses conclusions l'autorité compétente de l'État membre d'origine.

Si en dépit des mesures prises par l'État membre d'origine pour remédier à cette situation, ou si ces mesures s'avèrent insuffisantes ou qu'elles font défaut, l'intermédiaire d'assurance ou de réassurance ou l'intermédiaire d'assurance à titre accessoire persiste à agir d'une manière préjudiciable aux intérêts des souscripteurs ou adhérents en France ou au bon fonctionnement des marchés de l'assurance et de la réassurance, l'Autorité de contrôle prudentiel et de résolution peut, après en avoir informé l'autorité compétente de l'État membre d'origine, prendre les mesures appropriées pour prévenir de nouvelles irrégularités, y compris, pour autant que cela soit absolument nécessaire, en demandant à l'organisme qui tient le registre mentionné au I de l'article L. 512-1, en application du I de l'article L. 514-4, de prendre les dispositions visant à empêcher l'intermédiaire concerné de distribuer de nouveaux contrats en France. Dans ce cas, elle en informe l'Autorité européenne des assurances et des pensions professionnelles et peut demander à cette dernière de lui prêter assistance conformément à l'article 19 du règlement (UE) n° 1094/2010.

III. - Sans préjudice des dispositions du II, lorsqu'une action immédiate s'avère nécessaire afin de protéger les droits des souscripteurs ou adhérents et lorsque des mesures équivalentes de l'État membre d'origine sont insuffisantes ou font défaut, l'Autorité de contrôle prudentiel et de résolution ou l'organisme qui tient le registre mentionné au I de l'article L. 512-1 prend les mesures appropriées et non discriminatoires afin de prévenir ou de sanctionner des irrégularités commises en France. Ces mesures peuvent aller, le cas échéant, jusqu'à empêcher l'intermédiaire d'assurance ou de réassurance ou l'intermédiaire d'assurance à titre accessoire concerné de distribuer de nouveaux contrats en France.

IV. - Toute mesure adoptée par l'Autorité de contrôle prudentiel et de résolution ou par l'organisme qui tient le registre mentionné au I de l'article L. 512-1 au titre du présent article fait l'objet d'une décision motivée qui est communiquée par l'Autorité à l'intermédiaire d'assurance ou de réassurance ou à l'intermédiaire d'assurance à titre accessoire concerné. L'Autorité communique sans délai cette décision à l'autorité compétente de l'État membre d'origine, à l'Autorité européenne des assurances et des pensions professionnelles et à la Commission européenne.

V. - Saisie par l'autorité compétente d'un autre État membre d'un manquement aux obligations prévues par la directive (UE) 2016/97 du Parlement européen et du Conseil du 20 janvier 2016 de la part d'un intermédiaire d'assurance ou de réassurance ou un intermédiaire d'assurance à titre accessoire immatriculé en France et exerçant des activités dans cet autre État au titre du libre établissement, l'Autorité de contrôle prudentiel et de résolution prend, le cas échéant et dès que possible après examen des informations communiquées par son homologue, les mesures appropriées pour remédier à cette situation. Elle informe l'autorité compétente qui l'a saisie des mesures prises.

Section III. – Dispositions relatives à la répartition des compétences entre autorités

Art. L. 515-5 *(Créé à compter du 1er octobre 2018, Ord. n° 2018-361, 16 mai 2018)*. – I. - Si le lieu d'établissement principal d'un intermédiaire d'assurance ou de réassurance ou d'un intermédiaire d'assurance à titre accessoire immatriculé dans un autre État membre et exerçant ou susceptible d'exercer en France est situé sur le territoire national, l'Autorité de contrôle prudentiel et de résolution peut convenir avec l'autorité compétente de l'État membre d'origine de cet intermédiaire d'agir à l'égard de celui-ci comme si elle était l'autorité compétente de l'État membre d'origine en ce qui concerne l'application des dispositions du titre Ier du présent livre, à l'exception de la section I de son chapitre Ier et de son chapitre II, du titre II du même livre, des articles L. 112-2, L. 112-2-1 et L. 112-11 du présent code ainsi que de la section 7 du chapitre II du titre Ier du livre VI du Code monétaire et financier. Dans ce cas, l'Autorité de contrôle prudentiel et de résolution notifie sans tarder à l'intermédiaire d'assurance ou de réassurance ou à l'intermédiaire d'assurance à titre accessoire ainsi qu'à l'Autorité européenne des assurances et des pensions professionnelles la conclusion d'un tel accord.

L'Autorité de contrôle prudentiel et de résolution vérifie que les services fournis par un intermédiaire d'assurance ou de réassurance ou un intermédiaire d'assurance à titre accessoire exerçant en France au titre de la liberté d'établissement satisfont aux obligations prévues aux chapitres V et VI du présent titre, au titre II du présent livre, aux articles L. 112-2, L. 112-2-1 et L. 112-11 ainsi qu'aux dispositions réglementaires prises pour leur application.

L'Autorité peut examiner les modalités d'établissement de l'intermédiaire concerné et demander toute modification de celles-ci afin qu'elle soit à même de faire respecter les obligations mentionnées à l'alinéa précédent en ce qui concerne les services et les activités de l'établissement en France.

II. - Si le lieu d'établissement principal d'un intermédiaire d'assurance ou de réassurance ou d'un intermédiaire d'assurance à titre accessoire immatriculé au registre mentionné au I de l'article L. 512-1 est situé sur le territoire d'un autre État membre, l'Autorité de contrôle prudentiel et de résolution peut convenir avec l'autorité compétente de cet autre État que cette dernière agisse à l'égard de cet intermédiaire comme si elle était l'autorité compétente au regard de l'application des dispositions de cet État prises pour la transposition des chapitres IV, V, VI et VII de la directive (UE) 2016/97 du Parlement européen et du Conseil du 20 janvier 2016. Dans ce cas, l'Autorité de contrôle prudentiel et de résolution notifie sans tarder à l'intermédiaire d'assurance ou de réassurance ou à l'intermédiaire d'assurance à titre accessoire ainsi qu'à l'Autorité européenne des assurances et des pensions professionnelles la conclusion d'un tel accord.

Section IV. – Mise en œuvre de pouvoirs pour des raisons d'intérêt général

Art. L. 515-6 *(Créé à compter du 1er octobre 2018, Ord. n° 2018-361, 16 mai 2018)*. – L'Autorité de contrôle prudentiel et de résolution ou l'organisme qui tient le registre mentionné au I de l'article L. 512-1 peut prendre des mesures appropriées et non discriminatoires pour sanctionner les irrégularités commises en France en méconnaissance de la législation nationale, pour autant que ces mesures soient absolument nécessaires. Ces mesures peuvent aller jusqu'à empêcher l'intermédiaire d'assurance ou de réassurance ou l'intermédiaire d'assurance à titre accessoire concerné de distribuer de nouveaux contrats en France.

L'Autorité de contrôle prudentiel et de résolution peut en outre prendre des mesures appropriées afin d'empêcher un distributeur de produits d'assurance établi dans un autre État membre d'exercer des activités en France au titre de la libre prestation de services ou, le cas échéant, de la liberté d'établissement, lorsque la localisation de ces activités est ciblée à titre exclusif ou principal en France dans le seul but de contourner les dispositions légales qui seraient applicables au distributeur de produits d'assurance concerné si ce dernier avait sa résidence ou son siège social en France et, en outre, lorsque ces activités compromettent gravement le bon fonctionnement des marchés de l'assurance et de la réassurance en France eu égard à la protection des souscripteurs ou des adhérents.

Dans ce cas, l'Autorité de contrôle prudentiel et de résolution, après en avoir informé l'autorité compétente de l'État membre d'origine, peut prendre toutes les mesures appropriées à l'égard de ce distributeur afin de protéger les droits des souscripteurs ou des adhérents en France. L'Autorité peut saisir l'Autorité européenne des assurances et des pensions professionnelles et demander à cette dernière de lui prêter assistance conformément à l'article 19 du règlement (UE) n° 1094/2010.

CHAPITRE VI. – SURVEILLANCE DES PRODUITS ET EXIGENCES EN MATIÈRE DE GOUVERNANCE

(Rempl. à compter du 1er octobre 2018, Ord. n° 2018-361, 16 mai 2018)

Art. L. 516-1 *(Créé à compter du 1er octobre 2018, Ord. n° 2018-361, 16 mai 2018).* – I. - Les entreprises d'assurance, ainsi que les intermédiaires lorsqu'ils conçoivent des produits d'assurance, élaborent, appliquent et mettent à jour conformément au règlement délégué (UE) 2017/2358 de la Commission du 21 septembre 2017, un processus de validation de chaque produit d'assurance, ou les adaptations significatives apportées à un produit d'assurance existant, avant sa commercialisation ou sa distribution aux souscripteurs ou aux adhérents.

Ce processus de validation des produits est proportionné et approprié à la nature de chaque produit d'assurance. Il définit pour chaque produit un marché cible de souscripteurs ou d'adhérents, garantit que tous les risques pertinents liés à ce marché sont évalués et veille à ce que la stratégie de distribution prévue soit bien adaptée à ce marché cible. Ce processus intègre la définition des mesures appropriées tendant à la distribution adéquate du produit d'assurance dans le cadre du marché cible.

Les entreprises d'assurance, ainsi que les intermédiaires qui conçoivent des produits d'assurance, examinent régulièrement les produits d'assurance distribués, en tenant compte de tout événement qui pourrait affecter sensiblement le risque potentiel pesant sur le marché cible défini. Cet examen vise au minimum à évaluer si le produit continue de correspondre aux besoins du marché cible défini et si la stratégie de distribution prévue demeure appropriée.

Les entreprises d'assurance, ainsi que les intermédiaires qui conçoivent des produits d'assurance, mettent à la disposition des distributeurs toutes les informations nécessaires à l'appréciation de l'ensemble des caractéristiques du produit d'assurance et la connaissance du processus de validation du produit, y compris le marché cible défini du produit d'assurance.

II. - Lorsqu'un distributeur de produits d'assurance propose des produits qu'il ne conçoit pas lui-même, il se dote de dispositifs appropriés pour se procurer les informations mentionnées au dernier alinéa du I et pour comprendre les caractéristiques et le marché cible défini de chaque produit d'assurance.

Art. L. 516-2 *(Créé à compter du 1er octobre 2018, Ord. n° 2018-361, 16 mai 2018).* – Les obligations prévues à l'article L. 516-1 ne s'appliquent pas :

1° Aux produits d'assurance couvrant les risques mentionnés à l'article L. 111-6 ;

2° Aux contrats mentionnés au *b* de l'article L. 861-4 du Code de la sécurité sociale.

TITRE II. – INFORMATIONS À FOURNIR PAR LES DISTRIBUTEURS ET RÈGLES DE CONDUITE

(Rempl. à compter du 1er octobre 2018, Ord. n° 2018-361, 16 mai 2018)

CHAPITRE Ier. – Dispositions applicables à l'ensemble des contrats d'assurance

Section I. Principes généraux

Art. L. 521-1 *(Créé à compter du 1er octobre 2018, Ord. n° 2018-361, 16 mai 2018).* – I. - Les distributeurs de produits d'assurance agissent de manière honnête, impartiale et professionnelle et ce, au mieux des intérêts du souscripteur ou de l'adhérent.

II. - Sans préjudice des dispositions des articles L. 121-1 à L. 121-5 du Code de la consommation, toutes les informations, y compris les communications publicitaires adressées par le distributeur de produits d'assurance à un souscripteur éventuel ou à un adhérent éventuel doivent être claires, exactes et non trompeuses. Les communications publicitaires doivent être clairement identifiables en tant que telles.

III. - Les distributeurs de produits d'assurance ne sont pas rémunérés ou ne rémunèrent pas ni n'évaluent les performances de leur personnel d'une façon qui contrevienne à leur obligation d'agir au mieux des intérêts du souscripteur ou de l'adhérent. Un distributeur de produits d'assurance ne prend en particulier aucune disposition sous forme de rémunération, d'objectifs de vente ou autre qui pourrait l'encourager ou encourager son personnel à recommander un produit d'assurance particulier à un souscripteur éventuel ou à un adhérent éventuel alors que ce distributeur pourrait proposer un autre produit d'assurance correspondant mieux aux exigences et aux besoins du souscripteur éventuel ou de l'adhérent éventuel.

Section II. – Informations à fournir

Art. L. 521-2 *(Créé à compter du 1er octobre 2018, Ord. n° 2018-361, 16 mai 2018).* – I. - Avant la conclusion d'un contrat d'assurance, l'intermédiaire d'assurance fournit au souscripteur éventuel ou à l'adhérent éventuel des informations relatives à son identité, à son adresse, à son immatriculation, aux procédures de réclamation et au recours à un processus de médiation, ainsi que, le cas échéant, à l'existence de liens financiers avec une ou plusieurs entreprises d'assurance. Il lui précise en outre s'il fournit un service de recommandation concernant les contrats d'assurance qu'il distribue.

II. - Avant la conclusion d'un contrat d'assurance, l'intermédiaire d'assurance doit :

1° Donner des indications quant à la fourniture de ce contrat :

a) S'il est soumis à une obligation contractuelle de travailler exclusivement avec une ou plusieurs entreprises d'assurance, l'intermédiaire l'indique au souscripteur éventuel ou à l'adhérent éventuel et l'informe du nom de ces entreprises d'assurance ;

b) S'il n'est pas soumis à une obligation contractuelle de travailler exclusivement avec une ou plusieurs entreprises d'assurance, mais qu'il n'est pas en mesure de fonder son analyse sur un nombre suffisant de contrats d'assurance offerts sur le marché, l'intermédiaire informe le souscripteur éventuel ou l'adhérent éventuel du nom des entreprises d'assurance avec lesquelles il peut travailler et travaille ;

c) S'il n'est pas soumis à une obligation contractuelle de travailler exclusivement avec une ou plusieurs entreprises d'assurance, lorsqu'il se prévaut d'un service de recommandation fondé sur une analyse impartiale et personnalisée, il est tenu d'analyser un nombre suffisant de contrats d'assurance offerts sur le marché, de façon à pouvoir recommander, en fonction de critères professionnels, le ou les contrats qui seraient les plus adaptés aux besoins du souscripteur éventuel ou de l'adhérent éventuel ;

2° Indiquer si, en relation avec ce contrat, il travaille :

a) Sur la base d'honoraires, c'est-à-dire sous la forme d'une rémunération payée directement par le souscripteur ou l'adhérent ;

b) Sur la base d'une commission, c'est-à-dire une rémunération incluse dans la prime d'assurance ;

c) Sur la base de tout autre type de rémunération, y compris tout avantage économique, proposé ou offert en rapport avec le contrat d'assurance ; ou

d) Sur la base d'une combinaison des types de rémunération mentionnés aux *a*, *b* et *c* ;

3° Lorsque le souscripteur ou l'adhérent doit payer des honoraires, l'intermédiaire d'assurance lui communique le montant de ceux-ci ou, lorsque cela n'est pas possible, leur méthode de calcul.

III. - Le souscripteur ou l'adhérent est informé des changements affectant l'une des informations mentionnées au II s'il effectue, au titre du contrat d'assurance après sa conclusion, des paiements autres que les primes en cours et les versements prévus.

IV. - Avant la conclusion d'un contrat d'assurance, l'intermédiaire d'assurance à titre accessoire fournit au souscripteur éventuel ou à l'adhérent éventuel des informations relatives à son identité, à son adresse, à son immatriculation, aux procédures de réclamation et au recours à un processus de médiation ainsi que sur la nature de la rémunération perçue au titre de la distribution du contrat.

Art. L. 521-3 *(Créé à compter du 1er octobre 2018, Ord. n° 2018-361, 16 mai 2018).* – Lorsqu'elle distribue un contrat d'assurance, et avant la conclusion de ce contrat, l'entreprise d'assurance fournit au souscripteur éventuel ou l'adhérent éventuel des informations relatives à son identité, à son adresse, à sa qualité d'entreprise d'assurance, aux procédures de réclamation et au recours à un processus de médiation.

Elle informe également le souscripteur éventuel ou l'adhérent éventuel de la nature de la rémunération perçue par son personnel au titre de la distribution du contrat.

Le souscripteur ou l'adhérent est tenu informé des changements intervenus après la conclusion du contrat d'assurance et qui affectent l'information mentionnée à l'alinéa précédent, ainsi que des paiements postérieurs autres que les primes en cours et les versements prévus.

Section III. – Règles de conduite

Art. L. 521-4 *(Créé à compter du 1er octobre 2018, Ord. n° 2018-361, 16 mai 2018).* – I. - Avant la conclusion de tout contrat d'assurance, le distributeur mentionné à l'article L. 511-1 précise par écrit, sur la base des informations obtenues auprès du souscripteur éventuel ou de l'adhérent éventuel, les exigences et les besoins de celui-ci et lui fournit des informations objectives sur le produit d'assurance proposé sous une forme compréhensible, exacte et non trompeuse afin de lui permettre de prendre une décision en toute connaissance de cause.

Le distributeur conseille un contrat qui est cohérent avec les exigences et les besoins du souscripteur éventuel ou de l'adhérent éventuel et précise les raisons qui motivent ce conseil.

II. - Sans préjudice des dispositions du I, avant la conclusion d'un contrat spécifique, lorsque le distributeur d'assurance propose au souscripteur éventuel ou à l'adhérent éventuel un service de recommandation personnalisée, ce service consiste à lui expliquer pourquoi, parmi plusieurs contrats ou plusieurs options au sein d'un contrat, un ou plusieurs contrats ou options correspondent le mieux à ses exigences et à ses besoins.

III. - Les précisions mentionnées au I et au II du présent article et de l'article L. 522-5, qui reposent en particulier sur les éléments d'information communiqués par le souscripteur éventuel ou l'adhérent éventuel, sont adaptées à la complexité du contrat d'assurance proposé. Ces précisions sont communiquées au souscripteur éventuel ou à l'adhérent éventuel sous une forme compréhensible, exacte et non trompeuse afin de lui permettre de comprendre la cohérence du contrat proposé avec ses exigences et ses besoins et de prendre une décision en toute connaissance de cause.

IV. - Avant la souscription ou l'adhésion à un contrat mentionné à l'article L. 522-1, le distributeur est soumis au respect des dispositions de l'article L. 522-5, par dérogation aux I et II du présent article.

Art. L. 521-5 *(Créé à compter du 1er octobre 2018, Ord. n° 2018-361, 16 mai 2018).* – Les obligations prévues aux articles L. 521-2 à L. 521-4 ne s'appliquent pas à la présentation d'un contrat couvrant les risques mentionnés à l'article L. 111-6 ou d'un traité de réassurance.

Art. L. 521-6 *(Créé à compter du 1er octobre 2018, Ord. n° 2018-361, 16 mai 2018).* – La communication des informations fournies par le distributeur au souscripteur ou à l'adhérent en application des articles L. 521-2 à L. 521-4 et L. 522-1 à L. 522-6 est effectuée sur support papier.

Cette communication peut également être effectuée sur un support durable autre que le papier, sous réserve et par dérogation aux dispositions de l'article L. 111-10, que ce support soit approprié aux opérations commerciales entre le distributeur et le souscripteur et adhérent et que ce dernier ait choisi ce mode de communication après s'être vu proposé par le distributeur les deux modalités.

Les informations mentionnées au premier alinéa peuvent également, par dérogation aux dispositions de l'article L. 111-10, être fournies au moyen d'un site internet si elles sont adressées personnellement au souscripteur ou adhérent ou si les conditions suivantes sont remplies :

1° L'utilisation de ce moyen est appropriée aux opérations commerciales entre le distributeur et le souscripteur et adhérent ;

2° Le souscripteur ou l'adhérent a donné son accord à l'utilisation de ce moyen ;

3° Le distributeur a notifié par voie électronique au souscripteur ou adhérent l'adresse du site internet ainsi que l'endroit sur ce site où ces informations peuvent être trouvées ;

4° L'accès des informations susmentionnées sur le site internet est garanti pendant une durée raisonnable garantissant leur consultation possible par le souscripteur ou adhérent.

Art. L. 521-7 *(Créé à compter du 1er octobre 2018, Ord. n° 2018-361, 16 mai 2018).* – Un décret en Conseil d'État précise les conditions d'application du présent chapitre.

CHAPITRE II. – EXIGENCES SUPPLÉMENTAIRES EN CE QUI CONCERNE LES CONTRATS DE CAPITALISATION ET CERTAINS CONTRATS D'ASSURANCE VIE

Section I. – Prévention des conflits d'intérêts

Art. L. 522-1 *(Créé à compter du 1er octobre 2018, Ord. n° 2018-361, 16 mai 2018).* – En sus des obligations qui s'imposent à lui ou à elle en application des dispositions des articles L. 521-1, L. 521-2 et L. 521-3 et du règlement délégué (UE) 2017/2359 de la Commission du 21 septembre 2017, l'intermédiaire ou l'entreprise d'assurance qui exerce des activités de distribution des contrats d'assurance vie individuel comportant des valeurs de rachat, la souscription d'un contrat de capitalisation ou l'adhésion à un contrat mentionné à l'article L. 132-5-3 ou à l'article L. 441-1, met en œuvre des dispositifs organisationnels et administratifs efficaces en vue de prendre toutes les mesures appropriées destinées à empêcher que des conflits d'intérêts définis à l'article L. 522-2 ne portent atteinte aux intérêts de ses souscripteurs ou adhérents. Ces dispositifs sont proportionnés aux activités exercées, aux produits d'assurance vendus et adaptés aux types de distributeurs.

Art. L. 522-2 *(Créé à compter du 1er octobre 2018, Ord. n° 2018-361, 16 mai 2018).* – Dans l'exercice de leurs activités de distribution d'assurances, les intermédiaires et entreprises d'assurance prennent toutes les mesures appropriées pour détecter les conflits d'intérêts susceptibles de se poser entre eux-mêmes, y compris avec leurs dirigeants et leur personnel respectifs, avec toute personne directement ou indirectement liée à eux par une relation de contrôle, et avec leurs souscripteurs ou adhérents ou entre deux souscripteurs ou deux adhérents, lors de l'exercice d'activités de distribution d'assurances.

Lorsque les dispositifs mis en place par l'intermédiaire ou l'entreprise d'assurance conformément à l'article L. 522-1 pour gérer les conflits d'intérêts ne suffisent pas à garantir, avec un degré de certitude raisonnable, que le risque de porter atteinte aux intérêts du souscripteur éventuel ou de l'adhérent éventuel sera évité, l'intermédiaire ou l'entreprise d'assurance informe ces derniers, avant la conclusion de tout contrat d'assurance, de la nature générale ou des sources de ces conflits d'intérêts.

Section II. – Information à fournir

Art. L. 522-3 *(Créé à compter du 1er octobre 2018, Ord. n° 2018-361, 16 mai 2018).* – Sans préjudice des dispositions des articles L. 521-1 et L. 521-2, l'intermédiaire ou l'entreprise d'assurance fournit au souscripteur éventuel ou à l'adhérent éventuel, avant la conclusion de tout contrat mentionné à l'article L. 522-1, les informations suivantes :

1° L'indication que lui sera ou non remise l'évaluation périodique de l'adéquation aux exigences et besoins des souscripteurs et adhérents des produits d'investissement recommandés telle que prévue à l'article L. 522-6 ;

2° Les informations sur les contrats et les stratégies d'investissement proposées comportant des orientations et des mises en garde appropriées sur les risques inhérents à ces contrats ou à certaines stratégies d'investissement proposées ;

3° Hormis les contrats mentionnés aux articles L. 144-1, L. 144-2 et L. 441-3, les informations sur tous les coûts et frais liés qui doivent être communiquées, y compris les coûts de distribution supplémentaires éventuels qui ne sont pas déjà inclus dans les coûts et frais précisés dans les documents d'informations clés prévus par le règlement (UE) n° 1286/2014 du Parlement européen et du Conseil du 26 novembre 2014, et notamment ceux qui ne sont pas causés par la survenance d'un risque du marché sous-jacent. L'ensemble de ces coûts et frais sont présentés de façon agrégée afin de permettre au souscripteur éventuel ou à l'adhérent éventuel de comprendre leur effet cumulé sur le rendement de l'investissement. Si le souscripteur éventuel ou l'adhérent éventuel le demande, une ventilation des coûts de distribution supplémentaires lui est fournie.

Ces informations sont fournies au souscripteur ou à l'adhérent régulièrement, au minimum chaque année, pendant la durée de vie de l'investissement. Elles sont présentées sous une forme aisément compréhensible, exacte et non trompeuse, de telle sorte que les souscripteurs éventuels ou les adhérents éventuels soient en mesure de comprendre la nature et les risques du produit d'investissement fondé sur l'assurance qui leur est proposé et, partant, de prendre des décisions d'investissement en toute connaissance de cause.

Art. L. 522-4 *(Créé à compter du 1er octobre 2018, Ord. n° 2018-361, 16 mai 2018).* – Les intermédiaires ou les entreprises d'assurance sont regardés comme respectant les obligations définies au I de l'article L.

521-1, de l'article L. 522-1 ou de l'article L. 522-2 lorsqu'ils versent ou reçoivent des honoraires ou une commission, ou fournissent ou reçoivent un avantage non monétaire en lien avec la distribution d'un contrat mentionné à l'article L. 522-1, à toute partie ou par elle, à l'exclusion du souscripteur ou de l'adhérent ou de la personne agissant au nom du souscripteur ou de l'adhérent, dans les seuls cas où le paiement ou l'avantage :

1° N'a pas d'effet négatif sur la qualité du service fourni au souscripteur ou à l'adhérent ; et

2° Ne nuit pas au respect de l'obligation de l'intermédiaire ou de l'entreprise d'assurance d'agir d'une manière honnête, impartiale et professionnelle au mieux des intérêts de ses souscripteurs ou adhérents.

Section III. – Règles de conduite

Art. L. 522-5 *(Créé à compter du 1er octobre 2018, Ord. n° 2018-361, 16 mai 2018).* – I. - Avant la souscription ou l'adhésion à un contrat mentionné à l'article L. 522-1, l'intermédiaire ou l'entreprise d'assurance ou de capitalisation précise par écrit les exigences et les besoins exprimés par le souscripteur éventuel ou l'adhérent éventuel, ainsi que les raisons justifiant le caractère approprié du contrat proposé. Il ou elle lui fournit des informations objectives sur le produit d'assurance proposé sous une forme claire, exacte et non trompeuse afin de lui permettre de prendre une décision en connaissance de cause.

L'intermédiaire ou l'entreprise d'assurance ou de capitalisation conseille un contrat qui est cohérent avec les exigences et les besoins du souscripteur éventuel ou de l'adhérent éventuel et précise les raisons qui motivent ce conseil. A cette fin, cet intermédiaire ou cette entreprise s'enquiert auprès du souscripteur ou de l'adhérent de sa situation financière et de ses objectifs d'investissement, ainsi que de ses connaissances et de son expérience en matière financière.

Les précisions mentionnées au premier alinéa sont adaptées à la complexité du contrat d'assurance ou de capitalisation proposé et permettent de déterminer le caractère approprié pour le souscripteur éventuel ou l'adhérent éventuel du contrat proposé.

II. - Sans préjudice des dispositions du I, avant la souscription ou l'adhésion à un contrat mentionné à l'article L. 522-1, et lorsqu'un service de recommandation personnalisée est fourni par l'intermédiaire ou l'entreprise d'assurance ou de capitalisation au souscripteur éventuel ou à l'adhérent éventuel, ce service consiste à lui expliquer en quoi, parmi différents contrats ou différentes options d'investissement au sein d'un contrat, un ou plusieurs contrats ou options sont plus adéquats à ses exigences et besoins et en particulier plus adaptés à sa tolérance aux risques et à sa capacité à subir des pertes.

Art. L. 522-6 *(Créé à compter du 1er octobre 2018, Ord. n° 2018-361, 16 mai 2018).* – Lorsqu'un intermédiaire ou une entreprise d'assurance a informé le souscripteur ou l'adhérent qu'il ou elle procéderait à une évaluation périodique de l'adéquation des produits d'investissement recommandés, cette évaluation comporte une déclaration mise à jour sur la manière dont l'investissement fondé sur l'assurance répond aux préférences, aux objectifs et aux autres caractéristiques du souscripteur ou de l'adhérent.

Lorsque le souscripteur ou l'adhérent ne fournit pas les informations mentionnées à l'article L. 522-5, l'intermédiaire ou l'entreprise d'assurance ou de capitalisation le met en garde préalablement à la conclusion du contrat.

Art. L. 522-7 *(Créé à compter du 1er octobre 2018, Ord. n° 2018-361, 16 mai 2018).* – Un décret en Conseil d'État précise les modalités d'application de la présente section.

TITRE III. – DISPOSITIONS SPÉCIALES AUX COURTIERS ET SOCIÉTÉS DE COURTAGE D'ASSURANCE

CHAPITRE UNIQUE

(L. n° 89-1014, 31 déc. 1989)

Art. L. 530-1 et L. 530-2 *(Abr., L. n° 2005-1564, 15 déc. 2005).*

Art. L. 530-2-1 *(Mod., L. n° 2005-1564, 15 déc. 2005).* – Les personnes non assurées mais ayant effectué, à un courtier ou à une société de courtage immatriculés au registre mentionné à l'article L. 512-1, des versements afférents à des contrats *(Mots suppr. à compter du 1er janvier 2016, Ord. n° 2015-378, 2 avr. 2015)* « non régis par les dispositions de l'article L. 351-4 et » faisant l'objet d'un engagement apparent de la part de l'une des entreprises mentionnées à l'article L. 310-1, seront garanties par ladite entreprise lorsque l'assurance de responsabilité civile du courtier ou de la société de courtage qui a reçu ces versements ne peut être actionnée.

L'assureur qui a donné sa garantie en application des dispositions de l'alinéa précédent est subrogé dans les droits et actions appartenant à l'assuré en vertu de celles de l'article L. 512-7.

Art. L. 530-2-2 *(Abr., L. n° 2005-1564, 15 déc. 2005).*

Art. L. 530-3. – Un décret en Conseil d'État détermine les conditions d'application du présent chapitre ainsi que les mesures complémentaires nécessaires pour garantir la protection des assurés.

TITRE IV. – DISPOSITIONS SPÉCIALES AUX AGENTS GÉNÉRAUX D'ASSURANCE

(L. n° 2005-1564, 15 déc. 2005)

CHAPITRE UNIQUE

Art. L. 540-1 *(L. n° 2005-1564, 15 déc. 2005).* – Le contrat passé entre les entreprises d'assurance et leurs agents généraux, sans détermination de durée, peut toujours cesser par la volonté d'une des parties contractantes.

Néanmoins, la résiliation du contrat par la volonté d'un seul des contractants peut donner lieu à des dommages-intérêts qui sont fixés conformément à l'article 1780 du Code civil.

Les parties ne peuvent renoncer à l'avance au droit éventuel de demander des dommages-intérêts en vertu des dispositions ci-dessus.

Art. L. 540-2 *(L. n° 2005-1564, 15 déc. 2005).* – Le statut des agents généraux d'assurance et ses avenants sont, après avoir été négociés et établis par les organisations professionnelles intéressées, approuvés par décret.

TITRE V. – DISPOSITIONS SPÉCIALES AUX MANDATAIRES

(L. n° 2005-1564, 15 déc. 2005)

CHAPITRE UNIQUE

Art. L. 550-1 *(L. n° 2005-1564, 15 déc. 2005).* – Pour l'application du I de l'article L. 512-1, les mandataires non agents généraux d'assurance, exerçant leur activité au nom et pour le compte d'une entreprise d'assurance et sous son entière responsabilité, et ne percevant ni les primes, ni les sommes destinées aux clients peuvent être immatriculés sur le registre des intermédiaires par l'entreprise qui les mandate. Cette entreprise vérifie sous sa responsabilité qu'ils remplissent les conditions relatives à l'accès à l'activité d'intermédiaire et à son exercice.

Dans ce cas, l'entreprise d'assurance est tenue de communiquer à l'organisme qui tient le registre prévu au I de l'article L. 512-1, à sa demande, toute information nécessaire à la vérification des conditions d'accès et d'exercice des mandataires non agents généraux d'assurance qu'elle a immatriculés.

Un décret en Conseil d'État précise les modalités d'application du présent article.

....

DEUXIÈME PARTIE (RÉGLEMENTAIRE)

LIVRE PREMIER. – LE CONTRAT

TITRE PREMIER. – RÈGLES COMMUNES AUX ASSURANCES DE DOMMAGES ET AUX ASSURANCES DE PERSONNES

(Intitulé rempl., D. n° 2012-849, 4 juill. 2012)

CHAPITRE I. – DISPOSITIONS GÉNÉRALES

Art. R.* 111-1 ancien *(Abr., D. n° 92-1356, 22 déc. 1992).*

Art. R. 111-1 *(Mod. à compter du 1er janvier 2016, D. n° 2015-513, 7 mai 2015).* – Une opération relevant des branches mentionnées aux 3, 8, 9, 10, 13 et 16 de l'article R. 321-1 est considérée comme couvrant un grand risque pour l'application de l'article L. 111-6 si le souscripteur remplit au moins deux des trois conditions suivantes :

1° Le total de son dernier bilan est supérieur à 6,2 millions d'euros ;

2° Le montant de son chiffre d'affaires du dernier exercice est supérieur à 12,8 millions d'euros ;

3° Le nombre de personnes qu'il a employées en moyenne au cours du dernier exercice est supérieur à 250.

Si le souscripteur fait partie d'un ensemble d'entreprises soumises à une obligation de consolidation comptable, les seuils mentionnés aux 1°, 2° et 3° ci-dessus sont appliqués sur une base consolidée.

Art. R.* 111-2 *(D. n° 2001-112, 7 févr. 2001).* – L'autorité administrative mentionnée à l'article L. 111-4 est le ministre chargé de l'économie et des finances.

CHAPITRE II. – CONCLUSION ET PREUVE DU CONTRAT D'ASSURANCE. FORME ET TRANSMISSION DES POLICES

Art. R. 112-1 *(D. n° 90-827, 20 sept. 1990 ; mod., D. n° 2006-740, 27 juin 2006 ; D. n° 2012-849, 4 juill. 2012).* – Les polices d'assurance relevant des branches 1 à 17 de l'article R. 321-1, à l'exception des polices d'assurance relevant du titre VII du présent code, doivent indiquer :

- la durée des engagements réciproques des parties ;
- les conditions de la tacite reconduction, si elle est stipulée ;
- les cas et conditions de prorogation ou de résiliation du contrat ou de cessation de ses effets ;
- les obligations de l'assuré, à la souscription du contrat et éventuellement en cours de contrat, en ce qui concerne la déclaration du risque et la déclaration des autres assurances couvrant les mêmes risques ;
- les conditions et modalités de la déclaration à faire en cas de sinistre ;
- le délai dans lequel les indemnités sont payées ;
- pour les assurances autres que les assurances contre les risques de responsabilité, la procédure et les principes relatifs à l'estimation des dommages en vue de la détermination du montant de l'indemnité.

Elles doivent rappeler les dispositions des titres I et II du livre I de la partie législative du présent code concernant la règle proportionnelle, lorsque celle-ci n'est pas inapplicable de plein droit ou écartée par une stipulation expresse, et la prescription des actions dérivant du contrat d'assurance.

Les polices des sociétés d'assurance mutuelle doivent constater la remise à l'adhérent du texte entier des statuts de la société.

Les polices d'assurance contre les accidents du travail doivent rappeler les dispositions légales relatives aux déclarations d'accidents et aux pénalités pouvant être encourues à ce sujet par les employeurs.

Art. R. 112-2 *(Rempl. à compter du 1er janvier 2016, D. n° 2015-513, 7 mai 2015).* – Les dispositions des deux premiers alinéas de l'article L. 112-2 ne sont pas applicables aux contrats garantissant les risques définis au deuxième alinéa de l'article L. 111-6.

Art. R. 112-3 *(D. n° 90-827, 20 sept. 1990).* – La remise des documents visés au deuxième alinéa de l'article L. 112-2 est constatée par une mention signée et datée par le souscripteur apposée au bas de la police, par laquelle celui-ci reconnaît avoir reçu au préalable ces documents et précisant leur nature et la date de leur remise.

Art. R. 112-4 *(D. n° 2005-1540, 25 nov. 2005 ; mod., D. n° 2014-1061, 17 sept. 2014).* – Pour l'application de l'article L. 112-2-1, l'assureur communique au souscripteur les informations suivantes :

1° Les modalités de conclusion du contrat et de paiement de la prime ou cotisation.

Ces informations, dont le caractère commercial doit apparaître sans équivoque, sont fournies de manière claire et compréhensible par tout moyen adapté à la technique de commercialisation à distance utilisée ;

2° En cas de communication par téléphonie vocale, le nom de l'assureur ainsi que le caractère commercial de l'appel sont indiqués sans équivoque au début de toute conversation avec le souscripteur. La personne en contact avec le souscripteur doit en outre préciser son identité et son lien avec l'assureur.

Sous réserve de l'accord formel du souscripteur, seules les informations mentionnées aux 2°, 3° et 5° du III de l'article L. 112-1-12-1 doivent lui être communiquées. Il est porté à la connaissance du souscripteur que les informations mentionnées aux 1°, 4°, 6° et 7° peuvent lui être fournies sur demande.

En outre, l'assureur est tenu de fournir l'ensemble des informations mentionnées au III de l'article L. 112-2-1 lorsqu'il remplit ses obligations en vertu de l'article L. 121-28 du Code de la consommation.

Art. R. 112-5 *(D. n° 2005-1540, 25 nov. 2005).* – L'absence matérielle des éléments d'information prévus au III de l'article L. 112-2-1 est punie de la peine d'amende prévue pour les contraventions de la cinquième classe.

Art. R. 112-6 *(Abr., D. n° 2012-849, 4 juill. 2012 ; rétabli à compter du 1er octobre 2018, D. n° 2018-431, 1er juin 2018).* – Le document d'information normalisé sur le produit d'assurance mentionné au quatrième alinéa de l'article L. 112-2 comporte les informations suivantes :

1° Des précisions sur le type d'assurance ;

2° Un résumé de la couverture d'assurance, y compris les principaux risques assurés, les plafonds de garantie et, le cas échéant, la couverture géographique et un résumé des risques non couverts ;

3° Les modalités de paiement des primes et les délais de paiement ;

4° Les principales exclusions du champ des garanties ;

5° Les obligations lors de la souscription du contrat ou de l'adhésion ;

6° Les obligations pendant la durée du contrat ;

7° Les obligations en cas de sinistre ;

8° La durée du contrat, y compris les dates de début et de fin du contrat ;

9° Les modalités de résiliation du contrat.

CHAPITRE III. – OBLIGATIONS DE L'ASSUREUR ET DE L'ASSURÉ

Art. R.* 113-1 *(Mod., D. n° 92-1356, 22 déc. 1992).* – La mise en demeure prévue au deuxième alinéa de l'article L. 113-3 résulte de l'envoi d'une lettre recommandée, adressée à l'assuré, ou à la personne chargée du paiement des primes, à leur dernier domicile connu de l'assureur.

Art. R.* 113-2 et R.* 113-3 *(Abr., D. n° 92-1356, 22 déc. 1992).*

Art. R.* 113-4. – À chaque échéance de prime, l'assureur est tenu d'aviser l'assuré, ou la personne chargée du paiement des primes, de la date de l'échéance et du montant de la somme dont il est redevable.

Art. R.* 113-5 *(Abr., D. n° 92-1356, 22 déc. 1992).*

Art. R.* 113-6 *(Mod., D. n° 2018-229, 30 mars 2018).* – La résiliation d'un contrat d'assurance en vertu de l'article L. 113-16 résulte de l'envoi d'une lettre recommandée ou d'un envoi recommandé électronique, avec demande d'avis de réception, si la résiliation est à l'initiative de l'assuré, ou de l'envoi d'une lettre recommandée avec demande d'avis de réception si elle est à l'initiative de l'assureur.

Cette lettre ou cet envoi indique la nature et la date de l'événement qu'elle invoque et donne toutes les précisions de nature à établir que la résiliation est en relation directe avec ledit événement.

Lorsque cet événement est constitué ou constaté par une décision juridictionnelle ou lorsqu'il ne peut en être déduit d'effets juridiques qu'après une homologation ou un exequatur, la date retenue est celle à laquelle cet acte juridictionnel est passé en force de chose jugée.

Art. R.* 113-7 à R.* 113-9 *(Abr., D. n° 92-1356, 22 déc. 1992).*

Art. R.* 113-10. – *Dans le cas où une police prévoit pour l'assureur la faculté de résilier le contrat après sinistre, la résiliation ne peut prendre effet qu'à l'expiration d'un délai d'un mois à dater de la notification à l'assuré. L'assureur qui, passé le délai d'un mois après qu'il a eu connaissance du sinistre, a accepté le paiement d'une prime ou cotisation ou d'une fraction de prime ou cotisation correspondant à une période d'assurance ayant débuté postérieurement au sinistre, ne peut plus se prévaloir de ce sinistre pour résilier le contrat.*

Dans le cas prévu au premier alinéa ci-dessus, les polices doivent reconnaître à l'assuré le droit, dans le délai d'un mois de la notification de la résiliation de la police sinistrée, de résilier les autres contrats d'assurance qu'il peut avoir souscrits à l'assureur, la résiliation prenant effet un mois à dater de la notification à l'assureur.

La faculté de résiliation ouverte à l'assureur et à l'assuré, par application des deux précédents alinéas, comporte restitution par l'assureur des portions de primes ou cotisations afférentes à la période pour laquelle les risques ne sont plus garantis.

Art. R. 113-11 *(D. n° 2014-1685, 29 déc. 2014)*. – Relèvent de l'article L. 113-15-2 [du Code des assurances] les contrats d'assurance tacitement reconductibles suivants, couvrant les personnes physiques en dehors de leurs activités professionnelles :

1° Les contrats relevant des branches mentionnées au 3 ou au 10 de l'article R. 321-1 [du Code des assurances], incluant une garantie responsabilité civile automobile définie à l'article L. 211-1 [du Code des assurances] ;

2° Les contrats relevant des branches mentionnées au 8, au 9 ou au 13 de l'article R. 321-1, incluant une garantie couvrant la responsabilité d'un propriétaire, d'un copropriétaire ou d'un occupant d'immeuble ;

3° Les contrats relevant des branches mentionnées au 9, au 13, au 16 *c* ou au 16 *j* de l'article R. 321-1, constituant un complément d'un bien ou d'un service vendu par un fournisseur.

Art. R. 113-12 *(D. n° 2014-1685, 29 déc. 2014 ; mod., D. n° 2018-229, 30 mars 2018)*. – I. - Pour les contrats mentionnés à l'article R. 113-11 [du Code des assurances], lorsque sont remplies les conditions de résiliation prévues à l'article L. 113-15-2 [du Code des assurances], l'assureur applique les dispositions de cet article :

1° Lorsque l'assuré dénonce la reconduction tacite du contrat en application de l'article L. 113-15-1 [du Code des assurances], postérieurement à la date limite d'exercice du droit de dénonciation du contrat ;

2° Lorsque l'assuré demande la résiliation du contrat en se fondant sur un motif prévu par le Code des assurances dont l'assureur constate qu'il n'est pas applicable ;

3° Ou lorsque l'assuré ne précise pas le fondement de sa demande de résiliation.

II. - Pour les contrats mentionnés à l'article R. 113-11, dès réception de la demande de résiliation, que cette demande émane de l'assuré ou qu'elle soit effectuée pour le compte de ce dernier par le nouvel assureur selon les modalités définies au III, l'assureur communique par tout support durable à l'assuré un avis de résiliation l'informant de la date de prise d'effet de la résiliation, en application du premier alinéa de l'article L. 113-15-2. Cet avis rappelle à l'assuré son droit à être remboursé du solde mentionné au troisième alinéa de l'article L. 113-15-2 dans un délai de trente jours à compter de cette date.

III. - L'assuré qui souhaite procéder à la résiliation de contrats visés au quatrième alinéa de l'article L. 113-15-2, en vue de contracter avec un nouvel assureur, en transmet la demande à ce dernier sur support papier ou tout autre support durable. Dans sa demande, l'assuré manifeste expressément sa volonté de résilier son contrat en cours et de souscrire un nouveau contrat auprès du nouvel assureur. Ce dernier doit être en mesure de justifier de la demande qui lui est adressée par l'assuré, avant de procéder aux formalités prévues à ce quatrième alinéa.

Le nouvel assureur notifie alors au précédent assureur la résiliation du contrat de l'assuré par lettre recommandée ou par envoi recommandé électronique. La notification mentionne le numéro du contrat, le nom du souscripteur, le nom du nouvel assureur choisi par l'assuré. Elle rappelle que le nouvel assureur s'assure de la continuité de la couverture de l'assuré durant l'opération de résiliation. La date de réception de la notification de résiliation est présumée être le premier jour qui suit la date d'envoi de cette notification telle qu'elle figure sur le cachet de la poste de la lettre recommandée ou, s'il s'agit d'une lettre recommandée électronique, sur la preuve de son dépôt selon les modalités prévues à l'article 2 du décret n° 2011-144 du 2 février 2011 relatif à l'envoi d'une lettre recommandée par courrier électronique pour la conclusion ou l'exécution d'un contrat.

Le nouveau contrat ne peut prendre effet avant la prise d'effet de la résiliation de l'ancien contrat.

Pour les contrats d'assurance mentionnés au 1° de l'article R. 113-11, lorsque l'assuré le lui demande, l'ancien assureur transmet dans les meilleurs délais, et au maximum dans un délai de quinze jours, au nouvel assureur le relevé d'information prévu à l'article 12 de l'annexe à l'article A. 121-1 [du Code des assurances].

IV. - Lorsque, pour les contrats visés au quatrième alinéa de l'article L. 113-15-2, la demande de résiliation est adressée directement par l'assuré à l'ancien assureur, ce dernier l'informe, par tout support durable, dès réception de cette demande, de son droit à résiliation dans les conditions prévues à ce même quatrième alinéa.

Art. R. 113-13 *(D. n° 2016-1559, 18 nov. 2016)*. – En application du troisième alinéa de l'article L. 113-12-2, l'assureur ne peut résilier, pour cause d'aggravation du risque, le contrat d'assurance souscrit dans le cadre d'un contrat de crédit mentionné au 1° de l'article L. 313-1 du Code de la consommation, que si les conditions suivantes sont réunies :

1° L'assuré pratique régulièrement une nouvelle activité sportive présentant un risque particulier pour sa santé ou sa sécurité, et figurant sur une liste fixée par arrêté du ministre chargé de l'économie ;

2° L'exercice de cette nouvelle activité conduit à rendre inexactes ou caduques les réponses faites par l'assuré en réponse aux questions relatives à sa pratique sportive posées par l'assureur lors de la conclusion du contrat, en application des dispositions du 2° de l'article L. 113-2 ;

3° L'assuré n'a pas déclaré cette nouvelle activité dans les conditions et délais définis au 3° du même article L. 113-2.

Art. R. 113-14 *(Créé à compter du 1er octobre 2018, D. n° 2018-284, 18 avr. 2018)*. – Pour l'application de l'article L. 561-8 du Code monétaire et financier aux contrats d'assurance sur la vie ou de capitalisation, lorsque l'entreprise d'assurance n'est pas en mesure de satisfaire aux obligations prévues aux articles L. 561-5 ou L. 561-5-1 du même code, elle procède à une nouvelle évaluation des risques liés au contrat et des raisons pour lesquelles elle n'a pas obtenu du client les informations nécessaires pour satisfaire ces obligations.

Elle met en garde le souscripteur en lui adressant une lettre recommandée ou un recommandé électronique avec demande d'avis de réception. Par ce courrier, elle l'informe qu'elle suspend les opérations liées au contrat et qu'elle sera tenue de résilier le contrat à l'expiration d'un certain délai. Elle fixe ce délai, qui ne peut être inférieur à trois mois, en tenant compte de sa connaissance actualisée de la relation d'affaires, notamment les raisons mentionnées au premier alinéa, du risque évalué et de la nécessité de mettre fin au contrat dans un délai raisonnable si elle n'est toujours pas en mesure de satisfaire aux obligations précitées. Elle adresse copie de ce courrier, le cas échéant, au créancier nanti, par lettre recommandée ou par envoi recommandé électronique avec demande d'avis de réception.

À l'expiration du délai fixé au précédent alinéa, si le client ne lui a pas apporté les informations nécessaires, l'entreprise d'assurance procède :

– soit à la résiliation du contrat, confirmée au souscripteur par lettre recommandée ou par envoi recommandé électronique avec avis de réception. Elle donne lieu au versement de la valeur de rachat, calculée à la date de la résiliation ;

– soit au paiement des capitaux décès au bénéficiaire en cas de décès de l'assuré survenu avant la résiliation. »

CHAPITRE IV. – COMPÉTENCE ET PRESCRIPTION

Art. R.* 114-1 *(Mod., D. n° 92-1356, 22 déc. 1992)*. – Dans toutes les instances relatives à la fixation et au règlement des indemnités dues, le défendeur est assigné devant le tribunal du domicile de l'assuré, de quelque espèce d'assurance qu'il s'agisse, sauf en matière d'immeubles ou de meubles par nature, auquel cas le défendeur est assigné devant le tribunal de la situation des objets assurés.

Toutefois, s'il s'agit d'assurances contre les accidents de toute nature, l'assuré peut assigner l'assureur devant le tribunal du lieu où s'est produit le fait dommageable.

TITRE II. – RÈGLES RELATIVES AUX ASSURANCES DE DOMMAGES

(Intitulé rempl. D. n° 2012-849, 4 juill. 2012)

CHAPITRE PREMIER. – DISPOSITIONS GÉNÉRALES

Néant.

CHAPITRE II. – LES ASSURANCES CONTRE L'INCENDIE

Néant.

CHAPITRE III. – LES ASSURANCES CONTRE LA GRÊLE ET LA MORTALITÉ DU BÉTAIL

Néant.

CHAPITRE IV. – LES ASSURANCES DE RESPONSABILITÉ

Art. R.* 124-1. – Les polices d'assurance garantissant des risques de responsabilité civile doivent prévoir qu'en ce qui concerne cette garantie aucune déchéance motivée par un manquement de l'assuré à ses obligations commis postérieurement au sinistre ne sera opposable aux personnes lésées ou à leurs ayants droit. Elles ne doivent contenir aucune clause interdisant à l'assuré de mettre en cause son assureur ni de l'appeler en garantie à l'occasion d'un règlement de sinistre.

Les polices d'assurance contre les accidents du travail doivent spécifier que l'assureur ne peut opposer aucune déchéance aux victimes ou à leurs ayants droit.

Art. R. 124-2 *(Abr., D. n° 92-1356, 22 déc. 1992 ; rétabli dans la version suivante, D. n° 2004-1284, 26 nov. 2004).* – Le délai subséquent des garanties déclenchées par la réclamation mentionnée aux quatrième et cinquième alinéas de l'article L. 124-5 ne peut être inférieur à dix ans lorsque l'assuré, personne physique ou morale :

I. – Exerce l'une des professions suivantes :

1° Administrateur de biens ;

2° Administrateur judiciaire et mandataire judiciaire au redressement et à la liquidation des entreprises ;

3° Avocat inscrit à un barreau français ;

4° Avocat au Conseil d'État et à la Cour de cassation ;

5° Avoué près les cours d'appel ;

6° Commissaire aux comptes ;

7° Commissaire-priseur judiciaire ;

8° Constructeur d'un ouvrage mentionné aux articles L. 231-1 du Code de la construction et de l'habitation et 1646-1, 1792-1, 1831-1 du Code civil, ainsi que ses sous-traitants ;

9° Courtier d'assurance ;

10° Géomètre expert ;

11° Huissier de justice ;

12° Notaire ;

13° Syndic de copropriété ;

II. – Exerce l'une des activités suivantes :

1° Pratique du droit à titre accessoire par une personne pouvant se prévaloir de l'agrément prévu à l'article 54 de la loi du 31 décembre 1971 précitée ;

2° Expertise comptable ;

3° Expertise judiciaire ;

4° Ventes volontaires de meubles aux enchères publiques.

Art. R. 124-3 *(D. n° 2004-1284, 26 nov. 2004).* – Lorsque la garantie souscrite par une personne physique pour son activité professionnelle est la dernière garantie avant sa cessation d'activité professionnelle ou son décès, le délai prévu aux quatrième et cinquième alinéas de l'article L. 124-5 ne peut être inférieur à dix ans.

En cas de reprise de la même activité, ce délai est réduit à la durée comprise entre la date d'expiration ou de résiliation de la garantie et la date de reprise d'activité, sans que cette durée puisse être inférieure à cinq ans ou à la durée fixée contractuellement.

Art. R. 124-4 *(D. n° 2004-1284, 26 nov. 2004).* – Le plafond applicable à la garantie déclenchée dans le délai subséquent mentionné aux quatrième et cinquième alinéas de l'article L. 124-5 est unique pour l'ensemble de la période, sans préjudice des autres termes de la garantie ou de stipulations contractuelles plus favorables. Il est spécifique et ne couvre que les seuls sinistres dont la garantie est déclenchée pendant cette période.

Il ne peut être inférieur à celui de la garantie déclenchée pendant l'année précédant la date de sa réalisation ou de son expiration. Il peut être reconstitué au gré des parties.

Le contrat précise les conditions d'application du plafond de garantie.

CHAPITRE V. – L'ASSURANCE DES RISQUES DE CATASTROPHES NATURELLES

(D. n° 85-864, 2 août 1985 ; abr., D. n° 92-1241, 27 nov. 1992).

CHAPITRE VI. – L'ASSURANCE CONTRE LES ACTES DE TERRORISME

(D. n° 88-261, 18 mars 1988)

Section I. – Dommages corporels

Néant.

Section II. – Dommages matériels

....

CHAPITRE VII. – L'ASSURANCE DE PROTECTION JURIDIQUE

....

CHAPITRE VIII. – L'ASSURANCE DES RISQUES DE CATASTROPHES TECHNOLOGIQUES

(D. n° 2005-1466, 28 nov. 2005)

....

TITRE III. – RÈGLES RELATIVES AUX ASSURANCES DE PERSONNES ET AUX OPÉRATIONS DE CAPITALISATION

(Intitulé mod., D. n° 93-385, 19 mars 1993)

CHAPITRE I. – CONTRATS D'ASSURANCE SUR LA VIE OU DE CAPITALISATION SE RÉFÉRANT À DES UNITÉS DE COMPTE

(D. n° 92-971, 11 sept. 1992)

....

CHAPITRE II. – LES ASSURANCES SUR LA VIE ET LES OPÉRATIONS DE CAPITALISATION

(Intitulé mod., D. n° 93-385, 19 mars 1993)

Section I. – Dispositions générales

....

Section II. – Les assurances populaires

Néant.

Section III. – Participation des assurés aux bénéfices techniques et financiers

Néant.

Section IV. – Les assurances ayant pour objet l'acquisition d'immeubles au moyen de constitution de rentes viagères

Néant.

Section V. – Transfert des contrats liés à la cessation d'activité professionnelle

(D. n° 2006-1327, 31 oct. 2006)

Sous-section 1. – Dispositions générales

....

Sous-section 2. – Règles particulières de transfert

....

Chapitre IV. – Engagements donnant lieu à constitution d'une provision de diversification
(D. n° 2014-1008, 4 sept. 2014)

....

TITRE IV. – LES ASSURANCES DE GROUPE

....

Section I. – Associations souscriptrices
(D. n° 2006-976, 1er août 2006)

....

CHAPITRE II. – RÈGLES PARTICULIÈRES
AUX CONTRATS D'ASSURANCE SUR LA VIE DIVERSIFIÉS
(D. n° 2006-921, 26 juill. 2006 ; abr., D. n° 2014-1008, 4 sept. 2014)

CHAPITRE III. – RETRAITE PROFESSIONNELLE SUPPLÉMENTAIRE
(D. n° 2006-740, 27 juin 2006)

....

TITRE VI. – DISPOSITIONS DIVERSES RELATIVES
AUX CONTRATS D'ASSURANCE ET DE CAPITALISATION

CHAPITRE UNIQUE

....

Section V. – Effet sur les contrats d'assurance
de la réquisition des biens et services

....

LIVRE DEUXIÈME. – ASSURANCES OBLIGATOIRES

TITRE PREMIER. – L'ASSURANCE DES VÉHICULES TERRESTRES À MOTEUR
ET DE LEURS REMORQUES ET SEMI-REMORQUES

CHAPITRE I. – L'OBLIGATION DE S'ASSURER

Section I. – Personnes assujetties

Art. R.* 211-1 *(Abr., D. n° 97-635, 31 mai 1997).*

Section II. – Étendue de l'obligation d'assurance

Art. R. 211-2** *(D. n° 86-21, 7 janv. 1986 ; mod., D. n° 2007-1118, 19 juill. 2007).* – **Les contrats prévus à l'article L. 211-1 doivent couvrir, en plus de la responsabilité civile des personnes mentionnées à cet article, celle du propriétaire du véhicule.**

Art. R. 211-3** *(D n° 86-21, 7 janv. 1986 ; mod., D. n° 2007-1118, 19 juill. 2007).* – **Les professionnels de la réparation, de la vente ou du contrôle de l'automobile sont tenus de s'assurer, pour leur propre responsabilité, celle des personnes travaillant dans leur exploitation, celle des personnes ayant la garde ou la conduite du véhicule, même sans y avoir été autorisées, ainsi que celle des passagers.**

Cette obligation s'applique à la responsabilité civile que les personnes mentionnées au précédent alinéa peuvent encourir du fait des dommages causés aux tiers par les véhicules qui sont confiés au souscripteur du contrat en raison de ses fonctions et ceux qui sont utilisés dans le cadre de l'activité professionnelle du souscripteur du contrat.

Art. R. 211-4 *(D. n° 93-581, 26 mars 1993)*. – Les contrats prévus à l'article L. 211-1 doivent spécifier les caractéristiques des remorques dont l'adjonction à un véhicule terrestre à moteur ne constitue pas, au sens des articles L. 113-4 et L. 113-9, une aggravation du risque couvert par le contrat garantissant ce véhicule.

Art. R. 211-4-1 *(D. n° 2007-1118, 19 juill. 2007)*. – Lorsqu'un train routier, tel que défini à l'article R. 311-1 du Code de la route, est impliqué dans un accident de la circulation, la personne lésée peut exercer l'action directe au choix contre l'assureur du véhicule tracteur ou contre l'assureur de la remorque. L'assureur saisi de l'action doit garantir la responsabilité de l'ensemble du véhicule articulé à l'égard de la personne lésée, pour le compte de qui il appartiendra et dans les limites du contrat.

L'assureur qui aura pris en charge l'indemnisation des personnes lésées, que ce soit l'assureur du véhicule à moteur ou celui de la remorque ou de la semi-remorque, disposera, le cas échéant, d'un droit de recours contre l'assureur de l'autre partie de l'ensemble articulé, ou contre toute autre partie qui porterait finalement la responsabilité des dommages.

Art. R. 211-5** *(Mod., D. n° 86-21, 7 janv. 1986)*. – L'obligation d'assurance s'applique à la réparation des dommages corporels ou matériels résultant :

1° Des accidents, incendies ou explosions causés par le véhicule, les accessoires et produits servant à son utilisation, les objets et substances qu'il transporte ;

2° De la chute de ces accessoires, objets, substances ou produits.

Art. R. 211-6** *(Abr., D. n° 83-482, 9 juin 1983)*.

Art. R. 211-7 *(Rempl., D. n° 93-581, 26 mars 1993 ; mod., D. n° 2001-95, 2 févr. 2001 ; rempl., D. n° 2007-1118, 19 juill. 2007)*. – L'assurance doit être souscrite sans limitation de somme en ce qui concerne les dommages corporels et pour une somme au moins égale à celle fixée par arrêté du ministre chargé de l'économie, laquelle ne pourra être inférieure à 1 million d'euros, par sinistre et quel que soit le nombre de victimes, en ce qui concerne les dommages aux biens.

Art. R. 211-8** *(Mod., D. n° 83-482, 9 juin 1983 ; D. n° 93-1073, 7 sept. 1993)*. – Par dérogation aux dispositions qui précèdent, l'obligation d'assurance ne s'applique pas à la réparation :

1° Des dommages subis :

a) Par la personne conduisant le véhicule ;

b) *(Abr., D. n° 83-482, 9 juin 1983)* ;

c) *(Abr., D. n° 83-482, 9 juin 1983)*.

d) Par une personne salariée ou travaillant pour un employeur, à l'occasion d'un accident de travail. Toutefois, n'est pas comprise dans cette exclusion la couverture de la réparation complémentaire, prévue à l'article L. 455-1-1 du Code de la sécurité sociale, pour les dommages consécutifs à un accident défini à l'article L. 411-1 du même code, subis par une personne salariée ou travaillant pour un employeur et qui est victime d'un accident dans lequel est impliqué un véhicule terrestre à moteur conduit par cet employeur, un de ses préposés ou une personne appartenant à la même entreprise que la victime, et survenu sur une voie ouverte à la circulation publique.

2° *(Abr., D. n° 83-482, 9 juin 1983)* ;

3° Des dommages ou de l'aggravation des dommages causés par des armes ou engins destinés à exploser par modification de structure du noyau de l'atome ou par tout combustible nucléaire, produit ou déchet radioactif ou par toute autre source de rayonnements ionisants et qui engagent la responsabilité exclusive d'un exploitant d'installation nucléaire ;

4° Des dommages atteignant les immeubles, choses ou animaux loués ou confiés au conducteur à n'importe quel titre ;

5° Des dommages causés aux marchandises et objets transportés, sauf en ce qui concerne la détérioration des vêtements des personnes transportées, lorsque celle-ci est l'accessoire d'un accident corporel.

Section III. – Franchises, exclusions de garanties, déchéances et recours de l'assureur

(Intitulé mod., D. n° 86-21, 7 janv. 1986)

Art. R. 211-9** *(Abr., D. n° 93-581, 26 mars 1993).*

Art. R. 211-10** *(Mod., D. n° 93-581, 26 mars 1993).* – Le contrat d'assurance peut, sans qu'il soit contrevenu aux dispositions de l'article L. 211-1, comporter des clauses prévoyant une exclusion de garantie dans les cas suivants :

1° Lorsque au moment du sinistre, le conducteur n'a pas l'âge requis ou ne possède pas les certificats, en état de validité, exigés par la réglementation en vigueur pour la conduite du véhicule, sauf en cas de vol, de violence ou d'utilisation du véhicule à l'insu de l'assuré ;

2° En ce qui concerne les dommages subis par les personnes transportées, lorsque le transport n'est pas effectué dans les conditions suffisantes de sécurité fixées par un arrêté conjoint du ministre de l'Économie et des Finances, du garde des Sceaux, ministre de la Justice, du ministre de l'Intérieur, du ministre de la Défense et du ministre chargé des transports.

L'exclusion prévue au 1° du premier alinéa du présent article ne peut être opposée au conducteur détenteur d'un certificat déclaré à l'assureur lors de la souscription ou du renouvellement du contrat, lorsque ce certificat est sans validité pour des raisons tenant au lieu ou à la durée de résidence de son titulaire ou lorsque les conditions restrictives d'utilisation, autres que celles relatives aux catégories de véhicules, portées sur celui-ci n'ont pas été respectées.

Art. R. 211-11** *(Mod., D. n° 93-581, 26 mars 1993).* – Sont valables, sans que la personne assujettie à l'obligation d'assurance soit dispensée de cette obligation dans les cas prévus ci-dessous, les clauses des contrats ayant pour objet d'exclure de la garantie la responsabilité encourue par l'assuré :

1° Du fait des dommages causés par le véhicule lorsqu'il transporte des sources de rayonnements ionisants destinées à être utilisées hors d'une installation nucléaire, dès lors que lesdites sources auraient provoqué ou aggravé le sinistre ;

2° *(Abr., D. n° 93-581, 26 mars 1993)* ;

3° Du fait des dommages causés par le véhicule, lorsqu'il transporte des matières inflammables, explosives, corrosives ou comburantes et à l'occasion desquels lesdites matières auraient provoqué ou aggravé le sinistre ; toutefois la non-assurance ne saurait être invoquée du chef de transports d'huiles, d'essences minérales ou de produits similaires, ne dépassant pas 500 kilogrammes ou 600 litres, y compris l'approvisionnement de carburant liquide ou gazeux nécessaire au moteur ;

4° Du fait des dommages survenus au cours d'épreuves, courses, compétitions ou leurs essais, soumis par la réglementation en vigueur à l'autorisation préalable des pouvoirs publics.

Art. R. 211-12** *(D. n° 86-1043, 18 sept. 1986 ; mod., D. n° 2007-1118, 19 juill. 2007).* – Le contrat d'assurance, lorsqu'il comporte l'une des exclusions de garantie prévues à l'article R. 211-11, doit rappeler que si les limitations d'emploi qui justifient cette exclusion ne sont pas respectées, les peines prévues par l'article L. 211-26 et la majoration prévue par l'article L. 211-27, 1er alinéa seront encourues.

Art. R. 211-13** *(Mod., ; D. n° 93-581, 26 mars 1993).* – Ne sont pas opposables aux victimes ou à leurs ayants droit :

1° La franchise prévue à l'article L. 121-1 ;

2° Les déchéances, à l'exception de la suspension régulière de la garantie pour non-paiement de prime ;

3° La réduction de l'indemnité applicable conformément à l'article L. 113-9 ;

4° Les exclusions de garanties prévues aux articles R. 211-10 et R. 211-11.

Dans les cas susmentionnés, l'assureur procède au paiement de l'indemnité pour le compte du responsable. Il peut exercer contre ce dernier une action en remboursement pour toutes les sommes qu'il a ainsi payées ou mises en réserve à sa place.

Art. R. 211-13-1 *(Abr., D. n° 93-581, 26 mars 1993).*

Section IV. – Contrôle de l'obligation d'assurance

§ 1. – L'attestation d'assurance

Art. R.* 211-14 *(Mod., D. n° 2007-1118, 19 juill. 2007).* – Tout conducteur d'un véhicule mentionné à l'article L. 211-1 doit, dans les conditions prévues aux articles de la présente section, être en mesure de présenter un document faisant présumer que l'obligation d'assurance a été satisfaite.

Cette présomption résulte de la production, aux fonctionnaires ou agents chargés de constater les infractions à la police de la circulation, d'un des documents dont les conditions d'établissement et de validité sont fixées par le règlement d'administration publique *(décret en Conseil d'État)* prévu à l'article L. 211-1.

À défaut d'un de ces documents, la justification est fournie aux autorités judiciaires par tous moyens.

Sera puni de la peine d'amende prévue pour les contraventions de 2e classe tout conducteur d'un véhicule mentionné à l'article L. 211-1 et non soumis à l'obligation prévue à l'article R. 211-21-1 qui ne sera pas en mesure de présenter un des documents justificatifs prévus aux articles R. 211-15 et R. 211-17. Toutefois, ces dispositions ne sont pas applicables lorsque ce conducteur est passible de la sanction prévue à l'alinéa suivant.

Sera punie de la peine d'amende prévue pour les contraventions de la 4e classe toute personne qui, invitée à justifier dans un délai de cinq jours de la possession d'un des documents mentionnés à l'alinéa précédent, n'aura pas présenté ce document avant l'expiration de ce délai.

Les documents justificatifs prévus au présent article n'impliquent pas une obligation de garantie à la charge de l'assureur.

Art. R. 211-14-1 *(D. n° 2007-1118, 19 juill. 2007).* – Les dispositions de l'article R. 211-14 ne sont pas applicables aux conducteurs de véhicules ayant leur stationnement habituel au sens de l'article L. 211-4 sur le territoire d'un État, autre que la France et Monaco, visé au même article. Toutefois, tout conducteur dont le véhicule est immatriculé dans un État membre de l'Union européenne autre que la France ou immatriculé dans un État tiers mais en provenance d'un État membre doit être en mesure de produire, à l'occasion de contrôles de police effectués dans une finalité ne visant pas exclusivement à vérifier le respect de l'obligation d'assurance, un des documents justificatifs prévus aux articles R. 211-22 ou R. 211-23, ou de prouver par tout autre moyen qu'il est assuré.

Art. R. 211-15** *(Mod., D. n° 2007-1118, 19 juill. 2007; à compter du 1er juillet 2015, D. n° 2014-1725, 30 déc. 2014).* – Pour l'application de l'article R. 211-14, l'entreprise d'assurance doit délivrer, sans frais, un document justificatif pour chacun des véhicules couverts par la police.

Si la garantie du contrat s'applique à la fois à un véhicule à moteur et à ses remorques ou semi-remorques, un seul document justificatif peut être délivré, à la condition qu'il précise le type des remorques ou semi-remorques qui peuvent être utilisées avec le véhicule ainsi que, le cas échéant, leur numéro d'immatriculation.

Pour les véhicules utilisés dans le cadre d'une activité de transport public particulier de personnes, si le document justificatif ne mentionne pas que la garantie du contrat couvre le transport de personnes effectué à titre onéreux, il est complété d'un justificatif qui en atteste.

Pour les contrats d'assurance concernant les personnes mentionnées à l'article R. 211-3, le document justificatif doit être délivré par l'entreprise d'assurance en autant d'exemplaires qu'il est prévu par le contrat.

Le document justificatif doit mentionner :

a) la dénomination et l'adresse de l'entreprise d'assurance ;

b) les nom, prénoms et adresse du souscripteur du contrat ;

c) le numéro de la police d'assurance ;

d) la période d'assurance correspondant à la prime ou portion de prime payée ;

e) les caractéristiques du véhicule, notamment son numéro d'immatriculation ou, à défaut, et, s'il y a lieu, le numéro du moteur.

Par dérogation aux dispositions ci-dessus, le document justificatif délivré aux professionnels de la réparation, de la vente ou du contrôle de l'automobile, ne comporte pas les indications prévues au *e.* Il mentionne par ailleurs la profession du souscripteur et, en termes apparents, le mot : « Garage ».

Tout conducteur d'un véhicule qui présente aux autorités chargées du contrôle le document justificatif comportant les mentions précisées à l'alinéa précédent doit en outre être en mesure de justifier que la conduite du véhicule lui a été confiée par une des personnes mentionnées au premier alinéa de l'article R. 211-3.

Art. R. 211-16** *(Mod., D. n° 85-879, 22 août 1985).* – La présomption qu'il a été satisfait à l'obligation d'assurance est établie par le document justificatif pour la période mentionnée sur ce document. Toutefois, cette présomption subsiste un mois à compter de l'expiration de cette période.

Art. R. 211-17** *(Mod., D. n° 89-111, 21 févr. 1989).* – Le document justificatif mentionné à l'article R. 211-15 est délivré dans un délai maximal de quinze jours à compter de la souscription du contrat et renouvelé lors du paiement des primes ou portions de prime subséquentes.

Faute d'établissement immédiat de ce document, l'entreprise d'assurance délivre sans frais, à la souscription du contrat ou en cours de contrat, une attestation provisoire qui établit la présomption d'assurance pendant la période qu'elle détermine, dont la durée ne peut excéder un mois.

Sera puni de la peine d'amende prévue pour les contraventions de deuxième classe tout assureur qui aura refusé de délivrer un des documents justificatifs mentionnés au présent article.

Cette attestation, qui est éventuellement établie en autant d'exemplaires que le document justificatif correspondant, doit mentionner :

- la dénomination et l'adresse de l'entreprise d'assurance ;
- les nom, prénoms et adresse du souscripteur du contrat ;
- la nature et le type du véhicule ou, en ce qui concerne les contrats d'assurance mentionnés à l'article R. 211-3, la profession du souscripteur ;
- la période pendant laquelle elle est valable.

La carte internationale d'assurance, dite « carte verte », délivrée par le bureau central français des sociétés d'assurances contre les accidents d'automobile, vaut comme document justificatif pendant sa période de validité. La présomption qu'il a été satisfait à l'obligation d'assurance, établie par la carte internationale d'assurance, subsiste un mois à compter de l'expiration de cette période.

La prolongation d'un mois de la présomption mentionnée à l'article R. 211-16 ne s'applique pas à l'attestation provisoire mentionnée au deuxième alinéa.

Art. R. 211-18** *(D. n° 89-111, 21 févr. 1989 ; mod., D. n° 97-635, 31 mai 1997).* – Pour l'utilisation des véhicules appartenant à l'État ou mis à sa disposition, non couverts par un contrat d'assurance et n'ayant pas fait l'objet d'une immatriculation spéciale, il est établi une attestation de propriété par l'autorité administrative compétente.

Aucune attestation ne peut être délivrée par une autorité qui n'aurait pas reçu délégation à cet effet.

Art. R. 211-19.** – Un arrêté (1) conjoint du ministre de l'Économie et des Finances, du garde des Sceaux, ministre de la Justice, du ministre de l'Intérieur, du ministre de la Défense et du ministre chargé des transports fixe la forme en laquelle doivent être établis les documents prévus aux articles R. 211-15 et R. 211-18.

Art. R. 211-20.** – En cas de perte ou de vol des documents prévus à la présente section, l'assureur ou l'autorité compétente en délivre un duplicata sur la simple demande de la personne au profit de qui le document original a été établi.

Art. R. 211-21** *(Mod., D. n° 94-182, 1er mars 1994).* – Les véhicules immatriculés dans un département ou un territoire français d'outre-mer, ainsi que les véhicules non soumis à immatriculation dont *le lieu de stationnement habituel est situé dans un* de ces départements ou territoires, sont soumis aux dispositions de la présente section lorsqu'ils circulent en France métropolitaine.

Toutefois, en ce qui concerne ces véhicules, sont également admis, à titre de document justificatif, les documents prévus aux articles R. 211-22 et R. 211-23.

§ 2. – Le certificat d'assurance

Art. R. 211-21-1 *(D. n° 89-111, 21 févr. 1989 ; mod., D. n° 2001-251, 22 mars 2001).* – Tout souscripteur d'un contrat d'assurance prévu par l'article L. 211-1 doit apposer sur le véhicule automoteur

(1) V. art. A. 211-4 à A. 211-8.

assuré, dans les conditions fixées par un arrêté du ministre chargé de l'économie, le certificat d'assurance décrit aux articles R. 211-21-2 et R. 211-21-3, alinéa 2.

Les dispositions de l'alinéa 1er sont applicables aux véhicules à moteur dont le poids total autorisé en charge est inférieur ou égal à 3,5 tonnes, à l'exception des véhicules et matériels agricoles ou de travaux publics, des engins spéciaux et des véhicules circulant avec un certificat d'immatriculation spécial W.

Art. R. 211-21-2 *(D. n° 85-879, 22 août 1985 ; D. n° 92-308, 31 mars 1992)*. – Pour l'application de l'article R. 211-21-1, toute entreprise d'assurance pratiquant sur le territoire de la République française doit délivrer sans frais un certificat pour chacun des véhicules couverts par le contrat, à l'exception toutefois des remorques.

Le certificat doit mentionner :

a) La dénomination de l'entreprise d'assurance ;

b) Un numéro permettant l'identification du souscripteur ;

c) Le numéro d'immatriculation du véhicule ;

d) Le numéro du moteur lorsque le véhicule n'est pas soumis à immatriculation ;

e) Les dates de début et de fin de validité.

Par dérogation au deuxième alinéa, le certificat délivré aux personnes mentionnées à l'alinéa 1er de l'article R. 211-3 ne doit comporter que les indications *a*, *b* et *e* ainsi qu'en termes apparents le mot « Garage ».

Tout conducteur d'un véhicule sur lequel est apposé le certificat décrit à l'alinéa précédent doit en outre être en mesure de justifier aux autorités chargées du contrôle des documents justificatifs que la conduite du véhicule lui a été confiée par une des personnes mentionnées à l'alinéa 1er de l'article R. 211-3.

Art. R. 211-21-3 *(D. n° 85-879, 22 août 1985 ; D. n° 89-111, 21 févr. 1989)*. – Le certificat mentionné à l'article R. 211-21-2 est délivré par l'entreprise d'assurance dans un délai maximal de quinze jours à compter de la souscription du contrat et renouvelé lors du paiement des primes ou portions de primes subséquentes.

Faute d'établissement immédiat de ce document, l'entreprise d'assurance délivre, sans frais, à la souscription du contrat ou en cours de contrat, un certificat provisoire.

Les dates de validité portées sur le certificat et le certificat provisoire sont les mêmes que celles portées sur l'attestation et l'attestation provisoire.

En cas de perte ou de vol du certificat, l'assureur en délivre un double sur la demande justifiée du souscripteur du contrat.

Sera puni de la peine d'amende prévue pour les contraventions de deuxième classe tout assureur qui aura refusé de délivrer un certificat ou qui aura délivré un certificat non conforme aux dispositions fixées par le ministre de l'Économie, des Finances et du Budget.

Art. R. 211-21-4 *(D. n° 85-879, 22 août 1985)*. – La prolongation d'un mois de la présomption mentionnée à l'article R. 211-16 s'applique au certificat.

La prolongation d'un mois de la présomption mentionnée à l'article R. 211-16 ne s'applique pas au certificat provisoire.

Art. R. 211-21-5 *(D. n° 85-879, 22 août 1985)*. – Sera puni de la peine d'amende prévue pour les contraventions de deuxième classe tout souscripteur d'un contrat d'assurance relatif à un véhicule mentionné à l'article R. 211-21-1 qui aura omis d'apposer sur le véhicule concerné le certificat prévu aux articles R. 211-21-2 et R. 211-21-3 ou aura apposé un certificat non valide.

Art. R. 211-21-6 *(D. n° 85-879, 22 août 1985)*. – Les dispositions des articles R. 211-21-1 à R. 211-21-5 ne sont pas applicables dans les cas mentionnés au dernier alinéa de l'article R. 211-14 et aux personnes mentionnées aux articles R. 211-22 et R. 211-23.

Art. R. 211-21-7 *(D. n° 89-111, 21 févr. 1989 ; D. n° 97-635, 31 mai 1997)*. – Les véhicules visés au deuxième alinéa de l'article R. 211-21-1 utilisés par l'État doivent être équipés, lorsqu'ils ne font pas l'objet d'une immatriculation spéciale, d'un certificat d'assurance spécifique dont les caractéristiques sont fixées par le ministre chargé de l'économie.

Section V. – Dispositions relatives à l'assurance des véhicules en circulation internationale et de certains autres véhicules

....

Section VI. – Procédures d'indemnisation

Art. R. 211-29 *(D. n° 88-261, 18 mars 1988).* – Lorsque l'assureur qui garantit la responsabilité civile du fait d'un véhicule terrestre à moteur n'a pas été avisé de l'accident de la circulation dans le mois de l'accident, le délai prévu au premier alinéa de l'article L. 211-9 pour présenter une offre d'indemnité est suspendu à l'expiration du délai d'un mois jusqu'à la réception par l'assureur de cet avis.

Art. R. 211-30 *(D. n° 88-261, 18 mars 1988).* – Lorsque la victime d'un accident de la circulation décède plus d'un mois après le jour de l'accident, le délai prévu à l'article L. 211-9 pour présenter une offre d'indemnité aux héritiers et, s'il y a lieu, au conjoint de la victime est prorogé du temps écoulé entre la date de l'accident et le jour du décès diminué d'un mois.

Art. R. 211-31 *(Mod., D. n° 2018-229, 30 mars 2018).* – Si, dans un délai de six semaines à compter de la présentation de la correspondance qui est prévue au premier alinéa de l'article L. 211-10 et par laquelle l'assureur demande les renseignements qui doivent lui être adressés conformément aux articles R. 211-37 ou R. 211-38, l'assureur n'a reçu aucune réponse ou qu'une réponse incomplète, le délai prévu au premier alinéa de l'article L. 211-9 est suspendu à compter de l'expiration du délai de six semaines et jusqu'à la réception des renseignements demandés.

Art. R. 211-32 *(D. n° 88-261, 18 mars 1988).* – Si l'assureur n'a reçu aucune réponse ou qu'une réponse incomplète dans les six semaines de la présentation de la correspondance par laquelle, informé de la consolidation de l'état de la victime, il a demandé à cette dernière ceux des renseignements mentionnés à l'article R. 211-37 qui lui sont nécessaires pour présenter l'offre d'indemnité, le délai prévu au quatrième alinéa de l'article L. 211-9 est suspendu à compter de l'expiration du délai de six semaines jusqu'à la réception de la réponse contenant les renseignements demandés.

Art. R. 211-33 *(D. n° 88-261, 18 mars 1988).* – Lorsque la victime, les héritiers ou le conjoint ne fournit qu'une partie des renseignements demandés par l'assureur dans sa correspondance et que la réponse ne permet pas, en raison de l'absence de renseignements suffisants, d'établir l'offre d'indemnité, l'assureur dispose d'un délai de quinze jours à compter de la réception de la réponse complète pour présenter à l'intéressé une nouvelle demande par laquelle il lui précise les renseignements qui font défaut.

Dans le cas où l'assureur n'a pas respecté ce délai, la suspension des délais prévus aux articles R. 211-31 et R. 211-32 cesse à l'expiration d'un délai de quinze jours à compter de la réception de la réponse incomplète, lorsque celle-ci est parvenue au-delà du délai de six semaines mentionné aux mêmes articles ; lorsque la réponse incomplète est parvenue dans le délai de six semaines mentionné aux articles R. 211-31 et R. 211-32 et que l'assureur n'a pas demandé dans un délai de quinze jours à compter de sa réception les renseignements nécessaires, il n'y a pas lieu à suspension des délais prévus à l'article L. 211-9.

Art. R. 211-34 *(D. n° 88-261, 18 mars 1988).* – Lorsque la victime ne se soumet pas à l'examen médical mentionné à l'article R. 211-43 ou lorsqu'elle élève une contestation sur le choix du médecin sans qu'un accord puisse intervenir avec l'assureur, la désignation, à la demande de l'assureur, d'un médecin à titre d'expert par le juge des référés proroge d'un mois le délai imparti à l'assureur pour présenter l'offre d'indemnité.

Art. R. 211-35 *(D. n° 88-261, 18 mars 1988).* – Lorsque la victime demeure outre-mer ou à l'étranger, les délais qui lui sont impartis en vertu des articles R. 211-31 et R. 211-32 sont augmentés d'un mois. Le délai imparti à l'assureur pour présenter l'offre d'indemnité est prorogé de la même durée.

Lorsqu'un tiers payeur demeure outre-mer ou à l'étranger, les délais prévus à l'article L. 211-9 sont augmentés d'un mois.

Art. R. 211-36 *(D. n° 88-261, 18 mars 1988).* – La computation des délais mentionnés à la présente section est faite conformément aux articles 641 et 642 du Nouveau Code de procédure civile.

Art. R. 211-37 *(D. n° 88-261, 18 mars 1988).* – La victime est tenue, à la demande de l'assureur, de lui donner les renseignements ci-après :

1° Ses nom et prénoms ;

2° Ses date et lieu de naissance ;

3° Son activité professionnelle et l'adresse de son ou de ses employeurs ;

4° Le montant de ses revenus professionnels avec les justifications utiles ;

5° La description des atteintes à sa personne accompagnée d'une copie du certificat médical initial et autres pièces justificatives en cas de consolidation ;

6° La description des dommages causés à ses biens ;

7° Les noms, prénoms et adresses des personnes à charge au moment de l'accident ;

8° Son numéro d'immatriculation à la sécurité sociale et l'adresse de la caisse d'assurance maladie dont elle relève ;

9° La liste des tiers payeurs appelés à lui verser des prestations ;

10° Le lieu où les correspondances doivent être adressées.

Art. R. 211-38 *(D. n° 88-261, 18 mars 1988).* – Lorsque l'offre d'indemnité doit être présentée aux héritiers de la victime, à son conjoint ou aux personnes mentionnées au deuxième alinéa de l'article L. 211-9, chacune de ces personnes est tenue, à la demande de l'assureur, de lui donner les renseignements ci-après :

1° Ses nom et prénoms ;

2° Ses date et lieu de naissance ;

3° Les nom et prénoms, date et lieu de naissance de la victime ;

4° Ses liens avec la victime ;

5° Son activité professionnelle et l'adresse de son ou de ses employeurs ;

6° Le montant de ses revenus avec les justifications utiles ;

7° La description de son préjudice, notamment les frais de toute nature qu'elle a exposés du fait de l'accident ;

8° Son numéro d'immatriculation à la sécurité sociale et l'adresse de la caisse d'assurance maladie dont elle relève ;

9° La liste des tiers payeurs appelés à lui verser des prestations ainsi que leurs adresses ;

10° Le lieu où les correspondances doivent être adressées.

À la demande de l'assureur, les mêmes personnes sont tenues de donner également ceux des renseignements mentionnés à l'article R. 211-37 qui sont nécessaires à l'établissement de l'offre.

Art. R. 211-39 *(D. n° 88-261, 18 mars 1988).* – La correspondance adressée par l'assureur en application des articles R. 211-37 et R. 211-38 mentionne, outre les informations prévues à l'article L. 211-10, le nom de la personne chargée de suivre le dossier de l'accident. Elle rappelle à l'intéressé les conséquences d'un défaut de réponse ou d'une réponse incomplète. Elle indique que la copie du procès-verbal d'enquête de police ou de gendarmerie qu'il peut demander en vertu de l'article L. 211-10 lui sera délivrée sans frais.

Cette correspondance est accompagnée d'une notice relative à l'indemnisation des victimes d'accidents de la circulation dont le modèle est fixé par arrêté conjoint du garde des Sceaux, ministre de la Justice, du ministre chargé des assurances et du ministre chargé de la sécurité sociale.

Art. R. 211-40 *(D. n° 88-261, 18 mars 1988).* – L'offre d'indemnité doit indiquer, outre les mentions exigées par l'article L. 211-16, l'évaluation de chaque chef de préjudice, les créances de chaque tiers payeur et les sommes qui reviennent au bénéficiaire. Elle est accompagnée de la copie des décomptes produits par les tiers payeurs.

L'offre précise, le cas échéant, les limitations ou exclusions d'indemnisation retenues par l'assureur, ainsi que leurs motifs. En cas d'exclusion d'indemnisation, l'assureur n'est pas tenu, dans sa notification, de fournir les indications et documents prévus au premier alinéa.

Art. R. 211-41 *(D. n° 88-261, 18 mars 1988).* – La demande adressée par l'assureur à un tiers payeur en vue de la production de ses créances indique les nom, prénoms, adresse de la victime, son activité professionnelle et l'adresse de son ou de ses employeurs. Elle rappelle de manière très apparente les dispositions des articles L. 211-11 et L. 211-12. À défaut de ces indications, le délai de déchéance prévu au deuxième alinéa de l'article L. 211-11 ne court pas.

Art. R. 211-42 *(D. n° 88-261, 18 mars 1988).* – Le tiers payeur indique à l'assureur pour chaque somme dont il demande le remboursement la disposition législative, réglementaire ou conventionnelle en vertu de laquelle cette somme est due à la victime.

Dans le cas prévu au troisième alinéa de l'article L. 211-11, les créances réclamées n'ont un caractère provisionnel que si le tiers payeur le précise expressément.

Art. R. 211-43 *(D. n° 88-261, 18 mars 1988).* – En cas d'examen médical pratiqué en vue de l'offre d'indemnité mentionnée à l'article L. 211-9, l'assureur ou son mandataire avise la victime, quinze jours au moins avant l'examen, de l'identité et des titres du médecin chargé d'y procéder, de l'objet, de la date et du lieu de l'examen, ainsi que du nom de l'assureur pour le compte duquel il est fait. Il informe en même temps la victime qu'elle peut se faire assister d'un médecin de son choix.

Art. R. 211-44 *(D. n° 88-261, 18 mars 1988).* – Dans un délai de vingt jours à compter de l'examen médical, le médecin adresse un exemplaire de son rapport à l'assureur, à la victime et, le cas échéant, au médecin qui a assisté celle-ci.

Section VII. – Pénalités

Art. R. 211-45 *(Abr., D. n° 2005-320, 30 mars 2005).*

....

CHAPITRE IV. – DISPOSITIONS PARTICULIÈRES AUX DÉPARTEMENTS ET TERRITOIRES D'OUTRE-MER ET À LA COLLECTIVITÉ TERRITORIALE DE MAYOTTE

(Intitulé mod., D. n° 94-182, 1er mars 1994)

Section I. – Dispositions particulières aux départements d'outre-mer

....

Section II. – Dispositions particulières aux territoires d'outre-mer

Néant.

Section III. – Dispositions particulières à la collectivité territoriale de Mayotte

(Abr., D. n° 2008-1549, 31 déc. 2008).

TITRE II. – L'ASSURANCE DES ENGINS DE REMONTÉE MÉCANIQUE

CHAPITRE UNIQUE

....

LIVRE QUATRIÈME. – ORGANISATION ET RÉGIMES PARTICULIERS D'ASSURANCES

TITRE II. – LES FONDS DE GARANTIE

CHAPITRE I. – LE FONDS DE GARANTIE DES ASSURANCES OBLIGATOIRES DE DOMMAGES

(D. n° 88-261, 18 mars 1988 ; intitulé mod., D. n° 2004-176, 17 févr. 2004)

Section I. – Dispositions applicables aux accidents de la circulation survenus en France métropolitaine, dans les département d'outre-mer et dans la collectivité territoriale de Mayotte

(Intitulé mod., D. n° 94-182, 1er mars 1994)

§ 1. – Dispositions communes à l'indemnisation des dommages résultant d'atteintes à la personne et des dommages aux biens

(Intitulé mod., D. n° 86-452, 14 mars 1986)

Art. R. 421-1 *(D. n° 86-452, 14 mars 1986 ; mod., D. n° 2007-1118, 19 juill. 2007)*. – Sont prises en charge par le fonds de garantie, conformément aux dispositions de la présente section, les indemnités dues aux victimes d'accidents mentionnés à l'article L. 421-1 ou à leurs ayants droit à la condition que ces accidents soient survenus en France métropolitaine, dans la collectivité territoriale de Mayotte ou dans les départements d'outre-mer.

Ne sont pas prises en charge par le fonds de garantie les indemnités dues aux victimes d'accidents dans lesquels sont impliqués des véhicules terrestres à moteur ainsi que les remorques ou semi-remorques de ces véhicules ayant leur stationnement habituel sur le territoire d'un État, autre que la France, visé à l'article L. 211-4, lorsque l'indemnisation de ces victimes incombe au bureau central français pour leur totalité ou en partie.

Le bureau central français est le bureau national d'assurance constitué en France dans les conditions mentionnées au deuxième alinéa de l'article R. 211-22.

Les dispositions des articles R. 421-5 à R. 421-9 sont applicables aux refus de prise en charge opposés par le bureau central français.

§ 2. – Dispositions applicables à l'indemnisation des dommages résultant d'atteintes à la personne

(Intitulé mod., D. n° 86-452, 14 mars 1986)

Art. R. 421-2 *(D. 83-482, 9 juin 1983 ; mod., D. n° 88-261, 18 mars 1988)*. – Sont exclus du bénéfice du fonds de garantie :

1° Lorsque les dommages sont nés d'un accident dans lequel est impliqué un véhicule terrestre à moteur, les dommages causés au conducteur ;

2° Lorsque les dommages ont été causés par un animal ou par une chose autre qu'un véhicule terrestre à moteur :

a) Le propriétaire ou la personne qui a la garde de l'animal ou de la chose au moment de l'accident ;

b) Le conjoint, les ascendants et descendants des personnes mentionnées au *a* ci-dessus et dont la responsabilité est engagée du fait de l'accident ainsi que les représentants légaux de la personne morale propriétaire de l'animal ou de la chose ;

3° Dans les cas autres que ceux mentionnés au 1° et 2° ci-dessus, l'auteur de l'accident, son conjoint, ses ascendants et descendants.

En cas de vol du véhicule impliqué dans l'accident, de vol de l'animal ou de la chose qui a causé l'accident, sont également exclus du bénéfice du fonds de garantie les complices du vol et, d'une manière générale, toutes les personnes transportées dans le véhicule ou sur l'animal. Cette exclusion n'est applicable que si le fonds de garantie apporte la preuve de la connaissance du vol du véhicule ou de l'animal par les personnes transportées.

Toutefois, les personnes désignées au présent article peuvent invoquer la garantie du fonds lorsque l'accident a été causé en tout ou en partie par la circulation d'un tiers ou d'une chose ou d'un animal appartenant à un tiers ou sous sa garde et dans la mesure de sa responsabilité.

Art. R. 421-3 *(D. n° 81-30, 14 janv. 1981 ; mod., D. n° 88-261, 18 mars 1988).* – Si l'auteur d'un accident corporel est inconnu, le procès-verbal ou le rapport dressé ou établi par les agents de la force publique et relatif à cet accident doit mentionner expressément cette circonstance.

Dans le cas où l'auteur est connu et sur les déclarations que celui-ci est tenu de faire, le même document indique obligatoirement si ledit auteur est assuré contre les accidents. Dans l'affirmative, il précise le nom et l'adresse de l'entreprise d'assurance ainsi que le numéro de la police.

Toute omission volontaire de déclaration ou fausse déclaration faite de mauvaise foi sera punie de l'amende prévue pour les contraventions de troisième classe.

Si un ou plusieurs des renseignements prévus au second alinéa sont ignorés de l'auteur de l'accident au moment de l'établissement du procès-verbal ou du rapport, cette circonstance est mentionnée ainsi que l'engagement qui doit avoir été pris par ledit auteur de faire parvenir ces renseignements sous huitaine.

Dans ce cas, il est dressé ultérieurement un procès-verbal ou rapport complémentaire.

Un exemplaire de tout procès-verbal ou rapport relatif à un accident corporel causé par un auteur inconnu ou non assuré est transmis au fonds de garantie dans les dix jours de sa date par les autorités de police ou de gendarmerie.

Art. R. 421-4 *(Mod., D. n° 2018-612, 16 juill. 2018).* – Lorsqu'un contrat d'assurance a été souscrit pour garantir les conséquences pécuniaires de la responsabilité civile de l'auteur de dommages résultant d'atteintes aux personnes nés d'un accident mentionné à l'article L. 421-1, le fonds de garantie ne peut être appelé à payer l'indemnité allouée à la victime ou à ses ayants droit qu'en cas de nullité du contrat, de suspension du contrat ou de la garantie, de non-assurance ou d'assurance partielle, opposables à la victime ou à ses ayants droit.

Dans le cas où, par suite de l'insuffisance du montant de la garantie stipulée au contrat, une part de l'indemnité due à la victime ou à ses ayants droit pour les dommages ci-dessus mentionnés reste à la charge du responsable, l'assureur de ce dernier, après avoir recueilli en cas de règlement transactionnel l'accord du fonds de garantie, verse pour le compte de ce dernier le reliquat de l'indemnité et l'avise de ce versement.

Art. R. 421-5 *(Mod., D. n° 2018-229, 30 mars 2018).* – Lorsque l'assureur entend invoquer la nullité du contrat d'assurance, sa suspension ou la suspension de la garantie, une non-assurance ou une assurance partielle opposables à la victime ou à ses ayants droit, il doit, par lettre recommandée ou par envoi recommandé électronique, avec demande d'avis de réception, le déclarer au fonds de garantie et joindre à sa déclaration les pièces justificatives de son exception ; il doit en aviser en même temps et dans les mêmes formes la victime ou ses ayants droit en précisant le numéro du contrat.

Si l'assureur entend contester l'existence du contrat d'assurance, nonobstant la présentation par le responsable de l'accident du document justificatif mentionné à l'article R. 211-15, il doit, d'une part, le déclarer sans délai au fonds de garantie par lettre recommandée ou par envoi recommandé électronique, avec demande d'avis de réception et, d'autre part, en aviser en même temps et dans les mêmes formes la victime ou ses ayants droit.

Art. R. 421-6 *(D. n° 81-30, 14 janv. 1981 ; mod., D. n° 88-261, 18 mars 1988).* – Si le fonds de garantie entend contester le bien-fondé d'une des exceptions mentionnées à l'article R. 421-5, invoquée par l'assureur, ou s'il n'est pas en mesure de prendre une décision définitive à ce sujet, il doit, dans un délai de trois mois à compter de la réception de la déclaration, en aviser l'assureur ainsi que la victime ou ses ayants droit. Il leur donne également son avis sur la recevabilité à son encontre d'une demande d'indemnisation de la victime ou de ses ayants droit pour le cas où l'exception invoquée par l'assureur serait reconnue fondée.

Art. R. 421-7 *(D. n° 81-30, 14 janv. 1981 ; mod., D. n° 88-261, 18 mars 1988).* – Lorsque, dans l'hypothèse prévue à l'article R. 421-6, la demande d'indemnité est portée devant une juridiction autre qu'une juridiction répressive, la victime ou ses ayants droit doivent, en cas d'action dirigée soit contre l'assureur, soit contre le responsable, mettre en cause, suivant le cas, le responsable ou l'assureur.

Art. R. 421-8 *(D. n° 81-30, 14 janv. 1981 ; mod., D. n° 88-261, 18 mars 1988).* – Si la demande d'indemnité a été portée devant une juridiction répressive ou si une transaction approuvée par le fonds de garantie est intervenue avec le responsable de l'accident, la victime ou ses ayants droit peuvent demander à l'assureur le paiement des sommes qui leur seraient versées par le fonds si le règlement était effectué par ce dernier, à la condition de justifier :

1° Que le fonds de garantie leur a fait connaître, conformément à l'article R. 421-6 :

a) Qu'il conteste le bien-fondé de l'exception invoquée par l'assureur ou qu'il n'est pas en mesure de prendre une décision définitive à ce sujet ;

b) Qu'en l'absence de garantie de l'assureur ils seraient admis à bénéficier de la garantie dudit fonds.

2° Que le montant de l'indemnité a été fixé par une décision de justice exécutoire opposable au fonds ou par une transaction approuvée par lui.

L'assureur est alors tenu de procéder au paiement des sommes susmentionnées pour le compte de qui il appartiendra. S'il n'exécute pas cette obligation, il peut y être contraint par une ordonnance rendue par le juge des référés à la requête de la victime ou de ses ayants droit.

Lorsque le bien-fondé de l'exception par lui opposée est reconnu soit par accord avec le fonds de garantie, soit judiciairement par une décision définitive opposable à cet organisme, cet assureur peut réclamer au fonds de garantie le remboursement des sommes qu'il a payées pour le compte de celui-ci après établissement de l'insolvabilité totale ou partielle du responsable dans les conditions prévues à l'article R. 421-13.

En cas d'instance judiciaire, pour rendre opposable au fonds de garantie la décision à intervenir, l'assureur doit lui adresser une copie de l'acte introductif d'instance.

Art. R. 421-9 *(D. n° 81-30, 14 janv. 1981 ; mod., D. n° 88-261, 18 mars 1988).* – Si la demande d'indemnité a été portée devant une juridiction civile dans les conditions prévues à l'article R. 421-7, la victime ou ses ayants droit peuvent, lorsque sont remplies les conditions mentionnées au 1° de l'article R. 421-8, demander à l'assureur le paiement des sommes qui leur ont été allouées en application des articles 515, 771 et 808 à 811 du Code de procédure civile, et qui leur seraient versées par le fonds de garantie si le règlement était effectué par ce dernier.

L'assureur est alors tenu de procéder au paiement des sommes susmentionnées pour le compte de qui il appartiendra. S'il n'exécute pas cette obligation, il peut y être contraint par une ordonnance rendue par le juge des référés à la requête de la victime ou de ses ayants droit.

Art. R. 421-10 *(D. n° 81-30, 14 janv. 1981 ; mod., D. n° 88-261, 18 mars 1988).* – Le règlement intérieur mentionné à l'article R. 421-25 précise les obligations des entreprises d'assurance pour l'application des articles R. 421-4 et R. 421-9.

Art. R. 421-11 *(Mod., D. n° 2018-229, 30 mars 2018).* – Toute transaction ayant pour objet de fixer ou de régler les indemnités dues par les responsables non assurés de dommages résultant des atteintes à la personne nés d'un accident mentionné à l'article L. 421-1 doit être notifiée au fonds de garantie par le débiteur de l'indemnité dans un délai d'un mois par lettre recommandée ou par envoi recommandé électronique, avec demande d'avis de réception, sous peine de l'amende prévue pour les contraventions de troisième classe.

Art. R. 421-12 *(D. n° 81-30, 14 janv. 1981 ; mod., D. n° 88-261, 18 mars 1988).* – Lorsque le responsable des dommages est inconnu, la demande des victimes ou de leurs ayants droit tendant à la réparation des dommages qui leur ont été causés doit être adressée au fonds de garantie dans le délai de trois ans à compter de l'accident.

Lorsque le responsable des dommages est connu, la demande d'indemnité doit être adressée au fonds de garantie dans le délai d'un an à compter soit de la date de la transaction, soit de la date de la décision de justice passée en force de chose jugée.

En outre, les victimes ou leurs ayants droit doivent, dans le délai de cinq ans à compter de l'accident :

a) Si le responsable est inconnu, avoir réalisé un accord avec le fonds de garantie ou exercé contre celui-ci l'action prévue à l'article R. 421-14 ;

b) Si le responsable est connu, avoir conclu une transaction avec celui-ci ou intenté contre lui une action en justice.

Les délais prévus aux alinéas précédents ne courent que du jour où les intéressés ont eu connaissance du dommage, s'ils prouvent qu'ils l'ont ignoré jusque-là.

Lorsque l'indemnité consiste dans le service d'une rente ou le paiement échelonné d'un capital, la demande d'indemnité doit être adressée au fonds de garantie dans le délai d'un an à compter de la date de l'échéance pour laquelle le débiteur n'a pas fait face à ses obligations.

Ces différents délais sont impartis à peine de forclusion, à moins que les intéressés ne prouvent qu'ils ont été dans l'impossibilité d'agir avant l'expiration desdits délais.

Art. R. 421-13 *(Mod., D. n° 2018-229, 30 mars 2018 ; D. n° 2018-612, 16 juill. 2018)*. – Les victimes d'accidents ou leurs ayants droit doivent adresser au fonds de garantie leurs demandes d'indemnité par lettre recommandée ou par envoi recommandé électronique, avec demande d'avis de réception. À l'appui de leur demande, ils sont tenus de justifier :

1° Soit qu'ils sont Français ;

- Soit qu'ils ont leur résidence principale sur le territoire de la République française ;

- Soit qu'ils sont ressortissants d'un État ayant conclu avec la France un accord de réciprocité et qu'ils remplissent les conditions fixées par cet accord ;

- Soit, enfin, pour les accidents dans lesquels sont impliqués des véhicules définis à l'article R. 421-1, deuxième alinéa, qu'ils sont ressortissants d'un État membre de la Communauté économique européenne autre que la France, du Saint-Siège, de Saint-Marin ou de Monaco, ou qu'ils ont leur résidence principale dans un de ces États.

2° Que l'accident ouvre droit à réparation à leur profit dans les termes de la législation française sur la responsabilité civile et qu'il ne peut donner droit à indemnisation complète à aucun titre. Si la victime ou ses ayants droit peuvent prétendre à une indemnisation partielle à un autre titre, le fonds de garantie ne prend en charge que le complément. Pour permettre de déterminer le préjudice complémentaire de la victime ou de ses ayants droit, les tiers payeurs, définis par la loi n° 85-677 du 5 juillet 1985, doivent faire connaître au fonds de garantie le montant des versements effectués au profit de ceux-ci, au plus tard dans un délai de quatre mois à compter de la demande émanant du fonds.

Les réclamants doivent également justifier soit que le responsable de l'accident n'a pu être identifié, soit qu'il n'est pas assuré après la fixation de l'indemnité par une transaction ou une décision de justice exécutoire.

Art. R. 421-14 *(D. n° 81-30, 14 janv. 1981 ; mod., D. n° 88-261, 18 mars 1988)*. – Les demandes d'indemnités doivent obligatoirement être accompagnées d'une expédition de la décision de justice intervenue ou d'une copie certifiée conforme de l'acte portant règlement transactionnel pour la fixation définitive de l'indemnité.

À défaut d'accord du fonds de garantie avec la victime ou ses ayants droit soit sur la transaction intervenue, soit sur la fixation de l'indemnité lorsque le responsable des dommages est inconnu ou lorsque la décision de justice invoquée est inopposable au fonds de garantie, soit sur l'existence des diverses conditions d'ouverture du droit à indemnité, la victime ou ses ayants droit saisissent, suivant le taux de la demande, le tribunal d'instance ou le tribunal de grande instance. Le litige peut être porté devant la juridiction du lieu où l'accident s'est produit.

En dehors de ces cas mentionnés à l'alinéa précédent et des contestations auxquelles peut donner lieu l'application des dispositions du dernier alinéa de l'article R. 421-15, le fonds de garantie ne peut être cité en justice par la victime ou ses ayants droit, notamment en déclaration de jugement commun pour l'application de l'article L. 421-1.

Art. R. 421-15 *(Mod., D. n° 2018-229, 30 mars 2018)*. – Le fonds de garantie peut intervenir même devant les juridictions répressives et même pour la première fois en cause d'appel, en vue, notamment, de contester le principe ou le montant de l'indemnité réclamée, dans toutes les instances engagées entre les victimes d'accidents corporels ou leurs ayants droit, d'une part, les responsables ou leurs assureurs, d'autre part. Il intervient alors à titre principal et peut user de toutes les voies de recours ouvertes par la loi. En aucun cas, cette intervention ne peut motiver une condamnation conjointe ou solidaire du fonds de garantie et du responsable.

Sous réserve des dispositions du quatrième alinéa du présent article, la victime ou ses ayants droit doivent adresser sans délai au fonds de garantie, par lettre recommandée ou par envoi recommandé électronique, avec demande d'avis de réception, une copie de tout acte introductif d'instance ayant pour objet de saisir la juridiction compétente d'une demande d'indemnité dirigée contre un défendeur dont il n'est pas établi que la responsabilité civile est couverte par une assurance.

Tout acte introductif d'instance, dont une copie doit être adressée au fonds de garantie en application de l'alinéa précédent, doit contenir les précisions suivantes : date et lieu de l'accident, nature du véhicule ou agent ou instrument du dommage, autorité ayant dressé le procès-verbal ou le rapport mentionné à l'article R. 421-3, montant de la demande en ce qui concerne la réparation des dommages résultant d'atteintes à la personne ou, à défaut, nature et gravité de ces dommages. Il doit, en outre, mentionner d'après les indications contenues dans le procès-verbal ou le rapport précité ou celles recueillies ultérieurement, notamment celles fournies par l'assureur en application du premier alinéa de l'article R. 421-5 :

Soit que la responsabilité civile du défendeur n'est pas couverte par un contrat d'assurance ;

Soit que l'assureur, dont les nom et adresse doivent être précisés ainsi que le numéro du contrat, entend contester sa garantie ou invoquer la limitation de celle-ci ;

Soit que le demandeur ne possède aucun des deux renseignements ci-dessus, les éléments lui permettant de douter de l'existence d'une assurance couvrant les dommages dont il est demandé réparation devant être mentionnés le cas échéant.

Les dispositions des deux alinéas qui précèdent ne sont pas applicables lorsque la demande d'indemnité est portée devant une juridiction répressive. Dans ce cas, la victime ou ses ayants droit doivent, dix jours au moins avant l'audience retenue pour les débats, aviser le fonds de garantie par lettre recommandée ou par envoi recommandé électronique, avec demande d'avis de réception, de leur constitution de partie civile ou de l'éventualité de cette constitution. Cet avis doit mentionner, outre les diverses indications prévues au troisième alinéa du présent article, les nom, prénoms et adresse de l'auteur des dommages et, le cas échéant, du civilement responsable ainsi que la juridiction saisie de l'action publique et la date de l'audience.

Les notifications effectuées dans les conditions prévues aux alinéas précédents ont pour effet, même si le fonds de garantie n'est pas intervenu à l'instance, de rendre opposable à celui-ci la décision rendue sur la demande d'indemnité. Toute mention inexacte contenue dans les notifications est sanctionnée, en cas de mauvaise foi, par la déchéance du recours éventuel du demandeur contre le fonds de garantie.

Art. R. 421-16 *(Mod., D. n° 2018-612, 16 juill. 2018)*. – Sans préjudice de l'exercice résultant de la subrogation légale du fonds de garantie dans les droits que possède le créancier de l'indemnité contre l'auteur de l'accident ou l'assureur, le fonds de garantie a le droit de réclamer également au débiteur de l'indemnité : d'une part, des intérêts qui sont calculés au taux légal depuis la date du paiement des indemnités lorsque celles-ci ont été fixées judiciairement, ou depuis la mise en demeure adressée par le fonds de garantie lorsque les indemnités ont été fixées par une transaction ; d'autre part, une allocation forfaitaire qui est destinée à couvrir les frais de recouvrement et dont le montant est fixé sur les bases que détermine un décret pris sur proposition du ministre chargé du budget.

Le cas échéant, le fonds de garantie recouvre également sur le débiteur de l'indemnité la contribution mentionnée au 4° de l'article R. 421-27.

Lorsque l'auteur des dommages entend user du droit de contestation prévu par l'article L. 421-3, il doit porter son action devant le tribunal compétent dans un délai de trois mois à compter de la mise en demeure de remboursement adressée par le fonds de garantie.

La mise en demeure prévue aux alinéas ci-dessus résulte de l'envoi par le fonds d'une lettre recommandée avec demande d'avis de réception.

Art. R. 421-17 *(D. n° 81-30, 14 janv. 1981 ; mod., D. n° 88-261, 18 mars 1988)*. – Sont interdites les conventions par lesquelles des intermédiaires se chargeraient, moyennant émoluments convenus au préalable, de faire obtenir aux victimes d'accidents corporels ou à leurs ayants droit une indemnisation du fonds de garantie.

Au cas d'inobservation de cette prohibition, il sera fait, s'il échet, application des dispositions de la loi du 3 avril 1942 proscrivant les pactes sur le règlement des indemnités dues aux victimes d'accidents dans les conditions prévues par la loi.

§ 3. – Dispositions applicables à l'indemnisation des dommages aux biens

(Intitulé mod., D. n° 86-452, 14 mars 1986)

Art. R. 421-18 *(D. n° 81-30, 14 janv. 1981 ; mod., D. n° 2004-176, 17 févr. 2004)*. – 1. – Les dommages aux biens pris en charge par le fonds de garantie en application du 2e alinéa de l'article R. 421-1 sont tous ceux qui résultent d'un accident dans lequel est impliqué un véhicule terrestre à moteur en circulation, ainsi que ses remorques et semi-remorques, lorsque l'auteur des dommages est identifié.

Sont, dans ce cas, exclus du bénéfice du fonds de garantie les dommages subis par le véhicule impliqué dans l'accident ainsi que les dommages aux biens du conducteur de ce même véhicule.

Lorsque le véhicule impliqué dans l'accident a été volé, sont exclus du bénéfice du fonds de garantie les complices du vol et, d'une manière générale, toutes les personnes transportées dans le véhicule. Cette exclusion n'est applicable que si le fonds de garantie apporte la preuve de la connaissance du vol par les personnes transportées.

Lorsque l'auteur des dommages demeure inconnu, le fonds prend également en charge tous les dommages aux biens à condition que le conducteur du véhicule accidenté, ou toute autre personne, ait été victime d'une atteinte à sa personne ayant entraîné son décès, ou une hospitalisation d'au moins sept jours suivie d'une incapacité temporaire égale ou supérieure à un mois, ou une incapacité permanente partielle d'au moins 10 %.

Toutefois, les personnes désignées au présent article peuvent invoquer la garantie du fonds lorsque l'accident a été causé par un autre véhicule terrestre à moteur, dans la mesure de la responsabilité de celui qui a la garde de ce véhicule.

Lorsqu'un contrat d'assurance a été souscrit pour garantir les conséquences pécuniaires de la responsabilité civile découlant de l'emploi du véhicule qui a causé les dommages matériels, le fonds de garantie ne peut être appelé à indemniser la victime ou ses ayants droit qu'en cas de nullité du contrat, de suspension du contrat ou de la garantie, de non-assurance ou d'assurance partielle, opposables à la victime ou à ses ayants droit ; l'assureur doit déclarer sans délai au fonds de garantie les accidents pour lesquels il entend invoquer une de ces exceptions. Il doit en aviser la victime ou ses ayants droit en précisant le numéro de la police.

2. – Les dispositions des articles R. 421-13 à R. 421-16-13 sont applicables à l'indemnisation des dommages matériels.

3. – Le fonds de garantie ne prend pas en charge les dommages matériels subis par l'État.

4. – Lorsque le fonds de garantie indemnise en vertu du cinquième alinéa de l'article L. 421-1 les dommages aux biens résultant des accidents mentionnés aux troisième et quatrième alinéas du même article, et lorsque le responsable des dommages est inconnu ou que l'animal n'est pas identifié, le fonds ne prend en charge ces dommages qu'à la condition que le conducteur du véhicule accidenté ou toute autre personne ait été victime d'une atteinte à son intégrité physique ayant entraîné son décès, ou une hospitalisation d'au moins sept jours suivie d'une incapacité temporaire égale ou supérieure à un mois ou d'une incapacité permanente partielle d'au moins 10 %.

Art. R. 421-19 *(D. n° 81-30, 14 janv. 1981 ; mod., D. n° 2010-923, 3 août 2010).* – L'indemnisation des dommages aux biens par le fonds de garantie ne peut excéder par sinistre la somme fixée par arrêté du ministre chargé de l'économie.

Lorsque l'accident de la circulation est causé par un animal identifié mais sans propriétaire, l'indemnisation des dommages aux biens par le fonds de garantie, mentionnée au d du 2 du II de l'article L. 421-1, supporte un abattement de 500 euros par véhicule.

Art. R. 421-20 *(D. n° 86-452, 14 mars 1986 ; mod., D. n° 88-261, 18 mars 1988).* – 1. – Lorsque l'auteur des dommages est identifié, toute victime de dommages aux biens doit, sous peine de déchéance de ses droits à l'égard du fonds de garantie, adresser au fonds une déclaration accompagnée de l'état descriptif des dommages et des justifications relatives à l'identité de l'adversaire, à sa responsabilité et à l'absence ou à l'insuffisance d'assurance ou de garantie de la personne présumée responsable des dommages. Cette déclaration doit être adressée au fonds dans le délai de six mois à compter du jour où la victime a eu connaissance de l'absence ou de l'insuffisance de garantie de la personne présumée responsable des dommages, notamment par le refus de prise en charge du sinistre par l'assureur de cette personne et, au plus tard, dans le délai de douze mois à compter du jour de l'accident, sauf si la victime est en mesure de rapporter la preuve qu'ayant fait elle-même ou par mandataire des diligences nécessaires pour obtenir la prise en charge de ses dommages par un assureur, il ne lui a pas été possible dans ce délai de douze mois de déterminer si une garantie d'assurance pouvait ou non jouer à son profit.

Toutefois, la déchéance prévue à l'alinéa précédent n'est pas opposable à la victime de l'accident qui a subi à la fois des dommages atteignant sa personne et ses biens ou encore lorsque l'auteur des dommages est inconnu.

Lorsque l'auteur des dommages est inconnu, toute victime de dommages aux biens doit, sous peine de déchéance de ses droits à l'égard du fonds de garantie, dans le délai de trois ans à compter de l'accident, faire une déclaration accompagnée de l'état descriptif des dommages et établir que les conditions prévues à l'article R. 421-18 sont réunies.

2. – La demande d'indemnité doit être adressée au fonds de garantie dans le délai d'un an à compter soit de la date de la transaction, soit de la date de la décision de justice passée en force de chose jugée.

En outre, les victimes ou leurs ayants droit doivent, dans le délai de cinq ans à compter de l'accident, avoir conclu une transaction avec l'auteur de celui-ci ou intenté contre lui une action en justice ou, si l'auteur est inconnu, avoir réalisé un accord avec le fonds ou exercé contre celui-ci l'action prévue à l'article R. 421-14.

Les délais prévus aux deux alinéas précédents ne courent que du jour où les intéressés ont eu connaissance du dommage, s'ils prouvent qu'ils l'ont ignoré jusque-là.

Ces délais sont impartis à peine de forclusion, à moins que les intéressés ne prouvent qu'ils ont été dans l'impossibilité d'agir avant l'expiration de ces délais.

3. – Les dispositions des articles R. 421-4 à R. 421-11 sont applicables à l'indemnisation des dommages aux biens de la victime d'un accident qui a subi également des dommages atteignant sa personne.

Section II. – Dispositions applicables aux accidents de chasse

Art. R. 421-21 *(D. n° 81-30, 14 janv. 1981 ; mod., D. n° 94-1023, 29 nov. 1994).* – Les indemnités dues en vertu des dispositions de l'article L. 421-8 du Code des assurances aux victimes d'accidents qui donnent naissance à des dommages résultant d'une atteinte à la personne ou à leurs ayants droit sont prises en charge par le fonds de garantie conformément aux dispositions de la présente section et à la condition que ces accidents soient survenus sur le territoire de la France métropolitaine et des départements d'outre-mer, à l'exception du département de la Guyane.

Art. R. 421-22 *(D. n° 86-452, 14 mars 1986 ; mod., D. n° 88-261, 18 mars 1988).* – Est exclu du bénéfice du fonds de garantie l'auteur d'un accident de chasse ou de destruction des animaux nuisibles, sauf si celui-ci peut apporter la preuve que la responsabilité d'une autre personne est engagée. La garantie du fonds est acquise dans la mesure de cette responsabilité.

Art. R. 421-23 *(D. n° 81-30, 14 janv. 1981 ; mod., D. n° 94-1023, 29 nov. 1994).* – Tout auteur d'un accident qui donne naissance à des dommages résultant d'atteintes à la personne survenu au cours d'un acte de chasse ou de destruction des animaux nuisibles doit présenter, le cas échéant, son permis et faire connaître à l'agent de la force publique qui dresse le procès-verbal ou établit le rapport relatif à l'accident la ou les assurances autres que celles prévues par l'article L. 421-8 du Code des assurances qui serait de nature à couvrir les dommages causés. Il doit également préciser le nom et l'adresse de la ou des entreprises d'assurances ainsi que le numéro du ou des contrats. Toute omission volontaire de déclaration ou fausse déclaration faite de mauvaise foi sera punie de l'amende prévue pour les contraventions de troisième classe.

Les renseignements résultant soit des mentions figurant sur le permis de chasser en vertu des dispositions du dernier alinéa de l'article L. 421-8 du Code des assurances, soit de la déclaration prévue ci-dessus, doivent être obligatoirement indiqués sur le procès-verbal ou le rapport relatif à l'accident. Si un ou plusieurs des renseignements faisant l'objet de la déclaration prévue à l'alinéa précédent sont ignorés de l'auteur de l'accident au moment de l'établissement du procès-verbal ou du rapport, cette circonstance est mentionnée ainsi que l'engagement qui doit avoir été pris par ledit auteur de faire parvenir ces renseignements sous huitaine. Dans ce cas, il est dressé ultérieurement un procès-verbal ou un rapport complémentaire.

Si l'auteur d'un accident qui donne naissance à des dommages résultant d'atteintes à la personne est inconnu, le procès-verbal ou le rapport relatif à cet accident doit mentionner expressément cette circonstance.

Un exemplaire de tout procès-verbal ou rapport relatif à un accident corporel causé par un auteur inconnu ou non assuré est transmis au fonds de garantie dans les dix jours de sa date par les autorités de police ou de gendarmerie.

Art. R. 421-24 *(Mod., D. n° 2018-229, 30 mars 2018).* – Lorsqu'un contrat d'assurance a été souscrit pour garantir les conséquences pécuniaires de la responsabilité civile de l'auteur d'un accident résultant d'actes de chasse ou de destruction d'animaux nuisibles, les dispositions des articles R. 421-4 à R. 421-10 sont applicables aux droits et obligations du responsable, de la victime, de l'assureur et du fonds de garantie.

Les dispositions des articles R. 421-12 à R. 421-17 sont applicables à l'indemnisation par le fonds de garantie des dommages de chasse résultant d'atteintes à la personne mentionnés à l'article L. 421-8 du Code des assurances, étant précisé qu'en matière d'accidents de chasse l'interdiction de citation en justice mentionnée par l'article R. 421-14 s'applique aux citations pour l'application de l'article L. 421-8 du Code des assurances et que, dans la même matière, le rapport mentionné au 3e alinéa de l'article R. 421-15 est celui qui est prévu par l'article R. 421-23.

Toutefois, le bénéfice du fonds n'est donné que lorsqu'il est justifié que la victime a la nationalité française ou a sa résidence principale sur le territoire de la République française ou est ressortissant d'un État ayant conclu avec la France un accord de réciprocité et remplit les conditions fixées par cet accord.

La contribution que le fonds peut recouvrer, le cas échéant, sur le débiteur de l'indemnité est, en matière de chasse, celle prévue au 2° de l'article R. 421-38.

Toute transaction ayant pour objet de fixer ou de régler les indemnités dues par les responsables non assurés d'accidents corporels de chasse ou de destruction des animaux nuisibles définis à l'article L. 421-8 du Code des assurances doit être notifiée au fonds de garantie par le débiteur de l'indemnité dans un délai d'un mois par lettre recommandée ou par envoi recommandé électronique, avec demande d'avis de réception, sous peine de l'amende prévue pour les contraventions de troisième classe.

....

Section X. – Dispositions particulières applicables aux dommages immobiliers d'origine minière

(D. n° 2004-348, 22 avr. 2004)

....

Section XI. – Dispositions spéciales aux catastrophes technologiques

(D. n° 2005-1466, 28 nov. 2005)

....

CHAPITRE II. – LE FONDS DE GARANTIE DES VICTIMES DES ACTES DE TERRORISME ET D'AUTRES INFRACTIONS

(Intitulé mod., D. n° 90-1211, 21 déc. 1990)

Art. R. 422-1 *(D. n° 88-261, 18 mars 1988 ; mod., D. n° 90-1211, 21 déc. 1990).* – Le fonds de garantie des victimes des actes de terrorisme et d'autres infractions, institué par l'article L. 422-1, est géré par un conseil d'administration qui comprend :

1° Un président nommé par arrêté conjoint du ministre chargé de l'économie et des finances et du garde des Sceaux, ministre de la Justice, parmi les membres en activité ou honoraires du Conseil d'État ayant au moins atteint le grade de conseiller d'État ou parmi les membres en activité ou honoraires de la Cour de cassation ayant au moins atteint le grade de conseiller ou d'avocat général ;

2° Un représentant du ministre chargé de l'économie et des finances nommé par arrêté ;

3° Un représentant du ministre de la Justice, nommé par arrêté ;

4° Un représentant du ministre de l'Intérieur, nommé par arrêté ;

5° Un représentant du ministre chargé de la sécurité sociale, nommé par arrêté ;

6° Trois personnes ayant manifesté leur intérêt pour les victimes d'actes de terrorisme et d'autres infractions, nommées par arrêté conjoint du ministre chargé de l'économie et des finances, du ministre de la Justice, du ministre de l'Intérieur et du ministre chargé de la sécurité sociale ;

7° Un professionnel du secteur de l'assurance, nommé par arrêté du ministre chargé de l'économie et des finances.

Le président et les membres du conseil d'administration ont chacun un suppléant nommé dans les mêmes conditions.

Le président, les membres du conseil d'administration et les suppléants sont nommés pour une période de trois ans renouvelable.

En cas de vacance, un remplaçant est nommé dans les mêmes conditions que son prédécesseur pour la durée du mandat restant à courir.

Le conseil d'administration se réunit sur convocation de son président aussi souvent que l'intérêt des victimes l'exige et au moins une fois par trimestre.

Art. R. 422-2 *(D. n° 88-261, 18 mars 1988).* – Les statuts du fonds de garantie sont approuvés par arrêté conjoint du garde des Sceaux, ministre de la Justice, et du ministre chargé des assurances.

Art. R. 422-3 *(D. n° 88-261, 18 mars 1988).* – Le fonds de garantie est soumis au contrôle du ministre chargé des assurances qui nomme un commissaire du Gouvernement pour exercer en son nom un contrôle sur l'ensemble de la gestion du fonds. Le commissaire du Gouvernement peut assister à toutes les réunions du conseil d'administration. Il peut se faire présenter tous les livres et documents comptables.

Les décisions prises par le conseil d'administration ou par les autorités auxquelles il accorde délégation sont exécutoires dans un délai de quinze jours à dater de la décision si le commissaire du Gouvernement ne signifie pas soit qu'il approuve immédiatement, soit qu'il s'oppose à la décision. Toutefois, le délai ci-dessus est ramené à cinq jours en ce qui concerne les décisions ne comportant pas un engagement financier pour le fonds.

Art. R. 422-4 *(D. n° 88-261, 18 mars 1988 ; D. n° 2001-3, 3 janv. 2001).* – Le fonds de garantie est alimenté par une contribution assise sur les primes ou cotisations des contrats d'assurance de biens souscrits auprès d'une entreprise visée à l'article L. 310-2.

Cette contribution est perçue par les entreprises d'assurance suivant les mêmes règles, sous les mêmes garanties et sanctions que la taxe sur les conventions d'assurance. Elle est recouvrée mensuellement par le fonds de garantie qui peut prévoir le versement d'acomptes.

Le taux de la contribution est fixé, chaque année, par arrêté du ministre chargé des assurances.

Art. R. 422-5 *(D. n° 88-261, 18 mars 1988).* – Les opérations effectuées par le fonds de garantie comprennent, en recettes, le produit de la contribution prévue à l'article R. 422-4, les indemnités obtenues des responsables, les revenus des fonds placés et les bénéfices sur remboursements et réalisation d'actifs. Elles comprennent, en dépenses, les indemnités et frais versés au titre des sinistres pris en charge, les frais de fonctionnement, de recours et de placement exposés et les pertes sur réalisation d'actifs.

Les avoirs disponibles du fonds de garantie font l'objet des placements mentionnés à l'article R. 332-2 suivant les limitations prévues aux articles R. 332-3 et R. 332-3-1. Toutefois, pour le calcul de ces limitations, le montant de chacune des catégories de placements est rapporté au montant des avoirs disponibles du fonds.

Art. R. 422-6 *(D. n° 88-261, 18 mars 1988 ; mod., D. n° 89-800, 27 oct. 1989).* – Dès la survenance d'un acte de terrorisme, le procureur de la République ou l'autorité diplomatique ou consulaire compétente informe sans délai le Fonds de garantie des circonstances de l'événement et de l'identité des victimes. En outre, toute personne qui s'estime victime d'un acte de terrorisme peut saisir directement le Fonds de garantie. Le Fonds de garantie assiste les victimes dans la constitution de leur dossier d'indemnisation.

Art. R. 422-7 *(D. n° 88-261, 18 mars 1988 ; mod., D. n° 90-1211, 21 déc. 1990).* – En cas d'examen médical pratiqué sur la victime d'un acte de terrorisme à la demande du fonds de garantie, celui-ci l'informe quinze jours au moins avant la date de l'examen de l'identité et des titres du médecin chargé d'y procéder, de l'objet, de la date et du lieu de l'examen. Il lui fait savoir également qu'elle peut se faire assister d'un médecin de son choix.

Le rapport du médecin doit être adressé dans les vingt jours au fonds de garantie, à la victime et, le cas échéant, au médecin qui l'a assistée.

Art. R. 422-8 *(D. n° 88-261, 18 mars 1988 ; mod., D. n° 90-1211, 21 déc. 1990).* – L'offre d'indemnisation des dommages résultant d'une atteinte à la personne faite à la victime d'un acte de terrorisme indique l'évaluation retenue par le fonds pour chaque chef de préjudice et le montant des indemnités qui reviennent à la victime compte tenu des prestations énumérées à l'article 29 de la loi n° 85-677 du 5 juillet 1985 et des indemnités de toute nature reçues ou à recevoir d'autres débiteurs du chef du même préjudice. Elle est accompagnée, le cas échéant, de la copie des décomptes produits par les personnes ou organismes débiteurs de ces prestations ou indemnités. Elle comporte les mentions prévues par l'article L. 211-16.

Art. R. 422-9 *(D. n° 90-1211, 21 déc. 1990).* – **Les indemnités ou provisions allouées en application des articles 706-3 à 706-14 du Code de procédure pénale sont versées par le fonds de garantie dans les conditions prévues à l'article R. 50-24 du même code.**

Art. R. 422-10 *(Abr., D. n° 2008-1546, 31 déc. 2008 ; D. n° 2008-1549, 31 déc. 2008).*

....

LIVRE CINQUIÈME. – INTERMÉDIAIRES D'ASSURANCE

(Rempl., D. n° 2006-1091, 30 août 2006)

TITRE PREMIER. – INTERMÉDIATION EN ASSURANCE

CHAPITRE PREMIER. – DÉFINITION

Art. R. 511-1 *(Mod., à compter du 1er octobre 2018, D. n° 2018-431, 1er juin 2018).* – **Pour l'application de l'article L. 511-1, est considérée comme présentation, proposition ou aide à la conclusion d'une opération d'assurance, le fait pour toute personne physique ou personne morale de solliciter ou de recueillir la souscription d'un contrat ou l'adhésion à un tel contrat, ou d'exposer oralement ou par écrit à un souscripteur ou un adhérent éventuel, en vue de cette souscription ou adhésion, les conditions de garantie d'un contrat.**

Les travaux préparatoires à la conclusion d'un contrat d'assurance ou de réassurance mentionnés au I de l'article L. 511-1 comprennent, d'une part, tous travaux d'animation de réseaux de distributeurs de produits d'assurance ou de réassurance ou d'organisation par un intermédiaire d'assurance du réseau d'intermédiaires d'assurance ou d'intermédiaires d'assurance à titre accessoire auquel il a recours et, d'autre part, tous travaux d'analyse et de conseil réalisés en vue de la présentation, de la proposition ou de la conclusion d'un contrat. Ils ne comprennent pas les activités consistant à fournir des informations ou des conseils à titre occasionnel dans le cadre d'une activité professionnelle autre que celle mentionnée à l'alinéa premier.

Art. R. 511-2 *(Mod., à compter du 1er octobre 2018, D. n° 2018-431, 1er juin 2018).* – **I. - L'activité de distribution en qualité d'intermédiaire d'assurance ou de réassurance et d'intermédiaire d'assurance à titre accessoire ne peut être exercée contre rémunération que par les catégories de personnes suivantes :**

1° Les courtiers d'assurance ou de réassurance, personnes physiques et sociétés immatriculées au registre du commerce pour l'activité de courtage d'assurance. Ces personnes exercent la distribution selon les modalités mentionnées aux *b* ou *c* du II de l'article L. 521-2. ;

2° Les agents généraux d'assurance, personnes physiques ou personnes morales, titulaires d'un mandat ou chargées à titre provisoire pour une durée de deux ans au plus non renouvelable des fonctions d'agent général d'assurance. Ces personnes exercent la distribution selon les modalités mentionnées au *a* du II de l'article L. 521-2. ;

3° Les mandataires d'assurance, personnes physiques non salariées et personnes morales autres que les agents généraux d'assurance, mandatées à cet effet par une entreprise d'assurance. Ces personnes exercent leur activité selon les modalités mentionnées au *a* ou *b* du II de l'article L. 521-2 ;

4° Les mandataires d'intermédiaires d'assurance, personnes physiques non salariées et personnes morales mandatées par une personne physique ou une personne morale mentionnée aux 1°, 2°, 3° ou 6° du présent article.

L'activité des personnes visées aux 3° et 4° du présent article est limitée à la présentation, la proposition ou l'aide à la conclusion d'une opération d'assurance au sens de l'article R. 511-1, et éventuellement à l'encaissement matériel des primes ou cotisations, et, en outre, en ce qui concerne l'assurance sur la vie et la capitalisation, à la remise matérielle des sommes dues aux assurés ou bénéficiaires.

Cette limitation n'est pas applicable :

1° Aux établissements de crédit et aux sociétés de financement définis à l'article L. 511-1 du Code monétaire et financier ;

2° Aux personnes exerçant des mandats en matière d'assurance dans les branches 4, 5, 6, 7, 11 et 12 mentionnées à l'article R. 321-1 du présent code, ainsi que dans la branche 10 du même article pour ce qui est de la responsabilité du transporteur, à l'exclusion de toutes les autres branches.

5° Les personnes physiques salariées commises à cet effet :

a) Soit par une entreprise d'assurance ;

b) Soit par une entreprise de réassurance ;

c) Soit par une personne physique ou une personne morale mentionnée au 1° ci-dessus ;

d) Soit par une personne physique ou une personne morale mentionnée au 2° ci-dessus ;

e) Soit par une personne physique ou une personne morale mentionnée au 3° ci-dessus ;

f) Soit par une personne physique ou une personne morale mentionnée au 4° ci-dessus ;

6° Les intermédiaires enregistrés sur le registre d'un autre État membre de l'Union européenne ou d'un autre État partie à l'accord sur l'Espace économique européen pour l'exercice de leur activité de distribution d'assurances, quand ils ont préalablement notifié à l'autorité de contrôle de leur pays d'origine chargée de l'immatriculation des intermédiaires d'assurance et de réassurance leur intention d'exercer leur activité en France, ainsi que les salariés de ces personnes.

II. - Un intermédiaire peut exercer au titre de plusieurs catégories parmi celles mentionnées aux 1° à 4° du I du présent article.

Art. R. 511-3 *(Mod. à compter du 1er octobre 2018, D. n° 2018-431, 1er juin 2018)*. – I. - La rémunération mentionnée au III de l'article L. 521-1 s'entend de toute commission, tout honoraire, tout autre type de paiement ou tout avantage de toute nature, économique ou autre, proposé ou offert en lien avec des activités de distribution d'assurances.

II. - La rémunération allouée au titre de l'activité de distribution ne peut être rétrocédée en totalité ou en partie qu'à l'un des intermédiaires mentionnés au I de l'article R. 511-2.

À la demande de celle-ci, l'intermédiaire communique à la personne physique ou à la personne morale qui envisage de souscrire ou adhérer à un contrat d'assurance en raison de ses activités professionnelles le montant de la commission et de toute autre rémunération versée par l'entreprise d'assurance sur le contrat proposé. Cette obligation s'applique lorsque l'intermédiaire exerce selon les modalités prévues au c du II de l'article L. 521-2 et présente, propose ou aide à conclure un contrat, pour cette personne, dont la prime annuelle excède 20 000 euros.

III. - La disposition ci-dessus ne fait pas obstacle à la rétrocession d'une commission d'apport aux indicateurs dont le rôle se borne à mettre en relation l'assuré et l'assureur, ou l'assuré et l'un des intermédiaires mentionnés à l'article R. 511-2, ou à signaler l'un à l'autre.

Art. R.* 511-4 à R. 511-8 *(Abr., D. n° 2006-1091, 30 août 2006)*.

CHAPITRE II. – PRINCIPES GÉNÉRAUX RELATIFS À L'INTERMÉDIATION D'ASSURANCE

(Chapitre mod. à compter du 1er octobre 2018, D. n° 2018-431, 1er juin 2018)

Section I. – Obligation d'immatriculation

Art. R. 512-1 *(Mod. à compter du 1er octobre 2018, D. n° 2018-431, 1er juin 2018)*. – Pour l'exercice de l'activité de distribution en assurance ou en réassurance, les intermédiaires et intermédiaires à titre accessoire relevant des catégories mentionnées aux 1° à 4° du I de l'article R. 511-2 sont immatriculés au registre mentionné à l'article L. 512-1.

Art. R. 512-2 *(Abr., D. n° 2012-100, 26 janv. 2012)*.

Art. R. 512-3 *(Mod., D. n° 2012-100, 26 janv. 2012 ; D. n° 2015-47, 22 janv. 2015)*. – I. - L'organisme *prévu au deuxième alinéa* du I de l'article L. 512-1 prend la forme d'une association. Les statuts de l'association ainsi créée sont homologués par arrêté du ministre chargé de l'économie.

II.– L'organisme est chargée de l'établissement, de la tenue et de la mise à jour permanente du registre mentionné à l'article L. 512-1. À ce titre, elle reçoit les dossiers de demandes d'immatriculation ou de renouvellement de l'immatriculation, instruit et statue sur ces demandes, effectue les suppressions et les radiations du registre et procède à l'envoi des notifications aux autorités compétentes des autres États membres de l'Union européenne et des autres États parties à l'accord sur l'Espace économique européen ainsi qu'à la réception des notifications en provenance de ces autorités.

III. - Le directeur général du Trésor et de la politique économique ou son représentant a qualité de commissaire du Gouvernement auprès de l'organisme. Il peut participer aux travaux de l'assemblée générale et de tous autres organes qui sont créés par les statuts de l'organisme. Il reçoit communication de tous documents et convocations et peut demander une seconde délibération de ces organes.

IV. - L'organisme établit annuellement un bilan, un compte de résultat et une annexe. L'organisme nomme un commissaire aux comptes et un suppléant choisis sur la liste mentionnée à l'article L. 822-1 du Code de commerce, aux fins de certification des comptes.

V. – Une commission est chargée des immatriculations au registre mentionné à l'article L. 512-1.

Elle est composée de membres nommés parmi les professionnels mentionnés à cet article L. 512-1 et à l'article L. 546-1 du Code monétaire et financier ou leurs représentants en tenant compte notamment des inscrits à ce registre ainsi que de personnalités qualifiées dans les domaines de l'assurance, de la banque et de la finance. Ces membres sont nommés pour une durée de cinq ans par arrêté du ministre chargé de l'économie, après consultation des organisations professionnelles concernées.

La commission ne délibère valablement que si la moitié de ses membres sont présents.

Chaque membre dispose d'une voix. Les décisions de la commission sont adoptées à la majorité des deux tiers des voix exprimées. Le vote par procuration est interdit.

Lorsque l'un des membres de la commission a, directement ou indirectement, un intérêt dans le dossier examiné, il en informe les autres membres et ne prend pas part à la décision.

Pour la détermination des règles de quorum applicables aux délibérations de la commission, s'il n'est pas possible de recourir à un suppléant, il n'est pas tenu compte du membre qui s'abstient de siéger au motif qu'il s'estime en situation de conflit d'intérêts.

Lorsqu'un membre de la commission s'abstient de siéger au motif qu'il s'estime en situation de conflit d'intérêts, il en est fait mention au procès-verbal de la réunion.

Préalablement à l'immatriculation au registre mentionné ci-dessus, la commission vérifie l'ensemble des conditions prévues à la section 2 du présent chapitre.

La commission peut entendre tout expert.

VI. - Sous réserve de l'application des dispositions prévues aux II et III de l'article L. 514-4, les personnes chargées de l'instruction des dossiers et ayant à connaître d'informations relatives aux intermédiaires sont tenues au secret sous les peines fixées par l'article 226-13 du Code pénal. Ce secret n'est pas opposable à l'autorité judiciaire agissant dans le cadre d'une procédure pénale.

Cette disposition ne fait pas obstacle à l'échange d'informations avec les autorités compétentes des autres États membres de l'Union européenne ou des autres États parties à l'accord sur l'Espace économique européen, relatives à l'immatriculation au registre, ni à la communication par l'organisme, à toute personne qui y a intérêt et qui en fait la demande du nom de l'entreprise qui a délivré à l'intermédiaire l'attestation visée au III de l'article R. 512-14 ou celle visée au III de l'article R. 512-15, ainsi que des références du contrat auquel l'attestation se rapporte.

VII. - Les dossiers et fichiers correspondants sont conservés sur tout support durable pendant une durée de cinq ans à compter de la date de radiation du fichier.

VIII. - En cas de dissolution de l'organisme, l'excédent de l'actif net sur le passif est dévolu soit à un autre *organisme* ayant un objet similaire, soit à l'État.

Art. R. 512-4 *(Mod. à compter du 1er octobre 2018, D. n° 2018-431, 1er juin 2018).* – Chaque intermédiaire ou intermédiaire à titre accessoire demande son immatriculation sur le registre des intermédiaires et son inscription pour la ou les catégories d'intermédiaires au titre de laquelle ou desquelles il exerce. Il constitue à cet effet un dossier justifiant de la réunion des conditions d'accès aux activités en cause. Le contenu de ce dossier est fixé par arrêté du ministre chargé de l'économie.

Pour les intermédiaires mentionnés et intermédiaires à titre accessoire relevant des catégories mentionnées aux 2°, 3° et 4° du I de l'article R. 511-2, les formalités d'immatriculation prescrites au précédent alinéa peuvent être accomplies par la personne physique ou par la personne morale qui leur a délivré un mandat.

Un même intermédiaire ou intermédiaire à titre accessoire ne peut avoir plus d'un numéro d'immatriculation au registre.

Art. R. 512-5 *(Mod. à compter du 1er octobre 2018, D. n° 2018-431, 1er juin 2018).* – I. - L'immatriculation et l'inscription sont effectuées dans un délai maximum de deux mois à compter de la date de la réception par l'organisme d'un dossier complet. L'organisme notifie au demandeur une attestation comportant son numéro d'immatriculation au registre et la date d'enregistrement.

II. - Lorsqu'il ressort de l'examen du dossier complet que la demande d'inscription ne satisfait pas aux dispositions du présent code, l'organisme prend une décision de non-inscription qu'elle communique au demandeur, par lettre recommandée avec avis de réception, dans le délai prévu à la première phrase du I du présent article.

III. - L'immatriculation est à renouveler annuellement selon des modalités fixées par arrêté du ministre chargé de l'économie.

IV. - Les intermédiaires et intermédiaires à titre accessoire informent l'organisme de toute modification des informations les concernant et de tout événement pouvant avoir des conséquences sur leur inscription, tels que le changement de lieu d'exercice professionnel, la cessation d'activité ou la radiation du registre du commerce et des sociétés. L'information est transmise dans le mois qui précède l'événement, ou quand il ne peut pas être anticipé, dans le mois qui suit.

V. - La personne qui a délivré un mandat à l'un des intermédiaires ou intermédiaires à titre accessoire relevant des catégories mentionnées aux 2°, 3° ou 4° du I de l'article R. 511-2 notifie à l'organisme la cessation de fonction de cet intermédiaire ou intermédiaire à titre accessoire dans le mois qui précède la fin du mandat, ou dans le mois qui suit en cas de cessation soudaine de ce mandat.

VI *(VI abr. à compter du 1er avril 2012, D. n° 2012-100, 26 janv. 2012)* ;

VII. - L'association procède à la radiation du registre, sur demande de l'Autorité de contrôle prudentiel et de résolution en application du 6° de l'article L. 612-41 du Code monétaire et financier. Lorsque l'intermédiaire ou l'intermédiaire à titre accessoire ne justifie plus du respect des obligations requises pour la ou les catégories au titre de laquelle ou desquelles il est inscrit, l'association procède à la suppression de l'inscription et, le cas échéant, à la radiation du registre.

La radiation ou la suppression de l'inscription sont notifiées par l'organisme à l'intermédiaire concerné, par lettre recommandée avec avis de réception, dans le délai de quinze jours suivant la décision en cause.

La radiation est rendue publique concomitamment par l'association, qui la communique également au greffe du tribunal dans le ressort duquel l'intermédiaire est immatriculé au registre du commerce et des sociétés.

VIII. - L'organisme adresse au ministre chargé de l'économie un rapport annuel sur les immatriculations et les radiations intervenues, ainsi que sur les statistiques relatives à la consultation du registre.

Art. R. 512-6 *(D. n° 2006-1091, 30 août 2006 ; mod., D. n° 2012-100, 26 janv. 2012).* – Le registre mentionné à l'article L. 512-1 comporte un ensemble d'informations définies par arrêté du ministre chargé de l'économie.

Section II. – Autres conditions d'accès et d'exercice

Art. R. 512-7 *(D. n° 2006-1091, 30 août 2006).* – Toute personne qui a sous son autorité des salariés mentionnés au 5° du I de l'article R. 511-2 est tenue de veiller à ce que ceux-ci remplissent les conditions d'honorabilité et de capacité de la présente section qui leur sont applicables.

Sous-section 1. – Conditions d'honorabilité

Cette sous-section ne comporte pas de dispositions réglementaires.

Sous-section 2. – Conditions de capacité professionnelle

Art. R. 512-8 *(Mod. à compter du 1er octobre 2018, D. n° 2018-431, 1er juin 2018).* – Au sein d'une personne morale, la condition de capacité professionnelle prévue aux articles R. 512-9, R. 512-10 et R. 512-12 s'applique aux personnes physiques associés ou tiers qui dirigent ou gèrent cette personne morale, ou, le cas échéant, lorsque l'activité de distribution est exercée à titre accessoire à l'activité principale, à la ou les personnes physiques, au sein de la direction, auxquelles est déléguée la responsabilité de l'activité de distribution.

Art. R. 512-9 *(D. n° 2006-1091, 30 août 2006 ; mod., D. n° 2010-40, 11 janv. 2010 ; D. n° 2014-1315, 3 nov. 2014).* – Les intermédiaires mentionnés aux 1° et 2° du I de l'article R. 511-2, les établissements de crédit et les sociétés de financement mentionnés au même article, ainsi que les salariés mentionnés au *a* et aux *c* à *f* du 5° du même article qui exercent des fonctions de responsables de bureau de production ou qui ont la charge d'animer un réseau de production doivent justifier :

1° Soit d'un stage professionnel d'une durée raisonnable et suffisante sans pouvoir être inférieure à 150 heures. Le stage, dont les principes sont fixés à l'article R. 512-11, doit être effectué :

a) Auprès d'une entreprise d'assurance, d'un établissement de crédit d'une société de financement ou d'un intermédiaire visés aux 1° et 2° du I de l'article R. 511-2 ;

b) Auprès d'un centre de formation choisi par l'intéressé lui-même lorsqu'il souhaite accéder à l'activité de courtier en assurance ou en réassurance, ou choisi par l'employeur ou le mandant pour les autres intermédiaires ;

2° Soit de deux ans d'expérience en tant que cadre dans une fonction relative à la production ou à la gestion de contrats d'assurance ou de capitalisation, dans une entreprise d'assurance ou un intermédiaire mentionné au premier alinéa du présent article ;

3° Soit de quatre ans d'expérience dans une fonction relative à la production ou à la gestion de contrats d'assurances ou de capitalisation au sein de ces mêmes entreprises ou intermédiaires ;

4° Soit de la possession d'un diplôme, titre ou certificat mentionné sur une liste fixée par arrêté pris par les ministres chargés de l'économie et de l'éducation.

Art. R. 512-10 *(D. n° 2006-1091, 30 août 2006).* – I. – Sous réserve des dispositions des articles R. 512-9 et R. 512-12, les intermédiaires mentionnés aux 3° et 4° du I de l'article R. 511-2 et les salariés mentionnés au *a* et aux *c* à *f* du 5° du même article doivent justifier :

1° Soit d'un stage professionnel d'une durée raisonnable et suffisante sans pouvoir être inférieure à 150 heures. Le stage, dont les principes sont fixés à l'article R. 512-11, doit être effectué :

a) Auprès d'une entreprise d'assurance ou d'un intermédiaire visés aux 1° à 4° du I de l'article R. 511-2 ;

b) Auprès d'un centre de formation choisi par l'employeur ou le mandant ;

2° Soit d'un an d'expérience en tant que cadre dans une fonction relative à la production ou à la gestion de contrats d'assurance ou de capitalisation, au sein d'une entreprise d'assurance ou d'un intermédiaire mentionnés aux 1° à 4° du I de l'article R. 511-2 ;

3° Soit de deux ans d'expérience dans une fonction relative à la production ou à la gestion de contrats d'assurance ou de capitalisation au sein de ces mêmes entreprises ou intermédiaires ;

4° Soit de la possession d'un diplôme, titre ou certificat mentionné sur une liste fixée par arrêté pris par les ministres chargés de l'économie et de l'éducation.

Art. R. 512-11 *(D. n° 2006-1091, 30 août 2006).* – I. – Le stage professionnel mentionné aux articles R. 512-9 et R. 512-10 a pour objet de permettre aux stagiaires d'acquérir, préalablement à l'exercice de l'activité d'intermédiation, des compétences en matière juridique, technique, commerciale et administrative définies dans un programme minimal de formation élaboré par les organisations représentatives de la profession et approuvé par arrêté du ministre de l'Économie.

II. – Les compétences acquises font l'objet d'un contrôle à l'issue du stage. Les résultats de ce contrôle doivent être annexés au livret de stage prévu à l'article R. 514-4.

Art. R. 512-12 *(D. n° 2006-1091, 30 août 2006 ; mod. à compter du 1er octobre 2018, D. n° 2018-431, 1er juin 2018).* – *I. - Lorsque les intermédiaires mentionnés aux 3° ou 4° du I de l'article R. 511-2 et leurs salariés exercent l'activité de distribution à titre accessoire à leur activité professionnelle principale et présentent, proposent ou aident à conclure uniquement des contrats relatifs à des produits d'assurance constituant un complément au produit ou au service fourni dans le cadre de leur activité professionnelle et ne comportant pas de couverture de responsabilité civile, ils satisfont à l'une des conditions ci-dessous énumérées :*

1° Soit avoir effectué une formation d'une durée raisonnable, adaptée aux produits et contrats qu'ils présentent ou proposent, sanctionnée par la délivrance d'une attestation de formation ;

2° Soit présenter une ancienneté de six mois d'expérience dans une fonction relative à la production ou à la gestion de contrats d'assurance ou de capitalisation dans une entreprise d'assurance ou au sein d'un des intermédiaires mentionnés aux 1° à 4° du I de l'article R. 511-2 ;

3° Soit être en possession d'un diplôme, titre ou certificat mentionné sur une liste fixée par arrêté pris par les ministres de l'économie et de l'éducation.

II. - Les personnes physiques salariées mentionnées au *a* et aux *c* à *f* du 5° du I de l'article R. 511-2, travaillant au siège ou dans un bureau de production, dont le responsable remplit les conditions de capacité professionnelle requises mentionnées à l'article R. 512-9 satisfont à l'une des conditions mentionnées aux 1° à 3° du I du présent article.

Art. R. 512-13 *(D. n° 2006-1091, 30 août 2006 ; mod., à compter du 1er octobre 2018, D. n° 2018-431, 1er juin 2018)*. – Lorsqu'il exerce l'activité de distribution au titre de plus d'une des catégories mentionnées au I de l'article R. 511-2, l'intermédiaire doit justifier des exigences de capacité les plus élevées prévues pour ces mêmes catégories.

Art. R. 512-13-1 *(Créé à compter du 23 février 2019, D. n° 2018-431, 1er juin 2018)*. – I. - La durée consacrée à la formation ou au développement professionnels continus mentionnés au II de l'article L. 511-2 ne peut être inférieure à quinze heures par an.

II. - La formation ou le développement professionnels continus mentionnés au I peuvent donner lieu à des prestations dispensées en présentiel ou à distance, organisées en une ou plusieurs séquences, consécutives ou non. Ils peuvent être assurés par un organisme de formation, une entreprise d'assurance ou de réassurance, un intermédiaire d'assurance ou de réassurance, un établissement de crédit ou une société de financement. Ils doivent permettre d'actualiser régulièrement les compétences nécessaires à l'exercice des fonctions occupées.

Un arrêté du ministre chargé de l'économie détermine la liste des compétences susmentionnées, en fonction de la nature des produits distribués, des modes de distribution et des fonctions exercées, ainsi que le contenu et les caractéristiques des actions de formation ou de développement professionnel continus correspondantes.

Les entreprises d'assurance et de réassurance et les intermédiaires d'assurance doivent être en mesure de produire, d'une part, pour eux-mêmes et pour tout membre de leur personnel concerné par les dispositions susmentionnées, la liste des formations suivies au titre du présent article, y compris lorsqu'elles ont été réalisées en application d'autres obligations réglementaires, d'autre part, pour chacune de ces formations, le nom de l'entité ayant délivré la formation, la date, la durée et les modalités de celle-ci ainsi que les thèmes traités.

III. - Tout ou partie des heures de formation ou de développement professionnels continus mentionnées au I peut être retenue, dans le cadre d'une certification inscrite en catégorie A, au titre des certifications et habilitations recensées à l'inventaire mentionné au onzième alinéa de l'article L. 335-6 du Code de l'éducation. Dans le cadre de cette certification, les compétences évaluées correspondent à une ou plusieurs thématiques de la liste de compétences mentionnées au II.

Sous-section 3. – Assurance de responsabilité civile

Art. R. 512-14 *(D. n° 2006-1091, 30 août 2006 ; mod., D. n° 2012-100, 26 janv. 2012)*. – I. - Le contrat d'assurance de responsabilité civile professionnelle prévu à l'article L. 512-6 doit couvrir le territoire de la Communauté européenne et celui des autres États parties à l'accord sur l'Espace économique européen. Il comporte pour les entreprises d'assurance des obligations qui ne peuvent pas être inférieures à celles définies dans un arrêté du ministre chargé de l'économie.

II. – Le contrat dont les garanties prennent effet au 1er mars pour une durée de douze mois est reconduit tacitement au 1er janvier de chaque année.

III. – L'assureur délivre à la personne garantie une attestation d'assurance de responsabilité civile professionnelle.

IV. – Toute suspension de garantie, dénonciation de la tacite reconduction ou résiliation du contrat d'assurance est portée sans délai par l'assureur à la connaissance de l'organisme mentionnée à l'article R. 512-3.

Sous-section 4. – Garantie financière

Art. R. 512-15 *(D. n° 2006-1091, 30 août 2006)*. – I. – Le montant de la garantie financière prévue à l'article L. 512-7 est fixé par arrêté du ministre chargé de l'économie.

II. – L'engagement de caution qui prend effet au 1er mars pour une durée de douze mois est reconduit tacitement au 1er janvier de chaque année. Le montant de la garantie est révisé lors de la reconduction de l'engagement.

III. – Le garant délivre à l'intermédiaire une attestation de garantie financière.

IV. – Le garant peut exiger la communication de tous registres et documents comptables.

Art. R. 512-16 *(D. n° 2006-1091, 30 août 2006)*. – I. – La garantie financière est mise en œuvre sur la seule justification que l'intermédiaire garanti est défaillant, sans que le garant puisse opposer au créancier le bénéfice de discussion. La défaillance de la personne garantie est acquise un mois après la date de réception par celle-ci d'une lettre recommandée exigeant le paiement des sommes dues ou d'une sommation de payer, demeurées sans effet. Elle est également acquise par un jugement prononçant la liquidation judiciaire.

II. – Le paiement est effectué par le garant à l'expiration d'un délai de trois mois à compter de la présentation de la première demande écrite, qui doit être envoyée en recommandé avec avis de réception. Si d'autres demandes sont reçues pendant ce délai, une répartition a lieu au marc le franc dans le cas où le montant total des demandes excéderait le montant de la garantie.

Art. R. 512-17 *(D. n° 2006-1091, 30 août 2006)*. – La garantie cesse en raison de la dénonciation du contrat à son échéance. Elle cesse également par le décès ou la cessation d'activité de la personne garantie ou, s'il s'agit d'une personne morale, par la dissolution de cette personne.

En aucun cas la garantie ne peut cesser avant l'expiration d'un délai de trois jours francs suivant la date à laquelle l'association mentionnée à l'article R. 512-3 est informée par le garant de la cessation de la garantie.

Dans tous les cas prévus aux alinéas précédents, la cessation de garantie n'est pas opposable au créancier pour les créances nées pendant la période de validité de l'engagement de caution.

CHAPITRE III. – DÉROGATIONS AUX PRINCIPES GÉNÉRAUX POUR LES INTERMÉDIAIRES D'ASSURANCE À TITRE ACCESSOIRE

(Intitulé rempl. à compter du 1er octobre 2018, D. n° 2018-431, 1er juin 2018)

Art. R. 513-1 *(Abr. à compter du 1er octobre 2018, D. n° 2018-431, 1er juin 2018)*.

Art. R. 513-2 à R. 513-4 *(Implicitement abr., D. n° 2006-1091, 30 août 2006)*.

Art. R. 513-5 *(Abr., D. n° 92-309, 31 mars 1992)*.

Art. R. 513-6 *(Implicitement abr., D. n° 2006-1091, 30 août 2006)*.

CHAPITRE IV. – CONTRÔLE DES CONDITIONS D'ACCÈS ET D'EXERCICE DE L'ACTIVITÉ DE DISTRIBUTION

(Intitulé rempl. à compter du 1er octobre 2018, D. n° 2018-431, 1er juin 2018)

Section I. – Modalités de contrôle spéciales aux conditions d'honorabilité

Art. R. 514-1 *(Mod. à compter du 1er octobre 2018, D. n° 2018-431, 1er juin 2018)*. – I. - À l'effet de vérifier les conditions d'honorabilité mentionnées aux I à III et V de l'article L. 322-2, l'organisme mentionné à l'article R. 512-3 demande communication du bulletin n° 2 du casier judiciaire de la personne intéressée au casier judiciaire national automatisé par un moyen de télécommunication sécurisé, ou de son équivalent pour les ressortissants d'un autre État membre de l'Union européenne ou d'un autre État partie à l'accord sur l'Espace économique européen ainsi que pour les personnes originaires des îles Wallis et Futuna.

La vérification des conditions d'honorabilité au vu du bulletin n° 2 s'applique aux intermédiaires personnes physiques mentionnés aux 1° à 4° du I de l'article R. 511-2. Elle s'applique aussi aux associés ou tiers qui dirigent et gèrent, au sein des intermédiaires personnes morales mentionnées aux 1° à 4° du I de l'article R. 511-2, l'activité de distribution, ainsi que, le cas échéant, lorsque l'activité de distribution en assurance est exercée à titre accessoire de leur activité principale, à la ou aux personnes, au sein de la direction, auxquelles est déléguée la responsabilité de cette activité.

II. - Les salariés directement responsables de l'activité de distribution, notamment exerçant des fonctions de responsable d'un bureau de production ou d'animation d'un réseau de production, justifient de la condition d'honorabilité par une déclaration sur l'honneur attestant qu'ils remplissent les conditions mentionnées aux I à III et V de l'article L. 322-2. Ce document est remis à l'employeur lors de l'embauche ou de la nomination de ces salariés.

Art. R. 514-2 *(Abr., D. n° 2012-100, 26 janv. 2012).*

Section II. – Modalités de contrôle spéciales aux conditions de capacité professionnelle

Art. R. 514-3 *(D. n° 2006-1091, 30 août 2006 ; mod., à compter du 1er octobre 2018, D. n° 2018-431, 1er juin 2018).* – Il est justifié de la capacité professionnelle prévue par au I de l'article L. 511-2 par la présentation, selon les cas, de l'un des documents suivants :

a) Livret de stage défini à l'article R. 514-4 ;

b) Attestation de formation mentionnée à l'article R. 514-5 ;

c) Attestation de fonctions ;

d) Diplôme, titre ou certificat mentionnés aux articles R. 512-9, R. 512-10 et R. 512-12.

Art. R. 514-4 *(D. n° 2006-1091, 30 août 2006).* – Le livret de stage, signé par les personnes auprès desquelles le stage a été effectué, comprend en annexe les résultats du contrôle des compétences mentionné au II de l'article R. 512-11. Il est remis dans les plus brefs délais à son titulaire.

Art. R. 514-5 *(D. n° 2006-1091, 30 août 2006).* – L'attestation de formation est signée par la personne responsable de la formation. Elle est remise à son titulaire à l'issue de la formation.

TITRE II. – INFORMATIONS À FOURNIR PAR LES DISTRIBUTEURS ET RÈGLES DE CONDUITE

(Intitulé rempl. à compter du 1er octobre 2018, D. n° 2018-431, 1er juin 2018)

CHAPITRE UNIQUE. – DISPOSITIONS APPLICABLES À L'ENSEMBLE DES CONTRATS D'ASSURANCE

(Rempl. à compter du 1er octobre 2018, D. n° 2018-431, 1er juin 2018)

Art. R. 521-1 *(Créé à compter du 1er octobre 2018, D. n° 2018-431, 1er juin 2018).* – I. - En application du I de l'article L. 521-2, le distributeur fournit au souscripteur ou à l'adhérent les coordonnées et l'adresse de son service de réclamation, quand il existe, et lui indique les modalités de recours à un processus de médiation dans les conditions prévues au titre Ier du livre VI du Code de la consommation. Le distributeur lui fournit également les coordonnées et l'adresse de l'Autorité de contrôle prudentiel et de résolution.

II. - L'intermédiaire d'assurance indique au souscripteur éventuel ou à l'adhérent éventuel, avant la conclusion d'un contrat d'assurance, toute participation, directe ou indirecte, égale ou supérieure à 10 % des droits de vote ou du capital d'une entreprise d'assurance qu'il détient. Il lui indique également toute participation, directe ou indirecte, supérieure à 10 % des droits de vote ou de son capital détenue par une entreprise d'assurance déterminée ou par l'entreprise mère d'une entreprise d'assurance déterminée.

Tout intermédiaire qui exerce selon les modalités prévues au c du II de l'article L. 521-2 indique également au souscripteur éventuel ou à l'adhérent éventuel le nom de l'entreprise d'assurance ou du groupe d'assurance avec lequel il a enregistré au cours de l'année précédente un chiffre d'affaires, au titre de son activité d'intermédiaire, supérieur à 33 % du chiffre d'affaires total qu'il a réalisé au titre de l'ensemble de son activité de distribution.

Art. R. 521-2 *(Créé à compter du 1er octobre 2018, D. n° 2018-431, 1er juin 2018).* – I. - Le document d'information normalisé sur le produit d'assurance mentionné à l'article L. 112-2 ainsi que toute autre information fournie par un distributeur en application des articles L. 521-1 à L. 521-3 et des articles L. 522-3 et L. 522-4, sont communiqués au souscripteur ou à l'adhérent de manière claire, exacte et non trompeuse.

Si, en application des dispositions de l'article L. 521-6, ces informations sont communiquées au moyen d'un support durable autre que le papier, ou d'un site internet, un exemplaire sur support papier en est gratuitement fourni au souscripteur ou à l'adhérent à sa demande.

Le distributeur vérifie que la fourniture d'informations sur un support durable autre que le papier, ou au moyen d'un site internet, est appropriée à ses opérations commerciales avec le souscripteur ou l'adhérent. La fourniture par le souscripteur ou l'adhérent d'une adresse électronique à cette fin, dont la validité est vérifiée par le distributeur, constitue un élément de preuve à cet égard.

II. - Les dispositions de l'article L. 112-2-1 s'appliquent aux informations précontractuelles fournies au souscripteur ou à l'adhérent dans le cas de commercialisation d'un contrat à distance. En outre, lorsque le contrat d'assurance a été conclu à la demande du souscripteur ou de l'adhérent en utilisant une technique à distance ne permettant pas la transmission des informations sur support papier ou sur un autre support durable, le distributeur met les informations relatives à ce contrat à la disposition du souscripteur ou de l'adhérent sur support papier ou tout autre support durable auquel il a facilement accès, immédiatement après la conclusion du contrat.

Art. R. 521-3 *(Créé à compter du 1er octobre 2018, D. n° 2018-431, 1er juin 2018).* – Dans le cas où l'assureur indique, lors de l'offre ou de la conclusion du contrat d'assurance vie ou de capitalisation, à un souscripteur éventuel ou à un adhérent éventuel des données chiffrées relatives au montant de possibles prestations en sus et au-delà des prestations convenues dans le contrat, il lui fournit un exemple de calcul de ces prestations, en appliquant à leur base trois taux d'intérêt différents. Il informe le souscripteur éventuel ou l'adhérent éventuel, de manière claire, exacte et non trompeuse, que cet exemple de calcul n'est que l'application d'un modèle fondé sur de pures hypothèses et que le souscripteur ou l'adhérent éventuel ne saurait tirer de cet exemple de calcul aucun droit contractuel. Ces dispositions ne s'appliquent pas aux contrats d'assurance vie comportant un terme.

En outre, dans le cas où l'assureur a fourni une projection sur la possible évolution future de la participation aux bénéfices, il informe le souscripteur ou l'adhérent, dans le cadre de la plus prochaine information annuelle mentionnée à l'article L. 132-22, des écarts entre l'évolution constatée et la projection susmentionnée.

Art. R. 521-4 *(Créé à compter du 1er octobre 2018, D. n° 2018-431, 1er juin 2018).* – Toute correspondance ou publicité, quel qu'en soit le support, émanant d'un distributeur agissant en cette qualité doit indiquer son nom ou sa dénomination sociale, son adresse professionnelle et, le cas échéant, son numéro d'immatriculation d'intermédiaire. Si cette correspondance ou publicité concerne la souscription d'un contrat auprès d'une entreprise d'assurance ou l'adhésion à un tel contrat, ou expose en vue de cette souscription ou adhésion les conditions de souscription ou de garantie de ce contrat, elle doit en outre indiquer la dénomination sociale de l'entreprise d'assurance concernée.

Code de commerce

PREMIÈRE PARTIE (LÉGISLATIVE)

LIVRE PREMIER. – DU COMMERCE EN GÉNÉRAL

....

TITRE II. – DES COMMERÇANTS

CHAPITRE I. – DE LA DÉFINITION ET DU STATUT

....

Section II. – Du conjoint du chef d'entreprise ou du partenaire lié au chef d'entreprise par un pacte civil de solidarité, travaillant dans l'entreprise familiale

(Intitulé rempl., L. n° 2005-882, 2 août 2005 ; L. n° 2008-776, 4 août 2008)

Art. L. 121-4 *(Rempl., L. n° 2005-882, 2 août 2005 ; mod., L. n° 2008-776, 4 août 2008).* – I. – Le conjoint du chef d'une entreprise artisanale, commerciale ou libérale qui y exerce de manière régulière une activité professionnelle opte pour l'un des statuts suivants :

1° Conjoint collaborateur ;

2° Conjoint salarié ;

3° Conjoint associé.

II. – En ce qui concerne les sociétés, le statut de conjoint collaborateur n'est autorisé qu'au conjoint du gérant associé unique ou du gérant associé majoritaire d'une société à responsabilité limitée ou d'une société d'exercice libéral à responsabilité limitée répondant à des conditions de seuils fixées par décret en Conseil d'État.

Le choix effectué par le conjoint du gérant associé majoritaire de bénéficier du statut de conjoint collaborateur est porté à la connaissance des associés lors de la première assemblée générale suivant la mention de ce statut auprès des organismes mentionnés au IV.

III. – Les droits et obligations professionnels et sociaux du conjoint résultent du statut pour lequel il a opté.

IV. – Le chef d'entreprise déclare le statut choisi par son conjoint auprès des organismes habilités à enregistrer l'immatriculation de l'entreprise. Seul le conjoint collaborateur fait l'objet d'une mention dans les registres de publicité légale à caractère professionnel.

V. – La définition du conjoint collaborateur, les modalités selon lesquelles le choix de son statut est mentionné auprès des organismes visés au IV et les autres conditions d'application du présent article sont fixées par décret en Conseil d'État.

Art. L. 121-5 *(Anc. L. n° 82-596, 10 juill. 1982)*. – Une personne immatriculée au répertoire des métiers ou un commerçant ne peut, sans le consentement exprès de son conjoint, lorsque celui-ci participe à son activité professionnelle en qualité de conjoint travaillant dans l'entreprise, aliéner ou grever de droits réels les éléments du fonds de commerce ou de l'entreprise artisanale dépendant de la communauté, qui, par leur importance ou par leur nature, sont nécessaires à l'exploitation de l'entreprise, ni donner à bail ce fonds de commerce ou cette entreprise artisanale. Il ne peut, sans ce consentement exprès, percevoir les capitaux provenant de telles opérations.

Le conjoint qui n'a pas donné son consentement exprès à l'acte peut en demander l'annulation ; l'action en nullité lui est ouverte pendant deux années à compter du jour où il a eu connaissance de l'acte, sans pouvoir jamais être intentée plus de deux ans après la dissolution de la communauté.

Art. L. 121-6 *(Anc. L. n° 82-596, 10 juill. 1982)*. – Le conjoint collaborateur, lorsqu'il est mentionné au registre du commerce et des sociétés, au répertoire des métiers ou au registre des entreprises tenu par les chambres de métiers d'Alsace et de Moselle est réputé avoir reçu du chef d'entreprise le mandat d'accomplir au nom de ce dernier les actes d'administration concernant les besoins de l'entreprise.

Par déclaration faite devant notaire, à peine de nullité, chaque époux a la faculté de mettre fin à la présomption de mandat, son conjoint présent ou dûment appelé. La déclaration notariée a effet, à l'égard des tiers, trois mois après que mention en aura été portée au registre du commerce et des sociétés, au répertoire des métiers ou au registre des entreprises tenu par les chambres de métiers d'Alsace et de Moselle. En l'absence de cette mention, elle n'est opposable aux tiers que s'il est établi que ceux-ci en ont eu connaissance.

La présomption de mandat cesse également de plein droit en cas d'absence présumée de l'un des époux, de séparation de corps ou de séparation de biens judiciaire, de même que lorsque les conditions prévues au premier alinéa ci-dessus ne sont plus remplies.

Art. L. 121-7 *(L. n° 2005-882, 2 août 2005)*. – Dans les rapports avec les tiers, les actes de gestion et d'administration accomplis pour les besoins de l'entreprise par le conjoint collaborateur sont réputés l'être pour le compte du chef d'entreprise et n'entraînent à la charge du conjoint collaborateur aucune obligation personnelle.

Art. L. 121-8 *(L. n° 2008-776, 4 août 2008)*. – La présente section est également applicable aux personnes qui sont liées au chef d'entreprise par un pacte civil de solidarité.

....

LIVRE DEUXIÈME. – DES SOCIÉTÉS COMMERCIALES ET DES GROUPEMENTS D'INTÉRÊT ÉCONOMIQUE

TITRE I. – DISPOSITIONS PARTICULIERES AUX DIVERSES SOCIETES COMMERCIALES

CHAPITRE V. – DES SOCIÉTÉS ANONYMES

Section III. – Des assemblés d'actionnaires

Art. L. 225-102-4 *(Créé, L. n° 2017-399, 27 mars 2017)*. – I. - Toute société qui emploie, à la clôture de deux exercices consécutifs, au moins cinq mille salariés en son sein et dans ses filiales directes ou indirectes dont le siège social est fixé sur le territoire français, ou au moins dix mille salariés en son sein et dans ses *filiales directes ou indirectes* dont le siège social est fixé sur le territoire français ou à l'étranger, établit et met en œuvre de manière effective un plan de vigilance.

Les filiales ou sociétés contrôlées qui dépassent les seuils mentionnés au premier alinéa sont réputées satisfaire aux obligations prévues au présent article dès lors que la société qui les contrôle, au sens de l'article L. 233-3, établit et met en œuvre un plan de vigilance relatif à l'activité de la société et de l'ensemble des filiales ou sociétés qu'elle contrôle.

Le plan comporte les mesures de vigilance raisonnable propres à identifier les risques et à prévenir les atteintes graves envers les droits humains et les libertés fondamentales, la santé et la sécurité des personnes ainsi que l'environnement, résultant des activités de la société et de celles des sociétés qu'elle contrôle au sens du II de l'article L. 233-16, directement ou indirectement, ainsi que des activités des sous-traitants ou fournisseurs avec lesquels est entretenue une relation commerciale établie, lorsque ces activités sont rattachées à cette relation.

Le plan a vocation à être élaboré en association avec les parties prenantes de la société, le cas échéant dans le cadre d'initiatives pluripartites au sein de filières ou à l'échelle territoriale. Il comprend les mesures suivantes :

1° Une cartographie des risques destinée à leur identification, leur analyse et leur hiérarchisation ;

2° Des procédures d'évaluation régulière de la situation des filiales, des sous-traitants ou fournisseurs avec lesquels est entretenue une relation commerciale établie, au regard de la cartographie des risques ;

3° Des actions adaptées d'atténuation des risques ou de prévention des atteintes graves ;

4° Un mécanisme d'alerte et de recueil des signalements relatifs à l'existence ou à la réalisation des risques, établi en concertation avec les organisations syndicales représentatives dans ladite société ;

5° Un dispositif de suivi des mesures mises en œuvre et d'évaluation de leur efficacité.

Le plan de vigilance et le compte rendu de sa mise en œuvre effective sont rendus publics et inclus dans le rapport mentionné à l'article L. 225-102.

Un décret en Conseil d'État peut compléter les mesures de vigilance prévues aux 1° à 5° du présent article. Il peut préciser les modalités d'élaboration et de mise en œuvre du plan de vigilance, le cas échéant dans le cadre d'initiatives pluripartites au sein de filières ou à l'échelle territoriale.

II. - Lorsqu'une société mise en demeure de respecter les obligations prévues au I n'y satisfait pas dans un délai de trois mois à compter de la mise en demeure, la juridiction compétente peut, à la demande de toute personne justifiant d'un intérêt à agir, lui enjoindre, le cas échéant sous astreinte, de les respecter.

Le président du tribunal, statuant en référé, peut être saisi aux mêmes fins.

[Dispositions déclarées non conformes à la Constitution par la décision du Conseil constitutionnel n° 2017-750 DC du 23 mars 2017 : JO28 mars 2017.]

Art. L. 225-102-5 *(Créé, L. n° 2017-399, 27 mars 2017).* – Dans les conditions prévues aux articles 1240 et 1241 du Code civil, le manquement aux obligations définies à l'article L. 225-102-4 du présent code engage la responsabilité de son auteur et l'oblige à réparer le préjudice que l'exécution de ces obligations aurait permis d'éviter.

[Dispositions déclarées non conformes à la Constitution par la décision du Conseil constitutionnel n° 2017-750 DC du 23 mars 2017 : JO28 mars 2017.]

L'action en responsabilité est introduite devant la juridiction compétente par toute personne justifiant d'un intérêt à agir à cette fin.

La juridiction peut ordonner la publication, la diffusion ou l'affichage de sa décision ou d'un extrait de celle-ci, selon les modalités qu'elle précise. Les frais sont supportés par la personne condamnée.

La juridiction peut ordonner l'exécution de sa décision sous astreinte.

....

LIVRE QUATRIÈME. – DE CERTAINES FORMES DE VENTES ET DES CLAUSES D'EXCLUSIVITE

TITRE IV. – DE LA TRANSPARENCE, DES PRATIQUES RESTRICTIVES DE CONCURRENCE ET D'AUTRES PRATIQUES PROHIBEES

CHAPITRE II. – DES PRATIQUES RESTRICTIVES DE CONCURRENCE

....

Art. L. 442-6 *(L. n° 2016-1691, 9 déc. 2016).* – I . - Engage la responsabilité de son auteur et l'oblige à réparer le préjudice causé le fait, par tout producteur, commerçant, industriel ou personne immatriculée au répertoire des métiers :

1° D'obtenir ou de tenter d'obtenir d'un partenaire commercial un avantage quelconque ne correspondant à aucun service commercial effectivement rendu ou manifestement disproportionné au regard de la valeur du service rendu. Un tel avantage peut notamment consister en la participation, non justifiée par un intérêt commun et sans contrepartie proportionnée, au financement d'une opération d'animation ou de promotion commerciale, d'une acquisition ou d'un investissement, en particulier dans le cadre de la rénovation de magasins, du rapprochement d'enseignes ou de centrales de référencement ou d'achat ou de la rémunération de services rendus par une centrale internationale regroupant des distributeurs. Un tel avantage peut également consister en une globalisation artificielle des chiffres d'affaires, en une demande d'alignement sur les conditions commerciales obtenues par d'autres clients ou en une demande supplémentaire, en cours d'exécution du contrat, visant à maintenir ou accroître abusivement ses marges ou sa rentabilité ;

2° De soumettre ou de tenter de soumettre un partenaire commercial à des obligations créant un déséquilibre significatif dans les droits et obligations des parties ;

3° D'obtenir ou de tenter d'obtenir un avantage, condition préalable à la passation de commandes, sans l'assortir d'un engagement écrit sur un volume d'achat proportionné et, le cas échéant, d'un service demandé par le fournisseur et ayant fait l'objet d'un accord écrit ;

4° D'obtenir ou de tenter d'obtenir, sous la menace d'une rupture brutale totale ou partielle des relations commerciales, des conditions manifestement abusives concernant les prix, les délais de paiement, les modalités de vente ou les services ne relevant pas des obligations d'achat et de vente ;

5° De rompre brutalement, même partiellement, une relation commerciale établie, sans préavis écrit tenant compte de la durée de la relation commerciale et respectant la durée minimale de préavis déterminée, en référence aux usages du commerce, par des accords interprofessionnels. Lorsque la relation commerciale porte sur la fourniture de produits sous marque de distributeur, la durée minimale de préavis est double de celle qui serait applicable si le produit n'était pas fourni sous marque de distributeur. À défaut de tels accords, des arrêtés du ministre chargé de l'économie peuvent, pour chaque catégorie de produits, fixer, en tenant compte des usages du commerce, un délai minimum de préavis et encadrer les conditions de rupture des relations commerciales, notamment en fonction de leur durée. Les dispositions qui précèdent ne font pas obstacle à la faculté de résiliation sans préavis, en cas d'inexécution par l'autre partie de ses obligations ou en cas de force majeure Lorsque la rupture de la relation commerciale résulte d'une mise en concurrence par enchères à distance, la durée minimale de préavis est double de celle résultant de l'application des dispositions du présent alinéa dans les cas où la durée du préavis initial est de moins de six mois, et d'au moins un an dans les autres cas ;

6° De participer directement ou indirectement à la violation de l'interdiction de revente hors réseau faite au distributeur lié par un accord de distribution sélective ou exclusive exempté au titre des règles applicables du droit de la concurrence ;

7° D'imposer une clause de révision du prix, en application du cinquième alinéa du I de l'article L. 441-7 ou de l'avant-dernier alinéa de l'article L. 441-7-1, ou une clause de renégociation du prix, en application de l'article L. 441-8, par référence à un ou plusieurs indices publics sans rapport direct avec les produits ou les prestations de services qui sont l'objet de la convention ;

8° De procéder au refus ou retour de marchandises ou de déduire d'office du montant de la facture établie par le fournisseur les pénalités ou rabais correspondant au non-respect d'une date de livraison ou à la non-conformité des marchandises, lorsque la dette n'est pas certaine, liquide et exigible, sans même que le fournisseur n'ait été en mesure de contrôler la réalité du grief correspondant ;

9° De ne pas communiquer ses conditions générales de vente, dans les conditions prévues à l'article L. 441-6, à tout acheteur de produits ou tout demandeur de prestations de services qui en fait la demande pour l'exercice d'une activité professionnelle ;

10° De refuser de mentionner sur l'étiquetage d'un produit vendu sous marque de distributeur le nom et l'adresse du fabricant si celui-ci en a fait la demande conformément à l'article L. 112-6 du Code de la consommation ;

11° D'annoncer des prix hors des lieux de vente, pour un fruit ou légume frais, sans respecter les règles définies aux II et III de l'article L. 441-2 du présent code ;

12° De passer, de régler ou de facturer une commande de produits ou de prestations de services à un prix différent du prix convenu résultant de l'application du barème des prix unitaires mentionné dans les conditions générales de vente, lorsque celles-ci ont été acceptées sans négociation par l'acheteur, ou du prix convenu à l'issue de la négociation commerciale faisant l'objet de la convention prévue à l'article L. 441-7, modifiée le cas échéant par avenant, ou de la renégociation prévue à l'article L. 441-8.

13° De soumettre ou de tenter de soumettre un partenaire commercial à des pénalités pour retard de livraison en cas de force majeure.

II. - Sont nuls les clauses ou contrats prévoyant pour un producteur, un commerçant, un industriel ou une personne immatriculée au répertoire des métiers, la possibilité :

a) De bénéficier rétroactivement de remises, de ristournes ou d'accords de coopération commerciale ;

b) D'obtenir le paiement d'un droit d'accès au référencement préalablement à la passation de toute commande ;

c) D'interdire au cocontractant la cession à des tiers des créances qu'il détient sur lui ;

d) De bénéficier automatiquement des conditions plus favorables consenties aux entreprises concurrentes par le cocontractant ;

e) D'obtenir d'un revendeur exploitant une surface de vente au détail inférieure à 300 mètres carrés qu'il approvisionne mais qui n'est pas lié à lui, directement ou indirectement, par un contrat de licence de marque ou de savoir-faire, un droit de préférence sur la cession ou le transfert de son activité ou une obligation de non-concurrence postcontractuelle, ou de subordonner l'approvisionnement de ce revendeur à une clause d'exclusivité ou de quasi-exclusivité d'achat de ses produits ou services d'une durée supérieure à deux ans ;

L'annulation des clauses relatives au règlement entraîne l'application du délai indiqué au huitième alinéa du I de l'article L. 441-6, sauf si la juridiction saisie peut constater un accord sur des conditions différentes qui soient équitables.

III. -L'action est introduite devant la juridiction civile ou commerciale compétente par toute personne justifiant d'un intérêt, par le ministère public, par le ministre chargé de l'économie ou par le président [de l']Autorité de la concurrence lorsque ce dernier constate, à l'occasion des affaires qui relèvent de sa compétence, une pratique mentionnée au présent article .

Lors de cette action, le ministre chargé de l'économie et le ministère public peuvent demander à la juridiction saisie d'ordonner la cessation des pratiques mentionnées au présent article. Ils peuvent aussi, pour toutes ces pratiques, faire constater la nullité des clauses ou contrats illicites et demander la répétition de l'indu. Ils peuvent également demander le prononcé d'une amende civile dont le montant ne peut être supérieur à 5 millions d'euros. Toutefois, cette amende peut être portée au triple du montant des sommes indûment versées ou, de manière proportionnée aux avantages tirés du manquement, à 5 % du chiffre d'affaires hors taxes réalisé en France par l'auteur des pratiques lors du dernier exercice clos depuis l'exercice précédant celui au cours duquel les pratiques mentionnées au présent article ont été mises en œuvre. La réparation des préjudices subis peut également être demandée. Dans tous les cas, il appartient au prestataire de services, au producteur, au commerçant, à l'industriel ou à la personne immatriculée au répertoire des métiers qui se prétend libéré de justifier du fait qui a produit l'extinction de son obligation .

La juridiction ordonne systématiquement la publication, la diffusion ou l'affichage de sa décision ou d'un extrait de celle-ci selon les modalités qu'elle précise. Elle peut également ordonner l'insertion de la décision ou de l'extrait de celle-ci dans le rapport établi sur les opérations de l'exercice par les gérants, le conseil d'administration ou le directoire de l'entreprise. Les frais sont supportés par la personne condamnée.

La juridiction peut ordonner l'exécution de sa décision sous astreinte.

Les litiges relatifs à l'application du présent article sont attribués aux juridictions dont le siège et le ressort sont fixés par décret.

IV. - Le juge des référés peut ordonner, au besoin sous astreinte, la cessation des pratiques abusives ou toute autre mesure provisoire.

Voir : les articles L. 442-1, L. 442-4 et L. 442-6 dans leur rédaction issue de la loi n° 2019-486 du 22 mai 2019, en *addendum*, p. 3587

LIVRE CINQUIÈME. – DES EFFETS DE COMMERCE ET DES GARANTIES

TITRE II. – DES GARANTIES

CHAPITRE VI. – DE LA PROTECTION DE L'ENTREPRENEUR INDIVIDUEL ET DU CONJOINT

(L. n° 2003-721, 1er août 2003)

Section I. – De la déclaration d'insaisissabilité

(L. n° 2010-658, 15 juin 2010)

Art. L. 526-1 *(Rempl., L. n° 2015-990, 6 août 2015)*. – Par dérogation aux articles 2284 et 2285 du Code civil, les droits d'une personne physique immatriculée à un registre de publicité légale à caractère professionnel ou exerçant une activité professionnelle agricole ou indépendante sur l'immeuble où est fixée sa résidence principale sont de droit insaisissables par les créanciers dont les droits naissent à l'occasion de l'activité professionnelle de la personne. Lorsque la résidence principale est utilisée en partie pour un usage professionnel, la partie non utilisée pour un usage professionnel est de droit insaisissable, sans qu'un état descriptif de division soit nécessaire. La domiciliation de la personne dans son local d'habitation en application de l'article L. 123-10 du présent code ne fait pas obstacle à ce que ce local soit de droit insaisissable, sans qu'un état descriptif de division soit nécessaire.

Par dérogation aux articles 2284 et 2285 du Code civil, une personne physique immatriculée à un registre de publicité légale à caractère professionnel ou exerçant une activité professionnelle agricole ou indépendante peut déclarer insaisissables ses droits sur tout bien foncier, bâti ou non bâti, qu'elle n'a pas affecté à son usage professionnel. Cette déclaration, publiée au fichier immobilier ou, dans les départements du Bas-Rhin, du Haut-Rhin et de la Moselle, au livre foncier, n'a d'effet qu'à l'égard des créanciers dont les droits naissent, après sa publication, à l'occasion de l'activité professionnelle du déclarant. Lorsque le bien foncier n'est pas utilisé en totalité pour un usage professionnel, la partie non affectée à un usage professionnel ne peut faire l'objet de la déclaration qu'à la condition d'être désignée dans un état descriptif de division.

L'insaisissabilité mentionnée aux deux premiers alinéas du présent article n'est pas opposable à l'administration fiscale lorsque celle-ci relève, à l'encontre de la personne, soit des manœuvres frauduleuses, soit l'inobservation grave et répétée de ses obligations fiscales, au sens de l'article 1729 du Code général des impôts.

Art. L. 526-2 *(Mod., L. n° 2008-776, 4 août 2008 ; à compter du 1er janvier 2013, Ord. n° 2010-638, 10 juin 2010* (1) *; mod., L. n° 2015-990, 6 août 2015).* – La déclaration prévue au deuxième alinéa de l'article L. 526-1, reçue par notaire sous peine de nullité, contient la description détaillée des biens et l'indication de leur caractère propre, commun ou indivis. L'acte est publié au fichier immobilier ou, dans les départements du Bas-Rhin, du Haut-Rhin et de la Moselle, au livre foncier, de sa situation.

Lorsque la personne est immatriculée dans un registre de publicité légale à caractère professionnel, la déclaration doit y être mentionnée.

Lorsque la personne n'est pas tenue de s'immatriculer dans un registre de publicité légale, un extrait de la déclaration doit être publié dans un journal d'annonces légales du département dans lequel est exercée l'activité professionnelle pour que cette personne puisse se prévaloir du bénéfice du deuxième alinéa de l'article L. 526-1.

L'établissement de l'acte prévu au premier alinéa et l'accomplissement des formalités donnent lieu au versement aux notaires d'émoluments fixes dans le cadre d'un plafond déterminé par décret.

Voir : la rédaction de cet article issue de la loi n° 2019-486 du 22 mai 2019, en *addendum*, p. 3587

Art. L. 526-3 *(Rempl., L. n° 2015-990, 6 août 2015).* – En cas de cession des droits immobiliers sur la résidence principale, le prix obtenu demeure insaisissable, sous la condition du remploi dans le délai d'un an des sommes à l'acquisition par la personne mentionnée au premier alinéa de l'article L. 526-1 d'un immeuble où est fixée sa résidence principale.

L'insaisissabilité des droits sur la résidence principale et la déclaration d'insaisissabilité portant sur tout bien foncier, bâti ou non bâti, non affecté à l'usage professionnel peuvent, à tout moment, faire l'objet d'une renonciation soumise aux conditions de validité et d'opposabilité prévues à l'article L. 526-2. La renonciation peut porter sur tout ou partie des biens ; elle peut être faite au bénéfice d'un ou de plusieurs créanciers mentionnés à l'article L. 526-1 désignés par l'acte authentique de renonciation. Lorsque le bénéficiaire de cette renonciation cède sa créance, le cessionnaire peut se prévaloir de celle-ci. La renonciation peut, à tout moment, être révoquée dans les conditions de validité et d'opposabilité prévues à l'article L. 526-2. Cette révocation n'a d'effet qu'à l'égard des créanciers mentionnés à l'article L. 526-1 dont les droits naissent postérieurement à sa publication.

Les effets de l'insaisissabilité et ceux de la déclaration subsistent après la dissolution du régime matrimonial lorsque la personne mentionnée au premier alinéa de l'article L. 526-1 ou le déclarant mentionné au deuxième *alinéa du même article L. 526-1 est attributaire du* bien. Ils subsistent également en cas de décès de la personne mentionnée au premier alinéa dudit article L. 526-1 ou du déclarant mentionné au deuxième alinéa du même article L. 526-1 jusqu'à la liquidation de la succession.

(1) Dispositions applicables à Mayotte, Ord. n° 2010-638, 10 juin 2010.

Art. L. 526-4 *(L. n° 2003-721, 1er août 2003)*. – Lors de sa demande d'immatriculation à un registre de publicité légale à caractère professionnel, la personne physique mariée sous un régime de communauté légale ou conventionnelle doit justifier que son conjoint a été informé des conséquences sur les biens communs des dettes contractées dans l'exercice de sa profession.

Un décret en Conseil d'État précise en tant que de besoin les modalités d'application du présent article.

Bibliographie : M. Dagot, *L'information du conjoint commerçant* : *JCP* N 2004, 1165. • S. Piedelièvre, *L'insaisissabilité de la résidence principale de l'entrepreneur individuel* : *JCP* 2003, I, 165.

Art. L. 526-5 *(Ord. n° 2006-346, 23 mars 2006)*. – Les dispositions des articles L. 313-14 à L. 313-14-2 du Code de la consommation sont applicables aux opérations de prêt consenties à toute personne physique immatriculée à un registre de publicité légale à caractère professionnel, à toute personne physique exerçant une activité professionnelle agricole ou indépendante ainsi qu'au gérant associé unique d'une société à responsabilité limitée, et garanties par une hypothèque rechargeable inscrite sur l'immeuble où l'intéressé a fixé sa résidence principale.

Voir : le nouvel article L. 526-5-1 issu de la loi n° 2019-486 du 22 mai 2019, en *addendum*, p. 3587

Section II. – De l'entrepreneur individuel à responsabilité limitée

(L. n° 2010-658, 15 juin 2010)

Art. L. 526-6 *(L. n° 2010-658, 15 juin 2010 ; mod., L. n° 2010-874, 27 juill. 2010)*. – Tout entrepreneur individuel peut affecter à son activité professionnelle un patrimoine séparé de son patrimoine personnel, sans création d'une personne morale.

Ce patrimoine est composé de l'ensemble des biens, droits, obligations ou sûretés dont l'entrepreneur individuel est titulaire, nécessaires à l'exercice de son activité professionnelle. Il peut comprendre également les biens, droits, obligations ou sûretés dont l'entrepreneur individuel est titulaire, utilisés pour l'exercice de son activité professionnelle et qu'il décide d'y affecter. Un même bien, droit, obligation ou sûreté ne peut entrer dans la composition que d'un seul patrimoine affecté.

Par dérogation à l'alinéa précédent, l'entrepreneur individuel exerçant une activité agricole au sens de l'article L. 311-1 du Code rural et de la pêche maritime peut ne pas affecter les terres utilisées pour l'exercice de son exploitation *(Mots rempl., L. n° 2011-525, 17 mai 2011)* « à son activité professionnelle ». Cette faculté s'applique à la totalité des terres dont l'exploitant est propriétaire.

Pour l'exercice de l'activité professionnelle à laquelle le patrimoine est affecté, l'entrepreneur individuel utilise une dénomination incorporant son nom, précédé ou suivi immédiatement des mots : « Entrepreneur individuel à responsabilité limitée » ou des initiales : « EIRL ».

Voir : la rédaction de cet article issue de la loi n° 2019-486 du 22 mai 2019, en *addendum*, p. 3587

Art. L. 526-7 *(L. n° 2010-658, 15 juin 2010 ; mod., L. n° 2010-874, 27 juill. 2010 ; L. n° 2014-626, 18 juin 2014)*. – La constitution du patrimoine affecté résulte du dépôt d'une déclaration effectué :

1° Soit au registre de publicité légale auquel l'entrepreneur individuel est tenu de s'immatriculer ;

2° Soit au registre de publicité légale choisi par l'entrepreneur individuel en cas de double immatriculation ; dans ce cas, mention en est portée à l'autre registre ;

3° *Soit, pour les personnes physiques qui ne sont pas tenues de s'immatriculer à un registre de publicité légale,* à un registre tenu au greffe du tribunal statuant en matière commerciale du lieu de leur établissement principal ;

4° Soit, pour les exploitants agricoles, au registre de l'agriculture tenu par la chambre d'agriculture compétente.

Lorsque l'entrepreneur individuel est transféré dans le ressort d'un autre registre ou rattaché à un autre registre en cours d'activité, sa déclaration d'affectation, les autres déclarations prévues à la présente section, les mentions inscrites et l'ensemble des documents publics déposés sont transférés par le précédent organisme teneur de registre à celui nouvellement compétent. Dans ce cas, celui-ci est dispensé des vérifications prévues à l'article L. 526-8 et mention du transfert est portée au premier registre. Le transfert s'effectue par voie dématérialisée et ne donne pas lieu à émolument ou redevance.

Voir : la rédaction de cet article issue de la loi n° 2019-486 du 22 mai 2019, en *addendum*, p. 3587

Art. L. 526-8 *(L. n° 2010-658, 15 juin 2010 ; mod., L. n° 2014-626, 18 juin 2014 ; à compter d'une date fixée par décret et au plus tard le 18 juin 2015 ; mod., L. n° 2016-1691, 9 déc. 2016).* – Les organismes chargés de la tenue des registres mentionnés à l'article L. 526-7 n'acceptent le dépôt de la déclaration visée au même article qu'après avoir vérifié qu'elle comporte :

1° Un état descriptif des biens, droits, obligations ou sûretés affectés à l'activité professionnelle, en nature, qualité, quantité et valeur. La valeur déclarée est la valeur vénale ou, en l'absence de marché pour le bien considéré, la valeur d'utilité ;

2° La mention de l'objet de l'activité professionnelle à laquelle le patrimoine est affecté. La modification de l'objet donne lieu à mention au registre où est déposée la déclaration prévue à l'article L. 527-7 ;

3° Le cas échéant, les documents attestant de l'accomplissement des formalités visées aux articles L. 526-9 à L. 526-11.

Sans préjudice du respect des règles d'affectation prévues à la présente section, l'entrepreneur individuel qui exerçait son activité professionnelle antérieurement au dépôt de la déclaration peut présenter en qualité d'état descriptif le bilan de son dernier exercice, à condition que celui-ci soit clos depuis moins de quatre mois à la date de dépôt de la déclaration. Dans ce cas, l'ensemble des éléments figurant dans le bilan compose l'état descriptif et les opérations intervenues depuis la date du dernier exercice clos sont comprises dans le premier exercice de l'entrepreneur individuel à responsabilité limitée.

Lorsque l'entrepreneur individuel n'a pas opté pour l'assimilation à une entreprise unipersonnelle à responsabilité limitée ou à une exploitation agricole à responsabilité limitée, au sens de l'article 1655 *sexies* du Code général des impôts, il déclare soit la valeur nette comptable des éléments constitutifs du patrimoine affecté telle qu'elle figure dans les comptes du dernier exercice clos à la date de constitution du patrimoine affecté s'il est tenu à une comptabilité commerciale, soit la valeur d'origine de ces éléments telle qu'elle figure au registre des immobilisations du dernier exercice clos, diminuée des amortissements déjà pratiqués, s'il n'est pas tenu à une telle comptabilité.

Voir : la rédaction de cet article issue de la loi n° 2019-486 du 22 mai 2019, en *addendum*, p. 3587

Art. L. 526-9 *(L. n° 2010-658, 15 juin 2010 ; mod. à compter d'une date fixée par décret et au plus tard le 18 juin 2015, L. n° 2014-626, 18 juin 2014).* – L'affectation d'un bien immobilier ou d'une partie d'un tel bien est reçue par acte notarié et publiée au bureau des hypothèques ou, dans les départements du Bas-Rhin, du Haut-Rhin et de la Moselle, au livre foncier de la situation du bien. L'entrepreneur individuel qui n'affecte qu'une partie d'un ou de plusieurs biens immobiliers désigne celle-ci dans un état descriptif de division.

L'établissement de l'acte notarié et l'accomplissement des formalités de publicité donnent lieu au versement d'émoluments fixes dans le cadre d'un plafond déterminé par décret.

Lorsque l'affectation d'un bien immobilier ou d'une partie d'un tel bien est postérieure à la constitution du patrimoine affecté, elle donne lieu au dépôt d'une déclaration complémentaire au registre où est déposée la déclaration prévue à l'article L. 526-7. L'article L. 526-8 est applicable, à l'exception des 1° et 2°.

Le non-respect des règles prévues au présent article entraîne l'inopposabilité de l'affectation.

Voir : la rédaction de cet article issue de la loi n° 2019-486 du 22 mai 2019, en *addendum*, p. 3587

Art. L. 526-10 *(L. n° 2010-658, 15 juin 2010 ; mod., à compter d'une date fixée par décret et au plus tard le 18 juin 2015, L. n° 2014-626, 18 juin 2014 ; mod., L. n° 2016-1691, 9 déc. 2016).* – Sauf dans les cas prévus au dernier alinéa de l'article L. 526-8, tout élément d'actif du patrimoine affecté, autre que des liquidités, d'une valeur déclarée supérieure à un montant fixé par décret fait l'objet d'une évaluation au vu d'un rapport annexé à la déclaration et établi sous sa responsabilité par un commissaire aux comptes, un expert-comptable, une association de gestion et de comptabilité ou un notaire désigné par l'entrepreneur individuel. L'évaluation par un notaire ne peut concerner qu'un bien immobilier.

Lorsque l'affectation d'un bien visé au premier alinéa est postérieure à la constitution du patrimoine affecté, elle fait l'objet d'une évaluation dans les mêmes formes et donne lieu au dépôt d'une déclaration complémentaire au registre *où est déposée la déclaration* prévue à l'article L. 526-7. L'article L. 526-8 est applicable, à l'exception des 1° et 2°.

Lorsque la valeur déclarée est supérieure à celle proposée par le commissaire aux comptes, l'expert-comptable, l'association de gestion et de comptabilité ou le notaire, l'entrepreneur individuel est responsable, pendant une durée de cinq ans, à l'égard des tiers sur la totalité de son patrimoine, affecté et non affecté, à hauteur de la différence entre la valeur proposée par le commissaire aux comptes, l'expert-comptable, l'association de gestion et de comptabilité ou le notaire et la valeur déclarée.

En l'absence de recours à un commissaire aux comptes, à un expert-comptable, à une association de gestion et de comptabilité ou à un notaire, l'entrepreneur individuel est responsable, pendant une durée de cinq ans, à l'égard des tiers sur la totalité de son patrimoine, affecté et non affecté, à hauteur de la différence entre la valeur réelle du bien au moment de l'affectation et la valeur déclarée.

Voir : la rédaction de cet article issue de la loi n° 2019-486 du 22 mai 2019, en *addendum*, p. 3587

Art. L. 526-11 *(L. n° 2010-658, 15 juin 2010 ; mod., à compter d'une date fixée par décret et au plus tard le 18 juin 2015, L. n° 2014-626, 18 juin 2014).* – Lorsque tout ou partie des biens affectés sont des biens communs ou indivis, l'entrepreneur individuel justifie de l'accord exprès de son conjoint ou de ses coïndivisaires et de leur information préalable sur les droits des créanciers mentionnés au 1° de l'article L. 526-12 sur le patrimoine affecté. Un même bien commun ou indivis ou une même partie d'un bien immobilier commun ou indivis ne peut entrer dans la composition que d'un seul patrimoine affecté.

Lorsque l'affectation d'un bien commun ou indivis est postérieure à la constitution du patrimoine affecté, elle donne lieu au dépôt d'une déclaration complémentaire au registre où est déposée la déclaration prévue à l'article L. 526-7. L'article L. 526-8 est applicable, à l'exception des 1° et 2°.

Le non-respect des règles prévues au présent article entraîne l'inopposabilité de l'affectation.

Voir : la rédaction de cet article issue de la loi n° 2019-486 du 22 mai 2019, en *addendum*, p. 3587

Art. L. 526-12 *(L. n° 2010-658, 15 juin 2010 ; mod., L. n° 2016-1691, 9 déc. 2016).* – La déclaration d'affectation mentionnée à l'article L. 526-7 est opposable de plein droit aux créanciers dont les droits sont nés postérieurement à son dépôt.

Par dérogation aux articles 2284 et 2285 du Code civil :

1° Les créanciers auxquels la déclaration d'affectation est opposable et dont les droits sont nés à l'occasion de l'exercice de l'activité professionnelle à laquelle le patrimoine est affecté ont pour seul gage général le patrimoine affecté ;

2° Les autres créanciers auxquels la déclaration est opposable ont pour seul gage général le patrimoine non affecté.

Toutefois, l'entrepreneur individuel à responsabilité limitée est responsable sur la totalité de ses biens et droits en cas de fraude ou en cas de manquement grave aux règles prévues au deuxième alinéa de l'article L. 526-6 ou aux obligations prévues à l'article L. 526-13.

En cas d'insuffisance du patrimoine non affecté, le droit de gage général des créanciers mentionnés au 2° du présent article peut s'exercer sur le bénéfice réalisé par l'entrepreneur individuel à responsabilité limitée lors du dernier exercice clos.

Voir : la rédaction de cet article issue de la loi n° 2019-486 du 22 mai 2019, en *addendum*, p. 3587

Art. L. 526-13 *(L. n° 2010-658, 15 juin 2010).* – L'activité professionnelle à laquelle le patrimoine est affecté fait l'objet d'une comptabilité autonome, établie dans les conditions définies aux articles L. 123-12 à L. 123-23 et L. 123-25 à L. 123-27.

Par dérogation à l'article L. 123-28 et au premier alinéa du présent article, l'activité professionnelle des personnes bénéficiant des régimes définis aux articles 50-0, 64 et 102 *ter* du Code général des impôts fait l'objet d'obligations comptables simplifiées.

L'entrepreneur individuel à responsabilité limitée est tenu de faire ouvrir dans un établissement de crédit un ou plusieurs comptes bancaires exclusivement dédiés à l'activité à laquelle le patrimoine a été affecté.

Voir : la rédaction de cet article issue de la loi n° 2019-486 du 22 mai 2019, en *addendum*, p. 3587

Art. L. 526-14 *(L. n° 2010-658, 15 juin 2010 ; mod., L. n° 2014-626, 18 juin 2014 ; L. n° 2016-1691, 9 déc. 2016).* – Le bilan de l'entrepreneur individuel à responsabilité limitée ou, le cas échéant, le ou les documents résultant des obligations comptables simplifiées prévues au deuxième alinéa de l'article L. 526-13 sont déposés chaque année au registre où est déposée la déclaration prévue à l'article L. 526-7 pour y être annexés. À compter de leur dépôt, ils valent actualisation de la composition du patrimoine affecté.

En cas de non-respect de l'obligation mentionnée au premier alinéa, le président du tribunal, statuant en référé, peut, à la demande de tout intéressé ou du ministère public, enjoindre sous astreinte à l'entrepreneur individuel à responsabilité limitée de procéder au dépôt de son bilan ou, le cas échéant, du ou des documents résultant des obligations comptables simplifiées prévues au deuxième alinéa de l'article L. 526-13.

Voir : la rédaction de cet article issue de la loi n° 2019-486 du 22 mai 2019, en *addendum*, p. 3587

Art. L. 526-15 *(L. n° 2010-658, 15 juin 2010 ; mod. à compter d'une date fixée par décret et au plus tard le 18 juin 2015, L. n° 2014-626, 18 juin 2014).* – En cas de renonciation de l'entrepreneur individuel à responsabilité limitée à l'affectation ou en cas de décès de celui-ci, la déclaration d'affectation cesse de produire ses effets. Toutefois, en cas de cessation, concomitante à la renonciation, de l'activité professionnelle à laquelle le patrimoine est affecté ou en cas de décès, les créanciers mentionnés aux 1° et 2° de l'article L. 526-12 conservent pour seul gage général celui qui était le leur au moment de la renonciation ou du décès.

En cas de renonciation, l'entrepreneur individuel en fait porter la mention au registre où est déposée la déclaration prévue à l'article L. 526-7. En cas de décès, un héritier, un ayant droit ou toute personne mandatée à cet effet en fait porter la mention au même registre.

Voir : la rédaction de cet article issue de la loi n° 2019-486 du 22 mai 2019, en *addendum*, p. 3587

Art. L. 526-16 *(Créé à compter du 10 décembre 2010, L. n° 2010-658, 15 juin 2010 ; mod., à compter d'une date fixée par décret et au plus tard le 18 juin 2015, L. n° 2014-626, 18 juin 2014).* – Par dérogation à l'article L. 526-15, l'affectation ne cesse pas dès lors que l'un des héritiers ou ayants droit de l'entrepreneur individuel décédé, sous réserve du respect des dispositions successorales, manifeste son intention de poursuivre l'activité professionnelle à laquelle le patrimoine était affecté. La personne ayant manifesté son intention de poursuivre l'activité professionnelle en fait porter la mention au registre où est déposée la déclaration visée à l'article L. 526-7 dans un délai de trois mois à compter de la date du décès.

La reprise du patrimoine affecté, le cas échéant après partage et vente de certains des biens affectés pour les besoins de la succession, est subordonnée au dépôt d'une déclaration de reprise au registre où est déposée la déclaration visée à l'article L. 526-7.

Voir : la rédaction de cet article issue de la loi n° 2019-486 du 22 mai 2019, en *addendum*, p. 3587

Art. L. 526-17 *(L. n° 2010-658, 15 juin 2010 ; mod. à compter d'une date fixée par décret et au plus tard le 18 juin 2015, L. n° 2014-626, 18 juin 2014).* – I. – L'entrepreneur individuel à responsabilité limitée peut céder à titre onéreux, transmettre à titre gratuit entre vifs ou apporter en société l'intégralité de son patrimoine affecté et en transférer la propriété dans les conditions prévues aux II et III du présent article sans procéder à sa liquidation.

II. - La cession à titre onéreux ou la transmission à titre gratuit entre vifs du patrimoine affecté à une personne physique entraîne sa reprise avec maintien de l'affectation dans le patrimoine du cessionnaire ou du donataire. Elle donne lieu au dépôt par le cédant ou le donateur d'une déclaration de transfert au registre où est déposée la déclaration visée à l'article L. 526-7 et fait l'objet d'une publicité. La reprise n'est opposable aux tiers qu'après l'accomplissement de ces formalités.

La cession du patrimoine affecté à une personne morale ou son apport en société entraîne transfert de propriété dans le patrimoine du cessionnaire ou de la société, sans maintien de l'affectation. Elle donne lieu à publication d'un avis. Le transfert de propriété n'est opposable aux tiers qu'après l'accomplissement de cette formalité.

III. - La déclaration ou l'avis mentionnés au II sont accompagnés d'un état descriptif des biens, droits, obligations ou sûretés composant le patrimoine affecté.

Les articles L. 141-1 à L. 141-22 ne sont pas applicables à la cession ou à l'apport en société d'un fonds de commerce intervenant par suite de la cession ou de l'apport en société d'un patrimoine affecté.

Le cessionnaire, le donataire ou le bénéficiaire de l'apport est débiteur des créanciers de l'entrepreneur individuel à responsabilité limitée mentionnés au 1° de l'article L. 526-12 en lieu et place de celui-ci, sans que cette substitution emporte novation à leur égard.

Les créanciers de l'entrepreneur individuel à responsabilité limitée mentionnés au 1° de l'article L. 526-12 dont la créance est antérieure à la date de la publicité mentionnée au II du présent article, ainsi que les créanciers auxquels la déclaration n'est pas opposable et dont les droits sont nés antérieurement au dépôt de la déclaration visée à l'article L. 526-7 lorsque le patrimoine affecté fait l'objet d'une donation entre vifs, peuvent former opposition à la transmission du patrimoine affecté dans un délai fixé par voie réglementaire. Une décision de justice rejette l'opposition ou ordonne soit le remboursement des créances, soit la constitution de garanties, si le cessionnaire ou le donataire en offre et si elles sont jugées suffisantes.

À défaut de remboursement des créances ou de constitution des garanties ordonnées, la transmission du patrimoine affecté est inopposable aux créanciers dont l'opposition a été admise.

L'opposition formée par un créancier n'a pas pour effet d'interdire la transmission du patrimoine affecté.

Voir : la rédaction de cet article issue de la loi n° 2019-486 du 22 mai 2019, en *addendum*, p. 3587

Art. L. 526-18 *(L. n° 2010-658, 15 juin 2010).* – L'entrepreneur individuel à responsabilité limitée détermine les revenus qu'il verse dans son patrimoine non affecté.

Art. L. 526-19 *(L. n° 2010-658, 15 juin 2010 ; mod., L. n° 2014-626, 18 juin 2014).* – Le tarif des formalités de dépôt et de transfert des déclarations et d'inscription des mentions visées à la présente section ainsi que de dépôt et de transfert du bilan ou du ou des documents résultant des obligations comptables simplifiées prévues au deuxième alinéa de l'article L. 526-13 est fixé par décret. (1)

Rédaction future. *(Mod. à compter du 1er janvier 2020, L. fin. n° 2018-1317, 28 déc. 2018)* Sous réserve des dispositions de l'article 19-2 de la loi n° 96-603 du 5 juillet 1996 relative au développement et à la promotion du commerce et de l'artisanat, [l]e tarif des formalités de dépôt et de transfert des déclarations et d'inscription des mentions visées à la présente section ainsi que de dépôt et de transfert du bilan ou du ou des documents résultant des obligations comptables simplifiées prévues au deuxième alinéa de l'article L. 526-13 est fixé par décret . (1)

La formalité de dépôt de la déclaration visée à l'article L. 526-7 est gratuite lorsque la déclaration est déposée simultanément à la demande d'immatriculation au registre de publicité légale.

Voir : la rédaction de cet article issue de la loi n° 2019-486 du 22 mai 2019, en *addendum*, p. 3587

Art. L. 526-20 *(L. n° 2010-658, 15 juin 2010)*. – Le ministère public ainsi que tout intéressé peuvent demander au président du tribunal statuant en référé d'enjoindre sous astreinte à un entrepreneur individuel à responsabilité limitée de porter sur tous ses actes et documents sa dénomination, précédée ou suivie immédiatement et lisiblement des mots : « Entrepreneur individuel à responsabilité limitée » ou des initiales : « EIRL ».

Art. L. 526-21 *(L. n° 2010-658, 15 juin 2010)*. – Les conditions d'application de la présente section sont fixées par décret en Conseil d'État.

LIVRE SIXIÈME. – DES DIFFICULTÉS DES ENTREPRISES

....

TITRE II. – DU REDRESSEMENT ET DE LA LIQUIDATION JUDICIAIRES DES ENTREPRISES

....

Art. L. 621-32 *(Dénum., L. n° 2005-845, 26 juill. 2005)*. – V. C. com., art. L. 622-17.

....

Art. L. 621-131 *(Dénum., L. n° 2005-845, 26 juill. 2005)*. – V. C. com., art. L. 625-8.

....

Art. L. 622-17 *(Anc. art. L. 621-32, dénum., L. n° 2005-845, 26 juill. 2005* (2) *; rempl., L. n° 2005-845, 26 juill. 2005 ; mod., Ord. n° 2008-1345, 18 déc. 2008 ; à compter du 1er juillet 2014, Ord. n° 2014-326, 12 mars 2014)*. – I. – Les créances nées régulièrement après le jugement d'ouverture pour les besoins du déroulement de la procédure ou de la période d'observation, ou en contrepartie d'une prestation fournie au débiteur pendant cette période, sont payées à leur échéance.

II. – Lorsqu'elles ne sont pas payées à l'échéance, ces créances sont payées par privilège avant toutes les autres créances, assorties ou non de privilèges ou sûretés, à l'exception de celles garanties par le privilège établi aux articles L. 143-10, L. 143-11, L. 742-6 et L. 751-15 du Code du travail, des frais de justice nés régulièrement après le jugement d'ouverture pour les besoins du déroulement de la procédure et de celles garanties par le privilège établi par l'article L. 611-11 du présent code.

III. – Leur paiement se fait dans l'ordre suivant :

1° *Les créances de salaires dont le* montant n'a pas été avancé en application des articles L. 143-11-1 à L. 143-11-3 du Code du travail ;

2° Les prêts consentis ainsi que les créances résultant de l'exécution des contrats poursuivis conformément aux dispositions de l'article L. 622-13 et dont le cocontractant accepte de recevoir un paiement différé ; ces prêts et délais de paiement sont autorisés par le juge-commissaire dans la limite nécessaire à la poursuite de l'activité pendant la période d'observation et font l'objet d'une publicité. En cas de résiliation d'un contrat régulièrement poursuivi, les indemnités et pénalités sont exclues du bénéfice du présent article ;

3° Les autres créances, selon leur rang.

---

(1) V. T. appl. : D. n° 2010-1648, 28 déc. 2010.
(2) Application à Mayotte, en Nouvelle-Calédonie et aux îles Wallis-et-Futuna : V. L. n° 2005-845, 26 juill. 2005.

IV. - Les créances impayées perdent le privilège que leur confère le II du présent article si elles n'ont pas été portées à la connaissance de l'administrateur et, à défaut, du mandataire judiciaire ou, lorsque ces organes ont cessé leurs fonctions, du commissaire à l'exécution du plan ou du liquidateur, dans le délai d'un an à compter de la fin de la période d'observation. Lorsque cette information porte sur une créance déclarée pour le compte du créancier en application de l'article L. 622-24, elle rend caduque cette déclaration si le juge n'a pas statué sur l'admission de la créance.

....

Art. L. 625-8 *(Anc. art. L. 621-131, dénum. et mod., L. n° 2005-845, 26 juill. 2005 ; mod., Ord. n° 2008-1345, 18 déc. 2008)*. – Nonobstant l'existence de toute autre créance, les créances que garantit le privilège établi aux articles L. 143-10, L. 143-11, L. 742-6 et L. 751-15 du Code du travail doivent, sur ordonnance du juge-commissaire, être payées dans les dix jours du prononcé du jugement ouvrant la procédure par le débiteur ou, lorsqu'il a une mission d'assistance, par l'administrateur, si le débiteur ou l'administrateur dispose des fonds nécessaires.

Toutefois, avant tout établissement du montant de ces créances, le débiteur ou l'administrateur s'il a une mission d'assistance doit, avec l'autorisation du juge-commissaire et dans la mesure des fonds disponibles, verser immédiatement aux salariés, à titre provisionnel, une somme égale à un mois de salaire impayé, sur la base du dernier bulletin de salaire, et sans pouvoir dépasser le plafond visé à l'article L. 143-10 du Code du travail.

À défaut de disponibilités, les sommes dues en vertu des deux alinéas précédents doivent être acquittées sur les premières rentrées de fonds.

....

DEUXIÈME PARTIE (RÉGLEMENTAIRE)

TITRE II. – DES COMMERÇANTS

CHAPITRE I. – DE LA DÉFINITION ET DU STATUT

Art. R. 121-1. – Est considéré comme conjoint collaborateur le conjoint du chef d'une entreprise commerciale, artisanale ou libérale qui exerce une activité professionnelle régulière dans l'entreprise sans percevoir de rémunération et sans avoir la qualité d'associé au sens de l'article 1832 du Code civil.

Art. R. 121-2. – En vue de l'application de l'article L. 121-4, les conjoints qui exercent à l'extérieur de l'entreprise une activité salariée d'une durée au moins égale à la moitié de la durée légale du travail, ou une activité non salariée, sont présumés ne pas exercer dans l'entreprise une activité professionnelle de manière régulière.

Art. R. 121-3. – Dans les sociétés mentionnées au II de l'article L. 121-4, le statut de conjoint collaborateur est ouvert au conjoint du chef d'une entreprise dont l'effectif n'excède pas vingt salariés. L'appréciation de l'effectif est effectuée conformément aux articles L. 117-11-1 et L. 620-10 du Code du travail.

Art. R. 121-4. – Lorsque, sur une période de vingt-quatre mois consécutifs, l'effectif salarié dépasse le seuil mentionné à l'article R. 121-3, le chef d'entreprise doit, dans les deux mois, demander la radiation de la mention du conjoint collaborateur dans les conditions fixées au 3° de l'article R. 121-5.

Art. R. 121-5. – Le centre de formalités des entreprises reçoit, dans les conditions prévues par le présent livre :

1° Dans le dossier unique de déclaration de création de l'entreprise, la déclaration de l'option choisie, le cas échéant, par le conjoint du chef d'entreprise en application du I de l'article L. 121-4 ;

2° La déclaration modificative portant mention que le conjoint exerce une activité professionnelle dans les conditions de l'article R. 121-1 dans les deux mois à compter du respect de ces conditions ;

3° La déclaration de radiation du conjoint collaborateur lorsque celui-ci cesse de remplir les conditions prévues à l'article R. 121-1 dans les deux mois à compter de la cessation du respect de ces conditions.

Le centre de formalités des entreprises notifie au conjoint la réception de la déclaration d'option du statut de conjoint collaborateur mentionnée au 1° et des déclarations de modification ou de radiation visées aux 2° et 3° par lettre recommandée avec demande d'avis de réception.

Art. R. 121-6 *(D. n° 2008-1488, 30 déc. 2008).* – Les dispositions du présent chapitre sont également applicables à la personne qui est liée au chef d'entreprise par un pacte civil de solidarité.

....

CHAPITRE III. – DES OBLIGATIONS GENERALES DES COMMERCANTS

Section I. – Du registre du commerce et des sociétés

....

Sous-section 2. – De la tenue du registre et des effets attachés à l'immatriculation

....

§ 3. – Des dépôts en annexe au registre

....

Sous-paragraphe 4. – Dispositions propres aux personnes physiques

....

Sous-sous-paragraphe 2. – Des entrepreneurs individuels à responsabilité limitée

(D. n° 2010-1706, 29 déc. 2010)

Art. R. 123-121-2 *(D. n° 2010-1706, 29 déc. 2010).* – L'entrepreneur individuel à responsabilité limitée dépose, conformément à l'article R. 123-102, la déclaration d'affectation mentionnée à l'article L. 526-7 dans les formes prévues à l'article R. 526-3.

Art. R. 123-121-3 *(D. n° 2010-1706, 29 déc. 2010).* – Les actes ou décisions modifiant la déclaration d'affectation sont déposés dans le délai d'un mois suivant leur date.

Les documents attestant de l'accomplissement des formalités prévues aux articles L. 526-9 à L. 526-11 en cas d'affectation de biens nouveaux postérieurement à la constitution du patrimoine affecté sont déposés dans le mois suivant l'affectation. Le greffier adresse au service des impôts dont relève l'entrepreneur une copie de ces documents dans les quinze jours suivant leur dépôt.

Art. R. 123-121-4 *(D. n° 2010-1706, 29 déc. 2010).* – Lorsque l'entrepreneur individuel à responsabilité limitée a déposé la déclaration d'affectation mentionnée à l'article L. 526-7 au registre du commerce et des sociétés, il est également tenu d'y déposer, dans le délai de six mois suivant la clôture de l'exercice, les documents comptables mentionnés à l'article L. 526-14.

Le dépôt des documents comptables peut être effectué par voie électronique dans les conditions prévues à l'article 4 de la loi n° 94-126 du 11 février 1994.

....

LIVRE V DES EFFETS DE COMMERCES ET DES GARANTIES

TITRE II : DES GARANTIES

CHAPITRE VI. – DE LA PROTECTION DE L'ENTREPRENEUR INDIVIDUEL ET DU CONJOINT

....

Section II. – De l'entrepreneur individuel à responsabilité limitée.

(D. n° 2010-1706, 29 déc. 2010)

Sous-section 1. – Dispositions communes

Art. R. 526-3 *(D. n° 2010-1706, 29 déc. 2010 ; mod., D. n° 2012-122, 30 janv. 2012 ; D. n° 2017-630, 25 avril 2017)*. – La déclaration d'affectation mentionnée à l'article L. 526-7 contient les informations suivantes :

1° Les nom, nom d'usage, prénoms, date, lieu de naissance et domicile de l'entrepreneur individuel ;

2° La dénomination utilisée pour l'exercice de l'activité professionnelle à laquelle le patrimoine est affecté, comprenant au moins son nom ou son nom d'usage ; lorsque l'entrepreneur a procédé à plusieurs déclarations d'affectation, les dénominations utilisées pour chaque affectation de patrimoine doivent être distinctes ;

3° L'adresse de l'établissement principal où est exercée l'activité professionnelle à laquelle le patrimoine est affecté ou à défaut d'établissement l'adresse du local d'habitation où l'entreprise est fixée ;

4° L'objet de l'activité professionnelle à laquelle le patrimoine est affecté ;

5° La date de clôture de l'exercice comptable ;

6° Un état descriptif des biens, droits, obligations ou sûretés affectés à l'activité professionnelle en nature, qualité, quantité et valeur.

7° Le numéro unique d'identification de l'entreprise délivré conformément à l'article D. 123-235 si la personne est déjà immatriculée ;

8° Les documents attestant de l'accomplissement des formalités mentionnées aux articles L. 526-9 à L. 526-11.

La déclaration mentionnée au premier alinéa est accompagnée des pièces justifiant de l'identité de l'entrepreneur individuel et de l'obtention des autorisations prévues à l'article 389-8 du Code civil.

Art. R. 526-3-1 *(D. n° 2012-122, 30 janv. 2012)*. – Pour l'application du deuxième alinéa de l'article L. 526-6, les biens, droits, obligations et sûretés nécessaires à l'exercice de l'activité professionnelle s'entendent de ceux qui, par nature, ne peuvent être utilisés que dans le cadre de cette activité.

Art. R. 526-4 *(D. n° 2010-1706, 29 déc. 2010)*. – Un modèle type facultatif de déclaration d'affectation est approuvé par arrêté conjoint du garde des sceaux, ministre de la justice, et du ministre chargé de l'économie.

Le centre de formalités des entreprises ou, dans le cas prévu au deuxième alinéa de l'article R. 123-5, le greffe du tribunal de commerce remet gratuitement ce modèle de déclaration type à l'entrepreneur individuel.

Art. D. 526-5 *(D. n° 2010-1706, 29 déc. 2010)*. – Pour l'application de l'article L. 526-10, le montant de la valeur déclarée est fixé à 30 000 euros.

Art. R. 526-6 *(D. n° 2010-1706, 29 déc. 2010)*. – La personne chargée de procéder à l'évaluation mentionnée à l'article L. 526-10 décrit et justifie dans son rapport le mode d'évaluation qu'elle a retenu.

Art. R. 526-7 *(D. n° 2010-1706, 29 déc. 2010)*. – Un modèle type facultatif d'accord du conjoint commun *en biens ou des coïndivisaires donné* en application de l'article L. 526-11 est approuvé par arrêté conjoint du garde des sceaux, ministre de la justice, et du ministre chargé de l'économie.

Le centre de formalités des entreprises ou, dans les cas prévus au deuxième alinéa de l'article R. 123-5, le greffe du tribunal de commerce remet gratuitement ce modèle à l'entrepreneur individuel.

Art. R. 526-8 *(Abr., D. n° 2017-630, 25 avril 2017)*.

Art. D. 526-9 *(Abr., D. n° 2017-630, 25 avril 2017).*

Art. R. 526-10 *(Abr., D. n° 2017-630, 25 avril 2017).*

Art. R. 526-10-1 *(D. n° 2010-1706, 29 déc. 2010).* – Les personnes ayant effectué une déclaration d'affectation en application de l'article L. 526-7 et bénéficiant des régimes prévus aux articles 50-0,64 et 102 *ter* du Code général des impôts tiennent :

1° Un livre des recettes et, lorsque la nature de leur activité le requiert, un registre des achats, tels que prévus à l'article L. 123-28 ;

2° En date du 31 décembre de chaque année, un relevé actualisant la déclaration d'affectation, selon un modèle type approuvé par arrêté conjoint du garde des sceaux, ministre de la justice, et du ministre chargé de l'économie. Ce relevé fait l'objet d'un dépôt annuel au registre, dans les conditions prévues à l'article L. 526-14, dans le délai de six mois à compter de son établissement.

Art. R. 526-10-2 *(Abr., D. n° 2017-630, 25 avril 2017).*

Art. R. 526-11 *(D. n° 2010-1706, 29 déc. 2010).* – Chaque compte bancaire ouvert par l'entrepreneur pour les besoins de l'activité professionnelle à laquelle un patrimoine a été affecté doit contenir dans son intitulé la dénomination prévue au 2° de l'article R. 526-3 ainsi que les mots : « entrepreneur individuel à responsabilité limitée » ou les initiales : « EIRL ».

Art. R. 526-12 *(D. n° 2010-1706, 29 déc. 2010).* – Dans le mois suivant la renonciation à l'affectation prévue à l'article L. 526-15, l'entrepreneur individuel en fait porter la mention au registre auquel a été effectuée la déclaration mentionnée à l'article L. 526-7. Dans les deux mois suivant la renonciation, il dépose audit registre un état descriptif actualisé des biens, droits, obligations ou sûretés affectés à l'activité professionnelle en nature, qualité, quantité et valeur.

Art. R. 526-13 *(D. n° 2010-1706, 29 déc. 2010).* – La cession à titre onéreux à une personne physique ou la transmission à titre gratuit entre vifs du patrimoine affecté la cession de ce patrimoine à une personne morale ou son apport en société sont publiés dans le mois de leur date à la diligence du cédant, du donateur ou de l'apporteur, sous forme d'avis au *Bulletin officiel des annonces civiles et commerciales*.

Cet avis contient les indications suivantes :

1° S'agissant du cédant, du donateur ou de l'apporteur ainsi que du cessionnaire ou du donataire, personnes physiques : les nom, nom d'usage, prénoms, le cas échéant nom commercial ou professionnel, l'objet de l'activité professionnelle à laquelle le patrimoine est affecté, l'adresse de l'établissement principal où est exercée cette activité ou à défaut d'établissement l'adresse du local d'habitation où l'entreprise est fixée, le registre auquel a été déposée la déclaration d'affectation mentionnée à l'article L. 526-7 et le numéro unique d'identification de l'entreprise délivré conformément à l'article D. 123-235 ;

2° S'agissant du cessionnaire ou du bénéficiaire de l'apport, personnes morales : la raison sociale ou la dénomination sociale suivie, le cas échéant, du sigle, de la forme, de l'adresse du siège, du montant du capital et du numéro unique d'identification de l'entreprise délivré conformément à l'article D. 123-235, ainsi qu'un état descriptif indiquant la valeur de l'actif, du passif et des sûretés composant le patrimoine affecté, actualisé à la date de la clôture du dernier exercice comptable, établi dans des formes prévues par arrêté conjoint du garde des sceaux, ministre de la justice, et du ministre chargé de l'économie ;

3° La date et le lieu du dépôt des déclarations mentionnées au II de l'article L. 526-17.

Art. R. 526-14 *(D. n° 2010-1706, 29 déc. 2010).* – Les créanciers mentionnés au quatrième alinéa du III de l'article L. 526-17 saisissent le tribunal compétent selon les règles de droit commun de leur opposition dans le mois suivant la publication mentionnée à l'article R. 526-13.

Art. R. 526-14-1 *(D. n° 2015-913, 24 juill. 2015).* – Lorsque l'entrepreneur individuel à responsabilité limitée modifie l'activité professionnelle au titre de laquelle il a déposé une déclaration d'affectation de patrimoine et que cette modification lui impose de s'immatriculer à un autre registre ou répertoire, il demande une nouvelle immatriculation et déclare, conjointement à cette demande, le lieu et le registre de dépôt de la déclaration d'affectation et des autres documents prévus au sixième alinéa de l'article L. 526-7 aux fins du transfert prévu à cet article. Si la modification de son activité professionnelle le justifie, l'entrepreneur individuel à responsabilité limitée procède, auprès de l'organisme nouvellement compétent, à la modification, prévue par le 2° de l'article L. 526-8, de l'objet de l'activité professionnelle mentionné dans la déclaration d'affectation du patrimoine et, le cas échéant, à la modification du patrimoine affecté.

L'organisme nouvellement compétent demande, dans le délai d'un jour franc ouvrable à compter de la nouvelle immatriculation, à l'organisme antérieurement compétent de procéder au transfert dans le délai d'un jour franc ouvrable à compter de la réception de sa demande. L'organisme antérieurement compétent procède d'office à la modification ou à la radiation de l'immatriculation de l'entrepreneur individuel de son registre et informe, par tous moyens, ce dernier des diligences accomplies.

Sous-section 2. – Du registre spécial des entrepreneurs individuels à responsabilité limitée

Art. R. 526-15 *(D. n° 2010-1706, 29 déc. 2010).* – Les entrepreneurs individuels à responsabilité limitée qui ne sont pas tenus de s'immatriculer à un registre de publicité légale déposent la déclaration d'affectation mentionnée à l'article L. 526-7 au registre spécial tenu au greffe du tribunal de commerce ou du tribunal de grande instance statuant commercialement dans le ressort duquel se trouve l'adresse de leur établissement principal ou à défaut d'établissement l'adresse du local d'habitation où l'entreprise est fixée.

Dans les départements du Bas-Rhin, du Haut-Rhin et de la Moselle, le registre spécial mentionné à l'alinéa précédent est tenu pour l'étendue du ressort de chaque tribunal de grande instance au greffe des tribunaux d'instance de Colmar, Metz, Mulhouse, Sarreguemines, Saverne, Strasbourg et Thionville.

Art. R. 526-16 *(D. n° 2010-1706, 29 déc. 2010 ; mod., D. n° 2017-630, 25 avril 2017).* – Lors de l'immatriculation de l'entrepreneur individuel à responsabilité limitée au registre spécial mentionné à l'article R. 526-15, le greffier indique au registre les informations prévues aux 1° à 5° et 7° de l'article R. 526-3.

Sont également mentionnés dans ce registre les événements et décisions prévus par les articles L. 526-8 (2°), L. 526-15, L. 526-16 et L. 526-17.

Une demande d'inscription modificative est présentée dans le délai d'un mois suivant l'événement rendant nécessaire une rectification ou une adjonction aux énonciations prévues aux deux alinéas précédents. La demande est présentée par la personne immatriculée au registre ou par les personnes mentionnées aux articles L. 526-15, L. 526-16, premier alinéa, et L. 526-17. Le dépôt de la déclaration de reprise mentionnée au second alinéa de l'article L. 526-16 est effectué par la personne reprenant le patrimoine affecté. La demande relative à la cession du patrimoine affecté à une personne morale ou à son apport en société est présentée par le cédant ou l'apporteur.

Art. R. 526-17 *(D. n° 2010-1706, 29 déc. 2010).* – Le lieu et le numéro d'immatriculation au registre spécial, définis dans des conditions prévues par arrêté conjoint du garde des sceaux, ministre de la justice, et du ministre chargé de l'économie, ainsi que l'objet de l'activité professionnelle à laquelle le patrimoine est affecté et la dénomination incorporant le nom ou nom d'usage précédé ou suivi immédiatement des mots : « entrepreneur individuel à responsabilité limitée » ou des initiales : « EIRL » figurent sur les documents et correspondances à usage professionnel de l'intéressé.

Art. R. 526-18 *(D. n° 2010-1706, 29 déc. 2010).* – Le dépôt au registre spécial mentionné à l'article R. 526-15 de la déclaration d'affectation dans les formes prévues à l'article R. 526-3, des actes ou décisions modifiant cette déclaration ainsi que des documents attestant de l'accomplissement des formalités prévues aux articles L. 526-9 à L. 526-11 en cas d'affectation de biens nouveaux postérieurement à la constitution du patrimoine affecté est régi par les dispositions des articles R. 123-121-2 et R. 123-121-3.

Art. R. 526-19 *(D. n° 2010-1706, 29 déc. 2010).* – L'entrepreneur individuel à responsabilité limitée dépose au registre spécial mentionné à l'article R. 526-15, dans le délai de six mois suivant la clôture de l'exercice, les documents comptables mentionnés à l'article L. 526-14.

Art. R. 526-20 *(D. n° 2010-1706, 29 déc. 2010).* – Les déclarations et dépôts au registre spécial mentionné à l'article R. 526-15 peuvent être effectués par voie électronique sous réserve qu'ils puissent être transmis et reçus par cette voie.

Pour toutes les transmissions par voie électronique mentionnées à l'alinéa précédent, il est fait usage d'une signature électronique sécurisée dans les conditions prévues à l'article 1316-4 du Code civil et par le décret n° 2001-272 du 30 mars 2001 pris pour son application. Toutefois, pour les déclarations relatives à l'immatriculation des intéressés, cette signature électronique peut résulter de l'usage d'un procédé répondant aux conditions définies à la première phrase du second alinéa de l'article 1316-4 du Code civil.

Le greffier accuse réception de toute transmission qui lui est faite dès que celle-ci lui parvient.

Art. R. 526-20-1 *(D. n° 2015-913, 24 juill. 2015).* – Lorsque l'entrepreneur individuel à responsabilité limitée transfère dans le ressort d'un autre tribunal l'établissement où est exercée l'activité professionnelle au titre de laquelle il a déposé une déclaration d'affectation de patrimoine ou, à défaut d'établissement, le local d'habitation où l'entreprise est fixée, il demande une nouvelle immatriculation et déclare, conjointement à cette demande, le lieu et le registre de dépôt de la déclaration d'affectation et des autres documents prévus au sixième alinéa de l'article L. 526-7 aux fins du transfert prévu à cet article.

Le greffier nouvellement compétent demande, dans le délai d'un jour franc ouvrable à compter de la nouvelle immatriculation, au greffier du tribunal dans le ressort duquel était exercée l'activité de procéder au transfert dans le délai d'un jour franc ouvrable à compter de la réception de sa demande. Le greffier antérieurement compétent procède d'office à la modification ou à la radiation de l'immatriculation de l'entrepreneur individuel de son registre et informe, par tous moyens, ce dernier des diligences accomplies.

Art. R. 526-21 *(D. n° 2010-1706, 29 déc. 2010).* – En cas de décès de la personne immatriculée, il incombe à ses héritiers ou ayants cause à titre universel de demander sa radiation du registre spécial s'ils n'entendent pas poursuivre l'activité professionnelle à laquelle le patrimoine est affecté dans les conditions prévues à l'article L. 526-16.

Lorsque le greffier a reçu la preuve du décès d'une personne immatriculée, et faute par les héritiers ou ayants cause à titre universel de se conformer aux dispositions de l'alinéa précédent, il procède d'office à la radiation de cette personne un an après la date du décès.

Art. R. 526-22 *(D. n° 2010-1706, 29 déc. 2010).* – Dans le délai d'un mois avant la cessation totale de son activité professionnelle ou dans le délai d'un mois à compter de celle-ci, l'entrepreneur individuel à responsabilité limitée demande sa radiation du registre spécial mentionné à l'article R. 526-15 en indiquant la date de cessation.

Art. R. 526-23 *(D. n° 2010-1706, 29 déc. 2010).* – Lorsque la mention de la renonciation de l'entrepreneur individuel à responsabilité limitée à l'affectation, de la cession à titre onéreux ou de la transmission à titre gratuit entre vifs du patrimoine affecté à une personne physique, de la cession de ce patrimoine à une personne morale ou de son apport en société a été portée au registre spécial prévu à l'article R. 526-15, le greffier procède d'office et sans délai à la radiation de la personne immatriculée.

Art. R. 526-24 *(D. n° 2010-1706, 29 déc. 2010 ; mod. à compter du 1er janvier 2016, D. n° 2015-417, 14 avr. 2015).* – En cas de non-respect des dispositions du troisième alinéa de l'article R. 526-16 et de l'article R. 526-22, le juge commis à la surveillance du registre du commerce et des sociétés du ressort rend soit d'office, soit à la requête du procureur de la République ou de toute personne justifiant y avoir intérêt une ordonnance enjoignant à l'intéressé de faire procéder à la mention et, s'il y a lieu, à sa radiation.

L'ordonnance du juge est notifiée à l'intéressé dans les conditions prévues à l'article R. 123-140. Les voies de recours sont exercées conformément aux dispositions des articles R. 123-141 et R. 123-142.

L'ordonnance est exécutée dans le délai de quinze jours à compter du jour où elle est devenue définitive. À défaut, le greffier procède d'office à la mention et s'il y a lieu à la radiation à l'expiration de ce délai.

Code de la consommation

PREMIÈRE PARTIE (LÉGISLATIVE)

(Partie créée à compter du 1er juillet 2016, Ord. n° 2016-301, 14 mars 2016) (1)

Art. liminaire *(Mod., L. n° 2017-203, 21 févr. 2017)*. – **Pour l'application du présent code, on entend par :**

– consommateur : toute personne physique qui agit à des fins qui n'entrent pas dans le cadre de son activité commerciale, industrielle, artisanale, libérale ou agricole ;

– non-professionnel : toute personne morale qui n'agit pas à des fins professionnelles ;

– professionnel : toute personne physique ou morale, publique ou privée, qui agit à des fins entrant dans le cadre de son activité commerciale, industrielle, artisanale, libérale ou agricole, y compris lorsqu'elle agit au nom ou pour le compte d'un autre professionnel.

Livre Ier. – Information des consommateurs et pratiques commerciales

Titre Ier. – Information des consommateurs

Chapitre Ier. – Obligation générale d'information précontractuelle

Art. L. 111-1. – **Avant que le consommateur ne soit lié par un contrat de vente de biens ou de fourniture de services, le professionnel communique au consommateur, de manière lisible et compréhensible, les informations suivantes :**

1° Les caractéristiques essentielles du bien ou du service, compte tenu du support de communication utilisé et du bien ou service concerné ;

2° Le prix du bien ou du service, en application des articles L. 112-1 à L. 112-4 ;

3° En l'absence d'exécution immédiate du contrat, la date ou le délai auquel le professionnel s'engage à livrer le bien ou à exécuter le service ;

4° Les informations relatives à son identité, à ses coordonnées postales, téléphoniques et électroniques et à ses activités, pour autant qu'elles ne ressortent pas du contexte ;

5° S'il y a lieu, les informations relatives aux garanties légales, aux fonctionnalités du contenu numérique et, le cas échéant, à son interopérabilité, à l'existence et aux modalités de mise en œuvre des garanties et aux autres conditions contractuelles ;

6° La possibilité de recourir à un médiateur de la consommation dans les conditions prévues au titre Ier du livre VI.

La liste et le contenu précis de ces informations sont fixés par décret en Conseil d'État.

Les dispositions du présent article s'appliquent également aux contrats portant sur la fourniture d'eau, de gaz ou d'électricité, lorsqu'ils ne sont pas conditionnés dans un volume délimité ou en quantité déterminée, ainsi que de chauffage urbain et de contenu numérique non fourni sur un support matériel. Ces contrats font également référence à la nécessité d'une consommation sobre et respectueuse de la préservation de l'environnement.

Art. L. 111-2. – **Outre les mentions prévues à l'article L. 111-1, tout professionnel, avant la conclusion d'un contrat de fourniture de services et, lorsqu'il n'y a pas de contrat écrit, avant l'exécution de la prestation de services, met à la disposition du consommateur ou lui communique, de manière lisible et compréhensible, les informations complémentaires relatives à ses coordonnées, à son activité de prestation de services et aux autres conditions contractuelles, dont la liste et le contenu sont fixés par décret en Conseil d'État.**

Les informations complémentaires qui ne sont communiquées qu'à la demande du consommateur sont *également précisées* **par décret en Conseil d'État.**

(1) Les dispositions de la partie législative du présent code qui comportent des références à des articles d'autres codes ou textes législatifs sont modifiées de plein droit par l'effet des modifications ultérieures de ces articles, Ord. n° 2016-301, 14 mars 2016, art. 3.

Art. L. 111-3 *(Mod., Ord. n° 2017-484, 6 avr. 2017)*. – Les dispositions des articles L. 111-1 et L. 111-2 s'appliquent sans préjudice des dispositions particulières en matière d'information des consommateurs propres à certaines activités.

Les dispositions de l'article L. 111-2 ne s'appliquent ni aux services mentionnés aux livres Ier à III et au titre V du livre V du Code monétaire et financier, ni aux opérations pratiquées par les entreprises régies par le Code des assurances, par les fonds de retraite professionnelle supplémentaires mentionnés à l'article L. 381-1 du même code, par les mutuelles et unions régies par le livre II du Code de la mutualité, par les mutuelles et unions de retraite professionnelle supplémentaire mentionnées à l'article L. 214-1 du même code, par les institutions de prévoyance et unions régies par le titre III du livre IX du Code de la sécurité sociale et par les institutions de retraite professionnelle supplémentaire mentionnées à l'article L. 942-1 du même code.

Art. L. 111-4. – Le fabricant ou l'importateur de biens meubles informe le vendeur professionnel de la période pendant laquelle ou de la date jusqu'à laquelle les pièces détachées indispensables à l'utilisation des biens sont disponibles sur le marché. Cette information est délivrée obligatoirement au consommateur par le vendeur de manière lisible avant la conclusion du contrat et confirmée par écrit lors de l'achat du bien.

Dès lors qu'il a indiqué la période ou la date mentionnées au premier alinéa, le fabricant ou l'importateur fournit obligatoirement, dans un délai de deux mois, aux vendeurs professionnels ou aux réparateurs, agréés ou non, qui le demandent les pièces détachées indispensables à l'utilisation des biens vendus.

Les modalités d'application du présent article sont précisées par décret.

Art. L. 111-5. – En cas de litige relatif à l'application des dispositions des articles L. 111-1, L. 111-2 et L. 111-4, il appartient au professionnel de prouver qu'il a exécuté ses obligations.

Art. L. 111-6 *(Abr. à compter de l'entrée en vigueur des mesures réglementaires nécessaires à l'application de l'article L. 111-7, dans sa rédaction résultant du 1° du I de l'article 49 de la loi n° 2016-1321 du 7 octobre 2016, L. n° 2016-1321, 7 oct. 2016)*. – Sans préjudice des obligations d'information prévues à l'article 19 de la loi n° 2004-575 du 21 juin 2004 pour la confiance dans l'économie numérique, toute personne dont l'activité consiste en la fourniture d'informations en ligne permettant la comparaison des prix et des caractéristiques de biens et de services proposés par des professionnels est tenue d'apporter une information loyale, claire et transparente, y compris sur ce qui relève de la publicité au sens de l'article 20 de la même loi.

Les modalités et le contenu de ces informations sont fixés par décret.

Art. L. 111-7 *(Rempl., L. n° 2016-1321, 7 oct. 2016)*. – I. - Est qualifiée d'opérateur de plateforme en ligne toute personne physique ou morale proposant, à titre professionnel, de manière rémunérée ou non, un service de communication au public en ligne reposant sur :

1° Le classement ou le référencement, au moyen d'algorithmes informatiques, de contenus, de biens ou de services proposés ou mis en ligne par des tiers ;

2° Ou la mise en relation de plusieurs parties en vue de la vente d'un bien, de la fourniture d'un service ou de l'échange ou du partage d'un contenu, d'un bien ou d'un service.

II. - Tout opérateur de plateforme en ligne est tenu de délivrer au consommateur une information loyale, claire et transparente sur :

1° Les conditions générales d'utilisation du service d'intermédiation qu'il propose et sur les modalités de référencement, de classement et de déréférencement des contenus, des biens ou des services auxquels ce service permet d'accéder ;

2° L'existence d'une relation contractuelle, d'un lien capitalistique ou d'une rémunération à son profit, dès lors qu'ils influencent le classement ou le référencement des contenus, des biens ou des services proposés ou mis en ligne ;

3° La qualité de l'annonceur et les droits et obligations des parties en matière civile et fiscale, lorsque des consommateurs sont mis en relation avec des professionnels ou des non-professionnels.

Un décret précise les conditions d'application du présent article en tenant compte de la nature de l'activité des opérateurs de plateforme en ligne.

Ce décret précise, par ailleurs, pour tout opérateur de plateforme en ligne dont l'activité consiste en la fourniture d'informations permettant la comparaison des prix et des caractéristiques de biens et de services proposés par des professionnels, les informations communiquées aux consommateurs portant sur les éléments de cette comparaison et ce qui relève de la publicité au sens de l'article 20 de la loi n° 2004-575 du 21 juin 2004 pour la confiance dans l'économie numérique.

Ce décret fixe également les modalités selon lesquelles, lorsque des professionnels, vendeurs ou prestataires de services sont mis en relation avec des consommateurs, l'opérateur de plateforme en ligne met à leur disposition un espace leur permettant de communiquer aux consommateurs les informations prévues aux articles L. 221-5 et L. 221-6.

Art. L. 111-7-1 *(L. n° 2016-1321, 7 oct. 2016)*. – Les opérateurs de plateformes en ligne dont l'activité dépasse un seuil de nombre de connexions défini par décret élaborent et diffusent aux consommateurs des bonnes pratiques visant à renforcer les obligations de clarté, de transparence et de loyauté mentionnées à l'article L. 111-7.

L'autorité administrative compétente peut procéder à des enquêtes dans les conditions prévues à l'article L. 511-6 afin d'évaluer et de comparer les pratiques des opérateurs de plateformes en ligne mentionnées au premier alinéa du présent article. Elle peut, à cette fin, recueillir auprès de ces opérateurs les informations utiles à l'exercice de cette mission. Elle diffuse périodiquement les résultats de ces évaluations et de ces comparaisons et rend publique la liste des plateformes en ligne qui ne respectent pas leurs obligations au titre de l'article L. 111-7.

Art. L. 111-7-2 *(L. n° 2016-1321, 7 oct. 2016)*. – Sans préjudice des obligations d'information prévues à l'article 19 de la loi n° 2004-575 du 21 juin 2004 pour la confiance dans l'économie numérique et aux articles L. 111-7 et L. 111-7-1 du présent code, toute personne physique ou morale dont l'activité consiste, à titre principal ou accessoire, à collecter, à modérer ou à diffuser des avis en ligne provenant de consommateurs est tenue de délivrer aux utilisateurs une information loyale, claire et transparente sur les modalités de publication et de traitement des avis mis en ligne.

Elle précise si ces avis font ou non l'objet d'un contrôle et, si tel est le cas, elle indique les caractéristiques principales du contrôle mis en œuvre.

Elle affiche la date de l'avis et ses éventuelles mises à jour.

Elle indique aux consommateurs dont l'avis en ligne n'a pas été publié les raisons qui justifient son rejet.

Elle met en place une fonctionnalité gratuite qui permet aux responsables des produits ou des services faisant l'objet d'un avis en ligne de lui signaler un doute sur l'authenticité de cet avis, à condition que ce signalement soit motivé.

Un décret, pris après avis de la Commission nationale de l'informatique et des libertés, fixe les modalités et le contenu de ces informations.

Art. L. 111-8. – Les dispositions du présent chapitre sont d'ordre public.

Chapitre II. – Information sur les prix et conditions de vente

Art. L. 112-1. – (1) Tout vendeur de produit ou tout prestataire de services informe le consommateur, par voie de marquage, d'étiquetage, d'affichage ou par tout autre procédé approprié, sur les prix et les conditions particulières de la vente et de l'exécution des services, selon des modalités fixées par arrêtés du ministre chargé de l'économie, après consultation du Conseil national de la consommation.

Art. L. 112-2 *(Mod., L. n° 2017-203, 21 févr. 2017)*. – Les dispositions de l'article L. 112-1 s'appliquent à toutes les activités de production, de distribution et de services, y compris celles qui sont le fait de personnes publiques, notamment dans le cadre de conventions de délégation de service public ainsi qu'aux prestations mentionnées au titre IV *bis* du livre IV du Code de commerce.

Les règles relatives à l'obligation de renseignements du public par les établissements de crédit, les sociétés de financement, les établissements de monnaie électronique, les établissements de paiement et les organismes mentionnés à l'article L. 518-1 du Code monétaire et financier sont fixées par l'article L. 312-1-1 du même code.

(1) V. T. appl. : A. 3 déc. 1987 (JO 1er déc. 1987) et la liste des arrêtés référencés sous son article 15. – NDLR.

Art. L. 112-3. – Lorsque le prix ne peut être raisonnablement calculé à l'avance du fait de la nature du bien ou du service, le professionnel fournit le mode de calcul du prix et, s'il y a lieu, tous les frais supplémentaires de transport, de livraison ou d'affranchissement et tous les autres frais éventuels.

Lorsque les frais supplémentaires ne peuvent raisonnablement être calculés à l'avance, le professionnel mentionne qu'ils peuvent être exigibles.

Art. L. 112-4. – Dans le cas d'un contrat à durée indéterminée ou d'un contrat assorti d'un abonnement, le prix total inclut le total des frais exposés pour chaque période de facturation. Lorsque de tels contrats sont facturés à un tarif fixe, le prix total inclut également le total des coûts mensuels.

Lorsque le coût total ne peut être raisonnablement calculé à l'avance, le mode de calcul du prix est communiqué.

Art. L. 112-5. – Tout professionnel peut demander à l'autorité administrative chargée de la concurrence et de la consommation de prendre formellement position sur la conformité aux articles L. 112-1 à L. 112-4 et aux mesures réglementaires prises pour leur application, des modalités de l'information sur les prix de vente au consommateur qu'il envisage de mettre en place.

Cette prise de position formelle a pour objet de prémunir le demandeur d'un changement d'appréciation de l'autorité administrative qui serait de nature à l'exposer à la sanction administrative prévue aux articles L. 131-5 et L. 131-6.

L'autorité administrative prend formellement position sur cette demande dans un délai fixé par décret en Conseil d'État.

Le silence gardé par l'autorité administrative à l'issue de ce délai vaut rejet de cette demande.

Un décret en Conseil d'État précise les modalités d'application du présent article, notamment le contenu, les modalités de dépôt et d'avis de réception de la demande.

Art. L. 112-6. – La garantie mentionnée à l'article L. 112-5 prend fin :

1° À la date à laquelle la situation du professionnel n'est plus identique à celle présentée dans la demande ; les modalités de constatation de cette situation et d'information du professionnel sont précisées par décret en Conseil d'État ;

2° À la date à laquelle est intervenue une modification dans la législation ou la réglementation applicable de nature à affecter la validité de la garantie ;

3° À compter du jour où l'autorité administrative notifie au professionnel la modification de son appréciation. Cette notification fait l'objet d'une information préalable du professionnel.

Art. L. 112-7. – Tout opérateur de service téléphonique au public au sens des 7° et 15° de l'article L. 32 du Code des postes et des communications électroniques est tenu de proposer de manière équitable au consommateur, lors de la souscription d'un service téléphonique au public, une offre dans laquelle les communications au départ du réseau auquel le consommateur a été raccordé par son opérateur et à destination du territoire national sont facturées à la seconde, dès la première seconde, hors éventuellement un coût fixe de connexion.

Les consommateurs ayant opté pour un mode de règlement prépayé bénéficient d'une facturation à la seconde, dès la première seconde, de leurs communications de téléphonie vocale au départ du réseau auquel le consommateur a été raccordé par son opérateur et à destination du territoire national. Ces consommateurs peuvent bénéficier, sur demande, de tout autre mode de facturation proposé par l'opérateur.

Le présent article ne s'applique pas aux appels vers les numéros pouvant être surtaxés.

La comptabilisation des communications fait l'objet d'une information claire préalable à toute souscription de service, quel que soit le mode de règlement choisi.

Art. L. 112-8 *(Créé à compter d'une date fixée par décret et, au plus tard, le 7 octobre 2018, L. n° 2016-1321, 7 oct. 2016).* – Les entreprises dont le chiffre d'affaires est supérieur à un seuil défini par décret rendent le numéro de téléphone destiné à recueillir l'appel d'un consommateur en vue d'obtenir la bonne exécution d'un contrat conclu avec un professionnel ou le traitement d'une réclamation accessible aux personnes sourdes, malentendantes, sourd-aveugles et aphasiques par la mise à disposition d'un service de traduction simultanée écrite et visuelle défini au IV de l'article 105 de la loi n° 2016-1321 du 7 octobre 2016 pour une République numérique, sans surcoût pour les utilisateurs finals et à la charge des entreprises concernées.

Les services d'accueil téléphonique concernés sont accessibles directement ou, à défaut, par l'intermédiaire d'une plateforme en ligne dédiée délivrant le service de traduction simultanée écrite et visuelle. L'accessibilité est soit assurée directement par l'entreprise, soit confiée par elle, sous sa responsabilité, à un opérateur spécialisé qui en assure la mise en œuvre et l'exécution.

Chapitre III. – Information sur les conditions sociales de fabrication des produits

Art. L. 113-1. – Le fabricant, le producteur ou le distributeur d'un bien commercialisé en France transmet au consommateur qui en fait la demande et qui a connaissance d'éléments sérieux mettant en doute le fait que ce bien a été fabriqué dans des conditions respectueuses des conventions internationales relatives aux droits humains fondamentaux, toute information dont il dispose portant sur un des éléments ci-après : origine géographique des matériaux et composants utilisés dans la fabrication, contrôles de qualité et audits, organisation de la chaîne de production et identité, implantation géographique et qualités du fabricant, de ses sous-traitants et fournisseurs.

Lorsque le fabricant, le producteur ou le distributeur ne possède pas l'information demandée, il est tenu d'en informer le consommateur à l'origine de la demande.

La liste des conventions mentionnées au premier alinéa est précisée par décret.

Art. L. 113-2. – Si la transmission au consommateur d'une information, en application de l'article L. 113-1, est de nature à compromettre gravement les intérêts stratégiques ou industriels du fabricant, du producteur ou du distributeur concerné par la demande, celui-ci peut décider de ne pas la transmettre à condition d'en motiver les raisons.

Chapitre IV. – Remise des contrats-types

Art. L. 114-1. – Les professionnels vendeurs ou prestataires de services remettent à toute personne intéressée qui en fait la demande un exemplaire des conventions qu'ils proposent habituellement.

Titre II. – Pratiques commerciales interdites et pratiques commerciales réglementées

Chapitre Ier. – Pratiques commerciales interdites

Section 1. – Pratiques commerciales déloyales

Art. L. 121-1. – Les pratiques commerciales déloyales sont interdites.

Une pratique commerciale est déloyale lorsqu'elle est contraire aux exigences de la diligence professionnelle et qu'elle altère ou est susceptible d'altérer de manière substantielle le comportement économique du consommateur normalement informé et raisonnablement attentif et avisé, à l'égard d'un bien ou d'un service.

Le caractère déloyal d'une pratique commerciale visant une catégorie particulière de consommateurs ou un groupe de consommateurs vulnérables en raison d'une infirmité mentale ou physique, de leur âge ou de leur crédulité s'apprécie au regard de la capacité moyenne de discernement de la catégorie ou du groupe.

Constituent, en particulier, des pratiques commerciales déloyales les pratiques commerciales trompeuses définies aux articles L. 121-2 à L. 121-4 et les pratiques commerciales agressives définies aux articles L. 121-6 et L. 121-7.

Sous-section 1. – Pratiques commerciales trompeuses

Art. L. 121-2. – Une pratique commerciale est trompeuse si elle est commise dans l'une des circonstances suivantes :

1° Lorsqu'elle crée une confusion avec un autre bien ou service, une marque, un nom commercial ou un autre signe distinctif d'un concurrent ;

2° Lorsqu'elle repose sur des allégations, indications ou présentations fausses ou de nature à induire en erreur et portant sur l'un ou plusieurs des éléments suivants :

a) L'existence, la disponibilité ou la nature du bien ou du service ;

b) Les caractéristiques essentielles du bien ou du service, à savoir : ses qualités substantielles, sa composition, ses accessoires, son origine, sa quantité, son mode et sa date de fabrication, les conditions de son utilisation et son aptitude à l'usage, ses propriétés et les résultats attendus de son utilisation, ainsi que les résultats et les principales caractéristiques des tests et contrôles effectués sur le bien ou le service ;

c) Le prix ou le mode de calcul du prix, le caractère promotionnel du prix et les conditions de vente, de paiement et de livraison du bien ou du service ;

d) Le service après-vente, la nécessité d'un service, d'une pièce détachée, d'un remplacement ou d'une réparation ;

e) La portée des engagements de l'annonceur, la nature, le procédé ou le motif de la vente ou de la prestation de services ;

f) L'identité, les qualités, les aptitudes et les droits du professionnel ;

g) Le traitement des réclamations et les droits du consommateur ;

3° Lorsque la personne pour le compte de laquelle elle est mise en œuvre n'est pas clairement identifiable.

Art. L. 121-3 *(Mod., L. n° 2017-203, 21 févr. 2017)*. – Une pratique commerciale est également trompeuse si, compte tenu des limites propres au moyen de communication utilisé et des circonstances qui l'entourent, elle omet, dissimule ou fournit de façon inintelligible, ambiguë ou à contretemps une information substantielle ou lorsqu'elle n'indique pas sa véritable intention commerciale dès lors que celle-ci ne ressort pas déjà du contexte.

Lorsque le moyen de communication utilisé impose des limites d'espace ou de temps, il y a lieu, pour apprécier si des informations substantielles ont été omises, de tenir compte de ces limites ainsi que de toute mesure prise par le professionnel pour mettre ces informations à la disposition du consommateur par d'autres moyens.

Dans toute communication commerciale constituant une invitation à l'achat et destinée au consommateur mentionnant le prix et les caractéristiques du bien ou du service proposé, sont considérées comme substantielles les informations suivantes :

1° Les caractéristiques principales du bien ou du service ;

2° L'adresse et l'identité du professionnel ;

3° Le prix toutes taxes comprises et les frais de livraison à la charge du consommateur, ou leur mode de calcul, s'ils ne peuvent être établis à l'avance ;

4° Les modalités de paiement, de livraison, d'exécution et de traitement des réclamations des consommateurs, dès lors qu'elles sont différentes de celles habituellement pratiquées dans le domaine d'activité professionnelle concerné ;

5° L'existence d'un droit de rétractation, si ce dernier est prévu par la loi.

Art. L. 121-4. – Sont réputées trompeuses, au sens des articles L. 121-2 et L. 121-3, les pratiques commerciales qui ont pour objet :

1° Pour un professionnel, de se prétendre signataire d'un code de conduite alors qu'il ne l'est pas ;

2° D'afficher un certificat, un label de qualité ou un équivalent sans avoir obtenu l'autorisation nécessaire ;

3° D'affirmer qu'un code de conduite a reçu l'approbation d'un organisme public ou privé alors que ce n'est pas le cas ;

4° D'affirmer qu'un professionnel, y compris à travers ses pratiques commerciales ou qu'un produit ou service a été agréé, approuvé ou autorisé par un organisme public ou privé alors que ce n'est pas le cas ou de ne pas respecter les conditions de l'agrément, de l'approbation ou de l'autorisation reçue ;

5° De proposer l'achat de produits ou la fourniture de services à un prix indiqué sans révéler les raisons plausibles que pourrait avoir le professionnel de penser qu'il ne pourra fournir lui-même ou faire fournir par un autre professionnel, les produits ou services en question ou des produits ou services équivalents au prix indiqué, pendant une période et dans des quantités qui soient raisonnables compte tenu du produit ou du service, de l'ampleur de la publicité faite pour le produit ou le service et du prix proposé ;

6° De proposer l'achat de produits ou la fourniture de services à un prix indiqué, et ensuite :

a) De refuser de présenter aux consommateurs l'article ayant fait l'objet de la publicité ;

b) Ou de refuser de prendre des commandes concernant ces produits ou ces services ou de les livrer ou de les fournir dans un délai raisonnable ;

c) Ou d'en présenter un échantillon défectueux, dans le but de faire la promotion d'un produit ou d'un service différent ;

7° De déclarer faussement qu'un produit ou un service ne sera disponible que pendant une période très limitée ou qu'il ne sera disponible que sous des conditions particulières pendant une période très limitée afin d'obtenir une décision immédiate et priver les consommateurs d'une possibilité ou d'un délai suffisant pour opérer un choix en connaissance de cause ;

8° De s'engager à fournir un service après-vente aux consommateurs avec lesquels le professionnel a communiqué avant la transaction dans une langue qui n'est pas une langue officielle de l'État membre de l'Union européenne dans lequel il est établi et, ensuite, assurer ce service uniquement dans une autre langue sans clairement en informer le consommateur avant que celui-ci ne s'engage dans la transaction ;

9° De déclarer ou de donner l'impression que la vente d'un produit ou la fourniture d'un service est licite alors qu'elle ne l'est pas ;

10° De présenter les droits conférés au consommateur par la loi comme constituant une caractéristique propre à la proposition faite par le professionnel ;

11° D'utiliser un contenu rédactionnel dans les médias pour faire la promotion d'un produit ou d'un service alors que le professionnel a financé celle-ci lui-même, sans l'indiquer clairement dans le contenu ou à l'aide d'images ou de sons clairement identifiables par le consommateur ;

12° De formuler des affirmations matériellement inexactes en ce qui concerne la nature et l'ampleur des risques auxquels s'expose le consommateur sur le plan de sa sécurité personnelle ou de celle de sa famille s'il n'achète pas le produit ou le service ;

13° De promouvoir un produit ou un service similaire à celui d'un autre fournisseur clairement identifié, de manière à inciter délibérément le consommateur à penser que le produit ou le service provient de ce fournisseur alors que tel n'est pas le cas ;

14° De déclarer que le professionnel est sur le point de cesser ses activités ou de les établir ailleurs alors que tel n'est pas le cas ;

15° D'affirmer d'un produit ou d'un service qu'il augmente les chances de gagner aux jeux de hasard ;

16° D'affirmer faussement qu'un produit ou une prestation de services est de nature à guérir des maladies, des dysfonctionnements ou des malformations ;

17° De communiquer des informations matériellement inexactes sur les conditions de marché ou sur les possibilités de trouver un produit ou un service, dans le but d'inciter le consommateur à acquérir celui-ci à des conditions moins favorables que les conditions normales de marché ;

18° D'affirmer, dans le cadre d'une pratique commerciale, qu'un concours est organisé ou qu'un prix peut être gagné sans attribuer les prix décrits ou un équivalent raisonnable ;

19° De décrire un produit ou un service comme étant « gratuit », « à titre gracieux », « sans frais » ou autres termes similaires si le consommateur doit payer quoi que ce soit d'autre que les coûts inévitables liés à la réponse à la pratique commerciale et au fait de prendre possession ou livraison de l'article ;

20° D'inclure dans un support publicitaire une facture ou un document similaire demandant paiement qui donne au consommateur l'impression qu'il a déjà commandé le produit ou le service commercialisé alors que tel n'est pas le cas ;

21° De faussement affirmer ou donner l'impression que le professionnel n'agit pas à des fins qui entrent dans le cadre de son activité commerciale, industrielle, artisanale, libérale ou agricole ou de se présenter faussement comme un consommateur ;

22° De créer faussement l'impression que le service après-vente en rapport avec un produit ou un service est disponible dans un État membre de l'Union européenne autre que celui dans lequel le produit ou le service est vendu.

Art. L. 121-5 *(Mod., L. n° 2017-203, 21 févr. 2017)*. – Les dispositions des articles L. 121-2 à L. 121-4 sont également applicables aux pratiques qui visent les professionnels et les non-professionnels.

Sous-section 2. – Pratiques commerciales agressives

Art. L. 121-6. – Une pratique commerciale est agressive lorsque du fait de sollicitations répétées et insistantes ou de l'usage d'une contrainte physique ou morale, et compte tenu des circonstances qui l'entourent :

1° Elle altère ou est de nature à altérer de manière significative la liberté de choix d'un consommateur ;

2° Elle vicie ou est de nature à vicier le consentement d'un consommateur ;

3° Elle entrave l'exercice des droits contractuels d'un consommateur.

Afin de déterminer si une pratique commerciale recourt au harcèlement, à la contrainte, y compris la force physique, ou à une influence injustifiée, les éléments suivants sont pris en considération :

1° Le moment et l'endroit où la pratique est mise en œuvre, sa nature et sa persistance ;

2° Le recours à la menace physique ou verbale ;

3° L'exploitation, en connaissance de cause, par le professionnel, de tout malheur ou circonstance particulière d'une gravité propre à altérer le jugement du consommateur, dans le but d'influencer la décision du consommateur à l'égard du produit ;

4° Tout obstacle non contractuel important ou disproportionné imposé par le professionnel lorsque le consommateur souhaite faire valoir ses droits contractuels, et notamment celui de mettre fin au contrat ou de changer de produit ou de fournisseur ;

5° Toute menace d'action alors que cette action n'est pas légalement possible.

Art. L. 121-7. – Sont réputées agressives au sens de l'article L. 121-6 les pratiques commerciales qui ont pour objet :

1° De donner au consommateur l'impression qu'il ne pourra quitter les lieux avant qu'un contrat n'ait été conclu ;

2° D'effectuer des visites personnelles au domicile du consommateur, en ignorant sa demande de voir le professionnel quitter les lieux ou de ne pas y revenir, sauf si la législation nationale l'y autorise pour assurer l'exécution d'une obligation contractuelle ;

3° De se livrer à des sollicitations répétées et non souhaitées par téléphone, télécopieur, courrier électronique ou tout autre outil de communication à distance ;

4° D'obliger un consommateur qui souhaite demander une indemnité au titre d'une police d'assurance à produire des documents qui ne peuvent raisonnablement être considérés comme pertinents pour établir la validité de la demande ou s'abstenir systématiquement de répondre à des correspondances pertinentes, dans le but de dissuader ce consommateur d'exercer ses droits contractuels ;

5° Dans une publicité, d'inciter directement les enfants à acheter ou à persuader leurs parents ou d'autres adultes de leur acheter le produit faisant l'objet de la publicité ;

6° D'informer explicitement le consommateur que s'il n'achète pas le produit ou le service, l'emploi ou les moyens d'existence du professionnel seront menacés ;

7° De donner l'impression que le consommateur a déjà gagné, gagnera ou gagnera en accomplissant tel acte un prix ou un autre avantage équivalent, alors que, en fait :

– soit il n'existe pas de prix ou autre avantage équivalent ;

– soit l'accomplissement d'une action en rapport avec la demande du prix ou autre avantage équivalent est subordonné à l'obligation pour le consommateur de verser de l'argent ou de supporter un coût.

Section 2. – Abus de faiblesse

Art. L. 121-8. – Est interdit le fait d'abuser de la faiblesse ou de l'ignorance d'une personne pour lui faire souscrire, par le moyen de visites à domicile, des engagements au comptant ou à crédit sous quelque forme que ce soit, lorsque les circonstances montrent que cette personne n'était pas en mesure d'apprécier la portée des engagements qu'elle prenait ou de déceler les ruses ou artifices déployés pour la convaincre à y souscrire ou font apparaître qu'elle a été soumise à une contrainte.

Art. L. 121-9. – Est interdit le fait d'abuser de la faiblesse ou de l'ignorance d'une personne pour obtenir des engagements :

1° Soit à la suite d'un démarchage par téléphone ou télécopie ;

2° Soit à la suite d'une sollicitation personnalisée, sans que cette sollicitation soit nécessairement nominative, à se rendre sur un lieu de vente, effectuée à domicile et assortie de l'offre d'avantages particuliers ;

3° Soit à l'occasion de réunions ou d'excursions organisées par l'auteur de l'infraction ou à son profit ;

4° Soit lorsque la transaction a été faite dans des lieux non destinés à la commercialisation du bien ou du service proposé ou dans le cadre de foires ou de salons ;

5° Soit lorsque la transaction a été conclue dans une situation d'urgence ayant mis la victime de l'infraction dans l'impossibilité de consulter un ou plusieurs professionnels qualifiés, tiers au contrat.

Art. L. 121-10. – Est interdit le fait d'abuser de la faiblesse ou de l'ignorance d'une personne pour se faire remettre, sans contreparties réelles, des sommes en numéraire ou par virement, des chèques bancaires ou postaux, des ordres de paiement par carte de paiement ou carte de crédit ou bien des valeurs mobilières, au sens de l'article 529 du Code civil.

Section 3. – Refus et subordination de vente et de prestation de services

Art. L. 121-11 *(Mod. à compter du 1er octobre 2018, Ord. n° 2018-361, 16 mai 2018).* – Est interdit le fait de refuser à un consommateur la vente d'un produit ou la prestation d'un service, sauf motif légitime ;

Est également interdit le fait de subordonner la vente d'un produit à l'achat d'une quantité imposée ou à l'achat concomitant d'un autre produit ou d'un autre service ainsi que de subordonner la prestation d'un service à celle d'un autre service ou à l'achat d'un produit dès lors que cette subordination constitue une pratique commerciale déloyale au sens de l'article L. 121-1.

Est également interdit le fait de subordonner la vente d'un bien ou la fourniture d'un service à la conclusion d'un contrat d'assurance accessoire au bien ou au service vendu, sans permettre au consommateur d'acheter le bien ou d'obtenir la fourniture du service séparément.

Pour les établissements de crédit et les organismes mentionnés à l'article L. 518-1 du Code monétaire et financier, les règles relatives aux ventes subordonnées sont fixées par les dispositions du 1 du I de l'article L. 312-1-2 du même code.

Les dispositions du présent article s'appliquent à toutes les activités de production, de distribution et de services, y compris celles qui sont le fait de personnes publiques, notamment dans le cadre de conventions de délégation de service public.

Section 4. – Vente et prestation de services sans commande préalable

Art. L. 121-12. – Est interdit le fait d'exiger le paiement immédiat ou différé de biens ou de services fournis par un professionnel ou, s'agissant de biens, d'exiger leur renvoi ou leur conservation, sans que ceux-ci aient fait l'objet d'une commande préalable du consommateur.

Les dispositions du présent article s'appliquent également aux contrats portant sur la fourniture d'eau, de gaz ou d'électricité lorsqu'ils ne sont pas conditionnés dans un volume délimité ou en quantité déterminée ainsi que sur la fourniture de chauffage urbain et de contenu numérique non fourni sur support matériel.

Art. L. 121-13. – Les dispositions de l'article L. 121-12 ne font pas obstacle à la perception d'intérêts, de commissions ou de frais au titre de facilités de caisse ou de découverts bancaires prévus par la convention de compte instituée à l'article L. 312-1-1 du Code monétaire et financier qui précise le montant ou le mode de calcul de ces rémunérations.

Il en est de même dans le cas où une modification des conditions initiales du contrat résulte de la mise en œuvre d'une clause de révision dont les modalités ont été expressément définies et ont recueilli l'accord des parties au moment de la signature du contrat.

Art. L. 121-14. – Le paiement résultant d'une obligation législative ou réglementaire n'exige pas d'engagement exprès et préalable.

Section 5. – Vente ou prestation de services « à la boule de neige »

Art. L. 121-15. – Sont interdits :

1° La vente pratiquée par le procédé dit « de la boule de neige » ou tous autres procédés analogues consistant en particulier à offrir des marchandises au public en lui faisant espérer l'obtention de ces marchandises à titre gratuit ou contre remise d'une somme inférieure à leur valeur réelle et en subordonnant les ventes au placement de bons ou de tickets à des tiers ou à la collecte d'adhésions ou inscriptions ;

2° Le fait de proposer à une personne de collecter des adhésions ou de s'inscrire sur une liste en exigeant d'elle le versement d'une contrepartie quelconque et en lui faisant espérer des gains financiers résultant d'une progression du nombre de personnes recrutées ou inscrites plutôt que de la vente, de la fourniture ou de la consommation de biens ou services.

Dans le cas de réseaux de vente constitués par recrutement en chaîne d'adhérents ou d'affiliés, il est interdit d'obtenir d'un adhérent ou affilié du réseau le versement d'une somme correspondant à un droit d'entrée ou à l'acquisition de matériels ou de services à vocation pédagogique, de formation, de démonstration ou de vente ou tout autre matériel ou service analogue, lorsque ce versement conduit à un paiement ou à l'attribution d'un avantage bénéficiant à un ou plusieurs adhérents ou affiliés du réseau.

En outre, est interdit, dans ces mêmes réseaux, le fait d'obtenir d'un adhérent ou affilié l'acquisition d'un stock de marchandises destinées à la revente, sans garantie de reprise du stock aux conditions de l'achat, déduction faite éventuellement d'une somme n'excédant pas 10 p. 100 du prix correspondant. Cette garantie de reprise peut toutefois être limitée à une période d'un an après l'achat.

Section 6. – Numéro téléphonique surtaxé

Art. L. 121-16. – Le numéro de téléphone destiné à recueillir l'appel d'un consommateur en vue d'obtenir la bonne exécution d'un contrat conclu avec un professionnel ou le traitement d'une réclamation ne peut pas être surtaxé.

Ce numéro est indiqué dans le contrat et la correspondance.

Section 7. – Paiement supplémentaire sans consentement exprès

Art. L. 121-17. – Préalablement à la conclusion d'un contrat de vente ou de prestation de services, le professionnel s'assure du consentement exprès du consommateur pour tout paiement supplémentaire venant s'ajouter au prix de l'objet principal du contrat.

Dans l'hypothèse où le paiement supplémentaire résulte d'un consentement du consommateur donné par défaut, c'est-à-dire en l'absence d'opposition expresse de sa part à des options payantes qu'il n'a pas sollicitées, le consommateur peut prétendre au remboursement des sommes versées au titre de ce paiement supplémentaire.

Les dispositions du présent article s'appliquent aux contrats portant sur la fourniture d'eau, de gaz ou d'électricité lorsqu'ils ne sont pas conditionnés dans un volume délimité ou en quantité déterminée ainsi que sur la fourniture de chauffage urbain et de contenu numérique non fourni sur un support matériel.

Art. L. 121-18. – Les dispositions de la présente section sont d'ordre public.

Section 8. – Ventes ou prestations de service avec primes

Art. L. 121-19. – Est interdite toute vente ou offre de vente de produits ou de biens ou toute prestation ou offre de prestation de services faite aux consommateurs et donnant droit, à titre gratuit, immédiatement ou à terme, à une prime consistant en produits, biens ou services dès lors que la pratique en cause revêt un caractère déloyal au sens de l'article L. 121-1.

Les dispositions du présent article s'appliquent à toutes les activités de production, de distribution et de services, y compris celles qui sont le fait de personnes publiques, notamment dans le cadre de conventions de délégation de service public.

Les règles relatives aux ventes avec primes applicables aux produits et services proposés pour la gestion d'un compte de dépôt sont fixées au 2 du I de l'article L. 312-1-2 du Code monétaire et financier.

Section 9. – Loteries publicitaires

Art. L. 121-20. – **Dès lors qu'elles sont déloyales au sens de l'article L. 121-1, sont interdites les pratiques commerciales mises en œuvre par les professionnels à l'égard des consommateurs, sous la forme d'opérations promotionnelles tendant à l'attribution d'un gain ou d'un avantage de toute nature par la voie d'un tirage au sort, quelles qu'en soient les modalités, ou par l'intervention d'un élément aléatoire.**

Section 10. – Frais de recouvrement

Art. L. 121-21. – **Est interdit le fait pour un professionnel de solliciter ou de percevoir d'un consommateur des frais de recouvrement dans des conditions contraires au deuxième alinéa de l'article L. 111-8 du Code des procédures civiles d'exécution.**

Section 11. – Publicité portant sur des opérations commerciales réglementées

Art. L. 121-22. – **Est interdite toute publicité portant :**

1° Sur une opération commerciale soumise à autorisation ou à déclaration au titre soit des articles L. 310-1 à L. 310-4 et L. 310-7 du Code de commerce, soit des articles L. 752-1 et L. 752-16 du même code, et qui n'a pas fait l'objet de cette autorisation ou de cette déclaration ;

2° Sur une opération commerciale dont la réalisation nécessite l'emploi de personnel salarié requérant une autorisation au titre du chapitre II du titre III du livre Ier de la troisième partie du Code du travail et réalisée sans l'obtention préalable de cette autorisation, ou qui est en infraction avec les dispositions du chapitre IV du titre III du livre Ier de la troisième partie du même code et de leurs textes d'application ;

3° Sur une opération commerciale réalisée ou devant être réalisée en infraction avec les dispositions de l'article L. 3132-29 du Code du travail ;

4° Sur une manifestation commerciale soumise à la déclaration prévue à l'article L. 762-2 du Code de commerce et qui n'a pas fait l'objet de cette déclaration.

....

Titre III. – Sanctions

Chapitre Ier. – Information des consommateurs

Section 1. – Obligation générale d'information précontractuelle

Art. L. 131-1. – **Tout manquement aux obligations d'information précontractuelle mentionnées aux articles L. 111-1 à L. 111-3 est passible d'une amende administrative dont le montant ne peut excéder 3 000 euros pour une personne physique et 15 000 euros pour une personne morale.**

Cette amende est prononcée dans les conditions prévues au chapitre II du titre II du livre V.

Art. L. 131-2. – **Tout manquement à l'obligation d'informer sur la durée de disponibilité des pièces détachées mentionnée à l'article L. 111-4 est passible d'une amende administrative dont le montant ne peut excéder 3 000 euros pour une personne physique et 15 000 euros pour une personne morale.**

Cette amende est prononcée dans les conditions prévues au chapitre II du titre II du livre V.

Art. L. 131-3 *(Abr. à compter de l'entrée en vigueur des mesures réglementaires nécessaires à l'application de l'article L. 111-7, dans sa rédaction résultant du 1°* du I de l'article 49 de la loi n° 2016-1321 du *7 octobre 2016, L. n° 2016-1321, 7 oct. 2016).* – **Tout manquement aux obligations d'informations mentionnées à l'article L. 111-6 en matière d'activité de fourniture d'informations en ligne permettant la comparaison de prix est passible d'une amende administrative dont le montant ne peut excéder 75 000 euros pour une personne physique et 375 000 euros pour une personne morale.**

Cette amende est prononcée dans les conditions prévues au chapitre II du titre II du livre V.

Art. L. 131-4 *(Mod., L. n° 2016-1321, 7 oct. 2016).* – Tout manquement aux obligations d'information mentionnées à l'article L. 111-7 et à l'article L. 111-7-2 est passible d'une amende administrative dont le montant ne peut excéder 75 000 euros pour une personne physique et 375 000 euros pour une personne morale.

Cette amende est prononcée dans les conditions prévues au chapitre II du titre II du livre V.

Section 2. – Information sur les prix et conditions de vente

Art. L. 131-5. – Tout manquement aux dispositions de l'article L. 112-1 définissant les modalités d'information sur le prix et les conditions de vente ainsi qu'aux dispositions des arrêtés pris pour son application est passible d'une amende administrative dont le montant ne peut excéder 3 000 euros pour une personne physique et 15 000 euros pour une personne morale.

Cette amende est prononcée dans les conditions prévues au chapitre II du titre II du livre V.

Art. L. 131-6. – Tout manquement aux dispositions des articles L. 112-3 et L. 112-4 relatifs aux modalités de calcul du prix est passible d'une amende administrative dont le montant ne peut excéder 3 000 euros pour une personne physique et 15 000 euros pour une personne morale.

Cette amende est prononcée dans les conditions prévues au chapitre II du titre II du livre V.

Chapitre III. – Pratiques commerciales interdites et pratiques commerciales réglementées

Section 1. – Pratiques commerciales interdites

Sous-section 1. – Pratiques commerciales trompeuses

Art. L. 132-1. – Le délit de pratique commerciale trompeuse défini aux articles L. 121-2 à L. 121-4 est constitué dès lors que la pratique est mise en œuvre ou qu'elle produit ses effets en France.

Art. L. 132-2. – Les pratiques commerciales trompeuses mentionnées aux articles L. 121-2 à L. 121-4 sont punies d'un emprisonnement de deux ans et d'une amende de 300 000 euros.

Le montant de l'amende peut être porté, de manière proportionnée aux avantages tirés du délit, à 10 % du chiffre d'affaires moyen annuel, calculé sur les trois derniers chiffres d'affaires annuels connus à la date des faits, ou à 50 % des dépenses engagées pour la réalisation de la publicité ou de la pratique constituant ce délit.

Art. L. 132-3. – Les personnes physiques coupables du délit puni à l'article L. 132-2 encourent également à titre de peines complémentaires l'interdiction, suivant les modalités prévues à l'article 131-27 du Code pénal, soit d'exercer une fonction publique ou d'exercer l'activité professionnelle ou sociale dans l'exercice ou à l'occasion de l'exercice de laquelle l'infraction a été commise, soit d'exercer une profession commerciale ou industrielle, de diriger, d'administrer, de gérer ou de contrôler à un titre quelconque, directement ou indirectement, pour leur propre compte ou pour le compte d'autrui, une entreprise commerciale ou industrielle ou une société commerciale.

Ces interdictions d'exercice ne peuvent excéder une durée de cinq ans. Elles peuvent être prononcées cumulativement.

Les personnes morales déclarées responsables pénalement, dans les conditions prévues à l'article 121-2 du *Code pénal, du délit puni à l'article* L. 132-2 encourent, outre l'amende suivant les modalités prévues à l'article 131-38 du Code pénal, les peines prévues aux 2° à 9° de l'article 131-39 du même code.

L'interdiction mentionnée au 2° du même article 131-39 porte sur l'activité dans l'exercice ou à l'occasion de l'exercice de laquelle l'infraction a été commise. Les peines prévues aux 2° à 7° de cet article ne peuvent être prononcées que pour une durée de cinq ans au plus.

Art. L. 132-4 *(Mod., L. n° 2018-938, 30 oct. 2018).* – En cas de condamnation, le tribunal ordonne, par tous moyens appropriés, l'affichage ou la diffusion de l'intégralité ou d'une partie de la décision ou d'un communiqué informant le public des motifs et du dispositif de celle-ci. Il peut, de plus, ordonner la diffusion, aux frais de la personne condamnée, d'une ou de plusieurs annonces rectificatives.

Le jugement fixe les termes de ces annonces et les modalités de leur diffusion et impartit à la personne condamnée un délai pour y faire procéder.

En cas de carence, il est procédé à cette diffusion à la diligence du ministère public aux frais de la personne condamnée.

Art. L. 132-5. – Le défaut d'exécution dans le délai imparti des annonces rectificatives prévues à l'article L. 132-4 est puni d'un emprisonnement de deux ans et d'une amende de 300 000 euros.

Art. L. 132-6. – Pour l'application des articles L. 132-2 et L. 132-3 le tribunal peut demander tant aux parties qu'à l'annonceur la communication de tous documents utiles.

En cas de refus, il peut ordonner la saisie de ces documents ou toute mesure d'instruction appropriée.

Il peut en outre prononcer une astreinte pouvant atteindre 4 500 euros par jour de retard à compter de la date qu'il a retenue pour la production de ces documents.

Art. L. 132-7. – Le refus de communication des éléments de justification ou des publicités diffusées dans les conditions prévues à l'article L. 132-6 est puni d'un emprisonnement de deux ans et d'une amende de 300 000 euros.

Art. L. 132-8. – La cessation de la pratique commerciale trompeuse peut être ordonnée par le juge d'instruction ou par le tribunal saisi des poursuites, soit sur réquisition du ministère public, soit d'office. La mesure ainsi prise est exécutoire nonobstant toutes voies de recours. Mainlevée peut en être donnée par la juridiction qui l'a ordonnée ou qui est saisie du dossier. La mesure cesse d'avoir effet en cas de décision de non-lieu ou de relaxe.

Les décisions statuant sur les demandes de mainlevée peuvent faire l'objet d'un recours devant la chambre de l'instruction ou devant la cour d'appel selon qu'elles ont été prononcées par un juge d'instruction ou par le tribunal saisi des poursuites.

La chambre de l'instruction ou la cour d'appel statue dans un délai de dix jours à compter de la réception des pièces.

Art. L. 132-9. – L'inobservation de la décision du juge ordonnant la cessation de la pratique commerciale trompeuse est punie d'un emprisonnement de deux ans et d'une amende de 300 000 euros.

Sous-section 2. – Pratiques commerciales agressives

§ 1. – Sanctions civiles

Art. L. 132-10. – Le contrat conclu à la suite d'une pratique commerciale agressive mentionnée aux articles L. 121-6 et L. 121-7 est nul et de nul effet.

§ 2. – Sanctions pénales

Art. L. 132-11 *(Mod., L. n° 2018-938, 30 oct. 2018)*. – Les pratiques commerciales agressives mentionnées aux articles L. 121-6 et L. 121-7 sont punies d'un emprisonnement de deux ans et d'une amende de 300 000 euros.

Le montant de l'amende peut être porté, de manière proportionnée aux avantages tirés du délit, à 10 % du chiffre d'affaires moyen annuel, calculé sur les trois derniers chiffres d'affaires annuels connus à la date des faits.

En cas de condamnation, le tribunal ordonne, par tous moyens appropriés, l'affichage ou la diffusion de l'intégralité ou d'une partie de la décision ou d'un communiqué informant le public des motifs et du dispositif de celle-ci.

Art. L. 132-12. – *Les personnes physiques* coupables du délit puni à l'article L. 132-11 encourent une interdiction, pour une durée de cinq ans au plus, d'exercer directement ou indirectement une activité commerciale.

Les personnes morales déclarées pénalement responsables dans les conditions prévues à l'article 121-2 du Code pénal, du délit puni à l'article L. 132-11 encourent, outre l'amende suivant les modalités prévues à l'article 131-38 du Code pénal, les peines prévues aux 2° à 9° de l'article 131-39 du même code.

L'interdiction mentionnée au 2° du même article 131-39 porte sur l'activité dans l'exercice ou à l'occasion de l'exercice de laquelle l'infraction a été commise. Les peines prévues aux 2° à 7° de cet article ne peuvent être prononcées que pour une durée de cinq ans au plus.

Sous-section 3. – Abus de faiblesse

§ 1. – Sanctions civiles

Art. L. 132-13. – Le contrat conclu à la suite d'un abus de faiblesse est nul et de nul effet.

§ 2. – Sanctions pénales

Art. L. 132-14. – Le fait d'abuser de la faiblesse ou de l'ignorance d'une personne au sens des articles L. 121-8 à L. 121-10 est puni d'un emprisonnement de trois ans et d'une amende de 375 000 euros.

Le montant de l'amende peut être porté, de manière proportionnée aux avantages tirés du délit, à 10 % du chiffre d'affaires moyen annuel, calculé sur les trois derniers chiffres d'affaires annuels connus à la date des faits.

Art. L. 132-15. – Les personnes physiques coupables du délit puni à l'article L. 132-14 encourent également à titre de peines complémentaires l'interdiction, suivant les modalités prévues à l'article 131-27 du Code pénal, soit d'exercer une fonction publique ou d'exercer l'activité professionnelle ou sociale dans l'exercice ou à l'occasion de l'exercice de laquelle l'infraction a été commise, soit d'exercer une profession commerciale ou industrielle, de diriger, d'administrer, de gérer ou de contrôler à un titre quelconque, directement ou indirectement, pour leur propre compte ou pour le compte d'autrui, une entreprise commerciale ou industrielle ou une société commerciale.

Ces interdictions d'exercice ne peuvent excéder une durée de cinq ans. Elles peuvent être prononcées cumulativement.

Les personnes morales déclarées responsables pénalement, dans les conditions prévues à l'article 121-2 du Code pénal, du délit puni à l'article L. 132-14 encourent, outre l'amende suivant les modalités prévues à l'article 131-38 du Code pénal, les peines prévues aux 2° à 9° de l'article 131-39 du même code.

L'interdiction mentionnée au 2° du même article 131-39 porte sur l'activité dans l'exercice ou à l'occasion de l'exercice de laquelle l'infraction a été commise. Les peines prévues aux 2° à 7° de cet article ne peuvent être prononcées que pour une durée de cinq ans au plus.

Sous-section 4. – Vente et prestation de services sans commande préalable

§ 1. – Sanctions civiles

Art. L. 132-16. – Tout contrat conclu à la suite d'une pratique commerciale illicite mentionnée à l'article L. 121-12 est nul et de nul effet.

Le professionnel doit, en outre, restituer les sommes qu'il aurait indûment perçues sans engagement exprès et préalable du consommateur. Ces sommes sont productives d'intérêts au taux légal à compter de la date du paiement indu et d'intérêts au taux légal majoré de moitié à compter de la demande de remboursement faite par *le consommateur.*

§ 2. – Sanctions pénales

Art. L. 132-17. – La violation de l'interdiction mentionnée à l'article L. 121-12 est punie d'un emprisonnement de deux ans et d'une amende de 300 000 euros.

Le montant de l'amende peut être porté, de manière proportionnée aux avantages tirés du délit, à 10 % du chiffre d'affaires moyen annuel, calculé sur les trois derniers chiffres d'affaires annuels connus à la date des faits.

Art. L. 132-18. – Les personnes physiques coupables du délit puni à l'article L. 132-17 encourent une interdiction, pour une durée de cinq ans au plus, d'exercer directement ou indirectement une activité commerciale.

Les personnes morales déclarées pénalement responsables, dans les conditions prévues à l'article 121-2 du Code pénal, du délit puni à l'article L. 132-17 encourent, outre l'amende suivant les modalités prévues à l'article 131-38 du Code pénal, les peines prévues aux 2° à 9° de l'article 131-39 du même code.

L'interdiction mentionnée au 2° du même article 131-39 porte sur l'activité dans l'exercice ou à l'occasion de l'exercice de laquelle l'infraction a été commise. Les peines prévues aux 2° à 7° de cet article ne peuvent être prononcées que pour une durée de cinq ans au plus.

Sous-section 5. – Vente ou prestation « à la boule de neige »

Art. L. 132-19. – Le fait de procéder à une vente ou une prestation « à la boule de neige » ou tout procédé analogue défini aux 1° et 2° de l'article L. 121-15 est puni d'un emprisonnement de deux ans et d'une amende de 300 000 euros.

Le montant de l'amende peut être porté, de manière proportionnée aux avantages tirés du délit, à 10 % du chiffre d'affaires moyen annuel, calculé sur les trois derniers chiffres d'affaires annuels connus à la date des faits.

Art. L. 132-20. – Les personnes physiques coupables du délit puni à l'article L. 132-19 encourent également à titre de peines complémentaires l'interdiction, suivant les modalités prévues à l'article 131-27 du Code pénal, soit d'exercer une fonction publique ou d'exercer l'activité professionnelle ou sociale dans l'exercice ou à l'occasion de l'exercice de laquelle l'infraction a été commise, soit d'exercer une profession commerciale ou industrielle, de diriger, d'administrer, de gérer ou de contrôler à un titre quelconque, directement ou indirectement, pour leur propre compte ou pour le compte d'autrui, une entreprise commerciale ou industrielle ou une société commerciale.

Ces interdictions d'exercice ne peuvent excéder une durée de cinq ans. Elles peuvent être prononcées cumulativement.

Les personnes morales déclarées responsables pénalement, dans les conditions prévues à l'article 121-2 du Code pénal, du délit puni à l'article L. 132-19 encourent, outre l'amende suivant les modalités prévues à l'article 131-38 du Code pénal, les peines prévues aux 2° à 9° de l'article 131-39 du même code.

L'interdiction mentionnée au 2° du même article 131-39 porte sur l'activité dans l'exercice ou à l'occasion de l'exercice de laquelle l'infraction a été commise. Les peines prévues aux 2° à 7° de cet article ne peuvent être prononcées que pour une durée de cinq ans au plus.

Sous-section 6. – Numéro téléphonique surtaxé

Art. L. 132-21. – Tout manquement aux obligations relatives au numéro de téléphone d'assistance au consommateur mentionnées à l'article L. 121-16 est passible d'une amende administrative dont le montant ne peut excéder 3 000 euros pour une personne physique et 15 000 euros pour une personne morale.

Cette amende est prononcée dans les conditions prévues au chapitre II du titre II du livre V.

Sous-section 7. – Paiement supplémentaire sans consentement exprès

Art. L. 132-22. – Tout manquement à l'obligation de recueil du consentement exprès du consommateur dans les conditions prévues à l'article L. 121-17 est passible d'une amende administrative dont le montant ne peut excéder 3 000 euros pour une personne physique et 15 000 euros pour une personne morale.

Cette amende est prononcée dans les conditions prévues au chapitre II du titre II du livre V.

Sous-section 8. – Frais de recouvrement

Art. L. 132-23. – La violation de l'interdiction relative aux frais de recouvrement mentionnée à l'article L. 121-21 est punie d'un emprisonnement de deux ans et d'une amende de 300 000 euros.

Le montant de l'amende peut être porté, de manière proportionnée aux avantages tirés du délit, à 10 % du chiffre d'affaires moyen annuel, calculé sur les trois derniers chiffres d'affaires annuels connus à la date des faits.

Sous-section 9. – Publicité portant sur des opérations commerciales réglementées

Art. L. 132-24. – Le fait pour tout annonceur de diffuser ou faire diffuser une publicité interdite dans les conditions prévues à l'article L. 121-22 est passible d'une amende administrative dont le montant ne peut excéder 15 000 euros pour une personne physique et 75 000 euros pour une personne morale.

Cette amende est prononcée dans les conditions prévues au chapitre II du titre II du livre V.

....

Livre II. – Formation et exécution des contrats

Titre Ier. – Conditions générales des contrats

Chapitre Ier. – Présentation des contrats

Art. L. 211-1. – Les clauses des contrats proposés par les professionnels aux consommateurs doivent être présentées et rédigées de façon claire et compréhensible.

Elles s'interprètent en cas de doute dans le sens le plus favorable au consommateur. Les dispositions du présent alinéa ne sont toutefois pas applicables aux procédures engagées sur le fondement de l'article L. 621-8.

Un décret en Conseil d'État précise, en vue d'assurer l'information du consommateur, les modalités de présentation des contrats mentionnés au premier alinéa.

Art. L. 211-2. – Les conditions générales de vente applicables aux contrats de consommation mentionnent :

1° Selon des modalités fixées par arrêté du ministre chargé de l'économie, l'existence, les conditions de mise en œuvre et le contenu de la garantie légale de conformité et de la garantie relative aux défauts de la chose vendue, dues par le vendeur (1) ;

2° Le cas échéant, l'existence d'une garantie commerciale et d'un service après-vente.

Art. L. 211-3. – Lors de la conclusion de tout contrat écrit, le consommateur est informé par le professionnel de la possibilité de recourir, en cas de contestation, à la procédure de médiation de la consommation dans les conditions prévues au titre Ier du livre VI.

Art. L. 211-4. – Les dispositions du présent chapitre sont également applicables aux contrats conclus entre des professionnels et des non-professionnels.

Chapitre II. – Clauses abusives

Art. L. 212-1. – (2) Dans les contrats conclus entre professionnels et consommateurs, sont abusives les clauses qui ont pour objet ou pour effet de créer, au détriment du consommateur, un déséquilibre significatif entre les droits et obligations des parties au contrat.

Sans préjudice des règles d'interprétation prévues aux articles 1156 à 1161, 1163 et 1164 du Code civil, le caractère abusif d'une clause s'apprécie en se référant, au moment de la conclusion du contrat, à toutes les circonstances qui entourent sa conclusion, de même qu'à toutes les autres clauses du contrat. Il s'apprécie *également au regard de celles contenues* dans un autre contrat lorsque les deux contrats sont juridiquement liés dans leur conclusion ou leur exécution.

L'appréciation du caractère abusif des clauses au sens du premier alinéa ne porte ni sur la définition de l'objet principal du contrat ni sur l'adéquation du prix ou de la rémunération au bien vendu ou au service offert pour autant que les clauses soient rédigées de façon claire et compréhensible.

Un décret en Conseil d'État, pris après avis de la commission des clauses abusives, détermine des types de clauses qui, eu égard à la gravité des atteintes qu'elles portent à l'équilibre du contrat, doivent être regardées, de manière irréfragable, comme abusives au sens du premier alinéa.

(1) V. T. appl. : A. 18 déc. 2014 (JO 26 déc. 2014). – NDLR.
(2) V. T. appl. : D. n° 2009-302, 18 mars 2009. – NDLR.

Un décret pris dans les mêmes conditions, détermine une liste de clauses présumées abusives ; en cas de litige concernant un contrat comportant une telle clause, le professionnel doit apporter la preuve du caractère non abusif de la clause litigieuse.

Ces dispositions sont applicables quels que soient la forme ou le support du contrat. Il en est ainsi notamment des bons de commande, factures, bons de garantie, bordereaux ou bons de livraison, billets ou tickets, contenant des stipulations négociées librement ou non ou des références à des conditions générales préétablies.

Rédaction antérieure. Art. L. 132-1 *(L. n° 95-96, 1er févr. 1995 ; mod., L. n° 2010-737, 1er juill. 2010)*. – Dans les contrats conclus entre professionnels et non-professionnels ou consommateurs, sont abusives les clauses qui ont pour objet ou pour effet de créer, au détriment du non-professionnel ou du consommateur, un déséquilibre significatif entre les droits et obligations des parties au contrat.

Un décret en Conseil d'État, pris après avis de la commission instituée à l'article L. 534-1, détermine une liste de clauses présumées abusives ; en cas de litige concernant un contrat comportant une telle clause, le professionnel doit apporter la preuve du caractère non abusif de la clause litigieuse.

Un décret pris dans les mêmes conditions détermine des types de clauses qui, eu égard à la gravité des atteintes qu'elles portent à l'équilibre du contrat, doivent être regardées, de manière irréfragable, comme abusives au sens du premier alinéa.

Ces dispositions sont applicables quels que soient la forme ou le support du contrat. Il en est ainsi notamment des bons de commande, factures, bons de garantie, bordereaux ou bons de livraison, billets ou tickets, contenant des stipulations négociées librement ou non ou des références à des conditions générales préétablies.

Sans préjudice des règles d'interprétation prévues aux articles 1156 à 1161, 1163 et 1164 du Code civil, le caractère abusif d'une clause s'apprécie en se référant, au moment de la conclusion du contrat, à toutes les circonstances qui encourent sa conclusion, de même qu'à toutes les autres clauses du contrat. Il s'apprécie également au regard de celles contenues dans un autre contrat lorsque la conclusion ou l'exécution de ces deux contrats dépendent juridiquement l'une de l'autre.

Les clauses abusives sont réputées non écrites.

L'appréciation du caractère abusif des clauses au sens du premier alinéa ne porte ni sur la définition de l'objet principal du contrat ni sur l'adéquation du prix ou de la rémunération au bien vendu ou au service offert pour autant que les clauses soient rédigées de façon claire et compréhensible.

Le contrat restera applicable dans toutes ses dispositions autres que celles jugées abusives s'il peut subsister sans lesdites clauses.

Les dispositions du présent article sont d'ordre public.

I – DOMAINE

A – Nécessité d'un contrat conclu par un professionnel

1) Modèle établi par un professionnel pour des contrats entre particuliers. Ayant constaté qu'un contrat, dont les clauses étaient critiquées, avait été conclu entre des non-professionnels et que la société éditrice du modèle de contrat n'avait elle-même conclu aucun contrat avec un consommateur, c'est à bon droit qu'une cour d'appel déclare irrecevables les demandes formées par des associations de consommateurs et qui tendaient à la suppression de clauses dans le modèle édité par cette société (▪ Cass. 1re civ., 4 mai 1999, n° 97-14.187 : *JurisData* n° 1999-001919 ; *Bull. civ.* I, n° 147 ; *Contrats, conc. consom.* 1999, n° 124, note Leveneur et n° 134, note Raymond ; *D.* 2000, somm. p. 48, obs. Pizzio ; *JCP* G 1999, II, 10205, note Paisant ; *JCP* E 1999, II, 1827, note Jamin). Mais jugé que l'action préventive en suppression de clauses abusives ouverte aux associations agréées de défense des consommateurs a vocation à s'appliquer aux modèles types de contrats destinés aux consommateurs et rédigés par des professionnels en vue d'une utilisation généralisée (▪ Cass. 1re civ., 3 févr. 2011, n° 08-14.402, non publié au bulletin : *Contrats, conc. consom.* 2011, comm. 102, note Raymond ; *D.* 2011, p. 1469, note Chantepie ; *JCP* E 2011, 1285, note N. Dupont ; *JurisData* n° 2011-000999).

2) Personnes chargées d'un service public. Pour l'application de la législation des clauses abusives à EDF (V. ▪ T. com. Paris, 23 oct. 1989 : *JurisData* n° 1989-026495 ; *JCP* G 1990, II, 21573, note Paisant). Et à une société délégataire d'un service des eaux (▪ CE, 11 juill. 2001, *Sté des eaux du Nord* : *JurisData* n° 2001-062535 ; *JCP* E 2002, 124, note Sauphanor ; *RTD civ.* 2001, p. 878, obs. Mestre et Fages). Mais le règlement adopté par une collectivité publique pour organiser un service public (comme celui de la distribution d'eau) dont elle a la charge ayant à l'égard des usagers un caractère réglementaire, la compétence pour en apprécier la légalité, notamment au regard de l'article L. 132-1 du Code de la consommation, appartient aux juridictions de l'ordre administratif (▪ CE, 11 juill. 2001, préc. – V. aussi ▪ CE, 10 juill. 1996, n° 138536 : *RFDA* 1997, p. 89, note Delvolvé. ▪ TA Nice, 28 avr. 2006, n° 0202584 : *JurisData* n° 2006-300017 ; *Contrats, conc. consom.* 2006, n° 145, note Raymond) et non pas judiciaire (▪ Cass. 1re civ., 31 mai 1988, n° 87-10.479 : *JurisData* n° 1988-001770 ; *Bull. civ.* I, n° 161. ▪ 22 nov. 1994, n° 93-11.611 : *JurisData* n° 1994-002291 ; *Bull. civ.* I, n° 343. ▪ 26 mai 1999, n° 97-17.500 : *JurisData* n° 1999-002101 ; *Bull. civ.* I, n° 176). – V. P. Delvolvé, Ch. Bettinger et autres, *Les services publics face* *au droit, notamment communautaire, de la consommation : Dr. adm.* oct. 1993. – J. Huet, *Les clauses abusives dans les contrats de service public et les moyens de leur suppression : INC Hebdo* 1997, n° 1015, p. 25.

3) Avocat. La directive 93/13 (applicable aux clauses des « contrats conclus entre un professionnel et un consommateur » qui n'ont « pas fait l'objet d'une négociation individuelle ») doit être interprétée en ce sens qu'elle s'applique à des contrats standardisés de services juridiques conclus par un avocat avec une personne physique qui n'agit pas à des fins qui entrent dans le cadre de son activité professionnelle (■ CJUE, 15 janv. 2015, aff. C-537/13 : *D.* 2015, 592, obs. N. S.-B. ; *JCP* E 2015, 1127, note S. Moracchini-Zeidenberg).

4) Œuvre protectrice des animaux. Lorsqu'elle procède au don de chiens, la SPA agit à des fins qui n'entrent pas dans le cadre de son activité commerciale, industrielle, artisanale ou agricole de sorte qu'elle n'a pas la qualité de professionnel (■ Cass. 1re civ., 1er juill. 2016, n° 15-13.236 : *Contrats, conc. consom.* 2016, comm. 201, Bernheim-Desvaux ; *JCP* G 2016, 924, Paisant ; *RDC* 2017, 111, obs. Sauphanor-Brouillaud).

B – Nécessité, pour l'autre partie, d'être un consommateur ou non-professionnel

5) Inapplication de l'article L. 132-1 aux contrats conclus entre professionnels. Le caractère prétendument abusif d'une clause ne peut être invoqué à propos d'un contrat conclu entre professionnels (■ Cass. 1re civ., 24 nov. 1993, n° 91-17.753 : *JurisData* n° 1993-003065 ; *Contrats, conc. consom.* 1994, comm. 47 ; *JCP* G 1994, II, 22334, note Leveneur. – V. également ■ Cass. com., 10 mai 1994, n° 92-22.075 : *JurisData* n° 1994-001764 ; *Contrats, conc. consom.* 1994, comm. 155, note Leveneur. – V. 23 nov. 1999 : *JCP* G 2000, II, 10326, note Chazal ; *JCP* E 2000, 463, note Neau-Leduc). Les dispositions de l'article L. 132-1 ne s'appliquent pas aux contrats conclus entre sociétés commerciales (■ Cass. 1re civ., 11 déc. 2008, n° 07-18.128 : *Contrats, conc. consom.* 2009, comm. 69, note Leveneur ; *JCP* E 2009, 1278, note Raymond. ■ Cass. com., 3 déc. 2013, n° 12-26.416 : *Contrats, conc. consom.* 2014, comm. 60, note Leveneur). Le contrat signé par un commerçant pour les besoins de son commerce échappe à l'application de l'article 35 de la loi du 10 janvier 1978 (C. consom., art. L. 132-1) (■ Cass. 1re civ., 21 févr. 1995, n° 93-14.041 : *Contrats, conc. consom.* 1995, comm. 84, note Leveneur ; *JCP* G 1995, II, 22502, note Paisant. – V. également ■ Cass. 1re civ., 17 nov. 1998, n° 96-18.707 : *JurisData* n° 1998-004417 ; *Contrats, conc. consom.* 1999, comm. 21, note Leveneur. ■ Cass. 2e civ., 18 mars 2004, n° 03-10.327 : *JurisData* n° 2004-022848 ; *Bull. civ.* II, n° 136 ; *Contrats, conc. consom.* 2004, comm. 76, note Leveneur. ■ CA Colmar, 29 mars 2006 : *JurisData* n° 2006-298561. – Comm. clauses abusives, avis 14 sept. 1993 : *Contrats, conc. consom.* 1994, comm. 92).

Les dispositions de l'article L. 132-1 ne s'appliquent pas aux contrats de fournitures de biens ou de services qui ont un rapport direct avec l'activité professionnelle exercée par le cocontractant (■ Cass. 1re civ., 24 janv. 1995, n° 92-18.227 : *JurisData* n° 1995-000267 ; *Contrats, conc. consom.* 1995, comm. 84, note L. L. ; *D.* 1995, p. 327, note Paisant et *D.* 1995, somm. p. 229, obs. Delebecque. ■ Cass. 1re civ., 3 et 30 janv. 1996, n° 94-12.130 : *JurisData* n° 1996-000322 ; *Contrats, conc. consom.* 1996, comm. 56 ; *D.* 1996, p. 228, note Paisant et *D.* 1996, somm. p. 325, obs. Mazeaud ; *JCP* G 1996, II, 22654, note Leveneur ; *RTD civ.* 1996, p. 609, obs. Mestre. ■ Cass. 1re civ., 23 févr. 1999, n° 96-21.744 : *Bull. civ.* I, n° 59. ■ Cass. com., 14 mars 2000, n° 97-20.552 : *JCP* E 2000, p. 1430, note D. Talon. ■ Cass. 1re civ., 5 mars 2002, n° 00-18.202 : *JurisData* n° 2002-013317 ; *Contrats, conc. consom.* 2002, comm. 118, note Leveneur ; *JCP* G 2002, II, 10123, note Paisant. ■ Cass. 2e civ., 18 mars 2004, préc.). Ont un tel rapport direct avec leur activité professionnelle, les contrats : de fourniture d'eau pour une verrerie (■ Cass. 1re civ., 3 janv. 1996, préc.) ; de crédit-bail d'un logiciel de gestion du fichier de sa clientèle pour une société quelle qu'elle soit (■ Cass. 1re civ., 30 janv. 1996, préc.) ; de location de longue durée d'un matériel téléphonique pour un fabricant de bracelets en cuir (■ Cass. 1re civ., 5 nov. 1996, n° 94-18.667 : *JurisData* n° 1996-004144 ; *Bull. civ.* I, n° 377 ; *Contrats, conc. consom.* 1997, comm. 23, note Leveneur) ; d'assurance accessoire à un prêt souscrit pour les besoins de l'exploitation d'un fonds de commerce (■ Cass. 2e civ., 18 mars 2004, préc.) ; d'emprunt par une fédération sportive en vue de financer l'acquisition d'un nouveau siège social (■ Cass. 1re civ., 27 sept. 2005, n° 02-13.935 : *JurisData* n° 2005-029908 ; *Bull. civ.* I, n° 347 ; *Contrats, conc. consom.* 2006, n° 2, note Leveneur ; *D.* 2006, p. 238, note Y. Picod) ; de télésurveillance destiné à assurer la protection d'un local commercial (■ CA Caen, 26 janv. 2006 : *JurisData* n° 2006-293722). Comp. au sujet du contrat de télésurveillance destiné à la protection d'une villa où se trouvent tant le cabinet professionnel d'un avocat que son domicile, ■ CA Aix-en-Provence, 26 mai 2005 : *JurisData* n° 2005-279542 ; *Contrats, conc. consom.* 2006, n° 54, note Raymond). L'appréciation du caractère direct par les juges du fond est souveraine (■ Cass. 1re civ., 22 mai 2002, n° 99-16.574 : *JurisData* n° 2002-014436 ; *Bull. civ.* I, n° 143 ; *RTD civ.* 2002, p. 91, obs. Mestre et Fages ; *JCP* G 2003, I, 121, chron. crit. Paisant) ; comp. ■ Cass. 1re civ., 5 nov. 1996, préc. ■ Cass. 1re civ., 27 sept. 2005, préc. – V. J. Calais-Auloy, Synthèse du colloque de Reims préc. : *INC Hebdo* 1997, n° 1015, p. 66. –

D. Bureau, *Vers un critère général ?* in *Faut-il recodifier le droit de la consommation ?* Économica, 2002, p. 53. – J.-P. Chazal, *Le consommateur existe-t-il ? : D.* 1997, p. 262. – X. Henry, *Clauses abusives : où va la jurisprudence accessible ? : D.* 2003, p. 2557. – L. Leveneur, *Contrats entre professionnels et législation des clauses abusives : Contrats, conc. consom.* 1996, chron. 4. – G. Paisant, *Essai sur la notion de consommateur en droit positif : JCP* G 1993, I, n° 3655 ; *À la recherche du consommateur : JCP* G 2003, I, 121.

6) Cas des personnes morales. Pour la CJCE, la notion de consommateur, telle que définie par la directive du 5 avril 1993 concernant les clauses abusives dans les contrats conclus avec les consommateurs, doit être interprétée en ce qu'elle vise exclusivement les personnes physiques (■ CJCE, 22 nov. 2001 : *JurisData* n° 2001-185531 ; *Contrats, conc. consom.* 2002, comm. 18, note Raymond ; *D.* 2002, p. 2929, obs. Pizzio ; *JCP* G 2002, II, 10047, note Paisant). V. J. Amar, *Une cause perdue, la protection des personnes morales par le droit de la consommation ? : Contrats, conc. consom.* 2003, chron. 5.

7) Cependant, pour la Cour de cassation, la notion distincte de non-professionnel, utilisée par le législateur français, n'exclut pas les personnes morales de la protection (■ Cass. 1re civ., 15 mars 2005 : *Bull. civ.* I, n° 135 ; *JurisData* n° 2005-027573 ; *Contrats, conc. consom.* 2005, n° 100, note Raymond ; *D.* 2005, p. 1948, note Boujeka ; *JCP* E 2006, 769, note Bakouche. En l'espèce toutefois, la personne morale avait conclu le contrat en qualité de professionnel). L'application de l'article L. 132-1 a d'ailleurs été admise au bénéfice de certaines personnes morales comme un syndicat de copropriétaires (■ TGI Paris, 7 sept. 1999 : *D. affaires* 1999, p. 89, obs. Y. R.), un comité d'entreprise (■ CA Paris, 21 nov. 1996 : *D. affaires* 1997, p. 147) ou un syndicat (■ CA Paris, 28 mai 1999, n° 1996/88604 : *JurisData* n° 1999-023083 ; *Gaz. Pal.* 1999, 2, somm. p. 734). Mais ce texte est inapplicable aux marchés passés par les personnes publiques avec des professionnels pour répondre à leurs besoins en matière de travaux, de fournitures ou de services (■ CE, 23 févr. 2005, n° 264712 : *Rec. CE*). V. cependant admettant qu'une SCI, promoteur immobilier, était un professionnel de l'immobilier mais pas un professionnel de la construction, si bien qu'elle devait être considérée comme un non-professionnel vis-à-vis du contrôleur technique en application de l'article L. 132-1 du Code de la consommation, ■ Cass. 3e civ., 4 févr. 2016, n° 14-29.347 : ; *Contrats, conc. consom.* 2016, n° 105, note Bernheim-Desvaux ; *D.* 2016, 639, note Péglion-Zika ; *RDC* 2017, 110, obs. Sauphanor-Brouillaud. Sur la notion de non-professionnel, V. la définition restrictive donnée par le nouvel art. liminaire.

Comp. sur l'action en suppression des clauses illicites ou abusives des associations de consommateurs de l'article L. 421-6 ancien (L. 621-8 nouveau), qui est limitée aux contrats destinés ou proposés aux seuls consommateurs, ■ Cass. 1re civ., 4 juin 2014, n° 13-13.779 : *Bull. civ.* I, n° 102 ; *Contrats, conc. consom.* 2014, comm. 232, note Raymond (cassation de l'arrêt ayant déclaré recevable l'action au sujet de contrats proposés à des syndicats de copropriétaires).

8) Adhérent d'une assurance de groupe. L'adhésion au contrat d'assurance de groupe, bien que la conséquence d'une stipulation pour autrui, n'en crée pas moins, entre l'adhérent et l'assureur, qui l'agrée, un lien contractuel direct, de nature synallagmatique, dont les stipulations relèvent des dispositions de l'article L. 132-1 (■ Cass. 1re civ., 22 mai 2008, n° 05-21.822 : *JurisData* n° 2008-043970 ; *Bull. civ.* I, n° 145 ; *D.* 2008, p. 1954, note D. R. Martin ; *JCP* G 2008, II, 10133, note A. Sériaux ; *Resp. civ. et assur.* 2008, comm. 270, note Groutel ; *RDC* 2008, p. 1214, obs. Bruschi ; *RTD civ.* 2008, p. 477, obs. Fages).

C – Nécessité d'une clause figurant dans un contrat

9) Une clause, pas un contrat tout entier. Le compromis d'arbitrage signé, hors toute clause compromissoire insérée à la police d'assurance, entre l'assureur et l'assuré après la naissance d'un litige, ne constitue pas une clause figurant dans un contrat conclu entre un professionnel et un non-professionnel ou un consommateur, et n'est donc pas susceptible de présenter un caractère abusif au sens de l'article L. 132-1 (■ Cass. 1re civ., 25 févr. 2010, n° 09-12.126 : *Bull. civ.* I, n° 49 ; *D.* 2010, p. 2933, obs. Clay ; *JCP* G 2010, p. 1232, note A. Pélissier ; *JurisData* n° 2010-000757 ; *RDC* 2010, p. 886, obs. Sauphanor-Brouillaud).

II – DÉCRETS D'APPLICATION

Voir : le décret n° 78-464 du 24 mars 1978 codifié à l'ancien article R. 211-4 (et aussi, jusqu'au décret du 18 mars 2009, aux anciens articles R. 132-1 et R. 132-2), le décret n° 2005-1450 du 25 novembre 2005 (art. 1er, II) qui a créé l'ancien article R. 132-2-1, et le décret n° 2009-302 du 18 mars 2009 qui a remplacé les dispositions des articles R. 132-1 (liste de clauses « noires ») et R. 132-2 (liste de clauses « grises ») devenus art. R. 212-1 et R. 212-2.

10) Limitation de l'habilitation donnée au pouvoir réglementaire. Le gouvernement n'est autorisé à utiliser les pouvoirs qu'il tient du premier alinéa de l'article 35 de la loi du 10 janvier 1978 que pour interdire, réglementer ou limiter les seules clauses relatives aux éléments contractuels limitativement énumérés et qui peuvent être considérées comme abusives en raison des conditions de leur intervention et de leurs effets ; en prescrivant par l'article 1er du décret du 24 mars 1978 qu'est interdite comme abusive la clause ayant pour objet ou pour effet de constater l'adhésion du non-professionnel ou consommateur à des stipulations contractuelles qui ne figurent pas sur l'écrit qu'il signe, le gouvernement a interdit une clause dont l'objet peut porter sur des éléments contractuels autres que ceux limitativement énumérés dans cet alinéa, qui ne révèle pas dans tous les cas un abus de puissance économique et qui ne confère pas nécessairement un avantage excessif aux professionnels ; dès lors, ces dispositions, en raison de leur généralité, n'entrent pas dans les limites de l'habilitation que le gouvernement a reçue et par suite l'article 1er du décret attaqué est entaché d'excès de pouvoir (■ CE, 3 déc. 1980 : *JurisData* n° 1980-080238 ; *D.* 1981, p. 228, note Larroumet ; *JCP* G 1981, II, 19502, concl. Hagelsteen).

III – RÔLE DU JUGE

Bibliographie : O. Kuhnmunch, *Le dispositif d'élimination des clauses abusives : les nouvelles donnes : Rev. conc. consom.* 1992, n° 65, p. 23. – Ch. Brasseur, *Le juge et la commission des clauses abusives : une nouvelle articulation : INC Hebdo* 1997, n° 1015, p. 44.

11) Pouvoir du juge de déclarer une clause abusive même en l'absence de décret d'interdiction. Le jugement, dont il ressort qu'une clause exonératoire de toute responsabilité en cas de perte figurant sur le bulletin de dépôt de diapositives à reproduire sur papier procurait un avantage excessif au laboratoire qui du fait de sa position économique était en mesure de l'imposer à sa clientèle, a décidé à bon droit que cette clause revêtait un caractère abusif et devait être réputée non écrite (■ Cass. 1re civ., 14 mai 1991, n° 89-20.999 : *JurisData* n° 1991-001446 ; *Bull. civ.* I, n° 153 ; *Contrats, conc. consom.* 1991, comm. 160, note Leveneur ; *D.* 1991, p. 449, note Ghestin ; *JCP* G 1991, II, 21763 et *JCP* E 1992, II, 239, note Paisant ; *RTD civ.* 1991, p. 526, obs. Mestre). Mais, mélangé de fait et de droit, le moyen tiré du caractère abusif d'une clause est nouveau et par suite irrecevable devant la Cour de cassation s'il n'a pas été soutenu devant les juges du fond (■ Cass. 1re civ., 3 déc. 1991, n° 89-20.856 : *JurisData* n° 1991-003171 ; *Bull. civ.* I, n° 342).

12) Pouvoir de relever d'office. La protection que la directive du 5 avril 1993, concernant les clauses abusives dans les contrats conclus avec les consommateurs, assure à ceux-ci implique que le juge national puisse apprécier d'office le caractère abusif d'une clause du contrat qui lui est soumis lorsqu'il examine la recevabilité d'une demande (■ CJCE, 27 juin 2000 : *JurisData* n° 2000-140805 ; *JCP* G 2001, II, 10513, note Carballo Fidalgo et Paisant ; *JCP* E 2001, I, p. 23, chron. Masquefa ; *RTD com.* 2001, p. 291, obs. Luby). Pour une utilisation de ce pouvoir, TI Saintes, 4 janv. 2006 : *Contrats, conc. consom.* 2006, n° 94, note Raymond. Le juge national qui a constaté d'office le caractère abusif d'une clause contractuelle n'est pas tenu, afin de pouvoir tirer les conséquences de cette constatation, d'attendre que le consommateur présente une déclaration demandant à ce que la clause soit annulée, mais il doit respecter le principe du contradictoire et tenir compte de toutes les clauses du contrat (■ CJUE, 21 févr. 2013, n° C-472/11 : *JurisData* n° 2013-005118 ; *Contrats, conc. consom.* 2013, n° 142, note Raymond).

Voir : depuis la loi du 3 janvier 2008, art. L. 141-4 ancien devenu R. 632-1, qui confère au juge le pouvoir de soulever d'office toutes les dispositions du présent code.

13) Obligation de relever d'office. Le juge national est tenu d'examiner d'office le caractère abusif d'une clause contractuelle dès qu'il dispose des éléments de droit et de fait nécessaires à cet effet, et lorsqu'il considère une telle clause comme étant abusive, il ne l'applique pas, sauf si le consommateur s'y oppose (■ CJCE, 4 juin 2009, aff. C 243/08 : *JurisData* n° 2009-007422 ; *JCP* G 2009, n° 25, 27, obs. F. Picod et n° 42, 336, note Paisant). V. pour la cassation d'un arrêt n'ayant pas recherché d'office si étaient abusives les clauses d'un contrat d'assurance imposant à l'assuré une preuve incombant normalement à l'assureur, ■ Cass. 1re civ., 12 mai 2016, n° 14-24.698 : *Contrats, conc. consom.* 2016, comm. 176, Bernheim-Desvaux. *Idem* à propos de la clause d'un prêt libellé en francs suisses remboursable en euros et pouvant faire peser le risque de change exclusivement sur l'emprunteur, ■ Cass. 1re civ., 29 mars 2017, nos 15-27.231 et 16-13.050, 2 arrêts : Bull. ; *JCP* G 2017, 532, note Bonneau) ; *Contrats, conc., consomm.*, 2017, comm. 136, Bernheim-Desvaux ; *D.* 2017, p. 1893, Kleiner. Mais pour le caractère non abusif de cette dernière clause, V. ■ CJUE, 20 sept. 2017, aff. C-186/16 : *Contrats, conc., consomm.* 2017, comm. 258, Bernheim-Desvaux ; *D.* 2017, p. 2177, Synvet.

Voir : depuis la loi du 17 mars 2014, art. L. 141-4, al. 2 ancien, devenu R. 632-1, al. 2, qui impose au juge d'écarter d'office une clause dont le caractère abusif ressort des débats.

14) Absence de limite temporelle de l'exception tirée du caractère abusif d'une clause. La directive 93/13/CEE du Conseil, du 5 avril 1993, concernant les clauses abusives dans les contrats conclus avec les consommateurs, s'oppose à une réglementation interne qui, dans une action intentée par un professionnel à l'encontre d'un consommateur et fondée sur un contrat conclu entre eux, interdit au juge national à l'expiration d'un délai de forclusion de relever, d'office ou à la suite d'une exception soulevée par le consommateur, le caractère abusif d'une clause insérée dans ledit contrat (▪ CJCE, 21 nov. 2002 : *JurisData* n° 2002-217441 ; *Contrats, conc. consom.* 2003, comm. 31, note Raymond ; *D.* 2003, p. 486, note crit. Nourrissat ; *Gaz. Pal.* 4-6 mai 2003, p. 12, note Flores et Biardeaud ; *JCP* G 2003, II, 10082, note Paisant ; I, 142, obs. Lagarde ; *RTD civ.* 2003, p. 90, obs. Mestre et Fages. V. aussi Luby, *Trop ne vaut rien ! ou quand la CJCE ébranle le régime juridique des clauses abusives : Contrats, conc. consom.* 2004, chron. 1).

15) Nécessité de se fonder sur la rédaction applicable de l'article L. 132-1. Viole les articles 2 du Code civil et L. 132-1 du Code de la consommation la cour d'appel qui se fonde sur la rédaction de ce texte issue de la loi du 1er février 1995 pour décider qu'une clause n'était pas abusive, alors que le contrat avait été conclu antérieurement à cette loi de sorte que lui était applicable l'article L. 132-1 dans sa rédaction issue de la loi du 10 janvier 1978 (▪ Cass. 2e civ., 5 juill. 2006 : *JurisData* n° 2006-34444 ; *Resp. civ. et assur.* 2007, comm. 270, note Groutel).

16) Contrôle de la Cour de cassation. Viole par fausse application l'article 35 de la loi du 10 janvier 1978 (art. L. 132-1) le tribunal qui retient, à tort, qu'une clause conférait un avantage excessif au professionnel (▪ Cass. 1re civ., 26 mai 1993, n° 92-16.327 : *JurisData* n° 1993-001041 ; *D.* 1993, p. 568, note Paisant ; *JCP* G 1993, II, 22158, note Bazin ; *RTD civ.* 1994, p. 97, obs. Mestre). Et ne justifie pas légalement sa décision la cour d'appel qui déclare une clause abusive en se référant aux seuls désavantages subis par un assuré (consommateur), sans les comparer aux avantages recueillis par l'assureur (▪ Cass. 1re civ., 12 mars 2002, n° 99-15.711 : *JurisData* n° 2002-013486 ; *D.* 2003, p. 2927, note Willmann ; *JCP* G 2002, II, 16163, note Paisant ; *RTD civ.* 2003, p. 91, obs. Mestre et Fages. ▪ Cass. 1re civ., 1er févr. 2005 : *JurisData* n° 2005-026806).

Violent l'article L. 132-1 les juges du fond qui, par exemple, retiennent le caractère abusif d'une clause de conciliation préalable alors que cette clause, exempte d'un quelconque déséquilibre significatif au détriment du consommateur, ne revêt pas un caractère abusif (▪ Cass. 1re civ., 1er févr. 2005 : *Bull. civ.* I, n° 64 ; *Contrats, conc. consom.* 2005, n° 97, note Raymond ; *JCP* E 2005, 1178, note Sauphanor-Brouillaud ; *JurisData* n° 2005-026740 ; *RDC* 2005, p. 718, obs. Fenouillet et p. 1141, obs. Lagarde), ou d'une clause de résiliation alors qu'elle conférait à chacune des parties le même droit dans les mêmes conditions (▪ Cass. 1re civ., 8 oct. 2007, n° 05-20.637 : *Comm. com. électr.* 2008, comm. 7, note Debet), ou d'une clause d'un contrat de vente d'une maison en état futur d'achèvement prévoyant des majorations de délai en cas d'intempéries et de défaillance d'une entreprise alors qu'elle ne crée pas, au détriment des acquéreurs non-professionnels, un déséquilibre significatif entre les droits et obligations des parties (▪ Cass. 3e civ., 24 oct. 2012, n° 11-17.800 : *D.* 2012, p. 2590 ; *JurisData* n° 2012-023987). V. aussi, ▪ Cass. 1re civ., 4 juin 2014, n° 13-14.717 : *Bull. civ.* I, n° 103 ; *D.* 2014, 1268 (violation, par fausse application, de l'article L. 132-1).

Violent le même texte les décisions qui dénient le caractère abusif par exemple à une clause élusive de responsabilité en retenant qu'elle ne portait pas sur une obligation essentielle du contrat (▪ Cass. 1re civ., 3 mai 2006 : *D.* 2006, p. 2743, note Dagorne-Labbé ; *JurisData* n° 2006-033297 ; *RDC* 2006, 1114, obs. Fenouillet), à une clause soumettant le consommateur à une modification majeure de l'économie du contrat de prêt par décision unilatérale de l'organisme prêteur (▪ Cass. 1re civ., 27 nov. 2008 : *Bull. civ.* I, n° 275 ; *D.* 2009, p. 396, obs. Sauphanor-Brouillaud ; *JurisData* n° 2008-045976 ; *RDC* 2009, p. 564, obs. Fenouillet), à une clause d'un contrat de longue durée imposant le paiement de charges pendant toute la durée sans réserver au consommateur la faculté de résilier la convention pour un motif légitime (▪ Cass. 1re civ., 8 déc. 2009 : *Contrats, conc. consom.* 2010, comm. 108, note Raymond ; *JurisData* n° 2009-050712), à une clause relative aux conséquences de l'annulation d'une inscription dans un établissement d'enseignement jugée équilibrée par le juge du fond alors que la Cour de cassation y voit un déséquilibre significatif (▪ Cass. 1re civ., 12 mai 2011, n° 10-15.786 : *Contrats, conc. consom.* 2011, comm. 223, note Raymond ; *JurisData* n° 2011-008446), ou à une clause des conditions générales de vente des voitures d'une marque qui a pour effet de laisser croire au consommateur qu'il est tenu, pour bénéficier de la garantie conventionnelle, de faire effectuer par un concessionnaire ou agent de la marque toutes les interventions exécutées sur son véhicule, quand bien même la garantie sollicitée serait sans lien avec ces travaux (▪ Cass. 1re civ., 20 mars 2013, n° 12-14.432 : *Bull. civ.* I, n° 53 ; *JCP* G 2013, 538, note Paisant).

Voir aussi, approuvant des juridictions du fond d'avoir justement estimé que des clauses critiquées n'étaient pas abusives au sens de l'article

L. 132-1 (■ Cass. 1re civ., 7 juill. 1998, n° 96-17.279 : *JurisData* n° 1998-003151 ; *Bull. civ.* I, n° 240 ; *Contrats, conc. consom.* 1998, comm. 120, note Raymond. – V. encore ■ Cass. 1re civ., 26 févr. 2002, n° 99-13.912 : *JurisData* n° 2002-013235 ; *D.* 2002, p. 1346. ■ Cass. 1re civ., 1er févr. 2005 : *Bull. civ.* I, n° 61 ; *JurisData* n° 2005-026748. ■ Cass. com., 8 nov. 2005, n° 03-16.265), ou exactement décidé qu'elles l'étaient (■ Cass. 1re civ., 1er févr. 2005, n° 01-16.733 : *JurisData* n° 2005-026747 ; *Bull. civ.* I, n° 60 ; *Contrats, conc. consom.* 2005, n° 99, note Raymond).

17) Exemples de clauses dont le caractère abusif a été reconnu. Ont été déclarées abusives :

– des clauses d'exclusion de responsabilité (pour perte de travaux photographiques ■ Cass. 1re civ., 14 mai 1991, préc. – Pour accidents survenus aux pensionnaires d'une maison de retraite ■ CA Aix-en-Provence, 18 sept. 1995 : *JurisData* n° 1995-046298 ; *Contrats, conc. consom.* 1995, comm. 190, note Raymond) ;

– une clause limitant la responsabilité d'un laboratoire en cas de perte d'une pellicule photographique à la remise d'une pellicule vierge et à son tirage gratuit (■ Cass. 1re civ., 19 juin 2001, n° 99-13.395 : *JurisData* n° 2001-010219 ; *Bull. civ.* I, n° 181 ; *JCP* G 2001, II, 10631, note Paisant) ;

– la clause par laquelle le vendeur précise que le délai de livraison n'est donné qu'à titre indicatif et qu'un retard ne peut constituer une cause de résiliation, ni ouvrir droit à des dommages-intérêts (■ Cass. 1re civ., 16 juill. 1987, n° 84-17.731 : *JurisData* n° 1987-001446 ; *Bull. civ.* I, n° 226, p. 166 ; *D.* 1987, somm. p. 457, obs. Aubert ; *JCP* G 1988, II, 21001, note Paisant ; *D.* 1988, p. 49, note Calais-Auloy) ;

– la clause mettant à la charge du locataire d'un véhicule le risque de perte ou de détérioration de la chose louée, même en cas de force majeure (■ Cass. 1re civ., 17 mars 1998, n° 96-11.593 : *JurisData* n° 1998-001281 ; *Contrats, conc. consom.* 1998, comm. 104, note Raymond) ;

– une clause pénale, dans une location de longue durée, conférant un avantage excessif au loueur en privant le preneur de toute possibilité d'exercer un contrôle sur les conditions de revente après résiliation (■ Cass. 1re civ., 6 janv. 1994, n° 91-19.424 : *JurisData* n° 1994-000202 ; *JCP* G 1994, II, 22237, note Paisant ; *D.* 1994, somm. p. 209, obs. Delebecque) ;

– la clause d'un contrat de formation imposant à l'élève le paiement des frais de scolarité même en cas d'inexécution du contrat imputable à l'établissement ou causé par un cas fortuit (■ Cass. 1re civ., 10 févr. 1998, n° 96-13.316 : *JurisData* n° 1998-000564 ; *Contrats, conc. consom.* 1998, comm. 70, note Leveneur ; *JCP* G 1998, I, 155, n° 12, obs. Jamin et *JCP* G 1998, II, 10124, note Paisant ; *D.* 1998, p. 539, note D. Mazeaud ; *Defrénois* 1998, p. 1051, obs. D. Mazeaud. – V. aussi ■ CA Montpellier, 10 mars 2004 : *JurisData* n° 2004-244552). – Et pour la dissymétrie dans les conséquences d'une résiliation du contrat d'enseignement (■ CA Montpellier, 12 janv. 2010 : *Contrats, conc. consom.* 2011, comm. 20, note Raymond ; *JurisData* n° 2010-014666) ;

– une clause, au caractère abscons, relative à l'assurance chômage contractée à l'occasion d'un prêt, et réduisant en réalité la portée de l'assurance au report en fin de prêt des mensualités venant à échéance pendant la période de chômage (■ CA Paris, 15 juin 2001, n° 1998/23074 : *JurisData* n° 2001-153910 ; *Contrats, conc. consom.* 2002, comm. 15, note Raymond) ;

– des clauses prévoyant des conséquences financières excessives en cas de résiliation d'un contrat de télésurveillance (■ Cass. 1re civ., 29 oct. 2002, n° 99-20.265 : *JurisData* n° 2002-016107 ; *Contrats, conc. consom.* 2003, comm. 46, note Raymond ; *JCP* G 2003, I, 122, n° 25, obs. Sauphanor-Brouillaud ; *RDC* 2003, p. 92, obs. Bruschi ; *RTD civ.* 2003, p. 92, obs. Mestre et Fages. ■ CA Rennes, 17 oct. 2003, n° 02/07238 : *JurisData* n° 2003-229017 ; *Contrats, conc. consom.* 2004, comm. 85, note Raymond) ;

– une clause, dont le locataire d'un véhicule n'avait pas eu effectivement l'occasion de prendre connaissance avant la conclusion du contrat, instituant un plafonnement de l'assurance souscrite (■ CA Paris, 29 avr. 2003, n° 2001/17067 : *JurisData* n° 2003-217935 ; *Contrats, conc. consom.* 2003, comm. 190, note Raymond) ;

– la clause figurant dans le règlement des jeux organisés par une société de vente par correspondance et prévoyant un traitement prioritaire des auteurs de commandes (■ CA Paris, 19 déc. 2003 : *JurisData* n° 2003-230702) ;

– diverses clauses des conditions générales de vente d'un site de commerce électronique (■ TGI Paris, 4 févr. 2003 : *JurisData* n° 2003-204208 ; *JCP* G 2003, II, 10079, note Stoffel-Munck) ;

– la clause d'un contrat de capitalisation prévoyant un précompte des frais de gestion sur dix ans (■ CA Aix-en-Provence, 19 mars 2004 : *JurisData* n° 2004-244088) ;

– plusieurs clauses des contrats proposés par un grand opérateur de téléphonie mobile (■ CA Versailles, 4 févr. 2004, n° 03/07368 : *JurisData* n° 2004-232683 ; *Contrats, conc. consom.* 2004, comm. 99, note Raymond ; *D.* 2004, p. 635, note Avena-Robardet) ou par des fournisseurs d'accès à Internet (■ CA Versailles, 15 sept. 2005, n° 04/05564 : *JurisData* n° 2005-283144 ; *Comm. com. électr.* 2005, n° 171, note Stoffel-Munck ; *JCP* G 2006, II, 10029, note Fages. ■ TGI Paris, 5 avr. 2005 : *JurisData* n° 2005-266903. ■ TGI Paris, 21 févr. 2006 : *JurisData* n° 2006-295356) ;

– la clause d'un contrat de prêt à la consommation inversant la charge de la preuve quant au contenu de l'information de l'emprunteur sur les conditions de reconduction du contrat (■ Cass. 1re civ., 1er févr. 2005, n° 03-13.778 : *JurisData* n° 2005-027870 ; *Bull. civ.* I, n° 60 ; *Contrats, conc. consom.* 2005, n° 99, note Raymond) ;

– celle d'un contrat de vente et installation d'une cuisine équipée imposant au client de payer l'intégralité du prix dès la livraison des éléments et avant leur installation par le cuisiniste (■ CA Paris, 23 sept. 2005 : *JurisData* n° 2005-282525) ;

– celle prévoyant la conservation par un traiteur de l'acompte reçu en cas d'annulation de la réception de mariage, sans prévoir la conséquence symétrique en cas d'annulation par le prestataire (■ CA Paris, 6 avr. 2006 : *JurisData* n° 2006-299514) ;

– la clause prévoyant l'augmentation du montant du crédit initial sans acceptation par l'emprunteur d'une nouvelle offre de crédit (■ Cass., avis, 10 juill. 2006, n° 006 0006 P : *JurisData* n° 2006-034740 ; *Contrats, conc. consom.* 2006, comm. 210, note Raymond ; *RDC* 2007, p. 338, obs. Fenouillet) ;

– diverses clauses (mais pas toutes) de bons de commande de véhicules neufs (■ Cass. 1re civ., 14 nov. 2006 : *Bull. civ.* I, n° 489 ; *Contrats, conc. consom.* févr. 2007, étude 2, Raymond ; *JCP* G 2007, II, 10056, note Paisant ; *RDC* 2007, p. 341, obs. D. Fenouillet ; *JurisData* n° 2006-035891) ;

– diverses clauses des conventions proposées par un marchand de liste de biens immobiliers (■ Cass. 1re civ., 30 oct. 2007, n° 06-11.032 : *JurisData* n° 2007-041147) ;

– la clause par laquelle un fournisseur d'accès à Internet limite de façon générale son obligation à une obligation de moyens (■ Cass. 1re civ., 8 oct. 2007, n° 05-20.637 : *Comm. com. électr.* 2008, comm. 7, note Debet) ;

– une clause soumettant le consommateur à une modification majeure de l'économie du contrat de prêt par décision unilatérale de l'organisme prêteur (■ Cass. 1re civ., 27 nov. 2008, cité *supra*, note précédente) ;

– la clause permettant à une banque de modifier unilatéralement, sans préavis, les conditions d'utilisation de la carte bancaire (■ Cass. 1re civ., 28 mai 2009, n° 08-15.802 : *Bull. civ.* I, n° 110 ; *RDC* 2009, p. 1430, obs. Fenouillet) ;

– la clause d'un contrat d'amodiation ayant pour effet de maintenir l'amodiataire dans les liens contractuels pendant toute la durée de la concession en lui imposant le paiement des charges portuaires afférentes à l'emplacement amodié sans lui réserver la faculté de résilier la convention pour un motif légitime (■ Cass. 1re civ., 8 déc. 2009 : *Contrats, conc. consom.* 2010, comm. 108, note Raymond ; *JurisData* n° 2009-050712) ;

– les clauses d'un contrat d'enseignement qui permettent au professionnel de ne pas exécuter la convention de façon quasi discrétionnaire alors que le consommateur ne peut résilier la convention même en cas de motif sérieux et légitime et ne prévoient aucune indemnisation au profit du consommateur mais au seul profit du professionnel (■ CA Montpellier, 12 janv. 2010 : *JurisData* n° 2010-014666 ; *Contrats, conc. consom.* 2011, comm. 20, note Raymond) ou qui imposent à l'élève le paiement de la totalité des frais de l'année de scolarité s'il annule son inscription après le 1er septembre tandis qu'est ouverte au professionnel la faculté d'annuler l'inscription en cours d'année en ne remboursant qu'une partie des sommes reçues (■ Cass. 1re civ., 12 mai 2011, n° 10-15.786 : *Contrats, conc. consom.* 2011, comm. 223, note Raymond ; *JurisData* n° 2011-008446), ou la stipulation qui fait du prix total de la scolarité un forfait intégralement acquis à l'école dès la signature du contrat sans réserver le cas d'une résiliation pour un motif légitime et impérieux (■ Cass. 1re civ., 13 déc. 2012, n° 11-27.766 : *D.* 2013, 818, note Lemay et 949, obs. N. S.-B. ; *Defrénois* 2013, 781, obs. J.-B. S. ; *JCP* E 2012, act. 799 ; *JCP* G 2013, 140, note Paisant. ■ CA Colmar, 5 janv. 2015 : *Contrats, conc. consom.* 2015, comm. 108 ; *JurisData* n° 2015-000232) ;

– la clause d'un contrat de location avec promesse de vente d'un véhicule qui impose au preneur de restituer le véhicule loué dans les plus brefs délais à compter de la résiliation et l'empêche ainsi de mettre en œuvre la faculté de présentation d'un acquéreur (■ Cass. 1re civ., 10 avr. 2013, n° 12-18.169 : *JurisData* n° 2013-006849 ; *Bull. civ.* I, n° 75 ; *Contrats, conc. consom.* 2013, comm. 170, note Raymond ; *Defrénois* 2013, 781, obs. J.-B. S. ; *RDC* 2013, 960, obs. Sauphanor-Brouillaud) ;

– diverses clauses dans un contrat de halte-garderie, ■ CA Paris, 5 déc. 2013 : *JurisData* n° 2013-027958 ; *Contrats, conc. consom.* 2014, comm. 110, obs. Raymond ;

– la clause qui fait peser sur le locataire la quasi-totalité des dépenses incombant normalement au bailleur et dispense sans contrepartie le bailleur de toute participation aux charges qui lui incombent normalement en sa qualité de propriétaire (■ Cass. 3e civ., 17 déc. 2015, n° 14-25.523 : ; *Contrats, conc. consom.* 2016, n° 77, note Bernheim-Desvaux) ;

– la clause imposant au consommateur la charge d'une preuve qui, en vertu du droit applicable, devrait incomber normalement à l'autre partie au contrat (■ Cass. 1re civ., 12 mai 2016, n° 14-24.698 : *Contrats, conc. consom.* 2016, comm. 176, Bernheim-Desvaux ;

– la clause d'un contrat de séjour proposé par une maison de retraite fixant à deux mois le délai de restitution du dépôt de garantie au lieu du délai d'un mois prévu par la réglementation applicable, de sorte que cette clause est illicite et que, maintenue dans les contrats, elle est abusive (■ Cass. 1re civ., 3 nov. 2016, n° 15-20.621 : *Contrats, conc. consom.* 2016, comm. 22, Bernheim-Desvaux ; *JCP* G 2016, 1351, Paisant) ;

– dans un contrat de crédit affecté à l'acquisition d'une automobile, la clause prévoyant la subrogation du prêteur dans la réserve de propriété du vendeur et celle ne prévoyant pas, en cas de revente par le prêteur du bien financé grevé d'une réserve de propriété, la possibilité pour l'emprunteur de présenter lui-même un acheteur (■ Cass., avis, 28 nov. 2016, n° 16-70.009 : *Contrats, conc. consom.* 2017, comm. 68, obs. S. B.-D. ; *D.* 2017, 419, note crit. E. Lecorre-Broly ; *D.* 2017, 877, chron. Latina et Le Corre-Broly ; *JCP* G 2017, 431, chron. Gouezel).

18) Exemples de clauses qui ont été déclarées non abusives. N'ont pas été jugées abusives :

– la clause permettant la révision tarifaire d'une assurance chômage (■ CA Colmar, 16 juin 1995 : *JurisData* n° 1995-600574 ; *JCP* G 1995, II, 22532, note Bigot) ;

– les clauses d'un contrat d'assurance multirisque habitation rappelant à l'assuré qu'il lui appartient de faire la preuve de la survenance d'un événement entrant dans les conditions de la garantie (■ CA Paris, 3 avr. 1996 : *JurisData* n° 1996-021608 ; *D.* 1996, inf. rap. p. 142. Pourvoi rejeté par ■ Cass. 1re civ., 7 juill. 1998, n° 96-16.809 : *JurisData* n° 1998-003309 ; *Bull. civ.* I, n° 240 ; *Contrats, conc. consom.* 1998, comm. 120, note Raymond ; *D.* 1999, somm. p. 111, obs. D. Mazeaud ; *RTD civ.* 1999, p. 96, obs. Mestre) ;

– la clause de renvoi fait dans les conditions particulières d'une police d'assurance aux conditions générales alors que l'assuré avait reconnu dans les conditions particulières avoir reçu un exemplaire de ces conditions générales (■ Cass. 1re civ., 10 avr. 1996, n° 94-14.918 : *JurisData* n° 1996-001506 ; *Bull. civ.* I, n° 177 ; *JCP* G 1996, II, 22694, note Paisant et Claret ; *Contrats, conc. consom.* 1996, comm. 113, note Raymond) ;

– la clause de confidentialité du Code d'utilisation (ainsi que d'autres clauses) de la carte téléphonique Pastel (■ Cass. 1re civ., 13 nov. 1996, n° 94-17.369 : *JurisData* n° 1996-004239 ; *Bull. civ.* I, n° 399 ; *JCP* G 1997, I, 4015, n° 1, obs. Jamin ; *JCP* E 1997, pan. 9 ; *Contrats, conc. consom.* 1997, comm. 32, note Raymond) ;

– la clause d'une police d'assurance imposant à l'assuré de prendre des précautions élémentaires contre le vol (■ Cass. 1re civ., 1er févr. 2000, n° 97-16.707 : *JurisData* n° 2000-000527 ; *Resp. civ. et assur.* 2000, comm. 138. ■ Cass. 1re civ., 3 févr. 2011, n° 10-14.633) ;

– la clause de conciliation préalable dans un contrat de syndic (■ Cass. 1re civ., 1er févr. 2005, préc., art. L. 132-1 (ancien), annot. n° 16, p. 2032) ;

– la clause d'un contrat de dépôt-vente permettant au dépositaire d'adapter le prix de vente à la demande à l'intérieur d'une fourchette convenue avec le déposant (■ Cass. 1re civ., 1er févr. 2005 : *Bull. civ.* I, n° 61 ; *JurisData* n° 2005-026748) ;

– la clause instituant un plafond de garantie dans une assurance de dommages (■ CA Limoges, 9 févr. 2005 : *JurisData* n° 2005-277900) ;

– la clause d'un contrat d'études prévoyant, en cas d'abandon par l'étudiant, l'obligation de payer le trimestre en cours et le suivant (■ CA Colmar, 4 avr. 2005 : *JurisData* n° 2005-283615) ;

– la clause d'un contrat de transport aérien informant le passager de la pratique de la surréservation par la compagnie et prévoyant l'indemnisation des voyageurs refusés à l'embarquement (■ CA Paris, 8 avr. 2005 : *JurisData* n° 2005-277192) ;

– les dispositions du contrat type messagerie, approuvé par décret, plafonnant l'indemnisation en cas de perte, avarie ou retard (■ CE, 6 juill. 2005, n° 261991 : *JurisData* n° 2005-068619 ; *JCP* G 2005, II, 10154, concl. Donnat) ;

– la clause d'un contrat de déménagement prévoyant un délai d'un an après la livraison pour les actions pour avarie, perte ou retard (■ CA Lyon, 29 sept. 2005 : *JurisData* n° 2005-284809) ;

– la clause d'un contrat de carte bancaire laissant à la charge du titulaire de la carte les opérations effectuées avant opposition en cas de faute de sa part ou d'opposition tardive (■ Cass. com., 8 nov. 2005, n° 03-16.265) ;

– la clause de valeur agréée dans une assurance contre le vol (■ CA Bordeaux, 10 janv. 2006 : *JurisData* n° 2006-298517) ;

– la clause visant à préserver les droits d'un agent immobilier qui a présenté des acquéreurs au propriétaire contre un risque de fraude très important (■ Cass. 1re civ., 2 oct. 2007, n° 06-14.238 : *JurisData* n° 2007-040655) ;

– une clause de résiliation d'un contrat de fourniture d'accès à Internet conférant à chacune des parties le même droit dans les mêmes conditions (■ Cass. 1re civ., 8 oct. 2007, n° 05-20.637 : *Comm. com. électr.* 2008, comm. 7, note Debet) ;

– la clause d'une convention de compte bancaire qui postule l'approbation tacite des relevés de compte dans un délai de trois mois, ainsi que celle qui assimile un compte de dépôt à un compte courant (■ Cass. 1re civ., 8 janv. 2009, n° 06-17.630 : *Contrats, conc. consom.* 2009, comm. 85, note Raymond ; *JurisData* n° 2009-046467) ;

– la clause d'un contrat de location d'un emplacement de camping permettant au bailleur d'imposer au locataire un changement de *mobile-home* devenu vétuste et inesthétique après dix ans d'implantation (■ Cass. 3e civ., 10 juin 2009, n° 08-13.797 : *Contrats, conc. consom.* 2009, comm. 258, obs. Raymond ; *D.* 2009, p. 1685, obs. Delpech ; *RDC* 2009, p. 1434, obs. Fenouillet) ;

– la clause d'un contrat de vente d'une maison en état futur d'achèvement prévoyant des majorations de délai en cas d'intempéries et de défaillance d'une entreprise (■ Cass. 3e civ., 24 oct. 2012, n° 11-17.800 : *JCP* E 2012, 1723, note N. Dupont ; *JurisData* n° 2012-023987) ;

– la clause d'un contrat de location de voiture comprenant une garantie de rachat partiel de la franchise en cas de vol assortie d'une déchéance de cette garantie en cas de non-restitution des clefs et des documents du véhicule dans les 48 heures, dès lors que la clause réservait la faculté d'opposer la force majeure pour échapper au paiement de la franchise (■ Cass. 1re civ., 4 juin 2014, n° 13-14.717 : *Bull. civ.* I, n° 103 ; *D.* 2014, 1268) ;

– la clause de solidarité entre les colocataires d'un logement subsistant même pendant trois ans après un congé délivré par l'un d'eux (■ Cass. 1re civ., 12 janv. 2017, n° 16-10.324 : *Bull.* ; *Contrats, conc. consom.* 2017, comm. 64, Bernheim-Desvaux *D.* 2017, p. 1115, Damas) ;

– la clause d'un contrat de transport aérien excluant tout remboursement du billet du passager empêché de prendre son vol pour des raisons de force majeure (■ Cass. 1re civ., 26 avr. 2017, n° 15-18.970 : *Bull.* ; *JCP* G 2017, 614, note Paisant, *Contrats, conc., consomm.*, 2017, comm., 159, Bernheim-Desvaux).

19) Clause prévue par une disposition légale. La clause pénale d'un contrat de prêt immobilier ne peut revêtir un caractère abusif dès lors qu'elle a été stipulée en application des articles L. 312-22 et R. 312-3 du Code de la consommation (■ Cass. com., 3 mai 2006 : *JurisData* n° 2006-033323).

20) Pas de contrôle des clauses portant sur la définition de l'objet principal du contrat (al. 3). Les clauses limitant la durée de validité du crédit de communication et de la ligne dédiée des cartes prépayées commercialisées par un opérateur de téléphonie participent de la définition de l'objet principal du contrat (■ Cass. 1re civ., 3 juin 2015, n° 14-13.193 : *Bull. civ.*). *Idem* pour la clause d'une assurance emprunteur contre le risque d'invalidité permanente et absolue posant les critères d'octroi de cette garantie, ■ Cass. 1re civ., 25 janv. 2017, n° 15-24.216. V. aussi, sur une clause appartenant à un ensemble contractuel, qui doit fixer un élément essentiel de cet ensemble. ■ CJUE, 23 avr. 2015, aff. C-96/14 : *D.* 2015, 972. Et pour la clause d'un prêt libellé en devise étrangère prévoyant le remboursement dans la même devise, ■ CJUE, 20 sept. 2017, aff. C-186/16 : *Contrats, conc., consomm.* 2017, comm. 258, Bernheim-Desvaux.

21) Notion de clause rédigée de façon claire et compréhensible (al. 3). Cette exigence doit s'entendre comme imposant non seulement que la clause concernée soit intelligible pour le consommateur sur un plan grammatical, mais également que le contrat expose de manière transparente le fonctionnement concret du mécanisme auquel se réfère la clause, de sorte que ce consommateur soit mis en mesure d'évaluer, sur le fondement de critères précis et intelligibles, les conséquences économiques qui en découlent pour lui (■ CJUE, 30 avr. 2014, aff. C-26/13 : *Contrats, conc. consom.* 2014, comm. 202, note Raymond, au sujet d'une clause de conversion d'une devise étrangère. ■ CJUE, 23 avr. 2015, aff. C-96/14 : *D.* 2015, 972, au sujet d'une clause d'un contrat d'assurance emprunteur en cas d'incapacité de travail).

Art. L. 212-2. – **Les dispositions de l'article L. 212-1 sont également applicables aux contrats conclus entre des professionnels et des non-professionnels.**

Art. L. 212-3. – **Les dispositions du présent chapitre sont d'ordre public.**

Chapitre III. – Conservation des contrats conclus par voie électronique

Art. L. 213-1. – (1) **Lorsque le contrat est conclu par voie électronique et qu'il porte sur une somme égale *ou supérieure à un montant fixé* par décret, le contractant professionnel assure la conservation de l'écrit qui le constate pendant un délai déterminé par ce même décret et en garantit à tout moment l'accès à son cocontractant si celui-ci en fait la demande.**

(1) V. T. appl. : D. n° 2005-137, 16 févr. 2005. – NDLR.

Chapitre IV. – Arrhes et acomptes

Art. L. 214-1. – Sauf stipulation contraire, pour tout contrat de vente ou de prestation de services conclu entre un professionnel et un consommateur, les sommes versées d'avance sont des arrhes, au sens de l'article 1590 du Code civil.

Dans ce cas, chacun des contractants peut revenir sur son engagement, le consommateur en perdant les arrhes, le professionnel en les restituant au double.

Art. L. 214-2. – Lorsque le contrat de vente porte sur un bien mobilier, toute somme versée d'avance sur le prix, quels que soient la nature de ce versement et le nom qui est donné dans l'acte, est productive, au taux légal en matière civile, d'intérêts qui commencent à courir à l'expiration d'un délai de trois mois à compter du versement jusqu'à la livraison, sans préjudice de l'obligation de livrer, qui reste entière.

Lorsque le contrat porte sur une prestation de services, les sommes versées d'avance portent intérêt au taux légal à l'expiration d'un délai de trois mois à compter du versement jusqu'à l'exécution de la prestation, sans préjudice de l'obligation d'exécuter la prestation.

Les intérêts sont déduits du solde à verser au moment de la livraison du bien mobilier ou de l'exécution de la prestation de services.

Art. L. 214-3. – Les dispositions du présent chapitre ne sont pas applicables aux commandes spéciales sur devis ni aux ventes de produits dont la fabrication est entreprise sur commande spéciale de l'acheteur.

Art. L. 214-4. – Les dispositions du présent chapitre sont d'ordre public.

Chapitre V. – Reconduction des contrats de prestations de services

Art. L. 215-1 *(Mod., L. n° 2017-203, 21 févr. 2017)*. – Pour les contrats de prestations de services conclus pour une durée déterminée avec une clause de reconduction tacite, le professionnel prestataire de services informe le consommateur par écrit, par lettre nominative ou courrier électronique dédiés, au plus tôt trois mois et au plus tard un mois avant le terme de la période autorisant le rejet de la reconduction, de la possibilité de ne pas reconduire le contrat qu'il a conclu avec une clause de reconduction tacite. Cette information, délivrée dans des termes clairs et compréhensibles, mentionne, dans un encadré apparent, la date limite de non-reconduction.

Lorsque cette information ne lui a pas été adressée conformément aux dispositions du premier alinéa, le consommateur peut mettre gratuitement un terme au contrat, à tout moment à compter de la date de reconduction.

Les avances effectuées après la dernière date de reconduction ou, s'agissant des contrats à durée indéterminée, après la date de transformation du contrat initial à durée déterminée, sont dans ce cas remboursées dans un délai de trente jours à compter de la date de résiliation, déduction faite des sommes correspondant, jusqu'à celle-ci, à l'exécution du contrat.

Les dispositions du présent article s'appliquent sans préjudice de celles qui soumettent légalement certains contrats à des règles particulières en ce qui concerne l'information du consommateur.

Art. L. 215-2. – Les dispositions du présent chapitre ne sont pas applicables aux exploitants des services *d'eau potable et d'assainissement.*

Art. L. 215-3. – Les dispositions du présent chapitre sont également applicables aux contrats conclus entre des professionnels et des non-professionnels.

Art. L. 215-4. – Les dispositions des articles L. 215-1 à L. 215-3 et L. 241-3 sont intégralement reproduites dans les contrats de prestation de services auxquels elles s'appliquent.

Art. L. 215-5. – Les règles relatives à la tacite reconduction des contrats d'assurance sont fixées par les dispositions du chapitre III du titre Ier du livre Ier du Code des assurances.

Les règles relatives à la tacite reconduction des contrats d'adhésion proposées par des mutuelles et des unions de mutuelles sont fixées par les dispositions du chapitre Ier du titre II du livre II du Code de la mutualité.

Les règles relatives à la tacite reconduction des contrats portant sur des opérations individuelles proposées par des institutions de prévoyance sont fixées par les dispositions du chapitre 2 du titre 3 du livre 9 du Code de la sécurité sociale.

Chapitre VI. – Livraison et transfert de risque

Art. L. 216-1. – Le professionnel livre le bien ou fournit le service à la date ou dans le délai indiqué au consommateur, conformément au 3° de l'article L. 111-1, sauf si les parties en ont convenu autrement.

À défaut d'indication ou d'accord quant à la date de livraison ou d'exécution, le professionnel livre le bien ou exécute la prestation sans retard injustifié et au plus tard trente jours après la conclusion du contrat.

La livraison s'entend du transfert au consommateur de la possession physique ou du contrôle du bien.

Art. L. 216-2. – En cas de manquement du professionnel à son obligation de livraison du bien ou de fourniture du service à la date ou à l'expiration du délai prévus au premier alinéa de l'article L. 216-1 ou, à défaut, au plus tard trente jours après la conclusion du contrat, le consommateur peut résoudre le contrat, par lettre recommandée avec demande d'avis de réception ou par un écrit sur un autre support durable, si, après avoir enjoint, selon les mêmes modalités, le professionnel d'effectuer la livraison ou de fournir le service dans un délai supplémentaire raisonnable, ce dernier ne s'est pas exécuté dans ce délai.

Le contrat est considéré comme résolu à la réception par le professionnel de la lettre ou de l'écrit l'informant de cette résolution, à moins que le professionnel ne se soit exécuté entre-temps.

Le consommateur peut immédiatement résoudre le contrat lorsque le professionnel refuse de livrer le bien ou de fournir le service ou lorsqu'il n'exécute pas son obligation de livraison du bien ou de fourniture du service à la date ou à l'expiration du délai prévu au premier alinéa de l'article L. 216-1 et que cette date ou ce délai constitue pour le consommateur une condition essentielle du contrat. Cette condition essentielle résulte des circonstances qui entourent la conclusion du contrat ou d'une demande expresse du consommateur avant la conclusion du contrat.

Art. L. 216-3. – Lorsque le contrat est résolu dans les conditions prévues à l'article L. 216-2, le professionnel rembourse le consommateur de la totalité des sommes versées, au plus tard dans les quatorze jours suivant la date à laquelle le contrat a été dénoncé.

Art. L. 216-4. – Tout risque de perte ou d'endommagement des biens est transféré au consommateur au moment où ce dernier ou un tiers désigné par lui, et autre que le transporteur proposé par le professionnel, prend physiquement possession de ces biens.

Art. L. 216-5. – Lorsque le consommateur confie la livraison du bien à un transporteur autre que celui proposé par le professionnel, le risque de perte ou d'endommagement du bien est transféré au consommateur lors de la remise du bien au transporteur.

Art. L. 216-6. – Les dispositions du présent chapitre sont d'ordre public.

Chapitre VII. – Obligation de conformité au contrat

Section 1. – Champ d'application

Art. L. 217-1. – Les dispositions du présent chapitre s'appliquent aux contrats de vente de biens meubles corporels. Sont assimilés aux contrats de vente les contrats de fourniture de biens meubles à fabriquer ou à produire.

Elles s'appliquent à l'eau et au gaz lorsqu'ils sont conditionnés dans un volume délimité ou en quantité déterminée.

Art. L. 217-2. – Les dispositions du présent chapitre ne sont applicables ni aux biens vendus par autorité de justice ni à ceux vendus aux enchères publiques.

Elles ne s'appliquent pas non plus à l'électricité.

Art. L. 217-3. – Les dispositions du présent chapitre sont applicables aux relations contractuelles entre le vendeur agissant dans le cadre de son activité professionnelle ou commerciale et l'acheteur agissant en qualité de consommateur.

Pour l'application des dispositions du présent chapitre, est producteur le fabricant d'un bien meuble corporel, l'importateur de ce bien sur le territoire de l'Union européenne ou toute personne qui se présente comme producteur en apposant sur le bien son nom, sa marque ou un autre signe distinctif.

Section 2. – Garantie légale de conformité

Art. L. 217-4. – Le vendeur livre un bien conforme au contrat et répond des défauts de conformité existant lors de la délivrance.

Il répond également des défauts de conformité résultant de l'emballage, des instructions de montage ou de l'installation lorsque celle-ci a été mise à sa charge par le contrat ou a été réalisée sous sa responsabilité.

Art. L. 217-5. – Le bien est conforme au contrat :

1° S'il est propre à l'usage habituellement attendu d'un bien semblable et, le cas échéant :

– s'il correspond à la description donnée par le vendeur et possède les qualités que celui-ci a présentées à l'acheteur sous forme d'échantillon ou de modèle ;

– s'il présente les qualités qu'un acheteur peut légitimement attendre eu égard aux déclarations publiques faites par le vendeur, par le producteur ou par son représentant, notamment dans la publicité ou l'étiquetage ;

2° Ou s'il présente les caractéristiques définies d'un commun accord par les parties ou est propre à tout usage spécial recherché par l'acheteur, porté à la connaissance du vendeur et que ce dernier a accepté.

Art. L. 217-6. – Le vendeur n'est pas tenu par les déclarations publiques du producteur ou de son représentant s'il est établi qu'il ne les connaissait pas et n'était légitimement pas en mesure de les connaître.

Art. L. 217-7. – Les défauts de conformité qui apparaissent dans un délai de vingt-quatre mois à partir de la délivrance du bien sont présumés exister au moment de la délivrance, sauf preuve contraire.

Pour les biens vendus d'occasion, ce délai est fixé à six mois.

Le vendeur peut combattre cette présomption si celle-ci n'est pas compatible avec la nature du bien ou le défaut de conformité invoqué.

Art. L. 217-8. – L'acheteur est en droit d'exiger la conformité du bien au contrat. Il ne peut cependant contester la conformité en invoquant un défaut qu'il connaissait ou ne pouvait ignorer lorsqu'il a contracté. Il en va de même lorsque le défaut a son origine dans les matériaux qu'il a lui-même fournis.

Art. L. 217-9. – En cas de défaut de conformité, l'acheteur choisit entre la réparation et le remplacement du bien.

Toutefois, le vendeur peut ne pas procéder selon le choix de l'acheteur si ce choix entraîne un coût manifestement disproportionné au regard de l'autre modalité, compte tenu de la valeur du bien ou de l'importance du défaut. Il est alors tenu de procéder, sauf impossibilité, selon la modalité non choisie par l'acheteur.

Art. L. 217-10. – Si la réparation et le remplacement du bien sont impossibles, l'acheteur peut rendre le bien et se faire restituer le prix ou garder le bien et se faire rendre une partie du prix.

La même faculté lui est ouverte :

1° *Si la solution demandée*, proposée ou convenue en application de l'article L. 217-9 ne peut être mise en œuvre dans le délai d'un mois suivant la réclamation de l'acheteur ;

2° Ou si cette solution ne peut l'être sans inconvénient majeur pour celui-ci compte tenu de la nature du bien et de l'usage qu'il recherche.

La résolution de la vente ne peut toutefois être prononcée si le défaut de conformité est mineur.

Art. L. 217-11. – L'application des dispositions des articles L. 217-9 et L. 217-10 a lieu sans aucun frais pour l'acheteur.

Ces mêmes dispositions ne font pas obstacle à l'allocation de dommages et intérêts.

Art. L. 217-12. – L'action résultant du défaut de conformité se prescrit par deux ans à compter de la délivrance du bien.

Art. L. 217-13. – Les dispositions de la présente section ne privent pas l'acheteur du droit d'exercer l'action résultant des vices rédhibitoires telle qu'elle résulte des articles 1641 à 1649 du Code civil ou toute autre action de nature contractuelle ou extracontractuelle qui lui est reconnue par la loi.

Art. L. 217-14. – L'action récursoire peut être exercée par le vendeur final à l'encontre des vendeurs ou intermédiaires successifs et du producteur du bien meuble corporel, selon les principes du Code civil.

Section 3. – Garantie commerciale

Art. L. 217-15. – La garantie commerciale s'entend de tout engagement contractuel d'un professionnel à l'égard du consommateur en vue du remboursement du prix d'achat, du remplacement ou de la réparation du bien ou de la prestation de tout autre service en relation avec le bien, en sus de ses obligations légales visant à garantir la conformité du bien.

La garantie commerciale fait l'objet d'un contrat écrit, dont un exemplaire est remis à l'acheteur.

Le contrat précise le contenu de la garantie, les modalités de sa mise en œuvre, son prix, sa durée, son étendue territoriale ainsi que le nom et l'adresse du garant.

En outre, il mentionne de façon claire et précise que, indépendamment de la garantie commerciale, le vendeur reste tenu de la garantie légale de conformité mentionnée aux articles L. 217-4 à L. 217-12 et de celle relative aux défauts de la chose vendue, dans les conditions prévues aux articles 1641 à 1648 et 2232 du Code civil.

Les dispositions des articles L. 217-4, L. 217-5, L. 217-12 et L. 217-16 ainsi que l'article 1641 et le premier alinéa de l'article 1648 du Code civil sont intégralement reproduites dans le contrat.

En cas de non-respect de ces dispositions, la garantie demeure valable. L'acheteur est en droit de s'en prévaloir.

Art. L. 217-16. – Lorsque l'acheteur demande au vendeur, pendant le cours de la garantie commerciale qui lui a été consentie lors de l'acquisition ou de la réparation d'un bien meuble, une remise en état couverte par la garantie, toute période d'immobilisation d'au moins sept jours vient s'ajouter à la durée de la garantie qui restait à courir.

Cette période court à compter de la demande d'intervention de l'acheteur ou de la mise à disposition pour réparation du bien en cause, si cette mise à disposition est postérieure à la demande d'intervention.

Art. L. 217-16-1 *(L. n° 2018-727, 10 août 2018)*. – I. - Tout professionnel opérant dans un secteur économique mentionné au III du présent article peut demander à l'autorité administrative chargée de la concurrence et de la consommation de prendre formellement position sur la conformité à l'article L. 217-15 du contrat de garantie commerciale qu'il envisage de mettre en place.

Cette prise de position formelle a pour objet de prémunir ce professionnel d'un changement d'appréciation de l'autorité administrative qui serait de nature à l'exposer à la sanction administrative prévue à l'article L. 241-6.

II. - La validité de la prise de position mentionnée au I prend fin à compter de la date à laquelle :

1° La situation du professionnel n'est plus identique à celle présentée dans sa demande ;

2° Est entrée en vigueur une modification de dispositions législatives ou réglementaires de nature à affecter cette validité ;

3° L'autorité administrative notifie au professionnel, après l'avoir préalablement informé, la modification de son appréciation.

III. - Un décret en Conseil d'État précise les secteurs économiques mentionnés au I, dans lesquels se posent des difficultés particulières en matière de garantie commerciale appréciées en fonction de l'importance des manquements et des plaintes qui y sont constatés, de l'importance du surcoût supporté par les consommateurs lié à la garantie commerciale ou de la nature et de la récurrence des difficultés d'interprétation qu'y font naître les règles relatives aux garanties commerciales.

Section 4. – Prestations de services après-vente

Art. L. 217-17. – Les prestations de services après-vente exécutées par le vendeur et ne relevant pas de la garantie commerciale visée à la section 3 font l'objet d'un contrat dont un exemplaire est remis à l'acheteur.

Art. L. 217-18. – La mise en service effectuée par le vendeur comprend l'installation et la vérification du fonctionnement de l'appareil.

La livraison ou la mise en service s'accompagne de la remise de la notice d'emploi et, s'il y a lieu, du certificat de garantie de l'appareil.

Art. L. 217-19. – Le vendeur indique par écrit à l'acheteur lors de son achat, s'il y a lieu, le coût de la livraison et de la mise en service du bien.

Un écrit est laissé à l'acheteur lors de l'entrée en possession du bien, mentionnant la possibilité pour l'acheteur de formuler des réserves, notamment en cas de défauts apparents de l'appareil ou de défaut de remise de la notice d'emploi.

Art. L. 217-20. – Lorsqu'il facture des prestations de réparation forfaitaires, le vendeur doit, par écrit, informer l'acheteur de l'origine de la panne, de la nature de l'intervention et des pièces ou fournitures remplacées.

Chapitre VIII. – Prescription

Art. L. 218-1. – Par dérogation à l'article 2254 du Code civil, les parties au contrat entre un professionnel et un consommateur ne peuvent, même d'un commun accord, ni modifier la durée de la prescription, ni ajouter aux causes de suspension ou d'interruption de celle-ci.

Art. L. 218-2. – L'action des professionnels, pour les biens ou les services qu'ils fournissent aux consommateurs, se prescrit par deux ans.

Titre II. – Règles de formation et d'exécution de certains contrats

Chapitre Ier. – Contrats conclus à distance et hors établissement

Section 1. – Définitions et champ d'application

Art. L. 221-1. – I. - Pour l'application du présent titre, sont considérés comme :

1° Contrat à distance : tout contrat conclu entre un professionnel et un consommateur, dans le cadre d'un système organisé de vente ou de prestation de services à distance, sans la présence physique simultanée du professionnel et du consommateur, par le recours exclusif à une ou plusieurs techniques de communication à distance jusqu'à la conclusion du contrat ;

2° Contrat hors établissement : tout contrat conclu entre un professionnel et un consommateur :

a) Dans un lieu qui n'est pas celui où le professionnel exerce son activité en permanence ou de manière habituelle, en la présence physique simultanée des parties, y compris à la suite d'une sollicitation ou d'une offre faite par le consommateur ;

b) Ou dans le lieu où le professionnel exerce son activité en permanence ou de manière habituelle ou au moyen d'une technique de communication à distance, immédiatement après que le consommateur a été sollicité personnellement et individuellement dans un lieu différent de celui où le professionnel exerce en permanence ou de manière habituelle son activité et où les parties étaient, physiquement et simultanément, présentes ;

c) Ou pendant une excursion organisée par le professionnel ayant pour but ou pour effet de promouvoir et de vendre des biens ou des services au consommateur ;

3° Support durable : pour l'application du chapitre Ier du présent titre, tout instrument permettant au consommateur ou au professionnel de stocker des informations qui lui sont adressées personnellement afin de pouvoir s'y reporter ultérieurement pendant un laps de temps adapté aux fins auxquelles les informations sont destinées et qui permet la reproduction à l'identique des informations stockées ;

4° Contenu numérique : des données produites et fournies sous forme numérique.

II - Les dispositions du présent titre s'appliquent aux contrats portant sur la vente d'un ou plusieurs biens, au sens de l'article 528 du Code civil, et au contrat en vertu duquel le professionnel fournit ou s'engage à fournir un service au consommateur en contrepartie duquel le consommateur en paie ou s'engage à en payer le prix. Le contrat ayant pour objet à la fois la fourniture de prestation de services et la livraison de biens est assimilé à un contrat de vente.

Art. L. 221-2. – Sont exclus du champ d'application du présent chapitre :

1° Les contrats portant sur les services sociaux, y compris le logement social, l'aide à l'enfance et aux familles, à l'exception des services à la personne mentionnés à l'article L. 7231-1 du Code du travail ;

2° Les contrats portant sur les services de santé fournis par des professionnels de la santé aux patients pour évaluer, maintenir ou rétablir leur état de santé, y compris la prescription, la délivrance et la fourniture de médicaments et de dispositifs médicaux ;

3° Les contrats portant sur les jeux d'argent mentionnés à l'article L. 320-1 du Code de la sécurité intérieure, y compris les loteries, les jeux de casino et les transactions portant sur des paris ;

4° Les contrats portant sur les services financiers ;

5° Les contrats portant sur un forfait touristique, au sens de l'article L. 211-2 du Code du tourisme ;

6° Les contrats portant sur les contrats d'utilisation de biens à temps partagé, les contrats de produits de vacances à long terme et les contrats de revente et d'échange mentionnés aux articles L. 224-69 et L. 224-70 ;

7° Les contrats rédigés par un officier public ;

8° Les contrats portant sur la fourniture de denrées alimentaires, de boissons ou d'autres biens ménagers de consommation courante, qui sont livrés physiquement par un professionnel lors de tournées fréquentes et régulières au domicile ou au lieu de résidence ou de travail du consommateur ;

9° Les contrats portant sur les services de transport de passagers, à l'exception des dispositions prévues à l'article L. 221-14 ;

10° Les contrats conclus au moyen de distributeurs automatiques ou de sites commerciaux automatisés ;

11° Les contrats conclus avec des opérateurs de télécommunications pour l'utilisation des cabines téléphoniques publiques ou aux fins d'une connexion unique par téléphone, internet ou télécopie, notamment les services et produits à valeur ajoutée accessibles par voie téléphonique ou par message textuel ;

12° Les contrats portant sur la création, l'acquisition ou le transfert de biens immobiliers ou de droits sur des biens immobiliers, la construction d'immeubles neufs, la transformation importante d'immeubles existants ou la location d'un logement à des fins résidentielles.

Art. L. 221-3. – Les dispositions des sections 2, 3, 6 du présent chapitre applicables aux relations entre consommateurs et professionnels, sont étendues aux contrats conclus hors établissement entre deux professionnels dès lors que l'objet de ces contrats n'entre pas dans le champ de l'activité principale du professionnel sollicité et que le nombre de salariés employés par celui-ci est inférieur ou égal à cinq.

Art. L. 221-4. – Les dispositions du présent chapitre s'appliquent aux contrats portant sur la fourniture d'eau, de gaz ou d'électricité lorsqu'ils ne sont pas conditionnés dans un volume délimité ou en quantité déterminée ainsi que sur la fourniture de chauffage urbain.

Elles s'appliquent également aux contrats portant sur la fourniture de contenu numérique indépendamment de tout support matériel.

Section 2. – Obligation d'information précontractuelle

Art. L. 221-5. – Préalablement à la conclusion d'un contrat de vente ou de fourniture de services, le professionnel communique au consommateur, de manière lisible et compréhensible, les informations suivantes :

1° Les informations prévues aux articles L. 111-1 et L. 111-2 ;

2° Lorsque le droit de rétractation existe, les conditions, le délai et les modalités d'exercice de ce droit ainsi que le formulaire type de rétractation, dont les conditions de présentation et les mentions qu'il contient sont fixées par décret en Conseil d'État ;

3° Le cas échéant, le fait que le consommateur supporte les frais de renvoi du bien en cas de rétractation et, pour les contrats à distance, le coût de renvoi du bien lorsque celui-ci, en raison de sa nature, ne peut normalement être renvoyé par la poste ;

4° L'information sur l'obligation du consommateur de payer des frais lorsque celui-ci exerce son droit de rétractation d'un contrat de prestation de services, de distribution d'eau, de fourniture de gaz ou d'électricité et d'abonnement à un réseau de chauffage urbain dont il a demandé expressément l'exécution avant la fin du délai de rétractation ; ces frais sont calculés selon les modalités fixées à l'article L. 221-25 ;

5° Lorsque le droit de rétractation ne peut être exercé en application de l'article L. 221-28, l'information selon laquelle le consommateur ne bénéficie pas de ce droit ou, le cas échéant, les circonstances dans lesquelles le consommateur perd son droit de rétractation ;

6° Les informations relatives aux coordonnées du professionnel, le cas échéant aux coûts de l'utilisation de la technique de communication à distance, à l'existence de codes de bonne conduite, le cas échéant aux cautions et garanties, aux modalités de résiliation, aux modes de règlement des litiges et aux autres conditions contractuelles, dont la liste et le contenu sont fixés par décret en Conseil d'État.

Dans le cas d'une vente aux enchères publiques telle que définie par le premier alinéa de l'article L. 321-3 du Code de commerce, les informations relatives à l'identité et aux coordonnées postales, téléphoniques et électroniques du professionnel prévues au 4° de l'article L. 111-1 peuvent être remplacées par celles du mandataire.

Art. L. 221-6. – Si le professionnel n'a pas respecté ses obligations d'information concernant les frais supplémentaires mentionnés à l'article L. 112-3 et au 3° de l'article L. 221-5, le consommateur n'est pas tenu au paiement de ces frais.

Art. L. 221-7. – La charge de la preuve du respect des obligations d'information mentionnées à la présente section pèse sur le professionnel.

Section 3. – Dispositions particulières applicables aux contrats conclus hors établissement

Art. L. 221-8. – Dans le cas d'un contrat conclu hors établissement, le professionnel fournit au consommateur, sur papier ou, sous réserve de l'accord du consommateur, sur un autre support durable, les informations prévues à l'article L. 221-5.

Ces informations sont rédigées de manière lisible et compréhensible.

Art. L. 221-9. – Le professionnel fournit au consommateur un exemplaire daté du contrat conclu hors établissement, sur papier signé par les parties ou, avec l'accord du consommateur, sur un autre support durable, confirmant l'engagement exprès des parties.

Ce contrat comprend toutes les informations prévues à l'article L. 221-5.

Le contrat mentionne, le cas échéant, l'accord exprès du consommateur pour la fourniture d'un contenu numérique indépendant de tout support matériel avant l'expiration du délai de rétractation et, dans cette hypothèse, le renoncement de ce dernier à l'exercice de son droit de rétractation.

Le contrat est accompagné du formulaire type de rétractation mentionné au 2° de l'article L. 221-5.

Art. L. 221-10. – Le professionnel ne peut recevoir aucun paiement ou aucune contrepartie, sous quelque forme que ce soit, de la part du consommateur avant l'expiration d'un délai de sept jours à compter de la conclusion du contrat hors établissement.

Toutefois, ne sont pas soumis aux dispositions du premier alinéa :

1° La souscription à domicile d'un abonnement à une publication quotidienne et assimilée, au sens de l'article 39 *bis* du Code général des impôts ;

2° Les contrats à exécution successive, conclus dans les conditions prévues au présent chapitre et proposés par un organisme agréé ou relevant d'une décision de l'autorité administrative, ayant pour objet la fourniture de services mentionnés à l'article L. 7231-1 du Code du travail ;

3° Les contrats conclus au cours de réunions organisées par le vendeur à son domicile ou au domicile d'un consommateur ayant préalablement et expressément accepté que cette opération se déroule à son domicile ;

4° Les contrats ayant pour objet des travaux d'entretien ou de réparation à réaliser en urgence au domicile du consommateur et expressément sollicités par lui, dans la limite des pièces de rechange et travaux strictement nécessaires pour répondre à l'urgence.

Pour les contrats mentionnés aux 1° et 2°, le consommateur dispose d'un droit de résiliation du contrat à tout moment et sans préavis, frais ou indemnité et d'un droit au remboursement, dans un délai de quinze jours, des sommes versées au prorata de la durée du contrat restant à courir.

Section 4. – Dispositions particulières applicables aux contrats conclus à distance

Art. L. 221-11. – Lorsque le contrat est conclu à distance, le professionnel fournit au consommateur, de manière lisible et compréhensible, les informations prévues à l'article L. 221-5 ou les met à sa disposition par tout moyen adapté à la technique de communication à distance utilisée.

Art. L. 221-12. – Lorsque la technique de communication à distance utilisée impose des limites d'espace ou de temps pour la présentation des informations, le professionnel fournit au consommateur, avant la conclusion du contrat et dans les conditions prévues à l'article L. 221-5, au moins les informations relatives aux caractéristiques essentielles des biens ou des services, à leur prix, à son identité, à la durée du contrat et au droit de rétractation.

Le professionnel transmet au consommateur les autres informations prévues au même article par tout autre moyen adapté à la technique de communication à distance utilisée.

Art. L. 221-13. – Le professionnel fournit au consommateur, sur support durable, dans un délai raisonnable, après la conclusion du contrat et au plus tard au moment de la livraison du bien ou avant le début de l'exécution du service, la confirmation du contrat comprenant toutes les informations prévues à l'article L. 221-5, sauf si le professionnel les lui a déjà fournies, sur un support durable, avant la conclusion du contrat. Le contrat est accompagné du formulaire type de rétractation mentionné au 2° du même article.

Le cas échéant, le professionnel fournit au consommateur, dans les mêmes conditions et avant l'expiration du délai de rétractation, la confirmation de son accord exprès pour la fourniture d'un contenu numérique non présenté sur un support matériel et de son renoncement à l'exercice du droit de rétractation.

Art. L. 221-14. – Pour les contrats conclus par voie électronique, le professionnel rappelle au consommateur, avant qu'il ne passe sa commande, de manière lisible et compréhensible, les informations relatives aux caractéristiques essentielles des biens ou des services qui font l'objet de la commande, à leur prix, à la durée du contrat et, s'il y a lieu, à la durée minimale des obligations de ce dernier au titre du contrat, telles que prévues à l'article L. 221-5.

Le professionnel veille à ce que le consommateur, lors de sa commande, reconnaisse explicitement son obligation de paiement. À cette fin, la fonction utilisée par le consommateur pour valider sa commande comporte la mention claire et lisible : commande avec obligation de paiement ou une formule analogue, dénuée de toute ambiguïté, indiquant que la passation d'une commande oblige à son paiement.

Les sites de commerce en ligne indiquent clairement et lisiblement, au plus tard au début du processus de commande, les moyens de paiement acceptés par le professionnel et les éventuelles restrictions de livraison.

Art. L. 221-15. – Le professionnel est responsable de plein droit à l'égard du consommateur de la bonne exécution des obligations résultant du contrat conclu à distance, que ces obligations soient exécutées par le professionnel qui a conclu ce contrat ou par d'autres prestataires de services, sans préjudice de son droit de recours contre ceux-ci.

Toutefois, il peut s'exonérer de tout ou partie de sa responsabilité en apportant la preuve que l'inexécution ou la mauvaise exécution du contrat est imputable soit au consommateur, soit au fait, imprévisible et insurmontable, d'un tiers au contrat, soit à un cas de force majeure.

Section 5. – Démarchage téléphonique et prospection commerciale

Art. L. 221-16. – Sans préjudice des dispositions de l'article L. 221-12, le professionnel qui contacte un consommateur par téléphone en vue de conclure un contrat portant sur la vente d'un bien ou sur la fourniture d'un service indique au début de la conversation son identité, le cas échéant l'identité de la personne pour le compte de laquelle il effectue cet appel et la nature commerciale de celui-ci.

À la suite d'un démarchage par téléphone, le professionnel adresse au consommateur, sur papier ou sur support durable, une confirmation de l'offre qu'il a faite et reprenant toutes les informations prévues à l'article L. 221-5.

Le consommateur n'est engagé par cette offre qu'après l'avoir signée et acceptée par écrit ou avoir donné son consentement par voie électronique.

Art. L. 221-17. – Lorsqu'un professionnel contacte un consommateur par téléphone dans les conditions prévues à l'article L. 221-16, l'utilisation d'un numéro masqué est interdite.

Le numéro affiché avant l'établissement de l'appel en application du premier alinéa est affecté au professionnel pour le compte duquel l'appel est effectué. En cas de rappel du consommateur à ce numéro, ce professionnel s'identifie préalablement à la facturation de toute prestation de services autre que le prix de la communication.

Un arrêté conjoint des ministres chargés de la consommation et de l'économie numérique, pris après avis de l'Autorité de régulation des communications électroniques et des postes, définit les tranches de numéro qui ne peuvent être utilisées comme identifiant d'appel par un professionnel qui joint un consommateur, en tenant compte du plafond de tarification et du format de ces numéros.

Section 6. – Droit de rétractation applicable aux contrats conclus à distance et hors établissement

Art. L. 221-18. – Le consommateur dispose d'un délai de quatorze jours pour exercer son droit de rétractation d'un contrat conclu à distance, à la suite d'un démarchage téléphonique ou hors établissement, sans avoir à motiver sa décision ni à supporter d'autres coûts que ceux prévus aux articles L. 221-23 à L. 221-25.

Le délai mentionné au premier alinéa court à compter du jour :

1° De la conclusion du contrat, pour les contrats de prestation de services et ceux mentionnés à l'article L. 221-4 ;

2° De la réception du bien par le consommateur ou un tiers, autre que le transporteur, désigné par lui, pour les contrats de vente de biens. Pour les contrats conclus hors établissement, le consommateur peut exercer son droit de rétractation à compter de la conclusion du contrat.

Dans le cas d'une commande portant sur plusieurs biens livrés séparément ou dans le cas d'une commande d'un bien composé de lots ou de pièces multiples dont la livraison est échelonnée sur une période définie, le délai court à compter de la réception du dernier bien ou lot ou de la dernière pièce.

Pour les contrats prévoyant la livraison régulière de biens pendant une période définie, le délai court à compter de la réception du premier bien.

Art. L. 221-19. – Conformément au règlement n° 1182/71/CEE du Conseil du 3 juin 1971 portant détermination des règles applicables aux délais, aux dates et aux termes :

1° Le jour où le contrat est conclu ou le jour de la réception du bien n'est pas compté dans le délai mentionné à l'article L. 221-18 ;

2° Le délai commence à courir au début de la première heure du premier jour et prend fin à l'expiration de la dernière heure du dernier jour du délai ;

3° Si ce délai expire un samedi, un dimanche ou un jour férié ou chômé, il est prorogé jusqu'au premier jour ouvrable suivant.

Art. L. 221-20. – Lorsque les informations relatives au droit de rétractation n'ont pas été fournies au consommateur dans les conditions prévues au 2° de l'article L. 221-5, le délai de rétractation est prolongé de douze mois à compter de l'expiration du délai de rétractation initial, déterminé conformément à l'article L. 221-18.

Toutefois, lorsque la fourniture de ces informations intervient pendant cette prolongation, le délai de rétractation *expire au terme* d'une période de quatorze jours à compter du jour où le consommateur a reçu ces informations.

Art. L. 221-21. – Le consommateur exerce son droit de rétractation en informant le professionnel de sa décision de se rétracter par l'envoi, avant l'expiration du délai prévu à l'article L. 221-18, du formulaire de rétractation mentionné au 2° de l'article L. 221-5 ou de toute autre déclaration, dénuée d'ambiguïté, exprimant sa volonté de se rétracter.

Le professionnel peut également permettre au consommateur de remplir et de transmettre en ligne, sur son site internet, le formulaire ou la déclaration prévus au premier alinéa. Dans cette hypothèse, le professionnel communique, sans délai, au consommateur un accusé de réception de la rétractation sur un support durable.

Art. L. 221-22. – La charge de la preuve de l'exercice du droit de rétractation dans les conditions prévues à l'article L. 221-21 pèse sur le consommateur.

Art. L. 221-23. – Le consommateur renvoie ou restitue les biens au professionnel ou à une personne désignée par ce dernier, sans retard excessif et, au plus tard, dans les quatorze jours suivant la communication de sa décision de se rétracter conformément à l'article L. 221-21, à moins que le professionnel ne propose de récupérer lui-même ces biens.

Le consommateur ne supporte que les coûts directs de renvoi des biens, sauf si le professionnel accepte de les prendre à sa charge ou s'il a omis d'informer le consommateur que ces coûts sont à sa charge. Néanmoins, pour les contrats conclus hors établissement, lorsque les biens sont livrés au domicile du consommateur au moment de la conclusion du contrat, le professionnel récupère les biens à ses frais s'ils ne peuvent pas être renvoyés normalement par voie postale en raison de leur nature.

La responsabilité du consommateur ne peut être engagée qu'en cas de dépréciation des biens résultant de manipulations autres que celles nécessaires pour établir la nature, les caractéristiques et le bon fonctionnement de ces biens, sous réserve que le professionnel ait informé le consommateur de son droit de rétractation, conformément au 2° de l'article L. 221-5.

Art. L. 221-24. – Lorsque le droit de rétractation est exercé, le professionnel rembourse le consommateur de la totalité des sommes versées, y compris les frais de livraison, sans retard injustifié et au plus tard dans les quatorze jours à compter de la date à laquelle il est informé de la décision du consommateur de se rétracter.

Pour les contrats de vente de biens, à moins qu'il ne propose de récupérer lui-même les biens, le professionnel peut différer le remboursement jusqu'à récupération des biens ou jusqu'à ce que le consommateur ait fourni une preuve de l'expédition de ces biens, la date retenue étant celle du premier de ces faits.

Le professionnel effectue ce remboursement en utilisant le même moyen de paiement que celui utilisé par le consommateur pour la transaction initiale, sauf accord exprès du consommateur pour qu'il utilise un autre moyen de paiement et dans la mesure où le remboursement n'occasionne pas de frais pour le consommateur.

Le professionnel n'est pas tenu de rembourser les frais supplémentaires si le consommateur a expressément choisi un mode de livraison plus coûteux que le mode de livraison standard proposé par le professionnel.

Art. L. 221-25. – Si le consommateur souhaite que l'exécution d'une prestation de services ou d'un contrat mentionné au premier alinéa de l'article L. 221-4 commence avant la fin du délai de rétractation mentionné à l'article L. 221-18, le professionnel recueille sa demande expresse par tout moyen pour les contrats conclus à distance et sur papier ou sur support durable pour les contrats conclus hors établissement.

Le consommateur qui a exercé son droit de rétractation d'un contrat de prestation de services ou d'un contrat mentionné au premier alinéa de l'article L. 221-4 dont l'exécution a commencé, à sa demande expresse, avant la fin du délai de rétractation verse au professionnel un montant correspondant au service fourni jusqu'à la communication de sa décision de se rétracter ; ce montant est proportionné au prix total de la prestation convenu dans le contrat. Si le prix total est excessif, le montant approprié est calculé sur la base de la valeur marchande de ce qui a été fourni.

Aucune somme n'est due par le consommateur ayant exercé son droit de rétractation si sa demande expresse n'a pas été recueillie en application du premier alinéa ou si le professionnel n'a pas respecté l'obligation d'information prévue au 4° de l'article L. 221-5.

Art. L. 221-26 *(Mod., L. n° 2017-203, 21 févr. 2017)*. – Le consommateur qui a exercé son droit de rétractation d'un contrat de fourniture de contenu numérique non fourni sur un support matériel n'est redevable d'aucune somme si :

1° Le professionnel n'a pas recueilli son accord préalable exprès pour l'exécution du contrat avant la fin du délai de rétractation ainsi que la preuve de son renoncement à son droit de rétractation ;

2° Le contrat ne reprend pas les mentions prévues au troisième alinéa de l'article L. 221-9 et au second alinéa de l'article L. 221-13.

Art. L. 221-27. – L'exercice du droit de rétractation met fin à l'obligation des parties soit d'exécuter le *contrat à distance ou* le contrat hors établissement, soit de le conclure lorsque le consommateur a fait une offre.

L'exercice du droit de rétractation d'un contrat principal à distance ou hors établissement met automatiquement fin à tout contrat accessoire, sans frais pour le consommateur autres que ceux prévus aux articles L. 221-23 à L. 221-25.

Art. L. 221-28. – Le droit de rétractation ne peut être exercé pour les contrats :

1° De fourniture de services pleinement exécutés avant la fin du délai de rétractation et dont l'exécution a commencé après accord préalable exprès du consommateur et renoncement exprès à son droit de rétractation ;

2° De fourniture de biens ou de services dont le prix dépend de fluctuations sur le marché financier échappant au contrôle du professionnel et susceptibles de se produire pendant le délai de rétractation ;

3° De fourniture de biens confectionnés selon les spécifications du consommateur ou nettement personnalisés ;

4° De fourniture de biens susceptibles de se détériorer ou de se périmer rapidement ;

5° De fourniture de biens qui ont été descellés par le consommateur après la livraison et qui ne peuvent être renvoyés pour des raisons d'hygiène ou de protection de la santé ;

6° De fourniture de biens qui, après avoir été livrés et de par leur nature, sont mélangés de manière indissociable avec d'autres articles ;

7° De fourniture de boissons alcoolisées dont la livraison est différée au-delà de trente jours et dont la valeur convenue à la conclusion du contrat dépend de fluctuations sur le marché échappant au contrôle du professionnel ;

8° De travaux d'entretien ou de réparation à réaliser en urgence au domicile du consommateur et expressément sollicités par lui, dans la limite des pièces de rechange et travaux strictement nécessaires pour répondre à l'urgence ;

9° De fourniture d'enregistrements audio ou vidéo ou de logiciels informatiques lorsqu'ils ont été descellés par le consommateur après la livraison ;

10° De fourniture d'un journal, d'un périodique ou d'un magazine, sauf pour les contrats d'abonnement à ces publications ;

11° Conclus lors d'une enchère publique ;

12° De prestations de services d'hébergement, autres que d'hébergement résidentiel, de services de transport de biens, de locations de voitures, de restauration ou d'activités de loisirs qui doivent être fournis à une date ou à une période déterminée ;

13° De fourniture d'un contenu numérique non fourni sur un support matériel dont l'exécution a commencé après accord préalable exprès du consommateur et renoncement exprès à son droit de rétractation.

Section 7. – Dispositions d'ordre public

Art. L. 221-29. – Les dispositions du présent chapitre sont d'ordre public.

....

Chapitre III. – Opposition au démarchage téléphonique

Art. L. 223-1. – Le consommateur qui ne souhaite pas faire l'objet de prospection commerciale par voie téléphonique peut gratuitement s'inscrire sur une liste d'opposition au démarchage téléphonique.

Il est interdit à un professionnel, directement ou par l'intermédiaire d'un tiers agissant pour son compte, de démarcher téléphoniquement un consommateur inscrit sur cette liste, sauf en cas de relations contractuelles préexistantes.

....

Chapitre IV. – Règles spécifiques à des contrats ayant un objet particulier

Section 1. – Contrats de fourniture d'électricité ou de gaz naturel

Sous-section 1. – Champ d'application

Art. L. 224-1 *(Mod. L. n° 2017-203, 21 févr. 2017).* – Les dispositions de la présente section s'appliquent aux contrats souscrits par un consommateur avec un fournisseur d'électricité ou de gaz naturel, ainsi qu'aux contrats souscrits par un non-professionnel pour une puissance électrique égale ou inférieure à 36 kilovoltampères ou pour une consommation de gaz naturel inférieure à 30 000 kilowattheures par an.

Les dispositions de l'article L. 224-2, de l'article L. 224-3 à l'exception des 13° et 16°, des articles L. 224-4 et L. 224-6, de l'article L. 224-7 à l'exception du 2°, des articles L. 224-8 à L. 224-12 et L. 224-16 sont applicables aux contrats souscrits dans les conditions mentionnées à l'article L. 332-2 du Code de l'énergie pour la fourniture d'électricité et à l'article L. 442-2 du même code pour la fourniture de gaz naturel.

Art. L. 224-2. – Les fournisseurs d'électricité ou de gaz naturel doivent adapter la communication des contrats et informations aux handicaps des consommateurs.

Sous-section 2. – Information précontractuelle

Art. L. 224-3 *(Mod., L. n° 2017-1839, 30 déc. 2017)*. – L'offre de fourniture d'électricité ou de gaz naturel précise, dans des termes clairs et compréhensibles, les informations suivantes :

1° L'identité du fournisseur, l'adresse de son siège social et son numéro d'inscription au registre du commerce et des sociétés ou tout document équivalent pour les sociétés situées hors de France et pour les opérateurs qui ne sont pas inscrits au registre du commerce et des sociétés ;

2° Les coordonnées téléphoniques et électroniques du fournisseur ;

3° La description des produits et des services proposés ;

3° *bis* Les proportions de gaz naturel et de biométhane dans le gaz proposé ;

4° Les prix de ces produits et services à la date de l'offre ainsi que, le cas échéant, les conditions d'évolution de ces prix ;

5° La mention du caractère réglementé ou non des prix proposés et de la possibilité pour une personne ayant renoncé aux tarifs réglementés de vente pour un site donné de revenir ou non sur ce choix ;

6° La durée du contrat et ses conditions de renouvellement ;

7° La durée de validité de l'offre ;

8° Le délai prévisionnel de fourniture de l'énergie ;

9° Les modalités de facturation et les modes de paiement proposés, notamment par le biais d'internet ;

10° Les moyens, notamment électroniques, d'accéder aux informations relatives à l'accès et à l'utilisation des réseaux publics de distribution, en particulier la liste des prestations techniques et leurs prix, les conditions d'indemnisation et les modalités de remboursement applicables dans l'hypothèse où le niveau de qualité de la fourniture d'énergie ou la continuité de la livraison ne sont pas atteints ;

11° Les cas d'interruption volontaire de la fourniture d'énergie, sans préjudice des dispositions de l'article L. 115-3 du Code de l'action sociale et des familles ;

12° Les conditions de la responsabilité contractuelle du fournisseur et du gestionnaire du réseau de distribution et les modalités de remboursement ou de compensation en cas d'erreur ou de retard de facturation ou lorsque les niveaux de qualité des services prévus dans le contrat ne sont pas atteints ;

13° L'existence du droit de rétractation prévu aux articles L. 221-18 et L. 221-20 ;

14° Les conditions et modalités de résiliation du contrat ;

15° La possibilité de recourir à un médiateur de la consommation dans les conditions prévues au titre Ier du livre VI et les modes de règlement contentieux des litiges ;

16° Les conditions d'accès à la tarification spéciale « produit de première nécessité » pour l'électricité et au tarif spécial de solidarité pour le gaz naturel ;

17° Les coordonnées du site internet qui fournit gratuitement aux consommateurs soit directement, soit par l'intermédiaire de liens avec des sites internet d'organismes publics ou privés, les informations contenues dans l'aide-mémoire du consommateur d'énergie établi par la Commission européenne ou, à défaut, dans un document équivalent établi par les ministres chargés de la consommation et de l'énergie.

Art. L. 224-4. – Les informations mentionnées à l'article L. 224-3 sont mises à la disposition du consommateur par écrit ou sur support durable préalablement à la conclusion du contrat.

Art. L. 224-5. – *Lorsque le fournisseur* propose une offre, celle-ci comporte au moins un contrat d'une durée d'un an.

Sous-section 3. – Formation du contrat

Art. L. 224-6. – Le consommateur n'est engagé que par sa signature.

Par dérogation au premier alinéa et au premier alinéa de l'article L. 221-25, si le consommateur qui emménage dans un site sollicite un fournisseur et souhaite que l'exécution de son contrat conclu à distance commence avant la fin du délai de rétractation mentionné à l'article L. 221-18, le fournisseur recueille sa demande expresse, par tous moyens, et transmet le contrat au consommateur conformément à l'article L. 224-7 accompagné du formulaire de rétractation mentionné au 2° de l'article L. 221-5.

Aucune somme n'est due par le consommateur en cas d'exercice de son droit de rétractation si sa demande expresse n'a pas été recueillie conformément à l'avant-dernier alinéa du présent article ou si le fournisseur n'a pas respecté l'obligation d'information prévue au 4° de l'article L. 221-5.

Art. L. 224-7. – Le contrat souscrit par un consommateur avec un fournisseur d'électricité ou de gaz naturel est écrit ou disponible sur un support durable. À la demande du consommateur, il lui est transmis à son choix par voie électronique ou postale.

Outre les informations mentionnées à l'article L. 224-3, il comporte les éléments suivants :

1° La date de prise d'effet du contrat et sa date d'échéance s'il est à durée déterminée ;

2° Les modalités d'exercice du droit de rétractation prévu aux articles L. 221-18 et L. 221-20 ;

3° Les coordonnées du gestionnaire de réseau auquel est raccordé le client ;

4° Le débit ou la puissance souscrits, ainsi que les modalités de comptage de l'énergie consommée ;

5° Le rappel des principales obligations légales auxquelles les consommateurs sont soumis concernant leurs installations intérieures.

Les dispositions du présent article s'appliquent quels que soient le lieu et le mode de conclusion du contrat.

Art. L. 224-8. – Le fournisseur est tenu d'offrir au client la possibilité de conclure avec lui un contrat unique portant sur la fourniture et la distribution d'électricité ou de gaz naturel. Ce contrat reproduit en annexe les clauses réglant les relations entre le fournisseur et le gestionnaire de réseau, notamment les clauses précisant les responsabilités respectives de ces opérateurs.

Outre la prestation d'accès aux réseaux, le consommateur peut, dans le cadre du contrat unique, demander à bénéficier de toutes les prestations techniques proposées par le gestionnaire du réseau. Le fournisseur ne peut facturer au consommateur d'autres frais que ceux que le gestionnaire du réseau lui a imputés au titre d'une prestation.

Sous-section 4. – Exécution du contrat

Art. L. 224-9. – Le consommateur accède gratuitement à ses données de consommation.

Les modalités d'accès aux données et aux relevés de consommation sont précisées par un décret pris après avis du Conseil national de la consommation et de la Commission de régulation de l'énergie.

Art. L. 224-10. – Tout projet de modification par le fournisseur des conditions contractuelles est communiqué au consommateur par voie postale ou, à sa demande, par voie électronique, au moins un mois avant la date d'application envisagée.

Cette communication est assortie d'une information précisant au consommateur qu'il peut résilier le contrat sans pénalité, dans un délai maximal de trois mois à compter de sa réception.

Les dispositions du présent article ne sont pas applicables aux modifications contractuelles imposées par la loi ou le règlement.

Art. L. 224-11. – Le fournisseur d'électricité ou de gaz naturel facture, au moins une fois par an, en fonction de l'énergie consommée.

Art. L. 224-12. – Les factures de fourniture d'électricité et de gaz naturel sont présentées dans les conditions fixées par un arrêté du ministre chargé de la consommation et du ministre chargé de l'énergie (1) pris après avis du Conseil national de la consommation.

(1) V. T. appl. : A. 2 juill. 2007 (JO 14 août 2007). – NDLR.

Un arrêté pris dans les mêmes conditions précise les différents modes de paiement que le fournisseur est tenu d'offrir au client et leurs modalités. Il précise quels sont les délais de remboursement ou les conditions de report des trop-perçus.

En cas de facturation terme à échoir ou fondée sur un index estimé, l'estimation du fournisseur reflète de manière appropriée la consommation probable. Cette estimation est fondée sur les consommations réelles antérieures sur la base des données transmises par les gestionnaires de réseaux lorsqu'elles sont disponibles ; le fournisseur indique au client sur quelle base repose son estimation.

Le fournisseur est tenu d'offrir au client la possibilité de transmettre, par internet, par téléphone ou tout moyen à la convenance de ce dernier, des éléments sur sa consommation réelle, éventuellement sous forme d'index, à des dates qui permettent une prise en compte de ces index pour l'émission de ses factures.

Le fournisseur d'électricité ou de gaz naturel est tenu d'offrir gratuitement à tous ses clients la possibilité de payer ses factures par mandat compte.

Voir : la rédaction de cet article issue de la loi nº 2019-486 du 22 mai 2019, en *addendum*, p. 3587

Art. L. 224-13. – Aucuns frais liés au rejet de paiement ne peuvent être imputés par un fournisseur d'électricité ou de gaz naturel aux consommateurs qui bénéficient de la tarification spéciale « produit de première nécessité » de l'électricité ou du tarif spécial de solidarité du gaz naturel.

Art. L. 224-14. – Le client peut changer de fournisseur dans un délai qui ne peut excéder vingt et un jours à compter de sa demande. Dans ce cas, le contrat est résilié de plein droit à la date de prise d'effet d'un nouveau contrat de fourniture d'énergie.

S'il ne s'agit pas d'un changement de fournisseur, la résiliation prend effet à la date souhaitée par le consommateur et, au plus tard, trente jours à compter de la notification de la résiliation au fournisseur.

Art. L. 224-15. – Le consommateur reçoit la facture de clôture dans un délai de quatre semaines à compter de la résiliation du contrat.

Le fournisseur ne peut facturer au consommateur que les frais correspondant aux coûts qu'il a effectivement supportés, par l'intermédiaire du gestionnaire de réseau, au titre de la résiliation et sous réserve que ces frais aient été explicitement prévus dans l'offre. Ceux-ci doivent être dûment justifiés. Aucun autre frais ne peut être réclamé au consommateur au seul motif qu'il change de fournisseur.

Le remboursement du trop-perçu éventuel est effectué dans un délai maximal de deux semaines après l'émission de la facture de clôture.

Sous-section 5. – Dispositions d'ordre public

Art. L. 224-16. – Les dispositions de la présente section sont d'ordre public.

Section 2. – Contrats relatifs au gaz de pétrole liquéfié

Art. L. 224-17. – Les dispositions de la présente section s'appliquent aux contrats souscrits par un consommateur ayant pour objet la fourniture de gaz de pétrole liquéfié en vrac, la mise à disposition ou la vente de matériels de stockage de gaz de pétrole liquéfié en vrac d'un poids supérieur à 50 kilogrammes ou l'entretien de tels matériels.

Art. L. 224-18. – Les contrats mentionnés à l'article L. 224-17 sont écrits, le consommateur n'étant engagé que par sa signature.

Ces contrats doivent préciser au moins les informations suivantes sous une forme claire, détaillée et aisément accessible :

1° L'identité du professionnel, ses adresses postale et électronique, ses coordonnées téléphoniques ainsi que celles de son site internet s'il en dispose ;

2° La description des produits et des services contractuels et les délais nécessaires pour en assurer la livraison ou la prestation ;

3° Les prix des produits et services contractuels à la date d'entrée en vigueur du contrat ;

4° Si le contrat comprend une clause portant sur la modification de prix, la mention des règles sur la base desquelles cette modification peut intervenir ainsi que les moyens par lesquels le consommateur obtient une information complète sur l'état actualisé de l'ensemble des prix mentionnés au 3° ;

5° Si le contrat prévoit la vente de la citerne au début ou en cours de vie du contrat, le prix initial de vente de la citerne en début de contrat et, le cas échéant, lorsque le contrat prévoit la vente de la citerne en cours de vie du contrat, un tableau présentant le prix de vente dégressif de la citerne en fonction de la durée du contrat négociée avec le client ;

6° La durée du contrat ainsi que ses conditions de reconduction, modification et résiliation ;

7° L'identité du propriétaire de la citerne ;

8° La possibilité de recourir à un médiateur de la consommation dans les conditions prévues au titre Ier du livre VI ;

9° Les modalités de facturation et de paiement proposées ;

10° Les conditions de la responsabilité contractuelle du professionnel et de remboursement ou de compensation en cas d'erreur de facturation ou de retard de livraison ;

11° Le montant des sommes à payer à l'expiration du contrat ou en cas de résiliation anticipée, notamment, le cas échéant, les frais de retrait ou de neutralisation de la citerne.

Art. L. 224-19. – La durée des contrats mentionnés à l'article L. 224-17 ne peut excéder cinq ans.

Art. L. 224-20. – Au terme du contrat, le professionnel informe le consommateur propriétaire ou futur propriétaire du matériel de stockage du gaz de pétrole liquéfié des obligations qui lui incombent quant à l'entretien et à la maintenance du matériel.

Art. L. 224-21. – Tout professionnel proposant les contrats mentionnés à l'article L. 224-17 est tenu à une obligation d'information du consommateur sur la sécurité pendant la durée d'exécution du contrat, dans des conditions définies par arrêté conjoint des ministres chargés de la consommation, de l'énergie et de la sécurité des équipements sous pression.

Art. L. 224-22. – Tout projet de modification des conditions contractuelles à l'initiative du professionnel est communiqué par écrit par ce professionnel au consommateur au moins un mois avant son entrée en vigueur, assorti de l'information, énoncée de manière claire, précise et visible, selon laquelle ce dernier peut, tant qu'il n'a pas expressément accepté les nouvelles conditions, résilier le contrat, sans pénalité de résiliation et sans droit à dédommagement, jusque dans un délai de trois mois après l'entrée en vigueur de la modification.

Pour les contrats à durée déterminée ne comportant pas de clause déterminant précisément les hypothèses pouvant entraîner une modification contractuelle ou de clause portant sur la modification du prix, le consommateur peut exiger l'application des conditions initiales jusqu'au terme de la durée contractuelle.

Art. L. 224-23. – Toute somme versée d'avance par le consommateur au professionnel lui est restituée, sous réserve du paiement des factures restant dues, au plus tard dans un délai de trente jours à compter du paiement de la dernière facture.

Les sommes versées par le consommateur au titre d'un dépôt de garantie lui sont restituées par le professionnel au plus tard dans un délai de trente jours à compter de la reprise par ce dernier de l'objet garanti, qui est effectuée au plus tard dans un délai de trois mois à compter de la résiliation du contrat.

En cas de transaction portant sur la propriété immobilière où la citerne est installée, le professionnel ne peut subordonner la restitution des sommes versées par le consommateur au titre d'un dépôt de garantie à la souscription *d'un contrat par le nouveau* propriétaire.

Art. L. 224-24. – Les dispositions de la présente section sont également applicables aux contrats conclus entre des professionnels et des non-professionnels.

Art. L. 224-25. – Les dispositions de la présente section sont d'ordre public.

Section 3. – Contrats de services de communications électroniques

Art. L. 224-26. – Pour l'application des dispositions de la présente section, on entend par services de communications électroniques les prestations consistant entièrement ou principalement en la fourniture de communications électroniques au sens du 6° de l'article L. 32 du Code des postes et des communications électroniques. Ne sont pas inclus dans cette définition les services consistant à éditer ou à distribuer des services de communication au public par voie électronique.

Sous-section 1. – Information du consommateur

Art. L. 224-27. – (1) Tout fournisseur de services de communications électroniques met à la disposition des consommateurs, sous une forme claire, comparable, actualisée et facilement accessible, et tient à jour dans ses points de vente et par un moyen téléphonique ou électronique accessible en temps réel à un tarif raisonnable les informations suivantes :

1° Les informations mentionnées aux articles L. 111-1, L. 224-30 et, le cas échéant, L. 221-8 ;

2° Les produits et services destinés aux consommateurs handicapés ;

3° Les conséquences juridiques de l'utilisation des services de communications électroniques pour se livrer à des activités illicites ou diffuser des contenus préjudiciables, en particulier lorsqu'ils peuvent porter atteinte au respect des droits et des libertés d'autrui, y compris les atteintes aux droits d'auteur et aux droits voisins ;

4° Les moyens de protection contre les risques d'atteinte à la sécurité individuelle, à la vie privée et aux données à caractère personnel lors de l'utilisation des services de communications électroniques.

Sous-section 2. – Formation du contrat

Art. L. 224-28. – Les fournisseurs de services, proposant au consommateur, directement ou par l'intermédiaire d'un tiers, une offre de services de communications électroniques, ne peuvent subordonner la conclusion ou la modification des termes du contrat qui régit la fourniture d'un service de communications électroniques à l'acceptation par le consommateur d'une clause imposant le respect d'une durée minimum d'exécution du contrat de plus de vingt-quatre mois à compter de la date de conclusion du contrat ou de sa modification.

Tout fournisseur de services subordonnant la conclusion ou la modification des termes d'un contrat qui régit la fourniture d'un service de communications électroniques à l'acceptation par le consommateur d'une clause contractuelle imposant le respect d'une durée minimum d'exécution du contrat de plus de douze mois est tenu :

1° De proposer simultanément la même offre de services assortie d'une durée minimum d'exécution du contrat n'excédant pas douze mois, selon des modalités commerciales non disqualifiantes ;

2° D'offrir au consommateur la possibilité de résilier par anticipation le contrat à compter de la fin du douzième mois suivant l'acceptation d'une telle clause moyennant le paiement par le consommateur d'au plus le quart du montant dû au titre de la fraction non échue de la période minimum d'exécution du contrat.

Les dispositions du présent article s'appliquent à la conclusion ou l'exécution de tout autre contrat liant le fournisseur de services et le consommateur dès lors que la conclusion de ce contrat est subordonnée à l'existence et à l'exécution du contrat initial régissant la fourniture du service de communications électroniques, sans que l'ensemble des sommes dues au titre de la résiliation anticipée de ces contrats avant l'échéance de la durée minimum d'exécution de ces contrats puisse excéder le quart du montant dû au titre de la fraction non échue de la période minimum d'exécution du contrat.

Art. L. 224-29. – Toute offre de fourniture d'un service de communications électroniques est accompagnée d'une information explicite sur les dispositions relatives aux modifications ultérieures des conditions contractuelles.

Art. L. 224-30 *(Mod., L. n° 2016-1321, 7 oct. 2016)*. – Tout contrat souscrit par un consommateur avec un fournisseur de services de communications électroniques comporte au moins les informations suivantes sous une forme claire, détaillée et aisément accessible :

1° L'identité et l'adresse du fournisseur ;

2° *Les services offerts, leur niveau de qualité et le délai* nécessaire pour en assurer la prestation ;

2° *bis* Les explications prévues au d du 1 de l'article 4 du règlement (UE) 2015/2120 du Parlement européen et du Conseil du 25 novembre 2015 établissant des mesures relatives à l'accès à un internet ouvert et modifiant la

(1) V. T. appl. : A. 16 mars 2006 (JO 19 mars 2006). – NDLR.

directive 2002/22/CE concernant le service universel et les droits des utilisateurs au regard des réseaux et services de communications électroniques et le règlement (UE) n° 531/2012 concernant l'itinérance sur les réseaux publics de communications mobiles à l'intérieur de l'Union ;

3° Le détail des tarifs pratiqués, notamment les frais de résiliation et les frais de portabilité des numéros et autres identifiants, les moyens par lesquels des informations actualisées sur l'ensemble des tarifs applicables et des frais de maintenance peuvent être obtenues et les modes de paiement proposés ainsi que leurs conditions ;

4° Les compensations et formules de remboursement applicables si le niveau de qualité des services prévus dans le contrat n'est pas atteint ;

5° La durée du contrat, les conditions de renouvellement et d'interruption des services et du contrat ;

6° La possibilité de recourir à un médiateur de la consommation dans les conditions prévues au titre Ier du livre VI ;

7° Les procédures mises en place par le fournisseur pour mesurer et orienter le trafic de manière à éviter de saturer ou sursaturer une ligne du réseau et sur leurs conséquences en matière de qualité du service, de protection de la vie privée et des données à caractère personnel, ainsi que l'impact des limitations de volume, de débits ou d'autres paramètres sur la qualité de l'accès à internet, en particulier l'utilisation de contenus, d'applications et de services, y compris ceux bénéficiant d'une qualité optimisée ;

8° Les services après-vente fournis, ainsi que les modalités permettant de contacter ces services ;

9° Les restrictions à l'accès à des services et à leur utilisation, ainsi qu'à celle des équipements terminaux fournis ;

10° Les possibilités qui s'offrent à l'abonné de faire figurer ou non ses données à caractère personnel dans un annuaire et les données concernées ;

11° Toute utilisation ou durée minimale requise pour pouvoir bénéficier de promotions ;

12° Le type de mesure qu'est susceptible de prendre le fournisseur afin de réagir à un incident ayant trait à la sécurité ou à l'intégrité ou de faire face à des menaces et à des situations de vulnérabilité ;

13° Les droits conférés au consommateur dans le cadre du service universel, lorsque le fournisseur est chargé de ce service.

Ces informations sont précisées par arrêté conjoint du ministre chargé de la consommation et du ministre chargé des communications électroniques, pris après avis du Conseil national de la consommation et de l'Autorité de régulation des communications électroniques et des postes mentionnée à l'article L. 130 du Code des postes et des communications électroniques (1).

Art. L. 224-31. – Dans le cas d'un contrat conclu à distance, à la suite d'un démarchage téléphonique ou hors établissement, et dont le consommateur a demandé l'exécution avant la fin du délai de rétractation prévu à l'article L. 221-18 et, le cas échéant, à l'article L. 221-20, la demande de conservation du numéro prévue à l'article L. 44 du Code des postes et des communications électroniques adressée durant ce délai à un autre opérateur auprès duquel il souscrit un nouveau contrat entraîne, pour le consommateur, des obligations de renvoi ou de restitution des biens dans des conditions identiques à celles prévues à l'article L. 221-23 pour l'exercice du droit de rétractation, sous réserve du délai de restitution, qui court à compter du portage effectif du numéro.

Le consommateur verse par ailleurs à son opérateur un montant correspondant au service fourni dans des conditions identiques à celles prévues à l'article L. 221-25 pour l'exercice du droit de rétractation, sous réserve que le montant corresponde au service fourni jusqu'au portage effectif du numéro.

L'opérateur rembourse les sommes versées dans des conditions identiques à celles prévues à l'article L. 221-24, sous réserve du délai de remboursement, qui court à compter du portage effectif du numéro.

Art. L. 224-32. – Le consommateur est informé des conséquences d'une demande de conservation du numéro effectuée auprès d'un autre opérateur durant le délai de rétractation en même temps qu'il est informé de l'existence de son droit de rétractation.

(1) V. T. appl. : D. n° 2009-302, 18 mars 2009. – NDLR.

Sous-section 3. – Exécution du contrat

Art. L. 224-33. – Tout projet de modification des conditions contractuelles de fourniture d'un service de communications électroniques est communiqué par le prestataire au consommateur par écrit ou sur un autre support durable à la disposition de ce dernier au moins un mois avant son entrée en vigueur, assorti de l'information selon laquelle ce dernier peut, tant qu'il n'a pas expressément accepté les nouvelles conditions, résilier le contrat sans pénalité de résiliation et sans droit à dédommagement, jusque dans un délai de quatre mois après l'entrée en vigueur de la modification.

Pour les contrats à durée déterminée ne comportant pas de clause déterminant précisément les hypothèses pouvant entraîner une modification contractuelle ou de clause portant sur la modification du prix, le consommateur peut exiger l'application des conditions initiales jusqu'au terme de la durée contractuelle.

Art. L. 224-34. – La poursuite à titre onéreux de la fourniture de services accessoires à un contrat principal de communications électroniques comprenant une période initiale de gratuité est soumise à l'accord exprès du consommateur à qui ces services sont proposés.

Art. L. 224-35. – Toute somme versée d'avance par le consommateur à un fournisseur de services de communications électroniques lui est restituée, sous réserve du paiement des factures restant dues, au plus tard dans un délai de dix jours à compter du paiement de la dernière facture.

La restitution, par un fournisseur de services de communications électroniques, des sommes versées par le consommateur au titre d'un dépôt de garantie est effectuée au plus tard dans un délai de dix jours à compter de la restitution au professionnel de l'objet garanti.

Art. L. 224-36. – Lorsqu'un contrat de communications électroniques incluant une clause imposant le respect d'une durée minimum d'exécution a été souscrit par le consommateur, les facturations établies par les fournisseurs de services de communications électroniques mentionnent la durée d'engagement restant à courir ou la date de la fin de l'engagement ou, le cas échéant, mentionnent que cette durée minimum d'exécution du contrat est échue.

Art. L. 224-37. – Aucuns frais liés au rejet de paiement ne peuvent être imputés par un fournisseur de services de communications électroniques aux consommateurs qui se trouvent en état de fragilité eu égard notamment à leurs ressources.

Art. L. 224-38. – Les dispositions du présent article sont applicables à tout fournisseur de services de communications électroniques proposant au consommateur, directement ou par l'intermédiaire d'un tiers, un service après-vente, un service d'assistance technique ou tout autre service chargé du traitement des réclamations se rapportant à l'exécution du contrat conclu avec ce fournisseur, et accessible par un service téléphonique au public au sens du 7° de l'article L. 32 précité.

Ces services sont accessibles depuis le territoire métropolitain, les départements et régions d'outre-mer et les collectivités territoriales de Saint-Barthélemy, Saint-Martin et Saint-Pierre-et-Miquelon, par un numéro d'appel non géographique, fixe et non surtaxé.

Aucun coût complémentaire autre que celui de la communication téléphonique ne peut être facturé pour ces services au titre de cette communication téléphonique.

Lorsque le consommateur appelle ces services depuis les territoires énumérés au deuxième alinéa en ayant recours au service téléphonique au public du fournisseur de services de communications électroniques auprès duquel il a souscrit ce contrat, aucune somme ne peut, à quelque titre que ce soit, lui être facturée tant qu'il n'a pas été mis en relation avec un interlocuteur prenant en charge le traitement effectif de sa demande.

Art. L. 224-39. – La durée du préavis de résiliation par un consommateur d'un contrat de services de communications électroniques ne peut excéder dix jours à compter de la réception par le fournisseur de la demande de résiliation. Le consommateur peut toutefois demander que cette résiliation prenne effet plus de dix jours après la réception, par le fournisseur, de sa demande de résiliation.

Art. L. 224-40. – Le fournisseur de services proposant au consommateur, directement ou par l'intermédiaire d'un tiers, un service de communications électroniques, ne peut facturer au consommateur, à l'occasion de la résiliation, que les frais correspondant aux coûts qu'il a effectivement supportés au titre de la résiliation, sans préjudice, le cas échéant, des dispositions contractuelles portant sur le respect d'une durée minimum d'exécution du contrat.

Ces frais ne sont exigibles du consommateur que s'ils ont été explicitement prévus dans le contrat et dûment justifiés.

Art. L. 224-41. – Tout fournisseur d'un service de communications électroniques est tenu de permettre au consommateur de recourir à un médiateur de la consommation dans les conditions prévues au titre Ier du livre VI.

Art. L. 224-42. – Les dispositions de la présente section sont également applicables aux contrats conclus entre des professionnels et des non-professionnels.

Sous-section 4. – Récupération et portabilité des données

(Créée à compter du 25 mai 2018, L. n° 2016-1321, 7 oct. 2016 ; abr., L. n° 2018-493, 20 juin 2018)

Art. L. 224-42-1 *(Abr., L. n° 2018-493, 20 juin 2018).*

Art. L. 224-42-2 *(Abr., L. n° 2018-493, 20 juin 2018).*

Art. L. 224-42-3 *(Abr., L. n° 2018-493, 20 juin 2018).*

Art. L. 224-42-4 *(Abr., L. n° 2018-493, 20 juin 2018).*

Section 4. – Services accessibles par l'intermédiaire des opérateurs de communications électroniques

Sous-section 1. – Services à valeur ajoutée

Art. L. 224-43. – L'opérateur de communications électroniques, au sens du 6° de l'article L. 32 du Code des postes et des communications électroniques, exploitant un numéro à valeur ajoutée, son abonné auquel ce numéro est affecté et, s'il est différent, le fournisseur du produit ou du service à valeur ajoutée mettent gratuitement à la disposition des consommateurs un outil accessible en ligne permettant d'identifier, à partir du numéro d'appel ou de message textuel, le nom du produit ou du service accessible à ce numéro d'appel ou de message textuel, la description sommaire du produit ou du service, le nom du fournisseur, son site internet, s'il existe, l'adresse du fournisseur ainsi que l'adresse ou le numéro de téléphone auxquels le consommateur peut adresser ses réclamations.

Cet outil permet aux consommateurs d'obtenir les informations prévues au premier alinéa pendant une période qui ne peut être inférieure à douze mois à compter de la date d'achat du produit ou du service. Il est mis à la disposition des consommateurs sous la forme d'un accès unique dédié aux numéros d'appel et d'un accès unique dédié aux numéros de messages textuels.

Art. L. 224-44. – L'opérateur en relation contractuelle avec le consommateur l'informe, sur son site internet, de l'existence de cet outil et des moyens permettant d'y accéder.

Art. L. 224-45. – Les abonnés et les fournisseurs de produits ou de services à valeur ajoutée concernés ne peuvent s'opposer à la communication et à la publication par des tiers des informations mentionnées au premier alinéa de l'article L. 224-43 en vue de constituer l'outil mentionné au même alinéa.

Art. L. 224-46. – L'opérateur prévoit, dans le contrat avec l'abonné auquel il affecte un numéro à valeur ajoutée, sous peine de résiliation, que l'abonné l'informe de toute modification concernant son identité et son adresse, lesquelles doivent figurer dans le contrat.

Le contrat prévoit également, sous peine de la suspension de l'accès aux numéros concernés, qui peut être suivie de la résiliation du contrat en cas de réitération, que l'abonné fournit à l'opérateur les informations prévues au premier alinéa de l'article L. 224-43 et informe l'opérateur de toute modification avec un préavis suffisant afin que l'outil soit mis à jour.

La description du produit ou du service doit permettre à l'opérateur de s'assurer qu'il ne fait pas partie de ceux que l'opérateur exclut, le cas échéant, au titre de ses règles déontologiques.

Art. L. 224-47. – Un mécanisme de signalement impose à l'opérateur de vérifier les renseignements présents dans l'outil afin de procéder en cas d'inexactitude à la suspension de l'accès au numéro et, le cas échéant, à la résiliation prévues à l'article L. 224-46.

Art. L. 224-48. – Les dispositions des articles L. 224-43 à L. 224-47 s'appliquent sans préjudice des autres causes légales ou contractuelles de suspension ou de résiliation, notamment déontologiques.

Art. L. 224-49. – Les coûts de mise en place et de fonctionnement de l'outil sont mutualisés par les professionnels mentionnés au premier alinéa de l'article L. 224-43.

Art. L. 224-50. – Tout fournisseur de produit ou de service à valeur ajoutée mentionné au premier alinéa de l'article L. 224-43 conserve, pendant un délai minimal de cinq ans après la cessation des relations contractuelles, les coordonnées de tout prestataire cocontractant associé à la promotion du produit ou du service.

Art. L. 224-51. – Tout fournisseur d'un service téléphonique au public, au sens du 7° de l'article L. 32 du Code des postes et des communications électroniques, propose aux consommateurs avec lesquels il est en relation contractuelle un dispositif leur permettant de signaler, par messages textuels, les appels et messages textuels non sollicités émis par des professionnels et le numéro de téléphone de leurs émetteurs.

Ce dispositif peut être mutualisé par plusieurs des fournisseurs mentionnés au premier alinéa.

Ces fournisseurs agrègent les signalements par numéro des émetteurs des appels et messages textuels non sollicités ainsi que par numéro auquel le consommateur est invité à envoyer un message textuel ou qu'il est incité à appeler.

Art. L. 224-52. – Les opérateurs mentionnés au premier alinéa de l'article L. 224-43 sont informés des numéros signalés les concernant.

Art. L. 224-53. – Les modalités du mécanisme de signalement prévu à l'article L. 224-47 et les modalités selon lesquelles les opérateurs sont informés des numéros les concernant en application de l'article L. 224-52 sont fixées par décret.

Art. L. 224-54 *(Mod. à compter du 7 mars 2017, L. n° 2016-1321, 7 oct. 2016).* – Tout fournisseur d'un service téléphonique au public, au sens du 7° de l'article L. 32 du Code des postes et des communications électroniques, propose au consommateur une option gratuite permettant de bloquer les communications à destination des numéros surtaxés de certaines tranches de numéros à valeur ajoutée. Ces tranches de numéros sont définies par un arrêté conjoint des ministres chargés de la consommation et de l'économie numérique, pris après avis de l'Autorité de régulation des communications électroniques et des postes, qui tient compte du plafond de tarification et du format de ces numéros.

Art. L. 224-55. – Les dispositions de la présente section sont également applicables aux contrats conclus entre des professionnels et des non-professionnels.

Art. L. 224-56. – Aucune somme ne peut être facturée au consommateur pour un appel depuis le territoire métropolitain, les départements et régions d'outre-mer et les collectivités territoriales de Saint-Barthélemy, Saint-Martin et Saint-Pierre-et-Miquelon à un service téléphonique lorsqu'il lui a été indiqué, sous quelque forme que ce soit, que l'appel à ce service est gratuit.

Les dispositions du présent article sont applicables à toute entreprise proposant, directement ou par l'intermédiaire d'un tiers, un service accessible par un service téléphonique au public.

Sous-section 2. – Renseignements téléphoniques

Art. L. 224-57. – Sous réserve du tarif appliqué au titre de la fourniture des prestations de renseignements téléphoniques, aucun tarif de communication spécifique autre que celui d'une communication nationale ne peut être appliqué, par les opérateurs de téléphonie mobile, aux appels émis vers des services de renseignements téléphoniques.

Art. L. 224-58. – Lorsqu'ils proposent d'assurer la mise en relation à la suite de la fourniture d'un numéro de téléphone, les fournisseurs de renseignements téléphoniques ont l'obligation d'informer le consommateur du tarif de cette mise en relation. Cette information doit être fournie systématiquement et préalablement à l'acceptation expresse de l'offre de mise en relation par le consommateur.

Section 5. – Contrats conclus dans les foires et salons

Art. L. 224-59. – Avant la conclusion de tout contrat entre un consommateur et un professionnel à l'occasion d'une foire, d'un salon ou de toute manifestation commerciale relevant du chapitre II du titre VI du livre VII du Code de commerce, le professionnel informe le consommateur qu'il ne dispose pas d'un délai de rétractation.

Art. L. 224-60. – Les offres de contrat faites dans les foires et les salons mentionnent l'absence de délai de rétractation, en des termes clairs et lisibles, dans un encadré apparent.

Art. L. 224-61. – (1) Les modalités de mise en œuvre des dispositions des articles L. 224-59 et L. 224-60 sont fixées par arrêté du ministre chargé de l'économie.

Art. L. 224-62. – Lorsque la conclusion d'un contrat de vente ou de prestation de services entre un professionnel et un consommateur, à l'occasion d'une foire, d'un salon ou de toute manifestation commerciale relevant du chapitre II du titre VI du livre VII du Code de commerce, s'accompagne, de la part du professionnel, d'une offre de crédit affecté tel que défini au 9° de l'article L. 311-1, le contrat de vente ou de prestation de services mentionne en des termes clairs et lisibles, dans un encadré apparent, que :

1° L'acheteur dispose d'un droit de rétractation pour le crédit affecté servant à financer son achat ;

2° Le contrat de vente ou de prestation de services est résolu de plein droit, sans indemnité, si l'emprunteur, dans le délai de quatorze jours, exerce son droit de rétractation relatif au crédit affecté dans les conditions prévues à l'article L. 312-52 ;

3° En cas de résolution du contrat de vente ou de prestation de services consécutive à l'exercice du droit de rétractation pour le crédit affecté, le vendeur ou le prestataire de services rembourse, sur simple demande, toute somme que l'acheteur aurait versée d'avance sur le prix.

Section 6. – Transports et automobile

Sous-section 1. – Contrats de transport de déménagement

Art. L. 224-63 *(Mod., L. n° 2017-203, 21 févr. 2017)*. – Par dérogation aux dispositions du premier alinéa de l'article L. 133-3 du Code de commerce, le délai de forclusion applicable aux contrats de transports de déménagement conclus entre un professionnel et un consommateur est fixé à dix jours calendaires révolus à compter de la réception des objets transportés. Les protestations motivées émises par lettre recommandée dans ce délai produisent leurs effets même en l'absence de réserves formulées à la livraison. Les réserves émises par le destinataire à la livraison et non contestées par le transporteur dispensent de la protestation motivée prévue au présent article.

Lorsque la procédure à suivre pour émettre des réserves n'a pas été communiquée au consommateur dans les conditions fixées par arrêté ministériel, le délai prévu au premier alinéa est porté à trois mois.

Art. L. 224-64. – L'action directe en paiement du transporteur prévue par l'article L. 132-8 du Code de commerce ne peut être mise en œuvre à l'encontre du consommateur qui s'est déjà acquitté du paiement de la prestation de déménagement auprès d'une entreprise de déménagement.

(1) V. T. appl. : A. 2 déc. 2014 (JO 12 déc. 2014). – NDLR.

Sous-section 2. – Contrats de transport hors déménagement

Art. L. 224-65. – Lorsque le consommateur prend personnellement livraison des objets transportés et lorsque le voiturier ne justifie pas lui avoir laissé la possibilité de vérifier effectivement leur bon état, le délai mentionné à l'article L. 133-3 du Code de commerce qui éteint tout action contre le voiturier est porté à dix jours.

Sous-section 3. – Contrats de transport aérien

Art. L. 224-66. – Les transporteurs aériens et les personnes physiques ou morales commercialisant des titres de transport aérien remboursent les taxes et redevances individualisées et affichées comme telles dans le prix du titre qu'ils ont vendu, dont l'exigibilité procède de l'embarquement effectif du passager, lorsque le titre n'est plus valide et n'a pas donné lieu à transport.

Ce remboursement intervient au plus tard trente jours à compter de la date de réception de la demande, qui peut être déposée par tout moyen, notamment en ligne.

Le remboursement ne peut donner lieu à la facturation de frais excédant 20 % du montant remboursé. Il est gratuit lorsque la demande est déposée en ligne.

Les conditions générales de vente ou de transport précisent la possibilité du remboursement et ses modalités.

Sous-section 4. – Entretien et réparation automobile

Art. L. 224-67. – Tout professionnel qui commercialise des prestations d'entretien ou de réparation de véhicules automobiles permet aux consommateurs d'opter pour l'utilisation, pour certaines catégories de pièces de rechange, de pièces issues de l'économie circulaire à la place de pièces neuves.

Un décret en Conseil d'État établit la liste des catégories de pièces concernées et précise la définition des pièces issues de l'économie circulaire, au sens du présent article. Il définit également les conditions dans lesquelles le professionnel n'est pas tenu de proposer ces pièces du fait de leur indisponibilité ou d'autres motifs légitimes.

Les modalités d'information du consommateur sont arrêtées dans les conditions prévues à l'article L. 112-1.

En cas de litige, il appartient au professionnel de prouver qu'il a exécuté ses obligations.

Sous-section 5. – Stationnement

Art. L. 224-68. – Tout exploitant de parc de stationnement affecté à un usage public applique au consommateur, pour les stationnements d'une durée inférieure à douze heures et payés à la durée, une tarification par pas de quinze minutes au plus.

Section 7. – Contrats d'utilisation de biens à temps partagé, contrats de produit de vacances à long terme, contrats de revente et contrats d'échange

Sous-section 1. – Champ d'application et définitions

Art. L. 224-69. – Est soumis aux dispositions de la présente section tout contrat ou groupe de contrats, conclu à titre onéreux, par lequel un professionnel confère à un consommateur, directement ou indirectement, un droit ou un service d'utilisation de biens à temps partagé ou concernant des produits de vacances à long terme, ou de revente ou d'échange de tels droits ou services.

Est également soumis aux dispositions de la présente section le contrat de souscription ou de cession de parts ou actions de sociétés d'attribution d'immeubles en jouissance à temps partagé régi par la loi n° 86-18 du 6 janvier 1986 relative aux sociétés d'attribution d'immeubles en jouissance à temps partagé.

Art. L. 224-70. – Les contrats mentionnés au premier alinéa de l'article L. 224-69 sont ainsi définis :

1° Le contrat d'utilisation de biens à temps partagé est un contrat d'une durée de plus d'un an par lequel un consommateur acquiert, à titre onéreux, la jouissance d'un ou plusieurs biens immobiliers ou mobiliers, à usage d'habitation, pour des périodes déterminées ou déterminables ;

2° Le contrat de produit de vacances à long terme est un contrat d'une durée de plus d'un an par lequel un consommateur acquiert, à titre onéreux, un droit à hébergement pour une période déterminée ou déterminable assorti de réductions ou d'autres avantages ou services ;

3° Le contrat de revente est un contrat de service par lequel un professionnel, à titre onéreux, assiste un consommateur en vue de la vente, de la revente ou de l'achat d'un droit d'utilisation de biens à temps partagé ou d'un produit de vacances à long terme ;

4° Le contrat d'échange est un contrat à titre onéreux par lequel un consommateur accède à un système d'échange qui lui permet, en contrepartie de son contrat d'utilisation de biens à temps partagé ou de son contrat de produit de vacances à long terme, d'accéder à la jouissance d'un autre bien ou à un autre hébergement ou à d'autres services.

Pour les contrats visés aux 1° et 2°, la détermination de la durée minimale tient compte de toute clause contractuelle de reconduction ou de prorogation tacite les portant à une durée supérieure à un an.

Sous-section 2. – Publicité

Art. L. 224-71. – Toute publicité relative à tout contrat ou groupe de contrats d'utilisation de biens à temps partagé, de produit de vacances à long terme ou de revente ou d'échange indique la possibilité d'obtenir les informations mentionnées aux articles L. 224-73 et L. 224-74. Toute invitation à une manifestation ayant pour objet la vente ou la promotion d'un des produits ou services ci-dessus mentionnés indique clairement le but commercial et la nature de cette manifestation. Pendant la durée de celle-ci, le professionnel met à la disposition du consommateur les informations mentionnées aux articles L. 224-73 et L. 224-74.

Art. L. 224-72. – Les biens à temps partagé et produits de vacances à long terme proposés ne peuvent être présentés ni être vendus comme un investissement.

Sous-section 3. – Information précontractuelle

Art. L. 224-73. – En temps utile et avant tout engagement de sa part, le consommateur reçoit du professionnel de manière claire et compréhensible, par écrit ou sur un support durable aisément accessible, les informations exactes et suffisantes relatives aux biens ou services pour lesquels il envisage de contracter.

Pour l'ensemble des contrats mentionnés et définis aux articles L. 224-69 et L. 224-70, l'offre indique, conformément aux modèles de formulaire d'information correspondants :

1° L'identité et le domicile du ou des professionnels ou s'il s'agit d'une personne morale, sa dénomination, sa forme juridique et son siège ;

2° La désignation et la description du ou des biens ou services ainsi que de leur situation ;

3° L'objet du contrat ainsi que la nature juridique du ou des droits conférés au consommateur ;

4° La période précise pendant laquelle les droits seront exercés ;

5° La durée du contrat et sa date de prise d'effet ;

6° Le prix principal à payer pour l'exercice du ou des droits conférés par le contrat et l'indication des frais accessoires obligatoires éventuels ;

7° Les services et installations mis à la disposition du consommateur et leur coût ;

8° La durée du droit de rétractation, ses modalités d'exercice et ses effets ;

9° Les informations relatives à la résiliation du contrat, le cas échéant à la résiliation du contrat accessoire, et à leurs effets ;

10° L'interdiction de tout paiement d'avances ;

11° Le fait que le contrat peut être régi par une loi autre que celle de l'État membre de l'Union européenne dans lequel le consommateur a sa résidence ou son domicile habituel ;

12° L'indication de la ou des langues utilisées entre le consommateur et le professionnel concernant toute question relative au contrat ;

13° La possibilité de recourir à un médiateur de la consommation dans les conditions prévues au titre Ier du livre VI ;

14° L'existence, le cas échéant, d'un code de bonne conduite.

Art. L. 224-74. – Pour les contrats de jouissance à temps partagé, l'offre mentionnée à l'article L. 224-73 indique en outre :

1° L'existence ou non de la possibilité de participer à un système d'échange et, dans l'affirmative, l'indication du nom de ce système d'échange et de son coût ;

2° Si l'immeuble est en construction, les indications essentielles relatives au permis de construire, à l'état et aux délais d'achèvement du logement et de ses services, au raccordement aux divers réseaux, et aux garanties d'achèvement ou de remboursement en cas de non-achèvement.

Pour les contrats de produit de vacances à long terme, l'offre mentionnée à l'article L. 224-73 indique en outre :

1° Les modalités relatives au calendrier de paiement échelonné du prix ;

2° Les indications relatives à l'éventuelle augmentation du coût des annuités.

Pour les contrats de revente, l'offre mentionnée à l'article L. 224-73 indique en outre le prix à payer par le consommateur pour bénéficier des services du professionnel et l'indication des frais complémentaires obligatoires.

Art. L. 224-75. – Le professionnel fournit gratuitement au consommateur les informations mentionnées aux articles L. 224-73 et L. 224-74, au moyen de formulaires propres à chacun des contrats cités aux articles L. 224-69 et L. 224-70, et dont les modèles sont déterminés par arrêté conjoint du ministre chargé de la consommation et du ministre de la justice (1).

Les informations mentionnées aux articles L. 224-73, L. 224-74 et au présent article sont rédigées au choix du consommateur dans la langue ou dans l'une des langues de l'État membre dans lequel il réside ou dont il a la nationalité, à la condition qu'il s'agisse d'une langue officielle de l'Union européenne.

Sous-section 4. – Formation du contrat

Art. L. 224-76. – Le professionnel remet au consommateur un contrat écrit sur support papier ou sur tout autre support durable.

Il est rédigé au choix du consommateur, dans la langue ou dans une des langues de l'État membre dans lequel il réside ou dont il a la nationalité, à condition qu'il s'agisse d'une langue officielle de l'Union européenne.

En tout état de cause, le contrat est rédigé en langue française dès lors que le consommateur réside en France ou que le professionnel exerce son activité de vente sur le territoire français.

Dans le cas d'un contrat d'utilisation de biens à temps partagé concernant un bien immobilier précis situé sur le territoire d'un État membre, le professionnel remet au consommateur une traduction certifiée conforme du contrat dans la langue ou l'une des langues de cet État membre.

Art. L. 224-77. – Les informations mentionnées aux articles L. 224-73 et L. 224-74 font partie intégrante du contrat. Le professionnel ne peut modifier tout ou partie des informations fournies qu'en cas de force majeure ou d'accord formel intervenu entre les parties.

Toute modification fait l'objet d'une communication au consommateur avant la conclusion du contrat, par écrit, sur support papier ou sur tout autre support durable et figure expressément dans ledit contrat.

Avant la signature du contrat, le professionnel attire l'attention du consommateur sur l'existence du droit de rétractation et sa durée, ainsi que sur l'interdiction d'un paiement d'avances pendant le délai de rétractation.

Art. L. 224-78. – Le contrat comprend :

1° Les informations mentionnées aux articles L. 224-73 et L. 224-74 ;

2° Le cas échéant, les modifications intervenues sur ces mêmes informations conformément aux dispositions de l'article L. 224-77 ;

3° L'indication de l'identité et du lieu de résidence des parties ;

4° La date et le lieu de sa conclusion, ainsi que la signature des parties ;

5° Un formulaire de rétractation distinct du contrat, conforme à un modèle déterminé par arrêté conjoint du ministre chargé de la consommation et du ministre de la justice.

La ou les pages du contrat relatives à l'existence d'un droit de rétractation et à ses modalités d'exercice ainsi qu'à l'interdiction de paiement d'avance sont signées par le consommateur.

Une ou plusieurs copies de l'ensemble du contrat sont remises au consommateur au moment de sa conclusion.

Art. L. 224-79. – Le consommateur dispose d'un délai de quatorze jours francs pour se rétracter d'un des contrats mentionnés aux articles L. 224-69 et L. 224-70, sans avoir à indiquer de motif.

(1) V. T. appl. : A. 15 juin 2010 (JO 22 juin 2010). – NDLR.

Il dispose de ce droit à compter du jour de la conclusion du contrat ou du jour de sa réception, si cette réception est postérieure au jour de la conclusion dudit contrat, sans indemnité ni frais.

Art. L. 224-80. – Dans le cas où le professionnel n'a pas rempli et fourni au consommateur sur support papier ou sur tout autre support durable le formulaire de rétractation prévu au 5° de l'article L. 224-78, le consommateur dispose d'un délai de rétractation d'un an et quatorze jours à compter du jour de la conclusion du contrat ou du jour de sa réception.

Si le formulaire de rétractation est remis au consommateur sur support papier ou sur tout autre support durable dans l'année suivant le jour de la conclusion du contrat ou de sa réception, le délai de rétractation de quatorze jours commence à courir à compter du jour de la réception ou de la remise dudit formulaire.

Dans le cas où le professionnel n'a pas fourni au consommateur, par écrit, sur support papier ou sur tout autre support durable, les informations figurant aux articles L. 224-73 et L. 224-74 ainsi que le formulaire d'information correspondant, le consommateur dispose d'un délai de rétractation de trois mois et quatorze jours à compter du jour de la conclusion du contrat ou du jour de sa réception.

Si ces informations sont remises au consommateur dans les trois mois suivant le jour de la conclusion du contrat ou de sa réception, le délai de quatorze jours commence à courir à compter du jour de la réception ou de la remise des informations et du formulaire standard d'information.

Art. L. 224-81. – Si le consommateur souscrit simultanément un contrat d'utilisation de biens à temps partagé et un contrat d'échange, un seul délai de rétractation s'applique aux deux contrats.

Art. L. 224-82. – Les délais prévus par les dispositions des articles L. 224-79, L. 224-80 et L. 224-81 qui expirent un samedi, un dimanche ou un jour férié ou chômé sont prorogés jusqu'au premier jour ouvrable suivant.

Art. L. 224-83. – Le consommateur qui entend exercer son droit de rétractation notifie sa décision au professionnel avant l'expiration des délais définis aux articles L. 224-79, L. 224-80 et L. 224-81, par lettre recommandée avec demande d'avis de réception ou, à défaut, par tout autre moyen présentant des garanties équivalentes permettant de prouver cet envoi.

Le consommateur peut utiliser, suivant les mêmes formalités de transmission, le formulaire standard de rétractation mentionné à l'article L. 224-78.

L'exercice de son droit de rétractation par le consommateur met fin à l'obligation des parties d'exécuter le contrat.

Art. L. 224-84. – Le professionnel ne peut, directement ou indirectement, faire supporter au consommateur qui exerce son droit de rétractation aucun coût, y compris ceux afférents à d'éventuels services fournis avant l'exercice de son droit de rétractation.

Art. L. 224-85. – Le professionnel ne peut demander ni recevoir du consommateur, sous quelque forme que ce soit, le paiement d'avance, une constitution de garanties, une reconnaissance de dettes, une réserve d'argent sur des comptes, pour les prestations objets des contrats mentionnés à l'article L. 224-69 et définis aux 1°, 2° et 4° de l'article L. 224-70, ou toute autre rémunération pour lui-même ou pour un tiers avant l'expiration des délais de rétractation définis aux articles L. 224-79 à L. 224-81 et la conclusion effective des contrats.

Pour les contrats de revente mentionnés au 3° de l'article L. 224-70, les interdictions prévues au premier alinéa courent jusqu'à ce que la vente ait effectivement eu lieu ou qu'il ait été mis fin, par tout moyen, au contrat de revente.

Art. L. 224-86. – Lorsque le consommateur exerce son droit de rétractation du contrat d'utilisation de biens à temps partagé ou de produit de vacances à long terme, tout contrat accessoire, y compris le contrat d'échange, est résilié de plein droit sans frais ni indemnité.

Le contrat accessoire s'entend d'un contrat par lequel le consommateur acquiert des services liés à un contrat d'utilisation de biens à temps partagé ou un contrat de produit de vacances à long terme, ces services étant fournis par le professionnel ou un tiers sur la base d'un accord entre ce tiers et le professionnel.

Art. L. 224-87. – En ce qui concerne les contrats de produit de vacances à long terme mentionnés à l'article L. 224-70, le paiement se fait selon un calendrier de paiements échelonnés auquel il est interdit de déroger. Les paiements, y compris toute cotisation, sont divisés en annuités, chacune étant d'égale valeur. Le professionnel envoie une demande de paiement par écrit, sur support papier ou sur tout autre support durable, au moins quatorze jours avant chaque date d'échéance.

À partir de la deuxième annuité, le consommateur peut mettre fin au contrat sans encourir de pénalités, en donnant un préavis au professionnel dans un délai de quatorze jours suivant la réception de la demande de paiement pour chaque annuité.

À partir de la deuxième annuité, le professionnel et le consommateur peuvent convenir de l'indexation du prix sur la base d'un indice en lien avec l'objet du contrat.

Art. L. 224-88. – Lorsque le paiement du prix est acquitté en tout ou partie à l'aide d'un crédit accordé au consommateur par le professionnel ou par l'intermédiaire d'un tiers, l'exercice par le consommateur de son droit de rétractation du contrat d'utilisation de biens à temps partagé, du contrat de produit de vacances à long terme, de revente ou d'échange emporte la résiliation de plein droit, sans frais ni indemnité, du contrat de crédit.

Sous-section 5. – Dispositions d'ordre public

Art. L. 224-89. – Les dispositions de la présente section sont d'ordre public.

Section 8. – Contrats de courtage matrimonial

Art. L. 224-90. – L'offre de rencontres en vue de la réalisation d'un mariage ou d'une union stable, proposée par un professionnel, fait l'objet d'un contrat écrit, rédigé en caractères lisibles, dont un exemplaire est remis au cocontractant du professionnel au moment de sa conclusion.

Le contrat mentionne le nom du professionnel, son adresse ou celle de son siège social, la nature des prestations fournies, ainsi que le montant et les modalités de paiement du prix. Est annexée au contrat l'indication des qualités de la personne recherchée par le cocontractant du professionnel.

Ces contrats sont établis pour une durée déterminée, qui ne peut être supérieure à un an ; ils ne peuvent être renouvelés par tacite reconduction. Ils prévoient une faculté de résiliation pour motif légitime au profit des deux parties.

Art. L. 224-91. – Sans préjudice des dispositions de l'article L. 221-18, dans un délai de sept jours à compter de la signature du contrat, le cocontractant du professionnel mentionné à l'article L. 224-90 peut revenir sur son engagement, sans être tenu au paiement d'une indemnité.

Avant l'expiration de ce délai, il ne peut être reçu de paiement ou de dépôt sous quelque forme que ce soit.

Art. L. 224-92. – Si le délai mentionné à l'article L. 224-91 expire un samedi, un dimanche ou un jour férié ou chômé, ce délai est prorogé jusqu'au premier jour ouvrable suivant.

Art. L. 224-93. – Toute annonce personnalisée diffusée par l'intermédiaire d'un professionnel pour proposer des rencontres en vue de la réalisation d'un mariage ou d'une union stable comporte son nom, son adresse ou celle de son siège social, ainsi que son numéro de téléphone. Lorsque plusieurs annonces sont diffusées par le même professionnel, son adresse peut ne figurer qu'une seule fois, à condition d'être parfaitement apparente.

Chaque annonce précise le sexe, l'âge, la situation familiale, le secteur d'activité professionnelle et la région de résidence de la personne concernée, ainsi que les qualités de la personne recherchée par elle.

Le professionnel doit pouvoir justifier de l'existence d'un accord de la personne présentée par l'annonce sur le *contenu et la diffusion* de celle-ci.

Art. L. 224-94. – Les conditions d'application de la présente section, notamment les modalités de restitution des sommes versées en cas de résiliation du contrat sont précisées par décret en Conseil d'État.

Art. L. 224-95. – Les dispositions de la présente section sont d'ordre public.

Section 9. – Contrats d'achats de métaux précieux

Art. L. 224-96. – (1) Tout professionnel proposant des opérations d'achat de métaux précieux, notamment d'or, d'argent ou de platine, sous quelque forme que ce soit, auprès des consommateurs indique, par voie d'affichage, les prix proposés, selon des modalités fixées par arrêté du ministre chargé de l'économie, pris après consultation du Conseil national de la consommation.

Art. L. 224-97. – Toute opération d'achat de métaux précieux, notamment d'or, d'argent ou de platine, sous quelque forme que ce soit, par un professionnel auprès d'un consommateur fait l'objet d'un contrat écrit dont un exemplaire est remis au consommateur-vendeur au moment de sa conclusion.

Art. L. 224-98. – Le contrat prévu à l'article L. 224-97 comporte les mentions suivantes :

1° Le nom et l'adresse complète du professionnel-acheteur ou, s'il s'agit d'une personne morale, sa raison sociale et l'adresse de son siège social ;

2° Le numéro d'inscription au registre du commerce et des sociétés ou au répertoire des métiers ;

3° Le cas échéant, le numéro individuel d'identification, si le professionnel est assujetti à la taxe sur la valeur ajoutée et identifié par un numéro individuel en application de l'article 286 *ter* du Code général des impôts ;

4° Le nom et l'adresse complète du consommateur-vendeur ;

5° La date et l'adresse du lieu de conclusion du contrat ;

6° La désignation précise de la nature et des caractéristiques des biens objets du contrat, dont le poids et, le cas échéant, la pureté exprimée en millièmes ;

7° Le prix de vente ainsi que toutes taxes ou tous frais éventuels à la charge du consommateur-vendeur.

Le contrat comprend un formulaire détachable destiné à faciliter l'exercice du droit de rétractation dans les conditions prévues à l'article L. 224-99.

Les conditions de présentation de ce formulaire et les mentions devant figurer sur ce dernier sont précisées par décret en Conseil d'État.

Art. L. 224-99 *(Mod., L. n° 2017-203, 21 févr. 2017).* – Le consommateur dispose d'un délai de quarante-huit heures à compter de la signature du contrat pour exercer son droit de rétractation, sans avoir à justifier de motifs ni à payer de pénalités.

L'exercice du droit de rétractation met fin aux obligations des parties. Le consommateur doit alors rembourser au professionnel le prix perçu et, en contrepartie, ce dernier doit lui restituer le ou les objets achetés. A défaut de restituer le ou les objets achetés, le professionnel verse au consommateur une somme équivalente au double du prix de vente perçu pour le bien ou les objets achetés.

Ce délai de rétractation ne s'applique pas aux opérations d'or investissement.

Section 10. – Contrats dans les domaines bancaire, financier et des assurances

Art. L. 224-100. – Les règles relatives à l'obligation de renseignements par les établissements de crédit, les sociétés de financement, les établissements de monnaie électronique, les établissements de paiement et les organismes mentionnés à l'article L. 518-1 du Code monétaire et financier à l'égard de leurs clients sont fixées par les dispositions des sections 3 et 4 du chapitre IV du titre Ier du livre III du Code monétaire et financier.

Les règles relatives aux relations contractuelles entre les établissements de crédit et leurs clients sont fixées par les dispositions du chapitre II du titre III du livre Ier et celles du chapitre II du titre Ier du livre III du même code.

Art. L. 224-101. – Les règles relatives au démarchage bancaire ou financier sont fixées par les dispositions du chapitre Ier du titre IV du livre III du Code monétaire et financier.

Art. L. 224-102. – Les règles relatives au démarchage en matière d'assurances sont fixées par les dispositions du chapitre II du titre Ier du livre I du Code des assurances.

(1) V. T. appl. : A. 18 août 2015. – NDLR.

Section 11. – Enseignement

Art. L. 224-103. – **Les règles relatives à l'enseignement privé à distance sont fixées par les dispositions du chapitre IV du titre IV du livre IV du Code de l'éducation.**

Section 12. – Contrats portant sur les voyages à forfait

Art. L. 224-104. – **Les règles relatives aux contrats de vente de voyages et séjours à forfait sont fixées par les dispositions du chapitre unique du titre Ier du livre II du Code du tourisme.**

Section 13. – Contrats de prestations de soins médicaux

Art. L. 224-105. – **Les règles relatives à l'information du patient par les professionnels de santé sont fixées par les dispositions du chapitre Ier du titre Ier du livre Ier de la première partie du Code de la santé publique.**

Les règles relatives à l'information du patient et au délai de réflexion en matière de chirurgie esthétique sont fixées par les dispositions du chapitre II du titre II du livre III de la sixième partie du Code de la santé publique.

Les règles relatives à l'information du patient par un chirurgien-dentiste ou un médecin à l'occasion d'un acte faisant appel à un fournisseur ou un prestataire de services sont fixées par les dispositions du chapitre 2 du titre 6 du livre 1 du Code de la sécurité sociale.

Section 14. – Contrats d'hébergement de personnes âgées et services d'aide et d'assistance à domicile

Art. L. 224-106. – **Les règles relatives aux contrats d'hébergement des personnes âgées sont fixées par les dispositions du chapitre II du titre IV du livre III du Code de l'action sociale et des familles.**

Art. L. 224-107. – **Les règles relatives aux contrats de services d'aide et d'accompagnement à domicile sont fixées par les dispositions du chapitre III du titre Ier et du chapitre VII du titre IV du livre III du Code de l'action sociale et des familles.**

Section 15. – Contrats de services funéraires

Art. L. 224-108. – **Les règles relatives aux contrats de service funéraires sont fixées par les dispositions du chapitre III du titre II du livre II de la deuxième partie du Code général des collectivités territoriales.**

....

Titre IV. – Sanctions

Chapitre Ier. – Conditions générales des contrats

Section 1. – Clauses abusives

Sous-section 1. – Sanctions civiles

Art. L. 241-1. – **Les clauses abusives sont réputées non écrites.**

Le contrat reste applicable dans toutes ses dispositions autres que celles jugées abusives s'il peut subsister sans ces clauses.

Les dispositions du présent article sont d'ordre public.

Sous-section 2. – Sanctions administratives

Art. L. 241-2. – **Dans les contrats mentionnés à l'article L. 212-1, la présence d'une ou de plusieurs clauses abusives relevant du décret pris en application du quatrième alinéa de l'article L. 212-1 est passible d'une amende administrative dont le montant ne peut excéder 3 000 euros pour une personne physique et 15 000 euros pour une personne morale.**

Cette amende est prononcée dans les conditions prévues au chapitre II du titre II du livre V.

Section 2. – Reconduction des contrats de prestations de services

Art. L. 241-3. – Lorsque le professionnel n'a pas procédé au remboursement dans les conditions prévues à l'article L. 215-1, les sommes dues sont productives d'intérêts au taux légal.

Section 3. – Livraison et transfert de risque

Art. L. 241-4. – Lorsque le professionnel n'a pas remboursé la totalité des sommes versées par le consommateur dans les conditions prévues à l'article L. 216-3, cette somme est de plein droit majorée de 10 % si le remboursement intervient au plus tard trente jours au-delà de ce terme, de 20 % jusqu'à soixante jours et de 50 % ultérieurement.

Section 4. – Obligation de conformité au contrat

Sous-section 1. – Sanctions civiles

Art. L. 241-5. – Les conventions qui écartent ou limitent directement ou indirectement les droits résultant des articles L. 217-1 à L. 217-20 relatifs à la garantie de conformité des biens, à la garantie commerciale ou aux prestations de services après-vente, conclues entre le vendeur et l'acheteur avant que ce dernier n'ait formulé de réclamation, sont réputées non écrites.

Sous-section 2. – Sanctions administratives

Art. L. 241-6. – Tout manquement aux dispositions des articles L. 217-15 et L. 217-16 relatifs à la garantie commerciale est passible d'une amende administrative dont le montant ne peut excéder 3 000 euros pour une personne physique et 15 000 euros pour une personne morale.

Cette amende est prononcée dans les conditions prévues au chapitre II du titre II du livre V.

Art. L. 241-7. – Tout manquement aux dispositions des articles L. 217-17 à L. 217-20 relatifs aux prestations de service après-vente est passible d'une amende administrative dont le montant ne peut excéder 3 000 euros pour une personne physique et 15 000 euros pour une personne morale.

Cette amende est prononcée dans les conditions prévues au chapitre II du titre II du livre V.

Chapitre II. – Règles de formation et d'exécution de certains contrats

Section 1. – Contrats conclus à distance et hors établissement

Sous-section 1. – Sanctions civiles

Art. L. 242-1. – Les dispositions de l'article L. 221-9 sont prévues à peine de nullité du contrat conclu hors établissement.

Art. L. 242-2. – Les dispositions du deuxième alinéa de l'article L. 221-14 sont prévues à peine de nullité *du contrat* conclu *par* voie électronique.

Art. L. 242-3. – Est nulle toute clause par laquelle le consommateur abandonne son droit de rétractation défini à l'article L. 221-18.

Art. L. 242-4. – Lorsque le professionnel n'a pas remboursé les sommes versées par le consommateur, les sommes dues sont de plein droit majorée du taux d'intérêt légal si le remboursement intervient au plus tard dix jours après l'expiration des délais fixés aux premier et deuxième alinéas de l'article L. 221-24, de 5 % si le retard est compris entre dix et vingt jours, de 10 % si le retard est compris entre vingt et trente jours, de 20 % si le retard est compris entre trente et soixante jours, de 50 % entre soixante et quatre-vingt-dix jours et de cinq points supplémentaires par nouveau mois de retard jusqu'à concurrence du prix du produit, puis du taux d'intérêt légal.

Sous-section 2. – Sanctions pénales

Art. L. 242-5. – Le fait de ne pas remettre au client un exemplaire du contrat dans les conditions prévues à l'article L. 221-9 ou de remettre un contrat non conforme aux dispositions du même article est puni d'une peine d'emprisonnement de deux ans et d'une amende de 150 000 euros.

Art. L. 242-6. – L'absence du formulaire de rétractation détachable prévu à l'article L. 221-9 ou la remise d'un formulaire non conforme aux dispositions du 2° de l'article L. 221-5 est puni d'une peine d'emprisonnement de deux ans et d'une amende de 150 000 euros.

Art. L. 242-7 *(Mod., L. n° 2017-203, 21 févr. 2017)*. – Le fait d'exiger ou d'obtenir du client, en infraction aux dispositions de l'article L. 221-10, un paiement ou une contrepartie avant l'expiration du délai de sept jours à compter de la conclusion du contrat hors établissement est puni d'une peine d'emprisonnement de deux ans et d'une amende de 150 000 euros.

Art. L. 242-8. – Les personnes physiques déclarées coupables des délits punis aux articles L. 242-5 et L. 242-7 encourent également, à titre de peines complémentaires, l'interdiction, suivant les modalités prévues à l'article 131-27 du Code pénal, soit d'exercer une fonction publique ou d'exercer l'activité professionnelle ou sociale dans l'exercice ou à l'occasion de l'exercice de laquelle l'infraction a été commise, soit d'exercer une profession commerciale ou industrielle, de diriger, d'administrer, de gérer ou de contrôler à un titre quelconque, directement ou indirectement, pour leur propre compte ou pour le compte d'autrui, une entreprise commerciale ou industrielle ou une société commerciale.

Ces interdictions d'exercice ne peuvent excéder une durée de cinq ans. Elles peuvent être prononcées cumulativement.

Les personnes morales déclarées responsables pénalement, dans les conditions prévues à l'article 121-2 du Code pénal, des délits punis aux articles L. 242-5 et L. 242-7 encourent, outre l'amende suivant les modalités prévues à l'article 131-38 du Code pénal, les peines prévues aux 2° à 9° de l'article 131-39 du même code.

L'interdiction mentionnée au 2° du même article 131-39 porte sur l'activité dans l'exercice ou à l'occasion de l'exercice de laquelle l'infraction a été commise. Les peines prévues aux 2° à 7° de cet article ne peuvent être prononcées que pour une durée de cinq ans au plus.

Art. L. 242-9. – À l'occasion des poursuites pénales exercées contre le vendeur, le prestataire de services ou le démarcheur, en application des dispositions des articles L. 242-5 et L. 242-7 le consommateur qui s'est constitué partie civile est recevable à demander devant la juridiction répressive une somme égale au montant des paiements effectués ou des effets souscrits, sans préjudice de tous dommages et intérêts.

Sous-section 3. – Sanctions administratives

Art. L. 242-10. – Tout manquement aux obligations d'information prévues aux articles L. 221-5, L. 221-6, L. 221-8, L. 221-11, L. 221-12 à L. 221-14 est passible d'une amende administrative dont le montant ne peut excéder 3 000 euros pour une personne physique et 15 000 euros pour une personne morale.

Cette amende est prononcée dans les conditions prévues au chapitre II du titre II du livre V.

Art. L. 242-11. – Tout manquement aux obligations de confirmation du contrat et, le cas échéant, du support choisi par le consommateur, définies à l'article L. 221-13, est passible d'une amende administrative dont le montant ne peut excéder 3 000 euros pour une personne physique et 15 000 euros pour une personne morale.

Cette amende est prononcée dans les conditions prévues au chapitre II du titre II du livre V.

Art. L. 242-12. – Tout manquement aux obligations prévues à l'article L. 221-16 en matière de *démarchage téléphonique et de prospection* commerciale est passible d'une amende administrative dont le montant ne peut excéder 3 000 euros pour une personne physique et 15 000 euros pour une personne morale.

Cette amende est prononcée dans les conditions prévues au chapitre II du titre II du livre V.

Art. L. 242-13. – Tout manquement aux dispositions des articles L. 221-18 à L. 221-28 encadrant les conditions d'exercice du droit de rétractation reconnu au consommateur, ainsi que ses effets, est passible d'une amende administrative dont le montant ne peut excéder 15 000 euros pour une personne physique et 75 000 euros pour une personne morale.

Cette amende est prononcée dans les conditions prévues au chapitre II du titre II du livre V.

Art. L. 242-14. – Tout manquement aux dispositions de l'article L. 221-17 relatif à l'interdiction des numéros masqués en matière de démarchage téléphonique est passible d'une amende administrative dont le montant ne peut excéder 3 000 euros pour une personne physique et 15 000 euros pour une personne morale.

Cette amende est prononcée dans les conditions prévues au chapitre II du titre II du livre V.

Section 2. – Dispositions particulières aux contrats conclus à distance

Art. L. 242-15. – Lorsque le professionnel n'a pas remboursé le consommateur dans les conditions prévues à l'article L. 222-15, à l'expiration du délai de trente jours, la somme due est, de plein droit, productive d'intérêts au taux légal en vigueur.

Section 3. – Opposition au démarchage téléphonique

Art. L. 242-16. – Tout manquement aux dispositions des articles L. 223-1 à L. 223-5 est passible d'une amende administrative dont le montant ne peut excéder 15 000 euros pour une personne physique et 75 000 euros pour une personne morale.

Cette amende est prononcée dans les conditions prévues au chapitre II du titre II du livre V.

Section 4. – Règles spécifiques à des contrats ayant un objet particulier

Sous-section 1. – Contrats relatifs au gaz de pétrole liquéfié

§ 1. – Sanctions civiles

Art. L. 242-17. – Lorsque le professionnel n'a pas remboursé le consommateur dans les conditions prévues à l'article L. 224-23, les sommes dues par le professionnel sont de plein droit majorées de moitié.

§ 2. – Sanctions administratives

Art. L. 242-18. – Tout manquement aux dispositions des articles L. 224-18 à L. 224-23 est passible d'une amende administrative dont le montant ne peut excéder 3 000 euros pour une personne physique et 15 000 euros pour une personne morale.

Cette amende est prononcée dans les conditions prévues au chapitre II du titre II du livre V.

Sous-section 2. – Contrats de services de communications électroniques

§ 1. – Sanctions civiles

Art. L. 242-19. – Lorsque le professionnel n'a pas remboursé le consommateur dans les conditions prévues à l'article L. 224-35, les sommes dues par le professionnel sont de plein droit majorées de moitié.

§ 2. – Sanctions administratives

Art. L. 242-20 *(Mod. à compter du 25 mai 2018, L. n° 2016-1321, 7 oct. 2016 ; mod., L. n° 2018-493, 20 juin 2018)*. – Tout manquement aux dispositions des articles L. 224-27 à L. 224-40 ainsi qu'aux articles L. 224-57 et L.224-58 est passible d'une amende administrative dont le montant ne peut excéder 3 000 euros pour une personne physique et 15 000 euros pour une personne morale.

Cette amende est prononcée dans les conditions prévues au chapitre II du titre II du livre V.

Sous-section 3. – Services accessibles par l'intermédiaire des opérateurs de communications électroniques

Art. L. 242-21. – Tout manquement aux dispositions des articles L. 224-43 à L. 224-54 est passible d'une amende administrative dont le montant ne peut excéder 3 000 euros pour une personne physique et 15 000 euros pour une personne morale.

Cette amende est prononcée dans les conditions prévues au chapitre II du titre II du livre V.

Sous-section 4. – Contrats conclus dans les foires et salons

§ 1. – Sanctions civiles

Art. L. 242-22. – Lorsque le vendeur ou le prestataire de services n'a pas remboursé le consommateur dans les conditions prévues à l'article L. 224-62, la somme due est productive d'intérêts, de plein droit, aux taux de l'intérêt légal majoré de moitié.

§ 2. – Sanctions administratives

Art. L. 242-23 *(Mod., L. n° 2017-203, 21 févr. 2017)*. – Tout manquement aux dispositions des articles L. 224-59 à L. 224-62 est passible d'une amende administrative dont le montant ne peut excéder 3 000 euros pour une personne physique et 15 000 euros pour une personne morale.

Cette amende est prononcée dans les conditions prévues au chapitre II du titre II du livre V.

Sous-section 5. – Transports et automobile

Art. L. 242-24. – Tout manquement à l'article L. 224-66 est passible d'une amende administrative dont le montant ne peut excéder 3 000 euros pour une personne physique et 15 000 euros pour une personne morale.

Cette amende est prononcée dans les conditions prévues au chapitre II du titre II du livre V.

Art. L. 242-25. – Tout manquement à l'article L. 224-67 est passible d'une amende administrative dont le montant ne peut excéder 3 000 euros pour une personne physique et 15 000 euros pour une personne morale.

Cette amende est prononcée dans les conditions prévues au chapitre II du titre II du livre V.

Sous-section 6. – Contrats d'utilisation de biens à temps partagé, contrats de produit de vacances à long terme, contrats de revente et contrats d'échange

§ 1. – Sanctions civiles

Art. L. 242-26. – Le non-respect des dispositions prévues aux articles L. 224-73 à L. 224-78 et à l'article L. 224-87 est sanctionné par la nullité du contrat.

§ 2. – Sanctions pénales

Art. L. 242-27. – Le fait, pour tout annonceur de diffuser ou de faire diffuser une publicité non conforme aux obligations prévues aux dispositions des articles L. 224-71 et L. 224-72, est puni d'une amende de 150 000 euros.

Art. L. 242-28. – Le fait, pour tout professionnel, de soumettre à un consommateur une offre tendant à la conclusion de tout contrat ou groupe de contrats mentionnés aux articles L. 224-69 et L. 224-70, non conforme aux dispositions des articles L. 224-73 à L. 224-75 est puni d'une amende de 150 000 euros.

Art. L. 242-29. – Le fait, pour tout professionnel, d'exiger ou de recevoir du consommateur, directement ou indirectement, tout versement ou engagement de versement, à quelque titre et sous quelque forme que ce soit, avant l'expiration des délais de rétractation prévus aux articles L. 224-79 , L. 224-80 et L. 224-81 est puni d'une amende de 300 000 euros.

Art. L. 242-30. – Le fait pour tout professionnel, directement ou indirectement, de faire supporter au consommateur qui exerce son droit de rétractation des coûts, y compris ceux afférents à d'éventuels services fournis avant l'exercice du droit de rétractation est puni d'une amende de 300 000 euros.

Art. L. 242-31. – Les personnes physiques déclarées coupables de l'une des infractions punies aux articles L. 242-27 à L. 242-30 encourent également, à titre de peines complémentaires, l'interdiction, suivant les modalités prévues à l'article 131-27 du Code pénal, soit d'exercer une fonction publique ou d'exercer l'activité professionnelle ou sociale dans l'exercice ou à l'occasion de l'exercice de laquelle l'infraction a été commise, soit d'exercer une profession commerciale ou industrielle, de diriger, d'administrer, de gérer ou de contrôler à un titre quelconque, directement ou indirectement, pour leur propre compte ou pour le compte d'autrui, une entreprise commerciale ou industrielle ou une société commerciale.

Ces interdictions d'exercice ne peuvent excéder une durée de cinq ans. Elles peuvent être prononcées cumulativement.

Les personnes morales déclarées responsables pénalement, dans les conditions prévues à l'article 121-2 du Code pénal, de l'une des infractions punies aux articles L. 242-27 à L. 242-30 encourent, outre l'amende suivant les modalités prévues à l'article 131-38 du Code pénal, les peines prévues aux 2° à 9° de l'article 131-39 du même code.

L'interdiction mentionnée au 2° de même article 131-39 porte sur l'activité dans l'exercice ou à l'occasion de l'exercice de laquelle l'infraction a été commise. Les peines prévues aux 2° à 7° de cet article ne peuvent être prononcées que pour une durée de cinq ans au plus.

Sous-section 7. – Contrats de courtage matrimonial

§ 1. – Sanctions civiles

Art. L. 242-32. – Les mentions prescrites au deuxième alinéa de l'article L. 224-90 sont prévues à peine de nullité du contrat.

§ 2. – Sanctions pénales

Art. L. 242-33. – Le fait, pour un professionnel, sous prétexte d'une présentation de candidats au mariage ou à une union stable, de mettre en présence ou de faire communiquer des personnes dont l'une est rémunérée par lui, ou se trouve placée, directement ou indirectement, sous son autorité, ou n'a pas effectué de demande en vue du mariage ou d'une union stable, est puni des peines prévues aux articles 313-1 à 313-3 du Code pénal.

Le fait, pour un professionnel, de promettre d'organiser des rencontres en vue de la réalisation d'un mariage ou d'une union stable avec une personne fictive, est puni des mêmes peines.

Sous-section 8. – Contrats d'achat de métaux précieux

§ 1. – Sanctions civiles

Art. L. 242-34. – Les dispositions de l'article L. 224-98 sont prévues à peine de nullité du contrat.

Art. L. 242-35. – Toute clause du contrat par laquelle le consommateur-vendeur abandonne son droit de rétractation est nulle.

§ 2. – Sanctions pénales

Art. L. 242-36. – Le fait de ne pas remettre au client un exemplaire du contrat prévu à l'article L. 224-97 ou de remettre un contrat non conforme aux dispositions de l'article L. 224-98 est puni d'une peine d'emprisonnement de deux ans et d'une amende de 150 000 euros.

Art. L. 242-37. – Le non-respect des obligations prévues à l'article L. 224-99 est puni d'une peine d'emprisonnement de deux ans et d'une amende de 150 000 euros.

Art. L. 242-38. – Les personnes physiques déclarées coupables des infractions punies aux articles L. 242-36 et L. 242-37 encourent également à titre de peines complémentaires l'interdiction, suivant les modalités prévues à l'article 131-27 du Code pénal, soit d'exercer une fonction publique ou d'exercer l'activité professionnelle ou sociale dans l'exercice ou à l'occasion de l'exercice de laquelle l'infraction a été commise, soit d'exercer une profession commerciale ou industrielle, de diriger, d'administrer, de gérer ou de contrôler à un titre quelconque, directement ou indirectement, pour leur propre compte ou pour le compte d'autrui, une entreprise commerciale ou industrielle ou une société commerciale.

Ces interdictions d'exercice ne peuvent excéder une durée de cinq ans. Elles peuvent être prononcées cumulativement.

Les personnes morales déclarées responsables pénalement, dans les conditions prévues à l'article 121-2 du Code pénal, des infractions punies aux articles L. 242-36 et L. 242-37 encourent, outre l'amende suivant les modalités prévues à l'article 131-38 du Code pénal, les peines prévues aux 2° à 9° de l'article 131-39 du même code. L'interdiction mentionnée au 2° de l'article 131-39 de ce code porte sur l'activité dans l'exercice ou à l'occasion de l'exercice de laquelle l'infraction a été commise. Les peines prévues aux 2° à 7° de cet article ne peuvent être prononcées que pour une durée de cinq ans au plus.

§ 3. – Sanctions administratives

Art. L. 242-39. – Tout manquement aux dispositions de l'article L. 224-96 et aux textes pris pour son application est passible d'une amende administrative dont le montant ne peut excéder 3 000 euros pour une personne physique et 15 000 euros pour une personne morale.

Cette amende est prononcée dans les conditions prévues au chapitre II du titre II du livre V.

Sous-section 9. – Contrats dans le domaine bancaire, financier et des assurances

Art. L. 242-40. – Les sanctions relatives aux infractions commises par les établissements de crédit en matière de conventions de compte et de relations avec leurs clients sont fixées par les dispositions du chapitre Ier du titre V du livre III du Code monétaire et financier.

Art. L. 242-41. – Les sanctions relatives aux infractions en matière de démarchage bancaire ou financier sont fixées par les dispositions du chapitre III du titre V du livre III du Code monétaire et financier.

Art. L. 242-42. – Les sanctions des infractions en matière de démarchage dans le domaine des assurances sont fixées par les dispositions du chapitre II du titre Ier du livre I du Code des assurances.

Sous-section 10. – Enseignement

Art. L. 242-43. – Les sanctions relatives aux infractions en matière d'enseignement privé à distance sont fixées par les dispositions du chapitre IV du titre IV du livre IV du Code de l'éducation.

Les sanctions des infractions relatives au démarchage en matière d'enseignement sont fixées par les dispositions du chapitre Ier du titre VII du livre IV du Code de l'éducation.

Sous-section 11. – Contrats de prestations de soins médicaux

Art. L. 242-44. – Les sanctions aux infractions relatives au devis et au délai de réflexion en matière de chirurgie esthétique sont fixées par les dispositions du chapitre IV du titre II du livre III de la sixième partie du Code de la santé publique.

Sous-section 12. – Contrats de services funéraires

Art. L. 242-45. – Les sanctions relatives aux infractions en matière de contrats de pompes funèbres sont fixées par les dispositions du chapitre III du titre II du livre II de la deuxième partie du Code général des collectivités territoriales.

Livre III . – Crédit

Titre Ier. – Opérations de crédit

Chapitre Ier. – Définitions

Art. L. 311-1 *(Mod. à compter du 1er juillet 2016, Ord. n° 2016-351, 25 mars 2016 ; mod., L. n° 2017-203, 21 févr. 2017)* (1). – Pour l'application des dispositions du présent titre, sont considérés comme :

1° Prêteur, toute personne qui consent ou s'engage à consentir un crédit mentionné au présent titre dans le cadre de l'exercice de ses activités commerciales ou professionnelles ;

2° Emprunteur ou consommateur, toute personne physique qui est en relation avec un prêteur, ou un intermédiaire de crédit, dans le cadre d'une opération de crédit réalisée ou envisagée dans un but étranger à son activité commerciale ou professionnelle ;

3° Acquéreur, toute personne qui acquiert, souscrit ou commande au moyen des prêts mentionnés au 1° de l'article L. 313-1 ;

4° Vendeur, l'autre partie à ces mêmes opérations ;

5° Intermédiaire de crédit, toute personne qui, dans le cadre de ses activités commerciales ou professionnelles habituelles et contre une rémunération ou un avantage économique, apporte son concours à la réalisation d'une opération mentionnée au présent titre, sans agir en qualité de prêteur ;

6° Opération ou contrat de crédit, un contrat en vertu duquel un prêteur consent ou s'engage à consentir à l'emprunteur un crédit, relevant du champ d'application du présent titre, sous la forme d'un délai de paiement, d'un prêt, y compris sous forme de découvert ou de toute autre facilité de paiement similaire, à l'exception des contrats conclus en vue de la fourniture d'une prestation continue ou à exécution successive de services ou de biens de même nature et aux termes desquels l'emprunteur en règle le coût par paiements échelonnés pendant toute la durée de la fourniture ;

7° Coût total du crédit pour l'emprunteur, tous les coûts, y compris les intérêts, les frais, les taxes, les commissions ou rémunérations de toute nature, directs ou indirects, supportés par l'emprunteur et connus du prêteur à la date d'émission de l'offre de crédit ou de l'avenant au contrat de crédit, ou dont le montant peut être déterminé à ces mêmes dates, et qui constituent une condition pour obtenir le crédit ou pour l'obtenir aux conditions annoncées. Ce coût ne comprend pas les frais liés à l'acquisition des immeubles mentionnés au 1° de l'article L. 313-1 tels que les taxes y afférentes, ni les frais d'acte notarié ou les frais à la charge de l'emprunteur en cas de non-respect de l'une de ses obligations prévues dans le contrat de crédit.

L'ensemble de ces coûts est défini à l'article L. 314-1 relatif au taux annuel effectif global, selon des modalités précisées par décret en Conseil d'État ;

8° Taux débiteur, le taux d'intérêt exprimé en pourcentage fixe ou variable, appliqué au capital emprunté ou au montant de crédit utilisé, sur une base annuelle. Le taux débiteur est fixe lorsque le contrat de crédit prévoit soit un taux débiteur constant sur toute la durée du contrat de crédit, soit plusieurs taux débiteurs constants appliqués à des périodes partielles prédéterminées ; dans ce dernier cas, le taux est fixe uniquement pour ces périodes partielles, dans les autres cas, le taux débiteur est variable ou révisable ;

9° Montant total dû par l'emprunteur, la somme du montant total du crédit et du coût total du crédit dû par l'emprunteur ;

10° Montant total du crédit, le plafond ou le total des sommes rendues disponibles en vertu d'un contrat ou d'une opération de crédit ;

11° Contrat de crédit affecté ou contrat de crédit lié, le crédit servant exclusivement à financer un contrat relatif à la fourniture de biens particuliers ou la prestation de services particuliers ; ces deux contrats constituent une opération commerciale unique. Une opération commerciale unique est réputée exister lorsque le vendeur ou le prestataire de services finance lui-même le crédit ou, en cas de financement par un tiers, lorsque le prêteur recourt aux services du vendeur ou du prestataire pour la conclusion ou la préparation du contrat de crédit ou encore lorsque le contrat de crédit mentionne spécifiquement les biens ou les services concernés ;

(1) Les présentes dispositions sont applicables aux contrats dont l'offre a été émise après leur entrée en vigueur, Ord. n° 2016-351, 25 mars 2016, art. 13, VII.

12° Autorisation de découvert ou facilité de découvert, le contrat de crédit en vertu duquel le prêteur autorise expressément l'emprunteur à disposer de fonds qui dépassent le solde du compte de dépôt de ce dernier ;

13° Dépassement, un découvert tacitement accepté en vertu duquel un prêteur autorise l'emprunteur à disposer de fonds qui dépassent le solde de son compte de dépôt ou de l'autorisation de découvert convenue ;

14° Support durable, tout instrument permettant à l'emprunteur de conserver les informations qui lui sont adressées personnellement, d'une manière qui permet de s'y reporter aisément à l'avenir pendant un laps de temps adapté aux fins auxquelles les informations sont destinées et qui permet la reproduction identique des informations stockées.

15° Service accessoire, un service proposé à l'emprunteur en rapport avec un contrat de crédit entrant dans le champ du présent titre ;

16° Crédit relais, un crédit d'une durée limitée destiné à faire l'avance partielle ou totale, et temporaire du produit de la vente d'un bien immobilier pour en acquérir un autre avant la vente du premier bien.

Chapitre II. – Crédit à la consommation

Section 1. – Champ d'application

Art. L. 312-1 *(Mod., L. n° 2017-203, 21 févr. 2017)*. – Les dispositions du présent chapitre s'appliquent à toute opération de crédit mentionnée au 6° de l'article L. 311-1, qu'elle soit conclue à titre onéreux ou à titre gratuit et, le cas échéant, à son cautionnement, dès lors que le montant total du crédit est égal ou supérieur à 200 euros et inférieur ou égal à 75 000 euros.

Art. L. 312-2. – Pour l'application des dispositions du présent chapitre, la location-vente et la location avec option d'achat sont assimilées à des opérations de crédit.

Art. L. 312-3. – Les opérations de prêts sur gage corporel souscrits auprès des caisses de crédit municipal en application de l'article L. 514-1 du Code monétaire et financier sont soumises aux dispositions des articles L. 312-5, L. 312-6 et L. 312-8 à L. 312-11.

Le contenu des informations que les caisses mentionnées au premier alinéa doivent mettre à la disposition de leur clientèle préalablement à l'octroi de ce prêt, les conditions dans lesquelles ces informations sont portées à la connaissance du public ainsi que les mentions obligatoires devant figurer dans les contrats de crédit sont fixés par décret.

Art. L. 312-4 *(Mod. à compter du 1er juillet 2016, Ord. n° 2016-351, 25 mars 2016)* (1). – Sont exclus du champ d'application des dispositions du présent chapitre :

1° Les opérations de crédit destinées à permettre l'acquisition ou le maintien de droits de propriété ou de jouissance d'un terrain ou d'un immeuble existant ou à construire, y compris lorsque ces opérations visent également à permettre la réalisation de travaux de réparation, d'amélioration ou d'entretien du terrain ou de l'immeuble ainsi acquis ;

2° Les opérations de crédit garanties par une hypothèque, par une autre sûreté comparable sur les biens immobiliers à usage d'habitation ou par un droit lié à un bien immobilier à usage d'habitation relevant des dispositions du chapitre III du présent titre ;

3° Les opérations dont le montant total du crédit est inférieur à 200 euros ou supérieur à 75 000 euros, à l'exception de celles mentionnées à l'article L. 314-10 ayant pour objet le regroupement de crédits et de celles destinées à financer les dépenses relatives à la réparation, l'amélioration ou l'entretien d'un immeuble d'habitation ou à usage professionnel et d'habitation, lorsque le crédit n'est pas garanti par une hypothèque, par une autre sûreté comparable sur les biens immobiliers à usage d'habitation ou par un droit lié à un bien immobilier à usage d'habitation ;

4° Les opérations consenties sous la forme d'une autorisation de découvert remboursable dans un délai d'un mois ;

---

(1) Les présentes dispositions sont applicables aux contrats dont l'offre a été émise après leur entrée en vigueur, Ord. n° 2016-351, 25 mars 2016, art. 13, VII.

5° Les opérations de crédit co… rtat un délai de remboursement ne dépassant pas trois mois qui ne sont assorties d'aucun intérêt ni d'a… s frais ou seulement d'intérêts et de frais d'un montant négligeable ;

6° Les opérations mention… u 3 de l'article L. 511-6 du Code monétaire et financier ;

7° Les opérations menti… u 2 de l'article L. 321-2 du Code monétaire et financier ;

8° Les contrats qui sor… ssion d'un accord intervenu devant une juridiction ;

9° Les contrats résu… plan conventionnel de redressement mentionné à l'article L. 732-1 conclu devant la commission… ettement des particuliers ;

10° Les accords r… s délais de paiement accordés pour le règlement amiable d'une dette existante, à condition qu'a… pplémentaires à ceux stipulés dans le contrat ne soient mis à la charge du consommateur…

11° Les car… débit différé n'excédant pas quarante jours et n'occasionnant aucuns autres frais que la cotis… ice de ce moyen de paiement.

Section 2. – Publicité

Art. … publicité, à l'exception des publicités radiodiffusées, contient, quel que soit le sup… suivante : « Un crédit vous engage et doit être remboursé. Vérifiez vos capacités de re… ous engager ».

… publicité, quel qu'en soit le support, qui porte sur l'une des opérations mentionnées … lique un taux d'intérêt ou des informations chiffrées liées au coût du crédit mentionne … et visible les informations suivantes à l'aide d'un exemple représentatif :

… la nature fixe, variable ou révisable du taux, sauf pour les opérations de location-vente ou … d'achat, ainsi que les informations relatives à tous les frais compris dans le coût total du … ur ;

… du crédit ;

… effectif global, sauf pour les opérations de location-vente ou de location avec option d'achat ;

… la durée du contrat de crédit ;

… d'un crédit accordé sous la forme d'un délai de paiement pour un bien ou un service donné, le prix … et le montant de tout acompte ;

… montant total dû par l'emprunteur et le montant des échéances.

… prêteur exige qu'un service accessoire soit fourni pour l'obtention du crédit, notamment une assurance, la … blicité mentionne de façon claire, précise et visible la nécessité de contracter ce service.

Art. L. 312-7. – Lorsqu'un prêteur propose habituellement des contrats de crédit assortis d'une proposition d'assurance ayant pour objet la garantie de remboursement du crédit, toute publicité mentionnée au premier alinéa de l'article L. 312-6 diffusée pour son compte sur ces contrats mentionne le coût de l'assurance, à l'aide de l'exemple représentatif mentionné au même alinéa. Ce coût est exprimé :

1° À l'exclusion de tout autre taux, en taux annuel effectif de l'assurance, qui permette la comparaison par l'emprunteur de ce taux avec le taux annuel effectif global du crédit ;

2° En montant total dû en euros par l'emprunteur au titre de l'assurance sur la durée totale du prêt ;

3° En euros par mois. Il est précisé si ce montant s'ajoute ou non à l'échéance de remboursement du crédit.

Art. L. 312-8. – Dans toute publicité écrite, quel que soit le support utilisé, les informations relatives au taux annuel effectif global, à sa nature fixe, variable ou révisable, au montant total dû par l'emprunteur et au montant des échéances, ainsi que la mention indiquée à l'article L. 312-5, figurent dans une taille de caractère plus importante que celle utilisée pour indiquer toute autre information relative aux caractéristiques du financement, notamment le taux promotionnel, et s'inscrivent dans le corps principal du texte publicitaire.

Art. L. 312-9. – Lorsqu'une publicité est adressée par voie postale ou par courrier électronique, distribuée directement à domicile ou sur la voie publique, le document envoyé au consommateur lui rappelle de façon claire, précise et visible son droit de s'opposer sans frais à l'utilisation de ses données personnelles à des fins de prospection ainsi que les modalités d'exercice de ce droit.

Lorsque cette publicité indique un taux d'intérêt ou des informations chiffrées liées au coût du crédit, les informations mentionnées à l'article L. 312-8 figurent, sous forme d'encadré, en en-tête du texte publicitaire.

Art. L. 312-10. – Il est interdit dans toute publicité d'indiquer qu'une op… une opération de crédit consistant à regrouper des crédits antérieurs … d'information permettant d'apprécier la situation financière de l'emprunteur … prêt améliore la situation financière ou le budget de l'emprunteur, entraîne un … constitue un substitut d'épargne ou accorde une réserve automatique d'arge… sans contrepartie financière identifiable.

Lorsqu'une publicité compare le montant des échéances d'un ou plusieurs crédits … d'autres dettes, à celui d'une échéance résultant d'une opération de regroupement de … manière claire et apparente, d'une part, la somme des coûts totaux des crédits antérieu… total du crédit postérieur à l'opération précitée.

Il est également interdit dans toute publicité de mentionner l'existence d'une période de … de loyers ou de remboursement des échéances du crédit supérieure à trois mois. Cette inte… pas aux prêts aidés par l'État destinés au financement d'une formation à la conduite et à la sé… prêts garantis par l'État destinés au financement de leurs études par les étudiants.

Art. L. 312-11. – Il est interdit dans toute publicité de proposer sous quelque forme que … promotionnels liés à l'acceptation d'une offre préalable de crédit.

Section 3. – Information précontractuelle de l'emprunteur

Art. L. 312-12 *(Mod. à compter du 1er avril 2018, Ord. n° 2017-1433, 4 oct. 2017)*. – Préalab… conclusion du contrat de crédit, le prêteur ou l'intermédiaire de crédit fournit à l'emprunteur, sous for… fiche d'informations, sur support papier ou sur un autre support durable, les informations nécessai… comparaison de différentes offres et permettant à l'emprunteur, compte tenu de ses préfé… d'appréhender clairement l'étendue de son engagement.

La liste et le contenu des informations devant figurer dans la fiche d'informations à fournir pour chaque off… crédit ainsi que les conditions de sa présentation sont fixés par décret en Conseil d'État.

Cette fiche comporte, en caractères lisibles, la mention indiquée à l'article L. 312-5.

Lorsque le consommateur sollicite la conclusion d'un contrat de crédit sur le lieu de vente, le prêteur veille à c… que la fiche d'informations mentionnée au premier alinéa lui soit fournie, sur le lieu de vente, sur support papier, ou tout autre support durable.

Lorsque le prêteur offre à l'emprunteur ou exige de lui la souscription d'une assurance, le prêteur ou l'intermédiaire de crédit informe l'emprunteur du coût de l'assurance en portant à sa connaissance les éléments mentionnés à l'article L. 312-7.

Art. L. 312-13 *(Mod. à compter du 1er avril 2018, Ord. n° 2017-1433, 4 oct. 2017)*. – A la demande de l'emprunteur, le prêteur lui fournit sans frais, s'il est disposé à lui consentir un crédit, outre les informations mentionnées à l'article L. 312-12, un exemplaire de l'offre de contrat sur support papier ou tout autre support durable.

Toutes les informations complémentaires que le prêteur souhaite donner à l'emprunteur sont fournies dans un document distinct de la fiche mentionnée à l'article L. 312-12.

Section 4. – Explications fournies à l'emprunteur et évaluation de sa solvabilité

Sous-section 1. – Explications fournies à l'emprunteur

Art. L. 312-14. – Le prêteur ou l'intermédiaire de crédit fournit à l'emprunteur les explications lui permettant de déterminer si le *contrat de crédit proposé* est adapté à ses besoins et à sa situation financière, *notamment* à partir des informations contenues dans la fiche mentionnée à l'article L. 312-12. Il attire l'attention de l'emprunteur sur les caractéristiques essentielles du ou des crédits proposés et sur les conséquences que ces crédits peuvent avoir sur sa situation financière, y compris en cas de défaut de paiement. Ces informations sont données, le cas échéant, sur la base des préférences exprimées par l'emprunteur.

Lorsque le crédit est proposé sur un lieu de vente, le prêteur veille à ce que l'emprunteur reçoive ces explications de manière complète et appropriée sur le lieu même de la vente, dans des conditions garantissant la confidentialité des échanges.

Art. L. 312-15. – Lorsque la conclusion d'une opération mentionnée à l'article L. 312-1 donne droit, ou peut donner droit, à titre gratuit, immédiatement ou à terme, à une prime en nature de produits ou biens, la valeur de cette prime ne peut être supérieure à un seuil fixé par arrêté du ministre chargé de l'économie (1).

Sous-section 2. – Évaluation de la solvabilité de l'emprunteur

Art. L. 312-16. – Avant de conclure le contrat de crédit, le prêteur vérifie la solvabilité de l'emprunteur à partir d'un nombre suffisant d'informations, y compris des informations fournies par ce dernier à la demande du prêteur. Le prêteur consulte le fichier prévu à l'article L. 751-1, dans les conditions prévues par l'arrêté mentionné à l'article L. 751-6, sauf dans le cas d'une opération mentionnée au 1 de l'article L. 511-6 ou au 1 du I de l'article L. 511-7 du Code monétaire et financier.

Art. L. 312-17 *(Mod. à compter du 1er avril 2018, Ord. n° 2017-1433, 4 oct. 2017).* – Lorsque les opérations de crédit sont conclues sur le lieu de vente ou au moyen d'une technique de communication à distance, une fiche d'informations distincte de la fiche mentionnée à l'article L. 312-12 est fournie par le prêteur ou par l'intermédiaire de crédit à l'emprunteur.

Cette fiche, établie sur support papier ou sur un autre support durable, comporte notamment les éléments relatifs aux ressources et charges de l'emprunteur ainsi que, le cas échéant, aux prêts en cours contractés par ce dernier.

La fiche est signée ou son contenu confirmé par voie électronique par l'emprunteur et contribue à l'évaluation de sa solvabilité par le prêteur. Les informations figurant dans la fiche font l'objet d'une déclaration certifiant sur l'honneur leur exactitude.

Cette fiche est conservée par le prêteur pendant toute la durée du prêt.

Si le montant du crédit accordé est supérieur à un seuil défini par décret, la fiche est corroborée par des pièces justificatives dont la liste est définie par décret.

Section 5. – Formation du contrat de crédit

Art. L. 312-18 *(Mod. à compter du 1er avril 2018, Ord. n° 2017-1433, 4 oct. 2017).* – L'offre de contrat de crédit est établie sur support papier ou sur un autre support durable. Elle est fournie en autant d'exemplaires que de parties et, le cas échéant, à chacune des cautions.

La remise ou l'envoi de l'offre de contrat de crédit à l'emprunteur oblige le prêteur à en maintenir les conditions pendant une durée minimale de quinze jours à compter de cette remise ou de cet envoi.

Art. L. 312-19 *(Mod., L. n° 2017-203, 21 févr. 2017).* – L'emprunteur peut se rétracter sans motifs dans un délai de quatorze jours calendaires révolus à compter du jour de l'acceptation de l'offre de contrat de crédit comprenant les informations prévues à l'article L. 312-28.

Art. L. 312-20 *(Mod., L. n° 2017-203, 21 févr. 2017).* – Le délai mentionné à l'article L. 312-19 court à compter du jour de l'acceptation de l'offre de contrat de crédit comprenant les informations prévues à l'article *L. 312-28*.

Art. L. 312-21. – Afin de permettre l'exercice du droit de rétractation mentionné à l'article L. 312-19, un formulaire détachable est joint à son exemplaire du contrat de crédit.

Art. L. 312-22. – L'exercice par l'emprunteur de son droit de rétractation ne peut donner lieu à enregistrement sur un fichier.

Art. L. 312-23. – En cas d'exercice de son droit de rétractation, l'emprunteur n'est plus tenu par le contrat de service accessoire au contrat de crédit.

(1) V. T. appl. : A. 30 nov. 2010 (JO 2 déc. 2010). – NDLR.

Art. L. 312-24. – Le contrat accepté par l'emprunteur ne devient parfait qu'à la double condition que celui-ci n'ait pas fait usage de sa faculté de rétractation et que le prêteur ait fait connaître à l'emprunteur sa décision d'accorder le crédit, dans un délai de sept jours. L'agrément de la personne de l'emprunteur est réputé refusé si, à l'expiration de ce délai, la décision d'accorder le crédit n'a pas été portée à la connaissance de l'intéressé. L'agrément de la personne de l'emprunteur parvenu à sa connaissance après l'expiration de ce délai reste néanmoins valable si celui-ci entend toujours bénéficier du crédit.

La mise à disposition des fonds au-delà du délai de sept jours mentionné à l'article L. 312-25 vaut agrément de l'emprunteur par le prêteur.

Art. L. 312-25. – Pendant un délai de sept jours à compter de l'acceptation du contrat par l'emprunteur, aucun paiement, sous quelque forme et à quelque titre que ce soit, ne peut être fait par le prêteur à l'emprunteur ou pour le compte de celui-ci, ni par l'emprunteur au prêteur.

Pendant ce même délai, l'emprunteur ne peut non plus faire, au titre de l'opération en cause, aucun dépôt au profit du prêteur ou pour le compte de celui-ci.

Si une autorisation du prélèvement sur son compte bancaire est signée par l'emprunteur, sa validité et sa prise d'effet sont subordonnées à celles du contrat de crédit.

Art. L. 312-26. – À compter du jour suivant la mise à disposition des fonds à l'emprunteur et en cas de rétractation, l'emprunteur rembourse au prêteur le capital versé et paye les intérêts cumulés sur ce capital depuis la date à laquelle le crédit lui a été versé jusqu'à la date à laquelle le capital est remboursé, sans retard indu et au plus tard trente jours après avoir envoyé la notification de la rétractation au prêteur. Les intérêts sont calculés sur la base du taux débiteur figurant au contrat.

Le prêteur n'a droit à aucune indemnité versée par l'emprunteur en cas de rétractation.

Art. L. 312-27. – Le prêteur est responsable de plein droit à l'égard de l'emprunteur de la bonne exécution des obligations relatives à la formation du contrat de crédit, que ces obligations soient à exécuter par le prêteur qui a conclu ce contrat ou par des intermédiaires de crédit intervenant dans le processus de formation du contrat de crédit, sans préjudice de son droit de recours contre ceux-ci.

Section 6. – Informations mentionnées dans le contrat

Art. L. 312-28 *(Mod. à compter du 1er avril 2018, Ord. n° 2017-1433, 4 oct. 2017).* – Le contrat de crédit est établi sur support papier ou sur un autre support durable. Il constitue un document distinct de tout support ou document publicitaire, ainsi que de la fiche mentionnée à l'article L. 312-12. Un encadré, inséré au début du contrat, informe l'emprunteur des caractéristiques essentielles du crédit.

La liste des informations figurant dans le contrat et dans l'encadré mentionné au premier alinéa est fixée par décret en Conseil d'État.

Art. L. 312-29 *(Mod. à compter du 1er avril 2018, Ord. n° 2017-1433, 4 oct. 2017).* – Lorsque l'offre de contrat de crédit est assortie d'une proposition d'assurance, une notice est fournie à l'emprunteur, sur support papier, ou tout autre support durable. Cette notice comporte les extraits des conditions générales de l'assurance le concernant, notamment les nom et adresse de l'assureur, la durée, les risques couverts et ceux qui sont exclus.

Si l'assurance est exigée par le prêteur pour obtenir le financement, la fiche d'informations mentionnée à l'article L. 312-12 et l'offre de contrat de crédit rappellent que l'emprunteur peut souscrire une assurance équivalente auprès de l'assureur de son choix. Si l'assurance est facultative, l'offre de contrat de crédit rappelle les modalités suivant lesquelles l'emprunteur peut ne pas y adhérer.

Art. L. 312-30. – Aucun vendeur ni prestataire de services ne peut, pour un même bien ou une même prestation de services, faire signer par un même client un ou plusieurs contrats de crédit, d'un montant total en capital supérieur à la valeur payable à crédit du bien acheté ou de la prestation de services fournie.

Cette disposition ne s'applique pas aux contrats de crédit renouvelable mentionnés à l'article L. 312-57.

Section 7. – Exécution du contrat de crédit

Sous-section 1. – Information de l'emprunteur

Art. L. 312-31 *(Mod. à compter du 1er avril 2018, Ord. n° 2017-1433, 4 oct. 2017).* – **En cas de modification du taux débiteur, l'emprunteur en est informé sur support papier ou sur un autre support durable, avant que la modification n'entre en vigueur. Cette information indique le montant des échéances après l'entrée en vigueur du nouveau taux débiteur ainsi que, le cas échéant, toute modification du nombre ou de la périodicité des échéances.**

Lorsque la modification du taux débiteur résulte d'une variation du taux de référence, que le nouveau taux de référence est rendu public par des moyens appropriés et que l'information relative au nouveau taux de référence est également disponible dans les locaux du prêteur, les parties peuvent convenir dans le contrat de crédit que cette information est fournie périodiquement à l'emprunteur.

Art. L. 312-32 *(Mod. à compter du 1er avril 2018, Ord. n° 2017-1433, 4 oct. 2017).* – **Pour les opérations de crédit mentionnées au présent chapitre, à l'exclusion de la location-vente et de la location avec option d'achat, le prêteur fournit, au moins une fois par an, à l'emprunteur, l'information relative au montant du capital restant à rembourser, sur support papier ou tout autre support durable. Cette information figure, en caractères lisibles, sur la première page du document fourni à l'emprunteur.**

Art. L. 312-33. – **Lorsque la souscription d'une assurance a été exigée par le prêteur et que l'emprunteur a souscrit une assurance auprès de l'assureur de son choix, celui-ci informe le prêteur de toute modification substantielle du contrat d'assurance.**

Sous-section 2. – Remboursement anticipé

Art. L. 312-34. – **L'emprunteur peut toujours, à son initiative, rembourser par anticipation, en partie ou en totalité, le crédit qui lui a été consenti. Dans ce cas, les intérêts et frais afférents à la durée résiduelle du contrat de crédit ne sont pas dus.**

Aucune indemnité de remboursement anticipé ne peut être réclamée à l'emprunteur dans les cas suivants :

1° En cas d'autorisation de découvert ;

2° Si le remboursement anticipé a été effectué en exécution d'un contrat d'assurance destiné à garantir le remboursement du crédit ;

3° Si le remboursement anticipé intervient dans une période où le taux débiteur n'est pas fixe.

Dans les autres cas, lorsque le montant du remboursement anticipé est supérieur à un seuil fixé par décret, le prêteur peut exiger une indemnité qui ne peut dépasser 1 % du montant du crédit faisant l'objet du remboursement anticipé si le délai entre le remboursement anticipé et la date de fin du contrat de crédit est supérieur à un an. Si le délai ne dépasse pas un an, l'indemnité ne peut pas dépasser 0,5 % du montant du crédit faisant l'objet d'un remboursement anticipé. En aucun cas l'indemnité éventuelle ne peut dépasser le montant des intérêts que l'emprunteur aurait payés durant la période comprise entre le remboursement anticipé et la date de fin du contrat de crédit convenue initialement.

Aucune indemnité autre que celle mentionnée au présent article ni aucuns frais ne peuvent être mis à la charge de l'emprunteur en cas de remboursement par anticipation.

Art. L. 312-35. – **Les dispositions de l'article L. 312-34 ne s'appliquent pas aux opérations de location avec option d'achat.**

Sous-section 3. – Défaillance de l'emprunteur

Art. L. 312-36 *(Mod. à compter du 1er avril 2018, Ord. n° 2017-1433, 4 oct. 2017).* – **Dès le premier manquement de l'emprunteur à son obligation de rembourser, le prêteur informe celui-ci, sur support papier ou tout autre support durable des risques qu'il encourt au titre des articles L. 312-39 et L. 312-40 ainsi que, le cas échéant, au titre de l'article L. 141-3 du Code des assurances.**

Cette alerte ne fait pas obstacle à ce que, si les difficultés de remboursement ne sont pas rapidement résolues, le prêteur puisse régler de manière temporaire et pour une durée fixée par lui la cotisation d'assurance du crédit pour lequel des impayés ont été constatés, afin de permettre le maintien de la couverture assurantielle.

Art. L. 312-37. – Lorsque la souscription d'une assurance a été exigée par le prêteur et que l'emprunteur a souscrit une assurance auprès de l'assureur de son choix, celui-ci informe le prêteur du non-paiement par l'emprunteur de sa prime d'assurance.

Art. L. 312-38. – Aucune indemnité ni aucuns frais autres que ceux mentionnés aux articles L. 312-39 et L. 312-40 ne peuvent être mis à la charge de l'emprunteur dans les cas de défaillance prévus par ces articles.

Toutefois, le prêteur peut réclamer à l'emprunteur, en cas de défaillance de celui-ci, le remboursement des frais taxables qui lui ont été occasionnés par cette défaillance, à l'exclusion de tout remboursement forfaitaire de frais de recouvrement.

En cas de défaillance de l'emprunteur, seuls les modes de réalisation du gage autorisés par les articles 2346 et 2347 du Code civil sont ouverts aux créanciers gagistes, à l'exclusion du pacte commissoire prévu à l'article 2348 du même code qui est réputé non écrit.

Art. L. 312-39. – En cas de défaillance de l'emprunteur, le prêteur peut exiger le remboursement immédiat du capital restant dû, majoré des intérêts échus mais non payés. Jusqu'à la date du règlement effectif, les sommes restant dues produisent les intérêts de retard à un taux égal à celui du prêt.

En outre, le prêteur peut demander à l'emprunteur défaillant une indemnité qui, dépendant de la durée restant à courir du contrat et sans préjudice de l'application des articles 1152 et 1231 du Code civil, est fixée suivant un barème déterminé par décret (1).

Art. L. 312-40. – En cas de défaillance dans l'exécution par l'emprunteur d'un contrat de location assorti d'une promesse de vente ou d'un contrat de location-vente, le prêteur est en droit d'exiger, outre la restitution du bien et le paiement des loyers échus et non réglés, une indemnité qui, dépendant de la durée restant à courir du contrat et sans préjudice de l'application de l'article 1152 du Code civil, est fixée suivant un barème déterminé par décret.

Section 8. – Crédit gratuit

Art. L. 312-41. – Toute publicité, quel qu'en soit le support, qui porte sur une opération de crédit dont la durée est supérieure à trois mois et pour laquelle ne sont pas requis d'intérêts ou d'autres frais, indique le montant de l'escompte sur le prix d'achat éventuellement consenti en cas de paiement comptant et précise qui prend en charge le coût du crédit consenti gratuitement.

Art. L. 312-42. – Lorsqu'une opération de financement comporte une prise en charge totale ou partielle des frais, le vendeur ne peut demander à l'acheteur à crédit ou au locataire une somme d'argent supérieure au prix le plus bas effectivement pratiqué pour l'achat au comptant d'un article ou d'une prestation similaire, dans le même établissement de vente au détail, au cours des trente derniers jours précédant le début de la publicité ou de l'offre.

Art. L. 312-43 *(Mod. à compter du 1er avril 2018, Ord. n° 2017-1433, 4 oct. 2017).* – Toute opération de crédit à titre onéreux proposée concomitamment à une opération de crédit gratuit ou promotionnel est conclue dans les termes d'un contrat de crédit distinct sur support papier, ou tout autre support durable, conforme aux dispositions des articles L. 312-18 à L. 312-29.

Section 9. – Crédit affecté

Art. L. 312-44 *(Mod., L. n° 2017-203, 21 févr. 2017).* – Sont soumis aux dispositions de la présente section les contrats de crédit affecté mentionnés au 11° de l'article L. 311-1.

(1) V. T. appl. : D. n° 2015-1849, 29 déc. 2015. – NDLR.

Art. L. 312-45. – Chaque fois que le paiement du prix est acquitté, en tout ou partie, à l'aide d'un crédit, le contrat de vente ou de prestation de services le précise, quelle que soit l'identité du prêteur.

Art. L. 312-46. – Aucun engagement ne peut valablement être contracté par l'acheteur à l'égard du vendeur tant qu'il n'a pas accepté le contrat de crédit. Lorsque cette condition n'est pas remplie, le vendeur ne peut recevoir aucun paiement, sous quelque forme que ce soit, ni aucun dépôt.

Art. L. 312-47. – Tant que le prêteur ne l'a pas avisé de l'octroi du crédit, et tant que l'emprunteur peut exercer sa faculté de rétractation, le vendeur n'est pas tenu d'accomplir son obligation de livraison ou de fourniture.

Toutefois, lorsque par une demande expresse rédigée, datée et signée de sa main même, l'acheteur sollicite la livraison ou la fourniture immédiate du bien ou de la prestation de services, le délai de rétractation ouvert à l'emprunteur par l'article L. 312-19 expire à la date de la livraison ou de la fourniture, sans pouvoir ni excéder quatorze jours ni être inférieur à trois jours.

Toute livraison ou fourniture anticipée est à la charge du vendeur qui en supporte tous les frais et risques.

Art. L. 312-48. – Les obligations de l'emprunteur ne prennent effet qu'à compter de la livraison du bien ou de la fourniture de la prestation.

En cas de contrat de vente ou de prestation de services à exécution successive, les obligations prennent effet à compter du début de la livraison ou de la fourniture et cessent en cas d'interruption de celle-ci.

Art. L. 312-49. – Le vendeur ou le prestataire de services conserve une copie du contrat de crédit et la présente sur leur demande aux agents chargés du contrôle.

Art. L. 312-50 *(Mod. à compter du 1er avril 2018, Ord. n° 2017-1433, 4 oct. 2017).* – Le vendeur ou le prestataire de services ne peut recevoir, de la part de l'acheteur, aucun paiement sous quelque forme que ce soit, ni aucun dépôt, en sus de la partie du prix que l'acheteur a accepté de payer au comptant, tant que le contrat relatif à l'opération de crédit n'est pas définitivement conclu.

Si une autorisation de prélèvement sur compte bancaire est signée par l'acquéreur, sa validité et sa prise d'effet sont subordonnées à celles du contrat de vente.

En cas de paiement d'une partie du prix au comptant, le vendeur ou prestataire de services fournit à l'acheteur un récépissé sur support papier ou tout autre support durable valant reçu et comportant la reproduction intégrale des dispositions des articles L. 312-52, L. 312-53 et L. 341-10.

Art. L. 312-51 *(Mod., L. n° 2017-203, 21 févr. 2017).* – En cas de vente ou de démarchage à domicile, le délai de rétractation est de quatorze jours calendaires révolus quelle que soit la date de livraison ou de fourniture du bien ou de la prestation de services.

Art. L. 312-52. – Le contrat de vente ou de prestation de services est résolu de plein droit, sans indemnité :

1° Si le prêteur n'a pas, dans un délai de sept jours à compter de l'acceptation du contrat de crédit par l'emprunteur, informé le vendeur de l'attribution du crédit ;

2° Ou si l'emprunteur a exercé son droit de rétractation dans le délai prévu à l'article L. 312-19.

Toutefois, lorsque l'emprunteur, par une demande expresse, sollicite la livraison ou la fourniture immédiate du bien ou de la prestation de services, l'exercice du droit de rétractation du contrat de crédit n'emporte résolution de plein droit du contrat de vente ou de prestation de services que s'il intervient dans un délai de trois jours à compter de l'acceptation du contrat de crédit par l'emprunteur.

Le contrat n'est pas résolu si, avant l'expiration des délais mentionnés au présent article, l'acquéreur paie comptant.

Art. L. 312-53. – Dans les cas de résolution du contrat de vente ou de prestations de services prévus à l'article L. 312-52, le vendeur ou le prestataire de services rembourse, sur simple demande, toute somme que l'acheteur aurait versée d'avance sur le prix.

Art. L. 312-54. – Lorsque le consommateur exerce son droit de rétractation du contrat de vente ou de fourniture de prestation de services mentionné au 9° de l'article L. 311-1, le contrat de crédit destiné à en assurer le financement est résilié de plein droit sans frais ni indemnité, à l'exception éventuellement des frais engagés pour l'ouverture du dossier de crédit.

Art. L. 312-55. – En cas de contestation sur l'exécution du contrat principal, le tribunal peut, jusqu'à la solution du litige, suspendre l'exécution du contrat de crédit. Celui-ci est résolu ou annulé de plein droit lorsque le contrat en vue duquel il a été conclu est lui-même judiciairement résolu ou annulé.

Les dispositions du premier alinéa ne sont applicables que si le prêteur est intervenu à l'instance ou s'il a été mis en cause par le vendeur ou l'emprunteur.

Art. L. 312-56. – Si la résolution judiciaire ou l'annulation du contrat principal survient du fait du vendeur, celui-ci peut, à la demande du prêteur, être condamné à garantir l'emprunteur du remboursement du prêt, sans préjudice de dommages et intérêts vis-à-vis du prêteur et de l'emprunteur.

Section 10. – Crédit renouvelable

Art. L. 312-57. – Constitue un crédit renouvelable, une ouverture de crédit qui, assortie ou non de l'usage d'une carte de crédit, offre à son bénéficiaire la possibilité de disposer de façon fractionnée, aux dates de son choix, du montant du crédit consenti.

Art. L. 312-58. – Tout crédit renouvelable au sens de l'article L. 312-57 est désigné dans tout document commercial ou publicitaire par le terme : « crédit renouvelable », à l'exclusion de tout autre.

Sous-section 1. – Publicité

Art. L. 312-59 *(Rempl., L. n° 2017-203, 21 févr. 2017)*. – Pour l'application de l'article L. 312-6, le contenu et les modalités de présentation de l'exemple représentatif pour le crédit renouvelable sont précisés par décret . (1)

Art. L. 312-60. – La publicité portant sur les avantages de toute nature ouverts par la carte associée à un crédit renouvelable indique à l'emprunteur les modalités selon lesquelles cette carte permet de payer comptant ou à crédit et l'informe des modalités d'utilisation du crédit.

Art. L. 312-61. – Lorsqu'une carte de paiement émise par un établissement de crédit est associée soit à un compte de dépôt et à un crédit renouvelable, soit à un compte de paiement et à un crédit renouvelable, la publicité portant sur cette carte informe le consommateur des modalités d'utilisation du crédit.

Sous-section 2. – Information précontractuelle de l'emprunteur

Art. L. 312-62. – Lorsqu'un consommateur se voit proposer, sur le lieu de vente ou par un moyen de vente de biens ou de services à distance, un contrat de crédit renouvelable pour financer l'achat de biens ou de prestations de services particuliers pour un montant supérieur à un seuil fixé par décret, le prêteur ou l'intermédiaire de crédit accompagne l'offre de crédit renouvelable d'une proposition de crédit amortissable.

La proposition comporte les informations permettant au consommateur de comparer de façon claire le fonctionnement, le coût et les modalités d'amortissement des deux crédits proposés selon au moins deux hypothèses de délai de remboursement. Ces informations ainsi que les conditions de leur présentation sont définies par décret.

Si le consommateur opte pour le crédit amortissable qui lui est proposé, le prêteur ou l'intermédiaire de crédit lui fournit l'offre de crédit correspondant à la proposition.

Art. L. 312-63. – *Les enseignes de distribution* proposant un programme comportant des avantages de toute nature et incluant un crédit proposent par ailleurs au consommateur un autre programme comportant des avantages de toute nature non liés à un crédit.

(1) V. T. appl. : D. n° 2010-1005, 30 août 2010. – NDLR.

Sous-section 3. – Formation du contrat et mentions obligatoires

Art. L. 312-64 *(Mod. à compter du 1er avril 2018, Ord. n° 2017-1433, 4 oct. 2017).* – Lors de l'ouverture d'un crédit renouvelable, l'établissement d'un contrat de crédit, sur support papier ou tout autre support durable, est obligatoire pour la conclusion du crédit initial et, dans les mêmes conditions, pour toute augmentation de ce crédit consentie ultérieurement.

Art. L. 312-65. – Outre les informations obligatoires prévues à l'article L. 312-28, le contrat de crédit prévoit que chaque échéance comprend un remboursement minimal du capital emprunté, qui varie selon le montant total du crédit consenti et dont les modalités sont définies par décret.

Il précise que la durée du contrat est limitée à un an renouvelable et que le prêteur devra indiquer, trois mois avant l'échéance, les conditions de reconduction du contrat.

Il fixe également les modalités du remboursement, qui doit être échelonné, sauf volonté contraire du débiteur, des sommes restant dues dans le cas où le débiteur demande à ne plus bénéficier de son ouverture de crédit.

Le contrat précise également que le taux débiteur qu'il mentionne est révisable et qu'il suivra les variations en plus ou en moins du taux de base que le prêteur applique aux opérations de même nature ou du taux qui figure dans les barèmes qu'il diffuse auprès du public.

Art. L. 312-66. – Lorsque le crédit renouvelable est assorti d'une carte ouvrant droit à des avantages de toute nature, le contrat de crédit indique à l'emprunteur les modalités selon lesquelles cette carte offre la possibilité de payer au comptant ou à crédit et l'informe des modalités d'utilisation du crédit.

Art. L. 312-67. – Lorsqu'une carte de crédit est associée au contrat, la mention : « carte de crédit » est spécifiée en caractères lisibles au recto de la carte.

Sous-section 4. – Exécution du contrat

Art. L. 312-68. – Lorsque le crédit renouvelable est assorti d'une carte ouvrant droit à des avantages de toute nature, le bénéfice de ces avantages ne peut être subordonné au paiement à crédit.

Dans ce cas, le prêteur ou l'intermédiaire de crédit a l'obligation de proposer au consommateur la possibilité de payer au comptant avec cette carte.

Est assimilé à une carte tout moyen de paiement dématérialisé accessoire à un crédit renouvelable.

Art. L. 312-69. – L'utilisation du crédit résulte de l'accord exprès du consommateur exprimé lors du paiement ou dans un délai raisonnable, à réception de l'état actualisé à l'exécution du contrat de crédit prévu à l'article L. 312-71.

Art. L. 312-70. – Lorsqu'une carte de paiement émise par un établissement de crédit est associée soit à un compte de dépôt et à un crédit renouvelable, soit à un compte de paiement et à un crédit renouvelable, l'utilisation du crédit résulte de l'accord exprès du consommateur exprimé lors du paiement avec la carte ou dans un délai raisonnable, à réception de l'état actualisé de l'exécution du contrat de crédit prévu à l'article L. 312-71.

Art. L. 312-71 *(Mod. à compter du 1er avril 2018, Ord. n° 2017-1433, 4 oct. 2017).* – Le prêteur fournit à , par tout moyen, mensuellement et dans un délai raisonnable avant la date de paiement, un état actualisé de l'exécution du contrat de crédit renouvelable, faisant clairement référence à l'état précédent et précisant :

1° La date d'arrêté du relevé et la date du paiement ;

2° La fraction du capital disponible ;

3° Le montant de l'échéance, dont la part correspondant aux intérêts ;

4° Le taux de la période et le taux effectif global ;

5° Le cas échéant, le coût de l'assurance ;

6° La totalité des sommes exigibles ;

7° Le montant des remboursements déjà effectués depuis le dernier renouvellement, en faisant ressortir la part respective versée au titre du capital emprunté et celle versée au titre des intérêts et frais divers liés à l'opération de crédit ;

8° La possibilité pour l'emprunteur de demander à tout moment la réduction de sa réserve de crédit, la suspension de son droit à l'utiliser ou la résiliation de son contrat ;

9° Le fait qu'à tout moment l'emprunteur peut payer comptant tout ou partie du montant restant dû, sans se limiter au montant de la seule dernière échéance ;

10° L'estimation du nombre de mensualités restant dues pour parvenir au remboursement intégral du montant effectivement emprunté, établie en fonction des conditions de remboursement convenues.

Ces informations figurent obligatoirement, en caractères lisibles, sur la première page du document adressé à l'emprunteur.

Art. L. 312-72 *(Mod., L. n° 2017-203, 21 févr. 2017 ; à compter du 1er avril 2018, Ord. n° 2017-1433, 4 oct. 2017)*. – En cas de révision du taux débiteur, le prêteur fournit cette information préalablement à l'emprunteur sur support papier ou tout autre support durable avant la date effective d'application du nouveau taux.

L'emprunteur dispose d'un délai de trente jours après réception de cette information, pour refuser cette révision sur demande écrite adressée au prêteur.

Dans ce cas, son droit à crédit prend fin et le remboursement du crédit déjà utilisé s'effectue de manière échelonnée, sauf avis contraire de sa part, aux conditions applicables avant la modification que celui-ci a refusée.

Les dispositions du présent article sont reproduites dans le contrat.

Art. L. 312-73. – Lorsqu'en application des dispositions du premier alinéa de l'article L. 312-34, l'emprunteur rembourse à son initiative la totalité du crédit renouvelable par anticipation, aucune indemnité de remboursement anticipé ne peut lui être réclamée.

Art. L. 312-74. – La capitalisation des intérêts est soumise aux dispositions de l'article 1154 du Code civil.

Sous-section 5. – Reconduction

Art. L. 312-75. – Avant de proposer à l'emprunteur de reconduire le contrat, le prêteur consulte tous les ans le fichier prévu à l'article L. 751-1, dans les conditions prévues par l'arrêté mentionné à l'article L. 751-6 et, tous les trois ans, il vérifie la solvabilité de l'emprunteur dans les conditions fixées à l'article L. 312-16.

Art. L. 312-76 *(Mod. à compter du 1er avril 2018, Ord. n° 2017-1433, 4 oct. 2017)*. – Le prêteur peut réduire le montant total du crédit, suspendre le droit d'utilisation du crédit par l'emprunteur ou ne pas proposer la reconduction du contrat lorsque les éléments recueillis en application des dispositions de l'article L. 312-75 le justifient ou, à tout moment, s'il dispose d'informations démontrant une diminution de la solvabilité de l'emprunteur telle qu'elle avait pu être appréciée lors de la conclusion du contrat. Il en informe préalablement l'emprunteur sur support papier ou sur un autre support durable.

À tout moment, à l'initiative du prêteur ou à la demande de l'emprunteur, le montant total du crédit peut être rétabli et la suspension du droit d'utilisation du crédit levée, après vérification de la solvabilité de l'emprunteur dans les conditions fixées à l'article L. 312-16.

Pendant la période de suspension du droit d'utilisation du crédit par l'emprunteur ou en cas de non-reconduction du contrat, l'emprunteur rembourse, aux conditions fixées par le contrat, le montant du crédit utilisé.

Art. L. 312-77 *(Mod. à compter du 1er avril 2018, Ord. n° 2017-1433, 4 oct. 2017)*. – Lors de la reconduction du contrat, jusqu'au moins vingt jours avant la date où celles-ci deviennent effectives, *l'emprunteur peut s'opposer aux* modifications proposées par le prêteur en utilisant un bordereau-réponse annexé aux informations fournies par le prêteur, sur support papier ou tout autre support durable.

Les caractéristiques de ce bordereau ainsi que les mentions devant y figurer sont précisées par décret (1).

(1) V. T. appl. : D. n° 2004-202, 4 mars 2004. – NDLR.

Art. L. 312-78 *(Mod., L. n° 2017-203, 21 févr. 2017)*. – En cas de refus des nouvelles conditions de taux ou de remboursement proposées lors de la reconduction du contrat, l'emprunteur rembourse aux conditions précédant les modifications proposées le montant du crédit déjà utilisé, sans pouvoir, toutefois, procéder à une nouvelle utilisation de l'ouverture de crédit.

Art. L. 312-79. – L'emprunteur peut demander à tout moment la réduction du montant maximal de crédit consenti, la suspension de son droit à l'utiliser ou la résiliation de son contrat.

Dans ce dernier cas, il rembourse, aux conditions du contrat, le montant du crédit déjà utilisé.

Art. L. 312-80 *(Mod. à compter du 1er avril 2018, Ord. n° 2017-1433, 4 oct. 2017)*. – Si, pendant un an, le contrat d'ouverture de crédit ou tout moyen de paiement associé n'a fait l'objet d'aucune utilisation, le prêteur qui entend proposer la reconduction du contrat fournit à l'emprunteur, sur support papier ou tout autre support durable, à l'échéance de l'année écoulée, un document annexé aux conditions de cette reconduction. Ce document indique l'identité des parties, la nature de l'opération, le montant du crédit disponible, le taux annuel effectif global ainsi que le montant des remboursements par échéance et par fractions de crédit utilisées.

Art. L. 312-81 *(Mod., L. n° 2017-203, 21 févr. 2017)*. – À défaut pour l'emprunteur de retourner le document mentionné à l'article L. 312-80, signé et daté, au plus tard vingt jours avant la date d'échéance du contrat, le prêteur suspend à cette date le droit d'utilisation du crédit par l'emprunteur.

La suspension ne peut être levée qu'à la demande de l'emprunteur et après vérification de la solvabilité de ce dernier dans les conditions fixées à l'article L. 312-16.

Art. L. 312-82. – Dans le cas où l'emprunteur n'a pas demandé la levée de la suspension à l'expiration du délai d'un an suivant la date de la suspension de son contrat de crédit renouvelable, le contrat est résilié de plein droit.

Art. L. 312-83. – Lorsque l'ouverture de crédit est assortie de l'usage d'une carte de crédit, le prélèvement de la cotisation liée au bénéfice de ce moyen de paiement ne fait pas obstacle à la mise en œuvre des dispositions de l'article L. 312-82.

Section 11. – Opérations de découvert en compte

Art. L. 312-84. – Les dispositions des 1° à 3° de l'article L. 312-6 et celles des articles L. 312-16, L. 312-17, L. 312-27, L. 312-38, L. 312-39, L. 312-44, L. 312-48, L. 312-49, L. 312-54, L. 312-55, L. 312-56 et L. 312-85 à L. 312-91 s'appliquent aux opérations de crédit consenties sous la forme d'une autorisation de découvert remboursable dans un délai supérieur à un mois et inférieur ou égal à trois mois.

Lorsque le contrat de crédit prévoit un délai de remboursement supérieur à trois mois, l'intégralité des dispositions du présent chapitre lui est applicable.

Art. L. 312-85 *(Mod. à compter du 1er avril 2018, Ord. n° 2017-1433, 4 oct. 2017)*. – Préalablement à la conclusion d'une opération mentionnée au premier alinéa de l'article L. 312-84, le prêteur donne à*l'emprunteur*, sur support papier ou sur un autre support durable, les informations lui permettant d'appréhender clairement l'étendue de son engagement.

La liste et les conditions de présentation de ces informations sont fixées par décret en Conseil d'État.

Art. L. 312-86 *(Rempl. à compter du 1er avril 2018, Ord. n° 2017-1433, 4 oct. 2017)*. – Si le prêteur est disposé à consentir un crédit, il fournit sans frais, à l'emprunteur, à sa demande, sur support papier ou tout autre support durable, les informations prévues au second alinéa de l'article L. 312-87.

Art. L. 312-87 *(Mod. à compter du 1er avril 2018, Ord. n° 2017-1433, 4 oct. 2017)*. – Le contrat de crédit est établi sur support papier ou sur un autre support durable. Il constitue un document distinct de tout support ou document publicitaire.

La liste des informations figurant dans le contrat est fixée par décret en Conseil d'État.

Art. L. 312-88 *(Mod. à compter du 1er avril 2018, Ord. n° 2017-1433, 4 oct. 2017).* – Pour les opérations consenties sous la forme d'une autorisation de découvert remboursable dans un délai supérieur à un mois, le prêteur est tenu d'adresser régulièrement à l'emprunteur, sur support papier ou sur un autre support durable, un relevé de compte comprenant les informations dont la liste et le contenu sont fixés par décret en Conseil d'État.

Art. L. 312-89 *(Mod. à compter du 1er avril 2018, Ord. n° 2017-1433, 4 oct. 2017).* – En cas d'augmentation du taux débiteur ou des frais dont il est redevable, l'emprunteur est informé sur support papier ou sur un autre support durable avant que ces modifications n'entrent en vigueur.

Lorsque la modification du taux débiteur résulte d'une variation du taux de référence, que le nouveau taux de référence est rendu public par des moyens appropriés et que l'information relative au nouveau taux de référence est également disponible dans les locaux du prêteur, les parties peuvent convenir dans le contrat de crédit que cette information est fournie dans le relevé de compte mentionné à l'article L. 312-88.

Art. L. 312-90. – L'emprunteur peut procéder à tout moment et sans frais à la résiliation d'une autorisation de découvert à durée indéterminée, à moins que les parties n'aient convenu d'un délai de préavis. Ce délai ne peut être supérieur à un mois.

Art. L. 312-91 *(Mod. à compter du 1er avril 2018, Ord. n° 2017-1433, 4 oct. 2017).* – Si le contrat de crédit le prévoit, le prêteur a la faculté de résilier l'autorisation de découvert à durée indéterminée moyennant un préavis d'au moins deux mois fourni à l'emprunteur sur support papier ou sur un autre support durable. En cas de motif légitime, cette résiliation peut intervenir sans préavis et, dans ce cas, le prêteur en fournit les motifs à l'emprunteur, si possible avant la résiliation.

Art. L. 312-92 *(Mod. à compter du 1er avril 2018, Ord. n° 2017-1433, 4 oct. 2017).* – Lorsque la convention de compte mentionnée au deuxième alinéa du I de l'article L. 312-1-1 du Code monétaire et financier prévoit la possibilité d'un dépassement, cette convention mentionne le taux débiteur, les conditions applicables à ce taux, tout indice ou taux de référence qui se rapporte au taux débiteur initial, les frais applicables et, le cas échéant, les conditions dans lesquelles ces frais peuvent être modifiés. Dans tous les cas, le prêteur fournit ces informations sur support papier ou sur un autre support durable à intervalles réguliers.

Dans le cas d'un dépassement significatif qui se prolonge au-delà d'un mois, le prêteur fournit cette information à l'emprunteur, sans délai, sur support papier ou sur un autre support durable, du montant du dépassement, du taux débiteur et de tous frais ou intérêts sur arriérés qui sont applicables.

Art. L. 312-93. – Lorsque le dépassement se prolonge au-delà de trois mois, le prêteur propose sans délai à l'emprunteur un autre type d'opération de crédit au sens du 4° de l'article L. 311-1, dans les conditions régies par les dispositions du présent chapitre.

Art. L. 312-94. – Les dispositions des articles L. 312-27, L. 312-92 et L. 312-93 s'appliquent aux opérations de crédit consenties sous la forme d'un dépassement mentionné au 11° de l'article L. 311-1.

Chapitre III. – Crédit immobilier

Section 1. – Champ d'application

Art. L. 313-1 *(Rempl. à compter du 1er juillet 2016, Ord. n° 2016-351, 25 mars 2016)* (1). – Les dispositions du présent chapitre s'appliquent :

1° Aux contrats de crédit, définis au 6° de l'article L. 311-1, destinés à financer les opérations suivantes :

a) Pour les immeubles à usage d'habitation ou à usage professionnel et d'habitation :

– leur acquisition en propriété ou la souscription ou l'achat de parts ou actions de sociétés donnant vocation à *leur attribution en propriété*, y compris lorsque ces opérations visent également à permettre la réalisation de travaux de réparation, d'amélioration ou d'entretien de l'immeuble ainsi acquis ;

(1) Les présentes dispositions sont applicables aux contrats dont l'offre a été émise après leur entrée en vigueur, Ord. n° 2016-351, 25 mars 2016, art. 13, VII.

– leur acquisition en jouissance ou la souscription ou l'achat de parts ou actions de sociétés donnant vocation à leur attribution en jouissance, y compris lorsque ces opérations visent également à permettre la réalisation de travaux de réparation, d'amélioration ou d'entretien de l'immeuble ainsi acquis ;

– les dépenses relatives à leur construction ;

b) L'achat de terrains destinés à la construction des immeubles mentionnés au *a* ci-dessus ;

2° Aux contrats de crédit accordés à un emprunteur défini au 2° de l'article L. 311-1, qui sont garantis par une hypothèque, par une autre sûreté comparable sur les biens immobiliers à usage d'habitation, ou par un droit lié à un bien immobilier à usage d'habitation. Ces contrats ainsi garantis sont notamment ceux destinés à financer, pour les immeubles à usage d'habitation ou à usage professionnel et d'habitation, les dépenses relatives à leur réparation, leur amélioration ou leur entretien ;

3° Aux contrats de crédit mentionnés au 1°, qui sont souscrits par les personnes morales de droit privé, lorsque le crédit accordé n'est pas destiné à financer une activité professionnelle, notamment celle des personnes morales qui, à titre habituel, même accessoire à une autre activité, ou en vertu de leur objet social, procurent, sous quelque forme que ce soit, des immeubles ou fractions d'immeubles, bâtis ou non, achevés ou non, collectifs ou individuels, en propriété ou en jouissance.

Art. L. 313-2 *(Rempl. à compter du 1er juillet 2016, Ord. n° 2016-351, 25 mars 2016)* (1). – Sont exclus du champ d'application du présent chapitre :

1° Les prêts consentis à des personnes morales de droit public ;

2° Ceux destinés, sous quelque forme que ce soit, à financer une activité professionnelle, notamment celle des personnes physiques ou morales qui, à titre habituel, même accessoire à une autre activité, ou en vertu de leur objet social, procurent, sous quelque forme que ce soit, des immeubles ou fractions d'immeubles, bâtis ou non, achevés ou non, collectifs ou individuels, en propriété ou en jouissance ;

3° Les opérations de crédit différé, régies par la loi n° 52-332 du 24 mars 1952 relative aux entreprises de crédit différé lorsqu'elles ne sont pas associées à un crédit d'anticipation ;

4° Les opérations mentionnées au 3° de l'article L. 511-6 du Code monétaire et financier ;

5° Les opérations de crédit qui ne sont assorties d'aucun intérêt ni d'aucun frais autres que les frais couvrant les coûts liés à la garantie du crédit ;

6° Les opérations consenties sous la forme d'une autorisation de découvert remboursable dans un délai d'un mois ;

7° Les contrats qui sont l'expression d'un accord intervenu devant une juridiction ;

8° Les contrats résultant d'un plan conventionnel de redressement mentionné à l'article L. 732-1 conclu devant la commission de surendettement des particuliers ;

9° Les contrats de crédit conclus à l'occasion d'un délai de paiement accordé, sans frais, pour le règlement d'une dette existante qui ne sont pas garantis par une hypothèque ou une sûreté réelle comparable ;

10° Le prêt viager hypothécaire régi par les articles L. 315-1 et suivants [.]

Section 2. – Publicité et informations générales

Sous-section 1. – Publicité

Art. L. 313-3 *(Rempl. à compter du 1er octobre 2016, Ord. n° 2016-351, 25 mars 2016)* (1). – Tout document publicitaire mis à disposition de l'emprunteur portant sur l'une des opérations visées à l'article L. 313-1 mentionne que l'emprunteur dispose d'un délai de réflexion de dix jours, que la vente est subordonnée à l'obtention du prêt et que, si celui-ci n'est pas obtenu, le vendeur doit lui rembourser les sommes versées.

Art. L. 313-4 *(Rempl. à compter du 1er octobre 2016, Ord. n° 2016-351, 25 mars 2016)* (1). – Toute publicité faite, reçue ou perçue en France, qui, quel que soit son support, porte sur l'un des prêts mentionnés à l'article L. 313-1, précise l'identité du prêteur ou de l'intermédiaire de crédit, la nature et l'objet du prêt. Lorsque cette publicité comporte un taux d'intérêt ou des chiffres relatifs au coût du crédit pour l'emprunteur,

(1) Les présentes dispositions sont applicables aux contrats dont l'offre a été émise après leur entrée en vigueur, Ord. n° 2016-351, 25 mars 2016, art. 13, VII.

elle précise également de façon claire, concise et visible les informations complémentaires sur les caractéristiques du crédit, fournies, le cas échéant, à l'aide d'un exemple représentatif.

Un décret en Conseil d'État fixe la liste et les modalités de présentation de ces informations.

Art. L. 313-5 *(Rempl. à compter du 1er octobre 2016, Ord. n° 2016-351, 25 mars 2016)* (1). – Il est interdit dans toute communication publicitaire et commerciale :

1° D'assimiler les mensualités de remboursement à des loyers ou faisant référence, pour le calcul des échéances, à des prestations sociales qui ne sont pas assurées pendant toute la durée du contrat ;

2° De faire figurer toute formulation susceptible de faire naître chez le consommateur de fausses attentes concernant la disponibilité ou le coût d'un crédit.

Art. L. 313-6 *(Créé à compter du 1er octobre 2016, Ord. n° 2016-351, 25 mars 2016)* (1). – Le prêteur assure la disponibilité permanente des informations générales, claires et compréhensibles, sur les contrats de crédit visés à l'article L. 313-1. L'intermédiaire de crédit assure également la disponibilité permanente des mêmes informations. Ces dernières sont délivrées sur papier, sur tout autre support durable ou sous forme électronique. Elles sont facilement accessibles et sont fournies gratuitement à l'emprunteur.

Un décret en Conseil d'État détermine la liste et le contenu de ces informations générales.

Sous-section 2. – Informations générales

La présente sous-section ne comprend pas de dispositions législatives.

Section 3. – Information précontractuelle de l'emprunteur

Sous-section 1. – Fiche d'information standardisée européenne

Art. L. 313-7 *(Créé à compter du 1er octobre 2016, Ord. n° 2016-351, 25 mars 2016 ; mod. à compter du 1er avril 2018, Ord. n° 2017-1433, 4 oct. 2017)*. – Au plus tard lors de l'émission de l'offre de crédit, le prêteur ou l'intermédiaire de crédit communique à l'emprunteur, par écrit ou sur un autre support durable, sous la forme d'une fiche d'information standardisée européenne , les informations personnalisées permettant à l'emprunteur de comparer les différentes offres de crédit disponibles sur le marché, d'évaluer leurs implications et de se déterminer en toute connaissance de cause sur l'opportunité de conclure un contrat de crédit.

Au plus tard lors de l'émission de l'offre de crédit, le prêteur ou l'intermédiaire de crédit fournit à l'emprunteur, sur support papier ou sur un autre support durable, sous la forme d'une fiche d'information standardisée européenne , les informations personnalisées permettant à l'emprunteur de comparer les différentes offres de crédit disponibles sur le marché, d'évaluer leurs implications et de se déterminer en toute connaissance de cause sur l'opportunité de conclure un contrat de crédit.

Un décret en Conseil d'État fixe la liste et le contenu des informations devant figurer dans cette fiche d'information standardisée européenne à fournir pour l'offre de crédit ainsi que les conditions de sa présentation.

Toutes les informations complémentaires que le prêteur souhaite donner à l'emprunteur sont fournies dans un document distinct de la fiche mentionnée au présent article.

L'ensemble des informations fourni en application du présent article l'est gratuitement.

Sous-section 2. – Information relative à l'assurance-emprunteur

Art. L. 313-8 *(Anc. art. L. 313-6 dénum. et mod. à compter du 1er juillet 2016, Ord. n° 2016-351, 25 mars 2016 ; mod. à compter du 1er avril 2018, Ord. n° 2017-1433, 4 oct. 2017)* (1). – Tout document fourni à l'emprunteur, sur support papier ou tout autre support durable préalablement à la formulation de l'offre *mentionnée à l'article* L. 313-24 et comportant un ou plusieurs éléments chiffrés sur l'assurance de groupe mentionnée au premier alinéa de l'article L. 313-29 mentionne le coût de cette assurance.

---

(1) Les présentes dispositions sont applicables aux contrats dont l'offre a été émise après leur entrée en vigueur, Ord. n° 2016-351, 25 mars 2016, art. 13, VII.

Ce coût est exprimé :

1° À l'exclusion de tout autre taux, en taux annuel effectif de l'assurance, qui permette la comparaison par l'emprunteur de ce taux avec le taux annuel effectif global du crédit ;

2° En montant total en euros dû par l'emprunteur au titre de l'assurance sur la durée totale du prêt ;

3° En euros et par période, selon la périodicité de paiement. Il est précisé si ce montant s'ajoute ou non à l'échéance de remboursement du crédit.

Simultanément à la fourniture de tout document mentionné au présent article, doivent être fournies la fiche standardisée d'information mentionnée à l'article L. 313-10 ainsi que la notice mentionnée au 1° de l'article L. 313-29.

Art. L. 313-9 *(Anc. art. L. 313-7 dénum. et mod. à compter du 1er juillet 2016, Ord. n° 2016-351, 25 mars 2016)* (1). – Tout intermédiaire d'assurance ou organisme assureur au sens du Code des assurances proposant à l'emprunteur une assurance en couverture d'un crédit immobilier est soumis aux obligations prévues à l'article L. 313-8.

Art. L. 313-10 *(Anc. art. L. 313-8 dénum. et mod. à compter du 1er juillet 2016, Ord. n° 2016-351, 25 mars 2016 ; mod. à compter du 1er avril 2018, Ord. n° 2017-1433, 4 oct. 2017)* (1). – Une fiche standardisée d'information est fournie, lors de la première simulation, à toute personne qui se voit proposer ou qui sollicite une assurance ayant pour objet de garantir le remboursement d'un prêt mentionné au 1° de l'article L. 313-1 ou destiné à financer une opération relative à la réparation, l'amélioration ou l'entretien d'immeubles à usage d'habitation ou à usage professionnel et d'habitation, lorsque le crédit est supérieur à 75 000 euros et garanti par une hypothèque, par une autre sûreté comparable sur les biens immobiliers à usage d'habitation, ou par un droit lié à un bien immobilier à usage d'habitation. Les modalités d'application du présent alinéa sont fixées par décret en Conseil d'État.

La fiche standardisée d'information mentionne la possibilité pour l'emprunteur de souscrire auprès de l'assureur de son choix une assurance dans les conditions fixées aux articles L. 313-29 et L. 313-30 et précise les types de garanties proposées. Le format de cette fiche ainsi que son contenu sont fixés par arrêté.

Section 3. – Information précontractuelle de l'emprunteur

Sous-section 1. – Fiche d'information standardisée européenne

Art. L. 313-7 *(Créé à compter du 1er octobre 2016, Ord. n° 2016-351, 25 mars 2016)* (2) (1). – Au plus tard lors de l'émission de l'offre de crédit, le prêteur ou l'intermédiaire de crédit communique à l'emprunteur, par écrit ou sur un autre support durable, sous la forme d'une fiche d'information standardisée européenne , les informations personnalisées permettant à l'emprunteur de comparer les différentes offres de crédit disponibles sur le marché, d'évaluer leurs implications et de se déterminer en toute connaissance de cause sur l'opportunité de conclure un contrat de crédit.

Un décret en Conseil d'État fixe la liste et le contenu des informations devant figurer dans cette fiche d'information standardisée européenne à fournir pour l'offre de crédit ainsi que les conditions de sa présentation.

Toutes les informations complémentaires que le prêteur souhaite donner à l'emprunteur sont fournies dans un document distinct de la fiche mentionnée au présent article.

L'ensemble des informations fourni en application du présent article l'est gratuitement.

Sous-section 2. – Information relative à l'assurance-emprunteur

Art. L. 313-8 *(Anc. art. L. 313-6 dénum. et mod. à compter du 1er juillet 2016, Ord. n° 2016-351, 25 mars 2016)* (1). – Tout document remis à l'emprunteur préalablement à la formulation de l'offre mentionnée à

(1) Les présentes dispositions sont applicables aux contrats dont l'offre a été émise après leur entrée en vigueur, Ord. n° 2016-351, 25 mars 2016, art. 13, VII.

(2) La mention, au sein de la fiche d'information standardisée européenne mentionnée au présent article, de la rémunération de l'intermédiaire de crédit, est applicable à compter du 1er janvier 2017 au plus tard, selon les modalités précisées par décret en Conseil d'État, Ord. n° 2016-351, 25 mars 2016, art. 13, III.

l'article L. 313-24 et comportant un ou plusieurs éléments chiffrés sur l'assurance de groupe mentionnée au premier alinéa de l'article L. 313-29 mentionne le coût de cette assurance.

Ce coût est exprimé :

1° À l'exclusion de tout autre taux, en taux annuel effectif de l'assurance, qui permette la comparaison par l'emprunteur de ce taux avec *(Mots rempl. à compter du 1er octobre 2016, Ord. n° 2016-351, 25 mars 2016)* (1) « le taux annuel effectif global du crédit » ;

2° En montant total en euros dû par l'emprunteur au titre de l'assurance sur la durée totale du prêt ;

3° En euros et par période, selon la périodicité de paiement. Il est précisé si ce montant s'ajoute ou non à l'échéance de remboursement du crédit.

Simultanément à la remise de tout document mentionné au présent article, doivent être remises la fiche standardisée d'information mentionnée à l'article L. 313-10 ainsi que la notice mentionnée au 1° de l'article L. 313-29.

Art. L. 313-9 *(Anc. art. L. 313-7 dénum. et mod. à compter du 1er juillet 2016, Ord. n° 2016-351, 25 mars 2016)* (1). – Tout intermédiaire d'assurance ou organisme assureur au sens du Code des assurances proposant à l'emprunteur une assurance en couverture d'un crédit immobilier est soumis aux obligations prévues à l'article L. 313-8.

Art. L. 313-10 *(Anc. art. L. 313-8 dénum. et mod. à compter du 1er juillet 2016, Ord. n° 2016-351, 25 mars 2016)* (1). – Une fiche standardisée d'information est remise, lors de la première simulation, à toute personne qui se voit proposer ou qui sollicite une assurance ayant pour objet de garantir le remboursement d'un prêt mentionné au 1° de l'article L. 313-1 ou destiné à financer une opération relative à la réparation, l'amélioration ou l'entretien d'immeubles à usage d'habitation ou à usage professionnel et d'habitation, lorsque le crédit est supérieur à 75 000 euros et garanti par une hypothèque, par une autre sûreté comparable sur les biens immobiliers à usage d'habitation, ou par un droit lié à un bien immobilier à usage d'habitation. Les modalités d'application du présent alinéa sont fixées par décret en Conseil d'État.

La fiche standardisée d'information mentionne la possibilité pour l'emprunteur de souscrire auprès de l'assureur de son choix une assurance dans les conditions fixées aux articles L. 313-29 et L. 313-30 et précise les types de garanties proposées. Le format de cette fiche ainsi que son contenu sont fixés par arrêté.

Section 4. – Explications fournies à l'emprunteur et évaluation de sa solvabilité

Sous-section 1. – Explications adéquates et mise en garde

(Sous-section créée à compter du 1er juillet 2016, Ord. n° 2016-351, 25 mars 2016) (1)

Art. L. 313-11 *(Créé à compter du 1er octobre 2016, Ord. n° 2016-351, 25 mars 2016* (1) (2). – Le prêteur ou l'intermédiaire de crédit fournit gratuitement à l'emprunteur les explications adéquates lui permettant de déterminer si le ou les contrats de crédit proposés et les éventuels services accessoires sont adaptés à ses besoins et à sa situation financière.

Ces explications comprennent notamment :

1° Les informations contenues dans la fiche d'information standardisée européenne mentionnée à l'article L. 313-7, ainsi que, pour les intermédiaires de crédit, les obligations d'information prévues en application de l'article L. 519-4-1 du Code monétaire et financier ;

2° Les principales caractéristiques du ou des crédits et services accessoires proposés ;

3° Les effets spécifiques que le ou les crédits et services accessoires proposés peuvent avoir sur l'emprunteur, y compris les conséquences d'un défaut de paiement de l'emprunteur, notamment en cas de réalisation des garanties. Lorsque la garantie est constituée par un cautionnement accordé par un organisme de

(1) Les présentes dispositions sont applicables aux contrats dont l'offre a été émise après leur entrée en vigueur, Ord. n° 2016-351, 25 mars 2016, art. 13, VII.

(2) La mention, au sein de la fiche d'information standardisée européenne mentionnée à l'article L. 313-7, de la rémunération de l'intermédiaire de crédit, est applicable à compter du 1er janvier 2017 au plus tard, selon les modalités précisées par décret en Conseil d'État, Ord. n° 2016-351, 25 mars 2016, art. 13, III.

cautionnement professionnel, le prêteur informe l'emprunteur de la nature, des bénéficiaires et des conditions dans lesquelles celle-ci peut être actionnée et des conséquences pour l'emprunteur ;

4° S'agissant des éventuels services accessoires liés au contrat de crédit, l'indication de la possibilité ou non de résilier chaque composante séparément et les implications d'une telle procédure pour l'emprunteur.

Art. L. 313-12 *(Créé à compter du 1er juillet 2016, Ord. n° 2016-351, 25 mars 2016)* (1). **– Sans préjudice de l'examen de solvabilité mentionné à l'article L. 313-16, le prêteur ou l'intermédiaire de crédit met en garde gratuitement l'emprunteur lorsque, compte tenu de sa situation financière, un contrat de crédit peut induire des risques spécifiques pour lui.**

Sous-section 2. – Service de conseil

(Sous-section créée à compter du 1er juillet 2016, Ord. n° 2016-351, 25 mars 2016) (1)

Art. L. 313-13 *(Créé à compter du 1er juillet 2016, Ord. n° 2016-351, 25 mars 2016)* (1). **– Sans préjudice des dispositions relatives aux explications adéquates et à la mise en garde mentionnées aux articles L. 313-11 et L. 313-12, le prêteur ou l'intermédiaire peut fournir à l'emprunteur un service de conseil en matière de contrats de crédit définis à l'article L. 313-1.**

Le service de conseil consiste en la fourniture à l'emprunteur de recommandations personnalisées en ce qui concerne un ou plusieurs contrats de crédit et constitue une activité distincte de l'octroi de crédit et de l'activité d'intermédiation.

Cette recommandation personnalisée porte sur un ou plusieurs contrats de crédits adaptés aux besoins et à la situation financière de l'emprunteur sur la base de la prise en considération :

– par les prêteurs ainsi que les intermédiaires, lorsque ceux-ci agissent en vertu d'un mandat délivré par un prêteur, d'un nombre suffisamment important de contrats de crédit de leur gamme de produits ;

– par les intermédiaires, lorsque ceux-ci agissent en vertu d'un mandat délivré par un client au sens de l'article L. 519-2 du Code monétaire et financier, d'un nombre suffisamment important de contrats de crédit disponibles sur le marché.

Les conditions de la fourniture du service de conseil sont précisées par décret en Conseil d'État.

Art. L. 313-14 *(Créé à compter du 1er juillet 2016, Ord. n° 2016-351, 25 mars 2016 ; mod., L. n° 2017-203, 21 févr. 2017)* (1). **– Le conseil est qualifié d'indépendant dès lors qu'il est rendu à partir d'un nombre suffisamment important de contrats de crédit disponibles sur le marché et que sa fourniture ne donne lieu à aucune rémunération autre que celle versée, le cas échéant, par l'emprunteur. Le service de conseil indépendant ne peut en aucun cas donner lieu à une rémunération, sous quelque forme que ce soit, de la part d'un prêteur ou d'un intermédiaire de crédit.**

Le prêteur ou l'intermédiaire de crédit qui fournit un service de conseil indépendant peut se prévaloir de l'appellation de conseiller indépendant.

Les conditions de la fourniture du service de conseil indépendant sont précisées par décret en Conseil d'État.

Art. L. 313-15 *(Créé à compter du 1er juillet 2016, Ord. n° 2016-351, 25 mars 2016 ; mod., L. n° 2017-203, 21 févr. 2017)* (1). **– Seul le conseil qualifié d'indépendant au sens de l'article L. 313-14** ***peut donner lieu à rémunération.*** **Cette rémunération émane uniquement de l'emprunteur.**

Sous-section 3. – Évaluation de solvabilité

(Sous-section créée à compter du 1er juillet 2016, Ord. n° 2016-351, 25 mars 2016) (1)

Art. L. 313-16 *(Créé à compter du 1er juillet 2016, Ord. n° 2016-351, 25 mars 2016)* (1). **– Le crédit n'est accordé à l'emprunteur que si le prêteur a pu vérifier que les obligations découlant du contrat de crédit seront vraisemblablement respectées conformément à ce qui est prévu par ce contrat.**

(1) Les présentes dispositions sont applicables aux contrats dont l'offre a été émise après leur entrée en vigueur, Ord. n° 2016-351, 25 mars 2016, art. 13, VII.

À cette fin, avant de conclure un contrat de crédit, le prêteur procède à une évaluation rigoureuse de la solvabilité de l'emprunteur. Cette évaluation prend en compte de manière appropriée les facteurs pertinents permettant d'apprécier la capacité de l'emprunteur à remplir ses obligations définies par le contrat de crédit.

Le prêteur s'appuie dans ce cadre sur les informations nécessaires, suffisantes et proportionnées relatives aux revenus et dépenses de l'emprunteur ainsi que sur d'autres critères économiques et financiers.

Ces informations sont recueillies par le prêteur auprès de sources internes ou externes pertinentes, y compris de l'emprunteur et comprennent notamment les informations fournies, le cas échéant, par l'intermédiaire de crédit au cours de la procédure de demande de crédit.

L'emprunteur est informé par le prêteur, au stade précontractuel, de manière claire et simple, des informations nécessaires à la conduite de l'évaluation de solvabilité et les délais dans lesquels celles-ci doivent lui être fournies.

Les informations sont contrôlées de façon appropriée, en se référant notamment à des documents vérifiables.

Le prêteur consulte également le fichier prévu à l'article L. 751-1, dans les conditions prévues par l'arrêté mentionné à l'article L. 751-6.

À l'issue de la vérification de la solvabilité, le prêteur informe, dans les meilleurs délais, l'emprunteur du rejet, le cas échéant, de sa demande de crédit.

Lorsque cette décision est fondée sur le résultat de la consultation du fichier mentionné ci-dessus, le prêteur en informe l'emprunteur. Il lui communique ce résultat ainsi que les renseignements issus de cette consultation.

Art. L. 313-17 *(Créé à compter du 1er juillet 2016, Ord. n° 2016-351, 25 mars 2016)* (1). – Le prêteur ne peut ni résilier ni modifier ultérieurement le contrat de crédit conclu avec l'emprunteur au motif que les informations fournies étaient incomplètes ou qu'il a vérifié la solvabilité de manière incorrecte, sauf dans l'hypothèse où il est avéré que des informations essentielles à la conclusion du contrat ont été sciemment dissimulées ou falsifiées par l'emprunteur.

Art. L. 313-18 *(Créé à compter du 1er juillet 2016, Ord. n° 2016-351, 25 mars 2016)* (1). – Le prêteur réévalue la solvabilité de l'emprunteur, sur la base d'informations mises à jour, avant qu'une augmentation significative du montant total du crédit ne soit accordée après la conclusion du contrat de crédit, à moins que ce crédit supplémentaire n'ait été prévu et intégré dans l'évaluation initiale de la solvabilité.

Art. L. 313-19 *(Créé à compter du 1er juillet 2016, Ord. n° 2016-351, 25 mars 2016)* (1). – Les modalités d'application de l'évaluation de la solvabilité de l'emprunteur sont précisées par décret en Conseil d'État.

Sous-section 4. – Évaluation du bien immobilier

(Sous-section créée à compter du 1er juillet 2016, Ord. n° 2016-351, 25 mars 2016) (1)

Art. L. 313-20 *(Créé à compter du 1er juillet 2016, Ord. n° 2016-351, 25 mars 2016)* (1). – Lorsque le prêteur procède ou fait procéder à l'évaluation du bien immobilier à usage d'habitation financé à l'aide d'un prêt mentionné à l'article L. 313-1, il veille à ce que :

1° Celle-ci soit réalisée par un expert en évaluation immobilière justifiant de sa compétence professionnelle et indépendant du processus de décision d'octroi du prêt afin de fournir une évaluation impartiale et objective ;

2° Il soit fait application de normes d'évaluation fiables, tenant compte des normes reconnues au niveau international.

Un décret en Conseil d'État précise les conditions du présent article, et notamment celles relatives à la compétence et à l'indépendance de l'évaluateur.

Art. L. 313-21 *(Créé à compter du 1er juillet 2016, Ord. n° 2016-351, 25 mars 2016)* (1). – L'évaluation mentionnée à l'article L. 313-20 consiste à déterminer la valeur du bien immobilier après analyse de toutes les pièces communiquées par le prêteur et qui sont utiles à la réalisation de l'évaluation selon les normes en vigueur.

---

(1) Les présentes dispositions sont applicables aux contrats dont l'offre a été émise après leur entrée en vigueur, Ord. n° 2016-351, 25 mars 2016, art. 13, VII.

Art. L. 313-22 *(Créé à compter du 1er juillet 2016, Ord. n° 2016-351, 25 mars 2016)* (1). – **L'évaluation mentionnée à l'article L. 313-20 donne lieu à la rédaction d'un document d'expertise prenant en compte, suivant les normes mentionnées au 2° du même article, les facteurs juridiques, économiques, techniques et fiscaux permettant d'établir la valeur du bien immobilier.**

Cette évaluation est consignée sur un support durable. La liste des pièces conservées par le prêteur est précisée par décret.

Art. L. 313-23 *(Créé à compter du 1er juillet 2016, Ord. n° 2016-351, 25 mars 2016)* (1). – **Le prêteur tient des archives appropriées concernant les types de biens immobiliers acceptés comme garantie ainsi que les procédures qui s'y rapportent en matière d'octroi de prêts mentionnés au 2° de l'article L. 313-1.**

Section 5. – Formation du contrat de crédit

Art. L. 313-24 *(Anc. art. L. 313-9 dénum. et rempl. à compter du 1er juillet 2016, Ord. n° 2016-351, 25 mars 2016 ; mod. à compter du 1er avril 2018, Ord. n° 2017-1433, 4 oct. 2017)* (1) (2). – **Pour les prêts mentionnés à l'article L. 313-1, le prêteur formule une offre fournie gratuitement sur support papier ou sur un autre support durable à l'emprunteur ainsi qu'aux cautions déclarées par l'emprunteur lorsqu'il s'agit de personnes physiques.**

(Alinéa créé à compter du 1er octobre 2016, Ord. n° 2016-351, 25 mars 2016) (1) (3) **Cette offre est accompagnée de la fiche d'information standardisée européenne mentionnée à l'article L. 313-7 lorsque ses caractéristiques sont différentes des informations contenues dans la fiche d'information fournie précédemment le cas échéant.**

Art. L. 313-25 *(Anc. art. L. 313-10 dénum. et mod. à compter du 1er juillet 2016, Ord. n° 2016-351, 25 mars 2016 ; mod., L. n° 2016-1691, 9 déc. 2016 ; Ord. n° 2017-1090, 1er juin 2017)* (1). – **L'offre mentionnée à l'article L. 313-24 :**

1° Mentionne l'identité des parties et éventuellement des cautions déclarées ;

2° Précise la nature, l'objet, les modalités du prêt, notamment celles qui sont relatives aux dates et conditions de mise à disposition des fonds ;

3° Pour les offres de prêts dont le taux d'intérêt est fixe, comprend un échéancier des amortissements détaillant pour chaque échéance la répartition du remboursement entre le capital et les intérêts ;

4° Pour les offres de prêts dont le taux d'intérêt est variable, ou révisable, est accompagnée d'une notice présentant les conditions et modalités de variation du taux d'intérêt et d'un document d'information contenant une simulation de l'impact d'une variation de ce taux sur les mensualités, la durée du prêt et le coût total du crédit. Cette simulation ne constitue pas un engagement du prêteur à l'égard de l'emprunteur quant à l'évolution effective des taux d'intérêt pendant le prêt et à son impact sur les mensualités, la durée du prêt et le coût total du crédit. Le document d'information mentionne le caractère indicatif de la simulation et l'absence de responsabilité du prêteur quant à l'évolution effective des taux d'intérêt pendant le prêt et à son impact sur les mensualités, la durée du prêt et le coût total du crédit ;

(1) *Les présentes dispositions sont applicables* aux contrats dont l'offre a été émise après leur entrée en vigueur, Ord. n° 2016-351, 25 mars 2016, art. 13, VII.

(2) Le présent article, dans sa rédaction issue de l'ordonnance n° 2016-351 du 25 mars 2016, entre en vigueur selon les modalités précisées par décret :

a) Au plus tard le 1er janvier 2017, s'agissant des dispositions relatives aux connaissances et compétences exigées à l'entrée en fonction des personnels des prêteurs ;

b) Au plus tard le 20 mars 2017, s'agissant des dispositions applicables en matière de formation continue des personnels des prêteurs ;

c) Au plus tard le 21 mars 2019, s'agissant de l'exigence supplémentaire d'une formation professionnelle pour la prise en compte de l'expérience professionnelle à l'entrée en fonction des personnels prêteurs, Ord. n° 2016-351, 25 mars 2016, art. 13, V.

(3) La mention, au sein de la fiche d'information standardisée européenne mentionnée à l'article L. 313-7, de la rémunération de l'intermédiaire de crédit, est applicable à compter du 1er janvier 2017 au plus tard, selon les modalités précisées par décret en Conseil d'État, Ord. n° 2016-351, 25 mars 2016, art. 13, III.

5° Indique, outre le montant du crédit susceptible d'être consenti et, le cas échéant, celui de ses fractions périodiquement disponibles, son coût total, son taux défini conformément aux articles L. 314-1 à L. 314-4 ainsi que, s'il y a lieu, les modalités de l'indexation ;

6° Énonce, en donnant une évaluation de leur coût, les stipulations, les assurances et les sûretés réelles ou personnelles exigées, qui conditionnent la conclusion du prêt ;

7° Mentionne que l'emprunteur peut souscrire auprès de l'assureur de son choix une assurance dans les conditions fixées aux articles L. 313-29 et L. 313-30 et précise les documents que doit contenir la demande de substitution ;

8° Fait état des conditions requises pour un transfert éventuel du prêt à une tierce personne ;

9° Rappelle les dispositions de l'article L. 313-34.

10° Indique si le prêt est subordonné à la condition de domiciliation mentionnée à l'article L. 313-25-1. Si c'est le cas, sont mentionnés la durée de celle-ci, le cas échéant les frais d'ouverture et de tenue du compte sur lequel les salaires ou revenus assimilés sont domiciliés, ainsi que la nature de l'avantage individualisé consenti en contrepartie par le prêteur. L'offre doit permettre d'identifier clairement cet avantage en mentionnant les conditions, de taux ou autres, au regard desquelles elle est établie, et qui seraient appliquées par le prêteur si l'exigence de domiciliation n'était plus respectée par l'emprunteur.

Le cas échéant, l'information relative aux différents contrats de crédit composant une opération de financement peut figurer dans l'offre.

Art. L. 313-25-1 *(Créé, Ord. n° 2017-1090, 1er juin 2017)*. **– Le prêteur peut conditionner l'offre de prêt mentionnée à l'article L. 313-24 à la domiciliation par l'emprunteur de ses salaires ou revenus assimilés sur un compte de paiement mentionné à l'article L. 314-1 du Code monétaire et financier, sous réserve pour ce prêteur de faire bénéficier en contrepartie l'emprunteur d'un avantage individualisé.**

Cette condition ne peut être imposée à l'emprunteur au-delà d'une durée maximale fixée par décret en Conseil d'État . Au terme du délai prévu par le contrat de crédit, l'avantage individualisé est acquis à l'emprunteur jusqu'à la fin du prêt.

Si, avant le terme de ce délai, l'emprunteur cesse de satisfaire à la condition de domiciliation susmentionnée, le prêteur peut mettre fin, pour les échéances restant à courir jusqu'au terme du prêt, à l'avantage individualisé mentionné au premier alinéa, et appliquer les conditions, de taux ou autres, mentionnées au 10° de l'article L. 313-25.

Les dispositions du présent article peuvent être appliquées à chacun des contrats de crédit composant l'opération de financement figurant dans l'offre de prêt.

Art. L. 313-26 *(Anc. art. L. 313-11 dénum. et mod. à compter du 1er juillet 2016, Ord. n° 2016-351, 25 mars 2016 ; L. n° 2017-203, 21 févr. 2017)* (1). **– Le modèle de l'offre mentionnée aux articles L. 313-24 et L. 313-25 peut, en tant que de besoin, être fixé par arrêté du ministre chargé de l'économie.**

Art. L. 313-27 *(Anc. art. L. 313-12 dénum. à compter du 1er juillet 2016, Ord. n° 2016-351, 25 mars 2016 ; à compter du 1er avril 2018, Ord. n° 2017-1433, 4 oct. 2017)* (1). **– Toute modification des conditions d'obtention d'un prêt dont le taux d'intérêt est fixe, notamment le montant ou le taux du crédit, donne lieu à la fourniture à l'emprunteur d'une nouvelle offre préalable sur support papier ou sur un autre support durable.**

Art. L. 313-28 *(Anc. art. L. 313-13 dénum. à compter du 1er juillet 2016, Ord. n° 2016-351, 25 mars 2016 ; à compter du 1er avril 2018, Ord. n° 2017-1433, 4 oct. 2017)* (1). **– Dans les cas où l'emprunteur présente un autre contrat d'assurance à la place du contrat d'assurance de groupe proposé par le prêteur dans les conditions prévues à l'article L. 313-29, le prêteur peut émettre une offre modifiée, sur support papier ou sur un autre support durable, sous réserve des dispositions de l'article L. 313-32, sans que les délais mentionnés à l'article L. 313-34 ne soient prorogés ni ne courent à nouveau.**

(1) Les présentes dispositions sont applicables aux contrats dont l'offre a été émise après leur entrée en vigueur, Ord. n° 2016-351, 25 mars 2016, art. 13, VII.

Les modalités selon lesquelles le prêteur établit l'offre modifiée mentionnée à l'article L. 313-27 et les conditions dans lesquelles le prêteur et l'assureur délégué s'échangent les informations préalables à la souscription des contrats sont fixées par décret en Conseil d'État.

Art. L. 313-29 *(Anc. art. L. 313-14 dénum. à compter du 1er juillet 2016, Ord. n° 2016-351, 25 mars 2016)* (1). – Lorsque le prêteur propose à l'emprunteur un contrat d'assurance en vue de garantir en cas de survenance d'un des risques que ce contrat définit, soit le remboursement total ou partiel du montant du prêt restant dû, soit le paiement de tout ou partie des échéances dudit prêt, les dispositions suivantes sont obligatoirement appliquées :

1° Au contrat de prêt est annexée une notice énumérant les risques garantis et précisant toutes les modalités de la mise en jeu de l'assurance ;

2° Toute modification apportée ultérieurement à la définition des risques garantis, aux modalités de la mise en jeu de l'assurance ou à la tarification du contrat est inopposable à l'emprunteur qui n'y a pas donné son acceptation ;

3° Lorsque l'assureur a subordonné sa garantie à l'agrément de la personne de l'assuré et que cet agrément n'est pas donné, le contrat de prêt est résolu de plein droit à la demande de l'emprunteur sans frais ni pénalité d'aucune sorte. Cette demande doit être présentée dans le délai d'un mois à compter de la notification du refus de l'agrément.

Art. L. 313-30 *(Anc. art. L. 313-15 dénum. et mod. à compter du 1er juillet 2016, Ord. n° 2016-351, 25 mars 2016 ; mod., L. n° 2017-203, 21 févr. 2017)* (1). – Jusqu'à la signature par l'emprunteur de l'offre mentionnée à l'article L. 313-24, le prêteur ne peut pas refuser en garantie un autre contrat d'assurance dès lors que ce contrat présente un niveau de garantie équivalent au contrat d'assurance de groupe qu'il propose. Il en est de même lorsque l'emprunteur fait usage du droit de résiliation mentionné au premier alinéa de l'article L. 113-12-2 du Code des assurances ou au deuxième alinéa de l'article L. 221-10 du Code de la mutualité dans un délai de douze mois à compter de la signature de l'offre de prêt mentionnée à l'article L. 313-24.

Au-delà du délai de douze mois mentionné au premier alinéa, le contrat de prêt peut prévoir une faculté de substitution du contrat d'assurance en cas d'exercice par l'emprunteur du droit de résiliation d'un contrat d'assurance de groupe ou individuel mentionné à l'article L. 113-12 du Code des assurances ou au premier alinéa de l'article L. 221-10 du Code de la mutualité.

Dans ce cas, l'existence d'une faculté de substitution ainsi que ses modalités d'application sont définies dans le contrat de prêt. Toute décision de refus doit être motivée.

Art. L. 313-31 *(Anc. art. L. 313-16 dénum. et mod. à compter du 1er juillet 2016, Ord. n° 2016-351, 25 mars 2016 ; mod., L. n° 2017-203, 21 févr. 2017 ; à compter du 1er avril 2018, Ord. n° 2017-1433, 4 oct. 2017)* (1). – Si l'offre mentionnée à l'article L. 313-24 a été émise, le prêteur informe l'emprunteur sur support papier ou tout autre support durable de sa décision d'acceptation ou de refus et lui adresse, s'il y a lieu, l'offre modifiée mentionnée à l'article L. 313-27, dans un délai de dix jours ouvrés à compter de la réception de la demande de substitution.

Si l'emprunteur fait usage du droit de résiliation du contrat d'assurance en application du deuxième alinéa de l'article L. 113-12 du Code des assurances, du premier alinéa de l'article L. 113-12-2 du même code, ou des premier ou deuxième alinéas de l'article L. 221-10 du Code de la mutualité, le prêteur notifie à l'emprunteur sa décision d'acceptation ou de refus dans un délai de dix jours ouvrés à compter de la réception d'un autre contrat d'assurance.

En cas d'acceptation, le prêteur modifie par voie d'avenant le contrat de crédit conformément à l'article L. 313-39 en y mentionnant, notamment, le nouveau taux annuel effectif global calculé, conformément aux articles L. 314-1 à L. 314-4, en se fondant sur les informations transmises par l'assureur délégué dans les conditions fixées au deuxième alinéa de l'article L. 313-28.

---

(1) Les présentes dispositions sont applicables aux contrats dont l'offre a été émise après leur entrée en vigueur, Ord. n° 2016-351, 25 mars 2016, art. 13, VII.

Lorsque l'avenant comporte un ou plusieurs éléments chiffrés sur le coût de l'assurance, ce coût est exprimé selon les modalités définies à l'article L. 313-8

Le prêteur ne peut exiger de frais supplémentaires de l'emprunteur pour l'émission de cet avenant.

Art. L. 313-32 *(Anc. art. L. 313-17 dénum. et mod. à compter du 1er juillet 2016, Ord. n° 2016-351, 25 mars 2016 ; mod., L. n° 2017-203, 21 févr. 2017)* (1). – Le prêteur ne peut, en contrepartie de son acceptation en garantie d'un contrat d'assurance autre que le contrat d'assurance qu'il propose, y compris en cas d'exercice du droit de résiliation en application du premier alinéa de l'article L. 113-12-2 du Code des assurances , du deuxième alinéa de l'article L. 113-12 du même code, ou des premier ou deuxième alinéas de l'article L. 221-10 du Code de la mutualité ni modifier le taux, qu'il soit fixe, variable ou révisable, ou les conditions d'octroi du crédit, prévus dans l'offre mentionnée à l'article L. 313-24, ni exiger le paiement de frais supplémentaires, y compris les frais liés aux travaux d'analyse de cet autre contrat d'assurance.

Art. L. 313-33 *(Anc. art. L. 313-18 dénum. à compter du 1er juillet 2016, Ord. n° 2016-351, 25 mars 2016)* (1). – L'assureur est tenu d'informer le prêteur du non-paiement par l'emprunteur de sa prime d'assurance ou de toute modification substantielle du contrat d'assurance.

Art. L. 313-34 *(Anc. art. L. 313-19 dénum. à compter du 1er juillet 2016, Ord. n° 2016-351, 25 mars 2016)* (1). – L'envoi de l'offre oblige le prêteur à maintenir les conditions qu'elle indique pendant une durée minimale de trente jours à compter de sa réception par l'emprunteur.

L'offre est soumise à l'acceptation de l'emprunteur et des cautions, personnes physiques, déclarées. L'emprunteur et les cautions ne peuvent accepter l'offre que dix jours après qu'ils l'ont reçue. L'acceptation est donnée par lettre, le cachet de l'opérateur postal faisant foi, ou selon tout autre moyen convenu entre les parties de nature à rendre certaine la date de l'acceptation par l'emprunteur.

Art. L. 313-35 *(Anc. art. L. 313-20 dénum. à compter du 1er juillet 2016, Ord. n° 2016-351, 25 mars 2016)* (1). – Jusqu'à l'acceptation de l'offre par l'emprunteur, aucun versement, sous quelque forme que ce soit, ne peut, au titre de l'opération en cause, être fait par le prêteur à l'emprunteur ou pour le compte de celui-ci, ni par l'emprunteur au prêteur.

Jusqu'à cette acceptation, l'emprunteur ne peut, au même titre, faire aucun dépôt, souscrire ou avaliser aucun effet de commerce, ni signer aucun chèque. Si une autorisation de prélèvement sur compte bancaire ou postal est signée par l'emprunteur, sa validité et sa prise d'effet sont subordonnées à celle du contrat de crédit.

Art. L. 313-36 *(Anc. art. L. 313-21 dénum. à compter du 1er juillet 2016, Ord. n° 2016-351, 25 mars 2016)* (1). – L'offre est toujours acceptée sous la condition résolutoire de la non-conclusion, dans un délai de quatre mois à compter de son acceptation, du contrat pour lequel le prêt est demandé.

Les parties peuvent convenir d'un délai plus long que celui défini au premier alinéa.

Art. L. 313-37 *(Anc. art. L. 313-22 dénum. à compter du 1er juillet 2016, Ord. n° 2016-351, 25 mars 2016)* (1). – Lorsque l'emprunteur informe ses prêteurs qu'il recourt à plusieurs prêts pour la même opération, chaque prêt est conclu sous la condition suspensive de l'octroi de chacun des autres prêts. Cette disposition ne s'applique qu'aux prêts dont le montant est supérieur à 10 % du crédit total.

Art. L. 313-38 *(Anc. art. L. 313-23 dénum. à compter du 1er juillet 2016, Ord. n° 2016-351, 25 mars 2016)* (1). – Lorsque le contrat en vue duquel le prêt a été demandé n'est pas conclu dans le délai fixé en application des dispositions de l'article L. 313-36, l'emprunteur rembourse la totalité des sommes que le prêteur lui aurait déjà effectivement versées ou qu'il aurait versées pour son compte ainsi que les intérêts y afférents ; le prêteur ne peut retenir ou demander que des frais d'étude dont le montant maximum est fixé suivant un barème déterminé par décret.

Le montant de ces frais ainsi que les conditions dans lesquelles ils sont perçus figurent distinctement dans l'offre.

(1) Les présentes dispositions sont applicables aux contrats dont l'offre a été émise après leur entrée en vigueur, Ord. n° 2016-351, 25 mars 2016, art. 13, VII.

Art. L. 313-39 *(Anc. art. L. 313-24 dénum. et mod., Ord. n° 2016-351, 25 mars 2016 ; Ord. n° 2017-1090, 1er juin 2017 ; à compter du 1er avril 2018, Ord. n° 2017-1433, 4 oct. 2017)* (1). – En cas de renégociation de prêt, les modifications au contrat de crédit initial sont apportées sous la seule forme d'un avenant établi sur support papier ou sur un autre support durable.

Cet avenant comprend, d'une part, un échéancier des amortissements détaillant pour chaque échéance le capital restant dû en cas de remboursement anticipé et, d'autre part, le taux annuel effectif global ainsi que le coût du crédit, calculés sur la base des seuls échéances et frais à venir. Pour les prêts à taux variable ou révisable, l'avenant comprend le taux annuel effectif global ainsi que le coût du crédit, calculés sur la base des seuls échéances et frais à venir jusqu'à la date de la révision du taux, ainsi que les conditions et modalités de variation du taux.

Lorsque les modifications au contrat de crédit initial portent sur la condition mentionnée à l'article L. 313-25-1, l'avenant mentionne cette condition, sa durée, le cas échéant les frais de tenue du compte sur lequel les salaires et revenus assimilés sont domiciliés, la nature de l'avantage individualisé consenti en contrepartie par le prêteur et les conditions, de taux ou autres, mentionnées au 10° de l'article L. 313-25. L'avenant mentionne également la conséquence tirée par le prêteur du non-respect de cette condition par l'emprunteur.

L'emprunteur dispose d'un délai de réflexion de dix jours à compter de la réception des informations mentionnées au deuxième alinéa.

L'acceptation doit être donnée par lettre, le cachet de l'opérateur postal faisant foi, ou selon tout autre moyen convenu entre les parties de nature à rendre certaine la date de l'acceptation par l'emprunteur.

Section 6. – Contrat principal

Art. L. 313-40 *(Anc. art. L. 313-25 dénum. et mod., Ord. n° 2016-351, 25 mars 2016)* (1). – L'acte écrit, y compris la promesse unilatérale de vente acceptée et le contrat préliminaire prévu à l'article L. 261-15 du Code de la construction et de l'habitation, ayant pour objet de constater l'une des opérations mentionnées au 1° de l'article L. 313-1, doit indiquer si le prix sera payé directement ou indirectement, même en partie, avec ou sans l'aide d'un ou plusieurs prêts régis par les sections 1 à 5 du présent chapitre.

Art. L. 313-41 *(Anc. art. L. 313-26 dénum. et mod., Ord. n° 2016-351, 25 mars 2016)* (1). – Lorsque l'acte mentionné à l'article L. 313-40 indique que le prix est payé, directement ou indirectement, même partiellement, à l'aide d'un ou plusieurs prêts régis par les dispositions des sections 1 à 5 et de la section 7 du présent chapitre, cet acte est conclu sous la condition suspensive de l'obtention du ou des prêts qui en assument le financement. La durée de validité de cette condition suspensive ne peut être inférieure à un mois à compter de la date de la signature de l'acte ou, s'il s'agit d'un acte sous seing privé soumis à peine de nullité à la formalité de l'enregistrement, à compter de la date de l'enregistrement.

Lorsque la condition suspensive prévue au premier alinéa n'est pas réalisée, toute somme versée d'avance par l'acquéreur à l'autre partie ou pour le compte de cette dernière est immédiatement et intégralement remboursable sans retenue ni indemnité à quelque titre que ce soit.

Art. L. 313-42 *(Anc. art. L. 313-27 dénum. et mod., Ord. n° 2016-351, 25 mars 2016)* (1). – Lorsque l'acte mentionné à l'article L. 313-40 indique que le prix sera payé sans l'aide d'un ou plusieurs prêts, cet acte porte, de la main de l'acquéreur, une mention par laquelle celui-ci reconnaît avoir été informé que s'il recourt néanmoins à un prêt il ne peut se prévaloir des dispositions du présent chapitre.

En l'absence de l'indication prescrite à l'article L. 313-40 ou si la mention exigée au premier alinéa manque ou n'est pas de la main de l'acquéreur et si un prêt est néanmoins demandé, le contrat est considéré comme conclu sous la condition suspensive prévue à l'article L. 313-41.

Art. L. 313-43 *(Anc. art. L. 313-28 dénum. et mod., Ord. n° 2016-351, 25 mars 2016)* (1). – Pour les dépenses relatives à la réparation, l'amélioration ou l'entretien d'immeubles à usage d'habitation ou à usage professionnel et d'habitation, lorsque le crédit est garanti par une hypothèque, par une autre sûreté comparable sur les biens immobiliers à usage d'habitation ou par un droit lié à un bien immobilier à usage

(1) Les présentes dispositions sont applicables aux contrats dont l'offre a été émise après leur entrée en vigueur, Ord. n° 2016-351, 25 mars 2016, art. 13, VII.

d'habitation, et à défaut d'un contrat signé des deux parties, la condition suspensive prévue à l'article L. 313-41 ne peut résulter que d'un avis donné par le maître de l'ouvrage par écrit avant tout commencement d'exécution des travaux indiquant qu'il entend en payer le prix directement ou indirectement, même en partie, avec l'aide d'un ou plusieurs prêts.

Art. L. 313-44 *(Anc. art. L. 313-29 dénum. et mod., Ord. n° 2016-351, 25 mars 2016)* (1). – Lorsqu'il est déclaré dans l'acte constatant le prêt que celui-ci est destiné à financer des ouvrages ou des travaux immobiliers au moyen d'un contrat de promotion, de construction, de maîtrise d'œuvre ou d'entreprise, le tribunal peut, en cas de contestation ou d'accidents affectant l'exécution des contrats et jusqu'à la solution du litige, suspendre l'exécution du contrat de prêt sans préjudice du droit éventuel du prêteur à l'indemnisation. Ces dispositions ne sont applicables que si le prêteur est intervenu à l'instance ou s'il a été mis en cause par l'une des parties.

Art. L. 313-45 *(Anc. art. L. 313-30 dénum. et mod., Ord. n° 2016-351, 25 mars 2016)* (1). – Les dispositions de la présente section ne sont pas applicables aux ventes par adjudication.

Section 7. – Exécution du contrat de crédit

Sous-section 1. – Information de l'emprunteur

Art. L. 313-46 *(Anc. art. L. 313-31 dénum. et rempl. à compter du 1er juillet 2016, Ord. n° 2016-351, 25 mars 2016 ; à compter du 1er avril 2018, Ord. n° 2017-1433, 4 oct. 2017)* (1). – Pour les prêts dont le taux d'intérêt est variable ou révisable, le prêteur est tenu, une fois par an, de fournir à l'emprunteur l'information relative au montant du capital restant à rembourser.

En cas de modification du taux débiteur, le prêteur fournit cette information à l'emprunteur sur support papier ou sur un autre support durable, avant que la modification n'entre en vigueur. Cette information indique le montant des échéances après l'entrée en vigueur du nouveau taux débiteur ainsi que, le cas échéant, toute modification du nombre ou de la périodicité des échéances.

Lorsque la modification du taux débiteur résulte d'une variation du taux de référence, que le nouveau taux de référence est rendu public par des moyens appropriés et que l'information relative au nouveau taux de référence est également disponible dans les locaux du prêteur, les parties peuvent convenir dans le contrat de crédit que cette information est fournie périodiquement à l'emprunteur avec le montant des nouveaux paiements périodiques.

Lorsque le contrat de crédit est un crédit à taux variable ou révisable, le prêteur veille à utiliser un indice ou taux de référence clair, accessible, objectif et vérifiable. Il conserve des archives des indices utilisés pour calculer les taux débiteurs.

Le prêteur fournit gratuitement à l'emprunteur les informations fournies mentionnées au présent article.

Sous-section 2. – Remboursement anticipé

Art. L. 313-47 *(Anc. art. L. 313-32 dénum. et mod. à compter du 1er juillet 2016, Ord. n° 2016-351, 25 mars 2016 ; à compter du 1er avril 2018, Ord. n° 2017-1433, 4 oct. 2017)* (1). – L'emprunteur peut toujours, à son initiative, rembourser par anticipation, en partie ou en totalité, les prêts régis par les sections 1 à 5 du présent chapitre. Le contrat de prêt peut interdire les remboursements égaux ou inférieurs à 10 % du montant initial du prêt, sauf s'il s'agit de son solde.

Si le contrat de prêt comporte une clause aux termes de laquelle, en cas de remboursement par anticipation, le prêteur est en droit d'exiger une indemnité au titre des intérêts non encore échus, celle-ci ne peut, sans préjudice de l'application de l'article 1152 du Code civil, excéder un montant qui, dépendant de la durée restant à courir du contrat, est fixé suivant un barème déterminé par décret.

Le prêteur fournit gratuitement sans tarder à l'emprunteur, après réception de la demande de remboursement par anticipation, sur support papier ou sur un autre support durable, les informations nécessaires à l'examen de

(1) Les présentes dispositions sont applicables aux contrats dont l'offre a été émise après leur entrée en vigueur, Ord. n° 2016-351, 25 mars 2016, art. 13, VII.

cette faculté. Ces informations chiffrent au moins les conséquences qui s'imposeront à l'emprunteur s'il s'acquitte de ses obligations avant l'expiration du contrat de crédit et formule clairement les hypothèses utilisées.

Art. L. 313-48 *(Anc. art. L. 313-33 dénum. et mod., Ord. n° 2016-351, 25 mars 2016)* (1). **– Pour les contrats conclus à compter de la date d'entrée en vigueur de la loi n° 99-532 du 25 juin 1999 relative à l'épargne et à la sécurité financière, aucune indemnité n'est due par l'emprunteur en cas de remboursement par anticipation lorsque le remboursement est motivé par la vente du bien immobilier faisant suite à un changement du lieu d'activité professionnelle de l'emprunteur ou de son conjoint, par le décès ou par la cessation forcée de l'activité professionnelle de ces derniers.**

Art. L. 313-49 *(Anc. art. L. 313-34 dénum. et mod., Ord. n° 2016-351, 25 mars 2016)* (1). **–** (2) **Aucune indemnité ni aucun coût autres que ceux qui sont mentionnés aux articles L. 313-47 et L. 313-48 ne peuvent être mis à la charge de l'emprunteur dans les cas de remboursement par anticipation prévus par ces articles.**

Sous-section 3. – Défaillance de l'emprunteur

Art. L. 313-50 *(Anc. art. L. 313-35 dénum. à compter du 1er juillet 2016, Ord. n° 2016-351, 25 mars 2016)* (1). **– En cas de défaillance de l'emprunteur et lorsque le prêteur n'exige pas le remboursement immédiat du capital restant dû, il peut majorer, dans des limites fixées par décret, le taux d'intérêt que l'emprunteur aura à payer jusqu'à ce qu'il ait repris le cours normal des échéances contractuelles.**

Art. L. 313-51 *(Anc. art. L. 313-36 dénum. à compter du 1er juillet 2016, Ord. n° 2016-351, 25 mars 2016)* (1). **– Lorsque le prêteur est amené à demander la résolution du contrat, il peut exiger le remboursement immédiat du capital restant dû, ainsi que le paiement des intérêts échus. Jusqu'à la date du règlement effectif, les sommes restant dues produisent des intérêts de retard à un taux égal à celui du prêt.**

En outre, le prêteur peut demander à l'emprunteur défaillant une indemnité qui, sans préjudice de l'application des articles 1152 et 1231 du Code civil, ne peut excéder un montant qui, dépendant de la durée restant à courir du contrat, est fixé suivant un barème déterminé par décret.

Art. L. 313-52 *(Anc. art. L. 313-37 dénum. et mod. à compter du 1er juillet 2016, Ord. n° 2016-351, 25 mars 2016)* (1). **– Aucune indemnité ni aucun coût autres que ceux qui sont mentionnés à l'article L. 313-51 ne peuvent être mis à la charge de l'emprunteur dans les cas de défaillance prévus par les dispositions de cet article.**

Toutefois, le prêteur peut réclamer à l'emprunteur, en cas de défaillance de celui-ci, le remboursement, sur justification, des frais taxables qui lui ont été occasionnés par cette défaillance à l'exclusion de tout remboursement forfaitaire de frais de recouvrement.

Section 8. – Location-vente et location assortie d'une promesse de vente

Art. L. 313-53 *(Anc. art. L. 313-38 dénum. et mod. à compter du 1er juillet 2016, Ord. n° 2016-351, 25 mars 2016)* (1). **– Les contrats de location-vente ou de location assortis d'une promesse de vente relatifs aux immeubles mentionnés au *a* du 1° de l'article L. 313-1 sont soumis aux dispositions du présent chapitre, dans des conditions fixées à la présente section.**

Art. L. 313-54 *(Anc. art. L. 313-39 dénum. à compter du 1er juillet 2016, Ord. n° 2016-351, 25 mars 2016)* (1). **– Toute publicité faite, reçue ou perçue en France, qui, quel que soit son support, porte sur l'un des contrats régis par les dispositions de la présente section, précise l'identité du bailleur, la nature et l'objet du contrat.**

(1) Les présentes dispositions sont applicables aux contrats dont l'offre a été émise après leur entrée en vigueur, Ord. n° 2016-351, 25 mars 2016, art. 13, VII.

(2) Jusqu'au 1er octobre 2016, deux articles L. 313-49 coexistent en créant une rupture dans la numérotation, le premier créé à compter du 1er juillet 2016 par l'ordonnance n° 2016-301 du 14 mars 2016 et le deuxième issu de la dénumérotation opérée à compter du 1er juillet 2016 par le a du 7° de l'article 3 de l'ordonnance n° 2016-351 du 25 mars 2016. – NDLR.

Si cette publicité comporte un ou plusieurs éléments chiffrés, elle mentionne la durée du bail ainsi que le coût annuel et le coût total de l'opération.

Art. L. 313-55 *(Anc. art. L. 313-40 dénum. et mod. à compter du 1er juillet 2016, Ord. n° 2016-351, 25 mars 2016 ; à compter du 1er avril 2018, Ord. n° 2017-1433, 4 oct. 2017)* (1). – Pour les contrats régis par les dispositions de la présente section, le bailleur est tenu de formuler par écrit sur support papier ou tout autre support durable une offre adressée gratuitement au preneur éventuel.

Cette offre mentionne l'identité des parties. Elle précise la nature et l'objet du contrat ainsi que ses modalités, notamment en ce qui concerne les dates et conditions de mise à disposition du bien, le montant des versements initiaux et celui des loyers ainsi que les modalités éventuelles d'indexation. Elle rappelle, en outre, les dispositions de l'article L. 313-58.

Art. L. 313-56 *(Anc. art. L. 313-41 dénum. à compter du 1er juillet 2016, Ord. n° 2016-351, 25 mars 2016)* (1). – Pour les contrats de location assortis d'une promesse de vente, l'offre fixe également :

1° Les conditions de levée de l'option et son coût décomposé entre, d'une part, la fraction des versements initiaux et des loyers prise en compte pour le paiement du prix et, d'autre part, la valeur résiduelle du bien, compte tenu de l'incidence des clauses de révision éventuellement prévues au contrat ;

2° Les conditions et le coût de la non-réalisation de la vente.

Art. L. 313-57 *(Anc. art. L. 313-42 dénum. et mod. à compter du 1er juillet 2016, Ord. n° 2016-351, 25 mars 2016)* (1). – Le modèle de l'offre mentionnée à l'article L. 313-55 est fixé par arrêté du ministre chargé de l'économie.

Art. L. 313-58 *(Anc. art. L. 313-43 dénum. à compter du 1er juillet 2016, Ord. n° 2016-351, 25 mars 2016 ; à compter du 1er avril 2018, Ord. n° 2017-1433, 4 oct. 2017)* (1). – L'envoi de l'offre oblige le bailleur à maintenir les conditions qu'elle indique pendant une durée minimale de trente jours à compter de sa réception par le preneur.

L'offre est soumise à l'acceptation du preneur qui ne peut accepter l'offre que dix jours après qu'il l'a reçue. L'acceptation est notifiée par lettre, le cachet de l'opérateur postal faisant foi, ou selon tout autre moyen dématérialisé convenu entre les parties de nature à rendre certaine la date de l'acceptation par l'emprunteur.

Art. L. 313-59 *(Anc. art. L. 313-44 dénum. à compter du 1er juillet 2016, Ord. n° 2016-351, 25 mars 2016)* (1). – Jusqu'à l'acceptation de l'offre, le preneur ne peut faire aucun dépôt, souscrire ou avaliser aucun effet de commerce, signer aucun chèque ni aucune autorisation de prélèvement sur compte bancaire ou postal au profit du bailleur ou pour le compte de celui-ci.

Art. L. 313-60 *(Anc. art. L. 313-45 dénum. à compter du 1er juillet 2016, Ord. n° 2016-351, 25 mars 2016)* (1). – En cas de défaillance du preneur dans l'exécution d'un contrat régi par la présente section, le bailleur est en droit d'exiger, outre le paiement des loyers échus et non réglés, une indemnité qui, sans préjudice de l'application de l'article 1152 du Code civil, ne peut excéder un montant dépendant de la durée restant à courir du contrat et fixé suivant un barème déterminé par décret.

En cas de location-vente, le bailleur ne peut exiger la remise du bien qu'après remboursement de la part des sommes versées correspondant à la valeur en capital de ce bien.

Art. L. 313-61 *(Anc. art. L. 313-46 dénum. et mod. à compter du 1er juillet 2016, Ord. n° 2016-351, 25 mars 2016)* (1). – Aucune indemnité ni aucun coût autres que ceux qui sont mentionnés à l'article L. 313-60 ne peuvent être mis à la charge du preneur. Toutefois, le bailleur peut réclamer au preneur, en cas *de défaillance de celui-ci, le remboursement* sur justification des frais taxables qui lui ont été occasionnés par cette défaillance, à l'exclusion de tout remboursement forfaitaire de frais de recouvrement.

(1) Les présentes dispositions sont applicables aux contrats dont l'offre a été émise après leur entrée en vigueur, Ord. n° 2016-351, 25 mars 2016, art. 13, VII.

Art. L. 313-62 *(Anc. art. L. 313-47 dénum. et mod. à compter du 1er juillet 2016, Ord. n° 2016-351, 25 mars 2016)* (1). – **En cas de location assortie d'une promesse de vente, l'acte constatant la levée de l'option est conclu sous la condition suspensive prévue à l'article L. 313-41.**

Lorsque cette condition n'est pas réalisée, le bailleur restitue toutes sommes versées par le preneur à l'exception des loyers et des frais de remise en état du bien.

Art. L. 313-63 *(Anc. art. L. 313-48 dénum. à compter du 1er juillet 2016, Ord. n° 2016-351, 25 mars 2016)* (1). – **Les dispositions de l'article L. 314-20 sont applicables aux contrats soumis aux dispositions de la présente section.**

Section 9. – Prêts libellés dans une devise autre que l'euro

(Intitulé rempl. à compter du 1er octobre 2016, Ord. n° 2016-351, 25 mars 2016) (1)

Art. L. 313-64 *(Anc. art. L. 313-49 dénum. et rempl. à compter du 1er juillet 2016, Ord. n° 2016-351, 25 mars 2016)* (1). – **Les emprunteurs ne peuvent contracter de prêts libellés dans une devise autre que l'euro, remboursables en euro ou dans la devise concernée, que s'ils déclarent percevoir principalement leurs revenus ou détenir un patrimoine dans cette devise au moment de la signature du contrat de prêt, excepté si le risque de change n'est pas supporté par l'emprunteur.**

Au plus tard à l'émission de l'offre de prêt, le prêteur informe l'emprunteur des risques inhérents à un tel contrat de prêt et des possibilités éventuelles de conversion des remboursements en euros en cours de prêt leur sont précisées.

Un décret en Conseil d'État précise les conditions d'application du présent article.

Chapitre IV. – Dispositions communes au crédit à la consommation et au crédit immobilier

Section 1. – Taux d'intérêt

Sous-section 1. – Taux effectif global

Art. L. 314-1 *(Rempl. à compter du 1er octobre 2016, Ord. n° 2016-351, 25 mars 2016)* (1). – **Dans tous les cas, pour la détermination du taux effectif global du prêt, comme pour celle du taux effectif pris comme référence, sont ajoutés aux intérêts les frais, les taxes, les commissions ou rémunérations de toute nature, directs ou indirects, supportés par l'emprunteur et connus du prêteur à la date d'émission de l'offre de crédit ou de l'avenant au contrat de crédit, ou dont le montant peut être déterminé à ces mêmes dates, et qui constituent une condition pour obtenir le crédit ou pour l'obtenir aux conditions annoncées.**

Art. L. 314-2 *(Rempl. à compter du 1er octobre 2016, Ord. n° 2016-351, 25 mars 2016)* (1). – **Pour les contrats de crédit qui prévoient un amortissement échelonné, le taux effectif global doit être calculé en tenant compte des modalités de l'amortissement de la créance.**

Art. L. 314-3 *(Rempl. à compter du 1er octobre 2016, Ord. n° 2016-351, 25 mars 2016)* (1). – **Pour les contrats de crédit entrant dans le champ d'application des chapitres II et III du présent titre, le taux effectif global est dénommé « Taux annuel effectif global ».**

Art. L. 314-4 *(Rempl. à compter du 1er octobre 2016, Ord. n° 2016-351, 25 mars 2016)* (1). – **Un décret en Conseil d'État précise les conditions d'application des articles L. 314-1 à L. 314-3 et notamment les modalités de détermination de l'assiette et de calcul du taux effectif global, ainsi que les modalités de calcul du taux annuel effectif de l'assurance mentionné aux articles L. 312-7 et L. 313-8.**

Art. L. 314-5. – **Le taux effectif global déterminé selon les modalités prévues aux articles L. 314-1 à L. 314-4 est mentionné dans tout écrit constatant un contrat de prêt régi par la présente section.**

(1) Les présentes dispositions sont applicables aux contrats dont l'offre a été émise après leur entrée en vigueur, Ord. n° 2016-351, 25 mars 2016, art. 13, VII.

Sous-section 2. – Taux d'usure

Art. L. 314-6. – Constitue un prêt usuraire tout prêt conventionnel consenti à un taux effectif global qui excède, au moment où il est consenti, de plus du tiers, le taux effectif moyen pratiqué au cours du trimestre précédent par les établissements de crédit et les sociétés de financement pour des opérations de même nature comportant des risques analogues, telles que définies par l'autorité administrative après avis du Comité consultatif du secteur financier. Les catégories d'opérations pour les prêts aux particuliers n'entrant pas dans le champ d'application *(Mots rempl. à compter du 1er juillet 2016, Ord. n° 2016-351, 25 mars 2016)* (1) « du 1° de l'article L. 313-1 ou ne constituant pas une opération de crédit d'un montant supérieur à 75 000 euros destiné à financer, pour les immeubles à usage d'habitation ou à usage professionnel et d'habitation, les dépenses relatives à leur réparation, leur amélioration ou leur entretien » sont définies à raison du montant des prêts.

Les crédits accordés à l'occasion de ventes à tempérament sont, pour l'application de la présente section, assimilés à des prêts conventionnels et considérés comme usuraires dans les mêmes conditions que les prêts d'argent ayant le même objet.

Art. L. 314-7. – Les conditions de calcul et de publicité des taux effectifs moyens mentionnés à l'article L. 314-6 sont fixées par décret.

Art. L. 314-8. – Des mesures transitoires, dérogeant aux dispositions de l'article L. 314-6, peuvent être mises en œuvre par le ministre chargé de l'économie, sur proposition motivée du gouverneur de la Banque de France, pour une période ne pouvant excéder huit trimestres consécutifs, en cas de :

- variation d'une ampleur exceptionnelle du coût des ressources des établissements de crédit et des sociétés de financement ;
- modifications de la définition des opérations de même nature mentionnées à l'article L. 314-6.

Art. L. 314-9. – Les dispositions des articles L. 314-6 à L. 314-8 ne sont pas applicables aux prêts accordés à une personne physique agissant pour ses besoins professionnels ou à une personne morale se livrant à une activité industrielle, commerciale, artisanale, agricole ou professionnelle non commerciale.

Section 2. – Regroupements de crédits

Art. L. 314-10. – Lorsque les crédits mentionnés à l'article L. 312-1 font l'objet d'une opération de crédit destinée à les regrouper, le nouveau contrat de crédit est soumis au chapitre II.

Art. L. 314-11. – Lorsqu'une opération de crédit destinée à regrouper des crédits antérieurs comprend un ou des *(Mots rempl. à compter du 1er juillet 2016, Ord. n° 2016-351, 25 mars 2016)* (1) « crédits mentionnés à l'article L. 313-1 » dont la part relative ne dépasse pas un seuil fixé par décret en Conseil d'État (2), le nouveau contrat de crédit est soumis au chapitre II. Lorsque cette part relative dépasse ce seuil, le nouveau contrat de crédit est soumis au chapitre III du présent titre.

Art. L. 314-12. – Lorsqu'une opération de crédit est destinée à regrouper des crédits mentionnés à l'article L. 313-1, le nouveau contrat de crédit est soumis au chapitre III.

(Alinéa créé à compter du 1er juillet 2016, Ord. n° 2016-351, 25 mars 2016) (1) Toute opération de regroupement de crédit garantie par une hypothèque, par une autre sûreté comparable sur les biens immobiliers à usage d'habitation ou par un droit lié à un bien immobilier à usage d'habitation est soumise, quel que soit son objet, aux dispositions du chapitre III du présent titre.

Art. L. 314-13. – Le prêteur qui consent une opération de regroupement de crédits comprenant un ou plusieurs contrats de crédits renouvelables mentionnés à l'article L. 312-57 effectue le remboursement du *montant dû au titre de ces crédits* directement auprès du prêteur initial. Lorsque l'opération porte sur la

---

(1) Les présentes dispositions sont applicables aux contrats dont l'offre a été émise après leur entrée en vigueur, Ord. n° 2016-351, 25 mars 2016, art. 13, VII.

(2) V. T. appl. : D. n° 2010-1004, 30 août 2010.

totalité du montant restant dû au titre d'un crédit renouvelable, le prêteur rappelle à l'emprunteur la possibilité de résilier le contrat afférent et lui propose d'adresser sans frais la lettre de résiliation signée par l'emprunteur.

Art. L. 314-14. – Les modalités selon lesquelles les opérations de crédit mentionnées aux articles L. 314-10 à L. 314-13 sont conclues afin de garantir la bonne information de l'emprunteur sont précisées par décret en Conseil d'État.

Section 3. – Sûretés personnelles

Art. L. 314-15. – La personne physique qui s'engage par acte sous seing privé en qualité de caution pour l'une des opérations relevant des chapitres II ou III du présent titre fait précéder sa signature de la mention manuscrite suivante et uniquement de celle-ci :

« En me portant caution de X ..., dans la limite de la somme de ... couvrant le paiement du principal, des intérêts et, le cas échéant, des pénalités ou intérêts de retard et pour la durée de ..., je m'engage à rembourser au prêteur les sommes dues sur mes revenus et mes biens si X ... n'y satisfait pas lui-même. »

Art. L. 314-16. – Lorsque le créancier demande un cautionnement solidaire pour l'une des opérations relevant des chapitres II ou III du présent titre, la personne physique qui se porte caution fait précéder sa signature de la mention manuscrite suivante :

« En renonçant au bénéfice de discussion défini à l'article 2298 du Code civil et en m'obligeant solidairement avec X ..., je m'engage à rembourser le créancier sans pouvoir exiger qu'il poursuive préalablement X... ».

Art. L. 314-17. – Toute personne physique qui s'est portée caution à l'occasion d'une opération de crédit relevant des chapitres II ou III du présent titre est informée par l'établissement prêteur de la défaillance du débiteur principal dès le premier incident de paiement caractérisé susceptible d'inscription au fichier institué à l'article L. 751-1.

Art. L. 314-18. – Un établissement de crédit, une société de financement, un établissement de monnaie électronique, un établissement de paiement ou un organisme mentionné au 5 de l'article L. 511-6 du Code monétaire et financier ne peut se prévaloir d'un contrat de cautionnement d'une opération de crédit relevant des chapitres II ou III du présent titre, conclu par une personne physique dont l'engagement était, lors de sa conclusion, manifestement disproportionné à ses biens et revenus, à moins que le patrimoine de cette caution, au moment où celle-ci est appelée, ne lui permette de faire face à son obligation.

Art. L. 314-19. – La garantie autonome définie à l'article 2321 du Code civil ne peut être souscrite à l'occasion d'un crédit relevant des chapitres II et III du présent titre.

Section 4. – Délai de grâce

Art. L. 314-20. – L'exécution des obligations du débiteur peut être, notamment en cas de licenciement, suspendue par ordonnance du juge d'instance dans les conditions prévues aux articles 1244-1 à 1244-3 du Code civil. L'ordonnance peut décider que, durant le délai de grâce, les sommes dues ne produiront point intérêt.

En outre, le juge peut déterminer dans son ordonnance **les modalités de paiement des sommes qui seront exigibles au terme du délai de suspension, sans que le dernier versement puisse excéder de plus de deux ans le terme initialement prévu pour le remboursement du prêt ; il peut cependant surseoir à statuer sur ces modalités jusqu'au terme du délai de suspension.**

Section 5. – Lettre de change et billets à ordre

Art. L. 314-21. – Les dispositions de l'article L. 511-5 du Code de commerce sont applicables aux lettres de change et billets à ordre souscrits ou avalisés par les emprunteurs même majeurs à l'occasion des opérations de crédit régies par le présent titre à l'exception des sections 2, 6 et 8 du chapitre III et des sections 1, 2, 4, 5 et 6 du présent chapitre et de la section 2 du chapitre Ier du titre IV.

Section 6. – Règle de conduite et rémunération

(Section rempl. à compter du 1er juillet 2016, Ord. n° 2016-351, 25 mars 2016) (1)

Art. L. 314-22 *(Rempl. à compter du 1er juillet 2016, Ord. n° 2016-351, 25 mars 2016 ; mod., L. n° 2017-203, 21 févr. 2017)* (1). – Dans le cadre de l'élaboration, de l'octroi et de l'exécution d'un contrat de crédit, de service de conseil ou de services accessoires, les prêteurs agissent d'une manière honnête, équitable, transparente et professionnelle, au mieux des droits et des intérêts des emprunteurs.

L'octroi de crédit, de services accessoires ou de services de conseil s'appuie sur les informations relatives à la situation de l'emprunteur et sur toute demande spécifique formulée par celui-ci, ainsi que sur les hypothèses raisonnables quant aux risques que la durée du contrat de crédit fait courir à l'emprunteur.

Art. L. 314-23 *(Créé à compter du 1er juillet 2016, Ord. n° 2016-351, 25 mars 2016)* (1). – La manière dont les prêteurs rémunèrent leur personnel et les intermédiaires de crédit ne porte pas atteinte aux obligations mentionnées à l'article L. 314-22.

Les personnels concernés sont les personnes physiques qui travaillent pour le prêteur et qui exercent directement ou participent à des activités d'élaboration, de proposition, d'octroi ou d'exécution des contrats de crédit ou de fourniture de services de conseil mentionnés au présent titre. Sont également concernées les personnes physiques qui encadrent directement les personnes susmentionnées.

Tout vendeur personne physique, salarié ou non d'un prêteur, ne peut, en aucun cas, être rémunéré en fonction du taux du crédit ou du type de crédit qu'il a fait contracter.

Pour les opérations de crédit mentionnées à l'article L. 313-1, la politique de rémunération du personnel responsable de l'évaluation de la solvabilité est élaborée, dans la mesure nécessaire compte tenu de la taille, de l'organisation interne et de la nature, de l'étendue et de la complexité des activités du prêteur, dans le respect des principes énoncés à l'article L. 511-71 du Code monétaire et financier.

Les prêteurs veillent à ce que la politique de rémunération permette et promeuve une gestion du risque saine et comporte des mesures visant à éviter les conflits d'intérêts.

Cette politique de rémunération ne dépend pas du nombre ou de la proportion des demandes acceptées.

La politique de rémunération du personnel fournissant un service de conseil mentionné aux articles L. 313-13 et L. 313-14 ne porte pas atteinte à sa capacité de servir au mieux les intérêts de l'emprunteur et ne dépend pas exclusivement des objectifs de vente.

Section 7. – Formation du prêteur et de l'intermédiaire

(Section rempl. à compter du 1er juillet 2016, Ord. n° 2016-351, 25 mars 2016) (1)

Art. L. 314-24 *(Anc. art. L. 314-23 dénum. et rempl. à compter du 1er juillet 2016, Ord. n° 2016-351, 25 mars 2016)* (1). – Les prêteurs et les intermédiaires de crédit veillent à ce que le personnel placé sous leur autorité possède et maintienne à jour des connaissances et compétences appropriées concernant l'élaboration, la proposition et l'octroi des contrats de crédit mentionnés à l'article L. 313-1, la fourniture de service de conseil mentionné aux articles L. 313-13 et L. 313-14 ainsi que, le cas échéant, l'activité d'intermédiation.

Lorsque la conclusion d'un contrat de crédit implique la souscription de services accessoires, un niveau suffisant de connaissance de ces services et de compétence pour leur fourniture est exigé.

Les modalités d'application du présent article sont fixées par décret.

Art. L. 314-25 *(Créé à compter du 1er juillet 2016, Ord. n° 2016-351, 25 mars 2016)* (1). – Les personnes chargées de fournir à l'emprunteur les explications sur les prêts mentionnés aux articles L. 312-1 à L. 312-3 et de recueillir les informations nécessaires à l'établissement de la fiche prévue à l'article L. 312-17 sont formées à la distribution du crédit à la consommation et à la prévention du surendettement. L'employeur de ces personnes tient à disposition, à des fins de contrôle, l'attestation de formation mentionnée à l'article L. 6353-1 du Code du travail, établie par un des prêteurs dont les crédits sont proposés, sur le lieu de vente *ou par un organisme de formation* enregistré. Les exigences minimales auxquelles doit répondre cette formation sont définies par décret.

(1) Les présentes dispositions sont applicables aux contrats dont l'offre a été émise après leur entrée en vigueur, Ord. n° 2016-351, 25 mars 2016, art. 13, VII.

Section 8. – Dispositions d'ordre public

Art. L. 314-26 *(Ancien L. 314-24 dénuméroté à compter du 1er juillet 2016, Ord. n° 2016-351, 25 mars 2016)* (1). – **Les dispositions des chapitres II et III et des sections 2 à 7 du présent chapitre sont d'ordre public.**

Section 9. – Dispositions relatives à la mise à disposition ou remise d'informations ou documents sur tout autre support durable que le papier

(Section créée à compter du 1er avril 2018, Ord. n° 2017-1433, 4 oct. 2017)

Art. L. 314-27 *(Créé à compter du 1er avril 2018, Ord. n° 2017-1433, 4 oct. 2017)*. – **Pour l'application des chapitres II et III du présent titre, lorsque le prêteur souhaite mettre à disposition ou fournir des informations et documents sur un support durable autre que le papier, ce dernier vérifie au préalable que ce mode de communication est adapté à la situation de l'emprunteur dans le cadre de l'opération de crédit envisagée ou en cours ; il s'assure qu'il est en mesure de prendre connaissance de ces informations et documents sur le support durable envisagé.**

Après cette vérification, le prêteur informe l'emprunteur de façon claire, précise et compréhensible de la poursuite de la relation commerciale sur un support durable autre que le papier. Il renouvelle cette vérification annuellement.

À moins que cela ne soit incompatible avec la nature du contrat à distance conclu ou du service financier fourni, il doit informer l'emprunteur de son droit à s'opposer à l'utilisation de ce support dès l'entrée en relation ou à n'importe quel moment. Il justifie à tout moment de la relation que cette information a bien été portée à la connaissance de l'emprunteur.

Art. L. 314-28 *(Créé à compter du 1er avril 2018, Ord. n° 2017-1433, 4 oct. 2017)*. – **À moins que cela ne soit incompatible avec la nature du contrat à distance conclu ou du service financier fourni, l'emprunteur peut, immédiatement et à n'importe quel moment de l'opération de crédit, s'opposer par tout moyen à l'usage d'un support durable autre que le papier et demander à bénéficier sans frais d'un support papier. Il peut par ailleurs effectuer l'ensemble des formalités et obligations qui lui incombent sur tout autre support convenu avec le prêteur et sur un support identique à celui utilisé par le prêteur.**

Art. L. 314-29 *(Créé à compter du 1er avril 2018, Ord. n° 2017-1433, 4 oct. 2017)*. – **Lorsque le prêteur fournit à l'emprunteur des informations et des documents par le biais d'un espace personnel sécurisé sur internet, il porte à la connaissance de l'emprunteur l'existence et la disponibilité de ces informations et documents sur l'espace personnel sécurisé par tout moyen adapté à la situation de l'emprunteur.**

Art. L. 314-30 *(Créé à compter du 1er avril 2018, Ord. n° 2017-1433, 4 oct. 2017)*. – **Le prêteur garantit l'accessibilité des informations et des documents pendant une durée adaptée à leur finalité. Pour les documents précontractuels et contractuels cette durée ne peut être inférieure à cinq ans après la fin de la relation contractuelle.**

Lorsque le prêteur envisage de ne plus rendre accessibles ces informations et documents, il doit en informer préalablement et dans un délai qui ne peut être inférieur à deux mois, l'emprunteur par tout moyen adapté à la situation de ce dernier.

Art. L. 314-31 *(Créé à compter du 1er avril 2018, Ord. n° 2017-1433, 4 oct. 2017)*. – **Les dispositions de la présente section ne s'appliquent pas aux contrats conclus à distance portant sur des services financiers régis par le chapitre II du titre II du livre II du présent code ainsi qu'au démarchage et à la fourniture à distance de services financiers régis par les chapitres I et III du titre IV du livre III du Code monétaire et financier.**

(1) Les présentes dispositions sont applicables aux contrats dont l'offre a été émise après leur entrée en vigueur, Ord. n° 2016-351, 25 mars 2016, art. 13, VII.

Chapitre V. – Prêt viager hypothécaire

Section 1. – Définition et champ d'application

Art. L. 315-1. – Le prêt viager hypothécaire est un contrat par lequel un établissement de crédit ou un établissement financier consent à une personne physique un prêt sous forme d'un capital ou de versements périodiques, garanti par une hypothèque constituée sur un bien immobilier de l'emprunteur à usage exclusif d'habitation et dont le remboursement-principal et intérêts capitalisés annuellement ne peut être exigé qu'au décès de l'emprunteur ou lors de l'aliénation ou du démembrement de la propriété de l'immeuble hypothéqué s'ils surviennent avant le décès.

Ce contrat peut également prévoir le même dispositif avec un remboursement périodique des seuls intérêts.

Art. L. 315-2. – Un établissement de crédit, un établissement financier ou une société de tiers-financement mentionnée au 8 de l'article L. 511-6 du Code monétaire et financier peuvent procéder au financement de travaux de rénovation au moyen d'un prêt avance mutation garanti par une hypothèque constituée à hauteur du montant initial du prêt augmenté des intérêts capitalisés annuellement et dont le remboursement ne peut être exigé que lors de la mutation du bien.

Le remboursement des intérêts peut faire l'objet d'un remboursement progressif, selon une périodicité convenue.

Art. L. 315-3. – Le prêt viager hypothécaire ne peut être destiné à financer les besoins d'une activité professionnelle.

Section 2. – Publicité

Art. L. 315-4. – Toute publicité faite, reçue ou perçue en France qui, quel que soit son support, porte sur une opération de prêt viager hypothécaire défini à l'article L. 315-1 est loyale et informative.

À ce titre, elle mentionne :

1° L'identité du prêteur, la nature de l'opération proposée, son coût total et le taux effectif global, à l'exclusion de tout autre taux, calculé par tranches de cinq ans, ainsi que les perceptions forfaitaires ;

2° Les modalités du terme de l'opération proposée.

Elle reproduit les dispositions des articles L. 315-11 et L. 341-43.

Art. L. 315-5. – Lorsque la publicité est écrite et quel qu'en soit le support, les informations relatives à la nature de l'opération, aux conditions de détermination du taux effectif global et, s'il s'agit d'un taux promotionnel, à la période durant laquelle ce taux s'applique, figurent dans une taille de caractères au moins aussi importante que celle utilisée pour indiquer toute autre information relative aux caractéristiques du financement et sont inscrites dans le corps principal du texte publicitaire.

Art. L. 315-6. – Sont interdites dans toute publicité :

1° La mention qu'un prêt peut être octroyé sans élément d'information permettant d'apprécier la situation financière et patrimoniale de l'emprunteur ;

2° L'indication de la ressource supplémentaire qu'offre le prêt si elle n'est suivie d'une information sur les modalités du terme de l'opération telles que prévues par les dispositions des articles L. 315-20 et L. 315-21.

Art. L. 315-7. – L'offre préalable de crédit doit être distincte de tout support ou document publicitaire.

Art. L. 315-8. – Une opération de prêt viager hypothécaire ne peut faire l'objet d'un démarchage au sens du septième alinéa de l'article L. 341-1 du Code monétaire et financier.

Section 3. – Formation du contrat de crédit

Art. L. 315-9 *(Mod., L. n° 2017-203, 21 févr. 2017).* – L'opération de prêt viager hypothécaire est conclue dans les termes d'une offre préalable comportant les mentions suivantes :

1° L'identité des parties et la date d'acceptation de l'offre ;

2° La désignation exacte du bien hypothéqué, conforme aux exigences de la publicité foncière ;

3° La valeur du bien hypothéqué estimée par un expert choisi par les parties et les frais afférents à l'expertise mis à la charge de l'emprunteur ;

4° La nature du prêt ;

5° Les modalités du prêt et, notamment, les dates et les conditions de mise à disposition des fonds ;

6° En cas de versements échelonnés du capital, l'échéancier des versements périodiques distinguant la part du capital de celle des intérêts accumulés sur ces sommes durant la durée prévisionnelle du prêt et permettant à l'emprunteur de connaître le moment où il aura épuisé l'actif net de son logement ;

7° Lorsque le capital est versé en une seule fois, un état des intérêts accumulés sur ces sommes durant la durée prévisionnelle du prêt, permettant à l'emprunteur de connaître le moment où il aura épuisé l'actif net de son logement ;

8° À partir d'exemples représentatifs établis en fonction d'hypothèses relatives, notamment, à la durée du prêt, le coût global du crédit, le taux effectif global défini conformément aux dispositions des articles L. 314-1 à L. 314-4 ainsi que, s'il y a lieu, les modalités de l'indexation ;

9° La durée de validité de l'offre ;

10° En cas de remboursement périodique des intérêts, l'échéancier des versements périodiques d'intérêts pour les prêts dont le taux d'intérêt est fixe, ou la simulation de l'impact d'une variation du taux sur les mensualités d'intérêts pour les prêts dont le taux d'intérêt est variable. Cette simulation ne constitue pas un engagement du prêteur à l'égard de l'emprunteur quant à l'évolution effective des taux d'intérêt pendant le prêt et à son impact sur les mensualités.

L'offre reproduit les dispositions des articles L. 315-10 à L. 315-15, L. 315-20 et L. 341-55.

Art. L. 315-10. – La remise de l'offre oblige le prêteur à maintenir les conditions qu'elle comporte pendant une durée minimale de trente jours à compter de son émission.

Art. L. 315-11. – L'acceptation de l'offre ne peut intervenir que dix jours après sa réception par l'emprunteur. Elle fait alors l'objet d'un acte notarié.

Jusqu'à l'acceptation de l'offre par l'emprunteur, aucun versement sous quelque forme que ce soit ne peut être fait, au titre de l'opération en cause, par le prêteur à l'emprunteur ou pour le compte de celui-ci, ni par l'emprunteur au prêteur.

Jusqu'à cette acceptation, l'emprunteur ne peut, au même titre, faire aucun dépôt, souscrire ou avaliser aucun effet de commerce ou signer aucun chèque. Si une autorisation de prélèvement sur compte bancaire ou postal est signée par l'emprunteur, sa validité et sa prise d'effet sont subordonnées à celle du contrat de crédit.

Section 4. – Affectation et entretien de l'immeuble

Art. L. 315-12. – L'emprunteur doit apporter à l'immeuble hypothéqué tous les soins raisonnables.

Art. L. 315-13 *(Mod., L. n° 2017-203, 21 févr. 2017)*. – Ainsi qu'il est dit à l'article 1305-4 du Code civil, le débiteur ne peut réclamer le bénéfice du terme s'il ne fournit pas les sûretés promises au créancier ou s'il diminue celles qui garantissent l'obligation.

Art. L. 315-14. – Le débiteur perd également le bénéfice du terme lorsqu'il change l'affectation du bien hypothéqué ou lorsqu'il refuse au créancier l'accès de l'immeuble hypothéqué pour s'assurer de son bon état d'entretien et de conservation ou en cas de prêt viager hypothécaire à versement périodique d'intérêts, lorsqu'il est défaillant dans le versement d'une ou de plusieurs échéances d'intérêts.

Section 5. – Plafonnement de la dette

Art. L. 315-15. – La dette de l'emprunteur ou de ses ayants droit ne peut jamais excéder la valeur de l'immeuble appréciée lors de l'échéance du terme.

Lorsque le créancier hypothécaire met en jeu sa garantie à l'échéance du terme, si la dette est alors inférieure à la valeur de l'immeuble, la différence entre cette valeur et le montant de la créance est versée, selon le cas, à l'emprunteur ou à ses héritiers.

En cas d'aliénation du bien, la valeur de l'immeuble est égale à la valeur indiquée dans l'acte de cession sous réserve des dispositions de l'article L. 315-21.

Section 6. – Remboursement anticipé

Art. L. 315-16. – L'emprunteur peut toujours, à son initiative, mettre un terme au contrat de prêt qui lui a été consenti en remboursant la totalité des sommes déjà versées en principal et intérêts.

Si l'emprunteur a opté pour un versement du capital en une seule fois, il peut, à son initiative, rembourser une partie des sommes versées. Toutefois, le prêteur peut refuser un remboursement partiel inférieur à un montant fixé par décret en Conseil d'État.

Art. L. 315-17. – Dans les cas de remboursement prévus à l'article L. 315-16, le prêteur est en droit d'exiger une indemnité qui ne peut, sans préjudice de l'application de l'article 1152 du Code civil, excéder un montant qui, dépendant de la durée du contrat déjà réalisée, est fixée selon des modalités déterminées par décret en Conseil d'État.

Art. L. 315-18. – Le remboursement anticipé ne peut donner lieu à aucune indemnité ni à aucun coût à la charge de l'emprunteur autres que ceux qui sont mentionnés aux articles L. 315-16 et L. 315-17.

Art. L. 315-19. – L'emprunteur peut, en cas de versements périodiques du capital, demander une suspension ou une modification de l'échéancier des versements.

Ces aménagements se font au taux conventionnel défini au contrat principal et donnent lieu à l'établissement d'un nouvel état des versements périodiques et des intérêts accumulés sur ces sommes pour la durée prévisionnelle du prêt restant à courir. La part du capital et celle des intérêts apparaissent de manière distincte.

Les modifications visant à accélérer les versements peuvent intervenir conformément aux stipulations contractuelles.

Section 7. – Terme de l'opération

Art. L. 315-20. – Lors du décès de l'emprunteur ou du dernier vivant des co-emprunteurs, les héritiers peuvent payer la dette plafonnée à la valeur de l'immeuble estimée au jour de l'ouverture de la succession. Il est procédé à cette estimation en tant que de besoin par un expert choisi d'un commun accord par le créancier et l'emprunteur ou désigné sur requête.

À défaut et nonobstant les règles applicables en matière d'acceptation sous bénéfice d'inventaire, le créancier hypothécaire peut à son choix :

– poursuivre la saisie et la vente de l'immeuble dans les conditions du droit commun, auquel cas la dette est plafonnée au prix de la vente ;

– ou se voir attribuer la propriété de l'immeuble par décision judiciaire ou en vertu d'un pacte commissoire alors même que celui-ci constituait la résidence principale de l'emprunteur.

Le créancier hypothécaire dispose de la même option en cas de succession vacante.

Art. L. 315-21. – En cas d'aliénation de l'immeuble par l'emprunteur ou ses héritiers, le projet de cession est notifié au créancier hypothécaire.

En cas de contestation par celui-ci de la valeur de l'immeuble retenue dans l'acte de cession, il est procédé à l'estimation du bien par un expert choisi d'un commun accord par le créancier et l'emprunteur ou désigné sur requête.

Si la valeur de l'immeuble s'avère finalement inférieure à cette estimation, la créance du prêteur est alors plafonnée :

– soit au prix d'adjudication de l'immeuble si le créancier hypothécaire fait procéder à la saisie et à la vente du bien en vertu de son droit de suite ;

– soit à la valeur d'expertise de l'immeuble si le créancier hypothécaire demande l'attribution judiciaire du bien ou se prévaut du pacte commissoire par lui conclu.

Les dispositions du présent article s'appliquent également au démembrement de la propriété de l'immeuble hypothéqué.

Art. L. 315-22. – En cas de défaillance de l'emprunteur sur le remboursement périodique des intérêts, le prêteur peut exiger le remboursement immédiat des intérêts échus mais non payés.

Art. L. 315-23. – Lorsque le prêteur est amené à demander la résolution du contrat, il peut exiger le remboursement immédiat du capital versé, ainsi que le paiement des intérêts échus.

Jusqu'au règlement effectif, les sommes restant dues produisent des intérêts de retard à un taux égal au taux du prêt. En outre, le prêteur peut demander à l'emprunteur défaillant une indemnité qui, sans préjudice de l'application des articles 1152 et 1231 du Code civil, ne peut excéder un montant qui, dépendant de la durée restant à courir du contrat, est fixé suivant un barème déterminé par décret.

Titre Ier. – Activité intermédiaire

Chapitre Ier. – Champ d'application

Art. L. 321-1 *(Mod., L. n° 2017-203, 21 févr. 2017)*. – Les dispositions du présent titre s'appliquent aux intermédiaires au sens du 5° de l'article L. 311-1.

Elles ne sont pas applicables :

1° Aux membres des professions juridiques et judiciaires réglementées ;

2° Aux personnes physiques ou morales qui se livrent aux opérations mentionnées à l'article L. 322-1 du présent code dans le cadre de leur mission de conciliation instituée par les dispositions du chapitre 1er du titre I du livre VI du Code de commerce relatives à la prévention des difficultés des entreprises, du mandat ad hoc et de la procédure de conciliation ;

3° Aux experts nommés par le tribunal, mentionnés à l'article L. 627-3 du Code de commerce, qui se livrent aux opérations mentionnées à l'article L. 322-1 du présent code ;

4° Aux personnes physiques mentionnées au deuxième alinéa de l'article au deuxième alinéa de l'article L. 811-2 du Code de commerce, dans le cadre de la mission qui leur est confiée par une décision de justice.

Art. L. 321-2. – Les dispositions du présent titre ne font pas obstacle aux dispositions législatives et réglementaires qui prévoient la représentation en justice.

Chapitre II. – Protection des débiteurs et des emprunteurs

Art. L. 322-1. – Il est interdit pour un intermédiaire de se charger ou de se proposer moyennant rémunération :

1° D'examiner la situation d'un débiteur en vue de l'établissement d'un plan de remboursement ;

2° De rechercher pour le compte d'un débiteur l'obtention de délais de paiement ou d'une remise de dette.

3° D'intervenir, pour le compte du débiteur, sous quelque forme que ce soit, pour les besoins de la procédure de surendettement.

Art. L. 322-2. – Toute publicité diffusée par ou pour le compte d'une personne physique ou morale qui apporte son concours, à quelque titre que ce soit et de quelque manière que ce soit, directement ou indirectement, à l'obtention d'un ou plusieurs prêts d'argent par un particulier, à l'exception des opérations de crédit mentionnées à l'article L. 312-1, comporte, de manière apparente, la mention suivante :

« Aucun versement, de quelque nature que ce soit, ne peut être exigé d'un particulier, avant l'obtention d'un ou plusieurs prêts d'argent. »

Cette publicité indique le nom et l'adresse de l'établissement de crédit, des établissements de crédit, de la *société de financement* ou des sociétés de financement pour le compte duquel, desquels, de laquelle ou desquelles l'intermédiaire exerce son activité.

Art. L. 322-3. – Toute publicité et tout document destinés aux emprunteurs et diffusés par ou pour le compte d'un intermédiaire de crédit au sens du 3° de l'article L. 311-1 indiquent, de manière apparente, l'étendue des pouvoirs de l'intermédiaire, et notamment s'il travaille à titre exclusif avec un ou plusieurs prêteurs ou en qualité de courtier indépendant.

Art. L. 322-4. – Avant la conclusion d'un contrat de crédit portant sur une des opérations mentionnées à l'article L. 312-1, l'intermédiaire de crédit et l'emprunteur conviennent par écrit ou sur un autre support durable des frais éventuels dus par l'emprunteur à l'intermédiaire de crédit pour ses services.

L'intermédiaire de crédit informe le prêteur de ces frais, aux fins du calcul du taux annuel effectif global.

Titre III. – Cautionnement

Chapitre Ier. – Formalisme

Art. L. 331-1. – Toute personne physique qui s'engage par acte sous seing privé en qualité de caution envers un créancier professionnel fait précéder sa signature de la mention manuscrite suivante et uniquement de celle-ci :

« En me portant caution de X ...., dans la limite de la somme de .... couvrant le paiement du principal, des intérêts et, le cas échéant, des pénalités ou intérêts de retard et pour la durée de ...., je m'engage à rembourser au prêteur les sommes dues sur mes revenus et mes biens si X .... n'y satisfait pas lui-même. »

Art. L. 331-2. – (1) **Lorsque le créancier professionnel demande un cautionnement solidaire, la personne physique qui se porte caution fait précéder sa signature de la mention manuscrite suivante :**

« En renonçant au bénéfice de discussion défini à l'article 2298 du Code civil et en m'obligeant solidairement avec X je m'engage à rembourser le créancier sans pouvoir exiger qu'il poursuive préalablement X ».

Art. L. 331-3. – (1) **Les stipulations de solidarité et de renonciation au bénéfice de discussion figurant dans un contrat de cautionnement consenti par une personne physique au bénéfice d'un créancier professionnel sont réputées non écrites si l'engagement de la caution n'est pas limité à un montant global, expressément et contractuellement déterminé, incluant le principal, les intérêts, les frais et accessoires.**

Chapitre II. – Proportionnalité

Art. L. 332-1. – Un créancier professionnel ne peut se prévaloir d'un contrat de cautionnement conclu par une personne physique dont l'engagement était, lors de sa conclusion, manifestement disproportionné à ses biens et revenus, à moins que le patrimoine de cette caution, au moment où celle-ci est appelée, ne lui permette de faire face à son obligation.

Chapitre III. – Information en cours d'exécution

Art. L. 333-1. – Sans préjudice des dispositions particulières, toute personne physique qui s'est portée caution est informée par le créancier professionnel de la défaillance du débiteur principal dès le premier incident de paiement non régularisé dans le mois de l'exigibilité de ce paiement.

Art. L. 333-2. – Le créancier professionnel fait connaître à la caution personne physique, au plus tard avant le 31 mars de chaque année, le montant du principal et des intérêts, commissions, frais et accessoires restant à courir au 31 décembre de l'année précédente au titre de l'obligation garantie, ainsi que le terme de cet engagement.

Si l'engagement est à durée indéterminée, il rappelle la faculté de révocation à tout moment et les conditions dans lesquelles celle-ci est exercée.

Titre IV. – Sanctions

Chapitre Ier. – Opérations de crédit

Section 1. – Crédit à la consommation

Sous-section 1. – Information précontractuelle de l'emprunteur

Art. L. 341-1. – Le prêteur qui accorde un crédit sans communiquer à l'emprunteur les informations précontractuelles dans les conditions fixées par l'article L. 312-12 ou, pour les opérations de découvert en *compte, à l'article L. 312-85* est déchu du droit aux intérêts.

(1) V. Cass. 1re civ. avis, 8 avr. 2010, n° 9002 FS-D, Coq c. Stutz : JurisData n° 2010-010902 (sur le champ d'application des articles L. 341-3 et L. 341-5 du Code de la consommation, concernant les cautionnements consentis par acte authentique, recodifiés aux présents articles). – NDLR.

Sous-section 2. – Formation et exécution du contrat

§ 1. – Sanctions civiles

Art. L. 341-2. – Le prêteur qui n'a pas respecté les obligations fixées aux articles L. 312-14 et L. 312-16 est déchu du droit aux intérêts, en totalité ou dans la proportion fixée par le juge.

Art. L. 341-3. – Le prêteur qui accorde un crédit sans remettre et faire signer ou valider par voie électronique la fiche mentionnée à l'article L. 312-17 est déchu du droit aux intérêts.

Art. L. 341-4. – Le prêteur qui accorde un crédit sans remettre à l'emprunteur un contrat satisfaisant aux conditions fixées par les articles L. 312-18, L. 312-21, L. 312-28, L. 312-29, L. 312-43 ainsi que, pour les opérations de découvert en compte, par les articles L. 312-85 à L. 312-87 et L. 312-92, est déchu du droit aux intérêts.

Art. L. 341-5. – Le prêteur qui accorde un crédit renouvelable sans remettre à l'emprunteur un contrat satisfaisant aux conditions fixées par les articles L. 312-64, L. 312-65 et L. 312-66 est déchu du droit aux intérêts.

Art. L. 341-6. – Le prêteur qui n'a pas respecté les obligations relatives à l'information de l'emprunteur en cas de modification du taux débiteur fixées à l'article L. 312-31 et, pour les opérations de découvert en compte, à l'article L. 312-89 est déchu du droit aux intérêts, en totalité ou dans la proportion fixée par le juge.

Art. L. 341-7. – Le prêteur qui n'a pas respecté les modalités d'utilisation du crédit renouvelable fixées par les dispositions des articles L. 312-68, L. 312-69 et L. 312-70 est déchu du droit aux intérêts, en totalité ou dans la proportion fixée par le juge.

Art. L. 341-8. – Lorsque le prêteur est déchu du droit aux intérêts dans les conditions prévues aux articles L. 341-1 à L. 341-7, l'emprunteur n'est tenu qu'au seul remboursement du capital suivant l'échéancier prévu, ainsi que, le cas échéant, au paiement des intérêts dont le prêteur n'a pas été déchu.

Les sommes déjà perçues par le prêteur au titre des intérêts, qui sont productives d'intérêts au taux de l'intérêt légal à compter du jour de leur versement, sont restituées par le prêteur ou imputées sur le capital restant dû.

Art. L. 341-9. – Le prêteur qui n'a pas respecté les formalités prescrites au dernier alinéa de l'article L. 312-92 et à l'article L. 312-93 ne peut réclamer à l'emprunteur les sommes correspondant aux intérêts et frais de toute nature applicables au titre du dépassement mentionné à ces articles.

Art. L. 341-10. – Dans les cas de résolution du contrat de vente ou de prestations de services prévus à l'article L. 312-53, à compter du huitième jour suivant la demande de remboursement de toute somme versée d'avance par l'acheteur, cette somme est productive d'intérêts, de plein droit, au taux de l'intérêt légal majoré de moitié.

Art. L. 341-11. – Dans le cas d'un contrat de crédit affecté mentionné à l'article L. 312-44, l'engagement préalable de payer comptant en cas de refus de prêt est nul de plein droit.

§ 2. – Sanctions pénales

Art. L. 341-12. – Le fait pour le prêteur ou le vendeur de réclamer ou de recevoir, en infraction aux dispositions de l'article L. 312-25 ainsi que, pour un contrat de crédit affecté, à celles de l'article L. 312-50, de l'emprunteur ou de l'acheteur un paiement sous quelque forme que ce soit, est puni d'une amende de 300 000 euros.

Art. L. 341-13. – Le fait de faire signer des formules de prélèvements sur comptes bancaires contenant des clauses contraires aux dispositions de l'article L. 312-25 et, pour un contrat de crédit affecté, à celles de l'article L. 312-50 est puni d'une amende de 300 000 euros.

Art. L. 341-14. – Le fait de faire souscrire ou accepter ou avaliser par l'emprunteur ou l'acheteur des lettres de change ou des billets à ordre est puni d'une amende de 300 000 euros.

Art. L. 341-15. – Le fait d'enregistrer ou faire enregistrer sur un fichier, en infraction aux dispositions de l'article L. 312-22, le nom des personnes faisant usage de la faculté de rétractation, est puni d'une amende de 300 000 euros.

Art. L. 341-16. – Le fait de faire signer par un même client une ou plusieurs offres de contrat de crédit d'un montant total en capital supérieur à la valeur payable à crédit du bien acheté ou de la prestation de services fournie est puni d'une amende de 300 000 euros.

Art. L. 341-17. – Le fait pour le vendeur ou le prestataire de services, en méconnaissance des dispositions de l'article L. 312-53, de ne pas rembourser les sommes dues à l'acheteur, est puni d'une amende de 300 000 euros.

Art. L. 341-18. – Les personnes physiques coupables des délits punis aux articles L. 341-12 à L. 341-17 encourent également à titre de peines complémentaires l'interdiction, suivant les modalités prévues à l'article 131-27 du Code pénal, soit d'exercer une fonction publique ou d'exercer l'activité professionnelle ou sociale dans l'exercice ou à l'occasion de l'exercice de laquelle l'infraction a été commise, soit d'exercer une profession commerciale ou industrielle, de diriger, d'administrer, de gérer ou de contrôler à un titre quelconque, directement ou indirectement, pour leur propre compte ou pour le compte d'autrui, une entreprise commerciale ou industrielle ou une société commerciale.

Ces interdictions d'exercice ne peuvent excéder une durée de cinq ans. Elles peuvent être prononcées cumulativement.

Sous-section 3. – Opérations de découvert en compte

Art. L. 341-19. – Les dispositions des articles L. 341-1 à L. 341-9 et L. 341-12 à L. 341-18 s'appliquent aux opérations de crédit consenties sous la forme d'une autorisation de découvert remboursable dans un délai supérieur à un mois et inférieur ou égal à trois mois.

Art. L. 341-20. – Les dispositions des articles L. 341-1 à L. 341-9 et L. 341-12 à L. 341-18 s'appliquent aux opérations de crédit consenties sous la forme d'un dépassement défini au 11° de l'article L. 311-1.

Section 2. – Crédit immobilier

Sous-section 1. – Publicité et informations générales

Art. L. 341-21. – Le fait pour l'annonceur de diffuser ou de faire diffuser une publicité non conforme aux obligations prévues aux articles L. 313-3 à L. 313-5 est puni d'une amende de 30 000 euros.

Art. L. 341-22 *(Mod., L. n° 2017-203, 21 févr. 2017)*. – Le fait pour l'annonceur de diffuser ou de faire diffuser une publicité non conforme aux obligations prévues à l'article L. 313-54, pour un contrat de location-vente et location assortie d'une promesse de vente, est puni d'une amende de 30 000 euros.

Art. L. 341-23 *(Créé à compter du 1er juillet 2016, Ord. n° 2016-351, 25 mars 2016)* (1). – Le fait pour le prêteur ou l'intermédiaire de crédit de ne pas respecter les obligations en matière d'informations générales prévues aux dispositions de l'article L. 313-6 est puni d'une amende de 30 000 euros.

Art. L. 341-24 *(Créé à compter du 1er juillet 2016, Ord. n° 2016-351, 25 mars 2016)* (1). – Le fait pour le prêteur ou l'intermédiaire de crédit de ne pas respecter l'obligation de gratuité des informations fournies en application des dispositions des articles L. 313-6, L. 313-7, L. 313-11, L. 313-12, L. 313-46, L. 313-47 est puni d'une amende de 30 000 euros.

Sous-section 2. – Information précontractuelle de l'emprunteur

(Sous-section créée à compter du 1er juillet 2016, Ord. n° 2016-351, 25 mars 2016) (1)

Art. L. 341-25 *(Créé à compter du 1er juillet 2016, Ord. n° 2016-351, 25 mars 2016)* (1). – Le prêteur qui *accorde un crédit* sans respecter les conditions, applicables en matière d'information précontractuelle, fixées par les dispositions de l'article L. 313-7, du second alinéa de l'article L. 313-24 ou du deuxième alinéa de

(1) Les présentes dispositions sont applicables aux contrats dont l'offre a été émise après leur entrée en vigueur, Ord. n° 2016-351, 25 mars 2016, art. 13, VII.

l'article L. 313-64, peut être déchu du droit aux intérêts, dans la proportion fixée par le juge, jusqu'à un montant ne pouvant excéder 30 % des intérêts, plafonné à 30 000 euros.

Art. L. 341-26 *(Créé à compter du 1er juillet 2016, Ord. n° 2016-351, 25 mars 2016)* (1). **– Le prêteur qui accorde un crédit sans communiquer à l'emprunteur la fiche d'information standardisée européenne mentionnée à l'article L. 313-7 et au second alinéa de l'article L. 313-24 ou l'information précontractuelle mentionnée au deuxième alinéa de l'article L. 313-64 peut être déchu du droit aux intérêts, en totalité ou dans la proportion fixée par le juge.**

Sous-section 3. – Explications fournies à l'emprunteur et évaluation de sa solvabilité

(Sous-section créée à compter du 1er juillet 2016, Ord. n° 2016-351, 25 mars 2016) (1)

§ 1. – Sanctions civiles

Art. L. 341-27 *(Créé à compter du 1er juillet 2016, Ord. n° 2016-351, 25 mars 2016)* (1). **– Peut être déchu du droit aux intérêts dans la proportion fixée par le juge, jusqu'à un montant ne pouvant excéder, pour chacun des manquements énumérés ci-après, 30 % des intérêts et plafonné à 30 000 euros, le prêteur qui accorde un crédit :**

1° Sans avoir fourni à l'emprunteur les explications adéquates permettant à celui-ci de déterminer si le contrat de crédit et les éventuels services accessoires sont adaptés à ses besoins et à sa situation financière à partir des informations prévues à l'article L. 313-11 ; ou

2° Sans avoir, en méconnaissance de l'article L. 313-12, mis en garde l'emprunteur, sur le risque spécifique que peut induire pour lui le contrat compte tenu de sa situation financière, lorsqu'un tel risque a été identifié ; ou

3° Sans avoir respecté les conditions prévues aux articles L. 313-16 à L. 313-18, applicables en matière d'évaluation de la solvabilité de l'emprunteur.

Art. L. 341-28 *(Créé à compter du 1er juillet 2016, Ord. n° 2016-351, 25 mars 2016)* (1). **– Le prêteur qui accorde un crédit sans réaliser l'étude de solvabilité mentionnée à l'article L. 313-16 peut être déchu du droit aux intérêts, en totalité ou dans la proportion fixée par le juge.**

§ 2. – Sanctions pénales

Art. L. 341-29 *(Créé à compter du 1er juillet 2016, Ord. n° 2016-351, 25 mars 2016)* (1). **– Le fait pour le prêteur ou l'intermédiaire de crédit qui fournit un service de conseil prévu à l'article L. 313-13 de ne pas remettre à l'emprunteur une recommandation personnalisée ou de lui remettre une recommandation ne répondant pas aux exigences de l'article L. 313-13 est puni d'une amende de 30 000 euros.**

Art. L. 341-30 2*(Créé à compter du 1er juillet 2016, Ord. n° 2016-351, 25 mars 2016)* (1). **– Le fait pour le prestataire d'un service de conseil indépendant d'être rémunéré par le prêteur ou un intermédiaire de crédit en violation des dispositions du premier alinéa de l'article L. 313-14 est puni d'une amende de 300 000 euros.**

Art. L. 341-31 *(Créé à compter du 1er juillet 2016, Ord. n° 2016-351, 25 mars 2016)* (1). **– Est puni d'une *amende de 30 000 euros le fait pour* le prêteur ou l'intermédiaire de crédit :**

1° De ne pas fournir à l'emprunteur les explications adéquates lui permettant de déterminer si le contrat de crédit et les éventuels services accessoires sont adaptés à ses besoins et à sa situation financière à partir des informations prévues à l'article L. 313-11 ;

2° De ne pas mettre en garde l'emprunteur, en méconnaissance de l'article L. 313-12, sur le risque spécifique que peut induire pour lui le contrat compte tenu de sa situation financière, lorsqu'un tel risque a été identifié ;

3° De ne pas procéder à l'évaluation de la solvabilité de l'emprunteur dans les conditions prévues aux articles L. 313-16 à L. 313-18.

---

(1) Les présentes dispositions sont applicables aux contrats dont l'offre a été émise après leur entrée en vigueur, Ord. n° 2016-351, 25 mars 2016, art. 13, VII.

Art. L. 341-32 *(Créé à compter du 1er juillet 2016, Ord. n° 2016-351, 25 mars 2016)* (1). – Le fait pour le prêteur de contrevenir aux dispositions du premier alinéa de l'article L. 313-64 relatives aux conditions d'octroi d'un prêt en devises étrangères est puni d'une amende de 300 000 euros.

Art. L. 341-33 *(Créé à compter du 1er juillet 2016, Ord. n° 2016-351, 25 mars 2016)* (1). – Les personnes physiques déclarées coupables des infractions punies par les dispositions des articles L. 341-29 à L. 341-32 encourent également à titre de peines complémentaires l'interdiction, suivant les modalités prévues à l'article 131-27 du Code pénal, soit d'exercer une fonction publique ou d'exercer l'activité professionnelle ou sociale dans l'exercice ou à l'occasion de l'exercice de laquelle l'infraction a été commise, soit d'exercer une profession commerciale ou industrielle, de diriger, d'administrer, de gérer ou de contrôler à un titre quelconque, directement ou indirectement, pour leur propre compte ou pour le compte d'autrui, une entreprise commerciale ou industrielle ou une société commerciale. Ces interdictions d'exercice ne peuvent excéder une durée de cinq ans. Elles peuvent être prononcées cumulativement.

Les personnes morales déclarées responsables pénalement, dans les conditions prévues à l'article 121-2 du Code pénal, des infractions punies par les dispositions des articles L. 341-29 et L. 341-30 encourent également à titre de peines complémentaires les peines prévues aux 2° à 9° de l'article 131-39 du Code pénal. L'interdiction mentionnée au 2° du même article 131-39 porte sur l'activité dans l'exercice ou à l'occasion de l'exercice de laquelle l'infraction a été commise. Les peines prévues aux 2° à 7° de cet article ne peuvent être prononcées que pour une durée de cinq ans au plus.

Le tribunal pourra en outre ordonner, aux frais du condamné, la publication intégrale ou par extraits du jugement dans les journaux qu'il fixe, sans que le coût de cette publication puisse excéder le montant de l'amende encourue.

Sous-section 4. – Formation du contrat de crédit et du contrat principal

(Ancienne sous-section 2 dénum. et intitulé rempl. à compter du 1er juillet 2016, Ord. n° 2016-351, 25 mars 2016) (1)

§ 1. – Sanctions civiles

Art. L. 341-34 *(Anc. art. L. 341-23 dénum. et mod. à compter du 1er juillet 2016, Ord. n° 2016-351, 25 mars 2016)* (1). – Dans les cas prévus aux articles L. 341-37, L. 341-38, L. 341-40 et L. 341-41, le prêteur ou le bailleur peut être déchu du droit aux intérêts, en totalité ou dans la proportion fixée par le juge.

Voir : la rédaction de cet article issue de la loi n° 2019-486 du 22 mai 2019, en *addendum*, p. 3587

Art. L. 341-34-1 *(Créé, Ord. n° 2017-1090, 1er juin 2017)*. – Est réputée non écrite toute clause par laquelle le prêteur subordonne l'octroi du prêt ou la conclusion de l'avenant au contrat de crédit initial à la condition de domiciliation mentionnée à l'article L. 313-25-1 sans l'assortir en contrepartie de l'avantage individualisé mentionné au même article. Il en va de même de toute clause par laquelle le prêteur exige le respect de cette condition au-delà de la durée déterminée en application du même article.

Voir : l'abrogation de cet article par la loi n° 2019-486 du 22 mai 2019, en *addendum*, p. 3587

Art. L. 341-35 *(Anc. art. L. 341-24 dénum. et mod. à compter du 1er juillet 2016, Ord. n° 2016-351, 25 mars 2016)* (1). – Lorsque la somme versée d'avance par l'acquéreur n'a pas été remboursée dans les conditions prévues au second alinéa de l'article L. 313-41, la somme due est productive d'intérêts au taux légal majoré de moitié à compter du quinzième jour suivant la demande de remboursement.

Art. L. 341-36 *(Anc. art. L. 341-25 dénum. et mod. à compter du 1er juillet 2016, Ord. n° 2016-351, 25 mars 2016)* (1). – Lorsque la somme versée d'avance par le preneur n'a pas été restituée dans les conditions prévues au second alinéa de l'article L. 313-62 pour un contrat de location-vente et de vente assortie d'une promesse de vente, la somme due est productive d'intérêts au taux légal majoré de moitié à compter du quinzième jour suivant la demande de remboursement.

(1) Les présentes dispositions sont applicables aux contrats dont l'offre a été émise après leur entrée en vigueur, Ord. n° 2016-351, 25 mars 2016, art. 13, VII.

§ 2. – Sanctions pénales

Art. L. 341-37 *(Anc. art. L. 341-26 dénum. et mod. à compter du 1er juillet 2016, Ord. n° 2016-351, 25 mars 2016)* (1). – Le fait pour le prêteur ou le bailleur de ne pas respecter l'une des obligations prévues aux articles L. 313-24 et L. 313-25 et au deuxième alinéa de l'article L. 313-38 est puni d'une amende de 150 000 euros.

Art. L. 341-38 *(Anc. art. L. 341-27 dénum. et mod. à compter du 1er juillet 2016, Ord. n° 2016-351, 25 mars 2016)* (1). – Le fait pour le prêteur ou le bailleur de ne pas respecter l'une des obligations prévues à l'article L. 313-55 pour un contrat de location-vente et de vente assortie d'une promesse de vente, est puni d'une amende de 150 000 euros.

Art. L. 341-39 *(Anc. art. L. 341-28 dénum. et mod. à compter du 1er juillet 2016, Ord. n° 2016-351, 25 mars 2016)* (1). – Le fait pour le prêteur de ne pas respecter l'une des obligations prévues aux articles L. 313-30 et L. 313-31 est puni d'une amende de 3 000 euros.

Art. L. 341-40 *(Anc. art. L. 341-29 dénum. et mod. à compter du 1er juillet 2016, Ord. n° 2016-351, 25 mars 2016)* (1). – Le fait pour le prêteur de faire souscrire par l'emprunteur ou les cautions déclarées ou de recevoir de leur part l'acceptation de l'offre sans que celle-ci comporte de date ou dans le cas où elle comporte une date fausse de nature à faire croire qu'elle a été donnée après expiration du délai de dix jours prescrit à l'article L. 313-34, est puni d'une amende de 300 000 euros.

Art. L. 341-41 *(Anc. art. L. 341-30 dénum. et mod. à compter du 1er juillet 2016, Ord. n° 2016-351, 25 mars 2016)* (1). – Le fait pour le bailleur de faire souscrire par le preneur ou de recevoir de sa part l'acceptation de l'offre sans que celle-ci comporte de date ou dans le cas où elle comporte une date fausse de nature à faire croire qu'elle a été donnée après l'expiration du délai de dix jours prescrit à l'article L. 313-58 pour un contrat de location-vente ou de location assortie d'une promesse de vente, est puni d'une amende de 300 000 euros.

Art. L. 341-42 *(Anc. art. L. 341-31 dénum. et mod. à compter du 1er juillet 2016, Ord. n° 2016-351, 25 mars 2016)* (1). – Le fait pour le prêteur ou le bailleur, en infraction aux dispositions de l'article L. 313-35 ou, pour un contrat de location-vente et de location assortie d'une promesse de vente, à celles de l'article L. 313-59, d'accepter de recevoir de l'emprunteur ou du preneur, ou pour le compte d'un de ces derniers, un versement ou un dépôt, un chèque ou un effet de commerce souscrit, endossé ou avalisé à son profit ou d'utiliser une autorisation de prélèvement sur compte bancaire ou postal, est puni d'une amende de 300 000 euros.

Art. L. 341-43 *(Anc. art. L. 341-32 dénum. et mod. à compter du 1er juillet 2016, Ord. n° 2016-351, 25 mars 2016)* (1). – Le fait pour le prêteur, en infraction aux dispositions de l'article L. 313-38, pour le vendeur, en infraction aux dispositions de l'article L. 313-41 ou pour le bailleur, en infraction aux dispositions de l'article L. 313-62 pour un contrat de location-vente et de location assortie d'une promesse de vente de ne pas restituer les sommes mentionnées à ces articles, est puni d'une amende de 300 000 euros.

Art. L. 341-44 *(Anc. art. L. 341-33 et L. 341-34 dénum. et rempl. à compter du 1er juillet 2016, Ord. n° 2016-351, 25 mars 2016)* (1). – Les personnes physiques coupables des délits punis aux articles *L. 341-37, L. 341-38 et L. 341-40* à L. 341-43 encourent également à titre de peines complémentaires l'interdiction, suivant les modalités prévues à l'article 131-27 du Code pénal, soit d'exercer une fonction publique ou d'exercer l'activité professionnelle ou sociale dans l'exercice ou à l'occasion de l'exercice de laquelle l'infraction a été commise, soit d'exercer une profession commerciale ou industrielle, de diriger, d'administrer, de gérer ou de contrôler à un titre quelconque, directement ou indirectement, pour leur propre compte ou pour le compte d'autrui, une entreprise commerciale ou industrielle ou une société commerciale.

Ces interdictions d'exercice ne peuvent excéder une durée de cinq ans. Elles peuvent être prononcées cumulativement.

(1) Les présentes dispositions sont applicables aux contrats dont l'offre a été émise après leur entrée en vigueur, Ord. n° 2016-351, 25 mars 2016, art. 13, VII.

Sous-section 5. – Exécution du contrat de crédit
(Sous-section créée à compter du 1er juillet 2016, Ord. n° 2016-351, 25 mars 2016) (1)

§ 1. – Sanctions civiles

Art. L. 341-45 ***(Créé à compter du 1er juillet 2016, Ord. n° 2016-351, 25 mars 2016)*** **(1). – Le prêteur qui n'a pas respecté l'obligation d'information de l'emprunteur en cas de modification du taux débiteur mentionnée à l'article L. 313-46 peut être déchu du droit aux intérêts, en totalité ou dans la proportion fixée par le juge.**

§ 2. – Sanctions pénales

Art. L. 341-46 ***(Créé à compter du 1er juillet 2016, Ord. n° 2016-351, 25 mars 2016)*** **(1). – Le fait pour le prêteur de réclamer à l'emprunteur ou au preneur ou de retenir sur son compte des sommes supérieures à celles qu'il est autorisé à réclamer ou à retenir en application des dispositions des articles L. 313-49, L. 313-52, L. 313-60 ou L. 313-61 est puni d'une amende de 300 000 euros.**

Les personnes physiques encourent également à titre de peines complémentaires l'interdiction, suivant les modalités prévues à l'article 131-27 du Code pénal, soit d'exercer une fonction publique ou d'exercer l'activité professionnelle ou sociale dans l'exercice ou à l'occasion de l'exercice de laquelle l'infraction a été commise, soit d'exercer une profession commerciale ou industrielle, de diriger, d'administrer, de gérer ou de contrôler à un titre quelconque, directement ou indirectement, pour leur propre compte ou pour le compte d'autrui, une entreprise commerciale ou industrielle ou une société commerciale.

Ces interdictions d'exercice ne peuvent excéder une durée de cinq ans. Elles peuvent être prononcées cumulativement.

Sous-section 6. – Dispositions communes aux sanctions civiles
(Sous-section créée à compter du 1er juillet 2016, Ord. n° 2016-351, 25 mars 2016) (1)

Art. L. 341-47 ***(Créé à compter du 1er juillet 2016, Ord. n° 2016-351, 25 mars 2016)*** **(1). – Lorsque le prêteur est déchu du droit aux intérêts dans les conditions prévues à la présente section, l'emprunteur n'est tenu qu'au seul remboursement du capital suivant l'échéancier prévu ainsi que, le cas échéant, au paiement des intérêts dont le prêteur n'a pas été déchu. Les sommes perçues au titre des intérêts, qui sont productives d'intérêts au taux de l'intérêt légal à compter du jour de leur versement, sont restituées par le prêteur ou imputées sur le capital restant dû.**

Section 3. – Taux d'intérêt

Sous-section 1. – Sanctions civiles

Art. L. 341-48 ***(Anc. art. L. 341-35 dénum. à compter du 1er juillet 2016, Ord. n° 2016-351, 25 mars 2016)*** **(1). – Lorsqu'un prêt conventionnel est usuraire, les perceptions excessives au regard des articles L. 314-1 à L. 314-9 sont imputées de plein droit sur les intérêts normaux alors échus et subsidiairement sur le capital de la créance.**

Si la créance est éteinte en capital et intérêts, les sommes indûment perçues sont restituées avec intérêts légaux à compter du jour où elles ont été payées.

Sous-section 2. – Sanctions pénales

Art. L. 341-49 ***(Anc. art. L. 341-36 dénum. à compter du 1er juillet 2016, Ord. n° 2016-351, 25 mars 2016)*** **(1). – Le fait de ne pas respecter les dispositions de l'article L. 314-5 est puni d'une amende de 150 000 euros.**

Les personnes physiques coupables encourent également à titre de peines complémentaires l'interdiction, suivant les modalités prévues à l'article 131-27 du Code pénal, soit d'exercer une fonction publique ou d'exercer l'activité professionnelle ou sociale dans l'exercice ou à l'occasion de l'exercice de laquelle l'infraction a été commise, soit d'exercer une profession commerciale ou industrielle, de diriger, d'administrer,

(1) Les présentes dispositions sont applicables aux contrats dont l'offre a été émise après leur entrée en vigueur, Ord. n° 2016-351, 25 mars 2016, art. 13, VII.

de gérer ou de contrôler à un titre quelconque, directement ou indirectement, pour leur propre compte ou pour le compte d'autrui, une entreprise commerciale ou industrielle ou une société commerciale.

Ces interdictions d'exercice ne peuvent excéder une durée de cinq ans. Elles peuvent être prononcées cumulativement.

Art. L. 341-50 *(Anc. art. L. 341-37 dénum. à compter du 1er juillet 2016, Ord. n° 2016-351, 25 mars 2016)* (1). – Le fait de consentir à autrui un prêt usuraire ou d'apporter à quelque titre et de quelque manière que ce soit, directement ou indirectement, son concours à l'obtention ou à l'octroi d'un prêt usuraire ou d'un prêt qui deviendrait usuraire au sens de l'article L. 314-6 du fait de son concours est puni d'un emprisonnement de deux ans et d'une amende de 300 000 euros.

En cas de condamnation, le tribunal peut en outre ordonner :

1° La publication intégrale, ou par extraits, de sa décision, aux frais du condamné, dans les journaux qu'il désigne, ainsi que l'affichage de cette décision dans les conditions prévues à l'article 131-35 du Code pénal ;

2° La fermeture, pour une durée de cinq ans au plus ou définitive, de l'entreprise dont l'une des personnes chargées de l'administration ou de la direction est condamnée en application de l'alinéa premier du présent article, assortie éventuellement de la nomination d'un administrateur ou d'un liquidateur ;

3° L'interdiction, suivant les modalités prévues par l'article 131-27 du Code pénal, soit d'exercer une fonction publique ou d'exercer l'activité professionnelle ou sociale dans l'exercice ou à l'occasion de l'exercice de laquelle l'infraction a été commise, soit d'exercer une profession commerciale ou industrielle, de diriger, d'administrer, de gérer ou de contrôler à un titre quelconque, directement ou indirectement, pour son propre compte ou pour le compte d'autrui, une entreprise commerciale ou industrielle ou une société commerciale. Ces interdictions d'exercice ne peuvent excéder une durée de cinq ans. Elles peuvent être prononcées cumulativement.

En cas de fermeture, le tribunal fixe la durée pendant laquelle le délinquant ou l'entreprise doit continuer à payer à son personnel les salaires, indemnités et rémunérations de toute nature auxquels celui-ci avait droit jusqu'alors ; cette durée ne saurait excéder trois mois.

Art. L. 341-51 *(Anc. art. L. 341-38 dénum. à compter du 1er juillet 2016, Ord. n° 2016-351, 25 mars 2016)* (1). – En ce qui concerne le délit mentionné à l'article L. 341-50, la prescription de l'action publique court à compter du jour de la dernière perception, soit d'intérêt, soit de capital.

Section 4. – Sûretés personnelles

(L. n° 2017-203, 21 févr. 2017)

Art. L. 341-51-1 *(L. n° 2017-203, 21 févr. 2017)*. – Les prescriptions des articles L. 314-15 et L. 314-16 sont prévues à peine de nullité de l'engagement.

Section 5. – Règle de conduite et rémunération

(Anc. section 4 créée à compter du 1er juillet 2016, Ord. n° 2016-351, 25 mars 2016 ; dénum., L. n° 2017-203, 21 févr. 2017) (1)

Art. L. 341-52 *(Créé à compter du 1er juillet 2016, Ord. n° 2016-351, 25 mars 2016)* (1). – Le fait de rémunérer ou de faire rémunérer les personnels mentionnés aux quatrième et septième alinéas de l'article L. 314-23 dans des conditions contraires à ces dispositions est puni d'une amende de 30 000 euros.

Section 6. – Prêt viager hypothécaire

(Anc. section 4 dénum. en section 5 à compter du 1er juillet 2016, Ord. n° 2016-351, 25 mars 2016 ; dénum. en section 6, L. n° 2017-203, 21 févr. 2017 (1)

Sous-section 1. – Sanctions civiles

Art. L. 341-53 *(Anc. art. L. 341-39 dénum. à compter du 1er juillet 2016, Ord. n° 2016-351, 25 mars 2016)* (1). – Les dispositions de l'article L. 315-3 sont prévues à peine de nullité du prêt viager hypothécaire.

Art. L. 341-54 *(Anc. art. L. 341-40 dénum. à compter du 1er juillet 2016, Ord. n° 2016-351, 25 mars 2016)* (1). – Le fait pour le prêteur d'accorder un prêt viager hypothécaire sans saisir l'emprunteur d'une offre

(1) Les présentes dispositions sont applicables aux contrats dont l'offre a été émise après leur entrée en vigueur, Ord. n° 2016-351, 25 mars 2016, art. 13, VII.

préalable conforme à l'article L. 315-9 ou dans des conditions non conformes aux articles L. 315-10 et L. 315-11 peut entraîner déchéance du droit aux intérêts en totalité ou dans la proportion fixée par le juge.

Art. L. 341-55 *(Anc. art. L. 341-41 dénum. à compter du 1er juillet 2016, Ord. n° 2016-351, 25 mars 2016)* (1). – Les dispositions du premier alinéa de l'article L. 315-11 sont prévues à peine de nullité du contrat.

Sous-section 2. – Sanctions pénales

Art. L. 341-56 *(Anc. art. L. 341-42 dénum. à compter du 1er juillet 2016, Ord. n° 2016-351, 25 mars 2016)* (1). – Le fait pour l'annonceur de diffuser ou de faire diffuser une publicité non conforme aux obligations prévues aux articles L. 315-4 à L. 315-7 est puni d'une amende 150 000 euros.

Art. L. 341-57 *(Anc. art. L. 341-43 dénum. à compter du 1er juillet 2016, Ord. n° 2016-351, 25 mars 2016)* (1). – Le fait pour le prêteur d'accorder un prêt viager hypothécaire sans saisir l'emprunteur d'une offre préalable conforme à l'article L. 315-9 ou dans des conditions non conformes aux articles L. 315-10 et L. 315-11, est puni d'une amende de 150 000 euros.

Art. L. 341-58 *(Anc. art. L. 341-44 dénum. à compter du 1er juillet 2016, Ord. n° 2016-351, 25 mars 2016)* (1). – Le fait pour le prêteur de ne pas restituer les sommes dues en application de l'article L. 315-15 à l'échéance du terme lorsque la dette est inférieure à la valeur de l'immeuble, est puni d'une amende de 300 000 euros.

Art. L. 341-59 *(Anc. art. L. 341-45 dénum. et mod. à compter du 1er juillet 2016, Ord. n° 2016-351, 25 mars 2016)* (1). – Le fait pour le prêteur de réclamer à l'emprunteur des sommes supérieures à celles dont il est autorisé à demander le versement en application de l'article L. 315-18, est puni d'une amende de 300 000 euros.

Art. L. 341-60 *(Anc. art. L. 341-46 dénum. et mod. à compter du 1er juillet 2016, Ord. n° 2016-351, 25 mars 2016)* (1). – Les personnes physiques coupables des délits punis par les dispositions des articles L. 341-56 à L. 341-59 encourent également à titre de peines complémentaires l'interdiction, suivant les modalités prévues à l'article 131-27 du Code pénal, soit d'exercer une fonction publique ou d'exercer l'activité professionnelle ou sociale dans l'exercice ou à l'occasion de l'exercice de laquelle l'infraction a été commise, soit d'exercer une profession commerciale ou industrielle, de diriger, d'administrer, de gérer ou de contrôler à un titre quelconque, directement ou indirectement, pour leur propre compte ou pour le compte d'autrui, une entreprise commerciale ou industrielle ou une société commerciale.

Ces interdictions d'exercice ne peuvent excéder une durée de cinq ans. Elles peuvent être prononcées cumulativement.

Art. L. 341-61 *(Anc. art. L. 341-47 dénum. et mod. à compter du 1er juillet 2016, Ord. n° 2016-351, 25 mars 2016)* (1). – Tout démarchage au sens de l'article L. 341-1 du Code monétaire et financier en vue de la réalisation d'une opération de prêt viager hypothécaire est puni d'une peine de cinq ans d'emprisonnement et d'une amende de 375 000 euros.

Les personnes coupables du délit mentionné au premier alinéa encourent également les peines complémentaires suivantes :

1° L'interdiction des droits civiques, civils et de famille, suivant les modalités prévues par l'article 131-26 du Code pénal ;

2° L'interdiction, suivant les modalités prévues par l'article 131-27 du Code pénal, d'exercer une fonction publique ou d'exercer une activité professionnelle ou sociale dans l'exercice ou à l'occasion de laquelle l'infraction a été commise, pour une durée de cinq ans au plus ;

3° L'affichage ou la diffusion de la décision prononcée, dans les conditions prévues par l'article 131-35 du Code pénal.

(1) Les présentes dispositions sont applicables aux contrats dont l'offre a été émise après leur entrée en vigueur, Ord. n° 2016-351, 25 mars 2016, art. 13, VII.

Chapitre II. – Activité d'intermédiaire

Section 1. – Sanctions civiles

Art. L. 342-1. – **Est nulle de plein droit toute convention par laquelle un intermédiaire se charge ou se propose moyennant rémunération de procéder à l'une des opérations mentionnées à l'article L. 322-1.**

Section 2. – Sanctions pénales

Art. L. 342-2. – **Le fait pour l'annonceur de diffuser ou de faire diffuser une publicité non conforme aux obligations prévues à l'article L. 322-2 est puni d'une amende de 150 000 euros.**

Art. L. 342-3. – **Le non-respect des dispositions de l'article L. 322-3 est puni d'une amende de 150 000 euros.**

Art. L. 342-4. – **Le fait pour l'intermédiaire de crédit de ne pas respecter les obligations prévues à l'article L. 322-4 est puni d'une amende de 150 000 euros.**

Art. L. 342-5. – **Le fait pour l'intermédiaire de crédit de percevoir une somme d'argent à l'occasion d'une des opérations mentionnées à l'article L. 322-1 est puni d'un emprisonnement d'un an et d'une amende de 300 000 euros.**

Le tribunal peut en outre ordonner, aux frais du condamné, la publication intégrale ou par extraits du jugement dans les journaux qu'il fixe, sans que le coût de cette publication puisse excéder le montant de l'amende encourue.

Art. L. 342-6. – **Les personnes physiques coupables des délits punis aux articles L. 342-2 à L. 342-5 encourent également à titre de peines complémentaires l'interdiction, suivant les modalités prévues à l'article 131-27 du Code pénal, soit d'exercer une fonction publique ou d'exercer l'activité professionnelle ou sociale dans l'exercice ou à l'occasion de l'exercice de laquelle l'infraction a été commise, soit d'exercer une profession commerciale ou industrielle, de diriger, d'administrer, de gérer ou de contrôler à un titre quelconque, directement ou indirectement, pour leur propre compte ou pour le compte d'autrui, une entreprise commerciale ou industrielle ou une société commerciale.**

Ces interdictions d'exercice ne peuvent excéder une durée de cinq ans. Elles peuvent être prononcées cumulativement.

Chapitre III. – Cautionnement

Art. L. 343-1 *(Mod., L. n° 2017-203, 21 févr. 2017)*. – **Les formalités définies à l'article L. 331-1 sont prévues à peine de nullité.**

Art. L. 343-2. – **Les formalités définies à l'article L. 331-2 sont prévues à peine de nullité.**

Art. L. 343-3. – **Les stipulations de solidarité et de renonciation au bénéfice de discussion figurant dans un contrat de cautionnement consenti par une personne physique au bénéfice d'un créancier professionnel sont réputées non écrites si l'engagement de la caution n'est pas limité à un montant global, expressément et contractuellement déterminé, incluant le principal, les intérêts, les frais et accessoires.**

Art. L. 343-4. – **Un créancier professionnel ne peut se prévaloir d'un contrat de cautionnement conclu par** ***une personne physique dont l'engagement*** **était, lors de sa conclusion, manifestement disproportionné à ses biens et revenus, à moins que le patrimoine de cette caution, au moment où celle-ci est appelée, ne lui permette de faire face à son obligation.**

Art. L. 343-5. – **Lorsque le créancier ne se conforme pas à l'obligation définie à l'article L. 333-1, la caution n'est pas tenue au paiement des pénalités ou intérêts de retards échus entre la date de ce premier incident et celle à laquelle elle en a été informée.**

Art. L. 343-6. – **Lorsqu'un créancier ne respecte pas les obligations prévues à l'article L. 333-2, la caution n'est pas tenue au paiement des pénalités ou intérêts de retard échus depuis la précédente information jusqu'à la date de communication de la nouvelle information.**

Livre IV. – Conformité et sécurité des produits et services

Titre Ier. – Conformité

Chapitre Ier. – Obligation générale de conformité

Art. L. 411-1. – Dès la première mise sur le marché, les produits et les services doivent répondre aux prescriptions en vigueur relatives à la sécurité et à la santé des personnes, à la loyauté des transactions commerciales et à la protection des consommateurs.

Le responsable de la première mise sur le marché d'un produit ou d'un service vérifie que celui-ci est conforme aux prescriptions en vigueur.

À la demande des agents habilités, il justifie des vérifications et contrôles effectués.

Art. L. 411-2. – Tout opérateur ayant connaissance, après avoir acquis ou cédé des produits, d'une non-conformité à la réglementation portant sur une qualité substantielle de tout ou partie de ces produits, en informe sans délai, par tous moyens dont il peut justifier, celui qui lui a fourni ces produits et ceux à qui il les a cédés.

Chapitre II. – Mesures d'application

Section 1. – Mesures générales

Art. L. 412-1 *(Mod., L. n° 2017-203, 21 févr. 2017)*. **–** (1) **I. - Des décrets en Conseil d'État définissent les règles auxquelles doivent satisfaire les marchandises. Ils déterminent notamment :**

1° Les conditions dans lesquelles l'exportation, l'offre, la vente, la distribution à titre gratuit, la détention, l'étiquetage, le conditionnement ou le mode d'utilisation des marchandises sont interdits ou réglementés ;

2° Les conditions dans lesquelles la fabrication et l'importation des marchandises autres que les produits d'origine animale et les denrées alimentaires en contenant, les aliments pour animaux d'origine animale et les aliments pour animaux contenant des produits d'origine animale sont interdites ou réglementées (2) **;**

(1) V. T. appl. : D. n° 2012-1235, 6 nov. 2012 (Fibres et produits textiles). – NDLR.

(2) V. T. appl. : D. n° 94-418, 18 mai 1994 (utilisation des indications géographiques, des appellations d'origine et des attestations de spécificité des produits agricoles et des denrées alimentaires) devenu C. consom., art. R. 214-15 ; D. n° 94-641, 20 juill. 1994 (normes de commercialisation applicables aux œufs) devenu C. consom., art. R. 214-11 ; D. n° 94-740, 24 août 1994 (conserves de thon et de bonite) devenu C. consom., art. R. 214-11 ; D. n° 94-808, 12 sept. 1994 (carcasses des espèces bovine, ovine et porcine) ; D. n° 94-1212, 26 déc. 1994 (mode de production biologique des produits agricoles et sa mention sur les produits agricoles et les denrées alimentaires) ; D. n° 97-963, 14 oct. 1997 (matières grasses tartinables) devenu C. consom., art. R. 214-12 ; D. n° 97-1107, 24 nov. 1997 (normes de commercialisation et le contrôle de la qualité des fruits et légumes) devenu C. consom., art. R. 214-9 ; D. n° 98-940, 19 oct. 1998 puis D. n° 2001-927, 9 oct. 2001 (étiquetage des viandes bovines) devenu C. consom., art. R. 214-14 ; D. n° 2000-615, 28 juin 2000 (protection des dénominations transmises à la Commission des Communautés européennes pour enregistrement en tant qu'indication géographique) ; D. n° 2000-838, 28 août 2000 (nouveaux aliments et nouveaux ingrédients alimentaires et étiquetage de certaines denrées alimentaires produites à partir d'organismes génétiquement modifiés) devenu C. consom., art. R. 214-4 ; D. n° 2001-510, 12 juin 2001 (vins, vins mousseux, vins pétillants et vins de liqueurs) ; D. n° 2001-881, 25 sept. 2001 (eau de javel) ; D. n° 2001-1071, 15 nov. 2001 (limites maximales en contaminants autorisées dans les denrées destinées à l'alimentation humaine) devenu C. consom., art. R. 214-8 ; D. n° 2001-1072, 15 nov. 2001 (étiquetage des denrées et des ingrédients alimentaires contenant des additifs et des arômes génétiquement modifiés ou produits à partir d'organismes génétiquements modifiés) puis D. n° 2004-1058, 5 oct. 2004 (organismes génétiquement modifiés, denrées alimentaires et aliments pour animaux produits à partir de tels organismes) devenu C. consom., art. R. 214-4 ; D. n° 2002-1183, 12 sept. 2002 (label écologique) devenu C. consom., art. R. 214-15 ; D. n° 2002-1315, 25 oct. 2002 (étiquetage des produits de la pêche et de l'aquaculture) devenu C. consom., art. R. 214-13 ; D. n° 2002-1465, 17 déc. 2002 (étiquetage des viandes bovines dans les établissements de restauration) ; D. n° 2003-586, 30 juin 2003 (sucres) ; D. n° 2003-587, 30 juin 2003 (miel) ; D. n° 2003-838, 1er sept. 2003 (jus de fruits et produits similaires) ; D. n° 2003-1148, 28 nov. 2003 (laits de conserve partiellement ou totalement déshydratés destinés à l'alimentation humaine) ; D. n° 2004-1058, 5 oct. 2004 (organismes génétiquement modifiés, denrées alimentaires et aliments pour animaux produits à partir de tels organismes) devenu C. consom., art. R. 214-4 ; D. n° 2005-944, 2 août 2005, art. 29 (étiquetage des denrées alimentaires) devenu C. consom., art. R. 214-2 ; D. n° 2007-744, 9 mai 2007, art. 1er (étiquetage des détergents) devenu C. *consom., art. R. 214-20 ; D. n° 2007-766,* 10 mai 2007 (matériaux et objets destinés à entrer en contact avec les denrées alimentaires) ; D. n° 2008-184, 26 févr. 2008 (graisses et huiles comestibles) ; D n° 2008-1138, 4 nov. 2008 (engrais portant l'indication « engrais CE ») devenu C. consom., art. R. 214-19 ; D. n° 2009-123, 3 févr. 2009 (limites maximales applicables aux résidus de pesticides présents dans ou sur les denrées alimentaires et les aliments pour animaux, d'origine végétale et animale) devenu C. consom., art. R. 214-16 ; D. n° 2009-1121, 16 sept. 2009 (hygiène des produits et des denrées alimentaires autres que les produits d'origine animale et des denrées alimentaires en contenant) : D. n° 2010-29, 8 janv. 2010 (produits en cuir et similaires). – NDLR.

3° Les modes de présentation ou les inscriptions de toute nature sur les marchandises elles-mêmes, les emballages, les factures, les documents commerciaux ou documents de promotion, en ce qui concerne notamment : le mode de production, la nature, les qualités substantielles, la composition y compris, pour les denrées alimentaires, la composition nutritionnelle, la teneur en principes utiles, l'espèce, l'origine, l'identité, la quantité, l'aptitude à l'emploi, les modes d'emploi ainsi que les marques spéciales facultatives ou obligatoires apposées sur les marchandises françaises exportées à l'étranger ;

4° La définition, la composition et la dénomination des marchandises de toute nature, les traitements licites dont elles peuvent être l'objet, les caractéristiques qui les rendent impropres à la consommation ;

5° La définition et les conditions d'emploi des termes et expressions publicitaires, dans le but d'éviter une confusion ;

6° Les règles d'hygiène que doivent respecter les exploitants du secteur alimentaire et du secteur de l'alimentation animale à toutes les étapes de la production, de la transformation et de la distribution, y compris lors des importations et des exportations, de produits et denrées alimentaires autres que les produits d'origine animale et les denrées en contenant, et d'aliments pour animaux autres que ceux d'origine animale ou contenant des produits d'origine animale ; (1)

7° La détermination des conditions dans lesquelles sont préparés, conservés, détenus en vue de la vente ou de la distribution à titre gratuit, mis en vente, vendus, servis et transportés les produits destinés à l'alimentation humaine ou animale autres que les produits d'origine animale, les denrées en contenant et les aliments pour animaux d'origine animale et aliments pour animaux contenant des produits d'origine animale, ainsi que la détermination des caractéristiques auxquelles doivent répondre les équipements nécessaires à leur préparation, leur conservation, leur détention en vue de leur vente ou en vue de leur distribution à titre gratuit, leur mise en vente, leur vente, leur distribution à titre gratuit et leur transport ;

8° Les conditions dans lesquelles sont déterminées les caractéristiques microbiologiques et hygiéniques des produits destinés à l'alimentation humaine ou animale autres que les produits d'origine animale et les denrées alimentaires en contenant, les aliments pour animaux d'origine animale et les aliments pour animaux contenant des produits d'origine animale ;

9° Les modalités de traçabilité des marchandises ;

10° Les exigences de précision, de vérification et de prise en compte des éléments significatifs du cycle de vie des produits dans l'élaboration des allégations à caractère environnemental ou utilisant les termes de développement durable ou ses synonymes, lorsque ces allégations sont présentées sur les produits et denrées destinés à la vente aux consommateurs ou accompagnent leur commercialisation sous forme de mentions sur les emballages, les publications, la publicité, la télémercatique ou d'insertions sur supports numériques ou électroniques ;

11° Les conditions d'hygiène et de salubrité que doivent observer les personnes qui participent à la fabrication, à la transformation, au transport, à l'entreposage ou à la vente des produits.

Les 1° à 11° s'appliquent aux prestations de services.

II. - Les décrets mentionnés au I peuvent ordonner que des produits soient retirés du marché ou rappelés en vue de leur modification, de leur remboursement total ou partiel ou de leur échange, et prévoir des obligations relatives à l'information des consommateurs. Ils peuvent également ordonner la destruction de ces produits lorsque celle-ci constitue le seul moyen de faire cesser un danger.

Ces décrets précisent les conditions dans lesquelles sont mis à la charge des fabricants, importateurs, distributeurs ou prestataires de services les frais afférents aux dispositions à prendre en vertu de la réglementation ainsi édictée.

Art. L. 412-2. – Lorsqu'un règlement européen contient des dispositions qui entrent dans le champ d'application du présent titre, un décret en Conseil d'État précise que ces dispositions, ainsi que celles des règlements européens qui les modifient ou qui sont pris pour leur application, constituent les mesures d'exécution prévues à l'article L. 412-1.

(1) V. T. appl. : D. n° 2012-390, 21 mars 2012. – NDLR.

Section 2. – Mesures spécifiques

Art. L. 412-3. – Les conditions dans lesquelles la déclaration nutritionnelle obligatoire prévue par le règlement (UE) n° 1169/2011 du Parlement européen et du Conseil, du 25 octobre modifié concernant l'information des consommateurs sur les denrées alimentaires, modifiant les règlements (CE) n° 1924/2006 et (CE) n° 1925/2006 du Parlement européen et du Conseil et abrogeant la directive 87/250/CEE de la Commission, la directive 90/496/CEE du Conseil, la directive 1999/10/CE de la Commission, la directive 2000/13/CE du Parlement européen et du Conseil, les directives 2002/67/CE et 2008/5/CE de la Commission et le règlement (CE) n° 608/2004 de la Commission peut être accompagnée d'une présentation ou d'une expression complémentaire sont fixées à l'article L. 3232-8 du Code de la santé publique.

Art. L. 412-4. – Sans préjudice des dispositions spécifiques relatives au mode d'indication de l'origine des denrées alimentaires, l'indication du pays d'origine est obligatoire pour les produits agricoles et alimentaires et les produits de la mer, à l'état brut ou transformé.

La liste des produits concernés et les modalités d'application de l'indication de l'origine mentionnée au premier alinéa sont fixées par décret en Conseil d'État après que la Commission européenne a déclaré compatible avec le droit de l'Union européenne l'obligation prévue au présent article.

Art. L. 412-5 *(Rempl., L. n° 2016-1691, 9 déc. 2016).* – Sans préjudice des dispositions spécifiques relatives à l'indication de l'origine des denrées alimentaires, l'indication de l'origine est rendue obligatoire pour le lait, ainsi que pour le lait utilisé en tant qu'ingrédient dans les produits laitiers et pour les viandes utilisées en tant qu'ingrédient dans les produits transformés, à titre expérimental à compter de la publication de la loi n° 2016-1691 du 9 décembre 2016 relative à la transparence, à la lutte contre la corruption et à la modernisation de la vie économique et jusqu'au 31 décembre 2018.

Les modalités d'application de l'indication de l'origine mentionnée au premier alinéa sont fixées par décret en Conseil d'État et conformément à la procédure définie à l'article 45 du règlement (UE) n° 1169/2011 du Parlement européen et du Conseil du 25 octobre 2011 concernant l'information des consommateurs sur les denrées alimentaires, modifiant les règlements (CE) n° 1924/2006 et (CE) n° 1925/2006 du Parlement européen et du Conseil et abrogeant la directive 87/250/CEE de la Commission, la directive 90/496/CEE du Conseil, la directive 1999/10/CE de la Commission, la directive 2000/13/CE du Parlement européen et du Conseil, les directives 2002/67/CE et 2008/5/CE de la Commission et le règlement (CE) n° 608/2004 de la Commission.

Art. L. 412-6 *(L. n° 2016-816, 20 juin 2016).* – Les personnes ou les entreprises qui transforment ou distribuent des produits alimentaires dans le cadre d'une activité de restauration commerciale ou collective ou de vente à emporter de plats préparés, permanente ou occasionnelle, principale ou accessoire, peuvent préciser sur leurs cartes ou sur tout autre support la zone de capture ou de production des produits aquatiques qu'ils proposent. La zone de capture ou de production est déterminée dans les conditions prévues à l'article 38 du règlement (UE) n° 1379/2013 du Parlement européen et du Conseil du 11 décembre 2013 portant organisation commune des marchés dans le secteur des produits de la pêche et de l'aquaculture, modifiant les règlements (CE) n° 1184/2006 et (CE) n° 1224/2009 du Conseil et abrogeant le règlement (CE) n° 104/2000 du Conseil.

Les modalités de mise en œuvre du présent article sont fixées par décret.

Chapitre III. – Falsifications et autres infractions relatives aux produits

(Intitulé mod., L. n° 2017-203, 21 févr. 2017)

Section 1. – Falsifications

(Division créée, L. n° 2017-203, 21 févr. 2017)

Art. L. 413-1. – Il est interdit :

1° De falsifier des produits servant à l'alimentation humaine ou animale, des boissons et des produits agricoles ou naturels destinés à être vendus ;

2° D'exposer, de mettre en vente ou de vendre des produits servant à l'alimentation humaine ou animale, des boissons et des produits agricoles ou naturels, sachant qu'ils sont falsifiés, corrompus ou toxiques ;

3° D'exposer, de mettre en vente ou de vendre, en connaissant leur destination, des produits, objets ou appareils propres à effectuer la falsification des produits servant à l'alimentation humaine ou animale, des boissons ou des produits agricoles ou naturels ;

4° D'inciter à l'emploi des produits, objets ou appareils mentionnés au 3° par le moyen de brochures, circulaires, prospectus, affiches, annonces ou instructions quelconques.

L'infraction est constituée même au cas où la falsification nuisible est connue de l'acheteur ou du consommateur.

Art. L. 413-2. – Il est interdit de détenir, sans motif légitime, dans tous les lieux de fabrication, de production, de conditionnement, de stockage, de dépôt ou de vente, dans les véhicules utilisés pour le transport des marchandises, ainsi que dans les lieux où sont hébergés ou abattus les animaux dont la viande ou les produits sont destinés à l'alimentation humaine ou animale :

1° Des poids ou instruments de mesure faux ou autres appareils inexacts servant au pesage ou au mesurage des marchandises ;

2° Des produits servant à l'alimentation humaine ou animale, des boissons, des produits agricoles ou naturels dont le détenteur sait qu'ils sont falsifiés, corrompus ou toxiques ;

3° Des produits, objets ou appareils propres à effectuer la falsification des produits servant à l'alimentation humaine ou animale, des boissons ou des produits agricoles ou naturels.

Art. L. 413-3. – Les dispositions des articles L. 413-1 et L. 413-2 ne sont pas applicables aux fruits frais et légumes frais, fermentés ou corrompus.

Art. L. 413-4. – Il est interdit d'apposer ou de faire apparaître par addition, retranchement ou par une altération quelconque sur des produits, de fausses indications concernant le nom du fabricant, la raison sociale ou le lieu de fabrication.

Section 2. – Autres infractions relatives aux produits

(Division créée, L. n° 2017-203, 21 févr. 2017)

Art. L. 413-5. – Il est interdit à tout professionnel d'exposer ou de mettre en vente des produits marqués de noms faux ou altérés.

Art. L. 413-6. – Il est interdit de supprimer, masquer, altérer ou modifier frauduleusement de quelque façon que ce soit, les noms, signatures, monogrammes, lettres, chiffres, numéros de série, emblèmes, signes de toute nature apposés ou intégrés sur ou dans les marchandises et servant à les identifier de manière physique ou électronique.

Art. L. 413-7. – Il est interdit d'exposer, mettre en vente, vendre ou détenir dans des locaux utilisés à des fins professionnelles, des marchandises dont les signes d'identification ont été altérés.

Art. L. 413-8. – Il est interdit, sur des produits naturels ou fabriqués, détenus ou transportés en vue de la vente, mis en vente ou vendus, d'apposer ou d'utiliser une marque de fabrique ou de commerce, un nom, un signe ou une indication quelconque de nature à faire croire, s'ils sont étrangers, qu'ils ont été fabriqués en France ou qu'ils sont d'origine française et, dans tous les cas, qu'ils ont une origine différente de leur véritable origine française ou étrangère.

Toutefois, ces dispositions ne sont pas applicables lorsque le produit porte, en caractères manifestement apparents, l'indication de la véritable origine.

En ce qui concerne les produits français, la raison sociale, le nom et l'adresse du vendeur ne constituent pas nécessairement une indication d'origine.

Art. L. 413-9. – Il est interdit de faire croire à l'origine française de produits étrangers ou, pour tous produits, à une origine différente de leur véritable origine, par addition, retranchement ou par une altération quelconque des mentions primitivement portées sur le produit, par des annonces, brochures, circulaires, prospectus ou affiches, par la production de factures ou de certificats d'origine mensongers, par une affirmation verbale ou par tout autre moyen.

Chapitre IV. – Dispositions relatives à certains établissements

Art. L. 414-1. – Les établissements traitant par ionisation des denrées destinées à l'alimentation humaine ou animale font l'objet d'un agrément par l'autorité administrative dans des conditions prévues par décret en Conseil d'État.

Toutefois, l'agrément n'est pas requis lorsque ces établissements traitent par ionisation des denrées dont la liste est définie par décret en Conseil d'État.

Titre II. – Sécurité

Chapitre I. – Obligation générale de sécurité

Art. L. 421-1. – Pour l'application du présent titre, on entend par :

1° Producteur :

a) Le fabricant du produit, lorsqu'il est établi dans l'Union européenne et toute autre personne qui se présente comme fabricant en apposant sur le produit son nom, sa marque ou un autre signe distinctif, ou celui qui procède à la remise en état du produit ;

b) Le représentant du fabricant, lorsque celui-ci n'est pas établi dans l'Union européenne ou, en l'absence de représentant établi dans l'Union européenne, l'importateur du produit ;

c) Les autres professionnels de la chaîne de commercialisation, dans la mesure où leurs activités peuvent affecter les caractéristiques de sécurité d'un produit ;

2° Distributeur : tout professionnel de la chaîne de commercialisation dont l'activité n'a pas d'incidence sur les caractéristiques de sécurité du produit.

Art. L. 421-2. – Les dispositions du présent titre ne s'appliquent pas aux antiquités et aux produits d'occasion nécessitant une réparation ou une remise en état préalablement à leur utilisation lorsque le fournisseur informe la personne à laquelle il fournit le produit de la nécessité de cette réparation ou de cette remise en état.

Art. L. 421-3. – Les produits et les services doivent présenter, dans des conditions normales d'utilisation ou dans d'autres conditions raisonnablement prévisibles par le professionnel, la sécurité à laquelle on peut légitimement s'attendre et ne pas porter atteinte à la santé des personnes.

Art. L. 421-4. – Les producteurs et les distributeurs prennent toutes mesures utiles pour contribuer au respect de l'ensemble des obligations de sécurité prévues au présent titre.

Art. L. 421-5. – Un produit est considéré comme satisfaisant à l'obligation générale de sécurité prévue à l'article L. 421-3, lorsqu'il est conforme à la réglementation spécifique qui lui est applicable ayant pour objet la protection de la santé ou de la sécurité des consommateurs.

Art. L. 421-6. – Un produit est présumé satisfaire à l'obligation générale de sécurité prévue à l'article L. 421-3, en ce qui concerne les risques et les catégories de risque couverts par les normes qui lui sont applicables, lorsqu'il est conforme aux normes nationales non obligatoires transposant les normes européennes dont la Commission européenne a publié les références au *Journal officiel de l'Union européenne* en application de l'article 4 de la directive 2001/95/CE du 3 décembre 2001 relative à la sécurité générale des produits.

Art. L. 421-7. – Dans les cas autres que ceux mentionnés aux articles L. 421-5 et L. 421-6, la conformité d'un produit à l'obligation générale de sécurité est évaluée en prenant en compte notamment les éléments suivants quand ils existent :

1° *Les normes nationales non obligatoires* transposant des normes européennes applicables au produit autres que celles dont la référence est publiée au *Journal officiel de l'Union européenne* en application de l'article 4 de la directive 2001/95/CE du 3 décembre 2001 relative à la sécurité générale des produits ;

2° Les autres normes françaises ;

3° Les recommandations de la Commission européenne établissant des orientations concernant l'évaluation de la sécurité des produits ;

4° Les guides de bonne pratique en matière de sécurité des produits en vigueur dans le secteur concerné ;

5° L'état actuel des connaissances et de la technique ;

6° La sécurité à laquelle les consommateurs peuvent légitimement s'attendre.

Chapitre II. – Mesures d'application

Art. L. 422-1 *(Mod., L. n° 2017-203, 21 févr. 2017).* – Les produits et services ne satisfaisant pas à l'obligation générale de sécurité prévue à l'article L. 421-3 sont interdits ou réglementés dans les conditions fixées à l'article L. 412-1.

Art. L. 422-2 ancien *(Abr., L. n° 2017-203, 21 févr. 2017).*

Art. L. 422-2 *(Anc. art. L. 422-3 dénuméroté, L. n° 2017-203, 21 févr. 2017).* – Il est interdit de détenir en vue de la vente ou de la distribution à titre gratuit, de mettre en vente, de vendre, de distribuer à titre gratuit, les produits dont l'importation est prohibée par des décisions de la Commission européenne prises en application de l'article 18 de la directive 91/496/CEE du Conseil du 15 juillet 1991 fixant les principes relatifs à l'organisation des contrôles vétérinaires pour les animaux en provenance des pays tiers introduits dans la Communauté et modifiant les directives 89/662/CEE, 90/425/CEE et 90/675/CEE ou de l'article 22 de la directive 97/78/CE du Conseil du 18 décembre 1997 fixant les principes relatifs à l'organisation des contrôles vétérinaires pour les produits en provenance des pays tiers introduits dans la Communauté fixant les principes relatifs à l'organisation des contrôles vétérinaires pour les animaux en provenance des pays tiers introduits dans la Communauté, ou qui ne sont pas conformes aux prescriptions qu'elles édictent.

Art. L. 422-3 *(Anc. art. L. 422-4 dénuméroté et mod., L. n° 2017-203, 21 févr. 2017).* – Les mesures prises par la Commission européenne en application de l'article 53 du règlement (CE) n° 178/2002 du Parlement européen et du Conseil du 28 janvier 2002 établissant les principes généraux et les prescriptions générales de la législation alimentaire, instituant l'Autorité européenne de sécurité alimentaire et fixant des procédures relatives à la sécurité des denrées alimentaires et de l'article 13 de la directive 2001/95/CE du Parlement européen et du Conseil du 3 décembre 2001 relative à la sécurité générale des produits, qui contiennent des dispositions entrant dans le champ d'application du présent titre, constituent des mesures d'exécution de l'article L. 412-1.

Chapitre III. – Obligations des producteurs et des distributeurs

Art. L. 423-1. – Le producteur fournit au consommateur les informations utiles qui lui permettent d'évaluer les risques inhérents à un produit pendant sa durée d'utilisation normale ou raisonnablement prévisible et de s'en prémunir, lorsque ces risques ne sont pas immédiatement perceptibles par le consommateur sans un avertissement adéquat.

Ces dispositions s'appliquent sans préjudice des autres obligations mentionnées aux articles L. 421-3, L. 423-2, et L. 423-3.

Art. L. 423-2. – Le producteur adopte les mesures qui, compte tenu des caractéristiques des produits qu'il fournit, lui permettent :

1° De se tenir informé des risques que les produits qu'il commercialise peuvent présenter ;

2° D'engager les actions nécessaires pour maîtriser ces risques, y compris le retrait du marché, la mise en garde adéquate et efficace des consommateurs ainsi que le rappel auprès des consommateurs des produits mis sur le marché.

Ces mesures peuvent notamment consister en la réalisation d'essais par sondage ou en l'indication sur le produit ou son emballage d'un mode d'emploi, de l'identité et de l'adresse du producteur, de la référence du produit ou du lot de produits auquel il appartient. Ces indications peuvent être rendues obligatoires par arrêté du ministre chargé de la consommation et du ou des ministres intéressés.

Art. L. 423-3 *(Mod., L. n° 2018-938, 30 oct. 2018).* – Lorsqu'un producteur ou un distributeur sait que des produits destinés aux consommateurs qu'il a mis sur le marché ne répondent pas aux exigences énoncées à l'article L. 421-3, il engage les actions nécessaires pour prévenir les risques pour les consommateurs et en informe immédiatement les autorités administratives compétentes.

Les modalités de cette information sont définies par arrêté du ministre chargé de la consommation et des ministres intéressés.

Le producteur ou le distributeur ne peut s'exonérer de ses obligations en soutenant n'avoir pas eu connaissance des risques qu'il ne pouvait raisonnablement ignorer.

Dans le secteur alimentaire et de l'alimentation animale, lorsque des mesures de retrait ou de rappel sont mises en œuvre, les producteurs et les distributeurs établissent et maintiennent à jour un état chiffré des produits retirés ou rappelés, qu'ils tiennent à la disposition des agents habilités.

Sans préjudice des mesures d'information des consommateurs et des autorités administratives compétentes prévues par la réglementation en vigueur, les professionnels qui procèdent au rappel de denrées alimentaires ou d'aliments pour animaux en font la déclaration de façon dématérialisée sur un site internet dédié, mis à la disposition du public par l'administration.

Un arrêté des ministres intéressés, pris après avis de la Commission nationale de l'informatique et des libertés, détermine les conditions de fonctionnement de ce site, son adresse, les informations à déclarer, la nature de celles qui sont rendues publiques, ainsi que les modalités de déclaration, de publication et d'actualisation de ces informations.

Voir : la rédaction de cet article issue de la loi n° 2019-486 du 22 mai 2019, en *addendum*, p. 3587

Art. L. 423-4. – Les distributeurs s'interdisent de fournir des produits dont ils savent, sur la base des informations en leur possession et en leur qualité de professionnel, qu'ils ne satisfont pas aux obligations de sécurité définies au présent titre.

En outre, dans les limites de leurs activités respectives, les distributeurs participent au suivi de la sécurité des produits mis sur le marché par la transmission des informations concernant les risques liés à ces produits, par la tenue et la fourniture des documents nécessaires pour assurer leur traçabilité, ainsi que par la collaboration aux actions engagées par les producteurs et les autorités administratives compétentes, pour éviter les risques.

Chapitre IV. – Dispositions communes

Art. L. 424-1. – Les modalités selon lesquelles, lors de la constatation d'un manquement à la réglementation relative à la sécurité alimentaire, les dépenses liées aux contrôles supplémentaires, définies à l'article 28 du règlement (CE) n° 882/2004 du Parlement européen et du Conseil du 29 avril 2004 relatif aux contrôles officiels effectués pour s'assurer de la conformité avec la législation sur les aliments pour animaux et les denrées alimentaires et avec les dispositions relatives à la santé animale et au bien-être des animaux, sont laissées à la charge du propriétaire ou du détenteur des produits ou de l'exploitant responsable du manquement sont définies par décret.

Chapitre V. – Dispositions relatives aux aéronefs circulant sans personne à bord

(L. n° 2016-1428, 24 oct. 2016)

Art. L. 425-1 *(L. n° 2016-1428, 24 oct. 2016)*. – Les fabricants ou importateurs d'aéronefs circulant sans personne à bord incluent dans les emballages de leurs produits ainsi que dans les emballages de leurs pièces détachées une notice d'information relative à l'usage de ces aéronefs. Cette notice rappelle les principes et les règles à respecter pour utiliser ces appareils en conformité avec la législation et la réglementation applicables.

L'obligation définie au premier alinéa s'impose au vendeur d'un aéronef d'occasion.

Un décret en Conseil d'État précise les modalités d'application du présent article.

Livre VI. – Règlement des litiges

Titre Ier. – Médiation

Chapitre Ier. – Définitions et champ d'application

Art. L. 611-1. – **Pour l'application du présent titre, on entend par :**

1° Litige national : un litige de nature contractuelle entre un consommateur et un professionnel portant sur l'exécution d'un contrat de vente ou de fourniture de services, lorsqu'au moment de sa conclusion, le consommateur réside dans le même État membre que celui du lieu d'établissement du professionnel ;

2° Litige transfrontalier : un litige de nature contractuelle entre un consommateur et un professionnel portant sur l'exécution d'un contrat de vente ou de fourniture de services, lorsqu'au moment de sa conclusion le consommateur réside dans un État membre autre que celui du lieu d'établissement du professionnel ;

3° Contrat de vente : tout contrat au sens de l'article 1582 du Code civil, ainsi que tout contrat ayant à la fois pour objet la vente d'un bien et la fourniture d'un service, conclu entre un professionnel et un consommateur ;

4° Contrat de prestation de services : tout contrat ayant pour objet la fourniture d'un service par le professionnel en contrepartie duquel le consommateur s'engage à payer le prix ;

5° Médiation des litiges de la consommation : un processus de médiation conventionnelle, tel que défini à l'article 21 de la loi n° 95-125 du 8 février 1995 relative à l'organisation des juridictions et de la procédure civile, pénale et administrative ou un autre processus de médiation conventionnelle prévu par la loi ;

6° Médiateur de la consommation : la personne physique ou la personne morale accomplissant une mission de médiation conventionnelle ;

7° Médiateur public : médiateur désigné par une autorité publique dans les conditions fixées par la loi, laquelle détermine également son statut, son champ de compétences dans le domaine des litiges prévus au présent titre et ses modalités d'intervention.

Art. L. 611-2. – **La médiation de la consommation s'applique à un litige national ou transfrontalier entre un consommateur et un professionnel. Elle est régie par les dispositions du présent titre ainsi que, dans la mesure où elles ne leur sont pas contraires, par celles du chapitre Ier du titre II de la loi [n° 95-125] du 8 février 1995 mentionnée à l'article L. 611-1.**

Art. L. 611-3. – **La médiation des litiges de la consommation ne s'applique pas :**

1° Aux litiges entre professionnels ;

2° Aux réclamations portées par le consommateur auprès du service clientèle du professionnel ;

3° Aux négociations directes entre le consommateur et le professionnel ;

4° Aux tentatives de conciliation ou de médiation ordonnées par un tribunal saisi du litige de consommation ;

5° Aux procédures introduites par un professionnel contre un consommateur.

Art. L. 611-4. – **Ne sont pas considérés comme des litiges de consommation, au sens du présent titre, les litiges concernant :**

1° Les services d'intérêt général non économiques ;

2° Les services de santé fournis par des professionnels de la santé aux patients pour évaluer, maintenir ou rétablir leur état de santé, y compris la prescription, l'administration et la fourniture de médicaments et de *dispositifs médicaux* ;

3° Les prestataires publics de l'enseignement supérieur.

Chapitre II. – Processus de médiation des litiges de consommation

Art. L. 612-1. – **Tout consommateur a le droit de recourir gratuitement à un médiateur de la consommation en vue de la résolution amiable du litige qui l'oppose à un professionnel. À cet effet, le professionnel garantit au consommateur le recours effectif à un dispositif de médiation de la consommation.**

Le professionnel peut mettre en place son propre dispositif de médiation de la consommation ou proposer au consommateur le recours à tout autre médiateur de la consommation répondant aux exigences du présent titre.

Lorsqu'il existe un médiateur de la consommation dont la compétence s'étend à l'ensemble des entreprises d'un domaine d'activité économique dont il relève, le professionnel permet toujours au consommateur d'y recourir.

Les modalités selon lesquelles le processus de médiation est mis en œuvre sont précisées par décret en Conseil d'État.

Art. L. 612-2. – Un litige ne peut être examiné par le médiateur de la consommation lorsque :

1° Le consommateur ne justifie pas avoir tenté, au préalable, de résoudre son litige directement auprès du professionnel par une réclamation écrite selon les modalités prévues, le cas échéant, dans le contrat ;

2° La demande est manifestement infondée ou abusive ;

3° Le litige a été précédemment examiné ou est en cours d'examen par un autre médiateur ou par un tribunal ;

4° Le consommateur a introduit sa demande auprès du médiateur dans un délai supérieur à un an à compter de sa réclamation écrite auprès du professionnel ;

5° Le litige n'entre pas dans son champ de compétence.

Le consommateur est informé par le médiateur, dans un délai de trois semaines à compter de la réception de son dossier, du rejet de sa demande de médiation.

Art. L. 612-3. – La médiation des litiges de consommation est soumise à l'obligation de confidentialité prévue par l'article 21-3 de la loi n° 95-125 du 8 février 1995 relative à l'organisation des juridictions et de la procédure civile, pénale et administrative.

Art. L. 612-4. – Est interdite toute clause ou convention obligeant le consommateur, en cas de litige, à recourir obligatoirement à une médiation préalablement à la saisine du juge.

Art. L. 612-5. – Lorsqu'un médiateur public est compétent pour procéder à la médiation d'un litige de consommation, ce litige ne peut donner lieu à d'autres procédures de médiation conventionnelle, au sens du présent titre, sous réserve de l'existence d'une convention, notifiée à la commission d'évaluation et de contrôle de la médiation mentionnée à l'article L. 615-1, qui répartit les litiges entre les médiateurs concernés.

Chapitre III. – Statut du médiateur de la consommation

Art. L. 613-1. – Le médiateur de la consommation accomplit sa mission avec diligence et compétence, en toute indépendance et impartialité, dans le cadre d'une procédure transparente, efficace et équitable.

Il établit chaque année un rapport sur son activité.

Il satisfait aux conditions suivantes :

1° Posséder des aptitudes dans le domaine de la médiation ainsi que de bonnes connaissances juridiques, notamment dans le domaine de la consommation ;

2° Être nommé pour une durée minimale de trois années ;

3° Être rémunéré sans considération du résultat de la médiation ;

4° Ne pas être en situation de conflit d'intérêts et le cas échéant le signaler.

Il est inscrit sur la liste des médiateurs notifiée à la Commission européenne.

Les modalités d'application du présent article sont fixées par décret en Conseil d'État.

Art. L. 613-2. – Lorsqu'il est employé ou rémunéré exclusivement par le professionnel, le médiateur de la consommation satisfait aux conditions supplémentaires suivantes :

1° Il est désigné, selon une procédure transparente, par un organe collégial mis en place par l'entreprise, comprenant des représentants d'associations de défense des consommateurs agréées et des représentants du professionnel, ou relevant d'une instance nationale consultative dans le domaine de la consommation ou propre à un secteur d'activité dans des conditions fixées par décret ;

2° À l'issue de son mandat, le médiateur a l'interdiction de travailler pendant au moins trois ans pour le professionnel qui l'a employé ou pour la fédération à laquelle ce professionnel est affilié ;

3° Aucun lien hiérarchique ou fonctionnel entre le professionnel et le médiateur ne peut exister pendant l'exercice de sa mission de médiation. Le médiateur est clairement séparé des organes opérationnels du professionnel et dispose d'un budget distinct et suffisant pour l'exécution de ses missions.

Art. L. 613-3. – Lorsque le médiateur de la consommation est employé ou rémunéré exclusivement par un organisme ou une fédération professionnelle, il répond aux exigences prévues par les dispositions de l'article L. 613-1 et dispose d'un budget distinct et suffisant pour mener à bien sa mission, hormis le cas où il appartient à un organe collégial, composé à parité de représentants d'associations agréées de défense des consommateurs et de représentants des professionnels.

Chapitre IV. – Obligations de communication du médiateur de la consommation

Art. L. 614-1. – Tout médiateur de la consommation met en place un site internet consacré à la médiation et fournissant un accès direct aux informations relatives au processus de médiation.

Ce site permet aux consommateurs de déposer en ligne une demande de médiation accompagnée des documents justificatifs.

Sur demande, ces informations peuvent être mises à disposition sur un autre support durable.

Art. L. 614-2. – Le médiateur fournit sur son site internet un lien électronique vers la plate-forme européenne de résolution en ligne des litiges prévue par le règlement (UE) n° 524/2013 du Parlement européen et du Conseil du 21 mai 2013 relatif au règlement en ligne des litiges de consommation et modifiant le règlement (CEE) n° 2006/2004 et la directive n° 2009/22/CE (règlement relatif au RLLC).

Art. L. 614-3. – Les parties doivent toujours avoir la possibilité de recourir à la médiation par voie postale.

Art. L. 614-4. – La liste des informations mentionnée à l'article L. 614-1 et le rapport annuel mentionné à l'article L. 613-1 sont mis à la disposition du public et communiqués par le médiateur, selon les modalités fixées par décret en Conseil d'État.

Art. L. 614-5. – Le médiateur de la consommation communique à la commission d'évaluation et de contrôle de la médiation de la consommation mentionnée à l'article L. 615-1 les informations relatives à ses compétences, son organisation et son activité. La liste de ces informations est fixée par décret en Conseil d'État.

Chapitre V. – Commission d'évaluation et de contrôle de la médiation de la consommation

Art. L. 615-1. – La commission d'évaluation et de contrôle de la médiation de la consommation, placée auprès du ministre chargé de l'économie, a pour mission :

1° D'établir et de mettre à jour la liste des médiateurs, y compris les médiateurs publics, qui satisfont aux exigences prévues par les articles L. 613-1 à L. 613-3 ;

2° De procéder à la notification des médiateurs inscrits sur cette liste auprès de la Commission européenne ;

3° D'évaluer leur activité de médiation et d'en contrôler la régularité.

Art. L. 615-2. – Si un médiateur ne satisfait pas aux conditions exigées au présent titre, la commission d'évaluation et de contrôle de la médiation de la consommation refuse son inscription sur la liste prévue par l'article L. 615-1.

S'il est déjà inscrit et qu'il ne répond plus à ces conditions ou ne respecte pas les obligations lui incombant, la commission peut décider du retrait de l'intéressé de cette liste.

La décision prononçant le refus d'inscription ou le retrait de la liste est prise dans des conditions et suivant la procédure fixées par décret en Conseil d'État. Elle est motivée et notifiée à l'intéressé.

Art. L. 615-3. – La commission peut être saisie par le ministre chargé de l'économie, par le ministre chargé de la consommation, par l'Autorité de contrôle prudentiel et de résolution, par les associations de défense des consommateurs agréées ou par les organisations professionnelles de toute pratique de médiation ou de toute condition d'exercice de l'activité de médiateur considérée comme contraire aux dispositions du présent titre.

Elle peut également se saisir d'office.

La commission rend son avis dans un délai maximal de trois mois à compter de sa saisine.

Art. L. 615-4. – Un décret en Conseil d'État précise la composition, l'organisation, les moyens et les modalités de fonctionnement de la commission d'évaluation et de contrôle de la médiation de la consommation.

Chapitre VI. – Information et assistance du consommateur

Art. L. 616-1. – Tout professionnel communique au consommateur, selon des modalités fixées par décret en Conseil d'État, les coordonnées du ou des médiateurs compétents dont il relève.

Le professionnel est également tenu de fournir cette même information au consommateur, dès lors qu'un litige n'a pas pu être réglé dans le cadre d'une réclamation préalable directement introduite auprès de ses services.

Art. L. 616-2. – Le cas échéant, il informe en outre le consommateur des dispositions prises pour mettre en œuvre l'article 14 du règlement (UE) n° 524/2013 du Parlement européen et du Conseil du 21 mai 2013 relatif au règlement en ligne des litiges de consommation et modifiant le règlement (CEE) n° 2006/2004 et la directive n° 2009/22/CE (règlement relatif au RLLC).

Art. L. 616-3. – En cas de litige transfrontalier, tout consommateur bénéficie, selon des modalités fixées par décret en Conseil d'État, de l'assistance et des informations nécessaires pour être orienté vers l'entité de règlement extrajudiciaire des litiges de consommation compétente dans un autre État membre.

Titre II. – Actions en justice des associations de défense des consommateurs

Chapitre I. – Actions exercées dans l'intérêt collectif des consommateurs

Section 1. – Action civile

Art. L. 621-1. – Les associations régulièrement déclarées ayant pour objet statutaire explicite la défense des intérêts des consommateurs peuvent, si elles ont été agréées à cette fin en application de l'article L. 811-1, exercer les droits reconnus à la partie civile relativement aux faits portant un préjudice direct ou indirect à l'intérêt collectif des consommateurs.

Les organisations définies à l'article L. 211-2 du Code de l'action sociale et des familles sont dispensées de l'agrément pour agir en justice dans les conditions prévues au présent article.

Art. L. 621-2. – Les associations de consommateurs mentionnées à l'article L. 621-1 et agissant dans les conditions précisées à cet article peuvent demander à la juridiction civile, statuant sur l'action civile ou à la juridiction répressive, statuant sur l'action civile, d'ordonner au défendeur ou au prévenu, le cas échéant sous astreinte, toute mesure destinée à faire cesser des agissements illicites ou à supprimer une clause illicite dans le contrat ou le type de contrat proposé aux consommateurs ou dans tout contrat en cours d'exécution.

Elles peuvent également demander, selon le cas, à la juridiction civile ou à la juridiction répressive de déclarer que cette clause est réputée non écrite dans tous les contrats identiques en cours d'exécution conclus par le défendeur ou le prévenu avec des consommateurs et de lui ordonner d'en informer à ses frais les consommateurs concernés par tous moyens appropriés.

Art. L. 621-3. – La juridiction répressive saisie dans les conditions de l'article L. 621-1 peut, après avoir déclaré le prévenu coupable, ajourner le prononcé de la peine en lui enjoignant, sous astreinte le cas échéant, de se conformer, dans un délai fixé, aux prescriptions qu'elle détermine et qui ont pour objet de faire cesser l'agissement illicite ou de supprimer une clause illicite dans le contrat ou le type de contrat proposé aux consommateurs.

Art. L. 621-4. – Dans le cas où la juridiction répressive assortit l'ajournement d'une astreinte, elle en prévoit le taux et la date à compter de laquelle elle commence à courir.

L'ajournement, qui ne peut intervenir qu'une seule fois, peut être décidé même si le prévenu ne comparaît pas en personne.

Le juge peut ordonner l'exécution provisoire de la décision d'injonction.

Art. L. 621-5. – À l'audience de renvoi, qui doit intervenir au plus tard dans le délai d'un an à compter de la décision d'ajournement, la juridiction statue sur la peine et liquide l'astreinte s'il y a lieu.

Elle peut, le cas échéant, supprimer cette dernière ou en réduire le montant.

L'astreinte est de plein droit supprimée à chaque fois qu'il est établi que la personne concernée s'est conformée à une injonction sous astreinte prononcée par un autre juge répressif ayant ordonné de faire cesser une infraction identique à celle qui fonde les poursuites.

Art. L. 621-6 *(Mod., L. n° 2017-203, 21 févr. 2017)*. – Elle ne peut donner lieu à contrainte judiciaire.

Section 2. – Action en cessation d'agissements illicites

Art. L. 621-7. – Les associations mentionnées à l'article L. 621-1 et les organismes justifiant de leur inscription sur la liste publiée au *Journal officiel de l'Union européenne* en application de l'article 4 de la directive 2009/22/ CE du Parlement européen et du Conseil du 23 avril 2009 modifiée relative aux actions en cessation en matière de protection des intérêts des consommateurs, peuvent agir devant la juridiction civile pour faire cesser ou interdire tout agissement illicite au regard des dispositions transposant les directives mentionnées à l'article 1er de la directive précitée.

Art. L. 621-8. – Lorsqu'il est saisi en application de l'article L. 621-7, le juge peut ordonner, le cas échéant sous astreinte, la suppression d'une clause illicite ou abusive dans tout contrat ou type de contrat proposé ou destiné au consommateur ou dans tout contrat en cours d'exécution.

Les associations et les organismes mentionnés à l'article L. 621-7 peuvent également demander au juge de déclarer que cette clause est réputée non écrite dans tous les contrats identiques conclus par le même professionnel avec des consommateurs, et de lui ordonner d'en informer à ses frais les consommateurs concernés par tous moyens appropriés.

Section 3. – Action conjointe et intervention en justice

Art. L. 621-9. – À l'occasion d'une action portée devant les juridictions civiles et ayant pour objet la réparation d'un préjudice subi par un ou plusieurs consommateurs à raison de faits non constitutifs d'une infraction pénale, les associations mentionnées à l'article L. 621-1 peuvent agir conjointement ou intervenir pour obtenir réparation de tout fait portant un préjudice direct ou indirect à l'intérêt collectif des consommateurs et demander, le cas échéant, l'application de mesures prévues à l'article L. 621-2.

Section 4. – Dispositions communes

Art. L. 621-10. – Le ministère public peut produire devant la juridiction saisie, nonobstant les dispositions législatives contraires, les procès-verbaux ou rapports d'enquête qu'il détient, dont la production est utile à la solution du litige.

Art. L. 621-11. – La juridiction saisie peut ordonner la diffusion, par tous moyens appropriés, de l'information au public du jugement rendu. Lorsqu'elle ordonne l'affichage de l'information en application du présent alinéa, il est procédé à celui-ci dans les conditions prévues par l'article 131-35 du Code pénal.

Cette diffusion a lieu aux frais de la partie qui succombe ou du condamné ou de l'association qui s'est constituée partie civile lorsque les poursuites engagées à son initiative ont donné lieu à une décision de relaxe.

Chapitre II. – Action en représentation conjointe

Art. L. 622-1. – Lorsque plusieurs consommateurs identifiés ont subi des préjudices individuels qui ont été causés par le fait d'un même professionnel, et qui ont une origine commune, toute association agréée et reconnue représentative sur le plan national en application de l'article L. 811-1 peut, si elle a été mandatée par au moins deux des consommateurs concernés, agir en réparation devant toute juridiction au nom de ces consommateurs.

Art. L. 622-2. – Le mandat mentionné à l'article L. 622-1 ne peut être sollicité par voie d'appel public télévisé ou radiophonique, ni par voie d'affichage, de tract ou de lettre personnalisée.

Il est donné par écrit par chaque consommateur.

Art. L. 622-3. – Tout consommateur ayant donné son accord, dans les conditions prévues à l'article L. 622-2, à l'exercice d'une action devant une juridiction pénale est considéré en ce cas comme exerçant les droits reconnus à la partie civile en application du Code de procédure pénale.

Toutefois, les significations et notifications qui concernent le consommateur sont adressées à l'association.

Art. L. 622-4. – L'association qui exerce une action en justice en application des dispositions des articles L. 622-1 à L. 622-3 peut se constituer partie civile devant le juge d'instruction ou la juridiction de jugement du siège social de l'entreprise mise en cause ou, à défaut, du lieu de la première infraction.

Chapitre III. – Action de groupe

Section 1. – Champ d'application et qualité pour agir

Art. L. 623-1 *(Mod., L. n° 2018-1021, 23 nov. 2018)*. – Une association de défense des consommateurs représentative au niveau national et agréée en application de l'article L. 811-1 peut agir devant une juridiction civile afin d'obtenir la réparation des préjudices individuels subis par des consommateurs placés dans une situation similaire ou identique et ayant pour cause commune un manquement d'un ou des mêmes professionnels à leurs obligations légales, relevant ou non du présent code, ou contractuelles :

1° À l'occasion de la vente de biens ou de la fourniture de services ainsi que dans le cadre de la location d'un bien immobilier ;

2° Ou lorsque ces préjudices résultent de pratiques anticoncurrentielles au sens du titre II du livre IV du Code de commerce ou des articles 101 et 102 du traité sur le fonctionnement de l'Union européenne.

Art. L. 623-2. – L'action de groupe ne peut porter que sur la réparation des préjudices patrimoniaux résultant des dommages matériels subis par les consommateurs.

Art. L. 623-3. – L'action de groupe est introduite selon des modalités fixées par décret en Conseil d'État.

Section 2. – Jugement sur la responsabilité

Art. L. 623-4. – Le juge statue sur la responsabilité du professionnel au vu des cas individuels présentés par l'association requérante, définit le groupe des consommateurs à l'égard desquels la responsabilité du professionnel est engagée et en fixe les critères de rattachement.

Art. L. 623-5. – Le juge détermine les préjudices susceptibles d'être réparés pour chaque consommateur ou chacune des catégories de consommateurs constituant le groupe qu'il a défini, ainsi que leur montant ou tous les éléments permettant l'évaluation de ces préjudices.

Art. L. 623-6. – Lorsqu'une réparation en nature du préjudice lui paraît plus adaptée, le juge précise les conditions de sa mise en œuvre par le professionnel.

Art. L. 623-7. – S'il juge que la responsabilité du professionnel est engagée, le juge ordonne par la même décision les mesures adaptées pour informer de cette décision les consommateurs susceptibles d'appartenir au groupe.

Les mesures de publicité de la décision sont à la charge du professionnel. Elles ne peuvent être mises en œuvre qu'une fois que la décision sur la responsabilité n'est plus susceptible de recours ordinaires ni de pourvoi en cassation.

Art. L. 623-8. – Dans la même décision prononçant la responsabilité du professionnel, le juge fixe le délai dont disposent les consommateurs pour adhérer au groupe afin d'obtenir la réparation de leur préjudice. Ce délai ne peut être inférieur à deux mois ni supérieur à six mois après l'achèvement des mesures de publicité ordonnées par lui.

Il détermine les modalités de cette adhésion et précise si les consommateurs s'adressent directement au professionnel ou par l'intermédiaire de l'association ou de la personne mentionnée à l'article L. 623-13.

Art. L. 623-9. – L'adhésion au groupe vaut mandat aux fins d'indemnisation au profit de l'association requérante.

L'adhésion au groupe ne vaut ni n'implique adhésion à l'association requérante.

Art. L. 623-10 *(Rempl., L. n° 2016-1547, 18 nov. 2016)*. – Sous réserve des dispositions législatives relatives au maniement des fonds des professions judiciaires réglementées, toute somme reçue au titre de l'indemnisation des personnes lésées membres du groupe est immédiatement versée sur un compte ouvert auprès de la Caisse des dépôts et consignations. Celui-ci ne peut faire l'objet de mouvements en débit que pour le règlement de l'affaire qui est à l'origine du dépôt.

Art. L. 623-11. – Le juge fixe le délai dans lequel doit intervenir la réparation des préjudices des consommateurs lésés, ainsi que celui ouvert, à cette échéance, pour le saisir des demandes d'indemnisation auxquelles le professionnel n'a pas fait droit.

Art. L. 623-12. – Lorsqu'il statue sur la responsabilité, le juge peut condamner le professionnel au paiement d'une provision à valoir sur les frais non compris dans les dépens exposés par l'association, y compris ceux afférents à la mise en œuvre de l'article L. 623-13.

Il peut ordonner, lorsqu'il la juge nécessaire et compatible avec la nature de l'affaire, la consignation à la Caisse des dépôts et consignations d'une partie des sommes dues par le professionnel.

Art. L. 623-13. – L'association peut s'adjoindre, avec l'autorisation du juge, toute personne appartenant à une profession judiciaire réglementée, dont la liste est fixée par décret en Conseil d'État, pour l'assister, notamment afin qu'elle procède à la réception des demandes d'indemnisation des membres du groupe et plus généralement afin qu'elle représente les consommateurs lésés auprès du professionnel, en vue de leur indemnisation.

Section 3. – Procédure d'action de groupe simplifiée

Art. L. 623-14. – Lorsque l'identité et le nombre des consommateurs lésés sont connus et lorsque ces consommateurs ont subi un préjudice d'un même montant, d'un montant identique par prestation rendue ou d'un montant identique par référence à une période ou à une durée, le juge, après avoir statué sur la responsabilité du professionnel, peut condamner ce dernier à les indemniser directement et individuellement, dans un délai et selon des modalités qu'il fixe.

Art. L. 623-15. – Préalablement à son exécution par le professionnel et selon des modalités et dans le délai fixés par le juge, la décision mentionnée à l'article L. 623-14, lorsqu'elle n'est plus susceptible de recours ordinaires ni de pourvoi en cassation, fait l'objet de mesures d'information individuelle des consommateurs concernés, aux frais du professionnel, afin de leur permettre d'accepter d'être indemnisés dans les termes de la décision.

Art. L. 623-16. – En cas d'inexécution par le professionnel, à l'égard des consommateurs ayant accepté l'indemnisation, de la décision rendue dans le délai fixé, les articles L. 623-19 et L. 623-20 sont applicables et l'acceptation de l'indemnisation dans les termes de la décision vaut mandat aux fins d'indemnisation au profit de l'association.

Art. L. 623-17. – Un décret en Conseil d'État fixe les conditions d'application de la présente section.

Section 4. – Mise en œuvre du jugement, liquidation des préjudices et exécution

Art. L. 623-18. – Le professionnel procède à l'indemnisation individuelle des préjudices subis par chaque consommateur, dans les conditions, limites et délais fixés par le jugement mentionné à l'article L. 623-5.

Art. L. 623-19. – Le juge ayant statué sur la responsabilité tranche les difficultés qui s'élèvent à l'occasion de la mise en œuvre du jugement.

Art. L. 623-20. – L'association requérante représente les consommateurs membres du groupe qui n'ont pas été indemnisés par le professionnel dans les délais fixés, aux fins de l'exécution forcée du jugement statuant sur les demandes d'indemnisation auxquelles les professionnel n'a pas fait droit.

Art. L. 623-21. – L'intégralité des frais et des droits proportionnels de recouvrement ou d'encaissement prévus à l'article L. 111-8 du Code des procédures civiles d'exécution, pour l'application des sections 1, 2 et 4 du présent chapitre, est à la charge du professionnel visé.

Section 5. – Médiation

Art. L. 623-22. – Seule l'association requérante peut participer à une médiation, dans les conditions fixées au chapitre Ier du titre II de la loi n° 95-125 du 8 février 1995 relative à l'organisation des juridictions et à la procédure civile, pénale et administrative, afin d'obtenir la réparation des préjudices individuels mentionnés à l'article L. 623-1.

Art. L. 623-23. – Tout accord négocié au nom du groupe est soumis à l'homologation du juge, qui vérifie s'il est conforme aux intérêts de ceux auxquels il a vocation à s'appliquer et lui donne force exécutoire.

Cet accord précise les mesures de publicité nécessaires pour informer les consommateurs concernés de la possibilité d'y adhérer, ainsi que les délais et modalités de cette adhésion.

Section 6. – Modalités spécifiques à l'action de groupe intervenant dans le domaine de la concurrence

Art. L. 623-24 *(Mod., L. n° 2017-203, 21 févr. 2017 ; à compter du 11 mars 2017, Ord. n° 2017-303, 9 mars 2017).* – Lorsque les manquements reprochés au professionnel portent sur le respect des règles définies au titre II du livre IV du Code de commerce ou des articles 101 et 102 du traité sur le fonctionnement de l'Union européenne, la responsabilité du professionnel ne peut être prononcée dans le cadre de l'action mentionnée à l'article L. 623-1 que sur le fondement d'une décision prononcée à l'encontre du professionnel par les autorités ou juridictions nationales ou de l'Union européenne compétentes, qui constate les manquements et qui n'est plus susceptible de recours pour la partie relative à l'établissement des manquements.

Art. L. 623-25. – L'action prévue à l'article L. 623-1 ne peut être engagée au-delà d'un délai de cinq ans à compter de la date à laquelle la décision mentionnée à l'article L. 623-24 n'est plus susceptible de recours.

Art. L. 623-26. – Par dérogation aux dispositions de l'article L. 623-7, le juge peut ordonner l'exécution provisoire du jugement mentionné à l'article L. 623-4 pour ce qui concerne les seules mesures de publicité, afin de permettre aux consommateurs de se déclarer dans le délai imparti.

Section 7. – Dispositions diverses

Art. L. 623-27. – L'action mentionnée à l'article L. 623-1 suspend la prescription des actions individuelles en réparation des préjudices résultant des manquements constatés par le jugement prévu aux articles L. 623-4 ou L. 623-14.

Le délai de prescription recommence à courir, pour une durée qui ne peut être inférieure à six mois, à compter de la date à laquelle, selon le cas, le jugement rendu en application des articles L. 623-4 ou L. 623-14 n'est plus susceptible de recours ordinaire ou de pourvoi en cassation ou de l'homologation prévue à l'article L. 623-23.

Art. L. 623-28. – Les décisions prévues aux articles L. 623-4 et L. 623-14 ainsi que celle résultant de l'application de l'article L. 623-23 ont également autorité de la chose jugée à l'égard de chacun des membres du groupe dont le préjudice a été réparé au terme de la procédure.

Art. L. 623-29. – L'adhésion au groupe ne fait pas obstacle au droit d'agir selon les voies de droit commun pour obtenir la réparation des préjudices n'entrant pas dans le champ défini par la décision du juge mentionnée à l'article L. 623-4 ou d'un accord homologué en application de l'article L. 623-23.

Art. L. 623-30. – N'est pas recevable l'action prévue à l'article L. 623-1 lorsqu'elle se fonde sur les mêmes faits, les mêmes manquements et la réparation des mêmes préjudices que ceux ayant déjà fait l'objet du jugement prévu à l'article L. 623-4 ou d'un accord homologué en application de l'article L. 623-23.

Art. L. 623-31. – Toute association de défense des consommateurs représentative au niveau national et agréée en application de l'article L. 811-1 peut demander au juge, à compter de sa saisine en application de l'article L. 623-1 et à tout moment, sa substitution dans les droits de l'association requérante, en cas de défaillance de cette dernière.

Art. L. 623-32. – Est réputée non écrite toute clause ayant pour objet ou effet d'interdire à un consommateur de participer à une action de groupe.

Titre III. – Compétence du juge

Le présent titre ne comprend pas de dispositions législatives.

Titre IV. – Sanctions

Chapitre unique. – Médiation

Art. L. 641-1. – Tout manquement aux obligations d'information mentionnées aux articles L. 616-1 et L. 616-2 est passible d'une amende administrative dont le montant ne peut excéder 3 000 euros pour une personne physique et 15 000 euros pour une personne morale dans les conditions prévues au chapitre II du titre II du livre V.

…………………………………………………………

Livre VII. – Traitement des situations de surendettement

Titre Ier. – Dispositions générales relatives au traitement des situations de surendettement

Chapitre Ier. – Définition et champ d'application

Section 1. – Définition

Art. L. 711-1. – Le bénéfice des mesures de traitement des situations de surendettement est ouvert aux personnes physiques de bonne foi.

La situation de surendettement est caractérisée par l'impossibilité manifeste de faire face à l'ensemble de ses dettes non professionnelles exigibles et à échoir. Le seul fait d'être propriétaire de sa résidence principale dont la valeur estimée à la date du dépôt du dossier de surendettement est égale ou supérieure au montant de l'ensemble des dettes non-professionnelles exigibles et à échoir ne fait pas obstacle à la caractérisation de la situation de surendettement.

L'impossibilité de faire face à un engagement de cautionner ou d'acquitter solidairement la dette d'un entrepreneur individuel ou d'une société caractérise également une situation de surendettement.

Art. L. 711-2. – Les dispositions du présent livre s'appliquent également aux débiteurs de nationalité française en situation de surendettement domiciliés hors de France et qui ont contracté des dettes non professionnelles auprès de créanciers établis en France.

Section 2. – Exclusions

Art. L. 711-3. – Les dispositions du présent livre ne s'appliquent pas lorsque le débiteur relève des procédures instituées par le livre VI du Code de commerce.

Ces mêmes dispositions ne font pas obstacle à l'application de l'article L. 670-1 du même code.

Art. L. 711-4. – Sauf accord du créancier, sont exclues de toute remise, de tout rééchelonnement ou effacement :

1° Les dettes alimentaires (1) ;

2° Les réparations pécuniaires allouées aux victimes dans le cadre d'une condamnation pénale ;

(1) V. Cass., avis, 8 oct. 2007, n° 0070013 P, V.... et a. : JurisData n° 2007-040709. – NDLR.

3° Les dettes ayant pour origine des manœuvres frauduleuses commises au préjudice des organismes de protection sociale énumérés à l'article L. 114-12 du Code de la sécurité sociale ;

4° *(4° abr., L. n° 2017-203, 21 févr. 2017).*

L'origine frauduleuse de la dette est établie soit par une décision de justice, soit par une sanction prononcée par un organisme de sécurité sociale dans les conditions prévues aux articles L. 114-17 et L. 114-17-1 du Code de la sécurité sociale.

(L. n° 2017-203, 21 févr. 2017) Les amendes prononcées dans le cadre d'une condamnation pénale sont exclues de toute remise et de tout rééchelonnement ou effacement.

Art. L. 711-5 *(Mod. à compter du 1er janvier 2018, L. n° 2016-1547, 18 nov. 2016).* – Les dettes issues de prêts sur gage souscrits auprès des caisses de crédit municipal en application de l'article L. 514-1 du Code monétaire et financier ne peuvent être effacées par application des mesures prévues au 2° de l'article L. 733-7 et aux articles L. 741-2, L. 741-6 et L. 741-7, L. 742-20 et L. 742-22.

La réalisation des gages par les caisses de crédit municipal ne peut être empêchée ou différée au-delà de la date déterminée dans le contrat de prêt.

Section 3. – Ordre de règlement des créances

Art. L. 711-6. – Dans les procédures ouvertes en application du présent livre, les créances des bailleurs sont réglées prioritairement aux créances des établissements de crédit et des sociétés de financement et aux crédits mentionnés au chapitre II du titre Ier du livre III.

Section 4. – Dispositions relatives à l'entrepreneur individuel à responsabilité limitée

Art. L. 711-7. – Les dispositions du présent livre sont applicables au débiteur qui a procédé à une déclaration de constitution de patrimoine affecté conformément à l'article L. 526-7 du Code de commerce, sous les réserves énoncées par le présent article.

Elles s'appliquent à raison d'une situation de surendettement résultant uniquement de dettes non professionnelles. En ce cas, celles de ces dispositions qui intéressent les biens, droits et obligations du débiteur doivent être comprises, sauf dispositions contraires, comme visant les seuls éléments du patrimoine non affecté. Celles qui intéressent les droits et obligations des créanciers du débiteur s'appliquent dans les limites du seul patrimoine non affecté.

Art. L. 711-8 *(Mod. à compter du 1er janvier 2018, L. n° 2016-1547, 18 nov. 2016).* – Lorsqu'une procédure de surendettement est engagée devant une commission à la demande d'un entrepreneur individuel à responsabilité limitée, celui-ci indique, lors du dépôt du dossier, si une procédure instituée par les titres II à IV du livre VI du Code de commerce est ouverte à son bénéfice et auprès de quelle juridiction.

Lorsqu'une procédure instituée par les titres II à IV du livre VI du Code de commerce est ouverte au bénéfice du débiteur après le dépôt du dossier et avant, selon les cas, l'approbation du plan conventionnel de redressement prévu à l'article L. 732-1, jusqu'à la décision imposant les mesures prévues aux articles L. 733-1, L. 733-4, L. 733-7 et L. 741-1, jusqu'au jugement prononçant un redressement personnel sans liquidation judiciaire ou jusqu'au jugement d'ouverture d'une procédure de rétablissement personnel avec liquidation judiciaire, le débiteur en informe la commission de surendettement et indique auprès de quelle juridiction cette procédure a été ouverte.

Chapitre II. – Les commissions de surendettement des particuliers

Art. L. 712-1. – Les commissions de surendettement des particuliers ont pour mission de traiter, dans les conditions prévues par le présent livre, la situation de surendettement définie à l'article L. 711-1.

Art. L. 712-2. – La demande de traitement de la situation de surendettement est portée devant la commission compétente qui peut, soit proposer ou prescrire des mesures de traitement dans les conditions prévues au titre III, soit recommander un rétablissement personnel sans liquidation judiciaire ou saisir, avec l'accord du débiteur, le juge du tribunal d'instance aux fins d'ouverture d'une procédure de rétablissement personnel avec liquidation judiciaire dans les conditions prévues au titre IV.

Art. L. 712-2 *(Mod. à compter du 1er janvier 2018, L. n° 2016-1547, 18 nov. 2016)*. – La demande de traitement de la situation de surendettement est portée devant la commission compétente qui peut, soit proposer ou imposer des mesures de traitement dans les conditions prévues au titre III, soit imposer un rétablissement personnel sans liquidation judiciaire ou saisir, avec l'accord du débiteur, le juge du tribunal d'instance aux fins d'ouverture d'une procédure de rétablissement personnel avec liquidation judiciaire dans les conditions prévues au titre IV.

Art. L. 712-3. – La déchéance du bénéfice de la procédure de traitement du surendettement prévue à l'article L. 761-1 est prononcée par la commission, par une décision susceptible de recours, ou par le juge du tribunal d'instance à l'occasion des recours exercés devant lui ainsi que dans le cadre de la procédure de rétablissement personnel avec liquidation judiciaire.

Art. L. 712-4. – Dans chaque département, siège au moins une commission de surendettement des particuliers.

La composition et les modalités de fonctionnement des commissions sont prévues par décret en Conseil d'État.

Art. L. 712-5. – Les membres de la commission, ainsi que toute personne qui participe à ses travaux ou est appelée au traitement de la situation de surendettement, sont tenus de ne pas divulguer à des tiers les informations dont ils ont eu connaissance dans le cadre de la procédure instituée par le présent livre, sous peine des sanctions prévues à l'article 226-13 du Code pénal.

Art. L. 712-6. – Nonobstant toute disposition contraire, la commission peut obtenir communication, auprès des administrations publiques, des établissements de crédit, des sociétés de financement, des établissements de monnaie électronique, des établissements de paiement, des organismes mentionnés au 5 de l'article L. 511-6 du Code monétaire et financier, des organismes de sécurité et de prévoyance sociale ainsi que des services chargés de centraliser les risques bancaires et les incidents de paiement, de tout renseignement de nature à lui donner une exacte information sur la situation du débiteur, l'évolution possible de celle-ci et les procédures de conciliation amiables en cours.

Art. L. 712-7. – Les collectivités territoriales et les organismes de sécurité sociale procèdent, à la demande de la commission, à des enquêtes sociales.

Art. L. 712-8. – Le débiteur dont la demande de traitement de la situation de surendettement est déclarée recevable est entendu à sa demande par la commission. Celle-ci peut également entendre toute personne dont l'audition lui paraît utile.

Art. L. 712-9. – À tout moment de la procédure, si la situation du débiteur l'exige, la commission l'invite à solliciter une mesure d'aide ou d'action sociale qui peut comprendre un programme d'éducation budgétaire, et notamment une mesure d'accompagnement social personnalisé, dans les conditions prévues par le livre II du Code de l'action sociale et des familles.

Chapitre III. – Compétence du juge du tribunal d'instance

Art. L. 713-1. – Le juge du tribunal d'instance connaît des mesures de traitement des situations de surendettement des particuliers et de la procédure de rétablissement personnel.

Chapitre IV. – Articulation entre le traitement des situations de surendettement et la procédure en constat de résiliation du bail

(Chap. créé à compter du 1er mars 2019, L. n° 2018-1021, 23 nov. 2018)

Art. L. 714-1 *(Créé à compter du 1er mars 2019, L. n° 2018-1021, 23 nov. 2018)*. – I. - Lorsque le locataire a repris le paiement du loyer et des charges et que, dans le cours des délais de paiement de la dette locative accordés par une décision du juge saisi en application de l'article 24 de la loi n° 89-462 du 6 juillet 1989 tendant à améliorer les rapports locatifs et portant modification de la loi n° 86-1290 du 23 décembre 1986, la commission impose de nouveaux délais et modalités de paiement de cette dette, dont le bailleur est avisé, ces délais et modalités de paiement se substituent à ceux précédemment accordés en application du même article 24. Lorsque ces nouveaux délais résultent d'une mesure prévue au 4° de l'article L. 733-1 du présent code, ils sont en outre prolongés de trois mois pour permettre au locataire de saisir à nouveau la commission en application de l'article L. 733-2. Lorsque, dans ces délais, la commission a de nouveau été saisie d'une demande de traitement de la situation de surendettement, l'exigibilité de la créance locative demeure suspendue jusqu'à, selon les cas, l'approbation d'un plan conventionnel de redressement prévu à l'article L. 732-1, la décision imposant les mesures prévues aux articles L. 733-1, L. 733-4, L. 733-7 et L. 741-1, le jugement prononçant un rétablissement personnel sans liquidation judiciaire, le jugement d'ouverture d'une procédure de rétablissement personnel avec liquidation judiciaire ou toute décision de clôture de la procédure de traitement du surendettement. À défaut, ou dès lors que la nouvelle procédure de traitement du surendettement est clôturée sans que de nouveaux délais de paiement de la dette locative aient été accordés, la clause de résiliation de plein droit reprend son plein effet.

Toutefois, lorsqu'en application de l'article L. 733-10 une contestation a été formée par l'une des parties contre les délais et modalités de paiement de la dette locative imposés par la commission, ces délais ne se substituent pas à ceux précédemment accordés. Les délais et modalités de paiement accordés postérieurement par le juge statuant sur cette contestation, de même que ceux accordés par le juge statuant en application de l'article L. 742-24, se substituent, le cas échéant, à ceux précédemment accordés. Lorsque ces nouveaux délais résultent d'une mesure prévue au 4° de l'article L. 733-1, ils sont en outre prolongés de trois mois pour permettre au locataire de saisir à nouveau la commission en application de l'article L. 733-2. Lorsque, dans ces délais, la commission a de nouveau été saisie d'une demande de traitement de la situation de surendettement, l'exigibilité de la créance locative demeure suspendue jusqu'à, selon les cas, l'approbation d'un plan conventionnel de redressement prévu à l'article L. 732-1, la décision imposant les mesures prévues aux articles L. 733-1, L. 733-4, L. 733-7 et L. 741-1, le jugement prononçant un rétablissement personnel sans liquidation judiciaire, le jugement d'ouverture d'une procédure de rétablissement personnel avec liquidation judiciaire ou toute décision de clôture de la procédure de traitement du surendettement. À défaut, ou dès lors que la nouvelle procédure de traitement du surendettement est clôturée sans que de nouveaux délais de paiement de la dette locative aient été accordés, la clause de résiliation de plein droit reprend son plein effet.

Pendant le cours des délais mentionnés aux deux premiers alinéas du présent I, les effets de la clause de résiliation de plein droit sont suspendus. Ces délais et modalités de paiement ne peuvent affecter l'exécution du contrat de location et notamment suspendre le paiement du loyer et des charges. Si le locataire se libère de sa dette locative dans les délais et selon les modalités fixés, la clause de résiliation de plein droit est réputée ne pas avoir joué. Dans le cas contraire, elle reprend son plein effet.

II. - Lorsque le locataire a repris le paiement du loyer et des charges et que, dans le cours des délais de paiement de la dette locative accordés par une décision du juge saisi en application de l'article 24 de la loi n° 89-462 du 6 juillet 1989 précitée, un rétablissement personnel sans liquidation judiciaire a été imposé par la commission ou prononcé par le juge ou lorsqu'un jugement de clôture d'une procédure de rétablissement personnel avec liquidation judiciaire a été rendu, les effets de la clause de résiliation de plein droit du contrat de location sont suspendus pendant un délai de deux ans à compter de la date de la décision imposant les mesures d'effacement de la dette locative ou du jugement de clôture.

Par dérogation au premier alinéa du présent II, lorsqu'en application de l'article L. 741-4, une contestation a été formée par l'une des parties contre la décision de la commission imposant un rétablissement personnel sans liquidation judiciaire, la décision de la commission n'a pas d'incidence sur la suspension des effets de la clause de résiliation de plein droit du contrat de location.

La suspension des effets de la clause de résiliation de plein droit du contrat de location ne peut affecter l'exécution du contrat de location et notamment suspendre le paiement du loyer et des charges.

Si le locataire s'est acquitté du paiement des loyers et des charges conformément au contrat de location pendant le délai de deux ans mentionné au premier alinéa du présent II, la clause de résiliation de plein droit est réputée ne pas avoir joué. Dans le cas contraire, elle reprend son plein effet.

III. - Lorsqu'elle intervient postérieurement à la mise en œuvre des modalités de traitement de la dette locative prévues par la commission ou par le juge statuant en application de l'article L. 713-1, la déchéance du bénéfice de la procédure de traitement du surendettement prévue à l'article L. 761-1 emporte rétablissement des délais et modalités de paiement de la dette locative accordés, le cas échéant, antérieurement par la décision judiciaire en application de l'article 24 de la loi n° 89-462 du 6 juillet 1989 précitée.

IV. - Le bailleur est informé expressément des conséquences de l'absence de contestation des décisions de la commission ou du juge mentionnées au présent article, dans des conditions fixées par décret en Conseil d'État.

En l'absence de contestation formée par le bailleur, les décisions de la commission et leurs effets s'imposent à lui, sauf s'il n'a pas été informé dans les conditions prévues au premier alinéa du présent IV.

Titre II. – Examen de la demande de traitement de la situation de surendettement

Chapitre I. – Saisine de la commission de surendettement des particuliers

Art. L. 721-1. – Le débiteur saisit la commission de surendettement des particuliers d'une demande tendant au traitement de sa situation de surendettement dans laquelle il déclare les éléments actifs et passifs de son patrimoine.

Art. L. 721-2. – La commission saisie par le débiteur dispose d'un délai déterminé par décret, à compter du dépôt du dossier pour examiner la recevabilité de la demande en vérifiant que le débiteur se trouve dans la situation définie à l'article L. 711-1, notifier au demandeur la décision d'irrecevabilité du dossier ou notifier au demandeur, aux créanciers, aux établissements de paiement, aux établissements de monnaie électronique et aux établissements de crédit teneurs de comptes du déposant la décision de recevabilité du dossier, procéder à son instruction et décider de son orientation.

Si, au terme de ce délai, la commission n'a pas décidé de l'orientation du dossier, le taux d'intérêt applicable à tous les emprunts en cours contractés par le débiteur est, au cours des trois mois suivants, le taux de l'intérêt légal, sauf décision contraire de la commission ou du juge intervenant au cours de cette période.

Art. L. 721-3 *(Mod. , L. n° 2017-203, 21 févr. 2017).* – Les renseignements relatifs au dépôt d'un dossier de surendettement et à la situation du débiteur ne peuvent être communiqués aux créanciers, aux établissements de paiement , aux établissements de monnaie électronique et aux établissements de crédit qui tiennent les comptes de dépôt du débiteur, antérieurement à la décision de recevabilité du dossier, sous peine des sanctions prévues à l'article 226-13 du Code pénal.

Ces dispositions ne font toutefois pas obstacle à l'application des règles prévues aux articles L. 751-1 à L. 752-3, dans les limites fixées à ces articles.

Art. L. 721-4. – À la demande du débiteur, la commission peut saisir, à compter du dépôt du dossier et jusqu'à la décision statuant sur la recevabilité de la demande de traitement de la situation de surendettement, le juge du tribunal d'instance aux fins de suspension des procédures d'exécution diligentées à l'encontre des biens du débiteur ainsi que des cessions de rémunération consenties par celui-ci et portant sur les dettes autres qu'alimentaires.

En cas d'urgence, la saisine du juge peut intervenir à l'initiative du président de la commission, du délégué de ce dernier ou du représentant local de la Banque de France. La commission est ensuite informée de cette saisine.

Art. L. 721-5 *(Mod. , L. n° 2017-203, 21 févr. 2017).* – La demande du débiteur formée en application du premier alinéa de l'article L. 733-1 interrompt la prescription et les délais pour agir.

Art. L. 721-6. – Lorsqu'elle est prononcée, la suspension mentionnée à l'article L. 721-4 s'applique dans les mêmes conditions et selon les mêmes modalités que celles prévues par les dispositions des articles *L. 722-2 à L. 722-5.*

Art. L. 721-7. – En cas de saisie immobilière, lorsque la vente forcée a été ordonnée, le report de la date d'adjudication ne peut résulter que d'une décision du juge chargé de la saisie immobilière, saisi à cette fin par la commission, pour causes graves et dûment justifiées.

Chapitre II. – Recevabilité de la demande

Section 1. – Examen de la recevabilité de la demande

Art. L. 722-1. – La commission examine la situation du débiteur et se prononce sur la recevabilité de sa demande.

Section 2. – Effets de la décision de recevabilité

Sous-section 1. – Suspension et interdiction des procédures d'exécution et cessions de rémunération

Art. L. 722-3 *(Mod. à compter du 1er janvier 2018, L. n° 2016-1547, 18 nov. 2016).* – Les procédures et les cessions de rémunération sont suspendues ou interdites, selon les cas, jusqu'à l'approbation du plan conventionnel de redressement prévu à l'article L. 732-1, jusqu'à la décision imposant les mesures prévues aux articles L. 733-1, L. 733-4, L. 733-7 et L. 741-1, jusqu'au jugement prononçant un rétablissement personnel sans liquidation judiciaire ou jusqu'au jugement d'ouverture d'une procédure de rétablissement personnel avec liquidation judiciaire.

Cette suspension et cette interdiction ne peuvent excéder deux ans.

Art. L. 722-4. – En cas de saisie immobilière, lorsque la vente forcée a été ordonnée, le report de la date d'adjudication ne peut résulter que d'une décision du juge chargé de la saisie immobilière, saisi à cette fin par la commission, pour causes graves et dûment justifiées.

Art. L. 722-5 *(Mod. à compter du 1er mars 2019, L. n° 2018-1021, 23 nov. 2018).* – La suspension et l'interdiction des procédures d'exécution diligentées à l'encontre des biens du débiteur emportent interdiction pour celui-ci de faire tout acte qui aggraverait son insolvabilité, de payer, en tout ou partie, une créance autre qu'alimentaire, y compris les découverts mentionnés aux 10° et 11° de l'article L. 311-1, née antérieurement à la suspension ou à l'interdiction, de désintéresser les cautions qui acquitteraient des créances nées antérieurement à la suspension ou à l'interdiction, de faire un acte de disposition étranger à la gestion normale du patrimoine ; elles emportent aussi interdiction de prendre toute garantie ou sûreté.

Le débiteur peut toutefois saisir le juge du tribunal d'instance afin qu'il l'autorise à accomplir l'un des actes mentionnés au premier alinéa.

L'interdiction mentionnée au même premier alinéa ne s'applique pas aux créances locatives lorsqu'une décision judiciaire a accordé des délais de paiement au débiteur en application des V et VI de l'article 24 de la loi n° 89-462 du 6 juillet 1989 tendant à améliorer les rapports locatifs et portant modification de la loi n° 82-1290 du 23 décembre 1986.

Sous-section 2. – Suspension des mesures d'expulsion

Art. L. 722-6. – Dès que la décision de recevabilité de la demande de traitement de la situation de surendettement est intervenue, la commission peut saisir le juge du tribunal d'instance aux fins de suspension des mesures d'expulsion du logement du débiteur.

Art. L. 722-7. – En cas d'urgence, la saisine du juge peut intervenir à l'initiative du président de la commission, du délégué de ce dernier, du représentant local de la Banque de France ou du débiteur.

La commission est informée de cette saisine.

Art. L. 722-8. – Si la situation du débiteur l'exige, le juge prononce la suspension provisoire des mesures d'expulsion de son logement, à l'exception de celles fondées sur un jugement d'adjudication rendu en matière de saisie immobilière et de celles ordonnées sur le fondement du troisième alinéa de l'article 2198 du Code civil.

Art. L. 722-9 *(Mod. à compter du 1er janvier 2018, L. n° 2016-1547, 18 nov. 2016).* – Cette suspension est acquise, *pour une période maximale de deux ans et, selon les cas,* jusqu'à l'approbation du plan conventionnel de redressement prévu à l'article L. 732-1, jusqu'à la décision imposant les mesures prévues aux articles L. 733-1, L. 733-4, L. 733-7 et L. 741-1, jusqu'au jugement prononçant un rétablissement personnel sans liquidation judiciaire ou jusqu'au jugement d'ouverture d'une procédure de rétablissement personnel avec liquidation judiciaire.

Sous-section 3. – Autres effets

Art. L. 722-10. – La recevabilité de la demande emporte rétablissement des droits à l'aide personnalisée au logement et aux allocations de logement. Le déblocage des allocations de logement s'effectue dans les conditions prévues aux articles L. 542-7-1 et L. 831-8 du Code de la sécurité sociale.

Art. L. 722-11. – Nonobstant toute disposition légale ou toute clause contractuelle, aucune indivisibilité, résiliation ou résolution d'un contrat en cours ne peut résulter du seul fait de la décision de recevabilité de la demande.

Art. L. 722-12. – En cas de rejet d'un avis de prélèvement postérieur à la notification de la décision de recevabilité, l'établissement de crédit, l'établissement de monnaie électronique ou l'établissement de paiement qui tient le compte du déposant et les créanciers ne peuvent percevoir des frais ou commissions y afférents.

Art. L. 722-13. – À compter de la décision de recevabilité de la demande, le délai de trente jours mentionné au deuxième alinéa de l'article L. 113-3 du Code des assurances, lorsqu'il est applicable, est porté à cent vingt jours pour les assurances ayant pour objet la garantie de remboursement d'un emprunt relevant du chapitre II du titre Ier du livre III et figurant dans l'état du passif définitivement arrêté par la commission ou le juge. Le contrat d'assurance correspondant ne peut pas être résilié pendant la période de suspension et d'interdiction des procédures d'exécution et des cessions de rémunération définie à l'article L. 722-2.

Art. L. 722-14 *(Mod. à compter du 1er janvier 2018, L. n° 2016-1547, 18 nov. 2016).* – Le créances figurant dans l'état d'endettement du débiteur dressé par la commission ne peuvent produire d'intérêts ou générer de pénalités de retard à compter de la date de recevabilité et jusqu'à la mise en œuvre des mesures prévues aux 1° et 2° de l'article L. 724-1 et aux articles L. 732-1, L. 733-1, L. 733-4 et L. 733-7 .

Art. L. 722-15. – Les créanciers informent les personnes qu'ils ont chargées d'actions de recouvrement de la recevabilité de la demande et de ses conséquences prévues aux articles L. 722-2 et L. 722-3.

Art. L. 722-16 *(Mod. à compter du 1er janvier 2018, L. n° 2016-1547, 18 nov. 2016 ; à compter du 1er mars 2019, L. n° 2018-1021, 23 nov. 2018).* – Lorsqu'un protocole de cohésion sociale prévu aux articles L. 353-15-2 et L. 442-6-5 du Code de la construction et de l'habitation a été conclu avec le bailleur antérieurement à la décision de recevabilité, le paiement des arriérés de loyer prévu par ledit protocole est suspendu jusqu'à la mise en œuvre des mesures prévues aux 1° et 2° de l'article L. 724-1 ou aux articles L. 732-1, L. 733-1, L. 733-4 et L. 733-7 .

Lorsque ces mesures prévoient des modalités de règlement de la dette de loyer, celles-ci se substituent aux modalités de règlement de la dette de loyer prévues dans le protocole de cohésion sociale, dont la durée est prolongée jusqu'au règlement de la dette de loyer, dans la limite de la durée des mesures de redressement prises en application des dispositions des articles L. 732-1, L. 733-1, L. 733-4 ou L. 733-7 .

Lorsque ces mesures prévoient une procédure de rétablissement personnel avec ou sans liquidation judiciaire, la dette locative mentionnée au protocole de cohésion sociale est effacée, sans préjudice de l'engagement de l'occupant relatif au paiement régulier de l'indemnité d'occupation et des charges. Par dérogation aux dispositions prévues au cinquième alinéa des articles L. 353-15-2 et L. 442-6-5 du Code de la construction et de l'habitation, la durée du protocole est portée à trois ans à partir de la date de la décision imposant les *mesures d'effacement. Sous réserve* du paiement par le locataire de l'indemnité d'occupation et des charges aux termes convenus dans le protocole, le bailleur renonce à la poursuite de la procédure d'expulsion et conclut un bail au terme du protocole dans le délai prévu par celui-ci et ne pouvant excéder trois mois. Dans le cas contraire, le dernier alinéa des mêmes articles L. 353-15-2 et L. 442-6-5 s'applique.

Chapitre III. – État du passif

Art. L. 723-1. – Après avoir procédé à l'examen de la recevabilité de la demande de traitement de la situation de surendettement, la commission dresse l'état du passif du débiteur. À cette fin, elle peut faire publier un appel aux créanciers.

Art. L. 723-2. – La commission informe le débiteur de l'état du passif qu'elle a dressé.

Art. L. 723-3. – Le débiteur peut, dans un délai fixé par décret, contester l'état du passif dressé par la commission et demander à celle-ci de saisir le juge du tribunal d'instance, aux fins de vérification de la validité des créances, des titres qui les constatent et du montant des sommes réclamées.

La commission est tenue de faire droit à cette demande.

Art. L. 723-4. – Même en l'absence de demande du débiteur, la commission peut, en cas de difficultés, saisir le juge du tribunal d'instance aux fins de vérification de la validité des créances, des titres qui les constatent et du montant des sommes réclamées.

Chapitre IV. – Orientation du dossier

Art. L. 724-1 *(Mod. à compter du 1er janvier 2018, L. n° 2016-1547, 18 nov. 2016).* – Lorsqu'il ressort de l'examen de la demande de traitement de la situation de surendettement que les ressources ou l'actif réalisable du débiteur le permettent, la commission prescrit des mesures de traitement dans les conditions prévues aux articles L. 732-1, L. 733-1, L. 733-4 et L. 733-7.

Lorsque le débiteur se trouve dans une situation irrémédiablement compromise caractérisée par l'impossibilité manifeste de mettre en œuvre des mesures de traitement mentionnées au premier alinéa, la commission peut, dans les conditions du présent livre :

1° Soit imposer un rétablissement personnel sans liquidation judiciaire si elle constate que le débiteur ne possède que des biens meublants nécessaires à la vie courante et des biens non professionnels indispensables à l'exercice de son activité professionnelle, ou que l'actif n'est constitué que de biens dépourvus de valeur marchande ou dont les frais de vente seraient manifestement disproportionnés au regard de leur valeur vénale ;

2° Soit saisir, si elle constate que le débiteur n'est pas dans la situation mentionnée au 1°, avec l'accord du débiteur, le juge du tribunal d'instance aux fins d'ouverture d'une procédure de rétablissement personnel avec liquidation judiciaire.

Art. L. 724-2 *(Mod. à compter du 1er janvier 2018, L. n° 2016-1547, 18 nov. 2016).* – Si, en cours d'exécution des mesures de traitement prévues aux articles L. 732-1, L. 733-1, L. 733-4 et L. 733-7 , il apparaît que la situation du débiteur devient irrémédiablement compromise dans les conditions prévues au deuxième alinéa de l'article L. 724-1, le débiteur peut saisir la commission afin de bénéficier d'une procédure de rétablissement personnel avec ou sans liquidation judiciaire.

Art. L. 724-3 *(Mod. à compter du 1er janvier 2018, L. n° 2016-1547, 18 nov. 2016).* – Dans le cas mentionné à l'article L. 724-2, après avoir constaté la bonne foi du débiteur, la commission impose un rétablissement personnel sans liquidation judiciaire ou saisit le juge du tribunal d'instance aux fins d'ouverture d'une procédure de rétablissement personnel avec liquidation judiciaire.

Cette décision ou cette saisine emportent suspension et interdiction des procédures d'exécution diligentées à l'encontre des biens du débiteur ainsi que des cessions de rémunération consenties par celui-ci et portant sur les dettes autres qu'alimentaires. Les dispositions de l'article L. 722-5 sont applicables.

Art. L. 724-4 *(Mod. à compter du 1er janvier 2018, L. n° 2016-1547, 18 nov. 2016).* – La suspension et l'interdiction mentionnées à l'article L. 724-3 sont acquises jusqu'à la date de la décision de la commission imposant un rétablissement personnel sans liquidation judiciaire, jusqu'au jugement prononçant un rétablissement personnel sans liquidation judiciaire ou jusqu'au jugement d'ouverture d'une procédure de rétablissement personnel avec liquidation judiciaire. Cette suspension et cette interdiction ne peuvent excéder deux ans.

Art. L. 724-5. – La commission peut également demander au juge de suspendre les mesures d'expulsion du logement du débiteur.

Titre III. – Mesures de traitement des situations de surendettement

Chapitre Ier. – Détermination du montant des remboursements

(Intitulé mod., L. n° 2016-1691, 9 déc. 2016)

Art. L. 731-1 *(Mod., L. n° 2016-1691, 9 déc. 2016 ; mod. à compter du 1er janvier 2018, L. n° 2016-1547, 18 nov. 2016).* – Pour l'application des dispositions des articles L. 732-1, L. 733-1 ou L. 733-4, le montant des remboursements est fixé, dans des conditions précisées par décret en Conseil d'État, par

référence à la quotité saisissable du salaire telle qu'elle résulte des articles L. 3252-2 et L. 3252-3 du Code du travail, de manière à ce que la part des ressources nécessaire aux dépenses courantes du ménage lui soit réservée par priorité.

Art. L. 731-2. – La part des ressources nécessaire aux dépenses courantes du ménage ne peut être inférieure, pour le ménage en cause, au montant forfaitaire mentionné à l'article L. 262-2 du Code de l'action sociale et des familles. Elle intègre le montant des dépenses de logement, d'électricité, de gaz, de chauffage, d'eau, de nourriture et de scolarité, de garde et de déplacements professionnels ainsi que les frais de santé. Les conditions de prise en compte et d'appréciation de ces dépenses par le règlement intérieur de chaque commission sont précisées par la voie réglementaire.

En vue d'éviter la cession de la résidence principale, le montant des remboursements peut, avec l'accord du débiteur et dans des limites raisonnables, excéder la somme calculée par référence à la quotité saisissable du salaire telle qu'elle résulte des dispositions des articles L. 3252-2 et L. 3252-3 du Code du travail.

Art. L. 731-3 *(Mod. à compter du 1er janvier 2018, L. n° 2016-1547, 18 nov. 2016).* – La part des ressources nécessaire aux dépenses courantes du ménage est fixée par la commission et mentionnée dans le plan conventionnel de redressement prévu à l'article L. 732-1 ou dans les mesures prévues aux articles L. 733-1 ou L. 733-4.

Chapitre II. – Plan conventionnel

Art. L. 732-1 *(Mod. à compter du 1er janvier 2018, L. n° 2016-1691, 9 déc. 2016)* . – Si l'examen de la demande de traitement de la situation de surendettement fait apparaître que le débiteur se trouve dans la situation définie au premier alinéa de l'article L. 724-1 et que le débiteur est propriétaire d'un bien immobilier, la commission s'efforce de concilier les parties en vue de l'élaboration d'un plan conventionnel de redressement approuvé par le débiteur et ses principaux créanciers.

Art. L. 732-2. – Le plan conventionnel peut comporter des mesures de report ou de rééchelonnement des paiements des dettes, de remise des dettes, de réduction ou de suppression du taux d'intérêt, de consolidation, de création ou de substitution de garantie.

Ce plan peut subordonner ces mesures à l'accomplissement par le débiteur d'actes propres à faciliter ou à garantir le paiement de la dette. Il peut également les subordonner à l'abstention par le débiteur d'actes qui aggraveraient son insolvabilité.

Art. L. 732-3. – Le plan prévoit les modalités de son exécution. Sa durée totale, y compris lorsqu'il fait l'objet d'une révision ou d'un renouvellement, ne peut excéder sept années.

Les mesures peuvent cependant excéder cette durée lorsqu'elles concernent le remboursement de prêts contractés pour l'achat d'un bien immobilier constituant la résidence principale du débiteur dont elles permettent d'éviter la cession ou lorsqu'elles permettent au débiteur de rembourser la totalité de ses dettes tout en évitant la cession du bien immobilier constituant sa résidence principale.

(Al. créé à compter du 1er janvier 2018, L. n° 2016-1691, 9 déc. 2016) Les créanciers disposent d'un délai fixé par décret pour refuser la proposition de plan conventionnel de redressement élaborée par la commission. En l'absence de réponse dans ce délai, l'accord des créanciers est réputé acquis.

Art. L. 732-4 *(Abr. à compter du 1er janvier 2018, L. n° 2016-1691, 9 déc. 2016).*

Art. L. 732-4 *(Mod. à compter du 1er janvier 2018, L. n° 2016-1547, 18 nov. 2016 puis abr. à compter du 1er janvier 2018, L. n° 2016-1691, 9 déc. 2016).*

Chapitre III. – Mesures imposées

(Intitulé mod. à compter du 1er janvier 2018, L. n° 2016-1547, 18 nov. 2016)

Section 1. – Contenu et adoption des mesures imposées ou recommandées

Art. L. 733-1 *(Mod. à compter du 1er janvier 2018, L. n° 2016-1691, 9 déc. 2016).* – En l'absence de mission de conciliation ou en cas d'échec de celle-ci, la commission peut, à la demande du débiteur et après avoir mis les parties en mesure de fournir leurs observations, imposer tout ou partie des mesures suivantes :

1° Rééchelonner le paiement des dettes de toute nature, y compris, le cas échéant, en différant le paiement d'une partie d'entre elles, sans que le délai de report ou de rééchelonnement puisse excéder sept ans ou la moitié de la durée de remboursement restant à courir des emprunts en cours ; en cas de déchéance du terme, le délai de report ou de rééchelonnement peut atteindre la moitié de la durée qui restait à courir avant la déchéance ;

2° Imputer les paiements, d'abord sur le capital ;

3° Prescrire que les sommes correspondant aux échéances reportées ou rééchelonnées porteront intérêt à un taux réduit qui peut être inférieur au taux de l'intérêt légal sur décision spéciale et motivée et si la situation du débiteur l'exige. Quelle que soit la durée du plan de redressement, le taux ne peut être supérieur au taux légal ;

4° Suspendre l'exigibilité des créances autres qu'alimentaires pour une durée qui ne peut excéder deux ans. Sauf décision contraire de la commission, la suspension de la créance entraîne la suspension du paiement des intérêts dus à ce titre. Durant cette période, seules les sommes dues au titre du capital peuvent être productives d'intérêts dont le taux n'excède pas le taux de l'intérêt légal.

Art. L. 733-2 *(Mod. à compter du 1er janvier 2018, L. n° 2016-1547, 18 nov. 2016)*. – Si, à l'expiration de la période de suspension d'exigibilité des créances, le débiteur saisit de nouveau la commission, celle-ci réexamine sa situation. En fonction de celle-ci, la commission peut imposer tout ou partie des mesures prévues à l'article L. 733-1 et aux articles L. 733-4 et L. 733-7, à l'exception d'une nouvelle suspension.

Elle peut, le cas échéant, imposer un rétablissement personnel sans liquidation judiciaire ou saisir le juge aux fins d'ouverture d'une procédure de rétablissement personnel avec liquidation judiciaire.

Art. L. 733-3. – La durée totale des mesures mentionnées à l'article L. 733-1 ne peut excéder sept années. Les mesures peuvent cependant excéder cette durée lorsqu'elles concernent le remboursement de prêts contractés pour l'achat d'un bien immobilier constituant la résidence principale du débiteur dont elles permettent d'éviter la cession ou lorsqu'elles permettent au débiteur de rembourser la totalité de ses dettes tout en évitant la cession du bien immobilier constituant sa résidence principale.

Art. L. 733-4 *(Rempl. à compter du 1er janvier 2018, L. n° 2016-1547, 18 nov. 2016)*. – La commission peut également, à la demande du débiteur et après avoir mis les parties en mesure de présenter leurs observations, imposer par décision spéciale et motivée les mesures suivantes :

1° En cas de vente forcée du logement principal du débiteur, grevé d'une inscription bénéficiant à un établissement de crédit ou à une société de financement ayant fourni les sommes nécessaires à son acquisition, la réduction du montant de la fraction des prêts immobiliers restant due aux établissements de crédit ou aux sociétés de financement après la vente, après imputation du prix de vente sur le capital restant dû, dans des proportions telles que son paiement, assorti d'un rééchelonnement calculé conformément au 1° de l'article L. 733-1, soit compatible avec les ressources et les charges du débiteur.

La même mesure est applicable en cas de vente amiable dont le principe, destiné à éviter une saisie immobilière, et les modalités ont été arrêtés d'un commun accord entre le débiteur et l'établissement de crédit ou la société de financement.

Ces mesures peuvent être prises conjointement avec celles prévues à l'article L. 733-1 ;

2° L'effacement partiel des créances combiné avec les mesures mentionnées à l'article L. 733-1. Celles de ces créances dont le montant a été payé au lieu et place du débiteur par la caution ou le coobligé, personnes physiques, ne peuvent faire l'objet d'un effacement.

Art. L. 733-5. – La commission prend en compte la connaissance que pouvait avoir chacun des créanciers, lors de la conclusion des différents contrats, de la situation d'endettement du débiteur. Elle peut également vérifier que le contrat a été consenti avec le sérieux qu'imposent les usages professionnels.

Art. L. 733-6 *(Rempl. à compter du 1er janvier 2018, L. n° 2016-1547, 18 nov. 2016)*. – Les dettes fiscales font l'objet d'un rééchelonnement ou de remises totales ou partielles dans les mêmes conditions que les autres dettes.

Art. L. 733-7 *(Rempl. à compter du 1er janvier 2018, L. n° 2016-1547, 18 nov. 2016)*. – La commission peut imposer que les mesures prévues aux articles L. 733-1 et L. 733-4 soient subordonnées à l'accomplissement par le débiteur d'actes propres à faciliter ou à garantir le paiement de la dette.

Art. L. 733-8 *(Rempl. à compter du 1er janvier 2018, L. n° 2016-1547, 18 nov. 2016)*. – Lorsque le débiteur a déjà bénéficié d'une mesure de rétablissement personnel prévue aux 1° et 2° de l'article L. 724-1 et qu'il saisit de nouveau la commission, celle-ci peut, si elle estime que la situation du débiteur est de nouveau irrémédiablement compromise et après avis du membre de la commission justifiant d'une expérience dans le domaine de l'économie sociale et familiale, imposer que la mesure d'effacement des dettes soit assortie de la mise en place de mesures d'accompagnement social ou budgétaire.

Art. L. 733-9 *(Rempl. à compter du 1er janvier 2018, L. n° 2016-1547, 18 nov. 2016)*. – En l'absence de contestation formée par l'une des parties en application de l'article L. 733-10, les mesures mentionnées aux articles L. 733-1, L. 733-4 et L. 733-7 s'imposent aux parties, à l'exception des créanciers dont l'existence n'a pas été signalée par le débiteur et qui n'ont pas été avisés de ces mesures par la commission.

Section 2. – Contestation des mesures imposées

(Rempl. à compter du 1er janvier 2018, L. n° 2016-1547, 18 nov. 2016)

Art. L. 733-10 *(Rempl. à compter du 1er janvier 2018, L. n° 2016-1547, 18 nov. 2016)*. – Une partie peut contester devant le juge du tribunal d'instance, dans un délai fixé par décret, les mesures imposées par la commission en application des articles L. 733-1, L. 733-4 ou L. 733-7.

Art. L. 733-11 *(Rempl. à compter du 1er janvier 2018, L. n° 2016-1547, 18 nov. 2016)*. – Lorsque les mesures prévues aux articles L. 733-4 et L. 733-7 sont combinées avec tout ou partie de celles prévues à l'article L. 733-1, le juge saisi d'une contestation statue sur l'ensemble des mesures dans les conditions prévues à l'article L. 733-13.

Art. L. 733-12 *(Rempl. à compter du 1er janvier 2018, L. n° 2016-1547, 18 nov. 2016)*. – Avant de statuer, le juge peut, à la demande d'une partie, ordonner par provision l'exécution d'une ou plusieurs des mesures mentionnées à l'article L. 733-11.

Il peut faire publier un appel aux créanciers.

Il peut vérifier, même d'office, la validité des créances et des titres qui les constatent ainsi que le montant des sommes réclamées et s'assurer que le débiteur se trouve bien dans la situation définie à l'article L. 711-1.

Il peut également prescrire toute mesure d'instruction qu'il estime utile. Les frais relatifs à celle-ci sont mis à la charge de l'État.

Nonobstant toute disposition contraire, le juge peut obtenir communication de tout renseignement lui permettant d'apprécier la situation du débiteur et l'évolution possible de celle-ci.

Art. L. 733-13 *(Rempl. à compter du 1er janvier 2018, L. n° 2016-1547, 18 nov. 2016)*. – Le juge saisi de la contestation prévue à l'article L. 733-10 prend tout ou partie des mesures définies aux articles L. 733-1, L. 733-4 et L. 733-7. Dans tous les cas, la part des ressources nécessaires aux dépenses courantes du ménage est déterminée dans les conditions prévues à l'article L. 731-2. Elle est mentionnée dans la décision.

Lorsqu'il statue en application de l'article L. 733-10, le juge peut en outre prononcer un redressement personnel sans liquidation judiciaire.

Art. L. 733-14 *(Rempl. à compter du 1er janvier 2018, L. n° 2016-1547, 18 nov. 2016)*. – Si la situation du débiteur l'exige, le juge du tribunal d'instance l'invite à solliciter une mesure d'aide ou d'action sociale qui peut comprendre un programme d'éducation budgétaire, notamment une mesure d'accompagnement social personnalisé, dans les conditions prévues au livre II du Code de l'action sociale et des familles.

Section 3. – Dispositions communes aux mesures imposées et à leur contestation

(Rempl. à compter du 1er janvier 2018, L. n° 2016-1547, 18 nov. 2016)

Art. L. 733-15 *(Rempl. à compter du 1er janvier 2018, L. n° 2016-1547, 18 nov. 2016)*. – Les mesures imposées en application des articles L. 733-1, L. 733-4 et L. 733-7 ou celles prises par le juge en application de l'article L. 733-13 ne sont pas opposables aux créanciers dont l'existence n'a pas été signalée par le débiteur et qui n'ont pas été avisés de ces mesures par la commission.

Art. L. 733-16 *(Rempl. à compter du 1er janvier 2018, L. n° 2016-1547, 18 nov. 2016)*. – Les créanciers auxquels les mesures imposées par la commission en application des articles L. 733-1, L. 733-4 et L. 733-7 ou celles prises par le juge en application de l'article L. 733-13 sont opposables ne peuvent exercer des procédures d'exécution à l'encontre des biens du débiteur pendant la durée d'exécution de ces mesures.

Art. L. 733-17 *(Rempl. à compter du 1er janvier 2018, L. n° 2016-1547, 18 nov. 2016).* – L'effacement d'une créance en application des articles L. 733-9 ou L. 733-13 du présent code vaut régularisation de l'incident de paiement au sens de l'article L. 131-73 du Code monétaire et financier.

Art. L. 733-18 *(Implicitement abr. à compter du 1er janvier 2018, L. n° 2016-1547, 18 nov. 2016).*

Titre IV. – Rétablissement personnel

Chapitre Ier. – Rétablissement personnel sans liquidation judiciaire

(Rempl. à compter du 1er janvier 2018, L. n° 2016-1547, 18 nov. 2016)

Section 1. – Décision de la commission imposant un rétablissement personnel sans liquidation judiciaire

Art. L. 741-1 *(Rempl. à compter du 1er janvier 2018, L. n° 2016-1547, 18 nov. 2016).* – Si l'examen de la demande de traitement de la situation de surendettement fait apparaître que le débiteur se trouve dans la situation irrémédiablement compromise définie au deuxième alinéa de l'article L. 724-1 et ne possède que des biens mentionnés au 1° du même article L. 724-1, la commission impose un rétablissement personnel sans liquidation judiciaire.

Art. L. 741-2 *(Rempl. à compter du 1er janvier 2018, L. n° 2016-1547, 18 nov. 2016).* – En l'absence de contestation dans les conditions prévues à l'article L. 741-4, le rétablissement personnel sans liquidation judiciaire entraîne l'effacement de toutes les dettes non professionnelles du débiteur, arrêtées à la date de la décision de la commission, à l'exception des dettes mentionnées aux articles L. 711-4 et L. 711-5 et des dettes dont le montant a été payé au lieu et place du débiteur par la caution ou le coobligé, personnes physiques.

Le rétablissement personnel sans liquidation judiciaire entraîne aussi l'effacement de la dette résultant de l'engagement que le débiteur a pris de cautionner ou d'acquitter solidairement la dette d'un entrepreneur individuel ou d'une société.

Art. L. 741-3 *(Rempl. à compter du 1er janvier 2018, L. n° 2016-1547, 18 nov. 2016).* – Les créances dont les titulaires n'ont pas été avisés de la décision imposée par la commission et n'ont pas contesté cette décision dans le délai fixé par décret mentionné à l'article L. 741-4 sont éteintes.

Section 2. – Contestation de la décision de la commission imposant un rétablissement personnel sans liquidation judiciaire

Art. L. 741-4 *(Rempl. à compter du 1er janvier 2018, L. n° 2016-1547, 18 nov. 2016).* – Une partie peut contester devant le juge du tribunal d'instance, dans un délai fixé par décret, le rétablissement personnel sans liquidation judiciaire imposé par la commission.

Art. L. 741-5 *(Rempl. à compter du 1er janvier 2018, L. n° 2016-1547, 18 nov. 2016).* – Avant de statuer, le juge peut faire publier un appel aux créanciers.

Il peut vérifier, même d'office, la validité des créances et des titres qui les constatent ainsi que le montant des sommes réclamées et s'assurer que le débiteur se trouve bien dans la situation mentionnée à l'article L. 711-1.

Il peut également prescrire toute mesure d'instruction qu'il estime utile.

Nonobstant toute disposition contraire, le juge peut obtenir communication de tout renseignement lui permettant d'apprécier la situation du débiteur et l'évolution possible de celle-ci.

Art. L. 741-6 *(Rempl. à compter du 1er janvier 2018, L. n° 2016-1547, 18 nov. 2016).* – S'il constate que le débiteur se trouve dans la situation mentionnée au 1° de l'article L. 724-1, le juge prononce un *rétablissement personnel sans liquidation* judiciaire, qui emporte les mêmes effets que ceux mentionnés à l'article L. 741-2.

Les créances dont les titulaires n'ont pas formé tierce opposition dans un délai fixé par décret sont éteintes. Cependant, dans ce cas, les dettes sont arrêtées à la date du jugement prononçant le rétablissement personnel sans liquidation judiciaire.

S'il constate que le débiteur se trouve dans la situation mentionnée au 2° de l'article L. 724-1, le juge ouvre, avec l'accord du débiteur, une procédure de rétablissement personnel avec liquidation judiciaire.

S'il constate que la situation du débiteur n'est pas irrémédiablement compromise, il renvoie le dossier à la commission.

Section 3. – Rétablissement personnel sans liquidation judiciaire prononcé par le juge saisi d'un recours à l'encontre des mesures imposées

Art. L. 741-7 *(Rempl. à compter du 1er janvier 2018, L. n° 2016-1547, 18 nov. 2016).* – Lorsque le juge d'instance statue en application de l'article L. 733-13, le rétablissement personnel sans liquidation judiciaire emporte les effets mentionnés à l'article L. 741-2. Cependant, dans ce cas, les dettes sont arrêtées à la date du jugement prononçant le rétablissement personnel sans liquidation judiciaire.

Art. L. 741-8 *(Rempl. à compter du 1er janvier 2018, L. n° 2016-1547, 18 nov. 2016).* – Avant de statuer, le juge peut faire publier un appel aux créanciers. Il peut vérifier, même d'office, la validité des créances et des titres qui les constatent ainsi que le montant des sommes réclamées et s'assurer que le débiteur se trouve bien dans la situation mentionnée au deuxième alinéa de l'article L. 724-1. Il peut également prévoir toute mesure d'instruction qu'il estime utile. Nonobstant toute disposition contraire, le juge peut obtenir communication de tout renseignement lui permettant d'apprécier la situation du débiteur et l'évolution possible de celle-ci.

Art. L. 741-9 *(Rempl. à compter du 1er janvier 2018, L. n° 2016-1547, 18 nov. 2016).* – Les créances dont les titulaires n'ont pas formé tierce opposition dans un délai fixé par décret sont éteintes.

Art. L. 741-10 *(Implicitement abr. à compter du 1er janvier 2018, L. n° 2016-1547, 18 nov. 2016).*

Chapitre II. – Procédure de rétablissement personnel avec liquidation judiciaire

Section 1. – Ouverture de la procédure

Art. L. 742-1 *(Mod. à compter du 1er janvier 2018, L. n° 2016-1547, 18 nov. 2016).* – Si l'examen de la demande de traitement de la situation de surendettement fait apparaître que le débiteur se trouve dans la situation irrémédiablement compromise définie au deuxième alinéa de l'article L. 724-1 et dispose de biens autres que ceux mentionnés au 1° du même article, la commission, après avoir convoqué le débiteur et obtenu son accord, saisit le juge du tribunal d'instance aux fins d'ouverture d'une procédure de rétablissement personnel avec liquidation judiciaire.

L'absence de réponse du débiteur aux convocations vaut refus de cette saisine.

En cas de refus du débiteur, la commission reprend sa mission dans les termes des dispositions des articles L. 732-1, L. 733-1, L. 733-4 et L. 733-7, L. 733-7 et L. 733-8.

Art. L. 742-2 *(Mod. à compter du 1er janvier 2018, L. n° 2016-1547, 18 nov. 2016).* – À l'occasion des recours exercés devant lui en application des dispositions des articles L. 723-3, L. 723-4 et L. 733-10, le juge du tribunal d'instance peut, avec l'accord du débiteur, décider l'ouverture d'une procédure de rétablissement personnel avec liquidation judiciaire.

Art. L. 742-3. – Lorsque le juge est saisi aux fins d'ouverture d'une procédure de rétablissement personnel avec liquidation judiciaire, il convoque le débiteur et les créanciers connus à l'audience. Le juge, après avoir entendu le débiteur s'il se présente et apprécié le caractère irrémédiablement compromis de sa situation ainsi que sa bonne foi, rend un jugement prononçant l'ouverture de la procédure.

Art. L. 742-4. – Le juge peut désigner un mandataire figurant sur une liste établie dans des conditions fixées par décret en Conseil d'État et faire procéder à une enquête sociale.

Art. L. 742-5. – Si la situation du débiteur l'exige, le juge l'invite à solliciter une mesure d'aide ou d'action sociale, notamment une mesure d'accompagnement social personnalisé, dans les conditions prévues par le livre II du Code de l'action sociale et des familles.

Art. L. 742-6. – Nonobstant toute disposition contraire, le juge peut obtenir communication de tout renseignement lui permettant d'apprécier la situation du débiteur et l'évolution possible de celle-ci.

Art. L. 742-7. – Le jugement d'ouverture entraîne, jusqu'au jugement de clôture, la suspension et l'interdiction des procédures d'exécution diligentées à l'encontre des biens du débiteur ainsi que des cessions de rémunération consenties par celui-ci et portant sur les dettes autres qu'alimentaires. Il entraîne également la suspension des mesures d'expulsion du logement du débiteur, à l'exception de celles fondées sur un jugement d'adjudication rendu en matière de saisie immobilière ainsi que de celles ordonnées sur le fondement du troisième alinéa de l'article 2198 du Code civil.

Art. L. 742-8. – Le mandataire ou, à défaut, le juge procède aux mesures de publicité destinées à recenser les créanciers qui produisent leurs créances.

Art. L. 742-9. – À compter du jugement prononçant l'ouverture de la procédure, le débiteur ne peut aliéner ses biens sans l'accord du mandataire ou, à défaut de mandataire désigné, du juge.

Section 2. – Déclaration et arrêté des créances

Art. L. 742-10. – Les créanciers produisent leurs créances dans des conditions prévues par décret en Conseil d'État ; les créances qui n'ont pas été produites dans un délai fixé par ce décret sont éteintes, sauf à ce que soit prononcé par le juge un relevé de forclusion. Le mandataire dresse un bilan de la situation économique et sociale du débiteur, vérifie les créances et évalue les éléments d'actif et de passif. À compter du jugement prononçant l'ouverture de la procédure, le débiteur ne peut aliéner ses biens sans l'accord du mandataire ou, à défaut de mandataire désigné, du juge.

Art. L. 742-11. – Les créances qui n'ont pas été produites dans un délai fixé par décret en Conseil d'État sont éteintes, sauf à ce que soit prononcé par le juge un relevé de forclusion.

Art. L. 742-12. – Le mandataire dresse un bilan de la situation économique et sociale du débiteur, vérifie les créances et évalue les éléments d'actif et de passif.

Art. L. 742-13. – Le juge statue sur les éventuelles contestations de créances.

Section 3. – Liquidation des biens du débiteur

Art. L. 742-14. – Le juge prononce la liquidation judiciaire du patrimoine du débiteur, dont sont exclus les biens insaisissables énumérés à l'article L. 112-2 du Code des procédures civiles d'exécution ainsi que les biens dont les frais de vente seraient manifestement disproportionnés au regard de leur valeur vénale et les biens non professionnels indispensables à l'exercice de l'activité professionnelle du débiteur.

Il désigne un liquidateur qui peut être le mandataire.

Art. L. 742-15. – Le jugement qui prononce la liquidation emporte de plein droit dessaisissement du débiteur de la disposition de ses biens. Ses droits et actions sur son patrimoine personnel sont exercés pendant toute la durée de la liquidation par le liquidateur.

Art. L. 742-16. – Le liquidateur dispose d'un délai de douze mois pour vendre les biens du débiteur à l'amiable ou, à défaut, organiser une vente forcée dans les conditions relatives aux procédures civiles d'exécution.

Art. L. 742-17. – En cas de vente forcée, lorsqu'une procédure de saisie immobilière engagée avant le jugement d'ouverture a été suspendue par l'effet de ce dernier, les actes effectués par le créancier saisissant *sont réputés accomplis* pour le compte du liquidateur qui procède à la vente des immeubles. La saisie immobilière peut reprendre son cours au stade où le jugement d'ouverture l'avait suspendue.

Art. L. 742-18. – Le liquidateur procède à la répartition du produit des actifs et désintéresse les créanciers suivant le rang des sûretés assortissant leurs créances.

Art. L. 742-19. – Le liquidateur rend compte de sa mission au juge dans des conditions fixées par décret en Conseil d'État.

Section 4. – Clôture de la procédure

Art. L. 742-20. – S'il constate lors de l'audience d'ouverture de la procédure de rétablissement personnel avec liquidation judiciaire que le débiteur se trouve manifestement dans la situation définie au second alinéa de l'article L. 742-21, le juge peut ouvrir et clôturer la procédure de rétablissement personnel avec liquidation judiciaire pour insuffisance d'actif par un même jugement. Le jugement emporte les mêmes effets que ceux mentionnés à l'article L. 742-22.

Les créances dont les titulaires n'auraient pas formé tierce opposition dans un délai fixé par décret sont éteintes.

Art. L. 742-21. – Lorsque l'actif réalisé est suffisant pour désintéresser les créanciers, le juge prononce la clôture de la procédure.

Lorsque l'actif réalisé est insuffisant pour désintéresser les créanciers, lorsque le débiteur ne possède rien d'autre que des biens meublants nécessaires à la vie courante et des biens non professionnels indispensables à l'exercice de son activité professionnelle, ou lorsque l'actif n'est constitué que de biens dépourvus de valeur marchande ou dont les frais de vente seraient manifestement disproportionnés au regard de leur valeur vénale, le juge prononce la clôture pour insuffisance d'actif.

Art. L. 742-22. – La clôture entraîne l'effacement de toutes les dettes non professionnelles du débiteur, arrêtées à la date du jugement d'ouverture, à l'exception de celles dont le montant a été payé en lieu et place du débiteur par la caution ou le coobligé, personnes physiques.

Cette clôture entraîne aussi l'effacement de la dette résultant de l'engagement que le débiteur a donné de cautionner ou d'acquitter solidairement la dette d'un entrepreneur individuel ou d'une société.

Art. L. 742-23. – Si la situation du débiteur l'exige, le juge l'invite à solliciter une mesure d'aide ou d'action sociale qui peut comprendre un programme d'éducation budgétaire, notamment une mesure d'accompagnement social personnalisé, dans les conditions prévues par le livre II du Code de l'action sociale et des familles.

Section 5. – Plan

Art. L. 742-24 *(Mod. à compter du 1er janvier 2018, L. n° 2016-1547, 18 nov. 2016).* – À titre exceptionnel, s'il estime que la liquidation judiciaire peut être évitée, le juge établit, le cas échéant sur proposition du mandataire, un plan comportant les mesures mentionnées aux articles L. 733-1, L. 733-4 et L. 733-7.

Art. L. 742-25. – Le jugement qui arrête le plan le rend opposable à tous. La durée du plan est fixée par le juge. Elle ne peut excéder sept ans.

En cas d'inexécution du plan, le juge en prononce la résolution.

Le plan peut cependant excéder cette durée lorsque les mesures qu'il comporte concernent le remboursement de prêts contractés pour l'achat d'un bien immobilier constituant la résidence principale du débiteur dont elles permettent d'éviter la cession ou lorsqu'elles permettent au débiteur de rembourser la totalité de ses dettes tout en évitant la cession du bien immobilier constituant sa résidence principale.

Chapitre III. – Dispositions communes au rétablissement personnel sans liquidation judiciaire et à la procédure de rétablissement personnel avec liquidation judiciaire

Art. L. 743-1 *(Mod. à compter du 1er janvier 2018, L. n° 2016-1547, 18 nov. 2016).* – Les dettes effacées en application des dispositions des articles L. 741-2, L. 741-6, L. 741-7 et L. 742-21 valent régularisation des incidents au sens de l'article L. 131-73 du Code monétaire et financier.

Art. L. 743-2. – À tout moment de la procédure, le juge peut, s'il estime que la situation du débiteur n'est pas irrémédiablement compromise, renvoyer le dossier à la commission.

Titre V. – Fichier national recensant les informations sur les incidents de paiement caractérisés

Chapitre I. – Objet du fichier

Art. L. 751-1. – Un fichier national recense les informations sur les incidents de paiement caractérisés liés aux crédits accordés aux personnes physiques pour des besoins non professionnels.

Ce fichier est géré par la Banque de France, laquelle est seule habilitée à centraliser ces informations.

Il est soumis à la loi n° 78-17 du 6 janvier 1978 relative à l'informatique, aux fichiers et aux libertés.

Art. L. 751-2. – Ce fichier a pour finalité de fournir aux établissements de crédit et aux sociétés de financement mentionnés au titre Ier du livre V du Code monétaire et financier, aux établissements de monnaie électronique et aux établissements de paiement mentionnés au titre II du même livre V et aux organismes mentionnés aux 5 et 8 de l'article L. 511-6 du même code un élément d'appréciation de la solvabilité des personnes qui sollicitent un crédit. Toutefois, l'inscription d'une personne physique au sein du fichier n'emporte pas interdiction de délivrer un crédit.

Le fichier peut fournir un élément d'appréciation à l'usage des établissements de crédit, des établissements de monnaie électronique et des établissements de paiement dans leurs décisions d'attribution des moyens de paiement.

Les informations qu'il contient peuvent également être prises en compte par les entreprises mentionnées au premier alinéa pour la gestion des risques liés aux crédits souscrits par leurs clients.

L'organisme de caution mentionné à l'article 26-7 de la loi n° 65-557 du 10 juillet 1965 fixant le statut de la copropriété des immeubles bâtis peut consulter le fichier mentionné au présent article, pour les copropriétaires participant à l'emprunt mentionné à l'article 26-4 de cette même loi.

Art. L. 751-3. – La Banque de France est déliée du secret professionnel pour la diffusion, aux entreprises mentionnées au premier alinéa de l'article L. 751-2, des informations nominatives contenues dans le fichier.

Art. L. 751-4. – Les conditions dans lesquelles la Banque de France et les entreprises mentionnées au premier alinéa de l'article L. 751-2 informent les personnes de leur inscription et de leur radiation du fichier ainsi que de leurs droits sont précisées par arrêté, pris après avis de la Commission nationale de l'informatique et des libertés.

Art. L. 751-5 *(Mod. à compter de la date prévue à l'article 29 de l'ordonnance n° 2018-1125 du 12 décembre 2018, et au plus tard le 1er juin 2019, Ord. n° 2018-1125, 12 déc. 2018).* – Il est interdit à la Banque de France et aux entreprises mentionnées au premier alinéa de l'article L. 751-2 de remettre à quiconque copie des informations contenues dans le fichier.

Cette interdiction ne s'applique pas aux intéressés, lesquels exercent leur droit d'accès aux informations les concernant contenues dans le fichier conformément à l'article 49 de la loi n° 78-17 du 6 janvier 1978 relative à l'informatique, aux fichiers et aux libertés.

Art. L. 751-6. – Un arrêté du ministre chargé de l'économie, pris après avis de la Commission nationale de l'informatique et des libertés et du comité consultatif du secteur financier, fixe les modalités de collecte, d'enregistrement, de conservation et de consultation des informations.

Cet arrêté détermine également les modalités selon lesquelles les établissements et organismes mentionnés au premier alinéa de l'article L. 751-2 peuvent justifier qu'ils ont consulté le fichier, notamment en application de l'article L. 312-16.

Chapitre II. – Inscription et radiation

Art. L. 752-1. – Les entreprises mentionnées au premier alinéa de l'article L. 751-2 sont tenues de déclarer à la Banque de France, dans des conditions précisées par arrêté, les incidents de paiement caractérisés dans *les conditions précisées par l'arrêté mentionné* à l'article L. 751-6.

Dès la réception de cette déclaration, la Banque de France inscrit immédiatement les incidents de paiement caractérisés au fichier et, dans le même temps, met cette information à la disposition de l'ensemble des entreprises ayant accès au fichier. Les frais afférents à cette déclaration ne peuvent être facturés aux personnes physiques concernées.

Les informations relatives à ces incidents sont radiées immédiatement à la réception de la déclaration de paiement intégral des sommes dues effectuée par l'entreprise à l'origine de l'inscription au fichier. Elles ne peuvent en tout état de cause être conservées dans le fichier pendant plus de cinq ans à compter de la date d'enregistrement par la Banque de France de l'incident ayant entraîné la déclaration.

Art. L. 752-2 *(Mod., L. n° 2017-203, 21 févr. 2017 ; mod. à compter du 1er janvier 2018, L. n° 2016-1547, 18 nov. 2016)*. – Dès qu'une commission de surendettement des particuliers est saisie par un débiteur, elle en informe la Banque de France aux fins d'inscription au fichier.

La même obligation pèse sur le greffe du juge du tribunal d'instance lorsque, sur recours de l'intéressé contre une décision de recevabilité rendue par la commission, la situation mentionnée à l'article L. 711-1 est reconnue par ce juge ou lorsque le débiteur a bénéficié de l'effacement des dettes résultant d'un rétablissement personnel en application des dispositions des articles L. 741-2, L. 741-6, L. 741-7 ou L. 742-22.

Art. L. 752-3 *(Mod. à compter du 1er janvier 2018, L. n° 2016-1547, 18 nov. 2016)*. – Le fichier recense les mesures du plan conventionnel de redressement mentionnées à l'article L. 732-2. Ces mesures sont communiquées à la Banque de France par la commission. L'inscription est conservée pendant toute la durée de l'exécution du plan conventionnel, sans pouvoir excéder sept ans.

Le fichier recense également les mesures prises en vertu des articles L. 733-1, L. 733-4 et L. 733-7 qui sont communiquées à la Banque de France par la commission ou le greffe du juge du tribunal d'instance. L'inscription est conservée pendant toute la durée d'exécution de ces mesures, sans pouvoir excéder sept ans.

Lorsque les mesures du plan conventionnel mentionnées à l'article L. 732-2 et celles prises en application des articles L. 733-1, L. 733-4 et L. 733-7 sont exécutées sans incident, les informations relatives aux mentions qui ont entraîné leur déclaration sont radiées à l'expiration d'une période de cinq ans à compter de la signature du plan conventionnel, de la date de la décision de la commission qui impose des mesures ou de la date du jugement ordonnant des mesures. Lorsque, pour une même personne, sont prescrits successivement, dans le cadre d'une révision ou d'un renouvellement du plan ou des mesures, un plan conventionnel mentionné à l'article L. 732-2 et des mesures prises en application des articles L. 733-1, L. 733-4 et L. 733-7, l'inscription est maintenue pendant la durée globale d'exécution du plan et des mesures sans pouvoir excéder sept ans.

Pour les personnes ayant bénéficié de la procédure de rétablissement personnel, les informations relatives aux mentions correspondantes sont radiées à l'expiration d'une période de cinq ans à compter de la décision de la commission ou de la clôture de la procédure. La même durée de cinq ans est applicable aux personnes physiques ayant fait l'objet d'une liquidation judiciaire en application de l'article L. 670-6 du Code de commerce.

Titre VI. – Sanctions

Chapitre I. – Sanctions civiles

Art. L. 761-1 *(Mod. à compter du 1er janvier 2018, L. n° 2016-1547, 18 nov. 2016)*. – Est déchue du bénéfice des dispositions du présent livre :

1° Toute personne qui a sciemment fait de fausses déclarations ou remis des documents inexacts ;

2° Toute personne qui a détourné ou dissimulé ou tenté de détourner ou de dissimuler, tout ou partie de ses biens ;

3° *Toute personne qui*, sans l'accord de ses créanciers, de la commission ou du juge, a aggravé son endettement en souscrivant de nouveaux emprunts ou aura procédé à des actes de disposition de son patrimoine pendant le déroulement de la procédure de traitement de la situation de surendettement ou de rétablissement personnel ou pendant l'exécution du plan ou des mesures prévues à l'article L. 733-1 ou à l'article L. 733-4.

Art. L. 761-2 *(Mod. à compter du 1er janvier 2018, L. n° 2016-1547, 18 nov. 2016)*. – Tout acte ou tout paiement effectué en violation des articles L. 721-2, L. 722-2, L. 722-3, L. 722-4, L. 722-5, L. 722-12, L. 722-13, L. 722-14, L. 722-16, L. 724-4, L. 732-2, L. 733-1 et L. 733-4 peut être annulé par le juge du tribunal d'instance, à la demande de la commission, présentée pendant le délai d'un an à compter de l'acte ou du paiement de la créance.

L'établissement de crédit qui tient le compte du déposant, conformément à ses devoirs de non-immixtion et de diligence, ne peut, en raison de cette seule qualité de teneur de compte, voir sa responsabilité engagée du fait des paiements effectués par le débiteur non dessaisi, en violation de l'interdiction mentionnée à l'article L. 722-5.

Chapitre II. – Sanctions pénales

Art. L. 762-1. – **Le fait, pour la Banque de France et les entreprises mentionnées au premier alinéa de l'article L. 751-2, de remettre à quiconque copie des informations contenues dans le fichier mentionné à l'article L. 751-1 est puni des peines prévues aux articles 226-21 et 226-22 du Code pénal.**

Art. L. 762-2. – **La collecte des informations contenues dans le fichier mentionné à l'article L. 751-1 par des personnes autres que la Banque de France et les entreprises mentionnées au premier alinéa de l'article L. 751-2 est punie des peines prévues à l'article 226-18 du Code pénal.**

....

DEUXIÈME PARTIE (RÉGLEMENTAIRE)

(Partie créée à compter du 1er juillet 2016, sous réserve des dispositions prévues aux II à VI de l'article 11 du décret n° 2016-884 du 29 juin 2016, D. n° 2016-884, 29 juin 2016)

LIVRE PREMIER. – INFORMATION DES CONSOMMATEURS ET PRATIQUES COMMERCIALES

TITRE PREMIER. – INFORMATION DES CONSOMMATEURS

CHAPITRE I. – OBLIGATION GÉNÉRALE D'INFORMATION PRÉCONTRACTUELLE

....

CHAPITRE II. – INFORMATION SUR LES PRIX ET CONDITIONS DE VENTE

....

CHAPITRE III. – INFORMATION SUR LES CONDITIONS SOCIALES DE FABRICATION DES PRODUITS

....

LIVRE II. –FORMATION ET EXÉCUTION DES CONTRATS

TITRE Ier. – CONDITIONS GÉNÉRALES DES CONTRATS

....

CHAPITRE II. – CLAUSES ABUSIVES

Art. R. 212-1. – **Dans les contrats conclus entre des professionnels et des consommateurs, sont de manière irréfragable présumées abusives, au sens des dispositions des premier et quatrième alinéas de l'article L. 212-1 et dès lors interdites, les clauses ayant pour objet ou pour effet de :**

1° Constater l'adhésion du consommateur à des clauses qui ne figurent pas dans l'écrit qu'il accepte ou qui sont reprises dans un autre document auquel il n'est pas fait expressément référence lors de la conclusion du contrat et dont il n'a pas eu connaissance avant sa conclusion ;

2° Restreindre l'obligation pour le professionnel de respecter les engagements pris par ses préposés ou ses mandataires ;

3° Réserver au professionnel le droit de modifier unilatéralement les clauses du contrat relatives à sa durée, aux caractéristiques ou au prix du bien à livrer ou du service à rendre ;

***4° Accorder au seul professionnel le droit* de déterminer si la chose livrée ou les services fournis sont conformes ou non aux stipulations du contrat ou lui conférer le droit exclusif d'interpréter une quelconque clause du contrat ;**

5° Contraindre le consommateur à exécuter ses obligations alors que, réciproquement, le professionnel n'exécuterait pas ses obligations de délivrance ou de garantie d'un bien ou son obligation de fourniture d'un service ;

6° Supprimer ou réduire le droit à réparation du préjudice subi par le consommateur en cas de manquement par le professionnel à l'une quelconque de ses obligations ;

7° Interdire au consommateur le droit de demander la résolution ou la résiliation du contrat en cas d'inexécution par le professionnel de ses obligations de délivrance ou de garantie d'un bien ou de son obligation de fourniture d'un service ;

8° Reconnaître au professionnel le droit de résilier discrétionnairement le contrat, sans reconnaître le même droit au consommateur ;

9° Permettre au professionnel de retenir les sommes versées au titre de prestations non réalisées par lui, lorsque celui-ci résilie lui-même discrétionnairement le contrat ;

10° Soumettre, dans les contrats à durée indéterminée, la résiliation à un délai de préavis plus long pour le consommateur que pour le professionnel ;

11° Subordonner, dans les contrats à durée indéterminée, la résiliation par le consommateur au versement d'une indemnité au profit du professionnel ;

12° Imposer au consommateur la charge de la preuve, qui, en application du droit applicable, devrait incomber normalement à l'autre partie au contrat.

Art. R. 212-2. – Dans les contrats conclus entre des professionnels et des consommateurs, sont présumées abusives au sens des dispositions des premier et cinquième alinéas de l'article L. 212-1, sauf au professionnel à rapporter la preuve contraire, les clauses ayant pour objet ou pour effet de :

1° Prévoir un engagement ferme du consommateur, alors que l'exécution des prestations du professionnel est assujettie à une condition dont la réalisation dépend de sa seule volonté ;

2° Autoriser le professionnel à conserver des sommes versées par le consommateur lorsque celui-ci renonce à conclure ou à exécuter le contrat, sans prévoir réciproquement le droit pour le consommateur de percevoir une indemnité d'un montant équivalent, ou égale au double en cas de versement d'arrhes au sens de l'article L. 214-1, si c'est le professionnel qui renonce ;

3° Imposer au consommateur qui n'exécute pas ses obligations une indemnité d'un montant manifestement disproportionné ;

4° Reconnaître au professionnel la faculté de résilier le contrat sans préavis d'une durée raisonnable ;

5° Permettre au professionnel de procéder à la cession de son contrat sans l'accord du consommateur et lorsque cette cession est susceptible d'engendrer une diminution des droits du consommateur ;

6° Réserver au professionnel le droit de modifier unilatéralement les clauses du contrat relatives aux droits et obligations des parties, autres que celles prévues au 3° de l'article R. 212-1 ;

7° Stipuler une date indicative d'exécution du contrat, hors les cas où la loi l'autorise ;

8° Soumettre la résolution ou la résiliation du contrat à des conditions ou modalités plus rigoureuses pour le consommateur que pour le professionnel ;

9° Limiter indûment les moyens de preuve à la disposition du consommateur ;

10° Supprimer ou entraver l'exercice d'actions en justice ou des voies de recours par le consommateur, notamment en obligeant le consommateur à saisir exclusivement une juridiction d'arbitrage non couverte par des dispositions légales ou à passer exclusivement par un mode alternatif de règlement des litiges.

Art. R. 212-3. – Le 3° de l'article R. 212-1 et les 4° et 6° de l'article R. 212-2 ne sont pas applicables :

1° Aux transactions concernant les valeurs mobilières, instruments financiers et autres produits ou services dont le prix est lié aux fluctuations d'un cours, d'un indice ou d'un taux que le professionnel ne contrôle pas ;

2° Aux contrats d'achat ou de vente de devises, de chèques de voyage ou de mandats internationaux émis en bureau de poste et libellés en devises.

Art. R. 212-4. – Le 3° de l'article R. 212-1 et le 6° de l'article R. 212-2 ne font pas obstacle à l' existence de clauses par lesquelles le fournisseur de services financiers se réserve le droit de modifier le taux d'intérêt dû par le consommateur ou dû à celui-ci, ou le montant de toutes charges afférentes à des services financiers, sans aucun préavis en cas de motif légitime, pourvu que soit mise à la charge du professionnel l'obligation d'en informer la ou les autre parties contractantes dans les meilleurs délais et que celles-ci soient libres de résilier immédiatement le contrat.

Le 8° de l'article R. 212-1 et le 4° de l'article R. 212-2 ne font pas obstacle à l'existence de clauses par lesquelles le fournisseur de services financiers se réserve le droit de mettre fin au contrat à durée indéterminée unilatéralement, et ce sans préavis en cas de motif légitime, à condition que soit mise à la charge du professionnel l'obligation d'en informer la ou les autres parties contractantes immédiatement.

Le 3° de l'article R. 212-1 et le 6° de l'article R. 212-2 ne font pas obstacle à l'existence de clauses par lesquelles le contrat, lorsqu'il est conclu à durée indéterminée, stipule que le professionnel peut apporter unilatéralement des modifications liées au prix du bien à livrer ou du service à rendre à la condition que le consommateur en ait été averti dans un délai raisonnable pour être en mesure, le cas échéant, de résilier le contrat.

Le 3° de l'article R. 212-1et le 6° de l'article R. 212-2 ne font pas obstacle à l'existence de clauses par lesquelles le contrat stipule que le professionnel peut apporter unilatéralement des modifications au contrat liées à l'évolution technique, dès lors qu'il n'en résulte ni augmentation de prix, ni altération de la qualité et que les caractéristiques auxquelles le non-professionnel ou le consommateur a subordonné son engagement ont pu figurer au contrat.

Art. R. 212-5. – Les dispositions des articles R. 212-1 à R. 212-4 sont également applicables aux contrats conclus entre des professionnels et des non-professionnels.

CHAPITRE III. – CONSERVATION DES CONTRATS CONCLUS PAR VOIE ÉLECTRONIQUE

Art. D. 213-1. – Le montant mentionné à l'article L. 213-1 est fixé à 120 euros.

Art. D. 213-2. – Le délai mentionné à l'article L. 213-1 est fixé à dix ans à compter de la conclusion du contrat lorsque la livraison du bien ou l'exécution de la prestation est immédiate.

Dans le cas contraire, le délai court à compter de la conclusion du contrat jusqu'à la date de livraison du bien ou de l'exécution de la prestation et pendant une durée de dix ans à compter de celle-ci.

Code de la construction et de l'habitation

PREMIÈRE PARTIE (LÉGISLATIVE)

...

LIVRE DEUXIÈME. – STATUT DES CONSTRUCTEURS

...

TITRE II. – PROMOTION IMMOBILIÈRE

CHAPITRE II. – DISPOSITIONS PARTICULIÈRES AU CONTRAT DE PROMOTION IMMOBILIÈRE POUR LA CONSTRUCTION D'IMMEUBLES À USAGE D'HABITATION OU À USAGE PROFESSIONNEL ET D'HABITATION

Art. L. 222-1. – Tout contrat par lequel une personne s'oblige envers le maître de l'ouvrage à faire procéder à la construction d'un immeuble d'habitation ou d'un immeuble à usage professionnel et d'habitation, en une qualité autre que celle de vendeur ou que celles qui sont indiquées au 3° de l'article 1779 du Code civil, est soumis aux règles des articles 1831-1 à 1831-5 du même code, reproduits aux articles L. 221-1 à L. 221-5 du présent code, ainsi qu'à celles du présent chapitre.

Les dispositions du premier alinéa du présent article ne sont pas obligatoires lorsque le maître d'ouvrage est une personne qui construit un ou plusieurs immeubles en vue de la vente ou une société autre que celles mentionnées aux chapitres II et III du titre I du présent livre faisant construire plus de deux locaux à usage professionnel ou d'habitation.

Art. L. 222-2 *(Mod., L. n° 2000-1208, 13 déc. 2000)*. – Les dispositions du premier alinéa de l'article L. 222-1 ne sont pas non plus obligatoires, quel que soit le maître de l'ouvrage, lorsque la personne qui s'oblige à faire procéder à la construction est une société d'économie mixte dont le capital appartient pour plus de la moitié à des personnes morales de droit public.

Elles ne sont pas non plus obligatoires lorsque la personne qui s'oblige envers le maître de l'ouvrage en une qualité indiquée au 3° de l'article 1779 du Code civil n'accomplit que les opérations administratives prévues à l'article 1831-1 du même code, reproduit à l'article L. 221-1 du présent code.

Les sociétés des chapitres I, II et III du titre précédent qui, lors de l'achat d'une fraction de terrain sur lequel elles construiront, s'obligent à l'égard du vendeur, lequel conserve le surplus du terrain, à faire édifier pour son compte les immeubles correspondant audit surplus et à assumer la charge de leur coût ne sont pas tenues de passer un contrat de promotion avec ledit vendeur.

Dans le cas prévu à l'alinéa précédent, les obligations contractées par la société à l'égard du vendeur sont garanties par la personne avec laquelle la société a conclu un contrat de promotion ou, s'il y a lieu, par son représentant légal ou statutaire assumant les obligations du promoteur.

Art. L. 222-3. – Le contrat de promotion immobilière doit être constaté, avant le commencement de son exécution, par un écrit contenant les énonciations qui suivent :

a) La situation et la contenance du terrain sur lequel doit être édifié le bâtiment ;

b) La consistance et les caractéristiques techniques du bâtiment à construire ;

c) Les devis descriptifs et les conditions d'exécution techniques des travaux ;

d) Le prix convenu ainsi que les limites et conditions dans lesquelles la révision du prix peut intervenir ; si un poste pour imprévu est inclus dans le prix et si le contrat ne subordonne pas l'utilisation des sommes correspondantes à un accord préalable du maître de l'ouvrage, le promoteur doit, en fin d'opération, restituer à ce dernier la totalité des sommes qui auraient été appelées et dont il ne peut pas justifier avoir eu besoin pour exécuter sa mission ;

e) Les moyens et conditions de financement et les modalités de règlement à mesure de l'avancement des travaux ;

f) La rémunération du promoteur pour ses soins, peines et débours ;

g) Le délai dans lequel le bâtiment doit être édifié ;

h) La garantie apportée par le promoteur pour la bonne exécution de sa mission.

Par dérogation aux dispositions qui précèdent, le contrat peut être constaté par plusieurs actes séparés comportant chacun des énonciations limitées à une phase ou à une partie de l'ensemble des opérations à réaliser. Toutefois, aucun travail matériel, hormis ceux nécessaires aux études préliminaires, ne peut être effectué sur le terrain avant la signature des actes concernant toutes les opérations à réaliser.

L'inobservation des dispositions du présent article entraîne la nullité du contrat de promotion immobilière. Cette nullité ne peut être invoquée que par le maître de l'ouvrage et jusqu'à l'achèvement des travaux.

Elle entraîne l'inopposabilité au maître de l'ouvrage des contrats passés par le promoteur.

Art. L. 222-4 *(Mod. à compter du 1er octobre 2016, Ord. n° 2016-131, 10 févr. 2016).* – Nonobstant toute stipulation contraire, les clauses de résolution de plein droit concernant les obligations de versement mises à la charge du maître de l'ouvrage par le contrat ne produisent effet qu'un mois après mise en demeure restée infructueuse.

Un délai peut être demandé pendant le mois ainsi imparti, conformément à l'article 1244 du Code civil.

Un délai peut être demandé pendant le mois ainsi imparti, conformément à l' article 1343-5 du Code civil.

Les effets des clauses de résolution de plein droit sont suspendus pendant le cours des délais ainsi octroyés en vertu de l'article 1244 du Code civil. Ces clauses sont réputées n'avoir jamais joué si le débiteur se libère dans les *conditions déterminées par le juge.*

Les effets des clauses de résolution de plein droit sont suspendus pendant le cours des délais ainsi octroyés en vertu de l'article 1343-5 du Code civil. Ces clauses sont réputées n'avoir jamais joué si le débiteur se libère dans les conditions déterminées par le juge.

Art. L. 222-5. – Avant la signature du contrat, le promoteur ne peut exiger ni même accepter du maître de l'ouvrage aucun versement, aucun dépôt, aucune souscription ni acceptation d'effets de commerce. Aucun paiement ne peut non plus être exigé ni accepté avant la date à laquelle la créance est exigible.

Art. L. 222-6 *(Mod., L. n° 2000-1208, 13 déc. 2000).* – Les sociétés d'économie mixte dont le capital appartient pour plus de moitié à des personnes de droit public ne sont pas tenues de fournir la garantie prévue au *h* de l'article L. 222-3 quand ils agissent comme promoteurs liés par un contrat de promotion immobilière, ou par l'écrit prévu aux articles L. 212-10 et L. 213-6.

Art. L. 222-7. – Les dispositions du présent chapitre sont d'ordre public.

TITRE III. – CONSTRUCTION D'UNE MAISON INDIVIDUELLE
(L. n° 90-1129, 19 déc. 1990)

Art. L. 230-1 *(L. n° 90-1129, 19 déc. 1990)*. – Les règles prévues au présent titre sont d'ordre public.

CHAPITRE I. – CONTRAT DE CONSTRUCTION D'UNE MAISON INDIVIDUELLE AVEC FOURNITURE DU PLAN

Art. L. 231-1 *(L. n° 90-1129, 19 déc. 1990)*. – Toute personne qui se charge de la construction d'un immeuble à usage d'habitation ou d'un immeuble à usage professionnel et d'habitation ne comportant pas plus de deux logements destinés au même maître de l'ouvrage d'après un plan qu'elle a proposé ou fait proposer doit conclure avec le maître de l'ouvrage un contrat soumis aux dispositions de l'article L. 231-2.

Cette obligation est également imposée :

a) À toute personne qui se charge de la construction d'un tel immeuble à partir d'un plan fourni par un tiers à la suite d'un démarchage à domicile ou d'une publicité faits pour le compte de cette personne ;

b) À toute personne qui réalise une partie des travaux de construction d'un tel immeuble dès lors que le plan de celui-ci a été fourni par cette personne ou, pour son compte, au moyen des procédés visés à l'alinéa précédent.

Cette personne est dénommée constructeur au sens du présent chapitre et réputée constructeur de l'ouvrage au sens de l'article 1792-1 du Code civil reproduit à l'article L. 111-14.

Art. L. 231-2 *(Mod., L. n° 2018-1021, 23 nov. 2018)*. – Le contrat visé à l'article L. 231-1 doit comporter les énonciations suivantes :

a) La désignation du terrain destiné à l'implantation de la construction et la mention du titre de propriété du maître de l'ouvrage ou des droits réels lui permettant de construire ;

b) L'affirmation de la conformité du projet aux règles de construction prescrites en application du présent code, notamment de son livre I, et du Code de l'urbanisme ;

c) La consistance et les caractéristiques techniques du bâtiment à construire comportant :

– tous les travaux d'adaptation au sol, notamment, le cas échéant, ceux rendus nécessaires par l'étude géotechnique mentionnée aux articles L. 112-22 et L. 112-23 du présent code, dont une copie est annexée au contrat ;

– les raccordements aux réseaux divers ;

– tous les travaux d'équipement intérieur ou extérieur indispensables à l'implantation et à l'utilisation de l'immeuble ;

d) Le coût du bâtiment à construire, égal à la somme du prix convenu et, s'il y a lieu, du coût des travaux dont le maître de l'ouvrage se réserve l'exécution en précisant :

– d'une part, le prix convenu qui est forfaitaire et définitif, sous réserve, s'il y a lieu, de sa révision dans les conditions et limites convenues conformément à l'article L. 231-11, et qui comporte la rémunération de tout ce qui est à la charge du constructeur, y compris le coût de la garantie de livraison ;

– d'autre part, le coût des travaux dont le maître de l'ouvrage se réserve l'exécution, ceux-ci étant décrits et chiffrés par le constructeur et faisant l'objet, de la part du maître de l'ouvrage, d'une clause manuscrite spécifique et paraphée par laquelle il en accepte le coût et la charge ;

e) Les modalités de règlement en fonction de l'état d'avancement des travaux ;

f) L'indication que le maître de l'ouvrage pourra se faire assister par un professionnel habilité en application de la loi n° 77-2 du 3 janvier 1977 sur l'architecture ou des articles L. 111-23 et suivants lors de la réception ou par tout autre professionnel de la construction titulaire d'un contrat d'assurance couvrant les responsabilités pour ce *type de mission* ;

g) L'indication de l'obtention du permis de construire et des autres autorisations administratives, dont une copie est annexée au contrat ;

h) L'indication des modalités de financement, la nature et le montant des prêts obtenus et acceptés par le maître de l'ouvrage ;

i) La date d'ouverture du chantier, le délai d'exécution des travaux et les pénalités prévues en cas de retard de livraison ;

j) La référence de l'assurance de dommages souscrite par le maître de l'ouvrage, en application de l'article L. 242-1 du Code des assurances ;

k) Les justifications des garanties de remboursement et de livraison apportées par le constructeur, les attestations de ces garanties étant établies par le garant et annexées au contrat.

Les stipulations du contrat, notamment celles relatives aux travaux à la charge du constructeur, au prix convenu, au délai d'exécution des travaux et aux pénalités applicables en cas de retard d'exécution peuvent se référer à des clauses types approuvées par décret en Conseil d'État.

Voir : la rédaction de cet article issue de l'ordonnance n°2019-395 du 30 avril 2019, en *addendum*, p. 3587

Art. L. 231-3 *(L. n° 90-1129, 19 déc. 1990).* – Dans le contrat visé à l'article L. 231-1, sont réputées non écrites les clauses ayant pour objet ou pour effet :

a) D'obliger le maître de l'ouvrage à donner mandat au constructeur pour rechercher le ou les prêts nécessaires au financement de la construction sans que ce mandat soit exprès et comporte toutes les précisions utiles sur les conditions de ce ou de ces prêts ;

b) De subordonner le remboursement du dépôt de garantie à l'obligation, pour le maître de l'ouvrage, de justifier du refus de plusieurs demandes de prêt ;

c) D'admettre comme valant autorisation administrative un permis de construire assorti de prescriptions techniques ou architecturales telles qu'elles entraînent une modification substantielle du projet ayant donné lieu à la conclusion du contrat initial ;

d) De décharger le constructeur de son obligation d'exécuter les travaux dans les délais prévus par le contrat en prévoyant notamment des causes légitimes de retard autres que les intempéries, les cas de force majeure et cas fortuits ;

e) De subordonner la remise des clefs au paiement intégral du prix et faire ainsi obstacle au droit du maître de l'ouvrage de consigner les sommes restant dues lorsque des réserves sont faites à la réception des travaux ;

f) D'interdire au maître de l'ouvrage la possibilité de visiter le chantier, préalablement à chaque échéance des paiements et à la réception des travaux.

Voir : la rédaction de cet article issue de l'ordonnance n°2019-395 du 30 avril 2019, en *addendum*, p. 3587

Art. L. 231-4 *(L. n° 90-1129, 19 déc. 1990).* – I. – Le contrat défini à l'article L. 231-1 peut être conclu sous les conditions suspensives suivantes :

a) L'acquisition du terrain ou des droits réels permettant de construire si le maître de l'ouvrage bénéficie d'une promesse de vente ;

b) L'obtention du permis de construire et des autres autorisations administratives, le maître de l'ouvrage étant tenu de préciser la date limite de dépôt de la demande ;

c) L'obtention des prêts demandés pour le financement de la construction ;

d) L'obtention de l'assurance de dommages ;

e) L'obtention de la garantie de livraison.

Le délai maximum de réalisation des conditions suspensives ainsi que la date d'ouverture du chantier, déterminée à partir de ce délai, sont précisés par le contrat.

II. – Aucun versement, aucun dépôt, aucune souscription ou acceptation d'effets de commerce ne peuvent être exigés ou acceptés avant la signature du contrat défini à l'article L. 231-1 ni avant la date à laquelle la créance est exigible.

III. – Le contrat peut stipuler qu'un dépôt de garantie sera effectué à un compte spécial ouvert au nom du maître de l'ouvrage par un organisme habilité. Le montant de ce dépôt ne peut excéder 3 % du prix de la construction projetée tel qu'il est énoncé au contrat.

Les fonds ainsi déposés sont indisponibles, incessibles et insaisissables jusqu'à la réalisation de toutes les conditions ; dans ce cas, ces sommes viennent s'imputer sur les premiers paiements prévus par le contrat.

Les fonds déposés en garantie sont immédiatement restitués au maître de l'ouvrage, sans retenue ni pénalité, si toutes les conditions suspensives ne sont pas réalisées dans le délai prévu au contrat ou si le maître de l'ouvrage exerce la faculté de rétractation prévue à l'article L. 271-1.

Le contrat peut prévoir des paiements au constructeur avant la date d'ouverture du chantier, sous réserve que leur remboursement soit garanti par un établissement habilité à cet effet.

Un décret en Conseil d'État fixe la nature de la garantie et les conditions et limites dans lesquelles ces sommes sont versées.

Art. L. 231-5 *(L. n° 90-1129, 19 déc. 1990).* – L'obligation, instituée par le deuxième alinéa de l'article L. 261-10, de conclure un contrat conforme aux dispositions de l'alinéa premier de cet article ne s'applique pas lorsque celui qui procure indirectement le terrain est le constructeur.

Art. L. 231-6 *(L. n° 90-1129, 19 déc. 1990 ; mod., Ord. n° 2013-544, 27 juin 2013).* – I. – La garantie de livraison prévue au *k* de l'article L. 231-2 couvre le maître de l'ouvrage, à compter de la date d'ouverture du chantier, contre les risques d'inexécution ou de mauvaise exécution des travaux prévus au contrat, à prix et délais convenus.

En cas de défaillance du constructeur, le garant prend à sa charge :

a) Le coût des dépassements du prix convenu dès lors qu'ils sont nécessaires à l'achèvement de la construction, la garantie apportée à ce titre pouvant être assortie d'une franchise n'excédant pas 5 % du prix convenu ;

b) Les conséquences du fait du constructeur ayant abouti à un paiement anticipé ou à un supplément de prix ;

c) Les pénalités forfaitaires prévues au contrat en cas de retard de livraison excédant trente jours, le montant et le seuil minimum de ces pénalités étant fixés par décret.

La garantie est constituée par une caution solidaire donnée par un établissement de crédit, une société de financement ou une entreprise d'assurance agréés à cet effet.

II. – Dans le cas où le garant constate que le délai de livraison n'est pas respecté ou que les travaux nécessaires à la levée des réserves formulées à la réception ne sont pas réalisés, il met en demeure sans délai le constructeur soit de livrer l'immeuble, soit d'exécuter les travaux. Le garant est tenu à la même obligation lorsqu'il est informé par le maître de l'ouvrage des faits sus-indiqués.

Quinze jours après une mise en demeure restée infructueuse, le garant procède à l'exécution de ses obligations dans les conditions prévues au paragraphe III du présent article.

Au cas où, en cours d'exécution des travaux, le constructeur fait l'objet de la procédure de redressement judiciaire prévue par la loi n° 85-98 du 25 janvier 1985 relative au redressement et à la liquidation judiciaires des entreprises, le garant peut mettre en demeure l'administrateur de se prononcer sur l'exécution du contrat conformément à l'article 37 de ladite loi. À défaut de réponse dans le délai d'un mois et sans que ce délai puisse être prorogé pour quelque raison que ce soit, le garant procède à l'exécution de ses obligations. Il y procède également dans le cas où, malgré sa réponse positive, l'administrateur ne poursuit pas l'exécution du contrat dans les quinze jours qui suivent sa réponse.

III. – Dans les cas prévus au paragraphe II ci-dessus et faute pour le constructeur ou l'administrateur de procéder à l'achèvement de la construction, le garant doit désigner sous sa responsabilité la personne qui terminera les travaux.

Toutefois, et à condition que l'immeuble ait atteint le stade du hors d'eau, le garant peut proposer au maître de l'ouvrage de conclure lui-même des marchés de travaux avec des entreprises qui se chargeront de l'achèvement. Si le maître de l'ouvrage l'accepte, le garant verse directement aux entreprises les sommes dont il est redevable au titre du paragraphe I du présent article.

En cas de défaillance du constructeur, le garant est en droit d'exiger de percevoir directement les sommes correspondant aux travaux qu'il effectue ou fait effectuer dans les conditions prévues au *e* de l'article L. 231-2.

IV. – La garantie cesse lorsque la réception des travaux a été constatée par écrit et, le cas échéant, à l'expiration du délai de huit jours prévu à l'article L. 231-8 pour dénoncer les vices apparents ou, si des réserves ont été formulées, lorsque celles-ci ont été levées.

Voir : la rédaction de cet article issue de l'ordonnance n°2019-395 du 30 avril 2019, en *addendum*, p. 3587

Art. L. 231-7 *(L. n° 90-1129, 19 déc. 1990).* – I. – Dans le cas prévu au *d* de l'article L. 231-2, le constructeur est tenu d'exécuter ou de faire exécuter les travaux dont le maître de l'ouvrage s'est réservé l'exécution aux prix et conditions mentionnés au contrat si le maître de l'ouvrage lui en fait la demande dans les quatre mois qui suivent la signature du contrat.

II. – Est réputé non écrit tout mandat donné par le maître de l'ouvrage au constructeur ou à un de ses préposés aux fins de percevoir tout ou partie d'un prêt destiné au financement de la construction.

III. – Les paiements intervenant aux différents stades de la construction peuvent être effectués directement par le prêteur, sous réserve de l'accord écrit du maître de l'ouvrage à chaque échéance et de l'information du garant. À défaut d'accord écrit du maître de l'ouvrage à chaque échéance, le prêteur est responsable des conséquences préjudiciables des paiements qu'il effectue aux différents stades de la construction.

Art. L. 231-8 *(L. n° 90-1129, 19 déc. 1990).* – Le maître de l'ouvrage peut, par lettre recommandée avec accusé de réception dans les huit jours qui suivent la remise des clefs consécutive à la réception, dénoncer les vices apparents qu'il n'avait pas signalés lors de la réception afin qu'il y soit remédié dans le cadre de l'exécution du contrat.

La disposition prévue à l'alinéa précédent ne s'applique pas quand le maître de l'ouvrage se fait assister, lors de la réception, par un professionnel habilité en application de la loi n° 77-2 du 3 janvier 1977 précitée ou des articles L. 111-23 et suivants ou par tout autre professionnel de la construction titulaire d'un contrat d'assurance couvrant les responsabilités pour ce type de mission.

Art. L. 231-9 *(L. n° 90-1129, 19 déc. 1990).* – Une notice d'information conforme à un modèle type agréé par arrêté conjoint des ministres chargés de la construction et de la consommation est jointe au contrat qui est adressé par le constructeur au maître de l'ouvrage par lettre recommandée avec avis de réception.

Art. L. 231-10 *(L. n° 90-1129, 19 déc. 1990).* – Aucun prêteur ne peut émettre une offre de prêt sans avoir vérifié que le contrat comporte celles des énonciations mentionnées à l'article L. 231-2 qui doivent y figurer au moment où l'acte lui est transmis et ne peut débloquer les fonds s'il n'a pas communication de l'attestation de garantie de livraison.

Dans les cas de défaillance du constructeur visée au paragraphe II de l'article L. 231-6 et nonobstant l'accord du maître de l'ouvrage prévu au premier alinéa du paragraphe III de l'article L. 231-7, le prêteur est responsable des conséquences préjudiciables d'un versement excédant le pourcentage maximum du prix total exigible aux différents stades de la construction d'après l'état d'avancement des travaux dès lors que ce versement résulte de l'exécution d'une clause irrégulière du contrat.

Art. L. 231-11 *(L. n° 90-1129, 19 déc. 1990 ; mod., D. n° 2014-114, 7 févr. 2014).* – Au cas où le contrat défini à l'article L. 231-1 prévoit la révision du prix, celle-ci ne peut être calculée qu'en fonction de la variation d'un indice national du bâtiment tous corps d'état mesurant l'évolution du coût des facteurs de production dans le bâtiment, publié par l'autorité administrative, et, au choix des parties, selon l'une des deux modalités ci-après :

a) Révision du prix d'après la variation de l'indice entre la date de la signature du contrat et la date fixée à l'article L. 231-12, le prix ainsi révisé ne pouvant subir aucune variation après cette date ;

b) Révision sur chaque paiement dans une limite exprimée en pourcentage de la variation de l'indice défini ci-dessus entre la date de signature du contrat et la date de livraison prévue au contrat, aucune révision ne pouvant être effectuée au-delà d'une période de neuf mois suivant la date définie à l'article L. 231-12 lorsque la livraison prévue doit avoir lieu postérieurement à l'expiration de cette période.

Ces modalités doivent être portées, préalablement à la signature du contrat, à la connaissance du maître de l'ouvrage par la personne qui se charge de la construction. Elles doivent être reproduites dans le contrat, cet acte devant en outre porter, paraphée par le maître de l'ouvrage, une clause par laquelle celui-ci reconnaît en avoir été informé dans les conditions prévues ci-dessus.

La modalité choisie d'un commun accord par les parties doit figurer dans le contrat.

À défaut des mentions prévues aux deux alinéas précédents, le prix figurant au contrat n'est pas révisable.

L'indice et la limite prévus ci-dessus sont définis par décret en Conseil d'État. Cette limite, destinée à tenir compte des frais fixes, des approvisionnements constitués et des améliorations de productivité, doit être comprise entre 60 % et 80 % de la variation de l'indice.

L'indice servant de base pour le calcul de la révision est le dernier indice publié au jour de la signature du contrat. La variation prise en compte résulte de la comparaison de cet indice avec le dernier indice publié avant la date de chaque paiement ou avant celle prévue à l'article L. 231-12 selon le choix exprimé par les parties.

Art. L. 231-12 *(L. n° 90-1129, 19 déc. 1990).* – La date prévue pour l'application des deuxième *(a)* et troisième *(b)* alinéas de l'article L. 231-11 est celle de l'expiration d'un délai d'un mois qui suit la plus tardive des deux dates suivantes :

a) La date de l'obtention, tacite ou expresse, des autorisations administratives nécessaires pour entreprendre la construction ;

b) La date de la réalisation de la condition suspensive sous laquelle le contrat a été conclu ou est considéré comme conclu en application des articles 17 et 18 de la loi n° 79-596 du 13 juillet 1979 relative à l'information et à la protection des emprunteurs dans le domaine immobilier *[C. consom., art. L. 312-16 et L. 312-17]*.

Art. L. 231-13 *(L. n° 90-1129, 19 déc. 1990 ; mod., L. n° 2004-1343, 9 déc. 2004 ; à compter du 1er janvier 2014, Ord. n° 2013-544, 27 juin 2013)*. – Le constructeur est tenu de conclure par écrit les contrats de sous-traitance avant tout commencement d'exécution des travaux à la charge du sous-traitant. Ces contrats comportent les énonciations suivantes :

a) La désignation de la construction ainsi que les nom et adresse du maître de l'ouvrage et de l'établissement qui apporte la garantie prévue à l'article L. 231-6 ;

b) La description des travaux qui en font l'objet, conforme aux énonciations du contrat de construction ;

c) Le prix convenu et, s'il y a lieu, les modalités de sa révision ;

d) Le délai d'exécution des travaux et le montant des pénalités de retard ;

e) Les modalités de règlement du prix, qui ne peut dépasser un délai de trente jours à compter de la date du versement effectué au constructeur par le maître de l'ouvrage ou le prêteur, en règlement de travaux comprenant ceux effectués par le sous-traitant et acceptés par le constructeur ;

f) Le montant des pénalités dues par le constructeur en cas de retard de paiement ;

g) La justification de l'une ou l'autre des garanties de paiement prévues à l'article 14 de la loi n° 75-1334 du 31 décembre 1975 relative à la sous-traitance ou de toute autre garantie, délivrée par un établissement de crédit, une société de financement ou une entreprise d'assurance, de nature à garantir le paiement des sommes dues au titre du sous-traité.

Copie des contrats de sous-traitance est adressée par le constructeur à l'établissement qui apporte la garantie prévue à l'article L. 231-6.

CHAPITRE II. – CONTRAT DE CONSTRUCTION D'UNE MAISON INDIVIDUELLE SANS FOURNITURE DU PLAN

Art. L. 232-1 *(L. n° 90-1129, 19 déc. 1990)*. – Le contrat de louage d'ouvrage n'entrant pas dans le champ d'application de l'article L. 231-1 et ayant au moins pour objet l'exécution des travaux de gros œuvre, de mise hors d'eau et hors d'air d'un immeuble à usage d'habitation ou d'un immeuble à usage professionnel et d'habitation, ne comportant pas plus de deux logements destinés au même maître de l'ouvrage, doit être rédigé par écrit et préciser :

a) La désignation du terrain ;

b) La consistance et les caractéristiques techniques de l'ouvrage à réaliser ;

c) Le prix convenu forfaitaire et définitif, sous réserve, s'il y a lieu, de sa révision dans les conditions et limites convenues, ainsi que les modalités de son règlement au fur et à mesure de l'exécution des travaux ;

d) Le délai d'exécution des travaux et les pénalités applicables en cas de retard de livraison ;

e) La référence de l'assurance de dommages souscrite par le maître de l'ouvrage en application de l'article L. 242-1 du Code des assurances ;

f) L'indication que le maître de l'ouvrage pourra se faire assister par un professionnel habilité en application de la loi n° 77-2 du 3 janvier 1977 précitée ou des articles L. 111-23 et suivants lors de la réception ou par tout autre professionnel de la construction titulaire d'un contrat d'assurance couvrant les responsabilités pour ce type de mission ;

g) L'engagement de l'entrepreneur de fournir, au plus tard à la date d'ouverture du chantier, la justification de la garantie de livraison qu'il apporte au maître de l'ouvrage, l'attestation de cette garantie étant établie par le garant et annexée au contrat.

Art. L. 232-2 *(L. n° 90-1129, 19 déc. 1990)*. – Les dispositions du dernier alinéa de l'article L. 231-2, de l'article L. 231-6, du paragraphe II de l'article L. 231-4, des articles L. 231-8, L. 231-9 et L. 231-13 sont applicables au contrat prévu au présent chapitre.

TITRE V. – BAIL À CONSTRUCTION, BAIL À RÉHABILITATION, BAIL DANS LE CADRE D'UNE CONVENTION D'USUFRUIT, BAIL RÉEL IMMOBILIER, BAIL RÉEL SOLIDAIRE

(Intitulé rempl., Ord. n° 2014-159, 20 févr. 2014 ; Ord. n° 2016-985, 20 juill. 2016)

CHAPITRE I. – BAIL À CONSTRUCTION

Art. L. 251-1 *(Mod., L. n° 2006-872, 13 juill. 2006).* – Constitue un bail à construction le bail par lequel le preneur s'engage, à titre principal, à édifier des constructions sur le terrain du bailleur et à les conserver en bon état d'entretien pendant toute la durée du bail.

Le bail à construction est consenti par ceux qui ont le droit d'aliéner et dans les mêmes conditions et formes.

Il est conclu pour une durée comprise entre dix-huit et quatre-vingt-dix-neuf ans. Il ne peut se prolonger par tacite reconduction.

Toutefois, lorsque le bail prévoit une possibilité d'achat du terrain par le preneur dans le cadre d'une opération d'accession sociale à la propriété dans les conditions prévues par la section 1 du chapitre III du titre IV du livre IV du présent code et que le preneur lève l'option, le bail prend fin à la date de la vente, nonobstant les dispositions du troisième alinéa.

Art. L. 251-2. – Les parties conviennent de leurs droits respectifs de propriété sur les constructions existantes et sur les constructions édifiées. À défaut d'une telle convention, le bailleur en devient propriétaire en fin de bail et profite des améliorations.

Art. L. 251-3. – Le bail à construction confère au preneur un droit réel immobilier.

Ce droit peut être hypothéqué, de même que les constructions édifiées sur le terrain loué ; il peut être saisi dans les formes prescrites pour la saisie immobilière.

Le preneur peut céder tout ou partie de ses droits ou les apporter en société. Les cessionnaires ou la société sont tenus des mêmes obligations que le cédant qui en reste garant jusqu'à l'achèvement de l'ensemble des constructions que le preneur s'est engagé à édifier en application de l'article L. 251-1.

Le preneur peut consentir les servitudes passives indispensables à la réalisation des constructions prévues au bail.

Art. L. 251-4. – Le preneur est tenu de toutes les charges, taxes et impôts relatifs tant aux constructions qu'au terrain.

Il est tenu du maintien des constructions en bon état d'entretien et des réparations de toute nature. Il n'est pas obligé de reconstruire les bâtiments s'ils ont péri par cas fortuit ou force majeure ou, s'agissant des bâtiments existant au moment de la passation du bail, par un vice de construction antérieur audit bail. Il répond de l'incendie des bâtiments existants et de ceux qu'il a édifiés.

Sauf stipulation contraire du bail, il peut démolir, en vue de les reconstruire, les bâtiments existants.

Art. L. 251-5 *(Mod., L. n° 79-17, 3 janv. 1979).* – Le prix du bail peut consister, en tout ou partie, dans la remise au bailleur, à des dates et dans des conditions convenues, d'immeubles ou de fractions d'immeubles ou de titres donnant vocation à la propriété ou à la jouissance de tels immeubles.

S'il est stipulé un loyer périodique payable en espèces, ce loyer est affecté d'un coefficient révisable par périodes triennales comptées à partir de l'achèvement des travaux. Toutefois, la première révision a lieu au plus tard dès l'expiration des six premières années du bail.

La variation du coefficient est proportionnelle à celle du revenu brut des immeubles. Le revenu pris pour base de la variation du coefficient est celui de la première année civile qui suit celle de l'achèvement des travaux.

Les contestations relatives à l'application des dispositions des deux précédents alinéas sont portées devant le président du tribunal de grande instance.

En cas de perte des bâtiments, le loyer est maintenu au taux qu'il avait atteint à la date de cette perte jusqu'à reconstruction éventuelle des bâtiments détruits.

Art. L. 251-6 *(Mod., L. n° 2007-290, 5 mars 2007 ; L. n° 2014-366, 24 mars 2014).* – Les servitudes passives, autres que celles mentionnées au quatrième alinéa de l'article L. 251-3, privilèges, hypothèques ou autres charges nées du chef du preneur et, notamment, les baux et titres d'occupation de toute nature portant sur les constructions, s'éteignent à l'expiration du bail sauf pour les contrats de bail de locaux d'habitation.

Cependant, lorsque le bail prévoit une possibilité d'achat du terrain par le preneur dans le cadre d'une opération d'accession sociale à la propriété et que le preneur lève l'option conformément au quatrième alinéa de l'article L. 251-1, les privilèges et hypothèques du chef du preneur inscrits avant la levée de l'option ne s'éteignent pas à l'expiration du bail mais conservent leurs effets, jusqu'à leur date d'extinction, sur l'immeuble devenu la propriété du constituant. Ils s'étendent de plein droit au terrain et peuvent garantir les prêts consentis pour l'acquisition dudit terrain.

Par ailleurs, si le bail prend fin par résiliation judiciaire ou amiable, les privilèges et hypothèques mentionnés au premier alinéa et inscrits, suivant le cas, avant la publication de la demande en justice tendant à obtenir cette résiliation ou avant la publication de l'acte ou de la convention la constatant, ne s'éteignent qu'à la date primitivement convenue pour l'expiration du bail.

Art. L. 251-7. – Si pendant la durée du bail les constructions sont détruites par cas fortuit ou force majeure, la résiliation peut, à la demande de l'une ou l'autre partie, être prononcée par décision judiciaire, qui statue également sur les indemnités qui pourraient être dues.

Art. L. 251-8 *(L. n° 79-17, 3 janv. 1979)* (1). – Les dispositions des troisième et quatrième alinéas de l'article L. 251-3 ainsi que celles de l'avant-dernier alinéa de l'article L. 251-5 sont d'ordre public.

Art. L. 251-9 *(Mod., L. n° 83-440, 2 juin 1983)*. – Les dispositions des articles L. 251-1, alinéa 3, et L. 251-3, alinéa 3, dans leur rédaction issue des articles 47 et 48 de la loi n° 75-1328 du 31 décembre 1975, ne sont pas applicables aux baux à construction qui ont été conclus avant le 3 janvier 1976.

Les dispositions de l'alinéa 4 de l'article L. 251-5 *(ancien, abr.)* relatives au cas où les revenus du preneur sont limités par l'effet de dispositions législatives s'appliquent aux baux en cours au 31 décembre 1977.

CHAPITRE II. – BAIL À RÉHABILITATION

(L. n° 90-449, 31 mai 1990)

Art. L. 252-1 *(Mod., L. n° 2009-323, 25 mars 2009 ; L. n° 2014-366, 24 mars 2014)*. – Est qualifié de bail à réhabilitation et soumis aux dispositions du présent chapitre le contrat par lequel soit un organisme d'habitations à loyer modéré, soit une société d'économie mixte dont l'objet est de construire ou de donner à bail des logements, soit une collectivité territoriale, soit un organisme bénéficiant de l'agrément relatif à la maîtrise d'ouvrage prévu à l'article L. 365-2 s'engage à réaliser dans un délai déterminé des travaux d'amélioration sur l'immeuble du bailleur et à le conserver en bon état d'entretien et de réparations de toute nature en vue de louer cet immeuble à usage d'habitation pendant la durée du bail.

Le contrat indique la nature des travaux, leurs caractéristiques techniques et le délai de leur exécution.

En fin de bail, les améliorations réalisées bénéficient au bailleur sans indemnisation.

Le bail à réhabilitation est consenti par ceux qui ont le droit d'aliéner et dans les mêmes conditions et formes que l'aliénation. Il est conclu pour une durée minimale de douze ans. Il ne peut se prolonger par tacite reconduction.

Le présent article s'applique aux immeubles soumis ou non au statut de la copropriété prévu par la loi n° 65-557 du 10 juillet 1965 fixant le statut de la copropriété des immeubles bâtis. Dans le cas d'un immeuble soumis au statut de la copropriété, il peut s'appliquer à un ou plusieurs lots.

Art. L. 252-1-1 *(L. n° 2014-366, 24 mars 2014)*. – Par dérogation à l'article 23 de la loi n° 65-557 du 10 juillet 1965 précitée, si le bail à réhabilitation porte sur un ou plusieurs lots dépendant d'un immeuble soumis au statut de la copropriété, le preneur est de droit le mandataire commun prévu au second alinéa du même article. Par dérogation au troisième alinéa du I de l'article 22 de cette même loi, ce preneur peut recevoir plus de trois délégations de vote des bailleurs.

Le preneur du bail à réhabilitation supporte seul, pendant la durée du bail, toutes les provisions prévues aux articles 14-1 et 14-2 de ladite loi.

Le preneur mandataire commun doit disposer d'un mandat exprès du bailleur avant de voter sur les décisions relatives à des travaux de toute nature qui ne sont pas mis à la charge du preneur par le contrat de bail à

(1) Ces dispositions ne sont pas applicables aux baux en cours à la date du 4 janv. 1979 sauf stipulation contractuelle contraire, L. n° 79-17, 3 janv. 1979.

réhabilitation et dont la prise en charge n'est pas prévue dans le bail à réhabilitation ou dont le paiement n'incombera pas à titre définitif au preneur.

Le bail à réhabilitation précise la répartition des charges en fin de bail et le sort des avances et provisions appelées pendant la durée du bail à réhabilitation ainsi que des régularisations de charges intervenant après la fin du bail. Ces clauses sont inopposables au syndicat des copropriétaires.

Art. L. 252-2. – Le preneur est titulaire d'un droit réel immobilier. Ce droit peut être hypothéqué ; il peut être saisi dans les formes prescrites pour la saisie immobilière.

Ce droit est cessible nonobstant toute convention contraire. La cession ne peut être consentie qu'à l'un des organismes mentionnés au premier alinéa de l'article L. 252-1, avec l'accord du bailleur. Le droit ne peut être cédé que s'il porte sur la totalité de l'immeuble loué. Le cédant demeure garant de l'exécution du bail par le cessionnaire.

Art. L. 252-3 *(Mod., L. n° 2014-366, 24 mars 2014)*. – La prise d'effet du bail à réhabilitation est subordonnée à la conclusion par le preneur d'une convention prévue à l'article L. 351-2 dont la date d'expiration est identique à celle de ce bail.

Les articles L. 353-7 et L. 353-16 du présent code sont applicables aux occupants présents au moment de la conclusion du bail à réhabilitation.

Art. L. 252-4 *(Rempl., L. n° 2014-366, 24 mars 2014)*. – Six mois avant la date d'expiration du bail à réhabilitation, le bailleur peut proposer aux occupants un contrat de location prenant effet à cette date. À défaut, le preneur est tenu, au plus tard trois mois avant l'expiration du bail à réhabilitation, d'offrir aux occupants un logement correspondant à leurs besoins et à leurs possibilités. L'occupant qui n'a pas conclu de contrat de location ou accepté l'offre de relogement est déchu de tout titre d'occupation sur le logement à l'expiration du bail à réhabilitation. Au terme du bail à réhabilitation, le preneur est tenu de restituer l'immeuble au bailleur libre de location et d'occupation.

Art. L. 252-5 *(L. n° 2014-366, 24 mars 2014)*. – Le locataire qui n'a ni conclu le contrat de location proposé par le bailleur ni accepté l'offre de relogement faite par le preneur est déchu de tout titre d'occupation sur le logement à l'expiration du bail à réhabilitation.

Art. L. 252-6 *(L. n° 2014-366, 24 mars 2014)*. – Le présent chapitre est d'ordre public.

CHAPITRE III. – BAIL DANS LE CADRE D'UNE CONVENTION D'USUFRUIT

(L. n° 2006-872, 13 juill. 2006)

Art. L. 253-1 *(L. n° 2006-872, 13 juill. 2006)*. – L'usufruit d'un logement ou d'un ensemble de logements peut être établi par convention au profit d'une personne morale, pour une durée minimale de quinze années, en vue de la location de ce ou ces logements.

Art. L. 253-1-1 *(L. n° 2014-366, 24 mars 2014)*. – I. - La convention d'usufruit précise la répartition des dépenses de l'immeuble entre nu-propriétaire et usufruitier. L'usufruitier supporte seul, pendant la durée de la convention, le paiement des provisions prévues aux articles 14-1 et 14-2 de la loi n° 65-557 du 10 juillet 1965 fixant le statut de la copropriété des immeubles bâtis qui lui incombent au titre de la convention.

II. - Par dérogation à l'article 23 de la loi n° 65-557 du 10 juillet 1965 précitée, si la convention d'usufruit porte sur un ou plusieurs lots dépendant d'un immeuble soumis au statut de la copropriété, l'usufruitier est de droit le mandataire commun prévu au second alinéa du même article. Il bénéficie d'une délégation de vote pour prendre les décisions mentionnées à l'article 24, et à l'article 25, à l'exclusion du *n*, et au *c* de l'article 26 de cette même loi et dont, au titre de la convention d'usufruit, il assume seul la charge financière définitive. Il doit obtenir un mandat exprès pour les autres décisions. Par dérogation au troisième alinéa du I de l'article 22 de ladite loi, il peut recevoir plus de trois délégations de vote des nus-propriétaires. Lorsque la convention d'usufruit porte sur l'intégralité des lots, l'usufruitier ne bénéficie pas de délégation de vote pour prendre la décision mentionnée au c de l'article 25.

III. - La convention d'usufruit précise la répartition des charges à son expiration, le sort des avances et provisions appelées pendant la durée de la convention ainsi que les régularisations de charges intervenant après l'extinction de l'usufruit. Ces clauses sont inopposables au syndicat des copropriétaires.

Art. L. 253-2 *(L. n° 2006-872, 13 juill. 2006 ; mod., L. n° 2014-366, 24 mars 2014)*. – Les logements dont l'usufruit est détenu par les bailleurs visés à l'article L. 253-1 peuvent être financés par des prêts aidés dans des conditions définies par décret.

Ils peuvent faire l'objet d'une convention mentionnée à l'article L. 351-2, conclue pour une durée identique à celle de l'usufruit.

Dans l'hypothèse où la convention mentionnée au deuxième alinéa du présent article est conclue, les articles L. 353-7 et L. 353-16 sont applicables aux locataires et occupants présents au moment de la conclusion de ladite convention.

Art. L. 253-3 *(L. n° 2006-872, 13 juill. 2006)*. – Le bail doit expressément indiquer, de manière apparente, le statut juridique du logement, préciser le terme ultime du contrat tel que prévu à l'article L. 253-4 et reproduire les termes des articles L. 253-5 à L. 253-7.

Art. L. 253-4 *(L. n° 2006-872, 13 juill. 2006)*. – Le bail conclu dans le cadre d'un usufruit prend fin de plein droit au plus tard à la date de l'extinction des droits d'usufruit sur le bien loué.

Les deuxième à quatrième alinéas de l'article 595 du Code civil ne s'appliquent pas aux baux soumis au présent article.

Art. L. 253-5 *(L. n° 2006-872, 13 juill. 2006 ; mod., L. n° 2014-366, 24 mars 2014)*. – Six mois avant l'extinction de l'usufruit, le nu-propriétaire, par lettre recommandée avec demande d'avis de réception, peut :

– soit, s'il est occupant, informer l'usufruitier de son intention de renouveler la convention d'usufruit ;

– soit donner congé pour vendre ou pour occuper le bien selon les modalités prévues à l'article 15 de la loi n° 89-462 du 6 juillet 1989 précitée, avec effet au terme de l'usufruit. Le congé est dans ce cas valablement donné par le seul nu-propriétaire au locataire.

La notification reproduit les termes du II de l'article L. 253-6 et de l'article L. 253-7.

Art. L. 253-6 *(L. n° 2006-872, 13 juill. 2006)*. – I. – Un an avant l'extinction de l'usufruit, le bailleur rappelle au nu-propriétaire et au locataire les dispositions de l'article L. 253-5.

II. – Trois mois avant l'extinction de l'usufruit, le bailleur propose au locataire qui n'a pas conclu un nouveau bail avec le nu-propriétaire et qui remplit les conditions de ressources fixées par décret la location d'un logement correspondant à ses besoins et à ses possibilités.

Le non-respect par l'usufruitier-bailleur de cette obligation est inopposable au nu-propriétaire.

Art. L. 253-7 *(L. n° 2006-872, 13 juill. 2006)*. – Le locataire qui n'a pas conclu le contrat de location proposé par le nu-propriétaire ni accepté l'offre de relogement faite par l'usufruitier-bailleur est déchu de tout titre d'occupation sur le logement à l'expiration de l'usufruit.

Art. L. 253-8 *(L. n° 2006-872, 13 juill. 2006 ; mod., L. n° 2018-1021, 23 nov. 2018)*. – Les dispositions du présent chapitre sont d'ordre public, dès lors que les logements concernés sont soit des logements locatifs sociaux définis a l'article L. 302-5, soit des logements locatifs intermédiaires tels que définis a l'article L. 302-16.

CHAPITRE IV. – BAIL RÉEL IMMOBILIER

(Ord. n° 2014-159, 20 févr. 2014)

Section I. – Définition

Art. L. 254-1 *(Ord. n° 2014-159, 20 févr. 2014 ; mod., L. n° 2015-990, 6 août 2015)*. – Constitue un contrat dénommé « bail réel immobilier » le bail par lequel un propriétaire personne physique ou personne morale de droit privé consent, pour une longue durée, à un preneur, avec obligation de construire ou de réhabiliter des constructions existantes, des droits réels en vue de la location ou de l'accession temporaire à la propriété de logements :

1° Destinés, pendant toute la durée du contrat, à être occupés, à titre de résidence principale, par des personnes physiques dont les ressources n'excèdent pas des plafonds, fixés par décret en fonction de la typologie du ménage, de la localisation et du mode d'occupation du logement, lesquels ne sauraient être inférieurs, pour les logements donnés en location, aux plafonds prévus au chapitre unique du titre III du livre III ;

2° Dont, pendant toute la durée du contrat, le prix d'acquisition ou, pour les logements donnés en location, le loyer n'excède pas des plafonds fixés par décret en fonction de la localisation du logement, de son type et, le cas échéant, de son mode de financement, lesquels ne sauraient être inférieurs, pour les logements donnés en location, aux plafonds prévus au chapitre unique du titre III du livre III.

Ce contrat peut également être conclu par les collectivités territoriales, leurs groupements, leurs établissements publics ainsi que par les établissements publics fonciers de l'État.

Il est régi par les dispositions du présent chapitre.

Le bail réel immobilier est consenti pour une durée de dix-huit à quatre-vingt-dix-neuf ans par les personnes qui ont le droit d'aliéner. Il ne peut prévoir aucune faculté de résiliation unilatérale ni faire l'objet d'une tacite reconduction.

Le bail réel immobilier oblige le preneur à effectuer les travaux mentionnés aux trois premiers alinéas sur l'immeuble objet du bail, dans le respect des règles applicables à de telles opérations. Le preneur ne peut, sauf stipulations contraires, exécuter d'autres ouvrages ou travaux que ceux prévus initialement.

Les constructions et améliorations réalisées par le preneur demeurent sa propriété en cours de bail et deviennent la propriété du bailleur à son expiration. À l'issue du bail, le preneur ne peut réclamer, sauf stipulations contraires, d'indemnité au regard des améliorations qu'il a effectuées.

Le contrat de bail détermine, le cas échéant, les activités accessoires qui pourront être exercées dans l'immeuble objet du bail et subordonne à l'accord du bailleur tout changement d'activité.

Section II. – Droits et obligations des parties au contrat de bail

Art. L. 254-2 *(Ord. n° 2014-159, 20 févr. 2014)*. – Le preneur ne peut effectuer aucun changement qui diminue la valeur de l'immeuble et ne peut, sauf stipulation contraire, démolir en vue de les reconstruire les ouvrages existants ou qu'il a édifiés.

Le preneur peut jouir librement des constructions de l'immeuble et des installations ou constructions qu'il a édifiées ou rénovées, dès lors qu'il n'est pas porté atteinte à la destination de l'immeuble telle qu'elle est mentionnée à l'article L. 254-1, ou à l'état dans lequel il a été convenu que ces constructions seraient remises en fin de bail.

Le preneur peut céder son propre droit au bail, céder son droit de propriété temporaire sur les constructions édifiées et librement consentir des baux sur l'immeuble, dans les conditions prévues aux articles L. 254-4 à L. 254-6. Les baux s'éteignent à l'expiration du bail réel immobilier, sauf si le contrat de bail réel immobilier en prévoit la continuation par le bailleur, et sous réserve des dispositions prévues au troisième alinéa de l'article L. 254-4. Le droit de propriété temporaire constitué s'éteint à l'expiration du bail réel immobilier.

Le preneur peut acquérir des servitudes actives et consentir les servitudes passives indispensables à la réalisation des constructions et ouvrages édifiés en application du contrat de bail. Sauf accord du bailleur, il ne peut constituer des servitudes passives au-delà de la durée du bail.

Il doit maintenir en bon état d'entretien et de réparations les constructions existant lors de la conclusion du bail et celles qu'il réalise pendant la durée de celui-ci. Il est tenu des réparations de toute nature en ce qui concerne les constructions existant au moment du bail et celles qui auront été élevées, mais il n'est pas obligé de les reconstruire s'il prouve qu'elles ont été détruites par cas fortuit, force majeure, ou qu'elles ont péri par le vice de la construction antérieure au bail.

Le preneur est tenu de toutes les charges, taxes et impôts relatifs tant à l'immeuble donné à bail qu'aux constructions réalisées.

Art. L. 254-3 *(Ord. n° 2014-159, 20 févr. 2014)*. – Le preneur s'acquitte du paiement d'une redevance dont le montant tient compte des conditions d'occupation des logements, objet du bail réel immobilier. Il ne peut se libérer de la redevance, ni se soustraire à l'exécution des conditions du bail réel immobilier en délaissant l'immeuble.

Le bail réel immobilier peut prévoir l'obligation pour le preneur de se libérer, par avance, du paiement de la redevance, pour tout ou partie de la durée du bail.

À défaut pour le preneur d'exécuter ses obligations contractuelles, notamment en cas de défaut de paiement de la redevance non régularisé six mois après une mise en demeure signifiée par acte extrajudiciaire, le bailleur peut demander la résiliation par le juge du bail réel immobilier. En cas de résiliation amiable ou par le juge, les baux d'habitation conclus par le preneur sont transférés de plein droit au bailleur.

Le droit réel issu du bail réel immobilier ainsi que les constructions édifiées ou réhabilitées sur le terrain donné à bail peuvent être cédés dans les conditions prévues par l'article L. 254-2 et hypothéqués. Ce droit peut être saisi dans les formes prescrites pour la saisie immobilière. Les parties peuvent librement convenir de la date d'échéance des sûretés qu'elles constituent. À défaut, celles-ci prennent fin au moment de la résiliation du contrat de bail.

Section III. – Location des logements et transmission des droits réels

Art. L. 254-4 *(Ord. n° 2014-159, 20 févr. 2014)*. – Lorsque le titulaire des droits réels relatifs au logement, objet du bail réel immobilier, décide de le mettre en location, le contrat de location reproduit en caractères apparents, sous peine de nullité, les dispositions de l'article L. 254-1 et du troisième alinéa de l'article L. 254-2.

Dans les baux qu'il consent en application de la loi n° 89-462 du 6 juillet 1989 tendant à améliorer les rapports locatifs et portant modification de la loi n° 86-1290 du 23 décembre 1986 et des chapitres II et III du titre III du livre VI du présent code, le preneur mentionne, en caractères apparents, la date d'extinction du bail réel immobilier et son effet sur le contrat de bail en cours.

À défaut, et par dérogation aux dispositions du troisième alinéa de l'article L. 254-2, les bénéficiaires du droit au bail d'habitation consenti en application de la loi n° 89-462 du 16 juillet 1989 tendant à améliorer les rapports locatifs et portant modification de la loi n° 86-1290 du 23 décembre 1986 ont le droit de se maintenir dans les lieux pendant une durée de trente-six mois à compter de la date d'expiration du bail réel immobilier moyennant une indemnité d'occupation égale au dernier loyer d'habitation expiré et payable dans les mêmes conditions. Cette durée est réduite à douze mois pour les bénéficiaires de baux consentis en application des chapitres II et III du titre III du livre VI du présent code.

Art. L. 254-5 *(Ord. n° 2014-159, 20 févr. 2014)*. – Pour tout projet de cession des droits réels afférents aux logements, objet du bail réel immobilier, l'acquéreur reçoit de la part du cédant une offre préalable d'acquisition mentionnant expressément, en caractères apparents, le caractère temporaire du droit réel, sa date d'extinction, et reproduisant en termes apparents les dispositions du présent chapitre.

Le cédant est tenu de maintenir son offre préalable pour une durée de trente jours minimum à compter de sa réception par l'acquéreur potentiel. Cette offre préalable ne peut être acceptée par l'acquéreur potentiel, par la signature d'une promesse de vente ou d'une vente, avant un délai de dix jours à compter de sa réception.

Les règles fixées aux alinéas précédents sont prescrites à peine de nullité de la vente.

La preuve du contenu et de la notification de l'offre pèse sur le cédant.

Art. L. 254-6 *(Ord. n° 2014-159, 20 févr. 2014)*. – Les dispositions des articles L. 271-1 à L. 271-3 relatives à la protection de l'acquéreur sont applicables aux actes conclus en vue de l'acquisition des droits réels afférents aux logements, objet du bail réel immobilier.

Art. L. 254-7 *(Ord. n° 2014-159, 20 févr. 2014)*. – Sans préjudice des articles 515-6,763 et 764 du Code civil et par dérogation à l'article L. 254-4, les conditions de ressources définies à l'article L. 302-16 ne sont applicables ni aux transmissions successorales des logements au conjoint survivant, quel que soit le régime matrimonial, ni au partenaire d'un pacte civil de solidarité, prévu aux articles 515-1 à 515-7-1 du Code civil, quel que soit le régime de ce pacte, ni aux personnes mentionnées à l'article 14 de la loi n° 89-462 du 6 juillet 1989 tendant à améliorer les rapports locatifs et portant modification de la loi n° 86-1290 du 23 décembre 1986, ni au conjoint survivant cotitulaire du bail dans les conditions définies à l'article 1751 du Code civil, lesquels pourront continuer à occuper les lieux.

Section IV. – Sanctions

Art. L. 254-8 *(Ord. n° 2014-159, 20 févr. 2014 ; L. n° 2015-990, 6 août 2015).* – Les contrats de bail réel immobilier conclus en méconnaissance de l'article L. 254-1 sont frappés de nullité. Les titulaires et conditions d'exercice de l'action en nullité sont précisés par décret en Conseil d'État.

Section V. – Dispositions générales

Art. L. 254-9 *(Ord. n° 2014-159, 20 févr. 2014).* – Un décret en Conseil d'État détermine les modalités d'application du présent chapitre, et notamment les modalités de contrôle de l'affectation des logements et les sanctions liées à la méconnaissance de cette affectation ainsi que la méthode de calcul de la valeur des droits réels afférents aux logements, objets du bail, appliquée à chaque cession de ces droits.

CHAPITRE V. – BAIL RÉEL SOLIDAIRE

(Ord. n° 2016-985, 20 juill. 2016)

Section 1. – Définition

Art. L. 255-1 *(Ord. n° 2016-985, 20 juill. 2016).* – Constitue un contrat dénommé « bail réel solidaire » le bail par lequel un organisme de foncier solidaire consent à un preneur, dans les conditions prévues à l'article L. 329-1 du Code de l'urbanisme et pour une durée comprise entre dix-huit et quatre-vingt-dix-neuf ans, des droits réels en vue de la location ou de l'accession à la propriété de logements, avec s'il y a lieu obligation pour ce dernier de construire ou réhabiliter des constructions existantes.

Ces logements sont destinés, pendant toute la durée du contrat, à être occupés à titre de résidence principale.

Art. L. 255-2 *(Ord. n° 2016-985, 20 juill. 2016).* – Le bail réel solidaire peut être consenti à un preneur qui occupe le logement. Les plafonds de prix de cession des droits réels et de ressources du preneur sont fixés par décret en Conseil d'État.

L'organisme de foncier solidaire peut, en fonction de ses objectifs et des caractéristiques de chaque opération, appliquer des seuils inférieurs.

Le contrat de bail peut, en fonction de ses objectifs et des caractéristiques de chaque opération, prévoir que le preneur doit occuper le logement objet des droits réels sans pouvoir le louer.

Art. L. 255-3 *(Ord. n° 2016-985, 20 juill. 2016 ; mod., L. n° 2018-1021, 23 nov. 2018).* – Le bail réel solidaire peut être consenti à un opérateur qui, le cas échéant, construit ou réhabilite des logements et qui s'engage à vendre les droits réels immobiliers attachés à ces logements à des bénéficiaires répondant aux conditions de ressources fixées en application de l'article L. 255-2 et à un prix fixé en application du même article, ou à proposer la souscription de parts ou actions permettant la jouissance du bien par ces bénéficiaires, dans le respect des conditions prévues à l'article L. 255-2.

Dans le cas d'une vente, celle-ci se déroule dans les conditions et délais fixés aux articles L. 255-10-1, L. 255-11-1, L. 255-13 et L. 255-15.

Un bail réel solidaire portant sur les droits réels immobiliers acquis par chaque preneur est signé avec l'organisme de foncier solidaire concomitamment a la signature de l'acte authentique. Ces droits sont *automatiquement* retirés du bail réel solidaire initial conclu entre l'opérateur et l'organisme de foncier solidaire. Lorsque la totalité des droits sont retirés du bail réel solidaire initial, ce dernier s'éteint.

Art. L. 255-4 *(Ord. n° 2016-985, 20 juill. 2016).* – Le bail réel solidaire peut être consenti à un opérateur qui, le cas échéant, construit ou réhabilite des logements et qui s'engage à les mettre en location.

Les plafonds du loyer applicable et des ressources du locataire sont fixés par décret en Conseil d'État.

L'organisme de foncier solidaire peut, en fonction de ses objectifs et des caractéristiques de chaque opération, imposer des seuils inférieurs.

Art. L. 255-5 *(Ord. n° 2016-985, 20 juill. 2016).* – En cas de mutation, le prix de vente ou la valeur maximale des droits réels immobiliers, parts et actions permettant la jouissance du bien sont limités à leur valeur initiale, actualisée selon des modalités définies par décret en Conseil d'État.

L'acquéreur, le donataire ou l'ayant droit de la succession des droits réels immobiliers ou de parts ou actions donnant droit à l'attribution en jouissance du bien doit répondre aux conditions définies aux articles L. 255-2, L. 255-3 ou L. 255-4.

Art. L. 255-6 *(Ord. n° 2016-985, 20 juill. 2016)*. – Le bail réel solidaire ne peut prévoir aucune faculté de résiliation unilatérale de la part du bailleur en dehors des cas prévus au présent chapitre, ni faire l'objet d'une tacite reconduction.

Section 2. – Droits et obligations des parties au contrat de bail

Art. L. 255-7 *(Ord. n° 2016-985, 20 juill. 2016 ; mod., L. n° 2018-1021, 23 nov. 2018)*. – Le bail réel solidaire oblige, s'il y a lieu, le preneur à effectuer des travaux de construction ou de réhabilitation. Le preneur ne peut, sauf stipulations contraires ou avenant au bail, exécuter d'autres ouvrages ou travaux que ceux prévus initialement, à l'exception de tous travaux nécessaires à la conservation du bien en état d'usage, conformément aux stipulations du bail.

Le preneur ne peut effectuer aucun changement qui diminue la valeur de l'immeuble et ne peut, sauf stipulation contraire du bail, démolir, même en vue de les reconstruire, les ouvrages existants ou qu'il a édifiés ou réhabilités.

Les constructions et améliorations réalisées par le preneur demeurent sa propriété en cours de bail et deviennent la propriété de l'organisme de foncier solidaire à l'expiration du bail.

Le preneur peut jouir librement des droits réels immobiliers et des installations ou constructions qu'il a édifiées, rénovées ou réhabilitées, dès lors qu'il n'est pas porté atteinte à la destination de l'immeuble, ou à l'état dans lequel il a été convenu que ces droits réels immobiliers seraient remis en fin de bail.

Le contrat de bail détermine, le cas échéant, les activités accessoires qui pourront être exercées dans le bien objet du bail et subordonne à l'accord de l'organisme de foncier solidaire tout changement d'activité ou d'affectation.

Le preneur peut acquérir des servitudes actives et consentir les servitudes passives indispensables à la réalisation des constructions et ouvrages édifiés ou à réhabiliter en application du contrat de bail. Sauf accord de l'organisme de foncier solidaire, il ne peut constituer des servitudes passives au-delà de la durée du bail.

Le preneur doit maintenir en bon état d'entretien et de réparations les constructions existantes lors de la conclusion du bail et celles qu'il réalise pendant la durée de celui-ci. Il est tenu des réparations de toute nature en ce qui concerne les constructions existantes au moment du bail et celles qui auront été édifiées, mais il n'est pas obligé de les reconstruire s'il prouve qu'elles ont été détruites par cas fortuit, force majeure, ou qu'elles ont péri par le vice de la construction antérieure au bail. En cas de sinistre entraînant résiliation du bail, le preneur est indemnisé de la valeur de ses droits réels, dans les conditions prévues par le bail.

Dans les immeubles en copropriété où l'ensemble des logements ou, à défaut, l'ensemble des logements d'un volume distinct font l'objet de baux réels solidaires auprès d'un même organisme de foncier solidaire, les titulaires de baux réels solidaires confèrent au syndicat des copropriétaires la gestion de leurs droits réels indivis, en complément des missions qui lui sont attribuées notamment par l'article 14 de la loi n° 65-557 du 10 juillet 1965 fixant le statut de la copropriété des immeubles bâtis. Le règlement de copropriété peut également prévoir un mandat de recouvrement des redevances au profit du syndic en application de l'article L. 255-8 du présent code.

Art. L. 255-7-1 *(L. n° 2018-1021, 23 nov. 2018)*. – Pour l'application de la loi n° 65-557 du 10 juillet 1965 fixant statut de la copropriété des immeubles bâtis, la signature d'un bail réel solidaire est assimilée à une mutation et le preneur est subrogé dans les droits et obligations du bailleur, sous réserve des dispositions suivantes :

1° Le preneur dispose du droit de vote pour toutes les décisions de l'assemblée générale des copropriétaires, à l'exception de décisions prises en application des *d* et *n* de l'article 25 et des *a* et *b* de l'article 26 de la même loi ou de décisions concernant la modification du règlement de copropriété, dans la mesure où il concerne les spécificités du bail réel solidaire. Le bailleur exerce également les actions qui ont pour objet de contester les décisions pour lesquelles il dispose du droit de vote. Aucune charge ne peut être appelée auprès du bailleur y compris pour des frais afférents aux décisions prises par lui ou pour son compte ;

2° Chacune des deux parties peut assister à l'assemblée générale des copropriétaires et y formuler toutes observations sur les questions pour lesquelles elle ne dispose pas du droit de vote.

Art. L. 255-8 *(Ord. n° 2016-985, 20 juill. 2016).* – Le preneur s'acquitte du paiement d'une redevance dont le montant tient compte des conditions d'acquisition du patrimoine par l'organisme de foncier solidaire et, le cas échéant, des conditions financières et techniques de l'opération de construction ou de réhabilitation logements et des conditions d'occupation des logements, objet du bail réel solidaire. Il ne peut ni se libérer de la redevance, ni, s'il est l'opérateur mentionné aux articles L. 255-3 et L. 255-4, se soustraire à l'exécution des conditions du bail réel solidaire en délaissant l'immeuble.

À défaut pour le preneur d'exécuter ses obligations contractuelles, notamment en cas de défaut de paiement de la redevance, le bail est résilié, après indemnisation de la valeur des droits réels immobiliers tenant compte du manquement ayant entraîné la résiliation du bail, selon les modalités prévues au contrat.

Art. L. 255-9 *(Ord. n° 2016-985, 20 juill. 2016).* – Les droits réels issus du bail réel solidaire ainsi que les constructions édifiées, rénovées ou réhabilitées sur le terrain ou l'immeuble bâti donné à bail peuvent être saisis dans les formes prescrites pour la saisie immobilière.

Les parties peuvent librement convenir de la date d'échéance des sûretés qu'elles constituent. À défaut, celles-ci prennent fin en cas de résiliation du contrat de bail.

Section 3. – Transmission des droits réels immobiliers

Art. L. 255-10 *(Ord. n° 2016-985, 20 juill. 2016).* – Pour tout projet de cession ou donation des droits réels afférents au bien objet du bail réel solidaire, l'acquéreur ou donataire reçoit, de la part du cédant ou donateur, une offre préalable de cession ou de donation mentionnant expressément le caractère temporaire du droit réel, sa date d'extinction, la nouvelle durée du bail réel solidaire résultant de l'application de l'article L. 255-12 si l'organisme foncier solidaire agrée la transmission des droits réels dans les conditions prévues à l'article L. 255-11, les conditions de délivrance de cet agrément par l'organisme de foncier solidaire, les modalités de calcul du prix de vente ou de la valeur donnée, telles que prévues au bail. L'offre reproduit les dispositions du présent chapitre.

Le cédant ou donateur est tenu de maintenir son offre préalable pour une durée de trente jours minimum à compter de sa réception par l'acquéreur ou donataire potentiel. Cette offre ne peut être acceptée par l'acquéreur ou donataire potentiel avant un délai de dix jours à compter de sa réception.

Le cédant ou donateur informe l'organisme de foncier solidaire de son intention de céder les droits réels immobiliers qu'il tient de son bail réel solidaire, dans les trente jours qui suivent la réception par lui de l'acceptation de l'offre préalable de cession ou donation des droits réels et sollicite l'agrément de l'acquéreur ou donataire par l'organisme de foncier solidaire. Il joint à sa demande l'offre préalable de cession ou de donation, les pièces permettant d'établir l'éligibilité de l'acquéreur ou du donataire choisi par lui, ainsi que le dossier de diagnostic immobilier prévu à l'article L. 271-4 du Code de la construction et de l'habitation.

Art. L. 255-10-1 *(L. n° 2018-1021, 23 nov. 2018).* – Pour tout projet de vente des droits réels afférents au bien objet du bail réel solidaire au titre de l'article L. 255-3, l'avant-contrat mentionne expressément le caractère indissociable du contrat avec le bail réel solidaire signe avec l'organisme de foncier solidaire ainsi que le caractère temporaire du droit réel, la nouvelle durée du bail réel solidaire si l'organisme foncier solidaire agrée la transmission des droits réels, les conditions de délivrance de cet agrément par l'organisme de foncier solidaire, les modalités de calcul du prix de vente ou de la valeur donnée, telles que prévues au bail.

L'opérateur informe l'organisme de foncier solidaire de tout avant-contrat conclu dans les trente jours qui suivent sa signature. Il joint à sa demande l'avant-contrat et les pièces permettant d'établir l'éligibilité de l'acquéreur.

Art. L. 255-11 *(Ord. n° 2016-985, 20 juill. 2016).* – La vente ou la donation de droits réels afférents au bien objet du bail réel solidaire est subordonnée à l'agrément de l'acquéreur ou du donataire par l'organisme de foncier solidaire.

L'organisme de foncier solidaire dispose d'un délai de deux mois à compter de la date de transmission de l'offre préalable de cession ou de donation pour délivrer son agrément. Celui-ci est fondé sur la vérification du respect des conditions d'éligibilité de l'acquéreur ou du donataire à la conclusion d'un bail réel solidaire définies à l'article L. 255-2, L. 255-3 ou L. 255-4, de la conformité de l'offre préalable de cession ou de donation avec le bail en vigueur, notamment du respect des stipulations concernant les modalités de calcul du prix de vente ou de l'évaluation des droits réels appartenant au vendeur ou au donateur, et, le cas échéant, de la validité du plan de financement de l'acquisition.

Les règles fixées aux alinéas précédents sont prescrites à peine de nullité de la vente ou de la donation. La preuve du contenu et de la notification de l'offre préalable de vente ou de donation pèse sur le cédant ou le donateur.

Art. L. 255-11-1 *(L. n° 2018-1021, 23 nov. 2018)*. – Pour tout projet de vente des droits réels afférents au bien objet du bail réel solidaire au titre de l'article L. 255-3, l'organisme de foncier solidaire dispose d'un délai de deux mois a compter de la date de transmission de l'avant-contrat pour délivrer son agrément. Celui-ci est fonde sur la vérification du respect des conditions d'éligibilité de l'acquéreur a la conclusion d'un bail réel solidaire définies aux articles L. 255-2, L. 255-3 ou L. 255-4, de la conformité de l'avant-contrat avec le bail initial conclu entre l'opérateur et l'organisme de foncier solidaire, notamment du respect des stipulations concernant les modalités de calcul du prix de vente ou de l'évaluation des droits réels appartenant a l'opérateur et, le cas échéant, de la validité du plan de financement de l'acquisition.

Les règles fixées au premier alinéa du présent article sont prescrites a peine de nullité de la vente. La preuve du contenu et de la notification de l'offre préalable de vente pèse sur l'opérateur.

Art. L. 255-12 *(Ord. n° 2016-985, 20 juill. 2016)*. – Si cet agrément est délivré, la durée du bail est de plein droit prorogée afin de permettre à tout nouveau preneur de bénéficier d'un droit réel d'une durée égale à celle prévue dans le contrat initial.

Art. L. 255-13 *(Ord. n° 2016-985, 20 juill. 2016 ; mod., L. n° 2018-1021, 23 nov. 2018)*. – En cas de refus d'agrément lors d'une cession, le cédant ou en cas de refus d'agrément lors d'une donation des droits réels immobiliers, le bail réel solidaire peut être résilie conventionnellement et le preneur est indemnise de la valeur de ses droits réels immobiliers, dans les conditions prévues par le bail. Les conditions d'acquisition respectent les modalités de calcul du prix de vente stipulées dans le bail. Dans le cas où l'organisme de foncier solidaire n'est pas en mesure de proposer un acquéreur dans les six mois suivant la demande du cédant, il se porte acquéreur des droits réels afférents au bien objet du bail réel solidaire.

Art. L. 255-14 *(Ord. n° 2016-985, 20 juill. 2016)*. – En cas du décès du preneur, les droits réels afférents au bien objet du bail réel solidaire sont transmis à son ayant droit. Le bail fait l'objet de plein droit d'une prorogation de telle manière que l'ayant droit bénéficie d'un bail d'une durée identique à celle prévue dans le bail initial, s'il répond aux conditions d'éligibilité mentionnées à l'article L. 255-2, L. 255-3 ou L. 255-4.

Ces conditions d'éligibilité ne sont pas opposables au conjoint survivant, quel que soit le régime matrimonial, ou au partenaire de pacte civil de solidarité.

Si l'ayant droit ne satisfait pas aux conditions d'éligibilité, il dispose d'un délai de douze mois à compter du décès pour céder les droits réels afférents au bien objet du bail réel solidaire à un acquéreur répondant aux conditions d'éligibilité susmentionnées et agréé par l'organisme de foncier solidaire. Ce délai peut être prorogé par l'organisme de foncier solidaire pour une durée correspondant aux délais de la régularisation par acte notarié de la cession des droits réels immobiliers. À défaut de cession dans ces délais, le bail réel solidaire est résilié et l'ayant droit est indemnisé par l'organisme de foncier solidaire de la valeur de ses droits réels immobiliers, dans les conditions prévues par le bail.

Art. L. 255-15 *(Ord. n° 2016-985, 20 juill. 2016)*. – L'organisme de foncier solidaire dispose d'un droit de préemption à son profit, mentionné dans le bail réel solidaire, à l'occasion de toute cession ou donation. Dans ce cas, il peut racheter les droits réels afférents au bien objet du bail réel solidaire ou les faire acquérir par un bénéficiaire répondant aux conditions d'éligibilité définies à l'article L. 255-2. L'organisme de foncier solidaire fait connaître sa décision d'exercer son droit de préemption dans un délai de deux mois à compter de la transmission de l'offre préalable de cession ou de donation. Ce délai est prorogé d'un mois en cas de refus de l'*agrément*.

Le preneur est indemnisé de la valeur de ses droits réels immobiliers dans le respect des modalités de calcul du prix de vente stipulées dans le bail et de la valeur maximale mentionnée à l'article L. 255-5.

Art. L. 255-16 *(Ord. n° 2016-985, 20 juill. 2016)*. – À l'expiration du bail, les droits réels immobiliers du preneur deviennent la propriété de l'organisme de foncier solidaire après indemnisation de la valeur de ses droits réels immobiliers, dans les conditions prévues par le bail et dans la limite de la valeur maximale mentionnée à l'article L. 255-5.

Dans les baux qu'il consent, le preneur du bail réel solidaire mentionne, en caractères apparents, la date d'extinction du bail réel solidaire et son effet sur le contrat de bail en cours.

À défaut de cette mention, les bénéficiaires du droit au bail d'habitation ont le droit de se maintenir dans les lieux pendant une durée de trente-six mois à compter de la date d'expiration du bail réel solidaire moyennant une indemnité d'occupation égale au dernier loyer d'habitation expiré et payable dans les mêmes conditions. Cette durée est réduite à douze mois pour les bénéficiaires de baux consentis en application des chapitres II et III du titre III du livre VI du présent code.

Section 4. – Sanctions

Art. L. 255-17 *(Ord. n° 2016-985, 20 juill. 2016)*. – Les baux réels solidaires conclus en méconnaissance de l'article L. 255-2, L. 255-3 ou L. 255-4 sont frappés de nullité.

Section 5. – Dispositions générales

Art. L. 255-18 *(Ord. n° 2016-985, 20 juill. 2016)*. – Les dispositions des articles L. 271-1 et L. 271-2 relatives à la protection de l'acquéreur sont applicables aux actes conclus en vue de l'acquisition des droits réels afférents aux logements, objet du bail réel solidaire.

Art. L. 255-19 *(Ord. n° 2016-985, 20 juill. 2016)*. – Un décret en Conseil d'État détermine les modalités d'application du présent chapitre.

TITRE VI. – VENTES D'IMMEUBLES À CONSTRUIRE OU À RÉNOVER

(Intitulé rempl., L. n° 2006-872, 13 juill. 2006)

CHAPITRE I. – VENTES D'IMMEUBLES À CONSTRUIRE

(Anc. chap. unique mod., L. n° 2006-872, 13 juill. 2006)

Art. L. 261-1. – Ainsi qu'il est dit à l'article 1601-1 du Code civil :

La vente d'immeuble à construire est celle par laquelle le vendeur s'oblige à édifier un immeuble dans un délai déterminé par le contrat. Elle peut être conclue à terme ou en l'état futur d'achèvement.

Art. L. 261-2. – Ainsi qu'il est dit à l'article 1601-2 du Code civil :

La vente à terme est le contrat par lequel le vendeur s'engage à livrer l'immeuble à son achèvement, l'acheteur s'engage à en prendre livraison et à en payer le prix à la date de livraison. Le transfert de propriété s'opère de plein droit par la constatation par acte authentique de l'achèvement de l'immeuble ; il produit ses effets rétroactivement au jour de la vente.

Art. L. 261-3. – Ainsi qu'il est dit à l'article 1601-3 du Code civil :

La vente en l'état futur d'achèvement est le contrat par lequel le vendeur transfère immédiatement à l'acquéreur ses droits sur le sol ainsi que la propriété des constructions existantes. Les ouvrages à venir deviennent la propriété de l'acquéreur au fur et à mesure de leur exécution ; l'acquéreur est tenu d'en payer le prix à mesure de l'avancement des travaux.

Le vendeur conserve les pouvoirs de maître de l'ouvrage jusqu'à la réception des travaux.

Art. L. 261-4. – Ainsi qu'il est dit à l'article 1601-4 du Code civil :

La cession par l'acquéreur des droits qu'il tient d'une vente d'immeubles à construire substitue de plein droit le cessionnaire dans les obligations de l'acquéreur envers le vendeur.

Si la vente a été assortie d'un mandat, celui-ci se poursuit entre le vendeur et le cessionnaire.

Ces dispositions s'appliquent à toute mutation entre vifs, volontaire ou forcée ou à cause de mort.

Art. L. 261-5. – Ainsi qu'il est dit à l'article 1642-1 du Code civil :

Le vendeur d'un immeuble à construire ne peut être déchargé, ni avant la réception des travaux, ni avant l'expiration d'un délai d'un mois après la prise de possession par l'acquéreur, des vices de construction alors apparents.

Il n'y aura pas lieu à résolution du contrat ou à diminution du prix si le vendeur s'oblige à réparer le vice.

Art. L. 261-6. – Ainsi qu'il est dit à l'article 1646-1 du Code civil :

Le vendeur d'un immeuble à construire est tenu, à compter de la réception des travaux, des obligations dont les architectes, entrepreneurs et autres personnes liées au maître de l'ouvrage par un contrat de louage d'ouvrage sont eux-mêmes tenus, en application des articles 1792, 1792-1, 1792-2 et 1792-3 du Code civil ci-dessus reproduits aux articles L. 111-13 à L. 111-16.

Ces garanties bénéficient aux propriétaires successifs de l'immeuble.

Il n'y aura pas lieu à résolution de la vente ou à diminution du prix si le vendeur s'oblige à réparer les dommages définis aux articles 1792, 1792-1, 1792-2 du Code civil ci-dessus reproduits aux articles L. 111-13, L. 111-14, L. 11-15 et à assumer la garantie prévue à l'article 1792-3 du même code, ci-dessus reproduit à l'article L. 111-16.

Art. L. 261-7. – Ainsi qu'il est dit à l'article 1648 du Code civil :

L'action résultant des vices rédhibitoires doit être intentée par l'acquéreur dans un bref délai suivant la nature des vices rédhibitoires et l'usage du lieu où la vente a été faite.

Dans le cas prévu par l'article 1642-1 du Code civil ci-dessus reproduit à l'article L. 261-5, l'action doit être introduite, à peine de forclusion, dans l'année qui suit la date à laquelle le vendeur peut être déchargé des vices apparents.

Art. L. 261-8. – Ainsi qu'il est dit à l'article 2108-1 du Code civil :

Dans le cas de vente d'un immeuble à construire conclue à terme conformément à l'article 1601-2 dudit code reproduit à l'article L. 261-2 du présent code, le privilège du vendeur ou celui du prêteur de deniers prend rang à la date de l'acte de vente si l'inscription est prise avant l'expiration d'un délai de deux mois à compter de la constatation par acte authentique de l'achèvement de l'immeuble.

Art. L. 261-9. – Lorsque l'un quelconque des locaux composant un immeuble a été vendu à terme ou en l'état futur d'achèvement, la vente, après achèvement, d'un local compris dans cet immeuble est assujettie aux dispositions de l'article 1646-1 du Code civil reproduit à l'article L. 261-6 du présent code.

Toutefois, l'action éventuellement née en application dudit article ne peut être exercée par les acquéreurs successifs qu'à l'encontre du vendeur originaire.

Art. L. 261-10 *(Mod., L. n° 2005-32, 18 janv. 2005)*. – Tout contrat ayant pour objet le transfert de propriété d'un immeuble ou d'une partie d'immeuble à usage d'habitation ou à usage professionnel et d'habitation et comportant l'obligation pour l'acheteur d'effectuer des versements ou des dépôts de fonds avant l'achèvement de la construction doit, à peine de nullité, revêtir la forme de l'un des contrats prévus aux articles 1601-2 et 1601-3 du Code civil, reproduits aux articles L. 261-2 et L. 261-3 du présent code. Il doit, en outre, être conforme aux dispositions des articles L. 261-11 à L. 261-14 ci-dessous.

Celui qui s'oblige à édifier ou à faire édifier un immeuble ou une partie d'immeuble à usage d'habitation ou à usage professionnel et d'habitation, lorsqu'il procure directement ou indirectement le terrain ou le droit de construire sur le terrain à celui qui contracte l'obligation d'effectuer les versements ou les dépôts ci-dessus définis, doit conclure un contrat conforme aux dispositions de l'alinéa précédent, sauf si le terrain ou le droit est procuré à une société régie par les chapitres I, II (sections I et II) et III du titre I du présent livre, ou si celui qui les procure est un organisme d'habitations à loyer modéré agissant comme prestataire de service.

Art. L. 261-10-1 *(Ord. n° 2013-890, 3 oct. 2013 ; mod., L. n° 2015-990, 6 août 2015 ; L. n° 2018-1021, 23 nov. 2018)*. – Avant la conclusion d'un contrat prévu à l'article L. 261-10, le vendeur souscrit une garantie financière de l'achèvement de l'immeuble ou une garantie financière du remboursement des versements effectués en cas de résolution du contrat à défaut d'achèvement.

La garantie financière d'achèvement peut être mise en œuvre par l'acquéreur en cas de défaillance financière du vendeur, caractérisée par une absence de disposition des fonds nécessaires à l'achèvement de l'immeuble.

*Le garant financier de l'*achèvement de l'immeuble peut faire désigner un administrateur ad hoc par ordonnance sur requête. L'administrateur ad hoc, qui dispose des pouvoirs du maître de l'ouvrage, a pour mission de faire réaliser les travaux nécessaires à l'achèvement de l'immeuble. Il peut réaliser toutes les opérations qui y concourent et procéder à la réception de l'ouvrage, au sens de l'article 1792-6 du Code civil. Il est réputé constructeur au sens de l'article 1792-1 du même code et dispose, à ce titre, d'une assurance de responsabilité en application de l'article L. 241-2 du Code des assurances. Sa rémunération est à la charge du garant.

Lorsque sa garantie est mise en œuvre, le garant financier de l'achèvement de l'immeuble est seul fondé à exiger de l'acquéreur le paiement du solde du prix de vente, même si le vendeur fait l'objet d'une procédure au titre du livre VI du Code de commerce.

Un décret en Conseil d'État détermine les conditions d'application du présent article, notamment la nature de la garantie financière d'achèvement ou de remboursement.

Art. L. 261-11 *(Mod., L. n° 79-596, 13 juill. 1979 ; L. n° 2011-525, 17 mai 2011 ; Ord. n° 2013-890, 3 oct. 2013 ; L. n° 2018-1021, 23 nov. 2018).* – Le contrat doit être conclu par acte authentique et préciser :

a) La description de l'immeuble ou de la partie d'immeuble vendu ;

b) Son prix et les modalités de paiement de celui-ci ;

c) Le délai de livraison ;

d) Lorsqu'il revêt la forme prévue à l'article 1601-3 du Code civil, reproduit à l'article L. 261-3 du présent code, la justification de la garantie financière prescrite à l'article L. 261-10-1, l'attestation de la garantie étant établie par le garant et annexée au contrat.

e) La description des travaux dont l'acquéreur se réserve l'exécution lorsque la vente est précédée d'un contrat préliminaire comportant la clause prévue au II de l'article L. 261-15 et dès lors que l'acquéreur n'a pas demandé au vendeur d'exécuter ou de faire exécuter les travaux dont il s'est réservé l'exécution.

Toutefois, lorsque la vente concerne une partie d'immeuble, le contrat peut ne comporter que les indications prévues aux *a* à *d* du présent article propres à cette partie, les précisions relatives aux parties d'immeuble non concernées par la vente doivent alors figurer, soit dans un document annexé à l'acte, soit dans un document déposé au rang des minutes d'un notaire et auquel l'acte fait référence.

Il doit également mentionner si le prix est ou non révisable et, dans l'affirmative, les modalités de sa révision.

Il doit, en outre, comporter en annexes, ou par référence à des documents déposés chez un notaire, les indications utiles relatives à la consistance et aux caractéristiques techniques de l'immeuble.

Le règlement de copropriété est remis à chaque acquéreur lors de la signature du contrat ; il doit lui être communiqué préalablement.

Lorsque avant la conclusion de la vente, le vendeur a obtenu le bénéfice d'un prêt spécial du Crédit foncier de France ou du Comptoir des entrepreneurs, le contrat doit mentionner que l'acheteur a été mis en état de prendre connaissance, dans des conditions fixées par décret, des documents relatifs à l'équilibre financier de l'opération, au vu desquels a été prise la décision de prêt. L'inobservation des dispositions du présent article entraîne la nullité du contrat. Cette nullité ne peut être invoquée que par l'acquéreur et avant l'achèvement des travaux.

Art. L. 261-11-1 *(L. n° 84-601, 13 juill. 1984 ; mod., D. n° 2014-114, 7 févr. 2014).* – Au cas où le contrat défini à l'article L. 261-11 prévoit la révision du prix, celle-ci ne peut être calculée qu'en fonction de la variation d'un indice national du bâtiment tous corps d'état mesurant l'évolution du coût des facteurs de production dans le bâtiment et publié par l'autorité administrative.

La révision ne peut être faite sur chaque paiement ou dépôt que dans une limite exprimée en pourcentage de la variation de cet indice.

L'indice et la limite prévus ci-dessus sont définis par décret en Conseil d'État. Cette limite, destinée à tenir compte des frais fixes, de la valeur du terrain et des améliorations de productivité, doit être comprise entre 60 % et 80 % de la variation de l'indice.

L'indice servant de base pour le calcul de la révision est le dernier indice publié au jour de la signature du contrat. La variation prise en compte résulte de la comparaison de cet indice avec le dernier indice publié avant la date de chaque paiement ou dépôt.

Art. L. 261-12. – Dans le cas de vente en l'état futur d'achèvement, le vendeur ne peut exiger ni accepter aucun versement, aucun dépôt, aucune souscription ou acceptation d'effets de commerce avant la signature du contrat, ni avant la date à laquelle la créance est exigible.

Le contrat de vente à terme peut seulement stipuler que des dépôts de garantie seront faits, à mesure de l'avancement des travaux, à un compte spécial ouvert au nom de l'acquéreur par un organisme habilité à cet effet. Les fonds ainsi déposés sont incessibles, insaisissables et indisponibles dans la limite des sommes dues par l'acheteur, sauf pour le paiement du prix.

Art. L. 261-13 *(Mod. à compter du 1er octobre 2016, Ord. n° 2016-131, 10 févr. 2016).* – Nonobstant toutes stipulations contraires, les clauses de résolution de plein droit concernant les obligations de versement ou de dépôt prévues aux articles L. 261-10 à L. 261-12 ne produisent effet qu'un mois après la date de la sommation ou du commandement de payer demeuré infructueux.

Un délai peut être demandé pendant le mois ainsi imparti, conformément à l' article 1343-5 du Code civil.

Les effets des clauses de résolution de plein droit sont suspendus pendant le cours des délais octroyés dans les conditions prévues à l' article 1343-5 du Code civil. Ces clauses sont réputées n'avoir jamais joué si le débiteur se libère dans les conditions déterminées par le juge.

Art. L. 261-14. – Le contrat ne peut stipuler forfaitairement, en cas de résolution, le paiement, par la partie à laquelle elle est imputable, d'une indemnité supérieure à 10 % du prix.

Toutefois, les parties conservent la faculté de demander la réparation du préjudice effectivement subi.

Art. L. 261-15 *(Mod., L. n° 2018-1021, 23 nov. 2018).* – I. - La vente prévue à l'article L. 261-10 peut être précédée d'un contrat préliminaire par lequel, en contrepartie d'un dépôt de garantie effectué à un compte spécial, le vendeur s'engage à réserver à un acheteur un immeuble ou une partie d'immeuble.

Ce contrat doit comporter les indications essentielles relatives à la consistance de l'immeuble, à la qualité de la construction et aux délais d'exécution des travaux ainsi qu'à la consistance, à la situation et au prix du local réservé.

Les fonds déposés en garantie sont indisponibles, incessibles et insaisissables jusqu'à la conclusion du contrat de vente.

Ils sont restitués, dans le délai de trois mois, au déposant si le contrat n'est pas conclu du fait du vendeur, si la condition suspensive prévue à l'article 17 de la loi n° 79-596 du 13 juillet 1979 n'est pas réalisée ou si le contrat proposé fait apparaître une différence anormale par rapport aux prévisions du contrat préliminaire.

II. - Le contrat préliminaire peut prévoir qu'en cas de conclusion de la vente, l'acquéreur se réserve l'exécution de travaux de finition ou d'installation d'équipements qu'il se procure par lui-même. Le contrat comporte alors une clause en caractères très apparents stipulant que l'acquéreur accepte la charge, le coût et les responsabilités qui résultent de ces travaux, qu'il réalise après la livraison de l'immeuble.

Dans ce cas, le contrat préliminaire précise :

1° Le prix du local réservé mentionné au deuxième alinéa du I, décomposé comme suit :

a) Le prix de vente convenu ;

b) Le coût des travaux dont l'acquéreur se réserve l'exécution, ceux-ci étant décrits et chiffrés par le vendeur ;

c) Le coût total de l'immeuble égal à la somme du prix convenu et du coût des travaux mentionnés aux a et b du présent 1° ;

2° Le délai dans lequel l'acquéreur peut revenir sur sa décision de se réserver l'exécution des travaux mentionnés au premier alinéa du présent II.

Si l'acquéreur exerce la faculté prévue au 2°, le vendeur est tenu d'exécuter ou de faire exécuter les travaux dont l'acquéreur s'est réservé l'exécution aux prix et conditions mentionnés au contrat préliminaire.

Un décret en Conseil d'État précise les conditions d'application du présent II, notamment la nature des travaux dont l'acquéreur peut se réserver l'exécution.

III. - Est nulle toute autre promesse d'achat ou de vente.

Art. L. 261-16. – Toute clause contraire aux dispositions des articles L. 261-11 à L. 261-15 du présent code et à celles des articles 1642-1 et 1646-1 du Code civil, reproduits aux articles L. 261-5 et L. 261-6 du présent code, est réputée non écrite.

Art. L. 261-17 à L. 261-21 *(Abr., L. n° 2006-872, 13 juill. 2006).*

Art. L. 261-22 *(Mod., L. n° 2006-872, 13 juill. 2006).* – Un décret en Conseil d'État fixe en tant que de besoin les modalités d'application du présent chapitre, et notamment les conditions dans lesquelles les personnes obligées à garantie par application des articles L. 111-13, L. 111-20, L. 261-5 et L. 261-6 peuvent être tenues de se prémunir contre les conséquences pécuniaires qui peuvent résulter de cette garantie.

CHAPITRE II. – VENTES D'IMMEUBLES À RÉNOVER

(L. n° 2006-872, 13 juill. 2006)

Art. L. 262-1 *(L. n° 2006-872, 13 juill. 2006).* – Toute personne qui vend un immeuble bâti ou une partie d'immeuble bâti, à usage d'habitation ou à usage professionnel et d'habitation, ou destiné après travaux à l'un de ces usages, qui s'engage, dans un délai déterminé par le contrat, à réaliser, directement ou indirectement, des travaux sur cet immeuble ou cette partie d'immeuble et qui perçoit des sommes d'argent de l'acquéreur avant la livraison des travaux doit conclure avec l'acquéreur un contrat soumis aux dispositions du présent chapitre.

Le vendeur transfère immédiatement à l'acquéreur ses droits sur le sol ainsi que la propriété des constructions existantes. Les ouvrages à venir deviennent la propriété de l'acquéreur au fur et à mesure de leur exécution. L'acquéreur est tenu d'en payer le prix à mesure de l'avancement des travaux.

Les dispositions du présent chapitre ne s'appliquent pas aux travaux d'agrandissement ou de restructuration complète de l'immeuble, assimilables à une reconstruction.

Le contrat mentionné au premier alinéa est soumis aux dispositions relatives à la vente d'immeubles existants, et notamment à celles du titre VI du livre III du Code civil, sous réserve de l'application des articles L. 262-2 à L. 262-11 du présent code.

Art. L. 262-2 *(L. n° 2006-872, 13 juill. 2006)*. – Le vendeur d'un immeuble à rénover demeure maître d'ouvrage jusqu'à la réception des travaux.

La réception des travaux est effectuée pour l'ensemble des travaux à une date unique qui constitue le point de départ des garanties mentionnées au dernier alinéa.

Le vendeur est tenu, pour les travaux mentionnés au premier alinéa de l'article L. 262-1, par les garanties prévues par les articles L. 111-13, L. 111-15 et L. 111-16, dès lors que les travaux entrent dans le champ d'application de ces articles.

Art. L. 262-3 *(L. n° 2006-872, 13 juill. 2006)*. – La livraison résulte de l'établissement d'un procès-verbal établi entre le vendeur et l'acquéreur.

Les vices de construction ou les défauts de conformité apparents affectant les travaux mentionnés au premier alinéa de l'article L. 262-1 sont dénoncés dans l'acte de livraison des travaux ou dans un délai d'un mois après cette livraison. L'action en réparation des vices de construction ou des défauts de conformité ainsi dénoncés peut être intentée dans un délai d'un an après la livraison.

Art. L. 262-4 *(L. n° 2006-872, 13 juill. 2006)*. – Tout contrat mentionné au premier alinéa de l'article L. 262-1 doit, à peine de nullité, être conclu par acte authentique.

Ce contrat précise :

a) La description, les caractéristiques de l'immeuble ou de la partie d'immeuble vendu et, le cas échéant, la superficie de la partie privative du lot ou de la fraction du lot en application de l'article 46 de la loi n° 65-557 du 10 juillet 1965 fixant le statut de la copropriété des immeubles bâtis ;

b) La description des travaux à réaliser précisant, le cas échéant, les travaux concernant les parties communes et ceux concernant les parties privatives ;

c) Le prix de l'immeuble ;

d) Le délai de réalisation des travaux ;

e) La justification de la garantie financière d'achèvement des travaux fournie par le vendeur ;

f) Les justifications des assurances de responsabilité et de dommages souscrites par le vendeur concernant les travaux lorsque ceux-ci relèvent des articles L. 111-15 et L. 111-16 du présent code, en application des articles L. 241-2 et L. 242-1 du Code des assurances.

Le contrat doit en outre comporter en annexe ou par référence à des documents déposés chez un notaire, les indications utiles relatives à la consistance et aux caractéristiques techniques des travaux.

Il doit également mentionner si le prix est ou non révisable et, dans l'affirmative, les modalités de sa révision.

Le règlement de copropriété est communiqué à chaque acquéreur préalablement à la signature du contrat. En tout état de cause, il est remis à chaque acquéreur lors de la signature du contrat.

En cas d'inobservation des dispositions du présent article, la nullité du contrat ne peut être invoquée que par l'acquéreur et avant la livraison.

Art. L. 262-5 *(L. n° 2006-872, 13 juill. 2006 ; mod., D. n° 2014-114, 7 févr. 2014)*. – Au cas où le contrat défini à l'article L. 262-1 prévoit la révision du prix, celle-ci ne peut être calculée qu'en fonction de la variation d'un indice national du bâtiment tous corps d'état mesurant l'évolution du coût des facteurs de production dans le bâtiment et publié par l'autorité administrative.

La révision ne peut être faite sur chaque paiement ou dépôt que dans une limite exprimée en pourcentage de la variation de cet indice.

L'indice et la limite prévus ci-dessus sont définis par décret en Conseil d'État.

L'indice servant de base au calcul de la révision est le dernier indice publié au jour de la signature du contrat. La variation prise en compte résulte de la comparaison de cet indice avec le dernier indice publié avant la date de chaque paiement ou dépôt.

Art. L. 262-6 *(L. n° 2006-872, 13 juill. 2006).* – La cession par l'acquéreur des droits qu'il tient d'une vente d'immeuble à rénover substitue de plein droit le cessionnaire dans les obligations de l'acquéreur envers le vendeur.

Si la vente a été assortie d'un mandat, celui-ci se poursuit entre le vendeur et le cessionnaire.

Les dispositions du présent article s'appliquent à toute mutation entre vifs, volontaire ou forcée, ou à cause de mort.

Art. L. 262-7 *(L. n° 2006-872, 13 juill. 2006 ; mod. à compter du 1er janvier 2014, Ord. n° 2013-544, 27 juin 2013 ; L. n° 2018-1021, 23 nov. 2018).* – La garantie d'achèvement des travaux est constituée par une caution solidaire donnée par un établissement de crédit, une société de financement ou par une entreprise d'assurance agréée à cet effet.

La garantie d'achèvement est mise en œuvre dans les conditions prévues aux deuxième à avant-dernier alinéas de l'article L. 261-10-1.

Art. L. 262-8 *(L. n° 2006-872, 13 juill. 2006).* – L'acquéreur effectue le règlement du prix en fonction de l'état d'avancement des travaux.

Le vendeur ne peut exiger ou accepter aucun versement, aucun dépôt, aucune souscription ou acceptation d'effets de commerce avant la date à laquelle la créance est exigible.

Art. L. 262-9 *(L. n° 2006-872, 13 juill. 2006).* – Toute promesse de vente d'un bien immobilier soumis aux dispositions du premier alinéa de l'article L. 262-1 doit comporter, à peine de nullité, les indications essentielles relatives à ses caractéristiques, au descriptif et au délai de réalisation des travaux, à son prix, ainsi que l'engagement du vendeur de produire, lors de la signature de l'acte authentique de vente, les justifications de la garantie d'achèvement des travaux et des assurances, respectivement prévues aux e et f de l'article L. 262-4.

Art. L. 262-10 *(L. n° 2006-872, 13 juill. 2006).* – Les dispositions du présent chapitre sont d'ordre public.

Art. L. 262-11 *(L. n° 2006-872, 13 juill. 2006).* – Un décret en Conseil d'État fixe les modalités d'application du présent chapitre.

CHAPITRE III. – DISPOSITIONS COMMUNES

(L. n° 2006-872, 13 juill. 2006)

Art. L. 263-1 *(L. n° 2006-872, 13 juill. 2006).* – Toute personne qui exige ou accepte un versement en violation des dispositions des articles L. 261-12, L. 261-15 et L. 262-8 est punie d'un emprisonnement de deux ans et d'une amende de 9 000 € ou de l'une de ces deux peines seulement.

Ne sont pas considérés comme des versements au sens du présent article les dépôts de fonds effectués sur un compte bancaire ouvert au nom du déposant et dont celui-ci peut à tout moment disposer sans restriction d'aucune sorte.

Art. L. 263-2 *(L. n° 2006-872, 13 juill. 2006).* – Toute personne qui, ayant reçu ou accepté un ou plusieurs versements, dépôts, souscriptions d'effets de commerce, à l'occasion d'une vente soumise aux dispositions du présent titre, détourne tout ou partie de ces sommes, est punie des peines prévues aux *articles 314-1 et 314-10 du Code pénal.*

Art. L. 263-3 *(L. n° 2006-872, 13 juill. 2006).* – Ne peuvent procéder habituellement, à titre quelconque, directement ou par personne interposée, pour leur compte ou pour celui d'autrui, aux opérations soumises aux dispositions du présent chapitre les personnes condamnées en application des articles L. 263-1 et L. 263-2, ainsi que celles auxquelles, en application de l'article L. 241-7, il est interdit de procéder aux opérations mentionnées aux articles L. 214-6 à L. 214-9.

TITRE VII. – PROTECTION DE L'ACQUÉREUR IMMOBILIER

(L. n° 2000-1208, 13 déc. 2000)

CHAPITRE UNIQUE

Section I. – Dispositions générales

(L. n° 2006-872, 13 juill. 2006)

Art. L. 271-1 *(Mod., L. n° 2006-872, 13 juill. 2006 ; L. n° 2015-990, 6 août 2015 ; L. n° 2018-1021, 23 nov. 2018)*. – Pour tout acte ayant pour objet la construction ou l'acquisition d'un immeuble à usage d'habitation, la souscription de parts donnant vocation à l'attribution en jouissance ou en propriété d'immeubles d'habitation ou la vente d'immeubles à construire ou de location-accession à la propriété immobilière, l'acquéreur non professionnel peut se rétracter dans un délai de dix jours à compter du lendemain de la première présentation de la lettre lui notifiant l'acte.

Cet acte est notifié à l'acquéreur par lettre recommandée avec demande d'avis de réception ou par tout autre moyen présentant des garanties équivalentes pour la détermination de la date de réception ou de remise. La faculté de rétractation est exercée dans ces mêmes formes.

Lorsque l'acte est conclu par l'intermédiaire d'un professionnel ayant reçu mandat pour prêter son concours à la vente, cet acte peut être remis directement au bénéficiaire du droit de rétractation. Dans ce cas, le délai de rétractation court à compter du lendemain de la remise de l'acte, qui doit être attestée selon des modalités fixées par décret.

Lorsque le contrat constatant ou réalisant la convention est précédé d'un contrat préliminaire ou d'une promesse synallagmatique ou unilatérale, les dispositions figurant aux trois alinéas précédents ne s'appliquent qu'à ce contrat ou à cette promesse.

Lorsque le contrat constatant ou réalisant la convention est dressé en la forme authentique et n'est pas précédé d'un contrat préliminaire ou d'une promesse synallagmatique ou unilatérale, l'acquéreur non professionnel dispose d'un délai de réflexion de dix jours à compter de la notification ou de la remise du projet d'acte selon les mêmes modalités que celles prévues pour le délai de rétractation mentionné aux premier et troisième alinéas. En aucun cas l'acte authentique ne peut être signé pendant ce délai de dix jours.

Les actes mentionnés au présent article indiquent, de manière lisible et compréhensible, les informations relatives aux conditions et aux modalités d'exercice du droit de rétractation ou de réflexion.

Tout manquement à l'obligation d'information mentionnée à l'avant-dernier alinéa est passible d'une amende administrative dont le montant ne peut excéder 3 000 euros pour une personne physique et 15 000 euros pour une personne morale. Cette amende est prononcée dans les conditions prévues au chapitre II du titre II du livre V du Code de la consommation.

Bibliographie : H. Périnet-Marquet, *Les difficultés de délimitation du champ d'application des droits de rétractation et de réflexion offerts à l'acquéreur immobilier* : *JCP* 2002, I, 129.

Art. L. 271-2 *(L. n° 2000-1208, 13 déc. 2000 ; mod., L. n° 2015-990, 6 août 2015)*. – Lors de la conclusion d'un acte mentionné à l'article L. 271-1, nul ne peut recevoir de l'acquéreur non professionnel, directement ou indirectement, aucun versement à quelque titre ou sous quelque forme que ce soit avant l'expiration du délai de rétractation, sauf dispositions législatives expresses contraires prévues notamment pour les contrats ayant pour objet l'acquisition ou la construction d'un immeuble neuf d'habitation, la souscription de parts donnant vocation à l'attribution en jouissance ou en propriété d'immeubles d'habitation et les contrats préliminaires de vente d'immeubles à construire ou de location-accession à la propriété immobilière. Si les parties conviennent d'un versement à une date postérieure à l'expiration de ce délai et dont elles fixent le montant, l'acte est conclu sous la condition suspensive de la remise desdites sommes à la date convenue.

Toutefois, lorsque l'un des actes mentionnés à l'alinéa précédent est conclu par l'intermédiaire d'un professionnel ayant reçu mandat pour prêter son concours à la vente, un versement peut être reçu de l'acquéreur s'il est effectué entre les mains d'un professionnel disposant d'une garantie financière affectée au remboursement des fonds déposés. Si l'acquéreur exerce sa faculté de rétractation, le professionnel dépositaire des fonds les lui restitue dans un délai de vingt et un jours à compter du lendemain de la date de cette rétractation.

Lorsque l'acte est dressé en la forme authentique, aucune somme ne peut être versée pendant le délai de réflexion de dix jours.

Est puni de 30 000 € d'amende le fait d'exiger ou de recevoir un versement ou un engagement de versement en méconnaissance des alinéas ci-dessus.

Art. L. 271-3 *(L. n° 2002-73, 17 janv. 2002 ; mod., L. n° 2006-872, 13 juill. 2006).* – Les dispositions de la présente section ne sont pas applicables aux ventes par adjudication réalisées en la forme authentique.

Section II. – Dossier de diagnostic technique
(L. n° 2006-872, 13 juill. 2006)

Art. L. 271-4 *(Ord. n° 2005-655, 8 juin 2005 ; mod., L. n° 2010-788, 12 juill. 2010 ; L. n° 2006-1772, 30 déc. 2006 ; L. n° 2014-366, 24 mars 2014).* – I. – En cas de vente de tout ou partie d'un immeuble bâti, un dossier de diagnostic technique, fourni par le vendeur, est annexé à la promesse de vente ou, à défaut de promesse, à l'acte authentique de vente. En cas de vente publique, le dossier de diagnostic technique est annexé au cahier des charges.

Le dossier de diagnostic technique comprend, dans les conditions définies par les dispositions qui les régissent, les documents suivants :

1° Le constat de risque d'exposition au plomb prévu aux articles L. 1334-5 et L. 1334-6 du Code de la santé publique ;

2° L'état mentionnant la présence ou l'absence de matériaux ou produits contenant de l'amiante prévu à l'article L. 1334-13 du même code ;

3° L'état relatif à la présence de termites dans le bâtiment prévu à l'article L. 133-6 du présent code ;

4° L'état de l'installation intérieure de gaz prévu à l'article L. 134-6 du présent code ;

5° Dans les zones mentionnées au I de l'article L. 125-5 du Code de l'environnement, l'état des risques naturels et technologiques prévu au deuxième alinéa du I du même article ;

6° Le diagnostic de performance énergétique prévu à l'article L. 134-1 du présent code ;

7° L'état de l'installation intérieure d'électricité prévu à l'article L. 134-7 ;

8° Le document établi à l'issue du contrôle des installations d'assainissement non collectif mentionné à l'article L. 1331-11-1 du Code de la santé publique.

9° Dans les zones prévues à l'article L. 133-8, l'information sur la présence d'un risque de mérule.

Les documents mentionnés aux 1°, 4° et 7° ne sont requis que pour les immeubles ou parties d'immeuble à usage d'habitation.

Le document mentionné au 6° n'est pas requis en cas de vente d'un immeuble à construire visée à l'article L. 261-1.

Lorsque les locaux faisant l'objet de la vente sont soumis aux dispositions de la loi n° 65-557 du 10 juillet 1965 fixant le statut de la copropriété des immeubles bâtis ou appartiennent à des personnes titulaires de droits réels immobiliers sur les locaux ou à des titulaires de parts donnant droit ou non à l'attribution ou à la jouissance en propriété des locaux, le document mentionné au 1° porte exclusivement sur la partie privative de l'immeuble affectée au logement et les documents mentionnés au 3°, 4° et 7° sur la partie privative du lot.

II. – En l'absence, lors de la signature de l'acte authentique de vente, d'un des documents mentionnés aux 1°, 2°, 3°, 4°, 7° et 8° du I en cours de validité, le vendeur ne peut pas s'exonérer de la garantie des vices cachés correspondante.

En l'absence, lors de la signature de l'acte authentique de vente, du document mentionné au 5° du I, l'acquéreur *peut poursuivre la résolution* du contrat ou demander au juge une diminution du prix.

En cas de non-conformité de l'installation d'assainissement non collectif lors de la signature de l'acte authentique de vente, l'acquéreur fait procéder aux travaux de mise en conformité dans un délai d'un an après l'acte de vente.

L'acquéreur ne peut se prévaloir à l'encontre du propriétaire des informations contenues dans le diagnostic de performance énergétique qui n'a qu'une valeur informative.

Rédaction future. *(Al. mod. à compter du 1er janvier 2021, L. n° 2018-1021, 23 nov. 2018)* L'acquéreur ne peut se prévaloir à l'encontre du propriétaire des recommandations accompagnant le diagnostic de performance énergétique qui n'ont qu'une valeur informative.

Art. L. 271-5 *(Ord. n° 2005-655, 8 juin 2005 ; mod., L. n° 2006-872, 13 juill. 2006 ; L. n° 2006-1772, 30 déc. 2006)*. – La durée de validité des documents prévus aux 1° à 4°, 6°, 7° et 8° du I de l'article L. 271-4 est fixée par décret en fonction de la nature du constat, de l'état ou du diagnostic.

Si l'un de ces documents produits lors de la signature de la promesse de vente n'est plus en cours de validité à la date de la signature de l'acte authentique de vente, il est remplacé par un nouveau document pour être annexé à l'acte authentique de vente.

Si le constat mentionné au 1° établit l'absence de revêtements contenant du plomb ou la présence de revêtements contenant du plomb à des concentrations inférieures aux seuils définis par arrêté des ministres chargés de la santé et de la construction, il n'y a pas lieu de faire établir un nouveau constat à chaque mutation, le constat initial étant joint au dossier de diagnostic technique.

Si, après la promesse de vente, la parcelle sur laquelle est implanté l'immeuble est inscrite dans une des zones mentionnées au I de l'article L. 125-5 du Code de l'environnement ou l'arrêté préfectoral prévu au III du même article fait l'objet d'une mise à jour, le dossier de diagnostic technique est complété lors de la signature de l'acte authentique de vente par un état des risques naturels et technologiques ou par la mise à jour de l'état existant.

Art. L. 271-6 *(Ord. n° 2005-655, 8 juin 2005 ; mod., L. n° 2010-788, 12 juill. 2010)*. – Les documents prévus aux 1° à 4°, 6° et 7° du I de l'article L. 271-4 ainsi qu'à l'article L. 134-1 sont établis par une personne présentant des garanties de compétence et disposant d'une organisation et de moyens appropriés.

Cette personne est tenue de souscrire une assurance permettant de couvrir les conséquences d'un engagement de sa responsabilité en raison de ses interventions.

Elle ne doit avoir aucun lien de nature à porter atteinte à son impartialité et à son indépendance ni avec le propriétaire ou son mandataire qui fait appel à elle, ni avec une entreprise pouvant réaliser des travaux sur les ouvrages, installations ou équipements pour lesquels il lui est demandé d'établir l'un des documents mentionnés au premier alinéa.

Le diagnostic de performance énergétique mentionné à l'article L. 134-4 affiché à l'intention du public peut être réalisé par un agent de la collectivité publique ou de la personne morale occupant le bâtiment, dans les conditions prévues au premier alinéa du présent article. Un décret définit les conditions et modalités d'application du présent article.

TITRE VIII. – DISPOSITIONS PARTICULIÈRES AUX DÉPARTEMENTS D'OUTRE-MER

CHAPITRE UNIQUE

Art. L. 281-1 *(L. n° 90-1129, 19 déc. 1990 ; Ord. n° 2012-576, 26 avr. 2012)*. – Les dispositions du présent livre ne s'appliquent pas à Saint-Pierre-et-Miquelon, à l'exception des articles L. 211-1 à L. 211-4, L. 221-1 à L. 221-6, L. 222-1 à L. 222-7 et L. 261-1 à L. 261-22.

TITRE IX. – MESURES DE PROTECTION CONCERNANT CERTAINS VENDEURS DE BIENS IMMOBILIERS

Art. L. 290-1 *(L. n° 2009-323, 25 mars 2009)*. – Toute promesse de vente ayant pour objet la cession d'un immeuble ou d'un droit réel immobilier, dont la validité est supérieure à dix-huit mois, ou toute prorogation d'une telle promesse portant sa durée totale à plus de dix-huit mois est nulle et de nul effet si elle n'est pas constatée par un acte authentique, lorsqu'elle est consentie par une personne physique.

Art. L. 290-2 *(L. n° 2009-323, 25 mars 2009 ; L. n° 2012-387, 22 mars 2012)*. – La promesse unilatérale de vente mentionnée à l'article L. 290-1 prévoit, à peine de nullité, une indemnité d'immobilisation d'un montant minimal de 5 % du prix de vente, faisant l'objet d'un versement ou d'une caution déposés entre les mains du notaire.

....

LIVRE TROISIÈME. – AIDES DIVERSES À LA CONSTRUCTION D'HABITATIONS ET À L'AMÉLIORATION DE L'HABITAT. – AIDE PERSONNALISÉE AU LOGEMENT

TITRE PRÉLIMINAIRE. – DISPOSITIONS GÉNÉRALES RELATIVES AUX POLITIQUES DE L'HABITAT
(Intitulé rempl., L. n° 2007-290, 5 mars 2007)

CHAPITRE PRÉLIMINAIRE. – DROIT AU LOGEMENT
(L. n° 2007-290, 5 mars 2007).

Art. L. 300-1 *(L. n° 2007-290, 5 mars 2007).* **– Le droit à un logement décent et indépendant, mentionné à l'article 1er de la loi n° 90-449 du 31 mai 1990 visant à la mise en œuvre du droit au logement, est garanti par l'État à toute personne qui, résidant sur le territoire français de façon régulière et dans des conditions de permanence définies par décret en Conseil d'État, n'est pas en mesure d'y accéder par ses propres moyens ou de s'y maintenir.**

Ce droit s'exerce par un recours amiable puis, le cas échéant, par un recours contentieux dans les conditions et selon les modalités fixées par le présent article et les articles L. 441-2-3 et L. 441-2-3-1.

Art. L. 300-2 *(L. n° 2011-900, 29 juill. 2011 ; Rect. JO 20 sept. 2011 ; mod., L. fin. n° 2012-1509, 29 déc. 2012).* **– Un Fonds national d'accompagnement vers et dans le logement est institué pour le financement d'une part, d'actions d'accompagnement personnalisé de personnes reconnues prioritaires et auxquelles un logement doit être attribué en urgence en application du cinquième alinéa du II de l'article L. 441-2-3 ainsi que de personnes ou familles mentionnées au II de l'article L. 301-1, et, d'autre part, d'actions de gestion locative adaptée de logements destinés à ces personnes, favorisant leur accès à un logement et leur maintien dans le logement. Il finance également les dépenses de gestion qui se rapportent à ces actions.**

Le Fonds national d'accompagnement vers et dans le logement est administré par un comité de gestion, composé de représentants de l'État, qui fixe les orientations et répartit les crédits de ce fonds.

La gestion de ce fonds est assurée par la Caisse de garantie du logement locatif social.

Il est fait rapport une fois par an au ministre chargé du logement des actions financées par le fonds, en regard des moyens financiers engagés et des objectifs poursuivis.

Un décret en Conseil d'État détermine les conditions d'application du présent article, notamment la composition et les modes de désignation des membres du comité de gestion ainsi que les modalités de fonctionnement du fonds.

....

LIVRE QUATRIÈME. – HABITATIONS À LOYER MODÉRÉ

TITRE IV. – RAPPORTS DES ORGANISMES D'HABITATIONS À LOYER MODÉRÉ ET DES BÉNÉFICIAIRES

CHAPITRE I. – CONDITIONS D'ATTRIBUTION DES LOGEMENTS ET PLAFONDS DE RESSOURCES SUPPLÉMENT DE LOYER DE SOLIDARITÉ

Section I. – Conditions d'attribution des logements et plafonds de ressources

....

LIVRE SIXIÈME. – MESURES TENDANT À REMÉDIER À DES DIFFICULTÉS EXCEPTIONNELLES DE LOGEMENT

TITRE PREMIER. – DISPOSITIONS GÉNÉRALES

....

CHAPITRE III. – DISPOSITIONS DIVERSES SURSIS À L'EXÉCUTION DES DÉCISIONS DE JUSTICE

....

CHAPITRE VI. – DISPOSITIONS APPLICABLES EN MATIÈRE DE SAISIE IMMOBILIÈRE DU LOGEMENT PRINCIPAL

Art. L. 616 *(L. n° 98-657, 29 juill. 1998 ; mod., Ord. n° 2007-137, 1er févr. 2007).* – En cas de vente sur saisie immobilière d'un immeuble ou d'une partie d'immeuble constituant la résidence principale d'une personne qui remplit les conditions de ressources pour l'attribution d'un logement à loyer modéré, il est institué, au bénéfice de la commune, un droit de préemption destiné à assurer le maintien dans les lieux du saisi. Ce droit de préemption est exercé suivant les modalités prévues par le Code de l'urbanisme en matière de droit de préemption urbain, en cas de vente par adjudication lorsque cette procédure est rendue obligatoire de par la loi ou le règlement.

La commune peut déléguer ce droit, dans les conditions définies à l'article L. 213-1 du Code de l'urbanisme, à un office public de l'habitat.

....

TITRE III. – DISPOSITIONS TENDANT À MAINTENIR OU À AUGMENTER LE NOMBRE DE LOGEMENTS

....

CHAPITRE II. – MESURES RELATIVES À LA PROTECTION DES OCCUPANTS DE CERTAINS MEUBLÉS

Art. L. 632-1 *(L. n° 98-657, 29 juill. 1998 ; mod., L. n° 2009-323, 25 mars 2009 ; rempl., L. n° 2014-366, 24 mars 2014).* – I. - Une location d'un logement meublé constituant la résidence principale du preneur est soumise au titre Ier *bis* de la loi n° 89-462 du 6 juillet 1989 tendant à améliorer les rapports locatifs et portant modification de la loi n° 86-1290 du 23 décembre 1986.

Lorsque le bailleur est titulaire d'un bail commercial venant à expiration ou lorsque la cessation d'activité est prévue, le contrat peut être d'une durée inférieure à un an et doit mentionner les raisons et événements justificatifs.

Si le bail commercial est renouvelé ou si l'activité est poursuivie, la durée du contrat est portée à un an.

À peine d'irrecevabilité de la demande, l'assignation par l'exploitant d'un établissement recevant du public aux fins d'hébergement, aux fins de constat de résiliation ou de prononcé de la résiliation du bail d'une personne dont le logement loué meublé constitue la résidence principale est notifiée, à la diligence de l'huissier de justice, au représentant de l'État dans le département, par lettre recommandée avec demande d'avis de réception, au moins un mois avant l'audience, afin qu'il informe les services compétents, notamment les organismes chargés du service des aides au logement et le fonds de solidarité pour le logement.

II *(II mod., L. n° 2018-1021, 23 nov. 2018).* - Lorsque la location d'un local meublé constituant la résidence principale du preneur est située dans un établissement recevant du public aux fins d'hébergement, celle-ci est soumise au titre Ier *bis* de la loi n° 89-462 du 6 juillet 1989 précitée. Ne sont pas applicables à cette location les articles 3-2,3-3,18,24-1,25-4 et 25-11 de la même loi.

Le local loué mentionné au premier alinéa doit être équipé du mobilier nécessaire au sommeil et à la vie courante du locataire ainsi qu'être pourvu de chauffage, d'une alimentation en eau et de sanitaires.

Lorsqu'un locataire ou plusieurs locataires ont avec le même bailleur un litige locatif ayant une origine commune, ils peuvent donner par écrit mandat d'agir en justice en leur nom et pour leur compte à une association dont l'un des objets est l'insertion ou le logement des personnes défavorisées ou à une association de défense des personnes en situation d'exclusion par le logement mentionnées à l'article 3 de la loi n° 90-449 du 31 mai 1990 visant à la mise en œuvre du droit au logement. Une de ces associations peut assister ou représenter un locataire, selon les modalités définies à l'article 828 du Code de procédure civile, en cas de litige portant sur le respect des caractéristiques de décence de son logement.

Art. L. 632-2 *(L. n° 98-657, 29 juill. 1998).* – Lorsque le bailleur, propriétaire ou gérant du fonds doit, pour quelque motif que ce soit, cesser son activité, il en informe les locataires titulaires du contrat mentionné à l'article L. 632-1 trois mois au moins avant la date à laquelle la cessation d'activité est prévue. Sauf cas de force majeure ou de mise en œuvre de la procédure de redressement judiciaire prévue par la loi n° 85-98 du 25 janvier 1985, la cessation d'activité ne peut avoir lieu avant l'expiration des contrats en cours de validité ou avant le relogement des locataires titulaires desdits contrats. Si, en dépit de la cessation d'activité du bailleur, les locaux gardent leur destination première, le contrat de bail est tacitement reconduit. Si, en revanche, la cessation d'activité est due à une opération d'urbanisme ou d'aménagement, les occupants doivent être relogés aux frais de l'opérateur dans les conditions prévues aux articles L. 314-1 et L. 314-2 du Code de l'urbanisme.

Art. L. 632-3 *(L. n° 98-657, 29 juill. 1998 ; mod., L. n° 2009-323, 25 mars 2009).* – Les dispositions du présent chapitre sont d'ordre public.

Les dispositions du présent chapitre ne s'appliquent pas aux logements-foyers ni aux logements faisant l'objet d'une convention avec l'État portant sur leurs conditions d'occupation et leurs modalités d'attribution.

....

TITRE IV. – MISE EN ŒUVRE DU DROIT AU LOGEMENT PAR LA RÉQUISITION

....

CHAPITRE II. – RÉQUISITION AVEC ATTRIBUTAIRE

Section I. – Principes généraux

Art. L. 642-1 *(L. n° 98-657, 29 juill. 1998 ; mod., L. n° 2013-61, 18 janv. 2013 ; L. n° 2018-1021, 23 nov. 2018).* – Afin de garantir le droit au logement, le représentant de l'État dans le département peut réquisitionner des locaux sur lesquels une personne morale est titulaire d'un droit réel en conférant l'usage et qui sont vacants depuis plus de douze mois, dans les communes où existent d'importants déséquilibres entre l'offre et la demande de logement au détriment de personnes à revenus modestes et de personnes défavorisées.

Avant de procéder à la réquisition, le représentant de l'État dans le département informe le maire de la commune d'implantation des locaux de son intention de procéder à la réquisition et recueille son avis sur celle-ci, dans les conditions prévues à l'article L. 642-9.

Lorsque ces locaux sont situés dans un quartier prioritaire de la politique de la ville au sens de l'article 5 de la loi n° 2014-173 du 21 février 2014 de programmation pour la ville et la cohésion urbaine, la réquisition n'est possible qu'après l'accord du maire de la commune où les locaux sont implantés, selon des modalités précisées par décret en Conseil d'État.

La réquisition donne la jouissance des locaux à un attributaire, à charge pour lui de les donner à bail à des personnes bénéficiaires mentionnées au premier alinéa de l'article L. 642-5 du présent code ou de les utiliser pour assurer l'hébergement d'urgence de personnes sans abri mentionnées à l'article L. 345-2-2 du Code de l'action sociale et des familles.

La réquisition ouvre le droit pour l'attributaire de réaliser des travaux, payés par lui, de mise aux normes minimales requises en fonction de l'usage prévu pour les locaux. L'attributaire informe le titulaire du droit d'usage de la nature des travaux et de leur délai d'exécution ; il lui communique le tableau d'amortissement du coût de ces travaux.

Lorsque les locaux sont réquisitionnés dans l'objectif d'assurer l'hébergement d'urgence de personnes sans abri mentionnées au quatrième alinéa du présent article, la durée de la réquisition ne peut excéder deux ans. Toutefois, lorsque l'importance des travaux mentionnés au cinquième alinéa le justifie, elle peut être supérieure à deux ans, sans dépasser quatre ans.

Dans les autres cas, la durée de la réquisition est comprise entre un an et six ans. Toutefois, lorsque l'importance des travaux mentionnés au même cinquième alinéa le justifie, elle peut être supérieure à six ans, sans dépasser douze ans.

Les locaux régulièrement affectés à un usage autre que l'habitation peuvent, à l'expiration de la réquisition, retrouver leur affectation antérieure sur simple déclaration.

Art. L. 642-2 *(L. n° 98-657, 29 juill. 1998).* – Les locaux détenus par les sociétés civiles constituées exclusivement entre parents et alliés jusqu'au quatrième degré inclus ne peuvent faire l'objet d'une procédure de réquisition avec attributaire.

Art. L. 642-3 *(L. n° 98-657, 29 juill. 1998 ; mod., L. n° 2009-323, 25 mars 2009 ; L. n° 2018-1021, 23 nov. 2018).* – Lorsque la réquisition a pour objet d'assurer le logement de personnes mentionnées au premier alinéa de l'article L. 642-5, l'attributaire de la réquisition peut être :

1° L'État ;

2° Une collectivité territoriale ;

3° Un organisme d'habitations à loyer modéré ;

4° Une société d'économie mixte dont l'objet est de construire ou de donner à bail des logements ;

5° Un organisme bénéficiant de l'agrément relatif à la maîtrise d'ouvrage prévu à l'article L. 365-2 ou de l'agrément relatif à l'intermédiation locative et la gestion locative sociale prévu à l'article L. 365-4.

Lorsque la réquisition a pour objet d'assurer l'hébergement d'urgence de personnes sans abri, l'attributaire de la réquisition est un organisme conventionné par l'État à cette fin.

Art. L. 642-4 *(Mod., L. n° 2018-1021, 23 nov. 2018).* – Les rapports entre l'État et les attributaires mentionnés aux 2° à 5° et au dernier alinéa de l'article L. 642-3 sont régis par une convention ; le projet de convention d'attribution est notifié au titulaire du droit d'usage en même temps que l'intention de procéder à une réquisition de même que la liste des éventuels attributaires.

Art. L. 642-5 *(Mod., L. n° 2018-1021, 23 nov. 2018).* – Les locaux sont donnés à bail aux personnes justifiant de ressources inférieures à un plafond fixé par décret et désignées par le représentant de l'État dans le département en raison de leurs mauvaises conditions de logement.

Les locaux peuvent également être occupés à des fins d'hébergement d'urgence de personnes sans abri, mentionnées au quatrième alinéa de l'article L. 642-1 du présent code, dans les conditions prévues par le Code de l'action sociale et des familles.

Art. L. 642-6 *(L. n° 98-657, 29 juill. 1998).* – Le titulaire du droit d'usage sur les locaux réquisitionnés peut exercer un droit de reprise après neuf ans à compter de la notification de l'arrêté de réquisition, dans les conditions prévues par l'article L. 642-18.

Section II. – Procédure

Art. L. 642-7 *(L. n° 98-657, 29 juill. 1998).* – Le représentant de l'État dans le département peut nommer des agents assermentés afin de l'assister dans la procédure de réquisition. Ces agents sont astreints aux règles concernant le secret professionnel. Ceux-ci peuvent :

1° Consulter les fichiers des organismes chargés de la distribution de l'eau, du gaz, de l'électricité, du téléphone, ainsi que les fichiers tenus par les professionnels de l'immobilier, en vue de prendre connaissance des informations strictement nécessaires à la recherche des locaux vacants, à la détermination de la durée de la vacance et à l'identification du titulaire du droit d'usage sur les locaux ;

2° Visiter, accompagnés le cas échéant d'experts, les locaux susceptibles d'être réquisitionnés ; le titulaire du droit d'usage donne son accord pour cette visite ; à défaut, celle-ci ne peut avoir lieu que sur autorisation du juge judiciaire.

Art. L. 642-8 *(L. n° 98-657, 29 juill. 1998).* – Les services fiscaux fournissent au représentant de l'État dans le département les informations nominatives dont ils disposent sur la vacance.

Art. L. 642-9 *(Mod., L. n° 2018-1021, 23 nov. 2018).* – Au plus tard un mois avant le début de la réquisition, le représentant de l'État dans le département informe le maire de la commune d'implantation des locaux de son intention de procéder à la réquisition et recueille son avis sur celle-ci. Il transmet au maire les informations dont il dispose relatives à l'usage prévu pour les locaux, à l'attributaire et aux bénéficiaires envisagés pour la réquisition. Le représentant de l'État dans le département notifie au titulaire du droit d'usage des locaux son intention de procéder à la réquisition.

La notification indique les motifs et la durée de la réquisition envisagée. Elle est adressée au titulaire du droit d'usage par lettre recommandée avec demande d'avis de réception.

Art. L. 642-10 *(L. n° 98-657, 29 juill. 1998 ; mod., L. n° 2013-61, 18 janv. 2013).* – Dans un délai de deux mois à compter de la notification, le titulaire du droit d'usage sur les locaux peut faire connaître au représentant de l'État dans le département :

1° Son accord ou son opposition ;

2° Son intention de mettre fin à la vacance dans un délai de trois mois au plus à compter de la notification ;

3° Son engagement d'effectuer les travaux nécessaires pour mettre fin lui-même à la vacance ; dans ce cas, un échéancier de réalisation des travaux et de mise en location, qui ne peut excéder vingt-quatre mois, est soumis, dans un délai maximal fixé par décret en Conseil d'État, à l'approbation du représentant de l'État dans le département. Le délai de réalisation des travaux et de mise en location court à compter de l'approbation de l'échéancier.

Art. L. 642-11 *(L. n° 98-657, 29 juill. 1998).* – À compter de la réponse du titulaire du droit d'usage ou à l'issue du délai de deux mois et au plus tard quatre mois à compter de la notification de l'intention de réquisitionner, le représentant de l'État dans le département notifie au titulaire du droit d'usage sa décision, qui peut prendre l'une des formes suivantes :

1° Arrêté de réquisition motivé désignant l'attributaire et indiquant la durée de la réquisition qui ne peut excéder celle mentionnée dans l'arrêté visé à l'article L. 642-9 ;

2° Accord sur l'échéancier prévu au 3° de l'article L. 642-10 ;

3° Abandon de la procédure.

La notification de la décision est adressée au titulaire du droit d'usage par lettre recommandée avec demande d'avis de réception.

Art. L. 642-12 *(L. n° 98-657, 29 juill. 1998 ; mod., L. n° 2013-61, 18 janv. 2013).* – Le titulaire du droit d'usage qui s'est engagé à mettre fin à la vacance ou à réaliser les travaux mentionnés au 3° de l'article L. 642-10 justifie de l'exécution de son engagement sur la demande du représentant de l'État dans le département.

En l'absence de justification utile, le représentant de l'État dans le département peut notifier l'arrêté de réquisition.

Art. L. 642-13 *(L. n° 98-657, 29 juill. 1998).* – À défaut de retour dans les dix jours de l'avis de réception de la notification, les notifications prévues aux articles L. 642-9 et L. 642-11 sont affichées à la porte des locaux.

À compter du retour dans les dix jours de l'avis de réception de la notification prévue à l'article L. 642-11 ou, à défaut, à l'expiration d'un délai de dix jours à compter de l'affichage, le représentant de l'État dans le département peut requérir la force publique pour entrer dans les lieux.

Section III. – Relations entre le titulaire du droit d'usage des locaux et l'attributaire de la réquisition

Art. L. 642-14 *(L. n° 98-657, 29 juill. 1998).* – Sous réserve des dispositions du présent chapitre, les sections 1 et 2 du chapitre II du titre VIII du livre III du Code civil relatif au louage de choses sont applicables aux relations entre le titulaire du droit d'usage des locaux et l'attributaire.

Art. L. 642-15 *(Mod., L. n° 2018-1021, 23 nov. 2018).* – À compter de la prise de possession, l'attributaire verse mensuellement une indemnité au titulaire du droit d'usage.

Lorsque les locaux sont donnés à bail à un bénéficiaire mentionné au premier alinéa de l'article L. 642-5, cette indemnité est égale au loyer défini à l'article L. 642-23, déduction faite de l'amortissement du montant des travaux nécessaires et payés par lui pour satisfaire aux normes minimales de confort et d'habitabilité, et des frais de gestion des locaux. Lorsque le montant de l'amortissement des travaux et des frais de gestion est supérieur au loyer défini à l'article L. 642-23, aucune somme ne peut être perçue auprès du titulaire du droit d'usage.

Lorsque les locaux sont réquisitionnés à des fins d'hébergement d'urgence, cette indemnité est équivalente au loyer défini au même article L. 642-23, déduction faite de l'amortissement du montant des travaux nécessaires et payés par l'attributaire pour satisfaire aux normes minimales requises. Lorsque le montant de l'amortissement des travaux est supérieur au loyer défini audit article L. 642-23, aucune somme ne peut être perçue auprès du titulaire du droit d'usage.

Un décret en Conseil d'État fixe les conditions de l'amortissement et du calcul des frais de gestion mentionnés aux deuxième et troisième alinéas du présent article.

Art. L. 642-16 *(L. n° 98-657, 29 juill. 1998)*. – Le juge judiciaire fixe, le cas échéant, l'indemnisation par l'État du préjudice matériel, direct et certain, causé par la mise en œuvre de la réquisition.

Art. L. 642-17 *(L. n° 98-657, 29 juill. 1998)*. – La transmission des locaux, à titre onéreux ou gratuit, n'affecte pas la réquisition.

Art. L. 642-18 *(L. n° 98-657, 29 juill. 1998)*. – Le titulaire du droit d'usage peut exercer le droit de reprise prévu à l'article L. 642-6 à condition d'avoir :

1° Adressé à l'attributaire un préavis d'un an ;

2° Indemnisé celui-ci, trois mois avant l'expiration du délai de préavis, du montant des travaux non amortis.

Art. L. 642-19 *(L. n° 98-657, 29 juill. 1998)*. – Le juge judiciaire connaît du contentieux des relations entre le titulaire du droit d'usage des locaux et l'attributaire de la réquisition.

Art. L. 642-20 *(L. n° 98-657, 29 juill. 1998)*. – Les conditions d'application des sections 1, 2 et 3 du présent chapitre sont fixées par décret en Conseil d'État.

Section IV. – Relations entre l'attributaire et le bénéficiaire

Art. L. 642-21 *(L. n° 98-657, 29 juill. 1998)*. – Le bail, conclu entre l'attributaire et le bénéficiaire, est régi par la loi n° 89-462 du 6 juillet 1989 tendant à améliorer les rapports locatifs, sous réserve des dispositions de la présente section.

Art. L. 642-22 *(L. n° 98-657, 29 juill. 1998)*. – Le contrat de location est conclu pour une durée d'un an, ou pour la durée de la réquisition restant à courir si celle-ci est inférieure à un an.

Ce contrat ne comporte aucun dépôt de garantie ni caution simple ou solidaire.

Art. L. 642-23 *(Mod., L. n° 2018-1021, 23 nov. 2018)*. – Le loyer est déterminé en fonction du prix de base au mètre carré de surface fixé par décret.

Il est révisé chaque année en fonction de la variation moyenne de l'indice du coût de la construction et des indices des trois trimestres qui précèdent.

Il est payé mensuellement à terme échu.

Art. L. 642-24 *(L. n° 98-657, 29 juill. 1998)*. – Le bénéficiaire peut donner congé à tout moment, avec un délai de préavis d'un mois.

Art. L. 642-25 *(L. n° 98-657, 29 juill. 1998)*. – Le bénéficiaire ne peut céder le contrat de location ni *sous-louer le logement.*

Art. L. 642-26 *(L. n° 98-657, 29 juill. 1998)*. – Trois mois avant l'expiration du contrat intervenant avant la fin de la réquisition, le représentant de l'État dans le département peut proposer au bénéficiaire un autre logement correspondant à ses besoins et à ses possibilités. Sauf motif légitime et sérieux, le bénéficiaire qui n'accepte pas l'offre de relogement est déchu de tout titre d'occupation au terme du contrat.

À défaut d'offre de relogement, le bail est reconduit pour une durée d'un an, ou pour la durée de la réquisition restant à courir si celle-ci est inférieure à un an.

Art. L. 642-27 *(L. n° 98-657, 29 juill. 1998)*. – Si, au plus tard trois mois avant la fin de la réquisition, le titulaire du droit d'usage et le bénéficiaire n'ont pas conclu de contrat de location, l'attributaire peut proposer au bénéficiaire qui remplit les conditions pour l'attribution d'un logement d'habitation à loyer modéré la location d'un logement correspondant à ses besoins et à ses possibilités. À défaut d'une telle proposition, le représentant de l'État dans le département est tenu de proposer un logement au bénéficiaire aux mêmes conditions.

Le bénéficiaire qui n'a pas conclu de contrat de location ou accepté l'offre de relogement est déchu de tout titre d'occupation à l'expiration de la réquisition.

Art. L. 642-27-1 *(L. n° 2018-1021, 23 nov. 2018).* – Pour la présente section, le bénéficiaire de la réquisition est l'une des personnes mentionnées au premier alinéa de l'article L. 642-5.

Section V. – Dispositions pénales

Art. L. 642-28 *(L. n° 98-657, 29 juill. 1998).* – I. – Sont punis d'un an d'emprisonnement et de 15 000 € d'amende :

1° Le fait de dissimuler, par des manœuvres frauduleuses, la vacance de locaux ;

2° Le fait de détruire, dégrader ou détériorer des locaux ayant fait l'objet d'une notification d'intention de réquisitionner, dans le but de faire obstacle à une réquisition avec attributaire.

II. – *(Abr. L. n° 2009-526, 12 mai 2009).*

III. – Le tribunal peut également ordonner que les travaux de remise en état seront exécutés aux frais du condamné.

LIVRE SEPTIÈME. – IMMEUBLES RELEVANT DU STATUT DE LA COPROPRIÉTÉ

(Livre créé, L. n° 2014-366, 24 mars 2014)

TITRE PREMIER. – IDENTIFICATION DES IMMEUBLES RELEVANT DU STATUT DE LA COPROPRIÉTÉ

CHAPITRE UNIQUE. – DE L'IMMATRICULATION DES SYNDICATS DE COPROPRIÉTAIRES

Art. L. 711-1 *(L. n° 2014-366, 24 mars 2014 ; mod., L. n° 2017-86, 27 janv. 2017).* – Afin de faciliter la connaissance des citoyens et des pouvoirs publics sur l'état des copropriétés et la mise en œuvre des actions destinées à prévenir la survenance des dysfonctionnements, il est institué un registre auquel sont immatriculés les syndicats de copropriétaires définis à l'article 14 de la loi n° 65-557 du 10 juillet 1965 fixant le statut de la copropriété des immeubles bâtis, qui administrent des immeubles à destination partielle ou totale d'habitation.

Art. L. 711-2 *(L. n° 2014-366, 24 mars 2014 ; mod., L. n° 2017-86, 27 janv. 2017).* – I. - Les syndicats de copropriétaires sont tenus de déclarer les données mentionnées au présent article ainsi que toute modification les concernant.

II. - Figurent au registre :

1° Le nom, l'adresse, la date de création du syndicat, le nombre et la nature des lots qui composent la copropriété ainsi que, le cas échéant, le nom du syndic ;

2° Si le syndicat fait l'objet d'une procédure prévue aux articles 29-1 A ou 29-1 de la loi n° 65-557 du 10 juillet 1965 fixant le statut de la copropriété des immeubles bâtis ou à l'article L. 615-6 du présent code ;

3° Si le syndicat fait l'objet d'un arrêté ou d'une injonction pris en application des articles L. 1331-24, L. 1331-26, L. 1331-26-1, L. 1334-2 ou L. 1334-16 du Code de la santé publique ou L. 511-2, L. 511-3, L. 129-2, L. 129-3 ou L. 129-4-1 du présent code.

III. - Figurent également au registre :

1° À l'issue de chaque exercice comptable, les données essentielles relatives à la gestion et aux comptes du syndicat, issues notamment du budget prévisionnel, des comptes du syndicat et de leurs annexes ;

2° Les données essentielles relatives au bâti issues, le cas échéant, du carnet d'entretien et du diagnostic technique global réalisé en application de l'article L. 731-1, dès lors que celles-ci ne sont pas déjà fournies par les services fiscaux au teneur du registre, qui est autorisé à les utiliser pour la mise en œuvre des objectifs mentionnés à l'article L. 711-1.

Les obligations prévues au présent article peuvent faire l'objet d'une adaptation à la situation particulière des syndicats mentionnés au deuxième alinéa de l'article 14-3 de la loi n° 65-557 du 10 juillet 1965 précitée.

IV. - Les informations mentionnées au II sont portées à la connaissance du public. Un décret en Conseil d'État, pris après avis de la Commission nationale de l'informatique et des libertés, précise les conditions de publicité des informations mentionnées aux II et III du présent article ainsi que les conditions de consultation du registre.

Art. L. 711-3 *(L. n° 2014-366, 24 mars 2014 ; mod., L. n° 2017-86, 27 janv. 2017).* – Pour la mise en œuvre des politiques de l'habitat et de lutte contre l'habitat indigne et les copropriétés dégradées, l'État, les collectivités territoriales et leurs groupements obtiennent, à leur demande, du teneur du registre communication des informations du registre relatives aux copropriétés situées sur leur territoire.

Pour faciliter l'information des acquéreurs de lots de copropriété et accomplir la mission qui leur est confiée en application de l'article L. 711-5, les notaires ont accès à l'ensemble des données du registre mentionné au premier alinéa du présent article.

Art. L. 711-4 *(L. n° 2014-366, 24 mars 2014).* – I. - Pour les immeubles mis en copropriété, le notaire chargé de publier au fichier immobilier et au livre foncier l'état descriptif de division et le règlement de copropriété fait la déclaration d'immatriculation du syndicat de copropriétaires.

II. - À l'exception du cas mentionné au I, le syndic fait la déclaration d'immatriculation.

Le syndic accomplit les formalités de déclaration et de modification des données prévues à l'article L. 711-2.

III. - Le dépôt du dossier d'immatriculation, les modifications qui y sont apportées ainsi que la transmission des données prévues au même article L. 711-2 sont dématérialisés.

Art. L. 711-5 *(L. n° 2014-366, 24 mars 2014).* – Tout acte authentique de vente devant notaire relatif à un lot de copropriété comporte la mention du numéro d'immatriculation de la copropriété.

En l'absence de syndic désigné ou lorsque la mise en demeure mentionnée à l'article L. 711-6 est restée sans effet au terme d'un délai d'un mois, le notaire chargé de l'établissement de l'acte de vente procède d'office à l'immatriculation du syndicat de copropriétaires.

Les frais ainsi engagés par le notaire sont supportés par le syndic ou, si le syndic n'est pas rémunéré pour l'exercice de son mandat, par le syndicat.

Le notaire informe l'établissement public chargé de la tenue du registre de toute erreur qu'il y constate.

Art. L. 711-6 *(L. n° 2014-366, 24 mars 2014).* – I. - Lorsque le syndic n'a pas procédé à l'immatriculation du syndicat de copropriétaires ou lorsqu'il n'a pas transmis à l'établissement public chargé de la tenue du registre les informations prévues à l'article L. 711-2, l'établissement public, un copropriétaire ou toute personne qui y a un intérêt peut mettre en demeure, par lettre recommandée avec demande d'avis de réception, le syndic d'y procéder.

II. - Pour obtenir du syndic l'exécution des obligations mentionnées aux articles L. 711-1 à L. 711-4, le teneur du registre peut, après mise en demeure du syndic restée infructueuse pendant un mois, appliquer une astreinte à l'encontre du syndic. L'astreinte court à compter de la fin de la mise en demeure et jusqu'à la complète transmission ou actualisation des données.

L'astreinte est recouvrée comme en matière de contributions directes au profit de l'établissement public chargé de la tenue du registre.

Le montant de l'astreinte ne peut être supérieur à 20 € par lot et par semaine.

Son montant ne peut être facturé par le syndic aux copropriétaires, sauf si le syndic n'est pas rémunéré pour l'exercice de son mandat.

III. - Les syndicats de copropriétaires ne peuvent bénéficier de subventions de l'État, de ses établissements publics, des collectivités territoriales, de leurs groupements ou de leurs établissements publics qu'à la condition d'être immatriculés au registre et que leurs données soient actualisées.

Art. L. 711-7 *(L. n° 2014-366, 24 mars 2014).* – Les conditions d'application du présent chapitre sont précisées par décret en Conseil d'État.

....

DEUXIÈME PARTIE (RÉGLEMENTAIRE)

LIVRE PREMIER. – DISPOSITIONS GÉNÉRALES

TITRE PREMIER. – CONSTRUCTION DES BÂTIMENTS

CHAPITRE I. – RÈGLES GÉNÉRALES

Section VI. – Responsabilité des constructeurs d'ouvrages

Sous-section 1. – Déclarations d'ouverture de chantiers antérieures au 1er janvier 1979

....

LIVRE DEUXIÈME. – STATUT DES CONSTRUCTEURS

....

TITRE II. – PROMOTION IMMOBILIÈRE

CHAPITRE I. – DISPOSITIONS GÉNÉRALES

Néant.

CHAPITRE II. – DISPOSITIONS APPLICABLES À LA CONSTRUCTION D'IMMEUBLES À USAGE D'HABITATION OU À USAGE PROFESSIONNEL ET D'HABITATION

....

Section I. – Forme et objet du contrat de promotion immobilière et du contrat particulier relatif aux études préliminaires

....

Section II. – Prix du contrat

Section III. – Garanties d'exécution du contrat

....

TITRE III. – CONSTRUCTION D'UNE MAISON INDIVIDUELLE

CHAPITRE I. – CONSTRUCTION D'UNE MAISON INDIVIDUELLE AVEC FOURNITURE DE PLAN

(D. n° 91-1201, 27 nov. 1991)

....

CHAPITRE II. – CONSTRUCTION D'UNE MAISON INDIVIDUELLE SANS FOURNITURE DE PLAN

....

TITRE IV. – DISPOSITIONS COMMUNES DIVERSES

Néant.

TITRE V. – BAIL À CONSTRUCTION, BAIL À RÉHABILITATION, BAIL DANS LE CADRE D'UNE CONVENTION *D'USUFRUIT, BAIL RÉEL* IMMOBILIER, BAIL RÉEL SOLIDAIRE

(Intitulé rempl., D. n° 2016-855, 27 juin 2016 ; D. n° 2017-1038, 10 mai 2017)

CHAPITRE I. – BAIL À CONSTRUCTION

(Intitulé mod., D. n° 2007-897, 15 mai 2007)

....

CHAPITRE II. – BAIL À RÉHABILITATION

(D. n° 2016-855, 27 juin 2016)

Ce chapitre ne comprend pas de dispositions réglementaires.

CHAPITRE III. – BAIL DANS LE CADRE D'UNE CONVENTION D'USUFRUIT

(Anc. chap. II créé, D. n° 2007-897, 15 mai 2007 ; dénum. en chapitre III, D. n° 2016-855, 27 juin 2016)

....

CHAPITRE IV. – BAIL RÉEL IMMOBILIER

(D. n° 2016-855, 27 juin 2016)

Section 1. – Modalités de contrôle de l'affectation des logements

....

Section 2. – Calcul du plafond de la valeur des droits réels

....

Section 3. – Nullité et résiliation du contrat de bail immobilier

....

CHAPITRE V. – BAIL RÉEL SOLIDAIRE

(D. n° 2017-1038, 10 mai 2017)

....

TITRE VI. – VENTES D'IMMEUBLES À CONSTRUIRE OU À RÉNOVER

(Intitulé rempl., D. n° 2008-1338, 16 déc. 2008)

CHAPITRE I. – VENTES D'IMMEUBLES À CONSTRUIRE

(Anc. chap. unique dénum. et intitulé créé, D. n° 2008-1338, 16 déc. 2008)

Section I. – Dispositions générales

....

Section II. – Réception et garantie des ouvrages de bâtiments à usage d'habitation ou similaires

....

Section *III.* – Dispositions particulières à la conclusion du contrat de ventes d'immeubles à construire pour l'usage d'habitation ou pour l'usage professionnel et d'habitation

....

Section IV. – Garanties financières d'achèvement et de remboursement

(Intitulé rempl., D. n° 2016-359, 25 mars 2016)

....

Section V. – Contrat préliminaire

....

TITRE VII. – PROTECTION DE L'ACQUÉREUR IMMOBILIER

CHAPITRE UNIQUE

(Intitulé suppr., D. n° 2008-1371, 19 déc. 2008)

Section I. – Conditions d'établissement du dossier de diagnostic technique

(Division créée, D. n° 2008-1371, 19 déc. 2008)

Art. R. 271-1 *(D. n° 2006-1114, 5 sept. 2006 ; mod., D. n° 2010-1200, 11 oct. 2010).* – Pour l'application de l'article L. 271-6, il est recouru soit à une personne physique dont les compétences ont été certifiées par un organisme accrédité dans le domaine de la construction, soit à une personne morale employant des salariés ou constituée de personnes physiques qui disposent des compétences certifiées dans les mêmes conditions.

La certification des compétences est délivrée en fonction des connaissances techniques dans le domaine du bâtiment et de l'aptitude à établir les différents éléments composant le dossier de diagnostic technique.

Les organismes autorisés à délivrer la certification des compétences sont accrédités par un organisme signataire de l'accord européen multilatéral pris dans le cadre de la coordination européenne des organismes d'accréditation. L'accréditation est accordée en considération de l'organisation interne de l'organisme en cause, des exigences requises des personnes chargées des missions d'examinateur et de sa capacité à assurer la surveillance des organismes certifiés. Un organisme certificateur ne peut pas établir les documents qui doivent être établis dans les conditions prévues à l'article L. 271-6.

Des arrêtés des ministres chargés du logement, de la santé et de l'industrie précisent les modalités d'application du présent article.

Art. R. 271-2 *(D. n° 2006-1114, 5 sept. 2006).* – Les personnes mentionnées à l'article L. 271-6 souscrivent une assurance dont le montant de la garantie ne peut être inférieur à 300 000 euros par sinistre et 500 000 euros par année d'assurance.

Art. R. 271-2-1 *(D. n° 2011-629, 3 juin 2011)* (1). – Les personnes qui réalisent les repérages prévus aux articles R. 1334-20 à R. 1334-22 du Code de la santé publique ainsi que l'évaluation périodique de l'état de conservation et l'examen visuel prévus aux articles R. 1334-27 et R. 1334-29-3 du même code adressent aux ministres chargés de la construction et de la santé un rapport annuel d'activité. Un arrêté des ministres chargés de la construction et de la santé définit les modalités de transmission et le contenu du rapport d'activité.

Art. R. 271-3 *(D. n° 2006-1114, 5 sept. 2006 ; rempl., D. n° 2010-1200, 11 oct. 2010).* – La personne à laquelle il est fait appel pour l'établissement des documents qui doivent être établis dans les conditions prévues à l'article L. 271-6 remet préalablement à son client un document par lequel elle atteste sur l'honneur qu'elle est en situation régulière au regard des dispositions de cet article et qu'elle dispose des moyens en matériel et en personnel nécessaires à sa prestation.

Les documents établis sous couvert de la certification prévue à l'article R. 271-1 comportent la mention suivante : « Le présent rapport est établi par une personne dont les compétences sont certifiées par... : », complétée par le nom et l'adresse postale de l'organisme certificateur concerné.

Ni la personne citée au premier alinéa ni son employé ne peut accorder, directement ou indirectement, à l'entité visée à l'article 1er de la loi n° 70-9 du 2 janvier 1970 qui intervient pour la vente ou la location pour laquelle l'un des documents qui doivent être établis dans les conditions prévues à l'article L. 271-6 est demandé, aucun avantage ni rétribution, sous quelque forme que ce soit.

Ni la personne citée au premier alinéa ni son employé ne peut recevoir, directement ou indirectement, de la part d'une entreprise pouvant réaliser des travaux sur les ouvrages, installations ou équipements sur lesquels porte sa prestation, aucun avantage ni rétribution, sous quelque forme que ce soit.

---

(1) Dispositions d'application transitoires : V. D. n° 2011-629, 3 juin 2011, art. 4 à 10.

Art. R. 271-4 *(D. n° 2006-1114, 5 sept. 2006 ; mod., D. n° 2010-1200, 11 oct. 2010 ; D. n° 2011-807, 5 juill. 2011)*. – Est puni de l'amende prévue pour les contraventions de la cinquième classe le fait :

a) d'établir ou d'accepter d'établir un document devant être établi dans les conditions de l'article L. 271-6, et de ne pas respecter les conditions de compétences, d'organisation et d'assurance définies par les articles R. 271-1 et R. 271-2 et les conditions d'impartialité et d'indépendance exigées à l'article L. 271-6 ;

b) d'établir ou d'accepter d'établir un document devant être établi dans les conditions de l'article L. 271-6, et de ne pas respecter les conditions de compétences, d'organisation et d'assurance définies par les articles R. 271-1, R. 271-2 et R. 134-5-6 et les conditions d'impartialité et d'indépendance exigées à l'article L. 271-6 ;

c) pour un organisme certificateur d'établir un document devant être établi dans les conditions prévues à l'article L. 271-6, en méconnaissance de l'article R. 271-1 ;

d) de faire appel, en vue d'établir un document devant être établi dans les conditions prévues à l'article L. 271-6, à une personne qui ne satisfait pas aux conditions de compétences, d'organisation et d'assurance définies aux articles R. 271-1 et R. 271-2 ou aux conditions d'impartialité et d'indépendance exigées à l'article L. 271-6.

La récidive est réprimée conformément aux articles 132-11 et 132-15 du Code pénal.

Art. R. 271-5 *(D. n° 2006-1653, 21 déc. 2006 ; mod., D. n° 2011-413, 13 avr. 2011)*. – Par rapport à la date de la promesse de vente ou à la date de l'acte authentique de vente de tout ou partie d'un immeuble bâti, les documents prévus aux 1°, 3° et 4° du I de l'article L. 271-4 doivent avoir été établis depuis :

- sous réserve des dispositions du troisième alinéa de l'article L. 271-5, moins d'un an pour le constat de risque d'exposition au plomb ;
- moins de six mois pour l'état du bâtiment relatif à la présence de termites ;
- moins de trois ans pour l'état de l'installation intérieure de gaz ;
- *(Abr., D. n° 2011-413, 13 avr. 2011)* ;
- moins de trois ans pour l'état de l'installation intérieure d'électricité.

Section II. – Dispositions générales
(D. n° 2008-1371, 19 déc. 2008)

Art. D. 271-6 *(D. n° 2008-1371, 19 déc. 2008 ; D. n° 2016-579, 11 mai 2016)*. – L'acte sous seing privé ou une copie de l'avant-contrat réalisé en la forme authentique remis directement à l'acquéreur non professionnel en application du troisième alinéa de l'article L. 271-1 reproduit les dispositions de l'article L. 271-2.

Le bénéficiaire du droit de rétractation y inscrit de sa main les mentions suivantes : « remis par (nom du professionnel)... à (lieu)... le (date)... » et : « Je déclare avoir connaissance qu'un délai de rétractation de dix jours m'est accordé par l'article L. 271-1 du Code de la construction et de l'habitation, et qu'il court à compter du lendemain de la date de remise inscrite de ma main sur le présent acte, soit à compter du... ».

Art. D. 271-7 *(D. n° 2008-1371, 19 déc. 2008 ; D. n° 2016-579, 11 mai 2016)*. – Le projet d'acte authentique mentionné au cinquième alinéa de l'article L. 271-1 remis directement à l'acquéreur non professionnel reproduit les dispositions de l'article L. 271-2.

Le bénéficiaire du droit de réflexion y inscrit de sa main les mentions suivantes : « remis par (nom du professionnel)... à (lieu)... le (date)... » et : « Je déclare avoir connaissance qu'un délai de réflexion de dix jours m'est accordé par l'article L. 271-1 du Code de la construction et de l'habitation, et qu'il court à compter du lendemain de la date de remise inscrite de ma main sur le présent projet, soit à compter du... »

Code de l'éducation

Art. L. 911-4 *(Mod., L. n° 2015-177, 16 févr. 2015)*. – Dans tous les cas où la responsabilité des membres de l'enseignement public se trouve engagée à la suite ou à l'occasion d'un fait dommageable commis, soit par les élèves ou les étudiants qui leur sont confiés à raison de leurs fonctions, soit au détriment de ces élèves ou de ces étudiants dans les mêmes conditions, la responsabilité de l'État est substituée à celle desdits membres de l'enseignement qui ne peuvent jamais être mis en cause devant les tribunaux civils par la victime ou ses représentants.

Il en est ainsi toutes les fois que, pendant la scolarité ou en dehors de la scolarité, dans un but d'enseignement ou d'éducation physique, non interdit par les règlements, les élèves et les étudiants confiés ainsi aux membres de l'enseignement public se trouvent sous la surveillance de ces derniers.

L'action récursoire peut être exercée par l'État soit contre le membre de l'enseignement public, soit contre les tiers, conformément au droit commun.

Dans l'action principale, les membres de l'enseignement public contre lesquels l'État pourrait éventuellement exercer l'action récursoire ne peuvent être entendus comme témoins.

L'action en responsabilité exercée par la victime, ses parents ou ses ayants droit, intentée contre l'État, ainsi responsable du dommage, est portée devant le tribunal de l'ordre judiciaire du lieu où le dommage a été causé et dirigée contre l'autorité académique compétente.

La prescription en ce qui concerne la réparation des dommages prévus par le présent article est acquise par trois années à partir du jour où le fait dommageable a été commis.

Code de l'entrée et du séjour des étrangers et du droit d'asile

PREMIÈRE PARTIE (Législative)

LIVRE PREMIER – DISPOSITIONS GÉNÉRALES APPLICABLES AUX ÉTRANGERS ET AUX RESSORTISSANTS DE CERTAINS ÉTATS

TITRE PREMIER – GÉNÉRALITÉS

CHAPITRE UNIQUE

....

Art. L. 111-6 *(Rempl., L. n° 2006-911, 24 juill. 2006 ; mod., L. n° 2007-1631, 20 nov. 2007).* – La vérification de tout acte d'état civil étranger est effectuée dans les conditions définies par l'article 47 du Code civil.

Le demandeur d'un visa pour un séjour d'une durée supérieure à trois mois, ou son représentant légal, ressortissant d'un pays dans lequel l'état civil présente des carences, qui souhaite rejoindre ou accompagner l'un de ses parents mentionné aux articles L. 411-1 et L. 411-2 ou ayant obtenu le statut de réfugié ou le bénéfice de la protection subsidiaire, peut, en cas d'inexistence de l'acte de l'état civil ou lorsqu'il a été informé par les agents diplomatiques ou consulaires de l'existence d'un doute sérieux sur l'authenticité de celui-ci qui n'a pu être levé par la possession d'état telle que définie à l'article 311-1 du Code civil, demander que l'identification du demandeur de visa par ses empreintes génétiques soit recherchée afin d'apporter un élément de preuve d'une filiation déclarée avec la mère du demandeur de visa. Le consentement des personnes dont l'identification est ainsi recherchée doit être préalablement et expressément recueilli. Une information appropriée quant à la portée et aux conséquences d'une telle mesure leur est délivrée.

Les agents diplomatiques ou consulaires saisissent sans délai le tribunal de grande instance de Nantes pour qu'il statue, après toutes investigations utiles et un débat contradictoire, sur la nécessité de faire procéder à une telle identification.

Si le tribunal estime la mesure d'identification nécessaire, il désigne une personne chargée de la mettre en œuvre parmi les personnes habilitées dans les conditions prévues au dernier alinéa.

La décision du tribunal et, le cas échéant, les conclusions des analyses d'identification autorisées par celui-ci sont communiquées aux agents diplomatiques ou consulaires. Ces analyses sont réalisées aux frais de l'État.

Un décret en Conseil d'État, pris après avis du Comité consultatif national d'éthique, définit :

1° *Les conditions de mise en œuvre* des mesures d'identification des personnes par leurs empreintes génétiques préalablement à une demande de visa ;

2° La liste des pays dans lesquels ces mesures sont mises en œuvre, à titre expérimental ;

3° La durée de cette expérimentation, qui ne peut excéder dix-huit mois à compter de la publication de ce décret et qui s'achève au plus tard le 31 décembre 2009 ;

4° Les modalités d'habilitation des personnes autorisées à procéder à ces mesures.

LIVRE TROISIÈME. – LE SÉJOUR EN FRANCE

....

TITRE II. – LES CONDITIONS DU SÉJOUR

CHAPITRE I. – CONDITIONS DE CIRCULATION

....

Section II. – Documents de circulation délivrés aux étrangers mineurs

(Section rempl. à compter d'une date fixée par décret en Conseil d'État, et au plus tard le 1er mars 2019, L. n° 2018-778, 10 sept. 2018)

Sous-section 1. – Le titre d'identité républicain

Art. L. 321-3 ***(Rempl. à compter d'une date fixée par décret en Conseil d'État, et au plus tard le 1er mars 2019, L. n° 2018-778, 10 sept. 2018).*** **– Le titulaire du document de circulation pour étranger mineur prévu à l'article L. 321-4 peut être réadmis en France, en dispense de visa, sur présentation de ce titre accompagné d'un document de voyage en cours de validité.**

Le document de circulation pour étranger mineur délivré par le représentant de l'État à Mayotte ne permet la réadmission de son titulaire, en dispense de visa, qu'à Mayotte, sur présentation de ce titre accompagné d'un document de voyage en cours de validité. Le mineur ressortissant d'un pays tiers figurant sur la liste annexée au règlement (CE) n° 539/2001 du Conseil du 15 mars 2001 fixant la liste des pays tiers dont les ressortissants sont soumis à l'obligation de visa pour franchir les frontières extérieures des États membres et la liste de ceux dont les ressortissants sont exemptés de cette obligation qui réside à Mayotte et qui souhaite se rendre dans un autre département doit obtenir un visa. Ce visa est délivré dans les conditions prévues à l'article L. 832-2.

Sous-section 2. – Le document de circulation délivré à l'étranger mineur

Art. L. 321-4 ***(Rempl. à compter d'une date fixée par décret en Conseil d'État, et au plus tard le 1er mars 2019, L. n° 2018-778, 10 sept. 2018).*** **– Un document de circulation pour étranger mineur est délivré de plein droit à l'étranger mineur résidant en France :**

1° Dont au moins l'un des parents est titulaire d'une carte de séjour temporaire, d'une carte de séjour pluriannuelle ou d'une carte de résident ou, à Mayotte, à l'étranger mineur né sur le territoire français dont au moins l'un des parents est titulaire d'une carte de séjour temporaire, d'une carte de séjour pluriannuelle ou d'une carte de résident ;

2° Qui est l'enfant étranger d'un ressortissant français ou un descendant direct d'un ressortissant d'un État membre de l'Union européenne, d'un autre État partie à l'accord sur l'Espace économique européen ou de la Confédération suisse satisfaisant aux conditions énoncées aux 1° ou 2° de l'article L. 121-1 ou qui est l'enfant à charge d'un ressortissant d'un de ces mêmes États satisfaisant aux conditions énoncées au 3° du même article L. 121-1 ;

3° Qui est un descendant direct à charge du conjoint d'un ressortissant d'un État membre de l'Union européenne, d'un autre État partie à l'accord sur l'Espace économique européen ou de la Confédération suisse satisfaisant aux conditions énoncées aux 1° ou 2° dudit article L. 121-1 ;

4° Dont au moins l'un des parents a acquis la nationalité française ;

5° Qui relève, en dehors de la condition de majorité, des prévisions du 2° *bis* de l'article L. 313-11 ;

6° Qui s'est vu reconnaître la qualité de réfugié ou s'est vu accorder le bénéfice de la protection subsidiaire ;

7° Qui est entré en France sous couvert d'un visa d'une durée supérieure à trois mois en qualité d'enfant de Français ou d'adopté ;

8° Qui est entré en France avant l'âge de treize ans sous couvert d'un visa d'une durée supérieure à trois mois délivré en qualité de visiteur et qui justifie avoir résidé habituellement en France depuis ;

9° Qui, né à l'étranger, est entré à Mayotte, hors regroupement familial, avant l'âge de treize ans sous couvert des documents et visas exigés par les conventions internationales et les règlements en vigueur et dont au moins l'un des parents est titulaire d'une carte de séjour temporaire, d'une carte de séjour pluriannuelle ou d'une carte de résident.

Le document de circulation pour étranger mineur est délivré dans des conditions fixées par décret.

DEUXIÈME PARTIE (Réglementaire)

....

LIVRE III. – LE SÉJOUR EN FRANCE

....

TITRE II. – LES CONDITIONS DE SÉJOUR

CHAPITRE I. – CONDITIONS DE CIRCULATION

....

Section II. – Documents de circulation délivrés aux étrangers mineurs
(Mod. à compter du 1er mars 2019, D. n° 2019-151, 27 févr. 2019)

Art. D. 321-9 *(Créé à compter du 1er mars 2019, D. n° 2019-151, 27 févr. 2019).* **– Le document de circulation pour étranger mineur est délivré par le préfet du département où réside habituellement le mineur et, lorsque ce dernier réside à Paris, par le préfet de police, sur demande de la personne exerçant l'autorité parentale ou de son mandataire.**

Le demandeur est tenu de se présenter, à la préfecture de département ou à la sous-préfecture, ou, à Paris, à la préfecture de police, pour y souscrire une demande de document de circulation pour étranger mineur.

Toutefois, le préfet peut prescrire que les demandes de document de circulation pour étrangers mineurs soient adressées par voie postale ou par voie dématérialisée.

Art. D. 321-10 *(Créé à compter du 1er mars 2019, D. n° 2019-151, 27 févr. 2019).* **– Le demandeur présente :**

1° Les documents justifiant de son état civil et de sa nationalité et, s'il est soumis aux dispositions de l'article L. 311-1, un document établissant la régularité de son séjour ;

2° Les documents attestant qu'il exerce l'autorité parentale sur le mineur pour lequel la demande est souscrite ou qu'il détient un mandat de la personne titulaire de cette autorité ;

3° Les documents justifiant de l'état civil, de la nationalité et de la filiation du mineur ;

4° Un justificatif de domicile lorsqu'il réside avec le mineur ;

5° Les justificatifs permettant d'apprécier la résidence habituelle du mineur en France et, lorsqu'il ne vit pas avec le demandeur, d'identifier son domicile ;

6° Deux photographies de l'enfant de face, tête nue, de format 3,5 × 4,5 cm, récentes et parfaitement ressemblantes ;

7° Les documents justifiant que le mineur appartient à l'une des catégories mentionnées à l'article L. 321-4.

Art. D. 321-11 *(Créé à compter du 1er mars 2019, D. n° 2019-151, 27 févr. 2019).* **– Le document de circulation pour étranger mineur est établi suivant un modèle défini par arrêté du ministre chargé de l'immigration.**

Art. D. 321-12 *(Créé à compter du 1er mars 2019, D. n° 2019-151, 27 févr. 2019).* **– Le document de circulation pour étranger mineur devient caduc dans les cas suivants :**

1° Lorsque les délais prévus aux 1° et 2° de l'article R. 311-2 sont expirés ;

2° Lorsqu'un titre de séjour est délivré au titulaire ;

3° Lorsque le titulaire acquiert la nationalité française avant sa majorité.

Le document de circulation pour étranger mineur caduc ou dont la durée de validité est échue doit être restitué par son titulaire au préfet de département où réside le mineur ou, à Paris, au préfet de police.

Code de l'environnement

....

Art. L. 152-1 *(Mod., L. n° 2016-1087, 8 août 2016).* **– Les obligations financières liées à la réparation des dommages causés à l'environnement par les installations, travaux, ouvrages et activités régis par le présent code se prescrivent par dix ans à compter du jour où le titulaire de l'action a connu ou aurait dû connaître la manifestation du dommage.**

Voir : Sous l'article 2226 du Code civil

....

LIVRE DEUXIÈME. – MILIEUX PHYSIQUES

TITRE PREMIER. – EAU ET MILIEUX AQUATIQUES

....

CHAPITRE V. – DISPOSITIONS PROPRES AUX COURS D'EAU NON DOMANIAUX

Section I. – Droits des riverains

Art. L. 215-1. – Les riverains n'ont le droit d'user de l'eau courante qui borde ou qui traverse leurs héritages que dans les limites déterminées par la loi. Ils sont tenus de se conformer, dans l'exercice de ce droit, aux dispositions des règlements et des autorisations émanant de l'administration.

Art. L. 215-2 *(Mod., L. n° 2006-1772, 30 déc. 2006).* – Le lit des cours d'eau non domaniaux appartient aux propriétaires des deux rives.

Si les deux rives appartiennent à des propriétaires différents, chacun d'eux a la propriété de la moitié du lit, suivant une ligne que l'on suppose tracée au milieu du cours d'eau, sauf titre ou prescription contraire.

Chaque riverain a le droit de prendre, dans la partie du lit qui lui appartient, tous les produits naturels et d'en extraire de la vase, du sable et des pierres, à la condition de ne pas modifier le régime des eaux et d'en exécuter l'entretien conformément à l'article L. 215-14.

Sont et demeurent réservés les droits acquis par les riverains ou autres intéressés sur les parties des cours d'eau qui servent de voie d'exploitation pour la desserte de leurs fonds.

Art. L. 215-3. – Lorsque le lit d'un cours d'eau est abandonné, soit naturellement soit par suite de travaux légalement exécutés, chaque riverain en reprend la libre disposition suivant les limites déterminées par l'article précédent.

Art. L. 215-4 *(Mod., L. n° 2006-1772, 30 déc. 2006).* – Lorsqu'un cours d'eau non domanial abandonne naturellement son lit, les propriétaires des fonds sur lesquels le nouveau lit s'établit sont tenus de souffrir le passage des eaux sans indemnité ; mais ils peuvent, dans l'année qui suit le changement de lit, prendre les mesures nécessaires pour rétablir l'ancien cours des eaux, sous réserve que ces mesures ne fassent pas obstacle à la réalisation d'une opération entreprise pour la gestion de ce cours d'eau en application de l'article L. 211-7.

Les propriétaires riverains du lit abandonné jouissent de la même faculté et peuvent, dans l'année et dans les mêmes conditions, poursuivre l'exécution des travaux nécessaires au rétablissement du cours primitif.

Art. L. 215-5 *(Abr., L. n° 2006-1772, 30 déc. 2006).*

Art. L. 215-6. – La propriété des alluvions, relais, atterrissements, îles et îlots qui se forment dans les cours d'eau non domaniaux est et demeure régie par les dispositions des articles 556, 557, 559, 561 et 562 du Code civil.

Section II. – Police et conservation des eaux

Art. L. 215-7. – L'autorité administrative est chargée de la conservation et de la police des cours d'eau non domaniaux. Elle prend toutes dispositions pour assurer le libre cours des eaux.

Dans tous les cas, les droits des tiers sont et demeurent réservés.

Art. L. 215-7-1 *(L. n° 2016-1087, 8 août 2016).* – Constitue un cours d'eau un écoulement d'eaux courantes dans un lit naturel à l'origine, alimenté par une source et présentant un débit suffisant la majeure partie de l'année.

L'écoulement peut ne pas être permanent compte tenu des conditions hydrologiques et géologiques locales.

Art. L. 215-8. – Le régime général de ces cours d'eau est fixé, s'il y a lieu, de manière à concilier les intérêts des diverses catégories d'utilisateurs de leurs eaux avec le respect dû à la propriété et aux droits et usages antérieurement établis, après enquête d'utilité publique, par arrêté du ministre dont relève le cours d'eau ou la section du cours d'eau.

Art. L. 215-9. – Le propriétaire riverain d'un cours d'eau non domanial ne peut exécuter des travaux au-dessus de ce cours d'eau ou le joignant qu'à la condition de ne pas préjudicier à l'écoulement et de ne causer aucun dommage aux propriétés voisines.

Art. L. 215-10 *(Mod., L. n° 2006-1772, 30 déc. 2006 ; à compter du 1er mars 2017, Ord. n° 2017-80, 26 janv. 2017).* – I. – Les autorisations ou permissions accordées pour l'établissement d'ouvrages ou d'usines sur les cours d'eaux non domaniaux peuvent être révoquées ou modifiées sans indemnité de la part de l'État exerçant ses pouvoirs de police dans les cas suivants :

1° Dans l'intérêt de la salubrité publique, et notamment lorsque cette révocation ou cette modification est nécessaire à l'alimentation en eau potable de centres habités ou en est la conséquence ;

2° Pour prévenir ou faire cesser les inondations ;

3° Dans les cas de la réglementation générale prévue à l'article L. 215-8 ;

4° Lorsqu'elles concernent les ouvrages établissant ou réglant le plan d'eau ou les établissements ou usines qui, à dater du 30 mars 1993, n'auront pas été entretenus depuis plus de vingt ans ; toute collectivité publique ou tout établissement public intéressé peut, en cas de défaillance du permissionnaire ou du titulaire de l'autorisation, et à sa place, après mise en demeure par le préfet, exécuter les travaux qui sont la conséquence de la révocation ou de la modification de la permission ou de l'autorisation, et poursuivre, à l'encontre du permissionnaire ou du titulaire de l'autorisation, le remboursement de ces travaux ;

5° *(Abr., L. n° 2006-1772, 30 déc. 2006).*

I *bis*. – À compter du 1er janvier 2014, en application des objectifs et des orientations du schéma directeur d'aménagement et de gestion des eaux, sur les cours d'eau classés au titre du I de l'article L. 214-17, les autorisations ou permissions accordées pour l'établissement d'ouvrages ou d'usines peuvent être modifiées, sans indemnité de la part de l'État exerçant ses pouvoirs de police, dès lors que leur fonctionnement ne permet pas la préservation des espèces migratrices vivant alternativement en eau douce et en eau salée.

II. - Les dispositions du I et du I *bis* sont applicables aux permissions ou autorisations accordées en vertu des articles L. 214-1 à L. 214-6, ou antérieurement à la mise en vigueur de ces dispositions, ainsi qu'aux établissements ayant une existence légale et aux entreprises concédées ou autorisées en application du titre Ier du livre V du Code de l'énergie. Les modifications apportées en application du I *bis* du présent article aux concessions visées par le titre II du livre V du Code de l'énergie n'ouvrent droit à indemnité que si elles entraînent un bouleversement de l'équilibre économique du contrat.

III. – Les conditions d'application du 4° du I sont fixées par un décret en Conseil d'État.

Art. L. 215-11. – Les propriétaires ou fermiers de moulins et usines, même autorisés ou ayant une existence légale, sont garants des dommages causés aux chemins et aux propriétés.

Art. L. 215-12. – Les maires peuvent, sous l'autorité des préfets, prendre toutes les mesures nécessaires pour la police des cours d'eau.

Art. L. 215-13. – La dérivation des eaux d'un cours d'eau non domanial, d'une source ou d'eaux souterraines, entreprise dans un but d'intérêt général par une collectivité publique ou son concessionnaire, par une association syndicale ou par tout autre établissement public, est autorisée par un acte déclarant d'utilité publique les travaux.

Section III. – Entretien et restauration des milieux aquatiques

(Rempl., L. n° 2006-1772, 30 déc. 2006)

Art. L. 215-14 *(Rempl., L. n° 2006-1772, 30 déc. 2006).* – Sans préjudice des articles 556 et 557 du *Code civil et des chapitres I, II, IV, VI et VII du* présent titre, le propriétaire riverain est tenu à un entretien régulier du cours d'eau. L'entretien régulier a pour objet de maintenir le cours d'eau dans son profil d'équilibre, de permettre l'écoulement naturel des eaux et de contribuer à son bon état écologique ou, le cas échéant, à son bon potentiel écologique, notamment par enlèvement des embâcles, débris et atterrissements, flottants ou non, par élagage ou recépage de la végétation des rives. Un décret en Conseil d'État détermine les conditions d'application du présent article.

Art. L. 215-15 *(Rempl., L. n° 2006-1772, 30 déc. 2006 ; mod. à compter du 1er mars 2017, Ord. n° 2017-80, 26 janv. 2017)*. – I. - Les opérations groupées d'entretien régulier d'un cours d'eau, canal ou plan d'eau et celles qu'impose en montagne la sécurisation des torrents sont menées dans le cadre d'un plan de gestion établi à l'échelle d'une unité hydrographique cohérente et compatible avec les objectifs du schéma d'aménagement et de gestion des eaux lorsqu'il existe. L'autorisation d'exécution de ce plan de gestion au titre des articles L. 214-1 à L. 214-6 a une validité pluriannuelle.

Lorsque les collectivités territoriales, leurs groupements ou les syndicats mixtes créés en application de l'article L. 5721-2 du Code général des collectivités territoriales prennent en charge cet entretien groupé en application de l'article L. 211-7 du présent code, l'enquête publique prévue pour la déclaration d'intérêt général est menée conjointement avec celle prévue à l'article L. 181-9. La déclaration d'intérêt général a, dans ce cas, une durée de validité de cinq ans renouvelable.

Le plan de gestion peut faire l'objet d'adaptations, en particulier pour prendre en compte des interventions ponctuelles non prévisibles rendues nécessaires à la suite d'une crue ou de tout autre événement naturel majeur et des interventions destinées à garantir la sécurité des engins nautiques non motorisés ainsi que toute opération s'intégrant dans un plan d'action et de prévention des inondations. Ces adaptations sont approuvées par l'autorité administrative.

II. – Le plan de gestion mentionné au I peut comprendre une phase de restauration prévoyant des interventions ponctuelles telles que le curage, si l'entretien visé à l'article L. 215-14 n'a pas été réalisé ou si celle-ci est nécessaire pour assurer la sécurisation des cours d'eau de montagne. Le recours au curage doit alors être limité aux objectifs suivants :

– remédier à un dysfonctionnement du transport naturel des sédiments de nature à remettre en cause les usages visés au II de l'article L. 211-1, à empêcher le libre écoulement des eaux ou à nuire au bon fonctionnement des milieux aquatiques ;

– lutter contre l'eutrophisation ;

– aménager une portion de cours d'eau, canal ou plan d'eau en vue de créer ou de rétablir un ouvrage ou de faire un aménagement.

Le dépôt ou l'épandage des produits de curage est subordonné à l'évaluation de leur innocuité vis-à-vis de la protection des sols et des eaux.

III. – Un décret en Conseil d'État détermine les conditions d'application du présent article.

Art. L. 215-15-1 *(L. n° 2006-1772, 30 déc. 2006)*. – L'entretien régulier peut être effectué selon les anciens règlements et usages locaux relatifs à l'entretien des milieux aquatiques pour autant qu'ils soient compatibles avec les objectifs mentionnés aux articles L. 215-14 et L. 215-15. Dans le cas contraire, l'autorité administrative met à jour ces anciens règlements ou usages locaux en les validant, en les adaptant ou, le cas échéant, en les abrogeant en tout ou partie. À compter du 1er janvier 2014, les anciens règlements et usages locaux qui n'ont pas été mis à jour cessent d'être en vigueur.

Art. L. 215-16 *(Rempl., L. n° 2006-1772, 30 déc. 2006)*. – Si le propriétaire ne s'acquitte pas de l'obligation d'entretien régulier qui lui est faite par l'article L. 215-14, la commune, le groupement de communes ou le syndicat compétent, après une mise en demeure restée infructueuse à l'issue d'un délai déterminé dans laquelle sont rappelées les dispositions de l'article L. 435-5, peut y pourvoir d'office à la charge de l'intéressé.

Le maire ou le président du groupement ou du syndicat compétent émet à l'encontre du propriétaire un titre de perception du montant correspondant aux travaux exécutés. Il est procédé au recouvrement de cette somme au bénéfice de la commune, du groupement ou du syndicat compétent, comme en matière de créances de l'État étrangères à l'impôt et au domaine.

Art. L. 215-17 *(Rempl., L. n° 2006-1772, 30 déc. 2006)*. – Toutes les contestations relatives à l'exécution des travaux, à la répartition des dépenses et aux demandes en réduction ou en décharge formées par les imposés au titre de la présente section sont portées devant la juridiction administrative.

Art. L. 215-18 *(Rempl., L. n° 2006-1772, 30 déc. 2006)*. – Pendant la durée des travaux visés aux articles L. 215-15 et L. 215-16, les propriétaires sont tenus de laisser passer sur leurs terrains les fonctionnaires et les agents chargés de la surveillance, les entrepreneurs ou ouvriers, ainsi que les engins mécaniques strictement nécessaires à la réalisation de travaux, dans la limite d'une largeur de six mètres.

Les terrains bâtis ou clos de murs à la date du 3 février 1995 ainsi que les cours et jardins attenant aux habitations sont exempts de la servitude en ce qui concerne le passage des engins.

La servitude instituée au premier alinéa s'applique autant que possible en suivant la rive du cours d'eau et en respectant les arbres et plantations existants.

Art. L. 215-19 à L. 215-24 *(Implicitement abr., L. n° 2006-1772, 30 déc. 2006).*

LIVRE TROISIÈME. – ESPACES NATURELS

TITRE IV. – SITES

CHAPITRE PREMIER. – SITES INSCRITS ET CLASSÉS

Section I. – Inventaire et classement

Art. L. 341-1 *(Mod., L. n° 2010-788, 12 juill. 2010 ; L. n° 2016-1087, 8 août 2016).* – Il est établi dans chaque département une liste des monuments naturels et des sites dont la conservation ou la préservation présente, au point de vue artistique, historique, scientifique, légendaire ou pittoresque, un intérêt général.

Après l'enquête publique réalisée conformément au chapitre III du titre II du livre Ier, l'inscription sur la liste est prononcée par arrêté du ministre chargé des sites et, en Corse, par délibération de l'Assemblée de Corse après avis du représentant de l'État.

L'inscription entraîne, sur les terrains compris dans les limites fixées par l'arrêté, l'obligation pour les intéressés de ne pas procéder à des travaux autres que ceux d'exploitation courante en ce qui concerne les fonds ruraux et d'entretien en ce qui concerne les constructions sans avoir avisé, quatre mois d'avance, l'administration de leur intention.

Art. L. 341-1-1 *(L. n° 2016-925, 7 juill. 2016).* – Les servitudes d'utilité publique instituées en application de l'article L. 341-1 ne sont applicables ni aux immeubles classés ou inscrits au titre des monuments historiques, ni aux immeubles protégés au titre des abords ou situés dans un site patrimonial remarquable définis au livre VI du Code du patrimoine.

Art. L. 341-1-2 *(L. n° 2016-1087, 8 août 2016 ; mod., L. n° 2018-148, 2 mars 2018).* – I. - Les monuments naturels ou les sites inscrits avant la publication de la loi n° 2016-1087 du 8 août 2016 pour la reconquête de la biodiversité, de la nature et des paysages font l'objet, avant le 1er janvier 2026 :

1° Soit d'une mesure de classement en application de l'article L. 341-2 du présent code ou d'une mesure de protection au titre du Code du patrimoine lorsque leurs caractéristiques justifient ces mesures ;

2° Soit d'un décret mettant fin à leur inscription, pris après mise à la disposition du public, selon les modalités prévues aux II à IV de l'article L. 123-19-1 du présent code, et après consultation de la commission supérieure des sites, perspectives et paysages et de la commission départementale de la nature, des paysages et des sites, lorsque cette mesure est justifiée par leur état de dégradation irréversible ou par leur couverture par une autre mesure de protection, de niveau au moins équivalent, prévue au présent code ou au Code du patrimoine ;

3° Soit d'un maintien sur la liste mentionnée au premier alinéa de l'article L. 341-1, par arrêté du ministre chargé des sites et, en Corse, par délibération de l'Assemblée de Corse après avis du représentant de l'État.

II. - Jusqu'à l'intervention de l'une des décisions prévues au I du présent article, les monuments naturels ou les sites concernés restent inscrits sur la liste mentionnée au premier alinéa de l'article L. 341-1.

Art. L. 341-2 *(Mod., Ord. n° 2004-637, 1er juill. 2004 ; L. n° 2005-157, 23 févr. 2005 ; L. n° 2016-1087, 8 août 2016).* – Les monuments naturels et les sites inscrits ou non sur la liste dressée par la commission départementale peuvent être classés dans les conditions et selon les distinctions établies par la présente section.

Lorsque la commission supérieure des sites, perspectives et paysages est saisie directement d'une demande de classement, celle-ci est renvoyée à la commission départementale aux fins d'instruction et, le cas échéant, de proposition de classement. En cas d'urgence, le ministre chargé des sites fixe à la commission départementale un délai pour émettre son avis. Faute par elle de se prononcer dans ce délai, le ministre consulte la commission supérieure et donne à la demande la suite qu'elle comporte.

Art. L. 341-3 *(Rempl., L. n° 2010-788, 12 juill. 2010)*. – Le projet de classement est soumis à une enquête publique réalisée conformément au chapitre III du titre II du livre Ier.

Art. L. 341-4. – Le monument naturel ou le site compris dans le domaine public ou privé de l'État est classé par arrêté du ministre chargé des sites, en cas d'accord avec le ministre dans les attributions duquel le monument naturel ou le site se trouve placé ainsi qu'avec le ministre chargé du domaine.

Il en est de même toutes les fois qu'il s'agit de classer un lac ou un cours d'eau susceptible de produire une puissance permanente de 50 kilowatts d'énergie électrique.

Dans le cas contraire, le classement est prononcé par décret en Conseil d'État.

Art. L. 341-5. – Le monument naturel ou le site compris dans le domaine public ou privé d'un département ou d'une commune ou appartenant à un établissement public est classé par arrêté du ministre chargé des sites s'il y a consentement de la personne publique propriétaire.

Dans le cas contraire, le classement est prononcé, après avis de la commission supérieure des sites, perspectives et paysages, par décret en Conseil d'État.

Art. L. 341-6 *(Mod., Ord. n° 2004-637, 1er juill. 2004)*. – Le monument naturel ou le site appartenant à toute autre personne que celles énumérées aux articles L. 341-4 et L. 341-5 est classé par arrêté du ministre chargé des sites s'il y a consentement du propriétaire. L'arrêté détermine les conditions du classement.

À défaut du consentement du propriétaire, le classement est prononcé, après avis de la commission supérieure, par décret en Conseil d'État. Le classement peut donner droit à indemnité au profit du propriétaire s'il entraîne une modification à l'état ou à l'utilisation des lieux déterminant un préjudice direct, matériel et certain.

La demande d'indemnité doit être produite dans le délai de six mois à dater de la mise en demeure faite au propriétaire de modifier l'état ou l'utilisation des lieux en application des prescriptions particulières de la décision de classement. À défaut d'accord amiable, l'indemnité est fixée par le juge de l'expropriation.

Si le Gouvernement entend ne pas donner suite au classement d'office dans les conditions ainsi fixées, il peut, à tout moment de la procédure et au plus tard dans le délai de trois mois à compter de la notification de la décision judiciaire, abroger le décret de classement.

Le classement d'un lac ou d'un cours d'eau pouvant produire une énergie électrique permanente d'au moins 50 kilowatts ne peut être prononcé qu'après avis des ministres intéressés. Cet avis doit être formulé dans le délai de trois mois, à l'expiration duquel il peut être passé outre.

En cas d'accord avec les ministres intéressés, le classement peut être prononcé par arrêté du ministre chargé des sites. Dans le cas contraire, il est prononcé par décret en Conseil d'État.

Art. L. 341-7. – À compter du jour où l'administration chargée des sites notifie au propriétaire d'un monument naturel ou d'un site son intention d'en poursuivre le classement, aucune modification ne peut être apportée à l'état des lieux ou à leur aspect pendant un délai de douze mois, sauf autorisation spéciale et sous *réserve de l'exploitation courante des fonds ruraux* et de l'entretien normal des constructions.

Lorsque l'identité ou le domicile du propriétaire sont inconnus, la notification est valablement faite au maire qui en assure l'affichage et, le cas échéant, à l'occupant des lieux.

Art. L. 341-8. – *(Mod. à compter du 1er janvier 2013, Ord. n° 2010-638, 10 juin 2010)* Tout arrêté ou décret prononçant un classement est publié, par les soins de l'administration chargée des sites, au fichier immobilier de la situation de l'immeuble classé.

Cette publication, qui ne donne lieu à aucune perception au profit du Trésor, est faite dans les formes et de la manière prescrites par les lois et règlements concernant la publicité foncière.

Art. L. 341-9 *(L. n° 2016-1087, 8 août 2016)*. – Les effets du classement suivent le monument naturel ou le site classé, en quelques mains qu'il passe.

Quiconque aliène un monument naturel ou un site classé est tenu de faire connaître à l'acquéreur l'existence de ce classement.

Art. L. 341-10 *(Mod., L. n° 2016-1087, 8 août 2016. à compter d'une date fixée par décret et au plus tard le 1er janvier 2018, Ord. n° 2017-651, 27 avr. 2017).* – Les monuments naturels ou les sites classés ne peuvent ni être détruits ni être modifiés dans leur état ou leur aspect sauf autorisation spéciale.

Lorsque les modifications projetées portent sur un immeuble classé ou inscrit au titre des monuments historiques, les autorisations prévues à l' article L. 621-9 du Code du patrimoine valent autorisation spéciale au titre du premier alinéa du présent article si l'autorité administrative chargée des sites a donné son accord.

Lorsque les modifications projetées portent sur un immeuble protégé au titre des abords, l'autorisation spéciale prévue au même premier alinéa vaut autorisation au titre de l'article L. 621-32 du Code du patrimoine si l'architecte des Bâtiments de France a donné son accord.

Lorsque les modifications projetées comportent des travaux, ouvrages ou aménagements devant faire l'objet d'une enquête publique en application de l'article L. 123-2 du présent code, l'autorisation spéciale prévue au premier alinéa du présent article est délivrée après cette enquête publique. ;

Art. L. 341-11. – Sur le territoire d'un site classé au titre du présent chapitre, il est fait obligation d'enfouissement des réseaux électriques ou téléphoniques ou, pour les lignes électriques d'une tension inférieure à 19 000 volts, d'utilisation de techniques de réseaux torsadés en façade d'habitation, lors de la création de lignes électriques nouvelles ou de réseaux téléphoniques nouveaux.

Lorsque des nécessités techniques impératives ou des contraintes topographiques rendent l'enfouissement impossible, ou bien lorsque les impacts de cet enfouissement sont jugés supérieurs à ceux d'une pose de ligne aérienne, il peut être dérogé à titre exceptionnel à cette interdiction par arrêté conjoint du ministre chargé de l'énergie ou des télécommunications et du ministre chargé de l'environnement.

Art. L. 341-12 *(Abr., L. n° 2016-1087, 8 août 2016).*

Art. L. 341-13 *(Mod., L. n° 2016-1087, 8 août 2016 ; L. n° 2018-148, 2 mars 2018).* – Le déclassement total ou partiel d'un monument ou d'un site classé est prononcé, après avis de la commission supérieure des sites, par décret en Conseil d'État. Le déclassement est notifié aux intéressés et publié au fichier immobilier, dans les mêmes conditions que le classement.

Le décret de déclassement détermine, sur avis conforme du Conseil d'État, s'il y a lieu ou non à la restitution de l'indemnité prévue à l'article L. 341-6.

Le projet de déclassement est soumis à une enquête publique réalisée conformément au chapitre III du titre II du livre Ier.

Par dérogation au troisième alinéa du présent article, lorsque le déclassement est justifié par la disparition totale de l'objet de la protection, il est prononcé par arrêté du ministre chargé des sites, après mise en œuvre des dispositions des articles L. 123-19-1 et suivants.

Art. L. 341-14. – Aucun monument naturel ou site classé ou proposé pour le classement ne peut être compris dans une enquête aux fins d'expropriation pour cause d'utilité publique qu'après que le ministre chargé des sites a été appelé à présenter ses observations.

Nul ne peut acquérir par prescription, sur un monument naturel ou sur un site classé, de droit de nature à modifier son caractère ou à changer l'aspect des lieux.

Aucune servitude ne peut être établie par convention sur un monument naturel ou un site classé qu'avec l'agrément du ministre chargé des sites.

Art. L. 341-15. – La liste des sites et monuments naturels classés est tenue à jour. Dans le courant du premier trimestre de chaque année est publiée au *Journal officiel* la nomenclature des monuments naturels et *des sites classés ou protégés au cours* de l'année précédente.

Art. L. 341-15-1 *(L. n° 2010-788, 12 juill. 2010).* – Le label « Grand site de France » peut être attribué par le ministre chargé des sites à un site classé de grande notoriété et de forte fréquentation. L'attribution du label est subordonnée à la mise en œuvre d'un projet de préservation, de gestion et de mise en valeur du site, répondant aux principes du développement durable.

Le périmètre du territoire concerné par le label peut comprendre d'autres communes que celles incluant le site classé, dès lors qu'elles participent au projet.

Ce label est attribué, à sa demande, à une collectivité territoriale, un établissement public, un syndicat mixte ou un organisme de gestion regroupant notamment les collectivités territoriales concernées. La décision d'attribution fixe la durée du label.

LIVRE QUATRIÈME. – FAUNE ET FLORE

TITRE II. – CHASSE

CHAPITRE II. – TERRITOIRE DE CHASSE

Art. L. 422-1. – Nul n'a la faculté de chasser sur la propriété d'autrui sans le consentement du propriétaire ou de ses ayants droit.

Section I. – Associations communales et intercommunales de chasse agréées

Sous-section 1. – Dispositions générales

Art. L. 422-2 *(Mod., L. n° 2005-157, 23 févr. 2005 ; L. n° 2008-1545, 31 déc. 2008 ; L. n° 2016-1087, 8 août 2016).* – Les associations communales et intercommunales de chasse agréées ont pour but d'assurer une bonne organisation technique de la chasse. Elles favorisent sur leur territoire le développement du gibier et de la faune sauvage dans le respect d'un véritable équilibre agro-sylvo-cynégétique, l'éducation cynégétique de leurs membres, la régulation des animaux susceptibles d'occasionner des dégâts et veillent au respect des plans de chasse en y affectant les ressources appropriées en délivrant notamment des cartes de chasse temporaire. Elles ont également pour objet d'apporter la contribution des chasseurs à la conservation des habitats naturels, de la faune et de la flore sauvages.

Leur activité s'exerce dans le respect des propriétés, des cultures et des récoltes, et est coordonnée par la fédération départementale des chasseurs. Les associations communales et intercommunales de chasse agréées collaborent avec l'ensemble des partenaires du monde rural.

Art. L. 422-3. – Les associations sont constituées conformément à la loi du 1er juillet 1901 relative au contrat d'association.

L'agrément leur est donné par le préfet.

Art. L. 422-4 *(Mod., L. n° 2016-1087, 8 août 2016).* – Il ne peut y avoir qu'une association communale agréée par commune.

La fusion de communes n'entraîne ni la dissolution ni la fusion des associations communales de chasse agréées préalablement constituées dans les communes concernées, sauf décision contraire de ces associations.

Art. L. 422-5. – Les associations communales doivent être constituées dans un délai d'un an à partir de la publication des arrêtés ministériels ou préfectoraux établissant ou complétant la liste des départements ou des communes mentionnés aux articles L. 422-6 et L. 422-7.

À l'expiration du même délai, aucune société ou association de chasse existant dans ces départements ou ces communes ne peut prétendre, à défaut de son agrément par le préfet, au bénéfice de la présente section, ni à l'appellation d'association communale de chasse agréée.

Sous-section 2. – Institution des associations communales de chasse agréées

§ 1. – Départements où des associations communales de chasse agréées doivent être créées

Art. L. 422-6. – La liste des départements où doivent être créées des associations communales de chasse est arrêtée par le ministre chargé de la chasse sur proposition des préfets après avis conforme des conseils généraux, les chambres d'agriculture et les fédérations départementales des chasseurs ayant été consultées.

§ 2. – Départements où des associations communales de chasse agréées peuvent être créées

Art. L. 422-7. – Dans les départements autres que ceux mentionnés à l'article L. 422-6, la liste des communes où sera créée une association communale de chasse est arrêtée par le préfet sur demande justifiant l'accord amiable de 60 % des propriétaires représentant 60 % de la superficie du territoire de la commune, cet accord étant valable pour une période d'au moins cinq années.

Dans le calcul de cette proportion ne sont pas compris les territoires déjà aménagés au 1er septembre 1963 supérieurs aux superficies déterminées à l'article L. 422-13.

Sous-section 3. – Modalités de constitution

Art. L. 422-8. – Dans les communes où doit être créée une association communale de chasse, une enquête, à la diligence du préfet, détermine les terrains soumis à l'action de l'association communale de chasse par apport des propriétaires ou détenteurs de droits de chasse.

Art. L. 422-9. – À la demande de l'association communale, ces apports sont réputés réalisés de plein droit pour une période renouvelable de cinq ans, si dans le délai de trois mois qui suit l'annonce de la constitution de l'association communale par affichage en mairie et par lettre recommandée avec demande d'avis de réception adressée à tout propriétaire ou détenteur de droits de chasse remplissant les conditions prévues à l'article L. 422-13, les personnes mentionnées aux 3° et 5° de l'article L. 422-10 n'ont pas fait connaître par lettre recommandée avec demande d'avis de réception leur opposition justifiée à l'apport de leur territoire de chasse.

Sous-section 4. – Territoire

§ 1. – Terrains soumis à l'action de l'association

Art. L. 422-10 *(Mod., Ord. n° 2015-855, 15 juill. 2015)*. – L'association communale est constituée sur les terrains autres que ceux :

1° Situés dans un rayon de 150 mètres autour de toute habitation ;

2° Entourés d'une clôture telle que définie par l'article L. 424-3 ;

3° Ayant fait l'objet de l'opposition des propriétaires ou détenteurs de droits de chasse sur des superficies d'un seul tenant supérieures aux superficies minimales mentionnées à l'article L. 422-13 ;

4° Faisant partie du domaine public de l'État, des départements et des communes, des forêts domaniales ou des emprises de la SNCF, de SNCF Réseau et de SNCF Mobilités ;

5° Ayant fait l'objet de l'opposition de propriétaires, de l'unanimité des copropriétaires indivis qui, au nom de convictions personnelles opposées à la pratique de la chasse, interdisent, y compris pour eux-mêmes, l'exercice de la chasse sur leurs biens, sans préjudice des conséquences liées à la responsabilité du propriétaire, notamment pour les dégâts qui pourraient être causés par le gibier provenant de ses fonds.

Art. L. 422-11. – Dans les forêts domaniales, et par dérogation aux dispositions de l'article L. 422-10, certains terrains peuvent, par décision de l'autorité compétente, être amodiés à l'association communale ou intercommunale. Les autres terrains faisant partie du domaine privé de l'État peuvent, par décision de l'autorité compétente, être exclus, quelle que soit leur superficie, du champ d'application de la présente section.

Art. L. 422-12. – L'association peut inclure dans sa zone, à la demande des propriétaires ou tenants du droit de chasse, les territoires dépendant de propriétés limitrophes, sous réserve que ces surfaces n'empiètent pas sur la société voisine de plus d'un dixième de son étendue.

§ 2. – Terrains faisant l'objet d'une opposition

Art. L. 422-13. – *I. – Pour être* recevable, l'opposition des propriétaires ou détenteurs de droits de chasse mentionnés au 3° de l'article L. 422-10 doit porter sur des terrains d'un seul tenant et d'une superficie minimum de vingt hectares.

II. – Ce minimum est abaissé pour la chasse au gibier d'eau :

1° À trois hectares pour les marais non asséchés ;

2° À un hectare pour les étangs isolés ;

3° À cinquante ares pour les étangs dans lesquels existaient, au 1er septembre 1963, des installations fixes, huttes et gabions.

III. – Ce minimum est abaissé pour la chasse aux colombidés à un hectare sur les terrains où existaient, au 1er septembre 1963, des postes fixes destinés à cette chasse.

IV. – Ce minimum est porté à cent hectares pour les terrains situés en montagne au-dessus de la limite de la végétation forestière.

V. – Des arrêtés pris, par département, dans les conditions prévues à l'article L. 422-6 peuvent augmenter les superficies minimales ainsi définies. Les augmentations ne peuvent excéder le double des minima fixés.

Art. L. 422-14 *(Mod., L. n° 2005-157, 23 févr. 2005)*. – L'opposition mentionnée au 5° de l'article L. 422-10 est recevable à la condition que cette opposition porte sur l'ensemble des terrains appartenant aux propriétaires ou copropriétaires en cause.

Cette opposition vaut renonciation à l'exercice du droit de chasse sur ces terrains. Elle ne fait pas obstacle à l'application de l'article L. 415-7 du Code rural. Dans ce cas, le droit de chasser du preneur subit les mêmes restrictions que celles ressortissant des usages locaux qui s'appliquent sur les territoires de chasse voisins et celles résultant du schéma départemental de gestion cynégétique visé à la section 1 du chapitre V du titre II du livre IV.

Art. L. 422-15 *(Mod. L. n° 2016-1087, 8 août 2016)*. – La personne ayant formé opposition est tenue de procéder à la signalisation de son terrain matérialisant l'interdiction de chasser.

Le propriétaire ou le détenteur du droit de chasse ayant fait opposition est tenu de procéder ou de faire procéder à la destruction des animaux susceptibles d'occasionner des dégâts et à la régulation des espèces présentes sur son fonds qui causent des dégâts.

Le passage des chiens courants sur des territoires bénéficiant du statut de réserve ou d'opposition au titre des 3° et 5° de l'article L. 422-10 ne peut être considéré comme chasse sur réserve ou chasse sur autrui, sauf si le chasseur a poussé les chiens à le faire.

§ 3. – Apports

Art. L. 422-16. – L'apport de ses droits de chasse par le propriétaire ou le détenteur de droits de chasse entraîne l'extinction de tous autres droits de chasser, sauf clause contraire passée entre les parties.

Art. L. 422-17. – L'apport donne lieu à indemnité, à charge de l'association, si le propriétaire subit une perte de recettes provenant de la privation des revenus antérieurs.

Le montant de cette réparation est fixé par le tribunal compétent, de même que celle due par l'association au détenteur du droit de chasse qui a apporté des améliorations sur le territoire dont il a la jouissance cynégétique.

§ 4. – Modification du territoire de l'association

Art. L. 422-18. – L'opposition formulée en application du 3° ou du 5° de l'article L. 422-10 prend effet à l'expiration de la période de cinq ans en cours, sous réserve d'avoir été notifiée six mois avant le terme de cette période. À défaut, elle prend effet à l'expiration de la période suivante. La personne qui la formule la notifie au préfet.

L'association peut, dans ce cas, lui réclamer une indemnité fixée par le tribunal compétent et correspondant à la valeur des améliorations apportées par celle-ci.

Art. L. 422-19. – Lorsque des terrains ayant été exclus du territoire de l'association communale en application du 5° de l'article L. 422-10 changent de propriétaire, le nouveau propriétaire peut maintenir l'opposition à raison de ses convictions personnelles dans un délai de six mois courant à compter du changement de propriétaire. À défaut, ces terrains sont intégrés dans le territoire de l'association.

§ 5. – Enclaves

Art. L. 422-20. – Dans les chasses organisées telles que les sociétés communales, chasses privées, le droit de chasse dans les enclaves de superficie inférieure aux minima fixés à l'article L. 422-13 doit être obligatoirement cédé à la fédération des chasseurs, qui doit, par voie d'échange, d'accord ou de location, le céder au détenteur du droit de chasse sur le territoire duquel sont comprises ces enclaves ou le mettre en réserve.

Sous-section 5. – Dispositions obligatoires
des statuts des associations communales de chasse agréées

Art. L. 422-21 *(Mod., L. n° 2003-698, 30 juill. 2003 ; L. n° 2012-325, 7 mars 2012).* – I. – Les statuts de chaque association doivent prévoir l'admission dans celle-ci des titulaires du permis de chasser validé :

1° Soit domiciliés dans la commune ou y ayant une résidence pour laquelle ils figurent, l'année de leur admission, pour la quatrième année sans interruption, au rôle d'une des quatre contributions directes ;

2° Soit propriétaires ou détenteurs de droits de chasse ayant fait apport de leurs droits de chasse ainsi que, s'ils sont titulaires d'un permis de chasser, leurs conjoints, ascendants et descendants, gendres et belles-filles du ou des conjoints apporteurs ;

2° *bis* Soit personnes ayant fait apport de leurs droits de chasse attachés à une ou des parcelles préalablement au transfert de la propriété de celles-ci à un groupement forestier, ainsi que, s'ils sont titulaires d'un permis de chasser, leurs conjoints, ascendants et descendants, gendres et belles-filles du ou des conjoints apporteurs ;

3° Soit preneurs d'un bien rural lorsque le propriétaire a fait apport de son droit de chasse ;

4° Soit propriétaires d'un terrain soumis à l'action de l'association et devenus tels en vertu d'une succession ou d'une donation entre héritiers lors d'une période de cinq ans ;

5° Soit acquéreurs d'un terrain soumis à l'action de l'association et dont les droits de chasse qui y sont attachés ont été apportés à cette association à la date de sa création.

I *bis*. – L'acquéreur d'une fraction de propriété dont les droits de chasse qui y sont attachés ont été apportés à l'association à la date de sa création et dont la superficie représente au moins 10 % de la surface des terrains mentionnés à l'article L. 422-13 est membre de droit de cette association sur sa demande.

Les statuts de chaque association déterminent les conditions dans lesquelles l'acquéreur en devient membre si cette superficie est inférieure à 10 % de la surface des terrains mentionnés au même article L. 422-13.

II. – Ces statuts doivent prévoir également le nombre minimum des adhérents à l'association et l'admission d'un pourcentage minimum de chasseurs ne rentrant dans aucune des catégories définies ci-dessus.

III. – Sauf s'il a manifesté son opposition à la chasse dans les conditions fixées par le 5° de l'article L. 422-10, le propriétaire non chasseur dont les terrains sont incorporés dans le territoire de l'association est à sa demande et gratuitement membre de l'association, sans être tenu à l'éventuelle couverture du déficit de l'association. L'association effectue auprès de lui les démarches nécessaires.

IV. – Le propriétaire ou le détenteur de droits de chasse ayant exercé un droit à opposition ne peut prétendre à la qualité de membre de l'association, sauf décision souveraine de l'association communale de chasse agréée.

V. – Outre les dispositions énumérées ci-dessus, les statuts de chaque association doivent comporter des clauses obligatoires déterminées par décret en Conseil d'État.

Art. L. 422-22. – La qualité de membre d'une association communale de chasse confère le droit de chasser sur l'ensemble du territoire de chasse de l'association, conformément à son règlement.

....

CHAPITRE III. – PERMIS DE CHASSER

Art. L. 423-1 *(Mod., L. n° 2005-157, 23 févr. 2005 ; mod., L. n° 2009-526, 12 mai 2009).* – Nul ne peut pratiquer la chasse s'il n'est titulaire et porteur d'un permis de chasser valable.

Le caractère valable du permis de chasser résulte, d'une part, du paiement des redevances cynégétiques et du droit de timbre mentionnés à l'article L. 423-12 et, d'autre part, du paiement des cotisations prévues à l'article L. 423-13 ainsi que des participations prévues à l'article L. 426-5 et de la cotisation nationale instituée à l'article L. 421-14 lorsqu'il s'agit de la chasse du grand gibier.

Toutefois, les personnes qui ont réussi l'examen du permis de chasser et se sont acquittées des sommes prévues à l'alinéa précédent peuvent pratiquer la chasse jusqu'à la décision prise sur leur demande de permis et au plus tard jusqu'à l'expiration d'un délai fixé par voie réglementaire.

....

Art. L. 423-12 *(Rempl., Ord. n° 2003-719, 1er août 2003 ; mod., ; L. fin. n° 2005-1719, 30 déc. 2005).* – Le paiement de l'une des redevances cynégétiques prévues par la sous-section 3 et du droit de timbre mentionné à l'article 1635 *bis* N du Code général des impôts vaut validation du permis de chasser sous réserve que le titulaire de celui-ci satisfasse aux conditions définies par les articles L. 423-13, L. 423-15 et L. 423-16.

Art. L. 423-13. – Nul ne peut obtenir la validation du permis de chasser s'il n'est membre d'une fédération des chasseurs et s'il n'a acquitté à celle-ci les cotisations statutaires. Les fédérations des chasseurs ne peuvent rejeter l'adhésion d'une personne titulaire du permis de chasser.

....

Art. L. 423-16 *(Rempl., Ord. 2003-719, 1er août 2003 ; mod., L. n° 2016-1087, 8 août 2016).* – Le chasseur doit avoir souscrit auprès d'une entreprise admise à pratiquer en France l'assurance des risques liés à l'exercice de la chasse une assurance qui garantisse sa responsabilité civile pour une somme illimitée et sans qu'aucune déchéance soit opposable aux victimes ou à leurs ayants droit, en raison des accidents corporels occasionnés par tout acte de chasse ou tout acte de destruction d'animaux d'espèces non domestiques. L'assurance doit aussi couvrir, dans les mêmes conditions, la responsabilité civile encourue par le chasseur du fait de ses chiens.

Art. L. 423-17. – Tout contrat d'assurance couvrant la responsabilité civile des chasseurs est, nonobstant toute clause contraire, réputé comporter des garanties au moins équivalentes à celles qui sont fixées par l'article L. 423-16.

Art. L. 423-18 *(L. n° 2009-526, 12 mai 2009).* – Le permis cesse d'être valable, et il est retiré provisoirement par l'Office national de la chasse et de la faune sauvage, si le contrat d'assurance est résilié ou si la garantie prévue au contrat est suspendue pour quelque cause que ce soit.

La résiliation du contrat ou la suspension de la garantie doivent être notifiées par l'entreprise d'assurance à l'Office national de la chasse et de la faune sauvage.

Les peines prévues à l'article L. 428-3 sont appliquées à toute personne qui refuse de remettre son permis de chasser à l'agent de l'autorité compétente par application des dispositions du présent article.

....

LIVRE CINQUIÈME. – PRÉVENTION DES POLLUTIONS, DES RISQUES ET DES NUISANCES

TITRE I. – INSTALLATIONS CLASSÉES POUR LA PROTECTION DE L'ENVIRONNEMENT

CHAPITRE I. – DISPOSITIONS GÉNÉRALES

Art. L. 511-1 *(Mod., L. n° 2010-788, 12 juill. 2010 ; Ord. n° 2011-91, 20 janv. 2011).* – Sont soumis aux dispositions du présent titre les usines, ateliers, dépôts, chantiers et, d'une manière générale, les installations exploitées ou détenues par toute personne physique ou morale, publique ou privée, qui peuvent présenter des dangers ou des inconvénients soit pour la commodité du voisinage, soit pour la santé, la sécurité, la salubrité publiques, soit pour l'agriculture, soit pour la protection de la nature, de l'environnement et des paysages, soit pour l'utilisation rationnelle de l'énergie, soit pour la conservation des sites et des monuments ainsi que des éléments du patrimoine archéologique.

Les dispositions du présent titre sont également applicables aux exploitations de carrières au sens des articles L. 100-2 et L. 311-1 du Code minier.

Art. L. 511-2 *(Mod., Ord. n° 2009-663, 11 juin 2009).* – Les installations visées à l'article L. 511-1 sont définies dans la nomenclature des installations classées établie par décret en Conseil d'État, pris sur le rapport du ministre chargé des installations classées, après avis du Conseil supérieur de la prévention des risques technologiques. Ce décret soumet les installations à autorisation, à enregistrement ou à déclaration suivant la gravité des dangers ou des inconvénients que peut présenter leur exploitation.

(Al. mod., L. n° 2011-525, 17 mai 2011 ; abr. à compter du 1er janvier 2013, Cons. const. n° 2011-183/184 QPC, 14 oct. 2011, art. 1er et 2 : JO 15 oct. 2011 ; JurisData n° 2011-021909). (1)

---

(1) « L'abrogation immédiate des dispositions déclarées contraires à la Constitution aurait des conséquences manifestement excessives ; que, par suite, il y a lieu de reporter au 1er janvier 2013 la date d'abrogation de ces dispositions » : V. Cons. const. n° 2011-183/184 QPC, 14 oct. 2011, consid. 10 (*JO* 15 oct. 2011). – NDLR.

Rédaction antérieure. *(Al. mod., L. n° 2011-525, 17 mai 2011)* Les projets de décrets de nomenclature font l'objet d'une publication, éventuellement par voie électronique, avant transmission pour avis au Conseil supérieur de la prévention des risques technologiques.

CHAPITRE II. – INSTALLATIONS SOUMISES À AUTORISATION, À ENREGISTREMENT OU À DÉCLARATION

(Intitulé rempl., Ord. n° 2009-663, 11 juin 2009)

Section I. – Installations soumises à autorisation

Art. L. 512-1 ***(Rempl. à compter du 1er mars 2017, Ord. n° 2017-80, 26 janv. 2017).*** **– Sont soumises à autorisation les installations qui présentent de graves dangers ou inconvénients pour les intérêts mentionnés à l'article L. 511-1.**

L'autorisation, dénommée autorisation environnementale, est délivrée dans les conditions prévues au chapitre unique du titre VIII du livre Ier.

Art. L. 512-2 à L. 512-4 ***(Abr. à compter du 1er mars 2017, Ord. n° 2017-80, 26 janv. 2017).***

Art. L. 512-5. – ***(Al. mod., L. n° 2011-525, 17 mai 2011)*** **Pour la protection des intérêts mentionnés à l'article L. 511-1, le ministre chargé des installations classées peut fixer par arrêté, après consultation des ministres intéressés et du Conseil supérieur de la prévention des risques technologiques, les règles générales et prescriptions techniques applicables aux installations soumises aux dispositions de la présente section. Ces règles et prescriptions déterminent les mesures propres à prévenir et à réduire les risques d'accident ou de pollution de toute nature susceptibles d'intervenir ainsi que les conditions d'insertion dans l'environnement de l'installation et de remise en état du site après arrêt de l'exploitation.** ***(Phr. abr. à compter du 1er janvier 2013, Cons. const. n° 2012-262 QPC, 13 juill. 2012, art. 1 et 2 : JO 14 juill. 2012 ; JurisData n° 2012-016574)*** **« .... ».**

Rédaction antérieure. *(Al. mod., L. n° 2011-525, 17 mai 2011)* Pour la protection des intérêts mentionnés à l'article L. 511-1, le ministre chargé des installations classées peut fixer par arrêté, après consultation des ministres intéressés et du Conseil supérieur de la prévention des risques technologiques, les règles générales et prescriptions techniques applicables aux installations soumises aux dispositions de la présente section. Ces règles et prescriptions déterminent les mesures propres à prévenir et à réduire les risques d'accident ou de pollution de toute nature susceptibles d'intervenir ainsi que les conditions d'insertion dans l'environnement de l'installation et de remise en état du site après arrêt de l'exploitation. Les projets de règles et prescriptions techniques font l'objet d'une publication, éventuellement par voie électronique, avant leur transmission au Conseil supérieur de la prévention des risques technologiques.

Ces arrêtés s'imposent de plein droit aux installations nouvelles. Ils précisent, après avis des organisations professionnelles intéressées, les délais et les conditions dans lesquels ils s'appliquent aux installations existantes. Ils fixent également les conditions dans lesquelles certaines de ces règles peuvent être adaptées aux circonstances locales par l'arrêté préfectoral d'autorisation.

Art. L. 512-6 ***(Abr. à compter du 1er mars 2017, Ord. n° 2017-80, 26 janv. 2017).***

Art. L. 512-6-1 ***(Anc. art. L. 512-17, dénum. en L. 512-7-1 et mod., L. n° 2009-526, 12 mai 2009 ; puis en L. 512-6-1, Ord. n° 2009-663, 11 juin 2009 ; mod. à compter du 1er mars 2017, Ord. n° 2017-80, 26 janv. 2017).*** **– Lorsqu'une installation autorisée avant le 1er février 2004 est mise à l'arrêt définitif, son exploitant place son site dans un état tel qu'il ne puisse porter atteinte aux intérêts mentionnés à l'article L. 511-1 et qu'il permette un usage futur du site déterminé conjointement avec le maire ou le président de l'établissement public de coopération intercommunale compétent en matière d'urbanisme et, s'il ne s'agit pas de l'exploitant, le propriétaire du terrain sur lequel est sise l'installation.**

À défaut d'accord entre les personnes mentionnées au premier alinéa, lorsque l'installation est mise à l'arrêt ***définitif,*** **son exploitant place son site dans un état tel qu'il ne puisse porter atteinte aux intérêts mentionnés à l'article L. 511-1 et qu'il permette un usage futur du site comparable à celui de la dernière période d'exploitation de l'installation mise à l'arrêt.**

Toutefois, dans le cas où la réhabilitation prévue en application de l'alinéa précédent est manifestement incompatible avec l'usage futur de la zone, apprécié notamment en fonction des documents d'urbanisme en vigueur à la date à laquelle l'exploitant fait connaître à l'administration sa décision de mettre l'installation à l'arrêt

définitif et de l'utilisation des terrains situés au voisinage du site, le préfet peut fixer, après avis des personnes mentionnées au premier alinéa, des prescriptions de réhabilitation plus contraignantes permettant un usage du site cohérent avec ces documents d'urbanisme.

Pour un nouveau site sur lequel les installations ont été autorisées à une date postérieure de plus de six mois à la publication de la loi n° 2003-699 du 30 juillet 2003 relative à la prévention des risques technologiques et naturels et à la réparation des dommages, l'arrêté d'autorisation détermine, après avis des personnes mentionnées au premier alinéa, l'état dans lequel devra être remis le site à son arrêt définitif.

Section II. – Installations soumises à enregistrement

(Ord. n° 2009-663, 11 juin 2009)

Art. L. 512-7 *(Ord. n° 2009-663, 11 juin 2009 ; mod., Ord., n° 2010-418, 27 avr. 2010 ; Ord. n° 2012-7, 5 janv. 2012 ; mod. à compter du 1er mars 2017, Ord. n° 2017-80, 26 janv. 2017)*. – I. – Sont soumises à autorisation simplifiée, sous la dénomination d'enregistrement, les installations qui présentent des dangers ou inconvénients graves pour les intérêts mentionnés à l'article L. 511-1, lorsque ces dangers et inconvénients peuvent, en principe, eu égard aux caractéristiques des installations et de leur impact potentiel, être prévenus par le respect de prescriptions générales édictées par le ministre chargé des installations classées.

Les activités pouvant, à ce titre, relever du régime d'enregistrement concernent les secteurs ou technologies dont les enjeux environnementaux et les risques sont bien connus, lorsque les installations ne sont soumises ni à la directive 2010/75/UE du Parlement européen et du Conseil du 24 novembre 2010 relative aux émissions industrielles au titre de son annexe I, ni à une obligation d'évaluation environnementale systématique au titre de l'annexe I de la directive 85/337/CEE du 27 juin 1985 concernant l'évaluation des incidences de certains projets publics et privés sur l'environnement.

I *bis*. - L'enregistrement porte également sur les installations, ouvrages, travaux et activités relevant de l'article L. 214-1 projetés par le pétitionnaire que leur connexité rend nécessaires à l'installation classée ou dont la proximité est de nature à en modifier notablement les dangers ou inconvénients. Ils sont regardés comme faisant partie de l'installation et ne sont pas soumis aux dispositions des articles L. 214-3 à L. 214-6 et du chapitre unique du titre VIII du livre Ier.

II. – Les prescriptions générales peuvent notamment prévoir :

1° Des conditions d'intégration du projet dans son environnement local ;

2° L'éloignement des installations des habitations, des immeubles habituellement occupés par des tiers, des établissements recevant du public, des cours d'eau, des voies de communication, des captages d'eau ou des zones destinées à l'habitation par des documents d'urbanisme opposables aux tiers.

III *(III abr. à compter du 1er janvier 2013, Cons. const. n° 2011-183/184 QPC, 14 oct. 2011, art. 1er et 2 : JO 15 oct. 2011 ; JurisData n° 2011-021909 ; rempl. à compter du 1er janvier 2013, L. n° 2012-1460, 27 déc. 2012)*. – Les prescriptions générales sont fixées par arrêté du ministre chargé des installations classées après avis du Conseil supérieur de la prévention des risques technologiques et consultation des ministres intéressés.

La publication d'un arrêté de prescriptions générales est nécessaire à l'entrée en vigueur du classement d'une rubrique de la nomenclature dans le régime d'enregistrement.

L'arrêté fixant des prescriptions générales s'impose de plein droit aux installations nouvelles. Il précise, après avis des organisations professionnelles intéressées, les délais et les conditions dans lesquels il s'applique aux installations existantes.

Art. L. 512-7-1 *(Ord. n° 2009-663, 11 juin 2009 ; mod., L. n° 2011-525, 17 mai 2011)*. – La demande d'enregistrement est accompagnée d'un dossier permettant au préfet d'effectuer, au cas par cas, les appréciations qu'implique l'article L. 512-7-3.

Le dossier de demande d'enregistrement est mis à disposition du public. Le public est informé des modalités selon lesquelles sont possibles la consultation du dossier et l'émission, en temps utile, d'observations. Cette information est faite par voie d'un affichage sur le site et dans les mairies de la commune d'implantation et des communes situées à proximité de l'installation projetée et par les soins du préfet, le cas échéant, par voie électronique.

Le demandeur peut indiquer au préfet celles des informations fournies dans le dossier de demande d'enregistrement dont il justifie qu'elles devraient rester confidentielles, parce que leur diffusion serait de nature à entraîner la divulgation des secrets de fabrication ou de secrets de la défense nationale dans le domaine militaire ou industriel.

Art. L. 512-7-2 *(Ord. n° 2009-663, 11 juin 2009 ; mod. à compter du 1er mars 2017, Ord. n° 2017-80, 26 janv. 2017).* – Le préfet peut décider que la demande d'enregistrement sera instruite selon les règles de procédure prévues par le chapitre unique du titre VIII du livre Ier pour les autorisations environnementales :

1° Si, au regard de la localisation du projet, en prenant en compte les critères mentionnés au point 2 de l'annexe III de la directive 2011/92/ UE du 13 décembre 2011 concernant l'évaluation des incidences de certains projets publics et privés sur l'environnement, la sensibilité environnementale du milieu le justifie ;

2° Ou si le cumul des incidences du projet avec celles d'autres projets d'installations, ouvrages ou travaux situés dans cette zone le justifie ;

3° Ou si l'aménagement des prescriptions générales applicables à l'installation, sollicité par l'exploitant, le justifie.

Dans les cas mentionnés au 1° et au 2°, le projet est soumis à évaluation environnementale. Dans les cas mentionnés au 3° et ne relevant pas du 1° ou du 2°, le projet n'est pas soumis à évaluation environnementale.

Le préfet notifie sa décision motivée au demandeur, en l'invitant à déposer le dossier correspondant. Sa décision est rendue publique.

Art. L. 512-7-3 *(Ord. n° 2009-663, 11 juin 2009 ; mod. à compter du 1er mars 2017, Ord. n° 2017-80, 26 janv. 2017).* – L'arrêté d'enregistrement est pris par le préfet après avis des conseils municipaux intéressés.

En vue d'assurer la protection des intérêts mentionnés à l'article L. 511-1et, le cas échéant, à l'article L. 211-1, le préfet peut assortir l'enregistrement de prescriptions particulières complétant ou renforçant les prescriptions générales applicables à l'installation. Dans les limites permises par la protection des intérêts mentionnés à l'article L. 511-1, ces prescriptions particulières peuvent aussi inclure des aménagements aux prescriptions générales justifiés par les circonstances locales. Dans ces deux cas, le préfet en informe l'exploitant préalablement à la clôture de l'instruction de la demande et consulte la commission départementale consultative compétente.

Le préfet ne peut prendre l'arrêté d'enregistrement que si le demandeur a justifié que les conditions de l'exploitation projetée garantiraient le respect de l'ensemble des prescriptions générales, et éventuellement particulières, applicables. Il prend en compte les capacités techniques et financières que le pétitionnaire entend mettre en œuvre, à même de lui permettre de conduire son projet dans le respect des intérêts mentionnés à l'article L. 511-1 et, le cas échéant, à l'article L. 211-1, et d'être en mesure de satisfaire aux obligations de l'article L. 512-7-6 lors de la cessation d'activité.

Si un permis de construire a été demandé, il peut être accordé mais les travaux ne peuvent être exécutés avant que le préfet ait pris l'arrêté d'enregistrement.

Art. L. 512-7-4 *(Ord. n° 2009-663, 11 juin 2009).* – Pour les installations dont l'exploitation pour une durée illimitée créerait des dangers ou inconvénients inacceptables pour les intérêts mentionnés à l'article L. 511-1, du fait d'une utilisation croissante du sol ou du sous-sol, l'enregistrement fixe la durée maximale de l'exploitation ou de la phase d'exploitation concernée et, le cas échéant, le volume maximal de produits stockés ou extraits.

Art. L. 512-7-5 *(Ord. n° 2009-663, 11 juin 2009 ; mod. à compter du 1er mars 2017, Ord. n° 2017-80, 26 janv. 2017).* – Si, après la mise en service de l'installation, les intérêts mentionnés à l'article L. 511-1 et, le cas échéant, à l'article L. 211-1 ne sont pas protégés par l'exécution des prescriptions générales applicables à l'exploitation d'une installation régie par la présente section, le préfet, après avis de la commission départementale consultative compétente, peut imposer, par arrêté complémentaire, toutes prescriptions nécessaires.

Art. L. 512-7-6 *(Ord. n° 2009-663, 11 juin 2009 ; mod. à compter du 1er mars 2017, Ord. n° 2017-80, 26 janv. 2017).* – Lorsque l'installation est mise à l'arrêt définitif, son exploitant place son site dans un état tel qu'il ne puisse porter atteinte aux intérêts mentionnés à l'article L. 511-1 et qu'il permette un usage futur du site déterminé conjointement avec le maire ou le président de l'établissement public de coopération intercommunale compétent en matière d'urbanisme et, s'il ne s'agit pas de l'exploitant, le propriétaire du terrain sur lequel est sise l'installation.

À défaut d'accord entre les personnes mentionnées au premier alinéa, lorsque l'installation est mise à l'arrêt définitif, son exploitant place son site dans un état tel qu'il ne puisse porter atteinte aux intérêts mentionnés à l'article L. 511-1 et, le cas échéant, à l'article L. 211-1 et qu'il permette un usage futur du site comparable à celui de la dernière période d'exploitation de l'installation mise à l'arrêt.

Toutefois, dans le cas où la réhabilitation prévue en application de l'alinéa précédent est manifestement incompatible avec l'usage futur de la zone, apprécié notamment en fonction des documents d'urbanisme en vigueur à la date à laquelle l'exploitant fait connaître à l'Administration sa décision de mettre l'installation à l'arrêt définitif et de l'utilisation des terrains situés au voisinage du site, le préfet peut fixer, après avis des personnes mentionnées au premier alinéa, des prescriptions de réhabilitation plus contraignantes permettant un usage du site cohérent avec ces documents d'urbanisme.

Pour un nouveau site, l'arrêté d'enregistrement détermine, après avis des personnes mentionnées au premier alinéa, l'état dans lequel devra être remis le site à son arrêt définitif.

Art. L. 512-7-7 *(Ord. n° 2009-663, 11 juin 2009 ; mod. à compter du 1er mars 2017, Ord. n° 2017-80, 26 janv. 2017)*. – Un décret en Conseil d'État définit les conditions d'application de la présente section.

Il définit notamment les cas et conditions dans lesquels le changement d'exploitant est soumis à une autorisation préfectorale délivrée en considération des capacités techniques et financières nécessaires pour mettre en œuvre l'activité ou remettre en état le site dans le respect de la protection des intérêts mentionnés à l'article L. 511-1 et, le cas échéant, à l'article L. 211-1.

Section III. – Installations soumises à déclaration

Art. L. 512-8 *(Mod. à compter du 1er mars 2017, Ord. n° 2017-80, 26 janv. 2017)*. – Sont soumises à déclaration les installations qui, ne présentant pas de graves dangers ou inconvénients pour les intérêts visés à l'article L. 511-1, doivent néanmoins respecter les prescriptions générales édictées par le préfet en vue d'assurer dans le département la protection des intérêts visés à l'article L. 511-1.

La déclaration inclut les installations, ouvrages, travaux et activités relevant du II de l'article L. 214-3 projetés par le pétitionnaire que leur connexité rend nécessaires à l'installation classée ou dont la proximité est de nature à en modifier notablement les dangers ou inconvénients. La déclaration vaut application des dispositions des articles L. 214-3 à L. 214-6.

Art. L. 512-9 *(Mod., L. n° 2011-525, 17 mai 2011 ; à compter du 1er janvier 2013, L. n° 2012-1460, 27 déc. 2012)*. – Les prescriptions générales prévues à l'article L. 512-8, sont édictées par arrêtés préfectoraux, pris après avis de la commission départementale consultative compétente et, pour les ateliers hors sol, de la commission départementale d'orientation de l'agriculture. Elles s'appliquent automatiquement à toute installation nouvelle ou soumise à nouvelle déclaration.

Les modifications ultérieures de ces prescriptions générales peuvent être rendues applicables aux installations existantes selon les modalités et selon les délais prévus dans l'arrêté préfectoral qui fixe également les conditions dans lesquelles les prescriptions générales peuvent être adaptées aux circonstances locales.

Les établissements soumis à déclaration sous le régime de la loi du 19 décembre 1917 et ayant obtenu, en vertu de l'article 19, alinéa 1er ou 4, de ladite loi, la suppression ou l'atténuation d'une ou plusieurs prescriptions résultant d'arrêtés préfectoraux conservent le bénéfice de ces dérogations. Il peut toutefois y être mis fin par arrêté préfectoral pris après avis de la commission départementale consultative compétente, selon les modalités et dans le délai fixés par ledit arrêté.

Art. L. 512-10 *(Mod., L. n° 2011-525, 17 mai 2011 ; à compter du 1er janvier 2013, L. n° 2012-1460, 27 déc. 2012)*. – Pour la protection des intérêts mentionnés à l'article L. 511-1, le ministre chargé des installations classées peut fixer par arrêté, après consultation des ministres intéressés et du Conseil supérieur de la prévention des risques technologiques, les prescriptions générales applicables à certaines catégories d'installations soumises à déclaration.

Ces arrêtés s'imposent de plein droit aux installations nouvelles.

Ils précisent, après avis des organisations professionnelles intéressées, les délais et les conditions dans lesquels ils s'appliquent aux installations existantes. Ils précisent également les conditions dans lesquelles ces prescriptions peuvent être adaptées par arrêté préfectoral aux circonstances locales.

Art. L. 512-11 *(Mod., L. n° 2010-788, 12 juill. 2010)*. – Certaines catégories d'installations relevant de la présente section, définies par décret en Conseil d'État en fonction des risques qu'elles présentent, peuvent être soumises à des contrôles périodiques permettant à l'exploitant de s'assurer que ses installations fonctionnent dans les conditions requises par la réglementation. Ces contrôles sont effectués aux frais de l'exploitant par des organismes agréés.

Un décret en Conseil d'État précise les conditions d'application du présent article. Il fixe notamment la périodicité, les modalités de fonctionnement du système de contrôle et, en particulier, les conditions d'agrément des organismes contrôleurs et les conditions dans lesquelles les résultats sont tenus à la disposition de l'administration ou, lorsque certaines non-conformités sont détectées, transmis à l'autorité administrative compétente.

Art. L. 512-12 *(Mod., Ord. n° 2009-663, 11 juin 2009 ; à compter du 1er mars 2017, Ord. n° 2017-80, 26 janv. 2017)*. – Si les intérêts mentionnés à l'article L. 511-1 ne sont pas garantis par l'exécution des prescriptions générales contre les inconvénients inhérents à l'exploitation d'une installation soumise à déclaration, le préfet, éventuellement à la demande des tiers intéressés et après avis de la commission départementale consultative compétente, peut imposer par arrêté toutes prescriptions spéciales nécessaires.

Dans le cas prévu au second alinéa de l'article L. 512-8, ces prescriptions spéciales fixent le cas échéant les règles nécessaires à la protection des intérêts mentionnés à l'article L. 211-1, notamment en ce qui concerne les rejets et prélèvements.

Art. L. 512-12-1 *(L. n° 2009-526, 12 mai 2009)*. – Lorsque l'installation soumise à déclaration est mise à l'arrêt définitif, l'exploitant place le site dans un état tel qu'il ne puisse porter atteinte aux intérêts mentionnés à l'article L. 511-1 et qu'il permette un usage futur comparable à la dernière période d'activité de l'installation. Il en informe le propriétaire du terrain sur lequel est sise l'installation ainsi que le maire ou le président de l'établissement public de coopération intercommunale compétent en matière d'urbanisme.

Art. L. 512-13. – Les installations qui, soumises à déclaration en vertu du présent titre, bénéficiaient d'une autorisation régulière avant la date d'entrée en vigueur de la loi du 19 décembre 1917 sont dispensées de toute déclaration ; elles sont soumises aux dispositions des articles L. 512-9 et L. 512-12.

Section IV. – Dispositions communes à l'autorisation et à la déclaration

Art. L. 512-14. – Les dispositions prises en application du présent titre doivent, lorsqu'elles intéressent les déchets, prendre en compte les objectifs visés à l'article L. 541-1.

Art. L. 512-15 *(Rempl. à compter du 1er mars 2017, Ord. n° 2017-80, 26 janv. 2017)*. – L'exploitant doit renouveler sa demande d'enregistrement ou sa déclaration en cas de déplacement de l'activité, en cas de modification substantielle du projet, qu'elle intervienne avant la réalisation de l'installation, lors de sa mise en œuvre ou de son exploitation, ou en cas de changement substantiel dans les circonstances de fait et de droit initiales.

Art. L. 512-16 *(Rempl. à compter du 1er mars 2017, Ord. n° 2017-80, 26 janv. 2017)*. – Les installations sont soumises aux dispositions des articles L. 211-1, L. 212-1 à L. 212-11, L. 214-8, L. 216-6 et L. 216-13, ainsi qu'aux mesures prises en application des décrets prévus au 1° du II de l'article L. 211-3.

Les prescriptions générales mentionnés aux articles L. 512-5, L. 512-7 et L. 512-10 fixent les règles applicables aux installations ayant un impact sur le milieu aquatique pour la protection des intérêts mentionnés à l'article L. 211-1, notamment en ce qui concerne leurs rejets et prélèvements.

Art. L. 512-17 *(L. n° 2010-788, 12 juill. 2010 ; mod., L. n° 2016-1691, 9 déc. 2016 ; mod. à compter du 1er mars 2017, Ord. n° 2017-80, 26 janv. 2017)*. – Lorsque l'exploitant est une société filiale au sens de l'article L. 233-1 du Code de commerce et qu'une procédure de liquidation judiciaire a été ouverte ou prononcée à son encontre, le liquidateur, le ministère public ou le représentant de l'État dans le département peut saisir le tribunal ayant ouvert ou prononcé la liquidation judiciaire pour faire établir l'existence d'une faute caractérisée commise par la société mère qui a contribué à une insuffisance d'actif de la filiale et pour lui demander, lorsqu'une telle faute est établie, de mettre à la charge de la société mère tout ou partie du financement des mesures de remise en état du ou des sites en fin d'activité.

Lorsque la société condamnée dans les conditions prévues au premier alinéa n'est pas en mesure de financer les mesures de remise en état en fin d'activité incombant à sa filiale, l'action mentionnée au premier alinéa peut être engagée à l'encontre de la société dont elle est la filiale au sens du même article L. 233-1 si l'existence d'une faute caractérisée commise par la société mère ayant contribué à une insuffisance d'actif de la filiale est établie. Ces dispositions s'appliquent également à la société dont la société condamnée en application du présent alinéa est la filiale au sens du même article L. 233-1 dès lors que cette dernière société n'est pas en mesure de financer les mesures de remise en état du ou des sites en fin d'activité incombant à sa filiale.

Lorsque le 1° du II de l'article L. 171-8 du présent code a été mis en œuvre, les sommes consignées, au titre des mesures de remise en état en fin d'activité, sont déduites des sommes mises à la charge des sociétés condamnées en application des alinéas précédents.

Art. L. 512-18 *(L. n° 2003-699, 30 juill. 2003)*. – L'exploitant d'une installation classée relevant des catégories visées à l'article L. 516-1 est tenu de mettre à jour à chaque changement notable des conditions d'exploitation un état de la pollution des sols sur lesquels est sise l'installation. Cet état est transmis par l'exploitant au préfet, au maire de la commune concernée et, le cas échéant, au président de l'établissement public de coopération intercommunale compétent en matière d'urbanisme concerné ainsi qu'au propriétaire du terrain sur lequel est sise l'installation. Le dernier état réalisé est joint à toute promesse unilatérale de vente ou d'achat et à tout contrat réalisant ou constatant la vente des terrains sur lesquels est sise l'installation classée.

Les modalités d'application du présent article sont définies par décret en Conseil d'État.

Art. L. 512-19 *(L. n° 2003-699, 30 juill. 2003)*. – Lorsqu'une installation n'a pas été exploitée durant trois années consécutives, le préfet peut mettre en demeure l'exploitant de procéder à la mise à l'arrêt définitif.

Art. L. 512-20 *(Anc. art. L. 512-7, dénum., Ord. n° 2009-663, 11 juin 2009)*. – En vue de protéger les intérêts visés à l'article L. 511-1, le préfet peut prescrire la réalisation des évaluations et la mise en œuvre des remèdes que rendent nécessaires soit les conséquences d'un accident ou incident survenu dans l'installation, soit les conséquences entraînées par l'inobservation des conditions imposées en application du présent titre, soit tout autre danger ou inconvénient portant ou menaçant de porter atteinte aux intérêts précités. Ces mesures sont prescrites par des arrêtés pris, sauf cas d'urgence, après avis de la commission départementale consultative compétente.

Art. L. 512-21 *(L. n° 2014-366, 24 mars 2014 ; mod., L. n° 2016-1087, 8 août 2016)*. – I. - Lors de la mise à l'arrêt définitif d'une installation classée pour la protection de l'environnement ou postérieurement à cette dernière, un tiers intéressé peut demander au représentant de l'État dans le département de se substituer à l'exploitant, avec son accord, pour réaliser les travaux de réhabilitation en fonction de l'usage que ce tiers envisage pour le terrain concerné.

II. - Lorsque l'usage ou les usages envisagés par le tiers demandeur sont d'une autre nature que ceux définis, selon le cas, en application des articles L. 512-6-1, L. 512-7-6 ou L. 512-12-1, le tiers demandeur recueille l'accord du dernier exploitant, du maire ou du président de l'établissement public de coopération intercommunale compétent en matière d'urbanisme et, s'il ne s'agit pas de l'exploitant, du propriétaire du terrain sur lequel est sise l'installation.

III. - Le tiers demandeur adresse au représentant de l'État dans le département un mémoire de réhabilitation définissant les mesures permettant d'assurer la compatibilité entre l'usage futur envisagé et l'état des sols.

IV. - Le représentant de l'État dans le département se prononce sur l'usage proposé dans le cas mentionné au II et peut prescrire au tiers demandeur les mesures de réhabilitation nécessaires pour l'usage envisagé.

V. - Le tiers demandeur doit disposer de capacités techniques suffisantes et de garanties financières couvrant la réalisation des travaux de réhabilitation définis au IV pour assurer la compatibilité entre l'état des sols et l'usage défini.

Toute modification substantielle des mesures prévues dans le mémoire de réhabilitation rendant nécessaires des travaux de réhabilitation supplémentaires pour assurer la compatibilité entre l'état des sols et le nouvel usage envisagé peut faire l'objet d'une réévaluation du montant des garanties financières.

VI. - Les arrêtés préfectoraux prévus au présent article peuvent faire l'objet des mesures de police prévues au chapitre Ier du titre VII du livre Ier.

VII. - En cas de défaillance du tiers demandeur et de l'impossibilité de mettre en œuvre les garanties financières mentionnées au V, le dernier exploitant met en œuvre les mesures de réhabilitation pour l'usage défini dans les conditions prévues aux articles L. 512-6-1, L. 512-7-6 et L. 512-12-1.

VIII. - Un décret en Conseil d'État définit les modalités d'application du présent article. Il prévoit, notamment, les modalités de substitution du tiers et le formalisme de l'accord de l'exploitant ou du propriétaire.

....

CHAPITRE IV. – CONTRÔLE ET CONTENTIEUX DES INSTALLATIONS CLASSÉES

Section I. – Contrôle et sanctions administratifs

Art. L. 514-1 *(Mod., L. n° 2010-788, 12 juill. 2010 ; abr. à compter du 1er juillet 2013, Ord. n° 2012-34, 11 janv. 2012).*

Art. L. 514-2 *(Rempl., Ord. n° 2009-663, 11 juin 2009 ; abr. à compter du 1er juillet 2013, Ord. n° 2012-34, 11 janv. 2012).*

Art. L. 514-3 *(Abr. à compter du 1er juillet 2013, Ord. n° 2012-34, 11 janv. 2012).*

Art. L. 514-4 *(Mod. à compter du 1er juillet 2013, Ord. n° 2012-34, 11 janv. 2012).* – Lorsque l'exploitation d'une installation non comprise dans la nomenclature des installations classées présente des dangers ou des inconvénients graves pour les intérêts mentionnés à l'article L. 511-1, le préfet, après avis – sauf cas d'urgence – du maire et de la commission départementale consultative compétente, met l'exploitant en demeure de prendre les mesures nécessaires pour faire disparaître les dangers ou les inconvénients dûment constatés. Faute par l'exploitant de se conformer à cette injonction dans le délai imparti, il peut être fait application des mesures prévues à l'article L. 171-8.

Art. L. 514-5 *(Mod., L. n° 2006-11, 5 janv. 2006 ; à compter du 1er juillet 2013, Ord. n° 2012-34, 11 janv. 2012).* – L'exploitant est informé par l'inspecteur des installations classées des suites du contrôle. L'inspecteur des installations classées transmet son rapport de contrôle au préfet et en fait copie simultanément à l'exploitant. Celui-ci peut faire part au préfet de ses observations.

Art. L. 514-6 *(Mod., L. n° 2015-992, 17 août 2015 ; à compter du 1er janvier 2016, Ord. n° 2015-1174, 23 sept. 2015 ; mod., Ord. n° 2017-80, 26 janv. 2017).* – I. - Les décisions prises en application des articles L. 512-7-3 à L. 512-7-5, L. 512-8, L. 512-12, L. 512-13, L. 512-20, L. 513-1, L. 514-4, du I de l'article L. 515-13 et de l'article L. 516-1 sont soumises à un contentieux de pleine juridiction.

Par exception, la compatibilité d'une installation classée avec les dispositions d'un schéma de cohérence territoriale, d'un plan local d'urbanisme, d'un plan d'occupation des sols ou d'une carte communale est appréciée à la date de l'autorisation, de l'enregistrement ou de la déclaration.

Un décret en Conseil d'État précise les délais dans lesquels les décisions mentionnées au premier alinéa du présent article peuvent être déférées à la juridiction administrative.

II *(Il abr. à compter de la date de la publication du décret visé au I du présent article et au plus tard le 1er janvier 2011, L. n° 2010-788, 12 juill. 2010).*

III. - Les tiers qui n'ont acquis ou pris à bail des immeubles ou n'ont élevé des constructions dans le voisinage d'une installation classée que postérieurement à l'affichage ou à la publication de l'acte portant autorisation ou enregistrement de cette installation ou atténuant les prescriptions primitives ne sont pas recevables à déférer ledit arrêté à la juridiction administrative.

IV. Le permis de construire et l'acte de vente, à des tiers, de biens fonciers et immobiliers doivent, le cas échéant, mentionner explicitement les servitudes afférentes instituées en application de l'article L. 112-2 du Code de l'urbanisme.

Art. L. 514-7 *(Mod., Ord. n° 2009-663, 11 juin 2009).* – S'il apparaît qu'une installation classée présente, pour les intérêts mentionnés à l'article L. 511-1, des dangers ou des inconvénients qui n'étaient pas connus lors de son autorisation, de son enregistrement ou de sa déclaration, le ministre chargé des installations classées peut ordonner la suspension de son exploitation pendant le délai nécessaire à la mise en œuvre des mesures propres à faire disparaître ces dangers ou inconvénients. Sauf cas d'urgence, la suspension intervient après avis des organes consultatifs compétents et après que l'exploitant a été mis à même de présenter ses observations.

Un décret en Conseil d'État, pris après avis du Conseil supérieur des installations classées, peut ordonner la fermeture ou la suppression de toute installation, figurant ou non à la nomenclature, qui présente, pour les intérêts mentionnés à l'article L. 511-1, des dangers ou inconvénients tels que les mesures prévues par le présent titre ne puissent les faire disparaître.

Art. L. 514-8. – Les dépenses correspondant à l'exécution des analyses, expertises ou contrôles nécessaires pour l'application du présent titre sont à la charge de l'exploitant.

Section II. – Dispositions pénales

Art. L. 514-9 *(Rempl. à compter du 1er juillet 2013, Ord. n° 2012-34, 11 janv. 2012 ; mod., Ord. n° 2016-128, 10 févr. 2016)*. – Outre les officiers et agents de police judiciaire et les inspecteurs de l'environnement mentionnés à l'article L. 172-1, les inspecteurs de la sûreté nucléaire sont habilités à rechercher et à constater les infractions aux dispositions du présent titre dans les conditions prévues au chapitre VI du titre IX.

Art. L. 514-10 *(Mod., Ord. n° 2010-420, 27 avr. 2010 ; abr. à compter du 1er juillet 2013, Ord. n° 2012-34, 11 janv. 2012).*

Art. L. 514-11 *(Mod., Ord. n° 2009-663, 11 juin 2009 ; mod. à compter du 1er juillet 2013, Ord. n° 2012-34, 11 janv. 2012)*. – I. – Le fait de ne pas se conformer à l'arrêté de mise en demeure pris en application de l'article L. 512-19 est puni de deux ans d'emprisonnement et de 150 000 euros d'amende.

II. – Le fait de ne pas se conformer aux dispositions du premier alinéa de l'article L. 516-2 est puni de six mois d'emprisonnement et de 75 000 € d'amende.

Art. L. 514-12 à L. 514-15 *(Abr. à compter du 1er juillet 2013, Ord. n° 2012-34, 11 janv. 2012).*

Art. L. 514-16. – Lorsque les personnes morales de droit public interviennent, matériellement ou financièrement, pour atténuer les dommages résultant d'un incident ou d'un accident causé par une installation mentionnée à l'article L. 511-2 ou pour éviter l'aggravation de ces dommages, elles ont droit au remboursement, par les personnes responsables de l'incident ou de l'accident, des frais qu'elles ont engagés, sans préjudice de l'indemnisation des autres dommages subis. À ce titre, elles peuvent se constituer partie civile devant les juridictions pénales saisies de poursuites consécutives à l'incident ou à l'accident.

Cette action s'exerce sans préjudice des droits ouverts par l'article L. 142-2 aux associations répondant aux conditions de cet article.

Art. L. 514-17. – Les pénalités prévues à la présente section sont applicables aux justiciables des juridictions militaires des forces armées conformément au Code de justice militaire, et notamment en ses *articles 165 et 171*.

Art. L. 514-18 *(Abr. à compter du 1er juillet 2013, Ord. n° 2012-34, 11 janv. 2012).*

Section III. – Protection des tiers

Art. L. 514-19 *(Mod., Ord. n° 2009-663, 11 juin 2009)*. – Les autorisations et enregistrements sont accordées sous réserve des droits des tiers.

Art. L. 514-20 *(Mod., L. n° 2003-699, 30 juill. 2003 ; Ord. n° 2009-663, 11 juin 2009 ; L. n° 2014-366, 24 mars 2014)*. – Lorsqu'une installation soumise à autorisation ou à enregistrement a été exploitée sur un terrain, le vendeur de ce terrain est tenu d'en informer par écrit l'acheteur ; il l'informe également, pour autant qu'il les connaisse, des dangers ou inconvénients importants qui résultent de l'exploitation.

Si le vendeur est l'exploitant de l'installation, il indique également par écrit à l'acheteur si son activité a entraîné la manipulation ou le stockage de substances chimiques ou radioactives. L'acte de vente atteste de l'accomplissement de cette formalité.

À défaut, et si une pollution constatée rend le terrain impropre à la destination précisée dans le contrat, dans un délai de deux ans à compter de la découverte de la pollution, l'acheteur a le choix de demander la résolution de la vente ou de se faire restituer une partie du prix ; il peut aussi demander la réhabilitation du site aux frais du vendeur, lorsque le coût de cette réhabilitation ne paraît pas disproportionné par rapport au prix de vente.

CHAPITRE V. – DISPOSITIONS PARTICULIÈRES À CERTAINES INSTALLATIONS

Section I. – Carrières

Art. L. 515-1 *(Mod. à compter du 1er mars 2017, Ord. n° 2017-80, 26 janv. 2017).* – La durée de validité de l'autorisation administrative prévue à l'article L. 512-1 ou de l'enregistrement prévu à l'article L. 512-7 des exploitations de carrières ne peut excéder trente ans. L'autorisation administrative ou l'enregistrement initial est renouvelable dans les mêmes formes.

La durée nécessaire à la réalisation des diagnostics et des opérations de fouilles d'archéologie préventive interrompt la durée d'exploitation de la carrière fixée par l'arrêté d'autorisation ou d'enregistrement.

Art. L. 515-2 *(Abr., Ord. n° 2004-637, 1er juill. 2004).*

Art. L. 515-3 *(Mod., L. n° 2010-874, 27 juill. 2010 ; rempl., L. n° 2014-366, 24 mars 2014 ; mod. à compter de la date prévue au VI de l'article 16 de la loi n° 2016-1087, 8 août 2016, L. n° 2016-1087, 8 août 2016 ; mod. à compter du 1er mars 2017, Ord. n° 2017-80, 26 janv. 2017).* – I. - Le schéma régional des carrières définit les conditions générales d'implantation des carrières et les orientations relatives à la logistique nécessaire à la gestion durable des granulats, des matériaux et des substances de carrières dans la région. Il prend en compte l'intérêt économique national et régional, les ressources, y compris marines et issues du recyclage, ainsi que les besoins en matériaux dans et hors de la région, la protection des paysages, des sites et des milieux naturels sensibles, la préservation de la ressource en eau, la nécessité d'une gestion équilibrée et partagée de l'espace, l'existence de modes de transport écologiques, tout en favorisant les approvisionnements de proximité, une utilisation rationnelle et économe des ressources et le recyclage. Il identifie les gisements potentiellement exploitables d'intérêt national ou régional et recense les carrières existantes. Il fixe les objectifs à atteindre en matière de limitation et de suivi des impacts et les orientations de remise en état et de réaménagement des sites.

II. - Le schéma régional des carrières est élaboré par le préfet de région.

Le contenu du schéma, les modalités et les conditions de son élaboration, de sa révision et, le cas échéant, de sa modification sont précisés par décret en Conseil d'État.

Le schéma régional des carrières est élaboré après consultation :

1° Du plan régional de l'agriculture durable mentionné à l'article L. 111-2-1 du Code rural et de la pêche maritime ;

2° Des schémas départementaux ou interdépartementaux des déchets de chantier du bâtiment et de travaux publics ou, pour l'Île-de-France, du schéma régional de ces déchets prévus à l'article L. 541-14 du présent code.

Il est soumis à l'avis :

a) Des formations « carrières » des commissions départementales de la nature, des paysages et des sites des départements de la région ;

b) De l'organisme de gestion de tout parc naturel régional se trouvant dans l'emprise de la région tel que prévu à l'article L. 333-1 ;

c) De l'établissement public d'un parc national en tant qu'il s'applique aux espaces inclus dans ce parc conformément à l'article L. 331-3.

Il est également soumis, conformément à l'article L. 112-3 du Code rural et de la pêche maritime, en cas de réduction des espaces agricoles ou forestiers, à l'avis :

- de la chambre régionale d'agriculture ;
- de l'Institut national de l'origine et de la qualité dans les zones d'appellation d'origine contrôlée ;
- le cas échéant, du Centre national de la propriété forestière.

Le schéma régional des carrières est ensuite concomitamment soumis à l'avis :

– du conseil régional ;

– des conseils généraux des départements de la région ;

– des préfets de région des autres régions identifiées comme consommatrices de granulats ou de substances d'intérêt régional ou national extraits dans la région ;

– des formations « carrières » des commissions départementales de la nature, des paysages et des sites des départements, hors de la région, identifiés comme consommateurs de granulats ou de substances d'intérêt régional ou national extraits dans la région ;

– des conseils régionaux des autres régions identifiées comme consommatrices de granulats ou de substances d'intérêt régional ou national extraits dans la région.

Les avis sont rendus dans un délai de deux mois suivant la réception de la demande. En l'absence de réponse, ils sont réputés favorables.

Le schéma régional des carrières est mis à disposition du public en application de l'article L. 122-8 du présent code.

Il est approuvé par le préfet de région puis rendu public dans les conditions définies à l'article L. 122-10.

Les autorisations et enregistrements d'exploitations de carrières délivrés en application du titre VIII du livre Ier et du présent titre doivent être compatibles avec ce schéma.

III. - Le schéma régional des carrières prend en compte le schéma régional de cohérence écologique et précise les mesures permettant d'éviter, de réduire et, le cas échéant, de compenser les atteintes aux continuités écologiques que sa mise en œuvre est susceptible d'entraîner.

Le schéma régional des carrières prend en compte le schéma régional d'aménagement, de développement durable et d'égalité des territoires mentionné à l'article L. 4251-1 du Code général des collectivités territoriales.

Le schéma régional des carrières doit être compatible ou rendu compatible dans un délai de trois ans avec les dispositions des schémas directeurs d'aménagement et de gestion des eaux et des schémas d'aménagement et de gestion des eaux, s'ils existent.

Les schémas de cohérence territoriale et, en l'absence de schéma de cohérence territoriale, les plans locaux d'urbanisme, les plans d'occupation des sols ou les cartes communales prennent en compte les schémas régionaux des carrières, le cas échéant dans un délai de trois ans après la publication de ces schémas lorsque ces derniers leur sont postérieurs.

IV. - Toutefois, les schémas départementaux des carrières continuent à être régis par le présent article, dans sa rédaction antérieure à la loi n° 2014-366 du 24 mars 2014 pour l'accès au logement et un urbanisme rénové, jusqu'à l'adoption d'un schéma régional des carrières, qui au plus tard doit intervenir dans un délai de cinq ans à compter du 1er janvier suivant la date de publication de la même loi.

En Guadeloupe, en Guyane, en Martinique, à La Réunion, à Mayotte, à Saint-Martin et à Saint-Pierre-et-Miquelon, ce délai est porté à dix ans.

Art. L. 515-4 *(Rempl., Ord. n° 2009-663, 11 juin 2009 ; mod. à compter du 1er mars 2017, Ord. n° 2017-80, 26 janv. 2017).* – Tout exploitant de carrière qui n'a pas satisfait aux obligations de remise en état d'une carrière autorisée ou enregistrée peut se voir refuser une nouvelle autorisation ou un nouvel enregistrement.

Art. L. 515-4-1 *(Créé à compter du 25 janvier 2011, Ord. n° 2011-91, 20 janv. 2011).* – Les travaux de recherches et d'exploitation des carrières doivent respecter, outre les intérêts énoncés à l'article L. 511-1, les contraintes et les obligations nécessaires à la bonne utilisation du gisement et à sa conservation, notamment en ce qui concerne les techniques d'exploitation.

Art. L. 515-4-2 *(Créé à compter du 25 janvier 2014, Ord. n° 2011-91, 20 janv. 2011).* – Si les travaux de recherche ou d'exploitation d'une carrière sont de nature à compromettre sa conservation ou celle d'un autre établissement d'extraction de minerais, il y est pourvu par l'autorité administrative, au besoin d'office et aux frais de l'explorateur ou de l'exploitant.

Art. L. 515-4-3 *(Créé à compter du 25 janvier 2014, Ord. n° 2011-91, 20 janv. 2011).* – L'autorité administrative peut, lors de l'exécution d'une suspension, d'une interdiction ou d'une action d'office, autoriser, sur le fondement des dispositions de l'article L. 515-4-2, le recours à la force publique.

Art. L. 515-5. – Les exploitations de carrières existantes à la date du décret rangeant les carrières dans la nomenclature prévue à l'article L. 511-2 doivent être mises en conformité avec les obligations de garanties financières prévues à l'article L. 516-1, dans un délai de cinq ans à compter du 14 juin 1994.

Art. L. 515-6 *(Mod., Ord. n° 2011-91, 20 janv. 2011 ; à compter du 1er mars 2017, Ord. n° 2017-80, 26 janv. 2017)*. – I. - Un décret en Conseil d'État détermine les conditions particulières d'autorisation applicables aux carrières.

II. - Par dérogation aux dispositions de l'article L. 513-1, les carrières en situation régulière relativement aux dispositions de l'article 106 dans sa rédaction issue de la loi n° 70-9 du 2 janvier 1970 et des articles L. 341-1, L. 342-1 et L. 343-1 du Code minier peuvent continuer à être exploitées dans le respect des prescriptions qui leur étaient applicables antérieurement à l'inscription des carrières à la nomenclature des installations classées.

Les prescriptions mentionnées à l'alinéa précédent sont, à compter de l'inscription des carrières à la nomenclature des installations classées, soumises aux conditions et sanctions du présent titre et de ses textes d'application et régies par les dispositions des articles L. 181-12, L. 181-14 et L. 512-20.

Section II. – Stockage souterrain de produits dangereux

Art. L. 515-7 *(Mod., L. n° 2006-739, 28 juin 2006)*. – Le stockage souterrain en couches géologiques profondes de produits dangereux, de quelque nature qu'ils soient, est soumis à autorisation administrative. Cette autorisation ne peut être accordée ou prolongée que pour une durée limitée et peut en conséquence prévoir les conditions de réversibilité du stockage. Les produits doivent être retirés à l'expiration de l'autorisation.

À l'issue d'une période de fonctionnement autorisé de vingt-cinq ans au moins, ou si l'apport de déchets a cessé depuis au moins un an, l'autorisation peut être prolongée pour une durée illimitée, sur la base d'un bilan écologique comprenant une étude d'impact et l'exposé des solutions alternatives au maintien du stockage et de leurs conséquences. Le renouvellement s'accompagne d'une nouvelle évaluation des garanties financières prévues à l'article L. 541-26 ou à l'article L. 552-1.

Pour les stockages souterrains de déchets ultimes, l'Agence de l'environnement et de la maîtrise de l'énergie peut conclure avec l'exploitant, avant l'octroi de l'autorisation visée au premier alinéa, une convention qui détermine les conditions techniques et financières de l'engagement et de la poursuite de l'exploitation, compte tenu de l'éventualité du refus de sa prolongation. Cette convention est soumise pour avis au représentant de l'État.

Les dispositions du présent article ne s'appliquent pas au stockage des déchets radioactifs.

Section III. – Installations susceptibles de donner lieu à des servitudes d'utilité publique

Art. L. 515-8 *(Rempl. à compter du 1er juin 2015, L. n° 2013-619, 16 juill. 2013)*. – I. - Des servitudes d'utilité publique peuvent être instituées concernant l'utilisation du sol ainsi que l'exécution de travaux soumis au permis de construire. Elles peuvent comporter, en tant que de besoin :

1° La limitation ou l'interdiction de certains usages susceptibles de porter atteinte aux intérêts mentionnés à l'article L. 511-1, du droit d'implanter des constructions ou des ouvrages ou d'aménager les terrains ;

2° La subordination des autorisations de construire au respect de prescriptions techniques tendant à limiter l'exposition des occupants des bâtiments aux phénomènes dangereux ;

3° La limitation des effectifs employés dans les installations industrielles et commerciales.

II. - Les servitudes d'utilité publique ne peuvent contraindre à la démolition ou à l'abandon de constructions existantes édifiées en conformité avec les dispositions législatives et réglementaires en vigueur avant l'institution desdites servitudes.

Art. L. 515-9 *(Mod. à compter du 1er juin 2015, L. n° 2013-619, 16 juill. 2013)*. – L'institution de servitudes d'utilité publique est décidée à l'intérieur d'un périmètre délimité autour de l'installation soit à la requête du demandeur de l'autorisation ou du maire de la commune d'implantation, soit sur l'initiative du préfet.

Un décret en Conseil d'État détermine les conditions de délimitation du périmètre, qui tiennent compte notamment des équipements de sécurité de l'installation et des caractéristiques du site.

Le projet définissant les servitudes et le périmètre est soumis à enquête publique, conformément aux dispositions du chapitre III du titre II du livre Ier, et à l'avis des conseils municipaux des communes sur lesquelles s'étend le périmètre.

Les servitudes et leur périmètre sont arrêtés par l'autorité compétente pour la délivrance de l'autorisation de l'installation classée.

Art. L. 515-10 *(Mod. à compter du 1er juin 2015, L. n° 2013-619, 16 juill. 2013 ; à compter du 1er janvier 2016, Ord. n° 2015-1174, 23 sept. 2015).* – Les servitudes sont annexées au plan local d'urbanisme de la commune dans les conditions prévues à l'article L. 153-60 du Code de l'urbanisme.

Art. L. 515-11 *Mod. à compter du 1er janvier 2015, Ord. n° 2014-1345, 6 nov. 2014).* – Lorsque l'institution des servitudes prévues à l'article L. 515-8 entraîne un préjudice direct, matériel et certain, elle ouvre droit à une indemnité au profit des propriétaires, des titulaires de droits réels ou de leurs ayants droit.

La demande d'indemnisation doit être adressée à l'exploitant de l'installation dans un délai de trois ans à dater de la notification de la décision instituant la servitude. À défaut d'accord amiable, l'indemnité est fixée par le juge de l'expropriation.

Le préjudice est estimé à la date de la décision de première instance. Toutefois, est seul pris en considération l'usage possible des immeubles et droits immobiliers un an avant l'ouverture de l'enquête publique prévue à l'article L. 515-9. La qualification éventuelle de terrain à bâtir est appréciée conformément aux dispositions de l'article L. 13-15 du Code de l'expropriation pour cause d'utilité publique.

Le préjudice est estimé à la date de la décision de première instance. Toutefois, est seul pris en considération l'usage possible des immeubles et droits immobiliers un an avant l'ouverture de l'enquête publique prévue à l'article L. 515-9. La qualification éventuelle de terrain à bâtir est appréciée conformément aux dispositions de l'article L. 1 du Code de l'expropriation pour cause d'utilité publique.

Le juge limite ou refuse l'indemnité si une acquisition de droits sur un terrain a, en raison de l'époque à laquelle elle a eu lieu ou de toute autre circonstance, été faite dans le but d'obtenir une indemnité.

Le paiement des indemnités est à la charge de l'exploitant de l'installation.

Art. L. 515-12 *(Rempl., L. n° 2002-276, 27 févr. 2002 ; mod., Ord. n° 2010-1232, 21 oct. 2010 ; L. n° 2014-366, 24 mars 2014).* – Afin de protéger les intérêts mentionnés à l'article L. 511-1, les servitudes prévues aux articles L. 515-8 à L. 515-11 peuvent être instituées sur des terrains pollués par l'exploitation d'une installation, sur l'emprise des sites de stockage de déchets ou dans une bande de 200 mètres autour de la zone d'exploitation, ou sur l'emprise des sites d'anciennes carrières ou autour de ces sites sur des surfaces dont l'intégrité conditionne le respect de la sécurité et de la salubrité publiques ou dans le voisinage d'un site de stockage géologique de dioxyde de carbone. Ces servitudes peuvent, en outre, comporter la limitation ou l'interdiction des modifications de l'état du sol ou du sous-sol, la limitation des usages du sol, du sous-sol et des nappes phréatiques, ainsi que la subordination de ces usages à la mise en œuvre de prescriptions particulières, et permettre la mise en œuvre des prescriptions relatives à la surveillance du site.

Dans le cas des installations de stockage des déchets, ces servitudes peuvent être instituées à tout moment. Elles cessent de produire effet si les déchets sont retirés de la zone de stockage.

Sur les terrains pollués par l'exploitation d'une installation classée ou constituant l'emprise d'un site de stockage de déchets, lorsque les servitudes envisagées ont pour objet de protéger les intérêts mentionnés au *premier alinéa et concernent* ces seuls terrains, le représentant de l'État dans le département peut, lorsque le petit nombre des propriétaires ou le caractère limité des surfaces intéressées le justifie, procéder à la consultation écrite des propriétaires des terrains par substitution à la procédure d'enquête publique prévue au troisième alinéa de l'article L. 515-9.

Ces servitudes sont indemnisées dans les conditions prévues à l'article L. 515-11. Pour l'application de cet article, la date d'ouverture de l'enquête publique est, lorsqu'il n'est pas procédé à une telle enquête, remplacée par la date de consultation des propriétaires.

Dans le cas des terrains pollués par l'exploitation d'une installation classée, lorsqu'une servitude d'utilité publique est devenue sans objet, elle peut être supprimée, à la demande de l'ancien exploitant, du maire, du propriétaire du terrain, ou à l'initiative du représentant de l'État dans le département.

Dans les cas où la demande d'abrogation est faite par l'exploitant, le maire ou le propriétaire, cette demande doit être accompagnée d'un rapport justifiant que cette servitude d'utilité publique est devenue sans objet.

Lorsqu'ils ne sont pas à l'origine de la demande, le propriétaire du terrain et l'exploitant sont informés par le représentant de l'État dans le département du projet de suppression de la servitude.

Section IV. – Installations où s'effectuent des opérations soumises à agrément

Art. L. 515-13 *(Mod., L. n° 2003-591, 2 juill. 2003 ; L. n° 2008-595, 25 juin 2008)*. – I. – La mise en œuvre, dans certaines catégories d'installations classées, de substances, de produits, d'organismes ou de procédés de fabrication peut, pour l'application de directives communautaires relatives à la protection de l'environnement, être subordonnée à un agrément. Un décret en Conseil d'État fixe les conditions d'application du présent alinéa, et notamment les conditions de délivrance de l'agrément, ainsi que les délais dans lesquels il est accordé ou à l'expiration desquels il est réputé accordé.

II. – La mise en œuvre, dans certaines catégories d'installations classées, d'organismes génétiquement modifiés est soumise aux dispositions des chapitres Ier, II et VI du titre III du présent livre.

Un décret en Conseil d'État détermine les conditions d'application de ces dispositions dans le domaine de la production industrielle.

Section V. – Installations d'élimination de déchets

Art. L. 515-14 *(Mod., Ord. n° 2005-1129, 8 sept. 2005)*. – Les décisions relatives aux installations d'élimination des déchets prises en application du présent titre doivent comporter les mesures prévues à l'article L. 516-1.

Section VI. – Installations soumises à un plan de prévention des risques technologiques
(L. n° 2003-699, 30 juill. 2003)

Art. L. 515-15 *(L. n° 2003-699, 30 juill. 2003 ; mod., L. n° 2010-788, 12 juill. 2010 ; à compter du 1er juin 2015, L. n° 2013-619, 16 juill. 2013)*. – L'État élabore et met en œuvre des plans de prévention des risques technologiques qui ont pour objet de délimiter les effets d'accidents susceptibles de survenir dans les installations figurant sur la liste prévue à l'article L. 515-36 et qui y figuraient au 31 juillet 2003, et pouvant entraîner des effets sur la salubrité, la santé et la sécurité publiques directement ou par pollution du milieu.

L'État peut élaborer et mettre en œuvre de tels plans pour les installations mises en service avant le 31 juillet 2003 et ajoutées à la liste prévue à l'article L. 515-36 postérieurement à cette date.

Ces plans délimitent un périmètre d'exposition aux risques en tenant compte de la nature et de l'intensité des risques technologiques décrits dans les études de dangers et des mesures de prévention mises en œuvre.

Art. L. 515-16 *(Rempl., Ord. n° 2015-1324, 22 oct. 2015)*. – À l'intérieur du périmètre d'exposition aux risques, les plans de prévention des risques technologiques peuvent, en fonction du type de risques, de leur gravité, de leur probabilité et de leur cinétique, délimiter :

1° Des zones dites de maîtrise de l'urbanisation future, soumises aux dispositions de l'article L. 515-16-1 ;

2° Des zones dites de prescription, relatives à l'urbanisation existante, soumises aux dispositions de l'article L. 515-16-2, à l'intérieur desquelles les plans peuvent délimiter :

a) Des secteurs dits de délaissement, soumis aux dispositions des articles L. 515-16-3 et L. 515-16-5 à L. 515-16-7 en raison de l'existence de risques importants d'accident à cinétique rapide présentant un danger grave pour la vie humaine ;

b) Des secteurs dits d'expropriation, soumis aux dispositions des articles L. 515-16-3 à L. 515-16-7 en raison de l'existence de risques importants d'accident à cinétique rapide présentant un danger très grave pour la vie humaine.

Au sein d'une même zone ou d'un même secteur, les mesures prises en application des articles L. 515-16-1 à L. 515-16-4 peuvent différer en fonction des critères mentionnés au premier alinéa.

Art. L. 515-16-1 *(Rempl., Ord. n° 2015-1324, 22 oct. 2015)*. – Dans les zones de maîtrise de l'urbanisation future mentionnées à l'article L. 515-16, les plans de prévention des risques technologiques peuvent interdire la réalisation d'aménagements ou d'ouvrages, ainsi que les constructions nouvelles et l'extension des constructions existantes, ou les subordonner au respect de prescriptions relatives à leur construction, leur utilisation ou leur exploitation.

Dans ces zones, le droit de préemption urbain peut être exercé dans les conditions définies au chapitre Ier du titre Ier du livre II du Code de l'urbanisme.

Art. L. 515-16-2 *(Ord. n° 2015-1324, 22 oct. 2015)*. – I. - Dans les zones de prescription mentionnées à l'article L. 515-16, les plans de prévention des risques technologiques peuvent prescrire des mesures de protection des populations contre les risques encourus, relatives à l'aménagement, l'utilisation ou l'exploitation des constructions, des ouvrages, des installations et des voies de communication existant à la date d'approbation du plan, qui doivent être prises par les propriétaires, exploitants et utilisateurs dans les délais que le plan détermine.

Ces mesures peuvent notamment être relatives aux mouvements et au stationnement des véhicules de transport de matières dangereuses et, pour les seuls logements, porter sur la réalisation de travaux de protection. Les prescriptions portant sur la réalisation de travaux peuvent être formulées sous forme d'objectifs de performance. Les travaux de protection prescrits pour les logements sont réalisés dans un délai de huit ans à compter de l'approbation du plan, ou avant le 1er janvier 2021 si le plan a été approuvé avant le 1er janvier 2013.

Pour les biens autres que les logements, l'autorité administrative compétente informe leurs propriétaires ou gestionnaires, ainsi que les responsables des activités qui y sont implantées, du type de risques auxquels leur bien ou activité est soumis, ainsi que de la gravité, de la probabilité et de la cinétique de ces risques, afin que ceux-ci, chacun en ce qui le concerne, mettent en œuvre leurs obligations en matière de sécurité des personnes, dans le cadre des réglementations qui leur sont applicables. Ces mesures peuvent consister en des mesures de protection, de réduction de la vulnérabilité ou d'organisation de l'activité.

Les plans ou consignes de sécurité en vigueur au sein de ces biens prennent en compte les mesures de protection définies par les plans particuliers d'intervention mentionnés à l'article L. 741-6 du Code de la sécurité intérieure, y compris celles incombant à l'exploitant des installations à l'origine du risque.

II. - Lorsque le coût des travaux de protection d'un logement prescrits en application du I excède un pourcentage, fixé par décret en Conseil d'État, de la valeur vénale du bien ou 20 000 €, l'obligation de réalisation des travaux est limitée au plus petit de ces montants.

Pour satisfaire à ses obligations dans une telle hypothèse, le propriétaire définit les travaux à réaliser en priorité. Pour ce faire, il peut se fonder sur l'usage actuel ou prévu du bien, la recherche d'une protection à un niveau d'aléa moindre ou les synergies avec d'autres objectifs d'amélioration de l'habitat.

Art. L. 515-16-3 *(Ord. n° 2015-1324, 22 oct. 2015)*. – I. - Dans les secteurs de délaissement et d'expropriation mentionnés à l'article L. 515-16, les propriétaires d'immeubles ou de droits réels immobiliers peuvent mettre en demeure la collectivité territoriale ou l'établissement public de coopération intercommunale compétent en matière d'urbanisme de procéder à leur acquisition.

Ce droit de délaissement est ouvert pendant une durée de six ans à compter de la date de signature de la convention mentionnée au II de l'article L. 515-19-1 ou de la mise en place de la répartition par défaut des contributions prévue à l'article L. 515-19-2, ou, si cette date est antérieure au 23 octobre 2015, jusqu'au 23 octobre 2021.

II. - L'acquisition est réalisée dans les conditions définies au titre III du livre II du Code de l'urbanisme, sous réserve des dispositions du présent II.

Pour la détermination du prix d'acquisition, la valeur du bien est appréciée sans tenir compte de la dépréciation supplémentaire éventuelle découlant des servitudes et prescriptions instituées en application des articles *L. 515-16-1 et L. 515-16-2.*

Par dérogation aux dispositions de l'article L. 230-5 du *Code de l'urbanisme*, pour les biens faisant l'objet d'une location ou d'un affermage, la collectivité territoriale ou l'établissement public de coopération intercommunale compétent en matière d'urbanisme peut, sur demande du locataire ou du fermier, se substituer dans les droits du bailleur initial et poursuivre le contrat de location ou d'affermage pour une durée maximale de trois ans à compter du transfert de propriété.

Lorsque le propriétaire d'un local à usage commercial ou artisanal faisant l'objet d'une location envisage d'exercer le droit de délaissement, il en informe le locataire par lettre recommandée avec demande d'avis de réception, ou remise en main propre contre récépissé ou émargement. Cette notification doit, à peine de nullité de la mise en demeure mentionnée au I, être effectuée au plus tard concomitamment avec celle-ci et indiquer le prix d'acquisition souhaité par le propriétaire dans le cadre du délaissement. Elle vaut offre de vente au profit du locataire. Ce dernier dispose d'un délai d'un mois à compter de la réception de cette offre pour se prononcer. En cas d'acceptation, le locataire dispose, à compter de la date d'envoi de sa réponse au bailleur, d'un délai de deux mois pour la réalisation de la vente. Si, dans sa réponse, il notifie son intention de recourir à un prêt, l'acceptation par le locataire de l'offre de vente est subordonnée à l'obtention du prêt et le délai de réalisation de la vente est porté à quatre mois. Si, à l'expiration de ce délai, la vente n'a pas été réalisée, l'acceptation de l'offre de vente est sans effet. L'acquisition du bien par le locataire met fin à la procédure de délaissement si celle-ci a été engagée.

III. - Le financement des délaissements est réalisé dans les conditions prévues aux articles L. 515-19-1 et L. 515-19-2.

IV. - Au vu de la notification mentionnée au III de l'article 18 de la loi n° 65-557 du 10 juillet 1965 fixant le statut de la copropriété des immeubles bâtis, l'autorité administrative compétente peut déclarer d'utilité publique l'expropriation des immeubles ou droits réels immobiliers non délaissés, lorsque les charges nécessaires à l'entretien des lots délaissés sont, pour les collectivités territoriales ou les établissements publics de coopération intercommunale compétents en matière d'urbanisme, disproportionnées au regard de l'intérêt qui s'attache à cet entretien.

Il est procédé à la déclaration d'utilité publique dans les conditions prévues aux I et II de l'article L. 515-16-4.

Pour la fixation du prix d'acquisition, la valeur du bien est déterminée sans tenir compte de la dépréciation supplémentaire éventuelle découlant des servitudes et prescriptions instituées en application des articles L. 515-16-1 et L. 515-16-2.

Art. L. 515-16-4 *(Ord. n° 2015-1324, 22 oct. 2015).* – I. – Dans les secteurs d'expropriation mentionnés à l'article L. 515-16, l'État peut déclarer d'utilité publique l'expropriation des immeubles et droits réels immobiliers au profit des collectivités territoriales ou établissements publics de coopération intercommunale compétents en matière d'urbanisme, dans les conditions prévues par le Code de l'expropriation pour cause d'utilité publique.

II. - L'enquête publique mentionnée à l'article L. 515-22 peut être menée conjointement à celle prévue au titre de l'article L. 1 du Code de l'expropriation pour cause d'utilité publique, dans les conditions fixées par l'article L. 123-6 du présent code, le délai d'un an prévu à l'article L. 121-2 du Code de l'expropriation pour cause d'utilité publique étant alors toutefois porté à deux ans.

La déclaration d'utilité publique est prononcée par l'autorité administrative compétente après l'approbation du plan de prévention des risques technologiques.

III. - Pour la détermination du prix d'acquisition ou du montant des indemnités, il n'est pas tenu compte de la dépréciation supplémentaire éventuelle découlant des servitudes et prescriptions instituées en application des articles L. 515-16-1 et L. 515-16-2.

IV. - Le financement des expropriations est réalisé dans les conditions prévues aux articles L. 515-19-1 et L. 515-19-2.

Art. L. 515-16-6 *(Ord. n° 2015-1324, 22 oct. 2015).* – Pendant six ans à compter de la date de signature de la convention mentionnée au II de l'article L. 515-19-1 ou de la mise en place de la répartition par défaut des contributions prévue à l'article L. 515-19-2, ou, si cette date est antérieure au 23 octobre 2015, jusqu'au 23 octobre 2021, dans les secteurs de délaissement et d'expropriation, et pour les biens autres que les logements, l'autorité administrative compétente peut prescrire au propriétaire la mise en œuvre de mesures apportant une amélioration substantielle de la protection des populations. Elles peuvent notamment consister en des mesures de protection des populations, de réduction de la vulnérabilité ou d'organisation de l'activité.

Ces mesures sont prescrites dans la limite des dépenses mentionnées au I de l'article L. 515-19-1 qui seraient engagées en cas de délaissement ou d'expropriation. Elles bénéficient d'un financement dans les conditions prévues aux articles L. 515-19-1 et L. 515-19-2.

Ces prescriptions peuvent être assorties de mesures mentionnées au I de l'article L. 515-8, qui valent alors servitudes d'utilité publique et sont communiquées au maire. Elles sont annexées au document d'urbanisme applicable, dans les conditions prévues à l'article L. 126-1 du Code de l'urbanisme. Elles n'ouvrent pas droit à indemnisation.

Les articles L. 515-16-3 à L. 515-16-5 ne s'appliquent pas aux biens ayant fait l'objet des mesures mentionnées aux précédents alinéas.

Art. L. 515-16-7 *(Ord. n° 2015-1324, 22 oct. 2015).* – Les dispositions suivantes s'appliquent aux biens faisant l'objet d'une acquisition par délaissement, expropriation ou exercice du droit de préemption urbain en application des articles L. 515-16-3 à L. 515-16-5.

I. - La collectivité territoriale ou l'établissement public de coopération intercommunale peut, par convention passée avec un établissement public ou une entreprise publique locale, lui confier le soin de réaliser l'acquisition des biens.

II. - L'accès aux biens est limité ou ils sont démolis. Toutefois, ils peuvent continuer à être utilisés pour un usage autre que d'habitation, sous réserve du respect des dispositions du plan de prévention des risques technologiques qui sont applicables dans le secteur aux constructions nouvelles.

III. - En cas de cession ultérieure du bien, sa valeur est appréciée en tenant compte de son état ainsi que des restrictions et prescriptions l'affectant du fait des dispositions du présent chapitre et du plan de prévention des risques technologiques. Le produit de la vente est reversé aux collectivités et établissements publics de coopération intercommunale, à l'État et aux industriels à l'origine du risque, déduction faite des dépenses engagées par le vendeur et non financées au titre de l'article L. 515-19-1, au prorata de leur participation au financement mis en œuvre en application de cet article.

IV. - Les articles L. 515-16-3 à L. 515-16-6 ne peuvent s'appliquer à nouveau aux biens objets du présent article.

Art. L. 515-16-8 *(Ord. n° 2015-1324, 22 oct. 2015)*. – Les plans de prévention des risques technologiques peuvent également comporter des recommandations pouvant servir d'orientations à l'occasion de projets ultérieurs de travaux, d'aménagement, d'utilisation ou d'exploitation des constructions, des ouvrages, des voies de communication et des terrains de camping ou de stationnement de caravanes. Ces recommandations n'ont pas de caractère prescriptif.

Art. L. 515-17 *(Rempl., Ord. n° 2015-1324, 22 oct. 2015)*. – Outre les obligations mises à la charge de l'exploitant par l'autorité administrative compétente en application des articles L. 512-1 à L. 512-5 et de l'article L. 512-7, les plans de prévention des risques technologiques peuvent également prévoir des mesures supplémentaires de prévention des risques permettant de réduire le périmètre des zones et secteurs mentionnés à l'article L. 515-16, et bénéficiant des conditions de financement précisées à l'article L. 515-19-3, lorsque le coût de ces mesures supplémentaires est inférieur à celui des mesures prévues aux articles L. 515-16-3 et L. 515-16-4 qu'elles permettent d'éviter.

Ces mesures supplémentaires font l'objet d'une convention prévue à l'article L. 515-19-3 avant l'approbation des plans et sont prescrites par un arrêté préfectoral complémentaire prévu à l'article L. 512-3.

Lorsque ces mesures supplémentaires portent sur le transfert de tout ou partie des installations à l'origine du risque vers un autre emplacement, l'autorisation de les exploiter mentionnée à l'article L. 512-1 expire à l'échéance arrêtée pour le transfert, sans que l'exploitant ne puisse prétendre à indemnisation de ce seul fait, et sans préjudice de l'application des dispositions de l'article L. 512-6-1. Toutefois, lorsque le transfert n'a pu être réalisé à l'échéance prévue pour un motif sérieux indépendant de la volonté de l'exploitant, l'autorité administrative compétente peut autoriser, pour une durée maximale de deux ans, la poursuite du fonctionnement de cette installation.

Art. L. 515-18 *(Mod., Ord. n° 2015-1324, 22 oct. 2015)*. – Les mesures prévues par les plans de prévention des risques technologiques, en particulier aux articles L. 515-16-3 et L. 515-16-4, sont mises en œuvre progressivement en fonction notamment de la probabilité, de la gravité et de la cinétique des accidents potentiels ainsi que du rapport entre le coût des mesures envisagées et le gain en sécurité attendu.

Art. L. 515-19 *(Rempl., Ord. n° 2015-1324, 22 oct. 2015)*. – I. – Les exploitants des installations à l'origine du risque et les collectivités territoriales ou établissements publics de coopération intercommunale, dès lors qu'ils perçoivent tout ou partie de la contribution économique territoriale dans le périmètre couvert par le plan de prévention des risques technologiques au titre de l'année de son approbation, participent au financement des diagnostics préalables et des travaux de protection prescrits aux personnes physiques propriétaires de logements au titre de l'article L. 515-16-2, sous réserve que ces dépenses soient payées dans un délai de huit ans à compter de l'approbation du plan, ou avant le 1er janvier 2021 si le plan a été approuvé avant le 1er janvier 2013.

La participation minimale, répartie en deux parts égales entre les exploitants des installations à l'origine du risque, d'une part, et les collectivités territoriales et établissements publics de coopération intercommunale, d'autre part, est de 50 % du coût des diagnostics et travaux, sans pouvoir excéder 10 000 € par logement.

D'autres participations peuvent également être apportées à ce financement sur une base volontaire, sans toutefois que le montant total des participations et du crédit d'impôt versé en application du 1 *bis* de l'article 200 *quater* A du Code général des impôts ne dépasse le coût des diagnostics et des travaux obligatoires.

II. – En l'absence d'accord des collectivités territoriales ou des établissements publics de coopération intercommunale sur leur contribution respective, celle leur incombant est répartie au prorata de la part de contribution économique territoriale qu'ils perçoivent des exploitants des installations à l'origine du risque au titre de l'année d'approbation du plan.

Lorsque plusieurs exploitants figurent dans le périmètre couvert par le plan et en l'absence d'accord sur leur contribution respective à cette participation, l'autorité administrative compétente fixe, par arrêté, la répartition de la contribution incombant à chacun d'entre eux.

III. - Ces différentes contributions sont versées aux propriétaires des logements au plus tard deux mois après réception des factures correspondant au montant des diagnostics et travaux prescrits.

Art. L. 515-19-1 *(Ord. n° 2015-1324, 22 oct. 2015)*. – I. – Le financement des délaissements et expropriations mis en œuvre en application des articles L. 515-16-3 et L. 515-16-4 est assuré par l'État, les exploitants des installations à l'origine du risque et les collectivités territoriales ou les établissements publics de coopération intercommunale percevant tout ou partie de la contribution économique territoriale au titre de l'année d'approbation du plan de prévention des risques technologiques dans le périmètre qu'il couvre.

Le montant de ce financement couvre le prix d'acquisition des biens, y compris les indemnités accessoires éventuelles, ainsi que les frais annexes et les dépenses liées à la limitation de l'accès ou à la démolition de ces biens.

II. – Les personnes et organismes mentionnés au premier alinéa du I concluent une convention fixant leurs contributions respectives, couvrant les dépenses mentionnées à l'alinéa précédent, estimées à la date de la signature de cette convention, pour les expropriations et les délaissements possibles, prévus par le plan de prévention des risques technologiques. À défaut de convention, les contributions de chacun sont fixées suivant les modalités fixées à l'article L. 515-19-2.

Les dépenses mentionnées au deuxième alinéa du I et non prévues par la convention ou excédant les montants qu'elle prévoit font l'objet d'un avenant. À défaut d'un tel avenant dans les six mois suivant la demande de la collectivité territoriale ou de l'établissement public de coopération intercommunale compétent en matière d'urbanisme, les modalités de répartition fixées au I de l'article L. 515-19-2 s'appliquent.

III. - Les mesures prescrites en application de l'article L. 515-16-6, ainsi que les études préalables, bénéficient d'un financement dans les mêmes conditions que celles mentionnées au I et prévues par la convention ou la répartition par défaut des contributions mentionnées au II pour les biens concernés. Ce financement ne peut toutefois excéder le montant des dépenses mentionnées au deuxième alinéa du présent article qui seraient engagées en cas de mise en œuvre du délaissement ou de l'expropriation pour ces biens.

IV. - Les acquisitions par exercice du droit de préemption urbain mentionnées à l'article L. 515-16-5, ainsi que les frais annexes et les dépenses liées à la limitation de l'accès et à la démolition éventuelle de ces biens, bénéficient d'un financement assuré dans les mêmes conditions que celles mentionnées au I et prévues par la convention ou la répartition par défaut des contributions mentionnées au II pour les biens concernés. Ce financement ne peut toutefois excéder le montant des dépenses mentionnées au deuxième alinéa du présent article qui seraient engagées en cas de mise en œuvre du délaissement ou de l'expropriation pour ces biens.

V. - Si des travaux de protection prescrits ont été réalisés et bénéficient de tout ou partie des financements mentionnés à l'article L. 515-19 ou du crédit d'impôt mentionné au 1 *bis* de l'article 200 *quater* A du Code général des impôts, l'indemnité versée au titre du délaissement ou de l'expropriation, ainsi que le plafond de financement mentionné au IV du présent article, sont diminués du montant des financements perçus ou à percevoir.

Art. L. 515-19-2 *(Ord. n° 2015-1324, 22 oct. 2015)*. – I. - Lorsque le montant du financement mentionné au I de l'article L. 515-19-1 est inférieur ou égal à trente millions d'euros et que la convention qui prévoit le financement de ces mesures n'est pas signée dans un délai de douze mois suivant l'approbation du plan, ce délai pouvant être prolongé de quatre mois par décision motivée de l'autorité administrative compétente, les contributions de chacun sont fixées comme suit :

1° L'État contribue à hauteur d'un tiers du coût total ;

2° Les collectivités territoriales ou établissements publics de coopération intercommunale percevant tout ou partie de la contribution économique territoriale au titre de l'année de l'approbation du plan contribuent à hauteur d'un tiers du coût total, au prorata de la contribution économique territoriale qu'ils perçoivent des exploitants des installations à l'origine du risque au titre de l'année de l'approbation du plan ;

3° Les exploitants des installations à l'origine du risque contribuent à hauteur d'un tiers du coût total, selon une répartition fixée par arrêté de l'autorité administrative compétente lorsque plusieurs exploitants figurent dans le périmètre couvert par le plan.

II. - Lorsque le montant du financement mentionné au I de l'article L. 515-19-1 est supérieur à trente millions d'euros et que la convention qui prévoit le financement de ces mesures n'est pas signée dans un délai de douze mois suivant l'approbation du plan, ce délai pouvant être prolongé de six mois par décision motivée de l'autorité administrative compétente, les contributions de chacun sont fixées comme suit :

Les collectivités territoriales ou établissements publics de coopération intercommunale percevant tout ou partie de la contribution économique territoriale au titre de l'année de l'approbation du plan contribuent à hauteur d'un tiers du coût total, au prorata de la contribution économique territoriale qu'ils perçoivent des exploitants des installations à l'origine du risque au titre de l'année de l'approbation du plan ; la contribution due par chaque collectivité territoriale ou établissement public de coopération intercommunale compétent est néanmoins limitée à 15 % de la contribution économique territoriale totale perçue sur l'ensemble de son territoire au titre de l'année d'approbation du plan ;

L'État contribue à hauteur de la moitié du coût résiduel des mesures, établi après déduction de la contribution due par les collectivités et établissements publics de coopération intercommunale au titre du 1° ;

Les exploitants des installations à l'origine du risque contribuent à la même hauteur que l'État, selon une répartition fixée par arrêté de l'autorité administrative compétente lorsque plusieurs exploitants figurent dans le périmètre couvert par le plan.

Art. L. 515-19-3 *(Ord. n° 2015-1324, 22 oct. 2015).* – Une convention conclue entre toutes ou certaines des personnes et organismes mentionnés au premier alinéa de l'article L. 515-19-1 fixe leurs contributions respectives au financement des mesures supplémentaires mentionnées à l'article L. 515-17.

Art. L. 515-20 *(Abr., Ord. n° 2015-1324, 22 oct. 2015).*

Art. L. 515-21 *(L. n° 2003-699, 30 juill. 2003 ; mod., à compter du 1er juin 2015, L. n° 2013-619, 16 juill. 2013).* – Le plan de prévention des risques technologiques mentionne les servitudes d'utilité publique instituées en application de l'article L. 515-37 autour des installations situées dans le périmètre du plan.

Art. L. 515-22 *(L. n° 2003-699, 30 juill. 2003 ; mod., L. n° 2010-788, 12 juill. 2010 ; à compter du 1er janvier 2016, Ord. n° 2015-1174, 23 sept. 2015).* – Le préfet définit les modalités de la concertation relative à l'élaboration du projet de plan de prévention des risques technologiques dans les conditions prévues au chapitre III du titre préliminaire du livre Ier du Code de l'urbanisme.

Sont notamment associés à l'élaboration du plan de prévention des risques technologiques les exploitants des installations à l'origine du risque, les communes sur le territoire desquelles le plan doit s'appliquer, les établissements publics de coopération intercommunale compétents en matière d'urbanisme et dont le périmètre d'intervention est couvert en tout ou partie par le plan ainsi que la commission de suivi de site créée en application de l'article L. 125-2-1.

Le préfet recueille leur avis sur le projet de plan, qui est ensuite soumis à enquête publique réalisée conformément au chapitre III du titre II du livre Ier.

Le plan de prévention des risques technologiques est approuvé par arrêté préfectoral.

(Al. abr., Ord. n° 2015-1324, 22 oct. 2015).

Art. L. 515-22-1 *(Ord. n° 2015-1324, 22 oct. 2015).* – I. - En cas de changement significatif et pérenne des risques ou de leur évaluation, le plan de prévention des risques technologiques peut être révisé dans les mêmes conditions que celles de son élaboration. Si nécessaire, une nouvelle déclaration d'utilité publique tenant compte de cette révision est prononcée dans les mêmes conditions.

II. - Le plan de prévention des risques technologiques peut être modifié suivant une procédure simplifiée si la modification envisagée ne porte pas atteinte à l'économie générale du plan ou si la portée des mesures qu'il prévoit est revue à la baisse. Il n'y a pas lieu dans ce cas d'organiser une enquête publique. Une consultation du public est organisée selon les modalités prévues au II de l'article L. 120-1-1.

III. - En cas de disparition totale et définitive du risque, et après avoir organisé une consultation du public selon les modalités prévues au II de l'article L. 120-1-1, l'autorité administrative compétente abroge le plan de prévention des risques technologiques ainsi que, le cas échéant, la déclaration d'utilité publique mentionnée au I de l'article L. 515-16-4. Il n'y a pas lieu d'organiser une enquête publique.

IV. - Pendant la procédure de révision, de modification ou d'abrogation d'un plan de prévention des risques technologiques, l'autorité administrative compétente peut suspendre totalement ou partiellement l'application des mesures prévues par le plan. Les délais mentionnés à l'article L. 515-16-2, au I de l'article L. 515-16-3, aux articles L. 515-16-5 et L. 515-16-6 et au I de l'article L. 515-19 sont alors suspendus.

Art. L. 515-22-2 *(Ord. n° 2015-1324, 22 oct. 2015)*. – I. - Les nouvelles règles et mesures prévues par la révision ou la modification d'un plan de prévention des risques technologiques portant renforcement des règles et mesures qu'il prévoit produisent les mêmes effets que ceux attachés à un nouveau plan.

II. - En cas de révision ou de modification d'un plan de prévention des risques technologiques portant allègement des règles et mesures qu'il prévoit, ou en cas d'abrogation d'un plan, les dispositions qui suivent s'appliquent.

En ce qui concerne les biens cessant d'être soumis à une prescription portant sur la réalisation de travaux de protection, les financements prévus à l'article L. 515-19 cessent d'être applicables. Toutefois, les diagnostics et travaux ayant fait l'objet d'une commande avant la révision, modification ou abrogation du plan continuent de bénéficier de ces financements.

En ce qui concerne les biens cessant d'être situés en secteur de délaissement ou d'expropriation, il est mis fin aux procédures de délaissement engagées. Toutefois, si la collectivité territoriale ou l'établissement public de coopération intercommunale mis en demeure d'acquérir en application du I de l'article L. 515-16-3 s'est prononcé en application du premier alinéa de l'article L. 230-3 du Code de l'urbanisme avant la révision, modification ou abrogation du plan, la procédure de délaissement se poursuit, sauf si le propriétaire y renonce avant le versement de l'indemnité. Le II de l'article L. 515-16-7 ne s'applique pas aux biens concernés.

En ce qui concerne les biens cessant d'être situés en secteur d'expropriation, il est mis fin aux procédures d'expropriation engagées. Toutefois, si l'ordonnance d'expropriation a été rendue avant la révision, modification ou abrogation du plan, la procédure d'expropriation se poursuit et le II de l'article L. 515-16-7 ne s'applique que si les biens concernés se situent en secteur de délaissement à l'issue de la révision ou de la modification du plan. Toutefois, sur demande de l'exproprié, si l'indemnité n'a pas été payée ou consignée, le juge de l'expropriation peut rapporter l'ordonnance d'expropriation.

En ce qui concerne les biens cessant d'être situés en zone de maîtrise de l'urbanisation future, si, pour l'exercice du droit de préemption urbain mentionné à l'article L. 515-16-5, le titulaire du droit a notifié sa décision d'acquérir le bien avant la révision, modification ou abrogation du plan, la procédure d'acquisition se poursuit et, si le bien était situé en secteur de délaissement ou d'expropriation, le financement de l'acquisition dans les conditions prévues à l'article L. 515-19-1 reste acquis, sauf si le propriétaire du bien demande qu'il soit mis fin à la procédure. Le II de l'article L. 515-16-7 ne s'applique pas aux biens concernés s'ils cessent d'être situés en secteur de délaissement ou d'expropriation.

III. - En cas de suspension de l'application des mesures d'un plan de prévention des risques technologiques, les dispositions du II s'appliquent. L'application du II de l'article L. 515-16-7 est suspendue pour les biens dont la procédure d'acquisition est menée à terme.

Art. L. 515-23 *(Mod. à compter du 1er janvier 2016, Ord. n° 2015-1174, 23 sept. 2015)*. – Le plan de prévention des risques technologiques approuvé vaut servitude d'utilité publique. Il est porté à la connaissance des maires des communes situées dans le périmètre du plan en application de l'article L. 132-2 du Code de l'urbanisme. Il est annexé aux plans locaux d'urbanisme, conformément à l'article L. 153-30 du même code.

Art. L. 515-23-1 *(Ord. n° 2015-1324, 22 oct. 2015)*. – Les plans de prévention des risques technologiques approuvés relatifs à des installations cessant de figurer sur la liste prévue à l'article L. 515-36 restent en vigueur.

Toutefois, si le risque occasionné par une installation ou l'exposition aux risques ont diminué sensiblement par rapport à ceux existant lors de l'approbation du plan, l'autorité administrative compétente peut réviser, modifier ou abroger ce plan dans les conditions prévues à l'article L. 515-22-1.

Art. L. 515-24 *(Mod., Ord. n° 2015-1324, 22 oct. 2015).* – I. - Les infractions aux prescriptions édictées en application de l'article L. 515-16-1 du présent code sont punies des peines prévues à l'article L. 480-4 du Code de l'urbanisme.

II. - Les dispositions des articles L. 461-1, L. 480-1, L. 480-2, L. 480-3 et L. 480-5 à L. 480-12 du Code de l'urbanisme sont également applicables aux infractions visées au I, sous la seule réserve des conditions suivantes :

1° Les infractions sont constatées, en outre, par les fonctionnaires et agents commissionnés à cet effet par l'autorité administrative compétente en matière d'installations classées pour la protection de l'environnement et assermentés ;

2° Le droit de visite prévu à l'article L. 461-1 dudit code est également ouvert aux représentants de l'autorité administrative compétente en matière d'installations classées pour la protection de l'environnement.

III. - Le non-respect des mesures prévues à l'article L. 515-17 fait l'objet des sanctions administratives et pénales prévues pour le non-respect des prescriptions prises en application de l'article L. 512-3.

Art. L. 515-25 *(L. n° 2003-699, 30 juill. 2003).* – Un décret en Conseil d'État précise les modalités d'application des articles L. 515-15 à L. 515-24 et les délais d'élaboration et de mise en œuvre des plans de prévention des risques technologiques. Pour les installations classées relevant du ministère de la défense et les dépôts de munitions anciennes, ce décret peut, en tant que de besoin, prévoir des modalités de consultation et d'information du public adaptées aux exigences de la défense nationale ou spécifiques aux dépôts de munitions anciennes.

Art. L. 515-26 *(Mod., L. n° 2015-1567, 2 déc. 2015).* – Tout exploitant d'un établissement comportant au moins une installation figurant sur la liste prévue à l'article L. 515-36 est tenu de faire procéder à une estimation de la probabilité d'occurrence et du coût des dommages matériels potentiels aux tiers en cas d'accident survenant dans cette installation et de transmettre le rapport d'évaluation au préfet ainsi qu'au président de la commission de suivi de site créée en application de l'article L. 125-2-1.

Cette estimation est réalisée pour chacun des accidents majeurs identifiés dans l'étude de dangers de l'établissement réalisée au titre de la réglementation des installations classées. Elle est révisée à l'occasion des révisions de l'étude de dangers précitée.

Cette estimation n'est pas opposable à l'exploitant par les tiers en cas de litige lié à un accident survenant dans l'installation.

Un décret en Conseil d'État précise les conditions d'application du présent article.

Section VII. – Installations d'élevage

(Abr. à compter du 1er mars 2017, Ord. n° 2017-80, 26 janv. 2017)

Art. L. 515-27 *(Abr. à compter du 1er mars 2017, Ord. n° 2017-80, 26 janv. 2017).*

Section VIII – Installations mentionnées à l'annexe I de la directive n° 2010/75/UE du 24 novembre 2010 relative aux émissions industrielles

(Ord. n° 2012-7, 5 janv. 2012)

Art. L. 515-28 *(Ord. n° 2012-7, 5 janv. 2012 ; mod., à compter du 1er mars 2017, Ord. n° 2017-80, 26 janv. 2017).* – Pour les installations énumérées à l'annexe I de la directive mentionnée ci-dessus et dont la définition figure dans la nomenclature des installations classées prévue à l'article L. 511-2, les prescriptions nécessaires au respect des dispositions des articles L. 181-3 et L. 181-4 mentionnées à l'article L. 181-12 sont fixées de telle sorte qu'elles soient exploitées en appliquant les meilleures techniques disponibles et par référence aux conclusions sur ces meilleures techniques.

Il est procédé périodiquement au réexamen et, si nécessaire, à l'actualisation de ces conditions pour tenir compte de l'évolution de ces meilleures techniques.

Art. L. 515-29 *(Ord. n° 2012-7, 5 janv. 2012 ; mod., à compter du 1er mars 2017, Ord. n° 2017-80, 26 janv. 2017 ; mod., L. n° 2018-727, 10 août 2018).* – I. Les informations, fournies par l'exploitant, nécessaires au réexamen des conditions d'autorisation de l'installation sont mises à disposition du public, dans les conditions prévues au II, dans les cas suivants :

– lors d'un réexamen périodique prévu à l'article L. 515-28 si l'exploitant sollicite une dérogation permettant de fixer des valeurs limites d'émission qui excèdent les niveaux d'émission associés aux conclusions sur les meilleures techniques disponibles ;

– lors d'un réexamen à l'initiative de l'autorité administrative si la pollution causée par l'installation est telle qu'il convient de réviser les valeurs limites d'émission indiquées dans l'autorisation ou d'inclure de nouvelles valeurs limites d'émission.

À l'issue de cette mise à disposition du public, un arrêté complémentaire est pris en application du dernier alinéa de l'article L. 181-14.

Si une dérogation est accordée, l'autorité compétente met à la disposition du public, y compris par les moyens de communication électroniques, la décision qui mentionne les raisons spécifiques pour lesquelles cette dérogation a été accordée et les conditions dont elle a été assortie.

II. - Les informations mentionnées au I font l'objet d'une mise à disposition du public. Celui-ci est informé des modalités selon lesquelles il peut les consulter et formuler des observations avant qu'une décision ne soit prise. Cette information est faite par voie d'affichage sur le site de l'installation par l'exploitant et, à la diligence du préfet, dans les mairies de la commune d'implantation et des communes situées à proximité de cette installation ou par tous autres moyens appropriés tels que les moyens de communication électroniques.

Les observations recueillies font l'objet d'une synthèse, rendue publique, indiquant celles dont il a été tenu compte.

Art. L. 515-30 *(Ord. n° 2012-7, 5 janv. 2012 ; mod. à compter du 1er mars 2017, Ord. n° 2017-80, 26 janv. 2017).* – L'état du site d'implantation de l'installation est décrit, avant sa mise en service ou, pour les installations existantes, lors du premier réexamen conduit en application de l'article L. 515-28 après le 7 janvier 2013, dans un rapport de base établi par l'exploitant dans les cas et selon le contenu minimum prévus par le décret mentionné à l'article L. 515-31.

Sans préjudice des dispositions de l'article L. 512-6-1, les arrêtés prévus à l'article L. 181-12 et au dernier alinéa de l'article L. 181-14 précisent lors de la mise à l'arrêt définitif de l'installation les conditions de remise du site dans l'état constaté dans ce rapport.

Art. L. 515-31 *(Ord. n° 2012-7, 5 janv. 2012).* – Un décret en Conseil d'État définit les conditions d'application de la présente section. Il fixe notamment les modalités du réexamen des conditions d'exploitation des installations visées par la présente section ainsi que les conditions dans lesquelles le site est remis en état et dans lesquelles il peut être tenu compte de la faisabilité technique des mesures de remise en état.

Section IX. – Installations classées pour la protection de l'environnement susceptibles de créer des accidents majeurs impliquant des substances dangereuses

(Section créée à compter du 1er juin 2015, L. n° 2013-619, 16 juill. 2013)

Sous-section 1. – Dispositions communes

Art. L. 515-32 *(Créé à compter du 1er juin 2015, L. n° 2013-619, 16 juill. 2013).* – I. - La présente section s'applique aux installations, dont la liste est fixée par décret en Conseil d'État, dans lesquelles des substances, préparations ou mélanges dangereux sont présents dans des quantités telles qu'ils peuvent être à l'origine d'accidents majeurs.

II. - L'exploitant procède au recensement régulier des substances, préparations ou mélanges dangereux susceptibles d'être présents dans ses installations et le tient à jour.

III. - L'information du préfet prévue à l'article L. 513-1 comporte également les informations relatives au recensement des substances, préparations ou mélanges dangereux susceptibles d'être présents sur le site.

Art. L. 515-33 *(Créé à compter du 1er juin 2015, L. n° 2013-619, 16 juill. 2013).* – L'exploitant élabore un document écrit définissant sa politique de prévention des accidents majeurs.

Cette politique est conçue pour assurer un niveau élevé de protection de la santé publique et de l'environnement et est proportionnée aux risques d'accidents majeurs. Elle inclut les objectifs globaux et les principes d'action de l'exploitant, le rôle et l'organisation des responsables au sein de la direction, ainsi que l'engagement d'améliorer en permanence la maîtrise des dangers liés aux accidents majeurs.

Cette politique est mise à jour et réexaminée périodiquement.

Art. L. 515-34 *(Créé à compter du 1er juin 2015, L. n° 2013-619, 16 juill. 2013).* – Sans préjudice des dispositions de l'article L. 124-7, l'autorité administrative compétente met à la disposition du public, par voie électronique, les informations relatives aux accidents majeurs susceptibles de se produire et aux moyens mis en œuvre pour en assurer la prévention et la réduction des conséquences. Elle précise également le lieu où toute autre information pertinente peut être obtenue.

Art. L. 515-35 *(Créé à compter du 1er juin 2015, L. n° 2013-619, 16 juill. 2013).* – Sans préjudice des dispositions de l'article L. 124-4, le préfet peut rejeter une demande de communication ou ne pas divulguer une information relative à une installation soumise à la présente section dans le cas où sa consultation ou sa communication porterait atteinte à la confidentialité des informations industrielles et commerciales ou à des droits de propriété intellectuelle.

Sous-section 2. – Dispositions spécifiques aux installations présentant des dangers particulièrement importants pour la sécurité et la santé des populations voisines et pour l'environnement

Art. L. 515-36 *(Créé à compter du 1er juin 2015, L. n° 2013-619, 16 juill. 2013).* – Sans préjudice des dispositions de la sous-section 1, la présente sous-section s'applique aux installations, dont la liste est fixée par décret en Conseil d'État, dans lesquelles des substances, préparations ou mélanges dangereux sont présents dans des quantités telles qu'ils engendrent des dangers particulièrement importants pour la sécurité et la santé des populations voisines et pour l'environnement.

Art. L. 515-37 *(Créé à compter du 1er juin 2015, L. n° 2013-619, 16 juill. 2013 ; mod. à compter du 1er mars 2017, Ord. n° 2017-80, 26 janv. 2017).* – I. - Lorsqu'une demande d'autorisation concerne une installation classée à implanter sur un site nouveau, les servitudes d'utilité publique prévues à l'article L. 515-8 peuvent être instituées.

Le premier alinéa du présent I est également applicable à raison des risques supplémentaires créés par une installation nouvelle sur un site existant ou par la modification mentionnée au premier alinéa de l'article L. 181-14.

II. - Ces servitudes tiennent compte de la probabilité et de l'intensité des aléas technologiques et peuvent, dans un même périmètre, s'appliquer de façon modulée suivant les zones concernées.

III. - En cas d'institution ou de modification des servitudes d'utilité publique mentionnées à l'article L. 515-8, la durée de l'enquête publique est portée à six semaines. Durant cette période, une réunion publique est organisée par le commissaire enquêteur.

IV. - Les servitudes et leur périmètre sont arrêtés par l'autorité compétente pour la délivrance de l'autorisation de l'installation classée.

Art. L. 515-38 *(Créé à compter du 1er juin 2015, L. n° 2013-619, 16 juill. 2013 ; mod. à compter du 1er mars 2017, Ord. n° 2017-80, 26 janv. 2017).* – Les personnes susceptibles d'être touchées par un accident majeur identifié dans l'étude de dangers mentionnée à l'article L. 181-25 reçoivent régulièrement, sans qu'elles aient à le demander, des informations sur les mesures de sécurité et la conduite à tenir en cas d'accident majeur. Ces actions d'information sont menées aux frais des exploitants.

Art. L. 515-39 *(Créé à compter du 1er juin 2015, L. n° 2013-619, 16 juill. 2013 ; mod. à compter du 1er mars 2017, Ord. n° 2017-80, 26 janv. 2017).* – L'étude de dangers mentionnée à l'article L. 181-25 est réexaminée périodiquement et mise à jour.

Art. L. 515-40 *(Créé à compter du 1er juin 2015, L. n° 2013-619, 16 juill. 2013).* – L'exploitant met en place un système de gestion de la sécurité.

Ce système de gestion de la sécurité est proportionné aux dangers liés aux accidents majeurs et à la complexité de l'organisation ou des activités de l'établissement.

L'exploitant tient à jour ce système.

Art. L. 515-41 *(Créé à compter du 1er juin 2015, L. n° 2013-619, 16 juill. 2013).* – L'exploitant élabore un plan d'opération interne en vue de :

1° Contenir et maîtriser les incidents de façon à en minimiser les effets et à limiter les dommages causés à la santé publique, à l'environnement et aux biens ;

2° Mettre en œuvre les mesures nécessaires pour protéger la santé publique et l'environnement contre les effets d'accidents majeurs.

Le projet de plan est soumis à la consultation du personnel travaillant dans l'établissement au sens du Code du travail, y compris le personnel sous-traitant, dans le cadre du comité d'hygiène, de sécurité et des conditions de travail élargi prévu à l'article L. 4523-11 du Code du travail.

L'exploitant tient à jour ce plan.

Art. L. 515-42 *(Créé à compter du 1er juin 2015, L. n° 2013-619, 16 juill. 2013).* – Un décret en Conseil d'État définit les modalités d'application de la présente section.

Section 10.– Activités nucléaires

(Ord. n° 2016-128, 10 févr. 2016)

Art. L. 515-43 *(Ord. n° 2016-128, 10 févr. 2016).* – Les activités nucléaires soumises à autorisation ou à enregistrement au titre de la nomenclature prévue à l'article L. 511-2 sont soumises aux dispositions suivantes :

1° L'exploitant procède périodiquement au réexamen et, si nécessaire, à l'actualisation des conditions d'exploitation mentionnées à l'article L. 512-3, en vue de l'amélioration continue de la protection des intérêts mentionnés à l'article L. 511-1 ;

2° L'exploitant établit et met en place un système de gestion intégré des substances radioactives sous forme non scellée, des déchets radioactifs et des effluents radioactifs, comportant une garantie de la qualité et assurant la protection des intérêts mentionnés à l'article L. 511-1.

Les règles générales, prescriptions et mesures prises en application du présent titre assurent la prise en compte des obligations prévues par le chapitre III du titre III du livre III de la première partie du Code de la santé publique, dans les conditions prévues au III de l'article L. 1333-9 de ce code.

Les modalités d'application du présent article sont précisées par voie réglementaire.

Section 11. – Éoliennes

(Division créée à compter du 1er mars 2017, Ord. n° 2017-80, 26 janv. 2017)

Art. L. 515-44 *(Anc. art. L. 553-1 créé, dénum. et mod. à compter du 1er mars 2017, Ord. n° 2017-80, 26 janv. 2017).* – Sans préjudice des dispositions de l'article L. 513-1, les installations de production d'électricité utilisant l'énergie mécanique du vent classées au titre de l'article L. 511-2, ayant fait l'objet de l'étude d'impact et de l'enquête publique prévues à l'article L. 553-2, dans sa rédaction en vigueur jusqu'au 12 juillet 2010, et bénéficiant d'un permis de construire, peuvent être mises en service et exploitées dans le respect des prescriptions qui leur étaient applicables antérieurement à la date de leur classement au titre de l'article L. 511-2.

Les installations visées au premier alinéa sont, à cette date, soumises au chapitre unique du titre VIII du livre Ier, au présent livre et à leurs textes d'application.

L'exploitant de ces installations doit se faire connaître du préfet dans l'année suivant la publication du décret portant modification de la nomenclature des installations classées. Les renseignements que l'exploitant doit transmettre au préfet ainsi que les mesures que celui-ci peut imposer afin de sauvegarder les intérêts mentionnés à l'article L. 511-1 sont précisés par décret en Conseil d'État.

Les demandes déposées pour des installations avant leur classement au titre de l'article L. 511-2 et pour lesquelles l'arrêté d'ouverture d'enquête publique a été pris sont instruites selon les dispositions qui leur étaient antérieurement applicables. Au terme de ces procédures, les installations concernées sont soumises au chapitre unique du titre VIII du livre Ier, au présent livre et à leurs textes d'application.

Les installations terrestres de production d'électricité utilisant l'énergie mécanique du vent dont la hauteur des mâts dépasse 50 mètres sont soumises à autorisation au titre de l'article L. 511-2, au plus tard le 12 juillet 2011.

La délivrance de l'autorisation d'exploiter est subordonnée au respect d'une distance d'éloignement entre les installations et les constructions à usage d'habitation, les immeubles habités et les zones destinées à l'habitation définies dans les documents d'urbanisme en vigueur au 13 juillet 2010 et ayant encore cette destination dans les documents d'urbanisme en vigueur, cette distance étant appréciée au regard de l'étude d'impact prévue à l'article L. 122-1. Elle est au minimum fixée à 500 mètres. L'autorisation d'exploiter tient compte des parties du territoire régional favorables au développement de l'énergie éolienne définies par le schéma régional éolien mentionné au 3° du I de l'article L. 222-1, si ce schéma existe.

Art. L. 515-45 *(Anc. art. L. 553-2 créé, dénum. à compter du 1er mars 2017, Ord. n° 2017-80, 26 janv. 2017).* – Un décret en Conseil d'État précise les règles d'implantation des installations de production d'électricité à partir de l'énergie mécanique du vent vis-à-vis des installations militaires et des équipements de surveillance météorologique et de navigation aérienne, sans préjudice des articles L. 6350-1 à L. 6352-1 du Code des transports.

Art. L. 515-46 *(Anc. art. L. 553-3 créé, dénum. à compter du 1er mars 2017, Ord. n° 2017-80, 26 janv. 2017).* – L'exploitant d'une installation produisant de l'électricité à partir de l'énergie mécanique du vent ou, en cas de défaillance, la société mère est responsable de son démantèlement et de la remise en état du site, dès qu'il est mis fin à l'exploitation, quel que soit le motif de la cessation de l'activité. Dès le début de la production, puis au titre des exercices comptables suivants, l'exploitant ou la société propriétaire constitue les garanties financières nécessaires.

Pour les installations produisant de l'électricité à partir de l'énergie mécanique du vent, classées au titre de l'article L. 511-2, les manquements aux obligations de garanties financières donnent lieu à l'application de la procédure de consignation prévue au II de l'article L. 171-8, indépendamment des poursuites pénales qui peuvent être exercées.

Un décret en Conseil d'État détermine, avant le 31 décembre 2010, les prescriptions générales régissant les opérations de démantèlement et de remise en état d'un site ainsi que les conditions de constitution et de mobilisation des garanties financières mentionnées au premier alinéa du présent article. Il détermine également les conditions de constatation par le préfet de département de la carence d'un exploitant ou d'une société propriétaire pour conduire ces opérations et les formes dans lesquelles s'exerce dans cette situation l'appel aux garanties financières.

Art. L. 515-47 *(Anc. art. L. 553-5 créé, dénum. à compter du 1er mars 2017, Ord. n° 2017-80, 26 janv. 2017).* – Lorsqu'un établissement public de coopération intercommunale ou une commune a arrêté un projet de plan local d'urbanisme, l'implantation d'installations de production d'électricité à partir de l'énergie mécanique du vent incompatibles avec le voisinage des zones habitées est soumise à délibération favorable de l'organe délibérant de l'établissement public de coopération intercommunale compétent en matière de plan local d'urbanisme ou, à défaut, du conseil municipal de la commune concernée.

Voir : la section 12 créée la par loi n° 2019-486 du 22 mai 2019, en *addendum*, p. 3587

CHAPITRE VI. – DISPOSITIONS FINANCIÈRES

Art. L. 516-1 *(Mod. à compter du 1er juillet 2013, Ord. n° 2012-34, 11 janv. 2012 ; mod., L. n° 2016-1087, 8 août 2016).* – La mise en activité, tant après l'autorisation initiale qu'après une autorisation de changement d'exploitant, des installations définies par décret en Conseil d'État présentant des risques importants de pollution ou d'accident, des carrières et des installations de stockage de déchets est subordonnée à la constitution de garanties financières.

Ces garanties sont destinées à assurer, suivant la nature des dangers ou inconvénients de chaque catégorie d'installations, la surveillance du site et le maintien en sécurité de l'installation, les interventions éventuelles en cas d'accident avant ou après la fermeture, et la remise en état après fermeture. Elles ne couvrent pas les indemnisations dues par l'exploitant aux tiers qui pourraient subir un préjudice par fait de pollution ou d'accident causé par l'installation.

Un décret en Conseil d'État détermine la nature des garanties et les règles de fixation de leur montant. Ce décret fixe les conditions dans lesquelles les sommes versées au titre des garanties financières sont insaisissables, au sens de l'article L. 112-2 du Code des procédures civiles d'exécution, par dérogation aux articles 2284 et 2285 du Code civil, et les conditions de leur utilisation en cas d'ouverture d'une procédure collective.

Sans préjudice de la procédure d'amende administrative prévue au 4° du II de l'article L. 171-8, les manquements aux obligations de garanties financières donnent lieu à l'application de la procédure de consignation prévue au 1° du II de l'article L. 171-8, indépendamment des poursuites pénales qui peuvent être exercées.

Art. L. 516-2 *(L. n° 2003-699, 30 juill. 2003 ; mod. à compter du 1er mars 2017, Ord. n° 2017-80, 26 janv. 2017).* – Pour les installations relevant des catégories visées à l'article L. 516-1, l'exploitant est tenu d'informer le préfet en cas de modification substantielle des capacités techniques et financières visées à l'article L. 181-27.

S'il constate que les capacités techniques et financières ne sont pas susceptibles de permettre de satisfaire aux obligations de l'article L. 181-27, le préfet peut imposer la constitution ou la révision des garanties financières visées à l'article L. 516-1.

Un décret en Conseil d'État définit les modalités d'application de l'article L. 516-1 et du présent article ainsi que les conditions de leur application aux installations régulièrement mises en service ou autorisées avant le 31 juillet 2003.

CHAPITRE VIII. – DISPOSITIONS DIVERSES

Art. L. 517-1 *(Mod., Ord. n° 2016-982, 20 juill. 2016 ; mod. à compter du 1er mars 2017, Ord. n° 2017-80, 26 janv. 2017 ; L. n° 2018-607, 13 juill. 2018).* – En ce qui concerne les installations appartenant aux services et organismes dépendant de l'État qui sont inscrites sur une liste établie par décret, les pouvoirs attribués au préfet par le chapitre unique du titre VIII du livre Ier et le présent titre sont exercés soit par le ministre chargé des installations classées, soit par le ministre chargé de la défense pour les installations qui relèvent de son département à l'exception de la délivrance des certificats de projet prévus à l'article L. 181-6.

Les dispositions du chapitre unique du titre VIII du livre Ier et du présent titre ne sont pas applicables aux installations mises en œuvre à titre temporaire, sur une période inférieure à six mois consécutifs sur un même site, à partir de matériels et d'équipements opérationnels des forces armées déployés pour des missions de la défense nationale. Toutefois, ces installations sont mises en œuvre en limitant les atteintes aux intérêts mentionnés à l'article L. 511-1.

Afin de tenir compte des impératifs de la défense nationale liés à l'exécution de missions opérationnelles menées sur ou à partir du territoire national et à la réalisation de missions de service public en situation de crise sur le territoire national, l'augmentation exceptionnelle et temporaire de capacité d'une installation déjà autorisée relevant du ministère de la défense peut être dispensée d'une nouvelle demande d'autorisation telle que prévue au chapitre unique du titre VIII du livre Ier et au présent titre. Cette installation est exploitée, pendant la durée des missions opérationnelles ou de la situation de crise, en limitant les atteintes portées à la protection des intérêts mentionnées à l'article L. 511-1.

Pour l'application des dispositions du chapitre unique du titre VIII du livre Ier et du présent titre aux installations classées pour la protection de l'environnement relevant du ministère de la défense, les éléments susceptibles de porter atteinte aux intérêts de la défense nationale et à la sécurité publique ne peuvent être mis à disposition du public, ni être soumis à consultation ou à participation du public.

Art. L. 517-2. – Les modalités d'application du présent titre sont fixées par décrets en Conseil d'État.

Code général des collectivités territoriales

Art. L. 2242-1. – Le conseil municipal statue sur l'acceptation des dons et legs faits à la commune.

……………………………………………………………………………………

Art. L. 3213-6 *(Rempl., L. n° 2009-526, 12 mai 2009).* – Sous réserve des dispositions de l'article L. 3211-2, le conseil général statue sur l'acceptation des dons et legs faits au département.

……………………………………………………………………………………

Art. L. 4221-6 *(Rempl., L. n° 2009-526, 12 mai 2009).* – Sous réserve des dispositions de l'article L. 4221-5, le conseil régional statue sur l'acceptation des dons et legs faits à la région.

Code général des impôts

Art. 669 *(V. le texte reproduit sous l'article 579 du Code civil).*

Art. 790 *(Rempl., L. fin. rect. n° 2011-900, 29 juill. 2011).* – **I. – Les donations en pleine propriété des parts ou actions d'une société ayant une activité industrielle, commerciale, artisanale, agricole ou libérale qui réunissent les conditions énumérées à l'article 787 B bénéficient sur les droits liquidés en application des articles 777 et suivants d'une réduction de 50 % lorsque le donateur est âgé de moins de soixante-dix ans.**

II. – Les donations en pleine propriété de la totalité ou d'une quote-part indivise de l'ensemble des biens meubles et immeubles, corporels ou incorporels, affectés à l'exploitation d'une entreprise individuelle ayant une activité industrielle, commerciale, artisanale, agricole ou libérale qui réunissent les conditions énumérées à l'article 787 C bénéficient sur les droits liquidés en application des articles 777 et suivants d'une réduction de 50 % lorsque le donateur est âgé de moins de soixante-dix ans.

Art. 849 *(Mod., L. n° 2004-1485, 30 déc. 2004).* – **Les parties qui rédigent un acte sous seing privé soumis à l'enregistrement dans un délai déterminé doivent en établir un double revêtu des mêmes signatures que l'acte lui-même, et qui reste déposé au service des impôts lorsque la formalité est requise.**

Art. 1649 *quater* B *(Dispositions devenues sans objet, Ord. n° 2009-104, 30 janv. 2009 ; codifié, D. n° 2010-421, 27 avr. 2010).*

Art. 1840 *(Abr., Ord. n° 2005-1512, 7 déc. 2005).* – **V. désormais C. civ., art. 1321-1.**

Rédaction antérieure. Art. 1840. – Est nulle et de nul effet toute contre-lettre ayant pour objet une augmentation du prix stipulé dans le traité de cession d'un office ministériel et toute convention ayant pour but de dissimuler partie du prix d'une vente d'immeubles ou d'une cession de fonds de commerce ou de clientèle ou d'une cession d'un droit à un bail ou du bénéfice d'une promesse de bail portant sur tout ou partie d'un immeuble et tout ou partie de la soulte d'un échange ou d'un partage comprenant des biens immeubles, un fonds de commerce ou une clientèle.

Art. 1840 A *(Abr., Ord. n° 2005-1512, 7 déc. 2005).* – **V. désormais C. civ., art. 1589-2.**

Rédaction antérieure. Art. 1840 A. – Sans préjudice, le cas échéant, de l'application des dispositions de l'article 1741, est nulle et de nul effet toute promesse unilatérale de vente afférente à un immeuble, à un droit immobilier, à un fonds de commerce, à un droit à un bail portant sur tout ou partie d'un immeuble ou aux titres des sociétés visées aux articles 728 et 1655 *ter*, si elle n'est pas constatée par un acte authentique ou par un acte sous seing privé enregistré dans le délai de dix jours à compter de la date de son acceptation par le bénéficiaire. Il en est de même de toute cession portant sur lesdites promesses qui n'a pas fait l'objet d'un acte authentique ou d'un acte sous seing privé enregistré dans les dix jours de sa date.

Art. 1920. – *1. Le privilège du Trésor en matière de contributions directes et taxes assimilées s'exerce avant* **tout autre sur les meubles et effets mobiliers appartenant aux redevables en quelque lieu qu'ils se trouvent. Ce privilège s'exerce, lorsqu'il n'existe pas d'hypothèques conventionnelles, sur tout le matériel servant à l'exploitation d'un établissement commercial, même lorsque ce matériel est réputé immeuble par application des dispositions du premier alinéa de l'article 524 du Code civil.**

2. Le privilège établi au 1 s'exerce en outre :

1° Pour la fraction de l'impôt sur les sociétés due à raison des revenus d'un immeuble, sur les récoltes, fruits, loyers et revenus de cet immeuble ;

2° Pour la taxe foncière sur les récoltes, fruits, loyers et revenus des biens immeubles sujets à la contribution.

3. (3 abr. pour les revenus perçus ou réalisés à compter du 1er janvier 2019, L. fin. n° 2016-1917, 29 déc. 2016 , mod., Ord. n° 2017-1390, 22 sept. 2017).

Rédaction antérieure. 3. Le privilège institué par les 1 et 2 peut être exercé pour le recouvrement des versements qui doivent être effectués par les contribuables en exécution de l'article 1664 avant la mise en recouvrement des rôles dans lesquels seront comprises les impositions en l'acquit desquelles les versements seront imputés et dès l'exigibilité desdits versements.

4. Le privilège institué par le 1 peut être exercé pour le recouvrement des acomptes qui doivent être versés en l'acquit de l'impôt sur les sociétés dans les conditions prévues par l'article 1668.

5. *(5 abr. à compter du 1er janvier 2014, L. fin. n° 2008-1425, 27 déc. 2008 ; mod., L. fin. n° 2010-1657, 29 déc. 2010).*

Rédaction antérieure. 5. Le privilège peut être exercé pour le recouvrement de l'imposition forfaitaire annuelle des sociétés instituée par l'article 223 *septies*.

Art. 1923. – **Le privilège attaché à l'impôt direct ne préjudicie pas aux autres droits que, comme tout créancier, le Trésor peut exercer sur les biens des contribuables.**

Art. 1924. – **Les dispositions des articles 1920 et 1923 sont applicables aux taxes départementales et communales assimilées aux contributions directes ; toutefois, le privilège créé au profit des taxes départementales prend rang immédiatement après celui du Trésor, et le privilège créé au profit des taxes communales, immédiatement après celui des taxes départementales.**

Art. 1926. – **Pour le recouvrement des taxes sur le chiffre d'affaires et des taxes assimilées, le Trésor a, sur les meubles et effets mobiliers appartenant aux redevables, en quelque lieu qu'ils se trouvent, un privilège qui a le même rang que celui de l'article 1920 et qui s'exerce concurremment avec ce dernier.**

Le privilège s'exerce dans les conditions prévues au 1 de l'article 1920.

Pour le recouvrement des prélèvements effectués en application des articles 49 et 50 du traité du 18 avril 1951 instituant la Communauté européenne du charbon et de l'acier, la Commission des communautés européennes bénéficie dans les mêmes conditions du privilège prévu au premier alinéa.

Toutefois, les dispositions du présent article ne concernent pas le recouvrement des taxes susvisées à l'importation pour lesquelles il est fait application de l'article 379 du Code des douanes.

Art. 1927. – **Pour le recouvrement des droits, taxes, redevances, soultes et autres impositions dont la perception lui est confiée, l'Administration a, sur les meubles et effets mobiliers des redevables, privilège et préférence à tous les créanciers, à l'exception des frais de justice, de ce qui est dû pour six mois de loyer seulement et sauf aussi la revendication dûment formée par le propriétaire des marchandises en nature qui sont encore sous balle et sous corde.**

Art. 1928. – **Les fournisseurs de tabacs visés à l'article 565, les fabricants de spiritueux composés, de boissons à base de céréales, de produits médicamenteux et de parfumerie ainsi que les expéditeurs de boissons sont, en ce qui concerne les droits de fabrication, de consommation et de circulation, subrogés au privilège conféré à l'Administration par l'article 1927 pour le recouvrement des droits qu'ils ont payés pour le compte de leurs clients, sans toutefois que cette subrogation puisse préjudicier aux droits et privilèges de l'Administration.**

Art. 1929 *(Mod. à compter du 1er janvier 2013, Ord. n° 2010-638, 10 juin 2010).* – **1. Pour les recouvrements confiés au service des impôts en vertu de la présente codification, l'État a, lorsque les dispositions prévues aux articles 1920, 1923 à 1928 ne leur sont pas applicables, un privilège sur tous les meubles et effets mobiliers des redevables.**

Ce privilège s'exerce immédiatement après celui de l'impôt sur le chiffre d'affaires et des taxes instituées en remplacement de cet impôt.

2. Indépendamment du privilège visé au 1, le Trésor dispose, pour le recouvrement des droits de mutation par décès, d'une hypothèque légale sur les immeubles de la succession qui prend rang du jour de son inscription au fichier immobilier (1) **dans la forme et de la manière prescrite par la loi.**

(1) Art. 1929. – Les mots : « au fichier immobilier » remplacent : « à la conservation des hypothèques » à compter du 1er janvier 2013 (Ord. n° 2010-638, 10 juin 2010.

3. Pour la garantie du paiement des droits complémentaires et supplémentaires éventuellement exigibles en vertu de l'article 1840 G, le Trésor possède sur les immeubles du groupement forestier ou sur l'immeuble objet de la mutation une hypothèque légale qui prend rang du jour de son inscription au fichier immobilier sur tout ou partie de ces biens dans la forme et de la manière prescrite par la loi.

En cas de cession à l'État ou aux collectivités et organismes mentionnés au I de l'article 1042 d'un bois ou d'une forêt grevé de l'hypothèque légale, celle-ci s'éteint de plein droit. La même règle s'applique aux mutations de jouissance ou de propriété au profit d'établissements ou de sociétés, en vue de la réalisation d'équipements, aménagements ou constructions d'intérêt public, qui pourraient donner lieu à l'établissement d'une servitude d'utilité publique au titre de ladite mutation, ainsi qu'aux bois et forêts faisant l'objet d'une interdiction de reconstituer les boisements après coupe rase en application des deuxième à neuvième alinéas de l'article L. 126-1 du Code rural. Lorsque la sûreté a été cantonnée sur le bien cédé, les droits complémentaires et supplémentaires correspondant à d'autres biens deviennent exigibles et sont colloqués sur le prix de vente au rang de l'inscription si l'hypothèque légale n'a pu être inscrite en rang utile sur ces autres biens préalablement à la cession. Il en est de même lorsque la sûreté a été cantonnée sur des bois et forêts qui font l'objet soit d'une mutation de jouissance ou de propriété au profit d'établissements ou de sociétés, en vue de la réalisation d'équipements, aménagements ou constructions d'intérêt public, qui pourraient donner lieu à l'établissement d'une servitude d'utilité publique au titre de ladite mutation, soit d'une interdiction de reboisement après coupe rase en application des deuxième à neuvième alinéas de l'article L. 126-1 du Code rural, soit d'un procès-verbal dressé en application du III de l'article 1840 G.

4. *(Abr., L. fin. rect. n° 2010-1658, 29 déc. 2010)* (1).

Rédaction antérieure. Sont tenus solidairement au paiement de la taxe locale d'équipement :

a) Les établissements de crédit ou sociétés de caution mutuelle qui sont garants de l'achèvement de la construction ;

b) Les titulaires successifs de l'autorisation de construire ainsi que leurs ayants cause autres que les personnes qui ont acquis les droits sur l'immeuble à construire en vertu d'un contrat régi par le titre VI du livre II de la première partie du Code de la construction et de l'habitation relatif aux ventes d'immeubles à construire.

....

Art. 1929 *quater* *(Mod., L. fin. rect. n° 2008-1443, 30 déc. 2008 ; D. n° 2009-389, 7 avr. 2009)*. – 1. – Donnent lieu à publicité, dans les conditions prévues aux 2 à 5, les sommes restant dues à titre privilégié par des commerçants et personnes morales de droit privé, même non commerçantes, au titre de l'impôt sur le revenu, de l'impôt sur les bénéfices des sociétés et autres personnes morales, de la taxe sur les salaires, de la taxe professionnelle et des taxes annexes, des taxes sur le chiffre d'affaires et des taxes annexes et des contributions indirectes.

N'est pas soumise à la publicité la part de la taxe professionnelle correspondant à la réduction effectuée par le redevable au titre du plafonnement en fonction de la valeur ajoutée, en application des articles 1647 B *sexies* et 1679 *quinquies*.

2. – La publicité est faite à la diligence de l'Administration chargée du recouvrement.

3. – L'inscription ne peut être requise, selon la nature de la créance, qu'à partir de la date à laquelle :

1° le redevable a encouru une majoration pour défaut de paiement pour les impôts directs recouvrés par les comptables de la direction générale de la comptabilité publique ;

2° un titre exécutoire a été émis, pour les taxes sur le chiffre d'affaires et assimilées et les contributions indirectes, ainsi que pour les impôts directs et taxes assimilées recouvrés par les comptables de la direction *générale des impôts*.

4. – La publicité est obligatoire lorsqu'il est constaté, à l'issue des neuf mois qui suivent la première date de l'un ou l'autre des événements mentionnés au 3, que le montant des sommes dues à compter de cette date par le redevable à un même poste comptable ou service assimilé et susceptibles d'être inscrites dépasse un seuil fixé par décret.

Ne sont pas soumises à la publicité les sommes visées au premier alinéa lorsque le débiteur respecte un plan d'apurement échelonné de sa dette ainsi que ses obligations fiscales courantes. Dès que le plan est dénoncé, le comptable public doit procéder à la publication dans un délai de deux mois.

(1) Art. 1929. – Dispositions applicables aux demandes d'autorisations et aux déclarations préalables déposées à compter du 1er mars 2012, y compris aux modifications ultérieures au 1er mars 2012 relatives à une demande ou déclaration préalable déposée avant cette date, L. fin. rect. n° 2010-1658, 29 déc. 2010.

5. – En cas de paiement avec subrogation, le subrogé aux droits du Trésor est tenu des obligations et formalités mises par le présent article à la charge de l'Administration, quel que soit le montant du paiement.

Si le paiement par le subrogé a lieu sans émission de titre exécutoire prévu au 3, l'inscription ne peut être requise que six mois au moins après le paiement.

6. – Les frais de l'inscription du privilège sont à la charge du Trésor.

7. – En cas de procédures de sauvegarde, de redressement ou de liquidation judiciaires du redevable, ou d'un tiers tenu légalement au paiement des sommes visées au 1, le Trésor ou son subrogé ne peut exercer son privilège pour les créances qui étaient soumises à titre obligatoire à la publicité prévue aux 1 à 5 et dont l'inscription n'a pas été régulièrement requise à l'encontre du redevable.

8. – Les inscriptions prises en application des 1 à 5 se prescrivent par quatre ans, sauf renouvellement.

8 *bis.* (1). – Le comptable compétent demande, dans un délai d'un mois, la radiation totale de l'inscription devenue sans objet, dès lors que le débiteur s'est acquitté de sa dette.

9. – Les modalités d'application du présent article et notamment les formes et délais des inscriptions et de leur radiation sont fixées par un décret en Conseil d'État pris sur le rapport du ministre de l'Économie et des Finances et du garde des Sceaux, ministre de la Justice.

....

Art. 1929 *sexies*. – Le privilège qui s'exerce en matière de taxes sur le chiffre d'affaires, de droits d'enregistrement, de taxe de publicité foncière de droits de timbre, de contributions indirectes ainsi que d'impôt sur les sociétés et contributions assimilées, de taxe sur les salaires et taxes recouvrées selon les mêmes modalités, est étendu dans les mêmes conditions et au même rang que les droits en principal à l'ensemble des majorations et pénalités d'assiette et de recouvrement appliquées à ces droits.

Code général de la propriété des personnes publiques

(Ord. n° 2006-460, 21 avr. 2006)

Première partie (législative)

TITRE PRÉLIMINAIRE

Art. L. 1. – Le présent code s'applique aux biens et aux droits, à caractère mobilier ou immobilier, appartenant à l'État, aux collectivités territoriales et à leurs groupements, ainsi qu'aux établissements publics.

Art. L. 2. – Le présent code s'applique également aux biens et aux droits, à caractère mobilier ou immobilier, appartenant aux autres personnes publiques dans les conditions fixées par les textes qui les régissent.

PREMIÈRE PARTIE. – ACQUISITION

LIVRE PREMIER. – MODES D'ACQUISITION

TITRE PREMIER. – ACQUISITIONS À TITRE ONÉREUX

CHAPITRE I. – ACQUISITIONS À L'AMIABLE

....

Section III. – Dation en paiement

Art. L. 1111-5. – Les biens mobiliers ou les immeubles dont la remise à l'État peut être effectuée à titre de dation en paiement sont énumérés au premier alinéa de l'article 1716 *bis* du Code général des impôts.

(1) Art. 1929 *quater*. – Dispositions transitoires, V. L. n° 2005-845, 26 juill. 2005.

CHAPITRE II. – ACQUISITIONS SELON DES PROCÉDÉS DE CONTRAINTE

Section I. – Nationalisation

Art. L. 1112-1. – Le transfert à l'État de biens et de droits, à caractère mobilier ou immobilier, par voie de nationalisation d'entreprises est réalisé dans les conditions fixées par les dispositions législatives qui prononcent la nationalisation.

Section II. – Expropriation

Art. L. 1112-2. – Les personnes publiques mentionnées à l'article L. 1 peuvent acquérir des immeubles et des droits réels immobiliers par expropriation. Cette procédure est conduite dans les conditions fixées par le Code de l'expropriation pour cause d'utilité publique.

Section III. – Droit de préemption

Art. L. 1112-3. – Les personnes publiques mentionnées à l'article L. 1 peuvent, selon les modalités précisées dans la présente section, acquérir par l'exercice du droit de préemption des biens à caractère mobilier ou immobilier.

Sous-section 1. – Droit de préemption immobilier

Art. L. 1112-4 ***(Mod. à compter du 1er janvier 2016, Ord. n° 2015-1174, 23 sept. 2015 ; à compter d'une date fixée par décret et au plus tard le 1er janvier 2018, Ord. n° 2017-651, 27 avr. 2017).*** **– Le droit de préemption de l'État est exercé dans les conditions fixées :**

1° Au chapitre V du titre Ier du livre II du Code de l'urbanisme, en ce qui concerne les espaces naturels sensibles des départements ;

2° Aux chapitres I, II et III du titre I du livre II du Code de l'urbanisme, en ce qui concerne le droit de préemption urbain, les zones d'aménagement différé et les périmètres provisoires.

3° À la sous-section 3 de la section 5 du chapitre Ier du titre II du livre VI du code du patrimoine, en ce qui concerne les parties des domaines nationaux appartenant à une autre personne, publique ou privée.

Art. L. 1112-5 ***(Rempl. à compter du 1er janvier 2016, Ord. n° 2015-1174, 23 sept. 2015).*** **– Le droit de préemption des établissements publics de l'État est exercé dans les conditions fixées :**

1° À l'article L. 113-25 du Code de l'urbanisme, en ce qui concerne la mise en valeur des espaces agricoles et naturels périurbains ;

2° Au chapitre V du titre Ier du livre II du Code de l'urbanisme en ce qui concerne les espaces naturels sensibles des départements ;

3° Aux chapitres Ier, II et III du titre Ier du livre II du Code de l'urbanisme, en ce qui concerne le droit de préemption urbain, les zones d'aménagement différé et les périmètres provisoires.

Art. L. 1112-6 ***(Rempl. à compter du 1er janvier 2016, Ord. n° 2015-1174, 23 sept. 2015).*** **– Le droit de préemption des collectivités territoriales, de leurs groupements et de leurs établissements publics est exercé dans les conditions fixées :**

1° À l'article L. 113-25 du Code de l'urbanisme, en ce qui concerne la mise en valeur des espaces agricoles et naturels périurbains ;

2° Au chapitre V du titre Ier du livre II du Code de l'urbanisme en ce qui concerne les espaces naturels sensibles des départements ;

3° Aux chapitres Ier, II et III du titre Ier du livre II du Code de l'urbanisme, en ce qui concerne le droit de préemption urbain, les zones d'aménagement différé et les périmètres provisoires ;

4° Au chapitre IV du titre Ier du livre II du Code de l'urbanisme, en ce qui concerne les fonds artisanaux, les fonds de commerce et les baux commerciaux.

Le droit de préemption des établissements publics fonciers locaux est exercé dans les conditions fixées au chapitre IV du titre II du livre III du Code de l'urbanisme.

Sous-section 2. – Droit de préemption mobilier

Art. L. 1112-7 *(Rempl. à compter d'une date fixée par décret et au plus tard le 1er janvier 2018, Ord. n° 2017-1134, 5 juill. 2017)*. – Le droit de préemption de l'État à l'égard des biens culturels est exercé dans les conditions fixées au chapitre III du titre II du livre Ier du code du patrimoine.

Art. L. 1112-8 *(Rempl. à compter d'une date fixée par décret et au plus tard le 1er janvier 2018, Ord. n° 2017-1134, 5 juill. 2017)*. – Le droit de préemption de la Bibliothèque nationale de France à l'égard des biens culturels est exercé dans les conditions fixées au chapitre III du titre II du livre Ier du Code du patrimoine.

Art. L. 1112-9 *(Rempl. à compter d'une date fixée par décret et au plus tard le 1er janvier 2018, Ord. n° 2017-1134, 5 juill. 2017)*. – L'État, à la demande et pour le compte d'une collectivité territoriale, d'un groupement de collectivités territoriales ou d'un établissement public local, exerce le droit de préemption à l'égard des biens culturels dans les conditions fixées au chapitre III du titre II du livre Ier du Code du patrimoine.

TITRE II. – ACQUISITIONS À TITRE GRATUIT

CHAPITRE I. – DONS ET LEGS

Section I. – Dispositions applicables à l'État et à ses établissements publics

Sous-section 1. – Dons et legs faits à l'État

Art. L. 1121-1. – Sous réserve des dispositions de l'article L. 1121-3, les dons et legs faits à l'État sont acceptés, en son nom, par l'autorité compétente, dans les formes et conditions fixées par décret en Conseil d'État.

Sous-section 2. – Dons et legs faits aux établissements publics de l'État

Art. L. 1121-2. – Les établissements publics de l'État acceptent et refusent librement les dons et legs qui leur sont faits sans charges, conditions ni affectation immobilière.

Lorsque ces dons ou legs sont grevés de charges, de conditions ou d'affectation immobilière, l'acceptation ou le refus est autorisé par arrêté du ou des ministres de tutelle de l'établissement public.

Sous-section 3. – Dispositions communes à l'État et à ses établissements publics

Art. L. 1121-3 *(Mod., L. n° 2014-1545, 20 déc. 2014)*. – Dans tous les cas où les dons et legs donnent lieu à des réclamations des héritiers légaux, l'autorisation de les accepter, en tout ou partie, est donnée par décret en Conseil d'État.

Section II. – Dispositions applicables aux collectivités territoriales et à leurs établissements publics

Art. L. 1121-4. – L'acceptation des dons et legs consentis aux communes et à leurs établissements publics est prononcée dans les conditions fixées aux articles L. 2242-1 à L. 2242-5 du Code général des collectivités territoriales.

Art. L. 1121-5. – L'acceptation des dons et legs consentis aux départements et à leurs établissements publics est prononcée dans les conditions fixées aux articles L. 3213-6 et L. 3213-7 du Code général des collectivités territoriales.

Art. L. 1121-6. – L'acceptation des dons et legs consentis aux régions et à leurs établissements publics est prononcée dans les conditions fixées à l'article L. 4221-6 du Code général des collectivités territoriales.

CHAPITRE II. – SUCCESSIONS EN DÉSHÉRENCE

Art. L. 1122-1 *(Al. indirectement mod., L. n° 2006-728, 23 juin 2006).* – Par application des dispositions de l'article 539 du Code civil, l'État peut prétendre aux successions des personnes qui décèdent sans héritiers ou aux successions qui sont abandonnées, à moins qu'il ne soit disposé autrement des biens successoraux par des lois particulières.

Conformément à l'article 724 du Code civil, l'État doit demander l'envoi en possession selon les modalités fixées au premier alinéa de l'article 770 du même code.

CHAPITRE III. – BIENS SANS MAÎTRE

Section I. – Définition

Art. L. 1123-1 *(Mod., L. n° 2014-1170, 13 oct. 2014).* – Sont considérés comme n'ayant pas de maître les biens autres que ceux relevant de l'article L. 1122-1 et qui :

1° Soit font partie d'une succession ouverte depuis plus de trente ans et pour laquelle aucun successible ne s'est présenté ;

2° Soit sont des immeubles qui n'ont pas de propriétaire connu et pour lesquels depuis plus de trois ans la taxe foncière sur les propriétés bâties n'a pas été acquittée ou a été acquittée par un tiers. Ces dispositions ne font pas obstacle à l'application des règles de droit civil relatives à la prescription ;

3° Soit sont des immeubles qui n'ont pas de propriétaire connu, qui ne sont pas assujettis à la taxe foncière sur les propriétés bâties et pour lesquels, depuis plus de trois ans, la taxe foncière sur les propriétés non bâties n'a pas été acquittée ou a été acquittée par un tiers. Le présent 3° ne fait pas obstacle à l'application des règles de droit civil relatives à la prescription.

Section II. – Modalités d'acquisition

Art. L. 1123-2. – Les règles relatives à la propriété des biens mentionnés au 1° de l'article L. 1123-1 sont fixées par l'article 713 du Code civil.

Art. L. 1123-3 *(Mod., L. n° 2014-366, 24 mars 2014 ; L. n° 2016-1087, 8 août 2016).* – (1) L'acquisition des immeubles mentionnés au 2° de l'article L. 1123-1 est opérée selon les modalités suivantes.

Un arrêté du maire ou du président de l'établissement public de coopération intercommunale à fiscalité propre pris dans les conditions fixées par décret en Conseil d'État constate que l'immeuble satisfait aux conditions mentionnées au 2° de l'article L. 1123-1. Il est procédé par les soins du maire ou du président de l'établissement public de coopération intercommunale à fiscalité propre à une publication et à un affichage de cet arrêté et, s'il y a lieu, à une notification aux derniers domicile et résidence du dernier propriétaire connu. Une notification est également adressée, si l'immeuble est habité ou exploité, à l'habitant ou à l'exploitant ainsi qu'au tiers qui aurait acquitté les taxes foncières. Cet arrêté est, dans tous les cas, notifié au représentant de l'État dans le département.

Les dispositions du deuxième alinéa sont applicables lorsque les taxes foncières font l'objet d'une exonération ou ne sont pas mises en recouvrement conformément aux dispositions de l'article 1657 du Code général des impôts.

Dans le cas où un propriétaire ne s'est pas fait connaître dans un délai de six mois à dater de l'accomplissement de la dernière des mesures de publicité mentionnées au deuxième alinéa, l'immeuble est présumé sans maître. La commune ou l'établissement public de coopération intercommunale à fiscalité propre peut, par délibération de son organe délibérant, l'incorporer dans son domaine. Cette incorporation est constatée par arrêté du maire ou du président de l'établissement public de coopération intercommunale à fiscalité propre.

À défaut de délibération prise dans un délai de six mois à compter de la vacance présumée du bien, la propriété de celui-ci est attribuée à l'État. Toutefois, lorsque le bien est situé dans l'une des zones définies à l'article

(1) Dispositions applicables aux immeubles pour lesquels la décision administrative constatant la vacance est intervenue postérieurement à l'entrée en vigueur de l'ordonnance n° 2006-460 du 21 avril 2006, même Ord., art. 11, II.

L. 322-1 du Code de l'environnement, la propriété est transférée au Conservatoire de l'espace littoral et des rivages lacustres lorsqu'il en fait la demande ou, à défaut, au conservatoire régional d'espaces naturels agréé au titre de l'article L. 414-11 du même code lorsqu'il en fait la demande. Le transfert du bien est constaté par un acte administratif.

Art. L. 1123-4 *(L. n° 2014-1170, 13 oct. 2014 ; mod., L. n° 2016-1087, 8 août 2016).* – L'acquisition des immeubles mentionnés au 3° de l'article L. 1123-1 est opérée selon les modalités suivantes.

Au 1er mars de chaque année, les centres des impôts fonciers signalent au représentant de l'État dans le département les immeubles satisfaisant aux conditions prévues au même 3°. Au plus tard le 1er juin de chaque année, le représentant de l'État dans le département arrête la liste de ces immeubles par commune et la transmet au maire de chaque commune concernée. Le représentant de l'État dans le département et le maire de chaque commune concernée procèdent à une publication et à un affichage de cet arrêté ainsi que, s'il y a lieu, à une notification aux derniers domicile et résidence du dernier propriétaire connu. Une notification est également adressée, si l'immeuble est habité ou exploité, à l'habitant ou à l'exploitant ainsi qu'au tiers qui a acquitté les taxes foncières.

Le deuxième alinéa du présent article est applicable lorsque les taxes foncières font l'objet d'une exonération ou ne sont pas mises en recouvrement en application de l'article 1657 du Code général des impôts.

Dans le cas où un propriétaire ne s'est pas fait connaître dans un délai de six mois à compter de l'accomplissement de la dernière des mesures de publicité mentionnées au deuxième alinéa du présent article, l'immeuble est présumé sans maître. Le représentant de l'État dans le département notifie cette présomption au maire de la commune dans laquelle est situé le bien.

La commune dans laquelle est situé ce bien peut, par délibération du conseil municipal, l'incorporer dans le domaine communal. Cette incorporation est constatée par arrêté du maire. À défaut de délibération prise dans un délai de six mois à compter de la notification de la vacance présumée du bien, la propriété de celui-ci est attribuée à l'État. Toutefois, lorsque le bien est situé dans l'une des zones définies à l'article L. 322-1 du Code de l'environnement, la propriété est transférée au Conservatoire de l'espace littoral et des rivages lacustres lorsqu'il en fait la demande ou, à défaut, au conservatoire régional d'espaces naturels agréé au titre de l'article L. 414-11 du même code lorsqu'il en fait la demande. Le transfert du bien est constaté par un acte administratif.

Les bois et forêts acquis dans les conditions prévues au présent article sont soumis au régime forestier prévu à l'article L. 211-1 du Code forestier à l'expiration d'un délai de cinq ans à compter de l'incorporation au domaine communal ou du transfert dans le domaine de l'État. Dans ce délai, il peut être procédé à toute opération foncière.

CHAPITRE IV. – BIENS CONFISQUÉS

Art. L. 1124-1. – Les biens, à caractère mobilier ou immobilier, dont la confiscation a été prononcée par décision de justice sont, sauf disposition particulière prévoyant leur destruction ou leur attribution, dévolus à l'État.

CHAPITRE V. – OBJETS PLACÉS SOUS MAIN DE JUSTICE

Art. L. 1125-1 *(Mod. à compter du 1er octobre 2014, L. n° 2014-640, 20 juin 2014).* – Les objets placés sous main de justice qui ne sont pas restitués sont acquis par l'État selon les règles fixées aux troisième et dernier alinéas de l'article 41-4 du Code de procédure pénale.

CHAPITRE VI. – SOMMES ET VALEURS PRESCRITES

Art. L. 1126-1 *(Mod., L. n° 2006-1640, 21 déc. 2006).* – Sont acquis à l'État, à moins qu'il ne soit disposé de ces biens par des lois particulières :

1° Le montant des coupons, intérêts ou dividendes, atteints par la prescription quinquennale ou conventionnelle et afférents à des actions, parts de fondateur, obligations ou autres valeurs mobilières négociables, émises par toute société commerciale ou civile ou par toute collectivité privée ou publique ;

2° *(2° abr. à compter du 1er janvier 2016, L. n° 2014-617, 13 juin 2014)* Les actions, parts de fondateur, obligations et autres valeurs mobilières des mêmes collectivités, lorsqu'elles sont atteintes par la prescription trentenaire ou conventionnelle ;

3° Les dépôts de sommes d'argent et, d'une manière générale, tous avoirs en espèces dans les banques, les établissements de crédit et tous autres établissements qui reçoivent des fonds en dépôt ou en compte courant, lorsque ces dépôts ou avoirs n'ont fait l'objet de la part des ayants droit d'aucune opération ou réclamation depuis trente années *(Mots aj. à compter du 1er janvier 2016, L. n° 2014-617, 13 juin 2014)* « et n'ont pas fait l'objet d'un dépôt à la Caisse des dépôts et consignations en application de l'article L. 312-20 du Code monétaire et financier et que le titulaire du compte, son représentant légal ou la personne habilitée par lui n'a effectué aucune opération sur un autre compte ouvert à son nom dans le même établissement » ;

4° Les dépôts de titres et, d'une manière générale, tous avoirs en titres dans les banques et autres établissements qui reçoivent des titres en dépôt ou pour tout autre cause lorsque ces dépôts ou avoirs n'ont fait l'objet, de la part des ayants droit, d'aucune opération ou réclamation depuis trente années *(Mots aj. à compter du 1er janvier 2016, L. n° 2014-617, 13 juin 2014)* « et n'ont pas fait l'objet d'un dépôt à la Caisse des dépôts et consignations en application de l'article L. 312-20 du Code monétaire et financier et que le titulaire du compte, son représentant légal ou la personne habilitée par lui n'a effectué aucune opération sur un autre compte ouvert à son nom dans le même établissement » ;

5° *(Mod. à compter du 1er janvier 2016, L. n° 2014-617, 13 juin 2014)* Les sommes dues au titre de contrats d'assurance sur la vie et de bons ou contrats de capitalisation ou de transfert et n'ayant fait l'objet, à compter du décès de l'assuré ou du terme du contrat, d'aucune demande de prestation auprès de l'organisme d'assurance depuis trente années, ni d'un dépôt à la Caisse des dépôts et consignations en application des articles L. 132-27-2 du Code des assurances et L. 223-25-4 du Code de la mutualité.

Art. L. 1126-2 *(Mod., L. n° 2009-526, 12 mai 2009)*. – Les sociétés commerciales ou civiles, les collectivités privées ou publiques sont tenues de remettre au Trésor public :

1° Le montant des coupons, intérêts ou dividendes atteints par la prescription quinquennale ou conventionnelle et afférents aux actions, parts de fondateur, obligations et autres valeurs mobilières négociables qu'elles ont émises ;

2° Le montant, atteint par la prescription trentenaire ou conventionnelle, des sommes ou valeurs quelconques dues à raison des actions, parts de fondateur, obligations et autres valeurs mobilières émises par elles, et qui n'ont pas été déposées dans un établissement habilité à cet effet par décret.

Art. L. 1126-3 *(Mod., L. n° 2009-526, 12 mai 2009)*. – *(Mots aj. à compter du 1er janvier 2016, L. n° 2014-617, 13 juin 2014)* « Sous réserve de l'article L. 312-20 du Code monétaire et financier », [l]es banques, les établissements de crédit et tous autres établissements qui reçoivent soit des fonds en dépôt ou en compte courant, soit des titres en dépôt ou pour tout autre cause sont tenus de remettre au Trésor public tous les dépôts ou avoirs en espèces ou en titres, qui n'ont fait l'objet, de la part des ayants droit, d'aucune opération ou réclamation depuis trente ans et qui n'ont pas été déposés dans un établissement habilité à cet effet par décret.

Art. L. 1126-4 *(Mod. à compter du 1er janvier 2016, L. n° 2014-617, 13 juin 2014)*. – Les sommes déposées, à quelque titre que ce soit, à la Caisse des dépôts et consignations sont acquises par l'État selon les règles fixées au III de l'article L. 312-20 et au premier alinéa de l'article L. 518-24 du Code monétaire et financier et au III des articles L. 132-27-2 du Code des assurances et L. 223-25-4 du Code de la mutualité.

CHAPITRE VII. – DISPOSITIONS DIVERSES

Art. L. 1127-1. – Les biens culturels maritimes situés dans le domaine public maritime sont acquis par l'État selon les règles fixées à l'article L. 532-2 du Code du patrimoine.

Art. L. 1127-2. – Les effets mobiliers, apportés par les personnes décédées dans les établissements publics de santé après y avoir été traitées gratuitement, sont acquis par ces établissements publics selon les règles fixées au premier alinéa de l'article L. 6145-12 du Code de la santé publique.

Art. L. 1127-3 *(L. n° 2006-1772, 30 déc. 2006 ; mod., L. n° 2013-431, 28 mai 2013)*. – Le présent article s'applique à tout bateau, navire, engin flottant ou établissement flottant abandonné sur le domaine public fluvial. L'abandon se présume, d'une part, du défaut d'autorisation d'occupation du domaine public fluvial et, d'autre part, de l'inexistence de mesures de manœuvre ou d'entretien, ou de l'absence de propriétaire, conducteur ou gardien à bord.

L'abandon présumé du bateau, navire, engin flottant ou établissement flottant est constaté par les agents mentionnés à l'article L. 2132-23. Le constat est affiché sur le bien concerné et notifié au dernier propriétaire s'il est connu, en même temps qu'une mise en demeure de faire cesser l'état d'abandon.

Si aucun propriétaire, gardien ou conducteur ne s'est manifesté ou s'il n'a pas pris les mesures de manœuvre ou d'entretien nécessaires pour faire cesser l'état d'abandon, dans un délai de six mois, l'autorité administrative compétente déclare abandonné le bateau, navire, engin flottant ou établissement flottant et en transfère la propriété au gestionnaire du domaine public fluvial concerné. Le gestionnaire peut procéder à la vente du bien à l'expiration d'un délai de deux mois et sous réserve des droits des créanciers privilégiés et hypothécaires ou procéder à sa destruction à l'expiration de ce même délai, si sa valeur marchande ne justifie pas sa mise en vente.

LIVRE DEUXIÈME. – PROCÉDURES D'ACQUISITION

....

TITRE II. – BIENS SITUÉS À L'ÉTRANGER

CHAPITRE UNIQUE

Art. L. 1221-1. – En l'absence de conventions internationales réglant les conditions d'acquisition de biens mobiliers et immobiliers par l'État français hors du territoire de la République, les autorités qualifiées peuvent être dispensées par un acte de l'autorité administrative compétente, dans les conditions fixées par décret en Conseil d'État, d'observer les formes prescrites en la matière par le présent code au cas où celles-ci seraient incompatibles avec le droit du pays de la situation des biens ou, à titre exceptionnel, au cas où les circonstances locales le justifieraient.

Il en est de même en ce qui concerne les biens situés hors du territoire de la République dont l'acquisition est poursuivie par les collectivités territoriales, leurs groupements ou les établissements publics.

DEUXIÈME PARTIE. – GESTION

LIVRE PREMIER. – BIENS RELEVANT DU DOMAINE PUBLIC

TITRE PREMIER. – CONSISTANCE DU DOMAINE PUBLIC

CHAPITRE I. – DOMAINE PUBLIC IMMOBILIER

Section I. – Règles générales

Art. L. 2111-1. – Le domaine public fluvial naturel est constitué des cours d'eau et lacs appartenant à l'État, *(Mots aj., L. n° 2015-991, 7 août 2015)* à ses établissements publics, aux collectivités territoriales ou à leurs groupements, et classés dans leur domaine public fluvial.

Art. L. 2111-2. – Font également partie du domaine public les biens des personnes publiques mentionnées à l'article L. 1 qui, concourant à l'utilisation d'un bien appartenant au domaine public, en constituent un accessoire indissociable.

Art. L. 2111-3. – S'il n'en est disposé autrement par la loi, tout acte de classement ou d'incorporation d'un bien dans le domaine public n'a d'autre effet que de constater l'appartenance de ce bien au domaine public.

L'incorporation dans le domaine public artificiel s'opère selon les procédures fixées par les autorités compétentes.

Section II. – Domaine public maritime

Sous-section 1. – Domaine public naturel

Art. L. 2111-4. – Le domaine public maritime naturel de L'État comprend :

1° Le sol et le sous-sol de la mer entre la limite extérieure de la mer territoriale et, côté terre, le rivage de la mer.

Le rivage de la mer est constitué par tout ce qu'elle couvre et découvre jusqu'où les plus hautes mers peuvent s'étendre en l'absence de perturbations météorologiques exceptionnelles ;

2° Le sol et le sous-sol des étangs salés en communication directe, naturelle et permanente avec la mer ;

3° Les lais et relais de la mer :

a) Qui faisaient partie du domaine privé de l'État à la date du 1er décembre 1963, sous réserve des droits des tiers ;

b) Constitués à compter du 1er décembre 1963.

Pour l'application des *a* et *b* ci-dessus dans les départements de la Guadeloupe, de la Guyane, de la Martinique et de La Réunion, la date à retenir est celle du 3 janvier 1986 ;

c) La zone bordant le littoral définie à l'article L. 5111-1 dans les départements de la Guadeloupe, de la Guyane, de la Martinique et de La Réunion ;

d) Les terrains réservés en vue de la satisfaction des besoins d'intérêt public d'ordre maritime, balnéaire ou touristique et qui ont été acquis par l'État.

Les terrains soustraits artificiellement à l'action du flot demeurent compris dans le domaine public maritime naturel sous réserve des dispositions contraires d'actes de concession translatifs de propriété légalement pris et régulièrement exécutés.

Art. L. 2111-5 *(Mod., L. n° 2010-788, 12 juill. 2010)* (1). – Les limites du rivage sont constatées par l'État en fonction des observations opérées sur les lieux à délimiter ou des informations fournies par des procédés scientifiques.

Le projet de délimitation du rivage est soumis à enquête publique réalisée conformément au chapitre III du titre II du livre Ier du Code de l'environnement.

L'acte administratif portant délimitation du rivage est publié et notifié aux riverains. Les revendications de propriété sur les portions de rivage ainsi délimitées se prescrivent par dix ans à dater de la publication. Le recours contentieux à l'encontre de l'acte de délimitation suspend ce délai.

Un décret en Conseil d'État détermine les conditions d'application du présent article, notamment les formalités propres à mettre les riverains en mesure de formuler leurs observations, ainsi que la liste des procédés scientifiques visés au premier alinéa du présent article.

Ce décret détermine également les conditions dans lesquelles sont fixées la limite transversale de la mer à l'embouchure des cours d'eau et la limite des lais et relais de la mer.

Sous-section 2. – Domaine public artificiel

Art. L. 2111-6. – Le domaine public maritime artificiel est constitué :

1° Des ouvrages ou installations appartenant à une personne publique mentionnée à l'article L. 1, qui sont destinés à assurer la sécurité et la facilité de la navigation maritime ;

2° À l'intérieur des limites administratives des ports maritimes, des biens immobiliers, situés en aval de la limite transversale de la mer, appartenant à l'une des personnes publiques mentionnées à l'article L. 1 et concourant au fonctionnement d'ensemble des ports maritimes, y compris le sol et le sous-sol des plans d'eau lorsqu'ils sont individualisables.

Section III. – Domaine public fluvial

Sous-section 1. – Domaine public naturel

Art. L. 2111-7 *(Mod., L. n° 2015-991, 7 août 2015).* – Le domaine public fluvial naturel est constitué des cours d'eau et lacs appartenant à l'État, à ses établissements publics, aux collectivités territoriales ou à leurs groupements, et classés dans leur domaine public fluvial.

Art. L. 2111-8. – Les cours d'eau et les lacs appartenant au domaine public sont appelés cours d'eau et lacs domaniaux.

Art. L. 2111-9. – Les limites des cours d'eau domaniaux sont déterminées par la hauteur des eaux coulant à pleins bords avant de déborder.

Un décret en Conseil d'État détermine les conditions d'application du présent article.

(1) Dispositions applicables aux projets, plans, programmes ou autres documents de planification pour lesquels l'arrêté d'ouverture et d'organisation de l'enquête publique est publié à compter du premier jour du sixième mois après la publication du décret en Conseil d'État prévu à l'article L. 123-19 du Code de l'environnement, L. n° 2010-788, 12 juill. 2010.

Sous-section 2. – Domaine public artificiel

Art. L. 2111-10. – Le domaine public fluvial artificiel est constitué :

1° Des canaux et plans d'eau appartenant à une personne publique mentionnée à l'article L. 2111-7 ou à un port autonome et classés dans son domaine public fluvial ;

2° Des ouvrages ou installations appartenant à l'une de ces personnes publiques, qui sont destinés à assurer l'alimentation en eau des canaux et plans d'eau ainsi que la sécurité et la facilité de la navigation, du halage ou de l'exploitation ;

3° Des biens immobiliers appartenant à l'une de ces personnes publiques et concourant au fonctionnement d'ensemble des ports intérieurs, y compris le sol et le sous-sol des plans d'eau lorsqu'ils sont individualisables ;

4° À l'intérieur des limites administratives des ports maritimes, des biens immobiliers situés en amont de la limite transversale de la mer, appartenant à l'une de ces personnes publiques et concourant au fonctionnement d'ensemble de ces ports, y compris le sol et le sous-sol des plans d'eau lorsqu'ils sont individualisables.

Art. L. 2111-11. – Le domaine public fluvial du canal du Midi comporte :

1° Les éléments constitutifs du fief créé et érigé en faveur de Riquet, tels qu'ils résultent des plans et des procès-verbaux de bornage établis en 1772, savoir :

- le canal proprement dit ;
- le réservoir de Saint-Ferréol ;
- les francs-bords d'une largeur équivalente à onze mètres soixante-dix centimètres de chaque côté ;
- les chaussées, écluses et digues, la rigole de la Montagne et la rigole de la Plaine ;

2° Les dépendances de la voie navigable situées en dehors du fief et restées sous la main et à la disposition du canal, savoir :

- les parcelles de terrains acquises au moment de la construction du canal et formant excédents délimités sur les plans de bornage de 1772 par un liseré bistre ;
- les rigoles et les contre-canaux établis sur ces terrains ;
- les maisons destinées au logement du personnel employé à la navigation et les magasins pour l'entrepôt du matériel et des marchandises ;

3° Le réservoir de Lampy.

Sous-section 3. – Dispositions communes

Art. L. 2111-12 *(Mod., L. n° 2010-788, 12 juill. 2010)* (1). – Le classement dans le domaine public fluvial d'une personne publique mentionnée à l'article L. 2111-7, d'un cours d'eau, d'une section de cours d'eau, d'un canal, lac ou plan d'eau est prononcé pour un motif d'intérêt général relatif à la navigation, à l'alimentation en eau des voies navigables, aux besoins en eau de l'agriculture et de l'industrie, à l'alimentation des populations ou à la protection contre les inondations, tous les droits des riverains, des propriétaires et des tiers demeurant réservés.

Le classement dans le domaine public fluvial est prononcé, après enquête publique réalisée conformément au chapitre III du titre II du livre Ier du Code de l'environnement, par décision de l'autorité administrative compétente. Il est pris après avis des assemblées délibérantes des collectivités territoriales sur le territoire desquelles se situe le domaine à classer ainsi que du comité de bassin compétent, au cas de classement dans le domaine public fluvial d'une collectivité territoriale ou d'un groupement.

Les indemnités pouvant être dues en raison des dommages résultant de ce classement sont fixées comme en matière d'expropriation pour cause d'utilité publique. Ces indemnités tiennent compte des avantages que les personnes concernées peuvent en retirer.

Ces dispositions sont applicables aux ports intérieurs.

Art. L. 2111-13. – La propriété des alluvions, relais, atterrissements, îles et îlots qui se forment naturellement dans les cours d'eau domaniaux est soumise aux dispositions des articles 556, 557, 560 et 562 du Code civil.

En ce qui concerne les lacs domaniaux, les dispositions de l'article 558 du même code sont applicables.

(1) Dispositions applicables aux projets, plans, programmes ou autres documents de planification pour lesquels l'arrêté d'ouverture et d'organisation de l'enquête publique est publié à compter du premier jour du sixième mois après la publication du décret en Conseil d'État prévu à l'article L. 123-19 du Code de l'environnement, L. n° 2010-788, 12 juill. 2010.

Section IV. – Domaine public routier

Art. L. 2111-14. – Le domaine public routier comprend l'ensemble des biens appartenant à une personne publique mentionnée à l'article L. 1 et affectés aux besoins de la circulation terrestre, à l'exception des voies ferrées.

Section V. – Domaine public ferroviaire

Art. L. 2111-15. – Le domaine public ferroviaire est constitué des biens immobiliers appartenant à une personne publique mentionnée à l'article L. 1, non compris dans l'emprise des biens mentionnés à l'article L. 2111-14 et affectés exclusivement aux services de transports publics guidés le long de leurs parcours en site propre.

Section VI. – Domaine public aéronautique

Art. L. 2111-16. – Le domaine public aéronautique est constitué des biens immobiliers appartenant à une personne publique mentionnée à l'article L. 1 et affectés aux besoins de la circulation aérienne publique. Il comprend notamment les emprises des aérodromes et les installations nécessaires pour les besoins de la sécurité de la circulation aérienne situées en dehors de ces emprises.

Section VII. – Domaine public hertzien

Art. L. 2111-17. – Les fréquences radioélectriques disponibles sur le territoire de la République relèvent du domaine public de l'État.

CHAPITRE II. – DOMAINE PUBLIC MOBILIER

Art. L. 2112-1 *(Mod., Ord. n° 2017-1117, 29 juin 2017)*. – Sans préjudice des dispositions applicables en matière de protection des biens culturels, font partie du domaine public mobilier de la personne publique propriétaire les biens présentant un intérêt public du point de vue de l'histoire, de l'art, de l'archéologie, de la science ou de la technique, notamment :

1° Un exemplaire identifié de chacun des documents dont le dépôt est prescrit aux fins de constitution d'une mémoire nationale par l'article L. 131-2 du Code du patrimoine ;

2° Les archives publiques au sens de l'article L. 211-4 du Code du patrimoine ;

3° Les archives issues de fonds privés entrées dans les collections publiques par acquisition à titre onéreux, don, dation ou legs ;

4° Les biens archéologiques mobiliers devenus ou demeurés propriété publique en application du chapitre 3 du titre II, des chapitres Ier et VI du titre IV du livre V du Code du patrimoine ;

5° Les biens culturels maritimes de nature mobilière au sens du chapitre 2 du titre III du livre V du Code du patrimoine ;

6° Les objets mobiliers classés ou inscrits au titre du chapitre 2 du titre II du livre VI du Code du patrimoine ou situés dans un immeuble classé ou inscrit et concourant à la présentation au public de parties classées ou inscrites dudit immeuble ;

7° Les objets mobiliers autres que ceux mentionnés au 6° ci-dessus, présentant un intérêt historique ou artistique, devenus ou demeurés propriété publique en application de la loi du 9 décembre 1905 concernant la séparation des Églises et de l'État ;

8° Les collections des musées ;

9° Les œuvres et objets d'art contemporain acquis par le Centre national des arts plastiques ainsi que les collections d'œuvres et objets d'art inscrites sur les inventaires du Fonds national d'art contemporain dont le centre reçoit la garde ;

10° Les collections de documents anciens, rares ou précieux des bibliothèques ;

11° Les collections publiques relevant du Mobilier national et de la Manufacture nationale de Sèvres.

TITRE II. – UTILISATION DU DOMAINE PUBLIC

CHAPITRE I. – UTILISATION CONFORME À L'AFFECTATION

Art. L. 2121-1. – Les biens du domaine public sont utilisés conformément à leur affectation à l'utilité publique.

Aucun droit d'aucune nature ne peut être consenti s'il fait obstacle au respect de cette affectation.

CHAPITRE II. – UTILISATION COMPATIBLE AVEC L'AFFECTATION

Section I. – Règles générales d'occupation

Art. L. 2122-1 *(Mod. Ord. n° 2017-562, 19 avr. 2017)* (1). **– Nul ne peut, sans disposer d'un titre l'y habilitant, occuper une dépendance du domaine public d'une personne publique mentionnée à l'article L. 1 ou l'utiliser dans des limites dépassant le droit d'usage qui appartient à tous.**

Le titre mentionné à l'alinéa précédent peut être accordé pour occuper ou utiliser une dépendance du domaine privé d'une personne publique par anticipation à l'incorporation de cette dépendance dans le domaine public, lorsque l'occupation ou l'utilisation projetée le justifie.

Dans ce cas, le titre fixe le délai dans lequel l'incorporation doit se produire, lequel ne peut être supérieur à six mois, et précise le sort de l'autorisation ainsi accordée si l'incorporation ne s'est pas produite au terme de ce délai.

Art. L. 2122-1-1 *(Ord. n° 2017-562, 19 avr. 2017)* (1). **– Sauf dispositions législatives contraires, lorsque le titre mentionné à l'article L. 2122-1 permet à son titulaire d'occuper ou d'utiliser le domaine public en vue d'une exploitation économique, l'autorité compétente organise librement une procédure de sélection préalable présentant toutes les garanties d'impartialité et de transparence, et comportant des mesures de publicité permettant aux candidats potentiels de se manifester.**

Lorsque l'occupation ou l'utilisation autorisée est de courte durée ou que le nombre d'autorisations disponibles pour l'exercice de l'activité économique projetée n'est pas limité, l'autorité compétente n'est tenue que de procéder à une publicité préalable à la délivrance du titre, de nature à permettre la manifestation d'un intérêt pertinent et à informer les candidats potentiels sur les conditions générales d'attribution.

Art. L. 2122-1-2 *(Ord. n° 2017-562, 19 avr. 2017).* (1). **– L'article L. 2122-1-1 n'est pas applicable :**

1° Lorsque la délivrance du titre mentionné à l'article L. 2122-1 s'insère dans une opération donnant lieu à une procédure présentant les mêmes caractéristiques que la procédure déterminée par le premier alinéa de l'article L. 2122-1-1 ;

2° Lorsque le titre d'occupation est conféré par un contrat de la commande publique ou que sa délivrance s'inscrit dans le cadre d'un montage contractuel ayant, au préalable, donné lieu à une procédure de sélection ;

3° Lorsque l'urgence le justifie. La durée du titre ne peut alors excéder un an ;

4° Sans préjudice des dispositions figurant aux 1° à 5° de l'article L. 2122-1-3, lorsque le titre a pour seul objet de prolonger une autorisation existante, sans que sa durée totale ne puisse excéder celle prévue à l'article L. 2122-2 ou que cette prolongation excède la durée nécessaire au dénouement, dans des conditions acceptables notamment d'un point de vue économique, des relations entre l'occupant et l'autorité compétente.

Art. L. 2122-1-3 *(Ord. n° 2017-562, 19 avr. 2017)* (1). **– L'article L. 2122-1-1 n'est pas non plus applicable lorsque l'organisation de la procédure qu'il prévoit s'avère impossible ou non justifiée. L'autorité compétente peut ainsi délivrer le titre à l'amiable, notamment dans les cas suivants :**

1° Lorsqu'une seule personne est en droit d'occuper la dépendance du domaine public en cause ;

2° Lorsque le titre est délivré à une personne publique dont la gestion est soumise à la surveillance directe de l'autorité compétente ou à une personne privée sur les activités de laquelle l'autorité compétente est en mesure d'exercer un contrôle étroit ;

(1) Dispositions applicables aux titres délivrés à compter du 1er juillet 2017, *Ord. n° 2017-562, 19 avr. 2017, art. 15.*

3° Lorsqu'une première procédure de sélection s'est révélée infructueuse ou qu'une publicité suffisante pour permettre la manifestation d'un intérêt pertinent est demeurée sans réponse ;

4° Lorsque les caractéristiques particulières de la dépendance, notamment géographiques, physiques, techniques ou fonctionnelles, ses conditions particulières d'occupation ou d'utilisation, ou les spécificités de son affectation le justifient au regard de l'exercice de l'activité économique projetée ;

5° Lorsque des impératifs tenant à l'exercice de l'autorité publique ou à des considérations de sécurité publique le justifient.

Lorsqu'elle fait usage de la dérogation prévue au présent article, l'autorité compétente rend publiques les considérations de droit et de fait l'ayant conduite à ne pas mettre en œuvre la procédure prévue à l'article L. 2122-1-1.

Art. L. 2122-1-3-1 *(L. n° 2018-1021, 23 nov. 2018)*. – L'article L. 2122-1-1 n'est pas applicable lorsque le titre d'occupation est destiné à l'installation et à l'exploitation d'un réseau de communications électroniques ouvert au public.

Art. L. 2122-1-4 *(Ord. n° 2017-562, 19 avr. 2017)* (1). – Lorsque la délivrance du titre mentionné à l'article L. 2122-1 intervient à la suite d'une manifestation d'intérêt spontanée, l'autorité compétente doit s'assurer au préalable par une publicité suffisante, de l'absence de toute autre manifestation d'intérêt concurrente.

Art. L. 2122-2 *(Mod., Ord. n° 2017-562, 19 avr. 2017)* (1). – L'occupation ou l'utilisation du domaine public ne peut être que temporaire.

Lorsque le titre mentionné à l'article L. 2122-1 permet à son titulaire d'occuper ou d'utiliser le domaine public en vue d'une exploitation économique, sa durée est fixée de manière à ne pas restreindre ou limiter la libre concurrence au-delà de ce qui est nécessaire pour assurer l'amortissement des investissements projetés et une rémunération équitable et suffisante des capitaux investis, sans pouvoir excéder les limites prévues, le cas échéant, par la loi.

Art. L. 2122-3. – L'autorisation mentionnée à l'article L. 2122-1 présente un caractère précaire et révocable.

Art. L. 2122-4. – Des servitudes établies par conventions passées entre les propriétaires, conformément à l'article 639 du Code civil, peuvent grever des biens des personnes publiques mentionnées à l'article L. 1, qui relèvent du domaine public, dans la mesure où leur existence est compatible avec l'affectation de ceux de ces biens sur lesquels ces servitudes s'exercent.

Section II. – Règles particulières à certaines occupations

....

CHAPITRE IV. – DISPOSITIONS PARTICULIÈRES

Section I. – Utilisation du domaine public maritime

Art. L. 2124-1 *(Mod., L. n° 2010-788, 12 juill. 2010 ; L. n° 2016-1087, 8 août 2016)* (2). – Les décisions d'utilisation du domaine public maritime tiennent compte de la vocation des zones concernées et de celles des espaces terrestres avoisinants, ainsi que des impératifs de préservation des sites et paysages du littoral et des ressources biologiques ; elles sont à ce titre coordonnées notamment avec celles concernant les terrains avoisinants ayant vocation publique.

---

(1) Dispositions applicables aux titres délivrés à compter du 1er juillet 2017, *Ord. n° 2017-562, 19 avr. 2017, art. 15*.

(2) Dispositions applicables aux projets, plans, programmes ou autres documents de planification pour lesquels l'arrêté d'ouverture et d'organisation de l'enquête publique est publié à compter du premier jour du sixième mois après la publication du décret en Conseil d'État prévu à l'article L. 123-19 du Code de l'environnement, L. n° 2010-788, 12 juill. 2010.

Ces décisions doivent être compatibles avec les objectifs environnementaux du plan d'action pour le milieu marin prévus aux articles L. 219-9 à L. 219-18 du Code de l'environnement.

Sous réserve des textes particuliers concernant la défense nationale et des besoins de la sécurité maritime, tout changement substantiel d'utilisation de zones du domaine public maritime est préalablement soumis à enquête publique réalisée conformément au chapitre III du titre II du livre Ier du Code de l'environnement.

Art. L. 2124-2. – En dehors des zones portuaires et industrialo-portuaires, et sous réserve de l'exécution des opérations de défense contre la mer et de la réalisation des ouvrages et installations nécessaires à la sécurité maritime, à la défense nationale, à la pêche maritime, à la saliculture et aux cultures marines, il ne peut être porté atteinte à l'état naturel du rivage de la mer, notamment par endiguement, assèchement, enrochement ou remblaiement, sauf pour des ouvrages ou installations liés à l'exercice d'un service public ou l'exécution d'un travail public dont la localisation au bord de mer s'impose pour des raisons topographiques ou techniques impératives et qui ont donné lieu à une déclaration d'utilité publique.

Toutefois, les exondements antérieurs au 3 janvier 1986 demeurent régis par la législation antérieure.

Art. L. 2124-3 *(Rempl. à compter d'une date fixée par décret et au plus tard le 1er janvier 2017, Ord. n° 2016-1060, 3 août 2016 ; mod., L. n° 2018-148, 2 mars 2018).* – Pour l'application des articles L. 2124-1 et L. 2124-2 et sans préjudice des articles L. 2124-27 à L. 2124-30, des concessions d'utilisation du domaine public maritime comportant maintien des terrains concédés dans le domaine public peuvent être accordées. Un décret en Conseil d'État fixe les conditions d'instruction et de délivrance de ces concessions.

Les concessions d'utilisation du domaine public maritime en dehors des ports font l'objet, avant leur approbation, d'une enquête publique réalisée en application de la section 1 du chapitre III du titre II du livre Ier du Code de l'environnement. Cette disposition n'est pas applicable aux concessions de plage, aux autorisations d'exploitation de cultures marines et aux ouvrages et installations soumis à l'octroi d'un titre minier.

Art. L. 2124-4 *(Mod., L. n° 2010-788, 12 juill. 2010 ; L. n° 2014-58, 27 janv. 2014)* (1). – I. - L'accès des piétons aux plages et leur usage libre et gratuit par le public sont régis par les dispositions de l'article L. 321-9 du Code de l'environnement.

II. - Les concessions de plage sont accordées ou renouvelées après enquête publique réalisée conformément au chapitre III du titre II du livre Ier du Code de l'environnement. Elles respectent les principes énoncés à l'article L. 321-9 du même code.

Tout contrat de concession doit déterminer la largeur de l'espace mentionné au dernier alinéa de l'article L. 321-9 du même code en tenant compte des caractéristiques des lieux.

Les concessions sont accordées par priorité aux métropoles et, en dehors du territoire de celles-ci, aux communes ou groupements de communes ou, après leur avis si les métropoles, communes ou groupement renoncent à leur priorité, à des personnes publiques ou privées après publicité et mise en concurrence préalable. Les éventuels sous-traités d'exploitation sont également accordés après publicité et mise en concurrence préalable.

Les concessions de plage et les sous-traités d'exploitation sont portés à la connaissance du public par le concessionnaire.

III. - Un décret en Conseil d'État fixe les modalités d'application du présent article.

Art. L. 2124-5. – Des autorisations d'occupation temporaire du domaine public peuvent être accordées à des personnes publiques ou privées pour l'aménagement, l'organisation et la gestion de zones de mouillages et d'équipement léger lorsque les travaux et équipement réalisés ne sont pas de nature à entraîner l'affectation irréversible du site.

Ces autorisations sont accordées par priorité aux communes ou groupements de communes ou après leur avis si elles renoncent à leur priorité.

---

(1) Dispositions applicables aux projets, plans, programmes ou autres documents de planification pour lesquels l'arrêté d'ouverture et d'organisation de l'enquête publique est publié à compter du premier jour du sixième mois après la publication du décret en Conseil d'État prévu à l'article L. 123-19 du Code de l'environnement, L. n° 2010-788, 12 juill. 2010.

Section II. – Utilisation du domaine public fluvial

Sous-section 1. – Règles générales

Art. L. 2124-6. – La personne publique propriétaire du domaine public fluvial est chargée de son aménagement et de son exploitation.

Pour les collectivités territoriales ou leurs groupements, les pouvoirs de police y afférents sont exercés par l'autorité exécutive, sous réserve des attributions dévolues aux maires et des compétences de l'État en matière de police de l'eau, de police de la navigation et d'utilisation de l'énergie hydraulique.

Nonobstant toutes dispositions contraires, l'État reste compétent pour instruire et délivrer les autorisations de prises d'eau, pratiquées sur le domaine public fluvial, des installations de production d'électricité ne relevant pas de la loi du 16 octobre 1919 relative à l'utilisation de l'énergie hydraulique.

Art. L. 2124-7. – Un décret en Conseil d'État fixe les modalités de concession du domaine public fluvial de l'État.

Art. L. 2124-8. – Aucun travail ne peut être exécuté, aucune prise d'eau ne peut être pratiquée sur le domaine public fluvial sans autorisation du propriétaire de ce domaine.

Les décisions d'autorisation fixent les dispositions nécessaires pour assurer notamment la sécurité des personnes et la protection de l'environnement.

Art. L. 2124-9. – Les prises d'eau mentionnées à l'article L. 2124-8 et autres établissements créés sur le domaine public fluvial, même avec autorisation, peuvent toujours être modifiés ou supprimés. Une indemnité n'est due que lorsque les prises d'eau ou établissements dont la modification ou la suppression est ordonnée ont une existence légale.

Toutefois, aucune suppression ou modification ne peut être prononcée que suivant les formes et avec les garanties établies pour la délivrance des autorisations.

Art. L. 2124-10. – Nonobstant les dispositions du premier alinéa de l'article L. 2124-9, l'autorité administrative compétente peut mettre l'exploitant d'un des ouvrages soumis à autorisation en demeure de satisfaire aux conditions qui lui sont imposées dans un délai déterminé. Si, à l'expiration de ce délai, l'exploitant n'a pas obtempéré à cette injonction, le représentant de l'État peut :

1° Soit faire procéder d'office, aux frais de l'exploitant, à l'exécution des mesures prescrites ;

2° Soit obliger l'exploitant à consigner entre les mains d'un comptable public une somme répondant du montant des travaux ; cette somme lui sera restituée au fur et à mesure de l'exécution des travaux ;

3° Soit décider la mise hors service temporaire de l'ouvrage.

Art. L. 2124-11 *(L. n° 2006-1772, 30 déc. 2006).* – L'entretien, tel que défini aux articles L. 215-14 et L. 215-15 du Code de l'environnement, des cours d'eau domaniaux et de leurs dépendances est à la charge de la personne publique propriétaire du domaine public fluvial. Toutefois, les personnes qui ont rendu les travaux nécessaires, ou y trouvent intérêt peuvent être appelées à contribuer au financement de leur entretien.

De même, les propriétaires de moulins ou d'usines qui ont rendu les travaux nécessaires ou qui trouvent intérêt aux travaux d'entretien ou de réparation des ouvrages de navigation, de levées, barrages, pertuis, écluses peuvent *être appelés à contribuer à leur financement.*

À défaut d'accord sur le montant de la participation mentionnée aux deux alinéas précédents, il est fait application des dispositions de l'article L. 211-7 du Code de l'environnement.

Art. L. 2124-12. – Dès lors que les cours d'eau ou canaux domaniaux ne sont plus utiles à la navigation, la personne publique propriétaire du domaine public fluvial n'est tenue, au titre des ouvrages intéressant antérieurement la navigation, à aucune dépense autre que celles qu'implique le rétablissement, en cas de nécessité, de la situation naturelle.

Les travaux d'entretien, de réparation et de restauration des ouvrages intéressant les propriétaires ou exploitants d'usines ou d'autres bénéficiaires ne donnent lieu à aucune contribution financière de la personne publique propriétaire.

Art. L. 2124-13 *(Rempl., L. n° 2006-1772, 30 déc. 2006)*. – Les zones d'occupation du domaine public fluvial supérieure à un mois par un bateau, un navire, un engin flottant ou un établissement flottant ne peuvent être délimitées par le gestionnaire de ce domaine qu'après accord du maire de la commune sur le territoire de laquelle se trouvent ces zones.

En dehors des zones ainsi délimitées, aucune occupation supérieure à un mois par un bateau, un navire, un engin flottant ou un établissement flottant ne peut être autorisée.

Ces dispositions ne s'appliquent pas aux bateaux, navires, engins flottants ou établissements flottants nécessaires à l'entretien ou à la conservation du domaine public fluvial ou à la sécurité de la navigation fluviale.

Art. L. 2124-14. – Les dispositions de l'article L. 2124-5 s'appliquent aux mouillages et équipements légers réalisés sur le domaine public fluvial même lorsqu'il n'est pas situé dans les communes définies par l'article L. 321-2 du Code de l'environnement. Sur le domaine public fluvial, le pouvoir de délivrer ces autorisations peut être délégué par l'autorité compétente, dans les conditions déterminées par celle-ci, à une autorité organisatrice ayant vocation à développer la plaisance fluviale dans un bassin de navigation.

Art. L. 2124-15. – Si un cours d'eau domanial enlève par une force subite une partie considérable et reconnaissable d'un champ riverain et la porte vers un champ inférieur ou sur la rive opposée, il est procédé conformément aux dispositions de l'article 559 du Code civil.

Sous-section 2. – Règles relatives à la Loire

Art. L. 2124-16. – Sur la Loire, entre Roanne et le pont d'Oudon, et sur ses affluents, l'Allier, depuis son confluent avec la Dore, le Cher, depuis Saint-Amand, la Vienne, depuis son confluent avec la Creuse, la Mayenne et le Maine, depuis Château-Gontier et jusqu'à leurs confluents avec la Loire, sont appliquées les dispositions de la présente sous-section.

Art. L. 2124-17. – Pour l'ensemble des cours d'eau mentionnés à l'article L. 2124-16, aucune plantation ou accrue n'est tolérée sur les terrains compris entre les cours d'eau et les digues et levées ou sur les îles, sans autorisation.

En cas de non-respect, le contrevenant est passible d'une amende de 150 à 12 000 € et les plantations pourront être arrachées à ses frais après mise en demeure préalable.

Il n'est dû d'indemnité que si la plantation avait fait antérieurement l'objet d'une autorisation régulière et compte tenu des conditions fixées par cette autorisation.

Art. L. 2124-18 *(Mod., L. n° 2014-366, 24 mars 2014)*. – L'édification de toute construction est interdite sur les terrains compris entre les digues et la rivière, sur les digues et levées, ou sur les îles.

Du côté du val, les ouvrages, plantations, constructions, excavations et clôtures situés à moins de 19,50 mètres du pied des levées sont soumis à autorisation préfectorale. L'autorisation prescrit les mesures nécessaires pour assurer, en toutes circonstances, la sécurité des biens et des personnes, l'accès aux ouvrages de protection, leur entretien ou leur fonctionnement.

En cas de non-respect de ces dispositions, le contrevenant est passible d'une amende de 150 à 12 000 euros. Il doit, après mise en demeure préalable, procéder à la remise en état des lieux.

Sous-section 3. – Règles relatives aux départements de la Moselle, du Bas-Rhin et du Haut-Rhin

Art. L. 2124-19. – Sont applicables aux cours d'eau et canaux domaniaux de l'État dans les départements du Bas-Rhin, du Haut-Rhin et de la Moselle, aux lieu et place des premier et troisième alinéas de l'article L. 2124-11, des articles L. 2124-15, L. 2131-2 à L. 2131-4, L. 2131-6, du II de l'article L. 2331-2 et de *l'article L. 3211-16 pour* autant que ces articles ne contiennent pas de dispositions pénales :

1° La loi locale du 2 juillet 1891 sur l'utilisation des eaux et la protection contre les eaux avec les modifications résultant de la loi locale du 22 avril 1902, à l'exception des articles relatifs aux pénalités ;

2° Les dispositions contenues dans la loi locale sur les professions du 26 juillet 1900 en tant qu'elles concernent les barrages pour établissements hydrauliques.

Sous-section 4. – Dispositions relatives au canal du Midi

Art. L. 2124-20. – Toutes les eaux qui tombent naturellement ou par l'effet d'ouvrages d'art soit dans le canal, soit dans ses rigoles nourricières, soit enfin dans ses réservoirs, sont en entier à la disposition du canal du Midi pour les prendre ou les rejeter et ce nonobstant toutes jouissances ou usages contraires.

Art. L. 2124-21. – L'entretien des épanchoirs du canal du Midi, à l'exception des vingt et un épanchoirs à fleur d'eau du bief du bassin rond est à la charge de la personne publique propriétaire du canal, y compris les rigoles ou fossés d'évacuation des eaux de ces épanchoirs dans les ruisseaux ou rivières voisins.

Les rigoles ou fossés d'évacuation seront entretenus aux dimensions nécessaires pour assurer l'écoulement des eaux des épanchoirs sans dommages aux propriétés voisines.

Les ruisseaux qui n'auraient pas les dimensions suffisantes pour recevoir le débit amené par ces rigoles ou fossés seront creusés et entretenus pour moitié par la personne publique propriétaire du canal et pour moitié par les communes sur le territoire desquelles ils se trouvent.

Les vingt et un épanchoirs à fleur d'eau du bief du bassin rond sont entretenus par les communes de Vias et d'Agde qui peuvent appeler à y contribuer les propriétaires intéressés.

Aucun épanchoir ne pourra être fermé et aucun épanchoir nouveau ne pourra être établi ou le débit d'un épanchoir augmenté par la personne publique propriétaire du canal sans consultation des intéressés et des municipalités et sans établissement dans les deux derniers cas des rigoles ou fossés d'évacuation nécessaires à l'écoulement des eaux provenant de ces épanchoirs.

Art. L. 2124-22. – Les aqueducs sont entretenus par la personne publique propriétaire du canal dans toute l'étendue de l'emprise du canal (cuvette et francs-bords).

Art. L. 2124-23. – Les rigoles alimentant le canal sont entretenues par la personne publique propriétaire du canal. Les autres rigoles et les contre-canaux ou rigoles parallèles au canal, amenant les eaux à un aqueduc sont entretenus pour moitié par la personne publique propriétaire du canal et pour moitié par les communes sur le territoire desquelles ils se trouvent, qui peuvent appeler à y participer les propriétaires intéressés.

Les rigoles de sortie sont creusées et entretenues en totalité par les communes sur le territoire desquelles elles se trouvent, qui peuvent appeler à y participer les propriétaires intéressés ; toutefois, pour les rigoles qui recevaient les eaux d'un épanchoir, la personne publique propriétaire du canal contribuera pour moitié à leur établissement et à leur entretien. Les anciens, tels que ruisseaux dans lesquels on n'a pas rejeté ou détourné d'autres eaux, sont entretenus tant à l'entrée qu'à la sortie par les propriétaires riverains.

Art. L. 2124-24. – Toute plantation est interdite dans le lit des rigoles d'entrée ou de sortie, dans les contre-canaux et dans les anciens, tels que ruisseaux ou ravins.

Les propriétaires sont responsables des dommages causés par la présence de ces obstacles et ont à supporter les frais des curages, approfondissements ou élargissements qu'ils auraient rendu nécessaires. Ils sont tenus de procéder à l'arrachage des arbres et broussailles dans un délai de huitaine après mise en demeure par l'autorité administrative compétente.

Art. L. 2124-25. – Les ponts construits, tant sur le canal que sur ses rigoles nourricières, sont réparés, entretenus et reconstruits au besoin aux frais de la personne publique propriétaire du canal ; ceux sur les contre-canaux, ainsi que ceux sur les rigoles d'entrée ou de sortie des aqueducs ou des épanchoirs, restent à la charge des communes lorsqu'ils ne sont pas dépendants du domaine public routier.

Section III. – Utilisation du domaine public hertzien

Art. L. 2124-26. – L'utilisation, par les titulaires d'autorisation, de fréquences radioélectriques disponibles sur le territoire de la République, constitue un mode d'occupation privatif du domaine public de l'État.

Section IV. – Exploitation des ressources naturelles

Art. L. 2124-27 *(Rempl., Ord. n° 2011-91, 20 janv. 2011 ; mod., L. n° 2014-1545, 20 déc. 2014)*. – L'autorisation domaniale nécessaire pour la recherche et l'exploitation des substances minérales autres que celles mentionnées à l'article L. 111-1 du Code minier lorsqu'elles sont contenues dans les fonds marins du domaine public est délivrée en application des règles fixées à la section 2 du chapitre III des titres II et III du livre Ier du Code minier.

Art. L. 2124-28 *(Rempl., Ord. n° 2011-91, 20 janv. 2011 ; mod., L. n° 2014-1545, 20 déc. 2014)*. – Le titulaire de l'autorisation de prospections préalables ou du titre de recherche et d'exploitation est, en cas de retrait ou de réduction de l'assiette de l'autorisation domaniale mentionnée à l'article L. 2124-27, soumis aux obligations fixées aux articles L. 123-6 et L. 133-8 du Code minier.

Art. L. 2124-29. – Sur le domaine public maritime ou fluvial, naturel ou artificiel, géré directement par l'État, l'autorisation d'exploitation de cultures maritimes délivrée en application des lois et règlements en vigueur en matière de pêches maritimes et de cultures marines vaut autorisation d'occupation domaniale.

Art. L. 2124-30. – Sur les dépendances du domaine public maritime portuaire relevant de la compétence des collectivités territoriales ou de leurs groupements, l'autorisation d'exploitation de cultures marines est délivrée par l'État, en application des lois et règlements en vigueur en matière de pêches maritimes et de cultures marines, après accord de la collectivité territoriale ou du groupement gestionnaire desdites dépendances.

L'utilisation de l'autorisation d'exploitation mentionnée au premier alinéa est subordonnée, lorsqu'elle est compatible avec le fonctionnement du service public portuaire, à la délivrance par la collectivité territoriale ou le groupement gestionnaire, d'une autorisation d'occupation du domaine public. Le retrait par l'État de l'autorisation d'exploitation pour des raisons relatives à la salubrité ou à l'hygiène publique entraîne de plein droit retrait de l'autorisation d'occupation.

Section V. – Édifices affectés aux cultes

Art. L. 2124-31. – Lorsque la visite de parties d'édifices affectés au culte, notamment de celles où sont exposés des objets mobiliers classés ou inscrits, justifie des modalités particulières d'organisation, leur accès est subordonné à l'accord de l'affectataire. Il en va de même en cas d'utilisation de ces édifices pour des activités compatibles avec l'affectation cultuelle. L'accord précise les conditions et les modalités de cet accès ou de cette utilisation.

Cet accès ou cette utilisation donne lieu, le cas échéant, au versement d'une redevance domaniale dont le produit peut être partagé entre la collectivité propriétaire et l'affectataire.

Section VI. – Concessions de logement

……………………………………………………………………………………

Section VII. – Utilisation du domaine public dans le cadre de l'exploitation de certaines activités commerciales

(L. n° 2014-626, 18 juin 2014)

Art. L. 2124-32-1 *(L. n° 2014-626, 18 juin 2014)*. – Un fonds de commerce peut être exploité sur le domaine public sous réserve de l'existence d'une clientèle propre.

Art. L. 2124-33 *(L. n° 2014-626, 18 juin 2014)*. – Toute personne souhaitant se porter acquéreur d'un fonds de commerce ou d'un fonds agricole peut, par anticipation, demander à l'autorité compétente une autorisation d'occupation temporaire du domaine public pour l'exploitation de ce fonds.

L'autorisation prend effet à compter de la réception par l'autorité compétente de la preuve de la réalisation de la cession du fonds.

Art. L. 2124-34 *(L. n° 2014-626, 18 juin 2014)*. – En cas de décès d'une personne physique exploitant un fonds de commerce ou un fonds agricole en vertu d'une autorisation d'occupation temporaire du domaine public, l'autorité compétente délivre à la demande de ses ayants droit, sauf si un motif d'intérêt général s'y oppose, une autorisation d'occupation temporaire du domaine public identique à celle accordée à l'ancien titulaire pour la seule poursuite de l'exploitation du fonds, durant trois mois.

Si les ayants droit ne poursuivent pas l'exploitation du fonds, ils peuvent, dans le délai de six mois à compter du décès, présenter à l'autorité compétente une personne comme successeur. En cas d'acceptation de l'autorité compétente, cette personne est subrogée dans les droits et obligations de l'ancien titulaire.

La décision est notifiée aux ayants droit ayant sollicité l'autorisation ou ayant présenté un successeur ainsi que, le cas échéant, au successeur présenté. Toute décision de refus est motivée.

Art. L. 2124-35 *(L. n° 2014-626, 18 juin 2014)*. – La présente section n'est pas applicable au domaine public naturel.

CHAPITRE V. – DISPOSITIONS FINANCIÈRES

Section I. – Dispositions générales

Art. L. 2125-1 *(Mod., L. n° 2009-526, 12 mai 2009 ; L. fin. rect. n° 2010-1658, 29 déc. 2010 ; L. n° 2015-991, 7 août 2015 ; Ord. n° 2017-562, 19 avr. 2017)*. – Toute occupation ou utilisation du domaine public d'une personne publique mentionnée à l'article L. 1 donne lieu au paiement d'une redevance sauf lorsque l'occupation ou l'utilisation concerne l'installation par l'État des équipements visant à améliorer la sécurité routière ou nécessaires à la liquidation et au constat des irrégularités de paiement de toute taxe perçue au titre de l'usage du domaine public routier.

Par dérogation aux dispositions de l'alinéa précédent, l'autorisation d'occupation ou d'utilisation du domaine public peut être délivrée gratuitement :

1° Soit lorsque l'occupation ou l'utilisation est la condition naturelle et forcée de l'exécution de travaux ou de la présence d'un ouvrage, intéressant un service public qui bénéficie gratuitement à tous ;

2° Soit lorsque l'occupation ou l'utilisation contribue directement à assurer la conservation du domaine public lui-même.

3° Soit lorsque l'occupation ou l'utilisation contribue directement à assurer l'exercice des missions des services de l'État chargés de la paix, de la sécurité et de l'ordre publics ou du contrôle aux frontières dans les aéroports, les ports et les gares ;

4° Soit lorsque l'occupation ou l'utilisation permet l'exécution de travaux relatifs à une infrastructure de transport public ferroviaire ou guidé.

En outre, l'autorisation d'occupation ou d'utilisation du domaine public peut être délivrée gratuitement aux associations à but non lucratif qui concourent à la satisfaction d'un intérêt général.

Lorsque l'occupation du domaine public est autorisée par un contrat de la commande publique ou qu'un titre d'occupation est nécessaire à l'exécution d'un tel contrat, les modalités de détermination du montant de la redevance mentionnée au premier alinéa sont fonction de l'économie générale du contrat. Lorsque ce contrat s'exécute au seul profit de la personne publique, l'autorisation peut être délivrée gratuitement.

Art. L. 2125-2 *(Rempl., L. n° 2006-1772, 30 déc. 2006)*. – Le régime des redevances susceptibles d'être perçues par l'État en raison de l'occupation de son domaine public par les canalisations ou ouvrages des services d'eau potable et d'assainissement exploités par les collectivités territoriales et leurs groupements est fixé par décret.

Art. L. 2125-3. – La redevance due pour l'occupation ou l'utilisation du domaine public tient compte des avantages de toute nature procurés au titulaire de l'autorisation.

Art. L. 2125-4. – La redevance due pour l'occupation ou l'utilisation du domaine public par le bénéficiaire d'une autorisation est payable d'avance et annuellement.

Toutefois, le bénéficiaire peut, à raison du montant et du mode de détermination de la redevance :

1° Être admis à se libérer par le versement d'acomptes ;

2° Être tenu de se libérer par le versement de la redevance due soit pour toute la durée de l'autorisation si cette durée n'excède pas cinq ans, soit pour une période quinquennale dans le cas contraire.

En outre, pour les besoins de la défense nationale, le bénéficiaire peut être tenu de se libérer soit par versement d'acomptes, soit d'avance, pour tout ou partie de la durée de l'autorisation ou de la concession, quelle que soit cette durée.

Les conditions d'application de ces différents modes de règlement sont fixées par arrêté ministériel.

Art. L. 2125-5. – En cas de retard dans le paiement des redevances dues pour l'occupation ou l'utilisation du domaine public d'une personne publique mentionnée à l'article L. 1, les sommes restant dues sont majorées d'intérêts moratoires au taux légal.

Art. L. 2125-6. – En cas de retrait de l'autorisation avant le terme prévu, pour un motif autre que l'inexécution de ses clauses et conditions, la partie de la redevance versée d'avance et correspondant à la période restant à courir est restituée au titulaire.

Section II. – Dispositions particulières au domaine public fluvial

Art. L. 2125-7. – Les titulaires d'autorisations de prise d'eau sur le domaine public fluvial sont assujettis à payer à l'État une redevance calculée d'après les bases fixées par un décret en Conseil d'État.

Sur le domaine public fluvial appartenant ou confié en gestion à une collectivité territoriale ou un groupement, la redevance est perçue à son profit. Elle est établie par délibération de l'assemblée délibérante de la collectivité territoriale ou du groupement, dans les limites fixées par décret en Conseil d'État.

Les dispositions du présent article ne sont pas applicables aux cours d'eau domaniaux et aux canaux confiés à Voies navigables de France.

Art. L. 2125-8 *(L. n° 2006-1772, 30 déc. 2006)*. – Sans préjudice de la répression au titre des contraventions de grande voirie, le stationnement sans autorisation d'un bateau, navire, engin flottant ou établissement flottant sur le domaine public fluvial donne lieu au paiement d'une indemnité d'occupation égale à la redevance, majorée de 100 %, qui aurait été due pour un stationnement régulier à l'emplacement considéré ou à un emplacement similaire, sans application d'éventuels abattements.

Section III. – Dispositions particulières au stationnement de véhicules sur voirie
(Section créée, L. n° 2014-58, 27 janv. 2014)

Art. L. 2125-9 *(L. n° 2014-58, 27 janv. 2014)*. – Les règles de paiement des redevances dues pour l'occupation du domaine public dans le cadre d'un stationnement de véhicule sur voirie sont fixées à l'article L. 2333-87 du Code général des collectivités territoriales.

Section 4.– Dispositions particulières aux services de communications électroniques utilisant le domaine public hertzien
(L. n° 2016-1321, 7 oct. 2016)

Art. L. 2125-10 *(L. n° 2016-1321, 7 oct. 2016)*. – La redevance due par un opérateur de communications électroniques pour l'occupation ou l'utilisation du domaine public des fréquences radioélectriques tient compte, d'une part, des avantages de toute nature procurés au titulaire de l'autorisation eu égard à l'utilisation à laquelle ces fréquences sont destinées et, d'autre part, de l'objectif d'utilisation et de gestion efficaces des fréquences radioélectriques.

L'utilisation de fréquences radioélectriques qui n'ont pas été spécifiquement assignées à un utilisateur ne donne pas lieu au paiement d'une redevance.

L'utilisation des fréquences radioélectriques autorisées à des fins exclusivement expérimentales peut ne pas donner lieu au paiement d'une redevance.

TITRE III. – PROTECTION DU DOMAINE PUBLIC

CHAPITRE I. – SERVITUDES ADMINISTRATIVES

Section I. – Dispositions générales

Art. L. 2131-1. – Les servitudes administratives qui peuvent être établies dans l'intérêt de la protection, de la conservation ou de l'utilisation du domaine public sont instituées et régies par les dispositions législatives qui leur sont propres ainsi que par les textes pris pour leur application.

Section II. – Dispositions particulières au domaine public fluvial

Art. L. 2131-2 *(Mod., L. n° 2006-1772, 30 déc. 2006 ; L. n° 2010-874, 27 juill. 2010 ; L. n° 2015-992, 17 août 2015).* – Les propriétaires riverains d'un cours d'eau ou d'un lac domanial ne peuvent planter d'arbres ni se clore par haies ou autrement qu'à une distance de 3,25 mètres. Leurs propriétés sont grevées sur chaque rive de cette dernière servitude de 3,25 mètres, dite servitude de marchepied.

Tout propriétaire, locataire, fermier ou titulaire d'un droit réel, riverain d'un cours d'eau ou d'un lac domanial est tenu de laisser les terrains grevés de cette servitude de marchepied à l'usage du gestionnaire de ce cours d'eau ou de ce lac, des pêcheurs et des piétons.

La responsabilité civile des riverains visés au deuxième alinéa ne peut être engagée au titre des dommages causés ou subis à l'occasion du passage des pêcheurs ou des piétons qu'en raison de leurs actes fautifs.

La continuité de la servitude de passage, dite « servitude de marchepied », doit être assurée tout au long du cours d'eau ou du lac domanial ; la ligne délimitative ne peut s'écarter de celle du domaine fluvial, sauf à titre exceptionnel lorsque la présence d'un obstacle naturel ou patrimonial rend nécessaire son détournement. Dans ce cas, la ligne délimitative de la servitude est tracée au plus près de celle du domaine public fluvial, dans la propriété concernée.

Les propriétaires riverains des cours d'eau domaniaux sont tenus, dans l'intérêt du service de la navigation et partout où il existe un chemin de halage ou d'exploitation, de laisser le long des bords desdits cours d'eau domaniaux, ainsi que sur les îles où il en est besoin, un espace de 7,80 mètres de largeur. La servitude dont est ainsi grevée leur propriété est dite servitude de halage.

Ils ne peuvent planter d'arbres ni se clore par haies ou autrement qu'à une distance de 9,75 mètres sur les bords où il existe un chemin de halage ou d'exploitation.

Le long des canaux de navigation, les pêcheurs et les piétons peuvent user du chemin de halage et de la portion de berge faisant partie du domaine public, dans la mesure où le permet l'exploitation de la navigation.

Sur décision de l'autorité administrative, le droit visé à l'alinéa précédent peut exceptionnellement être supprimé soit pour des raisons d'intérêt général, soit pour des raisons de sécurité lorsque les berges sont incluses dans des établissements industriels.

Lorsqu'un cours d'eau est déjà grevé de la servitude prévue au IV de l'article L. 211-7 du Code de l'environnement, cette dernière servitude est maintenue.

Une commune, un groupement de communes, un département ou un syndicat mixte concerné peut, après accord avec le propriétaire du domaine public fluvial concerné, et le cas échéant avec son gestionnaire, entretenir l'emprise de la servitude de marchepied le long des cours d'eau domaniaux.

Art. L. 2131-3 *(Mod., L. n° 2006-1772, 30 déc. 2006).* – Lorsque l'exercice de la pêche, le passage des piétons et les nécessités d'entretien et de surveillance du cours d'eau ou du lac le permettent, la distance de 3,25 mètres mentionnée à l'article L. 2131-2 pour la servitude de marchepied peut être exceptionnellement réduite, sur décision de l'autorité gestionnaire, jusqu'à 1,50 mètre.

Lorsque l'intérêt du service de la navigation le permet, les distances de 7,80 mètres et de 9,75 mètres mentionnées à l'article L. 2131-2, pour la servitude de halage, peuvent être réduites sur décision de l'autorité gestionnaire.

Art. L. 2131-4 *(Mod., L. n° 2015-992, 17 août 2015).* – Les propriétaires riverains qui veulent faire des constructions, plantations ou clôtures le long des cours d'eau domaniaux peuvent, au préalable, demander à *l'autorité administrative compétente* de reconnaître la limite de la servitude.

Si, dans les trois mois à compter de la demande, cette autorité n'a pas fixé la limite, les constructions, plantations ou clôtures faites par les riverains ne peuvent plus être supprimées que moyennant indemnité.

Une commune, un établissement public de coopération intercommunale, un département, un syndicat mixte ou une association d'usagers intéressés peuvent demander à l'autorité administrative compétente de fixer la limite des emprises de la servitude de marchepied mentionnée à l'article L. 2131-2, dans les cas où celle-ci n'est pas déjà fixée. L'autorité administrative compétente en opère la délimitation dans le délai d'une année suivant la date de la demande.

Art. L. 2131-5. – Lorsque le classement d'un lac, d'un cours d'eau ou portion de cours d'eau dans le domaine public fluvial assujettit les propriétaires riverains aux servitudes établies par l'article L. 2131-2, il leur est dû une indemnité proportionnée au dommage subi en tenant compte des avantages que peut leur procurer ce classement.

Les propriétaires riverains ont également droit à une indemnité lorsque, pour les besoins de l'exploitation, la servitude de halage est établie sur une rive où cette servitude n'existait pas.

Art. L. 2131-6. – Dans le cas où l'autorité administrative compétente juge que la servitude de halage est insuffisante et veut établir, le long du cours d'eau, un chemin dans des conditions constantes de viabilité, elle doit, à défaut de consentement exprès des riverains, acquérir le terrain nécessaire à l'établissement du chemin en se conformant aux dispositions du Code de l'expropriation pour cause d'utilité publique.

CHAPITRE II. – POLICE DE LA CONSERVATION

Section I. – Contraventions de voirie routière

Art. L. 2132-1. – La répression des infractions à la police de la conservation du domaine public routier est poursuivie dans les conditions fixées au chapitre VI du titre I du livre I du Code de la voirie routière.

Section II. – Contraventions de grande voirie

Sous-section 1. – Définition

Art. L. 2132-2. – Les contraventions de grande voirie sont instituées par la loi ou par décret, selon le montant de l'amende encourue, en vue de la répression des manquements aux textes qui ont pour objet, pour les dépendances du domaine public n'appartenant pas à la voirie routière, la protection soit de l'intégrité ou de l'utilisation de ce domaine public, soit d'une servitude administrative mentionnée à l'article L. 2131-1.

Elles sont constatées, poursuivies et réprimées par voie administrative.

Sous-section 2. – Atteintes à l'intégrité ou à l'utilisation du domaine

§ 1. – Domaine public maritime

Art. L. 2132-3. – Nul ne peut bâtir sur le domaine public maritime ou y réaliser quelque aménagement ou quelque ouvrage que ce soit sous peine de leur démolition, de confiscation des matériaux et d'amende.

Nul ne peut en outre, sur ce domaine, procéder à des dépôts ou à des extractions, ni se livrer à des dégradations.

Art. L. 2132-3-1 *(L. n° 2010-788, 12 juill. 2010)*. – Les installations ou les constructions non autorisées en cours de réalisation sur la zone des cinquante pas géométriques peuvent, sur autorisation administrative et après établissement d'un procès-verbal constatant l'état des lieux, faire l'objet d'une saisie des matériaux de construction en vue de leur destruction.

Art. L. 2132-4. – Les atteintes à l'intégrité ou à l'utilisation du domaine public maritime des ports maritimes sont définies au titre III du livre III du Code des ports maritimes.

§ 2. – Domaine public fluvial

Art. L. 2132-5. – Tout travail exécuté ou toute prise d'eau pratiquée sur le domaine public fluvial sans l'autorisation du propriétaire du domaine mentionnée à l'article L. 2124-8 est puni d'une amende de 150 à 12 000 €.

Le tribunal fixe, s'il y a lieu, les mesures à prendre pour faire cesser l'infraction ou en éviter la récidive et le délai dans lequel ces mesures devront être exécutées, ainsi qu'une astreinte dans les formes définies à l'article L. 437-20 du Code de l'environnement.

Art. L. 2132-6. – Nul ne peut construire ou laisser subsister sur les rivières et canaux domaniaux ou le long de ces voies, des ouvrages quelconques susceptibles de nuire à l'écoulement des eaux ou à la navigation sous peine de démolition des ouvrages établis ou, à défaut, de paiement des frais de la démolition d'office par l'autorité administrative compétente.

Le contrevenant est également passible d'une amende de 150 à 12 000 euros.

Art. L. 2132-7. – Nul ne peut, sous peine de devoir remettre les lieux en état ou, à défaut, de payer les frais de la remise en état d'office par l'autorité administrative compétente :

1° Jeter dans le lit des rivières et canaux domaniaux ou sur leurs bords des matières insalubres ou des objets quelconques ni rien qui puisse embarrasser le lit des cours d'eau ou canaux ou y provoquer des atterrissements ;

2° Y planter des pieux ;

3° Y mettre rouir des chanvres ;

4° Modifier le cours desdits rivières ou canaux par tranchées ou par quelque moyen que ce soit ;

5° Y extraire des matériaux ;

6° Extraire à moins de 11,70 mètres de la limite desdites rivières ou des bords desdits canaux, des terres, sables et autres matériaux.

Le contrevenant est également passible d'une amende de 150 à 12 000 €.

Art. L. 2132-8. – Nul ne peut :

1° Dégrader, détruire ou enlever les ouvrages construits pour la sûreté et la facilité de la navigation et du halage sur les cours d'eau et canaux domaniaux ou le long de ces dépendances ;

2° Causer de dommages aux ouvrages provisoires établis en vue de la construction ou de l'entretien des ouvrages mentionnés au 1° ;

3° Naviguer sous les arches des ponts qui seraient fermés à la navigation du fait de tels travaux.

Le contrevenant est passible d'une amende de 150 à 12 000 €. Il doit supporter les frais de réparations et, en outre, dédommager les entrepreneurs chargés des travaux à dire d'experts nommés par les parties ou d'office.

Art. L. 2132-9. – Les riverains, les mariniers et autres personnes sont tenus de faire enlever les pierres, terres, bois, pieux, débris de bateaux et autres empêchements qui, de leur fait ou du fait de personnes ou de choses à leur charge, se trouveraient sur le domaine public fluvial. Le contrevenant est passible d'une amende de 150 à 12 000 euros, de la confiscation de l'objet constituant l'obstacle et du remboursement des frais d'enlèvement d'office par l'autorité administrative compétente.

Art. L. 2132-10. – Nul ne peut procéder à tout dépôt ni se livrer à des dégradations sur le domaine public fluvial, les chemins de halage et francs-bords, fossés et ouvrages d'art, sur les arbres qui les bordent, ainsi que sur les matériaux destinés à leur entretien.

Art. L. 2132-11. – Les atteintes à l'intégrité ou à l'utilisation du domaine public fluvial des ports maritimes sont définies au titre III du livre III du Code des ports maritimes.

§ 3. – Domaine public ferroviaire

Art. L. 2132-12. – Les atteintes à l'intégrité ou à l'utilisation du domaine public ferroviaire sont fixées par les articles 2 et 11 de la loi du 15 juillet 1845 sur la police des chemins de fer.

§ 4. – Domaine public aéronautique

Art. L. 2132-13. – Les atteintes à l'intégrité du domaine public aéronautique sont fixées à l'article L. 282-14 du Code de l'aviation civile.

§ 5. – Domaine public militaire

Art. L. 2132-14. – Les atteintes à l'intégrité ou à la conservation du domaine public militaire sont fixées par les articles L. 5121-1 et L. 5121-2 du Code de la défense.

Sous-section 3. – Atteintes aux servitudes

§ 1. – Domaine public maritime

Art. L. 2132-15. – Les atteintes aux servitudes établies au profit du domaine public maritime définies à l'article 1er de la loi n° 87-954 du 27 novembre 1987 sont réprimées conformément aux dispositions de l'article 6 de cette loi.

§ 2. – Domaine public fluvial

Art. L. 2132-16. – En cas de manquements aux dispositions de l'article L. 2131-2, les contrevenants sont tenus de remettre les lieux en état ou, à défaut, de payer les frais de la remise en état d'office à la personne publique propriétaire.

Le contrevenant est également passible de l'amende prévue à l'article L. 2132-26.

Art. L. 2132-17. – Les atteintes aux servitudes d'inondations établies au profit du domaine public fluvial définies aux articles 11, 12 et 15 de la loi n° 91-1385 du 31 décembre 1991 sont réprimées conformément aux dispositions de l'article 15 de cette loi.

§ 3. – Domaine public ferroviaire

Art. L. 2132-18. – Les atteintes aux servitudes établies au profit du domaine public ferroviaire définies aux articles 3 et 5 à 9 de la loi du 15 juillet 1845 sont réprimées conformément aux dispositions des articles 11 et 23 de cette loi.

§ 4. – Domaine public militaire

Art. L. 2132-19. – Les atteintes aux servitudes établies au profit du domaine public militaire définies aux chapitres 1er à 4 du titre I du livre I de la cinquième partie du Code de la défense sont réprimées conformément aux dispositions de l'article L. 5121-2 de ce code.

Sous-section 4. – Procédure

§ 1. – Dispositions générales

Art. L. 2132-20. – La procédure des contraventions de grande voirie est régie par les dispositions du chapitre IV du titre VII du livre VII du Code de justice administrative.

Art. L. 2132-21 ***(Mod., L. n° 2016-1087, 8 août 2016).*** **– Sous réserve de dispositions législatives spécifiques, les agents de l'État assermentés à cet effet devant le tribunal de grande instance, les agents de police judiciaire et les officiers de police judiciaire sont compétents pour constater les contraventions de grande voirie.**

§ 2. – Dispositions particulières au domaine public des ports maritimes

Art. L. 2132-22. – La répression des atteintes au domaine public des ports maritimes est opérée dans les conditions fixées par les dispositions du titre III du livre III du Code des ports maritimes.

§ 3. – Dispositions particulières au domaine public fluvial

Art. L. 2132-23 ***(Mod., L. n° 2006-1772, 30 déc. 2006 ; à compter du 1er janvier 2013, L. n° 2012-77, 24 janv. 2012*** (1) ***; mod., L. n° 2013-431, 28 mai 2013 ; Ord. n° 2016-665, 25 mai 2016).*** **– Ont compétence pour constater concurremment les contraventions en matière de grande voirie définies aux articles L. 2132-5 à L. 2132-10, L. 2132-16 et L. 2132-17 :**

1° Les fonctionnaires des collectivités territoriales et de leurs groupements ;

2° Les adjoints au maire et les gardes champêtres ;

3° Les personnels de Voies navigables de France sur le domaine qui lui a été confié, commissionnés par le directeur général de Voies navigables de France et assermentés devant le tribunal de grande instance, dans des conditions fixées par décret en Conseil d'État ;

~~*4° Les agents des ports autonomes fluviaux*~~ **sur le domaine appartenant à ces ports ou qui leur a été confié, assermentés à cet effet devant le tribunal de grande instance ;**

5° Les agents mentionnés à l'article L. 2132-21.

(1) Dispositions d'application particulières et transitoires : V. L. n° 2012-77, 24 janv. 2012.

Les fonctionnaires mentionnés ci-dessus qui n'ont pas prêté serment en justice le prêtent devant le préfet.

Lorsqu'ils constatent une contravention en matière de grande voirie, les agents mentionnés aux 1° à 5° sont habilités à relever l'identité de l'auteur de la contravention. Si l'intéressé refuse ou se trouve dans l'impossibilité de justifier de son identité, ils en rendent compte à tout officier de police judiciaire territorialement compétent, qui peut ordonner au contrevenant de lui communiquer son identité. Lorsque l'officier de police judiciaire procède à une vérification d'identité dans les conditions prévues à l'article 78-3 du Code de procédure pénale, le délai prévu au troisième alinéa du même article court à compter du relevé d'identité.

Art. L. 2132-24. – Le tribunal administratif statue sur les contraventions de grande voirie concernant la conservation du domaine public fluvial.

Ses décisions seront exécutoires et comportent hypothèque, nonobstant tout recours.

Il statue sans délai, tant sur les oppositions qui auraient été formées par les contrevenants que sur les amendes encourues par eux, nonobstant la réparation du dommage.

Art. L. 2132-25. – Pour les contraventions en matière de grande voirie mentionnées à l'article L. 2132-23, l'autorité administrative compétente peut transiger tant qu'un jugement définitif n'est pas intervenu.

Après le jugement définitif, la transaction ne peut porter que sur les peines et réparations pécuniaires.

Sous-section 5. – Régime général des peines

Art. L. 2132-26. – (1) Sous réserve des textes spéciaux édictant des amendes d'un montant plus élevé, l'amende prononcée pour les contraventions de grande voirie ne peut excéder le montant prévu par le 5° de l'article 131-13 du Code pénal.

Dans tous les textes qui prévoient des peines d'amendes d'un montant inférieur ou ne fixent pas le montant de ces peines, le montant maximum des amendes encourues est celui prévu par le 5° de l'article 131-13.

Dans tous les textes qui ne prévoient pas d'amende, il est institué une peine d'amende dont le montant maximum est celui prévu par le 5° de l'article 131-13.

Art. L. 2132-27. – (1) Les contraventions définies par les textes mentionnés à l'article L. 2132-2, qui sanctionnent les occupants sans titre d'une dépendance du domaine public, se commettent chaque journée et peuvent donner lieu au prononcé d'une amende pour chaque jour où l'occupation est constatée, lorsque cette occupation sans titre compromet l'accès à cette dépendance, son exploitation ou sa sécurité.

Art. L. 2132-28. – Lorsqu'une amende réprimant une contravention de grande voirie peut se cumuler avec une sanction pénale encourue à raison des mêmes faits, le montant global des amendes éventuellement prononcées ne doit en aucun cas excéder le montant de la plus élevée des amendes encourues.

Sous-section 6. – Dispositions particulières

Art. L. 2132-29. – Est poursuivie comme en matière de contraventions de grande voirie la réparation des dommages causés au domaine public dans les cas mentionnés par les dispositions des articles L. 218-31, L. 218-38, L. 218-47 et L. 218-62 du Code de l'environnement.

TITRE IV. – SORTIE DES BIENS DU DOMAINE PUBLIC

CHAPITRE I. – RÈGLES GÉNÉRALES

Art. L. 2141-1. – Un bien d'une personne publique mentionnée à l'article L. 1, qui n'est plus affecté à un service public ou à l'usage direct du public, ne fait plus partie du domaine public à compter de l'intervention de l'acte administratif constatant son déclassement.

(1) Dispositions applicables aux infractions commises postérieurement à l'entrée en vigueur de l'ordonnance n° 2006-460 du 21 avril 2006, même Ord., art. 11, I.

Art. L. 2141-2 *(Mod., L. n° 2016-1691, 9 déc. 2016 ; Ord. n° 2017-562, 19 avr. 2017)*. – Par dérogation à l'article L. 2141-1, le déclassement d'un immeuble appartenant au domaine public artificiel des personnes publiques et affecté à un service public ou à l'usage direct du public peut être prononcé dès que sa désaffectation a été décidée alors même que les nécessités du service public ou de l'usage direct du public justifient que cette désaffectation ne prenne effet que dans un délai fixé par l'acte de déclassement. Ce délai ne peut excéder trois ans (1). Toutefois, lorsque la désaffectation dépend de la réalisation d'une opération de construction, restauration ou réaménagement, cette durée est fixée ou peut être prolongée par l'autorité administrative compétente en fonction des caractéristiques de l'opération, dans une limite de six ans à compter de l'acte de déclassement. En cas de vente de cet immeuble, l'acte de vente stipule que celle-ci sera résolue de plein droit si la désaffectation n'est pas intervenue dans ce délai. L'acte de vente comporte également des clauses relatives aux conditions de libération de l'immeuble par le service public ou de reconstitution des espaces affectés à l'usage direct du public, afin de garantir la continuité des services publics ou l'exercice des libertés dont le domaine est le siège.

Toute cession intervenant dans les conditions prévues au présent article donne lieu, sur la base d'une étude d'impact pluriannuelle tenant compte de l'aléa, à une délibération motivée de l'organe délibérant de la collectivité territoriale, du groupement de collectivités territoriales ou de l'établissement public local auquel appartient l'immeuble cédé.

Pour les collectivités territoriales, leurs groupements et leurs établissements publics, l'acte de vente doit, à peine de nullité, comporter une clause organisant les conséquences de la résolution de la vente. Les montants des pénalités inscrites dans la clause résolutoire de l'acte de vente doivent faire l'objet d'une provision selon les modalités définies par le Code général des collectivités territoriales.

Art. L. 2141-3. – Par dérogation à l'article L. 2141-1, le déclassement d'un bien affecté à un service public peut, afin d'améliorer les conditions d'exercice de ce service public, être prononcé en vue de permettre un échange avec un bien d'une personne privée ou relevant du domaine privé d'une personne publique. Cet échange s'opère dans les conditions fixées à l'article L. 3112-3.

CHAPITRE II. – RÈGLES PARTICULIÈRES AU DOMAINE PUBLIC FLUVIAL

Art. L. 2142-1 *(Mod., L. n° 2010-788, 12 juill. 2010)* (2). – Le déclassement d'un cours d'eau, d'une section de cours d'eau, d'un canal, lac, plan d'eau ou d'un port intérieur, faisant partie du domaine public fluvial de l'État est prononcé, après enquête publique réalisée conformément au Code de l'expropriation pour cause d'utilité publique, par décision de l'autorité administrative compétente, tous les droits des riverains et des tiers demeurant réservés.

Lorsqu'elle concerne le domaine public fluvial d'une collectivité territoriale ou d'un groupement, la décision de déclassement est prise par l'autorité exécutive de cette personne publique, après enquête publique réalisée conformément au Code de l'expropriation pour cause d'utilité publique et consultation du comité de bassin ainsi que des assemblées délibérantes des autres collectivités territoriales sur le territoire desquelles se situe le domaine à déclasser, tous les droits des riverains et des tiers demeurant réservés.

Un décret en Conseil d'État fixe les conditions d'application du présent article.

Art. L. 2142-2. – Lorsqu'elles sont déclassées, les dépendances du domaine public fluvial mentionnées à l'article L. 2142-1 sont placées, pour les parties naturelles du lit, dans la catégorie des cours d'eau et lacs non domaniaux et, pour les autres parties, dans le domaine privé de la personne publique propriétaire.

(1) Pour les immeubles ou parties d'immeubles domaniaux mis à la disposition du ministère de la défense et dont la liste est fixée par un arrêté conjoint du ministre de la Défense et du ministre chargé du domaine, la durée du délai est fixée à six ans, *L. n° 2009-928, 29 juill. 2009, art. 16*.

(2) Dispositions applicables aux projets, plans, programmes ou autres documents de planification pour lesquels l'arrêté d'ouverture et d'organisation de l'enquête publique est publié à compter du premier jour du sixième mois après la publication du décret en Conseil d'État prévu à l'article L. 123-19 du Code de l'environnement, L. n° 2010-788, 12 juill. 2010.

LIVRE DEUXIÈME. – BIENS RELEVANT DU DOMAINE PRIVÉ

TITRE PREMIER. – CONSISTANCE DU DOMAINE PRIVÉ

CHAPITRE I. – DISPOSITIONS GÉNÉRALES

Art. L. 2211-1. – Font partie du domaine privé les biens des personnes publiques mentionnées à l'article L. 1, qui ne relèvent pas du domaine public par application des dispositions du titre I du livre I.

Il en va notamment ainsi des réserves foncières et des biens immobiliers à usage de bureaux, à l'exclusion de ceux formant un ensemble indivisible avec des biens immobiliers appartenant au domaine public.

CHAPITRE II. – DISPOSITIONS PARTICULIÈRES

Art. L. 2212-1. – Font également partie du domaine privé :

1° Les chemins ruraux ;

2° Les bois et forêts des personnes publiques relevant du régime forestier.

TITRE II. – UTILISATION DU DOMAINE PRIVÉ

CHAPITRE I. – DISPOSITIONS GÉNÉRALES

Art. L. 2221-1. – Ainsi que le prévoient les dispositions du second alinéa de l'article 537 du Code civil, les personnes publiques mentionnées à l'article L. 1 gèrent librement leur domaine privé selon les règles qui leur sont applicables.

CHAPITRE II. – DISPOSITIONS PARTICULIÈRES

Section I. – Location, mise à disposition et affectation

Sous-section 1. – Domaine immobilier

Art. L. 2222-1. – Les préfets reçoivent les baux passés en la forme administrative par l'État et en assurent la conservation. Ils confèrent à ces actes l'authenticité en vue de leur publication au fichier immobilier lorsqu'elle est requise par les dispositions qui leur sont applicables.

Art. L. 2222-2. – Les autorités des établissements publics de l'État qui sont habilitées par les statuts de ces établissements à signer les baux passés en la forme administrative par ces établissements les reçoivent et en assurent la conservation. Ces autorités confèrent à ces actes l'authenticité en vue de leur publication au fichier immobilier lorsqu'elle est requise par les dispositions qui leur sont applicables.

Art. L. 2222-3. – La réception et l'authentification des baux passés en la forme administrative par les collectivités territoriales, leurs groupements et leurs établissements publics ont lieu dans les conditions fixées à l'article L. 1311-13 du Code général des collectivités territoriales.

Art. L. 2222-4. – La réception et l'authentification des baux passés en la forme administrative par les collectivités territoriales des départements de la Moselle, du Bas-Rhin et du Haut-Rhin, leurs groupements et leurs établissements publics ont lieu dans les conditions fixées à l'article L. 1311-14 du Code général des *collectivités territoriales*.

Art. L. 2222-5. – Les conditions dans lesquelles sont soumis au statut du fermage et du métayage les baux du domaine de l'État, des collectivités territoriales, de leurs groupements ainsi que des établissements publics, qui portent sur des biens ruraux constituant ou non une exploitation agricole complète, sont régies par les dispositions de l'article L. 415-11 du Code rural.

Art. L. 2222-5-1 *(Ord. n° 2014-159, 20 févr. 2014)*. – Un bien immobilier appartenant au domaine privé des collectivités territoriales, à leurs groupements ou à leurs établissements publics ainsi qu'aux établissements publics fonciers de l'État peut faire l'objet d'un bail réel immobilier prévu à l'article L. 254-1 du Code de la construction et de l'habitation en vue de la location ou de l'accession temporaire à la propriété de logements relevant du régime du logement intermédiaire défini à l'article L. 302-16 du même code.

Sous-section 2. – Domaine mobilier

Art. L. 2222-6. – Les biens mobiliers du domaine privé de l'État peuvent être mis à la disposition d'un service de l'État ou donnés en location par l'autorité compétente.

Un décret en Conseil d'État détermine les conditions d'application du présent article.

Art. L. 2222-7. – Les opérations de mise à disposition ou de location ne peuvent être réalisées ni à titre gratuit, ni à un prix inférieur à la valeur locative.

Art. L. 2222-8. – La location ou le prêt à usage des matériels nécessaires à la pratique du vol à voile et du parachutisme, prévus à l'article L. 510-1 du Code de l'aviation civile, peuvent être réalisés gratuitement au profit d'associations aéronautiques agréées, par dérogation aux dispositions de l'article L. 2222-7. Dans l'un et l'autre cas, le contrat a pour effet de transférer auxdites associations la responsabilité des dommages causés par les matériels loués ou prêtés.

Art. L. 2222-9. – Les biens mobiliers dont, à l'occasion d'une procédure pénale, la propriété a été transférée à l'État suite à une décision judiciaire définitive peuvent être affectés, à titre gratuit, dans les conditions déterminées par arrêté interministériel, à des services de police, des unités de gendarmerie ou des services de l'administration des douanes lorsque ces services ou unités effectuent des missions de police judiciaire.

Section II. – Gestion confiée à des tiers

Sous-section 1. – Gestion confiée à des tiers par l'État

§ 1. – Convention de gestion

Art. L. 2222-10 *(Mod., L. n° 2016-1087, 8 août 2016)*. – La gestion d'immeubles dépendant du domaine privé de l'État peut être confiée, en vue d'assurer la conservation, la protection ou la mise en valeur du patrimoine national, à des collectivités territoriales ou à des établissements publics, à des sociétés d'aménagement foncier et d'établissement rural, à des conservatoires régionaux d'espaces naturels agréés au titre de l'article L. 414-11 du Code de l'environnement, ainsi qu'à des associations ou fondations reconnues d'utilité publique que leurs statuts habilitent à accomplir ces missions.

Les conditions et la durée de la gestion sont déterminées par une convention passée par l'État. Cette convention peut habiliter le gestionnaire à accorder des autorisations d'occupation ou à consentir des locations d'une durée n'excédant pas dix-huit ans. Elle peut l'autoriser à encaisser directement à son profit les produits de l'immeuble, à condition de supporter les charges correspondantes, de quelque nature qu'elles soient. Elle ne stipule pas l'exigibilité d'une redevance domaniale mais peut prévoir le versement périodique à l'État d'une partie des produits de la gestion.

En fin de gestion, le gestionnaire ne peut prétendre à aucune indemnité pour les améliorations apportées à l'immeuble.

Un décret en Conseil d'État détermine les conditions d'application du présent article. Ce décret définit notamment les catégories d'immeubles domaniaux auxquels peuvent s'appliquer les dispositions ci-dessus, les règles applicables au recouvrement des produits domaniaux et les obligations des gestionnaires du domaine, notamment en ce qui concerne les rapports financiers entre l'État et le gestionnaire ainsi que les modalités du contrôle technique et financier.

§ 2. – Contrat de gérance

Le présent paragraphe ne comprend pas de dispositions législatives.

Sous-section 2. – Gestion confiée à des tiers par les collectivités territoriales, leurs groupements et leurs établissements publics

La présente sous-section ne comprend pas de dispositions législatives.

Section III. – Concessions de logement

Sous-section 1. – Concessions de logement dans les immeubles appartenant à l'État et à ses établissements publics

La présente sous-section ne comprend pas de dispositions législatives.

Sous-section 2. – Concessions de logement dans les immeubles appartenant aux collectivités territoriales, à leurs groupements et à leurs établissements publics

Art. L. 2222-11. – **Les conditions d'attribution d'un logement de fonction par les collectivités territoriales, leurs groupements et leurs établissements publics sont régies par les dispositions de l'article 21 de la loi n° 90-1067 du 28 novembre 1990.**

Section IV. – Révision des libéralités et restitution de biens

Sous-section 1. – Dons et legs

§ 1. – Dons et legs faits à l'État et à ses établissements publics

Art. L. 2222-12. – **Lorsque, par suite d'un changement de circonstances, l'exécution des conditions et charges grevant une donation ou un legs fait à l'État dans les conditions fixées aux articles L. 1121-1 et L. 1121-3 devient soit extrêmement difficile, soit sérieusement dommageable, il peut être procédé à la révision des conditions et charges ou à la restitution de ces libéralités dans les conditions fixées aux articles L. 2222-13 à L. 2222-18.**

Art. L. 2222-13. – **La révision des conditions et charges grevant les dons et legs est autorisée par l'autorité administrative compétente si l'auteur de la libéralité ou ses ayants droit acceptent les mesures envisagées par cette autorité. Ces mesures sont celles fixées par l'article 900-4 du Code civil.**

À défaut d'accord entre l'État et l'auteur de la libéralité ou ses ayants droit, la révision est autorisée dans les conditions fixées aux articles 900-2 à 900-8 du Code civil.

Art. L. 2222-14. – **La restitution des libéralités est autorisée par décision de l'autorité compétente si l'auteur de la libéralité ou ses ayants droit l'acceptent.**

Art. L. 2222-15. – **En cas de restitution des dons et legs faits à l'État, les fonds et les titres sont déposés à la Caisse des dépôts et consignations.**

Les autres biens meubles et les immeubles peuvent, s'ils n'ont pas été repris par le donateur, le testateur ou leurs ayants droit à l'expiration d'un délai qui sera fixé par le décret en Conseil d'État prévu par l'article L. 2222-18, être aliénés, le produit de l'aliénation étant déposé à la Caisse des dépôts et consignations.

La restitution porte sur la totalité des biens originairement compris dans la libéralité qui se retrouvent en nature à la date de la décision administrative prévue à l'article L. 2222-14. Elle s'étend en outre au produit net des aliénations effectuées avant cette même date. Le disposant ou ses ayants droit reprennent les biens restitués en l'état où ils se trouvent.

Art. L. 2222-16 *(Mod. à compter d'une date fixée par décret et au plus tard le 1er janvier 2018, Ord. n° 2017-651, 27 avr. 2017).* – ***Par dérogation au troisième alinéa*** **de l'article L. 2222-15, la restitution peut ne pas porter sur les immeubles classés ou inscrits ou sur les objets mobiliers classés au titre des monuments historiques.**

Art. L. 2222-17. – **Les dispositions des articles L. 2222-12 à L. 2222-16 sont applicables aux demandes de révision ou de restitution de dons et legs faits aux établissements publics de l'État dans les conditions fixées aux articles L. 1121-2 et L. 1121-3, sous réserve, en ce qui concerne les établissements publics de santé, des dispositions de l'article L. 6145-10 du Code de la santé publique.**

Art. L. 2222-18. – **Un décret en Conseil d'État détermine les modalités d'application des articles L. 2222-12 à L. 2222-16 et notamment les formalités propres à mettre les auteurs des libéralités ou leurs ayants droit en mesure de formuler leurs observations.**

§ 2. – Dons et legs faits aux collectivités territoriales et à leurs établissements publics

Art. L. 2222-19. – La révision des conditions et charges grevant les dons et legs consentis au profit des collectivités territoriales et de leurs établissements publics est régie par les dispositions de l'article L. 1311-17 du Code général des collectivités territoriales.

Sous-section 2. – Restitution des immeubles sans maître

Art. L. 2222-20 *(Mod., L. n° 2014-366, 24 mars 2014 ; L. n° 2016-1087, 8 août 2016).* – (1) Lorsque la propriété d'un immeuble a été attribuée, dans les conditions fixées à l'article L. 1123-3, à une commune, à un établissement public de coopération intercommunale à fiscalité propre ou, à défaut, à l'État, au Conservatoire de l'espace littoral et des rivages lacustres ou au conservatoire régional d'espaces naturels agréé au titre de l'article L. 414-11 du Code de l'environnement, le propriétaire ou ses ayants droit sont en droit d'en exiger la restitution. Toutefois, il ne peut être fait droit à cette demande si le bien a été aliéné ou utilisé d'une manière s'opposant à cette restitution. Ils ne peuvent, dans ce cas, obtenir de la commune, de l'établissement public de coopération intercommunale à fiscalité propre, de l'État, du Conservatoire de l'espace littoral et des rivages lacustres ou du conservatoire régional d'espaces naturels agréé que le paiement d'une indemnité représentant la valeur de l'immeuble au jour de l'acte d'aliénation ou, le cas échéant, du procès-verbal constatant la remise effective de l'immeuble au service ou à l'établissement public utilisateur.

À défaut d'accord amiable, l'indemnité est fixée par le juge compétent en matière d'expropriation pour cause d'utilité publique.

La restitution de l'immeuble, ou à défaut, le paiement de l'indemnité, est subordonné au paiement par le propriétaire ou ses ayants droit du montant des charges qu'ils ont éludées depuis le point de départ du délai de trois ans mentionné au deuxième alinéa de l'article L. 1123-3, ainsi que du montant des dépenses nécessaires à la conservation du bien engagées par la commune, par l'établissement public de coopération intercommunale à fiscalité propre, par l'État, par le Conservatoire de l'espace littoral et des rivages lacustres ou par le conservatoire régional d'espaces naturels agréé.

Section V. – Sommes et valeurs prescrites

Art. L. 2222-21 *(Mod., L. n° 2006-1640, 21 déc. 2006).* – Les agents désignés par l'autorité administrative compétente ont droit de prendre communication au siège des banques, établissements ou collectivités mentionnés aux 1° à 5° de l'article L. 1126-1, ou dans leurs agences ou succursales, de tous registres, délibérations et documents quelconques pouvant servir au contrôle des sommes ou titres à remettre à l'État.

Art. L. 2222-22 *(Mod., L. n° 2013-1117, 6 déc. 2013).* – Toute contravention aux dispositions des articles L. 1126-2 et L. 1126-3, et tout refus de communication dans le cadre des dispositions de l'article L. 2222-21 sont punis de l'amende prévue au premier alinéa de l'article 1734 du Code général des impôts.

Les règles applicables en matière domaniale régissent le recouvrement de l'amende ainsi que la présentation, l'instruction et le jugement des réclamations.

Section VI. – Mise en valeur des terres incultes ou manifestement sous-exploitées

Art. L. 2222-23. – Les dispositions du chapitre V et de la section 3 du chapitre VIII du titre II du livre I du Code rural sont applicables aux terres incultes ou manifestement sous-exploitées attribuées à une commune ou à l'État en application du dernier alinéa de l'article L. 1123-3, conformément aux dispositions des articles L. 125-13 et L. 128-3 du même code.

---

(1) Dispositions applicables aux immeubles pour lesquels la décision administrative constatant la vacance est intervenue postérieurement à l'entrée en vigueur de l'ordonnance n° 2006-460 du 21 avril 2006, même Ord., art. 11, II.

Décret n° 2011-2036 du 29 décembre 2011, article 4 : Les dispositions du I du I de l'article 55 de la loi n° 2010-1658 du 29 décembre 2010 de finances rectificative pour 2010 entrent en vigueur le 1er janvier 2012.

Section VII. – Administration du domaine forestier

La présente section ne comprend pas de dispositions législatives.

LIVRE TROISIÈME. – DISPOSITIONS COMMUNES

TITRE PREMIER. – INSAISISSABILITÉ, IMPLANTATION ET ATTRIBUTION DES BIENS

CHAPITRE I. – INSAISISSABILITÉ

Art. L. 2311-1. – Les biens des personnes publiques mentionnées à l'article L. 1 sont insaisissables.

CHAPITRE II. – IMPLANTATION ET INVENTAIRE

Section I. – Biens situés à l'étranger

Art. L. 2312-1. – Les dispositions de l'article L. 1221-1 sont applicables aux opérations de gestion des biens mobiliers et immobiliers appartenant à une personne publique mentionnée à l'article L. 1 et situés hors du territoire de la République.

Section II. – Biens situés en France

La présente section ne comprend pas de dispositions législatives.

Section III. – Inventaire

La présente section ne comprend pas de dispositions législatives.

CHAPITRE III. – ATTRIBUTION

Le présent chapitre ne comprend pas de dispositions législatives.

TITRE II. – PRODUITS ET REDEVANCES DU DOMAINE

CHAPITRE I. – CONSTATATION ET PERCEPTION

Section I. – Autorités compétentes

Art. L. 2321-1. – I. – Le recouvrement des produits et redevances du domaine de l'État et en général de toute somme, dont la perception incombe aux comptables publics chargés des recettes domaniales de l'État, s'opère dans les conditions fixées aux articles L. 252 et L. 252 A du Livre des procédures fiscales.

II. – Dans le cas où une loi assortit du versement d'un produit la délivrance par l'État d'une autorisation de commerce constituant une source de profit pour son bénéficiaire ou lui apportant une plus-value patrimoniale, ce produit est perçu comme en matière domaniale.

Art. L. 2321-2. – Le recouvrement des produits et des redevances du domaine que sont habilités à recevoir les établissements publics de l'État s'opère dans les conditions fixées par les textes qui les créent et les *régissent*.

L'article L. 252 A du Livre des procédures fiscales s'applique au recouvrement de ces produits et redevances, lorsque ces établissements publics sont dotés d'un comptable public.

Art. L. 2321-3. – *(Mots aj. à compter du 1er janvier 2016, Ord. n° 2015-401, 9 avr. 2015)* « Sauf dans le cas prévu à l'article L. 2323-7-1, » le recouvrement des produits et des redevances du domaine des collectivités territoriales, de leurs groupements et de leurs établissements publics, s'opère dans les conditions fixées aux articles L. 1611-5, L. 1617-1, L. 1617-4 ainsi qu'au 1° de l'article L. 1617-5 du Code général des collectivités territoriales, et à l'article L. 252 A du Livre des procédures fiscales.

Art. L. 2321-3-1 *(L. n° 2014-58, 27 janv. 2014 ; abr. à compter du 1er janvier 2016, Ord. n° 2015-401, 9 avr. 2015).*

Section II. – Prescriptions

Art. L. 2321-4 *(Mod., L. n° 2008-561, 17 juin 2008)*. – **Les produits et redevances du domaine public ou privé d'une personne publique mentionnée à l'article L. 1 se prescrivent par cinq ans, quel que soit leur mode de fixation.**

Cette prescription commence à courir à compter de la date à laquelle les produits et redevances sont devenus exigibles.

Art. L. 2321-5. – **L'action en restitution des produits et redevances de toute nature du domaine de l'État, des départements, des communes et des établissements publics dotés d'un comptable public est soumise à la prescription quadriennale des créances prévue par la loi n° 68-1250 du 31 décembre 1968.**

CHAPITRE II. – PAIEMENT

Art. L. 2322-1 *(Mod., L. fin. rect. n° 2006-1771, 30 déc. 2006)*. – **La liquidation des produits et redevances du domaine de l'État et des sommes de toute nature mentionnés à l'article L. 2321-1 est soumise aux dispositions de l'article 1724 du Code général des impôts.**

Art. L. 2322-2. – **Les redevables qui doivent acquitter le produit prévu au II de l'article L. 2321-1 peuvent être tenus au paiement d'acomptes périodiques dans les conditions déterminées par arrêté interministériel.**

Art. L. 2322-3 *(Abr., L. fin. rect. n° 2006-1771, 30 déc. 2006)*.

Art. L. 2322-4. – **Le montant des produits, des redevances et des sommes de toute nature mentionnés à l'article L. 2321-3 est arrondi à l'euro le plus proche. La fraction d'euro égale à 0,50 est comptée pour 1.**

CHAPITRE III. – ACTION EN RECOUVREMENT

....

TITRE IV – Valorisation du patrimoine immobilier

(L. n° 2010-853, 23 juill. 2010)

Art. L. 2341-1 *(L. n° 2010-853, 23 juill. 2010 ; mod. à compter du 1er avril 2016, Ord. n° 2016-65, 29 janv. 2016 ; Ord. n° 2017-562, 19 avr. 2017* (1)*)*. – **I. - Un bien immobilier appartenant à l'État ou à un établissement public mentionné au onzième alinéa de l'article L. 710-1 du Code de commerce, au premier alinéa de l'article 5-1 du Code de l'artisanat ou à l'article L. 510-1 du Code rural et de la pêche maritime peut faire l'objet d'un bail emphytéotique prévu à l'article L. 451-1 du même code, en vue de sa restauration, de sa réparation ou de sa mise en valeur. Ce bail est dénommé bail emphytéotique administratif.**

Un tel bail peut être conclu même s'il porte sur une dépendance du domaine public. Il ne peut avoir pour objet l'exécution de travaux, la livraison de fournitures, la prestation de services, ou la gestion d'une mission de service public, avec une contrepartie économique constituée par un prix ou un droit d'exploitation, pour le compte ou pour les besoins d'un acheteur soumis à l'ordonnance n° 2015-899 du 23 juillet 2015 relative aux marchés publics ou d'une autorité concédante soumise à l'ordonnance n° 2016-65 du 29 janvier 2016 relative aux contrats de concession.

Dans le cas où un tel bail serait nécessaire à l'exécution d'un contrat de la commande publique, ce contrat prévoit, dans le respect des dispositions du présent code, les conditions de l'occupation du domaine.

***Il peut prévoir l'obligation pour le preneur* de se libérer du paiement de la redevance d'avance, pour tout ou partie de la durée du bail.**

(1) Dispositions applicables aux titres délivrés à compter du 1er juillet 2017, *Ord. n° 2017-562, 19 avr. 2017, art. 15*.

II. - Lorsque le bien objet du bail emphytéotique fait partie du domaine public de la personne publique, le bail conclu en application du I satisfait aux conditions particulières suivantes :

1° Les droits résultant du bail ne peuvent être cédés, avec l'agrément de la personne publique propriétaire, qu'à une personne subrogée au preneur dans les droits et obligations découlant de ce bail et, le cas échéant, des conventions non détachables conclues pour la réalisation de l'opération ;

Par dérogation à l'alinéa précédent, les droits résultant du bail ne peuvent faire l'objet d'une cession lorsque le respect des obligations de publicité et de sélection préalables à la délivrance d'un titre, prévues à l'article L. 2122-1-1, s'y oppose ;

2° Le droit réel conféré au preneur et les ouvrages dont il est propriétaire ne peuvent être hypothéqués qu'en vue de garantir des emprunts contractés par le preneur pour financer la réalisation des obligations qu'il tient du bail ; le contrat constituant l'hypothèque doit, à peine de nullité, être approuvé par la personne publique propriétaire ;

3° Seuls les créanciers hypothécaires peuvent exercer des mesures conservatoires ou des mesures d'exécution sur les droits immobiliers résultant du bail. La personne publique propriétaire peut se substituer au preneur dans la charge des emprunts en résiliant ou en modifiant le bail et, le cas échéant, les conventions non détachables ;

4° Les modalités de contrôle de l'activité du preneur par la personne publique propriétaire sont prévues dans le bail ;

5° Les constructions réalisées dans le cadre de ce bail peuvent donner lieu à la conclusion de contrats de crédit-bail. Dans ce cas, le contrat comporte des clauses permettant de préserver les exigences du service public.

III. - L'une ou plusieurs de ces conditions peuvent également être imposées au preneur lorsque le bien fait partie du domaine privé de la personne publique.

Voir : la rédaction de cet article issue de la loi n° 2019-486 du 22 mai 2019, en *addendum*, p. 3587

Art. L. 2341-2 *(L. fin. n° 2017-1837, 30 déc. 2017)*. – Les établissements publics d'enseignement supérieur relevant du ministre chargé de l'enseignement supérieur ou conjointement des ministres chargés de l'enseignement supérieur et de l'agriculture sont compétents pour assurer l'entretien et la gestion des biens immobiliers dont ils sont propriétaires ou qui sont mis à leur disposition par l'État ainsi que la valorisation immobilière de ces biens et les opérations immobilières d'aménagement des campus, hors cession des biens mis à leur disposition par l'État.

Ils sont compétents pour délivrer sur ces biens des titres constitutifs de droits réels à un tiers et pour en fixer les conditions financières.

Cette délivrance est soumise à l'autorisation préalable de l'autorité administrative lorsqu'elle concerne des biens immobiliers mis à leur disposition par l'État et nécessaires à la continuité du service public.

TROISIÈME PARTIE. – CESSION

LIVRE PREMIER. – BIENS RELEVANT DU DOMAINE PUBLIC

TITRE UNIQUE. – INALIÉNABILITÉ ET IMPRESCRIPTIBILITÉ

CHAPITRE I. – PRINCIPE

Art. L. 3111-1. – Les biens des personnes publiques mentionnées à l'article L. 1, qui relèvent du domaine public, sont inaliénables et imprescriptibles.

Art. L. 3111-2. – Le domaine public maritime et le domaine public fluvial sont inaliénables sous réserve des droits et des concessions régulièrement accordés avant l'édit de Moulins de février 1566 et des ventes légalement consommées de biens nationaux.

CHAPITRE II. – DÉROGATIONS

Art. L. 3112-1. – Les biens des personnes publiques mentionnées à l'article L. 1, qui relèvent de leur domaine public, peuvent être cédés à l'amiable, sans déclassement préalable, entre ces personnes publiques, lorsqu'ils sont destinés à l'exercice des compétences de la personne publique qui les acquiert et relèveront de son domaine public.

Art. L. 3112-2. – En vue de permettre l'amélioration des conditions d'exercice d'une mission de service public, les biens mentionnés à l'article L. 3112-1 peuvent également être échangés entre personnes publiques dans les conditions mentionnées à cet article. L'acte d'échange comporte des clauses permettant de préserver l'existence et la continuité du service public.

Art. L. 3112-3. – En vue de permettre l'amélioration des conditions d'exercice d'une mission de service public, les biens mentionnés à l'article L. 3112-1 peuvent être échangés, après déclassement, avec des biens appartenant à des personnes privées ou relevant du domaine privé d'une personne publique. L'acte d'échange comporte des clauses permettant de préserver l'existence et la continuité du service public.

Art. L. 3112-4 *(Ord. n° 2017-562, 19 avr. 2017* (1)*)*. – Un bien relevant du domaine public peut faire l'objet d'une promesse de vente ou d'attribution d'un droit réel civil dès lors que la désaffectation du bien concerné est décidée par l'autorité administrative compétente et que les nécessités du service public ou de l'usage direct du public justifient que cette désaffectation permettant le déclassement ne prenne effet que dans un délai fixé par la promesse.

À peine de nullité, la promesse doit comporter des clauses précisant que l'engagement de la personne publique propriétaire reste subordonné à l'absence, postérieurement à la formation de la promesse, d'un motif tiré de la continuité des services publics ou de la protection des libertés auxquels le domaine en cause est affecté qui imposerait le maintien du bien dans le domaine public.

La réalisation de cette condition pour un tel motif ne donne lieu à indemnisation du bénéficiaire de la promesse que dans la limite des dépenses engagées par lui et profitant à la personne publique propriétaire.

CHAPITRE III. – TRANSFERT DE PROPRIÉTÉ DU DOMAINE PUBLIC FLUVIAL

Art. L. 3113-1 *(Mod., L. n° 2006-1772, 30 déc. 2006)*. – Les transferts de propriété du domaine public fluvial au profit d'une collectivité territoriale ou d'un groupement de collectivités territoriales de la part de l'État ou d'une autre personne publique peuvent être opérés à la demande de l'assemblée délibérante de la collectivité territoriale ou du groupement. Ils le sont à titre gratuit et ne donnent lieu au paiement d'aucune indemnité, droit, taxe, salaire ou honoraires. Toutefois, les parties de cours d'eau, canaux, lacs ou plans d'eau inclus dans le périmètre d'une concession accordée par l'État au titre de l'utilisation de l'énergie hydraulique ne peuvent pas faire l'objet d'un transfert de propriété au profit des collectivités territoriales ou de leurs groupements.

(Mod. à compter du 1er janvier 2013, Ord. n° 2010-638, 10 juin 2010) Les transferts de propriété du domaine public fluvial au profit d'une collectivité territoriale ou d'un groupement de collectivités territoriales de la part de l'État ou d'une autre personne publique peuvent être opérés à la demande de l'assemblée délibérante de la collectivité territoriale ou du groupement. Ils le sont à titre gratuit et ne donnent lieu au paiement d'aucune indemnité, droit, taxe, contribution prévue à l'article 879 du Code général des impôts ou honoraires. Toutefois, les parties de cours d'eau, canaux, lacs ou plans d'eau inclus dans le périmètre d'une concession accordée par l'État au titre de l'utilisation de l'énergie hydraulique ne peuvent pas faire l'objet d'un transfert de propriété au profit des collectivités territoriales ou de leurs groupements.

Ces transferts s'opèrent en priorité au profit de la région ou du groupement de régions territorialement compétent qui en fait la demande. Lorsque d'autres collectivités ou groupements de collectivités territorialement compétents souhaitent bénéficier d'un tel transfert, leurs demandes sont transmises pour avis à la région. Ils peuvent bénéficier de ce transfert si, à l'issue d'un délai de six mois à compter de la saisine pour avis, la région territorialement compétente n'a pas elle-même formulé la demande.

Le transfert est refusé si la cohérence hydraulique ne peut pas être assurée.

Le transfert est refusé si la cohérence hydraulique ne peut pas être assurée *(Mots aj. à compter du 1er janvier 2013, L. n° 2012-77, 24 janv. 2012)* (2) « ou, dans le cas d'une demande de transfert portant sur un port intérieur situé sur une voie non transférable, s'il risque de compromettre le développement du transport de fret fluvial ».

(1) Dispositions applicables aux titres délivrés à compter du 1er juillet 2017, *Ord. n° 2017-562, 19 avr. 2017, art. 15*.

(2) Dispositions d'application particulières et transitoires : V. L. n° 2012-77, 24 janv. 2012.

La collectivité territoriale ou le groupement de collectivités territoriales bénéficiaire du transfert succède dans l'ensemble des droits et obligations à l'égard des tiers à la personne publique gestionnaire de ce domaine avant la date du transfert.

Pour l'application du présent article, le représentant de l'État dans le département communique aux collectivités territoriales ou groupements intéressés qui en font la demande toutes les informations dont ildispose sur le domaine public fluvial susceptible de leur être transféré dans un délai de six mois. Il assortit ces informations d'un diagnostic portant sur la faisabilité et le coût de l'enlèvement des sédiments, ainsi que d'une analyse sur leur nature.

Art. L. 3113-2. – Une expérimentation peut être engagée pour une durée maximale de six ans pendant laquelle la collectivité ou le groupement de collectivités est compétent pour aménager et exploiter le domaine dont la propriété ne lui est pas transférée.

Le transfert de propriété deviendra effectif à l'issue de cette période, sauf si la collectivité ou le groupement de collectivités a renoncé au transfert au moins six mois avant la clôture de l'expérimentation. Le transfert s'opère dans des conditions fixées par décret en Conseil d'État.

L'État et la collectivité ou le groupement de collectivités ayant opté pour l'expérimentation déterminent conjointement les cours d'eau, canaux, ports intérieurs, lacs et plans d'eau concernés par le transfert. Ils signent une convention définissant les conditions et la durée de l'expérimentation. Durant cette période d'expérimentation, la collectivité territoriale ou le groupement de collectivités territoriales peut faire appel à Voies navigables de France selon des modalités qui seront définies par une convention tripartite entre l'État, les collectivités intéressées et l'établissement public.

Art. L. 3113-3. – Un décret en Conseil d'État précise les conditions du transfert dans le domaine public d'une collectivité ou d'un groupement de collectivités et les modalités selon lesquelles les différentes personnes publiques ayant bénéficié du transfert de propriété et de compétences assurent la cohérence de la gestion du domaine public ayant fait l'objet du transfert. Ce décret fixe également la liste des cours d'eau, canaux et ports intérieurs d'intérêt national notamment utiles au transport de marchandises, qui ne peuvent faire l'objet d'un transfert.

Art. L. 3113-4. – Les dispositions du présent chapitre ne sont pas applicables au domaine public fluvial situé, le cas échéant, à l'intérieur des limites administratives d'un port maritime.

CHAPITRE IV. – TRANSFERT DE PROPRIÉTÉ DU DOMAINE PUBLIC FERROVIAIRE

(Chapitre créé à compter du 1er janvier 2015, L. n° 2014-872, 4 août 2014)

Art. L. 3114-1 *(Créé à compter du 1er janvier 2015, L. n° 2014-872, 4 août 2014 ; mod., L. n° 2015-991, 7 août 2015).* – Des transferts de propriété d'infrastructures ferroviaires ou d'installations de service appartenant à l'État ou à l'un des établissements publics constituant le groupe public ferroviaire mentionné à l'article L. 2101-1 du Code des transports peuvent être opérés au profit d'une collectivité territoriale ou d'un groupement de collectivités territoriales, compétent en matière de développement économique, à la demande de l'assemblée délibérante de celui-ci.

Ces transferts concernent uniquement, sous réserve des besoins de la défense du pays, soit les lignes que la personne publique bénéficiaire utilise ou envisage d'utiliser pour organiser des services de transport de personnes et qui sont séparées physiquement du reste du réseau ferré national, soit les lignes à faible trafic n'ayant pas été utilisées par des services de transport de personnes depuis plus de cinq ans.

Art. L. 3114-2 *(Créé à compter du 1er janvier 2015, L. n° 2014-872, 4 août 2014 ; mod., L. n° 2015-991, 7 août 2015).* – Ces transferts ne donnent lieu ni au versement de la contribution prévue à l'article 879 du Code général des impôts, ni à perception d'impôts, de droits ou de taxes de quelque nature que ce soit.

La personne publique bénéficiaire du transfert est substituée à l'État ou aux établissements publics constituant le groupe public ferroviaire mentionné à l'article L. 2101-1 du Code des transports dans l'ensemble des droits et obligations liés aux biens qui lui sont transférés, à l'exception de ceux afférents à des dommages constatés avant la date du transfert et à des impôts ou taxes dont le fait générateur est antérieur à cette même date.

Art. L. 3114-3 *(Créé à compter du 1er janvier 2015, L. n° 2014-872, 4 août 2014).* – Les modalités d'application du présent chapitre sont précisées par décret en Conseil d'État.

LIVRE DEUXIÈME. – BIENS RELEVANT DU DOMAINE PRIVÉ

TITRE PREMIER. – MODES DE CESSION

CHAPITRE I. – CESSIONS À TITRE ONÉREUX

Section I. – Vente

Sous-section 1. – Domaine immobilier

§ 1. – Dispositions applicables à l'État

Art. L. 3211-1 *(Mod., L. n° 2018-607, 13 juill. 2018)*. – Lorsqu'ils ne sont plus utilisés par un service civil ou militaire de l'État ou un établissement public de l'État, les immeubles du domaine privé de l'État peuvent être vendus dans les conditions fixées par décret en Conseil d'État.

Lorsque la cession de ces immeubles implique l'application des mesures prévues à l'article L. 541-2 du Code de l'environnement ou, en fonction de l'usage auquel le terrain est destiné, la réalisation d'une opération de dépollution pyrotechnique, l'État peut subordonner la cession à l'exécution, par l'acquéreur, de ces mesures ou de ces travaux. Dans ce cas, les opérations de dépollution pyrotechnique sont exécutées conformément aux règles de sécurité définies par voie réglementaire. Le coût réel de ces mesures ou travaux s'impute sur le prix de vente à concurrence du montant fixé à ce titre dans l'acte de cession, déterminé par un expert indépendant choisi d'un commun accord par l'État et l'acquéreur. Cette expertise est contradictoire. Le diagnostic de pollution, le rapport d'expertise et le relevé des mesures de dépollution à réaliser sont annexés à l'acte de vente. Une fois la cession intervenue, l'acquéreur supporte les dépenses liées aux mesures supplémentaires de dépollution nécessaires à l'utilisation future de l'immeuble cédé.

Art. L. 3211-2. – Les biens immobiliers à usage de bureaux mentionnés à l'article L. 2211-1, qui sont la propriété de l'État, peuvent être aliénés alors qu'ils continuent à être utilisés par les services de l'État. Dans ce cas, l'acte d'aliénation comporte des clauses permettant de préserver la continuité du service public.

Art. L. 3211-3. – Les immeubles de toute nature dont l'État est propriétaire en indivision avec d'autres personnes physiques ou morales, et qui sont insusceptibles de partage, sont vendus en totalité dans les formes et conditions fixées pour ceux qui lui appartiennent sans part d'autrui. Les indivisaires reçoivent leur part dans le prix, à la date du ou des paiements.

Art. L. 3211-4. – Peuvent être également vendus selon les modalités mentionnées à l'article L. 3211-3, avec l'accord des propriétaires intéressés, les immeubles appartenant divisément à l'État et à des personnes physiques ou morales, lorsque la part de chaque propriétaire ne peut être commodément isolée.

Art. L. 3211-5 *(Mod., Ord. n° 2014-1345, 6 nov. 2014)*. – Les bois et forêts de l'État ne peuvent être aliénés qu'en vertu d'une loi.

Par dérogation aux dispositions du premier alinéa, l'État peut dans les conditions précisées par décret en Conseil d'État procéder à la vente des bois et forêts qui satisfont aux conditions suivantes :

1° Être d'une contenance inférieure à 150 hectares ;

2° N'être nécessaires ni au maintien et à la protection des terrains en montagne, ni à la régularisation du régime des eaux et à la protection de la qualité des eaux, ni à l'équilibre biologique d'une région ou au bien-être de la population ;

3° Et dont les produits tirés de leur exploitation ne couvrent pas les charges de gestion.

Par dérogation aux dispositions du premier alinéa, les bois et forêts de l'État compris dans le périmètre d'une déclaration d'utilité publique sont cédés conformément aux dispositions de l'article L. 222-4 du Code de *l'expropriation pour cause d'utilité publique* dans les conditions précisées par décret en Conseil d'État.

Les bois et forêts acquis à l'État en application de l'article L. 1123-4 sont soumis au premier alinéa du présent article à compter de la date à laquelle le régime forestier de l'article L. 211-1 du Code forestier leur est appliqué.

Art. L. 3211-5-1 *(L. fin. n° 2012-1509, 29 déc. 2012)*. – I. – L'aliénation d'un immeuble relevant du patrimoine immobilier bâti de l'État situé sur un terrain mentionné au 1° de l'article L. 211-1 du Code forestier, ainsi que de son terrain d'assiette, n'est possible que si cet immeuble satisfait aux conditions suivantes :

1° Il ne présente pas d'utilité pour atteindre les objectifs de gestion durable des bois et forêts conformément au chapitre Ier du titre II du livre Ier du Code forestier ;

2° Il est desservi par l'une des voies mentionnées aux articles L. 111-1 et L. 161-1 du Code de la voirie routière ou par un chemin forestier ouvert à la circulation publique.

Le terrain d'assiette pouvant être ainsi aliéné est limité à la superficie permettant un usage normal de l'immeuble bâti, comprenant notamment la cour, le jardin ou, le cas échéant, le parc qui lui est attaché. Un décret peut étendre cette superficie lorsque l'aliénation a pour objet de garantir la cohérence de la gestion forestière.

II. – La vente intervient dans la forme ordinaire des ventes des biens de l'État. La liste des immeubles pouvant être vendus dans les conditions mentionnées au présent article est fixée par décret pris sur le rapport conjoint des ministres chargés des forêts et du Domaine.

Art. L. 3211-6 *(Mod. Ord. n° 2017-86, 27 janv. 2017. L. n° 2018-1021, 23 nov. 2018).* – Les immeubles bâtis et non bâtis qui font partie du domaine privé de l'État peuvent être cédés à l'amiable en vue de la réalisation d'opérations d'aménagement ou de construction et pour les cessions réalisées dans les conditions prévues à l'article L. 3211-7 lorsqu'elles comptent plus de 50 % de logements sociaux, dans les conditions fixées par décret en Conseil d'État. Ce décret fixe notamment les règles applicables à l'utilisation des biens cédés.

Les immeubles bâtis et non bâtis qui font partie du domaine privé de l'État peuvent être cédés pour contribuer à la mise en œuvre des opérations d'aménagement définies à l'article L. 300-1 du Code de l'urbanisme dont la réalisation est prévue par un contrat de projet partenarial d'aménagement mentionné à l'article L. 312-1 du même code. Ces terrains sont cédés à l'amiable à la collectivité territoriale ou à l'établissement public cocontractant à l'initiative de l'opération mentionné au même article L. 312-1 ou à l'opérateur désigné dans ce contrat.

Art. L. 3211-7 *(Mod., L. n° 2017-86, 27 janv. 2017 ; L. n° 2017-256, 28 févr. 2017 ; L. n° 2017-257, 28 févr. 2017 ; L. n° 2018-607, 13 juill. 2018 ; L. n° 2018-1021, 23 nov. 2018 ; L. fin. n° 2018-1317, 28 déc. 2018).* – I. - L'État peut procéder à l'aliénation de terrains de son domaine privé à un prix inférieur à la valeur vénale lorsque ces terrains, bâtis ou non, sont destinés à la réalisation de programmes comportant majoritairement des logements dont une partie au moins est réalisée en logement social. Pour la part du programme destinée aux logements sociaux, la décote ainsi consentie, qui peut atteindre 100 % de la valeur vénale du terrain, est fixée en fonction de la catégorie à laquelle ces logements appartiennent. Elle prend notamment en considération les circonstances locales tenant à la situation du marché foncier et immobilier, à la situation financière de l'acquéreur du terrain, à la proportion et à la typologie des logements sociaux existant sur le territoire de la collectivité considérée et aux conditions financières et techniques de l'opération. La décote ne saurait excéder 50 % pour les logements financés en prêts locatifs sociaux, pour les logements faisant l'objet d'un contrat de bail réel solidaire et pour les logements en accession à la propriété bénéficiant des dispositifs mentionnés au VIII, à l'exception des logements en accession à la propriété en Guadeloupe, en Guyane, en Martinique et à La Réunion qui bénéficient d'une aide destinée aux personnes physiques à faibles revenus, pour financer l'acquisition de logements évolutifs sociaux .

Pour les communes qui ne font pas l'objet d'un constat de carence, dans le cadre d'un programme de logements sociaux, dans les conditions fixées au présent article, une décote est possible pour la part du programme relative *aux équipements publics destinés* en tout ou partie aux occupants de ces logements. La décote ainsi consentie est alignée sur la décote allouée pour la part du programme consacrée aux logements sociaux. Les modalités d'application du présent alinéa et la liste des équipements publics concernés sont fixées par décret en Conseil d'État.

II. - Une décote est de droit lorsque les deux conditions suivantes sont satisfaites :

1° Les terrains sont cédés au profit d'une collectivité territoriale, d'un établissement public de coopération intercommunale à fiscalité propre, d'un établissement public mentionné aux chapitres Ier et IV du titre II du livre III du Code de l'urbanisme, d'un organisme agréé mentionné à l'article L. 365-2 du Code de la construction et de l'habitation, d'un organisme mentionné à l'article L. 411-2 du même code, d'une société d'économie mixte mentionnée à l'article L. 481-1 dudit code ou d'un opérateur lié à une collectivité ou un établissement public de coopération intercommunale à fiscalité propre par une concession d'aménagement dont l'objet prévoit notamment la réalisation de logement social ou, en Guadeloupe, en Guyane, en Martinique et à La Réunion, d'un organisme agréé pour la réalisation de logements en accession à la propriété qui bénéficient d'une aide destinée aux personnes physiques à faibles revenus, pour financer l'acquisition de logements évolutifs sociaux ;

2° Les terrains appartiennent à une liste de parcelles établie par le représentant de l'État dans la région, après avis, dans un délai de deux mois, du comité régional de l'habitat, du maire de la commune sur le territoire de laquelle les terrains se trouvent et du président de l'établissement public de coopération intercommunale compétent. Cette liste est mise à jour annuellement. Elle peut être complétée selon les mêmes modalités, à la demande de l'une des personnes morales mentionnées au 1°, sur présentation par cette dernière d'un projet s'inscrivant dans une stratégie de mobilisation du foncier destinée à satisfaire des besoins locaux en matière de logement.

Les présentes dispositions ne s'appliquent aux organismes agréés mentionnés à l'article L. 365-2 du Code de la construction et de l'habitation et aux sociétés d'économie mixte mentionnées à l'article L. 481-1 du même code que pour les cessions de terrains destinés à la construction de logements faisant l'objet de conventions régies par le chapitre III du titre V du livre III dudit code.

Lorsqu'une collectivité territoriale, un établissement public, une société ou un opérateur mentionnés au 1° du présent II dispose de réserves foncières propres et de biens susceptibles de permettre la réalisation d'un programme qui comporte la construction de logements sociaux, le taux de la décote est calculé dans la limite d'un plafond établi en considération du coût moyen constaté pour la construction de logements sociaux à l'échelle de la commune ou de l'agglomération. Un décret en Conseil d'État fixe les conditions d'application du présent alinéa.

II *bis*. - Jusqu'au 31 décembre 2025, la décote prévue aux I et II n'est applicable aux cessions de terrains occupés par le ministère des armées et situés dans des zones tendues, en particulier l'Île-de-France et la région Provence-Alpes-Côte d'Azur, que lorsque ces terrains, bâtis ou non, sont destinés à la réalisation de programmes de logements sociaux réservés au maximum aux trois quarts aux agents de ce ministère, à la demande de ce dernier.

III. - L'avantage financier résultant de la décote est exclusivement et en totalité répercuté sur le prix de revient des logements locatifs sociaux.

Cette décote est également répercutée sur le prix de cession des logements en accession à la propriété bénéficiant des dispositifs mentionnés au VIII du présent article.

Le primo-acquéreur d'un logement qui souhaite le revendre dans les dix ans qui suivent l'acquisition consécutive à la première mise en vente du bien est tenu d'en informer le représentant de l'État dans la région. Ce dernier en informe les organismes mentionnés à l'article L. 411-2 du Code de la construction et de l'habitation, qui peuvent se porter acquéreurs du logement en priorité. Le primo-acquéreur est tenu de verser à l'État une somme égale à la différence entre le prix de vente et le prix d'acquisition de son logement. Cette somme ne peut excéder le montant de la décote. Pour l'application du présent alinéa, les prix s'entendent hors frais d'acte et accessoires à la vente.

Lorsque le primo-acquéreur d'un logement le loue dans les dix ans qui suivent l'acquisition consécutive à la première mise en vente du bien, le niveau de loyer ne doit pas excéder des plafonds fixés par le représentant de l'État dans la région. Ceux-ci sont arrêtés par référence au niveau des loyers qui y sont pratiqués pour des logements locatifs sociaux de catégories similaires.

À peine de nullité, les contrats de vente comportent la mention des obligations visées aux troisième et quatrième alinéas du présent III et du montant de la décote consentie.

IV. - Pour les programmes ayant bénéficié de la cession d'un terrain avec une décote dans les conditions du présent article :

1° Les conventions mentionnées à l'article L. 351-2 du Code de la construction et de l'habitation sont d'une durée au moins égale à vingt ans. Cette durée ne peut être inférieure à la période restant à courir pour l'amortissement du prêt. Le remboursement anticipé du prêt n'a pas d'incidence sur la durée de la convention ;

2° Le délai de dix ans mentionné au premier alinéa de l'article L. 443-7 du même code est porté à vingt ans. Cette disposition s'applique également aux opérations des organismes agréés mentionnés à l'article L. 365-2 dudit code.

V. - Une convention conclue entre le représentant de l'État dans la région et l'acquéreur, jointe à l'acte d'aliénation, fixe les conditions d'utilisation du terrain cédé et détermine le contenu du programme de logements à réaliser.

Les données dont l'État dispose sur le patrimoine naturel du terrain faisant l'objet de la cession sont annexées à cette convention.

L'acte d'aliénation mentionne le montant de la décote consentie. Il prévoit, en cas de non-réalisation du programme de logements dans le délai de cinq ans, soit la résolution de la vente sans indemnité pour l'acquéreur et le versement du montant des indemnités contractuelles applicables, soit le versement du montant d'une indemnité préjudicielle pouvant atteindre le double de la décote consentie. Ce délai est suspendu en cas de recours devant la juridiction administrative contre une autorisation administrative requise pour la réalisation de ce programme, à compter de l'introduction du recours et jusqu'à la date à laquelle la décision de la juridiction devient définitive. Il est également suspendu si des opérations de fouilles d'archéologie préventive sont prescrites en application de l'article L. 522-2 du Code du patrimoine pendant la durée de ces opérations.

L'acte d'aliénation prévoit, en cas de réalisation partielle du programme de logements ou de réalisation dans des conditions différentes de celles prises en compte pour la fixation du prix de cession, le paiement d'un complément de prix correspondant à l'avantage financier indûment consenti.

Lorsque la cession d'un terrain, bâti ou non, du domaine privé de l'État s'inscrit dans une opération d'aménagement, au sens de l'article L. 300-1 du Code de l'urbanisme, et après accord des ministres chargés du logement et du domaine, au vu du rapport transmis par le représentant de l'État dans la région, la convention conclue entre le représentant de l'État dans la région et l'acquéreur peut prévoir une réalisation de l'opération par tranches échelonnées sur une durée totale supérieure à cinq ans, dont la première doit être réalisée dans un délai maximal de cinq ans, et permettant chacune un contrôle du dispositif de décote, dans les conditions prévues aux troisième et quatrième alinéas du présent V.

La convention peut prévoir, en outre, le droit de réservation d'un contingent plafonné à 10 % des logements sociaux construits, au profit de l'administration qui cède son terrain avec décote, pour le logement de ses agents, au-delà du contingent dont dispose l'État.

VI. - Le représentant de l'État dans la région, assisté du comité régional de l'habitat, contrôle l'effectivité de toute convention annexée à un acte d'aliénation et définie au V du présent article. À cet effet, l'acquéreur des terrains mentionnés au 2° du II rend compte de l'état d'avancement du programme au comité régional de l'habitat ainsi qu'à la commune sur le territoire de laquelle se trouve le terrain cédé. Cette obligation prend fin au jour de la livraison effective du programme de logements ou au jour de la résiliation de la convention.

En cas de manquements constatés aux engagements pris par un acquéreur dans la convention qui accompagne l'acte de cession, le représentant de l'État dans la région, assisté du comité régional de l'habitat, mène la procédure contradictoire pouvant aboutir à la résolution de la vente dans les conditions prévues au V.

Le représentant de l'État dans la région établit chaque année un bilan qui dresse notamment la liste des terrains disponibles, des terrains cédés au cours de l'année écoulée, des modalités et des prix de cession ainsi que des logements sociaux mis en chantier ou livrés sur les parcelles cédées. *(Mots suppr. à compter du 1er juillet 2022, L. n° 2018-699, 3 août 2018)* « Ce bilan est transmis à la commission nationale mentionnée au VII chargée d'établir, pour le compte du ministre chargé du logement, le rapport annuel au Parlement sur la mise en œuvre du dispositif, lequel fait l'objet d'un débat devant les commissions permanentes. »

VII *(VII abr. à compter du 1er juillet 2022, L. n° 2018-699, 3 août 2018)*. - Il est créé, auprès des ministres chargés du logement et de l'urbanisme, une Commission nationale de l'aménagement, de l'urbanisme et du foncier. Elle est composée de deux membres de l'Assemblée nationale et de deux membres du Sénat, de représentants de l'État dont notamment de représentants des ministres chargés du logement et de l'urbanisme, de représentants du ministre chargé du Domaine, de représentants des associations représentatives des collectivités locales, des organismes mentionnés aux articles L. 365-1, L. 411-2 et L. 481-1 du Code de la construction et de l'habitation, des professionnels de l'immobilier , des professionnels de l'aménagement, des organisations de défense de l'environnement et des organisations œuvrant dans le domaine de l'insertion, et de personnalités qualifiées.

La commission nationale mentionnée au présent VII est chargée de suivre le dispositif de mobilisation du foncier public en faveur du logement. Elle est en particulier chargée de s'assurer que la stratégie adoptée par l'État et les établissements publics concernés est de nature à favoriser la cession de biens appartenant à leur domaine privé au profit de programmes de logements sociaux. Le décret en Conseil d'État prévu au IX précise sa composition et fixe ses modalités de travail et de décision.

VIII. - Pour l'application du présent article, sont assimilés aux logements locatifs mentionnés aux 3° et 5° de l'article L. 351-2 du Code de la construction et de l'habitation :

1° Les structures d'hébergement temporaire ou d'urgence bénéficiant d'une aide de l'État ;

2° Les aires permanentes d'accueil des gens du voyage mentionnées au II de l'article 1er de la loi n° 2000-614 du 5 juillet 2000 relative à l'accueil et à l'habitat des gens du voyage ;

3° Les logements-foyers dénommés résidences sociales, conventionnés dans les conditions définies au 5° de l'article L. 351-2 du Code de la construction et de l'habitation, ainsi que les places des centres d'hébergement et de réinsertion sociale mentionnées à l'article L. 345-1 du Code de l'action sociale et des familles ;

4° Les résidences de logement pour étudiants, dès lors qu'elles font l'objet d'une convention définie à l'article L. 353-1 du Code de la construction et de l'habitation.

5° 5° Les logements en accession à la propriété en Guadeloupe, en Guyane, en Martinique et à La Réunion qui bénéficient d'une aide destinée aux personnes physiques à faibles revenus, pour financer l'acquisition de logements évolutifs sociaux.

Outre les logements locatifs sociaux et assimilés mentionnés aux alinéas précédents, sont pris en compte pour le calcul de la décote prévue au présent article :

a) Les logements occupés par des titulaires de contrats de location-accession mentionnés au 6° de l'article L. 351-2 du même code ;

b) Les logements faisant l'objet d'une opération d'accession dans les conditions définies au dixième alinéa de l'article L. 411-2 dudit code ;

c) Les logements faisant l'objet d'un contrat de bail réel solidaire en application du chapitre V du titre V du livre II du même code.

IX. - Un décret en Conseil d'État précise les conditions d'application des I à VII.

Rédaction future. IX. - Un décret en Conseil d'État précise les conditions d'application des I à *(Réf. rempl. à compter du 1er juillet 2022, L. n° 2018-699, 3 août 2018)* « VI ».

Art. L. 3211-7-1 *(Abr., L. n° 2018-1021, 23 nov. 2018).*

Art. L. 3211-8. – Les immeubles à destination agricole qui sont devenus la propriété de l'État dans les conditions fixées au dernier alinéa de l'article L. 1123-3, peuvent être cédés à l'amiable dans les conditions précisées par décret en Conseil d'État.

Art. L. 3211-9. – L'État est autorisé à aliéner, dans la forme ordinaire des ventes des biens de l'État, les biens immobiliers provenant des successions en déshérence dont l'envoi en possession définitive a été prononcé par le tribunal de grande instance.

Ces dispositions ne portent pas atteinte aux droits des tiers et spécialement aux droits des héritiers et légataires éventuels, qui sont admis à exercer leur action sur le prix net des biens vendus, dans les mêmes conditions et délais qu'ils eussent été fondés à l'exercer sur ces biens eux-mêmes.

Art. L. 3211-10. – Les exondements réalisés avant le 3 janvier 1986, hors d'une concession régulièrement accordée, peuvent faire l'objet en tout ou partie d'une concession ayant pour effet de transférer légalement à son bénéficiaire la propriété des terrains définitivement sortis des eaux.

Un décret en Conseil d'État fixe les conditions d'instruction et de délivrance de ces concessions translatives de propriété.

Art. L. 3211-11. – Ne peuvent prendre part aux adjudications publiques les personnes notoirement insolvables ou qui auront été exclues des ventes domaniales.

Art. L. 3211-12 *(Mod., L. n° 2015-177, 16 févr. 2015).* – L'acquéreur qui n'a pas payé le prix aux échéances peut être déchu de la vente dans les conditions fixées par décret en Conseil d'État.

Lorsqu'il a été déchu de la vente, il doit payer, à titre de dommages et intérêts, sans préjudice de la restitution des fruits, une amende égale au dixième de la somme exigible, sans que cette amende puisse être inférieure au vingtième du prix de la vente. Dans le cas de vente par adjudication, il n'y a pas lieu à réitération des enchères. (1)

(1) Amende applicable aux procédures de déchéance notifiées par l'autorité compétente postérieurement à l'entrée en vigueur de l'ordonnance n° 2006-460 du 21 avril 2006, même Ord., art. 11, III.

§ 2. – Dispositions applicables aux établissements publics de l'État, aux sociétés détenues par l'État et à leurs filiales appartenant au secteur public
(Intitulé mod., L. n° 2013-61, 18 janv. 2013)

Art. L. 3211-13. – Lorsqu'un établissement public, autre qu'un établissement public à caractère industriel et commercial, envisage de procéder à la cession d'un immeuble mentionné à l'article L. 2211-1, qui continue à être utilisé par ses services, il doit recueillir l'accord préalable de l'autorité administrative compétente. Dans ce cas, l'acte d'aliénation comporte des clauses permettant de préserver la continuité du service public.

Art. L. 3211-13-1 *(L. n° 2013-61, 18 janv. 2013 ; mod., L. n° 2017-86, 27 janv. 2017 ; L. n° 2017-257, 28 févr. 2017 ; L. n° 2018-1021, 23 nov. 2018)*. – I. - Nonobstant les dispositions législatives particulières applicables aux établissements publics de l'État et aux sociétés mentionnées à l'article 141 de la loi n° 2006-1771 du 30 décembre 2006 de finances rectificative pour 2006, l'article L. 3211-7 est applicable, dans des conditions fixées par décret en Conseil d'État, à l'aliénation des terrains, bâtis ou non, du domaine privé leur appartenant ou dont la gestion leur a été confiée par la loi.

Le premier alinéa du présent I s'applique aux établissements publics dont la liste est fixée par décret .

Pour les sociétés mentionnées à l'article 141 de la loi n° 2006-1771 du 30 décembre 2006 de finances rectificative pour 2006, l'ensemble des cessions doit être réalisé en application de l'article L. 3211-7 du présent code.

II. - Les décrets en Conseil d'État mentionnés au I du présent article peuvent adapter les modalités de détermination du prix de cession prévues à l'article L. 3211-7 pour tenir compte de la situation de chaque établissement ou société et du volume des cessions envisagées. Ces décrets déterminent les cas dans lesquels les établissements publics ou les sociétés mentionnés au I du présent article sont substitués à l'État pour l'application de l'article L. 3211-7.

§ 3. – Dispositions applicables aux collectivités territoriales, à leurs groupements et à leurs établissements publics

Art. L. 3211-14. – Les collectivités territoriales, leurs groupements et leurs établissements publics cèdent leurs immeubles ou leurs droits réels immobiliers, dans les conditions fixées par le Code général des collectivités territoriales.

§ 4. – Dispositions communes à l'État, aux collectivités territoriales et à leurs groupements

Art. L. 3211-15. – Les atterrissements des cours d'eau domaniaux, qui ne constituent pas une alluvion au sens de l'article 556 du Code civil, peuvent faire l'objet d'une concession ayant pour effet d'en transférer légalement à son bénéficiaire la propriété dès qu'ils sont définitivement sortis des eaux.

Un décret en Conseil d'État fixe les conditions d'instruction et de délivrance de ces concessions translatives de propriété.

Art. L. 3211-16. – Lorsqu'un cours d'eau domanial forme un nouveau cours en abandonnant son ancien lit ou lorsqu'à la suite de travaux légalement exécutés, des portions de l'ancien lit cessent de faire partie du domaine public, l'aliénation de cet ancien lit est régie par les dispositions de l'article 563 du Code civil.

Sous-section 2. – Domaine mobilier

Art. L. 3211-17. – Lorsqu'ils ne sont plus utilisés par un service civil ou militaire de l'État ou un établissement public de l'État, les biens et droits mobiliers du domaine privé de l'État et de ses établissements publics peuvent être vendus dans les conditions fixées par décret en Conseil d'État.

Art. L. 3211-18. – Les opérations d'aliénation du domaine mobilier de l'État ne peuvent être réalisées ni à titre gratuit, ni à un prix inférieur à la valeur vénale.

Lorsque les produits procurés par un immeuble ne sont pas aliénés et sont conservés pour son usage par un service de l'État non doté de l'autonomie financière, ce service doit verser au budget général la valeur de ces produits.

Un décret en Conseil d'État détermine les conditions d'application du présent article.

Art. L. 3211-19. – Il n'est pas procédé à l'aliénation des objets de caractère historique, artistique ou scientifique appartenant à l'État et destinés à être placés dans les musées de l'État ou dans un établissement public de l'État ayant vocation à recevoir de tels objets ou dans un immeuble classé ou inscrit au titre des monuments historiques pour y être classés dans le domaine public ainsi que des œuvres contrefaisantes mentionnées par la loi du 9 février 1895 sur les fraudes en matière artistique.

Les œuvres contrefaisantes mentionnées par la loi du 9 février 1895 précitée et confisquées dans les conditions fixées par ses articles 3 et 3-1 sont soit détruites, soit déposées dans les musées de l'État et de ses établissements publics, après avis de l'autorité compétente de l'État.

Art. L. 3211-20. – L'État est autorisé à aliéner, dans la forme ordinaire des ventes des biens de l'État, les biens mobiliers et les valeurs provenant des successions en déshérence dont l'envoi en possession définitive a été prononcé par le tribunal de grande instance.

Les inscriptions de rentes sur l'État, comme toutes les autres valeurs cotées, sont négociées à une bourse de valeurs.

Ces dispositions ne portent pas atteinte aux droits des tiers et spécialement aux droits des héritiers et légataires éventuels, qui sont admis à exercer leur action sur le prix net des biens vendus, dans les mêmes conditions et délais qu'ils eussent été fondés à l'exercer sur ces biens eux-mêmes.

Section II. – Autres modes

Sous-section 1. – Échange

Art. L. 3211-21 *(Mod., L. fin. n° 2012-1509, 29 déc. 2012)*. – L'échange des biens et des droits à caractère immobilier qui appartiennent à l'État est consenti dans les conditions fixées par décret en Conseil d'État.

Les bois et forêts de l'État ne peuvent être échangés qu'avec des biens de même nature, après accord du ministre chargé des forêts. L'échange des immeubles mentionnés à l'article L. 3211-5-1 est subordonné aux mêmes conditions que leur aliénation.

Art. L. 3211-22. – Lorsque le bien faisant l'objet du contrat d'échange est grevé d'inscriptions, la partie qui apporte le bien en échange est tenue d'en rapporter mainlevée et radiation dans un délai de trois mois à compter de la notification qui lui en aura été faite par l'autorité compétente, sauf clause contraire de ce contrat stipulant un délai plus long. À défaut, le contrat d'échange est résolu de plein droit.

Art. L. 3211-23. – Les collectivités territoriales, leurs groupements et leurs établissements publics peuvent céder des biens et des droits, à caractère mobilier et immobilier, par voie d'échange. Ces opérations d'échange s'opèrent dans les conditions fixées par le Code général des collectivités territoriales ou par le Code de la santé publique.

Sous-section 2. – Apport

Art. L. 3211-24. – Les dispositions de l'article L. 3211-6 sont applicables aux apports d'immeubles bâtis et non bâtis qui font partie du domaine privé de l'État en vue de la réalisation d'opérations d'aménagement ou de construction.

Sous-section 3. – Remise en jouissance des casernes

Art. L. 3211-25. – Les casernes dont la nue-propriété appartient aux communes et dont l'usufruit a été réservé à l'État pour l'occupation par des corps de troupes sont remises pour la jouissance entière aux communes qui en font la demande, dans le cas où les troupes cessent, à titre définitif, d'utiliser ces casernes.

CHAPITRE II. – CESSIONS À TITRE GRATUIT

Section I. – Domaine immobilier

Art. L. 3212-1. – Lorsque les monuments aux morts pour la France ou à la gloire des armes françaises ou des armes alliées sont édifiés sur des terrains faisant partie du domaine privé de l'État, l'autorité compétente peut consentir aux communes intéressées la cession gratuite de l'emplacement reconnu nécessaire à leur érection.

Section II. – Domaine mobilier

Sous-section 1. – Dispositions applicables à l'État et à ses établissements publics

Art. L. 3212-2 *(Mod., L. n° 2009-928, 29 juill. 2009 ; L. n° 2016-925, 7 juill. 2016 ; Ord. n° 2017-562, 19 avr. 2017 ; Ord. n° 2017-1117, 29 juin 2017).* – Par dérogation aux dispositions du premier alinéa de l'article L. 3211-18, peuvent être réalisées gratuitement :

1° Les cessions de biens meubles dont la valeur n'excède pas des plafonds fixés par l'autorité désignée par décret en Conseil d'État à des États étrangers dans le cadre d'une action de coopération ;

2° Les cessions de biens meubles dont la valeur unitaire n'excède pas un plafond fixé comme il est dit au 1° à des associations relevant de la loi du 1er juillet 1901 relative au contrat d'association visées au 1 *b* de l'article 238 *bis* du Code général des impôts et dont les ressources sont affectées à des œuvres d'assistance, notamment à la redistribution gratuite de biens meubles aux personnes les plus défavorisées. Ces associations ne peuvent procéder à la cession, à titre onéreux, des biens ainsi alloués à peine d'être exclues définitivement du bénéfice des présentes mesures ;

3° Les cessions des matériels informatiques dont les services de l'État ou de l'un de ses établissements publics n'ont plus l'emploi et dont la valeur unitaire n'excède pas un seuil fixé par décret aux associations de parents d'élèves aux associations de soutien scolaire et aux associations d'étudiants. Les associations s'engagent par écrit à n'utiliser les matériels qui leur sont cédés que pour l'objet prévu par leurs statuts, à l'exclusion de tout autre. Elles ne peuvent procéder à la cession, à titre onéreux, des biens ainsi alloués, à peine d'être exclues du bénéfice des présentes mesures ;

4° Les cessions de matériels et d'équipements destinés à l'enseignement et à la recherche scientifiques, lorsqu'ils ont été remis, dans le cadre d'une convention de coopération, à un organisme assurant des missions de même nature ;

5° Les cessions des matériels informatiques et des logiciels nécessaires à leur utilisation, dont les services de l'État ou de l'un de ses établissements publics n'ont plus l'emploi et dont la valeur unitaire n'excède pas un plafond fixé par décret , aux personnels des administrations concernées ;

6° Les cessions de biens meubles, dont le ministère de la défense n'a plus l'emploi, à des associations ou organismes agissant pour la préservation ou la mise en valeur du patrimoine militaire, ou contribuant au renforcement du lien entre la Nation et son armée.

7° Les cessions des biens de scénographie dont l'État et ses établissements publics n'ont plus l'usage, au profit de toute personne agissant, à des fins non commerciales, dans le domaine culturel ou dans celui du développement durable ;

8° Les cessions au profit d'États étrangers de biens meubles du ministère de la défense, y compris de matériels *de guerre et assimilés, lorsqu'elles contribuent* à une action d'intérêt public, notamment diplomatique, d'appui aux opérations et de coopération internationale militaire. Les cessions peuvent concerner des biens acquis à cette fin ou des biens dont le ministère de la défense n'a plus l'emploi. La valeur des biens cédés ne peut dépasser un plafond annuel fixé par arrêté conjoint du ministre de la défense et du ministre des finances ;

9° Les cessions des biens archéologiques mobiliers déclassés, dans les conditions pévues à l'article L. 546-6 du Code du patrimoine.

Sous-section 2. – Dispositions applicables aux collectivités territoriales, à leurs groupements et à leurs établissements publics

Art. L. 3212-3 *(Mod., L. n° 2009-526, 12 mai 2009 ; Ord. n° 2017-1117, 29 juin 2017).* – Les collectivités territoriales, leurs groupements et leurs établissements publics son autorisés à céder gratuitement les matériels informatiques dont ils n'ont plus l'emploi aux mêmes conditions que celles fixées pour l'État au 3° de l'article L. 3212-2 ainsi que les biens archéologiques mobiliers dans les conditions prévues à l'article L. 546-6 du Code du patrimoine.

Ils peuvent également céder gratuitement à leurs personnels les matériels informatiques et les logiciels nécessaires à leur utilisation dont ils n'ont plus l'emploi, aux mêmes conditions que celles fixées pour l'État ou l'un de ses établissements publics au 5° de l'article L. 3212-2.

TITRE II. – PROCÉDURES DE CESSION ET D'ÉCHANGE

CHAPITRE I. – VENTES

Section I. – Domaine immobilier

Sous-section 1. – Dispositions applicables à l'État et à ses établissements publics

La présente sous-section ne comprend pas de dispositions législatives.

Sous-section 2. – Dispositions applicables aux collectivités territoriales, à leurs groupements et à leurs établissements publics

Art. L. 3221-1. – **L'avis de l'autorité compétente de l'État sur les projets de cessions d'immeubles ou de droits réels immobiliers poursuivis par les collectivités territoriales, leurs groupements et leurs établissements publics est donné dans les conditions fixées aux articles L. 2241-1, L. 3213-2, L. 4221-4, L. 5211-37 et L. 5722-3 du Code général des collectivités territoriales.**

Sous-section 3. – Dispositions applicables aux établissements publics fonciers locaux

Art. L. 3221-2. – **L'avis de l'autorité compétente de l'État sur les projets de cessions d'immeubles ou de droits réels immobiliers poursuivis par les établissements publics fonciers locaux mentionnés à l'article L. 324-1 du Code de l'urbanisme est donné dans les conditions fixées à l'article 7-1 de la loi n° 72-619 du 5 juillet 1972 ou à l'article 45-1 de la loi n° 82-213 du 2 mars 1982 ou au II de l'article 11 de la loi n° 95-127 du 8 février 1995.**

Sous-section 4. – Dispositions applicables aux établissements publics d'habitations à loyer modéré

Art. L. 3221-3. – **L'avis de l'autorité compétente de l'État sur les projets de cessions immobilières poursuivis par les établissements publics d'habitations à loyer modéré est donné dans les conditions fixées par les dispositions des articles L. 443-12 ou L. 451-5 du Code de la construction et de l'habitation.**

Sous-section 5. – Dispositions applicables aux biens situés à l'étranger

Art. L. 3221-4. – **Les dispositions de l'article L. 1221-1 sont applicables aux aliénations de biens immobiliers appartenant à une personne publique mentionnée à l'article L. 1 et situés hors du territoire de la République.**

Section II. – Domaine mobilier

Art. L. 3221-5. – **Le produit net des ventes de biens et droits mobiliers des services de l'État dotés de l'autonomie financière ou des établissements publics de l'État fait l'objet, à titre de frais de régie, d'un prélèvement déterminé dans les conditions définies par décret en Conseil d'État. Le produit recouvré restant à reverser est augmenté de la part de la taxe forfaitaire instituée pour tenir lieu de frais de vente, dans la mesure** *où cette part excède le montant des droits de timbre* **et d'enregistrement.**

Aucune taxe locale ne peut être perçue à l'occasion de ces opérations.

Art. L. 3221-6. – **Sous les sanctions encourues pour le délit de prise illégale d'intérêts prévu par l'article 432-12 du Code pénal, les agents préposés aux ventes de toute nature ne peuvent s'immiscer directement ni indirectement dans l'achat, ni accepter aucune rétrocession des objets dont la vente leur est confiée.**

Art. L. 3221-7. – **Les dispositions de l'article L. 1221-1 sont applicables aux aliénations de biens mobiliers appartenant à une personne publique mentionnée à l'article L. 1 et situés hors du territoire de la République.**

CHAPITRE II. – ÉCHANGE

Section I – Dispositions applicables à l'État et à ses établissements publics

Art. L. 3222-1. – **Tous les frais engagés lors de la procédure d'échange sont dus par le cocontractant, lorsque :**

1° Le projet d'acte a été abandonné par le fait du tiers revendiquant la propriété de l'immeuble offert à l'État ou à un établissement public ;

2° Le contrat a été résolu dans les conditions fixées à l'article L. 1111-3 ;

3° L'État ou un établissement public a été évincé dans les conditions fixées aux articles 1704 et 1705 du Code civil.

Dans tous les autres cas, les frais engagés lors de la procédure de l'échange sont dus par le cocontractant, même si l'échange n'est pas réalisé, sauf convention contraire justifiée par l'intérêt de l'État. Les droits d'enregistrement et taxes perçus sur la soulte payable à l'État sont toujours à la charge du cocontractant.

Section II. – Dispositions applicables aux collectivités territoriales,
à leurs groupements et à leurs établissements publics

Art. L. 3222-2. – **L'avis de l'autorité compétente de l'État sur les projets d'échanges d'immeubles ou de droits réels immobiliers poursuivis par les collectivités territoriales, leurs groupements et leurs établissements publics est donné dans les conditions fixées aux articles L. 2241-1, L. 3213-2, L. 4221-4, L. 5211-37 et L. 5722-3 du Code général des collectivités territoriales.**

Section III. – Dispositions applicables aux établissements publics fonciers locaux

Art. L. 3222-3. – **L'avis de l'autorité compétente de l'État sur les projets d'échanges d'immeubles ou de droits réels immobiliers poursuivis par les établissements publics fonciers locaux mentionnés à l'article L. 324-1 du Code de l'urbanisme est donné dans les conditions fixées à l'article 7-1 de la loi n° 72-619 du 5 juillet 1972 ou à l'article 45-1 de la loi n° 82-213 du 2 mars 1982 ou au II de l'article 11 de la loi n° 95-127 du 8 février 1995.**

TITRE III. – CONTENTIEUX

CHAPITRE UNIQUE

Art. L. 3231-1 *(Anc. art. L. 3331-1, dénum., L. n° 2009-526, 12 mai 2009).* – **Sont portés devant la juridiction administrative les litiges relatifs aux cessions des biens immobiliers de l'État.**

Code monétaire et financier

LIVRE PREMIER. – LA MONNAIE

TITRE PREMIER. – DISPOSITIONS GÉNÉRALES

CHAPITRE I. – L'UNITÉ MONÉTAIRE

Art. L. 111-1. – **La monnaie de la France est l'euro. Un euro est divisé en cent centimes.**

Art. L. 111-2 *(Abr., Ord. n° 2005-429, 6 mai 2005).*

CHAPITRE II. – RÈGLES D'USAGE DE LA MONNAIE

Section I. – L'indexation

Art. L. 112-1 *(Mod., Ord. n° 2009-15, 8 janv. 2009).* – Sous réserve des dispositions du premier alinéa de l'article L. 112-2 et des articles L. 112-3, L. 112-3-1 et L. 112-4, l'indexation automatique des prix de biens ou de services est interdite.

Est réputée non écrite toute clause d'un contrat à exécution successive, et notamment des baux et locations de toute nature, prévoyant la prise en compte d'une période de variation de l'indice supérieure à la durée s'écoulant entre chaque révision.

Est interdite toute clause d'une convention portant sur un local d'habitation prévoyant une indexation fondée sur l'indice « loyers et charges » servant à la détermination des indices généraux des prix de détail. Il en est de même de toute clause prévoyant une indexation fondée sur le taux des majorations légales fixées en application de la loi n° 48-1360 du 1er septembre 1948, à moins que le montant initial n'ait lui-même été fixé conformément aux dispositions de ladite loi et des textes pris pour son application.

Art. L. 112-2 *(Mod., L. n° 2001-1135, 3 déc. 2001 ; L. n° 2008-776, 4 août 2008 ; L. n° 2011-525, 17 mai 2011).* – Dans les dispositions statutaires ou conventionnelles, est interdite toute clause prévoyant des indexations fondées sur le salaire minimum de croissance, sur le niveau général des prix ou des salaires ou sur les prix des biens, produits ou services n'ayant pas de relation directe avec l'objet du statut ou de la convention ou avec l'activité de l'une des parties. Est réputée en relation directe avec l'objet d'une convention relative à un immeuble bâti toute clause prévoyant une indexation sur la variation de l'indice national du coût de la construction publié par l'Institut national des statistiques et des études économiques ou, pour des activités commerciales ou artisanales définies par décret, sur la variation de l'indice trimestriel des loyers commerciaux publié dans des conditions fixées par ce même décret par l'Institut national de la statistique et des études économiques.

Est également réputée en relation directe avec l'objet d'une convention relative à un immeuble toute clause prévoyant, pour les activités autres que celles visées au premier alinéa ainsi que pour les activités exercées par les professions libérales, une indexation sur la variation de l'indice trimestriel des loyers des activités tertiaires publié par l'Institut national de la statistique et des études économiques dans des conditions fixées par décret.

Les dispositions des précédents alinéas ne s'appliquent pas aux dispositions statutaires ou conventionnelles concernant des dettes d'aliments.

Doivent être regardées comme dettes d'aliments les rentes viagères constituées entre particuliers, notamment en exécution des dispositions de l'article 759 du Code civil.

Art. L. 112-3 *(Rempl., L. n° 2004-804, 9 août 2004 ; mod., L. n° 2008-776, 4 août 2008 ; L. n° 2011-525, 17 mai 2011 ; L. n° 2013-431, 28 mai 2013).* – Par dérogation aux dispositions de l'article L. 112-1 et des premier et deuxième alinéas de l'article L. 112-2 et selon des modalités définies par décret, peuvent être indexés sur le niveau général des prix :

1° *(Abr., Ord. n° 2009-15, 8 janv. 2009)* ;

2° Les livrets A définis à l'article L. 221-1 ;

3° Les comptes sur livret d'épargne populaire définis à l'article L. 221-13 ;

4° *(4° mod., L. n° 2016-1691, 9 déc. 2016)* Les livrets de développement durable et solidaire définis à l'article L. 221-27 ;

5° Les comptes d'épargne-logement définis à l'article L. 315-1 du Code de la construction et de l'habitation ;

6° Les livrets d'épargne-entreprise définis à l'article 1er de la loi n° 84-578 du 9 juillet 1984 sur le développement de l'initiative économique ;

7° Les livrets d'épargne institués au profit des travailleurs manuels définis à l'article 80 de la loi de finances pour 1977 (n° 76-1232 du 29 décembre 1976) ;

8° Les prêts accordés aux personnes morales ainsi qu'aux personnes physiques pour les besoins de leur activité professionnelle ;

9° Les loyers prévus par les conventions portant sur un local d'habitation ou sur un local affecté à des activités commerciales ou artisanales relevant du décret prévu au premier alinéa de l'article L. 112-2 ;

10° Les loyers prévus par les conventions portant sur un local à usage des activités prévues au deuxième alinéa de l'article L. 112-2.

11° *(11° créé, L. n° 2013-431, 28 mai 2013 ; mod., Ord. n° 2018-1074, 26 nov. 2018)* Les rémunérations des cocontractants de l'État et de ses établissements publics ainsi que les rémunérations des cocontractants des collectivités territoriales, de leurs établissements publics et de leurs groupements, au titre des contrats de concession et de marché de partenariat conclus dans le domaine des infrastructures et des services de transport.

Art. L. 112-3-1 *(Ord. n° 2009-15, 8 janv. 2009)*. – Nonobstant toute disposition législative contraire, l'indexation des titres de créance et des contrats financiers mentionnés respectivement au 2 du II et au III de l'article L. 211-1 est libre.

Art. L. 112-4. – Est autorisée l'indexation du salaire minimum de croissance selon les règles fixées par l'article L. 141-3 du Code du travail.

Section II. – Pouvoir libératoire
(Intitulé mod., Ord. n° 2005-429, 6 mai 2005)

Art. L. 112-5. – En cas de paiement en billets et pièces, il appartient au débiteur de faire l'appoint.

Art. L. 112-5-1 *(Créé à compter du 1er octobre 2018, L. n° 2018-287, 20 avr. 2018)*. – Par dérogation au premier alinéa de l'article 1343-3 du Code civil, le paiement peut avoir lieu en une autre monnaie si l'obligation ainsi libellée procède d'un instrument financier à terme ou d'une opération de change au comptant.

Section III. – Interdiction du paiement en espèces de certaines créances

Art. L. 112-6 *(Mod., L. n° 2013-100, 28 janv. 2013 ; L. n° 2014-344, 17 mars 2014 ; Ord. n° 2016-1635, 1er déc. 2016 ; L. n° 2016-1691, 9 déc. 2016)*. – I. Ne peut être effectué en espèces ou au moyen de monnaie électronique le paiement d'une dette supérieure à un montant fixé par décret, tenant compte du lieu du domicile fiscal du débiteur, de la finalité professionnelle ou non de l'opération et de la personne au profit de laquelle le paiement est effectué.

Au-delà d'un montant mensuel fixé par décret, le paiement des traitements et salaires est soumis à l'interdiction mentionnée à l'alinéa précédent et doit être effectué par chèque barré ou par virement à un compte bancaire ou postal ou à un compte tenu par un établissement de paiement ou un établissement de monnaie électronique qui fournit des services de paiement.

Lorsqu'un professionnel achète des métaux à un particulier ou à un autre professionnel, le paiement est effectué par chèque barré ou par virement à un compte ouvert au nom du vendeur. Le non-respect de cette obligation est puni par une contravention de cinquième classe.

II. - Nonobstant les dispositions du I, les dépenses des services concédés qui excèdent la somme de 450 € doivent être payées par virement.

II *bis*. - Nonobstant le I, le paiement des opérations afférentes au prêt sur gage peut être effectué en espèces ou au moyen de monnaie électronique, dans la limite d'un montant fixé par décret.

III. - Les dispositions qui précèdent ne sont pas applicables :

a) Aux paiements réalisés par des personnes qui sont incapables de s'obliger par chèque ou par un autre moyen de paiement, ainsi que par celles qui n'ont pas de compte de dépôt ;

b) Aux paiements effectués entre personnes physiques n'agissant pas pour des besoins professionnels ;

c) Au paiement des dépenses de l'État et des autres personnes publiques.

Art. L. 112-6-1 A *(Créé à compter du 1er janvier 2019, L. fin. rect., n° 2017-1775, 28 déc. 2017)*. – Les professionnels qui, par voie électronique, assurent un service de réservation ou de location ou de mise en relation en vue de la location d'un hébergement situé en France ne peuvent effectuer aucun paiement au profit du loueur par une valeur monétaire stockée sous forme électronique et utilisable au moyen d'un support physique au sens de l'article L. 315-9 du présent code.

Art. L. 112-6-1 *(Créé à compter du 1er janvier 2013, L. n° 2011-331, 28 mars 2011)*. – Les paiements effectués ou reçus par un notaire pour le compte des parties à un acte reçu en la forme authentique et donnant lieu à publicité foncière doivent être assurés par virement. Un décret en Conseil d'État précise les modalités d'exécution de ce virement ainsi que le seuil au-dessous duquel d'autres modalités de paiement demeurent autorisées.

Section II. La Monnaie de Paris

(L. fin. n° 2006-1666, 21 déc. 2006)

Art. L. 121-3 *(L. fin. n° 2006-1666, 21 déc. 2006 ; mod., L. fin. rect. n° 2010-1658, 29 déc. 2010).* – La Monnaie de Paris est un établissement public de l'État à caractère industriel et commercial. Cet établissement est chargé :

1° À titre exclusif, de fabriquer pour le compte de l'État les pièces métalliques mentionnées à l'article L. 121-2 ;

2° De fabriquer et commercialiser pour le compte de l'État les monnaies de collection françaises ayant cours légal et pouvoir libératoire ;

3° De lutter contre la contrefaçon des pièces métalliques et procéder à leur expertise et à leur contrôle, dans les conditions prévues à l'article L. 162-2 ;

4° De fabriquer et commercialiser les instruments de marque, les poinçons de garantie métalliques des matières d'or, d'argent et de platine, les monnaies métalliques courantes étrangères, les monnaies de collection étrangères ainsi que les décorations ;

5° De conserver, protéger, restaurer et présenter au public ses collections historiques et mettre en valeur le patrimoine immobilier historique dont il a la gestion ;

6° De préserver, développer et transmettre son savoir-faire artistique et technique ; il peut à ce titre, et en complément de ses autres missions, fabriquer et commercialiser des médailles, jetons, fontes, bijoux et autres objets d'art.

La Monnaie de Paris peut, pour garantir des coûts compétitifs, assurer en tout ou partie la fabrication des flans nécessaires à la frappe des monnaies métalliques.

Art. L. 121-4 *(L. fin. n° 2006-1666, 21 déc. 2006 ; rect. JO 20 janv. 2007).* – L'établissement public La Monnaie de Paris est régi par les dispositions de la loi n° 83-675 du 26 juillet 1983 relative à la démocratisation du secteur public qui s'appliquent aux établissements mentionnés au 1 de son article 1er.

En vue de l'élection de leurs représentants au conseil d'administration, les personnels de l'établissement sont, par dérogation au chapitre II du titre II de la loi n° 83-675 du 26 juillet 1983 précitée, répartis en plusieurs collèges dans des conditions propres à assurer la représentation de toutes les catégories de personnels.

Par dérogation à l'article 9 de la loi n° 83-634 du 13 juillet 1983 portant droits et obligations des fonctionnaires et au chapitre II de la loi n° 84-16 du 11 janvier 1984 portant dispositions statutaires relatives à la fonction publique de l'État, les fonctionnaires techniques en fonction dans l'établissement public La Monnaie de Paris participent à son organisation et à son fonctionnement ainsi qu'à la gestion de son action sociale, par l'intermédiaire des institutions représentatives prévues aux titres II et III du livre IV du Code du travail. Des adaptations justifiées par la situation particulière de ces fonctionnaires techniques peuvent être apportées par un décret en Conseil d'État.

Voir : la rédaction de cet article issue de la loi n° 2019-486 du 22 mai 2019, en *addendum*, p. 3587

Art. L. 121-5 *(L. fin. n° 2006-1666, 21 déc. 2006).* – Les ressources de l'établissement public sont constituées notamment par les recettes tirées des activités mentionnées à l'article L. 121-3, les autres produits liés à l'exploitation des biens qui lui sont apportés, remis en dotation ou qu'il acquiert, les dons et legs ainsi que les produits d'emprunts et autres dettes financières.

Art. L. 121-6 *(L. fin. n° 2006-1666, 21 déc. 2006).* – Les modalités d'application de la présente section sont fixées par décret en Conseil d'État.

CHAPITRE II. – LES BILLETS DE BANQUE

Art. L. 122-1. – Les billets ayant cours légal sont émis dans les conditions prévues à l'article L. 141-5.

Le cours légal d'un type déterminé de billets libellés en francs peut, sur proposition de la Banque de France, être supprimé par décret. La Banque reste tenue d'en assurer dans un délai de dix ans l'échange à ses guichets contre d'autres types de billets ayant cours légal.

Les dispositions relatives aux titres au porteur perdus ou volés ne sont pas applicables aux billets ayant cours légal.

CHAPITRE III. – DISPOSITIONS COMMUNES

(Ord. n° 2005-429, 6 mai 2005)

Art. L. 123-1 *(Ord. n° 2005-429, 6 mai 2005).* – Les billets de banque et les pièces de monnaie bénéficient de la protection instituée au profit des œuvres de l'esprit par les articles L. 122-4 et L. 335-2 du Code de la propriété intellectuelle. Les autorités émettrices sont investies des droits de l'auteur.

LIVRE TROISIÈME. – LES SERVICES

CHAPITRE II. – COMPTES ET DÉPÔTS

Section 1. – Droit au compte et relations avec le client

Sous-section 2. – Relations des établissements de crédit avec le client

Art. L. 312-1-4 *(Abr. à compter du 1er novembre 2009, Ord. n° 2009-866, 15 juill. 2009 ; rétabli dans la version suivante, L. n° 2013-672, 26 juill. 2013 ; mod., L. n° 2015-177, 16 févr. 2015).* **– La personne qui a qualité pour pourvoir aux funérailles du défunt peut obtenir, sur présentation de la facture des obsèques, le débit sur les comptes de paiement du défunt, dans la limite du solde créditeur de ces comptes, des sommes nécessaires au paiement de tout ou partie des frais funéraires, auprès des banques teneuses desdits comptes, dans la limite d'un montant fixé par arrêté du ministre chargé de l'économie.**

Sous réserve de justifier de sa qualité d'héritier, tout successible en ligne directe peut :

1° Obtenir, sur présentation des factures, du bon de commande des obsèques ou des avis d'imposition, le débit sur les comptes de paiement du défunt, dans la limite des soldes créditeurs de ces comptes, des sommes nécessaires au paiement de tout ou partie des actes conservatoires, au sens du 1° de l'article 784 du Code civil, auprès des établissements de crédit teneurs desdits comptes, dans la limite d'un montant fixé par arrêté du ministre chargé de l'économie ;

2° Obtenir la clôture des comptes du défunt et le versement des sommes y figurant, dès lors que le montant total des sommes détenues par l'établissement est inférieur à un montant fixé par arrêté du ministre chargé de l'économie.

Pour l'application des 1° et 2°, l'héritier justifie de sa qualité d'héritier auprès de l'établissement de crédit teneur desdits comptes soit par la production d'un acte de notoriété, soit par la production d'une attestation signée de l'ensemble des héritiers, par lequel ils attestent :

***a)* Qu'il n'existe pas de testament ni d'autres héritiers du défunt ;**

***b)* Qu'il n'existe pas de contrat de mariage ;**

***c)* Qu'ils autorisent le porteur du document à percevoir pour leur compte les sommes figurant sur les comptes du défunt ou à clôturer ces derniers ;**

***d)* Qu'il n'y a ni procès, ni contestation en cours concernant la qualité d'héritier ou la composition de la succession.**

Pour l'application du présent 2°, l'attestation mentionnée au cinquième alinéa doit également préciser que la succession ne comporte aucun bien immobilier.

Lorsque l'héritier produit l'attestation mentionnée au cinquième alinéa, il remet à l'établissement de crédit teneur des comptes :

– son extrait d'acte de naissance ;

– un extrait d'acte de naissance du défunt et une copie intégrale de son acte de décès ;

– le cas échéant, un extrait d'acte de mariage du défunt ;

– les extraits d'actes de naissance de chaque ayant droit désigné dans l'attestation susmentionnée ;

– un certificat d'absence d'inscription de dispositions de dernières volontés.

Voir : Arrêté du 25 Octobre 2013 fixant ce montant à 5 000 euros, et prévoyant une revalorisation annuelle.

Bibliographie : D. Dutrieux, Frais d'obsèques et compte bancaire du défunt : JCP N 2013, Act. 844 • F. Sauvage, Un nouveau mode simplifié de preuve de la qualité d'héritier : RJPF 2015-3/39. • M. Grimaldi et Ch. Vernières, Les modifications du droit des successions par la loi du 16 février 2015 : Defrénois 2015, 255

....

CHAPITRE III. – CRÉDITS

Section I. – Dispositions générales

Sous-section 1. – Définition

Art. L. 313-1. – Constitue une opération de crédit tout acte par lequel une personne agissant à titre onéreux met ou promet de mettre des fonds à la disposition d'une autre personne ou prend, dans l'intérêt de celle-ci, un engagement par signature tel qu'un aval, un cautionnement, ou une garantie.

Sont assimilés à des opérations de crédit le crédit-bail, et, de manière générale, toute opération de location assortie d'une option d'achat.

Sous-section 2. – Taux d'intérêt

§ 1. – Taux de l'intérêt légal

Art. L. 313-2 *(Rempl., Ord. n° 2014-947, 20 août 2014).* – **Le taux de l'intérêt légal est, en toute matière, fixé par arrêté du ministre chargé de l'économie.**

Il comprend un taux applicable lorsque le créancier est une personne physique n'agissant pas pour des besoins professionnels et un taux applicable dans tous les autres cas.

Il est calculé semestriellement, en fonction du taux directeur de la Banque centrale européenne sur les opérations principales de refinancement et des taux pratiqués par les établissements de crédit et les sociétés de financement.

Les taux pratiqués par les établissements de crédit et les sociétés de financement pris en compte pour le calcul du taux applicable lorsque le créancier est une personne physique n'agissant pas pour des besoins professionnels sont les taux effectifs moyens de crédits consentis aux particuliers.

Les modalités de calcul et de publicité de ces taux sont fixées par décret.

Art. L. 313-3 *(Mod., Ord. n° 2006-461, 21 avr. 2006).* – **En cas de condamnation pécuniaire par décision de justice, le taux de l'intérêt légal est majoré de cinq points à l'expiration d'un délai de deux mois à compter du jour où la décision de justice est devenue exécutoire, fût-ce par provision. Cet effet est attaché de plein droit au jugement d'adjudication sur saisie immobilière, quatre mois après son prononcé.**

Toutefois, le juge de l'exécution peut, à la demande du débiteur ou du créancier, et en considération de la situation du débiteur, exonérer celui-ci de cette majoration ou en réduire le montant.

§ 2. – Taux effectif global

Art. L. 313-4 *(Rempl., L. n° 2003-721, 1er août 2003).* – **Les règles relatives au taux effectif global des crédits sont fixées par les articles L. 313-1 et L. 313-2 du Code de la consommation ci-après reproduits :**

(Ord. n° 2016-301, 14 mars 2016)

Taux effectif global

Art. L. 314-1 *(Rempl. à compter du 1er octobre 2016, Ord. n° 2016-351, 25 mars 2016).* – Dans tous les cas, pour la détermination du taux effectif global du prêt, comme pour celle du taux effectif pris comme référence, sont ajoutés aux intérêts les frais, les taxes, les commissions ou rémunérations de toute nature, directs ou indirects, supportés par l'emprunteur et connus du prêteur à la date d'émission de l'offre de crédit ou de l'avenant au contrat de crédit, ou dont le montant peut être déterminé à ces mêmes dates, et qui constituent une condition pour obtenir le crédit ou pour l'obtenir aux conditions annoncées.

Art. L. 314-2 *(Rempl. à compter du 1er octobre 2016, Ord. n° 2016-351, 25 mars 2016).* – Pour les contrats de crédit qui prévoient un amortissement échelonné, le taux effectif global doit être calculé en tenant compte des modalités de l'amortissement de la créance.

Art. L. 314-3 *(Ord. n° 2016-301, 14 mars 2016).* – Pour les contrats de crédit entrant dans le champ d'application du chapitre II du présent titre, le taux effectif global, qui est dénommé « Taux annuel effectif global », ne comprend pas les frais d'acte notarié.

Art. L. 314-4 *(Rempl. à compter du 1er octobre 2016, Ord. n° 2016-351, 25 mars 2016).* – Un décret en Conseil d'État précise les conditions d'application des articles L. 314-1 à L. 314-3 et notamment les modalités de détermination de l'assiette et de calcul du taux effectif global, ainsi que les modalités de *calcul du taux annuel effectif* de l'assurance mentionné aux articles L. 312-7 et L. 313-8.

Art. L. 314-5 *(Ord. n° 2016-301, 14 mars 2016).* – Le taux effectif global déterminé selon les modalités prévues aux articles L. 314-1 à L. 314-4 est mentionné dans tout écrit constatant un contrat de prêt régi par la présente section.

§ 3. – Taux de l'usure

Art. L. 313-5 *(Mod., L. n° 2014-1545, 20 déc. 2014)*. – **La définition du taux de l'usure est fixée par l'article L. 313-3 du Code de la consommation, ci-après reproduit :** *(V. C. consom., art. L. 313-3)*.

Taux d'usure

Art. L. 314-6 *(Ord. n° 2016-301, 14 mars 2016 ; Mod. à compter du 1er juillet 2016, Ord. n° 2016-351, 25 mars 2016)*. – Constitue un prêt usuraire tout prêt conventionnel consenti à un taux effectif global qui excède, au moment où il est consenti, de plus du tiers, le taux effectif moyen pratiqué au cours du trimestre précédent par les établissements de crédit et les sociétés de financement pour des opérations de même nature comportant des risques analogues, telles que définies par l'autorité administrative après avis du Comité consultatif du secteur financier. Les catégories d'opérations pour les prêts aux particuliers n'entrant pas dans le champ d'application du 1° de l'article L. 313-1 ou ne constituant pas une opération de crédit d'un montant supérieur à 75 000 euros destiné à financer, pour les immeubles à usage d'habitation ou à usage professionnel et d'habitation, les dépenses relatives à leur réparation, leur amélioration ou leur entretien sont définies à raison du montant des prêts.

Les crédits accordés à l'occasion de ventes à tempérament sont, pour l'application de la présente section, assimilés à des prêts conventionnels et considérés comme usuraires dans les mêmes conditions que les prêts d'argent ayant le même objet.

Art. L. 314-7 *(Ord. n° 2016-301, 14 mars 2016)*. – Les conditions de calcul et de publicité des taux effectifs moyens mentionnés à l'article L. 314-6 sont fixées par décret.

Art. L. 314-8 *(Ord. n° 2016-301, 14 mars 2016)*. – Des mesures transitoires, dérogeant aux dispositions de l'article L. 314-6, peuvent être mises en œuvre par le ministre chargé de l'économie, sur proposition motivée du gouverneur de la Banque de France, pour une période ne pouvant excéder huit trimestres consécutifs, en cas de :

– variation d'une ampleur exceptionnelle du coût des ressources des établissements de crédit et des sociétés de financement ;

– modifications de la définition des opérations de même nature mentionnées à l'article L. 314-6.

Art. L. 314-9 *(Ord. n° 2016-301, 14 mars 2016)*. – Les dispositions des articles L. 314-6 à L. 314-8 ne sont pas applicables aux prêts accordés à une personne physique agissant pour ses besoins professionnels ou à une personne morale se livrant à une activité industrielle, commerciale, artisanale, agricole ou professionnelle non commerciale.

Art. L. 313-5-1 *(L. n° 2003-721, 1er août 2003 ; mod., L. n° 2005-882, 2 août 2005 ; Ord. n° 2013-544, 27 juin 2013)*. – **Pour les découverts en compte, constitue un prêt usuraire à une personne physique agissant pour ses besoins professionnels ou à une personne morale se livrant à une activité industrielle, commerciale, artisanale, agricole ou professionnelle non commerciale tout prêt conventionnel consenti à un taux effectif global qui excède, au moment où il est accordé, de plus du tiers, le taux effectif moyen pratiqué au cours du trimestre précédent par les établissements de crédit ou les sociétés de financement** *pour les opérations de même nature* **comportant des risques analogues telles que définies par l'autorité administrative après avis du Conseil national du crédit et du titre [du comité consultatif du secteur financier].**

Les conditions de calcul et de publicité des taux effectifs moyens mentionnés au premier alinéa sont fixées par décret.

Art. L. 313-5-2 *(L. n° 2003-721, 1er août 2003)*. – **Lorsqu'un prêt conventionnel est usuraire, les perceptions excessives au regard des articles L. 313-4 et L. 313-5-1 sont imputées de plein droit sur les intérêts normaux et subsidiairement sur le capital de la créance.**

Si la créance est éteinte en capital et intérêts, les sommes indûment perçues doivent être restituées avec intérêts légaux du jour où elles auront été payées.

Sous-section 3. – Fichier des incidents de paiement caractérisés

Art. L. 313-6 *(Mod., L. n° 2015-992, 17 août 2015)*. – **Les règles relatives au fichier des incidents de paiement caractérisés sont fixées par les articles L. 333-4 et L. 333-5 du Code de la consommation.**

Fichier national recensant les informations sur les incidents de paiement caractérisés

Objet du fichier

(Ord. n° 2016-301, 14 mars 2016)

Art. L. 751-1. – Un fichier national recense les informations sur les incidents de paiement caractérisés liés aux crédits accordés aux personnes physiques pour des besoins non professionnels.

Ce fichier est géré par la Banque de France, laquelle est seule habilitée à centraliser ces informations.

Il est soumis à la loi n° 78-17 du 6 janv. 1978 relative à l'informatique, aux fichiers et aux libertés.

Art. L. 751-2. – Ce fichier a pour finalité de fournir aux établissements de crédit et aux sociétés de financement mentionnés au titre Ier du livre V du Code monétaire et financier, aux établissements de monnaie électronique et aux établissements de paiement mentionnés au titre II du même livre V et aux organismes mentionnés aux 5 et 8 de l'article L. 511-6 du même code un élément d'appréciation de la solvabilité des personnes qui sollicitent un crédit. Toutefois, l'inscription d'une personne physique au sein du fichier n'emporte pas interdiction de délivrer un crédit.

Le fichier peut fournir un élément d'appréciation à l'usage des établissements de crédit, des établissements de monnaie électronique et des établissements de paiement dans leurs décisions d'attribution des moyens de paiement.

Les informations qu'il contient peuvent également être prises en compte par les entreprises mentionnées au premier alinéa pour la gestion des risques liés aux crédits souscrits par leurs clients.

L'organisme de caution mentionné à l'article 26-7 de la loi n° 65-557 du 10 juill. 1965 fixant le statut de la copropriété des immeubles bâtis peut consulter le fichier mentionné au présent article, pour les copropriétaires participant à l'emprunt mentionné à l'article 26-4 de cette même loi.

Art. L. 751-3. – La Banque de France est déliée du secret professionnel pour la diffusion, aux entreprises mentionnées au premier alinéa de l'article L. 751-2, des informations nominatives contenues dans le fichier.

Art. L. 751-4. – Les conditions dans lesquelles la Banque de France et les entreprises mentionnées au premier alinéa de l'article L. 751-2 informent les personnes de leur inscription et de leur radiation du fichier ainsi que de leurs droits sont précisées par arrêté, pris après avis de la Commission nationale de l'informatique et des libertés.

Art. L. 751-5 *(Mod. à compter de la date prévue à l'article 29 de l'ordonnance n° 2018-1125 du 12 décembre 2018, et au plus tard le 1er juin 2019, Ord. n° 2018-1125, 12 déc. 2018)*. – Il est interdit à la Banque de France et aux entreprises mentionnées au premier alinéa de l'article L. 751-2 de remettre à quiconque copie des informations contenues dans le fichier.

Cette interdiction ne s'applique pas aux intéressés, lesquels exercent leur droit d'accès aux informations les concernant contenues dans le fichier conformément à l'article 49 de la loi n° 78-17 du 6 janvier 1978 relative à l'informatique, aux fichiers et aux libertés.

Art. L. 751-6. – Un arrêté du ministre chargé de l'économie, pris après avis de la Commission nationale de l'informatique et des libertés et du comité consultatif du secteur financier, fixe les modalités de collecte, d'enregistrement, de conservation et de consultation des informations.

Cet arrêté détermine également les modalités selon lesquelles les établissements et organismes mentionnés au premier alinéa de l'article L. 751-2 peuvent justifier qu'ils ont consulté le fichier, notamment en application de l'article L. 312-16.

Inscription et radiation

(Ord. n° 2016-301, 14 mars 2016)

Art. L. 752-1. – Les entreprises mentionnées au premier alinéa de l'article L. 751-2 sont tenues de déclarer à la Banque de France, dans des conditions précisées par arrêté, les incidents de paiement caractérisés dans les conditions précisées par l'arrêté mentionné à l'article L. 751-6.

Dès la réception de cette déclaration, la Banque de France inscrit immédiatement les incidents de paiement caractérisés au fichier et, dans le même temps, met cette information à la disposition de l'ensemble des entreprises ayant accès au fichier. Les frais afférents à cette déclaration ne peuvent être facturés aux personnes physiques concernées.

Les informations relatives à ces incidents sont radiées immédiatement à la réception de la déclaration de paiement intégral des sommes dues effectuée par l'entreprise à l'origine de l'inscription au fichier. Elles ne peuvent en tout état de cause être conservées dans le fichier pendant plus de cinq ans à compter de la date d'enregistrement par la Banque de France de l'incident ayant entraîné la déclaration.

Art. L. 752-2 *(Mod., L. n° 2017-203, 21 févr. 2017 ; mod. à compter du 1er janvier 2018, L. n° 2016-1547, 18 nov. 2016)*. – Dès qu'une commission de surendettement des particuliers est saisie par un débiteur, elle en informe la Banque de France aux fins d'inscription au fichier.

La même obligation pèse sur le greffe du juge du tribunal d'instance lorsque, sur recours de l'intéressé contre une décision de recevabilité rendue par la commission, la situation mentionnée à l'article L. 711-1 est reconnue par ce juge ou lorsque le débiteur a bénéficié de l'effacement des dettes résultant d'un rétablissement personnel en application des dispositions des articles L. 741-2, L. 741-6, L. 741-7 ou L. 742-22.

Art. L. 752-3 *(Mod. à compter du 1er janvier 2018, L. n° 2016-1547, 18 nov. 2016)*. – Le fichier recense les mesures du plan conventionnel de redressement mentionnées à l'article L. 732-2. Ces mesures sont communiquées à la Banque de France par la commission. L'inscription est conservée pendant toute la durée de l'exécution du plan conventionnel, sans pouvoir excéder sept ans.

Le fichier recense également les mesures prises en vertu des articles L. 733-1, L. 733-4 et L. 733-7 qui sont communiquées à la Banque de France par la commission ou le greffe du juge du tribunal d'instance. L'inscription est conservée pendant toute la durée d'exécution de ces mesures, sans pouvoir excéder sept ans.

Lorsque les mesures du plan conventionnel mentionnées à l'article L. 732-2 et celles prises en application des articles L. 733-1, L. 733-4 et L. 733-7 sont exécutées sans incident, les informations relatives aux mentions qui ont entraîné leur déclaration sont radiées à l'expiration d'une période de cinq ans à compter de la signature du plan conventionnel, de la date de la décision de la commission qui impose des mesures ou de la date du jugement ordonnant des mesures. Lorsque, pour une même personne, sont prescrits successivement, dans le cadre d'une révision ou d'un renouvellement du plan ou des mesures, un plan conventionnel mentionné à l'article L. 732-2 et des mesures prises en application des articles L. 733-1, L. 733-4 et L. 733-7, l'inscription est maintenue pendant la durée globale d'exécution du plan et des mesures sans pouvoir excéder sept ans.

Pour les personnes ayant bénéficié de la procédure de rétablissement personnel, les informations relatives aux mentions correspondantes sont radiées à l'expiration d'une période de cinq ans à compter de la décision de la commission ou de la clôture de la procédure. La même durée de cinq ans est applicable aux personnes physiques ayant fait l'objet d'une liquidation judiciaire en application de l'article L. 670-6 du Code de commerce.

Sous-section 4. – Accès au crédit et risques aggravés

(L. n° 2016-41, 26 janv. 2016)

Art. L. 313-6-1 ***(L. n° 2016-41, 26 janv. 2016)*. – L'accès au crédit est garanti dans les conditions fixées aux articles L. 1141-1 à L. 1141-3, L. 1141-5 et L. 1141-6 du Code de la santé publique.**

Section II. – Catégories de crédits

Sous-section 1. – Crédit-bail

Art. L. 313-7 ***(Mod., L. n° 2005-882, 2 août 2005)*. – Les opérations de crédit-bail mentionnées par la présente sous-section sont :**

1. Les opérations de location de biens d'équipement ou de matériel d'outillage achetés en vue de cette location par des entreprises qui en demeurent propriétaires, lorsque ces opérations, quelle que soit leur qualification, donnent au locataire la possibilité d'acquérir tout ou partie des biens loués, moyennant un prix convenu tenant compte, au moins pour partie, des versements effectués à titre de loyers ;

2. Les opérations par lesquelles une entreprise donne en location des biens immobiliers à usage professionnel, achetés par elle ou construits pour son compte, lorsque ces opérations, quelle que soit leur qualification, permettent aux locataires de devenir propriétaires de tout ou partie des biens loués, au plus tard à l'expiration du bail, soit par cession en exécution d'une promesse unilatérale de vente, soit par acquisition directe ou indirecte

des droits de propriété du terrain sur lequel ont été édifiés le ou les immeubles loués, soit par transfert de plein droit de la propriété des constructions édifiées sur le terrain appartenant audit locataire.

En cas d'opération de crédit-bail sur le droit au renouvellement d'un bail, ce droit ne peut être invoqué que par le crédit-bailleur, par dérogation aux dispositions de l'article 4 du décret n° 53-960 du 30 septembre 1953 réglant les rapports entre bailleurs et locataires en ce qui concerne le renouvellement des baux à loyer d'immeubles ou de locaux à usage commercial, industriel ou artisanal. Les autres droits et obligations que le locataire tient des dispositions du décret précité sont répartis par contrat entre le propriétaire, le crédit-bailleur et le crédit-preneur.

3. Les opérations de location de fonds de commerce, d'établissement artisanal ou de l'un de leurs éléments incorporels, assorties d'une promesse unilatérale de vente moyennant un prix convenu tenant compte, au moins pour partie, des versements effectués à titre de loyers, à l'exclusion de toute opération de location à l'ancien propriétaire du fonds de commerce ou de l'établissement artisanal.

4. Les opérations de location de parts sociales ou d'actions prévues aux articles L. 239-1 à L. 239-5 du Code de commerce, assorties d'une promesse unilatérale de vente moyennant un prix convenu tenant compte, au moins pour partie, des versements effectués à titre de loyers.

Art. L. 313-8. – En cas de cession de biens compris dans une opération de crédit-bail, et pendant la durée de l'opération, le cessionnaire est tenu aux mêmes obligations que le cédant qui en reste garant.

Art. L. 313-9. – Les dispositions des deuxième et troisième alinéas de l'article 3-1 du décret n° 53-960 du 30 septembre 1953 modifié et complété par la loi n° 65-356 du 12 mai 1965, ne sont pas applicables aux contrats de crédit-bail immobilier.

Ces contrats prévoient, à peine de nullité, les conditions dans lesquelles leur résiliation pourra, le cas échéant, intervenir à la demande du preneur.

Art. L. 313-10. – Les opérations mentionnées à l'article L. 313-7 sont soumises à une publicité dont les modalités sont fixées par décret. Ce décret précise les conditions dans lesquelles le défaut de publicité entraîne l'inopposabilité aux tiers.

Art. L. 313-11. – Pour les opérations de crédit-bail en matière mobilière, les inscriptions prises en vertu de l'article L. 313-10 se prescrivent par cinq ans, sauf renouvellement.

Sous-section 2. – Crédits aux entreprises

....

Art. L. 313-21 *(Mod., L. n° 2010-658, 15 juin 2010 ; mod. à compter du 1er janvier 2014, Ord. n° 2013-544, 27 juin 2013).* – À l'occasion de tout concours financier qu'il envisage de consentir à un entrepreneur individuel pour les besoins de son activité professionnelle, l'établissement de crédit ou la société de financement qui a l'intention de demander une sûreté réelle sur un bien non nécessaire à l'exploitation ou une sûreté personnelle consentie par une personne physique doit informer par écrit l'entrepreneur de la possibilité qui lui est offerte de proposer une garantie sur les biens nécessaires à l'exploitation de l'entreprise ou de solliciter une garantie auprès d'un autre établissement de crédit, d'une société de financement ou d'une entreprise d'assurance habilitée à pratiquer les opérations de caution. L'établissement de crédit ou la société de financement indique, compte tenu du montant du concours financier sollicité, le montant de la garantie qu'il souhaite obtenir.

À défaut de réponse de l'entrepreneur individuel dans un délai de quinze jours ou en cas de refus par l'établissement de crédit ou la société de financement de la garantie proposée par l'entrepreneur individuel, l'établissement de crédit ou la société de financement fait connaître à ce dernier le montant chiffré des garanties qu'il souhaite prendre sur les biens non nécessaires à l'exploitation de l'entreprise ou auprès de tout autre garant. En cas de désaccord de l'entrepreneur, l'établissement de crédit ou la société de financement peut renoncer à consentir le concours financier sans que sa responsabilité puisse être mise en cause.

L'établissement de crédit ou la société de financement qui n'a pas respecté les formalités prévues aux premier et deuxième alinéas ne peut dans ses relations avec l'entrepreneur individuel se prévaloir des garanties qu'il aurait prises. En cas de garantie constituée par une sûreté immobilière ou mobilière donnant lieu à publicité, l'établissement de crédit ou la société de financement ne peut plus s'en prévaloir à compter de la radiation de l'inscription de la sûreté.

Art. L. 313-21-1 *(L. n° 2005-842, 26 juill. 2005 ; mod., Ord. n° 2013-544, 27 juin 2013).* – Les sociétés retenues pour contribuer à la création d'activités ou au développement des emplois dans le cadre d'une convention passée avec l'État en application de l'article L. 321-17 du Code du travail ainsi que les sociétés agréées par le ministre chargé de l'économie sont autorisées à consentir des garanties partielles au profit d'établissements de crédit ou de sociétés de financement octroyant des prêts pour des projets de développement d'entreprises situées dans des bassins d'emploi connaissant des difficultés économiques ou révélant une fragilité économique, ainsi qu'aux sociétés de caution mutuelle artisanales qui cautionnent de tels projets.

Les conditions d'application de ces dispositions, notamment en ce qui concerne l'agrément et l'étendue des garanties, sont fixées par décret en Conseil d'État.

....

§ 4. – Régime des engagements de garantie

(Intitulé rempl., L. n° 2010-737, 1er juill. 2010)

Art. L. 313-22 *(Mod. à compter du 1er janvier 2014, Ord. n° 2013-544, 27 juin 2013 ; mod., L. n° 2016-1691, 9 déc. 2016).* – Les établissements de crédit ou les sociétés de financement ayant accordé un concours financier à une entreprise, sous la condition du cautionnement par une personne physique ou une personne morale, sont tenus au plus tard avant le 31 mars de chaque année de faire connaître à la caution le montant du principal et des intérêts, commissions, frais et accessoires restant à courir au 31 décembre de l'année précédente au titre de l'obligation bénéficiant de la caution, ainsi que le terme de cet engagement. Si l'engagement est à durée indéterminée, ils rappellent la faculté de révocation à tout moment et les conditions dans lesquelles celle-ci est exercée.

La réalisation de cette obligation légale ne peut en aucun cas être facturée à la personne qui bénéficie de l'information.

Le défaut d'accomplissement de la formalité prévue à l'alinéa précédent emporte, dans les rapports entre la caution et l'établissement tenu à cette formalité, déchéance des intérêts échus depuis la précédente information jusqu'à la date de communication de la nouvelle information. Les paiements effectués par le débiteur principal sont réputés, dans les rapports entre la caution et l'établissement, affectés prioritairement au règlement du principal de la dette.

Art. L. 313-22-1 *(L. n° 2010-737, 1er juill. 2010 ; mod., à compter du 1er janvier 2014, Ord. n° 2013-544, 27 juin 2013).* – Les établissements de crédit ou les sociétés de financement ayant fourni un cautionnement, un aval ou une garantie, que ces derniers soient d'origine légale, réglementaire ou conventionnelle, disposent de plein droit et dans tous les cas d'un recours contre le client donneur d'ordre de l'engagement, ses coobligés et les personnes qui se sont portées caution et, pour les paiements effectués au titre de leur engagement, de la subrogation dans les droits du créancier prévue au 3° de l'article 1251 du Code civil.

....

Partie réglementaire

LIVRE PREMIER. – LA MONNAIE

TITRE PREMIER. – DISPOSITIONS GÉNÉRALES

CHAPITRE II. – RÈGLES D'USAGE DE LA MONNAIE

Section 3. – Interdiction du paiement en espèces de certaines créances

Art. D. 112-3 *(Mod. à compter du 1er septembre 2015, D. n° 2015-741, 24 juin 2015 ; mod. à compter du 1er janvier 2017, D. n° 2016-1985, 30 déc. 2016 ; D. n° 2018-284, 18 avr. 2018).* – I. – Le montant prévu au I de l'article L. 112-6 est fixé :

1° Lorsque le débiteur a son domicile fiscal sur le territoire de la République française ou agit pour les besoins d'une activité professionnelle, à 1 000 euros pour les paiements effectués en espèces et à 3 000 euros pour les paiements effectués au moyen de monnaie électronique ;

2° Lorsque le débiteur justifie qu'il n'a pas son domicile fiscal sur le territoire de la République française, n'agit pas pour les besoins d'une activité professionnelle et paie une dette au profit d'une personne qui n'est pas mentionnée à l'article L. 561-2, à 10 000 euros pour les paiements effectués en espèces ou au moyen de monnaie électronique ;

3° Lorsque le débiteur justifie qu'il n'a pas son domicile fiscal sur le territoire de la République française, n'agit pas pour les besoins d'une activité professionnelle et paie une dette au profit d'une personne mentionnée à l'article L. 561-2, à 15 000 euros pour les paiements effectués en espèces ou au moyen de monnaie électronique.

II. – Le montant mentionné au II *bis* de l'article L. 112-6 est fixé à 3 000 euros..

Art. D. 112-4 *(D. n° 2011-114, 27 janv. 2011 ; Abr. D. n° 2015-741, 24 juin 2015).*

Art. R. 112-5 *(Créé à compter du 1er avril 2013, D. n° 2013-232, 20 mars 2013 ; mod. à compter du 1er janvier 2015, D. n° 2013-232, 20 mars 2013).* – I. - Le seuil mentionné à l'article [...] L. 112-6-1 est fixé à 3000 euros .

II. - Outre les informations habituellement fournies en vue de l'exécution d'une opération de paiement, le payeur à l'origine du virement prévu à l'article L. 112-6-1 transmet à son prestataire de services de paiement son nom, le nom du bénéficiaire du virement ainsi qu'un libellé d'opération comportant l'objet du paiement et la désignation de l'acte. Ce libellé est repris dans toute opération de paiement subséquente jusqu'à sa communication au bénéficiaire du virement par son prestataire de services de paiement.

Code de la nationalité

(Abr., L. n° 93-933, 22 juill. 1993)

Voir : C. civ., art. 17, p. 83 à 33-2, p. 104.

TABLEAU DE CONCORDANCE

CODE DE LA NATIONALITÉ	CODE CIVIL TITRE I *bis* DE LA NATIONALITÉ FRANÇAISE
TITRE I Dispositions générales	Chapitre I Dispositions générales
Art. 1er	Art. 17
Art. 3	Art. 17-1
Art. 4	Art. 17-2
Art. 5	Art. 17-3
Art. 6	Art. 17-4
Art. 7	Art. 17-5
Art. 8	Art. 17-6
Art. 11	Art. 17-7
Art. 12	Art. 17-8
Art. 13	Art. 17-9
Art. 14	Art. 17-10
Art. 15	Art. 17-11
Art. 16	Art. 17-12
TITRE II De la nationalité française d'origine	Chapitre II *De la nationalité française d'origine*
Chapitre I *Des Français par filiation*	Section I Des Français par filiation
Art. 17	Art. 18
Art. 19	Art. 18-1
Chapitre II *Des Français par la naissance en France*	Section II Des Français par la naissance en France
Art. 21	Art. 19
Art. 21-1	Art. 19-1

CODE DE LA NATIONALITÉ	CODE CIVIL
Art. 22	Art. 19-2
Art. 23	Art. 19-3
Art. 24	Art. 19-4
Chapitre III	Section III
Dispositions communes	**Dispositions communes**
Art. 26	Art. 20
Art. 29	Art. 20-1
Art. 30	Art. 20-2
Art. 31	Art. 20-3
Art. 32	Art. 20-4
Art. 33	Art. 20-5
TITRE III	Chapitre III
De l'acquisition de la nationalité française	***De l'acquisition de la nationalité française***
Chapitre I	Section I
Des modes d'acquisition de la nationalité française	**Des modes d'acquisition de la nationalité française**
Section I	Paragraphe I
Acquisition de la nationalité française à raison de la filiation	**Acquisition de la nationalité française à raison de la filiation**
Art. 36	Art. 21
Section II	Paragraphe II
Acquisition de la nationalité française à raison du mariage	**Acquisition de la nationalité française à raison du mariage**
Art. 37	Art. 21-1
Art. 37-1	Art. 21-2
Art. 38	Art. 21-3
Art. 39	Art. 21-4
Art. 42	Art. 21-5
Art. 43	Art. 21-6
Section III	Paragraphe III
Acquisition de la nationalité française à raison de la naissance et de la résidence en France	**Acquisition de la nationalité française à raison de la naissance et de la résidence en France**
Art. 44	Art. 21-7
Art. 45	Art. 21-8
Art. 46	Art. 21-9
Art. 47	Art. 21-10
Art. 48	Art. 21-11
Section IV	Paragraphe IV
Acquisition de la nationalité française par déclaration de nationalité	**Acquisition de la nationalité française par déclaration de nationalité**
Art. 55	Art. 21-12
Art. 57-1	Art. 21-13
Art. 58	Art. 21-14
Section V	Paragraphe V
Acquisition de la nationalité française par décision de l'autorité publique	**Acquisition de la nationalité française par décision de l'autorité publique**
Art. 59	Art. 21-15
Art. 61	Art. 21-16
Art. 62	Art. 21-17
Art. 63	Art. 21-18
Art. 64	Art. 21-19
Art. 64-1	Art. 21-20
Art. 64-2	Art. 21-21
Art. 66	Art. 21-22

CODE DE LA NATIONALITÉ	CODE CIVIL
Art. 68	Art. 21-23
Art. 69	Art. 21-24
Art. 71	Art. 21-25
Section VI	Paragraphe VI
Dispositions communes à certains modes d'acquisition de la nationalité française	**Dispositions communes à certains modes d'acquisition de la nationalité française**
Art. 78	Art. 21-26
Art. 79	Art. 21-27
Chapitre II	Section II
Des effets de l'acquisition de la nationalité française	***Des effets de l'acquisition de la nationalité française***
Art. 80	Art. 22
Art. 84	Art. 22-1
Art. 85	Art. 22-2
Art. 86	Art. 22-3
TITRE IV	Chapitre IV
De la perte, de la déchéance et de la réintégration dans la nationalité française	***De la perte, de la déchéance et de la réintégration dans la nationalité française***
Chapitre I	*Section I*
De la perte de la nationalité française	**De la perte de la nationalité française**
Art. 87	Art. 23
Art. 88	Art. 23-1
Art. 89	Art. 23-2
Art. 90	Art. 23-3
Art. 91	Art. 23-4
Art. 94	Art. 23-5
Art. 95	Art. 23-6
Art. 96	Art. 23-7
Art. 97	Art. 23-8
Art. 97-1	Art. 23-9
Chapitre II	*Section II*
De la réintégration dans la nationalité française	**De la réintégration dans la nationalité française**
Art. 97-2	Art. 24
Art. 97-3	Art. 24-1
Art. 97-4	Art. 24-2
Art. 97-6	Art. 24-3
Chapitre III	*Section III*
De la déchéance de la nationalité française	**De la déchéance de la nationalité française**
Art. 98	Art. 25
Art. 99	Art. 25-1
TITRE V	Chapitre V
Des actes relatifs à l'acquisition ou à la perte de la nationalité française	***Des actes relatifs à l'acquisition ou à la perte de la nationalité française***
Chapitre I	*Section I*
Des déclarations de nationalité	**Des déclarations de nationalité**
Art. 101	Art. 26
Art. 104	Art. 26-1
Art. 104-1	Art. 26-2
Art. 105	Art. 26-3
Art. 107	Art. 26-4
Art. 108	Art. 26-5
Chapitre II	*Section II*
Des décisions administratives	**Des décisions administratives**
Art. 110	Art. 27
Art. 111	Art. 27-1

CODE DE LA NATIONALITÉ	CODE CIVIL
Art. 112	Art. 27-2
Art. 112-1	Art. 27-3
Chapitre III	*Section III*
Des mentions sur les registres de l'état civil	**Des mentions sur les registres de l'état civil**
Art. 115	Art. 28
Art. 116	Art. 28-1
TITRE VI	Chapitre VI
Du contentieux de la nationalité	***Du contentieux de la nationalité***
Chapitre I	*Section I*
De la compétence des tribunaux judiciaires et de la procédure devant ces tribunaux	**De la compétence des tribunaux judiciaires et de la procédure devant ces tribunaux**
Art. 124	Art. 29
Art. 125	Art. 29-1
Chapitre II	
De la procédure devant les tribunaux judiciaires	
Art. 128	Art. 29-2
Art. 129	Art. 29-3
Art. 131	Art. 29-4
Art. 136	Art. 29-5
Chapitre III	*Section II*
De la preuve de la nationalité devant les tribunaux judiciaires	**De la preuve de la nationalité devant les tribunaux judiciaires**
Art. 138	Art. 30
Art. 142	Art. 30-1
Art. 143	Art. 30-2
Art. 144	Art. 30-3
Art. 148	Art. 30-4
Chapitre IV	*Section III*
Des certificats de nationalité française	**Des certificats de nationalité française**
Art. 149	Art. 31
Art. 149-1	Art. 31-1
Art. 150	Art. 31-2
Art. 151	Art. 31-3
TITRE VII	Chapitre VII
Des effets sur la nationalité française des transferts de souveraineté relatifs à certains territoires	***Des effets sur la nationalité français des transferts de souveraineté relatifs à certains territoires***
Art. 152	Art. 32
Art. 154	Art. 32-1
Art. 155	Art. 32-2
Art. 155-1	Art. 32-3
Art. 156	Art. 32-4
Art. 157	Art. 32-5
TITRE VIII	Chapitre VIII
Dispositions particulières concernant les territoires d'outre-mer	***Dispositions particulières concernant les territoires d'outre-mer***
Art. 158	Art. 33
Art. 159	Art. 33-1
Art. 160	Art. 33-2

Code de l'organisation judiciaire

Art. L. 213-3 *(Mod., L. n° 2010-769, 9 juill. 2010 ; L. n° 2019-222, 23 mars 2019).* – Dans chaque tribunal de grande instance (1), un ou plusieurs magistrats du siège sont délégués dans les fonctions de juge aux affaires familiales.

Le juge aux affaires familiales connaît :

1° De l'homologation judiciaire du changement de régime matrimonial, des demandes relatives au fonctionnement des régimes matrimoniaux et des indivisions entre personnes liées par un pacte civil de solidarité ou entre concubins, de la séparation de biens judiciaire, sous réserve des compétences du président du tribunal de grande instance (1) et du juge des tutelles des majeurs ;

2° Du divorce, de la séparation de corps et de leurs conséquences, de la liquidation et du partage des intérêts patrimoniaux des époux, des personnes liées par un pacte civil de solidarité et des concubins, sauf en cas de décès ou de déclaration d'absence ;

3° Des actions liées :

a) A la fixation de l'obligation alimentaire, de la contribution aux charges du mariage ou du pacte civil de solidarité et de la contribution à l'entretien et à l'éducation des enfants ;

b) A l'exercice de l'autorité parentale ;

c) A la révision de la prestation compensatoire ou de ses modalités de paiement ;

d) Au changement de prénom ;

e) A la protection à l'encontre du conjoint, du partenaire lié par un pacte civil de solidarité ou du concubin violent ou d'un ancien conjoint, partenaire lié par un pacte civil de solidarité ou concubin violent ;

f) A la protection de la personne majeure menacée de mariage forcé.

4° Des demandes d'attribution à un concubin de la jouissance provisoire du logement de la famille en application de l'article 373-2-9-1 du Code civil.

Code du patrimoine

PARTIE LÉGISLATIVE

LIVRE PREMIER. – DISPOSITIONS COMMUNES À L'ENSEMBLE DU PATRIMOINE CULTUREL

TITRE PREMIER. – PROTECTION DES BIENS CULTURELS

CHAPITRE I. – RÉGIME DE CIRCULATION DES BIENS CULTURELS

Art. L. 111-1 *(Rempl., L. n° 2015-195, 20 févr. 2015).* – Sont des trésors nationaux :

1° Les biens appartenant aux collections des musées de France ;

2° Les archives publiques, au sens de l'article L. 211-4, ainsi que les biens classés comme archives historiques en application du livre II ;

3° Les biens classés au titre des monuments historiques en application du livre VI ;

4° Les autres biens faisant partie du domaine public mobilier, au sens de l'article L. 2112-1 du Code général de la propriété des personnes publiques ;

5° Les autres biens présentant un intérêt majeur pour le patrimoine national au point de vue de l'histoire, de l'art ou de l'archéologie.

Art. L. 111-2. – L'exportation temporaire ou définitive hors du territoire douanier des biens culturels, autres que les trésors nationaux, qui présentent un intérêt historique, artistique ou archéologique et entrent dans l'une des catégories définies par décret en Conseil d'État est subordonnée à l'obtention d'un certificat délivré par l'autorité administrative.

Ce certificat atteste à titre permanent que le bien n'a pas le caractère de trésor national. Toutefois, pour les biens dont l'ancienneté n'excède pas cent ans, le certificat est délivré pour une durée de vingt ans renouvelable.

L'exportation des biens culturels qui ont été importés à titre temporaire dans le territoire douanier n'est pas subordonnée à l'obtention du certificat prévu au premier alinéa.

(1) Mots de « grande instance » remplacés par « judiciaire » à compter d'une date fixée par décret et au plus tard le 1er janvier 2020 (L. n° 2019-222, 23 mars 2019.

À titre dérogatoire et sous condition de retour obligatoire des biens culturels sur le territoire douanier, le certificat peut ne pas être demandé lorsque l'exportation temporaire des biens culturels a pour objet une restauration, une expertise ou la participation à une exposition.

Dans ce cas, l'exportation temporaire est subordonnée à la délivrance par l'autorité administrative d'une autorisation de sortie temporaire délivrée dans les conditions prévues à l'article L. 111-7.

Art. L. 111-3. – À l'occasion de la sortie du territoire douanier d'un bien culturel mentionné à l'article L. 111-2, le certificat ou l'autorisation de sortie temporaire doit être présenté à toute réquisition des agents des douanes.

Art. L. 111-3-1 *(Créé à compter d'une date fixée par décret et au plus tard le 1er janvier 2018, Ord. n° 2017-1134, 5 juill. 2017).* – L'instruction de la demande de certificat peut être suspendue s'il existe des présomptions graves et concordantes que le bien appartient au domaine public, a été illicitement importé, constitue une contrefaçon ou provient d'un autre crime ou délit. L'autorité administrative informe le demandeur, par une décision motivée, de la suspension de l'instruction et lui demande de justifier du déclassement du domaine public, de l'authenticité du bien ou de la licéité de sa provenance ou de son importation.

Si la preuve n'est pas rapportée par le demandeur dans les conditions et délais fixés par décret en Conseil d'État, la demande est déclarée irrecevable.

La demande ne peut être déclarée irrecevable lorsque le demandeur apporte la preuve qu'il a exercé la diligence requise, au sens du troisième alinéa de l'article L. 112-8, au moment de l'acquisition et que le délai dont dispose le propriétaire d'origine ou toute autre personne fondée à agir en revendication du bien ou en nullité de l'acte de cession du bien est expiré.

Art. L. 111-4 *(Mod. à compter d'une date fixée par décret et au plus tard le 1er janvier 2018, Ord. n° 2017-1134, 5 juill. 2017).* – Le certificat ne peut être refusé qu'aux biens culturels présentant le caractère de trésor national. Aucune indemnité n'est due du fait du refus de délivrance du certificat.

Il est accordé aux biens culturels licitement importés dans le territoire douanier depuis moins de cinquante ans.

Le refus de délivrance du certificat ne peut intervenir qu'après avis motivé d'une commission composée à parité de représentants de l'État et de personnalités qualifiées et présidée par un membre du Conseil d'État. Un décret en Conseil d'État fixe les modalités de désignation de ses membres et les conditions de publication de ses avis .

> **Rédaction future.** Le refus de délivrance du certificat ne peut intervenir qu'après avis motivé d'une commission composée à parité de représentants de l'État et de personnalités qualifiées et présidée par un membre *(Mots rempl. à compter du prochain renouvellement de chaque commission, L. n° 2019-222, 23 mars 2019)* « de la juridiction administrative ». Un décret en Conseil d'État fixe les modalités de désignation de ses membres et les conditions de publication de ses avis .

La décision de refus de délivrance du certificat est motivée. Elle comporte, par écrit, l'énoncé des considérations de droit et de fait qui en constituent le fondement. Elle est communiquée à la commission mentionnée au précédent alinéa et publiée dans des conditions fixées par décret en Conseil d'État .

Art. L. 111-5. – Les conditions d'instruction de la demande et de délivrance du certificat sont fixées par décret en Conseil d'État.

L'instruction de la demande de certificat peut comprendre l'obligation de présenter matériellement le bien aux autorités compétentes.

Art. L. 111-6. – En cas de refus du certificat, toute demande nouvelle pour le même bien est irrecevable pendant une durée de trente mois à compter de la date du refus.

Après ce délai, le refus de délivrance du certificat ne peut être renouvelé que dans le cas prévu pour la procédure d'offre d'achat au sixième alinéa de l'article L. 121-1, sans préjudice de la possibilité de classement du bien en application des dispositions relatives aux monuments historiques ou aux archives, ou de sa revendication par l'État en application des dispositions relatives aux fouilles archéologiques ou aux biens culturels maritimes.

Les demandes de certificat sont également irrecevables en cas d'offre d'achat du bien par l'État dans les conditions prévues à l'article L. 121-1, jusqu'à l'expiration des délais prévus aux cinquième, sixième et septième alinéas du même article.

Art. L. 111-7 *(Mod. L. n° 2016-925, 7 juill. 2016).* – L'exportation des trésors nationaux hors du territoire douanier peut être autorisée, à titre temporaire, par l'autorité administrative, aux fins de restauration, d'expertise, de participation à une manifestation culturelle ou de dépôt dans une collection publique.

Cette autorisation est délivrée pour une durée proportionnée à l'objet de la demande.

À l'occasion de la sortie du territoire douanier d'un trésor national mentionné à l'article L. 111-1, l'autorisation de sortie temporaire doit être présentée à toute réquisition des agents des douanes.

Dès l'expiration de l'autorisation, le propriétaire ou le détenteur du bien est tenu de le présenter sur requête des agents habilités par l'État.

Art. L. 111-7-1 *(Créé à compter d'une date fixée par décret et au plus tard le 1er janvier 2018, Ord. n° 2017-1134, 5 juill. 2017).* – Dès réception de la notification de la décision de refus de délivrance du certificat, les propriétaires de trésors nationaux ou leurs mandataires déclarent à l'autorité administrative le lieu de conservation des biens concernés. Pendant la durée d'effet de ce refus, tout changement de lieu de conservation est déclaré auprès de l'autorité administrative et les propriétaires ou détenteurs de trésors nationaux les présentent aux agents, habilités à cette fin, qui en font la demande.

Art. L. 111-7-2 *(Créé à compter d'une date fixée par décret et au plus tard le 1er janvier 2018, Ord. n° 2017-1134, 5 juill. 2017).* – Pendant la durée d'effet du refus de délivrance du certificat, les trésors nationaux ne peuvent être modifiés ou restaurés sans autorisation de l'autorité administrative.

Les travaux autorisés en application du premier alinéa s'exécutent sous le contrôle scientifique et technique des services de l'État chargés de la culture.

Art. L. 111-7-3 *(Créé à compter d'une date fixée par décret et au plus tard le 1er janvier 2018, Ord. n° 2017-1134, 5 juill. 2017)* . – Quand la décision de refus de délivrance du certificat porte sur un fonds d'archives, une collection ou un ensemble, identifié par le demandeur ou reconnu comme tel par l'autorité administrative pendant l'instruction de la demande, les biens le composant ne peuvent être aliénés par lot ou pièce pendant la durée d'effet du refus de délivrance du certificat.

Art. L. 111-8 *(L. n° 2016-925, 7 juill. 2016).* – L'importation de biens culturels appartenant à l'une des catégories prévues à l'article 1er de la Convention concernant les mesures à prendre pour interdire et empêcher l'importation, l'exportation et le transfert de propriété illicites des biens culturels, faite à Paris le 17 novembre 1970, en provenance directe d'un État non membre de l'Union européenne et partie à cette convention est subordonnée à la production d'un certificat ou de tout autre document équivalent autorisant l'exportation du bien établi par l'État d'exportation lorsque la législation de cet État le prévoit. À défaut de présentation dudit document, l'importation est interdite.

Art. L. 111-9 *(L. n° 2016-925, 7 juill. 2016).* – Sous réserve de l'article L. 111-11, il est interdit d'importer, d'exporter, de faire transiter, de transporter, de détenir, de vendre, d'acquérir et d'échanger des biens culturels présentant un intérêt archéologique, artistique, historique ou scientifique lorsqu'ils ont quitté illicitement le territoire d'un État dans les conditions fixées par une résolution du Conseil de sécurité de l'Organisation des Nations Unies adoptée en ce sens.

Art. L. 111-10 *(L. n° 2016-925, 7 juill. 2016).* – Les biens culturels saisis en douane en raison de leur sortie illicite d'un État non membre de l'Union européenne peuvent être déposés dans un musée de France en vue de leur conservation et de leur présentation au public pour le temps de la recherche, par les autorités compétentes, de leur propriétaire légitime.

Art. L. 111-11 *(L. n° 2016-925, 7 juill. 2016).* – Dans le cas où les biens culturels se trouvent dans une situation d'urgence et de grave danger en raison d'un conflit armé ou d'une catastrophe sur le territoire de l'État qui les possède ou les détient, l'État peut, à la demande de l'État propriétaire ou détenteur ou lorsqu'une résolution du Conseil de sécurité des Nations Unies a été prise en ce sens, mettre provisoirement à disposition des locaux sécurisés pour les recevoir en dépôt et en informe l'Organisation des Nations Unies *pour l'éducation, la science et la culture.*

L'État rend les biens culturels à l'État propriétaire ou détenteur après cessation de la situation ayant occasionné leur mise à l'abri ou à tout moment, à la demande de ce dernier.

Les biens culturels accueillis dans les conditions prévues au présent article sont insaisissables pendant la durée de leur séjour sur le territoire national.

Pendant leur mise en dépôt sur le territoire national, des prêts peuvent être consentis, après accord de l'État qui les a confiés, pour faire circuler ces biens culturels dans le cadre de l'organisation d'expositions nationales ou internationales destinées à faire connaître ce patrimoine en danger. En cas de sortie du territoire national, l'État qui accueille l'exposition garantit l'insaisissabilité des biens concernés pendant la durée de l'exposition.

Art. L. 111-12 *(L. n° 2016-925, 7 juill. 2016).* – Les modalités d'application du présent chapitre sont fixées par décret en Conseil d'État.

....

TITRE II. – ACQUISITION DE BIENS CULTURELS

CHAPITRE I. – ACQUISITION DE BIENS CULTURELS PRÉSENTANT LE CARACTÈRE DE TRÉSOR NATIONAL ET FAISANT L'OBJET D'UN REFUS DE CERTIFICAT D'EXPORTATION

Art. L. 121-1. – Dans le délai de trente mois prévu à l'article L. 111-6, l'autorité administrative peut, dans l'intérêt des collections publiques, présenter une offre d'achat. Cette offre tient compte des prix pratiqués sur le marché international.

Si le propriétaire du bien n'accepte pas l'offre d'achat dans un délai de trois mois, l'autorité administrative peut faire procéder à une expertise pour fixer le prix du bien dans les conditions fixées aux troisième et quatrième alinéas.

L'autorité administrative et le propriétaire du bien désignent, chacun à leur frais, un expert. En cas de carence, le président du tribunal de grande instance statuant en la forme des référés procède à la désignation. Ces experts rendent un rapport conjoint dans un délai de trois mois à compter de leur désignation.

En cas de divergences entre ces experts, le prix du bien est fixé par un expert désigné conjointement par l'autorité administrative et le propriétaire du bien ou, à défaut d'accord, par le président du tribunal de grande instance statuant en la forme des référés. Cet expert, dont la rémunération est supportée pour moitié par chacune des parties, rend son rapport dans un délai de trois mois à compter de sa désignation.

L'autorité administrative dispose d'un délai de deux mois à compter de la remise du rapport d'expertise fixant le prix du bien pour adresser au propriétaire une offre d'achat à la valeur d'expertise. À l'issue de ce délai, en l'absence d'offre d'achat présentée par l'État, le certificat mentionné à l'article L. 111-2 ne peut plus être refusé.

Si, dans un délai de deux mois à compter de l'offre d'achat, le propriétaire la refuse ou n'a pas fait savoir qu'il l'acceptait, le refus de délivrance du certificat est renouvelé. Aucune indemnité n'est due à ce titre.

Si le propriétaire du bien accepte l'offre d'achat, le paiement doit intervenir dans un délai de six mois à compter de l'accord du propriétaire à peine de résolution de la vente.

En cas de renouvellement du refus de délivrance du certificat, la procédure d'offre d'achat et d'expertise demeure applicable.

L'autorité administrative peut également présenter une offre d'achat dans les conditions prévues au premier alinéa pour le compte de toute personne publique.

Un décret en Conseil d'État fixe les conditions d'application du présent article.

Art. L. 121-2. – L'acquéreur, le donataire, le copartageant, l'héritier ou le légataire d'un bien culturel reconnu trésor national et non classé en application des dispositions relatives aux monuments historiques et aux archives doit, dans le délai de trois mois suivant la date constatant la mutation, le partage ou la déclaration de succession, aviser l'État qu'il en est devenu propriétaire.

Art. L. 121-3. – Tout propriétaire qui aliène un bien culturel mentionné à l'article L. 121-2 est tenu, à peine de nullité de la vente, de faire connaître à l'acquéreur l'existence du refus de délivrance du certificat, mentionné à l'article L. 111-4 et, le cas échéant, les offres d'achat adressées dans les conditions prévues à l'article L. 121-1.

Art. L. 121-4. – Est nulle toute aliénation du bien consentie par le propriétaire ou ses ayants cause après avoir accepté une offre d'achat adressée par l'autorité administrative dans les conditions prévues à l'article L. 121-1.

L'action en nullité se prescrit par six mois à compter du jour où l'autorité administrative a eu connaissance de la vente. Elle ne peut être exercée que par l'autorité administrative.

CHAPITRE II. – DISPOSITIONS FISCALES

Section I. – Dation en paiement

Art. L. 122-1. – Les règles relatives au paiement des droits de mutation à titre gratuit ou du droit de partage par la remise d'œuvres d'art, de livres ou d'objets de collection, de documents de haute valeur artistique ou historique sont fixées à l'article 1716 *bis* du Code général des impôts.

Section II. – Donation

Art. L. 122-2. – Les règles fiscales applicables aux dons et legs d'œuvres d'art, de monuments ou d'objets ayant un caractère historique, de livres, d'imprimés ou de manuscrits, destinés à figurer dans une collection publique et consentis aux établissements pourvus de la personnalité morale, autres que ceux mentionnés au I de l'article 794 du Code général des impôts, sont fixées au 1° de l'article 795 du Code général des impôts.

Art. L. 122-3. – Les règles fiscales applicables à un don consenti à l'État par l'acquéreur, le donataire, l'héritier ou le légataire d'une œuvre d'art, de livres, d'objets de collection ou de documents de haute valeur artistique ou historique sont fixées à l'article 1131 du Code général des impôts.

Section III. – Mécénat

Art. L. 122-4. – Les règles fiscales relatives aux dons et versements effectués par des particuliers au profit d'œuvres ou organismes présentant un caractère culturel sont fixées à l'article 200 du Code général des impôts.

Art. L. 122-5. – Les règles fiscales relatives aux versements effectués par les entreprises au profit d'œuvres ou d'organismes présentant un caractère culturel sont fixées à l'article 238 *bis* du Code général des impôts.

Art. L. 122-6. – Les règles fiscales relatives aux versements effectués par les entreprises permettant l'acquisition par l'État de trésors nationaux sont fixées à l'article 238 *bis*-0 A du Code général des impôts.

Art. L. 122-7. – Les règles fiscales applicables à l'achat par une entreprise de trésors nationaux sont fixées à l'article 238 *bis*-0 AB du Code général des impôts.

Art. L. 122-8. – Les règles fiscales applicables aux acquisitions d'œuvres d'artistes vivants par les entreprises sont fixées à l'article 238 *bis* AB du Code général des impôts.

Section IV. – Dispositions diverses

Art. L. 122-9 *(Mod., L. fin. rect. n° 2005-1720, 30 déc. 2005).* – Les règles relatives à la taxe sur les ventes de métaux précieux, bijoux et objets d'art, de collection et d'antiquité sont fixées par les articles 150 VI à 150 VK du Code général des impôts.

Art. L. 122-10 *(Abr., L. fin. n° 2017-1837, 30 déc. 2017)*.

CHAPITRE III. PRÉEMPTION DES BIENS CULTURELS

(Intitulé rempl. à compter d'une date fixée par décret et au plus tard le 1er janvier 2018, Ord. n° 2017-1134, 5 juill. 2017)

Art. L. 123-1 *(Rempl. à compter d'une date fixée par décret et au plus tard le 1er janvier 2018, Ord. n° 2017-1134, 5 juill. 2017).* – I. - L'État peut exercer, sur toute vente publique ou vente de gré à gré de biens culturels réalisée dans les conditions prévues par l'article L. 321-9 du Code de commerce, un droit de préemption par l'effet duquel il se trouve subrogé à l'adjudicataire ou à l'acheteur.

La déclaration par l'autorité administrative qu'elle entend éventuellement user de son droit de préemption est faite, à l'issue de la vente, entre les mains de l'officier public ou ministériel dirigeant les adjudications ou de l'opérateur mentionné aux articles L. 321-4 et L. 321-24 du Code de commerce habilité à organiser la vente publique ou la vente de gré à gré.

II. - L'officier public ou ministériel chargé de procéder à la vente publique des biens culturels définis par décret en Conseil d'État ou l'opérateur mentionné aux articles L. 321-4 et L. 321-24 du Code du commerce habilité à organiser une telle vente en donne avis à l'autorité administrative au moins quinze jours à l'avance, avec toutes indications utiles sur lesdits biens. Il informe en même temps l'autorité administrative du jour, de l'heure et du lieu de la vente. L'envoi d'un catalogue avec mention du but de cet envoi tient lieu d'avis.

En cas de vente judiciaire, si le délai de quinze jours ne peut être observé, l'officier public ou ministériel, aussitôt qu'il est désigné pour procéder à la vente, fait parvenir à l'autorité administrative les indications utiles sur les biens culturels proposés à la vente.

L'opérateur mentionné aux articles L. 321-4 et L. 321-24 habilité à procéder à la vente de gré à gré des biens culturels notifie sans délai la transaction à l'autorité administrative, avec toutes indications utiles sur lesdits biens.

III. - La décision de l'autorité administrative intervient dans les quinze jours qui suivent la vente publique ou la notification de la transaction de gré à gré.

Art. L. 123-2 *(Rempl. à compter d'une date fixée par décret et au plus tard le 1er janvier 2018, Ord. n° 2017-1134, 5 juill. 2017).* – Le droit de préemption des archives en cas de liquidation judiciaire d'une entreprise est fixé à l'article L. 642-23 du Code de commerce.

Art. L. 123-3 *(Rempl. à compter d'une date fixée par décret et au plus tard le 1er janvier 2018, Ord. n° 2017-1134, 5 juill. 2017).* – L'État peut également exercer le droit de préemption prévu aux articles L. 123-1 et L. 123-2 à la demande et pour le compte d'une collectivité territoriale, d'un groupement de collectivités territoriales, d'un établissement public local, d'une personne morale de droit privé sans but lucratif propriétaire d'une collection affectée à un musée de France ou d'une fondation reconnue d'utilité publique propriétaire d'un fonds d'archives.

La Bibliothèque nationale de France peut exercer ce droit à l'égard des biens culturels susceptibles d'entrer dans les collections et fonds dont elle a la garde.

Art. L. 123-4 *(Créé à compter d'une date fixée par décret et au plus tard le 1er janvier 2018, Ord. n° 2017-1134, 5 juill. 2017).* – Les conditions d'application des articles L. 123-1 à L. 123-3 sont fixées par décret en Conseil d'État .

CHAPITRE 4. – ANNULATION DE L'ACQUISITION D'UN BIEN CULTUREL EN RAISON DE SON ORIGINE ILLICITE

(L. n° 2016-925, 7 juill. 2016)

Art. L. 124-1 *(L. n° 2016-925, 7 juill. 2016).* – La personne publique propriétaire d'un bien culturel appartenant au domaine public mobilier, au sens de l'article L. 2112-1 du Code général de la propriété des personnes publiques, peut agir en nullité de la vente, de la donation entre vifs ou du legs de ce bien lorsqu'il lui est apporté la preuve qu'il a été volé ou illicitement exporté après l'entrée en vigueur, à l'égard de l'État d'origine et de la France, de la convention concernant les mesures à prendre pour interdire et empêcher l'importation, l'exportation et le transfert de propriété illicites des biens culturels, faite à Paris le 17 novembre 1970.

La personne publique propriétaire demande, en outre, au juge d'ordonner la restitution du bien à l'État d'origine ou au propriétaire légitime s'il en a fait la demande.

La personne publique propriétaire a droit au remboursement du prix d'acquisition par le vendeur.

Un décret en Conseil d'État fixe les conditions d'application du présent article.

.....

LIVRE DEUXIÈME. – ARCHIVES

TITRE PREMIER. – RÉGIME GÉNÉRAL DES ARCHIVES

CHAPITRE I. – DISPOSITIONS GÉNÉRALES

Art. L. 211-1 *(Mod., L. n° 2008-696, 15 juill. 2008 ; L. n° 2016-925, 7 juill. 2016).* – Les archives sont l'ensemble des documents, y compris les données, quels que soient leur date, leur lieu de conservation, leur forme et leur support, produits ou reçus par toute personne physique ou morale et par tout service ou organisme public ou privé dans l'exercice de leur activité.

Art. L. 211-2. – La conservation des archives est organisée dans l'intérêt public tant pour les besoins de la gestion et de la justification des droits des personnes physiques ou morales, publiques ou privées, que pour la documentation historique de la recherche.

Art. L. 211-2-1 *(L. n° 2008-696, 15 juill. 2008)*. – Le Conseil supérieur des archives, placé auprès du ministre chargé de la culture, est consulté sur la politique mise en œuvre en matière d'archives publiques et privées.

Il est composé, outre son président, d'un député et d'un sénateur, de membres de droit représentant en particulier l'État et les collectivités territoriales, de personnalités qualifiées et de représentants élus du personnel.

La composition, les modes de désignation des membres et les modalités de fonctionnement de ce conseil sont fixés par arrêté.

Art. L. 211-3. – Tout fonctionnaire ou agent chargé de la collecte ou de la conservation d'archives en application des dispositions du présent titre est tenu au secret professionnel en ce qui concerne tout document qui ne peut être légalement mis à la disposition du public.

Art. L. 211-4 *(Mod., Ord. n° 2009-483, 29 avr. 2009 ; rempl. L. n° 2016-925, 7 juill. 2016)*. – Les archives publiques sont :

1° Les documents qui procèdent de l'activité de l'État, des collectivités territoriales, des établissements publics et des autres personnes morales de droit public. Les actes et documents des assemblées parlementaires sont régis par l'ordonnance n° 58-1100 du 17 novembre 1958 relative au fonctionnement des assemblées parlementaires ;

2° Les documents qui procèdent de la gestion d'un service public ou de l'exercice d'une mission de service public par des personnes de droit privé ;

3° Les minutes et répertoires des officiers publics ou ministériels et les registres de conventions notariées de pacte civil de solidarité.

Art. L. 211-5. – Les archives privées sont l'ensemble des documents définis à l'article L. 211-1 qui n'entrent pas dans le champ d'application de l'article L. 211-4.

Art. L. 211-6. – Les modalités d'application du présent chapitre sont fixées par décret en Conseil d'État.

CHAPITRE II. – COLLECTE, CONSERVATION ET PROTECTION

Section I. – Archives publiques

Sous-section 1. – Dispositions générales

Art. L. 212-1 *(Rempl., L. n° 2008-696, 15 juill. 2008 ; mod. à compter d'une date fixée par décret et au plus tard le 1er janvier 2018, Ord. n° 2017-1134, 5 juill. 2017)*. – Les archives publiques sont imprescriptibles.

Nul ne peut détenir sans droit ni titre des archives publiques.

Le propriétaire du document, l'administration des archives ou tout service public d'archives compétent peut engager une action en revendication d'archives publiques, une action en nullité de tout acte intervenu en méconnaissance du deuxième alinéa ou une action en restitution.

Lorsque les archives publiques appartiennent au domaine public, les actions en nullité ou en revendication s'exercent dans les conditions prévues aux articles L. 112-22 et L. 112-23.

Les modalités d'application des dispositions qui précèdent sont fixées par décret en Conseil d'État.

Art. L. 212-1-1 *(L. n° 2018-727, 10 août 2018)*. – Lorsqu'une personne de bonne foi, à partir de la présentation écrite, précise et complète de l'origine de propriété et de l'archive originale, demande à l'administration des archives de prendre formellement position sur la nature d'archive privée n'appartenant pas au domaine public d'une archive qu'elle détient, l'administration des archives répond de manière motivée dans un délai de trois mois. La réponse est opposable par le demandeur au service qui l'a émise jusqu'à ce que survienne un changement de fait ou de droit qui en affecte la validité ou jusqu'à ce que le service notifie au demandeur une modification de son appréciation.

Art. L. 212-2 *(Rempl., L. n° 2008-696, 15 juill. 2008)*. – À l'expiration de leur période d'utilisation courante, les archives publiques autres que celles mentionnées à l'article L. 212-3 font l'objet d'une sélection pour séparer les documents à conserver des documents dépourvus d'utilité administrative ou d'intérêt historique ou scientifique, destinés à l'élimination.

La liste des documents ou catégories de documents destinés à l'élimination ainsi que les conditions de leur élimination sont fixées par accord entre l'autorité qui les a produits ou reçus et l'administration des archives.

Art. L. 212-3 *(Rempl., L. n° 2008-696, 15 juill. 2008 ; mod. à compter de la date prévue à l'article 29 de l'ordonnance n° 2018-1125 du 12 décembre 2018 et au plus tard le 1er juin 2019, Ord. n° 2018-1125, 12 déc. 2018)*. – Lorsque les archives publiques comportent des données à caractère personnel collectées dans le cadre de traitements régis par la loi n° 78-17 du 6 janvier 1978 relative à l'informatique, aux fichiers et aux libertés, ces données font l'objet, à l'expiration de la durée prévue au 5° de l'article 4 de ladite loi, d'une sélection pour déterminer les données destinées à être conservées et celles, dépourvues d'utilité administrative ou d'intérêt scientifique, statistique ou historique, destinées à être éliminées.

Les catégories de données destinées à l'élimination ainsi que les conditions de cette élimination sont fixées par accord entre l'autorité qui a produit ou reçu ces données et l'administration des archives.

Art. L. 212-4. – I. - Les archives publiques qui, à l'issue de la sélection prévue aux articles L. 212-2 et L. 212-3, sont destinées à être conservées sont versées dans un service public d'archives dans des conditions fixées par décret en Conseil d'État. Ce décret détermine les cas où, par dérogation aux dispositions qui précèdent, l'administration des archives laisse le soin de la conservation des documents d'archives produits ou reçus par certaines administrations ou certains organismes aux services compétents de ces administrations ou organismes lorsqu'ils présentent des conditions satisfaisantes de conservation, de sécurité, de communication et d'accès des documents. Il fixe les conditions de la coopération entre l'administration des archives et ces administrations ou organismes.

Les dispositions qui précèdent ne sont pas applicables aux archives des collectivités territoriales et des groupements de collectivités territoriales.

II. - La conservation des documents d'archives publiques procédant de l'activité des personnes visées à l'article L. 211-4 qui n'ont pas encore fait l'objet de la sélection prévue aux articles L. 212-2 et L. 212-3 est assurée par ces personnes sous le contrôle scientifique et technique de l'administration des archives. Lesdites personnes peuvent, après en avoir fait la déclaration à l'administration des archives, déposer tout ou partie de ces documents auprès de personnes physiques ou morales agréées à cet effet par ladite administration. Le dépôt fait l'objet d'un contrat qui prévoit les conditions de sécurité et de conservation des documents déposés ainsi que les modalités de leur communication et de leur accès, du contrôle de ces documents par l'administration des archives et de leur restitution au déposant à l'issue du contrat. Un décret en Conseil d'État fixe les modalités de la déclaration préalable ainsi que les conditions d'octroi et de retrait de l'agrément des dépositaires, et précise le contenu des clauses devant figurer dans les contrats de dépôt.

(Al. rempl. à compter d'une date fixée par décret et au plus tard le 1er janvier 2019, Ord. n° 2017-27, 12 janv. 2017) Les données de santé à caractère personnel recueillies à l'occasion d'activités de prévention, de diagnostic, de soins ou de suivi social et médico-social procédant de l'activité des personnes visées à l'article L. 211-4 qui n'ont pas encore fait l'objet de la sélection prévue à l'article L. 212-3 peuvent être confiées, après en avoir fait la déclaration à l'administration des archives, à des personnes physiques ou morales titulaires de l'agrément ou du certificat de conformité prévus à cet effet à l'article L. 1111-8 du Code de la santé publique.

III. - Le II s'applique au dépôt des archives publiques qui ne sont pas soumises à l'obligation de versement dans un service public d'archives.

Art. L. 212-4-1 *(L. n° 2016-925, 7 juill. 2016 ; mod. à compter du 25 mai 2018, L. n° 2018-493, 20 juin 2018)*. – La conservation des archives numériques peut faire l'objet d'une mutualisation entre services publics d'archives, dans des conditions déterminées par décret en Conseil d'État. Par dérogation aux articles L. 212-6, L. 212-6-1, L. 212-11 et L. 212-12, le présent article s'applique aux collectivités territoriales et à leurs groupements.

Art. L. 212-5 *(Rempl., L. n° 2008-696, 15 juill. 2008)*. – Lorsqu'il est mis fin à l'existence d'un ministère, service, établissement ou organisme détenteur d'archives publiques, celles-ci sont, à défaut d'affectation déterminée par l'acte de suppression, versées à un service public d'archives.

Sous-section 2. – Archives des collectivités territoriales et des groupements de collectivités territoriales

(Intitulé rempl., L. n° 2008-696, 15 juill. 2008)

§ 1. – Dispositions générales

Art. L. 212-6 *(Mod. à compter du 1er janvier 2018, Ord. n° 2016-1562, 21 nov. 2016).* – Les collectivités territoriales sont propriétaires de leurs archives. Elles en assurent elles-mêmes la conservation et la mise en valeur. Toutefois, les régions peuvent également confier la conservation de leurs archives, par convention, au service d'archives du département où se trouve le chef-lieu de la région.

Art. L. 212-6-1 *(L. n° 2008-696, 15 juill. 2008).* – Les groupements de collectivités territoriales sont propriétaires de leurs archives et sont responsables de leur conservation et de leur mise en valeur. Ils peuvent également confier la conservation de leurs archives, par convention, au service d'archives de l'une des communes membres du groupement ou les déposer au service départemental d'archives compétent.

Le dépôt au service départemental d'archives est prescrit d'office par le préfet, après une mise en demeure restée sans effet, lorsqu'il est établi que la conservation des archives du groupement n'est pas convenablement assurée.

Art. L. 212-7. – Les collectivités territoriales continuent de bénéficier, pour la conservation et la mise en valeur de leurs archives, des concours financiers de l'État dans les conditions en vigueur au 1er janvier 1986.

Art. L. 212-8 *(Mod. à compter du 1er janvier 2015, L. n° 2014-58, 27 janv. 2014 ; à compter du 1er janvier 2015, Ord. n° 2014-1543, 19 déc. 2014 ; à compter du 1er janvier 2018, Ord. n° 2016-1562, 21 nov. 2016).* – Les services départementaux d'archives sont financés par le département ou, en Corse, par la collectivité de Corse. Ils sont tenus de recevoir et de gérer les archives des services déconcentrés de l'État ayant leur siège dans le département. Ceux-ci sont tenus de les y verser. Il en va de même des autres archives publiques constituées dans leur ressort ainsi que des archives que les communes sont tenues ou décident de déposer aux archives départementales. Les services départementaux d'archives peuvent également recevoir des archives privées.

Le service départemental d'archives du Rhône exerce les missions définies au premier alinéa sur les territoires du département du Rhône et de la métropole de Lyon. Il assure également la conservation et la mise en valeur des archives de la métropole de Lyon. Le département du Rhône et la métropole de Lyon assurent conjointement le financement du service départemental d'archives du Rhône.

Le service départemental d'archives du Rhône est un service unifié au sens du I de l'article L. 5111-1-1 du Code général des collectivités territoriales, rattaché au département du Rhône.

Le remboursement des dépenses prévu au cinquième alinéa de l'article L. 5111-1-1 s'effectue au prorata de la population du département du Rhône et de la métropole de Lyon.

Pour l'application des dispositions du livre II du présent code au département du Rhône et à la métropole de Lyon, les mots : « service départemental d'archives », « archives du département » et « archives départementales » sont remplacés par les mots : « service d'archives du département du Rhône et de la métropole de Lyon ».

(Al. créé à compter du 1er janvier 2018, Ord. n° 2016-1562, 21 nov. 2016) Pour l'application des dispositions du livre II du présent code à la collectivité de Corse, les mots : « service départemental d'archives », « archives du département » et « archives départementales » sont remplacés par les mots : « service d'archives de la collectivité de Corse ».

(Al. créé à compter du 1er janvier 2019, Ord. n° 2018-74, 8 févr. 2018) Pour l'application des dispositions du livre II du présent code à la Ville de Paris, les mots : « service départemental d'archives », « archives du département » et « archives départementales » sont remplacés par les mots : « service d'archives de la Ville de Paris ».

Art. L. 212-9 *(Mod. à compter du 1er janvier 2018, Ord. n° 2016-1562, 21 nov. 2016).* – Par dérogation au II de l'article 42 de la loi n° 84-16 du 11 janvier 1984 portant dispositions statutaires relatives à la fonction publique de l'État, la mise à disposition des personnels scientifiques et de documentation de l'État auprès des départements ou, en Corse, de la collectivité de Corse pour exercer leurs fonctions dans les services départementaux d'archives n'est pas soumise à l'obligation de remboursement.

Les directeurs des services départementaux d'archives sont choisis parmi les conservateurs ou les conservateurs généraux du patrimoine de l'État.

Un décret en Conseil d'État fixe les modalités d'application du présent article.

Art. L. 212-10 *(Mod., L. n° 2008-696, 15 juill. 2008).* – La conservation et la mise en valeur des archives appartenant aux collectivités territoriales et aux groupements de collectivités territoriales, ainsi que de celles gérées par les services départementaux d'archives en application des articles L. 212-6 et L. 212-8 sont assurées conformément à la législation applicable en la matière sous le contrôle scientifique et technique de l'État.

Un décret en Conseil d'État fixe les conditions d'application du présent article, et notamment les conditions dans lesquelles les conservateurs d'archives, appartenant au personnel scientifique de l'État, mis à disposition du président du conseil général ou régional ou, en Corse, du président du conseil exécutif, peuvent assurer le contrôle scientifique et technique prévu à l'alinéa précédent.

§ 2. – Dépôt des archives communales

Art. L. 212-11 *(Rempl., L. n° 2016-925, 7 juill. 2016).* – Les archives produites ou reçues par les communes de moins de 2 000 habitants :

1° Peuvent être confiées en dépôt, par convention, au service d'archives du groupement de communes à fiscalité propre dont elles sont membres ou au service d'archives de la commune membre désignée par ce groupement pour gérer les archives de celui-ci, dans des conditions déterminées par décret en Conseil d'État ;

2° Sont déposées au service départemental d'archives compétent à l'expiration d'un délai de cent vingt ans pour les registres de l'état civil et de cinquante ans pour les autres documents n'ayant plus d'utilité administrative et destinés à être conservés à titre définitif. Toutefois, après déclaration auprès du représentant de l'État dans le département et accord de l'administration des archives, la commune peut conserver elle-même ses archives ou les confier au service d'archives du groupement de communes à fiscalité propre auquel elle appartient ou au service d'archives de la commune membre désignée par ce groupement pour gérer les archives de celui-ci, dans les conditions prévues au 1°.

Par exception, les archives numériques peuvent être déposées avant l'expiration de leur durée d'utilité administrative.

Art. L. 212-12 *(Rempl., L. n° 2016-925, 7 juill. 2016).* – Les archives produites ou reçues par les communes de 2 000 habitants ou plus peuvent être déposées par le maire, par convention :

1° Au service d'archives du groupement de communes à fiscalité propre dont elles sont membres ou au service d'archives de la commune membre désignée par ce groupement pour gérer les archives de celui-ci, dans des conditions déterminées par décret en Conseil d'État ;

2° Au service départemental d'archives compétent à l'expiration d'un délai de cent vingt ans pour les registres de l'état civil et de cinquante ans pour les autres documents n'ayant plus d'utilité administrative et destinés à être conservés à titre définitif.

Par exception, les archives numériques peuvent être déposées avant l'expiration de leur durée d'utilité administrative.

Art. L. 212-13. – Lorsqu'il s'agit de documents présentant un intérêt historique certain et dont il est établi que les conditions de leur conservation les mettent en péril, le préfet peut mettre en demeure la commune de prendre toutes mesures qu'il énumère.

Si la commune ne prend pas ces mesures, le préfet peut prescrire le dépôt d'office de ces documents aux archives du département, quelles que soient l'importance de la commune et la date des documents.

Art. L. 212-14. – Les documents mentionnés aux articles L. 212-11 à L. 212-13, déposés par le maire, restent la propriété de la commune.

La conservation, le classement et la communication des documents d'archives communales déposés sont assurés dans les conditions prévues pour les archives départementales proprement dites.

Il n'est procédé, dans les fonds d'archives communales déposés aux archives du département, à aucune élimination sans l'autorisation du conseil municipal.

§ 3. – Archives départementales et régionales et de la collectivité territoriale de Corse

Le présent paragraphe ne comprend pas de dispositions législatives.

Section II. – Archives privées

Sous-section 1. – Classement comme archives historiques

Art. L. 212-15. – Les archives privées qui présentent pour des raisons historiques un intérêt public peuvent être classées comme archives historiques, sur proposition de l'administration des archives, par décision de l'autorité administrative.

Art. L. 212-16. – Le classement de documents comme archives historiques n'emporte pas transfert à l'État de la propriété des documents classés.

Art. L. 212-17. – À défaut du consentement du propriétaire, le classement d'archives privées peut être prononcé d'office par décret pris sur avis conforme du Conseil d'État.

Art. L. 212-18. – L'administration des archives notifie immédiatement au propriétaire l'ouverture de la procédure de classement. À compter de cette notification, tous les effets du classement s'appliquent de plein droit. Ils cessent de s'appliquer si une décision de classement n'est pas intervenue dans les six mois suivant la date à laquelle le propriétaire a accusé réception de la notification.

Art. L. 212-19. – Le classement peut donner lieu au paiement d'une indemnité représentative du préjudice pouvant résulter, pour le propriétaire, de la servitude de classement d'office. La demande d'indemnité est produite dans les six mois à compter de la notification du décret de classement. À défaut d'accord amiable, l'indemnité est fixée par les tribunaux de l'ordre judiciaire.

Art. L. 212-20. – Les archives classées comme archives historiques sont imprescriptibles.

Art. L. 212-21. – Les effets du classement suivent les archives, en quelques mains qu'elles passent.

Art. L. 212-22. – Les propriétaires ou possesseurs d'archives classées sont tenus, lorsqu'ils en sont requis, de les présenter aux agents accrédités à cette fin dans des conditions fixées par décret en Conseil d'État.

Art. L. 212-23 *(Rempl., L. n° 2008-696, 15 juill. 2008)*. – Le propriétaire d'archives classées qui projette de les aliéner est tenu d'en faire préalablement la déclaration à l'administration des archives dans un délai fixé par décret en Conseil d'État. Il en est de même pour le propriétaire, le détenteur ou le dépositaire d'archives classées qui projette de les déplacer d'un lieu dans un autre.

Toute aliénation doit être notifiée à l'administration des archives par celui qui l'a consentie, dans les quinze jours suivant la date de son accomplissement. Cette notification précise le nom et l'adresse du nouvel acquéreur.

Il en est de même pour toute transmission d'archives classées par voie de succession, de partage, de donation ou de legs. La notification est faite par l'héritier, le copartageant, le donataire ou le légataire.

Art. L. 212-24. – Tout propriétaire d'archives classées qui procède à leur aliénation est tenu de faire connaître à l'acquéreur l'existence du classement.

Art. L. 212-25 *(Mod., L. n° 2008-696, 15 juill. 2008 ; L. n° 2016-925, 7 juill. 2016)*. – Sauf autorisation de l'administration des archives, les archives classées ne peuvent être soumises à aucune opération susceptible de les modifier ou de les altérer.

Elles ne peuvent être divisées ou aliénées par lot ou pièce sans l'autorisation de l'administration des archives.

Tous travaux engagés sur des archives classées s'exécutent avec l'autorisation de l'administration des archives et sous son contrôle scientifique et technique.

Art. L. 212-26. – Le déclassement d'archives classées peut être prononcé soit à la demande du propriétaire, soit à l'initiative de la direction des Archives de France. La décision de déclassement est prise dans les mêmes formes que la décision de classement.

Art. L. 212-27 *(Mod., L. n° 2008-696, 15 juill. 2008)*. – Toute destruction d'archives classées ou en instance de classement est interdite.

Toutefois, lorsqu'il apparaît, lors de l'inventaire initial du fonds, que certains documents sont dépourvus d'intérêt historique, il peut être procédé à leur élimination dans les conditions prévues au deuxième alinéa de l'article L. 212-2, en accord entre le propriétaire du fonds et l'administration des archives.

Art. L. 212-28. – L'exportation des archives classées est interdite, sans préjudice des dispositions relatives à l'exportation temporaire prévue à l'article L. 111-7.

LIVRE CINQUIÈME. – ARCHÉOLOGIE

TITRE PREMIER. – DÉFINITION DU PATRIMOINE ARCHÉOLOGIQUE

Art. L. 510-1 *(Mod L. n° 2016-925, 7 juill. 2016).* – Constituent des éléments du patrimoine archéologique tous les vestiges, biens et autres traces de l'existence de l'humanité, y compris le contexte dans lequel ils s'inscrivent, dont la sauvegarde et l'étude, notamment par des fouilles ou des découvertes, permettent de retracer le développement de l'histoire de l'humanité et de sa relation avec l'environnement naturel.

TITRE II. – ARCHÉOLOGIE PRÉVENTIVE

CHAPITRE I. – DÉFINITION

Art. L. 521-1. – L'archéologie préventive, qui relève de missions de service public, est partie intégrante de l'archéologie. Elle est régie par les principes applicables à toute recherche scientifique. Elle a pour objet d'assurer, à terre et sous les eaux, dans les délais appropriés, la détection, la conservation ou la sauvegarde par l'étude scientifique des éléments du patrimoine archéologique affectés ou susceptibles d'être affectés par les travaux publics ou privés concourant à l'aménagement. Elle a également pour objet l'interprétation et la diffusion des résultats obtenus.

CHAPITRE II. – RÉPARTITION DES COMPÉTENCES : ÉTAT ET COLLECTIVITÉS TERRITORIALES

Section I. – Rôle de l'État

Art. L. 522-1 *(Mod L. n° 2016-925, 7 juill. 2016).* – L'État veille à la conciliation des exigences respectives de la recherche scientifique, de la conservation du patrimoine et du développement économique et social.

Il veille à la cohérence et au bon fonctionnement du service public de l'archéologie préventive dans sa dimension scientifique, ainsi que dans ses dimensions économique et financière dans le cadre des missions prévues à l'article L. 523-8-1.

Il exerce la maîtrise scientifique des opérations d'archéologie préventive et, à ce titre :

1° Prescrit les mesures visant à la détection, à la conservation ou à la sauvegarde par l'étude scientifique du patrimoine archéologique ;

2° Désigne le responsable scientifique de toute opération ;

3° Assure le contrôle scientifique et technique et évalue ces opérations ;

4° Est destinataire de l'ensemble des données scientifiques afférentes aux opérations.

Art. L. 522-2 *(Mod., L. n° 2009-179, 17 févr. 2009 ; L. n° 2016-925, 7 juill. 2016).* – Les prescriptions de l'État concernant les diagnostics et les opérations de fouilles d'archéologie préventive sont motivées. Les prescriptions de diagnostic sont délivrées dans un délai d'un mois à compter de la réception du dossier. Ce délai est porté à deux mois lorsque les aménagements, ouvrages ou travaux projetés sont soumis à une étude d'impact en application du Code de l'environnement. Les prescriptions de fouilles sont délivrées dans un délai de trois mois à compter de la réception du rapport de diagnostic. En l'absence de prescriptions dans les délais, l'État est réputé avoir renoncé à édicter celles-ci.

Art. L. 522-3 *(Mod. à compter d'une date fixée par décret et au plus tard le 1er janvier 2018, Ord. n° 2017-651, 27 avr. 2017).* – Les prescriptions de l'État peuvent s'appliquer à des opérations non soumises à la redevance prévue à l'article L. 524-2.

Lorsque l'intérêt des vestiges impose leur conservation, l'autorité administrative notifie au propriétaire une instance de protection de tout ou partie du terrain dans les conditions prévues par les dispositions relatives aux monuments historiques.

Art. L. 522-4. – Hors des zones archéologiques définies en application de l'article L. 522-5, les personnes qui projettent de réaliser des aménagements, ouvrages ou travaux peuvent saisir l'État afin qu'il examine si leur projet est susceptible de donner lieu à des prescriptions de diagnostic archéologique. À défaut de réponse dans un délai de deux mois ou en cas de réponse négative, l'État est réputé renoncer, pendant une durée de cinq ans, à prescrire un diagnostic, sauf modification substantielle du projet ou des connaissances archéologiques de l'État sur le territoire de la commune.

Si l'État a fait connaître la nécessité d'un diagnostic, l'aménageur peut en demander la réalisation anticipée par l'établissement public institué par l'article L. 523-1 ou un service territorial. Dans ce cas, il est redevable de la redevance prévue à l'article L. 524-2.

Art. L. 522-5. – Avec le concours des établissements publics ayant des activités de recherche archéologique et des collectivités territoriales, l'État dresse et met à jour la carte archéologique nationale. Cette carte rassemble et ordonne pour l'ensemble du territoire national les données archéologiques disponibles.

Dans le cadre de l'établissement de la carte archéologique, l'État peut définir des zones où les projets d'aménagement affectant le sous-sol sont présumés faire l'objet de prescriptions archéologiques préalablement à leur réalisation.

Art. L. 522-6. – Les autorités compétentes pour délivrer les autorisations de travaux ont communication d'extraits de la carte archéologique nationale et peuvent les communiquer à toute personne qui en fait la demande. Un décret détermine les conditions de communication de ces extraits ainsi que les modalités de communication de la carte archéologique par l'État, sous réserve des exigences liées à la préservation du patrimoine archéologique, à toute personne qui en fait la demande.

Section II. – Rôle des collectivités territoriales

Art. L. 522-7 *(Mod., L. n° 2016-925, 7 juill. 2016).* – Les services archéologiques des collectivités territoriales sont organisés et financés par celles-ci.

Ces services sont soumis au contrôle scientifique et technique de l'État.

Ces services contribuent à l'exploitation scientifique des opérations d'archéologie qu'ils réalisent et à la diffusion de leurs résultats et peuvent participer à l'exploitation scientifique des opérations d'archéologie réalisées sur le territoire de la collectivité territoriale ou du groupement de collectivités territoriales dont ils relèvent.

Art. L. 522-8 *(Mod. L. n° 2016-925, 7 juill. 2016).* – Pour pouvoir réaliser des opérations de diagnostic et de fouilles d'archéologie préventive selon les modalités prévues aux articles L. 523-4, L. 523-5 et L. 523-7 à L. 523-10, les services mentionnés à l'article L. 522-7 doivent avoir été préalablement habilités.

L'habilitation est attribuée, à la demande de la collectivité territoriale ou du groupement de collectivités territoriales dont relève le service, après avis du Conseil national de la recherche archéologique, par arrêté des ministres chargés de la culture et de la recherche. Elle est délivrée au vu d'un dossier établissant la capacité scientifique et technique du service et son organisation administrative. Ce dossier comprend un projet de convention avec l'État fixant les modalités de sa participation à l'exploitation scientifique des opérations d'archéologie préventive. Cette convention peut traiter d'autres sujets sous réserve de l'accord des deux parties.

L'habilitation est valable sur le territoire de la région de rattachement de la collectivité territoriale ou du groupement de collectivités territoriales demandeur. Elle permet de réaliser des diagnostics dans les conditions définies à l'article L. 523-4. L'habilitation permet de réaliser des opérations de fouille dont l'emprise est localisée sur le territoire de la région de rattachement de la collectivité ou du groupement. Dans les autres cas, le représentant de l'État peut autoriser la collectivité ou le groupement habilité à réaliser tout ou partie d'une fouille en dehors de ce territoire.

L'habilitation peut être refusée, suspendue ou retirée par décision motivée, après avis du Conseil national de la recherche archéologique.

Le service habilité transmet tous les cinq ans au ministre chargé de la culture un bilan scientifique, technique et financier de son activité en matière d'archéologie préventive.

CHAPITRE III. – MISE EN ŒUVRE DES OPÉRATIONS D'ARCHÉOLOGIE PRÉVENTIVE

Art. L. 523-1. – Sous réserve des cas prévus à l'article L. 523-4, les diagnostics d'archéologie préventive sont confiés à un établissement public national à caractère administratif qui les exécute conformément aux décisions délivrées et aux prescriptions imposées par l'État et sous la surveillance de ses représentants, en application des dispositions du présent livre.

L'établissement public réalise des fouilles d'archéologie préventive dans les conditions définies aux articles L. 523-8 à L. 523-10.

L'établissement public assure l'exploitation scientifique des opérations d'archéologie préventive et la diffusion de leurs résultats. Il concourt à l'enseignement, à la diffusion culturelle et à la valorisation de l'archéologie.

Pour l'exécution de ses missions, l'établissement public peut s'associer, par voie de convention, à d'autres personnes morales dotées de services de recherche archéologique.

Art. L. 523-2. – L'établissement public mentionné à l'article L. 523-1 est administré par un conseil d'administration. Le président du conseil d'administration est nommé par décret.

Le conseil d'administration comprend, outre son président, des représentants de l'État, des personnalités qualifiées, des représentants des organismes et établissements publics de recherche et d'enseignement supérieur dans le domaine de la recherche archéologique, des représentants des collectivités territoriales et des personnes publiques et privées dont l'activité est affectée par l'archéologie préventive ou qui œuvrent en ce domaine, ainsi que des représentants élus du personnel. Les attributions et le mode de fonctionnement de l'établissement public ainsi que la composition de son conseil d'administration sont précisés par décret.

Le conseil d'administration est assisté par un conseil scientifique.

Art. L. 523-3 *(Mod., L. n° 2009-179, 17 févr. 2009 ; L. n° 2012-347, 12 mars 2012)*. – Les emplois permanents de l'établissement public sont pourvus par des agents contractuels. Le statut des personnels de l'établissement public est régi par le décret en Conseil d'État pris en application de l'article 7 de la loi n° 84-16 du 11 janvier 1984 portant dispositions statutaires relatives à la fonction publique de l'État et par un décret particulier.

Les biens, droits et obligations de l'association dénommée « Association pour les fouilles archéologiques nationales » sont dévolus à l'établissement public dans des conditions fixées par décret.

Art. L. 523-4 *(Mod., L. n° 2009-526, 12 mai 2009 ; L. n° 2016-925, 7 juill. 2016)*. – Les services archéologiques qui dépendent d'une collectivité territoriale ou d'un groupement de collectivités territoriales établissent, sur décision de l'organe délibérant de la collectivité ou du groupement, dans les mêmes conditions que l'établissement public, les diagnostics d'archéologie préventive relatifs à :

a) Soit une opération d'aménagement ou de travaux réalisée sur le territoire de la collectivité territoriale ou du groupement de collectivités territoriales. La collectivité territoriale ou le groupement de collectivités territoriales fait connaître au représentant de l'État dans la région sa décision relative à l'exécution du diagnostic dans un délai de quatorze jours à compter de la réception de la notification du diagnostic ;

b) Soit, pendant une durée minimale de trois ans, l'ensemble des opérations d'aménagement ou de travaux réalisées sur le territoire de la collectivité territoriale ou du groupement de collectivités territoriales.

Lorsque son organe délibérant en a ainsi décidé, une collectivité territoriale ou un groupement de collectivités territoriales, doté d'un service archéologique, est compétent pour se livrer aux opérations mentionnées au présent article sur son territoire alors même que ce dernier serait inclus dans le ressort d'une autre collectivité territoriale également dotée d'un service archéologique.

Lorsqu'une opération de diagnostic est localisée en partie sur son territoire et que la collectivité ou le groupement le demande, le représentant de l'État peut lui confier la responsabilité de la totalité de l'opération.

En application des articles L. 2122-22, L. 3211-2 ou L. 4221-5 du Code général des collectivités territoriales, les décisions relatives à l'exécution des diagnostics d'archéologie préventive peuvent être déléguées par l'organe délibérant de la collectivité ou de son groupement à l'organe exécutif.

Art. L. 523-5. – La réalisation, par un service archéologique territorial, d'un diagnostic prescrit à l'occasion de travaux réalisés pour le compte d'une autre collectivité, d'un autre groupement ou de l'État est soumise à l'accord de cette collectivité, de ce groupement ou de l'État.

Art. L. 523-6. – Les collectivités territoriales peuvent recruter pour les besoins de leurs services archéologiques, en qualité d'agents non titulaires, les agents de l'établissement public mentionné à l'article L. 523-1 qui bénéficient d'un contrat à durée indéterminée. Les agents ainsi recrutés conservent, sur leur demande, le bénéfice des stipulations de leur contrat antérieur relatives à sa durée indéterminée, à la rémunération qu'ils percevaient et à leur régime de retraite complémentaire et de prévoyance. Ils conservent, en outre, le bénéfice des stipulations de leur contrat antérieur qui ne dérogent pas aux dispositions législatives et réglementaires applicables aux agents non titulaires de la fonction publique territoriale.

Art. L. 523-7 *(Mod., L. n° 2009-179, 17 févr. 2009 ; L. n° 2016-925, 7 juill. 2016).* – Une convention, conclue entre la personne projetant d'exécuter des travaux et l'établissement public ou la collectivité territoriale ou le groupement de collectivités territoriales dont dépend le service archéologique territorial chargé d'établir le diagnostic d'archéologie préventive, définit les délais de réalisation des diagnostics et les conditions d'accès aux terrains et de fourniture des matériels, équipements et moyens nécessaires à la réalisation des diagnostics. Les délais courent à compter de la mise à disposition des terrains dans des conditions permettant de se livrer aux opérations archéologiques. Sous réserve des dispositions du troisième alinéa applicables en cas d'un dépassement de délai imputable à l'opérateur, la convention détermine les conséquences pour les parties du dépassement des délais.

Faute d'un accord entre les parties sur les modalités de l'établissement de la convention, ces délais sont fixés, à la demande de la partie la plus diligente, par l'État. Dans ce cas, lorsque l'État ne s'est pas prononcé dans un délai fixé par voie réglementaire, la prescription est réputée caduque.

Lorsque, du fait de l'opérateur, le diagnostic n'est pas achevé dans le délai fixé par la convention, la prescription de diagnostic est réputée caduque à l'expiration d'un délai fixé par voie réglementaire.

Dans ces cas, les dispositions des articles L. 531-14 à L. 531-16 sont applicables aux découvertes faites sur le terrain d'assiette de l'opération. Les mesures utiles à leur conservation ou à leur sauvegarde sont prescrites conformément aux dispositions du présent titre.

Les conclusions du diagnostic sont transmises à la personne projetant d'exécuter les travaux et au propriétaire du terrain.

Art. L. 523-8 *(Mod. L. n° 2016-925, 7 juill. 2016).* – L'État assure la maîtrise scientifique des opérations de fouilles d'archéologie préventive mentionnées à l'article L. 522-1. Leur réalisation incombe à la personne projetant d'exécuter les travaux ayant donné lieu à la prescription. Celle-ci fait appel, pour la mise en œuvre des opérations de fouilles terrestres et subaquatiques, soit à l'établissement public mentionné à l'article L. 523-1, soit à un service archéologique territorial, soit, dès lors que sa compétence scientifique est garantie par un agrément délivré par l'État, à toute autre personne de droit public ou privé.

Lorsque la personne projetant d'exécuter les travaux est une personne privée, l'opérateur de fouilles ne peut être contrôlé, directement ou indirectement, ni par cette personne ni par l'un de ses actionnaires.

Pour un lotissement ou une zone d'aménagement concerté, la personne publique ou privée qui réalise ou fait réaliser le projet d'aménagement assure les opérations de fouilles pour l'ensemble du projet d'aménagement.

Art. L. 523-8-1 *(L. n° 2016-925, 7 juill. 2016).* – L'agrément pour la réalisation de fouilles prévu à l'article L. 523-8 est délivré par l'État pour cinq ans, après avis du Conseil national de la recherche archéologique, au vu d'un dossier établissant la capacité scientifique, technique et financière ainsi que l'organisation administrative du demandeur et son respect d'exigences en matière sociale, financière et comptable.

L'agrément peut être refusé, suspendu ou retiré par décision motivée, après avis du Conseil national de la recherche archéologique.

La personne agréée transmet chaque année à l'autorité compétente de l'État un bilan scientifique, administratif, social, technique et financier de son activité en matière d'archéologie préventive.

Art. L. 523-8-2 *(L. n° 2016-925, 7 juill. 2016).* – Les opérateurs agréés définis à l'article L. 523-8 peuvent contribuer à l'exploitation scientifique des opérations d'archéologie préventive qu'ils réalisent et à la diffusion de leurs résultats.

Art. L. 523-9 *(Rempl., L. n° 2016-925, 7 juill. 2016).* – I. - Lorsqu'une prescription de fouilles est notifiée à la personne qui projette d'exécuter les travaux, celle-ci sollicite les offres d'un ou plusieurs opérateurs mentionnés au premier alinéa de l'article L. 523-8. La prescription de fouilles est assortie d'un cahier des charges scientifique dont le contenu est fixé par voie réglementaire.

La liste des éléments constitutifs des offres mentionnées au premier alinéa du présent I est définie par arrêté du ministre chargé de la culture. Elle comprend le projet scientifique d'intervention, les conditions de sa mise en œuvre et le prix proposé. Le projet scientifique d'intervention détermine les modalités de la réalisation archéologique prescrite, les méthodes et techniques utilisées, ainsi que les moyens humains et matériels prévus.

Préalablement au choix de l'opérateur par la personne projetant d'exécuter les travaux, celle-ci transmet à l'État l'ensemble des offres recevables au titre de la consultation. L'État procède à la vérification de leur conformité aux prescriptions de fouilles édictées en application de l'article L. 522-2, évalue le volet scientifique et s'assure de l'adéquation entre les projets et les moyens prévus par l'opérateur.

II. - Le contrat passé entre la personne projetant d'exécuter les travaux et la personne chargée de la réalisation des fouilles rappelle le prix et les moyens techniques et humains mis en œuvre et fixe les délais de réalisation de ces fouilles, ainsi que les indemnités dues en cas de dépassement de ces délais. Le projet scientifique d'intervention est une partie intégrante du contrat. La mise en œuvre du contrat est subordonnée à la délivrance de l'autorisation de fouilles par l'État.

L'opérateur exécute les fouilles conformément aux décisions prises et aux prescriptions imposées par l'État et sous la surveillance de ses représentants, en application des dispositions du présent livre.

L'État s'assure que les conditions d'emploi du responsable scientifique de l'opération sont compatibles avec la réalisation de l'opération jusqu'à la remise du rapport de fouilles.

La prestation qui fait l'objet du contrat est exécutée sous l'autorité des personnels scientifiques dont les compétences ont justifié l'agrément de l'opérateur. Le recours à un sous-traitant pour la réalisation des prestations scientifiques fait l'objet d'une déclaration à l'État, préalable à son engagement.

Lorsque, du fait de l'opérateur et sous réserve des dispositions prévues par le contrat, les travaux nécessaires aux opérations archéologiques ne sont pas engagés dans un délai de six mois suivant la délivrance de l'autorisation mentionnée au premier alinéa du présent II, l'État en prononce le retrait. Ce retrait vaut renonciation à la mise en œuvre des prescriptions édictées en application de l'article L. 522-2.

Lorsque, du fait de l'opérateur, les travaux de terrain nécessaires aux opérations archéologiques ne sont pas achevés dans un délai de douze mois à compter de la délivrance de l'autorisation mentionnée au premier alinéa du présent II, délai prorogeable une fois pour une période de dix-huit mois par décision motivée de l'autorité administrative prise après avis de la commission territoriale de la recherche archéologique, l'État en prononce le retrait. Les prescriptions édictées en application de l'article L. 522-2 sont réputées caduques. Les articles L. 531-14 et L. 531-15 sont applicables aux découvertes faites sur le terrain d'assiette de l'opération. Les mesures utiles à leur conservation ou à leur sauvegarde sont prescrites conformément au présent titre.

Art. L. 523-10 *(Mod., L. n° 2009-179, 17 févr. 2009 ; L. n° 2016-925, 7 juill. 2016)*. – Lorsque aucun autre opérateur ne s'est porté candidat ou ne remplit les conditions pour réaliser les fouilles, l'établissement public mentionné à l'article L. 523-1 est tenu d'y procéder à la demande de la personne projetant d'exécuter les travaux. En cas de désaccord entre les parties sur les conditions de réalisation ou sur le financement des fouilles, le différend est réglé selon une procédure d'arbitrage organisée par décret en Conseil d'État.

Lorsque l'établissement public n'a pas engagé les travaux nécessaires aux opérations archéologiques dans un délai de six mois suivant la délivrance de l'autorisation de fouilles par l'État, ou qu'il ne les a pas achevés dans un délai de dix-huit mois, prorogeable une fois par décision motivée de l'autorité administrative, à compter de la délivrance de cette même autorisation, les prescriptions édictées en application de l'article L. 522-2 sont réputées caduques.

Les articles L. 531-14 et L. 531-15 sont applicables aux découvertes faites sur le terrain d'assiette de l'opération. Les mesures utiles à leur conservation ou à leur sauvegarde sont prescrites conformément au présent titre.

Art. L. 523-11 *(Mod., L. n° 2016-925, 7 juill. 2016)*. – Les conditions de l'exploitation scientifique des résultats des opérations d'archéologie préventive sont définies par décret en Conseil d'État.

Lorsque les opérations d'archéologie préventive sont réalisées par un opérateur autre que l'établissement public mentionné à l'article L. 523-1, cet opérateur est tenu de remettre à l'État et à l'établissement public un exemplaire du rapport d'opération. Lorsque les opérations d'archéologie préventive sont réalisées sur le territoire d'une collectivité territoriale disposant d'un service archéologique, l'État remet à la collectivité territoriale dont relève le service un exemplaire du rapport d'opération. L'auteur du rapport ne peut s'opposer à son utilisation par l'État, par l'établissement public ou par les personnes morales dotées de services de recherche archéologique avec lesquelles il est associé en application du quatrième alinéa de l'article L. 523-1, par des organismes de recherche et des établissements d'enseignement supérieur ou par les services de collectivités territoriales mentionnés à l'article L. 522-8 et par tout autre opérateur agréé mentionné à l'article L. 523-8, à des fins d'étude et de diffusion scientifiques à l'exclusion de toute exploitation commerciale. Ce rapport d'opération est communicable selon les règles applicables aux documents administratifs.

Art. L. 523-12 *(Abr., L. n° 2016-925, 7 juill. 2016).*

Art. L. 523-13 *(Mod., L. n° 2016-925, 7 juill. 2016).* – En cas de cessation d'activité de l'opérateur de fouilles ou de retrait de son agrément ou de son habilitation, la poursuite des opérations archéologiques inachevées est confiée à l'établissement public mentionné à l'article L. 523-1. Celui-ci élabore un projet scientifique d'intervention soumis à la validation de l'État.

Un contrat conclu entre la personne projetant l'exécution des travaux et l'établissement public mentionné au même article L. 523-1 fixe le prix et les délais de réalisation de l'opération. Faute d'un accord entre les parties sur le prix ou les délais de réalisation des fouilles, ce prix ou ces délais sont fixés, à la demande de la partie la plus diligente, par l'État.

Les biens archéologiques mis au jour et la documentation scientifique sont remis à l'État, qui les confie à l'établissement public mentionné audit article L. 523-1 afin qu'il en achève l'étude scientifique.

Art. L. 523-14 *(Abr., L. n° 2016-925, 7 juill. 2016).*

....

TITRE III. – FOUILLES ARCHÉOLOGIQUES PROGRAMMÉES ET DÉCOUVERTES FORTUITES

CHAPITRE I. – ARCHÉOLOGIE TERRESTRE ET SUBAQUATIQUE

Section I. – Autorisation de fouilles par l'État

Art. L. 531-1. – Nul ne peut effectuer sur un terrain lui appartenant ou appartenant à autrui des fouilles ou des sondages à l'effet de recherches de monuments ou d'objets pouvant intéresser la préhistoire, l'histoire, l'art ou l'archéologie, sans en avoir au préalable obtenu l'autorisation.

La demande d'autorisation doit être adressée à l'autorité administrative ; elle indique l'endroit exact, la portée générale et la durée approximative des travaux à entreprendre.

Dans le délai, fixé par voie réglementaire, qui suit cette demande et après avis de l'organisme scientifique consultatif compétent, l'autorité administrative accorde, s'il y a lieu, l'autorisation de fouiller. Elle fixe en même temps les prescriptions suivant lesquelles les recherches devront être réalisées.

Art. L. 531-2. – Lorsque les fouilles doivent être réalisées sur un terrain n'appartenant pas à l'auteur de la demande d'autorisation, celui-ci doit joindre à sa demande le consentement écrit du propriétaire du terrain et, s'il y a lieu, de tout autre ayant droit.

Ce consentement ainsi que les stipulations des contrats passés afin de l'obtenir doivent tenir compte des dispositions de la présente section et ne peuvent faire obstacle à l'exercice des droits qu'il confère à l'État. Ils ne sauraient davantage être opposés à l'État ni entraîner sa mise en cause en cas de difficultés ultérieures entre l'auteur de la demande d'autorisation et des tiers.

Art. L. 531-3. – Les fouilles doivent être réalisées par celui qui a demandé et obtenu l'autorisation de les entreprendre et sous sa responsabilité.

Elles s'exécutent conformément aux prescriptions imposées par la décision d'autorisation mentionnée à l'article L. 531-1 et sous la surveillance d'un représentant de l'autorité administrative.

Toute découverte de caractère immobilier ou mobilier doit être conservée et immédiatement déclarée à ce représentant.

Art. L. 531-4 *(Abr., L. n° 2016-925, 7 juill. 2016).*

Art. L. 531-5 *(Abr., L. n° 2016-925, 7 juill. 2016).*

Art. L. 531-6. – L'autorité administrative compétente pour la délivrance de l'autorisation peut prononcer, par arrêté pris sur avis conforme de l'organisme scientifique consultatif compétent, le retrait de l'autorisation de fouilles précédemment accordée :

a) Si les prescriptions imposées pour l'exécution des recherches ou pour la conservation des découvertes faites ne sont pas observées ;

b) Si, en raison de l'importance de ces découvertes, l'autorité administrative estime devoir poursuivre elle-même l'exécution des fouilles ou procéder à l'acquisition des terrains.

À compter du jour où l'administration notifie son intention de provoquer le retrait de l'autorisation, les fouilles doivent être suspendues. Elles peuvent être reprises dans les conditions fixées par l'arrêté d'autorisation si l'autorité administrative compétente pour délivrer l'autorisation n'a pas prononcé le retrait de celle-ci dans un délai de six mois à compter de la notification.

Pendant ce laps de temps, les terrains où étaient réalisées les fouilles sont considérés comme classés parmi les monuments historiques et tous les effets du classement leur sont applicables.

Art. L. 531-7. – En cas de retrait d'autorisation pour inobservation des prescriptions imposées pour l'exécution des fouilles, l'auteur des recherches ne peut prétendre à aucune indemnité en raison de son éviction ou des dépenses qu'il a exposées.

Il peut, toutefois, obtenir le remboursement du prix des travaux ou installations pouvant servir à la continuation des fouilles si celles-ci sont poursuivies par l'État.

Art. L. 531-8 *(Mod., L. n° 2016-925, 7 juill. 2016).* – L'auteur des recherches a droit au remboursement total des dépenses qu'il a exposées. Il peut, en outre, obtenir à titre de dédommagement pour son éviction une indemnité spéciale dont le montant est fixé par l'autorité administrative compétente pour la délivrance de l'autorisation sur la proposition de l'organisme scientifique consultatif compétent.

Section II. – Exécution de fouilles par l'État

Art. L. 531-9. – L'État est autorisé à procéder d'office à l'exécution de fouilles ou de sondages pouvant intéresser la préhistoire, l'histoire, l'art ou l'archéologie sur les terrains ne lui appartenant pas, à l'exception toutefois des terrains attenant à des immeubles bâtis et clos de murs ou de clôtures équivalentes.

À défaut d'accord amiable avec le propriétaire, l'exécution des fouilles ou sondages est déclarée d'utilité publique par décision de l'autorité administrative, qui autorise l'occupation temporaire des terrains.

Cette occupation est ordonnée par une décision de l'autorité administrative qui détermine l'étendue des terrains à occuper ainsi que la date et la durée probable de l'occupation. La durée peut être prolongée, en cas de nécessité, par de nouveaux arrêtés sans pouvoir en aucun cas excéder cinq années.

Art. L. 531-10 *(Mod., L. n° 2004-1343, 9 déc. 2004).* – Il est procédé, au moment de l'occupation, à une constatation contradictoire de l'état des lieux. Ceux-ci doivent être rétablis, à l'expiration des fouilles, dans le même état, à moins que l'autorité administrative ne poursuive le classement des terrains parmi les monuments historiques ou leur acquisition.

L'occupation temporaire pour exécution de fouilles donne lieu, pour le préjudice résultant de la privation momentanée de jouissance des terrains et, éventuellement, si les lieux ne peuvent être rétablis en leur état antérieur, pour le dommage causé à la surface du sol, à une indemnité dont le montant est fixé, à défaut d'accord amiable, conformément aux dispositions de la loi du 29 décembre 1892 relative aux dommages causés à la propriété privée par l'exécution des travaux publics.

Art. L. 531-11 *(Abr., L. n° 2016-925, 7 juill. 2016).*

Art. L. 531-12. – Sont compris parmi les immeubles pouvant être expropriés ceux dont l'acquisition est nécessaire soit pour accéder aux immeubles faisant l'objet de l'expropriation principale, soit pour isoler ou dégager les monuments ou vestiges découverts au cours des fouilles.

Art. L. 531-13. – À compter du jour où l'autorité administrative notifie au propriétaire d'un immeuble son intention d'en poursuivre l'expropriation, cet immeuble est considéré comme classé parmi les monuments historiques et tous les effets du classement s'y appliquent de plein droit. Ceux-ci cessent de s'appliquer si la déclaration d'utilité publique n'intervient pas dans les six mois qui suivent la notification.

Après la déclaration d'utilité publique, l'immeuble peut être classé sans formalités par décision de l'autorité administrative.

Pour la fixation de l'indemnité d'éviction due au propriétaire, il ne sera pas tenu compte de la valeur des monuments ou objets qui pourraient être ultérieurement découverts dans les immeubles expropriés.

Section III. – Découvertes fortuites

Art. L. 531-14. – Lorsque, par suite de travaux ou d'un fait quelconque, des monuments, des ruines, substructions, mosaïques, éléments de canalisation antique, vestiges d'habitation ou de sépulture anciennes, des inscriptions ou généralement des objets pouvant intéresser la préhistoire, l'histoire, l'art, l'archéologie ou la numismatique sont mis au jour, l'inventeur de ces vestiges ou objets et le propriétaire de l'immeuble où ils ont été découverts sont tenus d'en faire la déclaration immédiate au maire de la commune, qui doit la transmettre sans délai au préfet. Celui-ci avise l'autorité administrative compétente en matière d'archéologie.

Si des objets trouvés ont été mis en garde chez un tiers, celui-ci doit faire la même déclaration.

Le propriétaire de l'immeuble est responsable de la conservation provisoire des monuments, substructions ou vestiges de caractère immobilier découverts sur ses terrains. Le dépositaire des objets assume à leur égard la même responsabilité.

L'autorité administrative peut faire visiter les lieux où les découvertes ont été faites ainsi que les locaux où les objets ont été déposés et prescrire toutes les mesures utiles pour leur conservation.

Art. L. 531-15. – Si la continuation des recherches présente au point de vue de la préhistoire, de l'histoire, de l'art ou de l'archéologie un intérêt public, les fouilles ne peuvent être poursuivies que par l'État ou après autorisation de l'État, dans les conditions prévues au présent chapitre.

À titre provisoire, l'autorité administrative peut ordonner la suspension des recherches pour une durée de six mois à compter du jour de la notification.

Pendant ce temps, les terrains où les découvertes ont été faites sont considérés comme classés et tous les effets du classement leur sont applicables.

Art. L. 531-16 à L. 531-18 *(Abr., L. n° 2016-925, 7 juill. 2016).*

Art. L. 531-19. – Les modalités d'application du présent chapitre sont fixées par décret en Conseil d'État.

CHAPITRE II. – BIENS CULTURELS MARITIMES

Art. L. 532-1 *(L. n° 2004-1343, 9 déc. 2004).* – Constituent des biens culturels maritimes les gisements, épaves, vestiges ou généralement tout bien présentant un intérêt préhistorique, archéologique ou historique qui sont situés dans le domaine public maritime ou au fond de la mer dans la zone contiguë.

Art. L. 532-2. – Les biens culturels maritimes situés dans le domaine public maritime dont le propriétaire n'est pas susceptible d'être retrouvé appartiennent à l'État.

Ceux dont le propriétaire n'a pu être retrouvé, à l'expiration d'un délai de trois ans suivant la date à laquelle leur découverte a été rendue publique, appartiennent à l'État. Les conditions de cette publicité sont fixées par décret en Conseil d'État.

Art. L. 532-3. – Toute personne qui découvre un bien culturel maritime est tenue de le laisser en place et de ne pas y porter atteinte.

Elle doit, dans les quarante-huit heures de la découverte ou de l'arrivée au premier port, en faire la déclaration à l'autorité administrative.

Art. L. 532-4. – Quiconque a enlevé fortuitement un bien culturel maritime du domaine public maritime par suite de travaux ou de toute autre activité publique ou privée ne doit pas s'en départir. Ce bien doit être déclaré à l'autorité administrative dans le délai fixé par l'article L. 532-3. Il doit être déposé auprès de celle-ci dans le même délai ou tenu à sa disposition.

Art. L. 532-5. – En cas de déclarants successifs, le bénéfice de la découverte est reconnu au premier d'entre eux.

Art. L. 532-6. – Toute personne qui a découvert et déclaré un bien culturel maritime dont la propriété est attribuée à l'État en application de l'article L. 532-2 peut bénéficier d'une récompense dont la nature ou le montant est fixé par l'autorité administrative.

Art. L. 532-7. – Nul ne peut procéder à des prospections à l'aide de matériels spécialisés permettant d'établir la localisation d'un bien culturel maritime, à des fouilles ou à des sondages sans en avoir, au préalable, obtenu l'autorisation administrative délivrée en fonction de la qualification du demandeur ainsi que de la nature et des modalités de la recherche.

Tout déplacement d'un bien ou tout prélèvement sur celui-ci est soumis, dans les mêmes conditions, à l'obtention préalable d'une autorisation administrative.

Art. L. 532-8. – Les fouilles, sondages, prospections, déplacements et prélèvements doivent être exécutés sous la direction effective de celui qui a demandé et obtenu l'autorisation mentionnée à l'article L. 532-7.

Art. L. 532-9. – Lorsque le propriétaire d'un bien culturel maritime est connu, son accord écrit doit être obtenu avant toute intervention sur ce bien.

Art. L. 532-10. – Lorsque la conservation d'un bien culturel maritime est compromise, l'autorité administrative, après avoir mis en demeure le propriétaire, s'il est connu, peut prendre d'office les mesures conservatoires qu'impose cette situation.

Art. L. 532-11. – L'autorité administrative peut, après avoir mis le propriétaire en mesure de présenter ses observations, déclarer d'utilité publique l'acquisition par l'État d'un bien culturel maritime situé dans le domaine public maritime. À défaut d'accord du propriétaire, l'utilité publique est déclarée par décret en Conseil d'État.

Le transfert de propriété est prononcé par les tribunaux judiciaires de droit commun moyennant une indemnité versée préalablement à la prise de possession. Cette indemnité doit couvrir l'intégralité du préjudice direct, matériel et certain. À défaut d'accord amiable, l'indemnité est fixée par le tribunal.

Art. L. 532-12. – Les articles L. 532-3 à L. 532-5 et L. 532-7 à L. 532-9 sont applicables aux biens culturels maritimes situés dans une zone contiguë comprise entre douze et vingt-quatre milles marins mesurés à partir des lignes de base de la mer territoriale, sous réserve d'accords de délimitation avec les États voisins.

Art. L. 532-13. – Toute personne qui a découvert et déclaré un bien culturel maritime appartenant à l'État et situé dans la zone contiguë pourra bénéficier d'une récompense dont le montant est fixé par l'autorité administrative.

Art. L. 532-14. – Un décret en Conseil d'État fixe les conditions d'application du présent chapitre.

TITRE IV. – DISPOSITIONS DIVERSES

CHAPITRE I. – RÉGIME DE PROPRIÉTÉ DU PATRIMOINE ARCHÉOLOGIQUE

(Chapitre rempl., L. n° 2016-925, 7 juill. 2016)

Section 1. – Biens archéologiques immobiliers

Art. L. 541-1 *(Rempl., L. n° 2016-925, 7 juill. 2016)*. – Les dispositions de l'article 552 du Code civil relatives aux droits du propriétaire du sol ne sont pas applicables aux biens archéologiques immobiliers mis au jour à la suite d'opérations archéologiques ou de découvertes fortuites réalisées sur des terrains dont la propriété a été acquise après la publication de la loi n° 2001-44 du 17 janvier 2001 relative à l'archéologie préventive. Ces biens archéologiques immobiliers appartiennent à l'État dès leur mise au jour à la suite d'opérations archéologiques ou en cas de découverte fortuite.

L'État verse au propriétaire du fonds où est situé le bien une indemnité destinée à compenser le dommage qui peut lui être occasionné pour accéder audit bien. À défaut d'accord amiable sur le montant de l'indemnité, celle-ci est fixée par le juge judiciaire.

Art. L. 541-2 *(Rempl., L. n° 2016-925, 7 juill. 2016 ; mod. à compter d'une date fixée par décret et au plus tard le 1er janvier 2018, Ord. n° 2017-651, 27 avr. 2017).* – Lorsque les biens archéologiques immobiliers sont mis au jour sur des terrains dont la propriété a été acquise avant la promulgation de la loi n° 2001-44 du 17 janvier 2001 relative à l'archéologie préventive, l'autorité administrative statue sur les mesures définitives à prendre à l'égard de ces biens. Elle peut, à cet effet, ouvrir pour ces biens une instance de protection en application de l'article L. 621-7.

Art. L. 541-3 *(L. n° 2016-925, 7 juill. 2016).* – Lorsque le bien est découvert fortuitement et qu'il donne lieu à une exploitation, la personne qui assure cette exploitation verse à l'inventeur une indemnité forfaitaire ou, à défaut, intéresse ce dernier au résultat de l'exploitation du bien. L'indemnité forfaitaire et l'intéressement sont calculés en relation avec l'intérêt archéologique de la découverte.

Section 2. – Biens archéologiques mobiliers

Sous-section 1. – Propriété

Art. L. 541-4 *(L. n° 2016-925, 7 juill. 2016).* – Les articles 552 et 716 du Code civil ne sont pas applicables aux biens archéologiques mobiliers mis au jour à la suite d'opérations de fouilles archéologiques ou de découvertes fortuites réalisées sur des terrains dont la propriété a été acquise après la date d'entrée en vigueur de la loi n° 2016-925 du 7 juillet 2016 relative à la liberté de la création, à l'architecture et au patrimoine. Ces biens archéologiques mobiliers sont présumés appartenir à l'État dès leur mise au jour au cours d'une opération archéologique et, en cas de découverte fortuite, à compter de la reconnaissance de l'intérêt scientifique justifiant leur conservation.

Lors de la déclaration de la découverte fortuite qu'elle doit faire en application de l'article L. 531-14 du présent code, la personne déclarante est informée, par les services de l'État chargés de l'archéologie, de la procédure de reconnaissance de l'intérêt scientifique de l'objet susceptible d'être engagée. L'objet est placé sous la garde des services de l'État jusqu'à l'issue de la procédure.

La reconnaissance de l'intérêt scientifique de l'objet est constatée par un acte de l'autorité administrative, pris sur avis d'une commission d'experts scientifiques. L'autorité administrative se prononce au plus tard cinq ans après la déclaration de la découverte fortuite. La reconnaissance de l'intérêt scientifique de l'objet emporte son appropriation publique. Cette appropriation peut être contestée pour défaut d'intérêt scientifique de l'objet devant le juge administratif dans les délais réglementaires courant à compter de l'acte de reconnaissance.

Quel que soit le mode de découverte de l'objet, sa propriété publique, lorsqu'elle a été reconnue, peut être à tout moment contestée devant le juge judiciaire par la preuve d'un titre de propriété antérieur à la découverte.

Art. L. 541-5 *(L. n° 2016-925, 7 juill. 2016).* – Les biens archéologiques mobiliers mis au jour sur des terrains acquis avant la date d'entrée en vigueur de la loi n° 2016-925 du 7 juillet 2016 relative à la liberté de la création, à l'architecture et au patrimoine sont confiés, dans l'intérêt public, aux services de l'État chargés de l'archéologie pendant le délai nécessaire à leur étude scientifique, dont le terme ne peut excéder cinq ans.

L'État notifie leurs droits au propriétaire du terrain et, en cas de découverte fortuite, à l'inventeur. Si, à l'issue d'un délai d'un an à compter de cette notification, le propriétaire et, en cas de découverte fortuite, l'inventeur n'ont pas fait valoir leurs droits, une nouvelle notification leur est adressée dans les mêmes formes.

Si, à l'issue d'un délai d'un an à compter de cette nouvelle notification, le propriétaire et, en cas de découverte fortuite, l'inventeur n'ont pas fait valoir leurs droits, la propriété des biens archéologiques mobiliers mis au jour est transférée à titre gratuit à l'État.

Chacune des notifications adressées au propriétaire et, le cas échéant, à l'inventeur comporte la mention du délai dont il dispose pour faire valoir ses droits et précise les conséquences juridiques qui s'attachent à son inaction dans ce délai.

Lorsque seul l'un des deux a fait valoir ses droits, les biens archéologiques mobiliers sont partagés entre l'État et celui-ci, selon les règles de droit commun.

Les biens qui sont restitués à leur propriétaire à l'issue de leur étude scientifique peuvent faire l'objet de prescriptions destinées à assurer leur bonne conservation et leur accès par les services de l'État. Les sujétions anormales qui peuvent en résulter sont compensées par une indemnité. À défaut d'accord amiable, l'action en indemnité est portée devant le juge judiciaire.

Sous-section 2. – Ensemble archéologique mobilier et aliénation des biens mobiliers

Art. L. 541-6 *(L. n° 2016-925, 7 juill. 2016).* – Lorsque les biens archéologiques mobiliers mis au jour constituent un ensemble cohérent dont l'intérêt scientifique justifie la conservation dans son intégrité, l'autorité administrative reconnaît celui-ci comme tel. Cette reconnaissance est notifiée au propriétaire.

Toute aliénation à titre onéreux ou gratuit d'un bien archéologique mobilier ou d'un ensemble n'appartenant pas à l'État reconnu comme cohérent sur le plan scientifique en application du premier alinéa, ainsi que toute division par lot ou pièce d'un tel ensemble, est soumise à déclaration préalable auprès des services de l'État chargés de l'archéologie.

Section 3. – Transfert et droit de revendication

Art. L. 541-7 *(Abr. à compter d'une date fixée par décret et au plus tard le 1er janvier 2018, Ord. n° 2017-1134, 5 juill. 2017).*

Art. L. 541-8 *(L. n° 2016-925, 7 juill. 2016).* – L'État peut revendiquer, dans l'intérêt public, pour son propre compte ou pour le compte de toute personne publique qui en fait la demande, la propriété des biens archéologiques mobiliers, moyennant une indemnité fixée à l'amiable ou à dire d'expert désigné conjointement.

À défaut d'accord sur la désignation de l'expert, celui-ci est nommé par le juge judiciaire.

À défaut d'accord sur le montant de l'indemnité, celle-ci est fixée par le juge judiciaire.

Art. L. 541-9 *(L. n° 2016-925, 7 juill. 2016).* – Les modalités d'application du présent chapitre sont fixées par décret en Conseil d'État.

CHAPITRE II. – UTILISATION DE DÉTECTEURS DE MÉTAUX

Art. L. 542-1. – Nul ne peut utiliser du matériel permettant la détection d'objets métalliques, à l'effet de recherches de monuments et d'objets pouvant intéresser la préhistoire, l'histoire, l'art ou l'archéologie, sans avoir, au préalable, obtenu une autorisation administrative délivrée en fonction de la qualification du demandeur ainsi que de la nature et des modalités de la recherche.

Art. L. 542-2. – Toute publicité ou notice d'utilisation concernant les détecteurs de métaux doit comporter le rappel de l'interdiction mentionnée à l'article L. 542-1, des sanctions pénales encourues ainsi que des motifs de cette réglementation.

Art. L. 542-3. – Un décret en Conseil d'État fixe les conditions d'application du présent chapitre.

....

LIVRE VI. – MONUMENTS HISTORIQUES, SITES ET ESPACES PROTÉGÉS

....

TITRE II. – MONUMENTS HISTORIQUES

CHAPITRE I. – IMMEUBLES

(Chap. mod. à compter d'une date fixée par décret et au plus tard le 1er janvier 2018, Ord. n° 2017-651, 27 avr. 2017)

Section I. – Classement et inscription des immeubles

(Intitulé rempl. à compter d'une date fixée par décret et au plus tard le 1er janvier 2018, Ord. n° 2017-651, 27 avr. 2017)

Art. L. 621-1 *(Rempl. à compter d'une date fixée par décret et au plus tard le 1er janvier 2018, Ord. n° 2017-651, 27 avr. 2017).* – Les immeubles ou parties d'immeubles, bâtis ou non bâtis, dont la conservation présente un intérêt public au point de vue de l'histoire, de l'art, de l'architecture, de l'archéologie, de l'ethnologie, de la science ou de la technique peuvent être classés au titre des monuments historiques.

Peuvent être classés au même titre les immeubles ou parties d'immeubles qui forment avec un immeuble classé un ensemble cohérent ou dont la préservation, la réhabilitation ou la démolition est susceptible de contribuer à la conservation ou à la mise en valeur d'un immeuble classé.

Sont classés et soumis aux dispositions du présent titre :

1° Les immeubles figurant sur la liste publiée au *Journal officiel* de la République française du 18 avril 1914, sauf s'ils ont fait l'objet d'un déclassement ultérieur ;

2° Les immeubles ayant fait l'objet de décrets ou d'arrêtés de classement conformément aux dispositions de la loi du 30 mars 1887 ;

3° Les immeubles ayant fait l'objet de décrets ou d'arrêtés de classement conformément aux dispositions de la loi du 31 décembre 1913 ;

4° Les parties d'un domaine national qui appartiennent à l'État ou à l'un de ses établissements publics, dès l'entrée en vigueur du décret délimitant le domaine national dans les conditions prévues à l'article L. 621-34.

Art. L. 621-2 *(Abr. et rempl. par l'article L. 621-30-1 à une date fixée par décret en Conseil d'État et au plus tard le 1er janvier 2007, Ord. n° 2005-1128, 8 sept. 2005. – V. art. L. 621-30-1 ; rétabli dans la version suivante à compter d'une date fixée par décret et au plus tard le 1er janvier 2018, Ord. n° 2017-651, 27 avr. 2017).* – L'immeuble appartenant à l'État ou à l'un de ses établissements publics est classé par décision de l'autorité administrative.

Art. L. 621-3 *(Rempl. à compter d'une date fixée par décret et au plus tard le 1er janvier 2018, Ord. n° 2017-651, 27 avr. 2017).* – L'immeuble appartenant à toute personne publique ou privée autre que celles mentionnées à l'article L. 621-2 est classé par décision de l'autorité administrative si le propriétaire y consent.

À défaut de consentement du propriétaire, le classement d'office peut être prononcé par décret en Conseil d'État. Le décret détermine, le cas échéant, les conditions de classement et notamment les servitudes et obligations qui en découlent.

Le classement d'office d'un immeuble ou d'une partie d'immeuble appartenant à une personne privée peut ouvrir droit à indemnité au profit du propriétaire s'il résulte des servitudes et obligations dont il s'agit une modification de l'état ou de l'utilisation des lieux causant un préjudice direct, matériel et certain. La demande d'indemnité est formée dans les six mois à compter de la notification du décret de classement. À défaut d'accord amiable, l'indemnité est fixée par le juge de l'expropriation.

L'indemnité n'est pas due lorsque le Premier ministre décide d'engager l'expropriation de l'immeuble conformément au Code de l'expropriation pour cause d'utilité publique, ou s'il renonce au classement d'office en abrogeant le décret de classement dans un délai de trois mois à compter de l'accord amiable ou de la notification du jugement mentionnés au troisième alinéa.

Art. L. 621-4 *(Rempl. à compter d'une date fixée par décret et au plus tard le 1er janvier 2018, Ord. n° 2017-651, 27 avr. 2017).* – Le déclassement total ou partiel d'un immeuble classé est prononcé par décret en Conseil d'État, soit à l'initiative de l'autorité administrative, soit à la demande du propriétaire.

Art. L. 621-5 *(Rempl. à compter d'une date fixée par décret et au plus tard le 1er janvier 2018, Ord. n° 2017-651, 27 avr. 2017).* – Les immeubles ou parties d'immeubles, bâtis ou non bâtis, dont la conservation ne justifie pas un classement immédiat mais présente un intérêt public au point de vue de l'histoire, de l'art, de l'architecture, de l'archéologie, de l'ethnologie, de la science ou de la technique, peuvent être inscrits au titre des monuments historiques par décision de l'autorité administrative.

Peuvent être inscrits au même titre les immeubles ou parties d'immeubles qui forment avec un immeuble ou une partie d'immeuble classé ou inscrit un ensemble cohérent ou les immeubles dont la préservation, la réhabilitation ou la démolition sont susceptibles de contribuer à la conservation ou à la mise en valeur d'un immeuble classé ou inscrit.

Sont inscrites et soumises aux dispositions du présent titre les parties d'un domaine national, non classées au titre des monuments historiques, qui appartiennent à une personne publique autre que l'État ou l'un de ses établissements publics, ou à une personne privée, dès l'entrée en vigueur du décret délimitant le domaine national dans les conditions prévues par l'article L. 621-34. Elles peuvent être classées au titre des monuments historiques dans les conditions définies à la présente section.

Art. L. 621-6 *(Rempl. à compter d'une date fixée par décret et au plus tard le 1er janvier 2018, Ord. n° 2017-651, 27 avr. 2017).* – La désinscription totale ou partielle d'un immeuble au titre des monuments historiques est prononcée selon les mêmes formes et procédures que l'inscription.

Art. L. 621-7 *(Rempl. à compter d'une date fixée par décret et au plus tard le 1er janvier 2018, Ord. n° 2017-651, 27 avr. 2017).* – Lorsque la conservation d'un immeuble est menacée, l'autorité administrative peut notifier au propriétaire, par décision prise sans formalité préalable, une instance de protection au titre des monuments historiques.

À compter du jour où l'instance de protection est notifiée au propriétaire, les effets du classement s'appliquent de plein droit à l'immeuble pendant douze mois, à l'exclusion de la servitude d'abords prévue à la section 4 du présent chapitre. Toutefois, ces effets cessent de s'appliquer si l'instance de protection est abrogée avant l'expiration du délai de douze mois.

Art. L. 621-8 *(Rempl. à compter d'une date fixée par décret et au plus tard le 1er janvier 2018, Ord. n° 2017-651, 27 avr. 2017)*. – Les effets du classement ou de l'inscription suivent l'immeuble ou la partie d'immeuble en quelques mains qu'il passe.

Section 2. – Conservation et restauration des immeubles classés ou inscrits

(Rempl. à compter d'une date fixée par décret et au plus tard le 1er janvier 2018, Ord. n° 2017-651, 27 avr. 2017)

Art. L. 621-9 *(Rempl. à compter d'une date fixée par décret et au plus tard le 1er janvier 2018, Ord. n° 2017-651, 27 avr. 2017)*. – L'immeuble classé ou inscrit au titre des monuments historiques ne peut être détruit, modifié, restauré ou déplacé, même en partie, sans autorisation de l'autorité administrative.

Les effets mobiliers attachés à perpétuelle demeure, au sens des articles 524 et 525 du Code civil, à un immeuble classé ou inscrit ou à une partie d'immeuble classée ou inscrite au titre des monuments historiques, ne peuvent en être détachés sans autorisation de l'autorité administrative.

Les travaux autorisés sont réalisés sous le contrôle scientifique et technique des services de l'État chargés des monuments historiques.

Un décret en Conseil d'État précise les catégories de professionnels auxquels le maître d'ouvrage est tenu de confier la maîtrise d'œuvre des travaux sur un immeuble classé ou inscrit au titre des monuments historiques.

Art. L. 621-10 *(Rétabli dans la version suivante à compter d'une date fixée par décret et au plus tard le 1er janvier 2018, Ord. n° 2017-651, 27 avr. 2017)*. – I. - Lorsque l'immeuble classé ou inscrit au titre des monuments historiques est situé dans un site classé, l'autorisation prévue par l'article L. 621-9 tient lieu de l'autorisation prévue aux articles L. 341-7 et L. 341-10 du Code de l'environnement, si l'autorité administrative chargée des sites a donné son accord.

II. - Lorsque l'immeuble classé ou inscrit est un établissement recevant du public, l'autorisation prévue par l'article L. 621-9 tient lieu de l'autorisation prévue par l'article L. 111-8 du Code de la construction et de l'habitation si l'autorité administrative compétente a donné son accord, le cas échéant assorti de prescriptions relatives à l'exploitation des bâtiments, en application de l'article L. 123-2 du Code de la construction et de l'habitation.

III. - Lorsque l'immeuble classé ou inscrit est un immeuble de grande hauteur, l'autorisation prévue par l'article L. 621-9 tient lieu de l'autorisation prévue par l'article L. 122-1 du Code de la construction et de l'habitation si l'autorité chargée de la police de la sécurité a donné son accord.

Art. L. 621-11 *(Rempl. à compter d'une date fixée par décret et au plus tard le 1er janvier 2018, Ord. n° 2017-651, 27 avr. 2017)*. – Le propriétaire ou le bénéficiaire de la mise à disposition est responsable de la conservation de l'immeuble classé ou inscrit au titre des monuments historiques qui lui appartient ou qui est mis à sa disposition.

Sans préjudice des dispositions des articles L. 621-14 et L. 621-16 à L. 621-18, le maître d'ouvrage des travaux sur l'immeuble classé ou inscrit est le propriétaire ou le bénéficiaire de la mise à disposition si les conditions de cette dernière le prévoient.

Les services de l'État chargés des monuments historiques peuvent apporter une assistance gratuite au propriétaire ou au bénéficiaire de la mise à disposition d'un immeuble classé ou inscrit qui ne dispose pas, du fait de l'insuffisance de ses ressources ou de la complexité du projet de travaux, des moyens nécessaires à l'exercice de la maîtrise d'ouvrage de l'opération. Un décret en Conseil d'État précise les conditions de cette assistance, ainsi que le contenu et les modalités des missions de maîtrise d'ouvrage exercées à ce titre par les services de l'État.

Une assistance de l'État en matière de maîtrise d'ouvrage peut également être apportée lorsqu'aucune des deux conditions mentionnées à l'alinéa précédent n'est remplie, dès lors que le propriétaire ou le bénéficiaire de la mise à disposition établit la carence de l'offre privée et des autres collectivités publiques. Dans ce cas, la prestation est rémunérée par application d'un barème, établi en fonction des coûts réels, fixé par décret en Conseil d'État.

Une convention signée avec le maître d'ouvrage définit les modalités particulières de l'assistance à la maîtrise d'ouvrage assurée par les services de l'État.

Art. L. 621-12 *(Rempl. à compter d'une date fixée par décret et au plus tard le 1er janvier 2018, Ord. n° 2017-651, 27 avr. 2017).* – Lorsque les études et les travaux de mise en sécurité, d'entretien et de restauration des immeubles ou parties d'immeubles classés ou inscrits au titre des monuments historiques, ainsi que l'assistance à maîtrise d'ouvrage et l'assurance dommage-ouvrage, font l'objet d'aides de la part des collectivités publiques, un échéancier prévoit le versement d'un acompte avant le début de chaque tranche de travaux.

Art. L. 621-13 *(Rempl. à compter d'une date fixée par décret et au plus tard le 1er janvier 2018, Ord. n° 2017-651, 27 avr. 2017).* – Par dérogation à l'article L. 581-2 du Code de l'environnement, dans le cadre de l'instruction des demandes d'autorisation de travaux sur les immeubles classés ou inscrits, l'autorité administrative chargée des monuments historiques peut autoriser l'installation de bâches d'échafaudage comportant un espace dédié à l'affichage.

Les recettes perçues par le maître d'ouvrage pour cet affichage sont affectées au financement des travaux.

Les modalités d'application du présent article sont fixées par décret en Conseil d'État.

Art. L. 621-14 *(Rempl. à compter d'une date fixée par décret et au plus tard le 1er janvier 2018, Ord. n° 2017-651, 27 avr. 2017).* – L'autorité administrative peut faire exécuter par les soins de son administration et aux frais de l'État, avec l'accord et le concours éventuel du propriétaire ou du bénéficiaire de la mise à disposition, les travaux indispensables à la conservation des immeubles classés ou inscrits au titre des monuments historiques n'appartenant pas à l'État.

Art. L. 621-15 *(Rempl. à compter d'une date fixée par décret et au plus tard le 1er janvier 2018, Ord. n° 2017-651, 27 avr. 2017).* – Indépendamment des dispositions de l'article L. 621-14, lorsque la conservation d'un immeuble classé au titre des monuments historiques est gravement compromise par l'inexécution de travaux, l'autorité administrative peut mettre le propriétaire en demeure de faire procéder à ces travaux. La mise en demeure fixe le délai dans lequel les travaux devront être entrepris ainsi que la part de dépense qui sera supportée par l'État, qui ne pourra être inférieure à 50 %.

Le propriétaire peut contester la mise en demeure devant le tribunal administratif. Celui-ci peut, après expertise, ordonner l'exécution de tout ou partie des travaux prescrits par l'administration.

Le recours au tribunal administratif est suspensif sauf si l'administration a motivé la mise en demeure par la nécessité d'exécuter des travaux en urgence afin d'éviter une dégradation imminente et irréversible de l'immeuble.

Art. L. 621-16 *(Rempl. à compter d'une date fixée par décret et au plus tard le 1er janvier 2018, Ord. n° 2017-651, 27 avr. 2017).* – Si le propriétaire ne se conforme pas à la mise en demeure prévue à l'article L. 621-15, l'autorité administrative peut, sans préjudice des dispositions de l'article L. 621-18, exécuter d'office les travaux ou poursuivre l'expropriation de l'immeuble au nom de l'État.

Lorsque l'autorité administrative a décidé d'exécuter d'office les travaux, le propriétaire peut solliciter l'engagement de la procédure d'expropriation, par une demande qui ne suspend pas l'exécution des travaux. L'État fait connaître sa décision dans un délai de six mois, au terme d'une procédure fixée par décret en Conseil d'État. Si l'autorité administrative décide de poursuivre l'expropriation au nom de l'État, une collectivité territoriale ou un établissement public peut se substituer à l'État comme bénéficiaire, avec l'accord de cette autorité.

Art. L. 621-17 *(Rempl. à compter d'une date fixée par décret et au plus tard le 1er janvier 2018, Ord. n° 2017-651, 27 avr. 2017).* – En cas d'exécution d'office, le propriétaire est tenu de rembourser à l'État le coût des travaux exécutés par celui-ci, dans la limite de la moitié de leur montant. La créance ainsi née au profit de l'État est recouvrée suivant la procédure applicable aux créances de l'État étrangères à l'impôt et aux domaines, aux échéances fixées par l'autorité administrative qui pourra les échelonner sur une durée de quinze ans au plus, les sommes dues portant intérêt au taux légal à compter de la notification de leur montant au propriétaire.

Éventuellement saisi par le propriétaire et compte tenu des moyens financiers de celui-ci, le tribunal administratif peut modifier, dans la même limite maximale, l'échelonnement des paiements. Toutefois, en cas de mutation de l'immeuble à titre onéreux, la totalité des sommes restant dues devient immédiatement exigible à moins que l'autorité administrative ait accepté la substitution de l'acquéreur dans les obligations du vendeur. Les droits de l'État sont garantis par une hypothèque légale inscrite sur l'immeuble à la diligence de l'État. Le propriétaire peut s'exonérer de sa dette en faisant abandon de la propriété de son immeuble à l'État.

Art. L. 621-18 *(Rempl. à compter d'une date fixée par décret et au plus tard le 1er janvier 2018, Ord. n° 2017-651, 27 avr. 2017).* – Pour assurer, conformément aux dispositions de l'article L. 621-16, l'exécution des travaux faute desquels la conservation de l'immeuble classé serait gravement compromise, l'autorité administrative, à défaut d'accord avec les propriétaires, peut, s'il est nécessaire, autoriser l'occupation temporaire de cet immeuble ou des immeubles voisins.

L'occupation est ordonnée par un arrêté préfectoral préalablement notifié au propriétaire. Sa durée ne peut excéder six mois.

Si l'occupation cause au propriétaire un préjudice anormal, elle donne lieu à une indemnité qui est réglée dans les conditions prévues par la loi du 29 décembre 1892 relative aux dommages causés à la propriété privée par l'exécution des travaux publics.

Art. L. 621-19 *(Rempl. à compter d'une date fixée par décret et au plus tard le 1er janvier 2018, Ord. n° 2017-651, 27 avr. 2017).* – Lorsqu'un immeuble ou une partie d'immeuble protégé au titre des monuments historiques a été morcelé ou lorsqu'un effet mobilier qui lui était attaché à perpétuelle demeure en a été détaché en violation de l'article L. 621-9, l'autorité administrative peut mettre en demeure l'auteur du morcellement ou du détachement illicite de procéder, dans un délai qu'elle détermine, à la remise en place sous sa direction et sa surveillance, aux frais des auteurs des faits, vendeurs et acheteurs pris solidairement.

En cas d'urgence, l'autorité administrative met l'auteur du manquement en demeure de prendre, dans un délai qu'elle détermine, les mesures nécessaires pour prévenir la détérioration, la dégradation ou la destruction des biens concernés.

Section 3. – Régime de propriété des immeubles classés ou inscrits

(Ord. n° 2005-1128, 8 sept. 2005 ; intitulé rempl. à compter d'une date fixée par décret et au plus tard le 1er janvier 2018, Ord. n° 2017-651)

Art. L. 621-20 *(Rempl. à compter d'une date fixée par décret et au plus tard le 1er janvier 2018, Ord. n° 2017-651, 27 avr. 2017).* – Quiconque aliène un immeuble classé ou inscrit au titre des monuments historiques est tenu de faire connaître au futur acquéreur l'existence de la protection.

L'aliénation doit être notifiée à l'autorité administrative par celui qui l'a consentie dans un délai fixé par décret en Conseil d'État.

Art. L. 621-21 *(Rempl. à compter d'une date fixée par décret et au plus tard le 1er janvier 2018, Ord. n° 2017-651, 27 avr. 2017).* – Les servitudes légales qui peuvent causer la dégradation des monuments ne sont pas applicables aux immeubles classés ou inscrits au titre des monuments historiques.

Aucune servitude ne peut être établie par convention sur un immeuble classé ou inscrit sans l'accord de l'autorité administrative.

Nul ne peut acquérir de droit par prescription sur un immeuble classé ou inscrit au titre des monuments historiques.

Art. L. 621-22 *(Rempl. à compter d'une date fixée par décret et au plus tard le 1er janvier 2018, Ord. n° 2017-651, 27 avr. 2017).* – L'autorité administrative peut, en se conformant aux prescriptions du Code de l'expropriation pour cause d'utilité publique, poursuivre au nom de l'État l'expropriation d'un immeuble dont l'acquisition est indispensable à la conservation ou à la mise en valeur d'un immeuble classé au titre des monuments historiques.

Les collectivités territoriales ont la même faculté.

Art. L. 621-23 *(Rétabli dans la version suivante à compter d'une date fixée par décret et au plus tard le 1er janvier 2018, Ord. n° 2017-651, 27 avr. 2017).* – À compter du jour où l'autorité administrative notifie au propriétaire d'un immeuble non protégé au titre des monuments historiques son intention d'en poursuivre l'expropriation, en application de l'article L. 621-22, les effets du classement s'appliquent de plein droit à l'immeuble, à l'exclusion de la servitude d'abords prévue à la section 4 du présent chapitre. Ils cessent de s'appliquer si la déclaration d'utilité publique n'intervient pas dans les douze mois de cette notification.

Lorsque l'utilité publique a été déclarée, l'immeuble peut être classé ou inscrit au titre des monuments historiques sans autre formalité par l'autorité administrative. La décision d'inscription met fin aux effets du classement. À défaut de décision de classement ou d'inscription, l'immeuble demeure provisoirement soumis aux effets du classement à l'exclusion de la servitude d'abords. Toutefois, cette sujétion cesse de plein droit si, dans les trois mois de la déclaration d'utilité publique, l'administration ne poursuit pas l'obtention du jugement d'expropriation.

Art. L. 621-24 *(Rétabli dans la version suivante à compter d'une date fixée par décret et au plus tard le 1er janvier 2018, Ord. n° 2017-651, 27 avr. 2017).* – L'autorité administrative chargée des monuments historiques est appelée à présenter ses observations préalablement à toute enquête aux fins d'expropriation pour cause d'utilité publique concernant un immeuble protégé ou placé sous instance de protection.

Art. L. 621-25 *(Rempl. à compter d'une date fixée par décret et au plus tard le 1er janvier 2018, Ord. n° 2017-651, 27 avr. 2017).* – L'immeuble classé au titre des monuments historiques, exproprié par application des dispositions de l'article L. 621-16, peut être cédé de gré à gré à une personne publique ou privée. L'acquéreur s'engage à l'utiliser aux fins et dans les conditions prévues au cahier des charges annexé à l'acte de cession. En cas de cession à une personne privée, le principe et les conditions de la cession sont approuvés par décret en Conseil d'État, l'ancien propriétaire ayant été mis en mesure de présenter ses observations.

Les dispositions de l'article L. 621-26 sont applicables aux cessions faites à des personnes publiques, en vertu des dispositions du premier alinéa du présent article.

Art. L. 621-26 *(Rempl. à compter d'une date fixée par décret et au plus tard le 1er janvier 2018, Ord. n° 2017-651, 27 avr. 2017).* – L'immeuble classé ou inscrit au titre des monuments historiques qui appartient à l'État, à une collectivité territoriale ou à un établissement public, ne peut être aliéné qu'après que l'autorité administrative chargée des monuments historiques a été appelée à présenter ses observations, dans un délai et dans des conditions précisés par décret en Conseil d'État.

L'autorité administrative compétente peut, dans le délai de cinq ans, faire prononcer la nullité de l'aliénation consentie sans l'accomplissement de ces formalités.

Art. L. 621-27 *(Rempl. à compter d'une date fixée par décret et au plus tard le 1er janvier 2018, Ord. n° 2017-651, 27 avr. 2017).* – En cas de mutation d'un immeuble classé ou inscrit au titre des monuments historiques, le propriétaire ou le bénéficiaire de la mise à disposition transmet les études et les documents afférents aux travaux réalisés sur cet immeuble au nouveau propriétaire ou au nouveau bénéficiaire de la mise à disposition.

Art. L. 621-28 *(Abr., Ord. n° 2005-1527, 8 déc. 2005 ; rétabli dans la version suivante à compter d'une date fixée par décret et au plus tard le 1er janvier 2018, Ord. n° 2017-651, 27 avr. 2017).* – Pour l'application des articles 829, 860 et 922 du Code civil, lorsqu'un immeuble classé ou inscrit au titre des monuments historiques, transmis par donation ou succession, est affecté d'une clause d'inaliénabilité, l'évaluation de l'immeuble est diminuée des charges, y compris d'entretien, nécessaires à sa préservation pendant la durée de la clause.

Art. L. 621-29 *(Rempl. à compter d'une date fixée par décret et au plus tard le 1er janvier 2018, Ord. n° 2017-651, 27 avr. 2017 ; à compter d'une date fixée par décret et au plus tard le 1er janvier 2018, Ord. n° 2017-1134, 5 juill. 2017).* – L'acquisition d'un fragment d'immeuble protégé au titre des monuments historiques ou d'un effet mobilier détaché en violation de l'article L. 621-9 est nulle.

L'autorité administrative et le propriétaire originaire peuvent exercer les actions en nullité ou en revendication dans un délai de cinq ans à compter de la date à laquelle ils ont eu connaissance de l'acquisition. Elles s'exercent sans préjudice des demandes en dommages-intérêts qui peuvent être dirigées soit contre les parties contractantes solidairement responsables, soit contre l'officier public qui a prêté son concours à l'aliénation. Lorsque l'aliénation illicite a été consentie par une personne publique ou par un établissement d'utilité publique, cette action en dommages-intérêts est exercée par l'autorité administrative au nom et au profit de l'État.

L'acquéreur ou sous-acquéreur de bonne foi entre les mains duquel l'objet est revendiqué a droit au remboursement de son prix d'acquisition. Si la revendication est exercée par l'autorité administrative, celle-ci aura recours contre le vendeur originaire pour le montant intégral de l'indemnité qu'elle aura dû payer à l'acquéreur ou sous-acquéreur.

Lorsque le fragment d'immeuble ou l'effet mobilier appartient au domaine public, les actions en nullité ou en revendication s'exercent dans les conditions prévues aux articles L. 112-22 et L. 112-23.

Art. L. 621-29-1 à L. 621-29-9 *(Implicitement abr. à compter d'une date fixée par décret et au plus tard le 1er janvier 2018, Ord. n° 2017-651, 27 avr. 2017).*

Section IV. – Abords

(Anc. sect. 3, dénum . et intitulé rempl., Ord. n° 2005-1128, 8 sept. 2005 ; rempl., L. n° 2016-925, 7 juill. 2016)

Art. L. 621-30 *(Rempl., L. n° 2012-387, 22 mars 2012 ; mod., à compter du 1er janvier 2016, Ord. n° 2015-1174, 23 sept. 2015 ; L. n° 2016-925, 7 juill. 2016).* – I. - Les immeubles ou ensembles d'immeubles qui forment avec un monument historique un ensemble cohérent ou qui sont susceptibles de contribuer à sa conservation ou à sa mise en valeur sont protégés au titre des abords.

La protection au titre des abords a le caractère de servitude d'utilité publique affectant l'utilisation des sols dans un but de protection, de conservation et de mise en valeur du patrimoine culturel.

II. - La protection au titre des abords s'applique à tout immeuble, bâti ou non bâti, situé dans un périmètre délimité par l'autorité administrative dans les conditions fixées à l'article L. 621-31. Ce périmètre peut être commun à plusieurs monuments historiques.

En l'absence de périmètre délimité, la protection au titre des abords s'applique à tout immeuble, bâti ou non bâti, visible du monument historique ou visible en même temps que lui et situé à moins de cinq cents mètres de celui-ci.

La protection au titre des abords s'applique à toute partie non protégée au titre des monuments historiques d'un immeuble partiellement protégé.

La protection au titre des abords n'est pas applicable aux immeubles ou parties d'immeubles protégés au titre des monuments historiques ou situés dans le périmètre d'un site patrimonial remarquable classé en application des articles L. 631-1 et L. 631-2.

Les servitudes d'utilité publique instituées en application de l'article L. 341-1 du Code de l'environnement ne sont pas applicables aux immeubles protégés au titre des abords.

Art. L. 621-30-1 *(Abr., L. n° 2012-387, 22 mars 2012).*

> **Rédaction antérieure.** Art. L. 621-30-1 *(Ord. n° 2005-1128, 8 sept. 2005 ; mod., L. n° 2010-788, 12 juill. 2010).* – Est considéré, pour l'application du présent titre, comme étant situé dans le champ de visibilité d'un immeuble classé ou inscrit tout autre immeuble, nu ou bâti, visible du premier ou visible en même temps que lui et situé dans un périmètre de 500 mètres.
>
> Lorsqu'un immeuble non protégé au titre des monuments historiques fait l'objet d'une procédure d'inscription ou de classement ou d'une instance de classement, l'architecte des Bâtiments de France peut proposer, en fonction de la nature de l'immeuble et de son environnement, un périmètre de protection adapté. La distance de 500 mètres peut être dépassée avec l'accord de la commune ou des communes intéressées. Ce périmètre est créé par l'autorité administrative après enquête publique.
>
> Le périmètre prévu au premier alinéa peut être modifié par l'autorité administrative, sur proposition de l'architecte des Bâtiments de France après accord de la commune ou des communes intéressées et enquête publique, de façon à désigner des ensembles d'immeubles bâtis ou non qui participent de l'environnement du monument pour en préserver le caractère ou contribuer à en améliorer la qualité.
>
> En cas de désaccord de la commune ou des communes intéressées, la décision est prise par décret en Conseil d'État après avis de la Commission nationale des monuments historiques.
>
> Lorsque la modification du périmètre est réalisée à l'occasion de l'élaboration, de la modification ou de la révision d'un plan local d'urbanisme ou d'une carte communale, elle est soumise à enquête publique par le maire ou le président de l'établissement public de coopération intercommunale compétent, en même temps que le plan local d'urbanisme ou la carte communale. L'approbation du plan ou de la carte emporte modification du périmètre.
>
> Le tracé du périmètre prévu par le présent article est annexé au plan local d'urbanisme dans les conditions prévues à l'article L. 126-1 du Code de l'urbanisme.
>
> Les enquêtes publiques conduites pour l'application du présent article sont réalisées conformément au chapitre III du titre II du livre Ier du Code de l'environnement [...].

Art. L. 621-31 *(Mod., L. n° 2010-788, 12 juill. 2010 ; L. n° 2012-387, 22 mars 2012 ; rempl., L. n° 2016-925, 7 juill. 2016 ; mod., L. n° 2018-1021, 23 nov. 2018)*. – Le périmètre délimité des abords prévu au premier alinéa du II de l'article L. 621-30 est créé par décision de l'autorité administrative, sur proposition de l'architecte des Bâtiments de France ou de l'autorité compétente en matière de plan local d'urbanisme, de document en tenant lieu ou de carte communale, après enquête publique, consultation du propriétaire ou de l'affectataire domanial du monument historique et, le cas échéant, de la ou des communes concernées. Lorsque la proposition émane de l'architecte des Bâtiments de France, elle est soumise à l'accord de l'autorité compétente en matière de plan local d'urbanisme, de document en tenant lieu ou de carte communale. Lorsque la proposition émane de ladite autorité, elle est soumise à l'accord de l'architecte des Bâtiments de France.

À défaut d'accord de l'architecte des Bâtiments de France ou de l'autorité compétente en matière de plan local d'urbanisme, de document en tenant lieu ou de carte communale, prévu au premier alinéa, la décision est prise soit par l'autorité administrative, après avis de la commission régionale du patrimoine et de l'architecture, lorsque le périmètre ne dépasse pas la distance de cinq cents mètres à partir d'un monument historique, soit par décret en Conseil d'État, après avis de la Commission nationale du patrimoine et de l'architecture, lorsque le périmètre dépasse la distance de cinq cents mètres à partir d'un monument historique.

Lorsque le projet de périmètre délimité des abords est instruit concomitamment à l'élaboration, à la révision ou à la modification du plan local d'urbanisme, du document d'urbanisme en tenant lieu ou de la carte communale, l'autorité compétente en matière de plan local d'urbanisme, de document en tenant lieu ou de carte communale diligente une enquête publique unique portant à la fois sur le projet de document d'urbanisme et sur le projet de périmètre délimité des abords.

Les enquêtes publiques conduites pour l'application du présent article sont réalisées dans les formes prévues au chapitre III du titre II du livre Ier du Code de l'environnement.

Le périmètre délimité des abords peut être modifié dans les mêmes conditions.

Art. L. 621-32 *(Rempl., L. n° 2016-925, 7 juill. 2016 ; mod., L. n° 2018-1021, 23 nov. 2018)*. – Les travaux susceptibles de modifier l'aspect extérieur d'un immeuble, bâti ou non bâti, protégé au titre des abords sont soumis à une autorisation préalable.

L'autorisation peut être refusée ou assortie de prescriptions lorsque les travaux sont susceptibles de porter atteinte à la conservation ou à la mise en valeur d'un monument historique ou des abords.

Lorsqu'elle porte sur des travaux soumis à formalité au titre du Code de l'urbanisme ou au titre du Code de l'environnement, l'autorisation prévue au présent article est délivrée dans les conditions et selon les modalités de recours prévues aux articles L. 632-2 et L. 632-2-1.

Section V. – Domaines nationaux

(Anc. sect. 4, dénum., Ord. n° 2005-1128, 8 sept. 2005 ; intitulé rempl. à compter d'une date fixée par décret et au plus tard le 1er janvier 2018, Ord. n° 2017-651, 27 avr. 2017)

Sous-section 1. – Définition, liste et délimitation

(Sous-section créée à compter d'une date fixée par décret et au plus tard le 1er janvier 2018, Ord. n° 2017-651, 27 avr. 2017)

Art. L. 621-33 *(Rempl. à compter d'une date fixée par décret et au plus tard le 1er janvier 2018, Ord. n° 2017-651, 27 avr. 2017)*. – Les domaines nationaux sont des ensembles immobiliers présentant un lien exceptionnel avec l'histoire de la Nation et dont l'État est, au moins pour partie, propriétaire. Ces biens ont vocation à être conservés et restaurés par l'État dans le respect de leur caractère historique, artistique, paysager et écologique.

Art. L. 621-34 *(Rempl. à compter d'une date fixée par décret et au plus tard le 1er janvier 2018, Ord. n° 2017-651, 27 avr. 2017)*. – La liste des domaines nationaux et leur périmètre sont déterminés par décret en Conseil d'État sur proposition du ministre chargé de la culture, après avis du ministre chargé des domaines.

Les domaines nationaux peuvent comprendre des biens immobiliers appartenant à l'État, à des collectivités territoriales, à des établissements publics ou à des personnes privées.

Sous-section 2. – Régime de propriété

(Sous-section créée à compter d'une date fixée par décret et au plus tard le 1er janvier 2018, Ord. n° 2017-651, 27 avr. 2017)

Art. L. 621-35 ***(Rempl. à compter d'une date fixée par décret et au plus tard le 1er janvier 2018, Ord. n° 2017-651, 27 avr. 2017).*** **– Les parties des domaines nationaux qui appartiennent à l'État ou à l'un de ses établissements publics sont inaliénables et imprescriptibles. Elles sont inconstructibles, à l'exception des bâtiments ou structures nécessaires à leur entretien ou à leur visite par le public ou s'inscrivant dans un projet de restitution architecturale, de création artistique ou de mise en valeur.**

Les parties appartenant à un établissement public de l'État peuvent toutefois être cédées à une autre personne publique, sans que cette cession puisse remettre en cause le caractère inconstructible attaché à ces parties, sous réserve des exceptions prévues à l'alinéa précédent.

Par dérogation aux articles L. 3211-5, L. 3211-5-1 et L. 3211-21 du Code général de la propriété des personnes publiques, les parties des domaines nationaux gérées par l'Office national des forêts en application du 1° du I de l'article L. 211-1 du Code forestier ne peuvent faire l'objet d'aucune aliénation, même sous forme d'échange. Cette mesure n'est pas applicable aux opérations de cessions engagées avant le 8 juillet 2016, dont la liste est fixée par décret.

Sous-section 3. – Droit de préemption

(Sous-section créée à compter d'une date fixée par décret et au plus tard le 1er janvier 2018, Ord. n° 2017-651, 27 avr. 2017)

Art. L. 621-36 ***(Rempl. à compter d'une date fixée par décret et au plus tard le 1er janvier 2018, Ord. n° 2017-651, 27 avr. 2017).*** **– L'État est informé avant toute cession d'une partie d'un domaine national appartenant à une autre personne, publique ou privée. Il peut exercer un droit de préemption. Les conditions d'application du présent article sont déterminées par décret en Conseil d'État.**

Sous-section 4. – Gestion des domaines nationaux

(Sous-section créée à compter d'une date fixée par décret et au plus tard le 1er janvier 2018, Ord. n° 2017-651, 27 avr. 2017)

Art. L. 621-37 ***(Rempl. à compter d'une date fixée par décret et au plus tard le 1er janvier 2018, Ord. n° 2017-651, 27 avr. 2017).*** **– La gestion des domaines nationaux est exercée dans le respect de l'ordre public et de la dignité humaine.**

Art. L. 621-38 ***(Rempl. à compter d'une date fixée par décret et au plus tard le 1er janvier 2018, Ord. n° 2017-651, 27 avr. 2017).*** **– L'utilisation à des fins commerciales de l'image des immeubles qui constituent les domaines nationaux, sur tout support, est soumise à l'autorisation préalable du gestionnaire de la partie concernée du domaine national. Cette autorisation peut prendre la forme d'un acte unilatéral ou d'un contrat, assorti ou non de conditions financières. La redevance tient compte des avantages de toute nature procurés au titulaire de l'autorisation.**

L'autorisation mentionnée au précédent alinéa n'est pas requise lorsque l'image est utilisée dans le cadre de l'exercice de missions de service public, ou à des fins culturelles, artistiques, pédagogiques, d'enseignement, de recherche, d'information et d'illustration de l'actualité.

Un décret en Conseil d'État définit les modalités d'application du présent article.

Art. L. 621-39 ***(Rempl. à compter d'une date fixée par décret et au plus tard le 1er janvier 2018, Ord. n° 2017-651, 27 avr. 2017).*** **– Afin de faciliter leur conservation, leur mise en valeur et leur développement, l'établissement public du domaine national de Chambord peut se voir confier, par décret en Conseil d'État, la gestion d'autres domaines nationaux, ainsi que d'autres domaines et immeubles appartenant à l'État.**

Section 6. – Domaines nationaux

(Implicitement abr. à compter d'une date fixée par décret et au plus tard le 1er janvier 2018, Ord. n° 2017-651, 27 avr. 2017)

Sous–section 1. – Définition, liste et délimitation

(Implicitement abr. à compter d'une date fixée par décret et au plus tard le 1er janvier 2018, Ord. n° 2017-651, 27 avr. 2017)

Sous–section 2. – Protection au titre des monuments historiques

(Implicitement abr. à compter d'une date fixée par décret et au plus tard le 1er janvier 2018, Ord. n° 2017-651, 27 avr. 2017)

Sous–section 3. – Droit de préemption

(Implicitement abr. à compter d'une date fixée par décret et au plus tard le 1er janvier 2018, Ord. n° 2017-651, 27 avr. 2017)

Sous–section 4. – Gestion des parties des domaines nationaux appartenant à l'État

(Implicitement abr. à compter d'une date fixée par décret et au plus tard le 1er janvier 2018, Ord. n° 2017-651, 27 avr. 2017)

Art. L. 621-40 ***(Implicitement abr. à compter d'une date fixée par décret et au plus tard le 1er janvier 2018, Ord. n° 2017-651, 27 avr. 2017).***

Art. L. 621-41 ***(Implicitement abr. à compter d'une date fixée par décret et au plus tard le 1er janvier 2018, Ord. n° 2017-651, 27 avr. 2017).***

Sous–section 5. – Gestion et exploitation de la marque et du droit à l'image des domaines nationaux

(Implicitement abr. à compter d'une date fixée par décret et au plus tard le 1er janvier 2018, Ord. n° 2017-651, 27 avr. 2017)

Art. L. 621-42 ***(Abr. à compter d'une date fixée par décret et au plus tard le 1er janvier 2018, Ord. n° 2017-651, 27 avr. 2017).***

CHAPITRE II. – OBJETS MOBILIERS

(Chap. rempl. à compter d'une date fixée par décret et au plus tard le 1er janvier 2018, Ord. n° 2017-651, 27 avr. 2017)

Section I. – Classement et inscription des objets mobiliers

(Intitulé rempl. à compter d'une date fixée par décret et au plus tard le 1er janvier 2018, Ord. n° 2017-651, 27 avr. 2017)

Art. L. 622-1 ***(Rempl. à compter d'une date fixée par décret et au plus tard le 1er janvier 2018, Ord. n° 2017-651, 27 avr. 2017).*** **– Les objets mobiliers, soit meubles, soit immeubles par destination, dont la conservation présente un intérêt public au point de vue de l'histoire, de l'art, de l'architecture, de l'archéologie, de l'ethnologie, de la science ou de la technique peuvent être classés au titre des monuments historiques.**

Sont également classés au titre des monuments historiques les objets mobiliers, soit meubles, soit immeubles par destination, classés au même titre en application de la loi du 30 mars 1887.

Les effets du classement prévus à la présente section s'appliquent aux biens devenus meubles par suite de leur détachement d'immeubles classés au titre des monuments historiques, sans préjudice de l'application éventuelle des dispositions de l'article L. 641-1.

Art. L. 622-1-1 et L. 622-1-2 ***(Implicitement abr. à compter d'une date fixée par décret et au plus tard le 1er janvier 2018, Ord. n° 2017-651, 27 avr. 2017).***

Art. L. 622-2 ***(Rempl. à compter d'une date fixée par décret et au plus tard le 1er janvier 2018, Ord. n° 2017-651, 27 avr. 2017).*** **– Un ensemble ou une collection d'objets mobiliers dont la conservation dans son intégrité et sa cohérence présente un intérêt public au point de vue de l'histoire, de l'art, de l'architecture, de l'archéologie, de l'ethnologie, de la science ou de la technique peut être classé au titre des monuments historiques comme ensemble historique mobilier par décision de l'autorité administrative.**

Les effets du classement s'appliquent à chaque élément de l'ensemble historique mobilier classé et subsistent pour un élément s'il est dissocié de l'ensemble. Toutefois, lorsque l'élément dissocié ne bénéficie pas d'un classement en application de l'article L. 622-1, les effets du classement peuvent être levés pour cet élément par l'autorité administrative.

Art. L. 622-3 *(Rempl. à compter d'une date fixée par décret et au plus tard le 1er janvier 2018, Ord. n° 2017-651, 27 avr. 2017).* – Lorsque des objets mobiliers classés ou un ensemble historique mobilier classé sont attachés, par des liens historiques ou artistiques remarquables, à un immeuble classé, et forment avec lui un ensemble d'une qualité et d'une cohérence dont la conservation dans son intégrité présente un intérêt public, ces objets mobiliers ou cet ensemble historique mobilier peuvent être grevés d'une servitude de maintien dans les lieux par décision de l'autorité administrative, sous réserve du consentement du propriétaire.

Cette servitude peut être levée dans les mêmes conditions. En cas de refus de l'autorité administrative de lever la servitude, les sujétions anormales qui peuvent en résulter sont compensées par une indemnité. À défaut d'accord amiable, l'action en indemnité est portée devant le juge judiciaire.

La servitude de maintien dans les lieux peut être prononcée en même temps que la décision de classement des objets mobiliers ou de l'ensemble historique mobilier, ou postérieurement à celle-ci.

Art. L. 622-4 *(Rempl. à compter d'une date fixée par décret et au plus tard le 1er janvier 2018, Ord. n° 2017-651, 27 avr. 2017).* – L'objet mobilier ou l'ensemble historique mobilier appartenant à l'État ou à l'un de ses établissements publics est classé au titre des monuments historiques par décision de l'autorité administrative.

Art. L. 622-4-1 *(Implicitement abr. à compter d'une date fixée par décret et au plus tard le 1er janvier 2018, Ord. n° 2017-651, 27 avr. 2017).*

Art. L. 622-5 *(Rempl. à compter d'une date fixée par décret et au plus tard le 1er janvier 2018, Ord. n° 2017-651, 27 avr. 2017).* – L'objet mobilier ou l'ensemble historique mobilier appartenant à toute autre personne publique ou privée est classé au titre des monuments historiques par décision de l'autorité administrative, si le propriétaire y consent.

À défaut de consentement du propriétaire, le classement d'office peut être prononcé par décret en Conseil d'État.

Le classement d'office d'un objet mobilier ou d'un ensemble historique mobilier appartenant à une personne privée peut ouvrir droit à indemnité si les servitudes et obligations liées au classement causent au propriétaire un préjudice direct, matériel et certain. La demande d'indemnité est formée dans les six mois à compter de la notification du décret de classement. À défaut d'accord amiable, l'indemnité est fixée par le tribunal d'instance ou de grande instance.

L'indemnité n'est pas due si le Premier ministre renonce au classement d'office en abrogeant le décret de classement dans un délai de trois mois à compter de la notification du jugement mentionné au troisième alinéa.

Art. L. 622-6 *(Rempl. à compter d'une date fixée par décret et au plus tard le 1er janvier 2018, Ord. n° 2017-651, 27 avr. 2017).* – Les objets mobiliers, soit meubles, soit immeubles par destination, dont la conservation ne justifie pas un classement immédiat mais présente un intérêt public au point de vue de l'histoire, de l'art, de l'architecture, de l'archéologie, de l'ethnologie, de la science ou de la technique, peuvent être inscrits au titre des monuments historiques par décision de l'autorité administrative.

Art. L. 622-7 *(Rempl. à compter d'une date fixée par décret et au plus tard le 1er janvier 2018, Ord. n° 2017-651, 27 avr. 2017).* – Les objets mobiliers, soit meubles, soit immeubles par destination, dont la conservation ne justifie pas un classement immédiat mais présente un intérêt public au point de vue de l'histoire, de l'art, de l'architecture, de l'archéologie, de l'ethnologie, de la science ou de la technique, peuvent être inscrits au titre des monuments historiques par décision de l'autorité administrative.

Art. L. 622-8 *(Rempl. à compter d'une date fixée par décret et au plus tard le 1er janvier 2018, Ord. n° 2017-651, 27 avr. 2017).* – L'objet mobilier appartenant à une personne privée ne peut être inscrit au titre des monuments historiques que si le propriétaire y consent.

Art. L. 622-9 *(Rempl. à compter d'une date fixée par décret et au plus tard le 1er janvier 2018, Ord. n° 2017-651, 27 avr. 2017).* – La désinscription d'un objet mobilier au titre des monuments historiques est prononcée selon la procédure prévue à l'article L. 622-7. Elle est notifiée aux intéressés.

Art. L. 622-10 *(Rempl. à compter d'une date fixée par décret et au plus tard le 1er janvier 2018, Ord. n° 2017-651, 27 avr. 2017).* – Lorsque la conservation ou le maintien sur le territoire national d'un objet mobilier est menacée, l'autorité administrative peut notifier au propriétaire, par décision sans formalité préalable, une instance de protection au titre des monuments historiques.

À compter du jour où l'instance de protection est notifiée au propriétaire, les effets du classement s'appliquent de plein droit à l'objet pendant douze mois. Toutefois, ces effets cessent de s'appliquer si l'instance de protection est abrogée avant l'expiration du délai de douze mois.

Art. L. 622-11 *(Rempl. à compter d'une date fixée par décret et au plus tard le 1er janvier 2018, Ord. n° 2017-651, 27 avr. 2017).* – Les effets du classement ou de l'inscription au titre des monuments historiques d'un objet mobilier, les effets du classement d'un ensemble historique mobilier et les effets de la servitude de maintien dans les lieux suivent les biens, en quelques mains qu'ils passent.

Section II. – Conservation et restauration des objets mobiliers classés ou inscrits

(Rempl. à compter d'une date fixée par décret et au plus tard le 1er janvier 2018, Ord. n° 2017-651, 27 avr. 2017)

Art. L. 622-12 *(Rétabli dans la version suivante à compter d'une date fixée par décret et au plus tard le 1er janvier 2018, Ord. n° 2017-651, 27 avr. 2017).* – L'objet mobilier classé ou inscrit au titre des monuments historiques ne peut être détruit, modifié ou restauré sans autorisation de l'autorité administrative.

Les travaux autorisés sont réalisés sous le contrôle scientifique et technique des services de l'État chargés des monuments historiques.

Un décret en Conseil d'État précise les catégories de professionnels auxquels le maître d'ouvrage est tenu de confier la maîtrise d'œuvre ou la conception des travaux sur un objet mobilier classé ou inscrit.

Art. L. 622-13 *(Rempl. à compter d'une date fixée par décret et au plus tard le 1er janvier 2018, Ord. n° 2017-651, 27 avr. 2017).* – Sans préjudice des dispositions de l'article L. 622-16, le propriétaire ou l'affectataire domanial est responsable de la conservation de l'objet mobilier classé ou inscrit au titre des monuments historiques qui lui appartient ou qui est mis à sa disposition. Il est tenu d'en assurer la garde et la conservation et de prendre à cet effet les mesures nécessaires.

Le maître d'ouvrage des travaux sur l'objet mobilier classé ou inscrit est le propriétaire ou l'affectataire si les conditions de la mise à disposition le prévoient.

Les services de l'État chargés des monuments historiques peuvent apporter une assistance gratuite au propriétaire ou à l'affectataire d'un objet mobilier classé ou inscrit qui ne dispose pas, du fait de l'insuffisance de ses ressources ou de la complexité du projet de travaux, des moyens nécessaires à l'exercice de la maîtrise d'ouvrage de l'opération. Un décret en Conseil d'État précise les conditions de cette assistance, ainsi que le contenu et les modalités des missions de maîtrise d'ouvrage exercées à ce titre par les services de l'État.

Une assistance de l'État en matière de maîtrise d'ouvrage peut également être apportée lorsqu'aucune des conditions mentionnées à l'alinéa précédent n'est remplie, dès lors que le propriétaire ou l'affectataire établit la carence de l'offre privée et des autres collectivités publiques. Dans ce cas, la prestation est rémunérée par application d'un barème, établi en fonction des coûts réels, fixé par décret en Conseil d'État.

Une convention signée avec le maître d'ouvrage définit les modalités particulières de l'assistance à la maîtrise d'ouvrage assurée par les services de l'État.

Art. L. 622-14 *(Rempl. à compter d'une date fixée par décret et au plus tard le 1er janvier 2018, Ord. n° 2017-651, 27 avr. 2017).* – Lorsque les études et les travaux de mise en sécurité, d'entretien et de restauration des objets mobiliers classés ou inscrits au titre des monuments historiques, ainsi que l'assistance à maîtrise d'ouvrage, font l'objet d'aides de la part des collectivités publiques, un échéancier prévoit le versement d'un acompte avant le début de chaque tranche de travaux.

Art. L. 622-15 *(Rétabli dans la version suivante à compter d'une date fixée par décret et au plus tard le 1er janvier 2018, Ord. n° 2017-651, 27 avr. 2017).* – Les dépenses nécessaires à la garde et à la conservation des objets mobiliers classés au titre des monuments historiques sont, à l'exception des frais de construction ou de reconstruction des locaux, obligatoires pour les collectivités territoriales.

À défaut pour une collectivité territoriale de prendre les mesures reconnues nécessaires par l'autorité administrative, il peut y être pourvu d'office, après une mise en demeure restée sans effet, par décision de la même autorité.

Art. L. 622-16 *(Rempl. à compter d'une date fixée par décret et au plus tard le 1er janvier 2018, Ord. n° 2017-651, 27 avr. 2017).* – Lorsque l'autorité administrative estime que la conservation ou la sécurité d'un objet mobilier classé au titre des monuments historiques, appartenant à une collectivité territoriale ou à un établissement public, est mise en péril et lorsque la collectivité propriétaire, affectataire ou dépositaire ne prend pas immédiatement les mesures nécessaires pour y remédier, l'autorité administrative peut, par arrêté motivé, ordonner la mise en œuvre d'urgence aux frais de l'État, des mesures conservatoires utiles. En cas de nécessité, l'autorité administrative peut également ordonner, aux mêmes conditions, le transfert provisoire de l'objet dans un centre de conservation et d'études, un trésor de cathédrale, un musée de France ou tout autre lieu public de l'État ou d'une collectivité territoriale offrant les garanties de sécurité voulues et, autant que possible, situé dans le voisinage de son emplacement primitif.

Dans un délai de trois mois à compter de ce transfert provisoire, l'autorité administrative détermine les mesures nécessaires pour assurer la garde et la conservation de l'objet dans son emplacement primitif.

La collectivité propriétaire, affectataire ou dépositaire peut à tout moment obtenir la réintégration de l'objet dans son emplacement primitif, si elle justifie que les mesures exigées ont été mises en œuvre.

Art. L. 622-17 *(Rempl. à compter d'une date fixée par décret et au plus tard le 1er janvier 2018, Ord. n° 2017-651, 27 avr. 2017).* – Le déplacement d'un objet mobilier classé ou de tout ou partie d'un ensemble historique mobilier classé grevé d'une servitude de maintien dans les lieux en application de l'article L. 622-3 est subordonné à une autorisation de l'autorité administrative.

Art. L. 622-18 *(Rempl. à compter d'une date fixée par décret et au plus tard le 1er janvier 2018, Ord. n° 2017-651, 27 avr. 2017).* – Le propriétaire, le détenteur, l'affectataire domanial ou le dépositaire d'un objet mobilier classé ou inscrit qui a l'intention de déplacer cet objet d'un lieu à un autre est tenu d'en faire préalablement la déclaration à l'autorité administrative dans un délai fixé par décret en Conseil d'État.

Le déplacement d'un objet mobilier classé ou inscrit appartenant à l'État, à une collectivité territoriale ou à l'un de leurs établissements publics a lieu sous le contrôle scientifique et technique des services de l'État chargés des monuments historiques.

Le déplacement d'un objet mobilier classé ou inscrit appartenant à un propriétaire privé peut avoir lieu, à la demande de ce dernier, avec l'assistance technique des services de l'État chargés des monuments historiques.

Les modalités d'application du présent article, notamment le contenu et la procédure d'instruction de la déclaration préalable, les conditions d'exercice du contrôle scientifique et technique ainsi que le bénéfice de l'assistance technique des services de l'État chargés des monuments historiques, sont déterminés par décret en Conseil d'État.

Art. L. 622-19 *(Rempl. à compter d'une date fixée par décret et au plus tard le 1er janvier 2018, Ord. n° 2017-651, 27 avr. 2017).* – L'exportation hors de France d'un objet mobilier classé au titre des monuments historiques est interdite, sous réserve des dispositions relatives à l'exportation temporaire prévue à l'article L. 111-7.

Art. L. 622-20 *(Rempl. à compter d'une date fixée par décret et au plus tard le 1er janvier 2018, Ord. n° 2017-651, 27 avr. 2017).* – L'autorité administrative procède au récolement des objets mobiliers classés et inscrits au titre des monuments historiques dans des conditions définies par décret en Conseil d'État.

Les propriétaires, affectataires, dépositaires ou détenteurs de ces objets mobiliers sont tenus de les présenter aux agents accrédités par l'autorité administrative lorsque ceux-ci en font la demande.

Section III. – Régime de propriété des objets mobiliers classés ou inscrits

(Intitulé et section rempl. à compter d'une date fixée par décret et au plus tard le 1er janvier 2018, Ord. n° 2017-651, 27 avr. 2017)

Art. L. 622-21 *(Rempl. à compter d'une date fixée par décret et au plus tard le 1er janvier 2018, Ord. n° 2017-651, 27 avr. 2017).* – Les objets mobiliers classés ou inscrits au titre des monuments historiques sont imprescriptibles.

Art. L. 622-22 *(Rempl. à compter d'une date fixée par décret et au plus tard le 1er janvier 2018, Ord. n° 2017-651, 27 avr. 2017).* – Les objets mobiliers classés ou inscrits au titre des monuments historiques appartenant à une personne publique ou à un établissement d'utilité publique ne peuvent être aliénés qu'avec l'accord de l'autorité administrative chargée des monuments historiques. La propriété ne peut en être transférée qu'à une personne publique ou à un établissement d'utilité publique.

Un ensemble historique mobilier classé en application de l'article L. 622-2 ne peut être divisé ou aliéné par lot ou pièce sans autorisation de l'autorité administrative.

Art. L. 622-23 *(Rempl. à compter d'une date fixée par décret et au plus tard le 1er janvier 2018, Ord. n° 2017-651, 27 avr. 2017).* – Quiconque aliène un objet mobilier classé ou inscrit au titre des monuments historiques est tenu de faire connaître au futur acquéreur l'existence de la protection.

L'aliénation doit être notifiée à l'autorité administrative par celui qui l'a consentie dans un délai fixé par décret en Conseil d'État.

Art. L. 622-24 *(Rempl. à compter d'une date fixée par décret et au plus tard le 1er janvier 2018, Ord. n° 2017-651, 27 avr. 2017 ; mod. à compter des mêmes dates, Ord. n° 2017-1134, 5 juill. 2017).* – L'acquisition faite en violation des dispositions de l'article L. 622-22 est nulle.

L'action en nullité ou en revendication peut être exercée à tout moment par l'autorité administrative ou par le propriétaire originaire. Elle s'exerce sans préjudice des demandes en dommages-intérêts qui peuvent être dirigées soit contre les parties contractantes solidairement responsables, soit contre l'officier public qui a prêté son concours à l'aliénation. Lorsque l'aliénation illicite a été consentie par une personne publique ou un établissement d'utilité publique, l'action en dommages-intérêts est exercée par l'autorité administrative au nom et au profit de l'État.

L'acquéreur ou sous-acquéreur de bonne foi, entre les mains duquel l'objet est revendiqué, a droit au remboursement de son prix d'acquisition. Si la revendication est exercée par l'autorité administrative, celle-ci aura recours contre le vendeur originaire pour le montant intégral de l'indemnité qu'elle aura dû payer à l'acquéreur ou sous-acquéreur.

Lorsque l'objet mobilier appartient au domaine public, les actions en nullité ou en revendication s'exercent dans les conditions prévues aux articles L. 112-22 et L. 112-23.

Art. L. 622-25 *(Rempl. à compter d'une date fixée par décret et au plus tard le 1er janvier 2018, Ord. n° 2017-651, 27 avr. 2017).* – En cas de mutation d'un objet mobilier classé ou inscrit, le propriétaire ou l'affectataire domanial transmet les études et les documents afférents aux travaux de conservation ou de restauration réalisés sur cet objet mobilier au nouveau propriétaire ou au nouvel affectataire domanial.

Art. L. 622-26 à L. 622-29 *(Implicitement abr. à compter d'une date fixée par décret et au plus tard le 1er janvier 2018, Ord. n° 2017-651, 27 avr. 2017).*

....

PARTIE RÉGLEMENTAIRE

LIVRE II. – ARCHIVES

TITRE PREMIER. – RÉGIME GÉNÉRAL DES ARCHIVES

CHAPITRE II. – COLLECTE, CONSERVATION ET PROTECTION

....

Art. R. 212-15. – Le délai pendant lequel les officiers publics ou ministériels assurent la conservation de leurs minutes et répertoires avant versement dans un dépôt d'archives relevant du service interministériel des archives de France de la direction générale des patrimoines ou placés sous le contrôle scientifique et technique de l'État sur les archives est fixé à soixante-quinze ans pour les notaires et à vingt-cinq ans pour les autres officiers publics ou ministériels.

Toutefois, l'officier public ou ministériel intéressé et le service interministériel des archives de France de la direction générale des patrimoines peuvent convenir de réduire ou d'augmenter ce délai par un accord dont la durée de validité ne peut excéder dix ans, et qui est renouvelable par tacite reconduction pour des périodes de même durée.

....

Code de procédure civile

LIVRE PREMIER. – DISPOSITIONS COMMUNES À TOUTES LES JURIDICTIONS

....

TITRE IX *BIS*. – L'AUDITION DE L'ENFANT EN JUSTICE

(D. n° 93-1091, 16 sept. 1993)

Art. 338-1 *(D. n° 93-1091, 16 sept. 1993 ; rempl., D. n° 2009-572, 20 mai 2009 ; mod., D. n° 2016-1906, 28 déc. 2016).* – Le mineur capable de discernement est informé par le ou les titulaires de l'exercice de l'autorité parentale, le tuteur ou, le cas échéant, par la personne ou le service à qui il a été confié de son droit à être entendu et à être assisté d'un avocat dans toutes les procédures le concernant.

Lorsque la procédure est introduite par requête, la convocation à l'audience est accompagnée d'un avis rappelant les dispositions de l'article 388-1 du Code civil et celles du premier alinéa du présent article.

Lorsque la procédure est introduite par acte d'huissier, l'avis mentionné à l'alinéa précédent est joint à celui-ci.

Dans toute convention soumise à l'homologation du juge aux affaires familiales selon la procédure prévue par l'article 1143 ou par les articles 1565 et suivants, mention est faite que le mineur capable de discernement a été avisé de son droit à être entendu et assisté d'un avocat et, le cas échéant, qu'il n'a pas souhaité faire usage de cette faculté.

Art. 338-2 *(D. n° 93-1091, 16 sept. 1993 ; rempl., D. n° 2009-572, 20 mai 2009).* – La demande d'audition est présentée sans forme au juge par le mineur lui-même ou par les parties. Elle peut l'être en tout état de la procédure et même pour la première fois en cause d'appel.

Art. 338-3 *(D. n° 93-1091, 16 sept. 1993 ; rempl., D. n° 2009-572, 20 mai 2009).* – La décision ordonnant l'audition peut revêtir la forme d'une simple mention au dossier ou au registre d'audience.

Art. 338-4 *(D. n° 93-1091, 16 sept. 1993 ; rempl., D. n° 2009-572, 20 mai 2009).* – Lorsque la demande est formée par le mineur, le refus d'audition ne peut être fondé que sur son absence de discernement ou sur le fait que la procédure ne le concerne pas.

Lorsque la demande est formée par les parties, l'audition peut également être refusée si le juge ne l'estime pas nécessaire à la solution du litige ou si elle lui paraît contraire à l'intérêt de l'enfant mineur.

Le mineur et les parties sont avisés du refus par tout moyen. Dans tous les cas, les motifs du refus sont mentionnés dans la décision au fond.

Art. 338-5 *(D. n° 93-1091, 16 sept. 1993 ; mod., D. n° 2004-836, 20 août 2004 ; rempl., D. n° 2009-572, 20 mai 2009).* – La décision statuant sur la demande d'audition formée par le mineur n'est susceptible d'aucun recours.

La décision statuant sur la demande d'audition formée par les parties est soumise aux dispositions des articles 150 et 152.

Art. 338-6 *(D. n° 93-1091, 16 sept. 1993 ; rempl., D. n° 2009-572, 20 mai 2009).* – Le greffe ou, le cas échéant, la personne désignée par le juge pour entendre le mineur adresse à celui-ci, par lettre simple, une convocation en vue de son audition.

La convocation l'informe de son droit à être entendu seul, avec un avocat ou une personne de son choix.

Le même jour, les défenseurs des parties et, à défaut, les parties elles-mêmes sont avisés des modalités de l'audition.

Art. 338-7 *(D. n° 93-1091, 16 sept. 1993 ; rempl., D. n° 2009-572, 20 mai 2009).* – Si le mineur demande à être entendu avec un avocat et s'il ne choisit pas lui-même celui-ci, le juge requiert, par tout moyen, la désignation d'un avocat par le bâtonnier.

Art. 338-8 *(D. n° 93-1091, 16 sept. 1993 ; mod., D. n° 2004-836, 20 août 2004 ; rempl., D. n° 2009-572, 20 mai 2009).* – Lorsque l'audition est ordonnée par une formation collégiale, celle-ci peut entendre elle-même le mineur ou désigner l'un de ses membres pour procéder à l'audition et lui en rendre compte.

Art. 338-9 *(D. n° 93-1091, 16 sept. 1993 ; rempl., D. n° 2009-572, 20 mai 2009).* – Lorsque le juge estime que l'intérêt de l'enfant le commande, il désigne pour procéder à son audition une personne qui ne doit entretenir de liens ni avec le mineur ni avec une partie.

Cette personne doit exercer ou avoir exercé une activité dans le domaine social, psychologique ou médico-psychologique.

Elle est avisée de sa mission sans délai et par tout moyen par le greffe.

Art. 338-10 *(D. n° 2009-572, 20 mai 2009).* – Si la personne chargée d'entendre le mineur rencontre des difficultés, elle en réfère sans délai au juge.

Art. 338-11 *(D. n° 2009-572, 20 mai 2009).* – Les modalités d'audition peuvent être modifiées en cas de motif grave s'opposant à ce que le mineur soit entendu dans les conditions initialement prévues.

Art. 338-12 *(D. n° 2009-572, 20 mai 2009).* – Dans le respect de l'intérêt de l'enfant, il est fait un compte rendu de cette audition. Ce compte rendu est soumis au respect du contradictoire.

....

TITRE XV. – L'EXÉCUTION DU JUGEMENT

....

CHAPITRE III. – LE DÉLAI DE GRÂCE

Art. 510 *(Rempl., D. n° 96-1130, 18 déc. 1996).* – Sous réserve des alinéas suivants, le délai de grâce ne peut être accordé que par la décision dont il est destiné à différer l'exécution.

En cas d'urgence, la même faculté appartient au juge des référés.

Après signification d'un commandement ou d'un acte de saisie, selon le cas, le juge de l'exécution a compétence pour accorder un délai de grâce. Cette compétence appartient au tribunal d'instance en matière de saisie des rémunérations.

L'octroi du délai doit être motivé.

Art. 511. – Le délai court du jour du jugement lorsque celui-ci est contradictoire ; il ne court, dans les autres cas, que du jour de la notification du jugement.

Art. 512 *(Mod., D. n° 2012-66, 20 janv. 2012).* – Le délai de grâce ne peut être accordé au débiteur dont les biens sont saisis par d'autres créanciers ni à celui qui a, par son fait, diminué les garanties qu'il avait données par contrat à son créancier.

Le débiteur perd, dans ces mêmes cas, le bénéfice du délai de grâce qu'il aurait préalablement obtenu.

Art. 513. – Le délai de grâce ne fait pas obstacle aux mesures conservatoires.

....

LIVRE TROISIÈME. – DISPOSITIONS PARTICULIÈRES À CERTAINES MATIÈRES

TITRE PREMIER. – LES PERSONNES

CHAPITRE I. – LA NATIONALITÉ DES PERSONNES PHYSIQUES

Art. 1038 *(D. n° 81-500, 12 mai 1981).* – Le tribunal de grande instance est seul compétent pour connaître en premier ressort des contestations sur la nationalité française ou étrangère des personnes physiques, sous réserve des dispositions figurant au Code de la nationalité pour les juridictions répressives comportant un jury criminel.

Les exceptions de nationalité et d'extranéité ainsi que celle d'incompétence pour en connaître sont d'ordre public. Elles peuvent être soulevées en tout état de cause et doivent être relevées d'office par le juge.

Art. 1039 *(D. n° 81-500, 12 mai 1981)*. – Le tribunal de grande instance territorialement compétent est celui du lieu où demeure la personne dont la nationalité est en cause ou, si cette personne ne demeure pas en France, le tribunal de grande instance de Paris.

Art. 1040 *(D. n° 81-500, 12 mai 1981 ; D. n° 93-1362, 30 déc. 1993)*. – Toute action qui a pour objet principal de faire déclarer qu'une personne a ou n'a pas la qualité de Français, est exercée par le ministère public ou contre lui sans préjudice du droit qui appartient à tout intéressé d'intervenir à l'instance.

Art. 1041 *(D. n° 81-500, 12 mai 1981)*. – Lorsqu'une juridiction de l'ordre judiciaire est saisie à titre incident d'une question de nationalité dont elle n'est pas habile à connaître et qui est nécessaire à la solution du litige, la cause est communiquée au ministère public.

Le ministère public fait connaître, par conclusions écrites et motivées, s'il estime qu'il y a lieu ou non d'admettre l'existence d'une question préjudicielle.

Art. 1042 *(D. n° 81-500, 12 mai 1981)*. – Si une question de nationalité est soulevée par une partie devant une juridiction qui estime qu'il y a question préjudicielle, la juridiction renvoie cette partie à se pourvoir devant le tribunal de grande instance compétent dans le délai d'un mois ou, dans le même délai, à présenter requête au procureur de la République. Lorsque la personne dont la nationalité est contestée se prévaut d'un certificat de nationalité française, ou lorsque la question de nationalité a été relevée d'office, la juridiction saisie au fond impartit le même délai d'un mois au procureur de la République pour saisir le tribunal de grande instance compétent.

Si le délai d'un mois n'est pas respecté, l'instance poursuit son cours. Dans le cas contraire, la juridiction saisie au fond sursoit à statuer jusqu'à ce que la question de nationalité ait été jugée.

Art. 1043 *(D. n° 81-500, 12 mai 1981)*. – Dans toutes les instances où s'élève à titre principal ou incident une contestation sur la nationalité, une copie de l'assignation ou, le cas échéant, une copie des conclusions soulevant la contestation sont déposées au ministère de la justice qui en délivre récépissé. Le dépôt des pièces peut être remplacé par l'envoi de ces pièces par lettre recommandée avec demande d'avis de réception.

La juridiction civile ne peut statuer sur la nationalité avant l'expiration d'un délai d'un mois à compter de la délivrance du récépissé ou de l'avis de réception. Toutefois, ce délai est de dix jours lorsque la contestation sur la nationalité a fait l'objet d'une question préjudicielle devant une juridiction statuant en matière électorale.

L'assignation est caduque, les conclusions soulevant une question de nationalité irrecevables, s'il n'est pas justifié des diligences prévues aux alinéas qui précèdent.

Les dispositions du présent article sont applicables aux voies de recours.

Art. 1044 *(D. n° 81-500, 12 mai 1981)*. – Le procureur de la République est tenu d'agir dans les conditions de l'article 1040 s'il en est requis par une administration publique ou par une tierce personne qui a soulevé l'exception de nationalité devant une juridiction qui a sursis à statuer dans les conditions de l'article 1042.

Le tiers requérant est mis en cause.

Art. 1045 *(D. n° 81-500, 12 mai 1981)*. – Le délai de pourvoi en cassation suspend l'exécution de l'arrêt qui statue sur la nationalité ; le pourvoi en cassation exercé dans ce délai est également suspensif.

CHAPITRE II. – LES ACTES DE L'ÉTAT CIVIL

Section I. – De l'annulation et de la rectification des actes de l'état civil

(D. n° 2004-836, 20 août 2004 ; intitulé mod., D. n° 2012-66, 20 janv. 2012)

Sous-section 1. – La rectification et l'annulation administratives

(Intitulé rempl., D. n° 2017-890, 6 mai 2017)

Art. 1046 *(Rempl., D. n° 2017-890, 6 mai 2017)*. – Le procureur de la République territorialement compétent pour procéder à la rectification administrative des erreurs et omissions purement matérielles des actes de l'état civil et à l'annulation des actes irrégulièrement établis est le procureur de la République du lieu où a été établi l'acte comportant l'erreur ou l'omission initiale ou l'acte irrégulièrement dressé.

Toutefois, sont compétents :

1° Le procureur de la République du lieu où est établi le service central d'état civil du ministère des affaires étrangères, pour les actes détenus par ce service ;

2° Le procureur de la République près le tribunal de grande instance de Paris pour les certificats tenant lieu d'actes de l'état civil à un réfugié, un apatride ou un bénéficiaire de la protection subsidiaire.

Art. 1046-1 *(Créé, D. n° 2017-890, 6 mai 2017).* – Le procureur de la République territorialement compétent donne instructions aux dépositaires des registres de l'acte erroné ou annulé, ainsi qu'à ceux qui détiennent les autres actes entachés par la même erreur ou dressés à la suite de l'acte erroné ou annulé.

Le procureur de la République informe de la rectification ou de l'annulation de l'acte, la personne à laquelle l'acte se rapporte, son ou ses représentants légaux ou la personne chargée de sa protection au sens de l'article 425 du Code civil. Cette information n'est pas requise lorsque l'acte a été établi, par erreur, en double.

Art. 1047 *(D. n° 2004-836, 20 août 2004 ; rempl., D. n° 2017-890, 6 mai 2017).* – Les erreurs ou omissions purement matérielles qui, en application de l'article 99-1 du Code civil, peuvent faire l'objet d'une rectification par l'officier de l'état civil, sont :

1° L'erreur ou l'omission dans un acte de l'état civil dont la preuve est rapportée par l'acte de naissance de l'intéressé, de son parent ou de toute autre personne désignée dans l'acte en cause, lorsque l'acte de naissance est détenu par un officier de l'état civil français ;

2° L'erreur ou l'omission portant sur une énonciation ou une mention apposée en marge d'un acte de l'état civil, à l'exception de celles apposées sur instruction du procureur de la République, lorsque la preuve de l'erreur ou de l'omission est rapportée par la production de l'acte, de la déclaration ou de la décision qu'il mentionne ou qu'il a omis.

Par exception :

a) L'erreur ou l'omission figurant dans un acte de mariage ne peut être rectifiée que sur production des pièces versées au dossier de mariage ;

b) L'omission dans l'apposition d'une mention est réparée par un nouvel envoi de l'avis de mention ;

3° Une mention apposée à tort en marge d'un acte de naissance, lorsque l'officier de l'état civil détient l'acte à l'origine de la mention ;

4° L'erreur dans le domicile ou la profession mentionnée dans un acte de l'état civil sur production de pièces justificatives ;

5° L'erreur portant sur la date de naissance ou de décès dans un acte de l'état civil, sur production d'un certificat d'accouchement ou de décès ;

6° L'erreur relative à l'officier de l'état civil ayant établi l'acte de l'état civil ;

7° L'erreur portant sur l'un ou les prénoms mentionnés dans un acte de naissance, sur production du certificat d'accouchement ou d'une copie du registre des naissances détenu par l'établissement du lieu de l'accouchement ;

8° L'erreur portant sur la présentation matérielle du nom de famille composé de plusieurs vocables dans les actes de l'état civil.

L'intéressé, son ou ses représentants légaux ou la personne chargée de sa protection au sens de l'article 425 du Code civil produisent, à l'appui de leur demande de rectification, une copie intégrale des actes de l'état civil datant de moins de trois mois.

L'officier de l'état civil, détenteur de l'acte comportant l'erreur initiale procède aux rectifications entachant cet acte. Il met également à jour les autres actes de l'état civil entachés de la même erreur ; lorsqu'il n'en est pas dépositaire, il transmet un avis de mention à chacun des officiers de l'état civil dépositaires de ces actes conformément à l'article 49 du Code civil.

L'officier de l'état civil informe de la rectification opérée la personne à laquelle l'acte se rapporte, son ou ses représentants légaux ou la personne chargée de sa protection au sens de l'article 425 du Code civil.

Sous-section 2. – La rectification et l'annulation judiciaire

(Intitulé rempl., D. n° 2017-890, 6 mai 2017)

Art. 1048 *(D. n° 2004-836, 20 août 2004 ; mod., D. n° 2017-890, 6 mai 2017).* – Le tribunal de grande instance ou son président territorialement compétent, est celui du lieu où demeure la personne dont l'état civil est en cause ou, si elle demeure hors de France, le tribunal de grande instance de Paris ou son président. Peut également être saisie la juridiction du lieu ou l'acte a été dressé ou transcrit.

Sont toutefois seuls compétents :

– la juridiction du lieu d'établissement du service central d'état civil du ministère des affaires étrangères, pour les actes détenus par ce service ;

– le tribunal de grande instance de Paris ou son président, pour les certificats tenant lieu d'acte d'état civil à un réfugié, un apatride ou un bénéficiaire de la protection subsidiaire.

Art. 1049 *(D. n° 2004-836, 20 août 2004).* – L'action est ouverte à toute personne qui y a intérêt et au ministère public.

Art. 1050 *(D. n° 2004-836, 20 août 2004).* – La demande est formée, instruite et jugée comme en matière gracieuse.

Art. 1051 *(D. n° 2004-836, 20 août 2004).* – Elle peut aussi être présentée sans forme au procureur de la République qui saisit la juridiction compétente.

Toutefois, si le procureur de la République entend s'opposer à la demande, il en informe le requérant et l'invite à saisir lui-même la juridiction.

Art. 1052 *(D. n 2004-836, 20 août 2004).* – L'affaire est communiquée pour avis au ministère public.

Lorsque la demande est formée par le procureur de la République ou un tiers, la personne dont l'état civil est en cause ou ses héritiers sont entendus ou appelés. À cette fin, la demande indique leurs nom, prénom, domicile, date et lieu de naissance sans préjudice des mentions prévues par le 1° de l'article 57.

Art. 1053 *(D. n° 2004-836, 20 août 2004 ; mod. D. n° 2017-890, 6 mai 2017).* – La juridiction peut ordonner la mise en cause de toute personne intéressée ainsi que la convocation du conseil de famille.

Art. 1054 *(D. n° 2004-836, 20 août 2004 ; mod. D. n° 2017-890, 6 mai 2017).* – S'il fait droit à la demande, la juridiction ordonne la modification, par mention en marge, de tous actes même établis, dressés ou transcrits hors de son ressort. À cette fin, le dispositif de la décision est transmis par le procureur de la République au dépositaire des actes modifiés.

L'acte annulé ne peut plus être mis à jour. Il ne peut être délivré que sur autorisation exceptionnelle du procureur de la République dans le ressort duquel l'acte est conservé.

Art. 1055 *(D. n° 2004-836, 20 août 2004 ; mod. D. n° 2017-890, 6 mai 2017).* – L'appel des décisions rendues en matière gracieuse est formé selon les règles prévues à l'article 950. Les dispositions de l'article 952 sont applicables. L'appel est instruit et jugé selon la procédure suivie en première instance.

L'appel des décisions rendues en matière contentieuse est formé, instruit et jugé selon les règles prévues aux articles 917 à 925, sans que l'appelant ait à se prévaloir d'un péril dans sa requête.

Les voies de recours sont, dans tous les cas, ouvertes au ministère public.

Section II. – Les procédures relatives au prénom

(Rempl., D. n° 2017-450, 29 mars 2017)

Art. 1055-1 *(Rempl., D. n° 2017-450, 29 mars 2017).* – Le procureur de la République territorialement compétent pour contester devant le juge aux affaires familiales le ou les prénoms choisis par les parents, en application du troisième alinéa de l'article 57 du Code civil, est celui dans le ressort duquel est détenu l'acte de naissance de l'enfant.

Lorsque l'acte de naissance a été dressé ou transcrit par les autorités diplomatiques ou consulaires, le procureur de la République territorialement compétent est celui du lieu où est établi le service central d'état civil du ministère des affaires étrangères.

Art. 1055-2 *(Rempl., D. n° 2017-450, 29 mars 2017).* – Lorsque le procureur de la République s'oppose au changement de prénom en application des dispositions du dernier alinéa de l'article 60 du Code civil, la demande est portée contre lui devant le juge aux affaires familiales du tribunal de grande instance auprès duquel le procureur de la République exerce ses fonctions.

Art. 1055-3 *(Rempl., D. n° 2017-450, 29 mars 2017)*. – Les demandes formées en application des dispositions du troisième alinéa de l'article 57 et du dernier alinéa de l'article 60 du Code civil obéissent aux règles de la procédure en matière contentieuse applicable devant le tribunal de grande instance.

Art. 1055-4 *(Rempl., D. n° 2017-450, 29 mars 2017)*. – Le dispositif de la décision ordonnant la modification du prénom est transmis sans délai par le procureur de la République à l'officier de l'état civil dépositaire des actes de l'état civil de l'intéressé en marge desquels est portée la mention de la décision.

Section II *bis*. – La modification de la mention du sexe dans les actes de l'état civil
(D. n° 2017-450, 29 mars 2017)

Art. 1055-5 *(Transféré et rempl., D. n° 2017-450, 29 mars 2017)*. – La demande en modification de la mention du sexe et, le cas échéant, des prénoms, dans les actes de l'état civil, est portée devant le tribunal de grande instance dans le ressort duquel soit la personne intéressée demeure, soit son acte de naissance a été dressé ou transcrit.

Dans le second cas mentionné à l'alinéa précédent, sont toutefois seuls compétents :

– la juridiction du lieu d'établissement du service central d'état civil du ministère des affaires étrangères, pour les actes détenus par ce service ;

– le tribunal de grande instance de Paris, pour les pièces tenant lieu d'acte d'état civil à un réfugié, un apatride ou un bénéficiaire de la protection subsidiaire.

Art. 1055-6 *(D. n° 2017-450, 29 mars 2017)*. – La demande en modification de la mention du sexe dans les actes de l'état civil et, le cas échéant, des prénoms, relève de la matière gracieuse. Les voies de recours sont ouvertes au ministère public.

Art. 1055-7 *(D. n° 2017-450, 29 mars 2017)*. – La demande est formée par requête remise ou adressée au greffe. Le cas échéant, la requête précise si la demande tend également à un changement de prénoms.

Le ministère d'avocat n'est pas obligatoire.

Art. 1055-8 *(D. n° 2017-450, 29 mars 2017)*. – L'affaire est instruite et débattue en chambre du conseil, après avis du ministère public. Les décisions sont rendues hors la présence du public.

Art. 1055-9 *(D. n° 2017-450, 29 mars 2017)*. – Le tribunal ordonne la modification des prénoms dans les actes de l'état civil des conjoints, et, le cas échéant, des enfants, après avoir constaté le consentement des intéressés ou de leurs représentants légaux.

La personne dont l'état civil est en cause ou son représentant légal peut être entendu.

Le bénéficiaire du changement de prénom peut également demander cette modification, postérieurement à la décision du tribunal, auprès du procureur de la République près ledit tribunal.

Cette demande est accompagnée du dispositif de la décision devenue définitive et des documents contenant les consentements requis.

Le conjoint, l'enfant majeur ou le représentant légal de l'enfant mineur, peuvent, dans les mêmes conditions, demander au procureur de la République la modification des seuls actes qui les concernent postérieurement à la décision du tribunal.

Dans tous les cas, le procureur de la République ordonne l'apposition de la modification des prénoms sur les actes concernés et transmet les pièces mentionnées à l'alinéa précédent à l'officier de l'état civil dépositaire desdits actes pour y être annexées.

Section III. – De la transcription et de la mention
des décisions sur les registres de l'état civil
(D. n° 93-1091, 16 sept. 1993 ; intitulé mod., D. n° 2012-66, 20 janv. 2012)

Art. 1056 *(D. n° 81-500, 12 mai 1981)*. – Toute décision dont la transcription ou la mention sur les registres de l'état civil est ordonnée, doit énoncer, dans son dispositif, les prénoms et nom des parties ainsi que, selon le cas, le lieu où la transcription doit être faite ou les lieux et dates des actes en marge desquels la mention doit être portée.

Seul le dispositif de la décision est transmis au dépositaire des registres de l'état civil. Les transcription et mention du dispositif sont aussitôt opérées.

Art. 1056-1 *(D. n° 2012-66, 20 janv. 2012).* – L'action aux fins de déclaration judiciaire de naissance est régie par les dispositions des articles 1049 à 1055.

Le dispositif de la décision, contenant les énonciations prévues à l'article 57 du Code civil, est immédiatement transmis par le procureur de la République à l'officier de l'état civil.

Art. 1056-2 *(Anc. art. 1056-1, dénum., D. n° 2012-66, 20 janv. 2012).* – Le procureur de la République territorialement compétent pour s'opposer à la célébration d'un mariage d'un Français à l'étranger est celui du lieu où est établi le service central d'état civil du ministère des affaires étrangères.

Il est également seul compétent pour se prononcer sur la transcription de l'acte de mariage étranger sur les registres de l'état civil français et pour poursuivre l'annulation de ce mariage.

Il est également seul compétent, lorsque l'acte de mariage étranger a été transcrit sur les registres consulaires français, pour poursuivre l'annulation du mariage, même s'il n'a pas été saisi préalablement à la transcription.

CHAPITRE III. – LE RÉPERTOIRE CIVIL

Art. 1057 *(D. n° 81-500, 12 mai 1981 ; mod., D. n° 2004-836, 20 août 2004).* – Le répertoire civil est constitué par l'ensemble des extraits des demandes, actes et jugements qui, en vertu de textes particuliers se référant à ce répertoire, doivent être classés et conservés aux greffes des tribunaux de grande instance.

Les extraits sont inscrits sur un registre, jour par jour et par ordre numérique.

Art. 1058 *(D. n° 81-500, 12 mai 1981 ; mod., D. n° 2004-836, 20 août 2004).* – Le classement et la conservation des extraits sont assurés par le greffe du tribunal de grande instance dans le ressort duquel est née la personne concernée et par le service central d'état civil pour les personnes nées à l'étranger.

Art. 1059 *(D. n° 81-500, 12 mai 1981 ; mod., D. n° 2004-836, 20 août 2004 ; D. n° 2015-282, 11 mars 2015).* – La publicité des demandes, actes et jugements est réalisée par une mention en marge de l'acte de naissance de l'intéressé. Cette mention est faite à la diligence du greffier du tribunal de grande instance ou, le cas échéant, à celle du service central d'état civil. Elle est constituée par l'indication « RC » suivie de la référence sous laquelle la demande, l'acte ou le jugement a été conservé.

La date à laquelle la mention est apposée est portée sur l'extrait conservé au greffe ou au service central d'état civil.

Art. 1060 *(D. n° 81-500, 12 mai 1981 ; D. n° 89-511, 20 juill. 1989 ; mod., D. n° 2012-1443, 24 déc. 2012).* – La mention portée en marge de l'acte de naissance, des jugements qui rejettent une demande ou mettent fin à une mesure figurant au répertoire civil, est complétée d'office par l'indication qu'elle emporte radiation des mentions antérieures.

L'indication de radiation peut être aussi portée à la suite des mentions prévues par les articles 1292 et 1300-4 lorsque la partie intéressée a rapporté la preuve de l'extinction de l'instance.

Art. 1061 *(D. n° 81-500, 12 mai 1981).* – Des copies des extraits conservés au répertoire civil peuvent être délivrées à tout intéressé.

Elles ne peuvent l'être que sur autorisation du procureur de la République lorsqu'une indication de radiation a été portée en marge des actes de naissance par application de l'article précédent.

CHAPITRE III *BIS*. – LES FUNÉRAILLES

Art. 1061-1 *(Ord. n° 2005-460, 13 mai 2005).* – En matière de contestation sur les conditions des funérailles, le tribunal d'instance est saisi à la requête de la partie la plus diligente selon un des modes prévus à l'article 829.

Il statue dans les vingt-quatre heures.

Appel peut être interjeté dans les vingt-quatre heures de la décision devant le premier président de la cour d'appel. Celui-ci ou son délégué est saisi sans forme et doit statuer immédiatement. Les parties ne sont pas tenues de constituer *(Mot rempl., D. n° 2012-634, 3 mai 2012)* « avocat ».

La décision exécutoire sur minute est notifiée au maire chargé de l'exécution.

CHAPITRE IV. – LES ABSENTS

Section I. – La présomption d'absence

Art. 1062 *(D. n° 81-500, 12 mai 1981).* – Les demandes relatives à la présomption d'absence sont présentées au juge des tutelles qui exerce ses fonctions au tribunal d'instance dans le ressort duquel la personne dont il s'agit de constater la présomption d'absence demeure ou a eu sa dernière résidence.

À défaut, le juge compétent est celui du tribunal d'instance du lieu où demeure le demandeur.

Art. 1063 *(D. n° 81-500, 12 mai 1981 ; mod., D. n° 2016-185, 23 févr. 2016).* – La demande est formée, instruite et jugée selon les règles applicables à la tutelle des majeurs.

Art. 1064 *(D. n° 81-500, 12 mai 1981 ; mod., D. n° 2004-836, 20 août 2004).* – Un extrait de toute décision constatant une présomption d'absence ou désignant une personne pour représenter un présumé absent et administrer ses biens ainsi que de toute décision portant modification ou suppression des mesures prises est transmis au greffe du tribunal de grande instance dans le ressort duquel est née la personne présumée absente, à fin de conservation au répertoire civil et de publicité par mention en marge de l'acte de naissance, selon les modalités prévues aux articles 1057 à 1061. La transmission est faite au service central d'état civil pour les personnes nées à l'étranger.

Art. 1065 *(D. n° 81-500, 12 mai 1981).* – Lorsque la décision a été rendue par le juge des tutelles, la transmission est faite par le secrétaire-greffier du tribunal d'instance dans les quinze jours qui suivent l'expiration des délais de recours.

Lorsque la décision a été rendue par le tribunal de grande instance, la transmission est faite par le secrétaire-greffier du tribunal de grande instance dans les quinze jours du jugement.

Section II. – La déclaration d'absence

Art. 1066 *(D. n° 81-500, 12 mai 1981).* – Les demandes relatives à la déclaration d'absence d'une personne sont portées devant le tribunal de grande instance dans le ressort duquel celle-ci demeure ou a eu sa dernière résidence.

À défaut, le tribunal compétent est celui du lieu où demeure le demandeur.

Art. 1067 *(D. n° 81-500, 12 mai 1981).* – La demande est formée, instruite et jugée comme en matière gracieuse.

Art. 1068 *(D. n° 81-500, 12 mai 1981).* – Le délai dans lequel doivent être publiés les extraits du jugement déclaratif d'absence ne peut excéder six mois à compter du prononcé de ce jugement ; il est mentionné dans les extraits soumis à publication.

Art. 1069 *(D. n° 81-500, 12 mai 1981).* – L'appel est formé, instruit et jugé comme en matière gracieuse.

Le délai d'appel court à l'égard des parties et des tiers auxquels le jugement a été notifié, un mois après l'expiration du délai fixé par le tribunal pour l'accomplissement des mesures de publicité de l'article 127 du Code civil.

Le délai de pourvoi en cassation suspend l'exécution de la décision déclarative d'absence. Le pourvoi en cassation exercé dans ce délai est également suspensif.

CHAPITRE IV *BIS*. – L'OBLIGATION ALIMENTAIRE ET LA CONTRIBUTION AUX CHARGES DU MARIAGE

(Abr., D. n° 2004-1158, 29 oct. 2004).

CHAPITRE V. – LA PROCÉDURE EN MATIÈRE FAMILIALE

(Intitulé rempl. et mod., D. n° 2004-1158, 29 oct. 2004)

Section I. – Dispositions générales

Art. 1070 *(D. n° 2004-1158, 29 oct. 2004).* – Le juge aux affaires familiales territorialement compétent est :

– le juge du lieu où se trouve la résidence de la famille ;

– si les parents vivent séparément, le juge du lieu de résidence du parent avec lequel résident habituellement les enfants mineurs en cas d'exercice en commun de l'autorité parentale, ou du lieu de résidence du parent qui exerce seul cette autorité ;

– dans les autres cas, le juge du lieu où réside celui qui n'a pas pris l'initiative de la procédure.

En cas de demande conjointe, le juge compétent est, selon le choix des parties, celui du lieu où réside l'une ou l'autre.

Toutefois, lorsque le litige porte seulement sur la pension alimentaire, la contribution à l'entretien et l'éducation de l'enfant, la contribution aux charges du mariage ou la prestation compensatoire, le juge compétent peut être celui du lieu où réside l'époux créancier ou le parent qui assume à titre principal la charge des enfants, même majeurs.

La compétence territoriale est déterminée par la résidence au jour de la demande ou, en matière de divorce, au jour où la requête initiale est présentée.

Art. 1071 *(D. n° 2004-1158, 29 oct. 2004).* – Le juge aux affaires familiales a pour mission de tenter de concilier les parties.

Saisi d'un litige, il peut proposer une mesure de médiation et, après avoir recueilli l'accord des parties, désigner un médiateur familial pour y procéder.

La décision enjoignant aux parties de rencontrer un médiateur familial en application des articles 255 et 373-2-10 du Code civil n'est pas susceptible de recours.

Art. 1072 *(D. n° 2004-1158, 29 oct. 2004).* – Sans préjudice de toute autre mesure d'instruction et sous réserve des dispositions prévues au troisième alinéa de l'article 373-2-12 du Code civil, le juge peut, même d'office, ordonner une enquête sociale s'il s'estime insuffisamment informé par les éléments dont il dispose.

L'enquête sociale porte sur la situation de la famille ainsi que, le cas échéant, sur les possibilités de réalisation du projet des parents ou de l'un d'eux quant aux modalités d'exercice de l'autorité parentale.

Elle donne lieu à un rapport où sont consignées les constatations faites par l'enquêteur et les solutions proposées par lui.

Le juge donne communication du rapport aux parties en leur fixant un délai dans lequel elles auront la faculté de demander un complément d'enquête ou une nouvelle enquête.

Art. 1072-1 *(D. n° 2009-398, 10 avr. 2009 ; mod., D. n° 2016-1906, 28 déc. 2016).* – Lorsqu'il statue sur l'exercice de l'autorité parentale0 ou lorsqu'il est saisi aux fins d'homologation selon la procédure prévue par l'article 1143 ou par les articles 1565 et suivants, le juge aux affaires familiales vérifie si une procédure d'assistance éducative est ouverte à l'égard du ou des mineurs. Il peut demander au juge des enfants de lui transmettre copie de pièces du dossier en cours, selon les modalités définies à l'article 1187-1.

Art. 1072-2 *(D. n° 2009-398, 10 avr. 2009).* – Dès lors qu'une procédure d'assistance éducative est ouverte à l'égard du ou des mineurs, une copie de la décision du juge aux affaires familiales est transmise au juge des enfants ainsi que toute pièce que ce dernier estime utile.

Art. 1073 *(D. n° 2004-1158, 29 oct. 2004).* – Le juge aux affaires familiales est, le cas échéant, juge de la mise en état.

Il exerce aussi les fonctions de juge des référés.

Art. 1074 *(D. n° 81-500, 12 mai 1981 ; D. n° 94-42, 14 janv. 1994 ; rempl., D. n° 2004-1158, 29 oct. 2004 ; D. n° 2009-1591, 17 déc. 2009).* – Les demandes sont formées, instruites et jugées en chambre du conseil, sauf disposition contraire.

Les décisions relatives au nom, au prénom ou au divorce sont rendues publiquement.

Art. 1074-1 *(D. n° 2004-1158, 29 oct. 2004)* (1). – Les mesures portant sur l'exercice de l'autorité parentale, la pension alimentaire, la contribution à l'entretien et l'éducation de l'enfant et la contribution aux charges du mariage, ainsi que toutes les mesures prises en application de l'article 255 du Code civil, sont exécutoires de droit à titre provisoire.

(1) Dispositions applicables aux demandes en justice formées à compter du 1er janvier 2010, D. n° 2009-1591, 17 déc. 2009.

Section II. – Le divorce judiciaire et la séparation de corps

(Intitulé mod. à compter du 1er janvier 2017, D. n° 2016-1907, 28 déc. 2016)

Sous-section 1. – Dispositions générales

§ 1. – Les demandes

Art. 1075 *(D. n° 81-500, 12 mai 1981 ; D. n° 2004-1158, 29 oct. 2004).* **– Dès le début de la procédure, les époux font, le cas échéant, connaître, avec les indications nécessaires à leur identification, la caisse d'assurance maladie à laquelle ils sont affiliés, les services ou organismes qui servent les prestations familiales, les pensions de retraite ou tout avantage de vieillesse ainsi que la dénomination et l'adresse de ces caisses, services ou organismes.**

Art. 1075-1 *(D. n° 2004-1158, 29 oct. 2004).* **– Lorsqu'une prestation compensatoire est demandée au juge ou prévue dans une convention, chaque époux produit la déclaration sur l'honneur mentionnée à l'article 272 du Code civil.**

Art. 1075-2 *(D. n° 85-1330, 17 déc. 1985 ; D. n° 2004-1158, 29 oct. 2004).* **– Les époux doivent, à la demande du juge, justifier de leurs charges et ressources, notamment par la production de déclarations de revenus, d'avis d'imposition et de bordereaux de situation fiscale.**

Ils doivent également, à sa demande, produire les pièces justificatives relatives à leur patrimoine et leurs conditions de vie, en complément de la déclaration sur l'honneur permettant la fixation de la prestation compensatoire.

Art. 1076 *(D. n° 81-500, 12 mai 1981 ; D. n° 2004-1158, 29 oct. 2004).* **– L'époux qui présente une demande en divorce peut, en tout état de cause, et même en appel, lui substituer une demande en séparation de corps.**

La substitution inverse est interdite.

Art. 1076-1 *(D. n° 85-1330, 17 déc. 1985 ; D. n° 2004-1158, 29 oct. 2004).* **– Lorsqu'une des parties n'a demandé que le versement d'une pension alimentaire ou d'une contribution aux charges du mariage, le juge ne peut prononcer le divorce sans avoir invité les parties à s'expliquer sur le versement d'une prestation compensatoire.**

Art. 1077 *(D. n° 2004-1158, 29 oct. 2004 ; mod. à compter du 1er janvier 2017, D. n° 2016-1907, 28 déc. 2016).* **– La demande ne peut être fondée que sur un seul des cas prévus aux troisième à sixième alinéas de l'article 229 du Code civil. Toute demande formée à titre subsidiaire sur un autre cas est irrecevable.**

Hormis les cas prévus aux articles 247 à 247-2 du Code civil, il ne peut, en cours d'instance, être substitué à une demande fondée sur un des cas de divorce définis aux troisième à sixième alinéas de l'article 229 du Code civil une demande fondée sur un autre cas.

Art. 1078 *(Abr., D. n° 2004-1158, 29 oct. 2004 ; rétabli dans la version suivante, D. n° 2012-1037, 10 sept. 2012).* **– La demande mentionne, le cas échéant, l'existence d'une ordonnance de protection concernant les époux en cours d'exécution à la date de son introduction. L'ordonnance, accompagnée de la preuve de sa notification, est jointe à la demande.**

§ 2. – La prestation compensatoire

Art. 1079 *(D. n° 2004-1158, 29 oct. 2004).* **– La prestation compensatoire ne peut être assortie de l'exécution provisoire.**

Toutefois, elle peut l'être en tout ou partie, lorsque l'absence d'exécution aurait des conséquences manifestement excessives pour le créancier en cas de recours sur la prestation compensatoire alors que le *prononcé du divorce a acquis force* **de chose jugée.**

Cette exécution provisoire ne prend effet qu'au jour où le prononcé du divorce a acquis force de chose jugée.

Art. 1080 *(D. n° 2004-1158, 29 oct. 2004).* **– Lorsque des biens ou des droits sont attribués à titre de prestation compensatoire en application du 2° de l'article 274 du Code civil, la convention homologuée ou la décision qui prononce le divorce précise leur valeur.**

Lorsque ces biens ou droits sont soumis à la publicité foncière, elle précise en outre les mentions nécessaires à la publication du titre de propriété dans les formes prévues par le décret n° 55-22 du 4 janvier 1955 portant réforme de la publicité foncière.

Art. 1080-1 *(Abr., D. n° 2004-1158, 29 oct. 2004).*

§ 3. – La publicité et la preuve des jugements

Art. 1081 *(D. n° 2004-1158, 29 oct. 2004).* – Le dispositif de la décision mentionne la date de l'ordonnance de non-conciliation.

Art. 1082 *(D. n° 81-500, 12 mai 1981 ; mod., D. n° 2007-773, 10 mai 2007).* – Mention du divorce ou de la séparation de corps est portée en marge de l'acte de mariage, ainsi que de l'acte de naissance de chacun des époux, au vu d'un extrait de la décision ne comportant que son dispositif et accompagné de la justification de son caractère exécutoire conformément à l'article 506.

Si le mariage a été célébré à l'étranger et en l'absence d'acte de mariage conservé par une autorité française, mention du dispositif de la décision est portée en marge de l'acte de naissance de chacun des époux, si cet acte est conservé sur un registre français. À défaut, l'extrait de la décision est conservé au répertoire mentionné à l'article 4-1 du décret n° 65-422 du 1er juin 1965 portant création d'un service central d'état civil au ministère des affaires étrangères.

Toutefois, cette mention ne peut être portée en marge de l'acte de naissance d'un Français qu'après transcription sur les registres de l'état civil de l'acte de mariage célébré par l'autorité étrangère à compter du 1er mars 2007.

Art. 1082-1 *(Anc. art. 1148, dénum., D. n° 2004-1158, 29 oct. 2004).* – Il est justifié, à l'égard des tiers, d'un divorce ou d'une séparation de corps par la seule production d'un extrait de la décision l'ayant prononcé ne comportant que son dispositif, accompagné de la justification de son caractère exécutoire conformément à l'article 506.

§ 4. – La modification des mesures accessoires

Art. 1083 *(D. n° 81-500, 12 mai 1981 ; D. n° 2004-1158, 29 oct. 2004).* – Lorsque le jugement prononçant le divorce est frappé d'appel, la modification des mesures accessoires exécutoires par provision en application de l'article 1074-1, en cas de survenance d'un fait nouveau, ne peut être demandée, selon le cas, qu'au premier président de la cour d'appel ou au conseiller de la mise en état.

Art. 1084 *(D. n° 2004-1158, 29 oct. 2004).* – Quand il y a lieu de statuer, après le prononcé du divorce, sur l'exercice de l'autorité parentale, la pension alimentaire ou la contribution à l'entretien et l'éducation de l'enfant, la demande est présentée, même si un pourvoi en cassation a été formé, au juge aux affaires familiales selon les modalités prévues à la section III du présent chapitre.

Il en est de même, lorsque le divorce a acquis force de chose jugée, des demandes portant sur la prestation compensatoire. Les articles 1075-1 et 1075-2 du présent code sont applicables.

Art. 1085 *(D. n° 2004-1158, 29 oct. 2004).* – Le juge peut demander communication du dossier à la juridiction qui a prononcé le divorce.

§ 5. – Le pourvoi en cassation

Art. 1086 *(D. n° 2004-1158, 29 oct. 2004).* – Le délai de pourvoi en cassation suspend l'exécution de la décision qui prononce le divorce. Le pourvoi en cassation exercé dans ce délai est également suspensif.

Art. 1087 *(D. n° 2004-1158, 29 oct. 2004).* – L'effet suspensif qui s'attache au pourvoi en cassation ainsi qu'à son délai ne s'applique pas aux dispositions de la décision ou de la convention homologuée qui concernent les pensions, la contribution à l'entretien et l'éducation de l'enfant et l'exercice de l'autorité parentale.

Sous-section 2. – Le divorce judiciaire par consentement mutuel

(Intitulé mod. à compter du 1er janvier 2017, D. n° 2016-1907, 28 déc. 2016)

Art. 1088 *(D. n° 81-500, 12 mai 1981 ; mod., D. n° 2004-1158, 29 oct. 2004).* – Le divorce par consentement mutuel relève de la matière gracieuse.

Art. 1089 *(D. n° 2004-1158, 29 oct. 2004).* – La demande en divorce est formée par une requête unique des époux.

Art. 1090 *(D. n° 81-500, 12 mai 1981 ; mod., D. n° 2004-1158, 29 oct. 2004).* – La requête, qui n'indique pas les faits à l'origine de la demande, doit contenir, à peine d'irrecevabilité :

1° Les nom, prénoms, profession, résidence, nationalité, date et lieu de naissance de chacun des époux ; la date et le lieu de leur mariage ; les mêmes indications, le cas échéant, pour chacun de leurs enfants ;

2° Les renseignements prévus à l'article 1075 ;

3° L'indication de la juridiction devant laquelle la demande est portée ;

4° Le nom des avocats chargés par les époux de les représenter, ou de celui qu'ils ont choisi à cet effet d'un commun accord.

Sous la même sanction, la requête est datée et est signée par chacun des époux et leur avocat.

Art. 1091 *(Ord. n° 2005-460, 13 mai 2005 ; mod. à compter du 1er janvier 2017, D. n° 2016-1907, 28 déc. 2016).* – À peine d'irrecevabilité, la requête comprend en annexe, le cas échéant, le formulaire d'information de l'enfant mineur demandant à être entendu daté et signé par lui ainsi qu'une convention datée et signée par chacun des époux et leur avocat portant règlement complet des effets du divorce et incluant notamment un état liquidatif du régime matrimonial ou la déclaration qu'il n'y a pas lieu à liquidation. L'état liquidatif doit être passé en la forme authentique devant notaire lorsque la liquidation porte sur des biens soumis à publicité foncière.

Art. 1092 *(D. n° 81-500, 12 mai 1981 ; mod., D. n° 2004-1158, 29 oct. 2004 ; à compter du 1er janvier 2017, D. n° 2016-1907, 28 déc. 2016).* – Le juge aux affaires familiales est saisi par la remise au greffe de la requête, qui vaut conclusions.

Après avoir procédé à l'audition du mineur dans les conditions définies au titre IX *bis* du livre Ier ou, en l'absence de discernement, avoir refusé son audition dans les conditions définies aux articles 338-4 et 338-5, il convoque chacun des époux par lettre simple expédiée quinze jours au moins avant la date qu'il fixe pour leur audition. Il avise le ou les avocats.

Art. 1093 à 1098 *(Abr., D. n° 2004-1158, 29 oct. 2004).*

Art. 1099 *(D. n° 2004-1158, 29 oct. 2004).* – Au jour fixé, le juge procède selon les modalités prévues aux articles 250 à 250-3 du Code civil ; il vérifie la recevabilité de la requête ; il s'assure que le consentement des époux est libre et éclairé et appelle leur attention sur l'importance des engagements pris par eux, notamment quant à l'exercice de l'autorité parentale.

Avec l'accord des parties, en présence du ou des avocats, le juge peut faire supprimer ou modifier les clauses de la convention qui lui paraîtraient contraires à l'intérêt des enfants ou de l'un des époux.

Il rend sur-le-champ un jugement par lequel il homologue la convention et prononce le divorce.

Art. 1100 *(D. n° 2004-1158, 29 oct. 2004).* – Si la convention lui paraît préserver insuffisamment les intérêts des enfants ou de l'un des époux, le juge peut refuser de l'homologuer, ne pas prononcer le divorce et ajourner sa décision, par ordonnance rendue sur-le-champ, jusqu'à présentation d'une nouvelle convention.

Il informe les époux qu'ils devront présenter une nouvelle convention avant l'expiration d'un délai de six mois. L'ordonnance fait mention de cette information et de son contenu.

L'ordonnance précise les conditions ou garanties auxquelles seront subordonnés l'homologation de la nouvelle convention et en conséquence, le prononcé du divorce.

Elle comprend, le cas échéant, les mesures provisoires homologuées par le juge en application de l'article 250-2 du Code civil.

Art. 1101 *(D. n° 2004-1158, 29 oct. 2004).* – Le délai de six mois pour présenter une nouvelle convention est suspendu en cas d'appel.

À défaut de présentation d'une nouvelle convention dans le délai fixé, le juge constate d'office, par ordonnance, la caducité de la demande en divorce.

Lorsque les époux présentent une nouvelle convention, les parties sont convoquées selon les modalités prévues à l'article 1092. S'il refuse de l'homologuer, le juge rend une ordonnance par laquelle il constate la caducité de la demande en divorce.

Art. 1102 *(D. n° 81-500, 12 mai 1981 ; D. n° 2004-1158, 29 oct. 2004).* – Les décisions du juge aux affaires familiales sont susceptibles d'appel, à l'exception de celles qui prononcent le divorce.

Le délai d'appel est de quinze jours ; il court à compter de la date de la décision.

Art. 1103 *(D. n° 81-500, 12 mai 1981 ; D. n° 2004-1158, 29 oct. 2004).* – Le délai de pourvoi en cassation est de quinze jours à compter du prononcé de la décision qui homologue la convention des époux et prononce le divorce.

Art. 1104 *(D. n° 81-500, 12 mai 1981).* – Les créanciers de l'un et de l'autre époux peuvent faire déclarer que la convention homologuée leur est inopposable en formant tierce opposition contre la décision d'homologation dans l'année qui suit l'accomplissement des formalités mentionnées à l'article 262 du Code civil.

Art. 1105 *(D. n° 81-500, 12 mai 1981 ; mod., D. n° 2011-272, 15 mars 2011).* – Les dépens de l'instance sont partagés par moitié entre les époux. Toutefois, leur convention peut en disposer autrement sous réserve de l'application des dispositions de l'article 123-2 du décret n° 91-1266 du 19 décembre 1991 lorsque l'un des époux bénéficie de l'aide juridictionnelle.

Sous-section 3. – Les autres procédures de divorce judiciaire

(Intitulé mod. à compter du 1er janvier 2017, D. n° 2016-1907, 28 déc. 2016)

§ 1. – La requête initiale

Art. 1106 *(D. n° 2004-1158, 29 oct. 2004).* – L'époux qui veut former une demande en divorce présente par avocat une requête au juge. La requête n'indique ni le fondement juridique de la demande en divorce ni les faits à l'origine de celle-ci. Elle contient les demandes formées au titre des mesures provisoires et un exposé sommaire de leurs motifs.

L'époux est tenu de se présenter en personne quand il sollicite des mesures d'urgence.

En cas d'empêchement dûment constaté, le magistrat se rend à la résidence de l'époux.

Art. 1107 *(D. n° 81-500, 12 mai 1981 ; D. n° 2004-1158, 29 oct. 2004).* – Au bas de la requête, le juge indique les jour, heure et lieu auxquels il procédera à la tentative de conciliation.

Il prescrit, s'il y a lieu, les mesures d'urgence prévues à l'article 257 du Code civil.

L'ordonnance ne peut faire l'objet d'aucun recours.

§ 2. – La tentative de conciliation

Art. 1108 *(Mod., D. n° 2016-185, 23 févr. 2016).* – L'époux qui n'a pas présenté la requête est convoqué par le greffe à la tentative de conciliation, par lettre recommandée avec demande d'avis de réception, confirmée le même jour par lettre simple. À peine de nullité, la lettre recommandée doit être expédiée quinze jours au moins à l'avance et accompagnée d'une copie de l'ordonnance.

La convocation adressée à l'époux qui n'a pas présenté la requête l'informe qu'il doit se présenter en personne, seul ou assisté d'un avocat. Elle précise que l'assistance d'un avocat est obligatoire pour accepter, lors de l'audience de conciliation, le principe de la rupture du mariage. Le greffe avise l'avocat de l'époux qui a présenté la requête.

À la notification par lettre recommandée est également jointe, à titre d'information, une notice exposant, notamment, les dispositions des articles 252 à 254 ainsi que des 1°, 2° et 10° de l'article 255 du Code civil.

Art. 1109 *(D. n° 81-500, 12 mai 1981 ; D. n° 2004-1158, 29 oct. 2004).* – En cas d'urgence, le juge aux affaires familiales peut autoriser l'un des époux, sur sa requête, à assigner l'autre époux à jour fixe à fin de conciliation.

Art. 1110 *(D. n° 81-500, 12 mai 1981 ; D. n° 2004-1158, 29 oct. 2004).* – Au jour indiqué, le juge statue d'abord, s'il y a lieu, sur la compétence.

Il rappelle aux époux les dispositions de l'article du Code civil ; il procède ensuite à la tentative de conciliation selon les prescriptions des articles 252-1 à 253 du même code.

Si l'un des époux se trouve dans l'impossibilité de se rendre au lieu indiqué, le juge peut en fixer un autre, se transporter, même en dehors de son ressort, pour entendre sur place le conjoint empêché ou donner mission à un autre magistrat de procéder à cette audition.

Art. 1111 *(D. n° 2004-1158, 29 oct. 2004).* – Lorsqu'il constate, après avoir entendu chacun des époux sur le principe de la rupture, que le demandeur maintient sa demande, le juge rend une ordonnance par laquelle il peut soit renvoyer les parties, conformément à l'article 252-2 du Code civil, à une nouvelle tentative de conciliation, soit autoriser immédiatement les époux à introduire l'instance en divorce.

Dans l'un et l'autre cas, il peut ordonner tout ou partie des mesures provisoires prévues aux articles 254 à 257 du Code civil.

Lorsqu'il autorise à introduire l'instance, le juge rappelle dans son ordonnance les délais prévus à l'article 1113 du présent code.

Art. 1112 *(D. n° 81-500, 12 mai 1981 ; D. n° 2004-1158, 29 oct. 2004).* – L'ordonnance rendue en application des articles 1110 et 1111 est susceptible d'appel dans les quinze jours de sa notification, mais seulement quant à la compétence et aux mesures provisoires.

Art. 1113 *(D. n° 2004-1158, 29 oct. 2004).* – Dans les trois mois du prononcé de l'ordonnance, seul l'époux qui a présenté la requête initiale peut assigner en divorce.

En cas de réconciliation des époux ou si l'instance n'a pas été introduite dans les trente mois du prononcé de l'ordonnance, toutes ses dispositions sont caduques, y compris l'autorisation d'introduire l'instance.

§ 3. – L'instance

Art. 1114 *(D. n° 2004-1158, 29 oct. 2004 ; mod., D. n° 2011-1202, 28 sept. 2011).* – Sous réserve des règles édictées par les deux premières sections du présent chapitre, l'instance est formée, instruite et jugée selon la procédure en matière contentieuse applicable devant le tribunal de grande instance.

(Alinéa abr. à compter du 1er janvier 2014 pour les instances introduites à compter de cette date, D. n° 2013-1280, 29 déc. 2013).

La contribution pour l'aide juridique n'est pas due.

Art. 1115 *(D. n° 2004-1158, 29 oct. 2004).* – La proposition de règlement des intérêts pécuniaires des époux, prévue par l'article 257-2 du Code civil, contient un descriptif sommaire de leur patrimoine et précise les intentions du demandeur quant à la liquidation de la communauté ou de l'indivision, et le cas échéant, quant à la répartition des biens.

Elle ne constitue pas une prétention au sens de l'article 4 du présent code.

L'irrecevabilité prévue par l'article 257-2 du Code civil doit être invoquée avant toute défense au fond.

Art. 1116 *(Abr., D. n° 2004-1158, 29 oct. 2004 ; rétablit dans la version suivante, D. n° 2016-185, 23 févr. 2016).* – Les demandes visées au deuxième alinéa de l'article 267 du Code civil ne sont recevables que si les parties justifient par tous moyens de leurs désaccords subsistants et si cette justification intervient au moment de l'introduction de l'instance. Toutefois, le projet notarié visé au quatrième alinéa de l'article 267 du Code civil peut être annexé ultérieurement aux conclusions dans lesquelles la demande de liquidation et de partage est formulée.

La déclaration commune d'acceptation prévue au troisième alinéa de l'article 267 du Code civil est formulée par écrit et signée par les deux époux et leurs avocats respectifs. Les points de désaccord mentionnés dans la déclaration ne constituent pas des prétentions au sens de l'article 4 du présent code.

§ 4. – Les mesures provisoires

(Mod., D. n° 2009-1591, 17 déc. 2009)

Art. 1117 *(D. n° 81-500, 12 mai 1981 ; D. n° 2004-1158, 29 oct. 2004).* – Lorsqu'il ordonne des mesures provisoires, le juge peut prendre en considération les arrangements que les époux ont déjà conclus entre eux.

Art. 1118 *(D. n° 81-500, 12 mai 1981 ; D. n° 2004-1158, 29 oct. 2004).* – En cas de survenance d'un fait nouveau, le juge peut, jusqu'au dessaisissement de la juridiction, supprimer, modifier ou compléter les mesures provisoires qu'il a prescrites.

Avant l'introduction de l'instance, la demande est formée, instruite et jugée selon les modalités prévues à la section III du présent chapitre.

Art. 1119 *(D. n° 81-500, 12 mai 1981 ; D. n° 2004-1158, 29 oct. 2004).* – La décision relative aux mesures provisoires est susceptible d'appel dans les quinze jours de sa notification.

En cas d'appel, les modifications des mesures provisoires, s'il y a survenance d'un fait nouveau, ne peuvent être demandées, selon le cas, qu'au premier président de la cour d'appel ou au conseiller de la mise en état.

Art. 1120 *(Anc. art. 1136-1, dénum., D. n° 2009-1591, 17 déc. 2009)* (1). – Les modalités de désignation et de rémunération ainsi que le déroulement de la mission du professionnel qualifié désigné en application du 9° de l'article 255 du Code civil sont soumis aux règles applicables en matière d'expertise.

Art. 1121 *(Anc. art. 1136-2, dénum., D. n° 2009-1591, 17 déc. 2009).* – Les modalités de désignation ainsi que le déroulement de la mission du notaire désigné en application du 10° de l'article 255 du Code civil sont soumis aux dispositions des articles 233 à 237, 239, 245, 264 à 267, 273, 275, 276 et 278 à 280 du présent code, sans préjudice des règles applicables à sa profession.

Si le notaire établit l'acte de partage, il en fait rapport au juge.

Art. 1121-1 *(D. n° 2011-1043, 1er sept. 2011).* – Pour l'application des dispositions de l'article 257, alinéa 3, du Code civil, le juge aux affaires familiales connaît de la procédure d'apposition de scellés et d'état descriptif définie par la section 1 du chapitre II du titre III du livre III.

§ 5. – Les voies de recours

Art. 1120 *(D. n° 81-500, 12 mai 1981 ; transféré à la présente section et rempl., D. n° 2004-1158, 29 oct. 2004 ; dénum., D. n° 2009-1591, 17 déc. 2009. – V. CPC, art. 1122).*

Art. 1121 *(Abr., D. n° 2004-1158, 29 oct. 2004).*

Art. 1122 ancien *(D. n° 81-500, 12 mai 1981 ; D. n° 84-618, 13 juill. 1984 ; D. n° 87-578, 22 juill. 1987 ; abr., D. n° 2004-1158, 29 oct. 2004).*

Art. 1122 *(Anc. art. 1120, dénum., D. n° 2009-1591, 17 déc. 2009).* – Un majeur protégé ne peut acquiescer au jugement de divorce, ou se désister de l'appel, qu'avec l'autorisation du juge des tutelles.

§ 6. – Dispositions particulières au divorce accepté

Art. 1123 *(D. n° 2004-1158, 29 oct. 2004).* – À tout moment de la procédure, les époux peuvent accepter le principe de la rupture du mariage sans considération des faits à l'origine de celle-ci.

À l'audience de conciliation, cette acceptation est constatée immédiatement dans un procès-verbal dressé par le juge et signé par les époux et leurs avocats respectifs. Le juge renvoie alors les époux à introduire l'instance pour qu'il prononce le divorce et statue sur ses effets, la cause du divorce demeurant acquise. Le procès-verbal est annexé à l'ordonnance.

À défaut, chaque époux peut déclarer, par un écrit signé de sa main, qu'il accepte le principe de la rupture du mariage.

Les deux déclarations sont annexées à la requête conjointe introductive d'instance.

En cours d'instance, la demande formée en application de l'article 247-1 du Code civil doit être formulée de façon expresse et concordante dans les conclusions des parties. Chaque époux annexe sa déclaration d'acceptation à ses conclusions.

À peine de nullité, le procès-verbal ou la déclaration écrite rappelle les mentions du second alinéa de l'article 233 du Code civil.

Art. 1124 *(D. n° 2004-1158, 29 oct. 2004).* – Le juge aux affaires familiales prononce le divorce sans autre motif que l'acceptation des époux.

(1) Dispositions applicables aux demandes en justice formées à compter du 1er janvier 2010, D. n° 2009-1591, 17 déc. 2009.

Art. 1125 *(D. n° 2004-1158, 29 oct. 2004)*. – Les dépens de la procédure, jusques et y compris l'assignation afin de voir prononcer le divorce, sont partagés par moitié entre les époux, sauf décision contraire du juge.

§ 7. – Dispositions particulières au divorce pour altération définitive du lien conjugal

Art. 1126 *(D. n° 2004-1158, 29 oct. 2004)*. – Sous réserve des dispositions de l'article 472, le juge ne peut relever d'office le moyen tiré du défaut d'expiration du délai de deux ans prévu au premier alinéa de l'article 238 du Code civil.

Art. 1127 *(D. n° 81-500, 12 mai 1981 ; D. n° 2004-1158, 29 oct. 2004)*. – Les dépens de l'instance sont à la charge de l'époux qui en a pris l'initiative, à moins que le juge n'en dispose autrement.

§ 8. – Dispositions particulières au divorce pour faute

Art. 1128 *(D. n° 81-500, 12 mai 1981 ; D. n° 2004-1158, 29 oct. 2004)*. – La demande tendant à dispenser le juge aux affaires familiales d'énoncer dans les motifs de sa décision les torts et griefs des époux doit être formulée de façon expresse et concordante dans les conclusions de l'un et l'autre époux.

Le juge aux affaires familiales se borne à constater qu'il existe les faits constitutifs d'une cause de divorce selon le Code civil, titre « Du divorce », section IV, du chapitre 1er.

Sous-section 4. – La séparation de corps

Art. 1129 *(Anc. art. 1139, dénum., D. n° 2004-1158, 29 oct. 2004)*. – La procédure de la séparation de corps obéit aux règles prévues pour la procédure du divorce.

Art. 1130 *(Anc. art. 1140, dénum., D. n° 2004-1158, 29 oct. 2004)*. – La déclaration de reprise de la vie commune est mentionnée en marge de l'acte de mariage et de l'acte de naissance de chacun des époux.

Les mêmes mentions sont opérées à la diligence du notaire qui a dressé l'acte constatant la reprise de la vie commune.

Sous-section 5. – Le divorce sur conversion de la séparation de corps

Art. 1131 *(Anc. art. 1142, dénum., D. n° 2004-1158, 29 oct. 2004)*. – Hors le cas où la séparation de corps a été prononcée par consentement mutuel, la demande en conversion est formée, instruite et jugée selon la procédure en matière contentieuse.

Aucune demande reconventionnelle n'est recevable, sauf sur les conséquences du divorce.

Art. 1132 *(Anc. art. 1143, dénum. et rempl., D. n° 2004-1158, 29 oct. 2004)*. – En cas de séparation de corps par consentement mutuel, la requête aux fins de conversion, à peine d'irrecevabilité, contient les mentions requises par l'article 1090, l'indication de la décision qui a prononcé la séparation de corps, et est accompagnée d'une convention sur les conséquences du divorce.

Sous la même sanction, la requête et la convention sont datées et signées par chacun des époux et leur avocat.

Art. 1133 *(Anc. art. 1144, dénum., D. n° 2004-1158, 29 oct. 2004)*. – Dans le cas prévu à l'article précédent, le juge peut ne pas entendre les époux et se borner à examiner avec leur avocat la convention.

En l'absence de difficulté, il homologue la convention et prononce le divorce.

Sinon il peut, sans autres formes, demander aux époux de présenter à nouveau la requête dans le mois, après modification de la convention ; s'il n'est pas déféré à cette demande, le juge rend une ordonnance par laquelle il refuse d'homologuer la convention.

L'ordonnance mentionne le délai d'appel et le point de départ de ce délai.

Art. 1134 *(Anc. art. 1145, dénum., D. n° 2004-1158, 29 oct. 2004)*. – L'ordonnance est susceptible d'appel dans les quinze jours de la décision.

L'appel est formé, instruit et jugé selon les règles applicables à la matière gracieuse.

Art. 1135 *(Anc. art. 1146 créé, D. n° 81-500, 12 mai 1981 ; D. n° 2004-1158, 29 oct. 2004)*. – L'instruction de l'affaire et l'audition des époux sont limitées, en toute hypothèse, aux effets de la décision.

Art. 1136 *(Anc. art. 1147, dénum., D. n° 2004-1158, 29 oct. 2004).* – **Les dépens de l'instance en conversion sont répartis comme ceux de l'instance en séparation de corps.**

Les dépens afférents à l'instance d'appel sont traités comme ceux d'une instance nouvelle.

Sous-section 6. – La liquidation et le partage des intérêts patrimoniaux des époux
(D. n° 2006-1805, 23 déc. 2006 ; abr., D. n° 2009-1591, 17 déc. 2009).

Art. 1136-1 ancien à 1136-3 ancien *(D. n° 2006-1805, 23 déc. 2006 ; dénum., D. n° 2009-1591, 17 déc. 2009. – V. CPC, art. 1120 et 1121).*

Section II *bis*. – Le fonctionnement, la liquidation et le partage des régimes matrimoniaux et des indivisions entre personnes liées par un pacte civil de solidarité ou entre concubins
(D. n° 2009-1591, 17 déc. 2009) (1)

Art. 1136-1 *(D. n° 2009-1591, 17 déc. 2009).* – **Les demandes relatives au fonctionnement des régimes matrimoniaux et des indivisions entre personnes liées par un pacte civil de solidarité ou entre concubins ainsi que celles relatives à la liquidation et au partage des intérêts patrimoniaux des époux, des personnes liées par un pacte civil de solidarité et des concubins relevant de la compétence du juge aux affaires familiales obéissent aux règles de la procédure en matière contentieuse applicable devant le tribunal de grande instance. Les débats sont publics, sous réserve de l'article 435. La décision est rendue publiquement.**

Art. 1136-2 *(D. n° 2009-1591, 17 déc. 2009 ; mod., D. n° 2011-1043, 1er sept. 2011).* – **Les dispositions de la section VI du chapitre II du titre III du livre III sont, sous réserve des dispositions de l'article 267 du Code civil, applicables au partage des intérêts patrimoniaux des époux, des personnes liées par un pacte civil de solidarité et des concubins.**

Pour les besoins du partage de la communauté, le juge aux affaires familiales connaît de la procédure d'apposition de scellés et d'état descriptif définie par la section 1 du chapitre II du titre III du livre III.

Section II *ter*. – La procédure aux fins de mesures de protection des victimes de violences
(D. n° 2010-1134, 29 sept. 2010)

Art. 1136-3 *(D. n° 2010-1134, 29 sept. 2010 ; mod., D. n° 2015-282, 11 mars 2015).* – **Dans les cas prévus aux articles 515-9 et 515-13 du Code civil, le juge est saisi par une requête remise ou adressée au greffe.**

Outre les mentions prescrites par l'article 58 du présent code, la requête contient un exposé sommaire des motifs de la demande et, en annexe, les pièces sur lesquelles celle-ci est fondée. Ces exigences sont prescrites à peine de nullité.

À moins qu'il ne soit l'auteur de la requête, le ministère public en est aussitôt avisé par le greffier.

Chaque partie est convoquée par le greffier à l'audience.

La convocation des parties, à l'exception du ministère public, est faite par lettre recommandée avec demande d'avis de réception ou par la voie administrative, en cas de danger grave et imminent pour la sécurité d'une personne concernée par une ordonnance de protection ou lorsqu'il n'existe pas d'autre moyen de notification.

Le demandeur peut également être convoqué verbalement contre émargement.

***La convocation adressée au défendeur vaut citation.* Elle comprend en annexe une copie de la requête et des pièces qui y sont annexées.**

Le ministère public est avisé de la date de l'audience par le greffier.

Art. 1136-4 *(D. n° 2010-1134, 29 sept. 2010).* – **Le demandeur peut également former sa demande par assignation en la forme des référés. Dans ce cas, outre les mentions prescrites par l'article 56 et l'indication de la date d'audience en application de l'article 485, la demande contient en annexe, à peine de nullité, les pièces sur lesquelles la demande est fondée.**

(1) Dispositions applicables aux demandes en justice formées à compter du 1er janvier 2010, D. n° 2009-1591, 17 déc. 2009.

Art. 1136-5 *(D. n° 2010-1134, 29 sept. 2010).* – Le demandeur qui sollicite, en application du 6° de l'article 515-11 du Code civil, l'autorisation de dissimuler son domicile ou sa résidence est dispensé d'en indiquer l'adresse dans son acte introductif d'instance, sous réserve de porter cette information à la connaissance de l'avocat qui l'assiste ou le représente ou du procureur de la République près du tribunal de grande instance, auprès duquel il élit domicile. L'acte mentionne cette élection de domicile.

L'avocat ou le procureur de la République auprès duquel il est élu domicile communique sans délai l'adresse du demandeur au juge. Le greffe ainsi que la personne à laquelle l'adresse est communiquée pour les besoins de la procédure ne peuvent la porter à la connaissance du défendeur ou de son représentant.

Art. 1136-6 *(D. n° 2010-1134, 29 sept. 2010).* – Les parties se défendent elles-mêmes. Elles ont la faculté de se faire assister ou représenter par un avocat.

La procédure est orale.

Le juge s'assure qu'il s'est écoulé un temps suffisant entre la convocation et l'audience pour que le défendeur ait pu préparer sa défense.

Le juge peut, à tout moment de la procédure, par simple mention au dossier, ordonner la comparution personnelle d'une partie, pour l'entendre séparément ou en présence de l'autre partie.

Art. 1136-7 *(D. n° 2010-1134, 29 sept. 2010 ; mod., D. n° 2017-890, 6 mai 2017).* – L'ordonnance qui statue sur la demande de mesures de protection des victimes de violences est exécutoire à titre provisoire à moins que le juge en dispose autrement.

L'ordonnance fixe la durée des mesures prises en application des articles 515-11 et 515-13 du Code civil. À défaut, celles-ci prennent fin à l'issue d'un délai de six mois suivant la notification de l'ordonnance, sous réserve des dispositions des articles 1136-13 et 1136-14 ; il en est fait mention dans l'acte de notification.

Art. 1136-8 *(D. n° 2010-1134, 29 sept. 2010).* – La dissimulation du domicile ou de la résidence dans les instances civiles ultérieures, autorisée en application du 6° de l'article 515-11 du Code civil, obéit aux conditions et modalités prévues par l'article 1136-5.

En cas de refus d'autorisation ainsi que pour les besoins de l'exécution d'une décision de justice, l'avocat ou le procureur de la République auprès duquel le demandeur a sollicité ou obtenu l'élection de domicile communique sans délai l'adresse du demandeur, sur la demande qui lui en est faite sans forme par le défendeur ou l'avocat qui le représente au cours de l'instance ou, selon le cas, par l'huissier de justice chargé de procéder à l'exécution.

Art. 1136-9 *(D. n° 2010-1134, 29 sept. 2010 ; mod., D. n° 2017-890, 6 mai 2017).* – L'ordonnance est notifiée par voie de signification, à moins que le juge, soit d'office soit à la demande d'une partie, ne décide qu'elle sera notifiée par le greffe par lettre recommandée avec demande d'avis de réception, ou par la voie administrative, en cas de danger grave et imminent pour la sécurité d'une personne concernée par une ordonnance de protection ou lorsqu'il n'existe pas d'autre moyen de notification. Toutefois, la notification au ministère public est faite par remise avec émargement ou envoi contre récépissé.

La notification de l'ordonnance prononçant une mesure de protection reproduit les dispositions des articles 227-4-2 et 227-4-3 du Code pénal et rappelle les dispositions des articles 1136-13 et 1136-14 du présent code.

Art. 1136-10 *(D. n° 2010-1134, 29 sept. 2010).* – L'autorité administrative, requise par le greffier pour notifier par la voie administrative les convocation et ordonnance, y procède par remise contre récépissé.

Elle informe, dans les meilleurs délais, le greffier des diligences faites et lui adresse le récépissé.

Art. 1136-11 *(D. n° 2010-1134, 29 sept. 2010).* – L'ordonnance est susceptible d'appel dans un délai de quinze jours suivant sa notification.

Art. 1136-12 *(D. n° 2010-1134, 29 sept. 2010).* – La demande aux fins de mainlevée ou de modification de l'ordonnance de protection ou de dispense temporaire de certaines de ses obligations ainsi que celle tendant à voir rapporter l'ordonnance ou prononcer de nouvelles mesures sont formées, instruites et jugées dans les mêmes conditions que la requête initiale.

Toutefois, lorsqu'un appel a été interjeté, la demande est formée par requête remise ou adressée au greffe de la cour d'appel. Il est statué sur celle-ci, selon le cas, par le premier président de la cour d'appel, le conseiller de la mise en état ou la formation de jugement.

Art. 1136-13 *(D. n° 2010-1134, 29 sept. 2010 ; mod., D. n° 2015-282, 11 mars 2015)*. – Lorsqu'une demande en divorce ou en séparation de corps est introduite avant l'expiration de la durée des mesures de protection ou que l'ordonnance de protection est prononcée alors qu'une procédure de divorce ou de séparation de corps est en cours, les mesures de l'ordonnance de protection continuent de produire leurs effets jusqu'à ce qu'une décision statuant sur la demande en divorce ou en séparation de corps soit passée en force de chose jugée, à moins que le juge saisi de cette demande en décide autrement. Toutefois, les mesures prises en application des 3° et 5° de l'article 515-11 du Code civil et prononcées antérieurement à l'ordonnance de non-conciliation cessent de produire leurs effets à compter de la notification de celle-ci.

À compter de l'introduction de la procédure de divorce ou de séparation de corps, la demande aux fins de mesures de protection ainsi que les demandes mentionnées au premier alinéa de l'article 1136-12 sont présentées devant le juge saisi de cette procédure. La demande est formée, instruite et jugée selon les règles de la présente section et le juge statue par décision séparée.

Art. 1136-14 *(D. n° 2015-282, 11 mars 2015)*. – Lorsqu'une demande relative à l'exercice de l'autorité parentale est introduite avant l'expiration de la durée des mesures de protection ou que l'ordonnance de protection est prononcée alors qu'une procédure relative à l'exercice de l'autorité parentale est en cours, les mesures de l'ordonnance de protection continuent de produire leurs effets jusqu'à ce qu'une décision statuant sur la demande relative à l'exercice de l'autorité parentale soit passée en force de chose jugée, à moins que le juge saisi de cette demande en décide autrement. Toutefois, les mesures relatives aux modalités d'exercice de l'autorité parentale et à la contribution à l'entretien et à l'éducation des enfants prises en application du 5° de l'article 515-11 du Code civil et prononcées antérieurement à la décision statuant, même à titre provisoire, sur la demande relative à l'exercice de l'autorité parentale, cessent de produire leurs effets à compter de la notification de celle-ci.

À compter de l'introduction de la procédure relative à l'exercice de l'autorité parentale, la demande aux fins de mesures de protection ainsi que les demandes mentionnées au premier alinéa de l'article 1136-12 sont présentées devant le juge saisi de cette procédure. La demande est formée, instruite et jugée selon les règles de la présente section et le juge statue par décision séparée.

Section III. – Les autres procédures relevant de la compétence du juge aux affaires familiales

Art. 1137 *(D. n° 2004-1158, 29 oct. 2004)*. – Le juge est saisi dans les formes prévues pour les référés.

Il peut également être saisi par requête remise ou adressée au greffe, conjointement ou par une partie seulement. La requête doit indiquer les nom, prénom et adresse des parties ou, le cas échéant, la dernière adresse connue du défendeur. Pour les personnes morales, elle mentionne leur forme, leur dénomination, leur siège et l'organe qui les représente légalement. Elle contient l'objet de la demande et un exposé sommaire de ses motifs. Elle est datée et signée de celui qui la présente ou de son avocat.

Art. 1138 *(D. n° 2004-1158, 29 oct. 2004 ; mod., D. n° 2015-282, 11 mars 2015)*. – Dans les quinze jours de la requête, le greffe convoque le défendeur à l'audience par lettre recommandée avec demande d'avis de réception.

Toutefois, lorsque la requête mentionne que l'adresse du défendeur est la dernière adresse connue, le greffe invite le requérant à procéder par voie de signification.

Le greffe avise par tous moyens l'auteur de la demande des lieu, jour et heure de l'audience.

L'assignation ou la convocation mentionne, à peine de nullité, les dispositions des articles 1139 à 1141.

Art. 1139 *(D. n° 2004-1158, 29 oct. 2004)*. – Les parties se défendent elles-mêmes ; elles ont la faculté de se faire assister ou représenter par un avocat.

Art. 1140 *(D. n° 2004-1158, 29 oct. 2004)*. – La procédure est orale.

Art. 1141 *(D. n° 2004-1158, 29 oct. 2004)*. – Lorsque la demande est formée sur le fondement de l'article L. 6145-11 du Code de la santé publique ou de l'article L. 132-7 du Code de l'action sociale et des familles, toute partie peut aussi, en cours d'instance, exposer ses moyens par lettre adressée au juge, à condition de justifier que la partie adverse en a eu connaissance avant l'audience, par lettre recommandée avec demande d'avis de réception.

La partie qui use de cette faculté peut ne pas se présenter à l'audience. Le jugement rendu dans ces conditions est contradictoire.

Néanmoins, le juge a toujours la faculté d'ordonner que les parties se présentent devant lui.

Art. 1142 *(D. n° 2004-1158, 29 oct. 2004)*. – Lorsqu'il a été saisi par requête, le juge peut décider, soit d'office, soit à la demande d'une partie, que le jugement sera notifié par le greffe par lettre recommandée avec demande d'avis de réception.

Art. 1143 *(D. n° 2016-1906, 28 déc. 2016)*. – Lorsque les parents sollicitent l'homologation de leur convention en application de l'article 373-2-7 du Code civil, le juge est saisi par requête conjointe.

Il ne peut modifier les termes de la convention qui lui est soumise.

Il statue sur la requête sans débat, à moins qu'il n'estime nécessaire d'entendre les parties.

S'il est fait droit à la requête, tout intéressé peut en référer au juge qui a rendu la décision.

La décision qui refuse d'homologuer la convention peut faire l'objet d'un appel. Cet appel est formé par déclaration au greffe de la cour d'appel. Il est jugé selon la procédure gracieuse.

Art. 1143 ancien à 1148 ancien *(Dénum., D. n° 2004-1158, 29 oct. 2004)*. – V. art. 1132 à 1136 et 1082-1.

CHAPITRE V *bis*. – LE DIVORCE PAR CONSENTEMENT MUTUEL PAR ACTE SOUS SIGNATURE PRIVÉE CONTRESIGNÉ PAR AVOCATS, DÉPOSÉ AU RANG DES MINUTES D'UN NOTAIRE

(Chapitre créé à compter du 1er janvier 2017, D. n° 2016-1907, 28 déc. 2016)

Art. 1144 *(Créé à compter du 1er janvier 2017, D. n° 2016-1907, 28 déc. 2016 ; mod., D. n° 2017-890, 6 mai 2017)*. – L'information prévue au 1° de l'article 229-2 du Code civil prend la forme d'un formulaire destiné à chacun des enfants mineurs, qui mentionne son droit de demander à être entendu dans les conditions de l'article 388-1 du même code ainsi que les conséquences de son choix sur les suites de la procédure.

Le modèle de formulaire est fixé par arrêté du garde des sceaux, ministre de la justice .

Art. 1144-1 *(Créé à compter du 1er janvier 2017, D. n° 2016-1907, 28 déc. 2016)*. – La convention de divorce par consentement mutuel par acte sous signature privée contresigné par avocats précise le nom du notaire ou de la personne morale titulaire de l'office notarial chargé de recevoir l'acte en dépôt au rang de ses minutes.

Art. 1144-2 *(Créé à compter du 1er janvier 2017, D. n° 2016-1907, 28 déc. 2016)*. – La convention de divorce mentionne, le cas échéant, que l'information prévue au 1° de l'article 229-2 du Code civil n'a pas été donnée en l'absence de discernement de l'enfant mineur concerné.

Art. 1144-3 *(Créé à compter du 1er janvier 2017, D. n° 2016-1907, 28 déc. 2016)*. – La convention de divorce précise la valeur des biens ou droits attribués à titre de prestation compensatoire.

« Lorsque ceux-ci sont soumis à la publicité foncière, l'attribution est opérée par acte dressé en la forme authentique devant notaire, annexé à la convention.

Art. 1144-4 *(Créé à compter du 1er janvier 2017, D. n° 2016-1907, 28 déc. 2016)*. – La convention de divorce qui fixe une pension alimentaire ou une prestation compensatoire sous forme de rente viagère rappelle les modalités de recouvrement et les règles de révision de la créance ainsi que les sanctions pénales encourues en cas de défaillance.

Art. 1144-5 *(Créé à compter du 1er janvier 2017, D. n° 2016-1907, 28 déc. 2016)*. – La convention de divorce fixe la répartition des frais de celui-ci entre les époux sous réserve de l'application des dispositions de l'article 123-2 du décret n° 91-1266 du 19 décembre 1991 lorsque l'un des époux bénéficie de l'aide juridictionnelle.

À défaut de précision de la convention, les frais du divorce sont partagés par moitié.

Art. 1145 *(Créé à compter du 1er janvier 2017, D. n° 2016-1907, 28 déc. 2016)*. – La convention de divorce est signée par les époux et leurs avocats ensemble, en trois exemplaires.

Le cas échéant, y sont annexés le formulaire signé et daté par chacun des enfants mineurs, l'état liquidatif de partage en la forme authentique et l'acte authentique d'attribution de biens soumis à publicité foncière.

Chaque époux conserve un original de la convention accompagné, le cas échéant, de ses annexes et revêtu des quatre signatures. Le troisième original est destiné à son dépôt au rang des minutes d'un notaire.

Le cas échéant, un quatrième original est établi, dans les mêmes conditions, pour permettre la formalité de l'enregistrement.

Art. 1146 *(Créé à compter du 1er janvier 2017, D. n° 2016-1907, 28 déc. 2016).* – La convention de divorce et ses annexes sont transmises au notaire, à la requête des parties, par l'avocat le plus diligent, aux fins de dépôt au rang des minutes du notaire, dans un délai de sept jours suivant la date de la signature de la convention.

Lorsqu'elles sont rédigées en langue étrangère, la convention et ses annexes sont accompagnées d'une traduction effectuée par un traducteur habilité au sens de l'article 7 du décret n° 2007-1205 du 10 août 2007.

Le dépôt de la convention intervient dans un délai de quinze jours suivant la date de la réception de la convention par le notaire.

Art. 1147 *(Créé à compter du 1er janvier 2017, D. n° 2016-1907, 28 déc. 2016).* – Mention du divorce est portée en marge de l'acte de mariage ainsi que de l'acte de naissance de chacun des époux, à la requête de l'intéressé ou de son avocat, au vu d'une attestation de dépôt délivrée par le notaire. L'attestation mentionne l'identité des époux et la date du dépôt.

Si le mariage a été célébré à l'étranger et en l'absence d'acte de mariage conservé par un officier de l'état civil français, mention du divorce est portée en marge de l'acte de naissance de chacun des époux, si cet acte est conservé sur un registre d'état civil français. À défaut, l'attestation de dépôt est conservée au répertoire mentionné à l'article 4-1 du décret [n° 65-422] du 1er juin 1965 portant création d'un service central d'état civil au ministère des affaires étrangères.

Toutefois, cette mention ne peut être portée en marge de l'acte de naissance d'un Français qu'après transcription sur les registres de l'état civil de l'acte de mariage célébré par l'autorité étrangère à compter du 1er mars 2007.

Art. 1148 *(Créé à compter du 1er janvier 2017, D. n° 2016-1907, 28 déc. 2016).* – Il est justifié, à l'égard des tiers, du divorce par consentement mutuel prévu à l'article 229-1 du Code civil par la production d'une attestation de dépôt délivrée par le notaire ou d'une copie de celle-ci.

Art. 1148-1 *(Créé à compter du 1er janvier 2017, D. n° 2016-1907, 28 déc. 2016).* – Les mainlevées, radiations de sûretés, mentions, transcriptions ou publications rendues nécessaires par le divorce prévu à l'article 229-1 du Code civil sont valablement faites au vu de la production, par tout intéressé, d'une copie certifiée conforme de la convention de divorce et, le cas échéant, de ses annexes ou d'un de leurs extraits.

Art. 1148-2 *(Créé à compter du 1er janvier 2017, D. n° 2016-1907, 28 déc. 2016).* – Dès qu'un enfant mineur manifeste son souhait d'être entendu par le juge dans les conditions prévues à l'article 388-1 du Code civil, la juridiction peut être saisie selon les modalités prévues aux articles 1088 à 1092.

Les époux peuvent également, jusqu'au dépôt de la convention de divorce au rang des minutes d'un notaire, saisir la juridiction d'une demande de séparation de corps ou de divorce judiciaire dans les conditions prévues aux articles 1106 et 1107.

CHAPITRE VI. – LA FILIATION ET LES SUBSIDES

Section I. – Dispositions générales

(D. n° 93-1091, 16 sept. 1993)

Art. 1149 *(D. n° 81-500, 12 mai 1981 ; mod., D. n° 2006-640, 1er juin 2006).* – Les actions relatives à la filiation et aux subsides sont instruites et débattues en chambre du conseil.

Le jugement est prononcé en audience publique.

Art. 1149-1 *(D. n° 93-1091, 16 sept. 1993).* – Lorsque, en cas de changement de filiation, l'enfant majeur consent à la modification de son nom, ce consentement est reçu par un officier de l'état civil, un notaire, un agent diplomatique ou consulaire français ou par la juridiction qui prononce la légitimation ; dans ce dernier cas, il en est fait mention au dispositif de la décision.

Art. 1150 *(D. n° 81-500, 12 mai 1981 ; rempl., D. n° 2006-640, 1er juin 2006).* – Le délai de pourvoi en cassation suspend l'exécution de la décision qui établit ou modifie le lien de filiation. Le pourvoi en cassation exercé dans ce délai est également suspensif.

Art. 1151 ancien *(Implicitement abr., D. n° 2006-640, 1er juin 2006).*

Art. 1151 *(Anc. art. 1153-1, dénum., D. n° 2006-640, 1er juin 2006).* – Le ministère public représente l'État dans les actions en recherche de paternité exercées en l'absence d'héritiers du père prétendu ou lorsque ceux-ci ont renoncé à la succession.

Art. 1152 *(Abr., D. n° 2007-773, 10 mai 2007).*

Art. 1153 *(Abr., D. n° 2006-640, 1er juin 2006).*

Art. 1153-1 *(Dénum., D. n° 2006-640, 1er juin 2006).* – V. art. 1151.

Section II. – Les subsides

(Anc. sect. IV, dénum., D. n° 2006-640, 1er juin 2006)

Art. 1154 et 1155 *(Abr., D. n° 2006-640, 1er juin 2006).*

Art. 1156 *(D. n° 81-500, 12 mai 1981).* – Le service de l'aide sociale à l'enfance, l'œuvre ou le mandataire désigné par le tribunal sont, pour le recouvrement des subsides, subrogés dans les droits du créancier.

Les sommes dues à l'enfant sont reversées à son représentant légal dès que possible et au plus tard dans le mois de leur réception.

Section III. – L'acte de notoriété

Art. 1157 *(D. n° 81-500, 12 mai 1981).* – Avant de dresser un acte de notoriété, le juge, s'il estime insuffisants les témoignages et documents produits, peut faire recueillir d'office par toute personne de son choix des renseignements sur les faits qu'il y a lieu de constater.

Art. 1157-1 *(D. n° 93-1091, 16 sept. 1993 ; D. n° 2006-640, 1er juin 2006).* – Le juge qui délivre l'acte de notoriété constatant la possession d'état d'enfant en donne aussitôt avis au procureur de la République du lieu où est détenu l'acte de naissance de l'intéressé.

Le procureur de la République fait procéder à la mention du lien de filiation ainsi établi en marge de l'acte de naissance de l'enfant.

Section IV. – Le consentement à la procréation médicalement assistée

Art. 1157-2 *(D. n° 95-223, 24 févr. 1995).* – Les époux ou concubins qui recourent à une assistance médicale à la procréation nécessitant l'intervention d'un tiers donneur, prévue à l'article 311-20 du Code civil, y consentent par déclaration conjointe devant le président du tribunal de grande instance de leur choix ou son délégué, ou devant notaire.

La déclaration est recueillie par acte authentique hors la présence de tiers.

Expédition ou copie de l'acte ne peut être délivrée par ceux dont le consentement a été recueilli.

Art. 1157-3 *(D. n° 95-223, 24 févr. 1995 ; D. n° 2006-640, 1er juin 2006).* – Avant de recueillir le consentement, le juge ou le notaire informe ceux qui s'apprêtent à l'exprimer :

– de l'impossibilité d'établir un lien de filiation entre l'enfant issu de la procréation et l'auteur du don, ou d'agir à l'encontre de celui-ci ;

– de l'interdiction d'exercer une action aux fins d'établissement ou de contestation de la filiation au nom de l'enfant, à moins qu'il ne soit soutenu que celui-ci n'est pas issu de la procréation médicalement assistée ou que le consentement a été privé d'effet ;

– des cas où le consentement est privé d'effet ;

– de la possibilité de faire déclarer judiciairement la paternité hors mariage de celui qui, après avoir consenti à l'assistance médicale à la procréation, ne reconnaît pas l'enfant qui en est issu, et d'exercer contre lui une action en responsabilité de ce chef.

L'acte prévu à l'article 1157-2 mentionne que cette information a été donnée.

CHAPITRE VII. – LA DÉCLARATION D'ABANDON

(Abr., D. n° 2017-148, 7 févr. 2017)

Art. 1158 *(Abr., D. n° 2017-148, 7 févr. 2017).*

Art. 1159 à 1164 *(Abr., D. n° 2017-148, 7 févr. 2017).*

CHAPITRE VIII. – L'ADOPTION

Section I. – Le consentement à l'adoption

Art. 1165 *(D. n° 81-500, 12 mai 1981).* – Les personnes habilitées à recevoir un consentement à l'adoption doivent informer celui qui le donne de la possibilité de le rétracter et des modalités de la rétractation.

L'acte prévu à l'article 348-3 du Code civil mentionne que cette information a été donnée.

Section II. – La procédure d'adoption

Art. 1166 *(D. n° 81-500, 12 mai 1981).* – La demande aux fins d'adoption est portée devant le tribunal de grande instance.

Le tribunal compétent est :

– le tribunal du lieu où demeure le requérant lorsque celui-ci demeure en France ;

– le tribunal du lieu où demeure la personne dont l'adoption est demandée lorsque le requérant demeure à l'étranger ;

– le tribunal choisi en France par le requérant lorsque celui-ci et la personne dont l'adoption est demandée demeurent à l'étranger.

Art. 1167 *(D. n° 81-500, 12 mai 1981).* – L'action aux fins d'adoption relève de la matière gracieuse.

Art. 1168 *(D. n° 81-500, 12 mai 1981 ; mod., D. n° 84-618, 13 juill. 1984).* – La demande est formée par requête.

Si la personne dont l'adoption est demandée a été recueillie au foyer du requérant avant l'âge de quinze ans, le requérant peut former lui-même la demande par simple requête adressée au procureur de la République qui doit la transmettre au tribunal.

Art. 1169 *(D. n° 81-500, 12 mai 1981).* – La requête doit préciser si la demande tend à une adoption plénière ou à une adoption simple.

Art. 1170 *(D. n° 81-500, 12 mai 1981).* – L'affaire est instruite et débattue en chambre du conseil, après avis du ministère public.

Art. 1171 *(D. n° 81-500, 12 mai 1981 ; D. n° 93-1091, 16 sept. 1993).* – Le tribunal vérifie si les conditions légales de l'adoption sont remplies dans un délai de six mois à compter soit du dépôt de la requête, soit de sa transmission dans le cas prévu au second alinéa de l'article 1168. S'il y a lieu, il fait procéder à une enquête par toute personne qualifiée. Il peut commettre un médecin aux fins de procéder à tout examen qui lui paraîtrait nécessaire.

Il peut recueillir les renseignements relatifs à un pupille de l'État dans les conditions prévues à l'article L. 81 du *Code de la famille* et de l'aide sociale.

Art. 1172 *(Abr., D. n° 93-1091, 16 sept. 1993).*

Art. 1173 *(D. n° 81-500, 12 mai 1981).* – Le tribunal peut, avec l'accord du requérant, prononcer l'adoption simple, même s'il est saisi d'une requête aux fins d'adoption plénière.

Art. 1174 *(D. n° 81-500, 12 mai 1981).* – Le jugement est prononcé en audience publique. Son dispositif précise s'il s'agit d'une adoption plénière ou d'une adoption simple et contient les mentions prescrites par l'article 1056. Il contient, en outre, lorsque l'adoption plénière est prononcée en application de l'alinéa 2 de l'article 356 du Code civil, l'indication des prénoms et du nom du conjoint à l'égard duquel subsiste la filiation d'origine de l'adopté.

Art. 1175 *(D. n° 81-500, 12 mai 1981 ; D. n° 93-1091, 16 sept. 1993).* – S'il y a lieu, le tribunal se prononce, en la même forme, sur la modification des prénoms de l'adopté et, en cas d'adoption simple, sur le nom de celui-ci.

Art. 1176 *(D. n° 81-500, 12 mai 1981).* – Les voies de recours sont ouvertes au ministère public.

Section III. – La procédure relative à la révocation de l'adoption simple

Art. 1177 *(D. n° 81-500, 12 mai 1981).* – L'instance obéit aux règles de la procédure en matière contentieuse.

L'affaire est instruite et débattue en chambre du conseil, après avis du ministère public.

Le jugement est prononcé en audience publique.

Art. 1178 *(D. n° 81-500, 12 mai 1981).* – L'appel est formé comme en matière contentieuse. Il est instruit et jugé selon les règles applicables en première instance.

Section IV. – Dispositions communes

(D. n° 2006-640, 1er juin 2006)

Art. 1178-1 *(D. n° 2006-640, 1er juin 2006).* – Le délai de pourvoi en cassation suspend l'exécution de la décision relative à l'adoption. Le pourvoi en cassation exercé dans ce délai est également suspensif.

CHAPITRE IX. – L'AUTORITÉ PARENTALE

Section I. – L'exercice de l'autorité parentale relativement à la personne de l'enfant

(Intitulé rempl., D. n° 2016-185, 23 févr. 2016)

Art. 1179 *(D. n° 2004-1158, 29 oct. 2004).* – Les demandes relatives à l'exercice de l'autorité parentale relevant de la compétence du juge aux affaires familiales sont formées, instruites et jugées selon les règles édictées au chapitre V du présent titre, sous réserve des dispositions de la présente section.

Art. 1179-1 *(D. n° 2002-1436, 3 déc. 2002).* – Pour l'application de l'article 373-2-8 et de l'article 373-2-13 du Code civil, les tiers saisissent par simple requête le procureur de la République qui peut recueillir les renseignements qu'il estime utiles sur la situation du mineur et de sa famille.

Art. 1179-2 *(Abr., D. n° 2002-1436, 3 déc. 2002).*

Art. 1180 *(D. n° 2004-1158, 29 oct. 2004).* – Les demandes formées en application de l'article 371-4 et de l'alinéa 2 de l'article 373-3 du Code civil obéissent aux règles de la procédure en matière contentieuse applicable devant le tribunal de grande instance ; elles sont jugées après avis du ministère public.

Art. 1180-1 *(D. n° 2002-1436, 3 déc. 2002 ; rempl., D. n° 2012-1443, 24 déc. 2012 ; mod., D. n° 2017-892, 6 mai 2017).* – La déclaration conjointe prévue aux articles 365 et 372 du Code civil est remise ou envoyée en trois exemplaires par lettre recommandée au directeur de greffe du tribunal de grande instance du lieu où demeure l'enfant.

Elle est accompagnée des pièces suivantes :

1° La copie intégrale de l'acte de naissance de l'enfant et, le cas échéant, du jugement prononçant l'adoption simple de l'enfant ;

2° Pour chacun des parents, la copie intégrale de son acte de naissance ainsi que la copie d'un document officiel délivré par une administration publique comportant son nom, son prénom, sa date et son lieu de naissance, sa photographie et sa signature.

Le directeur de greffe appose son visa et la date sur chacun des exemplaires de la déclaration conjointe. Il en *notifie, par lettre recommandée, un exemplaire à* chacun des parents dans les conditions prévues aux articles 665 à 670-3 et en conserve un exemplaire au greffe.

Art. 1180-2 *(D. n° 2002-1436, 3 déc. 2002).* – L'ordonnance qui fixe à titre provisoire la résidence de l'enfant en application de l'alinéa 2 de l'article 373-2-9 du Code civil mentionne, outre la durée de la mesure, les lieux, jour et heure de l'audience à laquelle il sera statué à nouveau sur la résidence.

Art. 1180-3 *(Abr., D. n° 2004-1158, 29 oct. 2004 ; rétabli dans la version suivante, D. n° 2012-1037, 10 sept. 2012).* – Lorsque le juge aux affaires familiales prononce ou modifie une mesure, prise en application de l'article 373-2-6 du Code civil, d'interdiction de sortie du territoire d'un enfant mineur sans l'autorisation de ses deux parents, le greffe du juge aux affaires familiales en avise aussitôt le procureur de la République qui fait inscrire cette mesure au fichier des personnes recherchées ou fait procéder à la modification de l'inscription.

Lorsqu'une requête en divorce ou en séparation de corps mentionne l'existence d'une ordonnance de protection en cours d'exécution comportant une mesure d'interdiction de sortie du territoire d'un mineur sans l'autorisation de ses deux parents, le greffe du juge aux affaires familiales en avise aussitôt le procureur de la République. Celui-ci, après s'être assuré que les conditions mentionnées par l'article 1136-13 sont réunies, fait procéder en conséquence aux modifications de l'inscription au fichier des personnes recherchées en ce qui concerne la durée de validité de la mesure.

Art. 1180-4 *(D. n° 2012-1037, 10 sept. 2012).* – I. – La sortie du territoire d'un mineur faisant l'objet d'une mesure, prise par le juge des affaires familiales en application de l'article 373-2-6 du Code civil, d'interdiction de sortie du territoire sans l'autorisation des deux parents, est subordonnée au recueil de l'accord de chacun des parents selon les modalités prévues aux II, III et IV du présent article.

II. – Chacun des deux parents, conjointement ou séparément, déclare, devant un officier de police judiciaire ou, sous le contrôle de celui-ci, devant un agent de police judiciaire, autoriser l'enfant à quitter le territoire, en précisant la période pendant laquelle cette sortie est autorisée ainsi que la destination de cette sortie. Cette déclaration est faite au plus tard cinq jours avant la date à laquelle la sortie du territoire du mineur est envisagée, sauf si le projet de sortie du territoire est motivé par le décès d'un membre de la famille du mineur ou en cas de circonstances exceptionnelles dûment justifiées.

Lors de la déclaration, l'officier ou l'agent de police judiciaire vérifie l'identité du ou des déclarants et leur qualité de parent de l'enfant.

Un procès-verbal est dressé et signé par l'officier ou l'agent de police judiciaire et le ou les parents déclarant. Un récépissé est remis à chaque parent déclarant.

L'officier ou l'agent de police judiciaire transmet le procès-verbal pour information au procureur de la République. Il communique sans délai les informations utiles au gestionnaire du fichier des personnes recherchées afin que ce service procède à l'inscription de l'autorisation dans ce fichier.

III. – Les dispositions du II ne sont pas applicables lorsque le mineur voyage en compagnie de ses deux parents.

IV. – Lorsque le mineur voyage en compagnie d'un seul de ses parents, la procédure prévue au II n'est pas applicable pour le recueil de l'autorisation du parent qui accompagne le mineur lors de la sortie du territoire. L'autorisation de l'autre parent est recueillie préalablement à la sortie du territoire du mineur, conformément à la procédure prévue au II.

Art. 1180-5 *(D. n° 2012-1312, 27 nov. 2012).* – Lorsqu'en statuant sur les droits de visite et d'hébergement, à titre provisoire ou sur le fond, le juge décide que le droit de visite ou la remise de l'enfant s'exercera dans un espace de rencontre qu'il désigne en application des articles 373-2-1 ou 373-2-9 du Code civil, il fixe la durée de la mesure et détermine la périodicité et la durée des rencontres.

Le juge peut à tout moment modifier ou rapporter sa décision d'office, à la demande conjointe des parties ou de l'une d'entre elles ou à la demande du ministère public.

En cas de difficulté dans la mise en œuvre de la mesure, la personne gestionnaire de l'espace de rencontre en réfère immédiatement au juge.

Section I *bis*. – L'intervention du juge des tutelles en matière d'administration légale

(D. n° 2016-185, 23 févr. 2016)

Sous-section 1. – La demande

Art. 1180-6 *(D. n° 2016-185, 23 févr. 2016).* – Le juge des tutelles des mineurs territorialement compétent est celui de la résidence habituelle du mineur.

Art. 1180-7 *(D. n° 2016-185, 23 févr. 2016).* – Le juge est saisi par requête remise ou adressée au greffe du tribunal de grande instance. La requête indique, à peine de nullité, les nom, prénoms et adresse du requérant, son lien avec le mineur, l'identité et l'adresse du mineur et de ses parents.

Lorsque la requête est fondée sur les dispositions du deuxième alinéa de l'article 387-3 du Code civil, elle comporte à peine d'irrecevabilité, les mentions prévues à l'alinéa précédent et l'énoncé précis des faits de nature à porter gravement préjudice aux intérêts patrimoniaux du mineur ou qui compromettent manifestement et substantiellement ceux-ci ainsi que, le cas échéant, les pièces propres à justifier ces faits.

Sous-section 2. – L'instruction de la demande

Art. 1180-8 *(D. n° 2016-185, 23 févr. 2016)*. – Le juge peut, soit d'office, soit à la requête des parties ou du ministère public, ordonner toute mesure d'instruction.

Art. 1180-9 *(D. n° 2016-185, 23 févr. 2016)*. – Le juge entend le mineur dans les conditions de l'article 388-1 du Code civil. Il peut, dans tous les cas où il l'estime opportun, procéder à l'audition des parents et de toute autre personne.

L'audition n'est pas publique. Il est dressé procès-verbal de celle-ci.

Art. 1180-10 *(D. n° 2016-185, 23 févr. 2016)*. – Le juge des tutelles qui connaît de la situation d'un mineur peut vérifier auprès du juge des enfants si une procédure d'assistance éducative est ouverte et demander à ce dernier de lui transmettre copie des pièces du dossier en cours, selon les modalités définies à l'article 1187-1.

Art. 1180-11 *(D. n° 2016-185, 23 févr. 2016)*. – Dès lors qu'il est informé qu'une procédure d'assistance éducative est ouverte à l'égard du mineur, le juge des tutelles transmet, à la demande du juge des enfants, copie de toute pièce que ce dernier estime utile.

Sous-section 3. – La consultation du dossier et la délivrance de copies

Art. 1180-12 *(D. n° 2016-185, 23 févr. 2016)*. – Le dossier peut être consulté au greffe par le requérant, le mineur capable de discernement, les parents ou leurs avocats, s'ils sont assistés ou représentés, jusqu'à ce qu'il soit statué sur la requête.

Lorsqu'il est fait application des dispositions des articles 387-3,387-4 ou 387-5 du Code civil, le mineur capable de discernement ou l'un de ses parents ainsi que leurs conseils peuvent demander à consulter le dossier à tout moment de la procédure.

Le mineur capable de discernement ne peut consulter le dossier le concernant qu'en présence de ses parents ou de l'un d'eux ou de son avocat. En cas de refus des parents et si l'intéressé n'a pas d'avocat, le juge saisit le bâtonnier d'une demande de désignation d'un avocat pour assister le mineur.

Par décision motivée, le juge peut, en l'absence d'avocat, exclure tout ou partie des pièces de la consultation par le requérant ou le mineur lorsque cette consultation serait de nature à causer à ce dernier un préjudice grave.

Dans tous les cas, la consultation ne peut se faire qu'aux jours et heures fixés par le juge.

Art. 1180-13 *(D. n° 2016-185, 23 févr. 2016)*. – L'avocat du mineur ou de ses parents peut se faire délivrer copie de tout ou partie des pièces du dossier. Il ne peut communiquer les copies ainsi obtenues ou leur reproduction au mineur ou à un tiers.

Le juge peut autoriser, sur leur demande et sur justification d'un intérêt légitime, la délivrance d'une copie d'une ou plusieurs pièces du dossier aux parents ainsi qu'au mineur âgé de seize ans révolus. La décision du juge est une mesure d'administration judiciaire.

Sous-section 4. – Les décisions du juge des tutelles

Art. 1180-14 *(D. n° 2016-185, 23 févr. 2016)*. – À la demande de tout intéressé ou d'office, le juge peut ordonner que l'examen de la requête donne lieu à un débat, notamment lorsqu'il est fait application des *articles 387,387-3,387-4 et 387-5 du Code civil.*

Dans ce cas, le juge statue après avoir entendu ou appelé l'administrateur légal ou les administrateurs légaux.

Les avocats des parties, lorsqu'elles sont assistées ou représentées, sont entendus en leurs observations.

Art. 1180-15 *(D. n° 2016-185, 23 févr. 2016)*. – L'affaire est instruite et jugée en chambre du conseil.

Sous-section 5. – Les notifications et les copies des décisions

Art. 1180-16 *(D. n° 2016-185, 23 févr. 2016 ; mod., D. n° 2017-148, 7 févr. 2017).* – Toute décision du juge est notifiée, à la diligence du greffe, au requérant, aux parents et, le cas échéant, à l'administrateur *ad hoc*.

Le mineur âgé de seize ans révolus est avisé par lettre simple de la décision, à moins que son état ne le permette pas.

Les notifications sont faites par lettre recommandée avec demande d'avis de réception. Le juge peut toutefois décider qu'elles seront faites par acte d'huissier.

La délivrance d'une copie certifiée conforme d'une décision du juge des tutelles par le greffe contre récépissé daté et signé vaut notification dès lors que les voies de recours et les sanctions encourues pour recours abusif sont portées à la connaissance de l'intéressé.

Art. 1180-17 *(D. n° 2016-185, 23 févr. 2016).* – Il ne peut être délivré copie des décisions du juge qu'au requérant, aux parents et, le cas échéant, à l'administrateur *ad hoc*.

Le mineur intéressé devenu majeur peut obtenir copie des décisions le concernant.

Les personnes justifiant d'un intérêt légitime peuvent également en obtenir des extraits sur autorisation du juge. La décision du juge est une mesure d'administration judiciaire.

Sous-section 6. – L'appel

Art. 1180-18 *(D. n° 2016-185, 23 févr. 2016).* – Sauf disposition contraire, les décisions du juge sont susceptibles d'appel.

L'appel est formé, instruit et jugé selon les règles édictées aux articles 1239 à 1247.

Sous-section 7. – L'amende civile

Art. 1180-19 *(D. n° 2016-185, 23 févr. 2016 ; mod., D. n° 2017-892, 6 mai 2017).* – L'amende civile prévue à l'article 387-6 du Code civil ne peut excéder 10 000 €.

Section II. – L'assistance éducative

Art. 1181 *(Mod., D. n° 2017-892, 6 mai 2017).* – Les mesures d'assistance éducative sont prises par le juge des enfants du lieu où demeure, selon le cas, l'un des parents, le tuteur du mineur ou la personne, ou le service à qui l'enfant a été confié ; à défaut, par le juge du lieu où demeure le mineur.

Si la personne mentionnée à l'alinéa précédent change de lieu de résidence, le juge se dessaisit au profit du juge du lieu de la nouvelle résidence, sauf ordonnance motivée.

Ainsi qu'il est dit à l'article L. 228-4 du Code de l'action sociale et des familles, en cas de changement de département, le président du conseil départemental de l'ancienne résidence et celui de la nouvelle résidence sont informés du dessaisissement.

Art. 1182 *(D. n° 2002-361, 15 mars 2002 ; mod., D. n° 2013-429, 24 mai 2013).* – Le juge donne avis de l'ouverture de la procédure au procureur de la République ; quand ils ne sont pas requérants, il en donne également avis à chacun des parents, au tuteur, à la personne ou au représentant du service à qui l'enfant a été confié.

Il entend chacun des parents, le tuteur, la personne ou le représentant du service à qui l'enfant a été confié et le mineur capable de discernement et porte à leur connaissance les motifs de sa saisine.

Il entend toute autre personne dont l'audition lui paraît utile.

L'avis d'ouverture de la procédure et les convocations adressées aux parents, au tuteur, à la personne ou au représentant du service à qui l'enfant a été confié et au mineur mentionnent les droits des parties de faire choix d'un conseil ou de demander qu'il leur en soit désigné un d'office conformément aux dispositions de l'article 1186. L'avis et les convocations informent les parties de la possibilité de consulter le dossier conformément aux dispositions de l'article 1187.

Art. 1183 *(D. n° 2002-361, 15 mars 2002).* – (1) Le juge peut, soit d'office, soit à la requête des parties ou du ministère public, ordonner toute mesure d'information concernant la personnalité et les conditions de vie du mineur et de ses parents, en particulier par le moyen d'une enquête sociale, d'examens médicaux, d'expertises psychiatriques et psychologiques ou d'une mesure d'investigation et d'orientation éducative.

(1) Sur la création d'une mesure judiciaire d'investigation éducative : V. A. 2 févr. 2011 (*JO* 25 févr. 2011). – NDLR.

Art. 1184 *(D. n° 2002-361, 15 mars 2002 ; mod., D. n° 2013-429, 24 mai 2013).* – Les mesures provisoires prévues au premier alinéa de l'article 375-5 du Code civil, ainsi que les mesures d'information prévues à l'article 1183 du présent code, ne peuvent être prises, hors le cas d'urgence spécialement motivée, que s'il a été procédé à l'audition, prescrite par l'article 1182, de chacun des parents, du tuteur, de la personne ou du représentant du service à qui l'enfant a été confié et du mineur capable de discernement.

Lorsque le placement a été ordonné en urgence par le juge sans audition des parties, le juge les convoque à une date qui ne peut être fixée au-delà d'un délai de quinze jours à compter de la décision, faute de quoi le mineur est remis, sur leur demande, à ses parents ou tuteur, ou à la personne ou au service à qui il était confié.

Lorsque le juge est saisi, conformément aux dispositions du second alinéa de l'article 375-5 du Code civil, par le procureur de la République ayant ordonné en urgence une mesure de placement provisoire, il convoque les parties et statue dans un délai qui ne peut excéder quinze jours à compter de sa saisine, faute de quoi le mineur est remis, sur leur demande, à ses parents ou tuteur, ou à la personne ou au service à qui il était confié.

Si l'urgence le requiert, les mesures provisoires peuvent aussi être prises, sans préjudice des dispositions du second alinéa de l'article 375-5 du Code civil, par le juge des enfants du lieu où le mineur a été trouvé, à charge pour lui de se dessaisir dans le mois au profit du juge territorialement compétent.

Art. 1185 *(D. n° 81-500, 12 mai 1981 ; D. n° 2002-361, 15 mars 2002).* – La décision sur le fond doit intervenir dans un délai de six mois à compter de la décision ordonnant les mesures provisoires, faute de quoi l'enfant est remis à ses *(Mots rempl., D. n° 2013-429, 24 mai 2013)* « parents », tuteur, personne ou service à qui il a été confié, sur leur demande.

Si l'instruction n'est pas terminée dans le délai prévu à l'alinéa précédent, le juge peut, après avis du procureur de la République, proroger ce délai pour une durée qui ne peut excéder six mois.

Art. 1186 *(D. n° 2002-361, 15 mars 2002).* – Le mineur capable de discernement, *(Mots rempl., D. n° 2013-429, 24 mai 2013)* « les parents », le tuteur ou la personne ou le représentant du service à qui l'enfant a été confié peuvent faire choix d'un conseil ou demander au juge que le bâtonnier leur en désigne un d'office. La désignation doit intervenir dans les huit jours de la demande.

Art. 1187 *(D. n° 2002-361, 15 mars 2002 ; D. n° 2004-836, 20 août 2004 ; mod., D. n° 2013-429, 24 mai 2013).* – Dès l'avis d'ouverture de la procédure, le dossier peut être consulté au greffe, jusqu'à la veille de l'audition ou de l'audience, par l'avocat du mineur et celui de ses parents ou de l'un d'eux, de son tuteur, de la personne ou du service à qui l'enfant a été confié. L'avocat peut se faire délivrer copie de tout ou partie des pièces du dossier pour l'usage exclusif de la procédure d'assistance éducative. Il ne peut transmettre les copies ainsi obtenues ou la reproduction de ces pièces à son client.

Le dossier peut également être consulté, sur leur demande et aux jours et heures fixés par le juge, par les parents, le tuteur, la personne ou le représentant du service à qui l'enfant a été confié et par le mineur capable de discernement, jusqu'à la veille de l'audition ou de l'audience.

La consultation du dossier le concernant par le mineur capable de discernement ne peut se faire qu'en présence de ses parents ou de l'un d'eux ou de son avocat. En cas de refus des parents et si l'intéressé n'a pas d'avocat, le juge saisit le bâtonnier d'une demande de désignation d'un avocat pour assister le mineur ou autorise le service éducatif chargé de la mesure à l'accompagner pour cette consultation.

Par décision motivée, le juge peut, en l'absence d'avocat, exclure tout ou partie des pièces de la consultation par l'un ou l'autre des parents, le tuteur, la personne ou le représentant du service à qui l'enfant a été confié ou le mineur lorsque cette consultation ferait courir un danger physique ou moral grave au mineur, à une partie ou à un tiers.

Le dossier peut également être consulté, dans les mêmes conditions, par les services en charge des mesures prévues à l'article 1183 du présent code et aux articles 375-2 et 375-4 du Code civil.

L'instruction terminée, le dossier est transmis au procureur de la République qui le renvoie dans les quinze jours au juge, accompagné de son avis écrit sur la suite à donner ou de l'indication qu'il entend formuler cet avis à l'audience.

Art. 1187-1 *(D. n° 2009-398, 10 avr. 2009 ; mod., D. n° 2016-185, 23 févr. 2016).* – Le juge des enfants communique au juge aux affaires familiales ou au juge des tutelles les pièces qu'ils sollicitent quand les parties à la procédure devant ces derniers ont qualité pour consulter le dossier en vertu de l'article 1187. Il peut ne pas transmettre certaines pièces lorsque leur production ferait courir un danger physique ou moral grave au mineur, à une partie ou à un tiers.

Dans les conditions prévues aux articles 1072-2, 1180-11 et 1221-2, le juge aux affaires familiales ou le juge des tutelles transmettent copie de leur décision au juge des enfants ainsi que de toute pièce que ce dernier estime utile.

Art. 1188 *(D. n° 81-500, 12 mai 1981 ; D. n° 87-578, 22 juill. 1987)*. – L'audience peut être tenue au siège du tribunal pour enfants ou au siège d'un tribunal d'instance situé dans le ressort, que la convocation indique.

Les *(Mots rempl., D. n° 2013-429, 24 mai 2013)* « parents », tuteur ou personne ou service à qui l'enfant a été confié et, le cas échéant, le mineur, sont convoqués à l'audience huit jours au moins avant la date de celle-ci ; les conseils des parties sont également avisés.

Art. 1189 *(D. n° 81-500, 12 mai 1981 ; D. n° 87-578, 22 juill. 1987)*. – À l'audience, le juge entend le mineur, ses *(Mots rempl., D. n° 2013-429, 24 mai 2013)* « parents », tuteur ou personne ou représentant du service à qui l'enfant a été confié ainsi que toute autre personne dont l'audition lui paraît utile. Il peut dispenser le mineur de se présenter ou ordonner qu'il se retire pendant tout ou partie de la suite des débats.

Les conseils des parties sont entendus en leurs observations.

L'affaire est instruite et jugée en chambre du conseil, après avis du ministère public.

Art. 1190 *(D. n° 2002-1436, 3 déc. 2002)*. – Les décisions du juge sont notifiées dans les huit jours aux *(Mots rempl., D. n° 2013-429, 24 mai 2013)* « parents », tuteur ou personne ou service à qui l'enfant a été confié, ainsi qu'au conseil du mineur s'il en a été désigné un.

Le dispositif de la décision est notifié au mineur de plus de seize ans à moins que son état ne le permette pas.

Toutefois, la décision écartant certaines pièces de la consultation en application du quatrième alinéa de l'article 1187 est notifiée dans les huit jours à la seule partie qui a demandé celle-ci.

Dans tous les cas, un avis de notification est donné au procureur de la République.

Art. 1191 *(D. n° 81-500, 12 mai 1981 ; D. n° 87-578, 22 juill. 1987)*. – Les décisions du juge peuvent être frappées d'appel :

– par *(Mots rempl., D. n° 2013-429, 24 mai 2013)* « les parents ou l'un d'eux », le tuteur ou la personne ou le service à qui l'enfant a été confié jusqu'à l'expiration d'un délai de quinze jours suivant la notification ;

– par le mineur lui-même jusqu'à l'expiration d'un délai de quinze jours suivant la notification et, à défaut, suivant le jour où il a eu connaissance de la décision ;

– par le ministère public jusqu'à l'expiration d'un délai de quinze jours suivant la remise de l'avis qui lui a été donné.

Art. 1192 *(D. n° 81-500, 12 mai 1981 ; D. n° 2004-836, 20 août 2004)*. – L'appel est formé selon les règles édictées aux articles 931 à 934.

Le greffier avise de l'appel, par lettre simple ceux des *(Mots rempl., D. n° 2013-429, 24 mai 2013)* « parents », tuteur, personne ou service à qui l'enfant a été confié et le mineur de plus de seize ans lui-même qui ne l'auraient pas eux-mêmes formé et les informe qu'ils seront ultérieurement convoqués devant la cour.

Art. 1193 *(D. n° 81-500, 12 mai 1981 ; D. n° 2002-361, 15 mars 2002)*. – L'appel est instruit et jugé par priorité en chambre du conseil par la chambre de la cour d'appel chargée des affaires de mineurs suivant la procédure applicable devant le juge des enfants.

La cour statue sur l'appel des décisions de placement provisoire prises par le juge des enfants en application des dispositions de l'article 375-5 du Code civil dans les trois mois à compter de la déclaration d'appel.

Art. 1194 *(D. n° 81-500, 12 mai 1981)*. – Les décisions de la cour d'appel sont notifiées comme il est dit à l'article 1190.

Art. 1195 *(Mod., D. n° 2002-361, 15 mars 2002 ; D. n° 2005-1678, 28 déc. 2005 ; D. n° 2015-282, 11 mars 2015)*. – Les convocations et notifications sont faites par le greffe par lettre recommandée avec demande d'avis de réception. Le juge peut, toutefois, décider qu'elles auront lieu par acte d'huissier de justice, le cas échéant, à la diligence du greffe, ou par la voie administrative.

La remise d'une expédition du jugement contre récépissé daté et signé équivaut à la notification.

Art. 1196 *(D. n° 81-500, 12 mai 1981 ; D. n° 2004-836, 20 août 2004)*. – Le pourvoi en cassation est ouvert au ministère public.

Art. 1197 *(D. n° 81-500, 12 mai 1981).* – Lorsque les *(Mots rempl., D. n° 2013-429, 24 mai 2013)* « parents » ne peuvent supporter la charge totale des frais de justice qui leur incombent, le juge fixe le montant de leur participation.

Art. 1198 *(D. n° 81-500, 12 mai 1981).* – Le juge peut visiter ou faire visiter tout mineur faisant l'objet d'une mesure de placement prise en application des articles 375-3 et 375-5 du Code civil.

Art. 1199 *(D. n° 81-500, 12 mai 1981).* – Le juge peut déléguer sa compétence au juge du lieu où le mineur a été placé soit volontairement, soit par décision de justice, à l'effet d'organiser l'une des mesures prévues aux articles 375-2 et 375-4 du Code civil et d'en suivre l'application.

Art. 1199-1 *(D. n° 86-939, 30 juill. 1986 ; mod., D. n° 2008-1486, 30 déc. 2008).* – L'institution ou le service chargé de l'exercice de la mesure adresse au juge des enfants qui a statué ou qui a reçu délégation de compétence un rapport sur la situation et l'évolution du mineur selon la périodicité fixée par la décision ou, à défaut, annuellement.

Il en est de même en cas de placement pour une durée supérieure à deux ans. À défaut de transmission de ce rapport, le juge des enfants convoque les parties à une audience afin d'établir un bilan de la situation du mineur placé.

Art. 1199-2 *(D. n° 2012-1312, 27 nov. 2012 ; mod., D. n° 2017-1572, 15 nov. 2017).* – La désignation d'un espace de rencontre en application de la troisième phrase du quatrième alinéa de l'article 375-7 du Code civil donne lieu à une information préalable du juge des enfants.

Art. 1199-3 *(D. n° 2017-1572, 15 nov. 2017).* – La fréquence du droit de visite en présence d'un tiers est fixée dans la décision judiciaire sauf à ce que, sous le contrôle du juge, les conditions d'exercice de ce droit soient laissées à une détermination conjointe entre le ou les parents et la personne, le service ou l'établissement à qui l'enfant est confié.

Art. 1200 *(D. n° 81-500, 12 mai 1981).* – Dans l'application de l'assistance éducative, il doit être tenu compte des convictions religieuses ou philosophiques du mineur et de sa famille.

Art. 1200-1 *(D. n° 86-939, 30 juill. 1986 ; rempl., D. n° 2008-1486, 30 déc. 2008).* – Les mesures d'assistance éducative sont renouvelées, conformément au troisième alinéa de l'article 375 du Code civil par le juge des enfants dans les conditions prévues à la présente section.

En cas de placement pour une durée supérieure à deux ans, le juge des enfants convoque, dans les mêmes conditions, les parties à une audience au moins tous les trois ans.

Section II *bis* – La mesure judiciaire d'aide à la gestion du budget familial
(D. n° 2008-1486, 30 déc. 2008)

Art. 1200-2 *(D. n° 2008-1486, 30 déc. 2008).* – Est compétent pour ordonner une mesure judiciaire d'aide à la gestion du budget familial prévue à l'article 375-9-1 du Code civil le juge des enfants du lieu où demeure l'allocataire ou l'attributaire des prestations familiales auxquelles le mineur ouvre droit.

Si l'allocataire ou l'attributaire des prestations familiales change de lieu de résidence, les dispositions des deuxième et troisième alinéas de l'article 1181 s'appliquent.

Art. 1200-3 *(Mod., D. n° 2017-892, 6 mai 2017).* – Le juge des enfants peut être saisi par :

1° L'un des représentants légaux du mineur ;

2° L'allocataire ou l'attributaire des prestations familiales auxquelles ouvre droit le mineur ;

3° Le procureur de la République ;

4° Le maire de la commune de résidence de l'allocataire ou de l'attributaire des prestations familiales auxquelles le mineur ouvre droit, ou le maire de la commune de résidence de ce mineur, conjointement avec l'organisme débiteur des prestations familiales, en application des dispositions de l'article 375-9-2 du Code civil.

Le juge des enfants peut se saisir d'office à titre exceptionnel.

Le président du conseil départemental peut signaler au procureur de la République toute situation pour laquelle l'accompagnement en économie sociale et familiale est insuffisant. Celui-ci s'assure qu'une telle situation entre dans le champ d'application de l'article 375-9-1 du Code civil.

Art. 1200-4 *(Mod., D. n° 2017-892, 6 mai 2017)*. – Le juge des enfants avise de l'ouverture de la procédure, s'ils ne sont pas auteurs de la saisine :

1° Les représentants légaux du mineur ;

2° L'allocataire ou l'attributaire des prestations familiales auxquelles ouvre droit le mineur ;

3° Le procureur de la République ;

4° L'organisme débiteur des prestations familiales ;

5° Le président du conseil départemental de la résidence de l'allocataire ou de l'attributaire des prestations familiales.

Cet avis informe l'allocataire ou l'attributaire des prestations familiales de son droit de choisir un avocat ou de demander qu'il lui en soit désigné un d'office, conformément aux dispositions de l'article 1200-5. Il l'informe également de la possibilité de consulter le dossier, conformément aux dispositions de l'article 1200-6.

Après avoir recueilli toutes informations utiles, le juge convoque, au moins huit jours avant la date de l'audience, l'allocataire ou l'attributaire des prestations familiales et en avise leur avocat désigné ou choisi lorsqu'il en a été informé.

L'allocataire ou l'attributaire est avisé à chaque convocation, dans les mêmes termes que dans l'avis d'ouverture de la procédure, de son droit d'être assisté par un avocat lors de l'audience et de consulter le dossier.

Le juge des enfants peut également convoquer à l'audience toute personne dont l'audition lui paraît utile.

Art. 1200-5 *(D. n° 2008-1486, 30 déc. 2008)*. – L'allocataire ou l'attributaire des prestations familiales peut choisir un avocat ou demander au juge que le bâtonnier lui en désigne un d'office. La désignation demandée doit intervenir dans les huit jours de la demande.

Le droit d'être assisté par un avocat est rappelé à l'intéressé lors de la première audience.

Art. 1200-6 *(D. n° 2008-1486, 30 déc. 2008)*. – Dès l'avis d'ouverture de la procédure et jusqu'à la veille de l'audience, le dossier peut être consulté au greffe par l'avocat, qui peut se faire délivrer copie de tout ou partie des pièces du dossier pour l'usage exclusif de la procédure de mesure judiciaire d'aide à la gestion du budget familial. Il ne peut transmettre à son client les copies ainsi obtenues ou la reproduction de ces pièces.

Jusqu'à la veille de l'audience, le dossier peut également être consulté directement par l'allocataire ou l'attributaire des prestations à sa demande. Cette consultation est réalisée aux jours et heures fixés par le juge. En l'absence d'avocat, le juge peut, par décision motivée, exclure du dossier tout ou partie des pièces dont la consultation porterait une atteinte excessive à la vie privée d'une partie ou d'un tiers.

Le dossier peut être consulté dans les conditions prévues à l'alinéa précédent par le délégué aux prestations familiales désigné par le juge.

La décision écartant certaines pièces de la consultation est notifiée dans les huit jours à la personne qui en a fait la demande. Le procureur de la République est avisé de cette notification.

Art. 1200-7 *(D. n° 2008-1486, 30 déc. 2008)*. – Avant toute audience, le dossier est transmis au procureur de la République qui fait connaître au juge, au moins huit jours avant l'audience, son avis écrit sur la suite à donner et lui indique s'il entend formuler cet avis à l'audience. Il n'y a pas lieu à communication pour avis avant la première audience lorsque le juge a été saisi par le ministère public.

Art. 1200-8 *(D. n° 2008-1486, 30 déc. 2008)*. – L'affaire est instruite et jugée en chambre du conseil.

L'audience peut être tenue au siège du tribunal pour enfants ou au siège d'un tribunal d'instance situé dans le ressort, que la convocation indique.

À l'audience, le juge entend l'allocataire ou l'attributaire des prestations familiales et porte à sa connaissance les motifs de sa saisine. Il entend toute autre personne dont l'audition lui paraît utile. L'avocat de l'allocataire ou de l'attributaire des prestations est entendu en ses observations.

Art. 1200-9 *(D. n° 2008-1486, 30 déc. 2008)*. – Le juge des enfants se prononce sur la mesure judiciaire d'aide à la gestion du budget familial par décision séparée des autres décisions relatives à l'assistance éducative.

La mesure judiciaire d'aide à la gestion du budget familial peut à tout moment être modifiée ou rapportée soit :

1° D'office par le juge ;

2° À la demande du procureur de la République ;

3° À la demande des personnes ayant saisi le juge en application des 1°, 2° et 4° de l'article 1200-3 ;

4° À la demande du délégué aux prestations familiales.

Art. 1200-10 *(D. n° 2008-1486, 30 déc. 2008)*. – La décision du juge des enfants est notifiée dans les huit jours aux parties et, en tout état de cause, au délégué aux prestations familiales s'il a été désigné et à l'organisme débiteur de ces prestations.

Un avis de notification est également donné au procureur de la République.

Art. 1200-11 *(D. n° 2008-1486, 30 déc. 2008)*. – La décision du juge des enfants peut être frappée d'appel par les parties et le délégué aux prestations familiales, dans un délai de quinze jours suivant sa notification ou remise de l'avis.

L'appel est formé selon les règles édictées aux articles 931 à 934. Le greffier avise de l'appel, par lettre simple, les parties qui ne l'auraient pas elles-mêmes formé et les informe qu'elles seront ultérieurement convoquées devant la cour.

Art. 1200-12 *(D. n° 2008-1486, 30 déc. 2008)*. – Les dispositions des articles 1193, 1195 et 1196 sont applicables à la mesure judiciaire d'aide à la gestion du budget familial.

Art. 1200-13 *(D. n° 2008-1486, 30 déc. 2008)*. – Les décisions de la cour d'appel sont notifiées conformément à l'article 1200-10.

Section III. – Délégation, retrait total et partiel de l'autorité parentale, déclaration judiciaire de délaissement parental

(Intitulé rempl., D. n° 2002-1436, 3 déc. 2002 ; mod., D. n° 2017-148, 7 févr. 2017)

Art. 1201 *(Abr., D. n° 2002-1436, 3 déc. 2002)*.

Art. 1202 *(Mod., D. n° 2017-148, 7 févr. 2017)*. – Les demandes en retrait total ou partiel de l'autorité parentale sont portées devant le tribunal de grande instance du lieu où demeure l'ascendant contre lequel l'action est exercée.

Les demandes en délégation de l'autorité parentale sont portées devant le juge aux affaires familiales du lieu où demeure le mineur.

Les demandes en déclaration judiciaire de délaissement parental sont portées devant le tribunal de grande instance du lieu où demeure le mineur.

Art. 1203 *(Mod., D. n° 2017-148, 7 févr. 2017)*. – Le tribunal ou le juge est saisi par requête remise ou adressée au greffe. Les parties sont dispensées du ministère d'avocat. La requête peut être adressée au procureur de la République qui doit la transmettre au tribunal ou au juge.

Outre les mentions prévues à l'article 58, la requête indique, à peine d'irrecevabilité, le lieu où demeure le mineur et, le cas échéant, le lieu où demeurent le ou les titulaires de l'autorité parentale ainsi que les motifs de la requête.

Art. 1204 *(Rempl., D. n° 2017-148, 7 févr. 2017)*. – Sont convoqués à l'audience, par lettre recommandée avec avis de réception à laquelle la requête est annexée, huit jours au moins avant la date de celle-ci :

1° Le requérant ;

2° Les parents du mineur ;

3° La personne, l'établissement ou le service qui a recueilli l'enfant ;

4° Le cas échéant, le tuteur du mineur ;

5° Lorsque la demande tend à la délégation de l'exercice de l'autorité parentale, le tiers candidat à la délégation.

Les conseils des parties, si elles sont assistées ou représentées, ainsi que le ministère public sont également avisés de la date de l'audience.

Les convocations et avis informent les destinataires de la possibilité de consulter le dossier conformément à l'article 1208-1.

Art. 1205 *(Mod., D. n° 2017-148, 7 févr. 2017)*. – Le tribunal ou le juge, même d'office, procède ou fait procéder à toutes les investigations utiles et notamment aux mesures d'information prévues à l'article 1183. Il peut à cet effet commettre le juge des enfants.

Art. 1205-1 *(D. n° 2017-148, 7 févr. 2017).* – Lorsqu'une procédure d'assistance éducative a été diligentée à l'égard d'un ou plusieurs enfants, le dossier en est communiqué au tribunal ou au juge par le juge des enfants, dans les conditions définies à l'article 1187-1. Le juge des enfants ne transmet pas les pièces qu'il a exclues de la consultation en application de l'article 1187.

Dans tous les cas, le juge des enfants fait connaître son avis au regard de la procédure d'assistance éducative en cours.

Une copie de la décision du juge ou du tribunal est transmise au juge des enfants ainsi que toute pièce que ce dernier estime utile.

Art. 1206 *(Mod., D. n° 2017-148, 7 févr. 2017).* – Le procureur de la République peut recueillir les renseignements qu'il estime utiles sur la situation de famille du mineur et la moralité de ses parents.

Art. 1207 *(D. n° 81-500, 12 mai 1981 ; D. n° 94-42, 14 janv. 1994).* – Pour le cours de l'instance, le tribunal ou le juge peut ordonner toute mesure provisoire relative à l'exercice de l'autorité parentale.

Art. 1208 *(Mod., D. n° 2017-148, 7 févr. 2017).* – Le tribunal ou le juge entend les parents, le tuteur, la personne ou le représentant du service à qui l'enfant a été confié ainsi que toute personne dont l'audition lui paraît utile.

Dans le cas où les parents ont disparu, le tribunal ou le juge peut faire procéder à une recherche dans l'intérêt des familles ; en ce cas, il sursoit à la décision pour un délai n'excédant pas six mois.

Art. 1208-1 *(D. n° 2017-148, 7 févr. 2017).* – Le dossier peut être consulté au greffe, jusqu'à la veille de l'audience, par le requérant, les parents, le tuteur, la personne ou le service à qui l'enfant a été confié ou leurs avocats s'ils sont assistés ou représentés. L'avocat peut se faire délivrer copie de tout ou partie des pièces du dossier pour l'usage exclusif de la procédure. Il ne peut communiquer les copies obtenues ou leur reproduction à son client.

Art. 1208-2 *(D. n° 2017-148, 7 févr. 2017).* – L'affaire est instruite et jugée en chambre du conseil après avis du ministère public.

Art. 1208-3 *(D. n° 2017-148, 7 févr. 2017).* – Les décisions du juge ou du tribunal sont notifiées par lettre recommandée avec avis de réception, dans les huit jours, au requérant, aux parents, tuteur, personne ou service à qui l'enfant a été confié ou au tiers délégataire. Le juge ou le tribunal peut toutefois décider que la notification aura lieu par acte d'huissier de justice, le cas échéant, à la diligence du greffe, ou par la voie administrative.

Dans tous les cas, un avis de notification est donné au procureur de la République.

Art. 1208-4 *(D. n° 2017-148, 7 févr. 2017).* – Le tribunal saisi d'une demande de déclaration judiciaire de délaissement parental, statue en la même forme et par le même jugement, sur la délégation de l'exercice de l'autorité parentale.

Art. 1209 *(Mod., D. n° 2017-148, 7 févr. 2017).* – Les décisions du juge ou du tribunal peuvent être frappées d'appel par :

1° Les personnes auxquelles le jugement a été notifié jusqu'à l'expiration d'un délai de quinze jours suivant la notification qui leur en est faite ;

2° Le ministère public jusqu'à l'expiration d'un délai de quinze jours suivant la remise de l'avis qui lui a été *donné.*

Art. 1209-1 *(D. n° 2017-148, 7 févr. 2017).* – L'appel est formé selon les règles édictées aux articles 931 à 934.

Le greffier avise de l'appel, par lettre simple, les personnes et le service auxquels la décision a été notifiée et qui ne l'auraient pas eux-mêmes formé et les informe qu'ils seront ultérieurement convoqués devant la cour.

L'appel est instruit et jugé en chambre du conseil par la cour d'appel chargée des affaires de mineurs suivant la procédure applicable en première instance.

Les décisions de la cour d'appel sont notifiées comme il est dit à l'article 1208-3.

Art. 1209-2 *(Mod., D. n° 2017-148, 7 févr. 2017).* – Le pourvoi en cassation est ouvert au ministère public.

Art. 1210 *(Mod., D. n° 2017-148, 7 févr. 2017).* – La demande en restitution des droits délégués ou retirés est formée par requête devant le tribunal ou le juge du lieu où demeure la personne à laquelle ces droits ont été conférés. Elle est notifiée à cette personne par le greffier. Elle obéit, pour le surplus, aux règles qui gouvernent les demandes en délégation de l'autorité parentale.

Les demandes en restitution d'enfants déclarés délaissés sont soumises aux dispositions du présent chapitre.

Section IV. – Dispositions relatives à l'administrateur *ad hoc*

(D. n° 93-1091, 16 sept. 1993)

Art. 1210-1 *(D. n° 99-818, 16 sept. 1999 ; mod., D. n° 2016-185, 23 févr. 2016).* – Lorsqu'en application des dispositions des articles 383 et 388-2 du Code civil, la juridiction procède à la désignation d'un administrateur *ad hoc* et que dans l'intérêt de l'enfant, il est impossible de choisir celui-ci au sein de la famille ou parmi les proches du mineur, la juridiction peut désigner l'administrateur *ad hoc* parmi les personnes figurant sur la liste prévue à l'article R. 53 du Code de procédure pénale.

Art. 1210-2 *(D. n° 99-818, 16 sept. 1999).* – La désignation d'un administrateur *ad hoc* peut être contestée par la voie de l'appel par les représentants légaux du mineur dans un délai de quinze jours. Cet appel n'est pas suspensif.

L'appel est formé, instruit et jugé comme en matière gracieuse.

Art. 1210-3 *(D. n° 99-818, 16 sept. 1999 ; mod., D. n° 2008-764, 30 juill. 2008).* – En sus du remboursement de ses frais de déplacement, calculés dans les conditions fixées pour les déplacements des personnels civils de l'État pour le ministère de la justice, il est alloué une indemnité à chaque personne désignée en qualité d'administrateur *ad hoc*, lorsqu'elle figure sur la liste prévue à l'article 53 du Code de procédure pénale.

Une indemnité de carence est allouée à l'administrateur *ad hoc* qui n'a pu réaliser sa mission pour une cause qui lui est étrangère, sur la base d'un rapport indiquant les diligences accomplies, dans les conditions définies à l'article R. 53-8 du Code de procédure pénale.

Le montant de ces indemnités est fixé par arrêté conjoint du garde des Sceaux, ministre de la Justice, et du ministre chargé du budget.

Les frais de cette rémunération sont recouvrés par le Trésor contre la partie condamnée aux dépens, selon les procédures et sous les garanties prévues en matière d'amende pénale. En l'absence de condamnation aux dépens, les frais sont recouvrés contre la partie indiquée par le juge qui a désigné l'administrateur *ad hoc*.

Section V. – Le déplacement illicite international d'enfants

(D. n° 2004-1158, 29 oct. 2004)

Art. 1210-4 *(D. n° 2017-892, 6 mai 2017).* – L'autorité centrale désignée dans le cadre des instruments internationaux et européens relatifs au déplacement illicite international d'enfants transmet au procureur de la République près le tribunal de grande instance territorialement compétent en application de l'article L. 211-12 du Code de l'organisation judiciaire la demande de retour dont elle a été saisie.

I. - Lorsque la demande concerne un enfant déplacé ou retenu en France, le procureur de la République ordonne dès réception tous les actes utiles pour localiser l'enfant ou confirmer sa localisation. Si une juridiction a été saisie au fond sur les modalités de l'exercice de l'autorité parentale, le procureur de la République l'informe de la demande de retour.

Le procureur de la République peut aussi :

1° Prendre toute mesure en vue d'assurer la remise volontaire de l'enfant, notamment en faisant procéder à l'audition de la personne dont il est allégué qu'elle a déplacé ou retenu l'enfant et en l'invitant à un retour *volontaire de l'enfant,* ou de faciliter une solution amiable ;

2° Ordonner toute mesure d'investigation, examen ou expertise qui lui semble nécessaire ;

3° Saisir le juge compétent pour qu'il ordonne les mesures provisoires prévues par la loi ou, le cas échéant, transmettre les informations nécessaires au procureur de la République près le tribunal de grande instance territorialement compétent aux mêmes fins ;

4° Introduire une procédure judiciaire afin d'obtenir le retour de l'enfant.

II. - Lorsque la demande concerne un enfant déplacé ou retenu à l'étranger, le procureur de la République peut ordonner toute mesure d'investigation afin de recueillir les informations sur l'enfant et son environnement matériel, familial et social qui ont été sollicitées par l'autorité centrale étrangère.

Le procureur de la République peut également prendre les mesures qu'il estime utiles afin d'assurer la protection de l'enfant après son retour ou, le cas échéant, transmettre les éléments pertinents au procureur de la République près le tribunal de grande instance territorialement compétent aux mêmes fins.

Art. 1210-5 *(D. n° 2004-1158, 29 oct. 2004 ; mod., D. n° 2012-66, 20 janv. 2012 ; D. n° 2012-98, 27 janv. 2012 ; dénum. et mod., D. n° 2017-892, 6 mai 2017).* – Les actions engagées sur le fondement des dispositions des instruments internationaux et européens relatives au déplacement illicite international d'enfants sont portées devant le juge aux affaires familiales du tribunal de grande instance territorialement compétent en application de l'article L. 211-12 du Code de l'organisation judiciaire.

Est également portée devant le juge mentionné au premier alinéa la demande tendant à l'interdiction de sortie de l'enfant du territoire français sans l'autorisation des deux parents lorsque ce juge est saisi d'une demande de retour de l'enfant ou lorsque la demande est formée par le procureur de la République en application de l'article 1210-4.

Art. 1210-6 *(Anc. art. 1210-5 créé à compter du 1er mars 2005, D. n° 2004-1158, 29 oct. 2004, art. 12 et 15 ; dénum., D. n° 2017-892, 6 mai 2017).* – La demande aux fins d'obtenir le retour de l'enfant, en application de la convention du 25 octobre 1980 sur les aspects civils de l'enlèvement international d'enfants, est formée, instruite et jugée en la forme des référés.

Art. 1210-7 *(D. n° 2012-98, 27 janv. 2012 ; mod., D. n° 2017-892, 6 mai 2017).* – Dès qu'il est informé de la décision de retour, le procureur de la République chargé de son exécution, qui est celui près le tribunal de grande instance spécialement désigné en application de l'article L. 211-12 du Code de l'organisation judiciaire, dans le ressort duquel se trouve l'enfant, peut procéder ou faire procéder à l'audition de la personne chez qui se trouve l'enfant qui fait l'objet de cette décision.

Art. 1210-8 *(D. n° 2012-98, 27 janv. 2012).* – Afin de déterminer les modalités d'exécution de la décision de retour les plus adaptées aux circonstances de l'espèce, le procureur de la République chargé de son exécution peut :

- s'attacher les services de toute personne qualifiée aux fins de favoriser l'exécution amiable de la décision et de déterminer les modalités du retour de l'enfant ;
- requérir toute personne qualifiée afin de vérifier la situation matérielle, familiale et sociale de l'enfant faisant l'objet de la décision de retour ;
- faire procéder à tout examen médical, psychiatrique et psychologique de l'enfant qu'il estime nécessaire.

Art. 1210-9 ancien *(Anc. art. 1210-6, abr., D. n° 2017-892, 6 mai 2017).*

Art. 1210-9 *(Anc. art. 1210-6, dénum. et mod., D. n° 2017-892, 6 mai 2017).* – En l'absence d'exécution volontaire de la décision de retour, le procureur de la République compétent en application de l' article 34-1 de la loi n° 95-125 du 8 janvier 1995 pour requérir directement la force publique afin de faire exécuter la décision est celui près le tribunal de grande instance spécialement désigné en application de l'article L. 211-12 du Code de l'organisation judiciaire, dans le ressort duquel se trouve l'enfant. Il informe, s'il y a lieu, le procureur de la République près le tribunal de grande instance dans le ressort duquel se trouve l'enfant de son intention de requérir la force publique pour faire exécuter la décision de retour et peut recueillir de ce dernier toutes informations utiles, notamment au regard des risques que l'exécution de la décision pourrait entraîner.

Art. 1210-10 *(D. n° 2017-892, 6 mai 2017).* – Une copie des pièces des procédures diligentées par le procureur de la République sur le fondement des articles 1210-4, 1210-7, 1210-8 et 1210-9 doit être communiquée à l'autorité centrale française dans le cadre de la convention de La Haye du 25 octobre 1980 lorsque celle-ci en fait la demande.

Sauf refus exprès du procureur de la République, une copie des pièces visées à l'alinéa 1er peut être communiquée par l'intermédiaire de l'autorité centrale française, à une autre autorité centrale désignée par la convention précitée, ainsi qu'aux parents ou l'un d'eux, tuteur, personne ou service à qui l'enfant a été confié.

Art. 1210-11 *(D. n° 2017-892, 6 mai 2017).* – La décision de refus de retour rendue par une juridiction étrangère et les documents qui l'accompagnent transmis par elle en application de l'article 11 paragraphe 6 du règlement (CE) n° 2201/2003 du Conseil du 27 novembre 2003 relatif à la compétence, la reconnaissance et l'exécution des décisions en matière matrimoniale et en matière de responsabilité parentale, sont communiqués à la juridiction déjà saisie par les parties d'une demande relative à l'exercice de l'autorité parentale ou, à défaut, au juge aux affaires familiales territorialement compétent en application de l'article L. 211-12 du Code de l'organisation judiciaire, dans le ressort duquel réside le parent ayant sollicité le retour de l'enfant en France.

Lorsque la décision et les documents susvisés ont été transmis à une juridiction déjà saisie, le greffe de la juridiction les notifie aux parties. Lorsqu'à la suite de cette transmission, une partie forme une nouvelle demande tendant à voir ordonner le retour de l'enfant sur le fondement de l'article 11 du règlement (CE) n° 2201/2003, la juridiction se dessaisit s'il y a lieu au profit du juge aux affaires familiales spécialement désigné par l'article L. 211-12 du Code de l'organisation judiciaire dans le ressort de la même cour d'appel.

Lorsque la décision et les documents susvisés ont été transmis au juge aux affaires familiales compétent en application de l'article L. 211-12 du Code de l'organisation judiciaire, le greffe les notifie aux titulaires de l'exercice de l'autorité parentale qui sont invités à présenter leurs demandes dans un délai de trois mois, dans les formes prévues à l'article 1137.

Art. 1210-12 *(D. n° 2017-892, 6 mai 2017).* – Le délai de pourvoi en cassation sur les décisions rendues en matière de déplacement illicite international d'enfants est de quinze jours.

CHAPITRE X. – LA PROTECTION JURIDIQUE DES MINEURS ET DES MAJEURS

(Chap. mod., D. n° 85-1330, 17 déc. 1985 ; rempl., D. n° 2008-1276, 5 déc. 2008)

Section I. – Dispositions relatives aux mesures judiciaires

Sous-section 1. – Dispositions générales

Art. 1211 *(D. n° 81-500, 12 mai 1981 ; rempl., D. n° 2008-1276, 5 déc. 2008).* – Le juge des tutelles territorialement compétent est celui de la résidence habituelle de la personne à protéger ou protégée ou celui du domicile du tuteur.

Art. 1212 *(D. n° 81-500, 12 mai 1981 ; mod., D. n° 2004-836, 20 août 2004 ; rempl., D. n° 2008-1276, 5 déc. 2008).* – Le juge des tutelles et le procureur de la République ont la faculté de faire examiner par un médecin les majeurs relevant de l'article 416 du Code civil.

Art. 1213 *(D. n° 81-500, 12 mai 1981 ; rempl., D. n° 2008-1276, 5 déc. 2008).* – À la demande de tout intéressé ou d'office, notamment lorsqu'il est fait application des articles 217 et 219, du deuxième alinéa de l'article 397, de l'article 417, du quatrième alinéa de l'article 459, de l'article 459-2, des deuxième et troisième alinéas de l'article 469, du 4° de l'article 483 ou de l'article 484 du Code civil, le juge des tutelles peut ordonner que l'examen de la requête donne lieu à un débat contradictoire.

Art. 1214 *(Rempl., D. n° 2008-1276, 5 déc. 2008 ; mod., D. n° 2009-1628, 23 déc. 2009).* – Dans toute instance relative à l'ouverture, la modification ou la mainlevée d'une mesure de protection, le majeur à protéger ou protégé peut faire le choix d'un avocat ou demander à la juridiction saisie que le bâtonnier lui en désigne un d'office. La désignation doit intervenir dans les huit jours de la demande.

Les intéressés sont informés de ce droit dans l'acte de convocation.

Art. 1215 *(Rempl., D. n° 2008-1276, 5 déc. 2008).* – En cas de décès d'un majeur faisant l'objet d'une mesure de protection exercée par un mandataire judiciaire à la protection des majeurs, ce dernier peut, en l'absence d'héritiers connus, saisir le notaire du défunt en vue du règlement de la succession ou, à défaut, demander au président de la chambre départementale des notaires d'en désigner un.

Si le notaire chargé du règlement de la succession ne parvient pas à identifier les héritiers du majeur protégé, le mandataire judiciaire à la protection des majeurs, autorisé à cet effet par le juge des tutelles, ou le notaire, dans les conditions de l'article 36 de la loi [n° 2006-728] du 23 juin 2006 portant réforme des successions et des libéralités, peut délivrer un mandat de recherche des héritiers.

Art. 1216 *(Rempl., D. n° 2008-1276, 5 déc. 2008 ; mod., D. n° 2016-185, 23 févr. 2016 ; D. n° 2017-892, 6 mai 2017).* – L'amende civile prévue aux articles 411-1 et 417 du Code civil ne peut excéder 10 000 €. La décision qui la prononce n'est pas susceptible de recours.

Sous-section 2. – La procédure devant le juge des tutelles

§ 1. – La demande

Art. 1217 *(Rempl., D. n° 2009-1628, 23 déc. 2009).* – Hors les cas prévus aux articles 390, 391, 442 et 485 du Code civil, le juge est saisi par requête remise ou adressée au greffe de la juridiction de première instance.

Art. 1218 *(Rempl., D. n° 2008-1276, 5 déc. 2008).* – La requête aux fins d'ouverture d'une mesure de protection d'un majeur comporte, à peine d'irrecevabilité :

1° Le certificat médical circonstancié prévu à l'article 431 du Code civil ;

2° L'identité de la personne à protéger et l'énoncé des faits qui appellent cette protection au regard de l'article 428 du même code.

Art. 1218-1 *(D. n° 2008-1276, 5 déc. 2008).* – La requête prévue à l'article 1218 mentionne également les personnes appartenant à l'entourage du majeur à protéger énumérées au premier alinéa de l'article 430 du Code civil ainsi que le nom de son médecin traitant, si son existence est connue du requérant. Celui-ci précise, dans la mesure du possible, les éléments concernant la situation familiale, financière et patrimoniale du majeur.

Le greffier avise le procureur de la République de la procédure engagée, sauf lorsque ce dernier est le requérant.

Art. 1219 *(D. n° 81-500, 12 mai 1981 ; rempl., D. n° 2008-1276, 5 déc. 2008).* – Le certificat médical circonstancié prévu par l'article 431 du Code civil :

1° Décrit avec précision l'altération des facultés du majeur à protéger ou protégé ;

2° Donne au juge tout élément d'information sur l'évolution prévisible de cette altération ;

3° Précise les conséquences de cette altération sur la nécessité d'une assistance ou d'une représentation du majeur dans les actes de la vie civile, tant patrimoniaux qu'à caractère personnel, ainsi que sur l'exercice de son droit de vote.

Le certificat indique si l'audition du majeur est de nature à porter atteinte à sa santé ou si celui-ci est hors d'état d'exprimer sa volonté.

Le certificat est remis par le médecin au requérant sous pli cacheté, à l'attention exclusive du procureur de la République ou du juge des tutelles.

§ 2. – L'instruction de la demande

Art. 1220 *(D. n° 81-500, 12 mai 1981 ; rempl., D. n° 2008-1276, 5 déc. 2008 ; mod., D. n° 2009-1628, 23 déc. 2009).* – Le juge des tutelles peut, dans tous les cas où il a l'obligation ou il estime utile d'entendre la personne à protéger ou protégée, se déplacer dans toute l'étendue du ressort de la cour d'appel ainsi que dans les départements limitrophes de celui où il exerce ses fonctions. Les mêmes règles sont applicables aux magistrats de la cour d'appel en cas de recours.

Art. 1220-1 *(D. n° 2008-1276, 5 déc. 2008).* – L'audition de la personne peut avoir lieu au siège du tribunal, au lieu où elle réside habituellement, dans l'établissement de traitement ou d'hébergement ou en tout autre lieu approprié.

L'audition n'est pas publique.

Le juge peut, s'il l'estime opportun, procéder à cette audition en présence du médecin traitant ou de toute autre personne.

Le procureur de la République et, le cas échéant, l'avocat de la personne à protéger ou protégée sont informés de la date et du lieu de l'audition.

Il est dressé procès-verbal de celle-ci.

Art. 1220-2 *(D. n° 2008-1276, 5 déc. 2008).* – La décision du juge disant n'y avoir lieu à procéder à l'audition du majeur à protéger ou protégé en application du second alinéa de l'article 432 du Code civil est notifiée au requérant et, le cas échéant, à l'avocat du majeur.

Par la même décision, le juge ordonne qu'il soit donné connaissance de la procédure engagée au majeur selon des modalités appropriées à son état.

Il est fait mention au dossier de l'exécution de cette décision.

Art. 1220-3 *(D. n° 2008-1276, 5 déc. 2008).* – Le juge des tutelles ne peut statuer sur une requête concernant un majeur protégé et relative à la protection de sa personne qu'après avoir entendu ou appelé celui-ci sauf si l'audition est de nature à porter atteinte à la santé de l'intéressé ou si celui-ci est hors d'état d'exprimer sa volonté.

Art. 1220-4 *(D. n° 2008-1276, 5 déc. 2008).* – Le juge procède à l'audition, s'il l'estime opportun, des personnes énumérées à l'article 430 du Code civil. Cette audition est de droit lorsqu'elle est sollicitée par une personne demandant à exercer la mesure de protection.

Art. 1221 *(D. n° 81-500, 12 mai 1981 ; rempl., D. n° 2008-1276, 5 déc. 2008).* – Le juge peut, soit d'office, soit à la requête des parties ou du ministère public, ordonner toute mesure d'instruction. Il peut notamment faire procéder à une enquête sociale ou à des constatations par toute personne de son choix.

Art. 1221-1 *(D. n° 2009-398, 10 avr. 2009).* – Le juge des tutelles qui connaît de la situation d'un mineur peut vérifier auprès du juge des enfants si une procédure d'assistance éducative est ouverte et demander à ce dernier de lui transmettre copie de pièces du dossier en cours, selon les modalités définies à l'article 1187-1.

Art. 1221-2 *(D. n° 2009-398, 10 avr. 2009).* – Dès lors qu'il est informé qu'une procédure d'assistance éducative est ouverte à l'égard du mineur, le juge des tutelles transmet, à la demande du juge des enfants, copie de toute pièce que ce dernier estime utile.

§ 3. – La consultation du dossier et la délivrance de copies

Art. 1222 *(D. n° 81-500, 12 mai 1981 ; rempl., D. n° 2008-1276, 5 déc. 2008 ; mod., D. n° 2009-1628, 23 déc. 2009).* – Le dossier peut être consulté au greffe par le requérant jusqu'au prononcé de la décision d'ouverture ou, lorsqu'une modification de la mesure de protection est sollicitée, jusqu'à ce qu'il soit statué sur celle-ci. Il peut être également consulté dans les mêmes conditions et sur autorisation de la juridiction saisie, par une des personnes énumérées à l'article 430 du Code civil si elle justifie d'un intérêt légitime.

Leurs avocats, si elles en ont constitué un, disposent de la même faculté.

Art. 1222-1 *(D. n° 2008-1276, 5 déc. 2008).* – À tout moment de la procédure, le dossier peut être consulté au greffe de la juridiction qui le détient, sur demande écrite et sans autre restriction que les nécessités du service, par le majeur à protéger ou protégé, le cas échéant, par son avocat ainsi que par la ou les personnes chargées de la protection.

Lorsque la demande de consultation du dossier émane du majeur, le juge peut, par ordonnance motivée notifiée à l'intéressé, exclure tout ou partie des pièces de la consultation si celle-ci est susceptible de lui causer un préjudice psychique grave.

Art. 1222-2 *(Rempl., D. n° 2016-185, 23 févr. 2016).* – Le dossier du mineur sous tutelle peut être consulté au greffe par le requérant, le tuteur, les parents, ou, le cas échéant, leurs avocats, jusqu'à ce qu'il soit statué sur la requête.

À tout moment de la mesure, le mineur capable de discernement, son tuteur ou l'un de ses parents peut demander à consulter son dossier.

Le mineur capable de discernement ne peut consulter le dossier le concernant qu'en présence de son tuteur ou *de son avocat.* En cas de refus du tuteur et si l'intéressé n'a pas d'avocat, le juge saisit le bâtonnier d'une demande de désignation d'un avocat pour assister le mineur.

Par décision motivée, le juge peut, en l'absence d'avocat, exclure tout ou partie des pièces de la consultation par le requérant ou le mineur lorsque cette consultation serait de nature à causer à ce dernier un préjudice grave.

Dans tous les cas, la consultation ne peut se faire qu'aux jours et heures fixés par le juge.

Art. 1223 *(Mod., D. n° 2016-185, 23 févr. 2016).* – L'avocat du majeur à protéger ou protégé, du mineur ou de ses parents peut se faire délivrer copie de tout ou partie des pièces du dossier. Il ne peut communiquer les copies ainsi obtenues ou leur reproduction au majeur à protéger ou protégé, au mineur ou à un tiers.

Art. 1223-1 *(Mod., D. n° 2016-185, 23 févr. 2016).* – Sous réserve des dispositions de l'article 510 du Code civil relatives à la communication des comptes de gestion, le juge des tutelles peut, après le prononcé du jugement de mise sous protection, autoriser, sur justification d'un intérêt légitime, la délivrance d'une copie d'une ou plusieurs pièces du dossier au majeur protégé, au mineur âgé de seize ans révolus ou à la personne chargée de la mesure de protection.

Art. 1223-2 *(Mod., D. n° 2016-185, 23 févr. 2016).* – Il ne peut être délivré copie des délibérations du conseil de famille et des décisions de justice afférentes à la mesure de protection qu'aux parties et aux personnes investies des charges tutélaires concernées par ces délibérations et décisions.

Les personnes justifiant d'un intérêt légitime peuvent également en obtenir des extraits sur autorisation du juge des tutelles.

Le mineur devenu majeur peut obtenir copie des délibérations et décisions le concernant.

Art. 1224 *(D. n° 81-500, 12 mai 1981 ; mod., D. n° 2004-836, 20 août 2004 ; rempl., D. n° 2008-1276, 5 déc. 2008).* – Les décisions du juge prévues aux articles 1222, 1223-1 et 1223-2 sont des mesures d'administration judiciaire.

§ 4. – La communication du dossier au ministère public

Art. 1225 *(D. n° 81-500, 12 mai 1981 ; mod., D. n° 2004-836, 20 août 2004 ; rempl., D. n° 2008-1276, 5 déc. 2008).* – Un mois au moins avant la date fixée pour l'audience de jugement de la requête aux fins d'ouverture d'une mesure de protection d'un majeur, le dossier est transmis au procureur de la République.

Au plus tard quinze jours avant cette date, le procureur de la République le renvoie au greffe avec, selon le cas, son avis ou ses conclusions sur l'opportunité et les modalités de la protection.

Ces délais peuvent être réduits par le juge en cas d'urgence.

§ 5. – Les décisions du juge des tutelles

Art. 1226 *(D. n° 81-500, 12 mai 1981 ; rempl., D. n° 2008-1276, 5 déc. 2008).* – À l'audience, le juge entend le requérant à l'ouverture de la mesure de protection, le majeur à protéger, sauf application par le juge des dispositions du second alinéa de l'article 432 du Code civil et, le cas échéant, le ministère public.

Les avocats des parties, lorsqu'elles en ont constitué un, sont entendus en leurs observations.

L'affaire est instruite et jugée en chambre du conseil.

Art. 1227 *(D. n° 81-500, 12 mai 1981 ; rempl., D. n° 2008-1276, 5 déc. 2008).* – La requête aux fins d'ouverture d'une mesure de protection d'un majeur est caduque si le juge des tutelles ne s'est pas prononcé sur celle-ci dans l'année où il en a été saisi.

Art. 1228 *(D. n° 81-500, 12 mai 1981 ; rempl., D. n° 2008-1276, 5 déc. 2008).* – Lorsqu'il statue en application de l'article 442 du Code civil, le juge procède conformément aux dispositions des articles 1220 à 1221, 1225 et 1226 du présent code.

Art. 1229 *(D. n° 81-500, 12 mai 1981 ; rempl., D. n° 2008-1276, 5 déc. 2008).* – Hors les cas où il ordonne un débat contradictoire en application de l'article 1213, le juge statue sur les requêtes qui lui sont adressées après l'ouverture de la mesure de protection par le majeur protégé ou la personne chargée de sa protection dans les trois mois de leur réception à moins qu'elles ne nécessitent le recueil d'éléments d'information, la production de pièces complémentaires, le recours à une mesure d'instruction ou toute autre investigation. Dans ce cas, le juge en avertit le requérant et l'informe de la date prévisible à laquelle la décision sera rendue.

§ 6. – Les notifications

Art. 1230 *(Mod., D. n° 2016-185, 23 févr. 2016).* – Toute décision du juge est notifiée, à la diligence du greffe, au requérant, à la personne chargée de la protection ou à l'administrateur légal et à tous ceux dont elle modifie les droits ou les obligations résultant de la mesure de protection.

Elle est également notifiée au mineur âgé de seize ans révolus à moins que son état ne le permette pas.

En outre, dans le cas de l'article 502 du Code civil, elle est notifiée au subrogé tuteur.

Art. 1230-1 *(D. n° 2008-1276, 5 déc. 2008 ; mod., D. n° 2009-1628, 23 déc. 2009).* – Le jugement qui statue sur une demande d'ouverture d'une mesure de protection d'un majeur est notifié à la personne protégée elle-même ; avis en est donné au procureur de la République.

Toutefois, le juge peut, par décision spécialement motivée, décider qu'il n'y a pas lieu de notifier le jugement prononçant l'ouverture de la mesure de protection au majeur protégé si cette information est de nature à porter préjudice à sa santé. Dans ce cas, la notification en est faite à son avocat, s'il en a constitué un, ainsi qu'à la personne que le juge estime la plus qualifiée pour recevoir cette notification.

Le jugement peut être notifié, si le juge l'estime utile, aux personnes qu'il désigne parmi celles que la loi habilite à exercer un recours.

Art. 1231 *(D. n° 81-500, 12 mai 1981 ; mod., D. n° 2004-836, 20 août 2004 ; rempl., D. n° 2008-1276, 5 déc. 2008).* – Les notifications qui doivent être faites à la diligence du greffe le sont par lettre recommandée avec demande d'avis de réception ; le juge peut, toutefois, décider qu'elles seront faites par acte d'huissier de justice.

La délivrance d'une copie certifiée conforme d'une décision du juge ou d'une délibération du conseil de famille, par le greffe contre récépissé daté et signé, vaut notification dès lors que les voies de recours et les sanctions encourues pour recours abusif sont portées à la connaissance de l'intéressé.

§ 7. – L'exécution de la décision

Art. 1232 *(Abr., D. n° 2009-1628, 23 déc. 2009).*

Art. 1233 *(D. n° 81-500, 12 mai 1981 ; rempl., D. n° 2008-1276, 5 déc. 2008 ; mod., D. n° 2009-1628, 23 déc. 2009).* – Un extrait de toute décision portant ouverture, modification de régime ou de durée ou mainlevée d'une mesure de curatelle ou de tutelle concernant un majeur est transmis par tout moyen au greffe du tribunal de grande instance dans le ressort duquel est née la personne protégée, à fin de conservation au répertoire civil et de publicité par mention en marge de l'acte de naissance selon les modalités prévues au chapitre III du présent titre.

Lorsque la décision est rendue par le juge des tutelles, la transmission est faite par le greffe du tribunal d'instance dans les quinze jours qui suivent l'expiration des délais de recours.

Lorsque la décision est rendue par la cour d'appel, la transmission est faite par le greffe de cette cour dans les quinze jours de l'arrêt.

Lorsqu'une mesure de protection a pris fin par l'expiration du délai fixé, avis en est donné par tout moyen et aux mêmes fins par le greffe du tribunal d'instance, saisi par tout intéressé, au greffe du tribunal de grande instance dans le ressort duquel est née la personne protégée.

Sous-section 3. – Le conseil de famille

§ 1. – Dispositions communes aux mineurs et aux majeurs

Art. 1234 *(D. n° 81-500, 12 mai 1981 ; rempl., D. n° 2008-1276, 5 déc. 2008).* – Le conseil de famille est convoqué par le juge des tutelles.

Sa réunion est de droit si elle est requise :

1° *Soit par deux de ses membres ;*

2° Soit par le tuteur ou le subrogé tuteur ;

3° Soit par le mineur lui-même âgé de seize ans révolus ;

4° Soit par le majeur protégé.

Le conseil de famille est également convoqué à la demande du mineur âgé de moins de seize ans et capable de discernement, sauf décision contraire spécialement motivée du juge.

Art. 1234-1 *(D. n° 2008-1276, 5 déc. 2008).* – La convocation est adressée huit jours au moins avant la date de la réunion.

Art. 1234-2 *(D. n° 2008-1276, 5 déc. 2008).* – Les membres du conseil de famille sont tenus de se rendre en personne à la réunion. Ceux qui, sans excuse légitime, ne s'y présenteraient pas peuvent voir leur charge tutélaire retirée par application des dispositions de l'article 396 du Code civil.

Art. 1234-3 *(D. n° 2008-1276, 5 déc. 2008).* – Le conseil de famille ne peut délibérer que si la moitié au moins de ses membres est présente. Si ce nombre n'est pas atteint, le juge peut soit ajourner la réunion, soit prendre lui-même la décision en cas d'urgence.

Art. 1234-4 *(D. n° 2008-1276, 5 déc. 2008).* – Si le juge des tutelles estime que le conseil peut se prononcer sur une délibération sans que la tenue d'une réunion soit nécessaire, il communique à chacun des membres du conseil le texte de la délibération correspondante en y joignant tous éclaircissements utiles.

Chaque membre émet son vote dans le délai et selon les modalités impartis par le juge ; à défaut, il peut voir sa charge tutélaire retirée par application des dispositions de l'article 396 du Code civil.

Art. 1234-5 *(D. n° 2008-1276, 5 déc. 2008).* – Toute délibération du conseil de famille est prise à la majorité simple des votes exprimés.

Art. 1234-6 *(D. n° 2008-1276, 5 déc. 2008).* – Les réunions du conseil de famille ne sont pas publiques. Les membres du conseil de famille sont tenus à l'obligation de secret à l'égard des tiers.

Art. 1234-7 *(D. n° 2008-1276, 5 déc. 2008).* – Sauf si le juge l'estime contraire à son intérêt, le mineur ou le majeur protégé peut assister à la réunion du conseil, mais seulement à titre consultatif.

Art. 1235 *(D. n° 81-500, 12 mai 1981 ; rempl., D. n° 2008-1276, 5 déc. 2008).* – La délibération du conseil de famille est motivée. Toutes les fois qu'elle n'est pas prise à l'unanimité, l'avis de chacun de ses membres est mentionné dans le procès-verbal.

§ 2. – Dispositions relatives aux mineurs

Art. 1236 *(D. n° 81-500, 12 mai 1981 ; rempl., D. n° 2008-1276, 5 déc. 2008).* – Préalablement à la réunion du conseil de famille d'un mineur, le juge procède ou fait procéder à l'audition de celui-ci, s'il est capable de discernement, dans les conditions prévues à l'article 388-1 du Code civil.

§ 3. – Dispositions relatives aux majeurs

Art. 1237 *(D. n° 81-500, 12 mai 1981 ; rempl., D. n° 2008-1276, 5 déc. 2008).* – La décision du juge autorisant, conformément aux dispositions de l'article 457 du Code civil, le conseil de famille à se réunir et à délibérer hors de sa présence est une mesure d'administration judiciaire. Les membres du conseil de famille en sont informés par le greffe.

Art. 1237-1 *(D. n° 2008-1276, 5 déc. 2008).* – À l'issue de la réunion de ce conseil, chaque membre présent appose sa signature sur la délibération prise.

Dans les huit jours, le président du conseil remet la délibération au greffe ou la lui adresse par lettre recommandée avec demande d'avis de réception.

Art. 1238 *(D. n° 81-500, 12 mai 1981 ; rempl., D. n° 2008-1276, 5 déc. 2008 ; mod., D. n° 2009-1628, 23 déc. 2009).* – L'opposition du juge à la délibération ainsi prise est formée dans les quinze jours de la remise ou de la réception de celle-ci, par ordonnance non susceptible de recours.

Tout membre du conseil de famille peut également s'opposer à la délibération dans les quinze jours de celle-ci, par requête au juge.

Dans tous les cas, le juge, par la même ordonnance, convoque et réunit dans le délai d'un mois le conseil de famille dont il assure alors la présidence, afin qu'il soit à nouveau délibéré sur le même objet.

Les articles 1234-1 à 1235 et 1239-3 sont alors applicables.

Sous-section 4. – L'appel
(Rempl., D. n° 2009-1628, 23 déc. 2009)

Art. 1239 *(Rempl., D. n° 2009-1628, 23 déc. 2009).* – Sauf disposition contraire, les décisions du juge des tutelles et les délibérations du conseil de famille sont susceptibles d'appel.

Sans préjudice des dispositions prévues par les articles 1239-1 à 1239-3, l'appel est ouvert aux personnes énumérées à l'article 430 du Code civil, même si elles ne sont pas intervenues à l'instance.

Le délai d'appel est de quinze jours.

Les parties ne sont pas tenues de constituer avocat *(Mots suppr., D. n° 2012-634, 3 mai 2012)* «… ».

Art. 1239-1 *(Rempl., D. n° 2009-1628, 23 déc. 2009 ; mod., D. n° 2016-185, 23 févr. 2016).* – Dans le cadre du partage amiable prévu à l'article 507 du Code civil, l'appel contre une délibération du conseil de famille ou une décision du juge des tutelles est ouvert au tuteur, aux membres du conseil de famille et aux autres parties intéressées au partage.

Art. 1239-2 *(Rempl., D. n° 2009-1628, 23 déc. 2009).* – L'appel contre le jugement qui refuse d'ouvrir une mesure de protection à l'égard d'un majeur n'est ouvert qu'au requérant.

Art. 1239-3 *(Rempl., D. n° 2009-1628, 23 déc. 2009).* – Sans préjudice des dispositions prévues par l'article 1239-1, l'appel contre une délibération du conseil de famille est ouvert à tous ses membres et au juge des tutelles, quel qu'ait été leur avis lors de la délibération.

Art. 1240 *(Rempl., D. n° 2009-1628, 23 déc. 2009).* – Le ministère public peut former appel jusqu'à l'expiration d'un délai de quinze jours suivant la remise de l'avis qui lui a été donné de la délibération prise ou de la décision rendue.

Art. 1241 *(Rempl., D. n° 2009-1628, 23 déc. 2009).* – Le délai d'appel contre les jugements statuant sur une mesure de protection à l'égard d'un majeur court :

1° À l'égard du majeur protégé, à compter de la notification prévue à l'article 1230-1 ;

2° À l'égard des personnes à qui le jugement doit être notifié, à compter de cette notification ;

3° À l'égard des autres personnes, à compter du jugement.

Art. 1241-1 *(Rempl., D. n° 2009-1628, 23 déc. 2009).* – Le délai d'appel contre les ordonnances rendues par le juge des tutelles court :

1° À l'égard des personnes à qui l'ordonnance doit être notifiée, à compter de cette notification ;

2° À l'égard des autres personnes, à compter de l'ordonnance.

Art. 1241-2 *(Rempl., D. n° 2009-1628, 23 déc. 2009).* – Le délai d'appel contre une délibération du conseil de famille court à compter de cette délibération, hors le cas de l'article 1234-4 où il ne court contre les membres du conseil de famille que du jour où la délibération leur a été notifiée.

Art. 1242 *(Rempl., D. n° 2009-1628, 23 déc. 2009).* – L'appel est formé par déclaration faite ou adressée par lettre recommandée avec demande d'avis de réception au greffe de la juridiction de première instance.

Le greffier enregistre l'appel à sa date ; il délivre ou adresse par lettre simple, récépissé de la déclaration.

Il transmet sans délai une copie du dossier à la cour.

Art. 1242-1 *(Rempl., D. n° 2009-1628, 23 déc. 2009).* – Lorsque l'appel est formé par le juge des tutelles, celui-ci joint au dossier une note exposant les motifs de son recours.

Art. 1243 *(Rempl., D. n° 2009-1628, 23 déc. 2009).* – Lorsque l'appelant restreint son appel à l'un des chefs de la décision autre que l'ouverture de la mesure de protection, il le précise.

Art. 1244 *(Rempl., D. n° 2009-1628, 23 déc. 2009).* – Le greffier de la cour convoque à l'audience prévue pour les débats :

1° S'il en a constitué un, l'avocat du requérant, par tout moyen ;

2° L'appelant et les personnes auxquelles la décision ou la délibération a été notifiée, par lettre recommandée avec demande d'avis de réception, ainsi que, le cas échéant, leurs avocats.

Ces dernières ont le droit d'intervenir devant la cour.

Art. 1244-1 *(D. n° 2009-1628, 23 déc. 2009).* – La convocation est adressée, dès la fixation de l'audience prévue pour les débats et au moins quinze jours à l'avance, par lettre recommandée avec demande d'avis de réception. Une copie de la convocation est adressée aux personnes concernées par lettre simple.

La convocation vaut citation.

Art. 1245 *(Rempl., D. n° 2009-1628, 23 déc. 2009).* – L'appel est instruit et jugé en chambre du conseil.

La procédure est orale.

Les prétentions des parties ou la référence qu'elles font aux prétentions qu'elles auraient formulées par écrit sont notées au dossier ou consignées dans un procès-verbal.

À l'audience, la cour entend l'appelant, le majeur à protéger ou protégé, sauf application par la cour des dispositions du second alinéa de l'article 432 du Code civil et, le cas échéant, le ministère public.

Les avocats des parties, lorsqu'elles en ont constitué un, sont entendus en leurs observations.

Art. 1245-1 *(D. n° 2009-1628, 23 déc. 2009).* – À moins que l'affaire ne soit jugée dès la première audience, le greffier avise de la date des audiences ultérieures les personnes convoquées qui ne l'auraient pas été verbalement.

Art. 1246 *(Rempl., D. n° 2009-1628, 23 déc. 2009).* – La cour peut, même d'office, substituer une décision nouvelle à celle du juge des tutelles ou à la délibération du conseil de famille.

Jusqu'à la clôture des débats devant la cour, le juge des tutelles et le conseil de famille demeurent compétents pour prendre toute décision ou délibération nécessaire à la préservation des droits et intérêts de la personne protégée. Le greffe de la juridiction de première instance transmet immédiatement copie de cette décision ou délibération au greffe de la cour.

Art. 1246-1 *(Rempl., D. n° 2009-1628, 23 déc. 2009).* – La décision de la cour est notifiée à la diligence de son greffe.

Le dossier, auquel est jointe une copie certifiée conforme de l'arrêt, est alors renvoyé sans délai au greffe de la juridiction de première instance.

Art. 1247 *(Rempl., D. n° 2009-1628, 23 déc. 2009).* – Si l'appel formé contre une décision du juge des tutelles ou une délibération du conseil de famille est rejeté, celui qui l'a introduit, à l'exception du juge, peut être condamné aux dépens et à des dommages-intérêts.

Sous-section 5. – La sauvegarde de justice

Art. 1248 *(D. n° 81-500, 12 mai 1981 ; rempl., D. n° 2008-1276, 5 déc. 2008).* – La déclaration aux fins de sauvegarde de justice prévue par l'article L. 3211-6 du Code de la santé publique est transmise au procureur de la République du lieu de traitement. Celui-ci en avise, le cas échéant, le procureur de la République du lieu de la résidence habituelle du majeur protégé.

Art. 1249 *(D. n° 81-500, 12 mai 1981 ; rempl., D. n° 2008-1276, 5 déc. 2008).* – La décision par laquelle le juge des tutelles place un majeur sous sauvegarde de justice en application de l'article 433 du Code civil est notifiée au requérant et au majeur protégé et est transmise au procureur de la République. Celui-ci en avise, le cas échéant, le procureur de la République du lieu de la résidence habituelle de l'intéressé ou du lieu de traitement.

Ce placement ne peut faire l'objet d'aucun recours.

Art. 1250 *(D. n° 81-500, 12 mai 1981 ; mod., D. n° 2004-836, 20 août 2004 ; rempl., D. n° 2008-1276, 5 déc. 2008).* – Les personnes mentionnées aux articles 1230 et 1230-1 peuvent former un recours contre la décision par laquelle le juge des tutelles désigne un mandataire spécial par application du deuxième alinéa de l'article 437 du Code civil ou modifie ultérieurement les pouvoirs de ce mandataire.

Art. 1251 *(D. n° 81-500, 12 mai 1981 ; rempl., D. n° 2008-1276, 5 déc. 2008 ; mod., D. n° 2009-1628, 23 déc. 2009).* – Le procureur de la République qui reçoit la déclaration aux fins de sauvegarde de justice prévue par l'article L. 3211-6 du Code de la santé publique ou la décision du juge des tutelles prévue à l'article 1249 les mentionne sur un répertoire spécialement tenu à cet effet.

Art. 1258-2 *(D. n° 2008-1276, 5 déc. 2008)*. – Le greffier vérifie en outre, au vu des pièces produites, que :

1° Le mandant et le mandataire étaient majeurs ou mineurs émancipés à la date d'établissement du mandat ;

2° Les modalités du contrôle de l'activité du mandataire sont formellement prévues ;

3° L'avocat a contresigné le mandat lorsqu'il a établi celui-ci en application de l'article 492 du Code civil ;

4° Le curateur a contresigné le mandat, si le mandant a indiqué dans celui-ci être placé sous curatelle ;

5° Le mandataire, s'il est une personne morale, justifie être inscrit sur la liste prévue à l'article L. 471-2 du Code de l'action sociale et des familles.

Art. 1258-3 *(D. n° 2008-1276, 5 déc. 2008)*. – Si l'ensemble des conditions requises est rempli, le greffier, après avoir paraphé chaque page du mandat, mentionne, en fin d'acte, que celui-ci prend effet à compter de la date de sa présentation au greffe, y appose son visa et le restitue au mandataire, accompagné des pièces produites.

Si le greffier estime les conditions non remplies, il restitue, sans le viser, le mandat au mandataire ainsi que les pièces qui l'accompagnent.

Dans ce cas, le mandataire peut saisir le juge par requête. Celui-ci peut se prononcer sans débat et sa décision n'est pas susceptible d'appel. Si le juge estime les conditions requises remplies, le greffier procède, à la demande du mandataire, conformément au premier alinéa.

Art. 1258-4 *(D. n° 2008-1276, 5 déc. 2008)*. – Le mandant ou le bénéficiaire du mandat qui n'a pas comparu devant le greffier du tribunal est informé par le mandataire de la prise d'effet du mandat de protection future par lettre recommandée avec demande d'avis de réception.

Art. 1259 *(D. n° 81-500, 12 mai 1981 ; rempl., D. n° 2008-1276, 5 déc. 2008 ; mod., D. n° 2009-1628, 23 déc. 2009)*. – Le rétablissement des facultés personnelles de la personne protégée est constaté par un certificat médical datant de deux mois au plus, émanant d'un médecin choisi sur la liste mentionnée à l'article 431 du Code civil, saisi par le bénéficiaire du mandat, le mandant ou son mandataire et établissant que la personne protégée ne se trouve plus dans l'une des situations prévues à l'article 425 du même code.

Le bénéficiaire du mandat, le mandant ou le mandataire peuvent se présenter à tout moment au greffe du tribunal d'instance pour faire constater la fin du mandat au vu de ce certificat.

Si les conditions prévues au premier alinéa sont remplies, le greffier mentionne sur le mandat que celui-ci prend fin à compter de la date de sa présentation au greffe, y appose son visa et le restitue au comparant avec le certificat produit.

Si le greffier estime les conditions non remplies, il restitue le mandat sans le viser au comparant ainsi que le certificat produit.

Dans ce cas, le bénéficiaire du mandant, le mandant ou le mandataire peut saisir le juge par requête. Celui-ci peut se prononcer sans débat et sa décision n'est pas susceptible d'appel. Si le juge estime les conditions requises remplies, le greffier procède, à la demande du bénéficiaire du mandat, du mandat ou du mandataire, conformément au troisième alinéa.

Art. 1259-1 *(D. n° 2008-1276, 5 déc. 2008)*. – Le bénéficiaire du mandat, le mandant ou le mandataire qui n'a pas comparu devant le greffier est informé par le comparant de la fin de l'exécution du mandat par lettre recommandée avec demande d'avis de réception.

Art. 1259-2 *(D. n° 2008-1276, 5 déc. 2008)*. – Le juge peut suspendre les effets du mandat de protection future dans la décision d'ouverture d'une mesure de sauvegarde de justice ou, si l'existence du mandat est portée à sa connaissance postérieurement à cette ouverture, par une décision prise en cours de déroulement de la mesure.

Le greffier avise le mandataire et la personne placée sous sauvegarde de justice de cette suspension par lettre simple.

Lorsque la mesure de sauvegarde de justice prend fin, le mandat de protection future reprend effet de plein droit à moins que le juge révoque celui-ci ou ouvre une mesure de protection juridique. Le greffier en avise par tout moyen le mandataire et la personne dont le placement sous sauvegarde de justice a pris fin.

Art. 1259-3 *(D. n° 2008-1276, 5 déc. 2008 ; mod., D. n° 2010-1647, 28 déc. 2010 ; D. n° 2015-282, 11 mars 2015).* – La saisine du juge sur le fondement des articles 479, 480, 484 ou 493 du Code civil s'effectue par requête remise ou adressée au greffe. La requête indique les nom, prénom et adresse du mandant ou du bénéficiaire du mandat lorsque celui-ci n'est pas le mandant et du mandataire.

Le juge territorialement compétent est celui de la résidence habituelle du mandant ou du bénéficiaire du mandat lorsque celui-ci n'est pas le mandant.

Dans les quinze jours de la requête, le greffe adresse une convocation à l'audience au mandant ou au bénéficiaire du mandat lorsque celui-ci n'est pas le mandant et au mandataire par lettre recommandée avec demande d'avis de réception, à laquelle est jointe une copie de la requête.

Toutefois, lorsqu'il résulte de celle-ci que seule la dernière adresse du mandant ou du bénéficiaire du mandat lorsque celui-ci n'est pas le mandant ou du mandataire est connue, le greffe invite le requérant à procéder par voie de signification.

Le greffe avise par tous moyens le requérant des lieu, jour et heure de l'audience.

Les parties se défendent elles-mêmes ; elles ont la faculté de se faire assister ou représenter par un avocat.

La procédure est orale.

Les dispositions des articles 1231 et 1239 sont applicables.

Art. 1259-4 *(D. n° 2008-1276, 5 déc. 2008).* – Lorsque le juge met fin au mandat de protection future, sa décision est notifiée au mandataire et au mandant ou au bénéficiaire du mandat par lettre recommandée avec demande d'avis de réception.

Art. 1259-5 *(D. n° 2008-1276, 5 déc. 2008 ; rempl., D. n° 2009-1628, 23 déc. 2009).* – La décision du juge autorisant, en application des articles 485 et 493 du Code civil, le mandataire de protection future ou un mandataire *ad hoc* à accomplir des actes non couverts par le mandat n'est susceptible de recours que par le mandant ou le bénéficiaire du mandat lorsque celui-ci n'est pas le mandant, le mandataire, la personne chargée du contrôle de l'exécution du mandat et ceux dont elle modifie les droits ou les charges.

Art. 1260 *(D. n° 81-500, 12 mai 1981 ; mod., D. n° 2004-836, 20 août 2004 ; rempl., D. n° 2008-1276, 5 déc. 2008).* – Les dispositions de l'article 1253 sont applicables au mandat de protection future.

Section II *bis*. – Dispositions relatives à l'habilitation familiale
(D. n° 2016-185, 23 févr. 2016)

Art. 1260-1 *(D. n° 2016-185, 23 févr. 2016).* – Le juge des tutelles territorialement compétent est celui de la résidence habituelle de la personne à l'égard de qui l'habilitation est sollicitée ou faisant l'objet de l'habilitation.

Art. 1260-2 *(D. n° 2016-185, 23 févr. 2016).* – Le juge est saisi par requête remise ou adressée au greffe du tribunal d'instance.

La requête indique, à peine de nullité, les nom, prénoms et adresse :

– de la personne à l'égard de qui l'habilitation est sollicitée ou de la personne faisant l'objet de l'habilitation familiale ;

– de la personne habilitée.

Art. 1260-3 *(D. n° 2016-185, 23 févr. 2016).* – La requête aux fins de désignation d'une personne habilitée ou aux fins de son renouvellement comporte, à peine d'irrecevabilité, les éléments mentionnés aux deux alinéas qui suivent :

1° Le certificat médical circonstancié prévu à l'article 431 du Code civil ;

2° L'énoncé des faits qui appellent cette protection au regard de l'article 494-2 du même code ;

Il est également fait mention de tout élément utile concernant la situation familiale de la personne à l'égard de qui l'habilitation est sollicitée et notamment l'identité des proches mentionnés à l'article 494-1 du Code civil, la situation financière et patrimoniale de l'intéressé, le nom du médecin traitant si celui-ci est connu du requérant.

Art. 1260-4 *(D. n° 2016-185, 23 févr. 2016).* – Lorsque la requête est présentée aux fins de renouvellement, il est joint à celle-ci une copie de la décision ayant délivré l'habilitation familiale.

Art. 1260-5 *(D. n° 2016-185, 23 févr. 2016).* – Les dispositions des articles 1212 à 1214, 1216 et 1256 sont applicables. Pour l'application de l'article 1256, l'avis du médecin mentionné au premier alinéa de l'article 494-4 est assimilé à l'avis médical mentionné à l'article 432 du Code civil.

Art. 1260-6 *(D. n° 2016-185, 23 févr. 2016).* – Lorsqu'il statue sur une requête aux fins de délivrance d'une habilitation familiale ou de renouvellement de l'habilitation familiale générale, le juge entend la personne faisant l'objet de l'habilitation, dans les conditions prévues au premier alinéa de l'article 494-4 du Code civil. Lorsque la personne à l'égard de qui une habilitation familiale est sollicitée ou qui fait l'objet d'une habilitation familiale est entendue, les dispositions des articles 1220 à 1220-3 sont applicables. Pour l'application des dispositions de l'article 1220-2, la décision du juge est prise en application des dispositions du premier alinéa de l'article 494-4 du Code civil.

Le juge procède à l'audition :

– de la personne demandant à être habilitée ;

– de la personne habilitée en cas de renouvellement de l'habilitation et dans les hypothèses visées au deuxième alinéa de l'article 494-10 du Code civil.

Le juge peut, s'il l'estime opportun, procéder à l'audition :

– de la personne habilitée dans les hypothèses non visées par l'alinéa précédent ;

– des personnes visées à l'article 494-1 du Code civil.

Art. 1260-7 *(D. n° 2016-185, 23 févr. 2016).* – En application des dispositions du deuxième alinéa de l'article 494-4 du Code civil, le juge constate l'adhésion ou l'absence d'opposition légitime des personnes visées au deuxième alinéa de l'article 494-1 du Code civil après les avoir entendus ou par écrit.

Art. 1260-8 *(D. n° 2016-185, 23 févr. 2016).* – Les dispositions de l'article 1221 sont applicables à l'instruction de la requête.

Art. 1260-9 *(D. n° 2016-185, 23 févr. 2016).* – Le greffe adresse une convocation à l'audience, sauf lorsque le juge a décidé qu'il n'y avait pas lieu de procéder à son audition en application des dispositions du premier alinéa de l'article 494-4 du Code civil, à la personne à l'égard de qui une habilitation familiale est sollicitée ou faisant l'objet d'une habilitation, à la personne habilitée ainsi que, si le juge l'estime utile, à un ou plusieurs des proches visés à l'article 494-1 du même code. La convocation est adressée par lettre recommandée avec demande d'avis de réception, à laquelle est jointe une copie de la requête.

Toutefois lorsqu'il résulte de celle-ci que seule la dernière adresse de la personne faisant l'objet de l'habilitation ou de la personne habilitée est connue, le greffe invite le requérant à procéder par voie de signification.

Le greffe avise par tous moyens le requérant des lieux, jour et heure de l'audience. Lorsqu'il est requérant, le ministère public en est également avisé.

Art. 1260-10 *(D. n° 2016-185, 23 févr. 2016).* – À l'audience, le juge entend le requérant, la personne à l'égard de qui l'habilitation est sollicitée ou la personne faisant l'objet de l'habilitation, sauf application par le juge des dispositions du premier alinéa de l'article 494-4, et, le cas échéant, le ministère public, qui peut également faire connaître son avis par écrit.

Les deux derniers alinéas de l'article 1226 et l'article 1227 sont applicables.

Art. 1260-11 *(D. n° 2016-185, 23 févr. 2016).* – La décision statuant sur une demande de délivrance d'une habilitation familiale est notifiée à la personne à l'égard de qui l'habilitation est sollicitée, aux personnes visées au deuxième alinéa de l'article 494-4 du Code civil et à la personne demandant à être habilitée ; avis en est donné au procureur de la République.

Les décisions du juge statuant sur d'autres demandes que celles visées à l'alinéa précédent sont notifiées au requérant, à la personne faisant l'objet de l'habilitation, à la personne habilitée. Elles peuvent également être notifiées, si le juge l'estime utile, aux proches qu'il désigne parmi ceux mentionnés à l'article 494-1 du Code civil. Avis en est donné au procureur de la République.

Les dispositions de l'article 1231 sont applicables.

Art. 1260-12 *(D. n° 2016-185, 23 févr. 2016).* – Un extrait de toute décision accordant, modifiant, renouvelant ou ordonnant la mainlevée d'une habilitation familiale générale est transmis par tout moyen au greffe du tribunal de grande instance dans le ressort duquel est née la personne faisant l'objet de l'habilitation aux mêmes fins et aux mêmes conditions que celles prévues à l'article 1233.

Lorsque l'habilitation a pris fin pour une autre cause que celle visée à l'alinéa précédent avis en est donné par tous moyens et aux mêmes fins par le greffe du tribunal d'instance, saisi par tout intéressé, au greffe du tribunal de grande instance dans le ressort duquel est née la personne faisant l'objet de l'habilitation.

Les décisions du juge des tutelles sont susceptibles d'appel dans un délai de quinze jours à compter de la notification de la décision pour les personnes auxquelles la décision a été notifiée et à compter de la remise de l'avis pour le procureur de la République.

Les parties ne sont pas tenues de constituer avocat.

Les dispositions des articles 1242,1243 à 1247 sont applicables. Toutefois, pour l'application du quatrième alinéa de l'article 1245, la cour entend la personne à l'égard de qui une habilitation est sollicitée ou faisant l'objet d'une habilitation conformément aux dispositions du premier alinéa de l'article 494-4 du Code civil.

Section III. – Dispositions applicables aux pupilles de l'État

Art. 1261 *(D. n° 81-500, 12 mai 1981 ; rempl., D. n° 2008-1276, 5 déc. 2008 ; mod., D. n° 2012-1443, 24 déc. 2012).* – Par dérogation aux dispositions de l'article 1242, le recours contre les délibérations du conseil de famille des pupilles de l'État est formé par requête signée par un avocat et remise ou adressée par lettre recommandée avec demande d'avis de réception au greffe de la cour d'appel.

La procédure prévue aux articles 1244 à 1245-1 est applicable.

Art. 1261-1 *(D. n° 2008-1276, 5 déc. 2008 ; mod., D. n° 2017-892, 6 mai 2017).* – La demande relative au recours contre l'arrêté d'admission en qualité de pupille de l'État prévu aux articles L. 224-4 et L. 224-8 du Code de l'action sociale et des familles est portée devant le tribunal de grande instance dans le ressort duquel l'arrêté est pris.

Les dispositions des articles 1159 et 1160, du premier alinéa de l'article 1161 et de l'article 1162 sont applicables à la demande et à l'instance.

Le jugement est prononcé en audience publique. Il est notifié par le greffier au demandeur, au tuteur et au président du conseil départemental.

Les voies de recours sont régies par les dispositions de l'article 1163.

CHAPITRE XI. – LA MESURE D'ACCOMPAGNEMENT JUDICIAIRE

(Chap. mod., D. n° 81-500, 12 mai 1981 ; D. n° 84-618, 13 juill. 1984 ; D. n° 86-951, 30 juill. 1986 ; mod., D. n° 2004-836, 20 août 2004 ; rempl., D. n° 2008-1276, 5 déc. 2008)

Art. 1262 *(D. n° 81-500, 12 mai 1981 ; rempl., D. n° 2008-1276, 5 déc. 2008 ; mod., D. n° 2017-892, 6 mai 2017).* – Lorsqu'après avoir reçu le rapport prévu à l'article L. 271-6 du Code de l'action sociale et des familles le procureur de la République saisit le juge des tutelles, il en informe aussitôt le président du conseil départemental par tout moyen. Il en est de même lorsqu'il estime n'y avoir lieu à cette saisine.

Art. 1262-1 *(D. n° 2008-1276, 5 déc. 2008).* – Le juge des tutelles territorialement compétent est celui de la résidence habituelle de la personne qui perçoit les prestations sociales.

Art. 1262-2 *(D. n° 2008-1276, 5 déc. 2008).* – Le juge des tutelles est saisi par requête du procureur de la République à laquelle est joint le rapport mentionné à l'article 1262.

Le juge recueille toutes informations utiles. Le greffier convoque à l'audience, par lettre recommandée avec demande d'avis de réception, la personne qui perçoit les prestations, ainsi que celles dont le juge estime l'audition utile.

Le dossier peut être consulté au greffe jusqu'à ce que le juge ait statué par la personne qui perçoit les prestations, sur demande écrite de sa part et sans autre restriction que les nécessités du service.

Art. 1262-3 *(D. n° 2008-1276, 5 déc. 2008).* – L'audience n'est pas publique.

Les tiers ne peuvent obtenir copie des décisions rendues que sur autorisation du juge des tutelles et s'ils justifient d'un intérêt légitime.

Art. 1262-4 *(D. n° 2008-1276, 5 déc. 2008).* – Le juge statue dans le mois qui suit le dépôt de la requête.
Sa décision n'est pas susceptible d'opposition.

Art. 1262-5 *(D. n° 2008-1276, 5 déc. 2008 ; mod., D. n° 2017-892, 6 mai 2017).* – La décision est notifiée à la personne qui perçoit les prestations et, le cas échéant, au mandataire judiciaire à la protection des majeurs désigné.
Avis en est donné au procureur de la République, au président du conseil départemental et, le cas échéant, à l'organisme payeur.

Art. 1262-6 *(D. n° 2008-1276, 5 déc. 2008).* – Lorsque le juge statue en application du deuxième alinéa de l'article 495-4 du Code civil, les articles 1262-3 à 1262-5 du présent code sont applicables.

Art. 1262-7 *(D. n° 2008-1276, 5 déc. 2008 ; mod., D. n° 2017-892, 6 mai 2017).* – L'appel est ouvert à la personne qui perçoit les prestations et au procureur de la République.
L'appel est formé, instruit et jugé selon la procédure sans représentation obligatoire.
Le délai d'appel est de quinze jours.
L'arrêt est notifié à la personne qui perçoit les prestations et, le cas échéant, au mandataire judiciaire à la protection des majeurs désigné. Avis en est donné au procureur de la République, au président du conseil départemental et, le cas échéant, à l'organisme payeur.

Art. 1262-8 *(D. n° 2008-1276, 5 déc. 2008).* – Lorsque le juge des tutelles prononce une mesure de protection juridique, il en informe par tout moyen le mandataire judiciaire à la protection des majeurs exerçant la mesure d'accompagnement judiciaire.

Art. 1263 *(D. n° 81-500, 12 mai 1981 ; rempl., D. n° 2008-1276, 5 déc. 2008).* – Les dispositions de l'article 1215 sont applicables à la mesure d'accompagnement judiciaire.

CHAPITRE XII. – LES ACTIONS EN MATIÈRE DE DISCRIMINATIONS

(D. n° 2008-799, 20 août 2008)

Art. 1263-1 *(D. n° 2008-799, 20 août 2008).* – Les associations régulièrement déclarées depuis au moins cinq ans et se proposant, par leurs statuts, de lutter contre les discriminations peuvent exercer les actions en justice qui naissent de la loi n° 2008-496 du 27 mai 2008 en faveur de la victime d'une discrimination.
L'association doit justifier avoir obtenu l'accord écrit de l'intéressé après avoir porté à sa connaissance les informations suivantes :
1° La nature et l'objet de l'action envisagée ;
2° Le fait que l'action sera conduite par l'association qui pourra exercer elle-même les voies de recours ;
3° Le fait que l'intéressé pourra, à tout moment, intervenir dans l'instance engagée par l'association ou y mettre fin.

TITRE II. – LES BIENS

CHAPITRE I. – LES ACTIONS POSSESSOIRES

(Abr., D. n° 2017-892, 6 mai 2017).

Art. 1264 *(Abr., D. n° 2017-892, 6 mai 2017).*

Art. 1265 *(Abr., D. n° 2017-892, 6 mai 2017).*

Art. 1266 *(Abr., D. n° 2017-892, 6 mai 2017).*

Art. 1267 *(Abr., D. n° 2017-892, 6 mai 2017).*

CHAPITRE II. – LA REDDITION DE COMPTE ET LA LIQUIDATION DES FRUITS

Art. 1268. – La demande en reddition de compte est portée, selon le cas, devant le tribunal dans le ressort duquel demeure le comptable ou, si le comptable a été commis par justice, devant le juge qui l'a commis.

Art. 1269. – Aucune demande en révision de compte n'est recevable, sauf si elle est présentée en vue d'un redressement en cas d'erreur, d'omission ou de présentation inexacte.

La même règle est applicable à la liquidation des fruits lorsqu'il y a lieu à leur restitution.

CHAPITRE III. – LES BAUX PASSÉS PAR LES USUFRUITIERS AVEC AUTORISATION DE JUSTICE

Art. 1270 *(Rempl., D. n° 2012-66, 20 janv. 2012).* – La demande de l'usufruitier tendant à être autorisé à conclure seul un bail en application de l'article 595 du Code civil est formée, instruite et jugée suivant la procédure à jour fixe.

CHAPITRE IV. – LA VENTE DES IMMEUBLES ET DES FONDS DE COMMERCE APPARTENANT À DES MINEURS EN TUTELLE OU À DES MAJEURS EN TUTELLE

Art. 1271. – La vente judiciaire des immeubles et des fonds de commerce appartenant à des mineurs en tutelle ou à des majeurs en tutelle ne peut être ordonnée qu'au vu d'une délibération du conseil de famille énonçant la nature des biens et leur valeur approximative.

Cette délibération n'est pas nécessaire si les biens appartiennent en même temps à des majeurs capables et si la vente est poursuivie par eux. Il est alors procédé conformément aux règles prévues pour les partages judiciaires.

Art. 1272. – Sur requête du tuteur ou du subrogé tuteur, les enchères sont reçues soit par un notaire commis à cet effet par le tribunal de grande instance, soit à l'audience des criées par un juge désigné par ce tribunal.

Le tribunal compétent est celui dans le ressort duquel demeure la personne en tutelle.

Si les biens sont situés dans plusieurs arrondissements, le tribunal peut commettre un notaire dans chacun de ces arrondissements et donner commission rogatoire à chacun des tribunaux de la situation de ces biens.

Art. 1273. – Le tribunal détermine la mise à prix de chacun des biens à vendre et les conditions essentielles de la vente. Il peut préciser qu'à défaut d'enchères atteignant cette mise à prix, la vente pourra se faire sur une mise à prix inférieure qu'il fixe.

Le tribunal peut, si la valeur ou la consistance des biens le justifie, faire procéder à leur estimation totale ou partielle.

Art. 1274. – Le tribunal fixe les modalités de la publicité compte tenu de la valeur, de la nature et de la situation des biens.

Art. 1275 *(D. n° 2004-836, 20 août 2004).* – Le notaire commis ou l'avocat établit un cahier des charges. Si la vente a lieu à l'audience des criées, ce cahier est déposé au greffe du tribunal.

Le cahier des charges indique le jugement qui a ordonné la vente, désigne les biens à vendre et mentionne la mise à prix et les conditions de vente. Lorsque la vente porte sur un fonds de commerce, le cahier des charges spécifie la nature et la situation tant du fonds que des divers éléments qui le composent, ainsi que les obligations qui seront imposées à l'acquéreur, notamment quant aux marchandises qui garnissent le fonds.

Art. 1276. – En application des dispositions de l'alinéa 1er de l'article 459 du Code civil, le subrogé tuteur est appelé à la vente, un mois au moins à l'avance, à la diligence du rédacteur du cahier des charges et informé qu'il sera procédé à la vente, même en son absence.

Art. 1277. – Si aucune enchère n'atteint le montant de la mise à prix, le juge ou le notaire, selon le cas, peut constater l'offre la plus élevée et adjuger le bien à titre provisoire pour le montant de cette offre.

Sauf renonciation du vendeur, le tribunal qui a fixé la mise à prix, saisi à la requête du notaire, de l'avocat ou de tout intéressé, peut, soit déclarer l'adjudication définitive et la vente réalisée, soit ordonner qu'une nouvelle vente aura lieu ; en ce dernier cas, il fixe le délai de la nouvelle vente sans que celui-ci puisse être inférieur à quinze jours, la mise à prix ainsi que les modalités de la publicité.

Art. 1278 *(D. n° 2004-836, 20 août 2004 ; mod., D. n° 2006-936, 27 juill. 2006).* – Sont déclarés communes au présent chapitre les dispositions des articles 72 à 82, 87, 89, 90 et 100 à 106 du décret n° 2006-936 du 27 juillet 2006 relatif aux procédures de saisie immobilière et de distribution du prix d'un immeuble.

Néanmoins, lorsqu'elles sont reçues par un notaire, les enchères peuvent être faites sans ministère d'avocat.

Dans le cas de vente devant notaire, s'il y a lieu à folle enchère, la procédure est poursuivie devant le tribunal. Le certificat constatant que l'adjudicataire n'a pas exécuté les conditions est délivré par le notaire. Le procès-verbal d'adjudication est déposé au greffe.

Art. 1279 *(Mod., D. n° 2006-936, 27 juill. 2006).* – Dans les dix jours qui suivent l'adjudication définitive, toute personne peut faire une surenchère du dixième en se conformant aux formalités et délais prévus par les dispositions des articles 94 à 99 du décret n° 2006-936 du 27 juillet 2006 relatif aux procédures de saisie immobilière et de distribution du prix d'un immeuble.

Dans le cas où l'adjudication a eu lieu devant notaire, le tribunal, par le jugement qui valide la surenchère, renvoie la nouvelle adjudication devant le même notaire qui procède selon le cahier des charges précédemment dressé.

Lorsqu'une seconde adjudication a lieu après surenchère, aucune autre surenchère des mêmes biens ne peut avoir lieu.

Art. 1280 *(D. n° 2004-836, 20 août 2004).* – La surenchère prévue par le second alinéa de l'article 459 du Code civil est faite, dans les dix jours qui suivent l'adjudication, par déclaration au greffe du tribunal dans le ressort duquel réside le notaire qui a procédé à la vente.

Cette déclaration est dénoncée à la personne ou au domicile de l'adjudicataire dans le délai de l'article 709 du Code de procédure civile (ancien).

Les règles de l'article 1279 lui sont, pour le surplus, applicables.

Art. 1281. – Il n'est pas dérogé à la compétence respective des divers officiers publics en matière de vente de fonds de commerce.

CHAPITRE V. – LA DISTRIBUTION DES DENIERS EN DEHORS DE TOUTE PROCÉDURE D'EXÉCUTION

(D. n° 96-740, 14 août 1996)

Art. 1281-1 *(D. n° 96-740, 14 août 1996 ; mod., D. n° 2006-936, 27 juill. 2006).* – S'il y a lieu, en dehors de toute procédure d'exécution, de répartir une somme d'argent entre créanciers et hors le cas où cette somme proviendrait de la vente d'un immeuble, la partie la plus diligente peut se pourvoir en référé devant le président du tribunal de grande instance dans le ressort duquel demeure le débiteur, lequel désigne une personne chargée de la distribution.

La personne chargée de la distribution est séquestre des fonds, à moins que la consignation ne soit ordonnée.

Art. 1281-2 *(D. n° 96-740, 14 août 1996).* – Le séquestre chargé de la distribution doit offrir des garanties de représentation de la somme mise en distribution.

Art. 1281-3 *(D. n° 96-740, 14 août 1996).* – Le greffe notifié par lettre simple une copie de l'ordonnance à la personne chargée de la distribution et, si la consignation a été ordonnée, à la Caisse des dépôts et consignations.

La personne chargée de la distribution avise les créanciers, par lettre recommandée avec demande d'avis de réception, qu'ils doivent, dans un délai d'un mois, lui adresser une déclaration comportant un décompte des sommes réclamées en principal, intérêts et autres accessoires. Le cas échéant, cette déclaration mentionne les privilèges et sûretés attachés à la créance. Les documents justificatifs sont joints à la déclaration.

À défaut de déclaration dans le délai mentionné à l'alinéa qui précède, le créancier est déchu du droit de participer à la distribution.

Art. 1281-4 *(D. n° 96-740, 14 août 1996).* – La personne chargée de la distribution établit un projet de répartition dans les deux mois qui suivent le dernier avis prévu au deuxième alinéa de l'article 1281-3.

Elle le notifie au débiteur et à chacun des créanciers par lettre recommandée avec demande d'avis de réception.

À peine de nullité, la notification indique au destinataire :

1° Qu'il dispose d'un délai de quinze jours, à compter de la réception de la lettre, pour soulever par lettre recommandée avec demande d'avis de réception une contestation motivée, accompagnée des pièces justificatives nécessaires, auprès de la personne chargée de la distribution ;

2° Qu'à défaut de réponse dans le délai imparti il est réputé avoir accepté le projet et que celui-ci deviendra définitif si aucune contestation n'est soulevée.

En cas de difficulté, le délai mentionné au premier alinéa du présent article peut être prorogé par le président du tribunal de grande instance saisi par simple requête de la personne chargée de la distribution.

Art. 1281-5 *(D. n° 96-740, 14 août 1996).* – défaut de contestation dans les quinze jours suivant la dernière notification mentionnée au deuxième alinéa de l'article 1281-4, le projet de répartition devient définitif.

Lorsqu'elle détient la somme à répartir, la personne chargée de la distribution procède alors au paiement des créanciers dans les quinze jours.

Lorsque les fonds ont été consignés, la personne chargée de la distribution notifie le projet de répartition devenu définitif à la Caisse des dépôts et consignations, qui procède au paiement dans les quinze jours.

Art. 1281-6 *(D. n° 96-740, 14 août 1996).* – En cas de contestation, la personne chargée de la distribution convoque les parties par lettre recommandée avec demande d'avis de réception, en vue d'une tentative de conciliation qui doit avoir lieu dans le mois suivant la première contestation.

La convocation reproduit les termes du second alinéa de l'article 1281-7.

Art. 1281-7 *(D. n° 96-740, 14 août 1996).* – Si un accord intervient, il en est dressé acte dont une copie est remise ou adressée par lettre simple à toutes les parties. Il est alors procédé au paiement dans les conditions prévues aux deuxième et troisième alinéas de l'article 1281-5.

La personne régulièrement convoquée qui ne se présente pas est réputée avoir accepté l'accord.

Art. 1281-8 *(D. n° 96-740, 14 août 1996).* – À défaut de conciliation, la personne chargée de la distribution dresse acte des points de désaccord.

Les sommes mises en répartition sont immédiatement consignées, si elles ne le sont déjà en vertu de la décision de désignation de la personne chargée de la distribution.

La partie la plus diligente peut saisir le tribunal de grande instance, qui procède à la répartition.

Art. 1281-9 *(D. n° 96-740, 14 août 1996).* – À défaut de projet de répartition dans les délais impartis, il est procédé comme il est dit aux deuxième et troisième alinéas de l'article 1281-8.

Art. 1281-10 *(D. n° 96-740, 14 août 1996).* – Les paiements doivent être effectués quinze jours au plus tard après notification à la Caisse des dépôts et consignations du jugement de répartition passé en force de chose jugée.

Art. 1281-11 *(D. n° 96-740, 14 août 1996).* – La rétribution de la personne chargée de la distribution est prélevée sur les fonds à répartir et supportée par les créanciers, au prorata de la somme qui revient à chacun d'eux.

Art. 1281-12 *(D. n° 96-740, 14 août 1996).* – En matière commerciale, les compétences dévolues au tribunal de grande instance et à son président sont exercées par le tribunal de commerce et par son président.

CHAPITRE VI. – LA PURGE DES HYPOTHÈQUES ET PRIVILÈGES PAR LE TIERS DÉTENTEUR

(D. n° 2006-936, 27 juill. 2006)

Art. 1281-13 *(D. n° 2006-936, 27 juill. 2006).* – Le tiers détenteur fait procéder à la notification prévue à l'article 2478 du Code civil par acte d'huissier de justice.

Art. 1281-14 *(D. n° 2006-936, 27 juill. 2006).* – Le créancier qui poursuit la vente aux enchères de l'immeuble en application de l'article 2480 du Code civil notifie l'acte de réquisition prévu à cet article par acte d'huissier de justice. Cet acte contient, à peine de nullité, la constitution de l'avocat du requérant.

L'acte de réquisition de vente aux enchères comporte l'attestation par l'avocat du créancier qu'il s'est fait remettre, en application du 5° du même article, une caution bancaire irrévocable ou toute garantie équivalente, précisément énoncée.

Art. 1281-15 *(D. n° 2006-936, 27 juill. 2006)*. – La réquisition aux fins de vente aux enchères de l'immeuble peut être contestée par assignation à comparaître devant le tribunal de grande instance dans le ressort duquel est situé l'immeuble.

Cette assignation doit, à peine d'irrecevabilité, être formée dans un délai de quinze jours suivant la notification de l'acte de réquisition.

Si la contestation est admise, l'acte de réquisition est déclaré nul et le tiers détenteur maintenu dans ses droits, à moins qu'il n'ait été fait d'autres surenchères par d'autres créanciers.

Art. 1281-16 *(D. n° 2006-936, 27 juill. 2006)*. – À l'expiration du délai de contestation, l'audience de vente aux enchères est fixée par le président sur requête du créancier poursuivant, à une date comprise dans un délai de deux à quatre mois suivant l'ordonnance. L'ordonnance est notifiée par le greffe par lettre recommandée avec demande d'avis de réception au tiers détenteur et au débiteur.

Art. 1281-17 *(D. n° 2006-936, 27 juill. 2006)*. – À la diligence du créancier poursuivant, il est procédé aux formalités de publicité dans les conditions prévues par les articles 63 à 71 du décret n° 2006-936 du 27 juillet 2006 relatif aux procédures de saisie immobilière et de distribution du prix d'un immeuble et par l'article 2206 du Code civil, avec la précision du montant de la surenchère.

Art. 1281-18 *(D. n° 2006-936, 27 juill. 2006)*. – Il est procédé à la vente aux enchères dans les conditions prévues aux articles 72 à 91 du même décret.

Aucune surenchère ne pourra être reçue.

La réitération des enchères peut être poursuivie dans les conditions prévues aux articles 100 à 106 du même décret.

Art. 1281-19 *(D. n° 2006-936, 27 juill. 2006)*. – En cas de carence du créancier poursuivant ou du tiers détenteur, la subrogation peut être demandée par les créanciers inscrits dans les formes prévues par l'article 10 du même décret.

Le créancier poursuivant reste tenu de sa garantie malgré la subrogation.

TITRE III. – LES RÉGIMES MATRIMONIAUX LES SUCCESSIONS ET LES LIBÉRALITÉS

CHAPITRE I. – LES DROITS DES ÉPOUX ET LES RÉGIMES MATRIMONIAUX

Section I. – Les autorisations et les habilitations

(D. n° 94-42, 14 janv. 1994)

Art. 1286 *(D. n° 2004-1158, 29 oct. 2004 ; mod., D. n° 2009-1591, 17 déc. 2009)* (1). – Les demandes d'autorisation et d'habilitation prévues par la loi, et notamment à l'article 217, au deuxième alinéa de l'article 1426 et aux articles 2405, 2406 et 2446 du Code civil, sont formées par requête devant le juge aux affaires familiales.

Les demandes d'autorisation et d'habilitation prévues par les articles 217 et 219 du même code, lorsque le conjoint est hors d'état de manifester sa volonté, sont présentées au juge des tutelles.

Sous-section 1. – La procédure devant le juge aux affaires familiales

(D. n° 2005-460, 13 mai 2005 ; intitulé rempl., D. n° 2009-1591, 17 déc. 2009)

Art. 1287 *(D. n° 81-500, 12 mai 1981 ; rempl., D. n° 2005-460, 13 mai 2005 ; D. n° 2009-1591, 17 déc. 2009)*. – La demande mentionnée au premier alinéa de l'article 1286 est instruite et jugée comme en matière gracieuse et obéit aux règles applicables à cette procédure devant le tribunal de grande instance.

(1) Dispositions applicables aux demandes en justice formées à compter du 1er janvier 2010, D. n° 2009-1591, 17 déc. 2009.

Toutefois, lorsque la demande d'autorisation tend à passer outre au refus du conjoint, les dispositions des articles 788 à 792 sont applicables. Le juge entend le conjoint à moins que celui-ci, régulièrement cité, ne se présente pas. L'affaire est instruite et jugée en chambre du conseil.

Art. 1288 *(Rempl., D. n° 2005-460, 13 mai 2005)*. – L'appel est formé, instruit et jugé, selon les cas, comme en matière gracieuse ou comme en matière contentieuse. L'affaire est instruite et jugée en chambre du conseil.

Sous-section 2. – La procédure devant le juge des tutelles
(D. n° 2005-460, 13 mai 2005)

Art. 1289 *(Rempl., D. n° 2005-460, 13 mai 2005)*. – La demande mentionnée au second alinéa de l'article 1286 ainsi que l'appel relèvent de la matière gracieuse.

Art. 1289-1 *(D. n° 2005-460, 13 mai 2005)*. – La requête de l'époux est accompagnée de tous éléments de nature à établir l'impossibilité pour son conjoint de manifester sa volonté ou d'un certificat médical, si l'impossibilité est d'ordre médical.

Le juge peut, soit d'office, soit à la demande des parties, ordonner toute mesure d'instruction.

À l'audience, il entend le conjoint. Il peut toutefois, sur avis médical, décider qu'il n'y a pas lieu de procéder à cette audition.

Art. 1289-2 *(D. n° 2005-460, 13 mai 2005)*. – Il peut être mis fin à l'habilitation générale donnée par le juge des tutelles en application de l'article 219 du Code civil, dans les mêmes formes.

Section II. – Les mesures urgentes
(D. n° 94-42, 14 janv. 1994)

Art. 1290 *(D. n° 94-42, 14 janv. 1994 ; mod., D. n° 2010-1134, 29 sept. 2010)*. – Les mesures urgentes prévues à l'article 220-1 du Code civil sont prescrites par le juge aux affaires familiales statuant en référé ou, en cas de besoin, par ordonnance sur requête.

(Abr., D. n° 2010-1134, 29 sept. 2010) (1).

Section III. – Les transferts judiciaires d'administration et la liquidation anticipée de la créance de participation
(D. n° 94-42, 14 janv. 1994)

Art. 1291. – Les actions prévues aux alinéas 1 et 3 de l'article 1426 et aux articles 1429 et 1580 du Code civil sont régies par les règles applicables aux demandes en séparation de biens.

Section IV. – La séparation judiciaire de biens
(D. n° 94-42, 14 janv. 1994)

Art. 1292 *(D. n° 2004-836, 20 août 2004 ; mod., D. n° 2009-1591, 17 déc. 2009)*. – La demande en séparation de biens est portée devant le juge aux affaires familiales de la résidence de la famille. Elle obéit aux règles de l'article 1136-1.

Un extrait de la demande est transmis par l'avocat du demandeur aux greffes des tribunaux de grande instance dans le ressort desquels sont nés l'un et l'autre des époux, à fin de conservation au répertoire civil et de publicité par mention en marge de l'acte de naissance selon les modalités prévues au chapitre III du titre I du présent livre.

Un extrait de la demande peut, en outre, être publié dans un journal diffusé dans le ressort de la juridiction saisie.

Art. 1293 *(D. n° 98-508, 23 juin 1998)*. – Le jugement ne peut être rendu qu'un mois après que la mention prévue à l'article précédent a été portée en marge de l'acte de naissance de chacun des époux ou, si cet acte n'est pas conservé sur un registre français, après que l'extrait de la demande a été inscrit au répertoire civil mentionné à l'article 4 du décret n° 65-422 du 1er juin 1965 portant création d'un service central d'état civil au ministère des affaires étrangères.

(1) Dispositions applicables à Wallis-et-Futuna, D. n° 2010-1134, 29 sept. 2010.

Art. 1294 *(D. n° 98-508, 23 juin 1998 ; mod., D. n° 2009-1591, 17 déc. 2009).* – Le jugement prononçant la séparation est publié dans un journal diffusé dans le ressort de la juridiction qui l'a rendu.

Le dispositif du jugement est notifié à l'officier de l'état civil du lieu où le mariage a été célébré à fin de mention en marge de l'acte de célébration. Lorsque l'union a été célébrée à l'étranger et qu'un acte de mariage a été dressé ou transcrit sur un registre français, le dispositif du jugement est notifié aux mêmes fins à l'autorité détenant ce registre.

Si un contrat de mariage a été passé par les époux, le dispositif de la décision est notifié par lettre recommandée avec demande d'avis de réception au notaire détenteur de la minute du contrat. Le notaire est tenu de faire mention de la décision sur la minute et ne doit plus, à peine de dommages-intérêts, en délivrer aucune copie, exécutoire ou non, sans reproduire cette mention.

Dans les cas prévus aux deux alinéas qui précèdent, la notification est accompagnée de la justification du caractère exécutoire de la décision conformément à l'article 506.

Art. 1295. – Les formalités prévues à l'article 1294 sont accomplies à la diligence du demandeur.

Art. 1296. – Le jugement qui rejette la demande de séparation de biens est publié conformément à l'alinéa 2 de l'article 1292.

Art. 1297. – L'exécution de la décision n'est pas opposable aux créanciers des époux si elle a commencé avant que n'aient été accomplies les formalités prévues à l'article 1294.

Art. 1298. – Dans l'année qui suit l'accomplissement de ces formalités, les créanciers de l'un ou de l'autre époux peuvent former tierce opposition contre le jugement de séparation.

Art. 1299. – L'aveu de l'époux défendeur ne fait pas preuve, même s'il n'y a pas de créancier.

Section V. – Le changement de régime matrimonial

(Rempl., D. n° 2006-1805, 23 déc. 2006)

§ 1. – Dispositions générales

Art. 1300 *(Rempl., D. n° 2006-1805, 23 déc. 2006).* – L'information prévue au deuxième alinéa de l'article 1397 du Code civil est notifiée aux personnes qui avaient été parties au contrat de mariage et aux enfants majeurs de chaque époux.

Le contenu de cette information ainsi que celui de l'avis prévu au troisième alinéa de l'article 1397 du Code civil est défini par arrêté du garde des Sceaux, ministre de la Justice.

Art. 1300-1 *(D. n° 2006-1805, 23 déc. 2006).* – Les oppositions faites par les personnes visées aux deuxième et troisième alinéas de l'article 1397 du Code civil sont notifiées au notaire qui a établi l'acte. Il en informe les époux.

En cas d'opposition, il appartient aux époux de présenter une requête dans les formes prévues au paragraphe 2 de la présente section.

Art. 1300-2 *(D. n° 2006-1805, 23 déc. 2006 ; mod., D. n° 2007-773, 10 mai 2007).* – La mention du changement de régime matrimonial en marge de l'acte de mariage est requise par le notaire. Celui-ci adresse à l'officier d'état civil un extrait de l'acte et un certificat établi par lui précisant la date de réalisation des formalités d'information et de publication de l'avis et attestant de l'absence d'opposition.

Art. 1300-3 *(D. n° 2006-1805, 23 déc. 2006).* – Le délai pour procéder, le cas échéant, aux formalités de publicité foncière de l'acte constatant le changement de régime matrimonial court à compter de l'expiration du délai de trois mois prévu aux deuxième et troisième alinéas de l'article 1397 du Code civil.

L'acte soumis à publicité est accompagné du certificat visé à l'article 1300-2.

§ 2. – L'homologation judiciaire du changement de régime matrimonial

Art. 1300-4 *(D. n° 2006-1805, 23 déc. 2006 ; mod., D. n° 2012-66, 20 janv. 2012).* – La demande d'homologation d'un changement de régime matrimonial est portée devant le juge aux affaires familiales de la résidence de la famille.

Un extrait de la demande est transmis par l'avocat des demandeurs aux greffes des tribunaux de grande instance dans le ressort desquels sont nés l'un et l'autre des époux, à fin de conservation au répertoire civil et de publicité par mention en marge de l'acte de naissance selon les modalités prévues au chapitre III du titre Ier du présent livre.

Art. 1301 *(D. n° 81-500, 12 mai 1981 ; rempl., D. n° 2009-1591, 17 déc. 2009)* (1). **– L'homologation d'un changement de régime matrimonial relève de la matière gracieuse et obéit aux règles applicables à cette procédure devant le tribunal de grande instance.**

Art. 1302 *(D. n° 2006-1805, 23 déc. 2006)*. **– Une expédition de l'acte notarié qui modifie ou change entièrement le régime matrimonial est jointe à la requête.**

Art. 1303 *(D. n° 2006-1805, 23 déc. 2006)*. **– Le délai pour procéder, le cas échéant, aux formalités de publicité foncière de l'acte constatant le changement de régime matrimonial court à compter du jour où la décision d'homologation a acquis force de chose jugée.**

Section VI. – La publicité en matière internationale

(D. n° 98-508, 23 juin 1998)

§ 1. – La désignation de la loi applicable au régime matrimonial faite au cours du mariage

Art. 1303-1 *(D. n° 98-508, 23 juin 1998)*. **– Lorsque l'acte de mariage est conservé par une autorité française, celle-ci mentionne en marge de cet acte, à la demande des époux ou de l'un d'eux, l'acte portant désignation de la loi applicable au régime matrimonial, dont la publication est prévue au deuxième alinéa de l'article 1397-3 du Code civil.**

En l'absence d'acte de mariage conservé par une autorité française, et si l'acte portant désignation de la loi applicable au régime matrimonial a été établi en France en la forme authentique ou si l'un des époux est français, ledit acte ou le certificat délivré par la personne compétente pour l'établir est, à la demande des époux ou de l'un d'eux, inscrit aux fins de conservation au répertoire civil annexe mentionné à l'article 4-1 du décret n° 65-422 du 1er juin 1965 portant création d'un service central d'état civil au ministère des affaires étrangères.

Art. 1303-2 *(D. n° 98-508, 23 juin 1998)*. **– Lorsqu'un contrat de mariage a été passé en France, les époux ou l'un d'eux adressent au notaire détenteur de la minute du contrat, par lettre recommandée avec demande d'avis de réception, copie de l'acte portant désignation de la loi applicable au régime matrimonial. Si le contrat de mariage a été reçu par un agent diplomatique ou consulaire français, les époux ou l'un d'eux avisent le ministre des Affaires étrangères.**

Le notaire, l'agent diplomatique ou consulaire français ou le ministre des Affaires étrangères fait mention de la loi applicable ainsi désignée sur la minute du contrat de mariage et ne doit plus en délivrer aucune copie ou extrait sans reproduire cette mention.

§ 2. – Le changement de régime matrimonial par application d'une loi étrangère

Art. 1303-3 *(D. n° 98-508, 23 juin 1998)*. **– Lorsque l'acte de mariage est conservé par une autorité française, le changement de régime matrimonial obtenu en application de la loi étrangère régissant les effets de l'union est mentionné en marge de cet acte.**

En l'absence d'acte de mariage conservé par une autorité française, ce changement de régime matrimonial, s'il a donné lieu à une décision d'un tribunal français ou à un acte établi en France en la forme authentique ou si l'un des époux est français, est inscrit aux fins de conservation au répertoire civil annexe mentionné à l'article 4-1 du décret n° 65-422 du 1er juin 1965 portant création d'un service central d'état civil au ministère des affaires étrangères.

Art. 1303-4 *(D. n° 98-508, 23 juin 1998)*. **– Si ce changement a donné lieu à une décision d'un tribunal français, la mention en marge de l'acte de mariage ou l'inscription au répertoire civil annexe est faite conformément aux deuxième, troisième et quatrième alinéas de l'article 1294. Dans les autres cas, le**

(1) Dispositions applicables aux demandes en justice formées à compter du 1er janvier 2010, D. n° 2009-1591, 17 déc. 2009.

procureur de la République du lieu où est conservé l'acte de mariage ou le répertoire civil annexe fait procéder à cette mention ou à cette inscription, à la demande des époux ou de l'un d'eux.

Art. 1303-5 *(D. n° 98-508, 23 juin 1998).* – Lorsqu'un contrat de mariage a été passé en France, les époux ou l'un d'eux adressent au notaire détenteur de la minute du contrat, par lettre recommandée avec demande d'avis de réception, une copie ou un extrait de l'acte de mariage mis à jour conformément aux articles 1303-3 et 1303-4 ou un certificat d'inscription au répertoire civil annexe mentionné à l'article 4-1 du décret du 1er juin 1965 précité. Si le contrat de mariage a été reçu par un agent diplomatique ou consulaire français, les époux ou l'un d'eux avisent le ministre des Affaires étrangères.

Le notaire, l'agent diplomatique ou consulaire français ou le ministre des Affaires étrangères fait mention du changement du régime matrimonial sur la minute du contrat de mariage et ne doit plus en délivrer aucune copie ou extrait sans reproduire cette mention.

§ 3. – Le changement de régime matrimonial intervenu à l'étranger en application de la loi française

Art. 1303-6 *(D. n° 98-508, 23 juin 1998).* – Les mesures de publicité prévues au paragraphe 2 s'appliquent également en cas de changement de régime matrimonial intervenu à l'étranger en application de la loi française.

CHAPITRE II. – LES SUCCESSIONS ET LES LIBÉRALITÉS

Bibliographie : S. Thouret, *Les règles de procédure en matière successorale : JCP* G 2006, act. 20.

Section I. – Les mesures conservatoires prises après l'ouverture d'une succession

(D. n° 86-951, 30 juill. 1986 ; rempl., D. n° 2011-1043, 1er sept. 2011) (1)

Art. 1304 *(Rempl., D. n° 2011-1043, 1er sept. 2011).* – Un huissier de justice peut accomplir les mesures conservatoires qui s'imposent après le décès d'une personne. Ces mesures conservatoires sont, selon la valeur des biens trouvés sur place, l'apposition des scellés ou l'état descriptif.

Si les meubles sur place sont manifestement dénués de valeur marchande, l'huissier de justice dresse un procès-verbal de carence.

Lorsqu'un inventaire a été dressé, aucune mesure conservatoire prévue par la présente section ne peut être ordonnée, à moins que celui-ci ne soit attaqué.

Art. 1305 *(Rempl., D. n° 2011-1043, 1er sept. 2011).* – Les mesures conservatoires peuvent être demandées :

1° Par le conjoint ou le partenaire d'un pacte civil de solidarité ;

2° Par tous ceux qui prétendent avoir une vocation successorale ;

3° Par l'exécuteur testamentaire ou le mandataire désigné pour l'administration de la succession ;

4° Par le ministère public ;

5° Par le propriétaire des lieux ;

6° Par tout créancier muni d'un titre exécutoire ou justifiant d'une créance apparaissant fondée en son principe ;

7° En cas d'absence du conjoint ou des héritiers, ou s'il y a parmi les héritiers des mineurs non pourvus d'un représentant légal, par les personnes qui demeuraient avec le défunt, par le maire, le commissaire de police ou le commandant de la brigade de gendarmerie.

Art. 1306 *(Rempl., D. n° 2011-1043, 1er sept. 2011).* – La demande est portée devant le président du tribunal de grande instance dans le ressort duquel est ouverte la succession qui statue par ordonnance sur requête. Le ministère d'avocat n'est pas obligatoire.

La décision qui fait droit à la demande désigne un huissier de justice pour accomplir les diligences prévues à la présente section. Sous réserve des dispositions particulières en matière de frais de justice, le coût de la mesure est avancé par le demandeur.

---

(1) Dès lors qu'un greffier en chef a déjà procédé, le 2 septembre 2011, à une mesure conservatoire ou qu'il a été saisi à cette fin, les dispositions issues du présent décret ne sont pas applicables, D. n° 2011-1043, 1er sept. 2011.

Sous-section 1. – Les scellés

§ 1. – L'apposition des scellés

Art. 1307 *(Rempl., D. n° 2011-1043, 1er sept. 2011).* – Le demandeur à la mesure est invité par l'huissier de justice à assister à l'apposition des scellés ou, s'il n'entend pas s'y rendre, à lui remettre les clés s'il les détient.

Art. 1308 *(Rempl., D. n° 2011-1043, 1er sept. 2011).* – L'huissier de justice peut prendre toutes les dispositions nécessaires à l'apposition des scellés. Il appose les scellés au moyen de son sceau.

Art. 1309 *(Rempl., D. n° 2011-1043, 1er sept. 2011).* – Lorsque les locaux sont fermés, l'huissier de justice peut apposer les scellés sur la porte si le requérant n'en demande pas l'ouverture.

Dans le cas contraire, il peut y pénétrer par tous moyens, en présence du maire de la commune, d'un conseiller municipal ou d'un fonctionnaire municipal délégué par le maire à cette fin, d'une autorité de police ou de gendarmerie, requis pour assister au déroulement des opérations ou, à défaut, de deux témoins majeurs qui ne sont pas au service de l'huissier de justice et qui déclarent ne pas avoir de lien avec les personnes ayant une vocation successorale.

Art. 1310 *(Rempl., D. n° 2011-1043, 1er sept. 2011).* – L'huissier de justice désigne un gardien des scellés si la consistance et la valeur apparente des biens le justifient.

Lorsque des personnes demeurent dans les lieux où est faite l'apposition, l'huissier de justice désigne le gardien parmi ces personnes.

L'huissier de justice doit recueillir l'acceptation de la personne qu'il établit gardien.

Art. 1311 *(Rempl., D. n° 2011-1043, 1er sept. 2011).* – S'il est découvert un testament, l'huissier de justice le paraphe avec les personnes présentes. Il le dépose ensuite entre les mains d'un notaire.

Art. 1312 *(Rempl., D. n° 2011-1043, 1er sept. 2011).* – S'il est trouvé des documents, ils sont placés, si nécessaire, dans un meuble sur lequel les scellés sont apposés.

Art. 1313 *(Rempl., D. n° 2011-1043, 1er sept. 2011).* – L'huissier de justice dépose entre les mains du notaire chargé du règlement de la succession, ou, s'il n'y en a pas, soit en son étude, soit entre les mains d'un établissement bancaire, les titres, sommes, valeurs, bijoux ou autres objets précieux pour lesquels l'apposition des scellés ne paraîtrait pas être une précaution suffisante. Il peut également consigner auprès de la Caisse des dépôts et consignations les valeurs en numéraire.

Art. 1314 *(Rempl., D. n° 2011-1043, 1er sept. 2011).* – Si des documents ou paquets fermés paraissent, par leur suscription ou quelque autre preuve écrite, appartenir à des tiers, l'huissier de justice les dépose en son étude et convoque ces tiers dans un délai qu'il fixe pour qu'ils puissent assister à l'ouverture.

Si, lors de l'ouverture, il se révèle que les documents ou paquets sont étrangers à la succession, l'huissier les remet aux intéressés. Si ceux-ci ne se présentent pas ou si les documents ou paquets se rapportent à la succession, l'huissier de justice les dépose entre les mains du notaire chargé du règlement de la succession, ou, s'il n'y en a pas, les conserve.

Art. 1315 *(Rempl., D. n° 2011-1043, 1er sept. 2011).* – Le procès-verbal d'apposition des scellés est signé et daté par l'huissier de justice. Il comprend :

1° Le rappel de la décision en vertu de laquelle l'huissier de justice opère ;

2° Une relation sommaire des déclarations des personnes présentes et des suites qui, le cas échéant, leur ont été réservées ;

3° La désignation des lieux et des meubles meublants sur lesquels les scellés ont été apposés ;

4° Une description sommaire des objets qui ne sont pas mis sous scellés ;

5° L'indication des dispositions prises pour assurer la conservation des locaux et des biens et la sauvegarde des animaux domestiques ;

6° La mention des formalités accomplies, s'il y a lieu, en application des articles 1311 à 1314 ;

7° L'indication des nom, prénom et qualité des personnes qui ont assisté aux opérations, lesquelles doivent apposer leur signature sur l'original ; en cas de refus, il en est fait mention dans l'acte ;

8° Le cas échéant, la désignation du gardien établi et la mention de son acceptation.

Art. 1332 *(D. n° 2006-1805, 23 déc. 2006)*. – L'inventaire notarié peut également contenir :

1° Les qualités et droits de ceux qui peuvent prétendre à la communauté ou à la succession ;

2° Le cas échéant, la consistance active et passive de la communauté telle qu'elle résulte de tous documents, titres et papiers présentés au notaire et des déclarations des requérants et comparants.

Art. 1333 *(D. n° 2006-1805, 23 déc. 2006)*. – S'il survient une difficulté dans l'établissement de l'inventaire, le président du tribunal de grande instance ou son délégué, saisi par la partie la plus diligente, statue dans la forme des référés.

Section III. – L'option successorale

(D. n° 2006-1805, 23 déc. 2006)

Sous-section 1. – L'acceptation à concurrence de l'actif net

Art. 1334 *(D. n° 2006-1805, 23 déc. 2006 ; mod. à compter du 1er novembre 2017, D. n° 2016-1907, 28 déc. 2016)*. – La déclaration d'acceptation à concurrence de l'actif net faite au greffe du tribunal de grande instance ou devant notaire indique les nom, prénoms et profession de l'héritier, son élection de domicile ainsi que la qualité en vertu de laquelle il est appelé à la succession.

Le notaire auprès de qui la déclaration est faite informe l'héritier de l'obligation de publicité prévue au troisième alinéa de l'article 1335. Dans le mois de la déclaration, le notaire en adresse copie au tribunal de grande instance dans le ressort duquel la succession s'est ouverte.

Le greffe inscrit la déclaration dans un registre tenu à cet effet et en donne récépissé au déclarant ou au notaire. Il informe l'héritier de l'obligation de publicité prévue au troisième alinéa de l'article 1335.

Les cohéritiers, les créanciers successoraux et les légataires peuvent, sur justification de leur titre, consulter la partie du registre relative à la succession en cause.

Art. 1335 *(D. n° 2006-1805, 23 déc. 2006 ; mod. à compter du 1er novembre 2017, D. n° 2016-1907, 28 déc. 2016*. – La publicité prévue aux articles 788, 790 et 794 du Code civil est faite au *Bulletin officiel des annonces civiles et commerciales*.

Les modalités de la publicité par voie électronique sont définies par arrêté du garde des Sceaux, ministre de la Justice.

Dans les quinze jours suivant la déclaration visée à l'article 788 du Code civil, l'héritier fait procéder, dans les mêmes formes que la publicité prévue au premier alinéa du présent article, à l'insertion d'un avis dans un journal d'annonces légales diffusé dans le ressort du tribunal compétent.

Dans le délai d'un mois suivant la déclaration visée à l'article 788 du Code civil, l'héritier fait procéder, dans les mêmes formes que la publicité prévue au premier alinéa du présent article, à l'insertion d'un avis dans un journal d'annonces légales diffusé dans le ressort du tribunal compétent.

Art. 1336 *(D. n° 2006-1805, 23 déc. 2006)*. – Les demandes de l'héritier acceptant à concurrence de l'actif net contre la succession sont formées contre les autres héritiers. S'il n'y en a pas ou si les actions sont intentées par tous les héritiers, elles le sont contre un curateur nommé dans les mêmes formes que celles prévues pour le curateur de la succession vacante.

Art. 1337 *(D. n° 2006-1805, 23 déc. 2006 ; mod. à compter du 1er novembre 2017, D. n° 2016-1907, 28 déc. 2016)*. – À l'issue du délai de quinze mois prévu à l'article 792 du Code civil, après soit le désintéressement de tous les créanciers déclarés, soit l'épuisement de l'actif et l'affectation des sommes correspondantes au paiement des créanciers, l'héritier ou le notaire chargé du règlement de la succession dépose au greffe le compte de l'administration.

Le dépôt donne lieu à publicité dans les conditions prévues à l'article 1335.

Art. 1338 *(D. n° 2006-1805, 23 déc. 2006)*. – L'héritier fait l'avance des frais de publicité au greffe de la juridiction.

Ces frais sont à la charge de la succession. Toutefois, lorsque l'héritier déclare conserver un bien de la succession, les frais liés à la publicité de cette déclaration demeurent à sa charge.

Les frais liés à la délivrance de la copie de l'inventaire faite en vertu du dernier alinéa de l'article 790 du Code civil sont à la charge du créancier ou du légataire qui en fait la demande.

Sous-section 2. – La renonciation

Art. 1339 *(D. n° 2006-1805, 23 déc. 2006 ; rempl., D. n° 2009-1366, 9 nov. 2009 ; mod. à compter du 1er novembre 2017, D. n° 2016-1907, 28 déc. 2016).* – La déclaration de renonciation à une succession adressée ou déposée par l'héritier ou le notaire au greffe du tribunal de grande instance indique les nom, prénoms, profession et domicile du successible, ainsi que la qualité en vertu de laquelle il est appelé à la succession.

Le greffe inscrit la déclaration dans un registre tenu à cet effet et en adresse ou délivre récépissé au déclarant ou au notaire.

Art. 1340 *(D. n° 2006-1805, 23 déc. 2006).* – La révocation expresse de la renonciation donne lieu à une déclaration dans les mêmes formes et sur le même registre que celui prévu à l'article 1339.

Sous-section 3. – L'option du conjoint survivant

Art. 1341 *(D. n° 2006-1805, 23 déc. 2006).* – Dans le cas prévu par l'article 758-3 du Code civil, le conjoint successible est invité à exercer l'option que lui réserve l'article 757 du même code par lettre recommandée avec demande d'avis de réception.

Section IV. – Les successions vacantes et les successions en déshérence
(D. n° 2006-1805, 23 déc. 2006)

Sous-section 1. – Les successions vacantes

§ 1. – L'ouverture de la curatelle

Art. 1342 *(D. n° 2006-1805, 23 déc. 2006).* – Les publicités prévues aux articles 809-1, 809-2, 810-5 et 810-7 du Code civil donnent lieu à l'insertion d'un avis dans un journal d'annonces légales diffusé dans le ressort du tribunal compétent.

§ 2. – La mission du curateur

Art. 1343 *(D. n° 2006-1805, 23 déc. 2006).* – La mission du curateur est fixée par l'ordonnance de curatelle.

Le curateur ne peut délivrer les legs particuliers ou à titre universel consentis par le défunt qu'à l'issue du délai mentionné à l'article 810-1 du Code civil et lorsqu'ils ne font l'objet d'aucune opposition.

Art. 1344 *(D. n° 2006-1805, 23 déc. 2006).* – L'inventaire comprend :

1° La mention de l'ordonnance confiant la curatelle de la succession vacante à l'autorité administrative chargée des domaines ;

2° L'indication des lieux où l'inventaire est fait ;

3° La description et l'estimation des biens ainsi que la désignation des espèces en numéraire ;

4° La consistance active et passive de la succession telle qu'elle résulte de tous documents, titres et papiers.

Il est daté et signé de son auteur.

Art. 1345 *(D. n° 2006-1805, 23 déc. 2006).* – Les frais liés à la délivrance de la copie de l'inventaire faite en vertu du troisième alinéa de l'article 809-2 du Code civil sont à la charge du créancier ou du légataire qui en fait la demande.

Art. 1346 *(D. n° 2006-1805, 23 déc. 2006).* – L'information délivrée aux créanciers ou aux légataires de l'existence d'une nouvelle publicité est faite par lettre simple.

Art. 1347 *(D. n° 2006-1805, 23 déc. 2006).* – La déclaration des créances est faite par lettre recommandée avec demande d'avis de réception ou par remise contre récépissé.

Art. 1348 *(D. n° 2006-1805, 23 déc. 2006).* – Lorsque la vente des biens dépendant de la succession n'est pas faite dans les formes prévues par le Code général de la propriété des personnes publiques pour l'aliénation, à titre onéreux, du domaine immobilier ou du domaine mobilier appartenant à l'État, elle est réalisée, pour les immeubles, selon les règles prévues aux articles 1271 à 1281 et, pour les meubles, dans les formes prévues aux articles 110 à 114 et 116 du décret n° 92-755 du 31 juillet 1992.

Art. 1349 *(D. n° 2006-1805, 23 déc. 2006)*. – Lorsqu'il est envisagé de procéder à une vente amiable, le curateur en informe par lettre recommandée avec demande d'avis de réception les créanciers de la succession qui se sont déclarés.

La demande d'un créancier faite en application du troisième alinéa de l'article 810-3 du Code civil est signifiée au curateur dans un délai d'un mois à compter de la réception de l'information.

§ 3. – La reddition de compte et la fin de la curatelle

Art. 1350 *(D. n° 2006-1805, 23 déc. 2006)*. – La demande de présentation du compte formée par un créancier ou un héritier est adressée au curateur par lettre recommandée avec demande d'avis de réception.

Art. 1351 *(D. n° 2006-1805, 23 déc. 2006)*. – Le projet de réalisation de l'actif subsistant est notifié aux héritiers connus par lettre recommandée avec demande d'avis de réception.

L'opposition par les héritiers est faite dans les mêmes formes auprès du curateur.

Art. 1352 *(D. n° 2006-1805, 23 déc. 2006)*. – À défaut d'héritier connu, la réalisation peut, à l'expiration d'un délai de deux ans à compter de l'établissement de l'inventaire, être entreprise sans autorisation.

Art. 1353 *(D. n° 2006-1805, 23 déc. 2006)*. – Un arrêté du ministre de l'Économie, des Finances et de l'Industrie fixe, dans les conditions prévues par l'article L. 77 du Code du domaine de l'État, le taux et l'imputation du prélèvement opéré au profit du Trésor pour frais d'administration, de gestion et de vente.

Sous-section 2. – Les successions en déshérence

Art. 1354 *(D. n° 2006-1805, 23 déc. 2006)*. – L'administration chargée des domaines est dispensée de recourir au ministère d'avocat pour demander l'envoi en possession prévu à l'article 811 du Code civil.

Elle fait procéder à l'insertion d'un avis dans un journal d'annonces légales diffusé dans le ressort du tribunal compétent.

Le tribunal statue sur la demande, après avis du ministère public, quatre mois après la réalisation de la publicité prévue à l'alinéa précédent.

Section V. – Le mandataire successoral désigné en justice
(D. n° 2006-1805, 23 déc. 2006)

Art. 1355 *(D. n° 2006-1805, 23 déc. 2006 ; mod., D. n° 2009-1366, 9 nov. 2009)*. – L'enregistrement prévu à l'article 813-3 du Code civil est fait au greffe du tribunal de grande instance dans le mois qui suit la nomination, sur le registre mentionné à l'article 1334. La décision de nomination est publiée à la requête du mandataire par voie électronique au *Bulletin officiel des annonces civiles et commerciales*, selon des modalités définies par arrêté du garde des Sceaux, ministre de la Justice.

S'il y a lieu, le président du tribunal de grande instance ou son délégué peut, par une ordonnance qui n'est pas susceptible de recours, ordonner que la publicité soit complétée par une insertion dans un journal d'annonces légales diffusé dans le ressort du tribunal.

Les frais de publicité sont à la charge de la succession.

Art. 1356 *(D. n° 2006-1805, 23 déc. 2006)*. – Les héritiers sont tenus de communiquer au mandataire successoral tous les documents utiles à l'accomplissement de sa mission.

Le mandataire successoral peut convoquer les héritiers pour les informer et les entendre.

Art. 1357 *(D. n° 2006-1805, 23 déc. 2006)*. – Le président du tribunal de grande instance ou son délégué peut, d'office ou sur demande des héritiers, convoquer le mandataire, solliciter de lui toutes les informations sur le déroulement de sa mission et lui adresser des injonctions.

Section VI. – Le partage
(D. n° 2006-1805, 23 déc. 2006)

Sous-section 1. – Le partage amiable

Art. 1358 *(D. n° 2006-1805, 23 déc. 2006)*. – La personne qualifiée désignée en application de l'article 837 du Code civil pour représenter l'héritier défaillant sollicite l'autorisation de consentir au partage amiable en transmettant le projet de partage, approuvé par le reste des copartageants, au juge qui l'a désignée.

L'autorisation de consentir au partage est rendue en dernier ressort.

Sous-section 2. – Le partage judiciaire

§ 1. – Dispositions générales

Art. 1359 *(D. n° 2006-1805, 23 déc. 2006).* – En cas de pluralité d'assignations, le demandeur au partage est celui qui a fait en premier enrôler son assignation au greffe du tribunal de grande instance.

Art. 1360 *(D. n° 2006-1805, 23 déc. 2006).* – À peine d'irrecevabilité, l'assignation en partage contient un descriptif sommaire du patrimoine à partager et précise les intentions du demandeur quant à la répartition des biens ainsi que les diligences entreprises en vue de parvenir à un partage amiable.

Art. 1361 *(D. n° 2006-1805, 23 déc. 2006).* – Le tribunal ordonne le partage, s'il peut avoir lieu, ou la vente par licitation si les conditions prévues à l'article 1378 sont réunies.

Lorsque le partage est ordonné, le tribunal peut désigner un notaire chargé de dresser l'acte constatant le partage.

Art. 1362 *(D. n° 2006-1805, 23 déc. 2006).* – Sans préjudice des dispositions de l'article 145, un expert peut être désigné en cours d'instance pour procéder à l'estimation des biens ou proposer la composition des lots à répartir.

Art. 1363 *(D. n° 2006-1805, 23 déc. 2006).* – S'il y a lieu au tirage au sort des lots, celui-ci est réalisé devant le notaire commis en application du second alinéa de l'article 1361 et, à défaut, devant le président du tribunal de grande instance ou son délégué.

Si un héritier est défaillant, le président du tribunal de grande instance ou son délégué peut, d'office, lorsque le tirage au sort a lieu devant lui ou sur transmission du procès-verbal dressé par le notaire, désigner un représentant à l'héritier défaillant.

§ 2. – Dispositions particulières

Art. 1364 *(D. n° 2006-1805, 23 déc. 2006).* – Si la complexité des opérations le justifie, le tribunal désigne un notaire pour procéder aux opérations de partage et commet un juge pour surveiller ces opérations.

Le notaire est choisi par les copartageants et, à défaut d'accord, par le tribunal.

Art. 1365 *(D. n° 2006-1805, 23 déc. 2006).* – Le notaire convoque les parties et demande la production de tout document utile à l'accomplissement de sa mission.

Il rend compte au juge commis des difficultés rencontrées et peut solliciter de lui toute mesure de nature à en faciliter le déroulement.

Il peut, si la valeur ou la consistance des biens le justifie, s'adjoindre un expert, choisi d'un commun accord entre les parties ou, à défaut, désigné par le juge commis.

Art. 1366 *(D. n° 2006-1805, 23 déc. 2006).* – Le notaire peut demander au juge commis de convoquer les parties ou leurs représentants, en sa présence, pour tenter une conciliation entre elles.

À défaut de conciliation, le juge commis renvoie les parties devant le notaire, qui établit un procès-verbal reprenant les dires respectifs des parties ainsi qu'un projet d'état liquidatif.

Art. 1367 *(D. n° 2006-1805, 23 déc. 2006).* – La mise en demeure prévue à l'article 841-1 du Code civil est signifiée à l'héritier défaillant. Elle mentionne la date prévue pour réaliser les opérations de partage.

À défaut de présentation de l'héritier ou de son mandataire à la date fixée dans la mise en demeure, le notaire dresse un procès-verbal et le transmet au juge commis afin que soit désigné un représentant à l'héritier défaillant.

Art. 1368 *(D. n° 2006-1805, 23 déc. 2006).* – Dans le délai d'un an suivant sa désignation, le notaire dresse un état liquidatif qui établit les comptes entre copartageants, la masse partageable, les droits des parties et la composition des lots à répartir.

Art. 1369 *(D. n° 2006-1805, 23 déc. 2006).* – Le délai prévu à l'article 1368 est suspendu :

1° En cas de désignation d'un expert et jusqu'à la remise du rapport ;

2° En cas d'adjudication ordonnée en application de l'article 1377 et jusqu'au jour de réalisation définitive de celle-ci ;

3° En cas de demande de désignation d'une personne qualifiée en application de l'article 841-1 du Code civil et jusqu'au jour de sa désignation ;

4° En cas de renvoi des parties devant le juge commis en application de l'article 1366 et jusqu'à l'accomplissement de l'opération en cause.

Art. 1370 *(D. n° 2006-1805, 23 déc. 2006).* – En raison de la complexité des opérations, une prorogation du délai, ne pouvant excéder un an, peut être accordée par le juge commis saisi sur demande du notaire ou sur requête d'un copartageant.

Art. 1371 *(D. n° 2006-1805, 23 déc. 2006).* – Le juge commis veille au bon déroulement des opérations de partage et au respect du délai prévu à l'article 1369.

À cette fin il peut, même d'office, adresser des injonctions aux parties ou au notaire commis, prononcer des astreintes et procéder au remplacement du notaire commis par le tribunal.

Il statue sur les demandes relatives à la succession pour laquelle il a été commis.

Art. 1372 *(D. n° 2006-1805, 23 déc. 2006).* – Si un acte de partage amiable est établi, en application des dispositions de l'article 842 du Code civil, le notaire en informe le juge qui constate la clôture de la procédure.

Art. 1373 *(D. n° 2006-1805, 23 déc. 2006).* – En cas de désaccord des copartageants sur le projet d'état liquidatif dressé par le notaire, ce dernier transmet au juge commis un procès-verbal reprenant les dires respectifs des parties ainsi que le projet d'état liquidatif.

Le greffe invite les parties non représentées à constituer avocat.

Le juge commis peut entendre les parties ou leurs représentants et le notaire et tenter une conciliation.

Il fait rapport au tribunal des points de désaccord subsistants.

Il est, le cas échéant, juge de la mise en état.

Art. 1374 *(D. n° 2006-1805, 23 déc. 2006).* – Toutes les demandes faites en application de l'article 1373 entre les mêmes parties, qu'elles émanent du demandeur ou du défendeur, ne constituent qu'une seule instance. Toute demande distincte est irrecevable à moins que le fondement des prétentions ne soit né ou ne soit révélé que postérieurement à l'établissement du rapport par le juge commis.

Art. 1375 *(D. n° 2006-1805, 23 déc. 2006).* – Le tribunal statue sur les points de désaccord.

Il homologue l'état liquidatif ou renvoie les parties devant le notaire pour établir l'acte constatant le partage.

En cas d'homologation, il ordonne s'il y a lieu le tirage au sort des lots par la même décision, soit devant le juge commis, soit devant le notaire commis.

Art. 1376 *(D. n° 2006-1805, 23 déc. 2006).* – Lorsque le tirage au sort des lots a été ordonné, si un héritier fait défaut, le juge commis dispose des pouvoirs reconnus au président du tribunal de grande instance au deuxième alinéa de l'article 1363.

§ 3. – La licitation

Art. 1377 *(D. n° 2006-1805, 23 déc. 2006).* – Le tribunal ordonne, dans les conditions qu'il détermine, la vente par adjudication des biens qui ne peuvent être facilement partagés ou attribués.

La vente est faite, pour les immeubles, selon les règles prévues aux articles 1271 à 1281 et, pour les meubles, *dans les formes prévues aux articles 110 à 114 et 116 du décret n° 92-755* du 31 juillet 1992.

Art. 1378 *(D. n° 2006-1805, 23 déc. 2006).* – Si tous les indivisaires sont capables et présents ou représentés, ils peuvent décider à l'unanimité que l'adjudication se déroulera entre eux. À défaut, les tiers à l'indivision y sont toujours admis.

Section VI *bis*. – L'envoi en possession

(Section créée à compter du 1er novembre 2017, D. n° 2016-1907, 28 déc. 2016)

Art. 1378-1 *(Créé à compter du 1er novembre 2017, D. n° 2016-1907, 28 déc. 2016)*. – Dans les quinze jours suivant l'établissement du procès-verbal de l'ouverture et de l'état du testament mentionné à l'article 1007 du Code civil, le notaire fait procéder à l'insertion d'un avis, qui comporte le nom du défunt, le nom et les coordonnées du notaire chargé de la succession, ainsi que l'existence d'un legs universel, au *Bulletin officiel des annonces civiles et commerciales* et dans un journal d'annonces légales diffusé dans le ressort du tribunal compétent.

Cette publicité peut être faite par voie électronique.

Les frais de publicité sont à la charge du légataire universel.

Art. 1378-2 *(Créé à compter du 1er novembre 2017, D. n° 2016-1907, 28 déc. 2016)*. – L'opposition mentionnée au troisième alinéa de l'article 1007 du Code civil est formée auprès du notaire chargé de la succession.

Le légataire universel se fait alors envoyer en possession par une ordonnance du président mise au bas de la requête à laquelle est joint l'acte d'opposition.

Section VII. – Dispositions communes

(D. n° 2006-1805, 23 déc. 2006)

Art. 1379 *(D. n° 2006-1805, 23 déc. 2006)*. – Les demandes formées en application des articles 784, 790, 809-1, 810-8, 812-1-1, 813, 813-4, 814-1, 837, 841-1 et 1031 du Code civil sont portées devant le président du tribunal de grande instance ou son délégué qui statue dans les formes prévues aux articles 493 à 498 du présent code.

Il en va de même des demandes formées en application de l'article 829 du Code civil dans le cadre d'un partage amiable.

Art. 1380 *(D. n° 2006-1805, 23 déc. 2006)*. – Les demandes formées en application des articles 772, 794, 810-5, 812-3, 813-1, 813-7, 813-9 et du deuxième alinéa de l'article 814 du Code civil sont portées devant le président du tribunal de grande instance ou son délégué qui statue en la forme des référés.

Art. 1381 *(D. n° 2006-1805, 23 déc. 2006 ; mod., D. n° 2009-1591, 17 déc. 2009)*. – Les demandes formées en application des articles 811, 820, 821, 821-1, 824, 832-1, 832-2, 832-3, 887, 1026 du même code sont portées devant le tribunal de grande instance, sous réserve de la compétence dévolue au juge aux affaires familiales par le 1° de l'article L. 213-3 du Code de l'organisation judiciaire.

Section VIII. – Le certificat successoral européen

(D. n° 2015-1395, 2 nov. 2015)

Art. 1381-1 *(D. n° 2015-1395, 2 nov. 2015)*. – Le certificat successoral européen prévu par le chapitre VI du règlement (UE) n° 650/2012 du Parlement européen et du Conseil du 4 juillet 2012 relatif à la compétence, la loi applicable, la reconnaissance et l'exécution des décisions, et l'acceptation et l'exécution des actes authentiques en matière de successions et à la création d'un certificat successoral européen est délivré à la demande de tout héritier, légataire, exécuteur testamentaire ou administrateur de la succession par un notaire conformément à la procédure définie par les articles 65 à 67 de ce règlement.

Art. 1381-2 *(D. n° 2015-1395, 2 nov. 2015)*. – Une copie certifiée conforme du certificat successoral européen est remise au requérant et à toute personne justifiant d'un intérêt légitime contre émargement ou récépissé, ou leur est notifiée par lettre recommandée avec demande d'avis de réception.

En cas de rectification d'erreur matérielle ou de modification d'un certificat successoral européen, une copie certifiée conforme du certificat rectifié ou modifié est remise ou notifiée à toutes les personnes qui se sont vues délivrer une copie du certificat initial.

Le notaire est tenu d'assurer la conservation du certificat successoral européen qu'il a délivré.

Art. 1381-3 *(D. n° 2015-1395, 2 nov. 2015)*. – En cas de refus de délivrer un certificat successoral européen, le notaire informe le demandeur par lettre recommandée avec demande d'avis de réception.

En cas de retrait du certificat successoral européen, de suspension de ses effets ou de refus de procéder à sa rectification, sa modification, son retrait ou à la suspension de ses effets dans les conditions prévues aux articles 71 et 73 du règlement n° 650/2012 du Parlement et du Conseil du 4 juillet 2012 relatif à la compétence, la loi applicable, la reconnaissance et l'exécution des décisions, et l'acceptation et l'exécution des actes authentiques en matière de successions et à la création d'un certificat successoral européen, le notaire informe, dans les mêmes conditions, les personnes qui se sont vues délivrer une copie certifiée conforme du certificat initial.

Le notaire informe les intéressés des motifs de sa décision et indique les voies de recours.

Art. 1381-4 *(D. n° 2015-1395, 2 nov. 2015).* – La décision de délivrance ou de refus de délivrance d'un certificat successoral européen peut être déférée au président du tribunal de grande instance dans le ressort duquel est situé l'office de cet officier public par tout héritier, légataire, exécuteur testamentaire ou administrateur de la succession et ce, dans un délai de quinze jours à compter de la remise ou notification de la copie certifiée conforme ou de la réception de la décision de refus de délivrance.

Les autres décisions mentionnées à l'article 1381-3 peuvent être déférées au président du tribunal de grande instance dans le ressort duquel est situé l'office de cet officier public par toute personne justifiant d'un intérêt légitime et ce, dans un délai de quinze jours à compter de la remise ou notification de la copie certifiée conforme du nouveau certificat ou de la réception de la décision.

Le président du tribunal statue en dernier ressort sur requête, le requérant, le notaire à l'origine de l'acte, et, le cas échéant, le demandeur d'un certificat successoral européen s'il n'est requérant, entendus ou appelés. Le notaire est avisé de la décision.

Lorsque le président du tribunal ordonne la délivrance, la rectification ou la modification du certificat, il peut, soit y procéder lui-même, soit inviter le notaire à le faire. Le greffe adresse alors le document par lettre recommandée avec avis de réception au notaire qui assurera sa conservation et en délivrera copie dans les conditions prévues par l'article 1381-2.

Si le retrait ou la suspension des effets du certificat successoral européen est ordonné par le président du tribunal, le notaire en informe sans délai toutes les personnes qui se sont vues délivrer des copies certifiées conformes. Aucune copie du certificat ne peut être délivrée pendant la période de suspension de ses effets.

TITRE IV. – LES OBLIGATIONS ET LES CONTRATS

CHAPITRE I. – LA PROCÉDURE EUROPÉENNE DE RÈGLEMENT DES LITIGES

Art. 1382 *(D. n° 2008-1346, 17 déc. 2008 ; mod., D. n° 2014-1633, 26 déc. 2014).* – Le présent chapitre est relatif à la procédure européenne de règlement des petits litiges prévue par le règlement (CE) n° 861 / 2007 du Parlement européen et du Conseil du 11 juillet 2007 instituant une procédure européenne de règlement des petits litiges.

Lorsque le règlement (UE) n° 1215/2012 du Parlement européen et du Conseil du 12 décembre 2012 concernant la compétence judiciaire, la reconnaissance et l'exécution des décisions en matière civile et commerciale désigne les juridictions d'un État membre sans autre précision, la juridiction territorialement compétente est celle du lieu où demeure le ou l'un des défendeurs.

Art. 1383 *(D. n° 2008-1346, 17 déc. 2008).* – Le formulaire de demande est remis ou adressé par voie postale au greffe de la juridiction.

Art. 1384 *(D. n° 2008-1346, 17 déc. 2008).* – Si, au vu du formulaire de demande qui lui est présenté, il apparaît au tribunal que l'affaire ne relève pas du champ d'application de la procédure européenne de règlement des petits litiges, il en avise le demandeur par lettre recommandée avec demande d'avis de réception. Il lui impartit un délai pour se désister de sa demande et l'informe, qu'à défaut, l'affaire sera instruite et jugée selon la procédure au fond applicable devant lui.

À l'expiration de ce délai, si le demandeur ne s'est pas désisté de sa demande, le tribunal constate que le litige ne relève pas de la procédure européenne de règlement des petits litiges et invite le demandeur à faire citer le défendeur par voie de signification. Cette décision est une mesure d'administration judiciaire. À la diligence du greffe, elle est notifiée au demandeur par lettre recommandée avec demande d'avis de réception.

Le tribunal qui a renvoyé l'affaire pour qu'il soit statué selon la procédure au fond applicable devant lui peut se déclarer incompétent dans les conditions prévues par le présent code.

Art. 1385 *(D. n° 2008-1346, 17 déc. 2008).* – Lorsque le tribunal rejette la demande au motif que celle-ci apparaît manifestement non fondée ou irrecevable ou que le demandeur n'a pas complété ou rectifié le formulaire de demande dans le délai qui lui a été fixé, la décision rendue est insusceptible de recours. Le demandeur peut toutefois procéder selon les voies de droit commun.

Art. 1386 *(D. n° 2008-1346, 17 déc. 2008).* – Lorsqu'une demande reconventionnelle ne relève pas du champ d'application de la procédure européenne de règlement des petits litiges, le tribunal en avise les parties par lettre recommandée avec demande d'avis de réception. Il les informe qu'à moins que le demandeur reconventionnel ne se désiste de sa demande dans un délai qui lui est imparti, l'affaire sera instruite et jugée selon la procédure au fond applicable devant lui. À l'expiration de ce délai, si le demandeur ne s'est pas désisté de sa demande, le tribunal constate que le litige ne relève pas de la procédure européenne de règlement des petits litiges.

Lorsque le tribunal décide, d'office ou à la demande d'une partie, que le litige ne relève pas de la procédure européenne de règlement des petits litiges au motif qu'une demande reconventionnelle ne relève pas du champ d'application de cette procédure, il ordonne le renvoi de l'affaire à une audience pour qu'il soit statué selon la procédure au fond applicable devant lui. À la diligence du greffe, les parties sont avisées de cette décision et sont convoquées à l'audience par lettre recommandée avec demande d'avis de réception.

Le tribunal qui a renvoyé l'affaire pour qu'il soit statué selon la procédure au fond applicable devant lui peut se déclarer incompétent dans les conditions prévues par le présent code.

Art. 1387 *(D. n° 2008-1346, 17 déc. 2008).* – En cas de retour au greffe d'une lettre de notification dont l'avis de réception n'a pas été signé dans les conditions prévues à l'article 670, la notification est faite par acte d'huissier de justice, à la diligence du greffe. L'avance des frais de signification est à la charge du Trésor public.

Art. 1388 *(D. n° 2008-1346, 17 déc. 2008).* – Lorsque le tribunal décide de tenir une audience en application de la procédure européenne de règlement des petits litiges, il connaît du litige conformément à la procédure au fond applicable devant lui.

Art. 1389 *(D. n° 2008-1346, 17 déc. 2008).* – Les dispositions de l'article 1387 ne sont pas applicables à la notification aux parties de la décision rendue. Cette notification est faite, à la diligence du greffe, par lettre recommandée avec demande d'avis de réception.

Art. 1390 *(D. n° 2008-1346, 17 déc. 2008).* – À la demande qui lui en est faite, le greffe délivre le certificat relatif à une décision rendue dans le cadre de la procédure européenne de règlement des petits litiges.

Art. 1391 *(D. n° 2010-433, 29 avr. 2010).* – Le droit à réexamen prévu par l'article 18 du règlement (CE) n° 861/2007 du Parlement européen et du Conseil du 11 juillet 2007 instituant une procédure européenne de règlement des petits litiges s'exerce selon la procédure de l'opposition, lorsque celle-ci est ouverte, ou, dans le cas contraire, selon des modalités procédurales similaires.

....

CHAPITRE II. – LES PROCÉDURES D'INJONCTION

Section I. – L'injonction de payer

Art. 1405 *(D. n° 81-500, 12 mai 1981 ; D. n° 81-862, 9 sept. 1981).* – Le recouvrement d'une créance peut être demandé suivant la procédure d'injonction de payer lorsque :

1° La créance a une cause contractuelle ou résulte d'une obligation de caractère statutaire et s'élève à un montant déterminé ; en matière contractuelle, la détermination est faite en vertu des stipulations du contrat y compris, le cas échéant, la clause pénale ;

2° L'engagement résulte de l'acceptation ou du tirage d'une lettre de change, de la souscription d'un billet à ordre, de l'endossement ou de l'aval de l'un ou l'autre de ces titres ou de l'acceptation de la cession de créances conformément à la loi n° 81-1 du 2 janvier 1981 facilitant le crédit aux entreprises.

....

Section IV. – L'injonction de faire

Art. 1425-1 *(D. n° 88-209, 4 mars 1988 ; D. n° 2004-836, 20 août 2004 ; mod., D. n° 2017-683, 28 avr. 2017).* – L'exécution en nature d'une obligation née d'un contrat conclu entre des personnes n'ayant pas toutes la qualité de commerçant peut être demandée au tribunal d'instance lorsque la valeur de la prestation dont l'exécution est réclamée n'excède pas le taux de compétence de cette juridiction.

Code des procédures civiles d'exécution

PARTIE LÉGISLATIVE

(Ord. n° 2011-1895, 19 déc. 2011)

LIVRE PREMIER. – DISPOSITIONS GÉNÉRALES

TITRE PREMIER. – LES CONDITIONS DE L'EXÉCUTION FORCÉE

CHAPITRE PREMIER. – LE CRÉANCIER ET LE TITRE EXÉCUTOIRE

Art. L. 111-1. – Tout créancier peut, dans les conditions prévues par la loi, contraindre son débiteur défaillant à exécuter ses obligations à son égard.

Tout créancier peut pratiquer une mesure conservatoire pour assurer la sauvegarde de ses droits.

L'exécution forcée et les mesures conservatoires ne sont pas applicables aux personnes qui bénéficient d'une immunité d'exécution.

Art. L. 111-1-1 *(L. n° 2016-1691, 9 déc. 2016).* – Des mesures conservatoires ou des mesures d'exécution forcée ne peuvent être mises en œuvre sur un bien appartenant à un État étranger que sur autorisation préalable du juge par ordonnance rendue sur requête.

Art. L. 111-1-2 *(L. n° 2016-1691, 9 déc. 2016).* – Des mesures conservatoires ou des mesures d'exécution forcée visant un bien appartenant à un État étranger ne peuvent être autorisées par le juge que si l'une des conditions suivantes est remplie :

1° L'État concerné a expressément consenti à l'application d'une telle mesure ;

2° L'État concerné a réservé ou affecté ce bien à la satisfaction de la demande qui fait l'objet de la procédure ;

3° Lorsqu'un jugement ou une sentence arbitrale a été rendu contre l'État concerné et que le bien en question est spécifiquement utilisé ou destiné à être utilisé par ledit État autrement qu'à des fins de service public non commerciales et entretient un lien avec l'entité contre laquelle la procédure a été intentée.

« Pour l'application du 3°, sont notamment considérés comme spécifiquement utilisés ou destinés à être utilisés par l'État à des fins de service public non commerciales, les biens suivants :

a) Les biens, y compris les comptes bancaires, utilisés ou destinés à être utilisés dans l'exercice des fonctions de la mission diplomatique de l'État ou de ses postes consulaires, de ses missions spéciales, de ses missions auprès des organisations internationales, ou de ses délégations dans les organes des organisations internationales ou aux conférences internationales ;

b) Les biens de caractère militaire ou les biens utilisés ou destinés à être utilisés dans l'exercice des fonctions militaires ;

c) Les biens faisant partie du patrimoine culturel de l'État ou de ses archives qui ne sont pas mis ou destinés à être mis en vente ;

d) Les biens faisant partie d'une exposition d'objet d'intérêt scientifique, culturel ou historique qui ne sont pas *mis ou destinés à être mis en vente* ;

e) Les créances fiscales ou sociales de l'État.

Art. L. 111-1-3 *(L. n° 2016-1691, 9 déc. 2016).* – Des mesures conservatoires ou des mesures d'exécution forcée ne peuvent être mises en œuvre sur les biens, y compris les comptes bancaires, utilisés ou destinés à être utilisés dans l'exercice des fonctions de la mission diplomatique des États étrangers ou de leurs postes consulaires, de leurs missions spéciales ou de leurs missions auprès des organisations internationales qu'en cas de renonciation expresse et spéciale des États concernés.

Art. L. 111-2. – Le créancier muni d'un titre exécutoire constatant une créance liquide et exigible peut en poursuivre l'exécution forcée sur les biens de son débiteur dans les conditions propres à chaque mesure d'exécution.

Art. L. 111-3 *(Mod., L. n° 2015-177, 16 févr. 2015 ; L. n° 2015-990, 6 août 2015 ; à compter du 1er octobre 2016, Ord. n° 2016-131, 10 févr. 2016* (1) *; à compter du 1er janvier 2017, L. n° 2016-1547, 18 nov. 2016).* – Seuls constituent des titres exécutoires :

1° Les décisions des juridictions de l'ordre judiciaire ou de l'ordre administratif lorsqu'elles ont force exécutoire, ainsi que les accords auxquels ces juridictions ont conféré force exécutoire ;

2° Les actes et les jugements étrangers ainsi que les sentences arbitrales déclarés exécutoires par une décision non susceptible d'un recours suspensif d'exécution, sans préjudice des dispositions du droit de l'Union européenne applicables ;

2° *bis (2 bis à compter de la date d'entrée en vigueur de l'accord relatif à une juridiction unifiée du brevet signé à Bruxelles le 19 février 2013, Ord. n° 2018-341, 9 mai 2018)* Les décisions rendues par la juridiction unifiée du brevet ;

3° *(Créé à compter de la date d'entrée en vigueur de l'accord relatif à une juridiction unifiée du brevet signé à Bruxelles le 19 février 2013, Ord. n° 2018-341, 2 mai 2018)* Les décisions rendues par la juridiction unifiée du brevet ;

4° Les extraits de procès-verbaux de conciliation signés par le juge et les parties ;

5° Les actes notariés revêtus de la formule exécutoire ;

4° *bis* Les accords par lesquels les époux consentent mutuellement à leur divorce par acte sous signature privée contresignée par avocats, déposés au rang des minutes d'un notaire selon les modalités prévues à l'article 229-1 du Code civil ;

6° Le titre délivré par l'huissier de justice en cas de non-paiement d'un chèque ou en cas d'homologation de l'accord entre le créancier et le débiteur dans les conditions prévues à l'article L. 125-1 ;

7° Les titres délivrés par les personnes morales de droit public qualifiés comme tels par la loi, ou les décisions auxquelles la loi attache les effets d'un jugement.

Art. L. 111-4. – L'exécution des titres exécutoires mentionnés aux 1° à 3° de l'article L. 111-3 ne peut être poursuivie que pendant dix ans, sauf si les actions en recouvrement des créances qui y sont constatées se prescrivent par un délai plus long.

Le délai mentionné à l'article 2232 du Code civil n'est pas applicable dans le cas prévu au premier alinéa.

Art. L. 111-5. – En vertu des dispositions applicables dans les départements de la Moselle, du Bas-Rhin et du Haut-Rhin, constituent aussi des titres exécutoires :

1° *(1° mod., L. n° 2019-222, 23 mars 2019)* Les actes établis par un notaire de ces trois départements lorsqu'ils sont dressés au sujet d'une prétention ayant pour objet le paiement d'une somme d'argent déterminée ou déterminable, ou la prestation d'une quantité déterminée ou déterminable d'autres choses fongibles ou de valeurs mobilières, et que le débiteur consent dans l'acte à l'exécution forcée immédiate ;

2° Les ordonnances de taxe de frais. Une ordonnance de taxe de frais, apposée sur le jugement conforme à *l'article 105 du Code local de procédure civile* est susceptible d'exécution en vertu de l'expédition exécutoire de ce jugement. Une expédition exécutoire particulière pour l'ordonnance de taxe n'est pas nécessaire ;

3° Les bordereaux de collocation exécutoires ;

4° Les actes de partage établis en application du titre VI de la loi du 1erer juin 1924 mettant en vigueur la législation civile française dans les départements du Bas-Rhin, du Haut-Rhin et de la Moselle ;

5° Les contraintes émises par les caisses d'assurance-accidents agricole pour le recouvrement des cotisations arriérées.

(1) Les contrats conclus avant le 1er octobre 2016 demeurent soumis à la loi ancienne. Lorsqu'une instance a été introduite avant cette même date, l'action est poursuivie et jugée conformément à la loi ancienne. Cette loi s'applique également en appel et en cassation, *Ord. n° 2016-131, 10 févr. 2016, art. 9.*

Art. L. 111-6. – La créance est liquide lorsqu'elle est évaluée en argent ou lorsque le titre contient tous les éléments permettant son évaluation.

Art. L. 111-7. – Le créancier a le choix des mesures propres à assurer l'exécution ou la conservation de sa créance. L'exécution de ces mesures ne peut excéder ce qui se révèle nécessaire pour obtenir le paiement de l'obligation.

Art. L. 111-8 *(Mod., L. n° 2014-344, 17 mars 2014).* – À l'exception des droits proportionnels de recouvrement ou d'encaissement qui peuvent être mis partiellement à la charge des créanciers dans des conditions fixées par décret en Conseil d'État, les frais de l'exécution forcée sont à la charge du débiteur, sauf s'il est manifeste qu'ils n'étaient pas nécessaires au moment où ils ont été exposés. Les contestations sont tranchées par le juge.

Les frais de recouvrement entrepris sans titre exécutoire restent à la charge du créancier, sauf s'ils concernent un acte dont l'accomplissement est prescrit par la loi au créancier. Toute stipulation contraire est réputée non écrite, sauf disposition législative contraire.

Cependant, le créancier qui justifie du caractère nécessaire des démarches entreprises pour recouvrer sa créance peut demander au juge de l'exécution de laisser tout ou partie des frais ainsi exposés à la charge du débiteur de mauvaise foi.

Art. L. 111-9. – Sauf disposition contraire, l'exercice d'une mesure d'exécution et d'une mesure conservatoire est considéré comme un acte d'administration.

Art. L. 111-10. – Sous réserve des dispositions de l'article L. 311-4, l'exécution forcée peut être poursuivie jusqu'à son terme en vertu d'un titre exécutoire à titre provisoire.

L'exécution est poursuivie aux risques du créancier. Celui-ci rétablit le débiteur dans ses droits en nature ou par équivalent si le titre est ultérieurement modifié.

Art. L. 111-11. – Sauf dispositions contraires, le pourvoi en cassation en matière civile n'empêche pas l'exécution de la décision attaquée.

Cette exécution ne peut donner lieu qu'à restitution ; elle ne peut en aucun cas être imputée à faute.

CHAPITRE II. – LES BIENS SAISISSABLES

Art. L. 112-1. – Les saisies peuvent porter sur tous les biens appartenant au débiteur alors même qu'ils seraient détenus par des tiers.

Elles peuvent également porter sur les créances conditionnelles, à terme ou à exécution successive. Les modalités propres à ces obligations s'imposent au créancier saisissant.

Art. L. 112-2. – Ne peuvent être saisis :

1° Les biens que la loi déclare insaisissables ;

2° Les biens que la loi rend incessibles à moins qu'il n'en soit disposé autrement ;

3° Les provisions, sommes et pensions à caractère alimentaire, sauf pour le paiement des aliments déjà fournis par le saisissant à la partie saisie ;

4° Les biens disponibles déclarés insaisissables par le testateur ou le donateur, sauf autorisation du juge, et pour la portion qu'il détermine, par les créanciers postérieurs à l'acte de donation ou à l'ouverture du legs ;

5° Les biens mobiliers nécessaires à la vie et au travail du saisi et de sa famille, si ce n'est pour paiement de leur prix, dans les limites fixées par décret en Conseil d'État et sous réserve des dispositions du 6°. Ils deviennent cependant saisissables s'ils se trouvent dans un lieu autre que celui où le saisi demeure ou travaille habituellement, s'ils sont des biens de valeur, en raison notamment de leur importance, de leur matière, de leur rareté, de leur ancienneté ou de leur caractère luxueux, s'ils perdent leur caractère de nécessité en raison de leur quantité ou s'ils constituent des éléments corporels d'un fonds de commerce ;

6° Les biens mobiliers mentionnés au 5°, même pour paiement de leur prix, lorsqu'ils sont la propriété des bénéficiaires de prestations d'aide sociale à l'enfance prévues aux articles L. 222-1 à L. 222-7 du Code de l'action sociale et des familles ;

7° Les objets indispensables aux personnes handicapées ou destinés aux soins des personnes malades.

Art. L. 112-3. – Les immeubles par destination ne peuvent être saisis indépendamment de l'immeuble, sauf pour paiement de leur prix.

Art. L. 112-4. – Les créances insaisissables dont le montant est versé sur un compte demeurent insaisissables dans des conditions prévues par décret en Conseil d'État.

Art. L. 125-1 *(Créé à compter du 1er octobre 2016, Ord. n° 2016-131, 10 févr. 2016).* – Une procédure simplifiée de recouvrement des petites créances peut être mise en œuvre par un huissier de justice à la demande du créancier pour le paiement d'une créance ayant une cause contractuelle ou résultant d'une obligation de caractère statutaire et inférieure à un montant défini par décret en Conseil d'État.

Cette procédure se déroule dans un délai d'un mois à compter de l'envoi par l'huissier d'une lettre recommandée avec demande d'avis de réception *(Mots aj. à compter d'une date fixée par décret en Conseil d'État, et au plus tard le 1er janvier 2020, L. n° 2019-222, 23 mars 2019)* « ou d'un message transmis par voie électronique » invitant le débiteur à participer à cette procédure. L'accord du débiteur, constaté par l'huissier de justice, suspend la prescription.

L'huissier de justice qui a reçu l'accord du créancier et du débiteur sur le montant et les modalités du paiement délivre, sans autre formalité, un titre exécutoire.

Les frais de toute nature qu'occasionne la procédure sont à la charge exclusive du créancier.

Un décret en Conseil d'État fixe les modalités d'application du présent article, notamment les règles de prévention des conflits d'intérêts lors de la délivrance par l'huissier de justice d'un titre exécutoire.

TITRE III. – LA PRÉVENTION DES DIFFICULTÉS D'EXÉCUTION

CHAPITRE UNIQUE. – L'ASTREINTE

Art. L. 131-1. – Tout juge peut, même d'office, ordonner une astreinte pour assurer l'exécution de sa décision.

Le juge de l'exécution peut assortir d'une astreinte une décision rendue par un autre juge si les circonstances en font apparaître la nécessité.

Art. L. 131-2. – L'astreinte est indépendante des dommages-intérêts.

L'astreinte est provisoire ou définitive. L'astreinte est considérée comme provisoire, à moins que le juge n'ait précisé son caractère définitif.

Une astreinte définitive ne peut être ordonnée qu'après le prononcé d'une astreinte provisoire et pour une durée que le juge détermine. Si l'une de ces conditions n'a pas été respectée, l'astreinte est liquidée comme une astreinte provisoire.

Art. L. 131-3. – L'astreinte, même définitive, est liquidée par le juge de l'exécution, sauf si le juge qui l'a ordonnée reste saisi de l'affaire ou s'en est expressément réservé le pouvoir.

Art. L. 131-4. – Le montant de l'astreinte provisoire est liquidé en tenant compte du comportement de celui à qui l'injonction a été adressée et des difficultés qu'il a rencontrées pour l'exécuter.

Le taux de l'astreinte définitive ne peut jamais être modifié lors de sa liquidation.

L'astreinte provisoire ou définitive est supprimée en tout ou partie s'il est établi que l'inexécution ou le retard dans l'exécution de l'injonction du juge provient, en tout ou partie, d'une cause étrangère.

TITRE VI : DISPOSITIONS PARTICULIÈRES À CERTAINES PERSONNES ET À CERTAINS BIENS

CHAPITRE PREMIER. – LA PROTECTION DE CERTAINES PERSONNES

Art. L. 161-1 *(Ord. n° 2011-1895, 19 déc. 2011).* – Lorsque le titulaire d'une créance contractuelle ayant sa cause dans l'activité professionnelle d'un entrepreneur individuel entend poursuivre l'exécution forcée d'un titre exécutoire sur les biens de cet entrepreneur, celui-ci peut, nonobstant les dispositions du 5° de l'article L. 112-2 et s'il établit que les biens nécessaires à l'exploitation de l'entreprise sont d'une valeur suffisante pour garantir le paiement de la créance, demander au créancier que l'exécution soit en priorité poursuivie sur ces derniers.

Si le créancier établit que cette proposition met en péril le recouvrement de sa créance, il peut s'opposer à la demande.

La responsabilité du créancier qui s'oppose à la demande du débiteur ne peut pas être recherchée, sauf intention de nuire.

Art. L. 161-2 *(Ord. n° 2011-1895, 19 déc. 2011)*. – En cas de procédure d'exécution à l'encontre d'un débiteur entrepreneur individuel à responsabilité limitée, celle-ci ne peut porter que sur le ou les biens sur lesquels le créancier a un droit de gage général tel que défini par les dispositions de l'article L. 526-12 du Code de commerce.

Art. L. 161-3 *(Ord. n° 2011-1895, 19 déc. 2011)*. – Les sommes dues en exécution d'une décision judiciaire au titre des pensions alimentaires, des contributions aux charges du mariage prescrites par l'article 214 du Code civil, des rentes prévues par l'article 276 ou des subsides mentionnés à l'article 342 du même code peuvent être recouvrées pour le compte du créancier par les comptables publics compétents dans les conditions et selon les modalités prévues par la loi n° 75-618 du 11 juillet 1975 relative au recouvrement public des pensions alimentaires.

CHAPITRE II. – DISPOSITIONS PROPRES À CERTAINS BIENS

Art. L. 162-1 *(Ord. n° 2011-1895, 19 déc. 2011)*. – Lorsque la saisie est pratiquée entre les mains d'un établissement habilité par la loi à tenir des comptes de dépôt, celui-ci est tenu de déclarer le solde du ou des comptes du débiteur au jour de la saisie.

Dans le délai de quinze jours ouvrables qui suit la saisie et pendant lequel les sommes laissées au compte sont indisponibles, ce solde peut être affecté à l'avantage ou au préjudice du saisissant par les opérations suivantes dès lors qu'il est prouvé que leur date est antérieure à la saisie :

1° Au crédit : les remises faites antérieurement, en vue de leur encaissement, de chèques ou d'effets de commerce, non encore portées au compte ;

2° Au débit :

a) L'imputation des chèques remis à l'encaissement ou portés au crédit du compte antérieurement à la saisie et revenus impayés ;

b) Les retraits par billetterie effectués antérieurement à la saisie et les paiements par carte, dès lors que leurs bénéficiaires ont été effectivement crédités antérieurement à la saisie.

Par dérogation aux dispositions prévues au deuxième alinéa, les effets de commerce remis à l'escompte et non payés à leur présentation ou à leur échéance lorsqu'elle est postérieure à la saisie peuvent être contrepassés dans le délai d'un mois qui suit la saisie.

Le solde saisi attribué n'est diminué par ces éventuelles opérations de débit et de crédit que dans la mesure où leur résultat cumulé est négatif et supérieur aux sommes non frappées par la saisie au jour de leur règlement.

Art. L. 162-2 *(Ord. n° 2011-1895, 19 déc. 2011)*. – Le tiers saisi laisse à disposition du débiteur personne physique, dans la limite du solde créditeur du ou des comptes au jour de la saisie, une somme à caractère alimentaire d'un montant égal au montant forfaitaire, pour un allocataire seul, mentionné à l'article L. 262-2 du Code de l'action sociale et des familles.

Lorsque le débiteur est un entrepreneur individuel à responsabilité limitée, le premier alinéa ne s'applique qu'à la saisie des comptes afférents à son patrimoine non affecté.

LIVRE II. – LES PROCÉDURES D'EXÉCUTION MOBILIÈRE

TITRE PREMIER. – LA SAISIE DES CRÉANCES DE SOMMES D'ARGENT

....

CHAPITRE III. – LA PROCÉDURE DE PAIEMENT DIRECT DES PENSIONS ALIMENTAIRES

Art. L. 213-1 *(Mod. à compter du 1er janvier 2017, L. n° 2016-1547, 18 nov. 2016)*. – Tout créancier d'une pension alimentaire peut se faire payer directement le montant de cette pension par les tiers débiteurs de sommes liquides et exigibles envers le débiteur de la pension. Il peut notamment exercer ce droit entre les mains de tout débiteur de sommes dues à titre de rémunération, ainsi que de tout dépositaire de fonds.

La demande en paiement direct est recevable dès qu'une échéance d'une pension alimentaire, fixée par une décision judiciaire devenue exécutoire, n'a pas été payée à son terme.

La demande en paiement direct est recevable dès qu'une échéance d'une pension alimentaire n'a pas été payée à son terme et qu'elle a été fixée par :

1° Une décision judiciaire devenue exécutoire ;

2° Une convention de divorce par consentement mutuel prenant la forme d'un acte sous signature privée contresigné par avocats, déposé au rang des minutes d'un notaire ;

3° Un acte reçu en la forme authentique par un notaire.

Cette procédure est applicable au recouvrement de la contribution aux charges du mariage prévues par l'article 214 du Code civil. Elle l'est aussi au recouvrement de la rente prévue par l'article 276 et des subsides prévus par l'article 342 du même code.

Art. L. 213-2. – La demande vaut, sans autre procédure et par préférence à tous autres créanciers, attribution au bénéficiaire des sommes qui en font l'objet au fur et à mesure qu'elles deviennent exigibles.

Le tiers est tenu de verser directement ces sommes au bénéficiaire selon les échéances fixées par le jugement.

Art. L. 213-3. – Sauf convention contraire, les sommes payées au créancier de la pension alimentaire sont versées à son domicile ou à sa résidence.

Art. L. 213-4 *(Mod. à compter du 1er avril 2016, L. n° 2015-1702, 21 déc. 2015).* – La procédure de paiement direct est applicable aux termes à échoir de la pension alimentaire.

Elle l'est aussi aux termes échus pour les six derniers mois avant la notification de la demande de paiement direct. Le règlement de ces sommes est fait par fractions égales sur une période de douze mois.

Lorsqu'un organisme débiteur de prestations familiales agit pour le compte d'un créancier d'aliments, la procédure de paiement direct est applicable aux termes échus de la pension alimentaire pour les vingt-quatre derniers mois avant la notification de la demande de paiement direct. Le règlement de ces sommes est fait par fractions égales sur une période de vingt-quatre mois.

Art. L. 213-5. – La demande de paiement direct est faite par l'intermédiaire d'un huissier de justice.

Lorsqu'une administration publique est subrogée dans les droits d'un créancier d'aliments, elle peut elle-même former la demande de paiement direct et se prévaloir des dispositions des articles L. 152-1 et L. 152-2.

Lorsqu'un organisme débiteur de prestations familiales agit pour le compte d'un créancier d'aliments, il peut lui-même former la demande de paiement direct.

Art. L. 213-6. – Les conditions d'application du présent chapitre sont fixées par décret en Conseil d'État.

Adde, art. L. 311-2 à L. 334-1 à la suite de l'abrogation des articles 2191 et s. du Code civil

....

LIVRE III. – LA SAISIE IMMOBILIÈRE

TITRE PREMIER. – DISPOSITIONS GÉNÉRALES

CHAPITRE UNIQUE

Art. L. 311-1. – La saisie immobilière tend à la vente forcée de l'immeuble du débiteur ou, le cas échéant, du tiers détenteur en vue de la distribution de son prix.

Art. L. 311-2. – Tout créancier muni d'un titre exécutoire constatant une créance liquide et exigible peut procéder à une saisie immobilière dans les conditions fixées par le présent livre et par les dispositions qui ne lui sont pas contraires du livre Ier.

Art. L. 311-3. – Est nulle toute convention portant qu'à défaut d'exécution des engagements pris envers lui, le créancier peut faire vendre les immeubles de son débiteur en dehors des formes prescrites pour la saisie immobilière.

Art. L. 311-4. – Lorsque la poursuite est engagée en vertu d'une décision de justice exécutoire par provision, la vente forcée ne peut intervenir qu'après une décision définitive passée en force de chose jugée.

Art. L. 322-10. – L'adjudication emporte vente forcée du bien saisi et en transmet la propriété à l'adjudicataire.

Elle ne confère à celui-ci d'autres droits que ceux appartenant au saisi. Ce dernier est tenu, à l'égard de l'adjudicataire, à la délivrance du bien et à la garantie d'éviction.

Art. L. 322-11. – Le titre de vente n'est délivré à l'adjudicataire que sur justification du paiement des frais taxés.

Art. L. 322-12. – À défaut de versement du prix ou de sa consignation et de paiement des frais, la vente est résolue de plein droit.

L'adjudicataire défaillant est tenu au paiement de la différence entre son enchère et le prix de la revente, si celui-ci est moindre. Il ne peut prétendre à la répétition des sommes qu'il a acquittées.

Art. L. 322-13. – Le jugement d'adjudication constitue un titre d'expulsion à l'encontre du saisi.

Section 4. – Dispositions communes

Art. L. 322-14. – Le versement du prix ou sa consignation et le paiement des frais de la vente purgent de plein droit l'immeuble de toute hypothèque et de tout privilège du chef du débiteur à compter de la publication du titre de vente.

TITRE III. – LA DISTRIBUTION DU PRIX

CHAPITRE PREMIER. – DISPOSITIONS GÉNÉRALES

Art. L. 331-1. – Seuls sont admis à faire valoir leurs droits sur le prix de la vente le créancier poursuivant, les créanciers inscrits sur l'immeuble saisi à la date de la publication du commandement de payer valant saisie, les créanciers inscrits sur l'immeuble avant la publication du titre de vente et qui sont intervenus dans la procédure ainsi que les créanciers énumérés au 1° *bis* de l'article 2374 et à l'article 2375 du Code civil.

Art. L. 331-2. – Les créanciers sommés de déclarer leur créance et qui ont omis de le faire sont déchus du bénéfice de leur sûreté pour la distribution du prix de vente de l'immeuble.

....

CHAPITRE IV. – DISPOSITIONS COMMUNES

Art. L. 334-1. – Si la distribution du prix n'est pas intervenue dans un délai fixé par voie réglementaire, son versement ou sa consignation produit, à l'égard du débiteur, tous les effets d'un paiement à hauteur de la part du prix de vente qui sera remise aux créanciers après la distribution.

Partie Réglementaire

(D. n° 2012-783, 30 mai 2012)

LIVRE PREMIER. – DISPOSITIONS GÉNÉRALES

TITRE PREMIER. – LES CONDITIONS DE L'EXÉCUTION FORCÉE

CHAPITRE II. – LES BIENS SAISISSABLES

Art. R. 112-1. – Tous les biens mobiliers ou immobiliers, corporels ou incorporels appartenant au débiteur peuvent faire l'objet d'une mesure d'exécution forcée ou d'une mesure conservatoire, si ce n'est dans les cas où la loi prescrit ou permet leur insaisissabilité.

Art. R. 112-2. – Pour l'application du 5° de l'article L. 112-2, sont insaisissables comme étant nécessaires à la vie et au travail du débiteur saisi et de sa famille :

1° Les vêtements ;

2° La literie ;

3° Le linge de maison ;
4° Les objets et produits nécessaires aux soins corporels et à l'entretien des lieux ;
5° Les denrées alimentaires ;
6° Les objets de ménage nécessaires à la conservation, à la préparation et à la consommation des aliments ;
7° Les appareils nécessaires au chauffage ;
8° La table et les chaises permettant de prendre les repas en commun ;
9° Un meuble pour ranger le linge et les vêtements et un autre pour ranger les objets ménagers ;
10° Une machine à laver le linge ;
11° Les livres et autres objets nécessaires à la poursuite des études ou à la formation professionnelle ;
12° Les objets d'enfants ;
13° Les souvenirs à caractère personnel ou familial ;
14° Les animaux d'appartement ou de garde ;
15° Les animaux destinés à la subsistance du saisi ainsi que les denrées nécessaires à leur élevage ;
16° Les instruments de travail nécessaires à l'exercice personnel de l'activité professionnelle ;
17° Un poste téléphonique permettant l'accès au service téléphonique fixe ou mobile.

Art. R. 112-3. – Les biens énumérés à l'article R. 112-2 ne sont saisissables pour aucune créance, si ce n'est pour paiement des sommes dues à leur fabricant ou vendeur ou à celui qui a prêté pour les acheter, fabriquer ou réparer.

Art. R. 112-4. – Pour l'application du 3° de l'article L. 112-2, le débiteur qui prétend que les sommes reçues par lui ont un caractère alimentaire peut saisir le juge de l'exécution pour qu'il détermine si et dans quelle mesure ces sommes ont un caractère alimentaire.

À cette fin, et en tant que de besoin, le juge fait application du barème prévu aux articles R. 3252-2 et R. 3252-3 du Code du travail.

Art. R. 112-5. – Lorsqu'un compte est crédité du montant d'une créance insaisissable en tout ou partie, l'insaisissabilité se reporte à due concurrence sur le solde du compte.

Les créances insaisissables sont mises à disposition du titulaire du compte par le tiers saisi dans les conditions prévues aux articles R. 213-10 et R. 162-7 ainsi qu'au chapitre II du titre VI du présent livre.

....

La procédure simplifiée de recouvrement des petites créances

(Chap. créé à compter du 1er juin 2016, D. n° 2016-285, 9 mars 2016)

Dispositions générales

Art. R. 125-1 *(Créé à compter du 1er juin 2016 puis mod. à compter du 1er octobre 2016 puis à compter du 1er janvier 2017, D. n° 2016-285, 9 mars 2016)*. – La procédure simplifiée de recouvrement des petites créances prévue à l'article L. 125-1 peut-être mise en œuvre par un huissier de justice du ressort de la cour d'appel où le débiteur a son domicile ou sa résidence.

Le montant de la créance en principal et intérêts ne doit pas excéder 4 000 euros.

Art. R. 125-2 *(Créé à compter du 1er juin 2016, D. n° 2016-285, 9 mars 2016)*. – I. - La lettre recommandée avec demande d'avis de réception par laquelle l'huissier de justice invite le débiteur à participer à la procédure simplifiée de recouvrement mentionne :

1° Le nom et l'adresse de l'huissier de justice mandaté pour mener la procédure ;

2° Le nom ou la dénomination sociale du créancier, son adresse ou son siège social ;

3° Le fondement et le montant de la somme due en principal et intérêts, en distinguant les différents éléments de la dette.

II. - Cette lettre reproduit les dispositions des articles L. 111-2 et L. 111-3 du présent code et des articles 1244-4 et 2238 du Code civil. Elle rappelle à son destinataire qu'il peut accepter ou refuser cette procédure.

II *(II mod. à compter du 1er octobre 2016, D. n° 2016-285, 9 mars 2016)*. - Cette lettre reproduit les dispositions des articles L. 111-2, L. 111-3 et L. 125-1 du présent code et de l'article 2238 du Code civil. Elle rappelle à son destinataire qu'il peut accepter ou refuser cette procédure.

III. - La lettre indique que :

1° Si son destinataire accepte de participer à la procédure simplifiée de recouvrement, il lui appartient de manifester cet accord dans un délai d'un mois à compter de l'envoi de la lettre, soit contre émargement, le cas échéant par toute personne spécialement mandatée, soit par l'envoi, par courrier postal ou par voie électronique d'un formulaire d'acceptation ;

2° Si son destinataire refuse de participer à la procédure, il peut manifester ce refus par la remise ou l'envoi d'un formulaire de refus ou par tout autre moyen ;

3° L'absence de réponse dans le délai d'un mois vaut refus implicite ;

4° Qu'en cas de refus exprès ou implicite, le créancier pourra saisir le juge afin d'obtenir un titre exécutoire.

IV. - La lettre et les formulaires qui l'accompagnent sont rédigés conformément à des modèles définis par arrêté du garde des Sceaux, ministre de la Justice.

Art. R. 125-3 *(Créé à compter du 1er juin 2016, D. n° 2016-285, 9 mars 2016)*. – L'huissier de justice constate, selon le cas, l'accord ou le refus du destinataire de la lettre pour participer à la procédure simplifiée de recouvrement.

Art. R. 125-4 *(Créé à compter du 1er juin 2016, D. n° 2016-285, 9 mars 2016)*. – Lorsque le destinataire de la lettre accepte de participer à la procédure simplifiée de recouvrement, l'huissier de justice lui propose un accord sur le montant et les modalités du paiement.

Art. R. 125-5 *(Créé à compter du 1er juin 2016, D. n° 2016-285, 9 mars 2016)*. – La procédure simplifiée de recouvrement prend fin lorsque l'huissier de justice constate, par un écrit qui peut être établi sur support électronique :

1° Le refus de participer à la procédure simplifiée de recouvrement, par le destinataire de la lettre, dans les conditions prévues au 2° du III de l'article R. 125-2 ;

2° L'expiration du délai d'un mois, à compter de l'envoi par l'huissier de justice de la lettre invitant le débiteur à participer à la procédure, sans qu'un accord soit établi sur le montant et les modalités de paiement ;

3° Le refus exprès donné par le débiteur, dans le même délai, sur le montant ou les modalités de paiement proposés ;

4° La conclusion d'un accord, dans le même délai, portant sur le montant et les modalités du paiement.

Art. R. 125-6 *(Créé à compter du 1er juin 2016, D. n° 2016-285, 9 mars 2016)*. – Au vu de l'accord mentionné au 4° de l'article R. 125-5, l'huissier de justice délivre au créancier mandant un titre exécutoire qui récapitule les diligences effectuées en vue de la conclusion de cet accord. Une copie en est remise sans frais au débiteur.

Prévention des conflits d'intérêts

Art. R. 125-7 *(Créé à compter du 1er juin 2016, D. n° 2016-285, 9 mars 2016)*. – À compter de l'envoi au débiteur de la lettre l'invitant à participer à la procédure simplifiée de recouvrement, aucun paiement ne peut avoir lieu avant que l'huissier de justice n'ait constaté l'issue de la procédure.

Art. R. 125-8 *(Créé à compter du 1er juin 2016, D. n° 2016-285, 9 mars 2016)*. – L'huissier ayant établi le titre exécutoire ne peut être chargé de la mise à exécution forcée du recouvrement de la créance qui en fait l'objet.

TITRE III. – LA PRÉVENTION DES DIFFICULTÉS D'EXÉCUTION

CHAPITRE UNIQUE. – L'ASTREINTE

Art. R. 131-1. – L'astreinte prend effet à la date fixée par le juge, laquelle ne peut pas être antérieure au jour où la décision portant obligation est devenue exécutoire.

Toutefois, elle peut prendre effet dès le jour de son prononcé si elle assortit une décision qui est déjà exécutoire.

Art. R. 131-2 *(Mod. à compter du 1er septembre 2017, D. n° 2017-891, 6 mai 2017.* – Pour l'application de l'article L. 131-3, l'incompétence est relevée d'office par le juge saisi d'une demande en liquidation d'astreinte.

Si ce n'est lorsqu'elle émane d'une cour d'appel, la décision du juge peut faire l'objet d'un appel formé dans les conditions prévues par le Code de procédure civile.

Art. R. 131-3. – Aucune astreinte ne peut donner lieu à une mesure d'exécution forcée avant sa liquidation. La décision qui ordonne une astreinte non encore liquidée permet de prendre une mesure conservatoire pour une somme provisoirement évaluée par le juge compétent pour la liquidation.

Art. R. 131-4. – La décision du juge est exécutoire de plein droit par provision.

....

TITRE V. – LES DIFFICULTÉS D'EXÉCUTION

CHAPITRE I. – LA PROCÉDURE

Art. R. 151-1. – Lorsque l'huissier de justice chargé de l'exécution d'un titre exécutoire se heurte à une difficulté qui entrave le cours de ses opérations, il en dresse procès-verbal et peut, à son initiative, saisir le juge de l'exécution.

Les règles de la procédure ordinaire sont applicables sous la réserve des dispositions qui suivent.

Art. R. 151-2. – Le juge est saisi par déclaration écrite de l'huissier de justice au greffe accompagnée de la présentation du titre et d'un exposé de la difficulté qui a entravé l'opération d'exécution ainsi que, s'il y a lieu, des pièces qui lui ont été communiquées.

Art. R. 151-3. – L'huissier de justice informe les parties intéressées de la difficulté rencontrée et des lieux, jour et heure de l'audience au cours de laquelle cette difficulté sera examinée.

Ces informations sont données soit par déclaration verbale consignée au procès-verbal, soit par lettre recommandée avec demande d'avis de réception. Elles valent assignation à comparaître.

Il est donné connaissance aux parties des dispositions des articles R. 121-6 à R. 121-10 et du fait qu'une décision pourra être rendue en leur absence.

L'huissier de justice est entendu en ses observations.

Art. R. 151-4. – La décision n'a pas autorité de chose jugée au principal.

CHAPITRE II. – LA RECHERCHE DES INFORMATIONS

Art. R. 152-1. – En vue d'obtenir les informations mentionnées aux articles L. 152-1 et L. 152-2, l'huissier de justice saisit les administrations, entreprises, établissements publics ou organismes mentionnés à ces articles ou, le cas échéant, les services désignés par eux ou le service central gestionnaire du fichier des comptes bancaires et assimilés relevant du ministère chargé des finances.

CHAPITRE III. – LE CONCOURS DE LA FORCE PUBLIQUE

Art. R. 153-1 *(Mod. , D. n° 2017-892, 6 mai 2017).* – Si l'huissier de justice est dans l'obligation de requérir le concours de la force publique, il s'adresse au préfet.

La réquisition contient une copie du dispositif du titre exécutoire. Elle est accompagnée d'un exposé des diligences auxquelles l'huissier de justice a procédé et des difficultés d'exécution.

Toute décision de refus de l'autorité compétente est motivée. Le défaut de réponse dans un délai de deux mois équivaut à un refus.

Ce refus est porté à la connaissance du créancier par l'huissier de justice.

TITRE VI. – DISPOSITIONS PARTICULIÈRES À CERTAINES PERSONNES ET À CERTAINS BIENS

CHAPITRE I. – LA PROTECTION DE CERTAINES PERSONNES

Art. R. 161-1. – Les sommes visées à l'article L. 161-3 peuvent être recouvrées par les comptables publics compétents dans les conditions et selon les modalités prévues par le décret n° 75-1339 du 31 décembre 1975 relatif aux modalités d'application de la loi n° 75-618 du 11 juillet 1975 relative au recouvrement public des pensions alimentaires.

CHAPITRE II. – DISPOSITIONS PROPRES À CERTAINS BIENS

Art. R. 162-1. – Pour l'application de l'article L. 162-1, en cas de diminution des sommes rendues indisponibles, l'établissement doit fournir un relevé de toutes les opérations qui ont affecté les comptes depuis le jour de la saisie inclusivement.

Ce relevé d'opérations est communiqué par lettre recommandée avec demande d'avis de réception au créancier saisissant au plus tard huit jours après l'expiration du délai de contre-passation.

Art. R. 162-2. – Aucune demande du débiteur n'est nécessaire lorsqu'il est fait application des dispositions de l'article L. 162-2. Le tiers saisi avertit aussitôt le débiteur de la mise à disposition de la somme mentionnée à cet article.

En cas de pluralité de comptes, il est opéré une mise à disposition au regard de l'ensemble des soldes créditeurs ; la somme est imputée en priorité sur les fonds disponibles à vue.

Le tiers saisi informe sans délai l'huissier de justice ou le comptable public chargé du recouvrement du montant laissé à disposition du titulaire du compte ainsi que du ou des comptes sur lesquels est opérée cette mise à disposition.

En cas de saisies de comptes ouverts auprès d'établissements différents, l'huissier de justice ou le comptable public chargé du recouvrement détermine le ou les tiers saisis chargés de laisser à disposition la somme mentionnée au premier alinéa ainsi que les modalités de cette mise à disposition. Il en informe les tiers saisis.

Art. R. 162-3. – Un débiteur ne peut bénéficier d'une nouvelle mise à disposition qu'en cas de nouvelle saisie intervenant à l'expiration d'un délai d'un mois après la saisie ayant donné lieu à la précédente mise à disposition.

Pendant ce délai, la somme mentionnée à l'article R. 162-2 demeure à la disposition du débiteur.

Art. R. 162-4. – Lorsque les sommes insaisissables proviennent de créances à échéance périodique, telles que rémunérations du travail, pensions de retraite, sommes payées à titre d'allocations familiales ou d'indemnités de chômage, le titulaire du compte peut, sur justification de l'origine des sommes, en demander la mise à disposition immédiate, déduction faite des opérations venues en débit du compte depuis le dernier versement de la créance insaisissable.

Si, à l'expiration du délai de quinze jours prévu à l'article L. 162-1 pour la régularisation des opérations en cours, le montant des sommes demandées par le débiteur en raison de leur insaisissabilité excède le solde qui demeure disponible au compte, le complément est prélevé sur les sommes indisponibles à ce jour. Le tiers saisi informe le créancier de ce prélèvement au moment de sa demande en paiement ; à peine d'irrecevabilité, ce dernier dispose d'un délai de quinze jours pour contester cette imputation.

Art. R. 162-5. – Lorsque les sommes insaisissables proviennent d'une créance à échéance non périodique, le titulaire du compte peut, sur justification de l'origine des sommes, demander que soit laissé à sa disposition le montant de celles-ci, déduction faite des sommes venues en débit du compte depuis le jour où la créance y a été inscrite.

La mise à disposition ne peut avoir lieu avant l'expiration du délai de quinze jours pour la régularisation des opérations en cours. Si, à cette date, le solde disponible au compte n'est pas suffisant pour mettre à la disposition de son titulaire l'intégralité des sommes demandées par lui à raison de leur insaisissabilité, le complément est retenu par le tiers saisi sur les sommes indisponibles à la même date. Le tiers saisi informe le créancier de cette retenue au moment de sa demande en paiement.

Les sommes ainsi retenues sont mises à la disposition du titulaire du compte si le créancier saisissant déclare ne pas s'y opposer ou s'il n'élève aucune contestation dans les quinze jours qui suivent sa demande en paiement. À tout moment, le titulaire du compte peut saisir le juge de l'exécution pour lui demander, le créancier entendu ou appelé, la mise à disposition des sommes retenues sur justification de leur caractère insaisissable.

Art. R. 162-6. – La demande de mise à disposition de sommes insaisissables est présentée avant que le créancier saisissant n'ait demandé le paiement des sommes saisies.

Art. R. 162-7. – Les sommes à caractère alimentaire mises à disposition du titulaire du compte en application des articles R. 162-2 et R. 213-10 viennent en déduction du montant des créances insaisissables dont le versement pourrait ultérieurement soit être demandé par le titulaire du compte en application des articles R. 162-4 et R. 162-5, soit obtenu par celui-ci en application de l'article R. 112-4.

Les sommes insaisissables mises à disposition du titulaire du compte en application des articles R. 162-4, R. 162-5 ou R. 213-10 viennent en déduction du montant qui est laissé à disposition en application de l'article R. 162-2.

Art. R. 162-8. – Sans préjudice des sanctions pénales encourues, le titulaire du compte qui se voit mettre à disposition une somme d'un montant supérieur à celui auquel il peut prétendre en application des articles du présent chapitre restitue au créancier les sommes indûment perçues ou mises à sa disposition. En cas de faute de sa part, il peut en outre être condamné, à la demande du créancier, à des dommages et intérêts.

Art. R. 162-9. – Lorsqu'un compte, même joint, alimenté par les gains et salaires d'un époux commun en biens fait l'objet d'une mesure d'exécution forcée ou d'une saisie conservatoire pour le paiement ou la garantie d'une créance née du chef du conjoint, il est laissé immédiatement à la disposition de l'époux commun en biens une somme équivalant, à son choix, au montant des gains et salaires versés au cours du mois précédant la saisie ou au montant moyen mensuel des gains et salaires versés dans les douze mois précédant la saisie.

Les dispositions du deuxième alinéa de l'article R. 162-4 sont applicables.

Le juge de l'exécution peut être saisi, à tout moment, par le conjoint de celui qui a formé la demande.

....

LIVRE DEUXIÈME. – LES PROCÉDURES D'EXÉCUTION MOBILIÈRE

TITRE PREMIER. – LA SAISIE DES CRÉANCES DE SOMMES D'ARGENT

CHAPITRE III. – LA PROCÉDURE DE PAIEMENT DIRECT DES PENSIONS ALIMENTAIRES

Art. R. 213-1. – Le créancier de la pension alimentaire peut charger tout huissier de justice du lieu de sa résidence de notifier la demande de paiement direct au tiers mentionné à l'article L. 213-1.

Celle-ci comprend, à peine de nullité, indication du nom et domicile du débiteur, l'énonciation du titre exécutoire, le décompte des sommes dues ainsi que le rappel des dispositions de l'article L. 213-2.

*Dans les huit jours qui suivent, l'*huissier de justice procède à cette notification par lettre recommandée avec demande d'avis de réception.

Si les documents présentés par le créancier de la pension ne permettent pas de procéder à la notification, l'huissier de justice met en œuvre, dans le même délai de huit jours, les moyens lui permettant d'effectuer cette notification.

Le tiers débiteur accuse réception à l'huissier de justice de la demande de paiement direct dans les huit jours suivant la notification par un écrit qui précise s'il est ou non en mesure d'y donner suite.

Lorsqu'il notifie la demande de paiement direct au tiers débiteur, l'huissier de justice en avise simultanément le débiteur par lettre recommandée avec demande d'avis de réception qui comporte, à peine de nullité de la demande de paiement direct, le décompte des sommes dues en principal, intérêts et frais et le rappel des dispositions de l'article R. 213-6.

Art. R. 213-2 *(Mod. à compter du 1er janvier 2017, D. n° 2016-1907, 28 déc. 2016).* – La demande de paiement cesse de produire effet si l'huissier du créancier en notifie au tiers la mainlevée par lettre recommandée avec demande d'avis de réception.

Elle prend fin aussi à la demande du débiteur, sur production d'un certificat délivré par un huissier attestant qu'un nouveau jugement ou une nouvelle convention réglant les effets du divorce par consentement mutuel a supprimé la pension alimentaire ou constatant qu'en vertu des dispositions légales la pension a cessé d'être due.

Art. R. 213-3 *(Mod. à compter du 1er janvier 2017, D. n° 2016-1907, 28 déc. 2016).* – Si une nouvelle convention ou décision change le montant de la pension alimentaire ou les modalités d'exécution de l'obligation, la demande de paiement direct se trouve de plein droit modifiée en conséquence à compter de la notification de la convention ou de la décision modificative qui est faite au tiers dans les conditions prévues aux premier et deuxième alinéas de l'article R. 213-1.

Art. R. 213-4. – Le tiers débiteur est tenu d'aviser dans les huit jours le créancier de la pension alimentaire de l'extinction ou de la suspension de son obligation vis-à-vis du débiteur de la pension et notamment de la cessation ou de la suspension de la rémunération ainsi que de la clôture du compte du débiteur ou de l'insuffisance de provision de ce compte.

Art. R. 213-5. – Le fait pour le tiers débiteur tenu au paiement direct de ne pas verser la pension alimentaire due au créancier est puni des peines d'amende prévues pour les contraventions de la cinquième classe.

Art. R. 213-6. – La demande de paiement direct peut être contestée en justice sans préjudice de l'exercice d'une action aux fins de révision de la pension alimentaire.

Les contestations relatives à la procédure de paiement direct sont portées devant le juge de l'exécution dans le ressort duquel est situé le domicile du débiteur de la pension.

Les contestations ne suspendent pas l'obligation incombant au tiers de payer directement les sommes dues au créancier de la pension alimentaire.

Art. R. 213-7. – Les frais du paiement direct d'une pension alimentaire incombent au débiteur et aucune avance ne peut être demandée au créancier pour la mise en œuvre de la procédure. Si le débiteur ne peut être retrouvé ou si le paiement direct ne peut être obtenu, les émoluments de l'huissier de justice sont avancés par le Trésor public selon les modalités prévues au 16° de l'article R. 93 du Code de procédure pénale.

Art. R. 213-8 *(Mod., D. n° 2017-892, 6 mai 2017).* – Le créancier d'aliments qui, de mauvaise foi, fait usage de la procédure de paiement direct peut être condamné à une amende civile d'un maximum de 10 000 €.

Art. R. 213-9. – Devant le juge saisi d'une demande de pension alimentaire, le débiteur peut accepter que la pension donne lieu à paiement direct. En ce cas, il indique le tiers débiteur qui est chargé du paiement.

L'extrait du jugement constatant l'accord des parties est notifié au tiers débiteur selon les règles prévues aux premier et deuxième alinéas de l'article R. 213-1.

Art. R. 213-9-1 *(Créé à compter du 1er janvier 2017, D. n° 2016-1907, 28 déc. 2016).* – La convention de divorce par consentement mutuel prévue à l'article 229-1 du Code civil peut prévoir que la pension alimentaire donne lieu à paiement direct.

En ce cas, le débiteur de la pension précise l'identité du tiers débiteur saisi chargé du paiement et ses coordonnées.

L'extrait de la convention constatant l'accord des parties est notifié au tiers débiteur selon les règles prévues aux premier et deuxième alinéas de l'article R. 213-1.

Art. R. 213-10. – Lorsqu'un compte alimenté par des rémunérations du travail fait l'objet d'une procédure de paiement direct sur le fondement du présent chapitre, le tiers saisi laisse en toute hypothèse à la disposition du débiteur, sans qu'aucune demande ne soit nécessaire, la somme fixée à l'article R. 3252-5 du Code du travail en application de l'article L. 3252-5 du même code.

En cas de pluralité de comptes, cette somme est imputée sur un seul d'entre eux.

LIVRE III. – LA SAISIE IMMOBILIÈRE

TITRE PREMIER. – DISPOSITIONS GÉNÉRALES

CHAPITRE UNIQUE

Art. R. 311-1. – La procédure de saisie immobilière est régie par les dispositions du présent livre et par celles qui ne lui sont pas contraires du livre Ier du présent code.

Section 1. – La compétence territoriale

Art. R. 311-2. – La saisie immobilière est poursuivie devant le juge de l'exécution du tribunal de grande instance dans le ressort duquel est situé l'immeuble saisi.

Art. R. 311-3. – Lorsqu'un créancier a procédé simultanément à la saisie de plusieurs immeubles d'un même débiteur situés dans des ressorts de plusieurs tribunaux de grande instance, la procédure est portée devant le juge de l'exécution du tribunal dans le ressort duquel est situé l'immeuble saisi où demeure le débiteur, à défaut, devant le juge du ressort dans lequel est situé l'un quelconque des immeubles.

Section 2. – La procédure

Art. R. 311-4. – Les parties sont, sauf disposition contraire, tenues de constituer avocat.

Art. R. 311-5. – À peine d'irrecevabilité prononcée d'office, aucune contestation ni aucune demande incidente ne peut, sauf dispositions contraires, être formée après l'audience d'orientation prévue à l'article R. 322-15 à moins qu'elle porte sur les actes de procédure postérieurs à celle-ci. Dans ce cas, la contestation ou la demande incidente est formée dans un délai de quinze jours à compter de la notification de l'acte.

Art. R. 311-6. – À moins qu'il en soit disposé autrement, toute contestation ou demande incidente est formée par le dépôt au greffe de conclusions signées d'un avocat.

La communication des conclusions et des pièces entre avocats est faite dans les conditions prévues par l'article 815 du Code de procédure civile. La communication des conclusions est faite par signification au débiteur qui n'a pas constitué avocat.

Lorsque la contestation ou la demande incidente ne peut être examinée à l'audience d'orientation, le greffe convoque les parties à une audience par lettre recommandée avec demande d'avis de réception dans un délai de quinze jours à compter du dépôt de la contestation ou de la demande.

L'examen des contestations et des demandes incidentes ne suspend pas le cours de la procédure.

Art. R. 311-7 *(Mod. à compter du 1er septembre 2017, D. n° 2017-891, 6 mai 2017)*. **– Les jugements sont, sauf disposition contraire, susceptibles d'appel. L'appel est formé dans un délai de quinze jours à compter de la notification qui en est faite. Sous réserve des dispositions de l'article R. 322-19 et sauf s'il est recouru à la procédure à jour fixe, l'appel est jugé selon la procédure prévue à l'article 905 du Code de procédure civile.**

La notification des décisions est faite par voie de signification. Toutefois, lorsqu'en vertu d'une disposition particulière le juge de l'exécution statue par ordonnance rendue en dernier ressort, sa décision est notifiée par le *greffe simultanément aux parties et à leurs avocats.* **Il en va de même pour la notification du jugement d'orientation vers une vente amiable lorsque le débiteur n'a pas constitué avocat et des décisions rendues en application des articles R. 311-11 et R. 321-21.**

Les jugements statuant sur les contestations ou les demandes incidentes ne sont pas susceptibles d'opposition.

Art. R. 311-8. – La demande en distraction de tout ou partie des biens saisis peut être formée jusqu'à la vente du bien saisi.

Art. R. 311-9. – Les créanciers inscrits et les créanciers énumérés au 1° ***bis*** **de l'article 2374 et à l'article 2375 du Code civil peuvent, à compter de la publication du commandement valant saisie et à tout moment de la procédure, demander au juge de l'exécution leur subrogation dans les droits du poursuivant, par voie de demande incidente ou verbalement à l'audience d'adjudication.**

La subrogation peut être sollicitée en cas de désistement du créancier poursuivant ou s'il y a négligence, fraude, collusion ou toute autre cause de retard imputable au poursuivant.

La décision qui rejette la demande de subrogation n'est pas susceptible de recours à moins qu'elle mette fin à la procédure.

La subrogation emporte substitution dans les poursuites et dans les droits et obligations fixés au cahier des conditions de vente prévu à l'article R. 322-10.

Le poursuivant contre lequel la subrogation est prononcée est tenu de remettre les pièces de la poursuite au subrogé qui en accuse réception. Tant que cette remise n'a pas lieu, le poursuivant n'est pas déchargé de ses obligations.

Art. R. 311-10. – La nullité des actes de la procédure de saisie immobilière est régie par la section IV du chapitre II du titre V du livre Ier du Code de procédure civile.

Art. R. 311-11 *(Mod. à compter du 1er janvier 2013, D. n° 2012-1462, 26 déc. 2012).* – Les délais prévus par les articles R. 321-1, R. 321-6, R. 322-6, R. 322-10 et R. 322-31 ainsi que les délais de deux et trois mois prévus par l'article R. 322-4 sont prescrits à peine de caducité du commandement de payer valant saisie.

Toute partie intéressée peut demander au juge de l'exécution de déclarer la caducité et d'ordonner, en tant que de besoin, qu'il en soit fait mention en marge de la copie du commandement publié au fichier immobilier.

Il n'est pas fait droit à la demande si le créancier poursuivant justifie d'un motif légitime.

La déclaration de la caducité peut également être rapportée si le créancier poursuivant fait connaître au greffe du juge de l'exécution, dans un délai de quinze jours à compter du prononcé de celle-ci, le motif légitime qu'il n'aurait pas été en mesure d'invoquer en temps utile.

TITRE II. – LA SAISIE ET LA VENTE DE L'IMMEUBLE

CHAPITRE PREMIER. – LA SAISIE DE L'IMMEUBLE

Section 1. – L'acte de saisie

Sous-section 1. – La délivrance du commandement de payer valant saisie au débiteur

Art. R. 321-1. – En application de l'article L. 321-1, la procédure d'exécution est engagée par la signification au débiteur ou au tiers détenteur d'un commandement de payer valant saisie à la requête du créancier poursuivant.

La délivrance du commandement est un acte de disposition, réalisé aux risques du créancier.

Dans le cas où un immeuble appartenant en propre à l'un des époux constitue la résidence de la famille, le commandement est dénoncé à son conjoint, au plus tard le premier jour ouvrable suivant la signification de l'acte.

Art. R. 321-2 *(Mod. à compter du 1er janvier 2013, D. n° 2012-1462, 26 déc. 2012).* – Lorsque la saisie porte sur des immeubles situés dans le ressort de plusieurs services de la publicité foncière, il est établi un commandement de payer par ressort.

Art. R. 321-3 *(Mod. à compter du 1er janvier 2013, D. n° 2012-1462, 26 déc. 2012 ; D. n° 2017-892, 6 mai 2017).* – Outre les mentions prescrites pour les actes d'huissier de justice, le commandement de payer valant saisie comporte :

1° La constitution d'avocat du créancier poursuivant, laquelle emporte élection de domicile ;

2° L'indication de la date et de la nature du titre exécutoire en vertu duquel le commandement est délivré ;

3° Le décompte des sommes réclamées en principal, frais et intérêts échus ainsi que l'indication du taux des *intérêts moratoires* ;

4° L'avertissement que le débiteur doit payer ces sommes dans un délai de huit jours, qu'à défaut de paiement, la procédure à fin de vente de l'immeuble se poursuivra et qu'à cet effet, le débiteur sera assigné à comparaître à une audience du juge de l'exécution pour voir statuer sur les modalités de la procédure ;

5° La désignation de chacun des biens ou droits sur lesquels porte la saisie immobilière, telle qu'exigée par les règles de la publicité foncière ;

6° L'indication que le commandement vaut saisie de l'immeuble et que le bien est indisponible à l'égard du débiteur à compter de la signification de l'acte et à l'égard des tiers à compter de la publication de celui-ci au fichier immobilier ;

7° L'indication que le commandement vaut saisie des fruits et que le débiteur en est séquestre ;

8° L'indication que le débiteur garde la possibilité de rechercher un acquéreur de l'immeuble saisi pour procéder à sa vente amiable ou de donner mandat à cet effet et la mention que cette vente ne pourra néanmoins être conclue qu'après autorisation du juge de l'exécution ;

9° La sommation, lorsque le bien fait l'objet d'un bail, d'avoir à indiquer à l'huissier de justice les nom, prénom et adresse du preneur ou, s'il s'agit d'une personne morale, sa dénomination et son siège social ;

10° L'indication qu'un huissier de justice pourra pénétrer dans les lieux afin de dresser un procès-verbal de description de l'immeuble ;

11° L'indication du juge de l'exécution territorialement compétent pour connaître de la procédure de saisie et des contestations et demandes incidentes y afférentes ;

12° L'indication que le débiteur qui en fait préalablement la demande peut bénéficier, pour la procédure de saisie, de l'aide juridictionnelle s'il remplit les conditions de ressources prévues par la loi n° 91-647 du 10 juillet 1991 relative à l'aide juridique et le décret n° 91-1266 du 19 décembre 1991 portant application de cette loi ;

13° L'indication, si le débiteur est une personne physique, que s'il s'estime en situation de surendettement, il a la faculté de saisir la commission de surendettement des particuliers instituée par l'article L. 712-1 du Code de la consommation.

Si le créancier saisissant agit en vertu d'une transmission, à quelque titre que ce soit, de la créance contenue dans le titre exécutoire fondant les poursuites, le commandement vise l'acte de transmission à moins que le débiteur n'en ait été régulièrement avisé au préalable.

Lorsque le commandement de payer valant saisie est signifié à la personne qui a consenti une hypothèque sur l'un de ses biens pour garantir la dette d'un tiers, le délai de sommation prévu au 4° est porté à un mois.

Les mentions prévues au présent article sont prescrites à peine de nullité. Toutefois, la nullité n'est pas encourue au motif que les sommes réclamées sont supérieures à celles qui sont dues au créancier.

Sous-section 2. – La délivrance du commandement de payer valant saisie au tiers détenteur

Art. R. 321-4. – La saisie immobilière diligentée par les créanciers titulaires d'un droit de suite est poursuivie contre le tiers détenteur du bien.

Art. R. 321-5 *(Mod., D. n° 2017-892, 6 mai 2017)*. – Le créancier poursuivant fait signifier un commandement de payer au débiteur principal. L'acte comporte la mention que le commandement de payer valant saisie prévu à l'alinéa ci-après est délivré au tiers détenteur.

Le commandement de payer valant saisie est signifié à la diligence du créancier poursuivant au tiers détenteur. Il comporte les mentions énumérées à l'article R. 321-3. Toutefois, l'avertissement prévu au 4° est remplacé par la sommation d'avoir à satisfaire à l'une des obligations énoncées à l'article 2463 du Code civil dans un délai d'un mois et la mention du débiteur aux 6°, 7°, 8°, 12° et 13° s'entend de celle du tiers détenteur. Le commandement rappelle les dispositions de l'article 2464 du Code civil.

Section 2. – La publication de l'acte de saisie

Art. R. 321-6 *(Mod. à compter du 1er janvier 2013, D. n° 2012-1462, 26 déc. 2012)*. – Le commandement de payer valant saisie est publié au fichier immobilier dans un délai de deux mois à compter de sa signification.

Art. R. 321-7 *(Mod. à compter du 1er janvier 2013, D. n° 2012-1462, 26 déc. 2012)*. – Les formalités de publicité sont régies par le décret n° 55-22 du 4 janvier 1955 portant réforme de la publicité foncière et le décret n° 55-1350 du 14 octobre 1955 pris pour l'application de ce décret.

Lorsque l'exécution de la formalité de publication a été retardée en raison d'un rejet notifié par le service de la publicité foncière, le délai de deux mois prévu à l'article R. 321-6 est augmenté du nombre de jours écoulés entre le dépôt du commandement à ce service et l'exécution de la formalité. La date du dépôt est constatée au registre prévu à l'article 2453 du Code civil.

S'il est dans l'impossibilité d'y procéder à l'instant de la réquisition, le service de la publicité foncière fait mention, sur le commandement qui lui est déposé, de la date du dépôt.

Section 3. – La pluralité de biens ou de saisies

Art. R. 321-8. – Si la publication de plusieurs commandements valant saisie du même immeuble est requise simultanément, seul est publié le commandement qui mentionne le titre exécutoire portant la date la plus ancienne. Lorsque des titres portent la même date, seul le commandement le plus ancien est publié ; si les commandements sont de la même date, seul est publié celui dont la créance en principal est la plus élevée.

Art. R. 321-9 *(Mod. à compter du 1er janvier 2013, D. n° 2012-1462, 26 déc. 2012).* – Lorsqu'un commandement de payer valant saisie a déjà été publié, il n'y a pas lieu de publier un nouveau commandement relatif au même bien.

Toutefois, si le nouveau commandement présenté au service de la publicité foncière comprend plus d'immeubles que le précédent, il est publié pour les biens non compris dans celui-ci. Le nouveau créancier poursuivant est tenu de dénoncer le commandement publié au précédent créancier qui poursuivra les deux procédures si elles sont au même état ; dans le cas contraire, ce dernier suspend sa propre poursuite et suit la nouvelle procédure jusqu'à ce qu'elle soit au même état.

Faute pour le précédent créancier de poursuivre la nouvelle saisie à lui dénoncée, le nouveau créancier peut demander la subrogation dans les conditions fixées à l'article R. 311-9.

Art. R. 321-10 *(Mod. à compter du 1er janvier 2013, D. n° 2012-1462, 26 déc. 2012).* – Dans les cas prévus à l'article R. 321-8 et au premier alinéa de l'article R. 321-9, le service de la publicité foncière mentionne le ou les actes qui ne sont pas publiés en marge de la copie du précédent commandement publié dans l'ordre de leur présentation, avec les nom, prénom et domicile du ou des nouveaux poursuivants ou, s'il s'agit d'une personne morale, sa dénomination et son siège social ainsi que l'indication de l'avocat qui le ou les représente.

Il indique également, en marge ou à la suite de la copie du commandement présenté, son refus de le publier. Il y mentionne, en outre, chacun des commandements antérieurement publiés ou mentionnés avec les indications énoncées à l'alinéa précédent et celle du juge de l'exécution compétent pour connaître de la saisie.

La radiation de la saisie ne peut être opérée sans le consentement des créanciers poursuivants postérieurs.

Art. R. 321-11. – En cas de jonction d'instances, la procédure est continuée par le créancier dont le commandement a été publié en premier.

Si les commandements ont été publiés le même jour, la procédure est poursuivie par le créancier dont le commandement est le premier en date et si les commandements sont du même jour, par celui dont la créance en principal est la plus élevée.

Art. R. 321-12. – Le juge de l'exécution fait droit à la demande du débiteur tendant à ce que les effets de la saisie soient provisoirement cantonnés à un ou plusieurs de ses immeubles lorsque celui-ci établit que la valeur de ces biens est suffisante pour désintéresser le créancier poursuivant et les créanciers inscrits. Le jugement rendu indique les immeubles sur lesquels les poursuites sont provisoirement suspendues. Après la vente définitive, le créancier peut reprendre les poursuites sur les biens ainsi exceptés si le prix des biens adjugés ne suffit pas à le désintéresser.

Lorsque, dans les mêmes conditions, le juge ordonne la radiation de la saisie sur les immeubles initialement saisis qu'il désigne et l'inscription d'une hypothèque judiciaire, le créancier poursuivant, pour voir l'inscription prendre rang à la date de la publication du commandement de payer valant saisie, fait procéder à la publication du jugement en marge de la copie du commandement et à l'inscription de l'hypothèque, dans les conditions du droit commun.

Section 4. – Les effets de l'acte de saisie et de sa publication

Sous-section 1. – Dispositions générales

Art. R. 321-13. – L'indisponibilité du bien, la saisie de ses fruits et la restriction aux droits de jouissance et d'administration du débiteur courent à l'égard de celui-ci à compter de la signification du commandement de payer valant saisie.

Ces effets courent à l'égard des tiers du jour de la publication du commandement.

Dans le cas où une convention a été conclue antérieurement à la publication du commandement par le débiteur saisi en violation des effets attachés à la signification du commandement, sa nullité est déclarée par le juge à la demande du cocontractant.

Sous-section 2. – L'indisponibilité du bien saisi

Art. R. 321-14. – Pour rendre opposable une aliénation publiée postérieurement à la publication du commandement de payer valant saisie, la consignation prévue au deuxième alinéa de l'article L. 321-5 est signifiée au créancier poursuivant ainsi qu'aux créanciers inscrits avant l'audience d'adjudication sans qu'il puisse être accordé de délai pour y procéder.

Sous-section 3. – La restriction aux droits du saisi

Art. R. 321-15. – À moins que son expulsion soit ordonnée, le débiteur conserve l'usage de l'immeuble saisi sous réserve de n'accomplir aucun acte matériel susceptible d'en amoindrir la valeur, à peine de dommages et intérêts et sans préjudice, s'il y a lieu, des peines prévues par l'article 314-6 du Code pénal.

Si les circonstances le justifient, le juge de l'exécution peut, à la demande du créancier poursuivant ou du débiteur, autoriser l'accomplissement de certains actes sur le bien saisi.

Sous-section 4. – La saisie des fruits

Art. R. 321-16. – Les fruits immobilisés à compter de la signification du commandement de payer valant saisie sont distribués avec le prix de l'immeuble selon le même ordre que la distribution de celui-ci.

Art. R. 321-17. – Le créancier poursuivant peut autoriser le saisi à vendre les fruits à l'amiable ou faire procéder lui-même, sur autorisation du juge de l'exécution, à la coupe et à la vente des fruits qui seront vendus aux enchères ou par tout autre moyen dans le délai que le juge aura fixé.

Le prix est déposé entre les mains du séquestre désigné par le créancier poursuivant ou consignés à la Caisse des dépôts et consignations.

Art. R. 321-18. – Le créancier poursuivant peut, par acte d'huissier de justice, s'opposer à ce que le locataire se libère des loyers et fermages entre les mains du débiteur et lui faire obligation de les verser entre les mains d'un séquestre qu'il désigne ou de les consigner à la Caisse des dépôts et consignations.

À défaut d'une telle opposition, les paiements faits au débiteur sont valables et celui-ci est séquestre des sommes reçues.

Sous-section 5. – Les effets du commandement à l'égard du tiers détenteur

Art. R. 321-19. – La signification du commandement de payer valant saisie au tiers détenteur produit à l'égard de celui-ci les effets attachés à la signification du commandement de payer valant saisie au débiteur.

À défaut pour le tiers détenteur de satisfaire à la sommation qui lui est faite, la saisie immobilière et la vente sont poursuivies à l'encontre de celui-ci selon les modalités prévues par le présent livre.

Sous-section 6. – La péremption du commandement de payer valant saisie

Art. R. 321-20. – Le commandement de payer valant saisie cesse de plein droit de produire effet si, dans les deux ans de sa publication, il n'a pas été mentionné en marge de cette publication un jugement constatant la vente du bien saisi.

En cas de refus du dépôt du commandement ou de rejet de la formalité de publication, le délai de deux ans ne commence à courir qu'à compter de la régularisation de la demande ou de la décision mentionnée à l'article 26 du décret n° 55-22 du 4 janvier 1955 portant réforme de la publicité foncière.

Art. R. 321-21 *(Mod. à compter du 1er janvier 2013, D. n° 2012-1462, 26 déc. 2012)*. – À l'expiration du délai prévu à l'article R. 321-20 et jusqu'à la publication du titre de vente, toute partie intéressée peut demander au juge de l'exécution de constater la péremption du commandement et d'ordonner la mention de celle-ci en marge de la copie du commandement publié au fichier immobilier.

Art. R. 321-22. – Ce délai est suspendu ou prorogé, selon le cas, par la mention en marge de la copie du commandement publié d'une décision de justice ordonnant la suspension des procédures d'exécution, le report de la vente, la prorogation des effets du commandement ou la décision ordonnant la réitération des enchères.

CHAPITRE II. – LA VENTE DE L'IMMEUBLE SAISI

Section 1. – Les actes préparatoires à la vente

Sous-section 1. – Le procès-verbal de description des lieux

Art. R. 322-1. – À l'expiration d'un délai de huit jours à compter de la délivrance du commandement de payer valant saisie et à défaut de paiement, l'huissier de justice instrumentaire peut pénétrer dans les lieux dans les conditions prévues par l'article L. 322-2.

Art. R. 322-2. – Le procès-verbal de description comprend :

1° La description des lieux, leur composition et leur superficie ;

2° L'indication des conditions d'occupation et l'identité des occupants ainsi que la mention des droits dont ils se prévalent ;

3° Le cas échéant, le nom et l'adresse du syndic de copropriété ;

4° Tous autres renseignements utiles sur l'immeuble fournis, notamment, par l'occupant.

Art. R. 322-3. – L'huissier de justice peut utiliser tout moyen approprié pour décrire les lieux et se faire assister par tout professionnel qualifié en cas de nécessité.

Sous-section 2. – L'assignation à comparaître

§1. – L'assignation du débiteur

Art. R. 322-4 *(Mod. à compter du 1er janvier 2013, D. n° 2012-1462, 26 déc. 2012).* – Dans les deux mois qui suivent la publication au fichier immobilier du commandement de payer valant saisie, le créancier poursuivant assigne le débiteur saisi à comparaître devant le juge de l'exécution à une audience d'orientation.

L'assignation est délivrée dans un délai compris entre un et trois mois avant la date de l'audience.

Art. R. 322-5. – Outre les mentions prévues par l'article 56 du Code de procédure civile, l'assignation comprend à peine de nullité :

1° L'indication des lieu, jour et heure de l'audience d'orientation du juge de l'exécution ;

2° L'indication que l'audience d'orientation a pour objet d'examiner la validité de la saisie, de statuer sur les contestations et demandes incidentes liées à celle-ci et de déterminer les modalités selon lesquelles la procédure sera poursuivie ;

3° L'information que, si le débiteur n'est pas présent ou représenté par un avocat à l'audience, la procédure sera poursuivie en vente forcée, sur les seules indications fournies par le créancier ;

4° La sommation de prendre connaissance des conditions de la vente figurant dans le cahier des conditions de vente qui peut être consulté au greffe du juge de l'exécution où il sera déposé le cinquième jour ouvrable au plus tard après l'assignation ou au cabinet de l'avocat du créancier poursuivant ;

5° L'indication de la mise à prix telle que fixée dans le cahier des conditions de vente et de la possibilité d'en contester le montant pour insuffisance manifeste ;

6° L'avertissement que le débiteur peut demander au juge de l'exécution à être autorisé à vendre le bien saisi à l'amiable s'il justifie qu'une vente non judiciaire peut être conclue dans des conditions satisfaisantes ;

7° L'indication, en caractères très apparents, qu'à peine d'irrecevabilité, toute contestation ou demande incidente est déposée au greffe du juge de l'exécution par conclusions d'avocat au plus tard lors de l'audience ;

8° Le rappel des dispositions des articles R. 322-16 et R. 322-17 ;

9° L'indication que le débiteur, qui en fait préalablement la demande, peut bénéficier de l'aide juridictionnelle pour la procédure de saisie, s'il remplit les conditions de ressources prévues par la loi n° 91-647 du 10 juillet 1991 relative à l'aide juridique et le décret n° 91-1266 du 19 décembre 1991 portant application de cette loi.

§2. – L'assignation des créanciers inscrits

Art. R. 322-6. – Au plus tard le cinquième jour ouvrable suivant la délivrance de l'assignation au débiteur, le commandement de payer valant saisie est dénoncé aux créanciers inscrits au jour de la publication du commandement.

La dénonciation vaut assignation à comparaître à l'audience d'orientation.

Art. R. 322-7. – Outre les mentions prévues par l'article 56 du Code de procédure civile, la dénonciation comprend à peine de nullité :

1° L'indication des lieu, jour et heure de l'audience d'orientation ;

2° La sommation de prendre connaissance du cahier des conditions de vente qui peut être consulté au greffe du juge de l'exécution où il est déposé le cinquième jour ouvrable au plus tard après la date de l'assignation du débiteur à l'audience d'orientation ou au cabinet de l'avocat du créancier poursuivant ;

3° L'indication de la mise à prix telle que fixée dans le cahier des conditions de vente ;

4° La sommation d'avoir à déclarer les créances inscrites sur le bien saisi, en principal, frais et intérêts échus, avec l'indication du taux des intérêts moratoires, par acte d'avocat déposé au greffe du juge de l'exécution et accompagné d'une copie du titre de créance et du bordereau d'inscription et à dénoncer le même jour ou le premier jour ouvrable suivant cette déclaration au créancier poursuivant et au débiteur, dans les mêmes formes ou par signification ;

5° La reproduction, en caractères très apparents, des articles L. 331-2 et R. 322-12 ;

6° La reproduction de l'article R. 311-6.

Art. R. 322-8. – La dénonciation aux créanciers inscrits peut être faite aux domiciles élus sur les bordereaux d'inscription.

Elle peut être faite aux héritiers collectivement sans désignation des noms et qualités respectifs, à domicile élu ou, à défaut, au domicile du défunt.

§ 3. – Disposition commune

Art. R. 322-9 *(Mod. à compter du 1er janvier 2013, D. n° 2012-1462, 26 déc. 2012).* – La mention de la délivrance de l'assignation et des dénonciations est portée en marge de la copie du commandement de payer valant saisie publiée au fichier immobilier dans les huit jours de la dernière signification en date.

Du jour de cette mention, l'inscription du commandement ne peut plus être radiée que du consentement de tous les créanciers inscrits ou en vertu d'un jugement qui leur soit opposable.

Sous-section 3. – Le dépôt au greffe du cahier des conditions de vente et de l'état hypothécaire

Art. R. 322-10. – Au plus tard le cinquième jour ouvrable suivant l'assignation délivrée au débiteur saisi, le créancier poursuivant dépose au greffe du juge de l'exécution un cahier des conditions de vente comportant l'état descriptif de l'immeuble et les modalités de la vente. Il y est joint la copie de l'assignation délivrée au débiteur et un état hypothécaire certifié à la date de la publication du commandement de payer valant saisie.

Le cahier des conditions de vente contient à peine de nullité :

1° L'énonciation du titre exécutoire en vertu duquel les poursuites sont exercées ;

2° Le décompte des sommes dues au créancier poursuivant en principal, frais et intérêts échus ainsi que l'indication du taux des intérêts moratoires ;

3° L'énonciation du commandement de payer valant saisie avec la mention de sa publication et des autres actes et jugements intervenus postérieurement ;

4° La désignation de l'immeuble saisi, l'origine de propriété, les servitudes grevant l'immeuble, les baux consentis sur celui-ci et le procès-verbal de description ;

5° Les conditions de la vente judiciaire et la mise à prix fixée par le créancier poursuivant ;

6° *La désignation d'un séquestre* des fonds provenant de la vente ou de la Caisse des dépôts et consignations.

Art. R. 322-11. – Le cahier des conditions de vente est élaboré sous la responsabilité du créancier poursuivant.

Il peut être consulté au greffe du juge de l'exécution ou au cabinet de l'avocat du créancier poursuivant.

Sous réserve des dispositions de l'article L. 322-6 relatives au montant de la mise à prix, les stipulations du cahier des conditions de vente peuvent être contestées par tout intéressé.

Sous-section 4. – Les déclarations de créance

Art. R. 322-12. – Le délai dans lequel le créancier inscrit, à qui a été dénoncé le commandement de payer valant saisie, déclare sa créance est de deux mois à compter de la dénonciation.

Toutefois, le créancier qui justifie que sa défaillance n'est pas de son fait peut demander à être autorisé à déclarer sa créance postérieurement au délai imparti. Le juge statue par ordonnance sur requête qui est déposée, à peine d'irrecevabilité, quinze jours au plus tard avant la date fixée pour l'audience d'adjudication ou de constatation de la vente amiable.

Art. R. 322-13. – Les créanciers qui ont inscrit leur sûreté sur l'immeuble après la publication du commandement de payer valant saisie mais avant la publication de la vente, interviennent à la procédure en déclarant leur créance, arrêtée en principal frais et intérêts échus au jour de la déclaration. À peine d'irrecevabilité, la déclaration est faite par acte d'avocat déposé au greffe du juge de l'exécution dans un délai d'un mois suivant l'inscription et est accompagnée d'une copie du titre de créance et du bordereau d'inscription et d'un état hypothécaire levé à la date de l'inscription. La déclaration est dénoncée, dans les mêmes formes ou par signification, le même jour ou le premier jour ouvrable suivant, au créancier poursuivant et au débiteur.

Art. R. 322-14. – Le créancier poursuivant se fait remettre par le greffe copie des créances produites en vue d'établir le projet de distribution prévu à l'article R. 332-3.

Section 2. – L'audience d'orientation

Art. R. 322-15. – À l'audience d'orientation, le juge de l'exécution, après avoir entendu les parties présentes ou représentées, vérifie que les conditions des articles L. 311-2, L. 311-4 et L. 311-6 sont réunies, statue sur les éventuelles contestations et demandes incidentes et détermine les modalités de poursuite de la procédure, en autorisant la vente amiable à la demande du débiteur ou en ordonnant la vente forcée.

Lorsqu'il autorise la vente amiable, le juge s'assure qu'elle peut être conclue dans des conditions satisfaisantes compte tenu de la situation du bien, des conditions économiques du marché et des diligences éventuelles du débiteur.

Art. R. 322-16 *(Rempl., D. n° 2017-892, 6 mai 2017).* – La demande tendant à la suspension de la procédure de saisie immobilière en raison de la situation de surendettement du débiteur est formée conformément aux dispositions de l'article L. 721-4 du Code de la consommation, dans les conditions prévues à l'article R. 721-5 de ce code.

Art. R. 322-17. – La demande du débiteur aux fins d'autorisation de la vente amiable de l'immeuble ainsi que les actes consécutifs à cette vente sont dispensés du ministère d'avocat. Cette demande peut être formulée verbalement à l'audience d'orientation.

Art. R. 322-18. – Le jugement d'orientation mentionne le montant retenu pour la créance du poursuivant en principal, frais, intérêts et autres accessoires.

Art. R. 322-19. – L'appel contre le jugement d'orientation est formé, instruit et jugé selon la procédure à jour fixe sans que l'appelant ait à se prévaloir dans sa requête d'un péril.

Lorsque l'appel est formé contre un jugement ordonnant la vente par adjudication, la cour statue au plus tard un mois avant la date prévue pour l'adjudication. À défaut, le juge de l'exécution peut, à la demande du créancier poursuivant, reporter la date de l'audience de vente forcée. Lorsqu'une suspension des poursuites résultant de l'application de l'article R. 121-22 interdit de tenir l'audience d'adjudication à la date qui était prévue et que le jugement ordonnant l'adjudication a été confirmé en appel, la date de l'adjudication est fixée sur requête par ordonnance du juge de l'exécution. Les décisions du juge de l'exécution rendues en application du présent alinéa ne sont pas susceptibles d'appel.

Section 3. – La vente amiable sur autorisation judiciaire

Art. R. 322-20. – *La demande tendant à la vente amiable de l'immeuble peut être présentée et jugée* avant la signification de l'assignation à comparaître à l'audience d'orientation sous réserve pour le débiteur de mettre en cause les créanciers inscrits sur le bien.

La décision qui fait droit à la demande suspend le cours de la procédure d'exécution à l'exception du délai imparti aux créanciers inscrits pour déclarer leur créance.

Art. R. 322-21. – Le juge de l'exécution qui autorise la vente amiable fixe le montant du prix en deçà duquel l'immeuble ne peut être vendu eu égard aux conditions économiques du marché ainsi que, le cas échéant, les conditions particulières de la vente.

Le juge taxe les frais de poursuite à la demande du créancier poursuivant.

Il fixe la date de l'audience à laquelle l'affaire sera rappelée dans un délai qui ne peut excéder quatre mois.

À cette audience, le juge ne peut accorder un délai supplémentaire que si le demandeur justifie d'un engagement écrit d'acquisition et qu'à fin de permettre la rédaction et la conclusion de l'acte authentique de vente. Ce délai ne peut excéder trois mois.

Art. R. 322-22. – Le débiteur accomplit les diligences nécessaires à la conclusion de la vente amiable. Il rend compte au créancier poursuivant, sur sa demande, des démarches accomplies à cette fin.

Le créancier poursuivant peut, à tout moment, assigner le débiteur devant le juge aux fins de voir constater sa carence et ordonner la reprise de la procédure sur vente forcée.

Lorsque la reprise de la procédure est postérieure à l'audience d'orientation, le juge fixe la date de l'audience d'adjudication qui se tient dans un délai compris entre deux et quatre mois. La décision est notifiée au débiteur saisi, au créancier poursuivant et aux créanciers inscrits.

La décision qui ordonne la reprise de la procédure n'est pas susceptible d'appel.

Art. R. 322-23. – Le prix de vente de l'immeuble ainsi que toute somme acquittée par l'acquéreur à quelque titre que ce soit sont consignés auprès de la Caisse des dépôts et consignations et acquis aux créanciers participant à la distribution ainsi que, le cas échéant, au débiteur, pour leur être distribués.

En cas de défaut de conclusion de la vente du fait de l'acquéreur et sous réserve des dispositions législatives ou réglementaires relatives à son droit de rétractation, les versements effectués par celui-ci restent consignés pour être ajoutés au prix de vente dans la distribution.

Art. R. 322-24. – Le notaire chargé d'établir l'acte de vente peut obtenir, contre récépissé, la remise par le créancier poursuivant des documents recueillis pour l'élaboration du cahier des conditions de vente.

Les frais taxés sont versés directement par l'acquéreur en sus du prix de vente.

Art. R. 322-25 *(Mod. à compter du 1er janvier 2013, D. n° 2012-1462, 26 déc. 2012)*. – À l'audience à laquelle l'affaire est rappelée, le juge s'assure que l'acte de vente est conforme aux conditions qu'il a fixées, et que le prix a été consigné. Il ne constate la vente que lorsque ces conditions sont remplies. Il ordonne alors la radiation des inscriptions d'hypothèque et de privilège prises du chef du débiteur.

Le jugement ainsi rendu n'est pas susceptible d'appel.

[L]e service de la publicité foncière qui procède à la publication du jugement en fait mention en marge de la publication de la copie du commandement et procède aux radiations des inscriptions correspondantes.

À défaut de pouvoir constater la vente amiable, le juge ordonne la vente forcée dans les conditions prévues aux troisième et quatrième alinéas de l'article R. 322-22.

Section 4. – La vente par adjudication

Sous-section 1. – Dispositions générales

Art. R. 322-26. – Lorsque le juge de l'exécution ordonne la vente forcée, il fixe la date de l'audience à laquelle il y sera procédé dans un délai compris entre deux et quatre mois à compter du prononcé de sa décision.

Le juge détermine les modalités de visite de l'immeuble à la demande du créancier poursuivant.

Art. R. 322-27. – Au jour indiqué, le créancier poursuivant ou, à défaut, tout créancier inscrit, alors subrogé dans les poursuites, sollicite la vente.

Si aucun créancier ne sollicite la vente, le juge constate la caducité du commandement de payer valant saisie. Dans ce cas, le créancier poursuivant défaillant conserve à sa charge l'ensemble des frais de saisie engagés sauf décision contraire du juge spécialement motivée.

Art. R. 322-28 *(Mod., D. n° 2017-892, 6 mai 2017)*. – La vente forcée ne peut être reportée que pour un cas de force majeure ou sur la demande de la commission de surendettement formée en application des articles L. 722-4 ou L. 721-7 du Code de la consommation.

Art. R. 322-29. – Lorsque la vente forcée est renvoyée à une audience ultérieure, il est procédé à une nouvelle publicité dans les formes et délais de la première vente forcée.

Sous-section 2. – La publicité

Art. R. 322-30. – La vente forcée est poursuivie après une publicité visant à permettre l'information du plus grand nombre d'enchérisseurs possible dans les conditions prévues à la présente section.

§ 1. – La publicité de droit commun

Art. R. 322-31. – La vente forcée est annoncée à l'initiative du créancier poursuivant dans un délai compris entre un et deux mois avant l'audience d'adjudication.

À cette fin, le créancier poursuivant rédige un avis, en assure le dépôt au greffe du juge de l'exécution pour qu'il soit affiché sans délai dans les locaux de la juridiction, à un emplacement aisément accessible au public, et fait procéder à sa publication dans un des journaux d'annonces légales diffusé dans l'arrondissement de la situation de l'immeuble saisi.

L'avis indique :

1° Les nom, prénoms et domicile du créancier poursuivant et de son avocat ;

2° La désignation de l'immeuble saisi et une description sommaire indiquant sa nature, son occupation éventuelle et tous éléments connus relatifs à sa superficie ainsi que, le cas échéant, les dates et heures de visite ;

3° Le montant de la mise à prix ;

4° Les jour, heure et lieu de la vente ;

5° L'indication que les enchères ne peuvent être portées que par un avocat inscrit au barreau du tribunal de grande instance du lieu de la vente ;

6° L'indication que le cahier des conditions de vente peut être consulté au greffe du juge de l'exécution ou au cabinet de l'avocat du poursuivant.

L'avis publié dans le journal d'annonces légales ne comporte aucune autre mention.

L'avis affiché est rédigé en caractères dont la hauteur ne peut être inférieure à celle du corps 30, sur format A3 (40 × 29,7 cm).

Art. R. 322-32. – Dans le délai mentionné à l'article R. 322-31 et à la diligence du créancier poursuivant, un avis simplifié est apposé à l'entrée ou, à défaut, en limite de l'immeuble saisi et publié dans deux éditions périodiques de journaux à diffusion locale ou régionale, au tarif des annonces ordinaires.

Cet avis indique, à l'exclusion du caractère forcé de la vente et de l'identité du débiteur :

1° La mise en vente aux enchères publiques de l'immeuble ;

2° La nature de l'immeuble et son adresse ;

3° Le montant de la mise à prix ;

4° Les jour, heure et lieu de la vente ;

5° L'indication que le cahier des conditions de vente peut être consulté au greffe du juge de l'exécution ou au cabinet de l'avocat du poursuivant.

Le format et la taille des caractères de l'avis apposé sur l'immeuble sont identiques à ceux mentionnés à l'article R. 322-31.

Art. R. 322-33. – Il est justifié de l'insertion des avis dans les journaux par un exemplaire de ceux-ci et de l'avis apposé au lieu de l'immeuble par un procès-verbal d'huissier de justice.

Art. R. 322-34. – Au premier jour ouvrable suivant la vente et hors le cas où celle-ci est réalisée après surenchère, un extrait du procès-verbal d'audience, avec mention du prix d'adjudication et des frais taxés, est affiché par le greffe à la porte de la salle d'audience pendant le délai au cours duquel la surenchère peut être exercée.

L'extrait mentionne la description sommaire de l'immeuble telle que figurant dans l'avis initial, le prix de la vente et des frais taxés ainsi que l'indication du greffe compétent pour recevoir les offres de surenchère et du délai de dix jours suivant la vente pour les former.

Art. R. 322-35. – En cas de surenchère ou de réitération des enchères, la nouvelle vente est précédée de la publicité de droit commun.

Art. R. 322-36. – Le créancier poursuivant ou les créanciers inscrits peuvent, sans avoir à recueillir l'autorisation du juge, recourir à tous moyens complémentaires d'information à l'effet d'annoncer la vente. Ces moyens ne doivent ni entraîner des frais pour le débiteur ni faire apparaître le caractère forcé de la vente ou le nom du débiteur.

§ 2. – L'aménagement judiciaire de la publicité

Art. R. 322-37. – Le juge de l'exécution peut être saisi par le créancier poursuivant, l'un des créanciers inscrits ou la partie saisie d'une requête tendant à aménager, restreindre ou compléter les mesures de publicité prévues aux articles R. 322-31 à R. 322-35.

La requête est formée, selon le cas, à l'audience d'orientation, deux mois au plus tard avant l'audience d'adjudication ou dans un délai de deux jours ouvrables à compter de la vente.

Le juge tient compte de la nature, de la valeur, de la situation de l'immeuble et de toutes autres circonstances particulières.

Il peut notamment ordonner :

1° Que soit adjoint aux mentions prévues aux articles R. 322-31 et R. 322-32 toute autre indication ou document relatif à l'immeuble ;

2° Que les mesures de publicité soient accomplies par d'autres modes de communication qu'il indique ;

3° Que les avis mentionnés aux articles R. 322-32 et R. 322-34 soient affichés au lieu qu'il désigne dans les communes de la situation des biens.

Lorsque le juge statue par ordonnance, sa décision n'est pas susceptible d'appel.

Art. R. 322-38. – Les mesures de publicité ordonnées par le juge en application de l'article R. 322-37 sont réalisées à la diligence et aux frais avancés de la partie qui les sollicite.

Sous-section 3. – Les enchères

§1. – La capacité d'enchérir

Art. R. 322-39. – Ne peuvent se porter enchérisseurs, ni par eux-mêmes, ni par personnes interposées :

1° Le débiteur saisi ;

2° Les auxiliaires de justice qui sont intervenus à un titre quelconque dans la procédure ;

3° Les magistrats de la juridiction devant laquelle la vente est poursuivie.

§2. – Le déroulement des enchères

Art. R. 322-40. – Les enchères sont portées par le ministère d'un avocat inscrit au barreau du tribunal de grande instance devant lequel la vente est poursuivie.

Celui-ci ne peut être porteur que d'un seul mandat.

Art. R. 322-41. – Avant de porter les enchères, l'avocat se fait remettre par son mandant et contre récépissé une caution bancaire irrévocable ou un chèque de banque rédigé à l'ordre du séquestre ou de la Caisse des dépôts et consignations selon les indications du cahier des conditions de vente, représentant 10 % *du montant de la mise à prix*, sans que le montant de cette garantie puisse être inférieur à 3 000 €.

Le récépissé reproduit les dispositions des troisième et quatrième alinéas du présent article.

La somme encaissée par le séquestre ou la Caisse des dépôts et consignations est restituée dès l'issue de l'audience d'adjudication à l'enchérisseur qui n'a pas été déclaré adjudicataire.

Lorsque l'adjudicataire est défaillant, la somme versée ou la caution apportée est acquise aux créanciers participant à la distribution et, le cas échéant, au débiteur pour leur être distribuée avec le prix de l'immeuble.

Voir : le nouvel article R. 322-41-1 issu du décret n° 2019-488 du 22 mai 2019, en *addendum*, p. 3587

Art. R. 322-42. – Les frais de poursuite dûment justifiés par le créancier poursuivant et, le cas échéant, par le surenchérisseur sont taxés par le juge et publiquement annoncés avant l'ouverture des enchères. Il ne peut rien être exigé au-delà du montant de la taxe. Toute stipulation contraire est réputée non écrite.

Art. R. 322-43. – Le juge rappelle que les enchères partiront du montant de la mise à prix fixé, selon le cas, dans le cahier des conditions de vente ou par la décision judiciaire prévue au deuxième alinéa de l'article L. 322-6.

Art. R. 322-44. – Les enchères sont pures et simples.

Chaque enchère doit couvrir l'enchère qui la précède.

Art. R. 322-45. – Les enchères sont arrêtées lorsque quatre-vingt-dix secondes se sont écoulées depuis la dernière enchère. Ce temps est décompté par tout moyen visuel ou sonore qui signale au public chaque seconde écoulée.

Le juge constate sur-le-champ le montant de la dernière enchère, laquelle emporte adjudication.

Art. R. 322-46. – L'avocat dernier enchérisseur est tenu de déclarer au greffier l'identité de son mandant avant l'issue de l'audience.

Voir : la rédaction de cet article issue du décret n° 2019-488 du 22 mai 2019, en *addendum*, p. 3587

Art. R. 322-47. – À défaut d'enchère et lorsque le montant de la mise à prix a été modifié par le juge, le bien est immédiatement remis en vente sur baisses successives de ce montant, le cas échéant jusqu'au montant de la mise à prix initiale.

§3. – La nullité des enchères

Art. R. 322-48. – Les dispositions de la présente section sont prescrites à peine de nullité de l'enchère soulevée d'office.

Toute nouvelle enchère régulièrement portée couvre la nullité des enchères précédentes.

La nullité de la dernière enchère entraîne de plein droit la nullité de l'adjudication.

Art. R. 322-49. – Les contestations relatives à la validité des enchères sont formées verbalement à l'audience, par ministère d'avocat. Le juge statue sur-le-champ et, le cas échéant, reprend immédiatement les enchères dans les conditions prévues à l'article R. 322-43.

Voir : les nouveaux articles R. 322-49-1 et R. 322-49-2 issus du décret n° 2019-488 du 22 mai 2019, en *addendum*, p. 3587

Sous-section 4. – La surenchère

Art. R. 322-50. – Toute personne peut faire une surenchère du dixième au moins du prix principal de la vente.

Art. R. 322-51. – À peine d'irrecevabilité, la surenchère est formée par acte d'avocat et déposée au greffe du juge de l'exécution dans les dix jours suivant l'adjudication. Elle vaut demande de fixation d'une audience de surenchère.

L'avocat atteste s'être fait remettre de son mandant une caution bancaire irrévocable ou un chèque de banque du dixième du prix principal de la vente.

La déclaration de surenchère ne peut être rétractée.

Art. R. 322-52. – Au plus tard le troisième jour ouvrable suivant la déclaration de surenchère, le surenchérisseur la dénonce par acte d'huissier de justice ou par notification entre avocats au créancier poursuivant, à l'adjudicataire et au débiteur saisi, à peine d'irrecevabilité. L'acte de dénonciation rappelle les dispositions de l'article R. 311-6 et du deuxième alinéa du présent article ; une copie de l'attestation prévue au deuxième alinéa de l'article R. 322-51 y est jointe.

La validité de la surenchère peut être contestée dans les quinze jours de sa dénonciation.

Art. R. 322-53. – L'audience de surenchère est fixée par le juge de l'exécution à une date comprise dans un délai de deux à quatre mois suivant la déclaration de surenchère.

En cas de contestation de la déclaration de surenchère, ce délai court à compter de la date de la décision de *rejet.*

Le débiteur saisi, le créancier poursuivant, les créanciers inscrits, l'adjudicataire et le surenchérisseur sont avisés par le greffe de la date de l'audience par lettre recommandée avec demande d'avis de réception.

Art. R. 322-54. – Les formalités de publicité sont réalisées à la diligence du surenchérisseur ou, à son défaut, du créancier poursuivant, sur la mise à prix modifiée par la surenchère.

Art. R. 322-55. – Le jour de l'audience, les enchères sont reprises dans les conditions prévues par les articles R. 322-39 à R. 322-49, sur la mise à prix modifiée par la surenchère.

Si cette surenchère n'est pas couverte, le surenchérisseur est déclaré adjudicataire.

Aucune surenchère ne pourra être reçue sur la seconde adjudication.

Voir : le nouvel article R. 322-55 issu du décret n° 2019-488 du 22 mai 2019, en *addendum*, p. 3587

Sous-section 5. – Le paiement du prix

Art. R. 322-56. – Le versement au séquestre ou la consignation auprès de la Caisse des dépôts et consignations du prix auquel est tenu l'adjudicataire en application de l'article L. 322-12 est opéré dans un délai de deux mois à compter de la date d'adjudication définitive, à peine de réitération des enchères. Passé ce délai, le prix de vente est augmenté de plein droit des intérêts au taux légal jusqu'au versement complet du prix ou sa consignation.

Art. R. 322-57. – Lorsque les fonds sont séquestrés, ils produisent intérêt à un taux fixé par le cahier des conditions de vente et qui ne peut être inférieur au taux d'intérêt servi par la Caisse des dépôts et consignations. Les intérêts sont acquis aux créanciers et, le cas échéant, au débiteur, pour leur être distribués avec le prix de l'immeuble.

Art. R. 322-58. – Les frais de poursuite et, le cas échéant, de surenchère taxés et les droits de mutation sont payés par l'adjudicataire par priorité en sus du prix. Il en est fourni justificatif au greffe avant l'expiration du délai de deux mois à compter de la date d'adjudication définitive, à peine de réitération des enchères.

Toute stipulation contraire est réputée non écrite.

Sous-section 6. – Le jugement d'adjudication et le titre de vente

Art. R. 322-59. – Outre les mentions prescrites pour tout jugement, le jugement d'adjudication vise le jugement d'orientation, les jugements tranchant les contestations et le cahier des conditions de vente. Il désigne le créancier poursuivant et, le cas échéant, le créancier subrogé dans ses droits. Il mentionne les formalités de publicité et leur date, la désignation de l'immeuble adjugé, les date et lieu de la vente forcée, l'identité de l'adjudicataire, le prix d'adjudication et le montant des frais taxés. Il comporte, le cas échéant, les contestations qu'il tranche.

Art. R. 322-60. – Le jugement d'adjudication est notifié par le créancier poursuivant, au débiteur, aux créanciers inscrits, à l'adjudicataire ainsi qu'à toute personne ayant élevé une contestation tranchée par la décision.

Seul le jugement d'adjudication qui statue sur une contestation est susceptible d'appel de ce chef dans un délai de quinze jours à compter de sa notification.

Art. R. 322-61. – Le titre de vente consiste dans l'expédition du cahier des conditions de vente revêtue de la formule exécutoire, à la suite de laquelle est transcrit le jugement d'adjudication.

Si les renseignements d'identité fournis par l'adjudicataire sont incomplets au regard des exigences de la publicité foncière, l'avocat de l'adjudicataire les complète par une déclaration écrite remise au greffe au plus tard le troisième jour ouvrable suivant l'audience d'adjudication. Cette déclaration complémentaire est annexée au titre de vente. En cas de difficulté, le greffe en réfère au juge qui statue par une ordonnance non susceptible d'appel.

Art. R. 322-62. – Le titre de vente est délivré par le greffier à l'adjudicataire. Il l'est également, à sa demande, au créancier poursuivant pour procéder aux formalités de publicité du titre à défaut de diligence à cet effet par l'adjudicataire.

Si la vente forcée comprend plusieurs lots, il est délivré une expédition par acquéreur.

La quittance du paiement des frais est annexée au titre de vente.

Art. R. 322-63 *(Mod. à compter du 1er janvier 2013, D. n° 2012-1462, 26 déc. 2012).* – Le titre de vente est publié au fichier immobilier selon les règles prévues pour les ventes judiciaires, à la requête de l'acquéreur ou, à son défaut, du créancier poursuivant la distribution.

Sous-section 7. – Les effets de l'adjudication

Art. R. 322-64. – Sauf si le cahier des conditions de vente prévoit le maintien dans les lieux du débiteur saisi, l'adjudicataire peut mettre à exécution le titre d'expulsion dont il dispose à l'encontre du saisi et de tout occupant de son chef n'ayant aucun droit qui lui soit opposable à compter du versement du prix ou de sa consignation et du paiement des frais taxés.

Art. R. 322-65 *(Mod. à compter du 1er janvier 2013, D. n° 2012-1462, 26 déc. 2012).* – Sur requête de l'adjudicataire, le juge de l'exécution, qui constate la purge des hypothèques et privilèges pris sur l'immeuble du chef du débiteur, ordonne la radiation des inscriptions correspondantes au fichier immobilier.

L'ordonnance n'est pas susceptible d'appel.

Sous-section 8. – La réitération des enchères

Art. R. 322-66. – À défaut pour l'adjudicataire de payer dans les délais prescrits le prix, les frais taxés ou les droits de mutation, le bien est remis en vente à la demande du créancier poursuivant, d'un créancier inscrit ou du débiteur saisi, aux conditions de la première vente forcée.

Art. R. 322-67. – Toute personne qui poursuit la réitération des enchères se fait délivrer par le greffe un certificat constatant que l'adjudicataire n'a pas justifié du versement du prix ou de sa consignation ou du paiement des frais taxés ou des droits de mutation.

La personne qui poursuit la réitération des enchères fait signifier le certificat au saisi, à l'adjudicataire et, le cas échéant, au créancier ayant sollicité la vente.

Outre les mentions prescrites pour les actes d'huissier de justice, la signification faite à l'acquéreur comporte, à peine de nullité :

1° La sommation d'avoir à payer le prix, les frais taxés et les droits de mutation dans un délai de huit jours ;

2° Le rappel des dispositions du deuxième alinéa de l'article L. 322-12 et des articles R. 311-6, R. 322-56, R. 322-58, R. 322-68, R. 322-69 et R. 322-72.

Art. R. 322-68. – L'adjudicataire peut contester le certificat dans un délai de quinze jours suivant sa signification. La décision du juge de l'exécution statuant sur cette contestation n'est pas susceptible d'appel.

Art. R. 322-69. – Faute pour l'adjudicataire de satisfaire à la sommation qui lui a été faite, l'immeuble est remis en vente par la voie d'une nouvelle adjudication.

La nouvelle audience de vente est fixée par le juge de l'exécution sur requête de la partie qui poursuit la réitération des enchères, à une date comprise dans un délai de deux à quatre mois suivant la date de la signification du certificat du greffe à l'acquéreur.

En cas de contestation du certificat prévu à l'article R. 322-67, ce délai court à compter de la date de la décision de rejet.

Le débiteur saisi, le créancier poursuivant, les créanciers inscrits et l'adjudicataire défaillant sont avisés par le greffe de la date de l'audience par lettre recommandée avec demande d'avis de réception.

Art. R. 322-70. – Les formalités de publicité sont réitérées dans les formes et conditions prévues par les articles R. 322-31 à R. 322-36.

Elles comportent, en outre, le montant de l'adjudication.

Art. R. 322-71. – Le jour de l'audience, les enchères sont réitérées dans les conditions prévues par les articles R. 322-39 à R. 322-49.

Voir : le nouvel article R. 322-71 issu du décret n° 2019-488 du 22 mai 2019, en *addendum*, p. 3587

Art. R. 322-72. – L'adjudicataire défaillant de la vente initiale conserve à sa charge les frais taxés lors de cette adjudication. Passé un délai de deux mois suivant celle-ci, il est tenu des intérêts au taux légal sur son enchère jusqu'à la nouvelle vente.

La personne déclarée adjudicataire à l'issue de la nouvelle adjudication doit les frais afférents à celle-ci.

TITRE PREMIER. – LA DISTRIBUTION DU PRIX

CHAPITRE PREMIER. – DISPOSITIONS GÉNÉRALES

Art. R. 331-1. – La distribution du prix de l'immeuble est poursuivie à la diligence du créancier saisissant ou, à son défaut, du créancier le plus diligent ou du débiteur.

Art. R. 331-2. – Les frais de la procédure de distribution, hormis ceux des contestations ou réclamations, sont avancés par la partie sollicitant la distribution et prélevés par priorité à tous autres.

Art. R. 331-3. – La procédure de distribution du prix de l'immeuble régie par le présent titre s'applique, sauf dispositions contraires, à la répartition entre créanciers du prix d'un immeuble vendu en dehors de toute procédure d'exécution, après purge des inscriptions.

En ce cas, la procédure est poursuivie par la partie la plus diligente devant le tribunal de grande instance.

La juridiction désigne un séquestre des fonds, à moins que la consignation auprès de la Caisse des dépôts et consignations ne soit ordonnée. La rétribution du séquestre est prélevée sur les fonds à répartir et supportée par les créanciers, au prorata de la somme qui revient à chacun d'eux. En cas de contestation, cette rétribution est fixée par le tribunal.

CHAPITRE II. – LA DISTRIBUTION AMIABLE

Art. R. 332-1. – Lorsqu'il n'existe qu'un créancier répondant aux conditions de l'article L. 331-1, celui-ci adresse, dans un délai de deux mois suivant la publication du titre de vente, au séquestre ou à la Caisse des dépôts et consignations, une demande de paiement de sa créance par lettre recommandée avec demande d'avis de réception.

La demande de paiement est motivée.

Lorsque la distribution fait suite à une saisie immobilière, la demande est accompagnée d'un état hypothécaire certifié à la date de la publication du commandement de payer valant saisie, d'une copie revêtue de la formule exécutoire du jugement d'orientation et, selon le cas, du jugement d'adjudication ou du jugement constatant la fin de l'instance, à laquelle est annexée une copie du contrat de vente amiable ainsi que d'un certificat du greffe du juge de l'exécution attestant qu'aucun créancier inscrit après la date de la publication du commandement n'est intervenu dans la procédure. Le certificat du greffe ne peut être délivré avant l'expiration d'un délai d'un mois suivant la publication du titre de vente.

Le séquestre ou la Caisse des dépôts et consignations procède au paiement dans le mois de la demande. À l'expiration de ce délai, les sommes dues portent intérêt au taux légal.

Dans le même délai, il informe le débiteur du montant versé au créancier et, le cas échéant, lui remet le solde.

Le séquestre ou la Caisse des dépôts et consignations ne peut refuser le paiement que si les documents produits démontrent l'existence d'un autre créancier répondant aux conditions de l'article L. 331-1. En cas de contestation, le juge de l'exécution est saisi par le créancier poursuivant ou le débiteur.

Art. R. 332-2. – Lorsqu'il existe plusieurs créanciers répondant aux conditions de l'article L. 331-1, la partie poursuivante notifie, dans les deux mois suivant la publication du titre de vente, une demande de déclaration actualisée des créances aux créanciers inscrits ainsi que, si elle en a connaissance, aux créanciers énumérés à l'article 2375 du Code civil.

Le décompte actualisé est produit par conclusions d'avocat, dans les quinze jours suivants la demande qui en est faite. À défaut, le créancier est déchu des intérêts postérieurs à la déclaration prévue au 4° de l'article R. 322-7 ou à l'article R. 322-13. Lorsqu'une déclaration de créance n'avait pas à être faite en vertu de ces dispositions, la demande de déclaration actualisée de créance vaut sommation au sens de l'article L. 331-2.

Nonobstant la déchéance qu'ils encourent dans la procédure de distribution en application de l'article L. 331-2, les créanciers sommés de déclarer leur créance et qui ont omis de le faire peuvent y procéder dans les formes prévues par l'alinéa ci-dessus aux fins de se voir répartir le solde éventuel.

Art. R. 332-3. – La partie poursuivante élabore un projet de distribution. À cette fin, elle peut convoquer les créanciers.

Art. R. 332-4. – Le projet de distribution est établi et notifié aux créanciers mentionnés à l'article R. 332-2 et au débiteur ainsi que, par lettre recommandée avec demande d'avis de réception, au syndic qui a formé

Pour les créances conditionnelles ou à terme, le tiers saisi est tenu de verser immédiatement les fonds lorsque ces créances deviennent exigibles.

Le tiers saisi est tenu de déclarer immédiatement par tous moyens l'étendue de ses obligations à l'égard du redevable dans les conditions prévues à l'article L. 211-3 du Code des procédures civiles d'exécution.

Le tiers saisi qui s'abstient, sans motif légitime, de faire cette déclaration ou fait une déclaration inexacte ou mensongère peut être condamné, à la demande du créancier, au paiement des sommes dues à ce dernier, sans préjudice d'une condamnation à des dommages et intérêts.

4. Lorsqu'une personne est simultanément destinataire de plusieurs saisies administratives à tiers détenteur, elle doit, en cas d'insuffisance des fonds, exécuter ces saisies en proportion de leurs montants respectifs.

5. *(5 créé à compter du 1er janvier 2019, L. fin. rect. n° 2017-1775, 28 déc. 2017)* Le montant des frais bancaires afférents à la saisie administrative à tiers détenteur perçu par les établissements de crédit ne peut dépasser 10 % du montant dû au Trésor public, dans la limite d'un plafond fixé par décret.

....

Art. L. 265. – Les huissiers de justice, commissaires-priseurs, notaires, séquestres et tous autres dépositaires publics de fonds ne peuvent les remettre aux héritiers, créanciers et autres personnes ayant droit de toucher les sommes séquestrées et déposées, qu'après avoir vérifié et justifié que les impôts directs dus par les personnes dont ils détiennent les fonds ont été payés.

Ces séquestres et dépositaires sont autorisés à payer directement les impositions qui se trouveraient dues avant de procéder à la délivrance des fonds qu'ils détiennent.

Ces dispositions s'appliquent également aux liquidateurs de sociétés dissoutes, en ce qui concerne les impôts directs dus par ces sociétés.

Les obligations imposées aux personnes désignées au présent article s'étendent au règlement des acomptes provisionnels d'impôts sur le revenu, des acomptes d'impôt sur les sociétés, des acomptes de cotisation foncière des entreprises et de cotisation sur la valeur ajoutée des entreprises.

Code de la propriété intellectuelle

PARTIE LÉGISLATIVE (1)

PARTIE PREMIÈRE. – LA PROPRIÉTÉ LITTÉRAIRE ET ARTISTIQUE

LIVRE PREMIER. – LE DROIT D'AUTEUR

TITRE PREMIER. – OBJET DU DROIT D'AUTEUR

CHAPITRE I. – NATURE DU DROIT D'AUTEUR

Art. L. 111-1 *(Mod., L. n° 2006-961, 1er août 2006).* – L'auteur d'une œuvre de l'esprit jouit sur cette œuvre, du seul fait de sa création, d'un droit de propriété incorporelle exclusif et opposable à tous.

Ce droit comporte des attributs d'ordre intellectuel et moral, ainsi que des attributs d'ordre patrimonial, qui sont déterminés par les livres I et III du présent code.

L'existence ou la conclusion d'un contrat de louage d'ouvrage ou de service par l'auteur d'une œuvre de l'esprit n'emporte pas dérogation à la jouissance du droit reconnu par le premier alinéa, sous réserve des exceptions prévues par le présent code. Sous les mêmes réserves, il n'est pas non plus dérogé à la jouissance de ce même droit lorsque l'auteur de l'œuvre de l'esprit est un agent de l'État, d'une collectivité territoriale, d'un établissement public à caractère administratif, d'une autorité administrative indépendante dotée de la personnalité morale ou de la Banque de France.

Les dispositions des articles L. 121-7-1 et L. 131-3-1 à L. 131-3-3 ne s'appliquent pas aux agents auteurs d'œuvres dont la divulgation n'est soumise, en vertu de leur statut ou des règles qui régissent leurs fonctions, à aucun contrôle préalable de l'autorité hiérarchique.

(1) V. partie réglementaire (D. n° 95-385, 10 avr. 1995).

I – NATURE DU DROIT D'AUTEUR

1) Droit exclusif et propriété. C'est à tort que les droits d'auteur et le monopole qu'ils confèrent sont désignés sous le nom de propriété ; loin de constituer une propriété comme celle que le Code civil a définie et organisée pour les biens meubles et immeubles, ils donnent seulement à ceux qui en sont investis le privilège exclusif d'une exploitation temporaire (■ Cass. civ., 25 juill. 1887 : *DP* 1888, 1, 5, note Sarrut).

2) Bien dans le commerce. Le droit d'exploiter exclusivement les produits d'une œuvre littéraire ou artistique constitue un bien entrant dans le commerce et soumis dès lors, comme les produits qu'il engendre, aux règles du Code civil (■ Cass. civ., 14 mai 1945 : *D.* 1945, 285, note Desbois. ■ T. civ. Seine, 13 juill. 1955 : *JCP* 56, II, 9043, et, sur pourvoi, ■ Cass. com., 25 févr. 1959 : *JCP* 59, II, 11035), pour autant qu'elles sont compatibles avec la nature particulière de ce droit (■ Cass. civ., 14 mai 1945, préc.), et sous réserve par exemple du droit moral de l'auteur (■ Cass. 1re civ., 4 déc. 1956 : *Gaz. Pal.* 1957, 1, 56).

II – INAPPROPRIATION DES IDÉES

3) Principe. Sur le principe que l'idée appartient au domaine public et est donc de libre parcours, V. ■ T. civ. Lyon, 15 févr. 1896 : *Ann. propr. ind.* 1898, 55. ■ T. civ. Seine, 21 déc. 1933 : *Gaz. Pal.* 1934, 1, 615. ■ T. civ. Seine, 1er déc. 1958 : *D.* 1959, 131. ■ Paris, 22 janv. 1982 : *RIDA* 3/1982, 164 ; *RTD com.* 1982, 431, obs. Françon, et, sur pourvoi, ■ Cass. 1re civ., 8 nov. 1983 : *Bull. civ.* I, n° 260 ; *D.* 1985, inf. rap. 309, obs. Colombet. ■ Cass. 1re civ., 16 janv. 2013, n° 12-13.027 : *Comm. com. électr.* 2013, 40, note Caron. – V. en ce sens pour les idées publicitaires ■ Cass. com., 16 juin 1964 : *JCP* 65, II, 14059. ■ Paris, 22 avr. 1969 : *JCP* 70, II, 16148, note F. Greffe ; *D.* 1970, 214, note Mousseron. ■ TGI Paris, 4 nov. 1980 : *RIDA* 1/1980, 177. Les règles d'un concours, même si elles procèdent de choix arbitraires, ne peuvent, indépendamment de la forme ou de la présentation générale qui ont pu leur être données, constituer en elles-mêmes une œuvre de l'esprit protégée (■ Cass. 1re civ., 29 nov. 2005 : *RIDA* 2/2006, 273 ; *Comm. com. électr.* 2006, 18, 1re esp., note Caron ; *D.* 2006, 517, note Tricoire).

4) Idées non protégées. Un artiste qui a conçu un projet d'emballage des arbres d'une avenue célèbre ne saurait revendiquer un monopole sur l'idée d'envelopper des arbres, spécialement tous ceux qui ont une frondaison en boule et sont alignés dans un jardin public ou un square (■ TGI Paris, 26 mai 1987 : *D.* 1988, somm. 201, obs. Colombet). Il en va de même pour l'idée d'apposer des éléments picturaux sur un « contact » photographique (■ TGI Paris, 7 mai 2010 : *RLDI* 2010/61, 2002), la présentation d'une donne de bridge (■ Paris, 21 mai 2010 : *Propr. intell.* 2010, 966, obs. A. Lucas), l'idée de fines coutures apposées sur des vêtements (■ Paris, 12 nov. 2010 : *Propr. intell.* 2011, 82, obs. Bruguière).

5) Collection d'ouvrages. L'édition d'une collection d'ouvrages présentant un certain nombre de caractéristiques communes ne constitue pas en soi la création d'une œuvre distincte de ces ouvrages eux-mêmes (■ Cass. com., 27 févr. 1990 : *Bull. civ.* IV, n° 58 ; *JCP* 90, II, 21545, note Pollaud-Dulian).

6) Jurisprudence admettant la protection des idées. Jugé cependant que la protection du droit d'auteur bénéficie à toute création constituant une production originale soit par la forme soit par le fond (■ Aix-en-Provence, 13 janv. 1958 : *JCP* 58, II, 10412 ; *D.* 1958, 142), ou encore que la qualité de coauteur peut être reconnue à celui qui s'est borné à fournir l'idée (■ T. com. Seine, 8 oct. 1856 et ■ Paris, 29 juill. 1857 : *Ann. propr. ind.* 1857, 286. ■ T. civ. Seine, 22 juin 1887 : *Ann. propr. ind.* 1887, 127. ■ Paris, 9 nov. 1959 : *RTD com.* 1961, 82, obs. Desbois), ou que l'idée de mettre en relief la pureté des lignes d'un pont et de ses lampadaires au moyen d'une toile et de cordages constitue une œuvre originale (■ Paris, 13 mars 1986 : *D.* 1987, somm. 150, obs. Colombet. V. aussi, admettant la possibilité de protéger par le droit d'auteur une course transatlantique en tant que spectacle vivant, ■ Paris, 21 sept. 2011 : *Propr. intell.* 2012, 18, obs. Bruguière, pourvoi rejeté par ■ Cass. com., 8 oct. 2013, n° 11-27.516 : *Comm. com. électr.* 2013, comm. 121, note Caron).

7) Composition. La protection du droit d'auteur s'étend, au-delà de l'expression proprement dite, à la composition de l'œuvre (■ TGI Paris, 9 mars 1970 : *RIDA* 4/1970, 100. – V. pour des applications ■ T. civ. Seine, 10 juill. 1912 et ■ Paris, 19 déc. 1913 : *Ann. propr. ind.* 1914, 202. ■ TGI ■ Seine, 9 janv. 1962 : *RIDA* 2/1962, 135 ; *RTD com.* 1962, 414, obs. Desbois. ■ TGI Paris, 25 avr. 1968 : *D.* 1968, 740 ; *RTD com.* 1970, 120, obs. Desbois). Jugé dans l'affaire de « La bicyclette bleue » qu'il appartenait aux juges du fond de rechercher si, par leur composition, ou leur expression, les scènes et les dialogues des deux romans en cause qui décrivent et mettent en œuvre des rapports comparables entre les personnages en présence ne comportaient pas des ressemblances telles que, dans le second roman, ces épisodes constituaient des reproductions ou des adaptations de ceux du premier (■ Cass. 1re civ., 4 févr. 1992 : *RIDA* 2/1992, 196 ; *Bull. civ.* I, n° 42 ; *JCP* 92, II, 21930, note Daverat).

8) Œuvres graphiques et plastiques. Le véritable auteur d'une œuvre picturale n'est pas celui qui a fourni l'idée, mais le peintre qui a su lui donner forme et couleurs (■ T. civ. Seine, 26 avr. 1955 : *JCP* 55, II, 8966. ■ TGI Paris, 21 janv. 1983 : *D.* 1984, inf. rap. 286, obs. Colombet). V. cependant, reconnaissant la qualité de coauteur à un artiste ayant fait exécuter une œuvre par un élève sans avoir travaillé lui-même la matière, ▪ Cass. 1re civ., 13 nov. 1973 : *D.* 1974, 533, note Colombet. – Comp. admettant la même solution pour un peintre qui a fourni le thème général et s'est réservé la possibilité de corriger et d'approuver l'œuvre, ▪ TGI Paris, 21 janv. 1983, préc. La célèbre table basse de couleur bleue créée par Yves Klein n'est pas un concept, une idée ou un principe, mais une œuvre définie dans ses contours et sa structure, qui met en scène une représentation de la couleur considérée (▪ Paris, 7 janv. 2011 : *Propr. intell.* 2011, 176, obs. Bruguière).

9) Méthodes. L'auteur d'une méthode n'a pas le privilège d'en interdire l'usage au public et peut seulement être investi des droits d'auteur sur l'ouvrage publié (▪ Paris, 2 août 1870 : *D.* 1871, 2, 16. ▪ Besançon, 10 mars 1886 : *Ann. propr. ind.* 1887, 98), à la condition toutefois que la forme ou la composition de cet ouvrage répondent à la condition d'originalité (▪ Paris, 13 déc. 1973 : *D.* 1974, somm. 44, pour une méthode de gestion du budget familial. ▪ TGI Paris, 10 juill. 1974 : *D.* 1975, somm. 40, pour un recueil de recettes de cuisine. ▪ Paris, 21 févr. 1984 : *D.* 1984, inf. rap. 285, obs. Colombet, pour une méthode d'enseignement de la comptabilité). La loi n'accorde aux auteurs d'œuvres littéraires et artistiques un droit de propriété incorporelle exclusif que sur l'œuvre elle-même, à l'exclusion des méthodes ou des moyens commerciaux imaginés pour sa diffusion (▪ Cass. crim., 15 oct. 1969 : *D.* 1970, 15).

10) Révélation fautive d'une idée. Si les idées sont de libre parcours, des circonstances particulières peuvent obliger certains tiers à ne pas révéler une idée qui leur a été confiée (▪ Paris, 8 juill. 1972 : *JCP* 73, II, 17509, note Leloup, pour le thème d'une chanson. – Comp., dans le domaine technique, ▪ Cass. com., 3 oct. 1978 : *Bull. civ.* IV, n° 208 ; *D.* 1980, 55, note Schmidt-Szalewski. ▪ Rouen, 13 janv. 1981 : *D.* 1983, 53, note A. Lucas).

11) Concurrence déloyale. L'action en concurrence déloyale a pour objet d'assurer la protection de celui qui ne peut se prévaloir d'un droit privatif (▪ Cass. com., 29 nov. 1960 : *Gaz. Pal.* 1961, 1, 152. ▪ Cass. com., 3 oct. 1978 : *Bull. civ.* IV, n° 208 ; *D.* 1980, 55, note Schmidt-Szalewski). S'il est loisible à tous de dresser ou de mettre à jour le plan d'une ville, il ne saurait être licite de copier *le travail d'autrui,* dans un but de lucre, en s'exemptant des préparations difficiles et onéreuses (▪ Lyon, 17 mars 1955 : *Ann. propr. ind.* 1955, 257, note Mathély, et, sur pourvoi, ▪ Cass. 1re civ., 26 nov. 1957 : *Ann. propr. ind.* 1958, 202). Commet une faute délictuelle la société qui s'approprie le fruit des recherches menées par un sous-traitant, même si les plans considérés ne donnent pas prise aux droits d'auteur (▪ Rouen, 13 janv. 1981 : *D.* 1983, 53, note A. Lucas). Si une idée ou une méthode d'enseignement n'est pas susceptible en elle-même d'une appropriation privative, son auteur, lorsqu'il en a fait application dans une œuvre radiophonique ou littéraire, est en droit d'exiger que des concurrents n'en fassent pas application sous une forme générale identique de nature à créer une confusion entre les deux ouvrages (▪ Paris, 16 déc. 1957 : *Ann. propr. ind.* 1958, 208 ; *RTD com.* 1959, 428, obs. Desbois). L'action en concurrence déloyale peut être intentée par celui qui ne peut se prévaloir d'un droit privatif ; il n'importe pas que les faits incriminés soient matériellement les mêmes que ceux allégués au soutien d'une action en contrefaçon rejetée pour défaut de constitution d'un droit privatif, et l'originalité d'un produit n'est pas une condition de l'action en concurrence déloyale à raison de sa copie, cette circonstance n'étant que l'un des facteurs possibles d'appréciation de l'existence d'une faute par création d'un risque de confusion (▪ Cass. com., 12 juin 2007 : *RIDA* 3/2007, 353. V. aussi ▪ Cass. 1re civ., 20 mars 2007 : *RIDA* 3/2007, 335 ; *Propr. intell.* 2007, 361, 1re esp., obs. Passa, cassation de l'arrêt ayant énoncé que l'action en concurrence déloyale « ne peut être que rejetée dès lors qu'elle n'est fondée que sur les seuls faits incriminés de contrefaçon, lesquels ne sont pas établis »).

III – LOUAGE D'OUVRAGE OU DE SERVICE

12) Titularité initiale. L'existence d'un contrat de travail conclu par l'auteur d'une œuvre de l'esprit n'emporte aucune dérogation à la jouissance de ses droits de propriété incorporelle, dont la transmission est subordonnée à la condition que le domaine d'exploitation des droits cédés soit délimité quant à son étendue et à sa destination, quant au lieu et quant à la durée (▪ Cass. 1re civ., 16 déc. 1992 : *JCP* 93, IV, 549 ; *RIDA* 2/1993, 193, note Sirinelli. Sur le principe, V. aussi ▪ Cass. 1re civ., 21 oct. 1997 : *JCP* 97, IV, 2390 ; *Bull. civ.* I, n° 285. ▪ Cass. 1re civ., 23 janv. 2001 : *JCP* G 2001, IV, 1486 ; *JCP* E 2001, 1050, 1re esp., note Caron ; *Bull. civ.* I, n° 12. ▪ Cass. 1re civ., 12 juin 2001 : *RIDA* 1/2002, 273 ; *Comm. com. électr.* 2001, 74, note Caron ; *JCP* 2001, IV, 2485 ; *Propr. intell.* 2001, n° 1, 56, obs. A. Lucas. ▪ Cass. soc., 7 janv. 2015, n° 13-20.224 : *Propr. intell.* 2015, 204, obs. Bruguière. – V. en ce sens pour le louage d'ouvrage ▪ Cass. 1re civ., 24 oct. 2000 : *JCP* 2000, IV, 2824 ; *Bull. civ.* I, n° 267. ▪ Cass. soc., 24 janv. 2001 : *Légipresse* 2001, III, 41, 2e esp., note Montels. Mais la salariée qui ne définit pas les choix esthétiques de l'entreprise et n'a pas de liberté de création ne dispose d'aucun droit sur les œuvres commercialisées par son employeur qui répondent à la définition de l'œuvre collective (■ Cass. soc., 22 sept. 2015, n° 13-18.803 : *Propr. intell.* 2016, 39, obs. Bruguière).

13) Cession des droits à l'employeur. L'exigence d'une preuve écrite en cas de cession des attributs patrimoniaux du droit d'auteur ne cesse pas d'être requise dans les relations d'un employeur avec son salarié (■ Cass. crim., 11 avr. 1975 : *D.* 1975, 759, note Desbois. – V. en ce sens ■ Cass. crim., 30 janv. 1978 : *RIDA* 1/1979, 156. ■ Cass. 1re civ., 16 déc. 1992 : *JCP* 93, IV, 549 ; *RIDA* 2/1993, 193, note Sirinelli). La clause par laquelle les parties signataires d'un accord collectif s'engagent à renoncer à toute réclamation concernant la période antérieure à la date de signature de l'accord ne peut engager que les seules parties à l'accord et ne saurait interdire aux salariés de faire valoir en justice les droits qu'ils ont acquis par application de la loi (■ Cass. soc., 12 sept. 2007 : *Comm. com. électr.* 2008, 1, note Caron). Le refus du salarié d'une association de communiquer le code d'accès à un site internet créé par lui ne constitue pas, sauf intention de nuire, une faute grave justifiant son licenciement (■ Cass. soc., 18 janv. 2011 : *Comm. com. électr.* 2011, 44, note Caron).

14) Rémunération. Lorsque la création est de celles qui peuvent donner lieu à une rémunération forfaitaire, le forfait peut consister en un salaire (V. pour les photographes de presse ■ Paris, 17 mai 1969 : *D.* 1970, 702, 2e esp., note J.-F. P. ■ TGI Paris, 25 janv. 1973 : *Gaz. Pal.* 1973, 1, 412. ■ Cass. 1re civ., 20 déc. 1982 : *JCP* 83, II, 20102, note Françon). Jugé que la possibilité du forfait, expressément visée par le législateur dans le cas des entreprises de presse, est implicitement réservée en toutes les hypothèses où l'œuvre fait l'exécution de la convention d'engagement (■ TGI Paris, 29 juin 1971 : *RIDA* 1/1972, 133 ; *RTD com.* 1972, 906, obs. Desbois).

15) Logiciels. Sur l'attribution à l'employeur des droits d'auteur sur les logiciels créés par le salarié, V. art. L. 113-9.

16) Contrat de commande. Prix. La cession des droits patrimoniaux de l'auteur sur son œuvre n'est pas nécessairement concomitante avec la commande qui peut lui être faite de cette œuvre, et l'existence d'une telle commande ne dépend pas de celle de la mention d'un prix (■ Cass. 1re civ., 24 févr. 1987 : *Bull. civ.* I, n° 70 ; *RIDA* 3/1987, 186 ; *D.* 1988, 97, 1re esp., note Edelman).

Art. L. 111-2. – **L'œuvre est réputée créée, indépendamment de toute divulgation publique, du seul fait de la réalisation, même inachevée, de la conception de l'auteur.**

1) Principe. La protection de l'idée comme œuvre de l'esprit suppose la création de l'œuvre par la réalisation, même inachevée, de la conception de l'auteur (■ Cass. 1re civ., 17 oct. 2000 : *Juris-Data* n° 2000-006287 ; *JCP* 2000, IV, 2786 ; *Bull. civ.* I, n° 248). L'idée de « répondre » à une publicité ne suffit donc pas à établir la participation à une œuvre collective (même arrêt).

2) Projet et œuvre. Dès lors qu'un arrangement musical ne constitue qu'un projet et que son auteur peut ne pas en poursuivre la réalisation, le consentement de l'auteur de la chanson préexistante n'est pas requis (■ Cass. 1re civ., 17 nov. 1981 : *D.* 1983, inf. rap. 92, obs. crit. Colombet ; *Bull. civ.* I, n° 339). Mais lorsque les auteurs d'un projet d'émission ont sélectionné les matériaux propres à concrétiser leur idée et qu'ils ont présenté le dessin général de celle-ci, il résulte du seul fait de cette réalisation, même inachevée, que leur œuvre est réputée créée et qu'ils sont fondés à invoquer l'entier bénéfice de la loi du 11 mars 1957 (■ TGI Paris, 14 déc. 1983 : *RIDA* 2/1984, 172 ; *D.* 1984, inf. rap. 287, obs. Colombet).

Art. L. 111-3. – **La propriété incorporelle définie par l'article L. 111-1 est indépendante de la propriété de l'objet matériel.**

L'acquéreur de cet objet n'est investi, du fait de cette acquisition, d'aucun des droits prévus par le présent code, sauf dans les cas prévus par les dispositions des deuxième et troisième alinéas de l'article L. 123-4. Ces droits subsistent en la personne de l'auteur ou de ses ayants droit qui, pourtant, ne pourront exiger du propriétaire de l'objet matériel la mise à leur disposition de cet objet pour l'exercice desdits droits. Néanmoins, en cas d'abus notoire du propriétaire empêchant l'exercice du droit de divulgation, le tribunal de grande instance pourra prendre toute mesure appropriée, conformément aux dispositions de l'article L. 121-3.

1) La loi du 9 avril 1910 aux termes de laquelle l'aliénation d'une œuvre d'art n'entraîne pas celle du droit de reproduction n'a pas de caractère interprétatif et n'a donc pas d'effet rétroactif (■ Cass. crim., 19 mars 1926 : *DP* 1927, 1, 25, note Nast. ■ Cass. 1re civ., 16 juin 1982 : *D.* 1983, inf. rap. 96, obs. Colombet). Comp. ■ Paris, 27 oct. 2010 : *JCP* G 2011, 107, note Lucas-Schloetter ; *Propr.*

intell. 2011, 91, obs. A. Lucas, invoquant une transaction reconnaissant à la propriétaire d'une sculpture cédée par Camille Claudel en 1905 la titularité du droit de reproduction. V. aussi pour une cession tacite du droit de reproduction sous l'empire du droit antérieur à la loi du 9 avril 1910, ▪ Paris, 18 déc. 2013 : *LEPI* 2014, 21, obs. Lebois. Ni la protection constitutionnelle des droits de la propriété intellectuelle ni celle de la liberté contractuelle ne s'opposent à la règle découlant de l'article 1er de la loi de 1793, tel qu'interprété par la Cour de cassation dans son arrêt des Chambres réunies du 27 mai 1842, qui, jusqu'à la réforme opérée par la loi du 9 avril 1910 (et toujours applicable aux ventes réalisées avant l'entrée en vigueur de la ladite loi), attachait à la vente d'une œuvre d'art faite sans réserve la cession du droit de reproduction (▪ Cons. const., 21 nov. 2014, déc. n° 20144-430 QPC : *Comm. com. électr.* 2015, 1, note Caron ; *Propr. intell.* 2015, 49, obs. A. Lucas. V., tirant les conséquences de la solution pour des ventes de tableaux de Matisse conclues avant la loi du 9 avril 1910, ▪ Cass. 1re civ., 10 sept. 2015, n° 14-13.236, 949 : *Propr. intell.* 2016, 47, obs. A. Lucas).

2) Propriété corporelle et propriété intellectuelle. Sur le principe que la propriété incorporelle est indépendante de la propriété de l'objet matériel, V. ▪ Cass. 1re civ., 20 déc. 1966 : *D.* 1967, 159 ; *RTD com.* 1967, 774, obs. Desbois. ▪ Cass. 1re civ., 11 oct. 1983 : *Bull. civ.* I, n° 225 ; *D.* 1984, inf. rap. 287, obs. Colombet. ▪ Paris, 19 févr. 2014 : *RLDI* 2014/102, 3380, obs. L.C. (sculptures en plâtre données par Alberto Giacometti à son frère Diego). La réalisation d'une œuvre de commande pour la publicité n'emporte pas, sauf preuve contraire à la charge du producteur en publicité, transfert de la propriété de l'objet matériel lorsque la commande ne porte que sur la cession des droits d'exploitation de l'œuvre (▪ Cass. 1re civ., 14 mai 1996 : *JCP* 96, IV, 1490 ; *Bull. civ.* I, n° 207). La propriété incorporelle dont jouissent indivisément les coauteurs d'une œuvre de collaboration laisse subsister le droit exclusif de chaque auteur sur l'objet matériel qui est l'expression de sa création personnelle (▪ Cass. 1re civ., 6 mai 1997 : *JCP* 97, IV, 1357 ; *Bull. civ.* I, n° 145 ; *D.* 1998, 80, note Edelman, planches réalisées par le dessinateur de bandes dessinées). Les clichés photographiques, supports matériels, appartiennent à titre originaire à l'éditeur qui a financé les supports vierges et les frais techniques de développement (▪ Cass. 1re civ., *28 oct. 2015, n° 14-22.207* : *JCP* G 2016, 153, note Treppoz ; *D.* 2016, 238, note Latil ; *Dalloz IP/IT* 2016, 24, note Dissaux ; *RTD civ.* 2016, 163, obs. Dross ; *RDC* 2016, 325, note Berlioz ; *Propr. intell.* 2016, 48, obs. Bruguière. V., sur renvoi, ▪ Paris, 16 juin 2017 : *Propr. intell.* 2017, n° 64, p. 63, obs. Bruguière, rejetant l'application de la théorie de l'accession mobilière en notant que l'éditeur était un possesseur de bonne foi et que, « au demeurant », le photographe « ne rapporte pas la preuve que sa main d'œuvre aurait été tellement importante puisqu'il indique avoir procédé à des prises de photographies en rafale donc de manière quasi-automatique »).

3) Matrices de lithographies. Jugé que les plaques de zinc matrices de lithographies de Giacometti, fruit du savoir-faire d'un technicien, ne peuvent être qualifiées d'œuvres de l'esprit, à la différence de la plaque de cuivre sur laquelle l'auteur pourrait travailler directement, et que le titulaire des droits d'auteur ne peut donc s'opposer à leur exposition en vue de la vente (▪ Paris, 26 juin 2009 : *Propr. intell.* 2009, 369, obs. Bruguière, pourvoi rejeté par ▪ Cass. 1re civ., 1er déc. 2011 : *Comm. com. électr.* 2012, 62, note Caron ; *Propr. intell.* 2012, 27, obs. A. Lucas).

4) Don manuel (non). La propriété littéraire n'étant pas susceptible de possession matérielle ne peut être transmise au moyen d'un don manuel (▪ Cass. civ., 26 févr. 1919 : *S.* 1920, 1, 203). La donation d'un manteau n'établit pas que le donataire ait été pour autant investi du droit de permettre la réalisation et la diffusion de son image (▪ Cass. 1re civ., 25 janv. 2005 : *RIDA* 2/2005, 265 ; *Propr. intell.* 2005, 164, obs. A. Lucas). La mise en vente d'une toile sur l'ordre du tiers possesseur, se prétendant donataire, par un commissaire-priseur viole le droit de divulgation de l'auteur qui s'était opposé à la vente (▪ Cass. 1re civ., 29 nov. 2005 : *RIDA* 2/2006, 263 ; *JCP* 2005, IV, 3794 ; *Comm. com. électr.* 2006, 19, note Caron ; *Propr. intell.* 2006, 174, obs. A. Lucas).

5) Lettre missive. Si le destinataire d'une lettre est propriétaire incontestable de l'élément matériel qu'elle comporte, il n'en a pas pour autant le droit de disposer à son gré de l'élément intellectuel, c'est-à-dire des thèses qui y sont développées, de la pensée de l'auteur et de son expression (▪ Paris, 16 févr. 1945 : *D.* 1945, 259. – V. aussi ▪ Poitiers, 9 août 2013 : *JurisData* n° 2013-017004 ; *Comm. com. électr.* 2013, 122, note Caron (lettres adressées par Antonin Artaud).

6) Œuvres créées sur un support sans autorisation du propriétaire. L'auteur d'œuvres picturales ornant les panneaux apposés sur la vitrine d'un bar commet le délit prévu par l'article 322-1, alinéa 2, du Code pénal, en taguant les panneaux sans l'autorisation du propriétaire de l'établissement (▪ Cass. crim., 20 juin 2018, n° 17-86.402 : *Propr. intell.* 2018, n° 69, p. 30, obs. Bruguière).

7) Abus de droit du propriétaire de l'objet corporel. Procède d'un abus de droit manifeste le comportement du propriétaire du seul négatif du film qui refuse toutes les offres qui lui sont faites et ne permet pas l'accès de l'auteur au support matériel de l'œuvre, empêchant ainsi l'exercice du droit de divulgation (■ TGI Paris, 10 sept. 1992 : *RIDA* 1/1993, 211, confirmé par ■ Paris, 29 sept. 1995 : *RIDA* 2/1996, 293. Comp. ■ Paris, 17 mars 2004 : *Propr. intell.* 2004, 773, 2e esp., obs. A. Lucas, déduisant l'abus de droit commis par la société Air France, propriétaire des négatifs, du seul fait qu'elle « ne justifie d'aucun motif légitime à son refus de les mettre à disposition » de l'auteur photographe).

8) Révocation de la donation d'œuvres d'art pour inexécution de charges en lien avec le droit moral. L'héritier du peintre qui a donné des œuvres sous condition de ne pas les vendre ni les exposer à des fins commerciales est recevable à agir en révocation de la donation pour inexécution de ces charges même s'il n'est pas titulaire post mortem du droit moral (■ Cass. 1re civ., 16 janv. 2019, n° 18-10.603).

Art. L. 111-4. – **Sous réserve des dispositions des conventions internationales auxquelles la France est partie, dans le cas où, après consultation du ministre des Affaires étrangères, il est constaté qu'un État n'assure pas aux œuvres divulguées pour la première fois en France sous quelque forme que ce soit une protection suffisante et efficace, les œuvres divulguées pour la première fois sur le territoire de cet État ne bénéficient pas de la protection reconnue en matière de droit d'auteur par la législation française.**

Toutefois, aucune atteinte ne peut être portée à l'intégrité ni à la paternité de ces œuvres.

Dans l'hypothèse prévue à l'alinéa 1er ci-dessus, les droits d'auteur sont versés à des organismes d'intérêt général désignés par décret.

Droit moral. Loi d'application impérative. Aucune atteinte ne peut être portée en France à l'intégrité d'une œuvre littéraire ou artistique, quel que soit l'État sur le territoire duquel cette œuvre a été divulguée pour la première fois ; la personne qui en est l'auteur du seul fait de sa création est investie du droit moral institué à son bénéfice par l'article 6 de la loi du 11 mars 1957 (CPI, art. L. 121-1) (■ Cass. 1re civ., 28 mai 1991 : *JCP* 91, II, 21731, note Françon ; *RIDA* 3/1991, 197).

Art. L. 111-5. – **Sous réserve des conventions internationales, les droits reconnus en France aux auteurs de logiciels par le présent code sont reconnus aux étrangers sous la condition que la loi de l'État dont ils sont les nationaux ou sur le territoire duquel ils ont leur domicile, leur siège social ou un établissement effectif accorde sa protection aux logiciels créés par les nationaux français et par les personnes ayant en France leur domicile ou un établissement effectif.**

CHAPITRE II. – ŒUVRES PROTÉGÉES

Art. L. 112-1. – **Les dispositions du présent code protègent les droits des auteurs sur toutes les œuvres de l'esprit, quels qu'en soient le genre, la forme d'expression, le mérite ou la destination.**

1) Mérite. Sur le principe que la protection du droit d'auteur est acquise indépendamment du mérite, V. ■ Cass. crim., 2 mai 1961 : *JCP* 61, II, 12242. ■ Aix-en-Provence, 21 oct. 1965 : *JCP* 66, II, 14657. – C. Carreau, *Mérite et droit d'auteur* : *RIDA* 3/1981, 3. Doit être cassé l'arrêt qui refuse la protection à des dessins humoristiques en tirant argument de la banalité des réflexions prêtées aux animaux représentés et de l'indigence des légendes (■ Cass. crim., 13 févr. 1969 : *D.* 1969, 323). Viole l'article 1134, C. civ. la cour d'appel qui énonce que la qualification de l'œuvre en vue de son classement dans le barème de rémunération établi par une société d'auteur s'apprécie au regard des dispositions de l'article L. 113-2 et suivants, CPI, selon que l'œuvre est simple, composite, ou de collaboration, alors que la classification des œuvres prévues par le barème est autonome et ne se réfère pas à la qualification des œuvres au sens des textes cités (■ Cass. 1re civ., 6 févr. 1996 : *RIDA* 3/1996, 351, note Kéréver). La protection légale étant indépendante de toute considération d'ordre esthétique ou artistique, doit être cassé l'arrêt qui a refusé la qualité d'œuvres de l'esprit à des dessins et montages audiovisuels réalisés à partir de plans d'usine en retenant que ces travaux procédaient de considérations purement techniques (■ Cass. 1re civ., 15 avr. 1982 : *Bull. civ.* I, n° 132 ; *RIDA* 4/1982, 159 ; *D.* 1983, inf. rap. 93, obs. Colombet. – V. en ce sens ■ Cass. crim., 22 juin 1967 : *D.* 1968, 241, note Costa).

2) Destination. La destination étant indifférente, les œuvres des arts appliqués peuvent donner prise au droit d'auteur (■ Cass. com., 18 mars 1970 : *Bull. civ.* IV, n° 108, pour des papiers peints. ■ Cass. crim., 9 oct. 1974 : *D.* 1974, inf. rap. 228 ; *JCP* 76, II, 18311, note A. C., pour un décapsuleur. ■ Reims, 5 nov. 1986 : *JurisData* n° 1986-46002 pour des emballages), de même que des notices techniques (■ T. corr. Seine,

2 févr. 1912 : *Ann. propr. ind.* 1912, 290), ou que le texte d'un brevet d'invention (■ T. corr. Paris, 17 janv. 1968 : *Gaz. Pal.* 1968, 1, 197 ; *RTD com.* 1968, 1037, obs. Chavanne). Jugé cependant qu'un catalogue reproduisant des objets industriels accompagnés de textes et de dessins présentant un caractère technique descriptif et nécessaire ne peut être protégé par le droit d'auteur (■ Paris, 8 nov. 1977 : *Gaz. Pal.* 1978, 1, somm. 123).

3) **Forme fonctionnelle.** De manière générale, la forme ne peut être exclue de la protection que si elle revêt un caractère purement fonctionnel (■ Cass. com., 23 juin 1987 : *Bull. civ.* IV, n° 156 ; *JCP* 87, IV, 304. ■ Cass. 1re civ., 28 mars 1995 : *RIDA* 3/1995, 327). La protection légale suppose que l'auteur ait été animé, dans la conception de l'œuvre arguée de contrefaçon, du souci de donner à celle-ci une valeur nouvelle dans le domaine de l'agrément, et séparable du caractère fonctionnel de l'objet envisagé (■ Versailles, 8 avr. 1987 : *D.* 1988, somm. 202, obs. Colombet). Jugé que la protection du droit d'auteur est acquise dès lors que la forme du modèle, bien qu'opportune et fonctionnelle, n'est pas imposée par des impératifs techniques (■ Cass. com., 21 mars 1995 : *RIDA* 4/1995, 279) ou que la protection par le droit d'auteur suppose que la création soit exclusivement commandée par un souci esthétique ou ornemental, être dissociable du résultat technique qu'elle procure, correspondre à un parti pris de l'auteur (■ Paris, 11 oct. 2000 : *JurisData* n° 2000-128290 ; *RIDA* 2/2001, 367, plans de forme de coque de navire). Les juges du fond peuvent retenir que l'ustensile de cuisson mis au point par le demandeur ne présente pas l'originalité requise, la réalisation étant uniquement commandée par la fonction assignée à l'objet, sans création portant l'empreinte de la personnalité de l'auteur (■ Cass. 1re civ., 28 nov. 2000 : *JurisData* n° 007095 ; *JCP* 2001, IV, 1144 ; *Bull. civ.* I, n° 309).

4) **Moralité.** L'article 2 de la loi de 1957 (C. propr. intell., art. L. 112-1) interdit aux juges de subordonner la protection à des considérations d'ordre moral. Des films pornographiques, dès lors qu'ils ne constituent pas un étalage délibéré de violences et de perversions sexuelles dégradantes pour la personne humaine, doivent donc être considérés comme des œuvres de l'esprit protégeables (■ Cass. crim., 6 mai 1986 : *D.* 1987, somm. 151, obs. Colombet. – V. aussi ■ Paris, 4e ch. B, 7 juin 1990 : *JurisData* n° 023051).

5) **Parfums.** La fragrance d'un parfum, qui procède de la simple mise en œuvre d'un savoir-faire, ne constitue pas la création d'une forme d'expression pouvant bénéficier de la protection des œuvres de l'esprit par le droit d'auteur (■ Cass. 1re civ., 13 juin 2006 : *JCP* 2006, II, 10138, note Pollaud-Dulian ; *Comm. com. électr.* 2006, 119, note Caron ; *Propr. intell.* 2006, 442, obs. A. Lucas. ■ Cass. com., 1er juill. 2008 : *RIDA* 3/2008, 315 ; *Propr. intell.* 2008, 419, obs. Bruguière ; *RTD com.* 2008, 735, obs. Pollaud-Dulian. ■ Cass. 1re civ., 22 janv. 2009 : *RIDA* 1/2009, 371. ■ CA Lyon, 10 mai 2012 : *RTD com.* 2012, 763, obs. Pollaud-Dulian. – V. dans le même sens, mais avec une motivation différente, ■ Cass. com., 10 déc. 2013, n° 11-19.872 : *Comm. com. électr.* 2014, 13, note Caron ; *Propr. intell.* 2014, 51, obs. Bruguière (« le droit d'auteur ne protège les créations dans leur forme sensible qu'autant que celle-ci est identifiable avec une précision suffisante pour permettre sa communication ; la fragrance d'un parfum, qui, hors son procédé d'élaboration, lequel n'est pas lui-même une œuvre de l'esprit, ne revêt pas une forme présentant cette caractéristique, ne peut dès lors bénéficier de cette protection par le droit d'auteur »). V. déjà, décidant qu'une technique industrielle permettant d'obtenir un produit ne peut, même si elle n'est pas brevetable, bénéficier d'un droit de propriété artistique et qu'un parfum ne peut donc prétendre au bénéfice du droit d'auteur, ■ Paris, 3 juill. 1975 : *RIDA* 1/1977, 108 ; *D.* 1976, somm. 19.

6) **Saveur d'un produit alimentaire.** La directive 2001/29 doit être interprétée en ce sens qu'elle s'oppose à ce que la saveur d'un produit alimentaire soit protégée par le droit d'auteur au titre de cette directive et à ce qu'une législation nationale soit interprétée d'une manière telle qu'elle accorde une protection par le droit d'auteur à une telle saveur (■ CJUE, 13 nov. 2018, aff. C-310/17, *Levola Hengelo* : *D.* 2018, p. 2464, note Pollaud-Dulian).

Art. L. 112-2 *(L. n° 94-361, 10 mai 1994).* **– Sont considérés notamment comme œuvres de l'esprit au sens du présent code :**

1° Les livres, brochures et autres écrits littéraires, artistiques et scientifiques ;

2° Les conférences, allocutions, sermons, plaidoiries et autres œuvres de même nature ;

3° Les œuvres dramatiques ou dramatico-musicales ;

4° ***Les œuvres chorégraphiques, les numéros et tours de cirque, les pantomimes, dont la mise en œuvre est*** **fixée par écrit ou autrement ;**

5° Les compositions musicales avec ou sans paroles ;

6° Les œuvres cinématographiques et autres œuvres consistant dans des séquences animées d'images, sonorisées ou non, dénommées ensemble œuvres audiovisuelles ;

7° Les œuvres de dessin, de peinture, d'architecture, de sculpture, de gravure, de lithographie ;
8° Les œuvres graphiques et typographiques ;
9° Les œuvres photographiques et celles réalisées à l'aide de techniques analogues à la photographie ;
10° Les œuvres des arts appliqués ;
11° Les illustrations, les cartes géographiques ;
12° Les plans, croquis et ouvrages plastiques relatifs à la géographie, à la topographie, à l'architecture ou aux sciences ;
13° Les logiciels, y compris le matériel de conception préparatoire ;
14° Les créations des industries saisonnières de l'habillement et de la parure. Sont réputées industries saisonnières de l'habillement et de la parure les industries qui, en raison des exigences de la mode, renouvellent fréquemment la forme de leurs produits, et notamment la couture, la fourrure, la lingerie, la broderie, la mode, la chaussure, la ganterie, la maroquinerie, la fabrique de tissus de haute nouveauté ou spéciaux à la haute couture, les productions des paruriers et des bottiers et les fabriques de tissus d'ameublement.

• ***Sommaire***

I – EXIGENCE D'ORIGINALITÉ

1) Définition. Les juges du fond énoncent justement que, pour être reconnue originale, une œuvre doit être révélatrice de la personnalité de son auteur et comporter un apport intellectuel inédit (■ Cass. 1re civ., 2 mars 1999 : *RIDA* 3/1999, 309). Sur la définition subjective de l'originalité entendue comme la marque de l'empreinte de la personnalité du créateur, V. aussi ■ T. civ. Seine, 12 janv. 1893 : *Ann. propr. ind.* 1893, 207. ■ Cass. civ., 27 mai 1942 : *S.* 1942, 124. ■ Cass. 1re civ., 15 janv. 1974 : *D.* 1974, 267. ■ Paris, 1er avr. 1957 : *D.* 1957, 436. ■ TGI Paris, 9 mars 1970 : *RIDA* 4/1970, 100. ■ TGI Paris, 21 janv. 1977 : *RIDA* 2/1977, 169. ■ TGI Paris, 27 avr. 1984 : *RIDA* 1/1985, 192. – V. aussi, précisant que la notion d'antériorité est « inopérante », ■ Cass. 1re civ., 23 févr. 1994 : *Bull. civ.* I, n° 79. ■ Cass. 1re civ., 11 févr. 1997 : *JCP* 97, IV, 757 ; *Bull. civ.* I, n° 56. ■ Cass. 1re civ., 22 janv. 2014, n° *11-24.273 : RIDA 2/2015, 321 ; Propr. intell.* 2014, 151, obs. Bruguière. V. cependant, confondant originalité et nouveauté, ■ Cass. com., 23 mars 1965 : *Bull. civ.* III, n° 228. ■ Douai, 4 déc. 1964 : *Ann. propr. ind.* 1965, 218. ■ Paris, 19 juin 1984 : *D.* 1985, inf. rap. 309, obs. Colombet. – Comp., ramenant l'exigence d'originalité à celle d'un effort intellectuel, ■ Cass. 1re civ., 23 juin 1959 : *D.* 1959, 384. ■ Cass. 1re civ., 24 avr. 1979 : *Bull. civ.* I, n° 82 ; *D.* 1979, inf. rap. 487. – V. encore, définissant l'originalité comme la marque d'un apport intellectuel, ■ Cass. ass. plén., 7 mars 1986 : *JCP* 1986, II, 20631, note Mousseron, Teyssié et Vivant ; *D.* 1986, p. 405, concl. Cabannes et note Edelman ; *RIDA* 3/1986, p. 136, note A. Lucas : *RTD com.* 1986, p. 399, obs. Françon. ■ Cass. 1re civ., 2 mai 1989 : *JCP* 1990, II, 21392, note A. Lucas. Sur ce que la notion d'antériorité est inopérante pour apprécier l'originalité d'une œuvre, V. ■ Cass. 1re civ., 12 déc. 2000 : *RIDA* 2/2001, 347. Si l'appréciation de la nouveauté d'une création et celle de son originalité procèdent de deux démarches distinctes, il demeure que pour prétendre à l'originalité, une œuvre doit se différencier de celles qui existent, plus exactement préexistent, dans le même champ intellectuel ; c'est l'existence de cette différence qui rendra compte des choix non contingents et personnels effectués par l'auteur et qui permettre d'apprécier si l'œuvre, considérée dans son ensemble, constitue ou non une création propre à celui-ci, éligible à la protection conférée par le droit d'auteur (■ Paris, 4 avr. 2008 : *JCP* E 2008, 2248, note Greffe). V. pour des photographies ■ CJUE, 1er déc. 2011, C-145/10, *E.-M. Painer : Légipresse* 2012, 161, note Antippas ; *Propr. intell.* 2012, 30, obs. A. Lucas, caractérisant l'originalité par l'existence de « choix libres et créatifs », tout en définissant la photographie originale comme la « création intellectuelle de l'auteur qui *reflète sa personnalité* ». Sur ce qu'une œuvre faiblement originale doit être protégée, V. ■ Cass. 1re civ., 30 avr. 2014, n° 13-15.517 : *RIDA* 2/2015, 341 ; *Propr. intell.* 2014, 253, obs. Bruguière.

2) Sur le **pouvoir souverain des juges du fond** pour déterminer l'existence de l'originalité, V. ▪ Cass. req., 27 juin 1910 : *DP* 1910, 1, 296. S'ils n'ont pas à porter de jugement de valeur sur l'œuvre, ils ont néanmoins pour mission de vérifier l'originalité (▪ Cass. 1re civ., 6 mars 1979 : *JCP* 79, IV, 169 ; *Bull. civ.* I, n° 82 ; *RTD com.* 1979, 462, obs. Françon. ▪ Cass. com., 3 mai 1994 : *Bull. civ.* IV, n° 166. ▪ Cass. 1re civ., 11 févr. 1997 : *JCP* 97, IV, 756 ; *Bull. civ.* I, n° 55). Viole les articles L. 112-1 et L. 112-2 la cour d'appel qui retient que l'originalité d'un ouvrage sur la Corse résulte de la conjonction de caractéristiques éditoriales tenant notamment au format adopté, à la couleur et à la qualité du papier choisi et à l'apposition de simples légendes, caractéristiques qui se trouvaient pour la première fois réunies, fondant ainsi sa décision sur l'absence d'antériorité de toute pièce et le caractère nouveau des choix opérés, sans caractériser en quoi ces choix, pour arbitraires qu'ils soient, portaient l'empreinte de la personnalité de ses auteurs (▪ Cass. 1re civ., 7 nov. 2006 : *RIDA* 1/2007, 335 ; *Comm. com. électr.* 2007, 4, note Caron ; *Propr. intell.* 2007, 77, obs. Bruguière. – V. en ce sens, reprenant la même motivation à propos d'œuvres architecturales, ▪ Cass. 1re civ., 22 janv. 2014, n° 11-24.273). Sur ce que c'est normalement à celui qui se prévaut du monopole d'auteur de démontrer que l'œuvre remplit les conditions pour être investie de la protection légale, V. ▪ Cass. 1re civ., 5 et 12 juill. 2006 : *Propr. intell.* 2006, 442, obs. A. Lucas. – ▪ Cass. 1re civ., 8 nov. 2017, n° 16-22.105). Pour reconnaître le bénéfice de la protection au titre du droit d'auteur à quarante-six photographies, l'arrêt attaqué, après avoir procédé à l'analyse de trois d'entre elles, se borne à énoncer, pour les autres, qu'à travers les choix esthétiques qu'elles révèlent, le demandeur a exalté la quintessence du site photographié avec son regard personnel et sa sensibilité. En se déterminant ainsi, sans rechercher si et en quoi chacune des photographies, dont la protection était sollicitée, résultait d'un effort créatif portant l'empreinte de la personnalité de leur auteur, seul de nature à leur conférer le caractère d'une œuvre originale, la cour d'appel n'a pas donné de base légale à sa décision (▪ Cass. soc., 24 avr. 2013, n° 10-16.063 : *Propr. intell.* 2013, 286, obs. A. Lucas ; *RTD com.* 2013, 699, obs. Pollaud-Dulian. – V. aussi pour une photographie représentant un pâté rond et un pâté en forme de trapèze, ▪ Cass. 1re civ., 10 déc. 2014, n° 10-10.923 : *JurisData* n° 2014-030967). L'obligation d'apprécier l'originalité de chaque photographie objet du *litige n'interdit* pas de « les regrouper, en fonction de leurs caractéristiques » (▪ Cass. 1re civ., 11 mai 2017, n° 15-29.374 : *Comm. com. électr.* 2017, 59, note Caron ; *Propr intell.* 2017, n° 64, p. 55, obs. Bruguière et Bernault. V. aussi, admettant l'originalité de 8 779 photographies, ▪ Cass. com., 5 avr. 2018, n° 13-21.001). La détermination de la qualité d'auteur d'une œuvre protégée relevant exclusivement de la loi, la seule déclaration faite auprès d'une société de gestion collective en vue de la fixation du montant des redevances n'a pu investir le demandeur cette qualité, et la protection de ses droits est subordonnée à la reconnaissance de l'originalité de l'œuvre arguée de contrefaçon (▪ Cass. 1re civ., 15 oct. 2014, n° 10-12.065 : *Propr. intell.* 2015, 42, obs. Bernault ; *RTD com.* 2014, 804, obs. Pollaud-Dulian).

II – ŒUVRES LITTÉRAIRES

3) Œuvres scientifiques. Pour des exemples d'œuvres scientifiques protégées par le droit d'auteur, V. ▪ T. civ. Seine, 9 déc. 1893 : *DP* 1894, 2, 262. ▪ T. civ. Seine, 17 mars 1905 : *DP* 1905, 2, 366 (cours de professeurs d'université). ▪ TGI Seine, 8 nov. 1966 : *JCP* 67, IV, 28 (article scientifique). ▪ Paris, 17 mai 1975 : *Gaz. Pal.* 1977, 1, 15 (mémoire de doctorat). ▪ Paris, 21 févr. 1978 : *Ann. propr. ind.* 1979, 362 (ouvrage de droit social). ▪ Cass. 1re civ., 8 nov. 1983 : *Bull. civ.* I, n° 260 ; *D.* 1985, inf. rap. 309, obs. Colombet (ouvrage médical). ▪ Paris, 21 févr. 1984 : *D.* 1984, inf. rap. 285, obs. Colombet (méthode d'enseignement de la comptabilité). Jugé que si les juristes puisent dans un fonds commun d'articles de code ou d'ouvrages doctrinaux, la présentation, la méthode d'exposition et l'agencement des chapitres des JurisClasseurs constituent une création originale (▪ T. corr. Seine, 6 juin 1966 : *JCP* 66, II, 14893, note J.H.A. ; *RTD com.* 1967, 1077, obs. Desbois). Mais V. en sens inverse pour une requête d'avocat ▪ Cass. crim., 16 juin 2009 : *Comm. com. électr.* 2009, 85, note Caron ; *Propr. intell.* 2009, 363, obs. Bruguière).

4) Œuvres techniques. Pour des exemples d'œuvres de caractère technique ou utilitaire protégées par le droit d'auteur, V. ▪ Cass. crim., 27 nov. 1869 : *DP* 1870, 1, 186 (almanach). ▪ Cass. req., 15 mai 1878 : *DP* 1879, 1, 20 (tableaux synoptiques). ▪ T. corr. Paris, 17 janv. 1968 : *Gaz. Pal.* 1968, 1, 197 (texte d'un brevet d'invention). ▪ Paris, 13 déc. 1973 : *D.* 1974, somm. 44 (méthode de gestion du budget familial). ▪ Paris, 2 mai 1975 : *JCP* 79, II, 19110, note Leduc ; *RIDA* 2/1977, 138 (document publicitaire). ▪ Cass. 1re civ., 21 mai 1975 : *Bull. civ.* I, n° 171 (barème de prix). ▪ TGI Paris, 24 sept. 1976 : *RIDA* 3/1977, 155 (Annuaire des maires de France). ▪ Lyon, 1er déc. 1976 : *Gaz. Pal.* 1977, 2, somm. 275 (étalage). ▪ Paris, 4 mars 1982 : *D.* 1983, inf. rap. 93, obs. Colombet (catalogue d'articles pour chiens). ▪ TGI Grenoble, réf., 9 mai 1984 : *D.* 1985, inf. rap. 309, obs. Colombet (enquête sur les prix). ▪ Paris,

14 avr. 1986 : *D.* 1987, somm. 152, obs. Colombet (calendrier israélite). ▪ Paris, 6 mai 1987 : *D.* 1987, inf. rap. 143 (guide d'une ville). ▪ Paris, 7 janv. 1991 : *D.* 1991, inf. rap. 34 ; *JCP* 91, IV, 180 (carte routière). ▪ Paris, 26 mars 1991 : *D.* 1992, 462, note Tricoire (carte des vins de France). ▪ Paris, 13 juin 1991 : *D.* 1992, somm. 12, obs. Colombet (questions d'examen). ▪ Cass. 1re civ., 31 mars 1992 : *JurisData* n° 794 (guide touristique). ▪ Paris, 27 oct. 2006 : *Propr. intell.* 2007, 79, obs. Bruguière (rapport d'étude sur un schéma d'assainissement). Mais ne peuvent bénéficier de la protection légale un slogan publicitaire qui résulte d'un jeu de mots élémentaire (▪ Paris, 5 mars 1959 : *JCP* 59, II, 11291, note Plaisant ; *D.* 1959, 248, et, sur pourvoi ▪ Cass. 1re civ., 21 mai 1963 : *JCP* 63, II, 13254 *bis*), un catalogue qui ne révèle aucun travail personnel de création (▪ Cass. 1re civ., 15 janv. 1974 : *D.* 1974, 267), ou un ouvrage intitulé « le carnet du supporter de football » qui ne s'élève pas au rang de création intellectuelle (▪ Cass. crim., 2 juin 1982 : *Bull. crim.*, n° 138 ; *D.* 1983, inf. rap. 89, obs. Colombet). Si des catalogues manifestent, de la part de l'éditeur, un effort de personnalité et de recherche, ils ne répondent pas pour autant à la condition d'originalité dès lors que la comparaison avec d'autres catalogues permet d'observer que se retrouvent dans plusieurs d'entre eux la disposition verticale des objets et l'emplacement des photographies par rapport au texte (▪ Versailles, 11 févr. 1987 : *D.* 1988, somm. 201, obs. crit. Colombet).

5) Compilation d'informations. Un travail de compilation d'informations n'est pas protégé en soi, et il appartient aux juges du fond de préciser en quoi la forme graphique de la compilation comporte un apport intellectuel caractérisant une création originale (▪ Cass. 1re civ., 2 mai 1989 : *JCP* 90, II, 21392, note A. Lucas).

6) Presse. Le droit d'auteur protège les articles de fond des journaux (▪ T. civ. Seine, 5 févr. 1954 : *Gaz. Pal.* 1954, 1, 182. ▪ T. corr. Nice, 25 nov. 1957 : *JCP* 58, II, 10532), de même que les interviews (▪ TGI Paris, 6 juill. 1972 : *D.* 1972, 628. ▪ TGI Paris, 24 mars 1982 : *D.* 1983, inf. rap. 91, obs. Colombet). Les nouvelles ne peuvent en elles-mêmes faire l'objet d'une appropriation privée (▪ T. com. Marseille, 5 févr. 1906 : *DP* 1906, 5, 61), mais le pillage des dépêches d'agences de presse peut être sanctionné sur le fondement de l'article 1382 du Code civil (▪ Cass. req., 23 mai 1900 : *DP* 1902, 1, 405). Dès lors que le journaliste a retranscrit des entretiens sous une forme littéraire, en ménageant des transitions, afin de donner à l'expression orale une forme écrite élaborée, fruit d'un investissement intellectuel, les articles en résultant sont éligibles à la protection conférée par le droit d'auteur (▪ Cass. 2e civ., 30 janv. 2014, n° 12-24.145 : *RIDA* 2/2015, p. 327 ; *Propr. intell.* 2014, 153, obs. Bruguière).

7) Politique. Les notes prises par un homme politique lors d'un entretien ou au cours d'une réunion présentent un caractère d'originalité (▪ TGI Paris, 28 mai 1986 : *D.* 1987, somm. 151, obs. Colombet).

8) Cours. Les cours du psychanalyste Lacan constituent des œuvres protégeables (▪ TGI Paris, 11 déc. 1985 : *D.* 1987, somm. 155, obs. Colombet). Mais il en va autrement pour les leçons d'un instituteur, reprises dans un film documentaire, qui ne présentent de caractère original ni dans leur composition ni dans leur enchaînement (▪ Cass. 1re civ., 13 nov. 2008, *Être et avoir* : *RIDA* 2/2009, 405 ; *Comm. com. électr.* 2009, 2, note Caron ; *Propr. intell.* 2009, 160, obs. A. Lucas).

9) Sermons, discours et plaidoiries. Sont protégées au même titre que les œuvres écrites des œuvres orales telles que des sermons (▪ Lyon, 17 juill. 1845 : *D.* 1845, II, 128), des plaidoiries (▪ T. civ. Seine, 13 févr. 1952 : *D.* 1952, 245) ou des discours politiques (▪ TGI Paris, 6 juill. 1972 : *D.* 1972, 628. ▪ TGI Paris, 3 avr. 1973 : *Gaz. Pal.* 1973, 2, 540, concl. Montanier), de réponses orales à des questions (▪ Paris, 5 déc. 1997 : *D.* 1999, somm. 65, obs. Colombet). Sur la diffusion par la presse, à titre d'information d'actualité, des plaidoiries et des allocutions politiques, V. art. L. 122-5.

III – ŒUVRES MUSICALES

10) Éléments. La musique se compose de trois éléments : la mélodie, l'harmonie et le rythme ; la combinaison du rythme et de la mélodie donne naissance au droit d'auteur (▪ T. civ. Seine, 31 oct. 1950 : *D.* 1950, 763). La mélodie est protégée en elle-même et la reprise de quatre mesures d'un opéra-comique constitue une contrefaçon (▪ CE, 5 mai 1939 : *DP* 1939, 3, 63, note P. -L. J.). Erik Satie a été le premier à utiliser une succession d'accords avec des « renversements » qui « lui confèrent un climat original et particulier » ; cette succession « constitue l'esprit Satie » et porte ainsi l'empreinte de sa personnalité (▪ Paris, 21 janv. 2011 : *RLDI* 2011/69, 2262, obs. L.C.).

11) Folklore. L'exigence d'originalité n'est pas satisfaite si l'œuvre musicale appartient au folklore (▪ Cass. 1re civ., 23 oct. 1962 : *Bull. civ.* I, n° 440. V. en ce sens ▪ Paris, 16 déc. 1959 : *Ann. propr. ind.* 1961, 323. ▪ Paris, 30 nov. 1979 : *RIDA* 1/1981, 150), à moins que l'auteur, à partir de cet emprunt, ne réalise une création personnelle (▪ Cass. 1re civ., 1er juill. 1970 : *RIDA* 2/1971, 210 ; *D.* 1970, 734, note Edelman ; *RTD com.* 1971, 706, obs. Desbois).

12) Enregistrement phonographique. L'enregistrement phonographique de chants d'oiseaux n'est pas une œuvre protégeable au sens du droit d'auteur nonobstant la multiplicité des prises de son et leur sélection ainsi que l'élimination des fréquences parasitaires, la mise en relief de certaines fréquences et la réalisation de surimpressions (▪ Paris, 6 oct. 1979 : *D.* 1981, 190, note Plaisant ; *RTD com.* 1980, 346, obs. Françon).

13) Improvisation. V. pour la protection des improvisations musicales, ▪ Cass. 1re civ., 1er juill. 1970, préc. – Paris, 13e ch. B, 8 avr. 1993 : *JurisData* n° 1993-021008 (solos de trompette). En principe, l'improvisateur a la qualité d'auteur, mais il en va autrement en l'espèce en l'absence de déclaration à la SACEM et d'œuvre personnelle (▪ T. corr. Paris, 23 avr. 1992 : *JurisData* n° 1992-045788).

IV – ŒUVRES DES ARTS PLASTIQUES

14) Destination. Sur le principe que la destination de l'œuvre n'a pas à être prise en compte, V. CPI, art. L. 112-1, p. 2433. Pour des exemples de protection d'œuvres d'art appliqué, V. ▪ Cass. crim., 30 mars 1938 : *DH* 1938, 324 (modèle de robe). ▪ Cass. crim., 30 oct. 1963 : *D.* 1964, 678, note Françon (panier à salade). ▪ Cass. crim., 9 oct. 1974 : *JCP* 76, II, 18311, note A.C. ; *D.* 1974, inf. rap. 228 (décapsuleur). ▪ Cass. com., 16 févr. 1976 : *D.* 1976, inf. rap. 128 (pot de moutarde). ▪ Paris, 22 mai 1980 : *JCP* 81, II, 19505, note Greffe (briquet).

15) L'**empaquetage du Pont-Neuf** constitue une œuvre de l'esprit originale (▪ Paris, 13 mars 1986 : *Gaz. Pal.* 1986, 1, 238).

16) La **création d'un emballage pour œufs de caille** constitue une œuvre originale rentrant dans le cadre de la loi du 11 mars 1957 lorsqu'elle a nécessité des études et projets préalables portant par exemple sur la conception et les proportions des dessins et les dosages des couleurs (▪ Reims, 5 nov. 1986 : *JurisData* n° 1986-46002).

17) La **maquette de la première page** d'un journal peut constituer une création personnelle et originale (▪ Cass. 1re civ., 4 mars 1986 : *Bull. civ.* I, n° 54).

18) Sur les **œuvres d'architecture**, V. M. Huet, *Architecture et droit d'auteur : RIDA* 2/1976, 3. – F. Pollaud-Dulian, *Architecture et droit d'auteur : RD imm.* 1990, 431. Jugé que l'architecte n'est protégé par la loi qu'en tant qu'artiste créateur de formes et non en tant qu'ingénieur employant des *procédés purement techniques* (▪ TI Nîmes, 26 janv. 1971 : *JCP* 71, II, 16767, note M.A.). L'inspiration de constructions précédemment réalisées et de styles régionaux, qui donnent à la construction une certaine cohésion, voire une certaine ressemblance, avec un habitat environnant n'est pas de nature à la priver de tout caractère original (▪ Versailles, 15 févr. 2001 : *JCP* 2001, IV, 2815). Pour des exemples de refus de protection, V. ▪ Paris, 4e ch., 29 nov. 1999 : *JurisData* n° 1999-117117 (plans de studios d'étudiants). ▪ Cass. 1re civ., 27 juin 2000 : *RIDA* 1/2001, 179, obs. Kéréver (plans de pavillons ne comportant « aucun apport créatif personnel »). ▪ Paris, 7 févr. 2001 : *D.* 2001, somm. 2551, obs. Sirinelli (immeuble HLM). ▪ Cass. com., 18 nov. 2008 : *RIDA* 1/2009, 363, (plans ne se distinguant pas « de manière évidente » des plans types couramment proposés par les constructeurs de maisons individuelles). ▪ Cass. 1re civ., 17 févr. 2011 : *RLDI* 2011/69, 2260, obs. L.C. (construction située dans une zone protégée et soumise, de ce fait, à des règles très restrictives). Comp. ▪ Cass. crim., 18 juin 1969 : *Gaz. Pal.* 1969, 2, somm. 5 ; *RIDA* 2/1970, 142 (plan topographique dépourvu d'originalité). Mais V. ▪ Cass. 1re civ., 2 mai 2001 : *JurisData* n° 009409, reprochant aux juges du fond de n'avoir pas précisé en quoi les croquis et plans conçus par un ingénieur pour la réalisation d'ouvrages d'architecture étaient dépourvus d'originalité.

19) Mode. Jugé sous l'empire de la loi du 12 mars 1952 (désormais abrogée) que la protection des créations des industries saisonnières de l'habillement et de la parure, dure tant que le modèle conserve son originalité (▪ Cass. com., 12 mars 1958 : *S.* 1958, 265), mais que les créateurs intéressés peuvent aussi se prévaloir de la loi du 11 mars 1957 (▪ Cass. com., 13 nov. 1978 : *D.* 1979, 183, note Larère).

20) Caractères typographiques. Pour la protection de « polices de caractères », V. ▪ Paris, 11 oct. 2000 : *RIDA* 3/2001, 362 ; *Comm. com. électr.* 2001, 24, note Caron.

21) Personnages. Sur ce que le personnage de Charlot constitue en lui-même une œuvre protégée indépendamment des films dans lesquels il apparaît, V. ▪ TGI Nice, 24 janv. 2000 : *RIDA* 4/2000, 305.

22) Photographies de plateau. Il appartient aux juges du fond de rechercher en quoi le photographe « de plateau » (dont les photographies sont prises au cours du tournage d'un film), a fait, en l'espèce, œuvre de création personnelle (▪ Cass. 1re civ., 14 nov. 2000 : *JurisData* n° 2000-006895. ▪ Paris, 20 févr. 2008 : *Propr. intell.* 2008, 319, obs. A. Lucas ; *RIDA* 4/2008, 504. V. déjà, admettant la protection de ces photographies, ▪ Cass. 1re civ., 12 janv. 1994 : *RIDA* 4/1994, 427. Aj. ▪ Paris, 13 avr. 2012 : *Propr. intell.* 2012, 397, obs. A. Lucas).

23) Art conceptuel. L'inscription « Paradis » apposée au-dessus de la porte des toilettes d'un ancien dortoir de patients alcooliques d'un hôpital peut donner prise au droit d'auteur, dès lors que l'œuvre ne consiste pas en une simple reproduction du terme « Paradis », mais en l'apposition de ce mot en lettres dorées avec effet de patine et dans un graphisme particulier, sur une porte vétuste, à la serrure en forme de croix, encastrée dans un mur décrépi dont la peinture s'écaille, et que cette combinaison implique des choix esthétiques traduisant la personnalité de l'auteur. Ces constatations et appréciations souveraines font ressortir que l'approche conceptuelle de l'artiste, qui consiste à apposer un mot dans un lieu particulier en le détournant de son sens commun, s'était formellement exprimée dans une réalisation matérielle originale, la cour d'appel en a à bon droit déduit que l'œuvre bénéficiait de la protection du droit d'auteur (▪ Cass. 1re civ., 13 nov. 2008 : *JCP* G 2008, II, 10204, note Loiseau ; *D.* 2009, 263, note Edelman et 266, note Treppoz ; *Comm. com. électr.* 2009, 1, note Caron ; *RIDA* 1/2009, 353).

24) Droit transitoire. En matière de droits d'auteur, la loi qui a vocation à s'appliquer est celle qui est en vigueur à la date de l'acte qui provoque la mise en œuvre de la protection légale. Viole l'article 2 du Code civil l'arrêt qui, pour dénier à des photographies réalisée en 1950 et publiées en 1993 la protection instituée par la loi du 11 mars 1957 pour les photographies de caractère documentaire, retient que ces photographies ont été réalisées avant l'entrée en vigueur de cette loi et que la loi des 19-24 juillet 1793, applicable à la cause, exigeait que les œuvres aient un caractère artistique (▪ Cass. 1re civ., 18 juill. 2000 : *JCP* G 2001, II, 10555, note Reglade Buxtorf ; *JCP* E 2001, p. 1379, n° 1, obs. H.-J. Lucas ; *D.* 2000, 821, note Gautier).

V – ŒUVRES AUDIOVISUELLES

25) Défaut d'originalité. Le réalisateur dont le concours se limite à une « banale prestation de services techniques » ne peut revendiquer le bénéfice du droit d'auteur (▪ Paris, 4 mars 1987, Rutman : *RIDA* 2/1987, 71, pourvoi rejeté par ▪ Cass. 1re civ., 29 mars 1989 : *RIDA* 3/1989, 262), non plus que l'auteur d'une vidéo prise sur le vif (▪ Paris, 6 juin 2012 : *Propr. intell.* 2012, 392, obs. A. Lucas. – Comp. ▪ Paris, 26 mai 2010 : *Propr. intell. 2010, 966,* obs. A. Lucas, refusant la protection à un infographiste qui établit son savoir-faire mais non un « apport créatif »).

26) Mise en scène. Le metteur en scène peut prétendre au bénéfice du droit d'auteur (▪ Cass. crim., 12 févr. 1969 : *D.* 1969, 296. ▪ Paris, 8 juill. 1971 : *RIDA* 1/1973, 134. ▪ Paris, 9 sept. 2011 : *Propr. intell.* 2012, 19, obs. A. Lucas). V. J. Matthyssens, *Statut des metteurs en scène au regard du droit français de la propriété intellectuelle : Le droit d'auteur*, 1987, 347. – Ph. Le Chevalier, *Pour une protection des mises en scène théâtrales par le droit d'auteur : RIDA* 4/1990, 18.

27) Sur la **protection des interprètes et exécutants** par les droits voisins du droit d'auteur, V. art. L. 212-1 et s.

28) Les **jeux vidéo** peuvent bénéficier de la protection du droit d'auteur (▪ Cass. ass. plén., 7 mars 1986, 2 arrêts : *JCP* 86, II, 20631, note Mousseron, Teyssié et Vivant ; *D.* 1986, 405, concl. Cabannes et note Edelman ; *RIDA* 3/1986, 136, note A. Lucas : *RTD com.* 1986, 399, obs. Françon).

VI – LOGICIELS

29) Originalité. Notion. Les juges du fond sont tenus de rechercher si les logiciels en cause répondent à l'exigence d'originalité. Dès lors qu'ils ont estimé que leur auteur avait fait preuve d'un effort personnalisé allant au-delà de la simple mise en œuvre d'une logique automatique et contraignante, ils ont ainsi retenu que les logiciels portaient la marque de son apport intellectuel et justifié leur décision (▪ Cass. ass. plén., 7 mars 1986, *Pachot c/ Babolat Maillot Witt* : *JCP* 1986, II, 20631, note Mousseron, Teyssié et Vivant ; *D.* 1986, p. 405, concl. Cabannes et note Edelman ; *RIDA* 3/1986, 136, note A. Lucas : *RTD com.* 1986, p. 399, obs. Françon). V. cependant, persistant à réputer original le logiciel en tant que genre, ▪ Paris, 27 janv. 1987 : *D.* 1987, inf. rap. 37 ; *JCP* E 87, I, 16607, n° 2, obs. Vivant et Lucas. Comp., assimilant originalité et activité inventive, ▪ Paris, 5 mars 1987 : *JCP* E 87, II, 14931, note Vincent). Une cour d'appel peut, s'appuyant sur un rapport d'expertise, relever l'existence de choix créatifs caractéristiques de véritables programmes d'ordinateur dont elle apprécie souverainement l'originalité au regard de l'apport personnel de l'auteur (▪ Cass. 1re civ., 16 avr. 1991 : *JCP* 91, II, 21770, note Croze). Des logiciels rédigés dans un langage informatique différent de logiciels précédemment créés doivent être considérés comme des œuvres originales, dès lors que ce langage a permis de les faire fonctionner avec un certain type de processeur, amélioration qui caractérise « l'existence d'un apport intellectuel propre et d'un effort personnalisé » (▪ Cass. 1re civ., 22 sept. 2011 : *RIDA* 4/2011, 249, obs. Sirinelli ; *RTD com.* 2011, 741, obs. Pollaud-Dulian). L'article 1er, paragraphe 2, de la directive du 14 mai 1991 doit être interprété en ce sens que ni la fonctionnalité d'un programme d'ordinateur ni le langage de programmation et le format de fichiers de données utilisés dans le cadre d'un programme d'ordinateur pour exploiter certaines de ses fonctions ne constituent une forme d'expression de ce programme et ne sont, à ce titre, protégés par le droit d'auteur sur les programmes d'ordinateur au sens de cette directive (■ CJUE, 2 mai 2012, C-406/10, *SAS Institute Inc.* : *RIDA* 3/2012, 341 ; *Comm. com. électr.* 2012, 105, note Caron ; *Propr. intell.* 2012, 423, obs. Benabou ; *RTD com.* 2012, 536, obs. Pollaud-Dulian).

30) Multimédia. La programmation informatique d'un jeu électronique étant indissociable de la combinaison des sons et des images formant les différentes phases du jeu, l'appréciation de ces éléments permet de déterminer le caractère original du logiciel (■ Cass. crim., 21 juin 2000 : *RIDA* 1/2001, 273 ; *D.* 2001, somm. 2552, obs. Sirinelli ; *JCP* E 2001, 316. – V. sur cet arrêt F. Sardain, *La qualification logicielle des jeux vidéo : une impasse pour le multimédia* : *JCP* E 2001, 312). Un jeu vidéo est une œuvre complexe qui ne saurait être réduite à sa seule dimension logicielle, quelle que soit l'importance de celle-ci, de sorte que chacune de ses composantes est soumise au régime qui lui est applicable en fonction de sa nature (■ Cass. 1re civ., 25 juin 2009 : *Légipresse* 2009, III, 195, note Quoy, Boubekeur et Vermynck).

31) Originalité. Preuve. Les juges du fond n'ont pas à rechercher si le logiciel argué de contrefaçon est ou non original dès lors qu'à aucun moment les parties n'ont mis en doute cette originalité (■ Cass. 1re civ., 19 nov. 1991 : *JurisData* n° 3343 ; *Expertises* 1992, 71 ; *JCP* E 92, I, 141, n° 4, obs. Vivant et Lucas. – V. en ce sens ■ Cass. 1re civ., 27 nov. 2001 : *JurisData* n° 2001-011951, relevant que la cour d'appel n'avait pas à se prononcer sur l'originalité d'un apport personnel conventionnellement tenu pour constant par les parties). Après avoir relevé que le rapport d'expertise se bornait à étudier les langages de programmation mis en œuvre, et évoquait les algorithmes et les fonctionnalités du programme, non protégés par le droit d'auteur, l'arrêt attaqué constate que les intéressés n'avaient fourni aucun élément de nature à justifier de l'originalité des composantes du logiciel, telles que les lignes de programmation, les codes ou l'organigramme, ou du matériel de conception préparatoire ; la cour d'appel en a exactement déduit, sans inverser la charge de la preuve, que les demandeurs n'établissaient pas qu'ils étaient titulaires de droits d'auteur, justifiant ainsi, par ces seuls motifs, légalement sa décision (■ Cass. 1re civ., 14 nov. 2013, n° 12-20.687 : *LEPI* janv. 2014, 174, obs. Chatry ; *Propr. intell.* 2014, 56, obs. A. Lucas).

32) Interface graphique. L'interface graphique d'un logiciel ne peut être protégée en tant que logiciel mais peut l'être au titre du « droit d'auteur de droit commun » (■ CJUE, 22 déc. 2010, C-393/09 : *RIDA* 1/2011, 417 ; *Comm. com. électr.* 2011, 42, note Caron ; *Propr. intell.* 2011, 205, obs. Benabou).

Art. L. 112-3 *(L. n° 98-536, 1er juill. 1998)*. – **Les auteurs de traductions, d'adaptations, transformations ou arrangements des œuvres de l'esprit jouissent de la protection instituée par le présent code, sans préjudice des droits de l'auteur de l'œuvre originale. Il en est de même des auteurs d'anthologies ou recueils d'œuvres ou de données diverses, tels que les bases de données, qui, par le choix ou la disposition des matières, constituent des créations intellectuelles.**

On entend par bases de données un recueil d'œuvres, de données ou d'autres éléments indépendants, disposés de manière systématique ou méthodique, et individuellement accessibles par des moyens électroniques ou par tout autre moyen.

1) Orchestration. Pour un exemple de protection d'une orchestration, V. ■ Paris, 10 mars 1970 : *D.* 1971, 114, note P. L. (orchestration par Maurice Ravel des *Tableaux d'une exposition* de Moussorgsky). Comp. pour un arrangement ■ Paris, 17 déc. 2010 : *RLDI* 2011/69, 2266, obs. L.C.

2) Les **copies d'œuvres d'art plastique** jouissent de la protection légale dès lors qu'exécutées de la main même de leur auteur, elles portent l'empreinte de leur personnalité, malgré le caractère relatif d'une telle originalité (■ Cass. 1re civ., 9 nov. 1993 : *Bull. civ.* I, n° 318 ; *RIDA* 3/1994, 273. V. aussi ■ Cass. 1re civ., 5 mai 1998 : *JCP* 98, IV, 2438 ; *Bull. civ.* I, n° 162. V. pour la protection de copies de modèles d'avions, ■ Paris, 24 févr. 2010 : *Propr. intell.* 2010, 708, obs. A. Lucas).

3) Photographies d'œuvres. V. pour la protection de photographies d'une œuvre d'art ■ Paris, 5 mai 2000 : *RIDA* 2/2001, 352 (photographie d'un « mobile »). ■ Paris, 26 sept. 2001 : *D.* 2001, 3279 ; *JCP E* 2002, 321, note Caron (photographies de tableaux de Picasso). ■ Paris, 4e ch., 4 mars 2009 : *RTD com.* 2009, 299, obs. Pollaud-Dulian. V. pour une analyse d'ensemble A. Latreille, L'appropriation des photographies d'œuvres d'art : éléments d'une réflexion sur un objet de droit d'auteur : *D.* 2002, chron. 299.

4) Mise en scène. Le metteur en scène peut prétendre au bénéfice du droit d'auteur (■ Cass. crim., 12 févr. 1969 : *D.* 1969, 296. ■ Paris, 8 juill. 1971 : *RIDA* 1/1973, 134. ■ Paris, 9 sept. 2011 : *Propr. intell.* 2012, 19, obs. A. Lucas). V. J. Matthyssens, Statut des metteurs en scène au regard du droit français de la propriété intellectuelle : *Le* *droit d'auteur* 1987, 347. – Ph. Le Chevalier, *Pour une protection des mises en scène théâtrales par le droit d'auteur* : *RIDA* 4/1990, 18.

5) Anthologie. L'écrivain conserve le libre exercice de ses droits sur ses œuvres qui figurent dans l'anthologie qu'il a autorisée (■ Paris, 11 déc. 1964 : *JCP* 65, IV, 40).

6) Compilations. Le droit d'auteur ne porte pas seulement sur les créations entièrement originales mais s'étend également aux ouvrages dont les éléments, bien qu'empruntés à des publications antérieures, ont été choisis avec discernement, disposés dans un ordre nouveau, revêtus d'une forme nouvelle et appropriés avec intelligence à un usage plus ou moins général (■ Cass. crim., 27 nov. 1869 : *DP* 1870, 1, 86. V. en ce sens ■ Cass. crim., 18 mai 1938 : *Gaz. Pal.* 1938, 2, 311). Jugé que si les adresses et les renseignements contenus dans un annuaire sont en eux-mêmes du domaine public, le fait de les réunir en un ensemble ordonné et complet et de les classer en diverses nomenclatures comporte un travail important justifiant la protection du droit d'auteur (■ Paris, 18 déc. 1924 : *DH* 1925, 30. V. en ce sens ■ Paris, 19 juin 1984 : *D.* 1985, inf. rap. 309, obs. Colombet. ■ Paris, 6 mai 1987 : *D.* 1987, inf. rap. 143. – *Contra* ■ Paris, 2 avr. 1896 : *Ann. propr. ind.* 1898, 62). Mais jugé que cette protection doit être refusée à un opuscule qui n'est qu'une simple compilation de renseignements connus (■ Cass. com., 23 mars 1965 : *Bull. civ.* III, n° 228) ou à un ouvrage intitulé « le carnet du supporter de football » qui reprend des données du domaine public et reproduit des grilles de classement couramment utilisées dans la presse sportive (■ Cass. crim., 2 juin 1982 : *Bull. crim.*, n° 138 ; *D.* 1983, inf. rap. 89, obs. Colombet. – V. aussi pour une compilation réunissant des connaissances prises dans le fonds commun des manuels ■ Paris, 29 nov. 1973 : *Gaz. Pal.* 1974, 1, 139). Le travail de rassemblement, de collection et de sélection de 28 photographies historiques concernant des personnages politiques des pays d'Europe de l'Est et de Chine justifie la protection du droit d'auteur (■ TGI Paris, 29 janv. 1986 : *RIDA* 4/1986, 152).

7) Bases de données. Des données géographiques extraites d'une carte afin d'en créer une autre présentent une valeur informative suffisante pour être qualifiées d'élément indépendants constituant une base de données au sens de la directive 96/9 (■ CJUE, 29 oct. 2015, C-490/14, *Freistaat Bayern : Propr. intell.* 2016, 68, obs. Bernault). Constituent une base de données les catalogues édités à l'occasion d'expositions ou salons qui regroupent l'ensemble des informations relatives à chaque exposant, présentées selon un ordre alphabétique mais aussi selon les différents secteurs d'activités concernées et les zones géographiques des sociétés du groupe éditeur (■ Paris, 12 sept. 2001 : *JCP* 2002, II, 10000, note Pollaud-Dulian ; *Comm. com. électr.* 2001, 121, note Caron ; *Légipresse* 2001, III, 215, 1re esp., note Tellier Loniewski). La protection par le droit d'auteur doit être refusée dès lors que les « catégories et critères » retenus par la société demanderesse pour « classer et rechercher » les éléments collectés sont « dictés par le sujet même de la base de données et par son objet » (■ TGI Paris, 13 avr. 2010 : *Comm. com. électr.* 2010, 84, 3e esp., note Caron). La protection de la base de données par le droit d'auteur est subordonnée à la condition « que le choix ou la disposition des données qu'elle contient constitue une expression originale de la liberté créatrice de son auteur » (■ CJUE, 1er mars 2012, C-604/10, *Football Dataco Ltd.* : *Comm. com. électr.* 2012, 47, obs. Caron ; *JCP* E 2012, 1461, n° 9, obs. Zollinger ; *RIDA* 2/2012, 337, obs. Sirinelli ; *Propr. intell.* 2012, 421, obs. Benabou).

8) Traductions. Pour bénéficier de la protection du droit d'auteur, la traduction, tout en restant fidèle à l'œuvre première, doit révéler l'existence d'un dialogue intime avec celle-ci dans lequel se révèle la personnalité et l'activité créative du traducteur (■ Paris, 7 juin 2016 : *Propr. intell.* 2016, 428, 2e esp., obs. Bruguière).

Art. L. 112-4. – **Le titre d'une œuvre de l'esprit, dès lors qu'il présente un caractère original, est protégé comme l'œuvre elle-même.**

Nul ne peut, même si l'œuvre n'est plus protégée **dans les termes des articles L. 123-1 à L. 123-3, utiliser ce titre pour individualiser une œuvre du même genre, dans des conditions susceptibles de provoquer une confusion.**

1) Auteur du titre et auteur de l'œuvre. Il n'est pas exigé que le titre d'une œuvre soit du même auteur que l'œuvre elle-même pour bénéficier de la protection du droit d'auteur (■ Paris, 27 janv. 1984 : *D.* 1984, inf. rap. 285, obs. Colombet).

2) Titres originaux. L'originalité a été reconnue aux titres suivants *Paris-Canaille* (■ Paris, 30 mai 1956 : *JCP* 56, II, 9354, concl. Lindon). – *Les liaisons dangereuses* (■ Paris, 4 avr. 1960 : *JCP* 60, II, 11569, concl. Combaldieu ; *D.* 1960, 535, note Desbois). – *Rififi à Amsterdam* (■ Paris, 24 janv. 1970 : *RTD com.* 1971, 94, obs. Desbois). – *L'affreux Jojo* (■ TGI Paris, 20 mai 1972 : *RIDA* 1/1973, 144). – *Clochemerle* (■ Lyon, 5 juill. 1979 : *JCP* 81, II, 19590, note Plaisant). – *Paris pas cher* (■ TGI Paris, 7 mai 1987 : *Cah. dr. auteur* 1988, 15). – *La Belle d'un sei-*

gneur (■ Paris, 19 avr. 1989 : *RIDA* 1/1990, 344). – *Le Chardon* (■ Paris, 25 sept. 1989 : *D.* 1990, somm. 50, obs. Colombet). – *Angélique* (■ Versailles, 11 janv. 2001 : *Comm. com. électr.* 2001, 97, 2e esp., note Caron ; *JCP* E 2001, 496 ; *RIDA* 1/2002, 280). *L'Empreinte de l'ange* (■ Paris, 19 juin 2009 : *Propr. intell.* 2009, 365, obs. Bruguière).

3) Titres non originaux. L'originalité a été déniée aux titres suivants : *La marche funèbre* (■ Paris, 31 déc. 1933 : *Gaz. Pal.* 1933, 2, 947). – *Gueule d'amour* (■ Cass. civ., 2 févr. 1937 : *DP* 1938, 1, 97, note Desbois). – *J'aime les filles* (■ TGI Paris, 31 mai 1968 : *Gaz. Pal.* 1968, 2, 266). – *Monsieur Machin* (■ TGI Paris, 26 juin 1970 : *D.* 1971, somm. 99). – *Doucement les basses* (■ TGI Paris, 15 juin 1972 : *RIDA* 1/1973, 151). – *Parlez-moi de lui* (■ TGI Paris, 29 oct. 1975 : *RIDA* 1/1976, 141). – *La bande à Bonnot* (■ Paris, 24 avr. 1976 : *RIDA* 4/1976, 170). – *Le 6e continent* (■ Cass. 1re civ., 13 déc. 1978 : *RIDA* 3/1979, 126). –*Tueur de flics* (■ TGI Paris, 27 mai 1982 : *D.* 1983, inf. rap. 510, obs. Colombet). – *Soif d'aventures* (■ Paris, 27 janv. 1984 : *D.* 1984, inf. rap. 285, obs. Colombet). – *Jeunes loups* (■ Cass. 1re civ., 13 nov. 1984 : *Bull. civ.* I, n° 302 ; *D.* 1985, inf. rap. 310, obs. Colombet). – *Bible de Jérusalem* (■ Paris, 8 juill. 1986 : *D.* 1987, somm. 152, obs. Colombet). – *La Gagne* (■ TGI Paris, 6 mai 1987 : *RIDA* 4/1987, 213). – *Hôtels de charme* (■ Cass. 1re civ., 14 mai 1991 : *JCP* 91, IV, 267). – *Angélique* (■ Paris, 30 juin 2000 : *Comm. com. électr.* 2001, 97, 1re esp., note Caron).

4) Termes génériques. Si le titre d'un journal doit en principe, comme le nom commercial, être spécial et distinctif pour faire l'objet d'un droit privatif, une jurisprudence libérale consacrant des usages anciens et établis a cependant admis que certains termes génériques utilisés comme titre d'une publication pouvaient valablement faire l'objet d'une appropriation au profit du premier utilisateur (■ Paris, 22 déc. 1959 : *JCP* 60, II, 11621, note R.P.).

5) Concurrence déloyale. Sur le principe qu'à défaut d'originalité, l'emploi fait en connaissance de cause par un tiers du titre d'un ouvrage peut donner lieu à réparation au titre de la concurrence déloyale, V. ■ Cass. civ., 2 févr. 1937 : *DP* 1938, 1, 97, note Desbois. ■ Paris, 9 juill. 1952 : *D.* 1952, 749, note Desbois. ■ Paris, 8 juill. 1986, préc. n° 3. ■ Cass. 1re civ., 6 déc. 2017, n° 16-24.378 : *LEPI* mars 2018, 7, obs. Carre. Jugé que si un roman et l'œuvre cinématographique qu'il a inspirée ne procèdent pas des mêmes techniques et poursuivent des buts différents, ils n'en appartiennent pas moins au même genre quand, sous un titre rigoureusement identique, les images, les dialogues et les scènes du film illustrent le même texte, la même pensée et la même intrigue (■ Paris, 14 avr. 1960 : *JCP* 60, II, 11569, concl. Combaldieu ; *D.* 1960, 535, note Desbois). Jugé aussi que l'auteur d'un roman policier peut invoquer l'article 5, al. 2 (CPI, art. L. 112-4, al. 2) contre le distributeur d'un film adapté d'un roman américain et portant le même titre, dès lors que le public est fondé à croire que le film est l'adaptation du roman français (■ TGI Paris, 27 mai 1982 : *D.* 1983, inf. rap. 510, obs. Colombet). Mais il n'y a aucune confusion possible entre un film documentaire culturel et une opération promotionnelle (■ Paris, 27 janv. 1984 : *D.* 1984, inf. rap. 285, obs. Colombet).

6) Index bibliographique. Si le titre d'un journal ou d'un de ses articles est protégé comme l'œuvre elle-même, l'édition à des fins documentaires, par quelque moyen que ce soit, d'un index comportant la mention de ces titres en vue d'identifier les œuvres répertoriées ne porte pas atteinte au droit exclusif d'exploitation par l'auteur (■ Cass. ass. plén., 30 oct. 1987 : *JCP* 88, II, 20932, rapp. Nicot et note Huet ; *D.* 1988, 21, concl. Cabannes ; *D.* 1988, somm. 206, obs. Colombet ; *RIDA* 1/1988, 78, concl. Cabannes ; *RTD com.* 1988, 57, obs. Françon).

CHAPITRE III. – TITULAIRES DU DROIT D'AUTEUR

Art. L. 113-1. – **La qualité d'auteur appartient, sauf preuve contraire, à celui ou à ceux sous le nom de qui l'œuvre est divulguée.**

1) Condition d'application de la présomption de la qualité d'auteur. La présomption de la qualité d'auteur posée par l'article L. 113-1 du Code de la propriété intellectuelle ne pouvant se déduire que de mentions exemptes d'ambiguïté, *c'est à bon droit et sans encourir* les griefs du moyen qu'après avoir justement relevé que la mention « d'adaptation scénique » se rattachait par essence à des activités de mise en scène, la cour d'appel a jugé qu'une telle mention ne permettait pas à M. Romano, qui en était crédité, de se prévaloir de la qualité de co-auteur de la partie sonore du spectacle exclusivement reproduite sur le support litigieux et qu'à défaut d'éléments propres à établir qu'il avait participé à l'écriture des textes intégrés dans ce support, ses prétentions devaient être rejetées (■ Cass. 1re civ., 12 juill. 2007 : *RIDA* 4/2007, p. 317 ; *Comm. com. électr.* 2007, 117, note Caron ; *Propr. intell.* 2007, 99, 3e esp, obs. A. Lucas ; *RTD com.* 2008, 75, obs. Pollaud-Dulian). Jugé que la présomption de l'article L. 113-1 ne joue, en cas de divulgations successives, que si le nom a été porté à la connaissance du public lors de la première diffusion publique (■ Paris, 1er oct. 2010 : *Propr. intell.* 2011, 85, obs. A. Lucas, pourvoi rejeté par ■ Cass. 1re civ., 23 févr. 2012, n° 10-28.026). L'indication du nom du créateur dans l'enregistrement du modèle communautaire déclenche l'application de la présomption de qualité d'auteur (■ Cass. com., 29 janv. 2013 : *JurisData* n° 2013-001422. – V. cependant, affirmant que cette désignation n'est pas suffisante, ■ Cass. com., 6 sept. 2011 : *Propr. intell.* 2011, 391, obs. A. Lucas).

2) Qualité d'auteur. Liberté personnelle. En modelant une tête d'animal non par l'effet d'un simple surmoulage, mais en partant d'un graphisme, le graveur participe, dans une proportion peut-être modeste mais indéniable, à la réalisation de l'œuvre d'art (■ Paris, 3 nov. 1956 : *Gaz. Pal.* 1956, 2, 324). Mais la personne qui fabrique l'objet n'a pas la qualité d'auteur si elle n'a fait qu'exécuter les instructions détaillées de l'artiste (■ Limoges, 31 mai 1976 : *JCP* 78, II, 18783, note Boursigot. ■ Paris, 26 avr. 1982 : *Gaz. Pal.* 1983, 1, somm. 132). ■ Paris, 10 nov. 2010 : *Propr. intell.* 2011, 84, obs. A. Lucas.

3) Personne morale. Il résulte des articles 8, 9 et 13 de la loi du 11 mars 1957 (CPI, art. L. 113-1, L. 113-2 et L. 113-5) qu'une personne morale ne peut être investie à titre originaire des droits de l'auteur que dans le cas où une œuvre collective, créée à son initiative, est divulguée sous son nom (■ Cass. 1re civ., 17 mars 1982 : *JCP* 83, II, 20054, note Plaisant ; *D.* 1983, inf. rap. 89, obs. Colombet ; *RTD com.* 1982, 428, obs. Françon, cassant ■ Paris, 22 mai 1980 : *D.* 1982, inf. rap. 41, obs. Colombet. – V. aussi, rappelant fermement le principe, ■ Cass. 1re civ., 15 janv. 2015, n° 13-23.566 : *JurisData* n° 2015-000315 ; *Propr. intell.* 2015, 195, obs. Bruguière et 196, obs. A. Lucas).V. cependant, admettant que des personnes morales puissent se prévaloir de la présomption posée par l'article L. 113-1, ■ Paris, 28 sept. 2012 et ■ Douai, 30 nov. 2012 : *Propr. intell.* 2013, 75, obs. A. Lucas).

4) Preuve de la qualité d'auteur. La preuve de la qualité d'auteur peut se faire par tous moyens (■ TGI Paris, 31 janv. 1970 : *D.* 1970, somm. 186. ■ TGI Paris, 14 mars 1975 : *RIDA* 3/1975, 191). Sur le principe que l'article 8 de la loi du 11 mars 1957 (CPI, art. L. 113-1) dispense le coauteur sous le nom duquel l'œuvre a été divulguée d'apporter la preuve de sa qualité, V. ■ Cass. 1re civ., 3 juill. 1990 : *RIDA* 2/1991, 116 ; *RTD com.* 1991, 48, obs. Françon. Sur la possibilité de la preuve contraire, V. ■ Cass. 1re civ., 15 janv. 2008 : *RIDA* 1/2008, 354. Dès lors que le catalogue de l'œuvre d'un peintre a été divulgué sous le seul nom d'une personne, il appartient à celui qui réclame la qualité de coauteur de démontrer qu'il a participé de façon active à la conception et à l'élaboration globale du catalogue, à sa mise en forme, à la rédaction des notices descriptives ainsi qu'au choix des œuvres devant y figurer (■ Cass. 1re civ., 22 févr. 2000 : *Comm. com. électr.* 2000, 62, 1re esp., note Caron ; *D.* 2001, somm. 2635, obs. Sirinelli). Mais l'expression « avec le concours de » ne permet pas d'invoquer la présomption de l'article L. 113-1 (■ TGI Paris, 17 févr. 1999 : *Comm. com. électr.* 2000, 62, 2e esp., note Caron, confirmé par Paris, 4e ch. B, 12 janv. 2001 : *JurisData* n° 1999-140970).

5) Prescription (non). L'exercice par l'auteur du droit de propriété intellectuelle qu'il tient de la loi, et qui est attaché à sa personne en qualité d'auteur, n'est limité par aucune prescription (■ Cass. 1re civ., 17 janv. 1995 : *JCP* 95, IV, 689 ; *Bull. civ.* I, n° 39). L'auteur jouissant sa vie durant du droit d'exploiter l'œuvre et d'en tirer un profit pécuniaire, il ne saurait être soutenu que du fait d'une inaction pendant au moins 30 ans, il aurait, en application de l'article 2262, perdu le droit exclusif de tirer un profit pécuniaire de sa participation à une œuvre ; en revanche, s'il a négligé de réclamer le paiement de ses droits d'auteur, il est irrecevable à le faire pour ceux qui lui sont dus depuis plus de 30 ans avant sa réclamation (■ Paris, 4e ch. A, 6 févr. 1995 : *JurisData* n° 1995-024997). En cas de conflit entre deux auteurs possibles d'une même œuvre, l'action en revendication de la paternité n'a pas pour fondement le délit de contrefaçon et n'est donc pas soumise à la prescription triennale (■ Paris, 11 janv. 1983 : *D.* 1983, inf. rap. 432). Jugé à propos du droit moral de l'artiste-interprète que les actions en paiement des créances nées des atteintes qui lui sont portées sont soumises à la prescription de droit commun (■ Cass. 1re civ., 3 juill. 2013 : *RIDA* 3/2013, 351, et 299, obs. Sirinelli ; *Comm. com. électr.* 2013, 112, note Caron ; *Propr. intell.* 2013, 396, obs. A. Lucas. – V. sur cet arrêt L. Marino, *Droit d'auteur et droits voisins : la prescription de l'action en contrefaçon enfin clarifiée : RLDI* 2013/96, 3179).

6) Présomption de titularité liée à l'exploitation de l'œuvre. Indépendamment de la présomption de l'article L. 113-1, qui concerne la qualité d'auteur, la jurisprudence fait bénéficier la personne physique ou morale qui exploite l'œuvre d'une présomption de titularité dans ses rapports avec le défendeur en contrefaçon. Ainsi est-il jugé que le fait pour une société d'exploiter des photographies sous son nom en l'absence de toute revendication de la part de la ou des personnes physiques ayant réalisé les clichés constitue des « actes de possession » faisant présumer à l'égard des tiers contrefacteurs qu'elle est titulaire sur les œuvres, « quelle que soit leur qualification », du droit de propriété incorporelle « de l'auteur » (■ Cass. 1re civ., 24 mars 1993 : *JCP* 93, II, 22085, note Greffe, 2e esp. ■ Cass. 1re civ., 9 janv. 1996 : *JCP* 96, IV, 496 ; *Bull. civ.* I, n° 28 ; *RIDA* 3/1996, 341 ; *D.* 1996, inf. rap. 50. V. aussi, décidant qu'une société n'a pas à faire la preuve de son droit d'auteur dès lors qu'il est constant qu'elle exploite commercialement les objets contrefaits, ■ Cass. 1re civ., 4 mai 1994 : *Bull. civ.* I, n° 160. Aj. ■ Cass. 1re civ., 3 juill. 1996 : *JCP* 96, IV, 2007 ; *Bull.* I, n° 294 ; *RIDA* 1/1997, 315 ; *D.* 1997, 328, note Françon. ■ Cass. 1re civ., 22 févr. 2000 : *JCP* 2000, IV, 1626 ; *Comm. com. électr.* 2000, 42, 1re esp., note Caron ; *D.* 2001, somm. 2635, obs. Sirinelli. – V. aussi, au visa de l'article L. 113-1, ■ Cass. 1re civ., 10 avr. 2013, n° 12-12.886 : *JurisData* n° 2013-006808 ; *D.* 2012, 2935, note Chatry). L'auteur qui exerce pour son compte l'action en contrefaçon en se prévalant seulement de son droit moral ne peut être considéré comme émettant une revendication tenant en échec la présomption de titularité dont se prévaut la personne morale exploitant l'œuvre (■ Cass. com., 20 juin 2006, préc. Comp. ■ Cass. com., 23 sept. 2008 : *Comm. com. électr.* 2008, 135, note Caron : « en l'absence de revendication de la part des auteurs, fussent-ils identifiés »). Il appartient aux juges du fond de vérifier que la personne physique qui revendique la qualité d'auteur en intervenant volontairement à l'instance est bien l'auteur des œuvres litigieuses (■ Cass. 1re civ., 15 nov. 2010 : *Comm. com. électr.* 2011, 9, note Caron ; *Propr. intell.* 2011, 104, obs. A. Lucas). Doit être cassé pour violation de l'article L. 113-5 l'arrêt qui écarte la présomption de titularité liée à l'exploitation de l'œuvre en estimant que la preuve contraire découle du fait qu'un tiers a revendiqué devant une juridiction malgache la paternité des œuvres litigieuses alors que la société invoquant la contrefaçon soutenait être cessionnaire des droits sur ces œuvres qu'elle disait exploiter sous son nom, et que le tiers n'a pas été appelé dans la cause (■ Cass. 1re civ., 28 nov. 2012 : *JurisData* n° 2012-027762 ; *Comm. com. électr.* 2013, 11, note Caron ; *Propr. intell.* 2013, 75, obs. A. Lucas). La présomption de titularité dont peut se prévaloir à l'égard des tiers poursuivis en contrefaçon la personne qui commercialise sous son nom un objet protégé par le droit d'auteur, suppose, pour être utilement invoquée, que soit rapportée la preuve d'actes d'exploitation (■ Cass. 1re civ., 6 janv. 2011 : *Comm. com. électr.* 2011, 20, note Caron ; *Propr. intell.* 2011, 194, obs. A. Lucas. – Comp., posant expressément l'exigence d'une « exploitation non équivoque », ■ Cass. 1re civ., 4 mai 2012, n° 11-13.116 : *Comm. com. électr.* 2012, 73, note Caron ; *Propr. intell.* 2012, 326, obs. Bruguière). V. aussi, refusant le bénéfice de la présomption à la société titulaire de la marque sous laquelle étaient commercialisés les produits contrefaits, ■ Cass. 1re civ., 6 oct. 2011 : *Propr. intell.* 2012, 40, obs. Bruguière. Comp., décidant que la présence de la marque d'un tiers entache d'équivoque l'exploitation dont souhaite se prévaloir le titulaire du droit, ■ Cass. 1re civ., 22 juin 2017 : *Propr. intell.* oct. 2017, 55, obs. Bruguière. Mais jugé que la société ayant acquis les droits de la personne morale ayant exploité l'œuvre peut se prévaloir de la présomption de titularité même si elle ne justifie pas, quant à elle, d'une exploitation (■ Cass. 1re civ., 25 janv. 2017, n° 15-25.210 : *JCP* G 2017, 271, note Legrain ; *Dalloz IP/IT* 2017, p. 335, note A. Lecourt ; *RTD com.* 2017, p. 92, obs. Pollaud-Dulian). Il appartient aux juges du fond d'apprécier souverainement les preuves justifiant de l'exploitation non équivoque par la personne morale demanderesse en contrefaçon de l'exploitation de l'œuvre sous son nom (■ Cass. 1re civ., 10 déc. 2014, n° 13-23.076 : *RIDA* 2/2015, 361).

Art. L. 113-2. – Est dite de collaboration l'œuvre à la création de laquelle ont concouru plusieurs personnes physiques.

Est dite composite l'œuvre nouvelle à laquelle est incorporée une œuvre préexistante sans la collaboration de l'auteur de cette dernière.

Est dite collective, l'œuvre créée sur l'initiative d'une personne physique ou morale qui l'édite, la publie et la divulgue sous sa direction et son nom et dans laquelle la contribution personnelle des divers auteurs participant à son élaboration se fond dans l'ensemble en vue duquel elle est conçue, sans qu'il soit possible d'attribuer à chacun d'eux un droit distinct sur l'ensemble réalisé.

I – ŒUVRES DE COLLABORATION

1) Fusion des contributions. Sont coauteurs *ceux qui dans une intimité spirituelle ont collaboré à l'œuvre commune et l'ont créée par leurs apports artistiques dans un art semblable ou différent* (■ Paris, 11 mai 1965 : *D.* 1967, 555, note Françon). Des airs de musique ne font pas un tout indivisible avec un vaudeville et leurs compositeurs n'ont pas la qualité de coauteurs (■ Cass. crim., 4 févr. 1881 : *DP* 1881, 1, 329, 3e esp.). De même, l'artiste qui a créé cinq aquarelles et quatre costumes sans participer à la création scénique n'est pas le coauteur d'une œuvre chorégraphique (■ Cass. 1re civ., 5 mars 1968 : *D.* 1968, 382. Comp., refusant la qualité de coauteur au « sculpteur-joaillier » ayant réalisé une sculpture à partir d'une gouache de Georges Braque, ■ Cass. 1re civ., 11 mai

2017, n° 16-13.427 : *Propr. intell.* 2017, n° 64, p. 58, obs. Bernault). Mais le créateur littéraire qui a imaginé le scénario et les aventures d'un personnage de bandes dessinées et le créateur artistique qui a donné une forme graphique originale à ce personnage ont concouru à la création d'une œuvre de collaboration (■ Cass. 1re civ., 19 déc. 1983 : *Bull. civ.* I, n° 304).

2) Activité créative. La qualité de coauteur ne peut résulter que d'un apport personnel dérivant d'une activité créatrice (■ Cass. 1re civ., 13 avr. 1992 : *Bull. civ.* I, n° 125 ; *RIDA* 4/1992, 149 ; *JCP* 92, IV, 1800). Seul le contributeur qui a participé à la mise en forme peut se voir reconnaître la qualité de coauteur (■ TGI Paris, 27 juin 1990 : *RIDA* 3/1991, 245, note Gaudrat. V., refusant la qualité de coauteur au frère d'Alberto Giacometti au motif qu'il s'est borné à apporter son savoir-faire, ■ TGI Paris, 20 sept. 2011 : *Propr. intell.* 2011, 392, obs. A. Lucas V. aussi, refusant la qualité de coauteur au « sculpteur-joaillier » ayant réalisé une sculpture à partir d'une gouache de Georges Braque, ■ Cass. 1re civ., 11 mai 2017, n° 16-13.427 : *Propr. intell.* juill. 2017, 58, obs. Bernault ; *Dalloz IP/IT* 2018, 59, obs. Daleau).

3) Applications. Doit être considéré comme un coauteur le scénographe qui a collaboré à la réalisation d'un projet de théâtre historique non seulement en apportant ses idées et ses connaissances en matière de théâtre, mais encore en participant à la mise en forme du projet en assortissant ses suggestions de croquis (■ Cass. 1re civ., 18 déc. 1978 : *JCP* 79, II, 19213, note Manigne ; *D.* 1980, 49, note Colombet). La personne qui se prête à une interview filmée et consent à l'utilisation de son image et de ses propos dans une œuvre cinématographique ne peut prétendre à la qualité de coauteur faute d'avoir eu une initiative personnelle dans la conception intellectuelle de cette œuvre (■ TGI Paris, 10 juill. 1974 : *JCP* 74, II, 17831, note Lindon). Jugé en ce sens que la seule utilisation par l'auteur d'éléments puisés dans l'expérience vécue par un tiers ne suffit pas à donner à ce dernier la qualité de coauteur (■ Paris, 16 janv. 1992 : *RIDA* 2/1992, 204). Mais l'interviewé doit se voir reconnaître la qualité de coauteur dès *lors que l'interview s'est* présentée comme un dialogue dans lequel, de l'accord des deux parties, si l'intervieweur a eu le choix des questions, l'interviewé s'est expressément réservé de donner un tour personnel à l'expression de sa pensée (■ TGI Paris, 24 mars 1982 : *JCP* 82, II, 19901, note Bonet. V. en ce sens ■ Paris, 14 juin 2001 : *Propr. intell.* 2001, n° 1, 58, obs. Sirinelli. V. en ce sens, reconnaissant la qualité de coauteur à Hergé pour un livre d'entretiens, ■ Paris, 10 oct. 2008 : *Propr. intell.* 2009, p. 162, obs. A. Lucas). Peut revendiquer la qualité de coauteur, le graveur qui ajoute quelque chose à la création originaire du dessinateur ou du peintre (■ Paris, 3 nov. 1956 : *Gaz. Pal.* 1956, 2, 324), ou celui qui a contribué à la conception et à la réalisation d'un jeu de cartes mis en vente par une cartomancienne (■ Cass. 1re civ., 29 avr. 1975 : *D.* 1975, somm. 90), mais non celui qui s'est borné à exécuter les instructions détaillées de l'artiste (■ Limoges, 31 mai 1976 : *JCP* 78, II, 18783, note Boursigot).

4) Travail de correction et de traduction. Peut revendiquer la qualité de coauteur, au même titre que celui qui a préparé le manuscrit, la personne qui a effectué un travail de révision de la totalité d'un dictionnaire, veillant à la correction linguistique aussi bien qu'à la correspondance exacte des traductions (■ TGI Paris, 28 juin 1983 : *RIDA* 4/1983, 251). La qualité de coauteur ne peut être fonction que d'une création effective personnelle, d'un apport intellectuel identifiable, et portant l'empreinte de la personnalité de son auteur. S'il ne peut être exclu par principe qu'un travail allant de la simple correction formelle à la réécriture puisse ouvrir droit à cette qualité, il ne peut davantage être affirmé, *a priori* et de façon systématique, que celui qui l'effectue concourt à la création de l'œuvre d'adaptation (■ TGI Paris, 5 mai 1999 : *RIDA* 3/2000, 422). La personne en charge de la réécriture d'une traduction n'est coauteur du texte finalement réalisé qu'autant qu'est établi son apport créatif original (■ Cass. 1re civ., 6 mai 2003 : *JurisData* n° 2003-018905 ; *Comm. com. électr.* 2003, 56, note Caron ; *Propr. intell.* 2003, n° 8, 298, obs. Sirinelli).

5) Création de noms de personnages. Ne donne pas de base légale à sa décision une cour d'appel qui, pour décider que les noms de personnages de bandes dessinées sont la propriété commune du dessinateur et du scénariste, énonce que si le premier a eu une part prépondérante dans le choix des noms, le second s'est trouvé, du fait de l'intégration de ces noms dans son texte, investi d'un pouvoir de contrôle sur leur choix, de telle sorte que ces noms doivent être réputés issus de la collaboration des auteurs, sans relever les éléments précis d'où il résultait que le scénariste avait eu un rôle de création dans la définition des noms des personnages (■ Cass. 1re civ., 6 mai 1997 : *JCP* 97, IV, 1357 ; *Bull. civ.* I, n° 145 ; *D.* 1998, 80, note Edelman).

6) Mérite des contributions. Il n'y a pas à prendre en compte l'importance ou le mérite des apports respectifs des coauteurs (■ Cass. 1re civ., 2 avr. 1996 : *JCP* 96, IV, 1283 ; *Bull. civ.* I, n° 165).

7) Personnes physiques. Il ne peut y avoir œuvre de collaboration qu'en cas de concours de plusieurs personnes physiques (■ Paris, 4e ch., 29 sept. 1987 : *JurisData* n° 1987-025674).

II – ŒUVRES COMPOSITES

8) Distinction avec l'œuvre de collaboration. Sur le principe qu'il y a œuvre composite et non œuvre de collaboration lorsqu'une œuvre préexistante est incorporée à une œuvre seconde sans participation de l'auteur de l'œuvre première, V. ▪ Paris, 8 juin 1971 : *D.* 1972, 383, note Edelman ; *JCP* 73, II, 17427, note Plaisant, et, sur pourvoi, ▪ Cass. 1re civ., 14 nov. 1973 : *Bull. civ.* I, n° 390 ; *Gaz. Pal.* 1974, 1, 94. La réunion d'œuvres de collaboration dans un recueil regroupant des écrits connexes, mais sans concert intellectuel de la totalité des auteurs ni fusion des travaux au stade final de l'utilisation, ne constitue pas globalement une œuvre de collaboration à défaut de ce concert, ni une œuvre collective à défaut de cette fusion, et caractérise donc une œuvre composite par choix et agencement d'apports antérieurs (▪ TGI Paris, 29 juin 1971 : *RIDA* 1/1972, 133 ; *RTD com.* 1972, 906, obs. Desbois).

9) Orchestration. L'orchestration par Maurice Ravel des *Tableaux d'une exposition* de Moussorgski constitue une œuvre composite (▪ Paris, 10 mars 1970 : *D.* 1971, 114, note P. L.).

10) Refonte d'un guide. Est une œuvre composite la refonte d'un guide, qui ne s'est pas limitée à une simple mise à jour mais a porté sur la présentation générale et l'expression, les informations étant regroupées en rubriques nouvelles avec des textes de présentation nourris, portant l'empreinte personnelle de leur auteur (▪ Cass. 1re civ., 24 oct. 1995 : *JCP* 95, IV, 2648 ; *Bull. civ.* I, n° 375).

11) Œuvre audiovisuelle composite. La sculpture de maquettes pour la réalisation de moules servant à la fabrication de marionnettes constitue une création personnelle s'intégrant dans une œuvre audiovisuelle composite (▪ Cass. 1re civ., 26 janv. 1994 : *Bull. civ.* I, n° 35 ; *RIDA* 4/1994, 433).

12) Droit de l'auteur de l'œuvre première. Sur le principe que l'incorporation d'une œuvre de l'esprit dans une œuvre composite ne prive pas l'auteur de l'œuvre préexistante de son droit d'en poursuivre ou d'en reprendre librement l'exploitation, V. ▪ Cass. 1re civ., 10 mars 1993 : *RIDA* 3/1993, 320, note Pollaud-Dulian ; *D.* 1994, 90, note Edelman.

III – ŒUVRES COLLECTIVES

13) Une **communauté d'inspiration** et un concert entre les membres de l'équipe n'excluent pas nécessairement l'existence d'une œuvre collective (▪ Cass. 1re civ., 21 oct. 1980 : *Bull. civ.* I, n° 265 ; *D.* 1981, inf. rap. 82, obs. Colombet. – *Contra* ▪ Cass. 1re civ., 18 oct. 1994 : *D.* 1994, inf. rap. 249 ; *JCP* G 94, IV, 2565 ; *JCP* E 96, I, 580, n° 1, obs. Bougerol ; *Bull. civ.* I, n° 298, retenant la qualification en tirant argument de l' « absence de toute coopération entre les divers auteurs »).

14) Fusion des contributions. N'ayant pas déterminé les parts respectives de création des différentes personnes qui, ayant concouru à l'élaboration de l'œuvre litigieuse, auraient pu éventuellement prétendre à la qualité de coauteurs, d'où s'ensuivait l'impossibilité d'attribuer à aucune d'entre elles un droit indivis sur l'ensemble créé, divulgué et exploité sous la direction et le nom de la société demanderesse en contrefaçon, la cour d'appel, en refusant de reconnaître à celle-ci, jusqu'à preuve contraire, la qualité de propriétaire d'une œuvre collective et le droit d'agir contre les contrefacteurs, a violé les art. L. 113-1, al. 3, et L. 113-5, CPI (▪ Cass. 1re civ., 24 mars 1993 : *JCP* 93, II, 22085, note Greffe, 1re esp. V. aussi les arrêts cités *supra* sous art. L. 113-1, n° 6). Mais jugé que le fait que la contribution d'un graphiste à un CD-ROM soit « identifiable » et son apport « détachable » ne fait pas obstacle à la qualification d'œuvre collective (▪ Paris, 16 sept. 2011 : *Propr. intell.* 2012, 23, obs. A. Lucas).

15) Journaux. Sur le caractère d'œuvres collectives reconnu aux journaux et périodiques, V. ▪ TGI Paris, 14 mars 1978 : *RIDA* 4/1978, 100. ▪ Paris, 2 juin 1981 : *Gaz. Pal.* 1982, 1, 22, note Plaisant. V. aussi pour une affiche réalisée à partir d'une photographie ▪ Cass. 1re civ., 8 déc. 1993 : *Bull. civ.* I, n° 361 ; *RIDA* 3/1994, 303. ▪ Lyon, 9 déc. 1999 : *RIDA* 2/2000, 357, note Varet ; *JCP* 2000, II, 10280, note Derieux (« cette société d'édition, en élaborant un journal comportant plusieurs parutions, dont le choix et la présentation destinés à satisfaire un certain type de lecteurs relèvent de sa seule direction, est ainsi à l'origine d'une œuvre collective autonome »).

16) Autres applications. Ont été considérées comme des œuvres collectives des encyclopédies (▪ Paris, 26 janv. 1970 : *D.* 1970, 294, concl. Lecourtier. ▪ Cass. 1re civ., 24 mai 1976 : *D.* 1976, somm. 80), un cours de navigation édité par le Centre nautique des Glénans et réalisé sous son contrôle (▪ Cass. 1re civ., 1er juill. 1970 : *D.* 1970, 769, note Edelman ; *RTD com.* 1971, 336, obs. Desbois), un recueil de recettes de cuisine (▪ TGI Paris, 10 juill. 1974 : *D.* 1975, somm. 40), une histoire de France en bandes dessinées (▪ Paris, 6 mars 1981 : *D.* 1982, inf. rap. 46, obs. Colombet ; *RIDA* 3/1982, 152). Jugé qu'une exposition historique est une œuvre collective dès lors qu'une organisation en a pris l'initiative et que la création du catalogue servant de guide aux visiteurs s'est confondue avec les autres prestations dans l'ensemble que constitue l'exposition (■ Paris, 8 juin 1983 : *D.* 1983, inf. rap. 511, obs. Colombet). Un salarié ne peut faire valoir de droit propre sur les dessins à partir desquels ont été conçus et fabriqués les bijoux commercialisés par son employeur, qui constituent des œuvres collectives (■ Paris, 14 sept. 2012 : *Propr. intell.* 2012, 400, obs. A. Lucas ; *RTD com.* 2012, 764, obs. Pollaud-Dulian, pourvoi rejeté par ■ Cass. 1re civ., 19 déc. 2013, n° 12-26.409 : *Comm. com. électr.* 2014, 14, note Caron). Il en va de même pour la salariée directrice artistique d'une société spécialisée dans la création, la fabrication et la vente de pièces en cristal dont le travail « s'inscrivait dans un cadre contraignant résultant d'une part de son contrat de travail et d'autre part des instructions esthétiques qu'elle recevait de la direction générale lors des réunions de création tenues dans le cadre de l'établissement des plans de collection sur un thème donné » (■ Paris, 22 mars 2013 : *Propr. intell.* 2013, 288, obs. A. Lucas).

17) Œuvre audiovisuelle. Sur le principe qu'une œuvre audiovisuelle ne peut être une œuvre collective, mais seulement une œuvre de collaboration, V. ■ Paris, 3 mars 1971 : *RIDA* 2/1972, 155 ; *D.* 1972, 109, note J. F.-P. ■ Paris, 22 nov. 1990 : *JurisData* n° 1971-025856. ■ Paris, 16 mai 1994 : *RIDA* 4/1994, 474 ; *JCP* 95, II, 22375, note Linant de Bellefonds. ■ Paris, 17 janv. 1995 : *RIDA* 3/1995, 332 – Comp. ■ Cass. 1re civ., 26 janv. 1994 : *RIDA* 4/1994, 433 ; *Bull. civ.* I, n° 35 ; *D.* 1994, inf. rap. 55 (« sans avoir à rechercher le caractère prétendument collectif de l'œuvre audiovisuelle, qu'elle a au contraire justement qualifiée d'œuvre de collaboration »).

18) Salariée dirigeant la réalisation de l'œuvre. Le fait que le nom d'une salariée apparaisse en qualité de conceptrice et de directrice d'un dictionnaire ne fait pas obstacle à la qualification d'œuvre collective dans la mesure où la réalisation de cet ouvrage collectif entrait dans les attributions de l'intéressée dont l'apport se fond dans l'ensemble en vue duquel l'ouvrage a été conçu (■ Paris, 12 janv. 2000 : *RIDA* 4/2000, 280, pourvoi rejeté par ■ Cass. 1re civ., 3 avr. 2002 : *JurisData* n° 2002-013786 ; *RIDA* 4/2002, 293 ; *JCP* G 2002, IV, 1867 ; *Bull. civ.* I, n° 109. V. en ce sens pour le président d'une société n'ayant agi qu'en tant que représentant de celle-ci ■ Paris, 21 mai 2002 : *RIDA* 1/2003, 358). Mais des architectes ayant reçu, dans le cadre d'une opération d'urbanisme, des consignes qui n'ont en rien entravé leur liberté doivent être considérés comme les coauteurs d'une œuvre de collaboration et non comme des participants à une œuvre collective (■ Cass. 1re civ., 1er déc. 2011 : *Propr. intell.* 2012, 22, obs. A. Lucas).

Art. L. 113-3. – **L'œuvre de collaboration est la propriété commune des coauteurs.**

Les coauteurs doivent exercer leurs droits d'un commun accord.

En cas de désaccord, il appartiendra à la juridiction civile de statuer.

Lorsque la participation de chacun des coauteurs relève de genres différents, chacun pourra, sauf convention contraire, exploiter séparément sa contribution personnelle, sans toutefois porter préjudice à l'exploitation de l'œuvre commune.

1) Unanimité. Sur le principe que tout acte d'exploitation de l'œuvre de collaboration exige le consentement de tous les coauteurs, V. ■ TGI Paris, 20 sept. 1971 : *Gaz. Pal.* 1972, 1, 35. ■ Cass. 1re civ., 19 mai 1976 : *RIDA* 1/1977, 104. ■ Cass. 1re civ., 19 déc. 1983 : *Bull. civ.* I, n° 304. ■ Cass. 1re civ., 4 oct. 1988 : *D.* 1989, 482, note Gautier. Ainsi, la résiliation du contrat d'édition doit intervenir d'un commun accord (■ Paris, 16 déc. 1932 : *Gaz. Pal. 1933, I, 368).* L'exploitation d'un logiciel, œuvre de collaboration, par un de ses coauteurs sans le consentement de l'autre porte nécessairement atteinte aux droits de celui-ci et constitue une contrefaçon (■ Cass. 1re civ., 15 juin 2016, nos 14-29.741 et 15-15.137 : *D.* 2016, 2141, obs. Le Stanc ; *Propr. intell.* 2016, 431, obs. Bruguière ; *Dalloz IP/IT* 2016, 482, obs. Coulaud). Viole l'article L. 113-3 du Code de la propriété intellectuelle, aux termes duquel l'œuvre de collaboration est la propriété commune des coauteurs qui doivent exercer leurs droits d'un commun accord, sauf à saisir la juridiction de leur différend, la cour d'appel qui prononce aux torts exclusifs de l'éditeur la résiliation des contrats de cession et d'édition conclus par le compositeur de la musique de deux chansons constituant des œuvres de collaboration en retenant que l'opposition de l'auteur des paroles desdites chansons ne vaut que pour ses propres liens contractuels avec la société éditrice et ne fait pas obstacle au prononcé de résiliation à l'égard du compositeur (■ Cass. 1re civ., 14 oct. 2014, n° 14-19.214 : *Comm. com. électr.* 2015, 96, note Caron). L'article 10, al. 4, de la loi de 1957 (CPI, art. L. 113-3, al. 4) n'est pas applicable et tous les coauteurs doivent être consultés lorsque, sous couvert d'exploiter séparément sa contribution personnelle, l'un d'entre eux exploite en réalité l'ensemble de l'œuvre (■ Paris, 11 déc. 1961 : *RTD com.* 1962, 674, obs. Desbois). C'est à l'éditeur et au coauteur qui veulent exercer leurs droits sur une œuvre de collaboration qu'incombe l'obligation de signaler à l'autre coauteur l'initiative qu'ils comptent prendre et de rechercher à cet égard son accord (■ Cass. 1re civ., 30 janv. 1985 : *Bull. civ.* I, n° 45). En présence de la revendication par l'auteur de solos de trompette de la qualité de coauteur d'une chanson, les juges du fond ne peuvent écarter la demande sans rechercher si l'auteur-compositeur n'a pas, par le dépôt à la Sacem de la chanson telle qu'enregistrée, accompli un acte d'exploitation de l'œuvre sans le consentement de la partie civile (■ Cass. crim., 13 déc. 1995 : *JCP* 96, IV, 955 ; *RIDA* 3/1996, 279 ; *D.* 1997, 197, note Edelman ; *RTD com.* 1996, 460, obs. Françon).

2) Application du régime de droit commun de l'indivision (non). Le caractère indivisible des contributions des coauteurs d'une œuvre de collaboration est exclusif de l'application de l'article 815 du Code civil (■ Paris, 20 juin 2008 : *JurisData* n° 2008-369807 ; *Propr. intell.* 2008, 420, obs. A. Lucas). L'idée d'un mandat tacite entre coauteurs ne saurait être admise (■ Paris, 18 janv. 2008 : *Propr. intell.* 2008, 213, obs. A. Lucas). Mais le comportement non équivoque d'un des deux coauteurs peut être analysé comme constituant un accord implicite à l'élaboration par l'autre coauteur d'une œuvre dérivée de l'œuvre de collaboration (même arrêt).

3) Action en justice. Le coauteur d'une œuvre de collaboration qui agit en justice pour la défense de ses droits patrimoniaux est tenu, à peine d'irrecevabilité, de mettre en cause les autres auteurs de l'œuvre, dès lors que sa contribution ne peut être séparée de celle des coauteurs (■ Cass. 1re civ., 10 mai 1995 : *RIDA* 4/1995, 285 ; *D.* 1996, 114, note crit. Edelman, participation d'un coauteur à la création d'œuvres audiovisuelles en qualité de réalisateur. V. aussi ■ Cass. 1re civ., 4 oct. 1988, préc. ■ Cass. 1re civ., 5 juill. 2006 : *RIDA* 4/2006, 353 ; *Comm. com. électr.* 2007, 19, note Caron ; *JCP* E 2007, 1263, note Singh et Detrie). Si le coauteur d'une œuvre de collaboration peut agir seul pour la défense de son droit moral, c'est à la condition que sa contribution puisse être individualisée (■ Cass. 1re civ., 21 mars 2018, n° 17-14.728 : *Comm. com. électr.* 2018, 33, note Caron ; *Propr. intell.* 2018, n° 68, p. 58, obs. Bernault). Mais seule la mise en cause est nécessaire. L'action d'un des coauteurs est donc recevable dès lors que les coauteurs comparants n'ont pas manifesté leur opposition et que le défaut de comparution des autres n'est assorti d'aucun motif d'opposition (■ Cass. 1re civ., 5 déc. 1995 : *JCP* 96, IV, 254 ; *Bull. civ.* I, n° 450 ; *D.* 1996, inf. rap. 25 ; *RTD com.* 1996, 460, obs. Françon). S'il *résulte de l'article L. 113-1 que le coauteur* d'une œuvre de collaboration qui prend l'initiative d'agir en justice pour la défense de ses droits patrimoniaux est tenu, à peine d'irrecevabilité de sa demande, de mettre en cause les autres auteurs de cette œuvre, cette règle ne fait pas obstacle à la recevabilité de la constitution de partie d'un coauteur du chef de contrefaçon (■ Cass. crim., 13 déc. 1995 : *RIDA* 3/1996, 307 ; *D.* 1997, 197, note Edelman ; *RTD com.* 1996, 462, obs. Françon). Jugé que les prescriptions de l'article L. 113-3 sont respectées dès lors que le coauteur a été appelé en la cause et qu'il a conclu pour qu'il lui soit donné acte qu'il ne sollicitait pas sa mise hors de cause (■ Cass. 1re civ., 11 janv. 2000 : *Bull. civ.* I, n° 6). « La recevabilité de l'action en contrefaçon dirigée à l'encontre d'une œuvre de collaboration, laquelle est la propriété commune des coauteurs, est subordonnée à la mise en cause de l'ensemble de ceux-ci, dès lors que leur contribution ne peut être séparée » et « quelle que soit la nature des droits d'auteur invoqués par le demandeur à l'action » (■ Cass. 1re civ., 30 sept. 2015, n° 14-11.944 : *Comm. com. électr.* 2015, 88, note Caron ; *Propr. intell.* 2016, 38, obs. Bruguière). Mais la recevabilité de l'action engagée par l'auteur de l'œuvre première et dirigée exclusivement à l'encontre de l'exploitant d'une œuvre de collaboration arguée de contrefaçon n'est pas subordonnée à la mise en cause de l'ensemble des coauteurs de celle-ci (■ Cass. 1re civ., 11 déc. 2013, n° 12-25.974 : *JurisData* n° 2013-028527 ; *Comm. com. électr.* 2014, 24, note Caron ; *Propr. intell.* 2014, 63, obs. A. Lucas). Le recours au juge pour trancher un différend opposant les coauteurs, prévu par l'alinéa 3 de l'article L. 113-3, « n'est que supplétif ». Il renvoie à la règle de l'unanimité posée par l'alinéa 2, « de laquelle il résulte que les droits de l'un des coauteurs ne peuvent être cédés sans l'accord des autres, ce qui suppose que pour se prévaloir d'un désaccord il est nécessaire de démontrer qu'un accord a été recherché avant de saisir le tribunal d'un différend ». Tel n'est pas le cas en l'espèce, le producteur cessionnaire ayant poursuivi l'exploitation de l'œuvre sans l'autorisation des ayants droit, passé le terme contractuel (■ Paris, 16 mai 2014 : *Propr. intell.* 2014, 386, obs. A. Lucas, pourvoi rejeté par ■ Cass. 1re civ., 17 déc. 2015, n° 14-22.944 : *Propr. intell.* 2016, 218, obs. A. Lucas).

4) Procédure pénale. L'article 10 de la loi de 1957 (CPI, art. L. 113-3) qui attribue compétence à la juridiction civile pour statuer en cas de désaccord entre les coauteurs ne la dispense pas de surseoir à statuer en attendant le résultat définitif de la procédure pénale ouverte sur la plainte d'un des coauteurs contre l'autre du chef de contrefaçon (■ Cass. 1re civ., 7 avr. 1987 : *Bull. civ.* I, n° 125).

5) Office du juge. Le juge qui tranche le désaccord entre les coauteurs relatif à l'exercice de leurs droits patrimoniaux n'a pas à relever, de la part de certains d'entre eux, un comportement abusif (■ Cass. 1re civ., 24 nov. 1993 : *Bull. civ.* I, n° 341 ; *D.* 1994, 405, 1re esp., note Edelman).

6) **Exploitation séparée.** Dès lors que les personnages de bandes dessinées sont le produit de la seule création du dessinateur, ce dernier peut les exploiter seul, sous réserve de ne pas nuire à l'œuvre commune (■ Cass. 1re civ., 6 mai 1997 : *JCP* 97, IV, 1357 ; *Bull. civ.* I, n° 145 ; *D.* 1998, 80, note Edelman). Le parolier d'une chanson ne peut faire réécrire par un autre compositeur la musique de deux chansons, dès lors que la communauté de création entre le parolier et le musicien commande de considérer que les paroles et la musique ne relèvent nullement de genres distincts mais bien du même genre, celui de la chanson, ce qui rend la contribution de chacun des coauteurs « indivisible » et exclut toute possibilité d'exploitation séparée (■ Paris, 20 juin 2008 : *JurisData* n° 2008-369807 ; *Propr. intell.* 2008, 420, obs. A. Lucas ; *RTD com.* 2008, 545, obs. Pollaud-Dulian).

Art. L. 113-4. – L'œuvre composite est la propriété de l'auteur qui l'a réalisée, sous réserve des droits de l'auteur de l'œuvre préexistante.

1) **Droits concurrents.** L'auteur de l'œuvre originaire et l'auteur de l'œuvre dérivée ont sur cette dernière des droits concurrents (■ Cass. 1re civ., 22 juin 1959 : *D.* 1960, 129, note Desbois). C'est à l'auteur de l'œuvre composite qui veut exploiter sa création d'obtenir l'autorisation de l'auteur de l'œuvre préexistante, mais l'éditeur peut engager sa responsabilité pour défaut de précaution (■ TGI Paris, 8 mai 1969 : *D.* 1970, somm. 7).

2) **Rémunération.** La rémunération de l'auteur de l'œuvre préexistante peut être convenue sous forme de participation aux profits de l'exploitation de l'œuvre dérivée, participation qui doit cesser, sauf stipulation contraire, au jour où l'œuvre préexistante sera tombée dans le domaine public (■ Paris, 10 mars 1970 : *D.* 1971, 114).

3) Sur le **droit au respect** de l'œuvre première en cas d'adaptation, V. sous art. L. 121-1.

4) **Portée de la cession.** Le consentement donné par l'auteur de l'œuvre préexistante à une adaptation au théâtre lyrique ne vaut pas pour une sous-adaptation cinématographique (■ Cass. 1re civ., 22 juin 1959 : *D.* 1960, 129, note Desbois). Le titulaire des droits pour une adaptation cinématographique ne peut autoriser la publication d'un récit dépassant l'analyse (■ T. civ. Lyon, 8 juin 1950 : *D.* 1950, 750).

5) **Droits des auteurs de l'œuvre composite.** Dès lors qu'il a été jugé qu'un guide est une œuvre composite, propriété des personnes qui l'ont réalisée en y incorporant, avec l'accord des auteurs, un guide préexistant, les titulaires des droits sur cette œuvre composite peuvent l'exploiter sans avoir à solliciter à nouveau l'autorisation des auteurs originaires (■ Cass. 1re civ., 14 févr. 1995 : *JCP* 95, IV, 942 ; *Bull. civ.* I, n° 84).

Art. L. 113-5. – L'œuvre collective est, sauf preuve contraire, la propriété de la personne physique ou morale sous le nom de laquelle elle est divulguée.

Cette personne est investie des droits de l'auteur.

1) **Principe.** En cas d'œuvre collective créée à l'initiative d'une personne morale, celle-ci est investie à titre originaire des droits d'auteur sans avoir à prouver sa qualité de cessionnaire des droits afférents aux diverses contributions ayant permis la réalisation de l'œuvre (■ Cass. 1re civ., 17 mars 1982 : *D.* 1982, 71, note Greffe ; *JCP* 83, II, 20054, note Plaisant ; *RTD com.* 1982, 428, obs. Françon). Elle peut, à ce titre, invoquer le bénéfice du droit moral (■ Cass. 1re civ., 22 mars 2012, n° 11-10132 : *Comm. com. électr.* 2012, 61, note Caron ; *D.* 2012, 1246, note Latil ; *Propr. intell.* 2012, 329, obs. Bruguière ; *RTD com.* 2012, 321, obs. Pollaud-Dulian).

2) **Rémunération.** La rémunération des auteurs ayant participé à l'œuvre collective peut être forfaitaire (■ Cass. 1re civ., 24 mai 1976 : *Bull. civ.* I, n° 193 ; *D.* 1978, 223, 1re esp., note Plaisant. – V. en ce sens ■ Paris, 26 janv. 1970 : *D.* 1970, 294, concl. Lecourtier). Les dispositions des articles L. 131-4 et L. 132-5 qui prévoient le principe d'une rémunération proportionnelle de l'auteur en cas de cession de ses droits d'exploitation ne s'appliquent pas au collaborateur de l'œuvre collective pour laquelle la personne physique ou morale, qui en a pris l'initiative et qui l'édite, la publie et la divulgue sous sa direction, est investie, dès l'origine, desdits droits (■ Cass. 1re civ., 21 nov. 2006 : *JCP* G 2006, IV, 3486 ; *Comm. com. électr.* 2007, 2, note Caron ; *RLDI* 2007, 761, obs. Marino ; *Propr. intell.* 2007, 97, obs. A. Lucas. V. en ce sens ■ Paris, 14 sept. 2011 : *Propr. intell.* 2012, 24, obs. A. Lucas). Dès lors que les créations en cause réalisées avec le concours du salarié présentent un « caractère » collectif, les juges du fond en déduisent justement que celui-ci ne jouit d'aucun droit personnel sur ces œuvres (■ Cass. soc., 19 oct. 2010 : *Comm. com. électr.* 2011, 21, note Caron ; *Propr. intell.* 2011, 86, obs. Bruguière).

3) **Droits sur les contributions.** Les participants gardent leurs droits d'auteur sur leurs contributions (■ Paris, 6 mars 1981 : *D.* 1982, inf. rap. 46,

obs. Colombet), y compris leur droit moral (■ Cass. 1re civ., 15 avr. 1986 : *Bull. civ.* I, n° 89). Si ce dernier se trouve limité par la nature collective de l'œuvre, l'exercice, par le responsable de la publication, de son droit d'apporter des modifications aux différentes contributions doit être justifié par la nécessaire harmonisation de l'œuvre considérée dans son ensemble (■ Cass. 1re civ., 8 oct. 1980 : *Bull. civ.* I, n° 251 ; *D.* 1981, inf. rap. 85, obs. Colombet ; *RTD com.* 1981, 87, obs. Françon. – V. aussi ■ Cass. 1re civ., 16 déc. 1986 : *Bull. civ.* I, n° 305 ; *RIDA* 3/1987, 183 ; *D.* 1988, 173, note Edelman). Sur le maintien du droit moral de l'auteur de chaque contribution, V. ■ Cass. 1re civ., 15 avr. 1986, préc. Jugé que l'éditeur est libre de publier une édition remaniée de l'œuvre collective originaire, amputée des contributions de certains des contributeurs et rompant avec l'esprit de cette œuvre originaire (■ TGI Paris, 7 nov. 2007 : *D.* 2008, 2643, note Edelman).

Art. L. 113-6. – **Les auteurs des œuvres pseudonymes et anonymes jouissent sur celles-ci des droits reconnus par l'article L. 111-1.**

Ils sont représentés dans l'exercice de ces droits par l'éditeur ou le publicateur originaire, tant qu'ils n'ont pas fait connaître leur identité civile et justifié de leur qualité.

La déclaration prévue à l'alinéa précédent pourra être faite par testament ; toutefois, sont maintenus les droits qui auraient pu être acquis par des tiers antérieurement.

Les dispositions des deuxième et troisième alinéas ne sont pas applicables lorsque le pseudonyme adopté par l'auteur ne laisse aucun doute sur son identité civile.

1) Pour un **exemple d'œuvre anonyme**, V. ■ TGI Paris, 13 nov. 1975 : *D.* 1976, somm. 59.

2) Pour un **exemple de pseudonyme transparent**, V. ■ TGI Paris, 9 juill. 1980 : *RIDA* 4/1980, 147.

3) Révélation du pseudonyme. L'éditeur porte atteinte au droit moral de l'œuvre pseudonyme en révélant sa véritable identité (■ Paris, 5 juill. 1979 : *D.* 1980, 580, concl. Lévy).

Art. L. 113-7. – **Ont la qualité d'auteur d'une œuvre audiovisuelle la ou les personnes physiques qui réalisent la création intellectuelle de cette œuvre.**

Sont présumés, sauf preuve contraire, coauteurs d'une œuvre audiovisuelle réalisée en collaboration :

1° L'auteur du scénario ;

2° L'auteur de l'adaptation ;

3° L'auteur du texte parlé ;

4° L'auteur des compositions musicales avec ou sans paroles spécialement réalisées pour l'œuvre ;

5° Le réalisateur.

Lorsque l'œuvre audiovisuelle est tirée d'une œuvre ou d'un scénario préexistants encore protégés, les auteurs de l'œuvre originaire sont assimilés aux auteurs de l'œuvre nouvelle.

1) Sur le **rôle principal du réalisateur**, V. ■ Paris, 14 juin 1950 : *D.* 1951, 9, note Desbois. ■ Paris, 20 janv. 1971 : *D.* 1971, 307, concl. Lecourtier. ■ TGI Paris, 13 mars 1973 : *RIDA* 2/1974, 92. La qualité de coauteur doit être reconnue au profit de l'auteur des dialogues préexistants utilisés par l'adaptateur (■ TGI Paris, 21 déc. 1972 : *RIDA* 2/1973, 191). Sur ce que la présomption de l'article L. 113-8 dispense le réalisateur de démontrer l'originalité de son apport, sous réserve d'établir qu'il a réellement participé à l'élaboration de l'œuvre audiovisuelle, V. ■ Paris, 29 sept. 2006 : *RIDA* 1/2007, 396 ; *Propr. intell.* 2007, 83, obs. A. Lucas. Sur ce que l'acquis communautaire impose aux États membres de reconnaître le réalisateur comme l'auteur ou l'un des auteurs de l'œuvre cinématographique, V. ■ CJUE, 9 févr. 2012, C-277/10, *Martin Luksan* : *Comm. com. électr.* 2012, 37, obs. Caron ; *RIDA* 2/2012, 381, obs. Sirinelli ; *Propr. intell.* 2012, 425, obs. Benabou ; *RTD com.* 2012, 318, obs. Pollaud-Dulian.

2) Le **caractère limitatif de la présomption** édictée par l'article 14 de la loi du 11 mars 1957 (CPI, art. L. 113-7) n'empêche pas d'autres spécialistes de se réclamer de la qualité d'auteur, mais c'est à la condition d'apporter la preuve de l'originalité de leur contribution à l'œuvre tout entière ; la condition n'est pas remplie par le directeur de la photographie qui n'est qu'un auxiliaire technique du réalisateur (■ Paris, 2 nov. 1981 : *D.* 1983, inf. rap. 91, obs. Colombet). La personne mentionnée comme auteur des intertitres d'un film muet ne peut être regardée comme coauteur que s'il est démontré qu'elle a été l'auteur intellectuel du texte des cartons (■ Cass. 1re civ., 20 déc. 2012, n° 11-26.151).

3) Auteur de l'œuvre première. Les auteurs du scénario initial utilisé par le scénario définitif doivent être considérés comme coauteurs du film (■ Cass. 1re civ., 24 nov. 1993 : *Bull. civ.* I, n° 341 ; *D.* 1994, 405, 1re esp., note Edelman. Comp., invoquant la règle de l'article L. 113-7, alinéa 3, pour reconnaître aux auteurs de comptines pour enfants ultérieurement incorporées dans des œuvres audiovisuelles la qualité de coauteurs de ces œuvres, ▪ Paris, 31 mars 2010 : *Propr. intell.* 2010, 848, obs. A. Lucas). Il appartient donc aux juges du fond de trancher, compte tenu des circonstances soumises à leur appréciation, le désaccord opposant ces auteurs aux autres coauteurs (même arrêt. V., à propos de la même œuvre, tirant argument de l'article L. 113-7 pour décider que les coauteurs du scénario préexistant qui agissent en contrefaçon doivent mettre en cause les coauteurs du film, ▪ Paris, 4 sept. 2009 : *Propr. intell.* 2010, 615, obs. A. Lucas, pourvoi rejeté par ▪ Cass. 1re civ., 12 mai 2011 : *Propr. intell.* 2011, 290, obs. A. Lucas ; *RTD com.* 2011, 543, obs. Pollaud-Dulian). L'auteur d'un roman d'où sont tirés des téléfilms peut s'opposer à l'exploitation des téléfilms au-delà du terme consenti dans la cession (▪ Cass. 1re civ., 9 févr. 1994 : *Bull. civ.* I, n° 57 ; *D.* 1994, 405, 2e esp., note Edelman). Le compositeur musical et le parolier ayant conçu des comptines utilisées pour illustrer des extraits de séries télévisées antérieures (*Rupert l'ours* et *Bonjour Babar*) doivent être considérés comme coauteurs de l'œuvre audiovisuelle dérivée en résultant dès lors que les comptines ont été spécialement conçues pour être associées à des images, peu important que celles-ci fussent préexistantes, et constituaient avec elles des œuvres audiovisuelles (▪ Cass. 1re civ., 22 mars 2012, n° 10-18.491 : *Propr. intell.* 2012, 327, obs. A. Lucas).

4) Sur la **cession au producteur** des droits des auteurs d'une œuvre audiovisuelle, V. art. L. 132-24.

5) Œuvre collective (non). Sur le principe qu'une œuvre audiovisuelle ne peut être une œuvre collective, V. sous art. L. 113-2.

Art. L. 113-8. – Ont la qualité d'auteur d'une œuvre radiophonique la ou les personnes physiques qui assurent la création intellectuelle de cette œuvre.

Les dispositions du dernier alinéa de l'article L. 113-7 et celles de l'article L. 121-6 sont applicables aux œuvres radiophoniques.

Art. L. 113-9 *(L. n° 94-361, 10 mai 1994)*. **– Sauf dispositions statutaires ou stipulations contraires, les droits patrimoniaux sur les logiciels et leur documentation créés par un ou plusieurs employés dans l'exercice de leurs fonctions ou d'après les instructions de leur employeur sont dévolus à l'employeur qui est seul habilité à les exercer.**

Toute contestation sur l'application du présent article est soumise au tribunal de grande instance du siège social de l'employeur.

Les dispositions du premier alinéa du présent article sont également applicables aux agents de l'État, des collectivités publiques et des établissements publics à caractère administratif.

1) Droit transitoire. L'article 45 de la loi de 1985 (CPI, art. L. 113-9) n'est pas applicable aux logiciels créés avant son entrée en vigueur (▪ Cass. 1re civ., 16 déc. 1992 : *JCP* 93, IV, 549).

2) Notion d'employé. L'employé, au sens de l'article 45 de la loi du 3 juillet 1985 (CPI, art. L. 113-9) s'entend du salarié dont les fonctions sont d'ordre administratif et les fonctions visées par le même article ne peuvent s'appliquer qu'à la mission qui est confiée à une personne qui est employée dans une entreprise (▪ Versailles, 14e ch., 15 juin 1992 : *Expertises* 1992, 350).

3) Exercice des fonctions. Il importe peu qu'une partie du logiciel ait été effectuée au domicile de l'employé, celui-ci ayant une rémunération forfaitaire (▪ Paris, 14e ch. B, 29 oct. 1987 : *JurisData* n° 1987-026662). Jugé sous l'empire du droit antérieur à la loi du 3 juillet 1985 que l'employé créateur des logiciels ne peut se voir reprocher d'avoir retiré brusquement à l'entreprise la disposition de programmes, dès lors qu'il n'a concédé aucun droit de reproduction ni d'utilisation. Son refus de rapporter lesdits programmes est légitime dans la mesure où l'employeur maintient sa prétention de se les approprier en écartant d'emblée toute discussion sur le principe et les modalités d'une cession à titre onéreux (▪ Amiens, 16 mai 1988 : *Expertises* juin 1988, 193, obs. A. Lucas). Sur ce que l'employeur n'a aucun droit sur la partie du logiciel programmée à partir du moment où l'intéressé a travaillé en indépendant, V. ▪ TGI Paris, 6 mars 2001 : *Expertises* 2001, 306 ; *JCP* E 2001, 1952, note Raynard.

Art. L. 113-10 *(L. n° 2012-287, 1er mars 2012)*. **– L'œuvre orpheline est une œuvre protégée et divulguée, dont le titulaire des droits ne peut pas être identifié ou retrouvé, malgré des recherches diligentes, avérées et sérieuses.**

Lorsqu'une œuvre a plus d'un titulaire de droits et que l'un de ces titulaires a été identifié et retrouvé, elle n'est pas considérée comme orpheline.

TITRE II. – DROITS DES AUTEURS

CHAPITRE I. – DROITS MORAUX

Art. L. 121-1. – **L'auteur jouit du droit au respect de son nom, de sa qualité et de son œuvre.**
Ce droit est attaché à sa personne.
Il est perpétuel, inaliénable et imprescriptible.
Il est transmissible à cause de mort aux héritiers de l'auteur.
L'exercice peut en être conféré à un tiers en vertu de dispositions testamentaires.

• *Sommaire*

I – CARACTÈRES DU DROIT MORAL

1) Droit moral et droits de la personnalité. Le droit moral de l'auteur d'œuvres littéraires est seulement celui de faire respecter soit l'intégrité de ses œuvres, soit son nom et sa qualité en tant qu'auteur de celles-ci, mais il est entièrement étranger à la défense des autres droits de la personnalité protégés par la loi (▪ Cass. 1re civ., 10 mars 1993 : *JCP* 93, II, 22161, note Raynard ; *D.* 1994, 78, note Françon).

2) Personne morale. Jugé que la loi ne fait aucune distinction conduisant à refuser la protection du droit moral à la personne morale créatrice de l'œuvre (▪ Paris, 18 avr. 1991 : *RIDA* 3/1992, 166).

3) Ordre public. L'inaliénabilité du droit au respect de l'œuvre, principe d'ordre public, s'oppose à ce que l'auteur abandonne au cessionnaire, de façon préalable et générale, l'appréciation exclusive des utilisation, diffusion, adaptation, retrait, adjonction et changement auxquels il plairait à ce dernier de procéder (▪ Cass. 1re civ., 28 janv. 2003 : *D.* 2003, 559, note Daleau ; *JCP* 2003, IV, 1494. V. aussi dans la même affaire ▪ Cass. 1re civ., 5 déc. 2006 : *Comm. com. électr.* 2007, 18, note Caron. ▪ Cass. 1re civ., 2 avr. 2009 : *RIDA* 2/2009, 435 ; *Comm. com. électr.* 2009, 52, note Caron ; *Propr. intell.*. 2009, 264, obs. A. Lucas. V. en ce sens ▪ Paris, 20 janv. 1971 : *D.* 1971, 307, concl. Lecourtier. ▪ Paris, 13 févr. 2009 : *RTD com.* 2009, 305, obs. Pollaud-Dulian). L'auteur ne peut se voir imposer par contrat un rythme de création lui retirant toute liberté (▪ Aix-en-Provence, 23 févr. 1965 : *D.* 1966, 166, note R. Savatier. ▪ Paris, 15 nov. 1966 : *D.* 1967, 284). Sur l'inaliénabilité du droit à la paternité, V. ▪ Cass. 1re civ., 4 avr. 1991 : *RIDA* 4/1991, 125. V. cependant, réservant les « limites que peut apporter au droit moral de l'auteur la nature des conventions conclues par lui au sujet de ses œuvres », ▪ Cass. 1re civ., 17 déc. 1991 : *RIDA* 2/1992, 190. ▪ Paris, 6 mars 1991 : *D.* 1992, somm. 75, obs. Hassler décidant que l'usage publicitaire d'une composition musicale suppose que l'auteur accepte de renoncer à son droit au nom. ▪ Paris, 28 juin 2000 : *RIDA* 1/2001, 326 ; *Propr. intell.* 2001, n° 1, 60, 2e esp., obs. A. Lucas, admettant la validité d'une clause donnant au cessionnaire un pouvoir très large pour apporter ou faire apporter à l'œuvre (une chanson) toutes les modifications jugées par lui opportunes, cassé par ▪ Cass. 1re civ., 28 janv. 2003, préc. La clause qui dispense le cocontractant de solliciter préalablement l'autorisation de l'auteur pour accorder le droit d'adapter les œuvres d'illustration musicale destinées à la sonorisation des œuvres audiovisuelles n'entraîne pas aliénation de la part de l'auteur de son droit moral qu'il peut exercer si l'exploitation vient à y porter atteinte (▪ Cass. 1re civ., 13 juin 2006 : *RIDA* 4/2006, 339 ; *Comm. com. électr.* 2006, 119, note Caron ; *JCP* G 2006, IV, 2509).

4) Limitation de la liberté de création. Sans préjudice des dispositions de l'article 32 de la loi du 11 mars 1957 (CPI, art. L. 121-4), le droit moral de l'auteur sur son œuvre ne préexiste pas à celle-ci et que l'auteur peut au préalable légalement consentir par convention à limiter sa liberté de création, et s'engager en particulier à obéir aux impératifs d'une commande faite à des fins publicitaires ou à rechercher, dans ce domaine ou dans un autre, l'accord de son cocontractant (▪ Cass. 1re civ., 7 avr. 1987 : *Bull. civ.* I, n° 124 ; *RIDA* 4/1987, 197 ; *D.* 1988, 97, 2e esp., note Edelman).

5) Salariés. Le droit moral du créateur salarié subsiste en cas de cession des droits patrimoniaux à l'employeur (▪ Aix-en-Provence, 21 oct. 1965 : *D.* 1966, 70, note Greffe ; *JCP* 66, II, 14657, note Boursigot. ▪ TGI Paris, 3 juill. 1969 : *D.* 1969, 702, 3e esp., note J.-F. P. ; *JCP* 70, II, 16415, note Plaisant).

6) Inexploitation de l'œuvre. La perte de notoriété résultant de l'inexploitation de l'œuvre relève des droits patrimoniaux et ne peut être assimilée à une atteinte au respect dû à l'œuvre (■ Cass. 1re civ., 10 mai 1995 : *RIDA* 4/1995, 285 ; *D.* 1996, 114, note Edelman).

7) Abus. L'auteur ne doit pas exercer son droit moral dans un but de vexation (■ Cass. civ., 14 mai 1945 : *D.* 1945, 285, note Desbois. Pour un détournement du droit de repentir, V. ■ Cass. 1re civ., 14 mai 1991 : *JCP* 91, II, 21760, note Pollaud-Dulian ; *RIDA* 1/1992, 272, note Sirinelli ; *Bull. civ.* I, n° 157). Jugé cependant que l'auteur d'une œuvre originale exerce de façon discrétionnaire son droit moral et qu'il ne peut donc en aucun cas être tenu de consentir à l'exploitation de l'œuvre dérivée (■ Cass. 1re civ., 5 juin 1984 : *Bull. civ.* I, n° 184).

8) Urbanisme. Dès lors que l'œuvre a été édifiée au mépris des règles d'ordre public édictées tant par la législation sur la protection des sites que par le Code de l'urbanisme, le droit moral de l'auteur ne saurait faire échec à l'exécution des mesures prévues par la loi en vue de mettre fin aux conséquences des infractions pénales constatées (■ Cass. crim., 3 juin 1986 : *D.* 1987, 301, note Edelman).

9) Dévolution successorale. En raison du caractère perpétuel du droit moral, il faut entendre par héritiers au sens de l'article 6 (CPI, art. L. 121-1) non seulement les successeurs immédiats de l'auteur, mais également les propres héritiers de ceux-ci sans limitation dans la suite des dévolutions à cause de mort (■ Paris, 14 juin 1972 : *RIDA* 4/1972, 135. – V. en ce sens ■ Cass. 1re civ., 11 janv. 1989 : *JCP* 89, II, 21378, 1re esp., note A. Lucas ; *D.* 1989, 308, 1re esp., note Edelman, et, sur renvoi, ■ Versailles, 3 oct. 1990 : *RIDA* 2/1991, 148, note Gautier. V. cependant ■ Paris, 20 déc. 1990 : *D.* 1991, 532, note Edelman ; *RIDA* 1/1992, 295). Le légataire universel, ayant vocation à recevoir l'universalité héréditaire, devient titulaire du droit moral de l'auteur (décédé en 1953), même en présence d'héritiers réservataires (■ Cass. 1re civ., 17 déc. 1996 : *JCP* 97, II, 22888, note Beignier ; *D.* 1997, 445, note Ravanas). Mais la veuve de l'auteur qui partage l'exercice du droit moral avec les héritiers de ce dernier ne peut transmettre par testament un droit dont elle n'est pas seule titulaire (■ Cass. 1re civ., 6 juill. 2000 : *Dr. famille* 2000, 119, note Alleaume ; *Bull. civ.* I, n° 211). Le second mari de la veuve d'un peintre ayant renoncé « purement et simplement » tant aux droits qu'il pouvait prétendre dans la succession de son épouse qu'au bénéfice de « toutes dispositions testamentaires » prises par celle-ci à son profit, une telle renonciation englobe le droit moral dont la veuve était titulaire en sa qualité de seule héritière de l'artiste (■ Paris, 11 déc. 2000 : *JCP* 2002, II, 10118, note Sauvage). Cependant, la volonté de la testatrice était insuffisante à rendre parfaite la transmission du droit moral ; il résulte en effet du caractère extra-patrimonial de ce droit que l'investiture de la personne gratifiée par testament ou par institution contractuelle est subordonnée à son acceptation. La condition est remplie en l'espèce, aucune rétractation tacite de la renonciation ne pouvant être déduite du comportement ultérieur de l'intéressé dès lors que la succession de la veuve du peintre a été acceptée entre-temps par sa fille unique (même arrêt, pourvoi rejeté sur ce point par ■ Cass. 1re civ., 3 déc. 2002 : *JurisData* n° 2002-016605 ; *JCP* 2004, II, 10038, note Durrande ; *Propr. intell.*, avr. 2003, n° 7, 167, obs. A. Lucas). La volonté de l'auteur de transmettre le droit moral sur son œuvre doit être exprimée selon les formes requises pour l'établissement des testaments (■ Cass. 1re civ., 28 mai 2015, n° 14-14.506 : *Propr. intell.* 2015, 414, obs. A. Lucas. V. en ce sens, à propos du même testament, ■ Cass. 1re civ, 13 janv. 2016, n° 14-29.833). Le droit moral n'est pas soumis au régime de l'indivision, de sorte que chacun des héritiers de l'auteur peut l'exercer seul (■ Paris, 27 oct. 2010 : *JCP G* 2011, 107, note Lucas-Schloetter ; *Propr. intell.* 2011, 88, obs. A. Lucas). Les dispositions de l'article 815-3 du Code civil ouvrant l'action au mandataire de l'indivision ne sont pas applicables au droit moral et ne peuvent régir l'exercice de ce droit pour l'ensemble des co-indivisaires (■ Paris, 12 mai 2009 : *RLDI* 2009/51, 1668, obs. M.T. ; *JCP E* 2010, 1691, n° 4, obs. Petelin).

10) Contrefaçon. Sur ce que l'atteinte au seul droit moral de l'auteur constitue une contrefaçon, V. pour le droit de divulgation ■ Cass. crim., 13 déc. 1995 : *RIDA* 3/1996, 307, pour le droit à la paternité ■ Cass. crim., 24 sept. 1997 : *Gaz. Pal.* 1998, 2, 529, note Leclerc, pour le droit au respect de l'œuvre ■ Cass. crim., 22 mai 2002 : *JurisData* n° 2002-012332 ; *Comm. com. électr.* 2002, comm. 150, 2e arrêt, note Caron, fabrication de bronzes de mauvaise qualité artificiellement vieillis. – V. aussi ■ Cass. crim., 3 sept. 2002 : *Comm. com. électr.* 2002, 150, 1re arrêt, note Caron ; *Bull. crim.*, n° 156 ; *RIDA* 1/2003, 347 ; *Légipresse* 2002, 206, note Alleaume (« une nouvelle représentation de l'œuvre est réalisée par sa communication au public sous une forme altérée ou modifiée »).

II – DROIT AU RESPECT DU NOM

11) Titres de l'auteur. L'omission par l'éditeur de l'un des titres de l'auteur n'est pas un manquement au contrat (■ T. com. Seine, 2 avr. 1951 : *D.* 1951, 343).

12) Pseudonyme. L'éditeur porte atteinte au droit moral de l'auteur qui use d'un pseudonyme en révélant contre sa volonté sa véritable identité (■ Paris, 5 juill. 1979 : *D.* 1980, 580, concl. Lévy). Sur la possibilité pour un auteur de s'identifier par un pseudonyme déjà utilisé par un autre auteur, en l'absence de risque de confusion, V. ■ Paris, 13 févr. 2013 : *Comm. com. électr.* 2013, 64, note Caron.

13) Œuvre collective. L'auteur d'une contribution à une œuvre collective jouit du droit moral. Il est donc fondé, notamment pour rétablir la vérité, à faire publiquement état de son rôle de créateur, la personne sous le nom de laquelle l'œuvre collective est divulguée étant seulement investie des droits de l'auteur en sa qualité de propriétaire (■ Cass. 1re civ., 15 avr. 1986 : *Bull. civ.* I, n° 89).

14) Renonciation. L'auteur d'une illustration ne peut se plaindre de ce que sa signature ait été omise dès lors qu'il a lui-même omis de signer son œuvre et qu'il a attendu cinq ans pour manifester le désir de révéler sa paternité (■ Paris, 22 janv. 1987 : *Cah. dr. auteur* janv. 1988, 16). L'autorisation faite par l'auteur au cessionnaire d'un droit d'exploitation de ne pas mentionner son nom sur les articles reproduisant ses œuvres n'emporte pas aliénation de son droit de paternité, dès lors qu'il conserve la faculté d'exiger l'indication de son nom (■ Cass. 1re civ., 13 févr. 2007 : *Comm. com. électr.* 2007, 53, note Caron ; *Propr. intell.* 2007, 207, obs. Bruguière ; *JCP* G 2007, IV, 1580).

15) Preuve de l'atteinte. Le fait de reproduire totalement ou partiellement l'œuvre d'autrui en s'en appropriant la paternité, dénoncé par l'auteur comme constituant une contrefaçon, porte nécessairement atteinte à son droit moral (■ Cass. 1re civ., 3 avr. 2007 : *RIDA* 3/2007, 341 ; *Propr. intell.* 2007, 332, obs. Bruguière).

16) Copie d'œuvre graphique. Il n'y a pas atteinte au droit moral dans la reproduction de la signature du peintre Auguste Renoir « qui fait incontestablement partie de l'œuvre elle-même ». Il convient d'ajouter qu'aucune disposition assortie de sanctions pénales n'interdit de reproduire par quelque technique que ce soit la signature d'un artiste dont l'œuvre est tombée dans le domaine public, à moins que le vendeur ne cherche à faire croire à l'acquéreur que l'œuvre soumise à son examen est une œuvre authentique (■ Paris, 5 oct. 1995 : *RIDA* 2/1996, 303). La reproduction de la signature de l'auteur d'une œuvre d'art tombée dans le domaine public, sur la copie de cette œuvre, ne porte pas atteinte au droit moral de cet auteur dès lors qu'aucune confusion n'est à craindre entre l'original et sa copie (■ Cass. crim., 11 juin 1997 : *JCP* 1997, IV, 2110 ; *RIDA* 1/1998, 295. V. aussi pour un tableau n'étant ni une copie ni une imitation d'une œuvre d'Utrillo mais portant une « signature apocryphe » de ce peintre, ■ Cass. 1re civ., 18 juill. 2000 : *RIDA* 2/2001, 309 ; *JCP* G 2000, IV, 2583 ; *D.* 2001, 541, note Dreyer ; *Bull. civ.* I, n° 225, décidant qu'il s'agit d'une atteinte à un droit de la personnalité et non au droit moral).

17) Photographies. Le droit à la paternité n'est pas violé dès lors que le nom de l'auteur des photographies, s'il ne figure pas sur celles-ci, est indiqué dans le texte de l'article qui les accompagne, de sorte que les lecteurs peuvent déterminer avec précision qui en est l'auteur (■ TGI Paris, 6 juill. 2001 : *RIDA* 1/2002, 198, obs. Kéréver).

18) Usage commercial du nom de l'auteur. Le droit à la paternité étant « attaché » à une œuvre, il ne permet pas à un auteur de s'opposer à l'usage de son nom « en tant que tel » (■ Cass. 1re civ., 10 avr. 2013, n° 12-14.525 : *JCP* E 2013, 312 ; *LEPI* 2013, 70, obs. Bernault).

19) Œuvres faussement présentées comme des œuvres de collaboration. L'atteinte au droit à la paternité d'un auteur auquel est associé un coauteur de manière erronée est caractérisée dès lors que les défendeurs n'apportent pas la preuve de la participation effective du coauteur supposé au processus de création (■ Cass. 1re civ., 19 févr. 2014, nos 12-17.935 et 12-19.714 : *Propr. intell.* 2014, 161, obs. A. Lucas).

20) Liberté d'expression. V. ■ Cass. 1re civ., 22 janv. 2014, n° 12-35.264 : *Comm. com. électr.* 2014, 25, note Caron, affirmant, au visa de l'article 10 de la CESDH, que « le refus de l'auteur d'un catalogue raisonné d'y insérer une œuvre, fût-elle authentique, ne peut, à défaut d'un texte spécial, être considéré comme fautif ». V. en ce sens ■ Cass. 2e civ., 8 juin 2017 : *RTD com.* 2017, 910, obs. Pollaud-Dulian.

III – DROIT AU RESPECT DE L'ŒUVRE

21) Portée. Le respect dû à l'œuvre en interdit toute altération ou modification, quelle qu'en soit l'importance (■ Cass. 1re civ., 24 févr. 1998 : *JCP* 98, IV, 1858 ; *D. aff.* 1998, 539, obs. J. P. -S.). L'auteur a le pouvoir de s'opposer à toute correction ou modification susceptible d'altérer le caractère de son œuvre, mais il n'y a aucune atteinte au droit moral si les adjonctions n'ont pas pour conséquence de donner une idée inexacte de l'œuvre (■ Paris, 11 mai 1965 : *D.* 1967, 555, note Françon, et, sur pourvoi, ■ Cass. 1re civ., 5 mars 1968 : *D.* 1968, 382). Jugé que le respect est dû à l'œuvre telle que l'auteur a voulu qu'elle soit, et qu'il n'appartient ni aux tiers ni au juge de porter un jugement de valeur sur la volonté de l'auteur (■ TGI Paris, 15 oct. 1992 : *RIDA* 1/1993, 225). Doit donc être respectée la volonté de Samuel Beckett de ne pas autoriser de femmes à jouer les personnages de sa pièce « *En attendant Godot* » (même jugement).

22) Atteinte involontaire. Jugé que la destruction involontaire d'une sculpture en béton au cours de son déplacement n'engage la responsabilité du syndicat des eaux ayant pris cette initiative que pour faute prouvée (■ Poitiers, 3 avr. 2001 : *JCP* E 2002, 223, n° 1, obs. Brochard).

23) Destination non voulue par l'auteur. Le seul fait de donner à l'œuvre une destination que l'auteur n'a pas expressément agréée porte atteinte au droit au respect (■ Paris, 19 sept. 2001 : *RIDA* 1/2002, 303). Toute modification, quelle qu'en soit l'importance, apportée à une œuvre de l'esprit, porte atteinte au droit de son auteur (■ Cass. 1re civ., 5 déc. 2006 : *RIDA* 1/2007, 359 ; *Comm. com. électr.* 2007, 18, note Caron). Viole, par fausse application, l'article L. 121-1 la cour d'appel qui retient que les auteurs avaient accepté que leur chanson fût utilisée à des fins publicitaires et qu'il leur appartenait, par voie de conséquence, de démontrer que les modifications apportées à l'effet de constituer l'illustration sonore du film publicitaire portaient atteinte à leur droit moral (même arrêt. V. aussi pour une chanson de Jacques Brel ■ Paris, 25 juin 1996 : *RIDA* 1/1997, 337). L'exploitation d'une œuvre au sein d'une compilation, mode d'exercice du droit patrimonial cédé, n'est de nature à porter atteinte au droit moral de l'auteur, requérant alors son accord préalable, qu'autant qu'elle risque d'altérer l'œuvre ou de déconsidérer l'auteur. Dès lors que les juges du fond ont relevé qu'en l'espèce la vidéocassette litigieuse ne dissociait pas les paroles et la musique de la chanson, que le groupe d'artistes l'interprétait classiquement, la livrant au public sans déformation, mutilation ou autre modification, et que ni la superposition du texte aux images ni le cadre général de l'œuvre audiovisuelle ne modifiait l'esprit de l'œuvre particulière, chanson populaire comme les treize autres, ni n'était de nature à la dévaloriser, ou à nuire à l'honneur ou à la réputation de l'auteur, ils ont pu écarter l'atteinte au droit moral (■ Cass. 1re civ., 7 nov. 2006 : *JCP* G 2007, II, 10000, note Azzi ; *RIDA* 1/2007, 319 ; *JCP* E 2007, 1085, note Alleaume ; *Comm. com. électr.* 2006, 152, note Caron ; *Propr. intell.* 2007, 85, obs. A. Lucas. V. en ce sens ■ Cass. 1re civ., 31 janv. 2018, n° 16-23.591 : *Dalloz IP/IT* 2018, p. 500, obs. Lefranc. Mais V. pour des œuvres d'Henri Salvador ■ Paris, 14 nov. 2007 : *Com. com. électr.* 2008, 18, 1re esp., note Caron ; *Propr. intell.* 2008, 216, 1re esp., obs. A. Lucas, conditions d'exploitation de la compilation portant atteinte au droit au respect, pourvoi rejeté par ■ Cass. 1re civ., 24 sept. 2009 : *RIDA* 4/2009, 415 ; *Com. com. électr.* 2009, 98, note Caron ; *Propr. intell.* 2010, 639, obs. Bruguière. Comp. pour l'inclusion d'un extrait modifié d'une chanson de Jacques Dutronc à des fins de promotion d'une compilation, ■ Paris, 28 nov. 2007 : *Propr. intell.* 2008, 216, 2e esp., obs. A. Lucas).

24) Adaptation, suite et mise en scène. Sur ce que le droit au respect de l'œuvre n'a pas la même force lorsqu'il est opposé à un adaptateur, V., à propos d'une adaptation du *Petit Prince* de Saint-Exupéry, ■ Cass. 1re civ., 12 juin 2001 : *RIDA* 1/2002, 267 ; *Propr. intell.* 2001, n° 1, 62, 1re esp., obs. A. Lucas. L'adaptateur ne porte atteinte au droit moral de l'auteur de l'œuvre première qu'autant qu'il dénature l'esprit de cette œuvre (■ Paris, 13 mai 1964 : *JCP* 64, II, 13932, note Lyon-Caen, et, sur pourvoi, ■ Cass. 1re civ., 22 nov. 1966 : *D.* 1967, 485, note Desbois. – V. en ce sens ■ TGI Paris, 8 mars 1968 : *D.* 1968, 742. ■ TGI Paris, 27 nov. 1985 : *RIDA* 3/1986, 166, note Françon. – V. pour une dénaturation manifeste d'un roman dans une adaptation cinématographique ■ TGI Paris, 18 avr. 1979 : *RIDA* 4/1979, 175). La « suite » d'une œuvre littéraire se rattache au droit d'adaptation. Sous réserve du respect du droit au nom et à l'intégrité de l'œuvre adaptée, la liberté de création s'oppose à ce que l'auteur de l'œuvre ou ses héritiers interdisent qu'une suite lui soit donnée à l'expiration du monopole d'exploitation dont ils ont bénéficié. Viole les articles L. 121-1 et L. 123-1 du Code de la propriété intellectuelle ainsi que l'article 10 de la Convention de sauvegarde des droits de l'homme et des libertés fondamentales la cour d'appel qui, pour dire qu'en éditant et publiant les deux romans litigieux et en les présentant comme une suite des *Misérables*, l'éditeur a porté atteinte au droit moral de Victor Hugo sur cette œuvre, retient qu'il est établi que l'écrivain n'aurait pas accepté qu'un tiers auteur puisse donner une suite à ladite œuvre, en statuant par des motifs inopérants tirés de son genre, de son mérite et de son caractère achevé, sans avoir examiné les œuvres litigieuses ni constaté que celles-ci auraient altéré l'œuvre de Victor Hugo ou qu'une confusion serait née sur leur paternité, et en se déterminant en méconnaissance de la liberté de création (■ Cass. 1re civ., 30 janv. 2007 : *Comm. com. électr.* 2007, 34, note Caron ; *JCP* G 2007, II, 10025, note Caron ; *Propr. intell.* 2007, 207, obs. A. Lucas. V. sur renvoi, rejetant toute atteinte au droit moral, qualifié de droit non « absolu », en relevant que l'esprit général de l'œuvre d'Hugo n'est pas dénaturé et qu'il n'y a pas de risque de confusion pour le public, ■ Paris, 19 déc. 2008 : *RIDA* 2/2009, 444 ; *Comm. com. électr.* 2009, 22, note Caron). N'a pas tiré les conséquences légales de ses propres constatations la cour d'appel qui, pour dire qu'elle réalise une atteinte au droit moral de Francis Poulenc et Georges Bernanos, retient que la mise en scène du *Dialogue des Carmélites* procède à une modification profonde de la scène finale qui confère aux dialogues qui la précèdent tout leur sens et constitue l'apothéose du récit, et que, partant, elle en modifie la signification et en dénature l'esprit, alors qu'elle avait retenu que la mise en scène litigieuse ne modifiait ni les dialogues, absents dans cette partie des œuvres préexistantes, ni la musique, et que la fin de l'histoire, telle que mise en scène et décrite, respectait les thèmes de l'espérance, du martyre, de la grâce et du transfert de la grâce et de la communion des saints, chers aux auteurs de l'œuvre première (■ Cass. 1re civ., 22 juin 2017, nos 15-28.467 et 16-11.759 : *JCP* G 2017, 890, note Daverat ; *Comm. com. électr.* 2017, 69, note Caron ; *D.* 2017, 1955, note Malaurie ; *Propr. intell.* oct. 2017, 60, obs. A. Lucas).

25) Œuvre artistique. Le droit moral donne à l'auteur de l'œuvre artistique la faculté de veiller à ce que son œuvre, qui constitue une unité, ne soit pas dénaturée ou mutilée (■ Cass. 1re civ., 6 juill. 1965 : *Gaz. Pal.* 1965, 2, 126). La modification d'un logo sans l'autorisation de son auteur porte atteinte à son droit moral (■ TGI Paris, 30 mars 1987 : *Cah. dr. auteur*, févr. 1988, 32). Mais jugé que l'auteur d'un logo qui a cédé tous ses droits patrimoniaux a permis la reproduction diversifiée et ne peut se prévaloir des modifications découlant des impératifs de la technique qui n'altèrent pas la nature et le caractère de l'œuvre (■ Versailles, 1re ch. 1re sect., 29 juin 1987, *Vasarely c/ RNUR : JurisData* n° 1987-044865), et que la réalisation d'un tirage entièrement en bronze, présenté comme un « exemplaire original », d'une sculpture créée initialement par Camille Claudel en bronze et onyx ne viole pas le droit au respect de l'intégrité de l'œuvre (■ Paris, 27 oct. 2010 : *JCP* G 2011, 107, note Lucas-Schloetter ; *Propr. intell.* 2011, 88, obs. A. Lucas, pourvoi rejeté par ■ Cass. 1re civ., 4 mai 2012, n° 11-10.763 : *JCP* G 2012, 792, note Lucas-Schloetter ; *D.* 2012, p. 1446, concl. Pagès et p. 1452, note Zolynski ; *Comm. com. électr.* 2012, 90, note Caron ; *Propr. intell.* 2012, 331, obs. A. Lucas ; *RLDI* 2012/85, 2842, obs. Bouchet-Le Mappian ; *RTD com.* 2012, 532, obs. Pollaud-Dulian. Mais V., sur renvoi, ■ Versailles, 19 févr. 2014 : *RLDI* 2014/102, 3381, obs. L.C., décidant que si la reproduction elle-même ne porte pas atteinte au droit moral de l'auteur, il en va autrement de la présentation des tirages comme étant des originaux, pourvoi rejeté par ■ Cass. 1re civ., 25 févr. 2016, nos 14-18.639 et 14-29.142, 213 : *Propr. intell.* 2016, 39, obs. Bruguière).

26) Architecture. Le propriétaire d'une œuvre artistique (en l'espèce une fontaine dans un centre commercial) qui la démolit très peu de temps après son achèvement à l'insu de l'artiste, et sans y être contraint par une circonstance de fait assimilable à un cas de force majeure, porte atteinte au droit moral de l'auteur (■ Paris, 10 juill. 1975 : *D.* 1977, 342, note Colombet). Sur le droit au respect de l'œuvre en matière architecturale, V. ■ Paris, 15 mai 1990 : *RIDA* 1/1991, 311, et, sur pourvoi, ■ Cass. 1re civ., 7 janv. 1992 : *Bull. civ.* I, n° 7 ; *RIDA* 2/1992, 194. ■ Paris, 11 juill. 1990 : *RIDA* 4/1990, 299. Jugé que l'artiste ne peut s'opposer à une réfection rendue nécessaire par des erreurs de conception et d'exécution (■ Cass. 1re civ., 3 déc. 1991 : *Bull. civ.* I, n° 341 ; *RIDA* 3/1992, 161). Sur le principe que l'abus peut consister dans la démolition d'un immeuble constituant une œuvre architecturale donnant prise au droit d'auteur, V. ■ Versailles, 4 avr. 1996 : *JCP* 96, II, 22741, note Bécourt, écartant l'argument dans le cas d'un bâtiment à vocation essentiellement utilitaire. Comp., admettant, à propos d'un stade de football, la prise en compte d'impératifs « esthétiques », ■ CE, 11 sept. 2006 : *RIDA* 1/2007, 301 ; *Propr. intell.* 2006, 450, obs. A. Lucas. La vocation utilitaire d'un bâtiment commandé à un architecte interdit à celui-ci de prétendre imposer une intangibilité absolue de son œuvre à laquelle le propriétaire est en droit d'apporter des modifications lorsque se révèle la nécessité de l'adapter à des besoins nouveaux ; il importe néanmoins, pour préserver l'équilibre entre les prérogatives de l'auteur et celles du propriétaire, que ces modifications n'excèdent pas ce qui est strictement nécessaire et ne soient pas disproportionnés au but poursuivi » (■ Cass. 1re civ., 11 juin 2009 : *Comm. com. électr.* 2009, 75, note Caron ; *Propr. intell.* 2009, 265, obs. A. Lucas. V. en ce sens ■ Cass. 1re civ., 20 déc. 2017, n° 16-13.632). Le propriétaire d'un terrain peut faire construire un immeuble sur celui-ci sans avoir à respecter les plans conçus par l'architecte qui a réalisé un bâtiment mitoyen (■ Cass. 1re civ., 17 oct. 2012, n° 11-18.638 : *Comm. com. électr.* 2013, 1, note Caron ; *Propr. intell.* 2013, 53, obs. Bruguière ; *RTD com.* 2012, 777, obs. Pollaud-Dulian).

27) Maquette et construction. L'auteur d'une maquette originale d'après laquelle une construction monumentale est réalisée est titulaire d'un droit moral sur cette dernière dans la mesure où celle-ci tient son originalité de la maquette et réalise la conception de celle-ci (■ Cass. 1re civ., 8 janv. 1980 : *JCP* 80, II, 19336, note Lindon ; *D.* 1980, 83, note Edelman. – V. sur renvoi ■ Versailles, 8 juill. 1981 : *D.* 1982, inf. rap. 45, obs. Colombet).

28) Rétention. La rétention ne peut en elle-même constituer une atteinte au respect dû à l'œuvre d'art (■ Cass. 1re civ., 4 juin 1971 : *D.* 1971, 489, concl. Lindon).

29) Éditeur. L'éditeur a le devoir d'assurer l'intégrité de l'œuvre qui lui est confiée, mais aussi celui de veiller de bonne foi et dans un climat de confiance réciproque à la protection du patrimoine moral et intellectuel de l'auteur et de l'image que celui-ci entend voir donner de lui-même au travers de son œuvre (■ TGI Paris, 15 févr. 1984 : *D.* 1984, inf. rap. 291, obs. Colombet). Il a donc le devoir de communiquer avant publication le manuscrit d'un critique qui dénigre l'ensemble de l'œuvre d'un écrivain (même jugement). Le droit d'agir peut s'exercer contre le sous-éditeur, cette possibilité procédant d'une stipulation pour autrui que la portée absolue du droit moral implique nécessairement dans tout sous-contrat d'édition (même jugement). La préface, dès lors qu'elle est définie comme une adjonction à une œuvre, modifie nécessairement celle-ci et ne peut, quel que soit son contenu, même s'il est élogieux ou neutre, être ajoutée à l'ouvrage sans l'assentiment de son auteur (■ TGI Paris, 25 nov. 1987 : *JCP* 88, II, 21062, note Edelman).

30) Affaire Microfor. Viole les articles 6 (C. propr. intell., art. L. 121-1) et 41 (CPI, art. L. 122-5) de la loi de 1957 la cour d'appel qui décide que des extraits d'articles de journaux cités dans un index constitué par des procédés informatiques donnent une idée toujours incomplète, et le plus souvent déformée, tant de chaque article que de l'ensemble du journal, alors que cet index était, par nature, exclusif d'un exposé complet du contenu de l'œuvre et qu'aucune erreur n'avait été relevée dans les citations (■ Cass. ass. plén., 30 oct. 1987 : *JCP* 88, II, 20932, rapp. Nicot et note Huet ; *RTD com.* 1988, 57, obs. Françon ; *D.* 1988, 21, concl. Cabannes).

31) Télévision. Constitue une atteinte au droit moral le fait pour une chaîne de télévision de faire figurer en permanence son logo sur les images d'un téléfilm (■ TGI Paris, 29 juin 1988 : *RIDA* 4/1988, 328 ; *Cah. dr. auteur* juin 1988, 23) ou de diffuser un feuilleton amputé de certains épisodes (■ TGI Paris, 14 mars 1990 : *RIDA* 4/1990, 320). Sur le problème posé par les versions colorisées des films, V. ■ Paris, 6 juill. 1989 : *JCP* 90, II, 21410, note Françon, cassé par ■ Cass. 1re civ., 28 mai 1991 : *JCP* 91, II, 21731, note Françon ; *RIDA* 3/1991, 197.

32) Droit du public à l'information. Le respect dû aux auteurs dans la reproduction de leurs œuvres, tel qu'aménagé par la législation française, ne constitue pas une entrave au droit du public à l'information (■ Cass. 1re civ., 7 mars 2006 : *RIDA* 3/2006, 333). V. aussi sous art. L. 122-5, n° 25.

Art. L. 121-2. – **L'auteur a seul le droit de divulguer son œuvre. Sous réserve des dispositions de l'article L. 132-24, il détermine le procédé de divulgation et fixe les conditions de celle-ci.**

Après sa mort, le droit de divulgation de ses œuvres posthumes est exercé leur vie durant par le ou les exécuteurs testamentaires désignés par l'auteur. À leur défaut, ou après leur décès, et sauf volonté contraire de l'auteur, ce droit est exercé dans l'ordre suivant : par les descendants, par le conjoint contre lequel n'existe pas un jugement passé en force de chose jugée de séparation de corps ou qui n'a pas contracté un nouveau mariage, par les héritiers autres que les descendants qui recueillent tout ou partie de la succession et par les légataires universels ou donataires de l'universalité des biens à venir.

Ce droit peut s'exercer même après l'expiration du droit exclusif d'exploitation déterminé à l'article L. 123-1.

1) Notion de divulgation. S'agissant d'un droit discrétionnaire de l'artiste, la preuve de son consentement à la divulgation résulte de situations de fait associées au dessaisissement à titre définitif de l'œuvre (■ TGI Paris, 2 mai 1990 : *D.* 1992, somm. 14, obs. Colombet). Ni l'enregistrement à titre privé d'un cours professoral par les auditeurs ni la parution d'une succincte présentation de l'argument du cours dans l'annuaire du Collège de France, voire de brèves citations dans la presse, ne sauraient constituer la divulgation prévue par la loi (■ TGI Paris, 20 nov. 1991 : *RIDA* 1/1992, 340, note Kéréver). Viole l'article L. 121-2 la cour d'appel qui décide que la production au débat et la lecture partielle d'un manuscrit inédit ne constituent pas une violation du droit de l'auteur, en relevant que ces actes ne peuvent être assimilés à une communication de l'œuvre au public ni à une divulgation à des fins commerciales au sens de l'article L. 122-2 (■ Cass. 1re civ., 25 févr. 1997 : *JCP* 97, II, 22873, note Ravanas ; *Bull. civ.* I, n° 73). La remise du tableau à un tiers ne suffit pas à démontrer que l'auteur a entendu divulguer l'œuvre. Viole donc le droit de divulgation la mise en vente du tableau sur l'ordre du tiers possesseur par le commissaire-priseur malgré les protestations de l'auteur (■ Paris, 10 sept. 2001 : *Comm. com. électr.* 2002, 95, note Caron, pourvoi rejeté par ■ Cass. 1re civ., 29 nov. 2005 : *RIDA* 2/2006, 263 ; *JCP* G 2005, IV, 3794 ; *Comm. com. électr.* 2006, 19, note Caron ; *Propr. intell.* 2006, 174, obs. A. Lucas. V. en ce sens ■ Cass. 1re civ., 10 oct. 2018, n° 17-18.237 : *Propr. intell.* 2019, n° 70, p. 24, obs. Bruguière, érigeant en principe que la seule remise du support matériel de l'œuvre à un tiers est insuffisante à caractériser l'exercice par l'auteur ou son ayant droit du droit de divulgation de celle-ci). Le dépôt d'une thèse ne vaut pas exercice du droit de divulgation (■ Douai, 3 juill. 2012 : *Comm. com. électr.* 2012, 121, note Caron ; *Propr. intell.* 2013, 52, obs. A. Lucas). Mais il en va autrement de l'engagement pris par le titulaire *post mortem* du droit moral de communiquer des œuvres non divulguées (▪ Cass. 1re civ., 13 déc. 2012, n° 11-26.019 : *Propr. intell.* 2013, 50, obs. A. Lucas). La cour d'appel, ayant apprécié au regard de la convention prise dans son ensemble la portée de la cession consentie par l'auteur photographe a pu estimer, dans l'exercice de son pouvoir souverain, que ce dernier, qui avait, par courrier, exhorté la société cessionnaire à faire rayonner son œuvre composée de plus de 50 000 clichés, et lui avait cédé, sans réserve, l'intégralité de ses droits d'exploitation, avait ainsi recherché la communication au public de ces clichés et accepté sans équivoque et en toute connaissance de cause la divulgation par avance des œuvres non encore divulguées (▪ Cass. 1re civ., 9 avr. 2014, n° 12-21.675).

2) L'œuvre retirée du marché par l'auteur ne peut y être remise sans son consentement (▪ Cass. crim., 2 déc. 1964 : *Gaz. Pal.* 1965, 1, 290. – V. en ce sens ▪ Paris, 6 mars 1931 : *DP* 1931, 2, 88, note Nast).

3) Épuisement du droit de divulgation. Le droit de divulgation s'épuise par le premier usage qu'en fait l'auteur (▪ Cass. 1re civ., 11 déc. 2013 : *Comm. com. électr.* 2014, 15, note Caron ; *Propr. intell.* 2014, 65, obs. A. Lucas. V. déjà ce sens ▪ Paris, 14 févr. 2001 : *Comm. com. électr.* 2001, 25, note Caron ; *D.* 2001, somm. 2637, obs. Sirinelli ; *Propr. intell.* 2001, n° 1, 60, 2e esp., obs. A. Lucas. ▪ Toulouse, 10 mai 2007 : *Propr. intell.* 2008, 102, obs. A. Lucas ; *JCP* E 2008, 2130, n° 2, obs. Laporte-Legeais. ▪ Paris, 14 nov. 2008 : *Propr. intell.* 2009, 164, obs. Bruguière. ▪ TGI Paris, 3e ch., 19 mai 2009 : *Propr. intell.* 2009, 371, obs. A. Lucas. – *Contra* ▪ Paris, 23 juin 2000 : *JurisData* n° 2000-122915 ; *Propr. intell.* 2001, n° 1, 60, 1re esp., obs. A. Lucas. ▪ Paris, 10 oct. 2003 : *Propr. intell.* 2004, 546, obs. A. Lucas.

4) Propriété du support corporel de l'œuvre non divulguée. Ne donne pas de base légale à sa décision la cour d'appel qui décide que l'exposition d'une statue, volée dans la maison du légataire universel de l'auteur (Consuelo de Saint-Exupéry), par le syndicat d'initiative de Cabris qui l'a légalement acquise ne viole pas le droit de divulgation, sans rechercher si, comme il était soutenu par le demandeur, la testatrice, qui avait notamment refusé de céder cette pièce à la mairie de Cabris et l'avait toujours conservée à son domicile de Grasse, n'avait pas manifesté ainsi sa volonté de ne pas la divulguer (▪ Cass. 1re civ., 25 mai 2005 : *RIDA* 1/2006, 343 ; *Comm. com. électr.* 2005, 108, note Caron ; *JCP* 2005, IV, 2543 ; *Propr. intell.* 2005, 435, obs. A. Lucas, rect. par arrêt du 28 juin 2005). Jugé que les plaques de zinc matrices de lithographies de Giacometti, fruit du savoir-faire d'un technicien, ne peuvent être qualifiées d'œuvres de l'esprit, à la différence de la plaque de cuivre sur laquelle l'auteur pourrait travailler directement, et que le droit de divulgation ne peut être opposé par le titulaire du droit de divulgation (▪ Paris, 26 juin 2009 : *Propr. intell.* 2009, 369, obs. Bruguière, pourvoi rejeté par ▪ Cass. 1re civ., 1er déc. 2011 : *Propr. intell.* 2012, 27, obs. A. Lucas).

5) Dévolution successorale. L'article 19 de la loi de 1957 (CPI, art. L. 121-2) régit exclusivement la divulgation des œuvres posthumes et son application ne peut être étendue aux autres attributs du droit moral (▪ Cass. 1re civ., 11 janv. 1989 : *JCP* 89, II, 2 1378, 1re esp., note A. Lucas ; *D.* 1989, 308, 1re esp., note Edelman, cassant ▪ Paris, 17 déc. 1986 : *JCP* 87, II, 20899, note Edelman, et, sur renvoi, ▪ Versailles, 3 oct. 1990 : *RIDA* 2/1991, 148, note Gautier. V. en ce sens ▪ Paris, 28 févr. 2017 : *Propr. intell.* 2017, n° 64, p. 62, obs. A. Lucas. V. cependant ▪ Paris, 20 déc. 1990 : *D.* 1991, 532, note Edelman ; *RIDA* 1/1992, 295). L'œuvre refusée par l'artiste de son vivant n'est pas entrée dans son patrimoine, mais l'héritière, à défaut de droit patrimonial, jouit du droit moral de s'opposer à la divulgation sous quelque forme que ce soit (▪ Limoges, 31 mai 1976 : *JCP* 78, II, 18783, note Boursigot).

6) Pouvoirs de l'héritier titulaire du droit de divulgation sur les œuvres posthumes. L'héritier seul investi du droit de divulgation sur les œuvres posthumes peut conclure un contrat d'édition sans en référer à l'indivision successorale (▪ Cass. 1re civ., 25 mars 2010 : *Comm. com. électr.* 2010, 59, note Caron ; *JCP E* 2010, 1602, note Laporte-Legeais ; *RIDA* 3/2010, 385 et 249, obs. Sirinelli ; *D.* 2010, p. 1599, note Edelman ; *JCP N* 2010, 1190, note Dauchez ; *Propr. intell.* 2010, 974, obs. Bruguière ; *RTD com.* 2010, 303, obs. Pollaud-Dulian).

7) Rétention du support. Le refus de restituer des dessins créés en vue de la réalisation d'un film qui n'a pas vu le jour porte atteinte au droit de divulgation (▪ Paris, 28 févr. 2017 : *Propr. intell.* 2017, n° 64, p. 65, obs. A. Lucas ; *RTD com.* 2017, p. 346, obs. Pollaud-Dulian)

8) Abus du droit de divulgation. V. ▪ Paris, 6 mai 2010 : *Propr. intell.* 2010, 975, obs. A. Lucas, retenant la responsabilité de l'auteur ayant renoncé brusquement au projet d'ouvrage.

Art. L. 121-3. – **En cas d'abus notoire dans l'usage ou le non-usage du droit de divulgation de la part des représentants de l'auteur décédé visés à l'article L. 121-2, le tribunal de grande instance peut ordonner toute mesure appropriée. Il en est de même s'il y a conflit entre lesdits représentants, s'il n'y a pas d'ayant droit connu ou en cas de vacance ou de déshérence.**

Le tribunal peut être saisi, notamment par le ministre chargé de la culture.

1) Le **dépôt aux Archives nationales** laisse aux personnes énumérées par l'article 19 (CPI, art. L. 121-2) le droit de se prononcer au sujet de la divulgation et ne justifie pas l'intervention du juge (■ Cass. 1re civ., 15 janv. 1969 : *D.* 1969, 746).

2) Intérêt du demandeur. Pour exercer l'action fondée sur l'article 20 de la loi de 1957 (CPI, art. L. 121-3), le demandeur doit justifier d'un intérêt personnel (■ Cass. 1re civ., 13 avr. 1992 : *Bull. civ.* I, n° 125 ; *RIDA* 4/1992, 149). Tel est le cas notamment pour l'éditeur qui a eu avec l'auteur des relations d'amitié (■ TGI Paris, 1er déc. 1982 : *RIDA* 1/1983, 165, note Gautier ; *D.* 1983, inf. rap. 94, obs. Colombet).

3) Abus notoire. Le droit de divulgation *post mortem* « n'est pas absolu et doit s'exercer au service de l'œuvre, en accord avec la personnalité et la volonté de l'auteur telle que révélée et exprimée de son vivant » (■ Cass. 1re civ., 24 oct. 2000 : *D.* 2001, 918, note Caron ; *JCP* 2000, IV, 2829 ; *Dr. famille* 2001, 121, note Alleaume, formule reprise par ■ Cass. 1re civ., 3 nov. 2004 : *D.* 2004, 3223, note Allaeys ; *Comm. com. électr.* 2004, 151, note Caron ; *JCP* 2004, IV, 3391, qui approuve les juges du fond d'avoir, compte tenu du conflit entre héritiers, ordonné la réunion des archives en un fonds unique permettant d'en assurer la conservation tout en en réservant la divulgation). La notoriété visée par l'article 20 (CPI, art. L. 121-3) s'entend d'un fait évident dont la réalité échappe à toute discussion (■ TGI Paris, 1er déc. 1982, préc.). Pour un exemple d'abus notoire dans le non-usage du droit de divulgation (à propos d'œuvres d'Antonin Artaud), V. ■ Cass. 1re civ., 24 oct. 2000, préc. Comp. pour un refus abusif par les héritiers d'une traduction entreprise du vivant de l'auteur ■ Toulouse, 2e ch., 24 janv. 2001 : *JurisData* n° 2001-141007 ; *Comm. com. électr.* 2001, 71, note Caron. Jugé que la mission de contrôle du tribunal a pour but d'éviter les déviations qui auraient pour effet de substituer à la volonté de l'auteur défunt les préférences de l'ayant droit, lequel, investi certes d'un mandant de protection de la personnalité de l'auteur contre les affronts qu'est susceptible de subir son œuvre, ne doit être cependant que l'agent d'exécution de cette volonté (■ TGI Paris, 20 nov. 1991 : *RIDA* 1/1992, 340, note Kérever, confirmé par ■ Paris, 24 nov. 1992 : *RIDA* 1/1993, 191). Il n'y a pas d'abus notoire dans le non-usage du droit de divulgation de la part de l'exécuteur testamentaire qui s'oppose à la publication d'un recueil des recettes de cuisine d'un écrivain qui n'avait jamais envisagé la publication sous cette forme (■ Paris, 13 sept. 1999 : *RIDA* 2/2000, 348). Jugé qu'en cas de refus de divulgation, c'est au titulaire du droit de divulgation de prouver que l'auteur n'entendait pas divulguer l'œuvre en cause et que sa divulgation n'apporterait aucun éclairage utile à la compréhension et à la valorisation des œuvres déjà publiées (■ Paris, 4 déc. 2009 : *Comm. com. électr.* 2010, 60, note Caron ; *Propr. intell.* 2010, 713, obs. Bruguière, concluant à l'exercice abusif par la veuve de René Char du droit de divulgation opposé à la publication de lettres adressées par l'auteur à sa compagne), mais l'arrêt a été cassé pour avoir inversé la charge de la preuve (■ Cass. 1re civ., 9 juin 2011 : *RIDA* 3/2011, 479 ; *Comm. com. électr.* 2011, 75, note Caron ; *D.* 2011, 2099, note Fabiani et Perrier ; *Propr. intell.* 2011, 394, obs. Bruguière ; *Légipresse* 2011, 613, note Massis ; *RTD com.* 2011, 546, obs. Pollaud-Dulian. V., sur renvoi, écartant l'abus notoire, ■ Lyon, 29 oct. 2013 : *JurisData* n° 2013-026016 ; *Propr. intell.* 2014, 69, obs. A. Lucas). Sur l'abus dans l'usage ou le non-usage des droits d'exploitation, V. art. L. 122-9.

4) Sur l'**intervention des organismes de défense professionnels**, V. CPI, art. L. 331-1, p. 2548.

Art. L. 121-4. – Nonobstant la cession de son droit d'exploitation, l'auteur, même postérieurement à la publication de son œuvre, jouit d'un droit de repentir ou de retrait vis-à-vis du cessionnaire. Il ne peut toutefois exercer ce droit qu'à charge d'indemniser préalablement le cessionnaire du préjudice que ce repentir ou ce retrait peut lui causer. Lorsque, postérieurement à l'exercice de son droit de repentir ou de retrait, l'auteur décide de faire publier son œuvre, il est tenu d'offrir par priorité ses droits d'exploitation au cessionnaire qu'il avait originairement choisi et aux conditions originairement déterminées.

1) Notion de repentir. L'auteur qui abandonne *la rédaction d'un ouvrage* après avoir pris connaissance de la dernière publication de son éditeur, en invoquant la clause de conscience naturelle pour tout écrivain, n'exerce pas un droit de repentir mais prend l'initiative d'une rupture unilatérale et fautive (■ Paris, 7 avr. 1978 : *D.* 1978, inf. rap. 303). Le droit de repentir n'est pas en cause lorsque l'auteur de l'œuvre préexistante incorporée dans une œuvre composite prétend seulement en poursuivre ou en reprendre l'exploitation (■ Cass. 1re civ., 10 mars 1993 : *RIDA* 3/1993, 320, note Pollaud Dulian ; *D.* 1994, 90, note Edelman).

2) Conséquences de l'exercice du droit de repentir. Sur l'incidence du droit de repentir de l'adaptateur d'une pièce de théâtre sur les relations contractuelles entre une actrice et la direction du théâtre, V. ■ Cass. soc., 8 mai 1980 : *RTD com.* 1980, 549, obs. Françon.

3) Indemnisation. Sur l'obligation d'indemnisation de l'auteur qui exerce son droit de repentir, V. ■ Bordeaux, 24 mai 1984 : *D.* 1986, inf. rap. 181, obs. Colombet.

4) Abus. Le droit de repentir est détourné de sa finalité s'il est exercé par un auteur qui se borne à alléguer l'insuffisance du taux de sa rémunération (■ Cass. 1re civ., 14 mai 1991 : *JCP* 91, II, 21760, note Pollaud Dulian ; *RIDA* 1/1992, 272, note Sirinelli ; *Bull. civ.* I, n° 157).

5) Vente d'œuvres d'art. V. ■ Paris, 1re ch. A, 6 juin 2000 : *JurisData* n° 2000-121650 ; *Propr. intell.* 2001, n° 1, 61, obs. A. Lucas, refusant l'exercice du droit de repentir à un artiste-peintre ayant vendu ses œuvres à une galerie, mais seulement parce que l'auteur n'a pas fait de proposition d'indemnisation.

Art. L. 121-5. – **L'œuvre audiovisuelle est réputée achevée lorsque la version définitive a été établie d'un commun accord entre, d'une part, le réalisateur ou, éventuellement, les coauteurs et, d'autre part, le producteur.**

Il est interdit de détruire la matrice de cette version.

Toute modification de cette version par addition, suppression ou changement d'un élément quelconque exige l'accord des personnes mentionnées au premier alinéa.

Tout transfert de l'œuvre audiovisuelle sur un autre type de support en vue d'un autre mode d'exploitation doit être précédé de la consultation du réalisateur.

Les droits propres des auteurs, tels qu'ils sont définis à l'article L. 121-1 ne peuvent être exercés par eux que sur l'œuvre audiovisuelle achevée.

1) Achèvement du film. Aucune disposition de la loi n'autorise le producteur à achever le film sans l'accord du réalisateur, hors les hypothèses envisagées par l'article 15, al. 1er (C. propr. intell., art. L. 126-1, al. 1er) (■ Paris, 20 janv. 1971 : *D.* 1971, 307, concl. Lecourtier ; *RTD com.* 1971, 1028, obs. Desbois. V., tirant argument de l'article L. 121-5 pour rejeter la demande de deux coscénaristes demandant réparation du préjudice subi en raison de l'arrêt de la production, ■ Cass. 1re civ., 24 sept. 2009 : *RIDA* 4/2009, 401 ; *Propr. intell.* 2010, 617, obs. A. Lucas. Sur ce que le producteur peut se contenter de l'accord du réalisateur, V. ■ Paris, 9 sept. 2005 : *Comm. com. électr.* 2006, 76, note Caron ; *Propr. intell.* 2006, 176, obs. A. Lucas ; *RTD com.* 2005, 722, obs. Pollaud-Dulian). V. cependant ■ Paris, 10 févr. 2010 : *Comm. com. électr.* 2010, 108, note Caron, affirmant que l'établissement de la version définitive de l'œuvre audiovisuelle requiert le commun accord du producteur et des coauteurs au rang desquels figure l'auteur du scénario). Jugé que les deux coscénaristes d'un documentaire ne peuvent invoquer leur droit de divulgation, qui « ne peut être exercé par eux que sur l'œuvre audiovisuelle achevée » (■ Cass. 1re civ., 24 sept. 2009 : *JurisData* n° 2009-049538 ; *RIDA* 4/2009, 401 ; *Propr. intell.* 2010, n° 34, 617, obs. A. Lucas ; *RTD com.* 2010, 109, obs. Pollaud-Dulian. V. cependant pour une scénariste ■ Paris, 10 févr. 2010 : *Comm. com. électr.* 2010, 108, note Caron).

2) Modifications ou coupures. La limitation du droit moral du coauteur résultant de l'article 16 de la loi de 1957 (CPI, art. L. 121-5) trouve sa contrepartie dans l'obligation implicite faite au producteur, pour parvenir au « commun accord », de ne procéder à des modifications ou coupures de l'œuvre commandée qu'avec l'accord de son auteur ou tout au moins après avoir permis à ce dernier de défendre son apport et d'obtenir qu'il soit respecté dans la mesure compatible avec l'œuvre d'ensemble (■ Paris, 2 déc. 1963 : *D.* 1964, 229, note G. L. -C. ; *RTD com.* 1964, 564, obs. Desbois).

3) Communication du scénario à des tiers. Tant que se poursuit le travail de montage, il peut être apporté toutes modifications à l'œuvre cinématographique et la communication du scénario à des tiers ne saurait donc être ordonnée contre la volonté des auteurs (■ Paris, 1er févr. 1984 : *D.* 1984, inf. rap. 288, obs. Colombet).

Art. L. 121-6. – **Si l'un des auteurs refuse d'achever sa contribution à l'œuvre audiovisuelle ou se trouve dans l'impossibilité d'achever cette contribution par suite de force majeure, il ne pourra s'opposer à l'utilisation, en vue de l'achèvement de l'œuvre, de la partie de cette contribution déjà réalisée. Il aura, pour cette contribution, la qualité d'auteur et jouira des droits qui en découlent.**

1) Remplacement du réalisateur. V. pour le *refus par le réalisateur* d'achever le film, et son remplacement par un autre réalisateur, ■ TGI Paris, 23 mars 2001 : *Comm. com. électr.* 2001, 73, note Caron ; *RIDA* 3/2001, 381.

2) Dénaturation de la partie non achevée. Jugé avant l'entrée en vigueur de la loi de 1957 que l'auteur qui n'a pas achevé sa contribution conserve le droit de s'opposer à une dénaturation de la partie déjà réalisée sur la *base de son droit moral* (■ Cass. 1re civ., 13 avr. 1959 : *D.* 1959, 325, note Lyon-Caen et Lavigne. – Comp. depuis l'entrée en vigueur de la loi ■ Paris, 20 janv. 1971 : *D.* 1971, 307, concl. Lecourtier).

Art. L. 121-7 *(L. n° 94-361, 10 mai 1994)*. **– Sauf stipulation contraire plus favorable à l'auteur d'un logiciel, celui-ci ne peut :**

1° S'opposer à la modification du logiciel par le cessionnaire des droits mentionnés au 2° de l'article L. 122-6, lorsqu'elle n'est préjudiciable ni à son honneur ni à sa réputation ;

2° Exercer son droit de repentir ou de retrait.

Art. L. 121-7-1 *(L. n° 2006-961, 1er août 2006)*. **– Le droit de divulgation reconnu à l'agent mentionné au troisième alinéa de l'article L. 111-1, qui a créé une œuvre de l'esprit dans l'exercice de ses fonctions ou d'après les instructions reçues, s'exerce dans le respect des règles auxquelles il est soumis en sa qualité d'agent et de celles qui régissent l'organisation, le fonctionnement et l'activité de la personne publique qui l'emploie.**

L'agent ne peut :

1° S'opposer à la modification de l'œuvre décidée dans l'intérêt du service par l'autorité investie du pouvoir hiérarchique, lorsque cette modification ne porte pas atteinte à son honneur ou à sa réputation ;

2° Exercer son droit de repentir et de retrait, sauf accord de l'autorité investie du pouvoir hiérarchique.

Art. L. 121-8 *(Mod., L. n° 2009-669, 12 juin 2009)*. **– L'auteur seul a le droit de réunir ses articles et ses discours en recueil et de les publier ou d'en autoriser la publication sous cette forme.**

Pour toutes les œuvres publiées dans un titre de presse au sens de l'article L. 132-35, l'auteur conserve, sauf stipulation contraire, le droit de faire reproduire et d'exploiter ses œuvres sous quelque forme que ce soit, sous réserve des droits cédés dans les conditions prévues à la section 6 du chapitre II du titre III du livre Ier.

Dans tous les cas, l'exercice par l'auteur de son droit suppose que cette reproduction ou cette exploitation ne soit pas de nature à faire concurrence à ce titre de presse.

V. pour une **application de l'article L. 121-8, al. 2**, ▪ Paris, 27 mai 1992 : *RIDA* 4/1992, 157 ; *D.* 1993, somm. 92, obs. Colombet. La loi ne prévoit pas que l'auteur puisse renoncer à son droit de réunir en recueils ses œuvres publiées dans les journaux, mais il peut le céder (▪ Cass. 1re civ., 6 nov. 1979 : *D.* 1980, inf. rap. 207). V., tirant de l'article L. 121-8, alinéa 2, que l'exploitation des articles d'un journaliste sur Internet et dans un autre journal est subordonnée au consentement de l'intéressé, nonobstant la qualification du journal en œuvre collective, ▪ Cass. 1re civ., 3 juill. 2013, n° 12-21.481 : *RIDA* 4/2013, 425, et 309, obs. Sirinelli ; *Propr. intell.* 2013, 386, obs. A. Lucas.

Art. L. 121-9. **– Sous tous les régimes matrimoniaux et à peine de nullité de toutes clauses contraires portées au contrat de mariage, le droit de divulguer l'œuvre, de fixer les conditions de son exploitation et d'en défendre l'intégrité reste propre à l'époux auteur ou à celui des époux à qui de tels droits ont été transmis. Ce droit ne peut être apporté en dot, ni acquis par la communauté ou par une société d'acquêts.**

Les produits pécuniaires provenant de l'exploitation d'une œuvre de l'esprit ou de la cession totale ou partielle du droit d'exploitation sont soumis au droit commun des régimes matrimoniaux, uniquement lorsqu'ils ont été acquis pendant le mariage ; il en est de même des économies réalisées de ces chefs.

Les dispositions prévues à l'alinéa précédent ne s'appliquent pas lorsque le mariage a été célébré antérieurement au 12 mars 1958.

Les dispositions législatives relatives à la contribution des époux aux charges du ménage sont applicables aux produits pécuniaires visés au deuxième alinéa du présent article.

1) Caractère propre du monopole. V., admettant le caractère propre du monopole lui-même dans le cas d'époux mariés avant l'entrée en vigueur de la loi du 11 mars 1957, au motif que l'article 25 (CPI, art. L. 121-9), al. 3, ne renvoie qu'à l'al. 2, ▪ TGI Paris, 4 juin 1980 : *D.* 1982, inf. rap. 45, obs. Colombet, et ▪ Paris, 22 avr. 1982 : *D.* 1984, 397, note Ghestin. Mais cette solution ne vaut que pour les œuvres divulguées après le 11 mars 1958 (▪ Cass. 1re civ., 3 déc. 2002 : *JurisData* n° 016605 ; *JCP* 2004, II, 10038, note Durrande ; *Propr. intell.* 2003, n° 7, 161, obs. A. Lucas, cassant ▪ Paris, 11 déc. 2000 : *JCP* 2002, II, 10118, note Sauvage ; *Dr. famille* 2003, 50, 1er arrêt, note Alleaume). Il résulte de l'article L. 121-9, alinéa 1er, que la valeur pécuniaire des droits d'auteur ne constitue pas un actif partageable et n'a donc pas à être valorisée lors de la liquidation de la communauté (▪ Paris, 9 avr. 2014 : *JurisData* n° 2014-006918 ; *Propr. intell.* 2014, 261, obs. A. Lucas).

2) Œuvres d'art. Jugé sous l'empire du droit antérieur à la loi de 1957 que les œuvres d'art doivent être incorporées à la masse commune, même si elles n'ont pas été divulguées du vivant de l'artiste, dès lors que celui-ci n'a pas manifesté la cès sur un autre site offre aux utilisateurs du premier site un accès direct auxdites œuvres », ce qui constitue un acte de « mise à disposition d'un public » au moins potentiel. Mais pour qu'il y ait une communication au public au sens de l'article 3.1 de la directive de 2001 sur la société de l'information, il faut que la communication visant les mêmes œuvres que la communication initiale et ayant été effectuée sur Internet à l'instar de la communication initiale, donc selon le même mode technique, soit adressée à un public nouveau, c'est-à-dire à un public n'ayant pas été pris en compte par les titulaires du droit d'auteur, lorsqu'ils ont autorisé la communication initiale au public. Tel n'est pas le cas lorsque le public ciblé par la communication initiale était l'ensemble des visiteurs potentiels du site concerné, tous les internautes pouvant y avoir accès librement en l'absence de « mesure restrictive » (▪ CJUE, 13 févr. 2014, C-466/12, *Svensson : Comm. com. électr.* 2014, 34, obs. Caron ; *Propr. intell.* 2014, 165, obs. A. Lucas). L'article 3.1 de la directive de 2001 sur la société de l'information doit être interprété en ce sens que, afin d'établir si le fait de placer, sur un site Internet, des liens hypertexte vers des œuvres protégées, librement disponibles sur un autre site Internet sans l'autorisation du titulaire du droit d'auteur, constitue une communication au public au sens de cette disposition, il convient de déterminer si ces liens sont fournis sans but lucratif par une personne qui ne connaissait pas ou ne pouvait raisonnablement pas connaître le caractère illégal de la publication de ces œuvres sur cet autre site Internet ou si, au contraire, lesdits liens sont fournis dans un tel but, hypothèse dans laquelle cette connaissance doit être présumée (▪ CJUE, 8 sept. 2016, C-160/15, *GS Media BV c/ Sanoma Media Netherlands BV et a. : Comm. com. électr.* 2016, comm. 78, obs. Caron ; *JCP G* 2016, 1222, note Marino ; *D.* 2016, 1905, note Pollaud-Dulian ; *Propr. intell.* 2016, 436, obs. Bruguière).

7) Échange de fichiers sur Internet *(peer-to-peer)*. Sur ce que la mise en ligne des œuvres par chaque participant au système d'échange constitue une communication au public, V. ▪ TGI Vannes, 29 avr. 2004 : *Comm. com. électr.* 2004, 86, note Caron ; *Légipresse* 2004, III, 180, note Robin ; *Propr. intell.* 2004, 779, obs. Sirinelli. ▪ TGI Pontoise, 2 févr. 2005 : *D.* 2005, 1435, note Legros ; *Comm. com. électr.* 2005, 35, note Caron ; *Propr. intell.* 2005, 168, 2ᵉ esp., obs. Sirinelli. ▪ TGI Meaux, 21 avr. 2005 : *Comm. com. électr.* 2005, 111, note Caron. Le site qui permet aux internautes, à partir de la fourniture d'hyperliens BitTorrent, d'échanger des fichiers de manière illégale viole le droit de communication au public (▪ CJUE, 14 juin 2017, C-610/15 : *RIDA* 3/2017, 126, obs. Sirinelli et Bensamoun ; *Comm. com. électr.* 2017, 70, note Caron ; *Propr. intell.* oct. 2017, 62, obs. Bernault).

8) Retransmission sur Internet de programmes télévisés. Le fait de retransmettre sur Internet les programmes de chaînes de télévision radiodiffusés constitue un acte de communication au public qui doit être autorisé par les ayants droit (▪ CJUE, 7 mars 2013, C-607/11, *TVCatchup Ltd. : Comm. com. électr.* 2013, 49, note Caron).

9) Transmission des signaux à des distributeurs par une ligne privée. Communication au public (non). L'organisme de radiodiffusion qui recourt, pour la diffusion de ses émissions, à la technique dite de l'injection directe, consistant à transmettre les signaux porteurs de programmes à ses distributeurs par une ligne point à point privée, lesquels signaux sont ensuite transmis par les distributeurs à leurs abonnés, n'effectue aucun acte de communication au public au sens de l'article 3 de la directive 2001/29 (▪ CJUE, 19 nov. 2015, C-325/14, *SBS Belgium : Comm. com. électr.* 2016, 21, obs. Caron ; *Dalloz IP/IT* 2016, 85, obs. Benabou ; *RTD com.* 2016, 110, obs. Pollaud-Dulian ; *Propr. intell.* 2016, 49, obs. Bruguière).

10) Notion de communication au public. Le droit de communication au public de l'auteur implique qu'« une œuvre protégée soit communiquée selon un mode technique spécifique, différent de ceux jusqu'alors utilisés ou, à défaut, auprès d'un public nouveau, c'est-à-dire un public n'ayant pas été déjà pris en compte par les titulaires du droit d'auteur lorsqu'ils ont autorisé la communication initiale de leur œuvre au public » (▪ CJUE, 26 avr. 2017, C-527/15, *Stichting Brein c/ Jack Frederik Wullems : RIDA* 3/2017, 104, obs. Sirinelli et Bensamoun ; *Comm. com. électr.* 2017, 50, obs. Caron ; *Propr. intell.* juill. 2017, 67, obs. Bruguière ; *RTD com.* 2017, 346, obs. Pollaud-Dulian, pt 33. V. cpdt, à propos de la transmission simultanée, par câble, d'émissions radiodiffusées, ▪ CJUE, 16 mars 2017, C-138/16, *AKM*, pts 26 et 27, traitant les deux critères comme cumulatifs et non plus alternatifs).

11) Mise en ligne sur un site internet d'une photographie librement accessible sur un autre site. La mise en ligne sur le site internet d'une école d'une photographie, reprise du site d'une revue de voyages sur lequel elle figurait avec l'accord du photographe doit être « qualifiée de mise à la disposition d'un public nouveau » dès lors que « le public qui a été pris en compte par le titulaire du droit d'auteur lorsqu'il a autorisé la communication de son œuvre sur le site internet sur lequel celle-ci a été initialement publiée est constitué des seuls utilisateurs dudit site », sans qu'il y ait lieu de s'arrêter à l'objection que ce titulaire « n'a pas restreint les possibilités d'utilisation de la photographie par les internautes » (▪ CJUE, 7 août 2018, aff. C-161/17, *Land Nordrhein-Westfalen c/ Dirk Renckhoff ; Propr. intell.* 2018, n° 69, p. 32, obs. A. Lucas et Bruguière).

Art. L. 122-2-1 *(L. n° 97-283, 27 mars 1997)*. – **Le droit de représentation d'une œuvre télédiffusée par satellite est régi par les dispositions du présent code dès lors que l'œuvre est émise vers le satellite à partir du territoire national.**

Art. L. 122-2-2 *(L. n° 97-283, 27 mars 1997)*. – **Est également régi par les dispositions du présent code le droit de représentation d'une œuvre télédiffusée par satellite émise à partir du territoire d'un État non membre de la Communauté européenne qui n'assure pas un niveau de protection des droits d'auteur équivalent à celui garanti par le présent code :**

1° Lorsque la liaison montante vers le satellite est effectuée à partir d'une station située sur le territoire national. Les droits prévus par le présent code peuvent alors être exercés à l'égard de l'exploitant de la station ;

2° Lorsque la liaison montante vers le satellite n'est pas effectuée à partir d'une station située dans un État membre de la Communauté européenne et lorsque l'émission est réalisée à la demande, pour le compte ou sous le contrôle d'une entreprise de communication audiovisuelle ayant son principal établissement sur le territoire national. Les droits prévus par le présent code peuvent alors être exercés à l'égard de l'entreprise de communication audiovisuelle.

Art. L. 122-3. – **La reproduction consiste dans la fixation matérielle de l'œuvre par tous procédés qui permettent de la communiquer au public d'une manière indirecte.**

Elle peut s'effectuer notamment par imprimerie, dessin, gravure, photographie, moulage et tout procédé des arts graphiques et plastiques, enregistrement mécanique, cinématographique ou magnétique.

Pour les œuvres d'architecture, la reproduction consiste également dans l'exécution répétée d'un plan ou d'un projet type.

1) Remise dans le circuit commercial. Le fait de remettre dans le circuit commercial des films volontairement retirés du commerce et livrés à la destruction par leurs auteurs s'analyse comme une nouvelle édition de l'œuvre artistique (■ Paris, 21 janv. 1963 : *JCP* 63, II, 13235, note Delpech).

2) Reproduction d'œuvres graphiques. Une affiche publicitaire reproduisant une infime partie d'une fontaine monumentale ne constitue pas une reproduction même partielle dès lors que les éléments figurant sur l'affiche ne communiquent pas au public les traits caractéristiques originaux de l'œuvre (■ Cass. 1re civ., 16 juill. 1987 : *JCP* 87, IV, 341 ; *Bull. civ.* I, n° 225). Mais il y a contrefaçon lorsque l'œuvre architecturale est l'objet principal sinon unique d'une photographie, à l'exclusion du cadre qui l'entoure (■ Paris, 19 juin 1979 : *D.* 1981, inf. rap. 83, obs. Colombet). Les juges du fond ont caractérisé la contrefaçon résultant de la reproduction, et la représentation sur un site Internet de clichés photographiques reproduisant un modèle de fauteuil et un modèle de chaise longue dès lors qu'ils ont décrit pour chacune des photographies incriminées les éléments qui entrent dans leur composition et l'importance donnée à la présentation du fauteuil ou de la chaise longue, avant d'en conclure que ces meubles sont nettement visibles et parfaitement identifiables (■ Cass. 1re civ., 12 juin 2012, n° 11-10.923 : *Propr. intell.* 2012, 337, obs. A. Lucas).

3) Plans d'architecte. L'architecte peut s'opposer, non seulement à la reproduction des plans eux-mêmes, mais aussi à la reproduction de l'immeuble, par exemple par voie photographique (■ TGI Draguignan, réf., 16 mai 1972 : *RIDA* 2/1973, 177. ■ Paris, 19 juin 1979 : *D.* 1981, inf. rap. 83, obs. Colombet). L'utilisation en connaissance de cause par un entrepreneur de plans contrefaits par un architecte constitue une contrefaçon au sens de la loi du 11 mars 1957 (■ Cass. 1re civ., 15 févr. 1977 : *D.* 1977, inf. rap. 247 ; *Bull. civ.* I, n° 86).

4) Marionnettes. La création de cinq émissions « pilotes » reproduisant des marionnettes relève du droit de reproduction (■ Cass. 1re civ., 26 janv. 1994 : *Bull. civ.* I, n° 35 ; *RIDA* 4/1994, 433).

5) Internet. Sur le principe que la numérisation des textes d'une chanson constitue une reproduction, V. ■ TGI Paris, réf., 14 août 1996 : *JCP* 96, II, 22727, note Olivier et Barbry ; *JCP* E 96, II, 881, note Edelman ; *D.* 1996, 490, note Gautier ; *RIDA* 1/1997, 361, note Caron (pages d'un serveur numérique accessibles sur le réseau Internet). – V. aussi ■ TGI Paris, réf., 5 mai 1997 : *JCP* 97, II, 22906, note Olivier ; *D.* 1997, inf. rap. 158.

6) Scannérisation. Sur la contrefaçon résultant de la reproduction par « scannérisation » de photographies d'un catalogue (d'œuvres de Picasso), V. ■ Paris, 26 sept. 2001 : *Légipresse* 2001, I, 149 ; *D.* 2001, 3279 ; *JCP* E 2002, 321, note Caron.

7) Reproduction partielle. La « notion de reproduction en partie » au sens de l'article 2 de la directive de 2001 sur la société de l'information doit trouver dans toute la Communauté une « interprétation autonome et uniforme ». La reprise d'un extrait d'une œuvre protégée qui comprend onze mots consécutifs de celle-ci, est susceptible de constituer une reproduction partielle, au sens de l'article 2 de cette directive, si (ce qu'il appartient à la juridiction de renvoi de vérifier) un tel extrait contient un élément de l'œuvre qui, en tant que tel, exprime la création intellectuelle propre à l'auteur (▪ CJCE, 16 juill. 2009, C-5/08, *Infopaq* : *JCP* G 2009, 272, note Marino ; *Comm. com. électr.* 2009, 97, note Caron ; *Propr. intell.* 2009, 378, obs. Benabou).

8) Reproduction et communication au public. Sur le point de savoir si la reproduction implique la communication au public, V., pour la négative, ▪ CE, 11 juill. 2008 : *RIDA* 3/2008, 279 ; *Propr. intell.* 2008, 426, obs. A. Lucas (« la rémunération pour copie privée constitue une exception au principe du consentement de l'auteur à la copie de son œuvre »). ▪ Cass. 1re civ., 19 juin 2008, *Mulholland Drive* : *RIDA* 3/2008, 299 ; *RTD com.* 2008, 551, obs. Pollaud-Dulian (« après avoir, à bon droit, retenu que la copie privée ne constitue pas un droit mais une exception légale au principe prohibant toute reproduction intégrale »).

Art. L. 122-3-1 *(L. n° 2006-961, 1er août 2006).* **– Dès lors que la première vente d'un ou des exemplaires matériels d'une œuvre a été autorisée par l'auteur ou ses ayants droit sur le territoire d'un État membre de la Communauté européenne ou d'un autre État partie à l'accord sur l'Espace économique européen, la vente de ces exemplaires de cette œuvre ne peut plus être interdite dans les États membres de la Communauté européenne et les États parties à l'accord sur l'Espace économique européen.**

1) Notion de distribution. Si la notion de distribution au public de l'original de l'œuvre ou d'une copie de celle-ci, au sens de l'article 4.1 de la directive 2001/29, implique un transfert de propriété de cet objet, il n'en demeure pas moins qu'une atteinte au droit de distribution peut être constatée dès qu'il est proposé, au moyen d'une publicité ciblée, aux consommateurs situés sur le territoire de l'État membre dans lequel cette œuvre est protégée, d'acquérir la propriété de l'original ou d'une copie de celle-ci (▪ CJUE, 13 mai 2015, C-516/13, *Dimensione Direct Sales* : *Comm. com. électr.* 2015, 56, note Caron ; *Propr. intell.* 2015, 278, obs. A. Lucas).

2) Changement de support. Épuisement du droit de distribution (non). L'épuisement du droit de distribution ne s'applique pas à la reproduction d'une œuvre protégée, commercialisée dans l'Union européenne avec le consentement du titulaire du droit d'auteur, lorsqu'elle a subi un remplacement de son support et est à nouveau mise sur le marché sous sa nouvelle forme (▪ CJUE, 22 janv. 2015, C-419/13, *Art & Allposters International* : *Comm. com. électr.* 2015, 18, obs. Caron ; *Propr. intell.* 2015, 199, obs. A. Lucas).

Art. L. 122-4. **– Toute représentation ou reproduction intégrale ou partielle faite sans le consentement de l'auteur ou de ses ayants droit ou ayants cause est illicite. Il en est de même pour la traduction, l'adaptation ou la transformation, l'arrangement ou la reproduction par un art ou un procédé quelconque.**

1) Droit patrimonial et droit moral. Le droit de reproduction permet seulement à son titulaire d'exercer ses prérogatives d'ordre patrimonial sur tous les procédés par lesquels l'œuvre est communiquée au public d'une manière indirecte, mais ne lui donne pas qualité pour contester en justice l'authenticité d'un tableau, une telle action relevant exclusivement du droit moral (▪ Paris, 17 déc. 1986 : *JCP* 87, II, 20899, note Edelman).

2) Index bibliographique. Si le titre d'un journal ou d'un de ses articles est protégé comme l'œuvre elle-même, l'édition à des fins documentaires, par quelque moyen que ce soit, d'un index comportant la mention de ces titres en vue d'identifier les œuvres répertoriées ne porte pas atteinte au droit exclusif d'exploitation par l'auteur (▪ Cass. ass. plén., 30 oct. 1987 : *JCP* 88, IV, 3 ; *D.* 1988, 21, concl. Cabannes).

Art. L. 122-5 *(Mod., L. n° 2011-901, 28 juill. 2011 ; L. n° 2011-1898, 20 déc. 2011 ; L. n° 2013-595, 8 juill. 2013 ; L. n° 2016-925, 7 juill. 2016 ; L. n° 2016-1321, 7 oct. 2016).* **– Lorsque l'œuvre a été divulguée, l'auteur ne peut interdire :**

1° Les représentations privées et gratuites effectuées exclusivement dans un cercle de famille ;

2° Les copies ou reproductions strictement réservées à l'usage privé du copiste et non destinées à une utilisation collective, à l'exception des copies des œuvres d'art destinées à être utilisées pour des fins identiques à celles pour lesquelles l'œuvre originale a été créée et des copies d'un logiciel autres que la copie de sauvegarde établie dans les conditions prévues au II de l'article L. 122-6-1 ainsi que des copies ou reproductions réalisées à partir d'une source licite et d'une base de données électronique ;

3° Sous réserve que soient indiqués clairement le nom de l'auteur et la source :

***a)* Les analyses et courtes citations justifiées par le caractère critique, polémique, pédagogique, scientifique ou d'information de l'œuvre à laquelle elles sont incorporées ;**

b) Les revues de presse ;

c) La diffusion, même intégrale, par la voie de presse ou de télédiffusion, à titre d'information d'actualité, des discours destinés au public prononcés dans les assemblées politiques, administratives, judiciaires ou académiques, ainsi que dans les réunions publiques d'ordre politique et les cérémonies officielles ;

d) Les reproductions, intégrales ou partielles d'œuvres d'art graphiques ou plastiques destinées à figurer dans le catalogue d'une vente judiciaire effectuée en France pour les exemplaires mis à la disposition du public avant la vente dans le seul but de décrire les œuvres d'art mises en vente ;

e) La représentation ou la reproduction d'extraits d'œuvres, sous réserve des œuvres conçues à des fins pédagogiques et des partitions de musique, à des fins exclusives d'illustration dans le cadre de l'enseignement et de la recherche, y compris pour l'élaboration et la diffusion de sujets d'examens ou de concours organisés dans la prolongation des enseignements, à l'exclusion de toute activité ludique ou récréative, dès lors que cette représentation ou cette reproduction est destinée, notamment au moyen d'un espace numérique de travail, à un public composé majoritairement d'élèves, d'étudiants, d'enseignants ou de chercheurs directement concernés par l'acte d'enseignement, de formation ou l'activité de recherche nécessitant cette représentation ou cette reproduction, qu'elle ne fait l'objet d'aucune publication ou diffusion à un tiers au public ainsi constitué, que l'utilisation de cette représentation ou cette reproduction ne donne lieu à aucune exploitation commerciale et qu'elle est compensée par une rémunération négociée sur une base forfaitaire sans préjudice de la cession du droit de reproduction par reprographie mentionnée à l'article L. 122-10 ;

4° La parodie, le pastiche et la caricature, compte tenu des lois du genre ;

5° Les actes nécessaires à l'accès au contenu d'une base de données électronique pour les besoins et dans les limites de l'utilisation prévue par contrat ;

6° La reproduction provisoire présentant un caractère transitoire ou accessoire, lorsqu'elle est une partie intégrante et essentielle d'un procédé technique et qu'elle a pour unique objet de permettre l'utilisation licite de l'œuvre ou sa transmission entre tiers par la voie d'un réseau faisant appel à un intermédiaire ; toutefois, cette reproduction provisoire qui ne peut porter que sur des œuvres autres que les logiciels et les bases de données ne doit pas avoir de valeur économique propre ;

7° Dans les conditions prévues aux articles L. 122-5-1 et L. 122-5-2, la reproduction et la représentation par des personnes morales et par les établissements ouverts au public, tels que les bibliothèques, les archives, les centres de documentation et les espaces culturels multimédia, en vue d'une consultation strictement personnelle de l'œuvre par des personnes atteintes d'une ou de plusieurs déficiences des fonctions motrices, physiques, sensorielles, mentales, cognitives ou psychiques et empêchées, du fait de ces déficiences, d'accéder à l'œuvre dans la forme sous laquelle l'auteur la rend disponible au public ;

(Al. créé, L. n° 2018-771, 5 sept. 2018) Ces personnes empêchées peuvent également, en vue d'une consultation strictement personnelle de l'œuvre, réaliser, par elles-mêmes ou par l'intermédiaire d'une personne physique agissant en leur nom, des actes de reproduction et de représentation ;

8° La reproduction d'une œuvre et sa représentation effectuées à des fins de conservation ou destinées à préserver les conditions de sa consultation à des fins de recherche ou d'études privées par des particuliers, dans les locaux de l'établissement et sur des terminaux dédiés par des bibliothèques accessibles au public, par des musées ou par des services d'archives, sous réserve que ceux-ci ne recherchent aucun avantage économique ou commercial ;

9° La reproduction ou la représentation, intégrale ou partielle, d'une œuvre d'art graphique, plastique ou architecturale, par voie de presse écrite, audiovisuelle ou en ligne, dans un but exclusif d'information immédiate et en relation directe avec cette dernière, sous réserve d'indiquer clairement le nom de l'auteur.

Le premier alinéa du présent 9° ne s'applique pas aux œuvres, notamment photographiques ou d'illustration, qui visent elles-mêmes à rendre compte de l'information ;

10° Les copies ou reproductions numériques réalisées à partir d'une source licite, en vue de l'exploration de textes et de données incluses ou associées aux écrits scientifiques pour les besoins de la recherche publique, à l'exclusion de toute finalité commerciale. Un décret fixe les conditions dans lesquelles l'exploration des textes et des données est mise en œuvre, ainsi que les modalités de conservation et de communication des fichiers produits au terme des activités de recherche pour lesquelles elles ont été produites ; ces fichiers constituent des données de la recherche ;

11° Les reproductions et représentations d'œuvres architecturales et de sculptures, placées en permanence sur la voie publique, réalisées par des personnes physiques, à l'exclusion de tout usage à caractère commercial.

Les reproductions ou représentations qui, notamment par leur nombre ou leur format, ne seraient pas en stricte proportion avec le but exclusif d'information immédiate poursuivi ou qui ne seraient pas en relation directe avec cette dernière donnent lieu à rémunération des auteurs sur la base des accords ou tarifs en vigueur dans les secteurs professionnels concernés.

Les exceptions énumérées par le présent article ne peuvent porter atteinte à l'exploitation normale de l'œuvre ni causer un préjudice injustifié aux intérêts légitimes de l'auteur.

Les modalités d'application du présent article, notamment les caractéristiques et les conditions de distribution des documents mentionnés au *d* du 3°, sont précisées par décret en Conseil d'État.

I – REPRÉSENTATION PRIVÉE

1) Cercle de famille. La publicité de l'œuvre commence dès que se rompt l'intimité du cercle de famille ou d'amis constituant la réunion de personnes ayant des relations habituelles (▪ Grenoble, 28 févr. 1968 : *RTD com.* 1968, 349, obs. Desbois. – V. en ce sens ▪ Paris 13 mai 1970 : *Gaz. Pal.* 1970, 2, 46).

2) Une **chambre d'hôtel** constitue un lieu privé assimilable à une demeure personnelle (▪ Paris, 13 mai 1970 : *Gaz. Pal.* 1970, 2, 46. – V. cependant ▪ Paris, 18 sept. 1974 : *D.* 1975, somm. 87. Comp. pour la transmission par l'hôtelier de programmes télévisés ▪ Cass. 1re civ., 6 avr. 1994 : *JCP* G 1994, II, 22273, note Galloux ; *D.* 1994, p. 450, note Gautier).

3) Boutique. Le fait qu'une boutique reste ouverte et que les passants aient pu entendre des passages de morceaux de musique enregistrés ne suffit pas à considérer que le commerçant organise une audition publique (▪ Cass. crim., 6 oct. 1955 : *JCP* 56, II, 9418, note Plaisant).

4) Association. La représentation ne peut être considérée comme effectuée à l'intérieur d'un cercle de famille si elle est offerte par une association à laquelle tout le monde peut adhérer (▪ Cass. 1re civ., 14 juin 1972 : *D.* 1972, 659 ; *RTD com.* 1973, 262, obs. Desbois).

II – REPRODUCTION À USAGE PRIVÉ

5) Photocopie en libre-service. Dans le cas d'une officine de photocopie en libre-service, le copiste est celui qui, détenant dans ses locaux le matériel nécessaire à la confection de photocopies, exploite ce matériel en le mettant à la disposition de ses clients (▪ Cass. 1re civ., 7 mars 1984 : *Bull. civ.* I, n° 90 ; *RIDA* 3/1984, 151 ; *RTD com.* 1984, 677, obs. Françon. V. en ce sens, pour des intermédiaires incitant à la copie numérique, ▪ TGI Valence, 2 juill. 1999 : *RIDA* 1/2000, 348 ; *Comm. com. électr.* 1999, 5, note Caron ; *Expertises* 1999, 356 (CD, logiciels et jeux vidéo). ▪ TGI Montpellier, 24 sept. 1999 : *Comm. com. électr.* 2000, 19, note Caron (fichiers musicaux au format MP 3).

6) CNRS. Jugé, s'agissant des photocopies délivrées par le CNRS aux chercheurs, que la qualité de copiste doit être reconnue à celui qui a choisi le contenu de la copie en fonction de l'usage que, seul, il sait devoir en faire (▪ TGI Paris, 28 janv. 1974 : *JCP* 75, II, 18163, 1re esp., note Françon ; *RTD com.* 1974, 87, obs. Desbois).

7) La **communication d'un rapport aux actionnaires** d'une société est destinée à un usage collectif (▪ Paris, 1er oct. 1990 : *RIDA* 3/1991, 206, note Kérever).

8) Téléchargements. Pour la relaxe du prévenu qui a admis avoir « regardé une des copies en présence d'un ou deux copains » et avoir prêté des supports gravés « à quelques copains », V. ▪ TGI Rodez, 13 oct. 2004 : *Comm. com. électr.* 2004, 152, note Caron ; *D.* 2004, 3132, note Larrieu ; *Propr. intell.* 2005, 56, obs. Sirinelli, confirmé par ▪ Montpellier, 10 mars 2005 : *Comm. com. électr.* 2005, 77, note Caron ; *Propr. intell.* 2005, 168, 3e esp., obs. Sirinelli ; *JCP* 2005, II, 10078, note Caron, cassé pour défaut de réponse aux conclusions des parties civiles par ▪ Cass. crim., 30 mai 2006 : *RIDA* 4/2006, 327 ; *Comm. com. électr.* 2006, 118, note Caron ; *D.* 2006, 2676, note Dreyer ; *JCP* G 2006, II, 10124, note Caron ; *JCP* E 2006, 1979. V., sur renvoi, ▪ Aix-en-Provence, 5 sept. 2007 : *RIDA* 4/2007, p. 346 ; *Comm. com. électr.* 2007, 130, note Caron ; *Propr. intell.* 2008, 110, obs. A. Lucas, décidant que le prêt à des « amis » se situe manifestement en dehors du cercle de famille.

9) Incidence du triple test. En l'état du droit interne applicable, qui ne prévoit aucune limite à l'exception de copie privée si ce n'est qu'elle doit être effectivement réalisée pour un usage privé et doit respecter les conditions de l'article 5.5 de la directive du 22 mai 2001 sur la société de l'information, concernant le triple test, la personne qui a acquis de manière régulière dans le commerce un DVD et qui n'a pu procéder à une copie sur une vidéocassette destinée à un usage privé a subi un préjudice du fait du comportement fautif des sociétés qui ont « verrouillé » totalement par des moyens techniques le DVD en cause (▪ Paris, 22 avr. 2005 : *Comm. com. électr.* 2005, 98, note

Caron ; *Expertises* 2005, 274 ; *Propr. intell.* 2005, 340, obs. A. Lucas et Sirinelli). Mais l'arrêt a été cassé (■ Cass. 1re civ., 28 févr. 2006 : *JCP* 2006, II, 10084, note A. Lucas ; *Comm. com. électr.* 2006, 56, note Caron) au visa de l'article 9.2 de la Convention de Berne et des articles L. 122-5 et L. 211-3 du Code de la propriété intellectuelle « interprétés à la lumière » de la directive sur la société de l'information, au motif que l'exception de copie privée admise par ces deux articles ne peut « faire obstacle » à l'insertion de mesures anti-copie dès lors qu'elle « aurait pour effet de porter atteinte à l'exploitation normale de l'œuvre », une telle atteinte devant s'apprécier « au regard des risques inhérents au nouvel environnement numérique quant à la sauvegarde des droits d'auteur et de l'importance économique que l'exploitation de l'œuvre, sous forme de DVD, représente pour l'amortissement des coûts de production cinématographique ». V. aussi, sur renvoi, ■ Paris, 4 avr. 2007 : *RIDA* 3/2007, 379 ; *Comm. com. électr.* 2007, 68, note Caron ; *Propr. intell.* 2007, 320, obs. A. Lucas, déclarant irrecevable le consommateur au motif que la copie privée n'est pas constitutive d'un droit susceptible d'être invoqué au soutien d'une action formée à titre principal, pourvoi rejeté par ■ Cass. 1re civ., 19 juin 2008 : *RIDA* 3/2008, 299 ; *RTD com.* 2008, 551, obs. Pollaud-Dulian

10) Enregistrement en ligne de programmes de télévision. La société ayant organisé un dispositif permettant à ses clients d'enregistrer à distance des émissions de télévision ne peut s'abriter derrière l'exception de copie privée (■ TGI Paris, 25 nov. 2008 : *Expertises* 2009, 36 ; *RLDI* 2008, 1449 : « la société W. étant le créateur de la copie mais n'en étant pas l'utilisateur, l'exception de copie privée n'est pas applicable », confirmé par ■ Paris, 14 déc. 2011 : *LEPI* mars 2012, 40, obs. Bernault. V. déjà, à propos de la même société ■ TGI Paris, réf., 6 août 2008 : *Juris-Data* n° 2008-367522 ; *Expertises* 2008, 359 ; *Propr. intell.* 2008, 427, obs. Bruguière). Le service qui propose aux internautes d'enregistrer des programmes de télévision et de stocker les copies dans le « nuage » ne peut se dispenser de recueillir l'accord des ayants droit dès lors qu'il réalise un acte de communication au public (■ CJUE, 29 nov. 2017, C-265/16, *VCAST* : *Comm. com. électr.* 2018, 1, note Caron).

11) Licéité de la source. La loi du 20 décembre 2011 a modifié l'article L. 122-5, qui précise désormais que l'exception de copie privée ne vise que les copies « réalisées à partir d'une source licite ». Le droit de l'Union, en particulier l'article 5.2 *b)* de la directive de 2001 sur la société de l'information, lu en combinaison avec le paragraphe 5 de cet article, doit être interprété en ce sens qu'il s'oppose à une législation nationale qui ne distingue pas la situation où la source à partir de laquelle une reproduction pour un usage privé est réalisée est licite de celle où cette source est illicite (■ CJUE, 10 avr. 2014, C-435/12, *ACI Adam BV* : *Propr. intell.* 2014, 276, obs. A. Lucas). Constituent une source illicite les œuvres protégées qui sont mises à disposition du public sans l'autorisation des titulaires des droits (■ CJUE, 5 mars 2015, C-463/12, *Copydan*).

III – ANALYSES ET CITATIONS

12) Notion d'analyse. Une analyse comporte un résumé servant de support à une discussion, faite par le rédacteur de l'article, des sources de l'auteur, du plan de l'œuvre et de ses éléments essentiels ainsi que de sa méthode d'exposition, étant généralement accompagnée d'un commentaire critique (■ TGI Paris, 25 avr. 1968 : *RTD com.* 1970, 120, obs. Desbois). Mais jugé que doit être cassé l'arrêt qui décide que des « résumés signalétiques » insérés dans un index ne peuvent tenir lieu de courtes citations permises sans le consentement de l'auteur en retenant que ces « résumés » ne sont pas incorporés dans une œuvre, alors qu'il ressort de ses constatations que lesdits « résumés », constitués uniquement de courtes citations de l'œuvre ne dispensant pas le lecteur de recourir à celle-ci, étaient indissociables de la « section analytique » de la publication par le jeu de renvois figurant dans cette section, et que cet ensemble avait le caractère d'une œuvre d'information (■ Cass. ass. plén., 30 oct. 1987 : *JCP* 88, II, 20932, rapp. Nicot et note Huet ; *D.* 1988, 21, concl. Cabannes ; *D.* 1988, somm. 206, obs. Colombet ; *RIDA* 1/1988, 78, concl. Cabannes ; *RTD com.* 1988, 57, obs. Françon).

13) Notion de citation. Sur le principe que la citation doit être brève, V. ■ Paris, 15 juin 1901 : *DP* 1903, 2, 273. La notion de citation doit s'interpréter restrictivement en tenant compte tant de la longueur de l'œuvre à laquelle la citation est incorporée que de l'œuvre dont elle est extraite. L'exception ne peut être admise pour un extrait de 17 minutes 36 secondes incorporé dans une émission de 58 minutes (■ TGI Paris, 14 sept. 1994 : *RIDA* 2/1995, 407). Pour des abus du droit de citation, V. ■ TGI Paris, 6 juill. 1972 : *D.* 1972, 628, note Pactet. ■ Paris, 24 oct. 1984 : *D.* 1985, inf. rap. 312, obs. Colombet. ■ Paris, 5 déc. 1997 : *D.* 1999, somm. 65, obs. Colombet. La reproduction, dans la critique d'un spectacle de variétés, de la presque totalité du texte d'une chanson peut être considérée comme justifiée dès lors que la citation est révélatrice du style et de l'inspiration de la chanson litigieuse dont un extrait trop bref aurait risqué de donner une idée fausse (■ Cass. 1re civ., 22 mai 1979 : *D.* 1979, 632). La publication intégrale d'une partition musicale d'une chanson à succès ne saurait être couverte par le droit de citation alors que le défendeur pouvait étayer son commentaire désobligeant en se limitant à un extrait plus bref sans risquer d'en donner une idée fausse (▪ TGI Paris, 6 juin 1986 : *RIDA* 4/ 1986, 161). Des citations de sketches d'un humoriste occupant trois pages ne peuvent être qualifiées de courtes citations (▪ Paris, 10 sept. 1996 : *RIDA* 1/1997, 3).

14) Reproduction ou représentation intégrale d'une œuvre d'art. La reproduction intégrale d'une œuvre d'art, quel que soit son format, ne peut en aucun cas s'analyser comme une courte citation (▪ Cass. 1re civ., 22 janv. 1991 : *JCP* 91, II, 21680, 1re esp., note Bochurberg. V. aussi ▪ Cass. 1re civ., 13 avr. 1988 : *Bull. civ.* I, n° 96. ▪ Cass. ass. plén., 5 nov. 1993 : *JCP* 94, II, 22201, note Françon ; *D.* 1994, 481, note Foyard ; *RIDA* 1/1994, 320) ▪ Cass. 1re civ., 7 nov. 2006 : *RIDA* 1/2007, 313 ; *JCP* G 2007, II, 10065, note Manara ; *Propr. intell.* 2007, 91, obs. Bruguière), et il n'y a pas à tenir compte de la nature de l'œuvre citante (▪ Cass. 1re civ., 22 janv. 1991 : *JCP* 91, II, 21680, 2e esp.). Jugé en ce sens pour la représentation intégrale très brève des œuvres d'un peintre au cours d'une émission de télévision (▪ Paris, 7 juill. 1992 : *RIDA* 4/1992, 161 ; *D.* 1992, inf. rap. 241, et, sur pourvoi, ▪ Cass. 1re civ., 4 juill. 1995 : *JCP* 95, II, 22486, note Galloux ; *D.* 1996, 4, note Edelman, et somm. 73, obs. Hassler ; *Bull. civ.* I, n° 296). V. cependant, résistant, sur renvoi de ▪ Cass. 1re civ., 7 nov. 2006, préc., à partir de l'article 5.3 c) de la directive de 2001 prévoyant une exception pour les évènements d'actualité, disposition non encore transposée au moment des faits, ▪ Paris, 12 oct. 2007 : *Juris-Data* n° 2007-344657 ; *Comm. com. électr.* 2007, 145, note Caron ; *Propr. intell.* 2008, 219, obs. A. Lucas ; *RTD com.* 2008, 79, obs. Pollaud-Dulian, cassé à nouveau par ▪ Cass. 1re civ., 22 janv. 2009 : *Juris-Data* n° 2009-046626 ; *Comm. com. électr.* 2009, 33, note Caron ; *Propr. intell.* 2009, 167, obs. A. Lucas (« les dispositions de la directive européenne à la lumière de laquelle elle interprétait l'article L. 122-5, 3° du Code de la propriété intellectuelle, relatives à l'exception aux fins d'information, n'étaient que facultatives et ne pouvaient servir au juge national de règle d'interprétation pour étendre la portée d'une disposition de la loi nationale à un cas non prévu par celle-ci »).

15) Finalité de la citation. Il est de principe que les citations ne sont licites que si elles servent à étayer ou à éclairer une discussion, un développement ou une argumentation formant la matière de l'ouvrage lui-même (▪ TGI Paris, 6 juill. 1972 : *D.* 1972, 628, note Pactet. – V. en ce sens ▪ Paris, 15 juin 1901 : *DP* 1903, 2, 273). Des emprunts qui ne sont pas justifiés par le caractère critique, polémique, pédagogique, scientifique ou d'information de l'œuvre à laquelle ils sont incorporés ne peuvent être couverts par l'exception de citation (▪ Paris, 10 sept. 1996 : *RIDA* 1/1997, 345). Ce que la loi autorise, ce n'est pas le recueil de citations, sous la condition que celles-ci seraient accompagnées d'un commentaire, mais au contraire l'illustration par des citations, justifiées par leur incorporation à une œuvre citante (▪ TGI Paris, 6 juill. 1972, préc.). V. cependant ▪ Cass. ass. plén., 30 oct. 1987, préc. n° 12.

IV – REVUE DE PRESSE

16) Définition. La revue de presse suppose la présentation conjointe et par voie comparative de commentaires émanant de journalistes différents et concernant un même thème ou un même événement (▪ Cass. 1re civ., 30 janv. 1978 : *D.* 1979, 583, note Le Calvez ; *RTD com.* 1979, 456, obs. Françon. V. aussi ▪ TGI Nancy, 6 déc. 2010 : *RLDI* 2011/69, 2263, obs. L.C.). Il y a anthologie et non véritable revue de presse si le périodique se borne à disposer sans comparaison ni synthèse les matériaux glanés à travers certaines revues (▪ Paris, 25 mars 1982 : *D.* 1983, inf. rap. 97, obs. Colombet).

17) Actualité. L'exception relative aux revues de presse ne joue pas pour la reproduction d'une composition littéraire de caractère non éphémère (▪ TGI Seine, 17 juin 1964 : *JCP* 64, II, 13787).

18) Indication des sources. La revue de presse n'est licite qu'à la condition d'indiquer clairement ses sources (▪ Paris, 25 mars 1982 : *D.* 1983, inf. rap. 97, obs. Colombet).

V – INFORMATION D'ACTUALITÉ

19) Plaidoirie. La plaidoirie ayant constitué un élément des débats judiciaires, le public doit aussi le connaître et l'avocat qui est titulaire des droits d'auteur ne peut s'opposer à la reproduction (▪ Paris, 25 sept. 1956 : *JCP* 56, II, 9560, note Lindon ; *D.* 1956, 633).

20) Discours destinés au public. L'article 41-3° (CPI, art. L. 122-5-3°) qui traite des discours destinés au public, prononcés dans les assemblées politiques ou administratives, ainsi que dans les réunions publiques d'ordre politique et les cérémonies officielles, n'exclut de la protection que la diffusion par la seule voie de la presse ou de la radiodiffusion et seulement à titre d'information d'actualité (▪ TGI Paris, 6 juill. 1972 : *D.* 1972, 628, note Pactet, pour des discours du général de Gaulle. – V. en ce sens au sujet de la gravure sur disques de discours de Malraux, ▪ TGI Paris, 3 avr. 1973 : *Gaz. Pal.* 1973, 2, 540, concl. Montanier. – V. aussi ▪ TGI Paris, 28 mai 1986 : *D.* 1987, somm. 151, obs. Colombet).

VI – PARODIE, PASTICHE ET CARICATURE

21) Notion. Des dessins sans caractère humoristique ou parodique ne sont pas des pastiches ou des caricatures (▪ Paris, 17 oct. 1980 : *D.* 1982, inf. rap. 42, obs. Colombet). Il n'y a de parodie que dans la mesure où l'auteur obtient un effet caricatural ou tout à fait étranger à l'œuvre originale, de telle sorte que tout risque de confusion soit exclu (▪ TGI Paris, 9 janv. 1970 : *JCP* 71, II, 16645, note Françon ; *RTD com.* 1972, 383, obs. Desbois. V. en ce sens ▪ TGI Paris, 14 mai 1992 : *RIDA* 4/1992, 174. ▪ TGI Paris, 7 oct. 1992 : *RIDA* 1/1993, 222). La reprise de séquences du jeu télévisé Fort Boyard ne peut être légitimée au titre de l'exception de parodie dès lors qu'elle ne répond à aucune intention humoristique, les emprunts étant « uniquement parasitaires » (▪ TGI Paris, 5 mars 2008 : *RIDA* 3/2008, p. 338 ; *Propr. intell.* 2008, 327, obs. Bruguière). L'affiche modifiant une photographie d'un mannequin, revendiquée comme une création d'art contemporain, est une adaptation soumise au droit exclusif et ne peut bénéficier de l'exception de parodie en ce qu'elle n'exprime pas « quelque chose de totalement étranger, d'inverse au thème, à l'image et au sujet de la photographie originaire » (▪ Paris, 13 janv. 2010 : *Propr. intell.* 2010, 716, obs. A. Lucas). Le caractère humoristique est compatible avec une intention de fond étrangère à tout humour (▪ Versailles, 17 mars 1994 : *D.* 1995, somm. 56, obs. Colombet ; *RIDA* 2/1995, 353. ▪ Riom, 15 sept. 1994 : *D.* 1995, 529, note Edelman). Il importe peu que l'œuvre parodiée ne soit pas du même genre que l'œuvre parodiante (▪ Paris, 18 févr. 2011 : *Propr. intell.* 2011, 187, obs. Bruguière, romans parodiant les personnages de Tintin). L'article 5.3 *k)* de la directive 2001/29 du 22 mai 2001 doit être interprété en ce sens que la parodie a pour caractéristiques essentielles, d'une part, d'évoquer une œuvre existante, tout en présentant des différences perceptibles par rapport à celle-ci, et, d'autre part, de constituer une manifestation d'humour ou une raillerie. La notion de « parodie », au sens de cette disposition, n'est pas soumise à des conditions selon lesquelles la parodie devrait présenter un caractère original propre, autre que celui de pré*senter des différences perceptibles* par rapport à l'œuvre originale parodiée, devrait pouvoir raisonnablement être attribuée à une personne autre que l'auteur de l'œuvre originale lui-même, devrait porter sur l'œuvre originale elle-même ou devrait mentionner la source de l'œuvre parodiée (▪ CJUE, 3 sept. 2014, C-201/13, *John Deckmyn* : *D.* 2014, 2097, note Galopin ; *Propr. intell.* 2014, 393, obs. Bruguière ; *RTD com.* 2014, 815, obs. Pollaud-Dulian). L'exception de parodie ne saurait être caractérisée par la seule reprise de l'oeuvre dans une autre œuvre, « même à visée de critique sociale » (▪ Versailles, 16 mars 2018 : *JCP* G 2018, 513, note Bruguière ; *Comm. com. électr.* 2018, 32, note Caron ; *Propr. intell.* 2018, n° 68, p. 66, obs. A. Lucas ; *Dalloz IP/IT* 2018, p. 300, obs. Benabou).

22) Distinction avec l'œuvre première. Si l'auteur d'un pastiche ou d'une parodie est autorisé par la loi à adapter les éléments empruntés à l'œuvre qu'il imite ou travestit, c'est à la condition de faire clairement comprendre au public qu'il n'est pas en présence de cette œuvre elle-même ou d'un extrait authentique de celle-ci (▪ Cass. 1re civ., 27 mars 1990 : *Bull. civ.* I, n° 75). Tel n'est pas le cas lorsqu'un parti politique présente comme un extrait unique et exact la juxtaposition de deux extraits d'une chanson (même arrêt). Comp., légitimant l'emprunt en faisant état de la « volonté ludique », ▪ Paris, 21 nov. 1990 : *RIDA* 1/1991, 319, concl. Delafaye, cassé par ▪ Cass. 1re civ., 4 févr. 1992 : *Bull. civ.* I, n° 42 ; *RIDA* 2/1992, 196.

23) Lois du genre. Il est dans les lois du genre de la parodie, qui se distingue en cela du pastiche, de permettre l'identification immédiate de l'œuvre parodiée, et dans celles de la caricature de se moquer d'un personnage par l'intermédiaire de l'œuvre caricaturée dont il est l'auteur. Il ne saurait dès lors être interdit au chansonnier-imitateur, qui prend la voix de l'auteur-interprète d'une chanson et se livre en même temps à une parodie et à une caricature, de reproduire la musique originale de sorte que l'œuvre parodiée est immédiatement identifiée tandis que le travestissement des seules paroles suffit à réaliser celui de cette œuvre prise dans son ensemble et à empêcher toute confusion, ni de se moquer le cas échéant avec insolence des travers de celui qui est imité (▪ Cass. 1re civ., 12 janv. 1988 : *D.* 1988, somm. 207, obs. Colombet ; *D.* 1989, 1, note Gautier ; *RTD com.* 1988, 227, obs. Françon). La parodie ne porte pas atteinte au droit moral de l'œuvre parodiée si la distance entre les deux œuvres est telle que tout risque d'assimilation des personnages et des thèmes est exclu (▪ TGI Paris, 3 janv. 1978 : *D.* 1979, 99, note Desbois). Jugé que l'exception peut être invoquée lorsque, tout en permettant l'identification immédiate de l'œuvre parodiée (« Les feuilles mortes ») par la reproduction de sa phrase titre « Les feuilles mortes se ramassent à la pelle » et par la mention « d'après Prévert » apposée à la suite de sa signature, Jacques Faizant en retourne totalement le sens pour en faire de manière humoristique un hommage à la mémoire de son interprète (Yves Montand), écartant ainsi tout risque de confusion (▪ Paris, 11 mai 1993 : *RIDA* 3/1993, 340). L'application, dans une situation concrète, de l'exception pour parodie, au sens de l'article 5.3 *k)* de la directive 2001/29, doit respecter un juste équilibre entre, d'une part, les intérêts et les droits des personnes visées aux articles 2 et 3 de cette directive et, d'autre part, la liberté d'expression de l'utilisateur d'une œuvre protégée se prévalant de l'exception pour parodie (■ CJUE, 3 sept. 2014, C-201/13, *John Deckmyn*, préc.).

VII – AUTRES LIMITES

24) Œuvres situées dans des lieux publics. Sur ce que l'œuvre graphique ou plastique située dans un lieu accessible à tous peut, par tolérance, être licitement reproduite ou représentée, même en totalité, lorsqu'elle ne constitue pas le sujet principal de la reproduction ou de la représentation, V. ■ TGI Paris, 22 juin 1988 : *D.* 1990, somm. 49, obs. Colombet (rochers peints choisis pour faire ressortir une collection de couture). ■ TGI Paris, 12 juill. 1990 : *RIDA* 1/1991, 359 (*La Grande Arche*). ■ Paris, 1re ch., 23 oct. 1990 : *RIDA* 4/1991, 134 ; *JCP* 91, II, 21682, note A. Lucas (*La Géode*). ■ Paris, 14 sept. 1999 : *Comm. com. électr.* 2000, 30, 1er arrêt, note Caron ; *JCP* E 2000, 1376, obs. Bougerol (fresque constituant un élément du paysage de la ville de Marseille librement offert au public). ■ TGI Lyon, 4 avr. 2001 : *JCP* 2001, II, 10563, note Pollaud-Dulian ; *Comm. com. électr.* 2001, 57, note Caron ; *RIDA* 4/2001, 421, note Choisy, relevant qu'en l'espèce l'œuvre s'incorpore pour l'essentiel au sol de l'espace public (*Place des Terreaux à Lyon*), confirmé par ■ Lyon, 20 mars 2003 : *Comm. com. électr.* 2003, comm. 81, note Caron ; *D.* 2003, somm. 2759, obs. Sirinelli ; *Propr. intell.* oct. 2003, n° 9, 385, obs. A. Lucas, pourvoi rejeté par ■ Cass. 1re civ., 15 mars 2005 : *RIDA* 3/2005, 459 ; *JCP* 2005, IV, 1966 ; *Comm. com. électr.* 2005, 78, note Caron ; *D.* 2005, 1026, note Daleau ; *Propr. intell.* 2005, 165, obs. Sirinelli.

25) Liberté d'expression et droit à l'information. Le monopole légal de l'auteur sur son œuvre est une propriété incorporelle, garantie au titre du droit de toute personne physique ou morale au respect de ses biens, et à laquelle le législateur apporte des limites proportionnées, tant par les exceptions inscrites à l'article L. 122-5 du Code de la propriété intellectuelle que par l'abus notoire prévu à l'article L. 122-9 du même code (■ Cass. 1re civ., 13 nov. 2003 : *Bull. civ.* I, n° 229 ; *D.* 2004, 200, note Bouche ; *Comm. com. électr.* 2004, comm. n° 2, note C. Caron ; *Propr. intell.* 2004, 549, obs. A. Lucas, concluant que le moyen tiré d'une violation de l'article 10 de la Convention européenne des droits de l'homme s'avère « inopérant »). Le droit à l'information du public consacré par l'article 10 de la Convention de sauvegarde des droits de l'homme et des libertés fondamentales trouve ses limites dans le respect des autres droits identiquement protégés, notamment des droits de propriété intellectuelle, biens au sens de l'article 1er du premier Protocole additionnel. La cour d'appel ayant relevé que l'œuvre (le trophée de la Coupe du monde de football) figure dans un photomontage et non dans un document d'information, elle a jugé à bon droit que la reproduction litigieuse, qui excédait la simple relation de l'événement d'actualité concerné, ne participait pas à l'information du public mais relevait de l'exploitation de l'œuvre (■ Cass. 1re civ., 2 oct. 2007 : *RIDA* 4/2007, 339 ; *Propr. intell.* 2008, 112, obs. Bruguière). Il appartient aux juges du fond d'expliquer de façon concrète en quoi la recherche d'un juste équilibre entre le droit d'auteur et la liberté d'expression commande la condamnation pour contrefaçon qu'il prononce (■ Cass. 1re civ., 15 mai 2015 : *Comm. com. électr.* 2015, 55, note Caron ; *Legipresse* 2015, 474, note Varet ; *Propr. intell.* 2015, 281, obs. A. Lucas, et 285, obs. Bruguière. V. sur renvoi, ■ Versailles, 16 mars 2018 : *JCP* G 2018, 513, note Bruguière ; *Comm. com. électr.* 2018, 32, note Caron ; *Propr. intell.* 2018, n° 68, p. 66, obs. A. Lucas ; *Dalloz IP/IT* 2018, p. 300, obs. Benabou : c'est à l'auteur assigné en contrefaçon qui invoque sa liberté d'expression d'établir en quoi l'utilisation des œuvres qui lui est reprochée est nécessaire à l'exercice de cette liberté).

26) Liberté de la presse. V. ■ Paris, 4e ch. A, 12 déc. 2001 : *JurisData* n° 161701, affirmant expressément que la liberté de la presse ne doit pas primer sur les droits de propriété intellectuelle, pour déclarer contrefaisant un article ayant pour objet d'inciter les lectrices à imiter le modèle d'un couturier.

27) Exception et limite interne au droit d'auteur. Théorie de l'accessoire. Sur ce que la représentation accessoire ne doit pas être tenue pour une représentation au sens de la loi sur le droit d'auteur, V. supra, sous art. L. 122-2. S'agissant d'un cliché représentant une actrice et ayant illustré la couverture d'un magazine, avant d'être repris dans des numéros postérieurs, en particulier dans une page consacrée à une offre d'abonnement, qui reproduisait une pile d'exemplaires dominée par la page de couverture, les juges du fond peuvent estimer que le cliché « était répétitivement reproduit et particulièrement mis en valeur à des fins publicitaires », ce qui justifiait « de ne pas le tenir pour un simple accessoire » (■ Cass. 1re civ., 25 mai 2004 : *JCP* G 2004, II, 10170, note A. Lucas ; *Propr. intell.* 2004, 774, obs. Sirinelli). Un usage qui n'entre pas dans le champ d'application du monopole des droits d'auteur ne saurait être défini par des règles internes à ce monopole ; il est admis par la jurisprudence que la représentation d'une œuvre n'est pas une communication au public lorsqu'elle est accessoire par rapport au sujet traité et par rapport au sujet représenté, en ce qu'elle est imbriquée avec le sujet traité, et cette jurisprudence n'est pas démentie par la directive de 2001 sur la société de l'information, laquelle prévoit la possibilité d'une exception en cas d'« inclusion fortuite » d'une œuvre dans « un autre produit ». En l'espèce, les œuvres en cause (des planches éducatives) sont apparues à 22 reprises et elles sont « parfaitement identifiables », mais elles sont, le plus souvent, « en arrière-plan, la caméra mettant en valeur les personnages des élèves et du maître », et elles « font corps, de manière nécessaire, étant un outil pédagogique, avec le décor de la salle de classe », ce qui suffit à établir le caractère accessoire de la représentation, aussi bien « par rapport au sujet principal traité » (la vie et les relations entre maître et enfants d'une classe unique de campagne) que « par rapport au sujet représenté » (puisqu'elles ne sont jamais « représentées pour elles-mêmes ») (■ Paris, 12 sept. 2008 : *Propr. intell.* 2009, 53, obs. A. Lucas et 56, obs. Bruguière, pourvoi rejeté par ■ Cass. 1re civ., 12 mai 2011 : *RIDA* 3/2011, 457 ; *JCP G* 2011, 814 et *JCP E* 2011, 1560, note Vivant ; *D.* 2011, 1875, note Castets-Renard ; *Comm. com. électr.* 2011, 62, note Caron ; *Propr. intell.* 2011, 298, obs. A. Lucas ; *RTD com.* 2011, 553, obs. Pollaud-Dulian, considérant qu'il s'agit d'une représentation couverte par l'exception d'« inclusion fortuite » prévue par la directive de 2001, que la loi du 1er août 2006 aurait implicitement transposée). Mais l'utilisation d'un « chemin de table » dans le décor de deux films publicitaires vantant les poulets de Loué ne peut être légitimée au titre de la théorie de l'accessoire dès lors que « la représentation incriminée n'est pas fortuite mais procède d'un choix délibéré où les caractéristiques du chemin de table ont été regardées comme propres à susciter autour du sujet de la publicité une atmosphère de réjouissance et de luxe appelée à rejaillir sur l'image de celui-ci » (■ Paris, 7 avr. 2010 : *Propr. intell.* 2010, 852, obs. A. Lucas). La notion « d'inclusion fortuite dans un autre produit », retenue par les dispositions invoquées de la Directive 2001/29/CE du 22 mai 2001, doit s'entendre comme une représentation accessoire et involontaire par rapport au sujet traité ou représenté, ce qui n'était pas le cas de la réduction de la photo sous forme de vignette, et non par rapport à une activité ou à une prestation de services (■ Cass. 1re civ., 12 juill. 2012, nos 11-15.165 et 11-15.188 : *Comm. com. électr.* 2012, comm. 91, note Caron ; *JCP G* 2012, 1007 ; *JCP E* 2012, 1627, note Bruguière ; *D.* 2012, 2071, concl. Petit et note Castets-Renard ; *Propr. intell.* 2012, 405, obs. A. Lucas ; *RTD com.* 2012, 775, obs. Pollaud-Dulian).

28) Copie transitoire. L'exception de copie transitoire ne peut être invoquée dans le cas d'un service de « magnétoscope en ligne » offrant à ses abonnés la possibilité d'enregistrer des programmes de télévision et d'accéder à leur demande aux enregistrements, après décryptage de ceux-ci, puisque la copie réalisée par l'opérateur pourra, une fois décodée, « être conservée de manière définitive par son utilisateur » (■ TGI Paris, 25 nov. 2008 : *RIDA* 1/2009, 388 ; *RTD com.* 2009, 312, obs. Pollaud-Dulian, confirmé par ■ Paris, 14 déc. 2011 : *LEPI* mars 2012, 40, obs. Bernault, relevant que la copie était « dotée d'une valeur économique propre » compte tenu des recettes publicitaires directement liées au nombre des utilisateurs du service et au volume des copies réalisées pour le compte de ces utilisateurs). La fixation d'œuvres dans la mémoire des décodeurs et sur les écrans de télévision des utilisateurs est couverte par l'exception dès lors qu'elle ne va pas « au-delà de l'avantage économique tiré de la simple réception d'une émission d'œuvres protégées », et qu'elle forme « une partie inséparable et non autonome du processus de réception » (■ CJUE, 4 oct. 2011, C-403/08, *Football Association Premier League : Comm. com. électr.* 2011, 110, note Caron ; *JCP G* 2011, 1296, note Buy et Roda ; *RTD com.* 2011, 744, obs. Pollaud-Dulian ; *Propr. intell.* 2012, 47, obs. Benabou). L'article 5 de la directive 2001/29 du 22 mai 2001 doit être interprété en ce sens que les copies sur l'écran d'ordinateur de l'utilisateur et les copies dans le « cache » du disque dur de cet ordinateur, effectuées par un utilisateur final au cours de la consultation d'un site Internet, satisfont aux conditions selon lesquelles ces copies doivent être provisoires, présenter un caractère transitoire ou accessoire et constituer une partie intégrante et essentielle d'un procédé technique, ainsi qu'aux conditions fixées à l'article 5, § 5, de cette directive et peuvent dès lors être réalisées sans l'autorisation des titulaires de droits d'auteur (■ CJUE, 5 juin 2014, C-360/13, *Public Relations Consultants Association : Comm. com. électr.* 2014, 69, obs. Caron ; *Propr. intell.* 2014, 273, obs. A. Lucas ; *RTD com.* 2014, 606, obs. Pollaud-Dulian).

29) Utilisation dans un but exclusif d'information immédiate. La société ayant reproduit dans sa base de données accessible au public des œuvres de Picasso ne peut invoquer l'article L. 122-5-9° du Code de la propriété intellectuelle, qui soustrait au monopole de l'auteur « la reproduction ou la représentation [...] d'une œuvre d'art graphique, plastique ou architecturale, par voie de presse écrite, audiovisuelle ou en ligne, dans un but exclusif d'information immédiate et en relation directe avec cette dernière » dès lors qu'elle se présente elle-même comme exploitant l'ensemble des informations relatives au marché de l'art mondial afin de les livrer à ses clients sur son site Internet, ce qui interdit d'assimiler son site à un organe de presse ayant pour seule vocation d'informer le public en lui rendant compte de l'actualité immédiate, et que l'utilisation des œuvres n'est ni exceptionnelle, ni incidente et encore moins liée à la seule actualité (■ Paris, 18 janv. 2013 : *Propr. intell.* 2013, 197, obs. A. Lucas, pourvoi rejeté par ■ Cass. 1re civ., 10 sept. 2014, n° 13-14.532 : *Propr. intell.* 2015, 55, obs. Bruguière).

Art. L. 122-5-1 *(L. n° 2016-925, 7 juill. 2016 ; L. n° 2018-771, 5 sept. 2018)*. – La reproduction et la représentation mentionnées au premier alinéa du 7° de l'article L. 122-5 sont assurées, à des fins non lucratives et dans la mesure requise par le handicap, dans les conditions suivantes :

1° La reproduction et la représentation sont assurées par des personnes morales ou des établissements figurant sur une liste arrêtée conjointement par les ministres chargés de la culture et des personnes handicapées. La liste de ces personnes morales et de ces établissements est établie au vu de leur activité professionnelle effective de conception, de réalisation ou de communication de documents adaptés au bénéfice des personnes physiques mentionnées au 7° du même article L. 122-5 et par référence à leur objet social, à l'importance des effectifs de leurs membres ou de leurs usagers, aux moyens matériels et humains dont ils disposent , aux services qu'ils rendent ainsi qu'aux moyens de sécurisation qu'ils mettent en œuvre pour empêcher et prévenir la distribution, la communication ou la mise à disposition à des personnes non autorisées ;

2° La reproduction et la représentation peuvent également porter sur toute œuvre dont le fichier numérique est déposé par l'éditeur, dans un format facilitant la production de documents adaptés, auprès de la Bibliothèque nationale de France qui le met à la disposition des personnes morales et des établissements figurant sur la liste mentionnée au 1° du présent article et agréés à cet effet.

Pour l'application du présent 2° :

a) L'agrément est accordé conjointement par les ministres chargés de la culture et des personnes handicapées à ceux, parmi les personnes morales et établissements mentionnés au 1°, qui présentent des garanties et des capacités de sécurisation et de confidentialité des fichiers susceptibles d'être mis à leur disposition puis transmis par eux aux personnes bénéficiaires de la reproduction ou de la représentation ;

b) Ce dépôt est obligatoire pour les éditeurs :

– en ce qui concerne les livres scolaires, pour ceux dont le dépôt légal ou la publication sous forme de livre numérique, au sens de la loi n° 2011-590 du 26 mai 2011 relative au prix du livre numérique, sont postérieurs au 1er janvier 2016, au plus tard le jour de leur mise à la disposition du public ;

– pour les autres œuvres, sur demande d'une des personnes morales et des établissements mentionnés au même 1° formulée dans les dix ans suivant le dépôt légal des œuvres imprimées quand celui-ci est postérieur au 4 août 2006 ou dès lors que des œuvres sont publiées sous forme de livre numérique, au sens de la loi n° 2011-590 du 26 mai 2011 précitée ;

c) Le ministre chargé de la culture arrête la liste des formats mentionnés au premier alinéa du présent 2°, après avis de la Bibliothèque nationale de France, des personnes morales et des établissements mentionnés au présent 2° et des organisations représentatives des titulaires de droit d'auteur et des personnes handicapées concernées ;

d) La Bibliothèque nationale de France conserve sans limitation de durée les fichiers déposés par les éditeurs. Elle garantit la confidentialité de ces fichiers et la sécurisation de leur accès ;

e) Les personnes morales et les établissements agréés en application du premier alinéa du présent 2° détruisent les fichiers mis à leur disposition une fois effectué le travail de conception, de réalisation et de communication de documents adaptés au bénéfice des personnes physiques mentionnées au 7° de l'article L. 122-5 ;

f) Les fichiers des documents adaptés sous forme numérique sont transmis à la Bibliothèque nationale de France par les personnes morales et les établissements mentionnés au 1° du présent article qui les ont réalisés. La Bibliothèque nationale de France les met à la disposition des autres personnes morales et établissements. Elle procède à une sélection des fichiers qu'elle conserve. Elle rend compte de cette activité de sélection et de conservation dans un rapport annuel rendu public ;

g) La mise à disposition de documents adaptés est autorisée entre les personnes morales et les établissements mentionnés au même 1°.

Les modalités d'application du présent article, notamment les modalités d'établissement de la liste mentionnée audit 1° et de l'agrément prévu au présent 2°, les caractéristiques des livres scolaires mentionnés au *b* du même 2°, les critères de la sélection prévue au *f* dudit 2° ainsi que les conditions d'accès aux fichiers numériques *mentionnés au premier alinéa* et au f du même 2° sont précisées par décret en Conseil d'État.

Art. L. 122-5-2 *(Rempl., L. n° 2018-771, 5 sept. 2018)*. – Les personnes morales et les établissements figurant sur la liste mentionnée au 1° de l'article L. 122-5-1 fournissent, sur demande, aux personnes atteintes d'une déficience qui les empêche de lire, aux auteurs et aux autres entités autorisées la liste et les formats disponibles des documents adaptés dont ils disposent, ainsi que le nom et les coordonnées des entités autorisées avec lesquelles ils procèdent à des échanges de tels documents.

Ces personnes et établissements peuvent recevoir des documents adaptés ou en mettre à disposition d'une entité autorisée établie dans un autre État membre de l'Union européenne ou un autre État partie au traité de Marrakech adopté le 27 juin 2013 visant à faciliter l'accès des aveugles, des déficients visuels et des personnes ayant d'autres difficultés de lecture des textes imprimés aux œuvres publiées, en vue de leur consultation par des personnes atteintes d'une déficience qui les empêche de lire.

Les personnes atteintes de ce type de déficience peuvent également, en vue d'une telle consultation, obtenir communication de documents adaptés auprès d'une entité autorisée mentionnée au deuxième alinéa du présent article.

On entend par entité autorisée, au sens du présent article, toute personne morale ou tout établissement autorisé ou reconnu par un État ayant pour mission d'offrir, à titre non lucratif, aux personnes physiques atteintes d'une déficience qui les empêche de lire, des services en matière d'enseignement, de formation pédagogique, de lecture adaptée ou d'accès à l'information. Cette dénomination désigne également un organisme public ou une organisation à but non lucratif dont l'une des activités principales, obligations institutionnelles ou missions d'intérêt public est de fournir les mêmes services à ces personnes.

Les modalités d'application du présent article sont précisées par décret en Conseil d'État.

Art. L. 122-6 *(L. n° 94-361, 10 mai 1994)*. **– Sous réserve des dispositions de l'article L. 122-6-1, le droit d'exploitation appartenant à l'auteur d'un logiciel comprend le droit d'effectuer et d'autoriser :**

1° La reproduction permanente ou provisoire d'un logiciel en tout ou partie par tout moyen et sous toute forme. Dans la mesure où le chargement, l'affichage, l'exécution, la transmission ou le stockage de ce logiciel nécessitent une reproduction, ces actes ne sont possibles qu'avec l'autorisation de l'auteur ;

2° La traduction, l'adaptation, l'arrangement ou toute autre modification d'un logiciel et la reproduction du logiciel en résultant ;

3° La mise sur le marché à titre onéreux ou gratuit, y compris la location, du ou des exemplaires d'un logiciel par tout procédé. Toutefois, la première vente d'un exemplaire d'un logiciel dans le territoire d'un État membre de la Communauté européenne ou d'un État partie à l'accord sur l'Espace économique européen par l'auteur ou avec son consentement épuise le droit de mise sur le marché de cet exemplaire dans tous les États membres à l'exception du droit d'autoriser la location ultérieure d'un exemplaire.

1) Droit de distribution. Les prévenus ont, sans l'autorisation du titulaire des droits d'auteur d'un logiciel, mis sur le marché en France des exemplaires de ce logiciel, importés du Canada et exclusivement destinés par l'auteur à la distribution sur le marché canadien. Pour les relaxer du chef de contrefaçon de logiciel, délit prévu par l'article L. 335-3 du Code de la propriété intellectuelle, la cour d'appel énonce que la vente en France de produits originaux, régulièrement acquis à l'étranger, revêtus de la marque de leur propriétaire et offerts à la vente sans utilisation abusive de cette marque, ne porte pas atteinte au propriétaire de la marque et ne peut constituer le délit de contrefaçon. En statuant ainsi, la cour d'appel a méconnu les articles L. 122-6 et L. 335-3 du Code de la propriété intellectuelle. Constitue en effet un délit de contrefaçon la violation du droit de l'auteur d'un logiciel d'effectuer ou d'autoriser la mise sur le marché du ou des exemplaires de ce logiciel (■ Cass. crim., 16 déc. 2003 : *JCP* 2004, IV, 1237 ; *Comm. com. électr.* 2004, 26, note Caron). Le téléchargement d'une copie d'un programme d'ordinateur et la conclusion d'un contrat de licence d'utilisation se rapportant à celle-ci forment un tout indivisible qui doit être envisagé globalement, et cet ensemble vise à rendre la copie du logiciel utilisable par le client, de manière permanente, moyennant le paiement d'un prix destiné à permettre au titulaire du droit d'auteur d'obtenir une rémunération correspondant à la valeur économique de la copie de l'œuvre dont il est propriétaire, de sorte qu'il implique le transfert du droit de propriété de la copie du programme d'ordinateur concerné. Mais l'acquéreur initial ne peut revendre la copie sujette à épuisement sans violer le droit exclusif de reproduction de l'auteur qu'à la condition de rendre en même temps inutilisable sa propre copie (■ CJUE, 3 juill. 2012, C-128/11, *UsedSoft*). Si l'acquéreur initial de la copie d'un programme d'ordinateur accompagnée d'une licence d'utilisation illimitée est en droit de revendre d'occasion cette copie et sa licence à un sous-acquéreur, il ne peut en revanche, lorsque le support physique d'origine de la copie qui lui a été initialement délivrée est endommagé, détruit ou égaré, fournir à ce sous-acquéreur sa copie de sauvegarde de ce programme sans l'autorisation du titulaire du droit (■ CJUE, 12 oct. 2016, C-166/15, *Aleksandrs Ranks*).

2) Lien hypertexte. La mise à disposition d'un lien hypertexte, même profond, ne peut constituer un acte de mise sur le marché du logiciel en cause, au sens de l'article L. 122-6-3° CPI (■ TGI Nanterre, 25 mars 2010 : *RLDI* 2010/60, 1975, obs. M.T.).

Art. L. 122-6-1 *(L. n° 94-361, 10 mai 1994 ; mod., L. n° 2013-1168, 18 déc. 2013).* – **I. – Les actes prévus aux 1° et 2° de l'article L. 122-6 ne sont pas soumis à l'autorisation de l'auteur lorsqu'ils sont nécessaires pour permettre l'utilisation du logiciel, conformément à sa destination, par la personne ayant le droit de l'utiliser, y compris pour corriger des erreurs.**

Toutefois, l'auteur est habilité à se réserver par contrat le droit de corriger les erreurs et de déterminer les modalités particulières auxquelles seront soumis les actes prévus aux 1° et 2° de l'article L. 122-6, nécessaires pour permettre l'utilisation du logiciel, conformément à sa destination, par la personne ayant le droit de l'utiliser.

II. – La personne ayant le droit d'utiliser le logiciel peut faire une copie de sauvegarde lorsque celle-ci est nécessaire pour préserver l'utilisation du logiciel.

III. - La personne ayant le droit d'utiliser le logiciel peut sans l'autorisation de l'auteur observer, étudier ou tester le fonctionnement ou la sécurité de ce logiciel afin de déterminer les idées et principes qui sont à la base de n'importe quel élément du logiciel lorsqu'elle effectue toute opération de chargement, d'affichage, d'exécution, de transmission ou de stockage du logiciel qu'elle est en droit d'effectuer.

IV. – La reproduction du code du logiciel ou la traduction de la forme de ce code n'est pas soumise à l'autorisation de l'auteur lorsque la reproduction ou la traduction au sens du 1° ou du 2° de l'article L. 122-6 est indispensable pour obtenir les informations nécessaires à l'interopérabilité d'un logiciel créé de façon indépendante avec d'autres logiciels, sous réserve que soient réunies les conditions suivantes :

1° Ces actes sont accomplis par la personne ayant le droit d'utiliser un exemplaire du logiciel ou pour son compte par une personne habilitée à cette fin ;

2° Les informations nécessaires à l'interopérabilité n'ont pas déjà été rendues facilement et rapidement accessibles aux personnes mentionnées au 1° ci-dessus ;

3° Et ces actes sont limités aux parties du logiciel d'origine nécessaires à cette interopérabilité.

Les informations ainsi obtenues ne peuvent être :

1° Ni utilisées à des fins autres que la réalisation de l'interopérabilité du logiciel créé de façon indépendante ;

2° Ni communiquées à des tiers sauf si cela est nécessaire à l'interopérabilité du logiciel créé de façon indépendante.

3° Ni utilisées pour la mise au point, la production ou la commercialisation d'un logiciel dont l'expression est substantiellement similaire ou pour tout autre acte portant atteinte au droit d'auteur.

V. – Le présent article ne saurait être interprété comme permettant de porter atteinte à l'exploitation normale du logiciel ou de causer un préjudice injustifié aux intérêts légitimes de l'auteur.

Toute stipulation contraire aux dispositions prévues aux II, III, et IV du présent article est nulle et non avenue.

1) Décompilation. V. pour une application de l'exception visant la décompilation à des fins d'interopérabilité, ■ Cass. com., 20 oct. 2011 : *Comm. com. électr.* 2012, 2, note Caron ; *RTD com.* 2011, 760, obs. Pollaud-Dulian ; *Propr. intell.* 2012, 39, obs. A. Lucas.

2) Droits du détenteur d'une copie du programme sous licence. L'article 5, paragraphe 3, de la directive 91/250 doit être interprété en ce sens que la personne ayant obtenu une copie sous licence d'un programme d'ordinateur peut, sans l'autorisation du titulaire du droit d'auteur, observer, étudier ou tester le fonctionnement de ce programme afin de déterminer les idées et les principes qui sont à la base de n'importe quel élément dudit programme, lorsqu'elle effectue des opérations couvertes par cette licence ainsi que des opérations de chargement et de *déroulement nécessaires* à l'utilisation du programme d'ordinateur et à condition qu'elle ne porte pas atteinte aux droits exclusifs du titulaire du droit d'auteur sur ce programme (■ CJUE, 2 mai 2012, C-406/10, *SAS Institute Inc.* : *RIDA* 3/2012, 341 ; *Comm. com. électr.* 2012, 105, note Caron ; *Propr. intell.* 2012, 423, obs. Benabou).

3) Copie de sauvegarde. Source licite. N'a pas justifié sa décision la cour d'appel qui, pour débouter la société Microsoft de ses demandes, retient notamment que si M. X... a reconnu avoir copié un CD d'installation d'un logiciel, propriété de la société Microsoft corporation, partie civile, qui lui avait été remis, à l'occasion d'un dépannage, par un de ses clients, à qui l'utilisation en avait été concédée, c'était dans le seul dessein d'en créer une copie de sauvegarde, sans mieux s'expliquer sur les circonstances dans lesquelles l'œuvre protégée avait été mise à disposition du mis en cause à l'occasion de ses activités de réparateur et sans répondre aux conclusions de la partie civile qui faisaient valoir que l'exception de copie de sauvegarde prévue par l'article L. 122-6-1 du Code de la propriété intellectuelle, en ce qu'elle constitue une dérogation au monopole de l'auteur sur son œuvre, suppose pour pouvoir être retenue que celui qui en invoque le bénéfice rapporte la preuve que la source de la copie est licite (■ Cass. crim., 13 mai 2014, n° 13-84.088 : *RIDA* 4/2014, 459 ; *Comm. com. électr.* 2014, 61, note Caron ; *Propr. intell.* 2014, 279, obs. A. Lucas).

Art. L. 122-6-2 *(L. n° 94-361, 10 mai 1994).* – **Toute publicité ou notice d'utilisation relative aux moyens permettant la suppression ou la neutralisation de tout dispositif technique protégeant un logiciel doit mentionner que l'utilisation illicite de ces moyens est passible des sanctions prévues en cas de contrefaçon.**

Un décret en Conseil d'État fixera les conditions d'application du présent article.

Copie de sauvegarde. Dès lors qu'il a reçu du vendeur une copie de sauvegarde, fût-elle unique et protégée contre les reproductions, l'acheteur est rempli de ses droits au regard de l'article 47 de la loi du 3 juillet 1985 (CPI, art. L. 122-6), d'où il suit qu'est illicite la vente à cet acquéreur de procédés lui permettant d'établir lui-même, en plus grand nombre, des copies du logiciel original, lesquelles ne comporteraient pas le système de protection dont celui-ci est doté (■ Cass. com., 22 mai 1991 : *JCP* 92, II, 21792, note J. Huet).

Art. L. 122-7. – **Le droit de représentation et le droit de reproduction sont cessibles à titre gratuit ou à titre onéreux.**

La cession du droit de représentation n'emporte pas celle du droit de reproduction.

La cession du droit de reproduction n'emporte pas celle du droit de représentation.

Lorsqu'un contrat comporte cession totale de l'un des deux droits visés au présent article, la portée en est limitée aux modes d'exploitation prévus au contrat.

Sur l'interprétation restrictive des cessions, V. CPI, art. L. 131-3, p. 2483.

Art. L. 122-7-1 *(L. n° 2006-961, 1er août 2006).* – **L'auteur est libre de mettre ses œuvres gratuitement à la disposition du public, sous réserve des droits des éventuels coauteurs et de ceux des tiers ainsi que dans le respect des conventions qu'il a conclues.**

Art. L. 122-8 *(Rempl., L. n° 2006-961, 1er août 2006 ; mod., Ord. n° 2016-1823, 22 déc. 2016).* – **Les auteurs d'œuvres originales graphiques et plastiques ressortissants d'un État membre de la Communauté européenne ou d'un État partie à l'accord sur l'Espace économique européen bénéficient d'un droit de suite, qui est un droit inaliénable de participation au produit de toute vente d'une œuvre après la première cession opérée par l'auteur ou par ses ayants droit, lorsque intervient en tant que vendeur, acheteur ou intermédiaire un professionnel du marché de l'art. Par dérogation, ce droit ne s'applique pas lorsque le vendeur a acquis l'œuvre directement de l'auteur moins de trois ans avant cette vente et que le prix de vente ne dépasse pas 10 000 €.**

On entend par œuvres originales au sens du présent article les œuvres créées par l'artiste lui-même et les exemplaires exécutés en quantité limitée par l'artiste lui-même ou sous sa responsabilité.

Le droit de suite est à la charge du vendeur. La responsabilité de son paiement incombe au professionnel intervenant dans la vente et, si la cession s'opère entre deux professionnels, au vendeur.

Les professionnels du marché de l'art visés au premier alinéa doivent délivrer à l'auteur ou à un organisme de gestion collective du droit de suite toute information nécessaire à la liquidation des sommes dues au titre du droit de suite pendant une période de trois ans à compter de la vente.

Les auteurs non ressortissants d'un État membre de la Communauté européenne ou d'un État partie à l'accord sur l'Espace économique européen et leurs ayants droit sont admis au bénéfice de la protection prévue au présent article si la législation de l'État dont ils sont ressortissants admet la protection du droit de suite des auteurs des États membres et de leurs ayants droit.

Un décret en Conseil d'État précise les conditions d'application du présent article et notamment le montant et les modalités de calcul du droit à percevoir, ainsi que le prix de vente au-dessus duquel les ventes sont soumises à ce droit. Il précise également les conditions dans lesquelles les auteurs non ressortissants d'un État membre de la Communauté européenne ou d'un État partie à l'accord sur l'Espace économique européen qui ont leur résidence habituelle en France et ont participé à la vie de l'art en France pendant au moins cinq ans peuvent demander à bénéficier de la protection prévue au présent article.

V. décret n° 2007-756 du 9 mai 2007.

1) Nombre d'originaux. Même s'il est vrai que le modèle en plâtre ou en terre cuite est seul réalisé par le sculpteur personnellement, les épreuves en bronze en tirage limité coulées à partir de ce modèle, dont elles tiennent entièrement leur originalité, n'en doivent pas moins être considérées comme l'œuvre elle-même émanant de la main de l'artiste, de sorte que le droit de suite peut trouver à s'exercer même si le tirage d'épreuves en bronze est postérieur au décès du sculpteur (▪ Cass. 1re civ., 18 mars 1986 : *Bull. civ.* I, n° 71 ; *JCP* 87, II, 20723, concl. Gulphe. Comp., sur renvoi, ▪ Orléans, 8 févr. 1991 : *RIDA* 1/1991, 333, note Gaudel, et, sur nouveau pourvoi, ▪ Cass. 1re civ., 5 nov. 1991 : *RIDA* 3/ 1992, 160 ; *Bull. civ.* I, n° 303).

2) Objet réalisé sous le contrôle de l'artiste. Constitue, en vue de l'exercice du droit de suite, un exemplaire original d'une œuvre d'art graphique ou plastique, l'objet qui peut être considéré comme émanant de la main de l'artiste ou qui a été réalisé selon ses instructions et sous son contrôle, de telle sorte que, dans son exécution même, ce support matériel de l'œuvre porte la marque de la personnalité de son créateur et qu'il se distingue par là d'une simple reproduction (▪ Cass. 1re civ., 13 oct. 1993 : *D.* 1994, 138, note Edelman).

3) Exclusion des légataires sous l'empire du droit antérieur à la loi du 7 juillet 2016. Sur ce que la directive du 27 septembre 2001 laisse les États membres libres d'identifier les bénéficiaires du droit de suite après le décès de l'auteur, V. ▪ CJUE, 15 avr. 2010, C-518/08, *VEGAP c/ ADAGP et a.* : *Propr. intell.* 2010, 862, obs. A. Lucas et 865, obs. Benabou. V. aussi, dans cette affaire, appliquant la loi espagnole, qui ne comporte pas une telle exclusion, ▪ TGI Paris, 8 juill. 2011 : *Propr. intell.* 2011, 403, obs. A. Lucas.

4) Paiement à la charge du vendeur. Clause contraire. L'article 1er.4 de la directive de 2001 sur le droit de suite ne s'oppose pas à ce que la personne redevable de ce droit puisse conclure avec l'acheteur un arrangement prévoyant qu'il en supportera définitivement le coût (▪ CJUE, 26 févr. 2015, C-41/14 : *Comm. com. électr.* 2015, 29, obs. Caron ; *Propr. intell.* 2015, 206, obs. Bruguière). Viole l'article L. 122-8, alinéa 3, du Code de la propriété intellectuelle la cour d'appel qui, pour déclarer nulle et de nul effet la clause mettant le paiement du droit de suite à la charge de l'acquéreur, énonce que le texte, fondé sur un ordre public économique de direction, revêt un caractère impératif imposant que la charge définitive du droit de suite incombe exclusivement au vendeur (▪ Cass. ass. plén., 9 nov. 2018, n° 17-16.335 : *JurisData* n° 2018-019680 ; *Propr. intell.* 2019, n° 70, p. 26, obs. A. Lucas).

5) Inaliénabilité du droit de suite. Pour la nullité d'une clause, insérée dans un contrat de cession des droits patrimoniaux d'un photographe, prévoyant la cession du droit de suite, V. ▪ Cass. 1re civ., 9 avr. 2014, n° 12-21.675.

Art. L. 122-9. – **En cas d'abus notoire dans l'usage ou le non-usage des droits d'exploitation de la part des représentants de l'auteur décédé visés à l'article L. 121-2, le tribunal de grande instance peut ordonner toute mesure appropriée. Il en est de même s'il y a conflit entre lesdits représentants, s'il n'y a pas d'ayant droit connu ou en cas de vacance ou de déshérence.**

Le tribunal peut être saisi notamment par le ministre chargé de la culture.

1) Pour une application, V. ▪ Cass. 1re civ., 28 févr. 1989 : *D.* 1989, 557, note Durrande ; *RIDA* 3/1989, 257, note Françon, et, sur renvoi, ▪ Rennes, 16 nov. 1990 : *JCP* 91, II, 21775, note Hovasse-Banget ; *RIDA* 2/1991, 168. Pour un refus d'application dans le cas d'un conflit entre les titulaires indivis *post mortem* du droit de reproduction sur des œuvres graphiques, en désaccord sur l'opportunité de réaliser des fontes posthumes, V. ▪ Paris, 11 janv. 2013 : *Comm. com. électr.* 2013, 41, note Caron ; *Propr. intell.* 2013, 195, obs. A. Lucas.

2) Différend entre les ayants droit de coauteurs. L'article L. 122-9 ne vise que les conflits entre les représentants d'un auteur décédé, et est donc inapplicable lorsque le différend oppose les ayants droit d'un des coauteurs de l'œuvre audiovisuelle aux ayants droit d'autres coauteurs de la même œuvre (▪ Paris, 16 mai 2014 : *Propr. intell.* 2014, 386, obs. A. Lucas, pourvoi rejeté par ▪ Cass. 1re civ., 17 déc. 2015, n° 14-22.944).

Art. L. 122-10 *(L. n° 95-4, 3 janv. 1995 ; mod., Ord. n° 2016-1823, 22 déc. 2016).* – **La publication d'une œuvre emporte cession du droit de reproduction par reprographie à un organisme de gestion collective régi par le titre II du livre III et agréé à cet effet par le ministre chargé de la culture. Les organismes agréés peuvent seuls conclure toute convention avec les utilisateurs aux fins de gestion du droit ainsi cédé, sous réserve, pour les stipulations autorisant les copies aux fins de vente, de location, de publicité ou de promotion, de l'accord de l'auteur ou de ses ayants droit. À défaut de désignation par l'auteur ou son ayant droit à la date de la publication de l'œuvre, un des organismes agréés est réputé cessionnaire de ce droit.**

La reprographie s'entend de la reproduction sous forme de copie sur papier ou support assimilé par une technique photographique ou d'effet équivalent permettant une lecture directe.

Les dispositions du premier alinéa ne font pas obstacle au droit de l'auteur ou de ses ayants droit de réaliser des copies aux fins de vente, de location, de publicité ou de promotion.

Nonobstant toute stipulation contraire, les dispositions du présent article s'appliquent à toutes les œuvres protégées quelle que soit la date de leur publication.

Utilisation commerciale des photocopies. Après avoir énoncé à bon droit que si l'article L. 122-10 du Code de la propriété intellectuelle instaure la cession légale du droit de reproduction par reprographie au bénéfice d'une société collective agréée pouvant seule conclure toute convention avec les utilisateurs à des fins de gestion du droit ainsi cédé, ce même texte, en réservant pour les stipulations autorisant les copies aux fins de vente, de location, de publicité ou de promotion, l'accord de l'auteur ou de ses ayants droit, exclut du périmètre de la cession légale toute utilisation à des fins commerciales desdites copies, la cour d'appel, par une exacte application de ce texte et sans dénaturer les écritures de la société Inist a exactement jugé qu'en reproduisant et en offrant à la vente les œuvres de M. X... et en permettant cette exploitation sans avoir recueilli l'accord de ce dernier ou de ses ayants droit, les sociétés Inist diffusion et le CFC ont porté atteinte à ses droits patrimoniaux (■ Cass. 1re civ., 11 déc. 2013 : *Comm. com. électr.* 2014, 15, note Caron ; *Propr. intell.* 2014, 73, obs. A. Lucas).

Art. L. 122-11 *(L. n° 95-4, 3 janv. 1995).* **– Les conventions mentionnées à l'article L. 122-10 peuvent prévoir une rémunération forfaitaire dans les cas définis aux 1° à 3° de l'article L. 131-4.**

Art. L. 122-12 *(L. n° 95-4, 3 janv. 1995 ; mod., Ord. n° 2016-1823, 22 déc. 2016).* **– L'agrément des organismes mentionnés au premier alinéa de l'article L. 122-10 est délivré en considération :**

– de la diversité des membres ;

– de la qualification professionnelle des dirigeants ;

– des moyens humains et matériels qu'ils proposent de mettre en œuvre pour assurer la gestion du droit de reproduction par reprographie ;

– du caractère équitable des modalités prévues pour la répartition des sommes perçues.

Un décret en Conseil d'État fixe les modalités de la délivrance et du retrait de cet agrément ainsi que du choix des organismes cessionnaires en application de la dernière phrase du premier alinéa de l'article L. 122-10. (1).

CHAPITRE III. – DURÉE DE LA PROTECTION

Art. L. 123-1 *(Mod., L. n° 97-283, 27 mars 1997).* **– L'auteur jouit, sa vie durant, du droit exclusif d'exploiter son œuvre sous quelque forme que ce soit et d'en tirer un profit pécuniaire.**

Au décès de l'auteur, ce droit persiste au bénéfice de ses ayants droit pendant l'année civile en cours et les soixante-dix années qui suivent.

Art. L. 123-2 *(Mod., L. n° 97-283, 27 mars 1997).* **– Pour les œuvres de collaboration, l'année civile prise en considération est celle de la mort du dernier vivant des collaborateurs.**

Pour les œuvres audiovisuelles, l'année civile prise en considération est celle de la mort du dernier vivant des collaborateurs suivants : l'auteur du scénario, l'auteur du texte parlé, l'auteur des compositions musicales avec ou sans paroles spécialement réalisées pour l'œuvre, le réalisateur principal.

Art. L. 123-3 *(L. n° 97-283, 27 mars 1997).* **– Pour les œuvres pseudonymes anonymes ou collectives, la durée du droit exclusif est de soixante-dix années à compter du 1er janvier de l'année civile suivant celle où l'œuvre a été publiée. La date de publication est déterminée par tout mode de preuve de droit commun, et notamment par le dépôt légal.**

Au cas où une œuvre pseudonyme, anonyme ou collective est publiée de manière échelonnée, le délai court à *compter du 1er janvier de l'année civile qui suit* **la date à laquelle chaque élément a été publié.**

Lorsque le ou les auteurs d'œuvres anonymes ou pseudonymes se sont fait connaître, la durée du droit exclusif est celle prévue aux articles L. 123-1 ou L. 123-2.

Les dispositions du premier et du deuxième alinéas ne sont applicables qu'aux œuvres pseudonymes, anonymes ou collectives publiées pendant les soixante-dix années suivant l'année de leur création.

Toutefois, lorsqu'une œuvre pseudonyme, anonyme ou collective est divulguée à l'expiration de la période mentionnée à l'alinéa précédent, son propriétaire, par succession ou à d'autres titres, qui en effectue ou fait effectuer la publication jouit d'un droit exclusif de vingt-cinq années à compter du 1er janvier de l'année civile suivant celle de la publication.

(1) V. CPI, art. R. 322-1.

Art. L. 123-4 *(Mod., L. n° 97-283, 27 mars 1997).* **– Pour les œuvres posthumes, la durée du droit exclusif est celle prévue à l'article L. 123-1. Pour les œuvres posthumes divulguées après l'expiration de cette période, la durée du droit exclusif est de vingt-cinq années à compter du 1er janvier de l'année civile suivant celle de la publication.**

Le droit d'exploitation des œuvres posthumes appartient aux ayants droit de l'auteur si l'œuvre est divulguée au cours de la période prévue à l'article L. 123-1.

Si la divulgation est effectuée à l'expiration de cette période, il appartient aux propriétaires, par succession ou à d'autres titres, de l'œuvre, qui effectuent ou font effectuer la publication.

Les œuvres posthumes doivent faire l'objet d'une publication séparée, sauf dans le cas où elles ne constituent qu'un fragment d'une œuvre précédemment publiée. Elles ne peuvent être jointes à des œuvres du même auteur précédemment publiées que si les ayants droit de l'auteur jouissent encore sur celles-ci du droit d'exploitation.

1) **Prorogations de guerre.** Sur l'application de la prorogation de guerre résultant de la loi du 3 févr. 1919 à une œuvre posthume, V. ▪ Paris, 10 mars 1970 : *RTD com.* 1971, 100, obs. Desbois.

2) **Droit du détenteur de copies.** Le droit de publication posthume ne peut être invoqué par les détenteurs de simples copies établies et remises sans intention de transmettre le droit d'exploitation virtuellement attaché à la propriété des supports matériels originaux (▪ Cass. 1re civ., 9 nov. 1993 : *Bull. civ.* I, n° 319 ; *D.* 1994, 155, note Françon ; *RIDA* 1/1994, 322, concl. Le Foyer de Costil et note Gautier).

3) **Notion de divulgation.** Si la volonté de Jean-Philippe Rameau de divulguer son dernier opéra *Les Boréades* apparaît certaine du fait des répétitions nombreuses de celui-ci, il n'endemeure pas moins que cette œuvre ne peut pas être considérée comme divulguée dès lors qu'elle n'a pas été communiquée au public faute de représentation ou d'édition (▪ TGI Paris, 12 sept. 2007 : *RIDA* 4/2007, 359).

4) **Œuvres pariétales découvertes dans la Grotte Chauvet.** Les œuvres pariétales ornant la grotte Chauvet peuvent être considérées comme ayant été divulguées il y a plusieurs milliers d'années, ce qui exclut que les personnes les ayant découvertes puissent être investies du droit de publication posthume prévu par l'article L. 123-4 (▪ Cass. 1re civ., 30 nov. 2016, n° 15-17.301 : *Comm. com. électr.* 2017, comm. 11, note Caron ; *Dalloz IP/IT* 2017, 112, obs. Daleau ; *Propr. intell.* 2017, n° 63,44, obs. A. Lucas).

Art. L. 123-5 *(Abr., L. n° 94-361, 10 mai 1994).*

Art. L. 123-6 *(Mod., L. n° 2006-728, 23 juin 2006).* **– Pendant la période prévue à l'article L. 123-1, le conjoint survivant, contre lequel n'existe pas un jugement passé en force de chose jugée de séparation de corps, bénéficie, quel que soit le régime matrimonial et indépendamment des droits qu'il tient des articles 756 à 757-3 et 764 à 766 du Code civil sur les autres biens de la succession, de l'usufruit du droit d'exploitation dont l'auteur n'aura pas disposé. Toutefois, si l'auteur laisse des héritiers à réserve, cet usufruit est réduit au profit des héritiers, suivant les proportions et distinctions établies par l'article 913 du Code civil.**

Ce droit s'éteint au cas où le conjoint contracte un nouveau mariage.

1) **Contribution au passif successoral.** Si les droits conférés à la veuve d'un auteur sont indépendants de son régime matrimonial et peuvent s'exercer concurremment avec ses droits successoraux, ils ont pour corollaire nécessaire l'obligation de payer, dans la mesure et en proportion de l'émolument qu'ils procurent, les dettes contractées par l'auteur défunt (▪ T. civ. Seine, 28 févr. 1900 : *DP* 1903, 2, 489, note Boistel).

2) ***Pouvoirs de l'usufruitier.*** La fille de l'auteur qui prétend que sa mère usufruitière des droits d'auteur aurait agi sans droit en consentant à un acte affectant au-delà de l'usufruit la nue-propriété des droits d'auteur ne peut qu'exercer l'action en nullité relative prévue à l'article 1304 (▪ Paris, 19 sept. 1997 : *D.* 1999, somm. 66, obs. Colombet). Jugé que l'usufruitier peut tirer des originaux en bronze et les vendre sans l'autorisation des nus-propriétaires (▪ Paris, 27 sept. 2017 : *Propr. intell.* 2018, n° 67, p. 44, obs. Bruguière ; *RTD com.* 2018, p. 338, obs. Pollaud-Dulian).

3) **Conjoint survivant donataire de l'usufruit de la totalité des biens de la succession. Réduction (non).** Lorsque, en application de l'article 1094-1 du Code civil, le conjoint survivant est donataire de l'usufruit de la totalité des biens de la succession, l'usufruit du droit d'exploitation dont il bénéficie en application de l'article L. 123-6 du Code de la propriété intellectuelle n'est pas réductible (▪ Cass. 1re civ., 8 juill. 2015, n° 14-18.850 : *Propr. intell.* 2015, 416, obs. A. Lucas).

Art. L. 123-7 *(Rempl., L. n° 2016-925, 7 juill. 2016 ; mod., Ord. n° 2016-1823, 22 déc. 2016).* **– I. - Après le décès de l'auteur, le droit de suite mentionné à l'article L. 122-8 subsiste au profit de ses héritiers et, pour l'usufruit prévu à l'article L. 123-6, de son conjoint, pendant l'année civile en cours et les soixante-dix années suivantes.**

Sous réserve des droits des descendants et du conjoint survivant non divorcé, l'auteur peut transmettre le droit de suite par legs.

En l'absence d'héritier et de legs du droit de suite, ce dernier revient au légataire universel ou, à défaut, au détenteur du droit moral.

II. - En l'absence d'ayant droit connu, ou en cas de vacance ou de déshérence, le tribunal de grande instance peut confier le bénéfice du droit de suite à un organisme de gestion collective régi par le titre II du livre III de la présente partie, agréé à cet effet par arrêté du ministre chargé de la culture. Le tribunal peut être saisi par le ministre chargé de la culture ou par l'organisme agréé.

Les sommes perçues par la société agréée sont affectées à la prise en charge d'une fraction des cotisations dues par les auteurs des arts graphiques et plastiques au titre de la retraite complémentaire.

La gestion du droit de suite prévue au premier alinéa du présent II prend fin lorsqu'un ayant droit justifiant de sa qualité se fait connaître auprès de l'organisme agréé.

III. - L'agrément des organismes prévu au II est délivré en considération :

1° De la diversité des membres ;

2° De la qualification professionnelle des dirigeants ;

3° De l'importance de leur répertoire et de la représentation des auteurs d'œuvres originales graphiques et plastiques bénéficiaires du droit de suite, au sens de l'article L. 122-8, au sein des organes dirigeants ;

4° Des moyens humains et matériels qu'ils proposent de mettre en œuvre pour permettre la prise en charge du droit de suite prévue au deuxième alinéa du II du présent article.

IV. - Les modalités d'application du présent article, notamment de la délivrance et du retrait de l'agrément prévu au II, sont précisées par décret en Conseil d'État.

1) Deuxième génération. Le droit de suite se transmet aux héritiers de l'auteur, et, après eux, à leurs propres héritiers, de sorte que les seuls titulaires de ce droit sont les personnes qui se rattachent à l'artiste par une suite de dévolutions légales. L'art. 42 de la loi de 1957 (CPI, art. L. 122-8) n'établit aucune distinction entre les héritiers de l'auteur et les héritiers subséquents (■ Cass. 1re civ., 11 janv. 1989 : *JCP* 89, II, 21378, 2e esp., note A. Lucas ; *D.* 1989, 308, 2e esp., note Edelman).

2) Exclusion des légataires. Jugé, sous l'empire du droit antérieur à la loi du 7 juillet 2016, qu'en réservant le bénéfice du droit de suite *post mortem* aux héritiers de l'auteur, à l'exclusion des légataires, l'article L. 123-7 a pour objet de conforter la protection de l'artiste et de l'étendre à sa famille après son décès, en sorte que la différence de traitement instaurée entre héritiers et légataires est en rapport direct avec l'objectif poursuivi par la loi (■ Cons. const., 28 sept. 2012, déc. n° 2012-276 QPC : *LEPI* 2012, 177, obs. Lebois).

Art. L. 123-8. – Les droits accordés par la loi du 14 juillet 1866 sur les droits des héritiers et des ayants cause des auteurs aux héritiers et autres ayants cause des auteurs, compositeurs ou artistes sont prorogés d'un temps égal à celui qui s'est écoulé entre le 2 août 1914 et la fin de l'année suivant le jour de la signature du traité de paix pour toutes les œuvres publiées avant cette dernière date et non tombées dans le domaine public le 3 février 1919.

Art. L. 123-9. – Les droits accordés par la loi du 14 juillet 1866 précitée et l'article L. 123-8 aux héritiers et ayants cause des auteurs, compositeurs ou artistes sont prorogés d'un temps égal à celui qui s'est écoulé entre le 3 septembre 1939 et le 1er janvier 1948, pour toutes les œuvres publiées avant cette date et non tombées dans le domaine public à la date du 13 août 1941.

Bibliographie : S. Durrande, *Brèves observations sur les prorogations de guerre après la loi du 27 mars 1997 : D.* 1998, chron. 417. • F. Pollaud-Dulian, *La durée du droit d'auteur : RIDA* 2/1998, 83.

1) Cessionnaire. Le bénéfice de la prorogation résultant de la loi du 21 sept. 1951 (C. propr. intell., art. L. 123-9) ne saurait être refusé à une société titulaire des droits de propriété artistique sur un modèle de flacon de parfum, au motif qu'elle les avait acquis d'une personne physique sous le nom de qui l'œuvre collective dont il s'agit avait été divulguée et que, seulement investie des droits de l'auteur, elle n'était pas elle-même l'auteur de cette œuvre, alors que les droits patrimoniaux avaient été transmis par cession et que ce sont bien ces droits qui ont été prorogés (▪ Cass. 1re civ., 15 avr. 1986 : *RIDA* 4/1986, 146).

2) **Auteurs étrangers.** Sur l'application des prorogations de guerre aux auteurs étrangers, V. ▪ TGI Paris, 9 déc. 1992 : *RIDA* 4/1993, 279, note Françon.

3) **Harmonisation communautaire.** Les dispositions du Code de la propriété intellectuelle relatives à la durée doivent s'interpréter « à la lumière » de la directive de 1993. Celle-ci vise à obtenir que les durées de protection soient identiques dans tous les États membres, tout en garantissant le respect des droits acquis, pour éviter que l'harmonisation ait pour effet de diminuer la durée de protection dont bénéficiaient auparavant les ayants droit dans la Communauté européenne. Il en résulte que la période de 70 ans retenue pour harmoniser la durée de protection des droits d'auteur au sein de la Communauté européenne couvre les prolongations pour fait de guerre accordées par certains États membres, hormis les cas où, au 1er juillet 1995, une période de protection plus longue avait, dans ces pays, commencé à courir, laquelle est alors seule applicable. Tel n'est pas le cas pour les œuvres de Claude Monet. En effet, si la loi de 1997 a rappelé ces œuvres à la protection, « elle n'a pu avoir pour effet de les protéger au-delà de la période d'harmonisation de 70 ans, dès lors qu'au 1er juillet 1995, les ayants droit de l'artiste ne pouvaient se prévaloir, en France, d'une durée de protection plus longue » (▪ Cass. 1re civ., 27 févr. 2007 : *JCP G* 2007, II, 10057, note Caron, 1re esp. ; *Propr. intell.* 2007, 212, obs. A. Lucas).

Art. L. 123-10. – **Les droits mentionnés à l'article précédent sont prorogés, en outre, d'une durée de trente ans lorsque l'auteur, le compositeur ou l'artiste est mort pour la France, ainsi qu'il résulte de l'acte de décès.**

Au cas où l'acte de décès ne doit être ni dressé ni transcrit en France, un arrêté du ministre chargé de la culture peut étendre aux héritiers ou autres ayants cause du défunt le bénéfice de la prorogation supplémentaire de trente ans ; cet arrêté, pris après avis des autorités visées à l'article 1er de l'ordonnance n° 45-2717 du 2 novembre 1945, ne pourra intervenir que dans les cas où la mention « Mort pour la France » aurait dû figurer sur l'acte de décès si celui-ci avait été dressé en France.

Art. L. 123-11. – **Lorsque les droits prorogés par l'effet de l'article L. 123-10 ont été cédés à titre onéreux, les cédants ou leurs ayants droit pourront, dans un délai de trois ans à compter du 25 septembre 1951, demander au cessionnaire ou à ses ayants droit une révision des conditions de la cession en compensation des avantages résultant de la prorogation.**

Art. L. 123-12 *(L. n° 97-283, 27 mars 1997)*. – **Lorsque le pays d'origine de l'œuvre, au sens de l'Acte de Paris de la convention de Berne, est un pays tiers à la Communauté européenne et que l'auteur n'est pas un ressortissant d'un État membre de la Communauté, la durée de protection est celle accordée dans le pays d'origine de l'œuvre, sans que cette durée puisse excéder celle prévue à l'article L. 123-1.**

TITRE III. – EXPLOITATION DES DROITS

CHAPITRE I. – DISPOSITIONS GÉNÉRALES

Art. L. 131-1. – **La cession globale des œuvres futures est nulle.**

1) **Sous-cessions.** L'article 33 de la loi du 11 mars 1957 (CPI, art. L. 131-1) ne fait aucune distinction entre les œuvres dont le cédant est l'auteur et celles qu'il a lui-même acquises de leurs créateurs (▪ Paris, 6 mai 1980 : *RIDA* 1/1981, 157; *RTD com.* 1980, 551, obs. Françon).

2) ***Œuvres d'art.*** *La cession de ses œuvres* futures par un peintre est licite dès lors qu'elle est limitée dans le temps et qu'elle ne s'accompagne pas d'exigences incompatibles avec le droit moral de l'artiste (▪ Cass. 1re civ., 19 janv. 1970 : *D.* 1970, 483. – V. en ce sens ▪ Nîmes, 4 juill. 1966 : *JCP* 67, II, 14961, concl. Champeil. – Pour un exemple de cession portant atteinte à la personnalité de l'artiste, V. ▪ Paris, 15 nov. 1966 : *Gaz. Pal.* 1967, 1, 17, note Sarraute).

3) **Œuvres livrables par épisodes.** La prohibition n'est pas applicable si la cession porte sur des histoires ayant le même personnage principal et si l'auteur peut cesser sa collaboration au journal qui publie ses histoires à la condition de livrer jusqu'à sa fin l'épisode en cours (▪ Cass. 1re civ., 6 nov. 1979 : *D.* 1980, inf. rap. 207).

4) **Publicité. Cession automatique des droits à l'annonceur.** Ni la prévision d'une ces-

sion automatique des droits de propriété littéraire et artistique au fur et à mesure de l'exploitation ou du règlement éventuels des travaux, ni celle du transfert des seuls « engagements en cours » à un agent successeur, en particulier relativement à la recherche et à l'utilisation des espaces publicitaires, ne sont constitutives de la cession globale d'œuvres futures interdite par la loi (■ Cass. 1re civ., 4 févr. 1986 : *Bull. civ.* I, n° 12 ; *JCP* 87, I, 3312, n° 26, obs. Edelman, et II, 20872, note Plaisant).

5) L'accord de collaboration rédactionnelle par lequel un auteur est chargé de réécrire des ouvrages indéterminés s'analyse en une cession globale d'œuvres futures (■ Paris, 10 juin 1986 : *RIDA* 3/ 1987, 193).

Art. L. 131-2 ***(Mod. à compter du 1er octobre 2016, Ord. n° 2016-131, 10 févr. 2016*** **(1)** ***; mod., L. n° 2016-925, 7 juill. 2016).*** **– Les contrats de représentation, d'édition et de production audiovisuelle définis au présent titre doivent être constatés par écrit. Il en est de même des autorisations gratuites d'exécution.**

Les contrats par lesquels sont transmis des droits d'auteur doivent être constatés par écrit.

Dans tous les autres cas, les dispositions des articles 1359 à 1362 du Code civil sont applicables.

1) Sanction de l'exigence d'un écrit. L'écrit visé par l'article 31, al. 1er, de la loi de 1957 (CPI, art. L. 131-2, al. 1er) n'est pas requis pour la validité du contrat, mais seulement pour sa preuve, ce qui rend applicable l'article 109 du Code de commerce, et l'auteur peut donc prouver par tous moyens contre l'éditeur commerçant (■ Cass. 1re civ., 12 avr. 1976 : *D.* 1976, inf. rap. 195).

2) Contenu de l'écrit. La preuve de l'existence d'un contrat de cession de droit d'auteur ne peut résulter d'une lettre, dont le paragraphe principal est rédigé au conditionnel, qui constitue une simple offre de services d'un agent de publicité (■ Paris, 2 mai 1975 : *JCP* 79, II, 19110, 1er arrêt, note Leduc). Sur le pouvoir d'interprétation des juges du fond en cas d'ambiguïté des documents échangés entre l'auteur et l'éditeur, V. ■ Cass. 1re civ., 18 févr. 1986 : *D.* 1987, somm. 157, obs. Colombet. Une lettre ne comportant pas de délimitation du droit de reproduction cédé quant à son étendue, sa destination, son lieu et sa durée ne répond pas aux prescriptions légales (■ Paris, 25 févr. 1983 : *Gaz. Pal.* 1983, 2, somm. 346. – V. en ce sens ■ Paris, 28 nov. 1984 : *D.* 1985, inf. rap. 316, obs. Colombet. V. aussi art. L. 131-3).

Art. L. 131-3. – La transmission des droits de l'auteur est subordonnée à la condition que chacun des droits cédés fasse l'objet d'une mention distincte dans l'acte de cession et que le domaine d'exploitation des droits cédés soit délimité quant à son étendue et à sa destination, quant au lieu et quant à la durée.

Lorsque des circonstances spéciales l'exigent, le contrat peut être valablement conclu par échange de télégrammes, à condition que le domaine d'exploitation des droits cédés soit délimité conformément aux termes du premier alinéa du présent article.

Les cessions portant sur les droits d'adaptation audiovisuelle doivent faire l'objet d'un contrat écrit sur un document distinct du contrat relatif à l'édition proprement dite de l'œuvre imprimée.

Le bénéficiaire de la cession s'engage par ce contrat à rechercher une exploitation du droit cédé conformément aux usages de la profession et à verser à l'auteur, en cas d'adaptation, une rémunération proportionnelle aux recettes perçues.

1) Nécessité d'un acte de cession comportant les mentions légales. Il importe peu que l'auteur ait accepté « le principe de la reproduction » de ses œuvres et perçu un pourcentage sur certaines ventes dès lors qu'il n'existe aucun contrat de cession respectant le formalisme de l'article L. 131-3 (■ Cass. 1re civ., 28 nov. 2000 : *JurisData* n° 2000-007094 ; *JCP* 2001, IV, 1145 ; *Bull. civ.* I, n° 308 ; *RIDA* 2/2001, 315. V. aussi sur le principe du formalisme ■ Cass. 1re civ., 4 oct. 2017, n° 16-10.411 : *Comm. com. électr.* 2017, 95, note Caron ; *Propr. intell.* janv. 2018, 55, obs. Bernault). La cession des droits d'exploitation et d'adaptation de logiciels ne peut se déduire de présomptions (■ Cass. 1re civ., 1er déc. 1999 : RIDA 3/2000, 397 ; *Comm. com. électr.* 2000, 55, note Galloux ; *RTD com.* 2000, 364, obs. Françon). Mais le formalisme de l'article L. 131-3 est respecté dès lors qu'un contrat-cadre prévoit le principe de la cession du droit de représentation sous la forme de spectacle vivant et l'engagement de l'auteur de conclure un contrat particulier à cet effet par l'intermédiaire de

(1) Les contrats conclus avant le 1er octobre 2016 demeurent soumis à la loi ancienne. Lorsqu'une instance a été introduite avant cette même date, l'action est poursuivie et jugée conformément à la loi ancienne. Cette loi s'applique également en appel et en cassation, *Ord. n° 2016-131, 10 févr. 2016, art. 9.*

la SACD, et que ce contrat particulier précise l'étendue et la durée de la cession, ainsi que la rémunération de l'auteur (■ Cass. 1re civ., 25 janv. 2000 : *RIDA* 4/2000, 267).

2) Reproduction graphique et phonographique. Cession globale. La loi n'interdit pas aux parties de stipuler la cession du droit de reproduire l'œuvre par procédé graphique aussi bien que par enregistrement sur disques et de prévoir une redevance globale s'appliquant à l'ensemble de cette cession (■ Cass. 1re civ., 4 janv. 1983 : *Bull. civ.* I, n° 6 ; *RIDA* 4/1983, 241).

3) Cession à titre gratuit. Une cession à titre gratuit doit respecter le formalisme des cessions de droit d'auteur, ■ Paris, 1er juill. 1998 : *D.* 1998, inf. rap. 203 ; *RIDA* 1/1999, 390, pourvoi rejeté par ■ Cass. 1re civ., 23 janv. 2001 : *JCP* 2001, IV, 1485 ; *Comm. com. électr.* 2001, 34, note Caron, qui relève cependant le caractère surabondant des motifs concernant la nature gratuite ou onéreuse de l'acte.

4) Droit de destination. L'auteur qui autorise la fabrication et la commercialisation du support matériel que constitue le disque peut limiter à l'usage privé l'audition par l'acquéreur de l'œuvre enregistrée (■ TGI Paris, réf., 31 août 1986 : *RIDA* 1/1987, 259). L'autorisation donnée par la SACEM aux exploitants de discothèques d'étendre à une destination nouvelle le domaine d'exploitation du droit de reproduction cédé au nom des auteurs légitime en contrepartie la stipulation d'une redevance complémentaire au titre du droit de reproduction mécanique (■ Cass. 1re civ., 19 avr. 1988 : *JCP* 88, II, 21120, 3e esp., note Françon). V. T. Desurmont, *Le droit de l'auteur de contrôler la destination des exemplaires sur lesquels son œuvre se trouve reproduite* : *RIDA* 4/1987, 3. Le droit de location expressément reconnu en matière de logiciels par l'article L. 122-6-3°, « qui procède de la faculté reconnue à l'auteur et à ses ayants droit de n'autoriser la reproduction de son œuvre qu'à des fins précises, constitue une prérogative du droit d'exploitation » (■ Cass. 1re civ., 27 avr. 2004 : *Comm. com. électr.* 2004, 84, note Caron ; *Propr. intell.* 2004, 770, obs. Sirinelli ; *Bull. civ.* I, n° 117 ; *RTD com.* 2004, 484, obs. Pollaud-Dulian). L'article 86 du traité CEE (art. 102 TFUE) doit être interprété en ce sens que les interdictions qu'il comporte ne s'appliquent pas au comportement d'une société nationale de gestion de droits d'auteur par le seul fait que celle-ci perçoit, en raison de l'exécution publique de supports de sons, une redevance dite droit complémentaire de reproduction mécanique, qui s'ajoute au droit de représentation, même lorsqu'un tel droit complémentaire n'est pas prévu dans l'État membre où ses supports ont été régulièrement mis sur le marché (■ CJCE, 9 avr. 1987 : *RIDA* 3/1987, 168, note Delmoly ; *JCP* 87, I, 3312, n° 32 et s., obs. Edelman).

5) Interprétation restrictive des cessions. Sur le principe de l'interprétation restrictive des cessions, V. ■ Paris, 26 mars 1992 : *D.* 1993, somm. 84, obs. Colombet. ■ Cass. 1re civ., 30 sept. 2010 : *Comm. com. électr.* 2010, 119, note Caron. ■ Cass. 1re civ., 12 juin 2012, n° 11-10.923 : *Propr. intell.* 2012, 341, 2e esp., obs. A. Lucas ; *RTD com.* 2012, 551, 4e esp., obs. Pollaud-Dulian. C'est à l'éditeur de prouver que le forfait versé à un photographe pour des photos destinées à un numéro hors-série vaut également pour une réimpression du numéro (■ Paris, 4e ch. B, 15 mai 1987 : *JurisData* n° 24511 ; *Gaz. Pal.* 1987, 2, somm. 311). Viole l'article 31, al. 3, de la loi du 11 mars 1957 (CPI, art. L. 131-3, al. 1er) la cour d'appel qui décide que des contrats comportent une cession totale et illimitée des droits de reproduction portant sur des photographies, tout en constatant que les photographies étaient destinées à illustrer le catalogue de deux années, sans que soit prévue aucune rémunération en cas d'utilisation ultérieure avec réutilisation des clichés (■ Cass. 1re civ., 13 déc. 1989 : *Bull. civ.* I, n° 391), de même que celui qui retient l'existence d'une cession automatique dans les rapports entre un annonceur et une agence de publicité, en invoquant l'existence d'usages auxquels les parties ne se sont pas référées (■ Cass. 1re civ., 17 juill. 1990 : *JCP* 90, IV, 351 ; *Bull. civ.* I, n° 203). L'arrêt qui admet la validité d'une clause de cession « tous droits compris » par une agence à un annonceur donne une portée illimitée à une clause que sa généralité rend inopérante (■ Cass. 1re civ., 9 oct. 1991 : *JCP* 91, IV, 429 ; *RIDA* 1/1992, 292 ; *Bull. civ.* I, n° 253). V. aussi ■ Cass. 1re civ., 12 juill. 2006 : *RIDA* 4/2006, 367 ; *Propr. intell.* 2006, 446, obs. A. Lucas). La généralité de la formule portant cession à un éditeur de la fabrication, publication, location, vente, licence de tous exemplaires graphiques ou mécaniques d'une œuvre musicale, « quels qu'en soient la destination, le support matériel ou la forme », la rend inopérante à inclure par elle-même l'exploitation publicitaire en plus des finalités artistiques usuelles » (■ Cass. 1re civ., 15 févr. 2005 : *Comm. com. électr.* 2005, 61, note Caron). Dès lors que l'acquéreur du logiciel voulait acquérir le droit d'usage et de reproduction du logiciel pour certains clients, les droits d'adaptation et de traduction n'étant pas cédés, les juges du fond ont pu décider que n'avait pas été cédée la pleine propriété de ce logiciel (■ Cass. com., 9 nov. 1993 : *JurisData* n° 1993-002460).

6) Droit de reproduction et droit de représentation. Le contrat d'édition, qui emporte cession du droit de reproduction, n'emporte pas cession du droit de représentation (■ TGI Nanterre, 17 juin 1992 : *RIDA* 4/1992, 180). De même, la cession du droit de reproduction d'un emblème pour la publicité sous toutes ses formes ne contient aucune cession du droit de représentation de celui-ci, même à des fins publicitaires (■ Cass. 1re civ., 18 déc. 1979 : *JCP* 80, II, 19307, concl. Gulphe. – V. aussi pour une cession consentie en vue de l'exploitation d'œuvres musicales ■ TGI Paris, 5 févr. 1992 : *RIDA* 3/1992, 205). Les juges du fond peuvent, interprétant la portée du contrat de cession, estimer que la cession du « droit d'utilisation » emporte celle du droit de reproduction (■ Cass. 1re civ., 3 juin 2015, n° 14-14.144).

7) Cession limitée à un mode d'exploitation. L'auteur peut céder à deux éditeurs ses droits sur les mêmes dessins, dès lors que les modes d'exploitation sont différents (avec et sans texte) et que les dessins eux-mêmes se présentent sous une forme différente quant au format, au contenu et au support (■ Cass. 1re civ., 3 mars 1982 : *D.* 1983, inf. rap. 98, obs. Colombet ; *Bull. civ.* I, n° 98). La cession par l'éditeur d'un disque de musique traditionnelle à l'éditeur de sa version sous forme de disque compact des droits de reproduction des enregistrements ne permet pas au cessionnaire la reproduction du commentaire apposé à l'origine sur la pochette du disque (■ Cass. 1re civ., 2 déc. 1992 : *JurisData* n° 1992-002695). Les juges du fond peuvent décider, par une interprétation souveraine du contrat relatif à l'exploitation d'un film, que le titulaire des droits n'a cédé que le droit de reproduction cinématographique et non le droit de reproduire le film sur bandes magnétiques (■ Cass. 1re civ., 29 juin 1982 : *D.* 1983, 33, note Edelman). Mais jugé que l'expression « droits d'auteur cinématographiques » doit être prise au sens large et inclut tous les modes d'exploitation du film, y compris l'exploitation vidéographique (■ Douai, 13 avr. 1992 : *RIDA* 3/1992, 186).

8) Cession limitée à une destination. Des clichés photographiques cédés en vue de l'édition de cartes postales publicitaires ne peuvent servir à illustrer des prospectus et des annonces (■ Cass. 1re civ., 4 févr. 1975 : *D.* 1975, inf. rap. 94). L'auteur qui cède le droit de reproduire son œuvre dans une affiche qui ne devait être vendue que pour la promotion du Festival du Marais ne s'est pas dépossédé de l'intégralité de ses droits patrimoniaux de reproduction et est donc fondé à s'opposer à la reproduction de son œuvre sans son autorisation par une autre société et à d'autres fins (■ Paris, 17 déc. 1986 : *RIDA* 2/1988, 152). De même, le fait que des œuvres artistiques aient été confiées par leur auteur à une galerie ne permet pas à celle-ci d'autoriser la reproduction de ces œuvres en vue de leur incorporation dans une œuvre publicitaire (■ Paris, 4e ch. B, 10 mars 1988 : *JurisData* n° 1988-020809. V. aussi ■ Cass. 1re civ., 21 nov. 1995 : *JCP* 96, IV, 77 ; *Bull. civ.* I, n° 421, reproduction dans un encart publicitaire de clichés dont la reproduction avait été autorisée sur des « posters et chemises »).

9) Jurisprudence assouplissant le formalisme. Dès lors que par une convention de louage d'ouvrage, dont l'exécution pendant quinze ans n'a donné lieu à aucune contestation, la régie Renault a confié à un auteur, moyennant rémunération de son temps de travail, la réalisation de dessins dont il savait dès l'origine qu'ils n'étaient commandés que pour être reproduits, les juges du fond peuvent décider que, dans une telle espèce, la facturation des objets livrés emporte nécessairement cession du droit de reproduction (■ Cass. 1re civ., 27 mai 1986 : *Bull. civ.* I, n° 143 ; *D.* 1987, somm. 154, obs. Colombet). Jugé aussi que le revendeur d'éléments de construction « Lego » peut, à titre de démonstration, présenter des maquettes construites selon les instructions du catalogue du fabricant sans enfreindre le droit d'auteur. Le consentement de l'auteur pour une telle reproduction résulte nécessairement des relations commerciales existant entre les parties (■ Cass. com., 1er déc. 1987 : *D.* 1987, inf. rap. 260. – Comp., déduisant la cession des droits sur des photographies d'un mandat de commercialisation, ■ Cass. 1re civ., 30 mai 2012, n° 10-17.780 : *Comm. com. électr.* 2012, 89, note Caron ; *Propr. intell.* 2012, 342, obs. Bruguière ; *RTD com.* 2012, 551, 3e esp., obs. Pollaud-Dulian), ou que les juges du fond peuvent retenir, comme résultant de la nature même de la commande adressée à un photographe, exécutée par la livraison de l'original de négatif à une agence de presse, que la convention des parties avait pour objet d'autoriser celle-ci à utiliser le cliché litigieux en le cédant à des éditeurs en vue de sa publication dans les périodiques, d'où il suit que le domaine d'exploitation des droits cédés se trouvait ainsi délimité (■ Cass. 1re civ., 27 oct. 1993 : *RIDA* 1/1994, 318. – Comp. ■ Cass. 1re civ., 14 juin 2000 : *RIDA* 1/2001, 265, relevant, à propos de l'utilisation de toiles d'un peintre dans un film publicitaire, que « les juges du second degré ont pu décider, dans les circonstances de l'espèce, que le droit de reproduction se confondait avec le droit de représentation »). La preuve d'une cession du droit de reproduction consentie dans le cadre d'un simple louage d'ouvrage peut être rapportée selon les dispositions des articles 1341 à 1348 du Code civil, et se déduire de l'existence de factures émises par l'auteur, complétée par des éléments de fait établissant la preuve de la cession des droits (■ Cass. 1re civ., 2 juill. 2014, n° 13-24.359 : *Propr. intell.* 2014, 397, obs. Bruguière).

10) Sous-cession. Les dispositions de l'article L. 131-3 du Code de la propriété intellectuelle régissent les seuls contrats consentis par l'auteur dans l'exercice de son droit d'exploitation, et non ceux que peuvent conclure les cessionnaires avec des sous-exploitants (■ Cass. 1re civ., 13 oct. 1993 : *Bull. civ.* I, n° 284 ; *D.* 1994, 166, note Gautier. V. en ce sens ■ Paris, 23 oct. 1990 : *JCP* 91, II, 21682, note A. Lucas. V. en ce sens pour l'application de l'article L. 132-31, ■ Cass. 1re civ., 8 déc. 2009 : *JCP* E 2010, 1079, note Caron ; *Comm. com. électr.* 2010, comm. 12, note Caron ; *Propr. intell.* 2010, 625, obs. A. Lucas).

11) *Nemo plus juris.* Celui qui cède plus de droits qu'il n'en a répond des contrefaçons commises par son cessionnaire dès lors que les cessions consenties par ce dernier procèdent de la cession initiale irrégulièrement consentie (■ Cass. 1re civ., 22 mars 2012, n° 11-12.966).

Art. L. 131-3-1 *(L. n° 2006-961, 1er août 2006).* **– Dans la mesure strictement nécessaire à l'accomplissement d'une mission de service public, le droit d'exploitation d'une œuvre créée par un agent de l'État dans l'exercice de ses fonctions ou d'après les instructions reçues est, dès la création, cédé de plein droit à l'État.**

Pour l'exploitation commerciale de l'œuvre mentionnée au premier alinéa, l'État ne dispose envers l'agent auteur que d'un droit de préférence. Cette disposition n'est pas applicable dans le cas d'activités de recherche scientifique d'un établissement public à caractère scientifique et technologique ou d'un établissement public à caractère scientifique, culturel et professionnel, lorsque ces activités font l'objet d'un contrat avec une personne morale de droit privé.

Art. L. 131-3-2 *(L. n° 2006-961, 1er août 2006).* **– Les dispositions de l'article L. 131-3-1 s'appliquent aux collectivités territoriales, aux établissements publics à caractère administratif, aux autorités administratives indépendantes dotées de la personnalité morale et à la Banque de France à propos des œuvres créées par leurs agents dans l'exercice de leurs fonctions ou d'après les instructions reçues.**

Art. L. 131-3-3 *(L. n° 2006-961, 1er août 2006).* **– Un décret en Conseil d'État fixe les modalités d'application des articles L. 131-3-1 et L. 131-3-2. Il définit en particulier les conditions dans lesquelles un agent, auteur d'une œuvre, peut être intéressé aux produits tirés de son exploitation quand la personne publique qui l'emploie, cessionnaire du droit d'exploitation, a retiré un avantage d'une exploitation non commerciale de cette œuvre ou d'une exploitation commerciale dans le cas prévu par la dernière phrase du dernier alinéa de l'article L. 131-3-1.**

Art. L. 131-4 *(Mod., L. n° 94-361, 10 mai 1994).* **– La cession par l'auteur de ses droits sur son œuvre peut être totale ou partielle. Elle doit comporter au profit de l'auteur la participation proportionnelle aux recettes provenant de la vente ou de l'exploitation.**

Toutefois, la rémunération de l'auteur peut être évaluée forfaitairement dans les cas suivants :

1° La base de calcul de la participation proportionnelle ne peut être pratiquement déterminée ;

2° Les moyens de contrôler l'application de la participation font défaut ;

3° Les frais des opérations de calcul et de contrôle seraient hors de proportion avec les résultats à atteindre ;

4° La nature ou les conditions de l'exploitation rendent impossible l'application de la règle de la rémunération proportionnelle, soit que la contribution de l'auteur ne constitue pas l'un des éléments essentiels de la création intellectuelle de l'œuvre, soit que l'utilisation de l'œuvre ne présente qu'un caractère accessoire par rapport à l'objet exploité ;

5° En cas de cession des droits portant sur un logiciel ;

6° Dans les autres cas prévus au présent code.

Est également licite la conversion entre les parties, à la demande de l'auteur, des droits provenant des contrats en vigueur en annuités forfaitaires pour des durées à déterminer entre les parties.

1) Droit transitoire. L'article 35 de la loi du 11 mars 1957 (CPI, art. L. 131-4) ne s'applique pas aux contrats conclus avant le 11 mars 1958 (■ Paris, 21 mars 1965 : *RTD com.* 1966, 342, obs. Desbois).

2) Absence de rémunération. La clause investissant le cessionnaire de droits d'exploitation illimités sans aucune rémunération de l'auteur est nulle comme violant l'article L. 131-4, et une telle nullité, qui affecte la définition des conditions de la cession, emporte l'annulation du contrat de cession dans son ensemble (■ Cass. 1re civ., 1er déc. 2011 : *Propr. intell.* 2012, 33, obs. Bruguière).

3) Assiette de la rémunération proportionnelle. La participation de l'auteur aux recettes doit être calculée en fonction du prix de vente au public (■ Cass. 1re civ., 9 oct. 1984 : *D.* 1985, inf. rap. 316, obs. Colombet ; *RIDA* 3/1985, 144. ■ Cass. 1re civ., 26 janv. 1994 : *Bull. civ.* I, n° 34 ; *RIDA* 3/1994, 309. ■ Cass. 1re civ., 7 juin 1995 : *JCP* 96, II, 22581, note Françon ; *D.* 1995, 494 ; *Bull. civ.* I, n° 244. ■ Cass. 1re civ., 9 janv. 1996 : *Bull. civ.* I, n° 27 ; *JCP* 96, II, 22643, note Daverat. ■ Paris, 3 déc. 1997 : *D.* 1999, somm. 66, obs. Colombet). Méconnaît l'article L. 131-4 l'arrêt qui retient que pour des traductions en langue étrangère, la rémunération proportionnelle des auteurs est basée sur la part du chiffre d'affaires, tiré de la vente au public, versée à l'éditeur français par l'utilisateur des droits à l'étranger, alors qu'une telle rémunération n'est pas directement fonction du prix de vente au public (■ Cass. 1re civ., 15 oct. 1996 : *JCP* 96, IV, 2398 ; *Bull. civ.* I, n° 356 ; *RIDA* 1/1997, 321). V. aussi A. Lucas, *L'assiette de la rémunération proportionnelle due par l'éditeur* : *D.* 1992, chron. 269. La règle s'applique à l'exploitation sous forme de vidéogrammes (■ Cass. 1re civ., 16 juill. 1998 : *RIDA* 4/1998, 241 ; *JCP* 98, IV, 3114 ; *Bull. civ.* I, n° 256). L'assiette de la rémunération proportionnelle ne comprend pas les taxes (même arrêt).

4) Usages. Sur la nullité de la clause de « droit de passe » prévoyant une déduction de 10 % pour les exemplaires dégradés, perdus ou remis gracieusement, V. ■ Cass. 1re civ., 7 juin 1995, préc. Sur la base de calcul consacrée par l'usage en matière de reproduction de documents publicitaires, V. ■ Paris, 22 oct. 1976 : *JCP* 79, II, 19110, 2e arrêt, note Leduc.

5) Contrat général de représentation. Clause forfaitaire. Le contrat général de représentation consenti par la SACEM à un entrepreneur de spectacles par lequel cet entrepreneur se voit conférer la faculté d'user ou de ne pas user de son répertoire peut donner lieu à une redevance forfaitaire calculée indépendamment de l'utilisation effective du répertoire voire en dehors de toute utilisation (■ Cass. 1re civ., 16 avr. 1985 : *Bull. civ.* I, n° 116).

6) Caractère relatif de la nullité. Les tiers au contrat de cession sont irrecevables à se prévaloir de l'inobservation des dispositions de l'article 35 (CPI, art. L. 131-4) (■ Paris 15 nov. 1990 : *RIDA* 3/1991, 213). L'action se prescrit par cinq ans (■ Cass. 1re civ., 11 févr. 1997 : *JCP* 97, IV, 755 ; *Bull. civ.* I, n° 54). Les dispositions impératives relatives à la rémunération proportionnelle des auteurs ont été prises dans le seul intérêt patrimonial des auteurs, de sorte que leur violation ne peut donner lieu qu'à une nullité relative et qu'un syndicat n'est pas recevable à agir, le litige ne tendant pas à faire trancher une question de principe touchant à l'intérêt de la profession (■ Cass. 1re civ., 21 nov. 2006 : *Propr. intell.* 2007, 94, obs. Bruguière). Sur ce que le délai de prescription quinquennale, en cas d'assiette illicite, part du jour du contrat, V. ■ Versailles, 22 juin 2000 : *JCP* E 2000, 1309 ; *D.* 2001, somm. 2634, obs. Sirinelli.

Art. L. 131-5. – **En cas de cession du droit d'exploitation, lorsque l'auteur aura subi un préjudice de plus de sept douzièmes dû à une lésion ou à une prévision insuffisante des produits de l'œuvre, il pourra provoquer la révision des conditions de prix du contrat.**

Cette demande ne pourra être formée que dans le cas où l'œuvre aura été cédée moyennant une rémunération forfaitaire.

La lésion sera appréciée en considération de l'ensemble de l'exploitation par le cessionnaire des œuvres de l'auteur qui se prétend lésé.

1) Lésion et prévision insuffisante des produits. *L'article 37 du 11 mars 1957* (CPI, art. L. 131-5) distingue expressément l'hypothèse de la lésion et celle de la prévision insuffisante des produits de l'œuvre. La lésion doit s'apprécier au moment de la conclusion du contrat et donc indépendamment du profit ultérieur du cessionnaire, par référence aux usages professionnels et en fonction des modalités d'exploitation de l'œuvre (■ Versailles, 9 juin 1986 : *D.* 1987, somm. 156, obs. Colombet ; *RIDA* 1/1987, 243).

2) Droit transitoire. L'action en révision ne peut pas être exercée pour les contrats passés avant le 11 mars 1958 (■ Cass. 1re civ., 30 oct. 1967 : *D.* 1968, somm. 25).

3) Appréciation de la lésion. La lésion prévue par l'article L. 131-5 doit s'apprécier au moment de la conclusion du contrat et elle doit s'apprécier au regard d'un « juste prix » déterminé par référence aux « usages professionnels ». S'agissant de la cession des droits sur des photographies destinées à illustrer des serveurs télématiques, consentie pour un forfait représentant le quart du barème de l'UPC (Union des photographes créateurs), cette lésion ne peut être retenue dès lors que ledit barème n'a qu'une « valeur indicative », que le demandeur ne justifie pas l'appliquer dans ses relations avec les annonceurs, et que les autres photographes ne s'y réfèrent pas davantage dans les mêmes conditions d'exploitation (▪ Paris, 4e ch., 20 déc. 2006 : *Propr. intell.* 2007, 217, obs. A. Lucas).

4) Utilisation publicitaire de l'œuvre n'engendrant aucun produit. Une musique originale ayant été commandée pour un réseau de téléphonie mobile, les juges du fond ont constaté que l'œuvre, d'une durée de quelques secondes, n'était utilisée que de façon accessoire comme identifiant et ont exactement retenu qu'une telle utilisation n'engendrait aucun produit au profit de la société, pour en déduire à bon droit que le forfait en contrepartie duquel l'œuvre avait été cédée n'était pas soumis à révision à défaut de remplir les conditions requises par l'article L. 131-5 (▪ Cass. 1re civ., 14 juin 2007 : *RIDA* 3/2007, 363 ; *Comm. com. électr.* 2007, comm. 104, note Caron ; *Propr. intell.* 2008, 119, obs. A. Lucas).

Art. L. 131-6. – **La clause d'une cession qui tend à conférer le droit d'exploiter l'œuvre sous une forme non prévisible ou non prévue à la date du contrat doit être expresse et stipuler une participation corrélative aux profits d'exploitation.**

Exploitation sur Internet. La diffusion sur Internet représente, en raison de sa « spécificité technologique », un « nouveau moyen de communication » qui doit être subordonnée à l'autorisation du titulaire du droit d'auteur, faute pour celui-ci d'avoir cédé son droit d'exploitation sous une forme non prévisible au moment du contrat, conformément aux dispositions de l'article L. 131-6 (▪ TGI Strasbourg, réf., 3 févr. 1998 : *JCP* G 98, II, 10044, note Derieux ; *JCP* E 98, 1252, obs. Bougerol et Grégoire ; *RIDA* 2/1998, 466. – V. aussi, en appel, ▪ Colmar, 15 sept. 1998 : *RIDA* 1/1999, 410, note Kérever, affirmant qu'à l'époque de la cession, en 1983, celle-ci ne pouvait porter sur la reproduction d'émission sur Internet qui n'existait pas).

Art. L. 131-7. – **En cas de cession partielle, l'ayant cause est substitué à l'auteur dans l'exercice des droits cédés, dans les conditions, les limites et pour la durée prévues au contrat, et à charge de rendre compte.**

Art. L. 131-8. – **En vue du paiement des redevances et rémunérations qui leur sont dues pour les trois dernières années à l'occasion de la cession, de l'exploitation ou de l'utilisation de leurs œuvres, telles qu'elles sont définies à l'article L. 112-2 du présent code, les auteurs, compositeurs et artistes bénéficient du privilège prévu au 4° de l'article 2101 et à l'article 2104 du Code civil.**

1) Dettes d'origine contractuelle. Jugé sous l'empire de la loi de 1957 qu'en visant expressément et de façon générale les redevances qui sont dues à l'occasion de la cession, l'exploitation et l'utilisation des œuvres dans le domaine spécifique de la propriété littéraire et artistique, l'article 58 de cette loi ne limitait pas sa portée au seul cas des dettes éditoriales, mais l'avait étendue à toutes les redevances d'origine contractuelle (▪ Cass. 1re civ., 1er mars 1988 : *JCP* 88, IV, 105 ; *Bull. civ.* I, n° 60).

2) Sommes garanties. Le privilège bénéficie aux ayants cause des auteurs en vue du paiement des redevances qui leur sont dues à l'occasion de l'exploitation ou de l'utilisation d'œuvres littéraires ou artistiques (▪ Cass. 1re civ., 28 mai 1991 : *JCP* 91, IV, 292. – V. aussi pour les cessionnaires ▪ Nancy, 19 oct. 1964 : *JCP* 65, II, 14050, note Delpech). Mais il ne joue que pour les redevances et rémunérations dues aux auteurs, à l'exclusion des dommages-intérêts destinés à réparer le préjudice qui leur a été causé par des actes de contrefaçon (▪ Cass. 1re civ., 24 mars 1993 : *RIDA* 3/1993, 334 ; *JCP* 93, II, 22167, note Fourgoux. V. L. Aynès et P.-Y. Gautier, *De l'application stricte des privilèges : D.* 1994, chron. 13).

3) Distributeurs agissant en qualité de commissionnaires. Les distributeurs de films qui agissent en qualité de commissionnaires de producteurs, pour le recouvrement des créances de ces derniers, peuvent se prévaloir du privilège prévu par l'article L. 131-8 (▪ Cass. 1re civ., 11 avr. 1995 : *Bull. civ.* I, n° 166 ; *D.* 1996, somm. 70, obs. Hassler).

Art. L. 131-9 *(L. n° 2006-961, 1er août 2006 ; mod., L. n° 2009-669, 12 juin 2009).* – **Le contrat mentionne la faculté pour le producteur de recourir aux mesures techniques prévues à l'article L. 331-5 ainsi qu'aux informations sous forme électronique prévues à l'article L. 331-11 en précisant les objectifs poursuivis pour chaque mode d'exploitation, de même que les conditions dans lesquelles l'auteur peut avoir accès aux caractéristiques essentielles desdites mesures techniques ou informations sous forme électronique auxquelles le producteur a effectivement recours pour assurer l'exploitation de l'œuvre.**

CHAPITRE II. – DISPOSITIONS PARTICULIÈRES À CERTAINS CONTRATS

Section I. – Contrat d'édition

Sous-section 1. – Dispositions générales

(Division créée à compter du 1er décembre 2014, Ord. n° 2014-1348, 12 nov. 2014) (1)

Art. L. 132-1 *(Mod. à compter du 1er décembre 2014, Ord. n° 2014-1348, 12 nov. 2014)*. **– Le contrat d'édition est le contrat par lequel l'auteur d'une œuvre de l'esprit ou ses ayants droit cèdent à des conditions déterminées à une personne appelée éditeur le droit de fabriquer ou de faire fabriquer en nombre des exemplaires de l'œuvre ou de la réaliser ou faire réaliser sous une forme numérique, à charge pour elle d'en assurer la publication et la diffusion.**

1) **Définition.** Le contrat liant un auteur-compositeur-interprète à un éditeur de musique qui comporte la cession par l'auteur du droit de fabriquer des exemplaires de l'œuvre à charge pour l'éditeur d'en assurer la publication et la diffusion commerciale est un contrat d'édition (■ Cass. 1re civ., 18 oct. 1994 : *JCP* 94, IV, 2564 ; *Bull. civ.* I, n° 296).

2) **Cocontractant de l'auteur. Personne morale.** Le contrat d'édition est nul si l'auteur a traité avec une entité dénommée « Groupe » dépourvue de la personnalité morale et donc incapable de contracter valablement (■ TGI Paris, 7 mars 1986 : *RIDA* 1/1987, 252).

3) **Devoir de loyauté de l'éditeur.** Le contrat d'édition n'interdit pas à l'éditeur de publier des œuvres critiques, mais implique qu'il se garde de tout comportement propre à ruiner dans le public la crédibilité de l'auteur (■ TGI Paris, 15 févr. 1984 : *D.* 1984, inf. rap. 291, obs. Colombet ; *RIDA* 2/1984, 178).

4) **Exercice par l'auteur des droits cédés (non).** L'auteur ayant cédé la totalité de ses droits patrimoniaux, qui ne s'est pas réservé la possibilité de poursuivre les tiers contrefacteurs, est irrecevable à agir en contrefaçon sur le fondement de ces droits, peu important que ceux-ci aient été cédés en contrepartie d'une rémunération proportionnelle (■ Cass. 1re civ., 3 avr. 2007 : *RIDA* 3/2007, 341 ; *Propr. intell.* 2007, 332, obs. Bruguière).

Art. L. 132-2 *(Mod. à compter du 1er décembre 2014, Ord. n° 2014-1348, 12 nov. 2014)*. **– Ne constitue pas un contrat d'édition, au sens de l'article L. 132-1, le contrat dit à compte d'auteur.**

Par un tel contrat, l'auteur ou ses ayants droit versent à l'éditeur une rémunération convenue, à charge par ce dernier de fabriquer en nombre, dans la forme et suivant les modes d'expression déterminés au contrat, des exemplaires de l'œuvre ou de la réaliser ou faire réaliser sous une forme numérique et d'en assurer la publication et la diffusion.

Ce contrat constitue un louage d'ouvrage régi par la convention, les usages et les dispositions des articles 1787 et suivants du Code civil.

1) Pour des exemples de contrat à compte d'auteur, V. ■ Paris, 14 avr. 1976 : *Gaz. Pal.* 1976, 2, 706. ■ Rennes, 12 mai 1976 : *D.* 1976, somm. 85. V. sur la distinction entre contrat d'édition et louage d'ouvrage de droit commun, ■ Cass. 1re civ., 5 avr. 2012, n° 11-14.788 : *Propr. intell.* 2012, 343, obs. A. Lucas.

2) **Délai de publication.** En l'absence de toute stipulation contractuelle sur le délai de publication, il faut se référer aux usages de la profession (■ Paris, 15 juin 1983 : *D.* 1983, inf. rap. 513, obs. Colombet ; *RIDA* 3/1984, 153). Ont ainsi été considérés comme normaux un délai de 8 mois (■ Paris, 15 juin 1983, préc.) ou même de 17 mois (■ Paris, 24 mai 1982 : *Gaz. Pal.* 1983, 1, somm. 133).

Art. L. 132-3 *(Mod. à compter du 1er décembre 2014, Ord. n° 2014-1348, 12 nov. 2014)*. **– Ne constitue pas un contrat d'édition, au sens de l'article L. 132-1, le contrat dit de compte à demi.**

Par un tel contrat, l'auteur ou ses ayants droit chargent un éditeur de fabriquer, à ses frais et en nombre, des exemplaires de l'œuvre ou de la réaliser ou faire réaliser sous une forme numérique, dans la forme et suivant les modes d'expression déterminés au contrat, et d'en assurer la publication et la diffusion, moyennant l'engagement réciproquement contracté de partager les bénéfices et les pertes d'exploitation, dans la proportion prévue.

Ce contrat constitue une société en participation. Il est régi, sous réserve des dispositions prévues aux articles 1871 et suivants du Code civil, par la convention et les usages.

(1) V. D. n° 98-771, 1er sept. 1998.

Art. L. 132-4. – Est licite la stipulation par laquelle l'auteur s'engage à accorder un droit de préférence à un éditeur pour l'édition de ses œuvres futures de genres nettement déterminés.

Ce droit est limité pour chaque genre à cinq ouvrages nouveaux à compter du jour de la signature du contrat d'édition conclu pour la première œuvre ou à la production de l'auteur réalisée dans un délai de cinq années à compter du même jour.

L'éditeur doit exercer le droit qui lui est reconnu en faisant connaître par écrit sa décision à l'auteur, dans le délai de trois mois à dater du jour de la remise par celui-ci de chaque manuscrit définitif.

Lorsque l'éditeur bénéficiant du droit de préférence aura refusé successivement deux ouvrages nouveaux présentés par l'auteur dans le genre déterminé au contrat, l'auteur pourra reprendre immédiatement et de plein droit sa liberté quant aux œuvres futures qu'il produira dans ce genre. Il devra toutefois, au cas où il aurait reçu sur ses œuvres futures des avances du premier éditeur, effectuer préalablement le remboursement de celles-ci.

1) **Nullité de la clause ne comportant aucune limitation.** Est nulle la clause de préférence qui ne comporte aucune limitation quant à sa durée et quant au nombre d'ouvrages (■ Paris, 26 sept. 1978 : *D.* 1980, 146, note Plaisant), ou celle qui ne contient aucune précision sur le genre (■ TGI Paris, 1er juill. 1971 : *Gaz. Pal.* 1971, 2, 703).

2) **Pluralité de genres.** Il résulte de l'art. 34, al. 1er (CPI, art. L. 132-4, al. 1er) que dans un contrat d'édition, le droit de préférence peut porter sur des œuvres futures de plusieurs genres déterminés et qu'il est limité à cinq ouvrages nouveaux pour chacun de ces genres (■ Paris, 5 juill. 1979 : *D.* 1980, 580, concl. Lévy).

3) **Notion de genre.** Le pacte de préférence qui se borne à viser les œuvres du genre « essai » est valable si la spécialisation de l'auteur permet de préciser la nature (historique) de ces essais (■ TGI Paris, 23 avr. 1971 : *RTD com.* 1971, 1017, obs. Desbois), mais l'expression « sciences humaines » est trop vague pour caractériser le genre (■ Cass. 1re civ., 5 févr. 1980 : *D.* 1980, inf. rap. 272).

4) **Pactes successifs.** Est illicite la stipulation de deux pactes de préférence dans deux contrats successifs (■ TGI Paris, 1er juill. 1971 : *Gaz. Pal.* 1971, 2, 703).

5) **Refus de publication opposé par l'éditeur. Effet.** Le pacte de préférence est nul si l'auteur n'a pas la possibilité de reprendre sa liberté au cas où l'éditeur refuse successivement deux œuvres (■ Cass. 1re civ., 15 déc. 1975 : *D.* 1976, inf. rap. 85).

6) **Tiers complice.** Engage sa responsabilité quasi délictuelle celui qui conclut avec l'auteur en connaissance de cause une convention ayant pour effet la violation du pacte de préférence (■ Cass. 2e civ., 13 avr. 1972 : *RIDA* 4/1972, 134).

7) **Œuvre cinématographique.** Pour une application de l'article 34 (CPI, art. L. 132-4) à une œuvre cinématographique, V. ■ Paris, 28 nov. 1985 : *D.* 1986, inf. rap. 188, obs. Colombet.

8) **Indivisibilité du pacte de préférence et du contrat d'édition.** Ayant retenu, dans l'exercice de son pouvoir souverain, la nécessité du lien de confiance unissant l'auteur à son éditeur et l'existence d'un lien intime entre le pacte de préférence et les contrats de cession et d'édition d'œuvres musicales, la cour d'appel a ainsi caractérisé l'indivisibilité des conventions en cause (■ Cass. 1re civ., 14 oct. 2015, n° 14-19.214 : *Comm. com. électr.* 2015, 96, note Caron ; *Propr. intell.* 2016, 61, obs. Bruguière).

Art. L. 132-5 *(Mod., L. n° 2011-590, 26 mai 2011 ; à compter du 1er décembre 2014, Ord. n° 2014-1348, 12 nov. 2014).* – Le contrat peut prévoir soit une rémunération proportionnelle aux produits d'exploitation, soit, dans les cas prévus aux articles L. 131-4 et L. 132-6, une rémunération forfaitaire.

Pourcentage de 0 %. La clause du contrat d'édition prévoyant un pourcentage de 0 % pour le premier mille, 7 pour les deux mille suivants, 10 % à partir de trois mille est illicite. En effet, si l'auteur est autorisé à céder ses droits à titre gratuit sur son œuvre, il convient que cette disposition contractuelle soit consentie sans ambiguïté par celui-ci, ce qui n'est pas le cas en l'espèce (■ TGI Paris, 30 nov. 1999 : *RIDA* 3/2000, 435).

Art. L. 132-6. – En ce qui concerne l'édition de librairie, la rémunération de l'auteur peut faire l'objet d'une *rémunération forfaitaire pour la première édition,* avec l'accord formellement exprimé de l'auteur, dans les cas suivants :

1° Ouvrages scientifiques ou techniques ;

2° Anthologies et encyclopédies ;

3° Préfaces, annotations, introductions, présentations ;

4° Illustrations d'un ouvrage ;

5° Éditions de luxe à tirage limité ;
6° Livres de prières ;
7° À la demande du traducteur pour les traductions ;
8° Éditions populaires à bon marché ;
9° Albums bon marché pour enfants.

Peuvent également faire l'objet d'une rémunération forfaitaire les cessions de droits à ou par une personne ou une entreprise établie à l'étranger.

En ce qui concerne les œuvres de l'esprit publiées dans les journaux et recueils périodiques de tout ordre et par les agences de presse, la rémunération de l'auteur, lié à l'entreprise d'information par un contrat de louage d'ouvrage ou de services, peut également être fixée forfaitairement.

1) **Traduction.** La rémunération forfaitaire n'est possible en matière de traduction qu'à la demande du traducteur, et le simple accord de celui-ci ne suffit pas (■ TGI Paris, 21 juin 1973 : *RIDA* 4/1973, 210). Les conditions posées par l'article L. 132-6, alinéa 1er, ne cessent pas de s'appliquer lorsque la cession est consentie par un auteur établi à l'étranger. Il en résulte, en cas de cession consentie par une traductrice, que le forfait est limité à la première édition et qu'il doit être demandé par la traductrice (■ Paris, 3 nov. 2010 : *Propr. intell.* 2011, 192, obs. A. Lucas).

2) **Presse parlée.** L'article 36 (CPI, art. L. 132-6) est applicable aussi bien à la presse écrite qu'à la presse parlée (■ Paris, 5 juin 1975 : *D.* 1976, 74, note Lindon).

3) **Salariés.** La possibilité du forfait, expressément visée par l'article 36 (CPI, art. L. 132-6) dans le cas des entreprises de presse, est implicitement réservée en toutes les hypothèses identiques où l'œuvre est réalisée en exécution d'un contrat de travail (■ TGI Paris, 29 juin 1971 : *RIDA* 1/1972, 133 ; *RTD com.* 1972, 906, obs. Desbois).

4) **Photographes.** Si, en vertu de l'article 36, al. 3 de la loi de 1957 (CPI, art. L. 132-6, al. 3), la rémunération du photographe dont les œuvres sont destinées à être publiées dans un journal ou un recueil périodique, par l'entreprise d'information qui l'emploie, peut être fixée forfaitairement et consister en un salaire au lieu d'une participation proportionnelle, il n'en résulte pas que le droit de l'entreprise de reproduire et d'exploiter les photographies soit limité à une première publication ni qu'il prenne fin avec les relations contractuelles (■ Cass. 1re civ., 20 déc. 1982 : *JCP* 83, II, 20102, note Françon).

Art. L. 132-7. – Le consentement personnel et donné par écrit de l'auteur est obligatoire.

Sans préjudice des dispositions qui régissent les contrats passés par les mineurs et les majeurs en curatelle, le consentement est même exigé lorsqu'il s'agit d'un auteur légalement incapable, sauf si celui-ci est dans l'impossibilité physique de donner son consentement.

Les dispositions de l'alinéa précédent ne sont pas applicables lorsque le contrat d'édition est souscrit par les ayants droit de l'auteur.

1) Sur la **nécessité d'un accord écrit** de l'auteur, V. ■ TGI Paris, 29 avr. 1987 : *Cah. dr. auteur* janv. 1988, 13.

2) Le **fait que l'éditeur soit coauteur** de l'œuvre est sans influence sur la nécessité de l'écrit (■ Cass. 1re civ., 20 nov. 1979 : *D.* 1981, inf. rap. 86, obs. Colombet).

Art. L. 132-8. – L'auteur doit garantir à l'éditeur l'exercice paisible et, sauf convention contraire, exclusif du droit cédé.

Il est tenu de faire respecter ce droit et de le défendre contre toutes atteintes qui lui seraient portées.

1) **Garantie du vendeur.** V. fondant l'obligation de garantie du titulaire du droit d'adaptation sur l'article 1625 du Code civil, ■ Cass. 1re civ., 27 mai 1986 : *D.* 1987, 209, note Gautier.

2) **Erreur légitime de l'éditeur.** En cas de contrefaçon, la présomption de responsabilité qui pèse sur l'éditeur peut être écartée s'il a pu légitimement penser que le manuscrit était effectivement original (■ TGI Paris, 21 mars 1986 : *D.* 1987, somm. 157, obs. Colombet).

3) **Mauvaise foi de l'éditeur.** L'éditeur qui a traité de mauvaise foi avec l'auteur en violation d'un contrat d'exclusivité engage sa responsabilité (■ Angers, 3 mai 1950 : *D.* 1950, 585).

Art. L. 132-9 *(Mod. à compter du 1er décembre 2014, Ord. n° 2014-1348, 12 nov. 2014).* **– L'auteur doit mettre l'éditeur en mesure de fabriquer et de diffuser les exemplaires de l'œuvre ou de réaliser l'œuvre sous une forme numérique.**

Il doit remettre à l'éditeur, dans le délai prévu au contrat, l'objet de l'édition en une forme qui permette la fabrication ou la réalisation de l'œuvre sous une forme numérique.

Sauf convention contraire ou impossibilités d'ordre technique, l'objet de l'édition fournie par l'auteur reste la propriété de celui-ci. L'éditeur en est responsable pendant le délai d'un an après l'achèvement de la fabrication ou de la réalisation sous une forme numérique.

1) Mise en forme par un tiers. Rejet de la rédaction. Celui qui a accepté de publier ses souvenirs mis en forme par une autre personne excède la faculté prévue par le contrat de modifier le manuscrit en rejetant totalement la rédaction (▪ Paris, 17 janv. 1977 : *Gaz. Pal.* 1977, 1, somm. 211).

2) Expiration du délai d'un an. L'article 55, al. 3 (CPI, art. L. 132-9, al. 3) n'opère pas un renversement de la charge de la preuve après l'expiration du délai d'un an, mais décharge l'éditeur de toute responsabilité pour perte de l'objet de l'édition lorsque ce délai est expiré (▪ Cass. 1re civ., 29 mars 1973 : *JCP* 74, II, 17617, note M. A.).

3) Résiliation aux torts de l'auteur. Pour une résiliation du contrat d'édition justifiée par le retard de l'auteur, V. ▪ Paris, 25 févr. 1987 : *D.* 1987, somm. 68. Pour une résolution, V. ▪ Toulouse, 2e ch., 2 mars 1987 : *JurisData* n° 1987-043321.

4) Preuve de la remise du manuscrit. Pour condamner l'ayant droit de l'auteur à remettre à l'éditeur le manuscrit de Julien Green, l'arrêt attaqué énonce que la clause du contrat d'édition dans laquelle l'auteur déclare avoir conservé un double de son manuscrit et qui dégage l'éditeur de toute responsabilité en cas de perte ou vol ou destruction du document remis, détermine les responsabilités respectives des parties sans laisser nullement présumer une remise effective du manuscrit simultanément à la signature de l'acte, et que l'absence de réponse à la sommation adressée par l'éditeur contredit une telle prétention. En statuant ainsi, alors que les termes contractuels rapportés et signés de l'éditeur constituaient une telle présomption à son endroit, et que le silence gardé par l'héritier destinataire de la sommation ne pouvait valoir reconnaissance du bien-fondé de la demande, la cour d'appel a violé l'article 1134 du Code civil. (▪ Cass. 1re civ., 3 févr. 2004 : *JCP* G 2004, II, 10149, note Treppoz ; *Contrats, conc. consom.* 2004, 55, note Leveneur ; *Propr. intell.* 2004, 642, obs. A. Lucas).

5) Obligation essentielle. Ne dispense pas l'éditeur de son obligation essentielle d'édition et d'exploitation de l'œuvre, le contrat qui, pour des œuvres destinées à être diffusées sous forme d'enregistrement pour l'illustration musicale, dispense l'éditeur de procéder ou faire procéder à la publication graphique de celle-ci et à son exploitation discographique auprès du public par l'intermédiaire d'une distribution traditionnelle, mais lui fait obligation de faire figurer l'œuvre sur un support adapté à la clientèle à laquelle elle est destinée et d'en assurer ainsi une exploitation et une diffusion conforme aux usages (▪ Cass. 1re civ., 13 juin 2006 : *JCP* G 2006, IV, 2509).

Art. L. 132-10. – Le contrat d'édition doit indiquer le nombre minimum d'exemplaires constituant le premier tirage. Toutefois, cette obligation ne s'applique pas aux contrats prévoyant un minimum de droits d'auteur garantis par l'éditeur.

Tirage minimum. Si le contrat d'édition prévoyant un minimum de droits garantis par l'éditeur n'a pas à indiquer le nombre minimum d'exemplaires constituant le premier tirage, les parties peuvent en convenir autrement et fixer l'importance de ce premier tirage. En ce cas, l'éditeur ne peut se dispenser d'exécuter son engagement en alléguant avoir satisfait à la loi en garantissant à l'auteur un minimum de droits (▪ Cass. 1re civ., 29 juin 1971 : *D.* 1971, somm. 190).

Art. L. 132-11 ***(Mod. à compter du 1er décembre 2014, Ord. n° 2014-1348, 12 nov. 2014).*** **– L'éditeur est tenu d'effectuer ou de faire effectuer la fabrication ou la réalisation sous une forme numérique selon les conditions, dans la forme et suivant les modes d'expression prévus au contrat.**

Il ne peut, sans autorisation écrite de l'auteur, apporter à l'œuvre aucune modification.

Il doit, sauf convention contraire, faire figurer sur chacun des exemplaires ou sur l'œuvre réalisée sous une forme numérique le nom, le pseudonyme ou la marque de l'auteur.

À défaut de convention spéciale, l'éditeur doit réaliser l'édition dans un délai fixé par les usages de la profession.

En cas de contrat à durée déterminée, les droits du cessionnaire s'éteignent de plein droit à l'expiration du délai **sans qu'il soit besoin de mise en demeure.**

L'éditeur pourra toutefois procéder, pendant trois ans après cette expiration, à l'écoulement, au prix normal, des exemplaires restant en stock, à moins que l'auteur ne préfère acheter ces exemplaires moyennant un prix qui sera fixé à dire d'experts à défaut d'accord amiable, sans que cette faculté reconnue au premier éditeur interdise à l'auteur de faire procéder à une nouvelle édition dans un délai de trente mois.

1) Soldes. L'éditeur qui confie la vente de l'ouvrage à des libraires à des prix soldés avant l'expiration du délai prévu par le contrat au-delà duquel il pouvait se défaire du stock, viole son obligation (■ Paris, 6 févr. 1981 : *D.* 1982, inf. rap. 47, obs. Colombet).

2) Nouveau tirage. L'éditeur est seul en droit de décider ou non d'un nouveau tirage, sauf si sa décision de ne pas réimprimer est motivée par sa volonté de paralyser la diffusion de l'ouvrage (■ Paris, 12 févr. 1980 : *D.* 1982, inf. rap. 47, obs. Colombet).

3) Respect du droit moral. L'éditeur n'a pas le droit d'ajouter sans autorisation une musique d'accompagnement à un film muet (■ Paris, 29 avr. 1959 : *D.* 1959, 402, note Lyon-Caen et Lavigne. V. cependant, décidant que l'adjonction d'une bande sonore à un film muet ne porte pas atteinte au droit moral dès lors que la représentation du film dans les salles de cinéma a toujours été accompagnée, du vivant de l'auteur, d'une musique jouée en direct, ainsi qu'il était d'usage à l'époque du cinéma muet, ■ Paris, 7 sept. 2011 : *Propr. intell.* 2012, 26, obs. A. Lucas, pourvoi rejeté par ■ Cass. 1re civ., 20 déc. 2012, n° 11-26.151 : *LEPI* 2013, 21, obs. Bernault), ni d'ajouter une préface qui dénigre l'œuvre (■ Paris, 7 juin 1982 : *D.* 1983, inf. rap. 97, obs. Colombet). Sur le droit du traducteur au respect de son œuvre V. ■ TGI Paris, 25 sept. 1974 : *RIDA* 1/1975, 135. En cas d'atteinte au droit moral, les ayants droit de l'auteur peuvent agir directement contre le sous-éditeur (■ TGI Paris, 15 févr. 1984 : *D.* 1984, inf. rap. 291, obs. Colombet). Si le contrat prévoit l'édition d'un volume unique, la publication fractionnée en douze volumes porte atteinte au droit moral de l'auteur (■ TGI Paris, 5 juin 1987 : *Cah. dr. auteur* janv. 1988, 14).

4) Condition potestative. La clause du contrat d'édition par laquelle l'éditeur se réserve le droit d'apprécier lors de la remise du manuscrit si celui-ci convient bien au public et aux buts visés doit être tenue pour nulle par application de l'article 1174 du Code civil comme soumettant l'engagement de l'éditeur à une condition purement potestative (■ TGI Paris, 8 avr. 1987 : *RIDA* 3/1987, 202).

5) Édition musicale. Les juges du fond peuvent décider que l'éditeur d'une œuvre musicale a contracté une obligation de résultat en s'engageant à diffuser l'œuvre par tous procédés (■ Cass. 1re civ., 29 juin 1971 : *D.* 1971, somm. 190). Jugé que le changement de goût du public n'est pas en lui-même un événement imprévisible et irrésistible justifiant la non-réalisation des enregistrements prévus par la convention (■ Cass. 1re civ., 18 oct. 1977 : *D.* 1978, inf. rap. 67).

6) Délivrance sans droit d'autorisations d'adaptation. La résiliation des contrats d'édition peut être justifiée par les fautes de l'éditeur qui s'est présenté comme titulaire des droits d'adaptation qu'il ne détenait pas et a délivré, sans droit, des autorisations d'adaptation (■ Cass. 1re civ., 13 nov. 2014, n° 13-15.989 : *Propr. intell.* 2015, 63, obs. A. Lucas).

Art. L. 132-12. – **L'éditeur est tenu d'assurer à l'œuvre une exploitation permanente et suivie et une diffusion commerciale, conformément aux usages de la profession.**

1) Édition d'un ouvrage sur le même sujet. L'obligation d'éditer, lorsqu'elle n'est pas assortie d'une obligation d'exclusivité, n'interdit pas à l'éditeur d'éditer un autre ouvrage sur le même sujet (■ Cass. 1re civ., 25 janv. 1970 : *D.* 1970, 281, note Breton ; *RTD com.* 1970, 699, obs. Desbois).

2) Publicité. La loi n'impose pas à l'éditeur l'obligation d'assurer la publicité de l'ouvrage *pendant toute la durée de* son exploitation et ne lui interdit donc pas d'arrêter une campagne de promotion coûteuse face à l'insuccès de l'ouvrage (■ Paris, 4e ch. A, 17 nov. 1986 : *JurisData* n° 28716). L'éditeur qui s'est engagé à assurer la publicité d'un ouvrage sur Télé-Luxembourg ne peut l'effectuer sur Télé-Monte-Carlo (■ Paris, 24 mai 1982 : *Gaz. Pal.* 1983, 1, somm. 133).

3) Stocks. Sur l'obligation pour l'éditeur d'avoir des stocks lui permettant de répondre à toutes les demandes, V. ■ TGI Paris, 10 nov. 1983 : *D.* 1985, inf. rap. 315, obs. Colombet. ■ Paris, 7 mai 1985 : *RIDA* 3/1985, 166.

4) Refus de publication du 2e tome. Le refus de l'éditeur de publier le deuxième tome d'un ouvrage en raison du prétendu insuccès du premier engage sa responsabilité (■ Paris, 4e ch. A, 18 nov. 1986 : *JurisData* n° 1986-28717).

5) Édition à l'étranger. Information de l'auteur. L'éditeur qui a cédé les droits d'exploitation de l'œuvre pour une édition hors de France demeure tenu de l'obligation d'informer l'auteur des conditions dans lesquelles son œuvre est exploitée à l'étranger (■ Cass. 1re civ., 9 févr. 1994 : *Bull. civ.* I, n° 56).

6) Clause mettant à la charge de l'auteur le prix des invendus. L'éditeur qui ne justifie d'aucune diligence dans l'exécution de son obligation légale de diffusion n'est pas fondé à invoquer l'avenant au contrat d'édition prévoyant que l'auteur doit payer le prix des exemplaires invendus après six mois de commercialisation (■ Cass. 1re civ., 21 nov. 1995 : *JCP* 96, IV, 84 ; *Bull. civ.* I, n° 420).

7) Mise en demeure. Sauf dispense expresse et non équivoque, la clause résolutoire de plein droit insérée dans le contrat d'édition ne peut être acquise à l'auteur sans la délivrance préalable d'une mise en demeure restée sans effet (▪ Cass. 1re civ., 3 févr. 2004 ▪ Cass. 1re civ., 3 févr. 2004 : *JCP G* 2004, II, 10149, note Treppoz ; *Contrats, conc. consom.* 2004, 55, note Leveneur ; *Propr. intell.* 2004, 642, obs. A. Lucas).

8) Dettes fiscales de l'auteur. Dès lors qu'au regard des dettes fiscales très importantes de l'auteur, une exploitation normale de l'œuvre n'aurait profité qu'au fisc, dont elle aurait mécaniquement majoré la créance, l'éditeur a agi au mieux des intérêts de l'auteur pour, en accord avec lui, privilégier des modes d'exploitation moins rémunérateurs mais de nature à maintenir l'œuvre accessible au public et à la préserver de l'oubli (▪ Paris, 31 oct. 2012 : *Propr. intell.* 2013, 64, obs. A. Lucas).

Art. L. 132-13. – **L'éditeur est tenu de rendre compte.**

L'auteur pourra, à défaut de modalités spéciales prévues au contrat, exiger au moins une fois l'an la production par l'éditeur d'un état mentionnant le nombre d'exemplaires fabriqués en cours d'exercice et précisant la date et l'importance des tirages et le nombre des exemplaires en stock.

Sauf usage ou conventions contraires, cet état mentionnera également le nombre des exemplaires vendus par l'éditeur, celui des exemplaires inutilisables ou détruits par cas fortuit ou force majeure, ainsi que le montant des redevances dues ou versées à l'auteur.

1) Principe. L'éditeur doit rendre compte quelle que soit la modicité des sommes en cause, mais il appartient aussi à l'auteur de demander des explications (▪ Paris, 4e ch. B, 30 avr. 1987 : *JurisData* n° 1987-024040).

2) Sous-cession. L'obligation de rendre compte existe en cas de sous-cession (▪ Cass. 1re civ., 24 nov. 1993 : *RIDA* 3/1994, 293), même pour une exploitation hors de France (▪ Cass. 1re civ., 9 févr. 1994 : *Bull. civ.* I, n° 56).

3) Périodicité. Sur ce que la périodicité annuelle constitue un minimum, V. ▪ Paris, 23 sept. 1993 : *Gaz. Pal.* 1994, 1, somm. p. 383. – Bordeaux, 1re ch. B, 29 janv. 2007 : *JurisData* n° 2007-338403.

Art. L. 132-14. – **L'éditeur est tenu de fournir à l'auteur toutes justifications propres à établir l'exactitude de ses comptes.**

Faute par l'éditeur de fournir les justifications nécessaires, il y sera contraint par le juge.

Art. L. 132-15. – **Le redressement judiciaire de l'éditeur n'entraîne pas la résiliation du contrat.**

Lorsque l'activité est poursuivie en application des articles 31 et suivants de la loi n° 85-98 du 25 janvier 1985 relative au redressement et à la liquidation judiciaires des entreprises (C. com., art. L. 622-1 et s.), toutes les obligations de l'éditeur à l'égard de l'auteur doivent être respectées.

En cas de cession de l'entreprise d'édition en application des articles 81 et suivants de la loi n° 85-98 du 25 janvier 1985 précitée (C. com., art. L. 642-1 et s.), l'acquéreur est tenu des obligations du cédant.

Lorsque l'activité de l'entreprise a cessé depuis plus de trois mois ou lorsque la liquidation judiciaire est prononcée, l'auteur peut demander la résiliation du contrat.

Le liquidateur ne peut procéder à la vente en solde des exemplaires fabriqués ni à leur réalisation dans les conditions prévues aux articles 155 et 156 de la loi n° 85-98 du 25 janvier 1985 (C. com., art. L. 642-19) précitée que quinze jours après avoir averti l'auteur de son intention, par lettre recommandée avec demande d'accusé de réception.

L'auteur possède, sur tout ou partie des exemplaires, un droit de préemption. À défaut d'accord, le prix de rachat sera fixé à dire d'expert.

Art. L. 132-16. – **L'éditeur ne peut transmettre, à titre gratuit ou onéreux, ou par voie d'apport en société, le bénéfice du contrat d'édition à des tiers, indépendamment de son fonds de commerce, sans avoir préalablement obtenu l'autorisation de l'auteur.**

En cas d'aliénation du fonds de commerce, si celle-ci est de nature à compromettre gravement les intérêts matériels ou moraux de l'auteur, celui-ci est fondé à obtenir réparation même par voie de résiliation du contrat.

Lorsque le fonds de commerce d'édition était exploité en société ou dépendait d'une indivision, l'attribution du fonds à l'un des ex-associés ou à l'un des coïndivisaires en conséquence de la liquidation ou du partage ne sera, en aucun cas, considérée comme une cession.

1) Contrat conclu avec un « groupe ». La pratique consistant à faire traiter l'auteur avec une entité dénommée « Groupe » a pour effet de permettre à l'éditeur de tourner les dispositions de l'article 62 (CPI, art. L. 132-16), toute société du « Groupe » pouvant se voir le cas échéant attribuer le contrat (■ TGI Paris, 7 mars 1986 : *RIDA* 1/1987, 252).

2) Défaut d'autorisation de l'auteur. En cas de cession du contrat à un tiers sans autorisation de l'auteur, celui-ci peut demander la résolution sur le fondement de l'article 1184 du Code civil (■ TGI Paris, 22 mai 1987 : *Cah. dr. auteur* 1988, 13).

3) Cession du fonds de commerce. Au cas de cession du fonds de commerce de l'éditeur, l'auteur ne peut obtenir la résiliation qu'en démontrant que cette cession est de nature à compromettre gravement ses intérêts matériels ou moraux, et cela même si le contrat d'édition précise que les droits cédés le sont exclusivement au premier éditeur qui ne peut les céder à son tour sans l'accord écrit de l'auteur (■ Paris, 28 oct. 1982 : *D.* 1983, inf. rap. 513, obs. Colombet).

4) Contrat autorisant la « rétrocession » à des tiers. Dès lors que le contrat d'exploitation autorise la « rétrocession » des droits à des tiers, l'auteur ne peut s'y opposer en invoquant le caractère *intuitu personae* de l'accord (■ Cass. 1re civ., 19 déc. 2013, n° 12-28.912 : *Propr. intell.* 2014, 172, obs. A. Lucas).

5) Violation de l'article L. 132-16. Nullité relative. La violation de l'article L. 132-16 est sanctionnée par une nullité relative soumise à prescription quinquennale à compter de la découverte du vice (■ Cass. 1re civ., 30 janv. 2007 : *JCP G* 2007, IV, 1472 ; *Propr. intell.* 2007, 219, obs. A. Lucas). La nullité est susceptible de confirmation, et celui qui s'est porté fort de l'obtention du consentement de l'auteur engage sa responsabilité lorsque la cession n'a pas été ratifiée (■ Cass. 1re civ., 24 mai 2017, n° 16-10.898 : *Comm. com. électr.* 2017, 60, note Caron ; *Propr. intell.* 2017, n° 65, p. 66, obs. A. Lucas).

Art. L. 132-17 *(Mod. à compter du 1er décembre 2014, Ord. n° 2014-1348, 12 nov. 2014).* **– Le contrat d'édition prend fin, sans préjudice des cas prévus par le droit commun, par les articles précédents de la présente sous-section ou par les articles de la sous-section 2, lorsque :**

1° L'éditeur procède à la destruction totale des exemplaires ;

2° L'éditeur, sur mise en demeure de l'auteur lui impartissant un délai convenable, n'a pas procédé à la publication de l'œuvre ou, en cas d'épuisement, à sa réédition. Dans ce cas, la résiliation a lieu de plein droit. L'édition est considérée comme épuisée si deux demandes de livraison d'exemplaires adressées à l'éditeur ne sont pas satisfaites dans les trois mois.

En cas de mort de l'auteur, si l'œuvre est inachevée, le contrat est résolu en ce qui concerne la partie de l'œuvre non terminée, sauf accord entre l'éditeur et les ayants droit de l'auteur.

Épuisement de l'édition. La preuve que l'édition est épuisée doit résulter de demandes de livraison adressées à l'éditeur lui-même (■ TGI Paris, 10 nov. 1983 : *D.* 1985, inf. rap. 315, obs. Colombet).

Sous-section 2. – Dispositions particulières applicables à l'édition d'un livre

(Sous-section créée à compter du 1er décembre 2014, Ord. n° 2014-1348, 12 nov. 2014)

§ 1. – Dispositions communes à l'édition d'un livre sous une forme imprimée et sous une forme numérique

Art. L. 132-17-1 *(Créé à compter du 1er décembre 2014, Ord. n° 2014-1348, 12 nov. 2014).* **– Lorsque le contrat d'édition a pour objet l'édition d'un livre à la fois sous une forme imprimée et sous une forme numérique, les conditions relatives à la cession des droits d'exploitation sous une forme numérique sont déterminées dans une partie distincte du contrat, à peine de nullité de la cession de ces droits.**

Art. L. 132-17-2 *(Créé à compter du 1er décembre 2014, Ord. n° 2014-1348, 12 nov. 2014).* **– I. - L'éditeur est tenu d'assurer une exploitation permanente et suivie du livre édité sous une forme imprimée ou sous une forme numérique.**

II. - La cession des droits d'exploitation sous une forme imprimée est résiliée de plein droit lorsque, après une mise en demeure de l'auteur adressée par lettre recommandée avec demande d'avis de réception, l'éditeur ne satisfait pas dans un délai de six mois à compter de cette réception aux obligations qui lui incombent à ce titre.

Cette résiliation n'a pas d'effet sur la partie distincte du contrat d'édition relative à la cession des droits d'exploitation du livre sous une forme numérique.

III. - La cession des droits d'exploitation sous une forme numérique est résiliée de plein droit lorsque, après une mise en demeure de l'auteur adressée par lettre recommandée avec demande d'avis de réception, l'éditeur ne satisfait pas dans un délai de six mois à compter de cette réception, aux obligations qui lui incombent à ce titre.

Cette résiliation n'a d'effet que sur la partie distincte du contrat d'édition relative à la cession des droits d'exploitation du livre sous une forme numérique.

IV. - Les résiliations prévues aux II et III sont sans effet sur les contrats d'adaptation audiovisuelle prévus à l'article L. 131-3.

Art. L. 132-17-3 *(Créé à compter du 1er décembre 2014, Ord. n° 2014-1348, 12 nov. 2014 ; mod., L. n° 2016-925, 7 juill. 2016)*. – I. - L'éditeur est tenu pour chaque livre de rendre compte à l'auteur du calcul de sa rémunération de façon explicite et transparente.

À cette fin, l'éditeur adresse à l'auteur, ou met à sa disposition par un procédé de communication électronique, un état des comptes mentionnant :

1° Lorsque le livre est édité sous une forme imprimée, le nombre d'exemplaires fabriqués en cours d'exercice, le nombre des exemplaires en stock en début et en fin d'exercice, le nombre des exemplaires vendus par l'éditeur, le nombre des exemplaires hors droits et détruits au cours de l'exercice ;

2° Lorsque le livre est édité sous une forme numérique, les revenus issus de la vente à l'unité *(Rect. JO22 nov. 2014)* et de chacun des autres modes d'exploitation du livre ;

3° Dans tous les cas, la liste des cessions de droits réalisées au cours de l'exercice, le montant des redevances correspondantes dues ou versées à l'auteur ainsi que les assiettes et les taux des différentes rémunérations prévues au contrat d'édition.

Une partie spécifique de cet état des comptes est consacrée à l'exploitation du livre sous une forme numérique.

La reddition des comptes est effectuée au moins une fois par an, à la date prévue au contrat ou, en l'absence de date, au plus tard six mois après l'arrêté des comptes.

II. - Si l'éditeur n'a pas satisfait à son obligation de reddition des comptes selon les modalités et dans les délais prévus au I, l'auteur dispose d'un délai de six mois pour mettre en demeure l'éditeur d'y procéder.

Lorsque cette mise en demeure n'est pas suivie d'effet dans un délai de trois mois, le contrat est résilié de plein droit.

III. - Lorsque l'éditeur n'a satisfait, durant deux exercices successifs, à son obligation de reddition des comptes que sur mise en demeure de l'auteur, le contrat est résilié de plein droit trois mois après la seconde mise en demeure.

IV. - L'éditeur reste tenu, même en l'absence de mise en demeure par l'auteur, de respecter ses obligations légales et contractuelles de reddition des comptes.

Art. L. 132-17-3-1 *(L. n° 2016-925, 7 juill. 2016)*. – L'éditeur procède au paiement des droits au plus tard six mois après l'arrêté des comptes, sauf convention contraire précisée par l'accord rendu obligatoire mentionné à l'article L. 132-17-8.

Si l'éditeur n'a pas satisfait à son obligation de paiement des droits dans les délais prévus au premier alinéa du présent article, l'auteur dispose d'un délai de douze mois pour mettre en demeure l'éditeur d'y procéder.

Lorsque cette mise en demeure n'est pas suivie d'effet dans un délai de trois mois, le contrat est résilié de plein droit.

Art. L. 132-17-4 *(Créé à compter du 1er décembre 2014, Ord. n° 2014-1348, 12 nov. 2014)*. – I. - Le contrat d'édition prend fin à l'initiative de l'auteur ou de l'éditeur, si, pendant deux années consécutives au-delà d'un délai de quatre ans après la publication de l'œuvre, les états de comptes ne font apparaître de droits versés, ou crédités en compensation d'un à-valoir, au titre d'aucune des opérations suivantes :

1° Vente à l'unité du livre dans son intégralité sous une forme imprimée, à l'exception de la vente issue de systèmes de distribution réservés à des abonnés ou à des adhérents ;

2° Vente ou de l'accès payant à l'unité du livre dans son intégralité sous une forme numérique ;

3° Consultation numérique payante du livre disponible dans son intégralité, pour les secteurs éditoriaux reposant essentiellement sur ce modèle de mise à disposition ;

4° Traductions intégrales du livre sous une forme imprimée ou sous une forme numérique.

La résiliation est notifiée à l'autre partie par lettre recommandée avec demande d'avis de réception dans un délai de douze mois suivant la date limite d'envoi de l'état des comptes par l'éditeur ou de sa mise à disposition de l'auteur par un procédé de communication électronique.

Le délai de préavis applicable à la résiliation est de trois mois. A l'expiration du délai de préavis, le contrat est résilié de plein droit.

II. - Les dispositions du I ne sont pas applicables à certaines modalités d'exploitation d'un livre précisées par l'accord rendu obligatoire mentionné à l'article L. 132-17-8.

§ 2.– Dispositions particulières à l'édition d'un livre sous une forme numérique

Art. L. 132-17-5 *(Créé à compter du 1er décembre 2014, Ord. n° 2014-1348, 12 nov. 2014)*. – L'éditeur réalise l'édition d'un livre sous une forme numérique dans les conditions fixées par l'accord rendu obligatoire mentionné à l'article L. 132-17-8.

Lorsque l'éditeur n'a pas procédé à cette réalisation, la cession des droits d'exploitation sous une forme numérique est résiliée de plein droit.

Art. L. 132-17-6 *(Créé à compter du 1er décembre 2014, Ord. n° 2014-1348, 12 nov. 2014)*. – Le contrat d'édition garantit à l'auteur une rémunération juste et équitable sur l'ensemble des recettes provenant de la commercialisation et de la diffusion d'un livre édité sous une forme numérique.

En cas de vente à l'unité, la participation proportionnelle aux recettes au profit de l'auteur est calculée en fonction du prix de vente au public hors taxes.

Dans les cas où le modèle économique mis en œuvre par l'éditeur pour l'exploitation de l'édition sous une forme numérique repose en tout ou partie sur la publicité ou sur toutes autres recettes liées indirectement au livre, une rémunération est due à l'auteur à ce titre.

Dans les cas prévus de recours à un forfait, ce dernier ne saurait être versé à l'auteur en contrepartie de la cession de l'ensemble de ses droits d'exploitation sous une forme numérique et pour tous les modes d'exploitation numérique du livre. Dans les cas de contributions à caractère accessoire ou non essentiel mentionnés au 4° de l'article L. 131-4, une telle cession est possible.

Le forfait ne peut être justifié que pour une opération déterminée et toute nouvelle opération permettant le recours à un forfait s'accompagne de sa renégociation.

Art. L. 132-17-7 *(Créé à compter du 1er décembre 2014, Ord. n° 2014-1348, 12 nov. 2014)*. – Le contrat d'édition comporte une clause de réexamen des conditions économiques de la cession des droits d'exploitation du livre sous une forme numérique.

§ 3. – Accord entre organisations professionnelles

Art. L. 132-17-8 *(Créé à compter du 1er décembre 2014, Ord. n° 2014-1348, 12 nov. 2014 ; mod., L. n° 2016-925, 7 juill. 2016)*. – I. - Lorsque les organisations professionnelles représentatives des auteurs et des éditeurs du secteur du livre concluent un accord portant sur toutes les dispositions mentionnées au II, cet accord peut être rendu obligatoire à l'ensemble des auteurs et des éditeurs de ce secteur par arrêté du ministre chargé de la culture.

II. - L'accord mentionné au I fixe les modalités d'application des dispositions :

1° Relatives aux conditions de cession des droits d'exploitation de l'édition numérique d'un livre ;

2° Du deuxième alinéa de l'article L. 132-11 lorsqu'elles s'appliquent à l'édition d'un livre sous une forme numérique ;

3° De l'article L. 132-17-2 relatives à l'exploitation permanente et suivie d'un livre édité sous une forme imprimée et sous une forme numérique ;

4° De l'article L. 132-17-3 relatives à la reddition des comptes afin de préciser la forme de cette reddition, les règles applicables au versement des droits à l'auteur ainsi que les modalités d'information de celui-ci ;

5° Du II de l'article L. 132-17-4 relatives aux dérogations à certaines modalités de résiliation du contrat d'édition d'un livre ;

6° De l'article L. 132-17-5 relatives à la réalisation de l'édition d'un livre sous une forme numérique ;

7° De l'article L. 132-17-6 relatives au calcul de la rémunération de l'auteur provenant de la commercialisation et de la diffusion d'un livre édité sous une forme numérique, en l'absence de prix de vente à l'unité ;

8° De l'article L. 132-17-7 relatives au réexamen des conditions économiques de la cession des droits d'exploitation d'un livre sous forme numérique, notamment la périodicité de ce réexamen, son objet et son régime ainsi que les modalités de règlement des différends ;

9° De l'article L. 132-17-3-1 relatives au délai de paiement des droits et aux dérogations contractuelles à ce délai.

III. - En l'absence d'un accord rendu obligatoire en vertu du I, les modalités d'application mentionnées au II sont fixées par décret en Conseil d'État.

Lorsqu'un accord est conclu après l'édiction de ce décret, les dispositions de celui-ci cessent de produire leurs effets à la date de l'entrée en vigueur de l'arrêté rendant obligatoire l'accord à l'ensemble des auteurs et des éditeurs du secteur du livre.

Le ministre chargé de la culture peut mettre fin au caractère obligatoire de l'accord pour l'ensemble des auteurs et des éditeurs du secteur du livre, en raison d'un changement dans les circonstances de fait ou de droit ou pour un motif d'intérêt général.

Section II – Contrat de représentation

Art. L. 132-18. – Le contrat de représentation est celui par lequel l'auteur d'une œuvre de l'esprit et ses ayants droit autorisent une personne physique ou morale à représenter ladite œuvre à des conditions qu'ils déterminent. Est dit contrat général de représentation le contrat par lequel un organisme professionnel d'auteurs confère à un entrepreneur de spectacles la faculté de représenter, pendant la durée du contrat, les œuvres actuelles ou futures, constituant le répertoire dudit organisme aux conditions déterminées par l'auteur ou ses ayants droit.

Dans le cas prévu à l'alinéa précédent, il peut être dérogé aux dispositions de l'article L. 131-1.

1) **Entrepreneur de spectacles.** La représentation implique seulement la présence d'un public et peut se faire par la voie du disque. Les auditions successives d'un disque sont alors autant de représentations de l'œuvre, et celui qui assure de telles auditions a la qualité d'entrepreneur de spectacles (▪ Cass. 1re civ., 23 juin 1987, *Société générale de la Ferme « Drac Ouest » c/ SACEM*, inédit. V. aussi ▪ Cass. crim., 18 nov. 1986 : *RIDA* 2/1989, 186. ▪ Cass. 1re civ., 10 févr. 1987 : *Bull. civ.* I, n° 49).

2) **Clause forfaitaire.** Le contrat général de représentation consenti par la SACEM à un entrepreneur de spectacles peut donner lieu à une redevance forfaitaire calculée indépendamment de l'utilisation effective du répertoire voire de toute utilisation (▪ Cass. 1re civ., 16 avr. 1985 : *Bull. civ.* I, n° 116. ▪ Cass. 1re civ., 10 mars 1987 : *Bull. civ.* I, n° 89 ; *RIDA* 3/1987, 188. – V. aussi pour la SACD ▪ TGI Paris, 28 janv. 1987 : *RIDA* 2/1987, 77).

3) **Caractère civil des sociétés d'auteurs.** La SACEM est une entreprise civile et les droits qu'elle gère sont de même nature (▪ Cass. 1re civ., 10 févr. 1987 : *Bull. civ.* I, n° 50).

4) **Droit complémentaire de reproduction mécanique.** L'article 86 du traité CEE (art. 102 TFUE) doit être interprété en ce sens que les interdictions qu'il comporte ne s'appliquent pas au comportement d'une société nationale de gestion de droits d'auteur par le seul fait que celle-ci perçoit, en raison de l'exécution publique de supports de sons, une redevance dite droit complémentaire de reproduction mécanique, qui s'ajoute au droit de représentation, même lorsqu'un tel droit complémentaire n'est pas prévu dans l'État membre où ces supports ont été régulièrement mis sur le marché (▪ CJCE, 9 avr. 1987 : *RIDA* 3/1987, 168, note Delmoly ; *JCP* 87, I, n° 3312, n° 32, obs. Edelman).

5) **Représentation réciproque.** Les contrats de représentation réciproque conclus entre la SACEM et les sociétés étrangères ne tombent pas sous le coup de l'article 85 du traité créant la Communauté économique européenne (▪ Cass. 1re civ., 3 déc. 1985 : *Bull. civ.* I, n° 333).

6) **Validité du contrat. Compétence.** L'action en nullité du contrat général de représentation relève de la compétence de la juridiction civile (▪ Cass. com., 5 nov. 1985 : *Bull. civ.* IV, n° 263). Le juge des référés n'est pas compétent pour apprécier la validité d'un contrat général de représentation au regard de l'article 86 du même traité, et peut déclarer que l'obligation de l'exploitant d'une discothèque n'est pas sérieusement contestable (▪ Cass. 1re civ., 10 févr. 1987 : *Bull. civ.* I, n° 51).

Art. L. 132-19. – Le contrat de représentation est conclu pour une durée limitée ou pour un nombre déterminé de communications au public.

Sauf stipulation expresse de droits exclusifs, il ne confère à l'entrepreneur de spectacles aucun monopole d'exploitation.

La validité des droits exclusifs accordés par un auteur dramatique ne peut excéder cinq années ; l'interruption des représentations au cours de deux années consécutives y met fin de plein droit.

L'entrepreneur de spectacles ne peut transférer le bénéfice de son contrat sans l'assentiment formel et donné par écrit de l'auteur ou de son représentant.

Art. L. 132-20 *(Mod., L. n° 2006-961, 1er août 2006)*. – Sauf stipulation contraire :

1. L'autorisation de télédiffuser une œuvre par voie hertzienne ne comprend pas la distribution par câble de cette télédiffusion, à moins qu'elle ne soit faite en simultané et intégralement par l'organisme bénéficiaire de cette autorisation et sans extension de la zone géographique contractuellement prévue ;
2. L'autorisation de télédiffuser l'œuvre ne vaut pas autorisation de communiquer la télédiffusion de cette œuvre dans un lieu accessible au public ;
3. L'autorisation de télédiffuser l'œuvre par voie hertzienne ne comprend pas son émission vers un satellite permettant la réception de cette œuvre par l'intermédiaire d'organismes tiers, à moins que les auteurs ou leurs ayants droit aient contractuellement autorisé ces organismes à communiquer l'œuvre au public ; dans ce cas, l'organisme d'émission est exonéré du paiement de toute rémunération.
4. L'autorisation de télédiffuser une œuvre par voie hertzienne comprend la distribution à des fins non commerciales de cette télédiffusion sur les réseaux internes aux immeubles ou ensembles d'immeubles collectifs à usage d'habitation installés par leurs propriétaires ou copropriétaires, ou par les mandataires de ces derniers, à seule fin de permettre le raccordement de chaque logement de ces mêmes immeubles ou ensembles d'immeubles collectifs à usage d'habitation à des dispositifs collectifs de réception des télédiffusions par voie hertzienne normalement reçues dans la zone.

Art. L. 132-20-1 *(L. n° 97-283, 27 mars 1997 ; mod., Ord. n° 2016-1823, 22 déc. 2016)*. – I. - À compter de la date d'entrée en vigueur de la loi n° 97-283 du 27 mars 1997, le droit d'autoriser la retransmission par câble, simultanée, intégrale et sans changement, sur le territoire national, d'une œuvre télédiffusée à partir d'un État membre de la Communauté européenne ne peut être exercé que par un organisme de gestion collective. Si cet organisme est régi par le titre II du livre III, il doit être agréé à cet effet par le ministre chargé de la culture.

Si le titulaire du droit n'en a pas déjà confié la gestion à l'un de ces organismes, il désigne celui qu'il charge de l'exercer. Il notifie par écrit cette désignation à l'organisme, qui ne peut refuser.

Le contrat autorisant la télédiffusion d'une œuvre sur le territoire national mentionne l'organisme chargé d'exercer le droit d'autoriser sa retransmission par câble, simultanée, intégrale et sans changement, dans les États membres de la Communauté européenne.

L'agrément prévu au premier alinéa est délivré en considération :

1° De la qualification professionnelle des dirigeants des organismes et des moyens que ceux-ci peuvent mettre en œuvre pour assurer le recouvrement des droits définis au premier alinéa et l'exploitation de leur répertoire ;

2° De l'importance de leur répertoire ;

3° De leur respect des obligations que leur imposent les dispositions du titre II du livre III.

Un décret en Conseil d'État fixe les conditions de délivrance et de retrait de l'agrément. Il fixe également, dans le cas prévu au deuxième alinéa, les modalités de désignation de l'organisme chargé de la gestion du droit de retransmission (1).

II. - Par dérogation au I, le titulaire du droit peut céder celui-ci à une entreprise de communication audiovisuelle.

Les dispositions du I ne s'appliquent pas aux droits dont est cessionnaire une entreprise de communication audiovisuelle.

Art. L. 132-20-2 *(L. n° 97-283, 27 mars 1997)*. – Des médiateurs sont institués afin de favoriser, sans préjudice du droit des parties de saisir le juge, la résolution des litiges relatifs à l'octroi de l'autorisation de retransmission, simultanée, intégrale et sans changement, d'une œuvre par câble.

À défaut d'accord amiable, le médiateur peut proposer aux parties la solution qui lui paraît appropriée, que celles-ci sont réputées avoir acceptée faute d'avoir exprimé leur opposition par écrit dans un délai de trois mois.

Un décret en Conseil d'État précise les conditions d'application du présent article et les modalités de désignation des médiateurs (2).

Art. L. 132-21. – L'entrepreneur de spectacles est tenu de déclarer à l'auteur ou à ses représentants le programme exact des représentations ou exécutions publiques et de leur fournir un état justifié de ses

(1) D. n° 98-1041, 18 nov. 1998 (CPI, art. R. 323-1 à R. 323-5).
(2) D. n° 98-1042, 18 nov. 1998 (CPI, art. R. 324-1 à R. 324-12).

recettes. Il doit acquitter aux échéances prévues, entre les mains de l'auteur ou de ses représentants, le montant des redevances stipulées.

Toutefois, les communes, pour l'organisation de leurs fêtes locales et publiques, et les sociétés d'éducation populaire, agréées par l'autorité administrative, pour les séances organisées par elles dans le cadre de leurs activités, doivent bénéficier d'une réduction de ces redevances.

Art. L. 132-22. – **L'entrepreneur de spectacles doit assurer la représentation ou l'exécution publique dans des conditions techniques propres à garantir le respect des droits intellectuels et moraux de l'auteur.**

Section III. – Contrat de production audiovisuelle

Art. L. 132-23. – **Le producteur de l'œuvre audiovisuelle est la personne physique ou morale qui prend l'initiative et la responsabilité de la réalisation de l'œuvre.**

Notion de producteur. Le terme de producteur utilisé dans l'article L. 132-23 du CPI, est un terme générique qui s'applique tout autant au producteur isolé qu'aux coproducteurs qui se trouvent associés dans la réalisation de l'œuvre dont ils prennent le risque, selon des modalités définies par eux (▪ Paris, 31 janv. 1995 : *RIDA* 3/1995, 339, pourvoi rejeté par ▪ Cass. 1re civ., 16 juill. 1997 : *JCP* 97, IV, 2013 ; *Bull. civ.* I, n° 248). Doit être considérée comme producteur au sens de ce texte la société qui, soit directement par son pouvoir de contrôle permanent, soit par l'intermédiaire de son mandataire missionné à cet effet, participe activement à l'initiative et à la responsabilité de la réalisation de l'œuvre (même arrêt). Jugé sous l'empire du droit antérieur à l'entrée en vigueur de la loi du 3 juillet 1985 que le fait de financer un court-métrage et d'être tenu informé des phases de son élaboration ne suffit pas à conférer la qualité de producteur, laquelle implique un rôle d'impulsion, de direction et de coordination (▪ Paris, 22 juill. 1981 : *D.* 1983, inf. rap. 94, obs. Colombet). Viole l'article L. 132-23 l'arrêt qui décide qu'une société de télévision n'a été sollicitée qu'en qualité de diffuseur des émissions à produire et n'est nullement engagée dans leur financement, alors que selon ses propres constatations, ladite société avait chargé une société prestataire de services, en tant que producteur exécutif, de la fabrication de quinze émissions présentant des caractéristiques précisément définies, moyennant une rémunération fixe, ce dont il résultait qu'elle participait au risque de la création de l'œuvre (▪ Cass. 1re civ., 14 nov. 2012, n° 11-21.276 : *Propr. intell.* 2013, 65, obs. A. Lucas). Mais a légalement justifié sa décision la cour d'appel qui a décidé que la seule désignation de la Comédie-Française par ses cocontractants comme coproducteur est inopérante dès lors qu'il résulte clairement des stipulations de chacun des contrats qu'elle n'était pas responsable de la conception, de la réalisation et de la commercialisation desdites œuvres, et qu'elle ne participait pas non plus aux risques de la production (▪ Cass. soc., 10 oct. 2012, n° 11-22.893 : *RTD com.* 2012, 782, obs. Pollaud-Dulian).

Art. L. 132-24. – **Le contrat qui lie le producteur aux auteurs d'une œuvre audiovisuelle, autres que l'auteur de la composition musicale avec ou sans paroles, emporte, sauf clause contraire et sans préjudice des droits reconnus à l'auteur par les dispositions des articles L. 111-3, L. 121-4, L. 121-5, L. 122-1 à L. 122-7, L. 123-7, L. 131-2 à L. 131-7, L. 132-4 et L. 132-7, cession au profit du producteur des droits exclusifs d'exploitation de l'œuvre audiovisuelle.**

Le contrat de production audiovisuelle n'emporte pas cession au producteur des droits graphiques et théâtraux sur l'œuvre.

Ce contrat prévoit la liste des éléments ayant servi à la réalisation de l'œuvre qui sont conservés ainsi que les modalités de cette conservation.

1) Exigence d'un écrit. La présomption de cession prévue par l'article L. 132-24 ne peut jouer si fait défaut l'écrit exigé par l'article L. 131-2 (▪ Paris, 17 janv. 1995 : *RIDA* 3/1995, 332).

2) Auteur d'une affiche de film. Coauteur (non). L'auteur d'une affiche de film ne peut être considéré comme coauteur de l'œuvre cinématographique et la présomption de cession des droits ne s'applique donc pas (▪ Paris, 18 mars 1987 : *D.* 1988, somm. 209, obs. Colombet ; *RIDA* 4/1987, 222).

Art. L. 132-25 *(Mod., L. n° 2006-961, 1er août 2006* (1) *; mod., L. n° 2016-925, 7 juill. 2016).* – **La rémunération des auteurs est due pour chaque mode d'exploitation.**

(1) V. T. appl. : pour la filière cinématographique, A. 7 févr. 2011 (*JO* 15 févr. 2011).

Sous réserve des dispositions de l'article L. 131-4, lorsque le public paie un prix pour recevoir communication d'une œuvre audiovisuelle déterminée et individualisable, la rémunération est proportionnelle à ce prix, compte tenu des tarifs dégressifs éventuels accordés par le distributeur à l'exploitant ; elle est versée aux auteurs par le producteur.

Sur l'application de l'article L. 132-25, al. 2, à la vente de vidéocassettes, V. ■ TGI Paris, 6 janv. 1993 : *D.* 1994, somm. 279, obs. Hassler.

Art. L. 132-25-1 *(L. n° 2016-925, 7 juill. 2016 ; mod., Ord. n° 2016-1823, 22 déc. 2016).* – Les accords relatifs à la rémunération des auteurs, ainsi que ceux traitant des pratiques contractuelles ou des usages professionnels entre auteurs et producteurs, conclus entre les organismes professionnels d'auteurs ou les organismes de gestion collective mentionnés au titre II du livre III de la présente partie, les organisations professionnelles représentatives des producteurs et, le cas échéant, les organisations représentatives d'autres secteurs d'activité peuvent être étendus à l'ensemble des intéressés par arrêté du ministre chargé de la culture.

Art. L. 132-26. – L'auteur garantit au producteur l'exercice paisible des droits cédés.

Art. L. 132-27 *(Rempl., L. n° 2016-925, 7 juill. 2016 ; mod., Ord. n° 2016-1823, 22 déc. 2016).* – Le producteur est tenu de rechercher une exploitation suivie de l'œuvre audiovisuelle, conforme aux usages de la profession.

Le champ et les conditions de mise en œuvre de cette obligation ainsi que, le cas échéant, les dispositions convenues entre le producteur et ses cessionnaires ou mandataires sont définis par voie d'accord professionnel conclu entre, d'une part, les organismes professionnels d'auteurs ou les organismes de gestion collective mentionnés au titre II du livre III de la présente partie et, d'autre part, les organisations représentatives des producteurs d'œuvres audiovisuelles, les organisations représentatives des éditeurs de services de communication audiovisuelle ou un ensemble d'éditeurs de services de communication audiovisuelle représentatifs ainsi que, le cas échéant, un ensemble d'éditeurs de services de communication au public en ligne représentatifs et les organisations représentatives d'autres secteurs d'activité. L'accord peut être rendu obligatoire pour l'ensemble des intéressés des secteurs d'activité concernés par arrêté du ministre chargé de la culture. À défaut d'accord professionnel rendu obligatoire dans le délai de trois mois à compter de la promulgation de la loi n° 2016-925 du 7 juillet 2016 relative à la liberté de la création, à l'architecture et au patrimoine, le champ et les conditions de mise en œuvre de cette obligation sont fixés par décret en Conseil d'État.

Art. L. 132-28 *(Mod., L. n° 2016-925, 7 juill. 2016).* – Le producteur fournit, au moins une fois par an, à l'auteur et aux coauteurs un état des recettes provenant de l'exploitation de l'œuvre selon chaque mode d'exploitation.

À leur demande, il leur fournit toute justification propre à établir l'exactitude des comptes, notamment la copie des contrats par lesquels il cède à des tiers tout ou partie des droits dont il dispose.

Toute cession du bénéfice d'un contrat de production audiovisuelle à un tiers ne peut intervenir qu'après une information préalable des coauteurs par le cédant dans un délai minimal d'un mois avant la date effective de la cession. Tout contrat de production audiovisuelle fait mention de l'obligation prévue au présent alinéa.

Violation du droit moral par le sous-cessionnaire. *Le producteur ne peut,* « en sa seule qualité » de cédant, répondre de la dénaturation de l'œuvre par le sous-cessionnaire (■ Cass. 1re civ., 4 nov. 2011, n° 10-13.410 : *LEPI* janv. 2012, 5, obs. Lefranc).

Art. L. 132-29. – Sauf convention contraire, chacun des auteurs de l'œuvre audiovisuelle peut disposer librement de la partie de l'œuvre qui constitue sa contribution personnelle en vue de son exploitation dans un genre différent et dans les limites fixées par l'article L. 113-3.

Art. L. 132-30. – Le redressement judiciaire du producteur n'entraîne pas la résiliation du contrat de production audiovisuelle.

Lorsque la réalisation ou l'exploitation de l'œuvre est continuée en application des articles 31 et suivants de la loi n° 85-98 du 25 janvier 1985 relative au redressement et à la liquidation judiciaires des entreprises (C. com., art. L. 622-1 et s.), l'administrateur est tenu au respect de toutes les obligations du producteur, notamment à l'égard des coauteurs.

En cas de cession de tout ou partie de l'entreprise ou de liquidation, l'administrateur, le débiteur, le liquidateur, selon le cas, est tenu d'établir un lot distinct pour chaque œuvre audiovisuelle pouvant faire l'objet d'une cession ou d'une vente aux enchères. Il a l'obligation d'aviser, à peine de nullité, chacun des auteurs et des coproducteurs de l'œuvre par lettre recommandée, un mois avant toute décision sur la cession ou toute procédure de licitation. L'acquéreur est, de même, tenu aux obligations du cédant.

L'auteur et les coauteurs possèdent un droit de préemption sur l'œuvre, sauf si l'un des coproducteurs se déclare acquéreur. À défaut d'accord, le prix d'achat est fixé à dire d'expert.

Lorsque l'activité de l'entreprise a cessé depuis plus de trois mois ou lorsque la liquidation est prononcée, l'auteur et les coauteurs peuvent demander la résiliation du contrat de production audiovisuelle.

1) **Lot distinct pour chaque œuvre.** Sur la nécessité pour le mandataire liquidateur d'établir un lot distinct pour chaque œuvre pouvant faire l'objet d'une cession ou d'une vente aux enchères, V. ▪ Paris, 31 janv. 1995 : *RIDA* 3/1995, 339 ; *D.* 1996, somm. 74, obs. Hassler.

2) **Autorisation du juge-commissaire.** L'autorisation donnée par le juge-commissaire ne peut avoir pour effet d'écarter les dispositions impératives de l'article L. 132-30 fixant les conditions de validité d'une cession portant sur des œuvres audiovisuelles (▪ Cass. 1re civ., 16 juill. 1997 : *JCP* 97, IV, 2013 ; *JCP* E 99, 317, n° 1, obs. Bougerol ; *Bull. civ.* I, n° 248, rejetant le pourvoi contre ▪ Paris, 31 janv. 1995, préc.).

3) **Comptes entre les parties.** Saisis d'un recours en interprétation d'une sentence arbitrale ayant prononcé la résiliation aux torts partagés des parties des accords conclus par deux sociétés de production et donné mission à un administrateur de procéder à la liquidation des sociétés de fait ayant existé entre elles, en précisant que les trois films en cause devraient être vendus avant l'établissement de l'arrêté définitif des comptes, les juges du fond ont pu refuser de faire droit aux demandes de la société demanderesse qui contestait la possibilité d'ordonner la vente des films dont les droits appartenaient à des titulaires *in bonis*, et qui soutenait, qu'en toute hypothèse, la vente ne pouvait intervenir qu'après l'arrêté des comptes (▪ Cass. 1re civ., 30 mai 2012, n° 10-24.524 : *Propr. intell.* 2012, 341, obs. A. Lucas).

Section IV – Contrat de commande pour la publicité

Art. L. 132-31. – **Dans le cas d'une œuvre de commande utilisée pour la publicité, le contrat entre le producteur et l'auteur entraîne, sauf clause contraire, cession au producteur des droits d'exploitation de l'œuvre, dès lors que ce contrat précise la rémunération distincte due pour chaque mode d'exploitation de l'œuvre en fonction notamment de la zone géographique, de la durée de l'exploitation, de l'importance du tirage et de la nature du support.**

Un accord entre les organisations représentatives d'auteurs et les organisations représentatives des producteurs en publicité fixe les éléments de base entrant dans la composition des rémunérations correspondant aux différentes utilisations des œuvres.

La durée de l'accord est comprise entre un et cinq ans.

Ses stipulations peuvent être rendues obligatoires pour l'ensemble des intéressés par décret.

1) **Doctrine.** V. commentaires J.-P. Oberthur : *RIDA* 2/1986, 7. – G. Bonet et X. Desjeux : *JCP* 87, I, 3283.

2) **Application aux seules cessions consenties par des personnes physiques.** Les dispositions de l'article L. 132-31 régissent « les seuls contrats consentis par l'auteur personne physique, dans l'exercice de son droit d'exploitation, et non ceux que peuvent conclure, avec des sous-exploitants, les cessionnaires ou les personnes investies par la loi sur les œuvres collectives de ce droit » (▪ Cass. 1re civ., 8 déc. 2009 : *JCP* E 2010, 1079, note Caron ; *Comm. com. électr.* 2010, comm. 12, note Caron ; *Propr. intell.* 2010, 625, obs. A. Lucas).

3) **Forfait rémunérant la création artistique et l'exécution matérielle.** La présomption ne peut jouer dès lors que le contrat prévoit uniquement une rémunération forfaitaire globale à la fois pour des actes relevant de la création artistique en matière publicitaire et des actes de fabrication et d'exécution matérielle (▪ Paris, 15e ch. B, 20 mars 1992 : *JurisData* n° 1992-020969).

4) **Création identifiant une entreprise.** L'article L. 132-31 n'est pas applicable lorsque la création en cause est destinée à constituer un élément d'identification d'une entreprise et de ses produits (▪ Paris, 7 juill. 1995 : *D.* 1996, somm. 71, obs. crit. Hassler. – V. aussi ▪ Cass. 1re civ., 25 févr. 2003 : *JCP* 2003, IV, 1722 ; *JurisData* n° 2003-017897, écar-

tant l'application des dispositions spécifiques au contrat de commande pour la publicité en relevant l'absence de messages de réclame ou de promotion et le fait que les photographies s'adressent au cercle restreint des salariés).

5) Formalisme. Sur la nullité de l'acte de cession des droits d'exploitation d'une œuvre de commande dont les indications à portée générale sans référence aux modes de rémunération distincte pour chaque situation particulière contreviennent aux dispositions d'ordre public de l'article L. 132-31, V. ▪ Paris, 24 mai 2000 : *JurisData* n° 2000-120011. – Mais V., très indulgent, ▪ Cass. 1re civ., 20 mars 2001 : *JurisData* n° 2001-008772 ; *JCP* 2001, IV, 1918 ; *RIDA* 3/2001, 351 ; *Comm. com. électr.* 2001, 101, note Le Stanc ; *Bull. civ.* I, n° 79 ; *Propr. intell.* 2001, n° 1, 69, obs. A. Lucas, se contentant de l'observation de l'arrêt attaqué selon laquelle le prix forfaitaire payé à l'auteur de photographies publicitaires « prenait en compte l'exploitation des clichés ».

Art. L. 132-32 et L. 132-33 *(Abr., L. n° 2011-525, 17 mai 2011)* (1).

Section V. – Contrat de nantissement du droit d'exploitation des logiciels

(L. n° 94-361, 10 mai 1994)

Art. L. 132-34 *(L. n° 94-361, 10 mai 1994).* **– Sans préjudice des dispositions de la loi du 17 mars 1909 relative à la vente et au nantissement des fonds de commerce, le droit d'exploitation de l'auteur d'un logiciel défini à l'article L. 122-6 peut faire l'objet d'un nantissement dans les conditions suivantes :**

Le contrat est, à peine de nullité, constaté par un écrit.

Le nantissement est inscrit, à peine d'inopposabilité, sur un registre spécial tenu par l'Institut national de la propriété industrielle. L'inscription indique précisément l'assiette de la sûreté et notamment les codes source et les documents de fonctionnement.

Le rang des inscriptions est déterminé par l'ordre dans lequel elles sont requises.

Les inscriptions de nantissement sont, sauf renouvellement préalable, périmées à l'expiration d'une durée de cinq ans.

Un décret en Conseil d'État fixera les conditions d'application du présent article (2).

Section VI. – Droit d'exploitation des œuvres des journalistes

(L. n° 2009-669, 12 juin 2009)

Art. L. 132-35 *(L. n° 2009-669, 12 juin 2009).* **– On entend par titre de presse, au sens de la présente section, l'organe de presse à l'élaboration duquel le journaliste professionnel a contribué, ainsi que l'ensemble des déclinaisons du titre, quels qu'en soient le support, les modes de diffusion et de consultation. Sont exclus les services de communication audiovisuelle au sens de l'article 2 de la loi n° 86-1067 du 30 septembre 1986 relative à la liberté de communication.**

Est assimilée à la publication dans le titre de presse la diffusion de tout ou partie de son contenu par un service de communication au public en ligne ou par tout autre service, édité par un tiers, dès lors que cette diffusion est faite sous le contrôle éditorial du directeur de la publication dont le contenu diffusé est issu ou dès lors qu'elle figure dans un espace dédié au titre de presse dont le contenu diffusé est extrait.

Est également assimilée à la publication dans le titre de presse la diffusion de tout ou partie de son contenu par un service de communication au public en ligne édité par l'entreprise de presse ou par le groupe auquel elle appartient ou édité sous leur responsabilité, la mention dudit titre de presse devant impérativement figurer.

Famille cohérente de presse. L'article L. 132-35 permettant l'exploitation de l'œuvre du journaliste au sein d'un « même titre de presse » n'est applicable que pour des publications dans des titres constituant des « déclinaisons » du titre exploité par son employeur (▪ Paris, 18 oct. 2013 : *Comm. com. électr.* 2014, 3, note Caron). L'exploitation au sein d'un « même famille cohérente de presse », visée par l'article L. 132-39, suppose la négociation d'un accord d'entreprise destiné à définir la notion de famille cohérente de presse ou à fixer la liste des titres concernés et à déterminer les conditions d'une rémunération, sous forme de droits d'auteur ou de salaire, pour une exploitation hors du titre de presse (même arrêt).

(1) Dispositions applicables sur l'ensemble du territoire de la République, L. n° 2011-525, 17 mai 2011, art. 200.

(2) V. CPI, art. R. 132-8 à R. 132-17.

Art. L. 132-36 *(L. n° 2009-669, 12 juin 2009 ; mod., L. n° 2011-525, 17 mai 2011).* **– Par dérogation à l'article L. 131-1 et sous réserve des dispositions de l'article L. 121-8, la convention liant un journaliste professionnel ou assimilé au sens des articles L. 7111-3 et suivants du Code du travail, qui contribue, de manière permanente ou occasionnelle, à l'élaboration d'un titre de presse, et l'employeur emporte, sauf stipulation contraire, cession à titre exclusif à l'employeur des droits d'exploitation des œuvres du journaliste réalisées dans le cadre de ce titre, qu'elles soient ou non publiées.**

Application dans le temps. Sur ce que les dispositions de l'article L. 132-36, introduites par la loi du 12 juin 2009, qui instaurent une présomption de cession des droits des journalistes au profit de l'employeur, n'ont pas vocation à s'appliquer aux conventions conclues antérieurement à cette date, V. ▪ Cass. 2e civ., 30 janv. 2014, n° 12-24.415 : *JurisData* n° 2014-000976 ; *Propr. intell.* 2014, 158, obs. Bruguière. V. cependant ▪ Paris, 18 oct. 2013 : *Comm. com. électr.* 2014, 3, note Caron (dès lors que, selon la doctrine de la Cour de cassation, la loi qui a vocation à s'appliquer en matière de droit d'auteur est celle qui est en vigueur à la date de l'acte qui provoque la mise en œuvre de la protection légale, la loi du 12 juin est applicable à des articles de presse mis en ligne le 30 novembre 2009).

Art. L. 132-37 *(L. n° 2009-669, 12 juin 2009).* **– L'exploitation de l'œuvre du journaliste sur différents supports, dans le cadre du titre de presse défini à l'article L. 132-35 du présent code, a pour seule contrepartie le salaire, pendant une période fixée par un accord d'entreprise ou, à défaut, par tout autre accord collectif, au sens des articles L. 2222-1 et suivants du Code du travail.**

Cette période est déterminée en prenant notamment en considération la périodicité du titre de presse et la nature de son contenu.

Art. L. 132-38 *(L. n° 2009-669, 12 juin 2009 ; mod., L. n° 2011-525, 17 mai 2011)* (1). **– L'exploitation de l'œuvre dans le titre de presse, au-delà de la période prévue à l'article L. 132-37, est rémunérée, à titre de rémunération complémentaire sous forme de droits d'auteur ou de salaire, dans des conditions déterminées par l'accord d'entreprise ou, à défaut, par tout autre accord collectif.**

Art. L. 132-39 *(L. n° 2009-669, 12 juin 2009 ; mod., L. n° 2011-525, 17 mai 2011).* **– Lorsque la société éditrice ou la société qui la contrôle, au sens de l'article L. 233-16 du Code de commerce, édite plusieurs titres de presse, un accord d'entreprise peut prévoir la diffusion de l'œuvre par d'autres titres de cette société ou du groupe auquel elle appartient, à condition que ces titres et le titre de presse initial appartiennent à une même famille cohérente de presse. Cet accord définit la notion de famille cohérente de presse ou fixe la liste de chacun des titres de presse concernés.**

L'exploitation de l'œuvre du journaliste au sein de la famille cohérente de presse doit comporter des mentions qui permettent une identification dudit journaliste et, si l'accord le prévoit, du titre de presse dans lequel l'œuvre a été initialement publiée.

Ces exploitations hors du titre de presse tel que défini à l'article L. 132-35 du présent code donnent lieu à rémunération complémentaire, sous forme de droits d'auteur ou de salaire, dans des conditions déterminées par l'accord d'entreprise mentionné au premier alinéa du présent article.

Art. L. 132-40 *(L. n° 2009-669, 12 juin 2009).* **– Toute cession de l'œuvre en vue de son exploitation hors du titre de presse initial ou d'une famille cohérente de presse est soumise à l'accord exprès et préalable de son auteur exprimé à titre individuel ou dans un accord collectif, sans préjudice, dans ce deuxième cas, de l'exercice de son droit moral par le journaliste.**

Ces exploitations donnent lieu à rémunération sous forme de droits d'auteur, dans des conditions déterminées par l'accord individuel ou collectif.

Jugé, à propos d'un pigiste n'ayant pas la qualité de journaliste professionnel, et, de ce fait, non soumis aux dispositions de la loi du 12 juin 2009, que la qualification d'œuvre collective n'autorisait pas l'entreprise de presse à exploiter sans son autorisation la contribution de l'intéressé sur Internet ou dans un autre journal, alors même que ladite exploitation portait sur l'ensemble que constituait le journal (▪ Cass. 1re civ., 3 juill. 2013, n° 12-21.481 : RIDA 4/2013, 425, et 309, obs. Sirinelli ; *Propr. intell.* 2013, 386, obs. A. Lucas).

(1) Dispositions applicables en Nouvelle-Calédonie et dans les îles Wallis-et-Futuna, L. n° 2011-525, 17 mai 2011, art. 200.

Art. L. 132-41 *(L. n° 2009-669, 12 juin 2009).* – Lorsque l'auteur d'une image fixe est un journaliste professionnel qui tire le principal de ses revenus de l'exploitation de telles œuvres et qui collabore de manière occasionnelle à l'élaboration d'un titre de presse, la cession des droits d'exploitation telle que prévue à l'article L. 132-36 ne s'applique que si cette œuvre a été commandée par l'entreprise de presse.

Les conditions dans lesquelles le second alinéa de l'article L. 121-8 s'applique aux œuvres cédées en application du premier alinéa du présent article sont précisées par un accord collectif ou individuel.

Art. L. 132-42 *(L. n° 2009-669, 12 juin 2009).* – Les droits d'auteur mentionnés aux articles L. 132-38 et suivants n'ont pas le caractère de salaire. Ils sont déterminés conformément aux articles L. 131-4 et L. 132-6.

Art. L. 132-42-1 *(L. n° 2012-387, 22 mars 2012).* – Par dérogation à l'article L. 2232-24 du Code du travail, dans les entreprises non assujetties à l'obligation d'organiser les élections prévues au livre III de la deuxième partie du même code, les accords mentionnés aux articles L. 132-37 à L. 132-41, L. 132-43 et L. 132-44 du présent code peuvent être négociés et conclus, dans les conditions prévues aux articles L. 2232-25 et L. 2232-26 du Code du travail, par un ou plusieurs journalistes professionnels au sens des articles L. 7111-3 à L. 7111-5 du même code collaborant de manière régulière à l'entreprise de presse et mandatés par une ou plusieurs organisations syndicales de journalistes professionnels représentatives mentionnées à l'article L. 132-44 du présent code. Ces accords sont approuvés à la majorité des suffrages exprimés par les seuls journalistes professionnels au sens des articles L. 7111-3 à L. 7111-5 du Code du travail collaborant de manière régulière à l'entreprise de presse, dans les conditions prévues à l'article L. 2232-27 du même code.

Art. L. 132-43 *(L. n° 2009-669, 12 juin 2009 ; mod., Ord. n° 2016-1823, 22 déc. 2016).* – Les accords collectifs peuvent prévoir de confier la gestion des droits mentionnés aux articles L. 132-38 et suivants à un ou plusieurs organismes de gestion collective régis par le titre II du livre III.

Art. L. 132-44 *(L. n° 2009-669, 12 juin 2009 ; mod., L. n° 2011-525, 17 mai 2011 ; L. n° 2012-387, 22 mars 2012).* – Il est créé une commission, présidée par un représentant de l'État, et composée, en outre, pour moitié de représentants des organisations professionnelles de presse représentatives et pour moitié de représentants des organisations syndicales de journalistes professionnels représentatives.

Le représentant de l'État est nommé parmi les membres de la Cour de cassation, du Conseil d'État ou de la Cour des comptes, par arrêté du ministre chargé de la communication.

Par dérogation au dernier alinéa de l'article L. 2232-21 et à l'article L. 2232-22 du Code du travail, la commission se prononce, en lieu et place de la commission paritaire de branche, sur la validité des accords relatifs aux droits d'auteur des journalistes conclus dans les conditions prévues à l'article L. 2232-21 du même code, dans les deux mois qui suivent leur transmission ; à défaut, les accords sont réputés avoir été validés. La commission contrôle que ces accords collectifs n'enfreignent pas les dispositions législatives, réglementaires ou conventionnelles applicables.

À défaut de conclusion d'un accord d'entreprise dans un délai de six mois à compter de la publication de la loi n° 2009-669 du 12 juin 2009 favorisant la diffusion et la protection de la création sur internet, et en l'absence de tout autre accord collectif applicable, l'une des parties à la négociation de l'accord d'entreprise peut saisir la commission aux fins de déterminer les modes et bases de la rémunération due en contrepartie des droits d'exploitation. La demande peut également porter sur l'identification des titres composant une famille cohérente de presse au sein du groupe, en application de l'article L. 132-39.

(1) En l'absence d'engagement de négociation, sont considérés comme des parties à la négociation de l'accord d'entreprise l'employeur et le délégué syndical. En l'absence de délégué syndical, peuvent saisir la commission :

- les institutions représentatives du personnel ;
- à défaut, tout salarié mandaté par une organisation syndicale de journalistes professionnels au sens de l'article L. 7111-3 du Code du travail ;
- à défaut, tout journaliste professionnel au sens du même article L. 7111-3 collaborant de manière régulière à l'entreprise de presse.

(1) Dispositions applicables en Nouvelle-Calédonie et dans les îles Wallis-et-Futuna, L. n° 2011-525, 17 mai 2011, art. 200.

Pour les accords d'entreprise conclus pour une durée déterminée qui arrivent à échéance ou pour ceux qui sont dénoncés par l'une des parties, la commission peut être saisie dans les mêmes conditions et sur les mêmes questions qu'au précédent alinéa, à défaut de la conclusion d'un nouvel accord d'entreprise dans les six mois suivant la date d'expiration de l'accord à durée déterminée ou à défaut de la conclusion d'un accord de substitution dans les délais prévus à l'article L. 2261-10 du Code du travail à la suite de la dénonciation du précédent accord.

La commission recherche avec les parties une solution de compromis afin de parvenir à un accord. Elle s'appuie, à cet effet, sur les accords existants pertinents au regard de la forme de presse considérée. Elle rend sa décision dans un délai de deux mois à compter de sa saisine.

La commission se détermine à la majorité de ses membres présents. En cas de partage des voix, le président a voix prépondérante.

Les décisions de la commission sont exécutoires si, dans un délai d'un mois, son président n'a pas demandé une seconde délibération. Elles sont notifiées aux parties et au ministre chargé de la communication, qui en assure la publicité.

L'intervention de la décision de la commission ne fait pas obstacle à ce que s'engage dans les entreprises de presse concernées une nouvelle négociation collective. L'accord collectif issu de cette négociation se substitue à la décision de la commission, après son dépôt par la partie la plus diligente auprès de l'autorité administrative, conformément à l'article L. 2231-6 du Code du travail.

Un décret en Conseil d'État fixe les conditions d'application du présent article et notamment la composition, les modalités de saisine et de fonctionnement de la commission ainsi que les voies de recours juridictionnel contre ses décisions.

Prêt numérique. La possibilité pour les États membres de remplacer le droit exclusif de prêt public par un droit à rémunération s'étend au prêt numérique correspondant au modèle « Une copie, un utilisateur » (■ CJUE, 10 nov. 2016, C-174/15, *VOB c/ Stichting Leenrecht : Comm. com. électr.* 2017, 3, note Loiseau et 10, obs. Caron ; *Dalloz IP/IT* 2017, 42, note Dormont ; *Propr. intell.* 2017, 39, obs. A. Lucas ; *Europe* 2017, 27, obs. Rigaux).

Art. L. 132-45 *(L. n° 2009-669, 12 juin 2009).* – L'article L. 132-41 s'applique à compter de l'entrée en vigueur d'un accord de branche déterminant le salaire minimum des journalistes professionnels qui tirent le principal de leurs revenus de l'exploitation d'images fixes et qui collaborent de manière occasionnelle à l'élaboration d'un titre de presse. Cet accord prend en compte le caractère exclusif ou non de la cession.

À défaut d'accord dans un délai de deux ans à compter de la publication de la loi n° 2009-669 du 12 juin 2009 favorisant la diffusion et la protection de la création sur internet, un décret fixe les conditions de détermination de ce salaire minimum.

CHAPITRE III. – RÉMUNÉRATION AU TITRE DU PRÊT EN BIBLIOTHÈQUE

(L. n° 2003-517, 18 juin 2003)

Art. L. 133-1 *(L. n° 2003-517, 18 juin 2003).* – Lorsqu'une œuvre a fait l'objet d'un contrat d'édition en vue de sa publication et de sa diffusion sous forme de livre, l'auteur ne peut s'opposer au prêt d'exemplaires de cette édition par une bibliothèque accueillant du public.

Ce prêt ouvre droit à rémunération au profit de l'auteur selon les modalités prévues à l'article L. 133-4.

Contrat à compte d'auteur. L'article L. 133-1 prévoyant que les œuvres soumises au droit de prêt sont celles qui ont fait l'objet d'un contrat d'édition, sont exclus de l'assiette de la rémunération due au titre du prêt les livres publiés en vertu d'un contrat dit à compte d'auteur (■ Cass. 1re civ., 20 sept. 2017, n° 16-17.738 : *Propr. intell.* janv. 2018, 50, obs. Bernault).

Art. L. 133-2 *(L. n° 2003-517, 18 juin 2003 ; mod., Ord. n° 2016-1823, 22 déc. 2016).* – La rémunération prévue par l'article L. 133-1 est perçue par un ou plusieurs organismes de gestion collective régis par le titre II du livre III et agréés à cet effet par le ministre chargé de la culture.

L'agrément prévu au premier alinéa est délivré en considération :

– de la diversité des membres ;

– de la qualification professionnelle des dirigeants ;

– des moyens que l'organisme propose de mettre en œuvre pour assurer la perception et la répartition de la rémunération au titre du prêt en bibliothèque ;
– de la représentation équitable des auteurs et des éditeurs parmi ses membres et au sein de ses organes dirigeants.

Un décret en Conseil d'État fixe les conditions de délivrance et de retrait de cet agrément.

Art. L. 133-3 *(L. n° 2003-517, 18 juin 2003)*. – La rémunération prévue au second alinéa de l'article L. 133-1 comprend deux parts.

La première part, à la charge de l'État, est assise sur une contribution forfaitaire par usager inscrit dans les bibliothèques accueillant du public pour le prêt, à l'exception des bibliothèques scolaires. Un décret fixe le montant de cette contribution, qui peut être différent pour les bibliothèques des établissements d'enseignement supérieur, ainsi que les modalités de détermination du nombre d'usagers inscrits à prendre en compte pour le calcul de cette part.

La seconde part est assise sur le prix public de vente hors taxes des livres achetés, pour leurs bibliothèques accueillant du public pour le prêt, par les personnes morales mentionnées au troisième alinéa (2°) de l'article 3 de la loi n° 81-766 du 10 août 1981 relative au prix du livre ; elle est versée par les fournisseurs qui réalisent ces ventes. Le taux de cette rémunération est de 6 % du prix public de vente.

Art. L. 133-4 *(L. n° 2003-517, 18 juin 2003 ; mod., L. n° 2009-526, 12 mai 2009 ; Ord. n° 2016-1823, 22 déc. 2016)*. – La rémunération au titre du prêt en bibliothèque est répartie dans les conditions suivantes :

1° Une première part est répartie à parts égales entre les auteurs et leurs éditeurs à raison du nombre d'exemplaires des livres achetés chaque année, pour leurs bibliothèques accueillant du public pour le prêt, par les personnes morales mentionnées au troisième alinéa (2°) de l'article 3 de la loi n° 81-766 du 10 août 1981 précitée, déterminé sur la base des informations que ces personnes et leurs fournisseurs communiquent à l'organisme ou aux organismes mentionnés à l'article L. 133-2 ;

2° Une seconde part, qui ne peut excéder la moitié du total, est affectée à la prise en charge d'une fraction des cotisations dues au titre de la retraite complémentaire par les personnes visées aux troisième et quatrième alinéas de l'article L. 382-12 du Code de la sécurité sociale.

CHAPITRE IV. – Dispositions particulières relatives à l'exploitation numérique des livres indisponibles

(Chap. créé à compter de la date prévue à l'article 4 de la loi n° 2012-287 du 1er mars 2012 et au plus tard le 1er septembre 2012, L. n° 2012-287, 1er mars 2012)

Art. L. 134-1 *(Créé à compter de la date prévue à l'article 4 de la loi n° 2012-287 du 1er mars 2012 et au plus tard le 1er septembre 2012, L. n° 2012-287, 1er mars 2012 ; rect. JO 10 mars 2012)*. – On entend par livre indisponible au sens du présent chapitre un livre publié en France avant le 1er janvier 2001 qui ne fait plus l'objet d'une diffusion commerciale par un éditeur et qui ne fait pas actuellement l'objet d'une publication sous une forme imprimée ou numérique.

Constitutionnalité de la loi du 1er mars 2012. Les dispositions de la loi du 1er mars 2012 relative à l'exploitation numérique des livres indisponibles du XXe siècle, insérant dans le Code de la propriété intellectuelle les articles L. 134-1 à L. 134-9, poursuivent un but d'intérêt général. Le régime de gestion collective qu'elles instaurent n'entraîne pas de « privation de propriété » au sens de l'article 17 de la Déclaration des droits de l'homme et du citoyen de 1789, et l'encadrement des conditions dans lesquelles les titulaires de droits d'auteur jouissent de leurs droits de propriété intellectuelle sur les livres indisponibles ne porte pas à ces droits une « atteinte disproportionnée », au sens de l'article 2 de ladite Déclaration, au regard de l'objectif poursuivi, dès lors notamment que les dispositions contestées n'affectent ni le droit de l'auteur au respect de son nom, ni son droit de divulgation, et qu'elles sont également dépourvues d'effet sur le droit de l'auteur d'exploiter son œuvre sous d'autres formes que numérique (■ Cons. const., 28 févr. 2014, n° 2013-370 QPC : *Comm. com. électr.* 2014, étude 6, obs. J.-M. Bruguière ; *Propr. intell.* 2014, 168, obs. A. Lucas. V. cependant ■ CJUE, 16 nov. 2016, cité, sous art. L. 134-4, p. 2508).

Art. L. 134-2 *(Créé à compter de la date prévue à l'article 4 de la loi n° 2012-287 du 1er mars 2012 et au plus tard le 1er septembre 2012, L. n° 2012-287, 1er mars 2012 ; rect. JO10 mars 2012)*. – Il est créé une base de données publique, mise à disposition en accès libre et gratuit par un service de communication au public en ligne, qui répertorie les livres indisponibles. La Bibliothèque nationale de France veille à sa mise en œuvre, à son actualisation et à l'inscription des mentions prévues aux articles L. 134-4, L. 134-5 et L. 134-6.

Toute personne peut demander à la Bibliothèque nationale de France l'inscription d'un livre indisponible dans la base de données.

L'inscription d'un livre dans la base de données ne préjuge pas de l'application des articles L. 132-12 et L. 132-17.

Art. L. 134-3 *(Créé à compter de la date prévue à l'article 4 de la loi n° 2012-287 du 1er mars 2012 et au plus tard le 1er septembre 2012, L. n° 2012-287, 1er mars 2012 ; rect. JO 10 mars 2012 ; mod., Ord. n° 2016-1823, 22 déc. 2016)*. – I. - Lorsqu'un livre est inscrit dans la base de données mentionnée à l'article L. 134-2 depuis plus de six mois, le droit d'autoriser sa reproduction et sa représentation sous une forme numérique est exercé par un organisme de gestion collective régi par le titre II du livre III de la présente partie, agréé à cet effet par le ministre chargé de la culture.

Sauf dans le cas prévu au troisième alinéa de l'article L. 134-5, la reproduction et la représentation du livre sous une forme numérique sont autorisées, moyennant une rémunération, à titre non exclusif et pour une durée limitée à cinq ans, renouvelable.

II. - Les organismes agréés ont qualité pour ester en justice pour la défense des droits dont ils ont la charge.

III. - L'agrément prévu au I est délivré en considération :

1° De la diversité des membres de l'organisme ;

2° De la représentation paritaire des auteurs et des éditeurs parmi les membres et au sein des organes dirigeants ;

3° De la qualification professionnelle des dirigeants de l'organisme ;

4° Des moyens que l'organisme propose de mettre en œuvre pour assurer la perception des droits et leur répartition ;

5° Du caractère équitable des règles de répartition des sommes perçues entre les ayants droit, qu'ils soient ou non parties au contrat d'édition. Le montant des sommes perçues par le ou les auteurs du livre ne peut être inférieur au montant des sommes perçues par l'éditeur ;

6° Des moyens probants que l'organisme propose de mettre en œuvre afin d'identifier et de retrouver les titulaires de droits aux fins de répartir les sommes perçues ;

7° Des moyens que l'organisme propose de mettre en œuvre pour développer des relations contractuelles permettant d'assurer la plus grande disponibilité possible des œuvres ;

8° Des moyens que l'organisme propose de mettre en œuvre pour veiller à la défense des intérêts légitimes des ayants droit non parties au contrat d'édition.

IV. - Les organismes agréés remettent chaque année à la commission de contrôle des organismes de gestion mentionnée à l'article L. 327-1 un rapport rendant compte des moyens mis en œuvre et des résultats obtenus dans la recherche des titulaires de droits, qu'ils soient ou non parties au contrat d'édition.

La commission peut formuler toute observation ou recommandation d'amélioration des moyens mis en œuvre afin d'identifier et de retrouver les titulaires de droits.

La commission est tenue informée, dans le délai qu'elle fixe, des suites données à ses observations et recommandations.

La commission rend compte annuellement au Parlement, au Gouvernement et à l'assemblée générale des organismes agréés, selon des modalités qu'elle détermine, des observations et recommandations qu'elle a formulées et des suites qui leur ont été données.

Art. L. 134-4 *(Créé à compter de la date prévue à l'article 4 de la loi n° 2012-287 du 1er mars 2012 et au plus tard le 1er septembre 2012, L. n° 2012-287, 1er mars 2012 ; rect. JO 10 mars 2012 ; mod., Ord. n° 2016-1823, 22 déc. 2016)*. – I. - L'auteur d'un livre indisponible ou l'éditeur disposant du droit de reproduction sous une forme imprimée de ce livre peut s'opposer à l'exercice du droit d'autorisation mentionné au premier alinéa du I de l'article L. 134-3 par un organisme de gestion collective agréé. Cette opposition est notifiée par écrit à l'organisme mentionné au premier alinéa de l'article L. 134-2 au plus tard six mois après l'inscription du livre concerné dans la base de données mentionnée au même alinéa.

Mention de cette opposition est faite dans la base de données mentionnée au même article L. 134-2.

Après l'expiration du délai mentionné au premier alinéa du présent I, l'auteur d'un livre indisponible peut s'opposer à l'exercice du droit de reproduction ou de représentation de ce livre s'il juge que la reproduction ou la représentation de ce livre est susceptible de nuire à son honneur ou à sa réputation. Ce droit est exercé sans indemnisation.

II. - L'éditeur ayant notifié son opposition dans les conditions prévues au premier alinéa du I du présent article est tenu d'exploiter dans les deux ans suivant cette notification le livre indisponible concerné. Il doit apporter par tout moyen la preuve de l'exploitation effective du livre à l'organisme agréé en application de l'article L. 134-3. À défaut d'exploitation du livre dans le délai imparti, la mention de l'opposition est supprimée dans la base de données mentionnée à l'article L. 134-2 et le droit d'autoriser sa reproduction et sa représentation sous une forme numérique est exercé dans les conditions prévues au second alinéa du I de l'article L. 134-3.

La preuve de l'exploitation effective du livre, apportée par l'éditeur dans les conditions prévues au premier alinéa du présent II, ne préjuge pas de l'application des articles L. 132-12 et L. 132-17.

Conditions de l'opposition et du retrait. Atteinte au droit exclusif. Les mécanismes prévus par la loi du 1er mars 2012 sur les livres indisponibles pour la mise en œuvre du droit d'opposition et du droit de retrait des auteurs sont contraires à la directive 2001/29 en ce qu'ils portent atteinte au droit exclusif de l'auteur (▪ CJUE, 16 nov. 2016, C-301/15, *Marc Soulier et Sara Doke : Propr. intell.* 2017, 30, obs. Bernault ; *Europe* 2017, 28, obs. Simon ; *Dalloz IP/IT* 2017, 108, obs. Benabou. V. annulant certaines dispositions du décret d'application de la loi mais validant les licences d'exploitations déjà accordées par la SOFIA, ▪ CE, 7 juin 2017, n° 368208 : *Propr. intell.* 2017, n° 65, 67, obs. Bernault).

Art. L. 134-5 *(Créé à compter de la date prévue à l'article 4 de la loi n° 2012-287 du 1er mars 2012 et au plus tard le 1er septembre 2012, L. n° 2012-287, 1er mars 2012 ; rect. JO 10 mars 2012 ; mod., L. n° 2015-195, 20 févr. 2015 ; Ord. n° 2016-1823, 22 déc. 2016).* – À défaut d'opposition notifiée par l'auteur ou l'éditeur à l'expiration du délai prévu au I de l'article L. 134-4, l'organisme de gestion collective propose une autorisation de reproduction et de représentation sous une forme numérique d'un livre indisponible à l'éditeur disposant du droit de reproduction de ce livre sous une forme imprimée.

Cette proposition est formulée par écrit. Elle est réputée avoir été refusée si l'éditeur n'a pas notifié sa décision par écrit dans un délai de deux mois à l'organisme de gestion collective.

L'autorisation d'exploitation mentionnée au premier alinéa est délivrée par l'organisme de gestion collective à titre exclusif pour une durée de dix ans tacitement renouvelable.

Mention de l'acceptation de l'éditeur est faite dans la base de données mentionnée à l'article L. 134-2.

À défaut d'opposition de l'auteur apportant par tout moyen la preuve que cet éditeur ne dispose pas du droit de reproduction d'un livre sous une forme imprimée, l'éditeur ayant notifié sa décision d'acceptation est tenu d'exploiter, dans les trois ans suivant cette notification, le livre indisponible concerné. Il doit apporter à cet organisme, par tout moyen, la preuve de l'exploitation effective du livre.

À défaut d'acceptation de la proposition mentionnée au premier alinéa ou d'exploitation de l'œuvre dans le délai prévu au cinquième alinéa du présent article, la reproduction et la représentation du livre sous une forme numérique sont autorisées par l'organisme de gestion collective dans les conditions prévues au second alinéa du I de l'article L. 134-3.

L'utilisateur auquel un organisme de gestion collective a accordé une autorisation d'exploitation dans les conditions prévues au même second alinéa est considéré comme éditeur de livre numérique au sens de l'article 2 de la loi n° 2011-590 du 26 mai 2011 relative au prix du livre numérique.

L'exploitation de l'œuvre dans les conditions prévues au présent article ne préjuge pas de l'application des articles L. 132-12 et L. 132-17.

Art. L. 134-6 *(Créé à compter de la date prévue à l'article 4 de la loi n° 2012-287 du 1er mars 2012 et au plus tard le 1er septembre 2012, L. n° 2012-287, 1er mars 2012 ; rect. JO 10 mars 2012 ; mod., Ord. n° 2016-1823, 22 déc. 2016).* – L'auteur et l'éditeur disposant du droit de reproduction sous une forme imprimée d'un livre indisponible notifient conjointement à tout moment à l'organisme de gestion collective mentionné à l'article L. 134-3 leur décision de lui retirer le droit d'autoriser la reproduction et la représentation dudit livre sous forme numérique.

L'auteur d'un livre indisponible peut décider à tout moment de retirer à l'organisme de gestion collective mentionné au même article L. 134-3 le droit d'autoriser la reproduction et la représentation du livre sous une forme numérique s'il apporte la preuve qu'il est le seul titulaire des droits définis audit article L. 134-3. Il lui notifie cette décision.

Mention des notifications prévues aux deux premiers alinéas du présent article est faite dans la base de données mentionnée à l'article L. 134-2.

L'éditeur ayant notifié sa décision dans les conditions prévues au premier alinéa est tenu d'exploiter le livre concerné dans les dix-huit mois suivant cette notification. Il doit apporter à l'organisme de gestion collective, par tout moyen, la preuve de l'exploitation effective du livre.

L'organisme informe tous les utilisateurs auxquels il a accordé une autorisation d'exploitation du livre concerné des décisions mentionnées aux deux premiers alinéas du présent article. Les ayants droit ne peuvent s'opposer à la poursuite de l'exploitation dudit livre engagée avant la notification pendant la durée restant à courir de l'autorisation mentionnée au second alinéa du I de l'article L. 134-3 ou au troisième alinéa de l'article L. 134-5, à concurrence de cinq ans maximum et à titre non exclusif.

Art. L. 134-7 *(Créé à compter de la date prévue à l'article 4 de la loi n° 2012-287 du 1er mars 2012 et au plus tard le 1er septembre 2012, L. n° 2012-287, 1er mars 2012 ; rect. JO 10 mars 2012 ; mod., Ord. n° 2016-1823, 22 déc. 2016).* – Les modalités d'application du présent chapitre, notamment les modalités d'accès à la base de données prévue à l'article L. 134-2, la nature ainsi que le format des données collectées et les mesures de publicité les plus appropriées pour garantir la meilleure information possible des ayants droit, les conditions de délivrance et de retrait de l'agrément des organismes de gestion collective prévu à l'article L. 134-3, sont précisées par décret en Conseil d'État.

Art. L. 134-8 *(Abr., L. n° 2015-195, 20 févr. 2015).*

Art. L. 134-9 *(Créé à compter de la date prévue à l'article 4 de la loi n° 2012-287 du 1er mars 2012 et au plus tard le 1er septembre 2012, L. n° 2012-287, 1er mars 2012 ; rect. JO 10 mars 2012 ; mod., Ord. n° 2016-1823, 22 déc. 2016).* – Par dérogation aux dispositions des trois premiers alinéas de l'article L. 324-17, les organismes agréés mentionnés à l'article L. 134-3 utilisent à des actions d'aide à la création, à des actions de formation des auteurs de l'écrit et à des actions de promotion de la lecture publique mises en œuvre par les bibliothèques les sommes perçues au titre de l'exploitation des livres indisponibles et qui n'ont pu être réparties parce que leurs destinataires n'ont pu être identifiés ou retrouvés avant l'expiration du délai prévu au dernier alinéa de l'article L. 321-1.

Le montant et l'utilisation de ces sommes font l'objet, chaque année, d'un rapport des organismes de gestion collective au ministre chargé de la culture.

CHAPITRE V. – Dispositions particulières relatives à certaines utilisations d'œuvres orphelines

(L. n° 2015-195, 20 févr. 2015)

Art. L. 135-1 *(L. n° 2015-195, 20 févr. 2015).* – Sont soumises au présent chapitre :

1° Les œuvres orphelines, au sens de l'article L. 113-10, qui ont été initialement publiées ou radiodiffusées dans un État membre de l'Union européenne et qui appartiennent à l'une des catégories suivantes :

a) Les œuvres publiées sous la forme de livres, revues, journaux, magazines ou autres écrits faisant partie des collections des bibliothèques accessibles au public, des musées, des services d'archives, des institutions dépositaires du patrimoine cinématographique ou sonore ou des établissements d'enseignement, à l'exception des photographies et des images fixes qui existent en tant qu'œuvres indépendantes ;

b) Les œuvres audiovisuelles ou sonores faisant partie de ces collections ou qui ont été produites par des organismes de radiodiffusion de service public avant le 1er janvier 2003 et qui font partie de leurs archives.

Le fait pour un organisme mentionné aux *a* et *b* de rendre une œuvre accessible au public, avec l'accord des titulaires de droits, est assimilé à la publication ou à la radiodiffusion mentionnées au premier alinéa du présent 1°, sous réserve qu'il soit raisonnable de supposer que les titulaires de droits ne s'opposeraient pas aux utilisations de l'œuvre orpheline prévues à l'article L. 135-2 ;

2° Toute œuvre considérée comme orpheline dans un autre État membre en application de l'article 2 de la directive 2012/28/UE du Parlement européen et du Conseil, du 25 octobre 2012, sur certaines utilisations autorisées des œuvres orphelines.

Art. L. 135-2 *(L. n° 2015-195, 20 févr. 2015).* – Les organismes mentionnés au 1° de l'article L. 135-1 ne peuvent utiliser les œuvres mentionnées à ce même article que dans le cadre de leurs missions culturelles, éducatives et de recherche et à condition de ne poursuivre aucun but lucratif et de ne percevoir, le cas échéant et pour une durée ne pouvant excéder sept ans, que les recettes couvrant les frais découlant directement de la numérisation et de la mise à la disposition du public des œuvres orphelines qu'ils utilisent. Ils mentionnent le nom des titulaires de droits identifiés, respectent le droit moral de ces derniers et communiquent les informations prévues au 2° de l'article L. 135-3 ou à l'article L. 135-4. Cette utilisation est faite selon les modalités suivantes :

1° Mise à la disposition du public d'une œuvre orpheline de manière que chacun puisse y avoir accès de sa propre initiative ;

2° Reproduction d'une œuvre orpheline à des fins de numérisation, de mise à disposition, d'indexation, de catalogage, de préservation ou de restauration.

Art. L. 135-3 *(L. n° 2015-195, 20 févr. 2015)*. – Un organisme mentionné au 1° de l'article L. 135-1 ne peut faire application de l'article L. 135-2 qu'après avoir :

1° Procédé à des recherches diligentes, avérées et sérieuses des titulaires de droits, en application du premier alinéa de l'article L. 113-10, dans l'État membre de l'Union européenne où a eu lieu la première publication ou, à défaut de celle-ci, la première radiodiffusion de l'œuvre. Ces recherches comportent la consultation des sources appropriées pour chaque catégorie d'œuvres. Lorsque l'œuvre n'a fait l'objet ni d'une publication, ni d'une radiodiffusion mais a été rendue accessible au public dans les conditions définies au dernier alinéa du 1° de l'article L. 135-1, ces recherches sont effectuées dans l'État membre où est établi l'organisme qui a rendu l'œuvre accessible au public. Pour les œuvres audiovisuelles, les recherches sont effectuées dans l'État membre où le producteur a son siège ou sa résidence habituelle ;

2° Communiqué le résultat des recherches mentionnées au 1°, ainsi que l'utilisation envisagée de l'œuvre orpheline, au ministre chargé de la culture, ou à l'organisme désigné à cette fin par celui-ci, qui le transmet sans délai à l'Office de l'harmonisation dans le marché intérieur mentionné au paragraphe 6 de l'article 3 de la directive 2012/28/UE du Parlement européen et du Conseil, du 25 octobre 2012, précitée aux fins de l'inscription de ces informations dans la base de données établie par cet office à cet effet.

Art. L. 135-4 *(L. n° 2015-195, 20 févr. 2015)*. – Lorsqu'une œuvre orpheline est déjà inscrite dans la base de données mentionnée au 2° de l'article L. 135-3, l'organisme n'est pas tenu de procéder aux recherches mentionnées au même article. Il doit indiquer, dans les conditions prévues audit article, l'utilisation de l'œuvre orpheline qu'il envisage.

Art. L. 135-5 *(L. n° 2015-195, 20 févr. 2015)*. – Lorsque les recherches diligentes, avérées et sérieuses mentionnées à l'article L. 135-3 ont permis d'identifier et de retrouver le ou les titulaires des droits sur une œuvre, celle-ci cesse d'être orpheline.

Lorsqu'une œuvre a plus d'un titulaire de droits et que tous ses titulaires n'ont pu être identifiés et retrouvés, l'utilisation de l'œuvre prévue à l'article L. 135-2 est subordonnée à l'autorisation du ou des titulaires identifiés et retrouvés.

Art. L. 135-6 *(L. n° 2015-195, 20 févr. 2015)*. – Lorsqu'un titulaire de droits sur une œuvre orpheline justifie de ses droits auprès d'un organisme mentionné à l'article L. 135-3, ce dernier ne peut poursuivre l'utilisation de l'œuvre qu'avec l'autorisation du titulaire de droits.

L'organisme verse au titulaire de droits une compensation équitable du préjudice que celui-ci a subi du fait de cette utilisation. Cette compensation est fixée par accord entre l'organisme et le titulaire de droits. Elle peut tenir compte, lorsqu'ils existent, des accords ou tarifs en vigueur dans les secteurs professionnels concernés.

Le titulaire de droits peut se faire connaître à tout moment, nonobstant toute stipulation contraire.

L'organisme auprès duquel le titulaire de droits justifie de ses droits informe sans délai le ministre chargé de la culture, ou l'organisme désigné à cette fin par celui-ci, qui transmet cette information à l'Office de l'harmonisation dans le marché intérieur mentionné au 2° de l'article L. 135-3.

Art. L. 135-7 *(L. n° 2015-195, 20 févr. 2015)*. – Un décret en Conseil d'État définit les modalités d'application du présent chapitre, notamment les sources d'informations appropriées pour chaque catégorie d'œuvres qui doivent être consultées au titre des recherches prévues au 1° de l'article L. 135-3*.

(*) Décret n° 2015-506 du 6 mai 2015.

CHAPITRE VI. – DISPOSITIONS APPLICABLES À LA RECHERCHE ET AU RÉFÉRENCEMENT DES ŒUVRES D'ART PLASTIQUES, GRAPHIQUES OU PHOTOGRAPHIQUES

(Chapitre créé à compter de la date prévue au II de l'article 30 de la loi n° 2016-925 du 7 juillet 2016 et au plus tard le 7 janvier 2017, L. n° 2016-925, 7 juill. 2016)

Art. L. 136-1 *(Créé à compter de la date prévue au II de l'article 30 de la loi n° 2016-925 du 7 juillet 2016 et au plus tard le 7 janvier 2017, L. n° 2016-925, 7 juill. 2016).* – On entend par service automatisé de référencement d'images, au sens du présent chapitre, tout service de communication au public en ligne dans le cadre duquel sont reproduites et mises à la disposition du public, à des fins d'indexation et de référencement, des œuvres d'art plastiques, graphiques ou photographiques collectées de manière automatisée à partir de services de communication au public en ligne.

Art. L. 136-2 *(Créé à compter de la date prévue au II de l'article 30 de la loi n° 2016-925 du 7 juillet 2016 et au plus tard le 7 janvier 2017, L. n° 2016-925, 7 juill. 2016 ; L. n° 2016-1823, 22 déc. 2016).* –

I. - La publication d'une œuvre d'art plastique, graphique ou photographique à partir d'un service de communication au public en ligne emporte la mise en gestion, au profit d'un ou plusieurs organismes de gestion collective régis par le titre II du livre III de la présente partie et agréés à cet effet par le ministre chargé de la culture, du droit de reproduire et de représenter cette œuvre dans le cadre de services automatisés de référencement d'images. À défaut de désignation par l'auteur ou par son ayant droit à la date de publication de l'œuvre, un des organismes agréés est réputé gestionnaire de ce droit.

II. - Les organismes agréés sont seuls habilités à conclure toute convention avec les exploitants de services automatisés de référencement d'images aux fins d'autoriser la reproduction et la représentation des œuvres d'art plastiques, graphiques ou photographiques dans le cadre de ces services et de percevoir les rémunérations correspondantes fixées selon les modalités prévues à l'article L. 136-4. Les conventions conclues avec ces exploitants prévoient les modalités selon lesquelles ils s'acquittent de leurs obligations de fournir aux organismes agréés le relevé des exploitations des œuvres et toutes informations nécessaires à la répartition des sommes perçues aux auteurs ou à leurs ayants droit.

Art. L. 136-3 *(Créé à compter de la date prévue au II de l'article 30 de la loi n° 2016-925 du 7 juillet 2016 et au plus tard le 7 janvier 2017, L. n° 2016-925, 7 juill. 2016).* – L'agrément prévu au I de l'article L. 136-2 est délivré en considération :

1° De la diversité des associés ;

2° De la qualification professionnelle des dirigeants ;

3° Des moyens humains et matériels qu'ils proposent de mettre en œuvre pour assurer la gestion des droits de reproduction et de représentation des œuvres d'art plastiques, graphiques ou photographiques par des services automatisés de référencement d'images.

Un décret en Conseil d'État fixe les modalités de la délivrance et du retrait de cet agrément.

Art. L. 136-4 *(Créé à compter de la date prévue au II de l'article 30 de la loi n° 2016-925 du 7 juillet 2016 et au plus tard le 7 janvier 2017, L. n° 2016-925, 7 juill. 2016 ; mod., Ord. n° 2016-1823, 22 déc. 2016).* – I. - La rémunération due au titre de la reproduction et de la représentation des œuvres d'art plastiques, graphiques ou photographiques par des services automatisés de référencement d'images est assise sur les recettes de l'exploitation ou, à défaut, évaluée forfaitairement dans les cas prévus à l'article L. 131-4.

Le barème et les modalités de versement de cette rémunération sont fixés par voie de convention entre les organismes agréés pour la gestion des droits des œuvres d'art plastiques, graphiques ou photographiques et les organisations représentant les exploitants des services automatisés de référencement d'images.

La durée de ces conventions est limitée à cinq ans.

II. - À défaut d'accord conclu dans les six mois suivant la publication du décret en Conseil d'État prévu à l'article L. 136-3, ou si aucun accord n'est intervenu à la date d'expiration d'un précédent accord, le barème de la rémunération et ses modalités de versement sont arrêtés par une commission présidée par un représentant de l'État et composée, en nombre égal, d'une part, de représentants des organismes agréés conformément au même article L. 136-3 et, d'autre part, des représentants des exploitants des services automatisés de référencement d'images.

Les organisations amenées à désigner les représentants membres de la commission, ainsi que le nombre de personnes que chacune est appelée à désigner, sont déterminés par arrêté du ministre chargé de la culture.

La commission se détermine à la majorité des membres présents. En cas de partage des voix, le président a voix prépondérante.

Les décisions de la commission sont publiées au *Journal officiel*.

LIVRE DEUXIÈME. – DROITS VOISINS DU DROIT D'AUTEUR

TITRE UNIQUE

CHAPITRE I. – DISPOSITIONS GÉNÉRALES

Art. L. 211-1. – Les droits voisins ne portent pas atteinte aux droits des auteurs. En conséquence, aucune disposition du présent titre ne doit être interprétée de manière à limiter l'exercice du droit d'auteur par ses titulaires.

Sur la conciliation du droit moral de l'auteur et du droit moral de l'artiste-interprète, V. ▪ TGI Paris, 10 janv. 1990 : *D.* 1991, 206, note Edelman ; *RIDA* 3/1990, 368. ▪ Paris, 21 sept. 1999 : *JCP* 2000, II, 10357, note Pollaud-Dulian.

Art. L. 211-2. – Outre toute personne justifiant d'un intérêt pour agir, le ministre chargé de la culture peut saisir l'autorité judiciaire, notamment s'il n'y a pas d'ayant droit connu, ou en cas de vacance ou de déshérence.

Art. L. 211-3 *(Mod., L. n° 2009-669, 12 juin 2009 ; L. n° 2011-1898, 20 déc. 2011 ; L. n° 2016-925, 7 juill. 2016)*. **– Les bénéficiaires des droits ouverts au présent titre ne peuvent interdire :**

1° Les représentations privées et gratuites effectuées exclusivement dans un cercle de famille ;

2° Les reproductions réalisées à partir d'une source licite, strictement réservées à l'usage privé de la personne qui les réalise et non destinées à une utilisation collective ;

3° Sous réserve d'éléments suffisants d'identification de la source :

– les analyses et courtes citations justifiées par le caractère critique, polémique, pédagogique, scientifique ou d'information de l'œuvre à laquelle elles sont incorporées ;

– les revues de presse ;

– la diffusion, même intégrale, à titre d'information d'actualité, des discours destinés au public dans les assemblées politiques, administratives, judiciaires ou académiques, ainsi que dans les réunions publiques d'ordre politique et les cérémonies officielles ;

– la communication au public ou la reproduction d'extraits d'objets protégés par un droit voisin, sous réserve des objets conçus à des fins pédagogiques, à des fins exclusives d'illustration dans le cadre de l'enseignement et de la recherche, à l'exclusion de toute activité ludique ou récréative, dès lors que le public auquel cette communication ou cette reproduction est destinée est composé majoritairement d'élèves, d'étudiants, d'enseignants ou de chercheurs directement concernés, que l'utilisation de cette communication ou cette reproduction ne donne lieu à aucune exploitation commerciale et qu'elle est compensée par une rémunération négociée sur une base forfaitaire ;

4° La parodie, le pastiche et la caricature, compte tenu des lois du genre.

5° La reproduction provisoire présentant un caractère transitoire ou accessoire, lorsqu'elle est une partie intégrante et essentielle d'un procédé technique et qu'elle a pour unique objet de permettre l'utilisation licite de l'objet protégé par un droit voisin ou sa transmission entre tiers par la voie d'un réseau faisant appel à un intermédiaire ; toutefois, cette reproduction provisoire ne doit pas avoir de valeur économique propre ;

6° La reproduction et la communication au public d'une interprétation, d'un phonogramme, d'un vidéogramme ou d'un programme dans les conditions définies au 7° de l'article L. 122-5, au 1° de l'article L. 122-5-1 et à l'article L. 122-5-2 ;

7° Les actes de reproduction et de représentation d'une interprétation, d'un phonogramme, d'un vidéogramme ou d'un programme réalisés à des fins de conservation ou destinés à préserver les conditions de sa consultation à des fins de recherche ou d'études privées par des particuliers, dans les locaux de l'établissement et sur des terminaux dédiés, effectués par des bibliothèques accessibles au public, par des musées ou par des services d'archives, sous réserve que ceux-ci ne recherchent aucun avantage économique ou commercial.

Les exceptions énumérées par le présent article ne peuvent porter atteinte à l'exploitation normale de l'interprétation, du phonogramme, du vidéogramme ou du programme ni causer un préjudice injustifié aux intérêts légitimes de l'artiste-interprète, du producteur ou de l'entreprise de communication audiovisuelle.

1) Sports. La concession à un diffuseur du droit de retransmettre en direct et intégralement une compétition sportive ne peut, en vertu du droit du public à l'information, faire obstacle à la communication de l'événement au public, sous la forme de brefs extraits ne portant pas atteinte au droit d'exclusivité du diffuseur (■ Cass. 1re civ., 6 févr. 1996 : *JCP* 96, IV, 745 ; *Bull. civ.* I, n° 70).

2) Images extraites de films tournés par une comédienne. La publication d'images extraites de films tournés par une comédienne porte atteinte à ses droits patrimoniaux. Ces publications n'étant pas relatives à l'œuvre elle-même, mais à l'actrice uniquement, ne peuvent être considérées comme des courtes citations au sens de l'article L. 211-3 qui doit s'interpréter restrictivement (■ TGI Paris, 18 déc. 1995 : *Légipresse* 1996, I, 67).

3) Indication de la source. En dépit des différences de rédaction, les articles L. 122-5 et L. 211-3 ont la même finalité, « celle d'éviter tout risque de confusion avec l'œuvre d'origine ». L'article 5 de la directive de 2001 sur la société de l'information impose au défendeur la charge de démontrer qu'il a fait, en vain, « toutes diligences pour rechercher la source ». Or il était parfaitement possible en l'espèce d'indiquer que les extraits repris avaient pour origine l'émission produite par l'ORTF et de mentionner dans les archives audiovisuelles le nom de l'ORTF ou de l'INA. Le fait pour la société défenderesse de citer dans le générique le nom des sociétés de production lui ayant cédé les droits ne suffit pas « à remplir la condition d'identification qui doit être immédiatement appréhendée sans recherche complémentaire sur le nom » (■ Paris, 10 avr. 2009 : *Propr. intell.* 2009, 273, obs. A. Lucas).

4) Discours destinés au public. V., à propos du droit exclusif de l'entreprise de communication audiovisuelle sur ses programmes, ■ CE, 2 déc. 2009 : *Comm. com. électr.* 2010, 23, note Caron ; *Propr. intell.* 2010, 722, obs. A. Lucas, décidant que la reprise en simultané d'un débat interne au parti socialiste organisé sur la Chaîne parlementaire-Sénat ne peut être couverte par l'exception, compte tenu du « caractère spécifique de ces programmes de plateau ».

5) Parodie d'une interprétation. Échappe au monopole de l'artiste-interprète la parodie, dans des bandes dessinées, de l'interprétation d'un comédien dès lors que l'intention des auteurs des ouvrages était humoristique et qu'il n'existe aucun risque de confusion avec l'interprétation parodiée (■ Cass. 1re civ., 10 sept. 2014, n° 13-14.629 : *RIDA* 4/2014, 465 ; *Propr. intell.* 2015, 68, obs. Bruguière).

Art. L. 211-4 *(L. n° 2006-961, 1er août 2006 ; mod., L. n° 2015-195, 20 févr. 2015).* **– I. - La durée des droits patrimoniaux des artistes-interprètes est de cinquante années à compter du 1er janvier de l'année civile suivant celle de l'interprétation.**

Toutefois, si, durant cette période, une fixation de l'interprétation dans un vidéogramme ou un phonogramme fait l'objet d'une mise à la disposition du public, par des exemplaires matériels, ou d'une communication au public, les droits patrimoniaux de l'artiste-interprète expirent :

1° Pour une interprétation fixée dans un vidéogramme, cinquante ans après le 1er janvier de l'année civile suivant le premier de ces faits ;

2° Pour une interprétation fixée dans un phonogramme, soixante-dix ans après le 1er janvier de l'année civile qui suit le premier de ces faits.

II. - La durée des droits patrimoniaux des producteurs de phonogrammes est de cinquante années à compter du 1er janvier de l'année civile suivant celle de la première fixation d'une séquence de son.

Toutefois, si, durant cette période, un phonogramme fait l'objet d'une mise à la disposition du public par des exemplaires matériels ou d'une communication au public, les droits patrimoniaux du producteur de phonogrammes expirent soixante-dix ans après le 1er janvier de l'année civile suivant la mise à la disposition du public de ce phonogramme ou, à défaut, sa première communication au public. L'artiste-interprète peut exercer le droit de résiliation mentionné aux articles L. 212-3-1 et L. 212-3-2.

III. - La durée des droits patrimoniaux des producteurs de vidéogrammes est de cinquante années à compter du 1er janvier de l'année civile suivant celle de la première fixation d'une séquence d'images, sonorisées ou non.

Toutefois, si, durant cette période, un vidéogramme fait l'objet d'une mise à la disposition du public par des exemplaires matériels ou d'une communication au public, les droits patrimoniaux du producteur de vidéogrammes expirent cinquante ans après le 1er janvier de l'année civile suivant le premier de ces faits.

IV. - La durée des droits patrimoniaux des entreprises de communication audiovisuelle est de cinquante années à compter du 1er janvier de l'année civile suivant celle de la première communication au public des programmes mentionnés à l'article L. 216-1.

Rappel à la protection. Sur le principe que le rappel à la protection peut avoir pour effet de faire naître dans un État membre, en l'espèce l'Allemagne, au profit des producteurs de phonogrammes un droit que cet État n'a jamais consacré dans sa législation, V. ▪ CJCE, 20 janv. 2009, C-240/07, *Sony c/ Falcon : Propr. intell.* 2009, 181, obs. Benabou.

Art. L. 211-5 *(L. n° 97-283, 27 mars 1997).* **– Sous réserve des conventions internationales auxquelles la France est partie, les titulaires de droits voisins qui ne sont pas ressortissants d'un État membre de la Communauté européenne bénéficient de la durée de protection prévue dans le pays dont ils sont ressortissants sans que cette durée puisse excéder celle prévue à l'article L. 211-4.**

Art. L. 211-6 *(L. n° 2006-961, 1er août 2006).* **– Dès lors que la première vente d'un ou des exemplaires matériels d'une fixation protégée par un droit voisin a été autorisée par le titulaire du droit ou ses ayants droit sur le territoire d'un État membre de la Communauté européenne ou d'un autre État partie à l'accord sur l'Espace économique européen, la vente de ces exemplaires de cette fixation ne peut plus être interdite dans les États membres de la Communauté européenne et les États parties à l'accord sur l'Espace économique européen.**

Art. L. 211-7 *(L. n° 2015-195, 20 févr. 2015).* **– Le chapitre V du titre III du livre Ier est applicable aux droits voisins.**

CHAPITRE II. – DROITS DES ARTISTES-INTERPRÈTES

Section 1. – Dispositions communes

(Division créée, L. n° 2016-925, 7 juill. 2016)

Art. L. 212-1. – À l'exclusion de l'artiste de complément, considéré comme tel par les usages professionnels, l'artiste-interprète ou exécutant est la personne qui représente, chante, récite, déclame, joue ou exécute de toute autre manière une œuvre littéraire ou artistique, un numéro de variétés, de cirque ou de marionnettes.

1) Notion d'artiste-interprète. Il suffit qu'il y ait une interprétation, même si le rôle est secondaire (▪ Cass. 1re civ., 6 juill. 1999 : *JCP* 99, IV, 2661 ; *Bull. civ.* I, n° 230). Est un artiste-interprète et non un artiste de complément la personne qui, sélectionnée après un essai, apparaît à six reprises dans un vidéo-clip, incarnant un personnage ambigu, même si ce rôle est muet (▪ Paris, 18e ch. D, 24 avr. 2001 : *JurisData* n° 2001-151547), de même qu'un personnage médiéval exécutant un numéro de jonglerie et autres tours de cirque (▪ Nancy, 8 sept. 2005 : *JurisData* n° 2005-307645 ; *Propr. intell. 2007, 329*, obs. A. Lucas). Mais cette qualité a été refusée à des sportifs ayant fait une démonstration d'arts martiaux (▪ Paris, 14 déc. 2007 : *Propr. intell.* 2008, 225, obs. Bruguière) et à un instituteur apparaissant « exclusivement dans la réalité de son activité » (▪ Cass. 1re civ., 13 nov. 2008 : *JurisData* n° 2008-045785 ; *RIDA* 2/2009, 405 ; *Comm. com. électr.* 2009, 2, note Caron ; *Propr. intell.* 2009, 172, obs. A. Lucas, qui érige en principe qu'un simple documentaire exclut, en tant que tel, toute interprétation), aux participants à une émission de « télé-réalité » (▪ Cass. 1re civ., 24 avr. 2013, n° 11-19.091 : *Comm. com. électr.* 2013, 75, 1re esp., note Caron ; *Propr. intell.* 2013, 299, obs. Bruguière. – V. aussi ▪ Cass. 1re civ., 22 janv. 2014, nos 12-13.966 et 12-13.970 : *Propr. intell.* 2013, 174, obs. Bruguière). La programmation de compositions musicales, l'agencement de données sonores et la direction de logiciels musicaux ne sauraient conférer à l'intéressé la qualité d'artiste-interprète des œuvres en cause (▪ TGI Paris, 19 juin 2002 : *RIDA* 1/2003, 382). Ne peut se voir reconnaître la qualité d'artiste-interprète la personne qui se borne à prêter son image sans se livrer à un authentique jeu de scène, seul le statut de mannequin pouvant être admis (▪ Paris, 21 janv. 2005 : *JurisData* n° 2005-262731 ; *JCP* E 2005, 1216, obs. Lefranc).

2) Originalité de l'interprétation (non). Sur ce que l'interprétation n'a pas à être originale, V. ▪ Nancy, 8 sept. 2005, préc. ▪ Paris, 25 sept. 2009 : *Propr. intell.* 2010, n° 34, 638, obs. A. Lucas (qui exige seulement un « caractère personnel »).

3) Artiste de complément. Est un artiste-interprète et non un artiste de complément la personne qui, sélectionnée après un essai, apparaît à six reprises dans un vidéo-clip, incarnant un personnage ambigu, même si ce rôle est muet (▪ Paris, 18e ch. D, 24 avr. 2001 : *JurisData* n° 2001-151547. V. en ce sens pour la partie chantée d'œuvres musicales instrumentales donnant à celles-ci une « coloration spécifique », ▪ Paris, 4 juill. 2008 : *RTD com.* 2008, 745, obs. Pollaud-Dulian. Comp. ▪ Versailles, 9 oct. 2008 : *Légipresse* 2009, III, 1, note Tafforeau ; *Propr. intell.* 2009, 173, obs. Bruguière, qui se prononce pour la qualification d'artiste de complément en observant que la phrase prononcée pour une publicité n'est pas une œuvre protégeable par le droit d'auteur et que la voix du comédien ne peut être distinguée des voix des autres comédiens qui ont prêté leur voix au personnage publicitaire dans des enregistrements antérieurs).

Art. L. 212-2. – **L'artiste-interprète a le droit au respect de son nom, de sa qualité et de son interprétation.**

Ce droit inaliénable et imprescriptible est attaché à sa personne.

Il est transmissible à ses héritiers pour la protection de l'interprétation et de la mémoire du défunt.

1) Droit moral de l'artiste-interprète et droit moral de l'auteur. Pour la conciliation du droit d'un artiste-interprète (Rostropovitch) et des auteurs d'un film, V. ▪ TGI Paris, 10 janv. 1990 : *RIDA* 3/1990, 368. Il appartient à l'artiste-interprète de prouver que les coupures opérées lors de l'établissement de la version définitive du film « portent une atteinte essentielle à son droit au respect de son interprétation, manifestée par la dénaturation de celle-ci » (▪ Paris, 21 sept. 1999 : *RIDA* 1/2000, 329 ; *Comm. com. électr.* 1999, 43, note Caron ; *JCP* G 2000, II, 10357 et *JCP* E 2000, 1093, note Pollaud-Dulian).

2) Renonciation. L'inaliénabilité du droit au respect qu'il institue, principe d'ordre public, s'oppose à ce que l'artiste abandonne au cessionnaire, de façon préalable et générale, l'appréciation exclusive des utilisation, diffusion, adaptation, retrait, adjonction et changement qu'il déciderait de réaliser (▪ Cass. soc., 10 juill. 2002 : *JCP* G 2003, I, 10000 et *JCP* E 2002, 1642, note Caron ; *RIDA* 1/2003, 339 ; *Propr. intell.* janv. 2002, n° 6, 50, obs. Sirinelli ; *Légipresse* 2002, I, 174, note Maffre-Baugé. V. cependant, écartant l'atteinte au droit moral, ▪ Versailles, 7 avr. 2004 : *Comm. com. électr.* 2004, 100, note Caron, arrêt cassé à son tour par ▪ Cass. soc., 8 févr. 2006 : *Comm. com. électr.* 2006, 57, note Caron ; *JCP* E 2006, 1654, note crit. Alleaume ; *D.* 2006, 579, note Daleau).

3) Droit de divulgation (non). V., posant le principe que l'artiste-interprète ne jouit pas du droit de divulgation, ▪ Cass. 1re civ., 27 nov. 2008 : *Comm. com. électr.* 2009, 13, note Caron ; *RIDA* 2/2009, 421 ; *Propr. intell.* 2009, 173, obs. Bruguière. V. déjà ▪ TGI Paris, 28 sept. 2001 : *RIDA* 2/2002, 453.

4) Droit au respect de l'interprétation. Dénaturation. La reproduction d'extraits de chansons n'est pas « nécessairement une dénaturation » (▪ TGI Créteil, 19 sept. 2000 : *Comm. com. électr.* 2001, 56, note Caron. Mais V. ▪ Paris, 19 sept. 2001 : *RIDA* 1/2002, 303, décidant que le seul fait d'intégrer dans un film une partie sonore provenant d'un enregistrement phonographique porte atteinte au droit au respect de l'artiste-interprète).

5) Altération de l'interprétation procédant de l'enregistrement d'origine. L'artiste peut, au titre du droit au respect de son interprétation, s'opposer à toute reproduction altérée de celle-ci, quand bien même l'altération de l'interprétation procéderait de l'enregistrement d'origine et serait appréciée au regard de l'écoulement du temps et de l'évolution des techniques (▪ Cass. 1re civ., 24 sept. 2009 : *RIDA* 4/2009, 415 ; *Comm. com. électr.* 2009, 98, note Caron ; *Propr. intell.* 2010, n° 34, 639, obs. Bruguière, relevant la « qualité sonore de grande médiocrité »).

Art. L. 212-3. – **Sont soumises à l'autorisation écrite de l'artiste-interprète la fixation de sa prestation, sa reproduction et sa communication au public, ainsi que toute utilisation séparée du son et de l'image de la prestation lorsque celle-ci a été fixée à la fois pour le son et l'image.**

Cette autorisation et les rémunérations auxquelles elle donne lieu sont régies par les dispositions des articles L. 762-1 et L. 762-2 du Code du travail, sous réserve des dispositions de l'article L. 212-6 du présent code.

1) Conditions d'application de l'article L. 762-1. L'article L. 762-1 du Code du travail (art. L. 7121-3 à 7121-7 nouveaux) dispense d'établir la *subordination de l'artiste et n'exige pas* que le contrat conclu en vue de la production de celui-ci soit passé directement avec lui ni que la rémunération allouée soit de même versée directement par l'entrepreneur de spectacles (▪ Cass. soc., 25 janv. 1990 : *D.* 1992, 161, 1re esp., note Daverat).

2) Spécialité des cessions. Sur le principe que l'artiste-interprète doit autoriser distinctement la fixation, la reproduction et la communication au public, V. ▪ Paris, 10 nov. 1992 : RIDA 2/1994, 223. Jugé toutefois que, dès lors que les feuilles de présence indiquent comme destination « phonogramme publié à des fins de commerce » ou phonogramme du commerce », le producteur peut les exploiter en mettant en ligne les fichiers numériques sans avoir à solliciter une nouvelle autorisation (▪ TGI Paris, 15 janv. 2010 : *Propr. intell.* 2010, 719, obs. Bruguière, confirmé par ▪ Paris, 7 mars 2012 : *LEPI* mai 2012, 75, obs. Herpe).

3) Loi applicable. V., pour l'enregistrement en Belgique de la prestation d'une artiste-interprète, incorporé dans une vidéomusique réalisée et diffusée en France sans l'autorisation de l'intéressée, ▪ Cass. 1re civ., 9 déc. 2003 : *RIDA* 3/2004, 305 ; *Bull. civ.* I, n° 248 ; *JCP* G 2004, II, 10133, note A. et H.-J. Lucas (« la cour d'appel a exactement retenu que l'utilisation de la prestation de l'artiste et la production de la vidéomusique, œuvre nouvelle, dès lors qu'elles avaient été faites en France, étaient soumises à la loi française et non à la loi belge d'origine de l'œuvre, ce dont résultait la nécessité de l'autorisation écrite requise par l'article L. 212-3 »).

4) Application dans le temps. Les dispositions de l'article L. 212-3 sont d'application immédiate à toute forme d'exploitation des enregistrements postérieurs à son entrée en vigueur. Cette application immédiate ne constitue pas une atteinte aux prétendus droits acquis du producteur qui ne justifie pas d'une autorisation écrite, en des termes non équivoques, de chacun des artistes-interprètes en vue de la reproduction sur vidéogrammes de l'œuvre qu'ils ont fixée, l'absence de toute réclamation, à la supposer établie, ne pouvant y remédier (▪ Paris, 22 oct. 2010 : *Propr. intell.* 2011, 100, obs. A. Lucas. V. en ce sens pour l'utilisation dans la bande sonore d'un film d'un extrait de phonogramme fixé avant l'entrée en vigueur de la loi de 1985 ▪ Paris, 21 sept. 2011 : *Propr. intell.* 2012, 38, obs. A. Lucas. V. cpdt, s'en tenant aux accords conclus antérieurement à cette loi, ▪ Paris, 18 mai 2011 : *Propr. intell.* 2011, 310, obs. Bruguière ; *Légipresse* 2011, 554, note Binctin). Dès lors que les vidéogrammes fixant les interprétations de musiciens ont été réalisés par l'ORTF entre 1960 et 1969, les dispositions de l'article L. 212-3 du Code de la propriété intellectuelle, introduites par la loi du 3 juillet 1985, n'ont vocation à s'appliquer qu'aux seuls droits que les artistes-interprètes n'avaient pas cédés avant l'entrée en vigueur de celle-ci (▪ Cass. 1re civ., 13 nov. 2014, n° 10-28.023 : *Propr. intell.* 2015, 65, obs. A. Lucas).

5) Agents publics. Le statut d'agent public ne peut faire obstacle aux dispositions de l'article L. 212-3 que dans les strictes limites de la mission de service public à laquelle l'agent participe (▪ Cass. 1re civ., 1er mars 2005 : *RIDA* 3/2005, 439 ; *Comm. com. électr.* 2005, 64, note Caron, relevant que l'utilisation litigieuse n'entrait pas dans la mission de l'orchestre national du Capitole de Toulouse).

6) Distinction entre salaires et redevances d'interprétation. Les redevances versées à l'artiste-interprète, qui sont fonction du seul produit de l'exploitation de l'enregistrement et ne sont pas considérées comme des salaires, rémunèrent les droits voisins qu'il a cédés au producteur et continuent à lui être versées après la rupture du contrat d'enregistrement, de sorte que les juges du fond sont bien fondés à en déduire que les redevances et les avances sur redevances ne peuvent être prises en considération dans l'évaluation du montant des rémunérations qu'aurait perçues l'intéressé jusqu'au terme du contrat de travail à durée déterminée (▪ Cass. soc., 1er juill. 2009 : *Comm. com. électr.* 2009, 87, note Caron ; *Propr. intell.* 2009, 374, obs. A. Lucas ; *Légipresse* 2009, III, 187, note Pessina Dassonville). Une actrice a été engagée pour le rôle principal d'un film, et sa rémunération a été fixée à une somme forfaitaire « pour l'ensemble de sa prestation, y compris le travail d'interprétation », avec un seul bulletin de paiement, le contrat ventilant la somme convenue entre trois modes d'exploitation (par vidéogramme, par télédiffusion, pour la communication au public en salle dans un cadre non commercial). L'arrêt qui décide que le contrat d'engagement ne rémunère en réalité que le travail d'interprétation de l'artiste et qu'il ne comporte pas de rémunération distincte du droit pour la société cessionnaire de fixer l'interprétation, de la reproduire et de la communiquer au public, de sorte que cette rémunération ne saurait constituer paiement de futurs droits d'exploitation par vidéogramme dont le montant ne pouvait être connu lors de la signature du contrat doit être cassé pour violation de l'article 1134 du Code civil (▪ Cass. soc., 13 janv. 2009, n° 07-42.240 : *JurisData* n° 2009-046613).

7) Négociation collective. Il résulte de l'article L. 212-3 du Code de la propriété intellectuelle, qui renvoie aux dispositions du Code du travail pour les rémunérations auxquelles donne lieu l'exercice des droits exclusifs des artistes-interprètes salariés, que le contrat de travail peut inclure des stipulations relatives à leur exercice et que les modalités de leur cession peuvent relever de la négociation collective (▪ Cass. 1re civ., 15 mars 2017, nos 14-29.179, 14-29.408, 14-29.973, 15-10.891 et 15-17.450 : *Propr intell.* 2017, n° 64, 76, obs. Bernault). Les dispositions de la convention collective nationale de l'édition phonographique du 30 juin 2008 qui prévoient la possibilité pour l'artiste-interprète d'autoriser, lors de la signature du contrat de travail, la fixation, la première utilisation et les utilisations secondaires de sa prestation ne portent pas atteinte aux droits des artistes-interprètes ni à ceux de la Spedidam, à laquelle ceux-ci demeurent libres d'adhérer » (même arrêt).

8) Notion de fixation. La fixation est constituée par la première incorporation de la prestation de l'artiste dans un support et non par l'établissement du master (▪ Cass. 1re civ., 12 sept. 2018, n° 17-19.490).

Art. L. 212-3-1 *(L. n° 2015-195, 20 févr. 2015)*. – I. - Au-delà des cinquante premières années du délai de soixante-dix ans prévu au 2° du I de l'article L. 211-4, l'artiste-interprète peut notifier son intention de résilier l'autorisation donnée en application de l'article L. 212-3 à un producteur de phonogrammes lorsque celui-ci n'offre pas à la vente des exemplaires du phonogramme en quantité suffisante ou ne le met pas à la disposition du public de manière que chacun puisse y avoir accès de sa propre initiative.

II. - Si, au cours des douze mois suivant la notification prévue au I du présent article, le producteur de phonogrammes n'offre pas à la vente des exemplaires du phonogramme en quantité suffisante et ne le met pas à la disposition du public de manière que chacun puisse y avoir accès de sa propre initiative, l'artiste-interprète peut exercer son droit de résiliation de l'autorisation. L'artiste-interprète ne peut renoncer à ce droit.

III. - Les modalités d'exercice du droit de résiliation sont définies par décret en Conseil d'État*.

(*) Décret n° 2015-506 du 6 mai 2015.

Art. L. 212-3-2 *(L. n° 2015-195, 20 févr. 2015)*. – Lorsqu'un phonogramme contient la fixation des prestations de plusieurs artistes-interprètes, ceux-ci exercent le droit de résiliation mentionné à l'article L. 212-3-1 d'un commun accord.

En cas de désaccord, il appartient à la juridiction civile de statuer.

Art. L. 212-3-3 *(L. n° 2015-195, 20 févr. 2015 ; mod., Ord. n° 2016-1823, 22 déc. 2016)*. – I. - Si l'autorisation donnée en application de l'article L. 212-3 prévoit une rémunération forfaitaire, le producteur de phonogrammes verse à l'artiste-interprète, en contrepartie de l'exploitation du phonogramme contenant la fixation autorisée, une rémunération annuelle supplémentaire pour chaque année complète au-delà des cinquante premières années du délai de soixante-dix ans prévu au 2° du I de l'article L. 211-4. L'artiste-interprète ne peut renoncer à ce droit.

Toutefois, le producteur de phonogrammes qui occupe moins de dix personnes et dont le chiffre d'affaires annuel ou le total du bilan annuel n'excède pas deux millions d'euros n'est pas tenu, pour l'exercice en question, au versement de la rémunération mentionnée au premier alinéa du présent I dans l'hypothèse où les frais des opérations de calcul et de contrôle seraient hors de proportion avec le montant de la rémunération à verser.

II. - Le montant global de la rémunération annuelle supplémentaire mentionnée au I du présent article est fixé à 20 % de l'ensemble des recettes perçues par le producteur de phonogrammes au cours de l'année précédant celle du paiement de ladite rémunération annuelle pour la reproduction, la mise à la disposition du public par la vente ou l'échange, ou la mise à disposition du phonogramme de manière que chacun puisse y avoir accès de sa propre initiative, à l'exclusion des rémunérations prévues aux articles L. 214-1 et L. 311-1.

III. - Le producteur de phonogrammes fournit, à la demande de l'artiste-interprète ou d'un organisme de gestion collective mentionné au IV et chargé de percevoir la rémunération annuelle supplémentaire de l'artiste-interprète, un état des recettes provenant de l'exploitation du phonogramme selon chaque mode d'exploitation mentionné au II.

Il fournit, dans les mêmes conditions, toute justification propre à établir l'exactitude des comptes.

IV. - La rémunération annuelle supplémentaire prévue aux I et II est perçue par un ou plusieurs organismes de gestion collective régis par le titre II du livre III et agréés à cet effet par le ministre chargé de la culture.

L'agrément prévu au premier alinéa du présent IV est délivré en considération :

1° De la qualification professionnelle des dirigeants des organismes ;

2° Des moyens humains et matériels que ces organismes proposent de mettre en œuvre pour assurer la perception et la répartition de la rémunération prévue aux mêmes I et II, tant auprès de leurs membres qu'auprès des artistes-interprètes qui ne sont pas leurs membres ;

3° De l'importance de leur répertoire et de la représentation des artistes-interprètes bénéficiaires de la rémunération prévue auxdits I et II au sein des organes dirigeants ;

4° De leur respect des obligations prévues au titre II du livre III.

Un décret en Conseil d'État fixe les modalités de délivrance et de retrait de cet agrément*.

(*) Décret n° 2015-506 du 6 mai 2015.

Art. L. 212-3-4 *(L. n° 2015-195, 20 févr. 2015)*. – Si l'autorisation donnée en application de l'article L. 212-3 prévoit une rémunération proportionnelle, le producteur de phonogrammes ne peut retrancher les avances ou les déductions définies contractuellement de la rémunération due à l'artiste-interprète en contrepartie de l'exploitation du phonogramme contenant la fixation autorisée après les cinquante premières années du délai de soixante-dix ans prévu au 2° du I de l'article L. 211-4.

Art. L. 212-3-5 *(Anc. art. L. 212-10 dénum., L. n° 2016-925, 7 juill. 2016).* **– Les artistes-interprètes ne peuvent interdire la reproduction et la communication publique de leur prestation si elle est accessoire à un événement constituant le sujet principal d'une séquence d'une œuvre ou d'un document audiovisuel.**

Art. L. 212-3-6 *(Anc. art. L. 212-11 créé, L. n° 2006-961, 1er août 2006 ; dénum., L. n° 2016-925, 7 juill. 2016).* **– Les dispositions de l'article L. 131-9 sont applicables aux contrats valant autorisation d'exploitation en application des articles L. 212-3 et L. 212-4, entre les producteurs et les artistes-interprètes.**

Section 2. – Contrats conclus entre un artiste-interprète et un producteur de vidéogrammes

(Division créée, L. n° 2016-925, 7 juill. 2016)

Art. L. 212-4. – La signature du contrat conclu entre un artiste-interprète et un producteur pour la réalisation d'une œuvre audiovisuelle vaut autorisation de fixer, reproduire et communiquer au public la prestation de l'artiste-interprète.

Ce contrat fixe une rémunération distincte pour chaque mode d'exploitation de l'œuvre.

1) **Le contrat passé entre un entrepreneur de spectacles et un radiodiffuseur** n'est pas opposable aux artistes-interprètes dès lors qu'ils n'y ont pas été parties et n'ont pas été représentés (■ Cass. 1re civ., 2 déc. 1992 : *RIDA* 1/1993, 177).

2) **Spectacle vivant.** La présomption de cession n'est pas applicable dès lors que le contrat passé avec les artistes-interprètes porte non sur la réalisation d'une œuvre audiovisuelle, mais sur celle d'un spectacle vivant (■ Paris, 16 juin 1993 : *D.* 1994, 218, note Edelman).

3) **Application dans le temps.** La présomption de l'article L. 212-4 ne peut trouver à s'appliquer à une prestation fixée antérieurement à la loi du 3 juillet 1985 en l'absence de véritable contrat entre le producteur et l'artiste-interprète (■ Paris, 18 juin 2010 : *Propr. intell.* 2010, 980, obs. A. Lucas. V. en ce sens ■ Paris, 22 oct. 2010 : *Propr. intell.* 2011, 100, obs. A. Lucas).

4) **Enregistrement de la bande sonore d'une œuvre audiovisuelle.** Les musiciens ayant participé à l'enregistrement de la bande sonore d'une œuvre audiovisuelle, dès lors qu'ils ont été informés que la fixation de leur prestation était destinée à la réalisation de cette oeuvre, sont présumés avoir cédé tous leurs droits d'exploitation, en sorte qu'il ne peuvent prétendre subordonner à leur autorisation l'exploitation de l'œuvre sous forme de vidéogramme (■ Cass. ass. plén., 16 févr. 2018, n° 16-14.292 *JCP* G 2018, note A. Lucas ; *Propr. intell.* 2018, n° 68, p. 72, obs. Bruguière ; *Dalloz IP/IT* 2018, p. 303, obs. Léger ; *RTD com.* 2018, p. 349, obs. Pollaud-Dulian. *Contra* ■ Cass. 1re civ., 29 mai 2013, n° 12-16.583).

5) **Licence libre.** La diffusion dans des magasins de phonogrammes du commerce fixant des œuvres musicales soumises à un régime de licence libre donne lieu au versement de la rémunération équitable prévue par l'article L. 214-1 (■ Paris, 6 avr. 2018 : *JCP* G 2018, 858, note J. Huet ; *Comm. com. électr.* 2018, chron. 11, n° 6, obs. Tafforeau ; *Propr. intell.* 2018, n° 69, p. 45, obs. Bernault).

Art. L. 212-5. – Lorsque ni le contrat ni une convention collective ne mentionnent de rémunération pour un ou plusieurs modes d'exploitation, le niveau de celle-ci est fixé par référence à des barèmes établis par voie d'accords spécifiques conclus, dans chaque secteur d'activité, entre les organisations de salariés et d'employeurs représentatives de la profession.

Art. L. 212-6. – Les dispositions de l'article L. 762-2 du Code du travail ne s'appliquent qu'à la fraction de *la rémunération* **versée en application du contrat excédant les bases fixées par la convention collective ou l'accord spécifique.**

Art. L. 212-7 *(Mod., L. n° 2006-961, 1er août 2006).* **– Les contrats passés antérieurement au 1er janvier 1986 entre un artiste-interprète et un producteur d'œuvre audiovisuelle ou leurs cessionnaires sont soumis aux dispositions qui précèdent, en ce qui concerne les modes d'exploitation qu'ils excluaient. La rémunération correspondante n'a pas le caractère de salaire.**

Art. L. 212-8. – Les stipulations des conventions ou accords visés à l'article précédent peuvent être rendues obligatoires à l'intérieur de chaque secteur d'activité pour l'ensemble des intéressés par arrêté du ministre compétent.

Art. L. 212-9. – À défaut d'accord conclu dans les termes des articles L. 212-4 à L. 212-7, soit avant le 1er janvier 1986, soit à la date d'expiration du précédent accord, les modes et les bases de rémunération des artistes-interprètes sont déterminés, pour chaque secteur d'activité, par une commission présidée par un magistrat de l'ordre judiciaire désigné par le premier président de la Cour de cassation et composée, en outre, d'un membre du Conseil d'État désigné par le vice-président du Conseil d'État, d'une personnalité qualifiée désignée par le ministre chargé de la culture et, en nombre égal, de représentants des organisations de salariés et de représentants des organisations d'employeurs (1).

La commission se détermine à la majorité des membres présents. En cas de partage des voix, le président a voix prépondérante. La commission se prononce dans les trois mois suivant l'expiration du délai fixé au premier alinéa du présent article.

Sa décision a effet pour une durée de trois ans sauf accord des intéressés intervenu avant ce terme.

Absence de barème et de décision. En l'absence de barème conventionnel et de décision de la commission prévue par l'article L. 212-9 du Code de la propriété intellectuelle, le montant de la rémunération due à une comédienne pour l'exploitation du film par vidéogramme est apprécié souverainement par les juges du fond (■ Cass. soc., 18 déc. 2013, n° 12-20.682 : *LEPI* 2014, 25, obs. Le Cam).

Section 3. – Contrats conclus entre un artiste-interprète et un producteur de phonogrammes

(Division créée, L. n° 2016-925, 7 juill. 2016)

Art. L. 212-10 *(L. n° 2016-925, 7 juill. 2016).* – L'existence ou la conclusion d'un contrat de louage d'ouvrage ou de service avec un producteur de phonogrammes n'emporte pas dérogation à la jouissance des droits reconnus à l'artiste-interprète par les articles L. 212-2 et L. 212-3, sous réserve des exceptions prévues au présent code.

Art. L. 212-11 *(L. n° 2016-925, 7 juill. 2016).* – La cession des droits de l'artiste-interprète mentionnés au présent code est subordonnée à la condition que chacun des droits cédés fasse l'objet d'une mention distincte dans le contrat conclu avec le producteur de phonogrammes et que le domaine d'exploitation de ces droits soit délimité quant à son étendue et à sa destination, quant au lieu et quant à la durée.

Toute clause qui tend à conférer le droit d'exploiter la prestation de l'artiste-interprète sous une forme non prévisible ou non prévue à la date de signature est expresse et stipule, au bénéfice des artistes-interprètes dont les contrats prévoient le paiement direct par le producteur d'une rémunération proportionnelle aux recettes de l'exploitation, une participation corrélative auxdites recettes.

Lorsque l'artiste-interprète cède à un producteur de phonogrammes une créance sur les rémunérations provenant d'exploitations à venir de sa prestation en contrepartie d'une avance consentie par ce dernier, cette cession ne peut porter sur les rémunérations mentionnées aux articles L. 214-1 et L. 311-1. Toute clause contraire est nulle.

La cession au producteur de phonogrammes de droits de l'artiste-interprète autres que ceux mentionnés au présent code est subordonnée à la condition que chacun des droits cédés fasse l'objet d'une mention expresse distincte dans le contrat.

Art. L. 212-12 *(L. n° 2016-925, 7 juill. 2016).* – En cas d'abus notoire dans le non-usage par un producteur de phonogrammes des droits d'exploitation qui lui ont été cédés, la juridiction civile compétente peut ordonner toute mesure appropriée.

Art. L. 212-13 *(L. n° 2016-925, 7 juill. 2016).* – Le contrat conclu entre l'artiste-interprète et le producteur de phonogrammes fixe une rémunération minimale garantie en contrepartie de l'autorisation de fixation, rémunérée sous forme de salaire, de la prestation de l'artiste-interprète.

Chaque mode d'exploitation du phonogramme incorporant la prestation de l'artiste-interprète prévu au contrat fait l'objet d'une rémunération distincte.

Sont regardées comme des modes d'exploitation distincts la mise à disposition du phonogramme sous une forme physique et sa mise à disposition par voie électronique.

(1) V. Décision du 26 mars 1986 et A. 17 oct. 1990.

Art. L. 212-14 *(L. n° 2016-925, 7 juill. 2016)*. – I. - La mise à disposition d'un phonogramme de manière que chacun puisse y avoir accès de sa propre initiative, dans le cadre des diffusions en flux, fait l'objet d'une garantie de rémunération minimale.

II. - Les modalités de la garantie de rémunération minimale prévue au I et son niveau sont établis par un accord collectif de travail conclu entre les organisations représentatives des artistes-interprètes et les organisations représentatives des producteurs de phonogrammes.

Cet accord peut être rendu obligatoire par arrêté du ministre chargé du travail.

III. - À défaut d'accord collectif dans un délai de douze mois à compter de la promulgation de la loi n° 2016-925 du 7 juillet 2016 relative à la liberté de la création, à l'architecture et au patrimoine, la garantie de rémunération minimale versée par le producteur aux artistes-interprètes prévue au I est fixée de manière à associer justement les artistes-interprètes à l'exploitation des phonogrammes, par une commission présidée par un représentant de l'État et composée, en outre, pour moitié, de personnes désignées par les organisations représentant les artistes-interprètes et, pour moitié, de personnes désignées par les organisations représentant les producteurs de phonogrammes.

Art. L. 212-15 *(L. n° 2016-925, 7 juill. 2016)*. – Lorsque le contrat conclu entre un artiste-interprète et un producteur de phonogrammes prévoit le paiement direct par le producteur d'une rémunération qui est fonction des recettes de l'exploitation, le producteur de phonogrammes rend compte semestriellement à l'artiste-interprète du calcul de sa rémunération, de façon explicite et transparente.

À la demande de l'artiste-interprète, le producteur de phonogrammes fournit à un expert-comptable mandaté par l'artiste-interprète toutes justifications propres à établir l'exactitude de ses comptes.

NB : Conformément à l'article 110, II de la loi n° 2016-925 du 7 juillet 2016, le présent article, dans sa rédaction résultant de l'article 10 de ladite loi est applicable aux contrats en cours à la date d'entrée en vigueur du même article 10.

CHAPITRE III. – DROITS DES PRODUCTEURS DE PHONOGRAMMES

Art. L. 213-1. – Le producteur de phonogrammes est la personne, physique ou morale, qui a l'initiative et la responsabilité de la première fixation d'une séquence de son.

L'autorisation du producteur de phonogrammes est requise avant toute reproduction, mise à la disposition du public par la vente, l'échange ou le louage, ou communication au public de son phonogramme autres que celles mentionnées à l'article L. 214-1.

1) **Phonogrammes destinés à des fins promotionnelles. Interdiction de revente.** Le commerçant qui a offert à la vente des phonogrammes qui étaient remis à des professionnels à titre de promotion, et interdits de vente, a « porté atteinte aux droits de destination des producteurs » (■ Paris, 4e ch., 29 juin 2007 : *Comm. com. électr.* 2007, 131, note Caron ; *Propr. intell.* 2007, 121, obs. A. Lucas).

2) **Participation financière à la production.** La participation financière d'une société à la production des enregistrements, à quelque degré qu'elle s'établisse, ne suffit pas à lui conférer la qualité de coproducteur dès lors qu'elle n'implique ni initiative, ni responsabilité au sens de l'article L. 213-1 (■ Cass. 1re civ., 28 juin 2012, n° 11-13.875 : *Propr. intell.* 2012, 348, obs. A. Lucas). Les avances faites par une société sur les redevances dues à un groupe musical en exécution d'un contrat de licence ne suffisent pas, à elles seules, à donner à ladite société le statut de coproducteur desdits enregistrements en l'absence de preuve de ce qu'elle se soit immiscée dans l'enregistrement en cause et ait assumé les risques de cette opération (■ Paris, 14 févr. 2013 : *Propr. intell.* 2013, 208, obs. Bruguière ; *Comm. com. électr.* 2014, chron. 4, n° 21, obs. Daverat).

3) **Présomption de titularité liée à l'exploitation.** En l'absence de toute revendication émanant de la personne physique ou morale qui a pris l'initiative et la responsabilité de la première fixation d'une séquence de sons, ou de ses ayants droit, l'exploitation publique, paisible et non équivoque d'un enregistrement par une personne physique ou morale sous son nom, est de nature à faire présumer à l'égard des tiers recherchés pour contrefaçon, que celle-ci est titulaire sur l'enregistrement des droits prévus à l'article L. 213-1 (■ Cass. 1re civ., 14 nov. 2012 : *RIDA* 2/2013, 427 et 397, obs. Sirinelli ; *Comm. com. électr.* 2013, 3, note Caron ; *D.* 2013, 402, note Azzi ; *Propr. intell.* 2013, 65, obs. Bruguière ; *RTD com.* 2013, 306, obs. Pollaud-Dulian).

Art. L. 213-2 *(L. n° 2016-925, 7 juill. 2016)*. – Le contrat conclu par le producteur d'un phonogramme avec un éditeur de services de communication au public par voie électronique mettant à disposition des

œuvres musicales fixe les conditions de l'exploitation des phonogrammes de manière objective et équitable. Ces conditions ne peuvent comporter de clauses discriminatoires non justifiées par des contreparties réelles.

CHAPITRE IV. – DISPOSITIONS COMMUNES AUX ARTISTES-INTERPRÈTES ET AUX PRODUCTEURS DE PHONOGRAMMES

Art. L. 214-1 *(Mod., L. n° 2006-961, 1er août 2006 ; L. n° 2016-925, 7 juill. 2016)*. **– Lorsqu'un phonogramme a été publié à des fins de commerce, l'artiste-interprète et le producteur ne peuvent s'opposer :**

1° À sa communication directe dans un lieu public, dès lors qu'il n'est pas utilisé dans un spectacle ;

2° À sa radiodiffusion et à sa câblo-distribution simultanée et intégrale, ainsi qu'à sa reproduction strictement réservée à ces fins, effectuée par ou pour le compte d'entreprises de communication audiovisuelle en vue de sonoriser leurs programmes propres diffusés sur leur antenne ainsi que sur celles des entreprises de communication audiovisuelle qui acquittent la rémunération équitable.

Dans tous les autres cas, il incombe aux producteurs desdits programmes de se conformer au droit exclusif des titulaires de droits voisins prévu aux articles L. 212-3 et L. 213-1 ;

3° À sa communication au public par un service de radio, au sens de l'article 2 de la loi n° 86-1067 du 30 septembre 1986 relative à la liberté de communication, à l'exclusion des services de radio dont le programme principal est dédié majoritairement à un artiste-interprète, à un même auteur, à un même compositeur ou est issu d'un même phonogramme.

Dans tous les autres cas, il incombe aux services de communication au public en ligne de se conformer au droit exclusif des titulaires de droits voisins dans les conditions prévues aux articles L. 212-3, L. 213-1 et L. 213-2. Il en va ainsi des services ayant mis en place des fonctionnalités permettant à un utilisateur d'influencer le contenu du programme ou la séquence de sa communication.

Ces utilisations des phonogrammes publiés à des fins de commerce, quel que soit le lieu de fixation de ces phonogrammes, ouvrent droit à rémunération au profit des artistes-interprètes et des producteurs.

Cette rémunération est versée par les personnes qui utilisent les phonogrammes publiés à des fins de commerce dans les conditions mentionnées aux 1°, 2° et 3° du présent article.

Elle est assise sur les recettes de l'exploitation ou, à défaut, évaluée forfaitairement dans les cas prévus à l'article L. 131-4.

Elle est répartie par moitié entre les artistes-interprètes et les producteurs de phonogrammes.

1) **Incorporation du phonogramme dans un vidéogramme.** Le droit exclusif est seul en cause lorsque le vidéogramme réalisé par incorporation d'un phonogramme publié détermine une œuvre distincte (■ Cass. 1re civ., 16 nov. 2004 : *JCP* G 2004, IV, 3498 ; *D.* 2005, 145, note Allaeys ; *Bull. civ.* I, n° 274. V. en ce sens pour l'incorporation du phonogramme dans un autre support pour la réalisation d'une publicité sonore, enregistrement distinct du phonogramme, ■ Cass. 1re civ., 15 mars 2017, nos 14-29179, 14-29408, 14-29973, 15-10891 et 15-17450 : *Propr. intell.* 2017, n° 64, p. 76, obs. Bernault).

2) **Diffusion par satellite de phonogrammes du commerce.** La diffusion par satellite de phonogrammes du commerce ne relève pas de la licence légale de l'article L. 214-1 dès lors que le signal n'est pas destiné à être capté individuellement *et directement* par le public. La diffusion par satellite de phonogrammes du commerce ne relève pas forcément de la licence légale de l'article L. 214-1 (■ Cass. 1re civ., 14 déc. 2016, n° 15-21.396 : *Propr. intell.* 2017, n° 63, p. 55, obs. Bernault).

3) **Droit de l'Union européenne. Notion de rémunération équitable.** La notion de rémunération équitable est une notion communautaire, mais il n'existe aucune raison objective justifiant la fixation par le juge communautaire de modalités précises de détermination d'une rémunération équitable uniforme qui amènerait forcément la cour à se substituer aux États membres auxquels la directive n° 92/100 n'impose aucun critère particulier (■ CJCE, 6 févr. 2003, C-245/00, *SENA : Comm. com. électr.* 2003, 37, note Caron ; *RIDA* 3/2003, 265 ; *Propr. intell.* 2003, n° 7, 175, obs. A. Lucas).

4) **Droit de l'Union européenne. Notion de public.** La « communication au public », au sens de l'article 8.2 de la directive du 12 décembre 2006 consolidant la directive du 19 novembre 1992, ne couvre pas la diffusion gratuite de phonogrammes dans un cabinet dentaire (■ CJUE, 15 mars 2012, C-135/10, *Del Corso : Comm. com. électr.* 2012, 48, 1re esp., obs. Caron ; *Propr. intell.* 2012, 429, obs. Benabou ; *RTD com.* 2012, 322, obs. Pollaud-Dulian, relevant que les clients du dentiste ne constituent pas un public au sens de « personnes en général » et

que la diffusion ne revêt pas un « caractère lucratif »). Mais il en va autrement pour l'exploitant d'un établissement hôtelier qui fournit dans les chambres de ses clients des postes de télévision et/ou de radio auxquels il distribue un signal radiodiffusé (■ CJUE, 15 mars 2012, C-162/10, *Phonographic Performance Ireland : Comm. com. électr.* 2012, 48, 2e esp.).

5) Webradios. La loi du 7 juillet 2016 étendant le régime de la licence légale à la diffusion des phonogrammes du commerce par des webradios n'est pas contraire à la constitution (■ Cons. const., 4 août 2017, n° 2017-649 QPC : *Propr. intell.* oct. 2017, 70, obs. Bruguière ; *Dalloz IP/IT* 2017, 591, obs. Azzi ; *Comm. com. électr.* 2017, chron. 11, n° 9, obs. Tafforeau).

6) Attentes musicales téléphoniques. La licence légale ne s'applique pas lorsque le phonogramme est utilisé pour réaliser et communiquer des attentes musicales téléphoniques ou des messageries musicales (■ Cass. 1re civ., 15 mars 2017, nos 14-29.179, 14-29.408, 14-29.973, 15-10.891 et 15-17.450 : *Propr. intell.* juill. 2017, 76, obs. Bernault).

7) Réalisation d'une base de données. La licence légale ne joue pas lorsque le phonogramme est utilisé pour la réalisation de bases de données destinée à sonoriser des lieux publics (*même arrêt*).

Art. L. 214-2 *(Mod., L. n° 2006-961, 1er août 2006).* **– Sous réserve des conventions internationales, les droits à rémunération reconnus par les dispositions de l'article L. 214-1 sont répartis entre les artistes-interprètes et les producteurs de phonogrammes pour les phonogrammes fixés pour la première fois dans un État membre de la Communauté européenne.**

1) Doctrine. B. Edelman, *Une loi substantiellement internationale, La loi du 3 juillet 1985 sur les droits d'auteur et droits voisins : Clunet* 1987, 555. – A. Kerever, *La loi du 3 juillet 1985 et la protection des étrangers : RIDA* 3/1987, 3.

2) Convention de Rome. V. L. n° 86-1300, 23 déc. 1986 autorisant la ratification par la France de la Convention de Rome sur la protection des artistes-interprètes ou exécutants, des producteurs de phonogrammes et des organismes de radiodiffusion.

3) Traité CEE. Le traité CEE est compris dans les conventions internationales visées à l'article 28 de la loi de 1985 (CPI, art. L. 214-2) qui doit donc s'appliquer pour tous les phonogrammes fixés pour la première fois dans un État membre de la Communauté (Rép. QE n° 785/86 à la Commission des CE : *JCP* 87, I, 3312, Annexe 8).

Art. L. 214-3 *(Mod., L. n° 2016-925, 7 juill. 2016 ; Ord. n° 2016-1823, 22 déc. 2016).* **– Le barème de rémunération et les modalités de versement de la rémunération sont établis par des accords spécifiques à chaque branche d'activité entre les organisations représentatives des artistes-interprètes, des producteurs de phonogrammes et des personnes utilisant les phonogrammes dans les conditions prévues aux 1°, 2° et 3° de l'article L. 214-1.**

Ces accords doivent préciser les modalités selon lesquelles les personnes utilisant les phonogrammes dans ces mêmes conditions s'acquittent de leur obligation de fournir aux organismes de gestion collective le programme exact des utilisations auxquelles elles procèdent et tous les éléments documentaires indispensables à la répartition des droits.

Les stipulations de ces accords peuvent être rendues obligatoires pour l'ensemble des intéressés par arrêté du ministre chargé de la culture.

La durée de ces accords est comprise entre un et cinq ans.

Art. L. 214-4 *(Mod., Ord. n° 2004-637, 1er juill. 2004 ; L. n° 2016-925, 7 juill. 2016).* **– À défaut d'accord intervenu avant le 30 juin 1986, ou si aucun accord n'est intervenu à l'expiration du précédent accord, le barème de rémunération et des modalités de versement de la rémunération sont arrêtés par une commission** ***présidée par un*** **représentant de l'État et composée, en nombre égal, d'une part, de membres désignés par les organisations représentant les bénéficiaires du droit à rémunération, d'autre part, de membres désignés par les organisations représentant les personnes qui, dans la branche d'activité concernée, utilisent les phonogrammes dans les conditions prévues aux 1°, 2° et 3° de l'article L. 214-1.**

Les organisations appelées à désigner les membres de la commission ainsi que le nombre de personnes que chacune est appelée à désigner sont déterminés par arrêté du ministre chargé de la culture.

La commission se détermine à la majorité de ses membres présents. En cas de partage des voix, le président a voix prépondérante.

Les délibérations de la commission sont exécutoires si, dans un délai d'un mois, son président n'a pas demandé une seconde délibération.

Les décisions de la commission sont publiées au ***Journal officiel*** **de la République française.**

Art. L. 214-5. – La rémunération prévue à l'article L. 214-1 est perçue pour le compte des ayants droit et répartie entre ceux-ci par un ou plusieurs organismes mentionnés au titre II du livre III.

Art. L. 214-6 *(L. n° 2016-925, 7 juill. 2016 ; mod., Ord. n° 2016-1823, 22 déc. 2016)*. – I. - Sans préjudice du droit des parties de saisir le juge, le médiateur de la musique est chargé d'une mission de conciliation pour tout litige relatif à l'interprétation ou à l'exécution :

1° De tout accord entre les artistes-interprètes dont l'interprétation est fixée dans un phonogramme, les producteurs de phonogrammes et les éditeurs de services de communication au public en ligne mettant à disposition des œuvres musicales ;

2° D'un engagement contractuel entre un artiste-interprète et un producteur de phonogrammes ;

3° D'un engagement contractuel entre un producteur de phonogrammes et un éditeur de services de communication au public en ligne mettant à disposition des œuvres musicales ;

4° D'un engagement contractuel entre un producteur de phonogrammes et un producteur de spectacles.

Dans le cadre de sa mission, le médiateur peut être saisi par tout artiste-interprète, par tout producteur de phonogrammes, par tout producteur de spectacles ou par tout éditeur de services de communication au public en ligne mettant à disposition des œuvres musicales. Il peut également être saisi par leurs mandataires ou par toute organisation professionnelle ou syndicale intéressée, ainsi que par le ministre chargé de la culture.

Pour l'exercice de sa mission, il invite les parties à lui fournir toutes les informations qu'il estime nécessaires, sans que puisse lui être opposé le secret des affaires, et peut entendre toute personne dont l'audition lui paraît utile.

Le médiateur de la musique exerce sa mission dans le respect des compétences de l'Autorité de la concurrence. Lorsque les faits relevés par le médiateur apparaissent constitutifs de pratiques anticoncurrentielles mentionnées aux articles L. 420-1 à L. 420-7 du Code de commerce, le médiateur saisit l'Autorité de la concurrence. Cette saisine peut être introduite dans le cadre d'une procédure d'urgence, conformément à l'article L. 464-1 du même code. Le médiateur peut également saisir pour avis l'Autorité de la concurrence de toute question de concurrence en application de l'article L. 462-1 dudit code. L'Autorité de la concurrence peut consulter le médiateur sur toute question relevant de sa compétence et lui communiquer, à cette fin, toute saisine entrant dans le champ de cette compétence.

Lorsque le litige dont il est saisi relève du champ de compétence d'une autre instance de conciliation créée par une convention ou un accord collectif de travail, le médiateur saisit cette instance pour avis. Il se déclare incompétent si cette instance lui en fait la demande.

Le médiateur de la musique favorise ou suscite toute solution de conciliation aux litiges qui lui sont soumis. Lorsqu'il constate un accord entre les parties, il rédige un procès-verbal de conciliation précisant les mesures à prendre pour le mettre en œuvre. À défaut d'accord entre les parties, le médiateur peut émettre une recommandation proposant des mesures tendant à mettre fin au litige. Il peut rendre publique la décision de conciliation ou la recommandation, sous réserve des informations couvertes par le secret des affaires.

II. - Le médiateur de la musique peut faire au ministre chargé de la culture toute proposition que lui paraît appeler l'accomplissement de ses missions. Il met en œuvre toute mesure de nature à favoriser l'adoption de codes des usages entre les organismes professionnels et les organismes de gestion collective représentant les artistes-interprètes et les producteurs de phonogrammes, entre les producteurs de phonogrammes et les producteurs de spectacles ou entre les producteurs de phonogrammes et les éditeurs de services de communication au public en ligne mettant à disposition des œuvres musicales.

Le médiateur de la musique adresse chaque année un rapport sur son activité au ministre chargé de la culture. Ce rapport est public. Une copie en est adressée aux présidents des commissions permanentes de l'Assemblée nationale et du Sénat chargées de la culture.

III. - Un décret en Conseil d'État précise les conditions d'application du présent article.

CHAPITRE V. – DROITS DES PRODUCTEURS DE VIDÉOGRAMMES

Art. L. 215-1. – Le producteur de vidéogrammes est la personne, physique ou morale, qui a l'initiative et la responsabilité de la première fixation d'une séquence d'images sonorisée ou non.

L'autorisation du producteur de vidéogrammes est requise avant toute reproduction, mise à la disposition du public par la vente, l'échange ou le louage, ou communication au public de son vidéogramme.

Les droits reconnus au producteur d'un vidéogramme en vertu de l'alinéa précédent, les droits d'auteur et les droits des artistes-interprètes dont il disposerait sur l'œuvre fixée sur ce vidéogramme ne peuvent faire l'objet de cessions séparées.

CHAPITRE VI. – DROITS DES ENTREPRISES DE COMMUNICATION AUDIOVISUELLE

Art. L. 216-1. – **Sont soumises à l'autorisation de l'entreprise de communication audiovisuelle la reproduction de ses programmes, ainsi que leur mise à la disposition du public par vente, louage ou échange, leur télédiffusion et leur communication au public dans un lieu accessible à celui-ci moyennant paiement d'un droit d'entrée.**

Sont dénommés entreprises de communication audiovisuelle les organismes qui exploitent un service de communication audiovisuelle au sens de la loi n° 86-1067 du 30 septembre 1986 relative à la liberté de communication, quel que soit le régime applicable à ce service.

Droit de communication au public. Le droit de communication au public de l'organisme de radiodiffusion est limité à la communication des programmes dans « un lieu accessible au public moyennant paiement d'un droit d'entrée » (■ CJUE, 16 févr. 2017, C-641/15, *Hotel Edelweiss : Dalloz IP/IT* 2017, 332, note Lucas-Schloetter ; *Comm. com. électr.* 2017, chron. 11, n° 4, obs. Tafforeau).

Art. L. 216-2 *(L. n° 2006-961, 1er août 2006).* – **L'autorisation de télédiffuser par voie hertzienne la prestation d'un artiste-interprète, un phonogramme, un vidéogramme ou les programmes d'une entreprise de communication audiovisuelle comprend la distribution à des fins non commerciales de cette télédiffusion sur les réseaux internes aux immeubles ou ensembles d'immeubles collectifs à usage d'habitation installés par leurs propriétaires ou copropriétaires, ou par les mandataires de ces derniers, à seule fin de permettre le raccordement de chaque logement de ces mêmes immeubles ou ensembles d'immeubles collectifs à usage d'habitation à des dispositifs collectifs de réception des télédiffusions par voie hertzienne normalement reçues dans la zone.**

CHAPITRE VII. – DISPOSITIONS APPLICABLES À LA TÉLÉDIFFUSION PAR SATELLITE ET À LA RETRANSMISSION PAR CÂBLE

(L. n° 97-283, 27 mars 1997)

Art. L. 217-1 *(L. n° 97-283, 27 mars 1997).* – **Les droits voisins du droit d'auteur correspondant à la télédiffusion par satellite de la prestation d'un artiste-interprète, d'un phonogramme, d'un vidéogramme ou des programmes d'une entreprise de communication audiovisuelle sont régis par les dispositions du présent code dès lors que cette télédiffusion est réalisée dans les conditions définies aux articles L. 122-2-1 et L. 122-2-2.**

Dans les cas prévus à l'article L. 122-2-2, ces droits peuvent être exercés à l'égard des personnes visées au 1° ou au 2° de cet article.

Art. L. 217-2 *(L. n° 97-283, 27 mars 1997 ; mod., Ord. n° 2016-1823, 22 déc. 2016).* – **I. - Lorsqu'il est prévu par le présent code, le droit d'autoriser la retransmission par câble, simultanée, intégrale et sans changement, sur le territoire national, de la prestation d'un artiste-interprète, d'un phonogramme ou d'un vidéogramme télédiffusés à partir d'un État membre de la Communauté européenne ne peut être exercé, à compter de la date d'entrée en vigueur de la loi n° 97-283 du 27 mars 1997, que par un organisme de gestion collective. Si cet organisme est régi par le titre II du livre III, il doit être agréé à cet effet par le ministre chargé de la culture.**

Si le titulaire du droit n'en a pas confié la gestion à l'un de ces organismes, il désigne celui qu'il charge de l'exercer. Il notifie par écrit cette désignation à l'organisme, qui ne peut refuser.

Le contrat autorisant la télédiffusion sur le territoire national de la prestation d'un artiste-interprète, d'un phonogramme ou d'un vidéogramme mentionne l'organisme chargé, le cas échéant, d'exercer le droit d'autoriser sa retransmission par câble, simultanée, intégrale et sans changement, dans les États membres de la Communauté européenne.

L'agrément prévu au premier alinéa est délivré en considération des critères énumérés à l'article L. 132-20-1.

Un décret en Conseil d'État fixe les conditions de délivrance et de retrait de l'agrément. Il fixe également, dans le cas prévu au deuxième alinéa, les modalités de désignation de l'organisme chargé de la gestion du droit de retransmission. (1)

II. - Par dérogation au I, le titulaire du droit peut céder celui-ci à une entreprise de communication audiovisuelle. Les dispositions du I ne sont pas applicables aux droits dont est cessionnaire une entreprise de communication audiovisuelle.

Art. L. 217-3 *(L. n° 97-283, 27 mars 1997).* – Des médiateurs sont institués afin de favoriser, sans préjudice du droit des parties de saisir le juge, la résolution des litiges relatifs à l'octroi de l'autorisation, lorsqu'elle est exigée, de retransmission par câble, simultanée, intégrale et sans changement, d'un élément protégé par un des droits définis au présent titre.

À défaut d'accord amiable, le médiateur peut proposer aux parties la solution qui lui paraît appropriée, que celles-ci sont réputées avoir acceptée faute d'avoir exprimé leur opposition par écrit dans un délai de trois mois.

Un décret en Conseil d'État précise les conditions d'application du présent article et les modalités de désignation des médiateurs (2).

LIVRE TROISIÈME. – DISPOSITIONS GÉNÉRALES RELATIVES AU DROIT D'AUTEUR, AUX DROITS VOISINS ET DROITS DES PRODUCTEURS DE BASES DE DONNÉES

(Intitulé mod., L. n° 98-536, 1er juill. 1998)

TITRE PREMIER. – RÉMUNÉRATION POUR COPIE PRIVÉE

CHAPITRE UNIQUE

Art. L. 311-1 *(Mod., L. n° 2001-624, 17 juill. 2001 ; L. n° 2011-1898, 20 déc. 2011).* – Les auteurs et les artistes-interprètes des œuvres fixées sur phonogrammes ou vidéogrammes, ainsi que les producteurs de ces phonogrammes ou vidéogrammes, ont droit à une rémunération au titre de la reproduction desdites œuvres, réalisée à partir d'une source licite dans les conditions mentionnées au 2° de l'article L. 122-5 et au 2° de l'article L. 211-3.

Cette rémunération est également due aux auteurs et aux éditeurs des œuvres fixées sur tout autre support, au titre de leur reproduction réalisée à partir d'une source licite, dans les conditions prévues au 2° de l'article L. 122-5, sur un support d'enregistrement numérique.

1) **Montant de la rémunération. Prise en compte des copies illicites (non).** La rémunération pour copie privée a pour unique objet de compenser, pour les auteurs, artistes-interprètes et producteurs, la perte de revenus engendrée par l'usage qui est fait licitement et sans leur autorisation de copies d'œuvres fixées sur des phonogrammes ou des vidéogrammes à des fins strictement privées, et il appartient donc à la Commission copie privée de rechercher, pour chaque support, la part respective des usages licites ou illicites (■ CE, 11 juill. 2008 : *JurisData* n° 2008-073909 ; *Propr. intell.* 2008, 428, obs. A. Lucas).

2) **Vente à distance sur Internet de supports d'enregistrement vierges. Absence de mention rappelant au consommateur français l'obligation de payer la rémunération pour copie privée.** En considérant que l'absence de toute mention rappelant au consommateur français son impérieuse obligation de payer la rémunération pour copie privée, dont il est redevable, n'était pas fautive, tout en constatant que cette rémunération n'était pas sans incidence sur le prix de vente des produits en cause, ce dont le consommateur devait nécessairement être tenu informé, la cour d'appel n'a pas tiré les conséquences légales de ses propres constatations (■ Cass. 1re civ., 27 nov. 2008 : *JurisData* n° 2008-045978 ; *JCP* E 2009, 1238, note Beyneix ; *Propr. intell.* 2009, 170, obs. Bruguière).

3) **Supports réservés à des usages professionnels.** L'application sans distinction de la redevance pour copie privée, notamment à l'égard d'équipements, d'appareils ainsi que de supports de reproduction numérique non mis à la disposition d'utilisateurs privés et manifestement réservés à des usages autres que la réalisation de copies à usage privé, ne s'avère pas conforme à la directive 2001/29 (■ CJUE, 21 oct. 2010, C-467/08, *Padawan* : *RIDA* 1/2011, 353, et 299, obs. Sirinelli ;

(1) V. D. n° 98-1041, 18 nov. 1998 (CPI, art. R. 321-1 à R. 323-5).
(2) D. n° 98-1042, 18 nov. 1998 (CPI, art. R. 324-1 à R. 324-12).

Comm. com. électr. 2011, 2, note Caron ; *Propr. intell.* 2011, 93, obs. A. Lucas, et 108, obs. Benabou).

4) Composition et fonctionnement de la Commission copie privée. Dispositions ayant un caractère réglementaire. Le 2e alinéa de l'article L. 311-5 et les deux premières phrases du 3e alinéa, qui attribuent au ministre chargé de la Culture le soin de déterminer les organisations appelées à désigner les membres de la Commission copie privée, ainsi que le nombre de personnes que chacune est appelée à désigner, et qui organisent le mode de délibération de cette commission, « ne mettent en cause ni les principes fondamentaux du régime de la propriété, des droits réels et des obligations civiles et commerciales qui relèvent de la loi en vertu de l'article 34 de la Constitution, ni aucun des autres principes ou règles placés par la Constitution dans le domaine de la loi » (■ Cons. const., 9 avr. 2009, n° 2009-216 L : *JO* 12 avr. 2009, p. 6433 ; *Comm. com. électr.* 2007, 54, note Caron. – V. D. n° 2009-744, 19 juin 2009 relatif au fonctionnement de la commission instituée à l'article L. 311-5 du Code de la propriété intellectuelle : *JO* 21 juin 2009).

5) Acquisitions intracommunautaires. Lorsque le débiteur est l'utilisateur final et qu'il est impossible en pratique d'obtenir de lui le paiement, il appartient à la juridiction de l'État membre où est établi le commerçant vendant des supports vierges d'interpréter le droit national de manière à permettre de percevoir la redevance auprès dudit vendeur, dès lors que celui-ci peut en répercuter le montant (■ CJUE, 16 juin 2011, C-462/09, *Stichting de Thuiskopie : Propr. intell.* 2011, 405, obs. Benabou ; *RTD com.* 2011, 551, obs. Pollaud-Dulian, société allemande commercialisant des supports vierges sur Internet, en ciblant notamment les consommateurs néerlandais).

6) Cession du droit à rémunération. Le droit de l'Union européenne « ne laisse pas la faculté aux États membres d'établir une présomption de cession » au profit du producteur de l'œuvre audiovisuelle (■ CJUE, 9 févr. 2012, C-277/10, *Martin Luksan : Comm. com. électr.* 2012, 37, obs. Caron ; *RIDA* 2/2012, 381, obs. Sirinelli ; *Propr. intell.* 2012, 425, obs. Benabou ; *RTD com.* 2012, 318, obs. Pollaud-Dulian).

7) Droit de l'éditeur à une compensation équitable (non). L'éditeur n'étant pas titulaire originaire de droits sur l'œuvre éditée, il ne peut prétendre recevoir une partie de la compensation équitable destinée à réparer le préjudice subi du fait de la création d'une exception au droit exclusif de l'auteur (■ CJUE, 12 nov. 2015, C-572/13, *Hewlett-Packard Belgium : Comm. com. électr.* 2016, 10, obs. Caron ; *Propr. intell.* 2016, 52, obs. Bernault).

Art. L. 311-2 ***(Mod., L. n° 2006-961, 1er août 2006).*** **– Sous réserve des conventions internationales, le droit à rémunération mentionné à l'article L. 214-1 et au premier alinéa de l'article L. 311-1 est réparti entre les auteurs, les artistes-interprètes, producteurs de phonogrammes ou de vidéogrammes pour les phonogrammes et vidéogrammes fixés pour la première fois dans un État membre de la Communauté européenne.**

V. CPI, art. L. 214-2, p. 2523.

Art. L. 311-3. – La rémunération pour copie privée est, dans les conditions ci-après définies, évaluée selon le mode forfaitaire prévu au deuxième alinéa de l'article L. 131-4.

Art. L. 311-4 ***(L. n° 92-677, 17 juill. 1992 ; mod., L. n° 2006-961, 1er août 2006 ; L. n° 2011-1898, 20 déc. 2011 ; L. n° 2016-925, 7 juill. 2016).*** **– La rémunération prévue à l'article L. 311-3 est versée par le fabricant, l'importateur ou la personne qui réalise des acquisitions intracommunautaires, au sens du 3° du I de l'article 256 *bis* du Code général des impôts, de supports d'enregistrement utilisables pour la reproduction à usage privé d'œuvres, lors de la mise en circulation en France de ces supports.**

Cette rémunération est également versée par l'éditeur d'un service de radio ou de télévision ou son distributeur, au sens de la loi n° 86-1067 du 30 septembre 1986 relative à la liberté de communication, qui fournit à une personne physique, par voie d'accès à distance, la reproduction à usage privé d'œuvres à partir d'un programme diffusé de manière linéaire par cet éditeur ou son distributeur, sous réserve que cette reproduction soit demandée par cette personne physique avant la diffusion du programme ou au cours de celle-ci pour la partie restante.

Le montant de la rémunération est fonction du type de support et de la durée ou de la capacité d'enregistrement qu'il permet ou, dans le cas mentionné au deuxième alinéa du présent article, du nombre d'utilisateurs du service de stockage proposé par l'éditeur ou le distributeur du service de radio ou de télévision et des capacités de stockage mises à disposition par cet éditeur ou ce distributeur.

Ce montant est également fonction de l'usage de chaque type de support et, dans le cas mentionné au même deuxième alinéa, des capacités de stockage mises à disposition par un éditeur ou un distributeur d'un service de radio ou de télévision. Cet usage est apprécié sur le fondement d'enquêtes.

Toutefois, lorsque des éléments objectifs permettent d'établir qu'un support ou une capacité de stockage mise à disposition par un éditeur ou un distributeur de service de radio ou de télévision peut être utilisé pour la reproduction à usage privé d'œuvres et doit, en conséquence, donner lieu au versement de la rémunération, le montant de cette rémunération peut être déterminé par application des seuls critères mentionnés au troisième alinéa, pour une durée qui ne peut excéder un an à compter de cet assujettissement.

Le montant de la rémunération tient compte du degré d'utilisation des mesures techniques définies à l'article L. 331-5 et de leur incidence sur les usages relevant de l'exception pour copie privée. Il ne peut porter rémunération des actes de copie privée ayant déjà donné lieu à compensation financière.

1) **Usage professionnel.** L'application sans distinction de la redevance pour copie privée, notamment à l'égard d'équipements, d'appareils ainsi que de supports de reproduction numérique non mis à la disposition d'utilisateurs privés et manifestement réservés à des usages autres que la réalisation de copies à usage privé, ne s'avère pas conforme à la directive 2001/29 du 22 mai 2001 (■ CJUE, 21 oct. 2010, C-467/08, *Padawan : RIDA* 1/2011, 353 ; *Com. com. électr.* 2011, 2, note Caron ; *Propr. intell.* 2011, 93, obs. A. Lucas, et 108, obs. Benabou).

2) **Supports plurifonctionnels.** La compensation équitable prévue par l'article 5.2 *b)* de la directive 2001/29 du 22 mai 2001 peut être perçue même en présence de supports plurifonctionnels, que ces supports aient ou non pour fonction principale la réalisation de copies pour un usage privé, à condition qu'une des fonctions desdits supports, fût-elle secondaire, permette à leurs détenteurs de les utiliser à cette fin (■ CJUE, 5 mars 2015, n° C-463/12, *Copydan*).

3) **Affectation d'une partie des sommes à des fins sociales ou culturelles.** Le droit à la compensation équitable ou la redevance pour copie privée destinée à financer cette compensation, ne peut pas être exclu en raison du fait que la moitié des recettes perçues au titre de ladite compensation ou redevance est versée non pas directement aux ayants droit de cette même compensation, mais à des établissements sociaux et culturels institués au bénéfice de ces ayants droit, pour autant que ces établissements sociaux et culturels bénéficient effectivement auxdits ayants droit et que les modalités de fonctionnement desdits établissements ne sont pas discriminatoires, ce qu'il incombe à la juridiction de renvoi de vérifier (■ CJUE, 11 juill. 2013, C-521/11, *Amazon : Comm. com. électr.* 2013, 99, obs. Caron ; *Propr. intell.* 2014, 74, obs. Bruguière ; *RTD com.* 2014, 719, obs. Pollaud-Dulian.

4) **Droit au remboursement.** L'article 5.2 *b)* de la directive 2001/29 ne s'oppose pas à la réglementation d'un État membre qui applique sans distinction une redevance pour copie privée à la première mise en circulation sur son territoire, à des fins commerciales et à titre onéreux, de supports d'enregistrement susceptibles de servir à la reproduction, tout en prévoyant, en même temps, un droit au remboursement des redevances payées dans l'hypothèse où l'utilisation finale de ces supports n'entre pas dans le cas de figure visé à ladite disposition (■ CJUE, 11 juill. 2013, C-521/11, *Amazon*, préc.). Les modalités d'exonération de paiement de la compensation équitable due en contrepartie de l'exception de copie privée ou de remboursement de celle-ci doivent respecter le principe d'égalité de traitement. Tel n'est pas le cas en l'absence de critères « objectifs et transparents » justifiant la conclusion de « protocoles » conclus au profit des seules personnes morales par la société de gestion collective chargée de percevoir la compensation (■ CJUE, 22 sept. 2016, C-110/15, *Microsoft Mobile Sales International : Propr. intell.* 2017, n° 62, p. 27, obs. Bernault).

5) **Commercialisation transfrontalière des supports.** L'obligation faite par un État membre d'acquitter, lors de la mise en circulation à des fins commerciales et à titre onéreux des supports d'enregistrement susceptibles de servir à la reproduction, une redevance pour copie privée destinée à financer la compensation équitable visée à cette disposition ne peut pas être exclue en raison du fait qu'une redevance analogue a déjà été payée dans un autre État membre (■ CJUE, 11 juill. 2013, C-521/11, *Amazon*, préc.).

6) **Importateur de supports.** A la qualité d'importateur au sens de l'article L. 311-4 du Code de la propriété intellectuelle, la personne qui importe en France des supports d'enregistrement, les propose à la vente en ligne en France et les expédie à ses clients (■ Cass. crim., 23 sept. 2014, n° 13-85.252 : *Propr. intell.* 2015, 58, obs. A. Lucas).

7) **Compétence juridictionnelle.** L'action en paiement de la rémunération pour copie privée relève de la matière délictuelle ou quasi délictuelle au sens de l'article 5.3 du règlement Bruxelles I (■ CJUE, 21 avr. 2016 : *Comm. com. électr.* 2016, comm. 49, obs. Caron ; *Europe* 2016, comm. 220, obs. Idot ; *Propr. intell.* 2016, 349, obs. A. Lucas).

8) **Financement par le budget de l'État (non).** Le coût de la compensation équitable due en contrepartie de l'exception de copie privée doit être supporté par les personnes qui réalisent les copies privées des œuvres et ne peut donc peser sur l'ensemble des contribuables (■ CJUE, 9 juin 2016, C-470/14, *EGEDA : Propr. intell.* 2016, 442, obs. Bernault ; *Europe* 2016, comm. 304, obs. Simon).

9) **Évaluation de la rémunération par le juge judiciaire.** L'annulation des décisions prises par la commission administrative chargée de déterminer les types de support éligibles à la rémunération pour copie privée et les taux de cette rémunération ne saurait priver les titulaires du droit de reproduction d'une compensation équitable due au titre des copies licites réalisées à partir des supports d'enregistrement mis en circulation ; sans méconnaître ni le principe de la séparation des pouvoirs ni l'autorité attachée aux décisions du juge administratif, il appartient au juge judiciaire de procéder à l'évaluation de cette compensation, calculée sur la base du critère du préjudice causé à ceux-ci par l'introduction de l'exception de copie privée (■ Cass. 1re civ., 17 mars 2016, n° 15-10.895 : *Dalloz IP-IT* 2016, 252, obs. Crédeville ; *Comm. com. électr.* 2016, comm. 38, note ; *Propr. intell.* 2016, 334, obs. Bernault).

Art. L. 311-4-1 *(L. n° 2011-1898, 20 déc. 2011 ; mod., Ord. n° 2016-301, 14 mars 2016).* **– Le montant de la rémunération prévue à l'article L. 311-3 propre à chaque support est porté à la connaissance de l'acquéreur lors de la mise en vente des supports d'enregistrement mentionnés à l'article L. 311-4. Une notice explicative relative à cette rémunération et à ses finalités, qui peut être intégrée au support de façon dématérialisée, est également portée à sa connaissance. Cette notice mentionne la possibilité de conclure des conventions d'exonération ou d'obtenir le remboursement de la rémunération pour copie privée dans les conditions prévues à l'article L. 311-8.**

Les manquements au présent article sont recherchés et constatés par les agents mentionnés au II de l'article L. 450-1 du Code de commerce, dans les conditions fixées à l'article L. 141-1 du Code de la consommation. Ces manquements sont sanctionnés par une amende administrative dont le montant ne peut être supérieur à 3 000 €.

Les manquements au présent article sont recherchés et constatés par les agents mentionnés aux articles L. 511-3 et L. 511-21 du Code de la consommation, dans les conditions prévues à l'article L. 511-5 du Code de la consommation. Ces manquements sont sanctionnés par une amende administrative dont le montant ne peut être supérieur à 3 000 €.

Les conditions d'application du présent article sont définies par décret en Conseil d'État.

V. A. 24 janv. 2014, à la notice prévue à l'article L. 311-4-1 du Code de la propriété intellectuelle.

Art. L. 311-5 *(Mod., D. n° 2009-744, 19 juin 2009* (1)*; L. n° 2011-1898, 20 déc. 2011* (2)*; L. n° 2016-925, 7 juill. 2016).* **– Les types de support, les taux de rémunération et les modalités de versement de celle-ci sont déterminés par une commission présidée par un représentant de l'État et composée, en outre, pour moitié, de personnes désignées par les organisations représentant les bénéficiaires du droit à rémunération, pour un quart, de personnes désignées par les organisations représentant les fabricants ou importateurs des supports mentionnés au premier alinéa de l'article L. 311-4 et, pour un quart, de personnes désignées par les organisations représentant les consommateurs. Trois représentants des ministres chargés de la culture, de l'industrie et de la consommation participent aux travaux de la commission, avec voix consultative. Le président et les membres de la commission transmettent au président de la Haute Autorité pour la transparence de la vie publique, dans un délai de deux mois suivant leur nomination, une déclaration d'intérêts telle que prévue au III de l'article 4 de la loi n° 2013-907 du 11 octobre 2013 relative à la transparence de la vie publique.**

Le règlement intérieur de la commission et ses modifications font l'objet d'une publication au *Journal officiel*.

Les comptes rendus des réunions de la commission sont rendus publics, selon des modalités fixées par décret. La commission publie un rapport annuel, transmis au Parlement.

Les délibérations de la commission sont exécutoires si, dans un délai d'un mois, son président n'a pas demandé une seconde délibération.

Les décisions de la commission sont publiées au *Journal officiel* de la République française.

Art. L. 311-6 *(Rempl., L. n° 2016-925, 7 juill. 2016 ; mod., Ord. n° 2016-1823, 22 déc. 2016).* **– I. - La rémunération prévue à l'article L. 311-1 est perçue pour le compte des ayants droit par un ou plusieurs organismes de gestion collective mentionnés au titre II du présent livre, agréés à cet effet par le ministre chargé de la culture.**

(1) Sur le caractère réglementaire du deuxième alinéa et des deux premières phrases du troisième alinéa du présent article : V. Cons. const., déc. n° 2009-216 L, 9 avr. 2009 : *JO* 12 avr. 2009. – NDLR.

(2) Dispositions d'application transitoires : V. L. n° 2011-1898, 20 déc. 2011.

L'agrément est délivré pour cinq années en considération :

1° De la qualification professionnelle des dirigeants de l'organisme ;

2° Des moyens que l'organisme propose de mettre en œuvre pour assurer la perception des droits ;

3° De la diversité des associés de l'organisme.

II. - La rémunération prévue à l'article L. 311-1 est répartie entre les ayants droit par les organismes mentionnés au I du présent article, à raison des reproductions privées dont chaque œuvre fait l'objet.

III. - Une part ne pouvant excéder 1 % des sommes provenant de la rémunération pour copie privée est affectée par ces organismes au financement des enquêtes d'usage réalisées, en application du quatrième alinéa de l'article L. 311-4, par la commission mentionnée à l'article L. 311-5, qui en rédige les cahiers des charges préalables.

Art. L. 311-7 *(Mod., L. n° 2001-624, 17 juill. 2001).* – La rémunération pour copie privée des phonogrammes bénéficie, pour moitié, aux auteurs au sens du présent code, pour un quart, aux artistes-interprètes et, pour un quart, aux producteurs.

La rémunération pour copie privée des vidéogrammes bénéficie à parts égales aux auteurs au sens du présent code, aux artistes-interprètes et aux producteurs.

La rémunération pour copie privée des œuvres visées au second alinéa de l'article L. 311-1 bénéficie à parts égales aux auteurs et aux éditeurs.

Art. L. 311-8 *(Mod., L. n° 2011-1898, 20 déc. 2011 ; L. n° 2016-925, 7 juill. 2016).* – I. - La rémunération pour copie privée n'est pas due lorsque le support d'enregistrement est acquis pour leur propre usage ou production par :

1° Les entreprises de communication audiovisuelle ;

2° Les producteurs de phonogrammes ou de vidéogrammes et les personnes qui assurent, pour le compte des producteurs de phonogrammes ou de vidéogrammes, la reproduction de ceux-ci ;

2° *bis* Les éditeurs d'œuvres publiées sur des supports numériques ;

3° Les personnes morales ou organismes, dont la liste est arrêtée par le ministre chargé de la culture, qui utilisent les supports d'enregistrement à des fins d'aide aux handicapés visuels ou auditifs.

II (1). - La rémunération pour copie privée n'est pas due non plus pour les supports d'enregistrement acquis notamment à des fins professionnelles dont les conditions d'utilisation ne permettent pas de présumer un usage à des fins de copie privée.

II *bis*. - La rémunération pour copie privée n'est pas due non plus par les personnes qui procèdent à l'exportation ou à la livraison intracommunautaire de supports d'enregistrement mis en circulation en France.

III. - Une convention constatant l'exonération et en fixant les modalités peut être conclue entre les personnes bénéficiaires des I, II ou II *bis* et l'un des organismes mentionnés au I de l'article L. 311-6. En cas de refus de l'un des organismes de conclure une convention, ce dernier doit préciser les motifs de ce refus.

À défaut de conclusion d'une convention, ces personnes ont droit au remboursement de la rémunération sur production de justificatifs déterminés par les ministres chargés de la culture et de l'économie.

Légalité du système de remboursement pour les supports à usage professionnel. Ne méconnaissent pas la directive 2001/29/CE les paragraphes II et III de l'article L. 311-8 qui réservent l'exonération de la rémunération de la copie privée aux seuls supports à destination professionnelle dont l'acquéreur ne peut présumer un usage à des fins de copies privées (■ CE, 12 avr. 2013, n° 357120 : *LEPI* 2013, 71, obs. Lebois).

TITRE II. – GESTION DES DROITS D'AUTEUR ET DES DROITS VOISINS PAR UN ORGANISME

(Rempl., Ord. n° 2016-1823, 22 déc. 2016)

CHAPITRE Ier. – Dispositions générales

Section 1. – Organismes de gestion collective

Art. L. 321-1 *(Rempl., Ord. n° 2016-1823, 22 déc. 2016).* – I. - Les organismes de gestion collective sont des personnes morales constituées sous toute forme juridique dont l'objet principal consiste à gérer le droit

(1) Dispositions d'application transitoires : V. L. n° 2011-1898, 20 déc. 2011.

d'auteur ou les droits voisins de celui-ci pour le compte de plusieurs titulaires de ces droits, tels que définis aux livres Ier et II du présent code, à leur profit collectif, soit en vertu de dispositions légales, soit en exécution d'un contrat.

Ces organismes doivent :

1° Soit être contrôlés par leurs membres titulaires de droits mentionnés au premier alinéa ;

2° Soit être à but non lucratif.

Ils agissent au mieux des intérêts des titulaires de droits qu'ils représentent et ne peuvent leur imposer des obligations qui ne sont pas objectivement nécessaires pour protéger leurs droits et leurs intérêts ou pour assurer une gestion efficace de leurs droits.

II. - Les organismes de gestion collective peuvent mener des actions de promotion de la culture et fournir des services sociaux, culturels et éducatifs dans l'intérêt des titulaires de droits qu'ils représentent et du public.

1) **Apport à une société d'auteurs. Action en contrefaçon.** Les auteurs et éditeurs ayant adhéré à la SACEM n'en conservent pas moins l'exercice de leurs droits sur l'œuvre, dont ils peuvent demander la protection, notamment par l'action en contrefaçon (■ Cass. 1re civ., 24 févr. 1998 : *D.* 1998, 471, note Françon ; *RTD com.* 1998, 592, obs. Françon. – V. cependant ■ Paris, 22 mai 2013 : *Propr. intell.* 2013, 395, obs. A. Lucas ; *Comm. com. électr.* 2014, chron. 4, n° 2, obs. Daverat : conformément à l'article 1er des statuts de la SACEM, tout auteur, auteur-réalisateur ou compositeur admis à y adhérer « fait apport à la société, du fait même de cette adhésion, en tous pays et pour la durée de la société, du droit d'autoriser ou d'interdire l'exécution ou la représentation publique de ses œuvres, dès que créées » ; il en résulte qu' « en faisant ainsi l'apport de l'ensemble de leurs droits d'auteurs, les adhérents à la SACEM ne peuvent agir personnellement au titre de l'atteinte aux droits patrimoniaux d'auteur, sauf à démontrer la carence de la SACEM », pourvoi rejeté sur ce point par ■ Cass. 1re civ., 13 nov. 2014, n° 13-22.401 : *Comm. com. électr.* 2015, comm. 2, note Caron ; *Propr. intell.* 2015, 64, obs. Bruguière. V. en ce sens ■ Cass. 1re civ., 1er mars 2017, n° 12-25.755 : *Propr. intell.* 2017, n° 64, p. 81, obs. Bernault).

2) **Apport en gérance et apport du droit d'autoriser.** L'arrêt, après avoir rappelé que les statuts de la SACD distinguaient l'apport en gérance, propre au répertoire dramatique, de l'apport du droit d'autoriser ou interdire la communication au public, lequel concerne les œuvres audiovisuelles, retient que la SACD ne gère collectivement, au titre de ce dernier apport, que les droits générés par l'exploitation télévisuelle des œuvres sur le territoire français ainsi que sur le territoire des sociétés ayant conclu des contrats de réciprocité avec elle, à l'exception, en l'absence d'accords professionnels conclus avec les organismes représentatifs des producteurs, de l'exploitation des films en salle ou sous forme vidéographique ; la cour d'appel, ayant constaté que si des droits avaient été versés aux auteurs par la SACD, les demandes formées par ceux-ci portaient sur l'exploitation des œuvres en salle ou en dehors des territoires d'intervention de la SACD ou encore sous forme de vidéogramme et tendaient en outre à la réparation de préjudices causés par le gel de l'exploitation des films et l'absence de reddition de compte, en a déduit souverainement que de telles demandes n'étaient pas fondées sur des droits dont les auteurs avaient fait apport à la SACD, justifiant ainsi légalement sa décision (■ Cass. 1re civ., 9 avr. 2014, n° 12-19.427).

3) **Monopole des sociétés de gestion collective.** L'article 16 de la directive 2006/123/CE du 12 décembre 2006, relative aux services dans le marché intérieur, ainsi que les articles 56 TFUE et 102 TFUE doivent être interprétés en ce sens qu'ils ne s'opposent pas à la réglementation d'un État membre qui réserve la gestion collective des droits d'auteur relatifs à certaines œuvres protégées, sur le territoire de celui-ci, à une seule société de gestion collective des droits d'auteur, empêchant ainsi un utilisateur de telles œuvres de bénéficier des services fournis par une société de gestion établie dans un autre État membre. Toutefois, l'article 102 TFUE doit être interprété en ce sens que constituent des indices d'un abus de position dominante le fait pour cette première société de gestion collective des droits d'auteur d'imposer des tarifs pour les services qu'elle fournit, qui sont sensiblement plus élevés que ceux pratiqués dans les autres États membres, à condition que la comparaison des niveaux des tarifs ait été effectuée sur une base homogène, ou de pratiquer des prix excessifs sans rapport raisonnable avec la valeur économique de la prestation fournie (■ CJUE, 27 févr. 2014 C-351/12, *OSA*).

4) **Répartition. Sondages.** La méthode par sondage adoptée par la Sacem pour répartir les redevances en contrepartie de la diffusion des œuvres dans les discothèques permet de garantir à chaque ayant droit la rémunération la plus proche de la réalité de l'exploitation de son œuvre (■ Cass. 1re civ., 28 oct. 2015, n° 14-22.600 : *Propr. intell.* 2016, 64, obs. Bernault).

Art. L. 321-2 *(Rempl., Ord. n° 2016-1823, 22 déc. 2016).* – Les organismes de gestion collective régulièrement constitués ont qualité pour ester en justice pour la défense des droits dont ils ont statutairement la charge et pour défendre les intérêts matériels et moraux de leurs membres, notamment dans le cadre des accords professionnels les concernant.

Ils ont également qualité pour siéger au sein des organes compétents pour délibérer en matière de protection sociale, prévoyance et formation des titulaires de droits qu'ils représentent, sous réserve des règles applicables à la représentation des syndicats professionnels conformément aux dispositions du Code du travail.

Art. L. 321-3 *(Rempl., Ord. n° 2016-1823, 22 déc. 2016).* – Les organismes de gestion collective permettent à leurs membres et aux autres titulaires de droits dont ils gèrent les droits patrimoniaux de communiquer avec eux par voie électronique, notamment pour l'exercice des droits qui leur sont reconnus au titre du présent code, notamment en matière d'information, de participation aux décisions collectives et pour le contrôle de l'organisme.

Art. L. 321-4 *(Rempl., Ord. n° 2016-1823, 22 déc. 2016).* – Les organismes de gestion collective établis en France sont soumis aux dispositions du présent titre.

Les organismes de gestion collective établis hors de l'Union européenne gérant les droits d'exploitation en France d'œuvres ou autres objets protégés, sont soumis aux dispositions des premier, deuxième et quatrième alinéas de l'article L. 324-6, des articles L. 324-7, L. 324-8, L. 324-12 à L. 324-14, du second alinéa de l'article L. 326-2, des articles L. 326-3 et L. 326-4.

Ils sont soumis au contrôle de la commission de contrôle des organismes de gestion des droits d'auteurs et des droits voisins au titre du 2° de l'article L. 327-1. La médiation prévue au *a* du 3° de l'article L. 327-1 leur est également applicable.

Les organismes de gestion collective établis hors de l'Union européenne gérant les droits d'exploitation en France d'œuvres musicales protégées sont en outre soumis aux dispositions des articles L. 325-1, L. 325-2, L. 325-5 à L. 325-7.

Art. L. 321-5 *(Rempl., Ord. n° 2016-1823, 22 déc. 2016).* – Les organismes de gestion collective sont régis par les dispositions propres à la forme juridique sous laquelle ils sont constitués, sous réserve des dispositions du présent titre.

Section 2. – Organismes de gestion indépendants

Art. L. 321-6 *(Rempl., Ord. n° 2016-1823, 22 déc. 2016).* – Un organisme de gestion indépendant est une personne morale à but lucratif dont l'objet principal consiste à gérer le droit d'auteur ou les droits voisins de celui-ci pour le compte de plusieurs titulaires de droits, au profit collectif de ces derniers, qui n'est pas contrôlée, directement ou indirectement, par ces titulaires de droits.

Les organismes de gestion indépendants établis en France sont soumis aux dispositions du second alinéa de l'article L. 322-1, des premier, deuxième et quatrième alinéas de l'article L. 324-6, des articles L. 324-7, L. 324-8, L. 324-12 à L. 324-14, du second alinéa de l'article L. 326-2, des articles L. 326-3, L. 326-4 et L. 328-1. Ils sont soumis au contrôle de la commission de contrôle des organismes de gestion des droits d'auteur et des droits voisins au titre des 1° et 2° de l'article L. 327-1. La médiation prévue au *a* du 3° de l'article L. 327-1 leur est également applicable.

Les organismes de gestion indépendants établis en France gérant les droits d'exploitation d'œuvres musicales protégées sont en outre soumis aux dispositions des articles L. 325-1, L. 325-2, L. 325-5 à L. 325-7. La médiation prévue au *b* du 3° de l'article L. 327-1 leur est également applicable.

Les organismes de gestion indépendants établis hors de l'Union européenne gérant les droits d'exploitation en France d'œuvres ou autres objets protégés, sont soumis aux dispositions des premier, deuxième et quatrième alinéas de l'article L. 324-6, des articles L. 324-7, L. 324-8, L. 324-12 à L. 324-14, du second alinéa de l'article L. 326-2, de l'article L. 326-3 et de l'article L. 326-4. Ils sont soumis au contrôle de la commission de contrôle des organismes de gestion des droits d'auteur et des droits voisins au titre du 2° de l'article L. 327-1. La médiation prévue au *a* du 3° de l'article L. 327-1 leur est également applicable.

Les organismes de gestion indépendants établis hors de l'Union européenne gérant les droits d'exploitation en France d'œuvres musicales protégées sont en outre soumis aux dispositions des articles L. 325-1, L. 325-2, L. 325-5 à L. 325-7.

Monopole des sociétés de gestion collective. L'article 16 de la directive 2006/123/CE du 12 décembre 2006, relative aux services dans le marché intérieur, ainsi que les articles 56 TFUE et 102 TFUE doivent être interprétés en ce sens qu'ils ne s'opposent pas à la réglementation d'un État membre qui réserve la gestion collective des droits d'auteur relatifs à certaines œuvres protégées, sur le territoire de celui-ci, à une seule société de gestion collective des droits d'auteur, empêchant ainsi un utilisateur de telles œuvres de bénéficier des services fournis par une société de gestion établie dans un autre État membre. Toutefois, l'article 102 TFUE doit être interprété en ce sens que constituent des indices d'un abus de position dominante le fait pour cette première société de gestion collective des droits d'auteur d'imposer des tarifs pour les services qu'elle fournit, qui sont sensiblement plus élevés que ceux pratiqués dans les autres États membres, à condition que la comparaison des niveaux des tarifs ait été effectuée sur une base homogène, ou de pratiquer des prix excessifs sans rapport raisonnable avec la valeur économique de la prestation fournie (■ CJUE, 27 févr. 2014, C-351/12, OSA).

CHAPITRE II. – AUTORISATION DE GESTION DES DROITS

Art. L. 322-1 ***(Ord. n° 2016-1823, 22 déc. 2016).*** **– Les organismes de gestion collective informent les titulaires de droits qui souhaitent leur confier la gestion de ceux-ci des droits dont ils bénéficient en application des articles L. 322-3 à L. 322-7 et L. 324-4 ainsi que des modalités d'exercice du droit prévu par ce dernier, avant d'obtenir leur consentement pour cette gestion.**

Ils sont également tenus de leur fournir, préalablement à leur consentement, des informations concernant les frais de gestion et les autres déductions effectuées sur les revenus mentionnés au *a* de l'article L. 324-9.

Art. L. 322-2 ***(Ord. n° 2016-1823, 22 déc. 2016).*** **– L'obligation d'information prévue à l'article L. 322-1 ainsi que les droits qu'il mentionne sont portés à la connaissance de tout titulaire de droit dans un document de référence aisément accessible.**

Section 1. – Conditions et effets de l'autorisation de gestion des droits

Art. L. 322-3 ***(Ord. n° 2016-1823, 22 déc. 2016).*** **– L'autorisation de gestion des droits par l'organisme de gestion collective porte, au choix du titulaire, sur tout ou partie des droits, catégories de droits, types d'œuvres ou autres objets protégés et territoires définis par les statuts ou le règlement général de l'organisme. L'étendue de cette autorisation est précisée dans un document auquel le titulaire de droits a donné son consentement, y compris par voie électronique.**

La liberté de définir l'étendue des droits que leur titulaire autorise un organisme à gérer ne fait pas obstacle à ce que l'organisme fixe, compte tenu de son objet social, de son activité et de ses moyens, les cas dans lesquels un apport de droits indissociables peut être imposé en vue d'en garantir une gestion efficiente.

1) Apport à une société d'auteurs. Action en contrefaçon. Les auteurs et éditeurs ayant adhéré à la SACEM n'en conservent pas moins l'exercice de leurs droits sur l'œuvre, dont ils peuvent demander la protection, notamment par l'action en contrefaçon (■ Cass. 1re civ., 24 févr. 1998, n° 95-22.282 : *JurisData* n° 1998-000820 ; *D.* 1998, 471, note Françon ; *RTD com.* 1998, 592, obs. Françon. – V. cependant ■ Paris, 22 mai 2013, n° 10/06602 : *Propr. intell.* 2013, 395, obs. A. Lucas ; *Comm. com. électr.* 2014, chron. 4, n° 2, obs. Daverat : conformément à l'article 1er des statuts de la SACEM, tout auteur, auteur-réalisateur ou compositeur admis à y adhérer « fait apport à la société, du fait même de cette adhésion, en tous pays et pour la durée de la société, du droit d'autoriser ou d'interdire l'exécution ou la représentation publique de ses œuvres, dès que créées » ; il en résulte qu' « en faisant ainsi l'apport de l'ensemble de leurs droits d'auteurs, les adhérents à la SACEM ne peuvent agir personnellement au titre de l'atteinte aux droits patrimoniaux d'auteur, sauf à démontrer la carence de la SACEM », pourvoi rejeté sur ce point par ■ Cass. 1re civ., 13 nov. 2014, n° 13-22.401 : *Comm. com. électr.* 2015, comm. 2, note Caron ; *Propr. intell.* 2015, 64, obs. Bruguière. – V. en ce sens, réservant seulement l'hypothèse de la carence de la SACEM, ■ Cass. 1re civ., 1er mars 2017, n° 12-25.755).

2) Apport en gérance et apport du droit d'autoriser. L'arrêt, après avoir rappelé que les statuts de la SACD distinguaient l'apport en gérance, propre au répertoire dramatique, de l'apport du droit d'autoriser ou interdire la communication au public, lequel concerne les œuvres audiovisuelles, retient que la SACD ne gère collectivement, au titre de ce dernier apport, que les droits générés par l'exploitation télévisuelle des œuvres sur le territoire français ainsi que sur le territoire des sociétés ayant conclu des contrats de réciprocité avec elle, à l'exception, en l'absence d'accords professionnels conclus avec les organismes représentatifs des producteurs, de l'exploitation des films en salle ou sous forme vidéographique ; la cour d'appel, ayant constaté que si des droits avaient été versés aux auteurs par la SACD, les demandes formées par ceux-ci portaient sur l'exploitation des œuvres en salle ou en dehors des territoires d'intervention de la SACD ou encore sous forme de vidéogramme et tendaient en outre à la réparation de préjudices causés par le gel de l'exploitation des films et l'absence de reddition de compte, en a déduit souverainement que de telles demandes n'étaient pas fondées sur des droits dont les auteurs avaient fait apport à la SACD, justifiant ainsi légalement sa décision (■ Cass. 1re civ., 9 avr. 2014, n° 12-19.427).

3) Répartition. Sondages. La méthode par sondage adoptée par la Sacem pour répartir les redevances en contrepartie de la diffusion des œuvres dans les discothèques permet de garantir à chaque ayant droit la rémunération la plus proche de la réalité de l'exploitation de son œuvre (■ Cass. 1re civ., 28 oct. 2015, n° 14-22.600 : *Propr. intell.* 2016, 64, obs. Bernault).

Art. L. 322-4 *(Ord. n° 2016-1823, 22 déc. 2016).* **– Les organismes de gestion collective sont tenus d'accepter la gestion des droits dans les conditions prévues à l'article L. 322-3 dès lors que cette gestion relève de leur domaine d'activité.**

Les conditions qu'ils fixent reposent sur des critères publics, objectifs, transparents et non discriminatoires.

Le refus d'un organisme d'accéder à une demande de gestion de droits patrimoniaux doit être écrit et énoncer les motifs de droit et de fait de la décision.

Section 2. – Résiliation de l'autorisation de gestion des droits

Art. L. 322-5 *(Ord. n° 2016-1823, 22 déc. 2016).* **– Un titulaire de droits peut résilier à tout moment, en tout ou partie, dans les limites arrêtées par l'organisme et mentionnées au second alinéa de l'article L. 322-3, l'autorisation qu'il a donnée à l'organisme de gestion collective de gérer ses droits patrimoniaux.**

Art. L. 322-6 *(Ord. n° 2016-1823, 22 déc. 2016).* **– L'organisme de gestion collective fixe et rend publiques les modalités de la résiliation, en particulier le délai de préavis, qui ne peut excéder six mois.**

Il peut cependant prévoir que la résiliation ne prend effet qu'à la fin de l'exercice social.

La résiliation ne peut pas être subordonnée à la condition de confier la gestion des droits en cause à un autre organisme de gestion collective.

Art. L. 322-7 *(Ord. n° 2016-1823, 22 déc. 2016).* **– Si des sommes sont dues à un titulaire de droits pour des actes d'exploitation exécutés avant que sa demande de résiliation totale ou partielle n'ait pris effet, ou dans le cadre d'une autorisation d'exploitation octroyée avant cette date d'effet, il conserve les droits que lui confèrent les dispositions des troisième et quatrième alinéas de l'article L. 324-10, des I et II de l'article L. 324-12, des articles L. 324-14, L. 324-18, L. 325-7, des I et II de l'article L. 326-3 et des articles L. 326-4 et L. 328-1.**

Art. L. 322-8 *(Ord. n° 2016-1823, 22 déc. 2016).* **– Les dispositions du présent chapitre ne sont pas applicables lorsque les droits en cause sont gérés par l'organisme en application des dispositions des articles L. 122-10, L. 132-20-1, L. 133-2, L. 134-3, L. 214-5, L. 217-2 et L. 311-6.**

CHAPITRE III. – ORGANISATION DES ORGANISMES DE GESTION COLLECTIVE

Art. L. 323-1 *(Ord. n° 2016-1823, 22 déc. 2016).* **– Les statuts des organismes de gestion collective prévoient des règles permettant la participation effective de leurs membres à leur processus de décision et assurent, au sein de ce dernier, une représentation équilibrée des différentes catégories de membres.**

Lorsque les droits et règles garantissant aux membres et aux tiers l'exercice de ces droits ou leur information ne figurent pas dans les statuts, ils sont régis par un règlement général de l'organisme adopté par l'assemblée générale des membres.

Section 1. – Adhésion des membres

Art. L. 323-2 *(Ord. n° 2016-1823, 22 déc. 2016).* **– Ne peuvent être membres d'un organisme de gestion collective que les titulaires de droits mentionnés au premier alinéa de l'article L. 321-1 et, le cas échéant, des entités regroupant des titulaires de droits, notamment des organismes de gestion collective.**

Les conditions d'adhésion à l'organisme de gestion collective et de refus éventuel de celui-ci sont soumises aux règles définies aux articles L. 322-3 et L. 322-4.

Art. L. 323-3 *(Ord. n° 2016-1823, 22 déc. 2016)*. – Les organismes de gestion collective tiennent à jour les registres de leurs membres.

Section 2. – Décisions collectives des membres

Art. L. 323-4 *(Ord. n° 2016-1823, 22 déc. 2016)*. – Les décisions collectives des membres sont prises conformément aux dispositions particulières à la forme juridique adoptée par l'organisme de gestion collective, sous réserve des dispositions de la présente section.

Art. L. 323-5 *(Ord. n° 2016-1823, 22 déc. 2016)*. – L'assemblée générale des membres est réunie au moins une fois par an.

Art. L. 323-6 *(Ord. n° 2016-1823, 22 déc. 2016)*. – L'assemblée générale adopte les statuts et le règlement général, décide de toute modification à y apporter et fixe dans l'un de ces instruments les conditions d'adhésion à l'organisme de gestion collective.

Lorsque l'organisme est doté d'un conseil d'administration ou d'un conseil de surveillance, ou de tout autre organe collégial d'administration autre que celui composé des dirigeants de l'organisme, l'assemblée générale nomme et révoque ses membres dans les conditions fixées par la loi et par les statuts. Elle approuve leur rémunération et les autres avantages dont ils bénéficient.

L'assemblée générale nomme et révoque le commissaire aux comptes.

L'assemblée générale statue également sur :

1° La politique générale de répartition des sommes dues aux titulaires de droits ;

2° La politique générale d'utilisation des sommes qui ne peuvent être réparties ;

3° La politique générale d'investissement des revenus provenant de l'exploitation des droits et des recettes résultant de cet investissement ;

4° La politique générale des déductions effectuées sur ces revenus et recettes ;

5° L'utilisation, durant l'exercice précédent, des sommes qui n'ont pu être réparties ;

6° La politique de gestion des risques ;

7° L'approbation de toute acquisition, vente d'immeubles ou hypothèque sur ceux-ci ;

8° L'approbation des opérations de fusion ou d'alliance, de la création de filiales, et de l'acquisition d'autres entités ou de participations ou de droits dans d'autres entités ;

9° L'approbation des opérations d'emprunt, d'octroi de prêts ou de constitution de garanties d'emprunts.

Elle approuve le rapport annuel de transparence mentionné à l'article L. 326-1.

Art. L. 323-7 *(Ord. n° 2016-1823, 22 déc. 2016)*. – L'assemblée générale des membres peut déléguer tout ou partie des pouvoirs énumérés aux 6°, 7°, 8° et 9° de l'article L. 323-6 à l'organe de surveillance prévu à l'article L. 323-14 dans des conditions qu'elle détermine. L'organe de surveillance ne peut déléguer ces compétences.

Art. L. 323-8 *(Ord. n° 2016-1823, 22 déc. 2016)*. – Tous les membres d'un organisme de gestion collective ont le droit de participer et de voter à l'assemblée générale dans les conditions fixées par la loi et par les statuts et le règlement général.

Ils peuvent voter par voie électronique. Leur participation et l'exercice de leur droit de vote à l'assemblée générale ne peuvent être restreints par les statuts ou le règlement général qu'en fonction de la durée de leur adhésion ou du montant des revenus qu'ils ont reçu ou qui leur sont dus au titre de l'exploitation de leurs droits, sous réserve que ces critères, qui peuvent être cumulés, soient définis et appliqués de manière équitable et proportionnée.

Art. L. 323-9 *(Ord. n° 2016-1823, 22 déc. 2016)*. – Les membres de l'organisme de gestion collective peuvent donner mandat à un autre membre à l'effet de les représenter à l'assemblée générale et de voter en leur nom, à condition que cette désignation ne crée pas de conflit d'intérêts, en particulier lorsque le mandant et le mandataire relèvent de catégories différentes de titulaires de droits au sein de l'organisme.

Chaque mandat est valable pour une seule assemblée générale. Le mandataire jouit des mêmes droits que ceux dont le membre qui l'a désigné aurait bénéficié lors de l'assemblée générale. Le mandataire vote conformément aux instructions de vote données, le cas échéant, par le membre qui l'a désigné.

Les statuts et le règlement général peuvent prévoir des restrictions concernant la désignation des mandataires et l'exercice des droits de vote des membres qu'ils représentent, et notamment limiter le nombre de mandats dont dispose un mandataire, sous réserve que celles-ci ne compromettent pas la participation appropriée et effective des membres au processus de décision de l'organisme.

Art. L. 323-10 *(Ord. n° 2016-1823, 22 déc. 2016).* – Lorsque l'organisme de gestion collective ne dispose pas, en raison de sa forme juridique, d'une assemblée générale de ses membres, les compétences de celle-ci, prévues à l'article L. 323-6, sont exercées par l'organe de surveillance prévu à l'article L. 323-14. Les règles prévues aux articles L. 323-5, L. 323-8 et L. 323-9 s'appliquent alors à cet organe.

Si l'ensemble des membres de l'organe sont des personnes morales représentant des titulaires de droit, les statuts peuvent en outre prévoir que tout ou partie des pouvoirs de l'assemblée générale sont exercés par un organe réunissant ces personnes morales.

Section 3. – Organes de gestion, d'administration et de direction

Art. L. 323-11 *(Ord. n° 2016-1823, 22 déc. 2016).* – Les statuts ou le règlement général des organismes de gestion collective prévoient les procédures administratives et comptables assurant un contrôle interne effectif des membres de l'organe d'administration et des représentants légaux.

Art. L. 323-12 *(Ord. n° 2016-1823, 22 déc. 2016).* – Les statuts ou le règlement général des organismes prévoient des procédures assurant la prévention et le traitement des conflits d'intérêts qui pourraient survenir dans l'exercice des fonctions des membres des organes de gestion, d'administration et de direction, de manière à éviter qu'ils ne portent atteinte aux intérêts collectifs des titulaires de droits qu'ils représentent.

Art. L. 323-13 *(Ord. n° 2016-1823, 22 déc. 2016 ; mod. à compter de la date prévue à l'article 29 de l'ordonnance n° 2018-1125 du 12 décembre 2018, et au plus tard le 1er juin 2019, Ord. n° 2018-1125, 12 déc. 2018).* – Les procédures mentionnées à l'article L. 323-12 prévoient notamment l'établissement d'une déclaration individuelle annuelle par chacun des membres, personnes physiques, du conseil d'administration, ou du conseil de surveillance et du directoire lorsque l'organisme en est doté, ainsi que par chacun des représentants légaux, précisant :

1° Tout intérêt qu'il détient dans l'organisme de gestion collective ;

2° Toute rémunération qu'il a perçue lors de l'exercice précédent de l'organisme, y compris sous la forme de prestations de retraite, d'avantages en nature ou de tout autre avantage ;

3° Tout revenu qu'il a perçu, lors de l'exercice précédent, de l'organisme en tant que titulaire de droits ;

4° Tout conflit réel ou potentiel entre ses intérêts personnels et ceux de l'organisme ou entre ses obligations envers celui-ci et celles qu'il a envers toute autre personne physique ou morale.

Cette déclaration est tenue à la disposition des membres de l'assemblée générale pendant un délai de deux mois avant la réunion annuelle de cette assemblée au siège de l'organisme de gestion collective. Les conditions de sa consultation doivent assurer le respect de la vie privée, de la protection des données à caractère personnel et du secret des affaires.

Les statuts ou le règlement général déterminent les sanctions applicables à la personne qui omet de transmettre sa déclaration complète à l'organisme dans les délais qu'ils fixent ou qui mentionne des informations erronées dans ce document. Ces sanctions doivent être graduelles et proportionnées.

Section 4. – Organe de surveillance

Art. L. 323-14 *(Ord. n° 2016-1823, 22 déc. 2016).* – Les statuts des organismes de gestion collective instituent un organe collégial de surveillance des activités des organes de gestion, d'administration et de direction.

Cet organe est le conseil de surveillance lorsque l'organisme en est doté. Les dispositions du deuxième alinéa de l'article L. 225-68 du Code de commerce ne s'appliquent que si l'assemblée générale a fait usage de la faculté de déléguer que lui reconnaît l'article L. 323-7.

Cet organe ne peut être un comité composé d'administrateurs du conseil d'administration ne prenant pas part à la gestion d'un organisme que lorsque celui-ci a adopté la forme d'une association dont les statuts n'attribuent pas au conseil d'administration des pouvoirs de gestion de l'association.

Il se réunit au moins une fois par semestre. Il a pour mission :

1° De contrôler l'activité des organes de gestion, d'administration et de direction, notamment la mise en œuvre des décisions de l'assemblée générale, en particulier s'agissant des politiques générales énumérées aux points a à d du quatrième alinéa de l'article L. 323-6 ;

2° D'exercer les compétences qui lui sont déléguées par l'assemblée générale, notamment dans les cas prévus par l'article L. 323-7 ;

3° D'émettre un avis sur les refus opposés par l'organisme de gestion collective aux demandes de communication de documents présentées par ses membres en application de l'article L. 326-5.

Il rend compte, au moins une fois par an, de l'exercice de ses missions à l'assemblée générale.

Art. L. 323-15 *(Ord. n° 2016-1823, 22 déc. 2016).* – Les membres de l'organe de surveillance sont élus par l'assemblée générale.

Les règles statutaires régissant leur désignation assurent une représentation équilibrée des différentes catégories de membres de l'assemblée générale au sein de l'organe de surveillance. Elles peuvent autoriser l'élection de personnes physiques qui ne sont pas membres de l'organisme, sous réserve que ces derniers demeurent majoritaires au regard du nombre de droits de vote détenus ou du nombre de personnes siégeant au sein de l'organe de surveillance.

Aucun membre de cet organe ne peut être salarié ni appartenir aux organes de gestion, d'administration ou de direction de l'organisme de gestion collective.

CHAPITRE IV. – GESTION DES DROITS

Art. L. 324-1 *(Ord. n° 2016-1823, 22 déc. 2016).* – Les modalités de gestion par l'organisme des droits patrimoniaux qui lui sont confiés sont fixées soit par les statuts, soit par le règlement général, conformément aux dispositions du présent chapitre.

Art. L. 324-2 *(Ord. n° 2016-1823, 22 déc. 2016).* – Les organismes de gestion collective respectent le principe d'égalité de traitement dans la gestion des droits patrimoniaux de l'ensemble des titulaires de droits qu'ils représentent, y compris dans le cas où cette gestion s'exerce au titre d'un accord de représentation.

Section 1. – Octroi des autorisations d'exploitation et perception des revenus issus de l'exploitation des droits

Art. L. 324-3 *(Ord. n° 2016-1823, 22 déc. 2016).* – Les contrats conclus par les organismes de gestion collective avec les utilisateurs de tout ou partie de leur répertoire sont des actes civils.

Art. L. 324-4 *(Ord. n° 2016-1823, 22 déc. 2016).* – Les statuts ou le règlement général fixent les conditions dans lesquelles les titulaires de droits peuvent octroyer à des tiers des autorisations d'exploitation pour des utilisations non commerciales de droits ou catégories de droits dont ils ont confié la gestion à l'organisme, portant sur certains types d'œuvres ou d'autres objets protégés de leur choix.

Art. L. 324-5 *(Ord. n° 2016-1823, 22 déc. 2016).* – Les organismes de gestion collective des droits des producteurs de phonogrammes et de vidéogrammes et des artistes-interprètes ont la faculté, dans la limite des mandats qui leur sont donnés soit par tout ou partie des membres, soit par des organismes étrangers ayant le même objet, d'exercer collectivement les droits prévus aux articles L. 213-1 et L. 215-1 en concluant des contrats généraux d'intérêt commun avec les utilisateurs de phonogrammes ou de vidéogrammes dans le but d'améliorer la diffusion de ceux-ci ou de promouvoir le progrès technique ou économique.

Art. L. 324-6 *(Ord. n° 2016-1823, 22 déc. 2016).* – Les conditions d'octroi par les organismes de gestion collective des autorisations d'exploitation des droits sont fondées sur des critères objectifs, transparents et non discriminatoires.

Le montant des rémunérations demandées par les organismes pour l'exploitation des droits est raisonnable et garantit que les titulaires de droits qu'ils représentent perçoivent une rémunération appropriée pour ces exploitations. Il tient compte, notamment, de la valeur économique des droits exploités, qu'il s'agisse de droits exclusifs ou de droits à rémunération, de la nature et de l'étendue de l'utilisation des œuvres et autres objets protégés sur lesquels portent ces droits, et de la valeur économique du service fourni par l'organisme de gestion collective.

Les statuts ou le règlement général des organismes doivent prévoir les conditions dans lesquelles les associations ayant un but d'intérêt général bénéficient, pour leurs manifestations ne donnant pas lieu à entrée payante, d'une réduction sur le montant des droits d'auteur et des droits voisins de ceux-ci qu'elles auraient à verser.

Lorsque des autorisations d'exploitation sont octroyées par les organismes de gestion collective à un utilisateur fournissant un nouveau type de service en ligne mis à la disposition du public de l'Union européenne depuis moins de trois ans, les conditions d'octroi de ces autorisations ne sauraient constituer des précédents pour déterminer les conditions d'octroi d'autres autorisations d'exploitation. Le délai de trois ans court à compter du premier contrat concernant le service considéré.

Art. L. 324-7 *(Ord. n° 2016-1823, 22 déc. 2016)*. – Les organismes de gestion collective permettent aux utilisateurs de communiquer avec eux par voie électronique.

Ils répondent dans un délai raisonnable aux demandes des utilisateurs et les informent des conditions d'octroi des autorisations d'exploitation, des critères qu'ils mettent en œuvre pour fixer le montant de la rémunération due et des informations qui leur sont nécessaires pour pouvoir proposer une autorisation d'exploitation.

Après réception de ces informations, l'organisme, dans un délai raisonnable, propose une autorisation d'exploitation ou adresse à l'utilisateur une réponse motivée expliquant les raisons pour lesquelles il n'entend pas octroyer l'autorisation sollicitée.

Art. L. 324-8 *(Ord. n° 2016-1823, 22 déc. 2016)*. – Lorsqu'une autorisation d'exploitation est octroyée, l'utilisateur est tenu de communiquer à l'organisme de gestion collective, dans un format et dans un délai convenus entre les parties ou préétablis, les informations pertinentes sur l'utilisation qu'il a faite des droits, de telle sorte que l'organisme soit en mesure d'assurer la perception et la répartition des revenus provenant de l'exploitation de ces droits.

Pour définir le format à respecter pour la communication de ces informations, les organismes et les utilisateurs prennent en considération, dans la mesure du possible, les normes sectorielles volontaires, en particulier les identifiants standard des œuvres et autres objets protégés. À défaut d'accord entre les parties dans un délai raisonnable, ces informations sont celles définies par un arrêté du ministre chargé de la culture pour le secteur d'activité concerné.

Section 2. – Gestion des revenus issus de l'exploitation des droits

Art. L. 324-9 *(Ord. n° 2016-1823, 22 déc. 2016)*. – Les organismes de gestion collective établissent des comptes annuels comportant un bilan, un compte de résultat et une annexe, conformément à un règlement de l'autorité des normes comptables et de manière à séparer :

1° Les revenus provenant de l'exploitation des droits et toute recette ou actif résultant de l'investissement de ces revenus ;

2° Leurs actifs propres éventuels et les revenus tirés de ceux-ci ou d'autres activités, ainsi que les sommes qu'ils perçoivent au titre de leurs frais de gestion.

Les règles comptables communes aux organismes de gestion collective sont fixées par l'Autorité des normes comptables.

Art. L. 324-10 *(Ord. n° 2016-1823, 22 déc. 2016)*. – Les organismes de gestion collective ne sont pas autorisés à utiliser les revenus mentionnés au 1° de l'article L. 324-9 à des fins autres que leur répartition aux titulaires de droits.

Toutefois, ils peuvent déduire des revenus à répartir certaines sommes, correspondant notamment à leurs frais de gestion, dans les conditions fixées dans le cadre de la politique générale définie par l'assemblée générale des membres.

Ces déductions doivent être justifiées au regard des services rendus aux titulaires de droits.

Les sommes déduites au titre des frais de gestion ne peuvent excéder les coûts justifiés supportés par l'organisme pour la gestion des droits patrimoniaux qui lui est confiée.

Lorsque les revenus et les recettes mentionnés au 1° de l'article L. 324-9 sont perçus par l'organisme au titre d'un accord de représentation, seuls les montants correspondant aux frais de gestion peuvent être déduits de ces revenus, à moins que la personne morale partie à l'accord de représentation n'autorise expressément d'autres déductions.

Art. L. 324-11 *(Ord. n° 2016-1823, 22 déc. 2016)*. – Les organismes de gestion collective investissent les revenus provenant de l'exploitation des droits et les recettes résultant de l'investissement de ces revenus conformément à la politique générale d'investissement et de gestion des risques définie par l'assemblée générale, et aux règles suivantes :

1° S'il existe un quelconque risque de conflit d'intérêts, les organismes de gestion collective veillent à ce que l'investissement serve le seul intérêt des titulaires de droits ;

2° Les actifs sont investis de manière à garantir la sécurité, la qualité, la liquidité et la rentabilité de l'ensemble du portefeuille ;

3° Les actifs sont correctement diversifiés afin d'éviter une dépendance excessive à l'égard d'un actif particulier et l'accumulation de risques dans l'ensemble du portefeuille.

Art. L. 324-12 *(Ord. n° 2016-1823, 22 déc. 2016)*. – I. - Les organismes de gestion collective versent les sommes dues aux titulaires de droits au plus tard neuf mois à compter de la fin de l'exercice au cours duquel les revenus provenant de l'exploitation des droits ont été perçus.

Il ne peut être dérogé à ce délai que pour un motif légitime, notamment le manque d'information permettant l'identification ou la localisation des titulaires de droits bénéficiaires.

II. - Lorsque ces sommes sont versées à un organisme de gestion collective ou un organisme de gestion indépendant représentant le titulaire de droits, un contrat conclu entre ces différents organismes précise le délai dont dispose chacun d'entre eux pour que le titulaire de droits perçoive les sommes qui lui sont dues dans le délai mentionné au I. À défaut de contrat, l'organisme collecteur dispose d'un délai d'un mois à compter de la fin de l'exercice pour verser les sommes dues à l'organisme qui est son membre. Celui-ci doit ensuite verser les sommes dues au titulaire de droits dans le délai fixé au I restant à courir.

Lorsque des organismes de gestion collective ou des organismes de gestion indépendants membres les uns des autres interviennent successivement dans la répartition de ces sommes, un contrat conclu entre eux fixe le délai s'appliquant à chacune des parties, sans que le délai total ne puisse excéder celui prévu au I. À défaut de contrat, l'organisme collecteur dispose d'un délai d'un mois à compter de la fin de l'exercice pour verser les sommes dues et le délai restant à courir est réparti à égalité entre les autres organismes.

III. - Les organismes de gestion collective versent les sommes dues en application d'un accord de représentation dans les conditions prévues au I. Ces sommes doivent ensuite être versées aux titulaires de droits dans un délai de six mois à compter de leur réception, sauf dans le cas prévu au deuxième alinéa du I.

Répartition. Sondages. La méthode par sondage adoptée par la Sacem pour répartir les redevances en contrepartie de la diffusion des œuvres dans les discothèques permet de garantir à chaque ayant droit la rémunération la plus proche de la réalité de l'exploitation de son œuvre (■ Cass. 1re civ., 28 oct. 2015, n° 14-22.600 : *Propr. intell.* 2016, 64, obs. Bernault).

Art. L. 324-13 *(Ord. n° 2016-1823, 22 déc. 2016)*. – Lorsque les sommes dues à des titulaires de droits ne peuvent pas être réparties ou versées dans les délais fixés à l'article L. 324-12 pour les motifs prévus au second alinéa du I de cet article, ces sommes font l'objet d'une gestion et d'une présentation séparées dans les comptes de l'organisme.

Art. L. 324-14 *(Ord. n° 2016-1823, 22 déc. 2016)*. – Les organismes de gestion collective prennent les mesures nécessaires pour identifier et localiser les titulaires de droits. En particulier, au plus tard trois mois après l'échéance du délai fixé au I de l'article L. 324-12, ils rendent facilement accessibles en ligne aux titulaires de droits qu'ils représentent, aux entités représentant ceux-ci lorsqu'elles sont membres de l'organisme de gestion collective, et aux organismes de gestion collective avec lesquels ils ont conclu des accords de représentation, la liste des œuvres et autres objets protégés pour lesquels un ou plusieurs titulaires de droits n'ont pas été identifiés ou localisés. Les éléments d'information relatifs aux œuvres ou autres objets protégés en cause devant être portés à la connaissance de ces personnes, sont déterminés par décret en Conseil d'État.

Les organismes vérifient également les registres mentionnés à l'article L. 323-3 ainsi que ceux qui sont pertinents et facilement accessibles.

Si les mesures prévues par les alinéas qui précèdent ne permettent pas d'identifier et de localiser les titulaires de droits, les organismes mettent ces informations à la disposition du public par un service en ligne, au plus tard un an après l'expiration du délai de trois mois prévu au premier alinéa.

Art. L. 324-15 *(Ord. n° 2016-1823, 22 déc. 2016)*. – Si les sommes dues à des titulaires de droits ne peuvent pas être réparties dans un délai de trois ans à compter de la fin de l'exercice au cours duquel ont été perçus les revenus provenant de l'exploitation des droits, et sous réserve que l'organisme de gestion collective ait pris toutes les mesures prévues à l'article L. 324-14 pour identifier et localiser les bénéficiaires, ces sommes sont réputées relever des sommes qui ne peuvent être réparties.

Art. L. 324-16 *(Ord. n° 2016-1823, 22 déc. 2016)*. – Les actions en paiement des droits perçus par les organismes de gestion collective se prescrivent par cinq ans à compter de la date de leur perception, ce délai étant suspendu pendant les délais de versement prévus à l'article L. 324-12 au plus ou, si elle intervient avant, jusqu'à la date de leur mise en paiement. La date de répartition ou de mise en paiement est portée à la connaissance de tout titulaire de droit dans un document de référence aisément accessible.

Art. L. 324-17 *(Ord. n° 2016-1823, 22 déc. 2016)*. – Les organismes de gestion collective utilisent à des actions d'aide à la création, à la diffusion du spectacle vivant, au développement de l'éducation artistique et culturelle et à des actions de formation des artistes :

1° 25 % des sommes provenant de la rémunération pour copie privée ;

2° La totalité des sommes perçues en application des articles L. 122-10, L. 132-20-1, L. 214-1, L. 217-2 et L. 311-1 et qui n'ont pu être réparties soit en application des conventions internationales auxquelles la France est partie, soit parce que leurs destinataires n'ont pas pu être identifiés ou retrouvés avant l'expiration du délai prévu à l'article L. 324-16.

Ils peuvent utiliser à ces actions tout ou partie des sommes visées au 2° à compter de la fin de la troisième année suivant la date de leur mise en répartition, sans préjudice des demandes de paiement des droits non prescrits.

La répartition des sommes correspondantes, qui ne peut bénéficier à une seule personne, est soumise à un vote de l'assemblée générale de l'organisme de gestion collective, qui se prononce à la majorité des deux tiers. À défaut d'une telle majorité, une nouvelle assemblée générale, convoquée spécialement à cet effet, statue à la majorité simple.

L'aide au développement de l'éducation artistique et culturelle s'entend des concours apportés par des auteurs ou des artistes-interprètes aux actions mentionnées au 9° de l'article 3 de la loi n° 2016-925 du 7 juillet 2016 relative à la liberté de la création, à l'architecture et au patrimoine.

Affectation d'une partie de la rémunération pour copie privée des fins sociales ou culturelles. Le droit à la compensation équitable ou la redevance pour copie privée destinée à financer cette compensation, ne peut pas être exclu en raison du fait que la moitié des recettes perçues au titre de ladite compensation ou redevance est versée non pas directement aux ayants droit de cette même compensation, mais à des établissements sociaux et culturels institués au bénéfice de ces ayants droit, pour autant que ces établissements sociaux et culturels bénéficient effectivement auxdits ayants droit et que les modalités de fonctionnement desdits établissements ne sont pas discriminatoires, ce qu'il incombe à la juridiction de renvoi de vérifier (▪ CJUE, 11 juill. 2013, C-521/11, *Amazon* : *Comm. com. électr.* 2013, 99, obs. Caron ; *Propr. intell.* 2014, 74, obs. Bruguière ; *RTD com.* 2014, 719, obs. Pollaud-Dulian.

Art. L. 324-18 *(Ord. n° 2016-1823, 22 déc. 2016)*. – Les conditions d'accès aux actions mentionnées à l'article L. 324-17 et aux prestations des organismes de gestion collective financées à l'aide des sommes mentionnées au deuxième alinéa de l'article L. 324-10 sont fondées sur des critères équitables.

CHAPITRE V. – AUTORISATIONS D'EXPLOITATION MULTITERRITORIALES DE DROITS EN LIGNE SUR LES ŒUVRES MUSICALES

Art. L. 325-1 *(Ord. n° 2016-1823, 22 déc. 2016)*. – Constitue une autorisation d'exploitation multiterritoriale de droits en ligne sur une œuvre musicale au sens du présent code une autorisation d'exploitation d'une œuvre musicale, octroyée au titre du droit d'auteur, à un prestataire de services en ligne sur le territoire de plus d'un État membre de l'Union européenne.

Art. L. 325-2 *(Ord. n° 2016-1823, 22 déc. 2016)*. – I. - Les organismes de gestion collective peuvent, dans des conditions fixées par décret en Conseil d'État, octroyer des autorisations d'exploitation multiterritoriales de droits en ligne sur des œuvres musicales sous réserve qu'ils disposent des moyens leur permettant de traiter par voie électronique les données nécessaires à la gestion de ces autorisations.

II. - Les prestataires de services en ligne sont tenus de rendre compte avec exactitude de l'utilisation effective des droits qui leur sont octroyés dans le cadre de ces autorisations.

Art. L. 325-3 *(Ord. n° 2016-1823, 22 déc. 2016)*. – Lorsqu'un organisme de gestion collective est en capacité d'octroyer des autorisations d'exploitation multiterritoriales de droits en ligne sur des œuvres musicales conformément aux dispositions du présent chapitre, il ne peut refuser le mandat de gestion de telles autorisations que décide de lui confier un autre organisme qui ne propose pas ce type d'autorisations sur les œuvres musicales de son propre répertoire.

Toutefois, l'organisme sollicité n'est tenu d'accepter ce mandat que s'il octroie déjà ou propose déjà l'octroi d'autorisations d'exploitation multiterritoriales pour la même catégorie de droits en ligne que ceux objets de la demande, sur des œuvres musicales figurant dans le répertoire d'un ou de plusieurs autres organismes.

Art. L. 325-4 *(Ord. n° 2016-1823, 22 déc. 2016)*. – Les titulaires de droits qui ont autorisé un organisme de gestion collective à octroyer des autorisations d'exploitation multiterritoriales de droits en ligne sur des œuvres musicales peuvent résilier cette autorisation dans le cas où cet organisme n'octroierait pas ou ne proposerait pas l'octroi de telles autorisations d'exploitation sur ces œuvres et n'aurait pas permis à un autre organisme de gestion collective d'en octroyer pour son compte. Une telle résiliation n'affecte pas les autres autorisations qu'ils ont données à l'organisme pour la gestion de leurs droits d'auteur.

Ils peuvent alors octroyer eux-mêmes des autorisations d'exploitation multiterritoriales pour leurs droits en ligne sur des œuvres musicales ou le faire par l'intermédiaire d'un tiers auquel ils accordent l'autorisation ou de tout autre organisme de gestion collective qui respecte les dispositions du présent chapitre.

Art. L. 325-5 *(Ord. n° 2016-1823, 22 déc. 2016)*. – Sans préjudice du droit des parties de saisir le juge, les litiges relatifs aux autorisations d'exploitation multiterritoriales de droits en ligne sur les œuvres musicales peuvent être soumis au médiateur mentionné à l'article L. 327-6 dans les conditions prévues au chapitre VII du présent titre.

Art. L. 325-6 *(Ord. n° 2016-1823, 22 déc. 2016)*. – Les dispositions du présent chapitre ne s'appliquent pas aux organismes de gestion collective lorsqu'ils octroient une autorisation d'exploitation multiterritoriale de droits en ligne sur des œuvres musicales aux entreprises de communication audiovisuelle pour la communication au public ou la mise à la disposition du public :

1° Simultanée ou postérieure des programmes de radio ou de télévision télédiffusés par l'entreprise de communication audiovisuelle ;

2° Des contenus, y compris les prévisualisations, produits par l'entreprise de communication audiovisuelle ou pour son compte, présentant un caractère accessoire à la première diffusion de ses programmes télédiffusés venant ainsi compléter ou prolonger son offre de programmes.

Art. L. 325-7 *(Ord. n° 2016-1823, 22 déc. 2016)*. – Les dispositions de l'article L. 324-12 ne sont pas applicables aux revenus issus de l'octroi d'autorisations d'exploitation multiterritoriales de droits en ligne sur les œuvres musicales.

CHAPITRE VI. – TRANSPARENCE ET PROCÉDURES DE CONTRÔLE

Section 1. – Transparence et obligations d'information

Art. L. 326-1 *(Ord. n° 2016-1823, 22 déc. 2016)*. – Les organismes de gestion collective établissent un rapport de transparence annuel, comportant un rapport spécial portant sur l'utilisation des sommes déduites aux fins de fourniture de services sociaux, culturels ou éducatifs, notamment en application de l'article L. 324-17.

Ces rapports sont rendus publics et adressés au ministre chargé de la culture et à la commission de contrôle des organismes de gestion des droits d'auteur et des droits voisins, au plus tard dans les huit mois suivant la fin de chaque exercice sur lequel ils portent.

Art. L. 326-2 *(Ord. n° 2016-1823, 22 déc. 2016)*. – Les organismes de gestion collective établissent et gèrent une base de données électronique unique recensant, avec le nom de leurs bénéficiaires, le montant et l'utilisation des sommes mentionnées à l'article L. 324-17. Cette base est régulièrement mise à jour et mise à disposition gratuitement, sur un service de communication au public en ligne, dans un format ouvert et librement réutilisable.

Les organismes de gestion collective, sans préjudice de leurs autres obligations légales de publicité, publient également, sur leur site internet, des informations actualisées, précisées par décret en Conseil d'État, et notamment leurs statut, le règlement général, des contrats types et des tarifs standard, la liste des membres de leurs organes de gestion, d'administration et de direction, la politique de distribution des sommes dues aux titulaires de droit, la liste des accords de représentation et de leurs signataires, la politique de gestion des sommes non distribuables, les procédures de traitement des contestations et litiges.

Art. L. 326-3 *(Ord. n° 2016-1823, 22 déc. 2016)*. – I. - Les organismes mettent au moins une fois par an, selon des modalités définies par les statuts ou le règlement général, à la disposition de chacun des titulaires de droits auquel ils ont réparti ou versé des revenus provenant de l'exploitation de leurs droits au cours de l'exercice précédent, des informations relatives à la gestion de ceux-ci déterminées par décret en Conseil d'État.

II. - Lorsque les revenus provenant de l'exploitation des droits sont répartis ou versés aux titulaires de droits par une personne morale membre de l'organisme, à laquelle celui-ci a attribué les revenus, l'organisme lui communique les informations mentionnées au I sauf si cette personne morale dispose déjà de ces informations.

Cette personne morale est tenue de mettre à la disposition des titulaires de droits qu'elle représente les informations mentionnées au I, dans les mêmes conditions.

III. - Lorsque l'organisme de gestion collective est lié à un autre par un accord de représentation, il met à sa disposition, au moins une fois par an et par voie électronique, au titre des revenus provenant de l'exploitation des droits qu'il lui a attribués ou versés au cours de l'exercice précédent, les informations relatives à la gestion des droits définies par décret en Conseil d'État.

Art. L. 326-4 *(Ord. n° 2016-1823, 22 déc. 2016)*. – En réponse à une demande dûment justifiée, les organismes de gestion collective communiquent, par voie électronique et dans un délai n'excédant pas un mois, aux titulaires de droits gérés par l'organisme à quelque titre que ce soit, aux organismes pour le compte desquels ils gèrent des droits au titre d'un accord de représentation et aux utilisateurs, les informations suivantes :

1° Les œuvres ou autres objets protégés qu'ils représentent, les droits qu'ils gèrent, directement ou dans le cadre d'accords de représentation, et les territoires couverts ;

2° Si, en raison du champ d'activité de l'organisme, ces œuvres ou autres objets protégés ne peuvent être déterminés, les types d'œuvres ou d'autres objets protégés qu'ils représentent, les droits qu'ils gèrent et les territoires couverts.

Ils peuvent demander le paiement de frais d'un montant strictement proportionné au coût de la fourniture de ces informations.

Ils sont dispensés de répondre aux demandes individuelles lorsqu'ils mettent ces informations à la disposition du public sur leur site internet.

Art. L. 326-5 *(Ord. n° 2016-1823, 22 déc. 2016)*. – Les conditions dans lesquelles les membres des organismes de gestion collective peuvent obtenir, dans le respect des secrets protégés par la loi, communication de documents ou informations, y compris à caractère nominatif relatifs à l'assemblée ou à l'exercice en cours, dans un délai fixé par les statuts ou le règlement général, qui ne peut être inférieur à deux mois avant l'assemblée générale mentionnée à l'article L. 323-5, sont fixées par décret en Conseil d'État.

Art. L. 326-6 *(Ord. n° 2016-1823, 22 déc. 2016)*. – Un dixième au moins des membres de l'organisme peut demander en justice la désignation d'un ou plusieurs experts chargés de présenter un rapport sur une ou plusieurs opérations de gestion.

Pour le calcul du nombre de membres mentionnés au premier alinéa, les membres d'une entité représentant des titulaires de droit elle-même membre de l'organisme sont regardés comme des membres de l'organisme.

Le ministère public et le comité d'entreprise sont habilités à agir aux mêmes fins.

Le rapport est adressé au demandeur, aux commissaires aux comptes, à l'organe de surveillance, au ministre chargé de la culture, à la commission de l'article L. 327-1, ainsi que, lorsque l'organisme en comporte un, au conseil d'administration et au comité d'entreprise. Ce rapport est annexé à celui établi par les commissaires aux comptes en vue de la première assemblée générale ; il reçoit la même publicité.

Section 2. – Contrôle par les commissaires aux comptes

Art. L. 326-7 *(Ord. n° 2016-1823, 22 déc. 2016).* – Les organismes de gestion collective sont tenus de nommer un ou plusieurs commissaires aux comptes.

Art. L. 326-8 *(Ord. n° 2016-1823, 22 déc. 2016).* – Le commissaire aux comptes vérifie la sincérité et la concordance avec les documents comptables de l'organisme des informations contenues dans le rapport de transparence annuel prévu à l'article L. 326-1 et dans la base de données prévue au premier alinéa de l'article L. 326-2. Il établit à cet effet un rapport spécial.

Section 3. – Contrôle par le ministre chargé de la culture

Art. L. 326-9 *(Ord. n° 2016-1823, 22 déc. 2016).* – Les projets de statuts et de règlements généraux des organismes de gestion collective sont adressés, préalablement à la constitution de ceux-ci, au ministre chargé de la culture selon les modalités définies par décret en Conseil d'État.

Dans les deux mois de leur réception, le ministre peut saisir le tribunal de grande instance au cas où des motifs réels et sérieux s'opposeraient à la constitution d'un de ces organismes.

Le tribunal apprécie la qualification professionnelle des fondateurs de ces organismes, les moyens humains et matériels qu'ils proposent de mettre en œuvre pour assurer le recouvrement des droits et l'exploitation de leur répertoire ainsi que la conformité de leurs statuts et de leur règlement général à la réglementation en vigueur.

Art. L. 326-10 *(Ord. n° 2016-1823, 22 déc. 2016).* – L'organisme de gestion collective communique ses comptes annuels au ministre chargé de la culture et porte à sa connaissance, deux mois au moins avant son examen par l'assemblée générale, tout projet de modification de ses statuts, de son règlement général ou de sa politique générale de répartition des sommes dues aux titulaires de droits.

Art. L. 326-11 *(Ord. n° 2016-1823, 22 déc. 2016).* – Le ministre chargé de la culture peut, à tout moment, saisir la commission de contrôle des organismes de gestion des droits d'auteur et des droits voisins lorsque ses observations tendant à la mise en conformité à la réglementation en vigueur des dispositions des statuts, du règlement général ou d'une décision des organes sociaux n'ont pas été suivies d'effet dans un délai de deux mois à compter de leur transmission, ou de six mois si une décision de l'assemblée des membres est nécessaire.

Art. L. 326-12 *(Ord. n° 2016-1823, 22 déc. 2016 ; mod. à compter de la date prévue à l'article 29 de l'ordonnance n° 2018-1125 du 12 décembre 2018, et au plus tard le 1er juin 2019, Ord. n° 2018-1125, 12 déc. 2018).* – L'organisme de gestion collective communique au ministre chargé de la culture, à la demande de celui-ci, tout document relatif à la perception et à la répartition des revenus provenant de l'exploitation des droits, dans le respect de la vie privée, du secret des affaires et de la protection des données à caractère personnel.

Le ministre chargé de la culture ou son représentant peut recueillir, sur pièces et sur place, les renseignements mentionnés au présent article.

Art. L. 326-13 *(Ord. n° 2016-1823, 22 déc. 2016).* – Le ministre chargé de la culture peut saisir le tribunal compétent au cas où des motifs réels et sérieux justifieraient la dissolution d'un organisme de gestion collective.

CHAPITRE VII. – COMMISSION DE CONTRÔLE DES ORGANISMES DE GESTION DES DROITS D'AUTEUR ET DES DROITS VOISINS

Section 1. – Missions et composition

Art. L. 327-1 *(Ord. n° 2016-1823, 22 déc. 2016).* – Il est institué une commission de contrôle des organismes de gestion des droits d'auteur et des droits voisins qui assure :

1° Une mission permanente de contrôle des comptes et de la gestion des organismes de gestion collective et des organismes de gestion indépendants mentionnés au premier alinéa de l'article L. 321-4 et au deuxième alinéa de l'article L. 321-6 ainsi que de leurs filiales et des organismes contrôlés par elles ;

2° Une mission de contrôle du respect des dispositions du présent titre par les organismes de gestion collective et leurs filiales, sans préjudice du contrôle exercé sur les organismes établis en France par le ministre en charge de la culture en application des articles L. 326-9 à L. 326-13, ainsi que du respect par les organismes de gestion indépendants et leurs filiales des dispositions qui leur sont applicables conformément aux deuxième, troisième, quatrième et cinquième alinéas de l'article L. 321-6 ;

3° Une mission de médiation entre les organismes de gestion collective ainsi que les organismes de gestion indépendants et :

a) Les prestataires de services en ligne, pour les litiges relatifs à l'octroi d'autorisations d'exploitation ;

b) Les titulaires de droits, les prestataires de services en ligne ou les autres organismes de gestion collective, pour les litiges relatifs aux autorisations d'exploitation multiterritoriales de droits en ligne sur les œuvres musicales.

Art. L. 327-2 *(Ord. n° 2016-1823, 22 déc. 2016).* – La commission de contrôle est composée d'un collège de contrôle et d'un collège des sanctions.

Sauf disposition législative contraire, les missions confiées à la commission sont exercées par le collège de contrôle.

Art. L. 327-3 *(Ord. n° 2016-1823, 22 déc. 2016 ; mod. L. n° 2019-222, 23 mars 2019).* – Le collège de contrôle est composé de cinq membres nommés par décret :

1° Un magistrat de la Cour des comptes, président, désigné par le premier président de la Cour des comptes ;

2° Un membre du Conseil d'Etat, président suppléant, désigné par le vice-président du Conseil d'Etat ;

3° Un membre de la Cour de cassation, désigné par le premier président de la Cour de cassation ;

4° Un membre de l'inspection générale des finances, désigné par le ministre chargé des finances ;

5° Un membre de l'inspection générale de l'administration des affaires culturelles, désigné par le ministre chargé de la culture. Le président du collège de contrôle préside la commission.

Pour l'accomplissement des missions qui sont confiées au collège de contrôle, le président du collège a qualité pour agir en justice.

Il informe le procureur de la République de tout fait qu'il constate dans l'exercice de ses missions susceptible de constituer une infraction pénale.

Art. L. 327-4 *(Ord. n° 2016-1823, 22 déc. 2016 ; mod. L. n° 2019-222, 23 mars 2019).* – Le collège des sanctions est composé de trois membres nommés par décret :

1° Un membre du Conseil d'Etat, président, désigné par le vice-président du Conseil d'Etat ;

2° Un magistrat de la Cour des comptes, président suppléant, désigné par le premier président de la Cour des comptes ;

3° Un membre de la Cour de cassation, désigné par le premier président de la Cour de cassation.

Des membres suppléants sont désignés dans les mêmes conditions. Le membre titulaire et son suppléant sont de sexe différent.

Les fonctions de membre du collège des sanctions sont incompatibles avec celles de membre du collège de contrôle.

Art. L. 327-5 *(Ord. n° 2016-1823, 22 déc. 2016).* – La durée du mandat des membres des deux collèges est de cinq ans, renouvelable une fois.

Pour chacun des deux collèges, l'écart entre le nombre de femmes et d'hommes parmi les membres nommés ne peut être supérieur à un.

En cas de vacance d'un siège de membre dans l'un des collèges pour quelque cause que ce soit, constatée par son président, il est procédé à son remplacement par une personne de même sexe pour la durée du mandat restant à courir. Ce mandat n'est pas pris en compte pour l'application du premier alinéa.

Art. L. 327-6 *(Ord. n° 2016-1823, 22 déc. 2016).* – Un médiateur chargé d'assurer la mission prévue au 3° de l'article L. 327-1 est nommé par le président de la commission au sein du collège de contrôle et après avis du collège de contrôle, pour une durée de trois ans renouvelable.

Il peut être saisi sur requête conjointe ou par l'une des parties au litige, par le ministre chargé de la culture ou par le président du collège de contrôle.

Les effets de la saisine du médiateur en matière de prescription de l'action civile et administrative obéissent aux dispositions de l'article 2238 du Code civil.

Le médiateur coopère avec ses homologues étrangers en vue du règlement extrajudiciaire des litiges transfrontaliers.

Section 2. – Règles de fonctionnement

Art. L. 327-7 *(Ord. n° 2016-1823, 22 déc. 2016).* – La commission de contrôle siège dans les locaux de la Cour des comptes, qui assure son secrétariat.

Art. L. 327-8 *(Ord. n° 2016-1823, 22 déc. 2016).* – Les décisions de chaque collège sont prises à la majorité des voix. En cas de partage égal de celles-ci, la voix du président du collège est prépondérante.

Chaque collège adopte un règlement intérieur.

Art. L. 327-9 *(Ord. n° 2016-1823, 22 déc. 2016).* – Les membres de chacun des deux collèges et le médiateur remplissent une déclaration d'intérêt conforme au modèle de l'annexe 3 de l'article 2 du décret [n° 2013-1212 du] 23 décembre 2013 relatif aux déclarations de situation patrimoniale et déclarations d'intérêts adressées à la Haute Autorité pour la transparence de la vie publique et doivent notamment informer leur président des intérêts qu'ils ont détenus au cours des deux années précédant leur nomination, qu'ils détiennent ou viennent à détenir au sein d'un organisme de gestion collective ou d'un organisme de gestion indépendant, de leurs filiales ou des organismes contrôlés par elles.

Ces informations, ainsi que celles concernant les présidents des collèges, sont tenues à la disposition des membres de la commission de contrôle, dans un délai de deux mois suivant la nomination des membres des deux collèges.

Aucun membre de la commission de contrôle ne peut délibérer dans une affaire dans laquelle il a ou a eu un intérêt au cours des deux années précédant la délibération.

Art. L. 327-10 *(Ord. n° 2016-1823, 22 déc. 2016).* – I. - Pour l'exercice de ses missions, la commission de contrôle peut se faire assister de rapporteurs désignés parmi les membres du Conseil d'État et du corps des conseillers de tribunaux administratifs et cours administratives d'appel, les magistrats de la Cour de cassation et des cours et tribunaux, les magistrats de la Cour des comptes et des chambres régionales des comptes, les membres de l'Inspection générale des finances et de l'Inspection générale des affaires culturelles et les membres du corps des administrateurs civils.

Elle peut en outre faire appel au concours d'experts et bénéficier de la mise à disposition d'agents publics désignés par son président.

II. - Les rapporteurs et agents de la commission sont habilités par son président dans des conditions fixées par décret en Conseil d'État pour exercer, après avoir prêté serment, les attributions mentionnées à l'article L. 327-11. Cette habilitation ne dispense pas de l'application des dispositions définissant les procédures autorisant l'accès aux secrets protégés par la loi.

Section 3. – Procédure

Sous-section 1. – Règles générales de procédure

Art. L. 327-11 *(Ord. n° 2016-1823, 22 déc. 2016).* – I. - Pour l'exercice des missions prévues à l'article L. 327-1, les représentants légaux des organismes de gestion collective, des organismes de gestion indépendants, de leurs filiales et organismes contrôlés par elles, sont tenus de prêter leur concours au collège de contrôle, de lui communiquer tous documents et de répondre à toute demande d'information nécessaire à l'exercice de ses missions. Pour les opérations faisant appel à l'informatique, le droit de communication implique l'accès aux logiciels et aux données, ainsi que le droit d'en demander la transcription par tout traitement approprié dans des documents directement utilisables pour les besoins du contrôle.

II. - Le collège de contrôle peut demander aux commissaires aux comptes des organismes de gestion collective et des organismes de gestion indépendants tous renseignements sur les organismes qu'ils contrôlent. Les commissaires aux comptes sont alors déliés du secret professionnel à l'égard des membres, rapporteurs et agents de la commission.

III. - Le collège de contrôle et le médiateur peuvent convoquer et entendre les représentants légaux et les membres de l'organisme de gestion objet du contrôle, de ses filiales et des organismes contrôlés par elles, les autres organismes de gestion collective et de gestion indépendants, notamment ceux liés par un accord de représentation avec l'organisme en cause, les représentants des utilisateurs du répertoire de celui-ci ainsi que toute personne dont l'avis est jugé utile.

Les représentants légaux des organismes de gestion collective et des organismes de gestion indépendants peuvent demander à être entendus par le collège de contrôle.

Toute personne entendue a le droit de se faire assister d'un conseil de son choix.

IV. - Le fait, pour tout dirigeant d'un organisme objet d'un contrôle, de faire obstacle de quelque manière que ce soit à l'exercice des missions des membres, rapporteurs ou agents du collège de contrôle mentionnés aux articles L. 327-3 et L. 327-10 est puni d'un an d'emprisonnement et de 15 000 € d'amende.

Art. L. 327-12 *(Ord. n° 2016-1823, 22 déc. 2016).* – La commission de contrôle présente un rapport annuel au Parlement et au Gouvernement. Ce rapport est rendu public. Cette publication est portée par les organismes de gestion collective et les organismes de gestion indépendants à la connaissance des membres de leur assemblée générale.

Sous-section 2. – Procédure de sanction

Art. L. 327-13 *(Ord. n° 2016-1823, 22 déc. 2016).* – I. - Lorsqu'il est saisi par toute personne intéressée, par le ministre chargé de la culture ou par l'autorité compétente d'un autre État membre de l'Union européenne, de faits susceptibles de constituer un manquement aux dispositions du présent titre, ou lorsqu'il constate de tels faits dans l'exercice de sa mission de contrôle, le collège de contrôle procède à une enquête et établit un rapport sur la base duquel il peut mettre en demeure l'organisme de gestion de se conformer aux dispositions du présent titre, dans un délai qu'il détermine. Il peut décider de l'ouverture d'une procédure de sanction si l'organisme ne se conforme pas à la mise en demeure dans le délai fixé.

II. - Lorsqu'il est saisi par l'autorité compétente d'un autre État membre de l'Union européenne, le collège de contrôle lui adresse une réponse motivée dans un délai de trois mois.

Il peut demander à l'autorité compétente des informations sur un organisme de gestion collective ou un organisme de gestion indépendant établi dans un autre État membre exerçant son activité en France et, le cas échéant, la saisir de faits susceptibles de constituer un manquement par cet organisme aux règles de cet État relatives aux organismes de gestion collective ou organismes de gestion indépendants.

III. - Les saisines manifestement abusives, notamment par leur nombre, leur caractère répétitif ou systématique, peuvent être rejetées sans enquête ni rapport par le président du collège de contrôle.

IV. - En cas d'ouverture d'une procédure de sanction, le collège de contrôle notifie les griefs à l'organisme concerné et transmet cette notification et son rapport d'enquête au collège des sanctions. Toutefois, celui-ci ne peut être saisi de faits remontant à plus de trois ans s'il n'a été fait pendant ce délai aucun acte tendant à leur recherche, à leur constatation ou à leur sanction.

Il peut également saisir le tribunal compétent pour demander l'annulation des dispositions des statuts, du règlement général ou d'une décision des organes sociaux non conformes à la réglementation.

Art. L. 327-14 *(Ord. n° 2016-1823, 22 déc. 2016).* – I. - Un membre du collège de contrôle est convoqué à l'audience. Il y assiste sans voix délibérative. Il peut présenter des observations au soutien des griefs notifiés et proposer une sanction.

Le collège des sanctions peut entendre tout rapporteur ou agent de la commission de contrôle.

Aucune sanction ne peut être prononcée sans que le représentant légal de l'organisme en cause ait été entendu ou, à défaut, dûment appelé.

II. - Le collège des sanctions statue par décision motivée.

Sur la base du rapport d'enquête transmis par le collège de contrôle et après une procédure contradictoire, il peut prononcer une ou plusieurs sanctions à l'encontre de l'organisme de gestion qui ne respecte pas les dispositions du présent titre.

III. - Les sanctions applicables à l'encontre de l'organisme en cause sont :

1° L'avertissement ;

2° L'injonction assortie éventuellement d'une astreinte d'adopter, dans un délai déterminé, une ou plusieurs décisions permettant à l'organisme de se conformer à des dispositions législatives ou réglementaires ;

3° Le retrait d'agrément, lorsque l'organisme est agréé par le ministre chargé de la culture en application des dispositions du présent code ;

4° Une sanction pécuniaire, dont le montant, qui ne peut être supérieur à 3 % du chiffre d'affaires ou des recettes hors taxes de l'organisme, dans la limite de 300 000 €, est fixé en fonction de la gravité des manquements commis et en relation avec les avantages ou les profits éventuellement tirés de ces manquements ; ce maximum est porté à 5 %, dans la limite de 500 000 €, en cas de nouvelle violation de la même obligation dans les cinq années suivant celle où la première violation de l'obligation a été sanctionnée ;

5° La publication de la sanction, précisant l'identité de l'organisme en cause et la nature du manquement, dans un journal de diffusion nationale.

La liquidation de l'astreinte est prononcée, d'office, à titre provisoire ou définitif, par le collège des sanctions. Son montant total ne peut excéder le plafond fixé au d pour les sanctions pécuniaires. Les sommes sont versées au budget de la commission

Les astreintes et sanctions pécuniaires sont recouvrées comme les créances de l'État étrangères à l'impôt et au domaine.

Section 4. – Voies de recours

Art. L. 327-15 *(Ord. n° 2016-1823, 22 déc. 2016)*. – Les décisions prononcées par le collège des sanctions peuvent faire l'objet d'un recours devant la cour d'appel de Paris par l'organisme sanctionné ou par le président du collège de contrôle.

Ce recours n'a pas d'effet suspensif, sauf si la juridiction, saisie d'une demande de sursis à exécution, en décide autrement. Dans ce cas, la juridiction saisie peut ordonner qu'il soit sursis à l'exécution de la décision contestée si celle-ci est susceptible d'entraîner des conséquences manifestement excessives.

CHAPITRE VIII. – DISPOSITIONS DIVERSES

Art. L. 328-1 *(Ord. n° 2016-1823, 22 déc. 2016)*. – Les organismes de gestion des droits d'auteurs et des droits voisins sont tenus de statuer par une décision écrite et motivée dans un délai n'excédant pas deux mois sur les contestations relatives aux conditions, aux effets et à la résiliation de l'autorisation de gestion des droits ainsi qu'à la gestion de ceux-ci, qui leur sont adressées par leurs membres, par les autres organismes pour lesquels ils gèrent des droits au titre d'un accord de représentation et par les titulaires de droits qui ne sont pas leurs membres mais qui ont une relation juridique directe avec eux par l'effet de la loi ou par voie de cession, de licence ou de tout autre accord contractuel.

Le délai prévu à l'alinéa précédent peut être prolongé pour un motif légitime, notamment lorsque l'organisme ne dispose pas des documents ou des informations nécessaires au traitement de la demande dont il est saisi.

La communication de ces contestations aux organismes est sans préjudice du droit des personnes mentionnées au premier alinéa de saisir le juge.

Art. L. 328-2 *(Ord. n° 2016-1823, 22 déc. 2016)*. – Un décret en Conseil d'État précise les modalités d'application du présent titre.

TITRE III. – PRÉVENTION, PROCÉDURES ET SANCTIONS

(Intitulé rempl., L. n° 2009-669, 12 juin 2009)

CHAPITRE I. – DISPOSITIONS GÉNÉRALES

Section I. – Dispositions communes

(Intitulé rempl., L. n° 2007-1544, 29 oct. 2007)

Art. L. 331-1 *(Mod., L. n° 2008-776, 4 août 2008 ; L. n° 2011-525, 17 mai 2011)*. – **Les actions civiles et les demandes relatives à la propriété littéraire et artistique, y compris lorsqu'elles portent également sur une question connexe de concurrence déloyale, sont exclusivement portées devant des tribunaux de grande instance, déterminés par voie réglementaire.**

Les organismes de défense professionnelle régulièrement constitués ont qualité pour ester en justice pour la défense des intérêts dont ils ont statutairement la charge.

Le bénéficiaire valablement investi à titre exclusif, conformément aux dispositions du livre II, d'un droit exclusif d'exploitation appartenant à un producteur de phonogrammes ou de vidéogrammes peut, sauf stipulation contraire du contrat de licence, exercer l'action en justice au titre de ce droit. L'exercice de l'action est notifié au producteur.

Les dispositions qui précèdent ne font pas obstacle au recours à l'arbitrage, dans les conditions prévues aux articles 2059 et 2060 du Code civil.

1) Juridictions judicaires et juridictions administratives. Il résulte de l'article L. 331-1 que, par dérogation aux principes gouvernant la responsabilité des personnes publiques, la recherche d'une responsabilité fondée sur la méconnaissance par ces dernières de droits en matière de propriété littéraire et artistique relève, depuis l'entrée en vigueur de la loi du 17 mai 2011, de la compétence des juridictions de l'ordre judiciaire (■ T. confl., 7 juill. 2014 : *Comm. com. électr.* 2014, comm. 76, note Caron ; *RTD com.* 2014, 611, obs. Pollaud-Dulian ; *Propr. intell.* 2014, 405, obs. Bruguière. Sur la compétence du juge administratif pour connaître d'une diffamation reprochée à un professeur d'université dans un ouvrage relatif au plagiat, V. ■ Cass. 1re civ., 23 févr. 2011 : *Comm. com. électr.* 2011, 43, note Caron ; *D.* 2011, 1386, note Dreyer ; *Propr. intell.* 2011, 193, obs. Bruguière (« quel qu'en soit le support, la publication d'un ouvrage qui est le résultat de recherches universitaires entre dans la mission de service public de l'enseignement supérieur et relève des fonctions des enseignants chercheurs qui s'exercent dans le domaine de la diffusion des connaissances »). V. pour un litige concernant un contrat de cession de droits relevant du Code des marchés publics, renvoyant devant le Tribunal des conflits, ■ CE, 10 févr. 2014, n° 366782. L'article L. 331-1 du Code de la propriété intellectuelle ne saurait être interprété comme donnant compétence aux juridictions de l'ordre judiciaire pour ordonner des mesures de nature à porter atteinte, sous quelque forme que ce soit, à l'intégrité d'un ouvrage public (■ T. confl., 5 sept. 2016, n° 4069 : *Comm. com. électr.* 2016, comm. 79, 2e esp., note Caron ; *Propr. intell.* 2017, 37, obs. A. Lucas, et 64, obs. de Haas).

2) Conseils de prud'hommes. La compétence « spécifique » prévue par l'article L. 331-1 du CPI est « exclusive de celle du conseil de prud'hommes » (■ Aix-en-Provence, 6 oct. 2011 : *Comm. com. électr.* 2012, 38, 2e esp., note Caron, qui relève qu'en l'espèce le litige n'a pas trait à la convention de rupture du contrat de travail au sens de l'article L. 1237-14 du Code du travail). Dès la loi de 2008 instaurant la compétence exclusive des tribunaux de grande instance en matière de propriété intellectuelle, les auteurs salariés devaient renoncer à présenter des demandes au titre du droit d'auteur devant le juge prud'homal, peu important l'absence du décret désignant les juridictions spécialisées (■ Cass. soc., 9 janv. 2013, n° 11-11.808 : *LEPI* 2013, 28, obs. Lefranc).

3) Tribunaux de commerce. Le tribunal de commerce est seul compétent pour connaître d'une action en concurrence déloyale entre commerçants, même si le demandeur évoque dans sa requête un droit de propriété intellectuelle, dès lors que ce dernier n'est pas invoqué au fondement de l'action (■ Cass. com., 16 févr. 2016, n° 14-25.340 et ■ Cass. com., 16 févr. 2016, n° 14-24.295 : *Comm. com. électr.* 2016, comm. 31, note Caron ; *JCP G* 2016, 428, note de Haas ; *Contrats, conc. consom.* 2016, comm. 140, obs. Malaurie-Vignal). La prorogation de compétence du juge spécialisé à l'égard d'actes de concurrence déloyale se limite à ceux qui sont connexes à l'action en contrefaçon, ce qui n'est pas le cas d'une rupture de relations commerciales (■ Cass. com., 6 sept. 2016, n° 15-16.108 : *Comm. com. électr.* 2016, comm. 79, 1re esp., note Caron ; *Contrats, conc. consom.* 2016, comm. 231, obs. Malaurie-Vignal ; *Propr. intell.* 2017, 38, obs. Bruguière).

Relèvent de la compétence exclusive des tribunal de grande instance au titre de l'article L. 331-1 du Code de la propriété intellectuelle les actions en responsabilité contractuelle impliquant la mise en œuvre de règles spécifiques du droit de la propriété littéraire et artistique (▪ Cass. 1re civ., 28 juin 2018, n° 17-28924 :*Comm. com. électr*. 2018, 61, obs. Caron ; *Propr. intell.* 2018, n° 69, p. 47, obs. Bruguière).

4) Juridictions répressives. Jugé, à propos d'une marque communautaire, mais de façon générale, que « les règles de compétence particulières édictées en matière de contrefaçon ne concernent que les juridictions civiles » (▪ Cass. crim., 5 mars 2014, n° 13-80.252 : *LEPI* 2014, 80, obs. Chatry. – V. déjà ▪ Cass. crim., 19 juin 2013, n° 12-84.533 : *Comm. com. électr.* 2014, 1, 1re esp., note Caron ; *Propr. ind.* 2013, 87, obs. Tréfigny).

5) Gestion collective. Les organismes de défense professionnelle ne peuvent ester en justice que dans la limite des intérêts professionnels qu'ils ont, en tant que tels, mission de représenter (▪ Cass. 1re civ., 6 déc. 1966, 2 arrêts : *JCP* 67, II, 14937, concl. Lindon : *D.* 1967, 381, note Desbois). Les organismes d'auteurs tels que la SACEM ont le droit de demander la saisie-contrefaçon lorsque les œuvres appartenant à leur répertoire sont représentées sans leur consentement (▪ Cass. 1re civ., 10 févr. 1987 : *Bull. civ.* I, n° 49). Pour l'admission de l'action de la SGDL dans l'affaire de la suite des Misérables, V. ▪ Paris, 31 mars 2004 : *Comm. com. électr.* 2004, 50, note Caron ; *Propr. intell.* 2004, 768, obs. A. Lucas. Il résulte de l'article L. 321-1 (ancien) que, quels que soient ses statuts, une société de perception et de répartition des droits des artistes-interprètes ne peut être admise à ester en justice pour défendre les droits individuels d'un artiste-interprète, qu'à la condition qu'elle ait reçu de celui-ci pouvoir d'exercer une telle action (▪ Cass. 1re civ., 17 févr. 2013, n° 11-21.310 : *Comm. com. électr.* 2013, 51, note Caron. V. déjà, décidant que la SPEDIDAM n'est pas recevable à agir pour défendre l'intérêt individuel d'artistes-interprètes au sujet desquels elle échoue à prouver la participation effective à des enregistrements sonores incorporés sans autorisation à un film, ▪ Cass. 1re civ., 17 oct. 2012, n° 11-18.413 : *RTD com.* 2012, 781, obs. Pollaud-Dulian). Dès lors que les artistes-interprètes adhèrent à la Spedidam pour une durée indéterminée, ce n'est pas à la société de gestion collective d'établir qu'ils sont demeurés membres au jour de l'assignation, mais aux sociétés demanderesses d'apporter la preuve que les intéressés ont cessé d'appartenir à la Spedidam (▪ Cass. 1re civ., 11 sept. 2013 : *Comm. com. électr.* 2013, 113, note Caron et 2014, chron. 4, n° 9, obs. Daverat ; *RLDI* 2013/97, 3215, obs. L.C.).

6) Syndicats. La recevabilité de l'action des syndicats en cas de contrefaçon n'est pas subordonnée au fait que le défendeur soit poursuivi pour la violation des droits des membres de ces syndicats, le préjudice causé à l'intérêt collectif de la profession pouvant découler des faits évoqués (▪ Cass. crim., 21 janv. 2014, n° 12-87.543 : *LEPI* 2014, 47, obs. Bernault).

7) Action exercée par le licencié du producteur de phonogramme ou de vidéogramme. Dès lors que la loi du 29 octobre 2007 admettant la recevabilité de l'action en contrefaçon exercée par le licencié d'un producteur de phonogramme ou de vidéogramme est entrée en vigueur au moment où le juge statue, la fin de non-recevoir tirée du défaut de qualité du demandeur doit être écartée par application de l'article 126 du Code de procédure civile (▪ Cass. 1re civ., 20 mars 2013 : *Comm. com. électr.* 2013, 65, note Caron).

8) Compétence internationale. L'article 5.3 du règlement 44/2001 du 22 décembre 2000 dit Bruxelles I prévoit en matière délictuelle ou quasi délictuelle, comme unique condition de la compétence du for, le fait qu'un dommage s'y est produit ou risque de s'y produire. Il en résulte que le lieu de matérialisation du dommage ne peut dépendre de critères propres à l'examen de fond, visant à déterminer si le droit a été violé et si cette violation est imputable au défendeur, et notamment pas de la question de savoir si l'activité de ce dernier est « dirigée vers » l'État membre de la juridiction saisie. Il suffit, pour asseoir la compétence de celle-ci, que l'État membre sur le territoire duquel elle se trouve protège les droits patrimoniaux dont le demandeur se prévaut et que le dommage allégué risque de se matérialiser dans son ressort. Dans les circonstances d'espèce, ce risque « découle notamment de la possibilité de se procurer, au moyen d'un site Internet accessible dans le ressort de la juridiction saisie, une reproduction de l'œuvre à laquelle s'attachent les droits dont le demandeur se prévaut » (▪ CJUE, 3 oct. 2013, C-170/12, *Pinckney : Europe* 2013, 558, obs. Idot ; *Comm. com. électr.* 2014, chron. 1, n° 3, obs. M.-É. Ancel, et comm. 33, note Caron, 3e arrêt ; *Propr. intell.* 2014, 93, obs. A. Lucas. V., tirant les conséquences de cette décision, ▪ Cass. 1re civ., 22 janv. 2014, n° 10-15.890 : *Comm. com. électr.* 2014, comm. 33, note Caron, 1re arrêt. V. aussi pour une atteinte résultant de la mise en ligne de photographies ▪ CJUE, 22 janv. 2015, C-441/13, *Pez Hedjuk : Légipresse* 2015, 165, obs. Bergé ; *Propr. intell.* 2015, 300, obs. A. Lucas). Le même texte doit être interprété en ce sens que, en cas de pluralité d'auteurs supposés d'un dommage allégué aux droits patrimoniaux d'auteur protégés dans l'État membre dont relève la juridiction saisie, cette disposition ne permet pas d'établir, au titre du lieu de l'événement causal de ce dommage, la compétence d'une juridiction dans le ressort de laquelle celui des auteurs supposés qui est attrait n'a pas agi, mais elle permet d'établir la compétence de cette juridiction au titre du lieu de matérialisation du dommage allégué à condition que celui-ci risque de se matérialiser dans le ressort de la juridiction saisie. Dans cette dernière hypothèse, cette juridiction n'est compétente que pour connaître du seul dommage causé sur le territoire de l'État membre dont elle relève (■ CJUE, 3 avr. 2014, C-387/12, *Hi Hotel : JurisData* n° 2014-008754 ; *Europe* 2014, 286, obs. Idot ; *Comm. com. électr.* 2015, chron. 1, n° 5, obs. M.-É. Ancel ; *RTD eur.* 2014, 953, obs. Treppoz).

Art. L. 331-1-1 *(L. n° 2007-1544, 29 oct. 2007).* **– Si le demandeur justifie de circonstances de nature à compromettre le recouvrement des dommages et intérêts, la juridiction peut ordonner la saisie conservatoire des biens mobiliers et immobiliers du prétendu auteur de l'atteinte aux droits, notamment le blocage de ses comptes bancaires et autres avoirs, conformément au droit commun. Pour déterminer les biens susceptibles de faire l'objet de la saisie, elle peut ordonner la communication des documents bancaires, financiers, comptables ou commerciaux ou l'accès aux informations pertinentes.**

Art. L. 331-1-2 *(L. n° 2007-1544, 29 oct. 2007 ; mod., L. n° 2014-315, 11 mars 2014).* **– Si la demande lui est faite, la juridiction saisie au fond ou en référé d'une procédure civile prévue aux livres Ier, II et III de la première partie peut ordonner, au besoin sous astreinte, afin de déterminer l'origine et les réseaux de distribution des marchandises et services qui portent prétendument atteinte aux droits du demandeur, la production de tous documents ou informations détenus par le défendeur ou par toute personne qui a été trouvée en possession de telles marchandises ou fournissant de tels services ou a été signalée comme intervenant dans la production, la fabrication ou la distribution de ces marchandises ou la fourniture de ces services.**

La production de documents ou d'informations peut être ordonnée s'il n'existe pas d'empêchement légitime.

1) Secret bancaire. Une législation nationale ne peut, de façon illimitée et inconditionnelle, exclure l'application du droit d'information lorsque la communication de données à caractère personnel est demandée à un établissement bancaire (■ CJUE, 16 juill. 2015, C-580/13, *Coty Germany : Propr. intell.* 2015, 428, obs. Bernault).

2) Exercice dans une procédure autonome. Le droit d'information peut être exercé dans une procédure autonome, après même la clôture définitive de l'action ayant abouti à la constatation d'une atteinte à un droit de propriété intellectuelle (■ CJUE, 18 janv. 2017, C-427/15, *New Wave c/ Alltoys*).

Art. L. 331-1-3 *(L. n° 2007-1544, 29 oct. 2007 ; rempl., L. n° 2014-315, 11 mars 2014).* **– Pour fixer les dommages et intérêts, la juridiction prend en considération distinctement :**

1° Les conséquences économiques négatives de l'atteinte aux droits, dont le manque à gagner et la perte subis par la partie lésée ;

2° Le préjudice moral causé à cette dernière ;

3° Et les bénéfices réalisés par l'auteur de l'atteinte aux droits, y compris les économies d'investissements intellectuels, matériels et promotionnels que celui-ci a retirées de l'atteinte aux droits.

Toutefois, la juridiction peut, à titre d'alternative et sur demande de la partie lésée, allouer à titre de dommages et intérêts une somme forfaitaire. Cette somme est supérieure au montant des redevances ou droits qui auraient été dus si l'auteur de l'atteinte avait demandé l'autorisation d'utiliser le droit auquel il a porté atteinte. Cette somme n'est pas exclusive de l'indemnisation du préjudice moral causé à la partie lésée.

1) Office du juge. Il appartient aux juges du fond de rechercher l'étendue du préjudice pour le réparer dans son intégralité et ils ne peuvent se retrancher derrière le caractère hypothétique du mode de calcul proposé par les demandeurs pour les débouter (■ Cass. crim., 21 févr. 2012 : *Propr. intell.* 2012, 350, obs. Bruguière).

2) Indemnisation forfaitaire et préjudice moral. L'article 13.3 de la directive 2004/48 du 29 avril 2004 relative au respect des droits de propriété intellectuelle doit être interprété en ce sens qu'il permet à l'auteur qui opte pour une indemnisation forfaitaire de la contrefaçon en fonction de redevances hypothétiques, de revendiquer par ailleurs l'indemnisation de son préjudice moral (■ CJUE, 17 mars 2016, C-99/15, *Christian Liffers : Europe* 2016, comm. 172, obs. Idot ; *Propr. intell.* 2016, 346, obs. Bruguière).

3) Frais de justice. L'article 14 de la directive du 29 avril 2004 sur le respect des droits de propriété intellectuelle ne s'oppose pas à une réglementation nationale qui prévoit que la partie qui succombe est condamnée à supporter les frais de justice encourus par la partie ayant obtenu gain de cause, qui offre au juge chargé de prononcer cette condamnation la possibilité de tenir compte des caractéristiques spécifiques de l'affaire dont il est saisi et qui comporte un système de tarifs forfaitaires en matière de remboursement de frais pour l'assistance d'un avocat, à condition que ces tarifs assurent que les frais à supporter par la partie qui succombe soient raisonnables, ce qu'il incombe à la juridiction de renvoi de vérifier. Toutefois, il s'oppose à une réglementation nationale prévoyant des tarifs forfaitaires qui, en raison des montants maxima trop peu élevés qu'ils comportent, n'assurent pas que, à tout le moins, une partie significative et appropriée des frais raisonnables encourus par la partie ayant obtenu gain de cause soit supportée par la partie qui succombe (■ CJUE, 28 juill. 2016, C-57/17, *United Video Properties : Europe* 2016, comm. 349, obs. Idot).

4) **Dommages et intérêts punitifs.** L'article 13 de la directive du 29 avril 2004 doit être interprété en ce sens qu'il ne s'oppose pas à une réglementation nationale selon laquelle le titulaire d'un droit de propriété intellectuelle lésé peut demander à la personne qui a porté atteinte à ce droit soit la réparation du dommage qu'il a subi, en tenant compte de tous les aspects appropriés du cas d'espèce, soit, sans que ce titulaire doive démontrer le préjudice effectif, le paiement d'une somme correspondant au double de la rémunération appropriée qui aurait été due au titre d'une autorisation d'utilisation de l'œuvre concernée (■ CJUE, 25 janv. 2017, C-367/15 : *Propr. intell.* 2017, 59, obs. Bernault).

Art. L. 331-1-4 *(L. n° 2007-1544, 29 oct. 2007).* **– En cas de condamnation civile pour contrefaçon, atteinte à un droit voisin du droit d'auteur ou aux droits du producteur de bases de données, la juridiction peut ordonner, à la demande de la partie lésée, que les objets réalisés ou fabriqués portant atteinte à ces droits, les supports utilisés pour recueillir les données extraites illégalement de la base de données et les matériaux ou instruments ayant principalement servi à leur réalisation ou fabrication soient rappelés des circuits commerciaux, écartés définitivement de ces circuits, détruits ou confisqués au profit de la partie lésée.**

La juridiction peut aussi ordonner toute mesure appropriée de publicité du jugement, notamment son affichage ou sa publication intégrale ou par extraits dans les journaux ou sur les services de communication au public en ligne qu'elle désigne, selon les modalités qu'elle précise.

Les mesures mentionnées aux deux premiers alinéas sont ordonnées aux frais de l'auteur de l'atteinte aux droits.

La juridiction peut également ordonner la confiscation de tout ou partie des recettes procurées par la contrefaçon, l'atteinte à un droit voisin du droit d'auteur ou aux droits du producteur de bases de données, qui seront remises à la partie lésée ou à ses ayants droit.

1) **Publication de la décision. Caractère proportionné.** C'est dans l'exercice de son pouvoir souverain d'appréciation des modalités de réparation des préjudices litigieux que la cour d'appel a, de manière proportionnée au but poursuivi, prononcé la mesure de publication critiquée, qui trouve sa justification dans la nature des actes de contrefaçon incriminés (■ Cass. 1re civ., 12 juill. 2012, n° 11-13.666 : *Propr. intell.* 2012, 418, obs. A. Lucas).

2) **Notion de « recettes procurées par l'infraction ».** L'arrêt attaqué ayant constaté que la société condamnée pour avoir mis à disposition un logiciel destiné à communiquer au public des phonogrammes protégés avait été créée à cet effet, qu'elle avait eu pour seule activité la gestion du site litigieux et que ses ressources étaient fonction du nombre de connexions, il s'en déduit que les sommes d'argent confisquées proviennent du produit des infractions dont elle a été déclarée pénalement responsable (■ Cass. crim., 25 sept. 2012, n° 11-84.224 : *JurisData* n° 2012-022749 ; *Propr. intell.* 2013, 80, obs. A. Lucas).

Art. L. 331-2 *(L. n° 94-361, 10 mai 1994 ; mod., Ord. n° 2009-901, 24 juill. 2009 ; Ord. n° 2016-1823, 22 déc. 2016).* **– Outre les procès-verbaux des officiers ou agents de police judiciaire, la preuve de la matérialité de toute infraction aux dispositions des livres Ier, II et III du présent code peut résulter des constatations d'agents assermentés désignés selon les cas par le Centre national du cinéma et de l'image animée, par les organismes de défense professionnelle visés à l'article L. 331-1 et par les organismes de gestion collective mentionnés au titre II du présent livre. Ces agents sont agréés par le ministre chargé de la culture dans les conditions prévues par un décret en Conseil d'État.**

Art. L. 331-3 *(Rempl., L. n° 2016-925, 7 juill. 2016).* **– Le Centre national du cinéma et de l'image animée peut porter plainte et se constituer partie civile devant le juge d'instruction à raison des faits constitutifs du délit de contrefaçon, au sens de l'article L. 335-3 du présent code, d'œuvres audiovisuelles qui emportent**

pour lui un préjudice quant aux ressources qui lui sont affectées en application des articles L. 115-1 à L. 116-5 du Code du cinéma et de l'image animée pour l'accomplissement de ses missions prévues à l'article L. 111-2 du même code.

Il peut également exercer les droits reconnus à la partie civile en ce qui concerne le délit de contrefaçon, au sens de l'article L. 335-3 du présent code, d'œuvres audiovisuelles et le délit prévu à l'article L. 335-4 s'agissant des droits des artistes-interprètes d'œuvres audiovisuelles et des producteurs de vidéogrammes, lorsque l'action publique a été mise en mouvement par le ministère public ou la partie lésée.

Art. L. 331-4 *(L. n° 98-536, 1er juill. 1998 ; mod., L. n° 2006-961, 1er août 2006).* – Les droits mentionnés dans la première partie du présent code ne peuvent faire échec aux actes nécessaires à l'accomplissement d'une procédure parlementaire de contrôle, juridictionnelle ou administrative prévue par la loi, ou entrepris à des fins de sécurité publique.

Section II. – Mesures techniques de protection et d'information

(L. n° 2006-961, 1er août 2006)

Art. L. 331-5 *(L. n° 2006-961, 1er août 2006 ; mod., L. n° 2009-669, 12 juin 2009 ; L. n° 2009-1311, 28 oct. 2009).* – Les mesures techniques efficaces destinées à empêcher ou à limiter les utilisations non autorisées par les titulaires d'un droit d'auteur ou d'un droit voisin du droit d'auteur d'une œuvre, autre qu'un logiciel, d'une interprétation, d'un phonogramme, d'un vidéogramme ou d'un programme sont protégées dans les conditions prévues au présent titre.

On entend par mesure technique au sens du premier alinéa toute technologie, dispositif, composant qui, dans le cadre normal de son fonctionnement, accomplit la fonction prévue par cet alinéa. Ces mesures techniques sont réputées efficaces lorsqu'une utilisation visée au même alinéa est contrôlée par les titulaires de droits grâce à l'application d'un code d'accès, d'un procédé de protection tel que le cryptage, le brouillage ou toute autre transformation de l'objet de la protection ou d'un mécanisme de contrôle de la copie qui atteint cet objectif de protection.

Un protocole, un format, une méthode de cryptage, de brouillage ou de transformation ne constitue pas en tant que tel une mesure technique au sens du présent article.

Les mesures techniques ne doivent pas avoir pour effet d'empêcher la mise en œuvre effective de l'interopérabilité, dans le respect du droit d'auteur. Les fournisseurs de mesures techniques donnent l'accès aux informations essentielles à l'interopérabilité dans les conditions définies au 1° de l'article L. 331-31 et à l'article L. 331-32.

Les dispositions du présent chapitre ne remettent pas en cause la protection juridique résultant des articles 79-1 à 79-6 et de l'article 95 de la loi n° 86-1067 du 30 septembre 1986 relative à la liberté de communication.

Les mesures techniques ne peuvent s'opposer au libre usage de l'œuvre ou de l'objet protégé dans les limites des droits prévus par le présent code, ainsi que de ceux accordés par les détenteurs de droits.

Les dispositions du présent article s'appliquent sans préjudice des dispositions de l'article L. 122-6-1 du présent code.

Notion de mesure technique efficace. La directive de 2001 sur la société de l'information doit être interprétée en ce sens que la notion de « mesure technique efficace », au sens de l'article 6, paragraphe 3, de cette directive, est susceptible de recouvrir des mesures techniques consistant, principalement, à équiper d'un dispositif de reconnaissance non seulement le support contenant l'œuvre protégée, telle que le jeu vidéo, en vue de sa protection contre des actes non autorisés par le titulaire du droit d'auteur, mais également les appareils portables ou les consoles destinés à assurer l'accès à ces jeux et leur utilisation (■ CJUE, 23 janv. 2014, C-355/12, *Nintendo : Comm. com. électr.* 2014, 25, obs. Caron ; *RLDI* 2014/101, 3342, obs. L.C.).

Art. L. 331-6 *(Premier al. de l'anc. art. L. 331-8 ; mod., L. n° 2009-669, 12 juin 2009 ; L. n° 2009-1311, 28 oct. 2009).* – Le bénéfice de l'exception pour copie privée et des exceptions mentionnées au 2° de l'article L. 331-31 est garanti par les dispositions des articles L. 331-7 à L. 331-10, L. 331-33 à L. 331-35 et L. 331-37.

Art. L. 331-7 *(Anc. art. L. 331-9, mod. et dénum., L. n° 2009-669, 12 juin 2009 ; mod., L. n° 2009-1311, 28 oct. 2009).* – Les titulaires de droits qui recourent aux mesures techniques de protection définies à l'article L. 331-5 peuvent leur assigner pour objectif de limiter le nombre de copies. Ils prennent cependant les dispositions utiles pour que leur mise en œuvre ne prive pas les bénéficiaires des exceptions visées au 2° de l'article L. 331-31 de leur exercice effectif. Ils s'efforcent de définir ces mesures en concertation avec les associations agréées de consommateurs et les autres parties intéressées.

Les dispositions du présent article peuvent, dans la mesure où la technique le permet, subordonner le bénéfice effectif de ces exceptions à un accès licite à une œuvre ou à un phonogramme, à un vidéogramme ou à un programme et veiller à ce qu'elles n'aient pas pour effet de porter atteinte à son exploitation normale ni de causer un préjudice injustifié aux intérêts légitimes du titulaire de droits sur l'œuvre ou l'objet protégé.

Art. L. 331-8 *(Anc. art. L. 331-10, mod. et dénum., L. n° 2009-669, 12 juin 2009).* – Les titulaires de droits ne sont cependant pas tenus de prendre les dispositions de l'article L. 331-7 lorsque l'œuvre ou un autre objet protégé par un droit voisin est mis à disposition du public selon des dispositions contractuelles convenues entre les parties, de manière que chacun puisse y avoir accès de l'endroit et au moment qu'il choisit.

Art. L. 331-9 *(Anc. art. L. 331-11, dénum., L. n° 2009-669, 12 juin 2009 ; mod., L. n° 2016-925, 7 juill. 2016).* – Les éditeurs et les distributeurs de services de télévision ne peuvent recourir à des mesures techniques qui auraient pour effet de priver le public du bénéfice de l'exception pour copie privée, y compris sur un support et dans un format numérique, dans les conditions mentionnées au 2° de l'article L. 122-5 et au 2° de l'article L. 211-3.

Le Conseil supérieur de l'audiovisuel veille au respect des obligations du premier alinéa dans les conditions définies par les articles 42 et 48-1 de la loi n° 86-1067 du 30 septembre 1986 relative à la liberté de communication.

Lorsqu'un distributeur d'un service de radio ou de télévision met à disposition un service de stockage mentionné au deuxième alinéa de l'article L. 311-4, une convention conclue avec l'éditeur de ce service de radio ou de télévision définit préalablement les fonctionnalités de ce service de stockage.

Le Conseil supérieur de l'audiovisuel peut être saisi par un éditeur ou un distributeur des services de tout différend relatif à la conclusion ou à l'exécution de la convention mentionnée à l'avant-dernier alinéa du présent article et rendre une décision dans les conditions définies à l'article 17-1 de la loi n° 86-1067 du 30 septembre 1986 précitée.

Art. L. 331-10 *(Anc. art. L. 331-12, dénum., L. n° 2009-669, 12 juin 2009).* – Les conditions d'accès à la lecture d'une œuvre, d'un vidéogramme, d'un programme ou d'un phonogramme et les limitations susceptibles d'être apportées au bénéfice de l'exception pour copie privée mentionnée au 2° de l'article L. 122-5 et au 2° de l'article L. 211-3 par la mise en œuvre d'une mesure technique de protection doivent être portées à la connaissance de l'utilisateur.

Art. L. 331-11 *(Anc. art. L. 331-22, dénum., L. n° 2009-669, 12 juin 2009).* – Les informations sous forme électronique concernant le régime des droits afférents à une œuvre, autre qu'un logiciel, une interprétation, un phonogramme, un vidéogramme ou un programme, sont protégées dans les conditions prévues au présent titre, lorsque l'un des éléments d'information, numéros ou codes est joint à la reproduction ou apparaît en relation avec la communication au public de l'œuvre, de l'interprétation, du phonogramme, du vidéogramme ou du programme qu'il concerne.

On entend par information sous forme électronique toute information fournie par un titulaire de droits qui permet d'identifier une œuvre, une interprétation, un phonogramme, un vidéogramme, un programme ou un titulaire de droit, toute information sur les conditions et modalités d'utilisation d'une œuvre, d'une interprétation, d'un phonogramme, d'un vidéogramme ou d'un programme, ainsi que tout numéro ou code représentant tout ou partie de ces informations.

Art. L. 331-12 ancien à L. 331-22 ancien *(L. n° 2006-961, 1er août 2006 ; dénum., L. n° 2009-669, 12 juin 2009. – V. CPI, art. L. 331-10, L. 331-11, L. 331-31 à L. 331-37).*

Section III. – Haute Autorité pour la diffusion des œuvres et la protection des droits sur internet
(L. n° 2009-669, 12 juin 2009)

Sous-section 1. – Compétences, composition et organisation

Art. L. 331-12 *(L. n° 2009-669, 12 juin 2009 ; mod., L. n° 2017-55, 20 janv. 2017).* – La Haute Autorité pour la diffusion des œuvres et la protection des droits sur internet est une autorité publique indépendante.

Art. L. 331-13 *(L. n° 2009-669, 12 juin 2009).* – La Haute Autorité assure :

1° Une mission d'encouragement au développement de l'offre légale et d'observation de l'utilisation licite et illicite des œuvres et des objets auxquels est attaché un droit d'auteur ou un droit voisin sur les réseaux de communications électroniques utilisés pour la fourniture de services de communication au public en ligne ;

2° Une mission de protection de ces œuvres et objets à l'égard des atteintes à ces droits commises sur les réseaux de communications électroniques utilisés pour la fourniture de services de communication au public en ligne ;

3° Une mission de régulation et de veille dans le domaine des mesures techniques de protection et d'identification des œuvres et des objets protégés par un droit d'auteur ou par un droit voisin.

Au titre de ces missions, la Haute Autorité peut recommander toute modification législative ou réglementaire. Elle peut être consultée par le Gouvernement sur tout projet de loi ou de décret intéressant la protection des droits de propriété littéraire et artistique. Elle peut également être consultée par le Gouvernement ou par les commissions parlementaires sur toute question relative à ses domaines de compétence.

Art. L. 331-14 *(L. n° 2009-669, 12 juin 2009 ; mod., L. n° 2017-55, 20 janv. 2017).* – La Haute Autorité remet chaque année au Gouvernement et au Parlement un rapport rendant compte du respect de leurs obligations et engagements par les professionnels des différents secteurs concernés. Ce rapport est rendu public.

Art. L. 331-15 *(L. n° 2009-669, 12 juin 2009).* – La Haute Autorité est composée d'un collège et d'une commission de protection des droits. Le président du collège est le président de la Haute Autorité.

Sauf disposition législative contraire, les missions confiées à la Haute Autorité sont exercées par le collège.

Dans l'exercice de leurs attributions, les membres du collège et de la commission de protection des droits ne reçoivent d'instruction d'aucune autorité.

Art. L. 331-16 *(L. n° 2009-669, 12 juin 2009 ; mod., L. n° 2017-55, 20 janv. 2017).* – Le collège de la Haute Autorité est composé de neuf membres, dont le président, nommés pour une durée de six ans par décret :

1° Un membre en activité du Conseil d'État désigné par le vice-président du Conseil d'État ;

2° Un membre en activité de la Cour de cassation désigné par le premier président de la Cour de cassation ;

3° Un membre en activité de la Cour des comptes désigné par le premier président de la Cour des comptes ;

4° Un membre du Conseil supérieur de la propriété littéraire et artistique désigné par le président du Conseil supérieur de la propriété littéraire et artistique ;

5° Trois personnalités qualifiées, désignées sur proposition conjointe des ministres chargés des communications électroniques, de la consommation et de la culture ;

6° Deux personnalités qualifiées, désignées respectivement par le président de l'Assemblée nationale et par le président du Sénat.

Le président du collège est élu par les membres parmi les personnes mentionnées aux 1°, 2° et 3°.

Pour les membres désignés en application des 1° à 4°, des membres suppléants sont désignés dans les mêmes conditions.

Selon des modalités fixées par décret en Conseil d'État, le collège est renouvelé partiellement tous les trois ans.

(Al. créé à compter du renouvellement des membres dont le mandat arrive à échéance le 23 décembre 2021, Ord. n° 2015-948, 31 juill. 2015) Lors de chaque renouvellement, le membre titulaire succédant à une femme est un homme et celui succédant à un homme, une femme.

(Al. créé à compter du renouvellement des membres dont le mandat arrive à échéance le 23 décembre 2021, Ord. n° 2015-948, 31 juill. 2015) Le membre titulaire et son suppléant sont de sexe différent.

En cas de vacance d'un siège de membre du collège, pour quelque cause que ce soit, il est procédé à la nomination, dans les conditions prévues au présent article, d'un nouveau membre *(Mots ajoutés à compter du renouvellement des membres dont le mandat arrive à échéance le 23 décembre 2021, Ord. n° 2015-948, 31 juill. 2015)* « du même sexe » pour la durée du mandat restant à courir.

Le mandat des membres n'est pas renouvelable.

Le président exerce ses fonctions à temps plein.

Art. L. 331-17 *(L. n° 2009-669, 12 juin 2009, puis mod. à compter de cette même date, L. n° 2009-1311, 28 oct. 2009 ; Ord. n° 2015-948, 31 juill. 2015).* – La commission de protection des droits est chargée de prendre les mesures prévues à l'article L. 331-25 *[Dispositions résultant de la décision du Conseil constitutionnel n° 2009-580 DC du 10 juin 2009 : JO 13 juin 2009].*

Elle est composée de trois membres, dont le président, nommés pour une durée de six ans par décret :

1° Un membre en activité du Conseil d'État désigné par le vice-président du Conseil d'État ;

2° Un membre en activité de la Cour de cassation désigné par le premier président de la Cour de cassation ;

3° Un membre en activité de la Cour des comptes désigné par le premier président de la Cour des comptes.

Des membres suppléants sont nommés dans les mêmes conditions.

Lors de chaque renouvellement, le membre titulaire succédant à une femme est un homme et celui succédant à un homme, une femme.

Le membre titulaire et son suppléant sont de sexe différent.

En cas de vacance d'un siège de membre de la commission de protection des droits, pour quelque cause que ce soit, il est procédé à la nomination, dans les conditions prévues au présent article, d'un nouveau membre de même sexe pour la durée du mandat restant à courir.

Le mandat des membres n'est ni révocable, ni renouvelable.

Sauf démission, il ne peut être mis fin aux fonctions d'un membre qu'en cas d'empêchement constaté par la commission dans les conditions qu'elle définit.

Les fonctions de membre du collège et de membre de la commission de protection des droits sont incompatibles.

Art. L. 331-18 *(L. n° 2009-669, 12 juin 2009 ; mod., Ord. n° 2016-1823, 22 déc. 2016 ; L. n° 2017-55, 20 janv. 2017).* – I. – Les fonctions de membre et de secrétaire général de la Haute Autorité sont incompatibles avec le fait d'exercer ou d'avoir exercé, au cours des trois dernières années :

1° Les fonctions de dirigeant, de salarié ou de conseiller d'un organisme de gestion collective régi par le titre II du présent livre ;

2° Les fonctions de dirigeant, de salarié ou de conseiller d'une entreprise exerçant une activité de production de phonogrammes ou de vidéogrammes ou d'édition d'œuvres protégées par un droit d'auteur ou des droits voisins ;

3° Les fonctions de dirigeant, de salarié ou de conseiller d'une entreprise de communication audiovisuelle ;

4° Les fonctions de dirigeant, de salarié ou de conseiller d'une entreprise offrant des services de mise à disposition d'œuvres ou d'objets protégés par un droit d'auteur ou des droits voisins ;

5° Les fonctions de dirigeant, de salarié ou de conseiller d'une entreprise dont l'activité est d'offrir un accès à des services de communication au public en ligne.

II. - Après la cessation de leurs fonctions, les membres de la Haute Autorité et son secrétaire général sont soumis aux dispositions de l'article 432-13 du Code pénal.

Les membres de la Haute Autorité et son secrétaire général ne peuvent, directement ou indirectement, détenir d'intérêts dans un organisme ou entreprise mentionné au I du présent article.

Art. L. 331-19 *(L. n° 2009-669, 12 juin 2009 ; mod., L. n° 2017-55, 20 janv. 2017).* – Un secrétaire général est chargé du fonctionnement et de la coordination des services sous l'autorité du président.

Les rapporteurs chargés de l'instruction de dossiers auprès de la Haute Autorité sont nommés par le président.

La Haute Autorité peut faire appel à des experts. Elle peut également solliciter, en tant que de besoin, l'avis d'autorités administratives, d'organismes extérieurs ou d'associations représentatives des utilisateurs des réseaux de communications électroniques, et elle peut être consultée pour avis par ces mêmes autorités ou organismes.

Art. L. 331-20 *(L. n° 2009-669, 12 juin 2009).* – Les décisions du collège et de la commission de protection des droits sont prises à la majorité des voix. Au sein du collège, la voix du président est prépondérante en cas de partage égal des voix.

Art. L. 331-21 *(L. n° 2009-669, 12 juin 2009 ;).* – Les membres de la commission de protection des droits, ainsi que ses agents habilités et assermentés devant l'autorité judiciaire mentionnés à l'article L. 331-21, peuvent constater les faits susceptibles de constituer des infractions prévues au présent titre lorsqu'elles sont punies de la peine complémentaire de suspension de l'accès à un service de communication au public en ligne mentionnée aux articles L. 335-7 et L. 335-7-1.

Ils peuvent en outre recueillir les observations des personnes concernées. Il est fait mention de ce droit dans la lettre de convocation.

Lorsque les personnes concernées demandent à être entendues, ils les convoquent et les entendent. Toute personne entendue a le droit de se faire assister d'un conseil de son choix.

Conformément à l'article 28 du Code de procédure pénale, l'article 61-1 du même code est applicable lorsqu'il est procédé à l'audition d'une personne à l'égard de laquelle il existe des raisons plausibles de soupçonner qu'elle a commis ou tenté de commettre une infraction.

Une copie du procès-verbal d'audition est remise à la personne concernée.

Art. L. 331-21-1 *(L. n° 2009-669, 12 juin 2009 ; mod. L. n° 2016-731, 3 juin 2016).* – Les membres de la commission de protection des droits, ainsi que ses agents habilités et assermentés devant l'autorité judiciaire mentionnés à l'article L. 331-21, peuvent constater les faits susceptibles de constituer des infractions prévues au présent titre lorsqu'elles sont punies de la peine complémentaire de suspension de l'accès à un service de communication au public en ligne mentionnée aux articles L. 335-7 et L. 335-7-1.

Ils peuvent en outre recueillir les observations des personnes concernées. Il est fait mention de ce droit dans la lettre de convocation.

Lorsque les personnes concernées demandent à être entendues, ils les convoquent et les entendent. Toute personne entendue a le droit de se faire assister d'un conseil de son choix.

Une copie du procès-verbal d'audition est remise à la personne concernée.

Art. L. 331-22 *(L. n° 2009-669, 12 juin 2009 ; mod., L. n° 2009-1311, 28 oct. 2009).* – Les membres et les agents publics de la Haute Autorité sont astreints au secret professionnel pour les faits, actes ou renseignements dont ils ont pu avoir connaissance en raison de leurs fonctions, dans les conditions prévues à l'article 413-10 du Code pénal et, sous réserve de ce qui est nécessaire à l'établissement des avis, des recommandations et des rapports, à l'article 226-13 du même code.

Dans les conditions prévues par l'article 17-1 de la loi n° 95-73 du 21 janvier 1995 d'orientation et de programmation relative à la sécurité, les décisions d'habilitation des agents mentionnés à l'article L. 331-21 du présent code sont précédées d'enquêtes administratives destinées à vérifier que leur comportement n'est pas incompatible avec l'exercice de leurs fonctions ou missions.

Sous-section 2. – Mission d'encouragement au développement de l'offre légale et d'observation de l'utilisation licite et illicite d'œuvres et d'objets protégés par un droit d'auteur ou par un droit voisin sur les réseaux de communications électroniques

Art. L. 331-23 *(L. n° 2009-669, 12 juin 2009).* – Au titre de sa mission d'encouragement au développement de l'offre légale, qu'elle soit ou non commerciale, et d'observation de l'utilisation, qu'elle soit licite ou illicite, des œuvres et des objets protégés par un droit d'auteur ou par un droit voisin sur les réseaux de communications électroniques, la Haute Autorité publie chaque année des indicateurs dont la liste est fixée par décret. Elle rend compte du développement de l'offre légale dans le rapport mentionné à l'article L. 331-14.

Dans des conditions fixées par décret en Conseil d'État, la Haute Autorité attribue aux offres proposées par des personnes dont l'activité est d'offrir un service de communication au public en ligne un label permettant aux usagers de ce service d'identifier clairement le caractère légal de ces offres. Cette labellisation est revue périodiquement.

La Haute Autorité veille à la mise en place, à la mise en valeur et à l'actualisation d'un portail de référencement de ces mêmes offres.

Elle évalue, en outre, les expérimentations conduites dans le domaine des technologies de reconnaissance des contenus et de filtrage par les concepteurs de ces technologies, les titulaires de droits sur les œuvres et objets protégés et les personnes dont l'activité est d'offrir un service de communication au public en ligne. Elle rend compte des principales évolutions constatées en la matière, notamment pour ce qui regarde l'efficacité de telles technologies, dans son rapport annuel prévu à l'article L. 331-14.

Elle identifie et étudie les modalités techniques permettant l'usage illicite des œuvres et des objets protégés par un droit d'auteur ou par un droit voisin sur les réseaux de communications électroniques. Dans le cadre du rapport prévu à l'article L. 331-14, elle propose, le cas échéant, des solutions visant à y remédier.

Sous-section 3. - Mission de protection des œuvres et objets auxquels est attaché un droit d'auteur ou un droit voisin

Art. L. 331-24 *(L. n° 2009-669, 12 juin 2009 ; mod., Ord. n° 2016-1823, 22 déc. 2016).* – La commission de protection des droits agit sur saisine d'agents assermentés et agréés dans les conditions définies à l'article L. 331-2 qui sont désignés par :

- les organismes de défense professionnelle régulièrement constitués ;
- les organismes de gestion collective ;
- le Centre national de la cinématographie.

La commission de protection des droits peut également agir sur la base d'informations qui lui sont transmises par le procureur de la République.

Elle ne peut être saisie de faits remontant à plus de six mois.

Art. L. 331-25 *(Anc. art. L. 331-26 ; L. n° 2009-669, 12 juin 2009, puis mod. et dénum., L. n° 2009-1311, 28 oct. 2009).* – Lorsqu'elle est saisie de faits susceptibles de constituer un manquement à l'obligation définie à l'article L. 336-3, la commission de protection des droits peut envoyer à l'abonné, sous son timbre et pour son compte, par la voie électronique et par l'intermédiaire de la personne dont l'activité est d'offrir un accès à des services de communication au public en ligne ayant conclu un contrat avec l'abonné, une recommandation lui rappelant les dispositions de l'article L. 336-3, lui enjoignant de respecter l'obligation qu'elles définissent *[Dispositions déclarées non conformes à la Constitution par la décision du Conseil constitutionnel n° 2009-580 DC du 10 juin 2009 : JO 13 juin 2009]* et l'avertissant des sanctions encourues en application des articles L. 335-7 et L. 335-7-1. Cette recommandation contient également une information de l'abonné sur l'offre légale de contenus culturels en ligne, sur l'existence de moyens de sécurisation permettant de prévenir les manquements à l'obligation définie à l'article L. 336-3 ainsi que sur les dangers pour le renouvellement de la création artistique et pour l'économie du secteur culturel des pratiques ne respectant pas le droit d'auteur et les droits voisins.

En cas de renouvellement, dans un délai de six mois à compter de l'envoi de la recommandation visée au premier alinéa, de faits susceptibles de constituer un manquement à l'obligation définie à l'article L. 336-3, la commission peut adresser une nouvelle recommandation comportant les mêmes informations que la précédente par la voie électronique dans les conditions prévues au premier alinéa. Elle doit assortir cette recommandation d'une lettre remise contre signature ou de tout autre moyen propre à établir la preuve de la date de présentation de cette recommandation.

Les recommandations adressées sur le fondement du présent article mentionnent la date et l'heure auxquelles les faits susceptibles de constituer un manquement à l'obligation définie à l'article L. 336-3 ont été constatés. En revanche, elles ne divulguent pas le contenu des œuvres ou objets protégés concernés par ce manquement. Elles indiquent les coordonnées téléphoniques, postales et électroniques où leur destinataire peut adresser, s'il le souhaite, des observations à la commission de protection des droits et obtenir, s'il en formule la demande expresse, des précisions sur le contenu des œuvres ou objets protégés concernés par le manquement qui lui est reproché.

[Dispositions déclarées non conformes à la Constitution par la décision du Conseil constitutionnel n° 2009-580 DC du 10 juin 2009 : JO 13 juin 2009.]

Art. L. 331-26 *(Anc. art. L. 331-32 ; L. n° 2009-669, 12 juin 2009, puis dénum., L. n° 2009-1311, 28 oct. 2009 ; mod., Ord. n° 2016-1823, 22 déc. 2016).* – Après consultation des concepteurs de moyens de sécurisation destinés à prévenir l'utilisation illicite de l'accès à un service de communication au public en ligne, des personnes dont l'activité est d'offrir l'accès à un tel service ainsi que des organismes de gestion collective régis par le titre II du présent livre et des organismes de défense professionnelle régulièrement constitués, la Haute Autorité rend publiques les spécifications fonctionnelles pertinentes que ces moyens doivent présenter *[Dispositions déclarées non conformes à la Constitution par la décision du Conseil constitutionnel n° 2009-580 DC du 10 juin 2009 : JO 13 juin 2009]*.

Au terme d'une procédure d'évaluation certifiée prenant en compte leur conformité aux spécifications visées au premier alinéa et leur efficacité, la Haute Autorité établit une liste labellisant les moyens de sécurisation *[Dispositions déclarées non conformes à la Constitution par la décision du Conseil constitutionnel n° 2009-580 DC du 10 juin 2009 : JO 13 juin 2009]*. Cette labellisation est périodiquement revue.

Un décret en Conseil d'État précise la procédure d'évaluation et de labellisation de ces moyens de sécurisation.

Art. L. 331-27 *(Anc. art. L. 331-35 ; L. n° 2009-669, 12 juin 2009, puis mod. et dénum., L. n° 2009-1311, 28 oct. 2009)*. – Les personnes dont l'activité est d'offrir un accès à des services de communication au public en ligne font figurer, dans les contrats conclus avec leurs abonnés, la mention claire et lisible des dispositions de l'article L. 336-3 et des mesures qui peuvent être prises par la commission de protection des droits *[Dispositions déclarées non conformes à la Constitution par la décision du Conseil constitutionnel n° 2009-580 DC du 10 juin 2009 : JO 13 juin 2009]*. Elles font également figurer, dans les contrats conclus avec leurs abonnés, les sanctions pénales et civiles encourues en cas de violation des droits d'auteur et des droits voisins et en application de l'article L. 335-7-1.

En outre, les personnes visées au premier alinéa du présent article informent leurs nouveaux abonnés et les personnes reconduisant leur contrat d'abonnement sur l'offre légale de contenus culturels en ligne, sur l'existence de moyens de sécurisation permettant de prévenir les manquements à l'obligation définie à l'article L. 336-3 ainsi que sur les dangers pour le renouvellement de la création artistique et pour l'économie du secteur culturel des pratiques ne respectant pas le droit d'auteur et les droits voisins.

Art. L. 331-28 *(Anc. art. L. 331-36 ; L. n° 2009-669, 12 juin 2009, puis mod. et dénum., L. n° 2009-1311, 28 oct. 2009)*. – La commission de protection des droits peut conserver les données techniques mises à sa disposition pendant la durée nécessaire à l'exercice des compétences qui lui sont confiées à la présente sous-section *[Dispositions déclarées non conformes à la Constitution par la décision du Conseil constitutionnel n° 2009-580 DC du 10 juin 2009 : JO 13 juin 2009]*.

[Dispositions déclarées non conformes à la Constitution par la décision du Conseil constitutionnel n° 2009-580 DC du 10 juin 2009 : JO 13 juin 2009.]

La personne dont l'activité est d'offrir un accès à des services de communication au public en ligne est tenue d'informer la commission de protection des droits de la date à laquelle elle a débuté la suspension ; la commission procède à l'effacement des données à caractère personnel relatives à l'abonné dès le terme de la période de suspension.

Art. L. 331-29 *(Anc. art. L. 331-37 ; L. n° 2009-669, 12 juin 2009, II puis mod. et dénum., L. n° 2009-1311, 28 oct. 2009 ; mod., Ord. n° 2016-1823, 22 déc. 2016)*. – Est autorisée la création, par la Haute Autorité, d'un traitement automatisé de données à caractère personnel portant sur les personnes faisant l'objet d'une procédure dans le cadre de la présente sous-section.

Ce traitement a pour finalité la mise en œuvre, par la commission de protection des droits, des mesures prévues à la présente sous-section, de tous les actes de procédure afférents et des modalités de l'information des organismes de défense professionnelle et des organismes de gestion collective des éventuelles saisines de l'autorité judiciaire ainsi que des notifications prévues au cinquième alinéa de l'article L. 335-7 *[Dispositions déclarées non conformes à la Constitution par la décision du Conseil constitutionnel n° 2009-580 DC du 10 juin 2009 : JO 13 juin 2009]*.

Un décret en Conseil d'État, pris après avis de la Commission nationale de l'informatique et des libertés, fixe les modalités d'application du présent article. Il précise notamment (1) :

– les catégories de données enregistrées et leur durée de conservation ;

– les destinataires habilités à recevoir communication de ces données, notamment les personnes dont l'activité est d'offrir un accès à des services de communication au public en ligne ;

(1) V. T. appl. : D. n° 2010-236, 5 mars 2010. – NDLR.

– les conditions dans lesquelles les personnes intéressées peuvent exercer, auprès de la Haute Autorité, leur droit d'accès aux données les concernant conformément à la loi n° 78-17 du 6 janvier 1978 relative à l'informatique, aux fichiers et aux libertés.

Art. L. 331-30 *(Anc. art. L. 331-38 ; L. n° 2009-669, 12 juin 2009, puis dénum., L. n° 2009-1311, 28 oct. 2009).* – Un décret en Conseil d'État fixe les règles applicables à la procédure et à l'instruction des dossiers devant le collège et la commission de protection des droits de la Haute Autorité.

[Dispositions déclarées non conformes à la Constitution par la décision du Conseil constitutionnel n° 2009-580 DC du 10 juin 2009 : JO 13 juin 2009.]

Sous-section 4. – Mission de régulation et de veille dans le domaine des mesures techniques de protection et d'identification des œuvres et des objets protégés par un droit d'auteur ou un droit voisin

Art. L. 331-31 *(Anc. art. L. 331-39, dénum., L. n° 2009-1311, 28 oct. 2009). – (Premier al. de l'anc. art. L. 331-17, mod. et devenu le présent al., L. n° 2009-669, 12 juin 2009)* Au titre de sa mission de régulation et de veille dans les domaines des mesures techniques de protection et d'identification des œuvres et des objets protégés par le droit d'auteur ou par les droits voisins, la Haute Autorité exerce les fonctions suivantes :

1° *(Anc. art. L. 331-6, L. n° 2006-961, 1er août 2006 ; mod. et devenu le présent 1°, L. n° 2009-669, 12 juin 2009)* Elle veille à ce que les mesures techniques visées à l'article L. 331-5 n'aient pas pour conséquence, du fait de leur incompatibilité mutuelle ou de leur incapacité d'interopérer, d'entraîner dans l'utilisation d'une œuvre des limitations supplémentaires et indépendantes de celles expressément décidées par le titulaire d'un droit d'auteur sur une œuvre autre qu'un logiciel ou par le titulaire d'un droit voisin sur une interprétation, un phonogramme, un vidéogramme ou un programme.

2° *(Deuxième à dernier al. de l'anc. art. L. 331-8, mod. devenus le présent 2° à compter de la date de la première réunion de la Haute Autorité pour la diffusion des œuvres et la protection des droits sur internet et au plus tard le 1er nov. 2009, L. n° 2009-669, 12 juin 2009)* Elle veille à ce que la mise en œuvre des mesures techniques de protection n'ait pas pour effet de priver les bénéficiaires des exceptions définies aux :

- 2°, e du 3° à compter du 1er janvier 2009, 7° et 8° de l'article L. 122-5 ;
- 2°, dernier alinéa du 3° à compter du 1er janvier 2009, 6° et 7° de l'article L. 211-3 ;
- 3° et, à compter du 1er janvier 2009, 4° de l'article L. 342-3 ;
- et à l'article L. 331-4.

Elle veille également à ce que la mise en œuvre des mesures techniques de protection n'ait pas pour effet de priver les personnes bénéficiaires de l'exception de reproduction à des fins de collecte, de conservation et de consultation sur place mentionnée au 2° de l'article L. 132-4 et aux articles L. 132-5 et L. 132-6 du Code du patrimoine.

Sous réserve des articles L. 331-7 à L. 331-10, *(Références rempl. à compter de la date de la première réunion de la Haute Autorité pour la diffusion des œuvres et la protection des droits sur Internet et au plus tard le 1er nov. 2009, L. n° 2009-1311, 28 oct. 2009)* « L. 331-33 à L. 331-35 et L. 331-37 » du présent code, la Haute Autorité détermine les modalités d'exercice des exceptions précitées et fixe notamment le nombre minimal de copies autorisées dans le cadre de l'exception pour copie privée, en fonction du type d'œuvre ou d'objet protégé, des divers modes de communication au public et des possibilités offertes par les techniques de protection disponibles.

Art. L. 331-32 *(Anc. art. L. 331-7, L. n° 2006-961, 1er août 2006 ; mod. et devenu L. 331-40, L. n° 2009-669, 12 juin 2009, puis dénum., L. n° 2009-1311, 28 oct. 2009).* – Tout éditeur de logiciel, tout fabricant de système technique et tout exploitant de service peut, en cas de refus d'accès aux informations essentielles à l'interopérabilité, demander à la Haute Autorité de garantir l'interopérabilité des systèmes et des services existants, dans le respect des droits des parties, et d'obtenir du titulaire des droits sur la mesure technique les informations essentielles à cette interopérabilité. À compter de sa saisine, la Haute Autorité dispose d'un délai de deux mois pour rendre sa décision.

On entend par informations essentielles à l'interopérabilité la documentation technique et les interfaces de programmation nécessaires pour permettre à un dispositif technique d'accéder, y compris dans un standard ouvert au sens de l'article 4 de la loi n° 2004-575 du 21 juin 2004 pour la confiance dans l'économie numérique, à une œuvre ou à un objet protégé par une mesure technique et aux informations sous forme électronique jointes, dans le respect des conditions d'utilisation de l'œuvre ou de l'objet protégé qui ont été définies à l'origine.

Le titulaire des droits sur la mesure technique ne peut imposer au bénéficiaire de renoncer à la publication du code source et de la documentation technique de son logiciel indépendant et interopérant que s'il apporte la preuve que celle-ci aurait pour effet de porter gravement atteinte à la sécurité et à l'efficacité de ladite mesure technique.

La Haute Autorité peut accepter des engagements proposés par les parties et de nature à mettre un terme aux pratiques contraires à l'interopérabilité. À défaut d'un accord entre les parties et après avoir mis les intéressés à même de présenter leurs observations, elle rend une décision motivée de rejet de la demande ou émet une injonction prescrivant, au besoin sous astreinte, les conditions dans lesquelles le demandeur peut obtenir l'accès aux informations essentielles à l'interopérabilité et les engagements qu'il doit respecter pour garantir l'efficacité et l'intégrité de la mesure technique, ainsi que les conditions d'accès et d'usage du contenu protégé. L'astreinte prononcée par la Haute Autorité est liquidée par cette dernière.

La Haute Autorité a le pouvoir d'infliger une sanction pécuniaire applicable soit en cas d'inexécution de ses injonctions, soit en cas de non-respect des engagements qu'elle a acceptés. Chaque sanction pécuniaire est proportionnée à l'importance du dommage causé aux intéressés, à la situation de l'organisme ou de l'entreprise sanctionné et à l'éventuelle réitération des pratiques contraires à l'interopérabilité. Elle est déterminée individuellement et de façon motivée. Son montant maximum s'élève à 5 % du montant du chiffre d'affaires mondial hors taxes le plus élevé réalisé au cours d'un des exercices clos depuis l'exercice précédant celui au cours duquel les pratiques contraires à l'interopérabilité ont été mises en œuvre dans le cas d'une entreprise et à 1,5 million d'euros dans les autres cas.

Les décisions de la Haute Autorité sont rendues publiques dans le respect des secrets protégés par la loi. Elles sont notifiées aux parties qui peuvent introduire un recours devant la cour d'appel de Paris. Le recours a un effet suspensif.

Le président de la Haute Autorité saisit l'Autorité de la concurrence des abus de position dominante et des pratiques entravant le libre exercice de la concurrence dont il pourrait avoir connaissance dans le secteur des mesures techniques. Cette saisine peut être introduite dans le cadre d'une procédure d'urgence, dans les conditions prévues à l'article L. 464-1 du Code de commerce. Le président de la Haute Autorité peut également le saisir, pour avis, de toute autre question relevant de sa compétence. L'Autorité de la concurrence communique à la Haute Autorité toute saisine entrant dans le champ de compétence de celle-ci et recueille son avis sur les pratiques dont il est saisi dans le secteur des mesures techniques mentionnées à l'article L. 331-5 du présent code.

Art. L. 331-33 *(Anc. art. L. 331-13, L. n° 2006-961, 1er août 2006 ; mod. et devenu L. 331-41 à compter de la date de la première réunion de la Haute Autorité pour la diffusion des œuvres et la protection des droits sur internet et au plus tard le 1er nov. 2009, L. n° 2009-669, 12 juin 2009, puis mod. et dénum. à compter de cette même date, L. n° 2009-1311, 28 oct. 2009).* – Toute personne bénéficiaire des exceptions mentionnées au 2° de l'article L. 331-31 ou toute personne morale agréée qui la représente peut saisir la Haute Autorité de tout différend portant sur les restrictions que les mesures techniques de protection définies à l'article L. 331-5 apportent au bénéfice desdites exceptions.

Art. L. 331-34 *(Anc. art. L. 331-14, L. n° 2006-961, 1er août 2006 ; mod. et devenu L. 331-42, L. n° 2009-669, 12 juin 2009, puis dénum., L. n° 2009-1311, 28 oct. 2009).* – Les personnes morales et les établissements ouverts au public visés au 7° de l'article L. 122-5 qui réalisent des reproductions ou des représentations d'une œuvre ou d'un objet protégé adaptées aux personnes handicapées peuvent saisir la Haute Autorité de tout différend portant sur la transmission des textes imprimés sous la forme d'un fichier numérique.

Art. L. 331-35 *(Anc. art. L. 331-15, L. n° 2006-961, 1er août 2006 ; mod. et devenu L. 331-43, L. n° 2009-669, 12 juin 2009, puis dénum., L. n° 2009-1311, 28 oct. 2009).* – Dans le respect des droits des parties, la Haute Autorité favorise ou suscite une solution de conciliation. Lorsqu'elle dresse un procès-verbal de conciliation, celui-ci a force exécutoire ; il fait l'objet d'un dépôt au greffe du tribunal d'instance.

À défaut de conciliation dans un délai de deux mois à compter de sa saisine, la Haute Autorité, après avoir mis les intéressés à même de présenter leurs observations, rend une décision motivée de rejet de la demande ou émet une injonction prescrivant, au besoin sous astreinte, les mesures propres à assurer le bénéfice effectif de l'exception. L'astreinte prononcée par la Haute Autorité est liquidée par cette dernière.

Ces décisions ainsi que le procès-verbal de conciliation sont rendus publics dans le respect des secrets protégés par la loi. Elles sont notifiées aux parties qui peuvent introduire un recours devant la cour d'appel de Paris. Le recours a un effet suspensif.

Art. L. 331-36 *(Deuxième et troisième al. de l'anc. art. L. 331-17 rempl. et devenus L. 331-44, L. n° 2009-669, 12 juin 2009, puis mod. et dénum., L. n° 2009-1311, 28 oct. 2009).* – La Haute Autorité peut être saisie pour avis par l'une des personnes visées à l'article L. 331-32 de toute question relative à l'interopérabilité des mesures techniques.

Elle peut également être saisie pour avis, par une personne bénéficiaire de l'une des exceptions mentionnées au 2° de l'article L. 331-31 ou par la personne morale agréée qui la représente, de toute question relative à la mise en œuvre effective de cette exception.

Art. L. 331-37 *(Anc. art. L. 331-16, L. n° 2006-961, 1er août 2006 ; mod. et devenu L. 331-45, L. n° 2009-669, 12 juin 2009 ; dénum., L. n° 2009-1311, 28 oct. 2009).* – Un décret en Conseil d'État précise les conditions d'application de la présente sous-section. Il prévoit les modalités d'information des utilisateurs d'une œuvre, d'un vidéogramme, d'un programme ou d'un phonogramme mentionnées à l'article L. 331-10.

CHAPITRE II. – SAISIE-CONTREFAÇON

Art. L. 332-1 *(Mod., L. n° 2004-575, 21 juin 2004 ; L. n° 2006-961, 1er août 2006 ; L. n° 2007-1544, 29 oct. 2007 ; L. n° 2009-669, 12 juin 2009 ; L. n° 2014-315, 11 mars 2014).* – Tout auteur d'une œuvre protégée par le livre Ier de la présente partie, ses ayants droit ou ses ayants cause peuvent agir en contrefaçon. À cet effet, ces personnes sont en droit de faire procéder par tous huissiers, le cas échéant assistés par des experts désignés par le demandeur, sur ordonnance rendue sur requête par la juridiction civile compétente, soit à la description détaillée, avec ou sans prélèvement d'échantillons, soit à la saisie réelle des œuvres prétendument contrefaisantes ainsi que de tout document s'y rapportant. L'ordonnance peut autoriser la saisie réelle de tout document se rapportant aux œuvres prétendument contrefaisantes en l'absence de ces dernières.

La juridiction peut ordonner la description détaillée ou la saisie réelle des matériels et instruments utilisés pour produire ou distribuer illicitement les œuvres.

À cet effet, la juridiction peut ordonner :

1° La saisie des exemplaires constituant une reproduction illicite d'une œuvre de l'esprit protégée par le livre Ier de la présente partie ou de tout exemplaire, produit, appareil, dispositif, composant ou moyen portant atteinte aux mesures techniques et aux informations mentionnées, respectivement, aux articles L. 331-5 et L. 331-11 ;

2° La saisie, quels que soient le jour et l'heure, des exemplaires constituant une reproduction illicite de l'œuvre, déjà fabriqués ou en cours de fabrication, ou des exemplaires, produits, appareils, dispositifs, composants ou moyens, fabriqués ou en cours de fabrication, portant atteinte aux mesures techniques et aux informations mentionnées, respectivement, aux articles L. 331-5 et L. 331-11, des recettes réalisées, ainsi que des exemplaires illicitement utilisés ;

3° La saisie des recettes provenant de toute reproduction, représentation ou diffusion, par quelque moyen que ce soit, d'une œuvre de l'esprit, effectuée en violation des droits de l'auteur ou provenant d'une atteinte aux mesures techniques et aux informations mentionnées, respectivement, aux articles L. 331-5 et L. 331-11 ;

4° La saisie réelle des œuvres illicites ou produits soupçonnés de porter atteinte à un droit d'auteur ou leur remise entre les mains d'un tiers afin d'empêcher leur introduction ou leur circulation dans les circuits commerciaux.

La juridiction civile compétente peut également ordonner :

a) La suspension ou la prorogation des représentations ou des exécutions publiques en cours ou déjà annoncées ;

b) La suspension de toute fabrication en cours tendant à la reproduction illicite d'une œuvre ou à la réalisation d'une atteinte aux mesures techniques et aux informations mentionnées, respectivement, aux articles L. 331-5 et L. 331-11.

Elle peut subordonner l'exécution des mesures qu'elle ordonne à la constitution par le demandeur de garanties destinées à assurer l'indemnisation éventuelle du défendeur si l'action en contrefaçon est ultérieurement jugée non fondée ou la saisie annulée.

Elle peut, dans les mêmes formes, ordonner les mesures prévues au présent article à la demande des titulaires de droits voisins définis au livre II de la présente partie.

1) **Recettes.** Les recettes pouvant être saisies s'entendent des bénéfices réalisés (▪ Cass. 1re civ., 10 févr. 1987 : *Bull. civ.* I, n° 49, sol. impl.).

2) **Compétence territoriale.** La notion de lieu visée par l'article L. 332-1 désigne le ressort de compétence territoriale du commissaire et non sa résidence administrative, de sorte que le commissaire de police affecté à un service régional de police judiciaire est compétent pour réaliser une saisie-contrefaçon sur l'ensemble du ressort de ce service (▪ Cass. 1re civ., 10 févr. 1998 : *JCP* 98, IV, 1748).

3) **Saisie-contrefaçon d'un tableau.** La saisie-contrefaçon d'un tableau exposé en vue de sa vente doit, par application de l'article L. 332-1, être autorisée par le président du tribunal de grande instance, V. ▪ Cass. 1re civ., 18 juill. 2000 : *JCP* 2000, IV, 2583 ; *Bull. civ.* I, n° 225 ; *RIDA* 2/2001, 309 ; *Propr. intell.* 2001, n° 1, 64, 2e esp., obs. Sirinelli.

4) **Rétractation de l'ordonnance (non).** La procédure de la rétractation de l'ordonnance sur requête est sans application en matière de saisie-contrefaçon soumise au seul Code de la propriété intellectuelle (▪ Cass. 1re civ., 30 mai 2000 : *JCP* 2000, IV, 2267 ; *Bull. civ.* I, n° 165 ; *Comm. com. électr.* 2001, 61, note Le Stanc).

5) **Nullité de la saisie-contrefaçon. Exception de procédure (non).** Le moyen de nullité de la saisie-contrefaçon ne constitue pas une exception de procédure, au sens de l'article 73 du Code de procédure et civile et n'a donc pas à être soulevé *in limine litis* (▪ Cass. com., 19 janv. 2010 : *RLDI* 2010/57, 1883, obs. L. C.).

6) **Saisie-contrefaçon. Rôle de l'huissier.** La saisie contrefaçon a des fonctions à la fois probatoires et conservatoires. En conséquence, la mission conférée aux huissiers d'avoir non seulement à saisir les produits litigieux, mais encore à effectuer toutes recherches et constatations utiles en vue de découvrir l'origine et l'étendue de la contrefaçon reprochée de modèle de vêtement ne présente rien de reprochable, s'agissant du rassemblement et de la conservation légalement admissibles d'éléments de preuve, opérations qui ne sont pas exclues du champ de l'article L. 332-1 du Code de la propriété intellectuelle (▪ Paris, 4e ch., 22 févr. 2008 : *JurisData* n° 361186). En produisant aux personnes présentes les objets visés par l'ordonnance afin de recueillir leurs déclarations spontanées quant aux actes argués de contrefaçon, sans y être expressément et précisément autorisé, l'huissier a excédé les limites de sa mission et violé l'article L. 332-1 (▪ Cass. com., 7 juill. 2009 : *PIBD* 2009, III, 1418 ; *JCP* E 2009, 1760. V. déjà en ce sens ▪ Cass. com., 2 avr. 2009 : *PIBD* 2009, III, 1077). Les investigations de l'huissier ne peuvent porter que sur les modèles présentés à l'appui de la requête, il ne peut apporter sur les lieux un autre modèle, non trouvé sur place (▪ Cass. com., 29 sept. 2009 : *Propr. intell.* 2010, n° 34, 634, obs. A. Lucas). L'huissier de justice qui effectue ses opérations avec l'assistance d'un tiers doit indiquer les qualités de celui-ci ainsi que les liens de dépendance qu'il peut avoir vis-à-vis du requérant (▪ Cass. 1re civ., 9 avr. 2015, n° 14-11.853 : *Comm. com. électr.* 2015, 48, note Caron ; *Propr. intell.* 2015, 294, obs. A. Lucas). L'huissier qui s'est engagé activement dans une démarche matérialisée par l'ouverture d'un compte client et par l'acquisition du produit litigieux pour en obtenir la livraison, et dont la demande n'a été satisfaite qu'à la faveur d'un traitement automatisé ne s'est pas borné à des constatations purement matérielles et a outrepassé les pouvoirs qu'il détenait de l'article 1er de l'ordonnance du 2 novembre 1945 portant statut des huissiers de justice (▪ Cass. 1re civ., 20 mars 2014, n° 12-18.518 : *Propr. intell.* 2014, 287, obs. A. Lucas). Ayant constaté que l'huissier avait repris, en l'absence de tout esprit critique, l'interprétation personnelle que l'homme de l'art avait tirée de ses propres constatations et avait ainsi conféré foi jusqu'à preuve du contraire à ces constatations, cependant qu'elles n'avaient valeur que de simple témoignage, la cour d'appel a pu en déduire que la partie descriptive du procès-verbal était entachée de nullité (▪ Cass. com., 29 sept. 2015, n° 14-12.430 : *Comm. com. électr.* 2015, 87, note Caron, contrefaçon alléguée d'un brevet européen).

7) **Responsabilité du saisissant.** Si la saisie-contrefaçon peut être source de responsabilité de la part de celui qui la fait pratiquer, c'est lorsque celui-ci agit dans l'intention de nuire. En revanche, les conditions dans lesquelles le commissaire de police commande le déroulement des opérations ne peuvent engager la responsabilité du saisissant (▪ Cass. com., 30 juin 1992 : *JCP* 92, IV, 2551).

8) **Saisie de droit commun. Détournement de procédure.** Doit être rejeté le pourvoi formé contre l'arrêt qui prononce l'annulation des opérations de constat ayant donné lieu à la saisie de

deux mille articles, au motif qu'elles constituaient, par leur contenu, une saisie-contrefaçon déguisée, lesquelles ne ressortaient pas des mesures d'instruction légalement admissibles prévues à l'article 145 du Code de procédure civile (▪ Cass. 1re civ., 28 nov. 2012, n° 11-20.531 : *Propr. intell.* 2013, 79, obs. A. Lucas. – V. aussi ▪ Cass. 1re civ., 11 déc. 2013, n° 12-14.030 : *Propr. intell.* 2014, 89, obs. A. Lucas).

9) Nécessité d'une signification préalable au saisi de l'ordonnance et de la requête. Il résulte des dispositions des articles 495 et 503 du Code de procédure civile que l'ordonnance « ne peut être mise à exécution qu'après avoir été signifiée à la personne à laquelle elle est opposée », et que « la présentation à celle-ci de la minute de l'ordonnance vaut signification ». Deux procès-verbaux établis le même jour dans deux magasins parisiens distincts faisant mention d'un horaire identique (16 h) pour la signification de l'ordonnance portant autorisation de la saisie-contrefaçon, il faut en déduire que l'une des deux saisies-contrefaçons a été opérée sans que la signification de l'ordonnance portant autorisation ait pu être préalablement effectuée. Faute de savoir laquelle, les deux procès-verbaux litigieux doivent être annulés (▪ Paris, 17 oct. 2012 : *Propr. intell.* 2013, 79, obs. A. Lucas). L'article 495, alinéa 3, du Code de procédure civile a pour seule finalité de permettre le rétablissement du principe de la contradiction en portant à la connaissance de celui qui subit la mesure ordonnée à son insu, ce qui a déterminé la décision du juge, et d'apprécier l'opportunité d'un éventuel recours, de sorte que le juge des requêtes peut retarder la notification de la décision, dès lors qu'à l'issue des opérations, la copie de l'ordonnance et de la requête a été laissée et la minute présentée au saisi (▪ Cass. 2e civ., 4 sept. 2014, n° 13-22.971 : *Propr. intell.* 2015, 72, obs. A. Lucas ; *Dr. et proc.* 2014, 201, note Dorol).

10) Saisie ordonnée par le juge de la mise en état (non). Commet un excès de pouvoir le juge de la mise en état qui, agissant en cette seule qualité, s'est cru autorisé à ordonner une saisie-contrefaçon (▪ Cass. 1re civ., 21 janv. 2014, n° 12-87.543 : *LEPI* 2014, 48, obs. Herpe).

11) Documents comptables. Sur ce que la saisie-contrefaçon peut avoir pour seul objet la saisie de documents comptables, V. ▪ Cass. 1re civ., 11 déc. 2013, n° 12-14.030 : *Propr. intell.* 2014, 89, obs. A. Lucas.

12) Constat d'achat. Viole les articles 6, § 1, de la Convention de sauvegarde des droits de l'homme et des libertés fondamentales et 9 du Code de procédure civile, ensemble le principe de loyauté dans l'administration de la preuve la cour d'appel qui retient que la circonstance que la personne assistant l'huissier de justice, qui a pénétré, seule, dans les deux magasins avant d'en ressortir avec les articles argués de contrefaçon, soit un avocat stagiaire au cabinet de l'avocat de la société requérante, est indifférente (▪ Cass. 1re civ., 25 janv. 2017, n° 15-25.210).

Art. L. 332-1-1 *(L. n° 2014-315, 11 mars 2014)*. **– La juridiction peut ordonner, d'office ou à la demande de toute personne ayant qualité pour agir en contrefaçon, toutes les mesures d'instruction légalement admissibles, même si une saisie-contrefaçon n'a pas préalablement été ordonnée dans les conditions prévues à l'article L. 332-1.**

Art. L. 332-2 *(Mod., L. n° 2007-1544, 29 oct. 2007)*. **– Dans un délai fixé par voie réglementaire, le saisi ou le tiers saisi peuvent demander au président du tribunal de grande instance de prononcer la mainlevée de la saisie ou d'en cantonner les effets, ou encore d'autoriser la reprise de la fabrication ou celle des représentations ou exécutions publiques, sous l'autorité d'un administrateur constitué séquestre, pour le compte de qui il appartiendra, des produits de cette fabrication ou de cette exploitation.**

Le président du tribunal de grande instance statuant en référé peut, s'il fait droit à la demande du saisi ou du tiers saisi, ordonner à la charge du demandeur la consignation d'une somme affectée à la garantie des dommages et intérêts auxquels l'auteur pourrait prétendre.

Contestation de la validité de la requête. À l'expiration du délai imparti par l'article L. 332-2 pour demander la mainlevée de la procédure de saisie, la contestation relative à la validité de la requête au vu de laquelle a été autorisée la saisie-contrefaçon relève du pouvoir exclusif de la juridiction saisie au fond de l'action en contrefaçon (▪ Cass. 1re civ., 6 mai 2010 : *Comm. com. électr.* 2010, 71, note Caron ; *Propr. ind.* 2010, 54, note Bouche).

Art. L. 332-3 *(Mod., L. n° 2007-1544, 29 oct. 2007 ; rempl., L. n° 2014-315, 11 mars 2014)*. **– À défaut pour le saisissant, dans un délai fixé par voie réglementaire, soit de s'être pourvu au fond, par la voie civile ou pénale, soit d'avoir déposé une plainte devant le procureur de la République, l'intégralité de la saisie, y compris la description, est annulée à la demande du saisi ou du tiers saisi, sans que celui-ci ait à motiver sa demande et sans préjudice des dommages et intérêts qui peuvent être réclamés.**

Défaut de saisine dans le délai. Aux termes de l'article L. 332-3, le défaut de saisine de la juridiction compétente dans le délai de trente jours (aujourd'hui vingt jours ouvrables ou trente et un jours civils si ce délai est plus long) ouvre au juge des référés la simple faculté d'ordonner la mainlevée, sans que ce texte édicte une quelconque caducité (■ Cass. 1re civ., 16 janv. 1996 : *RIDA* 3/1996, 345). Le délai de trente jours n'est pas requis à peine de nullité du procès-verbal (■ Paris, 6 juill. 1994 : *D.* 1994, inf. rap. 226). Le saisissant n'encourt aucune sanction quant à la validité de la saisie en laissant passer le délai de trente jours (■ Paris, 10 janv. 1996 : *D.* 1996, inf. rap. 73).

Art. L. 332-4 *(L. n° 98-536, 1er juill. 1998 ; mod., L. n° 2007-1544, 29 oct. 2007 ; rempl., L. n° 2014-315, 11 mars 2014).* **– La contrefaçon de logiciels et de bases de données peut être prouvée par tout moyen.**

À cet effet, toute personne ayant qualité pour agir en contrefaçon est en droit de faire procéder en tout lieu et par tous huissiers, le cas échéant assistés d'experts désignés par le demandeur, en vertu d'une ordonnance rendue sur requête par la juridiction civile compétente, soit à la description détaillée, avec ou sans prélèvement d'échantillons, soit à la saisie réelle du logiciel ou de la base de données prétendument contrefaisants ainsi que de tout document s'y rapportant. La saisie-description peut se concrétiser par une copie des logiciels ou des bases de données prétendument contrefaisants.

La juridiction peut ordonner, aux mêmes fins probatoires, la description détaillée ou la saisie réelle des matériels et instruments utilisés pour produire ou distribuer un logiciel ou une base de données prétendument contrefaisants, ainsi que de tout document s'y rapportant.

L'ordonnance peut autoriser la saisie réelle de tout document se rapportant aux logiciels, bases de données, matériels et instruments mentionnés aux deuxième et troisième alinéas en l'absence de ces derniers.

La juridiction peut subordonner l'exécution des mesures qu'elle ordonne à la constitution par le demandeur de garanties destinées à assurer l'indemnisation éventuelle du défendeur si l'action en contrefaçon est ultérieurement jugée non fondée ou la saisie annulée.

À défaut pour le demandeur, dans un délai fixé par voie réglementaire, soit de s'être pourvu au fond, par la voie civile ou pénale, soit d'avoir déposé une plainte devant le procureur de la République, l'intégralité de la saisie, y compris la description, est annulée à la demande du saisi ou du tiers saisi, sans que celui-ci ait à motiver sa demande et sans préjudice des dommages et intérêts qui peuvent être réclamés.

1) **Assistance de l'expert.** Le droit à un procès équitable consacré par l'article 6-1° de la Convention européenne des droits de l'homme exige que l'expert mentionné par l'article L. 332-4, al. 2, CPI soit indépendant des parties (■ Cass. 1re civ., 6 juill. 2000 : *JCP* G 2000, II, 10440 et *JCP* E 2001, p. 33, note H.C. ; *Comm. com. électr.* 2000, 98, note Caron ; *Bull. civ.* I, n° 210).

2) **Caducité de l'assignation.** Dès lors qu'une première assignation est devenue caduque avant que n'en soit délivrée (après l'expiration du délai prévu par l'article L. 332-4) une seconde « aux fins et sur les suites » de la première, la saisie-contrefaçon est entachée d'une nullité de fond dont le prononcé n'est pas subordonné à la preuve d'un grief (■ Cass. 1re civ., 26 mai 2011 : *Propr. ind.* 2011, 67, note Bouche ; *RTD com.* 2011, 755, obs. Pollaud-Dulian).

CHAPITRE III. – SAISIES DES PRODUITS D'EXPLOITATION

(Intitulé mod., Ord. n° 2011-1895, 19 déc. 2011)

Art. L. 333-1 *(Mod., Ord. n° 2011-1895, 19 déc. 2011).* **– Lorsque les produits d'exploitation revenant à l'auteur d'une œuvre de l'esprit ont fait l'objet d'une saisie, le président du tribunal de grande instance peut ordonner le versement à l'auteur, à titre alimentaire, d'une certaine somme ou d'une quotité déterminée des sommes saisies.**

Insaisissabilité des droits d'auteur à caractère alimentaire. L'article 2 de la loi du 19 juillet 1957 (CPI, art. L. 333-1) instituant une limitation des saisies-arrêts en matière de droits d'auteur laisse subsister le principe de l'insaisissabilité des droits d'auteur à caractère alimentaire (■ TGI Paris, 4 mai 1982 : *D.* 1983, inf. rap. 432).

Art. L. 333-2. – Sont insaisissables, dans la mesure où elles ont un caractère alimentaire, les sommes dues, en raison de l'exploitation pécuniaire ou de la cession des droits de propriété littéraire et artistique, à tous auteurs, compositeurs ou artistes ainsi qu'à leur conjoint survivant contre lequel n'existe pas un jugement de séparation de corps passé en force de chose jugée ou à leurs enfants mineurs pris en leur qualité d'ayants cause.

Art. L. 333-3. – La proportion insaisissable de ces sommes ne pourra, en aucun cas, être inférieure aux quatre cinquièmes, lorsqu'elles sont au plus égales annuellement au palier de ressources le plus élevé prévu en application du chapitre V du titre IV du livre I du Code du travail.

Art. L. 333-4 *(Mod., Ord. n° 2011-1895, 19 déc. 2011).* – Les dispositions du présent chapitre ne font pas obstacle aux saisies pratiquées en vue du recouvrement des créances d'aliments prévues par les dispositions du Code civil.

CHAPITRE IV. – DROIT DE SUITE

Art. L. 334-1. – En cas de violation des dispositions de l'article L. 122-8, l'acquéreur et les officiers ministériels peuvent être condamnés solidairement, au profit des bénéficiaires du droit de suite, à des dommages-intérêts.

CHAPITRE V. – DISPOSITIONS PÉNALES

Art. L. 335-1 *(Rempl., L. n° 2006-961, 1er août 2006 ; mod., L. n° 2009-669, 12 juin 2009).* – Les officiers de police judiciaire compétents peuvent procéder, dès la constatation des infractions prévues aux articles L. 335-4 à L. 335-4-2, à la saisie des phonogrammes et vidéogrammes reproduits illicitement, des exemplaires et objets fabriqués ou importés illicitement, de tout exemplaire, produit, appareil, dispositif, composant ou moyen portant atteinte aux mesures techniques et aux informations mentionnées respectivement aux articles L. 331-5 et L. 331-11 ainsi qu'à la saisie des matériels spécialement installés en vue de tels agissements.

Art. L. 335-2 *(Mod., L. n° 2007-1544, 29 oct. 2007 ; L. n° 2014-315, 11 mars 2014 ; L. n° 2016-731, 3 juin 2016).* – Toute édition d'écrits, de composition musicale, de dessin, de peinture ou de toute autre production, imprimée ou gravée en entier ou en partie, au mépris des lois et règlements relatifs à la propriété des auteurs, est une contrefaçon ; et toute contrefaçon est un délit.

La contrefaçon en France d'ouvrages publiés en France ou à l'étranger est punie de trois ans d'emprisonnement et de 300 000 € d'amende.

Seront punis des mêmes peines le débit, l'exportation, l'importation, le transbordement ou la détention aux fins précitées des ouvrages contrefaisants.

Lorsque les délits prévus par le présent article ont été commis en bande organisée, les peines sont portées à sept ans d'emprisonnement et à 750 000 euros d'amende.

1) Sur la présomption de mauvaise foi du contrefacteur, V. ■ Cass. 1re civ., 25 mars 1957 : *Gaz. Pal.* 1957, 2, 154. ■ Cass. crim., 24 janv. 1961 : *JCP* 61, IV, 35. ■ Paris, 8 oct. 1964 : *Gaz. Pal.* 1965, 1, 14.

2) **Responsabilité civile. Condition de mauvaise foi (non).** La mauvaise foi n'est pas une condition de l'action civile de l'auteur de l'œuvre contrefaite (■ Cass. 1re civ., 27 févr. 1973 : *Bull. civ.* I, n° 72. ■ Cass. 1re civ., 6 juin 1990 : *Bull. civ.* I, n° 144). La contrefaçon existe indépendamment de toute faute ou mauvaise foi du contrefacteur (■ Cass. 1re civ., 16 févr. 1999 : *JCP* 99, IV, 1674. – V. aussi ■ Cass. 1re civ., 29 mai 2001 : *JurisData* n° 2001-009833 ; *Propr. intell.* 2001, n° 1, 71, obs. Sirinelli : « la contrefaçon est caractérisée, indépendamment de toute faute ou mauvaise foi, par la reproduction, la représentation ou l'exploitation d'une œuvre de l'esprit en violation des droits de propriété intellectuelle qui y sont attachés », l'éditeur engage donc sa responsabilité même s'il a distribué de bonne foi un ouvrage dès lors qu'il a ainsi exploité l'œuvre contrefaisante. Il appartient à l'importateur de démontrer qu'il a pris toutes les informations lui permettant d'éviter le risque de contrefaçon d'un modèle ou d'un dessin préexistant (■ Cass. com., 16 juin 1992 : *RIDA* 1/1993, 176 ; *JCP* 92, IV, 2390). Le seul fait pour un gérant de discothèque de prendre la décision de diffuser des œuvres musicales sans y être autorisé caractérise sa faute personnelle (■ Cass. 1re civ., 2 déc. 1992 : *RIDA* 1/1993, 179).

3) **Participation à la contrefaçon.** Le seul fait de choisir le contenu ne suffit pas à caractériser la participation à la contrefaçon (■ Cass. 1re civ., 7 mars 2000 : *JCP* 2000, IV, 1724 ; *Bull. civ.* I, n° 82, cassation de l'arrêt ayant retenu la responsabilité de l'annonceur qui avait choisi une photographie parmi celles proposées par l'agence de publicité, alors que celle-ci avait établi une facture contenant la mention « plus frais techniques tous droits »).

4) **Garantie d'éviction.** La personne qui a participé à une contrefaçon en mettant en vente un produit qu'elle savait être contrefaisant n'est pas fondée

à obtenir la garantie de son vendeur pour l'éviction qu'elle subit, qui est de son fait (■ Cass. 1re civ., 15 oct. 1996 : *JCP* 96, IV, 2397 ; *Bull. civ.* I, n° 355). La garantie d'éviction est due par tout cédant d'un droit de propriété, corporel ou incorporel, sauf à établir que le cessionnaire a participé aux actes de contrefaçon en mettant en vente un produit qu'il savait contrefait, et la cour d'appel a violé l'article 1626 du Code civil « en opposant à l'acquéreur sa seule qualité de professionnel et sans constater que ce dernier avait eu une connaissance effective de l'existence de la contrefaçon » (■ Cass. 1re civ., 13 mars 2008 : *D.* 2008, 1317, note Lancrenon ; *Propr. intell.* 2008, 331, obs. A. Lucas et 362, obs. Passa).

5) **Cession des droits à un éditeur. Irrecevabilité de l'action en contrefaçon exercée par l'auteur.** Sur le principe que l'auteur qui a cédé ses droits patrimoniaux à un éditeur n'a plus qualité pour l'exercer, V. ■ Rennes, 14 févr. 2006 : *JCP G* 2006, IV, 2491, pourvoi rejeté sur ce point par ■ Cass. 1re civ., 3 avr. 2007 : *RIDA* 3/2007, 341 ; *Propr. intell.* 2007, 332, obs. Bruguière, précisant que l'auteur ayant cédé la totalité de ses droits patrimoniaux, qui ne s'est pas réservé la possibilité de poursuivre les tiers contrefacteurs, est irrecevable à agir en contrefaçon sur le fondement de ces droits, « peu important que ceux-ci aient été cédés en contrepartie d'une rémunération proportionnelle ».

6) **Bénéficiaire d'une simple autorisation de reproduire l'œuvre. Qualité pour agir en contrefaçon (non).** La simple autorisation de reproduire une œuvre délivrée par le titulaire des droits d'auteur n'investit pas son bénéficiaire de ces droits, de sorte qu'en se fondant sur ces seuls motifs, impropres à justifier la qualité à agir en contrefaçon de la société demanderesse, l'arrêt attaqué a violé les articles L. 111-1 et L. 331-1 du Code de la propriété intellectuelle (■ Cass. 1re civ., 22 janv. 2009 : *Comm. com. électr.* 2009, 32, note Caron ; *Propr. intell.* 2009, 169, obs. A. Lucas).

7) **Association créée dans le but d'assurer la protection de l'œuvre d'un auteur. Partie civile (non).** Une association créée dans le but d'assurer la protection, la diffusion et la divulgation de l'œuvre d'un auteur ne peut se constituer partie civile des chefs d'infraction à la loi sur les fraudes en matière artistique et contrefaçon par représentation illicite dès lors qu'elle n'est titulaire d'aucun droit moral sur l'œuvre et qu'elle ne justifie pas d'un préjudice personnel et direct, distinct du préjudice social, que lui auraient causé les infractions (■ Cass. crim., 27 mars 2007, *Giacometti* : *JurisData* n° 2007-038764 ; *Propr. intell.* 2008, 105, obs. A. Lucas).

Art. L. 335-2-1 *(L. n° 2006-961, 1er août 2006).* **– Est puni de trois ans d'emprisonnement et de 300 000 € d'amende le fait :**

1° D'éditer, de mettre à la disposition du public ou de communiquer au public, sciemment et sous quelque forme que ce soit, un logiciel manifestement destiné à la mise à disposition du public non autorisée d'œuvres ou d'objets protégés ;

2° D'inciter sciemment, y compris à travers une annonce publicitaire, à l'usage d'un logiciel mentionné au 1°. ***[Dispositions déclarées non conformes à la Constitution par la décision du Conseil constitutionnel n° 2006-540 DC du 27 juillet 2006 : JO 3 août 2006.]***

Logiciel conçu pour la mise à disposition de phonogrammes. Tout service de communication au public en ligne d'œuvres protégées, sans avoir obtenu les autorisations requises, et toute mise à disposition d'un logiciel ayant cette finalité entrent dans les prévisions des articles L. 335-4 et L. 335-2-1. Dès lors qu'il résulte des motifs de l'arrêt attaqué que les prévenus ont conçu le logiciel et le site en cause afin de permettre au public d'écouter, au mépris des droits de leurs auteurs et producteurs, des phonogrammes qu'ils savaient protégés, et qu'ils ont, ainsi, obtenu jusqu'à 800 000 connexions par jour, la condamnation est justifiée (■ Cass. crim., 25 sept. 2012, n° 11-84.224 : *JurisData* n° 2012-022749 ; *RLDI* 2013/89, 2959, obs. Pignatari ; *Propr. intell.* 2013, 80, obs. A. Lucas).

Art. L. 335-3 *(Mod., L. n° 2009-669, 12 juin 2009).* **– Est également un délit de contrefaçon toute reproduction, représentation ou diffusion, par quelque moyen que ce soit, d'une œuvre de l'esprit en violation des droits de l'auteur, tels qu'ils sont définis et réglementés par la loi.**

Est également un délit de contrefaçon la violation de l'un des droits de l'auteur d'un logiciel définis à l'article L. 122-6.

Est également un délit de contrefaçon toute captation totale ou partielle d'une œuvre cinématographique ou audiovisuelle en salle de spectacle cinématographique.

Généralité de l'incrimination. Sur le principe que toute atteinte aux droits de l'auteur est punie des peines de la contrefaçon, V. ■ Cass. crim., 6 juin 1991 : *D.* 1993, somm. 86, obs. Colombet. Le droit pénal est sujet à une interprétation stricte, c'est-à-dire que ne peuvent être réprimés pénalement que les comportements qui ont été décrits avec précision par la loi. En matière de contrefaçon, la loi prévoit que constitue un délit, notamment toute atteinte portée aux droits d'auteur et en particulier au droit moral (■ Paris, 5 oct. 1995 : *RIDA* 2/1996, 303. – V. aussi ■ TGI Paris, 9 mai 1995 : *RIDA* 1/1996, 282). Jugé aussi que constitue une contrefaçon par diffusion la mise en vente de toiles en sachant que l'artiste s'opposait à leur divulgation (■ Cass. crim., 13 déc. 1995 : *RIDA* 3/1996, 307 ; *RTD com.* 1996, 462, obs. Françon).

Art. L. 335-3-1 *(L. n° 2006-961, 1er août 2006)*. **– I. – Est puni de 3 750 € d'amende le fait de porter atteinte sciemment, à des fins autres que la recherche, à une mesure technique efficace telle que définie à l'article L. 331-5, afin d'altérer la protection d'une œuvre par un décodage, un décryptage ou toute autre intervention personnelle destinée à contourner, neutraliser ou supprimer un mécanisme de protection ou de contrôle, lorsque cette atteinte est réalisée par d'autres moyens que l'utilisation d'une application technologique, d'un dispositif ou d'un composant existant mentionné au II.**

II. – Est puni de six mois d'emprisonnement et de 30 000 € d'amende le fait de procurer ou proposer sciemment à autrui, directement ou indirectement, des moyens conçus ou spécialement adaptés pour porter atteinte à une mesure technique efficace telle que définie à l'article L. 331-5, par l'un des procédés suivants :

1° En fabriquant ou en important une application technologique, un dispositif ou un composant, à des fins autres que la recherche ;

2° En détenant en vue de la vente, du prêt ou de la location, en offrant à ces mêmes fins ou en mettant à disposition du public sous quelque forme que ce soit une application technologique, un dispositif ou un composant ;

3° En fournissant un service à cette fin ;

4° En incitant à l'usage ou en commandant, concevant, organisant, reproduisant, distribuant ou diffusant une publicité en faveur de l'un des procédés visés aux 1° à 3°.

III. – Ces dispositions ne sont pas applicables aux actes réalisés à des fins ***[Dispositions déclarées non conformes à la Constitution par la décision du Conseil constitutionnel n° 2006-540 DC du 27 juillet 2006 : JO 3 août 2006]*** **de sécurité informatique, dans les limites des droits prévus par le présent code.**

Art. L. 335-3-2 *(L. n° 2006-961, 1er août 2006 ; mod., L. n° 2009-669, 12 juin 2009)*. **– I. – Est puni de 3 750 € d'amende le fait de supprimer ou de modifier, sciemment et à des fins autres que la recherche, tout élément d'information visé à l'article L. 331-11, par une intervention personnelle ne nécessitant pas l'usage d'une application technologique, d'un dispositif ou d'un composant existant, conçus ou spécialement adaptés à cette fin, dans le but de porter atteinte à un droit d'auteur, de dissimuler ou de faciliter une telle atteinte.**

II. – Est puni de six mois d'emprisonnement et de 30 000 € d'amende le fait de procurer ou proposer sciemment à autrui, directement ou indirectement, des moyens conçus ou spécialement adaptés pour supprimer ou modifier, même partiellement, un élément d'information visé à l'article L. 331-11, dans le but de porter atteinte à un droit d'auteur, de dissimuler ou de faciliter une telle atteinte, par l'un des procédés suivants :

1° En fabriquant ou en important une application technologique, un dispositif ou un composant, à des fins autres que la recherche ;

2° En détenant en vue de la vente, du prêt ou de la location, en offrant à ces mêmes fins ou en mettant à disposition du public sous quelque forme que ce soit une application technologique, un dispositif ou un composant ;

3° En fournissant un service à cette fin ;

4° En incitant à l'usage ou en commandant, concevant, organisant, reproduisant, distribuant ou diffusant une publicité en faveur de l'un des procédés visés aux 1° à 3°.

III. – Est puni de six mois d'emprisonnement et de 30 000 € d'amende le fait, sciemment, d'importer, de distribuer, de mettre à disposition du public sous quelque forme que ce soit ou de communiquer au public, directement ou indirectement, une œuvre dont un élément d'information mentionné à l'article L. 331-11 a été supprimé ou modifié dans le but de porter atteinte à un droit d'auteur, de dissimuler ou de faciliter une telle atteinte.

IV. – Ces dispositions ne sont pas applicables aux actes réalisés à des fins de recherche ***[Dispositions déclarées non conformes à la Constitution par la décision du Conseil constitutionnel n° 2006-540 DC du 27 juillet 2006 : JO 3 août 2006]*** **ou de sécurité informatique, dans les limites des droits prévus par le présent code.**

Art. L. 335-4 *(Mod., L. n° 2004-204, 9 mars 2004 ; L. n° 2014-315, 11 mars 2014 ; L. n° 2016-731, 3 juin 2016).* – Est punie de trois ans d'emprisonnement et de 300 000 € d'amende toute fixation, reproduction, communication ou mise à disposition du public, à titre onéreux ou gratuit, ou toute télédiffusion d'une prestation, d'un phonogramme, d'un vidéogramme ou d'un programme, réalisée sans l'autorisation, lorsqu'elle est exigée, de l'artiste-interprète, du producteur de phonogrammes ou de vidéogrammes ou de l'entreprise de communication audiovisuelle.

Sont punis des mêmes peines l'importation, l'exportation, le transbordement ou la détention aux fins précitées de phonogrammes ou de vidéogrammes réalisée sans l'autorisation du producteur ou de l'artiste-interprète, lorsqu'elle est exigée.

Est puni de la peine d'amende prévue au premier alinéa le défaut de versement de la rémunération due à l'auteur, à l'artiste-interprète ou au producteur de phonogrammes ou de vidéogrammes au titre de la copie privée ou de la communication publique ainsi que de la télédiffusion des phonogrammes.

Est puni de la peine d'amende prévue au premier alinéa le défaut de versement du prélèvement mentionné au troisième alinéa de l'article L. 133-3.

Lorsque les délits prévus au présent article ont été commis en bande organisée, les peines sont portées à sept ans d'emprisonnement et à 750 000 euros d'amende.

Art. L. 335-4-1 *(L. n° 2006-961, 1er août 2006).* – I. – Est puni de 3 750 € d'amende le fait de porter atteinte sciemment, à des fins autres que la recherche, à une mesure technique efficace telle que définie à l'article L. 331-5, afin d'altérer la protection d'une interprétation, d'un phonogramme, d'un vidéogramme ou d'un programme par un décodage, un décryptage ou toute autre intervention personnelle destinée à contourner, neutraliser ou supprimer un mécanisme de protection ou de contrôle, lorsque cette atteinte est réalisée par d'autres moyens que l'utilisation d'une application technologique, d'un dispositif ou d'un composant existant mentionné au II.

II. – Est puni de six mois d'emprisonnement et de 30 000 € d'amende le fait de procurer ou proposer sciemment à autrui, directement ou indirectement, des moyens conçus ou spécialement adaptés pour porter atteinte à une mesure technique efficace telle que définie à l'article L. 331-5, par l'un des procédés suivants :

1° En fabriquant ou en important une application technologique, un dispositif ou un composant, à des fins autres que la recherche ;

2° En détenant en vue de la vente, du prêt ou de la location, en offrant à ces mêmes fins ou en mettant à disposition du public sous quelque forme que ce soit une application technologique, un dispositif ou un composant ;

3° En fournissant un service à cette fin ;

4° En incitant à l'usage ou en commandant, concevant, organisant, reproduisant, distribuant ou diffusant une publicité en faveur de l'un des procédés visés aux 1° à 3°.

III. – Ces dispositions ne sont pas applicables aux actes réalisés à des fins *[Dispositions déclarées non conformes à la Constitution par la décision du Conseil constitutionnel n° 2006-540 DC du 27 juillet 2006 : JO 3 août 2006]* de sécurité informatique, dans les limites des droits prévus par le présent code.

Art. L. 335-4-2 *(L. n° 2006-961, 1er août 2006 ; mod., L. n° 2009-669, 12 juin 2009).* – I. – Est puni de 3 750 € d'amende le fait de supprimer ou de modifier, sciemment et à des fins autres que la recherche, tout élément d'information visé à l'article L. 331-11, par une intervention personnelle ne nécessitant pas l'usage d'une application technologique, d'un dispositif ou d'un composant existant, conçus ou spécialement adaptés à cette fin, dans le but de porter atteinte à un droit voisin du droit d'auteur, de dissimuler ou de faciliter une telle atteinte.

II. – Est puni de six mois d'emprisonnement et de 30 000 € d'amende le fait de procurer ou proposer sciemment à autrui, directement ou indirectement, des moyens conçus ou spécialement adaptés pour supprimer ou modifier, même partiellement, un élément d'information visé à l'article L. 331-11, dans le but de porter atteinte à un droit voisin du droit d'auteur, de dissimuler ou de faciliter une telle atteinte, par l'un des procédés suivants :

1° En fabriquant ou en important une application technologique, un dispositif ou un composant, à des fins autres que la recherche ;

2° En détenant en vue de la vente, du prêt ou de la location, en offrant à ces mêmes fins ou en mettant à disposition du public sous quelque forme que ce soit une application technologique, un dispositif ou un composant ;

3° En fournissant un service à cette fin ;

4° En incitant à l'usage ou en commandant, concevant, organisant, reproduisant, distribuant ou diffusant une publicité en faveur de l'un des procédés visés aux 1° à 3°.

III. – Est puni de six mois d'emprisonnement et de 30 000 € d'amende le fait, sciemment, d'importer, de distribuer, de mettre à disposition du public sous quelque forme que ce soit ou de communiquer au public, directement ou indirectement, une interprétation, un phonogramme, un vidéogramme ou un programme, dont un élément d'information mentionné à l'article L. 331-11 a été supprimé ou modifié dans le but de porter atteinte à un droit voisin du droit d'auteur, de dissimuler ou de faciliter une telle atteinte.

IV. – Ces dispositions ne sont pas applicables aux actes réalisés à des fins *[Dispositions déclarées non conformes à la Constitution par la décision du Conseil constitutionnel n° 2006-540 DC du 27 juillet 2006 : JO 3 août 2006]* de sécurité informatique, dans les limites des droits prévus par le présent code.

Art. L. 335-5 *(L. n° 94-102, 5 févr. 1994 ; mod., L. n° 2006-961, 1er août 2006).* – Dans le cas de condamnation fondée sur l'une des infractions définies aux articles L. 335-2 à L. 335-4-2, le tribunal peut ordonner la fermeture totale ou partielle, définitive ou temporaire, pour une durée au plus de cinq ans, de l'établissement ayant servi à commettre l'infraction.

La fermeture temporaire ne peut entraîner ni rupture ni suspension du contrat de travail, ni aucun préjudice pécuniaire à l'encontre des salariés concernés. Lorsque la fermeture définitive entraîne le licenciement du personnel, elle donne lieu, en dehors de l'indemnité de préavis et de l'indemnité de licenciement, aux dommages et intérêts prévus aux articles L. 122-14-4 et L. 122-14-5 du Code du travail en cas de rupture de contrat de travail. Le non-paiement de ces indemnités est puni de six mois d'emprisonnement et de 3 750 € d'amende.

Art. L. 335-6 *(Mod., L. n° 2006-961, 1er août 2006 ; rempl., L. n° 2007-1544, 29 oct. 2007).* – Les personnes physiques coupables de l'une des infractions prévues aux articles L. 335-2 à L. 335-4-2 peuvent en outre être condamnées, à leurs frais, à retirer des circuits commerciaux les objets jugés contrefaisants et toute chose qui a servi ou était destinée à commettre l'infraction.

La juridiction peut prononcer la confiscation de tout ou partie des recettes procurées par l'infraction ainsi que celle de tous les phonogrammes, vidéogrammes, objets et exemplaires contrefaisants ou reproduits illicitement ainsi que du matériel spécialement installé en vue de la réalisation du délit.

Elle peut ordonner la destruction, aux frais du condamné, ou la remise à la partie lésée des objets et choses retirés des circuits commerciaux ou confisqués, sans préjudice de tous dommages et intérêts.

Elle peut également ordonner, aux frais du condamné, l'affichage du jugement ou la diffusion du jugement prononçant la condamnation, dans les conditions prévues à l'article 131-35 du Code pénal.

1) **Confiscation.** La confiscation ne peut être prononcée que pour autant qu'ait été engagée une action en contrefaçon et que la responsabilité du contrefacteur ait été retenue (■ Paris, 12 sept. 1997 : *D.* 1999, somm. 68, obs. Colombet).

2) **Indemnité complémentaire.** Il résulte de l'article L. 335-7 (anc.) qu'une indemnité complémentaire doit être allouée à la victime de la contrefaçon lorsque la remise à celle-ci des objets contrefaisants confisqués ne constitue pas une réparation suffisante de son préjudice (■ Cass. crim., 22 juin 1994 : *Bull. crim.*, n° 249).

3) **Objet contrefaisant.** Constitue un objet contrefaisant pouvant donner lieu à confiscation, au sens de l'article L. 335-6 du Code de la propriété intellectuelle, toute œuvre de l'esprit, fût-elle authentique, dont la diffusion, faite en violation des droits de l'auteur, entre dans les prévisions de l'article L. 335-3 du même code réprimant le délit de contrefaçon (■ Cass. crim., 13 déc. 1995 : *RIDA* 3/1996, 307 ; *RTD com.* 1996, 462, obs. Françon).

Art. L. 335-7 *(Abr., L. n° 2007-1544, 29 oct. 2007).*

Art. L. 335-7-1 *(L. n° 2009-1311, 28 oct. 2009).* – Pour les contraventions de la cinquième classe prévues par le présent code, lorsque le règlement le prévoit, la peine complémentaire définie à l'article L. 335-7 peut être prononcée selon les mêmes modalités, en cas de négligence caractérisée, à l'encontre du titulaire de l'accès à un service de communication au public en ligne auquel la commission de protection des droits, en application de l'article L. 331-25, a préalablement adressé, par voie d'une lettre remise contre signature ou de tout autre moyen propre à établir la preuve de la date de présentation, une recommandation l'invitant à mettre en œuvre un moyen de sécurisation de son accès à internet.

La négligence caractérisée s'apprécie sur la base des faits commis au plus tard un an après la présentation de la recommandation mentionnée à l'alinéa précédent.

Dans ce cas, la durée maximale de la suspension est d'un mois.

Le fait pour la personne condamnée à la peine complémentaire prévue par le présent article de ne pas respecter l'interdiction de souscrire un autre contrat d'abonnement à un service de communication au public en ligne pendant la durée de la suspension est puni d'une amende d'un montant maximal de 3 750 €.

Art. L. 335-7-2 *(L. n° 2009-1311, 28 oct. 2009)*. – Pour prononcer la peine de suspension prévue aux articles L. 335-7 et L. 335-7-1 et en déterminer la durée, la juridiction prend en compte les circonstances et la gravité de l'infraction ainsi que la personnalité de son auteur, et notamment l'activité professionnelle ou sociale de celui-ci, ainsi que sa situation socio-économique. La durée de la peine prononcée doit concilier la protection des droits de la propriété intellectuelle et le respect du droit de s'exprimer et de communiquer librement, notamment depuis son domicile.

Art. L. 335-8 *(Rempl., L. n° 2007-1544, 29 oct. 2007 ; mod., L. n° 2009-526, 12 mai 2009)*. – Les personnes morales déclarées responsables pénalement, dans les conditions prévues par l'article 121-2 du Code pénal, des infractions définies aux articles L. 335-2 à L. 335-4-2 encourent, outre l'amende suivant les modalités prévues par l'article 131-38 du Code pénal, les peines prévues par l'article 131-39 du même code.

L'interdiction mentionnée au 2° de l'article 131-39 du même code porte sur l'activité dans l'exercice ou à l'occasion de l'exercice de laquelle l'infraction a été commise.

Les personnes morales déclarées pénalement responsables peuvent en outre être condamnées, à leurs frais, à retirer des circuits commerciaux les objets jugés contrefaisants et toute chose qui a servi ou était destinée à commettre l'infraction.

La juridiction peut ordonner la destruction aux frais du condamné ou la remise à la partie lésée des objets et choses retirés des circuits commerciaux ou confisqués, sans préjudice de tous dommages et intérêts.

Art. L. 335-9 *(L. n° 94-102, 5 févr. 1994 ; mod., L. n° 2009-526, 12 mai 2009)*. – Si l'auteur de l'un des délits prévus et réprimés par le présent chapitre est ou a été lié par convention avec la partie lésée, les peines encourues sont portées au double.

Art. L. 335-10 ancien *(Abr., L. n° 2014-315, 11 mars 2014)*.

Art. L. 335-11 ancien *[Dispositions déclarées non conformes à la Constitution par la décision du Conseil constitutionnel n° 2006-540 DC du 27 juillet 2006 : JO 3 août 2006. – V. L. n° 2006-961, 1er août 2006, art. 24.]*

Art. L. 335-12 ancien *(L. n° 2006-961, 1er août 2006 ; abr., L. n° 2009-669, 12 juin 2009)*.

CHAPITRE V *BIS*. – LA RETENUE

(L. n° 2014-315, 11 mars 2014)

Art. L. 335-10 *(L. n° 2014-315, 11 mars 2014)*. – En dehors des cas prévus par la réglementation de l'Union européenne, l'administration des douanes peut, sur demande écrite du titulaire d'un droit d'auteur ou d'un droit voisin, assortie des justifications de son droit, retenir dans le cadre de ses contrôles les marchandises que celui-ci prétend constituer une contrefaçon.

Cette retenue est immédiatement notifiée au demandeur et au détenteur. Le procureur de la République est également informé de ladite mesure par l'administration des douanes.

Lors de la notification mentionnée à la première phrase du deuxième alinéa du présent article, la nature et la quantité réelle ou estimée ainsi que des images des marchandises sont communiquées au titulaire du droit d'auteur ou du droit voisin, par dérogation à l'article 59 *bis* du Code des douanes. Ces informations peuvent également être communiquées avant la mise en œuvre de la mesure prévue au présent article.

Sous réserve des procédures prévues aux articles L. 335-14 et L. 335-15 du présent code, la mesure de retenue est levée de plein droit à défaut pour le demandeur, dans le délai de dix jours ouvrables, ou de trois jours ouvrables pour les denrées périssables, à compter de la notification de la retenue des marchandises, de justifier auprès de l'administration des douanes soit de mesures conservatoires décidées par la juridiction civile compétente, soit

de s'être pourvu par la voie civile ou la voie correctionnelle et d'avoir constitué les garanties destinées à l'indemnisation éventuelle du détenteur des marchandises au cas où la contrefaçon ne serait pas ultérieurement reconnue, soit d'avoir déposé une plainte auprès du procureur de la République. L'administration des douanes peut proroger le délai de dix jours ouvrables prévu au présent alinéa de dix jours ouvrables maximum sur requête dûment motivée du demandeur. En cas de prorogation du délai, le procureur de la République et le détenteur des marchandises en sont informés.

Les frais liés à la mesure de retenue ou aux mesures conservatoires prononcées par la juridiction civile compétente sont à la charge du demandeur.

Aux fins de l'engagement des actions en justice mentionnées au quatrième alinéa du présent article, le demandeur peut obtenir de l'administration des douanes communication des nom et adresse de l'expéditeur, de l'importateur, du destinataire et du déclarant des marchandises retenues ou de leur détenteur, ainsi que des images de ces marchandises et des informations sur leur quantité, leur origine, leur provenance et leur destination, par dérogation à l'article 59 *bis* du Code des douanes.

La retenue mentionnée au premier alinéa du présent article ne porte pas :

1° Sur les marchandises de statut communautaire, légalement fabriquées ou mises en libre pratique dans un État membre de l'Union européenne et destinées, après avoir emprunté le territoire douanier défini à l'article 1er du Code des douanes, à être mises sur le marché d'un autre État membre de l'Union européenne pour y être légalement commercialisées ;

2° Sur les marchandises de statut communautaire, légalement fabriquées ou mises en libre pratique dans un autre État membre de l'Union européenne, dans lequel elles ont été placées sous le régime du transit, et qui sont destinées, après avoir transité sur le territoire douanier défini au même article 1er, à être exportées vers un État non membre de l'Union européenne.

Marchandises en transit. Les autorités douanières des États membres de l'Union peuvent procéder à la retenue des marchandises de provenance et de destination extracommunautaires qui transitent en Europe lorsqu'il existe « des éléments de nature à faire naître un soupçon » quant à leur caractère contrefaisant (■ CJUE, 1er déc. 2011, C-446/09 et C-495/09 : *Propr. ind.* 2012, 13, note Folliard-Monguiral ; *Europe* 2012, 76, obs. Gazin). Un tel caractère suppose une mise en vente des marchandises dans l'Union européenne. La preuve d'une mise en vente dans l'Union européenne est rapportée lorsqu'il s'avère que lesdites marchandises ont fait l'objet d'une vente à un client dans l'Union ou d'une offre à la vente ou d'une publicité adressée à des consommateurs dans l'Union ou lorsqu'il ressort de documents ou d'une correspondance concernant ces marchandises qu'un détournement de celles-ci vers les consommateurs dans l'Union est envisagé. Les autorités douanières peuvent toutefois intervenir dès qu'elles disposent d'indices permettant de soupçonner l'existence d'une atteinte à un droit de propriété intellectuelle, notamment l'absence de déclaration de la destination des marchandises ou d'informations précises ou fiables sur l'identité ou l'adresse du fabricant ou de l'expéditeur, un manque de coopération avec les autorités douanières ou encore la découverte de documents ou d'une correspondance de nature à laisser supposer qu'un détournement des marchandises vers les consommateurs dans l'Union européenne est susceptible de se produire (même arrêt). Mais jugé que l'atteinte au droit de marque est constituée lorsque des marchandises contrefaites ont fait l'objet d'une importation, peu important que celles-ci aient été transbordées (■ Cass. crim., 27 févr. 2013, n° 11-81.559 : *LEPI* 2013, 63, obs. Herpe).

Art. L. 335-11 ***(L. n° 2014-315, 11 mars 2014).*** **– En l'absence de demande écrite du titulaire d'un droit d'auteur ou d'un droit voisin et en dehors des cas prévus par la réglementation de l'Union européenne, l'administration des douanes peut, dans le cadre de ses contrôles, retenir des marchandises susceptibles de porter atteinte à un droit d'auteur ou à un droit voisin.**

Cette retenue est immédiatement notifiée au titulaire du droit d'auteur ou du droit voisin. Le procureur de la République est également informé de ladite mesure par l'administration des douanes.

Lors de la notification mentionnée à la première phrase du deuxième alinéa du présent article, la nature et la quantité réelle ou estimée ainsi que des images des marchandises sont communiquées au titulaire du droit d'auteur ou du droit voisin, par dérogation à l'article 59 *bis* du Code des douanes. Ces informations peuvent également être communiquées avant la mise en œuvre de la mesure prévue au présent article.

La mesure de retenue est levée de plein droit si l'administration des douanes n'a pas reçu du titulaire du droit d'auteur ou du droit voisin la demande prévue à l'article L. 335-10 du présent code, déposée dans un délai de

quatre jours ouvrables à compter de la notification de la retenue mentionnée à la première phrase du deuxième alinéa du présent article.

Si la demande a été reçue conformément au quatrième alinéa du présent article, le délai de dix jours ouvrables mentionné au quatrième alinéa de l'article L. 335-10 commence à courir à compter de l'acceptation de cette demande par l'administration des douanes.

Le présent article n'est pas applicable aux marchandises périssables.

Initiative des autorités douanières. L'article 13, paragraphe 1, du règlement (CE) n° 1383/2003 du Conseil, du 22 juillet 2003, concernant l'intervention des autorités douanières à l'égard de marchandises soupçonnées de porter atteinte à certains droits de propriété intellectuelle ainsi que les mesures à prendre à l'égard de marchandises portant atteinte à certains droits de propriété intellectuelle, doit être interprété en ce sens qu'il ne s'oppose pas à ce que les autorités douanières, en l'absence de toute initiative du titulaire du droit de propriété intellectuelle, engagent elles-mêmes et mettent en œuvre la procédure visée par cette disposition, à la condition que les décisions prises en la matière par ces autorités puissent faire l'objet des recours assurant la sauvegarde des droits que les justiciables tirent du droit de l'Union et, en particulier, de ce règlement (■ CJUE, 9 avr. 2014, C-583/12, *Sintax Trading*).

Art. L. 335-12 *(L. n° 2014-315, 11 mars 2014)*. **– I. – Lorsque la retenue prévue par la réglementation de l'Union européenne et portant sur des marchandises soupçonnées de constituer une contrefaçon d'un droit d'auteur ou d'un droit voisin est mise en œuvre avant qu'une demande du titulaire du droit ait été déposée ou acceptée, les agents des douanes peuvent, par dérogation à l'article 59 *bis* du Code des douanes, informer ce titulaire de la mise en œuvre de cette mesure. Ils peuvent également lui communiquer des informations portant sur la quantité des marchandises et leur nature.**

Lorsque la retenue prévue par la réglementation de l'Union européenne et portant sur des marchandises soupçonnées de constituer une contrefaçon d'un droit d'auteur ou d'un droit voisin est mise en œuvre après qu'une demande du titulaire du droit a été acceptée, les agents des douanes peuvent également communiquer à ce titulaire les informations prévues par cette réglementation, nécessaires pour déterminer s'il y a eu violation de son droit.

II. – Les frais générés par la mise en œuvre de la retenue mentionnée au I sont à la charge du titulaire du droit d'auteur ou du droit voisin.

Art. L. 335-13 *(L. n° 2014-315, 11 mars 2014)*. **– Pendant le délai de la retenue mentionnée à l'article L. 335-10 et au second alinéa du I de l'article L. 335-12, le titulaire du droit d'auteur ou du droit voisin peut, à sa demande ou à la demande de l'administration des douanes, inspecter les marchandises retenues.**

Lors du contrôle des marchandises mises en retenue, l'administration des douanes peut prélever des échantillons. À la demande du titulaire du droit d'auteur ou du droit voisin, ces échantillons peuvent lui être remis aux seules fins d'analyse et en vue de faciliter les actions qu'il peut être amené à engager par la voie civile ou pénale.

Art. L. 335-14 *(L. n° 2014-315, 11 mars 2014)*. **– I. – Lorsque la retenue portant sur des marchandises soupçonnées de constituer une contrefaçon de droit d'auteur ou de droit voisin est mise en œuvre après qu'une demande mentionnée à l'article L. 335-10 a été acceptée, les marchandises soupçonnées de porter atteinte à un droit d'auteur ou un droit voisin enregistré peuvent être détruites sous le contrôle des agents des douanes dès lors que les conditions suivantes sont remplies :**

1° Le demandeur a confirmé par écrit et par une expertise détaillée aux autorités douanières, dans un délai de dix jours ouvrables, ou de trois jours ouvrables pour les denrées périssables, à partir de la notification de la retenue, le caractère contrefaisant des marchandises ;

2° Le demandeur a confirmé par écrit aux autorités douanières, dans un délai de dix jours ouvrables, ou de trois jours ouvrables pour les denrées périssables, à partir de la notification de la retenue, qu'il consent à la destruction, sous sa responsabilité, des marchandises ;

3° Le détenteur des marchandises a confirmé par écrit aux autorités douanières, dans un délai de dix jours ouvrables, ou de trois jours ouvrables pour les denrées périssables, à partir de la notification de la retenue, qu'il consent à la destruction des marchandises.

II. – Si le détenteur des marchandises n'a, dans le délai mentionné au 3° du I, ni confirmé qu'il consent à la destruction des marchandises, ni informé l'administration des douanes qu'il s'oppose à leur destruction, il est réputé avoir consenti à cette destruction.

III. – Lorsque le détenteur des marchandises n'a pas confirmé par écrit qu'il consent à leur destruction et qu'il n'est pas réputé avoir consenti à la destruction des marchandises dans les délais prévus, l'administration des douanes en informe immédiatement le demandeur, lequel, dans un délai de dix jours ouvrables, ou de trois jours ouvrables pour les denrées périssables, à partir de la notification de la retenue, prend les mesures mentionnées au quatrième alinéa de l'article L. 335-10. Le délai de dix jours peut être prorogé de dix jours ouvrables maximum sur requête dûment motivée du demandeur. En cas de prorogation du délai, le procureur de la République et le détenteur des marchandises en sont informés.

Si les conditions prévues au I du présent article ne sont pas réunies et si le demandeur n'a pas justifié auprès de l'administration des douanes qu'il a pris les mesures mentionnées au quatrième alinéa de l'article L. 335-10, la mesure de retenue est levée de plein droit.

IV. – Dans le cadre de la communication d'informations prévues au troisième alinéa des articles L. 335-10 et L. 335-11, les autorités douanières informent le demandeur de l'existence de la procédure prévue au présent article. Les informations prévues au sixième alinéa de l'article L. 335-10 peuvent également être communiquées au demandeur aux fins de mise en œuvre de la présente mesure.

Art. L. 335-15 *(L. n° 2014-315, 11 mars 2014)*. – I. – Lorsque la retenue portant sur des marchandises soupçonnées de constituer une contrefaçon de droit d'auteur ou de droit voisin est mise en œuvre après qu'une demande mentionnée à l'article L. 335-10 a été acceptée, les marchandises transportées en petits envois peuvent être détruites sous le contrôle des agents des douanes lorsque le demandeur a, dans sa demande, sollicité le recours à la procédure prévue au présent article.

II. – La notification mentionnée à la première phrase du deuxième alinéa de l'article L. 335-10 est faite dans un délai d'un jour ouvrable à compter de la date de la mise en retenue. Elle mentionne l'intention de l'administration des douanes de détruire ou non les marchandises et indique que :

1° Le détenteur des marchandises dispose d'un délai de dix jours ouvrables à compter de la notification de la retenue pour faire connaître à l'administration des douanes ses observations ;

2° Les marchandises concernées peuvent être détruites lorsque, dans un délai de dix jours ouvrables à partir de leur mise en retenue, le détenteur des marchandises a confirmé à l'administration des douanes qu'il consent à cette destruction. En cas de silence du détenteur des marchandises à l'issue de ce délai, le détenteur est réputé avoir consenti à leur destruction.

L'administration des douanes communique au demandeur, sur requête de celui-ci, les informations relatives à la quantité réelle ou estimée des marchandises détruites et à leur nature.

III. – Lorsque le détenteur des marchandises n'a pas confirmé par écrit qu'il consent à leur destruction ou lorsqu'il n'est pas réputé avoir consenti à leur destruction, l'administration des douanes en informe immédiatement le demandeur et lui communique la quantité, la nature ainsi que des images des marchandises.

IV. – La mesure de retenue est levée de plein droit à défaut pour le demandeur, dans le délai de dix jours ouvrables à compter de l'information prévue au III du présent article, de justifier auprès de l'administration des douanes qu'il a pris les mesures mentionnées au quatrième alinéa de l'article L. 335-10.

En vue de prendre ces mesures, le demandeur peut obtenir de l'administration des douanes communication des nom et adresse de l'expéditeur, de l'importateur, du destinataire et du détenteur des marchandises retenues ainsi que de leur quantité, leur origine, leur provenance et leur destination, par dérogation à l'article 59 *bis* du Code des douanes.

V. – La définition des petits envois mentionnés au I du présent article est précisée par arrêté du ministre chargé des douanes.

VI. – Le présent article n'est pas applicable aux denrées périssables.

Art. L. 335-16 *(L. n° 2014-315, 11 mars 2014)*. – Lorsque le demandeur utilise les informations qui lui sont communiquées par l'administration des douanes, par dérogation à l'article 59 *bis* du Code des douanes, à d'autres fins que celles prévues au présent chapitre, l'administration des douanes abroge, suspend ou refuse de renouveler ladite demande.

Art. L. 335-17 *(L. n° 2014-315, 11 mars 2014)*. – En vue de prononcer les mesures prévues aux articles L. 335-10 à L. 335-13, les agents des douanes appliquent les pouvoirs qui leur sont dévolus par le Code des douanes.

Art. L. 335-18 *(L. n° 2014-315, 11 mars 2014).* **– Un décret en Conseil d'État fixe :**

1° Les conditions d'application des mesures prévues aux articles L. 335-10 à L. 335-16 ;

2° Les conditions dans lesquelles a lieu la destruction des marchandises susceptibles de porter atteinte à un droit d'auteur ou à un droit voisin prévue par la réglementation européenne en vigueur ainsi que les conditions du prélèvement d'échantillons préalable à ladite destruction.

CHAPITRE VI. – PRÉVENTION DU TÉLÉCHARGEMENT ET DE LA MISE À DISPOSITION ILLICITES D'ŒUVRES ET D'OBJETS PROTÉGÉS PAR UN DROIT D'AUTEUR OU UN DROIT VOISIN

(L. n° 2006-961, 1er août 2006 ; intitulé rempl., L. n° 2009-669, 12 juin 2009)

Art. L. 336-1 *(L. n° 2006-961, 1er août 2006).* **– Lorsqu'un logiciel est principalement utilisé pour la mise à disposition illicite d'œuvres ou d'objets protégés par un droit de propriété littéraire et artistique, le président du tribunal de grande instance, statuant en référé, peut ordonner sous astreinte toutes mesures nécessaires à la protection de ce droit et conformes à l'état de l'art.**

Les mesures ainsi ordonnées ne peuvent avoir pour effet de dénaturer les caractéristiques essentielles ou la destination initiale du logiciel.

L'article L. 332-4 est applicable aux logiciels mentionnés au présent article.

Art. L. 336-2 *(L. n° 2006-961, 1er août 2006 ; rempl., L. n° 2009-669, 12 juin 2009 ; mod., L. n° 2016-925, 7 juill. 2016 ; Ord. n° 2016-1823, 22 déc. 2016).* **– En présence d'une atteinte à un droit d'auteur ou à un droit voisin occasionnée par le contenu d'un service de communication au public en ligne, le tribunal de grande instance, statuant le cas échéant en la forme des référés, peut ordonner à la demande des titulaires de droits sur les œuvres et objets protégés, de leurs ayants droit, des organismes de gestion collective régis par le titre II du livre III ou des organismes de défense professionnelle visés à l'article L. 331-1, toutes mesures propres à prévenir ou à faire cesser une telle atteinte à un droit d'auteur ou un droit voisin, à l'encontre de toute personne susceptible de contribuer à y remédier. La demande peut également être effectuée par le Centre national du cinéma et de l'image animée.**

1) **Moteurs de recherche.** Par le biais de liens hypertextes, les moteurs de recherche sur Internet – qui n'ont pas qu'une fonction limitée et purement neutre d'indexation et de référencement – participent bien, comme les fournisseurs d'accès à Internet, à la transmission dans un réseau d'une contrefaçon commise par un tiers d'une œuvre protégée » ; ils ont par conséquent la qualité d'intermédiaires au sens des directives européennes et sont visés par l'article 336-2 (■ CA Paris, pôle 5, 15 mars 2016, *Allostreaming : D.* 2016, 2141, obs. Larrieu ; *Dalloz IP/IT* 2016, 372, note Le Goffic ; *Propr. intell.* 2016, 344, note Bruguière ; *LEPI* 2016, 99, obs. Lucas-Schloetter). L'action prévue par ce texte peut être intentée à l'encontre de toute personne susceptible de remédier aux atteintes alléguées et n'est donc subordonnée, ni à la preuve d'une faute des défendeurs, ni à celle de leur qualité de contrefacteurs » (même arrêt).

2) **Sécurisation de la connexion au moyen d'un mot de passe.** Le droit de l'Union ne s'oppose pas, en principe, à l'adoption d'une injonction exigeant d'un fournisseur d'accès à internet qu'il empêche des tiers de mettre à la disposition du public, au moyen d'une connexion au réseau, une œuvre protégée par le droit d'auteur, lorsque ce fournisseur a le choix des mesures techniques à adopter pour se conformer à cette injonction, même si ce choix se réduit à la seule mesure consistant à sécuriser la connexion au moyen d'un mot de passe, pour autant que les utilisateurs de ce réseau soient obligés de révéler leur identité afin d'obtenir le mot de passe requis et ne puissent donc pas agir anonymement (■ CJUE, 15 sept. 2016, C-484/14, *Tobias Mc Fadden : Comm. com. électr.* 2016, comm. 88, note Caron).

3) **Charge du coût des mesures de blocage.** Les intermédiaires doivent assumer le coût des mesures de blocage et de déréférencement imposées par le juge sauf à démontrer que cela constitue un « sacrifice insurmontable » ou « met en péril leur viabilité économique » (■ Cass. 1re civ., 6 juill. 2017, n° 16-17217 : *Comm. com. électr.* 2017, 80, note Loiseau ; *Dalloz IP/IT* 2018, p. 136, obs. Henrard).

Art. L. 336-3 *(L. n° 2009-669, 12 juin 2009 ; mod., L. n° 2009-1311, 28 oct. 2009).* **– La personne titulaire de l'accès à des services de communication au public en ligne a l'obligation de veiller à ce que cet accès ne fasse pas l'objet d'une utilisation à des fins de reproduction, de représentation, de mise à disposition ou de communication au public d'œuvres ou d'objets protégés par un droit d'auteur ou par un droit voisin sans l'autorisation des titulaires des droits prévus aux livres Ier et II lorsqu'elle est requise.**

[Dispositions déclarées non conformes à la Constitution par la décision du Conseil constitutionnel n° 2009-580 DC du 10 juin 2009 : JO 13 juin 2009.]

Le manquement de la personne titulaire de l'accès à l'obligation définie au premier alinéa n'a pas pour effet d'engager la responsabilité pénale de l'intéressé, sous réserve des articles L. 335-7 et L. 335-7-1.

Art. L. 336-4 *(L. n° 2009-669, 12 juin 2009)*. **– Les caractéristiques essentielles de l'utilisation autorisée d'une œuvre ou d'un objet protégé, mis à disposition par un service de communication au public en ligne, sont portées à la connaissance de l'utilisateur d'une manière facilement accessible, conformément à l'article L. 331-10 du présent code et à l'article L. 111-1 du Code de la consommation.**

TITRE IV. – DROITS DES PRODUCTEURS DE BASES DE DONNÉES

(L. n° 98-536, 1er juill. 1998) (1)

CHAPITRE I. – CHAMP D'APPLICATION

Art. L. 341-1. – Le producteur d'une base de données, entendu comme la personne qui prend l'initiative et le risque des investissements correspondants, bénéficie d'une protection du contenu de la base lorsque la constitution, la vérification ou la présentation de celui-ci atteste d'un investissement financier, matériel ou humain substantiel.

Cette protection est indépendante et s'exerce sans préjudice de celles résultant du droit d'auteur ou d'un autre droit sur la base de données ou un de ses éléments constitutifs.

1) Support. L'article L. 341-1 s'applique à toutes les bases de données quel qu'en soit le support, y compris les supports papiers (▪ Paris, 12 sept. 2001 : *JCP* 2002, II, 10000, note Pollaud-Dulian ; *Comm. com. électr.* 2001, 121, note Caron ; *Légipresse* 2001, III, 215, 1re esp., note Tellier Loniewski).

2) Investissement substantiel. La notion d'investissement lié à l'obtention d'une base de données doit s'entendre comme désignant les moyens consacrés à la recherche d'éléments existants et à leur rassemblement dans ladite base. Elle ne comprend pas les moyens mis en œuvre pour la création des éléments constitutifs du contenu d'une base de données » (▪ CJCE, 9 nov. 2004, 4 arrêts : *Comm. com. électr.* 2005, 2, note Caron ; *Propr. intell.* 2005, 99, obs. Lemarchand et Rambaud. V. appliquant ce critère, ▪ Cass. com., 10 févr. 2015, n° 12-26.023). La protection doit être refusée dès lors que les moyens consacrés pour l'établissement des annonces immobilières publiées dans les différentes éditions du journal ne correspondent pas à la constitution de la base de données dans laquelle elles sont intégrées mais à la création des éléments constitutifs du contenu de cette base et à des opérations de vérification, purement formelle, pendant cette phase de création (▪ Cass. 1re civ., 5 mars 2009 : *RIDA* 3/2009, 491 et 343, obs. Sirinelli ; *Comm. com. électr.* 2009, 43, note Caron ; *Propr. intell.* 2009, 275, obs. Bruguière). Il est indifférent que les éléments constitutifs de la base de données présentent un « caractère officiel et accessible au public » (▪ CJCE, 5 mars 2009, *Apis-Hristovich*, C-545/07 : *RIDA* 3/2009, 415 et 389, obs. Sirinelli ; *Com. com. électr.* 2009, 44, note Caron ; *Propr. intell.* 2009, 383, obs. Benabou).

3) Données publiques. Un département ne peut se fonder sur le droit des producteurs de bases de données pour interdire l'extraction et la réutilisation d'informations publiques (▪ CE, 8 févr. 2017, n° 389806, *LEPI* avr. 2017, p. 4, obs. Bernault. V. aussi Code des relations entre le public et l'administration, article L. 321-3 : le droit *sui generis* des administrations mentionnées au premier alinéa de l'article L. 300-2 du Code des relations entre le public et l'administration ne peut faire obstacle à la réutilisation du contenu des bases de données que ces administrations publient en application du 3° de l'article L. 312-1-1 du même code).

(1) Les dispositions prévues par l'article 5 sont applicables à compter du 1er janvier 1998, sous réserve des sanctions pénales prévues par ce même article.

La protection prévue par le même article 5 est applicable aux bases de données dont la fabrication a été achevée depuis le 1er janvier 1983 et qui, à la date de publication de la présente loi, satisfont aux conditions prévues au titre IV du livre III du Code de la propriété intellectuelle.

Dans ce cas, la durée de protection est de quinze ans à compter du 1er janvier 1998.

La protection s'applique sans préjudice des actes conclus et des accords passés avant la date d'entrée en vigueur de la présente loi *(L. n° 98-536, 1er juill. 1998, art. 8)*.

Art. L. 341-2. – **Sont admis au bénéfice du présent titre :**

1° Les producteurs de bases de données, ressortissants d'un État membre de la Communauté européenne ou d'un État partie à l'accord sur l'Espace économique européen, ou qui ont dans un tel État leur résidence habituelle ;

2° Les sociétés ou entreprises constituées en conformité avec la législation d'un État membre et ayant leur siège statutaire, leur administration centrale ou leur établissement principal à l'intérieur de la Communauté ou d'un État partie à l'accord sur l'Espace économique européen ; néanmoins, si une telle société ou entreprise n'a que son siège statutaire sur le territoire d'un tel État, ses activités doivent avoir un lien réel et continu avec l'économie de l'un d'entre eux.

Les producteurs de bases de données qui ne satisfont pas aux conditions mentionnées ci-dessus sont admis à la protection prévue par le présent titre lorsqu'un accord particulier a été conclu avec l'État dont ils sont ressortissants par le Conseil de la Communauté européenne.

CHAPITRE II. – ÉTENDUE DE LA PROTECTION

Art. L. 342-1. – **Le producteur de bases de données a le droit d'interdire :**

1° L'extraction, par transfert permanent ou temporaire de la totalité ou d'une partie qualitativement ou quantitativement substantielle du contenu d'une base de données sur un autre support, par tout moyen et sous toute forme que ce soit ;

2° La réutilisation, par la mise à la disposition du public de la totalité ou d'une partie qualitativement ou quantitativement substantielle du contenu de la base, quelle qu'en soit la forme.

Ces droits peuvent être transmis ou cédés ou faire l'objet d'une licence.

Le prêt public n'est pas un acte d'extraction ou de réutilisation.

1) Exploitation par un moteur de recherche. Jugé que le droit *sui generis* permet au producteur d'une base de données sur le marché de l'emploi des cadres, exploitée en ligne sur Internet, de faire condamner le parasitisme d'un site concurrent déguisé en moteur de recherche, et il importe peu que l'internaute soit ensuite renvoyé sur le site cible pour connaître le détail des données (▪ TGI Paris, 5 sept. 2001 : *Expertises* 2001, 391. – Comp. dans la même affaire ▪ TGI Paris, réf., 8 janv. 2001 : *Comm. com. électr.* 2001, 46, note Le Stanc ; *Propr. intell.* 2001, n° 1, 92, obs. Passa : « un moteur de recherche qui n'est qu'un outil permettant de rechercher des informations à partir de critères qu'on lui fournit ne peut être utilisé pour collationner, outre des références, des contenus ou parties de contenus aux fins de réutilisation immédiate dans le cadre d'une entreprise commerciale, créée à cette occasion »).

2) Droit *sui generis* et concurrence déloyale. L'action fondée sur la violation du droit *sui generis* ne peut être présentée pour la première fois en cause d'appel alors que seule a été exercée en première instance une action en concurrence déloyale (▪ Cass. com., 11 sept. 2012 : *D.* 2012, 2935, note Chatry ; *RTD com.* 2012, 769, obs. Pollaud-Dulian).

3) Notion de réutilisation. Eu égard aux termes employés à l'article 7, paragraphe 2, sous *b)*, de la directive 96/9 pour définir la notion de « réutilisation », ainsi qu'à l'objectif du droit *sui generis* institué par le législateur de l'Union, cette notion doit, dans le contexte général de cet article 7, être comprise dans un sens large, comme visant tout acte, non autorisé par le fabricant de la base de données protégée par ce droit *sui generis*, qui consiste à diffuser au public tout ou partie du contenu de celle-ci. Relève de ladite notion l'acte qui consiste pour une personne à envoyer, au moyen de son serveur web, sur l'ordinateur d'une autre personne, à la demande de cette dernière, des données préalablement extraites du contenu d'une base de données protégée par le droit *sui generis*. Par un tel envoi, ces données sont, en effet, mises à la disposition d'un membre du public. La circonstance que les actes d'envoi sont précédés d'opérations impliquant des intermédiaires contractuelles (en l'espèce des sociétés de services de paris) qui rendent le serveur accessible à leurs propres clients ne saurait infirmer la qualification juridique de « réutilisation » (▪ CJUE, 18 oct. 2012, C-173/11, *Football Dataco Ltd.* : *Comm. com. électr.* 2012, 22, note Caron ; *Propr. intell.* 2013, 88, obs. Benabou). L'article 7, paragraphe 1, de la directive du 11 mars 1996 concernant la protection juridique des bases de données doit être interprété en ce sens qu'un opérateur qui met en ligne sur Internet un métamoteur de recherche dédié procède à une réutilisation de la totalité ou d'une partie substantielle du contenu d'une base de données protégée par cet article 7 dès lors que ce métamoteur de recherche dédié : – fournit à l'utilisateur final un formulaire de recherche offrant, en substance, les mêmes fonctionnalités que le formulaire de la base de données ; – traduit

« en temps réel » les requêtes des utilisateurs finaux dans le moteur de recherche dont est équipée la base de données, de sorte que toutes les données de cette base sont explorées ; et – présente à l'utilisateur final les résultats trouvés sous l'apparence extérieure de son site Internet, en réunissant les doublons en un seul élément, mais dans un ordre fondé sur des critères qui sont comparables à ceux utilisés par le moteur de recherche de la base de données concernée pour présenter les résultats (■ CJUE, 19 déc. 2013, C-202/12, *Innoweb : Europe* 2014, 97, obs. Meister).

Art. L. 342-2. – Le producteur peut également interdire l'extraction ou la réutilisation répétée et systématique de parties qualitativement ou quantitativement non substantielles du contenu de la base lorsque ces opérations excèdent manifestement les conditions d'utilisation normale de la base de données.

Preuve. Les dispositions de l'article L. 342-2 n'exigent pas, pour que puissent être mises en œuvre les mesures de protection qu'elles prévoient, la démonstration préalable d'une atteinte évidente, indubitablement établie ou, encore, non sérieusement contestable, aux droits du producteur de la base de données, mais seulement vraisemblable, en fonction des éléments de preuve raisonnablement accessibles au demandeur, et la circonstance que la société demanderesse ait, dans le cadre de l'instance au fond, sollicité une mesure d'expertises, ne peut faire obstacle à sa demande en référé (■ Versailles, 17 févr. 2010 : *Comm. com. électr.* 2010, 83, 2e esp., note Caron).

Art. L. 342-3 *(Mod., L. n° 2006-961, 1er août 2006 ; L. n° 2016-925, 7 juill. 2016 ; L. n° 2016-1321, 7 oct. 2016).* **– Lorsqu'une base de données est mise à la disposition du public par le titulaire des droits, celui-ci ne peut interdire :**

1° L'extraction ou la réutilisation d'une partie non substantielle, appréciée de façon qualitative ou quantitative, du contenu de la base, par la personne qui y a licitement accès ;

2° L'extraction à des fins privées d'une partie qualitativement ou quantitativement substantielle du contenu d'une base de données non électronique sous réserve du respect des droits d'auteur ou des droits voisins sur les œuvres ou éléments incorporés dans la base.

3° L'extraction et la réutilisation d'une base de données dans les conditions définies au 7° de l'article L. 122-5, au 1° de l'article L. 122-5-1 et à l'article L. 122-5-2 ;

4° L'extraction et la réutilisation d'une partie substantielle, appréciée de façon qualitative ou quantitative, du contenu de la base, sous réserve des bases de données conçues à des fins pédagogiques et des bases de données réalisées pour une édition numérique de l'écrit, à des fins exclusives d'illustration dans le cadre de l'enseignement et de la recherche, à l'exclusion de toute activité ludique ou récréative, dès lors que le public auquel cette extraction et cette réutilisation sont destinées est composé majoritairement d'élèves, d'étudiants, d'enseignants ou de chercheurs directement concernés, que la source est indiquée, que l'utilisation de cette extraction et cette réutilisation ne donne lieu à aucune exploitation commerciale et qu'elle est compensée par une rémunération négociée sur une base forfaitaire.

5° Les copies ou reproductions numériques de la base réalisées par une personne qui y a licitement accès, en vue de fouilles de textes et de données incluses ou associées aux écrits scientifiques dans un cadre de recherche, à l'exclusion de toute finalité commerciale. La conservation et la communication des copies techniques issues des traitements, au terme des activités de recherche pour lesquelles elles ont été produites, sont assurées par des organismes désignés par décret. Les autres copies ou reproductions sont détruites.

Toute clause contraire au 1° ci-dessus est nulle.

Les exceptions énumérées par le présent article ne peuvent porter atteinte à l'exploitation normale de la base de données ni causer un préjudice injustifié aux intérêts légitimes du producteur de la base.

Absence de protection spécifique. Recours au contrat. La directive 96/9/ du 11 mars 1996 doit être interprétée en ce sens qu'elle n'est pas applicable à une base de données qui n'est protégée ni par le droit d'auteur ni par le droit *sui generis* en vertu de cette directive, si bien que les articles 6, paragraphes 1, 8 et 15 de ladite directive ne font pas obstacle à ce que le créateur d'une telle base de données établisse des limitations contractuelles à l'utilisation de celle-ci par des tiers, sans préjudice du droit national applicable (■ CJUE, 15 janv. 2015, C-30/14, *Ryanair*).

Art. L. 342-3-1 *(L. n° 2006-961, 1er août 2006 ; mod., L. n° 2009-669, 12 juin 2009).* **– Les mesures techniques efficaces au sens de l'article L. 331-5 qui sont propres à empêcher ou à limiter les utilisations d'une base de données que le producteur n'a pas autorisées en application de l'article L. 342-1 bénéficient de la protection prévue à l'article L. 335-4-1.**

Les producteurs de bases de données qui recourent aux mesures techniques de protection mentionnées au premier alinéa prennent cependant les dispositions utiles pour que leur mise en œuvre ne prive pas les bénéficiaires des exceptions définies à l'article L. 342-3 de leur bénéfice effectif, suivant les conditions prévues au 2° de l'article L. 331-39 et aux articles L. 331-7 à L. 331-10, L. 331-41 à L. 331-43 et L. 331-45.

Tout différend relatif à la faculté de bénéficier des exceptions définies à l'article L. 342-3 qui implique une mesure technique visée au premier alinéa du présent article est soumis à la Haute Autorité pour la diffusion des œuvres et la protection des droits sur internet prévue à l'article L. 331-12.

Art. L. 342-3-2 *(L. n° 2006-961, 1er août 2006 ; mod., L. n° 2009-669, 12 juin 200).* – Les informations sous forme électronique relatives au régime des droits du producteur d'une base de données, au sens de l'article L. 331-11, bénéficient de la protection prévue à l'article L. 335-4-2.

Art. L. 342-4. – La première vente d'une copie matérielle d'une base de données dans le territoire d'un État membre de la Communauté européenne ou d'un État partie à l'accord sur l'Espace économique européen, par le titulaire du droit ou avec son consentement, épuise le droit de contrôler la revente de cette copie matérielle dans tous les États membres.

Toutefois, la transmission en ligne d'une base de données n'épuise pas le droit du producteur de contrôler la revente dans tous les États membres d'une copie matérielle de cette base ou d'une partie de celle-ci.

Art. L. 342-5. – Les droits prévus à l'article L. 342-1 prennent effet à compter de l'achèvement de la fabrication de la base de données. Ils expirent quinze ans après le 1er janvier de l'année civile qui suit celle de cet achèvement.

Lorsqu'une base de données a fait l'objet d'une mise à la disposition du public avant l'expiration de la période prévue à l'alinéa précédent, les droits expirent quinze ans après le 1er janvier de l'année civile suivant celle de cette première mise à disposition.

Toutefois, dans le cas où une base de données protégée fait l'objet d'un nouvel investissement substantiel, sa protection expire quinze ans après le 1er janvier de l'année civile suivant celle de ce nouvel investissement.

CHAPITRE III. – PROCÉDURES et SANCTIONS

(L. n° 98-536, 1er juill. 1998 ; intitulé rempl., L. n° 2007-1544, 29 oct. 2007)

Art. L. 343-1 ancien *(Dénum., L. n° 2007-1544, 29 oct. 2007).* – V. CPI, art. L. 343-4.

Art. L. 343-1 *(L. n° 2007-1544, 29 oct. 2007 ; mod., L. n° 2014-315, 11 mars 2014).* – L'atteinte aux droits du producteur de bases de données peut être prouvée par tous moyens.

À cet effet, toute personne ayant qualité pour agir en vertu du présent titre est en droit de faire procéder par tous huissiers, assistés par des experts désignés par le demandeur, sur ordonnance rendue sur requête par la juridiction civile compétente, soit à la description détaillée, avec ou sans prélèvement d'échantillons, des supports ou produits portant prétendument atteinte aux droits du producteur de bases de données, soit à la saisie réelle de ces supports ou produits ainsi que de tout document s'y rapportant.

La juridiction peut ordonner, aux mêmes fins probatoires, la description détaillée ou la saisie réelle des matériels et instruments utilisés pour produire ou distribuer les supports ou produits portant prétendument atteinte aux droits du producteur de bases de données, ainsi que de tout document s'y rapportant.

L'ordonnance peut autoriser la saisie réelle de tout document se rapportant aux supports, produits, matériels et instruments mentionnés aux deuxième et troisième alinéas en l'absence de ces derniers.

La juridiction saisie peut subordonner l'exécution des mesures qu'elle ordonne à la constitution par le demandeur de garanties destinées à assurer l'indemnisation éventuelle du défendeur si l'action engagée en vertu du présent titre est ultérieurement jugée non fondée ou si la mainlevée de la saisie est prononcée.

La mainlevée de la saisie peut être prononcée selon les modalités prévues par les articles L. 332-2 et L. 332-3.

Art. L. 343-1-1 *(L. n° 2014-315, 11 mars 2014).* – La juridiction peut ordonner, d'office ou à la demande de toute personne ayant qualité pour agir en contrefaçon, toutes les mesures d'instruction légalement admissibles, même si une saisie-contrefaçon n'a pas préalablement été ordonnée dans les conditions prévues à l'article L. 343-1.

Art. L. 343-2 *(L. n° 98-536, 1er juill. 1998 ; rempl., L. n° 2007-1544, 29 oct. 2007 ; mod., L. n° 2014-315, 11 mars 2014).* – Toute personne ayant qualité pour agir dans le cas d'une atteinte aux droits du producteur de bases de données peut saisir en référé la juridiction civile compétente afin de voir ordonner, au besoin sous astreinte, à l'encontre du prétendu auteur de cette atteinte ou des intermédiaires dont il utilise les services, toute mesure urgente destinée à prévenir une atteinte aux droits du producteur de bases de données ou à empêcher la poursuite d'actes portant prétendument atteinte à ceux-ci. La juridiction civile compétente peut également ordonner toutes mesures urgentes sur requête lorsque les circonstances exigent que ces mesures ne soient pas prises contradictoirement, notamment lorsque tout retard serait de nature à causer un préjudice irréparable au demandeur. Saisie en référé ou sur requête, la juridiction ne peut ordonner les mesures demandées que si les éléments de preuve, raisonnablement accessibles au demandeur, rendent vraisemblable qu'il est porté atteinte à ses droits ou qu'une telle atteinte est imminente.

La juridiction peut interdire la poursuite des actes portant prétendument atteinte aux droits du producteur de bases de données, la subordonner à la constitution de garanties destinées à assurer l'indemnisation éventuelle du préjudice subi par le demandeur ou ordonner la saisie ou la remise entre les mains d'un tiers des produits soupçonnés de porter atteinte aux droits conférés par le titre, pour empêcher leur introduction ou leur circulation dans les circuits commerciaux.

Elle peut également accorder au demandeur une provision lorsque l'existence de son préjudice n'est pas sérieusement contestable.

Saisie en référé ou sur requête, la juridiction peut subordonner l'exécution des mesures qu'elle ordonne à la constitution par le demandeur de garanties destinées à assurer l'indemnisation éventuelle du défendeur si l'action engagée en vertu du présent titre est ultérieurement jugée non fondée ou les mesures annulées.

Lorsque les mesures prises pour faire cesser une atteinte aux droits du producteur de bases de données sont ordonnées avant l'engagement d'une action au fond, le demandeur doit, dans un délai fixé par voie réglementaire, soit se pourvoir par la voie civile ou pénale, soit déposer une plainte auprès du procureur de la République. À défaut, sur demande du défendeur et sans que celui-ci ait à motiver sa demande, les mesures ordonnées sont annulées, sans préjudice des dommages et intérêts qui peuvent être réclamés.

Art. L. 343-3 ancien *(Abr., L. n° 2007-1544, 29 oct. 2007).*

Art. L. 343-3 *(Anc. art. L. 343-4, dénum., L. n° 2007-1544, 29 oct. 2007).* – Outre les procès-verbaux des officiers ou agents de police judiciaire, la preuve de la matérialité des infractions définies au présent chapitre peut résulter des constatations d'agents assermentés désignés par les organismes professionnels de producteurs. Ces agents sont agréés par le ministre chargé de la culture dans les mêmes conditions que celles prévues pour les agents visés à l'article L. 331-2.

Art. L. 343-4 ancien *(L. n° 98-536, 1er juill. 1998 ; dénum., L. n° 2007-1544, 29 oct. 2007. – V. CPI, art. L. 343-3).*

Art. L. 343-4 *(Anc. art. L. 343-1, dénum., L. n° 2007-1544, 29 oct. 2007 ; mod., L. n° 2016-731, 3 juin 2016).* – Est puni de trois ans d'emprisonnement et de 300 000 € d'amende le fait de porter atteinte aux droits du producteur d'une base de données tels que définis à l'article L. 342-1. Lorsque le délit a été commis en bande organisée, les peines sont portées à sept ans d'emprisonnement et à 750 000 euros d'amende.

Art. L. 343-5 *(L. n° 2007-1544, 29 oct. 2007).* – Les personnes physiques coupables de l'un des délits prévus au présent chapitre peuvent en outre être condamnées, à leurs frais, à retirer des circuits commerciaux les objets jugés contrefaisants et toute chose qui a servi ou était destinée à commettre l'infraction.

La juridiction peut ordonner la destruction aux frais du condamné ou la remise à la partie lésée des objets et choses retirés des circuits commerciaux ou confisqués, sans préjudice de tous dommages et intérêts.

Elle peut également ordonner, aux frais du condamné, l'affichage ou la diffusion du jugement prononçant la condamnation, dans les conditions et sous les peines prévues à l'article 131-35 du Code pénal.

Art. L. 343-6 *(L. n° 2007-1544, 29 oct. 2007 ; mod., L. n° 2009-526, 12 mai 2009).* – Les personnes morales déclarées responsables pénalement, dans les conditions prévues par l'article 121-2 du Code pénal, des infractions définies au présent chapitre encourent, outre l'amende suivant les modalités prévues par l'article 131-38 du Code pénal, les peines prévues par l'article 131-39 du même code.

L'interdiction mentionnée au 2° de l'article 131-39 du même code porte sur l'activité dans l'exercice ou à l'occasion de l'exercice de laquelle l'infraction a été commise.

La juridiction peut ordonner la destruction aux frais du condamné ou la remise à la partie lésée des objets et choses retirés des circuits commerciaux ou confisqués, sans préjudice de tous dommages et intérêts.

Art. L. 343-7 *(L. n° 2007-1544, 29 oct. 2007 ; mod., L. n° 2010-853, 23 juill. 2010).* – En cas de récidive des infractions définies à l'article L. 343-4 ou si le délinquant est ou a été lié à la partie lésée par convention, les peines encourues sont portées au double.

Les coupables peuvent, en outre, être privés pour un temps qui n'excédera pas cinq ans du droit d'élection et d'éligibilité pour les tribunaux de commerce, les chambres de commerce et d'industrie territoriales et les chambres de métiers, ainsi que pour les conseils de prud'hommes.

Code rural et de la pêche maritime

LIVRE PREMIER. – L'AMÉNAGEMENT ET L'ÉQUIPEMENT DE L'ESPACE RURAL

....

TITRE III. – LES ASSOCIATIONS FONCIÈRES

CHAPITRE V. – LES ASSOCIATIONS FONCIÈRES PASTORALES

....

TITRE IV. – LES SOCIÉTÉS D'AMÉNAGEMENT FONCIER ET D'ÉTABLISSEMENT RURAL

....

CHAPITRE III. – DROIT DE PRÉEMPTION

Section I. – Objet et champ d'application

Art. L. 143-1 *(Mod., L. n° 2006-11, 5 janv. 2006 ; L. n° 2014-1170, 13 oct. 2014 ; à compter du 1er janvier 2016, Ord. n° 2015-1174, 23 sept. 2015 ; L. n° 2016-1888, 28 déc. 2016).* – Il est institué au profit des sociétés d'aménagement foncier et d'établissement rural un droit de préemption en cas d'aliénation à titre onéreux de biens immobiliers à usage agricole et de biens mobiliers qui leur sont attachés ou de terrains nus à vocation agricole, sous réserve du I de l'article L. 143-7. Sont considérés comme à vocation agricole, pour l'application du présent article, les terrains situés soit dans une zone agricole protégée créée en application de l'article L. 112-2 du présent code, soit à l'intérieur d'un périmètre délimité en application de l'article L. 113-16 du Code de l'urbanisme, soit dans une zone agricole ou une zone naturelle et forestière délimitée par un document d'urbanisme. En l'absence d'un document d'urbanisme, sont également regardés comme terrains à vocation agricole les terrains situés dans les secteurs ou parties non encore urbanisés des communes, à l'exclusion des bois et forêts.

Ce droit de préemption peut également être exercé en cas d'aliénation à titre onéreux de bâtiments d'habitation faisant partie d'une exploitation agricole. Il peut également être exercé en cas d'aliénation à titre onéreux des bâtiments situés dans les zones ou espaces mentionnés au premier alinéa et qui ont été utilisés pour l'exercice d'une activité agricole au cours des cinq dernières années qui ont précédé l'aliénation, pour leur rendre un usage agricole. L'article L. 143-10 du présent code n'est pas applicable dans ce dernier cas.

Sont assimilés à des terrains nus les terrains ne supportant que des friches, des ruines ou des installations temporaires, occupations ou équipements qui ne sont pas de nature à compromettre définitivement leur vocation agricole.

Lorsque l'aliénation à titre onéreux porte de façon conjointe sur des terrains à vocation agricole et des droits à paiement découplés créés au titre de la politique agricole commune, ce droit de préemption peut s'exercer globalement sur l'ensemble ainsi constitué aux seules fins d'une rétrocession conjointe des terrains et des droits ainsi acquis, selon des modalités fixées par décret.

Les sociétés d'aménagement foncier et d'établissement rural peuvent exercer leur droit de préemption en cas d'aliénation à titre onéreux de l'usufruit ou de la nue-propriété des biens mentionnés au présent article. Elles ne peuvent préempter la nue-propriété de ces biens que dans les cas où elles en détiennent l'usufruit ou sont en mesure de l'acquérir concomitamment, ou lorsque la durée de l'usufruit restant à courir ne dépasse pas deux ans, *[Dispositions déclarées non conformes à la Constitution par la décision du Conseil constitutionnel n° 2014-701 DC du 9 oct. 2014 : JO14 oct. 2014]*.

Les sociétés d'aménagement foncier et d'établissement rural peuvent, sous réserve du I de l'article L. 143-7, exercer leur droit de préemption en cas d'aliénation à titre onéreux de la totalité des parts ou actions d'une société ayant pour objet principal l'exploitation ou la propriété agricole, lorsque l'exercice de ce droit a pour objet l'installation d'un agriculteur.

Dans les communes et parties de communes de montagne telles que définies par les articles 3 et 4 de la loi n° 85-30 du 9 janvier 1985 relative au développement et à la protection de la montagne, ce droit de préemption peut également être exercé en cas d'aliénation à titre onéreux de bâtiments qui ont été utilisés pour l'exercice d'une activité agricole au cours des cinq dernières années qui ont précédé cette aliénation, pour leur rendre un usage agricole. Les dispositions de l'article L. 143-10 ne sont pas applicables dans ce cas.

En cas de méconnaissance des dispositions du présent chapitre par une société d'aménagement foncier et d'établissement rural, le ministre chargé de l'agriculture peut suspendre, pour une durée n'excédant pas trois ans, le droit de préemption de cette société. En cas de réitération des manquements, l'agrément mentionné à l'article L. 141-6 peut être retiré.

Voir : la rédaction de cet article issue de la loi n° 2019-469 du 20 mai 2019, en *addendum*, p. 3587

Art. L. 143-1-1 *(L. n° 2014-1170, 13 oct. 2014)*. – La société d'aménagement foncier et d'établissement rural est autorisée à n'exercer son droit de préemption que sur une partie des biens aliénés lorsque l'aliénation porte simultanément sur des terrains à usage agricole ou à vocation agricole et sur une ou plusieurs des catégories de biens suivantes :

1° Des bâtiments à usage agricole et les biens mobiliers qui leur sont attachés ;

2° Des bâtiments mentionnés au deuxième alinéa de l'article L. 143-1 ;

3° Des biens pour lesquels elle ne bénéficie pas d'un droit de préemption.

Ce droit de préemption peut ne s'exercer que sur les terrains à usage ou à vocation agricole et les biens mobiliers qui leur sont attachés, ou sur ces terrains et l'une des catégories de biens mentionnées aux 1° et 2° ou sur ces deux catégories.

Lorsque la société d'aménagement foncier et d'établissement rural fait part au vendeur de son intention de ne préempter qu'une partie des biens mis en vente, le propriétaire peut exiger qu'elle se porte acquéreur de l'ensemble des biens aliénés. S'il accepte la préemption partielle, il peut exiger que la société d'aménagement foncier et d'établissement rural l'indemnise de la perte de valeur des biens non acquis. À défaut d'accord amiable sur le montant de l'indemnisation, celui-ci est fixé par le tribunal de grande instance.

Voir : la rédaction de cet article issue de la loi n° 2019-469 du 20 mai 2019, en *addendum*, p. 3587

Art. L. 143-1-2 *(L. n° 2014-1170, 13 oct. 2014)*. – Lorsque, en application du dernier alinéa de l'article L. 143-1-1, la société d'aménagement foncier et d'établissement rural a été tenue d'acquérir des biens, elle doit les rétrocéder prioritairement à l'acquéreur évincé.

En cas de refus d'acquisition par ce dernier, elle doit les proposer à la rétrocession à l'un ou plusieurs des candidats attributaires de la partie des biens ayant motivé la décision de préemption ou les proposer à la rétrocession dans l'un des objectifs prévus à l'article L. 143-2.

En cas de refus d'acquisition par ces attributaires ou en cas d'impossibilité de rétrocession dans l'un des objectifs prévus au même article L. 143-2, elle peut céder ces biens à toute personne qui se porte candidate, dans le respect des missions mentionnées à l'article L. 141-1.

Quel que soit l'attributaire, le prix de cession de ces biens ne peut excéder leur prix d'achat par la société d'aménagement foncier et d'établissement rural, majoré des frais qu'elle a supportés.

Art. L. 143-2 *(Mod., L. n° 2005-157, 23 févr. 2005 ; L. n° 2014-1170, 13 oct. 2014 ; à compter du 1er janvier 2016, Ord. n° 2015-1174, 23 sept. 2015)*. – L'exercice de ce droit a pour objet, dans le cadre des objectifs définis à l'article L. 1 :

1° L'installation, la réinstallation ou le maintien des agriculteurs ;

2° La consolidation d'exploitations afin de permettre à celles-ci d'atteindre une dimension économique viable au regard des critères du schéma directeur régional des exploitations agricoles et l'amélioration de la répartition parcellaire des exploitations existantes, dans les conditions prévues à l'article L. 331-2 ;

3° La préservation de l'équilibre des exploitations lorsqu'il est compromis par l'emprise de travaux d'intérêt public ;

4° La sauvegarde du caractère familial de l'exploitation ;

5° La lutte contre la spéculation foncière ;

6° La conservation d'exploitations viables existantes lorsqu'elle est compromise par la cession séparée des terres et de bâtiments d'habitation ou d'exploitation ;

7° La mise en valeur et la protection de la forêt ainsi que l'amélioration des structures sylvicoles dans le cadre des conventions passées avec l'État ;

8° La protection de l'environnement, principalement par la mise en œuvre de pratiques agricoles adaptées, dans le cadre de stratégies définies par l'État, les collectivités territoriales ou leurs établissements publics ou approuvées par ces personnes publiques en application du présent code ou du Code de l'environnement ;

9° *(9° mod. à compter du 1er janvier 2016, Ord. n° 2015-1174, 23 sept. 2015)* Dans les conditions prévues par la section 3 du chapitre III du titre Ier du livre Ier du Code de l'urbanisme, la protection et la mise en valeur des espaces agricoles et naturels périurbains.

Art. L. 143-2-1 *(L. n° 2017-257, 28 févr. 2017)*. – À titre expérimental, pendant une durée de trois ans à compter de l'entrée en vigueur de la loi no 2017-257 du 28 février 2017 relative au statut de Paris et à l'aménagement métropolitain, la société d'aménagement foncier et d'établissement rural d'Île-de-France est autorisée à préempter, en cas d'aliénation à titre onéreux des parcelles en nature réelle de bois ou classées en nature de bois et forêt au cadastre, d'une superficie totale inférieure à trois hectares et situées dans les zones délimitées par un document d'urbanisme mentionnées au premier alinéa de l'article L. 143-1, lorsque l'exercice de ce droit a pour objet la protection et la mise en valeur de la forêt desdites parcelles. Ce droit de préemption ne peut primer les droits de préemption et de préférence prévus aux articles L. 331-19, L. 331-22 et L. 331-23 du Code forestier.

La préemption prévue au premier alinéa du présent article s'applique également aux aliénations à titre gratuit, dans les conditions définies à l'article L. 143-16 du présent code.

À l'issue de cette période de trois ans, le Gouvernement adresse un rapport d'évaluation au Parlement.

Art. L. 143-3. – À peine de nullité, la société d'aménagement foncier et d'établissement rural doit justifier sa décision de préemption par référence explicite et motivée à l'un ou à plusieurs des objectifs ci-dessus définis, et la porter à la connaissance des intéressés. Elle doit également motiver et publier la décision de rétrocession et annoncer préalablement à toute rétrocession son intention de mettre en vente les fonds acquis par préemption ou à l'amiable.

Art. L. 143-4 *(Mod., L. n° 2005-157, 23 févr. 2005 ; Ord. n° 2012-92, 26 janv. 2012 ; L. n° 2014-1170, 13 oct. 2014)*. – Ne peuvent faire l'objet d'un droit de préemption :

1° Les échanges réalisés en application de l'article L. 124-1 ;

2° Les aliénations moyennant rente viagère servie pour totalité ou pour l'essentiel sous forme de prestations de services personnels ;

3° Les acquisitions effectuées par des cohéritiers sur licitation amiable ou judiciaire et les cessions consenties à des parents ou alliés jusqu'au quatrième degré inclus, ou à des cohéritiers ou à leur conjoint survivant ainsi que les actes conclus entre indivisaires en application des articles 815-14, 815-15 et 883 du Code civil ;

4° Sous réserve, dans tous les cas, que l'exploitation définitive ainsi constituée ait une surface inférieure à la superficie mentionnée au I, 1° de l'article 188-2 du Code rural [ancien], les acquisitions réalisées :

a) Par les salariés agricoles, les aides familiaux et les associés d'exploitation, majeurs, sous réserve qu'ils satisfassent à des conditions d'expérience et de capacité professionnelles fixées par décret ;

b) Par les fermiers ou métayers évincés de leur exploitation agricole en application des articles L. 411-5 à L. 411-7, L. 411-57 à L. 411-63, L. 411-67, L. 415-10 et L. 415-11 relatifs au droit de reprise des propriétaires privés ou des collectivités publiques, ainsi que par les agriculteurs à titre principal expropriés, sous réserve que l'exercice du droit de reprise ou l'expropriation ait eu pour l'exploitation de l'intéressé l'une des conséquences énoncées au II, 2°, de l'article 188-2 du Code rural [ancien], ou qu'elle l'ait supprimée totalement ;

5° Les acquisitions de terrains destinées :

a) À la construction, aux aménagements industriels ou à l'extraction de substances minérales ;

b) À la constitution ou à la préservation de jardins familiaux compris à l'intérieur d'agglomérations, à condition que leur superficie n'excède pas 1 500 mètres carrés, ou situés dans une zone affectée à cette fin soit par un document d'urbanisme opposable aux tiers, soit par une décision de l'organe délibérant d'une collectivité publique ;

6° Les acquisition de parcelles classées en nature de bois et forêts au cadastre, sauf :

a) Si ces dernières sont mises en vente avec d'autres parcelles non boisées dépendant de la même exploitation agricole, l'acquéreur ayant toutefois la faculté de conserver les parcelles boisées si le prix de celles-ci a fait l'objet d'une mention expresse dans la notification faite à la société d'aménagement foncier et d'établissement rural ou dans le cahier des charges de l'adjudication ;

b) S'il s'agit soit de semis ou plantations sur les parcelles de faible étendue dont la commission communale d'aménagement foncier a décidé la destruction en application de l'article L. 123-7, soit de semis ou plantations effectués en violation des dispositions de l'article L. 126-1 ;

c) Si elles ont fait l'objet d'une autorisation de défrichement ou si elles sont dispensées d'une déclaration de défrichement en application du 1° de l'article L. 342-1 du Code forestier ;

d) Si elles sont situées dans un périmètre d'aménagement foncier agricole et forestier en zone forestière prévu aux articles L. 123-18 à L. 123-22 ;

7° Les biens compris dans un plan de cession totale ou partielle d'une entreprise arrêté conformément aux articles 81 et suivants de la loi n° 85-98 du 25 janvier 1985 relative au redressement et à la liquidation judiciaires des entreprises ;

8° Les acquisitions de la nue-propriété d'un bien par ses usufruitiers et celles de l'usufruit d'un bien par ses nus-propriétaires.

Art. L. 143-5 *(Mod. à compter du 20 juin 2017, L. n° 2017-348, 20 mars 2017).* – Sauf s'il s'agit d'un apport en société ou d'un échange non réalisé en application de l'article L. 124-1, toute condition d'aliénation sous réserve de non-préemption d'une société d'aménagement foncier et d'établissement rural est réputée non écrite.

S'il s'agit d'un apport en société et que la condition suspensive est satisfaite, l'apporteur doit s'engager à conserver la totalité de ses droits sociaux reçus en contrepartie pendant au moins cinq ans à compter de la date de l'apport. Cet engagement doit être joint à la notification préalable de l'opération d'apport. En cas de méconnaissance de l'engagement ainsi souscrit et sauf accord exprès de sa part, la société d'aménagement foncier et d'établissement rural peut, dans un délai de six mois à compter du jour où elle en a eu connaissance, demander l'annulation de l'apport au président du tribunal de grande instance.

Art. L. 143-6 *(Mod., L. n° 2006-728, 23 juin 2006).* – Le droit de préemption de la société d'aménagement foncier et d'établissement rural ne peut primer les droits de préemption établis par les textes en vigueur au profit de l'État, des collectivités publiques, des établissements publics et des cohéritiers bénéficiaires de l'attribution préférentielle prévue à l'article 832-1 du Code civil.

Ce droit de préemption ne peut s'exercer contre le preneur en place, son conjoint ou son descendant régulièrement subrogé dans les conditions prévues à l'article L. 412-5 que si ce preneur exploite le bien concerné depuis moins de trois ans. Pour l'application du présent alinéa, la condition de durée d'exploitation exigée du preneur peut avoir été remplie par son conjoint ou par un ascendant de lui-même ou de son conjoint.

....

Art. L. 143-7-2 *(L. n° 2006-11, 5 janv. 2006 ; mod., L. n° 2014-1170, 13 oct. 2014).* – La société d'aménagement foncier et d'établissement rural informe les maires de toutes les déclarations d'intention d'aliéner portant sur des biens situés sur le territoire de leur commune.

Préalablement à toute rétrocession, elle les informe également de son intention de mettre en vente tout bien situé sur le territoire de leur commune.

Section II. – Conditions d'exercice

Sous-section 1. – Conditions générales

....

Sous-section 2. – Fixation du prix

Art. L. 143-10 *(Mod., L. n° 2010-874, 27 juill. 2010)*. – Lorsque la société d'aménagement foncier et d'établissement rural déclare vouloir faire usage de son droit de préemption et qu'elle estime que le prix et les conditions d'aliénation sont exagérés, notamment en fonction des prix pratiqués dans la région pour des immeubles de même ordre, elle adresse notaire du vendeur, après accord des commissaires du Gouvernement, une offre d'achat établie à ses propres conditions.

Si le vendeur n'accepte pas l'offre de la société d'aménagement foncier et d'établissement rural, il peut soit retirer le bien de la vente, soit demander la révision du prix proposé par la société d'aménagement foncier et d'établissement rural au tribunal compétent de l'ordre judiciaire qui se prononce dans les conditions prescrites par l'article L. 412-7.

Si, dans un délai de six mois à compter de la notification de cette offre, le vendeur n'a ni fait savoir qu'il l'acceptait, ni retiré le bien de la vente, ni saisi le tribunal, il est réputé avoir accepté l'offre de la société d'aménagement foncier et d'établissement rural qui acquiert le bien au prix qu'elle avait proposé. Toutefois, en cas de décès du vendeur avant l'expiration dudit délai, cette présomption n'est pas opposable à ses ayants droit auxquels la société d'aménagement foncier et d'établissement rural doit réitérer son offre.

Lorsque le tribunal, saisi par le vendeur, a fixé le prix, l'une ou l'autre des parties a la faculté de renoncer à l'opération. Toutefois, si le vendeur le demande dans un délai de trois ans à compter d'un jugement devenu définitif, la société d'aménagement foncier et d'établissement rural ne peut refuser l'acquisition du bien au prix fixé par le tribunal, éventuellement révisé si la vente intervient au cours des deux dernières années.

Sous-section 3. – Dispositions applicables en cas d'adjudication

Art. L. 143-11. – Les sociétés d'aménagement foncier et d'établissement rural disposent, en vue de se substituer à l'adjudicataire, d'un délai d'un mois à compter de l'adjudication. Ce délai est éventuellement augmenté en cas d'adjudication volontaire, afin que les sociétés d'aménagement foncier et d'établissement rural disposent d'un délai supplémentaire de cinq jours à compter de la date d'expiration du délai de surenchère fixé par le cahier des charges.

Art. L. 143-12 *(Mod., L. n° 2014-1170, 13 oct. 2014)*. – Les dispositions de l'article L. 143-10 ne sont pas applicables en cas de vente publique. Toutefois, le décret prévu à l'article L. 143-7 peut comporter des dispositions ayant pour objet, dans certaines zones ou pour certaines catégories de biens, d'obliger les propriétaires de biens pouvant faire l'objet de préemption par la société d'aménagement foncier et d'établissement rural, désireux de les vendre par adjudication volontaire, à les offrir à l'amiable à ladite société deux mois au moins avant la date prévue pour la vente, à condition que la procédure d'adjudication n'ait pas été rendue obligatoire par une disposition législative ou réglementaire. En cas d'application de ces dispositions, le silence de la société d'aménagement foncier et d'établissement rural dans les deux mois de la réception de l'offre amiable vaut, en toute hypothèse, refus d'acceptation de l'offre. Si le prix a été fixé dans les conditions prévues à l'article L. 143-10, le vendeur a la faculté de retirer le bien de la vente ; il ne peut alors procéder à l'adjudication amiable avant trois ans. S'il persiste dans son intention de vente, la société d'aménagement foncier et d'établissement rural ne peut, pendant ce délai, refuser l'acquisition au prix fixé par le tribunal, éventuellement révisé si la vente intervient au cours des deux dernières années.

Sous-section 4. – Contentieux

....

Section III. – Dispositions diverses

....

Section IV. – Droit de préemption en cas de donations entre vifs
(L. n° 2015-990, 6 août 2015)

Art. L. 143-16 *(L. n° 2015-990, 6 août 2015)*. – **Sont également soumis au droit de préemption des sociétés d'aménagement foncier et d'établissement rural les biens, droits réels et droits sociaux mentionnés aux premier, cinquième et sixième alinéas de l'article L. 143-1, lorsqu'ils font l'objet d'une cession entre vifs à titre gratuit, sauf si celle-ci est effectuée :**

1° Entre ascendants et descendants ;

2° Entre collatéraux jusqu'au sixième degré ;

3° Entre époux ou partenaires de pacte civil de solidarité ;

4° Entre une personne et les descendants de son conjoint ou de son partenaire de pacte civil de solidarité, ou entre ces descendants.

À l'exception de la sous-section 3 de la section 2, le présent chapitre est applicable aux donations mentionnées au premier alinéa.

Toutefois, par dérogation au premier alinéa de l'article L. 412-8, le notaire chargé d'instrumenter ne mentionne pas le prix. La décision du titulaire du droit de préemption d'acquérir le bien indique l'estimation de celui-ci par les services fiscaux.

Le droit de préemption des sociétés d'aménagement foncier et d'établissement rural prévu au présent article ne peut être mis en œuvre que pour des motifs qui se rattachent principalement à leur mission de favoriser l'installation, le maintien et la consolidation d'exploitations agricoles ou forestières afin que celles-ci atteignent une dimension économique viable au regard des critères du schéma directeur régional des exploitations agricoles, ainsi que l'amélioration de la répartition parcellaire des exploitations.

Voir : la rédaction de cet article issue de la loi n° 2019-469 du 20 mai 2019, en *addendum*, p. 3587

TITRE V. – LES ÉQUIPEMENTS ET LES TRAVAUX DE MISE EN VALEUR

....

CHAPITRE II. – LES SERVITUDES

Section I. – Servitude pour l'établissement de canalisations publiques d'eau ou d'assainissement

Art. L. 152-1 *(Mod., L. n° 2014-1170, 13 oct. 2014 ; à compter du 1er janvier 2015, Ord. n° 2014-1345, 6 nov. 2014)*. – **Il est institué au profit des collectivités publiques, des établissements publics ou des concessionnaires de services publics qui entreprennent des travaux d'établissement de canalisations d'eau potable ou d'évacuation d'eaux usées ou pluviales une servitude leur conférant le droit d'établir à demeure des canalisations souterraines dans les terrains privés non bâtis, excepté les cours et jardins attenant aux habitations.**

L'établissement de cette servitude ouvre droit à indemnité. Il fait l'objet d'une enquête publique réalisée selon les modalités prévues au livre Ier du Code de l'expropriation pour cause d'utilité publique.

Un décret en Conseil d'État fixe les modalités d'application du présent article afin notamment que les conditions d'exercice de la servitude soient rationnelles et les moins dommageables à l'utilisation présente et future des terrains.

Art. L. 152-2. – **Les contestations relatives à l'indemnité prévue au deuxième alinéa de l'article L. 152-1 sont jugées comme en matière d'expropriation pour cause d'utilité publique.**

Section II. – Servitude de passage des conduites d'irrigation

Art. L. 152-3. – **Il est institué, au profit des collectivités publiques et de leurs concessionnaires ainsi qu'au profit des établissements publics, une servitude leur conférant le droit d'établir à demeure, dans les conditions les plus rationnelles et les moins dommageables à l'exploitation présente et future, en vue de l'irrigation, des canalisations souterraines dans les terrains privés non bâtis, excepté les cours et jardins attenant aux habitations.**

Art. L. 152-4. – **L'établissement de cette servitude ouvre droit à indemnité. Les contestations relatives à cette indemnité sont jugées comme en matière d'expropriation pour cause d'utilité publique.**

....

Section III. – Servitude de passage des engins mécaniques et de dépôt pour l'entretien des canaux d'irrigation

Art. L. 152-7. – Les riverains de celles des sections de canaux d'irrigation pour lesquelles l'application des dispositions du présent article aura été déclarée d'utilité publique sont tenus de permettre le libre passage et l'emploi sur leurs propriétés, dans la limite d'une largeur de quatre mètres à partir de la rive, des engins mécaniques servant aux opérations d'entretien. Ils doivent également permettre en certains endroits le dépôt des produits de curage et de faucardement. À ces endroits, la zone grevée de servitude peut atteindre le double de la largeur existant entre les berges opposées du canal reprofilé.

Les terrains bâtis ou clos de murs, les cours et jardins attenant aux habitations à la date de publication de l'acte prescrivant l'enquête préalable à la déclaration d'utilité publique sont exonérés des servitudes de passage et de dépôt.

Si le propriétaire le requiert, l'expropriation des terrains grevés de la servitude de dépôt est obligatoire.

L'établissement des servitudes donne droit à indemnité.

Art. L. 152-8. – À l'intérieur des zones soumises aux servitudes, toute nouvelle construction, toute élévation de clôture fixe, toute plantation est soumise à autorisation préfectorale.

Les constructions, clôtures ou plantations édifiées sans cette autorisation peuvent être supprimées à la diligence du gestionnaire du canal, à ce habilité par le préfet.

Art. L. 152-9. – Les propriétaires de clôtures, arbres et arbustes existant dans les zones grevées de servitudes antérieurement à la publication de l'acte prescrivant l'enquête préalable à la déclaration d'utilité publique peuvent être mis en demeure par le préfet de supprimer ces clôtures, arbres et arbustes. Cette suppression ouvre droit à indemnité. En cas d'inexécution, les clôtures, arbres et arbustes peuvent être supprimés aux frais des propriétaires par l'organisme gestionnaire du canal, à ce habilité par le préfet. Cette exécution d'office ne fait pas disparaître le droit à indemnité.

Au cas où une clôture, dont la suppression n'est pas ordonnée, doit être déplacée pour permettre le passage des engins mécaniques, son déplacement et sa remise en place incombent à la collectivité ou à l'organisme chargé de l'entretien du canal.

Art. L. 152-10. – Les contestations auxquelles peuvent donner lieu l'établissement et l'exercice des servitudes ainsi que la fixation des indemnités dues aux propriétaires intéressés sont jugées comme en matière d'expropriation pour cause d'utilité publique.

....

Section IV. – Servitude de passage des engins mécaniques et de dépôt pour l'entretien de certains canaux d'assainissement

Art. L. 152-13. – Les dispositions des articles L. 152-7 à L. 152-11 relatifs à une servitude de passage des engins mécaniques sur les terrains bordant certains canaux d'irrigation et à une servitude de dépôts sont applicables à ceux des émissaires d'assainissement qui, n'ayant pas le caractère de cours d'eau naturels, sont exclus du bénéfice des dispositions relatives aux servitudes de passage sur les berges des cours d'eau non domaniaux.

Section V. – Servitude dite d'aqueduc

Art. L. 152-14. – Toute personne physique ou morale, qui veut user pour l'alimentation en eau potable, pour l'irrigation ou, plus généralement, pour les besoins de son exploitation, des eaux dont elle a le droit de disposer, peut obtenir le passage par conduite souterraine de ces eaux sur les fonds intermédiaires, dans les conditions les plus rationnelles et les moins dommageables à l'exploitation présente et future de ces fonds, à charge d'une juste et préalable indemnité.

Sont exceptés de cette servitude les habitations et les cours et jardins y attenant.

Cette servitude s'applique également en zone de montagne pour obtenir le passage des eaux destinées à l'irrigation par aqueduc ou à ciel ouvert dans les mêmes conditions que celles prévues au premier alinéa.

Art. L. 152-15. – Les propriétaires des fonds inférieurs doivent recevoir les eaux qui s'écoulent des terrains ainsi arrosés, sauf l'indemnité qui peut leur être due.

Sont exceptés de cette servitude les habitations et les cours, jardins, parcs et enclos y attenant.

Les eaux usées, provenant des habitations alimentées et des exploitations desservies en application de l'article L. 152-14, peuvent être acheminées par canalisation souterraine vers des ouvrages de collecte et d'épuration sous les mêmes conditions et réserves énoncées à l'article L. 152-14, concernant l'amenée de ces eaux.

Art. L. 152-16. – Les contestations auxquelles peuvent donner lieu l'établissement de la servitude, la fixation du parcours de la conduite d'eau, de ses dimensions et de sa forme, et les indemnités dues soit au propriétaire du fonds traversé, soit à celui du fonds qui reçoit l'écoulement des eaux sont portées devant les tribunaux de l'ordre judiciaire qui, en prononçant, doivent concilier l'intérêt de l'opération avec le respect dû à la propriété.

Section VI. – Servitude d'appui

Art. L. 152-17. – Tout propriétaire qui veut se servir, pour l'irrigation de ses propriétés, des eaux naturelles ou artificielles dont il a le droit de disposer, peut obtenir la faculté d'appuyer sur la propriété du riverain opposé les ouvrages d'art nécessaires à sa prise d'eau, à la charge d'une juste et préalable indemnité.

Sont exceptés de cette servitude les bâtiments, cours et jardins attenant aux habitations.

Art. L. 152-18. – Le riverain sur les fonds duquel l'appui est réclamé peut toujours demander l'usage commun du barrage, en contribuant pour moitié aux frais d'établissement et d'entretien ; aucune indemnité n'est respectivement due dans ce cas, et celle qui aurait été payée doit être rendue.

Lorsque cet usage commun n'est réclamé qu'après le commencement ou la confection des travaux, celui qui le demande doit supporter seul l'excédent auquel donnent lieu les changements à faire au barrage pour le rendre propre à l'irrigation des deux rives.

Art. L. 152-19. – Les contestations auxquelles peut donner lieu l'application des articles L. 152-17 et L. 152-18 sont portées devant les tribunaux de l'ordre judiciaire.

Section VII. – Servitude d'écoulement

Art. L. 152-20. – Tout propriétaire qui veut assainir son fonds par le drainage ou un autre mode d'assèchement peut, moyennant une juste et préalable indemnité, en conduire les eaux souterrainement ou à ciel ouvert à travers les propriétés qui séparent ce fonds d'un cours d'eau ou de toute autre voie d'écoulement.

Sont exceptés de cette servitude les habitations et les cours, jardins, parcs et enclos y attenant.

Art. L. 152-21. – Les propriétaires de fonds voisins ou traversés ont la faculté de se servir des travaux faits en vertu de l'article L. 152-20, pour l'écoulement des eaux et de leurs fonds.

Ils supportent dans ce cas :

1° Une part proportionnelle dans la valeur des travaux dont ils profitent ;

2° Les dépenses résultant des modifications que l'exercice de cette faculté peut rendre nécessaires ;

3° Pour l'avenir, une part contributive dans l'entretien des travaux devenus communs.

Art. L. 152-22. – Les associations syndicales, pour l'assainissement des terres par le drainage et par tout autre mode d'assèchement, et l'État, pour le dessèchement de marais ou la mise en valeur de terres incultes appartenant aux communes ou sections de communes, jouissent des mêmes droits et supportent les mêmes obligations.

Art. L. 152-23. – Les contestations auxquelles peuvent donner lieu l'établissement et l'exercice de la servitude, la fixation du parcours des eaux, l'exécution des travaux de drainage ou d'assèchement, les indemnités et les frais d'entretien sont portées devant les tribunaux de l'ordre judiciaire qui, en prononçant, doivent concilier les intérêts de l'opération avec le respect dû à la propriété.

....

LIVRE DEUXIÈME. – SANTÉ PUBLIQUE VÉTÉRINAIRE ET PROTECTION DES VÉGÉTAUX

TITRE PREMIER. – LA GARDE ET LA CIRCULATION DES ANIMAUX ET DES PRODUITS ANIMAUX

CHAPITRE I. – LA GARDE DES ANIMAUX DOMESTIQUES ET SAUVAGES APPRIVOISÉS OU TENUS EN CAPTIVITÉ

Section I. – Les animaux de rente

....

CHAPITRE III. – LES CESSIONS D'ANIMAUX ET DE PRODUITS ANIMAUX

Section 1. – Les vices rédhibitoires

Art. L. 213-1 *(Anc. art. L. 913-1 créé, Ord. n° 2000-550, 15 juin 2000 ; dénum., Ord. n° 2000-914, 18 sept. 2000 ; mod., Ord. n° 2005-136, 17 févr. 2005 ; L. n° 2014-1170, 13 oct. 2014).* – L'action en garantie, dans les ventes ou échanges d'animaux domestiques est régie, à défaut de conventions contraires, par les dispositions de la présente section, sans préjudice ni de l'application des articles L. 211-1 à L. 211-6, L. 211-8 à L. 211-15 du Code de la consommation ni des dommages et intérêts qui peuvent être dus, s'il y a dol.

La présomption prévue à l'article L. 211-7 du même code n'est pas applicable aux ventes ou échanges d'animaux domestiques.

Art. L. 213-2 *(Anc. art. L. 913-2 créé, Ord. n° 2000-550, 15 juin 2000 ; dénum., Ord. n° 2000-914, 18 sept. 2000).* – Sont réputés vices rédhibitoires et donnent ouverture aux actions résultant des articles 1641 à 1649 du Code civil, sans distinction des localités où les ventes et échanges ont lieu, les maladies ou défauts définis dans les conditions prévues à l'article L. 213-4.

Art. L. 213-3 *(Anc. art. L. 913-3 créé, Ord. n° 2000-550, 15 juin 2000 ; dénum., Ord. n° 2000-914, 18 sept. 2000).* – Sont réputés vices rédhibitoires, pour l'application des articles L. 213-1 et L. 213-2 aux transactions portant sur des chiens ou des chats, les maladies définies dans les conditions prévues à l'article L. 213-4.

Pour certaines maladies transmissibles du chien et du chat, les dispositions de l'article 1647 du Code civil ne s'appliquent que si un diagnostic de suspicion a été établi par un vétérinaire ou docteur vétérinaire dans les délais fixés par décret en Conseil d'État.

Art. L. 213-4 *(Anc. art. L. 913-4 créé, Ord. n° 2000-550, 15 juin 2000 ; dénum., Ord. n° 2000-914, 18 sept. 2000 ; mod., Ord. n° 2005-1127, 8 sept. 2005).* – La liste des vices rédhibitoires et celle des maladies transmissibles, mentionnée au deuxième alinéa de l'article L. 213-3, sont fixées par décret en Conseil d'État.

Art. L. 213-5 *(Anc. art. L. 913-5 créé, Ord. n° 2000-550, 15 juin 2000 ; dénum., Ord. n° 2000-914, 18 sept. 2000).* – Les délais impartis aux acheteurs de chiens et de chats pour provoquer la nomination d'experts chargés de dresser procès-verbal et pour intenter l'action résultant des vices rédhibitoires sont fixés par décret en Conseil d'État.

Art. L. 213-6 *(Anc. art. L. 913-5 créé, Ord. n° 2000-550, 15 juin 2000 ; dénum., Ord. n° 2000-914, 18 sept. 2000 ; mod., Ord. n° 2006-1224, 5 oct. 2006).* – En ce qui concerne les animaux vendus pour la boucherie et reconnus tuberculeux après abattage, le vendeur n'est tenu qu'au remboursement de la valeur des viandes saisies.

L'acheteur doit établir l'identité de l'animal qui a fait l'objet de la saisie et produire, à l'appui de sa demande, un certificat délivré par l'agent ayant la qualité de vétérinaire officiel en vertu du V de l'article L. 231-2 mentionnant le signalement de l'animal, la nature et le poids des viandes saisies. En cas de saisie totale, le remboursement est égal au prix de la vente diminué de la valeur de la dépouille.

Au cas de saisie partielle portant sur la viande, ce remboursement mis à la charge du vendeur, soit en vertu de l'action principale, soit en vertu de l'action récursoire, est égal à la valeur de la partie saisie, calculée sur le prix effectivement reçu par le vendeur et compte tenu de la catégorie de la viande saisie.

Toutefois, aucune action ne peut être intentée par l'acheteur d'un animal de boucherie qui a libéré son vendeur de la garantie prévue par la présente section.

Art. L. 213-7 *(Anc. art. L. 913-7 créé, Ord. n° 2000-550, 15 juin 2000 ; dénum., Ord. n° 2000-914, 18 sept. 2000).* – L'action en réduction de prix autorisée par l'article 1644 du Code civil ne peut être exercée dans les ventes et échanges d'animaux énoncés à l'article L. 213-2 lorsque le vendeur offre de reprendre l'animal vendu en restituant le prix et en remboursant à l'acquéreur les frais occasionnés par la vente.

Art. L. 213-8 *(Anc. art. L. 913-8 créé, Ord. n° 2000-550, 15 juin 2000 ; dénum., Ord. n° 2000-914, 18 sept. 2000).* – Aucune action en garantie, même en réduction de prix, n'est admise pour les ventes ou pour les échanges d'animaux domestiques, si le prix en cas de vente, ou la valeur en cas d'échange, est inférieur à une valeur déterminée par voie réglementaire.

Art. L. 213-9 *(Anc. art. L. 913-9 créé, Ord. n° 2000-550, 15 juin 2000 ; dénum., Ord. n° 2000-914, 18 sept. 2000).* – Si l'animal vient à périr, le vendeur n'est pas tenu de la garantie, à moins que l'acheteur n'ait intenté une action régulière dans le délai légal et ne prouve que la perte de l'animal provient de l'une des maladies spécifiées dans l'article L. 213-2.

....

LIVRE TROISIÈME. – L'EXPLOITATION AGRICOLE

(L. n° 93-934, 22 juill. 1993)

TITRE I. – DISPOSITIONS GÉNÉRALES

CHAPITRE I. – LES ACTIVITÉS AGRICOLES

Art. L. 311-1 *(L. n° 97-1051, 18 nov. 1997 ; mod., L. n° 2005-157, 23 févr. 2005 ; Ord. n° 2005-1127, 8 sept. 2005 ; L. n° 2010-874, 27 juill. 2010 ; L. n° 2014-1170, 13 oct. 2014).* – Sont réputées agricoles toutes les activités correspondant à la maîtrise et à l'exploitation d'un cycle biologique de caractère végétal ou animal et constituant une ou plusieurs étapes nécessaires au déroulement de ce cycle ainsi que les activités exercées par un exploitant agricole qui sont dans le prolongement de l'acte de production ou qui ont pour support l'exploitation. Les activités de cultures marines sont réputées agricoles, nonobstant le statut social dont relèvent ceux qui les pratiquent. Il en est de même des activités de préparation et d'entraînement des équidés domestiques en vue de leur exploitation, à l'exclusion des activités de spectacle. Il en est de même de la production et, le cas échéant, de la commercialisation, par un ou plusieurs exploitants agricoles, de biogaz, d'électricité et de chaleur par la méthanisation, lorsque cette production est issue pour au moins 50 % de matières provenant d'exploitations agricoles. Les revenus tirés de la commercialisation sont considérés comme des revenus agricoles, au prorata de la participation de l'exploitant agricole dans la structure exploitant et commercialisant l'énergie produite. Les modalités d'application du présent article sont déterminées par décret.

Les activités agricoles ainsi définies ont un caractère civil.

Toutefois, pour la détermination des critères d'affiliation aux régimes de protection sociale des non-salariés et des salariés des professions agricoles, sont considérées comme agricoles les activités mentionnées respectivement aux articles L. 722-1 et L. 722-20.

Voir : la rédaction de cet article issue de la loi n° 2019-469 du 20 mai 2019, en *addendum*, p. 3587

....

TITRE II. – LES DIFFÉRENTES FORMES JURIDIQUES DE L'EXPLOITATION AGRICOLE

CHAPITRE I. – L'EXPLOITATION FAMILIALE À RESPONSABILITÉ PERSONNELLE

Section I. – Les rapports entre les membres de l'exploitation familiale

Sous-section 1. – Les rapports entre les époux, les personnes liées par un pacte civil de solidarité et les concubins

(Intitulé rempl., L. n° 2006-11, 5 janv. 2006)

Art. L. 321-1 *(Mod., L. n° 2006-11, 5 janv. 2006)*. – Lorsque des époux exploitent ensemble et pour leur compte une même exploitation agricole, ils sont présumés s'être donné réciproquement mandat d'accomplir les actes d'administration concernant les besoins de l'exploitation.

Lorsqu'il ne fait que collaborer à l'exploitation agricole, le conjoint de l'exploitant est présumé avoir reçu de celui-ci le mandat d'accomplir les actes d'administration concernant les besoins de cette exploitation.

Art. L. 321-2. – Les dispositions de l'article L. 321-1 cessent de plein droit d'être applicables en cas d'absence présumée de l'un des époux, de séparation de corps ou de séparation de biens judiciaire.

Elles cessent également d'être applicables lorsque les conditions prévues à l'article L. 321-1 ne sont plus remplies.

Art. L. 321-3. – Chaque époux a la faculté de déclarer, son conjoint présent ou dûment appelé, que celui-ci ne pourra plus se prévaloir des dispositions de l'article L. 321-1.

La déclaration prévue à l'alinéa précédent est, à peine de nullité, faite devant notaire. Elle a effet à l'égard des tiers trois mois après que mention en aura été portée en marge de l'acte de mariage des époux. En l'absence de cette mention, elle n'est opposable aux tiers que s'il est établi que ceux-ci en ont eu connaissance.

Art. L. 321-4. – Lorsque des époux participent ensemble et de façon habituelle à une exploitation agricole non constituée sous forme sociale, l'un ou l'autre peut participer aux assemblées générales des organismes de coopération, de mutualité ou de crédit agricole et est éligible aux organes ou conseils d'administration ou de surveillance des organismes précités. Toute clause contraire dans les statuts de ces organismes est réputée non écrite.

Art. L. 321-5 *(Mod., Ord. n° 2010-461, 6 mai 2010)*. – Le conjoint du chef d'une exploitation ou d'une entreprise agricole qui n'est pas constituée sous forme d'une société ou d'une coexploitation entre conjoints peut y exercer son activité professionnelle en qualité de collaborateur d'exploitation ou d'entreprise agricole.

Lorsque le chef ou un associé d'une exploitation ou d'une entreprise agricole exerce également une activité non salariée non agricole et est affilié au seul régime agricole en application de l'article L. 171-3 du Code de la sécurité sociale, son conjoint peut également prétendre au statut de collaborateur au titre de sa participation à l'activité non salariée non agricole.

Sous réserve de l'application des dispositions de l'article L. 321-1, le conjoint de l'associé d'une exploitation ou d'une entreprise agricole constituée sous la forme d'une société peut également prétendre au statut de collaborateur lorsqu'il y exerce son activité professionnelle et n'est pas associé de ladite société.

L'option pour le statut de conjoint collaborateur est formulée selon des modalités précisées par décret et prend effet à compter de la date à laquelle l'intéressé remplit les conditions prévues au présent article.

Par dérogation, l'option formulée avant le 1er janvier 2001 prend effet au 1er janvier 1999 si le conjoint remplissait, à cette dernière date, les conditions fixées à l'article 1122-1. Pour les personnes bénéficiant du statut de conjoint collaborateur d'exploitation ou d'entreprise agricole à compter du 1er janvier 1999, la cotisation prévue au *b* de l'article 1123 due pour l'année 2000 est majorée au titre de l'année 1999 dans des conditions fixées par décret.

Le collaborateur bénéficie du droit à l'assurance vieillesse des personnes non salariées des professions agricoles dans les conditions prévues aux chapitres IV et IV-1 du titre II du livre VII lorsque son conjoint relève du régime agricole, ainsi que d'une créance de salaire différé dans les conditions prévues au chapitre Ier du titre II du livre III (nouveau).

À compter du 1er janvier 2006, le conjoint du chef d'exploitation ou d'entreprise agricole exerçant sur l'exploitation ou au sein de l'entreprise une activité professionnelle régulière opte, selon des modalités précisées par décret, pour l'une des qualités suivantes :

– collaborateur du chef d'exploitation ou d'entreprise agricole ;
– salarié de l'exploitation ou de l'entreprise agricole ;
– chef d'exploitation ou d'entreprise agricole.

Les dispositions du présent article sont également applicables aux personnes qui sont liées par un pacte civil de solidarité ou qui vivent en concubinage avec le chef d'exploitation ou d'entreprise agricole.

Voir : la rédaction de cet article issue de la loi n° 2019-469 du 20 mai 2019, en *addendum*, p. 3587

Sous-section 2. – Les associés d'exploitation

Art. L. 321-6. – L'associé d'exploitation est la personne non salariée âgée de dix-huit ans révolus et de moins de trente-cinq ans qui, descendant, frère, sœur ou allié au même degré du chef d'exploitation agricole ou de son conjoint, a pour activité principale la participation à la mise en valeur de l'exploitation.

Art. L. 321-7. – Dans chaque département, une convention type relative aux droits et obligations respectifs des associés d'exploitation et des chefs d'exploitation est proposée par les organisations professionnelles les plus représentatives des exploitants agricoles, d'une part, des associés d'exploitation, de l'autre.

Cette convention prévoit obligatoirement :

1° Un congé de formation, à la charge du chef d'exploitation, sous réserve des dispositions prises en application du livre IX du Code du travail relatif à la formation professionnelle continue dans le cadre de l'éducation permanente, et dont la durée minimale et les modalités sont fixées par décret en Conseil d'État ;

2° Un intéressement aux résultats de l'exploitation dont le montant est au moins égal à celui de l'allocation prévue à l'article L. 321-9. Un décret en Conseil d'État détermine les éléments à retenir par les parties, en vue de la fixation dudit intéressement ;

3° Le délai dans lequel l'adhésion à la convention pourra être dénoncée, par écrit, par l'une quelconque des parties.

La convention type peut contenir toutes autres dispositions utiles.

Elle est approuvée, après avis de la chambre d'agriculture, par décision préfectorale.

Art. L. 321-8. – Le chef d'exploitation et l'associé d'exploitation peuvent, d'un commun accord et par écrit, adhérer totalement ou partiellement à la convention type départementale prévue à l'article L. 321-7.

L'adhésion partielle porte nécessairement sur les clauses obligatoires de la convention type départementale.

Art. L. 321-9. – À défaut du chef d'exploitation et de l'associé d'exploitation à la convention type départementale prévue à l'article L. 321-7, en cas de dénonciation ou à défaut d'existence d'une telle convention, l'intéressement dû aux associés d'exploitation prend la forme d'une allocation dont le montant est fixé, pour l'ensemble du territoire, par un accord conclu entre les organisations professionnelles les plus représentatives des exploitants agricoles, d'une part, des associés d'exploitation, d'autre part, et homologué, après avis de l'assemblée permanente des chambres d'agriculture, par arrêté conjoint du ministre de l'Agriculture et du ministre chargé de l'économie et des finances.

Art. L. 321-10. – Lorsque l'associé d'exploitation atteint l'âge de vingt-cinq ans, les clauses de la convention type mentionnées aux 1° et 2° de l'article L. 321-7 deviennent de plein droit applicables. À défaut de convention type, l'associé d'exploitation a droit, à la charge du chef d'exploitation, à un congé de formation dont la durée et les modalités sont déterminées par décret en Conseil d'État.

Art. L. 321-11. – Les dispositions de la présente sous-section ne font pas obstacle à l'application de l'article L. 321-13.

L'intéressement perçu en application de l'article L. 321-7 ne vient en déduction des sommes dues au titre du salaire différé que pour la fraction excédant le montant prévu à l'article L. 321-9.

Il est soumis au régime fiscal par les articles 83 et 158-5 du Code général des impôts.

Il ne peut être saisi ou cédé dans les conditions prévues au chapitre V du titre IV du livre I du Code du travail.

Il bénéficie des privilèges prévus aux articles 2101, 4° et 2104, 2° du Code civil, et L. 143-10 et L. 143-11 du Code du travail.

Art. L. 321-12. – La condition d'associé d'exploitation prend fin par l'installation en qualité d'exploitant individuel ou de participant à une exploitation de groupe, en association aussi bien avec le chef d'exploitation qu'avec d'autres agriculteurs.

L'associé d'exploitation marié, ayant la qualité de descendant, de frère ou de sœur du chef d'exploitation ou de son conjoint doit, lorsqu'il est âgé de vingt-trois ans ou plus, s'installer dans les deux ans en qualité d'exploitant. À défaut d'une telle installation, il perd la qualité d'associé d'exploitation.

Sous-section 3. – Le contrat de travail à salaire différé

Art. L. 321-13. – Les descendants d'un exploitant agricole qui, âgés de plus de 18 ans, participent directement et effectivement à l'exploitation, sans être associés aux bénéfices ni aux pertes et qui ne reçoivent pas de salaire en argent en contrepartie de leur collaboration, sont réputés légalement bénéficiaires d'un contrat de travail à salaire différé sans que la prise en compte de ce salaire pour la détermination des parts successorales puisse donner lieu au paiement d'une soulte à la charge des cohéritiers.

Le taux annuel du salaire sera égal, pour chacune des années de participation, à la valeur des deux tiers de la somme correspondant à 2 080 fois le taux du salaire minimum interprofessionnel de croissance en vigueur, soit au jour du partage consécutif au décès de l'exploitant, soit au plus tard à la date du règlement de la créance, si ce règlement intervient du vivant de l'exploitant.

(Al. abr., L. fin. n° 2013-1278, 29 déc. 2013).

Art. L. 321-14. – Le bénéfice du contrat de travail à salaire différé constitue pour le descendant de l'exploitant agricole un bien propre dont la dévolution, par dérogation aux règles du droit civil et nonobstant toutes conventions matrimoniales, est exclusivement réservée à ses enfants vivants ou représentés.

Cette transmission est dispensée de tout droit de mutation par décès.

Art. L. 321-15. – Si le descendant est marié et si son conjoint participe également à l'exploitation dans les conditions mentionnées à l'article L. 321-13, chacun des époux sera réputé légalement bénéficiaire d'un contrat de travail à salaire différé au taux fixé au deuxième alinéa dudit article L. 321-13.

En cas de divorce ou de séparation de corps prononcé aux torts exclusifs de l'époux qui n'est pas le descendant de l'exploitant, ledit époux perdra le bénéfice des dispositions de l'alinéa précédent.

Art. L. 321-16. – En cas de prédécès du descendant marié, si celui-ci laisse de son mariage un ou plusieurs enfants âgés de moins de dix-huit ans, le conjoint survivant qui participe à l'exploitation dans les conditions fixées à l'article L. 321-13 bénéficie des droits mentionnés audit article, jusqu'à ce que le plus jeune des enfants ait atteint sa dix-huitième année ou achevé les études poursuivies dans un établissement d'enseignement agricole.

Art. L. 321-17 *(Mod., L. n° 2006-728, 23 juin 2006).* – Le bénéficiaire d'un contrat de salaire différé exerce son droit de créance après le décès de l'exploitant et au cours du règlement de la succession ; cependant l'exploitant peut, de son vivant, remplir le bénéficiaire de ses droits de créance, notamment lors de la donation-partage à laquelle il procéderait.

Toutefois, le bénéficiaire des dispositions de la présente sous-section, qui ne serait pas désintéressé par l'exploitant lors de la donation-partage comprenant la majeure partie des biens, et alors que ceux non distribués ne seraient plus suffisants pour le couvrir de ses droits, peut lors du partage exiger des donataires le paiement de son salaire.

Les droits de créance résultant des dispositions de la présente sous-section ne peuvent en aucun cas, et quelle que soit la durée de la collaboration apportée à l'exploitant, dépasser, pour chacun des ayants droit, la somme représentant le montant de la rémunération due pour une période de dix années, et calculée sur les bases fixées au deuxième alinéa de l'article L. 321-13.

Le paiement du salaire différé ou l'attribution faite au créancier pour le remplir de ses droits de créance, ne donne lieu à la perception d'aucun droit d'enregistrement. Les délais et modalités de paiement sont fixés, s'il y a lieu, dans les conditions prévues à l'article 924-3 du Code civil.

Art. L. 321-18. – L'abandon de l'activité agricole par l'ascendant n'éteint pas les droits de créance du descendant qui a participé à l'exploitation.

Les enfants et petits-enfants mentionnés à l'article L. 321-16 qui n'ont jamais travaillé sur un fonds rural sont privés desdits droits, sauf si, lors du règlement de la créance, de la donation-partage ou du décès de l'exploitant, ils se trouvent encore soumis à l'obligation scolaire ou poursuivent leurs études dans un établissement d'enseignement agricole.

Art. L. 321-19. – La preuve de la participation à l'exploitation agricole dans les conditions définies aux articles L. 321-13 à L. 321-18 pourra être apportée par tous moyens.

En vue de faciliter l'administration de cette preuve, les parties pourront effectuer chaque année une déclaration à la mairie, laquelle devra être visée par le maire qui en donnera récépissé.

Art. L. 321-20. – Les règles spéciales régissant le contrat de travail, ainsi que toutes les dispositions de la législation du travail, ne sont pas applicables dans les cas prévus par la présente sous-section.

Art. L. 321-21. – Les droits de créances résultant du contrat de salaire différé sont garantis sur la généralité des meubles par le privilège inscrit à l'article 2101 (4°) du Code civil, sur la généralité des immeubles par le privilège inscrit à l'article 2104 (2°) du Code civil et sur les immeubles par une hypothèque légale.

Art. L. 321-21-1 *(L. n° 99-574, 9 juill. 1999)*. – Le conjoint survivant du chef d'une exploitation agricole ou de l'associé exploitant une société dont l'objet est l'exploitation agricole qui justifie par tous moyens avoir participé directement et effectivement à l'activité de l'exploitation pendant au moins dix années, sans recevoir de salaire ni être associé aux bénéfices et aux pertes de celle-ci, bénéficie d'un droit de créance d'un montant égal à trois fois le salaire minimum de croissance annuel en vigueur au jour du décès dans la limite de 25 % de l'actif successoral. Ce droit est garanti sur la généralité des meubles par le privilège inscrit au 4° de l'article 2101 du Code civil, sur la généralité des immeubles par le privilège inscrit au 2° de l'article 2104 du Code civil et sur les immeubles par une hypothèque légale. Le cas échéant, le montant des droits propres du conjoint survivant dans les opérations de partage successoral est diminué de celui de cette créance.

Section II. – La transmission de l'exploitation familiale

Art. L. 321-22. – L'exploitant agricole qui prévoit la cessation de son activité agricole peut, préalablement à celle-ci, s'engager à transmettre progressivement l'ensemble des droits et obligations liés aux différents éléments de son exploitation selon un plan de transmission dont la définition, la durée et les modalités d'application sont fixées par décret.

Art. L. 321-23 *(Mod., L. n° 2006-728, 23 juin 2006)*. – Les règles relatives à l'attribution préférentielle par voie de partage de l'exploitation agricole sont celles définies par les articles 831 à 834 du Code civil.

Art. L. 321-24 *(Mod., L. n° 2006-728, 23 juin 2006)*. – Nonobstant toute disposition contraire, les articles 831 à 834 du Code civil sont applicables au conjoint survivant ou à tout héritier copropriétaire remplissant les conditions personnelles prévues au premier alinéa de l'article 831 lorsque les biens et droits immobiliers à destination agricole dépendant de la succession font l'objet d'un apport en jouissance ou d'une mise à disposition au profit d'une société à objet exclusivement agricole constituée entre agriculteurs personnes physiques se consacrant à l'exploitation des biens mis en valeur par celle-ci, en participant sur les lieux aux travaux, de façon effective et permanente selon les usages de la région et en fonction de l'importance de l'exploitation et, soit dotée de la personnalité morale, soit, s'il s'agit d'une société en participation, régie par des statuts établis par un écrit ayant acquis date certaine.

Art. L. 321-25 *(Mod., L. n° 2006-728, 23 juin 2006)*. – Les règles spécifiques relatives à l'indivision de l'exploitation agricole sont celles définies par les articles 820 à 824 du Code civil.

CHAPITRE II. – LES GROUPEMENTS FONCIERS AGRICOLES ET LES GROUPEMENTS FONCIERS RURAUX

(Intitulé mod., L. n° 95-95, 1er févr. 1995)

Art. L. 322-1 *(L. n° 95-95, 1er févr. 1995)*. – Le groupement foncier agricole est une société civile formée entre personnes physiques. Il est régi par les dispositions prévues aux articles L. 322-2 à L. 322-21 du présent code et par les chapitres I et II du titre IX du livre III du Code civil. Le décès, la faillite personnelle, la liquidation ou le redressement judiciaires de l'un des associés ne met pas fin au groupement.

Art. L. 322-2. – Par dérogation aux dispositions de l'article L. 322-1, les sociétés d'aménagement foncier et d'établissement rural peuvent être membres, à titre transitoire, d'un groupement foncier agricole. Elles ne peuvent détenir plus de 30 % du capital du groupement, ni y exercer aucune fonction de gestion, d'administration ou de direction. La durée de la participation au groupement ne peut excéder cinq ans. Ce délai est néanmoins suspendu et il est susceptible d'être prorogé dans les cas et dans les conditions prévus aux articles L. 142-4 et L. 142-5.

Art. L. 322-3 *(Mod., Ord. n° 2009-80, 22 janv. 2009 ; L. n° 2014-1170, 13 oct. 2014 ; à compter du 20 juin 2017, L. n° 2017-348, 20 mars 2017).* – Par dérogation aux dispositions de l'article L. 322-1, les sociétés civiles autorisées à procéder à une offre au public de titres financiers et agréées pour cet objet unique par arrêté conjoint du ministre de l'Économie et des Finances et du ministre de l'Agriculture, les entreprises d'assurances et de capitalisation régies par le Code des assurances ou leurs groupements constitués à cet effet, les coopératives agricoles et les sociétés d'intérêt collectif agricole peuvent être membres d'un groupement foncier agricole dont l'ensemble des biens immobiliers est donné à bail à long terme à un ou plusieurs membres du groupement. Ces personnes morales ne peuvent y exercer aucune fonction de gestion, d'administration ou de direction.

Art. L. 322-4. – Pour l'application à un groupement foncier agricole des articles 1861 à 1865 du Code civil, les statuts doivent prévoir au profit des membres du groupement autres que les personnes morales un droit de préférence pour l'acquisition des parts mises en vente.

Art. L. 322-5. – Les statuts peuvent exiger l'acquisition des parts détenues par des personnes morales après l'expiration d'un délai prévu dans les statuts et ne pouvant excéder vingt ans. Les statuts peuvent en outre accorder un droit de priorité aux associés participant à l'exploitation des biens du groupement, notamment en vertu d'un bail. Une convention particulière peut également prévoir la possibilité pour ces derniers d'exiger l'acquisition des parts détenues par des personnes morales avant l'expiration dudit délai.

Art. L. 322-6. – Le groupement foncier agricole a pour objet soit la création ou la conservation d'une ou plusieurs exploitations agricoles, soit l'une et l'autre de ces opérations. Il assure ou facilite la gestion des exploitations dont il est propriétaire, notamment en les donnant en location dans les conditions prévues au titre I du livre IV du présent code portant statut du fermage et du métayage.

Art. L. 322-7. – La superficie totale des exploitations appartenant à un même groupement foncier agricole peut être limitée dans des conditions fixées par décret, compte tenu de la situation particulière de chaque région naturelle agricole.

Le même décret peut préciser les conditions dans lesquelles les groupements sont habilités à détenir des biens situés dans des régions naturelles différentes.

Art. L. 322-8. – Le capital social est constitué par des apports en propriété d'immeubles ou de droits immobiliers à destination agricole ou par des apports en numéraire ; il est représenté par des parts sociales qui pourront être délivrées sous la forme de certificats nominatifs dont mention sera faite sur un registre des transferts tenu par le groupement.

L'apport d'un bien grevé d'usufruit doit être fait simultanément par le nu-propriétaire et par l'usufruitier. S'il s'agit d'un bien indivis, l'apport doit être fait simultanément par tous les indivisaires.

Le droit de préemption institué par l'article L. 143-1 ne s'applique pas aux apports de biens à un groupement foncier agricole constitué entre membres de la même famille jusqu'au quatrième degré inclus ni aux apports faits par un propriétaire exploitant lesdits biens.

Art. L. 322-9. – Lorsqu'un ou plusieurs des baux consentis par un groupement foncier agricole sont en cours à l'expiration du temps pour lequel il a été constitué, le groupement est, sauf opposition de l'un de ses membres, prorogé de plein droit pour la durée restant à courir sur celui de ces baux qui vient le dernier à expiration.

Les statuts ne peuvent déroger à la possibilité pour l'un des associés de s'opposer à la prorogation.

Art. L. 322-10. – Lorsque les statuts obligent le groupement à donner à bail la totalité de son patrimoine immobilier, le droit de vote attaché aux parts est, nonobstant toute clause contraire, proportionnel à la quotité de capital qu'elles représentent et chaque part donne droit à une voix au moins.

Toutefois, lorsque parmi les associés du groupement figure l'une au moins des personnes morales mentionnées aux articles L. 322-2 et L. 322-3, un droit de vote double de celui conféré aux parts détenues par ces personnes morales est attribué de plein droit aux parts détenues par des personnes physiques.

Art. L. 322-11. – Le groupement foncier agricole doit donner à bail les terres dont il est propriétaire lorsque son capital est constitué pour plus de 30 % par des apports en numéraire. Le groupement foncier agricole constitué entre époux, parents ou alliés jusqu'au quatrième degré inclus n'est pas soumis à cette obligation.

Le groupement foncier agricole est également tenu de donner à bail lorsqu'une société d'aménagement foncier et d'établissement rural est au nombre des membres du groupement.

Art. L. 322-12. – Les statuts des groupements fonciers agricoles procédant à la mise en valeur directe de leurs biens sociaux doivent prévoir la nomination de l'un ou de plusieurs de leurs membres comme gérants statutaires.

Les statuts de ces groupements doivent conférer la qualité de gérant statutaire aux associés exploitants de fonds appartenant auxdits groupements. Ils doivent aussi prévoir que les décisions de dissolution ne pourront prendre effet qu'à l'expiration d'un délai de dix-huit mois à compter de la signification de ces décisions aux gérants statutaires.

Art. L. 322-13. – Lorsque le groupement foncier agricole est tenu de donner à bail ses biens sociaux, les apports en numéraire doivent faire l'objet d'investissements à destination agricole au profit du groupement dans le délai d'un an. Pendant cette période et tant qu'ils ne sont pas utilisés à des investissements correspondant à l'objet social du groupement, ces apports sont versés à un compte bloqué dans un établissement agréé.

Art. L. 322-14 *(Mod., L. n° 2006-728, 23 juin 2006).* – En cas de partage, les associés qui participent ou ont participé à l'exploitation peuvent, sauf dispositions statutaires contraires, solliciter le bénéfice de la dévolution des biens fonciers selon les modalités des articles 831, 832-1, 832-3, 832-4, 833 et 834 du Code civil.

Le partage ou la licitation des groupements fonciers sont régis par les dispositions des articles 746, 748 *bis* et 750 *bis* du Code général des impôts ci-après reproduits :

(V. CGI, art. 746, 748 bis et 750 bis).

Art. L. 322-15 *(Mod., L. n° 91-1322, 30 déc. 1991).* – Les actes constatant des apports mobiliers à un groupement foncier agricole, l'augmentation du capital social ou la prorogation d'un groupement foncier agricole sont enregistrés au droit fixé prévu au paragraphe I de l'article 810 du Code général des impôts, ci-après reproduit :

(V. CGI, art. 810, § 1).

Art. L. 322-16. – Les parts d'un groupement foncier agricole sont exonérées des droits de mutation à titre gratuit dans la limite et les conditions fixées aux articles 793 et 793 *bis* du Code général des impôts.

Art. L. 322-17. – Les cessions de parts d'un groupement foncier agricole bénéficient des dispositions de l'article 730 *ter* du Code général des impôts, ci-après reproduit :

(V. CGI, art. 730 ter).

Art. L. 322-18 *(Mod., L. n° 95-95, 1er févr. 1995).* – Toute infraction aux dispositions du présent chapitre donne lieu au remboursement des avantages financiers et fiscaux qu'elle prévoit.

Toutefois, ce remboursement n'est pas dû lorsque la condition de parenté prévue à l'article L. 322-11 cesse d'être respectée à la suite de transmissions à titre gratuit.

Art. L. 322-19. – Les groupements agricoles fonciers qui ont été créés conformément à la loi n° 62-933 du 8 août 1962 complémentaire à la loi d'orientation agricole, et répondant aux diverses caractéristiques prévues au présent chapitre, sont assujettis aux dispositions fiscales prévues pour les groupements fonciers agricoles.

Art. L. 322-20. – Les parts de groupements fonciers agricoles peuvent faire l'objet d'un nantissement pour l'obtention de prêts à toutes fins professionnelles ou familiales.

Le groupement peut accorder sa caution hypothécaire à ces opérations.

Art. L. 322-21. – L'application des dispositions du présent chapitre ne doit, en aucun cas, permettre de déroger au statut des baux ruraux et aux dispositions concernant le contrôle des structures.

Art. L. 322-22 *(L. n° 95-95, 1er févr. 1995 ; mod., Ord. n° 2012-92, 26 janv. 2012 ; à compter du 20 juin 2017, L. n° 2017-348, 20 mars 2017).* – Les groupements fonciers ruraux sont des sociétés civiles formées en vue de rassembler et gérer des immeubles à usage agricole et forestier. Les dispositions des articles L. 322-1 et suivants du présent code ainsi que les articles L. 331-1 et L. 331-2 du Code forestier leur sont applicables.

Toutefois, pour l'application de l'article L. 322-2, la participation des sociétés d'aménagement foncier et d'établissement rural au capital d'un groupement foncier rural ne doit pas dépasser 30 % de la valeur des biens à usage agricole détenus par ce groupement.

Leurs biens sont régis, notamment en matière fiscale, selon les dispositions propres aux groupements fonciers agricoles, pour la partie agricole, et selon les dispositions propres aux groupements forestiers, pour la partie forestière.

Art. L. 322-23 *(L. n° 95-95, 1er févr. 1995).* – Les associés d'un groupement foncier rural ou d'un groupement foncier agricole peuvent, sans préjudice des droits des tiers, se retirer totalement ou partiellement de la société dans les conditions prévues par les statuts. À défaut, le retrait ne peut être autorisé que par une décision unanime des autres associés.

Art. L. 322-24 *(Abr. à compter du 20 juin 2017, L. n° 2017-348, 20 mars 2017).*

CHAPITRE III. – LES GROUPEMENTS AGRICOLES D'EXPLOITATION EN COMMUN

Art. L. 323-1. – Les groupements agricoles d'exploitation en commun sont des sociétés civiles de personnes régies par les chapitres I et II du titre IX du livre III du Code civil et par les dispositions du présent chapitre. Ils sont formés entre personnes physiques majeures.

Art. L. 323-2 *(Mod., L. n° 2010-874, 27 juill. 2010 ; L. n° 2014-1170, 13 oct. 2014 ; L. n° 2016-1888, 28 déc. 2016).* – Un groupement agricole d'exploitation en commun est dit total quand il a pour objet la mise en commun par ses associés de l'ensemble de leurs activités de production agricole correspondant à la maîtrise et à l'exploitation d'un cycle biologique de caractère végétal ou animal et constituant une ou plusieurs étapes nécessaires au déroulement de ce cycle, y compris les activités de cultures marines. En cas de mise en commun d'une partie seulement de ces activités, le groupement est dit partiel. Un même groupement agricole d'exploitation en commun ne peut être total pour certains des associés et partiel pour d'autres.

Les activités mentionnées au premier alinéa du présent article peuvent être complétées par la mise en commun d'autres activités agricoles mentionnées à l'article L. 311-1.

Les associés d'un groupement agricole d'exploitation en commun total ne peuvent se livrer à l'extérieur du groupement, à titre individuel ou dans un cadre sociétaire, à une activité correspondant à la maîtrise et à l'exploitation d'un cycle biologique de caractère végétal ou animal et constituant une ou plusieurs étapes nécessaires au déroulement de ce cycle.

Les associés d'un groupement agricole d'exploitation en commun ne peuvent se livrer à l'extérieur du groupement, à titre individuel ou dans un cadre sociétaire, à l'une des activités mentionnées au même article L. 311-1 pratiquées par le groupement.

Un groupement agricole d'exploitation en commun total peut, sans perdre sa qualité, participer, en tant que personne morale associée d'une autre société, à la production et, le cas échéant, à la commercialisation de produits de la méthanisation agricole, au sens dudit article L. 311-1. Un groupement agricole d'exploitation en commun total peut également, sans perdre sa qualité, participer en tant que personne morale associée d'un groupement pastoral, au sens de l'article L. 113-3, à l'exploitation de pâturages.

Les groupements agricoles d'exploitation en commun ne peuvent réunir plus de dix associés.

Un groupement agricole d'exploitation en commun peut être constitué de deux époux, de deux concubins ou de deux partenaires liés par un pacte civil de solidarité, y compris lorsqu'ils en sont les seuls associés.

Art. L. 323-3. – Les groupements agricoles d'exploitation en commun ont pour objet de permettre la réalisation d'un travail en commun dans des conditions comparables à celles existant dans les exploitations de caractère familial et en application des dispositions prévues à l'article L. 312-6.

Ces groupements peuvent également avoir pour objet la vente en commun, à frais communs, du fruit du travail des associés, mais gardant l'avantage des réglementations en ce qui concerne les volumes de production.

Art. L. 323-4. – Le décès, la faillite personnelle, la liquidation ou le redressement judiciaires de l'un des associés, ou la volonté de l'un ou plusieurs d'entre eux de n'être plus dans la société, ne met pas fin au groupement.

Tout associé peut être autorisé par les autres associés ou, le cas échéant, par le tribunal à se retirer du groupement pour un motif grave et légitime. Il peut également en demander la dissolution, conformément à l'article 1844-7 du Code civil.

Art. L. 323-5. – Nonobstant toute disposition contraire des statuts, l'associé qui, pour quelque cause que ce soit, cesse de faire partie de la société peut, dans la mesure de ses droits, reprendre ses apports en les précomptant sur sa part pour le prix qu'ils valent alors. Il en est de même en cas de dissolution de la société. Les dispositions du présent article sont applicables aux ayants droit d'un associé décédé.

Art. L. 323-6 *(Mod., L. n° 2006-728, 23 juin 2006)*. – Sous réserve des dispositions des articles 1870 et 1870-1 du Code civil, les dispositions des articles 821 à 824, 832-1 et 924 du Code civil permettant le maintien dans l'indivision, l'attribution préférentielle et la donation avec dispense de rapport en nature d'une exploitation agricole sont applicables à la dévolution successorale, aux partages de communautés conjugales et aux dons et legs de parts sociales d'un groupement agricole d'exploitation, lesdites parts étant, dans ce cas, considérées comme si elles constituaient l'exploitation agricole, objet du groupement.

Art. L. 323-7 *(Mod., L. n° 2006-11, 5 janv. 2006 ; L. n° 2010-874, 27 juill. 2010 ; L. n° 2014-1170, 13 oct. 2014)*. – Peuvent être membres d'un groupement agricole d'exploitation en commun les personnes qui font à ce groupement un apport en numéraire, en nature ou en industrie afin de contribuer à la réalisation de son objet.

Les associés doivent participer effectivement au travail en commun. Toutefois, une décision collective des associés peut, au cours de la vie du groupement, accorder à titre temporaire des dispenses de travail pour des motifs fixés par décret.

Les associés d'un groupement total doivent y exercer leur activité professionnelle à titre exclusif et à temps complet. Dans des conditions fixées par décret, une décision collective peut autoriser un ou plusieurs associés à réaliser une activité extérieure au groupement.

Les décisions mentionnées aux deuxième et troisième alinéas du présent article sont soumises à l'accord de l'autorité administrative mentionnée à l'article L. 323-11.

Art. L. 323-8. – Les apports en numéraire et les apports en nature, qu'ils soient faits en pleine propriété ou seulement en jouissance, concourent à la formation du capital du groupement, qui peut être un capital variable. Ils donnent lieu à l'attribution de parts d'intérêts.

Les apports en industrie donnent lieu à l'attribution de parts d'intérêts, mais ne concourent pas à la formation du capital social. Les porteurs de ces parts participent à la gestion et aux résultats du groupement dans les conditions fixées par les statuts.

Art. L. 323-9. – La rémunération que perçoivent les associés du fait de leur participation effective aux travaux constitue une charge sociale dans les conditions et les limites fixées par décret en Conseil d'État et les statuts propres à chaque groupement.

Art. L. 323-10. – Sauf disposition spéciale des statuts prévoyant une responsabilité plus grande, la responsabilité personnelle de l'associé à l'égard des tiers ayant contracté avec le groupement est limitée à deux fois la fraction du capital social qu'il possède. Les pertes éventuelles sont, dans les mêmes proportions, divisées entre les associés en fonction du nombre de parts d'intérêts qui leur appartiennent.

Art. L. 323-11 *(Mod., Ord. n° 2010-461, 6 mai 2010 ; L. n° 2010-874, 27 juill. 2010 ; L. n° 2014-1170, 13 oct. 2014).* – Les groupements agricoles d'exploitation en commun sont agréés par l'autorité administrative.

Avant de délivrer un agrément, l'autorité administrative vérifie, sur la base des déclarations des intéressés et des informations dont elle dispose, la conformité du groupement aux dispositions du présent chapitre. Elle vérifie, en particulier, la qualité de chef d'exploitation des associés, l'adéquation entre la dimension de l'exploitation commune et le nombre d'associés ainsi que l'effectivité du travail en commun.

Lorsqu'elle délivre un agrément, l'autorité administrative décide des modalités d'accès des membres du groupement aux aides de la politique agricole commune, en application de l'article L. 323-13.

Les conditions et modalités d'agrément des groupements agricoles d'exploitation en commun et d'accès aux aides de la politique agricole commune sont précisées par voie réglementaire.

Art. L. 323-12 *(Mod., L. n° 2006-11, 5 janv. 2006 ; L. n° 2014-1170, 13 oct. 2014).* – Les conditions de réexamen et de retrait de l'agrément mentionné à l'article L. 323-11, notamment en cas de mouvements d'associés, de dispenses de travail ou de réalisation d'activités extérieures au groupement en méconnaissance des dispositions du présent chapitre, sont précisées par voie réglementaire.

Les sociétés qui, à la suite d'une modification de leur objet ou de leurs statuts ou du fait des conditions de leur fonctionnement, ne peuvent être regardées comme des groupements agricoles d'exploitation en commun, au sens du présent chapitre et des textes pris pour son application, encourent le retrait de l'agrément qu'elles ont obtenu.

Toutefois, l'autorité administrative peut, pour une durée maximale d'un an renouvelable une fois, maintenir l'agrément d'un groupement selon des conditions qu'elle détermine au vu du dossier. Ce délai court à compter de la date à laquelle le groupement ne respecte plus les conditions régissant les groupements agricoles d'exploitation en commun.

Art. L. 323-13 *(Mod., L. n° 2006-11, 5 janv. 2006 ; L. n° 2014-1170, 13 oct. 2014).* – La participation à un groupement agricole d'exploitation en commun ne doit pas avoir pour effet de mettre ceux des associés qui sont considérés comme chefs d'exploitation et leur famille, pour tout ce qui touche leur statut professionnel, et notamment économique, social et fiscal, dans une situation inférieure à celle des autres chefs d'exploitation agricole, et à celle des autres familles de chefs d'exploitation agricole.

Pour la mise en œuvre des règles de la politique agricole commune, ce principe ne s'applique qu'aux groupements agricoles d'exploitation en commun totaux et dès lors que les associés ont contribué, par leurs apports en nature, en numéraire ou en industrie, à renforcer la structure agricole du groupement dans des conditions définies par décret.

Art. L. 323-14 *(Mod., L. n° 2006-11, 5 janv. 2006).* – Le preneur à ferme qui adhère à un groupement agricole d'exploitation en commun peut faire exploiter par ce groupement tout ou partie des biens dont il est locataire pour une durée qui ne peut être supérieure à celle du bail dont il est titulaire. Il en avise alors, par lettre recommandée, avec accusé de réception, le propriétaire.

Cette opération ne donne pas lieu à l'attribution de parts d'intérêts au profit du preneur, qui reste seul titulaire du bail. Les droits du bailleur ne sont pas modifiés. Toutefois, le groupement est tenu solidairement avec le preneur de l'exécution des clauses du bail.

Le bailleur et le métayer conviennent alors avec la société de la manière dont seront identifiés les fruits de l'exploitation en vue des partages à opérer. En cas de désaccord, ces conditions sont déterminées par le tribunal paritaire des baux ruraux saisi à la diligence de l'une ou l'autre des parties.

Art. L. 323-15. – Nonobstant les dispositions des articles L. 411-58 à L. 411-63, L. 411-67, L. 412-12 et L. 416-8, le preneur exerçant le droit de préemption ou le propriétaire exerçant le droit de reprise peut faire apport de ses biens à un groupement agricole d'exploitation en commun.

Art. L. 323-16 *(Mod., Ord. n° 2010-461, 6 mai 2010).* – Les conditions d'application du présent chapitre sont fixées par décret en Conseil d'État.

CHAPITRE IV. – L'EXPLOITATION AGRICOLE À RESPONSABILITÉ LIMITÉE

Art. L. 324-1 *(Mod., L. n° 2005-157, 23 févr. 2005).* – Une ou plusieurs personnes physiques peuvent instituer une société civile dénommée « exploitation agricole à responsabilité limitée », régie par les dispositions des chapitres I et II du titre IX du livre III du Code civil, à l'exception de l'article 1844-5. Les associés ne supportent les pertes qu'à concurrence de leurs apports.

Lorsque l'exploitation agricole à responsabilité limitée est constituée par une seule personne, celle-ci est dénommée « associé unique ». L'associé unique exerce les pouvoirs dévolus à l'assemblée des associés.

L'exploitation agricole à responsabilité limitée est désignée par une dénomination sociale à laquelle peut être incorporé le nom d'un ou plusieurs associés, et qui doit être précédée ou suivie immédiatement des mots « exploitation agricole à responsabilité limitée » ou des initiales EARL, et de l'énonciation du capital social.

Art. L. 324-2 *(Mod., L. n° 2005-157, 23 févr. 2005).* – L'exploitation agricole à responsabilité limitée a pour objet l'exercice d'activités réputées agricoles au sens de l'article L. 311-1. Elle ne peut réunir plus de dix associés.

Art. L. 324-3 *(Ord. n° 2000-916, 19 sept. 2000).* – Le capital social de l'exploitation agricole à responsabilité limitée doit être de 7 500 € au moins.

Sa réduction à un montant inférieur doit être suivie, dans un délai d'un an, d'une augmentation ayant pour effet de le porter au montant prévu à l'alinéa précédent, à moins que, dans le même délai, l'exploitation agricole à responsabilité limitée n'ait été transformée en société d'une autre forme. À défaut, tout intéressé peut demander en justice sa dissolution, après avoir mis les représentants de celle-ci en demeure de régulariser la situation. Le tribunal ne peut prononcer la dissolution lorsque cette cause de dissolution a cessé d'exister le jour où il statue sur le fond.

Art. L. 324-4 *(Ord. n° 2000-916, 19 sept. 2000 ; mod., L. n° 2010-658, 15 juin 2010).* – Les apports en numéraire et les apports en nature, qu'ils soient faits en pleine propriété ou en jouissance, concourent à la formation du capital social de l'exploitation agricole à responsabilité limitée qui peut être un capital variable. Ils donnent lieu à l'attribution de parts sociales.

Les statuts doivent contenir l'évaluation de chaque apport en nature. Il y est procédé au vu d'un rapport annexé aux statuts et établi, sous sa responsabilité, par un commissaire aux apports désigné à l'unanimité des futurs associés ou, à défaut, par une décision de justice à la demande du futur associé le plus diligent.

Toutefois, les futurs associés peuvent décider à l'unanimité que le recours à un commissaire aux apports ne sera pas obligatoire lorsque la valeur d'aucun apport en nature n'excède un montant fixé par décret et si la valeur totale de l'ensemble des apports en nature non soumis à l'évaluation d'un commissaire aux apports n'excède pas la moitié du capital.

Art. L. 324-5. – Lorsque la société est constituée par une seule personne, le commissaire aux apports est désigné par l'associé unique. Toutefois, le recours à un commissaire aux apports n'est pas obligatoire si les conditions prévues au troisième alinéa de l'article L. 324-4 sont réunies.

Art. L. 324-6. – Les associés solidairement, ou l'associé unique, sont responsables pendant cinq ans, à l'égard des tiers, de la valeur attribuée aux apports en nature lors de la constitution ou de l'augmentation du capital social de l'exploitation agricole à responsabilité limitée.

Art. L. 324-7. – La rémunération que perçoivent les associés du fait de leur participation effective aux travaux constitue une charge sociale dans les conditions fixées par décret en Conseil d'État.

Art. L. 324-8 *(Mod., L. n° 2005-157, 23 févr. 2005).* – Les associés majeurs qui participent effectivement, au sens de l'article L. 411-59 du Code rural, à l'exploitation sont dénommés « associés exploitants ». Les statuts doivent mentionner les noms de ceux qui ont cette qualité.

Les associés exploitants doivent détenir ensemble plus de 50 % des parts représentatives du capital.

Les associés choisissent parmi les associés exploitants, titulaires de parts sociales représentatives du capital, un ou plusieurs gérants.

Art. L. 324-9. – Le non-respect en cours de vie sociale de l'une des conditions prévues à l'article L. 324-8 n'entraîne pas la dissolution de plein droit de l'exploitation agricole à responsabilité limitée. Tout intéressé peut demander en justice la dissolution si la situation n'a pas été régularisée dans le délai d'un an. Ce délai est porté à trois ans si la méconnaissance des conditions dont il s'agit est due à la cessation d'activité d'un associé exploitant à la suite de son décès ou d'une inaptitude à l'exercice de la profession agricole reconnue en application de l'article 1106-3 ou du B de l'article 1234-3 du Code rural. Faute d'associé exploitant, l'exploitation agricole à responsabilité limitée peut être gérée durant cette période par une personne physique désignée par les associés ou, à défaut, par le tribunal à la demande de tout intéressé.

Le tribunal ne peut prononcer la dissolution si cette régularisation a eu lieu le jour où il statue sur le fond.

Art. L. 324-10. – Les associés disposent de droits de vote, dans les assemblées, proportionnels au nombre de parts sociales qu'ils détiennent. Toutefois, les statuts peuvent prévoir que les associés exploitants se répartissent d'une façon égalitaire les droits de vote qu'ils détiennent ensemble.

Art. L. 324-11 *(Abr., Ord. n° 2006-870, 13 juill. 2006).*

CHAPITRE V. – L'ENTRAIDE ENTRE AGRICULTEURS

Art. L. 325-1 *(Mod., L. n° 97-1051, 18 nov. 1997).* – L'entraide est réalisée entre agriculteurs par des échanges de services en travail et en moyens d'exploitation.

Elle peut être occasionnelle, temporaire ou intervenir d'une manière régulière.

L'entraide est un contrat à titre gratuit, même lorsque le bénéficiaire rembourse au prestataire tout ou partie des frais engagés par ce dernier.

Lorsqu'elle est pratiquée dans une exploitation soumise au régime d'autorisation des exploitations de cultures marines, l'entraide doit donner lieu à l'établissement d'un contrat écrit.

Art. L. 325-2 *(Mod., L. fin. n° 2009-1673, 30 déc. 2009).* – Les prestations réalisées dans le cadre de l'entraide ne peuvent être assujetties ni à la taxe sur la valeur ajoutée ni à la contribution économique territoriale. Elles ne peuvent donner lieu à prélèvement sur les salaires ni à perception de cotisations sociales.

Art. L. 325-3 *(Mod., L. n° 2001-1128, 30 nov. 2001 ; à compter du 1er octobre 2016, Ord. n° 2016-131, 10 févr. 2016).* – Le prestataire reste responsable des accidents du travail survenus à lui-même ou aux membres de sa famille, ou à toute personne considérée légalement comme aide familiale, ou à ses ouvriers agricoles.

Il reste également responsable, conformément aux dispositions des articles 1240 et suivants du Code civil, des dommages occasionnés par les personnes mentionnées à l'alinéa précédent, ainsi que par le matériel ou les animaux dont il continue à assurer la garde.

Le prestataire doit en conséquence contracter une assurance couvrant tous les risques entraînés par l'exécution d'un service rendu au titre de l'entraide agricole, en particulier les risques d'accidents du travail de ses ouvriers agricoles, à l'exception des risques régis par le chapitre II du titre V du livre VII du présent code.

CHAPITRE VI. – LES CONTRATS D'INTÉGRATION

Art. L. 326-1. – Sont réputés contrats d'intégration tous contrats, accords ou conventions conclus entre un producteur agricole ou un groupe de producteurs et une ou plusieurs entreprises industrielles ou commerciales comportant obligation réciproque de fournitures de produits ou de services.

Sont également réputés contrats d'intégration les contrats, accords ou conventions séparés conclus par une ou plusieurs entreprises industrielles ou commerciales avec un même producteur agricole ou un même groupe de producteurs agricoles, et dont la réunion aboutit à l'obligation réciproque mentionnée à l'alinéa précédent.

Art. L. 326-2. – Dans le domaine de l'élevage, sont réputés contrats d'intégration les contrats par lesquels le producteur s'engage envers une ou plusieurs entreprises à élever ou à engraisser des animaux, ou à produire des denrées d'origine animale, et à se conformer à des règles concernant la conduite de l'élevage, l'approvisionnement en moyens de production ou l'écoulement des produits finis.

Art. L. 326-3. – Les contrats de fournitures de produits ou de services nécessaires à la production agricole conclus entre un producteur agricole ou un groupe de producteurs et une ou plusieurs entreprises industrielles ou commerciales ne sont pas réputés contrats d'intégration s'ils ne comportent d'autre obligation pour le ou les producteurs agricoles que le paiement d'un prix mentionné au contrat.

Après homologation par le ministre de l'Agriculture, ces contrats bénéficient des dispositions des titres I à IV de la loi n° 64-678 du 6 juillet 1964 tendant à définir les principes et les modalités du régime contractuel en agriculture.

Art. L. 326-4. – Lorsque le nombre de contrats individuels d'intégration conclus entre des producteurs agricoles et une entreprise industrielle ou commerciale est supérieur à un nombre fixé par le ministre de l'Agriculture, ou lorsque deux tiers au moins du nombre des producteurs liés par contrat individuel d'intégration à une même entreprise industrielle ou commerciale en font la demande, il sera substitué un contrat collectif conforme au contrat type prévu à l'article L. 326-5.

Un exemplaire de ce contrat collectif sera remis à chaque producteur intéressé.

Art. L. 326-5. – Un ou plusieurs contrats types fixent, par secteur de production, les obligations réciproques des parties en présence, et notamment les garanties minimales à accorder aux exploitants agricoles.

Le contrat type détermine notamment :

1° le mode de fixation des prix entre les parties contractantes ;

2° les délais de paiement au-delà desquels l'intérêt légal est dû au producteur sans qu'il y ait lieu à mise en demeure ;

3° la durée du contrat, le volume et le cycle de production sous contrat ainsi que les indemnités dues par les parties en cas de non-respect des clauses.

Les clauses contraires aux prescriptions du présent chapitre, et notamment les clauses pénales ou résolutoires incluses dans les contrats mentionnés aux articles L. 326-1 à L. 326-3, sont nulles. Les dispositions correspondantes du contrat type homologué leur sont substituées de plein droit.

Les contrats types sont homologués par décision du ministre de l'Agriculture après avis du conseil supérieur d'orientation de l'économie agricole et alimentaire. L'autorité compétente dispose d'un délai de trois mois à compter de la date de l'avis pour se prononcer sur la demande d'homologation. Si, après un avis favorable du conseil supérieur d'orientation de l'économie agricole et alimentaire, l'autorité compétente ne s'est pas prononcée au terme de ce délai, la demande est réputée acceptée.

Un an après sa promulgation, le contrat type est applicable à toutes les entreprises agricoles, industrielles et commerciales de la branche concernée.

Les relations entre les coopératives agricoles et leurs sociétaires ne sont pas régies par les dispositions du présent chapitre. Toutefois, lorsqu'elles concluent des contrats d'intégration avec des agriculteurs qui ne sont pas leurs sociétaires, les coopératives agricoles sont tenues par toutes les obligations prévues au présent chapitre.

Seules peuvent prétendre aux aides publiques à l'investissement les entreprises justifiant de la conformité de leur politique contractuelle aux dispositions du présent article.

Art. L. 326-6. – Les contrats d'intégration conclus à titre individuel ou le contrat collectif doivent obligatoirement, à peine de nullité, fixer la nature, les prix et les qualités de fournitures réciproques de produits ou de services, le rapport entre les variations des prix de fournitures faites ou acquises par le producteur. Leurs clauses doivent également mentionner les conditions de durée, de renouvellement, de révision et de résiliation.

Art. L. 326-7. – Sauf consentement écrit des parties, aucun contrat ne peut être renouvelé par tacite reconduction pour une période excédant un an.

Art. L. 326-8. – L'adaptation régionale du contrat collectif prévu à l'article L. 326-4 sera faite dans les mêmes conditions, après avis des organisations professionnelles les plus représentatives de la région.

Art. L. 326-9. – Tout contrat collectif d'intégration doit, pour être applicable, être homologué par le ministre de l'Agriculture.

Art. L. 326-10. – Les dispositions des articles 8 et 16 de la loi n° 64-678 du 6 juillet 1964 précitée ne sont pas applicables aux accords ou contrats d'intégration.

....

TITRE V. – EXPLOITATIONS AGRICOLES EN DIFFICULTÉ

CHAPITRE I. – LE RÈGLEMENT AMIABLE, LE REDRESSEMENT ET LA LIQUIDATION JUDICIAIRES DE L'EXPLOITATION AGRICOLE

Section I. – Le règlement amiable

Art. L. 351-1. – Il est institué une procédure de règlement amiable destinée à prévenir et à régler les difficultés financières des exploitations agricoles dès qu'elles sont prévisibles ou dès leur apparition, notamment par la conclusion d'un accord amiable entre le débiteur et ses principaux créanciers.

Cette procédure, exclusive de celle prévue par la loi n° 84-148 du 1er mars 1984 relative à la prévention et au règlement amiable des difficultés des entreprises, est applicable à toute personne physique ou morale de droit privé exerçant une activité agricole au sens de l'article L. 311-1.

Toutefois, les sociétés commerciales exerçant une activité agricole demeurent soumises à la loi n° 84-148 du 1er mars 1984 précitée.

Art. L. 351-2. – Les dirigeants des exploitations agricoles en difficulté ou leurs créanciers peuvent saisir le président du tribunal de grande instance dans le ressort duquel se trouve le siège de l'exploitation d'une demande tendant à la désignation d'un conciliateur.

Art. L. 351-3. – Le président du tribunal peut, nonobstant toute disposition législative ou réglementaire contraire, obtenir communication de tout renseignement lui permettant d'apprécier la situation économique et financière de l'exploitation agricole et ses perspectives de règlement. À cette fin, il peut également ordonner une expertise.

Art. L. 351-4 *(Mod., L. n° 2012-387, 22 mars 2012 ; L. n° 2016-1547, 18 nov. 2016).* – Le président du tribunal nomme un conciliateur en lui fixant un délai pour l'accomplissement de sa mission ou rend une ordonnance de rejet. Le débiteur peut proposer le nom d'un conciliateur.

Le conciliateur auquel sont communiquées les informations obtenues en application de l'article L. 351-3 a pour mission de favoriser le règlement de la situation financière de l'exploitation agricole par la conclusion d'un accord amiable entre le débiteur et ses principaux créanciers sur des délais de paiement ou des remises de dettes.

Le débiteur peut récuser le conciliateur dans des conditions et délais fixés par décret en Conseil d'État.

Les administrations financières, les organismes de sécurité sociale, les institutions gérant le régime d'assurance chômage prévu au chapitre II du titre II du livre IV de la cinquième partie du Code du travail et les institutions régies par le livre IX du Code de la sécurité sociale peuvent consentir des remises de dettes dans les conditions fixées à l'article L. 626-6 du Code de commerce. Des cessions de rang de privilège ou d'hypothèque ou l'abandon de ces sûretés peuvent être consenties dans les mêmes conditions.

Art. L. 351-5 *(Mod., L. n° 94-475, 10 juin 1994 ; à compter du 1er juillet 2014, D. n° 2014-326, 12 mars 2014).* – Le président du tribunal, qui nomme un conciliateur en application de l'article L. 351-4, peut également prononcer la suspension provisoire des poursuites pour un délai n'excédant pas deux mois. Ce délai peut être prorogé pour la même durée.

Cette décision suspend ou interdit toute action en justice de la part de tous les créanciers dont la créance a son origine antérieurement à ladite décision et tendant :

1° À la condamnation du débiteur au paiement d'une somme d'argent ;

2° À la résolution d'un contrat pour défaut de paiement d'une somme d'argent.

Elle arrête ou interdit également toute voie d'exécution de la part de ces créanciers, tant sur les meubles que sur les immeubles.

Les délais impartis à peine de déchéance ou de résolution des droits sont, en conséquence, suspendus.

Sauf autorisation du président du tribunal, la décision qui prononce la suspension provisoire des poursuites interdit au débiteur, à peine de nullité, de payer, en tout ou partie, une créance quelconque née antérieurement à cette décision, ou de désintéresser les cautions qui acquitteraient des créances nées antérieurement, ainsi que de faire un acte de disposition étranger à la gestion normale de l'exploitation ou de consentir une hypothèque ou un nantissement.

Les dispositions de l'article L. 622-28 du Code de commerce sont applicables.

Art. L. 351-6 *(Mod. à compter du 1er juillet 2014, D. n° 2014-326, 12 mars 2014 ; mod., L. n° 2016-1547, 18 nov. 2016).* – Le président du tribunal, si le débiteur ne se trouve pas en cessation des paiements ou si l'accord y met fin, constate l'accord conclu en présence du conciliateur ou, sur son rapport, met fin à sa mission. À la demande du débiteur, le président du tribunal peut homologuer l'accord. L'accord constaté ou homologué entraîne la suspension, pendant la durée de son exécution, de toute action en justice et de toute poursuite individuelle, tant sur les meubles que sur les immeubles du débiteur, formée dans le but d'obtenir le paiement de créances qui font l'objet de l'accord.

L'ordonnance homologuant l'accord fait l'objet des mêmes publicités que celles prévues pour la décision prévue par l'article L. 351-5. En cas d'ouverture d'une procédure de sauvegarde, de redressement judiciaire ou de liquidation judiciaire, les personnes qui avaient consenti, dans l'accord homologué ou dans le cadre des négociations pour parvenir à cet accord, un nouvel apport en trésorerie au débiteur ou fourni, dans le même cadre, un nouveau bien ou service en vue d'assurer la poursuite de l'exploitation et sa pérennité bénéficient du privilège prévu par l'article L. 611-11 du Code de commerce.

L'accord fait également obstacle, pendant la durée de son exécution, à ce que des sûretés soient prises pour garantir le paiement de ces créances.

Les délais qui, à peine de déchéance ou de résolution des droits afférents aux créances mentionnées à l'alinéa précédent, étaient impartis aux créanciers sont suspendus pendant la durée de l'accord.

Le conciliateur transmet au président du tribunal le compte rendu de sa mission.

Art. L. 351-6-1 *(Créé à compter du 1er juillet 2014, D. n° 2014-326, 12 mars 2014).* – L'accord homologué conformément à l'article L. 351-6 entraîne la levée de plein droit de toute interdiction d'émettre des chèques conformément à l'article L. 131-73 du Code monétaire et financier, mise en œuvre à l'occasion du rejet d'un chèque émis avant l'ouverture de la procédure de règlement amiable. Lorsque le débiteur est un entrepreneur individuel à responsabilité limitée, cette interdiction est levée sur les comptes afférents au patrimoine sur lequel porte la procédure.

Art. L. 351-7 *(L. n° 92-1336, 16 déc. 1992 ; L. n° 2005-845, 26 juill. 2005).* – Toute personne qui est appelée au règlement amiable ou qui, par ses fonctions, en a connaissance est tenue à la confidentialité.

Art. L. 351-7-1 *(Créé à compter du 1er juillet 2014, D. n° 2014-326, 12 mars 2014).* – Les articles L. 680-1 à L. 680-5 du Code de commerce sont applicables à la présente section.

Section II. – Le redressement et la liquidation judiciaires

Art. L. 351-8 *(Mod. à compter du 1er juillet 2014, D. n° 2014-326, 12 mars 2014).* – Les dispositions du livre VI du Code de commerce relatives aux procédures de sauvegarde, de redressement judiciaire et de liquidation judiciaire sont applicables à l'exploitation agricole. Pour l'application de ces dispositions, est considérée comme agriculteur toute personne physique exerçant des activités agricoles au sens de l'article L. 311-1.

Voir : Le Conseil constitutionnel a déclaré la seconde phrase du présent article, dans sa rédaction issue de la loi n° 93-934 du 22 juill. 1993, conforme à la Constitution. – V. ■ Cons. const., 28 avr. 2017, n° 2017-626 QPC, art. 1er : JurisData n° 2017-007776 ; JO 29 avr. 2017.

Section III. – Dispositions d'application

Art. L. 351-9. – Un décret en Conseil d'État fixe les conditions d'application du présent chapitre.

....

LIVRE QUATRIÈME. – BAUX RURAUX
(D. n° 83-212, 16 mars 1983)

TITRE PREMIER. – STATUT DU FERMAGE ET DU MÉTAYAGE

CHAPITRE I. – RÉGIME DE DROIT COMMUN

Art. L. 411-1 *(L. n° 84-741, 1er août 1984 ; L. n° 99-574, 9 juill. 1999).* – Toute mise à disposition à titre onéreux d'un immeuble à usage agricole en vue de l'exploiter pour y exercer une activité agricole définie à l'article L. 311-1 est régie par les dispositions du présent titre, sous les réserves énumérées à l'article L. 411-2. Cette disposition est d'ordre public.

Il en est de même, sous réserve que le cédant ou le propriétaire ne démontre que le contrat n'a pas été conclu en vue d'une utilisation continue ou répétée des biens et dans l'intention de faire obstacle à l'application du présent titre :

– de toute cession exclusive des fruits de l'exploitation lorsqu'il appartient à l'acquéreur de les recueillir ou de les faire recueillir ;

– des contrats conclus en vue de la prise en pension d'animaux par le propriétaire d'un fonds à usage agricole lorsque les obligations qui incombent normalement au propriétaire du fonds en application des dispositions du présent titre sont mises à la charge du propriétaire des animaux.

La preuve de l'existence des contrats visés dans le présent article peut être apportée par tous moyens.

Art. L. 411-2 *(Mod., L. n° 2006-728, 23 juin 2006).* – Les dispositions de l'article L. 411-1 ne sont pas applicables :

– aux conventions conclues en application de dispositions législatives particulières ;

– aux concessions et aux conventions portant sur l'utilisation des forêts ou des biens relevant du régime forestier, y compris sur le plan agricole ou pastoral ;

– aux conventions conclues en vue d'assurer l'entretien des terrains situés à proximité d'un immeuble à usage d'habitation et en constituant la dépendance ;

– aux conventions d'occupation précaire :

1° passées en vue de la mise en valeur de biens compris dans une succession, dès lors qu'une instance est en cours devant la juridiction compétente ou que le maintien temporaire dans l'indivision résulte d'une décision judiciaire prise en application des articles 821 à 824 du Code civil ;

2° permettant au preneur, à son conjoint ou au partenaire avec lequel il est lié par un pacte civil de solidarité de rester dans tout ou partie d'un bien loué lorsque le bail est expiré ou résilié et n'a pas fait l'objet d'un renouvellement ;

3° tendant à l'exploitation temporaire d'un bien dont l'utilisation principale n'est pas agricole ou dont la destination agricole doit être changée ;

– aux biens mis à la disposition d'une société par une personne qui participe effectivement à leur exploitation au sein de celle-ci.

Art. L. 411-3 *(Mod., L. n° 2010-874, 27 juill. 2010).* – Après avis de la commission consultative des baux ruraux, des arrêtés de l'autorité administrative fixent, en tenant compte des besoins locaux ou régionaux, la nature et la superficie maximum des parcelles de terres ne constituant pas un corps de ferme ou des parties essentielles d'une exploitation agricole pour lesquelles une dérogation peut être accordée aux dispositions des articles L. 411-4 à L. 411-7, L. 411-8 (al. 1), L. 411-11 à L. 411-16 et L. 417-3. La nature et la superficie maximum des parcelles à retenir lors de chaque renouvellement de la location sont celles mentionnées dans l'arrêté en vigueur à cette date (1).

La dérogation prévue au premier alinéa ne s'applique pas aux parcelles ayant fait l'objet d'une division depuis moins de neuf ans.

Lorsqu'il n'est pas constaté par écrit, le bail des parcelles répondant aux conditions du premier alinéa est soumis aux dispositions de l'article 1774 du Code civil.

---

(1) À titre transitoire, et à l'issue d'un an à compter de l'entrée en vigueur de la loi du 1er août 1984, les arrêtés mentionnés à l'article L. 411-3 du Code rural s'imposent de plein droit aux parties aux contrats en cours (art. 12-II).

Section I. – Établissement du contrat – Durée et prix du bail

Sous-section 1. – Établissement du contrat

Art. L. 411-4 *(Mod., L. n° 84-741, 1er août 1984)*. – Les contrats de baux ruraux doivent être écrits.

À défaut d'écrit enregistré avant le 13 juillet 1946, les baux conclus verbalement avant ou après cette date sont censés faits pour neuf ans aux clauses et conditions fixées par le contrat type établi par la commission consultative des baux ruraux.

Un état des lieux est établi contradictoirement et à frais communs dans le mois qui précède l'entrée en jouissance ou dans le mois suivant celle-ci. Passé ce délai d'un mois, la partie la plus diligente établit un état des lieux qu'elle notifie à l'autre partie par lettre recommandée avec demande d'avis de réception. Cette dernière dispose, à compter de ce jour, de deux mois pour faire ses observations sur tout ou partie du projet ou pour l'accepter. Passé ce délai, son silence vaudra accord et l'état des lieux deviendra définitif et réputé établi contradictoirement.

L'état des lieux a pour objet de permettre de déterminer, le moment venu, les améliorations apportées par le preneur ou les dégradations subies par les constructions, le fonds et les cultures. Il constate avec précision l'état des bâtiments et des terres ainsi que le degré d'entretien des terres et leurs rendements moyens au cours des cinq dernières années.

Sous-section 2. – Durée du bail

Art. L. 411-5. – Sous réserve des dispositions de l'article L. 411-3 et sauf s'il s'agit d'une location régie par les articles L. 411-40 à L. 411-45, la durée du bail ne peut être inférieure à neuf ans, nonobstant toute clause ou convention contraire.

Art. L. 411-6 *(Mod., L. n° 2006-11, 5 janv. 2006)*. – Par dérogation à l'article précédent, au moment du renouvellement du bail, le preneur ne peut refuser l'introduction d'une clause de reprise à la fin de la sixième année suivant ce renouvellement au profit du conjoint, du partenaire d'un pacte civil de solidarité ou d'un ou de plusieurs descendants majeurs ou mineurs émancipés, qui devront exploiter personnellement dans les conditions fixées à l'article L. 411-59.

Lorsqu'une clause de reprise en cours de bail figure dans le bail initial ou le bail renouvelé, elle ne peut s'exercer que dans les conditions prévues à l'alinéa qui précède, sauf s'il s'agit d'un bail conclu ou renouvelé au nom du propriétaire ou d'un copropriétaire mineur, qui peut, à compter de sa majorité ou de son émancipation, exciper à son profit de la clause inscrite dans le bail à l'expiration de chaque période triennale en vue d'exploiter personnellement dans les conditions susmentionnées.

Le propriétaire qui entend exercer la reprise en cours de bail doit notifier congé au preneur deux ans au moins à l'avance dans les formes prescrites à l'article L. 411-47.

La clause de reprise dont il est fait état au présent article ne peut s'exercer à l'encontre d'un preneur se trouvant dans l'une des situations prévues au deuxième alinéa de l'article L. 411-58 du présent code (1).

Art. L. 411-7. – Aucune reprise ne peut être exercée par un acquéreur à titre onéreux jusqu'à l'expiration du bail en cours lors de l'acquisition.

Toutefois, en cas de mutation du fonds au profit d'un ou plusieurs descendants du bailleur, ceux-ci peuvent exercer la reprise en cours de bail à leur profit, ou à celui de l'un d'entre eux, dans les conditions prévues à l'article L. 411-6, alinéas 1 et 2.

Si le fonds loué est vendu, le cas du preneur, en dehors des dispositions relatives au droit de préemption, est également régi par l'article 1743 du Code civil.

(1) Le droit de reprise ne peut être exercé au profit d'une personne bénéficiant d'un avantage vieillesse supérieur à 4 160 fois le montant horaire du salaire minimum de croissance (L. n° 84-741, 1er août 1984).

Art. L. 411-8. – Lorsque le descendant du preneur a, pour quelque cause que ce soit, obtenu la cession du bail à son profit, il ne sera considéré comme ayant bénéficié d'un premier bail que si cette cession est antérieure de six ans au moins à la date d'expiration du bail. Dans le cas contraire, un nouveau bail ou le bail renouvelé constitue un premier bail.

Art. L. 411-9 *(Abr., L. n° 91-5, 3 janv. 1991).*

Art. L. 411-10 *(Abr., Ord. n° 2006-870, 13 juill. 2006).*

Sous-section 3. – Prix du bail

Art. L. 411-11 *(Mod., L. n° 2010-874, 27 juill. 2010)* (1). – Le prix de chaque fermage est établi en fonction, notamment, de la durée du bail, compte tenu d'une éventuelle clause de reprise en cours de bail, de l'état et de l'importance des bâtiments d'habitation et d'exploitation, de la qualité des sols ainsi que de la structure parcellaire du bien loué et, le cas échéant, de l'obligation faite au preneur de mettre en œuvre des pratiques culturales respectueuses de l'environnement en application de l'article L. 411-27. Ce prix est constitué, d'une part, du loyer des bâtiments d'habitation et, d'autre part, du loyer des bâtiments d'exploitation et des terres nues.

Le loyer des bâtiments d'habitation est fixé en monnaie entre des maxima et des minima qui sont arrêtés par l'autorité administrative sur la base de références calculées d'après des modalités définies par décret. Ce loyer ainsi que les maxima et les minima sont actualisés, chaque année, selon la variation de l'indice de référence des loyers publié par l'Institut national de la statistique et des études économiques chaque trimestre et qui correspond à la moyenne, sur les douze derniers mois, de l'évolution des prix à la consommation hors tabac et hors loyers. Ces références sont applicables aux baux en cours à la date d'entrée en vigueur de l'acte pris par l'autorité administrative dans chaque département pour arrêter les maxima et les minima. Le loyer des bâtiments d'habitation stipulé dans ces baux peut être révisé à l'initiative de l'une des parties au bail à compter de la publication de l'acte ci-dessus mentionné. À défaut d'accord entre les parties, le loyer des bâtiments d'habitation est fixé par le tribunal.

Le loyer des terres nues et des bâtiments d'exploitation est fixé en monnaie entre des maxima et des minima arrêtés par l'autorité administrative.

Ce loyer ainsi que les maxima et les minima sont actualisés chaque année selon la variation d'un indice national des fermages.

Cet indice est composé :

a) Pour 60 % de l'évolution du revenu brut d'entreprise agricole à l'hectare constaté sur le plan national au cours des cinq années précédentes ;

b) Pour 40 % de l'évolution du niveau général des prix de l'année précédente.

Les modalités de calcul de l'indice et de ses composantes sont précisées par voie réglementaire.

L'indice national des fermages et sa variation annuelle sont constatés avant le 1er octobre de chaque année par arrêté du ministre chargé de l'agriculture.

Par dérogation aux dispositions précédentes, le loyer des terres nues portant des cultures permanentes viticoles, arboricoles, oléicoles et agrumicoles et des bâtiments d'exploitation y afférents peut être évalué en une quantité de denrées comprise entre des maxima et des minima arrêtés par l'autorité administrative. Dans ce cas, les dispositions relatives à l'actualisation du loyer des terres nues et des bâtiments d'exploitation prévues au présent article ne s'appliquent pas.

L'autorité administrative détermine les maxima et les minima prévus aux alinéas ci-dessus sur proposition de commissions consultatives paritaires départementales et, le cas échéant, nationale. En cas de carence de ces commissions, l'autorité compétente procède elle-même à cette fixation.

Ces maxima et ces minima font l'objet d'un nouvel examen au plus tard tous les six ans. S'ils sont modifiés, le prix des baux en cours ne peut, sous réserve des dispositions figurant au premier alinéa de l'article L. 411-13, être

(1) Dispositions applicables aux baux en cours à la date de promulgation de la loi n° 2010-874 du 27 juillet 2010, L. n° 2010-874, 27 juill. 2010.

révisé que lors du renouvellement ou, s'il s'agit d'un bail à long terme, en début de chaque nouvelle période de neuf ans. À défaut d'accord amiable, le tribunal paritaire des baux ruraux fixe le nouveau prix du bail.

Les minima arrêtés par l'autorité administrative ne s'appliquent pas au loyer lorsque le bail comporte des clauses mentionnées au troisième alinéa de l'article L. 411-27.

Art. L. 411-12 *(Mod., L. n° 95-2, 2 janv. 1995).* – Le prix du bail est payable en espèces. Toutefois, pour les cultures permanentes viticoles, arboricoles, oléicoles ou agrumicoles et par accord entre les parties, le prix du bail est payable en nature ou partie en nature et partie en espèces. Sauf si le bailleur, en accord avec le preneur, a réalisé des investissements dépassant ses obligations légales ou lorsque des investissements sont imposés au bailleur par une personne morale de droit public, ou encore lorsque le bailleur a supporté définitivement l'indemnité due au preneur sortant en application des articles L. 411-69 à L. 411-77, le fermage ne peut comprendre, en sus du prix calculé comme indiqué à l'article L. 411-11, aucune redevance ou service de quelque nature que ce soit.

Art. L. 411-13. – Le preneur ou le bailleur qui, lors de la conclusion du bail, a contracté à un prix supérieur ou inférieur d'au moins un dixième à la valeur locative de la catégorie du bien particulier donné à bail, peut, au cours de la troisième année de jouissance, et une seule fois pour chaque bail, saisir le tribunal paritaire qui fixe, pour la période du bail restant à courir à partir de la demande, le prix normal du fermage selon les modalités ci-dessus.

La faculté de révision prévue à l'alinéa précédent vaut pour la troisième année du premier bail, comme pour la troisième année de chacun des baux renouvelés.

Art. L. 411-14. – Les dispositions des articles L. 411-11 à L. 411-13 sont d'ordre public ; celles du deuxième alinéa de l'article L. 411-13 ont un caractère interprétatif.

Art. L. 411-15 *(L. n° 85-30, 9 janv. 1985 ; mod., Ord. n° 2006-870, 13 juill. 2006).* – Lorsque le bailleur est une personne morale de droit public, le bail peut être conclu soit à l'amiable, soit par voie d'adjudication.

Lorsque le bail est conclu à l'amiable, le prix du fermage doit être compris entre les maxima et les minima prévus à l'article L. 411-11 du présent code.

Lorsque le bail est conclu par adjudication, les enchères sont arrêtées dès que le prix offert pour le fermage atteint le montant maximum fixé en application de l'article L. 411-11. Dans ce cas, tous les enchérisseurs peuvent se porter preneur au prix maximum. En cas de pluralité d'enchérisseurs à ce prix, le bailleur choisit parmi eux le bénéficiaire du nouveau bail ou procède par tirage au sort.

Quel que soit le mode de conclusion du bail, une priorité est réservée aux exploitants qui réalisent une installation en bénéficiant de la dotation d'installation aux jeunes agriculteurs ou, à défaut, aux exploitants de la commune répondant aux conditions de capacité professionnelle et de superficie visées à l'article 188-2 du présent code, ainsi qu'à leurs groupements.

Ces dispositions s'appliquent aux conventions pluriannuelles d'exploitation agricole ou de pâturage mentionnées à l'article L. 481-1.

Art. L. 411-16. – Un décret en Conseil d'État fixe les conditions d'application des articles L. 411-11 à L. 411-15.

Art. L. 411-17 *(Abr., L. n° 91-5, 3 janv. 1991).*

Art. L. 411-18 *(Rempl., Ord. n° 2006-870, 13 juill. 2006).* – Les règles relatives à la contenance du fonds donné à bail à ferme sont celles énoncées par l'article 1765 du Code civil.

Art. L. 411-19 à L. 411-23 *(Abr., Ord. n° 2006-870, 13 juill. 2006).*

Art. L. 411-24 *(Ord. n° 2006-870, 13 juill. 2006).* – Les modalités de remise du prix de location en cas de destruction, en cours de bail, de tout ou partie de la récolte par cas fortuit sont régies par les articles 1769 à 1773 du Code civil.

Dans tous les cas où, par suite de calamités agricoles, le bailleur d'un bien rural obtient une exemption ou une réduction d'impôts fonciers, la somme dont il est exonéré ou exempté bénéficie au fermier.

En conséquence, le fermier déduit du montant du fermage à payer au titre de l'année au cours de laquelle a eu lieu le sinistre une somme égale à celle représentant le dégrèvement dont a bénéficié le bailleur. Dans le cas où le paiement du fermage est intervenu avant la fixation du dégrèvement, le propriétaire doit en ristourner le montant au preneur.

Section II. – Droits et obligations du preneur en matière d'exploitation

Art. L. 411-25 *(Abr., Ord. n° 2006-870, 13 juill. 2006).*

Art. L. 411-26 *(Rempl., Ord. n° 2006-870, 13 juill. 2006).* – Le preneur d'un bien rural est tenu d'avertir le bailleur des usurpations commises sur le fonds dans les conditions de l'article 1768 du Code civil.

Art. L. 411-27 *(Mod., L. n° 2010-788, 12 juill. 2010 ; L. n° 2010-874, 27 juill. 2010 ; L. n° 2014-1170, 13 oct. 2014).* – Les obligations du preneur relatives à l'utilisation du fonds pris à bail sont régies par les dispositions des articles 1766 et 1767 du Code civil.

Le fait que le preneur applique sur les terres prises à bail des pratiques ayant pour objet la préservation de la ressource en eau, de la biodiversité, des paysages, de la qualité des produits, des sols et de l'air, la prévention des risques naturels et la lutte contre l'érosion ne peut être invoqué à l'appui d'une demande de résiliation formée par le bailleur en application du présent article.

Des clauses visant au respect par le preneur de pratiques ayant pour objet la préservation de la ressource en eau, de la biodiversité, des paysages, de la qualité des produits, des sols et de l'air, la prévention des risques naturels et la lutte contre l'érosion, y compris des obligations de maintien d'un taux minimal d'infrastructures écologiques, peuvent être incluses dans les baux dans les cas suivants :

– pour garantir, sur la ou les parcelles mises à bail, le maintien de ces pratiques ou infrastructures ;

– lorsque le bailleur est une personne morale de droit public, une association agréée de protection de l'environnement, une personne morale agréée « entreprise solidaire », une fondation reconnue d'utilité publique ou un fonds de dotation ;

– pour les parcelles situées dans les espaces mentionnés aux articles L. 211-3, L. 211-12, L. 322-1, L. 331-1, L. 331-2, L. 332-1, L. 332-16, L. 333-1, L. 341-4 à L. 341-6, L. 371-1 à L. 371-3, L. 411-2, L. 414-1 et L. 562-1 du Code de l'environnement, à l'article L. 1321-2 du Code de la santé publique et à l'article L. 114-1 du présent code à condition que ces espaces aient fait l'objet d'un document de gestion officiel et en conformité avec ce document.

Un décret en Conseil d'État fixe les conditions d'application des troisième à avant-dernier alinéas du présent article, notamment la nature des clauses qui peuvent être insérées dans les baux.

Art. L. 411-28 *(Mod., L. n° 95-101, 2 févr. 1995).* – Pendant la durée du bail, et sous réserve de l'accord du bailleur, le preneur peut, pour réunir et grouper plusieurs parcelles attenantes, faire disparaître, dans les limites du fonds loué, les talus, haies, rigoles et arbres qui les séparent ou les morcellent, lorsque ces opérations ont pour conséquence d'améliorer les conditions de l'exploitation.

Le bailleur dispose d'un délai de deux mois pour s'opposer à la réalisation des travaux prévus à l'alinéa précédent, à compter de la date d'avis de réception de la lettre recommandée envoyée par le preneur. Passé ce délai, l'absence de réponse écrite du bailleur vaut accord.

Art. L. 411-29 *(L. n° 84-741, 1er août 1984).* – Nonobstant les dispositions de l'article 1766 du Code civil mentionnées à l'article L. 411-27, le preneur peut, afin d'améliorer les conditions de l'exploitation, procéder soit au retournement de parcelles de terres en herbe, soit à la mise en herbe de parcelles de terres, soit à la mise en œuvre de moyens culturaux non prévus au bail. À défaut d'accord amiable, il doit fournir au bailleur, dans le mois qui précède cette opération, par lettre recommandée avec demande d'avis de réception, une description détaillée des travaux qu'il se propose d'entreprendre. Le bailleur peut, s'il estime que les opérations entraînent une dégradation du fonds, saisir le tribunal paritaire, dans un délai de quinze jours à compter de la réception de l'avis du preneur. Le preneur peut exécuter ou faire exécuter ces travaux si aucune opposition n'a été formée ou si le tribunal paritaire n'a pas admis la recevabilité ou le bien-fondé des motifs de l'opposition du bailleur.

Sauf clause ou convention contraire, le preneur ne peut en aucun cas se prévaloir des dispositions prévues à la section IX du présent chapitre.

Section III. – Résiliation du bail

Art. L. 411-30 *(L. n° 90-85, 23 janv. 1990).* – I. – Lorsque la totalité des biens compris dans le bail sont détruits intégralement par cas fortuit, le bail est résilié de plein droit.

II. – Lorsqu'un bien compris dans le bail est détruit, en partie ou en totalité, par cas fortuit et que cette destruction compromet gravement l'équilibre économique de l'exploitation, le bailleur est tenu, si le preneur le demande, de reconstruire, à due concurrence des sommes versées par les compagnies d'assurances, ce bâtiment ou un bâtiment équivalent.

Si la dépense excède le montant des sommes ainsi versées, le bailleur peut prendre à sa charge la totalité des frais engagés par la reconstruction et proposer au preneur une augmentation du prix du bail. Dans le cas où le preneur n'accepte pas l'augmentation proposée, le tribunal paritaire des baux ruraux, sur saisine de la partie la plus diligente, fixe le nouveau montant du bail.

III. – Dans le cas où le preneur participe au financement des dépenses de reconstruction, il est fait application des dispositions des articles L. 411-69, L. 411-70 et L. 411-71. Si le bien n'est pas reconstruit, le preneur peut demander la résiliation du bail.

Art. L. 411-31 *(Rempl., Ord. n° 2006-870, 13 juill. 2006 ; mod., L. n° 2013-428, 27 mai 2013).* – I. – Sauf dispositions législatives particulières, nonobstant toute clause contraire et sous réserve des dispositions des articles L. 411-32 et L. 411-34, le bailleur ne peut demander la résiliation du bail que s'il justifie de l'un des motifs suivants :

1° Deux défauts de paiement de fermage ou de la part de produits revenant au bailleur ayant persisté à l'expiration d'un délai de trois mois après mise en demeure postérieure à l'échéance. Cette mise en demeure devra, à peine de nullité, rappeler les termes de la présente disposition ;

2° Des agissements du preneur de nature à compromettre la bonne exploitation du fonds, notamment le fait qu'il ne dispose pas de la main-d'œuvre nécessaire aux besoins de l'exploitation ;

3° Le non-respect par le preneur des clauses mentionnées au troisième alinéa de l'article L. 411-27.

4° Le non-respect par l'exploitant des conditions définies par l'autorité compétente pour l'attribution des biens de section en application de l'article L. 2411-10 du Code général des collectivités territoriales.

Les motifs mentionnés ci-dessus ne peuvent être invoqués en cas de force majeure ou de raisons sérieuses et légitimes.

II. – Le bailleur peut également demander la résiliation du bail s'il justifie d'un des motifs suivants :

1° Toute contravention aux dispositions de l'article L. 411-35 ;

2° Toute contravention aux dispositions du premier alinéa de l'article L. 411-38 ;

3° Toute contravention aux obligations dont le preneur est tenu en application des articles L. 411-37, L. 411-39, L. 411-39-1 si elle est de nature à porter préjudice au bailleur.

Dans les cas prévus aux 1° et 2° du présent II, le propriétaire a le droit de rentrer en jouissance et le preneur est condamné aux dommages-intérêts résultant de l'inexécution du bail.

Art. L. 411-32 *(Mod., Ord. n° 2006-870, 13 juill. 2006).* – Le propriétaire peut, à tout moment, résilier le bail sur des parcelles dont la destination agricole peut être changée et qui sont situées en zone urbaine en application d'un plan local d'urbanisme ou d'un document d'urbanisme en tenant lieu.

En l'absence d'un plan local d'urbanisme ou d'un document d'urbanisme en tenant lieu, ou, lorsque existe un plan local d'urbanisme, en dehors des zones urbaines mentionnées à l'alinéa précédent, le droit de résiliation ne peut être exercé sur des parcelles en vue d'un changement de leur destination agricole qu'avec l'autorisation de l'autorité administrative.

La résiliation doit être notifiée au preneur par acte extrajudiciaire, et prend effet un an après cette notification qui doit mentionner l'engagement du propriétaire de changer ou de faire changer la destination des terrains dans le respect d'un plan local d'urbanisme ou d'un document d'urbanisme en tenant lieu s'il en existe, au cours des trois années qui suivent la résiliation.

Lorsque l'équilibre économique de son exploitation est gravement compromis par une résiliation partielle, le preneur peut exiger que la résiliation porte sur la totalité du bien loué.

Le preneur est indemnisé du préjudice qu'il subit comme il le serait en cas d'expropriation. Il ne peut être contraint de quitter les lieux avant l'expiration de l'année culturale en cours lors du paiement de l'indemnité qui peut lui être due, ou d'une indemnité provisionnelle fixée, à défaut d'accord entre les parties, par le président du tribunal paritaire statuant en référé.

Art. L. 411-33 *(L. n° 99-574, 9 juill. 1999 ; mod., Ord. n° 2006-870, 13 juill. 2006 ; L. n° 2014-1170, 13 oct. 2014)*. – La résiliation de bail peut être demandée par le preneur dans les cas suivants :

– incapacité au travail, grave et dont la durée est supérieure à deux ans, du preneur ou de l'un des membres de sa famille indispensable au travail de la ferme ;

– décès d'un ou de plusieurs membres de la famille du preneur indispensables au travail de la ferme ;

– acquisition par le preneur d'une ferme qu'il doit exploiter lui-même ;

– refus d'autorisation d'exploiter opposé par l'autorité administrative en application des articles L. 331-1 et suivants obligeant le preneur à mettre la structure de son exploitation en conformité avec les dispositions du schéma directeur régional des exploitations agricoles.

Dans tous ces cas, si la fin de l'année culturale est postérieure de neuf mois au moins à l'événement qui cause la résiliation, celle-ci peut, au choix du locataire, prendre effet soit à la fin de l'année culturale en cours, soit à la fin de l'année culturale suivante. Dans le cas contraire, la résiliation ne prendra effet qu'à la fin de l'année culturale suivante.

En outre, le preneur qui atteint l'âge de la retraite retenu en matière d'assurance vieillesse des exploitants agricoles peut, par dérogation aux dispositions de l'article L. 411-5, résilier le bail à la fin d'une de ses périodes annuelles suivant la date à laquelle il aura atteint l'âge requis.

Dans ce cas, le preneur doit notifier sa décision au propriétaire au moins douze mois à l'avance.

Art. L. 411-34 *(Mod., L. n° 2006-11, 5 janv. 2006 ; L. n° 2014-1170, 13 oct. 2014)*. – En cas de décès du preneur, le bail continue au profit de son conjoint, du partenaire avec lequel il est lié par un pacte civil de solidarité de ses ascendants et de ses descendants participant à l'exploitation ou y ayant participé effectivement au cours des cinq années antérieures au décès. Le droit au bail peut, toutefois, être attribué par le tribunal paritaire au conjoint, au partenaire d'un pacte civil de solidarité ou à l'un des ayants droit réunissant les conditions précitées. En cas de demandes multiples, le tribunal se prononce en considération des intérêts en présence et de l'aptitude des différents demandeurs à gérer l'exploitation et à s'y maintenir.

Les ayants droit du preneur ont également la faculté de demander la résiliation du bail dans les six mois à compter du décès de leur auteur.

Le bailleur peut demander la résiliation du bail dans les six mois à compter du jour où le décès est porté à sa connaissance lorsque le preneur décédé ne laisse pas de conjoint, de partenaire d'un pacte civil de solidarité ou d'ayant droit réunissant les conditions énoncées au premier alinéa.

Si la fin de l'année culturale est postérieure au décès de neuf mois au moins, la résiliation peut, au choix des ayants droit, prendre effet soit à la fin de l'année culturale en cours, soit à la fin de l'année culturale suivante. Dans le cas contraire, la résiliation ne prendra effet qu'à la fin de l'année culturale suivante.

Section IV. – Cession du bail et sous-location

Art. L. 411-35 *(L. n° 84-741, 1er août 1984 ; mod., L. n° 2006-11, 5 janv. 2006 ; L. n° 2014-1170, 13 oct. 2014)*. – Sous réserve des dispositions particulières aux baux cessibles hors du cadre familial prévues au chapitre VIII du présent titre et nonobstant les dispositions de l'article 1717 du Code civil, toute cession de bail est interdite, sauf si la cession est consentie, avec l'agrément du bailleur, au profit du conjoint ou du partenaire d'un pacte civil de solidarité du preneur participant à l'exploitation ou aux descendants du preneur ayant atteint l'âge de la majorité ou ayant été émancipés. À défaut d'agrément du bailleur, la cession peut être autorisée par le tribunal paritaire.

De même, le preneur peut avec l'agrément du bailleur ou, à défaut, l'autorisation du tribunal paritaire, associer à son bail en qualité de copreneur son conjoint ou le partenaire avec lequel il est lié par un pacte civil de solidarité participant à l'exploitation ou un descendant ayant atteint l'âge de la majorité.

Lorsqu'un des copreneurs du bail cesse de participer à l'exploitation du bien loué, le copreneur qui continue à exploiter dispose de trois mois à compter de cette cessation pour demander au bailleur par lettre recommandée avec demande d'avis de réception que le bail se poursuive à son seul nom. Le propriétaire ne peut s'y opposer qu'en saisissant dans un délai fixé par décret le tribunal paritaire, qui statue alors sur la demande. Le présent alinéa est applicable aux baux conclus depuis plus de trois ans, sauf si la cessation d'activité du copreneur est due à un cas de force majeure.

À peine de nullité, la lettre recommandée doit, d'une part, reproduire intégralement les dispositions du troisième alinéa du présent article et, d'autre part, mentionner expressément les motifs allégués pour cette demande ainsi que la date de cessation de l'activité du copreneur.

Toute sous-location est interdite. Toutefois, le bailleur peut autoriser le preneur à consentir des sous-locations pour un usage de vacances ou de loisirs. Chacune de ces sous-locations ne peut excéder une durée de trois mois consécutifs. Dans ce cas, le bénéficiaire de la sous-location n'a aucun droit à son renouvellement, ni au maintien dans les lieux à son expiration. En cas de refus du bailleur, le preneur peut saisir le tribunal paritaire. Le tribunal peut, s'il estime non fondés les motifs de l'opposition du bailleur, autoriser le preneur à conclure la sous-location envisagée. Dans ce cas, il fixe éventuellement la part du produit de la sous-location qui pourra être versée au bailleur par le preneur. Le bailleur peut également autoriser le preneur à consentir des sous-locations des bâtiments à usage d'habitation. Cette autorisation doit faire l'objet d'un accord écrit. La part du produit de la sous-location versée par le preneur au bailleur, les conditions dans lesquelles le coût des travaux éventuels est supporté par les parties, ainsi que, par dérogation à l'article L. 411-71, les modalités de calcul de l'indemnité éventuelle due au preneur en fin de bail sont fixées par cet accord. Les parties au contrat de sous-location sont soumises aux dispositions des deux derniers alinéas de l'article 8 de la loi n° 89-462 du 6 juillet 1989 tendant à améliorer les rapports locatifs et portant modification de la loi n° 86-1290 du 23 décembre 1986.

Le preneur peut héberger, dans les bâtiments d'habitation loués, ses ascendants, descendants, frères et sœurs, ainsi que leurs conjoints ou les partenaires avec lesquels ils sont liés par un pacte civil de solidarité. Il ne peut exiger, pour cet hébergement, un aménagement intérieur du bâtiment ou une extension de construction.

Les dispositions du présent article sont d'ordre public.

Art. L. 411-36 *(Abr., Ord. n° 2006-870, 13 juill. 2006).*

Section V. – Adhésion à une société

Art. L. 411-37 *(Mod., L. n° 2006-11, 5 janv. 2006 ; L. n° 2014-1170, 13 oct. 2014).* – I. - Sous réserve des dispositions de l'article L. 411-39-1, à la condition d'en aviser le bailleur au plus tard dans les deux mois qui suivent la mise à disposition, par lettre recommandée avec demande d'avis de réception, le preneur associé d'une société à objet principalement agricole peut mettre à la disposition de celle-ci, pour une durée qui ne peut excéder celle pendant laquelle il reste titulaire du bail, tout ou partie des biens dont il est locataire, sans que cette opération puisse donner lieu à l'attribution de parts. Cette société doit être dotée de la personnalité morale ou, s'il s'agit d'une société en participation, être régie par des statuts établis par un acte ayant acquis date certaine. Son capital doit être majoritairement détenu par des personnes physiques.

L'avis adressé au bailleur mentionne le nom de la société, le tribunal de commerce auprès duquel la société est immatriculée et les parcelles que le preneur met à sa disposition. Le preneur avise le bailleur dans les mêmes formes du fait qu'il cesse de mettre le bien loué à la disposition de la société ainsi que de tout changement intervenu dans les éléments énumérés ci-dessus. Cet avis doit être adressé dans les deux mois consécutifs au changement de situation.

Le bail ne peut être résilié que si le preneur n'a pas communiqué les informations prévues à l'alinéa précédent dans un délai d'un an après mise en demeure par le bailleur par lettre recommandée avec demande d'avis de réception. La résiliation n'est toutefois pas encourue si les omissions ou irrégularités constatées n'ont pas été de nature à induire le bailleur en erreur.

II. - Avec l'accord préalable du bailleur, le preneur peut mettre à la disposition de toute personne morale autre que celles mentionnées au I, à vocation principalement agricole, dont il est membre, pour une durée qui ne peut excéder celle pendant laquelle il reste titulaire du bail, tout ou partie des biens dont il est locataire, sans que cette opération puisse donner lieu à l'attribution de parts.

La demande d'accord préalable doit être adressée au bailleur, par lettre recommandée avec demande d'avis de réception, au plus tard deux mois avant la date d'effet de la mise à disposition. À peine de nullité, la demande d'accord mentionne le nom de la personne morale, en fournit les statuts et précise les références des parcelles que le preneur met à sa disposition. Si le bailleur ne fait pas connaître son opposition dans les deux mois, l'accord est réputé acquis. Le preneur informe le bailleur du fait qu'il cesse de mettre le bien loué à la disposition de la personne morale et lui fait part de tout changement intervenu. Cet avis doit être adressé, par lettre recommandée avec demande d'avis de réception, dans le délai de deux mois consécutif au changement de situation.

III. - En cas de mise à disposition de biens dans les conditions prévues aux I ou II, le preneur qui reste seul titulaire du bail doit, à peine de résiliation, continuer à se consacrer à l'exploitation de ces biens, en participant sur les lieux aux travaux de façon effective et permanente, selon les usages de la région et en fonction de l'importance de l'exploitation.

Les droits du bailleur ne sont pas modifiés. Les coassociés du preneur, ainsi que la société si elle est dotée de la personnalité morale, sont tenus indéfiniment et solidairement avec le preneur de l'exécution des clauses du bail.

Art. L. 411-38 *(Mod., Ord. n° 2006-870, 13 juill. 2006).* – Le preneur ne peut faire apport de son droit au bail à une société civile d'exploitation agricole ou à un groupement de propriétaires ou d'exploitants qu'avec l'agrément personnel du bailleur et sans préjudice du droit de reprise de ce dernier.

Les présentes dispositions sont d'ordre public.

Section VI. – Échange et location de parcelles

Art. L. 411-39 *(Mod., Ord. n° 2006-870, 13 juill. 2006 ; L. n° 2014-1170, 13 oct. 2014).* – Pendant la durée du bail, le preneur peut effectuer les échanges ou locations de parcelles qui ont pour conséquence d'assurer une meilleure exploitation.

Les échanges ne peuvent porter que sur la jouissance et peuvent s'exercer sur tout ou partie de la surface du fonds loué. La commission consultative départementale des baux ruraux fixe et l'autorité administrative publie par arrêté, pour chaque région agricole, la part de surface de fonds loué susceptible d'être échangée. Cette part peut varier en fonction de la structure des exploitations mises en valeur par le preneur. Pour les fonds mentionnés à l'article 17-1 du Code rural, elle ne peut être inférieure à la moitié de la surface totale du fonds loué.

Les échanges mentionnés au présent article ne peuvent porter sur la totalité du bien loué que si sa surface n'excède pas le cinquième du seuil mentionné à l'article L. 312-1, compte tenu de la nature des cultures.

Le preneur les notifie au propriétaire par lettre recommandée avec demande d'avis de réception. Le propriétaire qui entend s'y opposer doit saisir le tribunal paritaire dans un délai de deux mois à compter de la réception de l'avis du preneur. À défaut, il est réputé avoir accepté l'opération.

Le titulaire du bail conserve son droit de préemption sur les parcelles qui ont fait l'objet d'un échange en jouissance au titre du présent article.

Art. L. 411-39-1 *(L. n° 2005-157, 23 févr. 2005 ; mod., L. n° 2010-874, 27 juill. 2010 ; L. n° 2016-1087, 8 août 2016).* – Pendant la durée du bail, le preneur exerçant soit à titre individuel, soit dans le cadre d'une société à objet principalement agricole, à la disposition de laquelle il a mis les biens pris à bail dans les conditions prévues à l'article L. 411-37 ou à l'article L. 323-14, ou la société bénéficiaire de la mise à disposition ou titulaire du bail, peuvent procéder à un assolement en commun dans le cadre d'une société en participation, constituée entre personnes physiques ou morales, régie par des statuts établis par un acte ayant acquis date certaine. L'assolement en commun exclut la mise à disposition des bâtiments d'habitation. Au-delà de son objectif initial économique ou social, un assolement en commun peut aussi avoir d'autres finalités, notamment la préservation de la qualité de l'eau ou la protection de la biodiversité.

Le preneur ou la société informe le propriétaire par lettre recommandée avec avis de réception deux mois au moins avant la mise à disposition. Ce dernier, s'il entend s'opposer au projet d'assolement en commun, doit saisir le tribunal paritaire des baux ruraux dans un délai fixé par voie réglementaire. À défaut, il est réputé avoir accepté l'assolement en commun.

L'avis adressé au bailleur mentionne le nom de la société et les parcelles mises à disposition et comprend les statuts de la société. Le preneur avise le bailleur dans les mêmes formes du fait qu'il cesse de mettre à disposition des parcelles louées ainsi que tout changement intervenu dans les éléments énumérés ci-dessus.

Le défaut d'information du propriétaire peut être sanctionné par la résiliation du bail.

Le preneur, qui reste seul titulaire du bail, doit, à peine de résiliation, continuer à se consacrer effectivement à l'exploitation du bien loué mis à disposition.

Section VII. – Dispositions particulières aux locations annuelles renouvelables

Art. L. 411-40 *(Mod., L. n° 2014-1170, 13 oct. 2014)*. – Sous réserve de l'application des dispositions du titre VII du livre Ier du Code rural relatif au contrôle des structures des exploitations agricoles, le bailleur peut consentir à un exploitant agricole déjà installé sur une autre exploitation, dont la surface est au moins égale au seuil mentionné à l'article L. 312-1, une location annuelle renouvelable, dans la limite d'une durée maximum de six années portant sur un fonds sur lequel il se propose d'installer à l'échéance de l'un des renouvellements annuels un ou plusieurs descendants majeurs nommément désignés et ayant atteint l'âge de la majorité au jour de l'installation.

Cette location est consentie à un prix fixé dans les conditions prévues, selon le cas, par les articles L. 411-11 à L. 411-16 ou L. 417-3.

Art. L. 411-41. – Le preneur peut dénoncer la location par lettre recommandée avec demande d'avis de réception deux mois au moins avant la date de chaque renouvellement annuel.

Le bailleur peut mettre fin à la location dans les mêmes conditions en vue de l'installation du ou des descendants nommément désignés dans l'acte de location.

Art. L. 411-42. – Si, à l'expiration de la sixième année de location, le bailleur n'a pas installé ses descendants, la location est transformée de plein droit en bail ordinaire. À défaut d'accord amiable, le tribunal paritaire des baux ruraux en fixe le prix.

Il en est de même en cas de cession du fonds à titre onéreux.

Ce bail est considéré comme un premier bail et prend effet à la date à laquelle la location a été transformée.

Art. L. 411-43. – Si le ou les bénéficiaires de l'installation ne remplissent pas les conditions auxquelles ils sont tenus en application de l'article L. 411-59, les dispositions de l'article L. 411-66 s'appliquent. Le locataire réintégré bénéficie des dispositions du troisième alinéa de l'article L. 411-42, à compter de sa réinstallation.

Art. L. 411-44. – Sauf si la location a été transformée en bail rural régi par le présent livre, le preneur ne peut se prévaloir des dispositions relatives aux cessions de bail, aux échanges ou locations de parcelles et aux indemnités au preneur sortant.

Art. L. 411-45 *(Mod., Ord. n° 2006-870, 13 juill. 2006)*. – Lorsque le bailleur est une indivision ou une société constituée entre membres d'une même famille jusqu'au troisième degré inclus, les dispositions des articles L. 411-40 à L. 411-44 sont applicables si la location doit prendre fin par l'installation d'un descendant de l'un des indivisaires ou associés.

Section VIII. – Droit de renouvellement et droit de reprise

Art. L. 411-46 *(L. n° 90-35, 23 janv. 1990 ; mod., L. n° 2006-11, 5 janv. 2006)*. – Le preneur a droit au renouvellement du bail, nonobstant toutes clauses, stipulations ou arrangements contraires, à moins que le bailleur ne justifie de l'un des motifs graves et légitimes mentionnés à l'article L. 411-53 ou n'invoque le droit de reprise dans les conditions prévues aux articles L. 411-57 à L. 411-63, L. 411-66 et L. 411-67.

En cas de départ de l'un des conjoints ou partenaires d'un pacte civil de solidarité copreneurs du bail, le conjoint ou le partenaire qui poursuit l'exploitation a droit au renouvellement du bail.

Le preneur et le copreneur visés à l'alinéa précédent doivent réunir les mêmes conditions d'exploitation et d'habitation que celles exigées du bénéficiaire du droit de reprise en fin de bail à l'article L. 411-59.

Art. L. 411-47. – Le propriétaire qui entend s'opposer au renouvellement doit notifier congé au preneur, dix-huit mois au moins avant l'expiration du bail, par acte extrajudiciaire.

À peine de nullité, le congé doit :

– mentionner expressément les motifs allégués par le bailleur ;

– indiquer, en cas de congé pour reprise, les nom, prénoms, âge, domicile et profession du bénéficiaire ou des bénéficiaires devant exploiter conjointement le bien loué et, éventuellement, pour le cas d'empêchement, d'un bénéficiaire subsidiaire, ainsi que l'habitation ou éventuellement les habitations que devront occuper après la reprise le ou les bénéficiaires du bien repris ;

– reproduire les termes de l'alinéa premier de l'article L. 411-54.

La nullité ne sera toutefois pas prononcée si l'omission ou l'inexactitude constatée ne sont pas de nature à induire le preneur en erreur.

Art. L. 411-48 *(Mod., L. n° 2006-11, 5 janv. 2006)*. – Aucun bénéficiaire ne peut être substitué à celui ou à ceux dénommés dans le congé, à moins que, par force majeure, ces bénéficiaires ne se trouvent dans l'impossibilité d'exploiter aux conditions prévues par les articles L. 411-58 à L. 411-63 et L. 411-67.

Dans ce cas :

– s'il s'agit d'une demande de reprise pour l'installation d'un descendant, il peut lui être substitué soit son conjoint ou le partenaire avec lequel il est lié par un pacte civil de solidarité, soit un autre descendant majeur ou mineur émancipé de plein droit ;

– s'il s'agit d'une demande de reprise personnelle du bailleur, ce dernier peut se substituer soit son conjoint ou le partenaire avec lequel il est lié par un pacte civil de solidarité, soit l'un de ses descendants majeur ou mineur émancipé de plein droit.

En cas de décès du bailleur, son héritier peut bénéficier du congé s'il remplit les conditions mentionnées aux articles L. 411-58 à L. 411-63 et L. 411-67.

Art. L. 411-49. – L'acquéreur à titre onéreux d'un bien rural ne peut se prévaloir du congé donné par l'ancien bailleur en vue de l'exercice du droit de reprise.

Art. L. 411-50. – À défaut de congé, le bail est renouvelé pour une durée de neuf ans. Sauf conventions contraires, les clauses et conditions du nouveau bail sont celles du bail précédent ; toutefois, à défaut d'accord entre les parties, le tribunal paritaire fixe le prix et statue sur les clauses et conditions contestées du nouveau bail ; le prix est établi conformément aux articles L. 411-11 à L. 411-16.

Art. L. 411-51 *(Abr., L. n° 2006-11, 5 janv. 2006)*.

Art. L. 411-52 *(Rempl., Ord. n° 2006-870, 13 juill. 2006)*. – Lorsqu'il n'est pas constaté par écrit, le bail des parcelles répondant aux conditions fixées aux articles L. 411-3 et L. 411-4 est soumis aux dispositions de l'article 1775 du Code civil.

Art. L. 411-53 *(Mod., L. n° 2003-699, 30 juill. 2003 ; L. n° 2006-11, 5 janv. 2006 ; rempl., Ord. n° 2006-870, 13 juill. 2006)*. – Nonobstant toute clause contraire, le bailleur ne peut s'opposer au renouvellement du bail que s'il justifie de l'un des motifs mentionnés à l'article L. 411-31 et dans les conditions prévues audit article.

Art. L. 411-54 *(Mod., Ord. n° 2006-870, 13 juill. 2006)*. – Le congé peut être déféré par le preneur au tribunal paritaire dans un délai fixé par décret (1), à dater de sa réception, sous peine de forclusion. La forclusion ne sera pas encourue si le congé est donné hors délai ou s'il ne comporte pas les mentions exigées à peine de nullité par l'article L. 411-47.

Le tribunal apprécie les motifs allégués par le propriétaire lors de la notification du congé. S'il constate que le congé n'est pas justifié par l'un des motifs mentionnés à l'article L. 411-31, il ordonne le maintien du preneur dans l'exploitation pour un bail d'une nouvelle durée de neuf ans.

Art. L. 411-55 *(Mod., L. n° 2006-11, 5 janv. 2006)*. – Tout preneur qui entend ne pas renouveler le bail doit notifier sa décision au propriétaire dix-huit mois au moins avant l'expiration du bail.

À défaut de congé, le bail est renouvelé pour une durée de neuf ans dans les conditions prévues à l'article L. 411-50.

Art. L. 411-56. – Le renouvellement du bail a pour effet de reporter à l'époque de la sortie du fonds l'exercice par le preneur du droit à l'indemnité prévue à la section IX du présent chapitre.

Art. L. 411-57 *(Rempl., L. n° 99-574, 9 juill. 1999 ; mod., L. n° 2005-157, 23 févr. 2005 ; L. n° 2014-366, 24 mars 2014 ; L. n° 2014-1170, 13 oct. 2014 ; à compter du 1er janvier 2016, Ord.*

(1) V. art. R. 411-11.

n° 2015-1174, 23 sept. 2015). – Le bailleur peut reprendre, pour lui-même ou l'un des membres de sa famille jusqu'au troisième degré inclus, une surface déterminée par arrêté du préfet, pris sur proposition de la commission consultative paritaire départementale des baux ruraux, en vue de la construction d'une maison d'habitation. Le bailleur peut également reprendre, dans les mêmes conditions, un bâtiment sis sur une parcelle d'une surface conforme à celle fixée par l'arrêté préfectoral précité dont le changement de destination est autorisé en application du 2° de l'article L. 151-11 du Code de l'urbanisme, dès lors que cette reprise ne compromet pas l'exploitation du preneur.

Dans ce cas, le bailleur doit signifier congé au preneur dix-huit mois avant la date d'effet de la reprise, qui ne pourra intervenir qu'à condition que le bailleur justifie de l'obtention d'un permis de construire ou de la déclaration en tenant lieu, lorsque ces formalités sont exigées en application du Code de l'urbanisme.

Cette reprise ne peut s'exercer qu'une seule fois au cours du bail initial ou de ses renouvellements successifs.

Le montant du fermage est minoré en proportion de la surface reprise.

La construction doit respecter les règles environnementales et de distance par rapport au siège de l'exploitation et aux bâtiments d'exploitation.

Ce droit s'exerce sans préjudice de l'application des articles L. 411-69 à L. 411-78.

Le bailleur peut exercer son droit de reprise dans les mêmes conditions pour des terrains attenant ou jouxtant des maisons d'habitation existantes dépourvues de dépendance foncière suffisante.

Pour l'application de l'alinéa précédent, les conditions d'octroi de permis de construire et de respect des règles de distance par rapport au siège de l'exploitation et aux bâtiments d'exploitation sont inopérantes. À défaut de construction de la maison d'habitation dans un délai de deux années à compter de l'obtention du permis de construire, le congé est réputé caduc et le preneur retrouve la jouissance du fonds. Il en est de même si le bâtiment mentionné à la dernière phrase du premier alinéa n'a pas fait l'objet de l'utilisation pour laquelle il a été repris dans un délai de deux années à compter de la date d'effet de la reprise.

Art. L. 411-58 *(Rempl., Ord. n° 2006-870, 13 juill. 2006 ; mod., L. n° 2014-1170, 13 oct. 2014).* – Le bailleur a le droit de refuser le renouvellement du bail s'il veut reprendre le bien loué pour lui-même ou au profit de son conjoint, du partenaire auquel il est lié par un pacte civil de solidarité, ou d'un descendant majeur ou mineur émancipé.

Toutefois, le preneur peut s'opposer à la reprise lorsque lui-même ou, en cas de copreneurs, l'un d'entre eux se trouve soit à moins de cinq ans de l'âge de la retraite retenu en matière d'assurance vieillesse des exploitants agricoles, soit à moins de cinq ans de l'âge lui permettant de bénéficier de la retraite à taux plein. Dans chacun de ces cas, le bail est prorogé de plein droit pour une durée égale à celle qui doit permettre au preneur ou à l'un des copreneurs d'atteindre l'âge correspondant. Un même bail ne peut être prorogé qu'une seule fois. Le preneur doit, dans les quatre mois du congé qu'il a reçu, notifier au propriétaire, par lettre recommandée avec demande d'avis de réception, sa décision de s'opposer à la reprise ou saisir directement le tribunal paritaire en contestation de congé.

Si le bailleur entend reprendre le bien loué à la fin de la période de prorogation, il doit donner de nouveau congé dans les conditions prévues à l'article L. 411-47.

Si la reprise est subordonnée à une autorisation en application des dispositions du titre III du livre III relatives au contrôle des structures des exploitations agricoles, le tribunal paritaire peut, à la demande d'une des parties ou d'office, surseoir à statuer dans l'attente de l'obtention d'une autorisation définitive.

Toutefois, le sursis à statuer est de droit si l'autorisation a été suspendue dans le cadre d'une procédure de référé.

Lorsque le sursis à statuer a été ordonné, le bail en cours est prorogé de plein droit jusqu'à la fin de l'année culturale pendant laquelle l'autorisation devient définitive. Si celle-ci intervient dans les deux derniers mois de l'année culturale en cours, le bail est prorogé de plein droit jusqu'à la fin de l'année culturale suivante.

Lorsque les terres sont destinées à être exploitées dès leur reprise dans le cadre d'une société et si l'opération est soumise à autorisation, celle-ci doit être obtenue par la société.

Lorsque le bien loué a été aliéné moyennant le versement d'une rente viagère servie pour totalité ou pour l'essentiel sous forme de prestations de services personnels le droit de reprise ne peut être exercé sur le bien dans les neuf premières années suivant la date d'acquisition.

Art. L. 411-59 *(L. n° 84-741, 1er août 1984 ; mod., Ord. n° 2006-870, 13 juill. 2006)*. – Le bénéficiaire de la reprise doit, à partir de celle-ci, se consacrer à l'exploitation du bien repris pendant au moins neuf ans soit à titre individuel, soit au sein d'une société dotée de la personnalité morale, soit au sein d'une société en participation dont les statuts sont établis par un écrit ayant acquis date certaine. Il ne peut se limiter à la direction et à la surveillance de l'exploitation et doit participer sur les lieux aux travaux de façon effective et permanente, selon les usages de la région et en fonction de l'importance de l'exploitation. Il doit posséder le cheptel et le matériel nécessaires ou, à défaut, les moyens de les acquérir.

Le bénéficiaire de la reprise doit occuper lui-même les bâtiments d'habitation du bien repris ou une habitation située à proximité du fonds et en permettant l'exploitation directe.

Le bénéficiaire de la reprise doit justifier par tous moyens qu'il satisfait aux obligations qui lui incombent en application des deux alinéas précédents et qu'il répond aux conditions de capacité ou d'expérience professionnelle mentionnées aux articles L. 331-2 à L. 331-5 ou qu'il a bénéficié d'une autorisation d'exploiter en application de ces dispositions.

Art. L. 411-60 *(Mod., L. n° 2006-11, 5 janv. 2006)*. – Les personnes morales, à la condition d'avoir un objet agricole, peuvent exercer le droit de reprise sur les biens qui leur ont été apportés en propriété ou en jouissance, neuf ans au moins avant la date du congé. Ces conditions ne sont pas exigées des groupements agricoles d'exploitation en commun ou de sociétés constituées entre conjoints, partenaires d'un pacte civil de solidarité parents ou alliés jusqu'au quatrième degré inclus. L'exploitation doit être assurée conformément aux prescriptions des articles L. 411-59 et L. 411-63 par un ou plusieurs membres des sociétés mentionnées au présent article. Toutefois, les membres des personnes morales mentionnées à la première phrase du présent article ne peuvent assurer l'exploitation du bien repris que s'ils détiennent les parts sociales depuis neuf ans au moins lorsqu'ils les ont acquises à titre onéreux (1).

Art. L. 411-61 *(Mod., Ord. n° 2006-870, 13 juill. 2006)*. – Lorsque le bailleur a échangé tout ou partie du bien loué, à moins que cet échange ait eu lieu entre des parents ou alliés jusqu'au troisième degré inclus, ou encore qu'il ait eu lieu dans le cadre des opérations d'échanges et cessions amiables d'immeubles ruraux effectuées en vertu des articles L. 124-1 à L. 124-13, le droit de reprise ne peut être exercé sur le bien échangé avant l'expiration d'une période de neuf ans, à compter de la date dudit échange.

Art. L. 411-62. – Sans préjudice des dispositions de l'article L. 411-57, le bailleur ne peut reprendre une partie des biens qu'il a loués si cette reprise partielle est de nature à porter gravement atteinte à l'équilibre économique de l'ensemble de l'exploitation assurée par le preneur.

Par dérogation aux conditions prévues au présent article et aux articles L. 411-58 à L. 411-61, L. 411-63 et L. 411-67, le bailleur a le droit de refuser le renouvellement du bail pour une partie seulement des biens qu'il a loués, si l'exercice de ce droit a pour objet d'agrandir, dans la limite du seuil de superficie défini en application du I (1°) de l'article 188-2 *(art. L. 331-2)* du Code rural, une autre exploitation également donnée à bail par lui et sans que l'équilibre économique de l'exploitation ainsi réduite en soit gravement compromis.

Dans les cas prévus aux deux alinéas ci-dessus, le preneur a la faculté de notifier au bailleur, jusqu'à l'expiration du bail en cours, sa décision de ne pas renouveler le bail.

Art. L. 411-63 *(Ord. n° 2006-870, 13 juill. 2006)*. – Le bailleur ou le bénéficiaire du droit de reprise mentionné au premier alinéa de l'article L. 411-58 qui a fait usage de ce droit peut, avant l'expiration du délai de neuf ans, prévu au premier alinéa de l'article L. 411-59, faire apport du bien repris à un groupement foncier agricole, à la condition de se consacrer personnellement à l'exploitation des biens de ce groupement dans les conditions mentionnées aux articles L. 411-59 et L. 411-60.

Art. L. 411-64 *(Rempl., Ord. n° 2006-870, 13 juill. 2006 ; mod., L. n° 2014-1170, 13 oct. 2014)*. – Le droit de reprise tel qu'il est prévu aux articles L. 411-58 à L. 411-63, L. 411-66 et L. 411-67 ne peut être exercé au profit d'une personne ayant atteint, à la date prévue pour la reprise, l'âge de la retraite retenu en matière d'assurance vieillesse des exploitants agricoles, sauf s'il s'agit, pour le bénéficiaire du droit de

(1) Le droit de reprise ne peut être exercé au profit d'une personne bénéficiant d'un avantage vieillesse supérieur à 4 160 fois le montant horaire du salaire minimum de croissance (L. n° 84-741, 1er août 1984).

reprise, de constituer une exploitation ayant une superficie au plus égale à la surface fixée en application de l'article L. 732-39. Si la superficie de l'exploitation ou des exploitations mises en valeur par le preneur est supérieure à cette limite, le bailleur peut, par dérogation aux articles L. 411-5 et L. 411-46 :

– soit refuser le renouvellement du bail au preneur ayant atteint l'âge de la retraite retenu en matière d'assurance vieillesse des exploitants agricoles ;

– soit limiter le renouvellement à l'expiration de la période triennale au cours de laquelle le preneur atteindra cet âge.

Le preneur peut demander au bailleur le report de plein droit de la date d'effet du congé à la fin de l'année culturale où il aura atteint l'âge lui permettant de bénéficier d'une retraite à taux plein.

Dans les cas mentionnés aux deuxième et troisième alinéas, le bailleur doit prévenir le preneur de son intention de refuser le renouvellement du bail ou d'y mettre fin par acte extrajudiciaire signifié au moins dix-huit mois à l'avance.

Les dispositions du présent article sont applicables que le propriétaire entende aliéner ou donner à bail à un preneur dont l'âge est inférieur à l'âge de la retraite retenu en matière d'assurance vieillesse des exploitants agricoles ou exploiter en faire-valoir direct. Dans ce dernier cas, sauf s'il s'agit pour le bailleur de constituer une exploitation dans les conditions prévues au premier alinéa du présent article, il ne doit pas avoir atteint l'âge de la retraite retenu en matière d'assurance vieillesse des exploitants agricoles.

Le preneur évincé en raison de son âge peut céder son bail à son conjoint, ou au partenaire avec lequel il est lié par un pacte civil de solidarité, participant à l'exploitation ou à l'un de ses descendants ayant atteint l'âge de la majorité ou ayant été émancipé, dans les conditions prévues à l'article L. 411-35. Le bénéficiaire de la cession a droit au renouvellement de son bail.

À peine de nullité, le congé donné en vertu du présent article doit reproduire les termes de l'alinéa précédent.

Art. L. 411-65 *(Abr., Ord. n° 2006-870, 13 juill. 2006).*

Art. L. 411-66. – Au cas où il serait établi que le bénéficiaire de la reprise ne remplit pas les conditions prévues aux articles L. 411-58 à L. 411-63 et L. 411-67, ou que le propriétaire n'a exercé la reprise que dans le but de faire fraude aux droits du preneur, notamment s'il vend le bien, le donne à ferme, ou pratique habituellement la vente de la récolte sur pied d'herbe ou de foin, le preneur a droit, soit au maintien dans les lieux si la décision validant le congé n'a pas encore été exécutée, soit à la réintégration dans le fonds ou à la reprise en jouissance des parcelles avec ou sans dommages-intérêts, soit à des dommages-intérêts.

La réintégration prévue à l'alinéa précédent ne peut être prononcée si elle a pour résultat, compte tenu des biens que le preneur exploite par ailleurs, de lui permettre de mettre en valeur une exploitation excédant le seuil de superficie défini en application du I (1°) de l'article 188-2 du Code rural.

Art. L. 411-67. – Le bailleur exploitant de carrière a le droit d'exercer la reprise en fin de bail en vue de mettre en exploitation pour la bonne marche de son industrie les terrains à vocation agricole dont il est propriétaire. Il doit s'engager à entreprendre effectivement l'exploitation industrielle des parcelles ayant fait l'objet de la reprise. Le droit de reprise est limité aux parcelles nécessaires à l'exploitation desdites carrières.

Art. L. 411-68. – Lorsque des époux participent ensemble et de façon habituelle à une exploitation agricole, l'époux titulaire du bail sur cette exploitation ne peut, sans le consentement exprès de son conjoint, accepter la résiliation, céder le bail ou s'obliger à ne pas en demander le renouvellement, sans préjudice de l'application de l'article 217 du Code civil. Toute stipulation contraire est réputée non écrite.

L'époux qui n'a pas donné son consentement à l'acte peut en demander l'annulation ; l'action en nullité lui est ouverte dans l'année à compter du jour où il a eu connaissance de l'acte.

Section IX. – Indemnité au preneur sortant

Art. L. 411-69 *(L. n° 99-574, 9 juill. 1999 ; mod., L. n° 2014-1170, 13 oct. 2014).* – Le preneur qui a, par son travail ou par ses investissements, apporté des améliorations au fonds loué a droit, à l'expiration du bail, à une indemnité due par le bailleur, quelle que soit la cause qui a mis fin au bail.

Sont assimilées aux améliorations les réparations nécessaires à la conservation d'un bâtiment indispensable pour assurer l'exploitation du bien loué ou l'habitation du preneur, effectuées avec l'accord du bailleur par le preneur et excédant les obligations légales de ce dernier. Il en est de même des travaux ayant pour objet de permettre d'exploiter le bien loué en conformité avec la législation ou la réglementation.

En cas de vente du bien loué, l'acquéreur doit être averti par l'officier public ou ministériel chargé de la vente du fait qu'il supportera, à la sortie du preneur, la charge de l'indemnité éventuellement due à celui-ci.

Si la vente a eu lieu par adjudication, le cahier des charges doit mentionner la nature, le coût et la date des améliorations apportées par le preneur dans les conditions prévues aux articles L. 411-71 et L. 411-73. Cette mention est établie par l'officier public ou ministériel chargé de la vente d'après les indications fournies par le bailleur et par le preneur ; en cas de désaccord entre les parties, elle fait état des éléments contestés.

La demande du preneur sortant relative à une indemnisation des améliorations apportées au fonds loué se prescrit par douze mois à compter de la date de fin de bail, à peine de forclusion.

Art. L. 411-70 *(Mod., L. n° 2006-11, 5 janv. 2006 ; à compter du 1er janvier 2014, Ord. n° 2013-544, 27 juin 2013).* – Pour permettre le paiement de l'indemnité due, les établissements de crédit et les sociétés de financement peuvent accorder aux bailleurs qui en font la demande des prêts spéciaux à long terme. Lorsque le preneur sortant a obtenu un prêt pour réaliser des améliorations et que ce prêt n'est pas entièrement remboursé, le bailleur est, s'il en fait la demande, subrogé dans les droits et obligations du preneur et l'indemnité due est réduite en conséquence.

Art. L. 411-71 *(Mod., L. n° 2014-1170, 13 oct. 2014).* – L'indemnité est ainsi fixée :

1° En ce qui concerne les bâtiments et les ouvrages incorporés au sol, l'indemnité est égale au coût des travaux, évalué à la date de l'expiration du bail, réduit de 6 % par année écoulée depuis leur exécution. Toutefois, dans des conditions déterminées par décret en Conseil d'État, il pourra, pour les bâtiments d'exploitation, les bâtiments d'habitation et les ouvrages incorporés au sol, être décidé par décision administrative de calculer les indemnités en fonction de tables d'amortissement déterminées à partir d'un barème national. En tout état de cause, l'indemnité n'est due que dans la mesure où les aménagements effectués conservent une valeur effective d'utilisation ;

2° En ce qui concerne les plantations, elle est égale à l'ensemble des dépenses, y compris la valeur de la main-d'œuvre, évaluées à la date de l'expiration du bail, qui auront été engagées par le preneur avant l'entrée en production des plantations, déduction faite d'un amortissement calculé à partir de cette dernière date, sans qu'elle puisse excéder le montant de la plus-value apportée au fonds par ces plantations ;

3° En ce qui concerne les travaux de transformation du sol en vue de sa mise en culture ou d'un changement de culture entraînant une augmentation du potentiel de production du terrain de plus de 20 %, les améliorations culturales ainsi que les améliorations foncières mentionnées à l'article L. 411-28, l'indemnité est égale à la somme que coûteraient, à l'expiration du bail, les travaux faits par le preneur dont l'effet est susceptible de se prolonger après son départ, déduction faite de l'amortissement dont la durée ne peut excéder dix-huit ans. Le montant de l'indemnité peut être fixé par comparaison entre l'état du fonds lors de l'entrée du preneur dans les lieux et cet état lors de sa sortie ou au moyen d'une expertise. En ce cas, l'expert peut utiliser toute méthode lui permettant d'évaluer, avec précision, le montant de l'indemnité due au preneur sortant ;

4° En cas de reprise effectuée en application des articles L. 411-6, L. 411-58 et L. 411-60 du présent code, et en ce qui concerne les travaux régulièrement exécutés en application des 1 et 3 du I de l'article L. 411-73 du présent code, l'indemnité est égale à la valeur au jour de l'expiration du bail des améliorations apportées compte tenu de leurs conditions techniques et économiques d'utilisation ;

5° En ce qui concerne les travaux imposés par l'autorité administrative, l'indemnité est fixée comme au 1°, sauf accord écrit et préalable des parties.

La part des travaux mentionnés au présent article dont le financement a été assuré par une subvention ne donne pas lieu à indemnité.

Les travaux mentionnés au présent article, qui ont un caractère somptuaire ou qui n'ont pas été faits au juste prix, ne donnent lieu à indemnité que comme s'il s'agissait d'installations normales et réalisées au juste prix.

Art. L. 411-72. – S'il apparaît une dégradation du bien loué, le bailleur a droit, à l'expiration du bail, à une indemnité égale au montant du préjudice subi.

Art. L. 411-73 *(L. n° 84-741, 1er août 1984 ; Ord. n° 2010-461, 6 mai 2010 ; mod., L. n° 2010-874, 27 juill. 2010).* – I. – Les travaux d'amélioration, non prévus par une clause du bail, ne peuvent être exécutés qu'en observant, selon le cas, l'une des procédures suivantes :

1. Peuvent être exécutés sans l'accord préalable du bailleur :

– les travaux dispensés de cette autorisation par la loi n° 67-561 du 12 juillet 1967 relative à l'amélioration de l'habitat et les textes pris pour son application ;

– les travaux figurant sur une liste établie par décision administrative pour chaque région naturelle, en tenant compte de la structure et de la vocation des exploitations. Cette liste ne pourra comprendre que les travaux nécessités par les conditions locales et afférents, en ce qui concerne l'amélioration des bâtiments d'exploitation existants, à l'installation de l'eau et de l'électricité dans ceux-ci, à la protection du cheptel vif dans les conditions de salubrité et à la conservation des récoltes et des éléments fertilisants organiques et, en ce qui concerne les ouvrages incorporés au sol, à la participation à des opérations collectives d'assainissement, de drainage et d'irrigation, ainsi qu'aux travaux techniques assurant une meilleure productivité des sols sans changer leur destination naturelle ;

– tous travaux, autres que ceux concernant les productions hors sol ainsi que les plantations, dont la période d'amortissement, calculée dans les conditions fixées par l'article L. 411-71, ne dépasse pas de plus de six ans la durée du bail. Toutefois, lorsqu'il n'a pas reçu congé dans le délai prévu à l'article L. 411-47 ou à l'article L. 416-3, selon le cas, il est ajouté à la durée du bail en cours celle du nouveau bail y compris la prorogation de plein droit prévue à l'article L. 411-58, deuxième alinéa.

Deux mois avant l'exécution des travaux, le preneur doit communiquer au bailleur un état descriptif estimatif de ceux-ci. Le bailleur peut soit décider de les prendre à sa charge, soit, en cas de désaccord sur les travaux envisagés ou sur leurs modalités d'exécution, pour des motifs sérieux et légitimes, saisir le tribunal paritaire, dans le délai de deux mois à peine de forclusion. Le preneur peut exécuter ou faire exécuter ces travaux si aucune opposition n'a été formée, si le tribunal n'a pas admis la recevabilité ou le bien-fondé des motifs de l'opposition dont il a été saisi, ou si le bailleur n'a pas entrepris, dans le délai d'un an, les travaux qu'il s'est engagé à exécuter.

2. Pour les plantations, les constructions de bâtiments destinés à une production hors sol ainsi que les travaux réalisés dans le cadre de la production et, le cas échéant, de la commercialisation de biogaz, d'électricité et de chaleur par la méthanisation, le preneur, afin d'obtenir l'autorisation du bailleur, lui notifie sa proposition. En cas de refus du bailleur ou à défaut de réponse dans les deux mois de la notification qui lui a été faite, les travaux peuvent être autorisés par le tribunal paritaire, à moins que le bailleur ne décide de les exécuter à ses frais dans un délai fixé en accord avec le preneur ou, à défaut, par le tribunal paritaire.

Le preneur ne peut construire ou faire construire un bâtiment d'habitation sur un bien compris dans le bail que s'il a obtenu au préalable l'accord écrit du bailleur. Il exécute alors les travaux à ses frais et supporte les impôts et taxes afférents au bâtiment construit.

En ce qui concerne les travaux imposés par l'autorité administrative, le preneur notifie au bailleur la proposition de réaliser les travaux.

Le bailleur peut décider de les prendre en charge dans un délai fixé en accord avec le preneur.

En cas de refus du bailleur ou s'il ne répond pas dans les deux mois de la notification, ou s'il ne respecte pas son engagement d'exécuter les travaux prescrits dans le délai convenu, le preneur est réputé disposer de l'accord du bailleur pour l'exécution de ces travaux.

3. Pour tous autres travaux, d'amélioration, le preneur doit obtenir l'autorisation du bailleur. À cet effet, il lui notifie sa proposition ainsi qu'à un comité technique départemental dont la composition et les conditions d'intervention sont fixées par décret. Le bailleur peut décider de les exécuter à ses frais dans un délai fixé en accord avec le preneur. S'il refuse ou s'il ne répond pas dans les deux mois de la notification, le preneur en informe le comité technique départemental qui dispose d'un délai de deux mois pour rendre son avis.

Le preneur peut exécuter ou faire exécuter les travaux si aucune opposition à un avis favorable du comité n'a été formée par le bailleur auprès du tribunal paritaire, si le tribunal n'a pas admis la recevabilité ou le bien-fondé des motifs de l'opposition dont il a été saisi, ou si le bailleur n'a pas entrepris, dans le délai prévu, les travaux qu'il s'est engagé à exécuter.

Le permis de construire, dans le cas où il est exigé, peut être demandé par le preneur seul dès lors qu'il a l'autorisation de faire les travaux compte tenu des dispositions précédemment énoncées.

II. – Quelle que soit la procédure qui s'applique, les travaux visés au présent article doivent, sauf accord du bailleur, présenter un caractère d'utilité certaine pour l'exploitation.

Pour les travaux inclus dans des opérations collectives de drainage ou d'irrigation, le preneur doit joindre à sa proposition, notifiée au bailleur, l'engagement écrit d'acquitter les taxes syndicales correspondantes qui sont alors recouvrées par voie de rôle annexe. Dans ce cas, l'accord du bailleur emporte mandat d'être représenté par le preneur au sein de l'association syndicale ou foncière qui a la maîtrise des travaux.

Lorsque les travaux affectent le gros œuvre d'un bâtiment, le bailleur peut exiger qu'ils soient exécutés sous la direction et le contrôle d'un homme de l'art désigné, à défaut d'accord amiable, par l'autorité judiciaire.

Art. L. 411-74 *(Mod. à compter du 1er janvier 2014, Cons. const. n° 2013-343 QPC, 27 sept. 2013, art. 1er et 2 ; L. n° 2014-1170, 13 oct. 2014)*. – Sera puni d'un emprisonnement de deux mois à deux ans et d'une amende de 2 000 F à 200 000 F30 000 € ou de l'une de ces deux peines seulement, tout bailleur, tout preneur sortant ou tout intermédiaire qui aura, directement ou indirectement, à l'occasion d'un changement d'exploitant, soit obtenu ou tenté d'obtenir une remise d'argent ou de valeurs non justifiée, soit imposé ou tenté d'imposer la reprise de biens mobiliers à un prix ne correspondant pas à la valeur vénale de ceux-ci.

Les sommes indûment perçues sont sujettes à répétition. Elles sont majorées d'un intérêt calculé à compter de leur versement et égal au taux de l'intérêt légal mentionné à l'article L. 313-2 du Code monétaire et financier majoré de trois points.

En cas de reprise de biens mobiliers à un prix ne correspondant pas à la valeur vénale de ceux-ci, l'action en répétition peut être exercée dès lors que la somme versée a excédé ladite valeur vénale de plus de 10 %.

L'action en répétition exercée à l'encontre du bailleur demeure recevable pendant toute la durée du bail initial et des baux renouvelés qui lui font suite ainsi que, en cas d'exercice du droit de reprise, pendant un délai de dix-huit mois à compter de la date d'effet du congé.

Art. L. 411-75 *(L. n° 90-85, 23 janv. 1990 ; mod., L. n° 95-95, 1er févr. 1995)*. – En cas de cession du bail en application de l'article L. 411-35 ou de l'article L. 411-38, les améliorations faites sur le fonds par le preneur sortant et qui lui ouvrent droit, au terme du bail, à l'indemnité prévue par l'article L. 411-69 peuvent être cédées au preneur entrant.

Dans le cas de l'article L. 411-38, les améliorations ainsi transférées donnent lieu à l'attribution de parts au profit du cédant.

Dans le cas de l'article L. 411-35 ou de l'article L. 411-38, le preneur entrant est subrogé dans les droits à l'indemnité que l'intéressé aurait pu exercer en fin de bail vis-à-vis du bailleur.

Un associé qui, dans les conditions prévues par les articles L. 323-14 et L. 411-37, met à la disposition d'une société des biens dont il est locataire peut céder à ladite société les améliorations qu'il justifie avoir faites sur le fonds et qui lui ouvrent droit, au terme du bail, à l'indemnité prévue à l'article L. 411-69.

La société lui attribue des parts correspondant à ce transfert. Elle est subrogée dans les droits à l'indemnité que l'intéressé aurait pu exercer en fin de bail vis-à-vis du bailleur.

Voir : l'article L. 411-75 est applicable aux baux en cours *(L. n° 95-95, 1er févr. 1995, art. 32-II)*.

Art. L. 411-76 *(Mod., L. n° 90-35, 23 janv. 1990 ; Ord. n° 2006-870, 13 juill. 2006 ; à compter du 1er octobre 2016, Ord. n° 2016-131, 10 févr. 2016)*. – Pour le paiement de l'indemnité, le juge peut accorder au bailleur les délais prévus [à] l'article 1343-5 du Code civil.

Toutefois, aucun délai ne peut être accordé lorsque le bailleur invoque le bénéfice des articles L. 411-5 à L. 411-7, L. 411-57 à L. 411-64, L. 411-67 et L. 415-11, premier alinéa. Dans ce cas, chacune des parties peut, à partir de la notification du congé, et indépendamment de toute action sur le fond, saisir le tribunal paritaire en vue d'obtenir la fixation de cette indemnité.

S'il apparaît que le preneur est en droit de prétendre à une indemnité et si celle-ci n'a pas été définitivement fixée un an avant l'expiration du bail, la partie la plus diligente peut saisir le président du tribunal paritaire statuant en la forme des référés en vue de la fixation d'une indemnité provisionnelle d'un montant aussi proche que possible de celui de l'indemnité définitive et qui, nonobstant toute opposition ou appel, doit être versée ou consignée par le bailleur dans le mois de la notification de la décision en fixant le montant. Le preneur peut exiger, à son départ des lieux, le versement des sommes consignées, sans préjudice de la restitution ultérieure de l'excédent éventuel lors de la décision définitive. Si, malgré la fixation de l'indemnité provisionnelle ou définitive, le bailleur n'a pas versé ou consigné celle-ci à la date de l'expiration du bail, il ne peut exiger le départ du preneur avant que ce versement ou cette consignation ait été effectué.

Lorsque l'indemnité a été fixée par le juge et payée par le bailleur, celui-ci peut demander soit une majoration du prix du bail, conformément à l'article L. 411-12, soit le remboursement par le preneur entrant des sommes ainsi versées. Dans ce cas, l'indemnité qui sera due au nouveau preneur à sa sortie sera calculée comme s'il était entré dans les lieux à la date d'entrée du preneur sortant.

Art. L. 411-77. – Sont réputées non écrites toutes clauses ou conventions ayant pour effet de supprimer ou de restreindre les droits conférés au preneur sortant ou au bailleur par les dispositions précédentes. Toutefois, peut être fixée à forfait l'indemnité due pour la mise en culture des terres incultes, en friche ou en mauvais état de culture, à condition que ces terres aient été déclarées dans le bail.

Art. L. 411-78. – Les dispositions des articles L. 411-4, alinéas 3 et 4, L. 411-69 à L. 411-71, L. 411-73, L. 411-74 et L. 411-77 concernant les modalités de l'indemnisation du preneur sortant sont applicables aux améliorations antérieures au 13 juillet 1967, dans la mesure où elles ont été réalisées conformément aux règles en vigueur lorsqu'elles ont été effectuées.

Section X. – Dispositions diverses

(L. n° 2003-699, 30 juill. 2003)

....

CHAPITRE II. – DROIT DE PRÉEMPTION ET DROIT DE PRIORITÉ

Section I. – Droit de préemption en cas d'aliénation à titre onéreux de biens ruraux

Art. L. 412-1. – Le propriétaire bailleur d'un fonds de terre ou d'un bien rural qui décide ou est contraint de l'aliéner à titre onéreux, sauf le cas d'expropriation pour cause d'utilité publique, ne peut procéder à cette aliénation qu'en tenant compte, conformément aux dispositions de la présente section, d'un droit de préemption au bénéfice de l'exploitant preneur en place. Ce droit est acquis au preneur même s'il a la qualité de copropriétaire du bien mis en vente.

Les dispositions de l'alinéa précédent ne sont pas applicables s'il s'agit de biens dont l'aliénation, faite en vertu soit d'actes de partage intervenant amiablement entre cohéritiers, soit de partage d'ascendants, soit de mutations, profite, quel que soit l'un de ces trois cas, à des parents ou alliés du propriétaire jusqu'au troisième degré inclus et sauf dans ces mêmes cas si l'exploitant preneur en place est lui-même parent ou allié du propriétaire jusqu'au même degré.

Art. L. 412-2. – Les dispositions de la présente section s'appliquent à toutes les ventes ou adjudications même sur surenchère. Il en est de même en cas de vente portant sur la nue-propriété ou l'usufruit à moins que l'acquéreur ne soit, selon le cas, nu-propriétaire du bien vendu en usufruit ou usufruitier du bien vendu en nue-propriété.

Art. L. 412-3 *(Mod., L. n° 2005-517, 23 févr. 2005)*. – Le droit de préemption n'existe pas lorsqu'il s'agit d'échange, même avec soulte, de parcelles de terre de l'exploitation contre d'autres parcelles ou biens ruraux en vue d'opérations assimilables à des opérations d'aménagement foncier agricole et forestier ou rentrant dans le cadre de telles opérations, à condition que les parcelles ou biens nouvellement acquis rentrent dans l'exploitation à la place des parcelles ou biens distraits.

Il n'existe pas non plus lorsqu'il s'agit de fonds dont la location est dispensée de la forme écrite dans les conditions prévues à l'article L. 411-3.

Art. L. 412-4. – Le droit de préemption s'exerce nonobstant toutes clauses contraires.

Il peut être exercé s'il n'a été fait usage des droits de préemption établis par les textes en vigueur, notamment au profit de l'État, des collectivités publiques et des établissements publics.

Il ne peut en aucun cas être cédé.

Art. L. 412-5 *(L. n° 88-1202, 30 déc. 1988 ; mod., L. n° 2006-11, 5 janv. 2006 ; L. n° 2014-1170, 13 oct. 2014)*. – Bénéficie du droit de préemption le preneur ayant exercé, au moins pendant trois ans, la profession agricole et exploitant par lui-même ou par sa famille le fonds mis en vente.

Il peut exercer personnellement ce droit, soit pour exploiter lui-même, soit pour faire assurer l'exploitation du fonds par son conjoint ou le partenaire avec lequel il est lié par un pacte civil de solidarité participant à l'exploitation ou par un descendant si ce conjoint, partenaire ou descendant a exercé la profession agricole pendant trois ans au moins ou est titulaire d'un diplôme d'enseignement agricole.

Il peut aussi subroger dans l'exercice de ce droit son conjoint ou le partenaire avec lequel il est lié par un pacte civil de solidarité participant à l'exploitation ou un descendant majeur ou mineur émancipé qui remplissent les conditions prévues à l'alinéa précédent.

Le bénéficiaire du droit de préemption, le conjoint ou le partenaire d'un pacte civil de solidarité participant à l'exploitation ou le descendant au profit duquel le preneur a exercé son droit de préemption devra exploiter personnellement le fonds objet de la préemption aux conditions fixées aux articles L. 411-59 et L. 412-12.

Le conjoint ou le partenaire d'un pacte civil de solidarité du preneur décédé, ainsi que ses ascendants et ses descendants âgés d'au moins seize ans, au profit desquels le bail continue en vertu de l'article L. 411-34, alinéa 1er, bénéficient, dans l'ordre de ce même droit, lorsqu'ils remplissent les conditions prévues à l'alinéa 2 ci-dessus et exploitent par eux-mêmes ou par leur famille le fonds mis en vente, à la date d'exercice du droit.

Le droit de préemption ne peut être exercé si, au jour où il fait connaître sa décision d'exercer ce droit, le bénéficiaire ou, dans le cas prévu au troisième alinéa ci-dessus, le conjoint, le partenaire d'un pacte civil de solidarité ou le descendant subrogé est déjà propriétaire de parcelles représentant une superficie supérieure à trois fois le seuil mentionné à l'article L. 312-1.

Art. L. 412-6. – Dans le cas où le bailleur veut aliéner, en une seule fois, un fonds comprenant plusieurs exploitations distinctes, il doit mettre en vente séparément chacune de celles-ci, de façon à permettre à chacun des bénéficiaires du droit de préemption d'exercer son droit sur la partie qu'il exploite.

Art. L. 412-7. – Si le bénéficiaire du droit de préemption estime que le prix et les conditions demandées de la vente sont exagérés, il peut en saisir le tribunal paritaire qui fixe, après enquête et expertise, la valeur vénale des biens et les conditions de la vente. Dans le cas de vente, les frais d'expertise sont partagés entre le vendeur et l'acquéreur.

Si le propriétaire n'accepte pas les décisions du tribunal paritaire, il peut renoncer à la vente. Dans le cas où la vente n'a pas lieu, les frais d'expertise sont à la charge de la partie qui refuse la décision du tribunal paritaire.

Art. L. 412-8 *(L. n° 88-1202, 30 déc. 1988)*. – Après avoir été informé par le propriétaire de son intention de vendre, le notaire chargé d'instrumenter doit faire connaître au preneur bénéficiaire du droit de préemption, par lettre recommandée avec demande d'avis de réception ou par acte d'huissier de justice, le prix, les charges, les conditions et les modalités de la vente projetée, ainsi que, dans l'hypothèse prévue au dernier alinéa du présent article, les nom et domicile de la personne qui se propose d'acquérir.

Cette communication vaut offre de vente aux prix et conditions qui y sont contenus. Les dispositions de l'article 1589, alinéa 1er, du Code civil sont applicables à l'offre ainsi faite.

Le preneur dispose d'un délai de deux mois à compter de la réception de la lettre recommandée ou de l'acte d'huissier pour faire connaître, dans les mêmes formes, au propriétaire vendeur, son refus ou son acceptation de l'offre aux prix, charges et conditions communiqués avec indication des nom et domicile de la personne qui exerce le droit de préemption. Sa réponse doit être parvenue au bailleur dans le délai de deux mois ci-dessus visé, à peine de forclusion, son silence équivalant à une renonciation au droit de préemption.

En cas de préemption, celui qui l'exerce bénéficie alors d'un délai de deux mois à compter de la date d'envoi de sa réponse au propriétaire vendeur pour réaliser l'acte de vente authentique ; passé ce délai, sa déclaration de préemption sera nulle de plein droit, quinze jours après une mise en demeure à lui faite par acte d'huissier de justice et restée sans effet. L'action en nullité appartient au propriétaire vendeur et à l'acquéreur évincé lors de la préemption.

Le tiers acquéreur peut, pendant le délai d'exercice du droit de préemption par le preneur, joindre à la notification prévue à l'alinéa 1er ci-dessus une déclaration par laquelle il s'oblige à ne pas user du droit de reprise pendant une durée déterminée. Le notaire chargé d'instrumenter communique au preneur bénéficiaire du droit de préemption cette déclaration dans les mêmes formes que la notification prévue à l'alinéa 1er. Le preneur qui n'a pas exercé son droit de préemption pourra se prévaloir de cette déclaration aux fins d'annulation de tout congé portant reprise avant l'expiration de cette période.

Art. L. 412-9. – Dans le cas où, au cours du délai de deux mois prévu à l'article précédent, le propriétaire décide de modifier ses prétentions, il doit, par l'intermédiaire du notaire chargé d'instrumenter, notifier ses nouvelles conditions, notamment de prix, au preneur bénéficiaire du droit de préemption. Le délai de deux mois dont profite celui-ci pour faire valoir son droit de préemption aux nouvelles conditions est alors augmenté de quinze jours.

Dans le cas où, après l'expiration du délai de deux mois mentionné à l'article précédent, le propriétaire entend modifier ses prétentions, ou lorsqu'un an après l'envoi de la dernière notification, la vente n'étant pas réalisée, il persiste dans son intention de vendre, il est tenu de renouveler la procédure prévue à l'article précédent.

En tout état de cause, toute vente du fonds doit être notifiée dans les dix jours au bénéficiaire du droit de préemption.

Art. L. 412-10. – Dans le cas où le propriétaire bailleur vend son fonds à un tiers soit avant l'expiration des délais prévus à l'article précédent, soit à un prix ou à des conditions de paiement différents de ceux demandés par lui au bénéficiaire du droit de préemption ou lorsque le propriétaire bailleur exige du bénéficiaire du droit de préemption des conditions tendant à l'empêcher d'acquérir, le tribunal paritaire, saisi par ce dernier, doit annuler la vente et déclarer ledit bénéficiaire acquéreur aux lieu et place du tiers, aux conditions communiquées, sauf, en cas de vente à un prix inférieur à celui notifié, à le faire bénéficier de ce même prix.

Art. L. 412-11. – Dans le cas de vente faite par adjudication volontaire ou forcée, le preneur bénéficiaire du droit de préemption doit, à peine de nullité de la vente, y être convoqué par lettre recommandée avec demande d'avis de réception ou par acte d'huissier de justice, vingt jours au moins avant la date de l'adjudication, soit par le notaire chargé de la vente, soit en cas de vente poursuivie devant le tribunal, par le secrétaire-greffier en chef dudit tribunal.

Il lui est accordé un délai de vingt jours à compter de celui de l'adjudication pour faire connaître au notaire chargé de la vente ou, en cas de vente poursuivie devant le tribunal, au secrétaire-greffier en chef dudit tribunal, sa décision de faire valoir son droit de préemption. L'exercice du droit de préemption soit par le preneur lui-même, soit par un descendant dans les conditions prévues au troisième alinéa de l'article L. 412-5 emporte pour lui substitution pure et simple à l'adjudicataire. La déclaration de substitution, qui doit comporter l'indication de la personne exerçant le droit de préemption, est faite par acte authentique ou par acte d'huissier de justice qui est annexé au procès-verbal ou au jugement d'adjudication et publié en même temps que celui-ci. La déclaration de surenchère est dénoncée au preneur dans les mêmes formes et délais qu'à l'adjudicataire. Le preneur peut intervenir dans l'instance en validité de la surenchère.

Lorsque, dans le délai prévu à l'alinéa précédent, l'adjudicataire a fait connaître au bénéficiaire du droit de préemption, par lettre recommandée avec demande d'avis de réception, par acte d'huissier de justice, ou par déclaration insérée dans le procès-verbal de l'adjudication, son intention de ne pas user de son droit de reprise au cours d'une période déterminée, le preneur qui n'a pas fait valoir son droit de préemption pourra se prévaloir de cette déclaration aux fins d'annulation de tout congé portant reprise avant l'expiration de cette période.

Art. L. 412-12. – Celui qui a fait usage du droit de préemption est tenu aux obligations mentionnées aux articles L. 411-58 à L. 411-63 et L. 411-67. À défaut, l'acquéreur évincé peut prétendre à des dommages-intérêts prononcés par les tribunaux paritaires. Il est privé de toute action après expiration de la période d'exploitation personnelle de neuf années prévues aux articles L. 411-59, L. 411-60 et L. 411-63.

Toutefois, celui qui a fait usage du droit de préemption peut faire apport du bien préempté à un groupement foncier agricole, à la condition de se consacrer personnellement à l'exploitation des biens du groupement, dans les conditions prévues aux articles L. 411-59 et L. 411-60.

Au cas où le droit de préemption n'aurait pu être exercé par suite de la non-exécution des obligations dont le bailleur est tenu en application de la présente section, le preneur est recevable à intenter une action en nullité de la vente et en dommages-intérêts devant les tribunaux paritaires dans un délai de six mois à compter du jour où la date de la vente lui est connue, à peine de forclusion. Toutefois, lorsque le bailleur n'a pas respecté les obligations mentionnées à l'article L. 412-10, le preneur peut intenter l'action prévue par cet article.

Le fermier préempteur de la nue-propriété n'est pas tenu des obligations énoncées au premier alinéa du présent article, lorsqu'il est évincé par l'usufruitier qui fait usage de son droit de reprise.

Art. L. 412-13. – Conformément à l'article 707 *bis* du Code général des impôts, en cas d'éviction d'un acquéreur, l'exercice du droit de préemption ne donne pas ouverture à la perception d'un nouvel impôt proportionnel.

Les frais et loyaux coûts exposés à l'occasion du contrat, s'il y a lieu, par l'acquéreur évincé lui sont remboursés par le preneur.

Section II. – Dispositions relatives aux baux conclus entre copartageants d'une exploitation agricole par application de l'article 832-3 du Code civil

Art. L. 412-14 *(Mod., L. n° 2006-728, 23 juin 2006).* – Le bail passé entre les copartageants d'une exploitation agricole, par application de l'article 832-2 du Code civil, est, sous les réserves ci-après énoncées, soumis aux dispositions du présent titre.

Ne sont pas applicables, jusqu'à l'expiration du bail, les dérogations prévues à l'article L. 411-3 en ce qui concerne les parcelles ne constituant pas un corps de ferme ou des parties essentielles d'une exploitation agricole.

Par dérogation aux articles L. 412-1 et L. 412-2, le droit de préemption sera ouvert au preneur, même s'il existe entre l'acquéreur éventuel et le propriétaire un lien de parenté ou d'alliance n'excédant pas le troisième degré. Sont de même exclues les limitations de l'article L. 412-5.

Art. L. 412-15. – À défaut d'accord amiable, le tribunal paritaire des baux ruraux détermine les modalités du bail et, le cas échéant, en fixe le prix.

CHAPITRE III. – DISPOSITIONS PARTICULIÈRES AUX PRENEURS DE NATIONALITÉ ÉTRANGÈRE

....

CHAPITRE IV. – COMMISSIONS CONSULTATIVES PARITAIRES DES BAUX RURAUX

Néant.

CHAPITRE V. – DISPOSITIONS DIVERSES ET D'APPLICATION

Art. L. 415-1 *(Rempl., Ord. n° 2006-870, 13 juill. 2006).* – Les obligations réciproques des fermiers entrant et sortant relatives au maintien de l'état des lieux sont régies par l'article 1777 du Code civil.

Art. L. 415-2 *(Rempl., Ord. n° 2006-870, 13 juill. 2006).* – Les obligations du fermier sortant relatives aux pailles et engrais sont régies par l'article 1778 du Code civil.

Art. L. 415-3 *(L. fin. n° 2005-1719, 30 déc. 2005 ; mod., L. fin. n° 2008-1425, 27 déc. 2008).* – Le paiement des primes d'assurances contre l'incendie des bâtiments loués, celui des grosses réparations et de l'impôt foncier sont à la charge exclusive du propriétaire.

En cas de sinistre, ni le bailleur, ni les compagnies d'assurances ne peuvent invoquer un recours contre le preneur, s'il n'y a faute grave de sa part.

Les dépenses afférentes aux voies communales et aux chemins ruraux sont supportées par le preneur. À cet effet, il est mis à sa charge, au profit du bailleur, une fraction du montant global de la taxe foncière sur les propriétés bâties et de la taxe foncière sur les propriétés non bâties portant sur les biens pris à bail. À défaut d'accord amiable entre les parties, cette fraction est fixée à un cinquième.

Le montant de l'exonération de la taxe foncière sur les propriétés non bâties afférente aux terres agricoles, prévue à l'article 1394 B *bis* du Code général des impôts, doit, lorsque ces terres sont données à bail, être intégralement rétrocédé aux preneurs des terres considérées.

À cet effet :

1° Lorsque le pourcentage des taxes foncières mis à la charge du preneur en application du troisième alinéa est supérieur ou égal à 20 %, le preneur rembourse au bailleur une fraction de la taxe foncière sur les propriétés non bâties égale à la différence de ces deux pourcentages multipliée par 1,25 ;

2° Lorsque le pourcentage des taxes foncières mis à la charge du preneur en application du troisième alinéa est inférieur à 20 %, le bailleur déduit du montant du fermage dû par le preneur une somme déterminée en appliquant au montant de la taxe foncière sur les propriétés non bâties un taux égal à la différence entre ces deux pourcentages multipliée par 1,25.

Le montant de l'exonération de la taxe foncière sur les propriétés non bâties prévu à l'article 1395 G du Code général des impôts doit, lorsque les propriétés concernées sont données à bail, être intégralement rétrocédé aux preneurs des propriétés considérées. À cet effet, le bailleur impute cet avantage sur le montant de la taxe qu'il met à la charge du preneur en application du troisième alinéa. Lorsque ce montant est inférieur à l'avantage, le bailleur déduit du montant du fermage dû par le preneur le montant qui n'a pu être imputé.

Lorsque les propriétés visées à l'article 1395 H du Code général des impôts sont données à bail, le bailleur rétrocède intégralement l'allégement visé au I du même article au preneur. Les modalités de calcul de cette rétrocession sont déterminées selon les principes définis aux quatrième à sixième alinéas du présent article.

Art. L. 415-4. – Seules les réparations locatives ou de menu entretien, si elles ne sont occasionnées ni par la vétusté, ni par le vice de construction ou de la matière, ni par force majeure, sont à la charge du preneur.

Art. L. 415-5 *(Abr., Ord. n° 2006-870, 13 juill. 2006).*

Art. L. 415-6 *(Mod. à compter du 1er octobre 2016, Ord. n° 2016-131, 10 févr. 2016).* – Est réputée non écrite toute clause insérée dans les baux stipulant que les détenteurs du droit de chasse dans les bois situés au voisinage des terres louées ne sont pas responsables au sens des articles 1240 et suivants du Code civil, des dégâts causés aux cultures par les lapins de garenne et le gibier vivant dans leurs bois.

Art. L. 415-7. – Le preneur a le droit de chasser sur le fonds loué.

S'il ne désire pas exercer ce droit, il doit le faire connaître au bailleur.

Art. L. 415-8. – La commission consultative des baux ruraux détermine l'étendue et les modalités des obligations du bailleur relatives à la permanence et à la qualité des plantations prévue au 4° de l'article 1719 du Code civil.

Le tribunal paritaire peut, le cas échéant, autoriser le preneur à faire exécuter les travaux incombant de ce fait au propriétaire, aux frais de celui-ci.

Art. L. 415-9 *(Abr., L. n° 2016-1087, 8 août 2016).*

Art. L. 415-10 *(Mod., L. n° 84-741, 1er août 1984).* – Les dispositions du présent titre s'appliquent aux baux ci-après énumérés : baux d'élevage concernant toute production hors sol, de marais salants, d'étangs et de bassins aménagés servant à l'élevage piscicole, baux d'établissements horticoles, de cultures maraîchères et de cultures de champignons, ainsi que les baux d'élevage apicole.

En sont exclus les locations de jardin d'agrément et d'intérêt familial, les baux de chasse et de pêche.

Art. L. 415-11 *(Mod., Ord. n° 2006-460, 21 avr. 2006).* – Les baux du domaine de l'État, des collectivités territoriales, de leurs groupements ainsi que des établissements publics, lorsqu'ils portent sur des biens ruraux constituant ou non une exploitation agricole complète, sont soumis aux dispositions du présent titre. Toutefois, le preneur ne peut invoquer le droit au renouvellement du bail lorsque la collectivité, le groupement ou l'établissement public lui a fait connaître, dans un délai de dix-huit mois avant la fin du bail, sa décision d'utiliser les biens loués, directement et en dehors de toute aliénation, à une fin d'intérêt général.

En outre, en cas d'aliénation, le preneur ne peut exercer le droit de préemption si l'aliénation est consentie à un organisme ayant un but d'intérêt public et si les biens vendus sont nécessaires à la réalisation de l'objectif poursuivi par l'organisme acquéreur.

Enfin, le bail peut, à tout moment, être résilié sur tout ou partie des biens loués lorsque ces biens sont nécessaires à la réalisation d'un projet déclaré d'utilité publique ; dans ce cas, le preneur a droit à une indemnité à raison du préjudice qu'il subit.

Art. L. 415-12. – Toute disposition des baux restrictive des droits stipulés par le présent titre est réputée non écrite.

CHAPITRE VI. – DISPOSITIONS PARTICULIÈRES AUX BAUX À LONG TERME

Art. L. 416-1 *(Mod., Ord. n° 2006-870, 13 juill. 2006).* – Le bail à long terme est conclu pour une durée d'au moins dix-huit ans et, sous réserve des dispositions de l'article L. 416-5, sans possibilité de reprise triennale pendant son cours.

Ce bail est renouvelable par période de neuf ans dans les conditions prévues à l'article L. 411-46 et sans préjudice, pendant lesdites périodes, de l'application des articles L. 411-6, L. 411-7 et L. 411-8 (al. 1er).

Le bail renouvelé reste soumis aux dispositions du présent chapitre. Sauf convention contraire, ses clauses et conditions sont celles du bail précédent. Toutefois, à défaut d'accord entre les parties, le tribunal paritaire fixe les conditions contestées du nouveau bail.

Le bailleur qui entend s'opposer au renouvellement doit notifier congé au preneur dans les conditions prévues à l'article L. 411-47. Toutefois, lorsque le preneur a atteint l'âge de la retraite retenu en matière d'assurance vieillesse des exploitants agricoles, chacune des parties peut, par avis donné au moins dix-huit mois à l'avance, refuser le renouvellement de bail ou mettre fin à celui-ci à l'expiration de chaque période annuelle à partir de laquelle le preneur aura atteint ledit âge, sans être tenu de remplir les conditions énoncées à la section VIII du chapitre I du présent titre.

Art. L. 416-2 *(Mod., Ord. n° 2006-870, 13 juill. 2006).* – Un bail rural peut, à tout moment, être converti par accord des parties en bail à long terme soit par transformation du bail initial, soit par conclusion d'un nouveau bail. Lorsque cette conversion n'implique aucune autre modification des conditions du bail que l'allongement de sa durée et que le bailleur s'engage à ne demander aucune majoration du prix du bail en fonction de cette conversion, le refus du preneur le prive du bénéfice des dispositions des articles L. 411-35 et L. 411-46.

Nonobstant les dispositions de l'article L. 411-14, le bailleur qui s'est engagé à ne demander aucune majoration du prix du bail ne peut se prévaloir des dispositions du premier alinéa de l'article L. 411-13.

Il peut être convenu que les descendants du preneur ne pourront bénéficier des dispositions des articles L. 411-35 et L. 411-38. Il peut en outre être convenu que, en cas de décès du preneur et de transmission du bail aux membres de sa famille, ceux-ci ne pourront, à l'expiration dudit bail, exciper du droit au renouvellement. Toutefois, au cas où le preneur décéderait moins de dix-huit mois avant l'expiration du bail, les membres de la famille pourront exciper du droit au renouvellement, pour une seule période de neuf années, sans pouvoir toutefois dépasser la date à laquelle le preneur décédé aurait atteint l'âge de la retraite retenu en matière d'assurance vieillesse des exploitants agricoles.

Art. L. 416-3 *(Mod., Ord. n° 2006-870, 13 juill. 2006).* – En outre, si la durée du bail initial est d'au moins vingt-cinq ans, il peut être convenu que le bail à long terme se renouvelle à son expiration, sans limitation de durée, par tacite reconduction. Dans ce cas, chacune des parties peut décider d'y mettre fin chaque année sans que soient exigées les conditions énoncées à la section VIII du chapitre I du présent titre. Le congé prend effet à la fin de la quatrième année suivant celle au cours de laquelle il a été donné. Les dispositions de l'article L. 416-1 (al. 2, 3 et 4) et celles de l'article L. 416-2 (al. 4) ne sont pas applicables.

En l'absence de clause de tacite reconduction, le bail prend fin au terme stipulé sans que le bailleur soit tenu de délivrer congé.

Art. L. 416-4. – Un preneur qui est à plus de neuf ans et à moins de dix-huit ans de l'âge de la retraite peut conclure un bail à long terme régi par les dispositions du présent chapitre et d'une durée égale à celle qui doit lui permettre d'atteindre l'âge de la retraite.

Art. L. 416-5 *(Mod., L. n° 2014-1170, 13 oct. 2014).* – Le bail à long terme prend la dénomination de bail de carrière lorsqu'il porte sur une exploitation agricole constituant une unité économique ou sur un lot de terres d'une superficie supérieure au seuil mentionné à l'article L. 312-1, qu'il est conclu pour une durée qui ne peut être inférieure à vingt-cinq ans et qu'il prend fin à l'expiration de l'année culturale pendant laquelle le preneur atteint l'âge de la retraite retenu en matière d'assurance vieillesse agricole.

Le prix du bail de carrière est celui du bail de neuf ans. S'il s'agit d'un bail à ferme, les parties sont autorisées à majorer le prix dans des proportions qui ne peuvent être supérieures à un coefficient égal à 1 % par année de validité du bail.

Art. L. 416-6. – Le bail à long terme régi par les dispositions du présent chapitre doit être suivi d'un état des lieux établi selon les dispositions de l'article L. 411-4.

Toute clause tendant à déroger aux dispositions de l'alinéa précédent est réputée non écrite. Cette disposition a un caractère interprétatif.

Art. L. 416-7. – Conformément aux dispositions du Code général des impôts, les baux à long terme conclus dans les conditions du présent chapitre bénéficient des exonérations fiscales prévues aux articles 743 (2°) et 793-2 (3°) de ce même code.

Les dispositions des articles 793-1 (4°) et 793-2 (3°) du Code général des impôts s'appliquent quels que soient le prix et la date de conclusion du bail.

Art. L. 416-8 *(Mod., L. n° 84-741, 1er août 1984).* – Les dispositions des chapitres I (à l'exception de l'article L. 411-58, alinéas 2 à 4), II, V et VII du présent titre sont applicables aux baux à long terme conclus dans les conditions du présent chapitre ainsi qu'à leurs renouvellements successifs en tant qu'elles ne sont pas contraires aux dispositions de ce chapitre.

Art. L. 416-9 *(Mod., Ord. n° 2010-461, 6 mai 2010).* – Un décret en Conseil d'État précise les conditions d'application du présent chapitre.

CHAPITRE VII. – DISPOSITIONS PARTICULIÈRES AUX BAUX À MÉTAYAGE

(Intitulé rempl., Ord. n° 2006-870, 13 juill. 2006)

Section I. – Régime du bail

Art. L. 417-1 *(Rempl., Ord. n° 2006-870, 13 juill. 2006).* – Le bail à métayage est le contrat par lequel un bien rural est donné à bail à un preneur qui s'engage à le cultiver sous la condition d'en partager les produits avec le bailleur.

Art. L. 417-2 *(Mod., Ord. n° 2006-870, 13 juill. 2006).* – Le bail à métayage est résiliable tous les trois ans à la volonté du preneur qui doit donner préavis dans les délais conformes aux usages locaux avant l'expiration de chaque période triennale.

Art. L. 417-3 *(Mod., L. n° 2010-874, 27 juill. 2010).* – Dans le bail, la part du bailleur ou prix du bail ne peut être supérieure au tiers de l'ensemble des produits, sauf décision contraire du tribunal paritaire.

En conséquence, le preneur ne peut être astreint, en sus de la part de produits revenant au bailleur, à aucune redevance, prestation ou service soit en nature, soit en argent, soit en travail, quelle qu'en soit la forme ou l'origine. Le propriétaire ne peut récupérer le montant par une modification des conditions du partage.

Les dispositions ci-dessus sont d'ordre public.

Une dérogation au partage des dépenses d'exploitation entre le preneur et le bailleur peut être autorisée par le préfet du département après avis de la commission consultative paritaire départementale des baux ruraux.

Art. L. 417-4. – Si, dans le cours de la jouissance du preneur, la totalité ou une partie de la récolte est enlevée par cas fortuits, il n'a pas d'indemnité à réclamer au bailleur. Chacun d'eux supporte sa portion correspondante dans la perte commune.

Art. L. 417-5. – Le bailleur exerce le privilège de l'article 2102 du Code civil sur les meubles, effets, bestiaux et portions de récolte appartenant au preneur, pour le paiement du reliquat du compte à rendre par celui-ci.

Art. L. 417-6. – Chacune des parties peut demander le règlement annuel du compte d'exploitation.

Art. L. 417-7. – Toute action résultant du bail se prescrit par cinq ans, à partir de la sortie du preneur.

Art. L. 417-8. – Le montant du dégrèvement fiscal prévu à l'article L. 411-24 profite au propriétaire et au preneur dans la proportion fixée par le bail pour le partage des fruits.

Art. L. 417-9. – Le preneur et le bailleur peuvent demander la résiliation du bail dès lors qu'en raison des destructions subies par les biens compris dans le bail, l'équilibre économique de l'exploitation est gravement compromis.

Art. L. 417-10 *(Rempl., L. n° 2006-11, 5 janv. 2006).* – Les dispositions de l'article L. 411-37 relatives à l'adhésion du preneur à une société à objet principalement agricole sont applicables en cas de métayage. Le bailleur et le métayer conviennent alors avec la société de la manière dont il sera fait application au bien loué des articles L. 417-1 à L. 417-7. En cas de désaccord, ces conditions sont déterminées par le tribunal paritaire des baux ruraux saisi à la diligence de l'une ou l'autre des parties.

Section II. – Conversion en baux à ferme

Art. L. 417-11 *(Mod., Ord. n° 2006-870, 13 juill. 2006).* – Tout bail à métayage peut être converti en bail à ferme à l'expiration de chaque année culturale à partir de la troisième année du bail initial, si le propriétaire ou le preneur en a fait la demande au moins douze mois auparavant.

En cas de contestation, le tribunal paritaire doit, en fonction des intérêts en présence, ordonner la conversion dans l'un des cas ci-après :

1° Lorsque le propriétaire n'entretient pas les bâtiments ;

2° Lorsqu'il se refuse à participer au moins en proportion de sa part dans les bénéfices aux investissements en cheptel ou en matériel indispensables à l'exploitation ;

3° Lorsque, en raison d'une clause du bail ou d'un accord entre les parties, le preneur est propriétaire de plus des deux tiers de la valeur du cheptel et du matériel ;

4° Lorsqu'une constante collaboration personnelle entre les parties n'a pu être assurée.

Pour l'application du 3° ci-dessus, les investissements en cheptel et en matériel faits par le preneur antérieurement au 2 janvier 1964 sont réputés faits avec l'accord du bailleur.

Toutefois, nonobstant toute disposition contraire, la conversion ne pourra être refusée lorsque la demande sera faite par le métayer en place depuis huit ans et plus.

Sans préjudice de l'application immédiate de l'alinéa précédent, les modalités de l'indemnisation éventuellement due au bailleur sont fixées par un décret en Conseil d'État.

Une demande de conversion ne peut être considérée comme une rupture de contrat, ni justifier une demande de reprise du propriétaire. Cette disposition est d'ordre public.

Art. L. 417-12. – La conversion s'applique à l'ensemble de l'exploitation, cheptel compris. Le preneur peut, à son gré, retenir la jouissance ou acquérir au comptant la propriété du cheptel vif ou mort, en tout ou partie selon les besoins de l'exploitation.

À défaut d'accord entre les parties sur le prix et les conditions du nouveau bail, jouissance du cheptel comprise, ou sur le prix d'acquisition au comptant du cheptel, le tribunal paritaire statue, compte tenu, s'il y a lieu, des usages locaux homologués par la commission consultative des baux ruraux.

Au cours du bail, le preneur peut, à son gré, acquérir au comptant en tout ou en partie le cheptel vif ou mort resté la propriété du bailleur. Dans ce cas, les conditions du bail sont modifiées en conséquence.

Lors de la conversion, le tribunal paritaire peut décider que le nouveau preneur sera tenu, pendant la durée du bail, de notifier au préalable au bailleur, propriétaire du cheptel vif, toutes les ventes de bétail à peine de présomption d'abus de jouissance et de résiliation du bail avec dommages-intérêts, suivant les circonstances.

Si le propriétaire en fait la demande, le preneur sera tenu, sur avis conforme de l'autorité administrative compétente, d'adhérer à l'organisation locale de protection ou d'amélioration du bétail dans les régions où cette adhésion serait reconnue nécessaire par la commission consultative des baux ruraux.

Art. L. 417-13 *(Mod., Ord. n° 2006-870, 13 juill. 2006).* – Lors de la conversion ou à la cessation du bail, le règlement du cheptel vif se fait sur les bases suivantes :

En cas de cessation du bail, le bailleur prélève des animaux, de manière à laisser un fonds de bétail analogue à celui qu'il a remis à l'entrée.

Lors de la conversion, ce fonds de bétail reste attaché au fonds loué.

Dans les deux cas, cessation du bail ou conversion, si la comparaison entre l'estimation d'entrée et celle de sortie fait apparaître un excédent, celui-ci se partage entre les parties, s'il s'agit d'un bail à métayage. Il appartient par contre au preneur s'il s'agit d'un bail à ferme. Le preneur reçoit sa part en espèces ou, si la composition du cheptel le permet, en nature, à son choix.

Art. L. 417-14. – Le tribunal paritaire peut limiter la conversion à une partie de l'exploitation à la demande du preneur si l'opération est justifiée au point de vue agricole.

Art. L. 417-15. – La conversion a effet le premier jour de l'année culturale suivant celle en cours à la date de la demande de conversion.

CHAPITRE VIII. – DISPOSITIONS PARTICULIÈRES AUX BAUX CESSIBLES HORS DU CADRE FAMILIAL

(L. n° 2006-11, 5 janv. 2006)

Art. L. 418-1 *(L. n° 2006-11, 5 janv. 2006)*. – L'insertion dans le contrat de bail d'une clause autorisant le locataire à céder son bail à d'autres personnes que celles mentionnées au premier alinéa de l'article L. 411-35 est subordonnée à la condition que ce contrat soit passé en la forme authentique et mentionne expressément que chacune des parties entend qu'il soit soumis aux dispositions du présent chapitre.

À défaut, la clause est réputée nulle et le bail n'est pas régi par les dispositions du présent chapitre.

Les baux qui satisfont aux conditions prévues au premier alinéa sont régis, nonobstant toute convention contraire, par les dispositions du présent chapitre, ainsi que par les autres dispositions du présent titre qui ne leur sont pas contraires.

Toutefois, ne sont pas applicables aux biens immobiliers faisant l'objet de tels baux les articles L. 143-1 à L. 143-15 et L. 412-7 dès lors que le bail portant sur ces biens a été conclu depuis au moins trois ans.

En outre, les parties peuvent déroger, par convention expresse au moyen de clauses validées par la commission consultative paritaire départementale des baux ruraux, aux articles L. 411-25 à L. 411-29, L. 415-1, L. 415-2 et L. 415-7. Elles peuvent également convenir d'une répartition différente de la charge du paiement des primes d'assurances contre l'incendie des bâtiments loués prescrites par le premier alinéa de l'article L. 415-3.

Les parties sont libres de prévoir que le bailleur pourra acquérir par préférence le bail cédé isolément.

Art. L. 418-2 *(L. n° 2006-11, 5 janv. 2006 ; mod., L. n° 2010-874, 27 juill. 2010)*. – La durée minimale du bail mentionné au premier alinéa de l'article L. 418-1 est de dix-huit ans.

Son prix est constitué des loyers mentionnés à l'article L. 411-11 qui sont fixés entre les maxima majorés de 50 %, incluant le supplément défini dans chaque département pour prendre en compte une durée de location supérieure à dix-huit ans, et les minima prévus au même article.

Art. L. 418-3 *(L. n° 2006-11, 5 janv. 2006 ; mod., Ord. n° 2006-870, 3 juill. 2006 ; L. n° 2014-1170, 13 oct. 2014 ; à compter du 1er octobre 2016, Ord. n° 2016-131, 10 févr. 2016)*. – À défaut de congé délivré par acte extrajudiciaire dix-huit mois au moins avant son terme, le bail est renouvelé pour une période de neuf ans. Ce congé est notifié sans que soient exigées les conditions énoncées à la section 8 du chapitre Ier du présent titre. Le bail renouvelé reste soumis aux dispositions du présent chapitre. Sauf convention contraire, ses clauses et conditions sont celles du bail précédent. En cas de désaccord entre les parties, le tribunal paritaire des baux ruraux statue sur les conditions contestées du nouveau bail.

Par dérogation au 1° de l'article L. 411-31 et sauf en cas de raisons sérieuses et légitimes, constitue un motif de non-renouvellement ou de résiliation du bail un défaut de paiement du loyer et des charges aux termes convenus après une mise en demeure par acte extrajudiciaire restée infructueuse pendant trois mois. Néanmoins, le juge saisi par le preneur avant l'expiration de ce délai peut accorder, dans les conditions prévues à l'article 1343-5 du Code civil, des délais de paiement durant lesquels l'action en résiliation est suspendue.

Lorsque le bail n'est pas renouvelé à l'initiative du bailleur pour un motif autre que ceux prévus à l'article L. 411-31 du présent code ou à l'alinéa précédent, le bailleur paie au preneur une indemnité correspondant au préjudice causé par le défaut de renouvellement qui comprend notamment, sauf si le bailleur apporte la preuve que le préjudice est moindre, la dépréciation du fonds du preneur, les frais normaux de déménagement et de réinstallation ainsi que les frais et droits de mutation à payer pour acquérir un bail de même valeur.

Art. L. 418-4 *(L. n° 2006-11, 5 janv. 2006)*. – Le locataire qui entend procéder à la cession de son bail notifie au bailleur, par lettre recommandée avec accusé de réception, à peine de nullité de la cession et de

résiliation du bail, un projet de cession mentionnant l'identité du cessionnaire pressenti et la date de la cession projetée.

Si le bailleur entend s'opposer pour un motif légitime au projet du preneur, il saisit le tribunal paritaire des baux ruraux dans un délai fixé par voie réglementaire. Passé ce délai, il est réputé accepter la cession.

La cession ne peut intervenir au cours du délai mentionné à l'alinéa précédent, sauf accord exprès du bailleur.

Code rural et de la pêche maritime

Art. R. 418-1 *(D. n° 2006-377, 23 mars 2006).* **–** Le délai prévu à l'article L. 418-4, alinéa 2, est fixé à deux mois à compter de la réception de la notification du preneur.

Art. L. 418-5 ***(L. n° 2006-11, 5 janv. 2006 ; mod., L. n° 2010-874, 27 juill. 2010).*** **– L'article L. 411-74 n'est pas applicable aux baux régis par le présent chapitre.**

TITRE II. – BAIL À CHEPTEL

....

TITRE III. – BAIL À DOMAINE CONGÉABLE

....

TITRE IV. – BAIL À COMPLANT

....

TITRE V. – BAIL EMPHYTÉOTIQUE

Art. L. 451-1. – Le bail emphytéotique de biens immeubles confère au preneur un droit réel susceptible d'hypothèque ; ce droit peut être cédé et saisi dans les formes prescrites pour la saisie immobilière.

Ce bail doit être consenti pour plus de dix-huit années et ne peut dépasser quatre-vingt-dix-neuf ans ; il ne peut se prolonger par tacite reconduction.

Art. L. 451-2 ***(Mod., L. n° 2014-366, 24 mars 2014).*** **– Le bail emphytéotique ne peut être valablement consenti que par ceux qui ont le droit d'aliéner, et sous les mêmes conditions, comme dans les mêmes formes.**

Les immeubles appartenant à des mineurs ou à des majeurs sous tutelle peuvent être donnés à bail emphytéotique en vertu d'une délibération du conseil de famille.

Lorsque les époux restent soumis au régime dotal, le mari peut donner à bail emphytéotique les immeubles dotaux avec le consentement de la femme et l'autorisation de justice.

Concernant les locaux à usage d'habitation, régis par les dispositions d'ordre public de la loi n° 89-462 du 6 juillet 1989 tendant à améliorer les rapports locatifs et portant modification de la loi n° 86-1290 du 23 décembre 1986, les contrats de bail conclus par l'emphytéote avec les locataires se poursuivent automatiquement avec le propriétaire de l'immeuble jusqu'au terme de chacun des contrats de bail signés avec les locataires.

Art. L. 451-3. – La preuve du contrat d'emphytéose s'établit conformément aux règles du Code civil en matière de baux.

À défaut de conventions contraires, il est régi par les dispositions suivantes.

Art. L. 451-4. – Le preneur ne peut demander la réduction de la redevance pour cause de perte partielle du fonds, ni pour cause de stérilité ou de privation de toute récolte à la suite de cas fortuits.

Art. L. 451-5. – À défaut de paiement de deux années consécutives, le bailleur est autorisé, après une sommation restée sans effet, à faire prononcer en justice la résolution de l'emphytéose.

La résolution peut également être demandée par le bailleur en cas d'inexécution des conditions du contrat ou si le preneur a commis sur le fonds des détériorations graves.

Néanmoins, les tribunaux peuvent accorder un délai suivant les circonstances.

Art. L. 451-6. – Le preneur ne peut se libérer de la redevance, ni se soustraire à l'exécution des conditions du bail emphytéotique en délaissant le fonds.

Art. L. 451-7. – Le preneur ne peut opérer dans le fonds aucun changement qui en diminue la valeur.

Si le preneur fait des améliorations ou des constructions qui augmentent la valeur du fonds, il ne peut les détruire, ni réclamer à cet égard aucune indemnité.

Art. L. 451-8. – Le preneur est tenu de toutes les contributions et charges de l'héritage.

En ce qui concerne les constructions existant au moment du bail et celles qui auront été élevées en exécution de la convention, il est tenu des réparations de toute nature, mais il n'est pas obligé de reconstruire les bâtiments, s'il prouve qu'ils ont été détruits par cas fortuit, par force majeure ou qu'ils ont péri par le vice de la construction antérieur au bail.

Il répond de l'incendie, conformément à l'article 1733 du Code civil.

Art. L. 451-9. – L'emphytéote peut acquérir au profit du fonds des servitudes actives, et les grever, par titres, de servitudes passives, pour un temps qui n'excédera pas la durée du bail, à charge d'avertir le propriétaire.

Art. L. 451-10. – L'emphytéote profite du droit d'accession pendant la durée de l'emphytéose.

Art. L. 451-11. – Le preneur a seul le droit de chasse et de pêche et exerce à l'égard des mines, carrières et tourbières tous les droits de l'usufruitier.

Art. L. 451-12. – Les articles L. 451-1 et L. 451-9 sont applicables aux emphytéoses établies avant le 25 juin 1902 si le contrat ne contient pas de stipulations contraires.

Art. L. 451-13. – Ainsi qu'il est dit à l'article 689 du Code général des impôts, l'acte constitutif de l'emphytéose est assujetti à la taxe de publicité foncière et aux droits d'enregistrement aux taux prévus pour les baux à ferme ou à loyer pour une durée limitée.

Les mutations de toute nature ayant pour objet soit le droit du bailleur, soit le droit du preneur, sont soumises aux dispositions du Code général des impôts concernant les transmissions de propriété d'immeubles. Le droit est liquidé sur la valeur vénale déterminée par une déclaration estimative des parties.

Art. L. 451-14 *(Abr., Ord. n° 2012-789, 31 mai 2012).*

....

PARTIE RÉGLEMENTAIRE

LIVRE II. ALIMENTATION, SANTÉ PUBLIQUE, VÉTÉRINAIRE ET PROTECTION DES VÉGÉTAUX

TITRE PREMIER. – LA GARDE ET LA CIRCULATION DES ANIMAUX ET DES PRODUITS ANIMAUX

CHAPITRE III. – LES CESSIONS D'ANIMAUX ET DE PRODUITS ANIMAUX

Section 1. – Les vices rédhibitoires

Sous-section 1. – Animaux d'élevage ou de rente

....

Sous-section 2. – Animaux de compagnie

....

Section 2. – Action en garantie et expertise

....

Sous-section 1. – Introduction de l'action et nomination des experts

....

Sous-section 2. – Délais pour introduire les actions

....

Sous-section 3. – Procédure relative à l'expertise

....

Code de la santé publique

(Ord. n° 2000-548, 15 juin 2000)

Le Code de la santé publique a été modifié par L. n° 2011-814, 7 juill. 2011.

PARTIE LÉGISLATIVE

PARTIE PREMIÈRE. – PROTECTION GÉNÉRALE DE LA SANTÉ

LIVRE PREMIER. – PROTECTION DES PERSONNES EN MATIÈRE DE SANTÉ

TITRE PREMIER. – DROITS DES PERSONNES MALADES ET DES USAGERS DU SYSTÈME DE SANTÉ

CHAPITRE PRÉLIMINAIRE. – DROITS DE LA PERSONNE

(L. n° 2002-303, 4 mars 2002)

Art. L. 1110-1 *(L. n° 2002-303, 4 mars 2002)*. – **Le droit fondamental à la protection de la santé doit être mis en œuvre par tous moyens disponibles au bénéfice de toute personne. Les professionnels, les établissements et réseaux de santé, les organismes d'assurance maladie ou tous autres organismes participant à la prévention et aux soins, et les autorités sanitaires contribuent, avec les usagers, à développer la prévention, garantir l'égal accès de chaque personne aux soins nécessités par son état de santé et assurer la continuité des soins et la meilleure sécurité sanitaire possible.**

Art. L. 1110-1-1 *(L. n° 2005-102, 11 févr. 2005)* (1). – **Les professionnels de santé et du secteur médico-social reçoivent, au cours de leur formation initiale et continue, une formation spécifique concernant l'évolution des connaissances relatives aux pathologies à l'origine des handicaps et les innovations thérapeutiques, technologiques, pédagogiques, éducatives et sociales les concernant, l'accueil et l'accompagnement des personnes handicapées, ainsi que l'annonce du handicap.**

Art. L. 1110-2 *(L. n° 2002-303, 4 mars 2002)*. – **La personne malade a droit au respect de sa dignité.**

Art. L. 1110-3 *(L. n° 2002-303, 4 mars 2002 ; mod., L. n° 2009-879, 21 juill. 2009 ; L. n° 2012-954, 6 août 2012)*. – **Aucune personne ne peut faire l'objet de discriminations dans l'accès à la prévention ou aux soins.**

Un professionnel de santé ne peut refuser de soigner une personne pour l'un des motifs visés au premier alinéa de l'article 225-1 ou à l'article 225-1-1 du Code pénal ou au motif qu'elle est bénéficiaire de la protection complémentaire ou du droit à l'aide prévus aux articles L. 861-1 et L. 863-1 du Code de la sécurité sociale, ou du droit à l'aide prévue à l'article L. 251-1 du Code de l'action sociale et des familles.

Toute personne qui s'estime victime d'un refus de soins illégitime peut saisir le directeur de l'organisme local d'assurance maladie ou le président du conseil territorialement compétent de l'ordre professionnel concerné des faits qui permettent d'en présumer l'existence. Cette saisine vaut dépôt de plainte. Elle est communiquée à

(1) Dispositions applicables à Saint-Pierre-et-Miquelon, L. n° 2005-102, 11 févr. 2005.

l'autorité qui n'en a pas été destinataire. Le récipiendaire en accuse réception à l'auteur, en informe le professionnel de santé mis en cause et peut le convoquer dans un délai d'un mois à compter de la date d'enregistrement de la plainte.

Hors cas de récidive, une conciliation est menée dans les trois mois de la réception de la plainte par une commission mixte composée à parité de représentants du conseil territorialement compétent de l'ordre professionnel concerné et de l'organisme local d'assurance maladie.

En cas d'échec de la conciliation, ou en cas de récidive, le président du conseil territorialement compétent transmet la plainte à la juridiction ordinale compétente avec son avis motivé et en s'y associant le cas échéant.

En cas de carence du conseil territorialement compétent, dans un délai de trois mois, le directeur de l'organisme local d'assurance maladie peut prononcer à l'encontre du professionnel de santé une sanction dans les conditions prévues à l'article L. 162-1-14-1 du Code de la sécurité sociale.

Hors le cas d'urgence et celui où le professionnel de santé manquerait à ses devoirs d'humanité, le principe énoncé au premier alinéa du présent article ne fait pas obstacle à un refus de soins fondé sur une exigence personnelle ou professionnelle essentielle et déterminante de la qualité, de la sécurité ou de l'efficacité des soins. La continuité des soins doit être assurée quelles que soient les circonstances, dans les conditions prévues par l'article L. 6315-1 du présent code.

Les modalités d'application du présent article sont fixées par voie réglementaire.

Rédaction future. Art. L. 1110-3 *(L. n° 2002-303, 4 mars 2002 ; mod., L. n° 2009-879, 21 juill. 2009 ; L. n° 2012-954, 6 août 2012 ; à compter du 1er novembre 2019, L. n° 2018-1203, 22 déc. 2018).* – Aucune personne ne peut faire l'objet de discriminations dans l'accès à la prévention ou aux soins.

Un professionnel de santé ne peut refuser de soigner une personne pour l'un des motifs visés au premier alinéa de l'article 225-1 ou à l'article 225-1-1 du Code pénal ou au motif qu'elle est bénéficiaire de la protection complémentaire en matière de santé prévue à l'article L. 861-1 du Code de la sécurité sociale, ou du droit à l'aide prévue à l'article L. 251-1 du Code de l'action sociale et des familles.

Toute personne qui s'estime victime d'un refus de soins illégitime peut saisir le directeur de l'organisme local d'assurance maladie ou le président du conseil territorialement compétent de l'ordre professionnel concerné des faits qui permettent d'en présumer l'existence. Cette saisine vaut dépôt de plainte. Elle est communiquée à l'autorité qui n'en a pas été destinataire. Le récipiendaire en accuse réception à l'auteur, en informe le professionnel de santé mis en cause et peut le convoquer dans un délai d'un mois à compter de la date d'enregistrement de la plainte.

Hors cas de récidive, une conciliation est menée dans les trois mois de la réception de la plainte par une commission mixte composée à parité de représentants du conseil territorialement compétent de l'ordre professionnel concerné et de l'organisme local d'assurance maladie.

En cas d'échec de la conciliation, ou en cas de récidive, le président du conseil territorialement compétent transmet la plainte à la juridiction ordinale compétente avec son avis motivé et en s'y associant le cas échéant.

En cas de carence du conseil territorialement compétent, dans un délai de trois mois, le directeur de l'organisme local d'assurance maladie peut prononcer à l'encontre du professionnel de santé une sanction dans les conditions prévues à l'article L. 162-1-14-1 du Code de la sécurité sociale.

Hors le cas d'urgence et celui où le professionnel de santé manquerait à ses devoirs d'humanité, le principe énoncé au premier alinéa du présent article ne fait pas obstacle à un refus de soins fondé sur une exigence personnelle ou professionnelle essentielle et déterminante de la qualité, de la sécurité ou de l'efficacité des soins. La continuité des soins doit être assurée quelles que soient les circonstances, dans les conditions prévues par l'article L. 6315-1 du présent code.

Les modalités d'application du présent article sont fixées par voie réglementaire.

Art. L. 1110-3-1 ***(Créé à compter de la date prévue au II de l'article 46 de l'Ordonnance n° 2010-331 du 25 mars 2010, Ord. n° 2010-331, 25 mars 2010 ; mod., L. n° 2012-954, 6 août 2012).*** **– À Mayotte, un professionnel de santé ne peut refuser de soigner une personne pour l'un des motifs visés au premier alinéa de l'article 225-1 ou à l'article 225-1-1 du Code pénal.**

Toute personne qui s'estime victime d'un refus de soins illégitime peut saisir le président du conseil territorialement compétent de l'ordre professionnel concerné des faits qui permettent d'en présumer l'existence. Cette saisine vaut dépôt de plainte. Elle est communiquée à l'autorité qui n'en a pas été destinataire. Le récipiendaire en accuse réception à l'auteur, en informe le professionnel de santé mis en cause et peut le convoquer dans un délai d'un mois à compter de la date d'enregistrement de la plainte.

Hors cas de récidive, une conciliation est menée dans les trois mois de la réception de la plainte par une commission composée de représentants du conseil territorialement compétent de l'ordre professionnel concerné.

En cas d'échec de la conciliation, ou en cas de récidive, le président du conseil territorialement compétent transmet la plainte à la juridiction ordinale compétente avec son avis motivé et en s'y associant le cas échéant.

Hors le cas d'urgence et celui où le professionnel de santé manquerait à ses devoirs d'humanité, le principe énoncé au premier alinéa du présent article ne fait pas obstacle à un refus de soins fondé sur une exigence personnelle ou professionnelle essentielle et déterminante de la qualité, de la sécurité ou de l'efficacité des soins. La continuité des soins doit être assurée quelles que soient les circonstances, dans les conditions prévues par l'article L. 6315-1 du présent code.

Les modalités d'application du présent article sont fixées par décret en Conseil d'État.

Art. L. 1110-4 *(Mod., Ord. n° 2017-31, 12 janv. 2017 ; Ord. n° 2018-20, 17 janv. 2018)*. – I. - Toute personne prise en charge par un professionnel de santé, un établissement ou service, un professionnel ou organisme concourant à la prévention ou aux soins dont les conditions d'exercice ou les activités sont régies par le présent code, le service de santé des armées, un professionnel du secteur médico-social ou social ou un établissement ou service social et médico-social mentionné au I de l'article L. 312-1 du Code de l'action sociale et des familles a droit au respect de sa vie privée et du secret des informations le concernant.

Excepté dans les cas de dérogation expressément prévus par la loi, ce secret couvre l'ensemble des informations concernant la personne venues à la connaissance du professionnel, de tout membre du personnel de ces établissements, services ou organismes et de toute autre personne en relation, de par ses activités, avec ces établissements ou organismes. Il s'impose à tous les professionnels intervenant dans le système de santé.

II. - Un professionnel peut échanger avec un ou plusieurs professionnels identifiés des informations relatives à une même personne prise en charge, à condition qu'ils participent tous à sa prise en charge et que ces informations soient strictement nécessaires à la coordination ou à la continuité des soins, à la prévention ou à son suivi médico-social et social.

III. - Lorsque ces professionnels appartiennent à la même équipe de soins, au sens de l'article L. 1110-12, ils peuvent partager les informations concernant une même personne qui sont strictement nécessaires à la coordination ou à la continuité des soins ou à son suivi médico-social et social. Ces informations sont réputées confiées par la personne à l'ensemble de l'équipe.

Le partage, entre des professionnels ne faisant pas partie de la même équipe de soins, d'informations nécessaires à la prise en charge d'une personne requiert son consentement préalable, recueilli par tout moyen, y compris de façon dématérialisée, dans des conditions définies par décret pris après avis de la Commission nationale de l'informatique et des libertés.

III *bis* Un professionnel de santé, exerçant au sein du service de santé des armées ou dans le cadre d'une contribution au soutien sanitaire des forces armées prévue à l'article L. 6147-10, ou un professionnel du secteur médico-social ou social relevant du ministre de la défense peuvent, dans des conditions définies par décret en Conseil d'État, échanger avec une ou plusieurs personnes, relevant du ministre de la défense ou de la tutelle du ministre chargé des anciens combattants, et ayant pour mission exclusive d'aider ou d'accompagner les militaires et anciens militaires blessés, des informations relatives à ce militaire ou à cet ancien militaire pris en charge, à condition que ces informations soient strictement nécessaires à son accompagnement. Le secret prévu au I s'impose à ces personnes. Un décret en Conseil d'État définit la liste des structures dans lesquelles exercent les personnes ayant pour mission exclusive d'aider ou d'accompagner les militaires et anciens militaires blessés.

IV. - La personne est dûment informée de son droit d'exercer une opposition à l'échange et au partage d'informations la concernant. Elle peut exercer ce droit à tout moment.

V. - Le fait d'obtenir ou de tenter d'obtenir la communication de ces informations en violation du présent article est puni d'un an d'emprisonnement et de 15 000 € d'amende.

En cas de diagnostic ou de pronostic grave, le secret médical ne s'oppose pas à ce que la famille, les proches de la personne malade ou la personne de confiance définie à l'article L. 1111-6 reçoivent les informations nécessaires destinées à leur permettre d'apporter un soutien direct à celle-ci, sauf opposition de sa part. Seul un médecin est habilité à délivrer, ou à faire délivrer sous sa responsabilité, ces informations.

Le secret médical ne fait pas obstacle à ce que les informations concernant une personne décédée soient délivrées à ses ayants droit, son concubin ou son partenaire lié par un pacte civil de solidarité, dans la mesure où elles leur sont nécessaires pour leur permettre de connaître les causes de la mort, de défendre la mémoire du défunt ou de faire valoir leurs droits, sauf volonté contraire exprimée par la personne avant son décès. Toutefois, en cas de décès d'une personne mineure, les titulaires de l'autorité parentale conservent leur droit d'accès à la totalité des informations médicales la concernant, à l'exception des éléments relatifs aux décisions médicales pour lesquelles la personne mineure, le cas échéant, s'est opposée à l'obtention de leur consentement dans les conditions définies aux articles L. 1111-5 et L. 1111-5-1.

VI. - Les conditions et les modalités de mise en œuvre du présent article pour ce qui concerne l'échange et le partage d'informations entre professionnels de santé, non-professionnels de santé du champ social et médico-social et personnes ayant pour mission exclusive d'aider ou d'accompagner les militaires et anciens militaires blessés sont définies par décret en Conseil d'État, pris après avis de la Commission nationale de l'informatique et des libertés.

Art. L. 1110-4-1 *(L. n° 2016-41, 26 janv. 2016 ; mod., Ord. n° 2018-21, 17 janv. 2018)*. – Afin de garantir la qualité et la confidentialité des données de santé à caractère personnel et leur protection, les professionnels de santé, les établissements et services de santé, et tout autre organisme participant à la prévention, aux soins ou au suivi médico-social et social dont les conditions d'exercice ou les activités sont régies par le présent code, utilisent, pour leur traitement, leur conservation sur support informatique et leur transmission par voie électronique, des systèmes d'information conformes aux référentiels d'interopérabilité et de sécurité élaborés par le groupement d'intérêt public mentionné à l'article L. 1111-24. Ces référentiels sont approuvés par arrêté du ministre chargé de la santé, pris après avis de la Commission nationale de l'informatique et des libertés.

Art. L. 1110-5 *(L. n° 2002-303, 4 mars 2002 ; mod., L. n° 2005-370, 22 avr. 2005 ; L. n° 2016-87, 2 févr. 2016)*. – Toute personne a, compte tenu de son état de santé et de l'urgence des interventions que celui-ci requiert, le droit de recevoir, sur l'ensemble du territoire, les traitements et les soins les plus appropriés et de bénéficier des thérapeutiques dont l'efficacité est reconnue et qui garantissent la meilleure sécurité sanitaire et le meilleur apaisement possible de la souffrance au regard des connaissances médicales avérées. Les actes de prévention, d'investigation de traitements et ou de soins ne doivent pas, en l'état des connaissances médicales, lui faire courir de risques disproportionnés par rapport au bénéfice escompté. Ces dispositions s'appliquent sans préjudice ni de l'obligation de sécurité à laquelle est tenu tout fournisseur de produits de santé ni de l'application du titre II du présent livre.

Toute personne a le droit d'avoir une fin de vie digne et accompagnée du meilleur apaisement possible de la souffrance. Les professionnels de santé mettent en œuvre tous les moyens à leur disposition pour que ce droit soit respecté.

Art. L. 1110-5-1 *(L. n° 2016-87, 2 févr. 2016)*. – Les actes mentionnés à l'article L. 1110-5 ne doivent pas être mis en œuvre ou poursuivis lorsqu'ils résultent d'une obstination déraisonnable. Lorsqu'ils apparaissent inutiles, disproportionnés ou lorsqu'ils n'ont d'autre effet que le seul maintien artificiel de la vie, ils peuvent être suspendus ou ne pas être entrepris, conformément à la volonté du patient et, si ce dernier est hors d'état d'exprimer sa volonté, à l'issue d'une procédure collégiale définie par voie réglementaire.

La nutrition et l'hydratation artificielles constituent des traitements qui peuvent être arrêtés conformément au premier alinéa du présent article.

Lorsque les actes mentionnés aux deux premiers alinéas du présent article sont suspendus ou ne sont pas entrepris, le médecin sauvegarde la dignité du mourant et assure la qualité de sa vie en dispensant les soins palliatifs mentionnés à l'article L. 1110-10.

Art. L. 1110-5-2 *(L. n° 2016-87, 2 févr. 2016)*. – À la demande du patient d'éviter toute souffrance et de ne pas subir d'obstination déraisonnable, une sédation profonde et continue provoquant une altération de la conscience maintenue jusqu'au décès, associée à une analgésie et à l'arrêt de l'ensemble des traitements de maintien en vie, est mise en œuvre dans les cas suivants :

1° Lorsque le patient atteint d'une affection grave et incurable et dont le pronostic vital est engagé à court terme présente une souffrance réfractaire aux traitements ;

2° Lorsque la décision du patient atteint d'une affection grave et incurable d'arrêter un traitement engage son pronostic vital à court terme et est susceptible d'entraîner une souffrance insupportable.

Lorsque le patient ne peut pas exprimer sa volonté et, au titre du refus de l'obstination déraisonnable mentionnée à l'article L. 1110-5-1, dans le cas où le médecin arrête un traitement de maintien en vie, celui-ci applique une sédation profonde et continue provoquant une altération de la conscience maintenue jusqu'au décès, associée à une analgésie.

La sédation profonde et continue associée à une analgésie prévue au présent article est mise en œuvre selon la procédure collégiale définie par voie réglementaire qui permet à l'équipe soignante de vérifier préalablement que les conditions d'application prévues aux alinéas précédents sont remplies.

À la demande du patient, la sédation profonde et continue peut être mise en œuvre à son domicile, dans un établissement de santé ou un établissement mentionné au 6° du I de l'article L. 312-1 du Code de l'action sociale et des familles.

L'ensemble de la procédure suivie est inscrite au dossier médical du patient. »

Art. L. 1110-5-3 *(L. n° 2016-87, 2 févr. 2016).* – Toute personne a le droit de recevoir des traitements et des soins visant à soulager sa souffrance. Celle-ci doit être, en toutes circonstances, prévenue, prise en compte, évaluée et traitée.

Le médecin met en place l'ensemble des traitements analgésiques et sédatifs pour répondre à la souffrance réfractaire du malade en phase avancée ou terminale, même s'ils peuvent avoir comme effet d'abréger la vie. Il doit en informer le malade, sans préjudice du quatrième alinéa de l'article L. 1111-2, la personne de confiance prévue à l'article L. 1111-6, la famille ou, à défaut, un des proches du malade. La procédure suivie est inscrite dans le dossier médical.

Toute personne est informée par les professionnels de santé de la possibilité d'être prise en charge à domicile, dès lors que son état le permet.

Art. L. 1110-6 *(L. n° 2002-303, 4 mars 2002).* – Dans la mesure où leurs conditions d'hospitalisation le permettent, les enfants en âge scolaire ont droit à un suivi scolaire adapté au sein des établissements de santé.

Art. L. 1110-7 *(L. n° 2002-303, 4 mars 2002 ; mod. à compter de la date prévue au II de l'article 29 de l'Ordonnance n° 2010-177 du 23 février 2010, Ord. n° 2010-177, 23 févr. 2010).* – L'évaluation prévue à l'article L. 6113-2 et la certification prévue à l'article L. 6113-3 prennent en compte les mesures prises par les établissements de santé pour assurer le respect des droits des personnes malades et les résultats obtenus à cet égard. Les établissements de santé rendent compte de ces actions et de leurs résultats dans le cadre des transmissions d'informations aux agences régionales de santé.

> **Rédaction antérieure. Art. L. 1110-7** *(L. n° 2002-303, 4 mars 2002).* – L'évaluation prévue à l'article L. 6113-2 et l'accréditation prévue à l'article L. 6113-3 prennent en compte les mesures prises par les établissements de santé pour assurer le respect des droits des personnes malades et les résultats obtenus à cet égard. Les établissements de santé rendent compte de ces actions et de leurs résultats dans le cadre des transmissions d'informations aux agences régionales de l'hospitalisation prévues au premier alinéa de l'article L. 6113-8.

Art. L. 1110-8 *(Anc. art. L. 1111-1, dénum., L. n° 2002-303, 4 mars 2002 ; L. n° 2016-41, 26 janv. 2016).* – Le droit du malade au libre choix de son praticien et de son établissement de santé et de son mode de prise en charge, sous forme ambulatoire ou à domicile, en particulier lorsqu'il relève de soins palliatifs au sens de l'article L. 1110-10, est un principe fondamental de la législation sanitaire.

Les limitations apportées à ce principe par les différents régimes de protection sociale ne peuvent être introduites qu'en considération des capacités techniques des établissements, de leur mode de tarification et des critères de l'autorisation à dispenser des soins remboursables aux assurés sociaux.

Art. L. 1110-9 *(Anc. art. L. 1111-3, dénum., L. n° 2002-303, 4 mars 2002).* – Toute personne malade dont l'état le requiert a le droit d'accéder à des soins palliatifs et à un accompagnement.

Art. L. 1110-10 *(Anc. art. L. 1111-4, dénum., L. n° 2002-303, 4 mars 2002).* – Les soins palliatifs sont des soins actifs et continus pratiqués par une équipe interdisciplinaire en institution ou à domicile. Ils visent à soulager la douleur, à apaiser la souffrance psychique, à sauvegarder la dignité de la personne malade et à soutenir son entourage.

Art. L. 1110-11 *(Anc. art. L. 1111-1, dénum., L. n° 2002-303, 4 mars 2002).* – Des bénévoles, formés à l'accompagnement de la fin de vie et appartenant à des associations qui les sélectionnent, peuvent, avec l'accord de la personne malade ou de ses proches et sans interférer avec la pratique des soins médicaux et paramédicaux, apporter leur concours à l'équipe de soins en participant à l'ultime accompagnement du malade et en confortant l'environnement psychologique et social de la personne malade et de son entourage.

Les associations qui organisent l'intervention des bénévoles se dotent d'une charte qui définit les principes qu'ils doivent respecter dans leur action. Ces principes comportent notamment le respect des opinions philosophiques et religieuses de la personne accompagnée, le respect de sa dignité et de son intimité, la discrétion, la confidentialité, l'absence d'interférence dans les soins.

(Mod. à compter de la date prévue au II de l'article 29 de l'Ordonnance n° 2010-177 du 23 février 2010, Ord. n° 2010-177, 23 févr. 2010) Les associations qui organisent l'intervention des bénévoles dans des établissements de santé publics ou privés et des établissements sociaux et médico-sociaux doivent conclure, avec les établissements concernés, une convention conforme à une convention type définie par décret en Conseil d'État. À défaut d'une telle convention ou lorsqu'il est constaté des manquements au respect des dispositions de la convention, le directeur de l'établissement, ou à défaut le directeur général de l'agence régionale de santé, interdit l'accès de l'établissement aux membres de cette association.

Rédaction antérieure. Les associations qui organisent l'intervention des bénévoles dans des établissements de santé publics ou privés et des établissements sociaux et médico-sociaux doivent conclure, avec les établissements concernés, une convention conforme à une convention type définie par décret en Conseil d'État. À défaut d'une telle convention ou lorsqu'il est constaté des manquements au respect des dispositions de la convention, le directeur de l'établissement, ou à défaut le représentant de l'État dans la région, en accord avec le directeur régional de l'action sanitaire et sociale, interdit l'accès de l'établissement aux membres de cette association.

Seules les associations ayant conclu la convention mentionnée à l'alinéa précédent peuvent organiser l'intervention des bénévoles au domicile des personnes malades.

Art. L. 1110-12 *(L. n° 2016-41, 26 janv. 2016).* – Pour l'application du présent titre, l'équipe de soins est un ensemble de professionnels qui participent directement au profit d'un même patient à la réalisation d'un acte diagnostique, thérapeutique, de compensation du handicap, de soulagement de la douleur ou de prévention de perte d'autonomie, ou aux actions nécessaires à la coordination de plusieurs de ces actes, et qui :

1° Soit exercent dans le même établissement de santé, au sein du service de santé des armées, dans le même établissement ou service social ou médico-social mentionné au I de l'article L. 312-1 du Code de l'action sociale et des familles ou dans le cadre d'une structure de coopération, d'exercice partagé ou de coordination sanitaire ou médico-sociale figurant sur une liste fixée par décret ;

2° Soit se sont vu reconnaître la qualité de membre de l'équipe de soins par le patient qui s'adresse à eux pour la réalisation des consultations et des actes prescrits par un médecin auquel il a confié sa prise en charge ;

3° Soit exercent dans un ensemble, comprenant au moins un professionnel de santé, présentant une organisation formalisée et des pratiques conformes à un cahier des charges fixé par un arrêté du ministre chargé de la santé.

Art. L. 1110-13 *(L. n° 2016-41, 26 janv. 2016).* – La médiation sanitaire et l'interprétariat linguistique visent à améliorer l'accès aux droits, à la prévention et aux soins des personnes éloignées des systèmes de prévention et de soins, en prenant en compte leurs spécificités.

Des référentiels de compétences, de formation et de bonnes pratiques définissent et encadrent les modalités d'intervention des acteurs qui mettent en œuvre ou participent à des dispositifs de médiation sanitaire ou d'interprétariat linguistique ainsi que la place de ces acteurs dans le parcours de soins des personnes concernées. Ces référentiels définissent également le cadre dans lequel les personnes éloignées des systèmes de prévention et de soins peuvent avoir accès à des dispositifs de médiation sanitaire et d'interprétariat linguistique. Ils sont élaborés par la Haute Autorité de santé.

Les modalités d'application du présent article sont déterminées par décret.

CHAPITRE I. – INFORMATION DES USAGERS DU SYSTÈME DE SANTÉ ET EXPRESSION DE LEUR VOLONTÉ

(L. n° 2002-303, 4 mars 2002)

Section I. – Principes généraux

Art. L. 1111-1 *(L. n° 2002-303, 4 mars 2002).* – Les droits reconnus aux usagers s'accompagnent des responsabilités de nature à garantir la pérennité du système de santé et des principes sur lesquels il repose.

Art. L. 1111-1-1 *(L. n° 2016-41, 26 janv. 2016)*. – Un service public, placé sous la responsabilité du ministre chargé de la santé, a pour mission la diffusion gratuite et la plus large des informations relatives à la santé et aux produits de santé, notamment à l'offre sanitaire, médico-sociale et sociale auprès du public. Les informations diffusées sont adaptées et accessibles aux personnes handicapées.

Il est constitué avec le concours des caisses nationales d'assurance maladie, de la Caisse nationale de solidarité pour l'autonomie, des agences et des autorités compétentes dans le champ de la santé publique et des agences régionales de santé.

Art. L. 1111-2 *(L. n° 2002-303, 4 mars 2002 ; mod., L. n° 2009-879, 21 juill. 2009 ; L. n° 2016-41, 26 janv. 2016)*. – Toute personne a le droit d'être informée sur son état de santé. Cette information porte sur les différentes investigations, traitements ou actions de prévention qui sont proposés, leur utilité, leur urgence éventuelle, leurs conséquences, les risques fréquents ou graves normalement prévisibles qu'ils comportent ainsi que sur les autres solutions possibles et sur les conséquences prévisibles en cas de refus. Elle est également informée de la possibilité de recevoir, lorsque son état de santé le permet, notamment lorsqu'elle relève de soins palliatifs au sens de l'article L. 1110-10, les soins sous forme ambulatoire ou à domicile. Il est tenu compte de la volonté de la personne de bénéficier de l'une de ces formes de prise en charge. Lorsque, postérieurement à l'exécution des investigations, traitements ou actions de prévention, des risques nouveaux sont identifiés, la personne concernée doit en être informée, sauf en cas d'impossibilité de la retrouver.

Cette information incombe à tout professionnel de santé dans le cadre de ses compétences et dans le respect des règles professionnelles qui lui sont applicables. Seules l'urgence ou l'impossibilité d'informer peuvent l'en dispenser.

Cette information est délivrée au cours d'un entretien individuel.

La volonté d'une personne d'être tenue dans l'ignorance d'un diagnostic ou d'un pronostic doit être respectée, sauf lorsque des tiers sont exposés à un risque de transmission.

Les droits des mineurs ou des majeurs sous tutelle mentionnés au présent article sont exercés, selon les cas, par les titulaires de l'autorité parentale ou par le tuteur. Ceux-ci reçoivent l'information prévue par le présent article, sous réserve des articles L. 1111-5 et L. 1111-5-1. Les intéressés ont le droit de recevoir eux-mêmes une information et de participer à la prise de décision les concernant, d'une manière adaptée soit à leur degré de maturité s'agissant des mineurs, soit à leurs facultés de discernement s'agissant des majeurs sous tutelle.

Des recommandations de bonnes pratiques sur la délivrance de l'information sont établies par la Haute Autorité de santé et homologuées par arrêté du ministre chargé de la santé.

En cas de litige, il appartient au professionnel ou à l'établissement de santé d'apporter la preuve que l'information a été délivrée à l'intéressé dans les conditions prévues au présent article. Cette preuve peut être apportée par tout moyen.

L'établissement de santé recueille auprès du patient hospitalisé les coordonnées des professionnels de santé auprès desquels il souhaite que soient recueillies les informations nécessaires à sa prise en charge durant son séjour et que soient transmises celles utiles à la continuité des soins après sa sortie.

Art. L. 1111-3 *(Rempl., L. n° 2016-41, 26 janv. 2016)*. – Toute personne a droit à une information sur les frais auxquels elle pourrait être exposée à l'occasion d'activités de prévention, de diagnostic et de soins et, le cas échéant, sur les conditions de leur prise en charge et de dispense d'avance des frais.

Cette information est gratuite.

Art. L. 1111-3-1 *(L. n° 2016-41, 26 janv. 2016)*. – Pour toute prise en charge effectuée par un établissement de santé, le patient reçoit, au moment de sa sortie, un document l'informant, dans des conditions définies par décret, du coût de l'ensemble des prestations reçues avec l'indication de la part couverte par son régime d'assurance maladie obligatoire et, le cas échéant, de celle couverte par son organisme d'assurance complémentaire et du solde qu'il doit acquitter.

Art. L. 1111-3-2 *(L. n° 2016-41, 26 janv. 2016 ; mod., Ord. n° 2018-470, 12 juin 2018)*. – I. - L'information est délivrée par les professionnels de santé exerçant à titre libéral et par les centres de santé :

1° Par affichage dans les lieux de réception des patients ;

2° Par devis préalable au-delà d'un certain montant.

S'agissant des établissements de santé, l'information est délivrée par affichage dans les lieux de réception des patients ainsi que sur les sites internet de communication au public.

II. - Lorsque l'acte inclut la fourniture d'un dispositif médical sur mesure, le devis normalisé comprend de manière dissociée le prix de vente de chaque produit et de chaque prestation proposés, le tarif de responsabilité correspondant et, le cas échéant, le montant du dépassement facturé et le montant pris en charge par les organismes d'assurance maladie.

Le professionnel de santé remet par ailleurs au patient les documents garantissant la traçabilité et la sécurité des matériaux utilisés, en se fondant le cas échéant sur les éléments fournis par un prestataire de services ou un fournisseur.

III. - Les informations mises en ligne par les établissements de santé en application du dernier alinéa du I peuvent être reprises sur le site internet de la Caisse nationale de l'assurance maladie et plus généralement par le service public mentionné à l'article L. 1111-1.

Art. L. 1111-3-3 *(L. n° 2016-41, 26 janv. 2016)*. – Les modalités particulières d'application de l'article L. 113-3 du Code de la consommation aux prestations de santé relevant de l'article L. 1111-3, du I et du second alinéa du II de l'article L. 1111-3-2 du présent code en ce qui concerne l'affichage, la présentation, les éléments obligatoires et le montant au-delà duquel un devis est établi ainsi que les informations permettant d'assurer l'identification et la traçabilité des dispositifs médicaux délivrés sont fixés par arrêté conjoint des ministres chargés de l'économie, de la santé et de la sécurité sociale.

Le devis normalisé prévu au premier alinéa du II de l'article L. 1111-3-2 est défini par un accord conclu entre l'Union nationale des caisses d'assurance maladie, les organismes professionnels représentant les mutuelles et unions de mutuelles régies par le Code de la mutualité, les institutions de prévoyance et unions d'institutions de prévoyance régies par le Code de la sécurité sociale, les entreprises mentionnées à l'article L. 310-1 du Code des assurances et offrant des garanties portant sur le remboursement et l'indemnisation des frais occasionnés par une maladie, une maternité ou un accident et les organisations représentatives des professionnels de santé concernés. À défaut d'accord, un devis type est défini par arrêté conjoint des ministres chargés de l'économie, de la santé et de la sécurité sociale.

Art. L. 1111-3-4 *(L. n° 2016-41, 26 janv. 2016)*. – Les établissements publics de santé et les établissements de santé mentionnés aux *b*, *c* et *d* de l'article L. 162-22-6 du Code de la sécurité sociale ne peuvent facturer au patient que les frais correspondant aux prestations de soins dont il a bénéficié ainsi que, le cas échéant, les frais prévus au 2° des articles L. 162-22-1 et L. 162-22-6 du même code correspondant aux exigences particulières qu'il a formulées.

Les professionnels de santé liés par l'une des conventions mentionnés à l'article L. 162-14-1 dudit code et les services de santé liés par une convention avec un organisme national ou local assurant la gestion des prestations maladie et maternité des régimes obligatoires de base de sécurité sociale ne peuvent facturer que les frais correspondant à la prestation de soins assurée et ne peuvent exiger le paiement d'une prestation qui ne correspond pas directement à une prestation de soins.

Art. L. 1111-3-5 *(L. n° 2016-41, 26 janv. 2016 ; mod. à compter du 1er juillet 2016, Ord. n° 2016-301, 14 mars 2016)*. – Les manquements aux obligations prévues aux articles L. 1111-3, L. 1111-3-2, L. 1111-3-3 et L. 1111-3-4 du présent code sont recherchés et constatés par les agents de la concurrence, de la consommation et de la répression des fraudes, dans les conditions définies à l'article 511-7 du Code de la consommation.

Ces manquements sont passibles d'une amende administrative dont le montant ne peut excéder 3 000 € pour une personne physique et 15 000 € pour une personne morale. L'amende est prononcée dans les conditions prévues au chapitre II du titre II du livre V du Code de la consommation.

Art. L. 1111-3-6 *(L. n° 2016-41, 26 janv. 2016)*. – Lors de sa prise en charge, le patient est informé par le professionnel de santé ou par l'établissement de santé, le service de santé, l'un des organismes mentionnés à l'article L. 1142-1 ou toute autre personne morale, autre que l'État, exerçant des activités de prévention, de diagnostic ou de soins l'employant, que ce professionnel ou cette personne remplit les conditions légales d'exercice définies au présent code.

Le patient est également informé par ces mêmes professionnels ou personnes du respect de l'obligation d'assurance destinée à les garantir pour leur responsabilité civile ou administrative susceptible d'être engagée dans le cadre des activités prévues au même article L. 1142-1.

Art. L. 1111-4 *(Mod., L. n° 2016-87, 2 févr. 2016)*. – Toute personne prend, avec le professionnel de santé et compte tenu des informations et des préconisations qu'il lui fournit, les décisions concernant sa santé.

Toute personne a le droit de refuser ou de ne pas recevoir un traitement. Le suivi du malade reste cependant assuré par le médecin, notamment son accompagnement palliatif.

Le médecin a l'obligation de respecter la volonté de la personne après l'avoir informée des conséquences de ses choix et de leur gravité. Si, par sa volonté de refuser ou d'interrompre tout traitement, la personne met sa vie en danger, elle doit réitérer sa décision dans un délai raisonnable. Elle peut faire appel à un autre membre du corps médical. L'ensemble de la procédure est inscrite dans le dossier médical du patient. Le médecin sauvegarde la dignité du mourant et assure la qualité de sa fin de vie en dispensant les soins palliatifs mentionnés à l'article L. 1110-10.

Aucun acte médical ni aucun traitement ne peut être pratiqué sans le consentement libre et éclairé de la personne et ce consentement peut être retiré à tout moment.

Lorsque la personne est hors d'état d'exprimer sa volonté, aucune intervention ou investigation ne peut être réalisée, sauf urgence ou impossibilité, sans que la personne de confiance prévue à l'article L. 1111-6, ou la famille, ou à défaut, un de ses proches ait été consulté.

Lorsque la personne est hors d'état d'exprimer sa volonté, la limitation ou l'arrêt de traitement susceptible d'entraîner son décès ne peut être réalisé sans avoir respecté la procédure collégiale mentionnée à l'article L. 1110-5-1 et les directives anticipées ou, à défaut, sans que la personne de confiance prévue à l'article L. 1111-6 ou, à défaut la famille ou les proches, aient été consultés. La décision motivée de limitation ou d'arrêt de traitement est inscrite dans le dossier médical.

Le consentement du mineur ou du majeur sous tutelle doit être systématiquement recherché s'il est apte à exprimer sa volonté et à participer à la décision. Dans le cas où le refus d'un traitement par la personne titulaire de l'autorité parentale ou par le tuteur risque d'entraîner des conséquences graves pour la santé du mineur ou du majeur sous tutelle, le médecin délivre les soins indispensables.

L'examen d'une personne malade dans le cadre d'un enseignement clinique requiert son consentement préalable. Les étudiants qui reçoivent cet enseignement doivent être au préalable informés de la nécessité de respecter les droits des malades énoncés au présent titre.

Les dispositions du présent article s'appliquent sans préjudice des dispositions particulières relatives au consentement de la personne pour certaines catégories de soins ou d'interventions.

Art. L. 1111-5 *(Mod., L. n° 2016-41, 26 janv. 2016)*. – Par dérogation à l'article 371-2 du Code civil, le médecin peut se dispenser d'obtenir le consentement du ou des titulaires de l'autorité parentale sur les décisions médicales à prendre lorsque le traitement ou l'intervention s'impose pour sauvegarder la santé d'une personne mineure, dans le cas où cette dernière s'oppose expressément à la consultation du ou des titulaires de l'autorité parentale afin de garder le secret sur son état de santé. Toutefois, le médecin doit dans un premier temps s'efforcer d'obtenir le consentement du mineur à cette consultation. Dans le cas où le mineur maintient son opposition, le médecin peut mettre en œuvre le traitement ou l'intervention. Dans ce cas, le mineur se fait accompagner d'une personne majeure de son choix.

Lorsqu'une personne mineure, dont les liens de famille sont rompus, bénéficie à titre personnel du remboursement des prestations en nature de l'assurance maladie et maternité et de la couverture complémentaire mise en place par la loi n° 99-641 du 27 juillet 1999 portant création d'une couverture maladie universelle, son seul consentement est requis.

Art. L. 1111-5-1 *(L. n° 2016-41, 26 janv. 2016)*. – Par dérogation à l'article 371-1 du Code civil, l'infirmier peut se dispenser d'obtenir le consentement du ou des titulaires de l'autorité parentale sur les décisions à prendre lorsque l'action de prévention, le dépistage ou le traitement s'impose pour sauvegarder la santé sexuelle et reproductive d'une personne mineure, dans le cas où cette dernière s'oppose expressément à la consultation du ou des titulaires de l'autorité parentale afin de garder le secret sur son état de santé. Toutefois, l'infirmier doit, dans un premier temps, s'efforcer d'obtenir le consentement du mineur à cette consultation. Dans le cas où le mineur maintient son opposition, l'infirmier peut mettre en œuvre l'action de prévention, le dépistage ou le traitement. Dans ce cas, le mineur se fait accompagner d'une personne majeure de son choix.

Art. L. 1111-6 *(Rempl., L. n° 2016-87, 2 févr. 2016 ; mod., Ord. n° 2018-20, 17 janv. 2018).* – Toute personne majeure peut désigner une personne de confiance qui peut être un parent, un proche ou le médecin traitant et qui sera consultée au cas où elle-même serait hors d'état d'exprimer sa volonté et de recevoir l'information nécessaire à cette fin. Elle rend compte de la volonté de la personne. Son témoignage prévaut sur tout autre témoignage. Cette désignation est faite par écrit et cosignée par la personne désignée. Elle est révisable et révocable à tout moment.

Si le patient le souhaite, la personne de confiance l'accompagne dans ses démarches et assiste aux entretiens médicaux afin de l'aider dans ses décisions.

Lors de toute hospitalisation dans un établissement de santé, ou dans un hôpital des armées ou à l'Institution nationale des invalides, il est proposé au patient de désigner une personne de confiance dans les conditions prévues au présent article. Cette désignation est valable pour la durée de l'hospitalisation, à moins que le patient n'en dispose autrement.

Dans le cadre du suivi de son patient, le médecin traitant s'assure que celui-ci est informé de la possibilité de désigner une personne de confiance et, le cas échéant, l'invite à procéder à une telle désignation.

Lorsqu'une personne fait l'objet d'une mesure de tutelle, au sens du chapitre II du titre XI du livre Ier du Code civil, elle peut désigner une personne de confiance avec l'autorisation du juge ou du conseil de famille s'il a été constitué. Dans l'hypothèse où la personne de confiance a été désignée antérieurement à la mesure de tutelle, le conseil de famille, le cas échéant, ou le juge peut confirmer la désignation de cette personne ou la révoquer.

Art. L. 1111-6-1 *(L. n° 2005-102, 11 févr. 2005).* – Une personne durablement empêchée, du fait de limitations fonctionnelles des membres supérieurs en lien avec un handicap physique, d'accomplir elle-même des gestes liés à des soins prescrits par un médecin, peut désigner, pour favoriser son autonomie, un aidant naturel ou de son choix pour les réaliser.

La personne handicapée et les personnes désignées reçoivent préalablement, de la part d'un professionnel de santé, une éducation et un apprentissage adaptés leur permettant d'acquérir les connaissances et la capacité nécessaires à la pratique de chacun des gestes pour la personne handicapée concernée. Lorsqu'il s'agit de gestes liés à des soins infirmiers, cette éducation et cet apprentissage sont dispensés par un médecin ou un infirmier.

Les conditions d'application du présent article sont définies, le cas échéant, par décret.

Art. L. 1111-7 *(Mod., L. n° 2016-41, 26 janv. 2016 ; Ord. n° 2018-20, 17 janv. 2018).* – (1) Toute personne a accès à l'ensemble des informations concernant sa santé détenues, à quelque titre que ce soit, par des professionnels de santé, par des établissements de santé par des centres de santé, par le service de santé des armées ou par l'Institution nationale des invalides qui sont formalisées ou ont fait l'objet d'échanges écrits entre professionnels de santé, notamment des résultats d'examen, comptes rendus de consultation, d'intervention, d'exploration ou d'hospitalisation, des protocoles et prescriptions thérapeutiques mis en œuvre, feuilles de surveillance, correspondances entre professionnels de santé, à l'exception des informations mentionnant qu'elles ont été recueillies auprès de tiers n'intervenant pas dans la prise en charge thérapeutique ou concernant un tel tiers.

Elle peut accéder à ces informations directement ou par l'intermédiaire d'un médecin qu'elle désigne et en obtenir communication, dans des conditions définies par voie réglementaire au plus tard dans les huits jours suivant sa demande et au plus tôt après qu'un délai de réflexion de quarante-huit heures aura été observé. Ce délai est porté à deux mois lorsque les informations médicales datent de plus de cinq ans ou lorsque la commission départementale des soins psychiatriques est saisie en application du quatrième alinéa. Lorsque la personne majeure fait l'objet d'une mesure de protection juridique, la personne en charge de l'exercice de la mesure, lorsqu'elle est habilitée à représenter ou à assister l'intéressé dans les conditions prévues à l'article 459 du Code civil, a accès à ces informations dans les mêmes conditions.

La présence d'une tierce personne lors de la consultation de certaines informations peut être recommandée par le médecin les ayant établies ou en étant dépositaire, pour des motifs tenant aux risques que leur connaissance

(1) V. T. appl. : D. n° 2002-637, 29 avr. 2002, devenu C. santé publ., art. R. 1111-1 à R. 1111-8. – NDLR.

sans accompagnement ferait courir à la personne concernée. Le refus de cette dernière ne fait pas obstacle à la communication de ces informations.

À titre exceptionnel, la consultation des informations recueillies, dans le cadre d'une admission en soins psychiatriques décidée en application des chapitres II à IV du titre Ier du livre II de la troisième partie du présent code ou ordonnée en application de l'article 706-135 du Code de procédure pénale, peut être subordonnée à la présence d'un médecin désigné par le demandeur en cas de risques d'une gravité particulière. En cas de refus du demandeur, la commission départementale des soins psychiatriques est saisie. Son avis s'impose au détenteur des informations comme au demandeur.

Sous réserve de l'opposition prévue aux articles L. 1111-5 et L. 1111-5-1, dans le cas d'une personne mineure, le droit d'accès est exercé par le ou les titulaires de l'autorité parentale. À la demande du mineur, cet accès a lieu par l'intermédiaire d'un médecin.

En cas de décès du malade, l'accès des ayants droit, du concubin ou du partenaire lié par un pacte civil de solidarité à son dossier médical s'effectue dans les conditions prévues au dernier alinéa du V de l'article L. 1110-4.

La consultation sur place des informations est gratuite. Lorsque le demandeur souhaite la délivrance de copies, quel qu'en soit le support, les frais laissés à sa charge ne peuvent excéder le coût de la reproduction et, le cas échéant, de l'envoi des documents.

Art. L. 1111-8 *(Rempl. à compter d'une date fixée par décret et au plus tard le 1er janvier 2019, Ord. n° 2017-27, 12 janv. 2017).* – I. - Toute personne qui héberge des données de santé à caractère personnel recueillies à l'occasion d'activités de prévention, de diagnostic, de soins ou de suivi social et médico-social, pour le compte de personnes physiques ou morales à l'origine de la production ou du recueil de ces données ou pour le compte du patient lui-même, réalise cet hébergement dans les conditions prévues au présent article.

L'hébergement, quel qu'en soit le support, papier ou numérique, est réalisé après que la personne prise en charge en a été dûment informée et sauf opposition pour un motif légitime.

La prestation d'hébergement de données de santé à caractère personnel fait l'objet d'un contrat.

II. - L'hébergeur de données mentionnées au premier alinéa du I sur support numérique est titulaire d'un certificat de conformité. S'il conserve des données dans le cadre d'un service d'archivage électronique, il est soumis aux dispositions du III.

Ce certificat est délivré par des organismes de certification accrédités par l'instance française d'accréditation ou l'instance nationale d'accréditation d'un autre État membre de l'Union européenne mentionnée à l'article 137 de la loi n° 2008-776 du 4 août 2008 de modernisation de l'économie.

Les conditions de délivrance de ce certificat sont fixées par décret en Conseil d'État pris après avis de la Commission nationale de l'informatique et des libertés et des conseils nationaux de l'ordre des professions de santé.

III. - L'hébergeur de données mentionnées au premier alinéa du I est agréé par le ministre chargé de la culture pour la conservation de ces données sur support papier ou sur support numérique dans le cadre d'un service d'archivage électronique.

Les conditions d'agrément sont fixées par décret en Conseil d'État pris après avis de la Commission nationale de l'informatique et des libertés et des conseils nationaux de l'ordre des professions de santé.

L'agrément peut être retiré, dans les conditions prévues par les articles L. 121-1, L. 121-2 et L. 122-1 du Code des relations entre le public et l'administration, en cas de violation des prescriptions législatives ou réglementaires relatives à cette activité ou des prescriptions fixées par l'agrément.

IV. - La nature des prestations d'hébergement mentionnées aux II et III, les rôles et responsabilités de l'hébergeur et des personnes physiques ou morales pour le compte desquelles les données de santé à caractère personnel sont conservées, ainsi que les stipulations devant figurer dans le contrat mentionné au I sont précisés par décret en Conseil d'État, pris après avis de la Commission nationale de l'informatique et des libertés et des conseils nationaux de l'ordre des professions de santé.

V. - L'accès aux données ayant fait l'objet d'un hébergement s'effectue selon les modalités fixées dans le contrat dans le respect des articles L. 1110-4 et L. 1111-7.

Les hébergeurs ne peuvent utiliser les données qui leur sont confiées à d'autres fins que l'exécution de la prestation d'hébergement. Lorsqu'il est mis fin à l'hébergement, l'hébergeur restitue les données aux personnes qui les lui ont confiées, sans en garder de copie. Les hébergeurs de données de santé à caractère personnel et les personnes placées sous leur autorité qui ont accès aux données déposées sont astreints au secret professionnel dans les conditions et sous les peines prévues à l'article 226-13 du Code pénal.

VI. - Les hébergeurs de données de santé à caractère personnel ou qui proposent cette prestation d'hébergement sont soumis, dans les conditions prévues aux articles L. 1421-2 et L. 1421-3, au contrôle de l'inspection générale des affaires sociales et des agents mentionnés aux articles L. 1421-1 et L. 1435-7, à l'exception des hébergeurs certifiés dans les conditions définies au II. Les agents chargés du contrôle peuvent être assistés par des experts désignés par le ministre chargé de la santé.

VII. - Tout acte de cession à titre onéreux de données de santé identifiantes directement ou indirectement, y compris avec l'accord de la personne concernée, est interdit sous peine des sanctions prévues à l'article 226-21 du Code pénal.

Art. L. 1111-8-1 *(Rempl., L. n° 2016-41, 26 janv. 2016 ; mod. à compter de la date prévue à l'article 29 de l'ordonnance n° 2018-1125 du 12 décembre 2018 et au plus tard le 1er juin 2019, Ord. n° 2018-1125, 12 déc. 2018).* – Le numéro d'inscription au répertoire national d'identification des personnes physiques est utilisé comme identifiant de santé des personnes pour leur prise en charge à des fins sanitaires et médico-sociales, dans les conditions prévues à l'article L. 1110-4.

Un décret en Conseil d'État, pris après avis de la Commission nationale de l'informatique et des libertés, précise les modalités d'utilisation de cet identifiant, notamment afin d'en empêcher l'utilisation à des fins autres que sanitaires et médico-sociales.

Art. L. 1111-8-2 *(L. n° 2016-41, 26 janv. 2016 ; mod., Ord. n° 2018-20, 17 janv. 2018).* – Les établissements de santé et les organismes et services exerçant des activités de prévention, de diagnostic ou de soins signalent sans délai à l'agence régionale de santé les incidents graves de sécurité des systèmes d'information. Les incidents de sécurité jugés significatifs sont, en outre, transmis sans délai par l'agence régionale de santé aux autorités compétentes de l'État.

Sous réserve du respect des règles relatives à la protection du secret de la défense nationale, le présent article est applicable au service de santé des armées en ce qui concerne les incidents graves de sécurité des systèmes d'information intéressant les activités de prévention, de diagnostic ou de soins des hôpitaux des armées.

Un décret définit les catégories d'incidents concernés et les conditions dans lesquelles sont traités les incidents de sécurité des systèmes d'information.

Art. L. 1111-9 *(L. n° 2002-303, 4 mars 2002 ; L. n° 2005-370, 22 avr. 2005).* – Un décret en Conseil d'État fixe les conditions d'application de la présente section. Les modalités d'accès aux informations concernant la santé d'une personne, et notamment l'accompagnement de cet accès, font l'objet de recommandations de bonnes pratiques établies par la Haute autorité de santé et homologuées par arrêté du ministre chargé de la santé.

Section II. – Expression de la volonté des malades refusant un traitement et des malades en fin de vie

(Intitulé mod., L. n° 2016-87, 2 févr. 2016)

Art. L. 1111-10 *(Abr., L. n° 2016-87, 2 févr. 2016).*

Art. L. 1111-11 *(Rempl., L. n° 2016-87, 2 févr. 2016).* – Toute personne majeure peut rédiger des directives anticipées pour le cas où elle serait un jour hors d'état d'exprimer sa volonté. Ces directives anticipées expriment la volonté de la personne relative à sa fin de vie en ce qui concerne les conditions de la poursuite, de la limitation, de l'arrêt ou du refus de traitement ou d'acte médicaux.

À tout moment et par tout moyen, elles sont révisables et révocables. Elles peuvent être rédigées conformément à un modèle dont le contenu est fixé par décret en Conseil d'État pris après avis de la Haute Autorité de santé. Ce modèle prévoit la situation de la personne selon qu'elle se sait ou non atteinte d'une affection grave au moment où elle les rédige.

Les directives anticipées s'imposent au médecin pour toute décision d'investigation, d'intervention ou de traitement, sauf en cas d'urgence vitale pendant le temps nécessaire à une évaluation complète de la situation et lorsque les directives anticipées apparaissent manifestement inappropriées ou non conformes à la situation médicale.

La décision de refus d'application des directives anticipées, jugées par le médecin manifestement inappropriées ou non conformes à la situation médicale du patient, est prise à l'issue d'une procédure collégiale définie par voie réglementaire et est inscrite au dossier médical. Elle est portée à la connaissance de la personne de confiance désignée par le patient ou, à défaut, de la famille ou des proches.

Un décret en Conseil d'État, pris après avis de la Commission nationale de l'informatique et des libertés, définit les conditions d'information des patients et les conditions de validité, de confidentialité et de conservation des directives anticipées. Les directives anticipées sont notamment conservées sur un registre national faisant l'objet d'un traitement automatisé dans le respect de la loi n° 78-17 du 6 janvier 1978 relative à l'informatique, aux fichiers et aux libertés. Lorsqu'elles sont conservées dans ce registre, un rappel de leur existence est régulièrement adressé à leur auteur.

Le médecin traitant informe ses patients de la possibilité et des conditions de rédaction de directives anticipées.

Lorsqu'une personne fait l'objet d'une mesure de tutelle, au sens du chapitre II du titre XI du livre Ier du Code civil, elle peut rédiger des directives anticipées avec l'autorisation du juge ou du conseil de famille s'il a été constitué. Le tuteur ne peut ni l'assister ni la représenter à cette occasion.

Art. L. 1111-12 *(Rempl., L. n° 2016-87, 2 févr. 2016)*. – Lorsqu'une personne, en phase avancée ou terminale d'une affection grave et incurable, quelle qu'en soit la cause, est hors d'état d'exprimer sa volonté, le médecin a l'obligation de s'enquérir de l'expression de la volonté exprimée par le patient. En l'absence de directives anticipées mentionnées à l'article L. 1111-11, il recueille le témoignage de la personne de confiance ou, à défaut, tout autre témoignage de la famille ou des proches.

Art. L. 1111-13 *(Abr., L. n° 2016-87, 2 févr. 2016).*

Section III. – Dossier médical partagé et dossier pharmaceutique

(Intitulé mod., L. n° 2016-41, 26 janv. 2016)

Art. L. 1111-14 *(Mod., L. n° 2016-41, 26 janv. 2016 ; Ord. n° 2018-21, 17 janv. 2018 ; Ord. n° 2018-470, 12 juin 2018)*. – Afin de favoriser la prévention, la coordination, la qualité et la continuité des soins, les bénéficiaires de l'assurance maladie peuvent disposer, dans les conditions et sous les garanties prévues aux articles L. 1110-4 et L. 1110-4-1 et dans le respect du secret médical, d'un dossier médical partagé.

À cette fin, il est créé un identifiant du dossier médical partagé pour l'ensemble des bénéficiaires de l'assurance maladie.

Le dossier médical partagé est créé sous réserve du consentement exprès de la personne ou de son représentant légal.

La Caisse nationale de l'assurance maladie assure la conception, la mise en œuvre et l'administration du dossier médical partagé, dans des conditions prévues par décret en Conseil d'État pris après avis de la Commission nationale de l'informatique et des libertés . Elle participe également à la conception, à la mise en œuvre et à l'administration d'un système de communication sécurisée permettant l'échange d'informations entre les professionnels de santé.

Ce dossier médical partagé est créé auprès d'un hébergeur de données de santé à caractère personnel dans le respect de l'article L. 1111-8.

L'adhésion aux conventions nationales régissant les rapports entre les organismes d'assurance maladie et les professionnels de santé, prévues à l'article L. 162-5 du Code de la sécurité sociale, et son maintien sont subordonnés à la consultation ou à la mise à jour du dossier médical partagé de la personne prise en charge par le médecin.

Les dispositions de l'alinéa précédent sont applicables dès que l'utilisation du dossier médical partagé est possible sur l'ensemble des territoires auxquels s'applique la présente section.

Art. L. 1111-15 *(Rempl., L. n° 2016-41, 26 janv. 2016)*. – Dans le respect des règles déontologiques qui lui sont applicables ainsi que des articles L. 1110-4, L. 1110-4-1 et L. 1111-2, chaque professionnel de santé, quels que soient son mode et son lieu d'exercice, reporte dans le dossier médical partagé, à l'occasion de chaque acte ou consultation, les éléments diagnostiques et thérapeutiques nécessaires à la coordination des soins de la personne prise en charge. À l'occasion du séjour d'une personne prise en charge, les professionnels de santé habilités des établissements de santé reportent dans le dossier médical partagé, dans le respect des obligations définies par la Haute Autorité de santé, un résumé des principaux éléments relatifs à ce séjour. Le médecin traitant mentionné à l'article L. 162-5-3 du Code de la sécurité sociale verse périodiquement, au moins une fois par an, une synthèse dont le contenu est défini par la Haute Autorité de santé. La responsabilité du professionnel de santé ne peut être engagée en cas de litige portant sur l'ignorance d'une information qui lui était masquée dans le dossier médical partagé et dont il ne pouvait légitimement avoir connaissance par ailleurs.

Les données nécessaires à la coordination des soins issues des procédures de remboursement ou de prise en charge qui sont détenues par l'organisme dont relève chaque bénéficiaire de l'assurance maladie sont versées dans le dossier médical partagé.

Le dossier médical partagé comporte également des volets relatifs au don d'organes ou de tissus, aux directives anticipées mentionnées à l'article L. 1111-11 du présent code et à la personne de confiance mentionnée à l'article L. 1111-6.

Certaines informations peuvent être rendues inaccessibles par le titulaire du dossier médical partagé.

Voir : la rédaction de cet article issue de la loi n° 2019-485 du 22 mai 2019, en *addendum*, p. 3587

Art. L. 1111-16 *(Mod., L. n° 2015-1776, 28 déc. 2015 ; L. n° 2016-41, 26 janv. 2016)*. – Le médecin coordonnateur mentionné au V de l'article L. 313-12 du Code de l'action sociale et des familles a accès au dossier médical partagé de la personne hébergée dans l'établissement sous réserve de l'accord de celle-ci ou de son représentant légal.

Le médecin traitant mentionné à l'article L. 162-5-3 du Code de la sécurité sociale dispose d'un droit d'accès au dossier médical partagé lui permettant d'accéder, par dérogation au dernier alinéa de l'article L. 1111-15 du présent code, à l'ensemble des informations contenues dans ce dossier.

Art. L. 1111-17 *(Mod., L. n° 2016-41, 26 janv. 2016)*. – I. - Les professionnels de santé accèdent au dossier médical partagé d'une personne hors d'état d'exprimer sa volonté, en présence d'une situation comportant un risque immédiat pour sa santé, sauf si cette personne avait auparavant manifesté son opposition expresse à ce que son dossier soit consulté ou alimenté dans une telle situation.

Le médecin régulateur du centre de réception et de régulation des appels d'aide médicale urgente mentionné à l'article L. 6311-2 qui reçoit un appel concernant une personne accède, sauf si cette personne avait auparavant manifesté son opposition expresse à ce que son dossier soit consulté dans une telle situation, au dossier médical partagé de celle-ci.

II. - Le professionnel de santé recueille, après avoir informé la personne concernée, son consentement pour qu'un autre professionnel de santé à qui il serait nécessaire de confier une partie de la prestation accède à son dossier médical partagé et l'alimente.

Art. L. 1111-18 *(Mod., L. n° 2016-41, 26 janv. 2016)*. – L'accès au dossier médical partagé ne peut être exigé en dehors des cas prévus aux articles L. 1111-15 et L. 1111-16, même avec l'accord de la personne concernée.

L'accès au dossier médical partagé est notamment interdit lors de la conclusion d'un contrat relatif à une protection complémentaire en matière de couverture des frais de santé et à l'occasion de la conclusion de tout autre contrat exigeant l'évaluation de l'état de santé d'une des parties. L'accès à ce dossier ne peut également être exigé ni préalablement à la conclusion d'un contrat, ni à aucun moment ou à aucune occasion de son application.

Le dossier médical partagé n'est pas accessible dans le cadre de la médecine du travail.

Tout manquement aux présentes dispositions donne lieu à l'application des peines prévues à l'article 226-13 du Code pénal.

Le dossier médical partagé est conservé pendant une durée de dix années à compter de sa clôture.

En cas de décès du titulaire, les ayants droit, le concubin ou le partenaire lié par un pacte civil de solidarité peuvent solliciter l'accès au dossier conformément au V de l'article L. 1110-4. L'accès à ce dossier peut également intervenir dans le cadre d'une expertise médicale diligentée aux fins d'administration de la preuve.

Art. L. 1111-19 *(Rempl., L. n° 2016-41, 26 janv. 2016)*. – Le titulaire accède directement, par voie électronique, au contenu de son dossier.

Il peut également accéder à la liste des professionnels qui ont accès à son dossier médical partagé. Il peut, à tout moment, la modifier.

Il peut, à tout moment, prendre connaissance des traces d'accès à son dossier.

Art. L. 1111-20 *(Abr., L. n° 2016-41, 26 janv. 2016).*

Art. L. 1111-21 *(Rempl., L. n° 2016-41, 26 janv. 2016).* – Un décret en Conseil d'État, pris après avis de la Commission nationale de l'informatique et des libertés et des conseils nationaux des ordres des professions de santé, fixe les conditions d'application des articles de la présente section relatifs au dossier médical partagé.

Il précise les conditions de création et de fermeture du dossier médical partagé prévu au premier alinéa de l'article L. 1111-14, les conditions de recueil du consentement, la nature et le contenu des informations contenues dans le dossier, les modalités d'exercice des droits des titulaires sur les informations figurant dans leur dossier prévues aux I et II de l'article L. 1111-17 ainsi qu'à l'article L. 1111-19, les conditions dans lesquelles certaines informations peuvent être rendues inaccessibles par le titulaire du dossier médical partagé en application du dernier alinéa de l'article L. 1111-15, les conditions d'utilisation par les professionnels de santé et les conditions particulières d'accès au dossier médical partagé prévu aux I et II de l'article L. 1111-17.

Art. L. 1111-22 *(Abr., L. n° 2016-41, 26 janv. 2016).*

Art. L. 1111-23 *(Mod., L. n° 2016-41, 26 janv. 2016 ; Ord. n° 2018-20, 17 janv. 2018)* (1). – Afin de favoriser la coordination, la qualité, la continuité des soins et la sécurité de la dispensation des médicaments, produits et objets définis à l'article L. 4211-1, il est créé, pour chaque bénéficiaire de l'assurance maladie, avec son consentement, un dossier pharmaceutique.

Sauf opposition du patient quant à l'accès du pharmacien à son dossier pharmaceutique et à l'alimentation de celui-ci, tout pharmacien d'officine est tenu d'alimenter le dossier pharmaceutique à l'occasion de la dispensation. Dans les mêmes conditions, les pharmaciens exerçant dans une pharmacie à usage intérieur peuvent consulter et alimenter ce dossier. Les informations de ce dossier utiles à la coordination des soins sont reportées dans le dossier médical partagé dans les conditions prévues à l'article L. 1111-15.

Sauf opposition du patient dûment informé, le médecin qui le prend en charge au sein d'un établissement de santé, d'un hôpital des armées ou de l'Institution nationale des invalides, peut consulter son dossier pharmaceutique dans les conditions mentionnées au deuxième alinéa.

La mise en œuvre du dossier pharmaceutique est assurée par le Conseil national de l'ordre des pharmaciens mentionné à l'article L. 4231-2.

Un décret en Conseil d'État, pris après avis de la Commission nationale de l'informatique et des libertés et du Conseil national de l'ordre des pharmaciens, fixe les conditions d'application du présent article.

Art. L. 1111-24 *(Anc. art. L. 161-36-4-3 du Code de la sécurité sociale créé, L. n° 2008-1330, 17 déc. 2008 ; devenu le présent art., L. n° 2009-879, 21 juill. 2009).* – Le groupement d'intérêt public chargé du développement des systèmes d'information de santé partagés bénéficie pour son financement d'une participation des régimes obligatoires d'assurance maladie. Le montant de cette dotation est fixé par arrêté du ministre chargé de la sécurité sociale.

[Dispositions déclarées non conformes à la Constitution par la décision du Conseil constitutionnel n° 2008-571 DC du 11 déc. 2008 : JO18 déc. 2008.]

Ce groupement peut recruter des agents titulaires de la fonction publique, de même que des agents non titulaires de la fonction publique avec lesquels il conclut des contrats à durée déterminée ou indéterminée. Il peut également employer des agents contractuels de droit privé régis par le Code du travail.

Ce groupement peut également attribuer, dans des conditions fixées par arrêté des ministres chargés de la santé et de la sécurité sociale, des financements visant à favoriser le développement des systèmes d'information de santé partagés.

(1) Sur la consultation du dossier mentionné au présent alinéa : V. aussi L. n° 2011-2012, 29 déc. 2012.

Section 4. – Conditions de reconnaissance de la force probante des documents comportant des données de santé à caractère personnel créés ou reproduits sous forme numérique et de destruction des documents conservés sous une autre forme que numérique

(Ord. n° 2017-29, 12 janv. 2017)

Art. L. 1111-25 *(Ord. n° 2017-29, 12 janv. 2017)*. – La présente section s'applique aux documents comportant des données de santé à caractère personnel produits, reçus ou conservés, à l'occasion d'activités de prévention, de diagnostic, de soins, de compensation du handicap, de prévention de perte d'autonomie, ou de suivi social et médico-social réalisées dans les conditions de l'article L. 1110-4, par :

1° Un professionnel de santé, un établissement ou service de santé ;

2° Un professionnel ou organisme concourant à la prévention ou aux soins dont les conditions d'exercice ou les activités sont régies par le présent code ;

3° Le service de santé des armées ;

4° Un professionnel du secteur médico-social ou social ou un établissement ou service social et médico-social mentionné au I de l'article L. 312-1 du Code de l'action sociale et des familles.

Art. L. 1111-26 *(Ord. n° 2017-29, 12 janv. 2017 ; mod. à compter de la date prévue à l'article 29 de l'ordonnance n° 2018-1125 du 12 décembre 2018 et au plus tard le 1er juin 2019, Ord. n° 2018-1125, 12 déc. 2018)*. – La copie numérique d'un document mentionné à l'article L. 1111-25, remplissant les conditions de fiabilité prévues par le deuxième alinéa de l'article 1379 du Code civil, a la même force probante que le document original sur support papier.

Lorsque une copie numérique fiable a été réalisée, le document original peut être détruit avant la fin de la durée légale de conservation ou, à défaut, de celle prévue au 5° de l'article 4 de la loi n° 78-17 du 6 janvier 1978 relative à l'informatique, aux fichiers et aux libertés.

Si ce document original relève du champ des archives publiques au sens de l'article L. 211-4 du Code du patrimoine, l'autorisation de destruction est soumise au visa de l'administration des archives, conformément aux dispositions de l'article L. 212-3 du Code du patrimoine.

Art. L. 1111-27 *(Ord. n° 2017-29, 12 janv. 2017)*. – Un document mentionné à l'article L. 1111-25 du présent code créé sous forme numérique a la même force probante qu'un document sur support papier lorsqu'il a été établi et conservé dans les conditions prévues à l'article 1366 du Code civil.

Art. L. 1111-28 *(Ord. n° 2017-29, 12 janv. 2017)*. – La signature apposée sur un document mentionné à l'article L. 1111-25 signifie, selon le cas, que :

1° La personne prise en charge a pris acte du contenu du document et, le cas échéant, y consent ;

2° Le professionnel mentionné à l'article L. 1111-25 valide le contenu du document.

Lorsque le document sur lequel la signature est apposée est créé sur un support numérique, le procédé de signature respecte les conditions du second alinéa de l'article 1367 du Code civil.

Art. L. 1111-29 *(Ord. n° 2017-29, 12 janv. 2017)*. – À la demande des personnes directement intéressées par ces documents, les professionnels, services, établissements et organismes mentionnés à l'article L. 1111-25 peuvent mettre en forme un document comportant des données de santé à caractère personnel à partir d'un ou plusieurs documents numériques existants sans en modifier le sens et le contenu, et dans le respect du secret médical et de la confidentialité des données collectées et traitées.

Le document ainsi créé est présumé fiable jusqu'à preuve du contraire lorsqu'a été utilisé un procédé de production permettant d'insérer les métadonnées nécessaires à la garantie de l'identification de l'émetteur et de l'intégrité des données ainsi matérialisées. Le document créé peut être matérialisé sur support papier.

Lorsque le document ainsi créé fait l'objet d'une obligation légale de signature, celle-ci est réputée satisfaite si le document respecte les conditions du précédent alinéa et s'il est issu d'un ou plusieurs documents signés de façon électronique conformément aux dispositions du dernier alinéa de l'article L. 1111-28.

Art. L. 1111-30 *(Ord. n° 2017-29, 12 janv. 2017)*. – La description des modalités de mise en œuvre des dispositions des articles L. 1111-26 à L. 1111-29 ainsi que la documentation afférente sont rendues accessibles aux personnes prises en charge et aux professionnels mentionnés à l'article L. 1111-25. Cette description et cette documentation sont conservées aussi longtemps que les documents qu'elles concernent.

Art. L. 1111-31 *(Ord. n° 2017-29, 12 janv. 2017).* – Les conditions d'application de la présente section, notamment pour déterminer le procédé de signature adapté à la nature du document, sont précisées par les référentiels définis à l'article L. 1110-4-1.

CHAPITRE II. – PERSONNES ACCUEILLIES DANS LES ÉTABLISSEMENTS DE SANTÉ

Art. L. 1112-1 *(Mod. à compter de la date prévue au II de l'article 29 de l'Ordonnance n° 2010-177 du 23 février 2010, Ord. n° 2010-177, 23 févr. 2010 ; mod., L. n° 2016-41, 26 janv. 2016).* – I. - Les établissements de santé, publics ou privés, sont tenus de communiquer aux personnes recevant ou ayant reçu des soins, sur leur demande, les informations médicales définies à l'article L. 1111-7. Cette communication est effectuée, au choix de la personne concernée, directement ou par l'intermédiaire d'un médecin qu'elle désigne.

Les établissements de santé proposent un accompagnement médical aux personnes qui le souhaitent lorsqu'elles demandent l'accès aux informations les concernant.

Le refus de cet accompagnement ne fait pas obstacle à la consultation de ces informations.

Dans le respect des règles déontologiques qui leur sont applicables, les praticiens des établissements assurent l'information des personnes soignées. Les personnels paramédicaux participent à cette information dans leur domaine de compétence et dans le respect de leurs propres règles professionnelles.

II. - Le praticien qui adresse un patient à un établissement de santé accompagne sa demande d'une lettre de liaison synthétisant les informations nécessaires à la prise en charge du patient.

Le praticien qui a adressé le patient à l'établissement de santé en vue de son hospitalisation et le médecin traitant ont accès, sur leur demande, aux informations mentionnées au premier alinéa du I.

Le praticien qui a adressé le patient à l'établissement de santé en vue de son hospitalisation et le médecin traitant sont destinataires, à la sortie du patient, d'une lettre de liaison comportant les éléments utiles à la continuité des soins, rédigée par le médecin de l'établissement en charge du patient, y compris lorsque le patient est pris en charge en l'absence de la lettre de liaison mentionnée au premier alinéa du présent II.

La lettre de liaison est, dans le respect des exigences prévues aux quatrième et cinquième alinéas de l'article L. 1111-2, remise, au moment de sa sortie, au patient ou, avec son accord et dans les conditions prévues à l'article L. 1111-6, à la personne de confiance.

Les lettres de liaison peuvent être dématérialisées. Elles sont alors déposées dans le dossier médical partagé du patient et envoyées par messagerie sécurisée au praticien qui a adressé le patient à l'établissement de santé en vue de son hospitalisation et au médecin traitant.

III. - Les établissements sont tenus de protéger la confidentialité des informations qu'ils détiennent sur les personnes qu'ils accueillent.

Les médecins membres de l'inspection générale des affaires sociales, les médecins inspecteurs de santé publique, les inspecteurs de l'agence régionale de santé ayant la qualité de médecin et les médecins conseils des organismes d'assurance maladie ont accès, dans le respect des règles de déontologie médicale, à ces informations lorsqu'elles sont nécessaires à l'exercice de leurs missions.

Les modalités d'application du présent article, notamment en ce qui concerne la procédure d'accès aux informations médicales définies à l'article L. 1111-7, sont fixées par voie réglementaire, après avis du Conseil national de l'ordre des médecins. (1)

Art. L. 1112-2 *(Mod. à compter de la date prévue au II de l'article 29 de l'Ordonnance n° 2010-177 du 23 février 2010, Ord. n° 2010-177, 23 févr. 2010).* – La qualité de la prise en charge des patients est un objectif essentiel pour tout établissement de santé. Celui-ci doit procéder à une évaluation régulière de leur satisfaction, portant notamment sur les conditions d'accueil et de séjour. Les résultats de ces évaluations sont pris en compte dans la certification définie aux articles L. 6113-3 et L. 6113-4.

Rédaction antérieure. La qualité de la prise en charge des patients est un objectif essentiel pour tout établissement de santé. Celui-ci doit procéder à une évaluation régulière de leur satisfaction, portant notamment sur les conditions d'accueil et de séjour. Les résultats de ces évaluations sont pris en compte dans l'accréditation définie aux articles L. 6113-3 et L. 6113-4.

(1) V. D. n° 2002-637, 29 avr. 2002.

Chaque établissement remet aux patients, lors de leur admission, un livret d'accueil auquel est annexée la charte du patient hospitalisé, conforme à un modèle type arrêté par le ministre chargé de la santé.

Art. L. 1112-3 *(L. n° 2002-303, 4 mars 2002 ; mod. à compter de la date prévue au II de l'article 29 de l'Ordonnance n° 2010-177 du 23 février 2010, Ord. n° 2010-177, 23 févr. 2010 ; L. n° 2011-803, 5 juill. 2011 ; mod., L. n° 2016-41, 26 janv. 2016).* – Les règles de fonctionnement des établissements de santé propres à faire assurer le respect des droits et obligations des patients hospitalisés sont définies par voie réglementaire.

Dans chaque établissement de santé, une commission des usagers a pour mission de veiller au respect des droits des usagers et de contribuer à l'amélioration de la qualité de l'accueil des personnes malades et de leurs proches et de la prise en charge. Cette commission facilite les démarches de ces personnes et veille à ce qu'elles puissent, le cas échéant, exprimer leurs griefs auprès des responsables de l'établissement, entendre les explications de ceux-ci et être informées des suites de leurs demandes. Elle peut être présidée par un représentant des usagers.

Lorsqu'elle est saisie par une personne faisant l'objet de soins psychiatriques en application des articles L. 3212-1 ou L. 3213-1, la commission peut confier l'instruction de la demande à la commission prévue à l'article L. 3222-5.

La commission des usagers participe à l'élaboration de la politique menée dans l'établissement en ce qui concerne l'accueil, la prise en charge, l'information et les droits des usagers. Elle est associée à l'organisation des parcours de soins ainsi qu'à la politique de qualité et de sécurité élaborée par la commission ou la conférence médicale d'établissement. Elle fait des propositions sur ces sujets et est informée des suites qui leur sont données.

Elle peut se saisir de tout sujet se rapportant à la politique de qualité et de sécurité élaborée par la commission ou la conférence médicale d'établissement. Elle fait des propositions et est informée des suites qui leur sont données.

Elle est informée de l'ensemble des plaintes et des réclamations formées par les usagers de l'établissement ainsi que des suites qui leur sont données. En cas de survenue d'événements indésirables graves, elle est informée des actions menées par l'établissement pour y remédier. Elle peut avoir accès aux données médicales relatives à ces plaintes ou à ces réclamations, sous réserve de l'obtention préalable de l'accord écrit de la personne concernée ou de ses ayants droit si elle est décédée. Un décret en Conseil d'État prévoit notamment les modalités de consultation des données et de protection de l'anonymat des patients et des professionnels.

Les membres de la commission sont astreints au secret professionnel dans les conditions définies aux articles 226-13 et 226-14 du Code pénal.

Le conseil de surveillance des établissements publics de santé ou une instance habilitée à cet effet dans les établissements privés délibère au moins une fois par an sur la politique de l'établissement en ce qui concerne les droits des usagers et la qualité de l'accueil et de la prise en charge, sur la base d'un rapport présenté par la commission des usagers. Ce rapport et les conclusions du débat sont transmis à la conférence régionale de la santé et de l'autonomie et à l'agence régionale de santé, qui est chargée d'élaborer une synthèse de l'ensemble de ces documents.

La composition et les modalités de fonctionnement de la commission des usagers sont fixées par décret.

Art. L. 1112-4 *(Mod., à compter de la date prévue au II de l'article 29 de l'Ordonnance n° 2010-177 du 23 février 2010, Ord. n° 2010-177, 23 févr. 2010).* – Les établissements de santé, publics ou privés, et les établissements médico-sociaux mettent en œuvre les moyens propres à prendre en charge la douleur des patients qu'ils accueillent et à assurer les soins palliatifs que leur état requiert, quelles que soient l'unité et la structure de soins dans laquelle ils sont accueillis. Pour les établissements de santé publics, ces moyens sont définis par le projet d'établissement mentionné à l'article L. 6143-2. Pour les établissements de santé privés, ces moyens sont pris en compte par le contrat d'objectifs et de moyens mentionné aux articles L. 6114-1, L. 6114-2 et L. 6114-3.

Les centres hospitaliers et universitaires assurent, à cet égard, la formation initiale et continue des professionnels de santé et diffusent, en liaison avec les autres établissements de santé publics ou privés, les connaissances acquises, y compris aux équipes soignantes, en vue de permettre la réalisation de ces objectifs en ville comme dans les établissements. Ils favorisent le développement de la recherche.

Les centres hospitaliers et universitaires assurent, à cet égard, la formation initiale et continue des professionnels de santé et diffusent, en liaison avec les autres établissements de santé publics ou privés participant au service public hospitalier, les connaissances acquises, y compris aux équipes soignantes, en vue de permettre la réalisation de ces objectifs en ville comme dans les établissements. Ils favorisent le développement de la recherche.

Les établissements de santé et les établissements et services sociaux et médico-sociaux peuvent passer convention entre eux pour assurer ces missions.

Les obligations prévues pour les établissements mentionnés au présent article s'appliquent notamment lorsqu'ils accueillent des mineurs, des majeurs protégés par la loi ou des personnes âgées.

Art. L. 1112-5 *(L. n° 2002-303, 4 mars 2002)*. – Les établissements de santé facilitent l'intervention des associations de bénévoles qui peuvent apporter un soutien à toute personne accueillie dans l'établissement, à sa demande ou avec son accord, ou développer des activités au sein de l'établissement, dans le respect des règles de fonctionnement de l'établissement et des activités médicales et paramédicales et sous réserve des dispositions prévues à l'article L. 1110-11.

Les associations qui organisent l'intervention des bénévoles dans des établissements de santé publics ou privés doivent conclure avec les établissements concernés une convention qui détermine les modalités de cette intervention.

Art. L. 1112-6 *(Anc. art. L. 112-5, dénum., L. n° 2002-303, 4 mars 2002)*. – Sont déterminées par décret en Conseil d'État les mesures réglementaires prévues aux articles L. 1112-1 et L. 1112-3 et, en tant que de besoin, les modalités d'application des autres dispositions du présent chapitre.

CHAPITRE III. – RESPONSABILITÉ DES ÉTABLISSEMENTS À L'ÉGARD DES BIENS DES PERSONNES ACCUEILLIES

Art. L. 1113-1. – Les établissements de santé, ainsi que les établissements sociaux ou médico-sociaux hébergeant des personnes âgées ou des adultes handicapés, sont, qu'ils soient publics ou privés, responsables de plein droit du vol, de la perte ou de la détérioration des objets déposés entre les mains des préposés commis à cet effet ou d'un comptable public, par les personnes qui y sont admises ou hébergées.

L'État est responsable dans les mêmes conditions du vol, de la perte ou de la détérioration des objets déposés par les personnes admises ou hébergées dans les hôpitaux des armées.

Sont responsables dans les mêmes conditions l'Institution nationale des invalides pour les dépôts effectués dans ses services et l'Office national des anciens combattants pour ceux effectués dans ses maisons de retraite.

Le dépôt ne peut avoir pour objet que des choses mobilières dont la nature justifie la détention par la personne admise ou hébergée durant son séjour dans l'établissement. Il ne peut être effectué par les personnes accueillies en consultation externe.

Art. L. 1113-2. – Le montant des dommages et intérêts dus à un déposant en application de l'article L. 1113-1 est limité à l'équivalent de deux fois le montant du plafond des rémunérations et gains versés mensuellement retenu pour le calcul des cotisations de sécurité sociale du régime général. Toutefois, cette limitation ne s'applique pas lorsque le vol, la perte ou la détérioration des objets résultent d'une faute de l'établissement ou des personnes dont ce dernier doit répondre.

Art. L. 1113-3. – La responsabilité prévue à l'article L. 1113-1 s'étend sans limitation aux objets de toute nature détenus, lors de leur entrée dans l'établissement, par les personnes hors d'état de manifester leur volonté ou devant recevoir des soins d'urgence et qui, de ce fait, se trouvent dans l'incapacité de procéder aux formalités de dépôt dans les conditions prévues à l'article L. 1113-1. Dans ce cas, ces formalités sont accomplies par le personnel de l'établissement.

Dès qu'elles sont en état de le faire, les personnes mentionnées au présent article procèdent au retrait des objets non susceptibles d'être déposés dans les conditions prévues à l'article L. 1113-1.

Art. L. 1113-4. – Les établissements mentionnés à l'article L. 1113-1 ou l'État ne sont responsables du vol, de la perte ou de la détérioration des objets non déposés dans les conditions prévues à l'article L. 1113-1 ou non retirés dans celles prévues au second alinéa de l'article L. 1113-3, alors que leurs détenteurs étaient en mesure de le faire, que dans le cas où une faute est établie à l'encontre des établissements ou à l'encontre des personnes dont ils doivent répondre.

Art. L. 1113-5. – Les établissements mentionnés à l'article L. 1113-1 ou l'État ne sont pas responsables lorsque la perte ou la détérioration résulte de la nature ou d'un vice de la chose. Il en est de même lorsque le dommage a été rendu nécessaire pour l'exécution d'un acte médical ou d'un acte de soins.

Art. L. 1113-6. – Les objets abandonnés à la sortie ou au décès de leurs détenteurs dans un des établissements mentionnés à l'article L. 1113-1 sont déposés entre les mains des préposés commis à cet effet ou d'un comptable public par le personnel de l'établissement. Le régime de responsabilité prévu aux articles L. 1113-1 et L. 1113-2 est alors applicable.

Art. L. 1113-7 *(Mod., Ord. n° 2010-420, 27 avr. 2010).* – Sous réserve des dispositions de l'article L. 6145-12, les objets non réclamés sont remis, un an après la sortie ou le décès de leur détenteur, à la Caisse des dépôts et consignations s'il s'agit de sommes d'argent, titres et valeurs mobilières ou, pour les autres biens mobiliers, « à l'administration chargée des domaines » aux fins d'être mis en vente.

L'administration chargée des domaines peut, dans les conditions fixées par voie réglementaire, refuser la remise des objets dont la valeur est inférieure aux frais de vente prévisibles. Dans ce cas, les objets deviennent la propriété de l'établissement détenteur.

Toutefois, les actes sous seing privé qui constatent des créances ou des dettes sont conservés, en qualité de dépositaires, par les établissements où les personnes ont été admises ou hébergées pendant une durée de cinq ans après la sortie ou le décès des intéressés. À l'issue de cette période, les actes peuvent être détruits.

Le montant de la vente ainsi que les sommes d'argent, les titres et les valeurs mobilières et leurs produits sont acquis de plein droit au Trésor public cinq ans après la cession par l'administration chargée des domaines ou la remise à la Caisse des dépôts et consignations, s'il n'y a pas eu, dans l'intervalle, réclamation de la part du propriétaire, de ses représentants ou de ses créanciers.

Art. L. 1113-8 *(Mod., Ord. n° 2010-420, 27 avr. 2010).* – Les dispositions de l'article L. 1113-7 sont portées à la connaissance de la personne admise ou hébergée, ou de son représentant légal, au plus tard le jour de sa sortie de l'établissement ou, en cas de décès, à celle de ses héritiers, s'ils sont connus, six mois au moins avant la remise des objets détenus par l'établissement « à l'administration chargée des domaines » ou à la Caisse des dépôts et consignations.

Art. L. 1113-9. – Toute clause contraire aux dispositions du présent chapitre est réputée non écrite.

Art. L. 1113-10 *(Mod., Ord. n° 2010-420, 27 avr. 2010).* – Les modalités d'application du présent chapitre sont déterminées par décret en Conseil d'État, et notamment :

1° Les conditions dans lesquelles sont désignés les préposés de l'établissement ou les comptables publics habilités à recevoir les objets en dépôt selon leur nature ;

2° Les modalités selon lesquelles les dépôts doivent être effectués entre les mains des préposés commis à cet effet ou d'un comptable public, particulièrement lorsque ces dépôts portent sur des objets détenus, lors de leur entrée dans l'établissement, par des personnes hors d'état de manifester leur volonté ou devant recevoir des soins d'urgence, ou sur des objets abandonnés à la sortie ou au décès de leurs détenteurs dans cet établissement ;

3° Les conditions dans lesquelles l'administration chargée des domaines peut refuser la remise des objets dont la valeur est inférieure aux frais de vente prévisibles ;

4° Les conditions dans lesquelles les dispositions du présent chapitre et ses textes d'application sont portées à la connaissance des personnes admises ou hébergées dans l'établissement.

CHAPITRE IV. – PARTICIPATION DES USAGERS AU FONCTIONNEMENT DU SYSTÈME DE SANTÉ

(L. n° 2002-303, 4 mars 2002)

Art. L. 1114-1 *(L. n° 2002-303, 4 mars 2002 ; mod., L. n° 2009-879, 21 juill. 2009 ; L. n° 2016-41, 26 janv. 2016 ; L. n° 2018-699, 3 août 2018).* – I. - Les associations, régulièrement déclarées, ayant une activité dans le domaine de la qualité de la santé et de la prise en charge des malades peuvent faire l'objet d'un agrément par l'autorité administrative compétente soit au niveau régional, soit au niveau national. L'agrément est prononcé sur avis conforme d'une commission nationale qui comprend des représentants de l'État, dont un membre du Conseil d'État et un membre de la Cour de cassation en activité ou honoraire, un député et un sénateur et leurs suppléants ainsi que des personnalités qualifiées en raison de leur compétence ou de leur expérience dans le domaine associatif. L'agrément est notamment subordonné à l'activité effective et publique de l'association en vue de la défense des droits des personnes malades et des usagers du système de santé ainsi qu'aux actions de formation et d'information qu'elle conduit, à la transparence de sa gestion, à sa représentativité et à son indépendance. Les conditions d'agrément et du retrait de l'agrément ainsi que la composition et le fonctionnement de la commission nationale sont déterminés par décret en Conseil d'État .

Seules les associations agréées représentent les usagers du système de santé dans les instances hospitalières ou de santé publique.

Les représentants des usagers dans les instances mentionnées au I suivent une formation de base délivrée par les associations de représentants d'usagers agréées au titre du même I.

Cette formation est conforme à un cahier des charges. Le cahier des charges ainsi que la liste des associations délivrant la formation sont arrêtés par le ministre chargé de la santé.

Cette formation donne droit à une indemnité versée au représentant d'usagers par l'association assurant la formation. Un décret détermine les modalités selon lesquelles une subvention publique est allouée à cet effet à l'association. Un arrêté du ministre chargé de la santé fixe le montant de cette indemnité.

Art. L. 1114-2 *(L. n° 2002-303, 4 mars 2002).* – Lorsque l'action publique a été mise en mouvement par le ministère public ou la partie lésée, et sous réserve de l'accord de la victime, les associations agréées au niveau national dans les conditions prévues à l'article L. 1114-1 peuvent exercer les droits reconnus à la partie civile en ce qui concerne les infractions prévues par les articles 221-6, 222-19 et 222-20 du Code pénal ainsi que les infractions prévues par des dispositions du présent code, portant un préjudice à l'intérêt collectif des usagers du système de santé.

Art. L. 1114-3 *(L. n° 2002-303, 4 mars 2002 ; mod. compter de la date prévue au II de l'article 29 de l'Ordonnance n° 2010-177 du 23 février 2010, Ord. n° 2010-177, 23 févr. 2010).* – Les salariés, membres d'une association visée à l'article L. 1114-1, bénéficient du congé de représentation prévu par l'article L. 3142-51 du Code du travail lorsqu'ils sont appelés à siéger :

1° Soit au conseil de surveillance, ou à l'instance habilitée à cet effet, d'un établissement de santé public ou privé, ou aux commissions et instances statutaires dudit établissement ;

2° Soit dans les instances consultatives régionales ou nationales et les établissements publics nationaux prévus par le présent code.

L'indemnité mentionnée à l'article L. 3142-52 du Code du travail est versée par l'établissement de santé public ou privé concerné dans le cas visé au 1° du présent article ; dans les cas visés au 2°, elle est versée par les établissements concernés, ou par l'État lorsqu'il s'agit d'instances instituées auprès de l'État.

Rédaction antérieure. Art. L. 1114-3 *(L. n° 2002-303, 4 mars 2002).* – Les salariés, membres d'une association visée à l'article L. 1114-1, bénéficient du congé de représentation prévu par l'article L. 225-8 du Code du travail lorsqu'ils sont appelés à siéger :

1° Soit au conseil d'administration, ou à l'instance habilitée à cet effet, d'un établissement de santé public ou privé, ou aux commissions et instances statutaires dudit établissement ;

2° Soit dans les instances consultatives régionales ou nationales et les établissements publics nationaux prévus par le présent code.

L'indemnité prévue au II de l'article L. 225-8 du Code du travail est versée par l'établissement de santé public ou privé concerné dans le cas visé au 1° du présent article ; dans les cas visés au 2°, elle est versée par les établissements concernés, ou par l'État lorsqu'il s'agit d'instances instituées auprès de l'État.

Art. L. 1114-4 *(L. n° 2002-303, 4 mars 2002)*. – La commission régionale de conciliation et d'indemnisation mentionnée à l'article L. 1142-5, réunie en formation de conciliation, peut être saisie par toute personne de contestations relatives au respect des droits des malades et des usagers du système de santé.

Art. L. 1114-5 *(Abr. L. n° 2016-1827, 23 déc. 2016)*.

Art. L. 1114-6 *(L. n° 2016-41, 26 janv. 2016 ; mod., L. n° 2016-1827, 23 déc. 2016)*. – Il peut être créé une Union nationale des associations agréées d'usagers du système de santé, composée des associations d'usagers du système de santé agréées au plan national qui apportent à l'union leur adhésion.

Cette union est constituée sous le régime de la loi du 1er juillet 1901 relative au contrat d'association. Ses statuts et son règlement sont soumis à l'agrément du ministre chargé de la santé.

Cette union est réputée disposer de l'agrément délivré au niveau national en application du I de l'article L. 1114-1.

L'Union nationale des associations agréées d'usagers du système de santé est habilitée à :

1° Donner ses avis aux pouvoirs publics sur les questions relatives au fonctionnement du système de santé et leur proposer les mesures qui paraissent conformes aux intérêts matériels et moraux de ses membres ;

2° Animer un réseau des associations agréées d'usagers aux niveaux national et régional ;

3° Agir en justice pour la défense de ses propres intérêts moraux et matériels comme de ceux des usagers du système de santé ;

4° Représenter les usagers auprès des pouvoirs publics, notamment en vue de la désignation des délégués dans les conseils, assemblées et organismes institués par les pouvoirs publics ;

5° Dispenser des formations aux représentants des usagers du système de santé, notamment la formation de base mentionnée au II de l'article L. 1114-1.

Chaque association d'usagers du système de santé, dans la limite de ses statuts, conserve le droit de représenter auprès des pouvoirs publics les intérêts dont elle a la charge.

Art. L. 1114-7 *(L. n° 2016-41, 26 janv. 2016 ; mod., L. n° 2016-1827, 23 déc. 2016)*. – L'Union nationale des associations agréées d'usagers du système de santé est administrée par un conseil dont les membres sont élus selon les conditions définies dans ses statuts.

Ne peuvent être membres du conseil d'administration les personnes frappées par une mesure d'interdiction des droits civiques, civils et de famille.

Un décret en Conseil d'État détermine les modalités de mise en œuvre des missions et le fonctionnement de l'union nationale des associations agréées d'usagers du système de santé, notamment son organisation sous forme de délégations territoriales qui peuvent être composées de représentants régionaux des associations agréées au plan national et de représentants des associations agréées au plan régional.

CHAPITRE V. – DISPOSITIONS PÉNALES

(L. n° 2002-303, 4 mars 2002)

Art. L. 1115-1 *(L. n° 2002-303, 4 mars 2002 ; Ord. n° 2017-31, 12 janv. 2017 ; à compter d'une date fixée par décret et au plus tard le 1er janvier 2019, Ord. n° 2017-27, 12 janv. 2017)*. – La prestation d'hébergement de données de santé à caractère personnel recueillies auprès de personnes physiques ou morales à l'origine de la production ou du recueil de ces données ou directement auprès des personnes qu'elles concernent sans être titulaire de l'agrément ou du certificat de conformité prévu par l'article L. 1111-8 ou de traitement de ces données sans respecter les conditions de l'agrément obtenu est puni de trois ans d'emprisonnement et de 45 000 € d'amende.

Art. L. 1115-2 *(L. n° 2002-303, 4 mars 2002 ; rempl., L. n° 2009-526, 12 mai 2009)*. – Les personnes morales déclarées responsables pénalement, dans les conditions prévues par l'article 121-2 du Code pénal, des infractions définies à l'article L. 1115-1 encourent, outre l'amende suivant les modalités prévues par l'article 131-38 du Code pénal, les peines prévues par les 2°, 3°, 4°, 5° et 9° de l'article 131-39 du même code. L'interdiction prononcée à ce titre porte sur l'activité dans l'exercice ou à l'occasion de laquelle l'infraction a été commise.

TITRE II. – RECHERCHES IMPLIQUANT LA PERSONNE HUMAINE

(Intitulé rempl. à compter de la date prévue au I de l'article 8 de l'ordonnance n° 2016-800 du 10 juin 2016 et au plus tard le 31 décembre 2016, L. n° 2012-300, 5 mars 2012)

CHAPITRE I. – PRINCIPES GÉNÉRAUX RELATIFS AUX RECHERCHES IMPLIQUANT LA PERSONNE HUMAINE

(Intitulé rempl. à compter de la date prévue au I de l'article 8 de l'ordonnance n° 2016-800 du 10 juin 2016 et au plus tard le 31 décembre 2016, Ord. n° 2016-800, 16 juin 2016)

Art. L. 1121-1 *(Mod. à compter de la date prévue au I de l'article 8 de l'ordonnance n° 2016-800 du 10 juin 2016, L. n° 2011-2012, 29 déc. 2011 ; puis, Ord. n° 2016-800, 16 juin 2016.* – (1) Les recherches organisées et pratiquées sur l'être humain en vue du développement des connaissances biologiques ou médicales sont autorisées dans les conditions prévues au présent livre et sont désignées ci-après par les termes « recherche impliquant la personne humaine ».

Il existe trois catégories de recherches impliquant la personne humaine :

1° Les recherches interventionnelles qui comportent une intervention sur la personne non justifiée par sa prise en charge habituelle ;

2° *(Mod. à compter de la date prévue au II de l'article 8 de l'ordonnance n° 2016-800 du 10 juin 2016, Ord. n° 2016-800, 16 juin 2016)*2° Les recherches interventionnelles qui ne comportent que des risques et des contraintes minimes, dont la liste est fixée par arrêté du ministre chargé de la santé, après avis du directeur général de l'Agence nationale de sécurité du médicament et des produits de santé ;

3° Les recherches non interventionnelles qui ne comportent aucun risque ni contrainte, dans lesquelles tous les actes sont pratiqués et les produits utilisés de manière habituelle.

La personne physique ou la personne morale qui est responsable d'une recherche impliquant la personne humaine, en assure la gestion et vérifie que son financement est prévu, est dénommée le promoteur. Celui-ci ou son représentant légal doit être établi dans l'Union européenne. Lorsque plusieurs personnes prennent l'initiative d'une même recherche impliquant la personne humaine, elles désignent une personne physique ou morale qui aura la qualité de promoteur et assumera les obligations correspondantes en application du présent livre.

La ou les personnes physiques qui dirigent et surveillent la réalisation de la recherche sur un lieu sont dénommées investigateurs.

Lorsque le promoteur d'une recherche impliquant la personne humaine confie sa réalisation à plusieurs investigateurs sur plusieurs lieux en France, le promoteur désigne parmi les investigateurs un coordonnateur.

Si, sur un lieu, la recherche est réalisée par une équipe, l'investigateur est le responsable de l'équipe et est dénommé investigateur principal.

Les dispositions du présent titre, à l'exception de celles mentionnées au chapitre IV, ne sont pas applicables aux essais cliniques de médicaments régis par les dispositions du règlement (UE) n° 536/2014 du Parlement européen et du Conseil du 16 avril 2014.

Art. L. 1121-2 *(Mod. à compter de la date prévue au I de l'article 8 de l'ordonnance n° 2016-800 du 10 juin 2016 et au plus tard le 31 décembre 2016, L. n° 2012-300, 5 mars 2012).* – Aucune recherche impliquant la personne humaine ne peut être effectuée :

– si elle ne se fonde pas sur le dernier état des connaissances scientifiques et sur une expérimentation préclinique suffisante ;

– si le risque prévisible encouru par les personnes qui se prêtent à la recherche est hors de proportion avec le bénéfice escompté pour ces personnes ou l'intérêt de cette recherche ;

– si elle ne vise pas à étendre la connaissance scientifique de l'être humain et les moyens susceptibles d'améliorer sa condition.

(1) Il existe deux versions futures du présent article : l'une issue de la loi n° 2011-2012 du 29 décembre 2011 et l'autre issue de la loi n° 2012-300 du 5 mars 2012. – NDLR.

– si la recherche impliquant la personne humaine (1) n'a pas été conçue de telle façon que soient réduits au minimum la douleur, les désagréments, la peur et tout autre inconvénient prévisible lié à la maladie ou à la recherche, en tenant compte particulièrement du degré de maturité pour les mineurs et de la capacité de compréhension pour les majeurs hors d'état d'exprimer leur consentement.

L'intérêt des personnes qui se prêtent à une recherche impliquant la personne humaine (1) prime toujours les seuls intérêts de la science et de la société.

La recherche impliquant la personne humaine (1) ne peut débuter que si l'ensemble de ces conditions sont remplies. Leur respect doit être constamment maintenu.

Art. L. 1121-3 *(Mod. à compter de la date prévue au I de l'article 8 de l'ordonnance n° 2016-800 du 10 juin 2016 et au plus tard le 31 décembre 2016, L. n° 2012-300, 5 mars 2012).* – (2) Les recherches ne peuvent être effectuées que si elles sont réalisées dans les conditions suivantes :

- sous la direction et sous la surveillance d'un médecin justifiant d'une expérience appropriée ;
- dans des conditions matérielles et techniques adaptées à la recherche et compatibles avec les impératifs de rigueur scientifique et de sécurité des personnes qui se prêtent à ces recherches.

Dans les sciences du comportement humain, une personne qualifiée, conjointement avec l'investigateur, peut exercer la direction de la recherche.

Les recherches concernant le domaine de l'odontologie ne peuvent être effectuées que sous la direction et la surveillance d'un chirurgien-dentiste ou d'un médecin justifiant d'une expérience appropriée.

Les recherches impliquant la personne humaine concernant le domaine de la maïeutique et conformes aux dispositions du dernier alinéa de l'article L. 1121-5 ne peuvent être effectuées que sous la direction et la surveillance d'un médecin ou d'une sage-femme.

(Alinéa créé, L. n° 2016-41, 26 janv. 2016) Les recherches mentionnées au 2° de l'article L. 1121-1 concernant le domaine des soins infirmiers ne peuvent être effectuées que sous la direction et la surveillance d'un infirmier ou d'un médecin.

Les recherches mentionnées au 2° de l'article L. 1121-1 et qui n'ont aucune influence sur la prise en charge médicale de la personne qui s'y prête, ainsi que les recherches non interventionnelles, peuvent être effectuées sous la direction et la surveillance d'une personne qualifiée. Le comité de protection des personnes s'assure de l'adéquation entre la qualification du ou des investigateurs et les caractéristiques de la recherche.

Les recherches mentionnées au 1° de l'article L. 1121-1 portant sur des médicaments sont réalisées dans le respect des règles de bonnes pratiques cliniques fixées par décision de l'Agence française de sécurité sanitaire des produits de santé. Pour les autres recherches mentionnées au 1° de l'article L. 1121-1, des recommandations de bonnes pratiques sont fixées par décision de l'Agence française de sécurité sanitaire des produits de santé. Pour les recherches mentionnées au 2° du même article L. 1121-1 et les recherches non interventionnelles, des recommandations de bonnes pratiques sont fixées par voie réglementaire.

Les personnes chargées du contrôle de qualité d'une recherche impliquant la personne humaine et dûment mandatées à cet effet par le promoteur ont accès, sous réserve de l'absence d'opposition des personnes concernées dûment informées, aux données individuelles strictement nécessaires à ce contrôle ; elles sont soumises au secret professionnel dans les conditions définies par les articles 226-13 et 226-14 du Code pénal.

Art. L. 1121-4 *(Mod. à compter de la date prévue au I de l'article 8 de l'ordonnance n° 2016-800 du 10 juin 2016, L. n° 2012-300, 5 mars 2012 et au plus tard le 31 décembre 2016 ; puis, Ord. n° 2016-800, 16 juin 2016).* – La recherche mentionnée au 1° de l'article L. 1121-1 ne peut être mise en œuvre qu'après avis favorable du comité de protection des personnes mentionné à l'article L. 1123-1 et autorisation de l'autorité compétente mentionnée à l'article L. 1123-12.

La demande d'avis au comité et la demande d'autorisation à l'autorité compétente peuvent ou non être présentées simultanément au choix du promoteur.

(1) À compter de la date prévue à l'article 11 de la loi n° 2012-300 du 5 mars 2012, L. n° 2012-300, 5 mars 2012.

(2) Il existe deux versions futures du présent article : l'une issue de la loi n° 2011-2012 du 29 décembre 2011 et l'autre issue de la loi n° 2012-300 du 5 mars 2012. – NDLR.

Les recherches mentionnées au 2° de l'article L. 1121-1 et les recherches non interventionnelles ne peuvent être mises en œuvre qu'après avis favorable du comité de protection des personnes mentionné à l'article L. 1123-1. Le promoteur adresse une copie de cet avis et un résumé de la recherche à l'autorité compétente. Sur demande de celle-ci, le comité de protection des personnes concerné transmet sans délai toutes les informations utiles concernant ces recherches à l'autorité compétente.

Lorsque les recherches mentionnées au 2° de l'article L. 1121-1 figurent sur une liste fixée par arrêté du ministre chargé de la santé pris sur proposition du directeur général de l'Agence nationale de sécurité du médicament et des produits de santé, le comité de protection des personnes concerné s'assure auprès de l'Agence nationale de sécurité du médicament et des produits de santé que l'utilisation des produits sur lesquels porte la recherche ne présente que des risques minimes.

En cas de doute sérieux sur la qualification d'une recherche au regard des trois catégories de recherches impliquant la personne humaine définies à l'article L. 1121-1, le comité de protection des personnes concerné saisit pour avis l'Agence nationale de sécurité du médicament et des produits de santé.

Art. L. 1121-5 *(Mod. à compter de la date prévue au I de l'article 8 de l'ordonnance n° 2016-800 du 10 juin 2016 et au plus tard le 31 décembre 2016, L. n° 2012-300, 5 mars 2012)*. – Les femmes enceintes, les parturientes et les mères qui allaitent ne peuvent être sollicitées pour se prêter à des recherches mentionnées aux 1° ou 2° de l'article L. 1121-1 que dans les conditions suivantes :

– soit l'importance du bénéfice escompté pour elles-mêmes ou pour l'enfant est de nature à justifier le risque prévisible encouru ;

– soit ces recherches se justifient au regard du bénéfice escompté pour d'autres femmes se trouvant dans la même situation ou pour leur enfant et à la condition que des recherches d'une efficacité comparable ne puissent être effectuées sur une autre catégorie de la population. Dans ce cas, les risques prévisibles et les contraintes que comporte la recherche doivent présenter un caractère minimal.

Art. L. 1121-6 *(Mod. à compter de la date prévue au I de l'article 8 de l'ordonnance n° 2016-800 du 10 juin 2016 et au plus tard le 31 décembre 2016, L. n° 2012-300, 5 mars 2012)*. – Les personnes privées de liberté par une décision judiciaire ou administrative, les personnes faisant l'objet de soins psychiatriques en vertu des articles L. 3212-1 et L. 3213-1 qui ne relèvent pas des dispositions de l'article L. 1121-8 et les personnes admises dans un établissement sanitaire ou social à d'autres fins que celle de la recherche ne peuvent être sollicitées pour se prêter à des recherches mentionnées aux 1° ou 2° de l'article L. 1121-1 que dans les conditions suivantes :

– soit l'importance du bénéfice escompté pour ces personnes est de nature à justifier le risque prévisible encouru ;

– soit ces recherches se justifient au regard du bénéfice escompté pour d'autres personnes se trouvant dans la même situation juridique ou administrative à la condition que des recherches d'une efficacité comparable ne puissent être effectuées sur une autre catégorie de la population. Dans ce cas, les risques prévisibles et les contraintes que comporte la recherche doivent présenter un caractère minimal.

Art. L. 1121-7 *(Mod., L. n° 2019-180, 8 mars 2019)*. – Les mineurs peuvent être sollicités pour se prêter à des recherches mentionnées aux 1° ou 2° de l'article L. 1121-1 seulement si des recherches d'une efficacité comparable ne peuvent être effectuées sur des personnes majeures et dans les conditions suivantes :

– soit l'importance du bénéfice escompté pour ces personnes est de nature à justifier le risque prévisible encouru ;

– soit ces recherches se justifient au regard du bénéfice escompté pour d'autres mineurs. Dans ce cas, les risques prévisibles et les contraintes que comporte la recherche doivent présenter un caractère minimal.

Art. L. 1121-8 *(Mod. à compter de la date prévue au I de l'article 8 de l'ordonnance n° 2016-800 du 10 juin 2016 et au plus tard le 31 décembre 2016, L. n° 2012-300, 5 mars 2012)*. – Les personnes majeures faisant l'objet d'une mesure de protection légale ou hors d'état d'exprimer leur consentement ne peuvent être sollicitées pour des recherches « mentionnées aux 1° ou 2° de l'article L. 1121-1 » que si des recherches d'une efficacité comparable ne peuvent être effectuées sur une autre catégorie de la population et dans les conditions suivantes :

– soit l'importance du bénéfice escompté pour ces personnes est de nature à justifier le risque prévisible encouru ;

– soit ces recherches se justifient au regard du bénéfice escompté pour d'autres personnes placées dans la même situation. Dans ce cas, les risques prévisibles et les contraintes que comporte la recherche doivent présenter un caractère minimal.

Art. L. 1121-8-1 *(Créé à compter de la date prévue au I de l'article 8 de l'ordonnance n° 2016-800 du 10 juin 2016, L. n° 2012-300, 5 mars 2012 ; puis mod. à compter de la même date, Ord. n° 2016-800, 10 juin 2016).* – Les personnes qui ne sont pas affiliées à un régime de sécurité sociale ou bénéficiaires d'un tel régime peuvent être sollicitées pour se prêter à des recherches non interventionnelles.

À titre dérogatoire, le comité de protection des personnes peut autoriser une personne qui n'est pas affiliée à un régime de sécurité sociale ou bénéficiaire d'un tel régime à se prêter à des recherches mentionnées aux 1° ou 2° de l'article L. 1121-1. Cette autorisation est motivée. Elle doit se fonder au moins sur l'une des conditions suivantes :

1° L'importance du bénéfice escompté pour ces personnes est de nature à justifier le risque prévisible encouru ;

2° Ces recherches se justifient au regard du bénéfice escompté pour d'autres personnes se trouvant dans la même situation juridique. Dans ce cas, le risque prévisible doit être nul et les contraintes que comporte la recherche doivent présenter un caractère minime.

Art. L. 1121-9 *(Mod. à compter de la date prévue au I de l'article 8 de l'ordonnance n° 2016-800 du 10 juin 2016 et au plus tard le 31 décembre 2016, L. n° 2012-300, 5 mars 2012).* – Si une personne susceptible de prêter son concours à une recherche mentionnée aux 1° ou 2° de l'article L. 1121-1 relève de plusieurs catégories mentionnées aux articles L. 1121-5 à L. 1121-8, lui sont applicables celles de ces dispositions qui assurent à ses intérêts la protection la plus favorable.

Art. L. 1121-10 *(Anc. art. L. 1121-7, dénum. et mod., L. n° 2004-806, 9 août 2004 ; mod. à compter de la date prévue au I de l'article 8 de l'ordonnance n° 2016-800 du 10 juin 2016 et au plus tard le 31 décembre 2016, L. n° 2012-300, 5 mars 2012).* – Le promoteur assume l'indemnisation des conséquences dommageables de la recherche impliquant la personne humaine (1) pour la personne qui s'y prête et celle de ses ayants droit, sauf preuve à sa charge que le dommage n'est pas imputable à sa faute ou à celle de tout intervenant sans que puisse être opposé le fait d'un tiers ou le retrait volontaire de la personne qui avait initialement consenti à se prêter à la recherche.

Lorsque la responsabilité du promoteur n'est pas engagée, les victimes peuvent être indemnisées dans les conditions prévues à l'article L. 1142-3.

Toute recherche mentionnée aux 1° ou 2° de l'article L. 1121-1 exige la souscription préalable, par son promoteur, d'une assurance garantissant sa responsabilité civile telle qu'elle résulte du présent article et celle de tout intervenant, indépendamment de la nature des liens existant entre les intervenants et le promoteur. Les dispositions du présent article sont d'ordre public.

La garantie d'assurance de responsabilité visée à l'alinéa précédent couvre les conséquences pécuniaires des sinistres trouvant leur cause génératrice dans une recherche mentionnée aux 1° ou 2° de l'article L. 1121-1, dès lors que la première réclamation est adressée à l'assuré ou à son assureur entre le début de cette recherche et l'expiration d'un délai qui ne peut être inférieur à dix ans courant à partir de la fin de celle-ci. Dans le cas où la personne qui s'est prêtée à la recherche est âgée de moins de dix-huit ans au moment de la fin de celle-ci, ce délai minimal court à partir de la date de son dix-huitième anniversaire.

Pour l'application du présent article, l'État, lorsqu'il a la qualité de promoteur, n'est pas tenu de souscrire à l'obligation d'assurance prévue au troisième alinéa du présent article. Il est toutefois soumis aux obligations incombant à l'assureur.

Art. L. 1121-11 *(Anc. art. L. 1121-8, dénum. et mod., L. n° 2004-806, 9 août 2004 ; mod., L. n° 2011-803, 5 juill. 2011).* – La recherche biomédicale ne donne lieu à aucune contrepartie financière directe ou indirecte pour les personnes qui s'y prêtent, hormis le remboursement des frais exposés et, le cas échéant, l'indemnité en compensation des contraintes subies versée par le promoteur. Le montant total des

(1) À compter de la date prévue à l'article 11 de la loi n° 2012-300 du 5 mars 2012, L. n° 2012-300, 5 mars 2012.

indemnités qu'une personne peut percevoir au cours d'une même année est limité à un maximum fixé par le ministre chargé de la santé.

Le versement d'une telle indemnité est interdit dans le cas des recherches biomédicales effectuées sur des mineurs, des personnes qui font l'objet d'une mesure de protection légale, des personnes majeures hors d'état d'exprimer leur consentement, des personnes privées de liberté, des personnes faisant l'objet de soins psychiatriques en application des chapitres II à IV du titre Ier du livre II de la troisième partie du présent code ou de l'article 706-135 du Code de procédure pénale et des personnes admises dans un établissement sanitaire et social à d'autres fins que la recherche.

Les personnes susceptibles de se prêter à des recherches biomédicales bénéficient d'un examen médical préalable adapté à la recherche. Les résultats de cet examen leur sont communiqués directement ou par l'intermédiaire du médecin de leur choix.

Lorsque les recherches biomédicales concernent le domaine de la maïeutique et répondent aux conditions fixées au dernier alinéa de l'article L. 1121-5, les résultats de cet examen leur sont communiqués directement ou par l'intermédiaire du médecin ou de la sage-femme de leur choix.

Lorsque les recherches biomédicales concernent le domaine de l'odontologie, les résultats de cet examen leur sont communiqués directement ou par l'intermédiaire du médecin ou du chirurgien-dentiste de leur choix.

Par dérogation au troisième alinéa, les recherches biomédicales autres que celles portant sur des produits mentionnés à l'article L. 5311-1 et figurant sur une liste fixée par décret en Conseil d'État, qui ne comportent que des risques négligeables et n'ont aucune influence sur la prise en charge médicale de la personne qui s'y prête peuvent être réalisées sans examen médical préalable.

Toute recherche biomédicale sur une personne qui n'est pas affiliée à un régime de sécurité sociale ou bénéficiaire d'un tel régime est interdite.

L'organisme de sécurité sociale dispose contre le promoteur d'une action en paiement des prestations versées ou fournies.

Art. L. 1121-11 *(Anc. art. L. 1121-8, dénum. et mod., L. n° 2004-806, 9 août 2004 ; mod. à compter du 1er août 2011, L. n° 2011-803, 5 juill. 2011 ; mod. à compter de la date prévue au I de l'article 8 de l'ordonnance n° 2016-800 du 10 juin 2016 et au plus tard le 31 décembre 2016, L. n° 2012-300, 5 mars 2012).* – La recherche impliquant la personne humaine (1) ne donne lieu à aucune contrepartie financière directe ou indirecte pour les personnes qui s'y prêtent, hormis le remboursement des frais exposés et, le cas échéant, l'indemnité en compensation des contraintes subies versée par le promoteur. Le montant total des indemnités qu'une personne peut percevoir au cours d'une même année est limité à un maximum fixé par le ministre chargé de la santé.

Le versement d'une telle indemnité est interdit dans le cas des recherches effectuées sur des mineurs, des personnes qui font l'objet d'une mesure de protection légale, des personnes majeures hors d'état d'exprimer leur consentement, des personnes privées de liberté, des personnes faisant l'objet de soins psychiatriques en application des chapitres II à IV du titre Ier du livre II de la troisième partie du présent code ou de l'article 706-135 du Code de procédure pénale et des personnes admises dans un établissement sanitaire et social à d'autres fins que la recherche.

Les personnes susceptibles de se prêter à des recherches mentionnées au 1° de l'article L. 1121-1bénéficient d'un examen médical préalable adapté à la recherche. Les résultats de cet examen leur sont communiqués directement ou par l'intermédiaire du médecin de leur choix.

Lorsque les recherches impliquant la personne humaine (1)concernent le domaine de la maïeutique et répondent aux conditions fixées au dernier alinéa de l'article L. 1121-5, les résultats de cet examen leur sont communiqués directement ou par l'intermédiaire du médecin ou de la sage-femme de leur choix.

Lorsque les recherches impliquant la personne humaine concernent le domaine de l'odontologie, les résultats de cet examen leur sont communiqués directement ou par l'intermédiaire du médecin ou du chirurgien-dentiste de leur choix.

L'organisme de sécurité sociale dispose contre le promoteur d'une action en paiement des prestations versées ou fournies.

---

(1) À compter de la date prévue à l'article 11 de la loi n° 2012-300 du 5 mars 2012, L. n° 2012-300, 5 mars 2012.

Art. L. 1121-12 *(Mod. à compter de la date prévue au I de l'article 8 de l'ordonnance n° 2016-800 du 10 juin 2016 et au plus tard le 31 décembre 2016, L. n° 2012-300, 5 mars 2012).* – Pour chaque recherche mentionnée aux 1° ou 2° de l'article L. 1121-1, le dossier soumis au comité de protection des personnes et, le cas échéant, à l'autorité compétente détermine s'il est nécessaire que la personne ne puisse pas participer simultanément à une autre recherche et fixe, le cas échéant, une période d'exclusion au cours de laquelle la personne qui s'y prête ne peut participer à une autre recherche. La durée de cette période varie en fonction de la nature de la recherche.

Art. L. 1121-13 *(Mod., Ord. n° 2016-800, 10 juin 2016 ; Ord. n° 2018-20, 17 janv. 2018).* – Les recherches ne peuvent être réalisées que dans un lieu disposant des moyens humains, matériels et techniques adaptés à la recherche et compatibles avec les impératifs de sécurité des personnes qui s'y prêtent.

Ce lieu doit être autorisé, à cet effet, pour une durée déterminée, lorsqu'il s'agit de recherches mentionnées au 1° de l'article L. 1121-1 réalisées en dehors des lieux de soins, ainsi que dans des services hospitaliers et dans tout autre lieu d'exercice des professionnels de santé lorsque ces recherches nécessitent des actes autres que ceux qu'ils pratiquent usuellement dans le cadre de leur activité ou lorsque ces recherches sont réalisées sur des personnes présentant une condition clinique distincte de celle pour laquelle le service a compétence. Toutefois l'autorisation est accordée par le ministre chargé des anciens combattants pour les lieux situés au sein de l'Institution nationale des invalides.

La première administration d'un médicament à l'homme dans le cadre d'une recherche ne peut être effectuée que dans des lieux ayant obtenu l'autorisation mentionnée au deuxième alinéa du présent article.

Cette autorisation, à l'exception de celle donnée à des lieux situés dans un établissement mentionné à l'article L. 5126-1, inclut, le cas échéant, la réalisation par un pharmacien des opérations d'approvisionnement, de conditionnement et d'étiquetage des médicaments expérimentaux, ainsi que les opérations de stockage correspondantes, nécessaires aux recherches menées dans ce lieu. Ces opérations sont réalisées en conformité avec les bonnes pratiques mentionnées à l'article L. 5121-5.

Art. L. 1121-13-1 *(L. n° 2016-41, 26 janv. 2016 ; abr. à compter de la date prévue au I de l'article 8 de l'ordonnance n° 2016-800 du 10 juin 2016, Ord. n° 2016-800,10 juin 2016).*

Art. L. 1121-14 *(Mod. à compter de la date prévue au I de l'article 8 de l'ordonnance n° 2016-800 du 10 juin 2016 et au plus tard le 31 décembre 2016, L. n° 2012-300, 5 mars 2012).* – Aucune recherche ne peut être effectuée sur une personne décédée, en état de mort cérébrale, sans son consentement exprimé de son vivant ou par le témoignage de sa famille.

Toutefois, lorsque la personne décédée est un mineur, ce consentement est exprimé par chacun des titulaires de l'autorité parentale. En cas d'impossibilité de consulter l'un des titulaires de l'autorité parentale, la recherche peut être effectuée à condition que l'autre titulaire y consente.

Les dispositions de l'article 225-17 du Code pénal ne sont pas applicables à ces recherches.

Art. L. 1121-15 *(Mod., Ord. n° 2016-800,10 juin 2016 ; mod., Ord. n° 2018-20, 17 janv. 2018).* – Les recherches impliquant la personne humaine et leurs résultats, à l'exception de ceux relevant du secret de la défense nationale, sont inscrits dans un répertoire d'accès public selon des règles déterminées par décret.

Art. L. 1121-16 *(Mod. à compter de la date prévue au I de l'article 8 de l'ordonnance n° 2016-800 du 10 juin 2016 et au plus tard le 31 décembre 2016, L. n° 2012-300, 5 mars 2012).* – En vue de l'application des dispositions du premier alinéa de l'article L. 1121-11 et de l'article L. 1121-12 et pour les recherches mentionnées au 1° de l'article L. 1121-1 portant sur les produits mentionnés à l'article L. 5311-1, un fichier national recense les personnes qui ne présentent aucune affection et se prêtent volontairement à ces recherches ainsi que les personnes malades lorsque l'objet de la recherche est sans rapport avec leur état pathologique.

Toutefois, le comité de protection des personnes peut décider dans d'autres cas, compte tenu des risques et des contraintes que comporte la recherche impliquant la personne humaine, que les personnes qui y participent doivent être également inscrites dans ce fichier.

Art. L. 1121-16-1 *(Rempl. à compter de la date prévue au I de l'article 8 de l'ordonnance n° 2016-800 du 10 juin 2016, L. n° 2012-300, 5 mars 2012 ; mod. à compter de la même date, Ord. n° 2016-800, 16 juin*

2016 ; mod., Ord. n° 2018-20, 17 janv. 2018). – I. - Pendant la durée de la recherche mentionnée au 1° de l'article L. 1121-1, le promoteur fournit gratuitement les médicaments expérimentaux et, le cas échéant, les médicaments auxiliaires, les dispositifs médicaux utilisés pour les administrer, ainsi que, pour les recherches portant sur des produits autres que les médicaments, les produits faisant l'objet de la recherche.

II. - On entend par recherches à finalité non commerciale les recherches dont les résultats ne sont pas exploités à des fins lucratives, qui poursuivent un objectif de santé publique et dont le promoteur ou le ou les investigateurs sont indépendants à l'égard des entreprises qui fabriquent ou qui commercialisent les produits faisant l'objet de la recherche.

III. - Les caisses d'assurance maladie prennent en charge les produits faisant l'objet de recherches à finalité non commerciale dans les conditions suivantes :

1° Les médicaments expérimentaux ou auxiliaires autorisés, inscrits sur la liste mentionnée à l'article L. 5123-2 ou sur l'une des listes mentionnées au premier aliéna ou au deuxième alinéa de l'article L. 162-17 du Code de la sécurité sociale, ainsi que les produits inscrits sur la liste mentionnée à l'article L. 165-1 du Code de la sécurité sociale ou pris en charge au titre des prestations d'hospitalisation mentionnées à l'article L. 162-22-6 du même code, lorsqu'ils sont utilisés dans le cadre d'une recherche à finalité non commerciale autorisée dans les conditions ouvrant droit au remboursement ;

2° À titre dérogatoire, les médicaments expérimentaux ou auxiliaires autorisés, ainsi que les produits faisant l'objet d'une recherche mentionnée aux 1° ou 2° de l'article L. 1121-1, à finalité non commerciale et ayant reçu l'avis favorable d'un comité de protection des personnes, lorsqu'ils ne sont pas utilisés dans des conditions ouvrant droit au remboursement, sous réserve de l'avis conforme de la Haute Autorité de santé et de l'avis conforme de l'Union nationale des caisses d'assurance maladie. Ces instances s'assurent de l'intérêt de ces recherches pour la santé publique, et notamment pour l'amélioration du bon usage des médicaments et produits de santé, et pour l'amélioration de la qualité des soins et des pratiques. La décision de prise en charge est prise par arrêté des ministres chargés de la santé et de la sécurité sociale.

Dans les cas mentionnés aux 1° et 2° du présent article, à l'exception de ceux relevant du secret de la défense nationale, le promoteur de la recherche s'engage à rendre publics les résultats de sa recherche.

Lorsque la recherche ayant bénéficié d'une prise en charge ne répond plus à la définition d'une recherche à finalité non commerciale, le promoteur reverse les sommes engagées au titre du cinquième alinéa pour les recherches concernées aux régimes d'assurance maladie selon les règles prévues à l'article L. 162-37 du Code de la sécurité sociale. Le reversement dû est fixé par décision des ministres chargés de la santé et de la sécurité sociale après que le promoteur concerné a été mis en mesure de présenter ses observations. Le produit du reversement est recouvré par les organismes mentionnés à l'article L. 213-1 du même code désignés par le directeur de l'Agence centrale des organismes de sécurité sociale. Le recours présenté contre la décision fixant ce reversement est un recours de pleine juridiction.

Si le promoteur ne respecte pas l'obligation de reversement visée à l'avant-dernier alinéa du présent article, il se voit appliquer une pénalité dont le montant ne peut être supérieur à 10 % du chiffre d'affaires réalisé par le promoteur constaté l'année précédente. Les modalités d'application du présent alinéa et du précédent sont fixées par décret.

IV. - Lorsqu'une recherche mentionnée au 1° et au 2° de l'article L. 1121-1 à finalité commerciale est réalisée dans des établissements de santé, dans des hôpitaux des armées ou d'autres éléments du service de santé des armées, à l'Institution nationale des invalides, ou dans des maisons ou des centres de santé, le promoteur prend en charge les frais supplémentaires liés à d'éventuels fournitures ou examens spécifiquement requis par le protocole.

La prise en charge des frais supplémentaires fait l'objet d'une convention conclue entre le promoteur, le représentant légal de chacun des organismes mentionnés au premier alinéa du IV et, le cas échéant, le représentant légal des structures destinataires des contreparties versées par le promoteur. La convention, conforme à une convention type définie par arrêté du ministre chargé de la santé, comprend les conditions de prise en charge de tous les coûts liés à la recherche, qu'ils soient ou non relatifs à la prise en charge du patient. Cette convention est transmise au Conseil national de l'ordre des médecins. Elle est conforme aux principes et garanties prévus au présent titre. Elle est visée par les investigateurs participant à la recherche.

Les conditions d'application du présent article, notamment celles auxquelles se conforment, dans leur fonctionnement et dans l'utilisation des fonds reçus, les structures destinataires des contreparties mentionnées au deuxième alinéa du IV sont précisées par décret.

Art. L. 1121-16-2 *(Mod. à compter de la date prévue au I de l'article 8 de l'ordonnance n° 2016-800 du 10 juin 2016 et au plus tard le 31 décembre 2016, L. n° 2012-300, 5 mars 2012)*. – Les articles L. 1121-4 et L. 1121-15 ne sont pas applicables aux recherches non interventionnelles portant sur des produits cosmétiques ou alimentaires lorsque ces recherches figurent sur une liste fixée par arrêté du ministre chargé de la santé pris après avis de l'Agence nationale du médicament et des produits de santé.

Art. L. 1121-16-3 *(Créé puis abr. à compter de la date prévue au I de l'article 8 de l'ordonnance n° 2016-800 du 10 juin 2016, L. n° 2012-300, 5 mars 2012 et, Ord. n° 2016-800,10 juin 2016)*. – Le premier alinéa de l'article 54 de la loi n° 78-17 du 6 janv. 1978 relative à l'informatique, aux fichiers et aux libertés n'est pas applicable aux recherches mentionnées au 3° de l'article L. 1121-1 qui ont reçu l'avis favorable d'un comité mentionné à l'article L. 1123-1.

La Commission nationale de l'informatique et des libertés peut toutefois, en tant que de besoin, saisir pour avis et dans le cadre de ses missions définies à l'article 54 de la loi n° 78-17 du 6 janv. 1978 précitée le comité consultatif sur le traitement de l'information en matière de recherche dans le domaine de la santé.

Art. L. 1121-17 *(L. n° 2004-806, 9 août 2004)*. – Les modalités d'application des dispositions du présent chapitre sont déterminées par décret en Conseil d'État et notamment :

1° Les minima de garanties pour l'assurance prévue au troisième alinéa de l'article L. 1121-10 ;

2° Les conditions de l'autorisation prévue à l'article L. 1121-13 ;

3° Les conditions d'établissement et de publication des répertoires prévus à l'article L. 1121-15.

CHAPITRE II. – INFORMATION DE LA PERSONNE QUI SE PRÊTE À UNE RECHERCHE IMPLIQUANT LA PERSONNE HUMAINE ET RECUEIL DE SON CONSENTEMENT

(Intitulé rempl., L. n° 2004-806, 9 août 2004 ; intitulé rempl. à compter de la date prévue au I de l'article 8 de l'ordonnance n° 2016-800 du 10 juin 2016, L. n° 2012-300, 5 mars 2012)

Art. L. 1122-1 *(Mod. à compter de la date prévue au I de l'article 8 de l'ordonnance n° 2016-800 du 10 juin 2016, L. n° 2012-300, 5 mars 2012 et Ord. n° 2016-800,10 juin 2016 ; à compter du 25 mai 2018, L. n° 2018-493, 20 juin 2018, art. 16, II, 1° et 37 ; mod. à compter de la date prévue à l'article 29 de l'ordonnance n° 2018-1125 du 12 décembre 2018 et au plus tard le 1er juin 2019, Ord. n° 2018-1125, 12 déc. 2018)*. – Préalablement à la réalisation d'une recherche impliquant la personne humaine, une information est délivrée à la personne qui y participe par l'investigateur ou par un médecin qui le représente. Lorsque l'investigateur est une personne qualifiée, cette information est délivrée par celle-ci ou par une autre personne qualifiée qui la représente. L'information porte notamment sur :

– 1° L'objectif, la méthodologie et la durée de la recherche ;

– 2° Les bénéfices attendus et, dans le cas de recherches mentionnées aux 1° ou 2° de l'article L. 1121-1, les contraintes et les risques prévisibles, y compris en cas d'arrêt de la recherche avant son terme ;

– 3° Dans le cas de recherches mentionnées aux 1° ou 2° de l'article L. 1121-1, les éventuelles alternatives médicales ;

– 4° Dans le cas de recherches mentionnées aux 1° ou 2° de l'article L. 1121-1, les modalités de prise en charge médicale prévues en fin de recherche, si une telle prise en charge est nécessaire, en cas d'arrêt prématuré de la recherche, et en cas d'exclusion de la recherche ;

– 5° L'avis du comité mentionné à l'article L. 1123-1 et l'autorisation de l'autorité compétente mentionnée à l'article L. 1123-12 ;

– 6° Le cas échéant, l'interdiction de participer simultanément à une autre recherche ou la période d'exclusion prévues par le protocole et son inscription dans le fichier national prévu à l'article L. 1121-16.

– 6° *bis* Pour les recherches à finalité commerciale, les modalités de versement de contreparties en sus de la prise en charge des frais supplémentaires liés à la recherche, le cas échéant, dans les conditions prévues à l'article L. 1121-16-1 ;

– 7° Le cas échéant, la nécessité d'un traitement des données à caractère personnel conformément aux dispositions de l'article 69 de la loi n° 78-17 du 6 janvier 1978 relative à l'informatique, aux fichiers et aux libertés.

La personne dont la participation est sollicitée est informée de son droit d'avoir communication, au cours ou à l'issue de la recherche, des informations concernant sa santé, détenues par l'investigateur ou, le cas échéant, le médecin ou la personne qualifiée qui le représente.

La personne dont la participation est sollicitée ou, le cas échéant, les personnes, organes ou autorités chargés de l'assister, de la représenter ou d'autoriser la recherche sont informés de son droit de refuser de participer à la recherche ou de retirer son consentement ou, le cas échéant, son autorisation à tout moment, sans encourir aucune responsabilité ni aucun préjudice de ce fait.

Lorsque la recherche impliquant la personne humaine concerne le domaine de la maïeutique et répond aux conditions fixées au dernier alinéa de l'article L. 1121-5, l'investigateur peut confier à une sage-femme ou à un médecin le soin de communiquer à la personne qui se prête à cette recherche les informations susvisées et de recueillir son consentement.

Lorsqu'une recherche non interventionnelle porte sur l'observance d'un traitement et que sa réalisation répond à une demande de l'Agence nationale de sécurité du médicament et des produits de santé, de la Haute Autorité de santé ou de l'Agence européenne des médicaments, l'objectif de la recherche, sa méthodologie et sa durée peuvent ne faire l'objet que d'une information préalable succincte dès lors que la recherche ne présente aucun risque sérieux prévisible. Le projet mentionné à l'article L. 1123-6 mentionne la nature des informations préalables transmises aux personnes se prêtant à la recherche.

Lorsque la recherche impliquant la personne humaine concerne le domaine de l'odontologie, l'investigateur peut confier à un chirurgien-dentiste ou à un médecin le soin de communiquer à la personne qui se prête à cette recherche les informations susvisées et de recueillir son consentement.

L'objectif d'une recherche en psychologie, ainsi que sa méthodologie et sa durée, peuvent ne faire l'objet que d'une information préalable succincte dès lors que la recherche ne présente aucun risque sérieux prévisible. Une information complète sur cette recherche est fournie à l'issue de celle-ci aux personnes s'y étant prêtées. Le projet mentionné à l'article L. 1123-6 mentionne la nature des informations préalables transmises aux personnes se prêtant à la recherche.

À titre exceptionnel, lorsque dans l'intérêt d'une personne malade le diagnostic de sa maladie n'a pu lui être révélé, l'investigateur peut, dans le respect de sa confiance, réserver certaines informations liées à ce diagnostic. Dans ce cas, le protocole de la recherche doit mentionner cette éventualité.

Les informations communiquées sont résumées dans un document écrit remis à la personne dont le consentement est sollicité. À l'issue de la recherche, la personne qui s'y est prêtée est informée des résultats globaux de cette recherche, selon des modalités qui lui seront précisées dans le document d'information.

Art. L. 1122-1-1 *(Rempl. puis mod. à compter de la date prévue au I de l'article 8 de l'ordonnance n° 2016-800 du 10 juin 2016, L. n° 2012-300, 5 mars 2012 et Ord. n° 2016-800,10 juin 2016).* – Aucune recherche mentionnée au 1° de l'article L. 1121-1 ne peut être pratiquée sur une personne sans son consentement libre et éclairé, recueilli par écrit, après que lui a été délivrée l'information prévue à l'article L. 1122-1. Lorsqu'il est impossible à la personne concernée d'exprimer son consentement par écrit, celui-ci peut être attesté par la personne de confiance prévue à l'article L. 1111-6, par un membre de la famille ou, à défaut, par un des proches de la personne concernée, à condition que cette personne de confiance, ce membre ou ce proche soit indépendant de l'investigateur et du promoteur.

Aucune recherche mentionnée au 2° de l'article L. 1121-1 ne peut être pratiquée sur une personne sans son consentement libre, éclairé et exprès.

Aucune recherche mentionnée au 3° du même article L. 1121-1 ne peut être pratiquée sur une personne lorsqu'elle s'y est opposée.

Dans le cas où la personne se prêtant à une recherche a retiré son consentement, ce retrait n'a pas d'incidence sur les activités menées et sur l'utilisation des données obtenues sur la base du consentement éclairé exprimé avant que celui-ci n'ait été retiré.

Art. L. 1122-1-2 *(Créé à compter de la date prévue au I de l'article 8 de l'ordonnance n° 2016-800 du 10 juin 2016, Ord. n° 2016-800,10 juin 2016).* – Le promoteur peut demander à la personne se prêtant à une recherche au moment où celle-ci donne son consentement éclairé lorsqu'il est requis d'accepter que ses données soient utilisées lors de recherches ultérieures exclusivement à des fins scientifiques. La personne peut retirer son consentement à cette utilisation ultérieure ou exercer sa faculté d'opposition à tout moment.

Art. L. 1122-1-3 *(Anc. art. L. 1122-1-2 créé, L. n° 2004-806, 9 août 2004 ; mod. puis dénum. à compter de la date prévue au I de l'article 8 de l'ordonnance n° 2016-800 du 10 juin 2016, L. n° 2012-300, 5 mars 2012 et Ord. n° 2016-800,10 juin 2016).* – En cas de recherches impliquant la personne humaine à mettre en œuvre dans des situations d'urgence qui ne permettent pas de recueillir le consentement préalable de la personne qui y sera soumise, lorsqu'il est requis, le protocole présenté à l'avis du comité mentionné à l'article L. 1123-1 peut prévoir que le consentement de cette personne n'est pas recherché et que seul est sollicité celui des membres de sa famille ou celui de la personne de confiance mentionnée à l'article L. 1111-6 dans les conditions prévues à l'article L. 1122-1-1, s'ils sont présents. Le protocole peut prévoir une dérogation à cette obligation dans le cas d'une urgence vitale immédiate qui est appréciée par ce comité. L'intéressé ou, le cas échéant, les membres de la famille ou la personne de confiance mentionnée à l'article L. 1111-6 sont informés dès que possible et leur consentement, lorsqu'il est requis, leur est demandé pour la poursuite éventuelle de cette recherche. Ils peuvent également s'opposer à l'utilisation des données concernant la personne dans le cadre de cette recherche.

Art. L. 1122-1-4 *(Créé à compter de la date prévue au I de l'article 8 de l'ordonnance n° 2016-800 du 10 juin 2016, L. n° 2012-300, 5 mars 2012 et Ord. n° 2016-800,10 juin 2016).* – En cas de recherches impliquant la personne humaine mentionnées au 2° de l'article L. 1121-1 dont les exigences méthodologiques ne sont pas compatibles avec le recueil du consentement dans les conditions prévues au deuxième alinéa de l'article L. 1122-1-1, le protocole présenté à l'avis du comité de protection des personnes concerné peut prévoir que ce consentement n'est pas recherché et que l'information prévue à l'article L. 1122-1 est collective.

Aucune recherche mentionnée au premier alinéa ne peut être pratiquée sur une personne lorsqu'elle s'y est opposée.

Art. L. 1122-2 *(Rempl., L. n° 2004-806, 9 août 2004).* – I. – Les mineurs non émancipés, les majeurs protégés ou les majeurs hors d'état d'exprimer leur consentement et qui ne font pas l'objet d'une mesure de protection juridique reçoivent, lorsque leur participation à une recherche impliquant la personne humaine est envisagée, l'information prévue à l'article L. 1122-1 adaptée à leur capacité de compréhension, tant de la part de l'investigateur que des personnes, organes ou autorités chargés de les assister, de les représenter ou d'autoriser la recherche, eux-mêmes informés par l'investigateur.

Ils sont consultés dans la mesure où leur état le permet. Leur adhésion personnelle en vue de leur participation à la recherche impliquant la personne humaine est recherchée. En toute hypothèse, il ne peut être passé outre à leur refus ou à la révocation de leur acceptation.

II *(II mod. à compter de la date prévue au I de l'article 8 de l'ordonnance n° 2016-800 du 10 juin 2016 et au plus tard le 31 décembre 2016, L. n° 2012-300, 5 mars 2012).* – Lorsqu'une recherche impliquant la personne humaine est effectuée sur un mineur non émancipé, le consentement, lorsqu'il est requis, est donné par les titulaires de l'exercice de l'autorité parentale. Toutefois, ce consentement peut être donné par le seul titulaire de l'exercice de l'autorité parentale présent, sous réserve du respect des conditions suivantes :

- la recherche ne comporte que des risques et des contraintes minimes ;
- le mineur ne se prête pas à la recherche à titre de volontaire sain ;
- l'autre titulaire de l'exercice de l'autorité parentale ne peut donner son autorisation dans des délais compatibles avec les exigences méthodologiques propres à la réalisation de la recherche au regard de ses finalités.

Lorsqu'une personne mineure se prêtant à une recherche devient majeure dans le cours de sa participation, la confirmation de son consentement est requise après délivrance d'une information appropriée.

Lorsqu'une recherche impliquant la personne humaine est effectuée sur une personne mineure ou majeure sous tutelle, l'autorisation est donnée par son représentant légal et, si le comité mentionné à l'article L. 1123-1 considère que la recherche comporte, par l'importance des contraintes ou par la spécificité des interventions auxquelles elle conduit, un risque sérieux d'atteinte à la vie privée ou à l'intégrité du corps humain, par le conseil de famille s'il a été institué, ou par le juge des tutelles.

Une personne faisant l'objet d'une mesure de sauvegarde de justice ne peut être sollicitée aux fins de participer à une recherche impliquant la personne humaine.

Lorsqu'une recherche impliquant la personne humaine est effectuée sur une personne majeure sous curatelle, le consentement est donné par l'intéressé assisté par son curateur. Toutefois, si la personne majeure sous curatelle est sollicitée en vue de sa participation à une recherche dont le comité mentionné à l'article L. 1123-1 considère qu'elle comporte, par l'importance des contraintes ou par la spécificité des interventions auxquelles elle conduit, un risque sérieux d'atteinte à la vie privée ou à l'intégrité du corps humain, le juge des tutelles est saisi aux fins de s'assurer de l'aptitude à consentir du majeur. En cas d'inaptitude, le juge prend la décision d'autoriser ou non la recherche impliquant la personne humaine.

Lorsqu'une recherche impliquant la personne humaine satisfaisant aux conditions édictées par l'article L. 1121-8 est envisagée sur une personne majeure hors d'état d'exprimer son consentement et ne faisant pas l'objet d'une mesure de protection juridique, l'autorisation est donnée par la personne de confiance prévue à l'article L. 1111-6, à défaut de celle-ci, par la famille, ou, à défaut, par une personne entretenant avec l'intéressé des liens étroits et stables. L'intéressé est informé dès que possible et son consentement lui est demandé pour la poursuite éventuelle de cette recherche s'il retrouve sa capacité à consentir. Toutefois, si le comité mentionné à l'article L. 1123-1 considère que la recherche comporte, par l'importance des contraintes ou par la spécificité des interventions auxquelles elle conduit, un risque sérieux d'atteinte à la vie privée ou à l'intégrité du corps humain, l'autorisation est donnée par le juge des tutelles.

Lorsqu'à la date de la fin de la recherche la personne mineure qui s'y est prêtée a acquis la capacité juridique, elle devient personnellement destinataire de toute information communiquée par l'investigateur ou le promoteur.

III *(III rempl. à compter de la date prévue au I de l'article 8 de l'ordonnance n° 2016-800 du 10 juin 2016 et au plus tard le 31 décembre 2016, L. n° 2012-300, 5 mars 2012)*. – Le consentement prévu au huitième alinéa du II est donné selon les formes prévues à l'article L. 1122-1-1. Les autorisations prévues aux premier, sixième et dernier alinéas du même II sont données par écrit.

CHAPITRE III. – COMITÉS DE PROTECTION DES PERSONNES ET AUTORITÉ COMPÉTENTE

(Intitulé rempl., L. n° 2004-806, 9 août 2004)

Art. L. 1123-1 *(Mod. à compter de la date prévue au I de l'article 8 de l'ordonnance n° 2016-800 du 10 juin 2016 et au plus tard le 31 décembre 2016, L. n° 2012-300, 5 mars 2012 ; puis à compter de la même date, Ord. n° 2016-800, 16 juin 2016)*. – Le ministre chargé de la santé agrée pour une durée déterminée un ou, selon les besoins, plusieurs comités de protection des personnes. Leurs membres sont nommés par le directeur général de l'agence régionale de santé de la région dans laquelle le comité a son siège.

Les comités exercent leur mission en toute indépendance. Ils sont dotés de la personnalité juridique de droit public. Les ressources des comités sont constituées par une dotation de l'État.

Art. L. 1123-1-1 *(Créé à compter de la date prévue au I de l'article 8 de l'ordonnance n° 2016-800 du 10 juin 2016, et au plus tard le 31 décembre 2016, L. n° 2012-300, 5 mars 2012 ; puis mod. à compter de la même date, Ord. n° 2016-800, 16 juin 2016)*. – I. - Il est institué auprès du ministre chargé de la santé une commission nationale des recherches impliquant la personne humaine, chargée de la coordination, de l'harmonisation et de l'évaluation des pratiques des comités de protection des personnes.

Elle remet chaque année au ministre chargé de la santé des recommandations concernant les conséquences, en matière d'organisation des soins, des recherches dont les résultats présentent un intérêt majeur pour la santé publique.

La commission nationale et l'Agence nationale de sécurité du médicament et des produits de santé sont consultées sur les projets de loi ou de décret concernant les recherches impliquant la personne humaine.

La commission nationale agit en concertation avec les comités de protection des personnes.

II. - Le fait pour un membre de la Commission nationale des recherches impliquant la personne humaine de prendre part aux travaux ou aux délibérations de la commission nationale alors qu'il a un intérêt, direct ou indirect, à l'affaire examinée est puni de cinq ans d'emprisonnement et de 75 000 € d'amende.

Les membres de la Commission nationale des recherches impliquant la personne humaine sont tenus d'établir et d'actualiser une déclaration d'intérêts dans les conditions fixées à l'article L. 1451-1. Le fait pour eux d'omettre sciemment d'établir une telle déclaration, de la modifier afin d'actualiser les données qui y figurent ou de fournir une information mensongère qui porte atteinte à la sincérité de ladite déclaration est puni de 30 000 € d'amende.

Pour les infractions mentionnées au présent III, les personnes encourent également les peines complémentaires prévues à l'article L. 1454-4.

III. - Les modalités d'application du présent article ainsi que la composition de la commission nationale sont fixées par décret.

Art. L. 1123-2 *(Mod. à compter de la date prévue au I de l'article 8 de l'ordonnance n° 2016-800 du 10 juin 2016 et au plus tard le 31 décembre 2016, L. n° 2012-300, 5 mars 2012).* – Les comités sont composés de manière à garantir leur indépendance et la diversité des compétences dans le domaine de la recherche impliquant la personne humaine et à l'égard des questions éthiques, sociales, psychologiques et juridiques. Ils comportent, en leur sein, des représentants d'associations de malades ou d'usagers du système de santé agréées et désignés au titre des dispositions de l'article L. 1114-1.

Art. L. 1123-3 *(Mod., Ord. n° 2018-20, 17 janv. 2018).* – Les membres des comités, les personnes appelées à collaborer à leurs travaux, et les agents relevant du statut général des fonctionnaires ou du statut général des militaires qui en sont dépositaires sont tenus, dans les conditions et sous les peines prévues aux articles 226-13 et 226-14 du Code pénal, de garder secrètes les informations dont ils peuvent avoir connaissance à raison de leurs fonctions et qui sont relatives à la nature des recherches, aux personnes qui les organisent ou qui s'y prêtent ou aux produits, objets ou méthodes expérimentés.

Ne peuvent valablement participer à une délibération les personnes qui ne sont pas indépendantes du promoteur et de l'investigateur de la recherche examinée.

Art. L. 1123-4 *(Abr. à compter de la date prévue au IV de l'article 153, L. fin. n° 2005-1719, 30 déc. 2005).*

Art. L. 1123-5. – Le ministre chargé de la santé peut retirer l'agrément d'un comité si les conditions d'indépendance, de composition ou de fonctionnement nécessaires pour assurer sa mission dans les meilleures conditions ne sont plus satisfaites.

Art. L. 1123-6 *(Mod. à compter de la date prévue au I de l'article 8 de l'ordonnance n° 2016-800 du 10 juin 2016, Ord. n° 2016-800,10 juin 2016 ; mod., Ord. n° 2018-20, 17 janv. 2018 ; L. n° 2018-892, 17 oct. 2018).* – I. - Avant de réaliser une recherche impliquant la personne humaine, le promoteur en soumet le projet à l'avis d'un comité de protection des personnes désigné de manière aléatoire parmi les comités disponibles et disposant de la compétence nécessaire à l'examen du projet, dans des conditions prévues à l'article L. 1123-14 . Il ne peut solliciter qu'un avis par projet de recherche.

En cas d'avis défavorable du comité, le promoteur peut demander au ministre chargé de la santé de soumettre le projet, pour un second examen, à un autre comité de protection des personnes selon des modalités prévues à l'article L. 1123-14.

II. - Les dispositions du I ne sont pas applicables au comité de protection des personnes prévu à l'article L. 1123-16 lorsque son avis doit être recueilli pour un projet de recherche relevant du secret de la défense nationale mentionnée au chapitre III *bis*.

Art. L. 1123-7 *(Mod. à compter du 25 mai 2018, L. n° 2018-493, 20 juin 2018 ; mod. à compter de la date prévue à l'article 29 de l'ordonnance n° 2018-1125 du 12 décembre 2018 et au plus tard le 1er juin 2019, Ord. n° 2018-1125, 12 déc. 2018).* – Le comité rend son avis sur les conditions de validité de la recherche, notamment au regard de :

– la protection des personnes, notamment la protection des participants ;

– l'adéquation, l'exhaustivité et l'intelligibilité des informations écrites à fournir ainsi que la procédure à suivre pour obtenir le consentement éclairé, et la justification de la recherche sur des personnes incapables de donner leur consentement éclairé ou, le cas échéant, pour vérifier l'absence d'opposition ;

– la nécessité éventuelle d'un délai de réflexion ;

– la nécessité éventuelle de prévoir, dans le protocole, une interdiction de participer simultanément à une autre recherche ou une période d'exclusion ;

– la pertinence de la recherche, le caractère satisfaisant de l'évaluation des bénéfices et des risques attendus et le bien-fondé des conclusions pour les recherches mentionnées au 1° de l'article L. 1121-1 et ne portant pas sur un produit mentionné à l'article L. 5311-1 et pour les recherches mentionnées aux 2° et 3° de l'article L. 1121-1;

– l'adéquation entre les objectifs poursuivis et les moyens mis en œuvre ;

– la qualification du ou des investigateurs ;

– les montants et les modalités d'indemnisation des participants ;

– les modalités de recrutement des participants.

– la pertinence scientifique et éthique des projets de constitution de collections d'échantillons biologiques au cours de recherches impliquant la personne humaine ;

– la méthodologie de la recherche au regard des dispositions de la loi n° 78-17 du 6 janvier 1978 relative à l'informatique, aux fichiers et aux libertés, la nécessité du recours à la collecte et au traitement de données à caractère personnel et la pertinence de celles-ci par rapport à l'objectif de la recherche, préalablement à la saisine de la Commission nationale de l'informatique et des libertés. La Commission nationale de l'informatique et des libertés peut, pour l'exercice de ses missions définies à l'article 66 de la loi n° 78-17 du 6 janvier 1978 modifiée, saisir pour avis le comité d'expertise pour les recherches, les études et l'évaluation dans le domaine de la santé.

Pour les recherches impliquant la personne humaine incluant le traitement de données à caractère personnel défini à l'article 72 de la loi n° 78-17 du 6 janvier 1978 modifiée, le comité de protection des personnes peut, selon des modalités fixées par le décret prévu à l'article L. 1123-14, saisir le comité d'expertise pour les recherches, les études et les évaluations dans le domaine de la santé.

Le protocole soumis par le promoteur d'une recherche mentionnée aux 1° ou 2° de l'article L. 1121-1 au comité de protection des personnes et, le cas échéant, à l'autorité compétente indique, de manière motivée, si la constitution d'un comité de surveillance indépendant est ou non prévue.

Le comité s'assure, avant de rendre son avis, que les conditions de l'article L. 1121-13 sont satisfaites. L'autorité compétente est informée des modifications apportées au protocole de recherche introduites à la demande du comité de protection des personnes.

Outre les missions qui leur sont confiées en matière de recherches impliquant la personne humaine, les comités sont également consultés en cas d'utilisation d'éléments et de produits du corps humain à des fins scientifiques relevant d'un changement substantiel de finalité par rapport au consentement initialement donné, dans les conditions prévues à l'article L. 1211-2.

Le comité se prononce par avis motivé dans un délai fixé par voie réglementaire.

En cas de faute du comité dans l'exercice de sa mission, la responsabilité de l'État est engagée.

Sur demande auprès du comité de protection des personnes concerné, l'Agence nationale de sécurité du médicament et des produits de santé a accès à toutes informations utiles relatives aux recherches mentionnées aux 2° et 3° de l'article L. 1121-1.

Art. L. 1123-7-1 *(Créé à compter de la date prévue au I de l'article 8 de l'ordonnance n° 2016-800 du 10 juin 2016, L. n° 2012-300, 5 mars 2012 ; implicitement rempl. à compter de la même date, Ord. n° 2016-800,10 juin 2016).* – Le comité de protection des personnes, lorsqu'il est saisi pour avis d'un projet de recherche non interventionnelle portant sur un médicament ayant obtenu une autorisation de mise sur le marché, par l'Agence nationale de sécurité du médicament et des produits de santé, la Haute Autorité de santé, le ministre chargé de la santé ou l'Agence européenne des médicaments, rend l'avis mentionné à l'article L. 1123-7 au regard des seules exigences mentionnées au troisième alinéa de l'article L. 1124-1.

Art. L. 1123-7-2 *(Créé à compter de la date prévue au I de l'article 8 de l'ordonnance n° 2016-800 du 10 juin 2016, Ord. n° 2016-800,10 juin 2016 et rect. JO 22 avr. 2017).* – Le comité de protection des personnes, lorsqu'il est saisi pour avis d'un projet de recherche non interventionnelle portant sur un médicament ayant obtenu une autorisation de mise sur le marché, par l'Agence nationale de sécurité du médicament et des produits de santé, la Haute Autorité de santé, le ministre chargé de la santé ou l'Agence européenne des médicaments, rend l'avis mentionné à l'article L. 1123-7 au regard des seules exigences mentionnées au troisième alinéa de l'article L. 1124-1.

Art. L. 1123-8 *(Rempl., L. n° 2004-806, 9 août 2004 ; mod., L. fin. n° 2008-1425, 27 déc. 2008).* – Nul ne peut mettre en œuvre une recherche *(Mot rempl. à compter de la date prévue à l'article 11 de la loi n° 2012-300 du 5 mars 2012, L. n° 2012-300, 5 mars 2012)* « mentionnée au 1° de l'article L. 1121-1 » sans autorisation de l'autorité compétente délivrée dans un délai fixé par voie réglementaire.

Si, dans les délais prévus par voie réglementaire, l'autorité compétente informe le promoteur par lettre motivée qu'elle a des objections à la mise en œuvre de la recherche, le promoteur peut modifier le contenu de son projet de recherche et adresser cette nouvelle demande à l'autorité compétente. Cette procédure ne peut être appliquée qu'une seule fois à chaque projet de recherche. Si le promoteur ne modifie pas le contenu de sa demande, cette dernière est considérée comme rejetée.

Le comité de protection des personnes est informé des modifications apportées au protocole de recherche introduites à la demande de l'autorité compétente.

Art. L. 1123-9 *(Mod. à compter de la date prévue au I de l'article 8 de l'ordonnance n° 2016-800 du 10 juin 2016, L. n° 2012-300, 5 mars 2012 puis Ord. n° 2016-800,10 juin 2016).* – Après le commencement de la recherche, toute modification substantielle de celle-ci à l'initiative du promoteur doit obtenir, préalablement à sa mise en œuvre, un avis favorable du comité et, dans le cas de recherches mentionnées au 1° de l'article L. 1121-1, une autorisation de l'autorité compétente. Dans ce cas, le comité s'assure qu'un nouveau consentement des personnes participant à la recherche est bien recueilli si cela est nécessaire.

Lorsque la demande de modification substantielle engendre un doute sérieux sur la qualification d'une recherche au regard des trois catégories de recherches impliquant la personne humaine définies à l'article L. 1121-1, le comité de protection des personnes concerné saisit l'Agence nationale de sécurité du médicament et des produits de santé.

En cas d'avis défavorable du comité, le promoteur peut demander au ministre chargé de la santé de soumettre la demande de modification substantielle, pour un second examen, à un autre comité selon des modalités prévues à l'article L. 1123-14.

Art. L. 1123-10 *(Mod. à compter de la date prévue au I de l'article 8 de l'ordonnance n° 2016-800 du 10 juin 2016, L. n° 2012-300, 5 mars 2012 et Ord. n° 2016-800,10 juin 2016).* – Pour chaque type de recherche impliquant la personne humaine, l'investigateur enregistre les évènements indésirables ou les résultats d'analyse anormaux définis dans le protocole comme déterminants pour l'évaluation de la sécurité, en conserve une trace documentaire et les notifie au promoteur. Les modalités de notification sont définies par décret.

Il informe le promoteur de tous les évènements indésirables graves survenus chez les participants, sauf si le protocole en dispose autrement.

Le promoteur notifie à l'autorité compétente et, pour les recherches portant sur des personnes qui ne présentent aucune affection et se prêtent volontairement à ces recherches, au directeur général de l'Agence régionale de santé, toutes les informations pertinentes relatives à la sécurité de la recherche selon des modalités définies par décret.

Sans préjudice de l'article L. 1123-9 et pour toutes recherches impliquant la personne humaine, lorsqu'un effet indésirable grave inattendu ou un fait nouveau intéressant la recherche ou le produit faisant l'objet de la recherche sont susceptibles de porter atteinte à la sécurité des personnes qui s'y prêtent, le promoteur et l'investigateur prennent les mesures de sécurité urgentes appropriées.

Pour les recherches mentionnées au 2° et au 3° de l'article L. 1121-1, les dispositions du présent article ne s'appliquent qu'en l'absence de dispositions relatives aux vigilances applicables à chaque produit ou pratique faisant l'objet de la recherche.

Art. L. 1123-11 *(Mod. à compter de la date prévue au I de l'article 8 de l'ordonnance n° 2016-800 du 10 juin 2016 et au plus tard le 31 décembre 2016, L. n° 2012-300, 5 mars 2012).* – L'autorité compétente peut, à tout moment, demander au promoteur des informations complémentaires sur la recherche.

En cas de risque pour la santé publique ou en cas d'absence de réponse du promoteur ou si l'autorité compétente estime que les conditions dans lesquelles la recherche est mise en œuvre ne correspondent plus aux conditions indiquées dans la demande d'autorisation mentionnée à l'article L. 1123-8 ou ne respectent pas les dispositions du présent titre, elle peut à tout moment demander que des modifications soient apportées aux modalités de réalisation de la recherche, à tout document relatif à la recherche, ainsi que suspendre ou interdire cette recherche.

Sauf en cas de risque imminent, une modification du protocole à la demande de l'autorité compétente ou une décision de suspension ou d'interdiction ne peut intervenir qu'après que le promoteur a été mis à même de présenter ses observations.

Le promoteur informe le comité de protection des personnes compétent et l'autorité compétente mentionnée à l'article L. 1123-12 du début et de la fin de la recherche impliquant la personne humaine et indique les raisons qui motivent l'arrêt de cette recherche quand celui-ci est anticipé.

Art. L. 1123-12 *(Mod. puis rempl. à compter de la date prévue au I de l'article 8 de l'ordonnance n° 2016-800 du 10 juin 2016, L. n° 2012-300, 5 mars 2012 et, Ord. n° 2016-800,10 juin 2016).* – I. - L'autorité compétente pour les recherches impliquant la personne humaine prévues à l'article L. 1121-1 est l'Agence nationale de sécurité du médicament et des produits de santé.

II. - Elle se prononce au regard de la sécurité des personnes qui se prêtent à une recherche mentionnée au 1° de l'article L. 1121-1, en considérant :

1° La sécurité et la qualité des produits utilisés au cours de la recherche conformément, le cas échéant, aux référentiels en vigueur ;

2° Les conditions d'utilisation des produits et la sécurité des personnes au regard des actes pratiqués et des méthodes utilisées ;

3° Les modalités prévues pour le suivi des personnes.

III. - Pour les recherches mentionnées au 1° de l'article L. 1121-1 et portant sur un produit mentionné à l'article L. 5311-1, elle se prononce en outre sur :

1° La pertinence de la recherche ;

2° Le caractère satisfaisant de l'évaluation des bénéfices et des risques attendus ;

3° Le bien-fondé des conclusions.

Art. L. 1123-13 *(Anc. art. L. 1123-10, dénum., L. n° 2004-806, 9 août 2004).* – Lorsque la recherche doit se dérouler dans un ou plusieurs établissements publics ou privés, le promoteur en informe le ou les directeurs de ces établissements avant que cette recherche ne soit mise en œuvre.

Art. L. 1123-14 *(Anc. art. L. 1123-11, dénum. et mod., L. n° 2004-806, 9 août 2004 ; mod. à compter de la date prévue au II de l'article 29 de l'Ordonnance n° 2010-177 du 23 février 2010, Ord. n° 2010-177, 23 févr. 2010).* – Les modalités d'application des dispositions du présent chapitre sont déterminées par décret en Conseil d'État et notamment :

1° La composition et les conditions d'agrément, de financement, de fonctionnement et de nomination des membres des comités de protection des personnes ainsi que la nature des informations qui doivent leur être communiquées par le promoteur et sur lesquelles ils sont appelés à émettre leur avis ;

2° La durée des agréments des comités de protection des personnes mentionnés à l'article L. 1123-1 ;

3° La nature des informations qui doivent être communiquées par le promoteur à l'autorité compétente, dans la demande d'autorisation mentionnée à l'article L. 1121-4 ;

4° Les modalités de consultation des comités de protection des personnes en ce qui concerne les recherches à caractère militaire ;

5° Les modalités de présentation et le contenu de la demande de modification de la recherche prévue par l'article L. 1123-9 ;

6° Le délai dans lequel le promoteur fait part de ses observations à l'autorité compétente dans le cas prévu au deuxième alinéa de l'article L. 1123-11 ;

7° La nature et le caractère de gravité des événements et des effets indésirables qui sont notifiés selon les dispositions de l'article L. 1123-10 ainsi que les modalités de cette notification ;

8° Les modalités selon lesquelles le promoteur informe l'autorité compétente et le comité de protection des personnes de l'arrêt de la recherche ;

9° Les modalités d'évaluation prévues sur la base du référentiel d'évaluation des comités de protection des personnes élaboré par la Haute Autorité de santé et publié par arrêté du ministre chargé de la santé ;

10° Les conditions dans lesquelles l'autorité compétente procède à l'information des autorités compétentes des autres États membres, de la Commission européenne et de l'Agence européenne du médicament, ainsi que le contenu des informations transmises ;

11° Les délais dans lesquels le comité rend l'avis mentionné à l'article L. 1123-7 et l'autorité compétente délivre l'autorisation mentionnée à l'article L. 1123-8 ;

12° *(12° mod. puis abr. à compter de la date prévue au I de l'article 8 de l'ordonnance n° 2016-800 du 10 juin 2016, L. n° 2012-300, 5 mars 2012 et, Ord. n° 2016-800,10 juin 2016)*

CHAPITRE III *BIS*. – RECHERCHES RELEVANT DU SECRET DE LA DÉFENSE NATIONALE

(Ord. n° 2018-20, 17 janv. 2018)

Art. L. 1123-15 *(Ord. n° 2018-20, 17 janv. 2018)*. – Sous réserve des dispositions du présent chapitre, les dispositions du chapitre III du présent titre s'appliquent aux recherches impliquant la personne humaine présentant un caractère de secret de la défense nationale au sens de l'article 413-9 du Code pénal et qui sont menées à des fins de protection. Ces recherches sont dénommées « recherches relevant du secret de la défense nationale ».

Art. L. 1123-16 *(Ord. n° 2018-20, 17 janv. 2018)*. – I. - Pour les recherches relevant du secret de la défense nationale, le promoteur soumet le projet à l'avis d'un comité de protection des personnes spécifique, dénommé « comité de protection des personnes - défense et sécurité nationale », agréé par le Premier ministre sur proposition du ministre de la défense et après avis du ministre chargé de la santé.

Le Premier ministre est seul compétent pour retirer l'agrément du comité de protection des personnes - défense et sécurité nationale si les conditions prévues à l'article L. 1123-5 ne sont plus satisfaites.

II. - La composition du comité de protection des personnes - défense et sécurité nationale est fixée par arrêté du Premier ministre et est adaptée si nécessaire, selon les mêmes modalités, en fonction du niveau de classification des dossiers soumis.

Les membres de ce comité sont nommés par le Premier ministre.

Art. L. 1123-17 *(Ord. n° 2018-20, 17 janv. 2018)*. – Lorsque l'autorité désignée à l'article L. 1123-12 ne dispose pas d'agents possédant le niveau d'habilitation requis au titre du secret de la défense nationale compte tenu du niveau de classification de la recherche impliquant la personne humaine qui est envisagée, l'autorité compétente, au sens de cet article, est le Premier ministre.

Art. L. 1123-18 *(Ord. n° 2018-20, 17 janv. 2018)*. – Toute modification substantielle à l'initiative du promoteur d'une recherche relevant du secret de la défense nationale doit obtenir, préalablement à sa mise en œuvre, un avis favorable du comité de protection des personnes - défense et sécurité nationale-mentionné au I de l'article L. 1123-16 et, dans le cas de recherches mentionnées au 1° de l'article L. 1121-1, une autorisation de l'autorité compétente. Dans ce cas, le comité s'assure qu'un nouveau consentement des personnes participant à la recherche est recueilli.

Art. L. 1123-19 *(Ord. n° 2018-20, 17 janv. 2018)*. – Pour les recherches relevant du secret de la défense nationale, le promoteur notifie à l'autorité compétente toutes les informations pertinentes relatives à la sécurité de la recherche. Lorsque ces recherches portent sur des personnes qui ne présentent aucune affection et se prêtent volontairement à ces recherches, il les notifie également au ministre de la défense.

Art. L. 1123-20 *(Ord. n° 2018-20, 17 janv. 2018)*. – Les modalités d'application du présent chapitre sont définies, sauf dispositions contraires, par décret en Conseil d'État, notamment :

1° Les conditions d'agrément, de financement, de fonctionnement et de nomination des membres du comité de protection des personnes - défense et sécurité nationale ainsi que la nature des informations qui doivent lui être communiquées par le promoteur et sur lesquelles il est appelé à émettre son avis ;

2° La durée de l'agrément du comité de protection des personnes - défense et sécurité nationale ;

3° Les modalités de présentation et le contenu de la demande de modification de la recherche prévue par l'article L. 1123-9 ;

4° La nature et le caractère de gravité des événements et des effets indésirables qui sont notifiés selon les dispositions de l'article L. 1123-19 ainsi que les modalités de cette notification ;

5° Les modalités selon lesquelles le promoteur informe l'autorité compétente et le comité de protection des personnes - défense et sécurité nationale de l'arrêt de la recherche ;

6° Les délais dans lesquels le comité rend l'avis mentionné à l'article L. 1123-16.

....

CHAPITRE IV. – RECHERCHES SANS BÉNÉFICE INDIVIDUEL DIRECT

(Abr., L. n° 2004-806, 9 août 2004 ; rétabli à compter de la date prévue au II de l'article 8 de l'ordonnance n° 2016-800 du 10 juin 2016, Ord. n° 2016-800,10 juin 2016)

Art. L. 1124-1 *(Mod., Ord. n° 2018-20, 17 janv. 2018 ; Ord. n° 2018-21, 17 janv. 2018 ; mod. à compter du 25 mai 2018, L. n° 2018-493, 20 juin 2018 : à compter de la date prévue à l'article 29 de l'ordonnance n° 2018-1125 du 12 décembre 2018 et au plus tard le 1er juin 2019, Ord. n° 2018-1125, 12 déc. 2018).* – I. - Les essais cliniques de médicaments sont régis par les dispositions du règlement (UE) n° 536/2014 du Parlement européen et du Conseil du 16 avril 2014.

L'autorité compétente pour effectuer l'évaluation de la partie I du rapport d'évaluation prévue à l'article 6 de ce règlement est l'Agence nationale de sécurité du médicament et des produits de santé.

L'évaluation de la partie II prévue à l'article 7 de ce règlement relève de la compétence et de la responsabilité des comités de protection des personnes mentionnés aux articles L. 1123-1 et L. 1123-16.

L'Agence nationale de sécurité du médicament et des produits de santé notifie au promoteur la décision unique relative à l'essai clinique mentionnée au paragraphe 1 de l'article 8 de ce règlement.

II. - En cas de refus d'autorisation d'un essai prévu au paragraphe 4 de l'article 8 du règlement précité, le promoteur peut saisir d'une demande de réexamen les autorités suivantes :

1° L'Agence nationale de sécurité du médicament et des produits de santé, lorsque cette demande porte sur des éléments relevant de la partie I prévue à l'article 6 du règlement mentionné ci-dessus ;

2° Le ministre chargé de la santé lorsque cette demande porte sur des éléments relevant de la partie II prévue à l'article 7 du règlement mentionné ci-dessus.

La demande de réexamen est présentée et instruite dans des délais et selon des modalités fixées par décret en Conseil d'État.

III. - La première administration d'un médicament à l'homme ne peut être effectuée que dans des lieux ayant été autorisés conformément au deuxième alinéa de l'article L. 1121-13.

Les essais cliniques de médicaments de thérapie innovante tels que définis à l'article 2 du règlement (CE) n° 1394/2007 du Parlement européen et du Conseil, du 13 novembre 2007, concernant les médicaments de thérapie innovante et modifiant la directive 2001/83/CE ainsi que le règlement (CE) n° 726/2004 et les essais cliniques de médicaments de thérapie innovante tels que définis au 17° de l'article L. 5121-1 ne peuvent être réalisés que dans des établissements de santé, à l'Établissement français du sang,, dans les hôpitaux des armées ou les autres éléments du service de santé des armées mentionnés à l'article L. 6147-7 ou à l'Institution nationale des invalides.

IV. - Sont applicables aux essais cliniques mentionnés au I les dispositions du présent chapitre ainsi que les dispositions des articles L. 1121-10, L. 1121-11, L. 1121-13, L. 1121-14, L. 1121-16, L. 1121-16-1, L. 1123-10, L. 1126-1 à L. 1126-12, L. 5121-1-1, L. 5125-1 et L. 5126-1. Ces essais sont interdits sur une personne qui n'est pas affiliée à un régime de sécurité sociale ou bénéficiaire d'un tel régime.

Leur sont également applicables les dispositions de l'article 76 de la loi n° 78-17 du 6 janvier 1978 modifiée relative à l'informatique et aux libertés.

CHAPITRE V. – DISPOSITIONS PARTICULIÈRES À CERTAINES RECHERCHES

Art. L. 1125-1 *(Mod. à compter de la date prévue au I de l'article 8 de l'ordonnance n° 2016-800 du 10 juin 2016, L. n° 2012-300, 5 mars 2012 et, Ord. n° 2016-800,10 juin 2016 ; mod., Ord. n° 2018-20, 17 janv. 2018).* – Ne peuvent être réalisées que dans des établissements de santé ou de transfusion sanguine, dans les hôpitaux des armées ou les autres éléments du service de santé des armées mentionnés à l'article L. 6147-7 ou à l'Institution nationale des invalides, la greffe ou l'administration effectuées dans le cadre d'une recherche mentionnée au 1° de l'article L. 1121-1 portant sur les organes, les tissus, les cellules d'origine humaine. L'autorisation prévue à l'article L. 1123-8 vaut, le cas échéant pour la durée de la recherche et pour les produits en cause, autorisation selon les dispositions de l'article L. 1121-13.

Ces recherches ne peuvent être mises en œuvre qu'après autorisation expresse de l'Agence nationale de sécurité du médicament et des produits de santé.

Art. L. 1125-2 *(Mod., L. n° 2011-2012, 19 déc. 2011 ; à compter de la date prévue au I de l'article 8 de l'ordonnance n° 2016-800 du 10 juin 2016 et au plus tard le 31 décembre 2016, L. n° 2012-300, 5 mars 2012).* – L'utilisation à des fins thérapeutiques d'organes ou de tissus d'origine animale qui ne sont ni des dispositifs médicaux, ni destinés à des médicaments n'est autorisée que dans le cadre de recherche impliquant la personne humaine soumises aux dispositions du présent titre. Les recherches portant sur l'utilisation thérapeutique de tels organes ou tissus chez l'être humain ne peuvent être mises en œuvre qu'après autorisation expresse de l'Agence nationale de sécurité du médicament et des produits de santé après avis de l'Agence de la biomédecine. L'autorisation peut être assortie de conditions particulières, portant notamment sur la surveillance à long terme des patients. Le délai applicable à l'autorité compétente pour donner son autorisation et au comité de protection des personnes pour donner son avis est fixé par voie réglementaire.

Des règles de bonne pratique relatives au prélèvement, à la conservation, à la transformation, au transport et à l'utilisation des organes, tissus et cellules animaux sont définies par décision de l'Agence nationale de sécurité du médicament et des produits de santé après avis de l'Agence de la biomédecine.

Des décisions de l'Agence nationale de sécurité du médicament et des produits de santé prises après avis de l'Agence de la biomédecine et de l'Agence nationale chargée de la sécurité sanitaire de l'alimentation, de l'environnement et du travail fixent :

1° Les règles de bonne pratique relatives à la sélection, à la production et à l'élevage des animaux ;

2° Les conditions sanitaires auxquelles doivent répondre les animaux dont proviennent les organes, tissus et cellules utilisés ;

3° Les règles d'identification de ces animaux, organes, tissus et cellules permettant d'assurer la traçabilité des produits obtenus.

NB : Loi n° 2011-2012 du 29 décembre 2011 article 41 III : Les présentes dispositions entrent en vigueur à une date prévue par le décret pris pour leur application et au plus tard le 1er août 2012. Dès cette entrée en vigueur, l'Agence nationale de sécurité du médicament et des produits de santé exerce l'ensemble des droits et supporte l'ensemble des obligations de l'Agence française de sécurité sanitaire des produits de santé. Jusqu'à l'entrée en vigueur mentionnée au premier alinéa du présent III, les compétences et pouvoirs que la présente loi attribue à l'Agence nationale de sécurité du médicament et des produits de santé sont exercés par l'Agence française de sécurité sanitaire des produits de santé. Le décret n° 2012-597 du 27 avril 2012 est entré en vigueur le 1er mai 2012.

Art. L. 1125-3 *(Mod. à compter de la date prévue au I de l'article 8 de l'ordonnance n° 2016-800 du 10 juin 2016, L. n° 2012-300, 5 mars 2012 et Ord. n° 2016-800,10 juin 2016).* – Ne peuvent être mises en œuvre qu'après autorisation expresse de l'autorité compétente les recherches portant sur des dispositifs médicaux incorporant des produits d'origine humaine ou animale, ou dans la fabrication desquels interviennent des produits d'origine humaine ou animale, sur des produits cosmétiques contenant des ingrédients d'origine animale dont la liste est fixée par voie réglementaire sur proposition de l'Agence nationale de sécurité du médicament et des produits de santé ou sur les produits ou sur des plantes, substances ou préparations classées comme stupéfiants ou comme psychotropes en application de l'article L. 5132-7 contenant des organismes génétiquement modifiés. C.

Art. L. 1125-4 *(Mod., L. n° 2004-800, 6 août 2004 ; rempl., L. n° 2004-806, 9 août 2004).* – Les modalités d'application des dispositions du présent chapitre sont déterminées par décret en Conseil d'État.

Art. L. 1125-5 *(Abr., L. n° 2004-806, 9 août 2004).*

CHAPITRE VI. – DISPOSITIONS PÉNALES

....

TITRE III. – EXAMEN DES CARACTÉRISTIQUES GÉNÉTIQUES, IDENTIFICATION GÉNÉTIQUE ET RECHERCHE GÉNÉTIQUE

(Intitulé mod., L. n° 2004-800, 6 août 2004 ; L. n° 2011-814, 7 juill. 2011)

CHAPITRE I. – PRINCIPES GÉNÉRAUX

Art. L. 1131-1 *(Rempl., L. n° 2004-800, 6 août 2004 ; mod., L. n° 2011-814, 7 juill. 2011).* – L'examen des caractéristiques génétiques d'une personne ou son identification par empreintes génétiques sont régis par les dispositions du chapitre III du titre Ier du livre Ier du Code civil et par les dispositions du présent titre, sans préjudice des dispositions du titre II du présent livre.

Toutefois, lorsqu'il est impossible de recueillir le consentement de cette personne ou, le cas échéant, de consulter la personne de confiance mentionnée à l'article L. 1111-6, la famille ou, à défaut, un de ses proches, l'examen ou l'identification peuvent être entrepris à des fins médicales, dans l'intérêt de la personne.

Art. L. 1131-1-1 *(Créé à compter de la date prévue au I de l'article 8 de l'ordonnance n° 2016-800 du 10 juin 2016 et au plus tard le 31 décembre 2016, L. n° 2012-300, 5 mars 2012).* – Par dérogation à l'article 16-10 du Code civil et au premier alinéa de l'article L. 1131-1 du présent code, l'examen des caractéristiques génétiques d'une personne à des fins de recherche scientifique peut être réalisé à partir d'éléments du corps de cette personne prélevés à d'autres fins lorsque cette personne, dûment informée de ce projet de recherche, n'a pas exprimé son opposition. Lorsque la personne est un mineur ou un majeur en tutelle, l'opposition est exprimée par les titulaires de l'autorité parentale ou le tuteur. Lorsque la personne est un majeur hors d'état d'exprimer son consentement et ne faisant pas l'objet d'une tutelle, l'opposition est exprimée par la personne de confiance prévue à l'article L. 1111-6, à défaut de celle-ci, par la famille ou, à défaut, par une personne entretenant avec l'intéressé des liens étroits et stables.

Il peut être dérogé à l'obligation d'information prévue au premier alinéa lorsque la personne concernée ne peut pas être retrouvée. Dans ce cas, le responsable de la recherche doit consulter, avant le début des travaux de recherche, un comité de protection des personnes qui s'assure que la personne ne s'était pas opposée à l'examen de ses caractéristiques génétiques et émet un avis sur l'intérêt scientifique de la recherche.

Lorsque la personne concernée a pu être retrouvée, il lui est demandé, au moment où elle est informée du projet de recherche, si elle souhaite être informée en cas de diagnostic d'une anomalie génétique grave.

Le présent article n'est pas applicable aux recherches dont les résultats sont susceptibles de permettre la levée de l'anonymat des personnes concernées.

Art. L. 1131-1-2 *(L. n° 2011-814, 7 juill. 2011).* – Préalablement à la réalisation d'un examen des caractéristiques génétiques d'une personne, le médecin prescripteur informe celle-ci des risques qu'un silence ferait courir aux membres de sa famille potentiellement concernés si une anomalie génétique grave dont les conséquences sont susceptibles de mesures de prévention, y compris de conseil génétique, ou de soins était diagnostiquée. Il prévoit avec elle, dans un document écrit qui peut, le cas échéant, être complété après le diagnostic, les modalités de l'information destinée aux membres de la famille potentiellement concernés afin d'en préparer l'éventuelle transmission. Si la personne a exprimé par écrit sa volonté d'être tenue dans l'ignorance du diagnostic, elle peut autoriser le médecin prescripteur à procéder à l'information des intéressés dans les conditions prévues au quatrième alinéa.

En cas de diagnostic d'une anomalie génétique grave, sauf si la personne a exprimé par écrit sa volonté d'être tenue dans l'ignorance du diagnostic, l'information médicale communiquée est résumée dans un document rédigé de manière loyale, claire et appropriée, signé et remis par le médecin. La personne atteste de cette remise. Lors de l'annonce de ce diagnostic, le médecin informe la personne de l'existence d'une ou plusieurs associations de malades susceptibles d'apporter des renseignements complémentaires sur l'anomalie génétique diagnostiquée. Si la personne le demande, il lui remet la liste des associations agréées en application de l'article L. 1114-1.

La personne est tenue d'informer les membres de sa famille potentiellement concernés dont elle ou, le cas échéant, son représentant légal possède ou peut obtenir les coordonnées, dès lors que des mesures de prévention ou de soins peuvent leur être proposées.

Si la personne ne souhaite pas informer elle-même les membres de sa famille potentiellement concernés, elle peut demander par un document écrit au médecin prescripteur, qui atteste de cette demande, de procéder à cette information. Elle lui communique à cette fin les coordonnées des intéressés dont elle dispose. Le médecin porte alors à leur connaissance l'existence d'une information médicale à caractère familial susceptible de les concerner et les invite à se rendre à une consultation de génétique, sans dévoiler ni le nom de la personne ayant fait l'objet de l'examen, ni l'anomalie génétique, ni les risques qui lui sont associés.

Le médecin consulté par la personne apparentée est informé par le médecin prescripteur de l'anomalie génétique en cause.

Lorsqu'est diagnostiquée une anomalie génétique grave dont les conséquences sont susceptibles de mesures de prévention, y compris de conseil génétique, ou de soins chez une personne qui a fait un don de gamètes ayant abouti à la conception d'un ou plusieurs enfants ou chez l'un des membres d'un couple ayant effectué un don d'embryon, cette personne peut autoriser le médecin prescripteur à saisir le responsable du centre d'assistance médicale à la procréation afin qu'il procède à l'information des enfants issus du don dans les conditions prévues au quatrième alinéa.

Art. L. 1131-1-3 *(L. n° 2011-814, 7 juill. 2011).* – Par dérogation au deuxième alinéa de l'article L. 1111-2 et à l'article L. 1111-7, seul le médecin prescripteur de l'examen des caractéristiques génétiques est habilité à communiquer les résultats de cet examen à la personne concernée ou, le cas échéant, aux personnes mentionnées au second alinéa de l'article L. 1131-1.

Art. L. 1131-2 *(Rempl., L. n° 2011-814, 7 juill. 2011).* – Un arrêté du ministre chargé de la santé, pris sur proposition de l'Agence de la biomédecine et de la Haute Autorité de santé, définit les règles de bonnes pratiques applicables à la prescription et la réalisation de l'examen des caractéristiques génétiques d'une personne et de son identification par empreintes génétiques à des fins médicales. Cet arrêté définit également les règles de bonnes pratiques applicables, le cas échéant, au suivi médical de la personne.

Art. L. 1131-2-1 *(L. n° 2011-814, 7 juill. 2011).* – L'examen des caractéristiques génétiques d'une personne ou son identification par empreintes génétiques à des fins médicales ne peuvent être pratiqués que dans des laboratoires de biologie médicale autorisés à cet effet dans les conditions prévues au chapitre II du titre II du livre Ier de la sixième partie et accrédités dans les conditions prévues au chapitre Ier du titre II du livre II de la même partie.

Lorsque le laboratoire dépend d'un établissement de santé, l'autorisation est délivrée à cet établissement.

Un laboratoire de biologie médicale établi dans un autre État membre de l'Union européenne ou partie à l'accord sur l'Espace économique européen peut réaliser la phase analytique de l'examen des caractéristiques génétiques ou de l'identification par empreintes génétiques s'il est autorisé dans cet État à pratiquer cette activité, sous réserve qu'il ait adressé une déclaration si les conditions d'autorisation dans cet État ont été préalablement reconnues comme équivalentes à celles qui résultent du premier alinéa ou, à défaut, qu'il ait obtenu une autorisation après vérification que ses normes de fonctionnement sont équivalentes à celles qui résultent du premier alinéa.

Les autorisations et accréditations prévues aux trois premiers alinéas peuvent être retirées ou suspendues, respectivement dans les conditions prévues aux articles L. 6122-13 et L. 6221-2 ou en cas de manquement aux prescriptions législatives et réglementaires applicables à l'examen des caractéristiques génétiques d'une personne ou à son identification par empreintes génétiques.

Art. L. 1131-3 *(L. n° 2004-800, 6 août 2004). – (Mots aj., L. n° 2011-814, 7 juill. 2011)* « Sous réserve des dispositions du troisième alinéa de l'article L. 1131-2-1, » sont seuls habilités à procéder à des examens des caractéristiques génétiques d'une personne ou à son identification par empreintes génétiques à des fins médicales les praticiens agréés à cet effet par l'Agence de la biomédecine mentionnée à l'article L. 1418-1 dans des conditions fixées par voie réglementaire.

Les personnes qui procèdent à des examens des caractéristiques génétiques d'une personne ou à son identification par empreintes génétiques à des fins de recherche scientifique sont agréées dans des conditions fixées par voie réglementaire.

Art. L. 1131-4 *(L. n° 2004-800, 6 août 2004).* – La conservation et la transformation d'éléments et produits du corps humain, incluant la constitution et l'utilisation de collections d'échantillons biologiques humains à des fins de recherche génétique, sont régies par les dispositions des articles L. 1243-3 et L. 1243-4.

Voir : pour l'application du présent article, le terme « collection » désigne la réunion, à des fins de recherche génétique, de prélèvements biologiques effectués sur un groupe de personnes identifiées et sélectionnées en fonction des caractéristiques cliniques ou biologiques d'un ou plusieurs membres du groupe, ainsi que des dérivés de ces prélèvements.

L'autorité administrative s'assure que les conditions de constitution, de conservation et d'exploitation de la collection présentent les garanties suffisantes pour assurer le bon usage, la sécurité et la confidentialité des données recueillies. Elle dispose d'un délai de trois mois pour s'opposer à la constitution de la collection.

L'autorité administrative peut, à tout moment, suspendre le développement et interdire l'exploitation des collections qui ne répondent pas aux exigences susmentionnées.

Les collections déjà constituées doivent être déclarées dans un délai de six mois à compter de la publication du décret prévu au 3° de l'article L. 1131-6. Les dispositions du précédent alinéa leur sont applicables.

Art. L. 1131-5. – **Les analyses permettant l'identification par empreintes génétiques dans le cadre des procédures judiciaires mentionnées à l'article 16-11 du Code civil doivent faire l'objet d'un contrôle de qualité organisé, selon des modalités fixées par le décret prévu par l'article 16-12 du Code civil, par** *(Mots rempl. à compter de la date prévue au III de l'article 41 de la loi n° 2011-2012 du 29 décembre 2011, L. n° 2011-2012, 29 déc. 2011)* **« l'Agence nationale de sécurité du médicament et des produits de santé ».**

Art. L. 1131-6 *(Mod., L. n° 2004-800, 6 août 2004 ; L. n° 2011-814, 7 juill. 2011).* – **Sont déterminées par décret en Conseil d'État :**

1° Les conditions dans lesquelles peuvent être réalisées, dans l'intérêt des patients, la prescription et la réalisation de l'examen des caractéristiques génétiques d'une personne ou son identification par empreintes génétiques à des fins médicales ;

2° Les conditions d'agrément des praticiens et personnes mentionnés à l'article L. 1131-3 ;

3° Les conditions d'application de l'article L. 1131-1-2, après avis de l'Agence de la biomédecine ;

4° Les conditions que doivent remplir les laboratoires de biologie médicale mentionnés à l'article L. 1131-2-1 pour être autorisés à pratiquer l'examen des caractéristiques génétiques d'une personne ou son identification par empreintes génétiques à des fins médicales.

Art. L. 1131-7 *(L. n° 2004-800, 6 août 2004).* – **Les dispositions du présent chapitre ne s'appliquent pas aux examens ayant pour objet de vérifier la compatibilité tissulaire ou sanguine, effectués dans le contexte du don d'éléments et de produits du corps humain, qui sont soumis aux dispositions du livre II de la première partie.**

CHAPITRE II. – DISPOSITIONS PÉNALES

....

TITRE IV. – RÉPARATION DES CONSÉQUENCES DES RISQUES SANITAIRES

(L. n° 2002-303, 4 mars 2002)

CHAPITRE I. – ACCÈS À L'ASSURANCE CONTRE LES RISQUES D'INVALIDITÉ OU DE DÉCÈS

Section I. – Tests génétiques

Art. L. 1141-1 *(L. n° 2002-303, 4 mars 2002).* – **Les entreprises et organismes qui proposent une garantie des risques d'invalidité ou de décès ne doivent pas tenir compte des résultats de l'examen des caractéristiques génétiques d'une personne demandant à bénéficier de cette garantie, même si ceux-ci leur sont transmis par la personne concernée ou avec son accord. En outre, ils ne peuvent poser aucune question relative aux tests génétiques et à leurs résultats, ni demander à une personne de se soumettre à des tests génétiques avant que ne soit conclu le contrat et pendant toute la durée de celui-ci.**

Section II. – Risques aggravés

Art. L. 1141-2 *(L. n° 2002-303, 4 mars 2002 ; mod., L. n° 2005-102, 11 févr. 2005 ; rempl., L. n° 2007-131, 31 janv. 2007 ; mod. à compter du 1er janvier 2014, Ord. n° 2013-544, 27 juin 2013).* – **Une convention nationale relative à l'accès au crédit des personnes présentant, du fait de leur état de santé ou de leur handicap, un risque aggravé est conclue entre l'État, les organisations professionnelles représentant les établissements de crédit, les sociétés de financement, les entreprises d'assurance, les**

mutuelles et les institutions de prévoyance ainsi que des organisations nationales représentant les malades et les usagers du système de santé agréées en vertu de l'article L. 1114-1 ou représentant les personnes handicapées. Cette convention a pour objet :

– de faciliter l'assurance des prêts demandés par les personnes présentant un risque aggravé en raison de leur état de santé ou d'un handicap ;

– d'assurer la prise en compte complète par les établissements de crédit ou les sociétés de financement des garanties alternatives à l'assurance ;

– de définir des modalités particulières d'information des demandeurs, d'instruction de leur dossier et de médiation.

Toute personne présentant, du fait de son état de santé ou de son handicap, un risque aggravé bénéficie de plein droit de cette convention.

Art. L. 1141-2-1 *(L. n° 2007-131, 31 janv. 2007 ; mod., à compter du 1er janvier 2014, Ord. n° 2013-544, 27 juin 2013).* – La convention prévue à l'article L. 1141-2 définit notamment :

1° Les conditions d'âge des emprunteurs, l'objet, le montant et la durée des prêts ;

2° Les modalités d'information des demandeurs d'emprunt sur les dispositions relatives à l'accès au crédit et à l'assurance emprunteur ;

3° Les conditions dans lesquelles un demandeur d'emprunt peut se prévaloir, pendant un délai déterminé, d'une offre d'assurance, y compris pour un bien différent de celui visé par cette offre ;

4° La couverture des risques décès et invalidité, dans les cas où elle est requise ;

5° Les garanties de confidentialité des données à caractère personnel et de nature médicale ;

6° Un mécanisme de mutualisation, mis en œuvre par les entreprises d'assurance, les mutuelles, les institutions de prévoyance, les établissements de crédit et les sociétés de financement, permettant, sous condition de ressources des demandeurs d'emprunt, de limiter le coût additionnel résultant du risque aggravé pour l'assurance décès et invalidité des crédits professionnels et des crédits destinés à l'acquisition de la résidence principale ;

7° Les dispositifs d'études et de recherche permettant de recueillir, d'analyser et de publier les données disponibles sur la mortalité et la morbidité résultant des principales pathologies, en vue de fournir les éléments statistiques nécessaires à la tarification du risque ;

8° La procédure d'instruction des demandes d'emprunt et les modalités selon lesquelles la personne est informée des motifs des refus d'assurance ;

9° Un dispositif de médiation entre, d'une part, les personnes présentant un risque aggravé de santé et, d'autre part, les organismes d'assurance, les établissements de crédit et les sociétés de financement ;

10° La composition et les modalités de fonctionnement d'une instance de suivi et de propositions associant les parties et chargée d'évaluer régulièrement la réalisation des objectifs et engagements de la convention.

Art. L. 1141-3 *(L. n° 2002-303, 4 mars 2002 ; rempl., L. n° 2007-131, 31 janv. 2007).* – La convention prévue à l'article L. 1141-2 est conclue pour une durée de trois ans.

La convention et ses avenants sont publiés au *Journal officiel*.

Pour celles de ses dispositions qui prévoient les conditions de collecte et d'utilisation ainsi que les garanties de confidentialité des données à caractère personnel de nature médicale, la convention fait l'objet, préalablement à sa conclusion, d'une consultation de la Commission nationale de l'informatique et des libertés, qui donne un avis sur sa conformité à la loi n° 78-17 du 6 janvier 1978 relative à l'informatique, aux fichiers et aux libertés.

À défaut d'accord, ou en cas de dénonciation, compromettant la mise en œuvre ou la pérennité du dispositif conventionnel, les conditions de collecte et d'utilisation et les garanties de confidentialité des données à caractère personnel de nature médicale sont fixées dans les six mois par décret en Conseil d'État, après avis de la Commission nationale de l'informatique et des libertés.

Au cas où la convention ne serait pas signée par l'une des organisations professionnelles mentionnées à l'article L. 1141-2, un décret peut, après consultation des signataires de la convention et de l'organisation professionnelle non signataire, étendre son application aux entreprises et organismes représentés par l'organisation non signataire.

À défaut de prorogation ou de renouvellement de la convention ou en cas de dénonciation de la convention, les dispositions énumérées à l'article L. 1141-2-1 sont fixées dans les six mois par décret en Conseil d'État. Ce décret prend effet à la date d'expiration de la convention.

Art. L. 1141-4 *(L. n° 2007-131, 31 janv. 2007).* – L'instance de suivi et de propositions mentionnée au 10° de l'article L. 1141-2-1 adresse un rapport d'évaluation au Gouvernement et au Parlement au plus tard trois mois avant l'échéance de la convention.

Art. L. 1141-5 *(L. n° 2016-41, 26 janv. 2016).* – La convention nationale mentionnée à l'article L. 1141-2 détermine les modalités et les délais au-delà desquels les personnes ayant souffert d'une pathologie cancéreuse ne peuvent, de ce fait, se voir appliquer une majoration de tarifs ou une exclusion de garanties pour leurs contrats d'assurance ayant pour objet de garantir le remboursement d'un crédit relevant de ladite convention. La convention prévoit également les délais au-delà desquels aucune information médicale relative aux pathologies cancéreuses ne peut être recueillie par les organismes assureurs dans ce cadre.

Sur la base des propositions établies et rendues publiques par l'institut mentionné à l'article L. 1415-2, la liste des pathologies et les délais mentionnés au premier alinéa du présent article sont fixés conformément à une grille de référence, définie par ladite convention, permettant de fixer, pour chacune des pathologies, les délais au-delà desquels aucune majoration de tarifs ou d'exclusion de garantie ne sera appliquée ou aucune information médicale ne sera recueillie pour les pathologies concernées.

Cette grille de référence est rendue publique.

Dans tous les cas, le délai au-delà duquel aucune information médicale relative aux pathologies cancéreuses ne peut être recueillie par les organismes assureurs ne peut excéder dix ans après la date de fin du protocole thérapeutique ou, pour les pathologies cancéreuses survenues avant l'âge de dix-huit ans, cinq ans à compter de la fin du protocole thérapeutique.

Ces modalités et ces délais sont mis à jour régulièrement en fonction des progrès thérapeutiques et des données de la science.

Un décret en Conseil d'État définit les sanctions applicables en cas de manquement à la présente obligation.

Les candidats à l'assurance sont informés, dans des conditions prévues par décret, de l'interdiction prévue au présent article.

La convention prévoit l'extension des dispositifs prévus aux deux premiers alinéas aux pathologies autres que cancéreuses, notamment les pathologies chroniques, dès lors que les progrès thérapeutiques et les données de la science attestent de la capacité des traitements concernés à circonscrire significativement et durablement leurs effets.

Art. L. 1141-6 *(L. n° 2016-41, 26 janv. 2016).* – Les personnes atteintes ou ayant été atteintes d'une pathologie pour laquelle l'existence d'un risque aggravé de santé a été établi ne peuvent se voir appliquer conjointement une majoration de tarifs et une exclusion de garantie au titre de cette même pathologie pour leurs contrats d'assurance ayant pour objet de garantir le remboursement d'un crédit relevant de la convention nationale mentionnée à l'article L. 1141-2.

CHAPITRE II. – RISQUES SANITAIRES RÉSULTANT DU FONCTIONNEMENT DU SYSTÈME DE SANTÉ

Section I. – Principes généraux

Art. L. 1142-1 *(L. n° 2002-303, 4 mars 2002 ; mod., ; L. n° 2009-526, 12 mai 2009).* – I. – Hors le cas où leur responsabilité est encourue en raison d'un défaut d'un produit de santé, les professionnels de santé mentionnés à la quatrième partie du présent code, ainsi que tout établissement, service ou organisme dans lesquels sont réalisés des actes individuels de prévention, de diagnostic ou de soins ne sont responsables des conséquences dommageables d'actes de prévention, de diagnostic ou de soins qu'en cas de faute.

Les établissements, services et organismes susmentionnés sont responsables des dommages résultant d'infections nosocomiales, sauf s'ils rapportent la preuve d'une cause étrangère.

II. – Lorsque la responsabilité d'un professionnel, d'un établissement, service ou organisme mentionné au I ou d'un producteur de produits n'est pas engagée, un accident médical, une affection iatrogène ou une infection nosocomiale ouvre droit à la réparation des préjudices du patient et, en cas de décès, de ses ayants droit au titre de la solidarité nationale, lorsqu'ils sont directement imputables à des actes de prévention, de diagnostic ou de soins et qu'ils ont eu pour le patient des conséquences anormales au regard de son état de santé comme de l'évolution prévisible de celui-ci et présentent un caractère de gravité, fixé par décret, apprécié au regard de la perte de capacités fonctionnelles et des conséquences sur la vie privée et professionnelle mesurées en tenant notamment compte du taux d'atteinte permanente à l'intégrité physique ou psychique, de la durée de l'arrêt temporaire des activités professionnelles ou de celle du déficit fonctionnel temporaire ou de la durée de l'incapacité temporaire de travail.

Ouvre droit à réparation des préjudices au titre de la solidarité nationale un taux d'atteinte permanente à l'intégrité physique ou psychique supérieur à un pourcentage d'un barème spécifique fixé par décret ; ce pourcentage, au plus égal à 25 %, est déterminé par ledit décret.

Art. L. 1142-1-1 *(L. n° 2002-1577, 30 déc. 2002 ; mod., L. n° 2009-526, 12 mai 2009)*. – Sans préjudice des dispositions du septième alinéa de l'article L. 1142-17, ouvrent droit à réparation au titre de la solidarité nationale :

1° Les dommages résultant d'infections nosocomiales dans les établissements, services ou organismes mentionnés au premier alinéa du I de l'article L. 1142-1 correspondant à un taux d'atteinte permanente à l'intégrité physique ou psychique supérieur à 25 % déterminé par référence au barème mentionné au II du même article, ainsi que les décès provoqués par ces infections nosocomiales ;

2° Les dommages résultant de l'intervention, en cas de circonstances exceptionnelles, d'un professionnel, d'un établissement, service ou organisme en dehors du champ de son activité de prévention, de diagnostic ou de soins.

Art. L. 1142-2 *(L. n° 2002-303, 4 mars 2002 ; mod., L. n° 2009-879, 21 juill. 2009 ; mod., L. n° 2011-1977, 28 déc. 2011)*. – Les professionnels de santé exerçant à titre libéral, les établissements de santé, services de santé et organismes mentionnés à l'article L. 1142-1, et toute autre personne morale, autre que l'État, exerçant des activités de prévention, de diagnostic ou de soins ainsi que les producteurs, exploitants et fournisseurs de produits de santé, à l'état de produits finis, mentionnés à l'article L. 5311-1 à l'exclusion du 5°, sous réserve des dispositions de l'article L. 1222-9, et des 11°, 14° et 15°, utilisés à l'occasion de ces activités, sont tenus de souscrire une assurance destinée à les garantir pour leur responsabilité civile ou administrative susceptible d'être engagée en raison de dommages subis par des tiers et résultant d'atteintes à la personne, survenant dans le cadre dans le cadre de l'ensemble de cette activité.

Les professionnels de santé exerçant à titre libéral sont également tenus au paiement de la contribution mentionnée à l'article L. 426-1 du Code des assurances.

Une dérogation à l'obligation d'assurance prévue au premier alinéa peut être accordée par arrêté du ministre chargé de la santé aux établissements publics de santé disposant des ressources financières leur permettant d'indemniser les dommages dans des conditions équivalentes à celles qui résulteraient d'un contrat d'assurance.

Les contrats d'assurance souscrits en application du premier alinéa peuvent prévoir des plafonds de garantie. Les conditions dans lesquelles le montant de la garantie peut être plafonné pour les professionnels de santé exerçant à titre libéral, notamment le montant minimal de ce plafond, sont fixées par décret en Conseil d'État.

L'assurance des professionnels de santé, des établissements, services et organismes mentionnés au premier alinéa couvre leurs salariés agissant dans la limite de la mission qui leur est impartie, même si ceux-ci disposent d'une indépendance dans l'exercice de l'art médical.

Le crédit-bailleur de produits de santé ou le loueur assimilable au crédit-bailleur ne sont pas tenus à l'obligation d'assurance prévue au premier alinéa.

En cas de manquement à l'obligation d'assurance prévue au présent article, l'instance disciplinaire compétente peut prononcer des sanctions disciplinaires.

Art. L. 1142-3 *(L. n° 2002-303, 4 mars 2002 ; rempl., L. n° 2004-806, 9 août 2004)*. – Les dispositions de la présente section ne sont pas applicables au promoteur de recherche impliquant la personne humaine, dont la responsabilité peut être engagée conformément au premier alinéa de l'article L. 1121-10 et qui est soumis à l'obligation d'assurance prévue au troisième alinéa du même article.

Les personnes qui subissent des dommages dans le cadre de la recherche impliquant la personne humaine peuvent faire valoir leurs droits en application des deux premiers alinéas de l'article L. 1121-10 auprès des commissions régionales mentionnées aux sections 2, 3 et 4 du présent chapitre. Lorsque la responsabilité du promoteur n'est pas engagée, les victimes peuvent être indemnisées par l'office institué à l'article L. 1142-22, conformément aux dispositions du II de l'article L. 1142-1. Toutefois l'indemnisation n'est pas dans ce cas subordonnée au caractère de gravité prévu par ces dispositions.

Art. L. 1142-3-1 *(L. n° 2014-1554, 22 déc. 2014 ; mod., L. n° 2016-41, 26 janv. 2016).* – I. - Le dispositif de réparation des préjudices subis par les patients au titre de la solidarité nationale mentionné au II de l'article L. 1142-1 et aux articles L. 1142-1-1 et L. 1142-15 n'est pas applicable aux demandes d'indemnisation de dommages imputables à des actes dépourvus de finalité contraceptive, abortive, préventive, diagnostique, thérapeutique ou reconstructrice, y compris dans leur phase préparatoire ou de suivi.

II. - Toutefois, le recours aux commissions mentionnées à l'article L. 1142-5 exerçant dans le cadre de leur mission de conciliation reste ouvert aux patients ayant subi des dommages résultant des actes mentionnés au I du présent article.

Section II. – Procédure de règlement amiable en cas d'accidents médicaux, d'affections iatrogènes ou d'infections nosocomiales

Art. L. 1142-4 *(L. n° 2002-303, 4 mars 2002 ; mod., L. n° 2009-526, 12 mai 2009).* – Dans chaque région, une ou plusieurs commissions de conciliation et d'indemnisation sont chargées de faciliter le règlement amiable des litiges relatifs aux accidents médicaux, aux affections iatrogènes et aux infections nosocomiales, ainsi que des autres litiges entre usagers et professionnels de santé, établissements de santé, services de santé ou organismes ou producteurs de produits de santé mentionnés aux articles L. 1142-1 et L. 1142-2.

Cette information lui est délivrée au plus tard dans les quinze jours suivant la découverte du dommage ou sa demande expresse, lors d'un entretien au cours duquel la personne peut se faire assister par un médecin ou une autre personne de son choix.

Art. L. 1142-5 *(L. n° 2002-303, 4 mars 2002 ; mod., L. n° 2009-526, 12 mai 2009).* – Dans chaque région, une ou plusieurs commissions de conciliation et d'indemnisation sont chargées de faciliter le règlement amiable des litiges relatifs aux accidents médicaux, aux affections iatrogènes et aux infections nosocomiales, ainsi que des autres litiges entre usagers et professionnels de santé, établissements de santé, services de santé ou organismes ou producteurs de produits de santé mentionnés aux articles L. 1142-1 et L. 1142-2.

Toutefois, un arrêté du ministre chargé de la santé et du ministre chargé de la sécurité sociale peut instituer une commission interrégionale de conciliation et d'indemnisation des accidents médicaux, des affections iatrogènes et des infections nosocomiales compétente pour deux ou plusieurs régions.

La commission siège en formation de règlement amiable des accidents médicaux, des affections iatrogènes et des infections nosocomiales et en formation de conciliation.

Dans le cadre de sa mission de conciliation, la commission peut déléguer tout ou partie de ses compétences à l'un de ses membres ou à un ou plusieurs médiateurs extérieurs à la commission qui, dans la limite des compétences dévolues, disposent des mêmes prérogatives et sont soumis aux mêmes obligations que les membres de la commission.

Art. L. 1142-6 *(L. n° 2002-303, 4 mars 2002).* – Les commissions régionales de conciliation et d'indemnisation des accidents médicaux, des affections iatrogènes et des infections nosocomiales sont présidées par un magistrat de l'ordre administratif ou un magistrat de l'ordre judiciaire, en activité ou honoraire. Elles comprennent notamment des représentants des personnes malades et des usagers du système de santé, des professionnels de santé et des responsables d'établissements et services de santé, ainsi que des membres représentant l'office institué à l'article L. 1142-22 et les entreprises d'assurance.

La composition des commissions régionales et leurs règles de fonctionnement, propres à garantir leur indépendance et leur impartialité, ainsi que la procédure suivie devant ces commissions sont déterminées par décret en Conseil d'État.

Les frais de fonctionnement des commissions sont assurés par l'office institué à l'article L. 1142-22. Celui-ci leur apporte également un soutien technique et administratif, notamment en mettant à leur disposition le personnel nécessaire.

Les membres des commissions et les personnes qui ont à connaître des documents et informations détenus par celles-ci sont tenus au secret professionnel, dans les conditions et sous les peines prévues aux articles 226-13 et 226-14 du Code pénal.

Art. L. 1142-7 *(L. n° 2002-303, 4 mars 2002)*. – La commission régionale peut être saisie par toute personne s'estimant victime d'un dommage imputable à une activité de prévention, de diagnostic ou de soins, ou, le cas échéant, par son représentant légal. Elle peut également être saisie par les ayants droit d'une personne décédée à la suite d'un acte de prévention, de diagnostic ou de soins.

La personne indique sa qualité d'assuré social ainsi que les organismes de sécurité sociale auxquels elle est affiliée pour les divers risques. Elle indique également à la commission les prestations reçues ou à recevoir des autres tiers payeurs du chef du dommage qu'elle a subi.

La personne informe la commission régionale des procédures juridictionnelles relatives aux mêmes faits éventuellement en cours. Si une action en justice est intentée, la personne informe le juge de la saisine de la commission.

La saisine de la commission suspend les délais de prescription et de recours contentieux jusqu'au terme de la procédure prévue par le présent chapitre.

Art. L. 1142-8 *(L. n° 2002-303, 4 mars 2002 ; mod. à compter de la date prévue au II de l'article 29 de l'Ordonnance n° 2010-177 du 23 février 2010, Ord. n° 2010-177, 23 févr. 2010)*. – Lorsque les dommages subis présentent le caractère de gravité prévu au II de l'article L. 1142-1, la commission émet un avis sur les circonstances, les causes, la nature et l'étendue des dommages, ainsi que sur le régime d'indemnisation applicable.

L'avis de la commission régionale est émis dans un délai de six mois à compter de sa saisine. Il est transmis à la personne qui l'a saisie, à toutes les personnes intéressées par le litige et à l'office institué à l'article L. 1142-22.

Cet avis ne peut être contesté qu'à l'occasion de l'action en indemnisation introduite devant la juridiction compétente par la victime, ou des actions subrogatoires prévues aux articles L. 1142-14, L. 1142-15 et L. 1142-17.

La commission saisit l'autorité compétente si elle constate des manquements susceptibles de donner lieu à des poursuites disciplinaires.

Lorsque les dommages résultent d'une infection nosocomiale présentant le caractère de gravité prévu à l'article L. 1142-1-1, la commission signale sans délai cette infection nosocomiale au directeur général de l'agence régionale de santé ainsi qu'à l'office institué à l'article L. 1142-22.

> **Rédaction antérieure.** Lorsque les dommages résultent d'une infection nosocomiale présentant le caractère de gravité prévu à l'article L. 1142-1-1, la commission signale sans délai cette infection nosocomiale à l'autorité compétente mentionnée à l'article L. 6115-3 ainsi qu'à l'office institué à l'article L. 1142-22.

Section III. – Procédure d'expertise en matière d'accidents médicaux

Art. L. 1142-9 *(L. n° 2002-303, 4 mars 2002)*. – Avant d'émettre l'avis prévu à l'article L. 1142-8, la commission régionale diligente une expertise dans les conditions prévues à l'article L. 1142-12.

La commission régionale peut obtenir communication de tout document, y compris d'ordre médical. Elle peut demander au président du tribunal de grande instance ou à son délégué d'autoriser un ou plusieurs des experts mentionnés à l'article L. 1142-12 à procéder à une autopsie ayant pour but de rechercher les causes du décès.

Chaque partie concernée reçoit copie des demandes de documents formulées par la commission régionale et de tous les documents communiqués à cette dernière.

Le rapport d'expertise est joint à l'avis transmis dans les conditions prévues à l'article L. 1142-8.

Art. L. 1142-10 *(L. n° 2002-303, 4 mars 2002 ; mod., L. n° 2009-526, 12 mai 2009)*. – Une Commission nationale des accidents médicaux, placée auprès des ministres chargés de la justice et de la santé, composée de professionnels de santé, de représentants d'usagers et de personnes qualifiées et dont le président est désigné par le ministre de la Justice et le ministre chargé de la santé, prononce l'inscription des experts sur une liste nationale des experts en accidents médicaux après avoir procédé à une évaluation de leurs connaissances. Elle contribue à la formation de ces experts en matière de responsabilité médicale, dans des conditions définies par décret.

La Commission nationale des accidents médicaux est également chargée d'établir des recommandations sur la conduite des expertises, de veiller à une application homogène du présent chapitre par les commissions régionales instituées à l'article L. 1142-5 et d'évaluer l'ensemble du dispositif dans le cadre d'un rapport remis chaque année avant le 15 octobre au Gouvernement et au Parlement. Pour l'exercice de ces missions, la commission accède, à sa demande, aux informations couvertes par le secret médical dans des conditions déterminées par décret en Conseil d'État permettant de préserver la confidentialité de ces données à l'égard des tiers.

La composition et les règles de fonctionnement de la Commission nationale des accidents médicaux sont fixées par décret en Conseil d'État.

Art. L. 1142-11 *(L. n° 2002-303, 4 mars 2002 ; mod., L. n° 2004-806, 9 août 2004 ; Ord. n° 2016-967, 15 juill. 2016).* – I. - Les experts peuvent demander à être inscrits sur la liste nationale des experts en accidents médicaux s'ils justifient d'une qualification comportant une évaluation des connaissances et des pratiques professionnelles.

Cette inscription vaut pour cinq ans et peut être renouvelée. Le renouvellement est subordonné à une nouvelle évaluation des connaissances et des pratiques professionnelles.

Il peut toutefois être préalablement procédé à une inscription probatoire pour une durée limitée.

La liste nationale actualisée est adressée chaque année, d'une part, au Conseil d'État, aux cours administratives d'appel et aux tribunaux administratifs, d'autre part, à la Cour de cassation, aux cours d'appel et aux tribunaux de grande instance. Elle est tenue à la disposition du public dans les secrétariats-greffes des juridictions.

Les personnes inscrites sur la liste nationale des experts en accidents médicaux ne peuvent faire état de leur qualité que sous la dénomination d'expert agréé par la Commission nationale des accidents médicaux, et pendant le temps où elles figurent sur la liste.

Les experts inscrits sur la liste nationale des experts en accidents médicaux sont soumis, dans le cadre de leur mission, aux mêmes obligations d'indépendance et d'impartialité que les experts inscrits sur une des listes instituées par l'article 2 de la loi n° 71-498 du 29 juin 1971 relative aux experts judiciaires.

La Commission nationale des accidents médicaux peut, de sa propre initiative, sur demande ou après avis d'une commission régionale de conciliation et d'indemnisation, radier de la liste un expert en cas de manquement caractérisé à ses obligations, de faits contraires à l'honneur ou à la probité, ou s'il n'est plus en mesure d'exercer normalement ses activités. Cette radiation ne peut être prononcée qu'après que l'intéressé, qui peut se faire assister par un avocat, a été appelé à formuler ses observations. La radiation d'un expert d'une des listes instituées par l'article 2 de la loi n° 71-498 du 29 juin 1971 précitée entraîne de plein droit sa radiation de la liste nationale des experts en accidents médicaux. Un expert peut également être radié à sa demande.

Un décret en Conseil d'État fixe les modalités d'application du présent article, notamment les cas dans lesquels les experts sont soumis à une inscription probatoire.

Art. L. 1142-12 *(L. n° 2002-303, 4 mars 2002 ; mod., L. n° 2004-806, 9 août 2004).* – La commission régionale désigne aux fins d'expertise un collège d'experts choisis sur la liste nationale des experts en accidents médicaux, en s'assurant que ces experts remplissent toutes les conditions propres à garantir leur indépendance vis-à-vis des parties en présence. Elle peut toutefois, lorsqu'elle l'estime suffisant, désigner un seul expert choisi sur la même liste.

À défaut d'expert inscrit sur la liste des experts en accidents médicaux compétent dans le domaine correspondant à la nature du préjudice, elle peut nommer en qualité de membre du collège d'experts un expert figurant sur une des listes instituées par l'article 2 de la loi n° 71-498 du 29 juin 1971 précitée ou, à titre exceptionnel, un expert choisi en dehors de ces listes.

La commission régionale fixe la mission du collège d'experts ou de l'expert, s'assure de leur acceptation et détermine le délai dans lequel le rapport doit être déposé. Lorsque l'expertise est collégiale, le rapport est établi conjointement par les membres du collège d'experts.

Elle informe sans délai l'Office national d'indemnisation institué à l'article L. 1142-22 de cette mission.

Dans le cadre de sa mission, le collège d'experts ou l'expert peut effectuer toute investigation et demander aux parties et aux tiers la communication de tout document sans que puisse lui être opposé le secret médical ou professionnel, s'agissant de professionnels de santé ou de personnels d'établissements, de services de santé ou d'autres organismes visés à l'article L. 1142-1. Les experts qui ont à connaître ces documents sont tenus au secret professionnel, dans les conditions et sous les peines prévues aux articles 226-13 et 226-14 du Code pénal.

En cas de carence des parties dans la transmission des documents demandés, la commission régionale peut autoriser le collège d'experts ou l'expert à déposer son rapport en l'état. La commission peut tirer toute conséquence du défaut de communication des documents.

Le collège d'experts ou l'expert s'assure du caractère contradictoire des opérations d'expertise, qui se déroulent en présence des parties ou celles-ci dûment appelées. Ces dernières peuvent se faire assister d'une ou des personnes de leur choix. Le collège d'experts ou l'expert prend en considération les observations des parties et joint, sur leur demande, à son rapport tous documents y afférents. Il peut prendre l'initiative de recueillir l'avis d'un autre professionnel.

L'Office national d'indemnisation prend en charge le coût des missions d'expertise, sous réserve du remboursement prévu aux articles L. 1142-14 et L. 1142-15.

Art. L. 1142-13 *(L. n° 2002-303, 4 mars 2002).* – Pour leur application à la collectivité territoriale de Saint-Pierre-et-Miquelon, les compétences dévolues par l'article L. 1142-5 à la Commission régionale de conciliation et d'indemnisation des accidents médicaux, des affections iatrogènes et des infections nosocomiales sont exercées par la Commission régionale de Basse-Normandie.

Section IV. – Indemnisation des victimes

Art. L. 1142-14 *(L. n° 2002-303, 4 mars 2002 ; mod., L. fin. n° 2011-1977, 28 déc. 2011).* – Lorsque la commission régionale de conciliation et d'indemnisation des accidents médicaux, des affections iatrogènes et des infections nosocomiales estime qu'un dommage relevant du premier alinéa de l'article L. 1142-8 engage la responsabilité d'un professionnel de santé, d'un établissement de santé, d'un service de santé ou d'un organisme mentionné à l'article L. 1142-1 ou d'un producteur d'un produit de santé mentionné à l'article L. 1142-2, l'assureur qui garantit la responsabilité civile ou administrative de la personne considérée comme responsable par la commission adresse à la victime ou à ses ayants droit, dans un délai de quatre mois suivant la réception de l'avis, une offre d'indemnisation visant à la réparation intégrale des préjudices subis dans la limite des plafonds de garantie des contrats d'assurance.

Cette offre indique l'évaluation retenue, le cas échéant à titre provisionnel, pour chaque chef de préjudice ainsi que le montant des indemnités qui reviennent à la victime, ou à ses ayants droit, déduction faite des prestations énumérées à l'article 29 de la loi n° 85-677 du 5 juillet 1985 tendant à l'amélioration de la situation des victimes d'accidents de la circulation et à l'accélération des procédures d'indemnisation, et plus généralement des indemnités de toute nature reçues ou à recevoir d'autres débiteurs du chef du même préjudice. Les prestations et indemnités qui font l'objet d'une déduction du montant de l'offre sont remboursées directement par l'assureur du responsable du dommage aux débiteurs concernés.

Lorsque l'offre prévoit le versement d'une rente à la victime, cette rente est revalorisée dans les conditions prévues à l'article L. 351-11 du Code de la sécurité sociale.

L'offre a un caractère provisionnel si l'assureur n'a pas été informé de la consolidation de l'état de la victime. L'offre définitive doit être faite dans un délai de deux mois à compter de la date à laquelle l'assureur a été informé de cette consolidation.

L'assureur qui fait une offre à la victime est tenu de rembourser à l'office les frais d'expertise que celui-ci a supportés.

L'acceptation de l'offre de l'assureur vaut transaction au sens de l'article 2044 du Code civil.

Le paiement doit intervenir dans un délai d'un mois à compter de la réception par l'assureur de l'acceptation de son offre par la victime, que cette offre ait un caractère provisionnel ou définitif. Dans le cas contraire, les sommes non versées produisent de plein droit intérêt au double du taux légal à compter de l'expiration de ce délai et jusqu'au jour du paiement effectif ou, le cas échéant, du jugement devenu définitif.

Si l'assureur qui a transigé avec la victime estime que le dommage n'engage pas la responsabilité de la personne qu'il assure, il dispose d'une action subrogatoire soit contre le tiers responsable, soit contre l'Office national d'indemnisation si les dispositions du II de l'article L. 1142-1 trouvent à s'appliquer.

Si le juge compétent, saisi par la victime qui refuse l'offre de l'assureur, estime que cette offre était manifestement insuffisante, il condamne l'assureur à verser à l'office une somme au plus égale à 15 % de l'indemnité qu'il alloue, sans préjudice des dommages et intérêts dus de ce fait à la victime.

Dans le cas où les plafonds de garantie des contrats d'assurance de la personne considérée comme responsable par la commission seraient atteints, l'assureur avise sans délai cette personne ainsi que l'office institué à l'article L. 1142-22.

Dans le cas où les plafonds de garantie des contrats d'assurance de la personne considérée comme responsable par la commission seraient atteints, l'assureur avise sans délai cette personne, l'office institué à l'article L. 1142-22 du présent code et, si la personne considérée comme responsable est un professionnel de santé exerçant à titre libéral, le fonds institué à l'article L. 426-1 du Code des assurances.

Pour l'application du présent article, l'État, au titre des activités de prévention, de diagnostic ou de soins qu'il exerce, est soumis aux obligations incombant à l'assureur.

Art. L. 1142-15 *(L. n° 2002-303, 4 mars 2002 ; mod., L. fin. n° 2011-1977, 28 déc. 2011).* – En cas de silence ou de refus explicite de la part de l'assureur de faire une offre, ou lorsque le responsable des dommages n'est pas assuré ou la couverture d'assurance prévue à l'article L. 1142-2 est épuisée ou expirée, l'office institué à l'article L. 1142-22 est substitué à l'assureur.

Dans ce cas, les dispositions de l'article L. 1142-14, relatives notamment à l'offre d'indemnisation et au paiement des indemnités, s'appliquent à l'office, selon des modalités déterminées par décret en Conseil d'État.

L'acceptation de l'offre de l'office vaut transaction au sens de l'article 2044 du Code civil. La transaction est portée à la connaissance du responsable et, le cas échéant, de son assureur ou du fonds institué à l'article L. 426-1 du Code des assurances.

[L]'office est subrogé, à concurrence des sommes versées, dans les droits de la victime contre la personne responsable du dommage ou, le cas échéant, son assureur ou le fonds institué à l'article L. 426-1 du même code. Il peut en outre obtenir remboursement des frais d'expertise.

En cas de silence ou de refus explicite de la part de l'assureur de faire une offre, ou lorsque le responsable des dommages n'est pas assuré, le juge, saisi dans le cadre de la subrogation, condamne, le cas échéant, l'assureur ou le responsable à verser à l'office une somme au plus égale à 15 % de l'indemnité qu'il alloue.

Lorsque l'office transige avec la victime, ou ses ayants droit, en application du présent article, cette transaction est opposable à l'assureur ou, le cas échéant, au fonds institué au même article L. 426-1 du Code des assurances ou au responsable des dommages sauf le droit pour ceux-ci de contester devant le juge le principe de la responsabilité ou le montant des sommes réclamées. Quelle que soit la décision du juge, le montant des indemnités allouées à la victime lui reste acquis.

Art. L. 1142-16 *(L. n° 2002-303, 4 mars 2002 ; mod., L. fin. n° 2011-1977, 28 déc. 2011).* – Lorsque la victime n'a pas informé la commission régionale des prestations reçues ou à recevoir des tiers payeurs autres que les caisses de sécurité sociale, les tiers payeurs ont un recours contre la victime, à concurrence de l'indemnité qu'elle a perçue de l'assureur, du fonds institué à l'article L. 426-1 du Code des assurances ou de l'office qui est substitué à celui-ci, au titre du même chef de préjudice et dans les limites prévues à l'article 31 de la loi n° 85-677 du 5 juill. 1985 précitée. Ils doivent agir dans un délai de deux ans à compter de la demande de versement des prestations.

Art. L. 1142-17 *(L. n° 2002-303, 4 mars 2002 ; L. n° 2002-1577, 30 déc. 2002)* (1). – Lorsque la commission régionale estime que le dommage est indemnisable au titre du II de l'article L. 1142-1 ou au titre de l'article L. 1142-1-1, l'office adresse à la victime ou à ses ayants droit, dans un délai de quatre mois suivant la réception de l'avis, une offre d'indemnisation visant à la réparation intégrale des préjudices subis.

Cette offre indique l'évaluation retenue, le cas échéant à titre provisionnel, pour chaque chef de préjudice ainsi que le montant des indemnités qui reviennent à la victime, ou à ses ayants droit, déduction faite des prestations énumérées à l'article 29 de la loi n° 85-677 du 5 juillet 1985 précitée, et plus généralement des indemnités de toute nature reçues ou à recevoir d'autres débiteurs du chef du même préjudice.

Lorsque l'offre prévoit le versement d'une rente à la victime, cette rente est revalorisée dans les conditions prévues à l'article L. 351-11 du Code de la sécurité sociale.

(1) V. CE avis, 22 janv. 2010, n° 332716, M. Coppola : *JurisData* n° 2010-000284. – NDLR.

L'offre a un caractère provisionnel si l'office n'a pas été informé de la consolidation de l'état de la victime. L'offre définitive doit être faite dans un délai de deux mois à compter de la date à laquelle l'office a été informé de cette consolidation.

L'acceptation de l'offre de l'office vaut transaction au sens de l'article 2044 du Code civil.

Le paiement doit intervenir dans un délai d'un mois à compter de la réception par l'office de l'acceptation de son offre par la victime, que cette offre ait un caractère provisionnel ou définitif.

Si l'office qui a transigé avec la victime estime que la responsabilité d'un professionnel, établissement, service, organisme ou producteur de produits de santé mentionnés au premier alinéa de l'article L. 1142-14 est engagée, il dispose d'une action subrogatoire contre celui-ci.

Cette action subrogatoire ne peut être exercée par l'office lorsque les dommages sont indemnisés au titre de l'article L. 1142-1-1, sauf en cas de faute établie de l'assuré à l'origine du dommage, notamment le manquement caractérisé aux obligations posées par la réglementation en matière de lutte contre les infections nosocomiales.

Art. L. 1142-17-1 *(L. n° 2002-1577, 30 déc. 2002 ; mod., L. n° 2009-526, 12 mai 2009).* – Lorsque la commission régionale estime que l'aggravation de dommages résultant d'une infection nosocomiale entraîne pour la victime un taux d'atteinte permanente à l'intégrité physique ou psychique supérieure au pourcentage mentionné au 1° de l'article L. 1142-1-1 ou son décès, l'office adresse à la victime ou à ses ayants droit une offre d'indemnisation dans les conditions prévues à l'article L. 1142-17 et rembourse à l'assureur les indemnités initialement versées à la victime.

Art. L. 1142-18 *(L. n° 2002-303, 4 mars 2002).* – Lorsque la commission estime qu'un accident médical n'est que pour partie la conséquence d'actes de prévention, de diagnostic ou de soins engageant la responsabilité d'un professionnel ou d'un établissement de santé, elle détermine la part de préjudice imputable à la responsabilité et celle relevant d'une indemnisation au titre de l'office.

Art. L. 1142-19 *(L. n° 2002-303, 4 mars 2002).* – La victime informe l'office des procédures juridictionnelles relatives aux mêmes faits éventuellement en cours. Si une action en justice est intentée, la victime informe le juge de la saisine de l'office.

Art. L. 1142-20 *(L. n° 2002-303, 4 mars 2002).* – La victime, ou ses ayants droit, dispose du droit d'action en justice contre l'office si aucune offre ne lui a été présentée ou si elle n'a pas accepté l'offre qui lui a été faite.

L'action en indemnisation est intentée devant la juridiction compétente selon la nature du fait générateur du dommage.

Art. L. 1142-21 *(L. n° 2002-303, 4 mars 2002 ; mod. à compter de la date prévue au II de l'article 29 de l'Ordonnance n° 2010-177 du 23 février 2010, Ord. n° 2010-177, 23 févr. 2010 ; mod., L. fin. n° 2011-1977, 28 déc. 2011).* – I. – Lorsque la juridiction compétente, saisie d'une demande d'indemnisation des conséquences dommageables d'actes de prévention, de diagnostic ou de soins dans un établissement de santé, estime que les dommages subis sont indemnisables au titre du II de l'article L. 1142-1 ou au titre de l'article L. 1142-1-1, l'office est appelé en la cause s'il ne l'avait pas été initialement. Il devient défendeur en la procédure.

Lorsqu'il résulte de la décision du juge que l'office indemnise la victime ou ses ayants droit au titre de l'article L. 1142-1-1, celui-ci ne peut exercer une action récursoire contre le professionnel, l'établissement de santé, le service ou l'organisme concerné ou son assureur, sauf en cas de faute établie à l'origine du dommage, notamment le manquement caractérisé aux obligations posées par la réglementation en matière de lutte contre les infections nosocomiales. L'office signale sans délai l'infection nosocomiale au directeur général de l'agence régionale de santé.

II. – Lorsque la juridiction compétente, saisie d'une demande d'indemnisation des conséquences dommageables de l'aggravation d'une infection nosocomiale, estime que les dommages subis sont indemnisables au titre du 1° de l'article L. 1142-1-1, l'office est appelé en la cause et rembourse à l'assureur, le cas échéant, les indemnités initialement versées à la victime.

III. – Lorsque la juridiction compétente, saisie d'une demande d'indemnisation des conséquences dommageables d'actes de prévention, de diagnostic ou de soins dans un établissement de santé, estime que les dommages sont imputables à un professionnel de santé libéral au titre du I de l'article L. 1142-1 du présent code et que l'indemnisation dépasse les plafonds de garantie des contrats d'assurance de ce professionnel ou que le délai de validité de la couverture du contrat d'assurance mentionné au cinquième alinéa de l'article L. 251-2 du Code des assurances est expiré, le fonds institué à l'article L. 426-1 du même code est appelé en la cause s'il ne l'avait pas été initialement. Il devient défendeur en la procédure.

Art. L. 1142-21-1 *(Abr., L. fin. n° 2011-1977, 28 déc. 2011).*

Art. L. 1142-22 *(Mod. à compter de la date prévue au II de l'article 150 de la loi n° 2016-1917 du 29 décembre 2016 de finances pour 2017 et au plus tard le 1er juillet 2017, L. fin. n° 2016-1917, 29 déc. 2016 ; mod., Ord. n° 2018-20, 17 janv. 2018).* – L'Office national d'indemnisation des accidents médicaux, des affections iatrogènes et des infections nosocomiales est un établissement public à caractère administratif de l'État, placé sous la tutelle du ministre chargé de la santé. Il est chargé de l'indemnisation au titre de la solidarité nationale, dans les conditions définies au II de l'article L. 1142-1, à l'article L. 1142-1-1 et à l'article L. 1142-17, des dommages occasionnés par la survenue d'un accident médical, d'une affection iatrogène ou d'une infection nosocomiale ainsi que des indemnisations qui lui incombent, le cas échéant, en application des articles L. 1142-15, L. 1142-18, L. 1142-24-7 et L. 1142-24-16.

L'office est également chargé de la réparation des dommages directement imputables à une vaccination obligatoire en application de l'article L. 3111-9, de l'indemnisation des victimes de préjudices résultant de la contamination par le virus d'immunodéficience humaine en application de l'article L. 3122-1, de l'indemnisation des victimes de préjudices résultant de la contamination par le virus de l'hépatite B ou C ou le virus T-lymphotropique humain causée par une transfusion de produits sanguins ou une injection de médicaments dérivés du sang en application de l'article L. 1221-14 et de la réparation des dommages imputables directement à une activité de prévention, de diagnostic ou de soins réalisée en application de mesures prises conformément aux articles L. 3131-1, L. 3134-1 et L. 3135-1.

L'office est en outre chargé, dans les conditions définies aux sections 4 *bis* et 4 *ter* du présent chapitre, de faciliter et, s'il y a lieu, de procéder au règlement amiable des litiges relatifs aux dommages causés par le benfluorex et par la prescription de valproate de sodium ou de l'un de ses dérivés pendant une grossesse.

Les obligations de l'association France-Hypophyse nées de son rôle dans l'organisation du traitement des patients par l'hormone de croissance extractive entre 1973 et 1988 sont transférées à l'Office national d'indemnisation des accidents médicaux, des affections iatrogènes et des infections nosocomiales.

L'office est administré par un conseil d'administration dont la composition est fixée par un décret en Conseil d'État. Il comprend, outre son président, pour moitié des représentants de l'État et pour moitié des personnalités qualifiées ainsi que des représentants d'associations d'usagers du système de santé agréées au titre de l'article L. 1114-1, des professionnels et établissements de santé, des organismes d'assurance maladie et du personnel de l'office.

Le président du conseil d'administration et le directeur de l'office sont nommés par décret.

Les agents de l'office sont régis par les dispositions des articles L. 5323-1 à L. 5323-4.

Les membres du conseil d'administration, le personnel de l'office ainsi que les personnes ayant à connaître des informations détenues par celui-ci sont tenus au secret professionnel, dans les conditions et sous les peines prévues aux articles 226-13 et 226-14 du Code pénal. (1)

Art. L. 1142-22-1 *(L. 2002-1577, 30 déc. 2002 ; rempl., L. 2003-1199, 18 déc. 2003).* – L'office adresse au Gouvernement, au Parlement et à la Commission nationale des accidents médicaux un rapport d'activité semestriel. Ce rapport comporte notamment une partie spécifique sur les infections nosocomiales dont l'office a eu connaissance en application des articles L. 1142-8 et L. 1142-21. Il est rendu public.

Art. L. 1142-23 *(Mod., L. n° 2012-1404, 17 déc. 2012 ; à compter de la date prévue au II de l'article 150 de la loi n° 2016-1917 du 29 décembre 2016 de finances pour 2017 et au plus tard le 1er juillet 2017, L. fin. n° 2016-1917, 29 déc. 2016 ; mod., Ord. n° 2018-20, 17 janv. 2018).* – L'office est soumis à un régime administratif, budgétaire, financier et comptable défini par décret.

(1) À la date d'entrée en vigueur du décret en Conseil d'État pris en application de la loi n° 2004-806 du 9 août 2004, l'Office national d'indemnisation des accidents médicaux, des affections iatrogènes et des infections nosocomiales mentionné à l'article L. 1142-22 du Code de la santé publique est substitué au fonds d'indemnisation prévu à l'article L. 3122-1 du même code dans l'ensemble de ses droits et obligations. Ce transfert est effectué à titre gratuit et ne donne lieu ni à imposition ni à rémunération, L. n° 2004-806, 9 août 2004, art. 132. – NDLR.

Les charges de l'office sont constituées par :

1° Le versement d'indemnités aux victimes d'accidents médicaux, d'affections iatrogènes et d'infections nosocomiales en application des dispositions du présent chapitre ;

2° Le versement d'indemnités en réparation des dommages directement imputables à une vaccination obligatoire en application de l'article L. 3111-9 ;

3° Le versement d'indemnités aux victimes de préjudices résultant de la contamination par le virus d'immunodéficience humaine en application de l'article L. 3122-1 ;

3° *bis* Le versement d'indemnités en application de l'article L. 1221-14 ;

3° *ter* Le versement d'indemnités en application des articles L. 1142-24-7, L. 1142-24-16 et L. 1142-24-17 ;

4° Le versement des indemnités prévues à l'article L. 3131-4 aux victimes de dommages imputables directement à une activité de prévention, de diagnostic ou de soins réalisée en application de mesures prises conformément aux articles L. 3131-1 et L. 3134-1 ;

4° *bis* Le versement des indemnités prévues à l'article L. 3135-3 aux victimes de dommages imputables directement à une activité de prévention, de diagnostic ou de soins réalisée en application des dispositions de l'article L. 3135-1 ;

5° Les frais de gestion administrative de l'office et des commissions régionales et interrégionales ;

6° Les frais résultant des expertises diligentées par les commissions régionales et interrégionales ainsi que des expertises prévues pour l'application des articles L. 1142-24-4, L. 1142-24-11, L. 1221-14, L. 3131-4, L. 3111-9 , L. 3122-2 et L. 3135-1.

Les recettes de l'office sont constituées par :

1° Une dotation des régimes obligatoires d'assurance maladie versée et répartie dans des conditions fixées par décret ;

2° Le produit des remboursements des frais d'expertise prévus aux articles L. 1142-24-4, L. 1142-24-11, L. 1221-14, L. 1142-14 et L. 1142-15 ;

3° Le produit des pénalités prévues aux articles L. 1142-14, L. 1142-15, L. 1142-24-6 , L. 1142-24-7, L. 1142-24-16 et L. 1142-24-17 ;

4° Le produit des recours subrogatoires mentionnés aux articles L. 1221-14, L. 1142-15, L. 1142-17, L. 1142-24-7, L. 1142-24-16, L. 1142-24-17, L. 3131-4, L. 3111-9 et L. 3122-4 ;

5° Une dotation versée par l'État en application de l'article L. 3111-9 ;

6° Une dotation versée par l'État en application des articles L. 3131-4 et L. 3135-1 ;

7° Une dotation versée par l'État en application des sections 4 *bis* et 4 *ter* du présent chapitre.

Art. L. 1142-24 *(L. n° 2002-303, 4 mars 2002)*. – Les indemnisations accordées en application du présent chapitre ne peuvent se cumuler avec celles accordées, le cas échéant, en application des articles L. 3122-1 à L. 3122-6, pour les mêmes préjudices.

....

Section V. – Dispositions pénales

Art. L. 1142-25 *(L. n° 2002-303, 4 mars 2002 ; mod. à compter de la date prévue au II de l'article 29 de l'Ordonnance n° 2010-177 du 23 février 2010, Ord. n° 2010-177, 23 févr. 2010)*. – Le manquement à l'obligation d'assurance prévue à l'article L. 1142-2 est puni de 45 000 € d'amende.

Les personnes physiques coupables de l'infraction mentionnée au présent article encourent également la peine complémentaire d'interdiction, selon les modalités prévues par l'article 131-27 du Code pénal, d'exercer l'activité professionnelle ou sociale dans l'exercice de laquelle ou à l'occasion de l'exercice de laquelle l'infraction a été commise. Cette interdiction est portée à la connaissance du directeur général de l'agence régionale de santé qui en informe les organismes d'assurance maladie.

Rédaction antérieure. Les personnes physiques coupables de l'infraction mentionnée au présent article encourent également la peine complémentaire d'interdiction, selon les modalités prévues par l'article 131-27 du Code pénal, d'exercer l'activité professionnelle ou sociale dans l'exercice de laquelle ou à l'occasion de l'exercice de laquelle l'infraction a été commise. Cette interdiction est portée à la connaissance du représentant de l'État dans la région qui en informe les organismes d'assurance maladie.

Art. L. 1142-26 *(L. n° 2002-303, 4 mars 2002 ; rempl., L. n° 2009-526, 12 mai 2009 ; mod. à compter de la date prévue au II de l'article 29 de l'Ordonnance n° 2010-177 du 23 février 2010, Ord. n° 2010-177, 23 févr. 2010).* **– Les personnes morales déclarées responsables pénalement, dans les conditions prévues par l'article 121-2 du Code pénal, de l'infraction définie à l'article L. 1142-25 encourent, outre l'amende suivant les modalités prévues par l'article 131-38 du Code pénal, la peine prévue par le 2° de l'article 131-39 du même code. L'interdiction prononcée à ce titre porte sur l'activité dans l'exercice ou à l'occasion de laquelle l'infraction a été commise. Cette interdiction est portée à la connaissance du directeur général de l'agence régionale de santé, qui en informe les organismes d'assurance maladie.**

> **Rédaction antérieure.** Art. L. 1142-26 *(L. n° 2002-303, 4 mars 2002 ; rempl., L. n° 2009-526, 12 mai 2009).* – Les personnes morales déclarées responsables pénalement, dans les conditions prévues par l'article 121-2 du Code pénal, de l'infraction définie à l'article L. 1142-25 encourent, outre l'amende suivant les modalités prévues par l'article 131-38 du Code pénal, la peine prévue par le 2° de l'article 131-39 du même code. L'interdiction prononcée à ce titre porte sur l'activité dans l'exercice ou à l'occasion de laquelle l'infraction a été commise. Cette interdiction est portée à la connaissance du représentant de l'État dans la région, qui en informe les organismes d'assurance maladie.

Art. L. 1142-27 *(L. n° 2002-303, 4 mars 2002).* **– Le fait, pour une personne qui n'est pas inscrite sur la liste des experts en accidents médicaux prévue aux articles L. 1142-10 et L. 1142-11, de faire usage de la dénomination mentionnée à l'avant-dernier alinéa de l'article L. 1142-11, ou d'une dénomination présentant une ressemblance de nature à causer dans l'esprit du public une méprise avec cette même dénomination, est puni des peines prévues à l'article 433-17 du Code pénal.**

Section VI. – Prescription en matière de responsabilité médicale

Art. L. 1142-28 *(Rempl., L. n° 2016-41, 26 janv. 2016 ; à compter de la date prévue au II de l'article 150 de la loi n° 2016-1917 du 29 décembre 2016 de finances pour 2017 et au plus tard le 1er juillet 2017, L. fin. n° 2016-1917, 29 déc. 2016).* **– Les actions tendant à mettre en cause la responsabilité des professionnels de santé ou des établissements de santé publics ou privés à l'occasion d'actes de prévention, de diagnostic ou de soins et les demandes d'indemnisation formées devant l'Office national d'indemnisation des accidents médicaux, des affections iatrogènes et des infections nosocomiales en application du II de l'article L. 1142-1 et des articles L. 1142-24-9, L. 1221-14, L. 3111-9, L. 3122-1 et L. 3131-4 se prescrivent par dix ans à compter de la consolidation du dommage.**

Le titre XX du livre III du Code civil est applicable, à l'exclusion de son chapitre II.

Section VII. – Observatoire des risques médicaux et risques liés aux soins

(Intitulé rempl., Ord. n° 2016-967, 15 juill. 2016)

Art. L. 1142-29 *(L. n° 2004-810, 13 août 2004 ; rempl., L. n° 2007-127, 30 janv. 2007).* **– Il est créé un observatoire des risques médicaux rattaché à l'Office national d'indemnisation des accidents médicaux, des affections iatrogènes et des infections nosocomiales dont l'objet est d'analyser les données relatives aux accidents médicaux, affections iatrogènes et infections nosocomiales, à leur indemnisation et à l'ensemble des conséquences, notamment financières, qui en découlent.**

Ces données sont notamment communiquées par les assureurs des professionnels et organismes de santé mentionnés à l'article L. 1142-2, par les établissements chargés de leur propre assurance, par les commissions régionales prévues à l'article L. 1142-5, par l'Office national d'indemnisation des accidents médicaux et par l'Autorité de contrôle prudentiel en application de l'article L. 4135-2.

Les modalités d'application du présent article, notamment celles relatives à la transmission de ces données et aux obligations de l'observatoire en termes de recueil et d'analyse, sont fixées par décret.

Art. L. 1142-30 *(Ord. n° 2016-967, 15 juill. 2016).* **– En vue d'étudier dans le cadre de leurs missions les risques liés aux soins, les autorités, établissements et organismes figurant sur une liste fixée par décret ont accès, à leur demande, aux dossiers des expertises médicales diligentées par les commissions de conciliation et d'indemnisation ou par l'Office national d'indemnisation des accidents médicaux, des affections iatrogènes et des infections nosocomiales.**

Les conditions d'utilisation des données issues de ces dossiers garantissant la préservation de la confidentialité de ces données à l'égard des tiers sont déterminées par décret en Conseil d'État.

CHAPITRE III. – ACTION DE GROUPE

(Chapitre créé à compter de la date prévue au II de l'article 184 de la loi n° 2016-41 du 26 janvier 2016 et au plus tard le 1er juillet 2016, L. n° 2016-41, 26 janv. 2016)

Section 1. – Principes, champ d'application et qualité pour agir

(Intitulé rempl., L. n° 2016-1547, 18 nov. 2016)

Art. L. 1143-1 *(L. n° 2016-1547, 18 nov. 2016).* – **Sous réserve du présent chapitre, le chapitre Ier du titre V de la loi n° 2016-1547 du 18 novembre 2016 de modernisation de la justice du XXIe siècle et le chapitre X du titre VII du livre VII du Code de justice administrative s'appliquent à l'action ouverte sur le fondement du présent chapitre.**

Art. L. 1143-2 *(Anc. art. L. 1143-1 créé à compter de la date prévue au II de l'article 184 de la loi n° 2016-41 du 26 janvier 2016 et au plus tard le 1er juillet 2016, L. n° 2016-41, 26 janv. 2016 ; dénum. et mod., L. n° 2016-1547, 18 nov. 2016).* – **Une association d'usagers du système de santé agréée en application de l'article L. 1114-1 peut agir en justice afin d'obtenir la réparation des préjudices individuels subis par des usagers du système de santé placés dans une situation similaire ou identique et ayant pour cause commune un manquement d'un producteur ou d'un fournisseur de l'un des produits mentionnés au II de l'article L. 5311-1 ou d'un prestataire utilisant l'un de ces produits à leurs obligations légales ou contractuelles.**

L'action n'est pas ouverte aux associations ayant pour activité annexe la commercialisation de l'un des produits mentionnés au même II.

L'action ne peut porter que sur la réparation des préjudices résultant de dommages corporels subis par des usagers du système de santé.

L'engagement de l'action n'est soumis ni à l'article 64 de la loi n° 2016-1547 du 18 novembre 2016 de modernisation de la justice du XXIe siècle ni à l'article L. 77-10-5 du Code de justice administrative.

Section 2. – Jugement sur la responsabilité

Art. L. 1143-3 *(Anc. art. L. 1143-2 créé à compter de la date prévue au II de l'article 184 de la loi n° 2016-41 du 26 janvier 2016 et au plus tard le 1er juillet 2016, L. n° 2016-41, 26 janv. 2016 ; dénum. et mod., L. n° 2016-1547, 18 nov. 2016).* – **Dans la même décision, le juge constate que les conditions mentionnées à l'article L. 1143-2 sont réunies et statue sur la responsabilité du défendeur au vu des cas individuels présentés par l'association requérante. Il définit le groupe des usagers du système de santé à l'égard desquels la responsabilité du défendeur est engagée et fixe les critères de rattachement au groupe.**

Le juge détermine les dommages corporels susceptibles d'être réparés pour les usagers constituant le groupe qu'il définit.

Le juge saisi de la demande peut ordonner toute mesure d'instruction, y compris une expertise médicale.

Art. L. 1143-3 ancien *(Abr., L. n° 2016-1547, 18 nov. 2016).*

Art. L. 1143-4 *(Créé à compter de la date prévue au II de l'article 184 de la loi n° 2016-41 du 26 janvier 2016 et au plus tard le 1er juillet 2016, L. n° 2016-41, 26 janv. 2016 ; mod., L. n° 2016-1547, 18 nov. 2016).* – **Dans la décision mentionnée au premier alinéa de l'article L. 1143-3, le juge fixe le délai dont disposent les usagers du système de santé remplissant les critères de rattachement et souhaitant se prévaloir du jugement prévu à l'article L. 1143-3 pour adhérer au groupe afin d'obtenir la réparation de leurs préjudices. Ce délai, qui ne peut être inférieur à six mois ni supérieur à cinq ans, commence à courir à compter de l'achèvement des mesures de publicité ordonnées.**

Au choix de l'usager, la demande de réparation est adressée à la personne reconnue responsable soit directement par lui, soit par l'association requérante, qui reçoit ainsi mandat aux fins d'indemnisation.

L'usager donnant mandat à l'association lui indique, le cas échéant, sa qualité d'assuré social ainsi que les organismes de sécurité sociale auxquels il est affilié pour les divers risques. Il lui indique également les prestations reçues ou à recevoir de ces organismes et des autres tiers payeurs du chef du dommage qu'il a subi, afin que ceux-ci puissent faire valoir leurs créances contre le responsable. L'association informe du mandat reçu les organismes de sécurité sociale et les tiers payeurs concernés.

Art. L. 1143-5 *(Créé à compter de la date prévue au II de l'article 184 de la loi n° 2016-41 du 26 janvier 2016 et au plus tard le 1er juillet 2016, L. n° 2016-41, 26 janv. 2016 ; mod., L. n° 2016-1547, 18 nov. 2016).* – Lorsqu'il statue sur la responsabilité, le juge peut condamner le défendeur au paiement d'une provision à valoir sur les frais non compris dans les dépens exposés par l'association, y compris ceux afférents à la mise en œuvre de l'article L. 1143-12.

Il peut ordonner, lorsqu'il la juge nécessaire et compatible avec la nature de l'affaire, la consignation à la Caisse des dépôts et consignations d'une partie des sommes dues par le défendeur.

Section 3. – Médiation

Art. L. 1143-6 *(Créé à compter de la date prévue au II de l'article 184 de la loi n° 2016-41 du 26 janvier 2016 et au plus tard le 1er juillet 2016, L. n° 2016-41, 26 janv. 2016 ; mod., L. n° 2016-1547, 18 nov. 2016).* – Le juge saisi de l'action mentionnée à l'article L. 1143-2 peut, avec l'accord des parties, donner mission à un médiateur, dans les conditions fixées à la section 1 du chapitre Ier du titre II de la loi n° 95-125 du 8 février 1995 relative à l'organisation des juridictions et à la procédure civile, pénale et administrative, de proposer aux parties une convention réglant les conditions de l'indemnisation amiable des dommages qui font l'objet de l'action.

Le juge fixe la durée de la mission du médiateur dans la limite de trois mois. Il peut la prolonger une fois, dans la même limite, à la demande du médiateur.

Art. L. 1143-7 *(Créé à compter de la date prévue au II de l'article 184 de la loi n° 2016-41 du 26 janvier 2016 et au plus tard le 1er juillet 2016, L. n° 2016-41, 26 janv. 2016).* – Le médiateur est choisi par le juge sur une liste établie par arrêté du ministre chargé de la santé. Le juge peut décider que le médiateur est assisté d'une commission de médiation composée, sous la présidence du médiateur, dans des conditions déterminées par le décret prévu à l'article L. 1144-1.

Le médiateur et les membres de la commission sont tenus au secret professionnel concernant les documents et informations reçus et les discussions tenues dans le cadre des travaux de la commission, dans les conditions et sous les peines prévues aux articles 226-13 et 226-14 du Code pénal.

Art. L. 1143-8 *(Créé à compter de la date prévue au II de l'article 184 de la loi n° 2016-41 du 26 janvier 2016 et au plus tard le 1er juillet 2016, L. n° 2016-41, 26 janv. 2016).* – Qu'elle comporte ou non la détermination des responsabilités, la convention d'indemnisation amiable fixe les conditions dans lesquelles les personnes mises en cause assurent aux personnes ayant subi un dommage corporel en raison d'un ou de plusieurs faits qu'elle identifie la réparation de leur préjudice.

Elle précise notamment :

1° Si les éléments à la disposition des parties et la nature des préjudices le permettent, le type de dommages corporels susceptibles de résulter du ou des faits mentionnés au premier alinéa ;

2° Les modalités d'expertise individuelle contradictoire ;

3° Les conditions dans lesquelles la charge des expertises mentionnées au 2° est supportée par les personnes mises en cause ;

4° Les conditions dans lesquelles les offres transactionnelles individuelles sont présentées aux personnes intéressées ainsi qu'aux tiers payeurs ayant supporté des frais du fait des dommages subis par ces personnes ;

5° Le délai dans lequel doivent intervenir les demandes de réparation pour bénéficier des conditions qu'elle prévoit ;

6° Les modalités de suivi du dispositif ;

7° Les mesures de publicité mises en œuvre par les personnes mises en cause pour informer les usagers du système de santé concernés de l'existence de la convention, de la possibilité de demander réparation aux conditions qu'elle fixe ainsi que du délai et des modalités applicables.

Art. L. 1143-9 *(Créé à compter de la date prévue au II de l'article 184 de la loi n° 2016-41 du 26 janvier 2016 et au plus tard le 1er juillet 2016, L. n° 2016-41, 26 janv. 2016 ; mod., L. n° 2016-1547, 18 nov. 2016).* – La convention d'indemnisation amiable est proposée aux parties par le médiateur.

Elle doit être acceptée par l'association requérante et l'une au moins des personnes mises en cause dans l'action engagée en application de l'article L. 1143-2 et être homologuée par le juge saisi de cette action.

Art. L. 1143-10 *(Créé à compter de la date prévue au II de l'article 184 de la loi n° 2016-41 du 26 janvier 2016 et au plus tard le 1er juillet 2016, L. n° 2016-41, 26 janv. 2016).* – L'homologation met fin à l'action entre les parties signataires de la convention.

Les décisions prises par le juge en application des articles L. 1143-6 et L. 1143-7 ne sont pas susceptibles de recours.

Section 4. – Mise en œuvre du jugement et réparation individuelle des préjudices

Art. L. 1143-11 *(Créé à compter de la date prévue au II de l'article 184 de la loi n° 2016-41 du 26 janvier 2016 et au plus tard le 1er juillet 2016, L. n° 2016-41, 26 janv. 2016 ; rempl., L. n° 2016-1547, 18 nov. 2016).* – La mise en œuvre du jugement mentionné à l'article L. 1143-2 et la réparation des préjudices s'exercent dans le cadre de la procédure individuelle prévue aux articles 69 à 71 de la loi n° 2016-1547 du 18 novembre 2016 de modernisation de la justice du XXIe siècle et aux articles L. 77-10-10 à L. 77-10-12 du Code de justice administrative.

Art. L. 1143-12 *(Anc. art. L. 1143-14 créé à compter de la date prévue au II de l'article 184 de la loi n° 2016-41 du 26 janvier 2016 et au plus tard le 1er juillet 2016, L. n° 2016-41, 26 janv. 2016 ; dénum., L. n° 2016-1547, 18 nov. 2016).* – L'association peut s'adjoindre, avec l'autorisation du juge, toute personne appartenant à une profession judiciaire réglementée, dont la liste est fixée par décret en Conseil d'État, pour l'assister.

Art. L. 1143-12 ancien *(Abr., L. n° 2016-1547, 18 nov. 2016).*

Art. L. 1143-13 *(Anc. art. L. 1143-15 créé à compter de la date prévue au II de l'article 184 de la loi n° 2016-41 du 26 janvier 2016 et au plus tard le 1er juillet 2016, L. n° 2016-41, 26 janv. 2016 ; dénum., L. n° 2016-1547, 18 nov. 2016).* – Le règlement amiable qui intervient entre le responsable et le demandeur ou ses ayants droit, y compris en application de la convention mentionnée à l'article L. 1143-9 du présent code, et le jugement statuant sur les droits à indemnisation du demandeur ou de ses ayants droit sont soumis, selon le cas, au chapitre VI du titre VII du livre III du Code de la sécurité sociale, au chapitre IV du titre V du livre IV du même code, à l'article L. 752-23 du Code rural et de la pêche maritime, à l'ordonnance n° 59-76 du 7 janvier 1959 relative aux actions en réparation civile de l'État et de certaines autres personnes publiques ou au chapitre II et à l'article 44 de la loi n° 85-677 du 5 juillet 1985 tendant à l'amélioration de la situation des victimes d'accidents de la circulation et à l'accélération des procédures d'indemnisation.

Art. L. 1143-13 ancien *(Abr., L. n° 2016-1547, 18 nov. 2016).*

Section 5. – Dispositions diverses

(Abr., L. n° 2016-1547, 18 nov. 2016)

Art. L. 1143-16 à L. 1143-21 *(Abr., L. n° 2016-1547, 18 nov. 2016).*

Section 6. – Dispositions relatives à l'outre-mer

(Abr., L. n° 2016-1547, 18 nov. 2016)

Art. L. 1143-22 *(Abr., L. n° 2016-1547, 18 nov. 2016).*

CHAPITRE IV. – DISPOSITIONS COMMUNES

(Anc. chapitre III dénum. à compter de la date prévue au II de l'article 184 de la loi n° 2016-41 du 26 janvier 2016 et au plus tard le 1er juillet 2016, L. n° 2016-41, 26 janv. 2016)

Art. L. 1144-1 *(Anc. art. L. 1143-1 créé, L. n° 2002-303, 4 mars 2002 ; dénum. à compter de la date prévue au II de l'article 184 de la loi n° 2016-41 du 26 janvier 2016 et au plus tard le 1er juillet 2016, L. n° 2016-41, 26 janv. 2016).* – Les modalités d'application du présent titre sont déterminées, sauf dispositions contraires, par décret en Conseil d'État.

TITRE V. – PRÉVENTION DES RISQUES LIÉS À CERTAINES ACTIVITÉS DIAGNOSTIQUES, THÉRAPEUTIQUES OU ESTHÉTIQUES

(Anc. titre IV, dénum., L. n° 2002-303, 4 mars 2002 ; intitulé mod., L. n° 2009-879, 21 juill. 2009)

CHAPITRE I. – MESURES DE PROTECTION

(Anc. chap. unique créé, L. n° 2002-73, 17 janv. 2002 ; devenu le présent chap. et intitulé créé, L. n° 2009-879, 21 juill. 2009)

Art. L. 1151-1 *(Anc. art. L. 1141-1, dénum., L. n° 2002-303, 4 mars 2002 ; mod., L. n° 2009-879, 21 juill. 2009 ; L. n° 2018-1203, 22 déc. 2018).* – La pratique des actes, procédés, techniques et méthodes à visée diagnostique ou thérapeutique, ainsi que la prescription de certains dispositifs médicaux et l'utilisation de médicaments nécessitant un encadrement spécifique pour des raisons de santé publique ou susceptibles d'entraîner des dépenses injustifiées peuvent être soumises à des règles relatives :

– à la formation et la qualification des professionnels pouvant les prescrire ou les mettre en œuvre conformément au Code de déontologie médicale ;

– aux conditions techniques de leur réalisation.

Elles peuvent également être soumises à des règles de bonne pratique.

Ces règles sont fixées par arrêté conjoint des ministres chargés de la santé et de la sécurité sociale, après avis de la Haute Autorité de santé.

L'utilisation de ces dispositifs médicaux, de ces médicaments et la pratique de ces actes, procédés, techniques et méthodes à visée diagnostique ou thérapeutique peuvent être limitées pendant une période donnée à certains établissements de santé. Les ministres chargés de la santé et de la sécurité sociale arrêtent, après avis de la Haute Autorité de santé, la liste de ces établissements ou précisent les critères au vu desquels les agences régionales de santé fixent cette liste.

Les dispositions du présent article s'entendent sans préjudice des dispositions relatives aux recherches impliquant la personne humaine définies au titre II du présent livre et de celles relatives aux autorisations, aux conditions d'implantation de certaines activités de soins et aux conditions techniques de fonctionnement définies aux chapitres II, III et IV du titre II du livre Ier de la sixième partie.

Art. L. 1151-2 *(L. n° 2009-879, 21 juill. 2009).* – La pratique des actes, procédés, techniques et méthodes à visée esthétique autres que ceux relevant de l'article L. 6322-1 peut, si elle présente des risques sérieux pour la santé des personnes, être soumise à des règles, définies par décret, relatives à la formation et la qualification des professionnels pouvant les mettre en œuvre, à la déclaration des activités exercées et à des conditions techniques de réalisation.

Elle peut également être soumise à des règles de bonnes pratiques de sécurité fixées par arrêté du ministre chargé de la santé.

Art. L. 1151-3 *(L. n° 2009-879, 21 juill. 2009).* – Les actes à visée esthétique dont la mise en œuvre présente un danger grave ou une suspicion de danger grave pour la santé humaine peuvent être interdits par décret après avis de la Haute Autorité de santé. Toute décision de levée de l'interdiction est prise en la même forme.

CHAPITRE II. – SANCTIONS ADMINISTRATIVES

(L. n° 2009-879, 21 juill. 2009)

Art. L. 1152-1 *(L. n° 2009-879, 21 juill. 2009 ; mod. à compter de la date prévue au II de l'article 29 de l'Ordonnance n° 2010-177 du 23 février 2010, Ord. n° 2010-177, 23 févr. 2010).* – En cas d'exercice d'une activité à visée esthétique en méconnaissance des dispositions de l'article L. 1151-2, le directeur général de l'agence régionale de santé peut suspendre le droit d'exercer l'activité concernée pour une durée maximale de six mois.

Si, au terme de la durée de suspension, l'intéressé ne s'est pas mis en conformité avec les règles applicables, l'autorité administrative prononce l'interdiction d'exercer l'activité concernée pour une durée maximale de cinq ans. L'activité ne peut être reprise à la fin de la période d'interdiction que si l'intéressé justifie s'être mis en conformité avec les règles en vigueur.

Art. L. 1152-2 *(L. n° 2009-879, 21 juill. 2009 ; mod. à compter de la date prévue au II de l'article 29 de l'Ordonnance n° 2010-177 du 23 février 2010, Ord. n° 2010-177, 23 févr. 2010).* – Le directeur général de l'agence régionale de santé peut prononcer une sanction financière à l'encontre du professionnel ayant exercé une activité à visée esthétique en méconnaissance des dispositions des articles L. 1151-2 ou L. 1151-3 et, le cas échéant, de la personne morale qui a admis la pratique d'une telle activité dans un organisme ou un établissement dont elle est responsable. Le montant maximum de la sanction est fixé à 37 500 € pour les personnes physiques et à 150 000 € pour les personnes morales.

TITRE VI. – ÉDUCATION THÉRAPEUTIQUE DU PATIENT

(L. n° 2009-879, 21 juill. 2009)

CHAPITRE I. – DISPOSITIONS GÉNÉRALES

Art. L. 1161-1 *(L. n° 2009-879, 21 juill. 2009).* – L'éducation thérapeutique s'inscrit dans le parcours de soins du patient. Elle a pour objectif de rendre le patient plus autonome en facilitant son adhésion aux traitements prescrits et en améliorant sa qualité de vie. Elle n'est pas opposable au malade et ne peut conditionner le taux de remboursement de ses actes et des médicaments afférents à sa maladie.

Les compétences nécessaires pour dispenser l'éducation thérapeutique du patient sont déterminées par décret.

Dans le cadre des programmes ou actions définis aux articles L. 1161-2 et L. 1161-3, tout contact direct entre un malade et son entourage et une entreprise se livrant à l'exploitation d'un médicament ou une personne responsable de la mise sur le marché d'un dispositif médical ou d'un dispositif médical de diagnostic *in vitro* est interdit.

Art. L. 1161-2 *(L. n° 2009-879, 21 juill. 2009).* – Les programmes d'éducation thérapeutique du patient sont conformes à un cahier des charges national dont les modalités d'élaboration et le contenu sont définis par arrêté du ministre chargé de la santé. Ces programmes sont mis en œuvre au niveau local, après autorisation des agences régionales de santé. Ils sont proposés au malade par le médecin prescripteur et donnent lieu à l'élaboration d'un programme personnalisé.

Ces programmes sont évalués par la Haute Autorité de santé.

Art. L. 1161-3 *(L. n° 2009-879, 21 juill. 2009).* – Les actions d'accompagnement font partie de l'éducation thérapeutique. Elles ont pour objet d'apporter une assistance et un soutien aux malades, ou à leur entourage, dans la prise en charge de la maladie. Elles sont conformes à un cahier des charges national dont les modalités d'élaboration et le contenu sont définis par arrêté du ministre chargé de la santé.

Art. L. 1161-4 *(L. n° 2009-879, 21 juill. 2009).* – Les programmes ou actions définis aux articles L. 1161-2 et L. 1161-3 ne peuvent être ni élaborés ni mis en œuvre par des entreprises se livrant à l'exploitation d'un médicament, des personnes responsables de la mise sur le marché d'un dispositif médical ou d'un dispositif médical de diagnostic *in vitro* ou des entreprises proposant des prestations en lien avec la santé. Toutefois, ces entreprises et ces personnes peuvent prendre part aux actions ou programmes mentionnés aux articles L. 1161-2 et L. 1161-3, notamment pour leur financement, dès lors que des professionnels de santé et des associations mentionnées à l'article L. 1114-1 élaborent et mettent en œuvre ces programmes ou actions.

Art. L. 1161-5 *(L. n° 2009-879, 21 juill. 2009).* – Les programmes d'apprentissage ont pour objet l'appropriation par les patients des gestes techniques permettant l'utilisation d'un médicament le nécessitant.

Ils sont mis en œuvre par des professionnels de santé intervenant pour le compte d'un opérateur pouvant être financé par l'entreprise se livrant à l'exploitation du médicament.

Il ne peut y avoir de contact direct entre l'entreprise et le patient ou, le cas échéant, ses proches ou ses représentants légaux.

Le programme d'apprentissage est proposé par le médecin prescripteur à son patient ; il ne peut donner lieu à des avantages financiers ou en nature.

La mise en œuvre du programme d'apprentissage est subordonnée au consentement écrit du patient ou de ses représentants légaux.

Il peut être mis fin à cette participation, à tout moment et sans condition, à l'initiative du patient ou du médecin prescripteur.

Ces programmes d'apprentissage ainsi que les documents et autres supports relatifs à ces programmes sont soumis à une autorisation délivrée par *(Mots rempl. à compter de la date prévue au III de l'article 41 de la loi n° 2011-2012 du 29 décembre 2011, L. n° 2011-2012, 29 déc. 2011)* « l'Agence nationale de sécurité du médicament et des produits de santé », après avis des associations mentionnées à l'article L. 1114-1 et pour une durée limitée.

Si les programmes d'apprentissage ou les supports relatifs à ces programmes ne respectent pas les dispositions de l'autorisation délivrée en application du présent article, l'agence retire l'autorisation et, le cas échéant, ordonne l'arrêt immédiat des actions mises en place et le retrait des documents diffusés.

Art. L. 1161-6 *(L. n° 2009-879, 21 juill. 2009).* – Sauf disposition contraire, les modalités d'application du présent chapitre sont définies par décret en Conseil d'État.

CHAPITRE II. – DISPOSITIONS PÉNALES

Art. L. 1162-1 *(L. n° 2009-879, 21 juill. 2009).* – Est puni de 30 000 € d'amende le fait de mettre en œuvre un programme sans une autorisation prévue aux articles L. 1161-2 et L. 1161-5.

TITRE VII. – PRÉVENTION DES FACTEURS DE RISQUE POUR LA SANTÉ

CHAPITRE Ier

(Anc. chap. unique devenu le chapitre Ier, L. n° 2016-41, 26 janv. 2016)

Art. L. 1171-1 *(L. n° 2009-879, 21 juill. 2009).* – Une fondation contribue à la mobilisation des moyens nécessaires pour soutenir des actions individuelles ou collectives destinées à développer des comportements favorables à la santé. Ces actions contribuent notamment à la promotion d'une alimentation équilibrée et de l'activité physique et sportive ainsi qu'à la lutte contre les addictions.

Art. L. 1171-2 *(L. n° 2016-41, 26 janv. 2016).* – Les accidents de la vie courante se définissent comme l'ensemble des traumatismes non intentionnels, à l'exception des accidents de circulation et des accidents du travail.

CHAPITRE II. – Prescription d'activité physique

(L. n° 2016-41, 26 janv. 2016)

Art. L. 1172-1 *(L. n° 2016-41, 26 janv. 2016).* – Dans le cadre du parcours de soins des patients atteints d'une affection de longue durée, le médecin traitant peut prescrire une activité physique adaptée à la pathologie, aux capacités physiques et au risque médical du patient.

Les activités physiques adaptées sont dispensées dans des conditions prévues par décret.

TITRE VIII. – RÉDUCTION DES RISQUES RELATIFS À LA PROSTITUTION

(L. n° 2016-444, 13 avr. 2016)

Art. L. 1181-1 *(L. n° 2016-444, 13 avr. 2016).* – La politique de réduction des risques en direction des personnes prostituées consiste à prévenir les infections sexuellement transmissibles ainsi que les autres risques sanitaires, les risques sociaux et psychologiques liés à la prostitution.

Les actions de réduction des risques sont conduites selon des orientations définies par un document national de référence approuvé par décret.

LIVRE DEUXIÈME. – DON ET UTILISATION DES ÉLÉMENTS ET PRODUITS DU CORPS HUMAIN

TITRE PREMIER. – PRINCIPES GÉNÉRAUX

CHAPITRE UNIQUE

Art. L. 1211-1 *(Mod., L. n° 2004-800, 6 août 2004)*. – La cession et l'utilisation des éléments et produits du corps humain sont régies par les dispositions du chapitre II du titre I du livre I du Code civil et par les dispositions du présent livre.

Les activités afférentes à ces éléments et produits, mentionnées au présent livre, y compris l'importation et l'exportation de ceux-ci, doivent poursuivre une fin médicale ou scientifique, ou être menées dans le cadre de procédures judiciaires conformément aux dispositions applicables à celles-ci.

Art. L. 1211-2 *(Mod., L. n° 2004-800, 6 août 2004)*. – Le prélèvement d'éléments du corps humain et la collecte de ses produits ne peuvent être pratiqués sans le consentement préalable du donneur. Ce consentement est révocable à tout moment.

L'utilisation d'éléments et de produits du corps humain à une fin médicale ou scientifique autre que celle pour laquelle ils ont été prélevés ou collectés est possible, sauf opposition exprimée par la personne sur laquelle a été opéré ce prélèvement ou cette collecte, dûment informée au préalable de cette autre fin. Lorsque cette personne est un mineur ou un majeur sous tutelle, l'opposition est exercée par les titulaires de l'autorité parentale ou le tuteur. Il peut être dérogé à l'obligation d'information lorsque celle-ci se heurte à l'impossibilité de retrouver la personne concernée, ou lorsqu'un des comités consultatifs de protection des personnes mentionnés à l'article L. 1123-1, consulté par le responsable de la recherche, n'estime pas cette information nécessaire. Toutefois, ces dérogations ne sont pas admises lorsque les éléments initialement prélevés consistent en des tissus ou cellules germinaux. Dans ce dernier cas, toute utilisation pour une fin autre que celle du prélèvement initial est interdite en cas de décès de l'intéressé.

Les autopsies sont dites médicales lorsqu'elles sont pratiquées, en dehors du cadre de mesures d'enquête ou d'instruction diligentées lors d'une procédure judiciaire, dans le but d'obtenir un diagnostic sur les causes du décès. Elles doivent être pratiquées conformément aux exigences de recherche du consentement ainsi qu'aux autres conditions prévues au chapitre II du titre III du présent livre. Toutefois, à titre exceptionnel, elles peuvent être réalisées malgré l'opposition de la personne décédée, en cas de nécessité impérieuse pour la santé publique et en l'absence d'autres procédés permettant d'obtenir une certitude diagnostique sur les causes de la mort. Un arrêté du ministre chargé de la santé précise les pathologies et les situations justifiant la réalisation des autopsies médicales dans ces conditions.

Art. L. 1211-3 *(L. n° 2004-800, 6 août 2004)*. – La publicité en faveur d'un don d'éléments ou de produits du corps humain au profit d'une personne déterminée ou au profit d'un établissement ou organisme déterminé est interdite. Cette interdiction ne fait pas obstacle à l'information du public en faveur du don d'éléments et produits du corps humain.

Cette information est réalisée sous la responsabilité du ministre chargé de la santé en collaboration avec le ministre chargé de l'éducation nationale.

Les médecins s'assurent que leurs patients âgés de seize à vingt-cinq ans sont informés des modalités de consentement au don d'organes à fins de greffe et à défaut, leur délivrent individuellement cette information dès que possible.

Art. L. 1211-4 *(L. n° 2004-800, 6 août 2004)*. – Aucun paiement, quelle qu'en soit la forme, ne peut être alloué à celui qui se prête au prélèvement d'éléments de son corps ou à la collecte de ses produits.

Les frais afférents au prélèvement ou à la collecte sont intégralement pris en charge par l'établissement de santé chargé d'effectuer le prélèvement ou la collecte.

Pour l'application des dispositions du chapitre II du titre IV du livre I de la première partie du présent code, le prélèvement d'organes, de tissus ou de cellules sur une personne vivante qui en fait le don dans l'intérêt thérapeutique d'un receveur est assimilé à un acte de soins.

Art. L. 1211-5. – Le donneur ne peut connaître l'identité du receveur, ni le receveur celle du donneur. Aucune information permettant d'identifier à la fois celui qui a fait don d'un élément ou d'un produit de son corps et celui qui l'a reçu ne peut être divulguée.

Il ne peut être dérogé à ce principe d'anonymat qu'en cas de nécessité thérapeutique.

Art. L. 1211-6 *(L. n° 2004-800, 6 août 2004).* – Les éléments et produits du corps humain ne peuvent être utilisés à des fins thérapeutiques si le risque mesurable en l'état des connaissances scientifiques et médicales couru par le receveur potentiel est supérieur à l'avantage escompté pour celui-ci.

Le prélèvement d'éléments et la collecte de produits du corps humain à des fins thérapeutiques, ainsi que les activités ayant les mêmes fins, mentionnées dans le présent livre et relatives à ces éléments et produits, sont soumis aux règles de sécurité sanitaire en vigueur, concernant notamment les tests de dépistage des maladies transmissibles.

Art. L. 1211-6-1 *(L. n° 2011-814, 7 juill. 2011 ; mod., L. n° 2016-41, 26 janv. 2016).* – Nul ne peut être exclu du don de sang en dehors de contre-indications médicales.

Nul ne peut être exclu du don de sang en raison de son orientation sexuelle.

Art. L. 1211-7 *(L. n° 2004-800, 6 août 2004 ; mod., L. n° 2016-41, 26 janv. 2016 ; à compter de la date d'entrée en vigueur du décret en Conseil d'État pris pour l'application de l'ordonnance n° 2017-51 du 19 janvier 2017, et au plus tard le 1er juillet 2017, Ord. n° 2017-51, 19 janv. 2017).* – Sont mis en œuvre des systèmes de vigilance portant sur les éléments et produits du corps humain, les produits, autres que les médicaments, qui en dérivent et les dispositifs médicaux les incorporant.

Art. L. 1211-7-1 *(Créé à compter de la date d'entrée en vigueur du décret en Conseil d'État pris pour l'application de l'ordonnance n° 2017-51 du 19 janvier 2017, et au plus tard le 1er juillet 2017, Ord. n° 2017-51, 19 janv. 2017).* – Les professionnels de santé, les établissements, personnes ou organismes figurant sur une liste fixée par décret en Conseil d'État signalent et déclarent les informations relevant de la biovigilance et du dispositif de vigilance relatif à l'assistance médicale à la procréation.

Art. L. 1211-8 *(Mod., L. n° 2004-800, 6 août 2004 ; rempl., Ord. n° 2007-613, 26 avr. 2007).* – Ne sont soumis aux dispositions du présent livre ni les produits du corps humain pour lesquels il est d'usage de ne pas appliquer l'ensemble des principes qu'énoncent les articles L. 1211-1 à L. 1211-7, ni les éléments et produits du corps humain prélevés et utilisés à des fins thérapeutiques autologues dans le cadre d'une seule et même intervention médicale, sans être conservés ou préparés à aucun moment au sein d'un organisme ou d'un établissement autorisé en application de l'article L. 1243-2.

Art. L. 1211-9 *(L. n° 2004-800, 6 août 2004).* – Sont déterminées par décret en Conseil d'État :

1° Les conditions dans lesquelles les médecins assurent l'information prévue à l'article L. 1211-3 ;

2° Les modalités de la prise en charge prévue à l'article L. 1211-4 ;

3° Les règles de sécurité sanitaire prévues à l'article L. 1211-6 ;

4° *(4° rempl. à compter de la date d'entrée en vigueur du décret en Conseil d'État pris pour l'application de l'ordonnance n° 2017-51 du 19 janvier 2017, et au plus tard le 1er juillet 2017, Ord. n° 2017-51, 19 janv. 2017)* Les conditions dans lesquelles sont mis en œuvre les dispositifs de vigilance mentionnés à l'article L. 1211-7-1 ;

5° La liste des produits du corps humain mentionnés à l'article L. 1211-8.

TITRE II. – SANG HUMAIN

CHAPITRE I. – COLLECTE, PRÉPARATION ET CONSERVATION DU SANG, DE SES COMPOSANTS ET DES PRODUITS SANGUINS LABILES

Art. L. 1221-1. – La transfusion sanguine s'effectue dans l'intérêt du receveur et relève des principes éthiques du bénévolat et de l'anonymat du don, et de l'absence de profit, dans les conditions définies par le présent livre.

Art. L. 1221-2 *(Mod., Ord. n° 2016-1406, 20 oct. 2016 ; Ord. n° 2018-20, 17 janv. 2018).* – La collecte du sang humain ou de ses composants en vue d'une utilisation thérapeutique ne peut être faite que par l'Établissement français du sang mentionné au chapitre II du présent titre et par le centre de transfusion sanguine des armées, agréés dans les conditions prévues au chapitre II du présent titre.

Art. L. 1221-3 *(Mod., Ord. n° 2016-1406, 20 oct. 2016).* – Le prélèvement ne peut être fait qu'avec le consentement du donneur par un médecin ou sous sa direction et sa responsabilité.

Par dérogation au premier alinéa, un décret en Conseil d'État prévoit les conditions dans lesquelles les étudiants en médecine ayant validé la deuxième année du deuxième cycle des études médicales peuvent effectuer un tel prélèvement.

Aucune rémunération ne peut être allouée au donneur, sans préjudice du remboursement des frais exposés, dans des conditions fixées par décret.

Art. L. 1221-4 *(L. n° 2004-800, 6 août 2004 ; mod., Ord. n° 2007-613, 26 avr. 2007).* – Le sang, ses composants et leurs dérivés ne peuvent pas être distribués, délivrés, utilisés sans qu'aient été faits des analyses biologiques et des tests de dépistage de maladies transmissibles.

Le sang, ses composants et leurs dérivés peuvent être distribués et utilisés à des fins de recherche, de contrôle des analyses de biologie médicale ou de contrôle des dispositifs médicaux de diagnostic *in vitro*, à l'exclusion de toute administration à l'homme, avant l'obtention des résultats des analyses biologiques et des tests de dépistage prévus au premier alinéa.

Les conditions d'application du présent article sont fixées par décret.

Art. L. 1221-5 *(L. n° 2004-800, 6 août 2004).* – Aucun prélèvement de sang ou de ses composants en vue d'une utilisation thérapeutique pour autrui ne peut avoir lieu sur une personne mineure ou sur une personne majeure faisant l'objet d'une mesure de protection légale.

Toutefois, s'agissant des mineurs, un prélèvement peut être effectué à titre exceptionnel, lorsque des motifs tirés de l'urgence thérapeutique l'exigent ou lorsqu'il n'a pu être trouvé de donneur majeur immunologiquement compatible.

Le prélèvement ne peut alors être opéré qu'à la condition que chacun des titulaires de l'autorité parentale y consente expressément par écrit.

Le refus de la personne mineure fait obstacle au prélèvement.

Art. L. 1221-6 *(Mod., Ord. n° 2016-1406, 20 oct. 2016 ; Ord. n° 2018-20, 17 janv. 2018).* – Les caractéristiques du sang ne peuvent être modifiées avant le prélèvement en vue d'une utilisation thérapeutique pour autrui que par un médecin et au sein de l'Établissement français du sang ou du centre de transfusion sanguine des armées.

Cette modification ne peut intervenir qu'avec le consentement écrit du donneur, ce dernier ayant été préalablement averti par écrit des risques qu'il encourt et des conséquences éventuelles du prélèvement.

Elle ne peut pas être réalisée sur les personnes mentionnées à l'article L. 1221-5.

Art. L. 1221-7. – Le receveur ne peut connaître l'identité du donneur, ni le donneur celle du receveur. Aucune information permettant d'identifier à la fois celui qui a fait don de son sang et celui qui l'a reçu ne peut être divulguée.

Il ne peut être dérogé à ce principe d'anonymat qu'en cas de nécessité thérapeutique.

Art. L. 1221-8 *(Mod., Ord. n° 2005-1087, 1er sept. 2005 ; L. n° 2014-1554, 22 déc. 2014 ; Ord. n° 2016-1406, 20 oct. 2016).* – Peuvent être préparés à partir du sang ou de ses composants :

1° *(1° mod. à compter de la date prévue au I de l'article 8 de l'ordonnance n° 2016-800 du 10 juin 2016, L. n° 2012-300, 5 mars 2012 ; mod., Ord. n° 2016-1406, 20 oct. 2016)* Des produits sanguins labiles, comprenant notamment le sang total, le plasma dans la production duquel n'intervient pas un processus industriel, quelle que soit sa finalité, et les cellules sanguines d'origine humaine. À l'exception des produits sanguins labiles destinés à des recherches impliquant la personne humaine, seuls peuvent être distribués ou délivrés à des fins thérapeutiques, les produits sanguins labiles dont la liste et les caractéristiques sont fixées par décision de l'Agence nationale de sécurité du médicament et des produits de santé, après avis du président de l'Établissement français du sang et du directeur du centre de transfusion sanguine des armées, et publiée au *Journal officiel* de la République française.

2° Des pâtes plasmatiques ;

2° *bis* Du plasma à finalité transfusionnelle dans la production duquel intervient un processus industriel, régi par le livre Ier de la cinquième partie ;

3° Des médicaments issus du fractionnement du plasma régis par le même livre Ier ;

4° Des dispositifs médicaux de diagnostic *in vitro* dont les conditions de mise sur le marché sont fixées par le titre II du livre II de la cinquième partie ;

5° Des produits cellulaires à finalité thérapeutique mentionnés à l'article L. 1243-1 ;

6° *(6° abr., L. n° 2016-41, 26 janv. 2016).* ;

7° Des excipients à usage pharmaceutique et des substances utilisées lors de la fabrication d'un médicament mais n'entrant pas dans sa composition.

Le sang et ses composants, qu'ils aient ou non été prélevés au sein de l'Établissement français du sang, peuvent également être utilisés pour effectuer les contrôles de qualité des analyses de biologie médicale ainsi que pour la réalisation et le contrôle des dispositifs médicaux de diagnostic *in vitro*, ou pour effectuer sur les produits préparés à partir du sang ou de ses composants les expertises et les contrôles techniques réalisés par l'Agence nationale de sécurité du médicament et des produits de santé en application du 1° de l'article L. 5311-2. Les principes mentionnés aux articles L. 1221-3, L. 1221-4 et L. 1221-6 sont également applicables dans ce cas.

Art. L. 1221-8-1 *(L. n° 2004-800, 6 août 2004 ; L. n° 2004-806, 9 août 2004 ; mod., L. n° 2006-450, 18 avr. 2006 ; L. n° 2011-803, 5 juill. 2011 ; mod., Ord. n° 2016-1406, 20 oct. 2016 ; mod. à compter de la date prévue au I de l'article 8 de l'ordonnance n° 2016-800 du 10 juin 2016, L. n° 2012-300, 5 mars 2012 ; mod., Ord. n° 2016-1406, 20 oct. 2016).* – Le sang et ses composants peuvent être utilisés dans le cadre d'une activité de recherche, qu'ils aient été ou non prélevés au sein de l'Établissement français du sang. Dans ce cas, la recherche est menée à partir de prélèvements réalisés soit dans une finalité médicale, soit dans le cadre d'une recherche impliquant la personne humaine. Dans tous les cas, les principes mentionnés aux articles L. 1221-3, L. 1221-4 et L. 1221-6 sont applicables, sans préjudice des dispositions du titre II du livre Ier de la présente partie relatives aux recherches impliquant la personne humaine.

Art. L. 1221-8-2 *(Ord. n° 2005-1087, 1er sept. 2005 ; mod., L. n° 2011-2012, 29 déc. 2011).* – Les produits sanguins labiles proposés en vue de leur inscription sur la liste mentionnée au 1° de l'article L. 1221-8 font l'objet d'une évaluation par l'Agence française de sécurité sanitaire des produits de santé, au vu d'un dossier dont le contenu est fixé par décision de l'Agence et qui peut être fourni par l'Établissement français du sang, le Centre de transfusion sanguine des armées, tout établissement de transfusion sanguine des États membres de l'Union européenne ou tout fabricant de dispositifs médicaux.

Les produits sanguins labiles proposés en vue de leur inscription sur la liste mentionnée au 1° de l'article L. 1221-8 font l'objet d'une évaluation par l'Agence nationale de sécurité du médicament et des produits de santé, au vu d'un dossier dont le contenu est fixé par décision de l'Agence et qui peut être fourni par l'Établissement français du sang, le Centre de transfusion sanguine des armées, tout établissement de transfusion sanguine des États membres de l'Union européenne ou tout fabricant de dispositifs médicaux.

L'Agence procède en tant que de besoin à la réévaluation des produits inscrits sur la liste. Elle peut demander à cet effet des informations à l'Établissement français du sang, au Centre de transfusion sanguine des armées, à tout établissement de transfusion sanguine des États membres de l'Union européenne ou aux fabricants de dispositifs médicaux concernés.

Art. L. 1221-9 *(Mod., L. n° 2016-41, 26 janv. 2016).* – Un arrêté des ministres chargés de la santé et de la sécurité sociale fixe les tarifs de cession des produits sanguins labiles, à l'exception des plasmas à finalité transfusionnelle relevant du 1° de l'article L. 1221-8.

Pour la Guadeloupe, la Guyane, la Martinique, Mayotte et La Réunion et pour Saint-Barthélemy et Saint-Martin, un arrêté des ministres chargés de l'outre-mer, de la santé et de la sécurité sociale peut déterminer des majorations aux tarifs fixés en application de l'alinéa précédent. Ces majorations prennent en compte les frais particuliers qui, dans chacun de ces départements, grèvent le coût des produits sanguins labiles par rapport à leur coût en métropole.

Art. L. 1221-10 *(Mod., Ord. n° 2016-1406, 20 oct. 2016 ; Ord. n° 2018-20, 17 janv. 2018)*. – I. Les produits sanguins labiles destinés à une utilisation thérapeutique directe sont conservés, en vue de leur distribution et de leur délivrance, à l'Établissement français du sang ainsi qu'au centre de transfusion sanguine des armées. Peuvent également conserver ces produits en vue de leur délivrance les établissements de santé et les hôpitaux des armées autorisés à cet effet par l'autorité administrative après avis de l'Établissement français du sang ou, le cas échéant, du centre de transfusion sanguine des armées, dans des conditions définies par décret et les groupements de coopération sanitaire mentionnés à l'article L. 6133-1 autorisés selon la même procédure et dans des conditions définies par décret. Les produits sanguins labiles restent sous la surveillance d'un médecin ou d'un pharmacien. Un décret précise la section de l'ordre national des pharmaciens dont ce pharmacien doit relever, à l'exception de ceux relevant des dispositions de l'article L. 4138-2 du Code de la défense.

La délivrance de produits sanguins labiles ne peut être faite que sur ordonnance médicale.

II *(II abr., L. n° 2016-41, 26 janv. 2016)*.

Art. L. 1221-10-1 *(Mod., Ord. n° 2018-20, 17 janv. 2018)*. – L'Agence nationale de sécurité du médicament et des produits de santé peut, après avis de l'Établissement français du sang et du centre de transfusion sanguine des armées, réglementer l'utilisation des produits sanguins labiles. L'Agence peut soumettre à des conditions particulières, restreindre, suspendre ou interdire leur utilisation dans l'intérêt de la santé publique.

Art. L. 1221-10-2 *(Mod., L. n° 2016-41, 26 janv. 2016 ; Ord. n° 2018-20, 17 janv. 2018)*. – Toute violation dans un établissement de santé ou dans un hôpital des armées et du fait de celui-ci des prescriptions législatives et réglementaires relatives à la conservation des produits sanguins labiles en vue de leur délivrance ainsi que des termes de l'autorisation mentionnée au premier alinéa de l'article L. 1221-10 entraîne la suspension ou le retrait par l'autorité administrative de cette autorisation. Cette suspension ou ce retrait ne peut intervenir qu'après mise en demeure adressée au directeur de l'établissement de santé de prendre toutes mesures propres à remédier à la violation ou au manquement constaté, ou de fournir toutes explications nécessaires. Cette mise en demeure est faite par écrit par l'autorité compétente et fixe un délai d'exécution ou de réponse qui ne peut excéder un mois.

En cas d'urgence tenant à la sécurité des personnes, une suspension de l'autorisation peut être prononcée à titre conservatoire par l'autorité compétente.

Art. L. 1221-11 *(Rempl., Ord. n° 2016-1406, 20 oct. 2016)*. – La publicité en faveur des substances mentionnées à l'article L. 1221-2 est interdite.

L'information médicale et celle destinée à signaler l'emplacement des dépôts ne constituent pas de la publicité.

Par dérogation au premier alinéa, la communication à caractère promotionnel à destination des professionnels de santé relative aux plasmas dans la production desquels n'intervient pas un processus industriel, mentionnés au 1° de l'article L. 1221-8, est autorisée dans les conditions définies au chapitre III du présent titre.

Art. L. 1221-12 *(L. n° 2004-800, 6 août 2004 ; mod., L. n° 2011-2012, 29 déc. 2011 ; L. n° 2017-220, 23 févr. 2017)*. – L'importation, par quelque organisme que ce soit, d'un produit sanguin labile ou d'une pâte plasmatique, à usage thérapeutique direct ou destiné à la préparation de produits de santé, est subordonnée à une autorisation délivrée par l'Agence nationale de sécurité du médicament et des produits de santé dans des conditions définies par décret.

L'importation ou l'exportation de sang, de ses composants ou de ses produits dérivés à des fins scientifiques est soumise à l'autorisation du ministre chargé de la recherche prévue à l'article L. 1245-5-1.

Art. L. 1221-13 *(Mod., L. n° 2016-41, 26 janv. 2016 ; mod. à compter de la date d'entrée en vigueur du décret en Conseil d'État pris pour l'application de l'ordonnance n° 2017-51 du 19 janvier 2017, et au plus tard le 1er juillet 2017, Ord. n° 2017-51, 19 janv. 2017)*. – L'hémovigilance a pour objet l'ensemble des procédures de surveillance et d'évaluation des incidents, ainsi que des effets indésirables survenant chez les donneurs ou les receveurs de produits sanguins labiles. Elle porte sur l'ensemble de la chaîne transfusionnelle allant de la collecte des produits sanguins labiles jusqu'au suivi des receveurs. L'hémovigilance comprend également le suivi épidémiologique des donneurs.

Les professionnels de santé, les établissements de transfusion sanguine et les établissements de santé signalent et déclarent les informations relevant de l'hémovigilance. Un décret en Conseil d'État détermine les conditions d'application du présent article, notamment les modalités d'organisation du système d'hémovigilance.

Art. L. 1221-14 *(L. n° 2008-1330, 17 déc. 2008 ; L. n° 2010-1594, 20 déc. 2010 ; mod., L. n° 2012-1404, 17 déc. 2012).* – Les victimes de préjudices résultant de la contamination par le virus de l'hépatite B ou C ou le virus T-lymphotropique humain causée par une transfusion de produits sanguins ou une injection de médicaments dérivés du sang réalisée sur les territoires auxquels s'applique le présent chapitre sont indemnisées au titre de la solidarité nationale par l'office mentionné à l'article L. 1142-22 dans les conditions prévues à la seconde phrase du troisième alinéa de l'article L. 3122-1, aux deuxième et troisième alinéas de l'article L. 3122-2, au premier alinéa de l'article L. 3122-3 et à l'article L. 3122-4, à l'exception de la seconde phrase du premier alinéa.

Dans leur demande d'indemnisation, les victimes ou leurs ayants droit justifient de l'atteinte par le virus de l'hépatite B ou C ou le virus T-lymphotropique humain et des transfusions de produits sanguins ou des injections de médicaments dérivés du sang. L'office recherche les circonstances de la contamination. S'agissant des contaminations par le virus de l'hépatite C, cette recherche est réalisée notamment dans les conditions prévues à l'article 102 de la loi n° 2002-303 du 4 mars 2002 relative aux droits des malades et à la qualité du système de santé. Il procède à toute investigation sans que puisse lui être opposé le secret professionnel.

L'offre d'indemnisation visant à la réparation intégrale des préjudices subis du fait de la contamination est faite à la victime dans les conditions fixées aux deuxième, troisième et cinquième alinéas de l'article L. 1142-17.

La victime dispose du droit d'action en justice contre l'office si sa demande d'indemnisation a été rejetée, si aucune offre ne lui a été présentée dans un délai de six mois à compter du jour où l'office reçoit la justification complète des préjudices ou si elle juge cette offre insuffisante.

La transaction à caractère définitif ou la décision juridictionnelle rendue sur l'action en justice prévue au précédent alinéa vaut désistement de toute action juridictionnelle en cours et rend irrecevable toute autre action juridictionnelle visant à la réparation des mêmes préjudices.

La transaction intervenue entre l'office et la victime, ou ses ayants droit, en application du présent article est opposable à l'assureur, sans que celui-ci puisse mettre en œuvre la clause de direction du procès éventuellement contenue dans les contrats d'assurance applicables, ou, le cas échéant, au responsable des dommages, sauf le droit pour ceux-ci de contester devant le juge le principe de la responsabilité ou le montant des sommes réclamées. L'office et l'Établissement français du sang peuvent en outre obtenir le remboursement des frais d'expertise. Quelle que soit la décision du juge, le montant des indemnités allouées à la victime ou à ses ayants droit leur reste acquis.

Lorsque l'office a indemnisé une victime, il peut directement demander à être garanti des sommes qu'il a versées par les assureurs des structures reprises par l'Établissement français du sang en vertu du B de l'article 18 de la loi n° 98-535 du 1er juillet 1998 relative au renforcement de la veille sanitaire et du contrôle de la sécurité sanitaire de produits destinés à l'homme, de l'article 60 de la loi de finances rectificative pour 2000 (n° 2000-1353 du 30 décembre 2000) et de l'article 14 de l'ordonnance n° 2005-1087 du 1er septembre 2005 relative aux établissements publics nationaux à caractère sanitaire et aux contentieux en matière de transfusion sanguine, que le dommage subi par la victime soit ou non imputable à une faute.

L'office et les tiers payeurs ne peuvent exercer d'action subrogatoire contre l'Établissement français du sang, venu aux droits et obligations des structures mentionnées à l'avant-dernier alinéa, si l'établissement de transfusion sanguine n'est pas assuré, si sa couverture d'assurance est épuisée ou encore dans le cas où le délai de validité de sa couverture est expiré.

Les modalités d'application du présent article sont fixées par décret en Conseil d'État.

....

TITRE III. – ORGANES

Art. L. 1231-1 A *(L. n° 2004-800, 6 août 2004)*. – Le prélèvement et la greffe d'organes constituent une priorité nationale.

Art. L. 1231-1 B *(L. n° 2004-800, 6 août 2004)*. – Les règles de répartition et d'attribution des greffons doivent respecter le principe d'équité.

CHAPITRE I. – PRÉLÈVEMENT SUR UNE PERSONNE VIVANTE

Art. L. 1231-1 *(Rempl., L. n° 2004-800, 6 août 2004 ; mod., L. n° 2011-814, 7 juill. 2011)*. – Le prélèvement d'organes sur une personne vivante, qui en fait le don, ne peut être opéré que dans l'intérêt thérapeutique direct d'un receveur. Le donneur doit avoir la qualité de père ou mère du receveur.

Par dérogation au premier alinéa, peuvent être autorisés à se prêter à un prélèvement d'organe dans l'intérêt thérapeutique direct d'un receveur son conjoint, ses frères ou sœurs, ses fils ou filles, ses grands-parents, ses oncles ou tantes, ses cousins germains et cousines germaines ainsi que le conjoint de son père ou de sa mère. Le donneur peut également être toute personne apportant la preuve d'une vie commune d'au moins deux ans avec le receveur ainsi que toute personne pouvant apporter la preuve d'un lien affectif étroit et stable depuis au moins deux ans avec le receveur.

En cas d'incompatibilité entre la personne ayant exprimé l'intention de don et la personne dans l'intérêt de laquelle le prélèvement peut être opéré en vertu des premier ou deuxième alinéas, rendant impossible la greffe, le donneur et le receveur potentiels peuvent se voir proposer le recours à un don croisé d'organes. Celui-ci consiste pour le receveur potentiel à bénéficier du don d'une autre personne ayant exprimé l'intention de don et également placée dans une situation d'incompatibilité à l'égard de la personne dans l'intérêt de laquelle le prélèvement peut être opéré en vertu des premier ou deuxième alinéas, tandis que cette dernière bénéficie du don du premier donneur. En cas de mise en œuvre d'un don croisé, les actes de prélèvement et de greffe sont engagés de façon simultanée respectivement sur les deux donneurs et sur les deux receveurs. L'anonymat entre donneur et receveur est respecté.

Le donneur, préalablement informé par le comité d'experts mentionné à l'article L. 1231-3 des risques qu'il encourt, des conséquences éventuelles du prélèvement et, le cas échéant, des modalités du don croisé, doit exprimer son consentement au don et, le cas échéant, au don croisé devant le président du tribunal de grande instance ou le magistrat désigné par lui, qui s'assure au préalable que le consentement est libre et éclairé et que le don est conforme aux conditions prévues aux premier, deuxième et, le cas échéant, troisième alinéas. En cas d'urgence vitale, le consentement est recueilli, par tout moyen, par le procureur de la République. Le consentement est révocable sans forme et à tout moment.

L'autorisation de prélèvement sur une personne mentionnée au deuxième alinéa est délivrée, postérieurement à l'expression du consentement, par le comité d'experts mentionné à l'article L. 1231-3.

Les prélèvements sur les personnes mentionnées au premier alinéa peuvent également, sauf en cas d'urgence vitale, être soumis à l'autorisation de ce comité lorsque le magistrat chargé de recueillir le consentement l'estime nécessaire.

L'Agence de la biomédecine est informée, préalablement à sa réalisation, de tout prélèvement d'organes à fins thérapeutiques sur une personne vivante.

Le Gouvernement remet au Parlement tous les quatre ans un rapport sur l'application du présent article, et notamment les dérogations autorisées au titre de son deuxième alinéa.

Art. L. 1231-2. – Aucun prélèvement d'organes, en vue d'un don, ne peut avoir lieu sur une personne vivante mineure ou sur une personne vivante majeure faisant l'objet d'une mesure de protection légale.

Art. L. 1231-3 *(L. n° 2004-800, 6 août 2004 ; L. n° 2011-814, 7 juill. 2011)*. – Le comité d'experts dont l'intervention est prévue aux articles L. 1231-1, L. 1241-3 et L. 1241-4 siège en deux formations de cinq membres désignés pour trois ans par arrêté du ministre chargé de la santé. Trois de ces membres, dont deux médecins et une personne qualifiée dans le domaine des sciences humaines et sociales, sont communs aux deux formations. Lorsque le comité se prononce sur les prélèvements sur personne majeure mentionnés aux articles L. 1231-1 et L. 1241-4, il comporte un psychologue et un médecin. Lorsqu'il se prononce sur les prélèvements sur personne mineure mentionnés à l'article L. 1241-3, il comporte une personne qualifiée dans le domaine de la psychologie de l'enfant et un pédiatre. En cas d'urgence vitale, les membres du comité d'experts sont désignés par l'Agence de la biomédecine parmi les membres disponibles figurant sur l'arrêté susmentionné. Le comité ainsi constitué délivre son autorisation par tout moyen. Dans ce cas d'urgence, l'information prévue par le quatrième alinéa de l'article L. 1231-1 est délivrée par le praticien qui a posé l'indication de greffe ou par tout autre praticien du choix du donneur.

Le comité se prononce dans le respect des principes généraux énoncés au titre Ier du présent livre.

Afin d'apprécier la justification médicale d'un prélèvement et d'une greffe d'organe, les risques que le prélèvement est susceptible d'entraîner pour le donneur ainsi que ses conséquences prévisibles sur les plans physique et psychologique, le comité peut avoir accès aux informations médicales concernant le donneur et le receveur potentiels. Ses membres sont tenus de garder secrètes les informations dont ils ont connaissance en raison de leurs fonctions.

Les décisions prises par le comité ne sont pas motivées.

Art. L. 1231-4 *(L. n° 2004-800, 6 août 2004 ; mod., L. n° 2011-814, 7 juill. 2011).* – Les modalités d'application des dispositions du présent chapitre sont déterminées par décret en Conseil d'État, et notamment les dispositions applicables aux dons croisés d'organes, le nombre des comités mentionnés à l'article L. 1231-3, leur compétence territoriale, leur composition, les conditions de désignation et de rémunération de leurs membres ainsi que leurs modalités de fonctionnement, y compris en cas d'urgence vitale.

Art. L. 1231-5 *(Abr., L. n° 2004-800, 6 août 2004).*

CHAPITRE II. – PRÉLÈVEMENT SUR UNE PERSONNE DÉCÉDÉE

Art. L. 1232-1 *(Rempl., L. n° 2004-800, 6 août 2004 ; mod. à compter de la date prévue au III de l'article 192 de la loi n° 2016-41 du 26 janvier 2016 et au plus tard le 1er janvier 2017, L. n° 2016-41, 26 janv. 2016).* – Le prélèvement d'organes sur une personne dont la mort a été dûment constatée ne peut être effectué qu'à des fins thérapeutiques ou scientifiques.

Le médecin informe les proches du défunt, préalablement au prélèvement envisagé, de sa nature et de sa finalité, conformément aux bonnes pratiques arrêtées par le ministre chargé de la santé sur proposition de l'Agence de la biomédecine.

Ce prélèvement peut être pratiqué sur une personne majeure dès lors qu'elle n'a pas fait connaître, de son vivant, son refus d'un tel prélèvement, principalement par l'inscription sur un registre national automatisé prévu à cet effet. Ce refus est révocable à tout moment.

L'Agence de la biomédecine est avisée, préalablement à sa réalisation, de tout prélèvement à fins thérapeutiques ou à fins scientifiques.

Art. L. 1232-2 *(L. n° 2004-800, 6 août 2004).* – Si la personne décédée était un mineur ou un majeur sous tutelle, le prélèvement à l'une ou plusieurs des fins mentionnées à l'article L. 1232-1 ne peut avoir lieu qu'à la condition que chacun des titulaires de l'autorité parentale ou le tuteur y consente par écrit.

Toutefois, en cas d'impossibilité de consulter l'un des titulaires de l'autorité parentale, le prélèvement peut avoir lieu à condition que l'autre titulaire y consente par écrit.

Art. L. 1232-3 *(L. n° 2004-800, 6 août 2004).* – Les prélèvements à des fins scientifiques ne peuvent être pratiqués que dans le cadre de protocoles transmis, préalablement à leur mise en œuvre, à l'Agence de la biomédecine. Le ministre chargé de la recherche peut suspendre ou interdire la mise en œuvre de tels protocoles, lorsque la nécessité du prélèvement ou la pertinence de la recherche n'est pas établie.

Art. L. 1232-4 *(L. n° 2004-800, 6 août 2004).* – Les médecins qui établissent le constat de la mort, d'une part, et ceux qui effectuent le prélèvement ou la greffe, d'autre part, doivent faire partie d'unités fonctionnelles ou de services distincts.

Art. L. 1232-5 *(L. n° 2004-800, 6 août 2004).* – Les médecins ayant procédé à un prélèvement ou à une autopsie médicale sur une personne décédée sont tenus de s'assurer de la meilleure restauration possible du corps.

Art. L. 1232-6 *(L. n° 2004-800, 6 août 2004)*. – Les modalités d'application des dispositions du présent chapitre sont déterminées par décret en Conseil d'État et notamment :

1° Les conditions dans lesquelles est établi le constat de la mort prévu au premier alinéa de l'article L. 1232-1 ;

2° *(2° rempl. à compter de la date prévue au III de l'article 192 de la loi n° 2016-41 du 26 janvier 2016 et au plus tard le 1er janvier 2017, L. n° 2016-41, 26 janv. 2016)* Les modalités selon lesquelles le refus prévu au dernier alinéa du même article peut être exprimé et révoqué ainsi que les conditions dans lesquelles le public et les usagers du système de santé sont informés de ces modalités ;

3° Les modalités d'interdiction ou de suspension des protocoles mentionnés à l'article L. 1232-3 par le ministre chargé de la recherche ainsi que les modalités de transmission, par l'Agence de la biomédecine, des informations dont elle dispose sur lesdits protocoles.

CHAPITRE III. – ÉTABLISSEMENTS AUTORISÉS À PRÉLEVER DES ORGANES

Art. L. 1233-1 *(L. n° 2004-800, 6 août 2004)*. – Les prélèvements d'organes en vue de don à des fins thérapeutiques ne peuvent être pratiqués que dans des établissements de santé autorisés à cet effet par l'autorité administrative après avis de l'Agence de la biomédecine.

L'autorisation est délivrée pour une durée de cinq ans. Elle est renouvelable.

Tous les établissements de santé, qu'ils soient autorisés ou non, participent à l'activité de prélèvement d'organes et de tissus en s'intégrant dans des réseaux de prélèvement.

Art. L. 1233-2 *(L. n° 2004-800, 6 août 2004)*. – Aucune rémunération à l'acte ne peut être perçue par les praticiens effectuant des prélèvements d'organes en vue de don au titre de cette activité.

Art. L. 1233-3 *(L. n° 2004-800, 6 août 2004)*. – Dans les établissements de santé titulaires de l'autorisation mentionnée à l'article L. 1233-1, il est créé un lieu de mémoire destiné à l'expression de la reconnaissance aux donneurs d'éléments de leur corps en vue de greffe.

Art. L. 1233-4 *(Anc. art. L. 1233-3, dénum. et mod., L. n° 2004-800, 6 août 2004)*. – Les modalités d'application des dispositions du présent chapitre sont déterminées par décret en Conseil d'État et notamment les conditions techniques, sanitaires et médicales et les conditions propres à garantir un fonctionnement conforme aux principes généraux énoncés au titre I du présent livre, que doivent remplir les établissements de santé pour pouvoir être autorisés à effectuer des prélèvements d'organes à fins de greffe.

CHAPITRE IV. – GREFFES D'ORGANES

(Intitulé rempl., L. n° 2004-800, 6 août 2004)

Art. L. 1234-1 *(L. n° 2004-800, 6 août 2004)*. – Les dispositions de l'article L. 1243-2 sont applicables aux organes lorsqu'ils peuvent être conservés. La liste de ces organes est fixée par décret.

Pour l'application aux organes de ces dispositions, la délivrance de l'autorisation mentionnée à l'article L. 1243-2 est subordonnée aux conditions prévues à l'article L. 1243-7.

Art. L. 1234-2 *(L. n° 2004-800, 6 août 2004 ; mod. à compter de la date prévue au II de l'article 29 de l'Ordonnance n° 2010-177 du 23 février 2010, Ord. n° 2010-177, 23 févr. 2010)*. – Les greffes d'organes sont effectuées dans les établissements de santé autorisés à cet effet dans des conditions prévues par les dispositions des chapitres I et II du titre II du livre I de la partie VI du présent code, après avis de l'Agence de la biomédecine.

Peuvent recevoir l'autorisation d'effectuer des greffes d'organes les établissements qui sont autorisés à effectuer des prélèvements d'organes en application de l'article L. 1233-1, et qui assurent, en outre, des activités d'enseignement médical et de recherche médicale selon les dispositions du chapitre II du titre IV du livre Ier de la partie VI du présent code, ainsi que les établissements de santé liés aux précédents par la convention mentionnée à l'article L. 6142-5.

> **Rédaction antérieure.** Peuvent recevoir l'autorisation d'effectuer des greffes d'organes les établissements qui sont autorisés à effectuer des prélèvements d'organes en application de l'article L. 1233-1, et qui assurent, en outre, des activités d'enseignement médical et de recherche médicale selon les dispositions du chapitre II du titre IV du livre I de la partie VI du présent code, ainsi que les établissements de santé liés par convention aux précédents dans le cadre du service public hospitalier.

Art. L. 1234-3 *(L. n° 2004-800, 6 août 2004).* – Aucune rémunération à l'acte ne peut être perçue par les praticiens effectuant des greffes d'organes au titre de ces activités.

Art. L. 1234-3-1 *(Mod. à compter de la date prévue au II de l'article 29 de l'Ordonnance n° 2010-177 du 23 février 2010, Ord. n° 2010-177, 23 févr. 2010 ; mod, Ord. n° 2018-21, 17 janv. 2018).* – Le schéma régional ou interrégional de santé est arrêté par l'autorité compétente après avis de l'Agence de la biomédecine lorsqu'il concerne l'activité de greffes d'organes.

> **Rédaction antérieure. Art. L. 1234-3-1** *(L. n° 2004-800, 6 août 2004).* – Le schéma d'organisation sanitaire prévu aux articles L. 6121-1 et L. 6121-4 est arrêté par l'autorité compétente après avis de l'Agence de la biomédecine lorsqu'il concerne l'activité de greffes d'organes.

Art. L. 1234-4. – Les modalités d'application des dispositions du présent chapitre sont déterminées par décret en Conseil d'État.

CHAPITRE IV. – DISPOSITIONS COMMUNES

Art. L. 1235-1 *(L. n° 2004-800, 6 août 2004).* – Seuls les établissements de santé autorisés à prélever des organes en application de l'article L. 1233-1 peuvent les exporter à des fins thérapeutiques.

Seuls les établissements de santé autorisés à greffer des organes en application des dispositions de l'article L. 1234-2 peuvent les importer à des fins thérapeutiques.

Seuls peuvent importer ou exporter des organes à des fins scientifiques les organismes autorisés par le ministre chargé de la recherche après avis de l'Agence de la biomédecine.

Art. L. 1235-2 *(L. n° 2004-800, 6 août 2004).* – Les organes prélevés à l'occasion d'une intervention chirurgicale, pratiquée dans l'intérêt de la personne opérée, peuvent être utilisés à des fins thérapeutiques ou scientifiques, sauf opposition exprimée par elle après qu'elle a été informée de l'objet de cette utilisation.

Lorsque cette personne est un mineur ou un majeur sous tutelle, l'utilisation ultérieure des organes ainsi prélevés est en outre subordonnée à l'absence d'opposition des titulaires de l'autorité parentale ou du tuteur, dûment informés de l'objet de cette utilisation. Le refus du mineur ou du majeur sous tutelle fait obstacle à cette utilisation.

Les organes ainsi prélevés sont soumis aux dispositions du titre I, à l'exception du premier alinéa de l'article L. 1211-2, et à celles des chapitres III et IV du présent titre.

Art. L. 1235-3 *(L. n° 2004-800, 6 août 2004).* – Tout prélèvement d'organes effectué dans les conditions prévues par le chapitre III du présent titre est une activité médicale.

Art. L. 1235-4 *(L. n° 2004-800, 6 août 2004).* – Pour l'application du présent titre, les prélèvements opérés dans le cadre des recherches biomédicales au sens de l'article L. 1121-1 sont regardés comme des prélèvements à des fins thérapeutiques, sans préjudice des dispositions du titre II du livre I de la présente partie relatives à la protection des personnes qui se prêtent à des recherches biomédicales.

Art. L. 1235-5 *(L. n° 2004-800, 6 août 2004 ; mod., L. n° 2011-2012, 29 déc. 2011).* – Les règles de bonnes pratiques qui s'appliquent au prélèvement, à la préparation, à la conservation, au transport et à l'utilisation des organes du corps humain sont élaborées par l'Agence de la biomédecine après avis de l'Agence nationale de sécurité du médicament et des produits de santé. Ces règles sont approuvées par arrêté du ministre chargé de la santé.

Art. L. 1235-6 *(Anc. art. L. 1235-3, dénum., L. n° 2004-800, 6 août 2004).* – Les modalités d'application des dispositions du présent chapitre sont déterminées par décret en Conseil d'État.

Art. L. 1235-7 *(Anc. art. L. 1235-4, dénum., L. n° 2004-800, 6 août 2004).* – Les dispositions du présent titre s'appliquent aux hôpitaux des armées. Un décret en Conseil d'État détermine les adaptations qui peuvent être apportées, en ce qui concerne ces hôpitaux, aux procédures d'autorisation applicables aux établissements de santé.

TITRE IV. – TISSUS, CELLULES, PRODUITS DU CORPS HUMAIN ET LEURS DÉRIVÉS

(Intitulé mod., L. n° 2004-800, 6 août 2004)

CHAPITRE I. – PRÉLÈVEMENT ET COLLECTE

Art. L. 1241-1 *(Rempl., L. n° 2004-800, 6 août 2004 ; mod., L. n° 2011-814, 7 juill. 2011).* – Le prélèvement de tissus ou de cellules ou la collecte de produits du corps humain sur une personne vivante en vue de don ne peut être opéré que dans un but thérapeutique ou scientifique ou de réalisation ou de contrôle des dispositifs médicaux de diagnostic *in vitro* ou de contrôle de qualité des analyses de biologie médicale ou dans le cadre des expertises et des contrôles techniques réalisés sur les tissus ou sur les cellules ou sur les produits du corps humain par *(Mots rempl. à compter de la date prévue au III de l'article 41 de la loi n° 2011-2012 du 29 décembre 2011, L. n° 2011-2012, 29 déc. 2011)* l'Agence nationale de sécurité du médicament et des produits de santé en application du 1° de l'article L. 5311-2. Seuls peuvent être prélevés en vue de don à des fins thérapeutiques les tissus figurant sur une liste prévue à cet effet, à l'exception des tissus prélevés dans le cadre d'une recherche biomédicale.

Le prélèvement de tissus ou de cellules autres que les cellules hématopoïétiques ou la collecte de produits du corps humain en vue de don à des fins thérapeutiques ou en vue de réalisation ou de contrôle des dispositifs médicaux de diagnostic *in vitro* ou en vue du contrôle de qualité des analyses de biologie médicale ou dans le cadre des expertises et des contrôles techniques réalisés sur les tissus ou sur les cellules ou sur les produits du corps humain par *(Mots rempl. à compter de la date prévue au III de l'article 41 de la loi n° 2011-2012 du 29 décembre 2011, L. n° 2011-2012, 29 déc. 2011)* l'Agence nationale de sécurité du médicament et des produits de santé en application du 1° de l'article L. 5311-2 ne peut avoir lieu qu'à la condition que le donneur, dûment informé de l'objet du prélèvement ou de la collecte et de leurs conséquences et des risques qui y sont attachés, ait donné son consentement par écrit. Ce consentement est révocable sans forme et à tout moment. Toutefois, les conditions d'expression du consentement et d'obtention d'une autorisation prévues à l'article L. 1231-1 s'appliquent, lorsque la nature du prélèvement et ses conséquences pour le donneur le justifient.

Le prélèvement, en vue de don à des fins thérapeutiques, de cellules hématopoïétiques recueillies par prélèvement dans la moelle osseuse ou dans le sang périphérique ne peut avoir lieu qu'à la condition que le donneur, préalablement informé des risques qu'il encourt et des conséquences éventuelles du prélèvement, ait exprimé son consentement devant le président du tribunal de grande instance ou le magistrat désigné par lui, qui s'assure au préalable que le consentement est libre et éclairé. En cas d'urgence vitale, le consentement est recueilli, par tout moyen, par le procureur de la République. Le consentement est révocable sans forme et à tout moment.

Le prélèvement de cellules hématopoïétiques du sang de cordon et du sang placentaire ainsi que de cellules du cordon et du placenta ne peut être effectué qu'à des fins scientifiques ou thérapeutiques, en vue d'un don anonyme et gratuit, et à la condition que la femme, durant sa grossesse, ait donné son consentement par écrit au prélèvement et à l'utilisation de ces cellules, après avoir reçu une information sur les finalités de cette utilisation. Ce consentement est révocable sans forme et à tout moment tant que le prélèvement n'est pas intervenu. Par dérogation, le don peut être dédié à l'enfant né ou aux frères ou sœurs de cet enfant en cas de nécessité thérapeutique avérée et dûment justifiée lors du prélèvement.

Art. L. 1241-2 *(L. n° 2004-800, 6 août 2004).* – Aucun prélèvement de tissus ou de cellules, aucune collecte de produits du corps humain en vue de don ne peut avoir lieu sur une personne vivante mineure ou sur une personne vivante majeure faisant l'objet d'une mesure de protection légale.

Art. L. 1241-3 *(L. n° 2004-800, 6 août 2004 ; mod., L. n° 2011-814, 7 juill. 2011).* – Par dérogation aux dispositions de l'article L. 1241-2, en l'absence d'autre solution thérapeutique, un prélèvement de cellules hématopoïétiques recueillies par prélèvement dans la moelle osseuse ou dans le sang périphérique peut être fait sur un mineur au bénéfice de son frère ou de sa sœur.

Lorsqu'un tel prélèvement n'est pas possible et en l'absence d'autre solution thérapeutique appropriée, le prélèvement de cellules hématopoïétiques issues de la moelle osseuse peut, à titre exceptionnel, être fait sur un mineur au bénéfice de son cousin germain ou de sa cousine germaine, de son oncle ou de sa tante, de son neveu ou de sa nièce.

Dans tous les cas, ce prélèvement ne peut être pratiqué que sous réserve du consentement de chacun des titulaires de l'autorité parentale ou du représentant légal du mineur informés des risques encourus par le mineur et des conséquences éventuelles du prélèvement par le praticien qui a posé l'indication de greffe ou par tout autre praticien de leur choix. Le consentement est exprimé devant le président du tribunal de grande instance ou le magistrat désigné par lui, qui s'assure au préalable que le consentement est libre et éclairé. En casd'urgence vitale, le consentement est recueilli, par tout moyen, par le procureur de la République. Le consentement est révocable sans forme et à tout moment.

L'autorisation d'effectuer le prélèvement est accordée par le comité d'experts mentionné à l'article L. 1231-3 qui s'assure au préalable que, notamment au regard des règles de bonnes pratiques mentionnées à l'article L. 1245-6, les conditions de réalisation du prélèvement ne comportent aucun risque pour le mineur compte tenu de son âge ou de son développement, que tous les moyens ont été mis en œuvre pour trouver un donneur majeur suffisamment compatible pour le receveur et que le mineur a été informé du prélèvement envisagé en vue d'exprimer sa volonté, s'il y est apte. En ce cas, le refus du mineur fait obstacle au prélèvement.

Art. L. 1241-4 *(L. n° 2004-800, 6 août 2004 ; mod., L. n° 2011-814, 7 juill. 2011).* – Par dérogation aux dispositions de l'article L. 1241-2, en l'absence d'autre solution thérapeutique, un prélèvement de cellules hématopoïétiques recueillies par prélèvement dans la moelle osseuse ou dans le sang périphérique peut être fait sur une personne vivante majeure faisant l'objet d'une mesure de protection légale au bénéfice de son frère ou de sa sœur.

Si la personne protégée fait l'objet d'une mesure de tutelle, ce prélèvement est subordonné à une décision du juge des tutelles compétent qui se prononce après avoir recueilli l'avis de la personne concernée lorsque cela est possible, du tuteur et du comité d'experts mentionné à l'article L. 1231-3.

Si la personne protégée fait l'objet d'une mesure de curatelle ou de sauvegarde de justice et si le juge des tutelles compétent estime, après l'avoir entendue, que la personne protégée a la faculté de consentir au prélèvement, celui-ci est subordonné à une autorisation du comité d'experts mentionné à l'article L. 1231-3, après recueil du consentement de l'intéressé dans les conditions prévues à l'article L. 1241-3. Hors les cas où la personne protégée a la faculté de consentir au prélèvement, celui-ci ne peut être pratiqué que dans les conditions prévues au deuxième alinéa du présent article.

En l'absence d'autre solution thérapeutique appropriée, le prélèvement de cellules hématopoïétiques issues de la moelle osseuse peut, à titre exceptionnel, être effectué sur une personne protégée au bénéfice de son cousin germain ou de sa cousine germaine, de son oncle ou de sa tante, de son neveu ou de sa nièce. Toutefois, seules peuvent faire l'objet d'un prélèvement les personnes protégées qui font l'objet d'une mesure de curatelle ou de sauvegarde de justice et qui ont été reconnues comme ayant la faculté de consentir au prélèvement par le juge des tutelles compétent après avoir été entendues par celui-ci. Le consentement est recueilli et l'autorisation de prélèvement est délivrée par le comité d'experts dans les conditions prévues au troisième alinéa.

Avant de formuler l'avis mentionné au deuxième alinéa ou de délivrer les autorisations prévues aux troisième et quatrième alinéas, le comité d'experts mentionné à l'article L. 1231-3 s'assure que tous les moyens ont été mis en œuvre pour trouver un donneur majeur suffisamment compatible pour le receveur.

Le refus de la personne protégée fait obstacle au prélèvement.

Art. L. 1241-5 *(L. n° 2004-800, 6 août 2004).* – Des tissus ou cellules embryonnaires ou fœtaux ne peuvent être prélevés, conservés et utilisés à l'issue d'une interruption de grossesse qu'à des fins diagnostiques, thérapeutiques ou scientifiques. La femme ayant subi une interruption de grossesse donne son consentement écrit après avoir reçu une information appropriée sur les finalités d'un tel prélèvement. Cette information doit être postérieure à la décision prise par la femme d'interrompre sa grossesse.

Un tel prélèvement ne peut avoir lieu si la femme ayant subi l'interruption de grossesse est mineure ou fait l'objet d'une mesure de protection légale, sauf s'il s'agit de rechercher les causes de l'interruption de grossesse. Dans ce cas, la femme ayant subi cette interruption de grossesse doit avoir reçu auparavant une information sur son droit de s'opposer à un tel prélèvement.

Les tissus et cellules embryonnaires ou fœtaux prélevés à l'occasion d'une interruption de grossesse, lorsqu'ils sont conservés en vue d'une utilisation ultérieure, sont soumis aux seules dispositions des articles L. 1211-1, L. 1211-3 à L. 1211-7 et du chapitre III du présent titre.

Les prélèvements à des fins scientifiques autres que ceux ayant pour but de rechercher les causes de l'interruption de grossesse ne peuvent être pratiqués que dans le cadre de protocoles transmis, préalablement à leur mise en œuvre, à l'Agence de la biomédecine. L'agence communique la liste de ces protocoles, accompagnée le cas échéant de son avis sur ces derniers, au ministre chargé de la recherche. Celui-ci peut suspendre ou interdire la réalisation de ces protocoles, lorsque leur pertinence scientifique ou la nécessité du prélèvement n'est pas établie, ou lorsque le respect des principes éthiques n'est pas assuré.

Art. L. 1241-6 *(L. n° 2004-800, 6 août 2004).* – Le prélèvement de tissus et de cellules et la collecte de produits du corps humain sur une personne dont la mort a été dûment constatée ne peuvent être effectués qu'à des fins thérapeutiques ou scientifiques et dans les conditions prévues au chapitre II du titre III.

Art. L. 1241-7 *(L. n° 2004-800, 6 août 2004).* – Les modalités d'application du présent chapitre sont déterminées par décret en Conseil d'État, et notamment :

1° La liste des tissus mentionnés au premier alinéa de l'article L. 1241-1 pouvant être prélevés, en vue de don à des fins thérapeutiques, sur une personne vivante ;

2° Les tissus et les cellules mentionnés au deuxième alinéa de l'article L. 1241-1 dont le prélèvement est soumis à l'une ou plusieurs des conditions prévues à l'article L. 1231-1 ;

3° Les situations médicales et les conditions dans lesquelles le prélèvement prévu à l'article L. 1241-6 est autorisé.

CHAPITRE II. – AUTORISATION DES ÉTABLISSEMENTS EFFECTUANT DES PRÉLÈVEMENTS

Art. L. 1242-1 *(L. n° 2004-800, 6 août 2004 ; mod., Ord. n° 2007-613, 26 avr. 2007 ; mod., L. n° 2011-814, 7 juill. 2011 ; L. n° 2011-2012, 29 déc. 2011).* – Les tissus du corps humain ne peuvent être prélevés en vue de don à des fins thérapeutiques que dans des établissements de santé autorisés à cet effet par l'autorité administrative après avis de l'Agence de la biomédecine.

Les cellules à fins d'administration autologue ou allogénique ne peuvent être prélevées que dans des établissements de santé autorisés à cet effet par le directeur général de l'agence régionale de santé après avis de l'Agence de la biomédecine. Les cellules du sang destinées à la préparation de produits cellulaires à finalité thérapeutique mentionnés à l'article L. 1243-1 peuvent également être prélevées par l'Établissement français du sang soit dans ses établissements de transfusion sanguine, s'ils ont été autorisés dans les conditions applicables aux établissements de santé, soit dans des établissements de santé autorisés.

Par dérogation à l'alinéa précédent, peuvent être prélevées à fins d'administration autologue dans tous les établissements de santé et par les médecins et les chirurgiens-dentistes exerçant en dehors des établissements de santé les catégories de cellules figurant sur une liste arrêtée par le ministre chargé de la santé, sur proposition de l'Agence française de sécurité sanitaire des produits de santé et après avis de l'Agence de la biomédecine, à condition que les prélèvements soient faits dans le respect des règles de bonnes pratiques arrêtées selon les mêmes modalités.

Par dérogation à l'alinéa précédent, peuvent être prélevées à fins d'administration autologue dans tous les établissements de santé et par les médecins et les chirurgiens-dentistes exerçant en dehors des établissements de santé les catégories de cellules figurant sur une liste arrêtée par le ministre chargé de la santé, sur proposition de l'Agence nationale de sécurité du médicament et des produits de santé et après avis de l'Agence de la biomédecine, à condition que les prélèvements soient faits dans le respect des règles de bonnes pratiques arrêtées selon les mêmes modalités.

Les autorisations prévues aux premier et deuxième alinéas sont délivrées pour une durée de cinq ans. Elles sont renouvelables.

Cet article ne s'applique pas aux éléments et produits du corps humain mentionnés à l'article L. 1211-8.

Art. L. 1242-2 *(L. n° 2004-800, 6 août 2004).* – Aucune rémunération à l'acte ne peut être perçue par les praticiens effectuant des prélèvements de tissus et de cellules en vue de don au titre de cette activité.

Art. L. 1242-3 *(L. n° 2004-800, 6 août 2004).* – Les modalités d'application du présent chapitre sont déterminées par décret en Conseil d'État, et notamment les conditions techniques, sanitaires et médicales et les conditions propres à garantir un fonctionnement conforme aux principes généraux énoncés au titre I du présent livre, que doivent remplir les établissements de santé pour pouvoir être autorisés à effectuer des prélèvements de tissus ou de cellules mentionnés aux deux premiers alinéas de l'article L. 1242-1.

CHAPITRE III. – PRÉPARATION, CONSERVATION ET UTILISATION DES TISSUS, DES CELLULES ET DE LEURS DÉRIVÉS

(L. n° 2004-800, 6 août 2004)

Art. L. 1243-1 *(L. n° 2004-800, 6 août 2004)*. – À l'exception des produits sanguins labiles, sont des produits cellulaires à finalité thérapeutique les cellules humaines utilisées à des fins thérapeutiques autologues ou allogéniques, quel que soit leur niveau de transformation, y compris leurs dérivés.

Lorsque ces produits cellulaires à finalité thérapeutique sont des spécialités pharmaceutiques ou d'autres médicaments fabriqués industriellement, ils sont régis par les dispositions du titre II du livre Ier de la cinquième partie. Dans les autres cas, ce sont des préparations de thérapie cellulaire régies par les dispositions du présent chapitre, y compris lorsque les cellules humaines servent à transférer du matériel génétique.

Art. L. 1243-2 *(L. n° 2004-800, 6 août 2004 ; mod., Ord. n° 2007-613, 26 avr. 2007 ; L. n° 2011-814, 7 juill. 2011 ; L. n° 2012-387, 22 mars 2012)*. – Peuvent assurer la préparation, la conservation, la distribution et la cession, à des fins thérapeutiques autologues ou allogéniques, des tissus et de leurs dérivés et des préparations de thérapie cellulaire, les établissements et les organismes autorisés à cet effet, après avis de l'Agence de la biomédecine, par *(Mots rempl. à compter de la date prévue au III de l'article 41 de la loi n° 2011-2012 du 29 décembre 2011, L. n° 2011-2012, 29 déc. 2011)* « l'Agence nationale de sécurité du médicament et des produits de santé » qui s'assure du respect des dispositions du titre Ier du présent livre.

L'autorisation délivrée par l'Agence nationale de sécurité du médicament et des produits de santé, conformément à l'article 6 de la directive 2004/23/ CE du Parlement européen et du Conseil du 31 mars 2004 relative à l'établissement de normes de qualité et de sécurité pour le don, l'obtention, le contrôle, la transformation, la conservation, le stockage et la distribution des tissus et cellules humains, précise la catégorie de tissus et leurs dérivés ou de préparations de thérapie cellulaire et mentionne les accords passés entre un établissement et des tiers pour la réalisation de ces activités, les procédés de préparation et de conservation mis en œuvre ainsi que les indications thérapeutiques reconnues.

Toute modification substantielle des éléments figurant dans l'autorisation initiale qui affecte une ou plusieurs des activités exercées par l'établissement ou l'organisme autorisé doit faire l'objet d'une nouvelle autorisation. Les autres modifications sont soumises à une déclaration auprès du directeur général de *(Mots rempl. à compter de la date prévue au III de l'article 41 de la loi n° 2011-2012 du 29 décembre 2011, L. n° 2011-2012, 29 déc. 2011)* « l'Agence nationale de sécurité du médicament et des produits de santé ».

Seules peuvent être préparées, conservées, distribuées ou cédées les cellules du sang de cordon et du sang placentaire ainsi que les cellules du cordon et du placenta prélevées dans les conditions mentionnées au dernier alinéa de l'article L. 1241-1. Chacun de ces établissements consacre une part de son stockage au don dédié mentionné à ce même dernier alinéa.

L'Agence de la biomédecine est informée des autorisations délivrées en application du présent article.

Art. L. 1243-2-1 *(Ord. n° 2007-613, 26 avr. 2007)*. – Le respect, dans les établissements autorisés au titre de l'article L. 1243-2, des dispositions législatives et réglementaires relatives à la qualité et la sécurité des tissus et de leurs dérivés et des préparations de thérapie cellulaire, est garanti par une personne responsable désignée dans des conditions prévues par décret en Conseil d'État.

Au sein de l'Établissement français du sang, la personne responsable a autorité sur les directeurs des établissements de transfusion sanguine pour l'exercice de cette mission.

Art. L. 1243-3 *(Rempl., L. n° 2004-800, 6 août 2004 ; mod., L. n° 2004-806, 9 août 2004 ; mod. à compter de la date prévue au II de l'article 29 de l'ordonnance n° 2010-177 du 23 février 2010, Ord. n° 2010-177, 23 févr. 2010)*. – Tout organisme qui en a fait la déclaration préalable auprès du ministre chargé de la recherche peut, pour les besoins de ses propres programmes de recherche, assurer la conservation et la préparation à des fins scientifiques de tissus et de cellules issus du corps humain ainsi que la préparation et la conservation des organes, du sang, de ses composants et de ses produits dérivés. Ces activités incluent la constitution et l'utilisation de collections d'échantillons biologiques humains. Lorsque l'organisme est un établissement de santé, la déclaration est faite conjointement au ministre chargé de la recherche et au directeur général de l'agence régionale de santé territorialement compétent.

Les termes « collections d'échantillons biologiques humains » désignent la réunion, à des fins scientifiques, de prélèvements biologiques effectués sur un groupe de personnes identifiées et sélectionnées en fonction des caractéristiques cliniques ou biologiques d'un ou plusieurs membres du groupe, ainsi que des dérivés de ces prélèvements.

***(Al. abr. à compter de la date prévue au I de l'article 8 de l'ordonnance n° 2016-800 du 10 juin 2016, L. n° 2012-300, 5 mars 2012 ; al. mod. à compter de la date prévue au I de l'article 8 de l'ordonnance n° 2016-800 du 10 juin 2016, L. n° 2012-300, 5 mars 2012)*Le ministre chargé de la recherche et, le cas échéant, le directeur général de l'agence régionale de santé territorialement compétent peuvent s'opposer, dans un délai fixé par voie réglementaire, à l'exercice des activités ainsi déclarées si la finalité scientifique de l'activité n'est pas établie, si les conditions d'approvisionnement, de conservation et d'utilisation des tissus et cellules issus du corps humain ne présentent pas les garanties suffisantes pour assurer le respect soit des dispositions du titre Ier du présent livre, soit des règles en vigueur en matière de sécurité des personnes exerçant une activité professionnelle sur le site, soit des dispositions applicables en matière de protection de l'environnement.**

Le ministre chargé de la recherche et, le cas échéant, le directeur général de l'agence régionale de santé territorialement compétent peuvent à tout moment suspendre ou interdire les activités qui ne répondent plus à ces exigences.

***(Al. abr. à compter de la date prévue au I de l'article 8 de l'ordonnance n° 2016-800 du 10 juin 2016, L. n° 2012-300, 5 mars 2012 ; al. rempl. à compter de la date prévue au I de l'article 8 de l'ordonnance n° 2016-800 du 10 juin 2016, L. n° 2012-300, 5 mars 2012)* Les activités prévues au premier alinéa exercées dans le cadre d'une recherche impliquant la personne humaine sont régies par les dispositions spécifiques à ces recherches.**

***(Al. mod. à compter de la date prévue au III de l'article 41 de la loi n° 2011-2012 du 29 décembre 2011, L. n° 2011-2012, 29 déc. 2011)* L'Agence nationale de sécurité du médicament et des produits de santé est informée des activités de conservation ou de préparation à des fins scientifiques de tissus et cellules du corps humain réalisées sur le même site que des activités de même nature exercées à des fins thérapeutiques. Dans ce cas, la suspension ou l'interdiction de l'exercice des activités déclarées est de droit quand elle est demandée par l'Agence nationale de sécurité du médicament et des produits de santé pour des raisons de sécurité sanitaire.**

Rédaction antérieure. Art. L. 1243-3 *(Rempl., L. n° 2004-800, 6 août 2004 ; mod. à compter de la date prévue au II de l'article 29 de l'ordonnance n° 2010-177 du 23 février 2010, Ord. n° 2010-177, 23 févr. 2010).* **–** Tout organisme qui en a fait la déclaration préalable auprès du ministre chargé de la recherche peut, pour les besoins de ses propres programmes de recherche, assurer la conservation et la préparation à des fins scientifiques de tissus et de cellules issus du corps humain ainsi que la préparation et la conservation des organes, du sang, de ses composants et de ses produits dérivés. Ces activités incluent la constitution et l'utilisation de collections d'échantillons biologiques humains. Lorsque l'organisme est un établissement de santé, la déclaration est faite conjointement au ministre chargé de la recherche et au directeur général de l'agence régionale de santé territorialement compétent.

Les termes « collections d'échantillons biologiques humains » désignent la réunion, à des fins scientifiques, de prélèvements biologiques effectués sur un groupe de personnes identifiées et sélectionnées en fonction des caractéristiques cliniques ou biologiques d'un ou plusieurs membres du groupe, ainsi que des dérivés de ces prélèvements.

Les organismes mentionnés au premier alinéa soumettent leur projet de déclaration à l'avis préalable d'un comité, défini au chapitre III du titre II du livre Ier de la présente partie, qui a pour mission d'évaluer la qualité de l'information des participants, les modalités de recueil du consentement et la pertinence éthique et scientifique du projet. La déclaration est adressée au ministre chargé de la recherche et, le cas échéant, au directeur général de l'agence régionale de santé territorialement compétent, concomitamment à la soumission pour avis au comité consultatif de protection des personnes. L'avis de ce dernier leur est transmis sans délai.

Le ministre chargé de la recherche et, le cas échéant, le directeur général de l'agence régionale de santé territorialement compétent peuvent s'opposer, dans un délai fixé par voie réglementaire, à l'exercice des activités ainsi déclarées si les conditions d'approvisionnement, de conservation et d'utilisation des tissus et cellules issus du corps humain ne présentent pas les garanties suffisantes pour assurer le respect soit des dispositions du titre Ier du présent livre, soit des règles en vigueur en matière de sécurité des personnes exerçant une activité professionnelle sur le site, soit des dispositions applicables en matière de protection de l'environnement. Ils peuvent également s'opposer à l'exercice des activités ainsi déclarées au regard de la qualité de l'information des participants, des modalités de recueil du consentement et de la pertinence éthique et scientifique du projet.

Le ministre chargé de la recherche et, le cas échéant, le directeur général de l'agence régionale de santé territorialement compétent peuvent à tout moment suspendre ou interdire les activités qui ne répondent plus à ces exigences.

Préalablement à la décision d'opposition, de suspension ou d'interdiction, le ministre chargé de la recherche recueille l'avis du comité consultatif sur le traitement de l'information en matière de recherche dans le domaine de la santé, prévu à l'article 40-2 de la loi n° 78-17 du 6 janvier 1978 relative à l'informatique, aux fichiers et aux libertés.

Par dérogation aux alinéas précédents, les activités visées au premier alinéa sont régies par les dispositions du titre II du livre Ier de la présente partie, lorsqu'elles sont mises en œuvre dans le cadre d'un projet de recherche biomédicale au sens de l'article L. 1121-1.

(Al. mod. à compter de la date prévue au III de l'article 41 de la loi n° 2011-2012 du 29 décembre 2011, L. n° 2011-2012, 29 déc. 2011) L'Agence nationale de sécurité du médicament et des produits de santé est informée des activités de conservation ou de préparation à des fins scientifiques de tissus et cellules du corps humain réalisées sur le même site que des activités de même nature exercées à des fins thérapeutiques. Dans ce cas, la suspension ou l'interdiction de l'exercice des activités déclarées est de droit quand elle est demandée par l'Agence nationale de sécurité du médicament et des produits de santé pour des raisons de sécurité sanitaire.

Les organismes mentionnés au premier alinéa ne peuvent céder les tissus et cellules du corps humain qu'ils conservent ou préparent qu'à un autre établissement ou organisme qui a lui-même déclaré des activités similaires.

Art. L. 1243-4 ***(L. n° 2004-800, 6 août 2004 ; mod. à compter de la date prévue au II de l'article 29 de l'Ordonnance n° 2010-177 du 23 février 2010, Ord. n° 2010-177, 23 févr. 2010). – (Al. mod. à compter de la date prévue au I de l'article 8 de l'ordonnance n° 2016-800 du 20 juin 2016, L. n° 2012-300, 5 mars 2012)*** **Tout organisme qui assure la conservation et la préparation de tissus et cellules, d'organes, de sang, de ses composants et de ses produits dérivés, issus du corps humain en vue de leur cession pour un usage scientifique doit être titulaire d'une autorisation délivrée par le ministre chargé de la recherche. Lorsque l'organisme est un établissement de santé, l'autorisation est délivrée de manière conjointe par le ministre chargé de la recherche et le directeur général de l'agence régionale de santé territorialement compétent.**

(Al. rempl. à compter de la date prévue au I de l'article 8 de l'ordonnance n° 2016-800 du 20 juin 2016, L. n° 2012-300, 5 mars 2012) **Par dérogation, les activités prévues au premier alinéa exercées dans le cadre d'une recherche impliquant la personne humaine sont régies par le titre II du livre Ier de la première partie du présent code.**

Rédaction antérieure. Art. L. 1243-4 *(L. n° 2004-800, 6 août 2004 ; mod. à compter de la date prévue au II de l'article 29 de l'ordonnance n° 2010-177 du 23 février 2010, Ord. n° 2010-177, 23 févr. 2010).* – Tout organisme qui assure la conservation et la préparation de tissus et cellules du corps humain en vue de leur cession dans le cadre d'une activité commerciale, pour un usage scientifique, y compris à des fins de recherche génétique, doit être titulaire d'une autorisation délivrée par le ministre chargé de la recherche, après avis du comité consultatif sur le traitement de l'information en matière de recherche dans le domaine de la santé, prévu à l'article 40-2 de la loi n° 78-17 du 6 janv. 1978 précitée. Une autorisation doit être obtenue dans les mêmes conditions par tout organisme qui assure la conservation et la préparation de tissus et cellules du corps humain en vue de leur cession à titre gratuit pour un usage scientifique. Lorsque l'organisme est un établissement de santé, l'autorisation est délivrée de manière conjointe par le ministre chargé de la recherche et le directeur général de l'agence régionale de santé territorialement compétent.

Tout organisme qui assure la conservation et la préparation de tissus et cellules du corps humain en vue de leur cession dans le cadre d'une activité commerciale, pour un usage scientifique, y compris à des fins de recherche génétique, doit être titulaire d'une autorisation délivrée par le ministre chargé de la recherche, après avis du comité consultatif sur le traitement de l'information en matière de recherche dans le domaine de la santé, prévu à l'article 40-2 de la loi n° 78-17 du 6 janvier 1978 précitée. Une autorisation doit être obtenue dans les mêmes conditions par tout organisme qui assure la conservation et la préparation de tissus et cellules du corps humain en vue de leur cession à titre gratuit pour un usage scientifique. Lorsque l'organisme est un établissement de santé, l'autorisation est délivrée de manière conjointe par le ministre chargé de la recherche et le directeur de l'agence régionale de l'hospitalisation territorialement compétent.

Les dispositions du présent article sont applicables aux organismes assurant des activités de conservation et de préparation des organes, du sang, de ses composants et de ses produits dérivés.

Art. L. 1243-5 ***(Abr., L. n° 2012-387, 22 mars 2012).***

Rédaction antérieure. Art. L. 1243-5 *(L. n° 2004-800, 6 août 2004 ; mod., Ord. n° 2007-613, 26 avr. 2007).* – Les tissus ainsi que leurs dérivés utilisés à des fins thérapeutiques et les préparations de thérapie cellulaire font l'objet d'une autorisation de *(Mots rempl. à compter de la date prévue au III de l'article 41 de la loi n° 2011-2012 du 29 décembre 2011, L. n° 2011-2012, 29 déc. 2011)* « l'Agence nationale de sécurité du médicament et des produits de santé » après évaluation de leurs procédés de préparation et de conservation ainsi que de leurs indications thérapeutiques et après avis de l'Agence de la biomédecine.

Toute modification des éléments figurant dans l'autorisation initiale doit faire l'objet d'une nouvelle autorisation.

L'Agence de la biomédecine est informée des autorisations délivrées en application du présent article.

Art. L. 1243-6 ***(L. n° 2004-800, 6 août 2004 ; mod., à compter de la date prévue au II de l'article 29 de l'Ordonnance n° 2010-177 du 23 février 2010, Ord. n° 2010-177, 23 févr. 2010).*** **– Les greffes de tissus et les administrations de préparations de thérapie cellulaire ne peuvent être pratiquées que dans des établissements de santé. Lorsque ces activités sont d'un coût élevé ou nécessitent des dispositions particulières dans l'intérêt de la santé publique, elles ne peuvent être pratiquées que dans des établissements**

de santé autorisés à cet effet, après avis de l'Agence de la biomédecine, dans les conditions prévues au chapitre Ier du titre II du livre Ier de la sixième partie.

Rédaction antérieure. Toutefois, peuvent être utilisés par les médecins et les chirurgiens-dentistes en dehors des établissements de santé les tissus et les préparations de thérapie cellulaire figurant sur une liste arrêtée par le ministre chargé de la santé sur proposition de l'Agence française de sécurité sanitaire des produits de santé et après avis de l'Agence de la biomédecine, à condition qu'ils soient utilisés dans le respect de règles de bonnes pratiques arrêtées selon les mêmes modalités.

Toutefois, peuvent être utilisés par les médecins et les chirurgiens-dentistes en dehors des établissements de santé les tissus et les préparations de thérapie cellulaire figurant sur une liste arrêtée par le ministre chargé de la santé sur proposition de *(Mots rempl. à compter de la date prévue au III de l'article 41 de la loi n° 2011-2012 du 29 décembre 2011, L. n° 2011-2012, 29 déc. 2011)* « l'Agence nationale de sécurité du médicament et des produits de santé » et après avis de l'Agence de la biomédecine, à condition qu'ils soient utilisés dans le respect de règles de bonnes pratiques arrêtées selon les mêmes modalités.

Peuvent être autorisés à pratiquer des allogreffes de cellules hématopoïétiques, selon les dispositions du chapitre II du titre IV du livre Ier de la sixième partie, les établissements de santé qui assurent des activités d'enseignement médical et de recherche médicale, ainsi que les établissements de santé liés par convention aux précédents. L'autorité administrative compétente délivre l'autorisation après avis de l'Agence de la biomédecine.

Les greffes composites de tissus vascularisés sont assimilées aux greffes d'organes et relèvent des mêmes dispositions.

Cet article ne s'applique pas aux greffes et administration d'éléments et produits du corps humain mentionnés à l'article L. 1211-8.

Art. L. 1243-7 *(L. n° 2004-800, 6 août 2004 ; mod., L. n° 2012-387, 22 mars 2012).* – La délivrance des autorisations prévues aux articles L. 1243-2, et L. 1243-6 est subordonnée à des conditions techniques, sanitaires ou médicales et, en tant que de besoin, financières, ainsi qu'à des conditions propres à garantir un fonctionnement conforme aux principes généraux énoncés par le titre Ier du présent livre.

Art. L. 1243-8 *(Mod. à compter de la date prévue au II de l'article 29 de l'Ordonnance n° 2010-177 du 23 février 2010, Ord. n° 2010-177, 23 févr. 2010 ; mod., Ord. n° 2018-21, 17 janv. 2018).* – Le schéma régional ou interrégional de santé est arrêté par l'autorité compétente après avis de l'Agence de la biomédecine lorsqu'il concerne l'activité d'allogreffes de cellules hématopoïétiques.

Rédaction antérieure. Art. L. 1243-8 *(L. n° 2004-800, 6 août 2004).* – Le schéma d'organisation sanitaire prévu aux articles L. 6121-1 et L. 6121-4 est arrêté par l'autorité compétente après avis de l'Agence de la biomédecine lorsqu'il concerne l'activité d'allogreffes de cellules hématopoïétiques.

Art. L. 1243-9 *(L. n° 2004-800, 6 août 2004 ; mod., Ord. n° 2007-613, 26 avr. 2007 ; L. n° 2012-387, 22 mars 2012).* – Les modalités d'application du présent chapitre sont déterminées par décret en Conseil d'État, et notamment :

1° Les activités d'un coût élevé ou nécessitant des dispositions particulières dans l'intérêt de la santé publique prévues à l'article L. 1243-6 ;

2° Les conditions et les modalités de délivrance des autorisations prévues aux articles L. 1243-2, et L. 1243-6, ainsi que les conditions de modification de ces autorisations par l'autorité administrative compétente, notamment la liste des modifications devant faire l'objet de l'autorisation prévue au troisième alinéa de l'article L. 1243-2, ainsi que les conditions de suspension ou de retrait de ces autorisations par l'autorité administrative compétente ;

3° En tant que de besoin, les règles, notamment financières et économiques, propres à assurer le respect des dispositions du titre Ier du présent livre applicables à la préparation, la conservation, la transformation, la distribution et la cession des tissus et des préparations de thérapie cellulaire.

CHAPITRE IV. – DON ET UTILISATION DE GAMÈTES

Art. L. 1244-1. – Le don de gamètes consiste en l'apport par un tiers de spermatozoïdes ou d'ovocytes en vue d'une assistance médicale à la procréation.

Art. L. 1244-1-1 *(L. n° 2011-814, 7 juill. 2011).* – Les médecins gynécologues informent régulièrement leurs patientes sur le don d'ovocytes.

Art. L. 1244-1-2 *(L. n° 2011-814, 7 juill. 2011)*. – Les médecins traitants informent régulièrement leurs patients sur le don de gamètes.

Art. L. 1244-2 *(Rempl., L. n° 2004-800, 6 août 2004 ; mod., L. n° 2011-814, 7 juill. 2011)*. – Le donneur doit avoir procréé. Le consentement des donneurs et, s'ils font partie d'un couple, celui de l'autre membre du couple sont recueillis par écrit et peuvent être révoqués à tout moment jusqu'à l'utilisation des gamètes.

Il en est de même du consentement des deux membres du couple receveur.

Lorsqu'il est majeur, le donneur peut ne pas avoir procréé. Il se voit alors proposer le recueil et la conservation d'une partie de ses gamètes ou de ses tissus germinaux en vue d'une éventuelle réalisation ultérieure, à son bénéfice, d'une assistance médicale à la procréation, dans les conditions prévues au titre IV du livre Ier de la deuxième partie. Ce recueil et cette conservation sont subordonnés au consentement du donneur.

Art. L. 1244-3. – L'insémination artificielle par sperme frais provenant d'un don et le mélange de spermes sont interdits.

Art. L. 1244-4 *(L. n° 2004-800, 6 août 2004)*. – Le recours aux gamètes d'un même donneur ne peut délibérément conduire à la naissance de plus de dix enfants.

Art. L. 1244-5 *(Abr., Ord. n° 2008-480, 22 mai 2008 ; L. n° 2011-814, 7 juill. 2011 ; L. n° 2016-41, 26 janv. 2016)*. – La donneuse bénéficie d'une autorisation d'absence de son employeur pour se rendre aux examens et se soumettre aux interventions nécessaires à la stimulation ovarienne et au prélèvement ovocytaire. Lorsque la donneuse est salariée, l'autorisation est accordée dans les conditions prévues au dernier alinéa de l'article L. 1225-16 du Code du travail.

Art. L. 1244-6 *(Mod., Ord. n° 2008-480, 22 mai 2008 ; L. n° 2011-814, 7 juill. 2011 ; Ord. n° 2017-28, 12 janv. 2017 ; mod. à compter de la date prévue à l'article 29 de l'ordonnance n° 2018-1125 du 12 décembre 2018 et au plus tard le 1er juin 2019, Ord. n° 2018-1125, 12 déc. 2018)*. – Les organismes, établissements et groupements de coopération sanitaire autorisés dans les conditions prévues à l'article L. 2142-1 fournissent aux autorités sanitaires les informations utiles relatives aux donneurs. Un médecin peut accéder aux informations médicales non identifiantes en cas de nécessité thérapeutique concernant un enfant conçu à partir de gamètes issus de don.

En application de la loi n° 78-17 du 6 janvier 1978 relative à l'informatique, aux fichiers et aux libertés, toute personne, autorité publique, service ou organisme, et notamment les centres d'études et de conservation des œufs et du sperme humains, qui recueille et conserve des données à caractère personnel relatives aux donneurs de gamètes ou d'embryons, aux couples receveurs ou aux personnes issues des techniques d'assistance médicale à la procréation avec tiers donneur est soumis au contrôle de la Commission nationale de l'informatique et des libertés.

Celle-ci contrôle les conditions dans lesquelles est effectué le recueil des données à caractère personnel à l'occasion des procréations médicalement assistées. La mise en place de tout traitement automatisé concernant ces données est soumise au respect des dispositions de la loi n° 78-17 du 6 janvier 1978 précitée. La commission peut réaliser des contrôles sur place afin de s'assurer de la bonne conservation de ces données, quel qu'en soit le support.

En cas de non-respect de cette même loi, elle peut mettre en œuvre les mesures prévues aux articles 20 à 23 de ladite loi.

Art. L. 1244-7 *(Mod., L. n° 2004-800, 6 août 2004)*. – Le bénéfice d'un don de gamètes ne peut en aucune manière être subordonné à la désignation par le couple receveur d'une personne ayant volontairement accepté de procéder à un tel don en faveur d'un couple tiers anonyme.

La donneuse d'ovocytes doit être particulièrement informée des conditions de la stimulation ovarienne et du prélèvement ovocytaire, des risques et des contraintes liés à cette technique, lors des entretiens avec l'équipe médicale pluridisciplinaire. Elle est informée des conditions légales du don, notamment du principe d'anonymat et du principe de gratuité. Elle bénéficie du remboursement des frais engagés pour le don.

Art. L. 1244-8 *(Abr., Ord. n° 2008-480, 22 mai 2008)*.

Art. L. 1244-9. – Les modalités d'application du présent chapitre sont déterminées par décret en Conseil d'État.

CHAPITRE V. – DISPOSITIONS COMMUNES

(Rempl., L. n° 2004-800, 6 août 2004)

Art. L. 1245-1 *(L. n° 2004-800, 6 août 2004 ; mod., Ord. n° 2008-480, 22 mai 2008 ; à compter de la date prévue au I de l'article 8 de l'ordonnance n° 2016-800 du 20 juin 2016, L. n° 2012-387, 22 mars 2012).* – Toute violation constatée dans un établissement ou un organisme, et du fait de celui-ci, des prescriptions législatives et réglementaires relatives aux prélèvements et aux greffes d'organes, aux prélèvements de tissus et de cellules, à la conservation et à la préparation des tissus ou des préparations de thérapie cellulaire, ainsi qu'à la greffe de ces tissus ou à l'administration de ces préparations, entraîne la suspension ou le retrait des autorisations prévues aux articles L. 1233-1, L. 1234-2, L. 1242-1, L. 1243-2, L. 1243-4, et L. 1243-6.

Le retrait ne peut intervenir qu'après un délai d'un mois suivant une mise en demeure adressée par l'autorité administrative à l'établissement ou l'organisme et précisant les griefs formulés à son encontre. En cas d'urgence tenant à la sécurité des personnes en cause, une suspension provisoire peut être prononcée à titre conservatoire.

> **Rédaction antérieure.** La décision de retrait est publiée au *Journal officiel* de la République française. Le retrait temporaire ou définitif des autorisations mentionnées aux articles L. 1233-1, L. 1242-1 et L. 1243-4 est de droit lorsqu'il est demandé par l'Agence française de sécurité sanitaire des produits de santé.

Le retrait temporaire ou définitif des autorisations mentionnées aux articles L. 1233-1, L. 1242-1 et L. 1243-4 est de droit lorsqu'il est demandé par *(Mots rempl. à compter de la date prévue au III de l'article 41 de la loi n° 2011-2012 du 29 décembre 2011, L. n° 2011-2012, 29 déc. 2011)* « l'Agence nationale de sécurité du médicament et des produits de santé ».

Art. L. 1245-2 *(L. n° 2004-800, 6 août 2004 ; mod., L. n° 2011-814, 7 juill. 2011).* – Les tissus, les cellules et les produits du corps humain, prélevés à l'occasion d'une intervention chirurgicale pratiquée dans l'intérêt de la personne opérée, à l'exception des cellules du sang de cordon et du sang placentaire ainsi que des cellules du cordon et du placenta, peuvent être utilisés à des fins thérapeutiques ou scientifiques, sauf opposition exprimée par elle après qu'elle a été informée des finalités de cette utilisation.

Lorsque cette personne est un mineur ou un majeur sous tutelle, l'utilisation ultérieure des éléments ou des produits ainsi prélevés est subordonnée à l'absence d'opposition qui peut être exprimée par tous moyens par les titulaires de l'autorité parentale ou du tuteur, dûment informés des finalités de cette utilisation. Le refus du mineur ou du majeur sous tutelle fait obstacle à cette utilisation.

Les tissus, les cellules, les produits du corps humain et le placenta ainsi prélevés sont soumis aux dispositions du titre Ier, à l'exception du premier alinéa de l'article L. 1211-2, et à celles du chapitre III du présent titre.

Art. L. 1245-3 *(L. n° 2004-800, 6 août 2004).* – Tout prélèvement de tissus et de cellules en vue de don effectué dans les conditions prévues par le chapitre II du présent titre est une activité médicale.

Art. L. 1245-4 *(L. n° 2004-800, 6 août 2004 ; mod., L. n° 2012-387, 22 mars 2012).* – Pour l'application du présent titre, les prélèvements pratiqués à fins de greffe ou d'administration dans le cadre des recherches biomédicales au sens de l'article L. 1121-1 sont regardés comme des prélèvements à des fins thérapeutiques, sans préjudice des dispositions du titre II du livre Ier de la présente partie relatives à la protection des personnes qui se prêtent à des recherches biomédicales.

Dans le cas des recherches biomédicales portant sur les préparations de thérapie cellulaire mentionnées à l'article L. 1243-1 et sur les tissus et leurs dérivés, l'autorisation de mener la recherche vaut également autorisation, pour cette recherche, des lieux de prélèvement, de conservation, de préparation et d'administration mentionnés aux articles L. 1242-1, L. 1243-2 et L. 1243-6 et elle vaut autorisation d'importation et d'exportation mentionnée à l'article L. 1245-5.

> **Rédaction future. Art. L. 1245-4** *(L. n° 2004-800, 6 août 2004).* – Pour l'application du présent titre, les prélèvements pratiqués à fins de greffe ou d'administration dans le cadre des recherches impliquant la personne humaine au sens de l'article L. 1121-1 sont regardés comme des prélèvements à des fins thérapeutiques, sans préjudice des dispositions du titre II du livre Ier de la présente partie relatives à la protection des personnes qui se prêtent à des recherches impliquant la personne humaine.
>
> *(Mod., L. n° 2012-387, 22 mars 2012 ; mod. à compter de la date prévue à l'article 11 de la loi n° 2012-300 du 5 mars 2012, L. n° 2012-300, 5 mars 2012)* Dans le cas des recherches impliquant la personne humaine portant sur les préparations de thérapie cellulaire mentionnées à l'article L. 1243-1 et sur les tissus, l'autorisation de mener la recherche vaut également autorisation, pour cette recherche, des lieux de prélèvement, de conservation, de préparation et d'administration ou de greffe

mentionnés aux articles L. 1242-1, L. 1243-2 et L. 1243-6 et elle vaut autorisation d'importation et d'exportation mentionnée à l'article L. 1245-5.

Art. L. 1245-5 *(Rempl., L. n° 2017-220, 23 févr. 2017)*. – I. - Les établissements ou les organismes autorisés par l'Agence nationale de sécurité du médicament et des produits de santé, en application de l'article L. 1243-2, peuvent se procurer, à des fins thérapeutiques, des tissus, leurs dérivés et des cellules issus du corps humain, quel que soit leur niveau de préparation, ainsi que des préparations de thérapie cellulaire, préparés et conservés dans un État membre de l'Union européenne ou partie à l'accord sur l'Espace économique européen.

Tout élément ou produit du corps humain mentionné au premier alinéa du présent I qui a été préparé et conservé dans un État membre de l'Union européenne ou partie à l'accord sur l'Espace économique européen et qui n'a pas fait l'objet de l'autorisation de procédé de préparation prévue au 2 de l'article 6 de la directive 2004/23/CE du Parlement européen et du Conseil du 31 mars 2004 relative à l'établissement de normes de qualité et de sécurité pour le don, l'obtention, le contrôle, la transformation, la conservation, le stockage et la distribution des tissus et cellules humains fait l'objet, préalablement à son entrée sur le territoire douanier, de l'autorisation du procédé de préparation ainsi que de l'évaluation de ses indications thérapeutiques prévues à l'article L. 1243-2. Cette autorisation est délivrée par l'Agence nationale de sécurité du médicament et des produits de santé, après avis de l'Agence de la biomédecine, aux établissements ou aux organismes mentionnés au premier alinéa du présent I.

Peuvent fournir, à des fins thérapeutiques, à un établissement agréé dans un État membre de l'Union européenne ou partie à l'accord sur l'Espace économique européen les éléments et produits du corps humain mentionnés au premier alinéa du présent I, les établissements ou les organismes autorisés par l'Agence nationale de sécurité du médicament et des produits de santé en application de l'article L. 1243-2 qui disposent pour ces éléments ou produits de l'autorisation de procédé de préparation et de conservation prévue au même article L. 1243-2.

Lorsque ces établissements ou ces organismes ne disposent pas de cette autorisation de procédé, ils communiquent à l'Agence nationale de sécurité du médicament et des produits de santé les motifs pour lesquels cette autorisation ne leur a pas été délivrée ainsi que, le cas échéant, les informations relatives à ce procédé. L'agence communique, sur leur demande, aux autorités de santé compétentes du pays destinataire les motifs pour lesquels un établissement ou un organisme ne dispose pas de l'autorisation de procédé.

Lorsque l'agence a refusé de délivrer l'autorisation de procédé mentionnée audit article L. 1243-2 ou lorsqu'elle estime, au vu des informations transmises, qu'il y a un risque lié à la qualité ou à la sécurité du produit ou que les données transmises sont insuffisantes, elle peut interdire aux établissements ou aux organismes de fournir ces produits.

II. - Seuls les établissements ou les organismes mentionnés au premier alinéa du I du présent article, les établissements de santé effectuant les activités mentionnées au premier alinéa de l'article L. 1243-6 ainsi que les médecins et les chirurgiens-dentistes mentionnés au deuxième alinéa du même article L. 1243-6 peuvent importer, à des fins thérapeutiques, en provenance d'un État non membre de l'Union européenne ou n'étant pas partie à l'accord sur l'Espace économique européen, les éléments et produits du corps humain mentionnés au premier alinéa du I du présent article. Ces établissements, organismes ou personnes physiques sont soumis à une autorisation d'importation délivrée par l'Agence nationale de sécurité du médicament et des produits de santé, après avis de l'Agence de la biomédecine.

Seuls les établissements ou les organismes autorisés par l'Agence nationale de sécurité du médicament et des produits de santé en application de l'article L. 1243-2 peuvent, à titre exceptionnel, être autorisés par cette agence à importer les éléments ou produits mentionnés au premier alinéa du I du présent article, à l'usage personnel d'un ou de plusieurs receveurs connus de ces établissements ou de ces organismes et du fournisseur établi dans un État non membre de l'Union européenne ou n'étant pas partie à l'accord sur l'Espace économique européen. Ce type d'importation ne peut avoir lieu qu'une fois pour un même receveur.

Seuls les établissements ou les organismes autorisés par l'Agence nationale de sécurité du médicament et des produits de santé en application de l'article L. 1243-2 peuvent exporter, à des fins thérapeutiques, les éléments ou produits mentionnés au premier alinéa du I du présent article, vers un État non membre de l'Union européenne ou n'étant pas partie à l'accord sur l'Espace économique européen. Ces établissements ou ces organismes sont soumis à une autorisation d'exportation délivrée par l'Agence nationale de sécurité du médicament et des produits de santé, après avis de l'Agence de la biomédecine.

Les autorisations mentionnées aux premier et avant-dernier alinéas du présent II précisent notamment l'activité des établissements, organismes ou personnes physiques mentionnés au premier alinéa du présent II et la catégorie des tissus et de leurs dérivés ou des préparations de thérapie cellulaire importés ou exportés ainsi que, le cas échéant, les indications thérapeutiques reconnues. L'Agence de la biomédecine est informée des autorisations délivrées.

III. - Par dérogation aux premier et avant-dernier alinéas du II, des établissements ou des organismes ne bénéficiant pas de l'autorisation d'exercer les activités d'importation ou d'exportation peuvent, dans des situations d'urgence, être autorisés par l'Agence nationale de sécurité du médicament et des produits de santé, après avis de l'Agence de la biomédecine, à importer ou à exporter, à des fins thérapeutiques, des tissus, leurs dérivés et des préparations de thérapie cellulaire destinés à un patient. L'Agence de la biomédecine est informée des autorisations délivrées en application du présent III.

Art. L. 1245-5-1 *(L. n° 2017-220, 23 févr. 2017)*. – I. - Les établissements pharmaceutiques et les établissements autorisés en application des articles L. 4211-9-1 et L. 4211-9-2 peuvent se procurer des tissus, leurs dérivés ou des cellules issus du corps humain auprès d'un État membre de l'Union européenne ou partie à l'accord sur l'Espace économique européen lorsque ces éléments ou produits sont destinés à la fabrication de spécialités pharmaceutiques, de médicaments fabriqués industriellement ou de médicaments de thérapie innovante définis au 17° de l'article L. 5121-1, y compris lorsque ces éléments ou produits sont destinés à être utilisés dans le cadre de recherches mentionnées à l'article L. 1121-1. Ces mêmes établissements peuvent, aux mêmes fins, fournir des tissus, leurs dérivés ou des cellules issus du corps humain à un établissement agréé dans un État membre de l'Union européenne ou partie à l'accord sur l'Espace économique européen.

Les fabricants de dispositifs médicaux de diagnostic *in vitro* peuvent se procurer des tissus, leurs dérivés ou des cellules issus du corps humain auprès d'un État membre de l'Union européenne ou partie à l'accord sur l'Espace économique européen, destinés à la fabrication de ces dispositifs. Ils peuvent, aux mêmes fins, fournir ces tissus, leurs dérivés ou cellules issus du corps humain à un établissement agréé dans un État membre de l'Union européenne ou partie à l'accord sur l'Espace économique européen.

Seules peuvent se procurer des échantillons biologiques auprès d'un État membre de l'Union européenne ou partie à l'accord sur l'Espace économique européen les personnes dont l'activité comporte des examens de biologie médicale, des examens d'anatomo-cytopathologie, des expertises judiciaires ou des contrôles de qualité ou d'évaluation, notamment de dispositifs médicaux de diagnostic *in vitro*. De même, seules ces personnes peuvent fournir ces échantillons à un établissement agréé dans un État membre de l'Union européenne ou partie à l'accord sur l'Espace économique européen.

Seuls les organismes autorisés par le ministre chargé de la recherche peuvent se procurer auprès d'un État membre de l'Union européenne ou partie à l'accord sur l'Espace économique européen à des fins scientifiques, des tissus ou des cellules. De même, seuls ces organismes peuvent fournir, aux mêmes fins, ces tissus ou cellules à un État membre de l'Union européenne ou partie à l'accord sur l'Espace économique européen.

II. - Les établissements pharmaceutiques et les établissements autorisés en application des articles L. 4211-9-1 et L. 4211-9-2 qui importent des tissus, leurs dérivés ou des cellules issus du corps humain, en provenance d'un État non membre de l'Union européenne ou n'étant pas partie à l'accord sur l'Espace économique européen, destinés à la fabrication de spécialités pharmaceutiques, de médicaments fabriqués industriellement ou de médicaments de thérapie innovante définis au 17° de l'article L. 5121-1, y compris lorsque ces éléments ou produits sont destinés à être utilisés dans le cadre de recherches mentionnées à l'article L. 1121-1, sont soumis à une autorisation d'importation délivrée par l'Agence nationale de sécurité du médicament et des produits de santé. Ces mêmes établissements peuvent, aux mêmes fins, exporter ces tissus, leurs dérivés ou cellules issus du corps humain vers un État non membre de l'Union européenne ou n'étant pas partie à l'accord sur l'Espace économique européen.

Les fabricants de dispositifs médicaux de diagnostic *in vitro* peuvent importer d'un État non membre de l'Union européenne ou n'étant pas partie à l'accord sur l'Espace économique européen des tissus, leurs dérivés ou des cellules issus du corps humain destinés à la fabrication de dispositifs médicaux de diagnostic *in vitro*. Ces mêmes fabricants peuvent, aux mêmes fins, exporter ces tissus, leurs dérivés ou cellules issus du corps humain vers un État non membre de l'Union européenne ou n'étant pas partie à l'accord sur l'Espace économique européen.

Seules peuvent importer des échantillons biologiques d'un État non membre de l'Union européenne ou n'étant pas partie à l'accord sur l'Espace économique européen les personnes dont l'activité comporte des examens de biologie médicale, des examens d'anatomo-cytopathologie, des expertises judiciaires ou des contrôles de qualité ou d'évaluation, notamment de dispositifs médicaux de diagnostic *in vitro*. De même, seules ces personnes peuvent exporter ces échantillons vers un État non membre de l'Union européenne ou n'étant pas partie à l'accord sur l'Espace économique européen.

Seuls peuvent importer des tissus et cellules, à des fins scientifiques, d'un État non membre de l'Union européenne ou n'étant pas partie à l'accord sur l'Espace économique européen les organismes autorisés par le ministre chargé de la recherche. De même, seuls ces organismes peuvent, aux mêmes fins, exporter ces tissus, leurs dérivés ou cellules vers un État non membre de l'Union européenne ou n'étant pas partie à l'accord sur l'Espace économique européen.

Art. L. 1245-6 *(L. n° 2004-800, 6 août 2004 ; Ord. n° 2005-1087, 1er sept. 2005 ; mod., Ord. n° 2007-613, 26 avr. 2007 ; n° 2011-2012, 29 déc. 2011). – (Mod., L. n° 2012-387, 22 mars 2012)* Les règles de bonnes pratiques qui s'appliquent au prélèvement, à la préparation, à la conservation, à la distribution, à la cession [,]au transport et à l'utilisation des tissus, des cellules et des préparations de thérapie cellulaire ainsi que des produits du corps humain utilisés à des fins thérapeutiques sont définies par décision de l'Agence nationale de sécurité du médicament et des produits de santé après avis de l'Agence de la biomédecine.

Art. L. 1245-7 *(L. n° 2004-800, 6 août 2004).* – Les modalités d'application du présent chapitre sont déterminées par décret en Conseil d'État.

Art. L. 1245-8 *(Rempl., Ord. n° 2018-20, 17 janv. 2018).* – Les dispositions du présent titre s'appliquent aux hôpitaux des armées, au centre de transfusion sanguine des armées ainsi qu'aux autres éléments du service de santé des armées. Elles s'appliquent, le cas échéant, à d'autres éléments du ministère de la défense ayant des missions de prélèvement, collecte, préparation, conservation et utilisation des tissus, des cellules ou de leurs dérivés.

Un décret en Conseil d'État détermine les adaptations qui peuvent être apportées :

1° En ce qui concerne les hôpitaux des armées et le centre de transfusion sanguine des armées, aux procédures de déclaration et d'autorisation applicables aux établissements de santé, aux établissements de transfusion sanguine et aux établissements ou organismes autorisés au titre des articles L. 1243-2 et L. 1245-5 ;

2° En ce qui concerne les autres éléments du service de santé des armées et les autres éléments du ministère de la défense ayant des missions de prélèvement, collecte, préparation, conservation et utilisation des tissus, des cellules ou de leurs dérivés, soumis aux procédures de déclaration et d'autorisation du présent titre relatives à la conservation et la préparation à des fins scientifiques de tissus et cellules issus du corps humain.

TITRE V. – DISPOSITIONS COMMUNES AUX ORGANES, TISSUS ET CELLULES

(Rempl., L. n° 2004-800, 6 août 2004)

CHAPITRE UNIQUE

Art. L. 1251-1 *(Rempl., L. n° 2004-800, 6 août 2004).* – Peuvent seules bénéficier d'une greffe d'organes, de cornée ou d'autres tissus dont la liste est fixée par arrêté, après avis de l'Agence de la biomédecine, les personnes, quel que soit leur lieu de résidence, qui sont inscrites sur une liste nationale.

TITRE VI. – DISPOSITIONS RELATIVES AUX PRODUITS THÉRAPEUTIQUES ANNEXES

(Intitulé rempl. et chap. I et II qui comprenaient les anciens art. L. 1261-1 à L. 1261-6 et L. 1262-1 à L. 1262-3, abr., et anc. art. L. 1263-4, abr., L. n° 2004-800, 6 août 2004)

CHAPITRE UNIQUE. – PRODUITS THÉRAPEUTIQUES ANNEXES

(Anc. chap. III, dénum., L. n° 2004-800, 6 août 2004)

Art. L. 1261-1 *(Anc. art. L. 1263-1, dénum., L. n° 2004-800, 6 août 2004 ; abr. L. n° 2016-41, 26 janv. 2016).*

Art. L. 1261-2 *(Anc. art. L. 1263-2, dénum., L. n° 2004-800, 6 août 2004 ; mod. à compter de la date prévue au III de l'article 41 de la loi n° 2011-2012 du 29 décembre 2011, L. n° 2011-2012, 29 déc. 2011 ; abr. L. n° 2016-41, 26 janv. 2016).*

Rédaction antérieure. Art. L. 1261-2 *(Anc. art. L. 1263-2, dénum., L. n° 2004-800, 6 août 2004).* – Tout produit thérapeutique annexe fait l'objet, préalablement à sa mise sur le marché, d'une autorisation délivrée par l'Agence française de sécurité sanitaire des produits de santé.

L'autorisation est refusée lorsqu'il apparaît que le produit ne présente pas les conditions garantissant sa qualité, son innocuité et son efficacité dans des conditions normales d'emploi.

L'autorisation peut être modifiée, suspendue ou retirée par l'Agence française de sécurité sanitaire des produits de santé. Un décret en Conseil d'État précise les conditions d'octroi, de suspension ou de retrait de l'autorisation.

Elle peut enfin fixer des conditions particulières ou des restrictions pour l'utilisation de ces produits afin de garantir leur sécurité sanitaire.

Art. L. 1261-3 *(Anc. art. L. 1263-3, dénum., L. n° 2004-800, 6 août 2004 ; Ord. n° 2005-1087, 1er sept. 2005 ; mod. à compter de la date prévue au III de l'article 41 de la loi n° 2011-2012 du 29 décembre 2011, L. n° 2011-2012, 29 déc. 2011 ; abr. L. n° 2016-41, 26 janv. 2016).*

Rédaction antérieure. Art. L. 1261-3 *(Anc. art. L. 1263-3, dénum., L. n° 2004-800, 6 août 2004 ; Ord. n° 2005-1087, 1er sept. 2005).* – La préparation, la transformation, le conditionnement, la conservation, l'importation, le transport ou la distribution des produits thérapeutiques annexes doivent être réalisés en conformité avec des règles de bonne pratique dont les principes sont définis par décision de l'Agence française de sécurité sanitaire des produits de santé.

....

PARTIE DEUXIÈME. – SANTÉ DE LA FAMILLE, DE LA MÈRE ET DE L'ENFANT

LIVRE PREMIER. – PROTECTION ET PROMOTION DE LA SANTÉ MATERNELLE ET INFANTILE

....

TITRE II. – ACTIONS DE PRÉVENTION CONCERNANT LES FUTURS CONJOINTS ET PARENTS

CHAPITRE I. – EXAMEN MÉDICAL PRÉNUPTIAL

Art. L. 2121-1 et L. 2121-2 *(Abr., L. n° 2007-1787, 20 déc. 2007).*

CHAPITRE II. – EXAMENS DE PRÉVENTION DURANT ET APRÈS LA GROSSESSE

Art. L. 2122-1 *(L. n° 2004-806, 9 août 2004 ; mod., L. n° 2009-879, 21 juill. 2009 ; L. n° 2016-297, 14 mars 2016).* – **Toute femme enceinte bénéficie d'une surveillance médicale de la grossesse et des suites de l'accouchement qui comporte, en particulier, des examens prénataux et postnataux obligatoires pratiqués ou prescrits par un médecin ou une sage-femme. La déclaration de grossesse peut être effectuée par une sage-femme. Lorsque, à l'issue du premier examen prénatal, la sage-femme constate une situation ou des antécédents pathologiques, elle adresse la femme enceinte à un médecin.**

Le nombre et la nature des examens obligatoires ainsi que les périodes au cours desquelles ils doivent intervenir sont déterminés par voie réglementaire.

À l'occasion du premier examen prénatal, après information sur les risques de contamination, un test de dépistage de l'infection par le virus de l'immuno-déficience humaine est proposé à la femme enceinte. Le médecin ou la sage-femme propose également un frottis cervico-utérin, dans les conditions fixées par arrêté du ministre chargé de la santé. Lors de cet examen, le médecin ou la sage-femme propose à la femme enceinte un entretien prénatal précoce dont l'objet est de permettre au professionnel d'évaluer avec elle ses besoins en termes d'accompagnement au cours de la grossesse.

Art. L. 2122-2. – **Toute femme enceinte est pourvue gratuitement, lors du premier examen prénatal, d'un carnet de grossesse. Un arrêté interministériel détermine le modèle et le mode d'utilisation de ce carnet où sont**

mentionnés obligatoirement les résultats des examens prescrits en application de l'article L. 2122-1 et où sont également notées, au fur et à mesure, toutes les constatations importantes concernant le déroulement de la grossesse et la santé de la future mère.

Le carnet appartient à la future mère. Celle-ci doit être informée que nul ne peut en exiger la communication et que toute personne appelée, de par sa fonction, à prendre connaissance des renseignements qui y sont inscrits est soumise au secret professionnel.

À la demande du père putatif, le médecin peut rendre compte à celui-ci de l'état de santé de la future mère, dans le respect des règles de la déontologie médicale.

Art. L. 2122-3. – Chaque fois que l'examen de la future mère ou les antécédents familiaux le rendent nécessaire, il est également procédé à un examen médical du futur père accompagné, le cas échéant, des analyses et examens complémentaires appropriés.

Art. L. 2122-4. – Les organismes et services chargés du versement des prestations familiales sont tenus de transmettre sous huitaine au médecin responsable du service départemental de protection maternelle et infantile l'attestation de passation de premier examen médical prénatal de leurs allocataires.

La transmission de cette information se fait dans le respect du secret professionnel.

Art. L. 2122-5. – Sauf disposition contraire, les conditions d'application du présent chapitre sont déterminées par décret en Conseil d'État.

CHAPITRE III. – STÉRILISATION À VISÉE CONTRACEPTIVE

(L. n° 2001-588, 4 juill. 2001)

Art. L. 2123-1 *(L. n° 2001-588, 4 juill. 2001)*. – La ligature des trompes ou des canaux déférents à visée contraceptive ne peut être pratiquée sur une personne mineure. Elle ne peut être pratiquée que si la personne majeure intéressée a exprimé une volonté libre, motivée et délibérée en considération d'une information claire et complète sur ses conséquences.

Cet acte chirurgical ne peut être pratiqué que dans un établissement de santé et après une consultation auprès d'un médecin. Ce médecin doit au cours de la première consultation :

- informer la personne des risques médicaux qu'elle encourt et des conséquences de l'intervention ;
- lui remettre un dossier d'information écrit.

Il ne peut être procédé à l'intervention qu'à l'issue d'un délai de réflexion de quatre mois après la première consultation médicale et après une confirmation écrite par la personne concernée de sa volonté de subir une intervention.

Un médecin n'est jamais tenu de pratiquer cet acte à visée contraceptive mais il doit informer l'intéressée de son refus dès la première consultation.

Art. L. 2123-2 *(L. n° 2001-588, 4 juill. 2001)*. – La ligature des trompes ou des canaux déférents à visée contraceptive ne peut être pratiquée sur une personne mineure. Elle ne peut être pratiquée sur une personne majeure dont l'altération des facultés mentales constitue un handicap et a justifié son placement sous tutelle ou sous curatelle que lorsqu'il existe une contre-indication médicale absolue aux méthodes de contraception ou une impossibilité avérée de les mettre en œuvre efficacement.

L'intervention est subordonnée à une décision du juge des tutelles saisi par la personne concernée, les père et mère ou le représentant légal de la personne concernée.

Le juge se prononce après avoir entendu la personne concernée. Si elle est apte à exprimer sa volonté, son consentement doit être systématiquement recherché et pris en compte après que lui a été donnée une information adaptée à son degré de compréhension. Il ne peut être passé outre à son refus ou à la révocation de son consentement.

Le juge entend les père et mère de la personne concernée ou son représentant légal ainsi que toute personne dont l'audition lui paraît utile.

Il recueille l'avis d'un comité d'experts composé de personnes qualifiées sur le plan médical et de représentants d'associations de personnes handicapées. Ce comité apprécie la justification médicale de l'intervention, ses risques ainsi que ses conséquences normalement prévisibles sur les plans physique et psychologique.

Un décret en Conseil d'État fixe les conditions d'application du présent article.

TITRE III. – ACTIONS DE PRÉVENTION CONCERNANT L'ENFANT, L'ADOLESCENT ET LE JEUNE ADULTE

(Intitulé mod., L. n° 2016-1827, 23 déc. 2016)

CHAPITRE I. – Diagnostics anténataux : diagnostic prénatal et diagnostic préimplantatoire

(Intitulé rempl., L. n° 2011-814, 7 juill. 2011)

Art. L. 2131-1 *(Rempl., L. n° 2011-814, 7 juill. 2011 ; mod., L. n° 2016-87, 2 févr. 2016).* – I. - Le diagnostic prénatal s'entend des pratiques médicales, y compris l'échographie obstétricale et fœtale, ayant pour but de détecter *in utero* chez l'embryon ou le fœtus une affection d'une particulière gravité.

II. - Toute femme enceinte reçoit, lors d'une consultation médicale, une information loyale, claire et adaptée à sa situation sur la possibilité de recourir, à sa demande, à des examens de biologie médicale et d'imagerie permettant d'évaluer le risque que l'embryon ou le fœtus présente une affection susceptible de modifier le déroulement ou le suivi de sa grossesse.

III. - Le prescripteur, médecin ou sage-femme, communique les résultats de ces examens à la femme enceinte et lui donne toute l'information nécessaire à leur compréhension.

En cas de risque avéré, la femme enceinte et, si elle le souhaite, l'autre membre du couple sont pris en charge par un médecin et, le cas échéant ou à sa demande, orientés vers un centre pluridisciplinaire de diagnostic prénatal. Ils reçoivent, sauf opposition de leur part, des informations sur les caractéristiques de l'affection suspectée, les moyens de la détecter et les possibilités de prévention, de soin ou de prise en charge adaptée du fœtus ou de l'enfant né. Une liste des associations spécialisées et agréées dans l'accompagnement des patients atteints de l'affection suspectée et de leur famille leur est proposée.

IV. - En cas de risque avéré, de nouveaux examens de biologie médicale et d'imagerie à visée diagnostique peuvent être proposés par un médecin, le cas échéant membre d'un centre pluridisciplinaire de diagnostic prénatal, au cours d'une consultation adaptée à l'affection recherchée.

V. - Préalablement à certains examens mentionnés au II et aux examens mentionnés au IV du présent article, le consentement prévu au quatrième alinéa de l'article L. 1111-4 est recueilli par écrit auprès de la femme enceinte par le médecin ou la sage-femme qui prescrit ou, le cas échéant, qui effectue les examens. La liste de ces examens est déterminée par arrêté du ministre chargé de la santé au regard notamment de leurs risques pour la femme enceinte, l'embryon ou le fœtus et de la possibilité de détecter une affection d'une particulière gravité chez l'embryon ou le fœtus.

VI. - Préalablement au recueil du consentement mentionné au V et à la réalisation des examens mentionnés aux II et IV, la femme enceinte reçoit, sauf opposition de sa part dûment mentionnée par le médecin ou la sage-femme dans le dossier médical, une information portant notamment sur les objectifs, les modalités, les risques, les limites et le caractère non obligatoire de ces examens.

En cas d'échographie obstétricale et fœtale, il lui est précisé en particulier que l'absence d'anomalie détectée ne permet pas d'affirmer que le fœtus soit indemne de toute affection et qu'une suspicion d'anomalie peut ne pas être confirmée ultérieurement.

VII. - Les examens de biologie médicale destinés à établir un diagnostic prénatal sont pratiqués dans des laboratoires de biologie médicale faisant appel à des praticiens en mesure de prouver leur compétence, autorisés selon les modalités prévues au titre II du livre Ier de la sixième partie et accrédités selon les modalités prévues au chapitre Ier du titre II du livre II de la même partie. Lorsque le laboratoire dépend d'un établissement de santé, l'autorisation est délivrée à cet établissement.

VIII. - La création de centres pluridisciplinaires de diagnostic prénatal, mentionnés au III, dans des organismes et établissements de santé publics et privés d'intérêt collectif est autorisée par l'Agence de la biomédecine.

Art. L. 2131-2 *(Rempl., L. n° 2004-800, 6 août 2004 ; mod. à compter de la date prévue au II de l'article 29 de l'Ordonnance n° 2010-177 du 23 février 2010, Ord. n° 2010-177, 23 févr. 2010 ; mod., L. n° 2011-814, 7 juill. 2011).* - Tout établissement ou laboratoire autorisé à pratiquer des examens de biologie médicale destinés à établir un diagnostic prénatal, tout centre pluridisciplinaire de diagnostic prénatal est tenu de présenter à l'agence régionale de santé et à l'Agence de la biomédecine instituée à l'article L. 1418-1 un rapport annuel d'activité suivant des modalités déterminées par arrêté du ministre chargé de la santé.

Rédaction antérieure. Art. L. 2131-2 *(L. n° 2004-800, 6 août 2004).* – Tout établissement ou laboratoire autorisé à pratiquer des activités de diagnostic prénatal, tout centre pluridisciplinaire de diagnostic prénatal est tenu de présenter à l'agence régionale de l'hospitalisation et à l'Agence de la biomédecine instituée à l'article L. 1418-1 un rapport annuel d'activité suivant des modalités déterminées par arrêté du ministre chargé de la santé.

Art. L. 2131-3 *(L. n° 2004-800, 6 août 2004).* **– Toute violation constatée dans un établissement ou un laboratoire, et du fait de celui-ci, des prescriptions législatives et réglementaires applicables au diagnostic prénatal entraîne le retrait temporaire ou définitif des autorisations prévues à l'article L. 2131-1.**

Le retrait de l'autorisation *(Mots aj., L. n° 2011-814, 7 juill. 2011)* **« d'un établissement ou d'un laboratoire » est également encouru en cas de violation des prescriptions fixées par l'autorisation ou si le volume d'activité ou la qualité des résultats est insuffisant.**

Le retrait ne peut intervenir qu'après un délai d'un mois suivant une mise en demeure adressée par l'autorité administrative à l'établissement ou au laboratoire concerné et précisant les griefs. En cas de violation grave des dispositions du présent titre, l'autorisation peut être suspendue sans délai à titre conservatoire.

Art. L. 2131-4 *(L. n° 2004-800, 6 août 2004 ; mod., L. n° 2011-814, 7 juill. 2011).* **– On entend par diagnostic préimplantatoire le diagnostic biologique réalisé à partir de cellules prélevées sur l'embryon *in vitro*.**

Le diagnostic préimplantatoire n'est autorisé qu'à titre exceptionnel dans les conditions suivantes :

Un médecin exerçant son activité dans un centre pluridisciplinaire de diagnostic prénatal tel que défini par l'article L. 2131-1 doit attester que le couple, du fait de sa situation familiale, a une forte probabilité de donner naissance à un enfant atteint d'une maladie génétique d'une particulière gravité reconnue comme incurable au moment du diagnostic.

Le diagnostic ne peut être effectué que lorsqu'a été préalablement et précisément identifiée, chez l'un des parents ou l'un de ses ascendants immédiats dans le cas d'une maladie gravement invalidante, à révélation tardive et mettant prématurément en jeu le pronostic vital, l'anomalie ou les anomalies responsables d'une telle maladie.

Les deux membres du couple expriment par écrit leur consentement à la réalisation du diagnostic.

Le diagnostic ne peut avoir d'autre objet que de rechercher cette affection ainsi que les moyens de la prévenir et de la traiter.

Il ne peut être réalisé, à certaines conditions, que dans un établissement spécifiquement autorisé à cet effet par l'Agence de la biomédecine instituée à l'article L. 1418-1.

En cas de diagnostic sur un embryon de l'anomalie ou des anomalies responsables d'une des maladies mentionnées au deuxième alinéa, les deux membres du couple, s'ils confirment leur intention de ne pas poursuivre leur projet parental en ce qui concerne cet embryon, peuvent consentir à ce que celui-ci fasse l'objet d'une recherche dans les conditions prévues à l'article L. 2151-5. Par dérogation au deuxième alinéa de l'article L. 1111-2 et à l'article L. 1111-7, seul le médecin prescripteur des examens de biologie médicale destinés à établir un diagnostic prénatal est habilité à en communiquer les résultats à la femme enceinte.

Art. L. 2131-4-1 *(L. n° 2004-800, 6 août 2004). – (Rempl., L. n° 2011-814, 7 juill. 2011)* **Par dérogation au sixième alinéa de l'article L. 2131-4, et sous réserve d'avoir épuisé toutes les possibilités offertes par les articles L. 1241-1 à L. 1241-7, le diagnostic préimplantatoire peut également être autorisé lorsque les conditions suivantes sont réunies :**

– le couple a donné naissance à un enfant atteint d'une maladie génétique entraînant la mort dès les premières années de la vie et reconnue comme incurable au moment du diagnostic ;

– le pronostic vital de cet enfant peut être amélioré, de façon décisive, par l'application sur celui-ci d'une thérapeutique ne portant pas atteinte à l'intégrité du corps de l'enfant né du transfert de l'embryon *in utero*, conformément à l'article 16-3 du Code civil ;

– le diagnostic mentionné au premier alinéa a pour seuls objets de rechercher la maladie génétique ainsi que les moyens de la prévenir et de la traiter, d'une part, et de permettre l'application de la thérapeutique mentionnée au troisième alinéa, d'autre part.

Les deux membres du couple expriment par écrit leur consentement à la réalisation du diagnostic.

La réalisation du diagnostic est soumise à la délivrance d'une autorisation par l'Agence de la biomédecine, qui en rend compte dans son rapport public conformément à l'article L. 1418-1. Cette autorisation est subordonnée au respect des dispositions prévues au dernier alinéa de l'article L. 2141-3.

Art. L. 2131-4-2 *(L. n° 2004-800, 6 août 2004 ; mod., L. n° 2011-814, 7 juill. 2011).* – Sont seuls habilités à procéder au diagnostic biologique effectué à partir de cellules prélevées sur l'embryon *in vitro* les praticiens ayant été agréés à cet effet par l'Agence de la biomédecine mentionnée à l'article L. 1418-1 dans des conditions fixées par voie réglementaire.

Art. L. 2131-5 *(L. n° 2004-800, 6 août 2004 ; mod., L. n° 2011-814, 7 juill. 2011).* – Sauf disposition contraire, les modalités d'application du présent chapitre sont déterminées par décret en Conseil d'État et notamment :

1° Les missions, le rôle auprès des autres intervenants en matière de diagnostic prénatal et les conditions de création et d'autorisation des centres pluridisciplinaires de diagnostic prénatal prévus à l'article L. 2131-1 ;

2° La nature des examens de biologie médicale destinés à établir un diagnostic prénatal et les conditions dans lesquelles ils peuvent être pratiquées dans les établissements publics de santé et les laboratoires de biologie médicale autorisés ;

3° Les conditions dans lesquelles le diagnostic préimplantatoire peut être réalisé dans un établissement spécifiquement autorisé à cet effet.

CHAPITRE II. – CARNET DE SANTÉ ET EXAMENS OBLIGATOIRES

Art. L. 2132-1 *(L. n° 2001-1246, 21 déc. 2001).* – Lors de la déclaration de naissance, il est délivré gratuitement pour tout enfant un carnet de santé. Ce carnet est remis par l'officier d'état civil ; à défaut, il peut être demandé au service départemental de protection maternelle et infantile.

Un arrêté ministériel détermine le modèle et le mode d'utilisation de ce carnet où sont mentionnés obligatoirement les résultats des examens médicaux prévus aux articles L. 2132-2 et L. 2132-2-1 et où doivent être notées, au fur et à mesure, toutes les constatations importantes concernant la santé de l'enfant.

Le carnet est établi au nom de l'enfant. Il est remis aux parents ou aux personnes titulaires de l'exercice de l'autorité parentale ou aux personnes ou aux services à qui l'enfant a été confié. Ils doivent être informés que nul ne peut en exiger la communication et que toute personne appelée, de par sa fonction, à prendre connaissance des renseignements qui y sont inscrits est soumise au secret professionnel.

Art. L. 2132-2 *(Mod. à compter de la date prévue au III de l'article 56 de la loi n° 2018-1203 du 22 décembre 2018 et au plus tard le 1er mars 2019, L. n° 2018-1203, 22 déc. 2018).* – Tous les enfants de moins de dix-huit ans bénéficient de mesures de prévention sanitaire et sociale qui comportent notamment des examens obligatoires.

Le nombre et le contenu de ces examens, l'âge auquel ils doivent intervenir et la détermination de ceux qui donnent lieu à l'établissement d'un certificat de santé sont fixés par voie réglementaire.

Le contenu des certificats de santé, et notamment la liste des maladies ou déficiences qui doivent y être mentionnées, est établi par arrêté des ministres chargés de la santé et de la sécurité sociale.

Art. L. 2132-2-1 *(Mod. à compter du 1er janvier 2019, L. n° 2018-1203, 22 déc. 2018).* – Dans l'année qui suit leur troisième, leur sixième, leur neuvième, leur douzième et leur quinzième anniversaire, les enfants sont obligatoirement soumis à un examen bucco-dentaire de prévention réalisé par un chirurgien-dentiste ou un médecin qualifié en stomatologie. Cette obligation est réputée remplie lorsque le chirurgien-dentiste ou un médecin qualifié en stomatologie atteste sur le carnet de santé mentionné à l'article L. 2132-1 de la réalisation des examens dispensés.

Dans l'année qui suit leur dix-huitième, leur vingt et unième et leur vingt-quatrième anniversaire, les assurés bénéficient d'un examen bucco-dentaire de prévention réalisé par un chirurgien-dentiste ou un médecin qualifié en stomatologie.

Les examens prévus aux deux premiers alinéas du présent article ainsi que, le cas échéant, les soins consécutifs sont pris en charge dans les conditions prévues à l'article L. 162-1-12 du Code de la sécurité sociale.

Un accord conventionnel interprofessionnel mentionné à l'article L. 162-14-1 du Code de la sécurité sociale ou les conventions mentionnées aux articles L. 162-5 et L. 162-9 du même code déterminent pour les médecins qualifiés en stomatologie et pour les chirurgiens-dentistes la nature, les modalités et les conditions de mise en œuvre de ces examens. Celles-ci concernent notamment l'information des personnes concernées, la qualité des examens, le suivi des personnes et la transmission des informations nécessaires à l'évaluation du programme de prévention dans le respect des dispositions de la loi n° 78-17 du 6 janvier 1978 relative à l'informatique, aux fichiers et aux libertés. À défaut d'accord sur la nature, les modalités et les conditions de mise en œuvre de ces examens et sur la prise en charge des soins consécutifs, ces dernières sont définies par arrêté des ministres chargés de la santé et de la sécurité sociale.

Art. L. 2132-3 *(Mod. à compter de la date prévue à l'article 29 de l'ordonnance n° 2018-1125 du 12 décembre 2018 et au plus tard le 1er juin 2019, Ord. n° 2018-1125, 12 déc. 2018).* – Dans un délai de huit jours, le médecin qui a effectué un examen donnant lieu à l'établissement d'un certificat de santé adresse ce certificat au médecin responsable du service départemental de protection maternelle et infantile. La transmission de cette information se fait dans le respect du secret professionnel.

À des fins de suivi statistique et épidémiologique de la santé des enfants, chaque service public départemental de protection maternelle et infantile transmet au ministre chargé de la santé ou aux services désignés à cet effet par le directeur général de l'agence régionale de santé, dans des conditions fixées par arrêté pris après avis du Conseil national de l'information statistique et de la Commission nationale de l'informatique et des libertés :

1° Des données agrégées ;

2° Des données à caractère personnel, dont certaines de santé, ne comportant pas les données suivantes : nom, prénom, jour de naissance et adresse détaillée. L'arrêté précise les modalités de fixation des échantillons ainsi que les garanties de confidentialité apportées lors de la transmission des données. La transmission de ces données se fait dans le respect des règles relatives au secret professionnel.

Les informations transmises en application du présent article et permettant l'identification des personnes physiques auxquelles elles s'appliquent ne peuvent faire l'objet d'aucune communication de la part du service bénéficiaire de la transmission et sont détruites après utilisation.

Art. L. 2132-4. – Les personnes titulaires de l'exercice de l'autorité parentale ou celles à qui un enfant a été confié sont informées, dans le respect des règles déontologiques, lorsqu'un handicap a été suspecté, décelé ou signalé chez ce dernier, notamment au cours des examens médicaux prévus à l'article L. 2132-2, de la nature du handicap et de la possibilité pour l'enfant d'être accueilli dans des centres spécialisés, notamment, dans des centres d'action médico-sociale précoce, en vue de prévenir ou de réduire l'aggravation de ce handicap.

Dans les centres d'action médico-sociale précoce, la prise en charge s'effectue sous forme de cure ambulatoire comportant l'intervention d'une équipe pluridisciplinaire. Elle comporte une action de conseil et de soutien de la famille ou des personnes auxquelles l'enfant a été confié. Elle est assurée, s'il y a lieu, en liaison avec les institutions d'éducation préscolaires et les établissements et services mentionnés à l'article L. 2324-1.

Le financement de ces centres est assuré dans les conditions définies à l'article L. 2112-8.

Art. L. 2132-5. – Sauf disposition contraire, les conditions d'application du présent chapitre sont déterminées par décret en Conseil d'État.

CHAPITRE III. – ALIMENTATION, PUBLICITÉ ET PROMOTION

(L. n° 2004-806, 9 août 2004)

Art. L. 2133-1 *(L. n° 2004-806, 9 août 2004 ; mod. à compter d'une date et dans les conditions fixées par décret et au plus tard le 1er juillet 2010, Ord. n° 2010-18, 7 janv. 2010 ; mod., L. n° 2016-41, 26 janv. 2016 ; à compter du 1er mai 2016, Ord. n° 2016-462, 14 avr. 2016).* – Les messages publicitaires en faveur de boissons avec ajouts de sucres, de sel ou d'édulcorants de synthèse ou de produits alimentaires manufacturés doivent contenir une information à caractère sanitaire. Dans le cas des messages publicitaires sur internet télévisés ou radiodiffusés, cette obligation ne s'applique qu'aux messages émis et diffusés à partir du territoire français et reçus sur ce territoire. La même obligation d'information s'impose à toute promotion, destinée au public, par voie d'imprimés et de publications périodiques édités par les producteurs ou distributeurs de ces produits.

Les annonceurs et les promoteurs peuvent déroger à cette obligation sous réserve du versement d'une contribution dont le produit est affecté à l'Agence nationale de santé publique. Cette contribution est destinée à financer la réalisation et la diffusion d'actions d'information et d'éducation nutritionnelles, notamment dans les médias concernés ainsi qu'au travers d'actions locales.

La contribution prévue à l'alinéa précédent est assise, s'agissant des messages publicitaires, sur le montant annuel des sommes destinées à l'émission et à la diffusion de ces messages, hors remise, rabais, ristourne et taxe sur la valeur ajoutée, payées par les annonceurs. Le montant de cette contribution est égal à 1,5 % du montant de ces sommes.

La contribution prévue au deuxième alinéa est assise, s'agissant des autres types de promotion de ces produits, sur la valeur hors taxe sur la valeur ajoutée des dépenses de réalisation et de distribution qui ont été engagées au titre de l'année civile précédente, diminuée des réductions de prix obtenues des fournisseurs qui se rapportent expressément à ces dépenses. La base d'imposition des promoteurs qui effectuent tout ou partie des opérations de réalisation et de distribution avec leurs propres moyens d'exploitation est constituée par le prix de revient hors taxe sur la valeur ajoutée de toutes les dépenses ayant concouru à la réalisation desdites opérations. Le taux de la contribution est fixé à 5 % du montant hors taxe sur la valeur ajoutée de ces dépenses.

Le fait générateur est constitué par la diffusion des messages publicitaires ou la mise à disposition des documents visés au premier alinéa. La contribution est exigible au moment du paiement par l'annonceur aux régies ou au moment de la première mise à disposition des documents visés. La contribution est déclarée, liquidée, recouvrée et contrôlée selon les procédures et sous les mêmes sanctions, garanties et privilèges que la taxe sur la valeur ajoutée. Les réclamations sont présentées, instruites et jugées selon les règles applicables à cette même taxe. Il est opéré un prélèvement de 5 % effectué par l'État sur le montant de cette contribution pour frais d'assiette et de recouvrement.

Les modalités d'application du présent article, et notamment les conditions de révision régulière de l'information à caractère sanitaire et de consultation des annonceurs sur les actions de l'Agence nationale de santé publique, sont déterminées par décret en Conseil d'État pris après avis de l'Agence nationale chargée de la sécurité sanitaire de l'alimentation, de l'environnement et du travail et de l'Agence nationale de santé publique et après consultation du Bureau de vérification de la publicité.

Les dispositions du présent article entrent en vigueur à la date de publication du décret mentionné au précédent alinéa, et au plus tard le 1er janvier 2006.

Art. L. 2133-2 *(L. n° 2016-41, 26 janv. 2016 ; mod. à compter du 1er mai 2016, Ord. n° 2016-462, 14 avr. 2016)*. – Les photographies à usage commercial de mannequins, définis à l'article L. 7123-2 du Code du travail, dont l'apparence corporelle a été modifiée par un logiciel de traitement d'image afin d'affiner ou d'épaissir la silhouette du mannequin doivent être accompagnées de la mention : « Photographie retouchée ».

Les modalités d'application et de contrôle permettant la mise en œuvre du premier alinéa du présent article sont déterminées par décret en Conseil d'État, pris après consultation de l'autorité de régulation professionnelle de la publicité et de l'Agence nationale de santé publique.

Le présent article entre en vigueur à la date de publication du décret mentionné au deuxième alinéa, et au plus tard le 1er janvier 2017.

Le non-respect du présent article est puni de 37 500 € d'amende, le montant de cette amende pouvant être porté à 30 % des dépenses consacrées à la publicité.

CHAPITRE IV. – EXAMENS ET PRÉVENTION

(L. n° 2016-1827, 23 déc. 2016)

Art. L. 2134-1 *(L. n° 2016-1827, 23 déc. 2016 ; abr. à compter du 1er janvier 2019, L. n° 2018-1203, 22 déc. 2018)*

CHAPITRE V. – PARCOURS DE BILAN ET INTERVENTION PRÉCOCE POUR LES TROUBLES DU NEURO-DÉVELOPPEMENT

(L. n° 2018-1203, 22 déc. 2018)

Art. L. 2135-1 *(L. n° 2018-1203, 22 déc. 2018)*. – Pour l'accompagnement des enfants présentant un trouble du neuro-développement et pour la réalisation d'un diagnostic, un parcours de bilan et intervention précoce est pris en charge par l'assurance maladie.

Le parcours est organisé par des structures désignées par arrêté du directeur général de l'agence régionale de santé parmi les établissements ou services mentionnés aux 2°, 3° et 11° du I de l'article L. 312-1 du Code de l'action sociale et des familles ou les établissements mentionnés à l'article L. 3221-1 du présent code.

Les professionnels de santé mentionnés aux articles L. 162-5 et L. 162-9 du Code de la sécurité sociale, aux articles L. 4331-1 et L. 4332-1 du présent code et les psychologues peuvent conclure avec les structures désignées au deuxième alinéa du présent article un contrat, conforme au contrat type défini par arrêté des ministres chargés de la santé, de la sécurité sociale et du handicap. Ce contrat prévoit notamment, pour chaque catégorie de professionnels, des engagements de bonnes pratiques professionnelles et les conditions de retour d'information à la structure désignée et au médecin traitant. Pour les professionnels mentionnés aux articles L. 4331-1 et L. 4332-1 et les psychologues, le contrat prévoit également les modalités selon lesquelles la structure désignée rémunère les prestations réalisées dans le cadre du parcours.

La prise en charge du parcours est soumise à prescription médicale.

Un décret en Conseil d'État fixe les conditions d'application du présent article.

TITRE IV. – ASSISTANCE MÉDICALE À LA PROCRÉATION

CHAPITRE I. – DISPOSITIONS GÉNÉRALES

Art. L. 2141-1 *(L. n° 2004-800, 6 août 2004 ; mod., L. n° 2011-814, 7 juill. 2011).* – L'assistance médicale à la procréation s'entend des pratiques cliniques et biologiques permettant la conception *in vitro*, la conservation des gamètes, des tissus germinaux et des embryons, le transfert d'embryons et l'insémination artificielle. La liste des procédés biologiques utilisés en assistance médicale à la procréation est fixée par arrêté du ministre chargé de la santé après avis de l'Agence de la biomédecine. Un décret en Conseil d'État précise les modalités et les critères d'inscription des procédés sur cette liste. Les critères portent notamment sur le respect des principes fondamentaux de la bioéthique prévus en particulier aux articles 16 à 16-8 du Code civil, l'efficacité, la reproductibilité du procédé ainsi que la sécurité de son utilisation pour la femme et l'enfant à naître. L'Agence de la biomédecine remet au ministre chargé de la santé, dans les trois mois après la promulgation de la loi n° 2011-814 du 7 juillet 2011 relative à la bioéthique, un rapport précisant la liste des procédés biologiques utilisés en assistance médicale à la procréation ainsi que les modalités et les critères d'inscription des procédés sur cette liste.

Toute technique visant à améliorer l'efficacité, la reproductibilité et la sécurité des procédés figurant sur la liste mentionnée au premier alinéa du présent article fait l'objet, avant sa mise en œuvre, d'une autorisation délivrée par le directeur général de l'Agence de la biomédecine après avis motivé de son conseil d'orientation.

Lorsque le conseil d'orientation considère que la modification proposée est susceptible de constituer un nouveau procédé, sa mise en œuvre est subordonnée à son inscription sur la liste mentionnée au même premier alinéa.

La technique de congélation ultra-rapide des ovocytes est autorisée.

La mise en œuvre de l'assistance médicale à la procréation privilégie les pratiques et procédés qui permettent de limiter le nombre des embryons conservés. L'Agence de la biomédecine rend compte, dans son rapport annuel, des méthodes utilisées et des résultats obtenus.

La stimulation ovarienne, y compris lorsqu'elle est mise en œuvre indépendamment d'une technique d'assistance médicale à la procréation, est soumise à des règles de bonnes pratiques fixées par arrêté du ministre chargé de la santé.

Un arrêté du ministre chargé de la santé, pris sur proposition de l'Agence de la biomédecine, définit les règles de bonnes pratiques applicables à l'assistance médicale à la procréation avec tiers donneur.

Art. L. 2141-2 *(L. n° 2004-800, 6 août 2004 ; mod., L. n° 2011-814, 7 juill. 2011).* – L'assistance médicale à la procréation a pour objet de remédier à l'infertilité d'un couple ou d'éviter la transmission à l'enfant ou à un membre du couple d'une maladie d'une particulière gravité. Le caractère pathologique de l'infertilité doit être médicalement diagnostiqué.

L'homme et la femme formant le couple doivent être vivants, en âge de procréer et consentir préalablement au transfert des embryons ou à l'insémination. Font obstacle à l'insémination ou au transfert des embryons le décès d'un des membres du couple, le dépôt d'une requête en divorce ou en séparation de corps ou la cessation de la communauté de vie, ainsi que la révocation par écrit du consentement par l'homme ou la femme auprès du médecin chargé de mettre en œuvre l'assistance médicale à la procréation.

Art. L. 2141-3 *(L. n° 2004-800, 6 août 2004 ; mod., L. n° 2011-814, 7 juill. 2011).* – Un embryon ne peut être conçu *in vitro* que dans le cadre et selon les objectifs d'une assistance médicale à la procréation telle que définie à l'article L. 2141-1. Il ne peut être conçu avec des gamètes ne provenant pas d'un au moins des membres du couple.

Compte tenu de l'état des techniques médicales, les membres du couple peuvent consentir par écrit à ce que soit tentée la fécondation d'un nombre d'ovocytes pouvant rendre nécessaire la conservation d'embryons, dans l'intention de réaliser ultérieurement leur projet parental. Dans ce cas, ce nombre est limité à ce qui est strictement nécessaire à la réussite de l'assistance médicale à la procréation, compte tenu du procédé mis en œuvre. Une information détaillée est remise aux membres du couple sur les possibilités de devenir de leurs embryons conservés qui ne feraient plus l'objet d'un projet parental.

Les membres du couple peuvent consentir par écrit à ce que les embryons, non susceptibles d'être transférés ou conservés, fassent l'objet d'une recherche dans les conditions prévues à l'article L. 2151-5.

Un couple dont des embryons ont été conservés ne peut bénéficier d'une nouvelle tentative de fécondation *in vitro* avant le transfert de ceux-ci sauf si un problème de qualité affecte ces embryons.

Art. L. 2141-4 *(L. n° 2004-800, 6 août 2004 ; mod., L. n° 2011-814, 7 juill. 2011. à compter de la date prévue au I de l'article 8 de l'ordonnance n° 2016-800 du 16 juin 2016, Ord. n° 2016-800, 16 juin 2016).* – I. - Les deux membres du couple dont des embryons sont conservés sont consultés chaque année par écrit sur le point de savoir s'ils maintiennent leur projet parental.

II. - S'ils n'ont plus de projet parental ou en cas de décès de l'un d'entre eux, les deux membres d'un couple, ou le membre survivant, peuvent consentir à ce que :

1° Leurs embryons soient accueillis par un autre couple dans les conditions fixées aux articles L. 2141-5 et L. 2141-6 ;

2° Leurs embryons fassent l'objet d'une recherche dans les conditions prévues à l'article L. 2151-5 ou, dans les conditions fixées par cet article et les articles L. 1121-4 et L. 1125-1, à ce que les cellules dérivées à partir de ceux-ci entrent dans une préparation de thérapie cellulaire à des fins exclusivement thérapeutiques ;

3° Il soit mis fin à la conservation de leurs embryons.

Dans tous les cas, le consentement ou la demande est exprimé par écrit et fait l'objet d'une confirmation par écrit après un délai de réflexion de trois mois. En cas de décès de l'un des membres du couple, le membre survivant ne peut être consulté avant l'expiration d'un délai d'un an à compter du décès, sauf initiative anticipée de sa part.

III. - Dans le cas où l'un des deux membres du couple consultés à plusieurs reprises ne répond pas sur le point de savoir s'il maintient ou non son projet parental, il est mis fin à la conservation des embryons si la durée de celle-ci est au moins égale à cinq ans. Il en est de même en cas de désaccord des membres du couple sur le maintien du projet parental ou sur le devenir des embryons.

IV. - Lorsque les deux membres d'un couple, ou le membre survivant, ont consenti, dans les conditions prévues aux articles L. 2141-5 et L. 2141-6, à l'accueil de leurs embryons et que ceux-ci n'ont pas été accueillis dans un délai de cinq ans à compter du jour où ce consentement a été exprimé par écrit, il est mis fin à la conservation de ces embryons.

Art. L. 2141-5 *(Anc. art. L. 2141-4, dénum. et mod., L. n° 2004-800, 6 août 2004 ; mod., L. n° 2011-814, 7 juill. 2011).* – Les deux membres du couple peuvent consentir par écrit à ce que les embryons conservés soient accueillis par un autre couple dans les conditions prévues à l'article L. 2141-6.

En cas de décès d'un membre du couple, le membre survivant est consulté par écrit sur le point de savoir s'il consent à ce que les embryons conservés soient accueillis par un autre couple dans les conditions prévues à l'article L. 2141-6.

Art. L. 2141-6 *(Anc. art. L. 2141-5, dénum. et mod., L. n° 2004-800, 6 août 2004, Rempl., L. n° 2011-814, 7 juill. 2011).* – Un couple répondant aux conditions prévues à l'article L. 2141-2 peut accueillir un embryon lorsque les techniques d'assistance médicale à la procréation au sein du couple ne peuvent aboutir ou lorsque le couple, dûment informé dans les conditions prévues à l'article L. 2141-10, y renonce.

(Mod. L. n° 219-222, 23 mars 2019) Le couple demandeur doit préalablement donner son consentement à un notaire. Les conditions et les effets de ce consentement sont régis par l'article 311-20 du Code civil.

Le couple accueillant l'embryon et celui y ayant renoncé ne peuvent connaître leurs identités respectives.

Toutefois, en cas de nécessité thérapeutique, un médecin pourra accéder aux informations médicales non identifiantes concernant le couple ayant renoncé à l'embryon.

Aucun paiement, quelle qu'en soit la forme, ne peut être alloué au couple ayant renoncé à l'embryon.

L'accueil de l'embryon est subordonné à des règles de sécurité sanitaire. Ces règles comprennent notamment des tests de dépistage des maladies infectieuses.

Seuls les établissements publics ou privés à but non lucratif autorisés à cet effet peuvent conserver les embryons destinés à être accueillis et mettre en œuvre la procédure d'accueil.

Art. L. 2141-7 *(L. n° 2004-800, 6 août 2004 ; mod., L. n° 2011-814, 7 juill. 2011)*. – L'assistance médicale à la procréation avec tiers donneur peut être mise en œuvre lorsqu'il existe un risque de transmission d'une maladie d'une particulière gravité à l'enfant ou à un membre du couple, lorsque les techniques d'assistance médicale à la procréation au sein du couple ne peuvent aboutir ou lorsque le couple, dûment informé dans les conditions prévues à l'article L. 2141-10, renonce à une assistance médicale à la procréation au sein du couple.

Art. L. 2141-8 *(Anc. art. L. 2141-7, dénum., L. n° 2004-800, 6 août 2004)*. – Un embryon humain ne peut être conçu ni utilisé à des fins commerciales ou industrielles.

Art. L. 2141-9 *(L. n° 2004-800, 6 août 2004)*. – Seuls les embryons conçus avec les gamètes de l'un au moins des membres d'un couple et dans le respect des principes fondamentaux prévus par les articles 16 à 16-8 du Code civil peuvent entrer sur le territoire où s'applique le présent code ou en sortir. Ces déplacements d'embryons sont exclusivement destinés à permettre la poursuite du projet parental de ce couple ; ils sont soumis à l'autorisation de l'Agence de la biomédecine.

Art. L. 2141-10 *(L. n° 2004-800, 6 août 2004 ; mod., L. n° 2011-814, 7 juill. 2011)*. – La mise en œuvre de l'assistance médicale à la procréation doit être précédée d'entretiens particuliers des demandeurs avec les membres de l'équipe médicale clinicobiologique pluridisciplinaire du centre, qui peut faire appel, en tant que de besoin, au service social institué au titre VI du Code de la famille et de l'aide sociale.

Ils doivent notamment :

1° Vérifier la motivation de l'homme et de la femme formant le couple et leur rappeler les possibilités ouvertes par la loi en matière d'adoption ;

2° Informer ceux-ci des possibilités de réussite et d'échec des techniques d'assistance médicale à la procréation de leurs effets secondaires et de leurs risques à court et à long terme, ainsi que de leur pénibilité et des contraintes qu'elles peuvent entraîner ;

2° *bis* Informer ceux-ci de l'impossibilité de réaliser un transfert des embryons conservés en cas de rupture du couple ou de décès d'un de ses membres ;

3° Leur remettre un dossier-guide comportant notamment :

a) Le rappel des dispositions législatives et réglementaires relatives à l'assistance médicale à la procréation ;

b) Un descriptif de ces techniques ;

c) Le rappel des dispositions législatives et réglementaires relatives à l'adoption, ainsi que l'adresse des associations et organismes susceptibles de compléter leur information à ce sujet.

La demande ne peut être confirmée qu'à l'expiration d'un délai de réflexion d'un mois à l'issue du dernier entretien.

La confirmation de la demande est faite par écrit.

L'assistance médicale à la procréation est subordonnée à des règles de sécurité sanitaire.

Elle ne peut être mise en œuvre par le médecin lorsque les demandeurs ne remplissent pas les conditions prévues par le présent titre ou lorsque le médecin, après concertation au sein de l'équipe pluridisciplinaire, estime qu'un délai de réflexion supplémentaire est nécessaire aux demandeurs dans l'intérêt de l'enfant à naître.

Les époux, les partenaires liés par un pacte civil de solidarité ou les concubins qui, pour procréer, recourent à une assistance médicale nécessitant l'intervention d'un tiers donneur doivent préalablement donner, dans les conditions prévues par le Code civil, leur consentement au juge ou au notaire.

Art. L. 2141-11 *(Rempl., L. n° 2004-800, 6 août 2004 ; Ord. n° 2008-480, 22 mai 2008 ; mod., L. n° 2011-814, 7 juill. 2011).* – Toute personne dont la prise en charge médicale est susceptible d'altérer la fertilité, ou dont la fertilité risque d'être prématurément altérée, peut bénéficier du recueil et de la conservation de ses gamètes ou de ses tissus germinaux, en vue de la réalisation ultérieure, à son bénéfice, d'une assistance médicale à la procréation, ou en vue de la préservation et de la restauration de sa fertilité. Ce recueil et cette conservation sont subordonnés au consentement de l'intéressé et, le cas échéant, de celui de l'un des titulaires de l'autorité parentale, ou du tuteur, lorsque l'intéressé, mineur ou majeur, fait l'objet d'une mesure de tutelle.

Les procédés biologiques utilisés pour la conservation des gamètes et des tissus germinaux sont inclus dans la liste prévue à l'article L. 2141-1, selon les conditions déterminées par cet article.

Art. L. 2141-11-1 *(Ord. n° 2008-480, 22 mai 2008 ; Ord. n° 2017-28, 12 janv. 2017).* – L'importation et l'exportation de gamètes ou de tissus germinaux issus du corps humain sont soumises à une autorisation délivrée par l'Agence de la biomédecine.

Seul un établissement, un organisme, un groupement de coopération sanitaire ou un laboratoire titulaire de l'autorisation prévue à l'article L. 2142-1 pour exercer une activité biologique d'assistance médicale à la procréation peut obtenir l'autorisation prévue au présent article.

Seuls les gamètes et les tissus germinaux recueillis et destinés à être utilisés conformément aux normes de qualité et de sécurité en vigueur, ainsi qu'aux principes mentionnés aux articles L. 1244-3, L. 1244-4, L. 2141-2, L. 2141-3, L. 2141-7 et L. 2141-11 du présent code et aux articles 16 à 16-8 du Code civil, peuvent faire l'objet d'une autorisation d'importation ou d'exportation.

Toute violation des prescriptions fixées par l'autorisation d'importation ou d'exportation de gamètes ou de tissus germinaux entraîne la suspension ou le retrait de cette autorisation par l'Agence de la biomédecine.

Art. L. 2141-12 *(L. n° 2004-800, 6 août 2004 ; mod., Ord. n° 2008-480, 22 mai 2008).* – Les modalités d'application du présent chapitre sont déterminées par décret en Conseil d'État, et notamment :

1° Les modalités d'application de l'article L. 2141-6 et notamment les activités soumises à l'autorisation prévue par le dernier alinéa de cet article ;

2° Les règles de sécurité sanitaire auxquelles est subordonnée la mise en œuvre de l'assistance médicale à la procréation.

3° Les conditions d'autorisation des activités d'importation et d'exportation de gamètes et de tissus germinaux mentionnées à l'article L. 2141-11-1.

TITRE V. – RECHERCHE SUR L'EMBRYON ET LES CELLULES EMBRYONNAIRES

(L. n° 2004-800, 6 août 2004)

CHAPITRE UNIQUE

Art. L. 2151-1 *(L. n° 2004-800, 6 août 2004).* – Comme il est dit au troisième alinéa de l'article 16-4 du Code civil ci-après reproduit :

> **Art. 16-4.** – [...]
>
> Est interdite toute intervention ayant pour but de faire naître un enfant génétiquement identique à une autre personne vivante ou décédée.

Art. L. 2151-2 *(L. n° 2004-800, 6 août 2004 ; mod., L. n° 2011-814, 7 juill. 2011).* – La conception *in vitro* d'embryon ou la constitution par clonage d'embryon humain à des fins de recherche est interdite.

La création d'embryons transgéniques ou chimériques est interdite.

Art. L. 2151-3 *(L. n° 2004-800, 6 août 2004).* **– Un embryon humain ne peut être ni conçu, ni constitué par clonage, ni utilisé, à des fins commerciales ou industrielles.**

Art. L. 2151-4 *(L. n° 2004-800, 6 août 2004).* **– Est également interdite toute constitution par clonage d'un embryon humain à des fins thérapeutiques.**

Art. L. 2151-5 *(Rempl., L. n° 2011-814, 17 juill. 2011 ; mod., L. n° 2013-715, 6 août 2013 ; rect. JO 12 oct. 2013 ; mod., L. n° 2016-41, 26 janv. 2016).* **– I. - Aucune recherche sur l'embryon humain ni sur les cellules souches embryonnaires ne peut être entreprise sans autorisation. Un protocole de recherche conduit sur un embryon humain ou sur des cellules souches embryonnaires issues d'un embryon humain ne peut être autorisé que si :**

1° La pertinence scientifique de la recherche est établie ;

2° La recherche, fondamentale ou appliquée, s'inscrit dans une finalité médicale ;

3° En l'état des connaissances scientifiques, cette recherche ne peut être menée sans recourir à ces embryons ou ces cellules souches embryonnaires ;

4° Le projet et les conditions de mise en œuvre du protocole respectent les principes éthiques relatifs à la recherche sur l'embryon et les cellules souches embryonnaires.

II. - Une recherche ne peut être menée qu'à partir d'embryons conçus *in vitro* dans le cadre d'une assistance médicale à la procréation et qui ne font plus l'objet d'un projet parental. La recherche ne peut être effectuée qu'avec le consentement écrit préalable du couple dont les embryons sont issus, ou du membre survivant de ce couple, par ailleurs dûment informés des possibilités d'accueil des embryons par un autre couple ou d'arrêt de leur conservation. À l'exception des situations mentionnées au dernier alinéa de l'article L. 2131-4 et au troisième alinéa de l'article L. 2141-3, le consentement doit être confirmé à l'issue d'un délai de réflexion de trois mois. Le consentement des deux membres du couple ou du membre survivant du couple est révocable sans motif tant que les recherches n'ont pas débuté.

III. - Les protocoles de recherche sont autorisés par l'Agence de la biomédecine après vérification que les conditions posées au I du présent article sont satisfaites. La décision de l'agence, assortie de l'avis du conseil d'orientation, est communiquée aux ministres chargés de la santé et de la recherche qui peuvent, dans un délai d'un mois et conjointement, demander un nouvel examen du dossier ayant servi de fondement à la décision :

1° En cas de doute sur le respect des principes éthiques ou sur la pertinence scientifique d'un protocole autorisé. L'agence procède à ce nouvel examen dans un délai de trente jours. En cas de confirmation de la décision, la validation du protocole est réputée acquise ;

2° Dans l'intérêt de la santé publique ou de la recherche scientifique, lorsque le protocole a été refusé. L'agence procède à ce nouvel examen dans un délai de trente jours. En cas de confirmation de la décision, le refus du protocole est réputé acquis.

En cas de violation des prescriptions législatives et réglementaires ou de celles fixées par l'autorisation, l'agence suspend l'autorisation de la recherche ou la retire. L'agence diligente des inspections comprenant un ou des experts n'ayant aucun lien avec l'équipe de recherche, dans les conditions fixées à l'article L. 1418-2.

IV. - Les embryons sur lesquels une recherche a été conduite ne peuvent être transférés à des fins de gestation.

V. - Sans préjudice du titre IV du présent livre Ier, des recherches biomédicales menées dans le cadre de l'assistance médicale à la procréation peuvent être réalisées sur des gamètes destinés à constituer un embryon ou sur l'embryon in vitro avant ou après son transfert à des fins de gestation, si chaque membre du couple y consent. Ces recherches sont conduites dans les conditions fixées au titre II du livre Ier de la première partie.

Art. L. 2151-6 *(L. n° 2004-800, 6 août 2004 ; mod., L. n° 2011-814, 17 juill. 2011).* **– L'importation de cellules souches embryonnaires aux fins de recherche est soumise à l'autorisation préalable de l'Agence de la biomédecine. Cette autorisation ne peut être accordée que si ces cellules souches ont été obtenues dans le respect des principes fondamentaux prévus par les articles 16 à 16-8 du Code civil.**

L'exportation de cellules souches embryonnaires aux fins de recherche est soumise aux mêmes conditions que l'importation définie au précédent alinéa.

Art. L. 2151-7 *(L. n° 2004-800, 6 août 2004 ; mod., L. n° 2011-814, 17 juill. 2011).* **– Tout organisme qui assure, à des fins de recherche, la conservation d'embryons ou de cellules souches embryonnaires doit être titulaire d'une autorisation délivrée par l'Agence de la biomédecine.**

La délivrance de l'autorisation est subordonnée au respect des dispositions du titre Ier du livre II de la première partie du présent code, des règles en vigueur en matière de sécurité des personnes exerçant une activité professionnelle sur le site et des dispositions applicables en matière de protection de l'environnement, ainsi qu'au respect des règles de sécurité sanitaire.

En cas de non-respect des dispositions mentionnées au deuxième alinéa, l'Agence de la biomédecine peut, à tout moment, suspendre ou retirer l'autorisation.

(Mod. à compter de la date prévue au III de l'article 41 de la loi n° 2011-2012 du 29 décembre 2011, L. n° 2011-2012, 29 déc. 2011) L'Agence nationale de sécurité du médicament et des produits de santé est informée des activités de conservation d'embryons ou de cellules souches embryonnaires à des fins de recherche réalisées sur le même site que des activités autorisées par elle en application de l'article L. 1243-2.

Rédaction antérieure. L'Agence française de sécurité sanitaire des produits de santé est informée des activités de conservation d'embryons ou de cellules souches embryonnaires à des fins de recherche réalisées sur le même site que des activités autorisées par elle en application *(Mots rempl., L. n° 2012-387, 22 mars 2012)* « de l'article L. 1243-2 ».

Les organismes mentionnés au premier alinéa ne peuvent céder des embryons ou des cellules souches embryonnaires qu'à un organisme titulaire d'une autorisation délivrée en application du présent article ou de l'article L. 2151-5. L'Agence de la biomédecine est informée préalablement de toute cession.

Art. L. 2151-7-1 *(L. n° 2011-814, 7 juill. 2011)*. – Aucun chercheur, aucun ingénieur, technicien ou auxiliaire de recherche quel qu'il soit, aucun médecin ou auxiliaire médical n'est tenu de participer à quelque titre que ce soit aux recherches sur des embryons humains ou sur des cellules souches embryonnaires autorisées en application de l'article L. 2151-5.

Art. L. 2151-8 *(L. n° 2004-800, 6 août 2004 ; mod., L. n° 2011-814, 17 juill. 2011)*. – Les modalités d'application du présent chapitre sont fixées par décret en Conseil d'État, notamment les conditions d'autorisation et de mise en œuvre des recherches menées sur des embryons et sur des cellules souches embryonnaires.

LIVRE DEUXIÈME. – INTERRUPTION VOLONTAIRE DE GROSSESSE

TITRE PREMIER. – DISPOSITIONS GÉNÉRALES

CHAPITRE I. – PRINCIPE GÉNÉRAL

Art. L. 2211-1. – Comme il est dit à l'article 16 du Code civil ci-après reproduit :

Art. 16. – La loi assure la primauté de la personne, interdit toute atteinte à la dignité de celle-ci et garantit le respect de l'être humain dès le commencement de sa vie.

Art. L. 2211-2. – Il ne saurait être porté atteinte au principe mentionné à l'article L. 2211-1 qu'en cas de nécessité et selon les conditions définies par le présent titre.

L'enseignement de ce principe et de ses conséquences, l'information sur les problèmes de la vie et de la démographie nationale et internationale, l'éducation à la responsabilité, l'accueil de l'enfant dans la société et la politique familiale sont des obligations nationales. L'État, avec le concours des collectivités territoriales, exécute ces obligations et soutient les initiatives qui y contribuent.

CHAPITRE II. – INTERRUPTION PRATIQUÉE AVANT LA FIN DE LA DOUZIÈME SEMAINE DE GROSSESSE

(Intitulé rempl., L. n° 2001-588, 4 juill. 2001)

Art. L. 2212-1 *(L. n° 2001-588, 4 juill. 2001 ; mod., L. n° 2014-873, 4 août 2014 ; L. n° 2016-41, 26 janv. 2016)*. – La femme enceinte qui ne veut pas poursuivre une grossesse peut demander à un médecin ou à une sage-femme l'interruption de sa grossesse. Cette interruption ne peut être pratiquée qu'avant la fin de la douzième semaine de grossesse.

Toute personne a le droit d'être informée sur les méthodes abortives et d'en choisir une librement.

Cette information incombe à tout professionnel de santé dans le cadre de ses compétences et dans le respect des règles professionnelles qui lui sont applicables.

Art. L. 2212-2 *(Mod., L. n° 2001-588, 4 juill. 2001 ; rempl., Ord. n° 2003-850, 4 sept. 2003 ; mod., L. n° 2007-1786, 19 déc. 2007 ; L. n° 2016-41, 26 janv. 2016).* – L'interruption volontaire d'une grossesse ne peut être pratiquée que par un médecin ou, pour les seuls cas où elle est réalisée par voie médicamenteuse, par une sage-femme.

Elle ne peut avoir lieu que dans un établissement de santé, public ou privé, ou dans le cadre d'une convention conclue entre le praticien ou la sage-femme ou un centre de planification ou d'éducation familiale ou un centre de santé et un tel établissement, dans des conditions fixées par décret en Conseil d'État.

Art. L. 2212-3 *(L. n° 2001-588, 4 juill. 2001 ; mod. à compter de la date prévue au II de l'article 29 de l'Ordonnance n° 2010-177 du 23 février 2010, Ord. n° 2010-177, 23 févr. 2010 ; mod., L. n° 2016-41, 26 janv. 2016).* – Le médecin ou la sage-femme sollicité par une femme en vue de l'interruption de sa grossesse doit, dès la première visite, informer celle-ci des méthodes médicales et chirurgicales d'interruption de grossesse et des risques et des effets secondaires potentiels.

Le médecin ou la sage-femme doit lui remettre un dossier-guide, mis à jour au moins une fois par an, comportant notamment le rappel des dispositions des articles L. 2212-1 et L. 2212-2, la liste et les adresses des organismes mentionnés à l'article L. 2212-4 et des établissements où sont effectuées des interruptions volontaires de la grossesse.

Les agences régionales de santé assurent la réalisation et la diffusion des dossiers-guides destinés aux médecins et aux sages-femmes.

Art. L. 2212-4 *(L. n° 2001-588, 4 juill. 2001).* – Il est systématiquement proposé, avant et après l'interruption volontaire de grossesse, à la femme majeure une consultation avec une personne ayant satisfait à une formation qualifiante en conseil conjugal ou toute autre personne qualifiée dans un établissement d'information, de consultation ou de conseil familial, un centre de planification ou d'éducation familiale, un service social ou un autre organisme agréé. Cette consultation préalable comporte un entretien particulier au cours duquel une assistance ou des conseils appropriés à la situation de l'intéressée lui sont apportés.

Pour la femme mineure non émancipée, cette consultation préalable est obligatoire et l'organisme concerné doit lui délivrer une attestation de consultation. Si elle exprime le désir de garder le secret à l'égard des titulaires de l'autorité parentale ou de son représentant légal, elle doit être conseillée sur le choix de la personne majeure mentionnée à l'article L. 2212-7 susceptible de l'accompagner dans sa démarche.

Les personnels des organismes mentionnés au premier alinéa sont soumis aux dispositions des articles 226-13 et 226-14 du Code pénal.

Chaque fois que cela est possible, le couple participe à la consultation et à la décision à prendre.

Art. L. 2212-5 *(L. n° 2001-588, 4 juill. 2001 ; mod., L. n° 2016-41, 26 janv. 2016).* – Si la femme renouvelle, après les consultations prévues aux articles L. 2212-3 et L. 2212-4, sa demande d'interruptionde grossesse, le médecin ou la sage-femme doit lui demander une confirmation écrite. Cette confirmation ne peut intervenir qu'après l'expiration d'un délai de deux jours suivant l'entretien prévu à l'article L. 2212-4.

Art. L. 2212-6 *(Mod., L. n° 2016-41, 26 janv. 2016).* – En cas de confirmation, le médecin ou la sage-femme peuvent pratiquer personnellement l'interruption de grossesse dans les conditions fixées au second alinéa de l'article L. 2212-2. S'ils ne pratiquent pas eux-mêmes l'intervention, ils restituent à la femme sa demande pour que celle-ci soit remise au médecin ou à la sage-femme choisis par elle et lui délivrent un certificat attestant qu'ils se sont conformés aux articles L. 2212-3 et L. 2212-5. ;

Le directeur de l'établissement de santé dans lequel une femme demande son admission en vue d'une interruption volontaire de la grossesse doit se faire remettre et conserver pendant au moins un an les attestations justifiant qu'elle a satisfait aux consultations prescrites aux articles L. 2212-3 à L. 2212-5.

Art. L. 2212-7 *(Mod., L. n° 2016-41, 26 janv. 2016).* – Si la femme est mineure non émancipée, le consentement de l'un des titulaires de l'autorité parentale ou, le cas échéant, du représentant légal est recueilli. Ce consentement est joint à la demande qu'elle présente au médecin ou à la sage-femme en dehors de la présence de toute autre personne.

Si la femme mineure non émancipée désire garder le secret, le médecin ou la sage-femme doit s'efforcer, dans l'intérêt de celle-ci, d'obtenir son consentement pour que le ou les titulaires de l'autorité parentale ou, le cas échéant, le représentant légal soient consultés ou doit vérifier que cette démarche a été faite lors de l'entretien mentionné à l'article L. 2212-4.

Si la mineure ne veut pas effectuer cette démarche ou si le consentement n'est pas obtenu, l'interruption volontaire de grossesse ainsi que les actes médicaux et les soins qui lui sont liés peuvent être pratiqués à la demande de l'intéressée, présentée dans les conditions prévues au premier alinéa. Dans ce cas, la mineure se fait accompagner dans sa démarche par la personne majeure de son choix.

Après l'intervention, une deuxième consultation, ayant notamment pour but une nouvelle information sur la contraception, est obligatoirement proposée aux mineures.

Art. L. 2212-8 *(Mod., L. n° 2016-41, 26 janv. 2016 ; Ord. n° 2017-31, 12 janv. 2017).* – Un médecin ou une sage-femme n'est jamais tenu de pratiquer une interruption volontaire de grossesse mais il doit informer, sans délai, l'intéressée de son refus et lui communiquer immédiatement le nom de praticiens ou de sages-femmes susceptibles de réaliser cette intervention selon les modalités prévues à l'article L. 2212-2.

Aucune sage-femme, aucun infirmier ou infirmière, aucun auxiliaire médical, quel qu'il soit, n'est tenu de concourir à une interruption de grossesse.

Un établissement de santé privé peut refuser que des interruptions volontaires de grossesse soient pratiquées dans ses locaux.

Toutefois ce refus ne peut être opposé par un établissement de santé privé habilité à assurer le service public hospitalier que si d'autres établissements sont en mesure de répondre aux besoins locaux.

Les catégories d'établissements publics qui sont tenus de disposer des moyens permettant la pratique des interruptions volontaires de la grossesse sont fixées par décret.

Art. L. 2212-9. – Tout établissement dans lequel est pratiquée une interruption de grossesse doit assurer, après l'intervention, l'information de la femme en matière de régulation des naissances.

Art. L. 2212-10 *(Mod., L. n° 2016-41, 26 janv. 2016).* – Toute interruption de grossesse doit faire l'objet d'une déclaration établie par le médecin ou la sage-femme et adressée par l'établissement où elle est pratiquée au médecin de l'agence régionale de santé désigné par le directeur général de l'agence ; cette déclaration ne fait aucune mention de l'identité de la femme.

> **Rédaction antérieure.** Art. L. 2212-10. – Toute interruption de grossesse doit faire l'objet d'une déclaration établie par le médecin et adressée par l'établissement où elle est pratiquée au médecin inspecteur régional de santé publique ; cette déclaration ne fait aucune mention de l'identité de la femme.

Art. L. 2212-11. – Les conditions d'application du présent chapitre sont déterminées par décret en Conseil d'État.

CHAPITRE II. – INTERRUPTION DE GROSSESSE PRATIQUÉE POUR MOTIF MÉDICAL

(Intitulé rempl., L. n° 2001-588, 4 juill. 2001)

Art. L. 2213-1 *(L. n° 2001-588, 4 juill. 2001 ; mod., Ord. 2003-850, 4 sept. 2003 ; L. n° 2011-814, 7 juill. 2011).* – L'interruption volontaire d'une grossesse peut, à toute époque, être pratiquée si deux médecins membres d'une équipe pluridisciplinaire attestent, après que cette équipe a rendu son avis consultatif, soit que la poursuite de la grossesse met en péril grave la santé de la femme, soit qu'il existe une forte probabilité que l'enfant à naître soit atteint d'une affection d'une particulière gravité reconnue comme incurable au moment du diagnostic.

Lorsque l'interruption de grossesse est envisagée au motif que la poursuite de la grossesse met en péril grave la santé de la femme, l'équipe pluridisciplinaire chargée d'examiner la demande de la femme comprend au moins quatre personnes qui sont un médecin qualifié en gynécologie-obstétrique, membre d'un centre pluridisciplinaire de diagnostic prénatal, un praticien spécialiste de l'affection dont la femme est atteinte, un médecin choisi par la femme et une personne qualifiée tenue au secret professionnel qui peut être un assistant social ou un psychologue. Le médecin qualifié en gynécologie-obstétrique et le médecin qualifié dans le traitement de l'affection dont la femme est atteinte doivent exercer leur activité dans un établissement de santé.

Lorsque l'interruption de grossesse est envisagée au motif qu'il existe une forte probabilité que l'enfant à naître soit atteint d'une affection d'une particulière gravité reconnue comme incurable au moment du diagnostic, l'équipe pluridisciplinaire chargée d'examiner la demande de la femme est celle d'un centre pluridisciplinaire de diagnostic prénatal. Lorsque l'équipe du centre précité se réunit, un médecin choisi par la femme peut, à la demande de celle-ci, être associé à la concertation. Hors urgence médicale, la femme se voit proposer un délai de réflexion d'au moins une semaine avant de décider d'interrompre ou de poursuivre sa grossesse.

Dans les deux cas, préalablement à la réunion de l'équipe pluridisciplinaire compétente, la femme concernée ou le couple peut, à sa demande, être entendu par tout ou partie des membres de ladite équipe.

Art. L. 2213-2 *(Mod., L. n° 2016-41, 26 janv. 2016).* – Les dispositions des articles L. 2212-2 et L. 2212-8 à L. 2212-10 sont applicables à l'interruption volontaire de la grossesse pratiquée pour motif médical. Toutefois, l'interruption volontaire de grossesse pour motif médical ne peut être pratiquée que par un médecin.

Art. L. 2213-3. – Les conditions d'application du présent chapitre sont déterminées par décret en Conseil d'État.

CHAPITRE IV. – DISPOSITIONS COMMUNES

Art. L. 2214-1. – Les frais occasionnés par le contrôle de l'application des dispositions des chapitres II et III du présent titre sont supportés par l'État.

Art. L. 2214-2. – En aucun cas l'interruption volontaire de grossesse ne doit constituer un moyen de régulation des naissances. À cet effet, le Gouvernement prend toutes les mesures nécessaires pour développer l'information la plus large possible sur la régulation des naissances, notamment par la création généralisée, dans les centres de planification maternelle et infantile, de centres de planification ou d'éducation familiale et par l'utilisation de tous les moyens d'information.

La formation initiale et la formation permanente des médecins, des sages-femmes, ainsi que des infirmiers et des infirmières, comprennent un enseignement sur la contraception.

Art. L. 2214-3. – Chaque année, à l'occasion de la discussion du projet de loi de finances, le ministre chargé de la santé publie un rapport rendant compte de l'évolution démographique du pays, ainsi que de l'application des dispositions du présent titre.

Ce rapport comporte des développements sur les aspects sociodémographiques de l'interruption de grossesse.

L'Institut national d'études démographiques analyse et publie, en liaison avec l'Institut national de la santé et de la recherche médicale, les statistiques établies à partir des déclarations prévues à l'article L. 2212-10.

Art. L. 2214-4 et L. 2214-5 *(Abr., L. n° 2009-689, 15 juin 2009).*

....

PARTIE TROISIÈME. – LUTTE CONTRE LES MALADIES ET LES DÉPENDANCES

LIVRE PREMIER. – LUTTE CONTRE LES MALADIES TRANSMISSIBLES

....

TITRE II. – INFECTION PAR LE VIRUS DE L'IMMUNO-DÉFICIENCE HUMAINE

CHAPITRE I. – DISPOSITIONS GÉNÉRALES

Art. L. 3121-1 *(L. n° 2004-809, 13 août 2004 ; mod., L. n° 2014-1554, 22 déc. 2014 ; L. n° 2016-41, 26 janv. 2016).* – La lutte contre les virus de l'immunodéficience humaine et contre les infections sexuellement transmissibles relève de l'État.

Art. L. 3121-2 *(Rempl. à compter du 1er janvier 2016, L. n° 2014-1554, 22 déc. 2014 ; mod., L. n° 2016-41, 26 janv. 2016 ; Ord. n° 2018-21, 17 janv. 2018).* – I. - Le directeur général de l'agence régionale de santé habilite en fonction des besoins identifiés au niveau régional un ou plusieurs centres gratuits d'information, de dépistage et de diagnostic qui assurent, dans leurs locaux ou hors les murs, notamment auprès des populations les plus concernées :

1° La prévention, le dépistage et le diagnostic de l'infection par les virus de l'immunodéficience humaine et des hépatites virales, leurs traitements préventifs figurant sur une liste fixée par arrêté du ministre chargé de la santé ainsi que l'accompagnement dans la recherche de soins appropriés ;

2° La prévention, le dépistage, le diagnostic et le traitement ambulatoire des infections sexuellement transmissibles ;

3° La prévention des autres risques liés à la sexualité dans une approche globale de santé sexuelle, notamment par la prescription de contraception.

Le centre peut mener ces activités, dans ou hors les murs, en coordination avec les autres organismes, notamment les associations, œuvrant sur le territoire de santé avec lesquels il conclut des conventions de partenariat.

II.-Le centre assure une prise en charge anonyme ou non, selon le choix exprimé par l'usager au moment de son accueil. En cas de nécessité thérapeutique ou à la demande de l'usager, le médecin peut procéder à la levée de l'anonymat initialement choisi par l'usager, avec le consentement exprès, libre et éclairé de ce dernier.

Les activités de vaccination et de prescription de contraception exercées par le centre ne font pas l'objet d'une prise en charge anonyme.

III.-La gestion d'un centre peut être confiée à une collectivité territoriale, dans le cadre d'une convention conclue avec le directeur général de l'agence régionale de santé.

IV.-Les dépenses afférentes aux activités mentionnées au I du présent article sont prises en charge par le fonds d'intervention régional sans qu'il soit fait application des dispositions du Code de la sécurité sociale et du Code rural et de la pêche maritime relatives à l'ouverture du droit aux prestations couvertes par les régimes de base, au remboursement de la part garantie par l'assurance maladie, à la participation de l'assuré aux tarifs servant de base aux remboursements ainsi qu'au forfait mentionné à l'article L. 174-4 du Code de la sécurité sociale.

Un décret fixe les modalités d'application du présent article .

Rédaction antérieure. Art. L. 3121-2 *(Mod., L. n° 2009-879, 21 juill. 2009).* – Dans chaque département, le représentant de l'État désigne au moins une consultation destinée à effectuer de façon anonyme et gratuite la prévention, le dépistage et le diagnostic de l'infection par le virus de l'immunodéficience humaine ainsi que l'accompagnement dans la recherche de soins appropriés.

Ces consultations peuvent également être habilitées par le représentant de l'État à participer dans les mêmes conditions à la lutte contre d'autres maladies transmissibles, et notamment les hépatites virales.

En cas de nécessité thérapeutique et dans l'intérêt du patient, le médecin peut procéder à la levée de l'anonymat sous réserve du consentement exprès, libre et éclairé de la personne intéressée dans des conditions définies par arrêté. La levée de l'anonymat respecte les conditions établies par un référentiel publié par arrêté du ministre chargé de la santé.

Les dépenses afférentes aux missions énoncées dans le présent article sont prises en charge par l'assurance maladie, sans qu'il soit fait application des dispositions du Code de la sécurité sociale et du Code rural relatives à l'ouverture du droit aux prestations couvertes par les régimes de base, au remboursement de la part garantie par l'assurance maladie, à la participation de l'assuré aux tarifs servant de base aux remboursements ainsi qu'au forfait mentionné à l'article L. 174-4 du Code de la sécurité sociale.

Un décret fixe les modalités d'application du présent article.

Art. L. 3121-2-1 *(Abr. à compter du 1er janvier 2016, L. n° 2014-1554, 22 déc. 2014).*

Art. L. 3121-2-2 *(L. n° 2016-41, 26 janv. 2016).* – Par dérogation au 8° de l'article L. 4211-1, les dispositifs médicaux de diagnostic in vitro destinés à réaliser des autotests de détection de maladies infectieuses transmissibles mis sur le marché conformément au titre II du livre II de la cinquième partie du présent code et à la directive 98/79/ CE du Parlement européen et du Conseil du 27 octobre 1988 relative aux dispositifs médicaux de diagnostic in vitro et dont la liste est fixée par arrêté du ministre chargé de la santé pris après avis de l'Agence nationale de sécurité du médicament et des produits de santé peuvent être délivrés par :

1° Les centres gratuits d'information, de dépistage et de diagnostic habilités en application de l'article L. 3121-2 ;

2° Les organismes de prévention sanitaire habilités, dans des conditions fixées par arrêté du ministre chargé de la santé, à réaliser des tests rapides d'orientation diagnostique détectant l'infection aux virus de l'immunodéficience humaine ;

3° Les centres de soins, d'accompagnement et de prévention en addictologie, les centres d'accueil et d'accompagnement à la réduction des risques pour usagers de drogue et les appartements de coordination thérapeutique mentionnés au 9° du I de l'article L. 312-1 du Code de l'action sociale et des familles.

Cet arrêté précise également les conditions particulières de la délivrance de ces autotests ainsi que les modalités selon lesquelles la personne est conseillée, accompagnée et informée des conditions de réalisation du test et de ses conséquences et prise en charge.

Art. L. 3121-3 *(L. n° 2004-806, 9 août 2004 ; dénum., L. n° 2016-41, 26 janv. 2016 ; rétabli, L. n° 2018-699, 3 août 2018).* – I. - Le Conseil national du syndrome immunodéficitaire acquis et des hépatites virales chroniques comprend parmi ses membres un député et un sénateur.

II. - Les missions, la composition, l'organisation et le fonctionnement du conseil sont précisés par décret.

Art. L. 3121-4 *(Abr., L. n° 2016-41, 26 janv. 2016).*

Art. L. 3121-5 *(Dénum., L. n° 2016-41, 26 janv. 2016– V. C. santé publ., art. L. 3411-9).*

CHAPITRE II. – INDEMNISATION DES VICTIMES CONTAMINÉES

(Intitulé rempl., L. n° 2004-806, 9 août 2004)

Art. L. 3122-1 *(L. n° 2004-806, 9 août 2004 ; mod., L. n° 2008-1330, 17 déc. 2008).* – Les victimes de préjudices résultant de la contamination par le virus d'immunodéficience humaine causée par une transfusion de produits sanguins ou une injection de produits dérivés du sang réalisée sur le territoire de la République française sont indemnisées dans les conditions définies ci-après.

Une clause de quittance pour solde valant renonciation à toute instance et action contre un tiers au titre de sa contamination ne fait pas obstacle à la présente procédure.

La réparation intégrale des préjudices définis au premier alinéa est assurée par l'Office national d'indemnisation des accidents médicaux, des affections iatrogènes et des infections nosocomiales mentionné à l'article L. 1142-22. Un conseil d'orientation, composé notamment de représentants des associations concernées, est placé auprès du conseil d'administration de l'office.

Les personnes qui ont à connaître des documents et informations fournis à l'office sont tenues au secret professionnel, dans les conditions et sous les peines prévues aux articles 226-13 et 226-14 du Code pénal.

Art. L. 3122-2 *(Mod., L. n° 2004-806, 9 août 2004).* – Dans leur demande d'indemnisation, les victimes ou leurs ayants droit justifient de l'atteinte par le virus d'immunodéficience humaine et des transfusions de produits sanguins ou des injections de produits dérivés du sang.

La demande fait l'objet d'un accusé de réception.

Les victimes ou leurs ayants droit font connaître à l'office tous les éléments d'information dont elles disposent.

Dans un délai de trois mois à compter de la réception de la demande, qui peut être prolongé à la demande de la victime ou de ses ayants droit, l'office examine si les conditions d'indemnisation sont réunies ; il recherche les circonstances de la contamination et procède à toute investigation sans que puisse lui être opposé le secret professionnel.

Lorsque les justifications mentionnées à l'alinéa premier du présent article ont été admises par l'office, celui-ci est tenu de verser dans un délai d'un mois une ou plusieurs provisions si la demande lui en a été faite.

Art. L. 3122-3 *(Mod., L. n° 2004-806, 9 août 2004).* – La victime informe l'office des procédures juridictionnelles éventuellement en cours. Si une action en justice est intentée, la victime informe le juge de la saisine de l'office.

La victime ne dispose du droit d'action en justice contre l'office d'indemnisation que si sa demande d'indemnisation a été rejetée, si aucune offre ne lui a été présentée dans le délai mentionné à l'article L. 3122-5 ou si elle n'a pas accepté l'offre qui lui a été faite. Cette action est intentée devant la cour d'appel de Paris.

L'acceptation de l'offre de l'office par la victime vaut transaction au sens de l'article 2044 du Code civil.

La décision juridictionnelle rendue dans l'action en justice prévue au deuxième alinéa vaut désistement de toute action juridictionnelle en cours et rend irrecevable toute autre action juridictionnelle visant à la réparation de mêmes préjudices.

Art. L. 3122-4 *(L. n° 2004-806, 9 août 2004)*. – L'office est subrogé, à due concurrence des sommes versées dans les droits que possède la victime contre la personne responsable du dommage ainsi que contre les personnes tenues à un titre quelconque d'en assurer la réparation totale ou partielle dans la limite du montant des prestations à la charge desdites personnes. Toutefois, l'office ne peut engager d'action au titre de cette subrogation que lorsque le dommage est imputable à une faute.

L'office peut intervenir devant les juridictions de jugement en matière répressive même pour la première fois en cause d'appel en cas de constitution de partie civile de la victime ou de ses ayants droit contre le ou les responsables des préjudices définis à l'alinéa premier de l'article L. 3122-1. Il intervient alors à titre principal et peut user de toutes les voies de recours ouvertes par la loi.

Si les faits générateurs du dommage ont donné lieu à des poursuites pénales, le juge civil n'est pas tenu de surseoir à statuer jusqu'à décision définitive de la juridiction répressive.

Art. L. 3122-5 *(L. n° 2004-806, 9 août 2004 ; mod., L. n° 2008-1330, 17 déc. 2008)*. – L'office est tenu de présenter à toute victime mentionnée à l'article L. 3122-1 une offre d'indemnisation dans un délai dont la durée est fixée par décret et ne peut excéder six mois à compter du jour où l'office reçoit la justification complète des préjudices. Cette disposition est également applicable en cas d'aggravation d'un préjudice déjà couvert au titre du premier alinéa de l'article L. 3122-1.

L'offre indique l'évaluation retenue par l'office pour chaque chef de préjudice, nonobstant l'absence de consolidation, et notamment du fait de la séropositivité, ainsi que le montant des indemnités qui reviennent à la victime compte tenu, d'une part, des prestations énumérées à l'article 29 de la loi n° 85-677 du 5 juillet 1985 tendant à l'amélioration de la situation des victimes d'accident de la circulation et à l'accélération des procédures d'indemnisation et, d'autre part, des indemnités de toute nature reçues ou à recevoir d'autres débiteurs du chef du même préjudice.

L'offre d'indemnisation adressée à la victime en application du premier alinéa est présentée par le directeur de l'Office national d'indemnisation des accidents médicaux, des affections iatrogènes et des infections nosocomiales.

Art. L. 3122-6 *(Mod., L. n° 2004-806, 9 août 2004)*. – Sauf disposition contraire, les modalités d'application du présent chapitre sont fixées par décret en Conseil d'État.

LIVRE DEUXIÈME. – LUTTE CONTRE LES MALADIES MENTALES

TITRE PREMIER. – MODALITÉS D'HOSPITALISATION

CHAPITRE I. – DROITS DES PERSONNES HOSPITALISÉES

Art. L. 3211-1 *(Mod., L. n° 2011-803, 5 juill. 2011)*. – Une personne ne peut sans son consentement ou, le cas échéant, sans celui de son représentant légal, faire l'objet de soins psychiatriques, hormis les cas prévus par les chapitres II à IV du présent titre et ceux prévus à l'article 706-135 du Code de procédure pénale.

Toute personne faisant l'objet de soins psychiatriques ou sa famille dispose du droit de s'adresser au praticien ou à l'équipe de santé mentale, publique ou privée, de son choix tant à l'intérieur qu'à l'extérieur du secteur psychiatrique correspondant à son lieu de résidence.

Art. L. 3211-2 *(Mod., L. n° 2011-803, 5 juill. 2011)*. – Une personne faisant l'objet de soins psychiatriques avec son consentement pour des troubles mentaux est dite en soins psychiatriques libres. Elle dispose des mêmes droits liés à l'exercice des libertés individuelles que ceux qui sont reconnus aux malades soignés pour une autre cause.

Art. L. 3211-2-1 *(L. n° 2011-803, 5 juill. 2011 ; rempl., L. n° 2013-869, 27 sept. 2013)*. – I. - Une personne faisant l'objet de soins psychiatriques en application des chapitres II et III du présent titre ou de l'article 706-135 du Code de procédure pénale est dite en soins psychiatriques sans consentement.

La personne est prise en charge :

1° Soit sous la forme d'une hospitalisation complète dans un établissement mentionné à l'article L. 3222-1 du présent code ;

2° Soit sous toute autre forme, pouvant comporter des soins ambulatoires, des soins à domicile dispensés par un établissement mentionné au même article L. 3222-1 et, le cas échéant, une hospitalisation à domicile, des séjours à temps partiel ou des séjours de courte durée à temps complet effectués dans un établissement mentionné audit article L. 3222-1.

II. - Lorsque les soins prennent la forme prévue au 2° du I, un programme de soins est établi par un psychiatre de l'établissement d'accueil et ne peut être modifié, afin de tenir compte de l'évolution de l'état de santé du patient, que dans les mêmes conditions. Le programme de soins définit les types de soins, leur périodicité et les lieux de leur réalisation, dans des conditions déterminées par décret en Conseil d'État.

Pour l'établissement et la modification du programme de soins, le psychiatre de l'établissement d'accueil recueille l'avis du patient lors d'un entretien au cours duquel il donne au patient l'information prévue à l'article L. 3211-3 et l'avise des dispositions du III du présent article et de celles de l'article L. 3211-11.

III. - Aucune mesure de contrainte ne peut être mise en œuvre à l'égard d'un patient pris en charge sous la forme prévue au 2° du I.

Art. L. 3211-2-2 *(L. n° 2011-803, 5 juill. 2011 ; mod., L. n° 2013-869, 27 sept. 2013).* – Lorsqu'une personne est admise en soins psychiatriques en application des chapitres II ou III du présent titre, elle fait l'objet d'une période d'observation et de soins initiale sous la forme d'une hospitalisation complète.

Dans les vingt-quatre heures suivant l'admission, un médecin réalise un examen somatique complet de la personne et un psychiatre de l'établissement d'accueil établit un certificat médical constatant son état mental et confirmant ou non la nécessité de maintenir les soins psychiatriques au regard des conditions d'admission définies aux articles L. 3212-1 ou L. 3213-1. Ce psychiatre ne peut être l'auteur du certificat médical ou d'un des deux certificats médicaux sur la base desquels la décision d'admission a été prononcée.

Dans les soixante-douze heures suivant l'admission, un nouveau certificat médical est établi dans les mêmes conditions que celles prévues au deuxième alinéa du présent article.

Lorsque les deux certificats médicaux ont conclu à la nécessité de maintenir les soins psychiatriques, le psychiatre propose dans le certificat mentionné au troisième alinéa du présent article la forme de la prise en charge mentionnée aux 1° et 2° du I de l'article L. 3211-2-1 et, le cas échéant, le programme de soins. Cette proposition est motivée au regard de l'état de santé du patient et de l'expression de ses troubles mentaux.

Art. L. 3211-2-3 *(L. n° 2011-803, 5 juill. 2011 ; mod., L. n° 2016-41, 26 janv. 2016).* – Lorsqu'une personne remplissant les conditions pour être admise en soins psychiatriques prévues aux chapitres II et III du présent titre est prise en charge en urgence par un établissement de santé qui n'assure pas, en application de l'article L. 3222-1, la prise en charge des personnes faisant l'objet de soins psychiatriques au titre des chapitres II à IV du présent titre ou de l'article 706-135 du Code de procédure pénale, son transfert vers un établissement exerçant cette mission est organisé, selon des modalités prévues par convention, dans des délais adaptés à son état de santé et au plus tard sous quarante-huit heures. La période d'observation et de soins initiale mentionnée à l'article L. 3211-2-2 prend effet dès le début de la prise en charge.

Art. L. 3211-3 *(Mod., L. n° 2011-803, 5 juill. 2011 ; L. n° 2013-869, 27 sept. 2013).* – Lorsqu'une personne atteinte de troubles mentaux fait l'objet de soins psychiatriques en application des dispositions des chapitres II et III du présent titre ou est transportée en vue de ces soins, les restrictions à l'exercice de ses libertés individuelles doivent être adaptées, nécessaires et proportionnées à son état mental et à la mise en œuvre du traitement requis. En toutes circonstances, la dignité de la personne doit être respectée et sa réinsertion recherchée.

Avant chaque décision prononçant le maintien des soins en application des articles L. 3212-4, L. 3212-7 et L. 3213-4 ou définissant la forme de la prise en charge en application des articles L. 3211-12-5, L. 3212-4, L. 3213-1 et L. 3213-3, la personne faisant l'objet de soins psychiatriques est, dans la mesure où son état le permet, informée de ce projet de décision et mise à même de faire valoir ses observations, par tout moyen et de manière appropriée à cet état.

En outre, toute personne faisant l'objet de soins psychiatriques en application des chapitres II et III du présent titre ou de l'article 706-135 du Code de procédure pénale est informée :

a) Le plus rapidement possible et d'une manière appropriée à son état, de la décision d'admission et de chacune des décisions mentionnées au deuxième alinéa du présent article, ainsi que des raisons qui les motivent ;

b) Dès l'admission ou aussitôt que son état le permet et, par la suite, à sa demande et après chacune des décisions mentionnées au même deuxième alinéa, de sa situation juridique, de ses droits, des voies de recours qui lui sont ouvertes et des garanties qui lui sont offertes en application de l'article L. 3211-12-1.

L'avis de cette personne sur les modalités des soins doit être recherché et pris en considération dans toute la mesure du possible.

En tout état de cause, elle dispose du droit :

1° De communiquer avec les autorités mentionnées à l'article L. 3222-4 ;

2° De saisir la commission prévue à l'article L. 3222-5 et, lorsqu'elle est hospitalisée, la commission mentionnée à l'article L. 1112-3 ;

3° De porter à la connaissance du Contrôleur général des lieux de privation de liberté des faits ou situations susceptibles de relever de sa compétence ;

4° De prendre conseil d'un médecin ou d'un avocat de son choix ;

5° D'émettre ou de recevoir des courriers ;

6° De consulter le règlement intérieur de l'établissement et de recevoir les explications qui s'y rapportent ;

7° D'exercer son droit de vote ;

8° De se livrer aux activités religieuses ou philosophiques de son choix.

Ces droits, à l'exception de ceux mentionnés aux 5°, 7° et 8°, peuvent être exercés à leur demande par les parents ou les personnes susceptibles d'agir dans l'intérêt du malade.

Art. L. 3211-4. – Un protocole thérapeutique pratiqué en psychiatrie ne peut être mis en œuvre que dans le strict respect des règles déontologiques et éthiques en vigueur.

Art. L. 3211-5 *(Rempl., L. n° 2011-803, 5 juill. 2011).* – Une personne faisant, en raison de troubles mentaux, l'objet de soins psychiatriques prenant ou non la forme d'une hospitalisation complète conserve, à l'issue de ces soins, la totalité de ses droits et devoirs de citoyen, sous réserve des dispositions relatives aux mesures de protection des majeurs prévues aux sections 1 à 4 du chapitre II du titre XI du livre Ier du Code civil, sans que ses antécédents psychiatriques puissent lui être opposés.

Art. L. 3211-5-1 *(Créé à compter du 1er octobre 2016, Ord. n° 2016-131, 10 févr. 2016).* – Sauf autorisation de justice, il est interdit, à peine de nullité, à quiconque exerce une fonction ou occupe un emploi dans un établissement dispensant des soins psychiatriques de se rendre acquéreur d'un bien ou cessionnaire d'un droit appartenant à une personne admise dans l'établissement ou de prendre à bail le logement occupé par cette personne avant son admission dans l'établissement.

Pour l'application du présent article, sont réputées personnes interposées, le conjoint, le partenaire d'un pacte civil de solidarité, le concubin, les ascendants et les descendants des personnes auxquelles s'appliquent les interdictions ci-dessus édictées.

Art. L. 3211-6 *(Mod., L. n° 2015-1776, 28 déc. 2015).* – Le médecin qui constate que la personne à laquelle il donne ses soins a besoin, pour l'une des causes prévues à l'article 425 du Code civil, d'être protégée dans les actes de la vie civile peut en faire la déclaration au procureur de la République du lieu de traitement. Cette déclaration a pour effet de placer le malade sous sauvegarde de justice si elle est accompagnée de l'avis conforme d'un psychiatre.

Lorsqu'une personne est soignée dans un établissement de santé ou hébergée dans un établissement social ou médico-social, le médecin est tenu, s'il constate que cette personne se trouve dans la situation prévue à l'alinéa précédent, d'en faire la déclaration au procureur de la République du lieu de traitement. Cette déclaration a pour effet de placer le malade sous sauvegarde de justice. Le représentant de l'État dans le département doit être informé par le procureur de la mise sous sauvegarde.

Art. L. 3211-7 *(Mod., L. n° 2011-803, 5 juill. 2011).* – La personne hospitalisée en application des chapitres II et III du présent code ou de l'article 706-135 du Code de procédure pénale dans un établissement de soins conserve le domicile qui était le sien avant l'hospitalisation aussi longtemps que ce domicile reste à sa disposition. Néanmoins, les significations qui y auront été faites pourront, suivant les circonstances, être annulées par les tribunaux.

Art. L. 3211-8 *(Rempl., L. n° 2011-803, 5 juill. 2011).* – La personne faisant l'objet de soins psychiatriques en application des chapitres II et III du présent titre ou de l'article 706-135 du Code de procédure pénale peut être placée en curatelle ou en tutelle dans les conditions et selon les modalités prévues aux articles 425 et 440 du Code civil.

Art. L. 3211-9 *(Rempl., L. n° 2011-803, 5 juill. 2011).* – Pour l'application du II des articles L. 3211-12 et L. 3211-12-1 et des articles L. 3212-7, L. 3213-1, L. 3213-3 et L. 3213-8, le directeur de l'établissement d'accueil du patient convoque un collège composé de trois membres appartenant au personnel de l'établissement :

1° Un psychiatre participant à la prise en charge du patient ;

2° Un psychiatre ne participant pas à la prise en charge du patient ;

3° Un représentant de l'équipe pluridisciplinaire participant à la prise en charge du patient.

Les modalités de désignation des membres et les règles de fonctionnement du collège sont fixées par décret en Conseil d'État.

Art. L. 3211-10 *(Mod., L. n° 2011-803, 5 juill. 2011).* – Hormis les cas prévus au chapitre III du présent titre, la décision d'admission en soins psychiatriques d'un mineur ou la levée de cette mesure sont demandées, selon les situations, par les personnes titulaires de l'exercice de l'autorité parentale ou par le tuteur. En cas de désaccord entre les titulaires de l'exercice de l'autorité parentale, le juge aux affaires familiales statue.

Art. L. 3211-11 *(Rempl., L. n° 2011-803, 5 juill. 2011).* – Le psychiatre qui participe à la prise en charge du patient peut proposer à tout moment de modifier la forme de la prise en charge mentionnée à l'article L. 3211-2-1 pour tenir compte de l'évolution de l'état de la personne. Il établit en ce sens un certificat médical circonstancié.

Le psychiatre qui participe à la prise en charge du patient transmet immédiatement au directeur de l'établissement d'accueil un certificat médical circonstancié proposant une hospitalisation complète lorsqu'il constate que la prise en charge de la personne décidée sous une autre forme ne permet plus, notamment du fait du comportement de la personne, de dispenser les soins nécessaires à son état. Lorsqu'il ne peut être procédé à l'examen du patient, il transmet un avis établi sur la base du dossier médical de la personne.

Art. L. 3211-11-1 *(L. n° 2002-303, 4 mars 2002 ; mod., L. n° 2011-803, 5 juill. 2011 ; rempl., L. n° 2013-869, 27 sept. 2013 ; mod., L. n° 2016-41, 26 janv. 2016).* – Afin de favoriser leur guérison, leur réadaptation ou leur réinsertion sociale ou si des démarches extérieures sont nécessaires, les personnes faisant l'objet de soins psychiatriques en application des chapitres II et III du présent titre ou de l'article 706-135 du Code de procédure pénale sous la forme d'une hospitalisation complète peuvent bénéficier d'autorisations de sortie de courte durée :

1° Sous la forme de sorties accompagnées n'excédant pas douze heures. Les personnes malades sont accompagnées par un ou plusieurs membres du personnel de l'établissement d'accueil, par un membre de leur famille ou par la personne de confiance qu'elles ont désignée en application de l'article L. 1111-6 du présent code, pendant toute la durée de la sortie ;

2° Sous la forme de sorties non accompagnées d'une durée maximale de quarante-huit heures.

L'autorisation de sortie de courte durée est accordée par le directeur de l'établissement d'accueil, après avis favorable d'un psychiatre de cet établissement.

Dans le cas où la mesure de soins psychiatriques a été prise en application du chapitre III du présent titre, le directeur de l'établissement d'accueil transmet au représentant de l'État dans le département les éléments d'information relatifs à la demande d'autorisation, comportant notamment l'avis favorable du psychiatre mentionné au quatrième alinéa du présent article, au plus tard quarante-huit heures avant la date prévue pour la sortie. Sauf opposition écrite et motivée du représentant de l'État dans le département, notifiée au plus tard douze heures avant la date prévue, la sortie peut avoir lieu. Le représentant de l'État ne peut imposer aucune mesure complémentaire.

Lorsque la mesure de soins psychiatriques fait suite à la demande d'un tiers, le directeur de l'établissement d'accueil informe celui-ci, préalablement, de l'autorisation de sortie non accompagnée et de sa durée.

Art. L. 3211-12 *(Rempl., L. n° 2011-803, 5 juill. 2011 ; mod., L. n° 2013-869, 27 sept. 2013).* – I. – Le juge des libertés et de la détention dans le ressort duquel se situe l'établissement d'accueil peut être saisi, à tout moment, aux fins d'ordonner, à bref délai, la mainlevée immédiate d'une mesure de soins psychiatriques prononcée en application des chapitres II à IV du présent titre ou de l'article 706-135 du Code de procédure pénale, quelle qu'en soit la forme.

La saisine peut être formée par :

1° La personne faisant l'objet des soins ;

2° Les titulaires de l'autorité parentale ou le tuteur si la personne est mineure ;

3° La personne chargée de sa protection si, majeure, elle a été placée en tutelle ou en curatelle ;

4° Son conjoint, son concubin, la personne avec laquelle elle est liée par un pacte civil de solidarité ;

5° La personne qui a formulé la demande de soins ;

6° Un parent ou une personne susceptible d'agir dans l'intérêt de la personne faisant l'objet des soins ;

7° Le procureur de la République.

Le juge des libertés et de la détention peut également se saisir d'office, à tout moment. À cette fin, toute personne intéressée peut porter à sa connaissance les informations qu'elle estime utiles sur la situation d'une personne faisant l'objet d'une telle mesure.

II. - Le juge des libertés et de la détention ne peut statuer qu'après avoir recueilli l'avis du collège mentionné à l'article L. 3211-9 du présent code lorsque la personne fait l'objet d'une mesure de soins ordonnée en application de l'article L. 3213-7 du même code ou de l'article 706-135 du Code de procédure pénale à la suite d'un classement sans suite, d'une décision d'irresponsabilité pénale ou d'un jugement ou arrêt de déclaration d'irresponsabilité pénale prononcés sur le fondement du premier alinéa de l'article 122-1 du Code pénal et concernant des faits punis d'au moins cinq ans d'emprisonnement en cas d'atteinte aux personnes ou d'au moins dix ans d'emprisonnement en cas d'atteinte aux biens.

Le juge ne peut, en outre, décider la mainlevée de la mesure qu'après avoir recueilli deux expertises établies par les psychiatres inscrits sur les listes mentionnées à l'article L. 3213-5-1 du présent code.

Le juge fixe les délais dans lesquels l'avis du collège et les deux expertises prévus au présent II doivent être produits, dans une limite maximale fixée par décret en Conseil d'État. Passés ces délais, il statue immédiatement.

III. - Le juge des libertés et de la détention ordonne, s'il y a lieu, la mainlevée de la mesure d'hospitalisation complète.

Lorsqu'il ordonne cette mainlevée, il peut, au vu des éléments du dossier et par décision motivée, décider que la mainlevée prend effet dans un délai maximal de vingt-quatre heures afin qu'un programme de soins puisse, le cas échéant, être établi en application de l'article L. 3211-2-1. Dès l'établissement de ce programme ou à l'issue du délai mentionné à la phrase précédente, la mesure d'hospitalisation complète prend fin.

Art. L. 3211-12-1 *(L. n° 2011-803, 5 juill. 2011 ; rempl., L. n° 2013-869, 27 sept. 2013 ; mod., L. n° 2016-41, 26 janv. 2016).* – I. - L'hospitalisation complète d'un patient ne peut se poursuivre sans que le juge des libertés et de la détention, préalablement saisi par le directeur de l'établissement lorsque l'hospitalisation a été prononcée en application du chapitre II du présent titre ou par le représentant de l'État dans le département lorsqu'elle a été prononcée en application du chapitre III du présent titre, de l'article L. 3214-3 du présent code ou de l'article 706-135 du Code de procédure pénale, ait statué sur cette mesure :

1° Avant l'expiration d'un délai de douze jours à compter de l'admission prononcée en application des chapitres II ou III du présent titre ou de l'article L. 3214-3 du même code. Le juge des libertés et de la détention est alors saisi dans un délai de huit jours à compter de cette admission ;

2° Avant l'expiration d'un délai de douze jours à compter de la décision modifiant la forme de la prise en charge du patient et procédant à son hospitalisation complète en application, respectivement, du dernier alinéa de l'article L. 3212-4 ou du III de l'article L. 3213-3. Le juge des libertés et de la détention est alors saisi dans un délai de huit jours à compter de cette décision ;

3° Avant l'expiration d'un délai de six mois à compter soit de toute décision judiciaire prononçant l'hospitalisation en application de l'article 706-135 du Code de procédure pénale, soit de toute décision prise par le juge des libertés et de la détention en application du présent I ou des articles L. 3211-12, L. 3213-3, L. 3213-8 ou L. 3213-9-1 du présent code, lorsque le patient a été maintenu en hospitalisation complète de manière continue depuis cette décision. Toute décision du juge des libertés et de la détention prise avant l'expiration de ce délai en application du 2° du présent I ou de l'un des mêmes articles L. 3211-12, L. 3213-3, L. 3213-8 ou L. 3213-9-1, ou toute nouvelle décision judiciaire prononçant l'hospitalisation en application de l'article 706-135 du Code de procédure pénale fait courir à nouveau ce délai. Le juge des libertés et de la détention est alors saisi quinze jours au moins avant l'expiration du délai de six mois prévu au présent 3°.

Toutefois, lorsque le juge des libertés et de la détention a ordonné, avant l'expiration de l'un des délais mentionnés aux 1° à 3° du présent I, une expertise soit en application du III du présent article, soit, à titre exceptionnel, en considération de l'avis mentionné au II, ce délai est prolongé d'une durée qui ne peut excéder quatorze jours à compter de la date de cette ordonnance. L'hospitalisation complète du patient est alors maintenue jusqu'à la décision du juge, sauf s'il y est mis fin en application des chapitres II ou III du présent titre. L'ordonnance mentionnée au présent alinéa peut être prise sans audience préalable.

Le juge fixe les délais dans lesquels l'expertise mentionnée à l'avant-dernier alinéa du présent I doit être produite, dans une limite maximale fixée par décret en Conseil d'État. Passés ces délais, il statue immédiatement.

II. - La saisine mentionnée au I du présent article est accompagnée de l'avis motivé d'un psychiatre de l'établissement d'accueil se prononçant sur la nécessité de poursuivre l'hospitalisation complète.

Lorsque le patient relève de l'un des cas mentionnés au II de l'article L. 3211-12, l'avis prévu au premier alinéa du présent II est rendu par le collège mentionné à l'article L. 3211-9.

III. - Le juge des libertés et de la détention ordonne, s'il y a lieu, la mainlevée de la mesure d'hospitalisation complète.

Lorsqu'il ordonne cette mainlevée, il peut, au vu des éléments du dossier et par décision motivée, décider que la mainlevée prend effet dans un délai maximal de vingt-quatre heures, afin qu'un programme de soins puisse, le cas échéant, être établi en application du II de l'article L. 3211-2-1. Dès l'établissement de ce programme ou à l'issue du délai mentionné à la première phrase du présent alinéa, la mesure d'hospitalisation complète prend fin.

Toutefois, lorsque le patient relève de l'un des cas mentionnés au II de l'article L. 3211-12, le juge ne peut décider la mainlevée de la mesure qu'après avoir recueilli deux expertises établies par les psychiatres inscrits sur les listes mentionnées à l'article L. 3213-5-1.

IV. - Lorsque le juge des libertés et de la détention n'a pas statué avant l'expiration du délai de douze jours prévu aux 1° et 2° du I ou du délai de six mois prévu au 3° du même I, la mainlevée de la mesure d'hospitalisation complète est acquise à l'issue de chacun de ces délais.

Si le juge des libertés et de la détention est saisi après l'expiration du délai de huit jours prévu aux 1° et 2° du I ou du délai de quinze jours prévu au 3° du même I, il constate sans débat que la mainlevée de l'hospitalisation complète est acquise, à moins qu'il ne soit justifié de circonstances exceptionnelles à l'origine de la saisine tardive et que le débat puisse avoir lieu dans le respect des droits de la défense.

Art. L. 3211-12-2 *(Créé à compter du 1er août 2011, L. n° 2011-803, 5 juill. 2011 ; rempl. à compter du 1er septembre 2014, L. n° 2013-869, 27 sept. 2013 ; mod., L. n° 2016-41, 26 janv. 2016)*. – I. - Lorsqu'il est saisi en application des articles L. 3211-12 ou L. 3211-12-1, le juge, après débat contradictoire, statue publiquement. Il peut décider que les débats ont lieu ou se poursuivent en chambre du conseil s'il doit résulter de leur publicité une atteinte à l'intimité de la vie privée, s'il survient des désordres de nature à troubler la sérénité de la justice ou si l'une des parties le demande. Il est fait droit à cette demande lorsqu'elle émane de la personne faisant l'objet de soins psychiatriques.

À l'audience, la personne faisant l'objet de soins psychiatriques est entendue, assistée ou représentée par un avocat choisi, désigné au titre de l'aide juridictionnelle ou commis d'office. Si, au vu d'un avis médical motivé, des motifs médicaux font obstacle, dans son intérêt, à son audition, la personne est représentée par un avocat dans les conditions prévues au présent alinéa.

Le juge des libertés et de la détention statue dans une salle d'audience attribuée au ministère de la justice, spécialement aménagée sur l'emprise de l'établissement d'accueil ou, en cas de nécessité, sur l'emprise d'un autre établissement de santé situé dans le ressort du tribunal de grande instance, dans les circonstances et selon les modalités prévues par une convention conclue entre le tribunal de grande instance et l'agence régionale de santé. Cette salle doit permettre d'assurer la clarté, la sécurité et la sincérité des débats ainsi que l'accès du public. Lorsque ces conditions ne sont pas satisfaites, le juge, soit d'office, soit sur demande de l'une des parties, statue au siège du tribunal de grande instance. En cas de transfert de la personne faisant l'objet de soins psychiatriques dans un autre établissement de santé, après que la saisine du juge des libertés et de la détention a été effectuée, l'établissement d'accueil est celui dans lequel la prise en charge du patient était assurée au moment de la saisine.

II. - Lorsque le juge des libertés et de la détention statue dans la salle mentionnée au dernier alinéa du I, le président du tribunal de grande instance peut, en cas de nécessité, autoriser qu'une seconde audience soit tenue le même jour au siège du tribunal de grande instance.

Art. L. 3211-12-3 *(L. n° 2011-803, 5 juill. 2011)*. – Le juge des libertés et de la détention saisi en application de l'article L. 3211-12-1 peut, si un recours a été formé sur le fondement de l'article L. 3211-12, statuer par une même décision suivant la procédure prévue au même article L. 3211-12-1.

Art. L. 3211-12-4 *(L. n° 2011-803, 5 juill. 2011)*. – L'ordonnance du juge des libertés et de la détention prise en application des articles L. 3211-12 ou L. 3211-12-1 est susceptible d'appel devant le premier président de la cour d'appel ou son délégué. Le débat est tenu selon les modalités prévues à l'article L. 3211-12-2 *(Mots aj. à compter du 1er septembre 2014, L. n° 2013-869, 27 sept. 2013)* « , à l'exception du dernier alinéa du I ».

L'appel formé à l'encontre de l'ordonnance mentionnée au premier alinéa n'est pas suspensif. Le premier président de la cour d'appel ou son délégué statue alors à bref délai dans des conditions définies par décret en Conseil d'État. *(Mots aj. à compter du 1er septembre 2014, L. n° 2013-869, 27 sept. 2013)* » Lorsque l'ordonnance mentionnée au même premier alinéa a été prise en application de l'article L. 3211-12-1, un avis rendu par un psychiatre de l'établissement d'accueil de la personne admise en soins psychiatriques sans consentement se prononçant sur la nécessité de poursuivre l'hospitalisation complète est adressé au greffe de la cour d'appel au plus tard quarante-huit heures avant l'audience. »

Toutefois, lorsque le juge des libertés et de la détention ordonne la mainlevée d'une mesure de soins psychiatriques sous la forme d'une hospitalisation complète ou constate la mainlevée de cette mesure, le procureur de la République peut demander au premier président de la cour d'appel ou à son délégué de déclarer le recours suspensif en cas de risque grave d'atteinte à l'intégrité du malade ou d'autrui. Dans ce cas, l'appel, accompagné de la demande faisant état du risque grave d'atteinte à l'intégrité du malade ou d'autrui, est formé dans un délai de six heures à compter de la notification de l'ordonnance à l'auteur de la saisine et transmis au premier président de la cour d'appel ou à son délégué. Celui-ci décide, sans délai, s'il y a lieu de donner à cet appel un effet suspensif en fonction du risque grave d'atteinte à l'intégrité du malade ou d'autrui. Il statue par une ordonnance motivée qui n'est pas susceptible de recours. Le patient est maintenu en hospitalisation complète jusqu'à ce que cette ordonnance soit rendue et, si elle donne un effet suspensif à l'appel, jusqu'à ce qu'il soit statué sur le fond, sauf s'il est mis fin à l'hospitalisation complète en application des chapitres II ou III du présent titre.

Lorsqu'il a été donné un effet suspensif à l'appel, le premier président de la cour d'appel ou son délégué se prononce sur la demande en appel dans un délai de trois jours à compter de la déclaration d'appel. Toutefois, par une ordonnance qui peut être prise sans audience préalable, il peut, avant l'expiration de ce délai, ordonner une expertise. Il se prononce alors dans un délai de quatorze jours à compter de la date de cette ordonnance. En l'absence de décision à l'issue de l'un ou l'autre de ces délais, la mainlevée est acquise.

Art. L. 3211-12-5 *(L. n° 2011-803, 5 juill. 2011 ; L. n° 2013-869, 27 sept. 2013)*. – Lorsque la mainlevée d'une mesure d'hospitalisation complète est acquise en application du IV de l'article L. 3211-12-1, le patient peut, dès cette mainlevée, faire l'objet de soins psychiatriques sous la forme mentionnée au 2°, « du *I » de l'article* L. 3211-2-1 si les conditions prévues au I des articles L. 3212-1 ou L. 3213-1 sont toujours réunies et selon les modalités prévues, respectivement, aux chapitres II ou III du présent titre.

Dans ce cas, un programme de soins est établi en application de l'article L. 3211-2-1. La période d'observation et de soins initiale mentionnée à l'article L. 3211-2-2 n'est pas applicable.

Art. L. 3211-12-6 *(L. n° 2011-803, 5 juill. 2011)*. – Lorsque la mesure de soins psychiatriques dont une personne fait l'objet est levée en application du présent chapitre ou des chapitres II ou III du présent titre, un psychiatre de l'établissement d'accueil l'informe, en tant que de besoin, de la nécessité de poursuivre son traitement en soins libres et lui indique les modalités de soins qu'il estime les plus appropriées à son état.

Art. L. 3211-13. – Les modalités d'application du présent chapitre sont déterminées en tant que de besoin par décret en Conseil d'État.

CHAPITRE II. – Admission en soins psychiatriques à la demande d'un tiers ou en cas de péril imminent

(Intitulé rempl., L. n° 2011-803, 5 juill. 2011)

Art. L. 3212-1 *(Rempl., L. n° 2011-803, 5 juill. 2011 ; mod., L. n° 2013-869, 27 sept. 2013)*. – I. – Une personne atteinte de troubles mentaux ne peut faire l'objet de soins psychiatriques sur la décision du directeur d'un établissement mentionné à l'article L. 3222-1 que lorsque les deux conditions suivantes sont réunies :

1° Ses troubles mentaux rendent impossible son consentement ;

2° Son état mental impose des soins immédiats assortis soit d'une surveillance médicale constante justifiant une hospitalisation complète, soit d'une surveillance médicale régulière justifiant une prise en charge sous la forme mentionnée au 2° du I de l'article L. 3211-2-1.

II. – Le directeur de l'établissement prononce la décision d'admission :

1° Soit lorsqu'il a été saisi d'une demande présentée par un membre de la famille du malade ou par une personne justifiant de l'existence de relations avec le malade antérieures à la demande de soins et lui donnant qualité pour agir dans l'intérêt de celui-ci, à l'exclusion des personnels soignants exerçant dans l'établissement prenant en charge la personne malade. Lorsqu'il remplit les conditions prévues au présent alinéa, le tuteur ou le curateur d'un majeur protégé peut faire une demande de soins pour celui-ci.

La forme et le contenu de cette demande sont fixés par décret en Conseil d'État.

La décision d'admission est accompagnée de deux certificats médicaux circonstanciés datant de moins de quinze jours, attestant que les conditions prévues aux 1° et 2° du I du présent article sont réunies.

Le premier certificat médical ne peut être établi que par un médecin n'exerçant pas dans l'établissement accueillant le malade ; il constate l'état mental de la personne malade, indique les caractéristiques de sa maladie et la nécessité de recevoir des soins. Il doit être confirmé par un certificat d'un second médecin qui peut exercer dans l'établissement accueillant le malade. Les deux médecins ne peuvent être parents ou alliés, au quatrième degré inclusivement, ni entre eux, ni du directeur de l'établissement mentionné à l'article L. 3222-1 qui prononce la décision d'admission, ni de la personne ayant demandé les soins ou de la personne faisant l'objet de ces soins ;

2° Soit lorsqu'il s'avère impossible d'obtenir une demande dans les conditions prévues au 1° du présent II et qu'il existe, à la date d'admission, un péril imminent pour la santé de la personne, dûment constaté par un certificat médical établi dans les conditions prévues au troisième alinéa du même 1°. Ce certificat constate l'état mental de la personne malade, indique les caractéristiques de sa maladie et la nécessité de recevoir des soins. Le médecin qui établit ce certificat ne peut exercer dans l'établissement accueillant la personne malade ; il ne peut en outre être parent ou allié, jusqu'au quatrième degré inclusivement, ni avec le directeur de cet établissement ni avec la personne malade.

Dans ce cas, le directeur de l'établissement d'accueil informe, dans un délai de vingt-quatre heures sauf difficultés particulières, la famille de la personne qui fait l'objet de soins et, le cas échéant, la personne chargée de la protection juridique de l'intéressé ou, à défaut, toute personne justifiant de l'existence de relations avec la personne malade antérieures à l'admission en soins et lui donnant qualité pour agir dans l'intérêt de celle-ci.

Lorsque l'admission a été prononcée en application du présent 2°, les certificats médicaux mentionnés aux deuxième et troisième alinéas de l'article L. 3211-2-2 sont établis par deux psychiatres distincts.

Art. L. 3212-2 *(Rempl., L. n° 2011-803, 5 juill. 2011)*. – Avant d'admettre une personne en soins psychiatriques en application de l'article L. 3212-1, le directeur de l'établissement d'accueil s'assure de son identité. Lorsque la personne est admise en application du 1° du II du même article L. 3212-1, le directeur de l'établissement vérifie également que la demande de soins a été établie conformément au même 1° et s'assure de l'identité de la personne qui formule la demande de soins. Si la demande est formulée pour un majeur protégé par son tuteur ou curateur, celui-ci doit fournir à l'appui de sa demande un extrait du jugement de mise sous tutelle ou curatelle.

Art. L. 3212-3 *(Rempl., L. n° 2011-803, 5 juill. 2011)*. – En cas d'urgence, lorsqu'il existe un risque grave d'atteinte à l'intégrité du malade, le directeur d'un établissement mentionné à l'article L. 3222-1 peut, à titre exceptionnel, prononcer à la demande d'un tiers l'admission en soins psychiatriques d'une personne malade au vu d'un seul certificat médical émanant, le cas échéant, d'un médecin exerçant dans l'établissement. Dans ce cas, les certificats médicaux mentionnés aux deuxième et troisième alinéas de l'article L. 3211-2-2 sont établis par deux psychiatres distincts.

Préalablement à l'admission, le directeur de l'établissement d'accueil vérifie que la demande de soins a été établie conformément au 1° du II de l'article L. 3212-1 et s'assure de l'identité de la personne malade et de celle qui demande les soins. Si la demande est formulée pour un majeur protégé par son tuteur ou curateur, celui-ci doit fournir à l'appui de sa demande un extrait de jugement de mise sous tutelle ou curatelle.

Art. L. 3212-4 *(Rempl., L. n° 2011-803, 5 juill. 2011 ; mod., L. n° 2013-869, 27 sept. 2013).* – Lorsque l'un des deux certificats médicaux mentionnés aux deuxième et troisième alinéas de l'article L. 3211-2-2 conclut que l'état de la personne ne justifie plus la mesure de soins, le directeur de l'établissement d'accueil prononce immédiatement la levée de cette mesure.

Lorsque les deux certificats médicaux ont conclu à la nécessité de prolonger les soins, le directeur de l'établissement prononce le maintien des soins pour une durée d'un mois, en retenant la forme de la prise en charge proposée par le psychiatre en application du même article L. 3211-2-2. Il joint à sa décision, le cas échéant, le programme de soins établi par le psychiatre.

Dans l'attente de la décision du directeur de l'établissement, la personne malade est prise en charge sous la forme d'une hospitalisation complète.

Lorsque le psychiatre qui participe à la prise en charge de la personne malade propose de modifier la forme de prise en charge de celle-ci, le directeur de l'établissement est tenu de la modifier sur la base du certificat médical ou de l'avis mentionnés à l'article L. 3211-11.

Art. L. 3212-5 *(Rempl., L. n° 2011-803, 5 juill. 2011 ; mod., L. n° 2016-41, 26 janv. 2016).* – I. - Le directeur de l'établissement d'accueil transmet sans délai au représentant de l'État dans le département ou, à Paris, au préfet de police, et à la commission départementale des soins psychiatriques mentionnée à l'article L. 3222-5 toute décision d'admission d'une personne en soins psychiatriques en application du présent chapitre. Il transmet également sans délai à cette commission une copie du certificat médical d'admission, du bulletin d'entrée et de chacun des certificats médicaux mentionnés aux deuxième et troisième alinéas de l'article L. 3211-2-2. ;

[II]. - Dans le cas où la personne malade a été admise en application du 1° du II de l'article L. 3212-1 ou de l'article L. 3212-3 et fait l'objet d'une prise en charge sous la forme d'une hospitalisation complète, le directeur de l'établissement d'accueil informe la personne ayant demandé les soins de toute décision modifiant la forme de la prise en charge.

Art. L. 3212-6 *(Abr., L. n° 2011-803, 5 juill. 2011).*

Art. L. 3212-7 *(Rempl., L. n° 2011-803, 5 juill. 2011 ; mod., L. n° 2013-869, 27 sept. 2013 ; mod., L. n° 2016-41, 26 janv. 2016).* – À l'issue de la première période de soins psychiatriques prononcée en application du deuxième alinéa de l'article L. 3212-4, les soins peuvent être maintenus par le directeur de l'établissement pour des périodes d'un mois, renouvelables selon les modalités prévues au présent article.

Dans les trois derniers jours de chacune des périodes mentionnées au premier alinéa, un psychiatre de l'établissement d'accueil établit un certificat médical circonstancié indiquant si les soins sont toujours nécessaires. Ce certificat médical précise si la forme de la prise en charge de la personne malade décidée en application de l'article L. 3211-2-2 demeure adaptée et, le cas échéant, en propose une nouvelle. Lorsqu'il ne peut être procédé à l'examen de la personne malade, le psychiatre de l'établissement d'accueil établit un avis médical sur la base du dossier médical.

Lorsque la durée des soins excède une période continue d'un an à compter de l'admission en soins, le maintien de ces soins est subordonné à une évaluation médicale approfondie de l'état mental de la personne réalisée par le collège mentionné à l'article L. 3211-9. Cette évaluation est renouvelée tous les ans. Ce collège recueille l'avis du patient. En cas d'impossibilité d'examiner le patient à l'échéance prévue en raison de son absence, attestée par le collège, l'évaluation et le recueil de son avis sont réalisés dès que possible.

Le défaut de production d'un des certificats médicaux, des avis médicaux ou des attestations mentionnés au présent article entraîne la levée de la mesure de soins.

Les copies des certificats médicaux, des avis médicaux ou des attestations prévus au présent article et à l'article L. 3211-11 sont adressées sans délai par le directeur de l'établissement d'accueil à la commission départementale des soins psychiatriques mentionnée à l'article L. 3222-5.

Art. L. 3212-8 *(Mod., L. n° 2011-803, 5 juill. 2011 ; L. n° 2016-41, 26 janv. 2016)*. – Sans préjudice des dispositions mentionnées à l'article L. 3212-7, il est mis fin à la mesure de soins prise en application de l'article L. 3212-1 ou de l'article L. 3212-3 dès qu'un psychiatre de l'établissement certifie que les conditions ayant motivé cette mesure ne sont plus réunies et en fait mention sur le registre prévu à l'article L. 3212-11. Ce certificat circonstancié doit mentionner l'évolution ou la disparition des troubles ayant justifié les soins.

Dans les vingt-quatre heures qui suivent la fin de la mesure de soins, le directeur de l'établissement en informe le représentant de l'État dans le département ou, à Paris, le préfet de police, la commission mentionnée à l'article L. 3222-5 et la personne qui a demandé les soins.

Art. L. 3212-9 *(Rempl., L. n° 2011-803, 5 juill. 2011 ; mod., L. n° 2013-869, 27 sept. 2013)*. – Le directeur de l'établissement prononce la levée de la mesure de soins psychiatriques lorsque celle-ci est demandée :

1° Par la commission départementale des soins psychiatriques mentionnée à l'article L. 3222-5 ;

2° Par une des personnes mentionnées au deuxième alinéa du 2° du II de l'article L. 3212-1.

Dans le cas mentionné au 2° du présent article, le directeur de l'établissement n'est pas tenu de faire droit à cette demande lorsqu'un certificat médical ou, en cas d'impossibilité d'examiner le patient, un avis médical établi par un psychiatre de l'établissement et datant de moins de vingt-quatre heures atteste que l'arrêt des soins entraînerait un péril imminent pour la santé du patient. Le directeur de l'établissement informe alors par écrit le demandeur de son refus en lui indiquant les voies de recours prévues à l'article L. 3211-12.

Dans ce même cas, lorsqu'un certificat médical ou, en cas d'impossibilité d'examiner le patient, un avis médical établi par un psychiatre de l'établissement datant de moins de vingt-quatre heures atteste que l'état mental du patient nécessite des soins et compromet la sûreté des personnes ou porte atteinte, de façon grave, à l'ordre public, le directeur de l'établissement informe préalablement à la levée de la mesure de soins le représentant de l'État dans le département ou, à Paris, le préfet de police, qui peut prendre la mesure prévue à l'article L. 3213-6.

Art. L. 3212-10 *(Abr., L. n° 2011-803, 5 juill. 2011)*.

Art. L. 3212-11 *(Mod., L. n° 2011-803, 5 juill. 2011)*. – Dans chaque établissement mentionné à l'article L. 3222-1 est tenu un registre sur lequel sont transcrits ou reproduits dans les vingt-quatre heures :

1° Les nom, prénoms, profession, âge et domicile des personnes faisant l'objet de soins en application du présent chapitre ;

2° La date de l'admission en soins psychiatriques ;

3° Les nom, prénoms, profession et domicile de la personne ayant demandé les soins ou une mention précisant que l'admission en soins a été prononcée en application du 2° du II de l'article L. 3212-1 ou de l'article L. 3212-3 ;

4° Les dates de délivrance des informations mentionnées aux *a* et *b* de l'article L. 3211-3 ;

5° Le cas échéant, la mention de la décision de mise sous tutelle, curatelle ou sauvegarde de justice ;

6° Les avis et les certificats médicaux ainsi que les attestations mentionnés au présent chapitre ;

7° La date et le dispositif des décisions rendues par le juge des libertés et de la détention en application des articles L. 3211-12 et L. 3211-12-1 ;

8° Les levées des mesures de soins psychiatriques autres que celles mentionnées au 7° ;

9° Les décès.

Ce registre est soumis aux personnes qui, en application des articles L. 3222-4 et L. 3223-1 visitent l'établissement ; ces dernières apposent, à l'issue de la visite, leur visa, leur signature et s'il y a lieu, leurs observations.

Le présent article est applicable aux personnes admises en soins psychiatriques en application des chapitres III et IV du présent titre.

Art. L. 3212-12. – Les modalités d'application du présent chapitre sont déterminées en tant que de besoin par décret en Conseil d'État.

CHAPITRE III. – ADMISSION EN SOINS PSYCHIATRIQUES SUR DÉCISION DU REPRÉSENTANT DE L'ÉTAT

(Intitulé rempl., L. n° 2011-803, 5 juill. 2011)

Art. L. 3213-1 *(Mod., L. n° 2011-803, 5 juill. 2011 ; rempl., L. n° 2013-869, 27 sept. 2013)*. – I. - Le représentant de l'État dans le département prononce par arrêté, au vu d'un certificat médical circonstancié ne pouvant émaner d'un psychiatre exerçant dans l'établissement d'accueil, l'admission en soins psychiatriques des personnes dont les troubles mentaux nécessitent des soins et compromettent la sûreté des personnes ou portent atteinte, de façon grave, à l'ordre public. Les arrêtés préfectoraux sont motivés et énoncent avec précision les circonstances qui ont rendu l'admission en soins nécessaire. Ils désignent l'établissement mentionné à l'article L. 3222-1 qui assure la prise en charge de la personne malade.

Le directeur de l'établissement d'accueil transmet sans délai au représentant de l'État dans le département et à la commission départementale des soins psychiatriques mentionnée à l'article L. 3222-5 :

1° Le certificat médical mentionné au deuxième alinéa de l'article L. 3211-2-2 ;

2° Le certificat médical et, le cas échéant, la proposition mentionnés aux deux derniers alinéas du même article L. 3211-2-2.

II. - Dans un délai de trois jours francs suivant la réception du certificat médical mentionné à l'avant-dernier alinéa de l'article L. 3211-2-2, le représentant de l'État dans le département décide de la forme de prise en charge prévue à l'article L. 3211-2-1, en tenant compte de la proposition établie, le cas échéant, par le psychiatre en application du dernier alinéa de l'article L. 3211-2-2 et des exigences liées à la sûreté des personnes et à l'ordre public. Il joint à sa décision, le cas échéant, le programme de soins établi par le psychiatre.

Dans l'attente de la décision du représentant de l'État, la personne malade est prise en charge sous la forme d'une hospitalisation complète.

III. - Lorsque la proposition établie par le psychiatre en application de l'article L. 3211-2-2 recommande une prise en charge sous une autre forme que l'hospitalisation complète, le représentant de l'État ne peut modifier la forme de prise en charge des personnes mentionnées au II de l'article L. 3211-12 qu'après avoir recueilli l'avis du collège mentionné à l'article L. 3211-9.

IV. - Les mesures provisoires, les décisions, les avis et les certificats médicaux mentionnés au présent chapitre figurent sur le registre mentionné à l'article L. 3212-11.

Art. L. 3213-2 *(Mod., L. n° 2011-803, 5 juill. 2011)*. – En cas de danger imminent pour la sûreté des personnes, attesté par un avis médical *(Mots suppr. à compter du 8 octobre 2011, Cons. const. n° 2011-174 QPC, 6 oct. 2011, art. 1er, 2 et consid. 13 : JO 8 oct. 2011)* « ... », le maire et, à Paris, les commissaires de police arrêtent, à l'égard des personnes dont le comportement révèle des troubles mentaux manifestes, toutes les mesures provisoires nécessaires, à charge d'en référer dans les vingt-quatre heures au représentant de l'État dans le département qui statue sans délai et prononce, s'il y a lieu, un arrêté d'admission en soins psychiatriques dans les formes prévues à l'article L. 3213-1. Faute de décision du représentant de l'État, ces mesures provisoires sont caduques au terme d'une durée de quarante-huit heures.

La période d'observation et de soins initiale mentionnée à l'article L. 3211-2-2 prend effet dès l'entrée en vigueur des mesures provisoires prévues au premier alinéa.

Art. L. 3213-3 *(Rempl., L. n° 2011-803, 5 juill. 2011 ; mod., L. n° 2013-869, 27 sept. 2013)*. – I. - Dans le mois qui suit l'admission en soins psychiatriques décidée en application du présent chapitre ou résultant de la décision mentionnée à l'article 706-135 du Code de procédure pénale et ensuite au moins tous les mois, la personne malade est examinée par un psychiatre de l'établissement d'accueil qui établit un certificat médical circonstancié confirmant ou infirmant, s'il y a lieu, les observations contenues dans les précédents certificats et précisant les caractéristiques de l'évolution des troubles ayant justifié les soins ou leur disparition. Ce certificat précise si la forme de la prise en charge du malade décidée en application de l'article L. 3211-2-1 du présent code demeure adaptée et, le cas échéant, en propose une nouvelle. Lorsqu'il ne peut être procédé à l'examen du patient, le psychiatre de l'établissement établit un avis médical sur la base du dossier médical du patient.

II. - Les copies des certificats et avis médicaux prévus au présent article et à l'article L. 3211-11 sont adressées sans délai par le directeur de l'établissement d'accueil au représentant de l'État dans le département et à la commission départementale des soins psychiatriques mentionnée à l'article L. 3222-5.

III. - Après réception des certificats ou avis médicaux mentionnés aux I et II du présent article et, le cas échéant, de l'avis du collège mentionné à l'article L. 3211-9 et de l'expertise psychiatrique mentionnée à l'article

L. 3213-5-1, et compte tenu des exigences liées à la sûreté des personnes et à l'ordre public, le représentant de l'État dans le département peut décider de modifier la forme de la prise en charge de la personne malade.

IV. - Lorsque le représentant de l'État décide de ne pas suivre l'avis du collège mentionné à l'article L. 3211-9 recommandant la prise en charge d'une personne mentionnée au II de l'article L. 3211-12 sous une autre forme que l'hospitalisation complète, il ordonne une expertise dans les conditions prévues à l'article L. 3213-5-1.

Lorsque l'expertise confirme la recommandation de prise en charge sous une autre forme que l'hospitalisation complète, le représentant de l'État décide d'une prise en charge sous la forme mentionnée au 2° du I de l'article L. 3211-2-1, conformément à la proposition mentionnée au premier alinéa du I du présent article.

Lorsque l'expertise préconise le maintien de l'hospitalisation complète et que le représentant de l'État maintient l'hospitalisation complète, il en informe le directeur de l'établissement d'accueil, qui saisit le juge des libertés et de la détention afin que ce dernier statue à bref délai sur cette mesure dans les conditions prévues à l'article L. 3211-12. Le présent alinéa n'est pas applicable lorsque la décision du représentant de l'État intervient dans les délais mentionnés aux 1° et 2° du I de l'article L. 3211-12-1.

Art. L. 3213-4 *(Rempl., L. n° 2011-803, 5 juill. 2011 ; mod., L. n° 2013-869, 27 sept. 2013).* – Dans les trois derniers jours du premier mois suivant la décision d'admission en soins psychiatriques mentionnée au I de l'article L. 3213-1 ou, le cas échéant, suivant la mesure provisoire prévue à l'article L. 3213-2, le représentant de l'État dans le département peut prononcer, au vu du certificat médical ou de l'avis médical mentionné à l'article L. 3213-3, le maintien de la mesure de soins pour une nouvelle durée de trois mois. Il se prononce, le cas échéant, sur la forme de la prise en charge du patient dans les conditions prévues au même article L. 3213-3. Au-delà de cette durée, la mesure de soins peut être maintenue par le représentant de l'État dans le département pour des périodes maximales de six mois renouvelables selon les mêmes modalités.

Faute de décision du représentant de l'État à l'issue de chacun des délais prévus au premier alinéa, la levée de la mesure de soins est acquise.

En outre, le représentant de l'État dans le département peut à tout moment mettre fin à la mesure de soins prise en application de l'article L. 3213-1 après avis d'un psychiatre participant à la prise en charge du patient attestant que les conditions ayant justifié la mesure de soins en application du même article L. 3213-1 ne sont plus réunies, ou sur proposition de la commission départementale des soins psychiatriques mentionnée à l'article L. 3222-5.

Le présent article n'est pas applicable aux personnes mentionnées au II de l'article L. 3211-12.

Art. L. 3213-5 *(Abr., L. n° 2013-869, 27 sept. 2013).*

Art. L. 3213-5-1 *(L. n° 2011-803, 5 juill. 2011).* – Le représentant de l'État dans le département peut à tout moment ordonner l'expertise psychiatrique des personnes faisant l'objet d'une mesure de soins psychiatriques prononcée en application du présent chapitre ou du chapitre IV du présent titre ou ordonnée en application de l'article 706-135 du Code de procédure pénale. Cette expertise est conduite par un psychiatre n'appartenant pas à l'établissement d'accueil de la personne malade, choisi par le représentant de l'État dans le département sur une liste établie par le procureur de la République, après avis du directeur général de l'agence régionale de santé de la région dans laquelle est situé l'établissement ou, à défaut, sur la liste des experts inscrits près la cour d'appel du ressort de l'établissement.

Le représentant de l'État dans le département fixe les délais dans lesquels l'expertise mentionnée au premier alinéa doit être produite, dans une limite maximale fixée par décret en Conseil d'État.

Art. L. 3213-6 *(Rempl., L. n° 2011-803, 5 juill. 2011).* – Lorsqu'un psychiatre de l'établissement d'accueil d'une personne faisant l'objet de soins psychiatriques en application de l'article L. 3212-1 atteste par un certificat médical ou, lorsqu'il ne peut être procédé à l'examen de l'intéressé, par un avis médical sur la base de son dossier médical que l'état mental de cette personne nécessite des soins et compromet la sûreté des personnes ou porte atteinte de façon grave à l'ordre public, le directeur de l'établissement d'accueil en donne aussitôt connaissance au représentant de l'État dans le département qui peut prendre une mesure d'admission en soins psychiatriques en application de l'article L. 3213-1, sur la base de ce certificat ou de cet avis médical. Les certificats médicaux mentionnés aux deuxième et troisième alinéas de l'article L. 3211-2-2 sont alors établis par deux psychiatres distincts. Lorsque ceux-ci ne peuvent procéder à l'examen de la personne malade, ils établissent un avis médical sur la base de son dossier médical.

Art. L. 3213-7 *(Rempl., L. n° 2011-803, 5 juill. 2011 ; mod., L. n° 2013-869, 27 sept. 2013).* – Lorsque les autorités judiciaires estiment que l'état mental d'une personne qui a bénéficié, sur le fondement du premier alinéa de l'article 122-1 du Code pénal, d'un classement sans suite, d'une décision d'irresponsabilité pénale ou d'un jugement ou arrêt de déclaration d'irresponsabilité pénale nécessite des soins et compromet la sûreté des personnes ou porte atteinte de façon grave à l'ordre public, elles avisent immédiatement la commission mentionnée à l'article L. 3222-5 du présent code ainsi que le représentant de l'État dans le département qui ordonne sans délai la production d'un certificat médical circonstancié portant sur l'état actuel du malade. Au vu de ce certificat, il peut prononcer une mesure d'admission en soins psychiatriques dans les conditions définies à l'article L. 3213-1. Toutefois, si la personne concernée fait déjà l'objet d'une mesure de soins psychiatriques en application du même article L. 3213-1, la production de ce certificat n'est pas requise pour modifier le fondement de la mesure en cours.

À toutes fins utiles, le procureur de la République informe le représentant de l'État dans le département de ses réquisitions ainsi que des dates d'audience et des décisions rendues.

Si l'état de la personne mentionnée au premier alinéa le permet, celle-ci est informée par les autorités judiciaires de l'avis dont elle fait l'objet ainsi que des suites que peut y donner le représentant de l'État dans le département. Cette information lui est transmise par tout moyen et de manière appropriée à son état.

L'avis mentionné au premier alinéa indique si la procédure concerne des faits punis d'au moins cinq ans d'emprisonnement en cas d'atteinte aux personnes ou d'au moins dix ans d'emprisonnement en cas d'atteinte aux biens. Dans ce cas, la personne est également informée des conditions dans lesquelles il peut être mis fin à la mesure de soins psychiatriques en application des articles L. 3211-12, L. 3211-12-1 et L. 3213-8.

Art. L. 3213-8 *(Rempl., L. n° 2011-803, 5 juill. 2011 ; abr. à compter du 1er octobre 2013, Cons. const. n° 2012-235 QPC, 20 avr. 2012, art. 1er, 2 et consid. 31 : JO 21 avr. 2012 ; rempl., L. n° 2013-869, 27 sept. 2013).* – I. - Si le collège mentionné à l'article L. 3211-9 émet un avis selon lequel la mesure de soins psychiatriques sous la forme d'une hospitalisation complète dont fait l'objet une personne mentionnée au II de l'article L. 3211-12 n'est plus nécessaire et que la mesure de soins sans consentement peut être levée, le représentant de l'État dans le département ordonne une expertise de l'état mental de la personne par deux psychiatres choisis dans les conditions fixées à l'article L. 3213-5-1. Ces derniers se prononcent, dans un délai maximal de soixante-douze heures à compter de leur désignation, sur la nécessité du maintien de la mesure de soins psychiatriques.

II. - Lorsque les deux avis des psychiatres prévus au I confirment l'absence de nécessité de l'hospitalisation complète, le représentant de l'État ordonne la levée de la mesure de soins psychiatriques.

Lorsque ces avis divergent ou préconisent le maintien de la mesure de soins psychiatriques et que le représentant de l'État la maintient, il en informe le directeur de l'établissement d'accueil, qui saisit le juge des libertés et de la détention afin que ce dernier statue à bref délai sur cette mesure dans les conditions prévues à l'article L. 3211-12. Le présent alinéa n'est pas applicable lorsque la décision du représentant de l'État intervient dans les délais mentionnés aux 1° et 2° du I de l'article L. 3211-12-1.

Art. L. 3213-9 *(Rempl., L. n° 2011-803, 5 juill. 2011).* – Le représentant de l'État dans le département avise dans les vingt-quatre heures de toute admission en soins psychiatriques prise en application du présent chapitre ou du chapitre IV du présent titre ou sur décision de justice, de toute décision de maintien et de toute levée de cette mesure :

1° Le procureur de la République près le tribunal de grande instance dans le ressort duquel est situé l'établissement d'accueil de la personne malade et le procureur de la République près le tribunal de grande instance dans le ressort duquel celle-ci a sa résidence habituelle ou son lieu de séjour ;

2° Le maire de la commune où est implanté l'établissement et le maire de la commune où la personne malade a sa résidence habituelle ou son lieu de séjour ;

3° La commission départementale des soins psychiatriques mentionnée à l'article L. 3222-5 ;

4° La famille de la personne qui fait l'objet de soins ;

5° Le cas échéant, la personne chargée de la protection juridique de l'intéressé.

Le représentant de l'État dans le département informe sans délai les autorités et les personnes mentionnées aux 1° à 5° de toute décision de prise en charge du patient sous une autre forme que celle d'une hospitalisation complète.

Art. L. 3213-9-1 *(L. n° 2011-803, 5 juill. 2011 ; rempl., L. n° 2013-869, 27 sept. 2013)*. – I. - Si un psychiatre participant à la prise en charge du patient atteste par un certificat médical qu'une mesure de soins psychiatriques sous la forme d'une hospitalisation complète n'est plus nécessaire et que la mesure de soins sans consentement peut être levée ou que le patient peut être pris en charge sous la forme mentionnée au 2° du I de l'article L. 3211-2-1, le directeur de l'établissement d'accueil en réfère dans les vingt-quatre heures au représentant de l'État dans le département, qui statue dans un délai de trois jours francs après la réception du certificat médical.

II. - Lorsque le représentant de l'État décide de ne pas suivre l'avis du psychiatre participant à la prise en charge du patient, il en informe sans délai le directeur de l'établissement d'accueil, qui demande immédiatement l'examen du patient par un deuxième psychiatre. Celui-ci rend, dans un délai maximal de soixante-douze heures à compter de la décision du représentant de l'État, un avis sur la nécessité de l'hospitalisation complète.

III. - Lorsque l'avis du deuxième psychiatre prévu au II du présent article confirme l'absence de nécessité de l'hospitalisation complète, le représentant de l'État ordonne la levée de la mesure de soins sans consentement ou décide d'une prise en charge sous la forme mentionnée au 2° du I de l'article L. 3211-2-1, conformément à la proposition figurant dans le certificat médical mentionné au I du présent article.

Lorsque l'avis du deuxième psychiatre prévu au II préconise le maintien de l'hospitalisation complète et que le représentant de l'État maintient l'hospitalisation complète, il en informe le directeur de l'établissement d'accueil, qui saisit le juge des libertés et de la détention afin que ce dernier statue à bref délai sur cette mesure dans les conditions prévues à l'article L. 3211-12. Le présent alinéa n'est pas applicable lorsque la décision du représentant de l'État intervient dans les délais mentionnés aux 1° et 2° du I de l'article L. 3211-12-1.

Art. L. 3213-10 *(L. n° 2011-803, 5 juill. 2011)*. – Pour l'application à Paris du présent chapitre, le représentant de l'État dans le département est le préfet de police.

Art. L. 3213-11 *(Anc. art. L. 3213-10, dénum., L. n° 2011-803, 5 juill. 2011)*. – Les modalités d'application du présent chapitre sont déterminées en tant que de besoin par décret en Conseil d'État.

....

Art. L. 6145-10-1. – Par dérogation aux articles L. 1121-2 et L. 1121-3 du Code général de la propriété des personnes publiques, les dons et legs faits aux établissements publics de santé sont acceptés ou refusés librement par le directeur.

Code de la sécurité sociale

PARTIE LÉGISLATIVE

LIVRE CINQUIÈME. – PRESTATIONS FAMILIALES ET PRESTATIONS ASSIMILÉES

....

TITRE VIII. – DISPOSITIONS RELATIVES AU RECOUVREMENT DES CRÉANCES ALIMENTAIRES DISPOSITIONS DIVERSES – DISPOSITIONS D'APPLICATION

CHAPITRE I. – DISPOSITIONS RELATIVES AU RECOUVREMENT DES CRÉANCES ALIMENTAIRES

Art. L. 581-1. – Les organismes et services auxquels incombe le service des prestations familiales sont habilités à apporter leur aide au recouvrement des créances dues au titre de l'entretien d'enfants, dans les conditions prévues par les dispositions relatives à l'intervention des organismes débiteurs des prestations familiales pour le recouvrement des créances alimentaires impayées.

Art. L. 581-2 *(Mod., L. n° 2011-1906, 21 déc. 2011 ; à compter du 1er avril 2016, L. n° 2015-1702, 21 déc. 2015 ; mod. à compter du 1er janvier 2017, L. n° 2016-1547, 18 nov. 2016 ; L. n° 2016-1827, 23 déc. 2016)*. – Lorsque l'un au moins des parents se soustrait totalement au versement d'une créance alimentaire pour enfants, fixée par décision de justice devenue exécutoire ou par les actes ou accords mentionnés au IV de l'article L. 523-1, l'allocation de soutien familial est versée à titre d'avance sur créance alimentaire.

Lorsque l'un au moins des parents se soustrait partiellement au versement d'une créance alimentaire pour enfants fixée par décision de justice devenue exécutoire, par une convention de divorce par consentement mutuel prenant la forme d'un acte sous signature privée contresigné par avocats déposé au rang des minutes d'un notaire ou par un acte reçu en la forme authentique par un notaire, il est versé à titre d'avance une allocation différentielle. Cette allocation différentielle complète le versement partiel effectué par le débiteur, jusqu'au montant de l'allocation de soutien familial.

L'organisme débiteur des prestations familiales est subrogé dans les droits du créancier, dans la limite du montant de l'allocation de soutien familial ou de la créance d'aliments si celle-ci lui est inférieure. Dans ce dernier cas, le surplus de l'allocation demeure acquis au créancier.

Dans le cas prévu au 4° du I de l'article L. 523-1, l'allocation différentielle n'est pas recouvrée et demeure acquise au créancier.

Art. L. 581-3. – Pour le surplus de la créance, dont le non-paiement a donné lieu au versement de l'allocation de soutien familial, et pour les autres termes à échoir, la demande de ladite allocation emporte mandat du créancier au profit de cet organisme.

L'organisme débiteur des prestations familiales a droit, en priorité sur les sommes recouvrées, au montant de celles versées à titre d'avance.

Avec l'accord du créancier d'aliments, l'organisme débiteur des prestations familiales poursuit également, lorsqu'elle est afférente aux mêmes périodes, le recouvrement de la créance alimentaire du conjoint, de l'ex-conjoint et des autres enfants du débiteur ainsi que les créances des articles 214, 276 et 342 du Code civil.

Art. L. 581-4. – Le titulaire de la créance est tenu de communiquer à l'organisme débiteur des prestations familiales les renseignements qui sont de nature à faciliter le recouvrement de la créance.

Le titulaire de la créance peut à tout moment renoncer à percevoir l'allocation de soutien familial. L'organisme débiteur demeure subrogé aux droits du titulaire de la créance jusqu'au recouvrement complet du montant des sommes versées dans les conditions fixées à l'article L. 581-2.

L'organisme débiteur de prestations familiales peut suspendre le versement de l'allocation de soutien familial en cas de refus par le créancier d'aliments de donner le pouvoir spécial de saisie en matière immobilière.

Lorsque le débiteur reprend le service de sa dette, cette dernière peut être acquittée directement au parent créancier, avec l'accord de l'organisme débiteur de prestations familiales.

Art. L. 581-5. – Sauf dans le cas où il est fait application du premier alinéa de l'article 7 de la loi n° 75-618 du 11 juillet 1975 relative au recouvrement public des pensions alimentaires, les sommes à recouvrer par l'organisme débiteur sont majorées de frais de gestion et de recouvrement dont le montant est fixé par décret en Conseil d'État.

Ces frais ne peuvent être mis à la charge du créancier d'aliments.

Art. L. 581-6 *(Mod. à compter du 1er janvier 2017, L. n° 2016-1547, 18 nov. 2016 et L. n° 2016-1827, 23 déc. 2016)*. – Le titulaire d'une créance alimentaire, fixée par décision de justice devenue exécutoire ou par les actes ou accords mentionnés au IV de l'article L. 523-1, en faveur de ses enfants jusqu'à l'âge limite mentionné au 2° de l'article L. 512-3, s'il ne remplit pas les conditions d'attribution de l'allocation de soutien familial, bénéficie, à sa demande, de l'aide des organismes débiteurs de prestations familiales pour le recouvrement des termes échus, dans la limite de deux années à compter de la demande de recouvrement, et des termes à échoir.

Ce recouvrement est exercé dans les conditions et pour les créances mentionnées aux articles L. 581-2 et suivants.

Art. L. 581-7 *(Mod., Ord. n° 2010-420, 27 avr. 2010)*. – Par dérogation aux articles 2 et 3 de la loi n° 75-618 du 11 juillet 1975, le directeur de l'organisme débiteur de prestations familiales intervenant au titre des articles L. 581-2 et suivants établit et certifie l'état des sommes à recouvrer et l'adresse au représentant de l'État dans le département. Celui-ci rend cet état exécutoire dans un délai de cinq jours ouvrables et le transmet au directeur départemental des finances publiques [...].

Art. L. 581-8 *(Abr., L. n° 2010-1609, 22 déc. 2010 ; rétabli dans la version suivante, L. n° 2011-525, 17 mai 2011).* **– Les organismes débiteurs de prestations familiales peuvent se prévaloir de l'article 39 de la loi n° 91-650 du 9 juillet 1991 portant réforme des procédures civiles d'exécution pour l'exercice de la mission qui leur est confiée en vue du recouvrement des créances alimentaires impayées.**

Art. L. 581-9. – Les caisses d'allocations familiales sont habilitées à consentir sur leur fonds d'action sanitaire et sociale aux créanciers d'aliments auxquels la loi n° 75-618 du 11 juillet 1975 est applicable, des avances sur pensions. Elles sont alors subrogées de plein droit dans les droits des créanciers, à concurrence du montant des avances, tant à l'égard du débiteur qu'éventuellement à l'égard du Trésor.

Art. L. 581-10 *(Mod., Ord. n° 2010-420, 27 avr. 2010 ; à compter du 1er janvier 2017, L. n° 2016-1547, 18 nov. 2016 et L. n° 2016-1827, 23 déc. 2016).* **– Le recouvrement sur le débiteur d'aliments de toute avance sur pension alimentaire fixée par une décision judiciaire devenue exécutoire ou par les actes ou accords mentionnés au IV de l'article L. 523-1 et consentie par les organismes débiteurs de prestations familiales peut être confié, pour le compte de ces organismes, aux comptables publics compétents.**

Le directeur de l'organisme débiteur de prestations familiales établit et certifie l'état des sommes à recouvrer et l'adresse au représentant de l'État dans le département. Celui-ci rend cet état exécutoire dans un délai de cinq jours ouvrables et le transmet au directeur départemental des finances publiques.

Dès qu'ils ont saisi le représentant de l'État dans le département, les organismes débiteurs de prestations familiales ne peuvent plus, jusqu'à ce qu'ils soient informés de la cessation de la procédure de recouvrement par les comptables publics compétents, exercer aucune action en vue de récupérer les sommes qui font l'objet de leur demande.

En cas de contestation relative à l'application des premier et deuxième alinéas du présent article, il est procédé comme à l'article 4 de la loi n° 75-618 du 11 juillet 1975.

Le recouvrement des avances est poursuivi selon les procédures et dans les conditions prévues par les articles 7 à 9 de la loi [n° 75-618] du 11 juillet 1975 précitée. Les comptables publics compétents peuvent également mettre en œuvre les actions et garanties dont dispose le créancier pour le recouvrement de sa pension alimentaire.

En cas de recours à une procédure de recouvrement public par le créancier de la pension alimentaire, les sommes recouvrées sont affectées par priorité au règlement de la créance de l'organisme débiteur de prestations familiales.

En cas de décès du débiteur ou lorsque l'impossibilité de recouvrer la créance a été constatée par le comptable public compétent, ce dernier renvoie le titre exécutoire à la caisse d'allocations familiales qui en décharge le comptable public et informe de sa décision le représentant de l'État dans le département.

Lorsqu'un organisme débiteur de prestations familiales poursuit le recouvrement d'une créance alimentaire au titre des articles L. 581-2 à L. 581-5, le présent article est applicable à la totalité de la créance.

....

LIVRE SIXIÈME. – ALLOCATIONS PERSONNES AGÉES – ALLOCATIONS AUX ADULTES HANDICAPÉS – AIDES À L'EMPLOI POUR LA GRADE DE JEUNES ENFANTS – AIDES AUX COLLECTIVITÉS ET ORGANISMES LOGEANT À TITRE TEMPORAIRE DES PERSONNES DÉFAVORISÉES OU GÉRANTS DES AIRES D'ACCUEIL DES GENS DU VOYAGE – PROTECTION COMPLÉMENTAIRE EN MATIÈRE DE SANTÉ

TITRE I. – ALLOCATIONS AUX PERSONNES AGÉES

CHAPITRE V. – ALLOCATIONS DE SOLIDARITÉ AUX PERSONNES AGÉES

....

PARTIE RÉGLEMENTAIRE

LIVRE CINQUIÈME. – PRESTATIONS FAMILIALES ET PRESTATIONS ASSIMILÉES

Art. L. 815-1 *(Abr., L. n° 93-936, 22 juill. 1993 ; rétabli dans la version suivante à compter de la date prévue à l'article 4 de l'ordonnance n° 2004-605 du 24 juin 2004, Ord. n° 2004-605, 24 juin 2004 ;*

L. n° 2014-40, 20 janv. 2014 ; L. n° 2015-1268, 14 oct. 2015). – Toute personne justifiant d'une résidence stable et régulière sur le territoire métropolitain ou dans une collectivité mentionnée à l'article L. 751-1 et ayant atteint un âge minimum bénéficie d'une allocation de solidarité aux personnes âgées dans les conditions prévues par le présent chapitre. Cet âge minimum est abaissé en cas d'inaptitude au travail ou lorsque l'assuré bénéficie des dispositions prévues à l'article 37 de la loi n° 2014-40 du 20 janvier 2014 garantissant l'avenir et la justice du système de retraites.

Un décret en Conseil d'État précise la condition de résidence mentionnée au présent article.

....

Art. L. 815-13 *(Rempl. à compter de la date prévue à l'article 4 de l'ordonnance n° 2004-605 du 24 juin 2004, Ord. n° 2004-605, 24 juin 2004 ; mod., L. n° 2010-1330, 9 nov. 2010 ; L. n° 2017-256, 28 févr. 2017).* – Les sommes servies au titre de l'allocation sont récupérées après le décès du bénéficiaire dans la limite d'un montant fixé par décret et revalorisé dans les mêmes conditions que celles prévues à l'article L. 816-2.

Toutefois, la récupération n'est opérée que sur la fraction de l'actif net qui excède un seuil dont le montant est fixé par décret. Dans les collectivités régies par l'article 73 de la Constitution, ce seuil est de 100 000 euros jusqu'au 31 décembre 2026.

Lorsque la succession du bénéficiaire, en tout ou en partie, comprend un capital d'exploitation agricole, ce dernier ainsi que les bâtiments qui en sont indissociables ne sont pas pris en compte pour l'application du deuxième alinéa. La liste des éléments constitutifs de ce capital et de ces bâtiments est fixée par décret.

Le recouvrement est opéré dans des conditions et selon des modalités fixées par décret par les organismes ou services assurant le service de l'allocation mentionnés à l'article L. 815-7.

Les sommes recouvrables sont garanties par une hypothèque légale prenant rang à la date de son inscription.

L'action en recouvrement se prescrit par cinq ans à compter de l'enregistrement d'un écrit ou d'une déclaration mentionnant la date et le lieu du décès du défunt ainsi que le nom et l'adresse de l'un au moins des ayants droit.

Lorsque le montant de l'allocation de solidarité aux personnes âgées est versé à des conjoints, concubins ou partenaires liés par un pacte civil de solidarité, tous deux bénéficiaires, l'allocation est réputée avoir été perçue pour moitié par chacun des membres du couple.

....

Art. L. 815-24 *(Créé à compter de la date prévue à l'article 4 de l'ordonnance n° 2004-605 du 24 juin 2004, Ord. n° 2004-605, 24 juin 2004 ; mod., L. n° 2015-1268, 14 oct. 2015).* – Dans les conditions prévues au présent chapitre, toute personne résidant sur le territoire métropolitain ou dans une collectivité mentionnée à l'article L. 751-1, titulaire d'un avantage viager servi au titre de l'assurance invalidité ou de vieillesse par un régime de sécurité sociale résultant de dispositions législatives ou réglementaires peut, quel que soit son âge, bénéficier d'une allocation supplémentaire dont le montant est fixé par décret :

– si elle est atteinte d'une invalidité générale réduisant sa capacité de travail ou de gain dans des proportions déterminées ;
– ou si elle a obtenu cet avantage en raison d'une invalidité générale au moins égale,

....

Art. L. 815-28 *(Créé à compter de la date prévue à l'article 4 de l'ordonnance n° 2004-605 du 24 juin 2004, Ord. n° 2004-605, 24 juin 2004).* – Les arrérages servis au titre de l'allocation supplémentaire mentionnée à l'article L. 815-24 sont recouvrés en tout ou partie sur la succession de l'allocataire lorsque l'actif net est au moins égal au montant fixé par décret en application de l'article L. 815-13.

Le recouvrement est effectué par les organismes ou services payeurs de l'allocation mentionnés à l'article L. 815-27 dans des conditions et selon des modalités fixées par décret.

Les dispositions du troisième alinéa, du cinquième alinéa et du sixième alinéa de l'article L. 815-13 sont applicables au recouvrement sur succession de l'allocation supplémentaire.

....

TITRE VIII. – DISPOSITIONS RELATIVES AU RECOUVREMENT DES CRÉANCES ALIMENTAIRES – DISPOSITIONS DIVERSES – DISPOSITIONS D'APPLICATION

CHAPITRE I. – DISPOSITIONS RELATIVES AU RECOUVREMENT DES CRÉANCES ALIMENTAIRES

Art. R. 581-1. – Pour l'application du premier alinéa de l'article L. 581-4, le titulaire de la créance doit fournir à l'organisme débiteur de prestations familiales les éléments prouvant son droit à la créance.

Il fournit également à l'organisme mentionné au premier alinéa les renseignements en sa possession relatifs au débiteur, notamment l'identité, le numéro d'immatriculation à la sécurité sociale, l'adresse ou la dernière adresse connue, la profession, les nom et adresse de l'employeur, la nature, la situation et l'importance du patrimoine ainsi que les sources de revenus du débiteur.

Art. R. 581-2. – Lorsque le créancier fait une demande d'aide au recouvrement fondée sur l'article L. 581-6, il joint à sa demande les documents prévus à l'article 2 du décret n° 75-1339 du 31 décembre 1975, ou une attestation d'échec de la procédure de recouvrement public établie par le procureur de la République.

Art. R. 581-3 *(Mod. à compter du 1er janvier 2017, D. n° 2016-1907, 28 déc. 2016 ; rempl., D. n° 2017-532, 12 avr. 2017).* – Pour l'application du troisième alinéa de l'article L. 581-3, l'enfant majeur créancier d'une pension alimentaire fixée par décision de justice devenue exécutoire ou par convention judiciairement homologuée ou d'une contribution à l'entretien et à l'éducation de l'enfant fixée par un des actes ou accords mentionnés au IV de l'article L. 523-1 doit donner mandat à l'organisme débiteur de prestations familiales de recouvrer cette créance pour son compte.

Art. R. 581-4. – L'organisme débiteur de prestations familiales notifie au débiteur, par lettre recommandée avec demande d'avis de réception, qu'il a admis la demande au recouvrement faite par le créancier.

Par lettre mentionnée au premier alinéa, l'organisme débiteur de prestations familiales rappelle au débiteur les obligations auxquelles celui-ci est tenu envers le créancier et lui fait connaître qu'à défaut d'exécution volontaire, le recouvrement de la créance sera poursuivi au moyen de toute procédure appropriée. L'organisme débiteur de prestations familiales précise à cet égard que les termes à échoir et les arriérés pour lesquels il n'y a pas subrogation peuvent, avec l'accord de cet organisme, être acquittés directement entre les mains du créancier et qu'à défaut de ce paiement amiable, le débiteur sera tenu de s'acquitter auprès de l'organisme des arriérés de pension ainsi que des termes à échoir pendant une période de douze mois consécutifs à compter du premier versement ainsi effectué.

Art. R. 581-5. – L'organisme débiteur de prestations familiales notifie au débiteur l'apurement définitif des arriérés de la dette et la fin de l'obligation de se libérer auprès de lui.

L'organisme débiteur de prestations familiales rend compte au créancier d'aliments des actes effectués pour son compte. Il l'informe, le cas échéant, de l'abandon des poursuites lorsqu'elles s'avèrent vaines ou manifestement contraires aux intérêts du créancier.

Art. R. 581-6. – Exception faite des créances recouvrées en application de l'article 7 de la loi n° 75-618 du 11 juillet 1975, le montant des sommes versées à l'organisme débiteur de prestations familiales est majoré, à son profit, de 7,5 % ainsi que du montant des frais effectivement payés aux officiers ministériels et aux auxiliaires de justice ; lorsque l'organisme débiteur de prestations familiales ne recourt pas aux services d'un officier ministériel ou d'un auxiliaire de justice une majoration supplémentaire de 2,5 % est appliquée.

Art. R. 581-7. – Les majorations mentionnées à l'article R. 581-6 sont recouvrées par les voies et moyens applicables au recouvrement de la créance principale. En cas de difficulté, le recouvrement forcé est soumis aux règles prévues aux articles 704 à 718 du Code de procédure civile. Le tribunal compétent est celui dans le ressort duquel l'organisme débiteur de prestations familiales a son siège.

Art. R. 581-8. – Les majorations mentionnées à l'article R. 581-6 constituent une recette de la gestion administrative des organismes débiteurs de prestations familiales.

Art. R. 581-9. – Dans tous les cas, le dernier terme échu de la pension alimentaire et des créances des articles 214, 276 et 342 du Code civil est imputé par priorité sur les sommes recouvrées et est reversé au créancier.

Art. R. 581-10 *(D. n° 2014-551, 27 mai 2014)*. – Les comptables publics mentionnés à l'article L. 581-10 sont des comptables de la direction générale des finances publiques.

....

Section II. – Recouvrement sur les successions

Art. D. 815-4 *(D. n° 2007-57, 12 janv. 2007)*. – Le montant d'actif net à partir duquel il est procédé au recouvrement sur la succession de l'allocataire des arrérages servis à ce dernier au titre de l'allocation de solidarité aux personnes âgées est fixé à 39 000 euros.

....

Art. D. 815-6 *(D. n° 2007-57, 12 janv. 2007)*. – Le recouvrement s'exerce sur la partie de l'actif net successoral, visé au deuxième alinéa de l'article L. 815-13, défini par les règles du droit commun, qui excède le montant prévu à l'article D. 815-4.

Il ne peut avoir pour conséquence d'abaisser l'actif net de la succession au-dessous du montant visé à l'article D. 815-4.

Toutefois, pour la détermination de l'actif net ouvrant droit au recouvrement, les organismes ou services mentionnés à l'article L. 815-7 ont la faculté de faire réintégrer à l'actif toutes les libéralités consenties par l'allocataire quelle qu'en soit la forme ainsi que les primes versées par celui-ci au titre d'un contrat d'assurance vie dès lors que :

– ces libéralités et ces contrats d'assurance vie respectivement consentis ou conclus postérieurement à la demande d'allocation sont manifestement incompatibles avec les ressources ou biens déclarés par l'allocataire pour obtenir ou continuer à percevoir l'allocation de solidarité ;

– et que ces libéralités et ces primes, en minorant l'actif net successoral, ont eu pour effet de faire obstacle en tout ou partie à l'exercice par les organismes et services précités de leur action en recouvrement sur succession de l'allocation de solidarité.

Ces dispositions particulières au recouvrement sur successions de l'allocataire, qui n'ont pas d'incidence sur la validité des libéralités et contrats consentis ou conclus par l'allocataire, ont seulement pour effet de les rendre inopposables aux organismes et services mentionnés à l'article L. 815-7 précité dans le cas visé au troisième alinéa du présent article.

Code du tourisme

PARTIE LÉGISLATIVE

LIVRE DEUXIÈME. – ACTIVITÉS ET PROFESSIONS DU TOURISME

TITRE PREMIER. – DES AGENTS DE VOYAGE ET AUTRES OPÉRATEURS DE LA VENTE DE VOYAGES ET DE SÉJOURS

CHAPITRE I. – RÉGIME DE LA VENTE DE VOYAGES ET DE SÉJOURS

Section I. – Dispositions générales

Art. L. 211-1 *(Rempl. à compter du 1er juillet 2018, Ord. n° 2017-1717, 20 déc. 2017)*. – I. - Le présent chapitre s'applique aux personnes physiques ou morales qui élaborent et vendent ou offrent à la vente dans le cadre de leur activité commerciale, industrielle, artisanale ou libérale :

1° Des forfaits touristiques ;

2° Des services de voyage portant sur le transport, le logement, la location d'un véhicule ou d'autres services de voyage qu'elles ne produisent pas elles-mêmes.

Il s'applique également aux professionnels qui facilitent aux voyageurs l'achat de prestations de voyage liées au sens de l'article L. 211-2.

II. - Les organismes locaux de tourisme bénéficiant du soutien de l'État, des collectivités territoriales ou de leurs groupements peuvent se livrer ou apporter leur concours, dans l'intérêt général, à des opérations mentionnées au I, dès lors que celles-ci permettent de faciliter l'accueil ou d'améliorer les conditions de séjour des touristes dans leur zone géographique d'intervention.

III. - Le présent chapitre s'applique aux personnes physiques ou morales qui émettent des bons ou coffrets permettant d'acquitter le prix de l'une des prestations mentionnées au I. Il ne s'applique pas aux personnes physiques ou morales qui n'effectuent que la vente de ces bons ou coffrets.

IV. - Le présent chapitre n'est pas applicable aux personnes qui ne proposent des forfaits, des services de voyage ou ne facilitent la conclusion de prestations de voyage liées qu'à titre occasionnel, dans un but non lucratif et pour un groupe limité de voyageurs uniquement.

V. - Le présent chapitre ne s'applique pas aux personnes suivantes, sauf en ce qui concerne l'organisation, la vente ou l'offre à la vente de forfaits ou lorsqu'elles facilitent l'achat de prestations de voyage liées :

1° Aux personnes physiques ou morales qui n'effectuent que la délivrance de titres de transport terrestre pour le compte d'un ou de plusieurs transporteurs de voyageurs ;

2° Aux transporteurs aériens qui n'effectuent que la délivrance de titres de transport aérien ou de titres de transports consécutifs incluant un parcours de transport aérien et, à titre accessoire, un ou plusieurs parcours de transport terrestre assurés par un ou plusieurs transporteurs de voyageurs ;

3° Aux transporteurs ferroviaires qui n'effectuent que la délivrance de titres de transport ferroviaire ou de titres de transports consécutifs incluant un parcours de transport ferroviaire et, à titre accessoire, d'autres parcours de transport terrestre ou aérien assurés par un ou plusieurs transporteurs de voyageurs ;

4° Aux personnes physiques ou morales titulaires d'une carte professionnelle délivrée en application de la loi n° 70-9 du 2 janvier 1970 réglementant les conditions d'exercice des activités relatives à certaines opérations portant sur les immeubles et les fonds de commerce, lorsqu'elles ne réalisent les opérations mentionnées au 2° du I qu'à titre accessoire. Ces personnes doivent souscrire, pour la réalisation de ces opérations, une assurance garantissant les conséquences pécuniaires de la responsabilité professionnelle et une garantie financière permettant le remboursement des fonds déposés [.]

Art. L. 211-2 *(Rempl. à compter du 1er juillet 2018, Ord. n° 2017-1717, 20 déc. 2017).* – I. - Constitue un service de voyage :

1° Le transport de passagers ;

2° L'hébergement qui ne fait pas partie intégrante du transport de passagers et qui n'a pas un objectif résidentiel ;

3° La location de voitures particulières, d'autres véhicules de catégorie M au sens de l'article R. 311-1 du Code de la route ayant une vitesse maximale par construction supérieure à 25 km/h ou de motocyclettes au sens de l'article R. 311-1 du Code de la route dont la conduite nécessite la possession d'un permis de conduire de catégorie A conformément aux dispositions de l'article R. 221-4 de ce même code ;

4° Tout autre service touristique qui ne fait pas partie intégrante d'un service de voyage au sens des 1°, 2° ou 3°.

II. - A. - Constitue un forfait touristique la combinaison d'au moins deux types différents de services de voyage aux fins du même voyage ou séjour de vacances, dépassant vingt-quatre heures ou incluant une nuitée, si :

1° Ces services sont combinés par un seul professionnel, y compris à la demande du voyageur ou conformément à son choix, avant qu'un contrat unique incluant tous ces services ne soit conclu ;

2° Indépendamment de l'éventuelle conclusion de contrats séparés avec des prestataires de services de voyage individuels, ces services sont :

a) Soit achetés auprès d'un seul point de vente et choisis avant que le voyageur n'accepte de payer ;

b) Soit proposés, vendus ou facturés à un prix tout compris ou à un prix total ;

c) Soit annoncés ou vendus sous la dénomination de « forfait » ou sous une dénomination similaire ;

d) Soit combinés après la conclusion d'un contrat par lequel un professionnel autorise le voyageur à choisir parmi une sélection de différents types de services de voyage ;

e) Soit achetés auprès de professionnels distincts grâce à des procédures de réservation en ligne liées, lorsque le nom du voyageur, les modalités de paiement et l'adresse électronique sont transmis par le professionnel avec lequel le premier contrat est conclu à un ou plusieurs autres professionnels et lorsqu'un contrat avec ce ou ces derniers est conclu au plus tard vingt-quatre heures après la confirmation de la réservation du premier service de voyage.

B. - Les combinaisons de services de voyage dans lesquelles un seul des types de service de voyage mentionnés au 1°, au 2°, ou au 3° du I est combiné à un ou plusieurs des services touristiques mentionnés au 4° du I ne constituent pas un forfait si ces derniers services :

1° Ne représentent pas une part significative de la valeur de la combinaison, ne sont pas annoncés comme étant une caractéristique essentielle de la combinaison ou ne constituent pas d'une manière ou d'une autre une telle caractéristique, ou

2° Sont choisis et achetés uniquement après que l'exécution d'un service de voyage mentionné au 1°, au 2° ou au 3° du I a commencé.

III. - Constitue une prestation de voyage liée la combinaison d'au moins deux types différents de services de voyage achetés aux fins du même voyage ou séjour de vacances, couvrant au moins vingt-quatre heures ou une nuitée, ne constituant pas un forfait et entraînant la conclusion de contrats séparés avec des prestataires de services de voyage individuels, si un professionnel facilite :

1° A l'occasion d'une seule visite à son point de vente ou d'une seule prise de contact avec celui-ci, le choix séparé et le paiement séparé de chaque service de voyage par les voyageurs ou

2° D'une manière ciblée, l'achat d'au moins un service de voyage supplémentaire auprès d'un autre professionnel lorsque le contrat avec cet autre professionnel est conclu au plus tard vingt-quatre heures après la confirmation de la réservation du premier service de voyage.

Lorsqu'il est acheté un seul des types de service de voyage mentionnés au 1°, au 2° ou au 3° du I et un ou plusieurs des services touristiques mentionnés au 4° du I, ceux-ci ne constituent pas une prestation de voyage liée si ces derniers services ne représentent pas une part significative de la valeur combinée des services et ne sont pas annoncés comme étant une caractéristique essentielle du voyage ou séjour de vacances ou ne constituent pas d'une manière ou d'une autre une telle caractéristique.

IV. - Pour l'application du présent chapitre, le voyageur est une personne cherchant à conclure un contrat relevant du champ d'application du présent chapitre ou ayant le droit de voyager sur la base d'un tel contrat déjà conclu.

Un professionnel est une personne physique ou morale, qu'elle soit publique ou privée, qui agit, y compris par l'intermédiaire d'une autre personne agissant en son nom ou pour son compte, aux fins qui entrent dans le cadre de son activité commerciale, industrielle, artisanale ou libérale en ce qui concerne des contrats relevant du présent chapitre, qu'elle agisse en qualité d'organisateur, de détaillant, de professionnel facilitant une prestation de voyage liée ou de prestataire d'un service de voyage.

Un organisateur est un professionnel qui élabore des forfaits touristiques et les vend ou les offre à la vente, directement ou par l'intermédiaire d'un autre professionnel ou encore conjointement avec un autre professionnel, ou un professionnel qui transmet les données du voyageur à un autre professionnel conformément au *e* du 2° du A du II.

Un détaillant est un professionnel autre que l'organisateur, qui vend ou offre à la vente des forfaits élaborés par un organisateur ou des services de voyage assurés par un autre professionnel.

V. - Pour l'application du présent chapitre, on entend par :

1° Point de vente : tout site commercial, qu'il soit meuble ou immeuble, ou un site internet commercial ou une structure de vente en ligne similaire, y compris lorsque des sites internet commerciaux ou des structures de vente en ligne sont présentés aux voyageurs comme une structure unique, y compris un service téléphonique ;

2° Support durable : tout instrument permettant au voyageur ou au professionnel de stocker des informations qui lui sont adressées personnellement d'une manière permettant de s'y reporter ultérieurement pendant un laps de temps adapté aux fins auxquelles les informations sont destinées et qui permet la reproduction à l'identique des informations stockées ;

3° Circonstances exceptionnelles et inévitables : une situation échappant au contrôle de la partie qui invoque cette situation et dont les conséquences n'auraient pu être évitées même si toutes les mesures raisonnables avaient été prises.

Art. L. 211-3 *(Rempl. à compter du 1er juillet 2018, Ord. n° 2017-1717, 20 déc. 2017)*. – I. - Avant que le voyageur ne soit lié par un contrat conduisant à l'élaboration d'une prestation de voyage liée ou d'une offre correspondante, le professionnel facilitant les prestations de voyage liées, y compris s'il n'est pas établi dans un État membre mais dirige par tout moyen ces activités vers la France, mentionne de façon claire, compréhensible et apparente que le voyageur :

1° Ne bénéficiera d'aucun des droits applicables exclusivement aux forfaits touristiques et que chaque prestataire de service sera seulement responsable de la bonne exécution contractuelle de son service ; et

2° Bénéficiera d'une protection contre l'insolvabilité conformément à l'article L. 211-18.

Afin de se conformer au présent I, le professionnel facilitant une prestation de voyage liée fournit ces informations au voyageur au moyen du formulaire fixé par voie réglementaire ou, si le type particulier de prestation de voyage liée ne correspond à aucun des formulaires, il fournit les informations qui y figurent.

II. - Lorsque le professionnel facilitant les prestations de voyage liées ne s'est pas conformé aux exigences énoncées au I du présent article et au 1° du II de l'article L. 211-18, les droits et obligations prévus aux articles L. 211-11, L. 211-14 et L. 211-16 à L. 211-17-1 s'appliquent en ce qui concerne les services de voyage compris dans la prestation de voyage liée.

III. - Lorsqu'une prestation de voyage liée résulte de la conclusion d'un contrat entre un voyageur et un professionnel qui ne facilite pas la prestation de voyage liée, ce professionnel informe le professionnel qui facilite la prestation de voyage liée de la conclusion du contrat concerné.

Art. L. 211-4 *(Mod. à compter du 1er juillet 2018, Ord. n° 2017-1717, 20 déc. 2017).* – Les personnes physiques ou morales immatriculées au registre mentionné à l'article L. 141-3 peuvent réaliser pour le compte d'autrui des locations meublées d'immeubles bâtis, dites locations saisonnières, telles que définies à l'article 1er-1 de la loi n° 70-9 du 2 janvier 1970 précitée. Elles sont soumises, pour l'exercice de cette activité, à l'article 8 de la même loi.

Art. L. 211-5 *(Mod. à compter du 1er juillet 2018, Ord. n° 2017-1717, 20 déc. 2017).* – Les personnes physiques ou morales immatriculées au registre mentionné à l'article L. 141-3 doivent tenir leurs livres et documents à la disposition des agents habilités à les consulter ; elles doivent également mentionner leur immatriculation au registre dans leur enseigne, dans les documents remis aux tiers et dans leur publicité.

Art. L. 211-5-1 *(Créé à compter du 1er juillet 2018, Ord. n° 2017-1717, 20 déc. 2017)* . – La déclaration d'un organisateur de forfait touristique ou d'un professionnel facilitant une prestation de voyage liée mentionnant qu'il agit exclusivement en qualité de prestataire d'un service de voyage, d'intermédiaire ou en toute autre qualité, ou qu'un forfait ou une prestation de voyage liée ne constitue pas un forfait ou une prestation de voyage liée, ne libère pas ledit organisateur ou professionnel des obligations qui lui sont imposées par le présent chapitre.

Les dispositions contractuelles ou les déclarations faites par le voyageur qui, directement ou indirectement, constituent une renonciation aux droits conférés aux voyageurs ou une restriction de ces droits, ou qui visent à éviter l'application de ce chapitre ne sont pas opposables au voyageur.

Art. L. 211-6 *(Rempl., L. n° 2009-888, 22 juill. 2009).* – Les conditions d'application du présent chapitre sont fixées par décret en Conseil d'État.

Section II. – Contrat de vente de voyages et de séjours

(Rempl. à compter du 1er juillet 2018, Ord. n° 2017-1717, 20 déc. 2017)

Art. L. 211-7 *(Rempl. à compter du 1er juillet 2018, Ord. n° 2017-1717, 20 déc. 2017).* – I. - La présente section s'applique aux prestations mentionnées aux 1° et 2° du I de l'article L. 211-1 et à l'article L. 211-4. Toutefois, elle ne s'applique aux opérations suivantes que lorsque celles-ci entrent dans le cadre d'un forfait touristique tel que défini au II de l'article L. 211-2 :

1° La réservation et la vente de titres de transport aérien ou d'autres titres de transport sur ligne régulière ;

2° La location de meublés saisonniers, qui demeurent régis par la loi n° 70-9 du 2 janvier 1970 précitée et par les textes pris pour son application.

II. - Elle ne s'applique pas aux services de voyage et forfaits touristiques vendus dans le cadre d'une convention générale conclue pour le voyage d'affaires.

Art. L. 211-8 *(Rempl. à compter du 1er juillet 2018, Ord. n° 2017-1717, 20 déc. 2017).* – L'organisateur ou le détaillant informe le voyageur au moyen d'un formulaire fixé par voie réglementaire, préalablement à la conclusion du contrat, des caractéristiques principales des prestations proposées relatives au transport et au séjour, des coordonnées du détaillant et de l'organisateur, du prix et des modalités de paiement, des conditions d'annulation et de résolution du contrat, des informations sur les assurances ainsi que des conditions de franchissement des frontières. Ces informations sont présentées d'une manière claire, compréhensible et apparente. Lorsque ces informations sont présentées par écrit, elles doivent être lisibles.

Art. L. 211-9 *(Rempl. à compter du 1er juillet 2018, Ord. n° 2017-1717, 20 déc. 2017).* – Les informations précontractuelles communiquées au voyageur font partie intégrante du contrat et ne peuvent pas être modifiées, sauf si les parties contractantes en conviennent expressément autrement. L'organisateur ou le détaillant communique toutes les modifications relatives aux informations précontractuelles au voyageur, de façon claire, compréhensible et apparente, avant la conclusion du contrat.

Si l'organisateur ou le détaillant n'a pas satisfait aux obligations d'information concernant les frais, redevances ou autres coûts supplémentaires avant la conclusion du contrat, le voyageur n'est pas redevable desdits frais, redevances ou autres coûts.

La charge de la preuve concernant le respect des obligations d'information énoncées aux articles L. 211-8 et L. 211-10 incombe au professionnel.

Art. L. 211-10 *(Rempl. à compter du 1er juillet 2018, Ord. n° 2017-1717, 20 déc. 2017).* – Les contrats sont formulés en termes clairs et compréhensibles et, s'ils revêtent la forme écrite, sont lisibles. Lors de la conclusion du contrat, ou dans les meilleurs délais par la suite, l'organisateur ou le détaillant fournit au voyageur une copie ou une confirmation du contrat sur un support durable. Le voyageur est en droit de demander un exemplaire papier si le contrat a été conclu en la présence physique et simultanée des parties.

En ce qui concerne les contrats hors établissement définis à l'article L. 221-1 du Code de la consommation, un exemplaire ou la confirmation du contrat est fournie au voyageur sur support papier ou, moyennant l'accord de celui-ci, sur un autre support durable.

Le contrat ou sa confirmation reprend l'ensemble du contenu de la convention, qui inclut toutes les informations mentionnées à l'article L. 211-8, et les informations complémentaires portant notamment sur les exigences particulières du voyageur que l'organisateur ou le détaillant a acceptées, les coordonnées complètes du représentant local de l'organisateur ou du détaillant et de son garant ainsi que des mentions obligatoires, fixées par voie réglementaire.

Ces informations sont présentées d'une manière claire, compréhensible et apparente.

En temps utile avant le début du voyage ou du séjour, l'organisateur ou le détaillant remet au voyageur les reçus, bons de voyage et billets nécessaires, les informations sur l'heure prévue de départ et, s'il y a lieu, l'heure limite d'enregistrement ainsi que les heures prévues des escales, des correspondances et de l'arrivée.

Art. L. 211-11 *(Rempl. à compter du 1er juillet 2018, Ord. n° 2017-1717, 20 déc. 2017).* – Le voyageur peut, moyennant un préavis raisonnable adressé à l'organisateur ou au détaillant sur un support durable avant le début du voyage ou du séjour, céder le contrat à une personne satisfaisant à toutes les conditions applicables à ce contrat.

Le cédant du contrat et le cessionnaire sont solidairement responsables du paiement du solde du prix ainsi que des frais, redevances ou autres coûts supplémentaires éventuels occasionnés par cette cession. L'organisateur ou le détaillant informe le cédant des coûts réels de la cession. Ces coûts ne sont pas déraisonnables et n'excèdent pas le coût effectivement supporté par l'organisateur ou par le détaillant en raison de la cession du contrat.

L'organisateur ou le détaillant apporte au cédant la preuve des frais, redevances ou autres coûts supplémentaires occasionnés par la cession du contrat.

Art. L. 211-12 *(Rempl. à compter du 1er juillet 2018, Ord. n° 2017-1717, 20 déc. 2017).* – Après la conclusion du contrat, les prix ne peuvent être majorés que si le contrat prévoit expressément cette possibilité et indique que le voyageur a droit à une réduction du prix. Dans ce cas, le contrat précise de quelle manière la révision du prix doit être calculée. Les majorations de prix sont possibles uniquement si elles sont la conséquence directe d'une évolution :

1° Du prix du transport de passagers résultant du coût du carburant ou d'autres sources d'énergie ;

2° Du niveau des taxes ou redevances sur les services de voyage compris dans le contrat, imposées par un tiers qui ne participe pas directement à l'exécution du contrat, y compris les taxes touristiques, les taxes d'atterrissage ou d'embarquement et de débarquement dans les ports et aéroports ; ou

3° Des taux de change en rapport avec le contrat.

Indépendamment de son importance, une majoration du prix n'est possible que si l'organisateur ou le détaillant la notifie de manière claire et compréhensible au voyageur, en assortissant ladite majoration d'une justification et d'un calcul, sur un support durable, au plus tard vingt jours avant le début du voyage ou du séjour.

Si le contrat prévoit la possibilité d'une majoration du prix, le voyageur a droit à une réduction de prix correspondant à toute baisse des coûts mentionnés aux 1°, 2° et 3°, qui intervient après la conclusion du contrat et avant le début du voyage ou du séjour.

Art. L. 211-13 *(Rempl. à compter du 1er juillet 2018, Ord. n° 2017-1717, 20 déc. 2017).* – L'organisateur ou le détaillant ne peut, avant le début du voyage ou du séjour, modifier unilatéralement les clauses du contrat autres que le prix conformément à l'article L. 211-12, à moins que :

1° L'organisateur ou le détaillant se soit réservé ce droit dans le contrat ;

2° La modification soit mineure ; et

3° L'organisateur ou le détaillant en informe le voyageur d'une manière claire, compréhensible et apparente sur un support durable.

Lorsque, avant le départ, le respect d'un des éléments essentiels du contrat est rendu impossible par suite d'un événement extérieur qui s'impose à l'organisateur ou au détaillant, celui-ci doit le plus rapidement possible en avertir le voyageur et informer ce dernier de la faculté dont il dispose soit de résoudre sans frais le contrat, soit d'accepter la modification proposée par l'organisateur ou le détaillant.

Art. L. 211-14 *(Rempl. à compter du 1er juillet 2018, Ord. n° 2017-1717, 20 déc. 2017).* – I. - Le voyageur peut résoudre le contrat à tout moment avant le début du voyage ou du séjour. Dans ce cas, le vendeur peut lui demander de payer des frais de résolution appropriés et justifiables. Le contrat peut stipuler des frais de résolution standard raisonnables, calculés en fonction de la date de résolution du contrat avant le début du voyage ou du séjour et des économies de coûts et des revenus escomptés du fait d'une remise à disposition des services de voyage concernés. En l'absence de frais de résolution standard, le montant des frais de résolution correspond au prix moins les économies de coûts et les revenus réalisés du fait d'une remise à disposition des services de voyage. À la demande du voyageur, le vendeur justifie le montant des frais de résolution.

II. - Le voyageur a le droit de résoudre le contrat avant le début du voyage ou du séjour sans payer de frais de résolution si des circonstances exceptionnelles et inévitables, survenant au lieu de destination ou à proximité immédiate de celui-ci, ont des conséquences importantes sur l'exécution du contrat ou sur le transport des passagers vers le lieu de destination. Dans ce cas, le voyageur a droit au remboursement intégral des paiements effectués mais pas à un dédommagement supplémentaire.

III. - L'organisateur ou le détaillant peut résoudre le contrat et rembourser intégralement le voyageur des paiements effectués, mais il n'est pas tenu à une indemnisation supplémentaire, si :

1° Le nombre de personnes inscrites pour le voyage ou le séjour est inférieur au nombre minimal indiqué dans le contrat et que le vendeur notifie la résolution du contrat au voyageur dans le délai fixé par le contrat, mais au plus tard :

– vingt jours avant le début du voyage ou du séjour dans le cas de voyages dont la durée dépasse six jours ;

– sept jours avant le début du voyage ou du séjour dans le cas de voyages dont la durée est de deux à six jours ;

– quarante-huit heures avant le début du voyage ou du séjour dans le cas de voyages ne durant pas plus de deux jours ;

ou

2° L'organisateur ou le détaillant est empêché d'exécuter le contrat en raison de circonstances exceptionnelles et inévitables et notifie la résolution du contrat au voyageur dans les meilleurs délais avant le début du voyage ou du séjour.

Art. L. 211-15 *(Implicitement abr. à compter du 1er juillet 2018, Ord. n° 2017-1717, 20 déc. 2017).*

Section III. – Responsabilité civile professionnelle

(Rempl. à compter du 1er juillet 2018, Ord. n° 2017-1717, 20 déc. 2017)

Art. L. 211-16 *(Rempl. à compter du 1er juillet 2018, Ord. n° 2017-1717, 20 déc. 2017).* – I. - Le professionnel qui vend un forfait touristique mentionné au 1° du I de l'article L. 211-1 est responsable de plein droit de l'exécution des services prévus par ce contrat, que ces services soient exécutés par lui-même ou par d'autres prestataires de services de voyage, sans préjudice de son droit de recours contre ceux-ci.

Le professionnel qui vend un service de voyage mentionné au 2° du I de l'article L. 211-1 est responsable de plein droit de l'exécution du service prévu par ce contrat, sans préjudice de son droit de recours contre le prestataire de service.

Toutefois le professionnel peut s'exonérer de tout ou partie de sa responsabilité en apportant la preuve que le dommage est imputable soit au voyageur, soit à un tiers étranger à la fourniture des services de voyage compris dans le contrat et revêt un caractère imprévisible ou inévitable, soit à des circonstances exceptionnelles et inévitables.

Lorsqu'un organisateur ou un détaillant verse des dommages et intérêts, accorde une réduction de prix ou s'acquitte des autres obligations qui lui incombent, il peut demander réparation à tout tiers ayant contribué au fait à l'origine de l'indemnisation, de la réduction de prix ou d'autres obligations.

II. - Le voyageur informe l'organisateur ou le détaillant, dans les meilleurs délais eu égard aux circonstances de l'espèce, de toute non-conformité constatée lors de l'exécution d'un service de voyage inclus dans le contrat.

Le voyageur peut adresser des messages, des demandes ou des plaintes en rapport avec l'exécution du contrat directement au détaillant par l'intermédiaire duquel le voyage ou le séjour a été acheté. Le détaillant transmet ces messages, demandes ou plaintes à l'organisateur dans les meilleurs délais. Aux fins du respect des dates butoirs ou des délais de prescription, la date de réception, par le détaillant, des messages, demandes ou plaintes est réputée être la date de leur réception par l'organisateur.

III. - Si l'un des services de voyage n'est pas exécuté conformément au contrat, l'organisateur ou le détaillant remédie à la non-conformité, sauf si cela est impossible ou entraîne des coûts disproportionnés, compte tenu de l'importance de la non-conformité et de la valeur des services de voyage concernés.

Si l'organisateur ou le détaillant ne remédie pas à la non-conformité, conformément à l'alinéa précédent, le voyageur peut demander une réduction de prix et, en cas de dommage distinct, des dommages et intérêts en application de l'article L. 211-17.

IV. - Sans préjudice des exceptions énoncées au III, si l'organisateur ou le détaillant ne remédie pas à la non-conformité dans un délai raisonnable fixé par le voyageur, celui-ci peut y remédier lui-même et réclamer le remboursement des dépenses nécessaires. Il n'est pas nécessaire que le voyageur précise un délai si l'organisateur ou le détaillant refuse de remédier à la non-conformité ou si une solution immédiate est requise.

V. - Lorsqu'une part importante des services de voyage ne peut être fournie comme prévu dans le contrat, l'organisateur ou le détaillant propose, sans supplément de prix pour le voyageur, d'autres prestations appropriées, si possible de qualité égale ou supérieure à ceux spécifiés dans le contrat, pour la continuation du contrat, y compris lorsque le retour du voyageur à son lieu de départ n'est pas fourni comme convenu.

Lorsque les autres prestations proposées donnent lieu à un voyage ou séjour de qualité inférieure à celle spécifiée dans le contrat, l'organisateur ou le détaillant octroie au voyageur une réduction de prix appropriée.

Le voyageur ne peut refuser les autres prestations proposées que si elles ne sont pas comparables à ce qui avait été prévu dans le contrat ou si la réduction de prix octroyée n'est pas appropriée.

VI. - Lorsqu'une non-conformité perturbe considérablement l'exécution d'un voyage ou séjour et que l'organisateur ou le détaillant n'y remédie pas dans un délai raisonnable fixé par le voyageur, ce dernier peut résoudre le contrat sans payer de frais de résolution et demander, le cas échéant, conformément à l'article L. 211-17, une réduction de prix et en cas de dommage distinct des dommages et intérêts.

S'il s'avère impossible de proposer d'autres prestations ou si le voyageur refuse les autres prestations proposées conformément au troisième alinéa du V, le voyageur a droit, s'il y a lieu, à une réduction de prix et, en cas de dommage distinct, à des dommages et intérêts conformément à l'article L. 211-17, sans résolution du contrat.

Si le contrat comprend le transport de passagers, l'organisateur ou le détaillant fournit également au voyageur, dans les cas mentionnés aux deux précédents alinéas, le rapatriement par un moyen de transport équivalent, dans les meilleurs délais eu égard aux circonstances de l'espèce et sans frais supplémentaires pour le voyageur.

VII. - Lorsqu'il est impossible, en raison de circonstances exceptionnelles et inévitables, d'assurer le retour du voyageur comme prévu dans le contrat, l'organisateur ou le détaillant supporte les coûts de l'hébergement nécessaire, si possible de catégorie équivalente, pour une durée maximale de trois nuitées par voyageur. Si des durées plus longues sont prévues par la législation de l'Union européenne sur les droits des passagers applicable aux moyens de transport concernés pour le retour du voyageur, ces durées s'appliquent.

VIII. - La limitation des coûts prévue à l'alinéa précédent ne s'applique pas aux personnes à mobilité réduite, telles que définies à l'article 2, point *a*, du règlement (CE) n° 1107/2006 [du 5 juillet 2006], aux personnes les accompagnant, aux femmes enceintes et aux mineurs non accompagnés, ni aux personnes nécessitant une assistance médicale spécifique, à condition que l'organisateur ou le détaillant ait été prévenu de leurs besoins particuliers au moins quarante-huit heures avant le début du contrat. L'organisateur ou le détaillant ne saurait invoquer des circonstances exceptionnelles et inévitables pour limiter la responsabilité au titre du présent article si le prestataire de transport concerné ne peut se prévaloir de telles circonstances en vertu de la législation applicable de l'Union européenne.

Art. L. 211-17 *(Rempl. à compter du 1er juillet 2018, Ord. n° 2017-1717, 20 déc. 2017)*. – I. - Le voyageur a droit à une réduction de prix appropriée pour toute période de non-conformité des services fournis dans le cadre d'un contrat, sauf si l'organisateur ou le détaillant prouve que la non-conformité est imputable au voyageur.

II. - Le voyageur a droit à des dommages et intérêts de la part de l'organisateur ou du détaillant pour tout préjudice subi en raison de la non-conformité des services fournis. L'indemnisation est effectuée dans les meilleurs délais.

III. - Le voyageur n'a droit à aucune indemnisation si l'organisateur ou le détaillant prouve que la non-conformité est imputable soit au voyageur, soit à un tiers étranger à la fourniture des services de voyage compris dans le contrat et revêt un caractère imprévisible ou inévitable, soit à des circonstances exceptionnelles et inévitables.

IV. - Dans la mesure où des conventions internationales circonscrivent les conditions dans lesquelles une indemnisation est due par un prestataire fournissant un service de voyage qui fait partie d'un voyage ou séjour ou limitent l'étendue de cette indemnisation, les mêmes limites s'appliquent à l'organisateur ou au détaillant. Dans les autres cas, le contrat peut limiter les dommages et intérêts à verser par l'organisateur ou le détaillant, pour autant que cette limitation ne s'applique pas aux préjudices corporels ni aux dommages causés intentionnellement ou par négligence et qu'elle ne représente pas moins de trois fois le prix total du voyage ou séjour.

V. - Les droits à indemnisation ou à réduction de prix prévus par le présent code ne portent pas atteinte aux droits des voyageurs au titre du règlement (CE) n° 261/2004 [du 11 février 2004], du règlement (CE) n° 1371/2007 [du 23 octobre 2007], du règlement (CE) n° 392/2009 [du 23 avril 2009], du règlement (UE) n° 1177/2010 [du 24 novembre 2010], du règlement (UE) n° 181/2011 [du 16 février 2011] et des conventions internationales. Les voyageurs ont le droit d'introduire des réclamations au titre du présent code et desdits règlements et conventions internationales. L'indemnisation ou la réduction de prix octroyée en vertu du présent code et l'indemnisation ou la réduction de prix octroyée en vertu desdits règlements et conventions internationales sont déduites les unes des autres pour éviter toute double indemnisation.

VI. - Le délai de prescription pour l'introduction des réclamations au titre du présent article est fixé à deux ans, sous réserve du délai prévu à l'article 2226 du Code civil.

Art. L. 211-17-1 *(Créé à compter du 1er juillet 2018, Ord. n° 2017-1717, 20 déc. 2017)*. – L'organisateur d'un voyage ou séjour ou le détaillant apporte dans les meilleurs délais eu égard aux circonstances de l'espèce une aide appropriée au voyageur en difficulté, y compris dans les circonstances mentionnées au VII de l'article L. 211-16.

Art. L. 211-17-2 *(Créé à compter du 1er juillet 2018, Ord. n° 2017-1717, 20 déc. 2017)*. – Le professionnel est responsable de toute erreur due à des défauts techniques du système de réservation qui lui est imputable et, si le professionnel a accepté d'organiser la réservation d'un voyage ou séjour, il est responsable des erreurs commises au cours de la procédure de réservation.

Un professionnel n'est pas responsable des erreurs de réservation qui sont imputables au voyageur ou qui sont causées par des circonstances exceptionnelles et inévitables.

Art. L. 211-17-3 *(Créé à compter du 1er juillet 2018, Ord. n° 2017-1717, 20 déc. 2017)*. – La présente section n'est pas applicable :

1° Aux prestations qui n'entrent pas dans le cadre d'un forfait touristique et qui sont relatives soit à des titres de transport aérien, soit à d'autres titres de transport sur ligne régulière ;

2° Aux prestations vendues dans le cadre d'une convention générale conclue pour le voyage d'affaires.

Section IV. – Obligation et conditions d'immatriculation

Art. L. 211-18 *(Rempl. à compter du 1er juillet 2018, Ord. n° 2017-1717, 20 déc. 2017)*. – I. - Les personnes physiques ou morales mentionnées à l'article L. 211-1 sont immatriculées au registre mentionné à l'article L. 141-3.

II. - Afin d'être immatriculées, ces personnes doivent :

1° Justifier, à l'égard des voyageurs, d'une garantie financière suffisante, spécialement affectée au remboursement des fonds reçus au titre des forfaits touristiques, des prestations de voyage liées et de ceux des services mentionnés au 2° du I de l'article L. 211-1 qui ne portent pas uniquement sur un transport, sauf lorsque les forfaits touristiques et services de voyage sont achetés en vertu d'une convention générale conclue pour l'organisation d'un voyage d'affaires. Cette garantie doit résulter de l'engagement d'un organisme de garantie collective, d'un établissement de crédit ou d'une entreprise d'assurance établis sur le territoire d'un État membre de l'Union européenne ou d'un autre État partie à l'accord sur l'Espace économique européen ou d'une société de financement. Si une prestation de transport est incluse, la garantie doit couvrir les frais de rapatriement éventuel vers le lieu de départ ou à un autre lieu décidé d'un commun accord par les parties contractantes. Le remboursement peut être remplacé, avec l'accord du voyageur, par la fourniture d'une prestation différente en remplacement de la prestation prévue. La prestation proposée par l'organisme de garantie financière ne requiert pas l'accord exprès du voyageur, dès lors que sa mise en œuvre n'entraîne qu'une modification mineure du contrat et que le voyageur en est informé de manière claire, compréhensible et apparente sur un support durable ;

2° Justifier d'une assurance garantissant les conséquences pécuniaires de la responsabilité civile professionnelle.

III. - Ne sont pas tenus de satisfaire aux conditions prévues aux I et II les associations et organismes sans but lucratif appartenant à une fédération ou une union déclarée s'en portant garantes à la condition que ces dernières satisfassent aux obligations mentionnées aux I et II.

Art. L. 211-18-1 *(Créé à compter du 1er juillet 2018, Ord. n° 2017-1717, 20 déc. 2017)*. – Les professionnels qui ne sont pas établis dans un État membre de l'Union européenne ou dans un autre État partie à l'accord sur l'Espace économique européen et qui vendent ou offrent à la vente les prestations mentionnées à l'article L. 211-1 ou qui dirigent par tout moyen ces activités vers la France sont tenus de fournir la garantie contre l'insolvabilité conformément à l'article L. 211-18.

Section V. – De la liberté d'établissement

Art. L. 211-19 *(Rempl., L. n° 2009-888, 22 juill. 2009 ; à compter du 1er janvier 2016, Ord. n° 2015-1682, 17 déc. 2015)*. – Pour s'établir en France, tout ressortissant d'un État membre de l'Union européenne ou d'un autre État partie à l'accord sur l'Espace économique européen est soumis aux obligations *et conditions d'immatriculation fixées à la section 4 du présent chapitre.*

Section VI. – De la libre prestation de services

Art. L. 211-20 *(Rempl. à compter du 1er juillet 2018, Ord. n° 2017-1717, 20 déc. 2017)*. – Toute personne physique ou morale légalement établie dans un État membre de l'Union européenne ou dans un autre État partie à l'accord sur l'Espace économique européen, peut exercer en France les activités mentionnées au I de l'article L. 211-1. L'ensemble des règles fixées au présent chapitre sont applicables à l'activité de ces personnes.

Art. L. 211-21 *(Rempl. à compter du 1er juillet 2018, Ord. n° 2017-1717, 20 déc. 2017)*. – Lorsque le prestataire fournit pour la première fois des services en France, il en informe au préalable la commission d'immatriculation mentionnée à l'article L. 141-2 par une déclaration écrite, comprenant notamment les informations relatives à sa garantie financière et son assurance de responsabilité civile professionnelle. La déclaration est enregistrée au registre mentionné à l'article L. 141-3.

Cette déclaration est réitérée en cas de changement dans les éléments de la déclaration et doit être renouvelée tous les trois ans si le prestataire poursuit son activité vers la France.

Art. L. 211-22 *(Abr. à compter du 1er juillet 2018, Ord. n° 2017-1717, 20 déc. 2017).*

Section VII. – Sanctions et mesures conservatoires

Art. L. 211-23 *(L. n° 2009-888, 22 juill. 2009 ; L. n° 2014-1545, 20 déc. 2014 ; à compter du 1er juillet 2016, Ord. n° 2016-301, 14 mars 2016).* – I. - Est puni d'un an d'emprisonnement et de 15 000 € d'amende le fait :

– de se livrer ou d'apporter son concours à l'une des opérations mentionnées aux articles L. 211-1 et L. 211-4 sans respecter ou en ayant cessé de remplir les conditions prévues au présent chapitre ;

– d'exercer les fonctions de représentant légal ou statutaire d'une personne morale qui se livre ou apporte son concours à l'une des opérations mentionnées aux articles L. 211-1 et L. 211-4 lorsque cette personne morale ne respecte pas ou a cessé de remplir les conditions prévues au présent chapitre ;

– pour toute personne physique ou morale immatriculée au registre mentionné au I de l'article L. 211-18, de prêter son concours à la conclusion d'un contrat de jouissance d'immeuble à temps partagé régi par les articles L. 121-60 et suivants du Code de la consommation sans justifier du mandat, de l'assurance et de la garantie financière prévus à l'article L. 211-24 du présent code.

Le tribunal peut, en outre, ordonner la fermeture temporaire ou définitive de l'établissement exploité par les personnes condamnées.

II. - Lorsqu'une personne physique ou morale réalise l'une des opérations mentionnées aux articles L. 211-1 et L. 211-4 sans respecter les conditions prévues au présent chapitre, le représentant de l'État dans le département où l'infraction a été dûment constatée peut ordonner par décision motivée la fermeture à titre provisoire de l'établissement dans lequel ont été réalisées lesdites opérations, après que la personne physique ou le représentant de la personne morale a été mis en mesure de présenter ses observations. Il en avise sans délai le procureur de la République. En cas d'inexécution de la mesure de fermeture, il peut y pourvoir d'office. Toutefois, cette fermeture provisoire cesse de produire effet à l'expiration d'un délai de six mois.

La mesure de fermeture provisoire est levée de plein droit en cas de classement sans suite de l'affaire par le procureur de la République, d'ordonnance de non-lieu rendue par une juridiction d'instruction ou lors du prononcé du jugement rendu en premier ressort par la juridiction saisie.

III Tout manquement à la section 2 du présent chapitre est passible d'une amende administrative dont le montant ne peut excéder 3 000 € pour une personne physique et 15 000 € pour une personne morale. L'amende est prononcée dans les conditions prévues au chapitre II du titre II du livre V du Code de la consommation.

Ces manquements sont recherchés et constatés par les agents mentionnés aux articles L. 511-3 et L. 511-21 du Code de la consommation, dans les conditions prévues à l'article L. 511-7 du même code.

Section VIII. — Contrat de jouissance d'immeuble à temps partagé

Art. L. 211-24 *(L. n° 2009-888, 22 juill. 2009).* – Les personnes physiques ou morales immatriculées sur le registre mentionné au I de l'article L. 211-18 du présent code peuvent conclure tout contrat de jouissance d'immeuble à temps partagé régi par les articles L. 121-60 et suivants du Code de la consommation.

Elles peuvent également prêter concours à la conclusion de tels contrats en vertu d'un mandat écrit.

Pour se livrer à cette dernière activité, elles justifient spécialement, dans les conditions prévues par le présent titre, d'une assurance garantissant les conséquences pécuniaires de leur responsabilité civile professionnelle et d'une garantie financière affectée au remboursement des fonds, effets ou valeurs détenus pour autrui.

Le montant de cette garantie ne peut être inférieur au montant maximal des fonds, effets ou valeurs détenus pour autrui à un moment quelconque, ni à un montant minimal fixé par décret en Conseil d'État.

Les modalités particulières de mise en œuvre et de fonctionnement de cette garantie, le contenu du contrat de mandat et les conditions de la rémunération du mandataire sont définis par décret en Conseil d'État.

Code du travail

PARTIE LÉGISLATIVE

(Ord. n° 2007-329, 12 mars 2007)

TROISIÈME PARTIE. – DURÉE DU TRAVAIL, SALAIRE, INTÉRESSEMENT, PARTICIPATION ET ÉPARGNE SALARIALE

....

LIVRE DEUXIÈME. – SALAIRE ET AVANTAGES DIVERS

....

TITRE V. – PROTECTION DU SALAIRE

....

CHAPITRE II. – SAISIES ET CESSIONS

Art. L. 3252-1. – Les dispositions du présent chapitre sont applicables aux sommes dues à titre de rémunération à toute personne salariée ou travaillant, à quelque titre ou en quelque lieu que ce soit, pour un ou plusieurs employeurs, quels que soient le montant et la nature de sa rémunération, la forme et la nature de son contrat.

Art. L. 3252-2. – Sous réserve des dispositions relatives aux pensions alimentaires prévues à l'article L. 3252-5, les sommes dues à titre de rémunération ne sont saisissables ou cessibles que dans des proportions et selon des seuils de rémunération affectés d'un correctif pour toute personne à charge, déterminés par décret en Conseil d'État.

Ce décret précise les conditions dans lesquelles ces seuils et correctifs sont révisés en fonction de l'évolution des circonstances économiques.

Art. L. 3252-3 *(Mod., L. n° 2008-1249, 1er déc. 2008 ; mod., Ord. n° 2011-1895, 19 déc. 2011 ; à compter du 1er janvier 2016, L. n° 2015-994, 17 août 2015 ; mod., L. fin. n° 2016-1917, 29 déc. 2016).* – Pour la détermination de la fraction insaisissable, il est tenu compte du montant de la rémunération, de ses accessoires ainsi que de la valeur des avantages en nature, après déduction des cotisations et contributions sociales obligatoires et de la retenue à la source prévue à l'article 204 A du Code général des impôts.

Il est en outre tenu compte d'une fraction insaisissable égale au montant forfaitaire mentionné à l'article L. 262-2 du Code de l'action sociale et des familles applicable à un foyer composé d'une seule personne.

Il n'est pas tenu compte des indemnités insaisissables, des sommes allouées à titre de remboursement de frais exposés par le travailleur et des allocations ou indemnités pour charges de famille.

Art. L. 3252-4 *(Mod. à compter du 1er janvier 2013, L. n° 2011-1862, 13 déc. 2011).* – Lorsqu'un débiteur perçoit de plusieurs payeurs des sommes saisissables ou cessibles dans les conditions prévues par le présent chapitre, la fraction saisissable est calculée sur l'ensemble de ces sommes.

Les retenues sont opérées selon les modalités déterminées par décret en Conseil d'État.

Art. L. 3252-5 *(Mod. à compter du 1er janvier 2016, L. n° 2015-1702, 21 déc. 2015).* – Le prélèvement direct du terme mensuel courant et des six derniers mois impayés des pensions alimentaires ou des vingt-quatre derniers mois lorsque l'organisme débiteur des prestations familiales agit pour le compte du créancier peut être poursuivi sur l'intégralité de la rémunération. Il est d'abord imputé sur la fraction insaisissable et, s'il y a lieu, sur la fraction saisissable.

Toutefois, une somme est, dans tous les cas, laissée à la disposition du salarié dans des conditions déterminées par décret en Conseil d'État.

Art. L. 3252-6 *(Rempl. à compter de la date prévue à l'article 43 de la loi n° 2010-1609 du 22 décembre 2010 et au plus tard le 1er septembre 2011, L. n° 2010-1609, 22 déc. 2010).* – Le juge du tribunal d'instance connaît de la saisie des rémunérations dans les conditions prévues à l'article L. 221-8 du Code de l'organisation judiciaire.

Art. L. 3252-7. – Les rémunérations ne peuvent faire l'objet d'une saisie conservatoire.

Art. L. 3252-8 *(Mod. à compter du 1er janvier 2013, L. n° 2011-1862, 13 déc. 2011).* – En cas de pluralité de saisies, les créanciers viennent en concours sous réserve des causes légitimes de préférence.

Toutefois, les créances résiduelles les plus faibles, prises dans l'ordre croissant de leur montant, sans que celles-ci puissent excéder un montant fixé par décret, sont payées prioritairement dans les conditions fixées par ce décret.

Art. L. 3252-9 *(Mod. à compter d'une date fixée par décret, et au plus tard le 1er janvier 2019, L. fin. rect. n° 2017-1775, 28 déc. 2017).* – Le tiers saisi fait connaître :

1° La situation de droit existant entre lui-même et le débiteur saisi ;

2° Les cessions, saisies, saisies administratives à tiers détenteur ou paiement direct de créances d'aliments en cours d'exécution.

Art. L. 3252-10 *(Mod. à compter du 1er janvier 2013, L. n° 2011-1862, 13 déc. 2011).* – Le tiers saisi verse mensuellement les retenues pour lesquelles la saisie est opérée dans les limites des sommes disponibles.

À défaut, le juge, même d'office, le déclare débiteur des retenues qui auraient dû être opérées. Il peut, pour déterminer le montant de ces retenues, s'adresser aux organismes fiscaux et sociaux dans les conditions prévues à l'article 39 de la loi n° 91-650 du 9 juillet 1991 portant réforme des procédures civiles d'exécution pour obtenir les informations relatives au montant de la rémunération perçue par le débiteur ainsi que sur la composition de sa famille.

Le recours du tiers saisi contre le débiteur ne peut être exercé qu'après mainlevée de la saisie.

Art. L. 3252-11. – Les parties peuvent se faire représenter par :

1° Un avocat ;

2° Un officier ministériel du ressort, lequel est dispensé de produire une procuration ;

3° Un mandataire de leur choix muni d'une procuration.

Si ce mandataire représente le créancier saisissant, sa procuration doit être spéciale à l'affaire pour laquelle il représente son mandant.

Art. L. 3252-12. – En cas de saisie portant sur une rémunération sur laquelle une cession a été antérieurement consentie et régulièrement notifiée, le cessionnaire est de droit réputé saisissant pour les sommes qui lui restent dues, tant qu'il est en concours avec d'autres créanciers saisissants.

Art. L. 3252-13. – Le juge peut décider, à la demande du débiteur ou du créancier et en considération de la quotité saisissable de la rémunération, du montant de la créance et du taux des intérêts dus, que la créance cause de la saisie produira intérêt à un taux réduit à compter de l'autorisation de saisie ou que les sommes retenues sur la rémunération s'imputeront d'abord sur le capital.

Les majorations de retard prévues par l'article 3 de la loi n° 75-619 du 11 juillet 1975 relative au taux de l'intérêt légal cessent de s'appliquer aux sommes retenues à compter du jour de leur prélèvement sur la rémunération.

CHAPITRE III. – PRIVILÈGES ET ASSURANCE

Section I. – Dispositions générales

Art. L. 3253-1. – Les créances résultant du contrat de travail sont garanties dans les conditions prévues au 4° de l'article 2331 et au 2° de l'article 2375 du Code civil, relatifs aux privilèges sur les biens mobiliers et immobiliers du débiteur.

En outre, en cas de sauvegarde, de redressement ou de liquidation judiciaire, elles sont garanties, conformément aux articles L. 625-7 et L. 625-8 du Code de commerce, dans les conditions prévues aux articles L. 3253-2 à L. 3253-21.

Section II. – Privilèges et assurance en cas de procédure de sauvegarde, de redressement ou de liquidation judiciaire

Sous-section 1. – Privilèges

Art. L. 3253-2. – Lorsqu'une procédure de sauvegarde, de redressement ou de liquidation judiciaire est ouverte, les rémunérations de toute nature dues aux salariés pour les soixante derniers jours de travail sont, déduction faite des acomptes déjà perçus, payées, nonobstant l'existence de toute autre créance privilégiée, jusqu'à concurrence d'un plafond mensuel identique pour toutes les catégories de bénéficiaires.

Ce plafond est fixé par voie réglementaire sans pouvoir être inférieur à deux fois le plafond retenu pour le calcul des cotisations de sécurité sociale.

Art. L. 3253-3. – Les rémunérations prévues au premier alinéa de l'article L. 3253-2 comprennent :

1° Les salaires, appointements ou commissions proprement dites ;

2° Les accessoires et notamment l'indemnité compensatrice prévue à l'article L. 1226-14, l'indemnité compensatrice de préavis prévue à l'article L. 1234-5, l'indemnité de fin de contrat prévue à l'article L. 1243-8 et l'indemnité de fin de mission prévue à l'article L. 1251-32.

Art. L. 3253-4. – Les indemnités de congés payés sont, nonobstant l'existence de toute créance privilégiée, payées jusqu'à concurrence d'un plafond identique à celui établi pour une période de trente jours de rémunération par l'article L. 3253-1.

....

Section III. – Privilèges spéciaux

....

Art. L. 3253-23 *(Mod. n° 2016-1088, 8 août 2016)*. – Peuvent faire valoir une action directe ou des privilèges spéciaux :

1° Dans les conditions fixées à l'article 1798 du Code civil, les salariés des secteurs du bâtiment et des travaux publics ;

2° Dans les conditions fixées aux 1° et 3° de l'article 2332 du Code civil, les salariés des entreprises agricoles ;

3° Dans les conditions fixées au 9° de l'article 2332 du Code civil, les auxiliaires salariés des travailleurs à domicile ;

4° Les caisses de congé pour le paiement des cotisations qui leur sont dues en application des articles L. 3141-32 et L. 5424-6 et suivants. Ce privilège qui garantit le recouvrement de ces cotisations pendant un an à dater de leur exigibilité porte sur les biens meubles des débiteurs et prend rang immédiatement après celui des salariés établis par le 4° de l'article 2331 du Code civil. Les immeubles des débiteurs sont également grevés d'une hypothèque légale prenant rang à la date de son inscription ;

5° Dans les conditions fixées à l'article 89 du Code du domaine public fluvial et de la navigation intérieure, les salariés employés à la construction, à la réparation, l'armement et à l'équipement du bateau

....

SEPTIÈME PARTIE. – DISPOSITIONS PARTICULIÈRES À CERTAINES PROFESSIONS ET ACTIVITÉS

LIVRE III. – VOYAGEURS, REPRÉSENTANTS OU PLACIERS, GÉRANTS DE SUCCURSALES ET CONJOINTS SALARIÉS DU CHEF D'ENTREPRISE

TITRE PREMIER. – VOYAGEURS, REPRÉSENTANTS ET PLACIERS

CHAPITRE III. – CONTRAT DE TRAVAIL

Section III. – Rémunération et congés

Art. L. 7313-8. – Les dispositions des articles L. 3253-2 et L. 3253-3, relatives aux garanties des rémunérations dans le cadre d'une procédure de sauvegarde, de redressement ou de liquidation judiciaire, s'appliquent aux voyageurs, représentants ou placiers pour les rémunérations de toute nature dues au titre des quatre-vingt-dix derniers jours de travail.

II. – TEXTES NON CODIFIÉS

Ordonnance sur le fait de la justice [dite Ordonnance de Villers-Cotterêts]

Août 1539 (Isambert, t. XII, p. 600)

[...] Sçavoir faisons, à tous présens et advenir, que pour aucunement pourvoir au bien de notre justice, abréviation des proçès, et soulagement de nos sujets, avons, par Édit perpétuel et irrévocable, statué et ordonné, statuons et ordonnons les choses qui s'ensuivent.

....

Art. 110. – **Et afin qu'il n'y ait cause de douter sur l'intelligence desdits arrêts, nous voulons et ordonnons qu'ils soient faits et écrits si clairement, qu'il n'y ait ni puisse avoir aucune ambiguïté ou incertitude ne lieu à demander interprétation.**

Art. 111. – **Et pour ce que telles choses sont souvent advenues sur l'intelligence des mots latins contenus esdits arrests, nous voulons d'oresnavant que tous arrests, ensemble toutes autres procédures, soient de nos cours souveraines et autres subalternes et inférieures, soient de registres, enquestes, contrats, commissions, sentences, testaments, et autres quelconques, actes et exploicts de justice, ou qui en dépendent, soient prononcés, enregistrés et délivrés aux parties en langage maternel françois et non autrement.**

Voir aussi : Const., 4 oct. 1958, art. 2, al. 1er : « La langue de la République est le français ». – L. n° 94-665, 4 août 1994, p. 3188.

Langue française. V. cassant, au visa de l'article 111 de l'ordonnance d'août 1539 des décisions ayant reproduit le texte d'une clause ou autre document en langue étrangère sans en préciser la signification, alors qu'à peine de nullité, tout jugement doit être rédigé en langue française, ▪ Cass. 2e civ., 11 janv. 1989, n° 87-13.860 : *Bull. civ.* II, n° 11 ; *RTD civ.* 1989, p. 619, obs. R. Perrot. ▪ Cass. 1re civ., 25 juin 2009, n° 08-11.226 : *Contrats, conc. consom.* 2009, n° 241, note L. Leveneur.

Édit dit sur l'inaliénabilité du domaine de la couronne [dit Édit de Moulins]

Février 1566 (Isambert, t. XIV, p. 185)

(Codifié en tant qu'il concerne le domaine public fluvial, C. dom. publ. fluv., art. 246). Comme à nostre sacre, nous avons, entr'autres choses, promis et juré garder et observer le domaine, et patrimoine royal de nostre couronne, l'un des principaux nerfs de nostre estat, et retirer les portions et membres d'iceluy, qui ont esté alienez, vray moyen pour soulager notre peuple tant affigé des calamitez et troubles passez. Et parce que les règles et maximes anciennes de l'union et conservation de nostre domaine sont à aucuns assez mal, et aux autres peu connues. Nous avons estimé très nécessaire de les recueillir et réduire par articles, et iceux confirmer par édict général et irrévocable, afin que ci-après n'en puise douter.

[...] disons, statuons et ordonnons ce qui s'ensuit.

Art. 1er. – **Le domaine de nostre couronne ne peut estre aliéné qu'en deux cas seulement, l'un pour apanage des puisnez mâles de la maison de France ; auquel y a retour à nostre couronne par leur deceds sans mâles, en pareil estat et condition qu'était ledit domaine lors de la concession de l'appanage : nonobstant toutes disposition, possession, acte exprès ou taisible fait ou intervenu pendant l'appanage : l'autre pour l'aliénation**

à deniers comptans pour la nécessité de la guerre, après lettres patentes pour ce décernées et publiées en nos parlemens, auquel cas y a faculté de rachat perpétuel.

Loi du 6 fructidor an II

portant qu'aucun citoyen ne pourra porter de nom ni de prénom autres que ceux exprimés dans son acte de naissance

Art. 1er. – Aucun citoyen ne pourra porter de nom ni de prénom autres que ceux exprimés dans son acte de naissance : ceux qui les auraient quittés seront tenus de les reprendre.

Art. 2. – Il est également défendu d'ajouter aucun surnom à son nom propre, à moins qu'il n'ait servi jusqu'ici à distinguer les membres d'une même famille, sans rappeler des qualifications féodales ou nobiliaires.

....

Art. 4. – Il est expressément défendu à tous fonctionnaires publics de désigner les citoyens dans les actes autrement que par le nom de famille, les prénoms portés en l'acte de naissance, ou les surnoms maintenus par l'article 2, ni d'en exprimer d'autres dans les expéditions et extraits qu'ils délivreront à l'avenir.

Loi du 25 ventôse an XI

contenant organisation du notariat

TITRE PREMIER. – DES NOTAIRES ET DES ACTES NOTARIÉS

Section I. – Des fonctions, ressort et devoirs des notaires

Art. 1er *(Abr., Ord. n° 45-2590, 2 nov. 1945).*

Art. 2 *(Rempl. à compter du premier jour du douzième mois suivant celui de la promulgation de la loi n° 2015-990, 6 août 2015, soit le 1er août 2016, L. n° 2015-990, 6 août 2015).* – Les notaires cessent leurs fonctions lorsqu'ils atteignent l'âge de soixante-dix ans. Sur autorisation du ministre de la Justice, ils peuvent continuer d'exercer leurs fonctions jusqu'au jour où leur successeur prête serment, pour une durée qui ne peut excéder douze mois.

Art. 3. – Ils sont tenus de prêter leur ministère lorsqu'ils en sont requis.

Art. 4 *(Rempl. à compter du premier jour du sixième mois suivant celui de la promulgation de la loi n° 2015-990, 6 août 2015, soit le 1er février 2016, L. n° 2015-990, 6 août 2015).* – Toute personne remplissant les conditions de nationalité, d'aptitude, d'honorabilité, d'expérience et d'assurance est nommée par le ministre de la Justice en qualité de notaire dans les zones où l'implantation d'offices de notaire apparaît utile pour renforcer la proximité ou l'offre de services.

La nomination peut toutefois être refusée dans les cas prévus au III de l'article 52 de la loi n° 2015-990 du 6 août 2015 pour la croissance, l'activité et l'égalité des chances économiques.

Un appel à manifestation d'intérêt est organisé dans les zones identifiées en application du II du même article 52.

Un décret en Conseil d'État fixe les modalités d'application du présent article.

Art. 5 *(Abr., D. n° 71-942, 26 nov. 1971 ; rétabli dans la version suivante, L. n° 2011-331, 28 mars 2011).* – À la demande de l'intéressé, les agents diplomatiques et consulaires peuvent faire appel à un notaire pour l'exercice de leurs pouvoirs notariaux. Un décret en Conseil d'État précise les modalités de rémunération du notaire par l'intéressé.

Art. 6 *(Abr., D. n° 71-942, 26 nov. 1971 ; rétabli dans la version suivante, L. n° 2011-331, 28 mars 2011).* – Les notaires contribuent à la diffusion des informations relatives aux mutations d'immeubles à titre onéreux. Ils transmettent au conseil supérieur du notariat les données nécessaires à l'exercice de cette mission de service public dans des conditions précisées par décret en Conseil d'État.

Art. 7 *(Mod., L. n° 2011-94, 25 janv. 2011).* – Les fonctions de notaires sont incompatibles avec celles de juges, commissaires du Gouvernement près les tribunaux, leurs substituts, greffiers, huissiers, préposés à la recette des contributions directes et indirectes, juges, greffiers et huissiers des tribunaux d'instance, commissaires de police et commissaires aux ventes.

Section II. – Des actes, de leur forme, des minutes, grosses, expéditions et répertoires

Art. 8 *(Abr., D. n° 71-941, 26 nov. 1971).*

Art. 9 *(L. 12 août 1902 ; mod., L. n° 66-1012, 28 déc. 1966 ; D. n° 71-941, 26 nov. 1971).* – Les actes notariés pourront être reçus par un seul notaire, sauf les exceptions ci-après :

1° Les testaments resteront soumis aux règles spéciales du Code civil ;

2° Les actes contenant révocation de testament et les procurations données pour révocation de testament seront, à peine de nullité, reçus par deux notaires ou par un notaire assisté de deux témoins.

La présence du second notaire ou des deux témoins n'est requise qu'au moment de la lecture de l'acte par le notaire et de la signature des parties ou de leur déclaration de ne savoir ou de ne pouvoir signer, et la mention en sera faite dans l'acte, à peine de nullité ;

3° Les actes dans lesquels les parties ou l'une d'elles ne sauront ou ne pourront signer seront soumis à la signature d'un second notaire ou de deux témoins.

Art. 10 *(Abr., L. n° 2015-990, 6 août 2015).*

Art. 11 *(L. n° 2006-728, 23 juin 2006).* – Le second notaire requis par l'article 930 du Code civil est désigné par le président de la chambre des notaires.

Art. 12 à 18 *(Abr., D. n° 71-941, 26 nov. 1971).*

Art. 19. – Tous actes notariés feront foi en justice et seront exécutoires dans toute l'étendue de la République.

Néanmoins, en cas de plainte en faux principal, l'exécution de l'acte argué de faux sera suspendue par la déclaration du jury d'accusation, prononçant qu'il y a lieu à accusation ; en cas d'inscription de faux faite incidemment, les tribunaux pourront, suivant la gravité des circonstances, suspendre provisoirement l'exécution de l'acte.

Art. 20 à 22 *(Abr., D. n° 71-941, 26 nov. 1971).*

Art. 23 *(L. n° 73-546, 25 juin 1973).* – Les notaires ne pourront également, sans l'ordonnance du président du tribunal de grande instance, délivrer expédition ni donner connaissance des actes à d'autres qu'aux personnes intéressées en nom direct, héritiers ou ayants droit, à peine de dommages-intérêts, d'une amende de 100 F (15 €), et d'être, en cas de récidive, suspendus de leurs fonctions pendant trois mois, sauf néanmoins l'exécution des lois et règlements sur le droit d'enregistrement et de ceux relatifs aux actes soumis à une publication.

Art. 24 à 30 *(Abr., D. n° 71-941, 26 nov. 1971).*

Loi du 14 juillet 1819

relative à l'abolition du droit d'aubaine et de détraction

(Bull. lois, 7e S., B. 294, n° 6986)

Art. 1er. – Les articles 726 et 912 du Code civil sont abrogés : en conséquence, les étrangers auront le droit de succéder, de disposer et de recevoir de la même manière que les Français dans toute l'étendue du royaume.

Art. 2 *(Abr., Cons. const. n° 2011-159 QPC, 5 août 2011 : JO 6 août 2011).*

Loi du 15 novembre 1887
sur la liberté des funérailles
(Bull. lois, 12e S., B. 1125, n° 18486)

Art. 1er et 2 *(Abr. et codifiés, L. n° 96-142, 21 févr. 1996).* – V. désormais CGCT, art. L. 2213-12 et L. 2213-13.

Art. 3. – Tout majeur ou mineur émancipé, en état de tester, peut régler les conditions de ses funérailles, notamment en ce qui concerne le caractère civil ou religieux à leur donner et le mode de sa sépulture.

Il peut charger une ou plusieurs personnes de veiller à l'exécution de ses dispositions.

Sa volonté, exprimée dans un testament ou dans une déclaration faite en forme testamentaire, soit par-devant notaire, soit sous signature privée, a la même force qu'une disposition testamentaire relative aux biens, elle est soumise aux mêmes règles quant aux conditions de la révocation.

Bibliographie : J. Julien, *La dernière demeure : Dr. famille* 2004, chron. 21. • H. Popu et J.-Ph. Tricoit, *Le partage des cendres : Defrénois* 2004, 1285.

1) **Absence de testament. Respect des volontés du défunt.** L'article 3 de la loi du 15 novembre 1887 implique que, même en l'absence de testament, les volontés exprimées par le défunt quant à ses funérailles et sa sépulture soient respectées (▪ Cass. 1re civ., 9 nov. 1982 : *JCP* 83, IV, 33 ; *Bull. civ.* I, n° 326, p. 279. – V. aussi ▪ Paris, réf., 6 déc. 1997 : *Dr. famille* 1998, 93, 1er arrêt, note Beignier. ▪ Montpellier, 9 juill. 1997 : *Dr. famille* 1998, 176, 2e arrêt, note Beignier. ▪ Paris, 3 juin 2005 : *Dr. famille* 2005, 193, 1re esp., note Beignier ; *D.* 2005, 2431, note Brémond. ▪ Cass. 1re civ., 15 juin 2005 : *Dr. famille* 2005, 193, 2e esp., note Beignier. Voir cependant, écartant la demande tendant à l'incinération au motif que le corps a été inhumé, ▪ Cass. 1re civ., 11 févr. 2003 : *Dr. famille* 2004, 130, 1re esp., note Beignier). Le conjoint n'est présumé être l'interprète de la volonté du défunt que s'il n'y a pas de mésintelligence entre les époux (▪ Paris, 16 sept. 1993 : *RTD civ.* 1994, 76, obs. Hauser. ▪ Nancy, 23 juill. 1998 : *Dr. famille* 1999, 32, note Beignier. ▪ Montpellier, 7 janv. 2003 : *Dr. famille* 2004, 130, 4e esp., note Beignier. V. aussi, *infra*, sur la concubine).

À défaut de toute expression de volonté démontrée du défunt quant à l'organisation de ses obsèques, il convient de rechercher et désigner la personne la mieux qualifiée pour les organiser, et ceci relève de l'appréciation souveraine du juge du fond (▪ Cass. 1re civ., 30 avr. 2014, n° 13-18.951 : *RJPF* 2014-7/41, note Cheynet de Beaupré : ici, mère du défunt préférée à la veuve).

2) **Lieu de sépulture.** Lorsque le lieu de sépulture a été décidé avec l'accord de tous les intéressés, il ne doit pas être changé sans une nécessité *absolue, le respect de la paix des morts ne devant* pas être troublé par les divisions des vivants (▪ Cass. 1re civ., 8 juill. 1986 : *Bull. civ.* I, n° 205, p.197. – V. aussi ▪ Agen, 20 janv. 1999 : *Dr. famille* 1999, 55, note Beignier. ▪ Grenoble, 20 juin 2000 : *JurisData* n° 2000-115783 ; *Dr. famille* 2001, 9, 8e arrêt, note Beignier ; *JCP* 2001, IV, 1472. – Voir cependant, admettant le changement à titre exceptionnel, ▪ Agen, 20 janv. 1999 : *Dr. famille* 2001, 114, 5e arrêt, note Beignier ; *JurisData* n° 1999-040166). Lorsque l'enterrement a déjà été célébré, le principe général du respect d'une sépulture impose à ceux qui sollicitent l'exhumation de rapporter la preuve de ce que la volonté du défunt n'aurait pas été respectée et qu'ils sont les mieux à même d'exprimer cette volonté (▪ Toulouse, 26 juin 2000 : *JurisData* n° 2000-120795 ; *JCP* 2001, IV, 1133). Le transfert des cendres suppose le consentement unanime des héritiers (▪ Bordeaux, 14 janv. 2003 : *Dr. famille* 2004, 130, 2e esp., note Beignier).

3) **Réduction des corps.** En matière de réduction des corps, et en cas de désaccord entre les membres de la famille, le juge doit rechercher la volonté du fondateur de la sépulture et des personnes inhumées. En cas d'impossibilité, il doit déterminer ceux qui sont les plus à même de la représenter (▪ Toulouse, 11 mars 1996 : *JCP* 97, IV, 729).

4) **Révocation.** La révocation par la défunte de sa volonté exprimée quant aux modalités de ses obsèques ne peut résulter que de son intention, clairement manifestée, de la rétracter (▪ Cass. 1re civ., 11 mars 1997 : *JCP* 97, IV, 986 ; *Bull.* I, n° 93, p. 60).

5) **Partage des cendres du défunt.** Le défunt, qui avait fondé deux familles et était le père d'enfants nés de deux unions, avait formulé à la fois la volonté de retrouver ses racines aveyronnaises et le désir de demeurer proche des membres de son dernier foyer ; afin de respecter sa volonté, il convient d'ordonner que ses cendres seront partagées (▪ Paris, réf., 27 mars 1998 : *JCP* 98, II, 10113, note Garé ; *D.* 1998, 383, note Malaurie ; *Dr. famille* 1998, 93, 2e arrêt, note Beignier ; *RTD civ.* 1998, 655, obs. Hauser). Mais jugé que compte tenu de la rédaction de l'article R. 361-45 du Code des com-

munes, il n'y a pas lieu à partage des cendres du défunt (■ Douai, 7 juill. 1998 : *JCP* 98, II, 10173, note Labbée ; *Dr. famille* 1998, 176, 1er arrêt, note Beignier. Comp. ■ Agen, 20 janv. 1999 : *JCP* 99, II, 10159, note Garé, remise de l'urne funéraire à la concubine du défunt. ■ TGI Lille, 25 janv. 2001 : *D.* 2001, 2545, note Labbée, remise de l'urne à la mère divorcée malgré l'opposition du père. ■ Montpellier, 23 nov. 2001 : *Dr. famille* 2003, 93, note Beignier, refus de remettre à la mère une partie des cendres de son enfant en vue de la création d'une seconde sépulture).

6) **Concubinage.** Un concubinage stable donne à une concubine qualité suffisante pour, en connaissance de la volonté du *de cujus*, organiser ses obsèques (■ Douai, 7 juill. 1998, préc. ■ Versailles, 26 mars 1999 : *JurisData* n° 128044 ; *Dr. famille* 2001, 9, 2e arrêt, note Beignier. – V. aussi, préférant la concubine à la fille, ■ Reims, 1er févr. 2001 : *JCP* 2001, IV, 2176 ; *Dr. famille* 2001, 114, 3e arrêt, note Beignier ; *JurisData* n° 138990). Mais la concubine n'a pas un droit absolu à déterminer le lieu de sépulture de son compagnon (■ Bordeaux, 30 sept. 1999 : *JurisData* n° 1999-044742 ; *Dr. famille* 2001, 9, 7e arrêt, note Beignier).

Loi du 31 mars 1896

relative à la vente des objets abandonnés ou laissés en gage par les voyageurs aux aubergistes ou hôteliers

(Bull. lois, 12e S., B. 1772, n° 30954)

Art. 1er. – **Les effets mobiliers apportés par le voyageur ayant logé chez un aubergiste, hôtelier ou logeur, et par lui laissés en gage pour sûreté de sa dette, ou abandonnés au moment de son départ, peuvent être vendus dans les conditions et formes déterminées par les articles suivants.**

Art. 2 *(Mod. à compter du 1er janvier 2013, L. n° 2011-1862, 13 déc. 2011).* – **Le dépositaire peut présenter au juge du tribunal d'instance ou au président du tribunal de grande instance, selon la valeur des effets mobiliers laissés en gage ou abandonnés, une requête qui énonce les faits, désigne les objets et en donne une évaluation approximative. La demande est portée devant la juridiction dans le ressort de laquelle sont situés les biens.**

L'ordonnance du juge, mise au bas de la requête, fixera le jour, l'heure, le lieu de la vente, qui ne pourra être faite que six mois après le départ constaté du voyageur.

Cette ordonnance fixera en outre la mise à prix des objets à vendre, commettra l'officier public qui devra y procéder et contiendra, s'il y a lieu, l'évaluation de la créance du requérant.

L'officier public chargé de la vente fera ouvrir en présence du dépositaire, les malles, paquets ou autres sous fermeture quelconque et dressera de son opération procès-verbal, qui sera communiqué au juge.

En cas d'extrême urgence, le juge pourra autoriser la vente avant l'expiration du délai de six mois, et devra justifier, dans son ordonnance, des motifs de l'abréviation de ce délai.

Art. 3. – **La vente sera annoncée huit jours à l'avance par affiches apposées dans les lieux indiqués par le juge, qui pourra même autoriser la vente après une ou plusieurs annonces à son de trompe.**

La publicité donnée à la vente sera constatée par une mention insérée au procès-verbal de vente.

Art. 4. – **L'officier public commis par le juge préviendra huit jours à l'avance, par lettre recommandée, le voyageur des lieu, jour et heure de la vente, dans le cas où son domicile sera connu.**

La vente aura lieu aux enchères et il y sera procédé tant en l'absence qu'en présence du déposant.

Art. 5. – ***Le propriétaire pourra*** **s'opposer à la vente par exploit signifié au dépositaire. Cette opposition emportera de plein droit citation à comparaître à la première audience utile** *(Mots rempl. à compter du 1er janvier 2013, L. n° 2011-1862, 13 déc. 2011)* **« de la juridiction » qui a autorisé la vente, nonobstant toute indication d'une audience ultérieure. Le juge devra statuer dans le plus bref délai.**

Art. 6. – **Sur le produit de la vente, et après le prélèvement des frais, l'officier public payera la créance du dépositaire. Le surplus sera versé à la Caisse des dépôts et consignations, au nom du propriétaire, par l'officier public, qui ne dressera aucun procès-verbal du dépôt. Il en retirera récépissé ; ce récépissé lui vaudra décharge.**

Si le produit de la vente est insuffisant pour couvrir les frais, le surplus sera payé par le dépositaire, sauf recours contre le déposant.

Le montant de la consignation en principal et intérêts sera acquis de plein droit au Trésor public, deux ans après le dépôt, s'il n'y a eu, dans l'intervalle, réclamation de la part du propriétaire, de ses représentants ou de ses créanciers.

Art. 7. – Les articles 624 et 625 du Code de procédure civile *(abr.)* sont applicables aux ventes prévues par la présente loi.

Ces ventes seront faites conformément aux lois et règlements qui déterminent les attributions des officiers publics qui en seront chargés.

Loi du 24 décembre 1897

relative au recouvrement des frais dus aux notaires, avoués et huissiers (1)

Art. 1er *(Mod., L. n° 2008-561, 17 juin 2008 ; L. n° 2009-526, 12 mai 2009 ; L. n° 2011-94, 25 janv. 2011)*. – Le droit des notaires au paiement des sommes à eux dues pour les actes de leur ministère se prescrit pour cinq ans à partir de la date des actes. Pour les actes dont l'effet est subordonné au décès, tels que les testaments et les donations entre époux pendant le mariage, les cinq ans ne courront que du jour du décès de l'auteur de la disposition.

La prescription a lieu, quoiqu'il y ait eu continuation d'actes de leur ministère de la part des notaires, et huissiers. Elle ne cesse de courir que lorsqu'il y a eu compte arrêté, reconnaissance, obligation ou signification de la taxe en conformité de l'article 4 ci-après.

Art. 2 *(Mod., L. n° 2008-561, 17 juin 2008 ; L. n° 2011-94, 25 janv. 2011)*. – Les demandes en taxe et les actions en restitution de frais dus aux notaires, et huissiers, pour les actes de leur ministère, se prescrivent par cinq ans du jour du paiement ou du règlement par compte arrêté, reconnaissance ou obligation.

Art. 3 *(Abr., D. n° 76-1237, 28 déc. 1976)*.

Art. 4 *(Mod., D. n° 75-1122, 5 déc. 1975 ; L. n° 2011-94, 25 janv. 2011)*. – La signification de l'ordonnance de taxe, à la requête des notaires, et huissiers, interrompt la prescription et fait courir les intérêts.

L'ordonnance de taxe vaut titre exécutoire ; elle emporte hypothèque judiciaire ; mais elle ne pourra être exécutée et l'inscription ne pourra être prise valablement qu'après l'expiration du délai d'opposition.

Art. 5 *(Abr., L. n° 2011-94, 25 janv. 2011)*.

Loi du 1er juillet 1901

relative au contrat d'association

(JO 2 juill.)

Voir : *JCl. Civil, Annexes, V° Association.*

TITRE PREMIER

Art. 1er. – L'association est la convention par laquelle deux ou plusieurs personnes mettent en commun, d'une façon permanente, leurs connaissances ou leur activité dans un but autre que de partager des bénéfices. Elle est régie, quant à sa validité, par les principes généraux du droit applicables aux contrats et obligations.

Art. 2. – Les associations de personnes pourront se former librement sans autorisation ni déclaration préalable, mais elles ne jouiront de la capacité juridique que si elles se sont conformées aux dispositions de l'article 5.

Art. 2 bis *(L. n° 2011-893, 28 juill. 2011 ; rempl., L. n° 2017-86, 27 janv. 2017)*. – Tout mineur peut librement devenir membre d'une association dans les conditions définies par la présente loi.

(1) Abrogée en tant qu'elle concerne les avoués près les tribunaux de grande instance (L. n° 71-1130, 31 déc. 1971).

Tout mineur âgé de moins de seize ans, sous réserve d'un accord écrit préalable de son représentant légal, peut participer à la constitution d'une association et être chargé de son administration dans les conditions prévues à l'article 1990 du Code civil. Il peut également accomplir, sous réserve d'un accord écrit préalable de son représentant légal, tous les actes utiles à l'administration de l'association, à l'exception des actes de disposition.

Tout mineur âgé de seize ans révolus peut librement participer à la constitution d'une association et être chargé de son administration dans les conditions prévues à l'article 1990 du Code civil. Les représentants légaux du mineur en sont informés sans délai par l'association, dans des conditions fixées par décret. Sauf opposition expresse du représentant légal, le mineur peut accomplir seul tous les actes utiles à l'administration de l'association, à l'exception des actes de disposition.

Art. 3. – Toute association fondée sur une cause ou en vue d'un objet illicite, contraire aux lois, aux bonnes mœurs, ou qui aurait pour but de porter atteinte à l'intégrité du territoire national et à la forme républicaine du Gouvernement, est nulle et de nul effet.

Art. 4 *(Mod., L. n° 2012-387, 22 mars 2012)*. – Tout membre d'une association peut s'en retirer en tout temps, après payement des cotisations échues et de l'année courante, nonobstant toute clause contraire.

Art. 5 *(Mod., Ord. n° 2015-904, 23 juill. 2015)*. – Toute association qui voudra obtenir la capacité juridique prévue par l'article 6 devra être rendue publique par les soins de ses fondateurs.

La déclaration préalable en sera faite au représentant de l'État dans le département où l'association aura son siège social. Elle fera connaître le titre et l'objet de l'association, le siège de ses établissements et les noms, professions, domiciles et nationalités de ceux qui, à un titre quelconque, sont chargés de son administration. Un exemplaire des statuts est joint à la déclaration. Il sera donné récépissé de celle-ci dans le délai de cinq jours.

Lorsque l'association aura son siège social à l'étranger, la déclaration préalable prévue à l'alinéa précédent sera faite au représentant de l'État dans le département où est situé le siège de son principal établissement.

L'association n'est rendue publique que par une insertion au *Journal officiel*, sur production de ce récépissé.

Les associations sont tenues de faire connaître, dans les trois mois, tous les changements survenus dans leur administration, ainsi que toutes les modifications apportées à leurs statuts.

Ces modifications et changements ne sont opposables aux tiers qu'à partir du jour où ils auront été déclarés.

Art. 6 *(L. n° 48-1001, 23 juin 1948 ; L. n° 87-571, 23 juill. 1987 ; Ord. n° 2000-916, 19 sept. 2000 ; Ord. n° 2005-856, 28 juill. 2005 ; L. n° 2012-387, 22 mars 2012 ; L. n° 2014-856, 31 juill. 2014)*. – Toute association régulièrement déclarée peut, sans aucune autorisation spéciale, ester en justice, recevoir des dons manuels aussi ainsi que des dons des établissements d'utilité publique, acquérir à titre onéreux, posséder et administrer, en dehors des subventions de l'État, des régions, des départements, des communes et de leurs établissements publics :

1° Les cotisations de ses membres ;

2° Le local destiné à l'administration de l'association et à la réunion de ses membres ;

3° Les immeubles strictement nécessaires à l'accomplissement du but qu'elle se propose.

Les associations déclarées depuis trois ans au moins et dont l'ensemble des activités est mentionné au *b* du 1 de l'article 200 du Code général des impôts peuvent en outre :

a) Accepter les libéralités entre vifs ou testamentaires, dans les conditions fixées à l'article 910 du Code civil ;

b) Posséder et administrer tous immeubles acquis à titre gratuit.

Les cinquième à septième alinéas du présent article s'appliquent sans condition d'ancienneté aux associations ayant pour but exclusif l'assistance, la bienfaisance ou la recherche scientifique ou médicale déclarées avant la date de promulgation de la loi n° 2014-856 du 31 juillet 2014 relative à l'économie sociale et solidaire et qui avaient, à cette même date, accepté une libéralité ou obtenu une réponse favorable à une demande faite sur le fondement du V de l'article 111 de la loi n° 2009-526 du 12 mai 2009 de simplification et de clarification du droit et d'allégement des procédures.

Art. 7 *(D.-L. 21 oct. 1935 ; L. n° 71-604, 20 juill. 1971 ; mod., L. n° 2012-387, 22 mars 2012)*. – En cas de nullité prévue par l'article 3, la dissolution de l'association est prononcée par le tribunal de grande instance, soit à la requête de tout intéressé, soit à la diligence du ministère public. Celui-ci peut assigner à jour fixe et le tribunal, sous les sanctions prévues à l'article 8, ordonner par provision et nonobstant toute voie de recours, la fermeture des locaux et l'interdiction de toute réunion des membres de l'association.

Art. 8 *(Mod., L. n° 2001-504, 12 juin 2001)*. – Seront punis des peines d'amende prévues pour les contraventions de la cinquième classe ceux qui auront contrevenu aux dispositions de l'article 5.

Seront punis de trois ans d'emprisonnement et de 45 000 € d'amende, les fondateurs, directeurs ou administrateurs de l'association qui se serait maintenue ou reconstituée illégalement après le jugement de dissolution.

Seront punies de la même peine toutes les personnes qui auront favorisé la réunion des membres de l'association dissoute, en consentant l'usage d'un local dont elles disposent.

Art. 9. – En cas de dissolution volontaire, statutaire ou prononcée par justice, les biens de l'association seront dévolus conformément aux statuts ou, à défaut de disposition statutaire, suivant les règles déterminées en assemblée générale.

Art. 9 *bis* *(L. n° 2014-856, 31 juill. 2014)*. – I. – La fusion de plusieurs associations est décidée par des délibérations concordantes adoptées dans les conditions requises par leurs statuts pour leur dissolution. Lorsque la fusion est réalisée par voie de création d'une nouvelle association, le projet de statuts de la nouvelle association est approuvé par délibérations concordantes de chacune des associations qui disparaissent et il n'y a pas lieu à approbation de l'opération par la nouvelle association.

La scission d'une association est décidée dans les conditions requises par ses statuts pour sa dissolution. Lorsque la scission est réalisée par apport à une nouvelle association, le projet de statuts de la nouvelle association est approuvé par délibération de l'association scindée et il n'y a pas lieu à approbation de l'opération par la nouvelle association.

L'apport partiel d'actif entre associations est décidé par des délibérations concordantes adoptées dans les conditions requises par leurs statuts.

Les associations qui participent à l'une des opérations mentionnées aux trois premiers alinéas établissent un projet de fusion, de scission ou d'apport partiel d'actif, qui fait l'objet d'une publication sur un support habilité à recevoir des annonces légales, dans des conditions et délais fixés par voie réglementaire.

Lorsque la valeur totale de l'ensemble des apports est d'un montant au moins égal à un seuil fixé par voie réglementaire, les délibérations prévues aux trois premiers alinéas sont précédées de l'examen d'un rapport établi par un commissaire à la fusion, à la scission ou aux apports, désigné d'un commun accord par les associations qui procèdent à l'apport. Le rapport se prononce sur les méthodes d'évaluation et sur la valeur de l'actif et du passif des associations concernées et expose les conditions financières de l'opération. Pour l'exercice de sa mission, le commissaire peut obtenir, auprès de chacune des associations, communication de tous documents utiles et procéder aux vérifications nécessaires.

II. – La fusion ou la scission entraîne la dissolution sans liquidation des associations qui disparaissent et la transmission universelle de leur patrimoine aux associations bénéficiaires, dans l'état où il se trouve à la date de réalisation définitive de l'opération. L'apport partiel d'actif n'entraîne pas la dissolution de l'association qui apporte une partie de son actif.

Les membres des associations qui disparaissent acquièrent la qualité de membres de l'association résultant de la fusion ou de la scission.

Les articles L. 236-14, L. 236-20 et L. 236-21 du Code de commerce sont applicables aux fusions ou aux scissions d'associations.

III. – Sauf stipulation contraire du traité d'apport, la fusion, la scission ou l'apport partiel d'actif prend effet :

1° En cas de création d'une ou de plusieurs associations nouvelles, à la date de publication au *Journal officiel* de la déclaration de la nouvelle association ou de la dernière d'entre elles ;

2° Lorsque l'opération entraîne une modification statutaire soumise à une approbation administrative, à la date d'entrée en vigueur de celle-ci ;

3° Dans les autres cas, à la date de la dernière délibération ayant approuvé l'opération.

IV. – Lorsqu'une association bénéficiant d'une autorisation administrative, d'un agrément, d'un conventionnement ou d'une habilitation participe à une fusion, à une scission ou à un apport partiel d'actif et qu'elle souhaite savoir si l'association résultant de la fusion ou de la scission ou bénéficiaire de l'apport bénéficiera de l'autorisation, de l'agrément, du conventionnement ou de l'habilitation pour la durée restant à courir, elle peut interroger l'autorité administrative, qui se prononce sur sa demande :

1° Si elles existent, selon les règles prévues pour autoriser la cession de l'autorisation, de l'agrément, du conventionnement ou de l'habilitation ;

2° Dans les autres cas, dans les conditions et délais prévus pour accorder l'autorisation, l'agrément, le conventionnement ou l'habilitation.

Le présent IV n'est pas applicable à la reconnaissance d'utilité publique.

V. – Un décret en Conseil d'État fixe les modalités d'application du présent article.

TITRE II

Art. 10 *(L. n° 87-571, 23 juill. 1987).* – Les associations peuvent être reconnues d'utilité publique par décret en Conseil d'État à l'issue d'une période probatoire de fonctionnement d'une durée au moins égale à trois ans.

La reconnaissance d'utilité publique peut être retirée dans les mêmes formes.

La période probatoire de fonctionnement n'est toutefois pas exigée si les ressources prévisibles sur un délai de trois ans de l'association demandant cette reconnaissance sont de nature à assurer son équilibre financier.

Art. 11 *(Rempl., L. n° 2014-856, 31 juill. 2014).* – Les associations reconnues d'utilité publique peuvent faire tous les actes de la vie civile qui ne sont pas interdits par leurs statuts.

Les actifs éligibles aux placements des fonds de ces associations sont ceux autorisés par le Code de la sécurité sociale pour la représentation des engagements réglementés des institutions et unions exerçant une activité d'assurance.

Les associations reconnues d'utilité publique peuvent accepter les libéralités entre vifs et testamentaires, dans les conditions fixées à l'article 910 du Code civil.

Art. 12 *(Abr., D. 12 avr. 1939 ; rétabli, L. n° 2014-856, 31 juill. 2014).* – La dissolution sans liquidation de l'association reconnue d'utilité publique qui disparaît du fait d'une fusion ou d'une scission est approuvée par décret en Conseil d'État. Ce même décret abroge le décret de reconnaissance d'utilité publique de l'association absorbée.

TITRE III

Art. 13 *(L. n° 42-505, 8 avr. 1942).* – Toute congrégation religieuse peut obtenir la reconnaissance légale par décret rendu sur avis conforme du Conseil d'État ; les dispositions relatives aux congrégations antérieurement autorisées leur sont applicables.

La reconnaissance légale pourra être accordée à tout nouvel établissement congréganiste en vertu d'un décret en Conseil d'État.

La dissolution de la congrégation ou la suppression de tout établissement ne peut être prononcée que par décret sur avis conforme du Conseil d'État.

Art. 14 *(Abr., L. 3 sept. 1940).*

Art. 15. – Toute congrégation religieuse tient un état de ses recettes et dépenses ; elle dresse chaque année le compte financier de l'année écoulée et l'état inventorié de ses biens, meubles et immeubles.

La liste complète de ses membres, mentionnant leur nom patronymique, ainsi que le nom sous lequel ils sont désignés dans la congrégation, leur nationalité, âge et lieu de naissance, la date de leur entrée, doit se trouver au siège de la congrégation.

Celle-ci est tenue de représenter sans déplacement, sur toute réquisition du préfet, à lui-même ou à son délégué, les comptes, états et listes ci-dessus indiqués.

Seront punis des peines portées au paragraphe 2 de l'article 8 les représentants ou directeurs d'une congrégation qui auront fait des communications mensongères ou refusé d'obtempérer aux réquisitions du préfet dans les cas prévus par le présent article.

Art. 16 *(Abr., L. n° 42-505, 8 avr. 1942).*

Art. 17 *(Mod., L. 8 avr. 1942)*. – Sont nuls tous actes entre vifs ou testamentaires, à titre onéreux ou gratuit, accomplis soit directement, soit par personne interposée, ou toute autre voie indirecte, ayant pour objet de permettre aux associations légalement ou illégalement formées de se soustraire aux dispositions des articles 2, 6, 9, 11, 13, 14 et 16.

La nullité pourra être prononcée soit à la diligence du ministère public, soit à la requête de tout intéressé.

....

Art. 21 *bis* *(Mod. L. n° 2014-856, 31 juill. 2014 ; Ord. n° 2015-904, 23 juill. 2015)*. – I. - La présente loi est applicable dans les collectivités d'outre-mer régies par l'article 74 de la Constitution et en Nouvelle-Calédonie, à l'exception de son article 18 et sous réserve des dispositions suivantes :

II. - Pour l'application de la présente loi à Saint-Barthélemy, à Saint-Martin et à Saint-Pierre-et-Miquelon :

1° À l'article 5, la référence au représentant de l'État dans le département est remplacée par la référence au représentant de l'État dans la collectivité territoriale ;

2° À l'article 6, les mots : « des régions, des départements » sont remplacés par les mots : « de la collectivité » ;

3° À l'article 15, la référence au préfet est remplacée par la référence au représentant de l'État.

III. - Pour l'application de la présente loi dans les îles Wallis-et-Futuna :

1° Aux articles 5 et 15, les références au représentant de l'État dans le département et au préfet sont remplacées par la référence à l'administrateur supérieur des îles Wallis-et-Futuna ;

2° À l'article 6 :

a) Les mots : « des régions, des départements, des communes » sont remplacés par les mots : « des îles Wallis-et-Futuna, des circonscriptions territoriales » ;

b) Après les mots : « 16 euros » sont insérés les mots : « ou à un montant équivalent en monnaie locale » ;

3° À l'article 7, la référence au tribunal de grande instance est remplacée par la référence au tribunal de première instance ;

4° À l'article 8, après les mots : « 45 000 euros » sont insérés les mots : « ou d'un montant équivalent en monnaie locale » ;

5° À l'article 11, les mots : « en titres pour lesquels est établi le bordereau de références nominatives prévu à l'article 55 de la loi n° 87-416 du 17 juin 1987 sur l'épargne » sont supprimés.

IV. - Pour l'application de la présente loi en Polynésie française :

1° Aux articles 5 et 15, les références au représentant de l'État dans le département et au préfet sont remplacées par la référence au haut-commissaire de la République en Polynésie française ;

2° À l'article 6 :

a) Les mots : « des régions, des départements » sont remplacés par les mots : « de la Polynésie française » ;

b) Après les mots : « 16 euros » sont insérés les mots : « ou à un montant équivalent en monnaie locale » ;

3° À l'article 7, la référence au tribunal de grande instance est remplacée par la référence au tribunal de première instance ;

4° À l'article 8, après les mots : « 45 000 euros » sont insérés les mots : « ou d'un montant équivalent en monnaie locale » ;

5° À l'article 11, les mots : « en titres pour lesquels est établi le bordereau de références nominatives prévu à l'article 55 de la loi n° 87-416 du 17 juin 1987 sur l'épargne » sont supprimés ;

6° À l'article 15, la référence au préfet est remplacée par la référence au haut-commissaire de la République.

V. - Pour l'application de la présente loi en Nouvelle-Calédonie :

1° Aux article 5 et 15, les références au représentant de l'État dans le département et au préfet sont remplacées par la référence au haut-commissaire de la République en Nouvelle-Calédonie ;

2° À l'article 6 :

a) Les mots : « des régions, des départements » sont remplacés par les mots : « de la Nouvelle-Calédonie ou de ses provinces » ;

b) b) Après les mots : « 16 euros » sont insérés les mots : « ou à un montant équivalent en monnaie locale » ;

3° À l'article 7, la référence au tribunal de grande instance est remplacée par la référence au tribunal de première instance ;

4° À l'article 8, après les mots : « 45 000 euros » sont insérés les mots : « ou d'un montant équivalent en monnaie locale » ;

5° À l'article 11, les mots : « en titres pour lesquels est établi le bordereau de références nominatives prévu à l'article 55 de la loi n° 87-416 du 17 juin 1987 sur l'épargne » sont supprimés.

Loi du 31 décembre 1903

relative à la vente de certains objets abandonnés

(Bull. lois, 12e S., B. 2505, n° 43924)

Art. 1er *(Mod., L. n° 2016-816, 20 juin 2016).* – Les objets mobiliers confiés à un professionnel pour être travaillés, façonnés, réparés ou nettoyés et les navires et bateaux de plaisance déposés chez un professionnel pour être réparés, entretenus, conservés ou gardés, et qui n'auront pas été retirés dans le délai de un an pourront être vendus dans les conditions et formes déterminées par les articles suivants.

S'il s'agit de véhicules terrestres à moteur, motocycles à deux ou trois roues ou quadricycles à moteur, le délai prévu au premier alinéa est réduit à trois mois.

Art. 2 *(Mod. à compter du 1er janvier 2013, L. n° 2011-1862, 13 déc. 2011 ; mod., L. n° 2016-816, 20 juin 2016).* – Le professionnel qui voudra user de cette faculté présentera au juge du tribunal d'instance ou au président du tribunal de grande instance, selon la valeur des objets mobiliers abandonnés, une requête qui énoncera les faits et donnera pour chacun des objets la date de réception, la désignation, le prix de façon réclamé, le nom du propriétaire et le lieu où l'objet aura été confié. La demande est portée devant la juridiction dans le ressort de laquelle est situé le domicile du professionnel.

L'ordonnance du juge, mise au bas de la requête et rendue après que le propriétaire aura été entendu ou appelé, s'il n'est autrement ordonné, fixera le jour, l'heure et le lieu de la vente, commettra l'officier public qui doit y procéder et contiendra, s'il y a lieu, l'évaluation de la créance du requérant. Pour les navires et bateaux de plaisance mentionnés au premier alinéa de l'article 1er, cette ordonnance indiquera également qu'il est possible, en cas de carence d'enchères, que le navire soit remis directement à une société de déconstruction en vue de sa déconstruction ou de son démantèlement.

Lorsque l'ordonnance n'aura pas été rendue en présence du propriétaire, l'officier public commis le préviendra huit jours francs à l'avance, par lettre recommandée, des lieu, jour et heure de la vente, dans le cas où son domicile sera connu.

Art. 3. – La vente aura lieu aux enchères publiques, elle sera annoncée huit jours à l'avance par affiches ordinaires apposées dans les lieux indiqués par le juge. La publicité donnée sera constatée par une mention insérée au procès-verbal de vente.

Art. 4 *(Mod., L. n° 68-1248, 31 déc. 1968 ; mod. à compter du 1er janvier 2013, L. n° 2011-1862, 13 déc. 2011).* – Le propriétaire pourra s'opposer à la vente par exploit signifié au professionnel. Cette opposition emportera de plein droit citation à comparaître à la première audience utile de la juridiction qui a autorisé la vente, nonobstant toute indication d'une audience ultérieure.

Art. 5 *(L. 7 mars 1905 ; L. n° 68-1248, 31 déc. 1968).* – Sur le produit de la vente et après le prélèvement des frais, l'officier public paiera la créance du professionnel.

Le surplus sera versé à la Caisse des dépôts et consignations, au nom du propriétaire, par l'officier public, sans procès-verbal de dépôt. Il en retirera un récépissé qui lui vaudra décharge. Si le produit de la vente est insuffisant pour couvrir les frais, le surplus sera payé par le professionnel, sauf recours contre le propriétaire.

Le montant de la consignation, en principal et intérêts, sera acquis de plein droit au Trésor public cinq ans après le dépôt, s'il n'y a eu dans l'intervalle réclamation de la part du propriétaire, de ses représentants ou de ses créanciers.

Art. 6. – Les articles 624 et 625 du Code de procédure civile seront applicables aux ventes prévues par la présente loi. Ces ventes seront faites conformément aux lois et règlements qui déterminent les attributions des officiers publics qui en seront chargés.

Art. 6 *bis* *(L. n° 68-1248, 31 déc. 1968 ; mod., L. n° 2011-525, 17 mai 2011 ; mod., L. n° 2016-816, 20 juin 2016).* – Les dispositions de la présente loi sont également applicables :

Aux objets mobiliers détenus par les officiers publics ou ministériels, soit en vue d'une vente publique non poursuivie, soit après leur adjudication ;

Aux objets mobiliers déposés en garde-meuble ;

Aux navires et bateaux de plaisance déposés dans un chantier, sur un terre-plein ou dans un atelier professionnel de réparation navale, d'entretien ou de gardiennage.

Aux véhicules terrestres à moteur, motocycles à deux ou trois roues ou quadricycles à moteur déposés dans un garage.

Si les objets ou véhicules terrestres à moteur, motocycles à deux ou trois roues ou quadricycles à moteur sont déposés moyennant versement d'une redevance périodique, les délais prévus à l'article 1er ci-dessus courent de l'échéance du dernier terme impayé.

Loi du 31 décembre 1913

sur les monuments historiques

(JO 4 janv. 1914)

Art. 12 *(Abr. et codifié, Ord. n° 2004-178, 20 févr. 2004. – V. désormais C. patr., art. L. 621-16, L. 621-17 et L. 621-30).* – (1er al.) *Aucune construction neuve ne peut être adossée à un immeuble classé sans une autorisation spéciale du ministre des Beaux-arts.*

(4e al.) Aucune servitude ne peut être établie par convention sur un immeuble classé qu'avec l'agrément du ministre des Beaux-arts.

....

Art. 18 *(Abr. et codifié, Ord. n° 2004-178, 20 févr. 2004. – V. désormais C. patr., art. L. 622-13 et L. 622-14).* – (3e al., 1re phrase) *Les objets classés appartenant à un département, à une commune, à un établissement public ou d'utilité publique ne peuvent être aliénés qu'avec l'autorisation du ministre des Beaux-arts et dans les formes prévues par les lois et règlements.*

Loi du 2 juillet 1923

perpétuant le nom des citoyens morts pour la Patrie

(JO 3 juill.)

Art. 1er *(Mod., L. n° 57-133, 8 févr. 1957 ; L. n° 2002-304, 4 mars 2002).* – Au cas où le dernier représentant d'une famille, dans l'ordre de la descendance, est mort à l'ennemi sans postérité, le droit de relever son nom en l'ajoutant au sien appartient au plus proche de ses successibles, et, si celui-ci ne l'exerce pas, aux autres successibles dans l'ordre légal, jusques et y compris le sixième degré, vivant lors de son décès, agissant tant pour eux que pour leurs enfants nés ou à naître.

Pour l'exercer, le demandeur devra se pourvoir par voie de requête devant le tribunal de grande instance du lieu de l'ouverture de la succession : s'il est majeur, dans les cinq ans de l'établissement ou de la transcription de l'acte de décès du défunt sur les registres de l'état civil ; s'il est mineur, dans les cinq ans qui suivront sa majorité, si ce droit n'a pas été revendiqué au cours de sa minorité par ses représentants légaux.

Art. 2. – La requête est déposée au greffe ; copie en est affichée pendant trois mois dans l'auditoire du tribunal, ainsi qu'à la mairie du dernier domicile du défunt et à la mairie du domicile du demandeur à la diligence des procureurs de la République.

Passé ce délai, aucune opposition ne sera plus recevable.

Dès l'expiration du délai de trois mois et si aucune opposition n'a été formée, le tribunal, en chambre du conseil, sur les justifications qui lui seront apportées, ordonnera la rectification des actes de l'état civil qui sera poursuivie à la diligence du procureur de la République.

Art. 3. – Au cas d'opposition, il est statué par le tribunal de grande instance siégeant en audience publique, le ministère public entendu.

La requête, qu'il y ait ou non opposition, peut être rejetée, même d'office, pour des motifs tirés de la volonté expresse ou tacite du défunt ou de l'indignité du requérant.

Art. 4 *(Mod., L. n° 2002-304, 4 mars 2002).* – Tout individu, s'il est dans l'ordre de la descendance le dernier représentant d'une famille, peut, en prévision du cas où il serait tué à l'ennemi sans postérité, transmettre son nom de famille par disposition de dernière volonté à l'un de ses parents au degré successible, même non appelé à sa succession.

Cette disposition étant acceptée a pour effet d'exclure tous autres ayants droit aux termes de l'article premier.

La personne désignée par le testateur devra exercer son droit dans les délais et sous les conditions déterminées par les articles précédents.

Le présent article est rétroactivement applicable dans les conditions prescrites aux dispositions de dernière volonté par lesquelles un soldat « mort pour la France » aurait, depuis le 1er août 1914, déclaré vouloir transmettre son nom.

Loi du 1er juin 1924

mettant en vigueur la législation civile française dans les départements du Bas-Rhin, du Haut-Rhin et de la Moselle

(JO 3 juin)

....

CHAPITRE III. – DROITS SUR LES IMMEUBLES. LIVRE FONCIER

Art. 36 *(L. n° 2002-306, 4 mars 2002).* – Dans les départements du Haut-Rhin, du Bas-Rhin et de la Moselle, la publicité foncière est régie par le présent chapitre.

Art. 36-1. – Les droits sur les immeubles, les privilèges et les hypothèques sont ceux prévus par la législation civile française ainsi que les prestations foncières des articles 1105 (premier alinéa), 1107 et 1108 du Code civil local, de l'article 75 de la loi d'exécution du même code et l'hypothèque d'exécution forcée de l'article 866 du Code de procédure civile locale.

Les règles concernant l'organisation, la constitution, la transmission et l'extinction des droits réels immobiliers et autres droits et actes soumis à publicité sont celles de la législation civile française, sous réserve des dispositions du présent chapitre.

Art. 36-2 *(L. n° 2002-306, 4 mars 2002 ; mod., L. n° 2009-323, 25 mars 2009).* – Le livre foncier est constitué du registre destiné à la publicité des droits sur les immeubles.

(Al. mod. à compter du 1er octobre 2016, Ord. n° 2016-131, 10 févr. 2016) Le livre foncier peut être tenu sous forme électronique dans les conditions définies par les articles 1366 et 1367 du Code civil.

Le livre foncier est tenu sous l'autorité du juge du livre foncier.

Le service du livre foncier est assuré par le tribunal d'instance et, dans le cadre de ses missions prévues par la loi n° 2002-306 du 4 mars 2002 portant réforme de la loi du 1er juin 1924 mettant en vigueur la législation civile française dans les départements du Bas-Rhin, du Haut-Rhin et de la Moselle, dans ses dispositions relatives à la publicité foncière, par l'établissement public de l'État créé à l'article 2 de la même loi.

Les données du livre foncier permettent l'identification des immeubles ainsi que des droits de propriété, servitudes, charges et sûretés portant sur ces immeubles, et l'identification des personnes titulaires de droits inscrits.

Art. 36-3 *(L. n° 2009-323, 25 mars 2009).* – Les annexes au livre foncier sont constituées des actes et documents produits à l'appui d'une requête en inscription, ainsi que des décisions rendues à sa suite.

(Al. mod. à compter du 1er octobre 2016, Ord. n° 2016-131, 10 févr. 2016) Elles peuvent être conservées sur support électronique dans les conditions définies par l'article 1366 du Code civil.

Elles ne sont pas soumises à publicité légale. Elles peuvent toutefois être consultées dans des conditions fixées par décret en Conseil d'État par les catégories de personnes désignées par le même décret.

Ces personnes peuvent en outre obtenir des copies des annexes qu'elles ont consultées.

Art. 36-4 *(L. n° 2009-323, 25 mars 2009)*. – Les données du livre foncier informatisé peuvent faire l'objet d'une réutilisation dans les conditions fixées par la loi n° 78-753 du 17 juillet 1978 portant diverses mesures d'amélioration des relations entre l'administration et le public et diverses dispositions d'ordre administratif, social et fiscal.

Art. 36-5 *(L. n° 2009-323, 25 mars 2009)*. – Toute contestation relative au service du livre foncier ou à ses annexes relève de la compétence du juge judiciaire.

Art. 37 *(Rempl., L. n° 2009-323, 25 mars 2009)*. – I. – La consultation des données du livre foncier et du registre des dépôts sur place ou à distance est libre.

II. – Toute personne qui consulte ces données peut en obtenir une copie délivrée par le greffe ou l'établissement public. La copie est délivrée par l'établissement public à titre de simple renseignement.

III. – L'inscription d'un droit sur le registre destiné à la publicité des droits sur les immeubles doit être portée à la connaissance des titulaires de droits concernés avec l'indication de leur droit d'accès et de rectification.

Toute personne peut obtenir communication des informations concernant ses biens et ses droits et sous réserve des droits des tiers, exiger la rectification, la modification ou la suppression d'une information inexacte, incomplète ou périmée par requête présentée au juge du livre foncier.

IV. – Un décret en Conseil d'État, pris après avis de la Commission nationale de l'informatique et des libertés, détermine les conditions d'application du présent article et notamment, la liste des données consultables outre les droits énumérés à l'article 38 ainsi que les modes de consultation et les conditions dans lesquelles s'exerce le libre accès aux données du livre foncier et du registre des dépôts.

Art. 37-1 *(Ord. n° 2009-483, 29 avr. 2009)*. – Par dérogation aux articles L. 213-1 et L. 213-2 du Code du patrimoine, l'accès aux données du Livre foncier et du registre des dépôts s'exerce dans les conditions définies par l'article 37 et donne lieu à la perception d'une redevance pour service rendu au titre de la délivrance de copie prévue au 1° de l'article 4 de la loi n° 2002-306 du 4 mars 2002.

L'accès aux annexes est soumis au délai prévu au 3° du I de l'article L. 213-2 du Code du patrimoine et s'exerce dans les conditions définies au second alinéa de l'article L. 213-1 du même code.

Art. 38 *(L. n° 2002-306, 4 mars 2002 ; mod., L. n° 2004-130, 11 févr. 2004 ; L. n° 2009-526, 12 mai 2009)*. – Sont inscrits au livre foncier, aux fins d'opposabilité aux tiers, les droits suivants :

a) La propriété immobilière, quel que soit son mode d'acquisition ;

b) La superficie, l'emphytéose et tout autre droit réel conféré par un bail, l'usufruit établi par la volonté de l'homme, l'usage, l'habitation, les servitudes foncières établies par le fait de l'homme, le gage immobilier, le droit réel résultant d'un titre d'occupation du domaine public de l'État ou d'un établissement public de l'État délivré en application des articles L. 34-1 à L. 34-9 du Code du domaine de l'État et de l'article 3 de la loi n° 94-631 du 25 juillet 1994 complétant le Code du domaine de l'État et relative à la constitution de droits réels sur le domaine public et les prestations foncières ;

c) Les privilèges et les hypothèques ;

d) Le droit du locataire et du fermier en cas de bail d'une durée de plus de douze années ;

e) Le paiement anticipé ou la cession d'une somme équivalant à au moins trois années de loyers ou de fermages non échus ;

f) Les restitutions restrictions au droit de disposer insérées dans un acte d'aliénation ou découlant de tous autres actes, tels que promesses de vente, legs ou donations sous condition ou avec charge de restitution en vertu des articles 1048 et 1049 du Code civil, le droit de retour conventionnel prévu par les articles 951 et 952 du Code civil, le droit de réméré ainsi que celles résultant de la saisie immobilière ou de toutes autres décisions judiciaires ;

g) Tout droit à la résolution d'un contrat synallagmatique ;

h) Le droit à la révocation d'une donation ;

i) Le droit au rapport en nature d'une donation prévue par les articles 859 et 865 du Code civil ;

j) Les droits résultant des actes et décisions constatant ou prononçant la résolution, la révocation, l'annulation ou la rescision d'une convention ou d'une disposition à cause de mort ;

k) Toute servitude dont la publicité foncière est prévue par la loi à peine d'inopposabilité.

Art. 38-1 *(Rempl., L. n° 2009-323, 25 mars 2009)*. – Dès le dépôt de la requête en inscription et sous réserve de leur inscription, les droits et restrictions visés à l'article 38 ainsi que la prénotation prévue par l'article 39 sont opposables aux tiers qui ont des droits sur les immeubles et qui les ont fait inscrire régulièrement.

Art. 38-2 *(L. n° 2002-306, 4 mars 2002 ; L. n° 2006-728, 23 juin 2006)*. – L'opposabilité des donations et des restitutions reste régie par les dispositions de l'article 941 du Code civil.

Les baux qui n'ont pas été inscrits ne peuvent être opposés aux tiers pour une durée de plus de douze années.

Art. 38-3 *(Abr., L. n° 2009-323, 25 mars 2009)*.

Art. 38-4 *(L. n° 2002-306, 4 mars 2002)*. – Sont inscrites au livre foncier, à peine d'irrecevabilité, les demandes en justice tendant à obtenir la résolution, la révocation, l'annulation ou la rescision d'une convention ou d'une disposition à cause de mort.

Art. 39 *(L. n° 2002-306, 4 mars 2002)*. – Une prénotation peut être inscrite avec le consentement des intéressés ou en vertu d'une décision judiciaire dans le but d'assurer à l'un des droits énumérés à l'article 38 son rang d'inscription ou de garantir l'efficacité d'une rectification ultérieure.

Art. 40 *(L. n° 2002-306, 4 mars 2002 ; mod., L. n° 2009-323, 25 mars 2009 ; à compter du 1er octobre 2016, Ord. n° 2016-131, 10 févr. 2016)*. – L'inscription des droits a lieu sur requête.

Les requêtes sont portées sur le registre des dépôts, au fur et à mesure de leur dépôt.

Ce registre peut être tenu sous forme électronique dans les conditions définies à l'article 1366 du Code civil.

À peine de rejet, la requête est établie conformément à un modèle et présentée, par remise ou transmission, au service du livre foncier compétent (1).

Les modalités d'établissement, de présentation et d'enregistrement de la requête sont définies par décret en Conseil d'État (1).

Art. 41 *(L. n° 2002-306, 4 mars 2002)*. – L'inscription ou la prénotation d'un droit mentionné à l'article 38 emporte présomption de l'existence de ce droit en la personne du titulaire.

Art. 42 *(L. n° 2002-306, 4 mars 2002)*. – Tout acte portant sur un droit susceptible d'être inscrit doit être, pour les besoins de l'inscription, dressé, en la forme authentique, par un notaire, un tribunal ou une autorité administrative.

Tout acte entre vifs, translatif ou déclaratif de propriété immobilière, tout acte entre vifs portant constitution ou transmission d'une servitude foncière souscrit sous une autre forme doit être suivi, à peine de caducité, d'un acte authentique ou, en cas de refus de l'une des parties, d'une demande en justice, dans les six mois qui suivent la passation de l'acte.

Art. 43 *(L. n° 2002-306, 4 mars 2002)*. – Les notaires, les greffiers et les autorités administratives sont tenus de faire inscrire, sans délai et indépendamment de la volonté des parties, les droits résultant d'actes dressés devant eux et visés à l'article 42.

Par dérogation, ils peuvent être dispensés par les parties de faire inscrire les droits visés aux *g*, *h* et *i* de l'article 38.

Dans l'accomplissement des formalités de l'inscription, les notaires ont qualité pour représenter les parties contractantes et leurs ayants cause, sans pouvoir spécial de leur part. Ils sont tenus de prêter leur ministère lorsqu'ils en sont requis.

Art. 44 *(L. n° 2002-306, 4 mars 2002)*. – Le titulaire d'un des droits énoncés à l'article 38 ne peut être inscrit avant que le droit de son auteur immédiat n'ait été lui-même inscrit. Le titulaire d'un droit autre que la propriété ne peut être inscrit qu'après l'inscription du propriétaire.

L'héritier n'est dispensé d'inscrire son droit de propriété que si un acte translatif ou déclaratif de propriété est dressé dans les dix mois du décès.

(1) Dispositions applicables à compter du 1er janvier 2008 (L. n° 2002-306, 4 mars 2002, art. 8 mod.).

Art. 44-1 *(L. n° 2002-306, 4 mars 2002).* – Par exception aux dispositions du premier alinéa de l'article 44, le juge du livre foncier peut, à la requête de tout intéressé, inscrire le droit portant sur un immeuble acquis par prescription ou par accession, dans les conditions fixées par décret en Conseil d'État.

Si la prescription est contestée, le juge du fond est seul compétent.

Art. 45 *(L. n° 2002-306, 4 mars 2002).* – La date et le rang de l'inscription sont déterminés par la mention du dépôt de la requête, portée au registre des dépôts.

Lorsque des requêtes relatives au même immeuble sont déposées simultanément, elles ont rang égal. En cas de parité de rang, les privilèges du vendeur et du copartageant priment les droits inscrits du chef du nouveau propriétaire.

L'article 2134 du Code civil ne s'applique pas.

Art. 45-1 *(Ord. n° 2006-346, 23 mars 2006).* – La convention de rechargement dont un créancier est bénéficiaire est inscrite au livre foncier à peine d'inopposabilité aux tiers.

La date du dépôt détermine, entre eux, le rang des créanciers inscrits sur l'hypothèque rechargeable.

Art. 45-2 *(Ord. n° 2006-346, 23 mars 2006).* – Le rang de la convention de rechargement inscrite est celui conféré par l'inscription initiale de l'hypothèque.

Art. 45-3 *(Ord. n° 2006-346, 23 mars 2006).* – La radiation de l'inscription initiale de l'hypothèque s'impose au créancier qui n'a pas procédé à la publication prévue à l'article 45-1.

Art. 45-4 *(Ord. n° 2006-346, 23 mars 2006 ; rempl., L. fin. n° 2006-1666, 21 déc. 2006).* – L'inscription de l'hypothèque légale du Trésor ou d'une hypothèque judiciaire conservatoire est réputée d'un rang antérieur à celui conféré à la convention de rechargement lorsque la publicité de cette convention est postérieure à l'inscription de cette hypothèque.

Art. 45-5 *(L. n° 2006-1640, 21 déc. 2006).* – Les dispositions de l'article 45-4 s'appliquent à l'inscription de l'hypothèque légale des organismes gestionnaires d'un régime obligatoire de protection sociale.

Art. 46 *(L. n° 2002-306, 4 mars 2002).* – Le juge du livre foncier vérifie si le droit visé dans la requête est susceptible d'être inscrit, si l'acte répond à la forme prescrite, si l'auteur du droit est lui-même inscrit conformément aux dispositions de l'article 44 et, enfin, si les parties sont capables et dûment représentées. Il statue par voie d'ordonnance, selon les règles de la matière gracieuse.

L'État est responsable des fautes commises par le juge du livre foncier dans l'exercice de ses fonctions, sauf son recours contre ce dernier. L'action en responsabilité est portée devant les tribunaux civils et doit l'être, à peine de forclusion, dans le délai d'un an à partir de la découverte du dommage ; elle se prescrit par trente ans à partir du jour où la faute a été commise.

Art. 47 *(L. n° 2002-306, 4 mars 2002).* – Les privilèges généraux sur les immeubles et le privilège du syndicat des copropriétaires sont dispensés de la formalité de l'inscription.

Art. 47-1 *(L. n° 2002-306, 4 mars 2002).* – Pour les besoins de leur inscription, les privilèges et hypothèques portant sur des lots dépendant d'un immeuble soumis au statut de la copropriété sont réputés ne pas grever la quote-part de parties communes comprises dans ces lots.

Néanmoins, les créanciers inscrits exercent leurs droits sur ladite quote-part, prise dans sa consistance au moment de la mutation dont le prix forme l'objet de la distribution ; cette quote-part est tenue pour grevée des mêmes sûretés que les parties privatives et de ces seules sûretés.

Pour les besoins de leur publication, les ordonnances d'exécution forcée portant sur des lots dépendant d'un immeuble soumis au statut de la copropriété sont réputés ne pas porter sur la quote-part des parties communes *comprises dans ces* lots.

Néanmoins, les créanciers saisissants exercent leur droit sur ladite quote-part, prise dans sa consistance au moment de la mutation dont le prix forme l'objet de la distribution.

Art. 48 *(L. n° 2002-306, 4 mars 2002 ; mod., Ord. n° 2006-346, 23 mars 2006).* – L'inscription ne peut avoir lieu que pour une somme déterminée et sur des immeubles déterminés.

Si la créance est indéterminée, le chiffre en est évalué par le créancier en principal et accessoires, sans préjudice de l'application des articles 2444 et 2445 articles 2444 et 2445 du Code civil du Code civil au profit du débiteur.

Art. 49 *(L. n° 2002-306, 4 mars 2002).* – Le privilège des architectes, entrepreneurs, maçons et autres ouvriers prévu par le 4° de l'article 2103 du Code civil prend rang à la date du dépôt de la requête en inscription du premier procès-verbal prévu par ce texte, pour la somme fixée dans ce procès-verbal.

Art. 50 *(L. n° 2002-306, 4 mars 2002).* – Le privilège de séparation des patrimoines qui appartient aux créanciers et légataires peut être inscrit avant que l'héritier soit lui-même inscrit, mais ne peut plus l'être après l'inscription du transfert de la propriété à un tiers.

Art. 51 *(Abr., L. n° 2002-306, 4 mars 2002).*

Art. 52 *(L. n° 2002-306, 4 mars 2002).* – L'inscription des privilèges et des hypothèques est sans effet rétroactif.

Art. 53 à 56 *(Abr., L. n° 65-570, 13 juill. 1965).*

Art. 57 et 58 *(Abr., L. n° 2002-306, 4 mars 2002).*

Art. 59 *(L. n° 2002-306, 4 mars 2002).* – Tout notaire recevant un acte duquel il résulte que de nouveaux droits ou valeurs sont échus à un mineur ou à un majeur en tutelle doit donner avis sans délai au juge des tutelles compétent, au moyen d'un extrait de l'acte sur papier libre et sans frais ; cet envoi est mentionné en marge de la minute.

Art. 60 et 61 *(Abr., L. n° 2002-306, 4 mars 2002).*

Art. 62 *(L. n° 2002-306, 4 mars 2002).* – Les dispositions de l'article 2123 du Code civil sont applicables à l'hypothèque judiciaire. L'hypothèque est inscrite, pour la totalité de la créance, sur les divers immeubles du débiteur, à moins que le créancier ne le requière autrement.

Art. 63 *(L. n° 2002-306, 4 mars 2002).* – Les inscriptions conservent l'hypothèque et le privilège dans les conditions prévues aux articles 2154 à 2154-3 du Code civil.

Art. 64 *(Issu L. n° 2002-306, 4 mars 2002 ; mod., Ord. n° 2006-346, 23 mars 2006 ; L. n° 2007-212, 20 févr. 2007).* – La radiation d'une inscription a lieu soit en vertu d'une mainlevée consentie sous forme authentique par le titulaire du droit inscrit ou son ayant droit et sur sa requête, soit en vertu d'une décision judiciaire. Toutefois, la radiation d'une inscription d'une hypothèque ou d'un privilège peut être requise par le dépôt au bureau foncier d'une copie authentique soit de l'acte notarié certifiant que le créancier a, à la *demande* du débiteur, donné son accord à cette radiation, soit d'une décision judiciaire.

La radiation d'une inscription concernant un droit, dont l'existence ou la durée est subordonnée à un événement à date incertaine survenant en la personne du titulaire de ce droit, a lieu également sur requête du propriétaire de l'immeuble grevé ou sur requête de tout autre intéressé, s'il est fait la preuve de cet événement par la production de pièces justificatives, notamment d'actes d'état civil. Le consentement du titulaire de l'inscription n'est pas nécessaire.

Lorsque l'inscription comporte une date extrême d'effet, le juge du livre foncier ordonne d'office sa radiation à cette date.

Art. 65 *(L. n° 2002-306, 4 mars 2002).* – Les actes de mainlevée de l'hypothèque légale du Trésor sont dispensés de la forme authentique.

Loi n° 48-1360 du 1er septembre 1948

portant modification et codification de la législation relative aux rapports des bailleurs et locataires ou occupants de locaux d'habitation ou à usage professionnel et instituant des allocations de logement

(JO 2 sept. et 27 oct.)

(Les dispositions de la présente loi cessent d'être applicables aux locaux vacants dès l'achèvement des travaux prévus par le contrat conclu avec l'État en application de l'article 59 de la loi du 22 juin 1982, L. n° 82-526, 22 juin 1982, art. 76-I. – V. également L. n° 86-1290, 23 déc. 1986, art. 25).

TITRE PREMIER. – DES RAPPORTS DES BAILLEURS ET LOCATAIRES OU OCCUPANTS DE LOCAUX D'HABITATION OU À USAGE PROFESSIONNEL

Art. 1er *(Mod., L. fin. n° 64-1278, 23 déc. 1964 ; L. n° 70-598, 9 juill. 1970).* – À Paris,

Dans un rayon de cinquante kilomètres de l'emplacement des anciennes fortifications de Paris,

Dans les communes dont la population municipale totale est supérieure à 4 000 habitants ou qui sont limitrophes de communes dont la population municipale totale est au moins égale à 10 000 habitants, ces populations s'évaluant d'après le recensement général de 1968,

Dans les communes de 4 000 habitants au plus dont la population municipale totale s'est accrue de plus de 5 p. 100 à chacun des recensements généraux de 1954, 1962 et 1968 par rapport au recensement précédent,

Sous réserve des décrets pris en application du dernier alinéa du présent article, l'occupation des locaux d'habitation ou à usage professionnel sans caractère commercial ou industriel ou ne relevant pas du statut du fermage, ainsi que des locaux affectés à l'exercice d'une fonction publique dans lesquels l'habitation est indivisiblement liée au local utilisé pour ladite fonction, est régie, après l'expiration du bail écrit ou verbal, par les dispositions suivantes.

Des décrets pris sur le rapport du ministre de *l'Équipement et du Logement* détermineront les communes dans lesquelles la présente législation cessera d'être appliquée soit totalement, soit partiellement, ou pourra, dans les mêmes conditions, être rendue applicable.

Art. 1er *bis* *(L. n° 70-598, 9 juill. 1970).* – Les décrets pris en vertu du dernier alinéa de l'article 1er ci-dessus qui font cesser l'application de la présente législation peuvent en maintenir le bénéfice au profit de certaines catégories de locataires ou occupants en considération de leur âge ou de leur état physique et compte tenu de leurs ressources, appréciés au jour de la publication du décret.

Art. 1er *ter* *(L. n° 70-598, 9 juill. 1970).* – En cas de fusion de communes ou de modifications apportées aux limites d'une commune, les locaux conservent le régime locatif qui leur était applicable antérieurement, sous réserve des décrets prévus au dernier alinéa de l'article 1er ci-dessus.

Art. 2 *(L. n° 62-902, 4 août 1962).* – Les dispositions de la présente loi ne sont toutefois pas applicables aux garages ou remises à usage de garage loués accessoirement à des locaux visés à l'article 1er et situés dans des immeubles collectifs.

Les garages ou remises peuvent, nonobstant le caractère indivisible de la location, être repris par le propriétaire à partir de l'expiration du bail ou restitués aux termes d'usage à celui-ci par le locataire en cours de bail ou par l'occupant sans que l'autre partie puisse s'y opposer.

Art. 3 *(Mod., L. n° 62-902, 4 août 1962 ; L. n° 85-729, 18 juill. 1985).* – Les dispositions du présent titre ne sont pas applicables aux logements construits ou achevés postérieurement au 1er septembre 1948. Toutefois, elles sont applicables aux logements réparés ou reconstruits dans les conditions prévues aux *articles 70* et 71 et occupés par les personnes visées à l'article 70 ou par des locataires ou occupants qui se trouvaient dans les lieux à la date de promulgation de la loi n° 62-902 du 4 août 1962.

Sont assimilés aux logements construits ou achevés postérieurement au 1er septembre 1948 :

Les locaux utilisés avant le 1er juin 1948 à d'autres fins que l'habitation et postérieurement affectés à cet usage sous réserve que ces locaux, lorsqu'ils reçoivent cette nouvelle affectation, répondent aux conditions fixées par un décret pris sur le rapport du ministre de *l'Équipement et du Logement* (1) ;

Les locaux obtenus par reconstruction ainsi qu'il est prévu à l'article 11, par surélévation ou addition de construction ainsi qu'il est prévu à l'article 12, sous réserve des dispositions des articles 13 et 42 ;

Les locaux dans lesquels ont été effectués des travaux compris dans un secteur prévu à l'article L. 313-3 du Code de l'urbanisme ou dans un périmètre prévu à l'article L. 313-4 du même code et autorisés ou prescrits dans les conditions prévues auxdits articles, sauf lorsqu'ils sont occupés par le locataire ou l'occupant maintenu dans les lieux pendant la durée des travaux ou bénéficiaire des dispositions de l'article 13 de la présente loi, de l'article L. 313-7 du Code de l'urbanisme, ou du droit à réintégration prévu à l'article L. 314-3 du même code.

Art. 3 *bis* *(Ord. n° 58-1343, 27 déc. 1958).* – Dans les communes dont la population municipale totale est inférieure à 10 000 habitants (à l'exclusion de celles situées dans un rayon de 50 kilomètres de l'emplacement des anciennes fortifications de Paris), les dispositions du présent titre ne seront pas applicables aux locataires qui entreront dans les lieux postérieurement au 1er janvier 1959, à l'exception toutefois de ceux visés à l'article 79

Des décrets pris sur le rapport du ministre de *l'Équipement et du Logement* pourront :

1° Apporter des dérogations aux dispositions de l'alinéa qui précède ;

2° Étendre lesdites dispositions à d'autres communes.

Art. 3 *ter* *(L. n° 62-902, 4 août 1962 ; mod., L. n° 86-1290, 23 déc. 1986).* – Le bail des locaux autres que ceux désignés à l'article 10-4° ci-dessous, s'il est conclu après l'entrée du preneur dans les lieux et pour une durée d'au moins six années, peut déroger pendant son cours aux dispositions des chapitres I à IV du présent titre. Toutefois, la faculté de résiliation annuelle est réservée de droit au preneur et ne peut être stipulée qu'à son profit.

Ce contrat est soumis aux dispositions des chapitres I à III de la loi n° 86-1290 du 23 décembre 1986 tendant à favoriser l'investissement locatif, l'accession à la propriété de logements sociaux et le développement de l'offre foncière, en ce qu'elles ne sont pas contraires à celles prévues à l'alinéa ci-dessus.

Si, à l'expiration du bail, le local satisfait aux normes prévues à l'article 25 de la loi n° 86-1290 du 23 décembre 1986 précitée, il est alors soumis aux dispositions de ses chapitres I à III. Les dispositions de la présente loi ne lui sont plus applicables.

Si ce bail a été conclu avant la publication de la loi n° 86-1290 du 23 décembre 1986 précitée, les dispositions de son article 20 lui sont alors applicables.

Art. 3 *quater* *(L. n° 62-902, 4 août 1962).* – Les dispositions du présent titre ne sont pas applicables aux locaux utilisés en tout ou partie à usage professionnel lorsque le local et le contrat répondront aux conditions qui seront fixées par décret pris sur le rapport du ministre de *l'Équipement et du Logement* et que l'entrée dans les lieux sera postérieure à la date de publication de ce décret.

Art. 3 *quinquies* et 3 *sexies* *(Abr., L. n° 86-1290, 23 déc. 1986).*

Art. 3 *septies* *(Abr., L. n° 82-526, 22 juin 1982).*

Art. 3 *octies* *(L. n° 86-1290, 23 déc. 1986).* – Dans les communes qui ne sont pas visées par le premier *alinéa* de l'article 3 *bis* et qui n'ont pas fait l'objet d'un décret pris en vertu du 2° du même article, la location des locaux classés en catégorie IV et effectivement vacants, autres que ceux libérés depuis moins de cinq ans par l'exercice d'un des droits de reprise prévus aux articles 18, 19, 20 *bis*, 24 et 25 ci-après, n'est pas soumise aux dispositions du présent titre.

Les dispositions du présent titre demeureront applicables aux personnes qui entreront dans les lieux en vertu d'un relogement effectué en application des articles 18 et 19 ci-après.

Ces locaux devront satisfaire aux normes prévues à l'article 25 de la loi n° 86-1290 du 23 décembre 1986 précitée.

---

(1) Ces dispositions ne sont pas applicables aux locataires et occupants de bonne foi entrés dans les lieux antérieurement à la loi n° 62-902 du 4 août 1962. – V. D. n° 62-1140, 29 sept. 1962. – D. n° 87-149, 6 mars 1987.

À l'expiration du bail valablement conclu en application du présent article, le local ne sera plus soumis aux dispositions de la présente loi.

Art. 3 *nonies* *(L. n° 86-1290, 23 déc. 1986).* – Les baux conclus en application du 2° de l'article 3 *bis* et des articles 3 *quater* et 3 *octies* ont une durée minimale de six ans ; la faculté de résiliation appartient au seul preneur à la fin de chaque année ; sous réserve d'un préavis de trois mois, et pour un motif tiré de raisons familiales ou professionnelles, le preneur peut résilier à tout moment le bail. Lorsque les locaux n'ont pas un usage exclusivement professionnel, ces baux sont soumis aux dispositions des chapitres I à III de la loi n° 86-1290 du 23 décembre 1986 précitée, en ce qu'elles ne sont pas contraires à celles prévues au présent article.

Les formalités de conclusion des baux conclus en application du 2° de l'article 3 *bis* et des articles 3 *ter*, 3 *quater* et 3 *octies* sont définies par décret.

CHAPITRE I. – DU MAINTIEN DANS LES LIEUX

Art. 4 *(D. n° 53-700, 9 août 1953 ; L. n° 62-902, 4 août 1962 ; mod., L. n° 66-879, 29 nov. 1966 ; L. n° 69-2, 3 janv. 1969 ; L. n° 75-1351, 31 déc. 1975).* – Les occupants de bonne foi des locaux définis à l'article 1er bénéficient, de plein droit et sans l'accomplissement d'aucune formalité, du maintien dans les lieux loués, aux clauses et conditions du contrat primitif non contraires aux dispositions de la présente loi, quelle que soit la date de leur entrée dans les lieux.

Sont réputés de bonne foi les locataires, sous-locataires, cessionnaires de baux, à l'expiration de leur contrat, ainsi que les occupants qui, habitant dans les lieux en vertu ou en suite d'un bail écrit ou verbal, d'une sous-location régulière, d'une cession régulière d'un bail antérieur, d'un échange opéré dans les conditions légales, exécutent leurs obligations.

L'acte par lequel le bailleur notifie au locataire qu'il met fin au contrat de louage et qui entraîne l'application des dispositions précédentes doit, à peine de nullité, reproduire les dispositions des deux alinéas précédents et préciser qu'il ne comporte pas en lui-même obligation d'avoir à quitter effectivement les lieux.

Le fait pour le locataire ou l'occupant d'un local à usage professionnel d'exercer son activité, soit en collaboration avec d'autres personnes exerçant une profession libérale dans les conditions prévues par les règles régissant leurs professions, soit au sein d'une société constituée conformément à la loi n° 66-879 du 29 novembre 1966 ne peut être considéré en lui-même comme une infraction aux clauses du bail.

En cas de location partielle ou de sous-location partielle, le droit au maintien dans les lieux n'est opposable ni au propriétaire, ni au locataire ou occupant principal, lorsque les locaux occupés forment, avec l'ensemble des lieux, un tout indivisible, ou lorsqu'il s'agit de pièces constituant l'accessoire du local habité par le propriétaire, le locataire ou l'occupant principal.

Art. 5 *(Mod., L. n° 2006-872, 13 juill. 2006 ; L. n° 2014-873, 4 août 2014).* – I – Le bénéfice du maintien dans les lieux pour les locaux visés à l'article premier appartient, en cas d'abandon de domicile ou décès de l'occupant de bonne foi, au conjoint ou au partenaire lié à lui par un pacte civil de solidarité et, lorsqu'ils vivaient effectivement avec lui depuis plus d'un an, aux ascendants, aux personnes handicapées visées au 2° de l'article 27 ainsi que, jusqu'à leur majorité, aux enfants mineurs.

Le maintien reste acquis au conjoint, au partenaire lié par un pacte civil de solidarité ou au concubin de l'occupant, lorsque cet occupant a fait l'objet d'une condamnation devenue définitive, assortie d'une obligation de résider hors du domicile ou de la résidence du couple, pour des faits de violences commis sur son conjoint, son concubin, son partenaire lié par un pacte civil de solidarité ou sur leurs enfants.

I *bis* – Nonobstant les dispositions de l'article 1742 du Code civil, même en l'absence de délivrance d'un congé au locataire, le contrat de location est résilié de plein droit par le décès du locataire. Le contrat de bail est également résilié de plein droit en cas d'abandon du domicile par le locataire, même en l'absence de délivrance d'un congé.

Toutefois, le bénéfice du maintien dans les lieux appartient aux personnes visées au I du présent article.

II – Nonobstant les dispositions du I ci-dessus, le maintien dans les lieux reste acquis aux personnes qui en bénéficiaient antérieurement à la publication de la présente loi.

En cas d'instance en divorce ou en séparation de corps, la juridiction saisie attribue à l'un des époux l'éventuel droit au maintien dans les lieux en considération des intérêts sociaux ou familiaux en cause. Si l'époux qui en est bénéficiaire n'est pas celui au nom duquel étaient délivrées les quittances, notification de la décision devra être faite au bailleur dans le délai de trois mois de son prononcé par lettre recommandée avec avis de réception. La juridiction prévue au chapitre V reste compétente sur toute contestation du bailleur quant à l'application des conditions exigées par la présente loi.

Toutefois, le bénéfice du maintien dans les lieux ne s'appliquera pas aux locaux à usage exclusivement professionnel, à moins que l'une des personnes visées aux alinéas précédents ne continue à y exercer la profession à laquelle ces locaux étaient affectés.

Art. 6 *(Mod., L. n° 62-902, 4 août 1962).* – Dans les communes où le maintien dans les lieux n'est pas applicable, le bénéfice des dispositions prévues au présent chapitre est accordé de plein droit aux sinistrés et réfugiés privés de leur habitation, jusqu'au moment où ils pourront réintégrer leur local réparé ou le local reconstruit en remplacement de leur habitation primitive, ou occuper le local correspondant à leurs besoins mis provisoirement à leur disposition par l'administration.

Dans tous les cas, lesdits sinistrés ou réfugiés ne pourront plus se prévaloir des dispositions de l'alinéa précédent à partir des dates qui seront fixées par décrets pris à cet effet, sur le rapport du ministre de *l'Équipement et du Logement*, en considération de l'avancement des travaux de reconstruction.

Art. 7 *(Ord. n° 58-1343, 27 déc. 1958).* – Dans les communes où le maintien dans les lieux n'est pas applicable, il est pourtant accordé au locataire, sous-locataire, cessionnaire de bail ou occupant, qui bénéficie des articles 161 et 184 du Code de la famille et de l'aide sociale, ou auquel le propriétaire a imposé ou tenté d'imposer un loyer supérieur au prix licite.

Art. 8 *(Mod., L. n° 91-662, 13 juill. 1991).* – Le maintien dans les lieux est applicable aux syndicats et associations professionnels s'ils remplissent les conditions prévues à l'article 4.

Tout congé délivré aux syndicats et associations professionnels antérieurement à la date de publication de la loi n° 91-662 du 13 juillet 1991 d'orientation pour la ville est nul et sans effet à moins qu'il ait donné lieu à une décision d'expulsion devenue définitive.

Seuls peuvent se prévaloir des dispositions du présent article les syndicats et associations professionnels qui, à la date du 23 décembre 1986, bénéficiaient des dispositions du présent chapitre. Les dispositions de l'article 28 de la loi n° 86-1290 du 23 décembre 1986 tendant à favoriser l'investissement locatif, l'accession à la propriété de logements sociaux et le développement de l'offre foncière ne leur sont pas opposables.

Art. 9 *(L. n° 62-902, 4 août 1962).* – Nonobstant toute convention contraire, dans les communes visées à l'article 10, 7°, ci-dessous, tout locataire ou sous-locataire qui ne remplit pas les conditions d'occupation suffisante visée audit article, peut demander la résiliation de son bail, sans indemnité de ce chef.

La résiliation est de droit.

La demande est adressée au bailleur par lettre recommandée avec demande d'avis de réception. La résiliation prend effet à l'expiration du délai d'un mois à compter du jour de la réception de la lettre recommandée.

Art. 9 bis *(Abr., L. n° 2006-872, 13 juill. 2006).*

Art. 10 *(Mod., L. n° 49-945, 16 juill. 1949 ; D. n° 53-700, 9 août 1953 ; L. n° 70-612, 10 juill. 1970 ; L. n° 2009-323, 25 mars 2009).* – N'ont pas droit au maintien dans les lieux les personnes définies aux articles 4, 5, 6, 7 et 8 :

1° Qui ont fait ou feront l'objet d'une décision judiciaire devenue définitive ayant prononcé leur expulsion par application du droit commun ou de dispositions antérieures permettant l'exercice du droit de reprise ou qui feront l'objet d'une semblable décision prononçant leur expulsion pour l'une des causes et aux conditions admises par la présente loi ; toutefois, lorsque la décision n'aura ordonné l'expulsion qu'en raison de l'expiration du bail ou d'un précédent maintien dans les lieux accordé par les lois antérieures, l'occupant ne sera pas privé du droit au maintien dans les lieux ;

2° Qui n'ont pas occupé effectivement par elles-mêmes les locaux loués ou ne les ont pas fait occuper par les personnes qui vivaient habituellement avec elles et qui sont, soit membres de leur famille, soit à leur charge. L'occupation doit avoir duré huit mois au cours d'une année de location, à moins que la profession, la fonction de l'occupant ou tout autre motif légitime ne justifie une occupation d'une durée moindre. En particulier, lorsque l'occupant apportera la preuve qu'il est tenu par ses obligations professionnelles à résider temporairement hors de la France métropolitaine, la durée d'occupation susvisée pourra être réduite à six mois pour une période de trois années ;

3° Qui ont plusieurs habitations, sauf pour celle constituant leur principal établissement, à moins qu'elles ne justifient que leur fonction ou leur profession les y oblige ;

4° Qui occupent des locaux visés à l'article L. 43 du Code de la santé publique *(abrogé)*, ou des locaux ayant fait l'objet soit d'une interdiction d'habiter prononcée en application de l'article L. 28 ou L. 42 du Code de la santé publique *(abrogés)*, soit d'un arrêté de péril prescrivant, en vertu des articles 303 et 304 du Code de l'urbanisme et de l'habitation *(CCH, art. L. 511-1 et s.)* la réparation ou la démolition de l'immeuble menaçant ruine dans lequel les locaux sont situés.

Toutefois, lorsque l'interdiction n'a été édictée qu'à titre temporaire ou si l'arrêté de péril visé à l'alinéa précédent a été rapporté, les anciens occupants peuvent invoquer les dispositions du présent chapitre pour rentrer en possession ;

5° Qui occupent des locaux situés dans des immeubles acquis ou expropriés à la suite d'une déclaration d'utilité publique, à charge par l'Administration d'assurer le relogement des locataires ou occupants expulsés ;

6° Qui occupent des locaux de plaisance, pour lesdits locaux ;

7° Qui, dans les communes comprises, au sens du recensement général de la population, dans une agglomération de plus de 50 000 habitants et comprenant au moins une commune de plus de 15 000 habitants ainsi que dans les communes de plus de 20 000 habitants, ne remplissent pas à l'expiration d'un délai de six mois à compter de la signification du congé les conditions d'occupation suffisante fixées en application de l'article L. 621-2 du Code de la construction et de l'habitation.

Ces dispositions pourront être rendues applicables aux communes non visées ci-dessus par décret pris sur le rapport du ministre de la Construction.

Pour l'application des conditions susvisées, l'occupation des locaux doit être appréciée compte non tenu de la ou des pièces régulièrement sous-louées et des occupants de ces pièces.

La diminution du nombre des occupants par suite de mariage ou de décès ne pourra être invoquée qu'à l'expiration d'un délai d'un an à compter de ce mariage ou de ce décès.

Le présent paragraphe ainsi que les conditions d'occupation suffisantes fixées pour la commune en application de l'article 327 du Code de l'urbanisme *(CCH, art. L. 621-2 et R. 641-4)* et les dispositions de l'article 79 de la présente loi devront être reproduites, à peine de nullité, dans tout congé donné en application du présent paragraphe ;

8° Dont le titre d'occupation est l'accessoire du contrat de travail ;

9° Qui ont à leur disposition ou peuvent recouvrer, en exerçant leur droit de reprise, un autre local répondant à leurs besoins et à ceux des personnes membres de leur famille ou à leur charge, qui vivaient habituellement avec elles depuis plus de six mois.

Toutefois, lorsque l'occupant pourra justifier d'une instance régulièrement engagée, dans la quinzaine de la contestation du droit au maintien dans les lieux, et suivie, il ne sera contraint de quitter les lieux que lorsqu'il pourra prendre effectivement possession dudit local ;

10° Qui, dans les stations balnéaires, climatiques ou thermales, classées ou en voie de classement, occupent des locaux habituellement affectés avant le 2 septembre 1939 à la location saisonnière ou occupés pendant la saison par leur propriétaire.

Toutefois, les dispositions du présent paragraphe ne sont pas applicables aux sinistrés et réfugiés privés de leur habitation, jusqu'au moment où ils pourront réintégrer leur local réparé ou le local reconstruit en remplacement de leur habitation primitive ou occuper le local correspondant à leurs besoins mis provisoirement à leur disposition par l'Administration.

Ces dispositions ne s'appliquent pas non plus aux titulaires d'une location amiable résultant de la transformation de leur titre antérieur de réquisition ;

11° Qui, après s'être vu offrir un logement définitif correspondant à leurs besoins et n'excédant pas les normes HLM, continuent d'occuper des locaux appartenant aux organismes d'HLM et destinés à assurer le relogement provisoire des occupants des locaux ou installations visés au premier alinéa de l'article 13 de la loi n° 70-612 du 10 juillet 1970.

12° *(12° créé, L. n° 2014-873, 4 août 2014)* Qui ont fait l'objet d'une condamnation devenue définitive, assortie d'une obligation de résider hors du domicile ou de la résidence du couple, pour des faits de violences commis sur leur conjoint, leur concubin, leur partenaire lié par un pacte civil de solidarité ou sur leurs enfants.

Art. 11 *(Ord. n° 58-1343, 27 déc. 1958)*. – Le droit au maintien dans les lieux ne peut être opposé au propriétaire qui aura obtenu du ministre de *l'Équipement et du Logement* ou de son délégué l'autorisation de démolir un immeuble pour construire un autre immeuble d'une surface habitable supérieure et contenant plus de logements que l'immeuble démoli.

Le propriétaire devra donner un préavis de six mois à chacun des occupants pour vider les lieux.

Il devra, en outre, commencer les travaux de reconstruction dans les trois mois du départ du dernier occupant.

Les locaux ainsi rendus disponibles ne pourront en aucun cas être réoccupés avant le début des travaux.

Art. 12 *(Mod., L. n° 62-903, 4 août 1962)*. – Le droit au maintien dans les lieux ne peut être opposé au propriétaire qui, avec l'autorisation préalable du ministre de *l'Équipement et du Logement* ou de son délégué, effectue des travaux tels que surélévation ou addition de construction ayant pour objet d'augmenter la surface habitable, le nombre de logements ou le confort de l'immeuble, et qui rendent inhabitable ce qui est nécessaire au logement de l'occupant et de sa famille.

Il en est de même lorsque le propriétaire effectue des travaux nécessitant l'évacuation des lieux compris dans un secteur ou périmètre prévu à l'article 3 de la loi n° 62-903 du 4 août 1962 et autorisés ou prescrits dans les conditions prévues audit article.

Le propriétaire doit donner à chaque occupant un préavis de six mois pour quitter les lieux loués. Les travaux doivent être commencés dans les trois mois du départ du dernier occupant.

Art. 13 *(Ord. n° 58-1343, 27 déc. 1958 ; mod., L. n° 75-1351, 31 déc. 1975)*. – Les personnes évincées en application des articles 11 et 12 bénéficient, si elles ne sont pas relogées dans un local remplissant les conditions prévues à l'article 13 *bis* ci-dessous, du droit à réintégration dans un des locaux situés dans les immeubles ayant fait l'objet des travaux visés auxdits articles et peuvent s'y maintenir dans les conditions prévues par la présente loi.

Dès l'achèvement des travaux, le propriétaire devra, par lettre recommandée avec accusé de réception ou par acte extrajudiciaire, les mettre en demeure de lui faire connaître, dans le délai d'un mois et dans la même forme, s'ils entendent user de ce droit. La notification devra mentionner, à peine de nullité, la forme et le délai de la réponse.

Art. 13 *bis* *(Mod., L. n° 2009-323, 25 mars 2009)*. – Le local mis à la disposition des personnes évincées en application des articles 11 et 12, doit satisfaire aux caractéristiques définies en application des premier et deuxième alinéas de l'article 6 de la loi n° 89-462 du 6 juillet 1989 tendant à améliorer les rapports locatifs et portant modification de la loi n° 86-1290 du 23 décembre 1986, remplir les conditions d'hygiène normales et correspondre à leurs besoins personnels ou familiaux et le cas échéant, professionnels, et à leurs possibilités. Il doit en outre être situé :

Dans le même arrondissement ou les arrondissements limitrophes ou les communes limitrophes de l'arrondissement où se trouve le local, objet de la reprise, si celui-ci est situé dans une commune divisée en arrondissements ;

Dans le même canton ou dans les cantons limitrophes de ce canton inclus dans la même commune ou dans les communes limitrophes de ce canton si la commune est divisée en cantons ;

Dans les autres cas sur le territoire de la même commune ou d'une commune limitrophe, sans pouvoir être éloigné de plus de 5 km.

Art. 13 *ter* *(L. n° 75-1351, 31 déc. 1975)*. – Le congé délivré en application des articles 11 et 12 ci-dessus doit, à peine de nullité, indiquer les motifs pour lesquels il est donné et reproduire les dispositions des articles 13 et 13 *bis* ci-dessus.

Art. 13 *quater* *(L. n° 75-1351, 31 déc. 1975)*. – Toute convention entre le bailleur et le locataire ou l'occupant pour la mise en œuvre des dispositions des articles 11 à 13 *bis* ci-dessus ne peut être signée, à peine de nullité, qu'après l'expiration d'un délai de trente jours suivant la réception de la demande.

Le projet de convention est adressé au locataire ou à l'occupant par lettre recommandée avec demande d'avis de réception.

À peine de nullité de la convention, ce projet ainsi que la convention ultérieurement signée doivent reproduire l'un et l'autre en caractères très apparents les dispositions du présent article. L'avis de réception mentionné au deuxième alinéa doit, également à peine de nullité de la convention, lui être annexé.

Art. 14 *(L. fin. n° 64-1278, 23 déc. 1964 ; mod., L. n° 67-561, 12 juill. 1967 ; D. n° 68-976, 9 nov. 1968 ; L. n° 75-1351, 31 déc. 1975 ; L. n° 76-1285, 31 déc. 1976).* – Nonobstant les dispositions de l'article 1723 du Code civil, les locataires ou occupants d'un immeuble ne peuvent mettre obstacle aux travaux que le propriétaire se propose d'entreprendre avec l'autorisation préalable du ministre de *l'Équipement et du Logement* ou de son délégué et qui ont pour objet d'augmenter la surface habitable, le nombre de logements ou le confort de l'immeuble ou d'améliorer le confort d'un ou de plusieurs logements dudit immeuble, lorsque ces travaux ne rendent pas inhabitable ce qui est nécessaire au logement du locataire ou de l'occupant et de leur famille.

Toutefois, cette autorisation n'est pas nécessaire pour les travaux figurant sur une liste fixée par décret (1). La liste des travaux énumérés pourra dépendre de la situation du patrimoine immobilier bâti et des conditions de son utilisation dans la ou les communes soumises aux dispositions de la présente loi.

Selon la nature des travaux à exécuter et sous réserve d'un préavis de trois mois, les occupants sont tenus soit d'évacuer la partie des locaux intéressés par lesdits travaux, soit de permettre l'accès de leur logement et d'accepter notamment le passage de canalisations ne faisant que le traverser.

Si les travaux durent plus de quarante jours, le loyer sera diminué à proportion du temps et de la partie du local dont ils auront été privés.

Lorsque les travaux ont pour objet de diviser un logement insuffisamment occupé au sens des dispositions de l'article 10-7°, l'occupant ne peut prétendre qu'à l'occupation du nombre de pièces fixé en application de l'article 327 du Code de l'urbanisme et de l'habitation *(CCH, art. L. 621-2).*

En tout état de cause, lorsque les travaux visés au présent article n'affectent qu'un logement, le propriétaire doit notifier au locataire ou occupant, par acte extrajudiciaire ou par lettre recommandée avec demande d'avis de réception, son intention de les exécuter. Si le locataire ou occupant entend s'opposer aux travaux ou à leurs modalités d'exécution pour un motif sérieux et légitime, il doit saisir, à peine de forclusion, la juridiction compétente, dans le délai de deux mois à compter de la réception de la notification qui lui a été faite.

Le préavis de trois mois prévu au troisième alinéa ci-dessus comporte, à peine de nullité, la reproduction du texte intégral des articles 14 et 59 *bis* de la présente loi, la description sommaire des travaux, les conditions de leur exécution, l'indication des bases selon lesquelles le loyer sera calculé après leur achèvement, ainsi qu'une copie de l'autorisation visée au premier alinéa ci-dessus lorsqu'une telle autorisation est exigée.

En l'absence de l'autorisation ou de la notification prévues ci-dessus ou en cas d'exécution des travaux dans des conditions différentes de celles énoncées dans la notification ou encore plus généralement si les travaux, même non soumis à autorisation, présentent un caractère abusif ou vexatoire, le juge du tribunal d'instance, statuant par ordonnance de référé, est compétent pour prescrire l'interdiction ou l'interruption des travaux. Il peut ordonner l'interdiction ou l'interruption à titre provisoire s'il estime nécessaire une mesure d'instruction.

Art. 14 *bis* *(L. n° 67-561, 12 juill. 1967 ; D. n° 68-976, 9 nov. 1968).* – Les dispositions de la loi n° 67-561 du 12 juillet 1967 relative à l'amélioration de l'habitat sont applicables aux occupants de bonne foi dans les mêmes conditions qu'aux locataires.

Art. 15 *(Ord. n° 58-1343, 27 déc. 1958 ; L. n° 62-902, 4 août 1962).* – Le bénéfice du maintien dans les lieux n'est pas non plus opposable au propriétaire qui veut reprendre tout ou partie des cours, jardins ou terrains loués nus ou comme accessoires d'un local d'habitation ou à usage professionnel, pour construire des bâtiments à destination principale d'habitation, à la condition que la nouvelle construction ne rende pas impossible la jouissance du local existant.

Le propriétaire notifiera aux *occupants, avec un préavis de* six mois, son intention de construire un nouvel *immeuble* dans les conditions prévues à l'alinéa précédent.

Les travaux devront être commencés dans le délai de trois mois à compter du départ du dernier occupant.

(1) Voir D. n° 64-1356, 30 déc. 1964, p. 2865.

Dans ce cas, la valeur locative des lieux dont l'occupant garde la jouissance pourra être réévaluée sur les bases fixées par la présente loi.

Art. 16. – Il ne peut être renoncé au droit au maintien dans les lieux qu'après l'expiration du bail.

Art. 17. – Sous réserve des dispositions de l'article 5, le maintien dans les lieux est un droit exclusivement attaché à la personne et non transmissible.

CHAPITRE II. – DU DROIT DE REPRISE

Art. 18 *(Mod., D. n° 53-700, 9 août 1953 ; L. n° 86-12, 6 janv. 1986)*. – Le droit au maintien dans les lieux cesse d'être opposable au propriétaire de nationalité française ou ressortissant d'un État membre de la Communauté économique européenne, qui veut reprendre son immeuble pour l'habiter lui-même ou le faire habiter par son conjoint, ses ascendants ou ses descendants ou par ceux de son conjoint, lorsqu'il met à la disposition du locataire ou de l'occupant un local en bon état d'habitation, remplissant des conditions d'hygiène normales ou au moins équivalentes à celles du local objet de la reprise et correspondant à ses besoins personnels ou familiaux et, le cas échéant, professionnels, et à ses possibilités.

Le local offert peut être constitué par une partie du local faisant l'objet de la reprise après exécution éventuelle de travaux d'aménagement.

Le propriétaire ne peut exercer le droit ouvert à l'alinéa premier que pour des locaux correspondant aux besoins personnels ou familiaux du bénéficiaire de la reprise, et, le cas échéant, à ses besoins professionnels.

Le propriétaire qui veut bénéficier de la disposition ci-dessus doit prévenir par acte extrajudiciaire celui dont il se propose de reprendre le local ; ledit acte doit indiquer à peine de nullité :

Le nom et l'adresse du propriétaire du local offert ;

L'emplacement de celui-ci ;

Le nombre de pièces qu'il comporte ;

Le degré de confort ;

Le loyer ;

Le délai à l'expiration duquel il veut effectuer la reprise et pendant lequel il peut être pris possession du local offert, délai qui ne peut être inférieur à trois mois s'il s'agit d'un occupant, ou au délai normal du congé s'il s'agit d'un locataire ;

L'identité du bénéficiaire de la reprise, ainsi que sa situation de famille et sa profession.

Si, dans le délai d'un mois à compter de la signification de l'acte extrajudiciaire, le locataire ou l'occupant donne son acceptation écrite à la proposition qui lui est faite, il doit remettre le local qu'il occupe à la disposition du propriétaire, au plus tard à la date fixée pour la reprise dans l'acte extrajudiciaire prévu à l'alinéa précédent.

Si, dans le même délai d'un mois, le locataire ou l'occupant refuse ou ne fait pas connaître sa décision, le propriétaire l'assigne, suivant la procédure prévue au chapitre V du présent titre, aux fins de nomination d'un expert.

Ledit expert, qui peut être saisi sur minute et avant enregistrement, a pour mission de visiter les locaux offerts, de dire s'ils remplissent les conditions d'hygiène prévues au premier alinéa et sont susceptibles de satisfaire aux besoins personnels ou familiaux, et, le cas échéant, professionnels, du locataire ou de l'occupant, de vérifier enfin si les possibilités de ce dernier lui permettent d'en supporter les charges.

Il doit déposer son rapport dans la quinzaine du jour où il a été saisi. Faute par lui de ce faire, il est de plein droit dessaisi et le juge doit pourvoir d'office à son remplacement par nouvelle ordonnance rendue dans les quarante-huit heures suivant l'expiration dudit délai.

Dans les quarante-huit heures qui suivent le dépôt de ce rapport, les parties en sont informées par le greffier par lettre recommandée avec accusé de réception comportant convocation pour la plus prochaine audience utile.

Art. 19 *(Mod., D. n° 55-559, 20 mai 1955 ; L. n° 86-12, 6 janv. 1986 ; L. n° 2009-323, 25 mars 2009)*. – Le droit au maintien dans les lieux n'est pas opposable au propriétaire de nationalité française ou ressortissant d'un État membre de la Communauté économique européenne qui veut reprendre son immeuble pour l'habiter lui-même ou le faire habiter par son conjoint, ses ascendants, ses descendants ou par ceux de son conjoint et qui justifie que le bénéficiaire de la reprise ne dispose pas d'une habitation correspondant à ses besoins normaux et à ceux des membres de sa famille vivant habituellement ou domiciliés avec lui.

Lorsque l'immeuble a été acquis à titre onéreux, ce droit de reprise ne peut être exercé que si l'acte d'acquisition a date certaine, ou bien avant le 2 septembre 1939, ou bien plus de dix ans avant l'exercice de ce droit. Néanmoins, le propriétaire d'un immeuble acquis depuis plus de quatre ans peut être autorisé par justice à exercer le droit de reprise s'il établit que son acquisition n'a été faite que pour se loger ou pour satisfaire un intérêt familial légitime à l'exclusion de toute idée de spéculation. En cas d'acquisition à titre gratuit, les délais prévus au présent alinéa courent à partir de la dernière acquisition à titre onéreux.

Le propriétaire qui veut bénéficier du droit de reprise doit prévenir au moins six mois à l'avance, par acte extrajudiciaire, le locataire ou l'occupant dont il se propose de reprendre le local ; ledit acte doit, à peine de nullité :

Indiquer que le droit de reprise est exercé en vertu du présent article ;

Préciser la date et le mode d'acquisition de l'immeuble ;

Faire connaître le nom et l'adresse du propriétaire qui loge le bénéficiaire ainsi que l'emplacement et le nombre de pièces du local occupé par ce dernier.

Le juge doit toujours apprécier les contestations qui lui sont soumises au jour de la signification de l'acte extrajudiciaire.

Le bénéficiaire du droit de reprise prévu au présent article est tenu de mettre à la disposition du locataire ou de l'occupant dont il reprend le local, le logement qui, le cas échéant, pourrait être rendu vacant par l'exercice de ce droit.

Le bénéficiaire du droit de reprise devra notifier à son propriétaire l'action qu'il exerce par acte extrajudiciaire dans le même délai que celui prévu à l'alinéa 3 ci-dessus. Le propriétaire de son logement ne pourra s'opposer à la venue de ce nouveau locataire ou occupant qu'en excipant de motifs sérieux et légitimes. S'il entend user de ce droit, il devra, à peine de forclusion, saisir la juridiction compétente aux termes des articles 46 et suivants de la présente loi dans un délai de quinze jours à dater de la notification susvisée.

Cette notification devra, à peine de nullité, indiquer que, faute par le propriétaire d'avoir saisi la juridiction compétente dans le délai de quinze jours, il sera forclos.

Le nouvel occupant aura le titre d'occupant de bonne foi.

Art. 20 *(Mod., L. n° 2009-323, 25 mars 2009)*. – Le droit au maintien dans les lieux n'est pas opposable au propriétaire de nationalité française ou ressortissant d'un État membre de la Communauté économique européenne qui veut reprendre son immeuble pour l'occuper lui-même, lorsqu'il est :

1° Locataire ou occupant évincé en raison de l'article 19 ou du présent article ;

2° Locataire ou occupant de locaux ayant fait l'objet soit d'une interdiction d'habiter prononcée en application de l'article 12 de la loi du 15 février 1902 modifiée *(C. santé publ., art. L. 1331-28 et L. 1331-23)*, soit d'un arrêté de péril prescrivant, en vertu des articles 3 à 6 de la loi du 21 juin 1898 modifiée *(CCH, art. L. 511-1 et s.)*, la réparation ou la démolition de l'immeuble dans lequel ils sont situés, ou qui occupe des locaux situés dans un immeuble acquis ou exproprié à la suite d'une déclaration d'utilité publique ;

3° Fonctionnaire, agent, ouvrier ou employé, ayant effectivement occupé pendant deux années consécutives le logement mis à sa disposition par l'Administration ou l'entreprise dont il dépend, justifiant soit d'avoir été ou être admis à la retraite pour toute autre cause qu'une sanction disciplinaire, soit avoir cessé ou cesser ses fonctions pour une cause indépendante de sa volonté.

Dans le cas prévu au paragraphe 3°, lorsque l'immeuble a été acquis à titre onéreux, ce droit de reprise ne peut être exercé que si l'acte d'acquisition a date certaine plus de cinq ans avant l'exercice de ce droit. En cas d'acquisition à titre gratuit, ce délai court à partir de la dernière acquisition à titre onéreux.

Cependant, aucun de ces bénéficiaires ne peut exercer ce droit de reprise sur un logement s'il est propriétaire, dans la même agglomération, d'un autre local libre de tout locataire ou occupant et correspondant à ses besoins et à ceux de sa famille.

Le propriétaire doit prévenir au moins dix mois à l'avance, par acte extrajudiciaire, le locataire ou l'occupant dont il se propose de reprendre le local ; ledit acte doit, à peine de nullité :

Indiquer que le droit de reprise est exercé en vertu du présent article ;

Préciser la catégorie dans laquelle se trouve le propriétaire ;

Indiquer le mode et la date d'acquisition de l'immeuble ;

Fournir toutes indications utiles permettant au locataire de vérifier le bien-fondé de la demande.

Le juge doit toujours apprécier les contestations qui lui sont soumises au jour de la signification de l'acte extrajudiciaire.

Le droit de reprise prévu au présent article ne peut être exercé que par le propriétaire dont l'acquisition est antérieure à l'éviction ou à l'événement qui lui ouvre ce droit.

Art. 20 *bis* *(Mod., L. n° 71-579, 16 juill. 1971)*. – Les droits de reprise prévus à la présente loi peuvent être exercés par les membres des sociétés mentionnées au chapitre 1er de la loi du 28 juin 1938, sur les logements qui leur sont attribués en jouissance.

Pour l'application des articles 19 et 20, l'acquisition des parts ou actions donnant droit à la jouissance d'un logement est assimilée à l'acquisition de ce logement.

Art. 21. – Lorsqu'il sera établi par le locataire ou l'occupant que le propriétaire invoque le droit de reprise, non pas pour satisfaire un intérêt légitime, mais dans l'intention de nuire au locataire ou à l'occupant ou d'éluder les dispositions de la présente loi, le juge devra refuser au propriétaire l'exercice de ce droit.

Art. 22 *(Mod., L. n° 70-598, 9 juill. 1970)*. – Le droit de reprise reconnu au propriétaire par les articles 19 et 20 de la présente loi ne peut pas être exercé contre celui qui occupe un local dans lequel il exerce, au vu et au su du propriétaire et avec son accord au moins tacite, sa profession.

Toutefois, cette disposition n'est pas applicable aux locataires ou occupants entrés dans les lieux postérieurement à la publication de la présente loi, qu'ils soient locataires ou occupants au moment où le droit de reprise est exercé. Elle n'est pas non plus applicable lorsque le propriétaire du local est âgé d'au moins soixante-cinq ans et qu'il exerce la reprise pour lui-même.

Art. 22 *bis* *(Mod., L. n° 76-615, 9 juill. 1976)*. – Le droit de reprise prévu aux articles 19 et 20 de la présente loi ne peut pas être exercé au profit d'un bénéficiaire âgé de moins de soixante-cinq ans contre l'occupant dont les ressources annuelles sont inférieures à une fois et demie le montant annuel du SMIC, calculé sur la base de la durée légale du travail, qui, à la date du congé, est âgé de plus de soixante-dix ans et occupe effectivement les lieux.

Il est tenu compte, pour le calcul des ressources de l'occupant, de celles des personnes vivant avec lui d'une manière effective et permanente.

Art. 23. – En cas de pluralité de locaux loués ou occupés dans le même immeuble et sensiblement équivalents susceptibles d'être repris, le propriétaire est tenu d'exercer son droit de reprise sur celui qui est occupé par le plus petit nombre de personnes.

Art. 24. – Le droit au maintien dans les lieux n'est opposable ni au propriétaire ayant fait construire un logement sans avoir pu l'occuper immédiatement, ni au propriétaire ou locataire principal obligé de quitter provisoirement son logement qu'il a loué ou sous-loué sous la condition, écrite et acceptée par le preneur, qu'il pourrait reprendre les lieux à sa demande.

Art. 25 *(Ord. n° 58-1343, 27 déc. 1958)*. – Le droit au maintien dans les lieux n'est opposable ni au propriétaire, ni au locataire principal qui a loué ou sous-loué un logement sous la condition expresse qu'il pourrait le reprendre, soit lors de la cessation de ses fonctions ou d'un changement de ses conditions d'existence, soit en vue d'y installer ses ascendants, ses descendants ou ceux de son conjoint.

Les dispositions de la loi n° 51-1372 du 1er décembre 1951 modifiée *(CCH, art. L. 613-1 et s.)* et de la loi n° 49-972 du 21 juillet 1949 ne sont pas applicables aux occupants entrés dans les locaux dans les conditions prévues à l'article 24 ci-dessus et au présent article.

CHAPITRE III. – DU PRIX

Art. 26 *(L. n° 49-507, 14 avr. 1949 ; D. n° 65-483, 26 juin 1965)*. – Le prix des loyers des locaux soumis aux dispositions de la présente loi est déterminé en application des règles ci-après.

Art. 27 *(Mod., L. n° 89-462, 6 juill. 1989)*. – La valeur locative d'un local est égale au produit de la surface corrigée, telle qu'elle résulte de l'article 28, par le prix de base du mètre carré de chacune des catégories de logements prévues à l'article 30.

Lorsque la faculté de céder ou de sous-louer est incluse dans un bail portant sur un local à usage professionnel, la valeur locative ainsi déterminée pourra être majorée, pendant le cours du bail, de 50 p. 100 au maximum.

Le montant du loyer des locaux pour lesquels le droit au bail ou le droit au maintien dans les lieux a été postérieurement au 1er juillet 1966 transmis aux héritiers ou transféré dans les conditions prévues à l'article 5 de la présente loi, est égal à la valeur locative majorée de 50 p. 100. Ces dispositions ne sont toutefois pas applicables en cas d'attribution de l'un de ces droits au conjoint du locataire ou de l'occupant ni en cas de transfert à un descendant mineur.

Les prix résultant des dispositions de l'alinéa 1er du présent article demeurent applicables aux logements occupés par les personnes qui ont bénéficié entre le 1er juillet 1965 et le 30 juin 1966 du maintien dans les lieux prévu à l'article 5 ci-dessus, à moins qu'il ne s'agisse du conjoint, veuf, séparé ou divorcé.

Dans les communes visées à l'article 10 (7°) ci-dessus, le loyer de la totalité des locaux inoccupés ou insuffisamment occupés ou faisant l'objet d'une sous-location totale ou partielle est égal à la valeur locative majorée de 50 p. 100. Cette majoration cesse de droit dès que prend fin la situation qui l'avait motivée. Les locataires ou occupants auxquels est ou a été appliquée cette majoration continuent de bénéficier du droit au maintien dans les lieux prévu à l'article 4, nonobstant les dispositions du 7° de l'article 10.

Lorsque l'insuffisance d'occupation a pour origine le décès ou le mariage de l'un des occupants, la majoration prévue dans ce cas par l'alinéa précédent ne prend effet qu'à l'expiration d'un délai d'un an à compter de ce mariage ou de ce décès.

La majoration pour insuffisance d'occupation n'est pas applicable :

1° Aux personnes âgées de plus de soixante-dix ans ;

2° Aux personnes titulaires :

Soit d'une pension de grand invalide de guerre ouvrant droit au bénéfice des dispositions de l'article L. 31 du Code des pensions militaires d'invalidité et des victimes de la guerre ;

Soit d'une rente d'invalide du travail correspondant à une incapacité au moins égale à 80 p. 100 ;

Soit d'une allocation servie à toute personne dont l'infirmité entraîne au moins 80 p. 100 d'incapacité permanente et qui est qualifiée Grand infirme en application de l'article 169 du Code de la famille et de l'aide sociale *(abrogé)*.

En cas de sous-location, la majoration de 50 p. 100 ne s'applique pas aux locataires ou occupants qui sous-louent une ou plusieurs pièces lorsqu'ils occupent suffisamment les locaux compte non tenu de ces pièces ou qu'ils appartiennent aux catégories visées aux 1° et 2° ci-dessus, à la condition que la sous-location soit conclue au profit de personnes appartenant à des catégories déterminées par arrêté interministériel (1).

Pour l'application des dispositions ci-dessus, sont, sauf preuve contraire, présumées sous-locataires les personnes vivant de façon continue au foyer du locataire ou de l'occupant, dès lors qu'elles ne présentent avec ce dernier aucun lien de parenté ou d'alliance au sens de la loi ou qu'elles ne sont ni à sa charge ni à son service.

Les majorations de 50 p. 100 prévues au présent article ne peuvent se cumuler.

Art. 28 *(Mod., D. n° 58-1347, 27 déc. 1958)*. – Un décret, pris sur le rapport du ministre de *l'Équipement et du Logement*, déterminera les conditions dans lesquelles sera obtenue la surface corrigée en affectant la superficie des pièces habitables et celles des autres parties du logement de correctifs dont il donnera le taux pour qu'il soit tenu compte, notamment, de la hauteur du plafond, de l'éclairement, de l'ensoleillement et des vues de chacune des pièces habitables, ainsi que des caractéristiques particulières des autres parties du local (2).

Il définira les pièces habitables et les conditions dans lesquelles sera calculée la superficie desdites pièces, ainsi que celle des autres parties du local et des annexes.

Le même décret précisera également les correctifs applicables à l'ensemble du logement pour tenir compte notamment de son *état d'entretien, de sa vétusté,* de l'importance du local, de son affectation, de sa situation et des éléments d'équipement propres, soit au local, soit à l'ensemble de l'immeuble.

(1) V. A. 3 oct. 1967.
(2) D. n° 48-1766, 22 nov. 1948.

Ne pourront entrer en ligne de compte dans l'évaluation des correctifs que les éléments d'équipement et de confort fournis par le propriétaire.

Art. 29. – Le préfet peut, éventuellement, dans les limites fixées par le décret prévu à l'article 28, adapter par arrêté certains correctifs aux conditions locales et fixer ceux relatifs à la situation des immeubles dans les différentes zones qu'il aura déterminées.

Art. 30 *(Mod., L. n° 2009-323, 25 mars 2009).* – Le prix de base du mètre carré applicable chaque année au 1er juillet est déterminé par décret pour les différentes catégories de logements en fonction de la qualité de leur construction et le cas échéant, suivant la localité dans laquelle ils sont situés.

Les prix de base doivent être tels qu'ils assurent, après application des correctifs, la rémunération du service rendu par le logement, ainsi que son maintien en état d'habitabilité.

Le décret prévu à l'alinéa 1er fixe les modalités selon lesquelles les prix de base s'appliquent lors de leur révision aux locataires ou occupants dont le loyer avait déjà atteint la valeur locative résultant de l'application des anciens prix de base.

Art. 31 *(Mod., L. n° 70-598, 9 juill. 1970).* – Indépendamment du prix de base déterminé conformément aux dispositions de l'article 30 ci-dessus, le décret prévu audit article fixe le prix du mètre carré applicable jusqu'à ce que le loyer ait atteint la valeur locative définie à l'article 27.

À compter du 1er juillet 1965, le loyer est majoré chaque année d'une fraction du loyer applicable au cours du dernier mois de la période précédente.

L'augmentation maximale de loyer résultant de l'application de la majoration prévue à l'alinéa précédent peut faire l'objet d'un abattement en considération de l'âge ou de l'état physique des bénéficiaires et compte tenu de leurs ressources, à la condition que le local ne soit pas insuffisamment occupé ou ne fasse pas l'objet d'une sous-location totale ou partielle et sans que l'abattement puisse dépasser la moitié de cette augmentation.

Lorsque des modifications sont apportées à la surface corrigée du local pour quelque cause que ce soit, notamment en raison de l'affectation de tout ou partie du local à un usage professionnel, il doit être tenu compte de l'incidence de ces modifications pour déterminer le loyer servant de base au calcul des majorations annuelles. Les taux de majoration sont fixés par le décret prévu à l'article 30.

Art. 31 *bis* *(Abr., D. n° 77-741, 30 juin 1977).*

Art. 32 *(Mod., L. n° 49-507, 14 avr. 1949).* – Chaque propriétaire devra, avant le 1er janvier 1949, faire connaître à chaque locataire ou occupant, par lettre recommandée avec accusé de réception, ou par acte extrajudiciaire, le loyer des locaux qu'il occupe.

Le propriétaire doit joindre, à l'appui de cette notification, un décompte détaillé, établi d'après un modèle-type qui sera annexé au décret prévu à l'article 28, des bases de calcul de ce loyer.

En cas de désaccord, le locataire ou l'occupant devra, à peine de forclusion, aviser dans les deux mois le propriétaire, par lettre recommandée avec accusé de réception ou par acte extrajudiciaire, du loyer qu'il propose lui-même, en précisant les éléments sur lesquels porte ce désaccord.

La notification par le propriétaire devra, à peine de nullité, indiquer que faute par le locataire ou l'occupant d'avoir contesté le loyer dans le délai de deux mois, il sera forclos à l'expiration de ce délai et que ce loyer s'imposera comme nouveau prix.

Le différend sera porté devant le tribunal compétent suivant les règles de procédure prévues au chapitre V du présent titre.

Pour la détermination de la compétence, le loyer pris en considération est celui qui était payé antérieurement à l'application de la présente loi.

Art. 32 *bis* *(Mod., D. n° 60-1057, 1er oct. 1960).* – En cas de modification totale ou partielle des éléments ayant servi de base à la détermination du loyer, ce loyer pourra être révisé à la demande de l'une ou de l'autre des parties.

Le demandeur doit faire connaître à l'autre partie par lettre recommandée avec demande d'avis de réception ou par acte extrajudiciaire les nouveaux éléments proposés. Il doit joindre à l'envoi de cette notification un décompte détaillé, établi d'après un modèle-type annexé au décret prévu à l'article 28, des bases de calcul de ce loyer.

En cas de désaccord sur les nouveaux éléments proposés par le demandeur, l'autre partie doit, à peine de forclusion, aviser dans les deux mois le demandeur, par lettre recommandée avec demande d'avis de réception ou par acte extrajudiciaire, du loyer qu'il propose lui-même, en précisant les éléments sur lesquels porte ce désaccord.

La notification par le demandeur devra, à peine de nullité, indiquer que faute par l'autre partie d'avoir contesté le loyer dans le délai de deux mois, il sera forclos à expiration de ce délai et que ce loyer s'imposera comme un nouveau prix. En cas de contestation, le différend sera porté devant le tribunal compétent, suivant les règles de procédure prévues au chapitre V du présent titre.

Pour la détermination de la compétence, le loyer pris en considération est celui qui était exigible à la date de la notification.

Art. 33. – Les prix résultant de l'application de la présente loi sont applicables de plein droit à dater du 1er janvier 1949, sans qu'il soit nécessaire de donner congé ni aux titulaires de baux écrits ou verbaux, ni à ceux qui sont maintenus dans les lieux.

Au cas où la notification prévue au premier alinéa de l'article 32 est faite à une date postérieure au 1er janvier 1949, les prix résultant de l'application de la présente loi ne seront applicables qu'à partir du terme d'usage qui suivra cette notification ; toutefois, s'il y a lieu à réduction en application des dispositions de l'article 35, et quelle que soit la date de la notification, le nouveau prix sera applicable à partir du 1er janvier 1949.

Art. 34 *(Mod., L. n° 70-598, 9 juill. 1970).* – Les parties pourront, d'un commun accord, se dispenser de l'application des règles de fixation des loyers prévues aux articles précédents en prenant forfaitairement comme base le loyer pratiqué au 1er janvier 1948.

À compter du 1er juillet 1965, le loyer est majoré chaque année d'une fraction du loyer applicable au cours du dernier mois de la période précédente. Le taux de majoration est fixé par le décret prévu à l'article 30.

Cet accord pourra être dénoncé par chacune des parties par lettre recommandée avec accusé de réception adressée dans la quinzaine suivant le paiement de chaque terme de loyer. Dans ce cas, les règles des articles 26 et suivants deviendront définitivement applicables aux termes de loyer qui suivront la dénonciation de l'accord.

Le demandeur devra joindre à l'appui de sa dénonciation un décompte détaillé, établi d'après un modèle-type annexé au décret prévu à l'article 28, des bases de calcul du nouveau loyer. Les dispositions des trois derniers alinéas de l'article 32 *bis* sont applicables.

L'augmentation de loyer résultant de l'application de la majoration prévue au deuxième alinéa ci-dessus peut faire l'objet d'un abattement en considération de l'âge ou de l'état physique des bénéficiaires et compte tenu de leurs ressources à la condition que le local ne soit pas insuffisamment occupé ou ne fasse pas l'objet d'une sous-location totale ou partielle et sans que l'abattement puisse dépasser la moitié de cette augmentation.

Art. 34 *bis* *(D. n° 58-1347, 27 déc. 1958 ; D. n° 59-1060, 10 sept. 1959).* – I. – Les parties peuvent également, d'un commun accord, fixer un prix de loyer dans la limite de la valeur locative définie à l'article 27.

II. – *(Abr., D. n° 67-518, 30 juin 1967).*

III. – *(Abr., D. n° 66-428, 24 juin 1966).*

IV. – *(Abr., D. n° 67-518, 30 juin 1967).*

(Dernier al. abr., D. n° 59-1029, 31 août 1959).

Art. 35. – Les loyers qui dépassent la valeur locative telle qu'elle est définie à l'article 27 seront ramenés à cette valeur locative.

Art. 36 *(Mod., L. n° 98-657, 29 juill. 1998).* – Les dispositions des articles qui précèdent ne sont pas applicables à la détermination du loyer des cours, jardins ou terrains loués ou occupés accessoirement aux locaux visés à la présente loi. Ce loyer fera l'objet d'une évaluation séparée. À défaut d'accord amiable, il sera procédé à l'évaluation du loyer par justice. Le juge devra tenir compte de tous éléments d'appréciation, notamment de la proximité de l'habitation, des possibilités de culture et des plantations existant au moment de la location.

Il sera procédé de même pour l'évaluation du loyer des locaux, tels que remises et garages, loués ou occupés accessoirement aux locaux visés par la présente loi et n'ayant aucune affectation commerciale ou industrielle (1).

Ce loyer est augmenté chaque année du taux de majoration applicable au loyer du local principal.

Art. 37 *(D. n° 62-1044, 27 août 1962)*. – Le loyer des locaux mentionnés à l'article 8 de la présente loi sera fixé, à défaut d'accord amiable, par le juge à l'aide de tous éléments d'appréciation.

Art. 38 *(L. n° 89-462, 6 juill. 1989)*. – Les locataires ou occupants sont tenus, en sus du loyer principal, au remboursement des charges locatives définies à l'article 23 de la loi n° 89-462 du 6 juillet 1989, dans les conditions prévues à cet article.

Art. 39. – Il ne peut être exigé des sous-locataires de locaux nus un loyer supérieur à celui payé par le locataire ou occupant principal augmenté du montant des prestations, taxes locatives et fournitures individuelles énumérées à l'article 38. Le locataire ou occupant principal est tenu, à la demande du sous-locataire, d'en justifier par la production de sa quittance.

Dans le cas de sous-location partielle de locaux nus, il devra être tenu compte, pour la fixation du loyer, de l'importance des locaux sous-loués et d'un prorata des prestations, taxes et fournitures payées par le locataire principal. Le principal du loyer ainsi déterminé pourra être majoré de 20 p. 100 et, en outre, du prix des prestations particulières que le locataire principal serait appelé à fournir.

Art. 40 *(Mod., L. n° 62-902, 4 août 1962)*. – En aucun cas, l'application des dispositions du présent chapitre ne pourra être invoquée par le bailleur pour se soustraire à l'exécution des obligations mises à sa charge par le contrat ou par la loi.

Toutefois, sont autorisées les conventions par lesquelles tout locataire ou occupant s'engage, postérieurement à son entrée dans les lieux et à l'occasion de l'exécution de travaux afférents à l'immeuble et déterminés dans la convention, à participer à tout ou partie des dépenses exposées pour leur réalisation.

Art. 41. – Le preneur pourra, nonobstant toutes clauses ou conventions contraires, résilier le bail tant que la valeur locative résultant des dispositions qui précèdent ne sera pas atteinte.

Art. 42 *(D. n° 53-700, 9 août 1953)*. – Les occupants évincés en application des articles 11 et 12 et usant du droit à réintégration prévu à l'article 13 ne devront payer que le loyer, les prestations, taxes et fournitures individuelles tels qu'ils résultent de l'application des dispositions du présent chapitre.

Art. 43. – Le bailleur qui, n'exerçant pas la profession de loueur en meublé, loue exceptionnellement en totalité un local normalement meublé, est autorisé à majorer le montant du loyer, tel qu'il est déterminé au présent chapitre, du prix de location des meubles, qui ne pourra lui-même dépasser le montant du loyer principal. Il pourra, en outre, récupérer les prestations, taxes et fournitures définies à l'article 38 et tous impôts et taxes perçus à l'occasion des locations en meublé.

Pour les sous-locations partielles en meublé existant au jour de la promulgation de la présente loi et pour les sous-locations partielles en meublé autorisées en application des dispositions de l'article 78, le prix du loyer est déterminé comme il est dit à l'article 39, alinéa 2, et le prix de location des meubles ne peut dépasser le montant *dudit loyer*. Il pourra être exigé en sus le montant de tous impôts et taxes perçus à l'occasion des locations en meublé.

Art. 44 *(D. n° 62-1044, 27 août 1962)*. – Les travaux ayant pour objet d'augmenter le nombre de logements par la division des logements existants ouvrent droit, pour le propriétaire, à la récupération du montant des dépenses par une majoration du prix des loyers des locaux rendus disponibles.

Cette majoration ne devra, en aucun cas, permettre l'amortissement du capital dépensé sur une période inférieure à dix années. Elle n'est autorisée qu'à la condition que les appartements créés comportent trois pièces principales au moins.

(1) V. D. n° 49-908, 15 juin 1949.

CHAPITRE IV. – DES LOCATIONS ET SOUS-LOCATIONS EN MEUBLÉ

Art. 45 *(Mod., L. n° 62-902, 4 août 1962).* – Le locataire, sous-locataire ou occupant de bonne foi d'un local meublé bénéficie du maintien dans les lieux dans les termes et conditions prévus aux chapitres I et II du présent titre.

Toutefois, le bénéfice de ce maintien dans les lieux n'est pas opposable au propriétaire ou au locataire principal qui justifie avoir loué ou sous-loué un local constituant son domicile.

Le bénéfice de ce maintien dans les lieux n'est pas non plus opposable au bailleur si celui-ci peut faire la preuve qu'il avait accueilli le preneur en raison de circonstances exceptionnelles pour une location provisoire. Toutefois, cette dernière disposition ne pourra être opposée à ceux dont le domicile a été détruit par fait de guerre et n'a pas encore été reconstruit.

Dans tous les cas, à partir de l'expiration du bail ou de la location verbale, le bailleur pourra, à l'encontre du locataire ou du sous-locataire bénéficiaire du maintien dans les lieux, reprendre son mobilier, s'il justifie qu'il en a besoin pour sa propre installation ou celle de ses ascendants ou descendants. Il devra, en ce cas, lui donner préavis, deux mois à l'avance, par lettre recommandée avec accusé de réception.

CHAPITRE V. – DE LA PROCÉDURE

Art. 46 *(Mod., D. n° 72-789, 28 août 1972).* – Sous réserve des dispositions de l'article 5, toutes les contestations relatives à l'application du présent titre sont portées devant le tribunal d'instance du lieu de la situation de l'immeuble, lequel statue selon les règles qui lui sont propres.

Toutefois, la juridiction des référés reste compétente dans les conditions prévues par les règles qui régissent cette matière.

Art. 47 *(Abr., D. n° 68-424, 8 mai 1968).*

Art. 48 et 49 *(Abr., D. n° 72-789, 28 août 1972).*

Art. 50 *(Abr., L. n° 63-254, 15 mars 1963).*

CHAPITRE VI. – DES SANCTIONS

Art. 51. – Toute personne qui, de mauvaise foi, à l'aide soit d'une dissimulation, soit de tout autre moyen frauduleux, impose ou tente d'imposer pour l'un des locaux visés par la présente loi, un loyer dépassant le prix licite, sera punie d'un emprisonnement de deux ans et d'une amende de 150 000 F (22 500 €) ou de l'une de ces deux peines seulement.

L'amende pourra être élevée à cent fois le montant de la majoration imposée, sans préjudice de tous dommages-intérêts.

L'affichage du jugement à la porte de l'immeuble pourra être ordonné.

Les dispositions des deux premiers alinéas du présent article sont applicables à toute offre d'un loyer supérieur au prix licite.

Art. 52. – Sera puni des peines prévues à l'article précédent, tout locataire ou occupant d'un des locaux visés par la présente loi qui, pour quitter les lieux, aura directement ou indirectement soit obtenu ou tenté d'obtenir une remise d'argent ou de valeurs non justifiée, soit imposé ou tenté d'imposer la reprise d'objets mobiliers à un prix ne correspondant pas à la valeur vénale de ceux-ci.

Les sommes indûment perçues sont sujettes à répétition.

Aucune poursuite ne peut être intentée à l'encontre du locataire ou de l'occupant qui a demandé ou obtenu un prix de reprise au plus égal à l'évaluation des objets mobiliers faite à ses frais par un expert désigné à sa requête par le président du tribunal.

Art. 53. – Sera puni des peines prévues à l'article 51 quiconque aura obtenu ou tenté d'obtenir, à l'occasion de la location d'un des locaux visés par la présente loi, des commissions, ristournes, rétributions, récompenses, ne correspondant pas à un service réellement rendu ou supérieures à celles en usage dans la profession.

Les sommes abusivement perçues sont sujettes à répétition.

Art. 54. – Toute personne convaincue d'avoir refusé de louer à un locataire éventuel, en raison du nombre de ses enfants, un des locaux visés par la présente loi, alors qu'il était vacant, sera punie d'une peine d'emprisonnement de deux ans et d'une amende de 25 000 F (3 750 €) ou de l'une de ces deux peines seulement.

En outre, l'auteur de l'infraction sera tenu de consentir à la famille évincée, pour une durée minimum de trois ans, un bail sur l'immeuble refusé, à moins que les locaux n'aient déjà été loués et ne soient occupés de façon suffisante au sens des dispositions prises en application de l'article 3 de l'ordonnance du 11 octobre 1945, auquel cas ledit auteur de l'infraction sera condamné envers la partie lésée à tous dommages-intérêts.

En cas de récidive, les peines pourront être portées au double.

Art. 55 *(Abr., Ord. n° 58-1441, 31 déc. 1958).*

Art. 56. – Quiconque, soit par des manœuvres frauduleuses, soit par fausses allégations ou simples réticences ayant fait naître l'espérance chimérique d'une location, jouissance ou propriété d'appartement, aura détourné ou dissipé, ou tenté de tourner ou de dissiper la totalité ou partie de la fortune d'autrui, sera puni d'un emprisonnement de cinq ans et d'une amende de 150 000 F (22 500 €).

Art. 57. – Tout bailleur ou mandataire de celui-ci, convaincu d'avoir, par lui-même ou son préposé, majoré le prix du bail au-delà de la valeur locative maxima telle qu'elle est prévue à l'article 27 ci-dessus, sera condamné à une amende civile qui ne pourra être inférieure à dix fois, ni supérieure à cent fois le montant de la majoration exigée ou perçue.

La juridiction, statuant sur l'action en répétition, est compétente pour prononcer d'office cette amende.

Art. 58 *(Abr., Ord. n° 58-1343, 27 déc. 1958).*

Art. 59. – Le propriétaire qui, ayant excipé des dispositions des articles 11, 12 et 15, n'aura pas commencé les travaux dans le délai prévu auxdits articles, ou qui ne les aura pas exécutés dans les conditions qu'ils prévoient, sera, pour l'avenir, déclaré déchu de tout droit de reprise, frappé d'une amende civile de 50 F à 10 000 F (7,5 à 1 500 €), sans préjudice de tous dommages-intérêts que pourrait réclamer l'occupant évincé.

Il en sera de même à l'égard du propriétaire qui ne se conforme pas aux dispositions de l'article 13.

Les actions prévues au présent article se prescrivent par trois ans et sont jugées conformément aux dispositions du chapitre V du présent titre, en tenant compte du montant du loyer au moment de l'éviction.

Art. 59 *bis* *(Mod., L. n° 2014-366, 24 mars 2014).* – Quiconque exécute ou fait exécuter les travaux visés au premier alinéa de l'article 14 sans avoir obtenu l'autorisation ou sans avoir fait la notification, prévues audit article, ou sans respecter les conditions d'exécution figurant dans la notification ou encore malgré une décision d'interdiction ou d'interruption des travaux prononcée par le juge du tribunal d'instance, statuant par ordonnance de référé, encourt les sanctions prévues à l'article L. 480-4 du Code de l'urbanisme.

Le tribunal pourra, en outre, ordonner la remise en état des lieux aux frais du condamné.

Les dispositions des articles L. 480-1 (al. 1, 3 et 4), L. 480-2, L. 480-7, L. 480-8 et L. 480-9 du Code de l'urbanisme sont applicables aux infractions visées au premier alinéa du présent article. En particulier, le maire est soumis aux obligations prévues à l'alinéa 10 de l'article L. 480-2 du même code en cas de travaux effectués sans l'autorisation exigée en vertu de l'article 14 de la présente loi.

Art. 60 *(Ord. n° 58-1343, 27 déc. 1958).* – Sauf empêchement résultant de la force majeure ou d'un cas fortuit, le propriétaire ayant excipé des dispositions des articles 18, 19, 20 ou 25 et qui, dans un délai de trois mois à dater du départ du locataire ou de l'occupant, et pendant une durée minimum de trois ans, n'aura pas occupé ou fait occuper l'immeuble par ceux des bénéficiaires pour le compte de qui il l'avait réclamé sera, pour l'avenir, déclaré déchu de tout droit de reprise, frappé d'une amende civile de 50 à 100 000 F (7,5 à 1 500 €) et devra au locataire congédié, outre la réparation du préjudice matériel causé, une indemnité qui ne pourra être inférieure à une année de loyer du local précédemment occupé, ni supérieure à cinq années. Le locataire ou l'occupant, en cas de non-occupation, pourra demander la réintégration ; s'il obtient cette réintégration, l'indemnité ne sera pas due.

La juridiction statuant sur l'action du locataire ou de l'occupant évincé est compétente pour prononcer d'office l'amende.

Art. 61 *(D. n° 58-1347, 27 déc. 1958).* – Le propriétaire qui aura exercé le droit de reprise prévu à l'article 20 en violation des dispositions de l'alinéa 6 dudit article, ou qui aura enfreint les dispositions de l'article 24, sera passible des sanctions prévues à l'article 60.

Art. 62. – Le locataire ou l'occupant qui aurait pris l'engagement prévu à l'alinéa 11 de l'article 18 et qui n'aura pas rempli cet engagement dans le délai fixé, sera frappé d'une amende civile de 50 F à 1 000 F (7,5 à 150 €) et devra au propriétaire la réparation du préjudice causé.

Les dispositions du précédent alinéa seront applicables au propriétaire qui se sera engagé à mettre un logement à la disposition du locataire ou occupant dont il veut reprendre le local en vertu de l'article 18 et qui, après l'acceptation du locataire ou de l'occupant, n'aura pas rempli son engagement.

L'amende ne sera pas prononcée et l'indemnité ne sera pas due si la partie en cause peut justifier de la force majeure ou d'un cas fortuit.

Art. 63. – Toute clause ou stipulation tendant à imposer, sous une forme directe ou indirecte, telle que remise d'argent ou de valeurs ou reprises d'objets mobiliers, un prix de location supérieur à celui fixé en application des dispositions de la loi, est nulle de plein droit, même si elle a reçu exécution antérieurement à la publication de la présente loi.

Il en est de même si les avantages exigés, autres que ceux représentant une rémunération équitable du service rendu, l'ont été au profit de toute autre personne que le bailleur.

Toutes les sommes indûment perçues sont sujettes à répétition.

Art. 64. – Le locataire ou l'occupant qui aurait enfreint les dispositions des articles 39 et 43 sera frappé d'une amende civile de 50 F à 1 000 F (7,5 à 150 €) sans préjudice des dommages-intérêts qui pourront être accordés au propriétaire et au sous-locataire.

Art. 65 *(Abr., L. n° 58-346, 3 avr. 1958).* – Codifié, V. CCH, art. L. 321-3 (2°).

Art. 66. – Le propriétaire à qui le juge aura refusé le droit de reprise en application de l'article 21 ci-dessus sera, pour l'avenir, déclaré déchu de ce droit.

Art. 67. – Le ministère public devra poursuivre d'office l'application des amendes civiles, qui seront prononcées conformément aux règles de compétence et de procédure instituées par le chapitre V du présent titre.

En tout état de cause, le juge pourra prononcer d'office l'application des amendes civiles.

Art. 68. – Les actions en nullité et les actions en répétition prévues au présent chapitre se prescrivent par trois ans.

Aucune amende civile ne peut être prononcée pour des faits remontant à plus de trois ans avant la demande.

À défaut de loyer déterminé au jour de la demande, ces actions sont introduites et jugées suivant les règles de procédure prévues à l'article 48.

CHAPITRE VII. – DISPOSITIONS DIVERSES

Art. 69. – *(Al. 1er et 2 abr., D. n° 55-565, 20 mai 1955 ; codifié, CCH, art. L. 442-6).*

Les dispositions du présent titre ne sont pas applicables aux immeubles construits par l'État, en application de l'ordonnance n° 45-2064 du 8 septembre 1945, tant qu'ils conservent leur caractère d'immeubles sans affectation individuelle, ou s'ils sont cédés à des non-sinistrés. Les limitations de prix prévues par la législation sur les habitations à bon marché leur sont par contre applicables pendant cette période.

Lorsqu'ils ont été attribués à des sinistrés en règlement partiel ou total de leurs indemnités de dommages de guerre, ils sont assimilés, à compter de cette affectation, aux locaux visés aux articles 70 et 71.

Art. 70. – Nonobstant les dispositions des articles 1722 et 1741 du Code civil, le bail à loyer des locaux d'habitation ou à usage professionnel, ou encore affectés, soit à une administration publique, soit à l'exercice d'une fonction publique, situés dans des immeubles détruits ou endommagés par suite de faits de guerre ou de faits assimilés aux faits de guerre, est reporté sur l'immeuble réparé ou reconstruit, même sur un autre terrain, en remplacement de l'immeuble primitif.

Les baux interrompus par le sinistre sont considérés comme ayant été suspendus et reprennent cours à la date à laquelle la réinstallation aura été possible.

Les personnes occupant les lieux au moment du sinistre en vertu de prorogations légales ou de dispositions concernant le maintien dans les lieux peuvent prendre possession des locaux réparés ou reconstruits et s'y maintenir dans les conditions fixées par la présente loi.

Si des modifications sont intervenues dans la surface ou la disposition des lieux qui mettent obstacle à la réintégration de tous les locataires et occupants ayant fait connaître leur intention d'occuper les lieux, la préférence sera donnée aux locataires ou occupants dont la famille est la plus nombreuse, et, à égalité de charges familiales, aux plus anciens.

Les dispositions des alinéas précédents ne sont applicables que sous réserve du droit de priorité du propriétaire sinistré immobilièrement justifiant d'un motif légitime d'habiter par lui-même l'un des locaux réparés ou reconstruits ou de le faire habiter par son conjoint, ses ascendants, ses descendants, ou ceux de son conjoint.

Ces dispositions ne sont également pas opposables au propriétaire sinistré dont l'habitation personnelle a été détruite et qui, par application de l'article 31 de la loi n° 46-2389 du 28 octobre 1946, reconstruit une habitation personnelle de même importance, en transférant sur celle-ci d'autres droits à indemnité de dommages de guerre.

Nonobstant toute disposition contraire, les dispositions du présent article sont applicables en cas d'expropriation d'un immeuble sinistré ou non, dès lors que son propriétaire est assimilé à un sinistré total par application de la législation sur la reconstruction et a décidé de procéder à sa reconstruction. Le locataire ou l'occupant doit alors opter entre l'indemnité d'éviction due au titre de l'expropriation et le bénéfice des dispositions ci-dessus.

Le propriétaire notifie aux locataires ou occupants, par lettre recommandée avec accusé de réception, son intention de réparer ou de reconstruire l'immeuble endommagé. Dans les trois mois qui suivront cette notification ou, dans le cas où elle n'aurait pu être faite, dans les trois mois qui suivront l'affichage à la mairie de la situation de l'immeuble d'un extrait de cette notification, les locataires ou occupants doivent, à peine de forclusion, faire connaître leur intention d'occuper un local dans l'immeuble réparé ou reconstruit.

Art. 71. – Les loyers des locaux visés à l'article précédent seront, à compter du 1er janvier 1949, déterminés conformément aux dispositions du présent titre.

Toutefois, lorsque la part des dépenses de reconstruction, d'amélioration ou de réparation restant à la charge des propriétaires dépasse en moyenne 300 F *(dispositions transitoires pour l'année 1949 qui restent figées en anciens francs)* par pièce principale, telle que ladite pièce principale est définie par les textes pris en application de l'article 3 de l'ordonnance du 11 octobre 1945, les propriétaires sont autorisés à percevoir, en sus du loyer fixé comme il est dit ci-dessus, une majoration du loyer pouvant atteindre au plus l'intérêt calculé au taux de 6 p. 100 des sommes correspondant à la quote-part des dépenses de reconstruction, de réparation ou d'amélioration, laissées à leur charge ou non encore remboursées par l'État au titre des dommages de guerre. Dans ce cas, la majoration autorisée de l'ensemble des loyers doit être répartie entre toutes les personnes qui habitent l'immeuble au prorata du nombre de pièces principales qu'elles occupent. Cependant, en cas d'amélioration, cette répartition ne joue qu'à l'égard des personnes qui ont bénéficié des travaux exécutés.

Art. 72 *(Mod., L. n° 53-1333, 31 déc. 1953 ; L. n° 67-561, 12 juill. 1967)* (1). – Le propriétaire ne peut s'opposer à l'installation du téléphone ; l'autorisation préalable du propriétaire à fournir à l'administration des postes et télécommunications est supprimée. Toutefois, le locataire devra notifier par lettre recommandée au propriétaire son intention de faire installer le téléphone.

Art. 73 *(L. n° 67-561, 12 juill. 1967 ; D. n° 68-976, 9 nov. 1968)*. – Dans le cas où le locataire ou l'occupant est autorisé, soit amiablement, soit par justice, à effectuer les travaux d'entretien ou de réparation au lieu et place du propriétaire, le montant de la dépense restant à sa charge se compensera avec les loyers à échoir ; à défaut d'accord amiable, le juge fixera le montant de la somme qui pourra être retenue, sur chaque

(1) Quatre premiers alinéas abrogés à compter du 10 nov. 1968, toutefois, leurs dispositions demeurent en vigueur pour le calcul de l'indemnité à laquelle pourraient prétendre les locataires ou occupants ayant effectué antérieurement à l'entrée en vigueur de la loi du 12 juin 1967 des travaux visés audit article, L. n° 67-561, 12 juill. 1967 ; D. n° 68-976, 9 nov. 1968.

terme, par le locataire ou l'occupant. En cas de départ du locataire ou de l'occupant avant l'extinction de la dette, le juge fixera le délai et les modalités du remboursement dû.

En cas de carence du bailleur, et après une mise en demeure demeurée infructueuse, le preneur peut demander au juge l'autorisation de se substituer au propriétaire pour bénéficier de l'aide financière de l'Agence nationale pour l'amélioration de l'habitat. Sur production d'une expédition du jugement intervenu, celui-ci verse directement au preneur le montant de la subvention ou du prêt.

Art. 74. – Sauf convention contraire expresse insérée dans le bail, les loyers des locaux d'habitation seront de plein droit payés par fractions mensuelles.

Les conventions prévoyant un paiement par périodes supérieures au mois pourront, à tout moment, être annulées à la demande, tant du propriétaire que du locataire.

Les dispositions du présent article ne portent pas atteinte aux règles concernant les délais à respecter pour les congés.

Art. 75 *(D. n° 62-1044, 27 août 1962).* – Les loyers payés d'avance, sous quelque forme que ce soit et même à titre de garantie, ne peuvent excéder une somme correspondant à deux mois de loyer pour les locations faites au mois et au quart du loyer annuel pour les autres cas.

Toutes clauses et conventions contraires sont nulles de plein droit et le bailleur ou le propriétaire devra restituer les sommes reçues en trop.

Les dispositions du présent article ne s'appliquent pas aux locaux meublés en ce qui concerne les limitations du cautionnement.

Art. 76 et 77 *(Abr., Ord. n° 58-1441, 31 déc. 1985).* – Codifiés, CCH, art. L. 631-7 à L. 631-9 et art. L. 651-2.

Art. 78 *(Ord. n° 58-1343, 27 déc. 1958 ; L. n° 69-2, 3 janv. 1969* (1)*; mod., L. n° 86-1290, 23 déc. 1986).* – À dater de la publication de la présente loi, par dérogation à l'article 1717 du Code civil, le preneur n'a le droit ni de sous-louer, ni de céder son bail, sauf clause contraire du bail ou accord du bailleur.

Toutefois, par dérogation à l'alinéa précédent et nonobstant toutes clauses contraires, le locataire principal ou l'occupant maintenu dans les lieux a toujours la faculté de sous-louer une pièce lorsque le local comporte plus d'une pièce.

Dans les communes visées à l'article 10-7° ci-dessus, le locataire principal ou l'occupant maintenu dans les lieux, vivant seul et âgé de plus de soixante-cinq ans, peut sous-louer deux pièces à la même personne ou à deux personnes différentes, sous réserve que le local ne comporte pas plus de cinq pièces.

Dans le délai d'un mois, le locataire ou occupant est tenu, à moins que la sous-location n'ait été expressément autorisée par le propriétaire ou son représentant, de notifier cette sous-location au bailleur par lettre recommandée avec demande d'avis de réception, en précisant le prix demandé au sous-locataire, sous peine de déchéance du droit au maintien dans les lieux.

Art. 79 *(Abr., L. n° 86-1290, 23 déc. 1986).*

Art. 80. – Nonobstant toute stipulation contraire, la clause insérée dans le bail prévoyant la résiliation de plein droit faute de paiement du loyer aux échéances convenues, ne produit effet qu'un mois après la date de la sommation ou du commandement de payer demeuré infructueux.

La mise en demeure ou le commandement doit, à peine de nullité, mentionner ce délai.

(Al. mod. à compter du 1er octobre 2016, Ord. n° 2016-131, 10 févr. 2016) Le juge des référés, saisi par le preneur dans le délai d'un mois susvisé, peut lui accorder pour le paiement du loyer des délais dans les termes de l'article 1343-5 du Code civil.

Les effets de la clause résolutoire sont suspendus pendant le cours des délais ainsi octroyés au locataire. La clause résolutoire est réputée n'avoir jamais joué si le locataire se libère dans les conditions déterminées par l'ordonnance du juge.

Art. 81 *(Codifié, CGI, art. 1635 ; indirectement abr., L. n° 70-1283, 31 déc. 1970).*

(1) Dispositions applicables aux conventions en cours à la date du 4 janvier 1969, L. n° 69-2, 3 janv. 1969.

Art. 4 *(Mod., L. fin. n° 99-1172, 30 déc. 1999).* – Les rentes viagères qui ont pour objet le paiement de sommes d'argent variables suivant une échelle mobile ne pourront en aucun cas dépasser en capital la valeur au moment de l'échéance du bien ou des biens cédés en contrepartie.

Pour déterminer la valeur de la rente en capital, il sera fait état des barèmes appliqués par la Caisse nationale d'assurances sur la vie.

Les rentes viagères visées au premier alinéa du présent article ne peuvent être inférieures aux rentes d'un montant fixe ayant pris naissance à la même date et majorées de plein droit en application de l'article 1er de la présente loi, si le bien ou le droit reçu par le débirentier en contrepartie ou à charge du service de la rente est l'un de ceux énumérés audit article 1er ou à l'article 4 *bis.* Toutefois, le débirentier peut obtenir en justice, à défaut d'accord amiable, remise totale ou partielle de la majoration pouvant résulter de la disposition qui précède, si sa situation personnelle ne lui permet pas de supporter cette majoration.

Les mêmes rentes viagères peuvent, à défaut d'accord amiable, faire l'objet d'une majoration judiciaire dans les conditions déterminées à l'article 2 *bis* ou au dernier alinéa de l'article 4 *bis* de la présente loi, si, par suite des circonstances économiques nouvelles, le jeu de l'indice de variation choisi a pour conséquence de bouleverser l'équilibre que les parties avaient entendu maintenir entre les prestations du contrat.

Les actions prévues aux deux alinéas qui précèdent devront être introduites dans le délai d'un an à compter de la promulgation de la présente loi (1).

La limite prévue aux deux premiers alinéas du présent article ne s'applique pas aux rentes viagères consenties en contrepartie de l'aliénation d'une exploitation agricole et dont le montant a été fixé en fonction de la valeur annuelle du produit du fonds.

Art. 4 *bis* *(Mod., L. fin. n° 99-1172, 30 déc. 1999).* – Sont majorées de plein droit, à compter du 1er janvier 1951, et selon les taux fixés à l'article 1er, les rentes viagères ayant pour objet le paiement de sommes fixes en numéraire, moyennant l'abandon ou la privation d'un droit d'usufruit par voie de cession, renonciation, conversion ou de toute autre manière.

Le débiteur de la rente pourra obtenir du tribunal une remise totale ou partielle de la majoration mise à sa charge, s'il prouve que les biens dont l'usufruit a été aliéné ou converti moyennant une rente viagère ne lui procurent pas, par rapport à la date de la constitution de la rente, un accroissement de revenus résultant des circonstances économiques dont le coefficient soit au moins égal à celui de la majoration prévue à l'alinéa premier.

Dans les cas prévus à l'alinéa précédent, le taux de la majoration devra être égal à celui de l'augmentation des revenus qui sont procurés au débirentier par les biens dont l'usufruit a été aliéné ou converti en rente viagère.

Dans les cas d'aliénation du bien, il sera tenu compte des revenus procurés par celui-ci au jour de l'aliénation.

De même, le crédirentier pourra obtenir une majoration supérieure s'il prouve que le coefficient de ces augmentations de revenus dépasse celui des majorations fixées ci-dessus. La demande devra être introduite dans le délai d'un an à compter de la promulgation de la présente loi et ne pourra être renouvelée. Cette majoration ne pourra dépasser 75 p. 100 de l'augmentation des revenus dont il s'agit.

Art. 4 *ter* *(Mod., L. fin. n° 99-1172, 30 déc. 1999).* – Tout titulaire de rente viagère ayant pour objet le paiement de sommes fixes en numéraire par des personnes physiques ou morales autres que les compagnies d'assurance-vie opérant en France, la Caisse nationale d'assurances sur la vie ou les caisses autonomes mutualistes, soit moyennant l'aliénation d'un capital en numéraire, soit comme charge de la donation ou du legs d'une somme d'argent, a droit à une majoration, calculée selon les taux fixés à l'article 1er. Le même droit appartient au titulaire d'une rente viagère attribuée à l'un des époux en règlement de la créance résultant de la liquidation, soit de ses reprises, soit de ses droits dans la communauté.

(1) Les actions ouvertes par la loi n° 49-420 du 25 mars 1949, portant sur les taux de majoration applicables au titre d'une année donnée, peuvent être intentées dans un délai de deux ans à compter de la publication de l'arrêté tel que prévu au 1 du présent article (L. fin. n° 99-1172, 30 déc. 1999).

Toutefois, le débirentier peut obtenir en justice, à défaut d'accord amiable, remise totale ou partielle de la majoration à sa charge si sa situation personnelle ne lui permet pas de supporter cette majoration.

Si les parties ne se sont pas entendues à l'amiable dans le délai d'un an à partir de la promulgation de la présente loi et si, avant l'expiration de ce même délai, le juge n'a pas été saisi, le crédirentier ne sera plus fondé à demander la révision de sa rente. La révision, une fois intervenue, sera définitive.

Les caisses de retraite bénéficiaires de rentes viagères dues par leurs membres en contrepartie d'une remise de sommes sont exclues de l'application de ce texte.

Art. 5 *(Abr., D. n° 85-422, 10 avr. 1985).*

Art. 6. – Les demandes en révision ne suspendront pas l'augmentation forfaitaire au profit des crédirentiers. En cas de diminution consacrée par décision de justice ou accord définitif, le trop-perçu sera réparti, par fractions égales, sur chacune des échéances, au cours des douze mois suivant la décision ou l'accord.

Les demandes, qui ne pourront être faites qu'une fois, devront, à peine de forclusion, être formées dans le délai d'un an à compter de la promulgation de la présente loi.

Art. 7. – Tous jugements rendus, ainsi que tous actes, procès-verbaux, pièces ou rapports dressés ou établis en application de la présente loi sont dispensés des droits de timbre et d'enregistrement à condition de s'y référer expressément.

Les inscriptions d'hypothèque ou de nantissement qui seront prises pour assurer le paiement des majorations prendront rang à leur date. Elles ne pourront garantir, le cas échéant, un capital supérieur à celui qui serait nécessaire pour assurer le service de la majoration ou fraction de majoration incombant, en exécution des dispositions de la présente loi, au détenteur actuel du bien affecté à la garantie de la rente.

Si le débirentier est décédé, ses héritiers tenus du service des majorations dont il s'agit pourront, dans les six mois du jour où ces majorations seront fixées d'une manière définitive, déposer une déclaration de succession rectificative en vue de la déduction du passif nouveau et de la restitution partielle des droits.

Art. 8 *(L. n° 52-870, 22 juill. 1952).* – En ce qui concerne les territoires d'outre-mer, des décrets, pris dans les six mois de la date de promulgation de la loi, en détermineront les conditions particulières d'application.

Loi n° 49-972 du 21 juillet 1949

donnant le caractère comminatoire aux astreintes fixées par les tribunaux en matière d'expulsion et en limitant le montant

(JO 22 juill. abr. et partiellement codifié, Ord. n° 2011-1895, 19 déc. 2011)

Art. 1er *(Abr. et codifié, Ord. n° 2011-1895, 19 déc. 2011. – V. CPC ex., art. L. 421-1).*

Art. 2 *(Abr. et codifié, Ord. n° 2011-1895, 19 déc. 2011. – V. CPC ex., art. L. 421-2).*

Art. 3 *(Abr., Ord. n° 2011-1895, 19 déc. 2011).*

Décret n° 52-1292 du 2 décembre 1952

portant règlement d'administration publique pour l'emploi, par les officiers publics et ministériels, des procédés de reproduction des actes

(JO 5 déc. et rect. 17 déc.)

Art. 1er *(D. n° 71-941, 26 nov. 1971).* – Les expéditions et copies délivrées par les greffiers et commissaires-priseurs, ainsi que les copies d'exploits et les copies de pièces annexées aux exploits d'huissier, sont établies conformément aux règles suivantes.

Art. 2. – Les documents visés à l'article 1er peuvent être manuscrits ; ils sont alors écrits avec une encre noire indélébile répondant aux normes fixées par arrêté du garde des Sceaux, ministre de la Justice.

Les mentions manuscrites, signatures et paraphes apposés sur les actes, ainsi que sur les expéditions et copies, sont écrits avec de l'encre de même qualité.

Art. 3. – Les documents visés à l'article 1er peuvent également être établis à la machine à écrire, sans interposition de papier carbone.

Toutefois, pour l'établissement des copies d'exploits et des copies de pièces annexées aux exploits, il peut être fait usage de papier carbone, dont le type aura été, sur la demande des fabricants, agréé par arrêté du garde des Sceaux, ministre de la Justice. Le nombre d'exemplaires établis simultanément ne peut être supérieur à celui fixé par l'arrêté d'agrément.

Art. 4. – Les documents visés à l'article 1er peuvent également être établis par d'autres procédés tels que les copies obtenues répondent à des conditions techniques fixées par arrêté du garde des Sceaux, ministre de la Justice.

Les appareils utilisés doivent être d'un type qui aura été, sur la demande des fabricants, agréé par arrêté du garde des Sceaux, ministre de la Justice.

Art. 5. – Tout greffier qui désire être admis à utiliser l'un des appareils de reproduction agréés, visés à l'article précédent, doit en demander l'autorisation au garde des Sceaux, ministre de la Justice.

L'arrêté qui accorde cette autorisation prescrit à tous les auxiliaires de justice, qui remettent au greffier des documents destinés à être reproduits, d'établir lesdits documents sur des sortes de papier et suivant un mode de présentation tels qu'ils puissent être copiés en utilisant l'appareil autorisé. Si ces documents ne sont pas conformes, le greffier en refuse le dépôt ; les frais qui y sont relatifs demeurent alors à la charge de l'auxiliaire de justice qui les a établis.

Le greffier peut, sur la demande des officiers ministériels chargés de signifier les documents dont il conserve les minutes, établir les copies destinées à être remises aux parties.

Dans ce cas, le coût de l'exploit ne peut comprendre, pour les copies de pièces, que l'émolument prévu à l'article 5 du décret du 4 septembre 1945, modifié, portant tarif des huissiers ; cet émolument peut être partagé, suivant les conventions intervenues entre eux, entre le greffier et l'officier ministériel qui a préparé l'exploit.

Art. 6 *(Mod., D. n° 71-941, 26 nov. 1971).* – Dans tous les cas visés aux articles 2, 3 et 4 ci-dessus, les expéditions et copies sont établies en respectant les alinéas du texte copié dont les blancs sont bâtonnés.

Chaque rôle est numéroté et revêtu du paraphe de l'officier public ou ministériel qui a établi la copie, et, s'il s'agit d'un officier public, de son sceau. Le nombre de feuilles employées pour la copie est indiqué à la dernière page, où est apposée, aussitôt au-dessous du texte, une mention de la conformité avec l'original et, s'il y a lieu, de collationnement, la signature complète de l'officier public et ministériel, ainsi que, s'il s'agit d'un officier public, l'empreinte de son sceau.

Les erreurs de copie sont corrigées par un renvoi en marge, de manière à laisser lisible le texte modifié ; les omissions donnent également lieu à un renvoi en marge.

Tous les renvois en marge sont paraphés. Sur la dernière page de l'expédition ou de la copie, l'officier public ou ministériel mentionne le nombre de renvois en marge, de mots et de chiffres annulés que comprend l'expédition ou la copie ; cette mention est paraphée.

Les paraphes et signatures visés au présent article sont toujours manuscrits.

Art. 7. – Les expéditions et copies qui ne seraient pas établies conformément aux dispositions des articles 2, 3, 4 et 6 du présent décret ne peuvent donner lieu à la perception d'aucun émolument ; leur coût est, le cas échéant, écarté d'office de la taxe, les frais de timbre restant à la charge de celui qui a établi l'expédition ou la copie irrégulière.

Art. 8. – Les papiers carbone qui ne répondraient pas à un type agréé pourront encore être utilisés pour l'établissement des copies d'exploits, jusqu'à l'expiration d'un délai de six mois à compter de l'entrée en vigueur du premier arrêté d'agrément prévu à l'article 3 du présent décret.

Art. 9. – Les frais des essais techniques préalables aux arrêtés d'agrément prévus aux articles 3 et 4 du présent décret sont à la charge de ceux qui demandent l'agrément des papiers carbone et des appareils de reproduction.

Art. 10. – Les dispositions du présent décret sont applicables dans les départements de la Guadeloupe, de la Guyane, de la Martinique et de la Réunion.

Loi n° 54-781 du 2 août 1954

tendant à rendre à l'habitation les pièces isolées,
louées accessoirement à un appartement, et non habitées
(JO 5 août)

Art. 1er *(L. n° 69-2, 3 janv. 1969).* – Le locataire ou l'occupant d'un appartement dont l'occupation est régie par la loi n° 48-1360 du 1er septembre 1948, comprenant une ou plusieurs pièces isolées ou « chambres de bonne » distinctes de l'appartement, habitables ou non, peut, un mois après l'envoi d'une lettre recommandée avec demande d'avis de réception, les remettre à la disposition du propriétaire sans que ce dernier puisse s'y opposer, sauf motif légitime.

Art. 2 *(L. n° 69-2, 3 janv. 1969).* – Dans les mêmes locaux, le propriétaire peut reprendre la disposition des pièces isolées visées à l'article précédent, si elles sont inhabitées, lorsqu'il entend les destiner à l'habitation, à moins que le locataire ou l'occupant ne justifie d'un motif légitime d'inhabitation temporaire des pièces visées ci-dessus ou qu'il ne pourvoie à leur occupation dans un délai d'un mois à compter de l'envoi, par le propriétaire, d'une lettre recommandée avec demande d'avis de réception, l'informant de son intention d'invoquer les dispositions du présent article.

Sont assimilées aux pièces isolées pour l'application du présent article, la ou les pièces excédentaires d'un logement insuffisamment occupé au sens du décret n° 55-933 du 11 juillet 1955 (1) à condition qu'elles puissent, au besoin après aménagement, former un local distinct et séparé.

Art. 3. – En vue de permettre l'aménagement d'un ou de plusieurs logements, le propriétaire pourra reprendre les pièces isolées ou chambres de bonne distinctes d'un appartement et habitées, lorsqu'il mettra à la disposition du locataire ou de l'occupant un local équivalent dans le même immeuble.

Art. 4 *(L. n° 69-2, 3 janv. 1969).* – Dans le cas visé à l'article 2, le propriétaire doit affecter à l'habitation les pièces reprises dans le délai d'un an à compter du jour où il a effectivement la disposition de celles-ci ; si des travaux sont nécessaires, ce délai est prorogé de la durée de ceux-ci, et court du jour où le propriétaire a effectivement la disposition de la totalité des pièces affectées par lesdits travaux.

Le propriétaire qui ne se sera pas conformé aux prescriptions du présent article devra remettre les pièces à la disposition des anciens locataires ou occupants, sans préjudice de tous dommages-intérêts.

Art. 5. – Les locataires ou occupants visés aux articles 1er et 2 auront droit par priorité à un local à destination de débarras, s'il en existe dans l'immeuble ou s'il en a été aménagé à cet effet.

Art. 6. – Le loyer dû par les locataires ou occupants visés aux articles 1er et 2 sera diminué de la partie afférente aux pièces dont ils n'auront plus la jouissance.

Art. 7 *(L. n° 69-2, 3 janv. 1969).* – Les pièces visées aux articles 1er et 2 ne sont pas soumises aux dispositions de la loi n° 48-1360 du 1er septembre 1948.

Art. 8. – Les contestations relatives à l'application de la présente loi seront jugées suivant la procédure prévue aux articles 47, 49 et 50 de la loi n° 48-1360 du 1er septembre 1948.

(1) Abr., V. CCH, art. R. 641-4.

Décret n° 55-22 du 4 janvier 1955
portant réforme de la publicité foncière
(JO 7 janv.)

CHAPITRE I. – DISPOSITIONS GÉNÉRALES

Section I. – Création d'un fichier immobilier

Art. 1er *(Mod. à compter du 1er janvier 2013, Ord. n° 2010-638, 10 juin 2010).* – **Il est tenu, pour chaque commune, par les services chargés de la publicité foncière, un fichier immobilier sur lequel, au fur et à mesure des dépôts, sont répertoriés, sous le nom de chaque propriétaire, et, par immeuble, des extraits des documents publiés, avec référence à leur classement dans les archives.**

Le fichier immobilier présente, telle qu'elle résulte des documents publiés, la situation juridique actuelle des immeubles.

Art. 2. – **Aucune modification de la situation juridique d'un immeuble ne peut faire l'objet d'une mutation cadastrale, si l'acte ou la décision judiciaire constatant cette modification n'a pas été préalablement publié au fichier immobilier.**

Art. 3. – *(Mod. à compter du 1er janvier 2013, Ord. n° 2010-638, 10 juin 2010)* **Aucun acte ou décision judiciaire sujet à publicité dans un service chargé de la publicité foncière ne peut être publié au fichier immobilier si le titre du disposant ou dernier titulaire n'a pas été préalablement publié, conformément aux dispositions du présent décret.**

Il est fait exception à cette règle si le droit a été acquis sans titre, notamment par prescription ou accession, ou si le titre du disposant ou dernier titulaire est antérieur au 1er janvier 1956.

Section II. – Mesures tendant à assurer l'exactitude du fichier immobilier

Art. 4 *(Mod. à compter du 1er janvier 2013, Ord. n° 2010-638, 10 juin 2010).* – **Tout acte sujet à publicité dans un service chargé de la publicité foncière doit être dressé en la forme authentique.**

Toutefois, même lorsqu'ils ne sont pas dressés en la forme authentique, les procès-verbaux des délibérations des assemblées générales préalables ou consécutives à l'apport de biens ou droits immobiliers à une société ou par une société peuvent être publiés à la condition d'être annexés à un acte qui en constate le dépôt au rang des minutes d'un notaire.

Les actes reçus par les officiers publics ou ministériels étrangers et les décisions rendues par les juridictions étrangères ne peuvent être publiés ou constituer le titre d'une inscription de privilège ou d'hypothèque que s'ils ont été légalisés par un fonctionnaire qualifié du ministère français des affaires étrangères et déposés au rang des minutes d'un notaire français ou s'ils ont été rendus exécutoires en France. Ils doivent être accompagnés, s'ils sont rédigés en langue étrangère, d'une traduction en français, certifiée soit par le fonctionnaire susvisé, soit par un interprète habituellement commis par les tribunaux. Les expéditions, copies, extraits ou bordereaux déposés pour être conservés au service chargé de la publicité foncière doivent, en outre, porter toutes les mentions exigées par les articles 5 à 7 du présent décret et les articles 2148 et 2154 nouveaux du Code civil.

Art. 5 *(Mod. à compter du 1er janvier 2013, Ord. n° 2010-638, 10 juin 2010 ; mod., D. n° 2012-634, 3 mai 2012 ; L. n° 2016-1547, 18 nov. 2016).* – **Tout acte ou décision judiciaire sujet à publicité dans un service chargé de la publicité foncière doit contenir les nom, prénoms dans l'ordre de l'état civil, domicile, date et lieu de naissance et profession des parties, ainsi que le nom de leur conjoint.**

Les nom, prénoms dans l'ordre de l'état civil, domicile, date et lieu de naissance des parties, le nom de leur conjoint, doivent être certifiés par un notaire, avocat, huissier de justice, mandataire judiciaire, administrateur judiciaire ou une autorité administrative, au pied de tout bordereau, extrait, expédition ou copie, déposé pour l'exécution de la formalité.

La faculté de certifier les indications de l'état civil peut être accordée par décret en Conseil d'État, pour les opérations les concernant, aux organismes de sécurité sociale ou d'allocations familiales et à certains organismes de crédit dont l'objet principal est de consentir des prêts hypothécaires.

En ce qui concerne les attestations après décès, l'état civil doit être indiqué et certifié pour le défunt et pour chacun des héritiers, successeurs irréguliers ou légataires.

Le certificat est établi, sous réserve des exceptions fixées par décret, au vu d'un extrait de l'acte de naissance ayant moins de six mois de date au jour de l'acte ou de la décision judiciaire.

Art. 6 *(Mod. à compter du 1er janvier 2013, Ord. n° 2010-638, 10 juin 2010).* – 1. Tout acte ou décision judiciaire soumis à publicité dans un service chargé de la publicité foncière doit contenir les éléments suivants d'identification des personnes morales :

a) Dénomination ;

b) Forme juridique et siège. En ce qui concerne les associations et les syndicats, l'acte ou la décision doit, en outre, comporter la date et le lieu de leur déclaration ou du dépôt de leurs statuts ;

c) Lorsque la personne morale est inscrite *(Mots rempl. à compter du 1er janvier 2013, D. n° 2012-1462, 26 déc. 2012)* « au répertoire prévu à l'article R. 123-220 du Code de commerce », le numéro d'identité qui lui a été attribué, complété, si celle-ci est assujettie à immatriculation au registre du commerce et des sociétés, par la mention RCS suivie du nom de la ville où se trouve le greffe où elle est immatriculée.

En outre, doivent être indiqués les nom, prénoms et domicile du ou des représentants de la personne morale.

2. L'identification des personnes morales est certifiée dans les conditions prévues aux alinéas 2 et 3 de l'article 5.

Lorsque la personne morale n'est pas inscrite au répertoire des entreprises et de leurs établissements, ou lorsqu'elle est en cours d'inscription, le certificat d'identité doit être complété d'une mention attestant de cette situation.

Le certificat est établi au vu de l'original, d'une expédition ou d'une copie collationnée de tout document constatant la dénomination, la forme juridique et le siège actuels de la personne morale ainsi que, si elle est inscrite au répertoire susmentionné, son numéro d'identité.

Toutefois, si le siège de la personne morale n'est pas en France métropolitaine ou dans les départements d'outre-mer, le document au vu duquel le certificat est établi doit être délivré ou certifié par l'autorité administrative ou par l'agent diplomatique ou consulaire qui représente la République française au lieu du siège et accompagné, s'il est rédigé en langue étrangère, d'une traduction en français certifiée soit par cet agent, soit par un interprète habituellement commis par les tribunaux.

(Al. abr. à compter du 1er janvier 2013, D. n° 2012-1462, 26 déc. 2012).

Art. 7 *(Mod. à compter du 1er janvier 2013, Ord. n° 2010-638, 10 juin 2010).* – Tout acte ou décision judiciaire sujet à publicité dans un service chargé de la publicité foncière doit indiquer, pour chacun des immeubles qu'il concerne, la nature, la situation, la contenance et la désignation cadastrale (section, numéro du plan et lieu-dit). Le lieudit est remplacé par l'indication de la rue et du numéro pour les immeubles situés dans les parties agglomérées des communes urbaines.

Lorsqu'il réalise ou constate une division de la propriété du sol entraînant changement de limite, l'acte ou la décision doit désigner l'immeuble tel qu'il existait avant la division et chacun des nouveaux immeubles résultant de cette division, sauf en cas de lotissement effectué dans le cadre de la législation sur les lotissements ou s'il s'agit d'immeubles situés dans les communes où le cadastre n'est pas rénové. La constitution sur une fraction de parcelle d'un droit d'usufruit, d'un droit de superficie ou d'un bail emphytéotique est considérée comme un changement de limite de propriété.

Lorsque, sans réaliser ou constater une division de la propriété du sol entraînant changement de limite, il ne concerne qu'une ou plusieurs fractions d'un immeuble, l'acte ou la décision judiciaire doit comporter à la fois la désignation desdites fractions et celle de l'ensemble de l'immeuble. La désignation de la fraction est faite conformément à un état descriptif de division, ou, éventuellement, à un état modificatif, établi dans les conditions fixées par décret, et préalablement publié ; elle doit mentionner le numéro du lot dans lequel la fraction est comprise, et, sous réserve des exceptions prévues audit décret, la quote-part dans la propriété du sol afférente à ce lot. Les dispositions du présent alinéa ne sont pas applicables lorsque l'acte ou la décision concerne soit une servitude, soit un droit d'usage ou d'habitation, soit un bail de plus de douze années. Elles sont également sans application lorsque l'acte ou la décision entraîne la suppression de la division de l'immeuble.

Les mêmes indications doivent obligatoirement figurer dans tout bordereau, extrait, expédition ou copie, déposé en vue de l'exécution de la formalité.

(Mod. à compter du 1er janvier 2013, Ord. n° 2010-638, 10 juin 2010) S'il s'agit d'immeubles situés dans les communes où le cadastre a été rénové, et faisant l'objet d'une mutation par décès, d'un acte ou d'une décision judiciaire translatif, déclaratif ou constitutif d'un droit réel susceptible d'hypothèque, la désignation est faite conformément à un extrait cadastral ayant moins de six mois de date au jour de la remise au service chargé de la publicité foncière, et, en cas de changement de limite, d'après les documents d'arpentage établis spécialement en vue de la conservation du cadastre. Cet extrait ou ces documents doivent être remis au service chargé de la publicité foncière à l'appui de la réquisition de la formalité.

Section III. – Obligations des services de la publicité foncière
(Intitulé rempl. à compter du 1er janvier 2013, D. n° 2012-1462, 26 déc. 2012).

Art. 8. – *V. C. civ., art. 2196.*

Art. 8-1 *(D. n° 98-516, 23 juin 1998).* – 1. Pour l'application de l'article 2203-1 du Code civil, le certificat établi à partir du registre des dépôts tenu conformément au deuxième alinéa de l'article 2201 du même code fait apparaître pour chacun des documents acceptés :
- la date et le numéro de dépôt ;
- la qualification juridique de l'acte ;
- le nom de l'officier public ou ministériel rédacteur ou l'indication de l'autorité administrative ou judiciaire ;
- la date de l'acte.

2. Seules figurent dans le certificat délivré les formalités pour lesquelles il existe une complète concordance entre la désignation des immeubles telle qu'elle figure dans la demande de renseignements et celle contenue dans les documents déposés en instance d'enregistrement au fichier immobilier.

3. *(Mod. à compter du 1er janvier 2013, Ord. n° 2010-638, 10 juin 2010)* Un arrêté du secrétaire d'État au budget fixe la liste des services chargés de la publicité foncière dont le registre des dépôts est informatisé.

Art. 9 *(Mod. à compter du 1er janvier 2013, Ord. n° 2010-638, 10 juin 2010).* – Toute réquisition de copie, extrait ou certificat, déposée en application de l'article 2196 du Code civil doit comporter l'identification des personnes du chef desquelles les renseignements sont requis, savoir :

Pour les personnes physiques, les nom et prénoms dans l'ordre de l'état civil, et les date et lieu de naissance ;

Pour les personnes morales, leur dénomination, ainsi que les autres éléments d'identification prévus au 1 de l'article 6.

La réquisition se rapportant à un immeuble déterminé doit comporter la désignation individuelle dudit immeuble, telle qu'elle est définie par décret. Toutefois, les services chargés de la publicité foncière sont fondés à accepter les réquisitions dans lesquelles certains des éléments de cette désignation feraient défaut ; dans ce cas, ils ne sont pas responsables des erreurs résultant de l'insuffisance de la désignation.

Les services chargés de la publicité foncière sont tenus de délivrer les copies, extraits ou certificats du chef seulement des personnes physiques ou morales expressément dénommées dans la réquisition et, quand une réquisition se rapporte à un immeuble déterminé, seulement sur cet immeuble. Toute erreur dans l'orthographe des noms et prénoms ou l'énonciation des prénoms dans l'ordre de l'état civil et des dates et lieu de naissance des personnes physiques, dans la désignation des personnes morales, ou dans la désignation des immeubles, dégage la responsabilité de l'État à raison des renseignements inexacts qu'ils peuvent être amenés à fournir au vu des documents publiés. Il en serait de même en cas de non-concordance entre les indications de ces documents et celles de la réquisition, bien que ces dernières fussent exactes.

Art. 9-1 *(Mod. à compter du 1er janvier 2013, Ord. n° 2010-638, 10 juin 2010).* – Dans les services chargés de la publicité foncière dont le fichier est informatisé, seul un état complémentaire est délivré lorsqu'une réquisition déposée à l'appui d'un document soumis à publicité a été précédée dans un délai fixé par décret d'une demande émanant du même requérant et portant sur les mêmes immeubles.

Art. 10 *(Mod. à compter du 1er janvier 2013, Ord. n° 2010-638, 10 juin 2010).* – Les documents déposés dans les services chargés de la publicité foncière depuis plus de cinquante ans ainsi que ceux produits pour leur exploitation sont versés aux services départementaux d'archives suivant les modalités déterminées par un arrêté des ministres chargés de la culture et du budget. Cette disposition ne s'applique pas aux inscriptions subsistantes.

Les documents postérieurs au 31 décembre 1955, qui sont conservés sur des supports de substitution ou sous forme dématérialisée, sont versés sous ces formes aux services départementaux d'archives.

CHAPITRE II. – PUBLICITÉ DES PRIVILÈGES ET HYPOTHÈQUES

Section I. – Des privilèges

Art. 11 à 14. – *V. C. civ., art. 2103 à 2109, 2111, 2113.*

Art. 15. – Tous privilèges spéciaux ou généraux sur les immeubles autres que ceux visés aux articles 2103 et 2104 nouveaux du Code civil sont transformés en hypothèques légales et sont soumis aux règles édictées pour ces dernières par le Code civil et le présent décret, nonobstant toutes dispositions spéciales contraires.

Section II. – Des hypothèques

Art. 16 à 20. – *V. C. civ., art. 2117, 2122, 2123, 2129, 2130, 2133 à 2145.*

Section III. – Du mode de l'inscription des privilèges et hypothèques

Art. 21 à 25. – *V. C. civ., art. 2146 à 2149, 2154 et 2155.*

Art. 26 *(Mod. à compter du 1er janvier 2013, Ord. n° 2010-638, 10 juin 2010).* – Lorsqu'un document sujet à publicité dans un service chargé de la publicité foncière a fait l'objet d'un refus du dépôt ou d'un rejet de la formalité, le recours de la partie intéressée contre la décision du service chargé de la publicité foncière est porté, dans les huit jours de la notification de cette décision, devant le président du tribunal de grande instance dans le ressort duquel sont situés les immeubles.

Il est statué comme en matière de référé.

L'ordonnance du président du tribunal de grande instance n'est pas susceptible d'exécution provisoire.

En cas d'exercice des voies de recours, il est statué par priorité et d'extrême urgence.

Dès que la décision est passée en force de chose jugée, la formalité litigieuse est, suivant le cas :

- soit définitivement refusée ou rejetée ;
- soit exécutée dans les conditions ordinaires. Dans ce cas, elle prend rang à la date d'enregistrement du dépôt.

Art. 26-1 *(Créé à compter du 1er janvier 2013, D. n° 2012-1462, 26 déc. 2012).* – I. – Pour l'application de l'article 26 et par dérogation au premier alinéa de l'article 751 du Code de procédure civile, les parties ne sont pas tenues de recourir au ministère d'un avocat.

II. – Pour l'application de l'article 26, l'assignation prévue à l'article 485 du Code de procédure civile est délivrée au siège du service chargé de la publicité foncière ayant prononcé la décision de refus ou de rejet contestée.

Section IV. – De la radiation et réduction des inscriptions

Art. 27. – *V. C. civ., art. 2158, 2161 à 2165.*

CHAPITRE III. – PUBLICITÉ DES DROITS SUR LES IMMEUBLES AUTRES QUE LES PRIVILÈGES ET HYPOTHÈQUES

Art. 28 *(Mod. à compter du 1er janvier 2013, Ord. n° 2010-638, 10 juin 2010 ; mod., L. n° 2016-1087, 8 août 2016).* – Sont obligatoirement publiés au service chargé de la publicité foncière de la situation des immeubles :

1° Tous actes, même assortis d'une condition suspensive, et toutes décisions judiciaires, portant ou constatant entre vifs :

a) Mutation ou constitution de droits réels immobiliers, y compris les obligations réelles définies à l'article L. 132-3 du Code de l'environnement, autres que les privilèges et hypothèques, qui sont conservés suivant les modalités prévues au Code civil ;

b) Bail pour une durée de plus de douze années, et, même pour un bail de moindre durée, quittance ou cession d'une somme équivalente à trois années de loyers ou fermages non échus ;

c) Titre d'occupation du domaine public de l'État ou d'un de ses établissements publics constitutif d'un droit réel immobilier délivré en application des articles L. 34-1 à L. 34-9 du Code du domaine de l'État et de l'article 3 de la loi n° 94-631 du 25 juillet 1994 ainsi que cession, transmission ou retrait de ce titre ;

2° Les actes entre vifs dressés distinctement pour constater des clauses d'inaliénabilité temporaire et toutes autres restrictions au droit de disposer, ainsi que des clauses susceptibles d'entraîner la résolution ou la révocation d'actes soumis à publicité en vertu du 1° ; de même, les décisions judiciaires constatant l'existence de telles clauses ; les décisions judiciaires arrêtant ou modifiant le plan de redressement de l'entreprise rendu en application des chapitres II ou III de la loi n° 85-98 du 25 janvier 1985 relative au redressement et à la liquidation judiciaires des entreprises qui prononcent en application des articles 70 ou 89-1 de la loi précitée l'inaliénabilité temporaire d'un bien immobilier compris dans le plan ;

3° Les attestations notariées établies en exécution de l'article 29 en vue de constater la transmission ou la constitution par décès de droits réels immobiliers ;

4° Les actes et décisions judiciaires, énumérés ci-après, lorsqu'ils portent sur des droits soumis à publicité en vertu du 1° :

a) Les actes confirmatifs de conventions entachées de causes de nullité ou rescision ;

b) Les actes constatant l'accomplissement d'une condition suspensive ;

c) Les demandes en justice tendant à obtenir, et les actes et décisions constatant la résolution, la révocation, l'annulation ou la rescision d'une convention ou d'une disposition à cause de mort ;

d) Les décisions rejetant les demandes visées à l'alinéa précédent et les désistements d'action et d'instance ;

e) Les actes et décisions déclaratifs ;

5° *(Abr., L. n° 77-1447, 28 déc. 1977)* ;

6° Les conventions d'indivision immobilière ;

7° La décision du tribunal donnant acte du délaissement hypothécaire, prévue à l'article 2174 du Code civil ;

8° Les actes qui interrompent la prescription acquisitive conformément aux articles 2244 et 2248 du Code civil, et les actes de renonciation à la prescription acquise ;

9° Les documents, dont la forme et le contenu seront fixés par décret, destinés à constater tout changement ou modification du nom ou des prénoms des personnes physiques, et les changements de dénomination, de forme juridique ou de siège des sociétés, associations, syndicats et autres personnes morales, lorsque ces changements intéressent des personnes physiques ou morales au nom desquelles une formalité de publicité a été faite depuis le 1er janvier 1956.

Voir : D. n° 55-1350, 14 oct. 1955, art. 70, p. 2849.

Art. 29. – Dans les délais fixés à l'article 33, toute transmission ou constitution par décès de droits réels immobiliers doit être constatée par une attestation notariée indiquant obligatoirement si les successibles ou légataires ont accepté et précisant, éventuellement, les modalités de cette acceptation.

(Mod. à compter du 1er janvier 2013, Ord. n° 2010-638, 10 juin 2010) Une attestation rectificative doit, le cas échéant, être établie, notamment lorsque la dévolution est modifiée, ou que les successibles exercent ou modifient leur option postérieurement à la publicité de l'attestation notariée. Toutefois, la publication, au même service chargé de la publicité foncière, d'un acte de disposition, par les successibles, dispense ces derniers de faire établir et publier une attestation rectificative.

Les clauses de restitution contenues dans les testaments et les restrictions au droit de disposer dont peuvent être affectées les transmissions par décès, ainsi que toutes les clauses susceptibles d'entraîner la révocation de ces dernières, doivent être reproduites littéralement dans l'attestation notariée relative aux immeubles grevés.

Il n'est pas établi d'attestation notariée si un acte de partage portant sur la totalité des immeubles héréditaires est dressé et publié dans les dix mois du décès.

Art. 30 *(Mod. à compter du 1er janvier 2013, Ord. n° 2010-638, 10 juin 2010)*. – 1. Les actes et décisions judiciaires soumis à publicité par application du 1° de l'article 28 sont, s'ils n'ont pas été publiés, inopposables aux tiers qui, sur le même immeuble, ont acquis, du même auteur, des droits concurrents en vertu d'actes ou de décisions soumis à la même obligation de publicité et publiés, ou ont fait inscrire des privilèges ou des hypothèques. Ils sont également inopposables, s'ils ont été publiés, lorsque les actes, décisions, privilèges ou hypothèques, invoqués par ces tiers, ont été antérieurement publiés.

Ne peuvent toutefois se prévaloir de cette disposition les tiers qui étaient eux-mêmes chargés de faire publier les droits concurrents, ou leurs ayants cause à titre universel.

Les ayants cause à titre particulier du titulaire d'un droit visé au 1° de l'article 28, qui ont publié l'acte ou la décision judiciaire constatant leur propre droit, ne peuvent se voir opposer les actes entre vifs dressés distinctement pour constater des clauses d'inaliénabilité temporaire et toutes autres restrictions au droit de disposer, ou les décisions judiciaires constatant de telles clauses, lorsque lesdits actes ou décisions ont été publiés postérieurement à la publicité donnée à leur propre droit.

La résolution ou la révocation, l'annulation ou la rescision d'un droit visé au 1° de l'article 28, lorsqu'elle produit un effet rétroactif, n'est opposable aux ayants cause à titre particulier du titulaire du droit anéanti que si la clause en vertu de laquelle elle est intervenue a été antérieurement publiée ou si la cause réside dans la loi.

2. Le défaut de publicité des actes de donation visés à l'article 939 du Code civil demeure opposable dans les conditions fixées par l'article 941 du même code.

3. À défaut de publicité, ne peuvent jamais être opposés aux tiers définis par le premier alinéa du 1 :

Les baux, pour une durée supérieure à douze ans ;

Les actes portant cession de loyers ou fermages non échus, pour une durée supérieure à trois ans.

4. Toute personne intéressée qui, ayant publié son propre droit, prouve qu'elle a subi un préjudice à raison soit du défaut de publication avant l'expiration du délai légal, soit de la publicité incomplète ou irrégulière d'un des actes visés aux 3° à 9° de l'article 28, peut demander des dommages et intérêts.

Toutefois, le légataire particulier de droits immobiliers peut, sous réserve de l'application des articles 1035 et suivants du Code civil, se prévaloir de la publication de l'attestation notariée à l'égard des ayants cause du défunt qui n'ont pas publié antérieurement les actes ou décisions judiciaires établissant, à leur profit, des droits concurrents.

Le légataire particulier écarté en vertu des articles 1035 et suivants du Code civil peut, dans le cas où la transmission qui le prive de l'objet du legs n'a pas été publiée, obtenir des dommages et intérêts s'il a lui-même publié son propre droit.

5. Les demandes tendant à faire prononcer la résolution, la révocation, l'annulation ou la rescision de droits résultant d'actes soumis à publicité ne sont recevables devant les tribunaux que si elles ont été elles-mêmes publiées conformément aux dispositions de l'article 28-4°, c, et s'il est justifié de cette publication par un certificat du service chargé de la publicité foncière ou la production d'une copie de la demande revêtue de la mention de publicité.

Art. 31 *(Mod., D. n° 98-516, 23 juin 1998).* – **1.** Dans le cas où plusieurs formalités de nature à produire des effets opposables aux tiers en vertu de l'article précédent sont requises le même jour relativement au même immeuble, celle qui est requise en vertu du titre dont la date est la plus ancienne est réputée d'un rang antérieur, quel que soit l'ordre du registre prévu à l'article 2200 du Code civil.

2. Lorsqu'une formalité obligatoire en vertu des 1° à 3° de l'article 28 est de nature à produire des effets opposables aux tiers en vertu de l'article précédent, et une inscription d'hypothèque, sont requises le même jour relativement au même immeuble, et que l'acte à publier et le titre de l'inscription portent la même date, l'inscription est réputée d'un rang antérieur, quel que soit l'ordre du registre susvisé.

3. Si des formalités concurrentes, obligatoires en vertu des 1° et 3° de l'article 28 et de nature à produire des effets opposables aux tiers en vertu de l'article précédent, sont requises le même jour et si les actes à publier portent la même date, les formalités sont réputées du même rang.

4. Lorsqu'une formalité de nature à produire des effets opposables aux tiers en vertu de l'article précédent, et la publicité d'un commandement valant saisie sont requises le même jour relativement au même immeuble, le rang des formalités est réglé, quel que soit l'ordre qui résulte du registre susvisé, d'après les dates, d'une part, du titre exécutoire mentionné dans le commandement, d'autre part, du titre de la formalité concurrente ; lorsque les titres sont de la même date, la publicité du commandement valant saisie est réputée d'un rang préférable.

5. En toute hypothèse, les inscriptions de séparations de patrimoine prévues par l'article 2111 du Code civil, dans le cas visé au deuxième alinéa de l'article 2113 du même code ainsi que celles des hypothèques légales prévues à l'article 2121 (1°, 2° et 3°) du Code civil sont réputées d'un rang antérieur à celui de toute autre formalité requise le même jour.

Art. 32 *(Mod., D. n° 2012-634, 3 mai 2012 ; L. n° 2016-1547, 18 nov. 2016).* – Les notaires, huissiers, greffiers, commissaires à l'exécution du plan et autorités administratives sont tenus de faire publier, dans les délais fixés à l'article 33, et indépendamment de la volonté des parties, les actes ou décisions judiciaires visés à l'article 28, 1°, 2° et 4° à 9° dressés par eux ou avec leur concours.

Les notaires sont tenus de faire publier les attestations visées à l'article 28, 3°, lorsqu'ils sont requis par les parties de les établir. Ils ont la même obligation lorsqu'ils sont requis d'établir un acte concernant la dévolution de tout ou partie d'une succession ; les successibles doivent, dans ce cas, fournir aux notaires tous renseignements et justifications utiles.

Les avocats sont habilités à procéder aux formalités de publicité foncière, pour les actes prévus au dernier alinéa de l'article 710-1 du Code civil, pour les actes dressés par eux ou avec leur concours.

Art. 33. – Les délais d'accomplissement de la formalité sont fixés comme suit :

A. – Pour les attestations notariées, quatre mois à dater du jour où le notaire a été requis.

La responsabilité des successibles peut être engagée, conformément au premier alinéa de l'article 30-4, si le notaire est requis plus de six mois après le décès, ou, dans les cas où un événement ultérieur modifie la dévolution de la succession, la masse héréditaire ou l'option des successibles, plus de six mois après cet événement.

B. – Pour les décisions judiciaires, trois mois du jour où elles sont devenues définitives, ce délai étant réduit à un mois pour les décisions prononçant la résolution, la révocation, la nullité ou la rescision d'un acte de nature à être publié.

C. – Pour les autres actes, trois mois de leur date.

Toutefois, le délai est réduit à deux mois pour les actes et décisions en vertu desquels peut être requise l'inscription des privilèges prévus aux articles 2108 et 2109 du Code civil.

(Mod. à compter du 1er janvier 2013, Ord. n° 2010-638, 10 juin 2010) Au cas où la publicité doit être opérée dans deux ou plusieurs services chargés de la publicité foncière, les délais ci-dessus prévus sont prorogés d'un mois pour chaque service en sus du premier.

Art. 34 *(Mod. à compter du 1er janvier 2013, Ord. n° 2010-638, 10 juin 2010).* – 1. Nonobstant toutes dispositions spéciales contraires, la publicité requise en vertu des articles qui précèdent donne lieu obligatoirement au dépôt simultané, au service chargé de la publicité foncière, de deux expéditions, extraits littéraux ou copies de l'acte ou de la décision judiciaire à publier.

S'agissant des ventes autres que judiciaires, les expéditions, extraits littéraux ou copies de l'acte doivent comporter une partie normalisée, seule publiée au fichier immobilier, qui contient uniquement les éléments indispensables à la publicité des droits réels et à l'assiette de la contribution prévue à l'article 879 du Code général des impôts, des impôts droits et taxes, selon des modalités fixées par décret en Conseil d'État.

L'un de ces documents est rendu au déposant, après avoir été revêtu par le service chargé de la publicité foncière d'une mention attestant l'exécution de la formalité.

L'autre, qui doit porter la mention de certification de l'identité des parties prescrite par les articles 5 et 6, est conservé au service chargé de la publicité foncière ; un décret fixe les conditions de forme auxquelles ce document doit satisfaire.

2. Le dépôt est refusé :

– Si l'expédition, extrait ou copie qui doit être conservé au service chargé de la publicité foncière ne comporte pas la mention de certification de l'identité des parties ;

– *Si les immeubles ne sont* pas individuellement désignés, avec indication de la commune où ils sont situés ;

– En cas d'inobservation des prescriptions du décret prévu au dernier alinéa du 1 ;

– En cas de défaut de remise de l'extrait cadastral ou des documents d'arpentage visés au cinquième alinéa de l'article 7 ;

– En cas de non-production de la partie normalisée de l'acte visée au deuxième alinéa du 1 du présent article.

3. La formalité est rejetée si, après avoir accepté le dépôt, le service chargé de la publicité foncière constate :

a) soit l'omission d'une des énonciations prescrites par les articles 5, 6 et 7, sous réserve du droit pour les intéressés de redresser les erreurs matérielles de l'expédition, extrait, ou copie, par un document rectificatif prenant effet à la date de son dépôt ;

b) soit une discordance entre, d'une part, les énonciations relatives à l'identification des parties ou à la désignation des immeubles contenues dans le document à publier, et, d'autre part, les énonciations correspondantes contenues dans les titres déjà publiés depuis le 1er janvier 1956, sauf justification de l'exactitude du document à publier ;

c) soit, pour les ventes autres que judiciaires, la production d'une partie normalisée non conforme aux prescriptions du deuxième alinéa du 1 du présent article, sous réserve du droit, pour les intéressés, de redresser les erreurs matérielles de cette partie.

4. Le recours éventuellement formé contre la décision de refus ou de rejet du service chargé de la publicité foncière est soumis aux règles fixées par l'article 26.

5. Lorsqu'il est mentionné dans un acte soumis à publicité, que celui-ci a dû être établi d'urgence avant réception des documents sur la base desquels il doit être procédé à la désignation des personnes et des immeubles, les erreurs ou omissions relatives à cette désignation peuvent être réparées, préalablement à la réquisition de formalité, au moyen soit d'une mention complémentaire apposée par le rédacteur de l'acte à la suite de la minute ou de l'original, soit d'une attestation établie par acte distinct lorsque l'acte a déjà été enregistré ; en ce qui concerne les actes d'huissier de justice, la mention peut être portée, par l'huissier ou par l'avoué intéressé, sur les documents déposés au service chargé de la publicité foncière.

6. Lorsqu'une décision judiciaire soumise à publicité a été rendue sans que les documents visés au 4 aient été communiqués à la juridiction, les erreurs ou omissions relatives à la désignation des personnes et des immeubles peuvent être, préalablement à la réquisition de formalité, rectifiées ou réparées en vertu d'une ordonnance rendue sur requête par le président de la juridiction qui aura statué ou par son délégué, à la demande de la partie intéressée qui doit, à cet effet, communiquer les documents justificatifs. Le président peut, s'il l'estime nécessaire, renvoyer les parties à se pourvoir devant la juridiction.

Art. 34-1 *(D. n° 98-516, 23 juin 1998)*. – 1. Pour l'application du deuxième alinéa du 1 de l'article 34, la partie normalisée relate dans l'ordre les énonciations suivantes :

– date et rédacteur de l'acte ;

– qualification juridique de l'acte complétée, le cas échéant, pour les opérations complexes, d'un exposé sommaire relatant le contexte juridique des dispositions de l'acte soumis à publicité ;

– état civil des parties à l'acte ;

– désignation complète des immeubles ;

– références de publication du titre constituant l'origine de propriété immédiate ;

– références de publication de l'état descriptif de division et de ses modificatifs éventuels pour les fractions d'immeubles. Dans l'hypothèse où l'acte concerne plusieurs immeubles dont l'origine de propriété immédiate résulte de titres distincts, chaque référence de publication doit mentionner l'immeuble concerné par cette énonciation ;

– le cas échéant, autres opérations juridiques devant faire l'objet d'une publication au fichier immobilier ;

– charges et conditions ;

– propriété, entrée en jouissance ;

– prix et modalités de paiement ;

– *(Mod. à compter du 1er janvier 2013, Ord. n° 2010-638, 10 juin 2010)* déclarations nécessaires à la liquidation, à l'assiette ou au contrôle de tous impôts, droits, taxes et de la contribution prévue à l'article 879 du Code général des impôts.

2. Pour permettre le contrôle de l'application du 2 de l'article 34, la partie normalisée doit figurer au début des expéditions, extraits littéraux ou copies déposées et comporter une mention de clôture.

Art. 35 *(Mod. à compter du 1er janvier 2013, Ord. n° 2010-638, 10 juin 2010)*. – Sont publiés au service chargé de la publicité foncière de la situation des immeubles et produisent, vis-à-vis des parties et des tiers, les effets prévus par les dispositions spéciales qui les régissent :

1° Le commandement valant saisie et les différents actes de procédure qui s'y rattachent ;

2° *(Abr. à compter du 1er janvier 2013, L. n° 2011-1862, 13 déc. 2011)* ;

3° *Les ordonnances*, les cessions amiables en matière d'expropriation pour cause d'utilité publique et les accords visés à l'article 6 *bis* de l'ordonnance n° 58-997 du 23 octobre 1958 portant réforme des règles relatives à l'expropriation pour cause d'utilité publique, quel que soit le montant de l'indemnité ;

4° Les procès-verbaux de réorganisation foncière ou de remembrement, les actes d'échange d'immeubles ruraux, les certificats de non-opposition et les ordonnances d'homologation ;

5° Les arrêtés pris en vue du remembrement préalable à la reconstruction ; les projets de remembrement amiable approuvés ;

6° Les règlements de copropriété des immeubles ou ensembles immobiliers ;

7° Les décisions de classement et de déclassement des monuments historiques et des sites ;

8° Les actes ou décisions judiciaires dont la publication est prescrite par les dispositions législatives particulières.

(Mod. à compter du 1er janvier 2013, Ord. n° 2010-638, 10 juin 2010) Les actes, décisions et dispositions énoncés ci-dessus, et les extraits, expéditions, ou copies déposés au service chargé de la publicité foncière pour l'exécution de la formalité sont soumis aux règles générales édictées par le présent décret, notamment par les articles 4 à 7 et 32 à 34 concernant la forme des actes, l'identification des personnes et des biens, les délais et les modalités de la publicité. Toutefois, à titre transitoire, certaines modalités d'application pourront être fixées par décret en Conseil d'État.

Voir : C. expr., art. L. 13-27.

Art. 36 *(Mod. à compter du 1er janvier 2013, Ord. n° 2010-638, 10 juin 2010).* – Sont également publiés pour l'information des usagers, au service chargé de la publicité foncière de la situation des immeubles, par les soins de l'administration compétente, dans les conditions et limites, et sous réserve des exceptions fixées par décret en Conseil d'État :

1° Les procès-verbaux établis par le service du cadastre pour constater les changements intervenus dans la désignation des rues et des numéros d'immeubles, les constructions et démolitions affectant des immeubles inscrits au fichier immobilier et situés dans la partie agglomérée d'une commune urbaine, ainsi que les modifications provenant de décisions administratives ou d'événements naturels (1) ;

2° Les limitations administratives au droit de propriété, et les dérogations à ces limitations.

Art. 37 *(Mod. à compter du 1er janvier 2013, Ord. n° 2010-638, 10 juin 2010).* – 1. – Peuvent être publiées au service chargé de la publicité foncière de la situation des immeubles qu'elles concernent, pour l'information des usagers :

1. Les promesses unilatérales de vente et les promesses unilatérales de bail de plus de douze ans ;
2. Les conventions relatives à l'exercice des servitudes légales.

Les actes ou documents dont la publicité est prévue par le présent article et les extraits, expéditions ou copies déposés au service chargé de la publicité foncière pour l'exécution de la formalité sont soumis aux règles générales édictées par le présent décret, notamment par les articles 4 à 7 et 34 concernant la forme des actes, l'identification des personnes et des biens, et les modalités de la publicité.

2. – Peuvent être publiés dans les mêmes conditions les documents énumérés ci-après auxquels sont annexés ou dans lesquels sont littéralement reproduits des actes soumis ou admis à publicité, quoique ces derniers n'aient pas été dressés en la forme authentique :

1° Demande en justice tendant à obtenir la réitération ou la réalisation en la forme authentique desdits actes ;

2° Procès-verbal notarié constatant le défaut ou le refus du cocontractant ou promettant de procéder auxdites réitération ou réalisation ;

3° Déclaration, par acte notarié, de la volonté du bénéficiaire de l'acte d'exiger lesdites réitération ou réalisation.

Les dispositions de l'article 30 sont applicables à compter du jour de la formalité, lorsque celle-ci est suivie, dans un délai de trois ans, *de la publication* d'un acte authentique ou d'une décision judiciaire constatant la réitération ou la réalisation. En cas d'instance judiciaire, ce délai peut être prorogé par la publication d'une ou plusieurs ordonnances successives rendues à cet effet par le président du tribunal saisi.

CHAPITRE IV. – ENTRÉE EN VIGUEUR ET DISPOSITIONS TRANSITOIRES

Art. 38 *(Mod., D. n° 59-89, 7 janv. 1959).* – Les chapitres I, II et III du présent décret entreront en vigueur le 1er janvier 1956.

(1) D. 14 oct. 1955, art. 28, p. 2825 et art. 73, p. 2853.

(Mod. à compter du 1er janvier 2013, Ord. n° 2010-638, 10 juin 2010) Leurs dispositions ne seront pas applicables aux actes authentiques intervenus, aux actes sous seings privés ayant acquis date certaine, aux décisions judiciaires devenues définitives et aux transmissions par décès opérées, avant le 1er janvier 1956. Ces actes, décisions et transmissions par décès seront régis, quant à l'obligation de la publicité et à leurs effets, par la législation antérieure. Toutefois, en ce qui concerne les ventes d'immeubles publiées à partir du 1er mars 1955, le privilège du vendeur ou du prêteur qui a fourni les deniers pour l'acquisition, prévu à l'article 2108 du Code civil, ne pourra être conservé, à partir de cette date, que par une inscription prise, sans aucune perception au profit du Trésor, à la diligence des parties, dans un délai de deux mois à compter de la date de l'acte de vente, le délai expirant uniformément le 30 avril 1955 pour tous les actes d'une date antérieure au 1er mars 1955. En outre, tout extrait, expédition ou copie déposé dans un service chargé de la publicité foncière à partir du 1er janvier 1956 devra contenir les éléments d'identification des personnes et des immeubles exigés par les articles 5, 6 et 7, quelle que soit la date des actes, décisions ou transmissions par décès ; de même, tout bordereau déposé à partir de la même date devra être conforme aux dispositions des articles 2146, 2148 et 2154 nouveaux du Code civil.

Les privilèges, les hypothèques légales de la femme mariée et du mineur ou de l'interdit ainsi que les hypothèques judiciaires, inscrits antérieurement au 1er janvier 1956, seront soumis, quant à leurs effets, aux dispositions du Code civil antérieures au présent décret ou des lois spéciales les concernant ; en particulier, les hypothèques légales conserveront le rang qui leur est attribué par les dispositions de l'article 2135 du Code civil, dans son texte antérieur au présent décret. La transcription opérée avant le 1er mars 1955 ne conserve le privilège prévu à l'article 2108 du Code civil que pendant dix ans, à défaut de renouvellement de l'inscription d'office avant l'expiration de ce terme.

Les privilèges et les hypothèques légales dispensés d'inscription par la législation antérieure et non encore inscrits au 1er janvier 1956 devront, pour conserver le rang qui leur est attribué par cette législation, faire l'objet d'une inscription dans les formes prévues par l'article 2148 nouveau du Code civil, avant le 1er janvier 1957. Jusqu'à cette date, la purge des hypothèques existant sur les immeubles appartenant à des maris ou à des tuteurs pourra être faite conformément aux articles 2193 à 2195 du Code civil et aux dispositions du chapitre I du titre IV du décret du 28 février 1852. À compter du 1er janvier 1957, le présent décret sera applicable pour la conservation de tous les privilèges et hypothèques.

Art. 39. – Pendant une période dont l'expiration sera fixée par décret en Conseil d'État et dont la durée ne pourra être inférieure à cinq ans, la publicité au fichier immobilier pourra être volontairement requise, sans aucune perception au profit du Trésor, pour ceux des actes authentiques intervenus, des actes sous seings privés ayant acquis date certaine, des décisions judiciaires devenues définitives, des transmissions par décès opérées, avant le 1er janvier 1956 :

– Qui n'étaient pas soumis à la publicité sous le régime antérieur, mais y auraient été soumis ou admis en vertu du présent décret ;

– Qui, soumis à la publicité en vertu du présent décret, y étaient déjà soumis sous le régime antérieur et ont été publiés sous ce régime.

Dans cette dernière hypothèse, la formalité prend rang à la date de la formalité primitive et produit les mêmes effets.

Le dépôt est refusé, ou la formalité rejetée, dans les conditions prévues à l'article 34.

Art. 40. – *(Mod. à compter du 1er janvier 2013, Ord. n° 2010-638, 10 juin 2010)* Par dérogation au dernier alinéa de l'article 7, la première formalité requise après le 1er janvier 1956 et portant sur un immeuble situé dans une commune à cadastre rénové, même si elle n'a pas pour objet de publier une mutation par décès, un acte ou une décision judiciaire translatif, déclaratif ou constitutif d'un droit réel susceptible d'hypothèque, donne lieu, sous peine de rejet dans les conditions prévues à l'article 34, à la remise au service chargé de la publicité foncière d'un extrait cadastral concernant l'immeuble intéressé.

Les dispositions de l'alinéa précédent ne sont pas applicables aux conventions visées à l'article 2149 nouveau du Code civil.

Art. 41 et 42 *(Abr. à compter du 1er janvier 2013, D. n° 2012-1462, 26 déc. 2012).*

Art. 42-1 *(D. n° 98-516, 23 juin 1998).* – Pour l'application des dispositions du sixième alinéa de l'article 2148 du Code civil et du *b* du 3 de l'article 34 du présent décret, le contrôle de concordance des éléments d'identification des personnes morales visées au *c* du 1 de l'article 6 du présent décret sera limité à la dénomination et au numéro d'identité à partir de la deuxième formalité accomplie après le 1er juillet 1998.

Art. 43. – Les dispositions du premier alinéa de l'article 2196 nouveau du Code civil et celles de l'article 10 du présent décret sont respectivement applicables à la délivrance des copies ou extraits des documents déposés dans les conservations avant le 1er janvier 1956, et au versement de ces documents dans les centres d'archives spéciaux et aux archives nationales ou départementales.

Art. 44. – Les renonciation, cession ou subrogation consenties, au profit des tiers acquéreurs ou prêteurs, avant l'entrée en vigueur du décret du 14 juin 1938, modifiant l'article 2135 du Code civil, par une femme mariée bénéficiaire d'une hypothèque légale ou judiciaire garantissant la pension alimentaire judiciairement allouée, pour elle ou ses enfants, produiront tous les effets prévus à l'avant-dernier alinéa de l'article 2135 du Code civil dans son texte antérieur au présent décret, même si ces actes ne contiennent pas la renonciation expresse de la femme.

Il en sera de même en cas de concours de la femme à la vente.

Art. 45. – Les dispositions du deuxième alinéa de l'article 2133 nouveau du Code civil sont applicables à toutes les hypothèques, même constituées avant le 1er janvier 1956.

CHAPITRE V. – DISPOSITIONS DIVERSES

Art. 46. – 1. Cesseront d'être applicables à compter du 1er janvier 1956 :

– L'article 18 de la loi du 21 ventôse an VII relative à l'organisation de la conservation des hypothèques ;

– La loi du 23 mars 1855 sur la transcription en matière hypothécaire, et les divers textes qui l'ont complétée ou modifiée, notamment le décret du 30 octobre 1935, modifiant le régime de la transcription, et la loi du 24 mai 1951, organisant la publicité des insuffisances de prix ou d'évaluation constatées dans les actes soumis à la formalité de la transcription, sous réserve des dispositions du 2 du présent article ;

– L'article 2153 du Code civil ;

– Les articles 2193 à 2195 du Code civil et le chapitre I du titre IV du décret du 28 février 1852 sur les sociétés de crédit foncier, modifié par la loi du 10 juin 1853, sous réserve des dispositions transitoires prévues à l'alinéa 4 de l'article 38 du présent décret ;

– La loi du 3 septembre 1807 relative aux inscriptions hypothécaires en vertu de jugements rendus sur des demandes en reconnaissance d'obligations sous seing privé.

2. Les trois derniers alinéas de l'article 4 de la loi modifiée du 23 mars 1855 sont abrogés.

Art. 47. – Toute soumission constatant une insuffisance de prix ou d'évaluation de biens ou droits immobiliers est établie en triple exemplaire et, dans les trois mois de son acceptation, l'un des originaux est déposé au rang des minutes du notaire rédacteur de l'acte, sous peine d'une amende civile égale au vingtième de l'insuffisance reconnue, à la charge de la partie débitrice des droits.

Le dépôt est effectué à la suite de la minute de l'acte.

Art. 48. – 1. (V. *D. 14 juin 1938 ; C. assur., art. L. 327-1 à 327-4*).

2. *(Abr., L. n° 74-1078, 21 déc. 1974).*

3. Les dispositions du présent article entreront en vigueur le 1er janvier 1956.

Art. 49. – V. *CPC, art. 679.*

Art. 50. – V. *C. civ., art. 2200.*

Art. 50-1 *(D. n° 59-89, 7 janv. 1959).* – Lorsqu'il n'a pas été transcrit ou publié de document analogue à l'état descriptif de division d'un immeuble visé à l'alinéa 3 de l'article 7, tout intéressé peut requérir un notaire d'en établir un, en vue de la publication d'un acte ou d'une décision concernant une fraction dudit immeuble.

Les propriétaires ou leurs représentants sont tenus de communiquer au notaire tous actes ou documents nécessaires.

Si un ou plusieurs propriétaires contestent l'état descriptif ainsi établi, le notaire complète celui-ci, avant d'en requérir la publication, par un procès-verbal constatant les réserves des opposants.

Les dispositions qui précèdent sont applicables lorsque le document transcrit ou publié attribue un même numéro à plusieurs lots différents, ou lorsqu'une subdivision ou une réunion des lots désignés par ce document a été opérée sans qu'il ait été transcrit ou publié un document analogue à l'état modificatif visé à l'alinéa 3 de l'article 7.

Art. 50-2 *(D. n° 59-89, 7 janv. 1959)*. – En ce qui concerne les formalités de publicité requises sans le concours du titulaire du droit, la désignation de la fraction d'immeuble intéressée est faite sur la base d'un procès-verbal descriptif, dressé par un huissier de justice et attribuant un numéro à ladite fraction, lorsque l'état descriptif de division ou un document analogue n'a pas été préalablement publié ou que sa publication n'est pas simultanément requise.

Il en est de même lorsque la fraction d'immeuble intéressée a été, postérieurement à la publication du document constatant le droit du requérant, soit divisée, soit réunie en tout ou en partie à un autre lot, sans qu'un acte modificatif de l'état de division ait été publié.

Dans le cas où le document à publier n'est pas un commandement pour valoir saisie, l'huissier de justice doit être commis par ordonnance sur requête rendue par le président du tribunal de grande instance de la situation de l'immeuble et peut instrumenter dans les conditions prévues au dernier alinéa de l'article 673 du Code de procédure civile.

Art. 50-3 *(D. n° 59-89, 7 janv. 1959)*. – Pour les formalités de publicité requises sans le concours du titulaire du droit, le signataire du certificat d'identité peut se faire communiquer, par ledit titulaire ou par toute personne susceptible de les fournir, les documents nécessaires à l'établissement du certificat prévu aux articles 5 et 6 du décret du 4 janvier 1955 et, à défaut, les renseignements permettant d'obtenir lesdits documents.

Le signataire du certificat d'identité peut également obtenir les renseignements d'identité nécessaires à la rédaction dudit certificat des administrations, services ou établissements publics de l'État, des départements et des communes et des établissements nationalisés, sans que le secret administratif ou professionnel puisse lui être opposé.

En cas de saisie, l'huissier de justice doit énoncer au commandement les documents communiqués ou les renseignements recueillis.

Art. 51 *(D. n° 59-89, 7 janv. 1959)*. – Des décrets pris sur le rapport du garde des Sceaux, ministre de la Justice, du ministre de l'Économie et des Finances, du ministre de l'Agriculture, du ministre du Travail, du ministre de l'Équipement et du Logement et du secrétaire d'État à l'économie et aux finances, déterminent les modalités d'application du présent décret et, notamment, des articles 1er à 3, 7, 28-9°, 29, 32, 34 à 36, 39 et 40, ainsi que les articles 2136, 2137, 2148 et 2154 nouveaux du Code civil.

Ils fixent en particulier :

– Les conditions d'application de l'article 2, en cas de modification des désignations cadastrales ou de changement de limite, et les modalités selon lesquelles les dispositions de l'article 816 du Code général des impôts devront être modifiées en vue de la conservation du cadastre ;

– Les justifications à produire en vue de l'application de l'article 3, ainsi que les conditions du refus du dépôt ou du rejet de la formalité ;

– La liste des organismes habilités à certifier l'identité des personnes physiques ou morales conformément aux articles 5 et 6 ;

– Les modalités du refus du dépôt ou du rejet de la formalité en application des articles 34, 39, 40 et 48 du présent décret et des articles 2148, 2149 et 2154 nouveaux du Code civil ;

– Les éléments de la désignation individuelle des immeubles exigée par les articles 2146, dernier alinéa, 2148, cinquième alinéa, 2149, dernier alinéa, du Code civil et les articles 9, quatrième alinéa, et 34-2 du présent décret ;

– Les règles spéciales régissant la publicité des actes, décisions et bordereaux concernant les droits sur les mines, en vue de la constitution d'un fichier des mines, et, notamment, les cas de refus du dépôt et de rejet de la formalité.

Art. 52. – Il n'est pas dérogé aux dispositions du chapitre III de la loi du 1er juin 1924, régissant les droits sur les immeubles situés dans les départements du Haut-Rhin, du Bas-Rhin et de la Moselle.

Art. 53 *(Abr. à compter du 1er janvier 2013, D. n° 2012-1462, 26 déc. 2012).*

Art. 54. – Les dispositions de l'article 2 du décret n° 53-176 du 9 mars 1953 cesseront d'être applicables à l'expiration d'un délai qui sera fixé par décret et qui ne pourra être supérieur à dix ans à partir de la date du présent décret.

Art. 55 *(Abr. à compter du 1er janvier 2013, D. n° 2012-1462, 26 déc. 2012).*

Décret n° 55-1350 du 14 octobre 1955

pour l'application du décret n° 55-22 du 4 janvier 1955 portant réforme de la publicité foncière

(JO 15 oct.)

TITRE PREMIER. – DU FICHIER IMMOBILIER

CHAPITRE I. – DISPOSITIONS APPLICABLES AUX IMMEUBLES SITUÉS DANS LES COMMUNES À CADASTRE RÉNOVÉ

Section I. – Composition et tenue du fichier

Art. 1er *(Mod. à compter du 1er janvier 2013, D. n° 2012-1462, 26 déc. 2012).* – Le fichier immobilier, dont la tenue est prescrite, à compter du 1er janvier 1956, par l'article 1er du décret du 4 janvier 1955, se compose, pour chaque commune du ressort du service de la publicité foncière :

– des fiches personnelles de propriétaire ;
– des fiches parcellaires.

En outre, des fiches d'immeubles sont tenues pour les immeubles urbains définis à l'article 2.

Art. 2 *(D. n° 70-512, 12 juin 1970).* – 1. Sont considérés comme immeubles urbains tous immeubles situés dans les communes qui, avant l'entrée en vigueur de la loi du 10 juillet 1964, dépendaient du département de la Seine et dans les parties agglomérées, telles qu'elles résultent des tableaux de dénombrement de la population, des communes de plus de 10 000 habitants énumérées au tableau 3 annexé au décret n° 54-1088 du 30 octobre 1954 authentifiant les résultats du recensement du 10 mai 1954.

Ne cesseront pas d'être considérés comme urbains les immeubles situés dans des communes qui comptent plus de 10 000 habitants d'après les résultats du recensement du 10 mai 1954 et dont la population tombera au-dessous de ce chiffre d'après un nouveau décret de dénombrement.

Les immeubles situés dans les communes comptant moins de 10 000 habitants d'après les résultats du recensement du 10 mai 1954 et dont la population atteindra ce chiffre, d'après un nouveau décret de dénombrement, seront, à partir de l'entrée en vigueur de ce texte, considérés comme urbains.

2. Sont également considérés comme immeubles urbains, quelle que soit leur situation, les immeubles ou ensembles immobiliers qui font l'objet d'un lotissement, d'une division ou d'une copropriété dans le cadre, soit d'un cahier des charges établi par application des articles 89 *bis* ou 107 *(abrogés)* du Code de l'urbanisme et de l'habitation, soit d'un règlement de copropriété établi par application de la loi modifiée du 28 juin 1938 tendant à régler le statut des immeubles divisés par appartements (1).

3. Tous les autres immeubles sont considérés comme immeubles ruraux.

Art. 3 *(Mod., à compter du 1er janvier 2013, D. n° 2012-1462, 26 déc. 2012).* – Les fiches sont conformes aux modèles annexés au présent décret. Toutefois, un arrêté du directeur général des finances publiques peut apporter des modifications à ces modèles pour tenir compte de la situation particulière de certaines communes.

Les fiches sont fournies par l'Administration.

(1) L. n° 65-557, 10 juill. 1965, p. 2868.

§ 1. – Fiches personnelles de propriétaire

Art. 4 *(Mod., D. n° 59-90, 7 janv. 1959 ; D. n° 67-1252, 22 déc. 1967)*. – 1. Il est établi, pour chaque propriétaire, une fiche personnelle par commune dans laquelle ce propriétaire possède des immeubles.

En cas d'indivision, une fiche personnelle est établie au nom de chacun des copropriétaires indivis.

Lorsqu'un immeuble est grevé d'un droit d'usufruit, d'emphytéose, d'usage, d'habitation, de superficie, ou fait l'objet d'un bail de plus de douze ans, des fiches personnelles sont établies, d'une part, au nom du nu-propriétaire ou du propriétaire, d'autre part, au nom de l'usufruitier, de l'emphytéote, de l'usager, du titulaire du droit d'habitation ou de superficie ou du preneur.

Une fiche personnelle n'est établie au nom du titulaire d'un droit sur un immeuble que si ce droit est actuel ou soumis à la réalisation d'une condition suspensive expressément stipulée dans un titre publié.

En cas d'usufruits successifs, seule est établie la fiche personnelle du premier usufruitier.

Il n'est pas établi de fiche personnelle au nom des propriétaires d'une fraction d'immeuble lorsque leur identité n'est pas certifiée et que le document à publier est établi à la requête du représentant de la collectivité des copropriétaires.

2. Il est créé une fiche personnelle lors de la première formalité de publicité opérée à partir du 1er janvier 1956, en exécution des articles 28, 35 à 37 et 39 du décret du 4 janvier 1955 ; une fiche est également créée si la première formalité est une inscription d'hypothèque ou de privilège ou une inscription prise en renouvellement.

Par exception, il n'est pas créé de fiche personnelle au nom des associations syndicales constituées en vertu des articles 23 à 26 de la loi modifiée des 11 octobre 1940 – 12 juillet 1941, pour annoter le transfert des immeubles dont les associations deviennent propriétaires de plein droit. Ceux-ci restent répertoriés sur les fiches personnelles des anciens propriétaires, qui sont annotées, au cadre A du tableau III, dans la colonne « Observations », d'une mention de référence à la date et au numéro de classement dans les archives de la liste prévue à l'article 43 de l'arrêté du 11 octobre 1946 ; s'il s'agit d'un immeuble urbain, l'annotation est faite au cadre A du tableau III de la fiche d'immeuble visée à l'article 10. Cette mention est radiée après l'annotation du transfert de propriété, en exécution de l'article 45 de l'arrêté précité, sur les fiches personnelles des membres des associations syndicales et, le cas échéant, sur les fiches d'immeuble.

Art. 5 *(Mod. à compter du 1er janvier 2013, D. n° 2012-1462, 26 déc. 2012)*. – 1. Le service de la publicité foncière mentionne :

– au tableau I, la liste des immeubles urbains, au sens de l'article 2 du présent décret, quelle que soit leur nature (terrains nus, bâtiments, appartements, etc.), chaque immeuble étant désigné par la section et le numéro du plan cadastral, le nom de la rue et le numéro, ou à défaut, le lieudit ; les formalités concernant les immeubles urbains sont répertoriées au tableau III des fiches d'immeuble prévues à l'article 10 ci-après ;

– au tableau II, le détail des immeubles ruraux, au sens du même texte, chaque îlot de propriété ou parcelle – suivant le mode du numérotage du plan cadastral – étant désigné par la section et le numéro du plan cadastral et recevant un numéro d'ordre ;

– au tableau III, les formalités répertoriées concernant les immeubles ruraux avec, notamment, pour chacune d'elles, l'indication :

– de sa date et du numéro de classement dans les archives ;

– de la date des actes, décisions judiciaires ou documents, de la nature des conventions, clauses ou inscriptions publiées ;

– de l'officier public ou ministériel ou de l'autorité judiciaire ou administrative ;

– du montant en principal du prix, de l'évaluation ou de la soulte ;

– du montant de la créance et de l'ensemble des accessoires garantis, et, le cas échéant, du taux d'intérêt et de l'existence d'une clause de réévaluation ;

– de la date extrême d'exigibilité de la créance ;

– *du domicile élu par le créancier* ;

– de la date extrême d'effet de l'inscription.

Ne donnent lieu à aucune annotation les mentions portées, par application de l'article 2149 du Code civil, en marge des inscriptions prises avant le 1er janvier 1956, ainsi que les mentions portées en marge des copies de commandement valant saisie publiées avant la même date.

Dans le cadre B du tableau III, sont répertoriés les bordereaux, actes ou décisions relatifs à des privilèges, hypothèques (inscriptions, renouvellements, mentions), saisies, restrictions au droit de disposer, clauses résolutoires, demandes en justice, baux, servitudes passives, droits de superficie, d'usage, d'habitation, antichrèses et, d'une manière générale, tous droits grevant les immeubles.

Dans le cadre A sont répertoriés tous les autres actes ou décisions judiciaires.

2. Les annotations concernant les immeubles ruraux énoncés, dans les documents déposés, comme acquis par les deux époux, sont portées, aux tableaux II et III de la fiche personnelle du mari, la fiche personnelle de la femme étant annotée d'un simple renvoi à celle du mari.

Les mêmes immeubles énoncés, dans les documents déposés, comme acquis par un seul des époux sont mentionnés exclusivement sur la fiche de l'époux intéressé.

Sous réserve de l'application éventuelle de l'article 34-3, les formalités ultérieures portant sur lesdits immeubles et concernant les deux époux ou l'un d'eux sont annotées sur les fiches personnelles où figurent, en vertu des deux alinéas précédents, les annotations relatives à l'acquisition.

S'il s'agit d'immeubles urbains, les annotations des acquisitions et des aliénations sont faites, tant sur les fiches personnelles (tableau I) des époux intéressés, selon les distinctions prévues en ce qui concerne les immeubles ruraux, que sur les fiches d'immeubles visés à l'article 10, ces dernières recevant également les annotations relatives aux autres formalités.

3. Les fiches personnelles créées, à l'occasion de la publication d'une attestation notariée après décès constatant la dévolution de biens indivis, au nom des différents successibles ou légataires, ou existant déjà à leur nom, comportent de simples renvois à la fiche du *de cujus* jusqu'à la publication d'un acte faisant cesser l'indivision. La fiche personnelle du *de cujus* est annotée des noms de tous les indivisaires et de la part revenant à chacun d'eux, lorsqu'elle est indiquée dans l'attestation.

4. Lorsqu'une formalité est requise du chef du bénéficiaire d'un droit éventuel, aux termes d'un document faisant expressément état dudit droit, l'annotation de la formalité est faite exclusivement sur la fiche du titulaire du droit actuel ou conditionnel, par application du quatrième alinéa du 1 de l'article 4 du présent décret.

Art. 6 *(Mod. à compter du 1er janvier 2013, D. n° 2012-1462, 26 déc. 2012).* – Lorsqu'il est établi plusieurs fiches personnelles au nom d'une même personne, ces fiches sont numérotées et portent une mention de référence entre elles ; elles sont classées ensemble, dans l'ordre chronologique de leur création, pour permettre de déterminer immédiatement la situation patrimoniale de chaque personne.

Dans le ressort de chaque service de la publicité foncière, les fiches personnelles préalablement groupées par personne, dans l'ordre croissant de leur numéro de création, font l'objet, pour les personnes physiques, d'un classement alphabétique, par noms patronymiques, dans les conditions fixées par arrêté du directeur général des impôts.

Les fiches établies au nom des personnes morales font l'objet d'un classement à part, selon les modalités fixées par le même arrêté.

Il est procédé périodiquement à l'apurement du fichier. À cet effet, les fiches personnelles sur lesquelles aucune annotation n'a été opérée depuis plus de cinquante ans sont extraites et classées à part.

Art. 7 *(D. n° 67-1252, 22 déc. 1967).* – À compter du 1er janvier 1956 il n'est plus porté d'annotation au registre dont la tenue est prescrite par l'article 18 de la loi du 21 ventôse an VII.

Les fiches personnelles de propriétaire sont créées même pour constater la publication d'un acte ou d'une décision judiciaire révélant une diminution du patrimoine (vente, expropriation, attestation notariée après décès, donation-partage, etc.).

§ 2. – Fiches parcellaires

Art. 8. – La fiche parcellaire fait apparaître, pour chaque îlot de propriété ou parcelle, la liste des mutations de propriété successives dont il a fait l'objet, par voie de référence aux documents publiés.

Toutefois, dans le cas où un îlot de propriété ou une parcelle a donné lieu à l'établissement d'une fiche d'immeuble, il n'est fait aucune référence aux documents publiés : un simple renvoi à ladite fiche est mentionné en regard du numéro du plan cadastral.

Art. 9. – Les fiches parcellaires sont classées dans une série distincte par commune, et, pour chaque commune, dans l'ordre alphabétique des sections et dans l'ordre croissant des numéros du plan cadastral.

§ 3. – Fiches d'immeuble

Art. 10 *(Mod. à compter du 1er janvier 2013, D. n° 2012-1462, 26 déc. 2012).* – Une fiche d'immeuble est établie pour chaque immeuble urbain et pour chaque fraction d'immeuble urbain au sens de l'article 2.

Le service de la publicité foncière mentionne, indépendamment de la section et du numéro du plan cadastral, du nom de la rue et du numéro, ou, à défaut, du lieudit :

– au tableau I, la nature de l'immeuble et, pour les fractions d'immeuble, le numéro de lot que concerne la fiche, ainsi que les modifications apportées par la suite à sa consistance ;

– au tableau II, le lotissement ou la division, s'il y a lieu ;

– au tableau III, les formalités intéressant, suivant le cas, la totalité de l'immeuble, ou chaque lot ou appartement le composant, ce tableau étant utilisé, dans les conditions prévues à l'article 5, pour la fiche personnelle.

Art. 11. – En cas de division ultérieure d'un immeuble urbain en fractions divises – comportant ou non des fractions indivises – il est créé, au moment de l'attribution effective de chaque lot à un nouveau propriétaire et pour chacune des fractions divises, une fiche particulière sur laquelle sont portées les annotations concernant uniquement la fraction intéressée. Dans cette hypothèse, la fiche originaire, dite fiche générale, est annotée, au tableau II, du lotissement ou de la division, ainsi qu'il est indiqué à l'article 10, et au tableau III, de toutes les formalités intéressant l'ensemble de l'immeuble.

Par dérogation à l'alinéa précédent, en cas de partage en nature entre tous les membres d'une société régie par la loi modifiée du 28 juin 1938 (1) de la totalité des appartements d'un immeuble urbain, les fiches particulières des fractions divises ne sont créées qu'à l'occasion de la première opération (vente, affectation hypothécaire, etc.) concernant chacune desdites fractions.

Il est également créé des fiches particulières pour chaque fraction divise au fur et à mesure que les formalités sont répertoriées, s'il est constaté, à l'occasion de la publication opérée, à partir du 1er janvier 1956, d'un acte ou d'une décision judiciaire concernant l'une de ces fractions, qu'un immeuble urbain a été antérieurement divisé en copropriété. La fiche générale est créée en même temps que la première fiche particulière ; elle est annotée au tableau II, au fur et à mesure des aliénations ou attributions des lots en faisant l'objet et, au tableau III, de toutes les formalités requises postérieurement à sa création intéressant l'ensemble de l'immeuble, qu'il n'y a pas lieu de répertorier sur chaque fiche particulière.

Art. 12 *(Rempl. à compter du 1er janvier 2013, D. n° 2012-1462, 26 déc. 2012).* – Dans chaque service de la publicité foncière, les fiches d'immeubles sont classées dans une série distincte par commune selon les modalités fixées par arrêté du directeur général des finances publiques.

§ 4. – Forme et modalités des annotations

Art. 13 *(Mod. à compter du 1er janvier 2013, D. n° 2012-1462, 26 déc. 2012).* – Les fiches sont annotées de façon nette et lisible, à l'encre noire indélébile ; par exception, la date extrême d'effet des inscriptions de privilège ou d'hypothèque est indiquée à l'encre rouge indélébile.

Les annotations sont rédigées en une forme claire et brève.

L'usage de cachets ou composteurs est autorisé, ainsi que l'emploi des abréviations courantes.

Les traits doivent être tirés à la règle.

Les *surcharges* et *grattages* sont *interdits*.

Au tableau III des fiches personnelles de propriétaire et des fiches d'immeuble, une ligne est laissée en blanc entre chaque formalité.

(1) V. L. n° 71-579, 16 juill. 1971.

Les annotations entachées d'erreurs imputables aux agents des services de la publicité foncière sont annulées par rature à l'encre noire dès la découverte des erreurs et rétablies à la suite. L'annulation est émargée de la date de la rectification et de la signature ou du paraphe de l'agent du service de la publicité foncière dûment habilité à procéder à la régularisation des annotations erronées.

Art. 14. – 1. Toute annotation, dans l'en-tête ou l'un des tableaux d'une fiche, qui perd son caractère d'actualité par suite de la publication postérieure d'un autre document ou par l'effet de la loi est soulignée par un trait à l'encre rouge ; le cas échéant, le motif est précisé dans la colonne « Observations ».

2. Les immeubles inscrits aux tableaux I et II des fiches personnelles sont soulignés à l'encre rouge, lorsqu'à la suite d'une mutation ils sont portés sur la fiche personnelle du nouveau propriétaire ; de même, sont soulignées à l'encre rouge les formalités annotées au tableau III des fiches personnelles de propriétaire ou des fiches d'immeuble qui ne présentent plus aucun intérêt pour apprécier la situation juridique actuelle d'un immeuble (inscriptions hypothécaires ou saisies radiées ou périmées, baux résiliés, etc.).

Art. 15. – Le transfert d'un immeuble rural, au sens de l'article 2 du tableau II de la fiche personnelle de l'ancien propriétaire au tableau II de la fiche personnelle du nouveau propriétaire, s'accompagne du report sur cette dernière fiche des annotations, quelle que soit leur date, figurant aux cadres A et B du tableau III, relatives aux servitudes et de toutes les autres annotations remontant à moins de cinquante ans portées au cadre B dudit tableau III, relatives aux charges et restrictions, continuant à grever l'immeuble transféré ; de même, sont reportés les hypothèques et privilèges non périmés. Toutes les annotations reportées sont soulignées à l'encre rouge sur la fiche personnelle de l'ancien propriétaire.

Lorsqu'une inscription d'hypothèque ou de privilège grève plusieurs immeubles et que certains d'entre eux, seulement, sont transférés sur une autre fiche personnelle, il est indiqué, dans la colonne « Observations », en regard de l'inscription, tant sur la fiche personnelle de l'ancien propriétaire que sur celle du nouveau propriétaire, la mention « Affecté avec d'autres immeubles ».

Art. 16. – Les dispositions de l'article précédent sont applicables aux seuls droits, charges, restrictions, hypothèques ou privilèges ayant fait l'objet d'une publication à partir du 1er janvier 1956.

Art. 16-1 *(D. n° 79-405, 21 mai 1979 ; D. n° 98-553, 3 juill. 1998).* – Les extinctions ou extensions de droits, prévues à l'article 6-1 de la loi n° 65-557 modifiée du 10 juillet 1965, sont publiées au fichier immobilier du seul fait de l'annotation des formalités qui les entraînent.

Toutefois, en cas d'acquisition de parties communes entraînant changement de l'emprise de la copropriété, l'extension de droits prévue à l'alinéa 2 de l'article 6-1 susvisé est publiée sur le dépôt de deux expéditions de l'acte modificatif ou de l'acte distinct qui contient la déclaration, par le syndic ou un créancier inscrit, que, le bien acquis étant libre de tous droits à la date de la mutation ou ayant été, par suite des formalités ou des événements relatés, libéré des droits dont il était l'objet, cette extension est réalisée.

En cas d'inexactitude de la déclaration en ce qui concerne l'inexistence de droits, la formalité est rejetée.

Section II. – Concordance du fichier immobilier et du cadastre

Art. 17. – La concordance du fichier immobilier et du cadastre, prévue à l'article 2 du décret du 4 janvier 1955, est assurée dans les conditions fixées aux articles 18 à 31, dont les dispositions sont applicables à *compter du 1er janvier* 1956, quelle que soit la date des actes, décisions ou transmissions par décès.

Art. 18. – V. *CGI, art. 860.*

Art. 19 *(Mod., D. n° 70-548, 22 juin 1970).* – En cas de changement de limite de propriété, le document d'arpentage établi spécialement en vue de la conservation du cadastre est annexé à l'extrait d'acte prévu à l'article 860 du Code général des impôts.

Art. 20 *(Rempl. à compter du 1er janvier 2013, D. n° 2012-1462, 26 déc. 2012).* – L'extrait d'acte modèle n° 1 remis au service de la publicité foncière par application de l'article 860 du Code général des impôts constitue à la fois l'extrait d'acte prévu à cet article et l'extrait cadastral dont la remise est prescrite par l'article 7 du décret [n° 55-22] du 4 janvier 1955 susvisé à l'appui de tout document déposé en vue de publier au fichier immobilier une mutation par décès, un acte ou une décision judiciaire translatif, déclaratif, constitutif ou extinctif d'un droit de propriété, d'usufruit, d'emphytéose ou de superficie.

Art. 21 *(D. n° 98-553, 3 juill. 1998).* – 1. L'extrait cadastral prévu au dernier alinéa de l'article 7 modifié du décret n° 55-22 du 4 janvier 1955 modifié est établi par le service du cadastre. À défaut, le dépôt est refusé.

2. À titre dérogatoire, pour les formalités relatives à des ventes de lots de copropriété en l'état futur d'achèvement ou pour les formalités dépendantes d'un état descriptif de division en copropriété en cours de publication, le rédacteur de l'acte peut établir l'extrait visé au 1 pour les lots concernés par ces mutations.

Cet extrait doit être établi au vu d'un extrait cadastral, afférent aux parcelles d'assise de l'état descriptif de division, délivré par le service du cadastre depuis moins de six mois au jour où la formalité est requise.

Art. 22 *(Mod., D. n° 2012-634, 3 mai 2012).* – L'extrait cadastral est complété, pour valoir extrait d'acte, par les notaires, huissiers, greffiers, avocats et autorités administratives. Ceux-ci y portent notamment l'indication de la date et de la nature de l'acte, du prix ou de l'évaluation des immeubles - de la soulte, s'il y a lieu - du nom et de la qualité de l'officier public ou ministériel, ou de l'autorité administrative, ainsi que la désignation des parties, conformément au premier alinéa de l'article 5 et au 1 de l'article 6 du décret n° 55-22 du 4 janvier 1955 modifié.

En ce qui concerne spécialement les actes et décisions judiciaires dressés par eux ou avec leur concours, les notaires, huissiers, greffiers, avocats et autorités administratives rayent à l'encre rouge, sur la liste des îlots de propriété ou des parcelles, s'il y a lieu, ceux dont la mutation ou l'attribution primitivement projetée a été finalement différée et annotent l'extrait d'acte en conséquence.

À défaut de remise de l'extrait cadastral et, en cas de changement de limite de propriété, à défaut de remise du document d'arpentage, le dépôt est refusé.

Art. 23 *(Mod., D. n° 2012-634, 3 mai 2012 ; à compter du 1er janvier 2013, D. n° 2012-1462, 26 déc. 2012).* – 1. Après avoir annoté la formalité requise au registre de dépôts prévu à l'article 2200 du Code civil, le conservateur des hypothèques s'assure que les énonciations relatives à la désignation des parties, inscrites par les notaires, avocats et autorités administratives sur l'extrait modèle n° 1 concordent exactement avec les énonciations correspondantes figurant dans le document déposé. Il vérifie, en outre, la concordance exacte des énonciations relatives à la désignation des immeubles figurant, d'une part, dans l'extrait, d'autre part, dans le document déposé.

2. En cas de concordance, le service de la publicité foncière se conforme aux prescriptions de l'article 34 du présent décret et, après avoir terminé l'exécution de la formalité, indique, dans le cadre prévu à cet effet sur l'extrait, la date, le volume et le numéro de la formalité.

3. En cas de discordance et sous réserve de l'application éventuelle de l'article 34 ci-après, le document déposé est néanmoins publié.

Si la différence constatée concerne la désignation des parties, elle est immédiatement signalée, par simple avis, à l'officier public ou ministériel ou à l'autorité administrative qui a complété l'extrait et qui dispose d'un délai de quinze jours à compter de la réception de l'avis, soit pour rectifier ledit extrait, soit pour déposer un document rectificatif prenant rang à la date de sa publication, selon que les énonciations erronées sont celles de l'extrait ou celles du document publié. Si aucune suite n'est donnée, dans le délai imparti, à l'avis du service de la publicité foncière, les énonciations du document publié sont tenues pour seules valables et l'extrait, après mise en harmonie avec ce document, est adressé au service du cadastre dans les conditions prévues à l'article 24. Le document rectificatif déposé après le délai imparti doit être accompagné de l'avis du service de la publicité foncière, annoté des indications exactes destinées à se substituer aux indications erronées que ce document a pour but de redresser. À défaut de remise de cet avis, un nouvel extrait d'acte (modèle n° 1) est exigé, sous la sanction prévue au dernier alinéa de l'article 22.

Lorsque la différence concerne la désignation des immeubles, elle est signalée au service du cadastre, lors de l'envoi périodique des extraits.

Art. 24 *(Mod. à compter du 1er janvier 2013, D. n° 2012-1462, 26 déc. 2012).* – Les extraits (modèle n° 1) conformes aux documents publiés sont transmis au service du cadastre, et versés aux archives de ce service, selon les modalités fixées par arrêté du directeur général des finances publiques.

Ceux de ces extraits dont les énonciations relatives à la désignation des immeubles ne sont pas conformes aux énonciations correspondantes des documents publiés sont transmis au service du cadastre dans une liasse spéciale, complétés des références à la date, au volume et au numéro de la formalité, et annotés des différences constatées.

Dans les cas où les énonciations inexactes sont celles du document publié, le service du cadastre signale les inexactitudes à l'officier public ou ministériel ou à l'autorité administrative qui a complété l'extrait, et qui dispose d'un délai d'un mois à compter de la réception de l'avis du service du cadastre pour déposer un document rectificatif prenant rang à la date de sa publication.

Ce document doit être accompagné de l'avis du service du cadastre annoté des indications exactes destinées à se substituer aux indications erronées que le document a pour objet de redresser.

À défaut de remise de cet avis, un nouvel extrait d'acte (modèle n° 1) est exigé, sous la sanction prévue au dernier alinéa de l'article 22.

Si un document rectificatif n'est pas déposé dans le délai d'un mois prévu au troisième alinéa du présent article, le service du cadastre effectue les mutations d'après les énonciations du document publié.

Art. 25 *(Mod. à compter du 1er janvier 2013, D. n° 2012-1462, 26 déc. 2012).* – Les mutations cadastrales constatant des modifications dans la situation juridique des immeubles ne peuvent être opérées qu'au vu des extraits (modèle n° 1) portant la date, le volume et le numéro de la formalité de publicité portée au fichier immobilier et ne contenant aucune discordance avec les documents déposés en vue de la publicité immobilière.

Art. 26 *(Mod. à compter du 1er janvier 2013, D. n° 2012-1462, 26 déc. 2012).* – Les modifications apportées par le service du cadastre dans le numérotage des îlots de propriété ou des parcelles à la suite des changements que ce service est habilité à constater d'office en application de l'article 33 du décret n° 55-471 du 30 avril 1955 et concernant les îlots de propriété et les parcelles inscrits au fichier immobilier sont notifiées au service de la publicité foncière dans la forme prévue à l'article 28.

Art. 27 *(Mod. à compter du 1er janvier 2013, D. n° 2012-1462, 26 déc. 2012).* – En cas de changement de limite de propriété, l'extrait cadastral remis au service de la publicité foncière mentionne les désignations cadastrales des îlots de propriété ou des parcelles avant et après le changement de limite.

Le document d'arpentage y demeure annexé.

En cas d'opération visée à l'article L. 442-1 du Code de l'urbanisme, les désignations cadastrales de l'extrait sont limitées au lot qui fait l'objet de l'acte ou de la décision. Un numéro cadastral est attribué à chaque lot dès l'aliénation du premier lot, lorsque le document d'arpentage établi à l'occasion de cette aliénation constate la division de la tranche entière du lotissement dans laquelle les travaux de viabilité sont exécutés.

Il n'est pas exigé de document d'arpentage lors des aliénations ultérieures, si l'extrait d'acte est revêtu d'une mention du rédacteur de l'acte certifiant que le lot intéressé, tel qu'il résulte du document d'arpentage déjà produit, n'a subi aucune modification.

Art. 28 *(Mod. à compter du 1er janvier 2013, D. n° 2012-1462, 26 déc. 2012).* – Les notifications prescrites par l'article 26-1° du décret du 4 janvier 1955 et par l'article 36 du présent décret sont faites sous forme de procès-verbaux, dont le modèle et les conditions d'établissement sont arrêtés par le directeur général des finances publiques. Ces procès-verbaux sont certifiés par le service du cadastre, portés au registre de dépôts prévu à l'article 2200 du Code civil et annotés au fichier immobilier.

Art. 29. – Des règles spéciales sont fixées par arrêté du ministre de l'Économie et des Finances et des ministres intéressés pour assurer la concordance du fichier immobilier et du cadastre à la suite d'opérations de remembrement.

Art. 30 *(Mod. à compter du 1er janvier 2013, D. n° 2012-1462, 26 déc. 2012).* – 1. En exécution de l'article 40 du décret du 4 janvier 1955, un extrait cadastral est remis au service de la publicité foncière à l'appui de la première formalité requise à partir du 1er janvier 1956, même lorsque cette première formalité n'a pas pour objet de publier une attestation après décès ou un acte ou décision translatif, déclaratif, constitutif ou extinctif de droit de propriété, d'usufruit, d'emphytéose ou de superficie.

Il en est ainsi, notamment, en cas de publication de l'un des documents, actes ou décisions énumérés ci-après :
– bordereau d'inscription d'hypothèque ou de privilège, ou bordereau de renouvellement ;
– commandement valant saisie ;
– règlement de copropriété ;
– acte ou décision judiciaire portant ou constatant bail pour plus de douze années et, même pour un bail de moindre durée, quittance ou cession d'une somme équivalente à trois années de loyers ou fermages non échus ;
– acte ou décision judiciaire constituant ou constatant une servitude, un droit d'usage ou d'habitation ;
– acte ou décision judiciaire portant ou constatant promesse unilatérale de vente ou promesse unilatérale de bail de plus de douze ans ;
– acte ou décision judiciaire concernant l'exercice d'une servitude légale ;
– acte constitutif d'antichrèse ;
– acte ou décision judiciaire visé aux 2°, 4° *a* et *b*, 7° et 8° de l'article 28 du décret du 4 janvier 1955 ;
– demande en justice tendant à obtenir la résolution, la révocation, l'annulation ou la rescision d'une convention ou d'une disposition à cause de mort ; décision rejetant une telle demande ; désistement d'action ou d'instance ;
– convention d'indivision immobilière ;
– acte constitutif de bien de famille insaisissable ;
– décision de classement ou de déclassement de monument historique ou de site ;
– décision portant octroi de primes à la construction ;
– décision portant limitation administrative au droit de propriété ou dérogation à une limitation.

L'extrait cadastral est conforme au modèle (n° 3) fixé par le directeur général des finances publiques.

2. En ce qui concerne spécialement les actes ou décisions relatifs à des servitudes réelles, l'extrait cadastral est produit tant pour le fonds servant que pour le fonds dominant.

3. Par dérogation à l'article 8, les fiches parcellaires sont annotées des mentions de référence à la formalité de publicité donnée à l'un des documents, actes ou décisions énumérés au 1 ci-dessus, si cette formalité est la première au sens de la présente disposition.

4. L'extrait cadastral, qui doit porter une mention de référence à l'article 40 du décret n° 55-22 du 4 janvier 1955 modifié et avoir moins de six mois de date au jour où la publicité est requise, est établi par le service du cadastre.

L'extrait (modèle n° 3) est produit à l'appui du document déposé au service de la publicité foncière ; il est transmis au service du cadastre suivant les modalités fixées par le directeur général des finances publiques.

Lorsque l'extrait n'est pas annexé à ce document et qu'après avoir accepté le dépôt le service de la publicité foncière constate qu'il s'agit de la première formalité depuis le 1er janvier 1956, il ne procède pas aux annotations sur le fichier immobilier et invite le signataire du certificat d'identité, dans le délai maximum d'un mois à compter du dépôt, à se faire délivrer et à remettre un extrait cadastral. Les dispositions des deuxième et troisième alinéas du 3 de l'article 34 du présent décret sont applicables.

Si, à l'expiration du délai d'un mois à compter de la notification faite par le service de la publicité foncière, l'extrait ne lui a pas été remis, la formalité est rejetée suivant les modalités prévues aux deux derniers alinéas du 3 de l'article 34.

Art. 31 *(Mod. à compter du 1er janvier 2013, D. n° 2012-1462, 26 déc. 2012).* – Pour l'application du dernier alinéa de l'article 22 et du 4 de l'article 30, est assimilée au défaut de remise de l'extrait cadastral l'omission sur celui-ci d'un seul des immeubles figurant sur le document déposé, ou la remise d'un extrait remontant à plus de six mois.

Dans les cas visés au 4 et au 5 de l'article 34 du décret du 4 janvier 1955, le dépôt n'est pas refusé s'il est remis au service de la publicité foncière un extrait conforme aux énonciations du document déposé.

En matière d'inscription d'hypothèque conventionnelle, il suffit que l'extrait ait moins de six mois de date au jour de l'acte d'affectation.

Section III. – Effet relatif de la publicité

§ 1. – Application de l'effet relatif

Art. 32 *(Mod. à compter du 1er janvier 2013, D. n° 2012-1462, 26 déc. 2012).* – 1. Sous réserve des dispositions de l'article 35 ci-après, aucune formalité de publicité ne peut être opérée au fichier immobilier à défaut de publicité préalable ou simultanée de l'acte, de la décision judiciaire ou de l'attestation de transmission par décès constatant le droit du disposant ou dernier titulaire.

Le disposant ou dernier titulaire, au sens de l'article 3 du décret du 4 janvier 1955 et de la présente section, s'entend de la personne dont le droit se trouve transféré, modifié, confirmé, grevé ou éteint – ou est susceptible de l'être – avec ou sans consentement, par la formalité dont la publicité est requise.

2. Pour permettre le contrôle de l'application du 1, et sous réserve des dispositions des articles 35 à 37, tout extrait, expédition ou copie et, conformément au 6°, du 2 de l'article 55, tout bordereau déposé à un bureau des hypothèques à partir du 1er janvier 1956 doivent contenir les références (date, volume, numéro) de la formalité donnée au titre du disposant ou dernier titulaire du droit, ou à l'attestation notariée de transmission par décès à son profit.

Si ce titre, ou cette attestation, n'a pas encore été publié, le document déposé doit préciser que la publication en sera requise simultanément.

Art. 33. – Le dépôt de tout extrait, expédition ou copie est refusé en l'absence des mentions ou précisions prévues au 2 de l'article 32, ou si la publicité du titre ou de l'attestation n'est pas effectuée au plus tard en même temps que la formalité nouvelle. L'omission, dans un bordereau d'inscription, de la date, du volume et du numéro sous lequel a été publié le titre de propriété du débiteur grevé, entraîne le rejet de la formalité.

Art. 34 *(Mod. à compter du 1er janvier 2013, D. n° 2012-1462, 26 déc. 2012)*. – 1. Lorsqu'il a accepté le dépôt et inscrit la formalité au registre prévu à l'article 2200 du Code civil, le service de la publicité foncière :

– vérifie l'exactitude des références à la formalité antérieure ;

– s'assure de la concordance du document déposé et des documents publiés depuis le 1er janvier 1956 tels qu'ils sont répertoriés au fichier immobilier, en ce qui concerne :

a) La désignation des parties : nom, deux premiers prénoms, date et lieu de naissance pour les personnes physiques. Pour les personnes morales, il est fait notamment application des dispositions de l'article 42-1 du décret n° 55-22 du 4 janvier 1955 modifié ;

b) La qualité de disposant ou de dernier titulaire, au sens du 1 de l'article 32, de la personne indiquée comme telle dans le document déposé ;

c) La désignation individuelle des immeubles ;

2. Lorsqu'il ne relève ni inexactitude ni discordance et que, par ailleurs, le document déposé contient toutes les mentions exigées par les articles 2148 du Code civil, 5, 6 et 7 du décret du 4 janvier 1955, et 61 à 63 du présent décret, le service de la publicité foncière termine l'exécution de la formalité. Il n'y a pas discordance lorsque le titre de la personne indiquée comme disposant ou dernier titulaire, au sens du 1 de l'article 32, a cessé, postérieurement à sa publication au fichier immobilier, de produire tout ou partie de ses effets en raison d'un acte ou d'une décision judiciaire ultérieurement publié.

3. En cas d'inexactitude ou de discordance, ou à défaut de publication du titre du disposant ou de l'attestation de transmission par décès à son profit, le service de la publicité foncière ne procède pas aux annotations sur le fichier immobilier, il notifie, dans le délai maximum d'un mois à compter du dépôt, les inexactitudes, discordances ou défaut de publication relevés au signataire du certificat d'identité porté au pied de tout bordereau, extrait, expédition ou copie conformément aux prescriptions des articles 5 et 6 du décret du 4 janvier 1955.

Le fichier immobilier, sur lequel la formalité aurait été immédiatement répertoriée si le dépôt avait été régulier, *est simplement annoté de la date* et du numéro de classement du document déposé, avec la mention « formalité en attente ».

Dans le cas où la notification prescrite ci-dessus n'est pas faite directement au signataire du certificat d'identité lui-même et n'est pas dûment reconnue par lui, elle doit être effectuée selon un procédé fiable d'identification et de datation et être adressée, au plus tard, le dernier jour du délai d'un mois à compter du dépôt, au domicile indiqué par ledit signataire dans le document déposé.

Avant l'expiration d'un délai d'un mois à compter de la date de la notification selon le procédé défini au troisième alinéa, il appartient au signataire du certificat d'identité :

– soit de compléter le bordereau d'inscription ;

– soit de représenter les pièces (notamment, titres antérieurs, extraits cadastraux, extraits d'actes de naissance) justifiant l'exactitude des références à la formalité antérieure, ou des énonciations relatives à la désignation des parties et des immeubles ; dans ce cas, le service de la publicité foncière procède, dans les conditions ordinaires, à l'exécution de la formalité qui prend rang à la date du dépôt. Les erreurs figurant au fichier immobilier sont rectifiées dans les conditions prévues au dernier alinéa de l'article 13 ou au 3 de l'article 53-1 du présent décret, si elles émanent du service de la publicité foncière. Dans le cas contraire, elles sont redressées, à la diligence des parties, par le dépôt d'un nouveau document établi dans les formes légales et tendant à rectifier le document antérieurement publié entaché d'erreur : ce document consiste soit en un nouveau bordereau établi au vu du titre lui-même, d'un acte rectificatif ou, à défaut d'un acte de notoriété, soit en une expédition, un extrait littéral ou une copie de ces titres, acte rectificatif ou acte de notoriété. Toutes mentions utiles sont portées au fichier immobilier en vue de signaler les erreurs et rectifications ;

– soit de déposer un bordereau ou document rectificatif. Dans ce cas, la publicité du bordereau ou document originaire prend effet à la date du dépôt, pour toutes les énonciations non entachées d'erreurs, celle du bordereau ou document rectificatif prenant effet à la date de son propre dépôt.

Dans tous les cas où la formalité prend rang rétroactivement à la date du dépôt, la date où elle est effectivement exécutée est constatée par un enregistrement pour ordre au registre des dépôts.

Si, dans le délai d'un mois à compter de la notification, le signataire du certificat d'identité n'a pas réparé les omissions, produit les justifications ou déposé les documents rectificatifs ou si, même avant l'expiration de ce délai, il a informé le service de la publicité foncière du refus ou de l'impossibilité de satisfaire à ces obligations, la formalité est rejetée sous les réserves prévues à l'article 74. Mention du rejet est faite par le service de la publicité foncière en regard de l'inscription du dépôt au registre de dépôts dans la colonne « Observations », ainsi qu'au fichier immobilier.

La décision de rejet est notifiée dans les huit jours de l'expiration du délai imparti au signataire du certificat d'identité. La notification est effectuée, soit directement, soit par lettre recommandée avec demande d'avis de réception, adressée au domicile indiqué dans le document déposé.

La date de notification directe, ou celle de l'avis de réception ou de l'avis de refus de la lettre recommandée, fixe le point de départ du délai de huit jours au cours duquel peut être formé le recours prévu à l'article 26 du décret du 4 janvier 1955.

§ 2. – Exceptions à l'effet relatif

Art. 35 *(Mod., D. n° 59-90, 7 janv. 1959)*. – 1. Les dispositions de l'article 32 ne sont pas applicables :

1° Si le droit du disposant ou dernier titulaire a été acquis sans titre et, notamment, par prescription ou accession, ou lorsque le droit de propriété s'est trouvé consolidé par le décès de l'usufruitier ; dans ces cas, le document déposé doit contenir une déclaration précisant le mode ou les conditions d'acquisition ou de consolidation du droit ;

2° Si le titre du disposant ou dernier titulaire, ou la transmission par décès à son profit, est antérieur au 1er janvier 1956 ; dans ce cas, le document déposé doit indiquer la nature du titre et contenir la déclaration que le titre ou la transmission par décès n'est pas postérieur au 1er janvier 1956 ; cette déclaration n'est pas exigée si le requérant est en mesure de porter sur le document déposé les mentions ou précisions prévues à l'article 32.

2. L'absence des déclarations prévues ci-dessus entraîne le refus du dépôt ou le rejet de la formalité suivant les distinctions faites à l'article 33.

§ 3. – Modalités spéciales d'application de l'effet relatif

Art. 36 *(Mod. à compter du 1er janvier 2013, D. n° 2012-1462, 26 déc. 2012)*. – 1. Lorsque l'acte ou la décision judiciaire, dont un extrait, expédition ou copie est déposé en vue de la publicité, n'a pas été dressé ou rendu avec le concours ou à la requête du dernier titulaire du droit et, notamment, en cas de saisie, demande en justice, expropriation, remembrements collectifs, les mentions ou déclarations prévues aux articles 32-2 et 35-1, sous peine de refus du dépôt, ne sont pas exigées.

Dans ces cas, le service de la publicité foncière, après avoir inscrit la formalité au registre de dépôts, recherche si *le titre ou l'attestation* constatant le droit de la personne indiquée, dans le document déposé, comme disposant ou dernier titulaire, a été publié depuis le 1er janvier 1956. Il s'assure ensuite, conformément à l'article 34-1, de la concordance entre les énonciations du document déposé et celles des documents antérieurement publiés.

2. Lorsqu'il s'est assuré de la publication, au fichier immobilier, du titre du disposant ou dernier titulaire ou de l'attestation constatant son droit, qu'il ne relève ni inexactitude, ni discordance, et que, par ailleurs, le document

déposé contient toutes les mentions exigées par les articles 5, 6 et 7 du décret du 4 janvier 1955, le service de la publicité foncière procède à l'exécution de la formalité.

Dans le cas contraire, il procède comme il est dit à l'article 34-3. Toutefois, pour l'application du présent article, lorsque le document déposé intéresse la pleine propriété d'un immeuble et que, d'après les documents antérieurement répertoriés au fichier immobilier, le titulaire désigné ne possède que la nue-propriété, ce défaut de concordance n'entraîne pas le rejet de la formalité.

3. S'il ne retrouve pas la formalité donnée au titre du dernier titulaire tel qu'il est indiqué dans le document déposé, il invite le signataire du certificat d'identité, dans le délai d'un mois – ou de huit jours s'il s'agit d'une saisie – à compter du dépôt, dans les formes prévues à l'article 34-3, et selon le cas :

a) Soit à déclarer qu'à sa connaissance le titre ou le décès n'est pas postérieur au 1er janvier 1956, à moins qu'il puisse indiquer les références (date, volume, numéro) de la formalité de publicité donnée au titre ou à l'attestation ;

b) Soit, si le titre ou le décès est postérieur au 1er janvier 1956, à fournir les mentions de référence prévues au 2° de l'article 32 ou la déclaration prévue au 1-1° de l'article 35. Lorsque la publicité n'a pas été faite, le signataire du certificat d'identité peut :

Ou provoquer la publicité du titre du titulaire, ou de l'attestation de transmission par décès à son profit, en agissant contre le titulaire du droit ou ses ayants cause, ou contre l'officier public ou ministériel ou l'autorité administrative tenu de procéder à la publicité en vertu de l'article 32 du décret du 4 janvier 1955 ;

Ou produire un acte de notoriété ou un certificat délivré par un notaire ou un greffier, établissant que le droit du dernier titulaire résulte d'un acte ou d'une décision judiciaire non encore publié, d'une transmission par décès n'ayant pas encore fait l'objet d'une attestation ; si, pour obtenir ce document, le signataire du certificat d'identité a besoin d'un acte ou certificat à délivrer au titulaire du droit – sur demande de celui-ci – par une autorité publique ou un officier public ou ministériel, il peut en demander lui-même la délivrance.

En même temps, le service de la publicité foncière annote, dans les conditions prévues à l'article 34-3, le fichier immobilier.

Si, dans le délai d'un mois – ou de deux mois s'il s'agit d'une expropriation ou d'un remembrement collectif – à compter de l'avis donné au signataire du certificat d'identité, il n'a pas été satisfait à la demande du service de la publicité foncière, ou si, même avant l'expiration de ce délai, le signataire du certificat d'identité l'a informé du refus ou de l'impossibilité de donner satisfaction à ladite demande, la formalité est rejetée sous les réserves prévues à l'article 74. Mention du rejet est faite au registre de dépôts, en regard de l'inscription du dépôt, dans la colonne « Observations », ainsi qu'au fichier immobilier.

Les deux derniers alinéas de l'article 34-3 sont applicables.

S'il est donné satisfaction à sa demande, le service de la publicité foncière procède dans les conditions ordinaires à l'exécution de la formalité, qui prend rang à la date du dépôt. L'exécution est constatée par un enregistrement pour ordre au registre de dépôt.

Toutefois, il sursoit à cette exécution s'il constate des inexactitudes dans les références à la formalité antérieure, ou s'il relève, dans le document à publier, des discordances soit avec le titre du dernier titulaire ou l'attestation de transmission par décès à son profit, soit avec l'acte de notoriété ou le certificat produit. Dans ces cas, il notifie au signataire du certificat d'identité dans le délai d'un mois – ou de huit jours s'il s'agit d'une saisie – à compter de la réception de sa réponse, les inexactitudes ou discordances relevées, la suite à donner à cette notification étant *réglée suivant* les dispositions des alinéas 4 et suivants du 3 de l'article 34.

4. Dans le cas où le titre de la personne indiquée, dans le document déposé, comme le dernier titulaire du droit n'a pas été publié au fichier immobilier, le service de la publicité foncière peut néanmoins procéder immédiatement, sous réserve, le cas échéant, de l'application du dernier alinéa du 3 du présent article, à l'exécution de la formalité, si le requérant souscrit, au pied du document déposé, la déclaration visée au *a* du 3 ou produit, à l'appui de ce document, un acte de notoriété ou un certificat conformément au *b* dudit 3.

5. En cas de publication d'un commandement pour valoir saisie d'un immeuble dépendant d'une succession à l'encontre des successibles d'une personne décédée, ou du jugement d'adjudication ultérieur, la production de l'acte de notoriété ou le certificat prévu au 3-*b* du présent article n'est pas obligatoire, lorsque le document destiné à être conservé dans les registres du service de la publicité foncière comporte seulement la mention de certification de l'identité du défunt.

Dans l'hypothèse visée à l'alinéa précédent, la formalité est considérée, pour les annotations au fichier et la délivrance des copies, extraits ou certificats, comme requise contre le défunt seul. Il en est de même pour les inscriptions de privilèges ou d'hypothèques légales ou judiciaires requises, sur un immeuble dépendant d'une succession, à l'encontre des successibles d'une personne décédée, lorsque l'attestation notariée de transmission par décès – ou le partage en tenant lieu, par application de l'article 29 (al. 4) du décret du 4 janvier 1955 –, n'a pas encore été publiée.

Art. 37 *(Mod. à compter du 1er janvier 2013, D. n° 2012-1462, 26 déc. 2012).* – En cas de saisie immobilière à l'encontre soit du débiteur, soit du tiers détenteur à qui est adressée le commandement de payer ou délaisser, soit de la caution réelle, propriétaire de l'immeuble saisi, les dispositions des 3 et 4 de l'article précédent sont applicables si les énonciations du commandement relatives à la désignation de la partie et de l'immeuble saisis, ne sont pas en concordance avec celles des documents publiés au fichier immobilier.

Lorsque, par application des dispositions qui précèdent, le service de la publicité foncière ne peut procéder à la publicité et que d'autres commandements sont ultérieurement présentés à la formalité pour valoir saisie du même immeuble à l'encontre de la même partie saisie, les notifications préalables au rejet sont effectuées distinctement pour chacun d'eux. Dès que la formalité peut être exécutée pour l'un d'eux, le service de la publicité foncière procède, à l'égard de tous ceux pour lesquels le délai fixé au 3 de l'article 36 n'est pas encore expiré, comme il est prévu à l'article 22 du décret n° 2006-936 du 27 juillet 2006 relatif aux procédures de saisie immobilière et de distribution du prix d'un immeuble », en publiant celui dont le rang dans l'ordre du registre de dépôts est le plus ancien, et en mentionnant les autres en marge de la copie publiée.

Si, après le dépôt d'un ou plusieurs commandements pour lesquels des notifications distinctes ont été effectuées préalablement au rejet, en exécution de l'alinéa précédent, un autre saisissant présente à la publication un commandement pour valoir saisie du même immeuble à l'encontre d'une autre partie saisie, le service de la publicité foncière s'assure que le titre ou l'attestation notariée constatant le droit de la partie saisie indiquée dans le nouveau document déposé, a été publié depuis le 1er janvier 1956, et vérifie que les énonciations de ce document sont en concordance avec celles des documents publiés au fichier immobilier.

Dans l'affirmative, il publie ledit document. À partir de cette publication, les commandements du chef de la même saisie, déposés antérieurement, mais dont la publication s'est trouvée retardée par les notifications préalables au rejet, en raison d'inexactitudes ou de discordances dans la désignation, sont mentionnés, en exécution de l'article 680 du Code de procédure civile [ancien], en marge de la copie du commandement publié, lorsqu'avant l'expiration du délai qui leur est imparti, le ou les premiers saisissants satisfont à l'une des obligations prévues au 3 de l'article 36.

Dans la négative, une nouvelle notification préalable au rejet est faite distinctement pour le nouveau commandement déposé, ainsi que, éventuellement, pour tout autre commandement du chef de la même partie saisie ultérieurement déposé.

Lorsque, un ou plusieurs saisissants s'étant conformés aux dispositions de l'article 36-3 ou de l'article 34-3, la publicité devient possible pour un ou plusieurs commandements du chef de la même partie saisie, le service de la publicité foncière procède à l'exécution de la formalité en se conformant, le cas échéant, au deuxième alinéa du présent article.

Section IV. – Certificats d'identité. Réquisitions. Copies. Extraits et certificats

(D. n° 67-1252, 22 déc. 1967)

§ 1. – Certificats d'identité

Art. 38 *(Mod., D. n° 2012-634, 3 mai 2012 ; à compter du 1er janvier 2013, D. n° 2012-1462, 26 déc. 2012).* – 1. Tout bordereau, extrait, expédition ou copie déposé, à partir du 1er janvier 1956, en vue de l'exécution au fichier immobilier d'une formalité autre que l'une de celles prévues aux articles 70 et 85, doit porter une mention, signée par l'un des officiers publics ou ministériels ou auxiliaires de justice énumérés au deuxième alinéa de l'article 5 du décret du 4 janvier 1955 ou par l'une des autorités administratives énumérées au 2 du présent article, certifiant l'identité des parties.

Cette mention qui énonce, notamment, les nom, qualité et domicile du signataire, doit figurer au pied du document conservé dans les registres du service de la publicité foncière, à la suite du certificat de conformité ; elle peut, toutefois, être placée à la fin de l'acte ou de la décision judiciaire reproduit. Une seule mention doit être portée lorsque plusieurs actes contenant chacun la désignation des mêmes parties sont publiés simultanément les uns à la suite des autres et font l'objet d'un certificat de conformité unique.

Lorsque la mention ne reproduit pas les éléments de l'identification complète des parties, elle doit préciser les passages du document (page, alinéa, éventuellement, lignes) auxquels elle se réfère pour la désignation qui est à retenir par le service de la publicité foncière pour l'annotation du fichier immobilier et l'application des articles 32 à 37. Cette précision est toutefois inutile lorsque la désignation complète de toutes les parties figure en tête du document à publier.

À défaut de cette mention, le dépôt est refusé dans les conditions fixées à l'article 74-1 du présent décret. La formalité peut être rejetée, après acceptation du dépôt, lorsque le service de la publicité foncière constate que les références de la mention sont inexactes, incomplètes ou imprécises.

2. Sont habilités à certifier l'identité des parties, en dehors des notaires, huissiers de justice, avocats, syndics chargés d'un règlement judiciaire ou d'une liquidation de biens :

– Les ministres, les préfets, les maires et, d'une manière générale, tous les autres représentants de la puissance publique aptes à dresser des actes d'autorité ou en la forme administrative, pour les actes dressés par eux ou avec leur concours, pour les inscriptions qu'ils requièrent et tous actes s'y rapportant ;

– Les magistrats du ministère public, l'agent judiciaire du Trésor, les agents des régies financières et des douanes ayant au moins le grade d'inspecteur adjoint, les comptables du Trésor et tous comptables publics, les agents de la Caisse nationale de crédit agricole ayant au moins le grade de chef de bureau, les directeurs des services départementaux de la reconstruction et du logement, les greffiers du tribunal d'instance pour les inscriptions qu'ils requièrent et tous actes s'y rapportant.

3. Ont également la faculté de signer eux-mêmes les mentions de certification de l'identité des parties sur les bordereaux, extraits, expéditions ou copies déposés en vue de l'exécution d'une formalité intéressant leurs opérations propres, les représentants des organismes suivants :

– Organismes assurant, en tout ou partie, la gestion d'un régime légalement obligatoire d'assurance contre la maladie, la maternité, la vieillesse, l'invalidité, le décès, les accidents du travail et les maladies professionnelles, ou de prestations familiales, ainsi que les unions desdits organismes ;

– [La] société anonyme Natexis ou toute société qu'elle contrôle au sens de l'article L. 233-3 du Code de commerce ;

– Crédit foncier de France ;

– Sous-Comptoir des entrepreneurs ;

– Caisses de crédit agricole mutuel.

Pour bénéficier de cette faculté, les organismes intéressés notifient aux services de la publicité foncière les noms de leurs représentants habilités à signer les mentions de certification dans le ressort de chaque service et déposent un spécimen de leur signature.

À défaut de cette notification, les services de la publicité foncière sont fondés à exiger la certification dans les conditions prévues au deuxième alinéa de l'article 5 du décret du 4 janvier 1955.

4. La mention de certification d'identité indique obligatoirement le domicile du signataire, auquel le rejet doit être éventuellement notifié.

§ 2. – Demandes de renseignements et de copie de documents

(Intitulé rempl. à compter du 1er janvier 2013, D. n° 2012-1462, 26 déc. 2012)

Art. 38-1 *(Rempl. à compter du 1er janvier 2013, D. n° 2012-1462, 26 déc. 2012 ; mod., D. n° 2018-264, 9 avr. 2018)*. – 1° Pour l'application des articles 2449 du Code civil et 9 et 9-1 du décret [n° 55-22] du 4 janvier 1955 susvisé, le requérant formule une demande de copie de document ou une demande de renseignements ;

2° Les services de la publicité foncière sont tenus de délivrer copie ou renseignements concernant :

a) Des documents publiés en vertu des articles 28, 35 à 37 et 39 du décret [n° 55-22] du 4 janvier 1955 susvisé autres que les saisies non émargées de la mention de publication de l'adjudication ou de la mention du jugement constatant la conformité de la vente amiable ;

b) Des saisies en cours ;

c) Des inscriptions subsistantes ;

d) Les mesures de gel des avoirs immobiliers en cours ;
ou de certifier qu'il n'existe aucun renseignement entrant dans le cadre de la demande de renseignements.

Art. 39 *(Rempl. à compter du 1er janvier 2013, D. n° 2012-1462, 26 déc. 2012).* – 1° La demande de copie de documents et la demande de renseignements sont établies en double exemplaire par procédé bureautique sur un formulaire fourni par l'administration ou reproduit selon des normes fixées par instruction publiée au *Bulletin officiel des finances publiques* – Impôts, le second exemplaire étant obtenu par duplication. Les demandes sont datées et signées par ceux qui les formulent ;

2° Sous réserve de l'application du 1 de l'article 40, les demandes de renseignements comportent :

a) Tous les éléments d'identification prévus à l'article 9 du décret précité des personnes physiques ou morales du chef desquelles les renseignements sont demandés ;

b) La désignation individuelle des immeubles auxquels elles se rapportent, à savoir l'indication de la commune de situation, de la section et du numéro de plan cadastral et en outre pour les fractions d'immeubles l'indication du numéro du lot.

Les noms de famille ou dénominations qui y sont indiqués doivent figurer en lettres majuscules d'imprimerie. Les prénoms sont portés en lettres minuscules ;

3° Les demandes de copie de documents comportent :

a) La nature du document ;

b) La date de publication du document au fichier immobilier ;

c) La date, le volume et le numéro d'ordre correspondant au classement du document dans le volume ;

4° Le dépôt de la demande est refusé en cas de non-respect des dispositions du présent article.

Art. 40 *(Mod. à compter du 1er janvier 2013, D. n° 2012-1462, 26 déc. 2012).* – 1. Les demandes de renseignements peuvent être formulées à l'occasion de la publication d'une formalité (demande sur formalité) ou en dehors de toute formalité (demande hors formalité).

2. Les demandes peuvent être formulées :

1° Du chef d'une ou de plusieurs personnes individuellement désignées, sur tous immeubles dans le ressort du service de la publicité foncière ;

2° Sur un ou plusieurs immeubles déterminés, sans indication de personnes ;

3° Du chef d'une ou de plusieurs personnes individuellement désignées, sur un ou plusieurs immeubles déterminés dans le ressort du service de la publicité foncière.

3. Les demandes de renseignements peuvent être limitées aux formalités accomplies pendant une période déterminée. Cette limitation s'impose au service de la publicité foncière pour l'établissement des copies, extraits ou certificats.

Art. 41 *(Mod. à compter du 1er janvier 2013, D. n° 2012-1462, 26 déc. 2012).* – 1. Dans la limite, prévue à l'article 2196 du Code civil, des cinquante années précédant celle de la demande et sous réserve des limitations autorisées au 2 de l'article 40 :

a) Les demandes formulées du chef d'une personne désignée, sans indication d'immeubles, donnent lieu à la délivrance de toutes les formalités intervenues du chef de ladite personne sur tous les immeubles dans le ressort du service de la publicité foncière ;

b) Les demandes formulées sur un ou plusieurs immeubles déterminés sans indication de personnes donnent lieu à la délivrance de toutes les formalités se rapportant à ces immeubles, quelles que soient la ou les personnes du chef desquelles ces formalités sont intervenues ;

c) Les demandes formulées sur un ou plusieurs immeubles déterminés, du chef d'une personne désignée, donnent lieu à la délivrance des formalités concernant ces immeubles, intervenues du chef de la personne désignée.

2. Lorsqu'une formalité est en instance de rejet par application des articles 34, 36 et 37, ou des textes se référant à ces dispositions, le service de la publicité foncière la délivre avec la mention : « formalité en attente ». Sur nouvelle demande spéciale, le service de la publicité foncière délivre un certificat attestant soit que la formalité est toujours en attente, soit qu'elle est définitivement rejetée, soit qu'elle a été régularisée.

3. Par dérogation aux dispositions du *a* et du *c* du 1, ne sont pas délivrées les formalités intervenues du chef d'une personne désignée pour laquelle le fichier immobilier n'a pas été annoté par application du 4 de l'article 5, du 5 de l'article 36, du 1 de l'article 53-1 et du 2 de l'article 82.

Art. 42 *(Abr. à compter du 1er janvier 2013, D. n° 2012-1462, 26 déc. 2012).*

Art. 42-1 *(Rempl. à compter du 1er janvier 2013, D. n° 2012-1462, 26 déc. 2012).* – En réponse à une demande de renseignements hypothécaires, le service de la publicité foncière fournit, suivant le cas, le certificat prévu au dernier alinéa de l'article 38-1 ou les informations extraites du fichier immobilier présentées sous la forme d'un état comportant :

1° En ce qui concerne les inscriptions de privilèges ou d'hypothèques :

a) La date, le volume et le numéro d'ordre correspondant au classement de la formalité dans le volume ainsi que la date extrême d'effet de l'inscription ;

b) La nature de l'inscription ;

c) Le nom de famille ou la dénomination du créancier et du débiteur ;

d) Le domicile élu ;

e) La désignation du titre de créance pour les inscriptions visées au deuxième alinéa de l'article 2428 du Code civil ;

f) Le cas échéant, le taux d'intérêt ;

g) La date extrême d'exigibilité ;

h) La somme totale conservée (principal de la créance et total des accessoires évalués) ;

i) La somme maximale pour laquelle l'hypothèque pourra être affectée à la garantie d'autres créances lorsque l'hypothèque est rechargeable ;

j) La désignation individuelle, conformément à l'article 39, des immeubles grevés, au besoin par simple référence à la demande de renseignements ;

k) Éventuellement l'existence d'une clause de réévaluation, la date et l'analyse succincte des mentions marginales ;

2° Pour les autres formalités publiées :

a) La date, le volume et le numéro d'ordre correspondant au classement de la formalité dans le volume ;

b) La nature de l'opération juridique telle qu'elle est indiquée dans ce document et sa date ;

c) Le nom de l'officier public ou ministériel rédacteur ou l'indication de l'autorité judiciaire ou administrative ;

d) Le nom de famille ou la dénomination des parties ;

e) La désignation individuelle, conformément à l'article 39, des immeubles, au besoin par simple référence à la demande de renseignements ;

f) Le prix ou l'évaluation des immeubles s'il y a lieu ;

g) L'indication de la date et l'analyse succincte des mentions portées en marge des saisies en cours.

Art. 43 *(Rempl. à compter du 1er janvier 2013, D. n° 2012-1462, 26 déc. 2012).* – Dans les services de la publicité foncière non dotés d'un fichier immobilier informatisé, la demande de renseignements prévue à l'article 38-1 peut être requise sous forme de copies de fiches personnelles de propriétaire ou d'immeuble.

Les copies de fiches demandées sont délivrées conformément aux dispositions de l'article 2449 du Code civil.

Art. 44 *(D. n° 73-313, 14 mars 1973 ; mod., D. n° 79-405, 21 mai 1979 ; D. n° 98-553, 3 juill. 1998).* – Pour l'application des dispositions des articles 38-1 à 43 :

– Les inscriptions de privilège ou d'hypothèque sont réputées intervenues du chef des personnes qui, d'après les énonciations du fichier immobilier, y compris éventuellement les éléments extraits des bordereaux eux-mêmes, étaient propriétaires de l'immeuble grevé à la date à laquelle ces inscriptions ont été opérées ou renouvelées ; elles sont délivrées du chef de ces propriétaires avec les inscriptions successives prises en renouvellement et les mentions dont elles sont émargées ;

– Les inscriptions originaires de toute sûreté opérées à l'encontre d'un précédent propriétaire sont, en outre, délivrées de son chef ; les inscriptions provisoires et les inscriptions définitives de l'hypothèque légale des époux ou d'hypothèque judiciaire sont respectivement assimilées, en tant que de besoin, à des inscriptions originaires et à des inscriptions en renouvellement ;

– *(Al. rempl. à compter du 1er janvier 2013, D. n° 2012-1462, 26 déc. 2012)* Sont en cours au sens de l'article 38-1 les saisies qui ne sont ni périmées, ni radiées, ni annulées, ni caduques, ni émargées de la mention de publication de l'adjudication ou de la mention du jugement constatant la conformité de la vente amiable.

Lorsque des inscriptions de privilège ou d'hypothèque et des saisies grèvent des lots ayant fait l'objet de modifications visées à l'article 6-1 de la loi n° 65-557 du 10 juillet 1965, il est tenu compte, pour leur délivrance, de la consistance de ces lots au dernier jour de la période de certification.

Art. 44-1 *(Rempl. à compter du 1er janvier 2013, D. n° 2012-1462, 26 déc. 2012).* – En attendant que soient versés aux centres départementaux d'archives en application de l'article 10 du décret [n° 55-22] du 4 janvier 1955 susvisé les documents remontant à plus de cinquante ans, le service de la publicité foncière délivre à titre de simples renseignements n'engageant pas la responsabilité de l'État la copie ou les informations extraites de ces documents s'il en est spécialement requis.

Les renseignements et copies portant sur la documentation antérieure au 1er janvier 1956 sont délivrés dans les conditions fixées par un arrêté conjoint des ministres chargés du budget et de la culture.

CHAPITRE II. – DISPOSITIONS TRANSITOIRES APPLICABLES AUX IMMEUBLES SITUÉS DANS LES COMMUNES À ANCIEN CADASTRE, DANS LES COMMUNES NON ENCORE CADASTRÉES DES DÉPARTEMENTS D'OUTRE-MER ET SUR LE TERRITOIRE DE LA VILLE DE PARIS

(D. n° 59-90, 7 janv. 1959)

Section I. – Composition et tenue du fichier

Art. 45 *(Mod., D. n° 59-90, 7 janv. 1959 ; D. n° 79-405, 21 mai 1979 ; D. n° 79-643, 24 juill. 1979).* – 1. Les dispositions des articles 2 à 15 du présent décret sont applicables dans les communes à ancien cadastre, sous les réserves suivantes :

1° Sont considérés comme immeubles urbains et donnent lieu à la création des fiches d'immeubles visées à l'article 10 les immeubles bâtis qui sont situés sur les voies régulièrement numérotées des parties agglomérées des communes de plus de 10 000 habitants énumérées au tableau 3 annexé au décret du 30 octobre 1954 et qui sont identifiés, dans les bordereaux, extraits, expéditions ou copies déposés, par l'indication de la rue et du numéro, conformément aux prescriptions du premier alinéa de l'article 7 du décret du 4 janvier 1955. Les voies régulièrement numérotées sont celles qui figurent sur les listes établies en exécution de l'article 89 ci-après.

2° La section, le numéro du plan cadastral et le lieudit ne sont pas indiqués au tableau I des fiches personnelles de propriétaire ; sur ces mêmes fiches, le tableau II n'est pas annoté ;

3° Il n'est pas créé de fiches parcellaires ;

4° Les dispositions des articles 14 et 15 ne seront mises en vigueur, pour les immeubles ruraux, qu'au fur et à mesure de la rénovation du cadastre et, seulement, en ce qui concerne l'article 15, pour les droits, charges, restrictions, hypothèques ou privilèges ayant fait l'objet d'une publication depuis la mise en service du cadastre rénové.

2. Dans les communes non encore cadastrées des départements d'outre-mer, le fichier immobilier est composé exclusivement des fiches personnelles qui remplacent, à compter du 1er janvier 1956, le registre dont la tenue est prescrite par l'article 18 de la loi du 21 ventôse an VII.

Ces fiches sont créées, établies, annotées et classées conformément aux prescriptions des articles 4 à 6 et 13 ; toutefois, seul le tableau III est annoté.

Les autres dispositions de la section I du chapitre I, et notamment, dans les conditions fixées au 4° du 1 ci-dessus, celles des articles 14 et 15, seront mises en vigueur au fur et à mesure de l'établissement du cadastre.

Toutefois, seront considérés comme immeubles urbains, dès la date de mise en service du cadastre, tous les immeubles situés dans les communes de plus de 10 000 habitants. Pour l'application de cette disposition, la population prise en considération est celle qui résulte du dernier dénombrement antérieur à la date de la mise en service susvisée ; il est ou non tenu compte des recensements ultérieurs comme il est dit aux alinéas 2 et 3 du 1 de l'article 2.

3. Tous les immeubles situés sur le territoire de la ville de Paris sont considérés comme urbains ; ils doivent être *identifiés, dans les bordereaux,* extraits, expéditions ou copies déposés, par l'indication de la rue et du numéro. Les dispositions des articles 3 à 7, 10 à 14 du présent décret sont applicables.

4. Les dispositions de l'article 16-1 sont applicables aux immeubles urbains visés au présent article.

Elles sont également applicables aux immeubles ruraux visés au présent article, sous réserve de l'annotation, en pareil cas, des fiches personnelles de propriétaire. Toutefois, l'extension résultant de l'acquisition de parties communes entraînant changement de l'emprise de la copropriété n'est publiée que par le dépôt, selon le cas, de deux expéditions de l'acte visé au second alinéa de l'article 16-1 et contenant la désignation des titulaires de droit, ou de deux bordereaux complémentaires ; l'extinction ne l'est que par voie de radiation partielle spécialement requise.

Section II. – Concordance du fichier immobilier et du cadastre

Art. 46 *(Mod., D. n° 59-90, 7 janv. 1959).* – 1. Les dispositions de l'article 2 du décret du 4 janvier 1955 et des articles 19 à 31 du présent décret ne seront applicables :

– dans les communes à ancien cadastre, qu'à compter de la mise en service du cadastre rénové ;

– à Paris et dans les communes non encore cadastrées des départements d'outre-mer, qu'à compter de la mise en service du cadastre.

Jusqu'aux dates ci-dessus visées, ces communes sont régies par les dispositions des articles 18 et 47 à 50 du présent décret.

2. *(Abr., D. n° 79-643, 24 juill. 1979).*

Art. 47 *(Mod., à compter du 1er janvier 2013, D. n° 2012-1462, 26 déc. 2012).* – L'extrait d'acte modèle n° 2 remis au service de la publicité foncière, sous peine de refus du dépôt, par application de l'article 860 du Code général des impôts est rédigé intégralement par les notaires, huissiers, greffiers, avocats et autorités administratives.

Art. 48 *(Mod. à compter du 1er janvier 2013, D. n° 2012-1462, 26 déc. 2012).* – Les extraits (modèle n° 2) sont complétés par la date, le volume et le numéro de la formalité au service de la publicité foncière, après vérification de leur conformité avec les documents déposés.

En cas de discordance, les différences sont signalées au rédacteur de l'extrait pour régularisation.

Les extraits conformes aux documents déposés ou régularisés sont transmis au service chargé du cadastre, selon les modalités fixées par arrêté du directeur général des finances publiques.

Lorsqu'il relève une discordance concernant un immeuble urbain au sens du 1° du 1 de l'article 45 entre les énonciations des extraits d'acte (modèle n° 2) et les documents cadastraux, le service du cadastre provoque, le cas échéant, le dépôt d'un document rectificatif.

Art. 49 *(D. n° 59-90, 7 janv. 1959).* – Les notifications prescrites par l'article 36-1° du décret du 4 janvier 1955 sont faites dans la forme prévue à l'article 28 ci-dessus, en ce qui concerne les changements intervenus dans la désignation des rues et des numéros d'immeubles affectant des immeubles urbains au sens des 1, 1°, et 3 de l'article 45 du présent décret.

Art. 50. – La première formalité visée à l'article 30 s'entend de la première formalité inscrite au fichier immobilier depuis la mise en service du cadastre rénové, pour les communes dont le cadastre sera rénové postérieurement au 31 décembre 1955.

Section III. – Effet relatif de la publicité

Art. 51 *(Mod. à compter du 1er janvier 2013, D. n° 2012-1462, 26 déc. 2012).* – 1. Par dérogation aux dispositions de l'article 34, pour les formalités intéressant les immeubles situés dans une commune non encore cadastrée ou s'il s'agit de la première formalité depuis l'établissement du cadastre ou sa rénovation, le service de la publicité foncière lorsqu'il a accepté le dépôt et inscrit la formalité au registre prévu à l'article 2200 du Code civil :

a) Vérifie que la personne indiquée comme disposant ou dernier titulaire dans le document déposé ainsi que la formalité antérieure sont répertoriées au fichier immobilier ;

b) Vérifie l'exactitude des références de la formalité antérieure portées sur le document déposé ;

c) Contrôle la concordance du document déposé et des documents publiés depuis le 1er janvier 1956 (tels qu'ils sont répertoriés au fichier immobilier) en ce qui concerne la désignation des parties.

2. Dans les cas visés aux articles 36 et 37, le service de la publicité foncière, après avoir inscrit la formalité au registre des dépôts, recherche si la personne indiquée, dans le document déposé, comme titulaire du droit est

inscrite au fichier immobilier et s'assure de la concordance entre les énonciations du document déposé et celles des documents antérieurement publiés concernant la désignation des parties.

Il n'est pas dérogé, pour le surplus, aux dispositions des 2 à 4 de l'article 36 et de l'article 37.

3. Après la rénovation ou l'établissement du cadastre, la désignation individuelle des immeubles est vérifiée, conformément à l'article 34, mais seulement entre les formalités accomplies depuis la rénovation ou l'établissement du cadastre.

Art. 52 *(Abr., D. n° 98-553, 3 juill. 1998).*

Section IV. – Certificats d'identité. Demandes de renseignements et de copies de documents

(D. n° 2012-1462, 26 déc. 2012)

Art. 53 *(Mod. à compter du 1er janvier 2013, D. n° 2012-1462, 26 déc. 2012).* – Les dispositions des articles 38 à 44-1 sont applicables quelle que soit la situation des immeubles faisant l'objet de la formalité de publicité ou de la réquisition de copie, extrait ou certificat.

Toutefois, les réquisitions sur un ou plusieurs immeubles déterminés ne peuvent être formulées que du chef d'une ou de plusieurs personnes individuellement désignées. La faculté, prévue au 1 (2°) de l'article 40, de formuler une réquisition sans indication de personnes ne sera accordée pour les immeubles situés :

– dans les communes à ancien cadastre, qu'après la rénovation du cadastre et seulement pour les formalités publiées postérieurement à la mise en service du cadastre rénové ;

– dans les communes non encore cadastrées des départements d'outre-mer et à Paris, qu'après l'établissement du cadastre et seulement pour les formalités publiées postérieurement à la mise en service de ce dernier.

Dans le cas prévu au *c* du 1 de l'article 41, le service de la publicité foncière est fondé à délivrer toutes les formalités, intervenues du chef de la personne désignée, concernant tout ou partie de l'immeuble identifié par l'indication de la section et du numéro du plan cadastral et, le cas échéant, de la rue et du numéro portés dans la réquisition. Toutefois, si la réquisition ne porte que sur une fraction de cet immeuble différenciée par un numéro de lot attribué, soit en application de l'article 7, troisième alinéa, du décret du 4 janvier 1955, soit lors d'une opération de lotissement ou division, et figurant dans les documents publiés, seules sont délivrées les formalités concernant cette fraction.

Dans l'état prévu à l'article 42-1, la désignation des immeubles est complétée par l'indication de la contenance.

CHAPITRE III. – DISPOSITIONS APPLICABLES DANS LES SERVICES DE LA PUBLICITÉ FONCIÈRE DOTÉS D'UN FICHIER IMMOBILIER INFORMATISÉ

(D. n° 2012-1462, 26 déc. 2012)

Section I. – Composition et tenue du fichier

Art. 53-1 *(Mod. à compter du 1er janvier 2013, D. n° 2012-1462, 26 déc. 2012).* – 1. Pour l'application de l'article 1er du décret n° 55-22 du 4 janvier 1955 modifié, le fichier immobilier informatisé répertorie au fur et à mesure des dépôts, sous le nom de chaque propriétaire ou titulaire de droits et par immeuble, des extraits des documents publiés, avec référence à leur classement dans les archives.

Le fichier est annoté d'un droit sur un immeuble lorsque ce droit est actuel ou soumis à la réalisation d'une condition suspensive expressément stipulée dans un titre publié.

En cas d'indivision, le fichier immobilier est annoté au nom de chacun des copropriétaires indivis.

Lorsqu'une formalité est requise du chef du bénéficiaire d'un droit éventuel, aux termes d'un document faisant expressément état dudit droit, l'annotation au fichier immobilier de la formalité est faite exclusivement au nom du titulaire du droit actuel ou conditionnel, par application de l'alinéa précédent.

Lorsqu'un droit d'usufruit, d'emphytéose, d'usage, d'habitation, de superficie est constitué sur un immeuble ou si un immeuble fait l'objet d'un bail de plus de douze ans, le fichier immobilier est annoté, d'une part, au nom du nu-propriétaire ou du propriétaire, d'autre part, au nom de l'usufruitier, de l'emphytéote, de l'usager, du titulaire du droit d'habitation ou de superficie ou du preneur.

En cas d'usufruits successifs, le fichier est annoté uniquement au nom du premier usufruitier.

Il n'est pas effectué d'annotation au nom des propriétaires d'une fraction d'immeuble lorsque leur identité n'est pas certifiée et que le document à publier est établi à la requête du représentant de la collectivité des copropriétaires.

Un arrêté du ministre chargé du budget fixe la liste des services de la publicité foncière dont le fichier immobilier est informatisé.

2. Le service de la publicité foncière mentionne au fichier immobilier les formalités répertoriées, avec, pour chacune d'elles, l'indication :

– de sa date et du numéro de classement dans les archives ;

– de la date des actes, décisions judiciaires ou documents, de la nature des conventions, clauses ou inscriptions publiées ;

– de l'officier public ou ministériel ou de l'autorité judiciaire ou administrative ;

– du montant en principal du prix, de l'évaluation ou de la soulte ;

– du montant de la créance et de l'ensemble des accessoires garantis, et, le cas échéant, du taux d'intérêt et de l'existence d'une clause de réévaluation ;

– de la date extrême d'exigibilité de la créance ;

– du domicile élu par le créancier ;

– de la date extrême d'effet de l'inscription.

3. Les erreurs détectées au fichier immobilier imputables aux agents des services de la publicité foncière sont rectifiées dès leur découverte. La décision de rectification ainsi que sa date sont portées au fichier immobilier par l'agent du service de la publicité foncière dûment habilité à procéder à la régularisation des annotations erronées.

Art. 53-2. – **1. Les extinctions ou extensions de droits prévues à l'article 6-1 de la loi n° 65-557 du 10 juillet 1965 modifiée sont publiées dans les conditions visées à l'article 16-1.**

2. Dans les communes dépourvues de cadastre, l'extension résultant de l'acquisition de parties communes entraînant changement de l'emprise de la copropriété n'est publiée que par le dépôt, selon le cas, de deux expéditions de l'acte visé au second alinéa de l'article 16-1 et contenant la désignation des titulaires de droits, ou de deux bordereaux complémentaires ; l'extinction ne l'est que par voie de radiation partielle spécialement requise.

Section II. – Concordance du fichier immobilier et du cadastre

Art. 53-3. – **La concordance du fichier immobilier et du cadastre prévue à l'article 2 du décret n° 55-22 du 4 janvier 1955 modifié est assurée dans les conditions fixées aux articles 19 à 29, aux 1, 2 et 4 de l'article 30, à l'article 31 et aux articles 46 à 50 du présent décret.**

Section III. – Effet relatif de la publicité

Art. 53-4 *(Mod. à compter du 1er janvier 2013, D. n° 2012-1462, 26 déc. 2012)*. – **Les règles fixées par les articles 32 à 37 et par l'article 51 régissent les formalités déposées dans les services de la publicité foncière dotés d'un fichier immobilier informatisé.**

Section IV. – Certificats d'identité. Demandes de renseignements et de copie de documents *(D. n° 2012-1462, 26 déc. 2012)*

§ 1. – Certificats d'identité

Art. 53-5. – **Les dispositions de l'article 38 sont applicables aux formalités déposées dans les bureaux des hypothèques dotés d'un fichier immobilier informatisé.**

§ 2. – Demandes de renseignements et de copie de documents

(D. n° 2012-1462, 26 déc. 2012)

Art. 53-6 *(Mod., D. n° 2012-1462, 26 déc. 2012)*. – **Les dispositions des articles 38-1, 39, 40, 41, 42-1, 44, 44-1 et 53 sont applicables aux demandes de renseignements déposées dans les services de la publicité foncière dotés d'un fichier immobilier informatisé sous les réserves suivantes :**

1° *(Abr.)* ;

2° Les demandes de renseignements autres que les demandes de copies de documents sont traitées selon les modalités prévues à l'article 42-1.

Les renseignements relatifs à la période antérieure à l'informatisation sont fournis sous la forme d'un extrait du fichier immobilier présentant, à la date de mise en service du fichier informatisé, la situation juridique des immeubles telle qu'elle résultait des documents publiés.

3° Par dérogation aux dispositions du *c* du 1 de l'article 41, les demandes de renseignements formulées sur un ou plusieurs immeubles déterminés du chef d'une personne désignée donnent lieu, pour la période postérieure à l'information du fichier immobilier, à la délivrance de toutes les formalités se rapportant à ces immeubles, quelles que soient la ou les personnes du chef desquelles ces formalités sont intervenues.

Art. 53-7 *(Rempl. à compter du 1er janvier 2013, D. n° 2012-1462, 26 déc. 2012).* – Les dispositions de l'article 9-1 du décret [n° 55-22] du 4 janvier 1955 susvisé s'appliquent lorsque les conditions suivantes sont réunies :

– le requérant est celui ayant présenté la demande initiale ;

– le dépôt de la demande accompagnant un document soumis à publicité est effectué dans un délai de douze mois à compter de sa demande initiale.

L'état complémentaire délivré par le service de la publicité foncière donne lieu à la délivrance des formalités se rapportant à l'immeuble interrogé qui, depuis la demande initiale, ont été publiées ou acceptées au dépôt et en instance d'enregistrement au fichier immobilier.

Section V. – Dispositions diverses

Art. 53-8 *(Mod., D. n° 2012-1462, 26 déc. 2012).* – Pour l'application du titre I du décret, la délivrance du certificat prévu aux articles 2203-1 du Code civil et 8-1 du décret n° 55-22 du 4 janvier 1955 modifié est effectuée dans le cadre des demandes de renseignements visées à l'article 42-1 et au 2° du premier alinéa de l'article 53-6 du présent décret.

Art. 54. – Pour l'application du chapitre I du présent titre, les parties de communes à cadastre non encore rénové ayant fait l'objet d'opérations de remembrement sont assimilées aux communes à cadastre rénové dès la publication du remembrement au fichier immobilier.

(Al. mod. à compter du 1er janvier 2013, D. n° 2012-1462, 26 déc. 2012) Dans les cas où sa remise est prescrite par l'une des dispositions de la section II, l'extrait cadastral, établi dans les conditions fixées à l'article 21, et complété, s'il y a lieu, ainsi qu'il est dit à l'article 22 pour valoir extrait d'acte (modèle n° 1), est fourni au service de la publicité foncière pour toutes les parcelles, sans distinction, des communes partiellement remembrées. Il précise les parcelles situées dans les parties non remembrées de ces communes ; pour ces parcelles, ce service se conforme aux prescriptions de l'article 48.

Art. 54 *bis*. – Pour l'application du chapitre II du présent titre, la mise en service du cadastre établi dans les communes des départements d'outre-mer et à Paris est assimilée, en tant que de besoin, à celle du cadastre rénové.

CHAPITRE IV. – MODALITÉS DE DÉLIVRANCE DE RENSEIGNEMENTS ET DE COPIES D'ACTES AUX NOTAIRES PAR LA DIRECTION GÉNÉRALE DES FINANCES PUBLIQUES

(D. n° 2018-1266, 26 déc. 2018)

Art. 54 *ter* *(D. n° 2018-1266, 26 déc. 2018).* – Pour l'application de l'article 2449 du Code civil et sans préjudice des dispositions des articles 38-1 à 44-1 du présent décret, les notaires peuvent obtenir, en présentant à cet effet une demande à la direction générale des finances publiques au moyen d'une application informatique dédiée mise en place par celle-ci, la délivrance de renseignements ou de copies concernant :

1° Les documents publiés en application des articles 28, 35 à 37 et 39 du décret [n° 55-22] du 4 janvier 1955 susvisé autres que les saisies non émargées de la mention de publication de l'adjudication ou de la mention du jugement constatant la conformité de la vente amiable ;

2° Les saisies en cours ;

3° Les inscriptions subsistantes ;

4° Les mesures de gel des avoirs immobiliers en cours.

Art. 54 *quater* *(D. n° 2018-1266, 26 déc. 2018)*. – Les demandes de renseignements peuvent être formulées :

1° Du chef d'une ou de plusieurs personnes individuellement désignées, sur tous immeubles dans le ressort d'un service chargé de la publicité foncière ;

2° Sur un ou plusieurs immeubles déterminés, sans indication de personnes ;

3° Du chef d'une ou de plusieurs personnes individuellement désignées et sur un ou plusieurs immeubles déterminés dans le ressort d'un service chargé de la publicité foncière ;

4° En vue d'obtenir la copie d'un document numérisé publié en application des articles 28, 35 à 37 et 39 du décret[n°55-22] du 4 janvier 1955 susvisé, à l'exclusion :

a) Des commandements valant saisie et des différents actes de procédure qui s'y rattachent ;

b) Des procès-verbaux de réorganisation foncière ou de remembrement.

Art. 54 *quinquies* *(D. n° 2018-1266, 26 déc. 2018)*. – Les demandes de renseignements et de copies indiquent, selon le cas :

1° Tous les éléments, prévus à l'article 9 du décret [n°55-22] du 4 janvier 1955 susvisé et au *b* du 2° de l'article 39 du présent décret, d'identification des personnes physiques ou morales ou des immeubles et fractions d'immeubles du chef desquels les informations sont demandées ;

2° Le service chargé de la publicité foncière, l'année, le volume et le numéro d'ordre correspondant au classement du document dans le volume lorsque la demande se rapporte à un document publié.

Art. 54 *sexies* *(D. n° 2018-1266, 26 déc. 2018)*. – Les renseignements obtenus comportent les mêmes précisions que celles prévues aux 1° et 2° de l'article 42-1. Ils ne donnent pas lieu à certification.

Art. 54 *septies* *(D. n° 2018-1266, 26 déc. 2018)*. – Un arrêté du ministre chargé du budget précise les modalités de fonctionnement de l'application informatique dédiée mentionnée à l'article 54 *ter* ainsi que les conditions de son déploiement sur le territoire.

TITRE II. – DE LA PUBLICITÉ DES DROITS SUR LES IMMEUBLES

CHAPITRE I. – PUBLICITÉ DES PRIVILÈGES ET DES HYPOTHÈQUES

Section I. – Inscription de privilège ou d'hypothèque

(D. n° 67-1252, 22 déc. 1967)

Art. 54-1 *(D. n° 67-1252, 22 déc. 1967)*. – Chaque privilège ou hypothèque garantissant l'acquittement d'une obligation est inscrit, en application de l'article 2148 du Code civil, sur le dépôt d'un bordereau établi en deux exemplaires.

Le dépôt est refusé si le bordereau porte réquisition d'inscrire plusieurs sûretés ou même une seule sûreté au profit de plusieurs créanciers ou à l'encontre de plusieurs propriétaires.

Il est, toutefois, possible de requérir une inscription à l'aide d'un bordereau collectif au profit de plusieurs créanciers ou à l'encontre de plusieurs propriétaires lorsqu'il s'agit de créanciers solidaires ou de propriétaires débiteurs solidaires, dès lors qu'une seule date extrême d'effet est donnée à l'inscription en exécution de l'article 2154 du Code civil.

De même, lorsqu'il est convenu qu'une hypothèque unique garantira successivement le remboursement d'un crédit-relais, puis celui d'un prêt ou d'une ouverture de crédit destiné à permettre le désintéressement du premier créancier, la formalité peut être requise par le dépôt d'un bordereau commun aux deux créanciers ; dans ce cas, la date extrême d'effet de l'inscription unique est fixée en tenant compte de l'échéance ou de la dernière échéance prévue pour le désintéressement du second créancier.

En outre, un même bordereau peut porter réquisition d'inscrire plusieurs sûretés au profit d'un seul créancier et à l'encontre d'un seul propriétaire si ces sûretés garantissent l'acquittement d'une obligation unique, dès lors qu'une seule date extrême d'effet est donnée à l'inscription en exécution de l'article 2154 du Code civil.

Art. 55 *(Mod. à compter du 1er janvier 2013, D. n° 2012-1462, 26 déc. 2012)*. – 1. Le bordereau destiné à être conservé dans les registres du service de la publicité foncière, pour opérer l'inscription d'un privilège ou d'une hypothèque, est seul obligatoirement rédigé sur une formule spéciale fournie par l'Administration ou sur un formulaire reproduit selon des normes fixées par instruction publiée au *Bulletin officiel des impôts*.

2. Les bordereaux commencent obligatoirement par la réquisition suivante, portée en lettres majuscules d'imprimerie et précisant la nature de la sûreté : « INSCRIPTION DE PRIVILÈGE (OU D'HYPOTHÈQUE) AYANT EFFET JUSQU'AU... EST REQUISE ». Ils indiquent, en outre, dans un cadre spécialement ménagé, si le principal de l'obligation garantie doit ou non être acquitté à une ou plusieurs dates déterminées postérieures à celle de la formalité.

Indépendamment de ces réquisition et indication, de la mention de certification de l'identité des parties, exigée par les articles 5 et 6 du décret du 4 janvier 1955, du certificat de conformité et des précisions qui seraient imposées par des dispositions législatives ou réglementaires particulières, les bordereaux ne peuvent contenir, sous peine de rejet de la formalité, que :

1° La désignation du créancier, du débiteur ou du propriétaire, si le débiteur n'est pas le propriétaire de l'immeuble grevé, conformément au premier alinéa de l'article 5 et aux premier à cinquième alinéas de l'article 6 du décret du 4 janvier 1955 ;

2° L'élection de domicile, par le créancier, dans un lieu quelconque situé en France métropolitaine, dans les départements d'outre-mer ou dans la collectivité territoriale de Saint-Pierre-et-Miquelon ;

3° L'indication de la date et de la nature du titre générateur de la sûreté ou de la créance ainsi que la cause de l'obligation garantie par le privilège ou l'hypothèque et le cas échéant, la mention expresse du caractère rechargeable de l'hypothèque et de la somme en capital pour laquelle l'hypothèque pourra être affectée à la garantie d'autres créances. S'il s'agit d'un titre notarié, les nom et résidence du rédacteur sont précisés. Pour les inscriptions requises en application des dispositions de l'article 2383 du Code civil et des 1° à 3° de l'article 2400 du même code, les bordereaux énoncent la cause et la nature de la créance ;

4° L'indication du capital de la créance, de ses accessoires et de la date prévue pour son exigibilité. En toute hypothèse, le requérant doit évaluer les rentes, prestations et droits indéterminés, éventuels ou conditionnels, sans préjudice de l'application des articles 2444 et 2445 du Code civil au profit du débiteur ; si les droits sont éventuels ou conditionnels, il doit indiquer sommairement l'événement ou la condition dont dépend l'existence de la créance. Dans le cas où la créance est assortie d'une clause de réévaluation, l'inscription doit mentionner le montant originaire de la créance ainsi que la clause de réévaluation. Lorsque le montant de la créance n'est pas libellé en euros, l'indication immédiate de sa contre-valeur en euros est déterminée selon le dernier cours de change connu à la date du titre générateur de la sûreté ou de la créance ;

5° La désignation, conformément aux premier et troisième alinéas de l'article 7 du décret du 4 janvier 1955, de chacun des immeubles sur lesquels l'inscription est requise ;

6° L'indication de la date, du volume et du numéro sous lequel a été publié le titre de propriété du débiteur ou du propriétaire si le débiteur n'est pas le propriétaire des immeubles grevés, lorsque ce titre est postérieur au 1er janvier 1956 ;

7° La certification que les montants figurant sur le bordereau, celui du capital de la créance garantie et le cas échéant, celui du capital pour lequel l'hypothèque peut être affectée en garantie d'autres créances ne sont pas supérieurs à ceux figurant dans le titre générateur de la sûreté ou de la créance.

3. Si le signataire ne s'est servi, pour la rédaction d'aucun des deux bordereaux, du modèle fourni par l'Administration ou d'un formulaire reproduit selon des normes fixées par instruction publiée au *Bulletin officiel des impôts*, le service de la publicité foncière doit néanmoins classer provisoirement l'un de ceux-ci à la place assignée par l'inscription au registre de dépôts. Mais, dans le mois au plus tard à compter de la date du dépôt, il invite le signataire, dans la forme prévue à l'article 34, 3, du présent décret, à substituer au document irrégulier un bordereau réglementaire, dans le délai d'un mois à compter de la notification et sous peine du rejet prévu au premier alinéa de l'article 2148 du Code civil.

Après régularisation, le bordereau réglementaire prend la place du document irrégulier qui est retenu par le service de la publicité foncière. La substitution est constatée par un enregistrement pour ordre au registre de dépôts.

4. *(Abr., D. n° 67-1252, 22 déc. 1967).*

Art. 56 *(Mod. à compter du 1er janvier 2013, D. n° 2012-1462, 26 déc. 2012).* – 1. Le bordereau destiné à être conservé dans les registres du service de la publicité foncière est établi comme il est dit aux paragraphes 2 et 4 de l'article 76-1.

2. En cas d'inobservation de la règle édictée au 1, le service de la publicité foncière invite le signataire du certificat d'identité, dans la forme prévue au 3 de l'article 34, à déposer un nouveau bordereau correctement établi ou à régulariser le bordereau déposé, dans le délai d'un mois à compter de la notification, sous peine de rejet.

Art. 57 *(Mod., D. n° 2007-201, 15 févr. 2007).* – En exécution civil du 4° du 2 de l'article 55 les accessoires de la créance, même éventuels, dont la nature doit être sommairement indiquée, sont évalués par catégorie ou globalement et leur montant total est ajouté à celui du principal de la créance pour déterminer l'ensemble des sommes garanties.

L'évaluation des intérêts dont la loi conserve le rang n'est pas obligatoire.

Si la créance est assortie d'une clause de réévaluation, il est satisfait au vœu de la loi par la simple mention du capital originaire de la créance et l'indication de la clause de réévaluation. De plus, la créance supplémentaire susceptible de résulter de la réévaluation doit figurer pour mémoire parmi les sommes pour sûreté desquelles l'inscription est requise.

À défaut de mention de leur taux, les intérêts conventionnels ne sont conservés que dans la limite du taux légal ; si leur taux est variable, seul doit être précisé, sous peine de rejet de la formalité, le quantum originaire, accompagné de l'indication « variabilité prévue à l'acte ».

Art. 57-1 *(Mod., D. n° 98-553, 3 juill. 1998).* – En cas d'adjudication sur saisie immobilière, l'inscription du privilège visé à l'article 2108 du Code civil peut être requise, notamment par le débiteur saisi ou par tout créancier.

Art. 57-2 *(Mod. à compter du 1er janvier 2013, D. n° 2012-1462, 26 déc. 2012).* – Pour l'application des articles 214 et 263 du décret n° 92-755 du 31 juillet 1992 instituant de nouvelles règles relatives aux procédures civiles d'exécution pour l'application de la loi n° 91-650 du 9 juillet 1991 portant réforme des procédures civiles d'exécution, le service de la publicité foncière s'assure :

a) Du respect du délai de trois mois accordé au créancier à compter de l'ordonnance du juge de l'exécution ou du président du tribunal de commerce pour inscrire l'hypothèque judiciaire conservatoire provisoire ;

b) De la présentation des documents visés au dernier alinéa de l'article 263 du décret précité, à l'appui du titre exécutoire ou de la décision passée en force de chose jugée, lors de l'inscription définitive de l'hypothèque judiciaire conservatoire.

Le non-respect de ces conditions est sanctionné par le refus du dépôt.

Lorsque l'hypothèque judiciaire conservatoire est inscrite en vertu d'un titre visé au 6° de l'article 3 de la loi susvisée, le bordereau doit contenir, sous peine de rejet de la formalité, les références du texte qualifiant le titre d'exécutoire.

Art. 57-3 *(Mod. à compter du 1er janvier 2013, D. n° 2012-1462, 26 déc. 2012).* – 1° L'avenant prévoyant que la dernière hypothèque conventionnelle inscrite avant le 25 mars 2006 peut être affectée à la garantie d'autres créances est inscrit au fichier immobilier conformément aux dispositions de l'article 2428 du Code civil sur le dépôt d'un bordereau établi en deux exemplaires.

L'exemplaire du bordereau conservé dans les registres du service de la publicité foncière est établi dans les conditions et sous la sanction prévues à l'article 56 ; il est rédigé sur une formule spéciale fournie par l'administration ou reproduite selon des normes fixées par instruction publiée au Bulletin officiel des impôts.

2° Chaque bordereau commence par la réquisition suivante, portée en lettres majuscules d'imprimerie : « INSCRIPTION D'HYPOTHÈQUE CONVENTIONNELLE RECHARGEABLE PAR AVENANT AYANT EFFET JUSQU'AU... »

Outre le certificat de conformité, chaque bordereau contient exclusivement, sous peine de rejet de la formalité :

a) L'identification, conformément au premier alinéa de l'article 5 et au 1 de l'article 6 du décret du 4 janvier 1955, du signataire de l'avenant propriétaire de l'immeuble et constituant de l'hypothèque objet de l'avenant. L'identification est certifiée dans les conditions prévues par les deuxième à cinquième alinéas de l'article 5 et par le 2 de l'article 6 du même décret ;

b) L'indication de la date, du volume et du numéro sous lequel a été opérée l'inscription de l'hypothèque objet de l'avenant et, le cas échéant, l'inscription de ses renouvellements ;

c) L'indication de la date extrême d'effet de l'inscription de l'hypothèque objet de l'avenant, compte tenu, le cas échéant, de ses renouvellements ;

d) La somme maximale, en capital, pour laquelle l'hypothèque peut être affectée à la garantie d'autres créances et la certification que cette somme n'est pas supérieure à celle figurant dans l'avenant ;

e) En cas de changement dans la personne ou l'état civil du créancier, son identification faite conformément au premier alinéa de l'article 5 et au 1 de l'article 6 du décret du 4 janvier 1955, en énonçant sommairement les causes et titres en vertu desquels il est devenu titulaire de la créance. L'identification du créancier est certifiée dans les conditions prévues par les deuxième à cinquième alinéas de l'article 5 et par le 2 de l'article 6 du même décret ;

f) Si l'étendue de la garantie se trouve diminuée par l'inscription de l'avenant, la désignation actuelle de chacun des immeubles restant grevés, conformément aux premier et troisième alinéas de l'article 7 du décret du 4 janvier 1955 ;

g) Le cas échéant, la mention de la clause prévoyant que le créancier hypothécaire impayé deviendra propriétaire de l'immeuble hypothéqué.

3° Le dépôt est refusé :

a) Si le bordereau ne contient pas la mention de la certification de l'identité des personnes prévue aux *a* et *e* du 2° et la désignation des immeubles faite conformément aux dispositions du *f* du 2° ;

b) Si le bordereau ne contient pas les mentions de référence à la dernière inscription à renouveler et à l'inscription initiales prévues au *b* du 2° ;

c) Si l'inscription de l'avenant est requise après péremption ou radiation de l'inscription de l'hypothèque objet de l'avenant.

Art. 57-4 *(Mod. à compter du 1er janvier 2013, D. n° 2012-1462, 26 déc. 2012).* – I. – L'acte notarié par lequel le prêteur de deniers renonce à son privilège inscrit avant le 20 février 2007, en contrepartie de la constitution par le débiteur d'une hypothèque rechargeable, est inscrit au fichier immobilier conformément aux dispositions de l'article 2428 du Code civil sur le dépôt d'un bordereau établi en deux exemplaires.

L'exemplaire du bordereau conservé dans les registres du service de la publicité foncière est établi dans les conditions et sous la sanction prévues à l'article 56 ; il est rédigé sur une formule spéciale fournie par l'administration ou reproduite selon des normes fixées par instruction publiée au *Bulletin officiel* des impôts.

II. – Chaque bordereau commence par la réquisition suivante, portée en lettres majuscules d'imprimerie : « INSCRIPTION D'HYPOTHÈQUE CONVENTIONNELLE RECHARGEABLE, CONSTITUÉE PAR RENONCIATION À PRIVILÈGE DE PRÊTEUR DE DENIERS EN VERTU D'UN ACTE AUTHENTIQUE EN DATE DU... AYANT EFFET JUSQU'AU... [...] ».

Outre le certificat de conformité, chaque bordereau contient exclusivement, sous peine de rejet de la formalité :

a) L'identification, conformément au premier alinéa de l'article 5 et au 1 de l'article 6 (1) du décret du 4 janvier 1955, du propriétaire de l'immeuble débiteur de la créance garantie par le privilège et signataire de l'acte constitutif de l'hypothèque par renonciation au privilège de prêteur de deniers. Cette identification est certifiée dans les conditions prévues par les deuxième à cinquième alinéas de l'article 5 et par le 2 de l'article 6 du même décret ;

b) L'indication de la date, du volume et du numéro sous lequel a été opérée l'inscription du privilège concerné par l'acte et le cas échéant, l'inscription de ses renouvellements ;

c) L'indication de la date extrême d'effet de l'inscription du privilège, compte tenu, le cas échéant, de ses renouvellements ;

d) La somme maximale en capital pour laquelle l'hypothèque peut être affectée à la garantie d'autres créances et la certification que cette somme n'est pas supérieure au capital de la créance privilégiée et à celle figurant dans l'acte ;

e) Si l'étendue de la garantie se trouve diminuée par l'inscription de l'acte, la désignation actuelle de chacun des immeubles restant grevés, conformément aux premier et troisième alinéas de l'article 7 du même décret ;

f) En cas de changement dans la personne ou dans l'état civil du créancier, son identification faite conformément au premier alinéa de l'article 5 et au 1 de l'article 6 du même décret, en énonçant sommairement les causes et titres en vertu desquels il est devenu titulaire de la créance. L'identification du créancier est certifiée dans les conditions prévues par les deuxième à cinquième alinéas de l'article 5 et par le 2 de l'article 6 du même décret ;

(1) Article 6 du décret du 4 janvier 1955, n° 55-22.

g) Le cas échéant, la mention de la clause prévoyant que le créancier hypothécaire impayé deviendra propriétaire de l'immeuble hypothéqué.

III. – Le dépôt est refusé :

a) Si le bordereau ne contient pas la mention de la certification de l'identité des personnes prévue aux *a* et *f* du II ou la désignation des immeubles faite conformément aux dispositions prévues au *e* du II ;

b) Si le bordereau ne contient pas les mentions prévues au *b* du II ;

c) Si l'inscription de l'hypothèque rechargeable par renonciation au privilège de prêteur de deniers est requise après péremption ou radiation de l'inscription de ce privilège.

Section II. – Mentions en marge

(D. n° 67-1252, 22 déc. 1967)

Art. 58 *(Mod. à compter du 1er janvier 2013, D. n° 2012-1462, 26 déc. 2012).* – Les mentions en marge des inscriptions existantes, faites conformément à l'article 2149 du Code civil, comportent une analyse sommaire de l'acte à publier.

Elles sont datées et signées par le service de la publicité foncière.

Art. 59 *(Mod. à compter du 1er janvier 2013, D. n° 2012-1462, 26 déc. 2012).* – 1. L'époux au profit duquel une décision judiciaire devenue définitive a constaté une créance contre son conjoint ou les héritiers de celui-ci est tenu d'évaluer le capital de la créance allouée et ses accessoires, au pied de l'expédition déposée au service de la publicité foncière en vue de requérir, en application du quatrième alinéa de l'article 2137 du Code civil, la mention de ladite décision en marge de l'inscription provisoire.

En aucun cas, cette évaluation ne peut excéder celle qui a été fournie dans le bordereau d'inscription provisoire.

2. La nullité de l'inscription provisoire, encourue en vertu du quatrième alinéa de l'article 2137 du Code civil, ne peut être opposée par le service de la publicité foncière, qui, pour opérer la mention, n'a pas à se faire justifier du caractère définitif de la décision judiciaire.

Art. 59-1 *(D. n° 67-1252, 22 déc. 1967).* – La mainlevée d'une inscription prise au profit d'un époux est donnée par cet époux seul, même en l'absence de constatation de paiement, toutes les fois que la créance pour la sûreté de laquelle l'hypothèque ou le privilège a été inscrit résulte d'un contrat auquel il avait consenti sans le concours de son conjoint.

Pour la radiation de l'inscription, aucune pièce justificative du pouvoir qu'a l'époux de donner mainlevée seul n'est exigée quand il est certifié dans l'acte de mainlevée que la créance résulte d'un tel contrat.

Art. 60 *(Mod., D. n° 2012-634, 3 mai 2012 ; à compter du 1er janvier 2013, D. n° 2012-1462, 26 déc. 2012).* – 1. Lorsque l'acte constitutif d'une créance privilégiée ou hypothécaire constate expressément la création de billets ou effets négociables, représentatifs de cette créance, et qu'à défaut de clause contraire dans l'acte, l'endossement ou la tradition des billets ou effets emporte transmission de la garantie hypothécaire ou privilégiée, chaque billet ou effet doit être revêtu par le notaire rédacteur de l'acte constitutif de la créance d'une mention constatant qu'il a été créé en représentation de cette créance et qu'il bénéficie de la garantie y attachée.

Cette mention rappelle la date de l'acte constitutif de la créance, ainsi que le nom du notaire rédacteur et, dans le cas où la garantie privilégiée ou hypothécaire a été constituée par acte distinct, la date de cet acte et le nom du notaire qui l'a établi.

Si l'acte constitutif a prévu la création ultérieure de billets ou d'effets négociables représentatifs de la créance, dont l'endossement ou la tradition emporterait, à défaut de clause contraire dans l'acte constitutif de la créance, transmission de la garantie privilégiée ou hypothécaire, les parties peuvent requérir le notaire, lors de la création de chaque billet ou effet, de le revêtir de la mention prévue à l'alinéa précédent. Dans ce cas, la création des billets ou effets doit être relatée par le notaire en marge ou au pied de la minute et en marge de la grosse.

2. En cas de mainlevée, si les formalités ci-dessus ont été accomplies, les billets ou effets et, sauf le cas de perte de celle-ci déclarée dans l'acte, la grosse de l'acte constitutif de la créance sont revêtus par le notaire rédacteur de l'acte de mainlevée d'une mention de référence à ce dernier acte, qui relate lui-même l'apposition de cette mention. Le service de la publicité foncière radie l'inscription sur la seule production de l'acte portant mainlevée par les porteurs ou bénéficiaires des endossements.

3. Si les formalités visées au troisième alinéa du 1 n'ont pas été accomplies, le créancier originaire révélé par l'inscription ou son cessionnaire régulièrement subrogé par acte authentique qui a fait mentionner son droit conformément à l'article 2149 du Code civil a seul droit de consentir la mainlevée de l'inscription. Il ne peut, toutefois, le faire si une opposition à la mainlevée existe au moment de celle-ci, entre les mains de l'officier public détenteur de la minute de l'acte constitutif de la créance.

Cette opposition peut être formée par tout porteur de billets ou effets, par tout bénéficiaire d'un endossement ou toute personne solidairement tenue au paiement, au moyen d'une notification par huissier. Elle est faite par lettre recommandée avec demande d'avis de réception, lorsque l'acte constitutif de la créance a été reçu par un consul ou vice-consul de France. L'opposition contient, à peine de nullité, élection de domicile dans le ressort du tribunal de grande instance de la situation des biens ; l'identité de l'opposant est certifiée par un notaire, avocat ou huissier. L'opposition n'a d'effet que pendant un an si elle n'est pas renouvelée. La mainlevée de l'opposition est donnée dans les mêmes formes que l'opposition.

Jusqu'à la péremption de l'opposition ou sa mainlevée amiable ou judiciaire, la mainlevée de l'inscription ne peut être consentie que par l'auteur de l'opposition, et sur justification qu'il est le bénéficiaire du droit hypothécaire, ou, conjointement, par l'auteur de l'opposition et le créancier originaire ou son cessionnaire régulièrement subrogé, si la subrogation a été réalisée par acte authentique et a été mentionnée en marge de l'inscription.

4. Dans les cas visés au 3 du présent article, le droit d'établir l'acte de mainlevée n'appartient qu'à l'officier public détenteur de l'acte constitutif de la créance. Les énonciations de l'acte de mainlevée établissant que la grosse ou, en cas de perte de celle-ci, la minute ne constate pas la création effective de billets ou d'effets et qu'aucune opposition ne met obstacle à la mainlevée, dispensent le service de la publicité foncière d'exiger d'autres justifications.

Section III. – Inscriptions en renouvellement

(D. n° 67-1252, 22 déc. 1967)

Art. 61 *(Mod. à compter du 1er janvier 2013, D. n° 2012-1462, 26 déc. 2012)*. – 1. Pour opérer le renouvellement, prévu à l'article 2154-1 du Code civil, d'une inscription de privilège ou d'hypothèque, le créancier, qui n'a pas à représenter le titre, dépose, au service de la publicité foncière, soit par lui-même, soit par un tiers, deux bordereaux signés et certifiés conformes entre eux. Celui des deux bordereaux qui doit être conservé dans les registres de ce service est établi conformément aux prescriptions du 1 de l'article 56 du présent décret, sous la sanction prévue au 2 du même article ; il est seul obligatoirement rédigé sur une formule spéciale fournie par l'Administration ou reproduite selon des normes fixées par instruction publiée au *Bulletin officiel des impôts*.

Chacun des bordereaux commence obligatoirement par la réquisition suivante, portée en lettres majuscules d'imprimerie : « INSCRIPTION AYANT EFFET JUSQU'AU... EST REQUISE EN RENOUVELLEMENT DE... ». Il indique, en outre, dans un cadre spécialement ménagé, si le principal de l'obligation garantie doit ou non être acquitté à une ou plusieurs dates déterminées postérieures à celle de la formalité, notamment par suite d'une prorogation du délai fixé pour l'acquittement de cette obligation.

Indépendamment de ces réquisition et indication et du certificat de conformité, chaque bordereau ne peut contenir, sous peine de rejet de la formalité, que la mention de la date, du volume et du numéro sous lequel a été opérée l'inscription à renouveler – et, s'il y a lieu, les mêmes mentions pour les inscriptions successives en renouvellement – avec l'indication de la date extrême d'effet portée, selon le cas, sur le bordereau originaire ou sur le dernier bordereau de renouvellement et le simple rappel du titre et des nom patronymique et prénoms ou dénomination des propriétaire grevé et créancier originaires.

2. Toutefois, en cas de changement dans la personne ou dans l'état civil du créancier, en cas de réduction de la créance ou de ses accessoires, de modification dans l'époque d'exigibilité, les bordereaux mentionnent, en outre :

a) Le créancier actuel, en énonçant sommairement les causes et titres en vertu desquels il est devenu titulaire de la créance ;

b) Le capital de la créance et ses accessoires conservés par l'inscription en renouvellement, ainsi que l'époque d'exigibilité, sauf dans l'hypothèse où ces changements ou modifications ont déjà été publiés sous forme de mentions en marge, conformément à l'article 2149 du Code civil.

3. De plus, si l'étendue du gage se trouve diminuée par l'inscription en renouvellement, les bordereaux contiennent la désignation actuelle de chacun des immeubles restant grevés.

Art. 62. – 1. À titre transitoire, le premier bordereau de renouvellement déposé à partir du 1er janvier 1956 pour renouveler une inscription prise avant cette date porte, en plus des autres énonciations prescrites par les 1 et 2 de l'article 61 :

– La désignation actuelle de chacun des immeubles grevés par l'inscription en renouvellement ;

– Celle du propriétaire desdits immeubles à la date du renouvellement.

2. Quelle que soit la date de l'inscription primitive, lorsque le gage a été constitué par des immeubles ruraux, au sens de l'article 45-1-1°, situés dans une commune à ancien cadastre, les bordereaux successifs de renouvellement doivent, pour permettre l'annotation du fichier immobilier, désigner le propriétaire desdits immeubles à la date de chaque renouvellement.

Cette désignation est également exigée dans le premier bordereau déposé après la rénovation du cadastre qui doit, en outre, contenir la désignation actuelle des immeubles restant grevés.

Art. 63 *(Mod. à compter du 1er janvier 2013, D. n° 2012-1462, 26 déc. 2012)*. – 1. La désignation actuelle des immeubles, prévue aux articles 61 et 62, est faite conformément à l'article 7 du décret du 4 janvier 1955. S'il y a lieu, elle est complétée par un tableau indiquant les anciennes et les nouvelles désignations cadastrales après rénovation et établi au vu d'une table de correspondance délivrée par le service du cadastre.

2. Dans les cas prévus à l'article 62, un extrait cadastral est annexé, le cas échéant, à l'exemplaire du bordereau destiné au service de la publicité foncière par application de l'article 40 du décret du 4 janvier 1955 et de l'article 30 du présent décret.

3. La désignation du propriétaire à la date du renouvellement, prévu au 1 et au 2 de l'article 62, est faite conformément au premier alinéa des articles 5 et 6.

Elle est dûment certifiée.

Art. 64 *(Mod. à compter du 1er janvier 2013, D. n° 2012-1462, 26 déc. 2012)*. – 1. Le dépôt est refusé :

1° Si le bordereau ne contient pas la mention de référence à la dernière inscription à renouveler ;

2° Si le renouvellement est requis après péremption ou radiation de l'inscription à renouveler. Dans ce cas, le créancier peut requérir une nouvelle inscription prenant rang à sa date en se conformant aux prescriptions de l'article 2148 du Code civil ;

3° Si les immeubles ne sont pas individuellement désignés, avec indication de la commune où ils sont situés, dans les cas où la désignation détaillée est obligatoire ;

4° Si le bordereau ne contient pas l'identité complète du propriétaire actuel et la mention de certification de cette identité, dans les cas prévus à l'article 62.

2. Lorsque après avoir accepté le dépôt le service de la publicité foncière constate l'omission ou l'inexactitude d'une des mentions prescrites, à titre obligatoire, par les articles 61 et 62, ou une discordance entre, d'une part, les énonciations relatives à la désignation des parties ou des immeubles contenues dans le bordereau de renouvellement, et, d'autre part, ces mêmes énonciations contenues dans les bordereaux ou titres déjà publiés depuis le 1er janvier 1956 – tels qu'ils sont répertoriés au fichier immobilier – la formalité est rejetée, à moins que le requérant ne régularise le bordereau de renouvellement ou qu'il ne produise les justifications établissant son exactitude, auxquels cas la formalité prend rang à la date de la remise du bordereau constatée au registre de dépôts.

La formalité est également rejetée en cas d'inobservation des dispositions du 1 ou du 2 de l'article 63 ou si le bordereau n'est pas établi sur formule réglementaire.

3. Lorsque le bordereau de renouvellement n'a pas à comporter de certificat d'identité, il contient obligatoirement, sous peine de refus du dépôt, l'indication du nom et du domicile de la personne à laquelle le rejet doit éventuellement être notifié.

Art. 65. – Lorsqu'une inscription est prise partiellement en renouvellement d'une inscription antérieure et pour valoir, pour le surplus, inscription nouvelle, les dispositions de l'article 2148 du Code civil sont seules applicables.

Art. 66 *(D. n° 67-1252, 22 déc. 1967)*. – 1. *(Abr., D. n° 98-553, 3 juill. 1998).*

2. Les bordereaux des inscriptions sont, au moment du renouvellement, extraits des volumes où ils sont classés pour être reclassés avec le bordereau de l'inscription en renouvellement. Il en est de même, le cas échéant, des bordereaux des inscriptions successives en renouvellement.

Une feuille de référence indique, à l'ancien volume, le nouveau numéro de classement.

Lorsqu'il n'est pas possible de procéder comme il est dit au premier alinéa du présent 2, une reproduction du bordereau ou du registre des inscriptions est jointe au bordereau de l'inscription en renouvellement.

Section IV. – Dispositions communes

(D. n° 67-1252, 22 déc. 1967)

Art. 67 *(Mod. à compter du 1er janvier 2013, D. n° 2012-1462, 26 déc. 2012)*. – 1. Pour l'application des dispositions des articles 2154 et 2154-1 du Code civil et des articles 55, 57-3, 57-4 et 61 du présent décret relatives à la durée de l'effet des inscriptions, le service de la publicité foncière n'a en aucun cas à rechercher si les caractères de l'échéance ou de la dernière échéance ont été exactement déclarés.

Si la date extrême d'effet de l'inscription, fixée par le créancier, est postérieure à celle de l'expiration, suivant le cas, du délai de dix ans ou de celui de trente-cinq ans visés aux articles 2154 et 2154-1 du Code civil, la formalité est rejetée, à moins que le requérant ne régularise le bordereau d'inscription ou de renouvellement. La formalité est également rejetée si une omission ou une autre irrégularité est relevée par le service de la publicité foncière en ce qui concerne les réquisition et indication prévues au 2 de l'article 55, au 2 de l'article 57-3 [au II], 57-4 et au 1 de l'article 61 et n'est pas réparée dans le délai imparti.

2. En cas de dépassement de l'un des délais d'un an, dix ans ou cinquante ans, l'inscription opérée est périmée le lendemain, à zéro heure, de la date d'expiration du délai non respecté, si elle n'a pas été préalablement renouvelée.

Lorsqu'il y a eu dépassement du délai d'un an, une nouvelle date extrême d'effet de l'inscription, qui ne soit pas postérieure à la date d'expiration de ce délai, peut être volontairement constatée dans un acte authentique signé par le créancier et par le débiteur ou par le seul créancier pour être mentionnée en marge de ladite inscription. La date d'expiration du même délai est constatée, s'il y a lieu, à la requête de tout intéressé, par une ordonnance du président du tribunal de grande instance dans le ressort duquel sont situés les immeubles grevés, rendue comme en matière de référé et non susceptible d'exécution provisoire ; la mention de cette date est faite, à la diligence du requérant, lorsque l'ordonnance est passée en force de chose jugée. Pour l'accomplissement des opérations qui lui incombent, et sous réserve des dispositions de l'alinéa suivant, le conservateur tient compte exclusivement de la date portée dans le bordereau, tant qu'une autre date n'a pas été mentionnée en marge dans les conditions prévues au présent alinéa. Le dépassement du délai de dix ans ou de celui de cinquante ans peut être réparé dans les conditions indiquées à l'alinéa précédent à l'initiative des parties. En outre, dès qu'il constate ce dépassement, le service de la publicité foncière substitue d'office la date d'expiration du délai non respecté à la date fixée par le créancier ; la substitution faite sur le bordereau et au fichier immobilier est notifiée au créancier, au domicile par lui élu dans l'inscription, par lettre recommandée avec demande d'avis de réception.

Art. 67-1 *(Mod. à compter du 1er janvier 2013, D. n° 2012-1462, 26 déc. 2012)*. – Lorsqu'un renouvellement est requis, le service de la publicité foncière vérifie immédiatement que la date extrême d'effet de l'inscription à renouveler, portée dans les bordereaux présentés, est en concordance avec celle figurant au fichier immobilier.

Art. 67-2 *(D. n° 67-1252, 22 déc. 1967)*. – Sauf rectification simultanée du dépassement des délais visés au 2 de l'article 67, si un créancier en subroge un autre dans les droits qu'il tient d'une inscription de privilège ou d'hypothèque, cette inscription, émargée de la mention de la subrogation, continue de conserver le privilège ou l'hypothèque jusqu'à la date antérieurement indiquée.

De même, si le délai fixé pour l'acquittement de l'obligation garantie est prorogé, la mention de la prorogation en marge de l'inscription du privilège ou de l'hypothèque ne modifie pas la date extrême d'effet de cette inscription ; la durée de ladite inscription ne peut être prolongée que par un renouvellement requis conformément aux dispositions de l'article 2154-1 du Code civil.

CHAPITRE II. – PUBLICITÉ DES DROITS SUR LES IMMEUBLES AUTRES QUE LES PRIVILÈGES ET LES HYPOTHÈQUES

(D. n° 67-1252, 22 déc. 1967)

Art. 67-3 *(Al. mod. à compter du 1er janvier 2013, D. n° 2012-1462, 26 déc. 2012).* **– Pour opérer la publicité des actes ou décisions visés aux articles 28, 35 à 37 et 39 du décret [n° 55-22] du 4 janvier 1955, les parties ou l'une d'elles déposent, conformément au 1 de l'article 34 du même décret, au service de la publicité foncière de la situation des immeubles, soit par elles-mêmes, soit par un tiers, deux expéditions, extraits littéraux ou copies de l'acte ou de la décision à publier. Sous peine de refus du dépôt, l'expédition, extrait ou copie destiné à être conservé dans les registres du service de la publicité foncière est rédigé sur une formule spéciale fournie par l'Administration ou reproduite selon des normes fixées par instruction publiée au *Bulletin officiel des impôts*.**

Sous la même sanction, les documents déposés sont établis comme il est dit à l'article 76-1 et portent, indépendamment de la mention de certification de l'identité des parties exigée par les articles 5 et 6 du décret du 4 janvier 1955, un certificat attestant qu'ils sont conformes à la minute ; lorsque les expéditions, extraits ou copies de plusieurs actes ou décisions formant le complément les uns des autres sont déposés en même temps, ils doivent faire l'objet d'un seul certificat de conformité.

Art. 68 *(Mod. à compter du 1er janvier 2013, D. n° 2012-1462, 26 déc. 2012).* **– 1. Sont notamment établis conformément aux prescriptions des articles 67-3 et 76-1 du présent décret, les expéditions, extraits littéraux ou copies destinés à être conservés dans les registres du service de la publicité foncière :**

– Des actes de l'autorité publique ;

– Des actes dressés en la forme administrative ;

– Des décisions judiciaires ;

– Des actes notariés ;

– Des actes de dépôt, aux minutes d'un notaire, d'un acte sous seings privés, par toutes les parties avec reconnaissance d'écritures et de signatures ;

– Des actes de dépôts en l'étude d'un notaire des actes reçus par les officiers publics ou ministériels étrangers ;

– Des actes de dépôt en l'étude d'un notaire des actes sous seings privés ayant acquis date certaine avant le 1er janvier 1956 et soumis à l'obligation du dépôt par l'article 2 de la loi du 23 mars 1855 modifié par l'article 2 du décret du 30 octobre 1935 ;

– Des actes sous seings privés ayant acquis date certaine avant le 1er janvier 1956 et portant bail de plus de dix-huit années ou quittance ou cession d'une somme équivalente à trois années de loyers ou fermages non échus ;

– Des demandes en justice tendant à obtenir la résolution, la révocation, l'annulation ou la rescision d'une convention ou d'une disposition à cause de mort antérieurement publiée ;

– Des commandements publiés pour valoir saisie ;

– Des citations en justice et des commandements interruptifs de prescription en vertu de l'article 2224 du Code civil.

2. Par application de l'article 4 du décret du 4 janvier 1955 et sous réserve des mesures transitoires prévues aux articles 84 et 85 du présent décret, les conventions ou dispositions contenues dans un acte sous seings privés ayant acquis date certaine postérieurement au 31 décembre 1955 ne peuvent être portées à la connaissance des tiers ou leur devenir opposables par leur publication au fichier immobilier que si elles sont constatées à nouveau dans un acte dressé en la forme authentique, le service de la publicité foncière étant tenu de refuser le dépôt, toutes les fois que les actes dont la publicité est requise n'ont pas été dressés en cette forme.

3. Ne sont pas soumis à publicité :

– Les décisions judiciaires sur incident ;

– Les jugements préparatoires ou interlocutoires ;

– L'acte d'opposition ou d'appel ou le pourvoi en cassation dirigés contre une décision judiciaire rendue à la suite d'une demande en justice visée au 1.

Art. 68-1 *(Mod. à compter du 1er janvier 2013, D. n° 2012-1462, 26 déc. 2012).* **– Lorsqu'un acte ou une décision soumis à la publicité en exécution des articles 28, 35 à 37 et 39 du décret du 4 janvier 1955**

comprend des immeubles ou des droits immobiliers situés dans le ressort de plusieurs services, il est déposé, dans chaque service, un extrait comprenant seulement, sous peine de refus du dépôt, les immeubles ou les droits immobiliers qui l'intéressent.

Art. 68-2 *(D. n° 67-1252, 22 déc. 1967)*. – Lorsque les extraits littéraux sont déposés au bureau des hypothèques, conformément au premier alinéa du 1 de l'article 34 du décret du 4 janvier 1955, pour opérer la publicité d'actes ou décisions judiciaires en vertu desquels peut être requise dans les deux mois de leur date, l'inscription des privilèges visés aux articles 2108 et 2109 du Code civil, ces extraits doivent préciser la nature et la date de l'acte ou de la décision, l'officier public ou ministériel ou l'autorité administrative qui a reçu l'acte ou l'autorité judiciaire qui a rendu la décision et reproduire littéralement :

1° Les énonciations desdits actes ou décisions relatives, notamment :

À l'état civil des parties et à la désignation complète des immeubles ;

Aux élections de domicile ;

À l'origine de propriété du chef soit des vendeurs, soit des copartageants ou colicitants et de leurs auteurs, ainsi que des précédents propriétaires au nom desquels des copies, extraits ou certificats sont requis en même temps que la publicité ;

Aux conditions (prix, évaluation des lots, soultes, modalités de paiement, charges et intérêts, frais, entrée en jouissance, etc.) ;

Aux servitudes constituées par l'acte ou la décision ;

2° Lorsqu'il s'agit d'une adjudication, la teneur intégrale soit du jugement, soit du procès-verbal proprement dits.

Le cas échéant, il est mentionné dans l'extrait littéral que l'acte ou la décision judiciaire ne contient pas d'énonciations relatives à l'origine de propriété ou que celle-ci ne s'étend pas à tous les précédents propriétaires du chef desquels des copies, extraits ou certificats sont requis en même temps que la publicité.

Art. 69 *(Mod. à compter du 1er janvier 2013, D. n° 2012-1462, 26 déc. 2012)*. – 1. L'attestation notariée, dont la publication est prescrite par les articles 28-3° et 29 du décret du 4 janvier 1955, doit mentionner, le cas échéant, le testament, la décision judiciaire ordonnant l'envoi en possession, l'acte de délivrance de legs ou la décision judiciaire statuant sur la demande en délivrance.

Si l'envoi en possession ou la délivrance du legs intervient postérieurement à la publication de l'attestation notariée, les successibles sont tenus de requérir l'établissement d'une attestation rectificative dans les six mois de la décision judiciaire ou de l'acte intervenu, mais seulement dans le cas où la dévolution héréditaire telle qu'elle est révélée par la première attestation se trouve modifiée.

2. Lorsque la dévolution des droits successoraux, la masse immobilière héréditaire ou les modalités de l'option, constatées dans une attestation précédemment publiée, viennent à être modifiées, les successibles sont tenus de publier une attestation rectificative.

Toutefois, il n'y a pas lieu à attestation rectificative, lorsque, après la publication d'une attestation mentionnant l'absence d'option ou l'acceptation sous bénéfice d'inventaire, il est publié, au même service de la publicité foncière, un acte impliquant acceptation pure et simple en vertu de l'article 778 du Code civil ou d'une décision judiciaire constatant l'existence d'un tel acte.

3. Le délai de six mois imparti aux héritiers, donataires ou légataires par l'article 33-A du décret du 4 janvier 1955 pour requérir l'établissement d'une attestation notariée court du jour du décès.

Toutefois, le point de départ est reporté :

– Pour les successibles non appelés au moment du décès ou appelés sous conditions suspensives, au jour de l'événement qui ouvre leurs droits ;

– Pour les attestations rectificatives visées au 2, au jour, soit de l'événement modifiant les droits des successibles ou la masse héréditaire, soit de l'exercice ou de la modification de l'option ;

– En cas de déclaration d'absence, au jour du jugement d'envoi en possession provisoire ;

– Pour une succession en déshérence, au jour du jugement d'envoi en possession définitif ;

– Dans les cas prévus aux articles 87 et 88 du Code civil, à la date du jugement déclaratif de décès.

4. Lorsqu'ils sont requis par l'un des successibles d'établir un acte de notoriété, un inventaire, un certificat de propriété ou tout autre acte concernant la dévolution d'une succession en totalité ou en partie, les notaires sont

tenus d'informer le requérant de l'obligation, qui lui est imposée par l'article 29 du décret du 4 janvier 1955, de faire constater dans une attestation notariée toute transmission ou constitution par décès de droits réels immobiliers.

Il est interdit aux notaires d'établir un tel acte s'il ne leur est pas justifié que l'attestation notariée a été précédemment publiée ou si le requérant ne les charge pas, en même temps, d'établir ladite attestation.

5. Dans tous les cas où il a été établi une attestation notariée après décès, les héritiers, légataires et donataires peuvent se dispenser d'indiquer dans les formules de déclaration de succession le détail des immeubles transmis en annexant une copie de ladite attestation à laquelle ils se réfèrent expressément.

6. Les dispositions des articles 28-3° et 29 du décret du 4 janvier 1955 et celles du présent article s'appliquent :

– À l'usufruit légal accordé au conjoint survivant par l'article 767 du Code civil ;

– Aux transmissions de droits réels immobiliers, résultant de donations faites entre époux au profit du survivant, soit par contrat de mariage, soit pendant le mariage ;

– Aux attributions de droits réels immobiliers résultant, au profit du survivant des époux, des clauses d'un contrat de mariage assignant à chacun d'eux des parts inégales dans la communauté, conformément aux articles 1520 et suivants du Code civil.

Art. 70 *(Mod. à compter du 1er janvier 2013, D. n° 2012-1462, 26 déc. 2012).* – Sont publiés au bureau des hypothèques de la situation des immeubles, en exécution de l'article 28-9° du décret du 4 janvier 1995, les changements :

– Soit dans les noms ou prénoms des personnes physiques à la suite d'une procédure administrative ou en vertu de toute autre cause reconnue par la loi ;

– Soit dans les dénominations ou sièges de sociétés, associations, syndicats et autres personnes morales, survenus postérieurement à la première formalité exécutée à partir du 1er janvier 1956 et intéressant celles de ces personnes titulaires d'un droit réel susceptible d'hypothèque, d'un droit d'usage et d'habitation, ou d'un bail de plus de douze ans.

La publicité est assurée par le dépôt, dans les conditions prévues à l'article 34 du décret précité, de deux expéditions, extraits littéraux ou copies, certifiés conformes par un officier public ou ministériel ou une autorité administrative, des pièces justificatives des changements, celui des deux documents à conserver dans les registres du service de la publicité foncière étant seul obligatoirement établi sur la formule spéciale. Ces pièces justificatives peuvent être :

– Pour les personnes physiques, une expédition de l'acte de naissance faisant apparaître le changement de nom ou de prénom ;

– Pour les sociétés commerciales, l'extrait ou la copie de l'inscription au registre du commerce ;

– Pour les associations, l'extrait du *Journal officiel* publiant la déclaration de changement déposée à la sous-préfecture ou à la préfecture du siège ;

– Pour les syndicats, le récépissé de dépôt de la modification aux statuts ;

– Pour les autres personnes morales, tout acte authentique ou sous seing privé constatant le changement de dénomination ou de siège.

Le document déposé indique, sous peine de refus du dépôt, le nom et le domicile de la personne à laquelle le rejet de la formalité doit éventuellement être notifié.

Art. 71 *(Abr. à compter du 1er janvier 2013, D. n° 2012-1462, 26 déc. 2012).*

Art. 71-1 *(Créé à compter du 1er janvier 2013, D. n° 2012-1462, 26 déc. 2012).* – L'état descriptif de division, prévu à l'article 7 du décret [n° 55-22] du 4 janvier 1955 susvisé, peut être contenu soit dans un acte spécialement dressé à cet effet, soit dans un règlement de copropriété ou un cahier des charges concernant, en outre, l'organisation de la gestion collective, soit dans tout autre acte ou décision judiciaire. Un seul état descriptif doit être établi lorsque plusieurs bâtiments ou groupes de bâtiments pouvant faire l'objet de copropriétés particulières sont édifiés sur un sol dont la propriété est placée globalement sous le régime de l'indivision forcée.

L'état descriptif doit identifier l'immeuble auquel il s'applique, opérer une division en lots et attribuer un numéro à chaque lot.

Art. 71-2 *(Créé à compter du 1er janvier 2013, D. n° 2012-1462, 26 déc. 2012).* – Un lot est formé par toute fraction d'immeuble sur laquelle s'exercent ou peuvent s'exercer des droits réels concurrents, y compris la quote-part des parties communes, si elle existe et si elle est déterminée.

Constitue une fraction au sens de l'article 7 du décret [n° 55-22] du 4 janvier 1955 susvisé :

a) Pour les bâtiments, chaque local principal (appartement, boutique, local à usage commercial, professionnel ou industriel, etc.) et chaque local secondaire (chambre de service, cave, garage, grenier, etc.) ;

b) Pour les terrains non bâtis, chaque portion de terrain sur laquelle est réservé un droit réel privatif ou chaque portion destinée à faire l'objet d'une inscription ou d'une mention en marge d'une inscription. Dans ce dernier cas, le surplus de l'immeuble constitue également une fraction.

Art. 71-3 *(Créé à compter du 1er janvier 2013, D. n° 2012-1462, 26 déc. 2012).* – Chaque fraction doit être identifiée par son emplacement, lui-même déterminé par la description de sa situation dans l'immeuble ou par référence à un plan ou croquis annexé à la minute de l'acte ou de la décision judiciaire, dont une copie est jointe à la requête. Lorsque la fraction dont il s'agit est située dans un bâtiment, sa situation est définie par l'indication de l'escalier, de l'étage, de l'emplacement dans l'étage et par l'indication du bâtiment dont fait partie le local décrit quand l'immeuble comprend plusieurs bâtiments.

Art. 71-4 *(Créé à compter du 1er janvier 2013, D. n° 2012-1462, 26 déc. 2012).* – Les lots font l'objet d'un numérotage continu dans une série unique à partir de l'unité. Lorsque l'immeuble est constitué par plusieurs bâtiments ou corps de bâtiments, les lots peuvent faire l'objet d'un numérotage continu dans des séries successives affectées à chacun d'eux à partir de nombres séparés par des intervalles convenables.

Les numéros désignant les lots nouveaux sont pris à la suite des numéros existants dans la série unique ou dans l'une des séries successives.

Dans tout état descriptif de division établi après la suppression d'un état descriptif antérieur, dans tout acte modificatif d'un état descriptif de division préalablement inscrit, en cas de division ou de réunion de copropriétés existantes, le numérotage des lots ne doit reprendre aucun des numéros précédemment attribués.

Art. 71-5 *(Créé à compter du 1er janvier 2013, D. n° 2012-1462, 26 déc. 2012).* – L'état descriptif est résumé obligatoirement dans un tableau incorporé à l'acte lui-même ou annexé à celui-ci et comportant les colonnes suivantes dans la mesure de l'existence des éléments correspondants :

a) Numéro du lot, dans l'ordre croissant des numéros ;

b) Bâtiment ;

c) Escalier ;

d) Étage ;

e) Nature du lot ;

f) Quote-part des parties communes.

Ce tableau, qui doit figurer dans l'extrait ou l'expédition, déposé au service de la publicité foncière, est reproduit par ce service au fichier immobilier.

Art. 71-6 *(Créé à compter du 1er janvier 2013, D. n° 2012-1462, 26 déc. 2012).* – Toute modification, soit de l'immeuble auquel s'applique l'état descriptif, soit des lots, doit être constatée par un acte modificatif de l'état descriptif.

L'acte modificatif doit rectifier, suivant le cas, la désignation de l'ensemble de l'immeuble ou le numérotage des lots.

Si la modification résulte de l'acquisition de parties communes entraînant changement d'emprise, il n'y a pas lieu, lorsque la déclaration mentionnée au deuxième alinéa de l'article 16-1 n'a pas été déposée ou s'est révélée inexacte, à création de lots particuliers sur les parties communes acquises pour le seul motif que ces dernières sont grevées de droits distincts ou ne sont grevées d'aucun droit.

Si la modification consiste en une subdivision d'un lot, l'acte modificatif attribue un numéro nouveau à chacune des parties du lot subdivisé, lesquelles forment autant de lots distincts. Toutefois, hors les cas où l'acte modificatif constate la réunion ou la division de copropriétés existantes, lorsque la modification ne porte que sur la quote-part des parties communes incluses dans les lots intéressés, il n'y a pas lieu à attribution d'un nouveau numéro.

La réunion de plusieurs lots pour former un lot nouveau ne peut donner lieu à la création d'un lot désigné par un seul numéro que si les lots réunis ne sont pas grevés, lors de la modification du titre de propriété, de droits ou charges différents publiés au fichier immobilier.

Les numéros désignant les lots nouveaux sont pris conformément au deuxième alinéa de l'article 71-4.

Lorsque l'acte modificatif constate la réunion ou la division de copropriétés existantes, le numérotage des lots de la ou des copropriétés nouvelles ne doit reprendre aucun des numéros précédemment attribués.

Art. 71-7 *(Créé à compter du 1er janvier 2013, D. n° 2012-1462, 26 déc. 2012).* – L'acte modificatif est résumé obligatoirement dans un tableau identique à celui prévu à l'article 71-5 mais limité aux lots modifiés et indiquant en outre dans une colonne supplémentaire :

a) En regard de chaque lot nouveau les numéros des lots modifiés dont les lots nouveaux sont issus ;

b) Et en regard des lots modifiés les numéros des lots nouveaux issus de la modification.

En cas de modification ne portant que sur la quote-part de parties communes comprises dans un lot de copropriété et ne donnant pas lieu à attribution d'un nouveau numéro, le tableau annexé à l'acte modificatif indique seulement dans la colonne supplémentaire la quote-part désormais comprise dans les lots modifiés.

En toute hypothèse le tableau doit figurer dans l'extrait ou l'expédition déposé au service de la publicité foncière.

Art. 71-8 *(Créé à compter du 1er janvier 2013, D. n° 2012-1462, 26 déc. 2012).* – Lorsque la division de l'immeuble est antérieure à la date d'entrée en vigueur du décret n° 59-89 du 7 janvier 1959 et qu'il n'a pas été transcrit ou publié un document analogue à l'état descriptif de division permettant l'identification précise de chaque fraction par un numéro de lot, il doit être établi et publié au fichier immobilier avant réquisition d'une nouvelle formalité un état descriptif tenant compte de la division telle qu'elle résulte des documents antérieurs, y compris ceux portant subdivision ou réunion des lots initialement constitués, même s'il n'a pas été fait de distinction entre les locaux principaux et secondaires.

Un état descriptif de division doit également être établi et porté au fichier immobilier lorsque dans le document analogue à l'état descriptif de division le même numéro a été attribué à plusieurs lots différents : il est procédé à un nouveau numérotage effectué dans les conditions prévues à l'article 71-4, sans toutefois utiliser aucun des numéros précédemment attribués et sans modifier la division résultant du document antérieurement transcrit ou publié.

Lorsque le document analogue à l'état descriptif de division permet l'identification précise de chaque fraction de l'immeuble par un numéro de lot mais qu'une subdivision ou une réunion de lots a été opérée sans qu'il ait été transcrit ou publié un document analogue à l'acte modificatif prévu aux articles 71-6 et 71-7, un acte modificatif doit être établi et porté au fichier immobilier avant réquisition d'une nouvelle formalité concernant les lots modifiés.

Dans les cas prévus ci-dessus, la désignation des lots est résumée obligatoirement dans un tableau identique à celui dont l'établissement est prescrit par les articles 71-5 à 71-7. Ce tableau rappelle, en outre, dans les colonnes supplémentaires en regard de chaque lot les nom et prénoms ou la dénomination du ou des propriétaires actuels complétés par le numéro précédemment attribué dans le numérotage originaire toutes les fois que l'état descriptif de division y substitue un nouveau numérotage. L'identité des propriétaires actuels n'a pas à être certifiée.

Art. 71-9 *(Créé à compter du 1er janvier 2013, D. n° 2012-1462, 26 déc. 2012).* – Une copie ou un extrait comportant au moins le tableau résumé de l'état descriptif de division et de tout acte modificatif destiné au service du cadastre est remis au service de la publicité foncière en même temps que la réquisition de publier.

Le plan ou le croquis de l'immeuble et de la division par lots s'il en existe un y est annexé.

Les numéros de lots résultant d'un état descriptif de division ou de tout document analogue transcrit ou publié ainsi que la quote-part des parties communes incluse dans chaque lot lorsque cette quote-part est déterminée sont attribués de façon définitive sous réserve de l'application des articles 71-6 à 71-8.

Ces éléments doivent être utilisés pour désigner les fractions d'immeuble dans tous les documents publiés au fichier immobilier et dans les documents ou extraits cadastraux.

Toutefois, l'indication de la quote-part des parties communes n'a pas à figurer dans toutes formalités relatives aux commandements pour valoir saisie et aux inscriptions de privilège et d'hypothèque. Si cette indication est cependant fournie, l'inscription est censée ne pas être requise sur la quote-part.

Art. 71-10 *(Créé à compter du 1er janvier 2013, D. n° 2012-1462, 26 déc. 2012).* – Sous réserve des dispositions de l'article 50-1 du décret [n° 55-22] du 4 janvier 1955, l'état descriptif de division est établi par tous les propriétaires ou copropriétaires de l'immeuble et l'acte modificatif est établi par les seuls propriétaires ou copropriétaires des fractions intéressées par la modification. Le cas échéant, les frais d'établissement de ces actes sont à la charge de la collectivité des copropriétaires et recouvrés comme en matière de charges de propriété.

Art. 71-11 *(Créé à compter du 1er janvier 2013, D. n° 2012-1462, 26 déc. 2012).* – Dans les cas prévus à l'article 50-2 du décret [n° 55-22] du 4 janvier 1955, le numéro attribué dans le procès-verbal descriptif dressé par l'huissier de justice est signifié au propriétaire ou au syndic de copropriété au lieu de l'immeuble. Il est obligatoirement repris, pour désigner la fraction, dans l'état descriptif de division ultérieurement porté au fichier immobilier et dans tous les actes ou décisions se rattachant à la procédure de saisie, y compris le jugement définitif d'adjudication.

Art. 71-12 *(Créé à compter du 1er janvier 2013, D. n° 2012-1462, 26 déc. 2012).* – Le dépôt de l'état descriptif de division et de tout acte modificatif est refusé en cas de contravention aux dispositions des articles 71-1 à 71-9.

Sous peine de refus du dépôt, tout extrait, expédition, copie ou bordereau déposé pour l'exécution d'une formalité concernant une fraction d'immeuble doit contenir en plus des références exigées au 2 de l'article 32 :

a) Soit les références (date, volume, numéro) à la formalité donnée à l'acte contenant l'état descriptif de division ou au document analogue en tenant lieu et éventuellement aux actes modificatifs se rapportant aux fractions intéressées ;

b) Soit la déclaration que la publicité de ces documents en sera requise simultanément.

Le dépôt est également refusé si la fraction intéressée n'est pas désignée par le numéro du lot dans lequel cette fraction est comprise.

Art. 71-13 *(Créé à compter du 1er janvier 2013, D. n° 2012-1462, 26 déc. 2012).* – La formalité est rejetée si, après avoir accepté le dépôt d'un document concernant une fraction d'immeuble, le service de la publicité foncière constate :

a) Soit une discordance entre les références (date, volume, numéro) à la formalité donnée à l'un des actes visés au deuxième alinéa de l'article 71-12 et celles contenues dans le document déposé ;

b) Soit une discordance dans la désignation des lots (numéro) entre, d'une part, les énonciations contenues dans le document déposé et d'autre part, les énonciations correspondantes contenues au tableau établi en exécution des articles 71-5, 71-7 et au dernier alinéa de l'article 71-8.

La même sanction est applicable :

a) Lorsque le service de la publicité foncière constate que l'état descriptif ou l'acte modificatif établi en exécution des articles 71-1, 71-6 et 71-8 utilise des numéros précédemment attribués ;

b) Lorsque, en exécution de l'article 71-8, l'état descriptif ou l'acte modificatif ne tient pas compte de la division ou d'une modification antérieure des lots.

Art. 72 *(Mod. à compter du 1er janvier 2013, D. n° 2012-1462, 26 déc. 2012).* – Lorsque, dans un acte authentique intervenu, une décision judiciaire devenue définitive, une attestation de décès survenu, un acte sous seings privés ayant acquis date certaine, avant le 1er janvier 1956, ou dans l'acte dressé spécialement pour constater son dépôt en l'étude d'un notaire, la désignation des parties et des immeubles n'est pas faite conformément aux prescriptions du premier alinéa de l'article 5, du 1 de l'article 6 et des trois premiers alinéas de l'article 7 du décret du 4 janvier 1955, l'expédition, l'extrait littéral ou la copie conservé dans les registres du service de la publicité foncière doit, si la publication est requise à partir du 1er janvier 1956, être complété par cette désignation. Celle-ci doit figurer à la suite du certificat de conformité et être établie par le signataire dudit certificat ou du certificat d'identité.

L'identité des parties est certifiée dans les conditions prévues aux articles 5 et 6 du décret précité, sous peine de refus du dépôt ; toutefois, pour les personnes physiques, l'extrait d'acte de naissance dans les cas où une condition de date est exigée ou l'extrait d'acte de mariage au vu duquel est certifiée leur identité doit avoir moins de six mois de date au jour où la publication est requise.

Un extrait cadastral ayant moins de six mois de date au jour où la publicité est requise est, sous peine de refus de la formalité, remis au service de la publicité foncière, s'il s'agit d'immeubles situés dans une commune où le cadastre est rénové et faisant l'objet d'un acte ou d'une décision judiciaire translatif, déclaratif, constitutif ou extinctif d'un droit de propriété, d'usufruit, d'emphytéose ou de superficie. Si l'acte ou la décision judiciaire ne contient que les désignations cadastrales anciennes des immeubles, soit qu'il ait été dressé à une époque où le cadastre n'était pas encore rénové, soit qu'il n'ait pas été établi conformément aux prescriptions des articles 9 de la loi du 17 mars 1898 et 8 de la loi du 16 avril 1930, soit qu'il n'ait pas été soumis à ces prescriptions, l'extrait, expédition ou copie doit être complété par un tableau indiquant les anciennes et les nouvelles désignations cadastrales et établi au vu d'une table de correspondance délivrée par le service du cadastre. Le cas échéant, l'extrait cadastral énonce que la mutation cadastrale a été antérieurement opérée et qu'il n'y a pas lieu à rédaction de l'extrait sommaire prévu à l'article 860 du Code général des impôts.

Art. 73 *(Mod., D. n° 2012-1462, 26 déc. 2012 ; D. n° 2018-264, 9 avr. 2018)*. – Sont publiées au fichier immobilier, pour l'information des usagers, par application du 2° de l'article 36 du décret [n° 55-22] du 4 janvier 1955, les décisions administratives concernant des immeubles déterminés et tendant à limiter l'exercice du droit de propriété ou portant dérogation à des servitudes d'utilité publique.

Il en est ainsi notamment :

1° Du permis d'aménager et du cahier des charges prévus à l'article L. 442-7 du Code de l'urbanisme et de leurs modificatifs éventuels ;

2° Des arrêtés prononçant interdiction d'habiter pris en application de l'article 28 du Code de la santé publique ;

3° Des extraits de la délibération du conseil départemental d'hygiène prévu aux articles 38 et 39 du Code de la santé publique ; mention est faite au fichier immobilier de l'arrêté préfectoral visé à l'article 40 du même code ;

4° Des arrêtés de péril pris en application des articles 303 à 305 du Code de l'urbanisme et de l'habitation *(CCH, art. L. 511-1 à L. 511-3)* ;

5° Des arrêtés accordant le permis de construire à titre précaire par application des articles 93 à 97 du Code de l'urbanisme et de l'habitation *(CCH, art. L. 423-1 à L. 423-5)* ;

6° Des agréments donnés par le ministre de la Reconstruction et du Logement par application de l'article 3 du décret n° 55-36 du 5 janvier 1955 en vue de la création ou de l'extension d'établissements industriels ;

7° Des décrets de réservation pris en application de l'ordonnance n° 45-2715 du 2 novembre 1945 modifiée tendant à faciliter les opérations de regroupement des locaux administratifs ;

8° Des extraits des mesures de gel mentionnées à l'article R. 562-4 du code monétaire et financier. Lorsque la mesure prévoit une durée déterminée, celle-ci est inscrite ;

9° Des extraits des arrêtés préfectoraux prévus à l'article 3 du décret du 30 octobre 1935 portant création des servitudes de visibilité sur les voies publiques ;

10° Des extraits des décrets prévus à l'article 1er du décret n° 58-1316 du 23 décembre 1958 relatif aux servitudes grevant les terrains nécessaires aux routes nationales et aux autoroutes ;

11° Des arrêtés prévus à l'article L. 581-4 du Code de l'environnement.

La publicité est assurée au fichier immobilier par le dépôt de deux ampliations ou copies certifiées conformes des décrets, arrêtés ou décisions, dont l'une est obligatoirement établie sur formule réglementaire pour être conservée et doit comporter la mention de certification de l'identité des parties.

CHAPITRE III. – DISPOSITIONS COMMUNES AUX CHAPITRES I ET II

Section liminaire. – Modalités du dépôt

(D. n° 2017-770, 4 mai 2017)

Art. 73-1 *(D. n° 2017-770, 4 mai 2017)*. – Sous peine du refus du dépôt, les documents établis par acte notarié ou qui requièrent l'intervention d'un notaire dont la liste est fixée par arrêté du ministre chargé du budget sont déposés par les notaires, auprès des services chargés de la publicité foncière dotés d'un fichier immobilier informatisé, par voie électronique au moyen d'une application informatique dédiée.

Le refus de dépôt n'est pas opposé en cas d'indisponibilité du service de télétransmission ne permettant pas de respecter le délai prévu au III de l'article 647 du Code général des impôts.

Section I. – Refus du dépôt et rejet de la formalité

(D. n° 67-1252, 22 déc. 1967)

Art. 74 *(Mod. à compter du 1er janvier 2013, D. n° 2012-1462, 26 déc. 2012 ; mod., D. n° 2017-770, 4 mai 2017)*. – 1. Lorsqu'il refuse le dépôt de documents, par application, notamment, des articles 2148 et 2149 du Code civil, du 2 de l'article 34, du 2 de l'article 34-1 et de l'article 39 du décret n° 55-22 du 4 janvier 1955 modifié, du 1 de l'article 21, des articles 22, 31 et 33, du 2 de l'article 35, du 1 de l'article 38, des articles 54-1, 57-2, 57-3 et 57-4, du 1 de l'article 64, de l'article 67-3, de l'article 71-12, de l'article 73-1 et du 2 de l'article 76 du présent décret, le service de la publicité foncière notifie au déposant, dans le délai maximum de 15 jours à compter de la remise des documents, sa décision datée et signée indiquant les causes de refus relevées. Ce délai est fixé à 8 jours pour les commandements valant saisie et à 1 mois pour les formalités requises en vertu de l'article 2149 du Code civil.

La décision de refus est notifiée par lettre recommandée avec demande d'avis de réception ou remise contre récépissé.

La notification de la décision de refus du service de la publicité foncière donne lieu à la restitution des documents déposés.

2. Le rejet d'une formalité, prévu notamment aux articles 2148 du Code civil, au 3 de l'article 34 et aux articles 39 et 40 du décret n° 55-22 du 4 janvier 1955 modifié, à l'article 16-1, au 4 de l'article 30, aux articles 31 et 33, au 2 de l'article 35, au 1 de l'article 38, aux 2 et 3 de l'article 55, au 2 de l'article 56, à l'article 57-2, au 1 de l'article 61, au 2 de l'article 64, au 1 de l'article 67, [à] l'article 71-13 et au 2 de l'article 76 du présent décret, est prononcé, et la régularisation intervient, selon les modalités fixées par le 3 de l'article 34 du présent décret.

3. En dehors des cas prévus au 2, les règles du rejet peuvent être appliquées par le service de la publicité foncière lorsqu'après l'acceptation du dépôt, il apparaît, au moment de l'annotation de la formalité, que le dépôt aurait dû être refusé.

4. Dans tous les cas où la loi prescrit le refus du dépôt ou le rejet de la formalité, ceux-ci concernent l'ensemble de la formalité dont la publicité est requise, même si les omissions, inexactitudes ou discordances relevées intéressent seulement certaines des mentions ou des parties ou certains des immeubles énoncés dans le document à publier.

Toutefois, en matière d'expropriation pour cause d'utilité publique ou de remembrement opéré par les associations syndicales de remembrement ou de reconstruction, le document déposé est considéré, pour l'application du rejet, comme comportant autant de formalités distinctes qu'il y a de propriétaires ou groupes de propriétaires indivis. Il peut, ainsi, donner lieu à des rejets partiels.

Il en est de même en cas d'adjudication par lots et de ventes distinctes réalisées par un seul et même acte ; dans ce cas, le document déposé est considéré comme comportant autant de formalités qu'il y a de lots adjugés ou de ventes distinctes.

D'autre part, dans le cas où un bordereau d'inscription ou la copie d'un commandement valant saisie contient des discordances dans la désignation de certains des immeubles grevés ou saisis avec les énonciations des documents antérieurement publiés, la formalité est acceptée pour les immeubles dont la désignation est conforme, le rejet n'étant prononcé que pour les autres immeubles, à défaut de justification de l'exactitude du bordereau ou de la copie du commandement dans le délai imparti. Le bordereau rectificatif ou le nouveau commandement ne prend effet qu'à la date de son dépôt pour les énonciations du document originaire entachées d'erreurs.

5. La procédure édictée par l'article 26 du décret [n° 55-22] du 4 janvier 1955 est celle prévue aux articles 485 et suivants et 848 et suivants du Nouveau Code de procédure civile, sous la réserve, toutefois, que l'ordonnance du président du tribunal de grande instance statue au fond et n'est pas susceptible d'exécution provisoire.

Section II. – Pièces justificatives de l'identité des parties.
Désignation individuelle des immeubles
(D. n° 67-1252, 22 déc. 1967)

Art. 75 *(Mod., D. n° 98-553, 3 juill. 1998)*. – 1. Les pièces justificatives susceptibles d'être utilisées pour établir l'identité des parties, outre celle visée au cinquième alinéa de l'article 5 du décret du 4 janvier 1955, sont indiquées au *a* et au *b* ci-après :

a) Pour les personnes nées hors de France, le certificat d'identité est établi indifféremment ;

– au vu d'un extrait de l'acte tenant lieu d'acte de naissance prévu aux articles 98 et 98-2 du Code civil, ayant moins de six mois de date au jour de l'acte ou de la décision judiciaire ;

– au vu, en cas de mariage en France, d'un extrait de l'acte de mariage ayant moins de six mois de date au jour de l'acte ou de la décision judiciaire ;

– au vu d'un des documents administratifs constatant la naturalisation ;

– au vu d'un extrait de l'acte de naissance, quelle que soit sa date.

Dans tous les cas d'impossibilité d'obtenir soit l'extrait d'acte de naissance, ayant moins de six mois de date, visé au cinquième alinéa de l'article 5 du décret du 4 janvier 1955, soit une des pièces justificatives énoncées ci-dessus, le certificat d'identité peut être établi au vu d'un passeport, d'une carte d'identité ou d'un acte de notoriété.

Pour les formalités requises sans le concours du titulaire du droit, en cas d'impossibilité d'obtenir l'une des pièces ci-dessus prévues, le certificat d'identité peut être établi sur la foi des renseignements d'état civil recueillis en application de l'article 50-3 du décret du 4 janvier 1955 ou, à défaut, au vu des informations figurant dans les documents déjà transcrits ou publiés ou dans des actes ou décisions précédemment enregistrés.

Lorsqu'elle est rédigée en langue étrangère, la pièce justificative de l'identité est accompagnée, s'il y a lieu, d'une traduction certifiée conforme par un traducteur figurant sur une liste d'experts judiciaires.

b) Dans les cas où les extraits d'actes de l'état civil sont soumis à une condition de date, le délai de validité s'apprécie, pour les inscriptions d'hypothèques ou de privilèges, au jour où la publication est requise. Il en est de même pour les actes et conventions visés à l'article 37 du décret du 4 janvier 1955 et pour les actes à établir d'urgence visés à l'article 34 dudit décret, à la condition, en ce qui concerne ces derniers, que les motifs de l'urgence y soient mentionnés.

Pour les décisions judiciaires et les adjudications, le certificat peut être valablement établi au vu d'un extrait ayant moins de six mois de date au jour de la demande en justice, du cahier des charges, et, s'il est judiciaire, de son dépôt, ou du commandement valant saisie ou, en ce qui concerne les adjudicataires, au jour où la publication est requise.

2. Les dispositions du 2 de l'article 6 du décret n° 55-22 du 4 janvier 1955 modifié relatives à la certification de l'identité des personnes morales sont applicables aux personnes morales dont le siège se trouve dans *(Mots rempl. à compter du 1er janvier 2013, D. n° 2012-1462, 26 déc. 2012)* « la collectivité territoriale de Saint-Pierre-et-Miquelon ».

Art. 76 *(Mod. à compter du 1er janvier 2013, D. n° 2012-1462, 26 déc. 2012)*. – 1. Dans tous les cas où la désignation des immeubles, faite conformément aux prescriptions du dernier alinéa de l'article 2426 du Code civil, du 2 de l'article 34 du décret [n° 55-1350] du 4 janvier 1955 et du 5° du 2 de l'article 55 du présent décret est complétée par une formule générale de désignation, la publication est censée requise uniquement pour les immeubles individuellement désignés.

Lorsqu'un acte ou une décision judiciaire soumis à publicité en exécution des articles 28, 35 à 37 et 39 du décret du 4 janvier 1955 contient des dispositions portant sur des biens immobiliers et d'autres dispositions, la publicité n'est censée requise que pour les dispositions portant sur les biens immobiliers.

Si, dans un tel acte ou décision, des biens autres que des immeubles par nature ou des droits ne portant pas sur des immeubles par nature présentent le caractère immobilier, ce caractère doit être explicitement indiqué dans le document déposé. À défaut, la publicité n'est censée requise qu'en ce qui concerne les autres biens ou droits immobiliers compris dans le document.

2. La désignation individuelle des immeubles exigée par les articles 2148, cinquième alinéa, 2149, huitième alinéa, du Code civil, et le 2 de l'article 34 du décret n° 55-22 du 4 janvier 1955 modifié est faite, conformément aux dispositions de l'article 7 du même décret, par l'indication des éléments suivants :

a) La nature ;

b) La commune de situation ;

c) L'indication de la rue et du numéro ou, à défaut, le lieu-dit ;

d) La section et le numéro du plan cadastral ;

e) La contenance.

Lorsque le document déposé concerne une fraction d'immeuble, la désignation susvisée doit en outre être complétée par l'indication du numéro de lot et, sous réserve des dispositions du cinquième alinéa de l'article 71-9, de la quote-part de parties communes, lorsqu'elle existe ou est déterminée.

Le refus de dépôt est opposé en cas d'omission, dans la désignation des immeubles, de l'indication de leur commune de situation, de leur désignation cadastrale et, en outre, pour les fractions d'immeuble, du numéro de lot.

Toute discordance entre les indications relatives à la commune ou à la désignation cadastrale figurant dans le document déposé et ces mêmes indications contenues dans les documents antérieurement publiés au fichier immobilier entraîne le rejet de la formalité.

La même sanction est applicable aux irrégularités visées à l'article 71-13 en ce qui concerne l'identification des fractions d'immeuble.

3. Si le document déposé faisant l'objet d'un seul certificat de conformité reproduit plusieurs fois la désignation des immeubles, seule est retenue, à défaut d'indication contraire expresse portée obligatoirement au pied du document, la désignation figurant la première dans ledit document, même si elle est contenue dans un acte préparatoire non soumis par lui-même à publicité, tel qu'un cahier des charges dont l'expédition précède celle du jugement d'adjudication.

Le service de la publicité foncière retient cette désignation pour annoter le fichier immobilier et pour effectuer tous rapprochements prescrits par les articles 23, 34, 36 et 37 soit avec l'extrait d'acte, soit avec les documents antérieurement publiés.

Section III. – Documents et registres

(D. n° 67-1252, 22 déc. 1967)

§ 1. – Formules de publicité

Art. 76-1 *(Mod. à compter du 1er janvier 2013, D. n° 2012-1462, 26 déc. 2012).* – 1. Des instructions publiées au *Bulletin officiel des impôts* fixent les modèles des formules visées aux 1 des articles 55 et 61 et à l'article 67-3, ainsi que la qualité et la couleur des papiers employés pour leur confection ou leur reproduction. Ces formules sont mises à la disposition des usagers dans les services de la publicité foncière.

2. Les bordereaux, expéditions, extraits littéraux ou copies déposés doivent, dans tous les cas, être lisibles sans difficulté.

Ils sont établis à la machine à écrire, au moyen d'une encre noire indélébile. Ils peuvent aussi être imprimés en tout ou en partie. Exceptionnellement, ils peuvent être écrits à la main, à l'encre noire indélébile.

Si ces documents sont dactylographiés, les exemplaires destinés à être conservés dans les registres du service de la publicité foncière doivent être obtenus par impression directe, sans interposition d'un papier encre ou papier carbone.

En toute hypothèse, le nom de famille ou la dénomination des parties doit figurer en lettres majuscules d'imprimerie. Les prénoms sont portés en lettres minuscules.

3. Hors le cas où sont ménagés sur les formules des cadres à remplir conformément aux indications qui y figurent, les bordereaux, expéditions, extraits littéraux ou copies destinés à être conservés dans les registres du service de la publicité foncière doivent comporter, au minimum :

1° Au recto de la page en tête, 43 lignes de 10,5 cm de longueur, s'ils sont établis à la machine à écrire ou imprimés, et 32 lignes de même longueur s'ils sont écrits à la main ;

2° Aux autres pages, 48 lignes de 15 cm de longueur, s'ils sont établis à la machine à écrire ou imprimés, et 37 lignes de même longueur s'ils sont écrits à la main.

Les titres et les fins d'alinéa sont comptés pour une ligne, quelle que soit leur longueur, ainsi que les interlignes ménagés pour faciliter la lecture.

Dans les expéditions, extraits ou copies d'actes ou de décisions judiciaires soumis à publicité en exécution des articles 28, 35 à 37 et 39 du décret du 4 janvier 1955, les alinéas de la minute ou de l'original doivent être observés ; toutefois, il ne doit pas être laissé d'espaces sans texte, sauf, d'une part, les intervalles normaux entre les paragraphes ou les alinéas et, d'autre part, pour les extraits, ceux qui sont nécessités par l'utilisation des procédés de reproduction agréés.

4. Dans tous les bordereaux, expéditions, extraits littéraux ou copies, chaque page de texte est numérotée en haut et à droite.

Les surcharges et grattages sont interdits ; les erreurs sont rectifiées par les renvois.

Les renvois sont numérotés et inscrits à la suite du texte du bordereau ou de l'expédition, extrait littéral ou copie de l'acte ou de la décision à publier. En aucun cas, ils ne peuvent être portés dans les marges qui sont exclusivement réservées aux annotations du conservateur et aux besoins de la reliure.

Le certificat de conformité soit des bordereaux entre eux, soit des expéditions, extraits littéraux ou copies avec la minute ou l'original, indique :

a) Les nom, prénoms, profession et domicile du ou des signataires ;

b) Le nombre de pages utilisées, ainsi que l'approbation et le décompte des renvois et des mots rayés. La signature est toujours manuscrite ; celle d'un officier public est accompagnée de l'empreinte de son sceau.

Lorsque le document déposé comporte une partie normalisée, dans les conditions fixées par le deuxième alinéa du 1 de l'article 34 du décret n° 55-22 du 4 janvier 1955 modifié, le certificat mentionne également le nombre de pages de cette partie telle qu'elle est définie au 1 de l'article 34-1 du décret précité.

Art. 76-2 *(Abr., D. n° 98-553, 3 juill. 1998).*

§ 2. – Classement des documents

(D. n° 67-1252, 22 déc. 1967)

Art. 77 *(Mod. à compter du 1er janvier 2013, D. n° 2012-1462, 26 déc. 2012).* – Le service de la publicité foncière inscrit en tête de chacun des documents destinés aux archives le numéro et la date de son dépôt.

Il classe ces documents, au fur et à mesure de leur dépôt, dans l'ordre de leur inscription au registre prévu à l'article 2200 du Code civil et les réunit en volumes, après avoir donné à chacun d'eux le numéro d'ordre correspondant à son classement. Celui-ci est effectué distinctement :

– pour les formules ou autres documents destinés à publier des actes ou décisions soumis à publicité en exécution des articles 28, 35 à 37 et 39 du décret du 4 janvier 1955, des volumes spéciaux pouvant être constitués, sur l'autorisation du directeur départemental de l'enregistrement, notamment, par les procès-verbaux ou arrêtés de remembrement ;

– pour les copies de commandements valant saisie ;

– pour les bordereaux des inscriptions qui doivent produire effet pendant dix années au plus ;

– pour les bordereaux des inscriptions qui doivent produire effet pendant plus de dix années.

Les documents classés provisoirement en attente en exécution du deuxième alinéa du 3 de l'article 34 du présent décret et des divers textes qui se réfèrent à cette disposition sont reclassés à leur ordre, lorsqu'ils prennent effet à la date de leur dépôt.

§ 3. – Centres spéciaux d'archives

(D. n° 67-1252, 22 déc. 1967)

Art. 77-1 *(Abr., D. n° 2012-1462, 26 déc. 2012).*

§ 4. – Reproduction des registres des dépôts

(D. n° 67-1252, 22 déc. 1967)

Art. 77-2 *(D. n° 67-1252, 22 déc. 1967 ; mod., D. n° 98-553, 3 juill. 1998).* – La reproduction du registre des dépôts, visée à l'article 2200 (al. 3) du Code civil est obtenue soit par microfilmage, soit sur la forme de supports magnétiques ou numériques.

Art. 77-3 *(Rempl. à compter du 1er janvier 2013, D. n° 2012-1462, 26 déc. 2012).* – 1° L'établissement des reproductions prévues au troisième alinéa de l'article 2453 du Code civil est effectué à la diligence de la direction générale des finances publiques.

Les opérations de reproduction ont lieu périodiquement soit sur place au siège des services de la publicité foncière, soit aux chefs-lieux des départements, aux dates fixées par arrêté du directeur général des finances publiques.

Sont reproduits lors de chaque opération tous les enregistrements clôturés depuis la date de l'opération précédente.

Les reproductions sont certifiées conformes aux originaux par le ou les agents assermentés ayant procédé à leur établissement.

2° L'envoi des reproductions aux greffes des juridictions désignées pour les recevoir est assuré par la direction générale des finances publiques.

Le jour de leur réception, le greffier destinataire fait parvenir le récépissé au service expéditeur par lettre recommandée.

3° Les reproductions sont conservées au greffe sous clef ; il est interdit au greffier d'en donner connaissance à toutes personnes autres que les agents de la direction générale des finances publiques.

En cas de destruction d'un enregistrement original, la reproduction est remise contre récépissé à la direction générale des finances publiques en vue du tirage d'une copie. Elle est ensuite renvoyée au greffe intéressé tandis que la copie est adressée au service de la publicité foncière.

En cas de destruction d'une reproduction conservée au greffe, il en est établi une nouvelle à la diligence de la direction générale des finances publiques sur requête adressée à celle-ci par le greffe intéressé.

L'envoi des reproductions et des récépissés est effectué dans les conditions prévues au 2.

Art. 77-4 *(Abr., D. n° 98-553, 3 juill. 1998).*

Art. 77-5 *(D. n° 67-1252, 22 déc. 1967).* – Les doubles et les reproductions des registres visés aux articles 77-2 et 77-4 du présent décret, déposés avant la date de la publication du décret n° 60-4 du 6 janvier 1960 au greffe d'un tribunal de grande instance, peuvent être transférés au greffe d'un autre tribunal de grande instance ou d'un tribunal d'instance désigné par arrêté du garde des Sceaux, ministre de la Justice.

TITRE III. – DISPOSITIONS TRANSITOIRES ET DISPOSITIONS DIVERSES

(D. n° 67-1252, 22 déc. 1967)

CHAPITRE I. – DISPOSITIONS TRANSITOIRES

Section I. – Privilèges et hypothèques

(D. n° 67-1252, 22 déc. 1967)

§ 1. – Bordereaux d'inscription et de renouvellement

Art. 77-6 *(Mod. à compter du 1er janvier 2013, D. n° 2012-1462, 26 déc. 2012).* – Sous réserve de ce qui est dit aux articles 77-7 et 77-8, les dispositions des articles 54-1, 55, 56, 61, 64 et 67 à 67-2, telles qu'elles résultent du décret n° 67-1252 du 22 décembre 1967, s'appliquent à toutes les inscriptions et à tous les renouvellements requis à compter du 1er janvier 1968 alors même que ces formalités seraient motivées par un acte ou un fait juridique antérieur et qu'un délai, non encore expiré à cette date, serait accordé au créancier pour obtenir leur exécution.

Jusqu'à la mise en service des nouvelles formules de bordereaux prévues aux articles 55 et 61, les inscriptions et les renouvellements d'inscriptions sont requis par le dépôt de bordereaux, dûment aménagés, du format et des modèles en usage au 31 décembre 1967. Sous peine de rejet, les créanciers doivent utiliser des formules de couleur blanche pour les inscriptions ou les renouvellements requis jusqu'à une date postérieure de dix années au plus au jour de la formalité et des formules de couleur bulle pour les autres inscriptions ou renouvellements ; toutefois, l'utilisation d'une formule couleur bulle est obligatoire si le renouvellement concerne une inscription régulièrement requise ou renouvelée par le dépôt d'une formule de cette dernière couleur. Sous la même sanction, les indications qui devraient figurer dans le cadre spécial que comporteront les nouvelles formules sont portées par les requérants en tête des bordereaux dans la partie supérieure du « Cadre réservé au service de la publicité foncière » et séparées du reste de ce cadre par un trait, sous la forme : « l'échéance (ou « la dernière échéance ») est (ou « n'est pas ») déterminée et future ».

L'utilisation des nouvelles formules spéciales deviendra obligatoire, sous peine de rejet de l'inscription, à la date indiquée par l'arrêté du directeur général des finances publiques fixant leurs caractéristiques.

§ 2. – Inscriptions renouvelées en application des articles 9 et 10
de l'ordonnance n° 67-839 du 28 septembre 1967

Art. 77-7 *(D. n° 67-1252, 22 déc. 1967).* – Doivent être renouvelées le 31 décembre 1971 au plus tard pour conserver leur effet au-delà de cette date :

1° Les inscriptions de privilège ou d'hypothèque dispensées du renouvellement décennal, prises antérieurement au 1er janvier 1956 et non encore renouvelées au 1er janvier 1968, en application des dispositions de l'article 5 du décret n° 55-1683 du 30 décembre 1955 ;

2° Les inscriptions de privilège ou d'hypothèque prises antérieurement au 1er janvier 1956, qui ont été renouvelées postérieurement au 31 décembre 1955 sans que l'identité du propriétaire de l'immeuble grevé au jour de cette formalité ait été certifiée, y compris celles qui étaient dispensées du renouvellement décennal avant le 1er janvier 1956.

Toutefois, les inscriptions qui, en vertu de la législation en vigueur au 31 décembre 1967, auraient été périmées avant le 1er janvier 1972 doivent être renouvelées dans les délais résultant de l'application de cette législation.

Art. 77-8 *(D. n° 67-1252, 22 déc. 1967).* – Les renouvellements visés à l'article 77-7 s'opèrent conformément aux dispositions des articles 61 à 66, les renouvellements visés au 2° dudit article 77-7 étant assimilés aux premiers renouvellements requis depuis le 1er janvier 1956 ; néanmoins, les bordereaux contiennent, dans tous les cas, l'indication du capital de la créance et de ses accessoires conservés par l'inscription en renouvellement avec évaluation des droits indéterminés, éventuels ou conditionnels.

Les renouvellements ultérieurs des inscriptions ainsi renouvelées sont soumis, à tous égards, aux dispositions du droit commun.

Section II. – Droits sur les immeubles autres que les privilèges et les hypothèques
(D. n° 67-1252, 22 déc. 1967)

Art. 78 *(D. n° 73-313, 14 mars 1973).* – Pour les actes, décisions et dispositions qui sont énoncés à l'article 35 du décret du 4 janvier 1955 et qui demeurent soumis aux règles générales de ce décret, sont applicables, sauf indication contraire, jusqu'à une date qui sera fixée par un décret ultérieur, les dispositions transitoires figurant aux articles 79 à 85 du présent décret.

§ 1. – Saisie immobilière

Art. 79 *(Mod. à compter du 1er janvier 2013, D. n° 2012-1462, 26 déc. 2012).* – La publication du commandement de payer valant saisie s'opère par le dépôt, au service de la publicité foncière, de l'original du commandement et d'une copie établie sur formule réglementaire et certifiée conforme par l'huissier.

Art. 80 *(Mod. à compter du 1er janvier 2013, D. n° 2012-1462, 26 déc. 2012).* – Sont publiés, sous forme de mention en marge de la copie du commandement valant saisie :

1° Le refus du service de la publicité foncière de publier un autre commandement en application de l'article 22 du décret n° 2006-936 du 27 juillet 2006 relatif aux procédures de saisie immobilière et de distribution du prix d'un immeuble ;

2° L'assignation à comparaître à l'audience d'orientation et sa dénonciation aux créanciers ;

3° Le jugement d'orientation ;

4° Le jugement prorogeant le délai d'adjudication ;

5° La formalité de publicité de l'acte de vente amiable ou du titre de vente ;

6° La publication du jugement ou de l'ordonnance prescrivant la radiation des inscriptions ;

7° La radiation ;

8° D'une manière générale, les divers actes de la procédure se rattachant au commandement, tels que la subrogation dans les poursuites, le jugement prononçant la distraction de tout ou partie des immeubles, saisis etc.

Art. 80-1 *(D. n° 73-313, 14 mars 1973 ; mod., D. n° 98-553, 3 juill. 1998).* – Le renouvellement des saisies antérieures au 1er janvier 1956 et en cours au 16 septembre 1972 – prévu à l'article 4 de la loi n° 72-626 du 5 juillet 1972 – doit intervenir avant le 1er janvier 1974 pour que les commandements ou sommations à tiers détenteur et leur publication produisent effet au-delà du 31 décembre 1973.

Ce renouvellement, qui n'emporte jamais, par lui-même, prorogation du délai de trois ans fixé par l'article 694, alinéa 3, du Code de procédure civile, est refusé si, à la date à laquelle il est requis, la saisie est périmée.

Il s'opère par le dépôt d'une déclaration de renouvellement en deux exemplaires contenant, sous peine de refus :

La déclaration que le renouvellement est requis en application de l'article 4 de la loi précitée et du présent article ;

L'identité du créancier requérant ;

La date du commandement et les références de sa transcription (date, volume, numéro) ;

La désignation actuelle de chacun des immeubles saisis ;

L'identité du propriétaire des mêmes immeubles à la date du renouvellement ;

Un certificat attestant que les deux exemplaires sont conformes l'un à l'autre.

Sous la même sanction, les documents déposés doivent satisfaire aux règles prévues à l'article 63 (§ 1 et 3) pour la désignation des immeubles ou de leur propriétaire et à l'article 76-1 pour l'établissement des expéditions, extraits ou copies.

Il est, en outre, fait application des articles 4 (§ 2, al. 1), 30 (§ 1, 3 et 4), 31 (al. 1), 64 (§ 2, al. 1), 66, 71, 74, 75, 76 et 77. À cet effet, la déclaration de renouvellement est assimilée, en tant que de besoin, à un bordereau de renouvellement.

§ 2. – Ordonnances d'expropriation pour cause d'utilité publique. Procès-verbaux de réorganisation foncière ou de remembrement rural. Arrêtés en vue du remembrement préalable à la reconstruction. Arrêtés de remembrement urbain

(D. n° 61-376, 11 avr. 1961 ; D. n° 74-203, 26 févr. 1974)

Art. 81 *(Mod., D. n° 74-203, 25 févr. 1974).* – 1. La certification de l'identité des personnes physiques, exigée par l'article 5 du décret du 4 janvier 1955, est faite au vu d'un extrait d'acte de naissance délivré postérieurement :

– à l'arrêté préfectoral désignant le commissaire enquêteur ou la commission chargée de procéder à l'enquête parcellaire, en matière d'expropriation ;

– à l'arrêté préfectoral qui fixe les périmètres des opérations, en matière de réorganisation foncière ou de remembrement rural ;

– à l'arrêté constituant l'association syndicale, en matière de remembrement préalable à la reconstruction et à l'acte qui constitue, autorise ou institue l'association foncière, en matière de remembrement urbain.

Les cessions, échanges et remembrements amiables demeurent soumis, en ce qui concerne la certification de l'identité des parties, aux prescriptions de l'article 5 du décret précité.

2. Sont habilités à certifier l'identité des propriétaires, en dehors des officiers publics ou ministériels ou des auxiliaires de justice énumérés au deuxième alinéa de l'article 5 du décret du 4 janvier 1955 :

– les préfets ou les représentants de l'autorité expropriante ;

– les ingénieurs du génie rural et les présidents des commissions communales de réorganisation foncière ou de remembrement ;

– les commissaires au remembrement ;

– les présidents des associations foncières urbaines de remembrement.

Art. 82 *(Mod. à compter du 1er janvier 2013, D. n° 2012-1462, 26 déc. 2012).* – 1. Lorsque l'autorité administrative n'a pu identifier certaines des parties conformément aux articles 5 et 6 du décret du 4 janvier 1955, il est fait mention, au pied du document à publier, des parties dont l'identification au sens de ces dispositions n'a pu être établie.

Dans ce cas, par dérogation au 2 et au 3 de l'article 34 du décret précité, le service de la publicité foncière ne peut refuser le dépôt ni rejeter la formalité pour défaut de la mention de certification de l'identité des parties ou pour omission des énonciations prescrites par les articles 5 et 6 dudit décret.

2. Il n'est pas effectué d'annotation au fichier au nom des parties lorsque celles-ci sont imparfaitement désignées et que le document déposé ne comporte pas le certificat d'identification en ce qui les concerne.

En matière de réorganisation foncière ou de remembrement, lorsque le procès-verbal mentionne en regard des nouvelles parcelles attribuées : « attributaire non identifié », aucune formalité de publicité intéressant une de ces parcelles ne peut être ultérieurement requise avant le dépôt d'un nouveau document établi, dans les formes légales, au vu d'un acte de notoriété destiné à rectifier les annotations du fichier immobilier ; une copie sur papier libre de l'acte de notoriété est remise au service de la publicité foncière pour être transmise au service du cadastre.

Art. 83 *(Mod., D. n° 98-553, 3 juill. 1998)*. – En cas d'expropriation pour cause d'utilité publique, l'extrait cadastral prévu au dernier alinéa de l'article 7 du décret du 4 janvier 1955 et délivré par le service départemental du cadastre doit avoir moins de trois mois de date au jour de l'arrêté de cessibilité ou de tout acte en tenant lieu ; il reste valable pour les cessions amiables, même s'il a plus de trois mois de date au jour de l'acte.

§ 3. – Échanges amiables d'immeubles ruraux

(D. n° 56-112, 24 janv. 1956)

Art. 84 *(Mod., D. n° 98-553, 3 juill. 1998)*. – Les dérogations à l'article 4 du décret du 4 janvier 1955, réglant la forme des actes, sont fixées en matière d'échange d'immeubles ruraux réalisés dans les conditions de l'article L. 124-1 du Nouveau Code rural, par les articles R. 124-9 et R. 124-10 dudit code.

Pour ceux de ces échanges opérés en conformité de l'article L. 124-2 du code précité, l'extrait cadastral établi dans les conditions fixées à l'article 21 et complété ainsi qu'il est dit à l'article 22 du présent décret pour valoir extrait d'acte (modèle n° 1) doit avoir moins de trois mois de date au jour du dépôt du projet d'acte au secrétariat de la commission départementale.

§ 4. – Règlements de copropriété

Art. 85 *(Mod., D. n° 59-90, 7 janv. 1959)*. – Lorsque le procès-verbal des délibérations de l'assemblée des copropriétaires prises conformément à l'article 9 de la loi modifiée du 28 juin 1938 (1) pour compléter ou modifier le règlement de copropriété n'a pas été dressé en la forme authentique, une copie ou un extrait de ce procès-verbal, certifié conforme par le représentant de la collectivité des copropriétaires, est déposé au rang des minutes du notaire détenteur de la minute du règlement de copropriété ; la publication en est assurée par les soins dudit notaire.

L'acte de dépôt contient les références (date, volume, numéro) de la formalité donnée au règlement de copropriété, ainsi que la désignation de l'immeuble.

Section III. – Demandes de renseignements et de copie de documents

(D. n° 67-1252, 22 déc. 1967 ; intitulé rempl. à compter du 1er janvier 2013, D. n° 2012-1462, 26 déc. 2012)

Art. 85-1 et 85-2 *(Abr. à compter du 1er janvier 2013, D. n° 2012-1462, 26 déc. 2012)*.

Art. 85-3 *(D. n° 67-1252, 22 déc. 1967 ; D. n° 73-313, 14 mars 1973 ; mod., D. n° 79-405, 21 mai 1979 ; D. n° 98-553, 3 juill. 1998)*. – 1. Les dispositions de l'article 44 sont applicables aux inscriptions dont la délivrance est requise à compter du 1er janvier 1968 sous les réserves suivantes :

1° Les inscriptions de privilèges ou d'hypothèques opérées avant le 1er janvier 1956 sont réputées intervenues exclusivement du chef de la personne qui, d'après les énonciations du fichier immobilier, y compris éventuellement les éléments extraits des bordereaux eux-mêmes, était propriétaire de l'immeuble grevé à la date de chacun de leurs renouvellements audit fichier immobilier ;

2° Jusqu'à leur renouvellement ou nouveau renouvellement opéré dans les conditions prévues à l'article 77-8, les inscriptions visées à l'article 77-7 et subsistantes continueront d'être délivrées conformément aux règles en vigueur au 31 décembre 1967 ;

(1) L. n° 65-557, 10 juill. 1965, p. 2868.

3° Les inscriptions originaires de toute sûreté et les inscriptions définitives de l'hypothèque légale des époux ou d'hypothèque judiciaire opérées sur un immeuble rural situé dans une commune à ancien cadastre contre un précédent propriétaire ne sont pas réputées intervenues du chef du propriétaire de cet immeuble à la date de la formalité d'après les énonciations du fichier immobilier.

2. La distinction faite entre les saisies par l'article 38-1 et 40 (2, al. 1), tels qu'ils ont été modifiés par l'article 1er du décret n° 73-313 du 14 mars 1973, est applicable aux saisies dont la délivrance est requise postérieurement au 31 décembre 1973.

Pour leur délivrance requise à compter du renouvellement régi par l'article 80-1, les saisies visées à cet article sont réputées intervenues exclusivement du chef du propriétaire des immeubles saisis à la date dudit renouvellement.

Jusqu'à ce renouvellement, les mêmes saisies continuent d'être délivrées conformément aux règles en vigueur avant la publication du décret cité au premier alinéa du présent paragraphe.

3. La portée des inscriptions de privilège ou d'hypothèque et des saisies grevant des lots ayant fait l'objet de modifications visées à l'article 6-1 de la loi n° 65-557 du 10 juillet 1965, telle qu'elle est fixée à l'article 44, n'est prise en considération que pour la délivrance des renseignements requis à compter de l'entrée en vigueur de la loi n° 79-2 du 2 janvier 1979 et, s'il s'agit d'immeubles ruraux situés dans une commune à ancien cadastre, sous les réserves exprimées au 4 de l'article 45.

Art. 85-4 *(D. n° 70-512, 12 juin 1970 ; mod., D. n° 81-79, 26 janv. 1981).* – 1. *(Rempl. à compter du 1er janvier 2013, D. n° 2012-1462, 26 déc. 2012)* Lorsque le ressort d'un service chargé de la publicité foncière est formé en totalité ou en partie de communes provenant d'anciens services dont la circonscription s'étendait sur des départements différents, le service compétent pour délivrer les renseignements portant sur la période antérieure au 1er janvier 1956 et concernant des immeubles situés dans ces communes est désigné par arrêté du ministre chargé du budget.

2. *(Rempl. à compter du 1er janvier 2013, D. n° 2012-1462, 26 déc. 2012)* Lorsque le ressort de services chargés de la publicité foncière ayant leur siège dans la même ville est formé de communes provenant de la circonscription d'un même service, un seul d'entre eux peut à titre exceptionnel être habilité par arrêté du ministre chargé du budget à délivrer les renseignements portant sur la période antérieure au 1er janvier 1956 et concernant les immeubles situés dans les communes autres que celles comprises dans son ressort.

3. *(Rempl. à compter du 1er janvier 2013, D. n° 2012-1462, 26 déc. 2012)* Pour l'application du 1 et du 2, les modalités de délivrance des renseignements et de copie des documents sont fixées par arrêté conjoint des ministres chargés du budget et de la culture.

Les demandes ainsi que les informations délivrées en réponse à ces demandes doivent en outre comporter l'indication du service chargé de la publicité foncière compétent au moment de l'exécution de la formalité délivrée.

Art. 85-4 *bis* *(Mod. à compter du 1er janvier 2013, D. n° 2012-1462, 26 déc. 2012).* – Lorsque, du fait d'une fusion, le territoire d'une commune supprimée est détaché du ressort du service chargé de la publicité foncière pour être incorporé à la circonscription du service dont dépend la nouvelle commune, le service qui, avant la publication du procès-verbal du cadastre relatif à la fusion, comprenait la commune supprimée dans son ressort demeure compétent pour délivrer les renseignements concernant les immeubles situés sur le territoire de celle-ci pour la période antérieure au 1er janvier 1956.

La même compétence appartient au service chargé de la publicité foncière dont le ressort est amputé d'une fraction de commune rattachée à une commune dépendant d'un autre service.

La compétence qui appartient à ce service s'étend, en outre, jusqu'à la mise en service du cadastre rénové de la commune amputée d'une fraction de son territoire ou jusqu'à la publication du procès-verbal du cadastre relatif au rattachement selon que la rénovation est intervenue depuis le 1er janvier 1956 ou n'a pas encore été effectuée à la date de ladite publication.

Les dispositions du paragraphe 3 de l'article 85-4 sont applicables à la délivrance des renseignements visés au présent article.

Art. 85-4 *ter* *(Mod. à compter du 1er janvier 2013, D. n° 2012-1462, 26 déc. 2012).* – Pour tenir compte de circonstances particulières résultant soit de fusions ou d'autres modifications des limites territoriales de communes antérieures à l'entrée en vigueur du décret n° 73-313 du 14 mars 1973, soit de l'existence d'archives hypothécaires communes à plusieurs services chargés de la publicité foncière, des aménagements peuvent être apportés, à titre exceptionnel, aux règles de compétence fixées par les articles 85-4 et 85-4 *bis* ou conformément à leurs dispositions.

Ces aménagements résultent d'un arrêté du ministre chargé du budget s'ils sont pour effet de restreindre la compétence du service à la date des demandes de renseignements et dans le cas contraire, d'un arrêté du directeur général des finances publiques.

Section IV. – Dispositions communes
(D. n° 67-1252, 22 déc. 1967)

Art. 85-5 *(D. n° 67-1252, 22 déc. 1967 ; D. n° 70-512, 12 juin 1970 ; D. n° 73-313, 14 mars 1973).* – 1. Sans préjudice de ce qui est dit aux articles 77-6 et 85-3, les modifications apportées au présent décret par les articles 1er et 3 à 23 du décret n° 67-1252 du 22 décembre 1967 prennent effet à compter du 1er janvier 1968.

Dans tous les cas où les nouvelles dispositions du présent décret se réfèrent à un arrêté, les dispositions de l'arrêté en vigueur au 31 décembre 1967 demeurent applicables tant qu'un nouvel arrêté n'est pas intervenu.

2. Sous réserve des dispositions de l'article 85-3, paragraphe 2, alinéa 1, les modifications apportées aux articles 42-1, 44, 57 et 85-3 (1, 3°) du présent décret par le décret n° 73-313 du 14 mars 1973 prennent effet le premier jour du deuxième mois suivant la publication de ce dernier texte au *Journal officiel*.

Art. 85-6 *(Mod. à compter du 1er janvier 2013, D. n° 2012-1462, 26 déc. 2012).* – À l'égard des actes, décisions judiciaires et bordereaux d'inscription déposés, dans les trois mois suivant sa création ou la modification de son ressort, à l'un des services chargés de la publicité foncière désignés par arrêté du ministre chargé du budget, les délais impartis au service, soit pour notifier une cause de rejet de la formalité, soit pour inviter le signataire du certificat d'identité à fournir la déclaration ou les références exigées en application de l'article 36-3 du présent décret, sont portés à trois mois.

Art. 85-7 *(Mod. à compter du 1er janvier 2013, D. n° 2012-1462, 26 déc. 2012).* – La prolongation des délais prévus à l'article 85-6 s'applique également à l'égard des actes, décisions judiciaires et bordereaux d'inscription concernant les immeubles visés à l'article 85-4 *bis* et déposés dans les trois mois suivant la publication du procès-verbal du cadastre, relatif à la fusion ou au rattachement, au service de la publicité foncière dont le ressort comprend la nouvelle commune ou la commune à laquelle la portion de territoire a été rattachée.

Art. 85-8 *(Abr., D. n° 98-553, 3 juill. 1998).*

Art. 85-9 *(Mod. à compter du 1er janvier 2013, D. n° 2012-1462, 26 déc. 2012).* – Dans la collectivité territoriale de Saint-Pierre-et-Miquelon, les dispositions réglementaires qui gouvernent les privilèges et hypothèques et la publicité foncière continuent d'être seules applicables jusqu'à la date de la mise en service du cadastre.

À compter de la date de la mise en service susvisée, les dispositions applicables dans ce département sont celles qui sont en vigueur dans les communes à cadastre rénové.

CHAPITRE II. – DISPOSITIONS DIVERSES

Art. 86 *(D. n° 66-596, 5 août 1966).* – Le livret de famille remis lors de la célébration du mariage contient une analyse des dispositions des articles 2137 à 2141 du Code civil relatifs à l'hypothèque légale des époux.

Dans tous les cas où il est établi un contrat de mariage, le notaire donne lecture aux futurs époux de l'article 2135 et, s'il y a lieu, de l'article 2136 du Code civil. Mention de cette lecture est faite dans l'acte.

Art. 87 *(D. n° 66-596, 5 août 1966).* – 1. La première inscription ou l'inscription complémentaire que le tribunal de grande instance a ordonné de prendre, en application de l'article 2138 du Code civil, sur les immeubles du conjoint doit être requise par le ministère public aussitôt après l'intervention du jugement.

2. Les inscriptions de l'hypothèque légale des personnes en tutelle doivent être requises par le greffier du juge des tutelles aussitôt après l'intervention de la décision du conseil de famille ou du juge prévue à l'article 2143 du Code civil.

Art. 88 *(D. n° 66-596, 5 août 1966).* – Il est tenu au parquet près chaque tribunal de grande instance, pour les inscriptions visées au 1 de l'article précédent, et au greffe de chaque juge des tutelles pour les inscriptions visées au 2 du même article, un registre sur lequel sont portés :

Les inscriptions prises, selon le cas, par le ministère public ou le greffier, avec l'indication de la nature et de la date de la décision qui les a prescrites ;

Les nom, prénoms et domicile des époux, ou ceux des personnes en tutelle, de leurs représentants légaux et subrogés tuteurs ;

La date des renouvellements à opérer et la mention de l'accomplissement de ces formalités ;

Les radiations totales ou partielles ainsi que la nature et la date des actes ou décisions judiciaires qui les justifient.

Art. 89 *(Abr., D. n° 94-1112, 19 déc. 1994).*

Décret n° 60-1265 du 25 novembre 1960

relatif au mode de calcul du délai prévu à l'article 55 du Code civil

Art. 1er *(Abr., D. n° 2017-278, 2 mars 2017).*

Décret n° 62-921 du 3 août 1962

modifiant certaines règles relatives aux actes de l'état civil

(Abr., à compter du 1er novembre 2017, D. n° 2017-890, 6 mai 2017)

TITRE PREMIER. – DISPOSITIONS CONCERNANT LA TENUE DES REGISTRES

Art. 1er à 7-2 *(Abr., à compter du 1er novembre 2017, D. n° 2017-890, 6 mai 2017).*

TITRE II. – DISPOSITIONS CONCERNANT LA PUBLICITÉ DES ACTES

(Abr., à compter du 1er novembre 2017, D. n° 2017-890, 6 mai 2017)

Art. 8 *(Abr., à compter du 1er novembre 2017, D. n° 2017-890, 6 mai 2017).*

Art. 9 *(Abr., à compter du 1er novembre 2017, D. n° 2017-890, 6 mai 2017).*

Art. 10 à 11-2 *(Abr., à compter du 1er novembre 2017, D. n° 2017-890, 6 mai 2017).*

Art. 12 *(Abr., à compter du 1er novembre 2017, D. n° 2017-890, 6 mai 2017).*

Art. 13 et 13-1 *(Abr., à compter du 1er novembre 2017, D. n° 2017-890, 6 mai 2017).*

TITRE III. – DISPOSITIONS CONCERNANT LA VÉRIFICATION SÉCURISÉE DES DONNÉES À CARACTÈRE PERSONNEL CONTENUES DANS LES ACTES DE L'ÉTAT CIVIL

(D. n° 2011-167, 10 févr. 2011)

Art. 13-2 *(Abr., à compter du 1er novembre 2017, D. n° 2017-890, 6 mai 2017).*

Art. 13-3 à 13-5 *(Abr., à compter du 1er novembre 2017, D. n° 2017-890, 6 mai 2017).*

TITRE IV. – DISPOSITIONS DIVERSES

(D. n° 2011-167, 10 févr. 2011)

Art. 14 et 15 *(Abr., à compter du 1er novembre 2017, D. n° 2017-890, 6 mai 2017).*

Loi n° 64-1230 du 14 décembre 1964

portant modification des dispositions du Code civil relatives à la tutelle et à l'émancipation

(JO 15 déc.)

Art. 1er. – V. *C. civ., Livre I, Titre X, chapitres II et III, art. 389 à 487.*

Art. 2. – V. *C. civ., art. 159, 160, 340, 361, 838, 839, 840, 904, 907, 935, 1055, 1304, 1305, 2143, 2164 et 2252.*

Art. 3. – Dans tous les textes où il est fait mention du conseil des tutelles des enfants naturels, cette mention sera remplacée par celle du conseil de famille.

....

Art. 6. – Les dispositions de la présente loi sont applicables dans les départements du Bas-Rhin, du Haut-Rhin et de la Moselle, lorsqu'elles ne se rapportent pas à des matières actuellement soumises à des dispositions particulières.

Décret n° 64-1356 du 30 décembre 1964

portant application de l'article 14 de la loi n° 48-1360 du 1er septembre 1948 modifiée

(JO 31 déc.)

Art. 1er. – Dans les locaux affectés totalement ou partiellement à l'habitation, l'autorisation prévue à l'article 14 de la loi n° 48-1360 du 1er septembre 1948 modifiée n'est pas nécessaire pour les travaux suivants :

Installation de l'eau, du gaz, de l'électricité, d'une salle de bains ou d'une salle de douches ou d'un cabinet de toilette, avec eau courante chaude et froide, d'un W.-C., du chauffage central, d'un vide-ordures et tous travaux de modernisation afférents à ces mêmes équipements.

Dans les locaux à usage exclusivement professionnel, cette autorisation n'est pas non plus nécessaire pour ces mêmes travaux sauf en ce qui concerne l'installation d'une salle de bains ou d'une salle de douches.

Décret n° 65-422 du 1er juin 1965

portant création d'un service central d'état civil au ministère des Affaires étrangères

TITRE PREMIER. – SERVICE CENTRAL D'ÉTAT CIVIL

Art. 1er. – Il est créé au ministère des affaires étrangères un service central d'état civil établi à Nantes.

Art. 2 *(Mod., D. n° 69-1125, 11 déc. 1969).* – Le service central d'état civil reçoit en dépôt :

1° Les registres de l'état civil consulaire et les autres registres d'état civil tenus au ministère des Affaires étrangères ;

2° Les registres datant de moins de cent ans établis dans les territoires des États antérieurement placés sous la souveraineté ou l'autorité de la France, détenus par le ministère chargé des affaires culturelles (dépôt des papiers publics d'outre-mer) ;

3° Les registres de l'état civil dressés en Algérie antérieurement à l'accession de cet État à l'indépendance ou établis par reconstitution desdits registres ;

4° Les registres d'état civil établis en application de l'ordonnance n° 59-68 du 7 janvier 1959 pour les Français par acquisition nés à l'étranger.

Les registres visés aux 2°, 3° et 4° ci-dessus seront versés par tranches successives aux Archives de France quand ils auront une ancienneté supérieure à cent ans.

Il n'est pas dérogé par le présent décret aux attributions du ministre d'État chargé des affaires culturelles (dépôt des papiers publics d'outre-mer) en ce qui concerne les actes de l'état civil afférents aux départements d'outre-mer et aux territoires d'outre-mer.

Art. 2-1 *(D. n° 80-308, 25 avr. 1980)*. – Le service central de l'état civil tient les registres des actes prévus aux articles 98 à 98-2 du Code civil.

Art. 3 *(D. n° 69-1125, 11 déc. 1969)*. – Le service central d'état civil tient également des registres où sont transcrits :

1° Les jugements français tenant lieu d'actes de l'état civil lorsque ceux-ci ont été ou auraient dû être dressés à l'étranger ;

2° Les jugements d'adoption simple concernant les personnes nées à l'étranger lorsque leurs actes de naissance ne sont pas conservés sur des registres français ;

3° *(Abr., D. n° 97-773, 30 juill. 1997)*.

4° Les actes dressés au cours d'un voyage maritime ou aux armées.

Ce service adresse chaque année à la mairie de Nantes, pour inscription d'office, le cas échéant, sur les tableaux de recensement de cette commune la liste des jeunes gens dont les actes de naissance ou de reconnaissance ont été ainsi transcrits et qui doivent être recensés en application de la législation sur le recrutement de l'armée.

Art. 4 *(D. n° 98-513, 23 juin 1998)*. – Le service central d'état civil tient, pour les personnes nées à l'étranger, le répertoire civil prévu aux articles 1057 à 1061 du nouveau Code de procédure civile.

Art. 4-1 *(D. n° 98-513, 23 juin 1998. mod. à compter du 1er janvier 2017, D. n° 2016-1907, 28 déc. 2016)*. – Le service central d'état civil tient aussi un répertoire civil annexe où sont conservés :

1° Des extraits des décisions rendues en France ou des certificats de dépôt de divorce dont la mention en marge d'un acte de l'état civil ne peut être effectuée parce qu'aucun acte ne figure dans les registres français ;

2° Des copies des actes de désignation de la loi applicable au régime matrimonial et des certificats délivrés par la personne compétente pour établir ces actes, dont la mention, prévue par l'article 1303-1 du Nouveau Code de procédure civile, ne peut être effectuée en l'absence d'acte de mariage conservé par une autorité française ;

3° Des extraits des décisions ou des copies des actes relatifs au changement de régime matrimonial intervenu par application d'une loi étrangère régissant les effets de l'union, dont la mention, prévue par l'article 1303-3 du Nouveau Code de procédure civile, ne peut être effectuée en l'absence d'acte de mariage conservé par une autorité française ;

4° Des extraits des décisions rendues à l'étranger relatives au changement de régime matrimonial intervenu par application de la loi française, dont la mention ne peut être effectuée en l'absence d'acte de mariage conservé par une autorité française.

Pour être conservés dans ce répertoire, les actes mentionnés aux 2° et 3° doivent avoir été établis en France en la forme authentique ou concerner au moins un époux français. Aux mêmes fins, les décisions mentionnées au 3° si elles ont été rendues à l'étranger et les décisions mentionnées au 4° doivent concerner au moins un époux français.

Le service central d'état civil délivre, à la demande de tout intéressé, des certificats attestant de l'inscription au répertoire civil annexe d'actes, certificats, décisions et extraits. Il peut aussi en délivrer des copies.

Art. 4-2 *(Créé à compter du 1er novembre 2017, D. n° 2017-889, 6 mai 2017)*. – Le service central d'état civil tient sous forme électronique le registre prévu au premier alinéa de l'article 515-3-1 du Code civil. « Il délivre également le certificat mentionné à l'article 1er du décret n° 2006-1806 du 23 décembre 2006 modifié relatif à la déclaration, la modification, la dissolution et la publicité du pacte civil de solidarité, attestant qu'une personne de nationalité étrangère née à l'étranger n'est pas déjà liée par un pacte civil de solidarité.

Art. 5 *(D. n° 97-773, 30 juill. 1997 ; D. n° 2011-167, 10 févr. 2011)*. – Les actes détenus par le service central d'état civil sont conservés, mis à jour et, le cas échéant, établis selon des procédés manuels ou automatisés. Les officiers de l'état civil du service central d'état civil délivrent dans les mêmes conditions des copies et extraits de ces actes ou mettent en œuvre, lorsqu'elle est effectuée par voie d'échanges électroniques, la procédure de vérification prévue par les dispositions du titre III du décret n° 62-921 du 3 août 1962.

Art. 5-1 *(D. n° 2009-1330, 28 oct. 2009)*. – Les données contenues dans les copies et extraits d'actes de l'état civil mentionnés aux articles 9 à 11 du décret n° 62-921 du 3 août 1962 modifiant certaines règles relatives aux actes de l'état civil peuvent être transmises, par voie électronique, aux notaires, dans le cadre de leur mandat, dans des conditions qui garantissent leur intégrité et leur confidentialité ainsi que l'authentification de l'émetteur et du destinataire.

Ces données sur support électronique font foi jusqu'à preuve du contraire à l'égard du notaire qui les a demandées.

Les modalités de cette transmission sont fixées par arrêté conjoint du ministre des Affaires étrangères et du ministre de la Justice.

Art. 6 *(Mod., D. n° 97-773, 30 juill. 1997).* – Un arrêté du ministre des Affaires étrangères désigne les fonctionnaires et les agents du service central d'état civil ayant qualité d'officier de l'état civil.

TITRE II. – DISPOSITIONS RELATIVES AUX TRANSCRIPTIONS ET MENTIONS MARGINALES SUR LES REGISTRES DE L'ÉTAT CIVIL

Art. 7 *(Mod., D. n° 2015-258, 4 mars 2015).* – En cas de naissance pendant un voyage maritime, l'officier instrumentaire est tenu de déposer au premier port où le bâtiment aborde trois expéditions de chacun des actes de naissance dressés à bord.

Ce dépôt est fait, savoir : si le port est français, au service du commissariat des armées pour les bâtiments de l'État, et au bureau des affaires maritimes (1) pour les autres bâtiments ; si le port est étranger, entre les mains du consul de France. Au cas où il n'existe pas dans ce port d'autorité compétente pour recevoir le dépôt, celui-ci est ajourné au plus prochain port où il s'en trouve une.

Une des expéditions est adressée au service central d'état civil pour transcription sur les registres.

La seconde est transmise, pour information et selon les cas, au ministre chargé de la marine nationale ou au ministre chargé de la marine marchande.

La troisième demeure déposée aux archives du service du commissariat des armées, du bureau des affaires maritimes (1) ou du consulat.

Mention des envois et dépôts effectués conformément aux prescriptions du présent article est portée en marge des actes originaux par les commissaires des armées ou par les administrateurs des affaires maritimes (1) ou par les consuls.

Art. 8. – Les dispositions de l'article 7 ci-dessus sont applicables au cas de reconnaissance reçue pendant un voyage maritime et dans les circonstances prévues à l'article 59 du Code civil.

Art. 9. – En cas de décès pendant un voyage maritime et dans les circonstances prévues à l'article 59 du Code civil, les dépôts et transmissions des originaux et des expéditions sont faits conformément aux distinctions prévues par l'article 7 ci-dessus.

La transcription des actes de décès est faite sur les registres du service central d'état civil et sur les registres de l'état civil du dernier domicile du défunt conformément aux dispositions de l'article 80 du Code civil.

Art. 10. – Dans les cas prévus aux alinéas 2 et 3 de l'article 93 du Code civil, l'officier de l'état civil militaire qui reçoit un acte en transmet, dès que la communication est possible et dans le plus bref délai, des expéditions à l'autorité compétente qui est désignée par décret contresigné du ministre *chargé de la défense* et du ministre des anciens combattants et victimes de guerre.

Cette autorité adresse une expédition au service central d'état civil pour transcription sur les registres.

En ce qui concerne les actes de décès une seconde transcription est faite conformément aux dispositions de l'article 80 du Code civil, sur les registres de l'état civil du dernier domicile du défunt.

TITRE III. – DISPOSITIONS DIVERSES

Art. 11. – Les dispositions de l'article 1er, du premier alinéa de l'article 3 et celles du titre II du présent décret entrent immédiatement en vigueur.

Des arrêtés conjoints du ministre des Affaires étrangères et des autres ministres intéressés fixent les dates d'entrée en vigueur des autres dispositions du présent décret.

(1) D. n° 67-431, 26 mai 1967.

Art. 12. – *V.C. civ., art. 60 à 62, 86, 94 et 97.*

Art. 13 *(Rempl. à compter du 1er novembre 2017, D. n° 2017-889, 6 mai 2017).* – Le présent décret, dans sa rédaction résultant du décret n° 2017-889 du 6 mai 2017 est applicable sur l'ensemble du territoire de la République.

Loi n° 65-557 du 10 juillet 1965

fixant le statut de la copropriété des immeubles bâtis

(JO 11 juill.)

CHAPITRE I. – DÉFINITION ET ORGANISATION DE LA COPROPRIÉTÉ

Art. 1er *(Mod., L. n° 2018-1021, 23 nov. 2018).* – La présente loi régit tout immeuble bâti ou groupe d'immeubles bâtis dont la propriété est répartie, entre plusieurs personnes, par lots.

Le lot de copropriété comporte obligatoirement une partie privative et une quote-part de parties communes, lesquelles sont indissociables.

Ce lot peut être un lot transitoire. Il est alors formé d'une partie privative constituée d'un droit de construire précisément défini quant aux constructions qu'il permet de réaliser sur une surface déterminée du sol, et d'une quote-part de parties communes correspondante.

La création et la consistance du lot transitoire sont stipulées dans le règlement de copropriété.

À défaut de convention contraire créant une organisation différente, la présente loi est également applicable aux ensembles immobiliers qui, outre des terrains, des aménagements et des services communs, comportent des parcelles, bâties ou non, faisant l'objet de droits de propriété privatifs.

Art. 1er-1 *(L. n° 2018-1021, 23 nov. 2018).* – En cas de mise en copropriété d'un immeuble bâti existant, l'ensemble du statut s'applique à compter du premier transfert de propriété d'un lot.

Pour les immeubles à construire, le fonctionnement de la copropriété découlant de la personnalité morale du syndicat de copropriétaires prend effet lors de la livraison du premier lot.

L'immatriculation du syndicat de copropriétaires est sans conséquence sur l'application du statut.

Art. 2. – Sont privatives les parties des bâtiments et des terrains réservées à l'usage exclusif d'un copropriétaire déterminé.

Les parties privatives sont la propriété exclusive de chaque copropriétaire.

Art. 3 *(Mod., L. n° 2018-1021, 23 nov. 2018).* – Sont communes les parties des bâtiments et des terrains affectées à l'usage ou à l'utilité de tous les copropriétaires ou de plusieurs d'entre eux.

Dans le silence ou la contradiction des titres, sont réputés parties communes :

– le sol, les cours, les parcs et jardins, les voies d'accès ;

– le gros œuvre des bâtiments, les éléments d'équipement commun, y compris les parties de canalisations y afférentes qui traversent des locaux privatifs ;

– les coffres, gaines et têtes de cheminées ;

– les locaux des services communs ;

– les passages et corridors ;

– tout élément incorporé dans les parties communes.

Sont réputés droits accessoires aux parties communes dans le silence ou la contradiction des titres :

– le droit de surélever un bâtiment affecté à l'usage commun ou comportant plusieurs locaux qui constituent des parties privatives différentes, ou d'en affouiller le sol ;

– le droit d'édifier des bâtiments nouveaux dans des cours, parcs ou jardins constituant des parties communes ;

– le droit d'affouiller de tels cours, parcs ou jardins ;

– le droit de mitoyenneté afférent aux parties communes.

– le droit d'affichage sur les parties communes ;

– le droit de construire afférent aux parties communes.

Art. 4. – Les parties communes sont l'objet d'une propriété indivise entre l'ensemble des copropriétaires ou certains d'entre eux seulement ; leur administration et leur jouissance sont organisées conformément aux dispositions de la présente loi.

Art. 5. – Dans le silence ou la contradiction des titres, la quote-part des parties communes afférente à chaque lot est proportionnelle à la valeur relative de chaque partie privative par rapport à l'ensemble des valeurs desdites parties, telles que ces valeurs résultent lors de l'établissement de la copropriété, de la consistance, de la superficie et de la situation des lots, sans égard à leur utilisation.

Art. 6. – Les parties communes et les droits qui leur sont accessoires ne peuvent faire l'objet, séparément des parties privatives, d'une action en partage ni d'une licitation forcée.

Art. 6-1 *(L. n° 79-2, 2 janv. 1979)*. – En cas de modification dans les quotes-parts des parties communes afférentes aux lots, quelle qu'en soit la cause, les droits soumis ou admis à publicité dont les lots sont l'objet s'éteignent sur les quotes-parts qui en sont détachées et s'étendent à celles qui y sont rattachées.

En cas de changement de l'emprise d'une copropriété résultant de l'aliénation volontaire ou forcée ou de l'acquisition de parties communes, les droits soumis ou admis à publicité, autres que les servitudes, dont les lots sont l'objet, s'éteignent sur le bien cédé et s'étendent au bien acquis.

Toutefois, l'extension prévue à l'alinéa précédent, qui s'opère avec le rang attaché à la publicité primitive, n'a lieu que par la publication au fichier immobilier de la déclaration faite par le syndic ou un créancier que le bien acquis est libre de tout droit de même nature au jour de la mutation ou qu'il est devenu libre de ces mêmes droits. L'inexactitude de cette déclaration entraîne le rejet de la formalité de publicité.

Art. 6-2 *(L. n° 2018-1021, 23 nov. 2018)*. – Les parties communes spéciales sont celles affectées à l'usage et à l'utilité de plusieurs copropriétaires. Elles sont la propriété indivise de ces derniers.

La création de parties communes spéciales est indissociable de l'établissement de charges spéciales à chacune d'entre elles.

Les décisions afférentes aux seules parties communes spéciales peuvent être prises soit au cours d'une assemblée spéciale, soit au cours de l'assemblée générale de tous les copropriétaires. Seuls prennent part au vote les copropriétaires à l'usage et à l'utilité desquels sont affectées ces parties communes.

Art. 6-3 *(L. n° 2018-1021, 23 nov. 2018)*. – Les parties communes à jouissance privative sont les parties communes affectées à l'usage et à l'utilité exclusifs d'un lot. Elles appartiennent indivisément à tous les copropriétaires.

Le droit de jouissance privative est nécessairement accessoire au lot de copropriété auquel il est attaché. Il ne peut en aucun cas constituer la partie privative d'un lot.

Art. 6-4 *(L. n° 2018-1021, 23 nov. 2018)*. – L'existence des parties communes spéciales et de celles à jouissance privative est subordonnée à leur mention expresse dans le règlement de copropriété.

Art. 7. – Les cloisons ou murs, séparant des parties privatives et non compris dans le gros œuvre, sont présumés mitoyens entre les locaux qu'ils séparent.

Art. 8 *(Mod., Ord. n° 2014-1090, 26 sept. 2014)* (1). – I. – Un règlement conventionnel de copropriété, incluant ou non l'état descriptif de division, détermine la destination des parties tant privatives que communes, ainsi que les conditions de leur jouissance ; il fixe également, sous réserve des dispositions de la présente loi, les règles relatives à l'administration des parties communes.

Le règlement de copropriété ne peut imposer aucune restriction aux droits des copropriétaires en dehors de celles qui seraient justifiées par la destination de l'immeuble, telle qu'elle est définie aux actes, par ses caractères ou sa situation.

---

(1) Dispositions applicables respectivement aux logements et aux copropriétés des immeubles bâtis dont la demande de permis de construire est déposée à compter du 1er janvier 2015, Ord. n° 2014-1090, 26 sept. 2014, art. 18.

II. – Le règlement de copropriété des immeubles dont le permis de construire est délivré conformément à un plan local d'urbanisme ou à d'autres documents d'urbanisme imposant la réalisation d'aires de stationnement prévoit qu'une partie des places de stationnement adaptées prévues au titre de l'obligation d'accessibilité définie à l'article L. 111-7-1 du Code de la construction et de l'habitation est incluse dans les parties communes. Le règlement de copropriété des immeubles prévoit, dans des conditions définies par décret, les modalités selon lesquelles ces places de stationnement adaptées sont louées de manière prioritaire aux personnes handicapées habitant la copropriété.

Art. 8-1 *(L. n° 2009-323, 25 mars 2009).* – Le règlement de copropriété des immeubles dont le permis de construire a été délivré conformément à un plan local d'urbanisme ou d'autres documents d'urbanisme imposant la réalisation d'aires de stationnement peut prévoir une clause attribuant un droit de priorité aux copropriétaires à l'occasion de la vente de lots exclusivement à usage de stationnement au sein de la copropriété.

Dans ce cas, le vendeur doit, préalablement à la conclusion de toute vente d'un ou plusieurs lots à usage de stationnement, faire connaître au syndic par lettre recommandée avec demande d'avis de réception son intention de vendre, en indiquant le prix et les conditions de la vente.

Cette information est transmise sans délai à chaque copropriétaire par le syndic par lettre recommandée avec demande d'avis de réception, aux frais du vendeur. Elle vaut offre de vente pendant une durée de deux mois à compter de sa notification.

Art. 8-2 *(L. n° 2014-366, 24 mars 2014).* – Le syndic établit une fiche synthétique de la copropriété regroupant les données financières et techniques essentielles relatives à la copropriété et à son bâti, dont le contenu est défini par décret. Le syndic met à jour la fiche synthétique de la copropriété chaque année.

Le syndic met cette fiche à disposition des copropriétaires.

Le défaut de réalisation de la fiche synthétique est un motif de révocation du syndic. Les contrats de syndic prévoient obligatoirement une pénalité financière forfaitaire automatique à l'encontre du syndic chaque fois que celui-ci ne met pas la fiche synthétique à disposition d'un copropriétaire dans un délai de quinze jours à compter de la demande. Cette pénalité est déduite de la rémunération du syndic lors du dernier appel de charges de l'exercice.

Ces dispositions ne sont pas applicables aux syndics administrant des immeubles à destination totale autre que d'habitation.

Art. 9 *(Mod., L. n° 85-1470, 31 déc. 1985 ; L. n° 2006-872, 13 juill. 2006 ; L. n° 2006-1772, 30 déc. 2006 ; L. n° 2009-526, 12 mai 2009 ; L. n° 2014-366, 24 mars 2014).* – Chaque copropriétaire dispose des parties privatives comprises dans son lot ; il use et jouit librement des parties privatives et des parties communes sous la condition de ne porter atteinte ni aux droits des autres copropriétaires ni à la destination de l'immeuble.

Toutefois, si les circonstances l'exigent et à condition que l'affectation, la consistance ou la jouissance des parties privatives comprises dans son lot n'en soient pas altérées de manière durable, aucun des copropriétaires ou de leurs ayants droit ne peut faire obstacle à l'exécution, même à l'intérieur de ses parties privatives, des travaux régulièrement et expressément décidés par l'assemblée générale en vertu des *a* et *b* du II de l'article 24, des *f*, *g* et *o* de l'article 25 et de l'article 30.

Pour la réalisation des travaux d'intérêt collectif réalisés sur les parties privatives, le syndicat exerce les pouvoirs du maître d'ouvrage jusqu'à réception des travaux.

Les travaux entraînant un accès aux parties privatives doivent être notifiés aux copropriétaires au moins huit jours avant le début de leur réalisation, sauf impératif de sécurité ou de conservation des biens.

Les copropriétaires qui subissent un préjudice par suite de l'exécution des travaux, en raison soit d'une diminution définitive de la valeur de leur lot, soit d'un trouble de jouissance grave, même s'il est temporaire, soit de dégradations, ont droit à une indemnité.

Cette indemnité, qui est à la charge de l'ensemble des copropriétaires, est répartie, s'agissant des travaux décidés dans les conditions prévues par les *a* et *b* du II de l'article 24, des *f*, *g* et *o* de l'article 25 et par l'article 30, en proportion de la participation de chacun au coût des travaux.

Art. 9-1 *(L. n° 2014-366, 24 mars 2014).* – Chaque copropriétaire est tenu de s'assurer contre les risques de responsabilité civile dont il doit répondre en sa qualité soit de copropriétaire occupant, soit de copropriétaire non-occupant. Chaque syndicat de copropriétaires est tenu de s'assurer contre les risques de responsabilité civile dont il doit répondre.

Art. 10 *(Mod., L. n° 2000-1208, 13 déc. 2000).* – Les copropriétaires sont tenus de participer aux charges entraînées par les services collectifs et les éléments d'équipement commun en fonction de l'utilité que ces services et éléments présentent à l'égard de chaque lot.

Ils sont tenus de participer aux charges relatives à la conservation, à l'entretien et à l'administration des parties communes *(Mots aj., à compter du 1er janvier 2017, L. n° 2014-366, 24 mars 2014)* « et de verser au fonds de travaux mentionné à l'article 14-2 la cotisation prévue au même article, » proportionnellement aux valeurs relatives des parties privatives comprises dans leurs lots, telles que ces valeurs résultent des dispositions de l'article 5.

Le règlement de copropriété fixe la quote-part afférente à chaque lot dans chacune des catégories de charges. Tout règlement de copropriété publié à compter du 31 décembre 2002 indique les éléments pris en considération et la méthode de calcul permettant de fixer les quotes-parts de parties communes et la répartition des charges.

Art. 10-1 *(Mod., L. n° 2014-366, 24 mars 2014 ; à compter du 1er mars 2019, L. n° 2018-1021, 23 nov. 2018).* – Par dérogation aux dispositions du deuxième alinéa de l'article 10, sont imputables au seul copropriétaire concerné :

a) Les frais nécessaires exposés par le syndicat, notamment les frais de mise en demeure, de relance et de prise d'hypothèque à compter de la mise en demeure, pour le recouvrement d'une créance justifiée à l'encontre d'un copropriétaire ainsi que les droits et émoluments des actes des huissiers de justice et le droit de recouvrement ou d'encaissement à la charge du débiteur ;

b) Les honoraires du syndic afférents aux prestations qu'il doit effectuer pour l'établissement de l'état daté à l'occasion de la mutation à titre onéreux d'un lot ou d'une fraction de lot. Les honoraires ou frais perçus par le syndic au titre des prestations susmentionnées ne peuvent excéder un montant fixé par décret ;

c) Les dépenses pour travaux d'intérêt collectif réalisés sur les parties privatives notamment en application du c du II de l'article 24 et du *f* de l'article 25 ;

d) Les astreintes prévues aux articles L. 1331-29-1 et L. 1334-2 du Code de la santé publique et aux articles L. 129-2 et L. 511-2 du code de la construction et de l'habitation lorsque les mesures ou travaux prescrits par un arrêté, une mise en demeure, une injonction ou une décision pris, selon le cas, en application des articles L. 1331-22 à L. 1331-25, L. 1331-28 ou L. 1334-2 du code de la santé publique ou des articles L. 129-1 ou L. 511-1 du code de la construction et de l'habitation et ayant fait l'objet d'un vote en assemblée générale n'ont pu être réalisés du fait de la défaillance dudit copropriétaire. Les astreintes sont alors fixées par lot.

Le copropriétaire qui, à l'issue d'une instance judiciaire l'opposant au syndicat, voit sa prétention déclarée fondée par le juge, est dispensé, même en l'absence de demande de sa part, de toute participation à la dépense commune des frais de procédure, dont la charge est répartie entre les autres copropriétaires.

Le juge peut toutefois en décider autrement en considération de l'équité ou de la situation économique des parties au litige.

Art. 11. – Sous réserve des dispositions de l'article 12 ci-dessous, la répartition des charges ne peut être modifiée qu'à l'unanimité des copropriétaires. Toutefois, lorsque des travaux ou des actes d'acquisition ou de disposition sont décidés par l'assemblée générale statuant à la majorité exigée par la loi, la modification de la répartition des charges ainsi rendue nécessaire peut être décidée par l'assemblée générale statuant à la même majorité.

En cas d'aliénation séparée d'une ou plusieurs fractions d'un lot, la répartition des charges entre ces fractions est, lorsqu'elle n'est pas fixée par le règlement de copropriété, soumise à l'approbation de l'assemblée générale statuant à la majorité prévue à l'article 24.

À défaut de décision de l'assemblée générale modifiant les bases de répartition des charges dans les cas prévus aux alinéas précédents, tout copropriétaire pourra saisir le tribunal de grande instance de la situation de l'immeuble à l'effet de faire procéder à la nouvelle répartition rendue nécessaire.

Art. 12. – Dans les cinq ans de la publication du règlement de copropriété au fichier immobilier, chaque propriétaire peut poursuivre en justice la révision de la répartition des charges si la part correspondant à son lot est supérieure de plus d'un quart, ou si la part correspondant à celle d'un autre copropriétaire est inférieure de plus d'un quart, dans l'une ou l'autre des catégories de charges, à celle qui résulterait d'une répartition conforme aux dispositions de l'article 10. Si l'action est reconnue fondée, le tribunal procède à la nouvelle répartition des charges.

Cette action peut également être exercée par le propriétaire d'un lot avant l'expiration d'un délai de deux ans à compter de la première mutation à titre onéreux de ce lot intervenue depuis la publication du règlement de copropriété au fichier immobilier.

Art. 13. – Le règlement de copropriété et les modifications qui peuvent lui être apportées ne sont opposables aux ayants cause à titre particulier des copropriétaires qu'à dater de leur publication au fichier immobilier.

Art. 14 *(Mod., L. n° 85-1470, 31 déc. 1985).* – La collectivité des copropriétaires est constituée en un syndicat qui a la personnalité civile.

Le syndicat peut revêtir la forme d'un syndicat coopératif régi par les dispositions de la présente loi. Le règlement de copropriété doit expressément prévoir cette modalité de gestion.

Il établit, s'il y a lieu, et modifie le règlement de copropriété.

Il a pour objet la conservation de l'immeuble et l'administration des parties communes. Il est responsable des dommages causés aux copropriétaires ou aux tiers par le vice de construction ou le défaut d'entretien des parties communes, sans préjudice de toutes actions récursoires.

Art. 14-1 *(L. n° 2000-1208, 13 déc. 2000).* – Pour faire face aux dépenses courantes de maintenance, de fonctionnement et d'administration des parties communes et équipements communs de l'immeuble, le syndicat des copropriétaires vote, chaque année, un budget prévisionnel. L'assemblée générale des copropriétaires appelée à voter le budget prévisionnel est réunie dans un délai de six mois à compter du dernier jour de l'exercice comptable précédent. Les copropriétaires versent au syndicat des provisions égales au quart du budget voté. Toutefois, l'assemblée générale peut fixer des modalités différentes.

La provision est exigible le premier jour de chaque trimestre ou le premier jour de la période fixée par l'assemblée générale.

Art. 14-2 *(Mod. à compter du 1er janvier 2017, L. n° 2014-366, 24 mars 2014 ; mod., L. n° 2018-1021, 23 nov. 2018).* – Ne sont pas comprises dans le budget prévisionnel les dépenses pour travaux dont la liste sera fixée par décret en Conseil d'État.

Les sommes afférentes à ces dépenses sont exigibles selon les modalités votées par l'assemblée générale.

II. - Dans les immeubles à destination partielle ou totale d'habitation soumis à la présente loi, le syndicat des copropriétaires constitue un fonds de travaux à l'issue d'une période de cinq ans suivant la date de la réception des travaux pour faire face aux dépenses résultant :

1° Des travaux prescrits par les lois et règlements ;

2° Des travaux décidés par l'assemblée générale des copropriétaires au titre du I du présent article.

Ce fonds de travaux est alimenté par une cotisation annuelle obligatoire versée par les copropriétaires selon les mêmes modalités que celles décidées par l'assemblée générale pour le versement des provisions du budget prévisionnel.

L'assemblée générale, votant dans les conditions de majorité prévues aux articles 25 et 25-1, peut affecter tout ou partie des sommes déposées sur le fonds de travaux au financement des travaux mentionnés aux 1° et 2° du présent II. Cette affectation doit tenir compte de l'existence de parties communes spéciales ou de clefs de répartition des charges.

Par exception, lorsque, en application de l'article 18, le syndic a, dans un cas d'urgence, fait procéder de sa propre initiative à l'exécution de travaux nécessaires à la sauvegarde de l'immeuble, l'assemblée générale, votant dans les conditions de majorité prévues aux articles 25 et 25-1, peut affecter tout ou partie des sommes déposées sur le fonds de travaux au financement de ces travaux.

Le montant, en pourcentage du budget prévisionnel, de la cotisation annuelle est décidé par l'assemblée générale votant dans les conditions de majorité prévues aux articles 25 et 25-1. Ce montant ne peut être inférieur à 5 % du budget prévisionnel mentionné à l'article 14-1.

Si le diagnostic technique global prévu à l'article L. 731-1 du Code de la construction et de l'habitation a été réalisé et qu'il ne fait apparaître aucun besoin de travaux dans les dix prochaines années, le syndicat est dispensé de l'obligation de constituer un fonds de travaux pendant la durée de validité du diagnostic.

Les sommes versées au titre du fonds de travaux sont attachées aux lots et définitivement acquises au syndicat des copropriétaires. Elles ne donnent pas lieu à un remboursement par le syndicat à l'occasion de la cession d'un lot.

III. - Lorsque l'immeuble comporte moins de dix lots, le syndicat peut décider de ne pas constituer de fonds de travaux par une décision unanime de l'assemblée générale.

IV. - Lorsque le montant du fonds de travaux atteint un montant supérieur au budget prévisionnel mentionné à l'article 14-1, le syndic inscrit à l'ordre du jour de l'assemblée générale :

1° La question de l'élaboration du plan pluriannuel de travaux mentionné à l'article L. 731-2 du Code de la construction et de l'habitation ;

2° La question de la suspension des cotisations au fonds de travaux, en fonction des décisions prises par l'assemblée générale sur le plan pluriannuel de travaux.

Art. 14-3 *(L. n° 2000-1208, 13 déc. 2000 ; mod., L. n° 2005-32, 18 janv. 2005 ; L. n° 2006-872, 13 juill. 2006).* – Les comptes du syndicat comprenant le budget prévisionnel, les charges et produits de l'exercice, la situation de trésorerie, ainsi que les annexes au budget prévisionnel sont établis conformément à des règles comptables spécifiques fixées par décret. Les comptes sont présentés avec comparatif des comptes de l'exercice précédent approuvé.

Les charges et les produits du syndicat, prévus au plan comptable, sont enregistrés dès leur engagement juridique par le syndic indépendamment de leur règlement. L'engagement est soldé par le règlement. Toutefois, un syndicat comportant moins de dix lots à usage de logements, de bureaux ou de commerces, dont le budget prévisionnel moyen sur une période de trois exercices consécutifs est inférieur à 15 000 €, n'est pas tenu à une comptabilité en partie double ; ses engagements peuvent être constatés en fin d'exercice.

Les dispositions des articles 1er à 5 de la loi n° 98-261 du 6 avril 1998 portant réforme de la réglementation comptable et adaptation du régime de la publicité foncière ne sont pas applicables aux syndicats de copropriétaires.

Art. 15. – Le syndicat a qualité pour agir en justice, tant en demandant qu'en défendant, même contre certains des copropriétaires ; il peut notamment agir, conjointement ou non avec un ou plusieurs de ces derniers, en vue de la sauvegarde des droits afférents à l'immeuble.

Tout copropriétaire peut néanmoins exercer seul les actions concernant la propriété ou la jouissance de son lot, à charge d'en informer le syndic.

Art. 16. – Tous actes d'acquisition ou d'aliénation des parties communes ou de constitution de droits réels immobiliers au profit ou à la charge de ces dernières, à la condition qu'ils aient été décidés conformément aux dispositions des articles 6, 25 et 26, sont valablement passés par le syndicat lui-même et de son chef.

Le syndicat peut acquérir lui-même, à titre onéreux ou gratuit, des parties privatives sans que celles-ci perdent pour autant leur caractère privatif. Il peut les aliéner dans les conditions prévues à l'alinéa précédent. Il ne dispose pas de voix, en assemblée générale, au titre des parties privatives acquises par lui.

Art. 16-1 *(L. n° 79-2, 2 janv. 1979).* – Les sommes représentant le prix des parties communes cédées se divisent de plein droit entre les copropriétaires dans les lots desquels figuraient ces parties communes et proportionnellement à la quotité de ces parties afférentes à chaque lot.

La part du prix revenant à chaque copropriétaire lui est remise directement par le syndic et ce, nonobstant l'existence de toute sûreté grevant son lot.

Les présentes dispositions ne dérogent pas à celles de l'article L. 12-3 du Code de l'expropriation pour cause d'utilité publique.

Art. 16-2 *(Rempl. à compter du 1er janvier 2015, Ord. n° 2014-1345, 6 nov. 2014 ; rect. JO 27 déc. 2014).* – L'expropriation pour cause d'utilité publique d'un immeuble bâti, d'un groupe d'immeubles bâtis ou d'un ensemble immobilier soumis à la présente loi est poursuivie et prononcée dans les conditions prévues par l'article L. 221-2 du Code de l'expropriation pour cause d'utilité publique.

CHAPITRE II. – ADMINISTRATION DE LA COPROPRIÉTÉ

Section I. – Dispositions générales

Art. 17 *(Mod., L. n° 2014-366, 24 mars 2014 ; L. n° 2015-990, 6 août 2015).* – Les décisions du syndicat sont prises en assemblée générale des copropriétaires ; leur exécution est confiée à un syndic placé éventuellement sous le contrôle d'un conseil syndical.

Dans les cas où, avant la réunion de la première assemblée générale suivant la mise en copropriété, un syndic provisoire a été désigné par le règlement de copropriété ou par tout autre accord des parties, ce syndic ne peut être maintenu que par décision de l'assemblée générale, après mise en concurrence préalable de plusieurs contrats de syndics effectuée par le conseil syndical, s'il en existe un, ou les copropriétaires.

À défaut de nomination, du syndic par l'assemblée générale des copropriétaires convoquée à cet effet, le syndic est désigné par le président du tribunal de grande instance saisi à la requête d'un ou plusieurs copropriétaires, du maire de la commune ou du président de l'établissement public de coopération intercommunale compétent en matière d'habitat du lieu de situation de l'immeuble.

(Al. transféré à l'article 17-1, L. n° 2000-1208, 13 déc. 2000.)

Dans tous les autres cas où le syndicat est dépourvu de syndic, l'assemblée générale des copropriétaires peut être convoquée par tout copropriétaire, aux fins de nommer un syndic. À défaut d'une telle convocation, le président du tribunal de grande instance, statuant par ordonnance sur requête à la demande de tout intéressé, désigne un administrateur provisoire de la copropriété qui est notamment chargé de convoquer l'assemblée des copropriétaires en vue de la désignation d'un syndic.

Art. 17-1 A *(L. n° 2018-1021, 23 nov. 2018).* – Les copropriétaires peuvent participer à l'assemblée générale par présence physique, par visioconférence ou par tout autre moyen de communication électronique permettant leur identification.

Les copropriétaires peuvent, par ailleurs, voter par correspondance avant la tenue de l'assemblée générale, au moyen d'un formulaire. Les formulaires ne donnant aucun sens précis de vote ou exprimant une abstention sont considérés comme des votes défavorables. Sont également considérés comme défavorables les votes par correspondance portant sur des résolutions qui, à l'issue des débats en assemblée générale, ont évolué de manière substantielle.

Les conditions d'identification des copropriétaires usant de moyens de communication électronique pour participer à l'assemblée générale, les mentions du formulaire de vote par correspondance et ses modalités de remise au syndic sont définies par décret en Conseil d'État.

Art. 17-1 *(L. n° 2000-1208, 13 déc. 2000).* – Dans le cas où l'administration de la copropriété est confiée à un syndicat coopératif, la constitution d'un conseil syndical est obligatoire et le syndic est élu par les membres de ce conseil et choisi parmi ceux-ci. Il exerce de plein droit les fonctions de président du conseil syndical. En outre, le conseil syndical peut élire, dans les mêmes conditions, un vice-président qui supplée le syndic en cas d'empêchement de celui-ci.

Le président et le vice-président sont l'un et l'autre révocables dans les mêmes conditions. L'assemblée générale désigne une ou plusieurs personnes physiques ou morales qui peuvent être des copropriétaires ou des personnes extérieures qualifiées pour assurer le contrôle des comptes du syndicat.

L'adoption ou l'abandon de la forme coopérative du syndicat est décidée à la majorité de l'article 25 et le cas échéant de l'article 25-1.

Art. 17-1-1 *(L. n° 2014-366, 24 mars 2014).* – Lorsque le syndicat de copropriétaires comporte moins de dix lots à usage de logements, de bureaux ou de commerces et que son budget prévisionnel moyen sur une période de trois exercices consécutifs est inférieur à 15 000 €, le syndicat peut bénéficier des dérogations suivantes aux articles 17-1 et 26 :

A. - La modification du règlement de copropriété en vue de prévoir la possibilité d'adopter la forme coopérative est approuvée à la majorité de l'article 25 et, le cas échéant, à la majorité de l'article 25-1.

B. - Lorsque l'assemblée générale de ce syndicat a décidé d'adopter la forme coopérative, elle peut également décider, par une délibération spéciale, à la majorité de l'article 25, de ne pas constituer de conseil syndical et de procéder directement à la désignation du syndic parmi ses membres.

Dans ce cas, et par dérogation à l'article 17-1 :

1° La désignation du syndic se fait par vote séparé à la majorité de l'article 25. L'assemblée générale peut également désigner un copropriétaire pour suppléer le syndic en cas d'empêchement de celui-ci. Le syndic et son suppléant sont l'un et l'autre révocables dans les mêmes conditions. L'assemblée générale désigne une ou plusieurs personnes physiques ou morales, qui peuvent être des copropriétaires ou des personnes extérieures qualifiées, pour assurer le contrôle des comptes du syndicat ;

2° En cas d'empêchement du syndic ou de défaillance de celui-ci mettant en péril la conservation de l'immeuble, la santé ou la sécurité des occupants, chaque copropriétaire peut prendre l'initiative de convoquer une assemblée générale extraordinaire pour désigner un nouveau syndic ou prendre les décisions nécessaires à la conservation de l'immeuble, de la santé ou de la sécurité de ses occupants.

Art. 17-2 *(L. n° 2014-366, 24 mars 2014)*. – Tout syndic non professionnel, bénévole ou coopératif, doit être copropriétaire d'un ou plusieurs lots ou fractions de lots dans la copropriété qu'il est amené à gérer.

Art. 18 *(Mod., L. n° 2017-86, 27 janv. 2017 ; L. n° 2018-1021, 23 nov. 2018)*. – I. - Indépendamment des pouvoirs qui lui sont conférés par d'autres dispositions de la présente loi ou par une délibération spéciale de l'assemblée générale, le syndic est chargé, dans les conditions qui seront éventuellement définies par le décret en Conseil d'État prévu à l'article 47 ci-dessous :

– d'assurer l'exécution des dispositions du règlement de copropriété et des délibérations de l'assemblée générale ;

– d'administrer l'immeuble, de pourvoir à sa conservation, à sa garde et à son entretien et, en cas d'urgence, de faire procéder de sa propre initiative à l'exécution de tous travaux nécessaires à la sauvegarde de celui-ci ;

– de soumettre au vote de l'assemblée générale, à la majorité de l'article 24, la décision de souscrire un contrat d'assurance contre les risques de responsabilité civile dont le syndicat doit répondre. En cas de refus de l'assemblée générale, l'assurance peut être contractée par le syndic pour le compte du syndicat des copropriétaires, en application de l'article L. 112-1 du Code des assurances ;

– de représenter le syndicat dans tous les actes civils et en justice dans les cas mentionnés aux articles 15 et 16 de la présente loi, ainsi que pour la publication de l'état descriptif de division et du règlement de copropriété ou des modifications apportées à ces actes, sans que soit nécessaire l'intervention de chaque copropriétaire à l'acte ou à la réquisition de publication ;

– de soumettre au vote de l'assemblée générale, à la majorité de l'article 25, la décision de confier les archives du syndicat des copropriétaires à une entreprise spécialisée aux frais dudit syndicat. Une telle décision ne peut donner lieu à aucune rémunération complémentaire au profit du syndic ;

– de soumettre à l'autorisation de l'assemblée générale prise à la majorité de l'article 24 toute convention passée entre le syndicat et le syndic ou une personne ou une entreprise liée directement ou indirectement au syndic dont la liste est fixée par décret, en précisant la nature des liens qui rendent nécessaire l'autorisation de la convention. Les conventions conclues en méconnaissance de ces dispositions ne sont pas opposables au syndicat ;

– d'établir et de tenir à jour et à disposition des copropriétaires un carnet d'entretien de l'immeuble conformément à un contenu défini par décret (1) ;

– de réaliser les démarches prévues aux articles L. 711-1 à L. 711-6 du Code de la construction et de l'habitation relatifs à l'immatriculation du syndicat de copropriétaires, sous peine de l'astreinte prévue au même article L. 711-6 ;

– d'assurer l'information des occupants de chaque immeuble de la copropriété des décisions prises par l'assemblée générale, selon des modalités définies par décret ;

– de proposer lorsque le syndic est un syndic professionnel, un accès en ligne sécurisé aux documents dématérialisés relatifs à la gestion de l'immeuble ou des lots gérés, sauf décision contraire de l'assemblée générale prise à la majorité de l'article 25 de la présente loi. Cet accès est différencié selon la nature des

(1) V. Décret n° 2001-477, 30 mai 2001.

Pour les mandats de syndic en cours à la date de promulgation de la loi n° 2000-1208 du 13 décembre 2000, l'obligation d'ouvrir un compte bancaire ou postal séparé s'applique à compter du 31 décembre 2002, à peine de nullité de plein droit dudit mandat (art. 77, II).

documents mis à la disposition des membres du syndicat de copropriétaires ou de ceux du conseil syndical. Un décret précise la liste minimale des documents devant être accessibles en ligne dans un espace sécurisé.

II. - Le syndic assure la gestion comptable et financière du syndicat et, à ce titre, est chargé :

– d'établir le budget prévisionnel « en concertation avec le conseil syndical », les comptes du syndicat et leurs annexes, de les soumettre au vote de l'assemblée générale et de tenir pour chaque syndicat une comptabilité séparée qui fait apparaître la position de chaque copropriétaire à l'égard du syndicat.

– d'ouvrir, dans l'établissement bancaire qu'il choisit, un compte séparé au nom du syndicat, sur lequel sont versées sans délai toutes les sommes ou valeurs reçues au nom ou pour le compte du syndicat. L'assemblée générale peut décider, à la majorité de l'article 25, que ce compte est ouvert dans un autre établissement bancaire de son choix. Ce compte bancaire ne peut faire l'objet ni d'une convention de fusion, ni d'une compensation avec tout autre compte. Les éventuels intérêts produits par ce compte sont définitivement acquis au syndicat. La méconnaissance par le syndic de ces obligations emporte la nullité de plein droit de son mandat à l'expiration du délai de trois mois suivant sa désignation. Toutefois, les actes qu'il a passés avec des tiers de bonne foi demeurent valables. Le syndic met à disposition du conseil syndical une copie des relevés périodiques du compte, dès réception de ceux-ci. Toutefois, lorsque le syndicat comporte au plus quinze lots à usage de logements, de bureaux ou de commerces, l'assemblée générale peut, à la majorité de l'article 25 et, le cas échéant, de l'article 25-1, dispenser le syndic soumis à la loi n° 70-9 du 2 janvier 1970 réglementant les conditions d'exercice des activités relatives à certaines opérations portant sur les immeubles et les fonds de commerce, ou dont l'activité est soumise à une réglementation professionnelle organisant le maniement des fonds du syndicat, d'ouvrir un compte bancaire séparé au nom du syndicat. Le compte unique fait apparaître dans les écritures de l'établissement bancaire un sous-compte individualisant comptablement les versements et prélèvements afférents au syndicat. Le syndic effectue sur ce sous-compte, sans délai, les versements des sommes et valeurs appartenant au syndicat et y reporte les dépenses effectuées pour son compte. Le syndic transmet au président du conseil syndical une copie des relevés périodiques bancaires du sous-compte, dès réception de ceux-ci. Dans ce cas, le syndic ne peut pas proposer une rémunération différenciée en fonction de la décision de l'assemblée relative à la dispense de compte bancaire séparé ;

– d'ouvrir, dans l'établissement bancaire qu'il a choisi ou que l'assemblée générale a choisi pour le compte mentionné au troisième alinéa du présent II, un compte séparé rémunéré au nom du syndicat, sur lequel sont versées sans délai les cotisations au fonds de travaux prévu à l'article 14-2. Ce compte bancaire ne peut faire l'objet d'aucune convention de fusion, ni d'une compensation avec tout autre compte. Les virements en provenance du compte mentionné au troisième alinéa du présent II sont autorisés. Les intérêts produits par ce compte sont définitivement acquis au syndicat. La méconnaissance par le syndic de ces obligations emporte la nullité de plein droit de son mandat à l'expiration du délai de trois mois suivant sa désignation. Toutefois, les actes qu'il a passés avec des tiers de bonne foi demeurent valables. Le syndic met à disposition du conseil syndical une copie des relevés périodiques du compte, dès réception de ceux-ci ;

À l'exception du syndic provisoire et de l'administrateur provisoire désigné en application des articles 29-1 et 29-11, le syndic de copropriété ne peut avancer de fonds au syndicat de copropriétaires.

III. - Le syndic est également chargé :

– de notifier sans délai au représentant de l'État dans le département et aux copropriétaires l'information selon laquelle les deux tiers des copropriétaires, représentant au moins deux tiers des quotes-parts de parties communes, ont exercé leur droit de délaissement dans les conditions prévues par l'article L. 515-16-3 du Code de l'environnement. La notification aux copropriétaires mentionne expressément les dispositions du IV de cet article ;

– lorsqu'un réseau de communications électroniques interne à l'immeuble distribue des services de télévision et si l'installation permet l'accès aux services nationaux en clair de télévision par voie hertzienne terrestre en mode numérique, d'informer de manière claire et visible les copropriétaires de cette possibilité et de fournir les coordonnées du distributeur de services auquel le copropriétaire doit s'adresser pour bénéficier du « service antenne » numérique, tel que prévu au deuxième alinéa de l'article 34-1 de la loi n° 86-1067 du 30 septembre 1986 relative à la liberté de communication. À compter de la publication de la loi n° 2007-309 du 5 mars 2007 relative à la modernisation de la diffusion audiovisuelle et à la télévision du futur et jusqu'au 30 novembre 2011, cette information est fournie dans le relevé de charges envoyé régulièrement par le syndic aux copropriétaires.

IV. - Seul responsable de sa gestion, il ne peut se faire substituer. L'assemblée générale peut seule autoriser, à la majorité prévue par l'article 25, une délégation de pouvoir à une fin déterminée.

V. - En cas d'empêchement du syndic, pour quelque cause que ce soit, le président du conseil syndical peut convoquer une assemblée générale appelée à désigner un nouveau syndic. En cas de carence du syndic et à défaut de stipulation du règlement de copropriété, un administrateur provisoire peut être désigné par décision de justice.

Le syndic ne peut renoncer à son mandat sans avoir respecté un délai de préavis de trois mois.

Quand l'assemblée générale délibère pour désigner un nouveau syndic dont la prise de fonction intervient avant le terme du mandat du syndic actuel, cette décision vaut révocation de ce dernier à compter de la prise de fonction du nouveau syndic.

Art. 18-1 AA *(L. n° 2014-366, 24 mars 2014)*. – Pour les immeubles à destination totale autre que d'habitation, lorsqu'un syndicat de copropriétaires est composé exclusivement de personnes morales, les copropriétaires peuvent décider, à la majorité définie à l'article 25, de déroger à l'article 18 et, le cas échéant, de définir avec le syndic, dans le cadre de son contrat, les missions du syndic, les honoraires de celui-ci, la durée du mandat, les modalités de fonctionnement du compte bancaire unique ou séparé et les modalités de perception des fonds.

Art. 18-1A *(L. n° 2009-323, 25 mars 2009 ; mod., L. n° 2014-366, 24 mars 2014)*. – La rémunération des syndics est déterminée de manière forfaitaire. Toutefois, une rémunération spécifique complémentaire peut être perçue à l'occasion de prestations particulières, définies par décret en Conseil d'État.

Le décret prévu au premier alinéa fait l'objet d'une concertation bisannuelle en vue de son éventuelle révision. Cette concertation est organisée par le ministre chargé du logement et associe notamment le Conseil national de la transaction et de la gestion immobilières créé en application de l'article 13-1 de la loi n° 70-9 du 2 janvier 1970 réglementant les conditions d'exercice des activités relatives à certaines opérations portant sur les immeubles et les fonds de commerce.

Le contrat de syndic respecte un contrat type défini par décret en Conseil d'État.

Les travaux mentionnés à l'article 14-2 et votés par l'assemblée générale des copropriétaires en application des articles 24, 25, 26, 26-3 et 30 peuvent faire l'objet d'honoraires spécifiques au profit du syndic. Ces honoraires sont votés lors de la même assemblée générale que les travaux concernés, aux mêmes règles de majorité.

Le syndic ne peut en aucun cas mentionner, dans le contrat de syndic soumis au vote de l'assemblée générale de la copropriété, de barème relatif à ces honoraires spécifiques, même à titre indicatif. Une telle rémunération fixée dans le projet de résolution soumis au vote de l'assemblée générale doit être exprimée en pourcentage du montant hors taxes des travaux, à un taux dégressif selon l'importance des travaux préalablement à leur exécution.

Art. 18-1 *(L. n° 85-1470, 31 déc. 1985 ; mod., L. n° 2014-366, 24 mars 2014)*. – Pendant le délai s'écoulant entre la convocation de l'assemblée générale appelée à connaître des comptes et la tenue de celle-ci, les pièces justificatives des charges de copropriété, notamment, le cas échéant, une note d'information sur les modalités de calcul des charges de chauffage et de production d'eau chaude sanitaire collectifs, les factures, les contrats de fourniture et d'exploitation en cours et leurs avenants ainsi que la quantité consommée et le prix unitaire ou forfaitaire de chacune des catégories de charges, sont tenues à la disposition de tous les copropriétaires par le syndic, selon des modalités précisées par décret en Conseil d'État.

Art. 18-1-1 *(L. n° 2018-1021, 23 nov. 2018)*. – Le syndic signale au procureur de la République les faits qui sont susceptibles de constituer une des infractions prévues aux articles 225-14 du Code pénal, L. 1337-4 du Code de la santé publique et L. 123-3, L. 511-6 et L. 521-4 du Code de la construction et de l'habitation.

Ce signalement est effectué sans préjudice, le cas échéant, de la déclaration prévue à l'article L. 561-15 du Code monétaire et financier.

Ces dispositions ne sont pas applicables aux syndics mentionnés à l'article 17-2 de la présente loi.

Art. 18-2 *(Mod., L. n° 2014-366, 24 mars 2014)*. – En cas de changement de syndic, l'ancien syndic est tenu de remettre au nouveau syndic, dans le délai d'un mois à compter de la cessation de ses fonctions, la situation de trésorerie, la totalité des fonds immédiatement disponibles et l'ensemble des documents et archives du syndicat. Dans l'hypothèse où le syndicat des copropriétaires a fait le choix de confier tout ou partie de ses archives à un prestataire spécialisé, il est tenu, dans ce même délai, d'informer le prestataire de ce changement en communiquant les coordonnées du nouveau syndic.

Dans le délai de deux mois suivant l'expiration du délai mentionné ci-dessus, l'ancien syndic est tenu de verser au nouveau syndic le solde des fonds disponibles après apurement des comptes, et de lui fournir l'état des comptes des copropriétaires ainsi que celui des comptes du syndicat.

Après mise en demeure restée infructueuse, le syndic nouvellement désigné ou le président du conseil syndical pourra demander au président du tribunal de grande instance, statuant comme en matière de référé, d'ordonner sous astreinte la remise des pièces et des fonds mentionnés aux deux premiers alinéas ainsi que le versement des intérêts dus à compter de la mise en demeure, sans préjudice de tous dommages et intérêts.

Art. 19. – Les créances de toute nature du syndicat à l'encontre de chaque copropriétaire sont, qu'il s'agisse de provision ou de paiement définitif, garanties par une hypothèque légale sur son lot. L'hypothèque peut être inscrite soit après mise en demeure restée infructueuse d'avoir à payer une dette devenue exigible, soit dès que le copropriétaire invoque les dispositions de l'article 33 de la présente loi.

Le syndic a qualité pour faire inscrire cette hypothèque au profit du syndicat ; il peut valablement en consentir la mainlevée et requérir la radiation, en cas d'extinction de la dette, sans intervention de l'assemblée générale.

Le copropriétaire défaillant peut, même en cas d'instance au principal, sous condition d'une offre de paiement suffisante ou d'une garantie équivalente, demander mainlevée totale ou partielle au président du tribunal de grande instance statuant comme en matière de référé.

Aucune inscription ou inscription complémentaire ne peut être requise pour des créances exigibles depuis plus de cinq ans.

Les créances visées à l'alinéa 1er bénéficient, en outre, du privilège prévu par l'article 2102-1° du Code civil en faveur du bailleur. Ce privilège porte sur tout ce qui garnit les lieux, sauf si ces derniers font l'objet d'une location non meublée.

Dans ce dernier cas, il est reporté sur les loyers dus par le locataire.

Art. 19-1 *(Rempl. à compter du 1er janvier 2017, L. n° 2014-366, 24 mars 2014)*. – Sont garantis par le privilège immobilier spécial prévu à l'article 2374 du Code civil : l'obligation de participer aux charges et aux travaux mentionnés aux articles 10 et 30, les cotisations au fonds de travaux mentionné à l'article 14-2, les créances afférentes aux travaux de restauration immobilière réalisés en application du c du II de l'article 24, les dommages et intérêts alloués par les juridictions au syndicat des copropriétaires, ainsi que le remboursement des dépens.

Art. 19-2 *(Mod., L. n° 2014-366, 24 mars 2014 et à compter du 1er janvier 2017, L. n° 2014-366, 24 mars 2014 ; mod. L. n° 2018-1021, 23 nov. 2018)*. – Á défaut du versement à sa date d'exigibilité d'une provision due au titre de l'article 14-1 ou du I de l'article 14-2, et après mise en demeure restée infructueuse passé un délai de trente jours, les autres provisions non encore échues en application des mêmes articles 14-1 ou 14-2 ainsi que les sommes restant dues appelées au titre des exercices précédents après approbation des comptes deviennent immédiatement exigibles.

Le président du tribunal de grande instance statuant comme en matière de référé, après avoir constaté, selon le cas, l'approbation par l'assemblée générale des copropriétaires du budget prévisionnel, des travaux ou des comptes annuels, ainsi que la défaillance du copropriétaire, condamne ce dernier au paiement des provisions ou sommes exigibles.

Le présent article est applicable aux cotisations du fonds de travaux mentionné à l'article 14-2.

Lorsque la mesure d'exécution porte sur une créance à exécution successive du débiteur du copropriétaire défaillant, notamment une créance de loyer ou d'indemnité d'occupation, cette mesure se poursuit jusqu'à l'extinction de la créance du syndicat résultant de l'ordonnance.

Si l'assemblée générale vote pour autoriser le syndic à agir en justice pour obtenir la saisie en vue de la vente d'un lot d'un copropriétaire débiteur vis-à-vis du syndicat, la voix de ce copropriétaire n'est pas prise en compte dans le décompte de la majorité et ce copropriétaire ne peut recevoir mandat pour représenter un autre copropriétaire en application de l'article 22.

Art. 20 *(Mod., L. n° 2014-366, 24 mars 2014)*. – I. - Lors de la mutation à titre onéreux d'un lot, et si le vendeur n'a pas présenté au notaire un certificat du syndic ayant moins d'un mois de date, attestant qu'il est libre de toute obligation à l'égard du syndicat, avis de la mutation doit être donné par le notaire au syndic de l'immeuble par lettre recommandée avec avis de réception dans un délai de quinze jours à compter de la date du transfert de propriété. Avant l'expiration d'un délai de quinze jours à compter de la réception de cet avis, le syndic peut former au domicile élu, par acte extrajudiciaire, opposition au versement des fonds dans la limite ci-après pour obtenir le paiement des sommes restant dues par l'ancien propriétaire. Cette opposition contient élection de domicile dans le ressort du tribunal de grande instance de la situation de l'immeuble et, à peine de nullité, énonce le montant et les causes de la créance. Les effets de l'opposition sont limités au montant ainsi énoncé. Le notaire libère les fonds dès l'accord entre le syndic et le vendeur sur les sommes restant dues. À défaut d'accord, dans un délai de trois mois après la constitution par le syndic de l'opposition régulière, il verse les sommes retenues au syndicat, sauf contestation de l'opposition devant les tribunaux par une des parties.

Tout paiement ou transfert amiable ou judiciaire du prix opéré en violation des dispositions de l'alinéa précédent est inopposable au syndic ayant régulièrement fait opposition.

L'opposition régulière vaut au profit du syndicat mise en œuvre du privilège mentionné à l'article 19-1 (1).

II. - Préalablement à l'établissement de l'acte authentique de vente d'un lot ou d'une fraction de lot, le cas échéant après que le titulaire du droit de préemption instauré en application du dernier alinéa de l'article L. 211-4 du Code de l'urbanisme a renoncé à l'exercice de ce droit, le notaire notifie au syndic de la copropriété le nom du candidat acquéreur ou le nom des mandataires sociaux et des associés de la société civile immobilière ou de la société en nom collectif se portant acquéreur, ainsi que le nom de leurs conjoints ou partenaires liés par un pacte civil de solidarité.

Dans un délai d'un mois, le syndic délivre au notaire un certificat datant de moins d'un mois attestant :

1° Soit que l'acquéreur ou les mandataires sociaux et les associés de la société se portant acquéreur, leurs conjoints ou partenaires liés à eux par un pacte civil de solidarité ne sont pas copropriétaires de l'immeuble concerné par la mutation ;

2° Soit, si l'une de ces personnes est copropriétaire de l'immeuble concerné par la mutation, qu'elle n'a pas fait l'objet d'une mise en demeure de payer du syndic restée infructueuse depuis plus de quarante-cinq jours.

Si le copropriétaire n'est pas à jour de ses charges au sens du 2° du présent II, le notaire notifie aux parties l'impossibilité de conclure la vente.

Dans l'hypothèse où un avant-contrat de vente a été signé préalablement à l'acte authentique de vente, l'acquéreur ou les mandataires sociaux et les associés de la société se portant acquéreur, leurs conjoints ou partenaires liés à eux par un pacte civil de solidarité, dont les noms ont été notifiés par le notaire, disposent d'un délai de trente jours à compter de cette notification pour s'acquitter de leur dette vis-à-vis du syndicat. Si aucun certificat attestant du règlement des charges n'est produit à l'issue de ce délai, l'avant-contrat est réputé nul et non avenu aux torts de l'acquéreur.

Art. 21 *(Mod., L. n° 2014-366, 24 mars 2014 ; à compter du 6 novembre 2015, L. n° 2015-990, 6 août 2015 ; mod., L. n° 2018-1021, 23 nov. 2018)*. – Dans tout syndicat de copropriétaires, un conseil syndical assiste le syndic et contrôle sa gestion.

En outre, il donne son avis au syndic ou à l'assemblée générale sur toutes questions concernant le syndicat, pour lesquelles il est consulté ou dont il se saisit lui-même. L'assemblée générale des copropriétaires, statuant à la majorité de l'article 25, arrête un montant des marchés et des contrats à partir duquel la consultation du conseil syndical est rendue obligatoire. À la même majorité, elle arrête un montant des marchés et des contrats autres que celui de syndic à partir duquel une mise en concurrence est rendue obligatoire.

Tous les trois ans, le conseil syndical procède à une mise en concurrence de plusieurs projets de contrat de syndic avant la tenue de la prochaine assemblée générale appelée à se prononcer sur la désignation d'un syndic, sans préjudice de la possibilité, pour les copropriétaires, de demander au syndic l'inscription à l'ordre du jour de l'assemblée générale de l'examen des projets de contrat de syndic qu'ils communiquent à cet effet. Toutefois, le

(1) Les dispositions de l'article 19-1 entrent en vigueur à compter du 1er janvier 1995 ; elles s'appliquent aux créances nées antérieurement à cette date (art. 34, V).

conseil syndical est dispensé de procéder à cette mise en concurrence lorsque l'assemblée générale annuelle qui précède celle appelée à se prononcer sur la désignation d'un syndic après mise en concurrence obligatoire décide à la majorité de l'article 25 d'y déroger. Cette question est obligatoirement inscrite à l'ordre du jour de l'assemblée générale concernée.

Le conseil syndical peut se prononcer, par un avis écrit, sur tout projet de contrat de syndic. Si un tel avis est émis, il est joint à la convocation de l'assemblée générale, concomitamment avec les projets de contrat concernés.

Lorsque la copropriété n'a pas institué de conseil syndical, la mise en concurrence n'est pas obligatoire.

Il peut prendre connaissance, et copie, à sa demande, et après en avoir donné avis au syndic, de toutes pièces ou documents, correspondances ou registres se rapportant à la gestion du syndic et, d'une manière générale, à l'administration de la copropriété. En cas d'absence de transmission des pièces, au-delà d'un délai d'un mois à compter de la demande du conseil syndical, des pénalités par jour de retard sont imputées sur les honoraires de base du syndic dont le montant minimal est fixé par décret.

Le conseil syndical reçoit, sur sa demande, communication de tout document intéressant le syndicat.

Les membres du conseil syndical sont désignés par l'assemblée générale parmi les copropriétaires, les associés dans le cas prévu par le premier alinéa de l'article 23 de la présente loi, les accédants ou les acquéreurs à terme, leurs conjoints, les partenaires liés à eux par un pacte civil de solidarité, leurs représentants légaux, ou leurs usufruitiers. Lorsqu'une personne morale est nommée en qualité de membre du conseil syndical, elle peut s'y faire représenter, à défaut de son représentant légal ou statutaire, par un fondé de pouvoir spécialement habilité à cet effet.

Le syndic, son conjoint, le partenaire lié à lui par un pacte civil de solidarité, ses ascendants ou descendants, ses parents en ligne collatérale, ses préposés, même s'ils sont copropriétaires, associés ou acquéreurs à terme, ne peuvent être membres du conseil syndical. Les dispositions du présent alinéa ne sont pas applicables aux syndicats coopératifs.

Le conseil syndical élit son président parmi ses membres.

Lorsque l'assemblée générale ne parvient pas, faute de candidature ou faute pour les candidats d'obtenir la majorité requise, à la désignation des membres du conseil syndical, le procès-verbal, qui en fait explicitement mention, est notifié, dans un délai d'un mois, à tous les copropriétaires.

Sauf dans le cas des syndicats coopératifs, l'assemblée générale peut décider par une délibération spéciale, à la majorité prévue par l'article 26, de ne pas instituer de conseil syndical. La décision contraire est prise à la majorité des voix de tous les copropriétaires.

À défaut de désignation par l'assemblée générale à la majorité requise, et sous réserve des dispositions de l'alinéa précédent, le juge, saisi par un ou plusieurs copropriétaires ou par le syndic, peut, avec l'acceptation des intéressés, désigner les membres du conseil syndical ; il peut également constater l'impossibilité d'instituer un conseil syndical.

Art. 22 *(Mod., L. n° 2014-366, 24 mars 2014 ; L. n° 2018-1021, 23 nov. 2018).* – I. - Le règlement de copropriété détermine les règles de fonctionnement et les pouvoirs des assemblées générales, sous réserve des dispositions du présent article, ainsi que de celles des articles 24 à 26 ci-dessous.

Chaque copropriétaire dispose d'un nombre de voix correspondant à sa quote-part dans les parties communes. Toutefois, lorsqu'un copropriétaire possède une quote-part des parties communes supérieure à la moitié, le nombre de voix dont il dispose est réduit à la somme des voix des autres copropriétaires.

Tout copropriétaire peut déléguer son droit de vote à un mandataire, que ce dernier soit ou non membre du syndicat. Chaque mandataire ne peut, à quelque titre que ce soit, recevoir plus de trois délégations de vote. Toutefois, un mandataire peut recevoir plus de trois délégations de vote si le total des voix dont il dispose lui-même et de celles de ses mandants n'excède pas 10 % des voix du syndicat. Chacun des époux copropriétaires communs ou indivis d'un lot peut recevoir personnellement des délégations de vote, dans les conditions prévues au présent article. Tout mandataire désigné peut subdéléguer son mandat à une autre personne, à condition que cela ne soit pas interdit par le mandat. Le mandataire peut, en outre, recevoir plus de trois délégations de vote s'il participe à l'assemblée générale d'un syndicat principal et si tous ses mandants appartiennent à un même syndicat secondaire. Lorsque le syndic a reçu des mandats sans indication de mandataire, il ne peut ni les conserver pour voter en son nom, ni les distribuer lui-même aux mandataires qu'il choisit.

Ne peuvent ni recevoir de mandat pour représenter un copropriétaire, ni présider l'assemblée générale :

1° Le syndic, son conjoint, le partenaire lié à lui par un pacte civil de solidarité, son concubin ;

2° Les ascendants et descendants du syndic ainsi que ceux de son conjoint ou du partenaire lié à lui par un pacte civil de solidarité ou de son concubin ;

3° Les préposés du syndic, leur conjoint, le partenaire lié à eux par un pacte civil de solidarité, leur concubin ;

4° Les ascendants et descendants des préposés du syndic ainsi que ceux de leur conjoint ou du partenaire lié à eux par un pacte civil de solidarité ou de leur concubin.

II. - L'assemblée générale d'un syndicat secondaire statuant à la majorité mentionnée à l'article 25 peut mandater, pour une durée d'un an, le président du conseil syndical secondaire pour représenter les copropriétaires à l'assemblée générale du syndicat principal. Par dérogation au I du présent article, le mandat confié au président du conseil syndical secondaire emporte délégation de vote de tous les copropriétaires pour les décisions inscrites à l'ordre du jour de l'assemblée générale du syndicat principal nécessitant un vote relevant de l'article 24.

Pour les décisions inscrites à l'ordre du jour de l'assemblée générale du syndicat principal nécessitant la majorité mentionnée aux articles 25 ou 26 ou l'unanimité, le président du conseil syndical secondaire ne peut prendre part au vote que s'il dispose d'une délibération de l'assemblée générale du syndicat secondaire se prononçant sur cette décision aux majorités requises par la présente loi.

Le président du conseil syndical secondaire rend compte de son activité à chaque assemblée générale du syndicat secondaire. Le renouvellement de son mandat est inscrit chaque année à l'ordre du jour de l'assemblée générale.

III. - Le II est applicable pour la représentation au sein de l'assemblée générale des associations syndicales libres des membres du syndicat des copropriétaires des immeubles inclus dans le périmètre de l'association syndicale libre.

Pour les décisions inscrites à l'ordre du jour de l'assemblée générale de l'association syndicale libre pour lesquelles les statuts de ladite association prévoient une majorité qualifiée, le mandataire désigné dans les conditions prévues au II ne peut prendre part au vote s'il ne dispose d'une délibération de l'assemblée générale des copropriétaires le mandatant et se prononçant sur cette décision à la même majorité.

Art. 23. – Lorsque plusieurs lots sont attribués à des personnes qui ont constitué une société propriétaire de ces lots, chaque associé participe néanmoins à l'assemblée du syndicat et y dispose d'un nombre de voix égal à la quote-part dans les parties communes correspondant au lot dont il a la jouissance.

(Al. mod., L. n° 2014-366, 24 mars 2014) En cas d'indivision ou de démembrement du droit de propriété, les intéressés doivent être représentés par un mandataire commun qui est, à défaut d'accord, désigné par le président du tribunal de grande instance à la requête de l'un d'entre eux ou du syndic.

Art. 24 *(Mod., L. n° 2014-366, 24 mars 2014)*. – I. - Les décisions de l'assemblée générale sont prises à la majorité des voix exprimées des copropriétaires présents ou représentés, s'il n'en est autrement ordonné par la loi.

II. - Sont notamment approuvés dans les conditions de majorité prévues au I :

a) Les travaux nécessaires à la conservation de l'immeuble ainsi qu'à la préservation de la santé et de la sécurité physique des occupants, qui incluent les travaux portant sur la stabilité de l'immeuble, le clos, le couvert ou les réseaux et les travaux permettant d'assurer la mise en conformité des logements avec les normes de salubrité, de sécurité et d'équipement définies par les dispositions prises pour l'application de l'article 1er de la loi n° 67-561 du 12 juillet 1967 relative à l'amélioration de l'habitat ;

b) Les modalités de réalisation et d'exécution des travaux rendus obligatoires en vertu de dispositions législatives ou réglementaires ou d'un arrêté de police administrative relatif à la sécurité ou à la salubrité publique, notifié au syndicat des copropriétaires pris en la personne du syndic ;

c) Les modalités de réalisation et d'exécution des travaux notifiés en vertu de l'article L. 313-4-2 du Code de l'urbanisme, notamment la faculté pour le syndicat des copropriétaires d'assurer la maîtrise d'ouvrage des travaux notifiés portant sur les parties privatives de tout ou partie des copropriétaires et qui sont alors réalisés aux frais du copropriétaire du lot concerné ;

d) Les travaux d'accessibilité aux personnes handicapées ou à mobilité réduite, sous réserve qu'ils n'affectent pas la structure de l'immeuble ou ses éléments d'équipement essentiels ;

e) L'autorisation donnée à certains copropriétaires d'effectuer, à leurs frais, des travaux d'accessibilité aux personnes handicapées ou à mobilité réduite qui affectent les parties communes ou l'aspect extérieur de l'immeuble et conformes à la destination de celui-ci, sous réserve que ces travaux n'affectent pas la structure de l'immeuble ou ses éléments d'équipement essentiels ;

f) Les adaptations du règlement de copropriété rendues nécessaires par les modifications législatives et réglementaires intervenues depuis son établissement. La publication de ces modifications du règlement de copropriété est effectuée au droit fixe ;

g) La décision d'engager le diagnostic prévu à l'article L. 731-1 du Code de la construction et de l'habitation ainsi que ses modalités de réalisation.

h) *(h abr., L. n° 2018-1021, 23 nov. 2018)* ;

i) *(i créé, L. n° 2015-992, 17 août 2015)* La décision d'équiper les places de stationnement couvertes ou d'accès sécurisé avec des bornes de recharge pour véhicules électriques.

III. - Lorsque le règlement de copropriété met à la charge de certains copropriétaires seulement les dépenses d'entretien d'une partie de l'immeuble ou celles d'entretien et de fonctionnement d'un élément d'équipement, il peut être prévu par ledit règlement que ces copropriétaires seuls prennent part au vote sur les décisions qui concernent ces dépenses. Chacun d'eux vote avec un nombre de voix proportionnel à sa participation auxdites dépenses.

Art. 24-1 *(L. n° 2007-309, 5 mars 2007)*. – Lorsqu'un réseau de communications électroniques interne à l'immeuble distribue des services de télévision, l'ordre du jour de l'assemblée générale comporte de droit, si l'installation ne permet pas encore l'accès aux services nationaux en clair de télévision par voie hertzienne terrestre en mode numérique et si le distributeur de services dispose d'une offre en mode numérique, l'examen de toute proposition commerciale telle que visée à la deuxième phrase du deuxième alinéa de l'article 34-1 de la loi n° 86-1067 du 30 septembre 1986 relative à la liberté de communication.

(Mod., L. n° 2014-366, 24 mars 2014) Par dérogation au *h* de l'article 25 de la présente loi, la décision d'accepter cette proposition commerciale est acquise à la majorité prévue au premier alinéa du I de l'article 24.

Art. 24-2 *(Mod., L. n° 2016-1321, 7 oct. 2016 ; L. n° 2018-1021, 23 nov. 2018)*. – Lorsque l'immeuble n'est pas équipé de lignes de communications électroniques à très haut débit en fibre optique, toute proposition émanant d'un opérateur de communications électroniques d'installer de telles lignes en vue de permettre la desserte de l'ensemble des occupants par un réseau de communications électroniques à très haut débit ouvert au public dans le respect des articles L. 33-6 et L. 34-8-3 du Code des postes et des communications électroniques est inscrite de droit à l'ordre du jour de la prochaine assemblée générale.

L'assemblée générale est tenue de statuer sur toute proposition visée au premier alinéa au plus tard douze mois suivant la date de réception de celle-ci par le syndic.

Par dérogation au *h* de l'article 25 de la présente loi, la décision d'accepter cette proposition est acquise à la majorité prévue au premier alinéa du I de l'article 24.

L'assemblée générale peut également, dans les mêmes conditions, donner mandat au conseil syndical pour se prononcer sur toute proposition future émanant d'un opérateur de communications électroniques en vue d'installer des lignes de communication électroniques à très haut débit mentionnées au premier alinéa du présent article. Tant qu'une telle installation n'a pas été autorisée, l'ordre du jour de l'assemblée générale comporte de droit un projet de résolution donnant au conseil syndical un tel mandat.

Lorsqu'une demande de raccordement à un réseau de communications électroniques à très haut débit en fibre optique est effectuée par le propriétaire, le locataire ou un occupant de bonne foi d'un logement d'un immeuble comportant plusieurs logements ou d'un immeuble à usage mixte dans les conditions prévues à l'article 1er de la loi n° 66-457 du 2 juillet 1966 relative à l'installation d'antennes réceptrices de radiodiffusion, le syndicat des copropriétaires ne peut s'opposer, nonobstant toute convention contraire, sans motif sérieux et légitime conformément au II du même article 1er, à l'installation de telles lignes dans les parties communes de l'immeuble de manière à permettre la desserte de chacun des logements, sous réserve que l'immeuble dispose des infrastructures d'accueil adaptées.

Cette installation, réalisée aux frais de l'opérateur conformément à l'article L. 34-8-3 du Code des postes et des communications électroniques, fait l'objet d'une convention conclue dans les conditions prévues à l'article L.

33-6 du même code avec le syndicat des copropriétaires, après avis du conseil syndical lorsque celui-ci a été institué.

Art. 24-3 *(L. n° 2009-258, 5 mars 2009).* – Lorsque l'immeuble reçoit des services de télévision par voie hertzienne terrestre par une antenne collective, l'ordre du jour de l'assemblée générale comporte, avant la fin de la mise en œuvre dans la commune du schéma national d'arrêt de la diffusion analogique et de basculement vers le numérique, un projet de résolution sur les travaux et les modifications nécessaires à la réception, par l'antenne collective de l'immeuble, des services de télévision par voie hertzienne terrestre en mode numérique.

(Mod., L. n° 2014-366, 24 mars 2014) Par dérogation au *h* de l'article 25, la décision de réaliser les travaux et modifications prévus à l'alinéa précédent est acquise à la majorité prévue au premier alinéa du I de l'article 24.

L'assemblée générale peut également, dans les mêmes conditions, donner mandat au conseil syndical ou, à défaut, au syndic pour conduire, dans la limite d'un montant de dépenses, les modifications nécessaires à la continuité de la réception par l'antenne collective des services de télévision lors de l'arrêt de la télévision analogique ou lors des changements des fréquences d'émission des services de télévision par voie hertzienne terrestre en mode numérique.

Art. 24-4 *(L. n° 2010-788, 12 juill. 2010).* – Pour tout immeuble équipé d'une installation collective de chauffage ou de refroidissement, le syndic inscrit à l'ordre du jour de l'assemblée générale des copropriétaires qui suit l'établissement d'un diagnostic de performance énergétique prévu à l'article L. 134-1 du Code de la construction et de l'habitation ou d'un audit énergétique prévu à l'article L. 134-4-1 du même code la question d'un plan de travaux d'économies d'énergie ou d'un contrat de performance énergétique.

Avant de soumettre au vote de l'assemblée générale un projet de conclusion d'un tel contrat, le syndic procède à une mise en concurrence de plusieurs prestataires et recueille l'avis du conseil syndical.

(Créé à compter du 1er janvier 2017, L. n° 2014-366, 24 mars 2014) L'obligation prévue au premier alinéa est satisfaite si le plan pluriannuel de travaux, inscrit à l'ordre du jour de l'assemblée générale en application de l'article L. 731-2 du Code de la construction et de l'habitation, comporte des travaux d'économie d'énergie.

Un décret en Conseil d'État fixe les conditions d'application du présent article.

Art. 24-5 *(Mod. à compter du 1er janvier 2017, L. n° 2014-366, 24 mars 2014).* – Lorsque l'immeuble possède des emplacements de stationnement d'accès sécurisé à usage privatif et n'est pas équipé de stationnements sécurisés pour les vélos ou des installations électriques intérieures permettant l'alimentation de ces emplacements pour permettre la recharge des véhicules électriques ou hybrides ou des installations de recharge électrique permettant un comptage individuel pour ces mêmes véhicules, le syndic inscrit à l'ordre du jour de l'assemblée générale la question des travaux permettant le stationnement sécurisé des vélos ou la recharge des véhicules électriques ou hybrides et des conditions de gestion ultérieure du nouveau réseau électrique, ainsi que la présentation des devis élaborés à cet effet.

Art. 24-6 *(L. n° 2010-788, 12 juill. 2010 ; mod., L. n° 2014-366, 24 mars 2014 ; Ord. n° 2015-1324, 22 oct. 2015).* – Lorsque l'immeuble est situé dans l'un des secteurs mentionnés au *a* du 2° de l'article L. 515-16 du Code de l'environnement, le syndic inscrit à l'ordre du jour de l'assemblée générale l'information sur l'exercice par les copropriétaires du droit de délaissement prévu au même article.

Il notifie en même temps que l'ordre du jour un état actualisé des lots délaissés. Cet état comprend le nombre de copropriétaires ayant exercé leur droit de délaissement, ainsi que les quotes-parts des parties communes qu'ils représentent, et mentionne les dispositions du deuxième alinéa du III de l'article 18 de la présente loi et de l'article L. 515-16-1 du Code de l'environnement.

Art. 24-7 *(L. n° 2014-366, 24 mars 2014).* – Sauf dans le cas où le syndicat des copropriétaires assure la maîtrise d'ouvrage des travaux portant sur les parties communes et les parties privatives de l'immeuble en application du c du II de l'article 24, le syndicat des copropriétaires peut délibérer sur la création ou l'adhésion à une association foncière urbaine prévue au 5° de l'article L. 322-2 du Code de l'urbanisme. Dans ce cas, par dérogation à l'article 14, l'association foncière urbaine exerce les pouvoirs du syndicat des copropriétaires portant sur les travaux de restauration immobilière relatifs aux parties communes de l'immeuble jusqu'à leur réception définitive.

Art. 24-8 *(L. n° 2014-366, 24 mars 2014 ; mod. à compter du 1er mars 2019, L. n° 2018-1021, 23 nov. 2018).* – Lorsque, en application des articles L. 1331-29-1 et L. 1334-2 du Code de la santé publique ou des articles L. 129-2 ou L. 511-2 du Code de la construction et de l'habitation, une astreinte applicable à chaque lot a été notifiée au syndicat des copropriétaires, pris en la personne du syndic, par une autorité publique, le syndic en informe immédiatement les copropriétaires.

Lorsque l'inexécution des travaux et mesures prescrits par l'arrêté de police administrative résulte de la défaillance de certains copropriétaires, le syndic en informe l'autorité publique compétente, en lui indiquant les démarches entreprises et en lui fournissant une attestation de défaillance. Sont réputés défaillants les copropriétaires qui, après avoir été mis en demeure par le syndic, n'ont pas répondu aux appels de fonds nécessaires à la réalisation des travaux dans le délai de quinze jours après la sommation de payer. Au vu de l'attestation de défaillance, l'autorité publique notifie le montant de l'astreinte aux copropriétaires défaillants et procède à sa liquidation et à son recouvrement comme il est prévu aux mêmes articles L. 1331-29-1, L. 1334-2, L. 129-2 et L. 511-2.

Lorsque l'assemblée générale des copropriétaires n'a pas été en mesure de voter les modalités de réalisation des travaux prescrits par un des arrêtés de police administrative mentionnés aux mêmes articles et que le syndicat des copropriétaires est lui-même défaillant, chacun des copropriétaires est redevable du montant de l'astreinte correspondant à son lot de copropriété notifié par l'autorité publique compétente.

Art. 24-9 *(Créé à compter du 17 février 2016, L. n° 2015-992, 17 août 2015).* – Lorsque l'immeuble est pourvu d'un chauffage commun à tout ou partie des locaux occupés à titre privatif et fournissant à chacun de ces locaux une quantité de chaleur réglable par l'occupant et est soumis à l'obligation d'individualisation des frais de chauffage en application de l'article L. 241-9 du Code de l'énergie, le syndic inscrit à l'ordre du jour de l'assemblée générale la question des travaux permettant de munir l'installation de chauffage d'un tel dispositif d'individualisation, ainsi que la présentation des devis élaborés à cet effet.

Art. 25 *(Mod., L. n° 2014-366, 24 mars 2014 ; L. n° 2018-1021, 23 nov. 2018).* – Ne sont adoptées qu'à la majorité des voix de tous les copropriétaires les décisions concernant :

a) Toute délégation du pouvoir de prendre l'une des décisions visées à l'article 24, ainsi que, lorsque le syndicat comporte au plus quinze lots à usage de logements, de bureaux ou de commerces, toute délégation de pouvoir concernant la mise en application et le suivi des travaux et contrats financés dans le cadre du budget prévisionnel de charges. Dans ce dernier cas, les membres du conseil syndical doivent être couverts par une assurance de responsabilité civile ;

b) L'autorisation donnée à certains copropriétaires d'effectuer à leurs frais des travaux affectant les parties communes ou l'aspect extérieur de l'immeuble, et conformes à la destination de celui-ci ;

c) La désignation ou la révocation du ou des syndics et des membres du conseil syndical ;

d) Les conditions auxquelles sont réalisés les actes de disposition sur les parties communes ou sur des droits accessoires à ces parties communes, lorsque ces actes résultent d'obligations légales ou réglementaires telles que celles relatives à l'établissement de cours communes, d'autres servitudes ou à la cession de droits de mitoyenneté ;

e) La modification de la répartition des charges visées à l'alinéa 1er de l'article 10 ci-dessus rendue nécessaire par un changement de l'usage d'une ou plusieurs parties privatives ;

f) [L]es travaux d'économies d'énergie ou de réduction des émissions de gaz à effet de serre. Ces travaux peuvent comprendre des travaux d'intérêt collectif réalisés sur les parties privatives et aux frais du copropriétaire du lot concerné, sauf dans le cas où ce dernier est en mesure de produire la preuve de la réalisation de travaux équivalents dans les dix années précédentes.

Un décret en Conseil d'État précise les conditions d'application du présent *f* ;

g) La suppression des vide-ordures pour des impératifs d'hygiène ;

h) *(h mod., L. n° 2015-990, 6 août 2015)* L'installation d'une station radioélectrique nécessaire au déploiement d'un réseau radioélectrique ouvert au public ou l'installation ou la modification d'une antenne collective ou d'un réseau de communications électroniques interne à l'immeuble dès lors qu'elles portent sur des parties communes ;

i) L'autorisation permanente accordée à la police ou à la gendarmerie nationales de pénétrer dans les parties communes ;

j) L'installation ou la modification des installations électriques intérieures permettant l'alimentation des emplacements de stationnement d'accès sécurisé à usage privatif pour permettre la recharge des véhicules électriques ou hybrides, ainsi que la réalisation des installations de recharge électrique permettant un comptage individuel pour ces mêmes véhicules ;

k) L'installation de compteurs d'eau froide divisionnaires ;

l) L'installation de compteurs d'énergie thermique ou de répartiteurs de frais de chauffage ;

m) L'autorisation de transmettre aux services chargés du maintien de l'ordre les images réalisées en vue de la protection des parties communes, dans les conditions prévues à l'article L. 126-1-1 du Code de la construction et de l'habitation ;

n) L'ensemble des travaux comportant transformation, addition ou amélioration ;

o) La demande d'individualisation des contrats de fourniture d'eau et la réalisation des études et travaux nécessaires à cette individualisation.

Art. 25-1 *(L. n° 2000-1208, 13 déc. 2000 ; mod., L. n° 2014-366, 24 mars 2014).* – Lorsque l'assemblée générale des copropriétaires n'a pas décidé à la majorité prévue à l'article précédent mais que le projet a recueilli au moins le tiers des voix de tous les copropriétaires composant le syndicat, la même assemblée peut décider à la majorité prévue à l'article 24 en procédant immédiatement à un second vote.

Lorsque le projet n'a pas recueilli au moins le tiers des voix de tous les copropriétaires, une nouvelle assemblée générale, si elle est convoquée dans le délai maximal de trois mois, peut statuer à la majorité de l'article 24.

Le présent article n'est pas applicable aux décisions mentionnées aux *n* et *o* de l'article 25.

Art. 26 *(L. n° 2009-323, 25 mars 2009 ; mod., L. n° 2010-788, 12 juill. 2010 ; L. n° 2014-366, 24 mars 2014).* – Sont prises à la majorité des membres du syndicat représentant au moins les deux tiers des voix les décisions concernant :

a) Les actes d'acquisition immobilière et les actes de disposition autres que ceux visés à l'article 25 *d* ;

b) La modification ou éventuellement l'établissement, du règlement de copropriété dans la mesure où il concerne la jouissance, l'usage et l'administration des parties communes ;

c) Les modalités d'ouverture des portes d'accès aux immeubles. En cas de fermeture totale de l'immeuble, celle-ci doit être compatible avec l'exercice d'une activité autorisée par le règlement de copropriété. La décision d'ouverture est valable jusqu'à la tenue de l'assemblée générale suivante ;

d) La suppression du poste de concierge ou de gardien et l'aliénation du logement affecté au concierge ou au gardien lorsqu'il appartient au syndicat. Les deux questions sont inscrites à l'ordre du jour de la même assemblée générale.

Lorsqu'en vertu d'une clause du règlement de copropriété la suppression du service de conciergerie porte atteinte à la destination de l'immeuble ou aux modalités de jouissance des parties privatives, la suppression du poste de concierge ou de gardien et l'aliénation du logement affecté au concierge ou au gardien lorsqu'il appartient au syndicat ne peuvent être décidées qu'à l'unanimité.

L'assemblée générale ne peut, à quelque majorité que ce soit, imposer à un copropriétaire une modification à la destination de ses parties privatives ou aux modalités de leur jouissance, telles qu'elles résultent du règlement de copropriété.

Elle ne peut, sauf à l'unanimité des voix de tous les copropriétaires, décider l'aliénation des parties communes dont la conservation est nécessaire au respect de la destination de l'immeuble.

Art. 26-1 et 26-2 *(Abr, L. n° 2006-872, 13 juill. 2006).*

Art. 26-3 *(L. n° 2000-1208, 13 déc. 2000).* – Par dérogation aux dispositions de l'avant-dernier alinéa de l'article 26, l'assemblée générale décide, à la double majorité qualifiée prévue au premier alinéa dudit article, les aliénations de parties communes et les travaux à effectuer sur celles-ci, pour l'application de l'article 25 de la loi n° 96-987 du 14 novembre 1996 relative à la mise en œuvre du pacte de relance pour la ville.

Art. 26-4 *(Créé à compter de la date prévue au III de l'article 103 de la loi n° 2012-387 du 22 mars 2012, L. n° 2012-387, 22 mars 2012 ; mod., L. n° 2015-992, 17 août 2015).* – L'assemblée générale ne peut, sauf à l'unanimité des voix des copropriétaires, décider la souscription d'un emprunt au nom du syndicat des copropriétaires pour le financement soit de travaux régulièrement votés concernant les parties communes ou de travaux d'intérêt collectif sur parties privatives régulièrement votés, soit des actes d'acquisition conformes à l'objet du syndicat et régulièrement votés.

Par dérogation au premier alinéa, l'assemblée générale peut également, à la même majorité que celle nécessaire au vote des travaux concernant les parties communes ou de travaux d'intérêt collectif sur parties privatives, voter la souscription d'un emprunt au nom du syndicat des copropriétaires lorsque cet emprunt a pour unique objectif le préfinancement de subventions publiques accordées au syndicat pour la réalisation des travaux votés.

Par dérogation au premier alinéa, l'assemblée générale peut, à la même majorité que celle nécessaire au vote soit des travaux concernant les parties communes ou de travaux d'intérêt collectif sur parties privatives, soit des actes d'acquisition conformes à l'objet du syndicat, voter la souscription d'un emprunt au nom du syndicat des copropriétaires au bénéfice des seuls copropriétaires décidant d'y participer.

Les copropriétaires qui décident de participer à l'emprunt doivent notifier leur décision au syndic en précisant le montant de l'emprunt qu'ils entendent solliciter, dans la limite de leur quote-part des dépenses. À peine de forclusion, la notification au syndic doit intervenir dans le délai de deux mois à compter de la notification du procès-verbal d'assemblée générale pour les copropriétaires opposants ou défaillants et, pour les autres copropriétaires, à compter de la tenue de l'assemblée générale.

Art. 26-5 *(Mod., L. n° 2015-992, 17 août 2015 ; L. n° 2017-203, 21 févr. 2017)*. – Les prêts mentionnés à l'article 26-4 sont conformes aux prescriptions de l'article L. 313-4, du 1° de l'article L. 313-5 et des articles L. 314-1 à L. 314-5 du Code de la consommation. Le contrat de prêt conclu en application du même article 26-4, conforme aux conditions générales et particulières du projet de contrat de prêt jointes à l'ordre du jour de l'assemblée générale, ne peut être signé par le syndic avant l'expiration du délai de recours de deux mois prévu au deuxième alinéa de l'article 42.

Art. 26-6 *(Créé à compter de la date prévue au III de l'article 103 de la loi n° 2012-387 du 22 mars 2012, L. n° 2012-387, 22 mars 2012)*. – Le montant de l'emprunt mentionné à l'article 26-4, qui ne peut excéder le montant total des quotes-parts de dépenses des copropriétaires décidant d'y participer, est versé par l'établissement bancaire au syndicat des copropriétaires, représenté par le syndic.

Seuls les copropriétaires bénéficiant de l'emprunt sont tenus de contribuer :

1° À son remboursement au syndicat, en fonction du montant pour lequel ils participent à l'emprunt et selon la grille générale établie pour la répartition des quotes-parts de dépenses selon les principes prévus aux articles 10, 10-1 et 30 ;

2° Au paiement au syndicat des intérêts, des frais et des honoraires y afférents, en fonction du montant pour lequel ils participent à l'emprunt et selon la grille spécifique établie pour la répartition des accessoires.

(Al. créé, L. n° 2014-366, 24 mars 2014) L'assemblée générale peut autoriser le syndic, dans les conditions prévues au IV de l'article 18, à déléguer à l'établissement prêteur la faculté de prélever les sommes dues au titre du remboursement de l'emprunt collectif et du paiement des accessoires directement sur les comptes bancaires des copropriétaires y participant, ainsi qu'à mettre en œuvre les voies de recouvrement en cas d'impayé.

Art. 26-7 *(Créé à compter de la date prévue au III de l'article 103 de la loi n° 2012-387 du 22 mars 2012, L. n° 2012-387, 22 mars 2012)*. – Le syndicat des copropriétaires est garanti en totalité, sans franchise et sans délai de carence, par un cautionnement solidaire après constat de la défaillance d'un copropriétaire bénéficiant de l'emprunt mentionné à l'article 26-4 pour les sommes correspondant à son remboursement ainsi qu'au paiement des accessoires.

Le cautionnement solidaire ne peut résulter que d'un engagement écrit fourni par une entreprise d'assurance spécialement agréée, par un établissement de crédit *(Mots aj. à compter du 1er janvier 2014, Ord. n° 2013-544, 27 juin 2013)* « , une société de financement » ou une institution mentionnée à l'article L. 518-1 du Code monétaire et financier.

(Al. créé, L. n° 2014-366, 24 mars 2014) Le cautionnement solidaire prévu aux deux premiers alinéas est facultatif lorsque le prêt souscrit par le syndicat a pour unique objectif le préfinancement de subventions publiques accordées au syndicat pour la réalisation des travaux votés. Les décisions attributives de subventions sont alors obligatoirement communiquées à l'organisme prêteur par le syndic.

Au regard du privilège prévu au 1° *bis* de l'article 2374 du Code civil, les sommes correspondant au remboursement de l'emprunt ainsi qu'au paiement des accessoires sont assimilées au paiement des charges et travaux. Après mise en œuvre de la caution, celle-ci est subrogée de plein droit dans l'exercice du privilège du syndicat des copropriétaires prévu au même 1° *bis*.

Art. 26-8 *(Créé à compter de la date prévue au III de l'article 103 de la loi n° 2012-387 du 22 mars 2012, L. n° 2012-387, 22 mars 2012)*. - Lors d'une mutation entre vifs du lot d'un copropriétaire bénéficiant de l'emprunt mentionné à l'article 26-4, même si cette mutation est réalisée par voie d'apport en société, les sommes restant dues par le copropriétaire au titre du remboursement de l'emprunt ainsi que du paiement des accessoires deviennent immédiatement exigibles. Toutefois, en cas d'accord du prêteur et de la caution, l'obligation de payer ces sommes peut être transmise au nouveau copropriétaire avec son accord. Le notaire informe le syndic de ces accords.

Art. 27. – Lorsque l'immeuble comporte plusieurs bâtiments, les copropriétaires dont les lots composent l'un ou plusieurs de ces bâtiments peuvent, réunis en assemblée spéciale, décider aux conditions de majorité prévues à l'article 25, la constitution entre eux d'un syndicat, dit secondaire.

Ce syndicat a pour objet d'assurer la gestion, l'entretien et l'amélioration interne de ce ou ces bâtiments, sous réserve des droits résultant pour les autres copropriétaires des dispositions du règlement de copropriété. Cet objet peut être étendu avec l'accord de l'assemblée générale de l'ensemble des copropriétaires statuant à la majorité prévue à l'article 24.

Le syndicat secondaire est doté de la personnalité civile. Il fonctionne dans les conditions prévues par la présente loi. Il est représenté au conseil syndical du syndicat principal, s'il en existe un.

Art. 28 *(L. n° 2000-1208, 13 déc. 2000 ; mod., L. n° 2014-366, 24 mars 2014)*. – I. - Lorsque l'immeuble comporte plusieurs bâtiments et que la division de la propriété du sol est possible :

a) Le propriétaire d'un ou de plusieurs lots correspondant à un ou plusieurs bâtiments peut demander que ce ou ces bâtiments soient retirés du syndicat initial pour constituer une propriété séparée. L'assemblée générale statue sur la demande formulée par ce propriétaire à la majorité des voix de tous les copropriétaires ;

b) Les propriétaires dont les lots correspondent à un ou plusieurs bâtiments peuvent, réunis en assemblée spéciale et statuant à la majorité des voix de tous les copropriétaires composant cette assemblée, demander que ce ou ces bâtiments soient retirés du syndicat initial pour constituer un ou plusieurs syndicats séparés. L'assemblée générale du syndicat initial statue à la majorité des voix de tous les copropriétaires sur la demande formulée par l'assemblée spéciale.

II. - Dans les deux cas, l'assemblée générale du syndicat initial statue à la même majorité sur les conditions matérielles, juridiques et financières nécessitées par la division.

L'assemblée générale du ou des nouveaux syndicats, sauf en ce qui concerne la destination de l'immeuble, procède, à la majorité de l'article 24, aux adaptations du règlement initial de copropriété et de l'état de répartition des charges rendues nécessaires par la division.

La répartition des créances et des dettes est effectuée selon les principes suivants :

1° *(1° mod. à compter du 1er octobre 2016, Ord. n° 2016-131, 10 févr. 2016)* Les créances du syndicat initial sur les copropriétaires anciens et actuels et les hypothèques du syndicat initial sur les lots des copropriétaires sont transférées de plein droit aux syndicats issus de la division auquel le lot est rattaché, en application de l'article 1346 du Code civil ;

2° Les dettes du syndicat initial sont réparties entre les syndicats issus de la division à hauteur du montant des créances du syndicat initial sur les copropriétaires transférées aux syndicats issus de la division.

III. - Si l'assemblée générale du syndicat initial décide de constituer une union de syndicats pour la création, la gestion et l'entretien des éléments d'équipements communs qui ne peuvent être divisés, cette décision est prise à la majorité de l'article 24.

Le règlement de copropriété du syndicat initial reste applicable jusqu'à l'établissement d'un nouveau règlement de copropriété du syndicat ou de chacun des syndicats selon le cas.

La division ne prend effet que lorsque sont prises les décisions mentionnées aux alinéas précédents. Elle emporte la dissolution du syndicat initial.

IV. - Après avis du maire de la commune de situation de l'immeuble et autorisation du représentant de l'État dans le département, la procédure prévue au présent article peut également être employée pour la division en volumes d'un ensemble immobilier complexe comportant soit plusieurs bâtiments distincts sur dalle, soit plusieurs entités homogènes affectées à des usages différents, pour autant que chacune de ces entités permette une gestion autonome. Si le représentant de l'État dans le département ne se prononce pas dans les deux mois, son avis est réputé favorable.

La procédure ne peut en aucun cas être employée pour la division en volumes d'un bâtiment unique.

En cas de division en volumes, la décision de constituer une union de syndicats pour la création, la gestion et l'entretien des éléments d'équipements à usage collectif est prise à la majorité mentionnée à l'article 25.

Par dérogation au troisième alinéa de l'article 29, les statuts de l'union peuvent interdire à ses membres de se retirer de celle-ci.

Art. 29 *(L. n° 2000-1208, 13 déc. 2000).* – Un syndicat de copropriétaires peut être membre d'une union de syndicats, groupement doté de la personnalité civile, dont l'objet est d'assurer la création, la gestion et l'entretien d'éléments d'équipement communs ainsi que la gestion de services d'intérêt commun.

Cette union peut recevoir l'adhésion d'un ou de plusieurs syndicats de copropriétaires, de sociétés immobilières, de sociétés d'attribution régies par les articles L. 212-1 et suivants du Code de la construction et de l'habitation et de tous autres propriétaires dont les immeubles sont contigus ou voisins de ceux de ses membres.

Les statuts de l'union déterminent les conditions de son fonctionnement sous réserve des dispositions de la présente loi. Ils ne peuvent interdire à l'un de ses membres de se retirer de l'union.

L'adhésion à une union constituée ou à constituer est décidée par l'assemblée générale de chaque syndicat à la majorité prévue à l'article 25. Le retrait de cette union est décidé par l'assemblée générale de chaque syndicat à la majorité prévue à l'article 26.

L'assemblée générale de l'union est constituée par les syndics des syndicats, par le représentant légal de chaque société et par les propriétaires qui ont adhéré à l'union. Les syndics participent à cette assemblée générale en qualité de mandataire du ou des syndicats qu'ils représentent.

L'exécution des décisions de l'union est confiée à un président de l'union désigné par l'assemblée générale de l'union.

Il est institué un conseil de l'union chargé d'assister le président et de contrôler sa gestion. Ce conseil est composé d'un représentant désigné par chaque membre de l'union.

Section II. – Dispositions particulières aux copropriétés en difficulté

Art. 29-1 A *(Mod., L. n° 2017-86, 27 janv. 2017).* – Lorsqu'à la clôture des comptes les impayés atteignent 25 % des sommes exigibles en vertu des articles 14-1 et 14-2, le syndic en informe le conseil syndical et saisit sur requête le juge d'une demande de désignation d'un mandataire *ad hoc*. Pour les copropriétés de plus de deux cents lots, le pourcentage des impayés déclenchant la saisine est fixé à 15 %.

En l'absence d'action du syndic dans un délai d'un mois à compter de la clôture des comptes, le juge peut être saisi d'une même demande par :

1° Des copropriétaires représentant ensemble au moins 15 % des voix du syndicat ;

2° Un créancier lorsque les factures d'abonnement et de fourniture d'eau ou d'énergie ou les factures de travaux, votés par l'assemblée générale et exécutés, restent impayées depuis six mois et si le créancier a adressé au syndic un commandement de payer resté infructueux ;

3° Le représentant de l'État dans le département ou le procureur de la République près le tribunal de grande instance ;

4° Le maire de la commune du lieu de situation de l'immeuble ;

5° Le président de l'organe délibérant de l'établissement public de coopération intercommunale compétent en matière d'habitat du lieu de situation de l'immeuble. ;

Dans les cas mentionnés au premier alinéa et aux 1° et 2°, le représentant de l'État dans le département, le maire de la commune où est implanté l'immeuble et le président de l'organe délibérant de l'établissement public de coopération intercommunale compétent en matière d'habitat sont informés de la saisine par le ou les demandeurs.

Art. 29-1 B *(Mod., L. n° 2014-366, 24 mars 2014).* – Le juge, saisi dans les conditions prévues à l'article 29-1A et statuant par ordonnance sur requête ou comme en matière de référé, peut désigner un mandataire *ad hoc* dont il détermine la mission et la rémunération. Les modalités d'intervention des mandataires *ad hoc* sont fixées par décret.

Le juge précise et motive spécialement dans son ordonnance l'imputation des frais entre le syndicat des copropriétaires et les autres parties à la procédure, ou le partage des frais entre eux.

Dans un délai de trois mois renouvelable une fois par décision du juge, le mandataire *ad hoc* adresse au juge un rapport présentant l'analyse de la situation financière du syndicat des copropriétaires et de l'état de l'immeuble, les préconisations faites pour rétablir l'équilibre financier du syndicat et, le cas échéant, assurer la sécurité de l'immeuble, ainsi que le résultat des actions de médiation ou de négociation qu'il aura éventuellement menées avec les parties en cause. Lorsqu'il constate d'importantes difficultés financières ou de gestion, il saisit le juge aux fins de désignation d'un administrateur provisoire en application de l'article 29-1.

Le syndic est tenu de fournir au mandataire *ad hoc* tous les documents nécessaires à l'accomplissement de sa mission dans un délai de quinze jours à compter de la notification de l'ordonnance du juge au syndic. Le mandataire *ad hoc* peut saisir le juge des difficultés dans l'exercice de sa mission. Pour l'accomplissement de sa mission, le mandataire *ad hoc* peut obtenir de l'autorité publique compétente les pièces relatives aux procédures de police engagées à l'encontre du syndicat.

Le greffe du tribunal de grande instance adresse ce rapport au syndic, au conseil syndical, au maire de la commune où est implanté l'immeuble, au président de l'organe délibérant de l'établissement public de coopération intercommunale compétent en matière d'habitat, ainsi qu'au représentant de l'État dans le département.

Le syndic inscrit à l'ordre du jour de la prochaine assemblée générale les projets de résolution nécessaires à la mise en œuvre de ce rapport. Si la prochaine assemblée générale n'intervient pas dans les six mois à compter de la remise du rapport, le syndic convoque une assemblée générale spécialement à cet effet. Si le rapport du mandataire ad hoc préconise des mesures d'urgence, ce délai est ramené à trois mois.

Le procès-verbal de l'assemblée générale statuant sur les résolutions mettant en œuvre le rapport du mandataire est notifié par le syndic aux auteurs de la saisine, au juge et au mandataire *ad hoc*. En l'absence de notification dans le délai de six mois prévu au sixième alinéa, le mandataire *ad hoc* ou les parties à l'origine de la procédure peuvent saisir le juge aux fins :

1° D'obtenir une ordonnance enjoignant au syndic de convoquer sans délai l'assemblée générale ;

2° De désignation d'un administrateur provisoire, si les auteurs de la saisine sont habilités à le faire par l'article 29-1.

Art. 29-1 C *(L. n° 2014-366, 24 mars 2014)*. – I. - Pour exercer les fonctions de mandataire ad hoc prévues à l'article 29-1 A, le juge peut désigner un administrateur judiciaire inscrit sur la liste des administrateurs judiciaires mentionnée à l'article L. 811-2 du Code de commerce.

II. - Toutefois, à titre exceptionnel, le juge peut également désigner, par décision spécialement motivée, une personne physique ou morale justifiant d'une expérience ou d'une qualification particulière au regard de la nature de l'affaire et remplissant des conditions définies par décret.

III. - Les mandataires ad hoc désignés en application du II du présent article ne doivent pas, au cours des cinq années précédentes :

1° Avoir perçu à quelque titre que ce soit, directement ou indirectement, une rétribution ou un paiement de la part du syndic, du syndicat des copropriétaires ou des créanciers à l'origine de la procédure, ni d'une personne qui détient le contrôle du syndic ou d'un de ses créanciers, au sens des II et III de l'article L. 233-16 du Code de commerce ;

2° S'être trouvés en situation de conseil du syndic, du syndicat des copropriétaires ou des créanciers concernés ou de subordination par rapport à eux ;

3° Avoir un intérêt dans le mandat qui leur est donné ;

4° Être au nombre des anciens administrateurs ou mandataires judiciaires ayant fait l'objet d'une décision de radiation ou de retrait des listes, en application des articles L. 811-6, L. 811-12 et L. 812-4 du Code de commerce.

IV. - Les mandataires *ad hoc* ne peuvent être désignés syndic à l'issue de leur mission.

Art. 29-1 *(Mod., L. n° 2014-366, 24 mars 2014)*. – I. - Si l'équilibre financier du syndicat des copropriétaires est gravement compromis ou si le syndicat est dans l'impossibilité de pourvoir à la conservation de l'immeuble, le juge statuant comme en matière de référé ou sur requête peut désigner un administrateur provisoire du syndicat. Le juge ne peut être saisi à cette fin que par des copropriétaires représentant ensemble 15 % au moins des voix du syndicat, par le syndic, par le maire de la commune du lieu de situation de l'immeuble, par le président de l'établissement public de coopération intercommunale compétent en matière d'habitat, par le représentant de l'État dans le département, par le procureur de la République ou, si le syndicat a fait l'objet de la procédure prévue aux articles 29-1 A et 29-1 B, par le mandataire *ad hoc*.

Le juge charge l'administrateur provisoire de prendre les mesures nécessaires au rétablissement du fonctionnement normal de la copropriété. À cette fin, il lui confie tous les pouvoirs du syndic dont le mandat cesse de plein droit sans indemnité et tout ou partie des pouvoirs de l'assemblée générale des copropriétaires, à l'exception de ceux prévus aux *a* et *b* de l'article 26, et du conseil syndical. Le conseil syndical et l'assemblée générale, convoqués et présidés par l'administrateur provisoire, continuent à exercer ceux des autres pouvoirs qui ne seraient pas compris dans la mission de l'administrateur provisoire. L'administrateur provisoire exécute personnellement la mission qui lui est confiée. Il peut toutefois, lorsque le bon déroulement de la mission le requiert, se faire assister par un tiers désigné par le juge sur sa proposition et rétribué sur sa rémunération. Dans tous les cas, le syndic en place ne peut être désigné au titre d'administrateur provisoire de la copropriété.

La décision désignant l'administrateur provisoire fixe la durée de sa mission, qui ne peut être inférieure à douze mois. Si aucun rapport mentionné à l'article 29-1B n'a été établi au cours de l'année précédente, l'administrateur rend, au plus tard à l'issue des six premiers mois de sa mission, un rapport intermédiaire présentant les mesures à adopter pour redresser la situation financière du syndicat. Le juge peut, à tout moment, modifier la mission de l'administrateur provisoire même si celui-ci n'a été désigné que pour convoquer l'assemblée générale en vue de désigner un syndic, la prolonger ou y mettre fin à la demande de l'administrateur provisoire, d'un ou plusieurs copropriétaires, du représentant de l'État dans le département, du maire de la commune du lieu de situation de l'immeuble, du président de l'établissement public de coopération intercommunale compétent en matière d'habitat, du procureur de la République ou d'office.

Un administrateur provisoire peut également être nommé pour liquider les dettes d'un syndicat en cas d'expropriation ou de dissolution du syndicat. La personnalité morale du syndicat exproprié ou dissous subsiste pour les besoins de la liquidation des dettes jusqu'à ce que le juge mette fin à la mission de l'administrateur provisoire. Pour les besoins de liquidation des dettes, les dispositions de la présente section sont applicables dans des conditions précisées par décret en Conseil d'État.

II. - Les modalités de rémunération de l'administrateur provisoire sont fixées par décret.

III. - Pour exercer les fonctions d'administrateur provisoire prévues au I, le juge peut désigner un administrateur judiciaire inscrit sur la liste des administrateurs judiciaires mentionnée à l'article L. 811-2 du Code de commerce.

Le juge peut également désigner une personne physique ou morale justifiant d'une expérience ou d'une qualification particulière au regard de la nature de l'affaire et remplissant des conditions définies par décret.

Si le syndicat a fait l'objet de la procédure prévue aux articles 29-1 A et 29-1 B de la présente loi, le mandataire *ad hoc* peut être désigné comme administrateur provisoire sur décision motivée du juge et après audition du conseil syndical. Dans les autres cas, les administrateurs provisoires désignés dans les conditions prévues au deuxième alinéa du présent III ne doivent pas, au cours des cinq années précédentes :

1° Avoir perçu à quelque titre que ce soit, directement ou indirectement, une rétribution ou un paiement de la part du syndic, du syndicat des copropriétaires ou des créanciers à l'origine de la procédure, ni d'une personne qui détient le contrôle du syndic ou d'un des créanciers, au sens des II et III de l'article L. 233-16 du Code de commerce ;

2° S'être trouvés en situation de conseil du syndic, du syndicat des copropriétaires ou des créanciers concernés ou de subordination par rapport à eux ;

3° Avoir un intérêt dans le mandat qui leur est donné ;

4° Être au nombre des anciens administrateurs ou mandataires judiciaires ayant fait l'objet d'une décision de radiation ou de retrait des listes, en application des articles L. 811-6, L. 811-12 et L. 812-4 du même code.

Ils sont tenus d'exécuter les mandats qui leur sont confiés en se conformant, dans l'accomplissement de leurs diligences professionnelles, aux mêmes obligations que celles qui s'imposent aux administrateurs judiciaires.

IV *(IV créé L. n° 2017-86, 27 janv. 2017)* (1). - L'administrateur provisoire ne peut, dans un délai de cinq ans à compter de l'issue de sa mission, être désigné syndic de la copropriété.

Art. 29-2 *(Rempl., L. n° 2014-366, 24 mars 2014).* – Une copie de l'ordonnance de désignation de l'administrateur provisoire ainsi que les rapports établis par celui-ci sont portés à la connaissance des copropriétaires.

Une copie de l'ordonnance de désignation est également adressée par le greffe du tribunal de grande instance au procureur de la République, au représentant de l'État dans le département, au maire de la commune et au président de l'établissement public de coopération intercommunale compétent en matière d'habitat du lieu de situation de l'immeuble concerné. À leur demande, les rapports établis par l'administrateur provisoire leur sont communiqués par le greffe du tribunal de grande instance.

Art. 29-3 *(Rempl., L. n° 2014-366, 24 mars 2014 ; mod., L. n° 2017-86, 27 janv. 2017).* – I. - L'ordonnance de désignation d'un administrateur provisoire prévue à l'article 29-1 emporte suspension de l'exigibilité des créances, autres que les créances publiques et sociales, ayant leur origine antérieurement à cette décision, pour une période de douze mois.

Elle interrompt ou interdit toute action en justice de la part de tous les créanciers dont la créance a son origine antérieurement à cette décision et tendant à :

1° La condamnation du syndicat débiteur au paiement d'une somme d'argent ;

2° La résolution d'un contrat pour défaut de paiement d'une somme d'argent.

Elle arrête ou interdit également toute procédure d'exécution de la part de ces créanciers ainsi que toute procédure de distribution n'ayant pas produit un effet attributif avant cette décision.

L'ordonnance de désignation emporte également suspension des stipulations contractuelles prévoyant des majorations ou des pénalités de retard ainsi que la résolution de plein droit du contrat.

Le présent I est applicable aux emprunts collectifs conclus par le syndicat des copropriétaires. Si, en application de l'article 26-6, le prêteur bénéficie d'une délégation du syndic l'autorisant à prélever directement auprès de chaque copropriétaire les sommes dues par ce dernier au titre du remboursement de l'emprunt collectif et du paiement des accessoires, cette délégation est suspendue par l'ordonnance de désignation.

II. - Le juge, statuant en la forme des référés, peut, sur demande de l'administrateur provisoire, proroger les suspensions et interdictions prévues au I du présent article jusqu'à trente mois.

III. - Le juge, statuant en la forme des référés, peut, sur demande de l'administrateur provisoire, prononcer la résiliation d'un contrat ou ordonner la poursuite de l'exécution du contrat.

IV. - Les actions en justice et les voies d'exécution autres que celles suspendues, interdites ou arrêtées dans les conditions prévues au présent article sont poursuivies à l'encontre du syndicat des copropriétaires, après mise en cause de l'administrateur provisoire.

Art. 29-4 *(Rempl., L. n° 2014-366, 24 mars 2014 ; mod., L. n° 2017-86, 27 janv. 2017)* (2). – I. - Dans un délai de deux mois à compter de sa nomination, l'administrateur provisoire procède à des mesures de publicité pour permettre aux créanciers de produire les éléments nécessaires à l'évaluation du montant de leurs créances.

II. - À partir de la publication de l'ordonnance de désignation de l'administrateur provisoire, les créanciers du syndicat des copropriétaires déclarent leurs créances dans un délai fixé par décret en Conseil d'État.

Après vérification des créances déclarées, l'administrateur provisoire établit et publie la liste des créances déclarées.

Les créanciers disposent d'un délai de deux mois à compter de la publication de la liste pour contester son contenu auprès du président du tribunal de grande instance.

III. - Les créances non déclarées régulièrement dans les délais prévus au II sont inopposables à la procédure.

---

(1) Dispositions applicables aux procédures ouvertes à compter du 29 janvier 2017, L. n° 2017-86, 27 janv. 2017, art. 122, II.

(2) Dispositions applicables aux procédures ouvertes à compter de la date d'entrée en vigueur du décret en Conseil d'État mentionné au second alinéa du III de l'article 29-4 de la loi n° 65-557 du 10 juill. 1965 fixant le statut de la copropriété des immeubles bâtis, dans sa rédaction résultant de l'article 122 de la loi n° 2017-86 du 27 janv. 2017, et au plus tard le 1er janvier 2018, L. n° 2017-86, 27 janv. 2017, art. 122, II.

Dans un délai et selon des modalités fixés par décret en Conseil d'État, une action en relevé de forclusion peut être exercée par un créancier qui établit que sa défaillance n'est pas due à son fait.

Art. 29-5 *(Rempl., L. n° 2014-366, 24 mars 2014 ; mod., L. n° 2017-86, 27 janv. 2017).* – I.- L'administrateur provisoire établit un plan d'apurement des dettes.

Ce plan, d'une durée maximale de cinq ans, comporte un échéancier des versements auprès des créanciers du syndicat des copropriétaires.

II. - Le projet d'échéancier est notifié aux créanciers figurant dans la liste prévue au deuxième alinéa du II de l'article 29-4.

Les créanciers disposent d'un délai de deux mois à compter de cette notification pour faire part de leurs observations. Les créanciers peuvent formuler individuellement des propositions de remise de dettes.

L'administrateur provisoire notifie le plan d'apurement définitif aux créanciers et au conseil syndical. Les créanciers disposent d'un délai de deux mois à compter de cette notification pour saisir le juge d'une contestation.

À défaut de contestation dans ce délai, le juge homologue le plan à la demande de l'administrateur provisoire. L'ordonnance d'homologation est notifiée aux créanciers et au conseil syndical avec le plan d'apurement définitif.

III. - La notification de l'ordonnance ou du jugement entraîne, tant que le plan d'apurement est respecté, le maintien [des] suspensions et interdictions prévues aux I et II de l'article 29-3.

Le plan d'apurement est mis en œuvre par le syndic à l'issue de la mission de l'administrateur provisoire.

IV. - Si la situation financière du syndicat des copropriétaires évolue, le plan d'apurement peut être prorogé ou modifié par décision du juge, saisi par le syndicat des copropriétaires, des copropriétaires représentant au moins 15 % des voix, les créanciers, le syndic ou l'administrateur provisoire.

V. - Dès lors qu'ils ne compromettent pas la réalisation du plan d'apurement, l'administrateur provisoire peut conclure avec les copropriétaires des échéanciers individualisés de remboursement de leurs dettes vis-à-vis du syndicat.

Art. 29-6 *(L. n° 2000-1208, 13 déc. 2000 ; rempl., L. n° 2009-526, 12 mai 2009 ; L. n° 2014-366, 24 mars 2014).* – Si le syndicat des copropriétaires dispose d'actifs cessibles, notamment des locaux ou des parcelles de terrain non bâti, de nature à apurer les dettes du syndicat, l'administrateur provisoire peut demander au juge l'autorisation de réaliser les cessions par dérogation au a de l'article 26 et au deuxième alinéa du I de l'article 29-1 et de modifier en conséquence le règlement de copropriété et l'état descriptif de division.

À l'appui de cette demande, l'administrateur provisoire produit un rapport faisant état de l'évaluation des biens cessibles et consignant l'avis du conseil syndical.

La durée de l'autorisation fixée par le juge ne peut excéder cinq ans. Si la cession des actifs est réalisée dans ce délai, elle conduit à la modification de l'échéancier des appels de fonds auprès des copropriétaires prévu par le plan d'apurement des dettes, selon la procédure définie au IV de l'article 29-5.

Art. 29-7 *(L. n° 2014-366, 24 mars 2014).* – L'administrateur provisoire évalue, dans le cadre de l'élaboration du plan d'apurement soumis au juge, la somme des créances irrécouvrables du syndicat sur les copropriétaires.

En l'absence d'actifs du syndicat des copropriétaires pouvant être cédés dans les conditions définies à l'article 29-6 ou si les cessions n'ont pas trouvé preneur, l'administrateur provisoire peut demander au juge d'effacer partiellement les dettes du syndicat pour un montant équivalant au montant des créances irrécouvrables.

Le juge peut effacer tout ou partie des dettes. Le montant effacé est réparti entre les créanciers du syndicat proportionnellement au montant de leur créance et intégré par l'administrateur provisoire au plan d'apurement des dettes, qui est ensuite homologué par le juge dans les conditions prévues au II de l'article 29-5. Le jugement ordonne également mainlevée des éventuelles inscriptions hypothécaires relatives à ces dettes inscrites sur les locaux appartenant au syndicat des copropriétaires.

Art. 29-8 *(L. n° 2014-366, 24 mars 2014).* – I. - Si la gestion et le fonctionnement normal de la copropriété ne peuvent être rétablis autrement, le juge peut prononcer aux conditions qu'il fixe et sur demande de l'administrateur provisoire :

1° La constitution d'un ou plusieurs syndicats secondaires ;

2° La division du syndicat.

Lorsque l'administrateur provisoire demande une division en volumes, le juge statue au vu des conclusions du rapport d'un expert désigné par ses soins, aux frais du syndicat des copropriétaires, établissant que l'immeuble ou l'ensemble immobilier peuvent être scindés en volumes sans parties communes indivises et fonctionnant de façon autonome, et après consultation du maire de la commune du lieu d'implantation et du président de l'établissement public de coopération intercommunale compétent en matière d'habitat.

À l'appui de ces demandes, l'administrateur provisoire établit un rapport faisant état de l'avis du conseil syndical et précisant les conditions matérielles, juridiques et financières de division du syndicat ou de constitution d'un syndicat secondaire. Il établit notamment la répartition des parties communes du syndicat initial, les projets de règlement de copropriété et les états descriptifs de division des nouveaux syndicats, dresse un état des créances et des dettes du syndicat et en établit la répartition selon les principes définis au II de l'article 28.

L'administrateur provisoire établit, concomitamment à l'état des créances et des dettes, un plan d'apurement des dettes transmises pour chacun des syndicats créés par la division. Ce plan est validé et s'impose aux syndicats issus de la division, qui le mettent en œuvre selon les modalités définies à l'article 29-5.

La répartition validée des dettes entre les syndicats est notifiée individuellement à chacun des créanciers connus du syndicat initial.

II. - Si des travaux préalables pour réaliser la constitution d'un syndicat secondaire ou les divisions prévues au présent article sont nécessaires, le juge peut autoriser l'administrateur provisoire à faire réaliser les travaux aux frais des copropriétaires.

III. - Le jugement autorisant la division ou la constitution d'un syndicat secondaire homologue également les nouveaux règlements de copropriété et états descriptifs de division des syndicats issus de la division ou les modifications du règlement de copropriété résultant de la constitution d'un syndicat secondaire.

Le jugement prononçant la division du syndicat emporte dissolution du syndicat initial.

Le juge désigne, pour chaque syndicat des copropriétaires issu des divisions prévues au présent article ou pour chaque syndicat secondaire constitué en application du présent article, la personne chargée de convoquer l'assemblée générale en vue de la désignation d'un syndic.

Art. 29-9 *(L. n° 2014-366, 24 mars 2014)*. – Sur saisine motivée de l'administrateur provisoire et si le rétablissement financier de la copropriété le nécessite, le juge peut l'autoriser à modifier le règlement de copropriété afin de tenir compte de travaux concourant au redressement de la copropriété, notamment d'individualisation du chauffage, et modifiant la répartition des charges. Dans le cas de travaux d'individualisation du chauffage, le juge autorise par la même décision la réalisation de ces travaux.

Sur saisine motivée de l'administrateur provisoire et si leurs coûts d'entretien, de gestion ou de remise à niveau compromettent de façon irrémédiable l'équilibre financier du syndicat des copropriétaires, le juge peut autoriser l'administrateur provisoire à céder à titre gracieux à la commune ou à l'établissement public de coopération intercommunale compétent en matière d'habitat les parcelles de terrain non bâti d'intérêt public ou des locaux ou équipements communs pouvant relever d'une gestion publique et modifier en conséquence le règlement de copropriété et l'état descriptif de division.

Art. 29-10 *(L. n° 2014-366, 24 mars 2014)*. – L'administrateur provisoire peut proposer au représentant de l'État dans le département d'initier un plan de sauvegarde en application de l'article L. 615-1 du Code de la construction et de l'habitation.

Lorsque la démarche d'élaboration d'un plan de sauvegarde est engagée, l'administrateur provisoire est membre de plein droit de la commission mentionnée au I du même article.

Si, lors de l'élaboration du plan de sauvegarde ou en cours d'exécution d'un tel plan, l'administrateur provisoire constate que des mesures du plan de sauvegarde sont en contradiction avec la mission qui lui est confiée par le juge, il en informe le représentant de l'État dans le département, le maire et le président de l'établissement public de coopération intercommunale compétent en matière d'habitat, qui peuvent soit modifier le plan de sauvegarde, soit demander au juge de modifier le contenu de la mission de l'administrateur provisoire.

L'administrateur provisoire peut signer toute convention financière en vue de l'attribution de subventions publiques au syndicat des copropriétaires, dès lors que cette convention n'est pas contradictoire avec la mission qui lui est confiée.

Art. 29-11 *(L. n° 2014-366, 24 mars 2014)*. – I. - Si la situation financière de la copropriété ne permet pas de réaliser les travaux nécessaires à la conservation et la mise en sécurité de l'immeuble, la protection des occupants, la préservation de leur santé et la réduction des charges de copropriété permettant son redressement financier, le juge peut placer l'immeuble sous administration provisoire renforcée :

1° Sur saisine du maire de la commune du lieu de situation, du président de l'établissement public de coopération intercommunale compétent en matière d'habitat ou du représentant de l'État dans le département ;

2° Ou sur saisine de l'administrateur provisoire déjà désigné en vertu de l'article 29-1.

II. - Dans le cadre du placement sous administration provisoire renforcée, le juge autorise l'administrateur provisoire, désigné en vertu de l'article 29-1, à conclure une convention à durée déterminée, au nom du syndicat des copropriétaires, avec un ou plusieurs opérateurs compétents en matière de maîtrise d'ouvrage de travaux et de mise au point de financement d'opération de travaux, qui peut être notamment l'un des organismes mentionnés aux articles L. 321-14, L. 321-29 et L. 326-1 du Code de l'urbanisme et aux articles L. 411-2 et L. 481-2 du Code de la construction et de l'habitation.

La décision du juge est notifiée aux parties intéressées ainsi qu'au maire de la commune du lieu de situation, au président de l'établissement public de coopération intercommunale compétent en matière d'habitat et au représentant de l'État dans le département.

III. - L'administrateur provisoire peut confier à l'opérateur, par cette convention, toutes les missions concourant au redressement de la copropriété, notamment la maîtrise d'ouvrage d'un programme de travaux et la mise au point du financement de l'opération. Un décret précise les modalités de rémunération de l'opérateur à la charge des copropriétaires.

Le juge homologue la convention conclue entre l'opérateur et l'administrateur provisoire.

L'exécution de la convention peut se poursuivre même si la mission de l'administrateur provisoire est terminée. La convention prend fin à l'expiration du terme fixé par elle.

IV. - Le maire de la commune du lieu de situation de l'immeuble ou le président de l'établissement public de coopération intercommunale compétent en matière d'habitat peuvent engager à tout moment la procédure prévue à l'article L. 615-6 du Code de la construction et de l'habitation. La conclusion de la convention mentionnée au II du présent article est alors suspendue dans l'attente de la décision du juge, mais la mission de l'administrateur provisoire se poursuit dans les conditions prévues à l'article 29-1.

Art. 29-12 *(L. n° 2014-366, 24 mars 2014).* – I. - Lorsque la mission de l'opérateur mentionné au II de l'article 29-11 prévoit la réalisation d'une division du syndicat dans les conditions prévues à l'article 29-8, la convention mentionnée à l'article 29-11 prévoit la répartition de la rémunération de l'opérateur entre les syndicats ainsi créés. Chaque syndicat issu de cette division est subrogé, chacun pour ce qui le concerne, dans les droits et obligations conventionnelles du syndicat dissous selon les modalités prévues par la convention.

II. - La mission de l'opérateur ne peut prendre fin de façon anticipée que sur décision du juge. La convention prévoit obligatoirement les modalités d'indemnisation de l'opérateur qui a engagé des fonds pour la réalisation des travaux prévus par la convention en cas de résiliation anticipée prononcée par le juge.

III. - Le juge, saisi par des copropriétaires représentant 15 % des voix, peut autoriser l'administrateur provisoire à inclure dans le contrat de l'opérateur la réalisation de travaux d'amélioration.

IV. - Si la mission de l'administrateur provisoire est terminée et la copropriété financièrement redressée, le juge peut autoriser le syndic à conclure un avenant à la convention en cours, après approbation des travaux supplémentaires par l'assemblée générale des copropriétaires statuant dans les conditions de majorité prévues par la présente loi.

Art. 29-13 *(L. n° 2014-366, 24 mars 2014).* – Pour les propriétaires occupants, la rémunération de l'opérateur prévue à l'article 29-11 ouvre droit aux allocations de logement prévues aux articles L. 542-1 à L. 542-9 et L. 831-1 à L. 835-7 du Code de la sécurité sociale.

Art. 29-14 *(L. n° 2014-366, 24 mars 2014).* – Le juge peut :

1° Suspendre le versement des cotisations au fonds de travaux sur demande de l'administrateur provisoire ou des copropriétaires représentant au moins 15 % des voix lorsque l'immeuble fait l'objet d'un plan de sauvegarde en application de l'article L. 615-1 du Code de la construction et de l'habitation ;

2° Autoriser l'administrateur provisoire à utiliser les sommes déposées sur le fonds de travaux pour engager les actions nécessaires au redressement de la copropriété ou permettre le maintien de la gestion courante.

Art. 29-15 *(L. n° 2014-366, 24 mars 2014)*. – Les procédures prévues au livre VI du Code de commerce ne sont pas applicables aux syndicats de copropriétaires.

CHAPITRE III. – AMÉLIORATIONS, ADDITIONS DE LOCAUX PRIVATIFS ET EXERCICE DU DROIT DE SURÉLÉVATION

Art. 30. – *(Al. mod., L. n° 2014-366, 24 mars 2014)* L'assemblée générale des copropriétaires, statuant à la majorité prévue à l'article 25, peut, à condition qu'elle soit conforme à la destination de l'immeuble, décider toute amélioration, telle que la transformation d'un ou de plusieurs éléments d'équipement existants, l'adjonction d'éléments nouveaux, l'aménagement de locaux affectés à l'usage commun ou la création de tels locaux.

Elle fixe alors, à la même majorité, la répartition du coût des travaux et de la charge des indemnités prévues à l'article 36 ci-après, en proportion des avantages qui résulteront des travaux envisagés pour chacun des copropriétaires, sauf à tenir compte de l'accord de certains d'entre eux pour supporter une part de dépenses plus élevée.

Elle fixe, à la même majorité, la répartition des dépenses de fonctionnement, d'entretien et de remplacement des parties communes ou des éléments transformés ou créés.

Lorsque l'assemblée générale refuse l'autorisation prévue à l'article 25 *b*, tout copropriétaire ou groupe de copropriétaires peut être autorisé par le tribunal de grande instance à exécuter, aux conditions fixées par le tribunal, tous travaux d'amélioration visés à l'alinéa 1er ci-dessus ; le tribunal fixe en outre les conditions dans lesquelles les autres copropriétaires pourront utiliser les installations ainsi réalisées. Lorsqu'il est possible d'en réserver l'usage à ceux des copropriétaires qui les ont exécutées, les autres copropriétaires ne pourront être autorisés à les utiliser qu'en versant leur quote-part du coût de ces installations, évalué à la date où cette faculté est exercée.

Art. 31 *(Abr., L. n° 85-1470, 31 déc. 1985)*.

Art. 32. – Sous réserve des dispositions de l'article 34, la décision prise oblige les copropriétaires à participer, dans les proportions fixées par l'assemblée, au paiement des travaux, à la charge des indemnités prévues à l'article 36, ainsi qu'aux dépenses de fonctionnement, d'administration, d'entretien et de remplacement des parties communes ou des éléments transformés ou créés.

Art. 33 *(Mod. à compter de la date prévue au III de l'article 103 de la loi n° 2012-387 du 22 mars 2012, L. n° 2012-387, 22 mars 2012)*. – La part du coût des travaux, des charges financières y afférentes, et des indemnités incombant aux copropriétaires qui n'ont pas donné leur accord à la décision prise peut n'être payée que par annuités égales au dixième de cette part. Les copropriétaires qui entendent bénéficier de cette possibilité doivent, à peine de forclusion, notifier leur décision au syndic dans le délai de deux mois suivant la notification du procès-verbal d'assemblée générale. Lorsque le syndicat n'a pas contracté d'emprunt en vue de la réalisation des travaux, les charges financières dues par les copropriétaires payant par annuités sont égales au taux légal d'intérêt en matière civile.

Toutefois, les sommes visées au précédent alinéa deviennent immédiatement exigibles lors de la première mutation entre vifs du lot de l'intéressé, même si cette mutation est réalisée par voie d'apport en société.

Les dispositions qui précèdent ne sont pas applicables lorsqu'il s'agit de travaux imposés par le respect d'obligations légales ou réglementaires.

Art. 34. – La décision prévue à l'article 30 n'est pas opposable au copropriétaire opposant qui a, dans le délai prévu à l'article 42, alinéa 2, saisi le tribunal de grande instance en vue de faire reconnaître que l'amélioration décidée présente un caractère somptuaire eu égard à l'état, aux caractéristiques et à la destination de l'immeuble.

Art. 35 *(Mod., L. n° 2009-526, 12 mai 2009 ; L. n° 2014-366, 24 mars 2014)*. – La surélévation ou la construction de bâtiments aux fins de créer de nouveaux locaux à usage privatif ne peut être réalisée par les soins du syndicat que si la décision en est prise à la majorité prévue à l'article 26.

La décision d'aliéner aux mêmes fins le droit de surélever un bâtiment existant exige la majorité prévue à l'article 26 et, si l'immeuble comprend plusieurs bâtiments, la confirmation par une assemblée spéciale des copropriétaires des lots composant le bâtiment à surélever statuant à la majorité indiquée ci-dessus.

Toutefois, lorsque le bâtiment est situé dans un périmètre sur lequel est institué un droit de préemption urbain en application de l'article L. 211-1 du Code de l'urbanisme, la décision d'aliéner le droit de surélever ce bâtiment est prise à la majorité des voix de tous les copropriétaires. Cette décision exige, si l'immeuble comprend plusieurs bâtiments, la confirmation par une assemblée spéciale des copropriétaires des lots composant le bâtiment à surélever, statuant à la majorité des voix des copropriétaires concernés.

Les copropriétaires de l'étage supérieur du bâtiment surélevé bénéficient d'un droit de priorité à l'occasion de la vente par le syndicat des locaux privatifs créés. Préalablement à la conclusion de toute vente d'un ou plusieurs lots, le syndic notifie à chaque copropriétaire de l'étage supérieur du bâtiment surélevé l'intention du syndicat de vendre, en indiquant le prix et les conditions de la vente. Cette notification vaut offre de vente pendant une durée de deux mois à compter de sa notification.

Les copropriétaires de l'étage supérieur du bâtiment à surélever bénéficient du même droit de priorité à l'occasion de la cession par le syndicat de son droit de surélévation. Ce droit de priorité s'exerce dans les mêmes conditions que celles prévues au quatrième alinéa.

Art. 36 *(L. n° 85-1470, 31 déc. 1985).* – Les copropriétaires qui subissent, par suite de l'exécution des travaux de surélévation prévus à l'article 35, un préjudice répondant aux conditions fixées à l'article 9 ont droit à une indemnité. Celle-ci, qui est à la charge de l'ensemble des copropriétaires, est répartie selon la proportion initiale des droits de chacun dans les parties communes.

Art. 37. – Toute convention par laquelle un propriétaire ou un tiers se réserve l'exercice de l'un des droits accessoires visés à l'article 3 autre que le droit de mitoyenneté devient caduque si ce droit n'a pas été exercé dans les dix années qui suivent ladite convention.

Si la convention est antérieure à la promulgation de la présente loi, le délai de dix ans court de ladite promulgation.

Avant l'expiration de ce délai, le syndicat peut, statuant à la majorité prévue à l'article 25, s'opposer à l'exercice de ce droit, sauf à en indemniser le titulaire dans le cas où ce dernier justifie que la réserve du droit comportait une contrepartie à sa charge.

Toute convention postérieure à la promulgation de la présente loi, et comportant réserve de l'un des droits visés ci-dessus, doit indiquer, à peine de nullité, l'importance et la consistance des locaux à construire et les modifications que leur exécution entraînerait dans les droits et charges des copropriétaires.

Art. 37-1 *(L. n° 2018-1021, 23 nov. 2018).* – Par dérogation à l'article 37, les droits de construire, d'affouiller et de surélever ne peuvent faire l'objet d'une convention par laquelle un propriétaire ou un tiers se les réserverait. Ces droits peuvent toutefois constituer la partie privative d'un lot transitoire.

CHAPITRE IV. – RECONSTRUCTION

Art. 38. – En cas de destruction totale ou partielle, l'assemblée générale des copropriétaires dont les lots composent le bâtiment sinistré peut décider à la majorité des voix de ces copropriétaires, la reconstruction de ce bâtiment ou la remise en état de la partie endommagée. Dans le cas où la destruction affecte moins de la moitié du bâtiment, la remise en état est obligatoire si la majorité des copropriétaires sinistrés la demande. Les copropriétaires qui participent à l'entretien des bâtiments ayant subi les dommages sont tenus de participer dans les mêmes proportions et suivant les mêmes règles aux dépenses des travaux.

Art. 38-1 *(L. n° 2003-699, 30 juill. 2003).* – En cas de catastrophe technologique, le syndic d'un immeuble géré en copropriété dont les parties communes sont endommagées convoque sous quinze jours l'assemblée générale des copropriétaires.

Cette réunion se tient dans les deux mois suivant la catastrophe ; les décisions visant à autoriser le syndic à engager des travaux de remise en état rendus nécessaires par l'urgence sont prises à la majorité des copropriétaires présents ou représentés.

Art. 39. – En cas d'amélioration ou d'addition par rapport à l'état antérieur au sinistre, les dispositions du chapitre III sont applicables.

Art. 40. – Les indemnités représentatives de l'immeuble détruit sont, sous réserve des droits des créanciers inscrits, affectées par priorité à la reconstruction.

Art. 41. – Si la décision est prise, dans les conditions prévues à l'article 38 ci-dessus, de ne pas remettre en état le bâtiment sinistré, il est procédé à la liquidation des droits dans la copropriété et à l'indemnisation de ceux des copropriétaires dont le lot n'est pas reconstitué.

CHAPITRE IV *BIS*. – RÉSIDENCES-SERVICES

(L. n° 2006-872, 13 juill. 2006)

Art. 41-1 *(Rempl. à compter du 28 juin 2016, L. n° 2015-1776, 28 déc. 2015).* – Le règlement de copropriété peut étendre l'objet d'un syndicat de copropriétaires à la fourniture, aux occupants de l'immeuble, de services spécifiques, notamment de restauration, de surveillance, d'aide ou de loisirs. Ces services peuvent être procurés en exécution d'une convention conclue avec des tiers.

Le statut de la copropriété des immeubles bâtis est incompatible avec l'octroi de services de soins ou d'aide et d'accompagnement exclusivement liés à la personne, qui ne peuvent être fournis que par des établissements et des services relevant du I de l'article L. 312-1 du Code de l'action sociale et des familles.

Art. 41-2 *(Rempl. à compter du 28 juin 2016, L. n° 2015-1776, 28 déc. 2015).* – Le règlement de copropriété peut prévoir l'affectation de certaines parties communes à la fourniture, aux occupants de l'immeuble, de services spécifiques individualisables. Il précise la charge des dépenses d'entretien et de fonctionnement liées à ces parties communes et sa répartition.

Art. 41-3 *(Rempl. à compter du 28 juin 2016, L. n° 2015-1776, 28 déc. 2015).* – Les conditions d'utilisation par les tiers des parties communes destinées à des services spécifiques individualisables sont fixées dans une convention stipulée à titre gratuit, en application du chapitre Ier du titre X du livre III du Code civil. Cette convention est conclue pour une durée qui ne peut excéder cinq ans. Elle est renouvelable.

Art. 41-4 *(Rempl. à compter du 28 juin 2016, L. n° 2015-1776, 28 déc. 2015).* – L'assemblée générale, sur proposition du conseil syndical, choisit, à la majorité de l'article 25 ou, le cas échéant, de l'article 25-1, les prestataires appelés à fournir les services spécifiques individualisables. Elle approuve, par un vote distinct et selon les mêmes modalités, les termes de la convention envisagée avec les prestataires choisis ayant pour objet le prêt gratuit des parties communes affectées à ces services, établie dans les conditions prévues à l'article 41-3.

La durée des contrats de prestations conclus par chaque occupant avec les prestataires ne peut excéder celle du prêt dont ces derniers bénéficient.

Art. 41-5 *(Rempl. à compter du 28 juin 2016, L. n° 2015-1776, 28 déc. 2015).* – Les modifications du règlement de copropriété emportant désaffectation des parties communes affectées aux services mentionnés à l'article 41-3 sont prises à la majorité prévue à l'article 26. Elles sont notifiées par le syndic aux prestataires concernés. Elles entraînent la résiliation de plein droit des conventions de prêt et de fourniture de services conclues avec les prestataires.

Art. 41-6 *(Créé à compter du 28 juin 2016, L. n° 2015-1776, 28 déc. 2015).* – Le syndicat des copropriétaires d'une copropriété avec services ne peut déroger à l'obligation d'instituer un conseil syndical.

L'assemblée générale peut déléguer au conseil syndical, à la majorité prévue à l'article 25, les décisions relatives à la gestion courante de services spécifiques.

Lorsqu'il ne reçoit pas de délégation à cet effet, le conseil syndical donne son avis sur les projets des conventions mentionnées au deuxième alinéa de l'article 41-1 et à l'article 41-4. Il en surveille l'exécution et présente un bilan chaque année à l'assemblée générale.

Le prestataire des services individualisables et non individualisables ne peut être le syndic, ses préposés, son conjoint, le partenaire lié à lui par un pacte civil de solidarité, son concubin, ni ses parents ou alliés jusqu'au troisième degré inclus, ni les entreprises dans le capital desquelles les personnes physiques mentionnées précédemment détiennent une participation ou dans lesquelles elles exercent des fonctions de direction ou de contrôle, ou dont elles sont préposées. Lorsque le syndic est une personne morale, l'interdiction d'être prestataire des services individualisables et non individualisables est étendue aux entreprises dans lesquelles le syndic détient une participation et aux entreprises qui détiennent une participation dans le capital du syndic.

Art. 41-7 *(Créé à compter du 28 juin 2016, L. n° 2015-1776, 28 déc. 2015).* – Les personnes demeurant à titre principal dans la résidence constituent le conseil des résidents.

Cette instance consultative relaie les demandes et les propositions des résidents auprès des copropriétaires.

Le conseil des résidents est réuni par le syndic avant la tenue de l'assemblée générale des copropriétaires. L'ordre du jour de cette assemblée lui est communiqué. Le conseil des résidents peut également se réunir de sa propre initiative, dans un local mis à sa disposition à cet effet par le syndic.

Le syndic communique au conseil des résidents les comptes rendus de l'assemblée générale ainsi que toutes les informations relatives aux services fournis dans la résidence, afin que le conseil émette un avis notamment sur le besoin de créer ou de supprimer un service.

Lors de la réunion du conseil des résidents, un secrétaire de séance est désigné. Le secrétaire rédige le compte rendu de la séance, qui est cosigné par le syndic et adressé à tous les résidents et aux copropriétaires en même temps et selon les mêmes modalités que l'ordre du jour de la prochaine assemblée générale. Le compte rendu des réunions du conseil des résidents des trois années précédentes est remis à toute personne intéressée préalablement à la signature d'un contrat de bail d'habitation ou à la cession d'un lot dans la résidence.

CHAPITRE V. – DISPOSITIONS D'ORDRE GÉNÉRAL

Art. 42 *(Rempl., L. n° 2018-1021, 23 nov. 2018).* – Les dispositions de l'article 2224 du Code civil relatives au délai de prescription et à son point de départ sont applicables aux actions personnelles relatives à la copropriété entre copropriétaires ou entre un copropriétaire et le syndicat.

Les actions en contestation des décisions des assemblées générales doivent, à peine de déchéance, être introduites par les copropriétaires opposants ou défaillants dans un délai de deux mois à compter de la notification du procès-verbal d'assemblée. Cette notification est réalisée par le syndic dans le délai d'un mois à compter de la tenue de l'assemblée générale.

Sauf urgence, l'exécution par le syndic des travaux décidés par l'assemblée générale en application des articles 25 et 26 de la présente loi est suspendue jusqu'à l'expiration du délai de deux mois mentionné au deuxième alinéa du présent article.

S'il est fait droit à une action contestant une décision d'assemblée générale portant modification de la répartition des charges, le tribunal de grande instance procède à la nouvelle répartition. Il en est de même en ce qui concerne les répartitions votées en application de l'article 30.

Art. 42-1 *(L. n° 2014-366, 24 mars 2014).* – Les notifications et mises en demeure, sous réserve de l'accord exprès des copropriétaires, sont valablement faites par voie électronique.

Art. 43 *(Mod., L. n° 85-1470, 31 déc. 1985 ; L. n° 96-1107, 18 déc. 1996 ; L. n° 2006-872, 13 juill. 2006).* – Toutes clauses contraires aux dispositions des articles 6 à 37, 41-1 à 42 et 46, et celles du décret en Conseil d'État prises pour leur application sont réputées non écrites.

Lorsque le juge, en application de l'alinéa premier du présent article, répute non écrite une clause relative à la répartition des charges, il procède à leur nouvelle répartition.

Art. 44. – Les associations syndicales existantes sont autorisées à se transformer en unions de syndicats coopératifs définies à l'article 29 ci-dessus sans que cette opération entraîne création d'une nouvelle personne morale.

Art. 45. – Pour les copropriétés antérieures à la date d'entrée en vigueur de la présente loi, l'action en révision de la répartition des charges prévue à l'article 12 ci-dessus est ouverte pendant un délai de deux ans à compter de l'entrée en vigueur de la présente loi.

Art. 45-1 *(Abr., L. n° 2014-366, 24 mars 2014).*

> **Rédaction antérieure. Art.** 45-1 *(L. n° 2000-1208, 13 déc. 2000).* – Tout candidat à l'acquisition d'un lot de copropriété, tout bénéficiaire d'une promesse unilatérale de vente ou d'achat ou d'un contrat réalisant la vente d'un lot ou d'une fraction de lot peut, à sa demande, prendre connaissance du carnet d'entretien de l'immeuble établi et tenu à jour par le syndic, ainsi que du diagnostic technique établi dans les conditions de l'article L. 111-6-2 du Code de la construction et de l'habitation.

Art. 46 *(L. n° 96-1107, 18 déc. 1996* (1) *; mod., L. n° 2014-366, 24 mars 2014* (2) *; L. n° 2014-1545, 20 déc. 2014).* – Toute promesse unilatérale de vente ou d'achat, tout contrat réalisant ou constatant la vente d'un lot ou d'une fraction de lot mentionne la superficie de la partie privative de ce lot ou de cette fraction de lot. La nullité de l'acte peut être invoquée sur le fondement de l'absence de toute mention de la superficie de la partie privative.

Cette superficie est définie par décret en Conseil d'État.

Les dispositions du premier alinéa ci-dessus ne sont pas applicables aux caves, garages, emplacements de stationnement ni aux lots ou fractions de lots d'une superficie inférieure à un seuil fixé par le décret en Conseil d'État prévu à l'article 47.

Le bénéficiaire en cas de promesse de vente, le promettant en cas de promesse d'achat ou l'acquéreur peut intenter l'action en nullité, au plus tard à l'expiration d'un délai d'un mois à compter de l'acte authentique constatant la réalisation de la vente.

La signature de l'acte authentique constatant la réalisation de la vente mentionnant la superficie de la partie privative du lot ou de la fraction de lot entraîne la déchéance du droit à engager ou à poursuivre une action en nullité de la promesse ou du contrat qui l'a précédé, fondée sur l'absence de mention de cette superficie.

Si la superficie de la partie privative est supérieure à celle exprimée dans l'acte, l'excédent de mesure ne donne lieu à aucun supplément de prix.

Si la superficie de la partie privative est inférieure de plus d'un vingtième à celle exprimée dans l'acte, le vendeur, à la demande de l'acquéreur, supporte une diminution du prix proportionnelle à la moindre mesure.

L'action en diminution du prix doit être intentée par l'acquéreur dans un délai d'un an à compter de l'acte authentique constatant la réalisation de la vente, à peine de déchéance.

Art. 46-1 *(Abr., L. n° 2014-366, 24 mars 2014).*

Art. 47. – *(Al. rempl., L. n° 2014-366, 24 mars 2014)* Un décret en Conseil d'État précise les conditions d'application de la présente loi.

La présente loi est applicable dans les territoires d'outre-mer. Des décrets en Conseil d'État préciseront les modalités de son application dans ces territoires.

Art. 47-1 *(Ord. n° 2013-516, 20 juin 2013).* – À la date de la publication de l'ordonnance n° 2013-516 du 20 juin 2013, les articles 1er à 49 de la présente loi, à l'exception des articles 24-2, 24-4, 24-6, 26-3, 46-1 et 47, sont applicables en Nouvelle-Calédonie dans leur rédaction en vigueur à cette même date sous réserve des adaptations suivantes :

1° Aux articles 6-1, 12 et 13, les mots : « fichier immobilier » sont remplacés par les mots : « service chargé de la publicité foncière » ;

2° À l'article 8-1, les mots : « plan local d'urbanisme » sont remplacés par les mots : « plan d'urbanisme directeur » ;

3° À l'article 9, les références : « *e*, *g*, *h*, *i* et *n* de l'article 25 » sont remplacées par les références : « *e*, *h* et *n* de l'article 25 » ;

4° À l'article 10, la référence au 31 décembre 2002 est remplacée par la référence au 1er juillet 2014 ;

5° À l'article 10-1, le dernier alinéa est supprimé ;

6° À l'article 14-3, le troisième alinéa est supprimé ;

7° À l'article 16-1, le dernier alinéa est supprimé ;

8° À l'article 18, les mots : « de la loi n° 70-9 du 2 janvier 1970"sont remplacés par les mots :"applicables localement », les mots : « ou par un syndic dont l'activité est soumise à une réglementation professionnelle organisant le maniement des fonds du syndicat » sont supprimés ainsi que le neuvième alinéa ;

9° À l'article 25, les paragraphes *g*, *i*, *o* et *p* sont supprimés, au paragraphe *h* les mots : « les dispositions prises pour l'application de l'article 1er de la loi n° 67-561 du 12 juillet 1967 » sont remplacés par les mots : « la réglementation applicable en Nouvelle-Calédonie » et le paragraphe *j* est ainsi rédigé :

(1) V. D. n° 67-223, 17 mars 1967, art. 4-1 à 4-3 (réd. D. n° 97-532, 23 mai 1997).

(2) Dispositions applicables aux promesses de vente ou d'achat et aux actes authentiques de vente d'un lot ou d'une fraction de lot de copropriété conclus au plus tôt le 14 juin 2014, L. n° 2014-366, 24 mars 2014, art. 54, V.

« *j)* Dès lors qu'elle porte sur des parties communes, l'installation ou la modification d'une antenne collective ou d'un réseau de communications électroniques interne à l'immeuble raccordé à un réseau câblé établi ou autorisé en application des dispositions du Code des postes et télécommunications de la Nouvelle-Calédonie » ;

10° À l'article 26, les références : « *e, g, h, i, j, m, n* et *o* de l'article 25 » sont remplacées par les mots : « *e, h, j, m* et *n* de l'article 25 » et les mots : « prévus par l'article 93 de la loi n° 2000-1208 du 13 décembre 2000 relative à la solidarité et au renouvellement urbains » sont supprimés ;

11° À l'article 29, les mots : « régies par les articles L. 212-1 et suivants du Code de la construction et de l'habitation » sont remplacés par les mots : « régies par la réglementation en vigueur en Nouvelle-Calédonie » ;

12° Aux articles 29-1A, 29-1B et 29-1, les mots : « représentant de l'État dans le département » sont remplacés par les mots : »représentant du haut-commissaire de la République dans la province » ;

13° À l'article 29-5, le mot : « préfet » est remplacé par les mots : « représentant du haut-commissaire de la République dans la province » ;

14° À l'article 35, le troisième alinéa est supprimé ;

15° À l'article 41-1, les mots : « relevant du I de l'article L. 312-1 du Code de l'action sociale et des familles » sont remplacés par les mots : « désignés conformément à la réglementation en vigueur en Nouvelle-Calédonie » ;

16° À l'article 45-1, les mots : « ainsi que du diagnostic technique établi dans les conditions de l'article L. 111-6-2 du Code de la construction et de l'habitation » sont supprimés ;

17° Aux articles 11, 17, 18-2, 19, 19-2, 20, 23, 29-1A, 29-1B, 29-1, 29-2, 29-4, 30, 34 et 42, les mots : « tribunal de grande instance » sont remplacés par les mots : « tribunal de première instance ».

Art. 48. – Le chapitre II de la loi du 28 juin 1938 tendant à régler le statut de la copropriété des immeubles divisés par appartements est abrogé. L'article 664 du Code civil demeure abrogé.

Art. 49 *(Abr., L. n° 2014-366, 24 mars 2014).*

Art. 50 *(Rempl., Ord. n° 2012-578, 26 avr. 2012 ; mod., L. n° 2014-366, 24 mars 2014).* – Pour l'application de la présente loi dans le Département de Mayotte :

1° Les mots : « fichier immobilier » sont remplacés par les mots : « livre foncier » ;

2° Au deuxième alinéa de l'article 9, les mots : « , du *d* de l'article 26 » sont supprimés et au dernier alinéa de ce même article 9, les mots : « , par le *d* de l'article 26 » sont supprimés ;

3° À l'article 24, le *a* du II est ainsi rédigé :

« *a)* Les travaux nécessaires à la conservation de l'immeuble ainsi qu'à la préservation de la santé et de la sécurité physique des occupants, qui incluent les travaux portant sur la stabilité de l'immeuble, le clos, le couvert ou les réseaux et les travaux permettant d'assurer la mise en conformité des logements avec les normes de salubrité, de sécurité et d'équipement définies par la réglementation applicable localement ; »

4° À l'article 25, le *o* n'est pas applicable.

Loi n° 65-570 du 13 juillet 1965

portant réforme des régimes matrimoniaux

(JO 14 juill. et rect. 13 nov.)

....

Art. 6 *(Mod., L. n° 92-1336, 16 déc. 1992).* – Sera puni des peines de l'abus de confiance prévues par les articles 314-1 et 314-10 du Code pénal, l'époux qui, après que lui aura été signifiée l'ordonnance prévue aux articles 220-1 et 220-2 du Code civil, aura détruit, détourné ou tenté de détruire ou de détourner les objets confiés à sa garde.

Art. 7. – Les dispositions de la présente loi sont applicables dans les départements du Haut-Rhin, du Bas-Rhin et de la Moselle, lorsqu'elles ne se rapportent pas à des matières actuellement soumises à des dispositions particulières.

Art. 8. – V. *L. 1er juin 1924, art. 29, 30, 31, 32 et 34, 2e al.*

Les articles 53 à 56 de la loi du 1er juin 1924 sont abrogés.

Art. 9. – La présente loi entrera en vigueur le premier jour du septième mois qui suivra celui de sa promulgation.

À compter de cette date, les dispositions de son article 1er régiront tous les époux, sans qu'il y ait lieu de considérer l'époque à laquelle le mariage a été célébré, ou les conventions matrimoniales passées.

Pour le surplus, la situation des époux dont le mariage aura été célébré ou les conventions matrimoniales passées avant ladite date, sera réglée ainsi qu'il est dit aux articles 10 à 20 ci-dessous.

Art. 10. – Si les époux s'étaient mariés sans faire de contrat de mariage avant l'entrée en vigueur de la présente loi, ils continueront d'avoir pour régime matrimonial la communauté de meubles et d'acquêts, telle que la définissaient les dispositions antérieures de la première partie du chapitre II, au titre cinquième du livre III du Code civil.

Néanmoins, à compter de l'entrée en vigueur de la présente loi, sans préjudicier aux droits qui auraient pu être acquis par des tiers, les époux reprendront la jouissance de leurs propres et supporteront les charges usufructuaires correspondantes, ainsi que les intérêts et arrérages de leurs dettes personnelles. Pareillement, ils seront désormais soumis au droit nouveau en tout ce qui concerne l'administration des biens communs, des biens réservés et des biens propres.

Art. 11 *(Mod., L. n° 65-995, 26 nov. 1965)*. – Si les époux avaient fait un contrat de mariage avant l'entrée en vigueur de la présente loi, ils continueront d'être régis par les stipulations de leur contrat.

Si, néanmoins, les époux étaient convenus d'un régime de communauté, le droit nouveau leur sera applicable en tout ce qui concerne l'administration des biens communs et des biens réservés. Sauf déclaration conjointe dans les formes prévues par l'article 17, le droit nouveau leur sera également applicable en ce qui concerne l'administration des biens propres et, sans préjudicier aux droits qui auraient pu être acquis par des tiers, chacun des époux, à compter de l'entrée en vigueur de la présente loi, reprendra la jouissance de ses propres et supportera le passif correspondant. Le mari qui, par l'effet de la déclaration conjointe précitée, conservera l'administration des propres de la femme, exercera ses pouvoirs conformément aux nouveaux articles 1505 à 1510 du Code civil.

Si, dans leur contrat de mariage, les époux avaient adopté le régime sans communauté ou le régime dotal, ils continueront aussi à être régis par les stipulations de leur contrat ainsi que, suivant le cas, par les dispositions des anciens articles 1530 à 1535 du Code civil, ou par celles des anciens articles 1540 à 1581 du même code et de l'ancien article 5 du Code de commerce. Toutefois, pendant un délai de deux ans à compter de l'entrée en vigueur de la présente loi, ils pourront, en observant les autres conditions prévues à l'article 17, se placer sous le régime de la communauté légale ou sous le régime de la séparation de biens.

Art. 12. – Les nouveaux articles 1442 (2e al.) et 1475 (2e al.) seront applicables dans toutes les communautés dissoutes après l'entrée en vigueur de la présente loi.

Sous réserve des accords amiables déjà intervenus et des décisions judiciaires passées en force de chose jugée, le nouvel article 1469 sera applicable dans toutes les communautés non encore liquidées à la date de la publication de la présente loi.

Art. 13. – Le nouvel article 1402 du Code civil sera applicable toutes les fois que les faits ou actes à prouver seront postérieurs à l'entrée en vigueur de la présente loi.

Le nouvel article 1538 sera applicable toutes les fois que la preuve devra être administrée après cette entrée en vigueur.

Art. 14. – Sans préjudice de l'application des articles 2136 à 2138 du Code civil, les femmes, dont le mariage a été célébré ou les conventions matrimoniales passées avant l'entrée en vigueur de la présente loi, continueront de jouir de l'hypothèque légale prévue à l'ancien article 2135 du même code, lors même qu'elle n'aurait pas encore été inscrite. Les inscriptions de cette hypothèque seront soumises aux dispositions des nouveaux articles 2139 et 2163 (al. 1 à 3) du Code civil.

Art. 15. – Le nouvel article 1397 sera applicable aux époux dont le mariage aura été célébré, ou les conventions matrimoniales passées avant l'entrée en vigueur de la présente loi.

Quand les époux useront de la faculté qui leur est ainsi ouverte, le changement par eux apporté à leur régime matrimonial aura pour effet de les soumettre entièrement aux dispositions de la présente loi, en tant qu'elles se rapportent au nouveau régime qu'ils auront adopté.

Si, toutefois, la modification ne porte que sur des clauses ou règles particulières du régime matrimonial antérieur, sans altération des dispositions essentielles de celui-ci, ils pourront convenir, sous réserve de l'homologation du tribunal, de rester soumis à la loi ancienne, dans les limites prévues aux articles 10 et 11 ci-dessus. En ce cas, ils ne pourront adopter de clauses qui seraient interdites, soit par la loi ancienne, soit par la loi nouvelle, réserve faite de l'article 20 ci-après.

Les époux mariés sous le régime dotal pourront se prévaloir du présent article.

Art. 16. – Les époux qui s'étaient mariés avant l'entrée en vigueur de la présente loi sans avoir fait de contrat de mariage pourront, par déclaration conjointe, se placer sous le régime matrimonial prévu par la première partie du chapitre II, au nouveau titre cinquième du livre III du Code civil.

Pareillement, les époux qui avaient passé des conventions matrimoniales avant l'entrée en vigueur de la présente loi, pourront, par déclaration conjointe, soumettre leur régime matrimonial aux dispositions nouvelles qui doivent désormais régler ce type de régime, sans préjudice, néanmoins, des clauses particulières qu'ils auraient convenues, lesquelles ne pourront être modifiées que dans les formes du nouvel article 1397.

Art. 17 *(Mod., L. n° 66-861, 22 nov. 1966).* – La déclaration conjointe prévue à l'un et l'autre alinéa de l'article précédent sera, à peine de nullité, faite devant notaire et dans un délai de six mois à compter de l'entrée en vigueur de la présente loi (1).

À la diligence du notaire qui l'aura reçue, la déclaration devra être mentionnée, dans les trente jours de sa date, en marge de l'acte de mariage des époux et, s'il existe un contrat de mariage, sur la minute de ce contrat.

Elle aura effet entre les parties au jour où elle aura été reçue et, à l'égard des tiers, trois mois après que mention en aura été portée en marge de l'un et de l'autre exemplaire de l'acte de mariage. Toutefois, en l'absence même de cette mention, la déclaration n'en sera pas moins opposable aux tiers si, dans les actes passés avec eux, les époux ont fait connaître qu'ils se sont soumis au droit nouveau.

Art. 18. – Quand les époux auront fait la déclaration conjointe prévue aux deux articles précédents, leur régime matrimonial sera entièrement réglé par le droit nouveau, pour le passé comme pour l'avenir, sans que les droits antérieurement acquis par des tiers puissent néanmoins en être affectés.

Art. 19. – Dans la période comprise entre la publication de la présente loi au *Journal officiel* et la date prévue par l'article 9 ci-dessus pour son entrée en vigueur, les futurs époux pourront, par une clause expresse de leur contrat de mariage, convenir de soumettre leur régime matrimonial au droit nouveau.

Cette option sera indivisible.

Art. 20. – Les clauses visées aux nouveaux articles 1390, 1391 et 1392 du Code civil et contenues dans des contrats de mariage antérieurs à l'entrée en vigueur de la présente loi sont valables et soumises aux dispositions desdits articles, sous réserve des décisions de justice déjà passées en force de chose jugée.

Les époux qui avaient fait un contrat de mariage avant l'entrée en vigueur de la présente loi pourront, par simple déclaration conjointe, qui sera, à peine de nullité, faite devant notaire et dans un délai de six mois à compter de cette entrée en vigueur (1), adopter la clause précitée. Les deuxième et troisième alinéas de l'article 17 ci-dessus seront applicables à cette déclaration.

Art. 21. – Sous réserve des décisions de justice passées en force de chose jugée, les conventions matrimoniales conclues antérieurement à l'entrée en vigueur de la présente loi ne pourront être annulées au motif que la présence simultanée de toutes les parties ou de leurs mandataires aurait fait défaut.

Art. 22. – Les dispositions du dernier alinéa de l'article 595 nouveau du Code civil ne sont pas applicables aux baux en cours à la date d'entrée en vigueur de la présente loi ni à leur renouvellement.

(1) Délai prolongé jusqu'au 31 décembre 1967 (L. n° 66-861, 22 nov. 1966).

Les dispositions du troisième alinéa de l'article 456 du Code civil ne sont pas non plus applicables aux baux en cours à la date d'entrée en vigueur de la loi n° 64-1230 du 14 décembre 1964 ni à leur renouvellement.

Art. 23. – Toutes les dispositions contraires à celles de la présente loi sont abrogées et notamment les articles 124, alinéa 2, 2255 et 2256 du Code civil, ainsi que l'article 12 de la loi du 1er février 1943 relative aux règlements par chèques et virements.

Décret n° 65-961 du 5 novembre 1965

pris pour l'application de certains articles du Code civil
et relatif au dépôt et à la gestion des fonds et des valeurs mobilières des mineurs

Art. 1er *(D. n° 84-1152, 21 déc. 1984 ; mod., D. n° 85-371, 27 mars 1985).* – En application des articles 452 et 453 du Code civil, sont agréés pour recevoir, dans le cadre de la réglementation qui leur est propre, les capitaux et les valeurs mobilières appartenant aux mineurs, la Banque de France, la Caisse des dépôts et consignations, les établissements de crédit autorisés à recevoir du public des fonds à vue ou à moins de deux ans de terme et les agents de change ainsi que les établissements visés à l'article 99 de la loi n° 84-46 du 24 janvier 1984 relative à l'activité et au contrôle des établissements de crédit.

Art. 2. – Les titres au porteur qui, lors de l'ouverture de la tutelle, se trouveraient déposés chez un des dépositaires figurant sur la liste dressée par l'article 1er du présent décret, doivent y être conservés, sauf conversion en titres nominatifs, jusqu'à ce qu'en application de l'article 452 du Code civil le tuteur ait ouvert un compte au nom du mineur.

Dans le cas où le compte serait ouvert chez un autre dépositaire agréé, les titres au porteur lui sont transmis par le précédent dépositaire.

Art. 3. – En application de l'article 453 du Code civil, les caisses d'épargne sont également agréées pour recevoir, dans le cadre de la réglementation qui leur est propre, les capitaux appartenant aux mineurs.

Art. 4 à 8 *(Abr., D. n° 2008-1484, 22 déc. 2008).* – V. ce texte.

Loi n° 66-500 du 11 juillet 1966

portant réforme de l'adoption
(JO 12 juill.)

Art. 1er. – V. *C. civ., Titre VIII, art. 343 à 370-2.*

....

Art. 7. – La présente loi entrera en vigueur le premier jour du quatrième mois qui suivra celui de sa promulgation.

L'adoption plénière pourra être demandée quel que soit l'âge de l'adopté, pendant un délai de deux ans à compter du jour de l'entrée en vigueur de la présente loi, si les conditions prévues à l'article 345, alinéa 2 du Code civil, sont remplies.

Art. 8. – Les enfants immatriculés comme pupilles de l'État antérieurement à l'entrée en vigueur de la présente loi ne pourront être placés en vue de l'adoption que s'ils remplissent les conditions prévues par l'article 2 de ladite loi pour être pupilles de l'État.

Les enfants recueillis par une œuvre privée ne pourront être placés en vue de l'adoption que s'ils remplissent les conditions prévues à l'article 351 nouveau du Code civil.

Toutefois, la délégation totale des droits d'autorité parentale (1) faite à la demande des parents, en application de l'article 17, alinéa 1er, de la loi du 24 juillet 1889, est assimilée au consentement à l'adoption prévu à l'article 348-3, troisième alinéa, nouveau du Code civil.

(1) L. n° 70-459, 4 juin 1970, art. 6.

De même, la délégation totale des droits d'autorité parentale (1) en vertu de l'article 17, alinéa 3, de la loi du 24 juillet 1889, est assimilée à la déclaration d'abandon prévue par l'article 350 nouveau du Code civil.

Art. 9. – L'enfant placé en vue de l'adoption, antérieurement à l'entrée en vigueur de la présente loi, soit par le service de l'aide sociale à l'enfance, soit lorsque les parents auront perdu tous leurs droits d'autorité parentale (1) par application de la loi du 24 juillet 1889, ne pourra faire l'objet d'aucune demande de restitution.

Art. 10. – L'adoption plénière pourra être prononcée à l'égard des enfants placés en vue de l'adoption ou recueillis par des particuliers avant l'entrée en vigueur de la présente loi dans les cas suivants :

1° Si les conditions antérieurement prévues pour la légitimation adoptive sont remplies ;

2° Si l'adopté a moins de quinze ans et si les conditions antérieurement prévues pour l'adoption avec rupture des liens sont remplies.

Art. 11. – Les adoptions et les légitimations adoptives prononcées antérieurement à l'entrée en vigueur de la présente loi prennent effet, tant entre les parties qu'à l'égard des tiers, du jour du jugement ou de l'arrêt ayant prononcé l'adoption, mais restent soumises aux voies de recours prévues par l'ancien article 356 du Code civil. En tout état de cause aucune tierce opposition ne sera recevable à l'expiration du délai d'un an à compter de la mise en vigueur de la présente loi.

Art. 12. – La légitimation adoptive emporte, à compter de l'entrée en vigueur de la présente loi, les mêmes effets que l'adoption plénière.

Art. 13. – L'adoption antérieurement prononcée emporte, à compter de l'entrée en vigueur de la présente loi, les mêmes effets que l'adoption simple.

Toutefois, si le tribunal avait décidé, conformément à l'ancien article 354 du Code civil, que l'adopté cesserait d'appartenir à sa famille d'origine, les dispositions du deuxième alinéa dudit article 354 demeureront applicables. En outre, dans ce cas, le tribunal pourra, à la requête de l'adoptant, si l'adopté avait moins de quinze ans lors du prononcé de l'adoption, décider que celle-ci emportera les effets de l'adoption plénière.

En tout état de cause, le nom et les prénoms conférés à l'adopté en application de l'ancien article 360 du Code civil lui demeureront acquis.

Loi n° 66-879 du 29 novembre 1966

relative aux sociétés civiles professionnelles

(JO 30 nov.)

CHAPITRE I. – DISPOSITIONS GÉNÉRALES

Art. 1er *(Mod., L. n° 90-1258, 31 déc. 1990).* – Il peut être constitué, entre personnes physiques exerçant une même profession libérale soumise à un statut législatif ou réglementaire ou dont le titre est protégé, et notamment entre officiers publics et ministériels, des sociétés civiles professionnelles qui jouissent de la personnalité morale et sont soumises aux dispositions de la présente loi.

Ces sociétés ont pour objet l'exercice en commun de la profession de leurs membres, nonobstant toute disposition législative ou réglementaire réservant aux personnes physiques l'exercice de cette profession.

L'immatriculation de la société ne peut intervenir qu'après l'agrément de celle-ci par l'autorité compétente ou son inscription sur la liste ou au tableau de l'ordre professionnel.

Les conditions d'application des articles 1er à 32 de la présente loi à chaque profession seront déterminées par un règlement d'administration publique pris après avis des organismes chargés de représenter la profession auprès des pouvoirs publics ou, à défaut, des organisations les plus représentatives de la profession considérée.

Art. 2 *(L. n° 72-1151, 23 déc. 1972).* – Un règlement d'administration publique peut autoriser, dans les conditions qu'il détermine, les personnes physiques exerçant une profession libérale visée à l'article 1er, et

(1) L. n° 70-459, 4 juin 1970, art. 6.

notamment les officiers publics et ministériels, à constituer des sociétés régies par la présente loi avec des personnes physiques exerçant d'autres professions libérales en vue de l'exercice en commun de leurs professions respectives.

Les membres des professions visées à l'article 1er ne peuvent entrer dans une société civile professionnelle groupant des personnes appartenant à des professions libérales non visées à l'article 1er qu'à la condition d'y avoir été autorisés par l'organisme exerçant à leur égard la juridiction disciplinaire. En cas de refus d'autorisation, appel peut être fait dans les conditions prévues au règlement d'administration publique.

Les sociétés visées au présent article ne peuvent accomplir les actes d'une profession déterminée que par l'intermédiaire d'un de leurs membres ayant qualité pour exercer cette profession.

Art. 2-1 *(Abr., L. n° 90-1258, 31 déc. 1990).*

Art. 3 *(L. n° 72-1151, 23 déc. 1972).* – Peuvent seules être associées, sous réserve des dispositions de l'article 24, les personnes qui, préalablement à la constitution de la société, exerçaient régulièrement la profession ainsi que celles qui, réunissant toutes les conditions exigées par les lois et règlements en vigueur, ont vocation à l'exercer.

Art. 4. – Sauf disposition contraire du règlement d'administration publique particulier à chaque profession, tout associé ne peut être membre que d'une seule société civile professionnelle et ne peut exercer la même profession à titre individuel.

Art. 5 *(Mod., L. n° 72-1151, 23 déc. 1972 ; L. n° 90-1258, 31 déc. 1990).* – Des personnes physiques titulaires d'un office public ou ministériel et exerçant la même profession, peuvent également constituer entre elles des sociétés civiles professionnelles pour l'exercice en commun de leur profession, sans que ces sociétés soient elles-mêmes nommées titulaires d'un office.

L'application de l'alinéa précédent est soumise aux dispositions de l'article 1er, alinéa 3, de la présente loi.

Les articles 6 (2e al.) et 18 (3e al.) ne sont pas applicables aux sociétés constituées en application du présent article.

Les dispositions de l'article 2 sont applicables aux sociétés constituées en application du présent article.

CHAPITRE II. – CONSTITUTION DE LA SOCIÉTÉ

Art. 6 *(Mod., L. n° 90-1258, 31 déc. 1990).* – Les sociétés civiles professionnelles sont librement constituées dans les conditions prévues au règlement d'administration publique particulier à chaque profession, qui déterminera la procédure d'agrément ou d'inscription et le rôle des organismes professionnels.

En ce qui concerne les offices publics et ministériels, la société doit être agréée ou titularisée dans l'office selon les conditions prévues par le règlement d'administration publique.

Art. 7. – Les statuts de la société doivent être établis par écrit. Le règlement d'administration publique particulier à chaque profession détermine les indications qui doivent obligatoirement figurer dans les statuts.

Art. 8 *(Rempl., L. n° 72-1151, 23 déc. 1972 ; L. n° 2011-331, 28 mars 2011).* – La dénomination sociale de la société doit être immédiatement précédée ou suivie de la mention : « société civile professionnelle » ou des initiales : « SCP », elles-mêmes suivies de l'indication de la profession exercée.

Le nom d'un ou de plusieurs associés peut être inclus dans la dénomination sociale.

Art. 9. – Le capital social est divisé en parts égales qui ne peuvent être représentées par des titres négociables.

Le règlement d'administration publique particulier à chaque profession peut limiter le nombre des associés.

Art. 10 *(Mod., L. n° 2011-331, 28 mars 2011).* – Les parts sociales doivent être souscrites en totalité par les associés. Celles qui représentent des apports en nature doivent être libérées intégralement dès la constitution de la société.

La répartition des parts sociales est mentionnée dans les statuts. Elle tient compte des apports en numéraire et, selon l'évaluation qui en est faite, des apports de droits incorporels.

Les statuts peuvent, à l'unanimité des associés, fixer les principes et les modalités applicables à la détermination de la valeur des parts sociales.

Sauf dispositions contraires du décret particulier à chaque profession, la valeur des parts sociales prend en considération une valeur représentative de la clientèle civile. Toutefois, à l'unanimité des associés, les statuts peuvent exclure cette valeur représentative de la clientèle civile de la valorisation des parts sociales.

CHAPITRE III. – FONCTIONNEMENT DE LA SOCIÉTÉ

Art. 11. – Tous les associés sont gérants sauf stipulation contraire des statuts qui peuvent désigner un ou plusieurs gérants parmi les associés ou en prévoir la désignation par un acte ultérieur.

Les conditions de nomination et de révocation des gérants, leurs pouvoirs et la durée de leur mandat sont déterminés par les statuts. Les pouvoirs des gérants ne peuvent en aucun cas avoir pour effet de créer une subordination des associés à la société pour l'accomplissement de leurs actes professionnels.

Art. 12. – Les gérants sont responsables, individuellement ou solidairement selon les cas, envers la société ou envers les tiers, soit des infractions aux lois et règlements, soit de la violation des statuts, soit des fautes commises dans leur gestion. Si plusieurs gérants ont coopéré aux mêmes faits, le tribunal détermine la part contributive de chacun dans la réparation du dommage.

Art. 13 *(Mod., L. n° 72-1151, 23 déc. 1972).* – Les décisions qui excèdent les pouvoirs des gérants sont prises par les associés.

Chaque associé dispose, sauf dispositions particulières du règlement d'administration publique propre à chaque profession ou, à son défaut, des statuts, d'une seule voix, quel que soit le nombre de parts sociales qu'il détient.

Le règlement d'administration publique particulier à chaque profession détermine le mode de consultation des associés, les règles du quorum et de majorité exigées pour la validité de leurs décisions et les conditions dans lesquelles ils sont informés de l'état des affaires sociales.

Art. 14 *(Mod., L. n° 72-1151, 23 déc. 1972).* – Les rémunérations de toute nature, versées en contrepartie de l'activité professionnelle des associés, constituent des recettes de la société et sont perçues par celle-ci.

Le règlement d'administration publique particulier à chaque profession et, à son défaut, les statuts peuvent déterminer des modalités de répartition des bénéfices qui ne seraient pas proportionnelles aux apports en capital.

En l'absence de disposition réglementaire ou de clause statutaire, chaque associé a droit à la même part dans les bénéfices.

Art. 15 *(Mod., L. n° 2011-331, 28 mars 2011).* – Les associés répondent indéfiniment des dettes sociales à l'égard des tiers. Cette disposition ne fait pas obstacle à ce que deux époux soient associés dans une même société civile professionnelle.

Les associés répondent indéfiniment et solidairement des dettes sociales à l'égard des tiers. Cette disposition ne fait pas obstacle à ce que deux époux soient associés dans une même société civile professionnelle.

Les créanciers de la société ne peuvent poursuivre le paiement des dettes sociales contre un associé qu'après avoir vainement mis en demeure la société et à la condition de la mettre en cause.

Les statuts peuvent stipuler que, dans les rapports entre associés, chacun de ceux-ci est tenu des dettes sociales dans la proportion qu'ils déterminent.

Art. 16. – Chaque associé répond sur l'ensemble de son patrimoine, des actes professionnels qu'il accomplit.

La société est solidairement responsable avec lui des conséquences dommageables de ces actes.

La société ou les associés doivent contracter une assurance de responsabilité civile professionnelle, dans les conditions prévues par le règlement d'administration publique particulier à chaque profession.

Art. 17. – Le règlement d'administration publique particulier à chaque profession détermine les attributions et les pouvoirs de chaque associé et de la société pour l'exercice de la profession, et procède, le cas échéant, à l'adaptation des règles de déontologie et de discipline qui leur sont applicables.

Art. 18 *(Mod. à compter du premier jour du sixième mois suivant celui de la promulgation de la loi n° 2015-990 du 6 août 2015, soit le 1er février 2016, L. n° 2015-990, 6 août 2015).* – Un associé peut se retirer de la société, soit qu'il cède ses parts sociales, soit que la société lui rembourse la valeur de ses parts.

Sous réserve des dispositions de l'article 3 de l'ordonnance du 10 septembre 1817, l'officier public ou ministériel qui se retire d'une société en raison d'une mésentente entre associés peut solliciter sa nomination à un office créé à cet effet à la même résidence dans des conditions prévues par le décret particulier à chaque profession, à l'expiration d'un délai de cinq ans à compter de sa nomination en qualité d'officier public ou ministériel associé au sein de cette société.

Lors du retrait d'un associé, la société civile professionnelle est soumise aux modifications d'inscription et le cessionnaire des parts sociales à la procédure d'agrément, prévues par le décret en Conseil d'État particulier à chaque profession.

En ce qui concerne les offices publics et ministériels, le décret en Conseil d'État particulier à chaque profession détermine les conditions dans lesquelles devra être agréé par l'autorité de nomination le cessionnaire des parts sociales et approuvé le retrait de l'associé auquel est remboursée la valeur de ses parts.

Art. 19 *(Mod., L. n° 72-1151, 23 déc. 1972 ; L. n° 90-1258, 31 déc. 1990 ; Ord. n° 2016-394, 31 mars 2016).* – Les parts sociales peuvent être transmises ou cédées à des tiers avec le consentement des associés représentant au moins les trois quarts des voix. Toutefois, les statuts peuvent imposer l'exigence d'une majorité plus forte ou de l'unanimité des associés.

La transmission ou le projet de cession est notifié à la société et à chacun des associés. Si la société n'a pas fait connaître sa décision dans le délai de deux mois, à compter de la dernière des notifications prévues au présent alinéa, le consentement est implicitement donné.

Si la société a refusé de donner son consentement, les associés sont tenus, dans le délai de six mois à compter de ce refus, d'acquérir ou de faire acquérir les parts sociales, à un prix représentant leur valeur déterminée en application des troisième et quatrième alinéas de l'article 10 ou, lorsque les statuts ne prévoient pas les modalités de détermination du prix, un prix fixé dans les conditions prévues par l'article 1843-4 du Code civil.

Le décret peut augmenter les délais prévus aux alinéas 2 et 3 du présent article.

Art. 20. – Sauf disposition contraire des statuts, les parts sociales sont librement cessibles entre associés.

Si les statuts contiennent une clause limitant la liberté de cession, les dispositions de l'article 19, alinéas 2 et 3, sont applicables à défaut de stipulations statutaires.

Art. 21. – Lorsqu'un associé le demande, la société est tenue, soit de faire acquérir ses parts par d'autres associés ou des tiers, soit de les acquérir elle-même, dans les conditions déterminées par le règlement d'administration publique particulier à chaque profession. Dans le second cas, la société est tenue de réduire son capital du montant de la valeur nominale de ces parts.

Art. 22 *(Abr., L. n° 90-1258, 31 déc. 1990).*

CHAPITRE IV. – DISPOSITIONS DIVERSES

Art. 23. – Sauf dispositions contraires du règlement d'administration publique particulier à chaque profession, les statuts fixent librement la durée de la société.

Art. 24 *(L. n° 72-1151, 23 déc. 1972).* – Sauf dispositions contraires du règlement d'administration publique particulier à chaque profession ou, à défaut, des statuts, la société civile professionnelle n'est pas dissoute par le décès, l'incapacité ou le retrait de la société d'un associé pour toute autre cause. Elle n'est pas non plus dissoute lorsqu'un des associés est frappé de l'interdiction définitive d'exercer sa profession.

En cas de décès, les ayants droit de l'associé décédé n'acquièrent pas la qualité d'associé. Toutefois, ils ont la faculté, dans le délai fixé par le règlement d'administration publique, de céder les parts sociales de l'associé décédé, dans les conditions prévues aux articles 19 et 22 ; en outre, si un ou plusieurs d'entre eux remplissent les conditions exigées par l'article 3, ils peuvent demander le consentement de la société dans les conditions prévues à l'article 19. Si le consentement est donné, les parts sociales de l'associé décédé peuvent faire l'objet d'une attribution préférentielle au profit de l'ayant droit agréé, à charge de soulte s'il y a lieu. En cas de refus, le délai ci-dessus est prolongé du temps écoulé entre la demande de consentement et le refus de celui-ci. Si aucune cession ni aucun consentement n'est intervenu à l'expiration du délai, la société ou les associés remboursent la valeur des parts sociales aux ayants droit dans les conditions prévues à l'article 21.

L'associé frappé d'une interdiction définitive d'exercer la profession perd, au jour de cette interdiction, la qualité d'associé. Les dispositions de l'alinéa précédent sont applicables, à l'exception de celles concernant les ayants droit de l'intéressé.

Pendant le délai prévu à l'alinéa 2 ci-dessus, l'associé, ses héritiers ou ayants droit, selon les cas, ne peuvent exercer aucun droit dans la société. Toutefois, et à moins qu'ils n'en soient déchus, ils conservent vocation à la répartition des bénéfices, dans les conditions prévues par les statuts.

Art. 25. – Le règlement d'administration publique particulier à chaque profession détermine les effets de l'interdiction temporaire d'exercer la profession dont un associé ou la société serait frappé.

Art. 26 *(Mod., L. n° 72-1151, 23 déc. 1972 ; L. n° 90-1258, 31 déc. 1990).* – La dissolution ou la prorogation de la société est décidée par les associés, statuant à la majorité qui sera déterminée par le règlement d'administration publique particulier à la profession.

Lorsque la société constituée entre associés exerçant des professions différentes ne comprend plus, au moins, un associé exerçant chacune des professions considérées, les associés peuvent, dans le délai d'un an, régulariser la situation ou décider la modification de l'objet social. À défaut, la société est dissoute dans les conditions fixées par règlement d'administration publique.

En cas de dissolution d'une société civile professionnelle titulaire d'un office public ou ministériel, sous réserve des dispositions de l'article 3 de l'ordonnance du 10 septembre 1817, les associés peuvent solliciter leur nomination à des offices créés à cet effet, à la même résidence, dans les conditions prévues par le décret particulier à chaque profession. L'associé qui a fait apport d'un droit de présentation à la société ne peut toutefois bénéficier de cette faculté lorsque ce droit est exercé en sa faveur.

Art. 27 *(Mod. Ord. n° 2016-394, 31 mars 2016).* – Par dérogation aux dispositions de l'article 1836 et du quatrième alinéa de l'article 1844-4 du Code civil, un décret en Conseil d'État peut, pour chaque profession, fixer la majorité qui, à défaut de clause contraire des statuts, sera requise pour transformer une société civile professionnelle en une société pluri-professionnelle d'exercice régie par le titre IV *bis* de la loi n° 90-1258 du 31 décembre 1990 relative à l'exercice sous forme de sociétés des professions libérales soumises à un statut législatif ou réglementaire ou dont le titre est protégé et aux sociétés de participations financières de professions libérales ou pour participer, par voie de fusion, à la constitution d'une telle société, existante ou nouvelle.

Lorsqu'un associé a exprimé son refus d'approuver une des opérations mentionnées à l'alinéa précédent, la société est tenue soit de faire acquérir ses parts par d'autres associés ou des tiers, soit de les acquérir elle-même à l'issue d'un délai de six mois à compter de la date d'expression du refus. Dans le second cas, la société est tenue de réduire son capital du montant de la valeur nominale de ces parts. Dans les deux cas, la valeur des parts est déterminée dans les conditions prévues à l'article 19.

Art. 28 *(Abr., L. n° 90-1258, 31 déc. 1990).*

Art. 29. – L'appellation « société civile professionnelle » ne peut être utilisée que par les sociétés soumises aux dispositions de la présente loi.

L'emploi illicite de cette appellation ou de toute expression de nature à prêter à confusion avec celle-ci est puni d'un emprisonnement d'un an et d'une amende de 40 000 F (6 000 €) ou de l'une de ces deux peines seulement.

Le tribunal pourra, en outre, ordonner la publication du jugement, aux frais du condamné, dans trois journaux au maximum et son affichage dans les conditions prévues à l'article 50-1 *(131-35)* du Code pénal.

Art. 30 *(Mod., D. n° 78-704, 3 juill. 1978).* – Les chapitres I et II du titre IX du livre III du Code civil sont applicables aux sociétés civiles professionnelles, dans leurs dispositions qui ne sont pas contraires à celles de la présente loi.

Art. 31. – La présente loi ne déroge ni aux dispositions des articles 6, 7, 10, 11 et 15 de l'ordonnance n° 45-2138 du 19 septembre 1945 portant institution de l'ordre des experts comptables et des comptables agréés et réglementant les titres et les professions d'expert-comptable et de comptable agréé, ni à celles de l'article 75 du Code de commerce.

Art. 32. – V. *L. 28 avr. 1816, art. 91.*

Art. 33. – Les dispositions de l'article 78 de la loi n° 48-1360 du 1er septembre 1948 ne sont pas applicables aux sous-locations et aux cessions de bail faites au profit d'une société civile professionnelle.

Les dispositions du présent article sont applicables aux baux en cours.

Art. 34. – V. *L. n° 48-1360, 1er sept. 1948, art. 4, 3e al.*

Art. 35. – I. – Les associés des sociétés civiles professionnelles constituées et fonctionnant conformément aux dispositions de la présente loi sont personnellement soumis à l'impôt sur le revenu des personnes physiques pour la part des bénéfices sociaux qui leur est attribuée même lorsque ces sociétés ont adopté le statut de coopérative.

II. – Pour l'application de l'article 93-1 et 3 du Code général des impôts, la transmission à titre onéreux ou à titre gratuit ou le rachat des parts d'un associé est considéré comme portant sur la quote-part des éléments de l'actif social qui correspond aux droits sociaux faisant l'objet de la transmission ou du rachat.

III. – L'imposition de la plus-value constatée lors de l'apport par un associé de la clientèle ou des éléments d'actif affectés à l'exercice de sa profession à une société civile professionnelle est reportée au moment où s'opérera la transmission ou le rachat des droits sociaux de cet associé.

L'application de cette disposition est subordonnée à la condition que l'apport soit réalisé dans le délai de cinq ans à compter de la publication du règlement d'administration publique propre à la profession considérée.

CHAPITRE V. – SOCIÉTÉS CIVILES DE MOYENS

Art. 36 *(L. n° 72-1151, 23 déc. 1972).* – Nonobstant toutes dispositions législatives ou réglementaires contraires, les personnes physiques ou morales exerçant des professions libérales et notamment les officiers publics et ministériels peuvent constituer entre elles des sociétés civiles ayant pour objet exclusif de faciliter à chacun de leurs membres l'exercice de son activité.

À cet effet, les associés mettent en commun les moyens utiles à l'exercice de leurs professions, sans que la société puisse elle-même exercer celle-ci.

CHAPITRE VI. – DISPOSITION COMMUNE

Art. 37. – Les sociétés régies par la présente loi peuvent adopter le statut de société coopérative. En ce cas, les dispositions de cette loi ne leur sont applicables que dans la mesure où elles ne sont pas contraires à celles de la loi n° 47-1775 du 10 septembre 1947 portant statut de la coopération.

Toutefois, en cas de dissolution d'une société ayant adopté le statut de coopérative et nonobstant l'article 19 de la loi précitée du 10 septembre 1947, l'actif net de la société subsistant après extinction du passif et remboursement du capital versé peut être réparti entre les associés dans les conditions fixées par le règlement d'administration publique particulier à chaque profession.

Art. 38 *(L. n° 72-1151, 23 déc. 1972 ; mod., L. n° 93-1, 4 janv. 1993).* – La présente loi est applicable, à l'exception des articles 31 à 35, dans les territoires de la Nouvelle-Calédonie, de la Polynésie française, de Wallis-et-Futuna et des Terres australes et antarctiques françaises ainsi que dans la collectivité territoriale de Mayotte.

Voir : pour les applications des articles 1er à 32 de la loi du 29 novembre 1966 à chaque profession,

- D. n° 67-868, 2 oct. 1967 (notaire) ;
- D. n° 69-763, 24 juill. 1969 (commissaire-priseur) ;
- D. n° 69-810, 12 août 1969, art. 127 et s. (commissaire aux comptes) ;
- D. n° 69-1057, 20 nov. 1969 (avoué), abrogé mais seulement en ce qui concerne les avoués près les tribunaux de grande instance ;
- D. n° 69-1274, 31 déc. 1969 (huissier de justice) ;
- D. n° 71-688, 11 août 1971 (greffier de tribunal de commerce) ;
- D. n° 76-73, 15 janv. 1976 (géomètre-expert) ;
- D. n° 77-636, 14 juin 1977 (médecin) ;
- D. n° 77-1480, 28 déc. 1977 (architecte) ;
- D. n° 78-326, 15 mars 1978 (directeur de laboratoire d'analyses de biologie médicale) ;
- D. n° 78-380, 15 mars 1978 (avocat au Conseil d'État et à la Cour de cassation) ;

- D. n° 78-906, 24 août 1978 (chirurgien-dentiste) ;
- D. n° 79-885, 11 oct. 1979 (vétérinaire) ;
- D. n° 79-949, 9 nov. 1979 (infirmier ou infirmière) ;
- D. n° 81-509, 12 mai 1981 (masseur-kinésithérapeute) ;
- D. n° 86-260, 18 févr. 1986, devenu CPI, art. R. 422-12 à R. 422-40 (conseil en propriété industrielle) ;
- D. n° 86-636, 14 mars 1986 (expert agricole et foncier et expert forestier) ;
- D. n° 86-1170, 5 nov. 1986 (administrateur judiciaire) ;
- D. n° 92-680, 20 juill. 1992 (avocats).

Décret n° 67-223 du 17 mars 1967

portant règlement d'administration publique pour l'application de la loi n° 65-557 du 10 juillet 1965 fixant le statut de la copropriété des immeubles bâtis

(JO 22 mars)

Section I. – Actes concourant à l'établissement et à l'organisation de la copropriété d'un immeuble bâti

Art. 1er *(Mod., D. n° 2004-479, 27 mai 2004 ; D. n° 2010-391, 20 avr. 2010 ; D. n° 2016-1515, 8 nov. 2016).* **– Le règlement de copropriété mentionné par l'article 8 de la loi [n° 65-557] du 10 juillet 1965 susvisée comporte les stipulations relatives aux objets visés par l'alinéa 1er du I et par le premier alinéa du II dudit article ainsi que l'état de répartition des charges prévu au troisième alinéa de l'article 10 de ladite loi.**

Cet état définit les différentes catégories de charges et distingue celles afférentes à la conservation, à l'entretien et à l'administration de l'immeuble, celles relatives au fonctionnement et à l'entretien de chacun des éléments d'équipement communs et celles entraînées par chaque service collectif.

L'état de répartition des charges fixe, conformément aux dispositions de l'article 10 (alinéa 3) et, s'il y a lieu, de l'article 24 (alinéa 4) de la loi [n° 65-557] du 10 juillet 1965, la quote-part qui incombe à chaque lot dans chacune des catégories de charges ; à défaut, il indique les bases selon lesquelles la répartition est faite pour une ou plusieurs catégories de charges.

Art. 2. **– Le règlement de copropriété peut également comporter :**

1° L'état descriptif de division de l'immeuble, établi *(Mots rempl. à compter du 1er janvier 2013, D. n° 2012-1462, 26 déc. 2012)* **« conformément aux dispositions des articles 71-1 à 71-13 du décret n° 55-1350 du 14 octobre 1955 modifié » ;**

2° La ou les conventions prévues à l'article 37 de la loi du 10 juillet 1965 et relatives à l'exercice de l'un des droits accessoires aux parties communes.

Art. 3. **– Les règlements, états et conventions énumérés aux articles qui précèdent peuvent faire l'objet d'un acte conventionnel ou résulter d'un acte judiciaire, suivant le cas, ayant pour objet de réaliser, constater ou ordonner la division de la propriété d'un immeuble dans les conditions fixées par l'article 1er de la loi du 10 juillet 1965.**

Si le règlement de copropriété comprend un état descriptif de division et les conventions visées à l'article 2 ci-dessus, il doit être rédigé de manière à éviter toute confusion entre ses différentes parties et les clauses particulières au règlement de copropriété doivent se distinguer nettement des autres.

Dans ce cas, seules les stipulations dont l'objet est précisé à l'article 1er du présent décret constituent le règlement de copropriété au sens et pour l'application de ladite loi.

Art. 4. **– Tout acte conventionnel réalisant ou constatant le transfert de propriété d'un lot ou d'une fraction de lot, ou la constitution sur ces derniers d'un droit réel, doit mentionner expressément que l'acquéreur ou le titulaire du droit a eu préalablement connaissance, s'ils ont été publiés dans les conditions prévues par l'article 13 de la loi du 10 juillet 1965, du règlement de copropriété ainsi que des actes qui l'ont modifié.**

Il en est de même en ce qui concerne l'état descriptif de division et des actes qui l'ont modifié, lorsqu'ils existent et ont été publiés.

Le règlement de copropriété, l'état descriptif de division et les actes qui les ont modifiés, même s'ils n'ont pas été publiés au fichier immobilier, s'imposent à l'acquéreur ou au titulaire du droit s'il est expressément constaté aux actes visés au présent article qu'il en a eu préalablement connaissance et qu'il a adhéré aux obligations qui en résultent.

Art. 4-1 *(D. n° 97-532, 23 mai 1997)*. – La superficie de la partie privative d'un lot ou d'une fraction de lot mentionnée à l'article 46 de la loi du 10 juillet 1965 est la superficie des planchers des locaux clos et couverts après déduction des surfaces occupées par les murs, cloisons, marches et cages d'escaliers, gaines, embrasures de portes et de fenêtres. Il n'est pas tenu compte des planchers des parties des locaux d'une hauteur inférieure à 1,80 mètre.

Art. 4-2 *(D. n° 97-532, 23 mai 1997)*. – Les lots ou fractions de lots d'une superficie inférieure à 8 mètres carrés ne sont pas pris en compte pour le calcul de la superficie mentionnée à l'article 4-1.

Art. 4-3 *(D. n° 97-532, 23 mai 1997)*. – Le jour de la signature de l'acte authentique constatant la réalisation de la vente, le notaire, ou l'autorité administrative qui authentifie la convention, remet aux parties, contre émargement ou récépissé, une copie simple de l'acte signé ou un certificat reproduisant la clause de l'acte mentionnant la superficie de la partie privative du lot ou de la fraction du lot vendu, ainsi qu'une copie des dispositions de l'article 46 de la loi du 10 juillet 1965 lorsque ces dispositions ne sont pas reprises intégralement dans l'acte ou le certificat.

Art. 4-4 *(D. n° 2004-479, 27 mai 2004)*. – Lorsque le candidat à l'acquisition d'un lot ou d'une fraction de lot le demande, le propriétaire cédant est tenu de porter à sa connaissance le carnet d'entretien de l'immeuble ainsi que le diagnostic technique.

Art. 5 *(Rempl., D. n° 2004-479, 27 mai 2004)*. – Le syndic, avant l'établissement de l'un des actes mentionnés à l'article 4, adresse au notaire chargé de recevoir l'acte, à la demande de ce dernier ou à celle du copropriétaire qui transfère tout ou partie de ses droits sur le lot, un état daté comportant trois parties.

1° Dans la première partie, le syndic indique, d'une manière même approximative et sous réserve de l'apurement des comptes, les sommes pouvant rester dues, pour le lot considéré, au syndicat par le copropriétaire cédant, au titre :

a) Des provisions exigibles du budget prévisionnel ;

b) Des provisions exigibles des dépenses non comprises dans le budget prévisionnel ;

c) Des charges impayées sur les exercices antérieurs ;

d) *(Mod., D. n° 2013-205, 11 mars 2013)* Des sommes mentionnées aux articles 26-6 et 33 de la loi [n° 65-557] du 10 juillet 1965 ;

e) Des avances exigibles.

Ces indications sont communiquées par le syndic au notaire ou au propriétaire cédant, à charge pour eux de les porter à la connaissance, le cas échéant, des créanciers inscrits.

2° Dans la deuxième partie, le syndic indique, d'une manière même approximative et sous réserve de l'apurement des comptes, les sommes dont le syndicat pourrait être débiteur, pour le lot considéré, à l'égard du copropriétaire cédant, au titre :

a) Des avances mentionnées à l'article 45-1 ;

b) Des provisions du budget prévisionnel pour les périodes postérieures à la période en cours et rendues exigibles en raison de la déchéance du terme prévue par l'article 19-2 de la loi du 10 juillet 1965.

3° Dans la troisième partie, le syndic indique les sommes qui devraient incomber au nouveau copropriétaire, pour le lot considéré, au titre :

a) De la reconstitution des avances mentionnées à l'article 45-1 et ce d'une manière même approximative ;

b) Des provisions non encore exigibles du budget prévisionnel ;

c) Des provisions non encore exigibles dans les dépenses non comprises dans le budget prévisionnel.

Dans une annexe à la troisième partie de l'état daté, le syndic indique la somme correspondant, pour les deux exercices précédents, à la quote-part afférente au lot considéré dans le budget prévisionnel et dans le total des dépenses hors budget prévisionnel. Il mentionne, s'il y a lieu, l'objet et l'état des procédures en cours dans lesquelles le syndicat est partie.

Art. 5-1 *(D. n° 95-162, 15 févr. 1995).* – Pour l'application des dispositions de l'article 20 de la loi du 10 juillet 1965 modifiée, il n'est tenu compte que des créances du syndicat effectivement liquides et exigibles à la date de la mutation.

L'opposition éventuellement formée par le syndic doit énoncer d'une manière précise :

1° Le montant et les causes des créances du syndicat afférentes aux charges et travaux mentionnés aux articles 10 et 30 de la loi n° 65-557 du 10 juillet 1965 de l'année courante et des deux dernières années échues ;

2° Le montant et les causes des créances du syndicat afférentes aux charges et travaux mentionnés aux articles 10 et 30 de la loi du 10 juillet 1965 des deux années antérieures aux deux dernières années échues ;

3° Le montant et les causes des créances de toute nature du syndicat garanties par une hypothèque légale et non comprises dans les créances privilégiées, visées aux 1° et 2° ci-dessus ;

4° Le montant et les causes des créances de toute nature du syndicat non comprises dans les créances visées aux 1°, 2° et 3° ci-dessus.

Si le lot fait l'objet d'une vente sur licitation ou sur saisie immobilière, l'avis de mutation prévu par l'article 20 de la loi du 10 juillet 1965 précitée est donné au syndic, selon le cas, soit par le notaire, soit par l'avocat du demandeur ou du créancier poursuivant ; si le lot fait l'objet d'une expropriation pour cause d'utilité publique ou de l'exercice d'un droit de préemption publique, l'avis de mutation est donné au syndic, selon le cas, soit par le notaire ou par l'expropriant, soit par le titulaire du droit de préemption ; si l'acte est reçu en la forme administrative, l'avis de mutation est donné au syndic par l'autorité qui authentifie la convention.

Art. 5-2 *(Rempl., D. n° 2010-391, 20 avr. 2010).* – Pour l'application du 1° *bis* de l'article 2374 du Code civil, l'année s'entend de l'exercice comptable au sens de l'article 5 du décret [n° 2005-240] du 14 mars 2005 relatif aux comptes du syndicat des copropriétaires.

Art. 6 *(Mod., D. n° 95-162, 15 févr. 1995 ; D. n° 2012-634, 3 mai 2012).* – Tout transfert de propriété d'un lot ou d'une fraction de lot, toute constitution sur ces derniers d'un droit d'usufruit, de nue-propriété, d'usage ou d'habitation, tout transfert de l'un de ces droits est notifié, sans délai, au syndic, soit par les parties, soit par le notaire qui établit l'acte, soit par l'avocat qui a obtenu la décision judiciaire, acte ou décision qui, suivant le cas, réalise, atteste, constate ce transfert ou cette constitution.

(Al. mod., D. n° 2013-205, 11 mars 2013) Cette notification comporte la désignation du lot ou de la fraction de lot intéressé ainsi que l'indication des nom, prénoms, domicile réel ou élu de l'acquéreur ou du titulaire de droit et, le cas échéant, du mandataire commun prévu à l'article 23 (alinéa 2) de la loi [n° 65-557] du 10 juillet 1965. Elle comporte également, le cas échéant, l'indication des accords prévus à l'article 26-8 de cette loi.

Cette notification doit être faite indépendamment de l'avis de mutation prévu à l'article 20 de la loi n° 65-557 du 10 juillet 1965 modifiée.

Art. 6-1 *(D. n° 95-162, 15 févr. 1995).* – Le notaire, ou, selon le cas, l'une des personnes mentionnées au dernier alinéa de l'article 5-1, informe les créanciers inscrits de l'opposition formée par le syndic et, sur leur demande, leur en adresse copie.

Art. 6-2 *(D. n° 2004-479, 27 mai 2004).* – 1° Le paiement de la provision exigible du budget prévisionnel, en application du troisième alinéa de l'article 14-1 de la loi du 10 juillet 1965, incombe au vendeur ;

2° Le paiement des provisions des dépenses non comprises dans le budget prévisionnel incombe à celui, vendeur ou acquéreur, qui est copropriétaire au moment de l'exigibilité ;

3° Le trop ou moins perçu sur provisions, révélé par l'approbation des comptes, est porté au crédit ou au débit du compte de celui qui est copropriétaire lors de l'approbation des comptes.

Art. 6-3 *(D. n° 2004-479, 27 mai 2004).* – Toute convention contraire aux dispositions de l'article 6-2 n'a d'effet qu'entre les parties à la mutation à titre onéreux.

Section II. – Les assemblées générales de copropriétaires

Art. 7 *(Mod., D. n° 2010-391, 20 avr. 2010).* – Dans tout syndicat de copropriété, il est tenu, au moins une fois chaque année, une assemblée générale des copropriétaires.

Sous réserve des dispositions prévues aux articles 8 (alinéas 2 et 3), 47 et 50 du présent décret, l'assemblée générale est convoquée par le syndic.

Les dispositions des alinéas précédents ne sont pas applicables lorsque l'administrateur provisoire est investi par le président du tribunal de grande instance, sur le fondement de l'article 62-7, de tous les pouvoirs de l'assemblée générale. Lorsqu'il n'est investi que d'une partie de ces pouvoirs, les dispositions du deuxième alinéa ne s'appliquent que dans la limite des pouvoirs conservés par l'assemblée générale.

Art. 8 *(Mod., D. n° 2010-391, 20 avr. 2010).* – La convocation de l'assemblée est de droit lorsqu'elle est demandée au syndic soit par le conseil syndical, s'il en existe un, soit par un ou plusieurs copropriétaires représentant au moins un quart des voix de tous les copropriétaires, à moins que le règlement de copropriété ne prévoie un nombre inférieur de voix. La demande, qui est notifiée au syndic, précise les questions dont l'inscription à l'ordre du jour de l'assemblée est demandée.

Dans les cas prévus au précédent alinéa, l'assemblée générale des copropriétaires est valablement convoquée par le président du conseil syndical, s'il en existe un, après mise en demeure au syndic restée infructueuse pendant plus de huit jours.

Dans les mêmes cas, s'il n'existe pas de conseil syndical ou si les membres de ce conseil n'ont pas été désignés ou si le président de ce conseil ne procède pas à la convocation de l'assemblée, tout copropriétaire peut alors provoquer ladite convocation dans les conditions prévues à l'article 50 du présent décret.

Lorsque l'assemblée est convoquée en application du présent article, la convocation est notifiée au syndic.

Les dispositions des alinéas précédents ne sont pas applicables lorsque l'administrateur provisoire est investi par le président du tribunal de grande instance, sur le fondement de l'article 62-7, de tous les pouvoirs de l'assemblée générale. Lorsqu'il n'est investi que d'une partie de ces pouvoirs, les dispositions des alinéas précédents ne s'appliquent que dans la limite des pouvoirs conservés par l'assemblée générale et le conseil syndical.

Art. 9 *(Mod., D. n° 2015-1907, 30 déc. 2015).* – La convocation contient l'indication des lieu, date et heure de la réunion, ainsi que l'ordre du jour qui précise chacune des questions soumises à la délibération de l'assemblée. À défaut de stipulation du règlement de copropriété ou de décision de l'assemblée générale, la personne qui convoque l'assemblée fixe le lieu et l'heure de la réunion. La convocation indique le lieu, le ou les jours et les heures de consultation des pièces justificatives des charges.

Sauf urgence, cette convocation est notifiée au moins vingt et un jours avant la date de la réunion, à moins que le règlement de copropriété n'ait prévu un délai plus long.

Sous réserve des stipulations du règlement de copropriété, l'assemblée générale est réunie dans la commune de la situation de l'immeuble.

Art. 9-1 *(D. n° 2015-1907, 30 déc. 2015).* – Pendant le délai s'écoulant entre la convocation de l'assemblée générale appelée à connaître des comptes et la tenue de celle-ci, le syndic tient les pièces justificatives des charges mentionnées à l'article 18-1 de la loi du 10 juillet 1965 susvisée et classées par catégories à la disposition de tous les copropriétaires pendant une durée qui ne peut être inférieure à un jour ouvré et doit être, en tout cas, appropriée à la dimension de la copropriété.

Le syndic fixe le lieu de la consultation des pièces justificatives des charges, soit à son siège, soit au lieu où il assure habituellement l'accueil des copropriétaires, le ou les jours et les heures auxquels elle s'effectue, qui doivent être indiqués dans la convocation mentionnée à l'article 9.

Lorsqu'il s'agit d'un syndic professionnel, ces jours et heures doivent être fixés pendant les jours et heures d'accueil physique déterminés dans le contrat de syndic.

Les pièces mentionnées au premier alinéa sont des documents originaux ou des copies. Les copropriétaires peuvent obtenir une copie de ces pièces à leurs frais.

Les copropriétaires peuvent se faire assister par un membre du conseil syndical.

Art. 10 *(Rempl., D. n° 2004-479, 27 mai 2004 ; mod., D. n° 2010-391, 20 avr. 2010).* – À tout moment, un ou plusieurs copropriétaires, ou le conseil syndical, peuvent notifier au syndic la ou les questions dont ils demandent qu'elles soient inscrites à l'ordre du jour d'une assemblée générale. Le syndic porte ces questions à l'ordre du jour de la convocation de la prochaine assemblée générale. Toutefois, si la ou les questions notifiées ne peuvent être inscrites à cette assemblée compte tenu de la date de réception de la demande par le syndic, elles le sont à l'assemblée suivante.

Le ou les copropriétaires ou le conseil syndical qui demandent l'inscription d'une question à l'ordre du jour notifient au syndic, avec leur demande, le projet de résolution lorsque cette notification est requise en application des 7° et 8° du I de l'article 11. Lorsque le projet de résolution porte sur l'application du troisième alinéa de l'article 24 et du *b* de l'article 25 de la loi [n° 65-557] du 10 juillet 1965, il est accompagné d'un document précisant l'implantation et la consistance des travaux.

À l'occasion de chaque appel de fonds qu'il adresse aux copropriétaires, le syndic rappelle les dispositions de l'alinéa précédent.

Art. 11 *(Rempl., D. n° 2004-479, 27 mai 2004 ; mod., D. n° 2010-391, 20 avr. 2010).* – Sont notifiés au plus tard en même temps que l'ordre du jour :

i) Pour la validité de la décision :

1° L'état financier du syndicat des copropriétaires et son compte de gestion général, lorsque l'assemblée est appelée à approuver les comptes. Ces documents sont présentés avec le comparatif des comptes de l'exercice précédent approuvé ;

2° Le projet du budget présenté avec le comparatif du dernier budget prévisionnel voté, lorsque l'assemblée est appelée à voter le budget prévisionnel ;

La présentation des documents énumérés au 1° et au 2° ci-dessus est conforme aux modèles établis par le décret relatif aux comptes du syndicat des copropriétaires et ses annexes ;

3° *(Al. mod., D. n° 2013-205, 11 mars 2013)* Les conditions essentielles du contrat ou, en cas d'appel à la concurrence, des contrats proposés, lorsque l'assemblée est appelée à approuver un contrat, un devis ou un marché, notamment pour la réalisation de travaux ainsi que les conditions générales et particulières du projet de contrat et la proposition d'engagement de caution mentionné au deuxième alinéa de l'article 26-7 de la loi [n° 65-557] du 10 juillet 1965 lorsque le contrat proposé a pour objet la souscription d'un prêt bancaire au nom du syndicat dans les conditions prévues à l'article 26-4 de cette loi ;

4° Le ou les projets de contrat du syndic, lorsque l'assemblée est appelée à désigner le représentant légal du syndicat ;

5° Le projet de convention, ou la convention, mentionné à l'article 39 outre les projets mentionnés au 4° ci-dessus ;

6° Le projet de règlement de copropriété, de l'état descriptif de division, de l'état de répartition des charges ou le projet de modification desdits actes, lorsque l'assemblée est appelée, suivant le cas, à établir ou à modifier ces actes ;

7° Le projet de résolution lorsque l'assemblée est appelée à statuer sur l'une des questions mentionnées aux articles 14-1 (2e et 3e alinéa), 14-2 (2e alinéa), 18 (7e alinéa), 24 (alinéas 2 et 3), 25, 26, 30 (alinéas 1er, 2 et 3), 35, 37 (alinéas 3 et 4) et 39 de la loi [n° 65-557] du 10 juillet 1965 ;

8° Le projet de résolution tendant à autoriser, s'il y a lieu, le syndic à introduire une demande en justice ;

9° Les conclusions du rapport de l'administrateur provisoire lorsqu'il en a été désigné un par le président du tribunal de grande instance en application des dispositions de l'article 29-1 de la loi du 10 juillet 1965 et lorsque l'assemblée est appelée à statuer sur une question dont la mention à l'ordre du jour résulte de ces conclusions ;

10° Les conclusions du rapport du mandataire *ad hoc* lorsqu'il en a été désigné un par le président du tribunal de grande instance en vertu de l'article 29-1B de la loi [n° 65-557] du 10 juillet 1965 et que l'assemblée générale est appelée à statuer sur les projets de résolution nécessaires à la mise en œuvre de ce rapport ;

11° Les projets de résolution mentionnant, d'une part, la saisie immobilière d'un lot, d'autre part, le montant de la mise à prix, ainsi que le montant des sommes estimées définitivement perdues, lorsque l'assemblée générale est appelée à autoriser le syndic à poursuivre la saisie immobilière d'un lot ;

12° *(12° rempl. à compter du 1er novembre 2016, D. n° 2016-1446, 26 oct. 2016)* Les projets des conventions et l'avis du conseil syndical mentionnés au troisième alinéa de l'article 41-6 de la loi [n° 65-557] du 10 juillet 1965 ou le projet de résolution portant délégation en application du deuxième alinéa de cet article ;

13° 13° *(13° rempl. à compter du 1er novembre 2016, D. n° 2016-1446, 26 oct. 2016)* Le rapport mentionné au troisième alinéa de l'article 41-1 de la loi [n° 65-557] du 10 juillet 1965.

ii) Pour l'information des copropriétaires :

1° Les annexes au budget prévisionnel ;

2° L'état détaillé des sommes perçues par le syndic au titre de sa rémunération ;

3° L'avis rendu par le conseil syndical lorsque sa consultation est obligatoire, en application du deuxième alinéa de l'article 21 de la loi du 10 juillet 1965.

4° *(4° mod. à compter du 1er novembre 2016, D. n° 2016-1446, 26 oct. 2016)* Le compte rendu de l'exécution de la mission du conseil syndical prévu au deuxième alinéa de l'article 22 du présent décret et le bilan établi par le conseil syndical en application du troisième alinéa de l'article 41-6 de la loi [n° 65-557] du 10 juillet 1965 ;

5° En vue de l'approbation des comptes par l'assemblée générale, le projet d'état individuel de répartition des comptes de chaque copropriétaire.

6° *(D. n° 2012-475, 12 avr. 2012)* L'état actualisé des lots délaissés prévu au second alinéa de l'article 24-6 de la loi n° 65-557 du 10 juillet 1965 fixant le statut de la copropriété des immeubles bâtis.

7° *(7° créé à compter du 1er novembre 2016, D. n° 2016-1446, 26 oct. 2016)* Le compte rendu de la dernière réunion du conseil des résidents mentionnant l'avis émis en application du quatrième alinéa de l'article 41-7 de la loi [n° 65-557] du 10 juillet 1965.

Le contenu de ces documents ne fait pas l'objet d'un vote par l'assemblée des copropriétaires.

Art. 12. – Pour l'application de l'article 23 de la loi du 10 juillet 1965, chacun des associés reçoit notification des convocations ainsi que des documents visés au précédent article et il participe aux assemblées générales du syndicat dans les mêmes conditions que les copropriétaires.

À cet effet, le représentant légal de la société est tenu de communiquer, sans frais, au syndic ainsi que, le cas échéant, à toute personne habilitée à convoquer l'assemblée, et à la demande de ces derniers, les nom et domicile, réel ou élu, de chacun des associés. Il doit immédiatement informer le syndic de toute modification des renseignements ainsi communiqués.

À l'égard du syndicat, la qualité d'associé résulte suffisamment de la communication faite en application de l'alinéa qui précède.

La convocation de l'assemblée générale des copropriétaires est également notifiée au représentant légal de la société visée audit article 23 (alinéa 1er) ; ce dernier peut assister à la réunion avec voix consultative.

Art. 13 *(Rempl., D. n° 2004-479, 27 mai 2004)*. – L'assemblée générale ne prend de décision valide que sur les questions inscrites à l'ordre du jour et dans la mesure où les notifications ont été faites conformément aux dispositions des articles 9 à 11-I.

Elle peut, en outre, examiner sans effet décisoire toutes questions non inscrites à l'ordre du jour.

Art. 14 *(Mod., D. n° 2010-391, 20 avr. 2010)*. – Il est tenu une feuille de présence, pouvant comporter plusieurs feuillets, qui indique les nom et domicile de chaque copropriétaire ou associé, et, le cas échéant, de son mandataire, ainsi que le nombre de voix dont il dispose, compte tenu, s'il y a lieu, des dispositions de l'article 22 (alinéas 2 et 3) et de l'article 24 (alinéa 4) de la loi [n° 65-557] du 10 juillet 1965.

Cette feuille est émargée par chaque copropriétaire ou associé présent, ou par son mandataire. Elle est certifiée exacte par le président de l'assemblée.

La feuille de présence constitue une annexe du procès-verbal avec lequel elle est conservée.

Elle peut être tenue sous forme électronique dans les conditions définies par les articles 1316-1 et suivants du Code civil.

Art. 15 *(Mod., D. n° 2010-391, 20 avr. 2010)*. – Au début de chaque réunion, l'assemblée générale désigne, sous réserve des dispositions de l'article 29-1 de la loi [n° 65-557] du 10 juillet 1965 et de l'article 50 (alinéa 1er) du présent décret, son président et, s'il y a lieu, un ou plusieurs scrutateurs.

Le syndic assure le secrétariat de la séance, sauf décision contraire de l'assemblée générale.

Art. 16 *(Mod., D. n° 2010-391, 20 avr. 2010)*. – Les majorités de voix exigées par les dispositions de la loi [n° 65-557] du 10 juillet 1965 pour le vote des décisions de l'assemblée générale et le nombre de voix prévu à l'article 8 (alinéa 1er) du présent décret sont calculés en tenant compte de la réduction résultant, s'il y a lieu, de l'application du deuxième alinéa de l'article 22 modifié de ladite loi, sous réserve des dispositions de l'avant-dernier alinéa de l'article L. 443-15 du Code de la construction et de l'habitation.

Art. 17 *(Rempl., D. n° 2004-479, 27 mai 2004)*. – Il est établi un procès-verbal des décisions de chaque assemblée qui est signé, à la fin de la séance, par le président, par le secrétaire et par le ou les scrutateurs.

Lorsque le registre est tenu sous forme électronique, ces signatures sont établies conformément au deuxième alinéa de l'article 1316-4 du Code civil.

Le procès-verbal comporte, sous l'intitulé de chaque question inscrite à l'ordre du jour, le résultat du vote. Il précise les noms des copropriétaires ou associés qui se sont opposés à la décision et leur nombre de voix, ainsi que les noms des copropriétaires ou associés qui se sont abstenus et leur nombre de voix.

Le procès-verbal mentionne les réserves éventuellement formulées par les copropriétaires ou associés opposants sur la régularité des décisions.

Les procès-verbaux des séances sont inscrits, à la suite les uns des autres, sur un registre spécialement ouvert à cet effet. Ce registre peut être tenu sous forme électronique dans les conditions définies par les articles 1316-1 et suivants du Code civil.

Art. 18. – Le délai prévu à l'article 42 (alinéa 2) de la loi du 10 juillet 1965 pour contester les décisions de l'assemblée générale court à compter de la notification de la décision à chacun des copropriétaires opposants ou défaillants. Dans le cas prévu à l'article 23 (alinéa 1er) de la loi du 10 juillet 1965, cette notification est adressée au représentant légal de la société lorsqu'un ou plusieurs associés se sont opposés ou ont été défaillants.

La notification ci-dessus prévue doit mentionner les résultats du vote et reproduire le texte de l'article 42 (alinéa 2) de ladite loi.

En outre, dans le cas prévu à l'article 23 (alinéa 1er) de la loi du 10 juillet 1965, un extrait du procès-verbal de l'assemblée est notifié au représentant légal de la société propriétaire de lots, s'il n'a pas assisté à la réunion.

Art. 19 *(Rempl., D. n° 2004-479, 27 mai 2004)*. – Pour l'application du premier alinéa de l'article 25-1 de la loi du 10 juillet 1965, si le projet de résolution a obtenu au moins le tiers des voix de tous les copropriétaires, il est procédé, au cours de la même assemblée, à un second vote à la majorité de l'article 24 de la même loi, à moins que l'assemblée ne décide que la question sera inscrite à l'ordre du jour d'une assemblée ultérieure.

Lorsque l'assemblée est appelée à approuver un contrat, un devis ou un marché mettant en concurrence plusieurs candidats, elle ne peut procéder à un second vote à la majorité de l'article 24 de la loi du 10 juillet 1965 qu'après avoir voté sur chacune des candidatures à la majorité de l'article 25 de la même loi.

Dans le cas prévu par le deuxième alinéa de l'article 25-1 de la loi du 10 juillet 1965 lorsqu'une nouvelle assemblée générale doit être réunie pour statuer à la majorité de l'article 24 de la même loi :

1° Le délai de convocation peut être réduit à huit jours et les notifications prévues à l'article 11 ci-dessus n'ont pas à être renouvelées si l'ordre du jour de cette nouvelle assemblée ne porte que sur des questions inscrites à l'ordre du jour de la précédente assemblée ;

2° Les convocations en vue de la nouvelle assemblée doivent être expédiées dans le délai maximal de trois mois à compter du jour où s'est tenue l'assemblée générale au cours de laquelle la décision n'a pas été adoptée.

Art. 19-1 *(D. n° 95-162, 15 févr. 1995)*. – Lorsqu'un projet de résolution relatif à des travaux d'amélioration prévus au *c* de l'article 26 de la loi n° 65-557 du 10 juillet 1965 a recueilli le vote favorable de la majorité des membres du syndicat représentant au moins les deux tiers des voix des copropriétaires présents ou représentés, une nouvelle assemblée générale des copropriétaires doit être convoquée par le syndic en application du dernier alinéa de l'article 26 de cette même loi. Les notifications prévues à l'article 11 du présent décret n'ont pas à être renouvelées si l'ordre du jour de cette nouvelle assemblée ne porte que sur des questions déjà inscrites à l'ordre du jour de la précédente assemblée.

La convocation à cette nouvelle assemblée doit mentionner que les décisions portant sur des travaux d'amélioration prévus au *c* de l'article 26 de la loi du 10 juillet 1965 pourront être prises à la majorité des membres du syndicat représentant au moins les deux tiers des voix des copropriétaires présents ou représentés à cette nouvelle assemblée générale.

Art. 19-2 *(Rempl., D. n° 2010-391, 20 avr. 2010)*. – La mise en concurrence pour les marchés de travaux et les contrats autres que le contrat de syndic, prévue par le deuxième alinéa de l'article 21 de la loi [n° 65-557] du 10 juillet 1965, lorsque l'assemblée générale n'en a pas fixé les conditions, résulte de la demande de plusieurs devis ou de l'établissement d'un devis descriptif soumis à l'évaluation de plusieurs entreprises.

Art. 20. – Il est procédé pour les assemblées spéciales des propriétaires des lots intéressés, prévues par les articles 27, 28, 35 (alinéa 2) et 38 de la loi du 10 juillet 1965, de la même manière que pour les assemblées générales des copropriétaires.

Art. 21 *(Mod., D. n° 2004-479, 27 mai 2004).* – Une délégation de pouvoir donnée, en application de l'article 25 *a* de la loi du 10 juillet 1965, par l'assemblée générale au syndic, au conseil syndical ou à toute autre personne ne peut porter que sur un acte ou une décision expressément déterminé.

Cette délégation peut autoriser son bénéficiaire à décider de dépenses dont elle détermine l'objet et fixe le montant maximum.

Elle ne peut, en aucun cas, priver l'assemblée générale de son pouvoir de contrôle sur l'administration de l'immeuble et la gestion du syndic.

Le délégataire rend compte à l'assemblée de l'exécution de la délégation.

Section III. – Le conseil syndical

Art. 22 *(D. n° 86-768, 9 juin 1986 ; mod., D. n° 2004-479, 27 mai 2004).* – À moins que le règlement de copropriété n'ait fixé les règles relatives à l'organisation et au fonctionnement du conseil syndical, ces règles sont fixées ou modifiées par l'assemblée générale à la majorité de l'article 24 de la loi du 10 juillet 1965.

Le conseil syndical rend compte à l'assemblée, chaque année, de l'exécution de sa mission.

Le mandat des membres du conseil syndical ne peut excéder trois années renouvelables.

Pour assurer la représentation prévue au dernier alinéa de l'article 27 de la loi du 10 juillet 1965, il est tenu compte, en cas de constitution d'un ou plusieurs syndicats secondaires, des dispositions de l'article 24 ci-après pour fixer le nombre des membres du conseil syndical du syndicat principal. Chaque syndicat secondaire dispose de plein droit d'un siège au moins à ce conseil.

Art. 23 *(Abr., D. n° 86-768, 9 juin 1986).*

Art. 24. – Lorsqu'il existe un ou plusieurs syndicats secondaires, la représentation au conseil syndical du syndicat principal attribuée à un syndicat secondaire est proportionnelle à l'importance du ou des lots qui constituent ce syndicat secondaire par rapport à celle de l'ensemble des lots qui composent le syndicat principal.

Le ou les copropriétaires du ou des lots qui ne se sont pas constitués en syndicat secondaire disposent ensemble, s'il y a lieu, des autres sièges au conseil syndical du syndicat principal.

En l'absence de stipulation particulière du règlement de copropriété du syndicat principal, les copropriétaires désignent leurs représentants au conseil syndical de ce syndicat au cours d'une assemblée générale soit du syndicat secondaire dans le cas prévu à l'alinéa 1er du présent article, soit du syndicat principal dans le cas prévu à l'alinéa précédent.

Art. 25. – Un ou plusieurs membres suppléants peuvent être désignés, dans les mêmes conditions que les membres titulaires. En cas de cessation définitive des fonctions du membre titulaire, ils siègent au conseil syndical, à mesure des vacances, dans l'ordre de leur élection s'il y en a plusieurs, et jusqu'à la date d'expiration du mandat du membre titulaire qu'ils remplacent.

Dans tous les cas, le conseil syndical n'est plus régulièrement constitué si plus d'un quart des sièges devient vacant pour quelque cause que ce soit.

Art. 26 *(D. n° 86-768, 9 juin 1986 ; mod., D. n° 2010-391, 20 avr. 2010).* – Le conseil syndical contrôle la gestion du syndic, notamment la comptabilité du syndicat, la répartition des dépenses, les conditions dans lesquelles sont passés et exécutés les marchés et tous autres contrats, ainsi que l'élaboration du budget prévisionnel dont il suit l'exécution.

Il peut recevoir d'autres missions ou délégations de l'assemblée générale dans les conditions prévues à l'article 25 a de la loi du 10 juillet 1965 et de l'article 21 du présent décret.

Un ou plusieurs membres du conseil syndical, habilités à cet effet par ce dernier, peuvent prendre connaissance et copie au bureau du syndic, ou au lieu arrêté en accord avec lui, des diverses catégories de documents mentionnés au troisième alinéa de l'article 21, de la loi du 10 juillet 1965.

Lorsqu'une communication écrite doit être faite au conseil syndical, elle est valablement faite à la personne de son président, lorsqu'il en a été désigné un, ou, à défaut, à chacun de ses membres. Lorsque la communication est demandée par le conseil syndical, elle est faite à chacun de ses membres.

L'ordre du jour de l'assemblée générale est établi en concertation avec le conseil syndical.

Art. 26-1 à 26-2 *(Abr., L. n° 2006-872, 13 juill. 2006).*

Art. 26-3 *(L. n° 2000-1208, 13 déc. 2000).* – Par dérogation aux dispositions de l'avant-dernier alinéa de l'article 26, l'assemblée générale décide, à la double majorité qualifiée prévue au premier alinéa dudit article, les aliénations de parties communes et les travaux à effectuer sur celles-ci, pour l'application de l'article 25 de la loi n° 96-987 du 14 novembre 1996 relative à la mise en œuvre du pacte de relance pour la ville.

Art. 26-4 *(Créé à compter de la date prévue au III de l'article 103 de la loi n° 2012-387 du 22 mars 2012, L. n° 2012-387, 22 mars 2012).* – L'assemblée générale ne peut, sauf à l'unanimité des voix des copropriétaires, décider la souscription d'un emprunt bancaire au nom du syndicat des copropriétaires pour le financement soit de travaux régulièrement votés concernant les parties communes ou de travaux d'intérêt collectif sur parties privatives régulièrement votés, soit des actes d'acquisition conformes à l'objet du syndicat et régulièrement votés.

Par dérogation au premier alinéa, l'assemblée générale peut également, à la même majorité que celle nécessaire au vote des travaux concernant les parties communes ou de travaux d'intérêt collectif sur parties privatives, voter la souscription d'un emprunt bancaire au nom du syndicat des copropriétaires lorsque cet emprunt a pour unique objectif le préfinancement de subventions publiques accordées au syndicat pour la réalisation des travaux votés.

Par dérogation au premier alinéa, l'assemblée générale peut, à la même majorité que celle nécessaire au vote soit des travaux concernant les parties communes ou de travaux d'intérêt collectif sur parties privatives, soit des actes d'acquisition conformes à l'objet du syndicat, voter la souscription d'un emprunt bancaire au nom du syndicat des copropriétaires au bénéfice des seuls copropriétaires décidant d'y participer.

Les copropriétaires qui décident de participer à l'emprunt doivent notifier leur décision au syndic en précisant le montant de l'emprunt qu'ils entendent solliciter, dans la limite de leur quote-part des dépenses. À peine de forclusion, la notification au syndic doit intervenir dans le délai de deux mois à compter de la notification du procès-verbal d'assemblée générale pour les copropriétaires opposants ou défaillants et, pour les autres copropriétaires, à compter de la tenue de l'assemblée générale.

Art. 26-5 *(Créé à compter de la date prévue au III de l'article 103 de la loi n° 2012-387 du 22 mars 2012, L. n° 2012-387, 22 mars 2012).* – Le contrat de prêt conclu en application de l'article 26-4, conforme aux conditions générales et particulières du projet de contrat de prêt jointes à l'ordre du jour de l'assemblée générale, ne peut être signé par le syndic avant l'expiration du délai de recours de deux mois prévu au deuxième alinéa de l'article 42.

Art. 26-6 *(Créé à compter de la date prévue au III de l'article 103 de la loi n° 2012-387 du 22 mars 2012, L. n° 2012-387, 22 mars 2012).* – Le montant de l'emprunt mentionné à l'article 26-4, qui ne peut excéder le montant total des quotes-parts de dépenses des copropriétaires décidant d'y participer, est versé par l'établissement bancaire au syndicat des copropriétaires, représenté par le syndic.

Seuls les copropriétaires bénéficiant de l'emprunt sont tenus de contribuer :

1° À son remboursement au syndicat, en fonction du montant pour lequel ils participent à l'emprunt et selon la grille générale établie pour la répartition des quotes-parts de dépenses selon les principes prévus aux articles 10, 10-1 et 30 ;

2° Au paiement au syndicat des intérêts, des frais et des honoraires y afférents, en fonction du montant pour lequel ils participent à l'emprunt et selon la grille spécifique établie pour la répartition des accessoires.

Art. 26-7 *(Créé à compter de la date prévue au III de l'article 103 de la loi n° 2012-387 du 22 mars 2012, L. n° 2012-387, 22 mars 2012).* – Le syndicat des copropriétaires est garanti en totalité, sans franchise et sans délai de carence, par un cautionnement solidaire après constat de la défaillance d'un copropriétaire bénéficiant de l'emprunt mentionné à l'article 26-4 pour les sommes correspondant à son remboursement ainsi qu'au paiement des accessoires.

Le cautionnement solidaire ne peut résulter que d'un engagement écrit fourni par une entreprise d'assurance spécialement agréée, par un établissement de crédit ou une institution mentionnée à l'article L. 518-1 du Code monétaire et financier.

Au regard du privilège prévu au 1° *bis* de l'article 2374 du Code civil, les sommes correspondant au remboursement de l'emprunt ainsi qu'au paiement des accessoires sont assimilées au paiement des charges et travaux. Après mise en œuvre de la caution, celle-ci est subrogée de plein droit dans l'exercice du privilège du syndicat des copropriétaires prévu au même 1° *bis*.

Art. 26-8 *(Créé à compter de la date prévue au III de l'article 103 de la loi n° 2012-387 du 22 mars 2012, L. n° 2012-387, 22 mars 2012)*. – Lors d'une mutation entre vifs du lot d'un copropriétaire bénéficiant de l'emprunt mentionné à l'article 26-4, même si cette mutation est réalisée par voie d'apport en société, les sommes restant dues par le copropriétaire au titre du remboursement de l'emprunt ainsi que du paiement des accessoires deviennent immédiatement exigibles. Toutefois, en cas d'accord du prêteur et de la caution, l'obligation de payer ces sommes peut être transmise au nouveau copropriétaire avec son accord. Le notaire informe le syndic de ces accords.

Art. 27 *(Mod., D. n° 2004-479, 27 mai 2004)*. – Les fonctions de président et de membre du conseil syndical ne donnent pas lieu à rémunération.

Le conseil syndical peut, pour l'exécution de sa mission, prendre conseil auprès de toute personne de son choix. Il peut aussi, sur une question particulière, demander un avis technique à tout professionnel de la spécialité.

Les dépenses nécessitées par l'exécution de la mission du conseil syndical constituent des dépenses courantes d'administration. Elles sont supportées par le syndicat et réglées par le syndic.

Section IV. – Le syndic

Art. 28 *(D. n° 86-768, 9 juin 1986 ; mod., D. n° 2004-479, 27 mai 2004 ; D. n° 2010-391, 20 avr. 2010)*. – Sous réserve des dispositions de l'article L. 443-15 du Code de la construction et de l'habitation et des stipulations particulières du règlement de copropriété, les fonctions de syndic peuvent être assumées par toute personne physique ou morale.

En dehors de l'hypothèse prévue par l'article L. 443-15 du Code de la construction et de l'habitation, la durée des fonctions du syndic ne peut excéder trois années. Toutefois, pendant les délais prévus à l'article 1792-4-1 du Code civil, elle ne peut dépasser une année lorsque le syndic, son conjoint, le partenaire lié à lui par un pacte civil de solidarité, leurs commettants ou employeurs, leurs préposés, leurs parents ou alliés jusqu'au troisième degré inclus ont, directement ou indirectement, à quelque titre que ce soit, même par personne interposée, participé à la construction de l'immeuble.

Le syndic peut être de nouveau désigné par l'assemblée générale pour les durées prévues à l'alinéa précédent.

Art. 29 *(Rempl., D. n° 2004-479, 27 mai 2004 ; mod., D. n° 2010-391, 20 avr. 2010 ; mod., D. n° 2015-342, 26 mars 2015)* (1). – Le contrat de mandat du syndic fixe sa durée et précise ses dates calendaires de prise d'effet et d'échéance, ainsi que les éléments de détermination de la rémunération du syndic. Il détermine les conditions d'exécution de la mission de ce dernier en conformité avec les dispositions des articles 14 et 18 de la loi [n° 65-227] du 10 juillet 1965.

Le contrat type de syndic prévu au troisième alinéa de l'article 18-1 A de la loi [n° 65-557] du 10 juillet 1965 susvisée est celui figurant en annexe 1 du présent décret.

Le syndicat de copropriétaires mentionné à l'article 18-1 AA de cette même loi peut déroger aux stipulations du contrat type dans les conditions prévues audit article.

Le contrat de syndic conclu entre les parties est rédigé en caractères dont la hauteur ne peut être inférieure à celle du corps huit.

La liste limitative des prestations particulières pouvant donner lieu à versement au profit du syndic d'une rémunération spécifique complémentaire conformément à l'alinéa 1 de l'article 18-1 A de la même loi figure en annexe 2 du présent décret.

(1) Dispositions applicables aux contrats de syndic conclus ou renouvelés après le 1er juillet 2015, *D. n° 2015-342, 26 mars 2015*.

La décision qui désigne le syndic et qui approuve le contrat de mandat est votée par l'assemblée générale à la majorité de l'article 25 de la loi [n° 65-557] du 10 juillet 1965.

Art. 29-1 *(D. n° 2004-479, 27 mai 2004).* – La décision, prise en application du septième alinéa de l'article 18 de la loi du 10 juillet 1965, par laquelle l'assemblée générale dispense le syndic de l'obligation d'ouvrir un compte bancaire ou postal séparé au nom du syndicat fixe la durée pour laquelle la dispense est donnée.

Cette dispense est renouvelable. Elle prend fin de plein droit en cas de désignation d'un autre syndic.

Art. 30. – À l'occasion de l'exécution de sa mission, le syndic peut se faire représenter par l'un de ses préposés.

Art. 31 *(Mod., D. n° 2004-479, 27 mai 2004).* – Le syndic engage et congédie le personnel employé par le syndicat et fixe les conditions de son travail suivant les usages locaux et les textes en vigueur.

L'assemblée générale a seule qualité pour fixer le nombre et la catégorie des emplois.

Art. 32 *(Rempl., D. n° 2010-391, 20 avr. 2010 ; mod., D. n° 2015-1325, 21 oct. 2015).* – Le syndic établit et tient à jour une liste de tous les copropriétaires avec l'indication des lots qui leur appartiennent, ainsi que de tous les titulaires des droits mentionnés à l'article 6 ; il mentionne leur état civil ainsi que leur domicile réel ou élu, et, s'il s'agit d'une personne morale, sa forme, sa dénomination, son siège social et l'organe qui la représente légalement ou statutairement. Il fait aussi mention de leur adresse électronique, lorsque le copropriétaire a donné son accord.

Lorsqu'un copropriétaire fait l'objet d'une mesure de protection en application des articles 447, 437, 477 ou 485 du Code civil, le tuteur ou, selon le cas, le curateur, le mandataire spécial, le mandataire de protection future, lorsque son mandat prend effet, ou le mandataire *ad hoc* notifie son mandat au syndic qui porte cette mention sur la liste prévue au premier alinéa. Il en est de même de l'administrateur légal d'un mineur copropriétaire, du mandataire commun désigné en application de l'article 23 de la loi [n° 65-557] du 10 juillet 1965 en cas d'indivision ou d'usufruit d'un lot de copropriété et du mandataire qui a reçu mission d'administrer ou de gérer à effet posthume un lot de copropriété en application de l'article 812 du Code civil.

Art. 33 *(Rempl. à compter du 1er juin 2010, D. n° 2010-391, 20 avr. 2010 ; mod., D. n° 2015-1907, 30 déc. 2015).* – Le syndic détient les archives du syndicat, notamment une expédition ou une copie des actes énumérés aux articles 1er à 3 ci-dessus, ainsi que toutes conventions, pièces, correspondances, plans, registres, documents et décisions de justice relatifs à l'immeuble et au syndicat. Il détient, en particulier, les registres contenant les procès-verbaux des assemblées générales des copropriétaires et les pièces annexes ainsi que les documents comptables du syndicat, le carnet d'entretien de l'immeuble et, le cas échéant, les diagnostics techniques.

Il délivre, en les certifiant, des copies ou extraits des procès-verbaux des assemblées générales, ainsi que des copies des annexes de ces procès-verbaux.

Il remet au copropriétaire qui en fait la demande, aux frais de ce dernier, copie des pièces justificatives des charges de copropriété mentionnées à l'article 9-1 du présent décret, copie du carnet d'entretien de l'immeuble et, le cas échéant, des diagnostics techniques mentionnés au premier alinéa du présent article.

La conservation et la gestion des archives sont comprises dans la mission ordinaire du syndic.

Art. 33-1 *(D. n° 2004-479, 27 mai 2004).* – En cas de changement de syndic, la transmission des documents et archives du syndicat doit être accompagnée d'un bordereau récapitulatif de ces pièces. Copie de ce bordereau est remise au conseil syndical.

Art. 33-2 *(D. n° 2010-391, 20 avr. 2010).* – L'obligation prévue à la deuxième phrase du premier alinéa de l'article 18-2 de la loi [n° 65-557] du 10 juillet 1965 ne se substitue pas à l'obligation faite à l'ancien syndic de transférer les documents et archives du syndicat au nouveau syndic, telle que prévue à la première phrase du même alinéa.

Art. 34 *(D. n° 86-768, 9 juin 1986 ; mod., D. n° 2010-391, 20 avr. 2010).* – L'action visée au troisième alinéa de l'article 18-2 de la loi [n° 65-557] du 10 juillet 1965 peut être introduite après mise en demeure effectuée dans les formes prévues par l'article 64 du présent décret ou par acte d'huissier de justice, adressée à l'ancien syndic et restée infructueuse pendant un délai de huit jours. Elle est portée devant le président du tribunal de grande instance du lieu de situation de l'immeuble.

Art. 35 *(Rempl., D. n° 2004-479, 27 mai 2004 ; mod., D. n° 2010-391, 20 avr. 2010).* – Le syndic peut exiger le versement :

1° De l'avance constituant la réserve prévue au règlement de copropriété, laquelle ne peut excéder 1/6 du montant du budget prévisionnel ;

2° Des provisions du budget prévisionnel prévues aux alinéas 2 et 3 de l'article 14-1 de la loi du 10 juillet 1965 ;

3° Des provisions pour les dépenses non comprises dans le budget prévisionnel prévues à l'article 14-2 de la loi du 10 juillet 1965 et énoncées à l'article 44 du présent décret ;

4° Des avances correspondant à l'échéancier prévu dans le plan pluriannuel de travaux adopté par l'assemblée générale ;

5° Des avances constituées par les provisions spéciales prévues au sixième alinéa de l'article 18 de la loi du 10 juillet 1965.

Lors de la mise en copropriété d'un immeuble, le syndic provisoire peut exiger le versement d'une provision, lorsque celle-ci est fixée par le règlement de copropriété, pour faire face aux dépenses de maintenance, de fonctionnement et d'administration des parties et équipements communs de l'immeuble.

Lorsque cette provision est consommée ou lorsque le règlement de copropriété n'en prévoit pas, le syndic provisoire peut appeler auprès des copropriétaires le remboursement des sommes correspondant aux dépenses régulièrement engagées et effectivement acquittées, et ce jusqu'à la première assemblée générale réunie à son initiative qui votera le premier budget prévisionnel et approuvera les comptes de la période écoulée.

Art. 35-1 *(D. n° 2004-479, 27 mai 2004).* – L'assemblée générale décide, s'il y a lieu, du placement des fonds recueillis et de l'affectation des intérêts produits par ce placement.

Art. 35-2 *(D. n° 2004-479, 27 mai 2004).* – Pour l'exécution du budget prévisionnel, le syndic adresse à chaque copropriétaire, par lettre simple, préalablement à la date d'exigibilité déterminée par la loi, un avis indiquant le montant de la provision exigible.

Pour les dépenses non comprises dans le budget prévisionnel, le syndic adresse à chaque copropriétaire, par lettre simple, préalablement à la date d'exigibilité déterminée par la décision d'assemblée générale, un avis indiquant le montant de la somme exigible et l'objet de la dépense.

Art. 36 *(Mod., D. n° 2004-479, 27 mai 2004).* – Sauf stipulation contraire du règlement de copropriété, les sommes dues au titre de l'article 35 portent intérêt au profit du syndicat. Cet intérêt, fixé au taux légal en matière civile, est dû à compter de la mise en demeure adressée par le syndic au copropriétaire défaillant.

Art. 37 *(Mod., D. n° 2010-391, 20 avr. 2010).* – Lorsqu'en cas d'urgence le syndic fait procéder, de sa propre initiative, à l'exécution de travaux nécessaires à la sauvegarde de l'immeuble, il en informe les copropriétaires et convoque immédiatement une assemblée générale.

Par dérogation aux dispositions de l'article 35 ci-dessus, il peut, dans ce cas, en vue de l'ouverture du chantier et de son premier approvisionnement, demander, sans délibération préalable de l'assemblée générale mais après avoir pris l'avis du conseil syndical, s'il en existe un, le versement d'une provision qui ne peut excéder le tiers du montant du devis estimatif des travaux.

Il ne peut demander de nouvelles provisions pour le paiement des travaux qu'en vertu d'une décision de l'assemblée générale qu'il doit convoquer immédiatement et selon les modalités prévues par le deuxième alinéa de l'article 14-2 de la loi [n° 65-557] du 10 juillet 1965.

Art. 38 *(Abr., D. n° 2004-479, 27 mai 2004 ; rétabli, D. n° 2013-205, 11 mars 2013).* – Le constat de la défaillance du copropriétaire, mentionnée au premier alinéa de l'article 26-7 de la loi [n° 65-557] du 10 juillet 1965, résulte d'une mise en demeure par lettre recommandée avec demande d'avis de réception adressée par le syndic dès la première échéance impayée du remboursement de l'emprunt et restée infructueuse pendant plus de trente jours.

Art. 39 *(Mod., D. n° 2004-479, 27 mai 2004 ; mod., D. n° 2010-391, 20 avr. 2010).* – Doit être spécialement autorisée par une décision de l'assemblée générale toute convention entre le syndicat et le syndic, ses préposés, son conjoint, le partenaire lié à lui par un pacte civil de solidarité, ses parents ou alliés jusqu'au troisième degré inclus.

Il en est de même des conventions entre le syndicat et une entreprise dont les personnes mentionnées à l'alinéa précédent sont propriétaires ou détiennent une participation dans son capital, ou dans lesquelles elles exercent des fonctions de direction ou de contrôle, ou dont elles sont salariées ou préposées.

Le syndic, lorsqu'il est une personne morale, ne peut, sans y avoir été spécialement autorisé par une décision de l'assemblée générale, contracter pour le compte du syndicat avec une entreprise qui détient, directement ou indirectement, une participation dans son capital.

Le syndic précise la nature des liens qui rendent nécessaire l'autorisation de la convention.

Les décisions d'autorisation prévues au présent article sont prises à la majorité de l'article 24 de la loi du 10 juillet 1965.

Art. 39-1 *(D. n° 2004-479, 27 mai 2004).* – Lorsque certains copropriétaires peuvent bénéficier de subventions publiques pour la réalisation de travaux sur les parties communes, le syndic, s'il est soumis à une réglementation professionnelle organisant le maniement des fonds d'autrui, peut être le mandataire de ces copropriétaires. Ce mandat est soumis aux dispositions des articles 1984 et suivants du Code civil.

Section IV. – Dispositions particulières aux résidences-services

(D. n° 2010-391, 20 avr. 2010)

Art. 39-2 *(Rempl. à compter du 1er novembre 2016, D. n° 2016-1446, 26 oct. 2016).* – Les catégories de services non individualisables mentionnées à l'article 41-1 de la loi [n° 65-557] du 10 juillet 1965 sont :

1° L'accueil personnalisé et permanent des résidents et de leurs visiteurs ;

2° La mise à disposition d'un personnel spécifique attaché à la résidence, le cas échéant complétée par des moyens techniques, permettant d'assurer une veille continue quant à la sécurité des personnes et la surveillance des biens ;

3° Le libre accès aux espaces de convivialité et aux jardins aménagés.

Art. 39-2-1 *(Créé à compter du 1er novembre 2016, D. n° 2016-1446, 26 oct. 2016).* – Les conventions prévues au deuxième alinéa de l'article 41-1 de la loi [n° 65-557] du 10 juillet 1965 précisent notamment leur durée, les conditions de leur renouvellement et de leur dénonciation, les modalités de surveillance par le conseil syndical de leur exécution, les conditions de communication par le prestataire des documents relatifs à cette exécution, l'objet et les conditions financières de la fourniture du ou des services ainsi que les conditions matérielles et financières d'occupation des locaux.

Art. 39-3 *(D. n° 2010-391, 20 avr. 2010 ; mod. à compter du 1er novembre 2016, D. n° 2016-1446, 26 oct. 2016).* – Le bilan mentionné au troisième alinéa de l'article 41-6 de la loi [n° 65-557] du 10 juillet 1965 porte sur les conditions financières d'exécution des conventions de services spécifiques non individualisables, la qualité et le contenu des services dispensés, leur conformité aux attentes des résidents ainsi que, s'agissant des conventions prévues à l'article 41-3 de cette loi, sur les conditions d'exécution du ou des contrats de prêt.

Il est signé par le président du conseil syndical et notifié par le syndic conformément aux prescriptions du 4° du II de l'article 11.

En cas de difficulté d'exécution de la convention, le conseil syndical informe sans délai le syndic qui prend les mesures appropriées.

Art. 39-4 *(Rempl. à compter du 1er novembre 2016, D. n° 2016-1446, 26 oct. 2016).* – Le rapport mentionné au troisième alinéa de l'article 41-1 de la loi [n° 65-557] du 10 juillet 1965 est établi, sur demande d'un ou plusieurs copropriétaires, par le syndic ou, en cas de carence, par le conseil syndical.

Art. 39-5 *(D. n° 2010-391, 20 avr. 2010 ; mod., à compter du 1er novembre 2016, D. n° 2016-1446, 26 oct. 2016).* – Tous les litiges relatifs à l'exécution des conventions de prêt mentionnées à l'article 41-3 de la loi [n° 65-557] du 10 juillet 1965 ainsi que des conventions de prestations de services individualisables et non individualisables sont de la compétence de la juridiction du lieu de situation de l'immeuble.

Art. 39-6 *(D. n° 2010-391, 20 avr. 2010 ; mod. à compter du 1er novembre 2016, D. n° 2016-1446, 26 oct. 2016).* – Pour l'application du quatrième alinéa de l'article 41-1 de la loi [n° 65-557] du 10 juillet 1965, l'instance est diligentée contre le syndicat des copropriétaires et, le cas échéant, contre le tiers qui fournit le ou les services. Le juge peut entendre le président du conseil syndical.

Art. 39-7 *(D. n° 2010-391, 20 avr. 2010 ; mod. à compter du 1er novembre 2016, D. n° 2016-1446, 26 oct. 2016).* – La décision prise en application du quatrième alinéa de l'article 41-1 de la loi [n° 65-557] du 10 juillet 1965 est portée à la connaissance des copropriétaires qui n'étaient pas partie à l'instance à l'initiative du syndic, dans le mois de son prononcé, par remise contre émargement ou par lettre recommandée avec demande d'avis de réception.

Art. 39-8 *(D. n° 2016-1446, 26 oct. 2016).* – Pour l'application de l'article 41-7 de la loi [n° 65-557] du 10 juillet 1965, les personnes demeurant à titre principal dans la résidence sont celles qui y occupent un logement au moins huit mois par an, sauf obligation professionnelle ou raison de santé, soit en tant que titulaire d'un droit d'occupation réel ou personnel, soit en tant que conjoint ou partenaire d'un pacte civil de solidarité du titulaire d'un tel droit.

Art. 39-9 *(D. n° 2016-1446, 26 oct. 2016).* – Pour permettre au conseil des résidents de se réunir de sa propre initiative, une demande de convocation est adressée au syndic par des résidents représentant au moins trente pour cent du nombre total des lots d'habitation composant la résidence.

Dans tous les cas où le conseil des résidents doit se réunir, le syndic avertit ses membres des lieu, date et heure de la réunion au moins un mois à l'avance par un affichage à l'emplacement prévu à cet effet au sein de la résidence. Cet emplacement doit être visible et accessible. Le document affiché rappelle les conditions de participation à la réunion.

L'ordre du jour de la prochaine assemblée générale est communiqué par le syndic au conseil des résidents par affichage à l'emplacement mentionné à l'alinéa précédent au moins sept jours avant la réunion du conseil, après anonymisation des documents contenant des informations à caractère personnel.

Le conseil est présidé par un résident élu au scrutin secret à la majorité des votants. En cas de partage des voix, le candidat le plus âgé est déclaré élu. Le syndic préside en cas de carence.

Section V. – Dispositions particulières aux syndicats de forme coopérative

(Intitulé rempl., D. n° 2004-479, 27 mai 2004)

Art. 40 *(Rempl., D. n° 2004-479, 27 mai 2004).* – Outre les dispositions de la loi du 10 juillet 1965, le syndicat des copropriétaires de forme coopérative, prévu aux articles 14 et 17-1 de cette loi, est régi par les dispositions de la présente section et celles non contraires du présent décret.

Art. 41 *(Rempl., D. n° 2004-479, 27 mai 2004).* – Dans un syndicat de forme coopérative, les actes et documents établis au nom du syndicat doivent préciser sa forme coopérative. En aucun cas, le syndic et le vice-président, s'il existe, ne peuvent conserver ces fonctions après l'expiration de leur mandat de membre du conseil syndical.

Art. 42 *(Rempl., D. n° 2004-479, 27 mai 2004).* – Les dispositions de l'article 27 sont applicables au syndic. Celui-ci peut, en outre, sous sa responsabilité, confier l'exécution de certaines tâches à une union coopérative ou à d'autres prestataires extérieurs.

Art. 42-1 *(Rempl., D. n° 2004-479, 27 mai 2004).* – L'assemblée générale désigne, à la majorité de l'article 24 de la loi du 10 juillet 1965, le ou les copropriétaires chargés de contrôler les comptes du syndicat, à moins qu'elle ne préfère confier cette mission à un expert-comptable ou à un commissaire aux comptes.

Le ou les copropriétaires désignés, l'expert-comptable ou le commissaire aux comptes rendent compte chaque année à l'assemblée générale de l'exécution de leur mission.

Le mandat du ou des copropriétaires désignés pour contrôler les comptes du syndicat ne peut excéder trois ans renouvelables. Il ne donne pas lieu à rémunération.

Le ou les copropriétaires désignés ne peuvent être le conjoint, les descendants, ascendants ou préposés du syndic ou d'un des membres du conseil syndical ou être liés à eux par un pacte civil de solidarité.

Art. 42-2 *(Rempl., D. n° 2004-479, 27 mai 2004).* – Les syndicats de forme coopérative peuvent, même si les immeubles ne sont pas contigus ou voisins, constituer entre eux des unions coopératives ayant pour objet de créer et gérer des services destinés à faciliter leur gestion.

Ces unions coopératives sont soumises aux dispositions de la section VIII du présent décret.

Chaque syndicat décide, parmi les services proposés par une union coopérative, ceux dont il veut bénéficier.

Section VI. – La comptabilité du syndicat

(Intitulé rempl., D. n° 2004-479, 27 mai 2004)

Art. 43 *(Rempl., D. n° 2004-479, 27 mai 2004).* – Le budget prévisionnel couvre un exercice comptable de douze mois. Il est voté avant le début de l'exercice qu'il concerne.

Toutefois, si le budget prévisionnel ne peut être voté qu'au cours de l'exercice comptable qu'il concerne, le syndic, préalablement autorisé par l'assemblée générale des copropriétaires, peut appeler successivement deux provisions trimestrielles, chacune égale au quart du budget prévisionnel précédemment voté. La procédure prévue à l'article 19-2 de la loi du 10 juillet 1965 ne s'applique pas à cette situation.

Art. 44 *(Rempl., D. n° 2004-479, 27 mai 2004).* – Les dépenses non comprises dans le budget prévisionnel sont celles afférentes :

1° Aux travaux de conservation ou d'entretien de l'immeuble, autres que ceux de maintenance ;

2° Aux travaux portant sur les éléments d'équipement communs, autres que ceux de maintenance ;

3° Aux travaux d'amélioration, tels que la transformation d'un ou de plusieurs éléments d'équipement existants, l'adjonction d'éléments nouveaux, l'aménagement de locaux affectés à l'usage commun ou la création de tels locaux, l'affouillement du sol et la surélévation de bâtiments ;

4° Aux études techniques, telles que les diagnostics et consultations ;

5° Et, d'une manière générale, aux travaux qui ne concourent pas à la maintenance et à l'administration des parties communes ou à la maintenance et au fonctionnement des équipements communs de l'immeuble.

Art. 45 *(Rempl., D. n° 2004-479, 27 mai 2004).* – Les travaux de maintenance sont les travaux d'entretien courant, exécutés en vue de maintenir l'état de l'immeuble ou de prévenir la défaillance d'un élément d'équipement commun ; ils comprennent les menues réparations.

Sont assimilés à des travaux de maintenance les travaux de remplacement d'éléments d'équipement communs, tels que ceux de la chaudière ou de l'ascenseur, lorsque le prix de ce remplacement est compris forfaitairement dans le contrat de maintenance ou d'entretien y afférent.

Sont aussi assimilées à des travaux de maintenance les vérifications périodiques imposées par les réglementations en vigueur sur les éléments d'équipement communs.

Art. 45-1 *(Rempl., D. n° 2004-479, 27 mai 2004).* – Les charges sont les dépenses incombant définitivement aux copropriétaires, chacun pour sa quote-part. L'approbation des comptes du syndicat par l'assemblée générale ne constitue pas une approbation du compte individuel de chacun des copropriétaires.

Au sens et pour l'application des règles comptables du syndicat :

– sont nommées provisions sur charges les sommes versées ou à verser en attente du solde définitif qui résultera de l'approbation des comptes du syndicat ;

– sont nommés avances les fonds destinés, par le règlement de copropriété ou une décision de l'assemblée générale, à constituer des réserves, ou qui représentent un emprunt du syndicat auprès des copropriétaires ou de certains d'entre eux.

Les avances sont remboursables.

Section VII. – Procédures judiciaires applicables aux syndicats de copropriétaires

(Intitulé rempl., D. n° 2015-999, 17 août 2015)

Sous-section 1. – Dispositions générales

(D. n° 95-162, 15 févr. 1995)

Art. 46 *(D. n° 86-768, 9 juin 1986 ; mod., D. n° 2010-391, 20 avr. 2010 ; D. n° 2015-999, 17 août 2015).* – À défaut de nomination du syndic par l'assemblée des copropriétaires dûment convoqués à cet effet, le président du tribunal de grande instance désigne le syndic par ordonnance sur requête d'un ou plusieurs copropriétaires ou sur requête d'un ou plusieurs membres du conseil syndical ou du maire de la commune ou du président de l'établissement public de coopération intercommunale compétent en matière d'habitat du lieu de situation de l'immeuble.

La même ordonnance fixe la durée de la mission du syndic. Cette durée peut être prorogée. Il peut être mis fin à la mission suivant la même procédure.

Indépendamment de missions particulières qui peuvent lui être confiées par l'ordonnance visée à l'alinéa 1er du présent article, le syndic ainsi désigné administre la copropriété dans les conditions prévues par les articles 18 à 18-2 de la loi [n° 65-557] du 10 juillet 1965 et par le présent décret. Il doit notamment convoquer l'assemblée générale en vue de la désignation d'un syndic deux mois avant la fin de ses fonctions.

La mission du syndic désigné par le président du tribunal cesse de plein droit à compter de l'acceptation de son mandat par le syndic désigné par l'assemblée générale.

Art. 47 *(D. n° 86-768, 9 juin 1986 ; mod., D. n° 2015-999, 17 août 2015).* – Dans tous les cas, autres que celui prévu par le précédent article, où le syndicat est dépourvu de syndic, le président du tribunal de grande instance, statuant par ordonnance sur requête, à la demande de tout intéressé, désigne un administrateur provisoire de la copropriété qui est notamment chargé, dans les délais fixés par l'ordonnance, de se faire remettre les fonds et l'ensemble des documents et archives du syndicat et de convoquer l'assemblée en vue de la désignation d'un syndic dans les conditions prévues à l'article 9.

Les fonctions de cet administrateur provisoire cessent de plein droit à compter de l'acceptation de son mandat par le syndic désigné par l'assemblée générale.

Art. 48 *(D. n° 86-768, 9 juin 1986, art. 13 ; mod., D. n° 2015-999, 17 août 2015).* – À défaut de désignation dans les conditions prévues par l'article 21 de la loi [n° 65-557] du 10 juillet 1965 et au troisième alinéa de l'article 24 du présent décret, le président du tribunal de grande instance, sur requête du syndic ou d'un ou plusieurs copropriétaires, désigne par ordonnance les membres du conseil syndical.

S'il s'agit de désigner les membres du conseil syndical du syndicat principal, la requête peut être présentée aussi bien par le syndic du syndicat principal que par celui du syndicat secondaire.

L'ordonnance qui désigne les membres du conseil syndical fixe la durée de leurs fonctions.

Ces fonctions cessent de plein droit à compter de l'acceptation de leur mandat par les membres du conseil syndical désignés par l'assemblée générale.

Art. 49 *(Mod., D. n° 2015-999, 17 août 2015).* – Sous réserve des dispositions des articles 8 et 50 du présent décret, dans les cas d'empêchement ou de carence du syndic visés au V de l'article 18 de la loi [n° 65-557] du 10 juillet 1965, le syndic en fonction peut être assigné par tout intéressé devant le président du tribunal de grande instance statuant en matière de référé en vue de la désignation d'un administrateur provisoire de la copropriété.

(Rect. JO 27 juin 1967) L'ordonnance fixe la durée de la mission de l'administrateur provisoire ; sauf si cette ordonnance la limite expressément à un ou plusieurs objets, la mission ainsi confiée est celle qui est définie par l'article 18 de la loi [n° 65-557] du 10 juillet 1965 et par le présent décret.

Sauf s'il y a urgence à faire procéder à l'exécution de certains travaux nécessaires à la sauvegarde de l'immeuble et au fonctionnement des services d'équipement commun, ou de travaux prescrits par un arrêté de police administrative relatif à la sécurité ou la salubrité publique, la demande ne sera recevable que s'il est justifié d'une mise en demeure adressée au syndic et demeurée infructueuse pendant plus de huit jours.

Art. 50. – Dans l'hypothèse prévue à l'article 8 (3e alinéa) ci-dessus, le président du tribunal de grande instance statuant en matière de référé, peut, à la requête de tout copropriétaire, habiliter un copropriétaire ou un mandataire de justice à l'effet de convoquer l'assemblée générale. Dans ce cas, il peut charger ce mandataire de présider l'assemblée.

Une mise en demeure, restée infructueuse pendant plus de huit jours, faite au syndic et, le cas échéant, au président du conseil syndical doit précéder l'assignation à peine d'irrecevabilité. Celle-ci est délivrée au syndic et, le cas échéant, au président du conseil syndical.

Art. 51. – Copie de toute assignation délivrée par un copropriétaire qui, en vertu de l'article 15 (alinéa 2) de la loi du 10 juillet 1965, exerce seul les actions concernant la propriété ou la jouissance de son lot, est adressée par l'huissier au syndic par lettre recommandée avec demande d'avis de réception.

Art. 52. – L'action en justice visée à l'article 12 de la loi du 10 juillet 1965 est intentée à l'encontre du syndicat lorsqu'elle est fondée sur le fait que la part, dans l'une ou l'autre des catégories de charges, incombant au lot du demandeur est supérieure de plus d'un quart à celle qui résulterait d'une répartition conforme à l'article 10 de cette loi.

Art. 53. – Si la part d'un copropriétaire est inférieure de plus d'un quart, dans l'une ou l'autre des catégories de charges, à celle qui résulterait d'une répartition conforme aux dispositions de l'article 10 de la loi du 10 juillet 1965, l'action en justice visée à l'article 12 de ladite loi est intentée à l'encontre de ce copropriétaire.

À peine d'irrecevabilité de l'action, le syndicat est appelé en cause.

Art. 54. – Chaque fois qu'une action en justice intentée contre le syndicat a pour objet ou peut avoir pour conséquence une révision de la répartition des charges, et indépendamment du droit pour tout copropriétaire d'intervenir personnellement dans l'instance, le syndic ou tout copropriétaire peut, s'il existe des oppositions d'intérêts entre les copropriétaires qui ne sont pas demandeurs, présenter requête au président du tribunal de grande instance en vue de la désignation d'un mandataire *ad hoc*.

Dans ce cas, la signification des actes de procédure est valablement faite aux copropriétaires intervenants ainsi qu'au mandataire *ad hoc*.

Art. 55 *(D. n° 86-768, 9 juin 1986 ; mod., D. n° 2010-391, 20 avr. 2010).* – Le syndic ne peut agir en justice au nom du syndicat sans y avoir été autorisé par une décision de l'assemblée générale.

Une telle autorisation n'est pas nécessaire pour les actions en recouvrement de créance, la mise en œuvre des voies d'exécution forcée à l'exception de la saisie en vue de la vente d'un lot, les mesures conservatoires et les demandes qui relèvent des pouvoirs du juge des référés, ainsi que pour défendre aux actions intentées contre le syndicat. Elle n'est pas non plus nécessaire lorsque le président du tribunal de grande instance est saisi en application des premiers alinéas des articles 29-1A et 29-1 de la loi [n° 65-557] du 10 juillet 1965 ou du premier alinéa de l'article L. 615-6 du Code de la construction et de l'habitation.

Dans tous les cas, le syndic rend compte à la prochaine assemblée générale des actions introduites.

Art. 56 *(Mod., D. n° 2010-391, 20 avr. 2010).* – Tout intéressé peut demander au président du tribunal de grande instance, statuant sur requête, de désigner un mandataire *ad hoc* pour ester en justice au nom du syndicat lorsque celui-ci est partie dans une instance relative à l'exécution de la construction de l'immeuble, aux garanties dues ou aux responsabilités encourues à cette occasion, si le syndic, son conjoint, le partenaire lié à lui par un pacte civil de solidarité, leurs commettants ou employeurs, leurs préposés, leurs parents ou alliés jusqu'au troisième degré inclus ont, directement ou indirectement, à quelque titre que ce soit, même par personne interposée, participé à ladite construction.

Art. 57 *(Abr., D. n° 95-162, 15 févr. 1995).*

Art. 58 *(Abr., D. n° 92-755, 31 juill. 1992).*

Art. 59 *(Mod., D. n° 86-768, 9 juin 1986).* – À l'occasion de tous litiges dont est saisie une juridiction et qui concernent le fonctionnement d'un syndicat ou dans lesquels le syndicat est partie, le syndic avise chaque copropriétaire de l'existence et de l'objet de l'instance.

Les actes de procédure concernant le syndicat des copropriétaires sont régulièrement signifiés, suivant les cas, au syndic ou à la requête de celui-ci.

Dans les cas prévus aux articles 46 à 48 ci-dessus, l'ordonnance est notifiée dans le mois de son prononcé, par le syndic ou l'administrateur provisoire désigné, à tous les copropriétaires qui peuvent en référer au président du tribunal de grande instance dans les quinze jours de cette notification.

Art. 60. – Nonobstant toutes dispositions contraires, toute demande formée par le syndicat à l'encontre d'un ou plusieurs copropriétaires, suivant la procédure d'injonction de payer, est portée devant la juridiction du lieu de la situation de l'immeuble.

Art. 61. – Pour l'application de l'article 23 (alinéa 2) de la loi du 10 juillet 1965, le président du tribunal de grande instance statue, par ordonnance sur requête, lorsqu'en cas d'indivision ou d'usufruit la désignation d'un mandataire commun est demandée en justice.

Art. 61-1 *(Anc. art. 62, dénum., D. n° 2010-391, 20 avr. 2010).* – Tous les litiges nés de l'application de la loi [n° 65-557] du 10 juillet 1965 et du présent décret sont de la compétence de la juridiction du lieu de la situation de l'immeuble.

Art. 61-1-1 *(D. n° 2015-999, 17 août 2015).* – Les demandes formées par le ministère public dans le cadre des procédures prévues aux articles 29-1 A et 29-1 de la loi [n° 65-557] du 10 juillet 1965 le sont par requête. La requête indique les faits de nature à motiver la demande. Le président du tribunal de grande instance, par les soins du greffier, fait convoquer les personnes qu'il désigne par lettre recommandée avec demande d'avis de réception.

À la convocation est jointe la requête du ministère public.

Sous-section 2. – De la désignation et de la rémunération des mandataires *ad hoc* et des administrateurs provisoires

(D. n° 2015-999, 17 août 2015)

Art. 61-1-2 *(D. n° 2015-999, 17 août 2015).* – I. - La personne physique désignée par le président du tribunal de grande instance pour exercer les fonctions de mandataire *ad hoc* ou d'administrateur provisoire, en application du II de l'article 29-1 C ou du III de l'article 29-1 de la loi [n° 65-557] du 10 juillet 1965, doit justifier par tous moyens qu'elle remplit les conditions cumulatives suivantes :

1° Une expérience d'au moins trois ans dans la gestion d'une copropriété ou, pour les mandataires ad hoc, dans le conseil des syndicats de copropriétaires ;

2° Un diplôme de niveau master 2 attestant de compétences dans les trois domaines suivants :

- droit civil ;
- comptabilité ;
- construction ou gestion immobilière.

II. - Lorsque le président du tribunal de grande instance nomme une personne morale en application du II de l'article 29-1 C ou du III de l'article 29-1 de la loi [n° 65-557] du 10 juillet 1965, il désigne en son sein une personne physique ayant le pouvoir de la représenter dans l'accomplissement du mandat qui lui est confié.

Les conditions de compétence mentionnées au I s'appliquent à cette personne désignée.

III. - Pour être désigné administrateur provisoire en application du III de l'article 29-1 de la loi [n° 65-557] du 10 juillet 1965, l'expérience de gestion de copropriété exigée au 1° du I doit avoir concerné une ou des copropriétés faisant l'objet de mesures de police au titre de la sécurité ou de la salubrité sur les parties communes ou inscrites dans les dispositifs prévus aux articles L. 303-1, L. 615-1, L. 741-1 ou L. 741-2 du Code de la construction et de l'habitation ou faisant l'objet d'une procédure d'administration provisoire.

Art. 61-1-3 *(D. n° 2015-999, 17 août 2015).* – La personne désignée en application du II de l'article 29-1 C ou du III de l'article 29-1 de la loi [n° 65-557] du 10 juillet 1965 en qualité de mandataire ad hoc ou d'administrateur provisoire doit, lors de l'acceptation de son mandat, attester sur l'honneur qu'elle remplit les conditions fixées aux 1° à 4° du III des articles 29-1 C et 29-1 de cette même loi. Elle doit en outre justifier d'une assurance couvrant les conséquences pécuniaires de la responsabilité civile encourue du fait de ses négligences, de ses fautes ou de celles de ses préposés, commises dans l'exercice de son mandat.

La personne désignée en qualité d'administrateur provisoire doit également justifier d'une garantie affectée au remboursement des fonds, effets ou valeurs qu'elle est amenée à détenir dans le cadre de son mandat ainsi que des sommes versées au fonds de travaux mentionné à l'article 14-2 de la loi [n° 65-557] du 10 juillet 1965.

Un arrêté conjoint du ministre de la Justice et du ministre chargé du logement fixe les conditions d'application de ces dispositions.

Art. 61-1-4 *(D. n° 2015-999, 17 août 2015)*. – Le mandataire *ad hoc* désigné en application des articles 29-1 A à 29-1 C de la loi [n° 65-557] du 10 juillet 1965 reçoit pour l'ensemble de sa mission une rémunération forfaitaire fixée par arrêté conjoint du ministre de la Justice et du ministre chargé du logement, lorsque la copropriété concernée comporte un nombre de lots de copropriété inférieur à des seuils fixés par ce même arrêté.

Au-delà de ces seuils, le président du tribunal de grande instance fixe les conditions de la rémunération du mandataire *ad hoc* dans l'ordonnance de désignation.

À l'issue de la mission, le président du tribunal de grande instance arrête la rémunération revenant au mandataire *ad hoc*. Le greffier notifie cette ordonnance au mandataire *ad hoc*, au syndic et aux parties supportant la charge de la rémunération.

Cette décision est susceptible de recours conformément aux dispositions des articles 714 à 718 du Code de procédure civile.

Art. 61-1-5 *(D. n° 2015-999, 17 août 2015)*. – I. - L'administrateur provisoire désigné en application de l'article 29-1 de la loi du 10 juillet 1965 reçoit pour l'ensemble de sa mission un droit fixe dont le montant est fixé par arrêté conjoint du ministre de la Justice et du ministre chargé du logement. Il perçoit ce droit fixe dès que la décision le désignant est portée à sa connaissance.

Il lui est en outre alloué :

1° Des droits fixes calculés en fonction notamment des éléments suivants :

– le nombre de lots ;
– le nombre de créances ;
– les actes de procédure prévus aux sous-sections 4 à 6 ;
– les actes d'administration de la copropriété ;
– le plan d'apurement du passif ;

2° Des droits proportionnels dégressifs par tranche, calculés en fonction notamment des éléments suivants :

– les dépenses courantes ;
– le montant des travaux exceptionnels ;
– les actifs du syndicat cédés ;
– le montant des sommes recouvrées pour le syndicat des copropriétaires.

Les montants de ces droits fixes et proportionnels sont fixés par arrêté conjoint du ministre de la Justice et du ministre chargé du logement.

Cet arrêté fixe le montant de la réduction de la rémunération du mandataire ad hoc en cas de succession de missions. Il détermine en outre la liste des actes pouvant faire l'objet d'une rémunération non soumise aux droits fixes et proportionnels.

II. - Sans préjudice du premier alinéa du I, le président du tribunal de grande instance fixe chaque année le montant des acomptes à valoir sur la rémunération de l'administrateur provisoire sur justification des diligences accomplies et au vu d'un compte provisoire détaillé des émoluments. Les acomptes dus au titre des droits précisés par arrêté conjoint du ministre de la Justice et du ministre chargé du logement ne peuvent excéder le montant de la somme hors taxe mentionnée au deuxième alinéa du III.

III. - À l'issue de la mission, le président du tribunal de grande instance arrête la rémunération de l'administrateur provisoire. Le greffier notifie cette ordonnance arrêtant la rémunération à l'administrateur provisoire et au syndic.

Lorsque la rémunération calculée en application des droits fixes ou proportionnels prévus au I excède, pour ceux qui seront précisés par arrêté conjoint du ministre de la Justice et du ministre chargé du logement, un montant hors taxe fixé par cet arrêté, la rémunération due à l'administrateur provisoire est arrêtée par le président du tribunal de grande instance en considération des frais engagés, des prestations effectuées et de leur efficacité sans qu'il puisse être fait référence au tarif prévu par le présent article.

Dans ce cas, la rémunération de l'administrateur provisoire ne peut être inférieure au montant hors taxe fixé par arrêté conjoint du ministre de la Justice et du ministre chargé du logement.

Cette décision est susceptible de recours conformément aux dispositions des articles 714 à 718 du Code de procédure civile.

Sous-section 3. – De la procédure du mandat *ad hoc*

(Anc. sous-section 2 créée à compter du 1er juin 2010, D. n° 2010-391, 20 avr. 2010 ; dénum. et intitulé rempl., D. n° 2015-999, 17 août 2015)

Art. 61-2 *(D. n° 2010-391, 20 avr. 2010).* – Ne sont pas considérées comme impayées, pour l'application du premier alinéa de l'article 29-1A de la loi [n° 65-557] du 10 juillet 1965, les sommes devenues exigibles dans le mois précédant la date de clôture de l'exercice.

Art. 61-3 *(D. n° 2010-391, 20 avr. 2010).* – La demande tendant à la désignation d'un mandataire *ad hoc* prévue à l'article 29-1A de la loi [n° 65-557] du 10 juillet 1965 est portée devant le président du tribunal de grande instance du lieu de situation de l'immeuble.

Art. 61-4 *(D. n° 2010-391, 20 avr. 2010).* – Pour l'information du conseil syndical mentionnée au premier alinéa de l'article 29-1A de la loi [n° 65-557] du 10 juillet 1965, le syndic adresse sans délai à chacun de ses membres l'état des impayés avant répartition à la date de la clôture de l'exercice comptable.

Art. 61-5 *(D. n° 2010-391, 20 avr. 2010 ; mod., D. n° 2015-999, 17 août 2015).* – L'information mentionnée au dernier alinéa de l'article 29-1A de la loi [n° 65-557] du 10 juillet 1965 est assurée par l'envoi d'une copie de la requête ou de l'assignation.

Art. 61-6 *(Rempl., D. n° 2015-999, 17 août 2015).* – Lorsque la demande tendant à la désignation d'un mandataire *ad hoc* n'émane pas du syndic, le président du tribunal de grande instance statue en la forme des référés. L'assignation est délivrée au syndicat.

Art. 61-7 *(D. n° 2010-391, 20 avr. 2010 ; mod., D. n° 2015-999, 17 août 2015).* – La requête ou l'assignation qui tend à la désignation d'un mandataire *ad hoc* est accompagnée des pièces de nature à justifier la demande.

Avant de statuer, le président du tribunal de grande instance peut entendre toute personne de son choix.

Art. 61-8 *(D. n° 2010-391, 20 avr. 2010).* – L'ordonnance rendue sur la demande mentionnée à l'article 61-6 n'est pas exécutoire de droit à titre provisoire.

Art. 61-9 *(D. n° 2010-391, 20 avr. 2010 ; mod., D. n° 2015-999, 17 août 2015).* – L'ordonnance est portée sans délai, par le mandataire *ad hoc* qu'elle désigne, à la connaissance des copropriétaires par remise contre émargement ou par lettre recommandée avec demande d'avis de réception.

Cette communication reproduit le texte de l'article 490 du Code de procédure civile lorsque le président a statué en la forme des référés ou celui de l'article 496 du même code s'il a statué sur requête.

Art. 61-10 *(Rempl., D. n° 2015-999, 17 août 2015).* – Le président du tribunal de grande instance peut autoriser le mandataire *ad hoc*, à la demande de celui-ci, sous sa responsabilité et à ses frais, à se faire assister de tout tiers pour l'accomplissement de tâches relevant de la mission qui lui a été confiée lorsque le bon déroulement de la procédure le requiert.

Art. 61-11 *(D. n° 2010-391, 20 avr. 2010).* – Le syndic informe les copropriétaires qu'ils peuvent prendre connaissance du rapport du mandataire *ad hoc* dans les conditions de l'article 62-12. Une copie de tout ou partie du rapport est adressée par le syndic aux copropriétaires qui en font la demande, aux frais de ces derniers.

Art. 61-12 *(D. n° 2015-999, 17 août 2015).* – I. - Le rapport du mandataire ad hoc comprend au moins les parties suivantes :

1° Un état des lieux de l'organisation juridique et foncière de la copropriété ;

2° Un état des lieux de la situation technique de l'immeuble, comprenant notamment l'analyse des charges mentionnées aux articles 3 et 4 du décret n° 2005-240 du 14 mars 2005 relatif aux comptes du syndicat des copropriétaires et les diagnostics techniques existants ;

3° Une analyse du fonctionnement des instances de la copropriété ;

4° Une analyse de l'ensemble des comptes, des impayés des copropriétaires, des dettes et des créances non recouvrées du syndicat ;

5° Une analyse des procédures contentieuses en cours ainsi que des contrats souscrits par le syndicat ;

6° En fonction des états des lieux et analyses précités, des préconisations détaillant les actions à mettre en œuvre pour notamment :

- améliorer le fonctionnement et l'organisation de la copropriété ;
- se conformer aux obligations légales et réglementaires ;
- améliorer le recouvrement des impayés ;
- améliorer l'état de l'immeuble ;
- dégager des économies, notamment sur les différents postes de charges et sur les contrats d'entretien.

Ces préconisations sont priorisées et inscrites dans un calendrier de mise en œuvre. Le cas échéant, les mesures urgentes sont signalées. Une estimation sommaire des dépenses et recettes en résultant est jointe au rapport.

II. - Lorsque, pour mener à bien les analyses prévues par le présent article et formuler ses préconisations, le mandataire ad hoc doit avoir recours, sur un sujet requérant une haute technicité, à une personne ayant une qualification particulière dont il ne dispose pas, il peut solliciter du président du tribunal de grande instance, par requête, l'autorisation de s'adjoindre une telle personne. Le président du tribunal de grande instance, statuant en la forme des référés, détermine la mission et les conditions de rémunération de ce tiers ainsi que l'imputation de cette rémunération dans les conditions prévues au deuxième alinéa de l'article 29-1 B de la loi [n° 65-557] du 10 juillet 1965.

Sous-section 4. – De la procédure d'administration provisoire

(Anc. sous-section 2 créée, D. n° 95-162, 15 févr. 1995 ; dénum. en sous-section 3 à compter du 1er juin 2010, D. n° 2010-391, 20 avr. 2010, art. 27 ; dénum. en sous-section 4 et intitulé rempl., D. n° 2015-999, 17 août 2015)

Art. 62-1 *(D. n° 95-162, 15 févr. 1995).* – La demande tendant à la désignation d'un administrateur provisoire du syndicat est portée devant le président du tribunal de grande instance du lieu de situation de l'immeuble.

Art. 62-2 *(Rempl., D. n° 2015-999, 17 août 2015 ; mod., D. n° 2018-11, 8 janv. 2018).* – Lorsque la demande émane du syndic ou, le cas échéant, de l'administrateur provisoire désigné en application de l'article 47, le président du tribunal de grande instance est saisi par la voie d'une requête accompagnée des pièces de nature à justifier de la demande, notamment les pièces comptables, après consultation du conseil syndical.

Dans les autres cas et sans préjudice des dispositions de l'article 61-1-1, le président du tribunal de grande instance est saisi par la voie d'une assignation délivrée au syndicat représenté par le syndic.

Art. 62-3 *(D. n° 95-162, 15 févr. 1995).* – Toute demande tendant à la désignation d'un administrateur provisoire du syndicat est communiquée au procureur de la République, qui est avisé, s'il y a lieu, de la date de l'audience.

Art. 62-4 *(Rempl., D. n° 2015-999, 17 août 2015).* – Lorsqu'il détermine la mission de l'administrateur provisoire, le président du tribunal de grande instance peut entendre toute personne de son choix.

Art. 62-5 *(Rempl., D. n° 2015-999, 17 août 2015).* – L'ordonnance qui désigne l'administrateur provisoire fixe la durée et l'étendue de sa mission. Elle est portée a la connaissance des copropriétaires dans le mois de son prononcé, à l'initiative de l'administrateur provisoire, soit par remise contre émargement, soit par lettre recommandée avec demande d'avis de réception, soit par voie électronique après accord du copropriétaire préalablement informé de cette possibilité.

S'il s'agit d'une ordonnance du président statuant en la forme des référés, cette communication reproduit le texte de l'article 490 du Code de procédure civile. S'il s'agit d'une ordonnance sur requête, la communication précise que tout intéressé peut en référer au juge ayant rendu l'ordonnance dans le délai de deux mois à compter de la publication de celle-ci.

Lorsque le président du tribunal de grande instance ne fait pas droit à la demande de désignation d'un administrateur provisoire et qu'il statue par une ordonnance sur requête, la communication prévue au premier alinéa précise que l'ordonnance peut être frappée d'appel dans le délai de quinze jours. L'appel est alors formé, instruit et jugé comme en matière gracieuse.

Art. 62-6 *(Rempl., D. n° 2004-479, 27 mai 2004).* – L'ancien syndic est tenu à l'égard de l'administrateur provisoire des obligations prévues à l'article 18-2 de la loi du 10 juillet 1965.

Art. 62-7 *(D. n° 95-162, 15 févr. 1995).* – Lorsque l'administrateur provisoire est investi par le président du tribunal de grande instance de tout ou partie des pouvoirs de l'assemblée générale, il doit avant de prendre à ce titre les décisions qui lui paraissent nécessaires à l'accomplissement de sa mission, sauf urgence, recueillir l'avis du conseil syndical.

Il peut aussi convoquer les copropriétaires pour les informer et les entendre.

À ces occasions, il doit préciser le mode de financement pour la mise en œuvre de la ou des décisions envisagées.

Art. 62-8 *(D. n° 95-162, 15 févr. 1995 ; mod., D. n° 2004-479, 27 mai 2004).* – Les décisions prises par l'administrateur provisoire sont mentionnées, à leur date, sur le registre des décisions prévu à l'article 17 du présent décret.

Art. 62-9 *(D. n° 95-162, 15 févr. 1995; mod., D. n° 2004-479, 27 mai 2004).* – L'administrateur provisoire adresse copie aux copropriétaires de la ou des décisions prises et joint, s'il y a lieu, l'appel de fonds correspondant.

Art. 62-10 *(Rempl., D. n° 2015-999, 17 août 2015 ; mod., D. n° 2018-11, 8 janv. 2018).* – Lorsque la conception et la mise en œuvre des mesures de redressement de la copropriété requièrent une haute technicité et l'intervention d'une personne ayant une qualification particulière dont l'administrateur provisoire ne dispose pas, celui-ci peut solliciter du président du tribunal de grande instance, par requête, l'autorisation de s'adjoindre une telle personne. Le président du tribunal de grande instance, détermine dans l'ordonnance la mission et les conditions de rémunération de ce tiers.

Art. 62-11 *(Rempl., D. n° 2015-999, 17 août 2015 ; mod., D. n° 2018-11, 8 janv. 2018).* – I. - L'administrateur provisoire rend compte par écrit de sa mission au président du tribunal de grande instance à la demande de ce dernier et au moins une fois par an. Cette obligation est satisfaite la première année de la mission si le rapport mentionné au troisième alinéa du I de l'article 29-1 de la loi [n° 65-557] du 10 juillet 1965 a été établi.

Au compte rendu de fin de mission sont jointes les annexes comptables prévues par le décret n° 2005-240 du 14 mars 2005 relatif aux comptes du syndicat des copropriétaires.

II. - Il dépose son rapport au greffe de la juridiction qui en adresse une copie au procureur de la République, au syndic désigné, au président du conseil syndical, lorsqu'il en a été désigné un, ou, à défaut à chacun de ses membres et aux personnes mentionnées au deuxième alinéa de l'article 29-2 de la loi [n° 65-557] du 10 juillet 1965 qui en font la demande.

Lorsqu'un pré-rapport est établi, dans les conditions prévues à l'article 62-13, le greffe de la juridiction en adresse copie au procureur de la République et au président du conseil syndical.

III. - Les observations des personnes mentionnées au II auxquelles ces documents ont été adressés, doivent être formulées au plus tard à l'expiration d'un délai d'un mois à compter de leur réception.

Elles sont transmises au greffe du tribunal de grande instance qui les communique au président de ce tribunal et à l'administrateur provisoire.

IV. - Pour l'application de la dernière phrase du troisième alinéa du I de l'article 29-1 de la loi [n° 65-557] du 10 juillet 1965, le président du tribunal de grande instance statue en la forme des référés, le cas échéant, au vu des rapports ou pré-rapports susmentionnés ainsi que des réponses écrites faites par l'administrateur provisoire aux observations régulièrement transmises au greffe, sauf en cas de demande émanant de l'administrateur provisoire, auquel cas il est saisi par requête. En cas de saisine d'office, il fait convoquer l'administrateur provisoire désigné ainsi que le président du conseil syndical.

Art. 62-12 *(D. n° 95-162, 15 févr. 1995 ; mod., D. n° 2004-479, 27 mai 2004 ; D. n° 2015-999, 17 août 2015).* – Le syndic désigné informe les copropriétaires, par lettre recommandée avec demande d'avis de réception ou remise contre émargement, qu'ils peuvent prendre connaissance du rapport de l'administrateur provisoire à son bureau, ou en tout autre lieu fixé par l'assemblée générale, pendant les heures ouvrables, dans le mois qui suit. Un extrait du rapport peut être joint, le cas échéant, à la lettre. Une copie de tout ou partie du rapport peut être adressée par le syndic désigné aux copropriétaires qui en feraient la demande, aux frais de ces derniers, y compris par voie dématérialisée.

Art. 62-13 *(D. n° 95-162, 15 févr. 1995 ; mod., D. n° 2004-479, 27 mai 2004 ; D. n° 2015-999, 17 août 2015).* – Si un prérapport est déposé par l'administrateur provisoire avant la fin de sa mission, le prérapport est porté à la connaissance des copropriétaires, à l'initiative de l'administrateur provisoire dans les formes et conditions prévues à l'article 62-12 et aux personnes mentionnées au deuxième alinéa de l'article 29-2 de la loi [n° 65-557] du 10 juillet 1965 qui en font la demande.

Art. 62-14 *(D. n° 95-162, 15 févr. 1995).* – Si les conclusions du rapport ou du prérapport de l'administrateur provisoire préconisent que certaines questions soient soumises à l'assemblée générale, elles doivent être portées à l'ordre du jour de la prochaine assemblée générale ou d'une assemblée générale convoquée spécialement à cet effet.

Art. 62-15 *(D. n° 2004-479, 27 mai 2004 ; mod., D. n° 2015-999, 17 août 2015).* – Après le dépôt du rapport de l'administrateur, des copropriétaires représentant ensemble 15 % au moins des voix du syndicat peuvent assigner devant le président du tribunal de grande instance statuant en la forme des référés le syndic désigné en vue de voir prononcer la division du syndicat. La même procédure peut être mise en œuvre par le procureur de la République si l'ordre public l'exige.

Le syndic désigné informe de la date d'audience les copropriétaires. Ceux-ci peuvent être entendus par le juge.

Sous-section 5. – De la procédure d'apurement des dettes et de la liquidation du syndicat

(D. n° 2015-999, 17 août 2015)

Art. 62-16 *(D. n° 2015-999, 17 août 2015).* – Pour l'application du II de l'article 29-3 de la loi [n° 65-557] du 10 juillet 1965, l'administrateur provisoire saisit le président du tribunal de grande instance par requête.

Art. 62-17 *(D. n° 2015-999, 17 août 2015).* – Un avis de l'ordonnance de sa désignation est adressé par l'administrateur provisoire pour insertion au *Bulletin officiel des annonces civiles et commerciales*. Cette insertion contient l'indication du nom du syndicat concerné, de son adresse, de son numéro d'immatriculation et de la date de l'ordonnance qui l'a désigné administrateur provisoire. Elle précise également son nom et son adresse et comporte l'avis aux créanciers d'avoir à déclarer leurs créances entre ses mains et le délai imparti pour cette déclaration. Elle précise enfin le délai pendant lequel l'exigibilité des créances est suspendue en application du I de l'article 29-3 de la loi [n° 65-557] du 10 juillet 1965.

Le même avis est publié dans un journal d'annonces légales du département du lieu de situation de l'immeuble.

L'administrateur provisoire informe par tout moyen les créanciers connus d'avoir à lui déclarer leurs créances dans le délai mentionné à l'article 62-18.

L'ordonnance de prorogation prévue par le II de l'article 29-3 de la loi [n° 65-557] du 10 juillet 1965 fait l'objet des mêmes mesures de publicité.

Art. 62-18 *(D. n° 2015-999, 17 août 2015).* – Le délai de déclaration fixé en application du II de l'article 29-4 de la loi [n° 65-557] du 10 juillet 1965 est de trois mois à compter de la publication mentionnée à l'article 62-17.

Art. 62-18-1 *(D. n° 2018-11, 8 janv. 2018).* – L'action en relevé de forclusion mentionnée au III de l'article 29-4 de la loi du 10 juillet 1965 susvisée ne peut être exercée que dans le délai de six mois à compter de la publication de l'ordonnance de désignation de l'administrateur provisoire.

Le président du tribunal statue en la forme des référés.

Les frais de l'instance en relevé de forclusion sont supportés par le créancier défaillant.

Le créancier déclare sa créance dans le délai d'un mois à compter de la notification de l'ordonnance du président du tribunal de grande instance le relevant de sa forclusion.

Art. 62-19 *(D. n° 2015-999, 17 août 2015).* – La déclaration de créance est faite auprès de l'administrateur provisoire par lettre recommandée avec demande d'avis de réception.

Elle doit contenir :

1° L'identité du créancier et les coordonnées de la personne habilitée à le représenter ;

2° Le montant de la créance due au jour de l'ordonnance de désignation de l'administrateur provisoire avec, le cas échéant, l'indication des sommes à échoir et de la date de leurs échéances ;

3° Les éléments de nature à prouver l'existence et le montant de la créance si elle ne résulte pas d'un titre, à défaut, une évaluation de la créance si son montant n'a pas encore été fixé ;

4° Les modalités de calcul des intérêts dont le cours n'est pas arrêté, cette indication valant déclaration pour le montant ultérieurement arrêté ;

5° La nature du privilège ou de la sûreté dont la créance est éventuellement assortie ;

6° L'indication de la juridiction saisie si la créance fait l'objet d'un litige.

À cette déclaration sont joints sous bordereau les documents justificatifs ; ceux-ci peuvent être produits en copie. À tout moment, l'administrateur provisoire peut demander la production de documents qui n'auraient pas été joints.

Les créances résultant d'un contrat de travail ne sont pas soumises à l'obligation de déclaration.

Art. 62-20 *(D. n° 2015-999, 17 août 2015).* – I. - S'il y a discussion sur tout ou partie d'une créance, l'administrateur provisoire en avise le créancier intéressé en l'invitant à faire connaître ses explications. Le défaut de réponse dans le délai de trente jours interdit toute contestation ultérieure de la liste des créances établie par l'administrateur provisoire.

II. - Cette liste contient les indications prévues à l'article 62-19. Elle est déposée au greffe du tribunal. Tout intéressé peut en prendre connaissance. Le greffier fait publier au *Bulletin officiel des annonces civiles et commerciales* une insertion indiquant ce dépôt.

III. - L'administrateur provisoire avise par lettre simple les créanciers ou, le cas échéant, leur mandataire, de l'admission de leur créance et du montant retenu.

Il informe sans délai par lettre recommandée avec demande d'avis de réception, les créanciers dont la créance n'est pas admise.

Ces avis précisent les délais et voie de recours prévus au II de l'article 29-4 de la loi [n° 65-557] du 10 juillet 1965 ou, le cas échéant, les dispositions du I.

Art. 62-21 *(D. n° 2015-999, 17 août 2015).* – Pour application du III de l'article 29-3 de la loi du 10 juillet 1965, le président du tribunal, par les soins du greffier, fait convoquer l'administrateur provisoire et le cocontractant par lettre recommandée avec demande d'avis de réception à la date qu'il fixe. À la convocation est jointe une copie de la demande.

Le cocontractant visé par le III de l'article 29-3 de la loi [n° 65-557] du 10 juillet 1965 bénéficie d'un délai d'un mois à compter de la notification de l'ordonnance du juge pour déclarer sa créance auprès de l'administrateur provisoire.

Art. 62-22 *(D. n° 2015-999, 17 août 2015).* – Le plan d'apurement des dettes mentionné à l'article 29-5 de la loi [n° 65-557] du 10 juillet 1965 comporte :

1° Dans une première partie, un état des dettes, précisant notamment les créances déclarées, ainsi qu'une évaluation du montant des créances irrécouvrables ;

2° Dans une deuxième partie, la trésorerie prévisionnelle du syndicat sur la durée du plan d'apurement des dettes prenant notamment en compte les dépenses liées à la préservation de l'immeuble et, si cela apparaît nécessaire, les dépenses concourant à la réduction des charges et au respect du plan d'apurement ;

3° Dans une troisième partie :

– l'échéancier des appels de fonds auprès des copropriétaires ;
– les échéanciers détaillés par créancier.

Art. 62-23 *(D. n° 2015-999, 17 août 2015).* – L'administrateur provisoire notifie le projet d'échéancier à chacun des créanciers par lettre recommandée avec demande d'avis de réception ou par lettre remise contre émargement.

Ce projet comprend :

– l'échéancier global ;
– l'échéancier détaillé concernant le créancier.

La lettre de notification rappelle selon le cas, les délais prévus par le II de l'article 29-5 de la loi [n° 65-557] du 10 juillet 1965 ou les dispositions du I de l'article 62-20 et peut inviter le créancier à accorder des remises de dettes ou à accepter des délais de paiement supérieurs à la durée du plan.

Le délai de deux mois prévu par le deuxième alinéa du II de l'article 29-5 de la loi [n° 65-557] du 10 juillet 1965 court à compter de la date d'envoi de la lettre de notification. Les créanciers font connaître à l'administrateur provisoire leurs observations par lettre recommandée avec demande d'avis de réception ou par lettre remise contre émargement.

Art. 62-24 *(D. n° 2015-999, 17 août 2015).* – Les délais imposés aux créanciers dans le cadre du plan d'apurement des dettes ne peuvent être qu'uniformes.

Art. 62-25 *(D. n° 2015-999, 17 août 2015).* – L'administrateur provisoire dépose au greffe du tribunal de grande instance le plan d'apurement définitif. Sont joints en annexe :

a) La liste des travaux à engager nécessaires au redressement financier de la copropriété et à la préservation de l'immeuble ;

b) La liste indicative des mesures de gestion et des procédures de recouvrement amiable ou contentieuse des impayés envisagées pour permettre le respect du plan d'apurement ;

c) Les observations du conseil syndical et des créanciers ;

d) Les accords de remise des dettes des créanciers ainsi que les délais de paiement octroyés par ces derniers ;

e) Un état détaillé des impayés des copropriétaires identifiant les créances irrécouvrables au sens de l'article 62-29 ;

f) L'inventaire des biens cessibles du syndicat ;

g) Le cas échéant, le projet de convention prévu à l'article 29-11 de la loi [n° 65-557] du 10 juillet 1965 ou la convention signée.

Il notifie ce plan d'apurement définitif à chacun des créanciers par lettre recommandée avec demande d'avis de réception ou par lettre remise contre émargement. La lettre de notification aux créanciers reprend les termes du troisième alinéa du II de l'article 29-5 de la loi [n° 65-557] du 10 juillet 1965.

Il porte également ce plan à la connaissance des copropriétaires selon les modalités prévues par l'article 62-5.

Art. 62-26 *(D. n° 2015-999, 17 août 2015).* – Les créanciers adressent leurs contestations par lettre recommandée avec demande d'avis de réception au greffe du tribunal de grande instance ou les y déposent contre récépissé dans le délai mentionné au II de l'article 29-5 de la loi [n° 65-557] du 10 juillet 1965.

Le créancier intéressé entendu ou dûment appelé, le président du tribunal de grande instance statue sur chacune des contestations. Sa décision n'est pas susceptible de recours.

L'administrateur provisoire modifie, s'il y a lieu, le plan d'apurement des dettes au vu des décisions rendues par le président du tribunal de grande instance.

Le président du tribunal de grande instance arrête le plan sur la demande de l'administrateur provisoire.

Sa décision est notifiée par le greffier aux créanciers, ainsi qu'à l'administrateur provisoire. Elle est communiquée au ministère public et portée à la connaissance des copropriétaires selon les modalités prévues par l'article 62-5.

Elle est exécutoire de plein droit à titre provisoire.

Elle est susceptible d'appel ou de pourvoi en cassation de la part de l'administrateur provisoire ainsi que du ministère public.

Art. 62-27 *(D. n° 2015-999, 17 août 2015).* – À peine d'irrecevabilité, la requête ayant pour objet une modification ou la prorogation du plan d'apurement des dettes en application du IV de l'article 29-5 de la loi [n° 65-557] du 10 juillet 1965 comporte le projet de plan d'apurement modifié qui respecte les dispositions de l'article 62-24.

Le projet de plan est notifié par lettre recommandée avec demande d'avis de réception par le greffe au syndic ou à l'administrateur provisoire et, le cas échéant, à chacun des créanciers affecté par le projet de modification. Les créanciers concernés disposent d'un délai de quinze jours, à compter de l'envoi de cette lettre, pour faire valoir leurs observations selon les mêmes modalités.

Le président du tribunal de grande instance statue sur la requête, le syndic ou l'administrateur provisoire entendus ou dûment appelés. Les frais de l'instance en modification ou prorogation sont à la charge du syndicat des copropriétaires ou du créancier lorsqu'il est requérant.

Les trois derniers alinéas de l'article 62-26 sont applicables.

Art. 62-28 *(D. n° 2015-999, 17 août 2015).* – Lorsque l'administrateur provisoire a été désigné en application du dernier alinéa du I de l'article 29-1 de la loi [n° 65-557] du 10 juillet 1965, les dispositions de la présente sous-section sont applicables sous réserve des dispositions suivantes :

– l'avis publié au *Bulletin officiel des annonces civiles et commerciales* précise la mission de l'administrateur provisoire ;

– le délai de déclaration des créances mentionné à l'article 62-18 est de quatre mois ;

Art. 62-29 *(D. n° 2015-999, 17 août 2015).* – Constituent des créances irrécouvrables au sens de l'article 29-7 de la loi [n° 65-557] du 10 juillet 1965 :

– les créances à l'encontre d'un copropriétaire dont les dettes ont été effacées par jugement ;

– les créances dues par un copropriétaire à l'égard duquel une procédure de liquidation judiciaire a été ouverte et clôturée pour insuffisance d'actif ;

– en cas de liquidation de succession vacante ou non réclamée, les créances dues par un copropriétaire décédé lorsque ni la vente du lot ni l'actif successoral n'en permettent le paiement.

Sous-section 6. – De la procédure d'administration provisoire renforcée

(D. n° 2015-999, 17 août 2015)

Art. 62-30 *(D. n° 2015-999, 17 août 2015).* – La requête demandant le placement sous administration renforcée est accompagnée d'un dossier établi par l'auteur de la saisine mentionnée au I de l'article 29-11 de la loi [n° 65-557] du 10 juillet 1965 précisant les raisons pour lesquelles il est demandé le placement sous administration provisoire renforcée ainsi que les aides et mesures d'accompagnement publiques mobilisées pour assurer la réussite de la procédure.

Art. 62-31 *(D. n° 2015-999, 17 août 2015).* – La convention mentionnée au II de l'article 29-11 de la loi [n° 65-557] du 10 juillet 1965 prévoit au minimum :

1° La liste des études juridiques, financières et techniques nécessaires pour définir le contenu des travaux et effectuer les choix techniques en résultant ;

2° Le calendrier prévisionnel des études, du choix des prestataires et des travaux ;

3° La nature des travaux envisagés et l'enveloppe financière prévisionnelle associée ;

4° En cas de division, les plans sommaires avant et après division ;

5° Les modalités d'organisation de la maîtrise d'ouvrage, en particulier :

– les modalités de choix et de réalisation des travaux mentionnés au 1° ainsi que les modalités d'information du conseil syndical et des copropriétaires à ces décisions ;

– les missions pour lesquelles l'opérateur est mandaté, notamment en ce qui concerne la préparation, la consultation et le choix des maîtres d'œuvre, des entrepreneurs et fournisseurs ainsi que la conclusion et la gestion des contrats en résultant ;

– les modalités de compte rendu à l'administrateur provisoire, au syndic si la mission de l'administrateur provisoire est terminée et, le cas échéant, au conseil syndical ;

– les modalités d'information des résidents notamment sur les aides financières mobilisables en lien avec les dispositifs publics d'accompagnement.

L'opérateur ne peut exercer directement une mission de maîtrise d'œuvre ou réaliser directement des travaux ;

6° Les modalités financières de l'opération qui précisent au minimum :

– le plan de financement prévisionnel global de l'opération tenant compte des aides publiques contractualisées ou confirmées et faisant apparaître le reste à charge pour le syndicat des copropriétaires ;

– la rémunération de l'opérateur à la charge du syndicat des copropriétaires fixée selon les règles définies par l'article 62-32 ainsi que l'échéancier de versement de cette rémunération et la quote-part de rémunération due par chaque copropriétaire ;

– l'organisation de la gestion comptable et administrative des opérations de travaux ;

– les modalités de préparation des dossiers de demande de subvention et leur mobilisation ;

– le cas échéant les modalités de préfinancement de l'opération par l'opérateur dans l'attente du versement des subventions publiques et des versements du syndicat ;

– en cas de division, la répartition de la rémunération de l'opérateur entre les syndicats de copropriétaires créés par la division conformément au I de l'article 29-12 de la loi [n° 65-557] du 10 juillet 1965 ;

7° Les modalités de gestion des contentieux avec l'ensemble des prestataires et les modalités de souscription et de gestion des contrats d'assurance ;

8° Les modalités d'indemnisation mentionnées au II de l'article 29-12 de la loi [n° 65-557] du 10 juillet 1965 ;

9° Les modalités de passation des avenants rendus nécessaires pour la mise en œuvre des dispositions de l'article 29-12 de la loi [n° 65-557] du 10 juillet 1965 ou pour la bonne exécution de la convention dès lors que ceux-ci ne bouleversent pas l'économie générale de la convention et respectent les objectifs de la convention.

Art. 62-32 *(D. n° 2015-999, 17 août 2015).* – La rémunération de l'opérateur est calculée par application d'un pourcentage sur le montant des travaux hors taxe. Si la convention prévoit un préfinancement des dépenses, la rémunération de l'opérateur intègre alors également le remboursement des avances et frais financiers supportés par l'opérateur pour l'accomplissement de cette mission.

La durée de l'échéancier de versement de la rémunération de l'opérateur prévu par la convention peut être supérieure à la durée d'exécution des études et travaux sans pouvoir être supérieure à la durée de la convention.

L'échéancier peut prévoir une rémunération progressive dans le temps si la convention prévoit une phase d'études pour la finalisation des travaux et dans l'attente de la passation par l'opérateur de l'ensemble des contrats nécessaires à la réalisation de l'opération afin d'en déterminer le coût définitif.

La rémunération est à la charge du syndicat des copropriétaires et distincte de la rémunération de l'administrateur provisoire.

Art. 62-33 *(D. n° 2015-999, 17 août 2015).* – Le président du tribunal de grande instance est saisi par requête conjointe des parties signataires de la convention aux fins d'homologation de celle-ci. Sa décision est notifiée aux parties et communiquée par l'administrateur provisoire aux personnes qu'il aura désignées dans son ordonnance.

Art. 62-34 *(D. n° 2015-999, 17 août 2015).* – I. - Si des subventions publiques ou privées pour la rénovation des parties communes et, le cas échéant, des parties privatives d'intérêt collectif peuvent être accordées à titre individuel à des copropriétaires, l'administrateur provisoire ou l'opérateur peuvent être le mandataire de ces copropriétaires dans les conditions prévues par les articles 1984 et suivants du Code civil.

Si le mandat le prévoit, les subventions publiques ou privées peuvent être versées directement à l'opérateur sur un compte spécifique dont les relevés sont mis à disposition du mandant. L'opérateur rend compte de l'usage de la subvention selon des modalités prévues par le mandat.

II. - Lorsque la subvention est accordée au syndicat des copropriétaires, l'opérateur peut être mandaté par l'administrateur provisoire pour solliciter et percevoir la subvention qui est versée sur un compte spécifique dont les relevés sont mis à disposition de l'administrateur provisoire.

Le mandat peut être intégré à la convention prévue à l'article 62-31 ou faire l'objet d'un acte séparé. Il prévoit les modalités de rendu compte de l'usage de la subvention par l'opérateur.

Art. 62-35 *(D. n° 2015-999, 17 août 2015).* – Pour la mise en œuvre de l'article 29-13 la loi [n° 65-557] du 10 juillet 1965, l'administrateur provisoire, le syndic ou l'opérateur remettent, sur demande du copropriétaire, une quittance pour le règlement de sa quote-part de rémunération.

Sans préjudice des réglementations particulières applicables aux allocations logements, le copropriétaire est tenu d'informer l'organisme payeur des subventions dont il a bénéficié.

Section VIII. – Les unions de syndicats de copropriétaires

(D. n° 2004-479, 27 mai 2004)

Art. 63 *(D. n° 2004-479, 27 mai 2004).* – L'union de syndicats, mentionnée à l'article 29 de la loi du 10 juillet 1965, peut être propriétaire des biens nécessaires à son objet.

Lorsqu'un syndicat de copropriétaires est membre d'une union de syndicats, le syndic soumet, préalablement pour avis à l'assemblée générale des copropriétaires du syndicat concerné ou, le cas échéant, au conseil syndical, les questions portées à l'ordre du jour de l'assemblée générale de l'union.

Le syndic rend compte à l'assemblée générale des copropriétaires des décisions prises par l'union.

Art. 63-1 *(D. n° 2004-479, 27 mai 2004).* – Le conseil de l'union donne son avis au président ou à l'assemblée générale de l'union sur toutes les questions la concernant pour lesquelles il est consulté ou dont il se saisit lui-même.

Il peut prendre connaissance et copie, à sa demande, de toutes pièces ou documents, correspondances ou registres se rapportant à la gestion du président et, d'une manière générale, à l'administration de l'union, au bureau du président ou au lieu arrêté en accord avec lui. Il peut déléguer cette mission à un ou plusieurs de ses membres.

Art. 63-2 *(D. n° 2004-479, 27 mai 2004).* – Le mandat des membres du conseil de l'union ne peut excéder trois ans renouvelables. Il ne donne pas lieu à rémunération.

Art. 63-3 *(D. n° 2004-479, 27 mai 2004 ; mod., D. n° 2010-391, 20 avr. 2010).* – Lorsqu'un syndicat de copropriétaires est membre d'une union de syndicats, son représentant au conseil de l'union est désigné parmi les copropriétaires, les associés dans le cas prévu par le premier alinéa de l'article 23 de la loi du 10 juillet 1965, les accédants ou les acquéreurs à terme, leurs conjoints, les partenaires liés à eux par un pacte civil de solidarité ou leurs représentants légaux.

Il est désigné à la majorité de l'article 24 de la loi du 10 juillet 1965.

Lorsqu'une personne morale est désignée en qualité de représentant d'un membre du conseil de l'union, elle y est représentée par son représentant légal ou statutaire, ou, à défaut, par un fondé de pouvoir spécialement habilité à cet effet.

Art. 63-4 *(D. n° 2004-479, 27 mai 2004).* – Des membres suppléants peuvent être désignés dans les mêmes conditions que les membres titulaires du conseil de l'union. En cas de cessation définitive des fonctions du membre titulaire, son suppléant siège au conseil de l'union jusqu'à la date d'expiration du mandat du membre titulaire qu'il remplace.

Le conseil de l'union n'est plus régulièrement constitué si plus d'un quart des sièges devient vacant pour quelque cause que ce soit.

Section IX. – Dispositions diverses

(Anc. sous-sect. VIII, comprenant les anciens articles 63 à 66, renum., D. n° 2004-479, 27 mai 2004)

Art. 64 *(Anc. art. 63, mod., D. n° 2015-1325, 21 oct. 2015).* – Toutes les notifications et mises en demeure prévues par la loi [n° 65-557] du 10 juill. 1965 susvisée et le présent décret sont valablement faites par lettre recommandée avec demande d'avis de réception. Le délai qu'elles font, le cas échéant, courir a pour point de départ le lendemain du jour de la première présentation de la lettre recommandée au domicile du destinataire.

Ces notifications et mises en demeure peuvent également être valablement faites par voie électronique dans les conditions et selon les modalités fixées aux articles 64-1 à 64-4.

Toutefois, la notification des convocations prévues au présent décret ainsi que celles de l'avis mentionné à l'article 59 ci-dessus peuvent valablement résulter d'une remise contre récépissé ou émargement.

Art. 64-1 *(D. n° 2015-1325, 21 oct. 2015).* – Lorsque l'accord exprès du copropriétaire mentionné à l'article 42-1 de la loi du 10 juillet 1965 susvisée est formulé lors de l'assemblée générale, il est consigné sur le procès-verbal de l'assemblée générale mentionné à l'article 17 du présent décret.

Lorsqu'il n'est pas formulé lors de l'assemblée générale, le copropriétaire le communique par lettre recommandée avec demande d'avis de réception ou par lettre recommandée électronique au syndic, qui l'enregistre à la date de réception de la lettre et l'inscrit sur le registre mentionné à l'article 17.

Art. 64-2 *(D. n° 2015-1325, 21 oct. 2015).* – Le copropriétaire peut à tout moment notifier au syndic, par lettre recommandée avec demande d'avis de réception ou par lettre recommandée électronique, qu'il n'accepte plus d'être rendu destinataire de notifications ou de mises en demeure par voie électronique. Cette décision prend effet le lendemain du jour de la réception de la lettre recommandée par le syndic. Le syndic en fait mention sur le registre mentionné à l'article 17.

Art. 64-3 *(D. n° 2015-1325, 21 oct. 2015).* – Les notifications et mises en demeure par voie électronique peuvent être effectuées par lettre recommandée électronique dans les conditions définies à l'article 1369-8 du Code civil. Dans ce cas, le délai qu'elles font courir a pour point de départ le lendemain de l'envoi au destinataire, par le tiers chargé de son acheminement, du courrier électronique prévu au premier alinéa de l'article 3 du décret n° 2011-144 du 2 février 2011 relatif à l'envoi d'une lettre recommandée par courrier électronique pour la conclusion ou l'exécution d'un contrat.

Dans le cas où il est fait application des articles 4 et 5 du même décret, le délai court à compter du lendemain de la première présentation de la lettre recommandée électronique imprimée sur papier avec demande d'avis de réception au domicile du destinataire.

Art. 64-4 *(D. n° 2015-1325, 21 oct. 2015).* – Les articles 64-1 à 64-3 sont applicables lorsqu'un administrateur provisoire est désigné en application de l'article 29-1 de la loi [n° 65-557] du 10 juillet 1965 susvisée ou lorsque l'assemblée générale est convoquée par le président du conseil syndical ou par un copropriétaire dans les conditions définies aux articles 8 et 50.

Art. 65 *(Anc. art. 64, mod., D. n° 2015-1325, 21 oct. 2015).* – En vue de l'application de l'article 64, chaque copropriétaire ou titulaire d'un droit d'usufruit ou de nue-propriété sur un lot ou une fraction de lot notifie au syndic son domicile réel ou élu ainsi que son adresse électronique, s'il a donné son accord pour recevoir des notifications et mises en demeure par voie électronique.

Les notifications et mises en demeure prévues par l'article 64 sont valablement faites au dernier domicile ou à la dernière adresse électronique notifiée au syndic.

Les notifications, mises en demeure ou significations intéressant le syndicat sont valablement faites au siège du syndicat ou au domicile du syndic.

Art. 66 *(Anc. art. 65, renum., D. n° 2004-479, 27 mai 2004).* – Le présent décret est applicable dans les territoires d'outre-mer, sous réserve des règles de procédure particulières à ces territoires.

Art. 66-1 *(Rempl., D. n° 2015-999, 17 août 2015).* – Pour l'application du présent décret à Mayotte, les mots : « fichier immobilier » sont remplacés par les mots : « livre foncier ».

Art. 66-2 *(D. n° 2016-1446, 26 oct. 2016).* – Les dispositions de l'article 39-2 peuvent être modifiées par décret.

Art. 67 *(Anc. art. 66, renum., D. n° 2004-479, 27 mai 2004).* – Le garde des Sceaux, ministre de la Justice, le ministre d'État chargé des départements et territoires d'outre-mer, le ministre de l'Équipement et le secrétaire d'État au logement sont chargés, chacun en ce qui le concerne, de l'exécution du présent décret, qui sera publié au *Journal officiel* de la République française.

Loi n° 67-561 du 12 juillet 1967
relative à l'amélioration de l'habitat
(JO 13 juill.)

Art. 1er *(Mod., L. n° 80-531, 15 juill. 1980).* – Les dispositions de la présente loi règlent les rapports entre les propriétaires, d'une part, les locataires, d'autre part, pour l'exécution des travaux destinés à adapter, totalement ou partiellement, les locaux d'habitation à des normes de salubrité, de sécurité, d'équipement et de confort qui seront fixées par décret en Conseil d'État. Les dispositions de la présente loi s'appliquent également à l'exécution dans les locaux à usage locatif des travaux destinés à économiser l'énergie. Un décret en Conseil d'État fixera la liste de ces travaux.

Voir : D. n° 68-976, 9 nov. 1968.

Art. 2 *(Mod., L. n° 75-1351, 31 déc. 1975 ; L. n° 76-1285, 31 déc. 1976).* – Les travaux prévus à l'article 1er peuvent, nonobstant toute disposition ou stipulation contraire, être exécutés par le propriétaire dans les mêmes conditions que les réparations urgentes visées à l'article 1724 du Code civil. Néanmoins, si ces travaux présentent un caractère abusif ou vexatoire, le juge du tribunal d'instance statuant par ordonnance de référé est compétent pour prescrire leur interdiction ou leur interruption. Il peut ordonner celles-ci à titre provisoire s'il estime nécessaire une mesure d'instruction.

Toutefois, lorsque les travaux n'affectent que les locaux occupés par un locataire, le propriétaire doit lui notifier, par acte extrajudiciaire ou par lettre recommandée avec demande d'avis de réception, son intention de les exécuter. Si le locataire entend s'opposer aux travaux ou à leurs modalités d'exécution pour un motif sérieux et légitime, il doit saisir, à peine de forclusion, la juridiction compétente, dans le délai de deux mois à compter de la réception de la notification qui lui a été faite.

En aucun cas, le locataire ne peut interdire l'accès des locaux loués ni s'opposer au passage dans ceux-ci de conduits de toute nature.

Le procureur de la République a qualité pour agir d'office devant le tribunal d'instance pour l'application des dispositions du présent article.

Art. 3. – Le locataire peut, nonobstant toute disposition ou stipulation contraire, exécuter ou faire exécuter les travaux visés à l'article 1er, lorsque leur réalisation n'intéresse pas d'autres parties de l'immeuble affectées à usage privatif ou ne risque pas de compromettre le bon aspect ou la solidité de l'immeuble.

Art. 4. – Le locataire notifie au propriétaire, par acte extrajudiciaire ou par lettre recommandée avec demande d'avis de réception, son intention d'exécuter les travaux en lui en communiquant l'état descriptif et estimatif. Le propriétaire doit, dans le délai de deux mois de la réception de la notification qui lui a été faite, soit faire connaître son intention d'entreprendre les travaux à ses frais dans un délai qui ne peut être supérieur à un an, soit saisir, à peine de forclusion, la juridiction compétente, s'il entend pour un motif sérieux et légitime s'opposer aux travaux ou à leurs modalités d'exécution.

Si aucune opposition n'a été formée, si le tribunal n'a pas admis la recevabilité ou le bien-fondé des motifs de l'opposition dont il a été saisi ou si le propriétaire n'a pas entrepris dans le délai d'un an les travaux qu'il s'était engagé à exécuter, le locataire peut exécuter ou faire exécuter ces travaux.

Lorsque les travaux affectent le gros œuvre de l'immeuble, le propriétaire peut exiger qu'ils soient exécutés sous la direction et le contrôle d'un homme de l'art désigné avec son accord, ou, à défaut, par la juridiction compétente. Si sa demande est formulée à l'occasion d'une procédure engagée en application des alinéas qui précèdent, l'homme de l'art est désigné par la décision autorisant les travaux.

Art. 5. – Nonobstant toute clause contraire, le propriétaire est tenu de rembourser au locataire quittant les lieux le coût des travaux dont il a assumé la charge, évalué à la date de sa sortie dans les conditions fixées par décret (1), et réduit de 6 p. 100 par année écoulée depuis leur exécution.

Toutefois, l'indemnité n'est due que dans la mesure où les aménagements faits conservent une valeur effective d'utilisation. Les installations qui ont un caractère somptuaire ou qui n'ont pas été faites au juste prix ne donnent lieu à remboursement que comme s'il s'agissait d'installations normales et réalisées au juste prix.

---

(1) V. D. n° 68-977, 9 nov. 1968.

La part des travaux dont le financement a été assuré par une subvention ne donne pas lieu à indemnité.
Pour le paiement de l'indemnité, le juge peut accorder au propriétaire des délais excédant une année.

Art. 6. – I à IV. – V. *L. n° 48-1360, 1er sept. 1948*

V. – La présente loi est applicable aux travaux exécutés dans le cadre des baux régis par les dispositions du livre VI *(Livre IV nouveau)* du Code rural, sous réserve des conditions particulières prévues audit livre.

Elle n'est pas applicable aux hôtels et pensions de famille, ni aux locaux dont le titre d'occupation est l'accessoire d'un contrat de travail ou est lié à l'exercice d'une fonction publique ou privée.

Art. 7. – Les dispositions de la présente loi pourront être rendues applicables dans les départements d'outre-mer avec les adaptations nécessaires.

Art. 8. – La présente loi entrera en vigueur à la date de la publication du décret en Conseil d'État prévu à l'article premier, qui en fixera les modalités d'application et précisera, en particulier, les conditions dans lesquelles seront déterminés les immeubles qui, en raison de leur état de vétusté ou de leur situation, seront exclus de son champ d'application. Ce décret fixera en outre des règles de compétence et de procédure communes à l'ensemble des contestations relatives à l'application de la présente loi (1).

Dans le délai d'un an à compter de la publication de la présente loi, il sera procédé par décret à la réforme des dispositions réglementaires relatives aux subventions et aux prêts accordés en vue de l'amélioration de l'habitat, et notamment à la réorganisation du fonds national pour l'amélioration de l'habitat. Il sera procédé dans le même délai à la réforme de l'allocation logement, afin notamment d'harmoniser les conditions minima de salubrité exigées pour l'octroi de l'allocation logement avec les normes qui sont prévues par l'article premier de la présente loi. Il sera également, dans le même délai, procédé à la réforme de l'allocation de loyer.

Ordonnance n° 67-839 du 28 septembre 1967

tendant à favoriser le développement du crédit hypothécaire et modifiant certaines dispositions du Code civil relatives aux privilèges et hypothèques sur les immeubles

(JO 29 sept.)

Art. 8. – La taxe de publicité foncière n'est pas applicable aux inscriptions en renouvellement d'hypothèques, ni aux mentions portées en marge des inscriptions.

Art. 9. – Les inscriptions de privilège ou d'hypothèque dispensées du renouvellement décennal, prises antérieurement au 1er janvier 1956 et non encore renouvelées en application des dispositions de l'article 5 du décret n° 55-1683 du 30 décembre 1955 à la date d'entrée en vigueur de la présente ordonnance, feront l'objet d'un renouvellement au fichier immobilier dans un délai et dans des conditions fixées par décret. À défaut de renouvellement, ces inscriptions n'auront pas d'effet au-delà de la date d'expiration dudit délai.

Art. 10. – Lorsqu'elles ont été renouvelées postérieurement au 31 décembre 1955 sans que l'identité du propriétaire de l'immeuble grevé au jour de cette formalité ait été certifiée, les inscriptions de privilège ou d'hypothèque prises antérieurement au 1er janvier 1956, y compris celles qui étaient alors dispensées du renouvellement décennal, ne peuvent conserver leur effet au-delà d'une date qui sera fixée par un décret, si elles n'ont pas fait l'objet au plus tard à cette date d'un nouveau renouvellement dans des conditions déterminées par ce décret.

Art. 11. – Les renouvellements prévus aux articles 9 et 10 de la présente ordonnance ont lieu sans frais.

Art. 12. – 1. Les dispositions de la présente ordonnance entreront en vigueur le 1er janvier 1968.

Sans préjudice de l'application, le cas échéant, des dispositions de l'article 10 de la présente ordonnance, les formalités en instance de rejet au 1er janvier 1968 seront toutefois exécutées suivant les modalités et avec les effets fixés par les dispositions antérieures si le rejet n'est pas décidé ou si la décision de rejet est infirmée dans les conditions indiquées à l'article 26 du décret n° 55-22 du 4 janvier 1955.

(1) V. D. n° 68-977, 9 nov. 1968.

2. Sous réserve des dispositions des articles 9 et 10 de la présente ordonnance, la durée de l'effet des inscriptions antérieures au 1er janvier 1968 demeure fixée, jusqu'à leur renouvellement postérieur à cette date, par les textes applicables au jour où elles ont été prises ou déjà renouvelées.

Lorsque, postérieurement au 1er janvier 1968, est mentionnée en marge d'une inscription antérieure la subrogation d'un créancier aux droits du bénéficiaire de ladite inscription, celle-ci continue d'être soumise, jusqu'à son renouvellement éventuel, à la péremption qui lui était applicable avant la mention de la subrogation.

Art. 13. – Des décrets fixeront en tant que de besoin les conditions d'application de la présente ordonnance.

Art. 14 *(Mod., L. n° 90-1248, 29 déc. 1990)*. – Les dispositions de la présente ordonnance ne sont pas applicables dans les départements du Bas-Rhin, du Haut-Rhin et de la Moselle, à l'exception des articles 1er et 2.

Loi n° 67-1253 du 30 décembre 1967

d'orientation foncière

Art. 48. – La concession immobilière est le contrat par lequel le propriétaire d'un immeuble ou partie d'immeuble, bâti ou non bâti, en confère la jouissance à une personne dénommée concessionnaire, pour une durée de vingt années au minimum et moyennant le paiement d'une redevance annuelle.

La concession immobilière est consentie par ceux qui ont la capacité de disposer ; elle fait l'objet d'un acte authentique, publié au fichier immobilier, et qui doit comporter une référence expresse aux dispositions du présent chapitre. Elle ne peut se prolonger par tacite reconduction.

La redevance est révisable selon les modalités prévues par le contrat.

Art. 49. – Il est dû garantie au concessionnaire pour tous les vices ou défauts de l'immeuble concédé qui en empêchent ou en restreignent l'usage, même si le propriétaire ne les a pas connus lors de la conclusion du contrat.

Art. 50. – Le concessionnaire a le droit de donner au bien qu'il a reçu en concession toute destination de son choix sous réserve des stipulations contractuelles tendant à assurer que cette destination est compatible avec la nature de l'immeuble, qu'elle ne porte pas préjudice à l'organisation générale de l'ensemble dans lequel il se situe, et qu'elle ne déroge pas à la règle prévue à l'article 56 ci-après.

Il peut, à la condition d'en informer préalablement le propriétaire, apporter au bien concédé tout aménagement ou modification nécessité par l'exercice de son activité ou la transformation de celle-ci, lorsque leur réalisation n'intéresse pas d'autres parties de l'immeuble affectées à usage privatif, ou ne risque pas de compromettre le bon aspect ou la solidité de l'immeuble. Le propriétaire ne peut s'y opposer, si ce n'est pour un motif sérieux et légitime.

Il peut faire toute construction qu'il estime nécessaire sous réserve des dispositions incluses au contrat.

Art. 51. – Le concessionnaire peut céder tout ou partie de ses droits à un tiers. Le contrat peut stipuler qu'un droit préférentiel d'acquisition sera reconnu au propriétaire, et que, à défaut d'accord amiable, celui-ci pourra demander en justice la fixation du prix de cession.

Le concessionnaire peut également, si la concession porte sur un bien à usage commercial, industriel ou artisanal, concéder son fonds de commerce en location-gérance dans les conditions prévues par la loi n° 56-277 du 20 mars 1956. Aucun autre droit d'occupation ne peut être accordé à un tiers par le concessionnaire.

Le droit à la concession immobilière est susceptible d'être compris dans un nantissement prévu par la loi du 17 mars 1909, lorsqu'il porte sur un bien à usage commercial, industriel ou artisanal.

Art. 52. – Le concessionnaire répond des dégradations qui arrivent pendant sa jouissance, à moins qu'il ne prouve qu'elles ont eu lieu sans sa faute.

Il peut être stipulé dans le contrat que le concessionnaire est tenu à tout ou partie des charges d'entretien et de réparation. Lorsqu'il ne remplit pas cette obligation, le propriétaire peut exécuter les travaux et lui en réclamer le remboursement, sans préjudice de la résiliation éventuelle du contrat conformément à l'article 53.

Art. 53. – Si pendant la durée de la concession, l'immeuble est détruit en totalité par cas fortuit, la concession est résiliée de plein droit. S'il n'est détruit qu'en partie, le concessionnaire peut demander une diminution de la redevance, ou la résiliation de la concession. Dans l'un et l'autre cas, il n'y a lieu à aucune indemnité.

La concession immobilière peut être résiliée à tout moment par accord entre les parties.

La concession immobilière peut également être résiliée par le concessionnaire pendant les six premières années, à charge pour lui de donner un préavis de six mois. La résiliation est de droit et ne donne lieu à aucune indemnité.

Le propriétaire peut aussi résilier la concession si les biens qui font l'objet de la concession immobilière font partie d'un ensemble qui doit être démoli en vue de la réalisation d'une construction.

(Al. mod. à compter du 1er octobre 2016, Ord. n° 2016-131, 10 févr. 2016) En dehors des cas visés aux alinéas précédents, la concession peut être résiliée dans les conditions prévues aux articles 1224 à 1230 du Code civil.

La concession n'est pas résolue par un changement dans la personne du propriétaire ou du concessionnaire, même par décès, ni par la faillite de l'un d'eux.

Art. 54. – Sauf dans les cas visés aux premier et troisième alinéas de l'article 53, et à moins qu'il n'en soit dispensé en tout ou partie par un accord amiable intervenu dans les conditions prévues au deuxième alinéa dudit article, le propriétaire est tenu, quelle que soit la cause qui a mis fin à la concession, de rembourser au concessionnaire quittant les lieux le coût des constructions et ouvrages faits par lui, apprécié à la date de sa sortie, mais seulement dans la limite de l'augmentation de la valeur de l'immeuble qui en résulte.

Toutefois, les stipulations contractuelles peuvent fixer des règles d'indemnisation particulières pour les constructions et ouvrages entrepris pendant les cinq dernières années de validité du contrat.

Art. 55. – Les privilèges et charges de toutes natures nés du chef du concessionnaire s'éteignent à la fin de la concession.

Les droits des créanciers dont la sûreté est ainsi éteinte sont reportés sur l'indemnité éventuellement due par le propriétaire au concessionnaire, compte tenu du rang de préférence attaché à ces droits par les textes qui les régissent, sans préjudice des recours qui pourraient être, le cas échéant, exercés pour le surplus contre le concessionnaire.

Art. 56. – Dans le cas où, à l'expiration du contrat, la concession d'un immeuble à usage commercial, industriel ou artisanal n'aurait pas été renouvelée par suite du refus du propriétaire, celui-ci ne peut, pendant les cinq années suivant cette expiration, ni se livrer dans l'immeuble concédé à une activité analogue à celle exercée par le concessionnaire, ni conférer ce droit à autrui. Toutefois, le tribunal de grande instance peut autoriser, aux conditions qu'il détermine, le propriétaire à passer outre à cette interdiction si la poursuite de l'activité antérieurement exercée par le concessionnaire est indispensable à l'approvisionnement en biens de première nécessité des personnes résidant dans l'ensemble immobilier dans lequel le local est implanté ou si, du fait des aménagements dont le coût a été supporté par le propriétaire, le local ne se prête qu'à l'exercice d'une seule activité.

Art. 57. – Les dispositions législatives relatives aux contrats de louage ne sont pas applicables aux contrats de concession immobilière.

Art. 58. – Sont réputées non écrites, quelle qu'en soit la forme, les stipulations incluses dans un contrat de concession immobilière qui auraient pour effet de faire échec aux dispositions du présent chapitre.

Art. 59. – Sont réputés sans cause :

Tout versement d'argent ou de valeur, en sus de la redevance et des charges et prestations, fait par le concessionnaire en contrepartie ou à l'occasion de la conclusion d'un contrat de concession immobilière ;

L'obligation pour le concessionnaire de fournir des prestations étrangères à l'aménagement des locaux ;

Tout versement d'argent ou de valeur fait à un concessionnaire ou à des ayants cause, en contrepartie de la libération totale ou partielle des lieux donnés en concession.

Les sommes indûment perçues sont sujettes à répétition. Le coût des prestations indûment fournies est sujet à remboursement par le propriétaire.

Est toutefois autorisée la constitution d'un dépôt de garantie n'excédant pas le montant de six mois de redevance.

Art. 60. – La concession immobilière ne peut s'appliquer, lorsqu'il s'agit d'immeubles bâtis, qu'à ceux qui auront été construits ou achevés postérieurement à l'entrée en vigueur de la présente loi.

Toutefois, les immeubles visés à l'article 14 de la présente loi (1) peuvent faire l'objet de contrats de concession immobilière quelle que soit leur date de construction.

Loi n° 68-5 du 3 janvier 1968
portant réforme du droit des incapables majeurs
(JO 4 janv. et rect. 16 févr.)

Art. 4. – Dans tous les textes où il est fait mention de l'interdiction judiciaire et de l'interdit, cette mention sera remplacée par celle de la tutelle des majeurs et du majeur en tutelle.

Dans tous les textes où il est fait mention du conseil judiciaire, et du faible d'esprit ou prodigue pourvu d'un conseil judiciaire, cette mention sera remplacée par celle de la curatelle et du majeur en curatelle.

Art. 5. – Les règles édictées pour la tutelle des majeurs sont applicables à l'interdiction légale prévue par l'article 29 du Code pénal *(ancien).*

Toutefois, le condamné en état d'interdiction légale reste capable de tester et il peut se marier sans les autorisations particulières prévues à l'article 506 du Code civil.

Sur le principe que l'abolition de l'interdiction légale met obstacle à son exécution, V. ▪ Cass. crim., 28 juin 2000 : *JCP* 2000, II, 10375, rapp. Desportes ; *Defrénois* 2001, 99, obs. Massip ; *RTD civ.* 2001, 108, obs. Hauser. ▪ Cass. 1re civ., 3 avr. 2001 : *JCP* 2001, IV, 2017 ; *Defrénois* 2001, 1015, obs. Massip.

....

Art. 10 *(Mod., L. n° 2011-94, 25 janv. 2011).* – Outre les autorités judiciaires, peuvent seuls obtenir du procureur de la République communication, par extrait, d'une déclaration aux fins de sauvegarde de justice :

1° Les personnes qui auraient qualité, selon l'article 493 du Code civil, pour demander l'ouverture d'une tutelle ;

2° Sur demande motivée, les avocats, notaires et huissiers, justifiant de l'utilisation de la communication pour un acte de leurs fonctions.

Art. 11. – Le procureur de la République, s'il est informé que les biens d'un majeur protégé par la loi, au sens des articles 488 et suivants du Code civil, peuvent être mis en péril, a l'obligation de provoquer d'urgence toutes mesures conservatoires du patrimoine et notamment l'apposition des scellés.

Les modalités d'application du présent article seront réglées par le Code de procédure civile.

Art. 12. – Il n'y a pas lieu pour l'application de la présente loi de distinguer selon que les personnes protégées sont traitées à leur domicile ou dans un établissement de soins public ou privé de quelque nature qu'il soit.

Art. 13. – V. *L. n° 66-774, 18 oct. 1966, art. 1er, 8 et 10 bis (CSS, art. L. 167-2).*

Art. 14. – Les dispositions de la présente loi sont applicables dans les départements du Bas-Rhin, du Haut-Rhin et de la Moselle, lorsqu'elles ne se rapportent pas à des matières actuellement soumises à des dispositions particulières.

Art. 15. – La présente loi entrera en vigueur six mois après sa publication au *Journal officiel* de la République française.

Art. 16. – À partir de cette date, les dispositions de la loi nouvelle seront immédiatement applicables à la capacité des personnes protégées et à la gestion de leurs biens.

(1) V. C. urb., art. L. 222-1 (abrogé).

Les personnes en état d'interdiction judiciaire seront, de plein droit, placées sous le régime de la tutelle des majeurs ; les personnes pourvues d'un conseil judiciaire, sous le régime de la curatelle.

Art. 17. – Quant aux biens des malades internés et non interdits, les administrateurs provisoires et mandataires déjà en fonctions par application des articles 31 à 36 de la loi du 30 juin 1838 continueront leur gestion en conformité de ces articles.

Toutefois, leurs pouvoirs cesseront à l'expiration d'un délai de cinq ans à compter de l'entrée en vigueur de la présente loi.

Durant ce délai, le juge des tutelles pourra, soit à la demande des administrateurs provisoires ou des mandataires visés à l'alinéa 1er, soit à la demande des parties visées par le nouvel article 493, alinéa premier, du Code civil, soit même d'office, décider d'ouvrir la tutelle ou la curatelle.

Art. 18. – Le nouvel article 490-2 du Code civil n'affectera pas la validité des conventions antérieurement conclues.

Art. 19. – Si, dans une interdiction judiciaire antérieurement prononcée, les conditions d'application du nouvel article 497 du Code civil se trouvent remplies, le juge des tutelles pourra, à la requête du tuteur, le subrogé tuteur entendu, décider que la tutelle sera transformée en un régime d'administration légale sous contrôle judiciaire, ainsi qu'il est prévu audit article.

Art. 20. – Aucun tuteur antérieurement nommé ne pourra demander à être déchargé de la tutelle en vertu du nouvel article 496-1 du Code civil, avant l'expiration d'un délai d'une année à compter de l'entrée en vigueur de la loi nouvelle.

Art. 21. – Les actions en nullité antérieurement ouvertes resteront soumises au délai de dix ans que prévoyait l'ancien article 1304 du Code civil, sans pouvoir néanmoins être introduites plus de cinq ans après l'entrée en vigueur de la loi nouvelle.

Loi n° 68-671 du 25 juillet 1968

relative à l'état civil des Français ayant vécu en Algérie ou dans les anciens territoires français d'outre-mer ou sous tutelle devenus indépendants

Art. 1er. – Les actes de l'état civil des personnes qui ont bénéficié de la reconnaissance de la nationalité française pourront être établis sur les registres du service central de l'état civil du ministère des affaires étrangères, lorsqu'ils ont été ou auraient dû être dressés soit en Algérie, soit dans un ancien territoire français d'outre-mer ou sous tutelle devenu indépendant, avant l'enregistrement de ladite reconnaissance.

Art. 2. – Les actes de l'état civil des personnes ayant conservé de plein droit ou acquis la nationalité française pourront également être établis sur les registres du service central de l'état civil lorsqu'ils ont été ou auraient dû être dressés soit en Algérie, avant le 1er janvier 1963, soit dans un ancien territoire français d'outre-mer ou sous tutelle avant l'accession de celui-ci à l'indépendance.

Art. 3. – Les dispositions des articles précédents ne sont toutefois applicables que si les actes de l'état civil n'ont pas déjà été portés sur des registres conservés par des autorités françaises.

Art. 4 *(Mod., L. n° 2019-222, 23 mars 2019)*. – Les actes mentionnés aux articles 1er et 2 de la présente loi sont établis, soit par reproduction des registres originaux, soit au vu de copies ou extraits d'actes de l'état civil, soit, à défaut, au vu de tous documents judiciaires ou administratifs ou même sur actes de notoriété dressés en application de l'article 46 du code civil.

Les diverses mentions marginales prévues par la loi y seront apposées par les officiers de l'état civil du service central de l'état civil.

Art. 5. – Les énonciations des actes de naissance et de mariage d'une même personne peuvent figurer sur un même document.

Art. 6 *(L. n° 93-22, 8 janv. 1993 ; mod., L. n° 2016-1547, 18 nov. 2016)*. – Le chef du service central de l'état civil du ministère des affaires étrangères est habilité à ordonner la rectification des actes établis conformément à la présente loi et des mentions apposées en marge de ces actes en cas d'erreurs et

omissions purement matérielles, conformément à l'article 99-1 du Code civil, ainsi que des erreurs portant sur le nom de famille. Les personnes habilitées à exercer les fonctions d'officier de l'état civil pour dresser lesdits actes peuvent procéder aux mêmes rectifications.

Art. 7 *(Mod., L. n° 2016-1547, 18 nov. 2016)*. **– En cas de désaccord avec les énonciations de l'état civil étranger, les actes établis conformément à la présente loi feront foi jusqu'à décision de rectification intervenue en application, soit de l'article précédent, soit de l'article 99 ou de l'article 99-1 du Code civil.**

Les copies et extraits de ces actes ont la force probante des copies et extraits des actes de l'état civil.

Ils ont, en ce qui concerne la preuve de l'enregistrement d'une reconnaissance de la nationalité française, la même valeur que les attestations ministérielles prévues aux articles 139 et suivants du Code de la nationalité.

Art. 8. **– Les actes de l'état civil pouvant être établis dans les conditions de la présente loi ne seront plus transcrits sur les registres consulaires.**

Décret n° 69-195 du 15 février 1969

pris pour l'application de l'article 499 du Code civil (*JO* 4 mars)

(Abr., sauf en sauf en tant qu'il s'applique à Mayotte, en Nouvelle-Calédonie, en Polynésie française, à Saint-Pierre-et-Miquelon et dans les îles Wallis-et-Futuna, D. n° 2008-1546, 31 déc. 2008 ; D. n° 2008-1553, 31 déc. 2008)

Art. 1er. **– Les établissements d'hospitalisation, de soins ou de cure publics ou privés choisissent parmi leurs préposés la personne la plus qualifiée pour être désignée, le cas échéant, comme gérant de la tutelle.**

Art. 2 *(Mod., D. n° 72-284, 11 avr. 1972)*. **– Peuvent être désignés par le juge des tutelles pour exercer les fonctions de gérant de la tutelle en qualité d'administrateurs spéciaux :**

1° Les personnes qualifiées figurant sur une liste établie, chaque année, par le procureur de la République ;

2° Les associations reconnues d'utilité publique, les associations déclarées et les fondations ayant une vocation sociale et figurant sur une liste établie, chaque année, par le procureur de la République ;

3° Les personnes physiques ou morales agréées comme tuteurs aux prestations sociales ;

4° Les personnes exerçant les fonctions de gérant de la tutelle en application de l'article précédent.

Art. 3. **– Les émoluments dus pour la gérance de tutelle par l'incapable sont fixés par arrêté conjoint du ministre d'État chargé des affaires sociales, du garde des Sceaux, ministre de la Justice, et du ministre de l'Économie et des Finances.**

Une rémunération supplémentaire également fixée par arrêté interministériel peut être allouée à titre exceptionnel par le juge des tutelles lorsqu'il a confié au gérant de la tutelle des attributions excédant ses pouvoirs ordinaires, soit en application de l'article 500, alinéa 2, soit en application de l'article 501.

Lorsque les fonctions de gérant de tutelle sont assurées par le préposé de l'établissement dans lequel est soigné l'incapable, les émoluments sont versés à cet établissement.

Loi n° 70-9 du 2 janvier 1970

réglementant les conditions d'exercice des activités relatives à certaines opérations portant sur les immeubles et les fonds de commerce (*JO* 4 janv.) (1) (2)

TITRE PREMIER. – DE L'EXERCICE DES ACTIVITÉS D'ENTREMISE ET DE GESTION DES IMMEUBLES ET FONDS DE COMMERCE

(Intitulé rempl., Ord. n° 2004-634, 1er juill. 2004)

Art. 1er *(Mod., L. n° 94-624, 21 juill. 1994 ; L. n° 98-566, 8 juill. 1998 ; Ord. n° 2004-634, 1er juill. 2004 ; L. n° 2014-366, 24 mars 2014* (3)*)*. **– Les dispositions de la présente loi s'appliquent aux personnes physiques**

(1) Dispositions non applicables aux avocats, D. n° 72-783, 25 août 1972, art. 50.

(2) Texte d'application : D. n° 72-678, 20 juill. 1972, p. 2969.

(3) Les dispositions issues du I de la loi n° 2014-366 du 24 mars 2014 ne s'applique qu'aux contrats conclus à compter de l'entrée en vigueur de cette loi, L. n° 2014-366, 24 mars 2014, art. 24, VI.

ou morales qui, d'une manière habituelle, se livrent ou prêtent leur concours, même à titre accessoire, aux opérations portant sur les biens d'autrui et relatives à :

1° L'achat, la vente, la recherche, l'échange, la location ou sous-location, saisonnière ou non, en nu ou en meublé d'immeubles bâtis ou non bâtis ;

2° L'achat, la vente ou la location-gérance de fonds de commerce ;

3° La cession d'un cheptel mort ou vif ;

4° La souscription, l'achat, la vente d'actions ou de parts de sociétés immobilières ou de sociétés d'habitat participatif donnant vocation à une attribution de locaux en jouissance ou en propriété ;

5° L'achat, la vente de parts sociales non négociables lorsque l'actif social comprend un immeuble ou un fonds de commerce ;

6° La gestion immobilière ;

7° À l'exclusion des publications par voie de presse, la vente de listes ou de fichiers relatifs à l'achat, la vente, la location ou sous-location en nu ou en meublé d'immeubles bâtis ou non bâtis, ou à la vente de fonds de commerce ;

8° La conclusion de tout contrat de jouissance d'immeuble à temps partagé régi par les articles L. 121-60 et suivants du Code de la consommation ;

9° L'exercice des fonctions de syndic de copropriété dans le cadre de la loi n° 65-557 du 10 juillet 1965 fixant le statut de la copropriété des immeubles bâtis.

Art. 1er-1 *(Ord. n° 2004-634, 1er juill. 2004 ; mod., L. n° 2014-366, 24 mars 2014)* (1). – Pour l'application de la présente loi :

1° Est considérée comme relevant de l'activité de gestion immobilière la location ou la sous-location, saisonnière ou non, en nu ou en meublé, d'immeubles bâtis ou non bâtis lorsqu'elle constitue l'accessoire d'un mandat de gestion ;

2° Est considérée comme une location saisonnière pour l'application de la présente loi la location d'un immeuble conclue pour une durée maximale et non renouvelable de quatre-vingt-dix jours consécutifs.

Lorsque ces locations font intervenir un intermédiaire, leurs conditions de conclusion sont précisées par un décret en Conseil d'État.

Art. 2 *(Mod., L. n° 2018-1021, 23 nov. 2018)*. – Les dispositions de la présente loi ne sont pas applicables :

Aux membres des professions dont la liste sera fixée par décret , en considération du contrôle dont leur activité professionnelle fait l'objet ainsi que des garanties financières qu'ils offrent pour l'exercice de cette activité ;

Aux personnes ou à leur conjoint qui, à titre non professionnel, se livrent ou prêtent leur concours à des opérations relatives à des biens sur lesquels elles ont des droits réels divis ou indivis ;

Aux personnes agissant pour le compte de leur conjoint, de parents en ordre successible, ou pour le compte de majeurs protégés ou de mineurs dans les conditions prévues aux titres X et XI du Code civil ;

Aux représentants légaux ou statutaires de sociétés de construction régies par les articles L. 212-1 et suivants du Code de la construction et de l'habitation pour la réalisation des premières cessions des parts ou actions.

Aux titulaires d'une licence d'agent de voyages, en vertu de la loi n° 92-645 du 13 juillet 1992 fixant les conditions d'exercice des activités relatives à l'organisation et à la vente de voyages ou de séjours, pour la conclusion de tout contrat de jouissance d'immeuble à temps partagé régi par les articles L. 121-60 et suivants du Code de la consommation.

Aux organismes de placement collectif immobilier, organismes professionnels de placement collectif immobilier, sociétés civiles de placement immobilier et à leurs sociétés de gestion, sauf lorsqu'elles gèrent des actifs immobiliers faisant l'objet de mandats de gestion spécifiques.

Aux associations œuvrant à la promotion de la cohabitation intergénérationnelle solidaire définie à l'article L. 118-1 du Code de l'action sociale et des familles et aux articles L. 631-17 à L. 631-19 du Code de la construction et de l'habitation.

(1) Les dispositions issues du I de la loi n° 2014-366 du 24 mars 2014 ne s'applique qu'aux contrats conclus à compter de l'entrée en vigueur de cette loi, L. n° 2014-366, 24 mars 2014, art. 24, VI.

Art. 3 *(Mod., L. n° 2014-366, 24 mars 2014 ; D. n° 2015-536, 15 mai 2015 ; L. n° 2015-990, 6 août 2015).* – (1) (2) Les activités visées à l'article 1er ne peuvent être exercées que par les personnes physiques ou morales titulaires d'une carte professionnelle, délivrée, pour une durée et selon des modalités fixées par décret en Conseil d'État, par le président de la chambre de commerce et d'industrie territoriale ou par le président de la chambre de commerce et d'industrie départementale d'Ile-de-France, précisant celles des opérations qu'elles peuvent accomplir. Lorsque le président de la chambre de commerce et d'industrie territoriale ou de la chambre départementale d'Île-de-France exerce une activité mentionnée à l'article 1er, la carte est délivrée par le vice-président, dans des conditions fixées par décret en Conseil d'État.

CCI France établit et tient à jour un fichier des personnes titulaires de la carte professionnelle, selon des modalités définies par décret *(Mots ajoutés à compter de la date prévue à l'article 29 de l'ordonnance n° 2018-1125 du 12 décembre 2018, Ord. n° 2018-1125, 12 déc. 2018)* "et conformément à la loi n° 78-17 du 6 janvier 1978 relative à l'informatique, aux fichiers et aux libertés".

Cette carte ne peut être délivrée qu'aux personnes physiques qui satisfont aux conditions suivantes :

1° Justifier de leur aptitude professionnelle ;

2° (2) Justifier d'une garantie financière permettant le remboursement des fonds, effets ou valeurs déposés et spécialement affectée à ce dernier, y compris les sommes versées au fonds de travaux mentionné à l'article 14-2 de la loi n° 65-557 du 10 juillet 1965 fixant le statut de la copropriété des immeubles bâtis, à l'exception toutefois des personnes déclarant leur intention de ne détenir aucun fonds, effet ou valeur pour les activités mentionnées à l'article 1er, à l'exception de celles mentionnées aux 6° et 9° du même article, dans des conditions fixées par décret en Conseil d'État. Seuls les garants financiers ayant mis en place des procédures de contrôle internes, au moyen d'un référentiel et de modèles de suivi des risques, sont habilités à délivrer la garantie financière. Un décret en Conseil d'État définit les procédures et les conditions dans lesquelles les garants exercent leurs missions de contrôle sur les fonds qu'ils garantissent en application du présent article ;

3° Contracter une assurance contre les conséquences pécuniaires de leur responsabilité civile professionnelle ;

4° Ne pas être frappées d'une des incapacités ou interdictions d'exercer définies aux titres II et II *bis* ci-après.

La garantie mentionnée au 2° ci-dessus résulte d'un engagement écrit fourni par une entreprise d'assurance spécialement agréée, par un établissement de crédit, une société de financement ou une institution mentionnée à l'article L. 518-1 du Code monétaire et financier.

Les modalités de détermination du montant de la garantie sont fixées par décret en Conseil d'État.

La carte n'est délivrée aux personnes morales que si lesdites personnes satisfont aux conditions prévues aux 2° et 3° ci-dessus et que si leurs représentants légaux et statutaires satisfont aux conditions prévues aux 1° et 4° ci-dessus.

Il doit être procédé à une déclaration préalable d'activité pour chaque établissement, succursale, agence ou bureau par la personne qui en assure la direction. Cette personne doit, en outre, satisfaire à la condition prévue au 1° et ne pas être frappée d'une des incapacités ou interdictions d'exercer définies au titre II de la présente loi.

Voir : la rédaction de cet article issue de la loi n° 2019-486 du 22 mai 2019, en *addendum*, p. 3587

Art. 3-1 *(L. n° 2014-366, 24 mars 2014 ; L. n° 2015-990, 6 août 2015)* (2). – Les personnes mentionnées à l'article 1er et, lorsqu'il s'agit de personnes morales, leurs représentants légaux et statutaires, au dernier alinéa de l'article 3 et à l'article 4 sont, à l'exception de celles mentionnées à l'article 8-1, soumises à une obligation de formation continue. Leur carte professionnelle ne peut être renouvelée si elles ne justifient pas avoir rempli cette obligation.

Un décret détermine la nature et la durée des activités susceptibles d'être validées au titre de l'obligation de formation continue, les modalités selon lesquelles elle s'accomplit, celles de son contrôle et celles de sa justification en cas de renouvellement de la carte professionnelle.

Art. 4 *(Mod., L. n° 2014-366, 24 mars 2014 ; L. n° 2018-1021, 23 nov. 2018)* (2). – Toute personne habilitée par un titulaire de la carte professionnelle à négocier, s'entremettre ou s'engager pour le compte de

(1) Entrée en vigueur à compter d'une date fixée par décret en Conseil d'État et au plus tard le 1er juillet 2015, L. n° 2014-366, 24 mars 2014, art. 24 VII.

(2) Les dispositions issues du I de la loi n° 2014-366 du 24 mars 2014 ne s'applique qu'aux contrats conclus à compter de l'entrée en vigueur de cette loi, L. n° 2014-366, 24 mars 2014, art. 24, VI.

ce dernier justifie d'une compétence professionnelle, de sa qualité et de l'étendue de ses pouvoirs dans les conditions fixées par décret en Conseil d'État. Les dispositions du titre II de la présente loi lui sont applicables.

Les dispositions du chapitre IV du titre III du livre Ier du Code de commerce sont applicables aux personnes visées au premier alinéa lorsqu'elles ne sont pas salariées. Ces personnes doivent contracter une assurance contre les conséquences pécuniaires de leur responsabilité civile professionnelle, dans des conditions fixées par décret en Conseil d'État.

Ces personnes ne peuvent pas :

1° Recevoir ou détenir, directement ou indirectement, des sommes d'argent, des biens, des effets ou des valeurs ou en disposer à l'occasion des activités mentionnées à l'article 1er de la présente loi ;

2° Donner des consultations juridiques ni rédiger des actes sous seing privé, à l'exception de mandats conclus au profit du titulaire de la carte professionnelle mentionnée à l'article 3 ;

3° Assurer la direction d'un établissement, d'une succursale, d'une agence ou d'un bureau.

Les personnes qui, à la date d'entrée en vigueur du décret en Conseil d'État mentionné au premier alinéa du présent article, disposent de l'habilitation mentionnée au premier alinéa sont réputées justifier de la compétence professionnelle mentionnée au présent article.

Art. 4-1 *(L. n° 2009-323, 25 mars 2009 ; rempl., L. n° 2014-366, 24 mars 2014 ; L. n° 2015-990, 6 août 2015,).* – Lorsque les personnes mentionnées à l'article 1er proposent à leurs clients les services d'une entreprise, elles sont tenues de les informer, dans des conditions définies par décret en Conseil d'État et avant la conclusion de tout contrat avec ladite entreprise, des éventuels liens directs de nature capitalistique ou des liens de nature juridique qu'elles ou leurs représentants légaux et statutaires ont ou que les personnes mentionnées au dernier alinéa de l'article 3 et à l'article 4, intervenant pour ces clients, ont avec cette entreprise.

Cette obligation s'applique également lorsque les personnes mentionnées au même article 1er proposent à leurs clients les services d'un établissement bancaire ou d'une société financière.

Les personnes mentionnées au dernier alinéa du même article 3 et les personnes habilitées par un titulaire de la carte professionnelle conformément au même article 4 sont tenues de l'informer des liens mentionnés aux premier et deuxième alinéas du présent article qu'elles ont avec une entreprise, un établissement bancaire ou une société financière dont le titulaire de la carte professionnelle propose les services à ses clients.

Art. 4-2 *(L. n° 2016-1888, 28 déc. 2016).* – En vue du logement des travailleurs saisonniers et par dérogation au deuxième alinéa de l'article 4 et à l'article 6, les organismes agréés, conformément à l'article L. 365-4 du Code de la construction et de l'habitation, peuvent habiliter, pour certaines missions relevant de la présente loi, des personnels d'une collectivité territoriale. Un décret en Conseil d'État précise ces missions.

Art. 4-3 *(L. n° 2017-86, 27 janv. 2017).* – Sous réserve des dispositions leur imposant la divulgation de certaines informations, les personnes mentionnées à l'article 1er de la présente loi et, lorsqu'il s'agit de personnes morales, leurs représentants légaux et statutaires respectent la confidentialité des données dont elles ont connaissance dans l'exercice de leurs activités. Ce principe ne fait pas obstacle à la communication aux copropriétaires de tout élément nécessaire au bon fonctionnement du syndicat. Il ne fait également pas obstacle au signalement d'un habitat manifestement indigne au sens de l'article 1er-1 de la loi n° 90-449 du 31 mai 1990 visant à la mise en œuvre du droit au logement au maire de la commune concernée.

Art. 5. – Les personnes visées à l'article 1er qui reçoivent, détiennent des sommes d'argent *(Mots aj., à compter du 1er juillet 2015, L. n° 2014-366, 24 mars 2014)* (1) « ne constituant ni une rémunération, ni des honoraires », des biens, des effets ou des valeurs, ou en disposent, à quelque titre et de quelque manière que ce soit, à l'occasion des opérations spécifiées audit article, doivent respecter les conditions prévues par décret en Conseil d'État, notamment les formalités de tenue des registres et de délivrance de reçus, ainsi que les autres obligations découlant du mandat.

(1) Les dispositions issues du I de la loi n° 2014-366 du 24 mars 2014 ne s'applique qu'aux contrats conclus à compter de l'entrée en vigueur de cette loi, L. n° 2014-366, 24 mars 2014, art. 24, VI.

Art. 6 *(Mod., L. n° 94-624, 21 juill. 1994 ; Ord. n° 2004-634, 1er juill. 2004 ; L. n° 2006-872, 13 juill. 2006).* – I. - Les conventions conclues avec les personnes visées à l'article 1er ci-dessus et relatives aux opérations qu'il mentionne en ses 1° à 6°, doivent être rédigées par écrit et préciser conformément aux dispositions d'un décret en Conseil d'État :

Les conditions dans lesquelles ces personnes sont autorisées à recevoir, verser ou remettre des sommes d'argent, biens, effets ou valeurs à l'occasion de l'opération dont il s'agit ;

Les modalités de la reddition de compte ;

Les conditions de détermination de la rémunération, ainsi que l'indication de la partie qui en aura la charge.

Les moyens employés par ces personnes et, le cas échéant, par le réseau auquel elles appartiennent pour diffuser auprès du public les annonces commerciales afférentes aux opérations mentionnées au 1° du même article 1er.

En outre, lorsqu'une convention comporte une clause d'exclusivité, elle précise les actions que le mandataire s'engage à réaliser pour exécuter la prestation qui lui a été confiée ainsi que les modalités selon lesquelles il rend compte au mandant des actions effectuées pour son compte, selon une périodicité déterminée par les parties.

(Al. mod. à compter du 1er octobre 2016, Ord. n° 2016-131, 10 févr. 2016) Les dispositions de l'article 1375 du Code civil leur sont applicables.

Aucun bien, effet, valeur, somme d'argent, représentatif d'honoraires, de frais de recherche, de démarche, de publicité ou d'entremise quelconque, n'est dû aux personnes indiquées à l'article 1er ou ne peut être exigé ou accepté par elles, avant qu'une des opérations visées audit article ait été effectivement conclue et constatée dans un seul acte écrit contenant l'engagement des parties.

Toutefois, lorsqu'un mandat est assorti d'une clause d'exclusivité ou d'une clause pénale ou lorsqu'il comporte une clause aux termes de laquelle des honoraires sont dus par le mandant, même si l'opération est conclue sans les soins de l'intermédiaire, cette clause recevra application dans les conditions qui seront fixées par décret. La somme versée par le mandant en application de cette clause ne peut excéder un montant fixé par décret en Conseil d'État.

Lorsque le mandant agit dans le cadre de ses activités professionnelles, tout ou partie des sommes d'argent visées ci-dessus qui sont à sa charge peuvent être exigées par les personnes visées à l'article 1er avant qu'une opération visée au même article n'ait été effectivement conclue et constatée. La clause prévue à cet effet est appliquée dans des conditions fixées par décret en Conseil d'État.

La convention conclue entre la personne qui se livre à l'activité mentionnée au 7° de l'article 1er et le propriétaire du bien inscrit sur la liste ou le fichier, ou le titulaire de droits sur ce bien, comporte une clause d'exclusivité d'une durée limitée aux termes de laquelle ce dernier s'engage, d'une part, à ne pas confier la location ou la vente de son bien à une autre personne exerçant une activité mentionnée à l'article 1er et, d'autre part, à ne pas publier d'annonce par voie de presse.

II. - Entre la personne qui se livre à l'activité mentionnée au 7° de l'article 1er et son client, une convention est établie par écrit. Cette convention dont, conformément à l'article 1325 du Code civil, un original est remis au client précise les caractéristiques du bien recherché, l'ensemble des obligations professionnelles qui incombent au professionnel mentionné au présent alinéa, la nature de la prestation promise au client et le montant de la rémunération incombant à ce dernier. Elle précise également les conditions de remboursement de tout ou partie de la rémunération lorsque la prestation fournie au client n'est pas conforme à la nature promise dans ladite convention.

Les conditions et les modalités d'application de la mesure de remboursement partiel ou total prévue au premier alinéa du présent II sont définies par décret.

Aucune somme d'argent ou rémunération de quelque nature que ce soit n'est due à une personne qui se livre à l'activité mentionnée au 7° de l'article 1er ou ne peut être exigée par elle, préalablement à la parfaite exécution de son obligation de fournir effectivement des listes ou des fichiers, que cette exécution soit instantanée ou successive.

Art. 6-1 *(L. n° 2014-366, 24 mars 2014)* (1). – Toute publicité effectuée par une personne mentionnée à l'article 1er et relative aux opérations prévues au 1° de ce même article mentionne, quel que soit le support

(1) Les dispositions issues du I de la loi n° 2014-366 du 24 mars 2014 ne s'applique qu'aux contrats conclus à compter de l'entrée en vigueur de cette loi, L. n° 2014-366, 24 mars 2014, art. 24, VI.

utilisé, le montant toutes taxes comprises de ses honoraires exprimé, pour ce qui concerne les opérations de vente, en pourcentage du prix, lorsqu'ils sont à la charge du locataire ou de l'acquéreur.

Art. 6-2 *(L. n° 2014-366, 24 mars 2014)* (1). – Toute publicité relative à des opérations mentionnées au 1° de l'article 1er et proposées par une personne habilitée par un titulaire de la carte professionnelle à négocier, s'entremettre ou s'engager pour le compte de ce dernier, et non salariée, mentionne que cette personne exerce sous le statut d'agent commercial.

Cette obligation de mentionner le statut d'agent commercial est étendue au mandat de vente ou de recherche et à tous les documents d'une transaction immobilière à laquelle la personne habilitée mentionnée au premier alinéa participe.

Art. 7. – Sont nulles les promesses et les conventions de toute nature relatives aux opérations visées à l'article 1er qui ne comportent pas une limitation de leurs effets dans le temps.

(Trois al. créés, L. n° 2014-366, 24 mars 2014) (1) Lorsque le mandant n'agit pas dans le cadre de ses activités professionnelles :

1° Les modalités de non-reconduction des contrats définies aux deux premiers alinéas de l'article L. 136-1 du Code de la consommation sont mentionnées de manière lisible et visible dans les conventions prévues au premier alinéa du I de l'article 6 de la présente loi ;

2° Lorsque ces conventions portent sur des opérations mentionnées aux 1° et 4° de l'article 1er et qu'elles comportent une clause d'exclusivité, elles mentionnent en caractères très apparents les dispositions du deuxième alinéa de l'article 78 du décret n° 72-678 du 20 juillet 1972 fixant les conditions d'application de la loi n° 70-9 du 2 janvier 1970 réglementant les conditions d'exercice des activités relatives à certaines opérations portant sur les immeubles et fonds de commerce, exception faite des mandats portant sur les opérations exclues par les troisième à sixième alinéas de ce même article.

Art. 8 *(Rempl., Ord. n° 2004-634, 1er juill. 2004).* – Les personnes titulaires d'une autorisation administrative délivrée en application de la loi [n° 92-645] du 13 juillet 1992 susmentionnée, qui ont une activité de location saisonnière de meublés hors forfait touristique, sont dispensées de la carte professionnelle prévue à l'article 3 de la présente loi lorsque cette activité est accessoire à leur activité principale.

Elles doivent souscrire, pour l'exercice de cette activité, une garantie financière permettant le remboursement des fonds, effets ou valeurs déposés et une assurance garantissant les conséquences pécuniaires de la responsabilité civile professionnelle qu'elles encourent en raison de cette activité.

L'exercice de ces activités est régi par les dispositions de la présente loi et des textes pris pour son application.

Art. 8-1 *(Ord. n° 2008-507, 30 mai 2008 ; L. n° 2012-387, 22 mars 2012 ; L. n° 2014-366, 24 mars 2014* (1) *; Ord. n° 2016-1809, 22 déc. 2016).* – Tout ressortissant légalement établi dans un État membre de l'Union européenne ou dans un autre État partie à l'accord sur l'Espace économique européen pour exercer tout ou partie des activités prévues à l'article 1er de la présente loi peut exercer son activité de façon temporaire et occasionnelle en France après en avoir fait la déclaration préalable auprès du président de la chambre de commerce et d'industrie territoriale ou de la chambre départementale d'Île-de-France, dans des conditions fixées par décret en Conseil d'État. Toutefois, lorsque l'activité concernée ou la formation y conduisant n'est pas réglementée dans l'État d'établissement, le prestataire doit l'avoir exercée dans un ou plusieurs États membres ou parties pendant au moins une année à temps plein ou une durée équivalente à temps partiel, au cours des dix années qui précèdent la prestation.

Art. 8-2 *(Ord. n° 2009-104, 30 janv. 2009 ; mod. à compter du 1er juillet 2016, Ord. n° 2016-301, 14 mars 2016).* – Les personnes exerçant les activités désignées aux 1°, 2°, 4°, 5° et 8° de l'article 1er de la présente loi, à l'exclusion de l'échange, la location ou la sous-location saisonnière ou non, en nu ou en meublé, mettent en œuvre les obligations relatives à la lutte contre le blanchiment des capitaux et le financement du terrorisme définies au chapitre Ier du titre VI du livre V du Code monétaire et financier.

(1) Les dispositions issues du I de la loi n° 2014-366 du 24 mars 2014 ne s'applique qu'aux contrats conclus à compter de l'entrée en vigueur de cette loi, L. n° 2014-366, 24 mars 2014, art. 24, VI.

L'autorité administrative en charge de l'inspection mentionnée au II de l'article L. 561-36 du Code monétaire et financier assure le contrôle du respect des obligations prévues à l'alinéa précédent, dans les conditions définies à l'article L. 511-7 du Code de la consommation.

Art. 8-2-1 *(L. n° 2018-1021, 23 nov. 2018)*. – Les personnes exerçant les activités désignées aux 1°, 6° et 9° de l'article 1er de la présente loi signalent au procureur de la République les faits qui sont susceptibles de constituer une des infractions prévues aux articles 225-14 du Code pénal, L. 1337-4 du Code de la santé publique et L. 123-3, L. 511-6 et L. 521-4 du Code de la construction et de l'habitation.

Ce signalement est effectué sans préjudice, le cas échéant, de la déclaration prévue à l'article L. 561-15 du Code monétaire et financier.

Art. 8-3 *(L. n° 2014-366, 24 mars 2014 (1) ; mod. à compter du 1er juillet 2016, Ord. n° 2016-301, 14 mars 2016 ; mod., L. n° 2017-86, 27 janv. 2017)*. – I. – Le Conseil national de la transaction et de la gestion immobilières mentionné à l'article 13-1 de la présente loi transmet à l'autorité administrative chargée de la concurrence et de la consommation toute information relative à des infractions ou manquements mentionnés aux articles L. 511-5 à L. 511-7 du Code de la consommation susceptibles d'être imputables à des personnes mentionnées à l'article 1er de la présente loi.

II. – Les personnes mentionnées au même article 1er sont soumises à des contrôles menés par les agents mentionnés aux articles L. 511-3 et L. 511-21 du Code de la consommation, dans les conditions prévues à l'article L. 511-7 du même code.

....

Arrêté du 4 mars 1970

portant application de l'article 3 du décret n° 69-195 du 15 février 1969 relatif aux émoluments dus par les incapables majeurs aux gérants de tutelle

(JO 13 mars)

Art. 1er. – Le présent arrêté fixe le montant du prélèvement effectué sur les revenus des incapables majeurs au titre des émoluments des gérants de tutelle nommés dans les conditions fixées aux articles 1er et 2 du décret susvisé n° 69-195 du 15 février 1969 et des remboursements des frais de gestion.

Art. 2 *(A. 14 févr. 1983)*. – Pour les actes accomplis en application du premier alinéa de l'article 500 du Code civil le prélèvement est fixé à :

- 3 p. 100 du produit pour la tranche des revenus annuels inférieurs à 15 000 F (2 286,74 €) ;
- 2 p. 100 du produit pour la tranche des revenus annuels compris entre 15 000 F (2 286,74 €) et 45 000 F (6 860,21 €) ;
- 1 p. 100 du produit pour la tranche des revenus annuels supérieurs à 45 000 F (6 860,21 €).

Art. 3 *(A. 8 janv. 1971)*. – Pour les actes accomplis en application de l'alinéa 2 de l'article 500 et de l'article 501 du Code civil, le prélèvement prévu à l'article 1er du présent arrêté est fixé, dans chaque cas d'espèce, par le juge des tutelles, sans pouvoir jamais excéder :

Pour les ventes, 1 p. 100 du produit de la vente ;

Pour les opérations de réparation ou d'entretien d'un patrimoine immobilier, 70 p. 100 du tarif pratiqué par les syndics et gérants d'immeubles de la circonscription du ressort du juge des tutelles en cause.

Les dispositions du présent article et celles de l'article précédent sont applicables lorsque le préposé d'un établissement public chargé des fonctions de gérant de tutelle aura été désigné pour exercer, conformément à l'article 491-5 du Code civil, les fonctions de mandataire spécial des majeurs hospitalisés dans l'établissement et placés sous la sauvegarde de justice.

Art. 4. – Les prélèvements prévus aux articles 2 et 3 ci-dessus sont versés soit à la caisse de l'établissement lorsque les fonctions de gérant de tutelle sont assurées, en application de l'article 1er du décret susvisé

(1) Les dispositions issues du I de la loi n° 2014-366 du 24 mars 2014 ne s'applique qu'aux contrats conclus à compter de l'entrée en vigueur de cette loi, L. n° 2014-366, 24 mars 2014, art. 24, VI.

n° 69-195 du 15 février 1969, par un préposé de l'établissement dans lequel est soigné le majeur incapable, soit au budget de l'administration ou de la collectivité locale concernée lorsque les fonctions de gérant de la tutelle sont assurées, en application de l'article 2 du même décret, par un administrateur spécial choisi parmi les fonctionnaires de l'État ou les agents des collectivités locales en activité.

Les fonctionnaires et agents des collectivités publiques visés à l'alinéa précédent peuvent percevoir sur les sommes ainsi recouvrées une remise calculée à raison de 2 p. 100 de ces sommes, dans la limite d'un montant au plus égal au triple du taux moyen de la prime de service prévue par l'arrêté susvisé du 24 mars 1967. Ce plafond est calculé en prenant en compte le traitement brut de l'intéressé au 31 décembre de l'année au titre de laquelle les prélèvements ont été encaissés. Le montant de la remise, calculé dans les conditions qui précèdent, est diminué, le cas échéant, du montant de la prime de service ou de la prime de rendement perçue au titre de la même année.

Loi n° 70-459 du 4 juin 1970

relative à l'autorité parentale

(JO 5 juin et rect. 21 août)

....

Art. 6. – Dans tous les textes où il est fait mention de la puissance paternelle, cette mention sera remplacée par celle de l'autorité parentale.

Art. 7. – Les dispositions de la présente loi sont applicables dans les départements du Bas-Rhin, du Haut-Rhin et de la Moselle, lorsqu'elles ne se rapportent pas à des matières actuellement soumises à des dispositions particulières.

Art. 8. – Les dispositions de la présente loi ne portent pas atteinte aux règles relatives à l'engagement dans les armées.

Art. 9. – La présente loi entrera en vigueur le 1er janvier 1971.

....

Art. 16. – Les dispositions des articles 1er, 2, 6, 8, 9, 10, 11, 12, 13, 14 et 15 de la présente loi sont applicables aux territoires d'outre-mer.

Loi n° 70-632 du 15 juillet 1970

relative à une contribution nationale à l'indemnisation des Français dépossédés de biens situés dans un territoire antérieurement placé sous la souveraineté, le protectorat ou la tutelle de la France

(JO 17 juill.)

....

Loi n° 71-523 du 3 juillet 1971

modifiant certaines dispositions du Code civil relatives aux rapports à succession, à la réduction des libéralités excédant la quotité disponible et à la nullité, à la rescision pour lésion et à la réduction dans les partages d'ascendants

(JO 4 juill.)

Art. 1er à 11. – V. *C. civ., art. 832-1, 833-1, 844, 855, 858 à 869, 922, 924, 929, 930 et 1075 à 1080.*

Art. 12. – La présente loi entrera en vigueur à partir du 1er janvier 1972.

Art. 13. – Les dispositions de la présente loi seront applicables de plein droit, quelles que soient les dates des libéralités en cause, aux successions ouvertes postérieurement à son entrée en vigueur. Elles

s'appliqueront également, à moins de conventions contraires, aux successions non encore liquidées, lorsqu'aucune demande en partage n'aura été introduite avant le 15 avril 1971.

Pour les demandes en partage formées entre le 15 avril 1971 et le 1er janvier 1972, le tribunal sursoit à statuer jusqu'à cette dernière date pour tout ce qui concerne l'application du droit nouveau.

1) L'action en réduction concourt au partage de la succession dont elle constitue un acte préparatoire et doit être assimilée à une demande en partage au sens de l'article 13 de la loi du 3 juill. 1971 (■ Cass. 1re civ., 26 nov. 1980 : *Bull. civ.* I, n° 309, p. 245).

2) L'article 13 de la loi du 3 juill. 1971 s'applique aussi bien aux conditions de validité de la donation-partage qu'à ses effets (■ Cass. 1re civ., 4 nov. 1981 : *JCP* 82, IV, 31 ; *Bull. civ.* I, n° 330, p. 279).

3) La loi du 3 juill. 1971 n'est pas applicable à la succession d'un époux qui est décédé avant l'entrée en vigueur de ce texte, après avoir fait donation-partage, avec son conjoint, de l'ensemble de leurs biens, même si les soultes, dont l'exigibilité avait été reportée au jour du décès du survivant des donateurs, survenu postérieurement à l'entrée en vigueur de la loi précitée, n'ont pas été réglées avant cette date (■ Cass. 1re civ., 5 oct. 1994 : *JCP* 94, IV, 2431 ; *Bull. civ.* I, n° 264, p. 193).

Loi n° 71-584 du 16 juillet 1971

tendant à réglementer les retenues de garantie en matière de marchés de travaux définis par l'article 1779-3 du Code civil

(JO 17 juill.)

Art. 1er. – Les paiements des acomptes sur la valeur définitive des marchés de travaux privés visés à l'article 1779-3° du Code civil peuvent être amputés d'une retenue égale au plus 5 p. 100 de leur montant et garantissant contractuellement l'exécution des travaux, pour satisfaire, le cas échéant, aux réserves faites à la réception par le maître de l'ouvrage.

Le maître de l'ouvrage doit consigner entre les mains d'un consignataire, accepté par les deux parties ou à défaut désigné par le président du tribunal de grande instance ou du tribunal de commerce, une somme égale à la retenue effectuée.

Dans le cas où les sommes ayant fait l'objet de la retenue de garantie dépassent la consignation visée à l'alinéa précédent, le maître de l'ouvrage devra compléter celle-ci jusqu'au montant des sommes ainsi retenues.

Toutefois, la retenue de garantie stipulée contractuellement n'est pas pratiquée si l'entrepreneur fournit pour un montant égal une caution personnelle et solidaire émanant d'un établissement financier figurant sur une liste fixée par décret (1).

Art. 2. – À l'expiration du délai d'une année à compter de la date de réception, faite avec ou sans réserve, des travaux visés à l'article précédent, la caution est libérée ou les sommes consignées sont versées à l'entrepreneur, même en l'absence de mainlevée, si le maître de l'ouvrage n'a pas notifié à la caution ou au consignataire, par lettre recommandée, son opposition motivée par l'inexécution des obligations de l'entrepreneur. L'opposition abusive entraîne la condamnation de l'opposant à des dommages-intérêts.

Art. 3. – Sont nuls et de nul effet, quelle qu'en soit la forme, les clauses, stipulations et arrangements, qui auraient pour effet de faire échec aux dispositions des articles 1er et 2 de la présente loi.

Art. 4 *(L. n° 72-1166, 23 déc. 1972)*. **– La présente loi est applicable aux conventions de sous-traitance.**

Art. 5 *(L. n° 96-609, 5 juill. 1996)*. **– La présente loi est applicable dans les territoires de la Nouvelle-Calédonie et de la Polynésie française sous réserve des adaptations suivantes :**

I. À l'article 1er, il y a lieu de lire :

a) Au premier alinéa : « des architectes, entrepreneurs d'ouvrages et techniciens par suite d'études, devis ou marchés » au lieu de « visés à l'article 1779 (3°) du Code civil » ;

b) Au deuxième alinéa : « désigné par le président du tribunal de première instance ou du tribunal mixte de commerce » au lieu de « désigné par le président du tribunal de grande instance ou du tribunal de commerce ;

(1) V. D. n° 71-1058, 24 déc. 1971.

c) Au dernier alinéa : « fixée par arrêté du haut-commissaire de la République », au lieu de « fixée par décret ».

II. La présente loi entre en vigueur dans ces territoires le 1er janvier 1997.

Arrêté du 12 novembre 1971

portant application de la loi n° 68-5 du 3 janvier 1968
portant réforme du droit des incapables majeurs
(JO 5 févr. 1972)

Art. 1er. – Les personnes soignées dans un établissement de soins, de cure, de réadaptation, de convalescence et celles soignées dans l'un des établissements privés figurant à l'article 2 du présent arrêté sont, à la demande du médecin traitant, placées sous sauvegarde de justice.

Art. 2. – Les établissements privés visés à l'article 1er ci-dessus sont les suivants :

I. – Sanatoriums privés pour tuberculose pulmonaire.
II. – Sanatoriums de post-cure privés.
III. – Sanatoriums assimilés.
IV. – Établissements de soins privés affectés au traitement de la tuberculose pulmonaire.
V. – Cliniques phtisiologiques.
VI. – Hôtels de cure.
VII. – Centre d'études de pneumoconiose.
VIII. – Établissements d'hospitalisation de chirurgie.
IX. – Maisons de santé aménagées en vue de la pratique obstétricale et de la chirurgie de l'accouchement.
X. – Maisons d'accouchement sans possibilités chirurgicales.
XI. – Centres de placement familial.
XII. – Maisons de santé médicales.
XIII. – Maisons de repos et de convalescence.
XIV. – Maisons de régime.
XV. – Maisons de repos accueillant des mères fatiguées ou convalescentes avec leurs enfants âgés de moins de dix-huit mois.
XVI. – Maisons de réadaptation fonctionnelle.
XVII. – Maisons de santé pour maladies mentales.
XVIII. – Cliniques psychiatriques privées.
XIX. – Hôpitaux psychiatriques privés.
XX. – Hôpitaux psychiatriques privés faisant fonctions de publics.
XXI. – Établissements thermaux privés.
XXII. – Maisons de retraite privées.
XXIII. – Infirmeries des établissements d'enseignement et d'éducation publics et privés.

Décret n° 71-941 du 26 novembre 1971

relatif aux actes établis par les notaires
(*JO* 3 déc.)

Art. 1er. – Sont abrogés l'article 8, l'alinéa 2 du 3° de l'article 9, les articles 10 à 18, 20 à 22, 24 à 30 et 68 de la loi du 25 ventôse an XI modifiée.

TITRE PREMIER. – INCAPACITÉS D'INSTRUMENTER

(D. n° 2005-973, 10 août 2005)

Art. 2 *(Mod., D. n° 2016-661, 20 mai 2016)*. – Les notaires ne peuvent recevoir des actes dans lesquels leurs parents ou alliés, en ligne directe, à tous les degrés, et en ligne collatérale jusqu'à degré d'oncle ou de neveu inclusivement, sont parties, ou qui contiennent quelque disposition en leur faveur.

Les notaires associés des sociétés suivantes ne peuvent recevoir des actes dans lesquels l'un d'entre eux ou les parents ou alliés de ce dernier au degré prohibé par l'alinéa précédent sont parties ou intéressés :

1° Société titulaire d'un office notarial ;

2° Société de notaires ;

3° Société en participation de notaires ;

4° Société de participations financières de profession libérale de notaires ;

5° Société de participations financières pluri-professionnelle ayant notamment pour objet la détention de parts ou d'actions de sociétés ayant elles-mêmes pour objet l'exercice de la profession de notaire.

Art. 3. – Deux notaires parents ou alliés au degré prohibé par l'article 2 ou membres de la même société civile professionnelle ne peuvent recevoir ensemble un acte nécessitant le concours de deux notaires.

Les parents et alliés soit du notaire, soit de l'associé du notaire, soit des parties contractantes, au degré prohibé par l'article 2, leurs clercs et leurs employés ne peuvent être témoins.

TITRE II. – PERSONNES CONCOURANT À L'ACTE

(D. n° 2005-973, 10 août 2005)

Art. 4. – Tout témoin instrumentaire dans un acte doit être majeur ou émancipé et avoir la jouissance de ses droits civils.

Le mari et la femme ne peuvent être témoins dans le même acte.

Art. 5. – L'identité, l'état et le domicile des parties, s'ils ne sont pas connus du notaire, sont établis par la production de tous documents justificatifs.

Ils peuvent exceptionnellement lui être attestés par deux témoins ayant les qualités requises par l'article 4.

TITRE III. – ÉTABLISSEMENT DE L'ACTE NOTARIÉ

(D. n° 2005-973, 10 août 2005)

CHAPITRE I. – PRINCIPES COMMUNS

Art. 6 *(D. n° 73-1202, 28 déc. 1973 ; rempl., D. n° 2005-973, 10 août 2005)*. – Tout acte doit énoncer le nom et le lieu d'établissement du notaire qui le reçoit, les nom et domicile des témoins, le lieu où l'acte est passé, la date à laquelle est apposée chaque signature.

Il contient les noms, prénoms et domicile des parties et de tous les signataires de l'acte.

Il porte mention qu'il a été lu par les parties ou que lecture leur en a été donnée.

Art. 7 *(Mod., D. n° 73-1202, 28 déc. 1973 ; rempl., D. n° 2005-973, 10 août 2005)*. – Chaque notaire est tenu d'avoir un sceau particulier, portant ses nom, qualité et établissement et d'après un modèle uniforme, l'effigie de la République française.

Art. 8 *(Rempl., D. n° 2005-973, 10 août 2005)*. – Les sommes sont énoncées en lettres à moins qu'elles ne constituent le terme ou le résultat d'une opération ou qu'elles ne soient répétées.

La date à laquelle l'acte est signé par le notaire doit être énoncée en lettres.

Les abréviations sont autorisées dans la mesure où leur signification est précisée au moins une fois dans l'acte.

Art. 9 *(Mod., D. n° 99-1088, 15 déc. 1999 ; rempl., D. n° 2005-973, 10 août 2005)*. – L'acte du notaire doit être établi de façon lisible.

Il est écrit en un seul et même contexte, sans blanc, sauf toutefois ceux qui constituent les intervalles normaux séparant paragraphes et alinéas et ceux nécessités par l'utilisation des procédés de reproduction.

Art. 10 *(Mod., D. n° 2016-661, 20 mai 2016)*. – Les actes sont signés par les parties, les témoins et le notaire.

Il est fait mention, à la fin de l'acte, de la signature des parties, des témoins et du notaire.

Quand les parties ne savent ou ne peuvent signer, leur déclaration à cet égard doit être mentionnée à la fin de l'acte.

CHAPITRE II. – ACTES ÉTABLIS SUR SUPPORT PAPIER

Art. 11 *(Mod., D. n° 73-1202, 28 déc. 1973 ; rempl., D. n° 2005-973, 10 août 2005).* – Lorsqu'il est établi sur support papier, le texte doit être indélébile et la qualité du papier doit offrir toute garantie de conservation.

Les signatures et paraphes qui y sont apposés doivent être indélébiles.

Art. 12 *(D. n° 73-1202, 28 déc. 1973 ; mod., D. n° 86-728, 29 avr. 1986 ; D. n° 99-1088, 15 déc. 1999 ; rempl., D. n° 2005-973, 10 août 2005).* – Chaque page de texte est numérotée, le nombre de pages est indiqué à la fin de l'acte.

Art. 12 bis *(Implicitement abr., D. n° 2005-973, 10 août 2006).*

Art. 13 *(Rempl., D. n° 2005-973, 10 août 2005).* – Il n'y a ni surcharge ni interligne ni addition dans le corps de l'acte et les mots et les chiffres surchargés, interlignés ou ajoutés sont nuls. Les blancs nécessités par l'utilisation des procédés de reproduction sont barrés. Le nombre de blancs barrés, celui des mots et des nombres rayés sont mentionnés à la fin de l'acte. Cette mention est paraphée par le notaire et les autres signataires de l'acte.

Art. 14 *(Rempl., D. n° 2005-973, 10 août 2005).* – Les renvois sont portés soit en marge, soit au bas de la page, soit à la fin de l'acte.

Les renvois portés en marge ou au bas de la page sont, à peine de nullité, paraphés par le notaire et les autres signataires de l'acte.

Les renvois portés à la fin de l'acte sont numérotés. S'ils précèdent les signatures il n'y a pas lieu de les parapher.

Chaque feuille est paraphée par le notaire et les signataires de l'acte sous peine de nullité des feuilles non paraphées.

Toutefois, si les feuilles de l'acte et le cas échéant, de ses annexes sont, lors de la signature par les parties, réunies par un procédé empêchant toute substitution ou addition, il n'y a pas lieu de les parapher ; il n'y a pas lieu non plus d'apposer sur les annexes la mention prévue au premier alinéa de l'article 22.

Art. 15 *(Mod., D. n° 99-1088, 15 déc. 1999 ; rempl., D. n° 2005-973, 10 août 2005).* – Le sceau est apposé sur les actes délivrés en brevet ainsi que sur les copies exécutoires et les copies authentiques.

CHAPITRE III. – ACTES ÉTABLIS SUR SUPPORT ÉLECTRONIQUE

Art. 16 *(Mod., D. n° 99-1088, 15 déc. 1999 ; rempl., D. n° 2005-973, 10 août 2005).* – Le notaire qui établit un acte sur support électronique utilise un système de traitement et de transmission de l'information agréé par le Conseil supérieur du notariat et garantissant l'intégrité et la confidentialité du contenu de l'acte.

Les systèmes de communication d'informations mis en œuvre par les notaires doivent être interopérables avec ceux des autres notaires et des organismes auxquels ils doivent transmettre des données.

Art. 17 *(D. n° 73-1202, 28 déc. 1973 ; mod., D. n° 99-1088, 15 déc. 1999 ; rempl., D. n° 2005-973, 10 août 2005).* – L'acte doit être signé par le notaire au moyen d'un procédé de signature électronique sécurisée conforme aux exigences du décret n° 2001-272 du 30 mars 2001 pris pour l'application de l'article 1316-4 du Code civil et relatif à la signature électronique.

Cette signature est apposée par le notaire dès l'acte établi, si besoin après réunion des annexes à l'acte.

Pour leur signature, les parties et les témoins doivent utiliser un procédé permettant l'apposition sur l'acte notarié, visible à l'écran, de l'image de leur signature manuscrite.

Lorsque l'acte doit contenir une mention manuscrite émanant d'une personne qui y concourt, le notaire énonce que la mention a été apposée dans le respect des conditions prévues au second alinéa de l'article 1108-1 du Code civil.

Art. 18 *(Rempl., D. n° 99-1088, 15 déc. 1999 ; D. n° 2005-973, 10 août 2005).* – L'image du sceau figure sur les actes délivrés en brevet ainsi que sur les copies exécutoires et les copies authentiques.

Art. 19 *(Mod., D. n° 99-1088, 15 déc. 1999 ; rempl., D. n° 2005-973, 10 août 2005).* – Toute surcharge, interligne, ou addition contenus dans le corps de l'acte sont nuls.

Les renvois sont portés en fin d'acte et précèdent la signature.

Art. 20 *(Mod., D. n° 99-1088, 15 déc. 1999 ; rempl., D. n° 2005-973, 10 août 2005).* – Lorsqu'une partie ou toute autre personne concourant à un acte n'est ni présente ni représentée devant le notaire instrumentaire, son consentement ou sa déclaration est recueilli par un autre notaire devant lequel elle comparaît et qui participe à l'établissement de l'acte. Cet acte porte la mention de ce qu'il a été ainsi établi.

L'échange des informations nécessaires à l'établissement de l'acte s'effectue au moyen du système de transmission de l'information mentionné à l'article 16.

Chacun des notaires recueille le consentement et la signature de la partie ou de la personne concourant à l'acte puis y appose sa propre signature.

L'acte est parfait lorsque le notaire instrumentaire y appose sa signature électronique sécurisée.

TITRE IV. – ANNEXES

(D. n° 2005-973, 10 août 2005)

Art. 21 *(Rempl., D. n° 2005-973, 10 août 2005).* – L'acte notarié porte mention des documents qui lui sont annexés.

Les procurations sont annexées à l'acte à moins qu'elles ne soient déposées aux minutes du notaire rédacteur de l'acte. Dans ce cas, il est fait mention dans l'acte du dépôt de la procuration au rang des minutes.

Art. 22 *(Rempl., D. n° 2005-973, 10 août 2005).* – Lorsque l'acte est établi sur support papier, les pièces annexées à l'acte sont revêtues d'une mention constatant cette annexe et signée du notaire.

Lorsque l'acte est établi sur support électronique, les pièces annexées sont indissociablement liées à l'acte auquel elles se rapportent. La signature électronique du notaire en fin d'acte vaut également pour ses annexes.

TITRE V. – RÉPERTOIRE

(D. n° 2005-973, 10 août 2005)

Art. 23 ancien *(Dénum., D. n° 2005-973, 10 août 2005).* – V. art. 41.

Art. 23 *(D. n° 2005-973, 10 août 2005).* – Les notaires tiennent un répertoire sur support papier ou sur support électronique de tous les actes qu'ils reçoivent.

Le répertoire est tenu jour par jour. Il contient la date, la nature, l'espèce de l'acte, les noms des parties, le support sur lequel il a été établi et toutes autres mentions prescrites par les lois et règlements.

Art. 24 *(D. n° 2005-973, 10 août 2005).* – Lorsqu'il est tenu sur support papier, le répertoire peut être établi sur feuilles mobiles. Ses pages sont numérotées. Elles sont visées et paraphées par le président de la chambre des notaires ou son délégué. La formalité du paraphe peut toutefois être remplacée par l'utilisation d'un procédé empêchant toute substitution ou addition de feuilles.

Art. 25 *(Rempl., D. n° 2005-973, 10 août 2005).* – Lorsqu'il est tenu sur support électronique, le répertoire est signé par le président de la chambre des notaires ou son délégué au moyen d'un procédé de signature électronique sécurisée tel que défini par le décret [n° 2001-272] du 30 mars 2001 déjà mentionné.

TITRE VI. – CONSERVATION

(D. n° 2005-973, 10 août 2005)

Art. 26 *(Rempl., D. n° 2005-973, 10 août 2005).* – Les notaires sont tenus de garder minute de tous les actes qu'ils reçoivent, à l'exception de ceux qui d'après la loi peuvent être délivrés en brevet, notamment les certificats de vie, procurations, actes de notoriété, quittances de fermages, de loyers, de salaires, arrérages de pensions et rentes.

Art. 27 *(D. n° 2005-973, 10 août 2005).* – Les notaires ne peuvent se dessaisir d'aucune minute, sauf dans les cas prévus par la loi et en vertu d'un jugement.

Avant de s'en dessaisir, ils en dressent et signent une copie sur support papier sur laquelle il est fait mention de sa conformité à l'original par le président du tribunal de grande instance du lieu de leur établissement ou par une personne déléguée par lui à cet effet.

Cette copie est substituée à la minute. Elle en tient lieu jusqu'à sa réintégration.

Art. 28 *(D. n° 2005-973, 10 août 2005).* – L'acte établi sur support électronique doit être conservé dans des conditions de nature à en préserver l'intégrité et la lisibilité.

L'ensemble des informations concernant l'acte dès son établissement, telles que les données permettant de l'identifier, de déterminer ses propriétés et d'en assurer la traçabilité, doit être également conservé.

L'acte notarié dressé sur support électronique est enregistré pour sa conservation dans un minutier central dès son établissement par le notaire instrumentaire. Ce dernier, ou le notaire qui le détient, en conserve l'accès exclusif.

Le minutier central est établi et contrôlé par le Conseil supérieur du notariat sans préjudice de l'application de l'article 2 du décret n° 79-1037 du 3 décembre 1979 relatif à la compétence des services d'archives publics et à la coopération entre les administrations pour la collecte, la conservation et la communication des archives publiques.

Les opérations successives justifiées par sa conservation, notamment les migrations dont il peut faire l'objet, ne retirent pas à l'acte sa nature d'original.

Le procédé de conservation doit permettre l'apposition par le notaire de mentions postérieures à l'établissement de l'acte sans qu'il en résulte une altération des données précédentes.

TITRE VII. – MENTIONS MARGINALES

(D. n° 2005-973, 10 août 2005)

Art. 29 *(D. n° 2005-973, 10 août 2005).* – Lorsque l'acte notarié est établi sur support papier, les mentions marginales relatives à cet acte sont apposées sur la minute et sont datées et signées par le notaire.

Art. 30 *(D. n° 2005-973, 10 août 2005).* – Les mentions marginales apposées sur l'original établi sur support électronique figurent dans un fichier lié à l'acte d'origine signé par le notaire au moyen de sa signature électronique sécurisée.

Art. 31 *(D. n° 2005-973, 10 août 2005).* – Il doit être fait mention sur la minute de la délivrance d'une première copie exécutoire faite à chacune des parties intéressées. Cette mention est apposée dans les conditions précisées aux articles 29 ou 30 selon le support de la minute.

Aucune autre copie exécutoire ne peut être délivrée aux parties sans une ordonnance du président du tribunal de grande instance laquelle demeure jointe à la minute.

Lorsque la minute est sur support électronique et que l'ordonnance du président du tribunal de grande instance n'a pas été dressée sur un tel support, l'ordonnance fait l'objet d'une numérisation par le notaire dans des conditions garantissant sa reproduction à l'identique et le document en résultant figure dans un fichier lié à cette minute sur lequel le notaire appose sa signature électronique sécurisée.

TITRE VIII. – COPIES

(D. n° 2005-973, 10 août 2005)

CHAPITRE I. – DISPOSITIONS COMMUNES

Art. 32 *(Mod., D. n° 2016-661, 20 mai 2016).* – Le droit de délivrer des copies exécutoires et des copies authentiques appartient au notaire détenteur de la minute ou des documents qui lui ont été déposés pour minute.

Il en est de même dans les sociétés titulaires d'un office notarial, où chaque associé délivre les copies exécutoires et copies authentiques des actes même si ceux-ci ont été reçus par l'un des coassociés. Les notaires salariés peuvent de même délivrer les copies exécutoires et copies authentiques pour les actes de l'office dont ils sont salariés.

Art. 33 *(D. n° 2005-973, 10 août 2005).* – Les copies authentiques sont établies soit sur support papier, soit sur support électronique, quel que soit le support initial de l'acte.

Les copies exécutoires sont les copies authentiques qui se terminent par la même formule que les jugements des tribunaux. Les autres copies authentiques ne peuvent être délivrées en forme exécutoire.

CHAPITRE II. – COPIES SUR SUPPORT PAPIER

Art. 34 *(D. n° 2005-973, 10 août 2005).* – Les copies exécutoires et les copies authentiques sont établies de façon lisible et indélébile sur un papier d'une qualité offrant toute garantie de conservation.

Elles respectent les paragraphes et les alinéas de la minute. Chaque page de texte est numérotée, le nombre de ces pages est indiqué à la dernière d'entre elles.

Chaque feuille est revêtue du paraphe du notaire à moins que toutes les feuilles ne soient réunies par un procédé empêchant toute substitution ou addition ou qu'elles ne reproduisent les paraphes et signatures de la minute.

La signature du notaire et l'empreinte du sceau sont apposées à la dernière page et il est fait mention de la conformité de la copie exécutoire ou de la copie authentique avec l'original.

Les erreurs et omissions sont corrigées par des renvois portés soit en marge, soit au bas de la page, soit à la fin de la copie exécutoire ou de la copie authentique et dans ce dernier cas, sans interligne entre eux.

Les renvois sont paraphés, sauf ceux qui figurent à la fin de la copie exécutoire ou de la copie authentique pour l'ensemble desquels le notaire appose un seul paraphe.

Le nombre des mots, des chiffres annulés, celui des nombres et des renvois est mentionné à la dernière page. Cette mention est paraphée.

Les paraphes et signatures apposés sur la copie exécutoire et la copie authentique sont toujours manuscrits.

Lorsque la copie authentique est délivrée par un clerc habilité conformément à l'article 32, celui-ci fait figurer sur cette copie, outre le sceau du notaire, sa signature et un cachet portant son nom et la date de son habilitation.

Art. 35 *(D. n° 2005-973, 10 août 2005).* – Les copies exécutoires et les copies authentiques qui ne sont pas établies conformément aux dispositions de l'article 34 ne peuvent donner lieu à la perception d'aucun émolument. Leur coût est, le cas échéant, écarté d'office de la taxe, les frais de timbre restant à la charge de celui qui a établi la copie exécutoire ou la copie authentique irrégulière.

Art. 36 *(D. n° 2005-973, 10 août 2005).* – Le notaire peut délivrer une copie sur support papier d'un acte établi sur support électronique. Cette délivrance s'effectue dans le respect des conditions posées par l'article 34 à l'exception des alinéas 5 à 7.

Le notaire qui reçoit d'un autre notaire par voie dématérialisée la copie authentique d'une procuration destinée à satisfaire aux dispositions de l'alinéa 2 de l'article 933 du Code civil peut en délivrer une copie authentique sur support papier revêtue de son sceau et de sa signature.

CHAPITRE III. – COPIES SUR SUPPORT ÉLECTRONIQUE

Art. 37 *(D. n° 2005-973, 10 août 2005).* – Le notaire peut procéder à la copie sur support électronique d'un acte établi sur support papier après avoir utilisé un système de numérisation dans des conditions garantissant sa reproduction à l'identique.

Le notaire qui délivre une copie sur support électronique y mentionne la date et y appose sa signature électronique sécurisée. La copie authentique comporte en outre l'image de son sceau. Mention est portée sur la copie délivrée de sa conformité à l'original.

(Al. abr., D. n° 2016-661, 20 mai 2016).

Les copies exécutoires et copies authentiques peuvent être transmises par voie électronique dans des conditions garantissant l'intégrité de l'acte, la confidentialité de la transmission, l'identité de l'expéditeur et celle du destinataire.

TITRE IX. – DE L'HABILITATION DES CLERCS

(D. n° 2005-973, 10 août 2005 ; abr., D. n° 2016-661, 20 mai 2016)

Art. 38 *(D. n° 2005-973, 10 août 2005 ; abr., D. n° 2016-661, 20 mai 2016).*

Art. 39 *(D. n° 2005-973, 10 août 2005 ; abr., D. n° 2016-661, 20 mai 2016).*

Art. 40 *(D. n° 2005-973, 10 août 2005 ; abr., D. n° 2016-661, 20 mai 2016).*

TITRE X. – DISPOSITIONS FINALES

(D. n° 2005-973, 10 août 2005)

Art. 41 *(Anc. art. 23, dénum., D. n° 2005-973, 10 août 2005 ; mod., D. n° 2005-973, 10 août 2005)*. – Tout acte fait en contravention aux dispositions contenues aux 1°, 2° et 3° (1er alinéa) de l'article 9 de la loi du 25 ventôse an XI, et aux articles 2, 3, 4, aux premier et dernier alinéas de l'article 10 et à l'article 26 du présent décret est nul, s'il n'est pas revêtu de la signature de toutes les parties ; et lorsque l'acte sera revêtu de la signature de toutes les parties contractantes, il ne vaudra que comme écrit sous signature privée, sauf dans les deux cas, s'il y a lieu, les dommages-intérêts contre le notaire contrevenant.

Art. 42 *(D. n° 2005-973, 10 août 2005 ; D. n° 2016-661, 20 mai 2016)*. – Les dispositions du présent décret dans leur rédaction résultant du décret n° 2016-661 du 20 mai 2016sont applicables, dans les îles Wallis-et-Futuna et dans les Terres australes et antarctiques françaises, à l'exception dans ces dernières des dispositions relatives à l'acte authentique sur support électronique.

Art. 43 *(Mod., D. n° 2017-711, 2 mai 2017)*. – Dans les îles Wallis-et-Futuna et à Saint-Pierre-et-Miquelon, les attributions dévolues par les articles 24 et 25 du présent décret au président de la chambre des notaires ou à son délégué sont exercées par le président du tribunal de première instance.

Pour l'application du présent décret à Saint-Pierre-et-Miquelon, à Mayotte et dans les îles Wallis-et-Futuna, les mots : "Tribunal de grande instance sont remplacés par les mots : « Tribunal de première instance ».

Décret n° 71-942 du 26 novembre 1971

relatif aux créations, transferts et suppressions d'offices de notaire, à la compétence d'instrumentation et à la résidence des notaires, à la garde et à la transmission des minutes et registres professionnels des notaires

Art. 1er. – Sont abrogés les articles 6 et 57 à 61 de la loi du 25 ventôse an XI.

TITRE PREMIER. – DES CRÉATIONS, TRANSFERTS ET SUPPRESSIONS D'OFFICES DE NOTAIRE

Art. 2 *(Rempl., D. n° 2005-311, 25 mars 2005 ; abr., D. n° 2016-661, 20 mai 2016)*.

Art. 2-1 *(D. n° 86-728, 29 avr. 1986 ; rempl., D. n° 2005-311, 25 mars 2005 ; abr., D. n° 2016-661, 20 mai 2016)*.

Art. 2-2 *(D. n° 86-728, 29 avr. 1986 ; rempl., D. n° 2005-311, 25 mars 2005 ; mod., D. n° 2016-661, 20 mai 2016)*. – Chaque conseil régional de notaires adresse, avant le 15 février de chaque année, avec son avis, une note d'information au Conseil supérieur du notariat comportant :

1° Le nombre de notaires, leur localisation et un état des créations, des transferts ou des suppressions d'offices, des ouvertures de bureaux annexes ou de leur transformation en offices distincts survenus durant l'année écoulée ;

2° Les données économiques et démographiques permettant d'apprécier les besoins de création de nouveaux offices.

Le Conseil supérieur du notariat transmet au garde des Sceaux, ministre de la Justice, et à l'Autorité de la concurrence, au plus tard le 31 mars, ces notes d'information accompagnées de ses observations.

Art. 2-3 *(D. n° 86-728, 29 avr. 1986 ; rempl., D. n° 2005-311, 25 mars 2005 ; abr., D. n° 2016-661, 20 mai 2016)*.

Art. 2-4 *(D. n° 86-728, 29 avr. 1986 ; rempl., D. n° 2005-311, 25 mars 2005 ; abr., D. n° 2016-661, 20 mai 2016)*.

Art. 2-5 *(D. n° 86-728, 29 avr. 1986 ; rempl., D. n° 2005-311, 25 mars 2005 ; mod., D. n° 2007-1397, 27 sept. 2007 ; D. n° 2009-452, 22 avr. 2009 ; rempl., D. n° 2016-661, 20 mai 2016)*. – Le bureau du Conseil supérieur du notariat communique au garde des Sceaux, ministre de la Justice, dans les vingt jours suivant sa demande, toute information dont il dispose permettant d'apprécier la pertinence de tout projet de suppression d'un office de notaire, de transfert d'un office de notaire effectué dans les conditions prévues aux III et IV de l'article 2-6 du présent décret, d'ouverture ou de suppression de bureaux annexes ou de transformation d'un bureau annexe en office distinct.

Saisi par le garde des Sceaux, ministre de la Justice, le bureau du Conseil supérieur du notariat donne son avis sur tout projet de création d'un office de notaire dans les départements du Bas-Rhin, du Haut-Rhin et de la Moselle au regard des besoins du public et de la situation géographique, démographique et économique. À défaut de réponse de sa part dans les vingt jours, son avis est réputé favorable.

Art. 2-6 *(Rempl., D. n° 2016-661, 20 mai 2016 ; mod. à compter de la date prévue au II de l'article 10 du décret n° 2016-880 du 29 juin 2016, D. n° 2016-880, 29 juin 2016).* – I. - Le transfert d'un office est le déplacement du siège de cet office au sein d'une même zone, parmi celles mentionnées au I ou au III de l'article 52 de la loi n° 2015-990 du 6 août 2015 pour la croissance, l'activité et l'égalité des chances économiques.

Le déplacement du siège d'un office à l'intérieur d'une même commune et dans les limites d'une même zone ne constitue pas un transfert. Le titulaire doit toutefois en informer le garde des Sceaux, ministre de la Justice, le procureur général et la chambre des notaires dans un délai de dix jours.

II. - Le transfert d'un office au sein de l'une des zones mentionnées au I de l'article 52 de la loi [n° 2015-990] du 6 août 2015 susmentionnée fait l'objet d'une déclaration, au plus tard dans un délai de dix jours à compter de ce transfert, auprès de la chambre des notaires et du procureur général près la cour d'appel dans le ressort de laquelle l'office a été transféré ainsi que, le cas échéant, de la chambre des notaires et du procureur général près la cour d'appel dans le ressort de laquelle était initialement établi l'office.

La déclaration est également adressée, dans le même délai, au garde des Sceaux, ministre de la Justice, qui constate le transfert par arrêté.

III. - Le transfert d'un office au sein de l'une des zones mentionnées au III de l'article 52 de la loi [n° 2015-990] du 6 août 2015 susmentionnée est autorisé par arrêté du garde des Sceaux, ministre de la Justice.

IV. - Dans les départements du Bas-Rhin, du Haut-Rhin et de la Moselle, le transfert d'un office au sein du même département ou entre ces départements est autorisé par arrêté du garde des Sceaux, ministre de la Justice.

V. - Les demandes et déclarations prévues aux I, II et III sont transmises au garde des Sceaux, ministre de la Justice, par téléprocédure sur le site internet du ministère de la justice. Les demandes prévues au IV sont transmises par lettre recommandée avec accusé de réception.

Art. 2-7 *(D. n° 2005-311, 25 mars 2005 ; mod., D. n° 2009-452, 22 avr. 2009 ; mod., D. n° 2016-661, 20 mai 2016 ; à compter de la date prévue au II de l'article 10 du décret n° 2016-880 du 29 juin 2016, D. n° 2016-880, 29 juin 2016).* – La création ou la suppression d'un office, la transformation d'un bureau annexe en office distinct et l'ouverture ou la suppression d'un bureau annexe font l'objet d'un arrêté du garde des Sceaux, ministre de la Justice.

Le siège de l'office créé est précisé par l'arrêté qui nomme le titulaire.

Les demandes en ce sens lui sont transmises par téléprocédure sur le site internet du ministère de la justice.

Art. 3 *(Abr., D. n° 86-728, 29 avr. 1986).*

Art. 4 *(Rempl. à compter du 1er août 2016, D. n° 2016-661, 20 mai 2016).* – Les suppressions d'offices ne peuvent intervenir qu'à la suite :

1° Du décès, de la démission ou de la destitution de leur titulaire ;

2° De l'atteinte, par leur titulaire, de la limite d'âge fixée pour l'exercice des fonctions de notaire ou, le cas échéant, de l'expiration de l'autorisation de prolongation d'activité prévue par les articles 2 et 52 de la loi du 25 ventôse an XI susvisée ;

3° Si le titulaire de l'office est une société, de sa dissolution.

Art. 5 *(Mod., D. n° 86-728, 29 avr. 1986 ; abr. D. n° 2016-661, 20 mai 2016).*

Art. 6 *(D. n° 86-728, 29 avr. 1986 ; mod., D. n° 2009-452, 22 avr. 2009 ; abr. D. n° 2016-661, 20 mai 2016).*

Art. 7 *(D. n° 86-728, 29 avr. 1986 ; abr. D. n° 2016-661, 20 mai 2016).*

TITRE II. – DE LA COMPÉTENCE D'INSTRUMENTATION DES BUREAUX ANNEXES ET DE LA RÉSIDENCE DES NOTAIRES

Art. 8 *(Mod., D. n° 2016-661, 20 mai 2016 ; D. n° 2017-711, 2 mai 2017).* – Les notaires exercent leurs fonctions sur l'ensemble du territoire national, à l'exclusion de la Nouvelle-Calédonie, de la Polynésie française et des îles Wallis-et-Futuna.

Art. 9 *(D. n° 86-728, 29 avr. 1986 ; D. n° 88-815, 12 juill. 1988).* – Tout acte reçu en dehors du territoire où les notaires sont autorisés à instrumenter est nul s'il n'est pas revêtu de la signature de toutes les parties. Lorsque l'acte est revêtu de la signature de toutes les parties contractantes, il ne vaut que comme écrit sous signature privée.

Art. 10 *(D. n° 86-728, 29 avr. 1986 ; mod., D. n° 97-1188, 24 déc. 1997 ; D. n° 2012-580, 26 avr. 2012 ; mod., D. n° 2016-661, 20 mai 2016 ; D. n° 2019-257, 29 mars 2019).* – Sous réserve des dispositions des alinéas 2 et 3 ci-après, il est interdit aux notaires de recevoir eux-mêmes ou de faire recevoir par une personne à leur service leurs clients à titre habituel dans un local autre que leur étude. Ils ne peuvent établir, hors du ressort de la cour d'appel dans lequel l'étude est établie ou du ressort des tribunaux de grande instance limitrophes de celui dans le ressort duquel est établi l'office, des actes constituant la première mutation à titre onéreux de biens immobiliers ou la première cession de parts ou actions à titre onéreux d'une société d'attribution après un état descriptif de division ou un arrêté de lotissement. Il leur est interdit d'effectuer tout acte de concurrence déloyale dans les conditions définies par le règlement national prévu à l'article 26 ; cette même interdiction s'applique au personnel de l'office.

Le garde des sceaux, ministre de la justice peut, à la demande du titulaire de l'office, prendre un arrêté autorisant l'ouverture d'un ou plusieurs bureaux annexes soit à l'intérieur du département, soit à l'extérieur du département dans un canton ou une commune limitrophe du canton où est établi l'office. Le ou les bureux annexes ainsi ouverts restent attachés à l'office sans qu'il soit besoin, lors de la nomination d'un nouveau titulaire, de renouveler l'autorisation accordée.

Par dérogation au deuxième alinéa, le garde des sceaux, ministre de la justice, peut, à la demande du titulaire d'un office situé à La Réunion, prendre un arrêté autorisant l'ouverture d'un bureau annexe dans le Département de Mayotte.

Lorsqu'un office a été transféré ou a bénéficié de l'attribution de minutes d'un office supprimé, l'ouverture d'un bureau annexe peut être prescrite, dans les mêmes formes, dans le lieu où était établi l'office transféré ou supprimé.

En cas de transformation d'un bureau annexe en un office distinct à la demande du titulaire de l'office principal et du candidat à cet office bénéficiaire de la cession des éléments incorporels et corporels attachés à ce bureau annexe, il n'est pas recouru à la procédure prévue aux articles 49 à 55 du décret n° 73-609 du 5 juillet 1973.

Art. 11 *(Mod., D. n° 2016-661, 20 mai 2016).* – Par dérogation aux dispositions de l'article 10, les titulaires d'offices établis dans les ressorts des Cours d'appel de Besançon et de Nancy ne peuvent ouvrir de bureau annexe dans le ressort de la Cour d'appel de Colmar ou de la cour d'appel de Metz.

Les titulaires d'offices établis dans le ressort de la Cour d'appel de Colmar ou de la cour d'appel de Metz ne peuvent ouvrir de bureau annexe dans les ressorts des Cours d'appel de Besançon et de Nancy.

Art. 12 *(Abr., D. n° 88-815, 12 juill. 1988 ; rétabli, D. n° 2017-711, 2 mai 2017).* – Si l'intérêt du service public le justifie, le garde des sceaux, ministre de la justice, peut, dans les conditions prévues aux articles 2-5 à 2-7, autoriser par arrêté le titulaire d'un office de notaire établi en dehors de Saint-Pierre-et-Miquelon à exercer ses fonctions dans cette collectivité. Cette autorisation peut être donnée à titre occasionnel, pour un acte ou une série d'actes déterminés, ou à titre provisoire en l'absence d'office de notaire dans la collectivité ou, le cas échéant, lorsque les offices établis sont dépourvus de titulaires et qu'aucun administrateur ou suppléant n'en assure la gestion.

TITRE III. – DE LA GARDE ET DE LA TRANSMISSION DES MINUTES, RÉPERTOIRES ET AUTRES REGISTRES PROFESSIONNELS DES NOTAIRES

Art. 13 *(Mod., D. n° 2016-661, 20 mai 2016).* – Les minutes, répertoires et autres registres professionnels d'un notaire remplacé, les documents comptables relatifs à l'office ainsi que les copies exécutoires, copies authentiques et dossiers de clients qu'il détient sont remis par lui ou, s'il n'exerce plus ses fonctions, par le suppléant ou l'administrateur commis, au nouveau titulaire de l'office dans les quinze jours suivant celui de sa prestation de serment.

Art. 14 *(D. n° 79-1120, 19 déc. 1979 ; mod., D. n° 86-728, 29 avr. 1986 ; mod., D. n° 2016-661, 20 mai 2016).* – En cas de suppression d'un office de notaire, les minutes, pièces et documents énumérés à l'article 13 sont attribués, à titre provisoire ou définitif, à un ou plusieurs offices.

Les minutes, pièces et documents énumérés à l'article 13 peuvent être attribués, à titre provisoire, à la chambre des notaires.

Lorsque l'attribution est faite à titre provisoire, les minutes, pièces et documents peuvent être conservés dans l'office supprimé. Le titulaire de l'office attributaire ou, le cas échéant, l'officier public désigné, dans son ressort, par le président de la chambre des notaires est habilité à en délivrer des copies authentiques. En cas de création d'un office de notaire consécutive à la dissolution d'une société titulaire d'un office ou au retrait d'un ou plusieurs associés, les minutes, pièces et documents de l'office dont la société dissoute était titulaire peuvent être répartis entre cet office et l'office créé.

En cas de scission d'une société titulaire d'un office, les minutes, pièces et documents peuvent être répartis entre les offices issus de la scission ou certains d'entre eux.

La désignation des offices attributaires et la répartition des minutes, pièces et documents sont fixées par arrêté du garde des Sceaux, ministre de la Justice, après avis de la ou des chambres des notaires.

Art. 15 *(Mod., D. n° 2016-661, 20 mai 2016).* – Dans tous les cas, le détenteur des minutes en remet un état sommaire au titulaire de l'office attributaire. Une copie de cet état, revêtue des signatures des deux intéressés, est déposée à la chambre de discipline dont relève l'office attributaire.

Lorsque l'ouverture d'un bureau annexe a été autorisée, des minutes peuvent y être conservées.

Art. 16. – En cas de décès d'un notaire, l'apposition des scellés sur les minutes et répertoires ne peut être requise que par le procureur de la République près le tribunal de grande instance du ressort où est établi l'office ou par le syndic de la chambre des notaires.

TITRE IV. – DES CONDITIONS DE NOMINATION AUX OFFICES DE NOTAIRE CRÉÉS

Art. 17 à 23 *(Abr., D. n° 73-609, 5 juill. 1973).*

TITRE V. – DISPOSITIONS DIVERSES

Art. 24 *(Mod., D. n° 2016-661, 20 mai 2016).* – La chambre des notaires peut transmettre au Conseil supérieur du notariat, par l'intermédiaire du conseil régional des notaires, toute suggestion ou proposition tendant à assurer une meilleure répartition des offices à l'intérieur de son ressort, en fonction, notamment, de l'évolution démographique et économique.

Ces suggestions et propositions sont également transmises par tout moyen à l'Autorité de la concurrence au titre des observations prévues au troisième alinéa de l'article L. 462-4-1 du Code de commerce.

Art. 25 *(Mod., D. n° 2016-661, 20 mai 2016).* – Le conseil régional des notaires peut établir, en ce qui concerne les usages de la profession dans le ressort de la cour d'appel et les rapports des notaires de ce ressort relevant de chambres des notaires différentes, un règlement qui est soumis à l'approbation du garde des Sceaux, ministre de la Justice.

Il peut, en outre, transmettre au Conseil supérieur du notariat toute suggestion ou proposition tendant à assurer une meilleure répartition géographique des offices de ce ressort.

Ces suggestions et propositions sont également transmises par tout moyen à l'Autorité de la concurrence au titre des observations prévues au troisième alinéa de l'article L. 462-4-1 du Code de commerce.

Art. 26 *(Mod., D. n° 2016-661, 20 mai 2016).* – Le Conseil supérieur du notariat peut établir, en ce qui concerne les usages de la profession à l'échelon national et les rapports des notaires établis dans des ressorts de cours d'appel différentes, un règlement qui est soumis à l'approbation du garde des Sceaux, ministre de la Justice.

Il propose au garde des Sceaux, ministre de la Justice, après avoir consulté les chambres et les conseils régionaux des notaires, toutes mesures propres à assurer une meilleure répartition géographique des offices à l'échelon national.

Ces propositions sont également transmises par tout moyen à l'Autorité de la concurrence au titre des observations prévues au troisième alinéa de l'article L. 462-4-1 du Code de commerce.

Art. 27 *(Abr., D. n° 2016-661, 20 mai 2016 ; rétabli dans la présente version à compter de la date prévue au II de l'article 10 du décret n° 2016-880 du 29 juin 2016, D. n° 2016-880, 29 juin 2016).* – Toutes les demandes, déclarations et transmissions prévues par le présent décret et pour lesquelles la téléprocédure est applicable sont adressées, lorsqu'elles sont relatives à des offices de notaire dans les départements du Haut-Rhin, du Bas-Rhin et de la Moselle, par lettre recommandée avec accusé de réception.

Art. 28 *(V. D. n° 45-0117, 19 déc. 1945).*

Art. 29 *(Mod., D. n° 2016-661, 20 mai 2016 ; D. n° 2017-711, 2 mai 2017).* – Les dispositions du présent décret sont applicables aux collectivités régies par l'article 73 de la Constitution dans la mesure où elles sont compatibles avec l'organisation professionnelle du notariat dans ces collectivités.

Art. 30 *(Mod., D. n° 2016-661, 20 mai 2016).* – Sont abrogés l'article 14 A du décret [n° 45-0117] du 19 décembre 1945 susvisé, l'article 26 du décret n° 58-1282 du 22 décembre 1958 portant application de l'ordonnance n° 58-1278 du 22 décembre 1958 et relatif aux auxiliaires de justice, les articles 1 à 7 du décret modifié n° 64-26 du 9 janvier 1964 relatif aux conditions de nomination aux offices de notaire créés, aux attributions des conseils régionaux et à la garde et transmission des minutes et répertoires, les articles 1 à 13 du décret n° 64-27 du 9 janvier 1964 portant règlement d'administration publique et concernant la procédure de création des offices de notaire, les modalités de nomination aux offices créés, les conditions d'attribution des prêts consentis par la caisse centrale de garantie, la compétence des notaires et les modalités des transferts d'offices, et l'article 1er du décret n° 67-1235 du 22 décembre 1967 portant règlement d'administration publique modifiant la compétence territoriale des notaires et la composition des chambres de notaires, des conseils régionaux et du Conseil supérieur du notariat.

Art. 30-1 *(D. n° 2017-711, 2 mai 2017).* – Le présent décret est applicable à Saint-Pierre-et-Miquelon sous réserve des adaptations suivantes :

1° Les mots : « tribunal de grande instance » sont remplacés par les mots : « tribunal de première instance » ;

2° Les mots : « procureur général » et : « procureur général près la cour d'appel » sont remplacés par les mots : « procureur de la République près le tribunal supérieur d'appel » ;

3° À l'article 10, les mots : « de la cour d'appel dans lequel l'étude est établie ou du ressort des tribunaux de grande instance limitrophes de celui dans le ressort duquel est établi l'office » sont remplacés par les mots : « du tribunal supérieur d'appel » et les mots : « , soit à l'intérieur du département, soit à l'extérieur de ce département, dans un canton ou une commune limitrophe du canton où est établi l'office » sont remplacés par les mots : « dans le ressort du tribunal supérieur d'appel » ;

4° Par dérogation à l'article 14, si la suppression d'un office de notaire à Saint-Pierre-et-Miquelon conduit à une absence d'office dans la collectivité, les minutes, pièces et documents énumérés à l'article 13 sont attribués, à titre provisoire, au tribunal supérieur d'appel, par arrêté du garde des Sceaux, ministre de la Justice, et le président du tribunal supérieur d'appel est habilité à en délivrer des copies authentiques ;

5° Pour l'application de l'article 15, les mots : « est déposée à la Chambre de discipline dont relève l'office attributaire » sont remplacés par les mots : « est envoyée à la Chambre de discipline compétente dans le ressort de la cour d'appel de Fort-de-France » ;

6° Les attributions dévolues par le présent décret aux chambres des notaires et aux conseils régionaux sont exercées, s'agissant de Saint-Pierre-et-Miquelon, par les établissements d'utilité publique existant dans le ressort de la cour d'appel de Fort-de-France.

Loi n° 71-1130 du 31 décembre 1971
portant réforme de certaines professions judiciaires et juridiques

....

TITRE II. – RÉGLEMENTATION DE LA CONSULTATION EN MATIÈRE JURIDIQUE ET DE LA RÉDACTION D'ACTES SOUS SEING PRIVÉ

(Rempl., L. n° 90-1259, 31 déc. 1990)

CHAPITRE Ier. – DISPOSITIONS GÉNÉRALES

Art. 54 *(Mod., L. n° 97-308, 7 avr. 1997).* – **Nul ne peut, directement ou par personne interposée, à titre habituel et rémunéré, donner des consultations juridiques ou rédiger des actes sous seing privé, pour autrui :**

1° *(1° mod., L. n° 2015-177, 16 févr. 2015)* S'il n'est titulaire d'une licence en droit ou s'il ne justifie, à défaut, d'une compétence juridique appropriée à la consultation et la rédaction d'actes en matière juridique qu'il est autorisé à pratiquer conformément aux articles 56 à 66.

Les personnes mentionnées aux articles 56, 57 et 58 sont réputées posséder cette compétence juridique.

Pour les personnes exerçant une activité professionnelle réglementée mentionnées à l'article 59, elle résulte des textes les régissant.

Pour chacune des activités non réglementées visées à l'article 60, elle résulte de l'agrément donné, pour la pratique du droit à titre accessoire de celle-ci, par un arrêté qui fixe, le cas échéant, les conditions de qualification ou d'expérience juridique exigées des personnes exerçant cette activité et souhaitant pratiquer le droit à titre accessoire de celle-ci.

Pour chacune des catégories d'organismes visées aux articles 61, 63, 64 et 65, elle résulte de l'agrément donné, pour la pratique du droit à titre accessoire, par un arrêté qui fixe, le cas échéant, les conditions de qualification ou d'expérience juridique exigées des personnes pratiquant le droit sous l'autorité de ces organismes.

L'agrément prévu au présent article ne peut être utilisé à des fins publicitaires ou de présentation de l'activité concernée. ;

2° S'il a été l'auteur de faits ayant donné lieu à condamnation pénale pour agissements contraires à l'honneur, à la probité ou aux bonnes mœurs ;

3° S'il a été l'auteur de faits de même nature ayant donné lieu à une sanction disciplinaire ou administrative de destitution, radiation, révocation, de retrait d'agrément ou d'autorisation ;

4° S'il a été frappé de faillite personnelle ou d'autre sanction en application du titre VI de la loi n° 85-98 du 25 janvier 1985 précitée ou, dans le régime antérieur à cette loi, en application du titre II de la loi n° 67-563 du 13 juillet 1967 précitée ;

5° S'il ne répond en outre aux conditions prévues par les articles suivants du présent chapitre et s'il n'y est autorisé au titre desdits articles et dans les limites qu'ils prévoient.

Une personne morale dont l'un des dirigeants de droit ou de fait a fait l'objet d'une sanction visée au présent article peut être frappée de l'incapacité à exercer les activités visées au premier alinéa par décision du tribunal de grande instance de son siège social, à la requête du ministère public.

(Al. abr., L. n° 2015-177, 16 févr. 2015).

La condition de diplôme ou de compétence juridique prévue au 1° est applicable à l'expiration d'un délai d'un an à compter de la promulgation de la loi n° 97-308 du 7 avril 1997.

Art. 55 *(Mod., L. n° 92-1336, 16 déc. 1992).* – **Toute personne autorisée par le présent chapitre à donner des consultations juridiques ou à rédiger des actes sous seing privé, pour autrui, de manière habituelle et rémunérée, doit être couverte par une assurance souscrite personnellement ou collectivement et garantissant les conséquences pécuniaires de la responsabilité civile professionnelle qu'elle peut encourir au titre de ces activités.**

Elle doit également justifier d'une garantie financière, qui ne peut résulter que d'un engagement de caution pris par une entreprise d'assurance régie par le Code des assurances ou par un établissement de crédit *(Mots aj. à compter du 1er janvier 2014, Ord. n° 2013-544, 27 juin 2013)* « ou une société de financement » habilités à cet effet, spécialement affectée au remboursement des fonds, effets ou valeurs reçus à ces occasions.

En outre, elle doit respecter le secret professionnel conformément aux dispositions des articles 226-13 et 226-14 du Code pénal et s'interdire d'intervenir si elle a un intérêt direct ou indirect à l'objet de la prestation fournie.

Les obligations prévues à l'alinéa précédent sont également applicables à toute personne qui, à titre habituel et gratuit, donne des consultations juridiques ou rédige des actes sous seing privé.

Art. 56 *(Mod., L. n° 2011-94, 25 janv. 2011)*. – Les avocats au Conseil d'État et à la Cour de cassation, les avocats inscrits à un barreau français, les notaires, les huissiers de justice, les commissaires-priseurs judiciaires, les administrateurs judiciaires et les mandataires-liquidateurs disposent concurremment, dans le cadre des activités définies par leurs statuts respectifs, du droit de donner des consultations juridiques et de rédiger des actes sous seing privé pour autrui.

Art. 57 *(Rempl., L. n° 90-1259, 31 déc. 1990)*. – Les personnes entrant dans le champ d'application du décret du 29 octobre 1936 relatif aux cumuls de retraites, de rémunérations et de fonctions, en activité ou en retraite, et dans les conditions prévues par ledit décret, ainsi que les enseignants des disciplines juridiques des établissements privés d'enseignement supérieur reconnus par l'État délivrant des diplômes visés par le ministre chargé de l'enseignement supérieur, peuvent donner des consultations en matière juridique.

Art. 58 *(Rempl, L. n° 90-1259, 31 déc. 1990)*. – Les juristes d'entreprise exerçant leurs fonctions en exécution d'un contrat de travail au sein d'une entreprise ou d'un groupe d'entreprises peuvent, dans l'exercice de ces fonctions et au profit exclusif de l'entreprise qui les emploie ou de toute entreprise du groupe auquel elle appartient, donner des consultations juridiques et rédiger des actes sous seing privé relevant de l'activité desdites entreprises.

Art. 59 *(Rempl., L. n° 90-1259, 31 déc. 1990)*. – Les personnes exerçant une activité professionnelle réglementée peuvent, dans les limites autorisées par la réglementation qui leur est applicable, donner des consultations juridiques relevant de leur activité principale et rédiger des actes sous seing privé qui constituent l'accessoire direct de la prestation fournie.

Art. 60 *(Rempl., L. n° 90-1259, 31 déc. 1990)*. – Les personnes exerçant une activité professionnelle non réglementée pour laquelle elles justifient d'une qualification reconnue par l'État ou attestée par un organisme public ou un organisme professionnel agréé peuvent, dans les limites de cette qualification, donner des consultations juridiques relevant directement de leur activité principale et rédiger des actes sous seing privé qui constituent l'accessoire nécessaire de cette activité.

Art. 61 *(Rempl., L. n° 90-1259, 31 déc. 1990)*. – Les organismes chargés d'une mission de service public peuvent, dans l'exercice de cette mission, donner des consultations juridiques.

Art. 62 *(Abr., L. n° 97-308, 7 avr. 1997)*.

Art. 63 *(Mod., L. n° 97-308, 7 avr. 1997)*. – Les associations reconnues d'utilité publique, ou dont la mission est reconnue d'utilité publique conformément au Code civil local d'Alsace-Moselle, les fondations reconnues d'utilité publique, les associations agréées de consommateurs, les associations agréées exerçant leur activité dans les domaines de la protection de la nature et de l'environnement et de l'amélioration du cadre de vie et du logement, les associations habilitées par la loi à exercer les droits de la partie civile devant la juridiction pénale, les associations familiales et les unions d'associations familiales régies par le Code de la famille et de l'aide sociale, les groupements mutualistes régis par le Code de la mutualité peuvent donner à leurs membres des consultations juridiques relatives aux questions se rapportant directement à leur objet.

Art. 64 *(Rempl., L. n° 90-1259, 31 déc. 1990)*. – Les syndicats et associations professionnels régis par le Code du travail peuvent donner des consultations juridiques et rédiger des actes sous seing privé au profit des personnes dont la défense des intérêts est visée par leurs statuts sur des questions se rapportant directement à leur objet.

Art. 65 *(Rempl., L. n° 90-1259, 31 déc. 1990)*. – Les organismes constitués, sous quelque forme juridique que ce soit, entre ou par des organisations professionnelles ou interprofessionnelles ainsi que les fédérations

et confédérations de sociétés coopératives peuvent donner des consultations juridiques et rédiger des actes sous seing privé au profit de ces organisations ou de leurs membres, sur des questions se rapportant directement à l'activité professionnelle considérée.

Art. 66 *(Mod., L. n° 2004-575, 21 juin 2004).* **– Les organes de presse ou de communication au public par voie électronique ne peuvent offrir à leurs lecteurs ou auditeurs de consultations juridiques qu'autant qu'elles ont pour auteur un membre d'une profession juridique réglementée.**

Art. 66-1 *(L. n° 90-1259, 31 déc. 1990).* **– Le présent chapitre ne fait pas obstacle à la diffusion en matière juridique de renseignements et informations à caractère documentaire.**

Art. 66-2 *(L. n° 90-1259, 31 déc. 1990).* **– Sera puni des peines prévues à l'article 72 quiconque aura, en violation des dispositions du présent chapitre, donné des consultations ou rédigé pour autrui des actes sous seing privé en matière juridique.**

Art. 66-3 *(L. n° 90-1259, 31 déc. 1990).* **– Les organismes chargés de représenter les professions visées à l'article 56 et les organisations professionnelles représentatives de ces professions peuvent exercer les droits reconnus à la partie civile en ce qui concerne les infractions prévues à l'article 66-2.**

CHAPITRE Ier *BIS*. – LE CONTRESEING DE L'AVOCAT

(L. n° 2011-331, 28 mars 2011)

Art. 66-3-1 *(L. n° 2011-331, 28 mars 2011).* **– En contresignant un acte sous seing privé, l'avocat atteste avoir éclairé pleinement la ou les parties qu'il conseille sur les conséquences juridiques de cet acte.**

Art. 66-3-2 *(L. n° 2011-331, 28 mars 2011 ; abr. à compter du 1er octobre 2016, Ord. n° 2016-131, 10 févr. 2016).*

Art. 66-3-3 *(L. n° 2011-331, 28 mars 2011 ; abr. à compter du 1er octobre 2016, Ord. n° 2016-131, 10 févr. 2016).*

CHAPITRE II. – DISPOSITIONS DIVERSES

Art. 66-4 *(Créé, L. n° 90-1259, 31 déc. 1990, art. 26 et 67 ; mod., L. n° 2014-344, 17 mars 2014 ; L. n° 2015-990, 6 août 2015 ; L. n° 2016-1547, 18 nov. 2016 ; Ord. n° 2016-1809, 22 déc. 2016).* **– Sera puni des peines prévues à l'article L. 121-23 du Code de la consommation quiconque se sera livré au démarchage en vue de donner des consultations ou de rédiger des actes en matière juridique. Toute publicité aux mêmes fins est subordonnée au respect de conditions fixées par le décret visé à l'article 66-6.**

Toutefois, le premier alinéa du présent article n'est pas applicable :

1° Aux avocats soumis en toutes matières à l'article 3 *bis* de la présente loi et aux professionnels autorisés à exercer partiellement l'activité d'avocat en application du titre V ;

2° Aux conseils en propriété industrielle, soumis à l'article L. 423-1 du Code de la propriété intellectuelle ;

3° Aux huissiers de justice, aux notaires, aux commissaires-priseurs judiciaires, aux avocats au Conseil d'État et à la Cour de cassation, aux commissaires aux comptes et aux experts-comptables, soumis à l'article 3 de la loi n° 2016-1547 du 18 novembre 2016 de modernisation de la justice du XXIe siècle et au décret en Conseil d'État mentionné au III du même article 3.

> **Rédaction antérieure. Art. 66-4** *(L. n° 90-1259, 31 déc. 1990)* (1). – Sera puni des peines prévues à l'article 72 quiconque se sera livré au démarchage en vue de donner des consultations ou de rédiger des actes en matière juridique. Toute publicité aux mêmes fins est subordonnée au respect de conditions fixées par le décret visé à l'article 66-6.

(1) Déclaré incompatible avec les articles 4 et 24 de la directive 2006/123/CE du 12 décembre 2006, CE, 13 déc. 2013, n° 361593, M. B.... : JurisData n° 2013-030097. La Haute juridiction a précisé que « ces dispositions [de la directive] s'opposent à une réglementation nationale qui interdit totalement aux membres d'une profession réglementée de recourir au démarchage ou de proposer à leurs clients une offre personnalisée de services, quels que soient leur forme, leur contenu et les moyens employés, ou prohibe de manière générale le recours à la publicité dans les médias » et a annulé la décision du garde des Sceaux refusant d'abroger les dispositions réglementaires régissant la question. – NDLR.

Art. 66-5 *(Mod., Ord. n° 2009-112, 30 janv. 2009 ; L. n° 2011-331, 28 mars 2011).* – En toutes matières, que ce soit dans le domaine du conseil ou dans celui de la défense, les consultations adressées par un avocat à son client ou destinées à celui-ci, les correspondances échangées entre le client et son avocat, entre l'avocat et ses confrères à l'exception pour ces dernières de celles portant la mention « officielle », les notes d'entretien et plus généralement, toutes les pièces du dossier sont couvertes par le secret professionnel.

Ces dispositions ne font pas obstacle, à compter de la conclusion d'un contrat de fiducie, à l'application à l'avocat qui a la qualité de fiduciaire, de la réglementation spécifique à cette activité, sauf pour les correspondances, dépourvues de la mention « officielle », adressées à cet avocat par un confrère non avisé qu'il agit en cette qualité.

Le présent article ne fait pas obstacle à l'obligation pour un avocat de communiquer les contrats mentionnés à l'article L. 222-7 du Code du sport et le contrat par lequel il est mandaté pour représenter l'une des parties intéressées à la conclusion de l'un de ces contrats aux fédérations sportives délégataires et le cas échéant, aux ligues professionnelles qu'elles ont constituées, dans les conditions prévues à l'article L. 222-18 du même code.

Art. 66-6 *(L. n° 90-1259, 31 déc. 1990).* – Les modalités d'application du présent titre sont précisées par un décret en Conseil d'État.

Loi n° 72-3 du 3 janvier 1972

sur la filiation

(JO 5 janv.)

Art. 1er à 6. – *V. C. civ., art. 72, 163, 201, 202, 205, 207, 207-1, 311 à 342-8, 733, 744, 747, 756 à 767, 908 à 915-2, 1094 à 1094-3, 1097, 1097-1 et 1098.*

....

Art. 10. – Dans tous les textes où sont actuellement visés les articles 205 à 207 du Code civil, il y aura lieu d'entendre ce renvoi comme s'appliquant selon les cas aux articles 205 à 207-1.

Art. 11. – La présente loi entrera en vigueur le premier jour du septième mois qui suivra sa publication au *Journal officiel* de la République française.

Art. 12. – La présente loi sera applicable aux enfants nés avant son entrée en vigueur ;

Les actes accomplis et les jugements prononcés sous l'empire de la loi ancienne auront les effets que la loi nouvelle y aurait attachés ;

Sous les exceptions résultant des articles 13 à 16 ci-dessous.

Art. 13. – La chose jugée sous l'empire de la loi ancienne ne pourra être remise en cause par application de la loi nouvelle ;

Les instances pendantes au jour de l'entrée en vigueur de la loi nouvelle seront poursuivies et jugées en conformité de la loi ancienne ;

Sans qu'il soit préjudicié aux droits qu'auront les parties d'accomplir des actes ou d'exercer des actions en conformité de la loi nouvelle si elles sont dans les conditions prévues par celle-ci.

Instance pendante. Une instance doit être regardée comme pendante, au sens de l'article 13, al. 2, dès lors que l'action a été introduite avant le 1er août 1972 (■ Cass. 1re civ., 9 mai 1978 : *Bull. civ.* I, n° 180, p. 144).

Art. 14. – Les droits successoraux institués par la présente loi ou résultant des règles nouvelles concernant l'établissement de la filiation ne pourront être exercés dans les successions ouvertes avant son entrée en vigueur.

Les droits de réservataires institués par la présente loi ou résultant des règles nouvelles concernant l'établissement de la filiation ne pourront être exercés au préjudice des donations entre vifs consenties avant son entrée en vigueur.

Les donations entre vifs consenties avant l'entrée en vigueur de la loi nouvelle continueront de donner lieu au droit de retour légal, tel qu'il est prévu par l'ancien article 747 du Code civil.

1) Successions ouvertes avant le 1er août 1972. L'entrée en vigueur de la loi du 3 janv. 1972 n'a pas eu pour effet de priver les enfants naturels des droits qui leur étaient accordés, en application de la législation antérieure, dans les successions ouvertes avant le 1er août 1972 (■ Cass. 1re civ., 4 juill. 1978 : *Bull. civ.* I, n° 255, p. 201).

2) Successions légales ou testamentaires. L'article 14, al. 1, ne distingue pas selon qu'il s'agit de successions légales ou testamentaires (■ Cass. 1re civ., 14 oct. 1981 : *Defrénois* 1982, 430, obs. Champenois ; *Bull. civ.* I, n° 294, p. 247).

3) Droit au rapport des libéralités. L'article 14, al. 2, ne prive pas les héritiers de leurs droits à succession, notamment de leur droit au rapport des libéralités, lequel n'a pour fin que d'assurer l'égalité entre les héritiers (■ Cass. 1re civ., 7 déc. 1982 : *Bull. civ.* I, n° 351, p. 300 ; *D.* 1983, 176, note Morin).

4) Institution contractuelle. L'institution contractuelle consentie entre époux est une libéralité à la fois révocable et de biens à venir. Ce double caractère implique qu'elle ne soit pas traitée comme une donation entre vifs au regard des dispositions de l'article 14, alinéa 2, de la loi du 3 janvier 1972 (■ Cass. 1re civ., 8 nov. 1982 : *D.* 1983, 445, note Flour et Grimaldi). Il n'en est pas de même pour l'institution contractuelle consentie par contrat de mariage (■ Cass. 1re civ., 23 juin 1987 : *Bull. civ.* I, n° 206, p. 153 ; *D.* 1988, 122, note Grimaldi ; *RTD civ.* 1988, 559, obs. Patarin).

5) Enfant adultérin. Il résulte de l'article 25-II, 2, de la loi du 3 décembre 2001 que les dispositions relatives aux nouveaux droits successoraux des enfants naturels adultérins sont applicables aux successions ouvertes au 4 décembre 2001 et n'ayant pas donné lieu à partage avant cette date, même si l'ouverture est antérieure à la loi du 3 janvier 1972 (■ Cass. 1re civ., 15 mai 2008 : *Bull. civ.* I, n° 139 ; *RTD civ.* 2008,708, obs. Grimaldi).

Art. 15. – La prescription trentenaire, en tant que le nouvel article 311-7 du Code civil la rend applicable aux actions concernant la filiation, ne commencera à courir, pour les actions déjà ouvertes, qu'à partir de l'entrée en vigueur de la présente loi.

Actions en contestation d'état déjà soumises à la prescription trentenaire. L'article 15 de la loi du 3 janvier 1972 n'est pas applicable aux actions en contestation d'état qui, sous l'empire de la législation antérieure, étaient déjà soumises à la prescription trentenaire prévue à l'article 2262 du Code civil (■ Cass. 1re civ., 29 nov. 1994 : *D.* 1995, 453, note Vieville-Miravete. – V. aussi ■ TGI Paris, 4 juin 1996 : *RTD civ.* 1996, 590, obs. Hauser. ■ TGI Paris, 13 oct. 1998 : *RTD civ.* 1999, 826, obs. Hauser. – V. en ce sens pour l'action en recherche de maternité naturelle ■ Cass. 1re civ., 2 mars 1999 : *JCP* 99, II, 10079, concl. Sainte-Rose ; *D.* 2000, somm. 159, obs. Granet ; *D.* 2000, somm. 177, obs. Le Doujet-Thomas. ■ Cass. 1re civ., 17 nov. 1999 : *Dr. famille* 2000, 47, note Murat. ■ Cass. 1re civ., 23 janv. 2001 : *Dr. famille* 2001, 71, note Murat ; *JurisData* n° 2001-007919).

Art. 16. – La possession d'état de dix ans requise par le nouvel article 339 du Code civil n'éteindra l'action en contestation de la reconnaissance qu'autant qu'elle se sera entièrement accomplie après l'entrée en vigueur de la présente loi.

Voir pour une application ■ Cass. 1re civ., 5 nov. 1996 : *D.* 1997, somm. 157, obs. Granet.

Art. 17. – La déchéance prévue par le nouvel article 207, alinéa 2, du Code civil sera encourue même pour des causes antérieures à son entrée en vigueur.

Art. 18 *(L. n° 73-603, 5 juill. 1973)*. **– Par dérogation au nouvel article 318-1 du Code civil, l'action en contestation de légitimité sera ouverte à la mère et à son second mari pendant un délai de trois ans à partir de l'entrée en vigueur de la présente loi, quand bien même il se serait écoulé plus de six mois depuis la célébration du mariage et plus de sept années depuis la naissance de l'enfant.**

Art. 19. – Les limitations que les nouveaux articles 759 et 767 du Code civil apportent aux droits du conjoint survivant, tels qu'ils étaient antérieurement prévus, ne pourront être invoquées que dans les successions qui s'ouvriront plus de deux années après l'entrée en vigueur de la présente loi.

Décret n° 72-678 du 20 juillet 1972

fixant les conditions d'application de la loi n° 70-9 du 2 janvier 1970
réglementant les conditions d'exercice des activités
relatives à certaines opérations portant sur les immeubles et les fonds de commerce

(JO 22 juill. et rect. 6 sept.)

CHAPITRE I. – LA CARTE PROFESSIONNELLE

Art. 1er *(Mod. à compter du 1er juillet 2015, D. n° 2015-702, 19 juin 2015).* – La carte professionnelle délivrée aux personnes établies sur le territoire national qui exercent une ou plusieurs des activités mentionnées à l'article 1er de la loi [n° 70-9] du 2 janvier 1970 susvisée porte la ou les mentions suivantes :

1° « Transactions sur immeubles et fonds de commerce », en cas d'exercice des activités mentionnées aux 1° à 5° et 8° de l'article 1er de la loi [n° 70-9] du 2 janvier 1970 ;

2° « Gestion immobilière », en cas d'exercice de l'activité mentionnée au 6° du même article ;

3° « Syndic de copropriété », en cas d'exercice de l'activité mentionnée au 9° du même article ;

4° « Marchand de listes », en cas d'exercice de l'activité mentionnée au 7° du même article.

La mention « Marchand de listes » est exclusive des précédentes. Si le titulaire de la carte portant cette mention exerce les autres activités mentionnées à l'article 1er de la loi [n° 70-9] du 2 janvier 1970, il doit être détenteur d'une autre carte portant la ou les mentions correspondantes.

Lorsque le titulaire d'une carte entend se livrer ou prêter son concours, à titre accessoire, aux opérations mentionnées à l'article L. 211-1 du Code du tourisme, cette carte porte en outre la mention « Prestations touristiques ».

La carte délivrée aux personnes non établies sur le territoire national, qui ne relèvent pas de la section III du chapitre II, porte la mention supplémentaire « Prestations de services ».

La carte délivrée aux personnes ayant déposé la déclaration sur l'honneur mentionnée au 6° de l'article 3 porte en outre, pour l'activité concernée par la déclaration sur l'honneur, la mention : « Non-détention de fonds » ainsi que, le cas échéant, la mention : « Absence de garantie financière ».

Ces cartes sont conformes à un modèle établi par arrêté du ministre chargé de l'économie.

Art. 2 *(Mod., D. n° 2005-1315, 21 oct. 2005).* – La délivrance de la carte professionnelle est sollicitée par la personne physique ou par le ou les représentants légaux ou statutaires de la personne morale, qui se livre ou prête son concours aux opérations énumérées par l'article 1er de la loi susvisée du 2 janvier 1970.

La demande précise la nature des opérations pour lesquelles la carte est demandée. Elle indique, le cas échéant, que le demandeur entend se livrer ou prêter son concours, à titre accessoire, aux opérations mentionnées à l'article L. 211-1 du Code du tourisme.

Lorsque la demande est faite par une personne physique, elle mentionne l'état civil, la profession, le domicile et le lieu de l'activité professionnelle de cette personne.

Lorsque la demande est présentée au nom d'une personne morale, elle indique la dénomination, la forme juridique, le siège, l'objet de la personne morale, ainsi que l'état civil, le domicile, la profession et la qualité du ou des représentants légaux ou statutaires.

La demande est présentée par la personne physique ou par le ou les représentants légaux ou statutaires de la personne morale ou, le cas échéant, par le locataire-gérant qui exerce ou envisage d'exercer l'activité considérée. Si la direction de l'entreprise est assumée par un préposé ou un gérant, mandataire ou salarié, la demande indique également, dans ce cas, l'état civil, la qualité, le domicile de cette personne qui doit, en outre, justifier qu'elle satisfait aux conditions prévues par l'article 3 (1° et 4°) de la loi susvisée du 2 janvier 1970, par les articles 3 (al. 2 et 3) et 16 du présent décret.

Art. 3 *(Mod. à compter du 1er juillet 2015, D. n° 2015-702, 19 juin 2015 ; mod., D. n° 2016-1392, 17 oct. 2016).* – I. - La demande est accompagnée :

1° De la justification qu'il est satisfait par le ou les demandeurs aux conditions d'aptitude professionnelle spécifiées au chapitre II ;

2° De l'attestation de garantie financière suffisante délivrée dans les conditions prévues à l'article 37, sous réserve des dispositions du 6° du présent article ;

3° De l'attestation d'assurance contre les conséquences pécuniaires de la responsabilité civile professionnelle délivrée conformément au deuxième alinéa de l'article 49 ;

4° D'un extrait du registre du commerce et des sociétés datant de moins d'un mois si la personne est immatriculée à ce registre ou d'un double de la demande si elle doit y être immatriculée ;

5° Suivant le cas, d'une attestation délivrée par l'établissement de crédit qui a ouvert le compte prévu soit par l'article 55, soit par l'article 59, avec l'indication du numéro de compte et de la succursale qui le tient, ou d'une attestation d'ouverture au nom de chaque mandant des comptes bancaires prévus par l'article 71 ;

6° 6° Le cas échéant, de la déclaration sur l'honneur qu'il n'est reçu ni détenu, directement ou indirectement, par le demandeur, à l'occasion de tout ou partie des activités pour lesquelles la carte est demandée, d'autres fonds, effets ou valeurs que ceux représentatifs de sa rémunération ou de ses honoraires ; dans ce cas, le demandeur ne produit, au titre des activités concernées par la déclaration sur l'honneur, l'attestation de garantie financière mentionnée au 2° que lorsqu'il a choisi d'en souscrire une.

II. - En vue de vérifier que le demandeur n'est pas frappé d'une des incapacités ou interdictions d'exercer définies au titre II de la loi n° 70-9 du 2 janvier 1970 susvisée, le président de la chambre de commerce et d'industrie territoriale ou celui de la chambre de commerce et d'industrie départementale d'Île-de-France demande un bulletin n° 2 au casier judiciaire national.

Lorsque le demandeur est établi en France et qu'il est ressortissant d'un autre État membre de l'Union européenne, le président de la chambre de commerce et d'industrie territoriale ou départementale demande également l'équivalent du bulletin n° 2 auprès du casier judiciaire de l'État membre de nationalité, par l'intermédiaire du casier judiciaire national.

Lorsque le demandeur est établi en France et qu'il est ressortissant d'un État non membre de l'Union européenne, il joint à sa demande un extrait de casier judiciaire datant de moins de trois mois ou, à défaut, un document équivalent délivré par l'autorité compétente de cet État.

Si le demandeur a acquis l'aptitude professionnelle dont il se prévaut dans un État membre de l'Union européenne, le président de la chambre de commerce et d'industrie territoriale ou de la chambre départementale d'Île-de-France demande en outre l'équivalent du bulletin n° 2 auprès du casier judiciaire de cet État, par l'intermédiaire du casier judiciaire national.

Si le demandeur a acquis l'aptitude professionnelle dont il se prévaut dans un État avec lequel la France est liée par un accord de reconnaissance des qualifications professionnelles, il joint à sa demande un extrait de casier judiciaire datant de moins de trois mois ou, à défaut, un document équivalent délivré par l'autorité compétente de cet État.

Art. 4 *(Mod. à compter du 1er juillet 2015, D. n° 2015-702, 19 juin 2015).* – Une liste des établissements, succursales, agences ou bureaux, qui dépendent du même déclarant est, s'il y a lieu, jointe à la demande.

Cette liste précise la dénomination et l'adresse de chaque établissement, succursale, agence ou bureau, même s'ils ne sont ouverts qu'à titre temporaire.

Le titulaire de la carte professionnelle, son ou ses représentants légaux ou statutaires, s'il s'agit d'une personne morale, avise immédiatement le président de la chambre de commerce et d'industrie territoriale ou de la chambre départementale d'Île-de-France compétente en application de l'article 5, de tout changement d'adresse et de toute ouverture ou fermeture d'établissement, succursale, agence ou bureau.

Art. 5 *(Rempl. à compter du 1er juillet 2015, D. n° 2015-702, 19 juin 2015).* – I. - La demande prévue à l'article 2 est présentée au président de la chambre de commerce et d'industrie territoriale ou de la chambre départementale d'Île-de-France, dans le ressort de laquelle se trouve le siège du demandeur si elle est présentée par une personne morale, ou celui de son principal établissement si elle est présentée par une personne physique.

La demande, dont le modèle est prévu par arrêté du ministre chargé de l'économie, est déposée contre décharge ou adressée par lettre recommandée avec demande d'avis de réception ou par voie électronique.

Les personnes physiques ou morales qui n'ont en France aucun établissement, succursale, agence ou bureau adressent leur demande au président de la chambre de commerce et d'industrie départementale de Paris.

La demande est accompagnée d'un paiement en rémunération de l'instruction du dossier, dont le montant et les modalités sont déterminés par arrêté du ministre chargé de l'économie.

II. - Lorsque le président de la chambre de commerce et d'industrie territoriale ou de la chambre départementale d'Île-de-France exerce l'une des activités mentionnées à l'article 1er de la loi du 2 janvier 1970 susvisée, il n'intervient ni dans l'instruction ni dans la délivrance de la carte professionnelle. La carte est alors délivrée par un des vice-présidents.

III. - Si la demande est incomplète, la chambre de commerce et d'industrie compétente en application du I notifie par tout moyen au demandeur la liste des pièces manquantes dans un délai de quinze jours à compter de la réception de la demande. La demande est caduque si le dossier n'est pas complété dans le délai de deux mois à compter de cette notification.

Les pièces complémentaires sont déposées contre décharge ou adressées par lettre recommandée avec demande d'avis de réception ou par voie électronique.

La carte professionnelle est numérotée.

Art. 6 *(Rempl. à compter du 1er juillet 2015, D. n° 2015-702, 19 juin 2015).* – I. - Le titulaire de la carte professionnelle avise sans délai de tout changement d'adresse de son siège ou de son principal établissement la chambre de commerce et d'industrie compétente en application du I de l'article 5 avant ce changement. Si le siège ou le nouvel établissement du titulaire est situé dans le ressort d'une autre chambre de commerce et d'industrie, la chambre de commerce et d'industrie qui a reçu l'avis vérifie la réalité du déplacement et transmet le dossier à la chambre de commerce et d'industrie compétente en application du I de l'article 5.

Tout changement de dénomination ou de forme de la personne morale, de l'identité du ou des représentants légaux ou statutaires et de l'identité du garant ou de l'assureur de la responsabilité civile professionnelle est également déclaré.

Les changements mentionnés ci-dessus donnent lieu à la délivrance d'une carte professionnelle mise à jour, valable pour la durée restant à courir de celle-ci.

II. - Lorsque le titulaire de la carte dépose la déclaration sur l'honneur mentionnée au 6° du I de l'article 3, il lui est délivré, sur remise de son ancienne carte, une nouvelle carte professionnelle pour la durée restant à courir portant, pour l'activité concernée par la déclaration sur l'honneur, la mention « Non-détention de fonds ».

III. - En cas d'avenant à la garantie financière ou à l'assurance contre les conséquences pécuniaires de la responsabilité civile professionnelle, le titulaire de la carte professionnelle en informe la chambre de commerce et d'industrie territoriale ou la chambre départementale d'Île-de-France en utilisant un modèle prévu par arrêté du ministre chargé de l'économie et fournit les justificatifs requis.

Art. 7 *(Mod., D. n° 2010-1707, 30 déc. 2010 ; à compter du 1er juillet 2015, D. n° 2015-702, 19 juin 2015).* – En cas de cessation de la garantie financière, de suspension, d'expiration ou de dénonciation du contrat d'assurance contre les conséquences pécuniaires de la responsabilité civile professionnelle, ainsi qu'en cas d'interdiction ou d'incapacité d'exercer, le titulaire de la carte professionnelle doit la restituer immédiatement à la chambre de commerce et d'industrie territoriale ou la chambre départementale d'Île-de-France compétente en application du I de l'article 5 ; il est tenu, ainsi que toute personne qui en serait porteur, de la remettre sur la simple réquisition d'un agent de l'autorité publique ou sur demande du président de la chambre de commerce et d'industrie compétente en application du I de l'article 5.

Lorsque la cessation de la garantie financière fait suite au dépôt, par le titulaire de la carte, de la déclaration sur l'honneur mentionnée au 6° de l'article 3, il lui est délivré, sur remise de son ancienne carte, une nouvelle carte professionnelle qui, outre la mention prévue au dernier alinéa de l'article 6, porte, pour l'activité concernée par la déclaration sur l'honneur, la mention « Absence de garantie financière ».

Art. 8 *(Mod. à compter du 1er juillet 2015, D. n° 2015-702, 19 juin 2015, art. 7 et 18).* – Une déclaration préalable d'activité est souscrite à la chambre de commerce et d'industrie territoriale ou à la chambre départementale d'Île-de-France du lieu de situation de chaque établissement, succursale, agence ou bureau mentionnés à l'article 4, par la personne qui en assure la direction.

Cette déclaration contient les renseignements mentionnés selon le cas au troisième ou au quatrième alinéa de l'article 2, ainsi que l'indication de la chambre de commerce compétente en application du I de l'article 5.

Elle comporte également l'état civil, la qualité et le domicile personnel du déclarant.

Lorsque les conditions prévues aux 1° et 4° de l'article 3 de la loi du 2 janvier 1970 susvisée sont réunies, il est remis à la personne qui dirige l'établissement, la succursale, l'agence ou le bureau un récépissé de déclaration. Ce récépissé est conforme à un modèle fixé par arrêté du ministre chargé de l'économie.

Tout changement d'adresse de l'établissement, de la succursale, de l'agence ou du bureau, ainsi que tout changement de la personne qui en assume la direction, donne lieu à déclaration à la ou aux chambres de commerce et d'industrie territoriales ou chambres départementales d'Île-de-France intéressées. Après que sont apportées, s'il y a lieu, les justifications rappelées au précédent alinéa, il est délivré un nouveau récépissé sur remise de l'ancien.

Toute personne qui détient un récépissé de déclaration doit, lorsque les conditions mises à sa délivrance ne sont plus remplies, le restituer immédiatement au président de la chambre de commerce et d'industrie compétente en application de l'article 5. Elle est tenue, ainsi que toute personne qui en serait porteur, de le remettre sur simple réquisition d'un agent de l'autorité publique ou sur demande du président de la chambre de commerce et d'industrie compétente en application de l'article 5.

Les dispositions prévues à l'article 4 ci-dessus et au présent article ne sont pas applicables aux services de gestion, implantés dans les ensembles immobiliers qui ne disposent d'aucune autonomie administrative et financière.

Art. 9 *(Mod. à compter du 1er juillet 2015, D. n° 2015-702, 19 juin 2015).* – Toute personne physique habilitée par un titulaire de la carte professionnelle à négocier, s'entremettre ou s'engager pour le compte de ce dernier, justifie de la qualité et de l'étendue de ses pouvoirs par la production d'une attestation conforme à un modèle déterminé par arrêté du ministre chargé de l'économie.

L'attestation est visée par le président de la chambre de commerce et d'industrie territoriale ou de la chambre départementale d'Île-de-France compétente en application du I de l'article 5, puis délivrée par le titulaire de la carte professionnelle. Les dispositions du II de l'article 3 sont applicables pour le visa du président de la chambre de commerce et d'industrie.

Toute personne qui détient une attestation est tenue de la restituer au titulaire de la carte professionnelle qui la lui a délivrée, dans les vingt-quatre heures de la demande qui en a été faite par lettre recommandée avec demande d'avis de réception.

Sur simple demande du président de la chambre de commerce et d'industrie territoriale ou de la chambre départementale d'Île-de-France ou du procureur de la République formulée à cet effet, l'attestation doit être retirée.

En cas de non-restitution de cette attestation, le titulaire de la carte professionnelle doit en aviser aussitôt le procureur de la République, ainsi que le président de la chambre de commerce et d'industrie territoriale ou de la chambre départementale d'Île-de-France.

Toute modification dans les énonciations de l'attestation donne lieu à délivrance d'un nouveau document sur remise de l'ancien.

Les nom et qualité du titulaire de l'attestation doivent être mentionnés dans les conventions visées à l'article 6 de la loi [n° 70-9] du 2 janvier 1970 susvisée lorsqu'il intervient dans leur conclusion, ainsi que sur les reçus de versements ou remises lorsqu'il en délivre.

Art. 9-1 *(Créé, D. n° 2019-179, 7 mars 2019).* – Les missions mentionnées à l'article 4-2 de la loi du 2 janvier 1970 susvisée sont :

1° La recherche de logements en vue de leur location ou de leur sous-location à des travailleurs saisonniers ;

2° L'entremise entre le propriétaire d'un logement, d'une part, et un travailleur saisonnier ou l'employeur d'un travailleur saisonnier, d'autre part, pour faciliter la conclusion d'un contrat de location d'un logement destiné au travailleur saisonnier ;

3° L'entremise entre un employeur et son employé travailleur saisonnier, pour faciliter la conclusion d'un contrat de sous-location d'un logement destiné au travailleur saisonnier.

Art. 10. – En cas de négociation, entremise, démarchage, versement de fonds, remise de titres ou effets, engagement ou convention, à l'occasion de l'une des opérations spécifiées à l'article 1er de la loi du 2 janvier 1970, toute personne intéressée peut exiger la présentation, suivant les cas, de la carte professionnelle, du récépissé de la déclaration d'activité ou de l'attestation prévue à l'article précédent.

CHAPITRE II. – L'APTITUDE PROFESSIONNELLE

Section I. – Aptitude professionnelle acquise en France

Art. 11 *(Mod., D. n° 74-1179, 31 déc. 1974 ; rempl., D. n° 2008-355, 15 avr. 2008).* – Sont regardées comme justifiant de l'aptitude professionnelle requise pour obtenir la carte professionnelle prévue à l'article 1er les personnes qui produisent :

1° Soit un diplôme délivré par l'État ou au nom de l'État, d'un niveau égal ou supérieur à trois années d'études supérieures après le baccalauréat et sanctionnant des études juridiques, économiques ou commerciales ;

2° Soit un diplôme ou un titre inscrit au répertoire national des certifications professionnelles d'un niveau équivalent (niveau II) et sanctionnant des études de même nature ;

3° Soit le brevet de technicien supérieur professions immobilières ;

4° Soit un diplôme de l'institut d'études économiques et juridiques appliquées à la construction et à l'habitation.

Art. 12 *(Rempl., D. n° 2005-1315, 21 oct. 2005 ; mod., D. n° 2008-355, 15 avr. 2008).* – Sont regardées comme justifiant de l'aptitude professionnelle requise pour obtenir la carte professionnelle prévue à l'article 1er les personnes qui remplissent cumulativement les conditions suivantes :

1° Être titulaire soit d'un baccalauréat, soit d'un diplôme ou d'un titre inscrit au répertoire national des certifications professionnelles d'un niveau équivalent (niveau IV) et sanctionnant des études juridiques, économiques ou commerciales ;

2° Avoir occupé pendant au moins trois ans un emploi subordonné se rattachant à une activité mentionnée à l'article 1er de la loi [n° 70-9] du 2 janvier 1970 susvisée et correspondant à la mention demandée.

Art. 13 *(Abr., D. n° 2005-1315, 21 oct. 2005).*

Art. 14 *(Rempl., D. n° 2005-1315, 21 oct. 2005).* – Sont regardées comme justifiant de l'aptitude professionnelle requise pour obtenir la carte prévue à l'article 1er les personnes qui ont occupé l'un des emplois mentionnés au 2° de l'article 12 pendant au moins dix ans. Cette durée est réduite à quatre ans s'il s'agit d'un emploi de cadre au titre duquel le demandeur était affilié comme tel auprès d'une institution de retraite complémentaire ou d'un emploi public de catégorie A ou de niveau équivalent.

Art. 15 *(Rempl., D. n° 2005-1315, 21 oct. 2005).* – Les durées d'occupation mentionnées aux articles 12 et 14 s'entendent d'un emploi à temps complet ou de l'équivalent en temps complet d'un emploi à temps partiel, que cette occupation ait été continue ou non.

Art. 16 *(Mod., D. n° 2005-1315, 21 oct. 2005).* – Les personnes qui, sans être titulaires de la carte professionnelle, assument la direction de l'entreprise, telles que les gérants, mandataires ou salariés, ou celle d'un établissement, d'une succursale, d'une agence ou d'un bureau, ont à justifier de leur aptitude professionnelle dans les conditions prévues à l'article 11 ou dans celles prévues aux articles 12 et 14, avec un temps d'activité réduit de moitié.

Section II. – Aptitude professionnelle acquise dans un autre État membre de l'Union européenne ou partie à l'accord sur l'Espace économique européen

(Intitulé mod., D. n° 2016-1392, 17 oct. 2016)

Art. 16-1 *(D. n° 93-199, 9 févr. 1993 ; mod., D. n° 2005-1315, 21 oct. 2005 ; rempl., D. n° 2009-766, 22 juin 2009 ; mod., D. n° 2016-1392, 17 oct. 2016).* – Le ressortissant d'un État membre de l'Union européenne ou d'un autre État partie à l'accord sur l'Espace économique européen peut obtenir la carte professionnelle mentionnée à l'article 1er du présent décret pour exercer une activité mentionnée à l'article 1er de la loi [n° 70-9]] du 2 janvier 1970 susvisée, sans remplir les conditions fixées par les dispositions de la section I du présent chapitre, lorsqu'il possède une attestation de compétence ou un titre de formation mentionné aux articles 11 et 12 de la directive 2005/36/ CE modifiée du 7 septembre 2005 du Parlement européen et du Conseil, relative à la reconnaissance des qualifications professionnelles :

1° Si cette attestation de compétence ou titre de formation permet l'accès à tout ou partie de cette activité ou son exercice, lorsque l'État qui a délivré ce document la réglemente ;

2° Si cette attestation de compétence ou titre de formation atteste la préparation du demandeur à l'exercice de tout ou partie de cette activité, lorsque l'État qui a délivré le document ne la réglemente pas. Dans ce cas, le demandeur doit, en outre, justifier avoir exercé à temps plein l'activité pendant au moins un an au cours des dix années précédentes, ou pendant une période équivalente en cas d'exercice à temps partiel, dans un État membre de l'Union européenne ou dans un autre État partie à l'accord sur l'Espace économique européen qui ne réglemente pas l'activité.

L'expérience professionnelle d'un an n'est pas exigée si le titre certifie une formation préparant spécifiquement à l'exercice de l'activité.

Dans tous les cas, l'attestation de compétence ou le titre de formation doit avoir été délivré soit par l'autorité compétente d'un État membre de l'Union européenne soit par celle d'un autre État partie à l'accord sur l'Espace économique européen. Toutefois, le titre de formation peut avoir été délivré par un État tiers, à condition que soit fournie une attestation, émanant de l'autorité compétente de l'État membre ou de l'État partie qui l'a reconnu, certifiant que son titulaire a une expérience professionnelle de trois ans au moins dans cet État.

Art. 16-2 *(Abr., D. n° 2016-1392, 17 oct. 2016).*

Art. 16-3 *(D. n° 93-199, 9 févr. 1993).* **– Une connaissance suffisante de la langue française est requise du demandeur. Elle est vérifiée dans les conditions fixées par un arrêté conjoint du garde des Sceaux, ministre de la Justice, et du ministre de l'Éducation nationale.**

Art. 16-4 *(Abr., D. n° 2009-766, 22 juin 2009).*

Art. 16-5 *(Rempl., D. n° 2016-1392, 17 oct. 2016).* **– La demande de carte professionnelle faite par les personnes se prévalant d'une aptitude professionnelle acquise dans les conditions prévues par la présente section est faite conformément aux dispositions de l'article 5. Elle est accompagnée d'un dossier dont la composition est fixée par l'arrêté mentionné à l'article 16-3.**

Section III. – Conditions d'exercice de la libre prestation de services de ressortissants d'un État membre de l'Union européenne ou d'un autre État partie à l'accord sur l'Espace économique européen

(Intitulé mod., D. n° 2016-1392, 17 oct. 2016)

Art. 16-6 *(Mod. à compter du 1er juillet 2015, D. n° 2015-702, 19 juin 2015 ; mod., D. n° 2016-1392, 17 oct. 2016).* **– La déclaration préalable prévue à l'article 8-1 de la loi du 2 janvier 1970 susvisée est adressée, par lettre recommandée avec demande d'avis de réception ou par voie électronique, au président de la chambre de commerce et d'industrie territoriale ou de la chambre départementale d'Île-de-France dans le ressort de laquelle le prestataire se déplace pour la première fois en France afin de fournir des services d'une manière temporaire ou occasionnelle.**

Elle est accompagnée des documents suivants :

1° Une attestation certifiant que l'intéressé est légalement établi dans un État membre de l'Union européenne ou dans un autre État partie à l'accord sur l'Espace économique européen sans encourir, même à titre temporaire, aucune interdiction d'exercer ;

2° La preuve que l'intéressé a exercé l'activité concernée pendant au moins une année au cours des dix dernières années précédant la prestation, si l'État membre de l'Union européenne ou partie à l'accord sur l'Espace économique européen dans lequel il est établi ne réglemente pas cette activité ;

3° La justification de la nationalité du prestataire ;

4° La justification d'une garantie financière permettant le remboursement des fonds, effets ou valeurs déposées par les clients et spécialement affectées à celui-ci, sous réserve des dispositions du 6° du présent article ;

5° La justification d'une assurance contre les conséquences pécuniaires de la responsabilité civile professionnelle ;

6° Le cas échéant, une déclaration sur l'honneur qu'il n'est reçu ni détenu, directement ou indirectement, par le déclarant, à l'occasion de l'opération pour laquelle la déclaration est faite, d'autres fonds, effets ou valeurs que ceux représentatifs de sa rémunération ou ses honoraires.

En cas de changement matériel relatif à la situation établie par ces documents, le prestataire fournit au président de la chambre de commerce et d'industrie territoriale ou de la chambre départementale d'Île-de-France les documents relatifs à ces changements.

Le prestataire qui souhaite se déplacer à nouveau pour fournir des services de façon temporaire et occasionnelle plus d'un an après sa première déclaration en fait la déclaration préalable selon les modalités décrites au premier alinéa. Il joint, le cas échéant, tout document relatif à un changement de situation intervenu depuis sa précédente déclaration.

Art. 16-7 *(D. n° 2009-766, 22 juin 2009).* **– La prestation est effectuée sous le titre professionnel de l'État membre d'établissement dans la langue officielle ou l'une des langues officielles de cet État. Si le titre**

professionnel n'existe pas dans l'État membre d'établissement, le prestataire fait mention de son titre de formation dans la ou les langues officielles de cet État.

Section IV. – Carte professionnelle européenne
(D. n° 2017-1481, 17 oct. 2017)

Art. 16-8 *(D. n° 2017-1481, 17 oct. 2017)*. – Les ressortissants d'un État membre de l'Union européenne ou partie à l'accord sur l'Espace économique européen peuvent demander, par voie électronique, la carte professionnelle européenne, définie à l'article 1er de l'ordonnance n° 2016-1809 du 22 décembre 2016 relative à la reconnaissance des qualifications professionnelles de professions réglementées.

Art. 16-9 *(D. n° 2017-1481, 17 oct. 2017)*. – Lorsqu'un ressortissant d'un État membre de l'Union européenne ou partie à l'accord sur l'Espace économique européen est établi en France pour exercer des activités de transaction sur immeubles et fonds de commerce mentionnées aux 1° à 5° et 8° de l'article 1er de la loi [n° 70-9] du 2 janvier 1970 susvisée et souhaite effectuer une prestation de services temporaire ou occasionnelle dans un autre État membre ou partie à l'accord sur l'Espace économique européen, l'autorité française compétente pour traiter sa demande de carte professionnelle européenne est la chambre de commerce et d'industrie territoriale ou la chambre départementale d'Île-de-France dans le ressort de laquelle se situe le principal établissement du demandeur ou le siège social de la personne morale pour laquelle exerce le demandeur.

Lorsqu'un ressortissant d'un État membre de l'Union européenne ou partie à l'accord sur l'Espace économique européen, qui n'est établi dans aucun État membre et a obtenu ses qualifications professionnelles en France, souhaite effectuer une prestation de services temporaire ou occasionnelle dans un autre État membre ou partie à l'accord sur l'Espace économique européen, l'autorité française compétente pour traiter sa demande de carte professionnelle européenne est la chambre de commerce et d'industrie territoriale ou la chambre départementale d'Île-de-France de son choix.

La chambre de commerce et d'industrie compétente vérifie, le cas échéant, que le demandeur est légalement établi en France et le certifie dans le système d'information du marché intérieur mentionné au II de l'article 1er de l'ordonnance [n° 2016-1809] du 22 décembre 2016 précitée.

Dans un délai d'une semaine à compter de la réception de la demande, cette chambre vérifie que le dossier comporte l'ensemble des documents exigés par l'État d'accueil et, si ce n'est pas le cas, signale au demandeur tout document manquant. Si les documents manquants ne sont pas fournis par le demandeur dans un délai de trois mois, la demande est réputée caduque.

Dans un délai de trois semaines à compter de la réception de la demande complète, la chambre vérifie que les documents sont valides et authentiques et se prononce sur la délivrance de la carte professionnelle européenne. Elle en informe le demandeur et l'État membre d'accueil concerné.

La carte professionnelle européenne ainsi délivrée est valable 18 mois dans l'État d'accueil. Lorsque le professionnel titulaire d'une carte professionnelle européenne souhaite effectuer des prestations temporaires ou occasionnelles au-delà de cette période de validité, il en informe par voie électronique la chambre de commerce et d'industrie compétente et lui fournit toutes les informations sur les changements substantiels de sa situation. La chambre de commerce et d'industrie compétente met à jour la carte professionnelle européenne et en informe l'État membre d'accueil concerné par le système d'information du marché intérieur.

Lorsque le professionnel titulaire d'une carte professionnelle européenne souhaite effectuer des prestations temporaires ou occasionnelles dans un autre État membre, il demande l'extension correspondante à la chambre de commerce et d'industrie compétente, qui traite cette demande selon les mêmes modalités que celles prévues aux trois premiers alinéas du présent article.

L'absence de délivrance de la carte professionnelle européenne dans le délai de trois semaines à compter de la réception de la demande complète vaut rejet de la demande. Ce rejet est susceptible de recours devant le tribunal administratif.

Art. 16-10 *(D. n° 2017-1481, 17 oct. 2017)*. – Lorsqu'un ressortissant d'un État membre de l'Union européenne ou partie à l'accord sur l'Espace économique européen est établi en France pour exercer des activités de transaction sur immeubles et fonds de commerce mentionnées aux 1° à 5° et 8° de l'article 1er de la loi [n° 70-9] du 2 janvier 1970 susvisée et souhaite s'établir dans un autre État membre ou partie à l'accord sur l'Espace économique européen, l'autorité française compétente pour traiter sa demande de carte professionnelle européenne est la chambre de commerce et d'industrie territoriale ou la chambre départementale d'Île-de-France dans le ressort de laquelle se situe le principal établissement du demandeur ou le siège social de la personne morale pour laquelle exerce le demandeur.

Lorsqu'un ressortissant d'un État membre de l'Union européenne ou partie à l'accord sur l'Espace économique européen, qui n'est établi dans aucun État membre et a obtenu ses qualifications professionnelles en France, souhaite s'établir dans un autre État membre ou partie à l'accord sur l'Espace économique européen, l'autorité française compétente pour traiter sa demande de carte professionnelle européenne est la chambre de commerce et d'industrie territoriale ou la chambre départementale d'Île-de-France de son choix.

La chambre de commerce et d'industrie compétente vérifie, le cas échéant, que le demandeur est légalement établi en France et le certifie dans le système d'information du marché intérieur mentionné au II de l'article 1er de l'ordonnance [n° 2016-1809] du 22 décembre 2016 précitée.

Dans un délai d'une semaine à compter de la réception de la demande, cette chambre vérifie que le dossier comporte l'ensemble des documents exigés par l'État d'accueil et, si ce n'est pas le cas, signale au demandeur tout document manquant. Si les documents manquants ne sont pas fournis par le demandeur dans un délai de trois mois, la demande est réputée caduque.

Dans un délai d'un mois à compter de la réception de la demande complète, la chambre vérifie que les documents sont valides et authentiques. Elle transmet la demande, par le système d'information du marché intérieur, à l'autorité compétente de l'État d'accueil qui se prononce sur cette demande.

L'absence de transmission de la demande à l'État membre d'accueil dans le délai d'un mois à compter de la réception de la demande complète vaut rejet de la demande. Ce rejet est susceptible de recours devant le tribunal administratif.

Art. 16-11 *(D. n° 2017-1481, 17 oct. 2017)*. – Lorsqu'un ressortissant d'un État membre de l'Union européenne ou partie à l'accord sur l'Espace économique européen a obtenu ses qualifications professionnelles ou est établi dans un autre État membre de l'Union européenne ou partie à l'accord sur l'Espace économique européen et souhaite s'établir en France pour exercer des activités de transaction sur immeubles et fonds de commerce mentionnées aux 1° à 5° et 8° de l'article 1er de la loi [n° 70-9] du 2 janvier 1970 susvisée, l'autorité française compétente pour traiter sa demande de carte professionnelle européenne est la chambre de commerce et d'industrie territoriale ou la chambre départementale d'Île de France dans le ressort de laquelle il souhaite s'établir.

CCI France est l'autorité compétente française chargée de répartir les demandes de carte professionnelle européenne. Elle veille à ce que toute demande soit transmise dans les meilleurs délais à la chambre de commerce et d'industrie compétente pour l'instruire.

En application du II de l'article 3 de l'ordonnance [n° 2016-1809] du 22 décembre 2016 précitée, la demande de carte professionnelle européenne est accompagnée de documents justificatifs dont la liste est fixée par arrêté du ministre chargé de l'économie.

Dans un délai de deux mois à compter de la réception de la demande transmise par l'autorité compétente de l'État membre d'origine et sur la base du dossier vérifié et transmis par cette autorité, la chambre de commerce et d'industrie territoriale ou la chambre départementale d'Île de France décide soit :

1° De délivrer la carte professionnelle européenne si les conditions prévues à l'article 16-1 sont remplies ;

2° En cas de doutes dûment justifiés, de demander des informations complémentaires auprès du demandeur ou de l'autorité compétente de l'État membre d'origine. Dans ce cas, le délai de deux mois mentionné au quatrième alinéa est prorogé de deux semaines ;

3° De refuser, par décision motivée, de délivrer la carte professionnelle européenne d'agent immobilier dans le cas où le demandeur ne satisfait pas à l'ensemble des exigences prévues à l'article 16-1. Le demandeur est informé des voies et délais de recours juridictionnel dont il dispose.

En l'absence de décision prise dans le délai de deux mois à compter de la réception de la demande, le cas échéant prorogé de deux semaines dans le cas prévu au 2°, la carte professionnelle européenne est automatiquement délivrée.

Art. 16-12 *(D. n° 2017-1481, 17 oct. 2017)*. – Lorsqu'un ressortissant d'un État membre de l'Union européenne ou partie à l'accord sur l'Espace économique européen a obtenu ses qualifications professionnelles ou est établi dans un autre État membre de l'Union européenne ou partie à l'accord sur l'Espace économique européen et souhaite exercer de façon temporaire et occasionnelle en France des activités de transaction sur immeubles et fonds de commerce mentionnées aux 1° à 5° et 8° de l'article 1er de la loi [n° 70-9] du 2 janvier 1970 susvisée, la demande de carte professionnelle européenne adressée à l'autorité compétente de l'État membre d'origine est accompagnée des documents justificatifs mentionnés aux 1° à 6° de l'article 16-6.

Section V. – Mécanisme d'alertes

(D. n° 2017-1481, 17 oct. 2017)

Art. 16-13 *(D. n° 2017-1481, 17 oct. 2017).* – I. - CCI France est l'autorité compétente chargée de l'application de l'article 8 de l'ordonnance [n° 2016-1809] du 22 décembre 2016 précitée.

II. - CCI France coordonne les alertes émises par les autorités compétentes des autres États membres ou parties à l'accord sur l'Espace économique européen qui portent sur l'identité du professionnel reconnu coupable par la justice sur leur territoire d'avoir présenté de fausses preuves à l'appui d'une demande de reconnaissance de ses qualifications professionnelles. Elle les transmet dans les meilleurs délais aux chambres de commerce et d'industrie compétentes.

Les chambres de commerce et d'industrie tiennent compte de ces informations lorsqu'elles instruisent des dossiers en application des articles 16-1, 16-6 et 16-11 et que les mêmes preuves de qualifications professionnelles sont produites par le professionnel.

Section IV. – Rapport sur la reconnaissance des qualifications professionnelles et les conditions d'exercice de la libre prestation de services

(Anc. section créée IV, D. n° 2016-1392, 17 oct. 2016 ; dénumérotée, D. n° 2017-1481, 17 oct. 2017)

Art. 16-14 *(Anc. art. 16-8 créé, D. n° 2016-1392, 17 oct. 2016 ; dénum., D. n° 2017-1481, 17 oct. 2017).* – CCI France établit un rapport annuel rendant compte de l'activité des chambres de commerce et d'industrie en matière de reconnaissance des qualifications professionnelles. Ce rapport comporte un bilan de l'application de l'article 8-1 de la loi [n° 70-9] du 2 janvier 1970 susvisée et des articles 16-1 à 16-7 du présent décret, notamment un relevé statistique qui contient des informations détaillées sur le nombre et le type de décisions prises et des différentes catégories de déclarations reçues en application de ces dispositions ainsi qu'une description des principaux problèmes qui découlent de l'application de la directive du 7 septembre 2005 précitée.

Ce rapport est adressé au ministre chargé de l'économie, au ministre de la Justice ainsi qu'au ministre chargé du logement.

CHAPITRE III. – LA GARANTIE FINANCIÈRE

Section I. – Dispositions particulières aux différents modes de garantie financière

Art. 17 *(Abr., D. n° 2005-1315, 21 oct. 2005).*

Art. 18. – *(Le Conseil d'État statuant au contentieux a annulé cet article par décis. n° 88-813, 88-814 et 88-815, 27 nov. 1974).*

Art. 19 *(Mod., D. n° 90-690, 1er août 1990 ; rempl., D. n° 95-818, 29 juin 1995 ; mod., D. n° 2005-1315, 21 oct. 2005).* – Lorsque l'établissement de crédit *(Mots aj., D. n° 2014-1315, 3 nov. 2014)* « ou la société de financement » mentionné au septième alinéa de l'article 3 de la loi [n° 70-9] du 2 janvier 1970 susvisée est une société de caution mutuelle régie par la section III du chapitre V du titre I du livre V du Code monétaire et financier, cette société a pour objet de garantir :

1° Dans les conditions prévues par la loi [n° 70-9] du 2 janvier 1970 susvisée et par le présent décret, les remboursements ou restitutions des versements ou remises visés à l'article 5 de ladite loi ;

2° Dans les conditions prévues par la section V du présent chapitre, et en cas d'exercice, à titre accessoire, des activités mentionnées à l'article L. 211-1 du Code du tourisme, le remboursement des fonds reçus, la délivrance des prestations de substitution et les frais de rapatriement ;

3° Dans les États parties à l'accord sur l'Espace économique européen autres que la France, les remboursements et restitutions des sommes d'argent, biens, effets ou valeurs reçus à l'occasion des opérations énumérées à l'article 1er de la loi [n° 70-9] du 2 janvier 1970 susvisée.

Art. 20 *(Abr., D. n° 90-690, 1er août 1990).*

Art. 21 *(D. n° 90-690, 1er août 1990).* – Les conditions d'adhésion, de démission et de contrôle des associés, ainsi que celles qui sont relatives à la suspension et au retrait de la garantie sont fixées par les statuts et par le règlement intérieur de chaque société de caution mutuelle.

Art. 22 *(Mod., D. n° 2016-1392, 17 oct. 2016).* – Peuvent souscrire l'engagement écrit mentionné au septième alinéa de l'article 3 de la loi [n° 70-9] du 2 janvier 1970 susvisée les entreprises d'assurance, les établissements de crédit et les sociétés de financement agréés en France ou dans un autre État membre l'Union européenne ou partie à l'accord sur l'Espace économique européen.

Pour l'application de ces dispositions, les établissements de crédit agréés dans la Principauté de Monaco sont réputés agréés en France.

Art. 22-1 *(D. n° 2005-1315, 21 oct. 2005).* – L'engagement écrit mentionné au septième alinéa de l'article 3 de la loi [n° 70-9] du 2 janvier 1970 susvisée fixe les conditions générales de la garantie et précise notamment son montant, sa durée, les conditions de rémunération du garant, les modalités du contrôle exercé par celui-ci ainsi que les contre-garanties éventuellement exigées par lui.

En cas de changement de garant, le nouvel engagement peut stipuler que le garant reprend avec tous ses effets la garantie du précédent.

Art. 23 *(Mod. à compter du 1er juillet 2015, D. n° 2015-702, 19 juin 2015).* – La garantie financière peut aussi résulter d'une consignation qui est déposée à un compte ouvert par la caisse des dépôts et consignations au nom de la personne visée à l'article 1er du présent décret et qui est spécialement affecté aux fins spécifiées par la loi [n° 70-9] susvisée du 2 janvier 1970.

Ce compte comprend deux sous-comptes :

Le premier sous-compte est exclusivement affecté au remboursement ou à la restitution des versements et remises définis par l'article 5 de la loi [n° 70-9] susvisée du 2 janvier 1970. Le montant de la consignation déposée à ce sous-compte doit toujours être au moins égal au montant de la garantie déterminé comme il est dit à la section II du présent chapitre.

Le deuxième sous-compte est exclusivement affecté au paiement de la publicité prévue aux articles 45 et 46, ainsi qu'à la rémunération de l'administrateur désigné dans les conditions prévues aux articles 41 et 47 ci-après. Le montant de la consignation déposée à ce sous-compte doit en permanence être au moins égal à une somme calculée suivant un barème fixé par arrêté du ministre chargé de l'économie.

Il est procédé à une réévaluation annuelle des valeurs qui constituent en tout ou en partie la consignation.

Si le montant de la consignation devient inférieur au montant de la garantie ou aux indications du barème des frais, notamment par suite d'un paiement ou d'une réévaluation des valeurs, la caisse des dépôts et consignations invite immédiatement le titulaire du compte à en parfaire le montant. Faute d'effectuer le versement complémentaire dans un délai de trois jours francs à compter de la notification à personne ou à domicile, la garantie cesse de plein droit.

Art. 24 *(Mod. à compter du 1er juillet 2015, D. n° 2015-702, 19 juin 2015).* – Le dépôt prévu à l'article précédent ne peut être effectué qu'en espèces, en chèques certifiés par une banque, en titres, dont la liste, ainsi que le mode de calcul de la valeur retenue pour chaque catégorie de titres, sont fixés par arrêté du ministre chargé de l'économie.

Un récépissé de dépôt est délivré par la Caisse des dépôts et consignations après versement des espèces, remise des chèques, dépôt des valeurs. Un récépissé est également délivré dans les mêmes conditions en cas de versement complémentaire destiné à parfaire le montant de la garantie après augmentation de ce montant, après réévaluation du dépôt ou de l'avance sur frais ou après paiement partiel.

Ces récépissés constatent la garantie pour le montant du dépôt qu'ils indiquent.

Art. 25. – Pendant le cours de la garantie, le montant de la consignation ne peut être versé qu'aux créanciers déterminés, comme il est dit à l'article 39, ou à leurs ayants droit, et dans les cas et conditions définis à la section III du présent chapitre.

En cas de cessation de la garantie, la consignation, sous réserve de la déduction des frais de publicité, peut être restituée au déposant ou à ses ayants droit, en l'absence de toute demande de paiement, à l'expiration des délais après accomplissement des formalités prévues à l'article 47 ci-après.

Si des réclamations ont été produites, la restitution tient compte des paiements auxquels elles ont pu donner lieu dans les conditions prévues à la section III du présent chapitre, ainsi que des frais occasionnés.

Section II. – La détermination de la garantie financière

Art. 26 *(Mod. à compter du 1er juillet 2015, D. n° 2015-702, 19 juin 2015).* – Lorsqu'une même personne physique ou morale se livre ou prête son concours à des opérations énumérées à l'article 1er de la loi [n° 70-9] susvisée du 2 janvier 1970, le montant de la garantie est déterminé d'une manière distincte pour chacune des catégories d'activités mentionnées aux 1° à 4° de l'article 1er du présent décret.

Art. 27 *(Mod. à compter du 1er juillet 2015, D. n° 2015-702, 19 juin 2015).* – Une même personne ne peut placer l'ensemble des opérations relevant de chacune des catégories d'activités mentionnées aux 1° à 4° de l'article 1er que sous un seul mode de garantie.

Art. 28. – Le titulaire de la carte professionnelle ou la personne qui demande la délivrance de cette carte doit solliciter une garantie financière d'un montant au moins égal au montant maximal des fonds qu'il envisage de détenir.

Art. 29. – Le montant de la garantie financière fixée par la convention ne peut être inférieur au montant maximal des sommes dont le titulaire de la carte professionnelle demeure redevable à tout moment sur les versements et remises qui lui ont été faits à l'occasion des opérations mentionnées par l'article 1er de la loi susvisée du 2 janvier 1970.

Pour la détermination de ce montant, il ne peut être tenu compte que des règlements qui ont été régulièrement et effectivement opérés au profit ou pour le compte des personnes qui doivent en être les bénéficiaires définitifs.

Sauf circonstances particulières dûment justifiées, le montant de la garantie financière ne peut être inférieur au montant maximal des sommes détenues au cours de la précédente période de garantie, calculé conformément aux dispositions des deux précédents alinéas.

Art. 30 *(Rempl., D. n° 95-818, 29 juin 1995 ; D. n° 2001-373, 27 avr. 2001 ; mod., D. n° 2005-1315, 21 oct. 2005).* – Le montant de la garantie financière doit être au moins égal à la somme de 110 000 €.

Art. 31. – Le montant de la garantie est révisé à la fin de chaque période annuelle ou lors de circonstances exceptionnelles survenues en cours d'année.

Art. 32 *(D. n° 95-818, 29 juin 1995 ; D. n° 2001-373, 27 avr. 2001).* – La garantie minimale prévue à l'article 30 ci-dessus est fixée à 200 000 F (30 000 €) pour les deux premières années d'exercice. Toutefois, cette disposition n'est pas applicable aux personnes morales dont l'un au moins des représentants légaux ou statutaires a déjà été soumis aux dispositions de la loi du 2 janvier 1970 susvisée.

Art. 33. – Dans les cas prévus à l'article 32, la révision en hausse du montant de la garantie est de droit, à la demande de chacune des parties, à l'expiration de chacune des périodes de trois mois au cours de la première année, et de chacune des périodes de six mois au cours de la deuxième année.

Le garant peut alors exiger que la personne garantie soit titulaire d'un compte fonctionnant dans les conditions prévues aux articles 59 et suivants du présent décret.

Art. 34 *(Abr., D. n° 2005-1315, 21 oct. 2005).*

Art. 35 *(Abr., D. n° 2010-1707, 30 déc. 2010).*

Art. 36 *(Mod., D. n° 2010-1707, 30 déc. 2010).* – [L]e titulaire de la carte professionnelle ne peut recevoir ou accepter de versements et remises que dans la limite du montant de la garantie accordée.

Art. 37 *(Mod. à compter du 1er juillet 2015, D. n° 2015-702, 19 juin 2015).* – L'organisme qui a accordé sa garantie délivre à la personne garantie une attestation conforme à un modèle établi par arrêté du ministre chargé de l'économie.

Art. 38 *(Mod. à compter du 1er juillet 2015, D. n° 2015-702, 19 juin 2015 ; mod., D. n° 2016-1392, 17 oct. 2016).* – La caisse des dépôts et consignations ne peut délivrer l'attestation prévue à l'article précédent que sur production d'un relevé délivré par un expert-comptable ou un comptable agréé, qui indique :

1° Lorsqu'il s'agit d'une personne morale demandant la carte portant la mention « Transactions sur immeubles et fonds de commerce » : le montant maximal des fonds reçus à ce titre, au cours de l'année précédente, ainsi que le montant du chiffre d'affaires réalisé au cours de la même période ;

2° Lorsqu'il s'agit d'une personne demandant la carte portant la mention « Gestion immobilière » ou « Syndic de copropriété » : le montant total des fonds reçus ainsi que le montant maximal des fonds détenus au cours du même exercice.

Les personnes visées au 1° ci-dessus doivent communiquer le registre répertoire prévu à l'article 51 ci-dessous, ainsi que le relevé intégral pour l'année écoulée du compte bancaire prévu, soit à l'article 55, soit à l'article 59.

Les personnes visées au 2° ci-dessus doivent communiquer le registre des mandats, prévu à l'article 65 ci-dessous, ainsi que le relevé intégral pour l'année écoulée des comptes prévus à l'article 71.

Pour la détermination des montants définis aux 1° et 2° ci-dessus, l'expert-comptable, le comptable agréé ou le garant tient compte, le cas échéant, des dispositions de l'article 29 (alinéas 1 et 2).

Section III. – La mise en œuvre de la garantie financière

Art. 39 *(Mod., D. n° 95-818, 29 juin 1995 ; D. n° 2005-1315, 21 oct. 2005).* – La garantie financière couvre toute créance ayant pour origine un versement ou une remise effectués à l'occasion d'une opération mentionnée à l'article 1er de la loi [n° 70-9] du 2 janvier 1970 susvisée. Elle produit effet sur les seules justifications que la créance est certaine, liquide et exigible et que la personne garantie est défaillante, sans que le garant puisse exiger du créancier qu'il agisse préalablement contre le professionnel débiteur aux fins de recouvrement.

En cas d'instance en justice, le demandeur doit aviser le consignataire ou le garant de l'assignation par lettre recommandée avec demande d'avis de réception.

Pour le consignataire ou le garant, la défaillance de la personne garantie peut résulter d'une sommation de payer suivie de refus ou demeurée sans effet, pendant un délai d'un mois à compter de la signification de la sommation faite à celle-ci.

Si le garant conteste l'existence des conditions d'ouverture du droit au paiement ou le montant de la créance, le créancier peut assigner directement le garant devant la juridiction compétente.

Art. 40 *(Mod. à compter du 1er juillet 2015, D. n° 2015-702, 19 juin 2015).* – Lorsque la garantie résulte d'une consignation, la caisse des dépôts et consignations informe immédiatement le président de la chambre de commerce et d'industrie territoriale ou de la chambre départementale d'Île-de-France compétente en application du I de l'article 5 de toute demande en paiement, judiciaire ou non, qui lui est présentée.

La personne garantie pourra être considérée par la caisse des dépôts et consignations comme ayant acquiescé à la demande en paiement si, dans le délai d'un mois suivant la signification de la sommation, elle n'a pas judiciairement contesté la cause ou le montant de la demande ou rapporté une renonciation du demandeur.

Art. 41 *(Mod., D. n° 95-818, 29 juin 1995 ; D. n° 2005-1315, 21 oct. 2005).* – Le garant ou, lorsque la garantie résulte d'une consignation, le plus diligent des créanciers peut présenter requête au président du tribunal de grande instance aux fins de désignation d'un administrateur judiciaire ou d'un expert chargé de dresser l'état des créances, compte tenu des délais indiqués aux articles 42, 44 et 45.

Art. 42 *(Mod. à compter du 1er juillet 2015, D. n° 2015-702, 19 juin 2015).* – Le paiement est effectué par le consignataire ou par le garant à l'expiration d'un délai de trois mois à compter de la présentation d'une demande écrite accompagnée des justificatifs. En cas de cessation de la garantie avant l'expiration de ce délai, son point de départ est reporté à la date de publication de l'avis prévu à l'article 45.

Si plusieurs demandes sont reçues pendant ce délai, une répartition a lieu au marc le franc dans le cas où le montant total des demandes excéderait le montant de la garantie.

Toutefois, si la personne garantie fait l'objet d'une procédure collective pendant le délai fixé au premier alinéa, le règlement des créances peut être différé jusqu'au dépôt de l'état des créances au greffe du tribunal dans les conditions des articles R. 624-8 à R. 624-11 du Code de commerce.

Art. 43 *(Abr., D. n° 2005-1315, 21 oct. 2005).*

Section IV. – Cessation de la garantie

Art. 44 *(Mod., D. n° 2005-1315, 21 oct. 2005).* – La garantie cesse en cas de démission de l'adhérent d'une société de caution mutuelle, de dénonciation du contrat de garantie ou d'expiration de ce contrat.

Elle cesse également en cas de fermeture d'établissement, de décès, de cessation d'activité de la personne garantie ou de mise en location-gérance du fonds de commerce.

La cessation de garantie fait l'objet d'un avis dans un quotidien paraissant ou, à défaut, distribué dans le département où est situé le siège, dans le cas des personnes morales, ou le principal établissement, dans les autres cas, de la personne à laquelle a été donnée la garantie ainsi que, le cas échéant, dans le ou les départements où sont situés les établissements, succursales, agences ou bureaux qui dépendent de celle-ci. Cet avis mentionne le délai de production des créances prévu au troisième alinéa de l'article 45 ainsi que son point de départ. Lorsque la cessation de garantie s'accompagne d'un changement de garant, l'avis précise, le cas échéant, que le nouveau garant a stipulé la clause prévue au dernier alinéa de l'article 22-1.

La garantie ne peut cesser avant l'expiration d'un délai de trois jours francs suivant la publication prévue à l'alinéa précédent.

Toutefois, en cas de décès, la garantie peut être prorogée, à titre exceptionnel et provisoire, pour une durée qui ne peut excéder un an, si la direction de l'entreprise est assumée, de convention expresse entre les parties, par une autre personne qui est titulaire de la carte professionnelle concernant la même catégorie d'activités et qui est garantie par le même garant.

Art. 45 *(Rempl., D. n° 2005-1315, 21 oct. 2005).* – En cas de cessation de garantie, le garant informe immédiatement, par lettre recommandée avec avis de réception, les personnes ayant fait des versements et remises au titulaire de la carte professionnelle depuis moins de dix ans et dont les noms et adresses figurent sur le registre-répertoire prévu à l'article 51, ainsi que les personnes ayant donné mandat de gérer leurs immeubles et dont les noms et adresses figurent sur le registre des mandats prévus à l'article 65. Lorsque le titulaire de la carte est un syndic de copropriété ou un gérant de société, le garant informe également, dans les mêmes conditions, le président ou, à défaut, les membres du conseil syndical ou du conseil de surveillance. Dans tous les cas, la lettre mentionne le délai de production des créances prévu au troisième alinéa du présent article ainsi que son point de départ.

Toutefois, lorsque la cessation de garantie s'accompagne d'un changement de garant et que le nouveau garant justifie auprès de l'ancien avoir stipulé la clause prévue au dernier alinéa de l'article 22-1, l'avis mentionné au troisième alinéa de l'article 44 tient lieu de l'information prévue à l'alinéa précédent.

Toutes les créances visées à l'article 39 qui ont pour origine un versement ou une remise fait antérieurement à la date de cessation de la garantie restent couvertes par le garant si elles sont produites par le créancier dans un délai de trois mois à compter de la réception de la lettre prévue au premier alinéa, lorsque celui-ci est au nombre des personnes mentionnées par cet alinéa, ou, dans les autres cas, de la publication de l'avis prévu au troisième alinéa de l'article 44. Ce délai ne court que s'il est mentionné, ainsi que son point de départ, par la lettre ou par l'avis, selon le cas.

Art. 46 *(Abr., D. n° 2005-1315, 21 oct. 2005).*

Art. 47 *(Rect., JO 6 sept. 1972 ; mod., D. n° 2005-1315, 21 oct. 2005).* – La garantie, lorsqu'elle résulte d'une consignation, prend fin soit dans les conditions prévues à l'article 23, dernier alinéa, soit dans les conditions indiquées à l'article 44.

La publicité prescrite aux articles 44 et 45 est alors accomplie par un administrateur désigné sur requête par le président du tribunal de grande instance ou par l'administrateur prévu à l'article 41 ci-dessus, s'il en a été désigné un. Les frais sont imputés sur la partie de la consignation affectée à cet effet et déposés au deuxième sous-compte.

Art. 48 *(Mod. à compter du 1er juillet 2015, D. n° 2015-702, 19 juin 2015).* – Le consignataire ou le garant, suivant le cas, informe immédiatement de la cessation de la garantie ou de la modification de son montant le président de la chambre de commerce et d'industrie territoriale ou de la chambre départementale d'Île-de-France compétente en application du I de l'article 5 ainsi que l'établissement bancaire dans lequel est ouvert l'un des comptes prévus par les articles 55, 59 et 71.

Section V. – Détermination, mise en œuvre et cessation de la garantie financière pour les prestations touristiques

Art. 48-1 *(Rempl. à compter du 1er juillet 2015, D. n° 2015-702, 19 juin 2015 ; mod. à compter du 1er juillet 2018, D. n° 2017-1871, 29 déc. 2017).* – La garantie financière prévue au 4° du V de l'article L. 211-1 du Code du tourisme pour les personnes physiques ou morales titulaire d'une carte professionnelle qui se livrent, à titre accessoire, aux opérations mentionnées à l'article L. 211-1 de ce code est spécialement affectée au remboursement en principal des fonds reçus par le titulaire de la carte professionnelle au titre des engagements qu'il a contractés à l'égard de sa clientèle pour des prestations en cours ou à servir, à l'exception des locations saisonnières mentionnées à l'article 68 du présent décret. Elle permet d'assurer, notamment en cas d'insolvabilité caractérisée notamment par un dépôt de bilan, le rapatriement des voyageurs.

Art. 48-2 *(Abr. à compter du 1er juillet 2018, D. n° 2017-1871, 29 déc. 2017).*

Art. 48-3 *(Rempl. à compter du 1er juillet 2015, D. n° 2015-702, 19 juin 2015).* – Les opérations relevant de la loi du 2 janvier 1970 susvisée et celles relevant de l'article L. 211-1 du Code du tourisme ne peuvent être placées que sous un seul mode de garantie dépendant d'un même garant.

Art. 48-4 *(Abr. à compter du 1er juillet 2018, D. n° 2017-1871, 29 déc. 2017).*

Art. 48-5 *(Mod. à compter du 1er juillet 2015, D. n° 2015-702, 19 juin 2015).* – La garantie intervient sur les seules justifications présentées par le créancier à l'organisme garant, établissant que la créance est certaine et exigible et que l'agence garantie est défaillante, sans que le garant puisse opposer au créancier le bénéfice de division et de discussion.

La défaillance de l'agent garanti peut résulter soit d'un dépôt de bilan, soit d'une sommation de payer par exploit d'huissier ou lettre recommandée avec avis de réception, suivie de refus ou demeurée sans effet pendant un délai de quarante-cinq jours à compter de la signification de la sommation.

En cas d'instance en justice, le demandeur doit aviser le garant de l'assignation par lettre recommandée avec avis de réception.

Si le garant conteste l'existence des conditions d'ouverture du droit au paiement ou le montant de la créance, le créancier peut assigner directement devant la juridiction compétente.

Par dérogation aux dispositions qui précèdent, la mise en œuvre, en urgence, de la garantie en vue d'assurer le rapatriement des clients d'une agence est décidée par le président de la chambre de commerce et d'industrie territoriale ou de la chambre départementale d'Île-de-France qui requiert le garant de libérer, immédiatement et par priorité, les fonds nécessaires pour couvrir les frais inhérents à l'opération de rapatriement.

Art. 48-6 *(Mod. à compter du 1er juillet 2015, D. n° 2015-702, 19 juin 2015).* – Sauf cas de rapatriement, le paiement est effectué par le garant dans un délai de trois mois à compter de la présentation de la demande écrite, accompagnée des justificatifs.

En cas de cessation de la garantie avant l'expiration de ce délai, le point de départ de celui-ci est reporté à la date de publication de l'avis prévu à l'article 48-7.

Si plusieurs demandes sont reçues pendant ce délai, une répartition a lieu au marc le franc dans le cas où le montant total des demandes excéderait le montant de la garantie.

Toutefois, si la personne garantie fait l'objet d'une procédure collective pendant le délai fixé au premier alinéa, le règlement des créances peut être différé jusqu'au dépôt de l'état des créances au greffe du tribunal dans les conditions des articles R. 624-8 à R. 624-11 du Code de commerce.

Le garant dont la garantie a été mise en jeu est subrogé de plein droit à tous les droits du créancier désintéressé, ainsi qu'il est dit à l'article 2029 du Code civil, en ce qui concerne la dette de la personne garantie et dans la limite du remboursement ou de la restitution faite par lui.

Art. 48-7 *(Mod., D. n° 2014-1315, 3 nov. 2014 ; à compter du 1er juillet 2015, D. n° 2015-702, 19 juin 2015).* – La garantie cesse par son exécution, par dénonciation de l'engagement de garantie financière pris par le garant ou par retrait de la carte professionnelle.

L'organisme garant informe, sans délai, le président de la chambre de commerce et d'industrie compétente en application du I de l'article 5 par lettre recommandée de la cessation de la garantie financière.

Un avis annonçant la cessation de la garantie et précisant qu'elle cessera à l'expiration d'un délai de trois jours suivant la publication dudit avis est publié à la diligence du garant dans deux journaux, dont un quotidien, distribués dans le ou les départements où sont installés le siège de l'agence garantie et, le cas échéant, ses succursales ou ses points de vente.

L'avis indique qu'un délai de trois mois est ouvert aux créanciers éventuels pour produire leurs créances.

Le titulaire de la carte professionnelle qui bénéficie d'une nouvelle garantie accordée par un autre organisme en informe la chambre de commerce et d'industrie compétente en application du I de l'article 5. Il en informe également le public par insertion d'un avis publié dans la presse ou apposé sur son local.

Sans préjudice de la mise en œuvre éventuelle des mesures d'urgence prévues à l'article 48-5, les créances nées antérieurement à la date de cessation de la garantie restent couvertes par le garant si elles sont produites par le créancier dans un délai de trois mois à compter de la date des publications prescrites ci-dessus.

CHAPITRE IV. – ASSURANCE DE LA RESPONSABILITÉ CIVILE PROFESSIONNELLE

Art. 49 *(Mod. à compter du 1er juillet 2015, D. n° 2015-702, 19 juin 2015 ; à compter du 1er octobre 2015, D. n° 2015-764, 29 juin 2015).* – Les personnes mentionnées à l'article 1er doivent être en mesure de justifier à tout moment de l'existence d'un contrat d'assurance couvrant, pour chaque établissement, succursale, agence ou bureau, les conséquences pécuniaires de la responsabilité civile professionnelle qu'elles peuvent encourir en raison de leur activité.

Les agents commerciaux habilités par les personnes mentionnées à l'article 1er sont soumis à l'obligation de justifier à tout moment d'un contrat d'assurance prévue à l'alinéa précédent.

Un arrêté conjoint du garde des Sceaux, ministre de la Justice, et du ministre chargé de l'économie fixe les conditions minimales que doit comporter le contrat d'assurance des personnes mentionnées à l'article 1er ou des agents commerciaux et la forme du document justificatif d'assurance qui devra être remis au président de la chambre de commerce et d'industrie territoriale ou de la chambre départementale d'Île-de-France au moment de la demande de délivrance ou de renouvellement de la carte professionnelle ou de visa de l'attestation d'habilitation.

Art. 50 *(Mod. à compter du 1er juillet 2015, D. n° 2015-702, 19 juin 2015).* – Toute suspension de garantie, dénonciation de la tacite reconduction ou résiliation du contrat d'assurance est portée sans délai par l'entreprise d'assurance à la connaissance du président de la chambre de commerce et d'industrie territoriale ou de la chambre départementale d'Île-de-France compétente en application du I de l'article 5.

CHAPITRE V. – OBLIGATIONS PARTICULIÈRES EN CAS DE RÉCEPTION, DÉTENTION OU DISPOSITION DE FONDS, EFFETS OU VALEURS PAR LES INTERMÉDIAIRES

Section I. – Registres-répertoires et reçus

Art. 51 *(Mod. à compter du 1er juillet 2015, D. n° 2015-702, 19 juin 2015).* – Tous les versements ou remises faits au titulaire de la carte portant la mention « Transactions sur immeubles et fonds de commerce » ou « Marchand de listes » doivent être immédiatement mentionnés sur un registre répertoire dit « De la loi [n° 70-9] du 2 janvier 1970 » conforme au modèle fixé par arrêté du ministre chargé de l'économie.

Le registre répertoire est, à l'avance, relié et coté sans discontinuité.

L'existence de ce registre ne dispense pas son titulaire de satisfaire, en ce qui concerne la tenue des autres livres ou registres, aux obligations auxquelles il est astreint en raison de sa qualité ou de la nature des opérations auxquelles il se livre.

Le registre répertoire est tenu sous la responsabilité du titulaire de la carte professionnelle, ou de ses représentants légaux ou statutaires s'il s'agit d'une personne morale.

Indépendamment du registre répertoire tenu par le titulaire de la carte professionnelle pour l'ensemble des activités correspondant à cette carte, il est tenu un registre répertoire pour les versements ou remises particuliers à chaque établissement, succursale, agence ou bureau, sous la responsabilité de la personne qui la dirige.

Le garant peut demander, à tout moment, communication du registre répertoire.

Art. 52 *(Mod. à compter du 1er juillet 2015, D. n° 2015-702, 19 juin 2015).* – Tous les versements ou remises doivent donner lieu à la délivrance d'un reçu. Ce reçu est conforme à un modèle fixé par arrêté du ministre chargé de l'économie. Un double du reçu demeure dans un carnet de reçus.

Cet arrêté fixe également les mentions que le reçu devra contenir.

Le garant peut demander qu'un double de chaque reçu lui soit adressé.

Le titulaire du registre répertoire peut, sous sa responsabilité et sous réserve des stipulations du contrat qui accorde la garantie, remettre des carnets de reçus à des personnes agissant pour son compte et titulaires du récépissé ou de l'attestation prévus aux articles 8 et 9 ci-dessus.

Le titulaire du registre répertoire doit porter sur un état spécial la date de la mise en service de chaque carnet de reçus en précisant son numéro, ainsi que, le cas échéant, le nom, la qualité de son détenteur, ainsi que le numéro du récépissé ou de l'attestation.

Les versements ou remises reçus par ces personnes doivent être mentionnés sur le registre répertoire de celui pour le compte duquel elles détiennent les carnets, dans les cinq jours francs de la délivrance du reçu.

Art. 53 *(Rempl., D. n° 2005-1315, 21 oct. 2005).* – Les registres et documents mentionnés aux articles 51 et 52 peuvent être établis, tenus et conservés sous forme électronique dans les conditions prescrites par les articles 1316 et suivants du Code civil.

Ils doivent être conservés pendant dix ans quel que soit leur support.

Art. 54 *(Mod., D. n° 2005-1315, 21 oct. 2005).* – La carte professionnelle portant la mention « transactions sur immeubles et fonds de commerce » n'autorise pas son titulaire à recevoir à ce titre, même occasionnellement, des versements ou remises énumérés à l'article 64 ci-après, à l'occasion de la location ou de la sous-location en nu ou en meublé d'immeubles bâtis ou non bâtis, ni des redevances de location-gérance d'un fonds de commerce.

Section II. – Obligations concernant les intermédiaires garantis par un établissement de crédit, par une société de financement ou par une entreprise d'assurance

(D. n° 95-818, 29 juin 1995 ; intitulé rempl. D. n° 2014-1315, 3 nov. 2014)

Art. 55 *(Mod., D. n° 2010-1707, 30 déc. 2010 ; D. n° 2014-1315, 3 nov. 2014 ; D. n° 2016-1392, 17 oct. 2016).* – Lorsque la garantie est donnée par un établissement de crédit, par une société de financement ou une entreprise d'assurance, le titulaire de la carte professionnelle prévue au 1° de l'article 1er du présent décret est tenu de faire ouvrir, à son nom, dans un établissement de crédit, un compte qui est spécialement affecté à la réception des versements ou remises mentionnés à l'article 5 de la loi [n° 70-9] du 2 janvier 1970 susvisée, à l'exclusion des sommes représentatives des rémunérations ou honoraires.

Il ne peut être ouvert qu'un seul compte de cette nature par titulaire de carte professionnelle.

Ce compte fonctionne exclusivement sous la signature du titulaire de la carte professionnelle, de son ou de ses représentants légaux ou statutaires, s'il s'agit d'une personne morale, et, le cas échéant, du gérant, mandataire ou salarié, et des préposés spécialement habilités à cet effet. L'administrateur ou le liquidateur, en cas de redressement judiciaire ou un mandataire de justice si le titulaire du compte est dans l'impossibilité de manifester sa volonté, peut opérer les retraits.

Il ne peut y avoir compensation ou convention de fusion entre ce compte et tout autre compte ouvert au nom de son titulaire dans le même établissement de crédit.

Le titulaire de la carte qui a fait la déclaration prévue au 6° de l'article 3 est dispensé d'ouvrir un tel compte.

Art. 56 *(Mod., D. n° 95-818, 29 juin 1995 ; D. n° 2005-1315, 21 oct. 2005 ; D. n° 2006-1115, 5 sept. 2006).* – Tous les versements reçus par le titulaire de la carte professionnelle sont obligatoirement faits au moyen soit de chèques barrés à l'ordre de l'établissement de crédit où le compte est ouvert, soit par virements, soit par mandats à l'ordre dudit établissement de crédit, avec indication du numéro de compte, soit par carte de paiement. Les effets, ainsi que les valeurs reçus par le titulaire du compte sont obligatoirement remis à l'établissement où est ouvert ce compte.

Les versements ou remises sont reçus dans les mêmes formes par les titulaires du récépissé de la déclaration ou de l'attestation prévus aux articles 8 et 9, au nom et pour le compte du titulaire de la carte professionnelle, et doivent également être déposés dans les conditions prévues aux alinéas précédents.

Art. 57 *(Mod., D. n° 95-818, 29 juin 1995)*. – Les retraits du compte prévu à l'article 55 ne peuvent être faits que par virement ou par la délivrance d'un chèque barré.

Art. 58 *(Mod., D. n° 95-818, 29 juin 1995)*. – Dès la notification de la cessation de la garantie à l'établissement de crédit qui tient le compte, il ne peut être procédé à des retraits qu'avec l'ordre du garant.

Si le titulaire du compte refuse d'effectuer un retrait, la désignation d'un administrateur provisoire peut être demandée au président du tribunal de grande instance statuant en référé.

En cas de changement de garantie financière, les fonds provenant des opérations en cours au moment de la cessation de la garantie antérieure ne peuvent être transférés à un autre compte de même nature ou un compte spécial à rubriques prévu ci-après, suivant le cas, que s'ils sont pris en charge au titre de la nouvelle garantie.

Section III. – Obligations concernant les intermédiaires dont la garantie résulte d'une consignation

Art. 59 *(Mod., D. n° 2016-1392, 17 oct. 2016)*. – Lorsque la garantie résulte d'une consignation, la personne qui est titulaire de la carte professionnelle portant la mention : « Transactions sur immeubles et fonds de commerce » ou « Marchand de listes » est tenue de faire ouvrir un compte spécial à rubriques qui est spécialement affecté à la réception des versements et remises mentionnés à l'article 5 de la loi [n° 70-9] du 2 janvier 1970 susvisée, à l'exclusion des sommes représentatives des rémunérations ou honoraires. Ce compte est ouvert dans un établissement de crédit ou à la Caisse des dépôts et consignations. Les versements et remises reçus par le titulaire de la carte à l'occasion des opérations visées aux I° à 5°, 7° et 8° de l'article 1er de la loi sont obligatoirement déposés à ce compte dans les conditions suivantes.

Les versements sont obligatoirement faits au moyen, soit de chèques à l'ordre de l'établissement où le compte est ouvert et barrés, soit par virements de banque à banque, soit par mandats ou à l'ordre dudit établissement, soit par carte de paiement.

Ces versements doivent mentionner l'opération à laquelle ils se rapportent, le nom de la personne qui y a procédé, et celui de la ou des personnes qui peuvent en être les bénéficiaires. Ils sont inscrits au compte sous une rubrique reprenant ces diverses mentions.

Les effets, ainsi que les valeurs reçus par le titulaire du compte sont obligatoirement placés au compte spécial à rubriques et leur dépôt est effectué à l'établissement dans les conditions prévues à l'alinéa précédent.

Lorsque les titulaires d'un récépissé de déclaration ou d'attestation prévus par les articles 8 et 9 agissent au nom et pour le compte de la personne qui est titulaire du compte spécial à rubriques, les versements et remises qu'ils reçoivent doivent être faits dans les formes prévues au présent article.

Art. 60 *(Mod., D. n° 2006-1115, 5 sept. 2006)*. – Les retraits du compte spécial à rubriques ne peuvent être faits que par virements de banque à banque, par la délivrance d'un chèque bancaire barré, ou encore, s'il s'agit de valeurs ou d'effets, par un récépissé de retrait.

Art. 61 *(Mod., D. n° 95-818, 29 juin 1995 ; D. n° 2005-1315, 21 oct. 2005)*. – Le titulaire du compte peut disposer sous sa seule signature des sommes ou valeurs figurant à une rubrique du compte, mais seulement au profit :

1° D'un notaire ;

2° De la personne ayant procédé au versement ou à la remise ;

3° Des personnes désignées comme bénéficiaires lors de l'inscription au compte, à l'exception de lui-même ;

4° D'un séquestre judiciaire ou de créanciers des personnes propriétaires des fonds ou valeurs ;

5° De lui-même, à la condition qu'il justifie d'une créance née de la transmission d'un droit se rapportant à des opérations spécifiées aux 1° à 5°, 7° et 8° de l'article 1er de la loi [n° 70-9] du 2 janvier 1970 susvisée.

L'administrateur ou le mandataire judiciaire désigné après l'ouverture d'une procédure relevant du livre VI du Code de commerce, ou un mandataire de justice si le titulaire du compte est dans l'impossibilité de manifester sa volonté, peut opérer des retraits à la place du titulaire.

La justification de la qualité de créancier du vendeur d'un fonds de commerce peut suffisamment résulter pour la banque du caractère conjoint de l'ordre de disposition donné par le titulaire du compte et par le vendeur lui-même.

Art. 62 *(Mod., D. n° 2012-783, 30 mai 2012).* – Sauf instructions particulières du titulaire du compte spécial à rubriques, l'établissement détenteur des valeurs ou effets remis n'est pas tenu de surveiller les échéances de valeurs ou d'effets.

Les sommes provenant de l'encaissement de valeurs ou effets sont directement portées au crédit de la rubrique correspondant à l'opération.

L'établissement qui tient le compte est tenu de vérifier que les bénéficiaires des retraits figurent parmi les personnes énumérées à l'article 61 ci-dessus. Toute opposition ou saisie visant des avoirs figurant à une rubrique du compte doit être obligatoirement pratiquée entre les mains du titulaire du compte.

Art. 63. – Dès la notification de la cessation de la garantie à l'établissement qui tient le compte, il ne peut être procédé à des retraits que par un administrateur désigné par le président du tribunal de grande instance sur simple requête.

En cas de changement de garantie financière, les fonds provenant des opérations en cours au moment de la cessation de la garantie antérieure ne peuvent être transférés à un compte prévu par l'article 55 que s'ils sont pris en charge au titre de la nouvelle garantie.

CHAPITRE VI. –DISPOSITIONS PARTICULIÈRES À LA GESTION IMMOBILIÈRE ET AUX FONCTIONS DE SYNDIC DE COPROPRIÉTÉ

(Intitulé mod., D. n° 2016-1392, 17 oct. 2016)

Art. 64 *(Mod. à compter du 1er juillet 2015, D. n° 2015-702, 19 juin 2015 ; mod., D. n° 2016-1392, 17 oct. 2016).* – Le titulaire de la carte professionnelle portant la mention « Gestion immobilière » ou « Syndic de copropriété » peut recevoir des sommes représentant des loyers, charges, indemnités d'occupation, prestations, cautionnements, avances sur travaux, et, plus généralement, tous biens, sommes ou valeurs dont la perception est la conséquence de l'administration des biens d'autrui.

À moins que le titulaire de la carte professionnelle portant la mention « gestion immobilière » représente la personne morale qu'il administre, notamment un syndicat de copropriétaires, une société ou une association, il doit détenir un mandat écrit qui précise l'étendue de ses pouvoirs et qui l'autorise expressément à recevoir des biens, sommes ou valeurs, à l'occasion de la gestion dont il est chargé.

Art. 65 *(Mod. à compter du 1er juillet 2015, D. n° 2015-702, 19 juin 2015 ; mod., D. n° 2016-1392, 17 oct. 2016).* – Le titulaire de la carte professionnelle portant la mention « Gestion immobilière » ou « Syndic de copropriété », son ou ses représentants légaux ou statutaires, s'il s'agit d'une personne morale, doit tenir, sous sa responsabilité, un registre des mandats, conforme à un modèle fixé par arrêté du ministre chargé de l'économie, sur lequel les mandats prévus à l'article précédent sont mentionnés par ordre chronologique.

Le numéro d'inscription sur le registre des mandats est reporté sur celui des exemplaires du mandat qui reste en la possession du mandant.

Les décisions de toute nature qui confient au titulaire du registre des mandats la gestion d'un syndicat de copropriétaires, d'une société ou d'une association doivent être mentionnées à leur date sur le registre.

Ce registre est, à l'avance, coté sans discontinuité et relié.

En cas de cessation de garantie, ce registre est communiqué au garant ou à l'administrateur désigné.

Le registre peut être tenu sous forme électronique dans les conditions prescrites par les articles 1316 et suivants du Code civil.

Art. 66. – Le mandat précise les conditions de la reddition de comptes qui doit intervenir au moins tous les ans.

Le mandataire ne peut demander ni recevoir, directement ou indirectement, d'autres rémunérations, à l'occasion des opérations dont il est chargé, que celles dont les conditions de détermination sont précisées dans le mandat ou dans la décision de nomination, ni de personnes autres que celles qui y sont désignées.

Art. 67. – Les loyers payés d'avance entre les mains d'un mandataire, sous quelque forme et pour quelque cause que ce soit, à l'occasion d'un louage de choses, ne peuvent excéder une somme correspondant au montant du loyer afférent à la période de location lorsqu'elle n'excède pas trois mois. Pour les locations d'une durée supérieure à trois mois, les sommes ainsi payées ne peuvent dépasser un montant qui excède trois mois de loyers pour les locaux d'habitation, les locaux à usage professionnel et les locaux à usage professionnel et d'habitation, et six mois de loyers pour les locaux à usage commercial, industriel ou artisanal.

Les versements ou remises faits entre les mains d'un mandataire et correspondant à un cautionnement ou à un loyer payé d'avance ne peuvent être acceptés par le mandataire plus de trois mois avant l'entrée dans les lieux ou la remise des clés.

Avis des versements ou remises afférents à des locations nouvelles doit être donné au propriétaire ou au bailleur par lettre recommandée ou par un écrit remis contre un récépissé, au plus tard dans les huit jours de la remise des fonds.

Art. 68 *(Rempl., D. n° 2005-1315, 21 oct. 2005).* – Les versements accompagnant une réservation de location saisonnière au sens de l'article 1er [1] de la loi [n° 70-9] du 2 janvier 1970 susvisée ne peuvent intervenir plus de six mois avant la remise des clés ni excéder 25 % du montant total du loyer. Le solde ne peut être exigé qu'un mois, au plus tôt, avant l'entrée dans les lieux.

Avis de ces versements est donné au propriétaire ou au bailleur dans les conditions stipulées au mandat.

Art. 69 *(Mod. à compter du 1er juillet 2015, D. n° 2015-702, 19 juin 2015 ; mod., D. n° 2016-1392, 17 oct. 2016).* – Le titulaire de la carte professionnelle portant la mention « Gestion immobilière » ou « Syndic de copropriété » peut recevoir des versements ou remises, autres que ceux mentionnés par l'article 64, et même un prix de vente, à l'occasion de l'une des opérations spécifiées aux 1° à 5°, 7° et 8° de l'article 1er de la loi [n° 70-9] susvisée du 2 janvier 1970, mais seulement à titre occasionnel et sous les conditions suivantes :

1° Il doit gérer depuis plus de trois ans le bien qui est l'objet du contrat ;

2° Les fonds, biens, effets ou valeurs reçus ou détenus, dans ces conditions, doivent être compris dans le montant de la garantie financière, conformément aux dispositions de l'article 29 ci-dessus ;

3° Il doit avoir reçu un mandat spécial répondant aux conditions prévues aux articles 72 et suivants, à l'effet de procéder à l'opération dont s'agit ;

4° Les conséquences pécuniaires de la responsabilité civile professionnelle qui peut être encourue à cette occasion, doivent être couvertes, soit par la police relative aux activités de gestion immobilière ou de syndic de copropriété, soit par une police spéciale ou complémentaire souscrite auprès d'une entreprise d'assurance.

Art. 70 *(Mod. à compter du 1er juillet 2015, D. n° 2015-702, 19 juin 2015).* – En cas de cessation de la garantie, la personne visée à l'article 1er (6° ou 9°) de la loi [n° 70-9] du 2 janvier 1970, doit verser immédiatement les fonds, biens, effets ou valeurs qu'elle détient pour les mandants à un compte ouvert dans un établissement de crédit.

Les retraits du compte ouvert en application de l'alinéa premier ci-dessus sont opérés, avec l'accord du garant, sous la signature du titulaire du compte ou de la personne qui est habilitée par la loi à le représenter.

En cas de refus ou d'impossibilité d'opérer le versement ou les retraits prévus aux alinéas précédents, le garant peut demander, au juge des référés la désignation d'un administrateur.

Art. 71 *(Mod. à compter du 1er juillet 2015, D. n° 2015-702, 19 juin 2015).* – Lorsque la garantie résulte d'une consignation les versements ou remises mentionnés à l'article 64 doivent être faits à un compte ouvert, par un établissement de crédit ou par la caisse des dépôts et consignations, au nom de chaque mandant ou de chaque indivision.

Toutes les sommes ou valeurs reçues à l'occasion des opérations de gestion immobilière ou de l'exercice des fonctions de syndic de copropriété doivent être versées dans les trois jours francs à ce compte.

En cas de cessation de garantie, les retraits du compte ouvert en application de l'alinéa premier sont opérés sous la double signature du ou des mandants et du gestionnaire, ou, en cas d'impossibilité ou de refus de sa part, de la personne qui est habilitée par la loi à le représenter ou, le cas échéant, d'un administrateur désigné par ordonnance du président du tribunal de grande instance rendue sur requête.

CHAPITRE VII. – LES CONVENTIONS PRÉVUES PAR L'ARTICLE 6 (AL. 1) DE LA LOI DU 2 JANVIER 1970

(Intitulé mod., D. n° 95-818, 29 juin 1995)

Section I. – Les conventions relatives aux opérations de l'article 1er (1° à 5°) de la loi [n° 70-9] du 2 janvier 1970 susvisée

(D. n° 95-818, 29 juin 1995)

Art. 72 *(Mod. à compter du 1er juillet 2015, D. n° 2015-702, 19 juin 2015).* – Le titulaire de la carte professionnelle portant la mention : « Transactions sur immeubles et fonds de commerce » ne peut négocier ou s'engager à l'occasion d'opérations spécifiées à l'article 1er (1° à 5°) de la loi [n° 70-9] susvisée du 2 janvier 1970, sans détenir un mandat écrit préalablement délivré à cet effet par l'une des parties.

Le mandat précise son objet et contient les indications prévues à l'article 73.

Lorsqu'il comporte l'autorisation de s'engager pour une opération déterminée, le mandat en fait expressément mention.

Tous les mandats sont mentionnés par ordre chronologique sur un registre des mandats conforme à un modèle fixé par arrêté du ministre chargé de l'économie.

Le numéro d'inscription sur le registre des mandats est reporté sur celui des exemplaires du mandat qui reste en la possession du mandant.

Ce registre est à l'avance coté sans discontinuité et relié. Il peut être tenu sous forme électronique dans les conditions prescrites par les articles 1316 et suivants du Code civil.

Les mandats et le registre des mandats sont conservés pendant dix ans.

Art. 73 *(Mod., D. n° 2005-1315, 21 oct. 2005 ; D. n° 2016-1392, 17 oct. 2016).* – Le titulaire de la carte professionnelle portant la mention « Transactions sur immeubles et fonds de commerce », son ou ses représentants légaux ou statutaires, s'il s'agit d'une personne morale, qui doit recevoir le mandat prévu à l'article 72, ne peut demander, ni recevoir, directement ou indirectement, d'autre rémunération ou d'autres honoraires à l'occasion d'une opération spécifiée à l'article 1er (1° à 5°) de la loi [n° 70-9] susvisée du 2 janvier 1970 que celle dont les conditions de détermination sont précisées dans le mandat.

Le mandat doit préciser si cette rémunération est à la charge exclusive de l'une des parties à l'opération ou si elle est partagée. Dans ce dernier cas, les conditions et modalités de ce partage sont indiquées dans le mandat et reprises dans l'engagement des parties. Le montant de la rémunération ou des honoraires, ainsi que l'indication de la ou des parties qui en ont la charge, sont portés dans l'engagement des parties. Il en est de même, le cas échéant, des honoraires de rédaction d'actes et de séquestre.

Le titulaire de la carte ne peut demander, ni recevoir, directement ou indirectement, des honoraires ou des rémunérations à l'occasion de cette opération d'une personne autre que celles mentionnées comme en ayant la charge dans le mandat et dans l'engagement des parties.

Le titulaire de la carte professionnelle perçoit sans délai sa rémunération ou ses honoraires une fois constatée par acte authentique l'opération conclue par son intermédiaire.

Art. 74 *(Mod., D. n° 2005-1315, 21 oct. 2005 ; D. n° 2016-1392, 17 oct. 2016).* – Lorsque l'engagement des parties contient une clause de dédit ou une condition suspensive, l'opération ne peut être regardée comme effectivement conclue pour l'application de l'avant-dernier alinéa du I de l'article 6 de la loi [n° 70-9] susvisée du 2 janvier 1970, s'il y a dédit ou tant que la faculté de dédit subsiste, ou tant que la condition suspensive n'est pas réalisée.

Art. 75. – Si le mandat prévoit une rémunération forfaitaire, celle-ci peut être modifiée lorsque le prix de vente ou de cession retenu par l'engagement des parties est différent du prix figurant dans le mandat.

Art. 76. – Le titulaire de la carte n'est autorisé à verser pour un montant maximal, à recevoir ou à détenir des fonds, biens, effets ou valeurs, ou à en disposer, à l'occasion d'une opération spécifiée à l'article 1er (1° à 5°) de la loi susvisée du 2 janvier 1970 que dans la mesure et dans les conditions précisées par une clause expresse du mandat, compte tenu des dispositions de cette loi et du présent décret.

Le mandat d'acheter ou de prendre à bail un bien non identifié ne doit contenir aucune clause fixant à l'avance le montant des dommages-intérêts ou du dédit éventuellement dû par la partie qui ne remplirait pas ses engagements.

Art. 77. – Le titulaire de la carte devra, dans le délai stipulé et, en tout cas, dans les huit jours de l'opération, informer son mandant de l'accomplissement du mandat de vendre ou d'acheter.

L'information est faite par lettre recommandée avec demande d'avis de réception ou par tout autre écrit remis contre récépissé ou émargement.

L'intermédiaire remet à son mandant, dans les mêmes conditions que celles prévues aux deux alinéas précédents, une copie de la quittance ou du reçu délivré.

Art. 78 *(Mod. à compter du 1er juillet 2015, D. n° 2015-724, 24 juin 2015).* – Lorsqu'un mandat est assorti d'une clause d'exclusivité ou d'une clause pénale, ou lorsqu'il comporte une clause aux termes de laquelle des honoraires seront dus par le mandant même si l'opération est conclue sans les soins de l'intermédiaire, cette clause ne peut recevoir application que si elle résulte d'une stipulation expresse d'un mandat dont un exemplaire a été remis au mandant. Cette clause, mentionnée en caractères très apparents, ne peut prévoir le paiement d'une somme supérieure au montant des honoraires stipulés dans le mandat pour l'opération à réaliser.

Passé un délai de trois mois à compter de sa signature, le mandat contenant une telle clause peut être dénoncé à tout moment par chacune des parties, à charge pour celle qui entend y mettre fin d'en aviser l'autre partie quinze jours au moins à l'avance par lettre recommandée avec demande d'avis de réception.

Toutefois, les dispositions du précédent alinéa ne s'appliquent pas lorsque le mandat est donné en vue de :

1° La vente d'immeubles par lots ;

2° La souscription ou la première cession d'actions ou de parts de société immobilière donnant vocation à une attribution de locaux en jouissance ou en propriété ;

3° La location, par fractions, de tout ou partie des locaux à usage commercial dépendant d'un même ensemble commercial.

Dans les trois cas prévus au précédent alinéa, le mandat doit néanmoins préciser les cas et conditions dans lesquelles il peut être dénoncé avant sa complète exécution lorsque l'opération porte en totalité sur un immeuble déjà achevé.

Art. 78-1 *(D. n° 2008-355, 15 avr. 2008 ; mod., D. n° 2016-1392, 17 oct. 2016).* – La clause du mandat mentionnée à l'avant-dernier alinéa du I de l'article 6 de la loi [n° 70-9] du 2 janvier 1970 a pour objet les frais exposés par le mandataire et les honoraires auxquels il peut prétendre pour ses diligences préalables à la conclusion de l'opération.

Elle décrit les modalités de calcul et de paiement des sommes dues au mandataire.

Elle est mentionnée sur le mandat en caractères très apparents.

Art. 79 *(Mod., D. n° 2005-1315, 21 oct. 2005).* – Lorsque le titulaire de la carte professionnelle portant la mention : « Transactions sur immeubles et fonds de commerce » reçoit un versement ou une remise à l'occasion d'une opération visée à l'article 1er de la loi [n° 70-9] susvisée du 2 janvier 1970, l'acte écrit contenant l'engagement des parties comporte l'indication du mode et du montant de la garantie et celle du garant ou du consignataire.

Section II. – Les conventions relatives aux opérations de l'article 1er (7°) de la loi du 2 janvier 1970 susvisée

(D. n° 95-818, 29 juin 1995)

Art. 79-1 *(Mod. à compter du 1er juillet 2015, D. n° 2015-702, 19 juin 2015).* – Pour l'exercice de l'activité mentionnée au 7° de l'article 1er de la loi [n° 70-9] du 2 janvier 1970 susvisée, le titulaire de la carte portant la mention : « Marchand de listes » ne peut procéder à l'inscription d'un bien immobilier dans un fichier ou sur une liste sans détenir préalablement une convention à cet effet rédigée par écrit et signée par le propriétaire du bien ou le titulaire de droits sur ce bien.

Cette convention précise son objet, sa durée, la description du bien ou des biens sur lesquels elle porte. S'il est prévu une rémunération à la charge du propriétaire ou du titulaire de droits sur le bien, elle indique le montant de cette rémunération. Elle prévoit les moyens à mettre en œuvre par l'une et l'autre des parties afin que ne figurent dans le fichier ou sur la liste que des biens disponibles au regard de son objet.

Toutes les conventions prévues au présent article sont mentionnées par ordre chronologique sur un registre spécial conforme à un modèle fixé par arrêté du ministre chargé de l'économie.

Le numéro d'inscription sur ce registre spécial est reporté sur celui des exemplaires de la convention qui reste en la possession du propriétaire du bien ou du titulaire de droits sur ce bien.

Ce registre peut être tenu sous forme électronique dans les conditions prescrites par les articles 1316 et suivants du Code civil.

Les conventions et le registre spécial sont conservés pendant dix ans.

Art. 79-2 *(Mod. à compter du 1er juillet 2015, D. n° 2015-702, 19 juin 2015 ; à compter du 1er juillet 2015, D. n° 2015-724, 24 juin 2015).* – La convention conclue entre le client et le titulaire de la carte portant la mention : « Marchand de listes » précise son objet, sa durée, les caractéristiques du bien recherché, le montant de la rémunération convenue ainsi que les conditions de remboursement partiel ou total de celle-ci.

La clause relative aux conditions de remboursement est mentionnée en caractères très apparents. Elle précise que le client qui prétend au remboursement de la rémunération en informe le marchand de listes par écrit remis contre signature ou par lettre recommandée avec demande d'avis de réception.

Le marchand de listes dispose d'un délai de quinze jours à compter de la remise de la demande ou de la première présentation de la lettre recommandée pour procéder au remboursement ou motiver son refus par écrit.

Le remboursement intervient en une fois et ne peut donner lieu à la facturation d'aucuns frais. Le titulaire de la carte professionnelle effectue ce remboursement en utilisant le même moyen de paiement que celui auquel le client a eu recours pour verser la rémunération, sauf accord exprès de celui-ci pour l'utilisation d'un autre moyen de paiement.

La convention rappelle également l'interdiction pour le titulaire de la carte de recevoir paiement préalablement à la parfaite exécution de son obligation de fournir effectivement les listes ou fichiers.

Toutes les conventions prévues au présent article sont mentionnées par ordre chronologique sur un registre spécial conforme à un modèle fixé par arrêté du ministre chargé de l'économie.

Le numéro d'inscription sur ce registre spécial est reporté sur celui des exemplaires de la convention qui reste en la possession de l'acquéreur de listes.

Ce registre peut être tenu sous forme électronique dans les conditions prescrites par les articles 1316 et suivants du Code civil.

Les conventions et le registre spécial sont conservés pendant dix ans.

Art. 79-3 *(D. n° 95-818, 29 juin 1995 ; mod., D. n° 2005-1315, 21 oct. 2005).* – Le titulaire de la carte portant la mention : « Marchand de listes » et de la carte portant la mention : « Transactions sur immeubles et fonds de commerce » ne peut, à l'occasion d'une opération portant sur un même bien ou sur une même demande, se livrer simultanément à l'activité mentionnée à l'article 1er (7°) de la loi du 2 janvier 1970 susvisée et à une des activités mentionnées à l'article 1er (1° à 5°) de la même loi.

Si, à l'occasion d'une opération portant sur un même bien ou sur une même demande, la convention prévue à l'article 79-1 ou celle prévue à l'article 79-2 est suivie du mandat prévu à l'article 72, le titulaire de la carte doit, préalablement à l'acceptation du mandat, rembourser au mandant la rémunération que celui-ci a versée en application de l'une des conventions prévues aux articles 79-1 ou 79-2 précités.

L'obligation de remboursement, dans le cas visé à l'alinéa ci-dessus, doit figurer expressément dans les conventions prévues aux articles 79-1 et 79-2.

CHAPITRE VIII. – RENOUVELLEMENT DES CARTES PROFESSIONNELLES ET CONTRÔLE

Art. 80 *(Mod. à compter du 1er juillet 2015, D. n° 2015-702, 19 juin 2015 ; mod., D. n° 2016-1392, 17 oct. 2016).* – La carte professionnelle est valable trois ans. Elle est renouvelée, pour la même durée, sur présentation à la chambre de commerce et d'industrie compétente en application du I de l'article 5, d'une demande écrite conforme aux dispositions de l'article 2 et dont le modèle est déterminé par arrêté du ministre chargé de l'économie.

La demande de renouvellement est déposée contre décharge ou adressée par lettre recommandée avec demande d'avis de réception ou par voie électronique. Elle est présentée deux mois avant la date d'expiration de la carte.

Sont joints à cette demande :

1° L'attestation de garantie financière suffisante délivrée dans les conditions prévues à l'article 37, sous réserve des dispositions du 4° du présent article ;

2° Une attestation d'assurance contre les conséquences pécuniaires de la responsabilité civile professionnelle délivrée conformément aux dispositions de l'article 49 (alinéa 2) ;

3° La justification du respect de l'obligation de formation professionnelle continue prévue à l'article 3-1 de la loi du 2 janvier 1970 susvisée ;

4° Le cas échéant, la déclaration sur l'honneur qu'il n'est reçu ni détenu, directement ou indirectement, par le demandeur, à l'occasion de tout ou partie des activités pour lesquelles le renouvellement de la carte est demandé, d'autres fonds, effets ou valeurs que ceux représentatifs de sa rémunération ou de ses honoraires ; dans ce cas, le demandeur ne produit, au titre des activités concernées par la déclaration sur l'honneur, l'attestation de garantie financière mentionnée au 2° que lorsqu'il a choisi d'en souscrire une.

Les dispositions du II de l'article 3 sont applicables.

La nouvelle carte est délivrée sur remise de l'ancienne.

Art. 81 *(Abr. à compter du 1er juillet 2015, D. n° 2015-702, 19 juin 2015).*

Art. 82 à 85 *(Abr., D. n° 2005-1315, 21 oct. 2005).*

Art. 86 *(Mod. à compter du 1er juillet 2015, D. n° 2015-702, 19 juin 2015 ; mod., D. n° 2016-1392, 17 oct. 2016).* – Le président de la chambre de commerce et d'industrie territoriale ou de la chambre départementale d'Île-de-France et les garants peuvent, à tout moment, se faire communiquer tous les documents qu'ils estiment nécessaires à la vérification de la suffisance de la garantie financière.

Ils peuvent notamment se faire produire :

Par les titulaires de la carte portant la mention « Transactions sur immeubles et fonds de commerce » : le registre répertoire dit « de la loi [n° 70-9] du 2 janvier 1970 », les carnets de reçus, l'état spécial de mise en service de ces carnets, le registre des mandats, les conventions visées à l'article 6 de la loi [n° 70-9] susvisée du 2 janvier 1970, les relevés du compte visé à l'article 55 du présent décret, ceux du compte spécial à rubriques, les copies des avis prévus aux articles 67 et 68 ci-dessus ;

Par les titulaires de la carte portant la mention « Gestion immobilière » ou « Syndic de copropriété » : le livre de caisse, les livres de banque, le registre des mandats, les conventions visées à l'article 6 de la loi [n° 70-9] susvisée du 2 janvier 1970, les relevés des comptes bancaires, et notamment ceux visés à l'article 71, les copies des documents constatant les redditions de comptes.

Si le garant constate une insuffisance de la garantie, il en avise sans délai le président de la chambre de commerce et d'industrie territoriale ou de la chambre départementale d'Île-de-France après une mise en demeure de régulariser restée vaine.

Les documents mentionnés à l'alinéa précédent doivent être conservés par les titulaires de la carte professionnelle pendant au moins dix ans.

Art. 86-1 *(Mod. à compter du 1er juillet 2015, D. n° 2015-702, 19 juin 2015).* – Le ministère public avise sans délai le président de la chambre de commerce et d'industrie territoriale ou de la chambre départementale d'Île-de-France compétent en application du premier alinéa de l'article 5 de toute condamnation pénale prononcée contre un titulaire de la carte professionnelle et entraînant l'incapacité d'exercer les activités mentionnées à l'article 1er de la loi [n° 70-9] du 2 janvier 1970 susvisée.

Le greffier chargé de tenir le registre du commerce et des sociétés avise sans délai le président de la chambre de commerce et d'industrie territoriale ou de la chambre départementale d'Île-de-France de la radiation d'un titulaire de la carte professionnelle, quel qu'en soit le motif.

CHAPITRE IX. – DISPOSITIONS TRANSITOIRES

....

CHAPITRE X. – DISPOSITIONS DIVERSES

Art. 92 *(Mod., D. n° 95-818, 29 juin 1995 ; D. n° 2005-1315, 21 oct. 2005 ; D. n° 2010-1707, 30 déc. 2010).* – Outre les mentions prescrites par les articles 8, 28 et 56 du décret [n° 67-236] du 23 mars 1967 susvisé et par l'article 72 du décret [n° 84-406] du 30 mai 1984 susvisé, les personnes visées à l'article 1er de la loi du 2 janvier 1970 doivent faire figurer sur tous documents, contrats et correspondance à usage professionnel :

Le numéro et le lieu de délivrance de la carte professionnelle ;

Le nom ou la raison sociale et l'adresse de l'entreprise ainsi que l'activité exercée ;

Le cas échéant, le nom et l'adresse du garant.

Ces indications ne doivent être accompagnées d'aucune mention de nature à faire croire, d'une quelconque manière, à une assermentation, à une inscription, à une commission, à un accréditement, ou à un agrément.

Art. 93 *(Mod., D. n° 2005-1315, 21 oct. 2005 ; D. n° 2010-1707, 30 déc. 2010)*. – Le titulaire de la carte professionnelle est tenu d'apposer, en évidence, dans tous les lieux où est reçue la clientèle, une affiche indiquant :

Le numéro de la carte professionnelle ;

Le cas échéant, le montant de la garantie ;

Le cas échéant, la dénomination et l'adresse du consignataire ou du garant.

S'il s'agit des titulaires de la carte portant la mention « Transactions sur immeubles et fonds de commerce » ou « Marchand de listes », l'affiche indiquera, en outre, l'établissement de crédit et le numéro du compte où doivent être effectués les versements et remises ainsi que les modes obligatoires de versement. Elle reproduira les dispositions du premier alinéa de l'article 52 ci-dessus.

Art. 94 *(Rempl., D. n° 2010-1707, 30 déc. 2010 ; mod. à compter du 1er juillet 2015, D. n° 2015-702, 19 juin 2015 ; mod., D. n° 2016-1392, 17 oct. 2016)*. – Lorsque le titulaire de la carte professionnelle a souscrit la déclaration prévue au 6° de l'article 3 ou au 4° de l'article 80, les documents et affiches mentionnés aux deux précédents articles indiquent, pour l'activité concernée, que l'intéressé ne doit recevoir ni détenir d'autres fonds, effets ou valeurs que ceux représentatifs de sa rémunération ou de ses honoraires. Cette indication figure également dans toute publicité commerciale émanant du titulaire. Une affiche comportant cette mention est apposée, en évidence, dans la vitrine ou sur le panneau publicitaire extérieur, s'il en existe un.

L'indication mentionnée à l'alinéa précédent est portée en utilisant des caractères très apparents.

Art. 95 *(Mod. à compter du 1er juillet 2015, D. n° 2015-702, 19 juin 2015 ; mod., D. n° 2016-1392, 17 oct. 2016)*. – Les dispositions réglementant les conditions d'exercice des activités relatives à certaines opérations portant sur les immeubles et les fonds de commerce ne sont pas applicables, pour les opérations qu'ils sont régulièrement habilités à réaliser dans le cadre de la réglementation de leur profession, aux notaires, aux avoués, aux avocats, aux huissiers de justice, aux géomètres experts, aux administrateurs judiciaires, aux experts fonciers et agricoles et aux experts forestiers.

Ces dispositions ne s'appliquent pas aux sociétés filiales de sociétés nationales ou d'entreprises publiques qui gèrent exclusivement les immeubles de ces sociétés ou entreprises, ni aux organismes collecteurs de la participation des employeurs à l'effort de construction, dans la mesure où ces organismes gèrent les immeubles qu'ils ont construits. Elles ne s'appliquent pas non plus aux sociétés d'économie mixte dont l'État ou une collectivité locale détient au moins 35 % du capital social, ni aux sociétés d'aménagement foncier et d'établissement rural.

Ces dispositions ne s'appliquent pas non plus, dans les limites de leur compétence, aux sociétés anonymes coopératives d'habitation à loyer modéré de location-attribution mentionnées aux articles L. 422-13 et suivants du Code de la construction et de l'habitation, ni aux organismes d'habitation à loyer modéré mentionnés à l'article L. 411-2 du Code de la construction et de l'habitation pour :

1° La gestion et l'entremise immobilières et l'exercice des fonctions de syndic de copropriété relatives aux immeubles appartenant à d'autres organismes d'habitation à loyer modéré, à des collectivités publiques, à des sociétés d'économie mixte, à des organismes à but non lucratif, à des sociétés civiles coopératives de construction ;

2° L'exercice des fonctions de syndic de copropriété, en application de l'article L. 443-15 du Code de la construction et de l'habitation.

Pour l'exercice des activités de gestion et d'entremise immobilières et des fonctions de syndic de copropriété ne faisant pas l'objet des exemptions prévues ci-dessus, les personnes mentionnées à l'alinéa précédent sont dispensées des justifications prévues au chapitre II.

Les architectes, les agréés en architecture et les sociétés d'architecture, inscrits à l'ordre, sont dispensés de la production des justifications prévues au chapitre II pour l'exercice des activités de gestion immobilière ou de syndic de copropriété.

Art. 95-1 *(Rempl. à compter du 1er juillet 2015, D. n° 2015-702, 19 juin 2015)*. – Pour l'exercice des activités de location de meublés saisonniers à usage touristique, les personnes immatriculées au registre mentionné à l'article L. 141-3 du Code du tourisme sont dispensées des justifications prévues au chapitre II. Elles doivent justifier avoir souscrit, dans les conditions prévues par le Code du tourisme, une assurance contre les risques pécuniaires de la responsabilité civile professionnelle et la garantie financière couvrant ces activités.

Art. 95-2 *(Abr. à compter du 1er janvier 2006, D. n° 2005-1315, 21 oct. 2005 ; rétabli à compter du 1er juillet 2015, D. n° 2015-724, 24 juin 2015).* – L'information prévue à l'article 4-1 de la loi [n° 70-9] du 2 janvier 1970 susvisée fait l'objet d'un écrit établi par le professionnel qui propose à son client les services d'une entreprise, d'un établissement bancaire ou d'une société financière. Cet écrit, présenté de manière lisible et compréhensible, est adressé par le professionnel à son client en même temps que la proposition de services.

La preuve de la délivrance de l'information peut être faite par tout moyen. Elle est conservée par les professionnels mentionnés à l'article 4-1.

Loi n° 72-964 du 25 octobre 1972

relative à la francisation des noms et prénoms des personnes qui acquièrent ou recouvrent la nationalité française

(JO 26 oct.)

Art. 1er *(L. n° 93-22, 8 janv. 1993).* – Toute personne qui acquiert ou recouvre la nationalité française peut demander la francisation de son nom seul, de son nom et de ses prénoms ou de l'un d'eux, lorsque leur apparence, leur consonance ou leur caractère étranger peut gêner son intégration dans la communauté française.

Art. 2 *(L. n° 93-22, 8 janv. 1993).* – La francisation d'un nom consiste soit dans la traduction en langue française de son nom, soit dans la modification nécessaire pour faire perdre à ce nom son apparence, sa consonance ou son caractère étranger.

Cette modification peut consister également dans la reprise du nom que des personnes réintégrées dans la nationalité française avaient perdu par décision d'un État étranger ou dans la reprise du nom porté par un ascendant français.

La francisation d'un prénom consiste dans la substitution à ce prénom d'un prénom français ou dans l'attribution complémentaire d'un tel prénom ou, en cas de pluralité de prénoms, dans la suppression du prénom étranger pour ne laisser subsister que le prénom français.

Art. 3. – Toute personne mentionnée à l'article 1er qui ne possède pas de prénom peut demander l'attribution d'un prénom français même lorsqu'elle ne demande pas la francisation de son nom.

Art. 4 *(L. n° 73-42, 9 janv. 1973).* – Les personnes mentionnées à l'article 1er peuvent demander la francisation des prénoms ou de l'un des prénoms de leurs enfants mineurs bénéficiaires de l'effet collectif prévu dans le Code de la nationalité française *(abr.)*. Elles peuvent également demander l'attribution à ces enfants d'un prénom français, s'ils ne possèdent aucun prénom.

Art. 5. – Lorsqu'une demande de francisation de nom est faite par ou pour une personne qui ne possède pas de prénom, elle doit être assortie d'une demande d'attribution d'un prénom français.

Art. 6 *(Abr., L. n° 93-22, 8 janv. 1993).*

Art. 7 *(L. n° 73-42, 9 janv. 1973 ; L. n° 74-631, 5 juill. 1974).* – Les personnes mentionnées à l'article 1er peuvent, lorsqu'elles sont mineures, demander la francisation de leur nom, de leurs prénoms ou de l'un d'eux et l'attribution d'un prénom français si elles sont autorisées ou représentées dans les conditions déterminées par le Code de la nationalité française *(abr.)*.

Art. 8 *(L. n° 93-22, 8 janv. 1993 ; mod., L. n° 2005-32, 18 janv. 2005).* – La demande de francisation de nom ou de prénoms ou d'attribution de prénom peut être présentée lors de la demande de naturalisation ou de réintégration ou lors de la déclaration d'acquisition de la nationalité française ou de réintégration. Elle peut l'être également dans le délai d'un an suivant l'acquisition de la nationalité française ou la réintégration dans cette nationalité.

Il est fait droit aux demandes de francisation de prénoms présentées, sans condition de délai, par des personnes ayant acquis ou recouvré la nationalité française et justifiant de l'utilisation de prénoms précédemment francisés à l'initiative des autorités françaises.

Art. 9 *(L. n° 73-42, 9 janv. 1973).* - La francisation du nom et des prénoms ainsi que l'attribution de prénom sont accordées sur le rapport du ministre chargé des naturalisations, soit par le décret conférant la naturalisation ou la réintégration, soit par un décret postérieur à l'acquisition de la nationalité française.

Art. 10 *(Mod., L. n° 73-42, 9 janv. 1973).* – La francisation du nom s'étend de plein droit, sans qu'il soit nécessaire d'en faire mention dans le décret relatif à leur auteur, et sous réserve que ces enfants n'aient pas usé de la faculté qui leur est ouverte par l'article 7 :

1° Aux enfants mineurs bénéficiaires de l'effet collectif prévu dans le Code de la nationalité française *(abr.)* ;

2° Aux enfants mineurs, français à un autre titre, lorsque le parent dont ils portent le nom acquiert ou recouvre la nationalité française.

Art. 11 *(L. n° 93-22, 8 janv. 1993).* – Tout intéressé peut faire opposition au décret portant francisation du nom dans le délai de deux mois à compter de sa publication au *Journal officiel.*

Art. 12 *(L. n° 93-22, 8 janv. 1993).* – Le décret portant francisation de nom prend effet, s'il n'y a pas eu d'opposition, à l'expiration du délai de deux mois pendant lequel l'opposition est recevable ou, dans le cas contraire, après le rejet de l'opposition.

Le décret portant seulement francisation ou attribution de prénoms prend effet au jour de sa signature.

Mention du nom et, éventuellement, du ou des prénoms francisés ou attribués sera portée d'office sur réquisition du procureur de la République du lieu de domicile du bénéficiaire, en marge de ses actes de l'état civil et, le cas échéant, de ceux de son conjoint et de ses enfants.

Art. 12-1 *(L. n° 93-22, 8 janv. 1993).* – Les noms et prénoms francisés peuvent faire l'objet des changements prévus aux articles 60 à 61-4 du Code civil aux conditions définies par lesdits articles.

Loi n° 73-5 du 2 janvier 1973

relative au paiement direct de la pension alimentaire

(Mod., L. n° 75-618, 11 juill. 1975 ; L. n° 84-1171, 22 déc. 1984 ; L. n° 2010-1609, 22 déc. 2010 ; L. n° 2011-525, 17 mai 2011 ; abr. et partiellement codifiée, Ord. n° 2011-1895, 19 déc. 2011. – V. CPC ex., art. L. 213-1 à L. 213-6)

Art. 1er *(Abr. et codifié, Ord. n° 2011-1895, 19 déc. 2011. – V. CPC ex., art. L. 213-1).*

1) **Procédure collective.** L'action directe est recevable même si le débiteur est soumis à une procédure collective (■ Cass. com., 15 juill. 1986 : *Bull. civ.* IV, n° 158, p. 133 ; *D.* 1987, 192, note Massip ; *Defrénois* 1987, 313, obs. Massip).

2) **Créance liquide et exigible.** L'action directe ne peut porter que sur les sommes liquides et exigibles dues par le tiers débiteur au débiteur de la pension (■ Cass. 2e civ., 24 juin 1987 : *Bull. civ.* II, n° 138, p. 79 ; *D.* 1988, 357, note Ancel et Rondeau-Rivier).

3) **Défaut de paiement d'une échéance.** La demande en paiement direct est recevable dès qu'une échéance d'une pension alimentaire fixée par une décision judiciaire devenue exécutoire n'a pas été payée à son terme (■ Cass. 2e civ., 10 févr. 1988 : *Bull. civ.* II, n° 37, p. 20).

Loi n° 73-42 du 9 janvier 1973

complétant et modifiant le Code de la nationalité française et relative à certaines dispositions concernant la nationalité française

(JO 10 janv.)

Art. 22 *(Mod., L. n° 93-933, 22 juill. 1993).* – Au sens de l'article 87 du Code de la nationalité française *(C. civ., art. 23)*, tel qu'il résulte du texte en vigueur avant la promulgation de la présente loi, et sous réserve des décisions de justice passées en force de chose jugée, l'acquisition d'une nationalité étrangère doit s'entendre d'un acte positif ayant pour but principal l'acquisition de cette nationalité. La perte de la nationalité française ne peut résulter du non-usage d'une faculté de répudiation offerte par la loi du pays dont la nationalité est conférée à l'intéressé.

Au sens de l'article 78 du Code de la nationalité *(C. civ., art. 21-26)* tel qu'il résulte de l'ordonnance n° 45-2441 du 19 octobre 1945, de l'ordonnance n° 59-64 du 7 janvier 1959 et de la loi n° 73-42 du 9 janvier 1973, et sous réserve des décisions de justice passées en force de chose jugée, l'assimilation de résidence prévue par ces dispositions n'est applicable qu'aux cas d'acquisition de la nationalité française ou de réintégration dans cette nationalité.

Art. 23 *(L. n° 93-933, 22 juill. 1993 ; mod., L. n° 96-609, 5 juill. 1996 ; L. n° 98-170, 16 mars 1998)*. – Les articles 23 et 24 du Code de la nationalité *(C. civ., art. 19-3 et 19-4)* sont applicables à l'enfant né en France avant le 1er janvier 1994 d'un parent né sur un territoire qui avait, au moment de la naissance de ce parent, le statut de colonie ou de territoire d'outre-mer de la République française.

Toutefois, les articles 23 et 24 du Code de la nationalité *(C. civ., art. 19-3 et 19-4)* sont applicables à l'enfant né en France d'un parent né sur le territoire des anciens départements français d'Algérie avant le 3 juillet 1962.

Les articles 23 et 24 du Code de la nationalité *(C. civ., art. 19-3 et 19-4)* sont applicables à l'enfant né à Mayotte ou dans les îles Wallis-et-Futuna *(Dispositions déclarées non conformes à la Constitution par décision du Conseil constitutionnel n° 93-321 DC, 20 juill. 1993)* d'un parent né sur un territoire qui avait, au moment de la naissance de ce parent, le statut de colonie ou de territoire d'outre-mer de la République française et qui est demeuré depuis cette date un territoire de la République française.

Art. 24. – L'entrée en vigueur des dispositions de l'article 13 nouveau du Code de la nationalité *(C. civ., art. 17-9)* ainsi que des dispositions de l'article 20 de la présente loi (titre VII du Code de la nationalité française) est reportée à l'expiration du sixième mois suivant la publication de la loi au *Journal officiel*. Pendant ce délai, les personnes concernées pourront se faire reconnaître la nationalité française par déclaration souscrite dans les conditions prévues par la loi n° 60-752 du 28 juillet 1960.

Les droits acquis, antérieurement à l'entrée en vigueur de la présente loi, par les personnes visées à l'article 153 nouveau du Code de la nationalité française *(abr.)*, ne sont pas modifiés quelle que soit la situation de ces personnes après l'expiration du délai de six mois prévu à l'alinéa 1er du présent article.

Art. 25. – Acquièrent la nationalité française à l'entrée en vigueur de la présente loi, sauf si elles se trouvent dans l'une des situations prévues aux articles 50 *(abr.)* et 79 *(C. civ., art. 21-27)* du Code de la nationalité :

1° Les personnes majeures nées sur un territoire d'outre-mer autre que ceux visés à l'article 161 du Code de la nationalité *(abr.)*, d'un parent qui lui-même y est né ;

2° Les personnes majeures nées sur un territoire d'outre-mer autre que ceux visés à l'article 161 du Code de la nationalité *(abr.)*, et ayant leur résidence habituelle sur ce territoire depuis dix ans au moins.

Ces personnes peuvent décliner la nationalité française dans un délai d'un an à compter de l'entrée en vigueur de la présente loi, par déclaration souscrite conformément aux articles 101 à 107 et 159 du Code de la nationalité *(C. civ., art. 26 et s., et 33-1 et s.)*.

Art. 26 *(Abr., L. n° 93-933, 22 juill. 1993)*.

Art. 27. – Seront considérées comme Français d'origine, pour l'application des dispositions du Code de la nationalité française *(abr.)* qui exigent la possession de la nationalité française à titre de nationalité d'origine :

Les personnes qui avaient acquis la nationalité française par réintégration de plein droit conformément au paragraphe I de l'annexe à la section V de la partie III du Traité de Versailles ;

Les personnes qui, ayant déjà acquis la nationalité française à une date antérieure au 11 novembre 1918, n'ont pas eu à se prévaloir de la réintégration de plein droit par application du texte précité.

Décret n° 74-449 du 15 mai 1974

relatif au livret de famille et à l'information des futurs époux sur le droit de la famille

(JO 18 mai ; intitulé mod., D. n° 2002-1556, 23 déc. 2002)

Art. 1er *(Rempl., D. n° 2006-640, 1er juin 2006)*. – Le livret de famille est établi et remis par l'officier de l'état civil :

1° Aux époux, lors de la célébration du mariage ;

2° Aux parents, ou à celui d'entre eux à l'égard duquel la filiation est établie, lors de la déclaration de naissance du premier enfant ;

3° À l'adoptant, lors de la transcription sur les registres de l'état civil du jugement d'adoption d'un enfant par une personne seule.

Art. 1-1 *(Dénum., D. n° 2006-640, 1er juin 2006. – V. art. 19-1).*

Art. 2 *(Rempl., D. n° 2006-640, 1er juin 2006).* – Le livret de famille comporte, selon le cas :

1° Un extrait de l'acte de mariage ;

2° Un extrait de l'acte de naissance du ou des parents à l'égard desquels la filiation est établie ainsi qu'un extrait de l'acte de naissance de l'enfant.

Art. 3 *(Rempl., D. n° 2006-640, 1er juin 2006).* – Il est ultérieurement complété, selon le cas, par :

1° L'extrait de l'acte de mariage des parents ;

2° L'extrait de l'acte de naissance du parent à l'égard duquel la filiation est établie postérieurement à la date de délivrance du livret. Lorsque plusieurs enfants figurent déjà sur le livret de famille, cette inscription n'est possible que si ce parent est commun à tous les enfants. Dans les autres cas, le livret est restitué et deux nouveaux livrets sont délivrés, l'un mentionnant les enfants communs aux deux parents, l'autre les enfants dont la filiation n'est établie qu'à l'égard de l'un des parents ;

3° Les extraits des actes de naissance des enfants communs ou, lorsque la filiation n'est établie qu'à l'égard d'un parent, des enfants dont la filiation n'est établie qu'à l'égard de ce parent ;

4° Les extraits des actes de décès des enfants morts avant leur majorité ;

5° Les extraits des actes de décès des époux ou des parents.

Art. 4 *(Abr., puis rétabli dans la version suivante, D. n° 2008-798, 20 août 2008).* – Un livret de famille est remis, à leur demande, aux parents qui en sont dépourvus par l'officier de l'état civil qui a établi l'acte d'enfant sans vie.

Il comporte un extrait d'acte de naissance du ou des parents ainsi que l'indication d'enfant sans vie, la date et le lieu de l'accouchement.

Il est ultérieurement complété selon les modalités de l'article 3.

Art. 5 à 7 *(Abr., D. n° 2006-640, 1er juin 2006).*

Art. 7-1 *(D. n° 80-308, 25 avr. 1980).* – Les livrets de famille des personnes pour lesquelles il a été dressé un acte prévu par les articles 98 à 98-2 du Code civil sont, le cas échéant, délivrés par l'officier de l'état civil qui a établi l'acte.

Art. 7-2 *(Mod., D. n° 2006-640, 1er juin 2006).* – Lors de la délivrance des pièces tenant lieu d'actes d'état civil mentionnées à l'article L. 721-3 du Code de l'entrée et du séjour des étrangers et du droit d'asile, le directeur général de l'Office français de protection des réfugiés et apatrides établit un livret de famille qu'il remet aux époux ou parents ou à celui d'entre eux dont la qualité de réfugié ou d'apatride a été reconnue ou qui a été admis au bénéfice de la protection subsidiaire.

Ce livret comporte, selon le cas, les extraits des certificats tenant lieu d'acte de mariage des époux et d'acte de naissance des enfants issus de ce mariage ou les extraits des certificats tenant lieu d'acte de naissance des parents et de leurs enfants.

Il est ultérieurement complété conformément aux dispositions de l'article 3 ci-dessus.

Art. 8 *(D. n° 97-853, 16 sept. 1997 ; mod., D. n° 2006-640, 1er juin 2006).* – Les extraits des actes de naissance des enfants étrangers dont l'un des parents a acquis la nationalité française mais pour lesquels l'acte de naissance n'est pas conservé par une autorité française peuvent, si les parents le demandent, être portés sur les livrets de famille au vu d'une copie ou d'un extrait de l'acte étranger remis au service central de l'état civil du ministère des affaires étrangères.

Dans le cas de parents réfugiés, apatrides ou bénéficiaires de la protection subsidiaire, le dépôt des pièces est effectué auprès de l'Office français de protection des réfugiés et apatrides.

Art. 8-1 *(Implicitement abr., D. n° 97-853, 16 sept. 1997).*

Art. 9 *(D. n° 91-314, 26 mars 1991 ; mod., D. n° 93-1091, 16 sept. 1993 ; D. n° 97-853, 16 sept. 1997 ; D. n° 98-720, 20 août 1998 ; D. n° 2004-1159, 29 oct. 2004 ; D. n° 2006-640, 1er juin 2006 ; D. n° 2013-429, 24 mai 2013).* – Les actes ou jugements qui ont une incidence sur un acte ou un certificat en tenant lieu dont l'extrait figure au livret de famille doivent être mentionnés, selon le cas, par l'officier de l'état civil ou par le directeur général de l'Office français de protection des réfugiés et apatrides à la suite de cet extrait.

Les déclarations conjointes faites en application du premier alinéa de l'article 311-21, du quatrième alinéa de l'article 311-21, du deuxième alinéa de l'article 311-23 et des deuxième et sixième alinéas de l'article 357 du Code civil sont portées sur le livret de famille par l'officier de l'état civil qui les reçoit ou par l'officier de l'état civil dépositaire de l'acte de naissance.

L'indication d'enfant sans vie ainsi que la date et le lieu de l'accouchement peuvent être apposés sur le livret de famille, à la demande des parents, par l'officier de l'état civil qui a établi l'acte.

Lorsque l'une des mentions prévues à l'article 28 du Code civil aura été portée en marge de l'acte de naissance d'une personne, celle-ci pourra demander à l'officier de l'état civil détenteur de cet acte que cette mention soit portée sur son livret de famille. Toutefois, la mention de la perte, de la déclination, de la déchéance, de l'opposition à l'acquisition de la nationalité française, du retrait du décret de naturalisation ou de réintégration ou de la décision judiciaire ayant constaté l'extranéité sera portée d'office sur le livret de famille lorsque la personne qui a acquis antérieurement la nationalité française ou s'est vu reconnaître judiciairement celle-ci ou délivrer un certificat de nationalité française a demandé qu'il en soit fait mention.

Aucune autre mention ne peut être apposée sur les pages du livret de famille.

Art. 10. – La conservation du livret est assurée par les *(Mots rempl., D. n° 2013-429, 24 mai 2013)* « les époux ou les parents » auxquels incombe le soin de le faire tenir à jour.

Art. 11 *(Mod., D. n° 91-314, 26 mars 1991 ; D. n° 2006-640, 1er juin 2006).* – L'officier de l'état civil ou le directeur général de l'Office français de protection des réfugiés et apatrides qui reçoit ou transcrit un acte ou une décision judiciaire devant être porté ou mentionné sur le livret de famille est tenu de réclamer au déclarant ou à la personne chargée de faire opérer la transcription la présentation de ce livret en vue de le compléter sans délai.

Si le livret ne peut être présenté, l'acte est néanmoins dressé ou la transcription ou la mention opérée.

Art. 11-1 *(D. n° 98-720, 20 août 1998 ; D. n° 2006-640, 1er juin 2006).* – Lorsque doit être portée d'office sur le livret de famille d'une personne l'une des mentions visées au cinquième alinéa de l'article 9, l'officier de l'état civil, détenteur de l'acte de naissance de celle-ci, ou le directeur général de l'Office français de protection des réfugiés et apatrides enjoint à cette personne de lui présenter sans délai son livret en vue de le compléter.

La lettre comporte la mention qu'à défaut de présentation pour mise à jour du livret de famille, l'intéressé qui en fait usage est passible des peines prévues à l'article R. 645-8 du Code pénal.

Art. 12 *(Mod., D. n° 2006-640, 1er juin 2006 ; D. n° 2007-773, 10 mai 2007).* – L'extrait de l'acte de mariage porté sur le livret de famille est établi conformément aux dispositions de l'article 11 du décret n° 62-921 du 3 août 1962 modifiant certaines règles relatives aux actes de l'état civil. Toutefois, lorsque le mariage est postérieur à la délivrance du livret, l'extrait ne comporte que les informations qui ne figurent pas déjà sur le livret.

Les extraits des actes de naissance des parents sont établis conformément à l'article 11 du décret [n° 62-921] du 3 août 1962 déjà mentionné, à l'exclusion des mentions de leur sexe, de leur situation matrimoniale, de leur situation de partenaire lié par un pacte civil de solidarité ainsi que des dates et lieux de naissance de leurs propres *(Mots rempl., D. n° 2013-429, 24 mai 2013)* « parents ».

Les extraits des actes de naissance des enfants sont établis conformément aux dispositions de l'article 10 du même décret. Ils comportent en outre, le cas échéant, la mention des date et lieu de leur reconnaissance. Les enfants sont inscrits dans le livret dans l'ordre chronologique de leur naissance.

Les extraits des actes de décès indiquent, sans autre renseignement, le lieu et la date du décès.

Art. 12-1 *(D. n° 2013-429, 24 mai 2013).* – En cas d'adoption simple d'un mineur, l'extrait d'acte de naissance reproduit sur le livret de famille des parents d'origine de l'adopté est complété par la mention du jugement d'adoption simple. En outre, l'extrait d'acte de naissance de l'adopté est reproduit dans le livret de famille du ou des adoptants et mentionne en marge la filiation d'origine de l'adopté ainsi que la référence au jugement d'adoption simple.

Art. 13. – Chacun des extraits, chacune des mentions portées sur le livret de famille a la force probante qui s'attache aux extraits des actes de l'état civil et aux mentions portées en marge.

Art. 14 *(Mod., D. n° 91-314, 26 mars 1991 ; D. n° 2006-640, 1er juin 2006).* – Un second livret peut être remis à celui des époux ou des parents qui est dépourvu du premier livret, notamment en cas de divorce ou de séparation justifié par la production d'une décision judiciaire ou d'une convention homologuée. La demande en est faite, selon le cas, à l'officier de l'état civil de la résidence du demandeur ou au directeur général de l'Office français de protection des réfugiés et apatrides.

Ce second livret est établi par reproduction du précédent.

Si le premier livret ne peut être présenté, l'officier de l'état civil ou le directeur de l'Office français de protection des réfugiés ou apatrides adresse, après, le cas échéant, y avoir inscrit les extraits des actes ou des certificats en tenant lieu dont il est dépositaire, un nouveau fascicule aux officiers de l'état civil ayant transcrit ou dressé les autres actes dont les extraits doivent figurer au livret.

Ce livret porte sur la première page la mention « Second livret ».

Art. 15. – En cas de perte, de vol ou de destruction du livret de famille, sa reconstitution est opérée selon les règles prévues à l'article précédent.

Art. 16 *(Mod., D. n° 2006-640, 1er juin 2006).* – Un nouveau livret est pareillement remis aux intéressés, en échange du précédent, en cas de changement dans la filiation ou dans les noms ou prénoms des personnes qui figurent sur le livret.

Il fait état de la nouvelle filiation ou des nouveaux noms et prénoms sans aucune référence aux anciennes mentions.

Art. 16-1 *(Abr., D. n° 2006-640, 1er juin 2006 ; rétabli, D. n° 2017-450, 29 mars 2017).* – Sur demande d'un des époux ou d'un des parents, un nouveau livret de famille est délivré, contre remise du précédent, à la suite d'une décision de changement de la mention du sexe à l'état civil ayant entraîné la modification visée au dernier alinéa de l'article 1055-9.

Art. 17. – En pays étranger, le livret de famille est délivré par l'agent diplomatique ou consulaire compétent.

Dans le cas où les actes dont les extraits doivent figurer au livret de famille sont dressés par une autorité étrangère, ils doivent préalablement être transcrits.

Art. 18 *(Mod., D. n° 2006-640, 1er juin 2006 ; abr., D. n° 2013-429, 24 mai 2013).*

Art. 19. – L'établissement du livret de famille ne donne lieu à la perception d'aucun droit.

Art. 19-1 *(Anc. art. 1er-1 dénum., D. n° 2006-640, 1er juin 2006).* – Au moment du retrait des documents nécessaires à l'accomplissement des formalités préalables au mariage, les informations de l'annexe du présent décret relatives au droit de la famille et aux droits du conjoint survivant doivent être fournies, par les mairies, à chacun des futurs époux.

En cas de mariage à l'étranger, l'information est fournie par les agents diplomatiques ou consulaires à chacun des futurs époux.

Art. 20 *(Mod., D. n° 91-314, 26 mars 1991 ; D. n° 2002-1556, 23 déc. 2002 ; D. n° 2006-640, 1er juin 2006).* – Le modèle de fascicule constituant le livret de famille comporte, outre les indications contenues dans le présent décret, une information sur le droit de la famille, notamment sur le nom, la filiation, l'autorité parentale et le droit des successions.

Il comporte également une information sur les droits et devoirs respectifs des conjoints, leurs obligations et leur régime matrimonial.

Le modèle de fascicule est défini par arrêté conjoint du garde des Sceaux, ministre de la Justice, et du ministre de l'Intérieur et, pour les collectivités d'outre-mer régies par l'article 74 de la Constitution, la Nouvelle-Calédonie et les Terres australes et antarctiques françaises, par arrêté du délégué du Gouvernement.

Le modèle de fascicule constituant le livret de famille délivré par le service central de l'état civil du ministère des Affaires étrangères ou par l'Office français de protection des réfugiés et apatrides est défini par arrêté conjoint du garde des Sceaux, ministre de la Justice, et du ministre des Affaires étrangères.

Art. 21 *(Mod., D. n° 2002-1556, 23 déc. 2002 ; D. n° 2017-450, 29 mars 2017).* – Le présent décret est applicable en Nouvelle-Calédonie à l'exception de l'article 19 dans sa rédaction applicable antérieurement au décret n° 2017-450 du 29 mars 2017.

Le présent décret, à l'exception de l'article 19, est applicable à Wallis-et-Futuna dans sa rédaction résultant du décret n° 2017-450 du 29 mars 2017.

L'article 19 n'est pas applicable en Polynésie française.

Loi n° 74-631 du 5 juillet 1974

fixant à dix-huit ans l'âge de la majorité

(JO 7 juill.)

Art. 11. – Dans toutes les dispositions légales où l'exercice d'un droit civil est subordonné à une condition d'âge de vingt et un ans, cet âge est remplacé par celui de dix-huit ans.

....

Art. 19. – Les délais qui doivent être calculés à partir de la majorité d'une personne le seront à compter de l'entrée en vigueur de la présente loi, toutes les fois que celle-ci a pour effet de rendre cette personne immédiatement majeure.

Art. 20. – À titre transitoire, les prescriptions suspendues au bénéfice des mineurs par l'article 2252 du Code civil continueront à l'être jusqu'à l'expiration de l'année qui suivra l'entrée en vigueur de la présente loi toutes les fois que celle-ci doit avoir pour effet de faire acquérir au mineur sa majorité dans le courant de ladite année.

Toutefois, cette prorogation prend fin lorsque le bénéficiaire atteint l'âge de vingt et un ans.

....

Art. 24. – La présente loi ne porte pas atteinte aux actes juridiques antérieurement passés ni aux décisions judiciaires antérieurement rendues sur un intérêt civil lorsque la durée de leurs effets avait été déterminée en considération de la date à laquelle une personne devait accéder à la majorité de vingt et un ans.

....

Art. 27. – Dans les matières autres que celles réglées par la présente loi, l'abaissement de l'âge de la majorité n'aura d'effet qu'à compter de la modification des dispositions législatives qui se réfèrent à cet âge.

....

Art. 29. – La présente loi est applicable dans les territoires d'outre-mer, à l'exception de ses dispositions d'ordre pénal. Toutes dispositions contraires y sont abrogées.

Décret n° 74-930 du 6 novembre 1974

portant organisation de la tutelle d'État et de la curatelle d'État

(Abr., sauf en tant qu'il s'applique à Mayotte, en Nouvelle-Calédonie, en Polynésie française, à Saint-Pierre-et-Miquelon et dans les îles Wallis-et-Futuna, D. n° 2008-1546, 31 déc. 2008 ; D. n° 2008-1553, 31 déc. 2008)

Art. 1er. – Quand, en vertu de l'article 433 du Code civil, le juge des tutelles défère à l'État la tutelle d'un mineur ou d'un incapable majeur, il l'organise dans les conditions prévues ci-dessous.

§ 1. – Règles générales de la tutelle d'État

Art. 2. – Il peut être procédé à des désignations de personnes différentes pour exercer, au nom de l'État, la tutelle à la personne et la tutelle aux biens.

Art. 3. – La tutelle d'État ne comporte ni conseil de famille, ni subrogé tuteur.

Art. 4. – La personne désignée pour exercer la tutelle d'État a les pouvoirs d'un administrateur légal sous contrôle judiciaire.

§ 2. – Des personnes pouvant être désignées pour exercer la tutelle d'état

Art. 5. – La tutelle d'État peut être confiée au préfet qui la délègue au directeur départemental de l'action sanitaire et sociale.

Art. 6. – En ce qui concerne les mineurs, le directeur de l'établissement public d'éducation ou de traitement dans lequel se trouve l'enfant peut être désigné par le juge des tutelles comme tuteur à la personne.

S'il l'accepte, les fonctions de tuteur aux biens peuvent également lui être confiées.

Art. 7. – Tout notaire compétent pour instrumenter dans le ressort du tribunal d'instance peut être désigné par le juge des tutelles comme tuteur aux biens après avis donné, dans chaque cas, par le président de la chambre départementale des notaires.

S'il l'accepte, les fonctions de tuteur à la personne peuvent également lui être confiées.

Art. 8 *(Mod., D. n° 88-762, 17 juin 1988)*. – Le procureur de la République établit, pour chaque ressort de juge des tutelles, et après avis du préfet, une liste de personnes physiques ou morales qualifiées qui acceptent d'être déléguées à la tutelle d'État.

Cette liste est établie distinctement pour la tutelle à la personne et pour la tutelle aux biens, pour la tutelle des mineurs et pour celle des incapables majeurs.

Art. 9. – Si le procureur de la République décide de radier de la liste un délégué, il doit sans délai demander au juge des tutelles de procéder à une nouvelle désignation.

Art. 10. – Le délégué a, dans ses rapports avec l'État, les droits et les obligations d'un mandataire.

§ 3. – Dispositions diverses

(D. n° 78-190, 7 févr. 1978)

Art. 11 *(Abr., D. n° 88-762, 17 juin 1988)*.

Art. 12 *(D. n° 85-193, 7 févr. 1985 ; mod., D. n° 88-762, 17 juin 1988)*. – Le montant du prélèvement opéré au titre de la tutelle d'État sur les ressources des majeurs protégés est fixé, compte tenu du service rendu et des ressources des intéressés, par arrêté conjoint du ministre chargé du budget, du ministre de la Justice, du ministre de l'Intérieur et du ministre chargé des affaires sociales (1).

Si l'importance des biens à gérer le justifie ou lorsque les ressources du majeur protégé sont supérieures à un montant fixé par cet arrêté, le juge des tutelles peut autoriser des prélèvements supplémentaires.

Lorsque les ressources des majeurs protégés sont inférieures à un montant fixé par ledit arrêté, les dépenses résultant de l'application du présent décret sont à la charge de l'État.

Art. 12-1 *(D. n° 85-193, 7 févr. 1985)*. – Lorsque la tutelle a été confiée au commissaire de la République en application de l'article 5, le prélèvement est opéré par l'État.

Art. 12-2 *(Abr., D. n° 88-762, 17 juin 1988)*.

Art. 12-3 *(D. n° 99-1144, 29 déc. 1999)*. – La rémunération maximale allouée par l'État à une des personnes physiques ou morales mentionnées aux articles 7 et 8 désignées pour exercer la tutelle d'État est fixée, chaque année, par un arrêté conjoint du ministre chargé des affaires sociales, du ministre chargé du budget, du ministre de l'Intérieur et du garde des Sceaux, ministre de la Justice.

Le montant du prélèvement opéré sur les ressources du majeur protégé, en application de l'article 12, vient, s'il y a lieu, en déduction de la rémunération allouée par l'État à cette personne.

....

§ 4. – De la curatelle d'État

(D. n° 88-762, 17 juin 1988)

Art. 14 *(D. n° 88-762, 17 juin 1988)*. – Les dispositions des articles 2, 5, 7, 8, 9, 10, 12, 12-1 et 12-3 sont applicables à la curatelle d'un majeur déférée à l'État.

(1) V. A. 15 janv. 1990.

Loi n° 74-1118 du 27 décembre 1974

relative à la revalorisation de certaines rentes allouées en réparation du préjudice causé par un véhicule terrestre à moteur et portant diverses dispositions d'ordre civil

(JO 28 déc.)

Art. 1er *(Mod. L. n° 2015-1702, 21 déc. 2015).* – **Sont majorées de plein droit, selon le coefficient de revalorisation prévu à l'article L. 434-17 du Code de la sécurité sociale, les rentes allouées soit conventionnellement, soit judiciairement, en réparation du préjudice causé, du fait d'un accident de la circulation, à la victime ou, en cas de décès, aux personnes qui étaient à sa charge.**

Art. 2 *(Mod., L. fin. n° 89-935, 29 déc. 1989 ; L. fin. rect. n° 2012-1510, 29 déc. 2012).* – **Les majorations prévues à l'article précédent sont à la charge du débiteur de la rente ou de l'organisme qui lui est substitué.**

Les majorations dont le versement incombe aux sociétés d'assurance sont gérées et financées par le fonds de garantie prévu à l'article L. 421-1 du Code des assurances, dans les cas prévus au IV du même article.

....

Art. 4. – **Les dispositions de la présente loi prennent effet à compter du 1er janvier 1975.**

Elles se substituent, pour les rentes prévues à l'article 1er, aux dispositions de la loi n° 51-695 du 24 mai 1951. Pour ces rentes, toute autre indexation, amiable ou judiciaire, est prohibée.

Elles sont aussi applicables aux rentes en cours au 1er janvier 1975, qui ne seront plus majorées, à compter de la même date, conformément aux dispositions de la loi n° 51-695 du 24 mai 1951, lorsqu'elles relevaient de ladite loi.

Décret n° 75-96 du 18 février 1975

fixant les modalités de mise en œuvre d'une action de protection judiciaire en faveur de jeunes majeurs

Art. 1er. – **Jusqu'à l'âge de vingt et un ans, toute personne majeure ou mineure émancipée éprouvant de graves difficultés d'insertion sociale a la faculté de demander au juge des enfants la prolongation ou l'organisation d'une action de protection judiciaire.**

Le juge des enfants peut alors prescrire, avec l'accord de l'intéressé, la poursuite ou la mise en œuvre, à son égard, d'une ou de plusieurs des mesures suivantes, dont il confie l'exécution soit à un service ou établissement public d'éducation surveillée, soit à un service ou établissement privé habilité :

Observation par un service de consultation ou de milieu ouvert ;

Action éducative en milieu ouvert ;

Maintien ou admission dans un établissement spécialisé assurant des fonctions d'accueil, d'orientation, d'éducation ou de formation professionnelle.

Il peut, sous les mêmes conditions, modifier les modalités d'application de la mesure.

Art. 2. – **L'établissement ou le service chargé de l'exécution de la décision adresse trimestriellement au juge des enfants un rapport sur le comportement du bénéficiaire de la mesure. Il informe, en outre, sans délai ce magistrat de tout événement de nature à entraîner la modification ou la cessation de l'action entreprise.**

Art. 3. – **Cette mesure prend fin à l'expiration du délai fixé en accord avec l'intéressé ou lorsque celui-ci atteint l'âge de vingt et un ans. Il y est de plus mis fin à tout moment soit à l'initiative du juge des enfants, soit de plein droit à la demande du bénéficiaire.**

Art. 4. – **Les frais résultant des mesures intervenues en application de l'article 1er incombent à celui qui les a sollicitées, sauf la faculté pour le juge des enfants de l'en décharger en tout ou partie.**

Les dépenses non supportées par le bénéficiaire de la mesure en vertu de l'alinéa précédent sont imputées sur le budget du ministère de la justice.

Loi n° 75-617 du 11 juillet 1975
portant réforme du divorce
(JO 12 juill.)

Art. 1er à 9. – *V. C. civ., art. 108 à 108-3, 162, 164, 180, 214, 215, 228, 229 à 310, 389-4, 389-6, 1397-1, 1450 et 1451.*

Art. 10. – L'article 1463 ancien du Code civil ne s'appliquera pas aux mariages contractés avant l'entrée en vigueur de la loi n° 65-570 du 13 juillet 1965 portant réforme des régimes matrimoniaux et dissous postérieurement à l'entrée en vigueur de la présente loi.

....

Art. 23. – Le divorce et la séparation de corps peuvent être demandés dans les cas prévus par la présente loi, même si les faits se sont produits avant son entrée en vigueur.

Art. 24. – I. – Toutes les fois que la requête initiale a été présentée avant l'entrée en vigueur de la présente loi, l'action en divorce ou en séparation de corps est poursuivie et jugée conformément à la loi ancienne. Dans ce cas, le jugement rendu après l'entrée en vigueur de la présente loi produit les effets prévus par la loi ancienne.

Toutefois, sont immédiatement applicables les dispositions des articles 264, alinéa 3, et 295 nouveaux du Code civil ainsi que des nouveaux articles 356-1 et 357-3 du Code pénal *(ancien)*.

II. – Le bénéfice des dispositions de l'article 285-1 du Code civil pourra être demandé même par un époux dont le divorce a été prononcé avant la date d'entrée en vigueur de la présente loi, à la condition qu'il réside encore dans le local à cette date.

Il en sera de même des dispositions de l'article 1542, à la condition que le partage des biens indivis n'ait pas encore été conclu à cette date.

Loi n° 75-618 du 11 juillet 1975
relative au recouvrement public des pensions alimentaires
(JO 12 juill.)

Art. 1er *(Rempl. à compter du 1er janvier 2017, L. n° 2016-1547, 18 nov. 2016)*. – Toute pension alimentaire dont le recouvrement total ou partiel n'a pu être obtenu par l'une des voies d'exécution de droit privé peut être recouvrée pour le compte du créancier par les comptables publics compétents lorsque celle-ci a été fixée par :

1° Une décision judiciaire devenue exécutoire ;

2° Une convention de divorce par consentement mutuel prenant la forme d'un acte sous signature privée contresigné par avocats, déposé au rang des minutes d'un notaire ;

3° Un acte reçu en la forme authentique par un notaire ;

4° *(4° créé à compter du 1er avril 2018, L. n° 2016-1827, 23 déc. 2016)* Un accord auquel l'organisme débiteur des prestations familiales a donné force exécutoire en application de l'article L. 582-2 du Code de la sécurité sociale.

Art. 2. – La demande de recouvrement public des pensions alimentaires est adressée par le créancier au procureur de la République près le tribunal de grande instance dans le ressort duquel se trouve son domicile.

Cette demande est admise si le créancier justifie qu'il a eu recours effectivement à l'une des voies d'exécution de droit privé et que ce recours est resté infructueux.

Art. 3 *(Mod., Ord. n° 2010-420, 27 avr. 2010)*. – Le procureur de la République établit un état exécutoire qu'il transmet au service compétent de l'État pour le recouvrement des termes à échoir de la pension alimentaire et, le cas échéant, de ceux qui sont échus à compter du sixième mois ayant précédé la date de la demande.

Le procureur doit apporter à cet état exécutoire, soit de son propre chef, soit sur demande du créancier ou du débiteur, les modifications nécessaires, notamment en cas d'augmentation, de réduction ou de suppression de la pension alimentaire.

Art. 4. – En cas de contestation relative à l'application des articles 2 et 3, il est statué, comme en matière de référé, par le président du tribunal.

Le président se prononce sur la contestation qui lui est soumise par le procureur de la République. Celui-ci prend, s'il y a lieu, toutes dispositions utiles pour l'exécution de l'ordonnance du président.

Les décisions rendues en application du présent article ne sont susceptibles ni d'opposition, ni d'appel.

La procédure est gratuite et dispensée des droits de timbre et d'enregistrement.

La contestation n'interrompt pas le recouvrement public.

Art. 5. – Dès le dépôt de la demande d'admission à la procédure de recouvrement public et jusqu'à la cessation de celle-ci, le créancier ne peut plus exercer aucune autre action pour le recouvrement des sommes qui font l'objet de cette demande.

Art. 6 *(Mod., Ord. n° 2010-420, 27 avr. 2010)*. – Pour les sommes qu'il est chargé de recouvrer, le service compétent de l'État est subrogé dans les actions et garanties dont dispose le créancier pour le recouvrement de sa pension alimentaire.

Art. 7 *(Mod., Ord. n° 2010-420, 27 avr. 2010)*. – Le recouvrement public des sommes à percevoir est effectué par les comptables publics compétents selon les procédures applicables en matière de contributions directes.

Le montant de ces sommes est majoré de 10 % au profit du Trésor à titre de frais de recouvrement.

Les frais de poursuites mis à la charge du débiteur sont calculés dans les conditions prévues à l'article 1912 du Code général des impôts.

Art. 8 *(Mod., Ord. n° 2010-420, 27 avr. 2010)*. – Sous réserve des dispositions de l'article 6 de la loi n° 51-711 du 7 juin 1951 relative au secret professionnel en matière de statistiques, les administrations ou services de l'État et des collectivités publiques, les organismes de sécurité sociale et les organismes qui assurent la gestion des prestations sociales sont tenus de réunir et de communiquer, en faisant toutes les diligences nécessaires, au comptable public compétent les renseignements dont ils disposent ou peuvent disposer et qui sont utiles à la mise en œuvre de la procédure de recouvrement public.

Art. 9 *(Mod., n° 2010-420, 27 avr. 2010)*. – À compter de la notification au débiteur des sommes faisant l'objet du recouvrement public, le débiteur ne peut plus s'en libérer valablement qu'entre les mains du comptable public compétent.

Art. 10 *(Mod., Ord. n° 2010-420, 27 avr. 2010)*. – En cas de décès du débiteur ou lorsque l'impossibilité de recouvrer la créance a été constatée par le comptable public compétent, ce dernier renvoie le titre exécutoire au procureur de la République qui met fin à la procédure de recouvrement public et décharge le comptable public.

Art. 11. – Agissant seul ou conjointement avec le débiteur, le créancier de la pension alimentaire peut renoncer à la procédure de recouvrement public. Il adresse sa demande au procureur de la République qui met fin à la procédure de recouvrement public et décharge le comptable public.

Art. 12 *(Mod., Ord. n° 2010-420, 27 avr. 2010)*. – Le débiteur qui, ayant acquitté les arriérés de la créance pris en charge par le Trésor, a versé, durant douze mois consécutifs, le montant des termes courants de la pension à la caisse du comptable public compétent, sans que celui-ci ait à exercer des poursuites, peut demander de se libérer à l'avenir directement entre les mains du créancier de la pension. Il adresse sa demande au procureur de la République qui met fin à la procédure de recouvrement public et décharge le comptable public.

En cas de contestation, il est fait application de l'article 4.

Art. 13. – Dans le cas d'une nouvelle défaillance du débiteur dans le délai de deux ans après la cessation du recouvrement public, le créancier peut, dès lors que le retard dans le paiement est supérieur à un mois, demander à nouveau au procureur de la République la mise en œuvre de la procédure de recouvrement public sans avoir à recourir préalablement à une voie d'exécution de droit privé.

Si la nouvelle demande est admise, il est procédé au recouvrement de toutes les sommes dues depuis l'interruption du recouvrement public. Le montant des termes échus avant cette admission est majoré de 10 % au profit du créancier.

Toutefois, la remise de cette majoration peut être accordée au débiteur par le président du tribunal de grande instance statuant dans les conditions prévues à l'article 4, s'il y a de justes motifs.

Art. 14. – *(Codifié, D. n° 85-1353, 17 déc. 1985. – V. CSS, art. L. 581-9).*

Art. 15. – **Les dispositions de la présente loi sont aussi applicables pour le recouvrement des sommes dues en exécution d'une décision judiciaire au titre des contributions aux charges du mariage prescrites par l'article 214 du Code civil, des rentes prévues par l'article 276 du même code ou des subsides de l'article 342.**

Art. 16. – *(Abr., L. n° 85-772, 25 juill. 1985).*

Art. 17. – **Le créancier d'aliments qui, de mauvaise foi, aura obtenu la mise en œuvre de la procédure de recouvrement public sera condamné par le président du tribunal de grande instance, statuant dans les conditions prévues aux alinéas 1er, 2 et 4 de l'article 4, à une amende civile de 200 (30 €) à 20 000 F (3 000 €) et au remboursement au débiteur des sommes qui auraient été perçues au titre de majorations pour termes échus non payés, des frais de recouvrement et des frais de poursuite, sans préjudice de tous dommages et intérêts.**

Art. 18 à 20. – V. *L. n° 73-5, 2 janv. 1973.*

Art. 21. – **Un décret en Conseil d'État fixera les modalités d'application de la présente loi.**

Art. 22. – **La présente loi entrera en vigueur le 1er janvier 1976.**

Elle est applicable dans les territoires d'outre-mer.

Loi n° 75-1334 du 31 décembre 1975

relative à la sous-traitance

(JO 3 janv. 1976)

Bibliographie : H. Périnet-Marquet, *Le fabricant sous-traitant : Une hybridation difficile : JCP* 89, I, 3399.

TITRE PREMIER. – DISPOSITIONS GÉNÉRALES

Art. 1er *(Mod., L. n° 98-69, 6 févr. 1998 ; L. n° 2001-1168, 11 déc. 2001).* – **Au sens de la présente loi, la sous-traitance est l'opération par laquelle un entrepreneur confie par un sous-traité, et sous sa responsabilité, à une autre personne appelée sous-traitant l'exécution de tout ou partie du contrat d'entreprise ou d'une partie du marché public conclu avec le maître de l'ouvrage.**

(Al. abr. et codifié, Ord. n° 2010-1307, 28 oct. 2010. – V. C. transports, art. L. 1432-13).

Art. 2. – **Le sous-traitant est considéré comme entrepreneur principal à l'égard de ses propres sous-traitants.**

Art. 3. – **L'entrepreneur qui entend exécuter un contrat ou un marché en recourant à un ou plusieurs sous-traitants doit, au moment de la conclusion et pendant toute la durée du contrat ou du marché, faire accepter chaque sous-traitant et agréer les conditions de paiement de chaque contrat de sous-traitance par le maître de l'ouvrage ; l'entrepreneur principal est tenu de communiquer le ou les contrats de sous-traitance au maître de l'ouvrage lorsque celui-ci en fait la demande.**

Lorsque le sous-traitant n'aura pas été accepté ni les conditions de paiement agréées par le maître de l'ouvrage dans les conditions prévues à l'alinéa précédent, l'entrepreneur principal sera néanmoins tenu envers le sous-traitant mais ne pourra invoquer le contrat de sous-traitance à l'encontre du sous-traitant.

TITRE II. – DU PAIEMENT DIRECT

Art. 4 *(Rempl., Ord. n° 2018-1074, 26 nov. 2018).* – Le présent titre s'applique aux marchés passés par les entreprises publiques qui ne sont pas des acheteurs soumis au Code de la commande publique.

Art. 5 *(Mod., L. n° 2001-1168, 11 déc. 2001).* – Sans préjudice de l'acceptation prévue à l'article 3, l'entrepreneur principal doit, lors de la soumission, indiquer au maître de l'ouvrage la nature et le montant de chacune des prestations qu'il envisage de sous-traiter ainsi que les sous-traitants auxquels il envisage de faire appel.

En cours d'exécution du marché, l'entrepreneur principal peut faire appel à de nouveaux sous-traitants, à la condition de les avoir déclarés préalablement au maître de l'ouvrage.

Art. 6 *(Mod., Ord. n° 2018-1074, 26 nov. 2018).* – Le sous-traitant direct du titulaire du marché qui a été accepté et dont les conditions de paiement ont été agréées par le maître de l'ouvrage, est payé directement par lui pour la part du marché dont il assure l'exécution.

Toutefois, les dispositions de l'alinéa précédent ne s'appliquent pas lorsque le montant du contrat de sous-traitance est inférieur à un seuil qui, pour l'ensemble des marchés prévus au présent titre, est fixé à 600 € ; ce seuil peut être relevé par décret en Conseil d'État en fonction des variations des circonstances économiques. En-deçà de ce seuil, les dispositions du titre III de la présente loi sont applicables.

Ce paiement est obligatoire même si l'entrepreneur principal est en état de liquidation des biens, de règlement judiciaire ou de suspension provisoire des poursuites.

Le sous-traitant qui confie à un autre sous-traitant l'exécution d'une partie du marché dont il est chargé est tenu de lui délivrer une caution ou une délégation de paiement dans les conditions définies à l'article 14.

Art. 7. – Toute renonciation au paiement direct est réputée non écrite.

Art. 8. – L'entrepreneur principal dispose d'un délai de quinze jours, comptés à partir de la réception des pièces justificatives servant de base au paiement direct, pour les revêtir de son acceptation ou pour signifier au sous-traitant son refus motivé d'acceptation.

Passé ce délai, l'entrepreneur principal est réputé avoir accepté celles des pièces justificatives ou des parties de pièces justificatives qu'il n'a pas expressément acceptées ou refusées.

Les notifications prévues à l'alinéa 1er sont adressées par lettre recommandée avec accusé de réception.

Art. 9. – La part du marché pouvant être nantie par l'entrepreneur principal est limitée à celle qu'il effectue personnellement.

Lorsque l'entrepreneur envisage de sous-traiter une part du marché ayant fait l'objet d'un nantissement, l'acceptation des sous-traitants prévue à l'article 3 de la présente loi est subordonnée à une réduction du nantissement à concurrence de la part que l'entrepreneur se propose de sous-traiter.

Art. 10. – Le présent titre s'applique :

Aux marchés sur adjudication ou sur appel d'offres dont les avis ou appels sont lancés plus de trois mois après la publication de la présente loi ;

Aux marchés de gré à gré dont la signature est notifiée plus de six mois après cette même publication.

TITRE III. – DE L'ACTION DIRECTE

Art. 11 *(Mod., Ord. n° 2018-1074, 26 nov. 2018).* – Le présent titre s'applique à tous les contrats de sous-traitance qui n'entrent pas dans le champ d'application du titre II.

Le présent titre ne s'applique pas aux marchés publics soumis à la deuxième partie du Code de la commande publique à l'exception :

1° Des marchés publics relevant de ses livres Ier à III dont le montant est inférieur au seuil fixé en application du 2° de l'article L. 2193-10 ;

2° Des marchés publics relevant de son livre V.

Art. 12 *(Mod., L. n° 94-475, 10 juin 1994).* – Le sous-traitant a une action directe contre le maître de l'ouvrage si l'entrepreneur principal ne paie pas, un mois après en avoir été mis en demeure, les sommes qui sont dues en vertu du contrat de sous-traitance ; copie de cette mise en demeure est adressée au maître de l'ouvrage.

Toute renonciation à l'action directe est réputée non écrite.

Cette action directe subsiste même si l'entrepreneur principal est en état de liquidation des biens, de règlement judiciaire ou de suspension provisoire des poursuites *(redressement ou liquidation judiciaires).*

Les dispositions du deuxième alinéa de l'article 1799-1 du Code civil sont applicables au sous-traitant qui remplit les conditions édictées au présent article.

Art. 13. – L'action directe ne peut viser que le paiement correspondant aux prestations prévues par le contrat de sous-traitance et dont le maître de l'ouvrage est effectivement bénéficiaire.

Les obligations du maître de l'ouvrage sont limitées à ce qu'il doit encore à l'entrepreneur principal à la date de la réception de la copie de la mise en demeure prévue à l'article précédent.

Art. 13-1 *(L. n° 81-1, 2 janv. 1981 ; mod., L. n° 84-46, 24 janv. 1984).* – L'entrepreneur principal ne peut céder ou nantir les créances résultant du marché ou du contrat passé avec le maître de l'ouvrage qu'à concurrence des sommes qui lui sont dues au titre des travaux qu'il effectue personnellement.

Il peut, toutefois, céder ou nantir l'intégralité de ces créances sous réserve d'obtenir, préalablement et par écrit, le cautionnement personnel et solidaire visé à l'article 14 de la présente loi, vis-à-vis des sous-traitants.

Art. 14 *(Mod. à compter du 1er octobre 2016, Ord. n° 2016-131, 10 févr. 2016).* – À peine de nullité du sous-traité, les paiements de toutes les sommes dues par l'entrepreneur ou sous-traitant, en application de ce sous-traité, sont garantis par une caution personnelle et solidaire obtenue par l'entrepreneur d'un établissement qualifié, agréé dans des conditions fixées par décret. Cependant, la caution n'aura pas lieu d'être fournie si l'entrepreneur délègue le maître de l'ouvrage au sous-traitant dans les termes de l'article 1338 du Code civil, à concurrence du montant des prestations exécutées par le sous-traitant.

À titre transitoire, la caution pourra être obtenue d'un établissement figurant sur la liste fixée par le décret pris en application de la loi n° 71-584 du 16 juillet 1971 concernant les retenues de garantie.

Art. 14-1 *(L. n° 86-13, 6 janv. 1986 ; mod., L. n° 2001-1168, 11 déc. 2001 ; L. n° 2005-845, 26 juill. 2005).* – Pour les contrats de travaux de bâtiment et de travaux publics :

– le maître de l'ouvrage doit, s'il a connaissance de la présence sur le chantier d'un sous-traitant n'ayant pas fait l'objet des obligations définies à l'article 3 ou à l'article 6, ainsi que celles définies à l'article 5, mettre l'entrepreneur principal ou le sous-traitant en demeure de s'acquitter de ces obligations. Ces dispositions s'appliquent aux marchés publics et privés ;

– si le sous-traitant accepté, et dont les conditions de paiement ont été agréées par le maître de l'ouvrage dans les conditions définies par décret en Conseil d'État, ne bénéficie pas de la délégation de paiement, le maître de l'ouvrage doit exiger de l'entrepreneur principal qu'il justifie avoir fourni la caution.

Les dispositions ci-dessus concernant le maître de l'ouvrage ne s'appliquent pas à la personne physique construisant un logement pour l'occuper elle-même ou le faire occuper par son conjoint, ses ascendants, ses descendants ou ceux de son conjoint.

Les dispositions du deuxième alinéa s'appliquent également au contrat de sous-traitance industrielle lorsque le maître de l'ouvrage connaît son existence, nonobstant l'absence du sous-traitant sur le chantier. Les dispositions du troisième alinéa s'appliquent également au contrat de sous-traitance industrielle.

TITRE IV. – DISPOSITIONS DIVERSES

Art. 15. – Sont nuls et de nul effet, quelle qu'en soit la forme, les clauses, stipulations et arrangements qui auraient pour effet de faire échec aux dispositions de la présente loi.

Art. 15-1 *(Abr., Ord. n° 2018-1074, 26 nov. 2018).*

Art. 15-2 *(Abr., Ord. n° 2018-1074, 26 nov. 2018).*

Art. 15-3 *(Rempl., Ord. n° 2018-1074, 26 nov. 2018).* – La présente loi, à l'exception du dernier alinéa de l'article 12, est applicable en Nouvelle-Calédonie et en Polynésie française sous réserve des dispositions suivantes :

Au premier alinéa de l'article 14, les mots : "dans les termes de l'article 1338 du Code civil" sont supprimés.

Art. 15-4 *(Rempl., Ord. n° 2018-1074, 26 nov. 2018).* – La présente loi est applicable dans les îles Wallis et Futuna et dans les Terres australes et antarctiques françaises, aux contrats passés par l'État et ses établissements publics.

Loi n° 75-1351 du 31 décembre 1975

relative à la protection des occupants de locaux à usage d'habitation

(JO 4 janv. 1976)

Art. 6 *(Mod., L. n° 94-624, 21 juill. 1994).* – Toute convention tendant à la résiliation d'un bail en cours afin de permettre la libération des lieux pour démolition et reconstruction d'un immeuble d'une surface habitable supérieure ou pour travaux ayant pour objet d'augmenter la surface d'habitation ou le confort de l'immeuble ne peut être signée, à peine de nullité, qu'au terme d'un délai de trente jours après réception de la demande de résiliation adressée par le propriétaire par lettre recommandée avec demande d'avis de réception.

La demande de résiliation doit reproduire, à peine de nullité, les dispositions du présent article.

Nonobstant les dispositions de l'article 1751 du Code civil, les demandes de résiliation faites en application du présent article par le bailleur sont de plein droit opposables au conjoint du locataire ou occupant de bonne foi si son existence n'a pas été préalablement portée à la connaissance du bailleur.

....

Art. 10 *(Mod., L. n° 2014-366, 24 mars 2014).* – I. – Préalablement à la conclusion de toute vente d'un ou plusieurs locaux à usage d'habitation ou à usage mixte d'habitation et professionnel, consécutive à la division initiale ou à la subdivision de tout ou partie d'un immeuble par lots, le bailleur doit, à peine de nullité de la vente, faire connaître par lettre recommandée avec demande d'avis de réception, à chacun des locataires ou occupants de bonne foi, l'indication du prix et des conditions de la vente projetée pour le local qu'il occupe. Cette notification vaut offre de vente au profit de son destinataire.

L'offre est valable pendant une durée de deux mois à compter de sa réception. Le locataire qui accepte l'offre ainsi notifiée dispose, à compter de la date d'envoi de sa réponse au bailleur, d'un délai de deux mois pour la réalisation de l'acte de vente. Si, dans sa réponse, il notifie au bailleur son intention de recourir à un prêt, son acceptation de l'offre de vente est subordonnée à l'obtention du prêt et, en ce cas, le délai de réalisation est porté à quatre mois.

Passé le délai de réalisation de l'acte de vente, l'acceptation par le locataire de l'offre de vente est nulle de plein droit.

Dans le cas où le propriétaire décide de vendre à des conditions ou à un prix plus avantageux pour l'acquéreur, le notaire doit, lorsque le propriétaire n'y a pas préalablement procédé, notifier au locataire ou occupant de bonne foi ces conditions et prix à peine de nullité de la vente. Cette notification vaut offre de vente au profit du locataire ou occupant de bonne foi. Cette offre est valable pendant une durée d'un mois à compter de sa réception. L'offre qui n'a pas été acceptée dans le délai d'un mois est caduque.

Le locataire ou occupant de bonne foi qui accepte l'offre ainsi notifiée dispose, à compter de la date d'envoi de sa réponse au propriétaire ou au notaire, d'un délai de deux mois pour la réalisation de l'acte de vente. Si, dans sa réponse, il notifie son intention de recourir à un prêt, l'acceptation par le locataire ou occupant de bonne foi de l'offre de vente est subordonnée à l'obtention du prêt et le délai de réalisation de la vente est porté à quatre mois. Si, à l'expiration de ce délai, la vente n'a pas été réalisée, l'acceptation de l'offre de vente est nulle de plein droit.

Les termes des cinq alinéas qui précèdent doivent être reproduits, à peine de nullité, dans chaque notification.

Nonobstant les dispositions de l'article 1751 du Code civil, les notifications faites en application du présent article par le bailleur sont de plein droit opposables au conjoint du locataire ou occupant de bonne foi si son existence n'a pas été préalablement portée à la connaissance du bailleur.

(Al. abr. à compter du 11 janvier 2018, Cons. const., 9 janv. 2018, n° 2017-683 QPC, art. 1er et 3 : JurisData n° 2018-000069 ; JO 11 janv. 2018).

En cas d'absence d'acceptation par un des locataires ou occupants de bonne foi des offres de vente mentionnées aux premier et troisième alinéas, le bailleur communique sans délai au maire de la commune sur le territoire de laquelle est situé l'immeuble le prix et les conditions de la vente de l'ensemble des locaux pour lesquels il n'y a pas eu acceptation de ces offres de vente. À défaut, toute vente à un autre acquéreur est réputée nulle.

(Al. abr. à compter du 11 janvier 2018, Cons. const., 9 janv. 2018, n° 2017-683 QPC, art. 1er et 3 : JurisData n° 2018-000069 ; JO 11 janv. 2018).

La commune dispose alors, pour assurer le maintien dans les lieux des locataires, d'un délai de deux mois à compter de cette notification pour décider d'acquérir le ou les logements au prix déclaré ou proposer de les acquérir à un prix inférieur. À défaut d'accord amiable, le prix d'acquisition est fixé par la juridiction compétente en matière d'expropriation ; ce prix est exclusif de toute indemnité accessoire, notamment de l'indemnité de réemploi. Le prix est fixé, payé ou, le cas échéant, consigné selon les règles applicables en matière d'expropriation. En cas d'acquisition, la commune règle le prix au plus tard six mois après sa décision d'acquérir le bien au prix demandé, la décision définitive de la juridiction ou la date de l'acte ou du jugement d'adjudication. En l'absence de paiement ou, s'il y a obstacle au paiement, de consignation de la somme due à l'expiration du délai de six mois prévu au présent alinéa, le propriétaire reprend la libre disposition de son bien.

II. – Lorsque la vente du local à usage d'habitation ou à usage mixte d'habitation ou professionnel a lieu par adjudication volontaire ou forcée, le locataire ou l'occupant de bonne foi doit y être convoqué par lettre recommandée avec demande d'avis de réception un mois au moins avant la date de l'adjudication.

A défaut de convocation, le locataire ou l'occupant de bonne foi peut, pendant un délai d'un mois à compter de la date à laquelle il a eu connaissance de l'adjudication, déclarer se substituer à l'adjudicataire. Toutefois, en cas de vente sur licitation, il ne peut exercer ce droit si l'adjudication a été prononcée en faveur d'un indivisaire.

III. – Le présent article s'applique aux ventes de parts ou actions des sociétés dont l'objet est la division d'un immeuble par fractions destinées à être attribuées aux associés en propriété ou en jouissance à temps complet.

Il ne s'applique pas aux actes intervenant entre parents ou alliés jusqu'au quatrième degré inclus.

Il ne s'applique pas aux ventes portant sur un bâtiment entier ou sur l'ensemble des locaux à usage d'habitation ou à usage mixte d'habitation et professionnel dudit bâtiment.

Il ne s'applique ni aux ventes d'un ou de plusieurs locaux à usage d'habitation ou à usage mixte d'habitation et professionnel d'un même immeuble à un organisme mentionné à l'article L. 411-2 du Code de la construction et de l'habitation, ni, pour les logements faisant l'objet de conventions conclues en application de l'article L. 351-2 du même code, aux ventes d'un ou de plusieurs locaux à usage d'habitation ou à usage mixte d'habitation et professionnel d'un même immeuble à une société d'économie mixte mentionnée à l'article L. 481-1 dudit code ou à un organisme bénéficiant de l'agrément prévu à l'article L. 365-1 du même code.

IV. – Un décret détermine les conditions d'application du présent article (1).

1) L'exercice du droit de préemption institué par l'article 10 est subordonné, en application des dispositions de l'article 1er du décret du 30 juin 1977, à la condition d'occuper effectivement les lieux (▪ Cass. 3e civ., 16 avr. 1986 : *JCP* 87, II, 20742, note Vial-Pedroletti ; *RTD civ.* 1987, 364, obs. Rémy).

2) Le droit de préemption institué par l'article 10 de la loi du 31 déc. 1975 ne peut pas être invoqué par le locataire d'un appartement situé dans un immeuble placé, dès sa construction, sous le régime de la copropriété (▪ Cass. 3e civ., 8 avr. 1987 : *Bull. civ.* III, n° 87, p. 52).

Art. 10-1 A *(L. n° 2014-366, 24 mars 2014)*. – Quiconque exécute ou fait exécuter les travaux mentionnés aux deux premiers alinéas de l'article 2 de la loi n° 67-561 du 12 juillet 1967 relative à l'amélioration de l'habitat ou au e de l'article 7 de la loi n° 89-462 du 6 juillet 1989 tendant à améliorer les rapports locatifs et portant modification de la loi n° 86-1290 du 23 décembre 1986 sans avoir fait la notification, prévue auxdits articles, ou sans respecter les conditions d'exécution figurant dans la notification ou encore malgré une décision d'interdiction ou d'interruption des travaux prononcée par le juge du tribunal d'instance, statuant par ordonnance de référé, encourt les sanctions prévues à l'article L. 480-4 du Code de l'urbanisme.

Le tribunal peut, en outre, ordonner la remise en état des lieux aux frais du condamné.

Les premier, troisième et quatrième alinéas de l'article L. 480-1, les articles L. 480-2, L. 480-3, L. 480-7, L. 480-8 et L. 480-9 du Code de l'urbanisme sont applicables aux infractions mentionnées au premier alinéa du présent article.

(1) V. D. n° 77-742, 30 juin 1977.

Art. 10-1 *(L. n° 2006-685, 13 juin 2006 ; mod., L. n° 2009-323, 25 mars 2009)*. – I. - A. - Préalablement à la conclusion de la vente, dans sa totalité et en une seule fois, d'un immeuble à usage d'habitation ou à usage mixte d'habitation et professionnel de plus de *(Mot rempl., L. n° 2014-366, 24 mars 2014)* « cinq » logements au profit d'un acquéreur ne s'engageant pas à proroger les contrats de bail à usage d'habitation en cours à la date de la conclusion de la vente afin de permettre à chaque locataire ou occupant de bonne foi de disposer du logement qu'il occupe pour une durée de six ans à compter de la signature de l'acte authentique de vente qui contiendra la liste des locataires concernés par un engagement de prorogation de bail, le bailleur doit faire connaître par lettre recommandée avec demande d'avis de réception à chacun des locataires ou occupants de bonne foi l'indication du prix et des conditions de la vente, dans sa totalité et en une seule fois, de l'immeuble ainsi que l'indication du prix et des conditions de la vente pour le local qu'il occupe.

Cette notification doit intervenir à peine de nullité de la vente, dans sa totalité et en une seule fois, de l'immeuble. Elle s'accompagne d'un projet de règlement de copropriété qui réglera les rapports entre les copropriétaires si l'un au moins des locataires ou occupants de bonne foi réalise un acte de vente, ainsi que des résultats d'un diagnostic technique portant constat de l'état apparent de la solidité du clos et du couvert et de celui de l'état des conduites et canalisations collectives ainsi que des équipements communs et de sécurité. Ce diagnostic est établi par un contrôleur technique au sens de l'article L. 111-23 du Code de la construction et de l'habitation ou par un architecte au sens de l'article 2 de la loi n° 77-2 du 3 janvier 1977 sur l'architecture, qui ne doit avoir avec le propriétaire de l'immeuble ou son mandataire aucun lien de nature à porter atteinte à son impartialité ou à son indépendance. Les dépenses afférentes à ce diagnostic sont à la charge du bailleur.

Nonobstant les dispositions de l'article 1751 du Code civil, cette notification est de plein droit opposable au conjoint du locataire ou occupant de bonne foi si son existence n'a pas été préalablement portée à la connaissance du bailleur. Elle vaut offre de vente au profit du locataire ou occupant de bonne foi.

L'offre est valable pendant une durée de quatre mois à compter de sa réception. Le locataire ou occupant de bonne foi qui accepte l'offre ainsi notifiée dispose, à compter de la date d'envoi de sa réponse au bailleur, d'un délai de deux mois pour la réalisation de l'acte de vente. Si, dans sa réponse, il notifie au bailleur son intention de recourir à un prêt, son acceptation de l'offre de vente est subordonnée à l'obtention du prêt et, en ce cas, le délai de réalisation est porté à quatre mois. Passé le délai de réalisation de l'acte de vente, l'acceptation de l'offre de vente est nulle de plein droit.

Lorsque, en raison de la vente d'au moins un logement à un locataire ou un occupant de bonne foi, l'immeuble fait l'objet d'une mise en copropriété et que le bailleur décide de vendre les lots occupés à des conditions ou à un prix plus avantageux à un tiers, le notaire doit, lorsque le propriétaire n'y a pas préalablement procédé, notifier au locataire ou occupant de bonne foi ces conditions et prix à peine de nullité de la vente. Cette notification vaut offre de vente à leur profit. Elle est valable pendant une durée d'un mois à compter de sa réception. L'offre qui n'a pas été acceptée dans le délai d'un mois est caduque.

Le locataire ou occupant de bonne foi qui accepte l'offre ainsi notifiée dispose, à compter de la date d'envoi de sa réponse au propriétaire ou au notaire, d'un délai de deux mois pour la réalisation de l'acte de vente. Si, dans sa réponse, il notifie son intention de recourir à un prêt, l'acceptation par le locataire ou occupant de bonne foi de l'offre de vente est subordonnée à l'obtention du prêt et le délai de réalisation de la vente est porté à quatre mois. Si, à l'expiration de ce délai, la vente n'a pas été réalisée, l'acceptation de l'offre de vente est nulle de plein droit.

Les dispositions du présent A doivent être reproduites, à peine de nullité, dans chaque notification.

B. – Préalablement à la conclusion de la vente mentionnée au premier alinéa du A, le bailleur communique au maire de la commune sur le territoire de laquelle est situé l'immeuble le prix et les conditions de la vente de l'immeuble dans sa totalité et en une seule fois. Lorsque l'immeuble est soumis à l'un des droits de préemption institués par les chapitres I et II du titre I du livre II du Code de l'urbanisme, la déclaration préalable faite au titre de l'article L. 213-2 du même code vaut communication au sens du présent article.

II. – Les dispositions du I ne sont pas applicables en cas d'exercice de l'un des droits de préemption institués par le titre I du livre II du Code de l'urbanisme ou lorsque la vente intervient entre parents ou alliés jusqu'au quatrième degré inclus.

Elles sont applicables aux cessions de la totalité des parts ou actions de sociétés lorsque ces parts ou actions portent attribution en propriété ou en jouissance à temps complet de chacun des logements d'un immeuble de plus de *(Mot rempl., L. n° 2014-366, 24 mars 2014)* « cinq » logements.

Elles ne sont pas applicables aux cessions de parts ou actions susvisées lorsque ces cessions interviennent entre parents ou alliés jusqu'au quatrième degré inclus.

Elles ne sont pas applicables aux cessions d'immeubles à un organisme visé à l'article L. 411-2 du Code de la construction et de l'habitation ni, pour les logements faisant l'objet de conventions conclues en application de l'article L. 351-2 du même code, aux cessions d'immeubles à une société d'économie mixte visée à l'article L. 481-1 du même code.

Décret n° 75-1339 du 31 décembre 1975

relatif aux modalités d'application de la loi n° 75-618 du 11 juillet 1975 relative au recouvrement public des pensions alimentaires

(JO 3 janv.)

TITRE PREMIER. – PROCÉDURE D'ADMISSION

Art. 1er. – Le créancier de la pension alimentaire adresse sa demande de recouvrement public au procureur de la République près le tribunal de grande instance dans le ressort duquel se trouve son domicile.

La demande du créancier présentée sur papier libre est envoyée par lettre recommandée avec demande d'avis de réception ; elle peut être également déposée directement auprès du ministère public qui y porte sans délai la date du dépôt.

La demande est réputée faite soit à la date d'expédition de la lettre recommandée, soit à la date du dépôt au parquet.

Art. 2. – Le créancier joint à sa demande une expédition ou la copie certifiée conforme du jugement fixant la pension alimentaire. Il y joint également une attestation du secrétaire-greffier de la juridiction compétente ou d'un huissier de justice, établissant qu'une voie d'exécution de droit privé n'a pas permis le recouvrement de la pension alimentaire.

À défaut de cette attestation le créancier peut produire tous autres documents établissant qu'il n'a pu obtenir le recouvrement de sa créance par une voie d'exécution de droit privé.

L'attestation ou les autres documents produits doivent comporter la justification des diligences effectuées et de leurs dates, ainsi que les résultats obtenus ; ils doivent en outre indiquer sur quels biens ou revenus le recouvrement a été tenté et, si possible, leur importance.

Art. 3. – Le créancier doit aussi fournir au procureur de la République les renseignements en sa possession relatifs au débiteur et concernant son identité, son adresse ou sa dernière adresse connue, sa profession, les nom et adresse de son employeur, la nature, la situation et l'importance de son patrimoine, ainsi que la source de ses revenus.

Art. 4. – Le procureur de la République avise, par lettre simple, le créancier de la pension alimentaire de la suite qu'il a réservée à sa demande.

Le procureur de la République notifie au débiteur, par lettre recommandée avec demande d'avis de réception confirmée ce même jour par lettre simple, qu'il a admis la demande de recouvrement public ; il lui précise, dans cette notification, les sommes sur lesquelles porte le recouvrement public et fait connaître au débiteur qu'il ne peut plus s'en libérer qu'entre les mains d'un comptable public, suivant des modalités de paiement qui lui seront précisées ultérieurement par ce dernier.

En outre, le procureur de la République informe, suivant les cas, le créancier ou le débiteur que le refus d'admission ou l'admission à la procédure de recouvrement public peut être contesté par lettre simple adressée au ministère public.

Art. 5. – Les dispositions des articles 1er, 3 et 4 du présent décret sont également applicables à une nouvelle demande de recouvrement public présentée en application de l'article 13 de la loi du 11 juillet 1975 susvisée.

Cette demande doit être accompagnée de toutes justifications établissant que les conditions requises par le premier alinéa de cet article 13 sont réunies.

Art. 6 *(Mod., L. n° 2012-430, 29 mars 2012)*. – En cas d'admission à la procédure de recouvrement public, le procureur de la République adresse au directeur départemental ou, le cas échéant, régional des finances publiques du département de son ressort un état exécutoire émis à l'encontre du débiteur de la pension alimentaire.

L'état mentionne le jugement qui a attribué la pension. Il précise, d'une part, le montant des termes échus et non versés par le débiteur au titre de la période de six mois ayant précédé la date de la demande de recouvrement public et, d'autre part, le montant des termes échus ou à échoir à compter de cette même date ; il fait apparaître, en outre, le montant des frais de recouvrement perçus au profit du Trésor.

L'état est revêtu de la mention « pour valoir titre exécutoire conformément à la loi n° 75-618 du 11 juillet 1975 ».

Art. 7. – Lorsqu'un nouvel état exécutoire est émis à l'encontre d'un débiteur défaillant, en application de l'article 13 de la loi du 11 juillet 1975 susvisée, cet état doit comporter les précisions mentionnées à l'article précédent ; il précise le montant des sommes dues et non versées depuis l'interruption de la procédure de recouvrement public, et le montant de la majoration de 10 % perçue au profit du créancier.

TITRE II. – CONTESTATIONS RELATIVES À L'ADMISSION AU RECOUVREMENT PUBLIC ET À LA CESSATION DE CE RECOUVREMENT

Art. 8 *(Mod., L. n° 2012-430, 29 mars 2012).* – Le procureur de la République transmet sans délai la lettre de contestation mentionnée au troisième alinéa de l'article 4 ci-dessus au président du tribunal de grande instance avec, le cas échéant, les pièces qui y sont annexées.

Le président statue, sans formes de procédure ni frais, dans un délai de quinze jours, sur convocation adressée par le secrétaire-greffier au créancier et au débiteur d'aliments par lettre recommandée avec demande d'avis de réception.

La décision est transmise le jour même par le secrétaire-greffier au procureur de la République qui, dans les trois jours à compter de la réception, la notifie aux parties par lettre recommandée avec demande d'avis de réception, et au directeur départemental ou, le cas échéant, régional des finances publiques en lui adressant éventuellement un état exécutoire ou un titre de réduction.

La notification faite au créancier ou au débiteur rappelle le délai dans lequel un pourvoi en cassation peut être formé.

Art. 9. – L'ordonnance du président peut être déférée à la Cour de cassation par les parties à l'instance dans un délai de deux mois à compter de sa notification par le procureur de la République. Les règles de la procédure d'urgence sont applicables.

Art. 10. – Si le président du tribunal de grande instance accorde la remise de la majoration dans les conditions prévues à l'article 13 de la loi du 11 juillet 1975 susvisée, le procureur de la République émet à due concurrence un titre de réduction ; les dispositions des articles 8 et 9 du présent décret sont applicables aux demandes de remise de majoration.

TITRE III. – Recouvrement par les comptables de la direction générale des finances publiques

(Intitulé mod., L. n° 2012-430, 29 mars 2012)

Art. 11 *(Mod., L. n° 2012-430, 29 mars 2012).* – Le directeur départemental ou, le cas échéant, régional des finances publiques assignataire de l'état exécutoire le confie pour recouvrement au comptable public du domicile ou de la résidence du débiteur.

Art. 12 *(Mod., L. n° 2012-430, 29 mars 2012).* – Pour décharger du recouvrement de la créance le comptable public dans les conditions prévues aux articles 10, 11 et 12 de la loi [n° 75-618] du 11 juillet 1975 susvisée, le procureur de la République qui a établi l'état exécutoire émet un titre de réduction après s'être assuré, s'il y a lieu auprès du directeur départemental ou, le cas échéant, régional des finances publiques que les conditions requises sont réunies.

Le procureur notifie sans délai, par lettre simple, aux parties intéressées, qu'il est mis fin au recouvrement public.

TITRE IV. – RECOURS EN CAS DE CONDAMNATION POUR USAGE ABUSIF DE LA PROCÉDURE DE RECOUVREMENT PUBLIC

Art. 13. – L'ordonnance du président du tribunal de grande instance rendue en application de l'article 17 de la loi du 11 juillet 1975 susvisée est notifiée aux parties par le procureur de la République dans les conditions prévues au troisième alinéa de l'article 8 du présent décret.

Cette notification rappelle le délai d'appel.

Art. 14. – L'ordonnance du président du tribunal est susceptible d'appel en tant qu'elle condamne le créancier d'aliments à l'amende civile et au remboursement des majorations et frais. L'appel n'est recevable que s'il est formé, dans les quinze jours de la notification, par lettre recommandée avec demande d'avis de réception adressée au procureur général.

Le premier président de la cour d'appel, saisi par le procureur général, statue comme en matière de référé et dans les conditions prévues à l'article 4 de la loi du 11 juillet 1975 susvisée ainsi qu'à l'article 8 du présent décret.

L'ordonnance est notifiée par le procureur général selon les modalités fixées aux deux derniers alinéas de l'article 8 ci-dessus. L'article 9 est applicable à cette ordonnance.

TITRE V. – MODIFICATIONS DES DISPOSITIONS APPLICABLES À LA PROCÉDURE DE PAIEMENT DIRECT DE LA PENSION ALIMENTAIRE

Art. 15 à 20. – *V. D. n° 73-216, 1er mars 1973, art. 1er, al. 2 et 3, art. 2, al. 1, art. 4-1, 5-1, 8 et 10, al. 2.*

TITRE VI. – DISPOSITIONS DIVERSES

Art. 21. – Les frais exposés en exécution des dispositions de l'article 4, du deuxième alinéa de l'article 12, du troisième alinéa de l'article 13, et de l'article 17 de la loi du 11 juillet 1975 susvisée sont avancés par le Trésor public selon les modalités prévues à l'article R. 93 (11°) du Code de procédure pénale.

Art. 22. – Les dispositions du présent décret s'appliquent aussi pour le recouvrement des sommes dues en exécution d'une décision judiciaire au titre des contributions aux charges du mariage prescrites par l'article 214 du Code civil, des rentes prévues par l'article 276 du même code et des subsides de l'article 342.

....

Art. 24. – Le présent décret est applicable dans les territoires d'outre-mer.

Dans ces territoires, les attributions dévolues aux magistrats du siège et du parquet appartenant aux tribunaux de grande instance ou aux cours d'appel sont exercées par les magistrats du siège et du parquet en fonction dans les tribunaux de première instance ou dans leurs sections détachées et dans les juridictions d'appel.

Art. 25. – Le présent décret entrera en application le 1er janvier 1976.

Loi n° 76-519 du 15 juin 1976

relative à certaines formes de transmission des créances

(JO 16 juin)

Art. 1er. – Pour permettre au créancier de poursuivre le recouvrement de sa créance, le notaire établit une copie exécutoire, qui rapporte littéralement les termes de l'acte authentique qu'il a dressé. Il la certifie conforme à l'original et la revêt de la formule exécutoire.

Art. 2. – Aucune créance ne peut faire l'objet d'une copie exécutoire au porteur.

Art. 3. – Sous réserve des dispositions de l'article 15, il ne peut être créé de copie exécutoire à ordre qu'en représentation d'une créance garantie par un privilège spécial immobilier ou par une hypothèque immobilière.

Art. 4. – La copie exécutoire à ordre, autorisée comme il est dit à l'article 3, ne peut être établie que si sa création a été prévue dans l'acte notarié constatant la créance ou dans un acte rédigé à la suite de celui-ci.

En cas de fractionnement de la créance ou de pluralité de créanciers, cet acte doit indiquer le nombre de copies exécutoires et le montant de la somme pour laquelle chacune d'elles sera établie.

Art. 5. – La copie exécutoire à ordre est établie au nom du créancier.

Lors de sa remise au créancier, elle doit comporter les mentions suivantes :

1° La dénomination « copie exécutoire à ordre (transmissible par endossement) » ;

2° Le texte des articles 6, alinéa 1, et 7 de la présente loi ;

3° Le montant de la somme due ou restant due à concurrence de laquelle elle vaut titre exécutoire ;

4° La mention « copie exécutoire unique » ou l'indication de son numéro, au cas de pluralité de copies exécutoires ;

5° La référence complète à l'inscription de la sûreté et de la date extrême d'effet de cette inscription.

Le titre dans lequel une des mentions indiquées ci-dessus fait défaut, ne vaut pas comme copie exécutoire à ordre.

Art. 6 *(Mod., Ord. n° 2006-461, 21 avr. 2006)*. – L'endossement de la copie exécutoire à ordre est obligatoirement constaté par acte notarié et porté sur la copie exécutoire elle-même.

La mention d'endos porte la date de son apposition, la signature de l'endosseur, le montant de la somme due ou restant due au moment de l'endossement, la désignation de l'endossataire, son acceptation et sa signature, ainsi que la désignation et la signature du notaire.

L'endossement emporte transfert de la créance et de ses accessoires, s'il n'est stipulé fait à titre de procuration ou de nantissement.

Le transfert ou le nantissement d'une créance ayant donné lieu à l'établissement d'une copie exécutoire à ordre ne peut être effectué selon les formalités de l'article 1690 du Code civil.

Un endossement à titre de procuration ne peut être effectué lorsque, par l'acte notarié ayant constaté la créance, un établissement bancaire, financier, de crédit à statut légal spécial ou un notaire a été chargé de recevoir paiement pour le compte du créancier.

Le notaire signataire, en application de l'alinéa 2 ci-dessus, notifie l'endossement, par lettre recommandée avec demande d'avis de réception, au notaire qui a reçu l'acte ayant constaté la créance, au débiteur, le cas échéant au domicile élu dans l'acte constitutif de la créance, ainsi que, le cas échéant, à l'établissement bancaire, financier ou de crédit à statut légal spécial ou au notaire mandaté, aux termes de l'acte ayant constaté la créance, à l'effet de payer pour le compte du débiteur. Au cas d'endossement translatif ou à titre de nantissement, pareille notification doit être effectuée à l'établissement bancaire, financier ou de crédit à statut légal spécial ou au notaire chargé de recevoir paiement pour le compte du créancier, au cas où, par l'acte notarié ayant constaté la créance, un tel établissement ou un notaire aurait été désigné.

Les notifications prévues à l'alinéa précédent sont mentionnées par le notaire sur la copie exécutoire.

Le notaire qui a reçu l'acte ayant constaté la créance mentionne sur la minute de cet acte la notification qu'il a reçue du notaire signataire de l'endossement.

L'inobservation des règles énoncées aux premier et deuxième alinéas du présent article entraîne la nullité de l'endossement ; l'absence de l'une des notifications prévues au sixième alinéa entraîne son inopposabilité aux tiers.

À l'égard des tiers, sans qu'il soit besoin d'autre formalité, l'endossement prend effet à la date de la notification au débiteur, à moins que l'acte notarié ayant constaté la créance ait désigné un établissement bancaire, financier ou de crédit à statut légal spécial ou un notaire, mandaté à l'effet de payer pour le compte du débiteur, auquel cas l'endossement ne prend effet à l'égard des tiers qu'à la date de la notification adressée à cet établissement ou à ce notaire.

Art. 7 *(Mod., Ord. n° 2011-1895, 19 déc. 2011)*. – Le paiement total ou partiel du capital ne peut être exigé que sur présentation de la copie exécutoire à ordre, à moins qu'en vertu d'une disposition de l'acte ayant constaté la créance, le paiement doive être effectué à un établissement bancaire, financier ou de crédit à statut légal spécial ou à un notaire chargé d'exiger et de recevoir paiement pour le compte du créancier.

Les paiements anticipés ne libèrent le débiteur que s'ils sont portés sur la copie exécutoire à ordre ; toutefois, à l'égard du créancier qui a reçu l'un de ces paiements ou d'un créancier de ce dernier ayant fait saisie, la libération du débiteur peut être établie dans les conditions du droit commun.

Art. 8. – Le débiteur actionné en vertu d'une copie exécutoire à ordre ne peut pas opposer au créancier qui en est titulaire les exceptions fondées sur ses rapports personnels avec les créanciers antérieurs, à moins que le créancier titulaire de la créance, en acquérant celle-ci, n'ait agi sciemment au détriment du débiteur.

Art. 9. – Le créancier n'a pas de recours, à raison de l'insolvabilité du débiteur, contre les créanciers précédemment titulaires de la copie exécutoire à ordre.

Art. 10. – La mainlevée de l'inscription hypothécaire qui garantit une créance représentée par une copie exécutoire à ordre est donnée par le dernier endossataire.

Le droit d'établir l'acte de mainlevée n'appartient qu'au notaire détenteur de l'acte ayant constaté la créance.

Le notaire énonce dans l'acte de mainlevée la dernière mention d'endossement que comporte la copie exécutoire, ou, en cas de perte de celle-ci, la dernière mention de notification que comporte la minute ; en l'absence de mention, il atteste qu'il n'y a pas de mention d'endossement sur la copie exécutoire ou, en cas de perte de celle-ci, que la minute ne comporte pas de mention de notification.

Il revêt la copie exécutoire d'une mention de référence à l'acte de mainlevée et atteste dans ce dernier l'apposition de cette mention.

Il certifie dans le même acte que les règles prévues par l'article 6, alinéas 1, 2 et 6, ont été observées.

(Mod. à compter du 1er janvier 2013, Ord. n° 2010-638, 10 juin 2010) Ces énonciations dispensent le service chargé de la publicité foncière d'exiger d'autres justifications.

Art. 11. – Les formalités mentionnées aux articles 5, alinéa 2, 2°, 6, 7 et à l'article 10, alinéa 5, ne sont pas obligatoires, lorsque la copie exécutoire à ordre est créée ou endossée au profit d'un établissement bancaire, financier ou de crédit à statut légal spécial.

En cas d'endossement par un des établissements mentionnés à l'alinéa précédent au profit d'une personne autre que l'un de ces établissements, la copie exécutoire à ordre doit comporter la mention prévue par l'article 5, alinéa 2, 2°, s'il y a lieu, et la mention des paiements anticipés effectués antérieurement, à peine par l'établissement endosseur d'engager sa responsabilité envers le débiteur.

Art. 12. – Toute créance, constatée par un acte reçu en brevet ou par un acte sous seing privé et garantie par un privilège immobilier spécial ou une hypothèque immobilière, ne peut être transmise qu'en conformité des dispositions de l'article 1690 du Code civil.

Art. 13. – La créance, constatée par un acte reçu en minute et garantie par un privilège immobilier spécial ou une hypothèque immobilière, peut être représentée par des billets ou effets négociables dont la transmission emporte transfert de la créance et de la sûreté, sans qu'il soit besoin d'autre formalité.

Toutefois :

La création de ces billets ou effets doit avoir été prévue par l'acte ayant constaté la créance ;

Ces billets ou effets ne peuvent être souscrits, tirés ou endossés qu'au bénéfice d'un établissement bancaire, financier ou de crédit à statut légal spécial ;

La créance ne peut pas être représentée par une copie exécutoire à ordre.

Art. 14. – Les dispositions des articles 6, 7 et 10, 12 et 13 de la présente loi ne dérogent pas aux lois spéciales et notamment aux dispositions du titre III de l'ordonnance n° 67-838 du 28 septembre 1967, portant réforme du crédit aux entreprises, et de l'article 16 de la loi n° 69-1263 du 31 décembre 1969, portant diverses dispositions d'ordre économique et financier.

Art. 15. – Les dispositions de l'article 3 et des articles suivants de la présente loi ne sont pas applicables à la création et à la transmission de copies exécutoires à ordre représentant des créances garanties par une hypothèque sur un bateau de navigation intérieure, un navire ou autre bâtiment de mer ou un aéronef.

Art. 16. – La présente loi est applicable aux copies exécutoires, billets et effets délivrés, souscrits ou tirés après l'expiration du délai d'un mois, à compter de sa promulgation.

Les copies exécutoires au porteur et les copies exécutoires à ordre, délivrées antérieurement à l'entrée en vigueur de la présente loi, devront être transformées, en cas de prorogation du terme prévu pour le paiement, en copies exécutoires nominatives ou en copies exécutoires à ordre régies par les dispositions de ladite loi.

Les billets ou effets, souscrits ou tirés antérieurement à l'entrée en vigueur de la présente loi, ne pourront donner lieu à prorogation du terme prévu pour le paiement que si les conditions fixées à l'article 13 sont remplies.

Art. 17. – Les dispositions de la présente loi sont d'ordre public.

Art. 18. – Les dispositions de la présente loi sont applicables dans les territoires d'outre-mer.

Loi n° 76-1036 du 15 novembre 1976

complétant les dispositions transitoires de la loi n° 72-3 du 3 janvier 1972 sur la filiation

(JO 16 nov.)

Art. 1er. – L'action en recherche de paternité prévue par les articles 340 et suivants du Code civil pourra être exercée, sans que puisse être opposée aucune forclusion même constatée par une décision de justice devenue irrévocable, dans le délai d'un an à compter de l'entrée en vigueur de la présente loi, par les enfants adultérins ou incestueux qui, nés avant le 1er août 1972, n'ont pas disposé à partir de cette date d'un délai de deux années pour exercer ladite action ; toutefois, le présent article ne déroge pas aux alinéas 1er et 2 de l'article 14 de la loi n° 72-3 du 3 janvier 1972 sur la filiation.

Art. 2. – L'action à fins de subsides pourra être exercée dans les mêmes délais et conditions par les enfants visés aux articles 342 et 342-1 du Code civil qui, nés avant le 1er août 1972, n'avaient pas à cette date l'âge de vingt et un ans accomplis.

Art. 3. – Dans les instances en cours, y compris celles qui sont pendantes devant la Cour de cassation, la déchéance prévue aux articles 340-4 et 342-6 du Code civil ne peut être prononcée lorsque l'action en recherche de paternité ou l'action à fins de subsides a été introduite par les personnes visées aux articles 1er et 2 durant la période comprise entre le 1er août 1972 et l'entrée en vigueur de la présente loi.

Loi n° 77-1447 du 28 décembre 1977

portant réforme du titre IV du livre I du Code civil : Des absents

Art. 6. – La présente loi entrera en vigueur le 31 mars 1978.

Art. 7. – La présente loi sera applicable à l'égard des personnes qui, avant son entrée en vigueur, ont cessé de paraître au lieu de leur domicile ou de leur résidence sans que l'on ait eu de leurs nouvelles, sous les exceptions résultant des articles ci-dessous.

Art. 8. – Lorsqu'il aura été statué selon les anciens articles 112 et 113 du Code civil, en vue de pourvoir à l'administration de tout ou partie des biens laissés par une personne présumée absente ou à la représentation de cette dernière, les mesures prescrites pourront être modifiées, s'il y a lieu, dans les formes et conditions fixées par les nouveaux articles 112 à 118 du Code civil.

Art. 9. – Lorsque la requête aux fins de déclaration d'absence aura été présentée avant l'entrée en vigueur de la présente loi, la demande sera instruite et jugée selon la loi ancienne ; la déclaration d'absence produira alors les effets prévus par cette loi, sous réserve des dispositions de l'article 10.

Art. 10. – À l'expiration d'un délai d'un an à compter de l'entrée en vigueur de la présente loi, tout jugement déclaratif d'absence rendu selon la loi ancienne, qui aura été publié depuis plus de dix ans en application de l'article 118 ancien du Code civil, produira les effets que la loi nouvelle y aurait attachés. Dans ce cas, les cautions sont déchargées et tous les ayants droit peuvent demander le partage des biens de l'absent.

Art. 11. – Sont abrogées toutes les dispositions contraires à la présente loi, et notamment le 5° de l'article 28 du décret n° 55-22 du 4 janvier 1955 portant réforme de la publicité foncière, ainsi que la loi du 22 septembre 1942 relative aux militaires, marins et civils disparus pendant la période comprise entre le 3 septembre 1939 et le 25 juin 1940, validée et modifiée par l'ordonnance du 5 avril 1944.

Loi n° 78-9 du 4 janvier 1978

modifiant le titre IX du livre III du Code civil

(JO 5 et rect. 15 janv. et 12 mai)

Art. 1er. – V. *C. civ., art. 1832 à 1873.*

Art. 2. – La présente loi est applicable dans les territoires de la Nouvelle-Calédonie, de la Polynésie française, de Wallis-et-Futuna et des Terres australes et antarctiques françaises, ainsi que dans la collectivité territoriale de Mayotte.

Art. 3. – Les conditions d'application de la présente loi seront fixées par décret en Conseil d'État (1).

Ce décret procédera, notamment, sans en modifier le fond, à l'adaptation aux dispositions de la présente loi des références faites par d'autres textes aux anciens articles 1832 à 1873 du Code civil, et supprimera celles de ces références qui n'ont plus d'objet.

Art. 4. – La présente loi entrera en vigueur le premier jour du sixième mois qui suivra sa publication.

Elle s'appliquera aux sociétés qui se constitueront à compter de son entrée en vigueur.

Elle sera applicable aux sociétés constituées avant son entrée en vigueur deux ans après celle-ci. Elle sera applicable avant cette date aux sociétés jouissant de la personnalité morale dès leur immatriculation et aux sociétés en participation si les associés en décident ainsi.

(Abr., L. n° 2001-420, 15 mai 2001) (2).

Par dérogation à l'article 1845-1 du Code civil, les sociétés civiles constituées avant l'entrée en vigueur de la présente loi ont la faculté de maintenir des parts sociales inégales.

À dater de l'application de la présente loi à une société, les dispositions statutaires contraires sont réputées non écrites.

Les sociétés constituées pendant la période comprise entre la publication de la présente loi et la date prévue ci-dessus pour son entrée en vigueur pourront, par une clause expresse de leurs statuts, se soumettre au droit nouveau. Jusqu'à leur immatriculation, qui ne pourra intervenir qu'après ladite entrée en vigueur, elles seront régies par les articles 1842 à 1843-1 du Code civil.

Bibliographie : F. Deboissy et G. Wicker, *Conséquences juridiques et fiscales du défaut d'immatriculation des sociétés civiles anciennes au 1er novembre 2002 : JCP* E 2002, 1465 et *JCP* N 2002, 1548.

Loi n° 78-17 du 6 janvier 1978

relative à l'informatique, aux fichiers et aux libertés

(JO 7 et rect. 25 janv.)

(L'ensemble des dispositions ici reproduites, remplace à compter de la date prévue à l'article 29 de l'ordonnance n° 2018-1125 du 12 décembre 2018, et au plus tard le 1er juin 2019, les articles 1er à 72 dans leur rédaction applicable jusqu'à cette date, Ord. n° 2018-1125, 12 déc. 2018)

Voir : D. n° 85-1203, 15 nov. 1985, portant publication de la convention pour la protection des personnes à l'égard du traitement automatisé des données à caractère personnel, faite à Strasbourg le 28 janvier 1981 (*JO* 20 nov.).

TITRE Ier. – DISPOSITIONS COMMUNES

CHAPITRE I. – PRINCIPES ET DÉFINITIONS

Art. 1er ***(Créé à compter de la date prévue à l'article 29 de l'ordonnance n° 2018-1125 du 12 décembre 2018, et au plus tard le 1er juin 2019, Ord. n° 2018-1125, 12 déc. 2018).*** **– L'informatique doit être au service de chaque citoyen. Son développement doit s'opérer dans le cadre de la coopération internationale. Elle ne doit porter atteinte ni à l'identité humaine, ni aux droits de l'homme, ni à la vie privée, ni aux libertés individuelles ou publiques.**

(1) V. D. n° 78-704, 3 juill. 1978, p. 3057.

(2) V. D. n° 2002-1085 du 7 août 2002 pris pour l'application de l'article 44 de la loi n° 2001-420 du 15 mai 2001.

Les droits des personnes de décider et de contrôler les usages qui sont faits des données à caractère personnel les concernant et les obligations incombant aux personnes qui traitent ces données s'exercent dans le cadre du règlement (UE) 2016/679 du Parlement européen et du Conseil du 27 avril 2016, de la directive (UE) 2016/680 du Parlement européen et du Conseil du 27 avril 2016 et de la présente loi.

Art. 2 *(Créé à compter de la date prévue à l'article 29 de l'ordonnance n° 2018-1125 du 12 décembre 2018, et au plus tard le 1er juin 2019, Ord. n° 2018-1125, 12 déc. 2018).* – La présente loi s'applique aux traitements automatisés en tout ou partie de données à caractère personnel, ainsi qu'aux traitements non automatisés de données à caractère personnel contenues ou appelées à figurer dans des fichiers, lorsque leur responsable remplit les conditions prévues à l'article 3 de la présente loi, à l'exception des traitements mis en œuvre par des personnes physiques pour l'exercice d'activités strictement personnelles ou domestiques.

Constitue un fichier de données à caractère personnel tout ensemble structuré de données à caractère personnel accessibles selon des critères déterminés, que cet ensemble soit centralisé, décentralisé ou réparti de manière fonctionnelle ou géographique.

Sauf dispositions contraires, dans le cadre de la présente loi s'appliquent les définitions de l'article 4 du règlement (UE) 2016/679 du 27 avril 2016.

Art. 3 *(Créé à compter de la date prévue à l'article 29 de l'ordonnance n° 2018-1125 du 12 décembre 2018, et au plus tard le 1er juin 2019, Ord. n° 2018-1125, 12 déc. 2018).* – I. - Sans préjudice, en ce qui concerne les traitements entrant dans le champ du règlement (UE) 2016/679 du 27 avril 2016, des critères prévus par l'article 3 de ce règlement, l'ensemble des dispositions de la présente loi s'appliquent aux traitements des données à caractère personnel effectués dans le cadre des activités d'un établissement d'un responsable du traitement ou d'un sous-traitant sur le territoire français, que le traitement ait lieu ou non en France.

II. - Les règles nationales prises sur le fondement des dispositions du même règlement renvoyant au droit national le soin d'adapter ou de compléter les droits et obligations prévus par ce règlement s'appliquent dès lors que la personne concernée réside en France, y compris lorsque le responsable de traitement n'est pas établi en France.

Toutefois, lorsque est en cause un des traitements mentionnés au 2 de l'article 85 du même règlement, les règles nationales mentionnées au premier alinéa du II sont celles dont relève le responsable de traitement, lorsqu'il est établi dans l'Union européenne.

Art. 4 *(Créé à compter de la date prévue à l'article 29 de l'ordonnance n° 2018-1125 du 12 décembre 2018, et au plus tard le 1er juin 2019, Ord. n° 2018-1125, 12 déc. 2018).* – Les données à caractère personnel doivent être :

1° Traitées de manière licite, loyale et, pour les traitements relevant du titre II, transparente au regard de la personne concernée ;

2° Collectées pour des finalités déterminées, explicites et légitimes, et ne pas être traitées ultérieurement d'une manière incompatible avec ces finalités. Toutefois, un traitement ultérieur de données à des fins archivistiques dans l'intérêt public, à des fins de recherche scientifique ou historique, ou à des fins statistiques est considéré comme compatible avec les finalités initiales de la collecte des données, s'il est réalisé dans le respect des dispositions du règlement (UE) 2016/679 du 27 avril 2016 et de la présente loi, applicables à de tels traitements et s'il n'est pas utilisé pour prendre des décisions à l'égard des personnes concernées ;

3° Adéquates, pertinentes et, au regard des finalités pour lesquelles elles sont traitées, limitées à ce qui est nécessaire ou, pour les traitements relevant des titres III et IV, non excessives ;

4° Exactes et, si nécessaire, tenues à jour. Toutes les mesures raisonnables doivent être prises pour que les données à caractère personnel qui sont inexactes, eu égard aux finalités pour lesquelles elles sont traitées, soient effacées ou rectifiées sans tarder ;

5° Conservées sous une forme permettant l'identification des personnes concernées pendant une durée n'excédant pas celle nécessaire au regard des finalités pour lesquelles elles sont traitées. Toutefois, les données à caractère personnel peuvent être conservées au-delà de cette durée dans la mesure où elles sont traitées exclusivement à des fins archivistiques dans l'intérêt public, à des fins de recherche scientifique ou historique, ou à des fins statistiques. Le choix des données conservées à des fins archivistiques dans l'intérêt public est opéré dans les conditions prévues à l'article L. 212-3 du Code du patrimoine ;

6° Traitées de façon à garantir une sécurité appropriée des données à caractère personnel, y compris la protection contre le traitement non autorisé ou illicite et contre la perte, la destruction ou les dégâts d'origine accidentelle, ou l'accès par des personnes non autorisées, à l'aide de mesures techniques ou organisationnelles appropriées.

Art. 5 *(Créé à compter de la date prévue à l'article 29 de l'ordonnance n° 2018-1125 du 12 décembre 2018, et au plus tard le 1er juin 2019, Ord. n° 2018-1125, 12 déc. 2018).* – Un traitement de données à caractère personnel n'est licite que si, et dans la mesure où, il remplit au moins une des conditions suivantes :

1° Le traitement, lorsqu'il relève du titre II, a reçu le consentement de la personne concernée, dans les conditions mentionnées au 11 de l'article 4 et à l'article 7 du règlement (UE) 2016/679 du 27 avril 2016 précédemment mentionné ;

2° Le traitement est nécessaire à l'exécution d'un contrat auquel la personne concernée est partie ou à l'exécution de mesures précontractuelles prises à la demande de celle-ci ;

3° Le traitement est nécessaire au respect d'une obligation légale à laquelle le responsable du traitement est soumis ;

4° Le traitement est nécessaire à la sauvegarde des intérêts vitaux de la personne concernée ou d'une autre personne physique ;

5° Le traitement est nécessaire à l'exécution d'une mission d'intérêt public ou relevant de l'exercice de l'autorité publique dont est investi le responsable du traitement ;

6° Sauf pour les traitements effectués par les autorités publiques dans l'exécution de leurs missions, le traitement est nécessaire aux fins des intérêts légitimes poursuivis par le responsable du traitement ou par un tiers, à moins que ne prévalent les intérêts ou les libertés et droits fondamentaux de la personne concernée qui exigent une protection des données à caractère personnel, notamment lorsque la personne concernée est un enfant.

Art. 6 *(Créé à compter de la date prévue à l'article 29 de l'ordonnance n° 2018-1125 du 12 décembre 2018, et au plus tard le 1er juin 2019, Ord. n° 2018-1125, 12 déc. 2018).* – I. - Il est interdit de traiter des données à caractère personnel qui révèlent la prétendue origine raciale ou l'origine ethnique, les opinions politiques, les convictions religieuses ou philosophiques ou l'appartenance syndicale d'une personne physique ou de traiter des données génétiques, des données biométriques aux fins d'identifier une personne physique de manière unique, des données concernant la santé ou des données concernant la vie sexuelle ou l'orientation sexuelle d'une personne physique.

II. - Les exceptions à l'interdiction mentionnée au I sont fixées dans les conditions prévues par le 2 de l'article 9 du règlement (UE) 2016/679 du 27 avril 2016 et par la présente loi.

III. - De même, ne sont pas soumis à l'interdiction prévue au I les traitements, automatisés ou non, justifiés par l'intérêt public et autorisés suivant les modalités prévues au II de l'article 31 et à l'article 32.

Art. 7 *(Créé à compter de la date prévue à l'article 29 de l'ordonnance n° 2018-1125 du 12 décembre 2018, et au plus tard le 1er juin 2019, Ord. n° 2018-1125, 12 déc. 2018).* – Les dispositions de la présente loi ne font pas obstacle à l'application, au bénéfice de tiers, des dispositions relatives à l'accès aux documents administratifs et aux archives publiques.

En conséquence, ne peut être regardée comme une personne non autorisée au sens du 6° de l'article 4 le titulaire d'un droit d'accès exercé conformément aux autres dispositions législatives et réglementaires relatives à l'accès aux documents administratifs et aux archives publiques.

CHAPITRE II. – LA COMMISSION NATIONALE DE L'INFORMATIQUE ET DES LIBERTÉS

Section I. – Organisation et missions

Art. 8 *(Créé à compter de la date prévue à l'article 29 de l'ordonnance n° 2018-1125 du 12 décembre 2018, et au plus tard le 1er juin 2019, Ord. n° 2018-1125, 12 déc. 2018).* – I. - La Commission nationale de l'informatique et des libertés est une autorité administrative indépendante. Elle est l'autorité de contrôle nationale au sens et pour l'application du règlement (UE) 2016/679 du 27 avril 2016. Elle exerce les missions suivantes :

1° Elle informe toutes les personnes concernées et tous les responsables de traitements de leurs droits et obligations et peut, à cette fin, apporter une information adaptée aux collectivités territoriales, à leurs groupements et aux petites et moyennes entreprises ;

2° Elle veille à ce que les traitements de données à caractère personnel soient mis en œuvre conformément aux dispositions de la présente loi et aux autres dispositions relatives à la protection des données personnelles prévues par les textes législatifs et réglementaires, le droit de l'Union européenne et les engagements internationaux de la France.

À ce titre :

a) Elle donne un avis sur les traitements mentionnés aux articles 31 et 32 ;

b) Elle établit et publie des lignes directrices, recommandations ou référentiels destinés à faciliter la mise en conformité des traitements de données à caractère personnel avec les textes relatifs à la protection des données à caractère personnel et à procéder à l'évaluation préalable des risques par les responsables de traitement et leurs sous-traitants. Elle encourage l'élaboration de codes de conduite définissant les obligations qui incombent aux responsables de traitement et à leurs sous-traitants, compte tenu du risque inhérent aux traitements de données à caractère personnel pour les droits et libertés des personnes physiques, notamment des mineurs. Elle homologue et publie les méthodologies de référence destinées à favoriser la conformité des traitements de données de santé à caractère personnel. Elle prend en compte, dans tous les domaines de son action, la situation des personnes dépourvues de compétences numériques, et les besoins spécifiques des collectivités territoriales, de leurs groupements et des microentreprises, petites entreprises et moyennes entreprises ;

c) En concertation avec les organismes publics et privés représentatifs des acteurs concernés, elle établit et publie des règlements types en vue d'assurer la sécurité des systèmes de traitement de données à caractère personnel et de régir les traitements de données biométriques, génétiques et de santé. À ce titre, sauf pour les traitements mis en œuvre pour le compte de l'État agissant dans l'exercice de ses prérogatives de puissance publique, elle peut prescrire des mesures, notamment techniques et organisationnelles, supplémentaires pour le traitement des données biométriques, génétiques et de santé en application du 4 de l'article 9 du règlement (UE) 2016/679 du 27 avril 2016 et des garanties complémentaires en matière de traitement de données à caractère personnel relatives aux condamnations pénales et aux infractions conformément à l'article 10 du même règlement ;

d) Elle traite les réclamations, pétitions et plaintes introduites par une personne concernée ou par un organisme, une organisation ou une association, examine ou enquête sur l'objet de la réclamation, dans la mesure nécessaire, et informe l'auteur de la réclamation de l'état d'avancement et de l'issue de l'enquête dans un délai raisonnable, notamment si un complément d'enquête ou une coordination avec une autre autorité de contrôle est nécessaire ;

e) Elle répond aux demandes d'avis des pouvoirs publics et, le cas échéant, des juridictions, et conseille les personnes et organismes qui mettent en œuvre ou envisagent de mettre en œuvre des traitements automatisés de données à caractère personnel ;

f) Elle donne avis sans délai au procureur de la République, dans les conditions prévues à l'article 40 du Code de procédure pénale, lorsqu'elle acquiert connaissance d'un crime ou d'un délit, et peut présenter des observations dans les procédures pénales, dans les conditions prévues à l'article 41 de la présente loi ;

g) Elle peut, par décision particulière, charger un ou plusieurs de ses membres ou le secrétaire général, dans les conditions prévues à l'article 19 de la présente loi, de procéder ou de faire procéder par les agents de ses services à des vérifications portant sur tous traitements et, le cas échéant, d'obtenir des copies de tous documents ou supports d'information utiles à ses missions ;

h) Elle peut décider de certifier des personnes, des produits, des systèmes de données ou des procédures aux fins de reconnaître qu'ils se conforment au règlement (UE) 2016/679 du 27 avril 2016 et à la présente loi. Elle prend en considération, à cette fin, les besoins spécifiques des collectivités territoriales, de leurs groupements et des microentreprises, petites entreprises et moyennes entreprises. Elle agrée, aux mêmes fins, des organismes certificateurs, sur la base, le cas échéant, de leur accréditation par l'organisme national d'accréditation mentionné au b du 1 de l'article 43 du même règlement ou décide, conjointement avec cet organisme, que ce dernier procède à leur agrément, dans des conditions précisées par décret en Conseil d'État pris après avis de la Commission nationale de l'informatique et des libertés. La commission élabore ou approuve les critères des référentiels de certification et d'agrément ;

i) Elle peut certifier ou homologuer et publier des référentiels ou des méthodologies générales aux fins de certification, par des tiers agréés ou accrédités selon les modalités mentionnées au h du présent 2°, de la conformité à la présente loi de processus d'anonymisation des données à caractère personnel, notamment en vue de la réutilisation d'informations publiques mises en ligne dans les conditions prévues au titre II du livre III du Code des relations entre le public et l'administration.

Il est tenu compte d'une telle certification, le cas échéant, pour la mise en œuvre des sanctions prévues à la section 3 du présent chapitre ;

j) Elle répond aux demandes ou saisines prévues aux articles 52, 108 et 118 ;

k) Elle peut établir une liste des traitements susceptibles de créer un risque élevé devant faire l'objet d'une consultation préalable conformément à l'article 90 ;

l) Elle mène des actions de sensibilisation auprès des médiateurs de la consommation et des médiateurs publics, au sens de l'article L. 611-1 du Code de la consommation, en vue de la bonne application de la présente loi ;

3° Sur demande ou de sa propre initiative, elle délivre un label à des produits ou à des procédures tendant à la protection des données à caractère personnel, attestant leur conformité aux dispositions de la présente loi. Le président peut, lorsque la complexité du produit ou de la procédure le justifie, recourir à toute personne indépendante qualifiée pour procéder à leur évaluation. Le coût de cette évaluation est pris en charge par l'entreprise qui demande le label ; elle retire le label lorsqu'elle constate, par tout moyen, que les conditions qui ont permis sa délivrance ne sont plus satisfaites ;

4° Elle se tient informée de l'évolution des technologies de l'information et rend publique le cas échéant son appréciation des conséquences qui en résultent pour l'exercice des droits et libertés mentionnés à l'article 1er ;

Á ce titre :

a) Elle est consultée sur tout projet de loi ou de décret ou toute disposition de projet de loi ou de décret relatifs à la protection des données à caractère personnel ou au traitement de telles données. Elle peut également être consultée par le président de l'Assemblée nationale, par le président du Sénat ou par les commissions compétentes de l'Assemblée nationale et du Sénat ainsi qu'à la demande d'un président de groupe parlementaire sur toute proposition de loi relative à la protection des données à caractère personnel ou au traitement de telles données. Outre les cas prévus aux articles 31 et 32, lorsqu'une loi prévoit qu'un décret ou un arrêté est pris après avis de la commission, cet avis est publié avec le décret ou l'arrêté ;

b) Elle propose au Gouvernement les mesures législatives ou réglementaires d'adaptation de la protection des libertés à l'évolution des procédés et techniques informatiques et numériques ;

c) Á la demande d'autres autorités administratives indépendantes, elle peut apporter son concours en matière de protection des données ;

d) Elle peut être associée, à la demande du Premier ministre, à la préparation et à la définition de la position française dans les négociations internationales dans le domaine de la protection des données à caractère personnel. Elle peut participer, à la demande du Premier ministre, à la représentation française dans les organisations internationales et de l'Union européenne compétentes en ce domaine ;

e) Elle conduit une réflexion sur les problèmes éthiques et les questions de société soulevés par l'évolution des technologies informatiques et numériques ;

f) Elle promeut, dans le cadre de ses missions, l'utilisation des technologies protectrices de la vie privée, notamment les technologies de chiffrement des données ;

5° Elle peut présenter des observations devant toute juridiction à l'occasion d'un litige relatif à l'application de la présente loi et des dispositions relatives à la protection des données à caractère personnel prévues par les textes législatifs et réglementaires, le droit de l'Union européenne, en particulier le règlement (UE) 2016/679 du 27 avril 2016, et les engagements internationaux de la France.

II. - Pour l'accomplissement de ses missions, la commission peut procéder par voie de recommandation et prendre des décisions individuelles ou réglementaires dans les cas prévus par la présente loi.

La commission présente chaque année au Président de la République et au Premier ministre un rapport public rendant compte de l'exécution de sa mission.

Art. 9 *(Créé à compter de la date prévue à l'article 29 de l'ordonnance n° 2018-1125 du 12 décembre 2018, et au plus tard le 1er juin 2019, Ord. n° 2018-1125, 12 déc. 2018).* – I. - La Commission nationale de l'informatique et des libertés est composée de dix-huit membres :

1° Deux députés et deux sénateurs, désignés respectivement par l'Assemblée nationale et par le Sénat de manière à assurer une représentation pluraliste ;

2° Deux membres du Conseil économique, social et environnemental, élus par cette assemblée ;

3° Deux membres ou anciens membres du Conseil d'État, d'un grade au moins égal à celui de conseiller, élus par l'assemblée générale du Conseil d'État ;

4° Deux membres ou anciens membres de la Cour de cassation, d'un grade au moins égal à celui de conseiller, élus par l'assemblée générale de la Cour de cassation ;

5° Deux membres ou anciens membres de la Cour des comptes, d'un grade au moins égal à celui de conseiller maître, élus par l'assemblée générale de la Cour des comptes ;

6° Trois personnalités qualifiées pour leur connaissance du numérique et des questions touchant aux libertés individuelles, nommées par décret ;

7° Deux personnalités qualifiées pour leur connaissance du numérique et des questions touchant aux libertés individuelles, désignées respectivement par le président de l'Assemblée nationale et par le président du Sénat ;

8° Le président de la Commission d'accès aux documents administratifs, ou son représentant.

Elle comprend en outre, avec voix consultative, le Défenseur des droits ou son représentant.

Les deux membres désignés ou élus par une même autorité en application des 1° à 5° sont une femme et un homme. Les trois membres mentionnés au 6° comprennent au moins une femme et un homme.

Les deux membres mentionnés au 7° sont une femme et un homme. Pour l'application de cette règle, le membre succédant à une femme est un homme et celui succédant à un homme, une femme. Toutefois, le nouveau membre désigné est de même sexe que celui qu'il remplace, soit en cas de cessation du mandat avant son terme normal, soit en cas de renouvellement du mandat de l'autre membre mentionné au 7°.

Selon des modalités fixées par décret en Conseil d'État, le collège est, à l'exception de son président, renouvelé par moitié tous les deux ans et six mois.

Le président est nommé par décret du Président de la République parmi les membres pour la durée de son mandat. La commission élit en son sein deux vice-présidents, dont un vice-président délégué. Le président et les vice-présidents composent le bureau.

Le président exerce ses fonctions à temps plein. Sa fonction est incompatible avec toute détention, directe ou indirecte, d'intérêts dans une entreprise du secteur des communications électroniques ou de l'informatique.

La durée du mandat de président est de cinq ans.

Le président de la commission reçoit un traitement égal à celui afférent à la seconde des deux catégories supérieures des emplois de l'État classés hors échelle.

En cas de besoin, le vice-président délégué exerce les attributions du président.

Le secrétaire général est chargé du fonctionnement et de la coordination des services sous l'autorité du président.

La formation restreinte de la commission est composée d'un président et de cinq autres membres élus par la commission en son sein. Les membres du bureau ne sont pas éligibles à la formation restreinte.

En cas de partage égal des voix, celle du président est prépondérante.

II. - Le mandat des membres de la commission est de cinq ans ; il est renouvelable une fois, sous réserve des dixième et onzième alinéas du I.

Art. 10 *(Créé à compter de la date prévue à l'article 29 de l'ordonnance n° 2018-1125 du 12 décembre 2018, et au plus tard le 1er juin 2019, Ord. n° 2018-1125, 12 déc. 2018).* – Les agents de la commission sont nommés par le président.

Ceux des agents qui peuvent être appelés à participer à la mise en œuvre des missions de vérification mentionnées aux articles 19 et 25 doivent y être habilités par la commission ; cette habilitation ne dispense pas de l'application des dispositions définissant les procédures autorisant l'accès aux secrets protégés par la loi.

Art. 11 *(Créé à compter de la date prévue à l'article 29 de l'ordonnance n° 2018-1125 du 12 décembre 2018, et au plus tard le 1er juin 2019, Ord. n° 2018-1125, 12 déc. 2018).* – Les agents de la commission sont astreints au secret pour les faits, actes ou renseignements dont ils ont pu avoir connaissance en raison de leurs fonctions, sous peine des sanctions prévues à l'article 413-10 du Code pénal et, sous réserve de ce qui est nécessaire à l'établissement du rapport annuel, à l'article 226-13 du même code.

Art. 12 *(Créé à compter de la date prévue à l'article 29 de l'ordonnance n° 2018-1125 du 12 décembre 2018, et au plus tard le 1er juin 2019, Ord. n° 2018-1125, 12 déc. 2018).* – Le règlement intérieur de la commission précise notamment les règles relatives aux délibérations, à l'instruction des dossiers et à leur présentation devant la commission, ainsi que les modalités de mise en œuvre de la procédure de labellisation prévue au 3° du I de l'article 8.

Art. 13 *(Créé à compter de la date prévue à l'article 29 de l'ordonnance n° 2018-1125 du 12 décembre 2018, et au plus tard le 1er juin 2019, Ord. n° 2018-1125, 12 déc. 2018).* – Sous réserve des compétences du bureau et de la formation restreinte, la commission se réunit en formation plénière.

L'ordre du jour de la commission réunie en formation plénière est rendu public.

En cas de partage égal des voix, la voix du président est prépondérante.

La commission peut charger le président ou le vice-président délégué d'exercer celles de ses attributions mentionnées :

1° Aux *f* et *g* du 2° du I de l'article 8 ;

2° Au *d* du 2° du I de l'article 8 ;

3° Au *d* du 4° du I de l'article 8 ;

4° Aux articles 52, 108 et 118 ;

5° À l'article 66 ;

6° Au 4 de l'article 34 du règlement (UE) 2016/679 du 27 avril 2016, pour les décisions donnant acte du respect des conditions mentionnées au 3 du même article 34 ;

7° Aux *a* et *h* du 3 de l'article 58 du même règlement.

Un décret en Conseil d'État, pris après avis de la Commission nationale de l'informatique et des libertés, fixe les conditions et limites dans lesquelles le président de la commission et le vice-président délégué peuvent déléguer leur signature.

Art. 14 *(Créé à compter de la date prévue à l'article 29 de l'ordonnance n° 2018-1125 du 12 décembre 2018, et au plus tard le 1er juin 2019, Ord. n° 2018-1125, 12 déc. 2018).* – La Commission nationale de l'informatique et des libertés et la Commission d'accès aux documents administratifs se réunissent dans un collège unique, sur l'initiative conjointe de leurs présidents, lorsqu'un sujet d'intérêt commun le justifie.

Art. 15 *(Créé à compter de la date prévue à l'article 29 de l'ordonnance n° 2018-1125 du 12 décembre 2018, et au plus tard le 1er juin 2019, Ord. n° 2018-1125, 12 déc. 2018).* – Le bureau peut être chargé par la commission d'exercer les attributions de celle-ci mentionnées au dernier alinéa de l'article 10.

Art. 16 *(Créé à compter de la date prévue à l'article 29 de l'ordonnance n° 2018-1125 du 12 décembre 2018, et au plus tard le 1er juin 2019, Ord. n° 2018-1125, 12 déc. 2018).* – La formation restreinte prend les mesures et prononce les sanctions à l'encontre des responsables de traitements ou des sous-traitants qui ne respectent pas les obligations découlant du règlement (UE) 2016/679 du 27 avril 2016 et de la présente loi dans les conditions prévues à la section 3 du présent chapitre.

Ses membres délibèrent hors de la présence des agents de la commission, à l'exception de ceux chargés de la tenue de la séance.

Les membres de la formation restreinte ne peuvent participer à l'exercice des attributions de la commission mentionnées aux d, f et g du 2° du I de l'article 8 et à l'article 19 de la présente loi.

Art. 17 *(Créé à compter de la date prévue à l'article 29 de l'ordonnance n° 2018-1125 du 12 décembre 2018, et au plus tard le 1er juin 2019, Ord. n° 2018-1125, 12 déc. 2018).* – Un commissaire du Gouvernement, désigné par le Premier ministre, siège auprès de la commission. Des commissaires adjoints peuvent être désignés dans les mêmes conditions.

Le commissaire du Gouvernement assiste à toutes les délibérations de la commission réunie en formation plénière ainsi qu'à celles des réunions de son bureau qui ont pour objet l'exercice des attributions déléguées en application de l'article 15. Il peut assister aux séances de la formation restreinte, sans être présent au délibéré. Il est rendu destinataire de l'ensemble des avis et décisions de la commission et de la formation restreinte.

Sauf en matière de mesures ou de sanctions relevant de la section 3 du présent chapitre, il peut provoquer une seconde délibération de la commission, qui doit intervenir dans les dix jours suivant la délibération initiale.

Art. 18 *(Créé à compter de la date prévue à l'article 29 de l'ordonnance n° 2018-1125 du 12 décembre 2018, et au plus tard le 1er juin 2019, Ord. n° 2018-1125, 12 déc. 2018).* – Les membres du Gouvernement, autorités publiques, dirigeants d'entreprises publiques ou privées, responsables de groupements divers et plus généralement les détenteurs ou utilisateurs de traitements ou de fichiers de données à caractère personnel ne peuvent s'opposer à l'action de la Commission nationale de l'informatique et des libertés ou de ses membres et doivent au contraire prendre toutes mesures utiles afin de faciliter sa tâche.

Sauf dans les cas où elles sont astreintes au secret professionnel, les personnes interrogées dans le cadre des vérifications faites par la commission en application du *g* du 2° du I de l'article 8 sont tenues de fournir les renseignements demandés par celle-ci pour l'exercice de ses missions.

Section II. – Contrôle de la mise en œuvre des traitements

Art. 19 *(Créé à compter de la date prévue à l'article 29 de l'ordonnance n° 2018-1125 du 12 décembre 2018, et au plus tard le 1er juin 2019, Ord. n° 2018-1125, 12 déc. 2018).* – I. - Les membres de la Commission nationale de l'informatique et des libertés ainsi que les agents de ses services habilités dans les conditions définies au dernier alinéa de l'article 10 ont accès, de 6 heures à 21 heures, pour l'exercice de leurs missions, aux lieux, locaux, enceintes, installations ou établissements servant à la mise en œuvre d'un traitement de données à caractère personnel.

Le procureur de la République territorialement compétent en est préalablement informé.

Lorsqu'un traitement de données à caractère personnel est mis en œuvre, soit dans les parties de ces lieux, locaux, enceintes, installations ou établissements affectées au domicile privé, soit dans de tels lieux, locaux, enceintes, installations ou établissements entièrement affectés au domicile privé, la visite ne peut se dérouler qu'après l'autorisation du juge des libertés et de la détention du tribunal de grande instance dans le ressort duquel sont situés les locaux à visiter, dans les conditions prévues au II du présent article.

II. - Le responsable de ces lieux, locaux, enceintes, installations ou établissements est informé de son droit d'opposition à la visite. Lorsqu'il exerce ce droit, la visite ne peut se dérouler qu'après l'autorisation du juge des libertés et de la détention du tribunal de grande instance dans le ressort duquel sont situés les locaux à visiter, qui statue dans des conditions fixées par décret en Conseil d'État. Toutefois, lorsque l'urgence, la gravité des faits à l'origine du contrôle ou le risque de destruction ou de dissimulation de documents le justifie, la visite peut avoir lieu sans que le responsable des locaux en ait été informé, sur autorisation préalable du juge des libertés et de la détention. Dans ce cas, le responsable des lieux ne peut s'opposer à la visite.

La visite s'effectue sous l'autorité et le contrôle du juge des libertés et de la détention qui l'a autorisée, en présence de l'occupant des lieux ou de son représentant qui peut se faire assister d'un conseil de son choix ou, à défaut, en présence de deux témoins qui ne sont pas placés sous l'autorité des personnes chargées de procéder au contrôle.

L'ordonnance ayant autorisé la visite est exécutoire au seul vu de la minute. Elle mentionne que le juge ayant autorisé la visite peut être saisi à tout moment d'une demande de suspension ou d'arrêt de cette visite. Elle indique le délai et la voie de recours. Elle peut faire l'objet, suivant les règles prévues par le Code de procédure civile, d'un appel devant le premier président de la cour d'appel. Celui-ci connaît également des recours contre le déroulement des opérations de visite dont la finalité est l'exercice effectif des missions prévues au III.

III. - Pour l'exercice des missions relevant de la Commission nationale de l'informatique et des libertés en application du règlement (UE) 2016/679 du 27 avril 2016 et de la présente loi, les membres et agents mentionnés au premier alinéa du I du présent article peuvent demander communication de tous documents nécessaires à l'accomplissement de leur mission, quel qu'en soit le support, et en prendre copie. Ils peuvent recueillir, notamment sur place ou sur convocation, tout renseignement et toute justification utiles et nécessaires à l'accomplissement de leur mission. Ils peuvent accéder, dans des conditions préservant la confidentialité à l'égard des tiers, aux programmes informatiques et aux données ainsi qu'en demander la transcription par tout traitement approprié dans des documents directement utilisables pour les besoins du contrôle. Le secret ne peut leur être opposé sauf concernant les informations couvertes par le secret professionnel applicable aux relations entre un avocat et son client, par le secret des sources des traitements journalistiques ou, sous réserve du deuxième alinéa du présent III, par le secret médical.

Le secret médical est opposable s'agissant des informations qui figurent dans un traitement nécessaire aux fins de la médecine préventive, de la recherche médicale, des diagnostics médicaux, de l'administration de soins ou de traitements, ou de la gestion de service de santé. La communication des données médicales individuelles incluses dans cette catégorie de traitement ne peut alors se faire que sous l'autorité et en présence d'un médecin.

En dehors des contrôles sur place et sur convocation, ils peuvent procéder à toute constatation utile. Ils peuvent notamment, à partir d'un service de communication au public en ligne, consulter les données librement accessibles ou rendues accessibles, y compris par imprudence, par négligence ou par le fait d'un tiers, le cas échéant en accédant et en se maintenant dans des systèmes de traitement automatisé de données le temps nécessaire aux constatations. Ils peuvent retranscrire les données par tout traitement approprié dans des documents directement utilisables pour les besoins du contrôle.

Pour le contrôle de services de communication au public en ligne, les membres et agents mentionnés au premier alinéa du I peuvent réaliser toute opération en ligne nécessaire à leur mission sous une identité d'emprunt. À peine de nullité, leurs actes ne peuvent constituer une incitation à commettre une infraction. L'utilisation d'une identité d'emprunt est sans incidence sur la régularité des constatations effectuées conformément au troisième alinéa du présent III. Un décret en Conseil d'État, pris après avis de la Commission nationale de l'informatique et des libertés, précise les conditions dans lesquelles ces membres et agents procèdent dans ces cas à leurs constatations.

Les membres et agents mentionnés au premier alinéa du I peuvent, à la demande du président de la commission, être assistés par des experts.

Il est dressé procès-verbal des vérifications et visites menées en application du présent article. Ce procès-verbal est dressé contradictoirement lorsque les vérifications et visites sont effectuées sur place ou sur convocation.

IV. - Pour les traitements intéressant la sûreté de l'État et qui sont dispensés de la publication de l'acte réglementaire qui les autorise en application du III de l'article 31, le décret en Conseil d'État qui prévoit cette dispense peut également prévoir que le traitement n'est pas soumis aux dispositions du présent article.

V. - Dans l'exercice de son pouvoir de contrôle portant sur les traitements relevant du règlement (UE) 2016/679 du 27 avril 2016 et de la présente loi, la Commission nationale de l'informatique et des libertés n'est pas compétente pour contrôler les opérations de traitement effectuées, dans l'exercice de leur fonction juridictionnelle, par les juridictions.

Section 3. – Mesures correctrices et sanctions

Art. 20 *(Créé à compter de la date prévue à l'article 29 de l'ordonnance n° 2018-1125 du 12 décembre 2018, et au plus tard le 1er juin 2019, Ord. n° 2018-1125, 12 déc. 2018).* – I. - Le président de la Commission nationale de l'informatique et des libertés peut avertir un responsable de traitement ou son sous-traitant du fait que les opérations de traitement envisagées sont susceptibles de violer les dispositions du règlement (UE) 2016/679 du 27 avril 2016 ou de la présente loi.

II. - Lorsque le responsable de traitement ou son sous-traitant ne respecte pas les obligations résultant du règlement (UE) 2016/679 du 27 avril 2016 ou de la présente loi, le président de la Commission nationale de l'informatique et des libertés peut, si le manquement constaté est susceptible de faire l'objet d'une mise en conformité, prononcer à son égard une mise en demeure, dans le délai qu'il fixe :

1° De satisfaire aux demandes présentées par la personne concernée en vue d'exercer ses droits ;

2° De mettre les opérations de traitement en conformité avec les dispositions applicables ;

3° À l'exception des traitements qui intéressent la sûreté de l'État ou la défense, de communiquer à la personne concernée une violation de données à caractère personnel ;

4° De rectifier ou d'effacer des données à caractère personnel, ou de limiter le traitement de ces données.

Dans le cas prévu au 4° du présent II, le président peut, dans les mêmes conditions, mettre en demeure le responsable de traitement ou son sous-traitant de notifier aux destinataires des données les mesures qu'il a prises.

Le délai de mise en conformité peut être fixé à vingt-quatre heures en cas d'extrême urgence.

Le président prononce, le cas échéant, la clôture de la procédure de mise en demeure.

Le président peut demander au bureau de rendre publique la mise en demeure. Dans ce cas, la décision de clôture de la procédure de mise en demeure fait l'objet de la même publicité.

III. - Lorsque le responsable de traitement ou son sous-traitant ne respecte pas les obligations résultant du règlement (UE) 2016/679 du 27 avril 2016 ou de la présente loi, le président de la Commission nationale de l'informatique et des libertés peut également, le cas échéant après lui avoir adressé l'avertissement prévu au I du présent article ou, le cas échéant en complément d'une mise en demeure prévue au II, saisir la formation restreinte de la commission en vue du prononcé, après procédure contradictoire, de l'une ou de plusieurs des mesures suivantes :

1° Un rappel à l'ordre ;

2° Une injonction de mettre en conformité le traitement avec les obligations résultant du règlement (UE) 2016/679 du 27 avril 2016 ou de la présente loi ou de satisfaire aux demandes présentées par la personne concernée en vue d'exercer ses droits, qui peut être assortie, sauf dans des cas où le traitement est mis en œuvre par l'État, d'une astreinte dont le montant ne peut excéder 100 000 € par jour de retard à compter de la date fixée par la formation restreinte ;

3° Á l'exception des traitements qui intéressent la sûreté de l'État ou la défense ou de ceux relevant du titre III de la présente loi lorsqu'ils sont mis en œuvre pour le compte de l'État, la limitation temporaire ou définitive du traitement, son interdiction ou le retrait d'une autorisation accordée en application du même règlement ou de la présente loi ;

4° Le retrait d'une certification ou l'injonction, à l'organisme certificateur concerné, de refuser une certification ou de retirer la certification accordée ;

5° Á l'exception des traitements qui intéressent la sûreté de l'État ou la défense ou de ceux relevant du titre III de la présente loi lorsqu'ils sont mis en œuvre pour le compte de l'État, la suspension des flux de données adressées à un destinataire situé dans un pays tiers ou à une organisation internationale ;

6° La suspension partielle ou totale de la décision d'approbation des règles d'entreprise contraignantes ;

7° Á l'exception des cas où le traitement est mis en œuvre par l'État, une amende administrative ne pouvant excéder 10 millions d'euros ou, s'agissant d'une entreprise, 2 % du chiffre d'affaires annuel mondial total de l'exercice précédent, le montant le plus élevé étant retenu. Dans les hypothèses mentionnées aux 5 et 6 de l'article 83 du règlement (UE) 2016/679 du 27 avril 2016, ces plafonds sont portés, respectivement, à 20 millions d'euros et 4 % dudit chiffre d'affaires. La formation restreinte prend en compte, dans la détermination du montant de l'amende, les critères précisés au même article 83.

Le projet de mesure est, le cas échéant, soumis aux autres autorités de contrôle concernées selon les modalités définies à l'article 60 du même règlement.

Art. 21 *(Créé à compter de la date prévue à l'article 29 de l'ordonnance n° 2018-1125 du 12 décembre 2018, et au plus tard le 1er juin 2019, Ord. n° 2018-1125, 12 déc. 2018).* – I. - Lorsque le non-respect des dispositions du règlement (UE) 2016/679 du 27 avril 2016 ou de la présente loi entraîne une violation des droits et libertés mentionnés à l'article 1er de la présente loi et que le président de la commission considère qu'il est urgent d'intervenir, il saisit la formation restreinte, qui peut, dans le cadre d'une procédure d'urgence contradictoire définie par décret en Conseil d'État, adopter l'une des mesures suivantes :

1° L'interruption provisoire de la mise en œuvre du traitement, y compris d'un transfert de données hors de l'Union européenne, pour une durée maximale de trois mois, si le traitement n'est pas au nombre de ceux qui intéressent la sûreté de l'État ou la défense ou de ceux relevant du titre III lorsqu'ils sont mis en œuvre pour le compte de l'État ;

2° La limitation du traitement de certaines des données à caractère personnel traitées, pour une durée maximale de trois mois, si le traitement n'est pas au nombre de ceux qui intéressent la sûreté de l'État ou la défense ou de ceux relevant du titre III lorsqu'ils sont mis en œuvre pour le compte de l'État ;

3° La suspension provisoire de la certification délivrée au responsable de traitement ou à son sous-traitant ;

4° La suspension provisoire de l'agrément délivré à un organisme de certification ou un organisme chargé du respect d'un code de conduite ;

5° La suspension provisoire de l'autorisation délivrée sur le fondement du III de l'article 66 de la présente loi ;

6° L'injonction de mettre en conformité le traitement avec les obligations résultant du règlement (UE) 2016/679 du 27 avril 2016 ou de la présente loi ou de satisfaire aux demandes présentées par la personne concernée en vue d'exercer ses droits, qui peut être assortie, sauf dans le cas où le traitement est mis en œuvre par l'État, d'une astreinte dont le montant ne peut excéder 100 000 € par jour de retard à compter de la date fixée par la formation restreinte ;

7° Un rappel à l'ordre ;

8° L'information du Premier ministre pour qu'il prenne, le cas échéant, les mesures permettant de faire cesser la violation constatée, si le traitement en cause est au nombre de ceux qui intéressent la sûreté de l'État ou la défense ou de ceux relevant du titre III de la présente loi lorsqu'ils sont mis en œuvre pour le compte de l'État. Le Premier ministre fait alors connaître à la formation restreinte les suites qu'il a données à cette information au plus tard quinze jours après l'avoir reçue.

II. - En cas de circonstances exceptionnelles prévues au 1 de l'article 66 du règlement (UE) 2016/679 du 27 avril 2016, lorsque la formation restreinte adopte les mesures provisoires prévues aux 1° à 4° du I du présent article, elle informe sans délai de la teneur des mesures prises et de leurs motifs les autres autorités de contrôle concernées, le comité européen de la protection des données mentionné à l'article 68 du même règlement et la Commission européenne.

Lorsque la formation restreinte a pris de telles mesures et qu'elle estime que des mesures définitives doivent être prises, elle met en œuvre les dispositions du 2 de l'article 66 du règlement (UE) 2016/679 du 27 avril 2016.

III. - Pour les traitements relevant du règlement (UE) 2016/679 du 27 avril 2016, lorsqu'une autorité de contrôle compétente en application du même règlement n'a pas pris de mesure appropriée dans une situation où il est urgent d'intervenir afin de protéger les droits et libertés des personnes concernées, la formation restreinte, saisie par le président de la commission, peut demander au comité européen de la protection des données un avis d'urgence ou une décision contraignante d'urgence dans les conditions et selon les modalités prévues aux 3 et 4 de l'article 66 dudit règlement.

IV. - En cas d'atteinte grave et immédiate aux droits et libertés mentionnés à l'article 1er de la présente loi, le président de la commission peut en outre demander, par la voie du référé, à la juridiction compétente d'ordonner, le cas échéant sous astreinte, toute mesure nécessaire à la sauvegarde de ces droits et libertés.

Art. 22 *(Créé à compter de la date prévue à l'article 29 de l'ordonnance n° 2018-1125 du 12 décembre 2018, et au plus tard le 1er juin 2019, Ord. n° 2018-1125, 12 déc. 2018).* – Les mesures prévues au III de l'article 20 et aux 1° à 7° du I de l'article 21 de la présente loi sont prononcées sur la base d'un rapport établi par l'un des membres de la Commission nationale de l'informatique et des libertés, désigné par le président de celle-ci parmi les membres n'appartenant pas à la formation restreinte. Ce rapport est notifié au responsable de traitement ou à son sous-traitant, qui peut déposer des observations et se faire représenter ou assister. Le rapporteur peut présenter des observations orales à la formation restreinte mais ne prend pas part à ses délibérations. La formation restreinte peut entendre toute personne dont l'audition lui paraît susceptible de contribuer utilement à son information, y compris les agents des services de la commission.

La formation restreinte peut rendre publiques les mesures qu'elle prend. Elle peut également ordonner leur insertion dans des publications, journaux et supports qu'elle désigne, aux frais des personnes sanctionnées.

Sans préjudice des obligations d'information qui incombent au responsable de traitement ou à son sous-traitant en application de l'article 34 du règlement (UE) 2016/679 du 27 avril 2016, la formation restreinte peut ordonner que ce responsable ou ce sous-traitant informe individuellement, à ses frais, chacune des personnes concernées de la violation relevée des dispositions de la présente loi ou du règlement précité ainsi que, le cas échéant, de la mesure prononcée.

Lorsque la formation restreinte a prononcé une sanction pécuniaire devenue définitive avant que le juge pénal ait statué définitivement sur les mêmes faits ou des faits connexes, celui-ci peut ordonner que l'amende administrative s'impute sur l'amende pénale qu'il prononce.

L'astreinte est liquidée par la formation restreinte, qui en fixe le montant définitif.

Les sanctions pécuniaires et les astreintes sont recouvrées comme les créances de l'État étrangères à l'impôt et au domaine.

Art. 23 *(Créé à compter de la date prévue à l'article 29 de l'ordonnance n° 2018-1125 du 12 décembre 2018, et au plus tard le 1er juin 2019, Ord. n° 2018-1125, 12 déc. 2018).* – Lorsqu'un organisme de certification ou un organisme chargé du respect d'un code de conduite a manqué à ses obligations ou n'a pas respecté les dispositions du règlement (UE) 2016/679 du 27 avril 2016 ou celles de la présente loi, le président de la Commission nationale de l'informatique et des libertés peut, le cas échéant après mise en demeure, saisir la formation restreinte de la commission, qui peut prononcer, dans les mêmes conditions que celles prévues aux articles 20 à 22, le retrait de l'agrément qui a été délivré à cet organisme.

Section 4. – Coopération

Art. 24 *(Créé à compter de la date prévue à l'article 29 de l'ordonnance n° 2018-1125 du 12 décembre 2018, et au plus tard le 1er juin 2019, Ord. n° 2018-1125, 12 déc. 2018).* – Dans les conditions prévues aux articles 60 à 67 du règlement (UE) 2016/679 du 27 avril 2016, la Commission nationale de l'informatique et des libertés met en œuvre des procédures de coopération et d'assistance mutuelle avec les autorités de contrôle des autres États membres de l'Union européenne et réalise avec ces autorités des opérations conjointes.

La commission, le président, le bureau, la formation restreinte et les agents de la commission mettent en œuvre, chacun pour ce qui le concerne, les procédures mentionnées au premier alinéa du présent article.

La commission peut charger le bureau :

1° D'exercer ses prérogatives en tant qu'autorité concernée, au sens de l'article 4 du règlement (UE) 2016/679 du 27 avril 2016, et en particulier d'émettre une objection pertinente et motivée au projet de décision d'une autre autorité de contrôle ;

2° Lorsque la commission adopte un projet de décision en tant qu'autorité chef de file ou autorité concernée, de mettre en œuvre les procédures de coopération, de contrôle de la cohérence et de règlement des litiges prévues par le règlement (UE) 2016/679 du 27 avril 2016 et d'arrêter la décision au nom de la commission.

Art. 25 *(Créé à compter de la date prévue à l'article 29 de l'ordonnance n° 2018-1125 du 12 décembre 2018, et au plus tard le 1er juin 2019, Ord. n° 2018-1125, 12 déc. 2018).* – I. - Pour l'application de l'article 62 du règlement (UE) 2016/679 du 27 avril 2016, la Commission nationale de l'informatique et des libertés coopère avec les autorités de contrôle des autres États membres de l'Union européenne, dans les conditions prévues au présent article.

II. - Qu'elle agisse en tant qu'autorité de contrôle concernée ou en tant qu'autorité chef de file au sens des articles 4 et 56 du règlement (UE) 2016/679 du 27 avril 2016, la Commission nationale de l'informatique et des libertés est compétente pour traiter une réclamation ou une éventuelle violation des dispositions du même règlement affectant par ailleurs d'autres États membres. Le président de la commission invite les autres autorités de contrôle concernées à participer aux opérations de contrôle conjointes qu'il décide de conduire.

III. - Lorsqu'une opération de contrôle conjointe se déroule sur le territoire français, des membres ou agents habilités de la commission, agissant en tant qu'autorité de contrôle d'accueil, sont présents aux côtés des membres et agents des autres autorités de contrôle participant, le cas échéant, à l'opération. Á la demande de l'autorité de contrôle d'un État membre, le président de la commission peut habiliter, par décision particulière, ceux des membres ou agents de l'autorité de contrôle concernée qui présentent des garanties comparables à celles requises des agents de la commission, en application de l'article 10 de la présente loi, à exercer, sous son autorité, tout ou partie des pouvoirs de vérification et d'enquête dont disposent les membres et les agents de la commission.

IV. - Lorsque la commission est invitée à contribuer à une opération de contrôle conjointe décidée par l'autorité de contrôle d'un autre État membre, le président de la commission se prononce sur le principe et les conditions de la participation, désigne les membres et agents habilités et en informe l'autorité requérante dans les conditions prévues à l'article 62 du règlement (UE) 2016/679 du 27 avril 2016.

Art. 26 *(Créé à compter de la date prévue à l'article 29 de l'ordonnance n° 2018-1125 du 12 décembre 2018, et au plus tard le 1er juin 2019, Ord. n° 2018-1125, 12 déc. 2018).* – I. - Les traitements relevant du titre III font l'objet d'une coopération entre la Commission nationale de l'informatique et des libertés et les autorités de contrôle des autres États membres de l'Union européenne dans les conditions prévues au présent article.

II. - La commission communique aux autorités de contrôle des autres États membres les informations utiles et leur prête assistance en mettant notamment en œuvre, à leur demande, des mesures de contrôle telles que des mesures de consultation, d'inspection et d'enquête.

La commission répond à une demande d'assistance mutuelle formulée par une autre autorité de contrôle dans les meilleurs délais et au plus tard un mois après réception de la demande contenant toutes les informations nécessaires, notamment sa finalité et ses motifs. Elle ne peut refuser de satisfaire à cette demande que si elle n'est pas compétente pour traiter l'objet de la demande ou les mesures qu'elle est invitée à exécuter, ou si une disposition du droit de l'Union européenne ou du droit français y fait obstacle.

La commission informe l'autorité de contrôle requérante des résultats obtenus ou, selon le cas, de l'avancement du dossier ou des mesures prises pour donner suite à la demande.

La commission peut, pour l'exercice de ses missions, solliciter l'assistance d'une autorité de contrôle d'un autre État membre de l'Union européenne.

La commission donne les motifs de tout refus de satisfaire à une demande lorsqu'elle estime ne pas être compétente ou lorsqu'elle considère que satisfaire à la demande constituerait une violation du droit de l'Union européenne ou du droit français.

Art. 27 *(Créé à compter de la date prévue à l'article 29 de l'ordonnance n° 2018-1125 du 12 décembre 2018, et au plus tard le 1er juin 2019, Ord. n° 2018-1125, 12 déc. 2018).* – Lorsque la commission agit en tant qu'autorité de contrôle chef de file au sens de l'article 56 du règlement (UE) 2016/679 du 27 avril 2016 s'agissant d'un traitement transfrontalier au sein de l'Union européenne, elle communique sans tarder aux autres autorités de contrôle concernées le rapport du rapporteur mentionné au premier alinéa de l'article 22 ainsi que l'ensemble des informations utiles de la procédure ayant permis d'établir le rapport, avant l'éventuelle audition du responsable de traitement ou de son sous-traitant. Les autorités concernées sont mises en mesure d'assister, par tout moyen de retransmission approprié, à l'audition par la formation restreinte du responsable de traitement ou de son sous-traitant, ou de prendre connaissance d'un procès-verbal dressé à la suite de l'audition.

Après en avoir délibéré, la formation restreinte soumet son projet de décision aux autres autorités de contrôle concernées conformément à la procédure définie à l'article 60 du règlement (UE) 2016/679 du 27 avril 2016. À ce titre, elle se prononce sur la prise en compte des objections pertinentes et motivées émises par ces autorités et saisit, si elle décide d'écarter l'une des objections, le comité européen de la protection des données conformément à l'article 65 du même règlement.

Les conditions d'application du présent article sont définies par décret en Conseil d'État, après avis de la Commission nationale de l'informatique et des libertés.

Art. 28 *(Créé à compter de la date prévue à l'article 29 de l'ordonnance n° 2018-1125 du 12 décembre 2018, et au plus tard le 1er juin 2019, Ord. n° 2018-1125, 12 déc. 2018).* – Lorsque la commission agit en tant qu'autorité de contrôle concernée, au sens de l'article 4 du règlement (UE) 2016/679 du 27 avril 2016, le président de la commission est saisi des projets de mesures correctrices soumis à la commission par une autorité de contrôle chef de file.

Lorsque ces mesures sont d'objet équivalent à celles définies aux I et II de l'article 20 de la présente loi, le président décide, le cas échéant, d'émettre une objection pertinente et motivée, selon les modalités prévues à l'article 60 du même règlement.

Lorsque ces mesures sont d'objet équivalent à celles définies au III de l'article 20 de la présente loi, le président saisit la formation restreinte. Le président de la formation restreinte ou le membre de la formation restreinte qu'il désigne peut, le cas échéant, émettre une objection pertinente et motivée selon les mêmes modalités.

Art. 29 *(Créé à compter de la date prévue à l'article 29 de l'ordonnance n° 2018-1125 du 12 décembre 2018, et au plus tard le 1er juin 2019, Ord. n° 2018-1125, 12 déc. 2018).* – La Commission nationale de l'informatique et des libertés peut, à la demande d'une autorité exerçant des compétences analogues aux siennes dans un État non membre de l'Union européenne, sous réserve de garanties appropriées pour la protection des données à caractère personnel et d'autres libertés et droits fondamentaux, procéder à des vérifications dans les mêmes conditions que celles prévues à l'article 19, sauf s'il s'agit d'un traitement mentionné aux I ou II de l'article 31. Sous les mêmes réserves, elle peut présenter des demandes aux mêmes fins à une autorité exerçant des compétences analogues aux siennes.

La commission est habilitée à communiquer les informations qu'elle recueille ou qu'elle détient, à leur demande, aux autorités exerçant des compétences analogues aux siennes dans des États non membres de l'Union européenne, sous réserve de garanties appropriées pour la protection des données à caractère personnel et d'autres libertés et droits fondamentaux, sauf s'il s'agit d'un traitement mentionné aux I ou II de l'article 31.

Pour la mise en œuvre du présent article, la commission conclut préalablement une convention organisant ses relations avec l'autorité exerçant des compétences analogues aux siennes. Cette convention est publiée au Journal officiel.

CHAPITRE III. – DISPOSITIONS PARTICULIÈRES RELATIVES AU NUMÉRO D'INSCRIPTION DES PERSONNES AU RÉPERTOIRE NATIONAL D'IDENTIFICATION DES PERSONNES PHYSIQUES

Art. 30 *(Créé à compter de la date prévue à l'article 29 de l'ordonnance n° 2018-1125 du 12 décembre 2018, et au plus tard le 1er juin 2019, Ord. n° 2018-1125, 12 déc. 2018).* – Un décret en Conseil d'État, pris après avis motivé et publié de la Commission nationale de l'informatique et des libertés, détermine les catégories de responsables de traitement et les finalités de ces traitements au vu desquelles ces derniers peuvent être mis en œuvre lorsqu'ils portent sur des données comportant le numéro d'inscription des personnes au répertoire national d'identification des personnes physiques. La mise en œuvre des traitements intervient sans préjudice des obligations qui incombent aux responsables de traitement ou à leurs sous-traitants en application de la section 3 du chapitre IV du règlement (UE) 2016/679 du 27 avril 2016.

N'entrent pas dans le champ d'application du premier alinéa du présent article ceux des traitements portant sur des données à caractère personnel parmi lesquelles figure le numéro d'inscription des personnes au répertoire national d'identification des personnes physiques ou qui requièrent une consultation de ce répertoire :

1° Qui ont exclusivement des finalités de statistique publique, sont mis en œuvre par le service statistique public et ne comportent aucune des données mentionnées au I de l'article 6 ou à l'article 46 ;

2° Qui ont exclusivement des finalités de recherche scientifique ou historique ;

3° Qui ont pour objet de mettre à la disposition des usagers de l'administration un ou plusieurs téléservices de l'administration électronique définis à l'article 1er de l'ordonnance n° 2005-1516 du 8 décembre 2005 relative aux échanges électroniques entre les usagers et les autorités administratives au sens de ce même article 1er, et entre ces mêmes autorités administratives.

La dérogation prévue pour les traitements dont les finalités sont mentionnées aux 1° et 2° du présent article, n'est applicable que si le numéro d'inscription au répertoire national d'identification des personnes physiques fait préalablement l'objet d'une opération cryptographique lui substituant un code statistique non signifiant. Cette opération est renouvelée à une fréquence définie par décret en Conseil d'État, pris après avis motivé et publié de la Commission nationale de l'informatique et des libertés. Les traitements ayant comme finalité exclusive de réaliser cette opération cryptographique ne sont pas soumis au premier alinéa.

Pour les traitements dont les finalités sont mentionnées au 1°, l'utilisation du code statistique non signifiant n'est autorisée qu'au sein du service statistique public.

Pour les traitements dont les finalités sont mentionnées au 2°, l'opération cryptographique et, le cas échéant, l'interconnexion de deux fichiers par l'utilisation du code spécifique non signifiant qui en est issu ne peuvent être assurées par la même personne ni par le responsable de traitement.

Par dérogation au premier alinéa, les traitements de données à caractère personnel dans le domaine de la santé sont régis par la section 3 du chapitre III du titre II, à l'exception :

1° Des traitements mentionnés à l'article 67 ;

2° Des traitements comportant le numéro d'inscription au répertoire national d'identification des personnes physiques utilisé comme identifiant de santé des personnes en application de l'article L. 1111-8-1 du Code de la santé publique, en dehors de ceux de ces traitements mis en œuvre à des fins de recherche.

CHAPITRE IV. – FORMALITÉS PRÉALABLES À LA MISE EN ŒUVRE DES TRAITEMENTS

Art. 31 *(Créé à compter de la date prévue à l'article 29 de l'ordonnance n° 2018-1125 du 12 décembre 2018, et au plus tard le 1er juin 2019, Ord. n° 2018-1125, 12 déc. 2018).* – I. - Sont autorisés par arrêté du ou des ministres compétents , pris après avis motivé et publié de la Commission nationale de l'informatique et des libertés, les traitements de données à caractère personnel mis en œuvre pour le compte de l'État et :

1° Qui intéressent la sûreté de l'État, la défense ou la sécurité publique ;

2° Ou qui ont pour objet la prévention, la recherche, la constatation ou la poursuite des infractions pénales ou l'exécution des condamnations pénales ou des mesures de sûreté.

L'avis de la commission est publié avec l'arrêté autorisant le traitement.

II. - Ceux de ces traitements qui portent sur des données mentionnées au I de l'article 6 sont autorisés par décret en Conseil d'État pris après avis motivé et publié de la commission. Cet avis est publié avec le décret autorisant le traitement .

III. - Certains traitements mentionnés au I et au II peuvent être dispensés, par décret en Conseil d'État, de la publication de l'acte réglementaire qui les autorise. Pour ces traitements, est publié, en même temps que le décret autorisant la dispense de publication de l'acte, le sens de l'avis émis par la commission.

IV. - Pour l'application du présent article, les traitements qui répondent à une même finalité, portent sur des catégories de données identiques et ont les mêmes destinataires ou catégories de destinataires peuvent être autorisés par un acte réglementaire unique. Dans ce cas, le responsable de chaque traitement adresse à la commission un engagement de conformité de celui-ci à la description figurant dans l'autorisation.

Art. 32 *(Créé à compter de la date prévue à l'article 29 de l'ordonnance n° 2018-1125 du 12 décembre 2018, et au plus tard le 1er juin 2019, Ord. n° 2018-1125, 12 déc. 2018).* – Sont autorisés par décret en Conseil d'État, pris après avis motivé et publié de la Commission nationale de l'informatique et des libertés, les traitements de données à caractère personnel mis en œuvre pour le compte de l'État, agissant dans l'exercice de ses prérogatives de puissance publique, qui portent sur des données génétiques ou sur des données biométriques nécessaires à l'authentification ou au contrôle de l'identité des personnes.

Art. 33 *(Créé à compter de la date prévue à l'article 29 de l'ordonnance n° 2018-1125 du 12 décembre 2018, et au plus tard le 1er juin 2019, Ord. n° 2018-1125, 12 déc. 2018).* – I. - Les demandes d'avis adressées à la Commission nationale de l'informatique et des libertés en vertu de la présente loi précisent :

1° L'identité et l'adresse du responsable du traitement ou, si celui-ci n'est établi ni sur le territoire national ni sur celui d'un autre État membre de l'Union européenne, celle de son représentant et, le cas échéant, celle de la personne qui présente la demande ;

2° La ou les finalités du traitement, ainsi que, pour les traitements relevant des articles 31 et 32, la description générale de ses fonctions ;

3° Le cas échéant, les interconnexions, les rapprochements ou toutes autres formes de mise en relation avec d'autres traitements ;

4° Les données à caractère personnel traitées, leur origine et les catégories de personnes concernées par le traitement ;

5° La durée de conservation des informations traitées ;

6° Le ou les services chargés de mettre en œuvre le traitement ainsi que, pour les traitements relevant des articles 31 et 32, les catégories de personnes qui, en raison de leurs fonctions ou pour les besoins du service, ont directement accès aux données enregistrées ;

7° Les destinataires ou catégories de destinataires habilités à recevoir communication des données ;

8° La fonction de la personne ou le service auprès duquel s'exerce le droit d'accès prévu aux articles 49, 105 et 119, ainsi que les mesures relatives à l'exercice de ce droit ;

9° Les dispositions prises pour assurer la sécurité des traitements et des données et la garantie des secrets protégés par la loi et, le cas échéant, l'indication du recours à un sous-traitant ;

10° Le cas échéant, les transferts de données à caractère personnel envisagés à destination d'un État non membre de l'Union européenne, sous quelque forme que ce soit.

Les demandes d'avis portant sur les traitements intéressant la sûreté de l'État, la défense ou la sécurité publique peuvent ne pas comporter tous les éléments d'information énumérés ci-dessus. Un décret en Conseil d'État, pris après avis de la Commission nationale de l'informatique et des libertés, fixe la liste de ces traitements et des informations que les demandes d'avis portant sur ces traitements doivent comporter au minimum.

II. - Le responsable d'un traitement déjà autorisé et susceptible de faire l'objet d'une mise à jour rendue publique dans les conditions prévues à l'article 36 informe sans délai la commission :

1° De tout changement affectant les informations mentionnées au I ;

2° De toute suppression du traitement.

Art. 34 *(Créé à compter de la date prévue à l'article 29 de l'ordonnance n° 2018-1125 du 12 décembre 2018, et au plus tard le 1er juin 2019, Ord. n° 2018-1125, 12 déc. 2018).* – I. - La Commission nationale de l'informatique et des libertés, saisie dans le cadre des articles 31 ou 32, se prononce dans un délai de huit semaines à compter de la réception de la demande. Toutefois, ce délai peut être renouvelé de six semaines sur décision motivée du président.

II. - L'avis demandé à la commission sur un traitement, qui n'est pas rendu à l'expiration du délai prévu au I, est réputé favorable.

Art. 35 *(Créé à compter de la date prévue à l'article 29 de l'ordonnance n° 2018-1125 du 12 décembre 2018, et au plus tard le 1er juin 2019, Ord. n° 2018-1125, 12 déc. 2018).* – Les actes autorisant la création d'un traitement en application des articles 31 et 32 précisent :

1° La finalité du traitement et, le cas échéant, sa dénomination ;

2° Le service auprès duquel s'exerce le droit d'accès prévu aux articles 49, 105 et 119 ;

3° Les catégories de données à caractère personnel enregistrées ;

4° Les destinataires ou catégories de destinataires habilités à recevoir communication de ces données ;

5° Le cas échéant, les dérogations à l'obligation d'information prévues au III de l'article 116 ;

6° Le cas échéant, les limitations et restrictions aux droits des personnes concernées prévues à l'article 23 du règlement (UE) 2016/679 du 27 avril 2016 et à l'article 107.

7° Le cas échéant, la désignation, parmi les responsables conjoints du traitement, du point de contact pour les personnes concernées.

Art. 36 *(Créé à compter de la date prévue à l'article 29 de l'ordonnance n° 2018-1125 du 12 décembre 2018, et au plus tard le 1er juin 2019, Ord. n° 2018-1125, 12 déc. 2018).* – I. - La commission met à la disposition du public, dans un format ouvert et aisément réutilisable, la liste des traitements automatisés ayant fait l'objet d'une des formalités prévues par les articles 31 et 32, à l'exception de ceux mentionnés au III de l'article 31, ainsi que par la section 3 du chapitre III du titre II.

Cette liste précise pour chacun de ces traitements :

1° L'acte décidant la création du traitement ;

2° La finalité du traitement et, le cas échéant la dénomination ;

3° L'identité et l'adresse du responsable du traitement ou, si celui-ci n'est établi ni sur le territoire national ni sur celui d'un autre État membre de l'Union européenne, celles de son représentant ;

4° La fonction de la personne ou le service auprès duquel s'exerce le droit d'accès prévu aux articles 49, 105 et 119 ;

5° Les catégories de données à caractère personnel faisant l'objet du traitement, ainsi que les destinataires et catégories de destinataires habilités à en recevoir communication ;

6° Le cas échéant, les transferts de données à caractère personnel envisagés à destination d'un État non membre de l'Union européenne.

II. - La commission tient à la disposition du public ses avis, décisions ou recommandations.

CHAPITRE V. – VOIES DE RECOURS SPÉCIFIQUES AUX TRAITEMENTS DE DONNÉES À CARACTÈRE PERSONNEL

Art. 37 *(Créé à compter de la date prévue à l'article 29 de l'ordonnance n° 2018-1125 du 12 décembre 2018, et au plus tard le 1er juin 2019, Ord. n° 2018-1125, 12 déc. 2018).* – I. - Sous réserve du présent article, le chapitre Ier du titre V de la loi n° 2016-1547 du 18 novembre 2016 de modernisation de la justice du xxie siècle et le chapitre X du titre VII du livre VII du Code de justice administrative s'appliquent à l'action ouverte sur le fondement du présent article.

II. - Lorsque plusieurs personnes physiques placées dans une situation similaire subissent un dommage ayant pour cause commune un manquement de même nature aux dispositions du règlement (UE) 2016/679 du 27 avril 2016 ou de la présente loi par un responsable de traitement de données à caractère personnel ou un sous-traitant, une action de groupe peut être exercée devant la juridiction civile ou la juridiction administrative compétente au vu des cas individuels présentés par le demandeur, qui en informe la Commission nationale de l'informatique et des libertés.

III. - Cette action peut être exercée en vue soit de faire cesser le manquement mentionné au II, soit d'engager la responsabilité de la personne ayant causé le dommage afin d'obtenir la réparation des préjudices matériels et moraux subis, soit de ces deux fins.

Toutefois, la responsabilité de la personne ayant causé le dommage ne peut être engagée que si le fait générateur du dommage est postérieur au 24 mai 2018.

IV. - Peuvent seules exercer cette action :

1° Les associations régulièrement déclarées depuis cinq ans au moins ayant dans leur objet statutaire la protection de la vie privée ou la protection des données à caractère personnel ;

2° Les associations de défense des consommateurs représentatives au niveau national et agréées en application de l'article L. 811-1 du Code de la consommation, lorsque le traitement de données à caractère personnel affecte des consommateurs ;

3° Les organisations syndicales de salariés ou de fonctionnaires représentatives au sens des articles L. 2122-1, L. 2122-5 ou L. 2122-9 du Code du travail ou du III de l'article 8 *bis* de la loi n° 83-634 du 13 juillet 1983 portant droits et obligations des fonctionnaires ou les syndicats représentatifs de magistrats de l'ordre judiciaire, lorsque le traitement affecte les intérêts des personnes que les statuts de ces organisations les chargent de défendre.

Lorsque l'action tend à la réparation des préjudices subis, elle s'exerce dans le cadre de la procédure individuelle de réparation définie au chapitre Ier du titre V de la loi n° 2016-1547 du 18 novembre 2016 de modernisation de la justice du XXIe siècle et au chapitre X du titre VII du livre VII du Code de justice administrative.

Art. 38 *(Créé à compter de la date prévue à l'article 29 de l'ordonnance n° 2018-1125 du 12 décembre 2018, et au plus tard le 1er juin 2019, Ord. n° 2018-1125, 12 déc. 2018).* – Toute personne peut mandater une association ou une organisation mentionnée au IV de l'article 37, une association ou une organisation dont l'objet statutaire est en relation avec la protection des droits et libertés lorsque ceux-ci sont méconnus dans le cadre d'un traitement de données à caractère personnel, ou une association dont cette personne est membre et dont l'objet statutaire implique la défense d'intérêts en relation avec les finalités du traitement litigieux, aux fins d'exercer en son nom les droits prévus aux articles 77 à 79 et 82 du règlement (UE) 2016/679 du 27 avril 2016. Elle peut également les mandater pour agir devant la Commission nationale de l'informatique et des libertés, contre celle-ci devant un juge ou contre le responsable de traitement ou son sous-traitant devant une juridiction lorsqu'est en cause un traitement relevant du titre III de la présente loi.

Art. 39 *(Créé à compter de la date prévue à l'article 29 de l'ordonnance n° 2018-1125 du 12 décembre 2018, et au plus tard le 1er juin 2019, Ord. n° 2018-1125, 12 déc. 2018).* – Dans le cas où, saisie d'une réclamation dirigée contre un responsable de traitement ou son sous-traitant, la Commission nationale de l'informatique et des libertés estime fondés les griefs avancés relatifs à la protection des droits et libertés d'une personne à l'égard du traitement de ses données à caractère personnel, ou de manière générale afin d'assurer la protection de ces droits et libertés dans le cadre de sa mission, elle peut demander au Conseil d'État d'ordonner, le cas échéant sous astreinte, soit la suspension d'un transfert de données, soit la prolongation de la suspension d'un tel transfert qu'elle aurait elle-même préalablement ordonnée, et elle assortit alors ses conclusions d'une demande de question préjudicielle à la Cour de justice de l'Union européenne en vue d'apprécier la validité de la décision d'adéquation de la Commission européenne prise sur le fondement de l'article 45 du règlement (UE) 2016/679 du 27 avril 2016 ainsi que de tous les actes pris par la Commission européenne relativement aux garanties appropriées dans le cadre des transferts de données mentionnées à l'article 46 du même règlement.

Lorsque le transfert de données en cause ne constitue pas une opération de traitement effectuée par une juridiction dans l'exercice de sa fonction juridictionnelle, la Commission nationale de l'informatique et des libertés peut saisir, dans les mêmes conditions, le Conseil d'État aux fins d'ordonner, soit la suspension du transfert de données fondé sur une décision d'adéquation de la Commission européenne prise sur le fondement de l'article 36 de la directive (UE) 2016/680 du Parlement européen et du Conseil du 27 avril 2016, soit la prolongation de la suspension de ce transfert qu'elle aurait elle-même déjà ordonnée, dans l'attente de l'appréciation par la Cour de justice de l'Union européenne de la validité de cette décision d'adéquation.

CHAPITRE VI. – DISPOSITIONS PÉNALES

Art. 40 *(Créé à compter de la date prévue à l'article 29 de l'ordonnance n° 2018-1125 du 12 décembre 2018, et au plus tard le 1er juin 2019, Ord. n° 2018-1125, 12 déc. 2018).* – Les infractions aux dispositions de la présente loi sont prévues par la section 5 du chapitre VI du titre II du livre II du Code pénal.

Art. 41 *(Créé à compter de la date prévue à l'article 29 de l'ordonnance n° 2018-1125 du 12 décembre 2018, et au plus tard le 1er juin 2019, Ord. n° 2018-1125, 12 déc. 2018).* – Le procureur de la République avise le président de la Commission nationale de l'informatique et des libertés de toutes les poursuites relatives aux infractions prévues par la section 5 du chapitre VI du titre II du livre II du Code pénal et, le cas échéant, des suites qui leur sont données. Il l'informe de la date et de l'objet de l'audience de jugement par lettre recommandée adressée au moins dix jours avant cette date.

La juridiction d'instruction ou de jugement peut appeler le président de la Commission nationale de l'informatique et des libertés ou son représentant à déposer ses observations ou à les développer oralement à l'audience.

TITRE II. – TRAITEMENTS RELEVANT DU RÉGIME DE PROTECTION DES DONNÉES À CARACTÈRE PERSONNEL PRÉVU PAR LE RÈGLEMENT (UE) 2016/679 DU 27 AVRIL 2016

CHAPITRE Ier. – DISPOSITIONS GÉNÉRALES

Art. 42 *(Créé à compter de la date prévue à l'article 29 de l'ordonnance n° 2018-1125 du 12 décembre 2018, et au plus tard le 1er juin 2019, Ord. n° 2018-1125, 12 déc. 2018).* – I. - Le présent titre ne s'applique pas aux traitements de données à caractère personnel effectués :

1° Dans le cadre d'une activité qui ne relève pas du champ d'application du droit de l'Union européenne, notamment les traitements mentionnés au titre IV ;

2° Dans le cadre d'activités qui relèvent du champ d'application du chapitre II du titre V du traité sur l'Union européenne ;

3° Par les autorités compétentes à des fins de prévention et de détection des infractions pénales, d'enquêtes et de poursuites en la matière ou d'exécution de sanctions pénales, y compris la protection contre des menaces pour la sécurité publique et la prévention de telles menaces ;

4° Aux copies temporaires qui sont faites dans le cadre des activités techniques de transmission et de fourniture d'accès à un réseau numérique, en vue du stockage automatique, intermédiaire et transitoire des données et à seule fin de permettre à d'autres destinataires du service le meilleur accès possible aux informations transmises.

II. - Le présent titre s'applique sans préjudice des articles 32-3-3, 32-3-4 et 34-4 du Code des postes et des télécommunications relatifs à la responsabilité des prestataires de services intermédiaires tels que modifiés par l'article 9 de la loi n° 2004-575 du 21 juin 2004 pour la confiance dans l'économie numérique et 10 de la loi n° 2004-669 du 9 juillet 2004 relative aux communications électroniques et aux services de communication audiovisuelle.

III. - Le présent titre s'applique sans préjudice des dispositions de l'article 6 de la loi n° 2004-575 du 21 juin 2004 pour la confiance dans l'économie numérique.

Art. 43 *(Créé à compter de la date prévue à l'article 29 de l'ordonnance n° 2018-1125 du 12 décembre 2018, et au plus tard le 1er juin 2019, Ord. n° 2018-1125, 12 déc. 2018).* – Les principes, règles et conditions de licéité d'un traitement de données à caractère personnel applicables sont ceux définis au chapitre II du règlement (UE) 2016/679 du 27 avril 2016 et du chapitre Ier du titre Ier de la présente loi.

Art. 44 *(Créé à compter de la date prévue à l'article 29 de l'ordonnance n° 2018-1125 du 12 décembre 2018, et au plus tard le 1er juin 2019, Ord. n° 2018-1125, 12 déc. 2018).* – L'article 6 ne s'applique pas si l'une des conditions prévues au 2 de l'article 9 du règlement (UE) 2016/679 du 27 avril 2016 est remplie, ainsi que pour :

1° Les traitements nécessaires aux fins de la médecine préventive, des diagnostics médicaux, de l'administration de soins ou de traitements, ou de la gestion de services de santé et mis en œuvre par un membre d'une profession de santé, ou par une autre personne à laquelle s'impose en raison de ses fonctions l'obligation de secret professionnel dont l'atteinte est réprimée par l'article 226-13 du Code pénal ;

2° Les traitements statistiques réalisés par l'Institut national de la statistique et des études économiques ou l'un des services statistiques ministériels dans le respect de la loi n° 51-711 du 7 juin 1951 sur l'obligation, la coordination et le secret en matière de statistiques, après avis du Conseil national de l'information statistique ;

3° Les traitements comportant des données concernant la santé justifiés par l'intérêt public et conformes aux dispositions de la section 3 du chapitre III du présent titre ;

4° Les traitements conformes aux règlements types mentionnés au c du 2° du I de l'article 8 mis en œuvre par les employeurs ou les administrations qui portent sur des données biométriques strictement nécessaires au contrôle de l'accès aux lieux de travail ainsi qu'aux appareils et aux applications utilisés dans le cadre des missions confiées aux salariés, aux agents, aux stagiaires ou aux prestataires ;

5° Les traitements portant sur la réutilisation des informations publiques figurant dans les décisions mentionnées à l'article L. 10 du Code de justice administrative et à l'article L. 111-13 du Code de l'organisation judiciaire, sous réserve que ces traitements n'aient ni pour objet ni pour effet de permettre la réidentification des personnes concernées ;

6° Les traitements nécessaires à la recherche publique au sens de l'article L. 112-1 du Code de la recherche, sous réserve que des motifs d'intérêt public important les rendent nécessaires, dans les conditions prévues par le g du 2 de l'article 9 du règlement (UE) 2016/679 du 27 avril 2016, après avis motivé et publié de la Commission nationale de l'informatique et des libertés rendu selon les modalités prévues à l'article 34 de la présente loi.

Art. 45 *(Créé à compter de la date prévue à l'article 29 de l'ordonnance n° 2018-1125 du 12 décembre 2018, et au plus tard le 1er juin 2019, Ord. n° 2018-1125, 12 déc. 2018).* – En application du 1 de l'article 8 du règlement (UE) 2016/679 du 27 avril 2016, un mineur peut consentir seul à un traitement de données à caractère personnel en ce qui concerne l'offre directe de services de la société de l'information à compter de l'âge de quinze ans.

Lorsque le mineur est âgé de moins de quinze ans, le traitement n'est licite que si le consentement est donné conjointement par le mineur concerné et le ou les titulaires de l'autorité parentale à l'égard de ce mineur.

Le responsable de traitement rédige en des termes clairs et simples, aisément compréhensibles par le mineur, les informations et communications relatives au traitement qui le concerne.

Art. 46 *(Créé à compter de la date prévue à l'article 29 de l'ordonnance n° 2018-1125 du 12 décembre 2018, et au plus tard le 1er juin 2019, Ord. n° 2018-1125, 12 déc. 2018).* – Les traitements de données à caractère personnel relatives aux condamnations pénales, aux infractions ou aux mesures de sûreté connexes ne peuvent être effectués que par :

1° Les juridictions, les autorités publiques et les personnes morales gérant un service public, agissant dans le cadre de leurs attributions légales ainsi que les personnes morales de droit privé collaborant au service public de la justice et appartenant à des catégories dont la liste est fixée par décret en Conseil d'État, pris après avis motivé et publié de la Commission nationale de l'informatique et des libertés, dans la mesure strictement nécessaire à leur mission ;

2° Les auxiliaires de justice, pour les stricts besoins de l'exercice des missions qui leur sont confiées par la loi ;

3° Les personnes physiques ou morales, aux fins de leur permettre de préparer et, le cas échéant, d'exercer et de suivre une action en justice en tant que victime, mise en cause, ou pour le compte de ceux-ci et de faire exécuter la décision rendue, pour une durée strictement proportionnée à ces finalités. La communication à un tiers n'est alors possible que sous les mêmes conditions et dans la mesure strictement nécessaire à la poursuite de ces mêmes finalités ;

4° Les personnes morales mentionnées aux articles L. 321-1 et L. 331-1 du Code de la propriété intellectuelle, agissant au titre des droits dont elles assurent la gestion ou pour le compte des victimes d'atteintes aux droits prévus aux livres Ier, II et III du même code aux fins d'assurer la défense de ces droits ;

5° Les réutilisateurs des informations publiques figurant dans les décisions mentionnées à l'article L. 10 du Code de justice administrative et à l'article L. 111-13 du Code de l'organisation judiciaire, sous réserve que les traitements mis en œuvre n'aient ni pour objet ni pour effet de permettre la réidentification des personnes concernées.

Art. 47 *(Créé à compter de la date prévue à l'article 29 de l'ordonnance n° 2018-1125 du 12 décembre 2018, et au plus tard le 1er juin 2019, Ord. n° 2018-1125, 12 déc. 2018).* – Aucune décision de justice impliquant une appréciation sur le comportement d'une personne ne peut avoir pour fondement un traitement automatisé de données à caractère personnel destiné à évaluer certains aspects de la personnalité de cette personne.

Aucune décision produisant des effets juridiques à l'égard d'une personne ou l'affectant de manière significative ne peut être prise sur le seul fondement d'un traitement automatisé de données à caractère personnel, y compris le profilage, à l'exception :

1° Des cas mentionnés aux a et c du 2 de l'article 22 du règlement (UE) 2016/679 du 27 avril 2016, sous les réserves mentionnées au 3 du même article 22 et à condition que les règles définissant le traitement ainsi que les principales caractéristiques de sa mise en œuvre soient communiquées, à l'exception des secrets protégés par la loi, par le responsable de traitement à l'intéressé s'il en fait la demande ;

2° Des décisions administratives individuelles prises dans le respect de l'article L. 311-3-1 et du chapitre Ier du titre Ier du livre IV du Code des relations entre le public et l'administration, à condition que le traitement ne porte pas sur des données mentionnées au I de l'article 6 de la présente loi. Ces décisions comportent, à peine de nullité, la mention explicite prévue à l'article L. 311-3-1 du Code des relations entre le public et l'administration. Pour ces décisions, le responsable de traitement s'assure de la maîtrise du traitement algorithmique et de ses évolutions afin de pouvoir expliquer, en détail et sous une forme intelligible, à la personne concernée la manière dont le traitement a été mis en œuvre à son égard.

Par dérogation au 2° du présent article, aucune décision par laquelle l'administration se prononce sur un recours administratif mentionné au titre Ier du livre IV du Code des relations entre le public et l'administration ne peut être prise sur le seul fondement d'un traitement automatisé de données à caractère personnel.

CHAPITRE II. – DROITS DE LA PERSONNE CONCERNÉE

Art. 48 *(Créé à compter de la date prévue à l'article 29 de l'ordonnance n° 2018-1125 du 12 décembre 2018, et au plus tard le 1er juin 2019, Ord. n° 2018-1125, 12 déc. 2018).* – Le droit à l'information s'exerce dans les conditions prévues aux articles 12 à 14 du règlement (UE) 2016/679 du 27 avril 2016.

En particulier, lorsque les données à caractère personnel sont collectées auprès d'un mineur de moins de quinze ans, le responsable de traitement transmet au mineur les informations mentionnées à l'article 13 de ce règlement dans un langage clair et facilement accessible.

La personne auprès de laquelle sont recueillies des données à caractère personnel la concernant est également informée, sauf si elle l'a été au préalable, par le responsable du traitement ou son représentant du droit de définir des directives relatives au sort de ses données à caractère personnel après sa mort, dans les conditions prévues à l'article 85.

En application de l'article 23 du même règlement, le droit à l'information ne s'applique pas aux données collectées dans les conditions prévues à l'article 14 de ce règlement et utilisées lors d'un traitement mis en œuvre pour le compte de l'État et intéressant la sécurité publique, dans la mesure où une telle limitation est nécessaire au respect des fins poursuivies par ce traitement et prévue par l'acte instaurant le traitement.

Il est fait application des dispositions de l'alinéa précédent lorsque le traitement est mis en œuvre par les administrations publiques qui ont pour mission soit de contrôler ou de recouvrer des impositions soit d'effectuer des contrôles de l'activité de personnes physiques ou morales pouvant donner lieu à la constatation d'une infraction ou d'un manquement, à des amendes administratives ou à des pénalités.

Art. 49 *(Créé à compter de la date prévue à l'article 29 de l'ordonnance n° 2018-1125 du 12 décembre 2018, et au plus tard le 1er juin 2019, Ord. n° 2018-1125, 12 déc. 2018).* – Le droit d'accès de la personne concernée s'exerce dans les conditions prévues à l'article 15 du règlement (UE) 2016/679 du 27 avril 2016.

En cas de risque de dissimulation ou de disparition des données à caractère personnel, le juge compétent peut ordonner, y compris en référé, toutes mesures de nature à éviter cette dissimulation ou cette disparition.

Les dispositions du premier alinéa ne s'appliquent pas lorsque les données à caractère personnel sont conservées sous une forme excluant manifestement tout risque d'atteinte à la vie privée et à la protection des données des personnes concernées et pendant une durée n'excédant pas celle nécessaire aux seules finalités d'établissement de statistiques ou de réalisation de recherche scientifique ou historique.

Art. 50 *(Créé à compter de la date prévue à l'article 29 de l'ordonnance n° 2018-1125 du 12 décembre 2018, et au plus tard le 1er juin 2019, Ord. n° 2018-1125, 12 déc. 2018).* – Le droit de rectification s'exerce dans les conditions prévues à l'article 16 du règlement (UE) 2016/679 du 27 avril 2016.

Art. 51 *(Créé à compter de la date prévue à l'article 29 de l'ordonnance n° 2018-1125 du 12 décembre 2018, et au plus tard le 1er juin 2019, Ord. n° 2018-1125, 12 déc. 2018).* – I. - Le droit à l'effacement s'exerce dans les conditions prévues à l'article 17 du règlement (UE) 2016/679 du 27 avril 2016.

II. - En particulier, sur demande de la personne concernée, le responsable du traitement est tenu d'effacer dans les meilleurs délais les données à caractère personnel qui ont été collectées dans le cadre de l'offre de services de la société de l'information lorsque la personne concernée était mineure au moment de la collecte. Lorsqu'il a

transmis les données en cause à un tiers lui-même responsable de traitement, il prend des mesures raisonnables, y compris d'ordre technique, compte tenu des technologies disponibles et des coûts de mise en œuvre, pour informer le tiers qui traite ces données que la personne concernée a demandé l'effacement de tout lien vers celles-ci, ou de toute copie ou de toute reproduction de celles-ci.

En cas de non-exécution de l'effacement des données à caractère personnel ou en cas d'absence de réponse du responsable du traitement dans un délai d'un mois à compter de la demande, la personne concernée peut saisir la Commission nationale de l'informatique et des libertés, qui se prononce sur cette demande dans un délai de trois semaines à compter de la date de réception de la réclamation.

Art. 52 ***(Créé à compter de la date prévue à l'article 29 de l'ordonnance n° 2018-1125 du 12 décembre 2018, et au plus tard le 1er juin 2019, Ord. n° 2018-1125, 12 déc. 2018).*** **– Par dérogation aux articles 49 à 51, pour les traitements mis en œuvre par les administrations publiques et les personnes privées chargées d'une mission de service public qui ont pour mission de contrôler ou recouvrer des impositions, les droit d'accès, de rectification et d'effacement s'exercent dans les conditions prévues à l'article 118, si de telles restrictions ont été prévues par l'acte instaurant le traitement.**

Il est fait application des mêmes dispositions lorsque le traitement intéresse la sécurité publique, sous réserve de l'application des dispositions du titre III.

Par dérogation aux articles 49 à 51, pour les traitements mis en œuvre par les juridictions financières, dans le cadre de leurs missions non juridictionnelles prévues par le Code des juridictions financières, notamment lorsque de telles missions sont susceptibles de révéler des irrégularités appelant la mise en œuvre d'une procédure juridictionnelle, le droit d'accès peut être limité dans les conditions prévues aux e et h du 1 de l'article 23 du règlement (UE) 2016/679 du 27 avril 2016.

Art. 53 ***(Créé à compter de la date prévue à l'article 29 de l'ordonnance n° 2018-1125 du 12 décembre 2018, et au plus tard le 1er juin 2019, Ord. n° 2018-1125, 12 déc. 2018).*** **– Le droit à la limitation du traitement s'exerce dans les conditions prévues à l'article 18 du règlement (UE) 2016/679 du 27 avril 2016.**

Art. 54 ***(Créé à compter de la date prévue à l'article 29 de l'ordonnance n° 2018-1125 du 12 décembre 2018, et au plus tard le 1er juin 2019, Ord. n° 2018-1125, 12 déc. 2018).*** **– L'obligation de notification en cas de rectification ou d'effacement de données à caractère personnel ou la limitation du traitement s'exerce dans les conditions prévues à l'article 19 du règlement (UE) 2016/679 du 27 avril 2016.**

Art. 55 ***(Créé à compter de la date prévue à l'article 29 de l'ordonnance n° 2018-1125 du 12 décembre 2018, et au plus tard le 1er juin 2019, Ord. n° 2018-1125, 12 déc. 2018).*** **– Le droit à la portabilité des données s'exerce dans les conditions prévues à l'article 20 du règlement (UE) 2016/679 du 27 avril 2016.**

Art. 56 ***(Créé à compter de la date prévue à l'article 29 de l'ordonnance n° 2018-1125 du 12 décembre 2018, et au plus tard le 1er juin 2019, Ord. n° 2018-1125, 12 déc. 2018).*** **– Le droit d'opposition s'exerce dans les conditions prévues à l'article 21 du règlement (UE) 2016/679 du 27 avril 2016.**

Ce droit ne s'applique pas lorsque le traitement répond à une obligation légale ou, dans les conditions prévues à l'article 23 du même règlement, lorsque l'application de ces dispositions a été écartée par une disposition expresse de l'acte instaurant le traitement.

CHAPITRE III. – OBLIGATIONS INCOMBANT AU RESPONSABLE DU TRAITEMENT ET AU SOUS-TRAITANT

Section 1. – Obligations générales

Art. 57 ***(Créé à compter de la date prévue à l'article 29 de l'ordonnance n° 2018-1125 du 12 décembre 2018, et au plus tard le 1er juin 2019, Ord. n° 2018-1125, 12 déc. 2018).*** **– En application de l'article 24 du règlement (UE) 2016/679 du 27 avril 2016, le responsable du traitement met en œuvre des mesures techniques et organisationnelles appropriées pour s'assurer et être en mesure de démontrer que le traitement est effectué conformément à ce même règlement et à la présente loi.**

Le responsable du traitement et, le cas échéant, son représentant tiennent le registre des activités de traitement dans les conditions prévues à l'article 30 de ce règlement. Ils désignent un délégué à la protection des données dans les conditions prévues par la section 4 du chapitre IV du même règlement.

Art. 59 *(Créé à compter de la date prévue à l'article 29 de l'ordonnance n° 2018-1125 du 12 décembre 2018, et au plus tard le 1er juin 2019, Ord. n° 2018-1125, 12 déc. 2018).* – Lorsque les finalités et les moyens du traitement sont déterminés par plusieurs responsables du traitement, leurs obligations respectives s'exercent dans les conditions prévues à l'article 26 du règlement (UE) 2016/679 du 27 avril 2016 et par la présente loi.

Art. 60 *(Créé à compter de la date prévue à l'article 29 de l'ordonnance n° 2018-1125 du 12 décembre 2018, et au plus tard le 1er juin 2019, Ord. n° 2018-1125, 12 déc. 2018).* – La qualité de sous-traitant n'exonère en rien du respect des dispositions applicables du règlement (UE) 2016/679 du 27 avril 2016 et de la présente loi.

Le traitement réalisé par un sous-traitant est régi par un contrat ou tout acte juridique qui lie le sous-traitant à l'égard du responsable du traitement, sous une forme écrite, y compris en format électronique, respectant les conditions prévues à l'article 28 du règlement.

Le sous-traitant et, le cas échéant, son représentant doivent tenir le registre mentionné à l'article 30 de ce même règlement.

Lorsqu'un sous-traitant a recours à un autre sous-traitant pour mener les activités de traitement spécifiques pour le compte du responsable du traitement, il conclut avec ce sous-traitant le contrat mentionné au deuxième alinéa. Le troisième alinéa s'applique également.

Art. 61 *(Créé à compter de la date prévue à l'article 29 de l'ordonnance n° 2018-1125 du 12 décembre 2018, et au plus tard le 1er juin 2019, Ord. n° 2018-1125, 12 déc. 2018).* – Conformément à l'article 29 du règlement (UE) 2016/679 du 27 avril 2016, sauf dispositions législatives ou réglementaires contraires, il est interdit au sous-traitant ou à toute autre personne agissant sous l'autorité du responsable du traitement ou sous celle du sous-traitant ayant accès à des données à caractère personnel de traiter ces données sans l'accord du responsable du traitement.

Section 2. – Obligations en cas de traitement susceptible d'engendrer un risque élevé pour les droits et libertés des personnes physiques

Art. 62 *(Créé à compter de la date prévue à l'article 29 de l'ordonnance n° 2018-1125 du 12 décembre 2018, et au plus tard le 1er juin 2019, Ord. n° 2018-1125, 12 déc. 2018).* – Le responsable du traitement effectue préalablement à la mise en œuvre du traitement une analyse d'impact des opérations de traitement envisagées sur la protection des données à caractère personnel dans les conditions prévues à l'article 35 du règlement (UE) 2016/679 du 27 avril 2016.

Art. 63 *(Créé à compter de la date prévue à l'article 29 de l'ordonnance n° 2018-1125 du 12 décembre 2018, et au plus tard le 1er juin 2019, Ord. n° 2018-1125, 12 déc. 2018).* – Conformément à l'article 36 du règlement (UE) 2016/679 du 27 avril 2016, le responsable du traitement est tenu de consulter la Commission nationale de l'informatique et des libertés préalablement à la mise en œuvre du traitement lorsqu'il ressort de l'analyse d'impact prévue à l'article 62 que le traitement présenterait un risque élevé si le responsable du traitement ne prenait pas de mesures pour atténuer le risque.

Section 3. – Traitements de données à caractère personnel dans le domaine de la santé

Art. 64 *(Créé à compter de la date prévue à l'article 29 de l'ordonnance n° 2018-1125 du 12 décembre 2018, et au plus tard le 1er juin 2019, Ord. n° 2018-1125, 12 déc. 2018).* – Lorsque l'exercice du droit d'accès s'applique à des données de santé à caractère personnel, celles-ci peuvent être communiquées à la personne concernée, selon son choix, directement ou par l'intermédiaire d'un médecin qu'elle désigne à cet effet, dans le respect des dispositions de l'article L. 1111-7 du Code de la santé publique.

Sous-section 1. – Dispositions générales

Art. 65 *(Créé à compter de la date prévue à l'article 29 de l'ordonnance n° 2018-1125 du 12 décembre 2018, et au plus tard le 1er juin 2019, Ord. n° 2018-1125, 12 déc. 2018).* – Les traitements contenant des données concernant la santé des personnes sont soumis, outre à celles du règlement (UE) 2016/679 du 27 avril 2016, aux dispositions de la présente section, à l'exception des catégories de traitements suivantes :

1° Les traitements relevant du 1° de l'article 44 de la présente loi et des *a* et *c* à *f* du 2 de l'article 9 du règlement (UE) 2016/679 du 27 avril 2016 ;

2° Les traitements permettant d'effectuer des études à partir des données recueillies en application du 1° de l'article 44 de la présente loi lorsque ces études sont réalisées par les personnels assurant ce suivi et destinées à leur usage exclusif ;

3° Les traitements mis en œuvre aux fins d'assurer le service des prestations ou le contrôle par les organismes chargés de la gestion d'un régime de base d'assurance maladie ainsi que la prise en charge des prestations par les organismes d'assurance maladie complémentaire ;

4° Les traitements effectués au sein des établissements de santé par les médecins responsables de l'information médicale, dans les conditions prévues au deuxième alinéa de l'article L. 6113-7 du Code de la santé publique ;

5° Les traitements effectués par les agences régionales de santé, par l'État et par la personne publique qu'il désigne en application du premier alinéa de l'article L. 6113-8 du même code, dans le cadre défini au même article L. 6113-8.

Art. 66 *(Créé à compter de la date prévue à l'article 29 de l'ordonnance n° 2018-1125 du 12 décembre 2018, et au plus tard le 1er juin 2019, Ord. n° 2018-1125, 12 déc. 2018).* – I. - Les traitements relevant de la présente section ne peuvent être mis en œuvre qu'en considération de la finalité d'intérêt public qu'ils présentent. La garantie de normes élevées de qualité et de sécurité des soins de santé et des médicaments ou des dispositifs médicaux constitue une finalité d'intérêt public.

II. - Des référentiels et règlements types, au sens des b et c du 2° du I de l'article 8, s'appliquant aux traitements relevant de la présente section sont établis par la Commission nationale de l'informatique et des libertés, en concertation avec l'Institut national des données de santé mentionné à l'article L. 1462-1 du Code de la santé publique et des organismes publics et privés représentatifs des acteurs concernés.

Les traitements conformes à ces référentiels peuvent être mis en œuvre à la condition que leurs responsables adressent préalablement à la Commission nationale de l'informatique et des libertés une déclaration attestant de cette conformité.

Ces référentiels peuvent également porter sur la description et les garanties de procédure permettant la mise à disposition en vue de leur traitement de jeux de données de santé présentant un faible risque d'impact sur la vie privée.

III. - Les traitements mentionnés au I qui ne sont pas conformes à un référentiel mentionné au II ne peuvent être mis en œuvre qu'après autorisation de la Commission nationale de l'informatique et des libertés. La demande d'autorisation est présentée dans les formes prévues à l'article 33.

IV. - La Commission nationale de l'informatique et des libertés peut, par décision unique, délivrer à un même demandeur une autorisation pour des traitements répondant à une même finalité, portant sur des catégories de données identiques et ayant des catégories de destinataires identiques.

V. - La Commission nationale de l'informatique et des libertés se prononce dans un délai de deux mois à compter de la réception de la demande. Toutefois, ce délai peut être prolongé une fois pour la même durée sur décision motivée de son président ou lorsque l'Institut national des données de santé est saisi en application du second alinéa de l'article 72.

Lorsque la Commission nationale de l'informatique et des libertés ne s'est pas prononcée dans ces délais, la demande d'autorisation est réputée acceptée. Cette disposition n'est toutefois pas applicable si l'autorisation fait l'objet d'un avis préalable en application de la sous-section 2 de la présente section et que l'avis ou les avis rendus ne sont pas expressément favorables.

Art. 67 *(Créé à compter de la date prévue à l'article 29 de l'ordonnance n° 2018-1125 du 12 décembre 2018, et au plus tard le 1er juin 2019, Ord. n° 2018-1125, 12 déc. 2018).* – Par dérogation à l'article 66, les traitements de données à caractère personnel dans le domaine de la santé mis en œuvre par les organismes ou les services chargés d'une mission de service public figurant sur une liste fixée par arrêté des ministres chargés de la santé et de la sécurité sociale, pris après avis de la Commission nationale de l'informatique et des libertés, ayant pour seule finalité de répondre, en cas de situation d'urgence, à une alerte sanitaire et d'en gérer les suites, au sens de la section 1 du chapitre III du titre Ier du livre IV de la première partie du Code de la santé publique, sont soumis aux seules dispositions de la section 3 du chapitre IV du règlement (UE) 2016/679 du 27 avril 2016.

Les traitements mentionnés au premier alinéa du présent article qui utilisent le numéro d'inscription des personnes au répertoire national d'identification des personnes physiques sont mis en œuvre dans les conditions prévues à l'article 30 de la présente loi.

Les dérogations régies par le premier alinéa du présent article prennent fin un an après la création du traitement si ce dernier continue à être mis en œuvre au-delà de ce délai.

Art. 68 *(Créé à compter de la date prévue à l'article 29 de l'ordonnance n° 2018-1125 du 12 décembre 2018, et au plus tard le 1er juin 2019, Ord. n° 2018-1125, 12 déc. 2018).* – Nonobstant les règles relatives au secret professionnel, les membres des professions de santé peuvent transmettre au responsable d'un traitement de données autorisé en application de l'article 66 les données à caractère personnel qu'ils détiennent.

Lorsque ces données permettent l'identification des personnes, leur transmission doit être effectuée dans des conditions de nature à garantir leur confidentialité. La Commission nationale de l'informatique et des libertés peut adopter des recommandations ou des référentiels sur les procédés techniques à mettre en œuvre.

Lorsque le résultat du traitement de données est rendu public, l'identification directe ou indirecte des personnes concernées doit être impossible.

Les personnes appelées à mettre en œuvre le traitement de données ainsi que celles qui ont accès aux données sur lesquelles il porte sont astreintes au secret professionnel sous les peines prévues à l'article 226-13 du Code pénal.

Art. 69 *(Créé à compter de la date prévue à l'article 29 de l'ordonnance n° 2018-1125 du 12 décembre 2018, et au plus tard le 1er juin 2019, Ord. n° 2018-1125, 12 déc. 2018).* – Les personnes auprès desquelles sont recueillies des données à caractère personnel ou à propos desquelles de telles données sont transmises sont individuellement informées conformément aux dispositions du règlement (UE) 2016/679 du 27 avril 2016.

Toutefois, ces informations peuvent ne pas être délivrées si la personne concernée a entendu faire usage du droit qui lui est reconnu par l'article L. 1111-2 du Code de la santé publique d'être laissée dans l'ignorance d'un diagnostic ou d'un pronostic.

Art. 70 *(Créé à compter de la date prévue à l'article 29 de l'ordonnance n° 2018-1125 du 12 décembre 2018, et au plus tard le 1er juin 2019, Ord. n° 2018-1125, 12 déc. 2018).* – Sont destinataires de l'information et exercent les droits de la personne concernée par le traitement les titulaires de l'exercice de l'autorité parentale, pour les mineurs, ou la personne chargée d'une mission de représentation dans le cadre d'une tutelle, d'une habilitation familiale ou d'un mandat de protection future, pour les majeurs protégés dont l'état ne leur permet pas de prendre seuls une décision personnelle éclairée.

Par dérogation au premier alinéa du présent article, pour les traitements de données à caractère personnel réalisés dans le cadre de recherches mentionnées aux 2° et 3° de l'article L. 1121-1 du Code de la santé publique ou d'études ou d'évaluations dans le domaine de la santé, ayant une finalité d'intérêt public et incluant des personnes mineures, l'information peut être effectuée auprès d'un seul des titulaires de l'exercice de l'autorité parentale s'il est impossible d'informer l'autre titulaire ou s'il ne peut être consulté dans des délais compatibles avec les exigences méthodologiques propres à la réalisation de la recherche, de l'étude ou de l'évaluation au regard de ses finalités. Le présent alinéa ne fait pas obstacle à l'exercice ultérieur, par chaque titulaire de l'exercice de l'autorité parentale, des droits mentionnés au premier alinéa.

Pour ces traitements, le mineur âgé de quinze ans ou plus peut s'opposer à ce que les titulaires de l'exercice de l'autorité parentale aient accès aux données le concernant recueillies au cours de la recherche, de l'étude ou de l'évaluation. Le mineur reçoit alors l'information et exerce seul ses droits.

Pour ces mêmes traitements, le mineur âgé de quinze ans ou plus peut s'opposer à ce que les titulaires de l'exercice de l'autorité parentale soient informés du traitement de données si le fait d'y participer conduit à révéler une information sur une action de prévention, un dépistage, un diagnostic, un traitement ou une intervention pour laquelle le mineur s'est expressément opposé à la consultation des titulaires de l'autorité parentale, en application des articles L. 1111-5 et L. 1111-5-1 du Code de la santé publique, ou si les liens de famille sont rompus et que le mineur bénéficie à titre personnel du remboursement des prestations en nature de l'assurance maladie et maternité et de la couverture complémentaire mise en place par la loi n° 99-641 du 27 juillet 1999 portant création d'une couverture maladie universelle. Il exerce alors seul ses droits.

Art. 71 *(Créé à compter de la date prévue à l'article 29 de l'ordonnance n° 2018-1125 du 12 décembre 2018, et au plus tard le 1er juin 2019, Ord. n° 2018-1125, 12 déc. 2018).* – Une information relative aux dispositions de la présente sous-section doit être assurée notamment dans tout établissement ou centre où s'exercent des activités de prévention, de diagnostic et de soins donnant lieu à la transmission de données à caractère personnel en vue d'un traitement mentionné au présent titre.

Sous-section 2. – Dispositions particulières relatives aux traitements à des fins de recherche, d'étude ou d'évaluation dans le domaine de la santé

Art. 72 *(Créé à compter de la date prévue à l'article 29 de l'ordonnance n° 2018-1125 du 12 décembre 2018, et au plus tard le 1er juin 2019, Ord. n° 2018-1125, 12 déc. 2018).* – Les traitements automatisés de données à caractère personnel dont la finalité est ou devient la recherche ou les études dans le domaine de la santé ainsi que l'évaluation ou l'analyse des pratiques ou des activités de soins ou de prévention sont soumis à la sous-section 1 de la présente section, sous réserve de la présente sous-section.

L'Institut national des données de santé mentionné à l'article L. 1462-1 du Code de la santé publique peut se saisir ou être saisi, dans des conditions définies par décret en Conseil d'État, par la Commission nationale de l'informatique et des libertés ou le ministre chargé de la santé sur le caractère d'intérêt public que présentent les traitements mentionnés au premier alinéa du présent article.

Art. 73 *(Créé à compter de la date prévue à l'article 29 de l'ordonnance n° 2018-1125 du 12 décembre 2018, et au plus tard le 1er juin 2019, Ord. n° 2018-1125, 12 déc. 2018).* – Au titre des référentiels mentionnés au II de l'article 66 de la présente loi, des méthodologies de référence sont homologuées et publiées par la Commission nationale de l'informatique et des libertés. Elles sont établies en concertation avec l'Institut national des données de santé mentionné à l'article L. 1462-1 du Code de la santé publique et des organismes publics et privés représentatifs des acteurs concernés.

Lorsque le traitement est conforme à une méthodologie de référence, il peut être mis en œuvre, sans autorisation mentionnée à l'article 66 de la présente loi, à la condition que son responsable adresse préalablement à la Commission nationale de l'informatique et des libertés une déclaration attestant de cette conformité.

Art. 74 *(Créé à compter de la date prévue à l'article 29 de l'ordonnance n° 2018-1125 du 12 décembre 2018, et au plus tard le 1er juin 2019, Ord. n° 2018-1125, 12 déc. 2018).* – Toute personne a le droit de s'opposer à ce que des données à caractère personnel la concernant fassent l'objet de la levée du secret professionnel rendue nécessaire par un traitement de la nature de ceux mentionnés à l'article 65.

Art. 75 *(Créé à compter de la date prévue à l'article 29 de l'ordonnance n° 2018-1125 du 12 décembre 2018, et au plus tard le 1er juin 2019, Ord. n° 2018-1125, 12 déc. 2018).* – Dans le cas où la recherche nécessite l'examen des caractéristiques génétiques, le consentement éclairé et exprès des personnes concernées doit être obtenu préalablement à la mise en œuvre du traitement de données. Le présent article n'est pas applicable aux recherches réalisées en application de l'article L. 1131-1-1 du Code de la santé publique.

Art. 76 *(Créé à compter de la date prévue à l'article 29 de l'ordonnance n° 2018-1125 du 12 décembre 2018, et au plus tard le 1er juin 2019, Ord. n° 2018-1125, 12 déc. 2018).* – L'autorisation du traitement est accordée par la Commission nationale de l'informatique et des libertés dans les conditions définies à l'article 66, après avis :

1° Du comité compétent de protection des personnes mentionné à l'article L. 1123-6 du Code de la santé publique, pour les demandes d'autorisation relatives aux recherches impliquant la personne humaine mentionnées à l'article L. 1121-1 du même code ;

2° Du comité d'expertise pour les recherches, les études et les évaluations dans le domaine de la santé, pour les demandes d'autorisation relatives à des études ou à des évaluations ainsi qu'à des recherches n'impliquant pas la personne humaine, au sens du 1° du présent article. Un décret en Conseil d'État, pris après avis de la Commission nationale de l'informatique et des libertés, fixe la composition de ce comité et définit ses règles de fonctionnement. Les membres du comité d'expertise sont soumis à l'article L. 1451-1 du Code de la santé publique.

Les dossiers présentés dans le cadre de la présente section, à l'exclusion des recherches impliquant la personne humaine, sont déposés auprès d'un secrétariat unique assuré par l'Institut national des données de santé, qui assure leur orientation vers les instances compétentes.

Art. 77 *(Créé à compter de la date prévue à l'article 29 de l'ordonnance n° 2018-1125 du 12 décembre 2018, et au plus tard le 1er juin 2019, Ord. n° 2018-1125, 12 déc. 2018).* – Dans le respect des missions et des pouvoirs de la Commission nationale de l'informatique et des libertés et aux fins de renforcer la bonne application des règles de sécurité et de protection des données, un comité d'audit du système national des données de santé est institué. Ce comité d'audit définit une stratégie d'audit puis une programmation, dont il informe la commission. Il fait réaliser des audits sur l'ensemble des systèmes réunissant, organisant ou mettant à disposition tout ou partie des données du système national des données de santé à des fins de recherche, d'étude ou d'évaluation ainsi que sur les systèmes composant le système national des données de santé.

Le comité d'audit comprend des représentants des services des ministères chargés de la santé, de la sécurité sociale et de la solidarité, de la Caisse nationale d'assurance maladie responsable du traitement du système national des données de santé, des autres producteurs de données du système national des données de santé, de l'Institut national des données de santé, ainsi qu'une personne représentant les acteurs privés du domaine de la santé. Des personnalités qualifiées peuvent y être désignées. Le président de la Commission nationale de l'informatique et des libertés, ou son représentant, y assiste en tant qu'observateur.

Les audits, dont le contenu est défini par le comité d'audit, sont réalisés par des prestataires sélectionnés selon des critères et modalités permettant de disposer de garanties attestant de leur compétence en matière d'audit de systèmes d'information et de leur indépendance à l'égard de l'entité auditée.

Le prestataire retenu soumet au président du comité d'audit la liste des personnes en charge de chaque audit et les informations permettant de garantir leurs compétences et leur indépendance.

Les missions d'audit s'exercent sur pièces et sur place. La procédure suivie inclut une phase contradictoire. La communication des données médicales individuelles ne peut se faire que sous l'autorité et en présence d'un médecin, s'agissant des informations qui figurent dans un traitement nécessaire aux fins de la médecine préventive, de la recherche médicale, des diagnostics médicaux, de l'administration de soins ou de traitements, ou de la gestion de service de santé.

Pour chaque mission diligentée, des échanges ont lieu, si nécessaire, entre les personnes en charge des audits, le président du comité d'audit, le responsable du traitement mentionné au II de l'article L. 1461-1 du Code de la santé publique et le président de la Commission nationale de l'informatique et des libertés.

Si le comité d'audit a connaissance d'informations de nature à révéler des manquements graves en amont ou au cours d'un audit ou en cas d'opposition ou d'obstruction à l'audit, un signalement est adressé sans délai par le président du comité d'audit au président de la Commission nationale de l'informatique et des libertés.

Chaque mission diligentée établit un rapport relevant notamment les anomalies constatées et les manquements aux règles applicables aux systèmes d'information audités.

Si la mission constate, à l'issue de l'audit, de graves manquements, elle en informe sans délai le président du comité d'audit, qui informe sans délai le président de la Commission nationale de l'informatique et des libertés et le responsable du traitement mentionné au II de l'article L. 1461-1 du Code de la santé publique.

En cas d'urgence, le directeur général de la Caisse nationale d'assurance maladie peut suspendre temporairement l'accès au système national des données de santé avant le terme de l'audit s'il dispose d'éléments suffisamment préoccupants concernant des manquements graves aux règles précitées. Il doit en informer immédiatement le président du comité et le président de la commission. Le rétablissement de l'accès ne peut se faire qu'avec l'accord de ce dernier au regard des mesures correctives prises par l'entité auditée. Ces dispositions sont sans préjudice des prérogatives propres de la Commission nationale de l'informatique et des libertés.

Le rapport définitif de chaque mission est transmis au comité d'audit, au président de la Commission nationale de l'informatique et des libertés et au responsable du traitement audité.

Un décret en Conseil d'État, pris après avis de la Commission nationale de l'informatique et des libertés, précise la composition du comité et définit ses règles de fonctionnement ainsi que les modalités de l'audit.

Section 4. – Traitements à des fins archivistiques dans l'intérêt public, à des fins de recherche scientifique ou historique ou à des fins statistiques

Art. 78 *(Créé à compter de la date prévue à l'article 29 de l'ordonnance n° 2018-1125 du 12 décembre 2018, et au plus tard le 1er juin 2019, Ord. n° 2018-1125, 12 déc. 2018).* – Lorsque les traitements de données à caractère personnel sont mis en œuvre par les services publics d'archives à des fins archivistiques dans l'intérêt public conformément à l'article L. 211-2 du Code du patrimoine, les droits prévus aux articles 15, 16 et 18 à 21 du règlement (UE) 2016/679 du 27 avril 2016 ne s'appliquent pas dans la mesure où ces droits rendent impossible ou entravent sérieusement la réalisation de ces finalités. Les conditions et garanties appropriées prévues à l'article 89 du même règlement sont déterminées par le Code du patrimoine et les autres dispositions législatives et réglementaires applicables aux archives publiques. Elles sont également assurées par le respect des normes conformes à l'état de l'art en matière d'archivage électronique.

Un décret en Conseil d'État, pris après avis motivé et publié de la Commission nationale de l'informatique et des libertés, détermine dans quelles conditions et sous réserve de quelles garanties il peut être dérogé en tout ou partie aux droits prévus aux articles 15, 16, 18 et 21 du même règlement, en ce qui concerne les traitements à des fins de recherche scientifique ou historique, ou et à des fins statistiques.

Art. 79 *(Créé à compter de la date prévue à l'article 29 de l'ordonnance n° 2018-1125 du 12 décembre 2018, et au plus tard le 1er juin 2019, Ord. n° 2018-1125, 12 déc. 2018).* – Dans les conditions du b du 5 de l'article 14 du règlement (UE) 2016/679 du 27 avril 2016, lorsque les données à caractère personnel ont été initialement recueillies pour un autre objet, les dispositions du 1 à 4 du même article 14 ne s'appliquent pas aux traitements à des fins archivistiques dans l'intérêt public, à des fins de recherche scientifique ou historique ou à des fins statistiques, ou à la réutilisation de ces données à des fins statistiques dans les conditions de l'article 7 *bis* de la loi n° 51-711 du 7 juin 1951 sur l'obligation, la coordination et le secret en matière de statistiques.

Section 5. – Traitements de données à caractère personnel aux fins de journalisme et d'expression littéraire et artistique

Art. 80 *(Créé à compter de la date prévue à l'article 29 de l'ordonnance n° 2018-1125 du 12 décembre 2018, et au plus tard le 1er juin 2019, Ord. n° 2018-1125, 12 déc. 2018).* – A titre dérogatoire, les dispositions du 5° de l'article 4, celles des articles 6, 46, 48, 49, 50, 53, 118, 119 et celles du chapitre V du règlement (UE) 2016/679 du 27 avril 2016 ne s'appliquent pas, lorsqu'une telle dérogation est nécessaire pour concilier le droit à la protection des données à caractère personnel et la liberté d'expression et d'information, aux traitements mis en œuvre aux fins :

1° D'expression universitaire, artistique ou littéraire ;

2° D'exercice à titre professionnel, de l'activité de journaliste, dans le respect des règles déontologiques de cette profession.

Les dispositions des alinéas précédents ne font pas obstacle à l'application des dispositions du Code civil, des lois relatives à la presse écrite ou audiovisuelle et du Code pénal, qui prévoient les conditions d'exercice du droit de réponse et qui préviennent, limitent, réparent et, le cas échéant, répriment les atteintes à la vie privée et à la réputation des personnes.

CHAPITRE IV. – DROITS ET OBLIGATIONS PROPRES AUX TRAITEMENTS DANS LE SECTEUR DES COMMUNICATIONS ÉLECTRONIQUES

Art. 81 *(Créé à compter de la date prévue à l'article 29 de l'ordonnance n° 2018-1125 du 12 décembre 2018, et au plus tard le 1er juin 2019, Ord. n° 2018-1125, 12 déc. 2018).* – Les droits et obligations mentionnés aux chapitres II et III s'appliquent sous réserve des dispositions particulières du présent chapitre.

Art. 82 *(Créé à compter de la date prévue à l'article 29 de l'ordonnance n° 2018-1125 du 12 décembre 2018, et au plus tard le 1er juin 2019, Ord. n° 2018-1125, 12 déc. 2018).* – Tout abonné ou utilisateur d'un service de communications électroniques doit être informé de manière claire et complète, sauf s'il l'a été au préalable, par le responsable du traitement ou son représentant :

1° De la finalité de toute action tendant à accéder, par voie de transmission électronique, à des informations déjà stockées dans son équipement terminal de communications électroniques, ou à inscrire des informations dans cet équipement ;

2° Des moyens dont il dispose pour s'y opposer.

Ces accès ou inscriptions ne peuvent avoir lieu qu'à condition que l'abonné ou la personne utilisatrice ait exprimé, après avoir reçu cette information, son consentement qui peut résulter de paramètres appropriés de son dispositif de connexion ou de tout autre dispositif placé sous son contrôle.

Ces dispositions ne sont pas applicables si l'accès aux informations stockées dans l'équipement terminal de l'utilisateur ou l'inscription d'informations dans l'équipement terminal de l'utilisateur :

1° Soit, a pour finalité exclusive de permettre ou faciliter la communication par voie électronique ;

2° Soit, est strictement nécessaire à la fourniture d'un service de communication en ligne à la demande expresse de l'utilisateur.

Art. 83 *(Créé à compter de la date prévue à l'article 29 de l'ordonnance n° 2018-1125 du 12 décembre 2018, et au plus tard le 1er juin 2019, Ord. n° 2018-1125, 12 déc. 2018).* – I. - Le présent article s'applique au traitement des données à caractère personnel mis en œuvre dans le cadre de la fourniture au public de services de communications électroniques sur les réseaux de communications électroniques ouverts au public, y compris ceux prenant en charge les dispositifs de collecte de données et d'identification.

Pour l'application du présent article, on entend par violation de données à caractère personnel toute violation de la sécurité entraînant accidentellement ou de manière illicite la destruction, la perte, l'altération, la divulgation ou l'accès non autorisé à des données à caractère personnel faisant l'objet d'un traitement dans le cadre de la fourniture au public de services de communications électroniques.

II. - En cas de violation de données à caractère personnel, le fournisseur de services de communications électroniques accessibles au public avertit, sans délai, la Commission nationale de l'informatique et des libertés.

Lorsque cette violation peut porter atteinte aux données à caractère personnel ou à la vie privée d'un abonné ou d'une autre personne physique, le fournisseur avertit également, sans délai, l'intéressé.

La notification d'une violation des données à caractère personnel à l'intéressé n'est toutefois pas nécessaire si la Commission nationale de l'informatique et des libertés a constaté que des mesures de protection appropriées ont été mises en œuvre par le fournisseur afin de rendre les données incompréhensibles à toute personne non autorisée à y avoir accès et ont été appliquées aux données concernées par ladite violation.

Á défaut, la Commission nationale de l'informatique et des libertés peut, après avoir examiné la gravité de la violation, mettre en demeure le fournisseur d'informer également les intéressés.

III. - Chaque fournisseur de services de communications électroniques tient à jour un inventaire des violations de données à caractère personnel, notamment de leurs modalités, de leur effet et des mesures prises pour y remédier et le conserve à la disposition de la commission.

CHAPITRE V. – DISPOSITIONS RÉGISSANT LES TRAITEMENTS DE DONNÉES À CARACTÈRE PERSONNEL RELATIVES AUX PERSONNES DÉCÉDÉES

Art. 84 *(Créé à compter de la date prévue à l'article 29 de l'ordonnance n° 2018-1125 du 12 décembre 2018, et au plus tard le 1er juin 2019, Ord. n° 2018-1125, 12 déc. 2018).* – Les traitements de données à caractère personnel relatives aux personnes décédées sont régis par les dispositions du présent chapitre.

Les droits mentionnés au chapitre II s'éteignent au décès de la personne concernée. Toutefois, ils peuvent être provisoirement maintenus dans les conditions fixées à l'article 85.

Art. 85 *(Créé à compter de la date prévue à l'article 29 de l'ordonnance n° 2018-1125 du 12 décembre 2018, et au plus tard le 1er juin 2019, Ord. n° 2018-1125, 12 déc. 2018).* – I. - Toute personne peut définir des directives relatives à la conservation, à l'effacement et à la communication de ses données à caractère personnel après son décès. Ces directives sont générales ou particulières.

Les directives générales concernent l'ensemble des données à caractère personnel se rapportant à la personne concernée et peuvent être enregistrées auprès d'un tiers de confiance numérique certifié par la Commission nationale de l'informatique et des libertés.

Les références des directives générales et le tiers de confiance auprès duquel elles sont enregistrées sont inscrites dans un registre unique dont les modalités et l'accès sont fixés par décret en Conseil d'État, pris après avis motivé et publié de la Commission nationale de l'informatique et des libertés.

Les directives particulières concernent les traitements de données à caractère personnel mentionnées par ces directives. Elles sont enregistrées auprès des responsables de traitement concernés. Elles font l'objet du consentement spécifique de la personne concernée et ne peuvent résulter de la seule approbation par celle-ci des conditions générales d'utilisation.

Les directives générales et particulières définissent la manière dont la personne entend que soient exercés, après son décès, les droits mentionnés au chapitre II du présent titre. Le respect de ces directives est sans préjudice des dispositions applicables aux archives publiques comportant des données à caractère personnel.

Lorsque les directives prévoient la communication de données qui comportent également des données à caractère personnel relatives à des tiers, cette communication s'effectue dans le respect de la présente loi.

La personne peut modifier ou révoquer ses directives à tout moment.

Les directives mentionnées au premier alinéa du présent I peuvent désigner une personne chargée de leur exécution. Celle-ci a alors qualité, lorsque la personne est décédée, pour prendre connaissance des directives et demander leur mise en œuvre aux responsables de traitement concernés. Á défaut de désignation ou, sauf directive contraire, en cas de décès de la personne désignée, ses héritiers ont qualité pour prendre connaissance des directives au décès de leur auteur et demander leur mise en œuvre aux responsables de traitement concernés.

Toute clause contractuelle des conditions générales d'utilisation d'un traitement portant sur des données à caractère personnel limitant les prérogatives reconnues à la personne en vertu du présent article est réputée non écrite.

II. - En l'absence de directives ou de mention contraire dans ces directives, les héritiers de la personne concernée peuvent exercer, après son décès, les droits mentionnés au chapitre II du présent titre II dans la mesure nécessaire :

1° Á l'organisation et au règlement de la succession du défunt. Á ce titre, les héritiers peuvent accéder aux traitements de données à caractère personnel qui le concernent afin d'identifier et d'obtenir communication des informations utiles à la liquidation et au partage de la succession. Ils peuvent aussi recevoir communication des biens numériques ou des données s'apparentant à des souvenirs de famille, transmissibles aux héritiers ;

2° Á la prise en compte, par les responsables de traitement, de son décès. Á ce titre, les héritiers peuvent faire procéder à la clôture des comptes utilisateurs du défunt, s'opposer à la poursuite des traitements de données à caractère personnel le concernant ou faire procéder à leur mise à jour.

Lorsque les héritiers en font la demande, le responsable du traitement doit justifier, sans frais pour le demandeur, qu'il a procédé aux opérations exigées en application du précédent alinéa.

Les désaccords entre héritiers sur l'exercice des droits prévus au présent II sont portés devant le tribunal de grande instance compétent.

III. - Tout prestataire d'un service de communication au public en ligne informe l'utilisateur du sort des données qui le concernent à son décès et lui permet de choisir de communiquer ou non ses données à un tiers qu'il désigne.

Art. 86 *(Créé à compter de la date prévue à l'article 29 de l'ordonnance n° 2018-1125 du 12 décembre 2018, et au plus tard le 1er juin 2019, Ord. n° 2018-1125, 12 déc. 2018).* – Les informations concernant les personnes décédées, y compris celles qui figurent sur les certificats des causes de décès, peuvent faire l'objet d'un traitement à des fins de recherche, d'étude ou d'évaluation dans le domaine de la santé, sauf si l'intéressé a, de son vivant, exprimé son refus par écrit.

TITRE III. – DISPOSITIONS APPLICABLES AUX TRAITEMENTS RELEVANT DE LA DIRECTIVE (UE) 2016/680 DU PARLEMENT EUROPÉEN ET DU CONSEIL DU 27 AVRIL 2016 RELATIVE À LA PROTECTION DES PERSONNES PHYSIQUES À L'ÉGARD DU TRAITEMENT DES DONNÉES À CARACTÈRE PERSONNEL PAR LES AUTORITÉS COMPÉTENTES À DES FINS DE PRÉVENTION ET DE DÉTECTION DES INFRACTIONS PÉNALES, D'ENQUÊTES ET DE POURSUITES EN LA MATIÈRE OU D'EXÉCUTION DE SANCTIONS PÉNALES, ET À LA LIBRE CIRCULATION DE CES DONNÉES, ET ABROGEANT LA DÉCISION-CADRE 2008/977/JAI DU CONSEIL

CHAPITRE Ier. – DISPOSITIONS GÉNÉRALES

Art. 87 *(Créé à compter de la date prévue à l'article 29 de l'ordonnance n° 2018-1125 du 12 décembre 2018, et au plus tard le 1er juin 2019, Ord. n° 2018-1125, 12 déc. 2018).* – Le présent titre s'applique, sans préjudice du titre Ier, aux traitements de données à caractère personnel mis en œuvre, à des fins de prévention et de détection des infractions pénales, d'enquêtes et de poursuites en la matière ou d'exécution de sanctions pénales, y compris la protection contre les menaces pour la sécurité publique et la prévention de telles menaces, par toute autorité publique compétente ou tout autre organisme ou entité à qui a été confié, à ces mêmes fins, l'exercice de l'autorité publique et des prérogatives de puissance publique, ci-après dénommés autorité compétente.

Ces traitements ne sont licites que si et dans la mesure où ils sont nécessaires à l'exécution d'une mission effectuée, pour l'une des finalités énoncées au premier alinéa, par une autorité compétente au sens du même premier alinéa et où sont respectées les dispositions des articles 89 et 90. Le traitement assure notamment la proportionnalité de la durée de conservation des données à caractère personnel, compte tenu de l'objet du fichier et de la nature ou de la gravité des infractions concernées.

Art. 88 *(Créé à compter de la date prévue à l'article 29 de l'ordonnance n° 2018-1125 du 12 décembre 2018, et au plus tard le 1er juin 2019, Ord. n° 2018-1125, 12 déc. 2018).* – Le traitement de données mentionnées au I de l'article 6 est possible uniquement en cas de nécessité absolue, sous réserve de garanties appropriées pour les droits et libertés de la personne concernée, et soit s'il est autorisé par une disposition législative ou réglementaire, soit s'il vise à protéger les intérêts vitaux d'une personne physique, soit s'il porte sur des données manifestement rendues publiques par la personne concernée.

Art. 89 *(Créé à compter de la date prévue à l'article 29 de l'ordonnance n° 2018-1125 du 12 décembre 2018, et au plus tard le 1er juin 2019, Ord. n° 2018-1125, 12 déc. 2018).* – I. - Si le traitement est mis en œuvre pour le compte de l'État pour au moins l'une des finalités énoncées au premier alinéa de l'article 87, il est prévu par une disposition législative ou réglementaire prise dans les conditions prévues au I de l'article 31 et aux articles 33 à 36.

II. - Si le traitement porte sur des données mentionnées au I de l'article 6, il est prévu par une disposition législative ou réglementaire prise dans les conditions prévues au II de l'article 31.

Art. 90 *(Créé à compter de la date prévue à l'article 29 de l'ordonnance n° 2018-1125 du 12 décembre 2018, et au plus tard le 1er juin 2019, Ord. n° 2018-1125, 12 déc. 2018).* – Si le traitement est susceptible d'engendrer un risque élevé pour les droits et les libertés des personnes physiques, notamment parce qu'il porte sur des données mentionnées au I de l'article 6, le responsable de traitement effectue une analyse d'impact relative à la protection des données à caractère personnel.

Si le traitement est mis en œuvre pour le compte de l'État, cette analyse d'impact est adressée à la Commission nationale de l'informatique et des libertés avec la demande d'avis prévue à l'article 33.

Dans les autres cas, le responsable de traitement ou son sous-traitant consulte la Commission nationale de l'informatique et des libertés préalablement à la mise en œuvre du traitement de données à caractère personnel, qui se prononce également dans les délais prévus à l'article 34 :

1° Soit lorsque l'analyse d'impact relative à la protection des données indique que le traitement présenterait un risque élevé si le responsable de traitement ne prenait pas de mesures pour atténuer le risque ;

2° Soit lorsque le type de traitement, en particulier en raison de l'utilisation de nouveaux mécanismes, technologies ou procédures, présente des risques élevés pour les libertés et les droits des personnes concernées.

Art. 91 *(Créé à compter de la date prévue à l'article 29 de l'ordonnance n° 2018-1125 du 12 décembre 2018, et au plus tard le 1er juin 2019, Ord. n° 2018-1125, 12 déc. 2018).* – Les données à caractère personnel collectées par les autorités compétentes pour les finalités énoncées au premier alinéa de l'article 87 ne peuvent être traitées pour d'autres finalités, à moins qu'un tel traitement ne soit autorisé par des dispositions législatives ou réglementaires ou par le droit de l'Union européenne. Lorsque des données à caractère personnel sont traitées à de telles autres fins, le règlement (UE) 2016/679 du 27 avril 2016 s'applique, à moins que le traitement ne soit effectué dans le cadre d'une activité ne relevant pas du champ d'application du droit de l'Union européenne.

Lorsque les autorités compétentes sont chargées d'exécuter des missions autres que celles exécutées pour les finalités énoncées au premier alinéa de l'article 87, le règlement (UE) 2016/679 du 27 avril 2016 s'applique au traitement effectué à de telles fins, y compris à des fins archivistiques dans l'intérêt public, à des fins de recherche scientifique ou historique ou à des fins statistiques, à moins que le traitement ne soit effectué dans le cadre d'une activité ne relevant pas du champ d'application du droit de l'Union européenne.

Si le traitement est soumis à des conditions spécifiques, l'autorité compétente qui transmet les données informe le destinataire de ces données à caractère personnel de ces conditions et de l'obligation de les respecter.

L'autorité compétente qui transmet les données n'applique pas, en vertu du troisième alinéa du présent article, aux destinataires établis dans les autres États membres de l'Union européenne ou aux services, organes et organismes établis en vertu des chapitres 4 et 5 du titre V du traité sur le fonctionnement de l'Union européenne des conditions différentes de celles applicables aux transferts de données similaires à l'intérieur de l'État membre dont relève l'autorité compétente qui transmet les données.

Art. 92 *(Créé à compter de la date prévue à l'article 29 de l'ordonnance n° 2018-1125 du 12 décembre 2018, et au plus tard le 1er juin 2019, Ord. n° 2018-1125, 12 déc. 2018).* – Les traitements effectués pour l'une des finalités énoncées au premier alinéa de l'article 87 autre que celles pour lesquelles les données ont été collectées sont autorisés s'ils sont nécessaires et proportionnés à cette finalité, sous réserve du respect des dispositions prévues au chapitre Ier du titre Ier et au présent titre.

Ces traitements peuvent comprendre l'archivage dans l'intérêt public, à des fins scientifiques, statistiques ou historiques, pour l'une des finalités énoncées au premier alinéa de l'article 87.

Art. 93 *(Créé à compter de la date prévue à l'article 29 de l'ordonnance n° 2018-1125 du 12 décembre 2018, et au plus tard le 1er juin 2019, Ord. n° 2018-1125, 12 déc. 2018).* – Les traitements à des fins archivistiques dans l'intérêt public, à des fins de recherche scientifique ou historique ou à des fins statistiques sont mis en œuvre dans les conditions prévues aux 2° et 5° de l'article 4 ainsi que, pour les traitements mentionnés à l'article 91, à la section 4 du chapitre III du titre II.

Art. 94 *(Créé à compter de la date prévue à l'article 29 de l'ordonnance n° 2018-1125 du 12 décembre 2018, et au plus tard le 1er juin 2019, Ord. n° 2018-1125, 12 déc. 2018).* – Les données à caractère personnel fondées sur des faits sont, dans la mesure du possible, distinguées de celles fondées sur des appréciations personnelles.

Art. 95 *(Créé à compter de la date prévue à l'article 29 de l'ordonnance n° 2018-1125 du 12 décembre 2018, et au plus tard le 1er juin 2019, Ord. n° 2018-1125, 12 déc. 2018).* – Aucune décision de justice impliquant une appréciation sur le comportement d'une personne ne peut avoir pour fondement un traitement automatisé de données à caractère personnel destiné à évaluer certains aspects de la personnalité de cette personne.

Aucune autre décision produisant des effets juridiques à l'égard d'une personne ou l'affectant de manière significative ne peut être prise sur le seul fondement d'un traitement automatisé de données destiné à prévoir ou à évaluer certains aspects personnels relatifs à la personne concernée.

Tout profilage qui entraîne une discrimination à l'égard des personnes physiques sur la base des catégories particulières de données à caractère personnel mentionnées au I de l'article 6 est interdit.

Art. 96 *(Créé à compter de la date prévue à l'article 29 de l'ordonnance n° 2018-1125 du 12 décembre 2018, et au plus tard le 1er juin 2019, Ord. n° 2018-1125, 12 déc. 2018).* – Les données à caractère personnel ne peuvent faire l'objet d'une opération de traitement de la part d'un sous-traitant que dans les conditions prévues aux 1, 2 et 10 de l'article 28 et à l'article 29 du règlement (UE) 2016/679 du 27 avril 2016 et au présent article.

Les sous-traitants doivent présenter des garanties suffisantes quant à la mise en œuvre de mesures techniques et organisationnelles appropriées, de manière que le traitement réponde aux exigences du présent titre et garantisse la protection des droits de la personne concernée.

Le traitement par un sous-traitant est régi par un contrat ou un autre acte juridique, qui lie le sous-traitant à l'égard du responsable de traitement, définit l'objet et la durée du traitement, la nature et la finalité du traitement, le type de données à caractère personnel et les catégories de personnes concernées, les obligations et les droits du responsable de traitement ainsi que les mesures techniques et organisationnelles destinées à garantir la sécurité du traitement, et prévoit que le sous-traitant n'agit que sur instruction du responsable de traitement. Le contenu de ce contrat ou de cet acte juridique est précisé par décret en Conseil d'État pris après avis de la Commission nationale de l'informatique et des libertés.

CHAPITRE II. – OBLIGATIONS INCOMBANT AUX AUTORITÉS COMPÉTENTES, AUX RESPONSABLES DE TRAITEMENT DE DONNÉES À CARACTÈRE PERSONNEL ET AUX SOUS-TRAITANTS

Art. 97 *(Créé à compter de la date prévue à l'article 29 de l'ordonnance n° 2018-1125 du 12 décembre 2018, et au plus tard le 1er juin 2019, Ord. n° 2018-1125, 12 déc. 2018).* – Les autorités compétentes prennent toutes les mesures raisonnables pour garantir que les données à caractère personnel qui sont inexactes, incomplètes ou ne sont plus à jour soient effacées ou rectifiées sans tarder ou ne soient pas transmises ou mises à disposition. Á cette fin, chaque autorité compétente vérifie, dans la mesure du possible, la qualité des données à caractère personnel avant leur transmission ou mise à disposition.

Dans la mesure du possible, lors de toute transmission de données à caractère personnel, sont ajoutées des informations permettant à l'autorité compétente destinataire de juger de l'exactitude, de l'exhaustivité et de la fiabilité des données à caractère personnel et de leur niveau de mise à jour.

S'il s'avère que des données à caractère personnel inexactes ont été transmises ou que des données à caractère personnel ont été transmises de manière illicite, le destinataire en est informé sans retard. Dans ce cas, les données à caractère personnel sont rectifiées ou effacées ou leur traitement est limité conformément à l'article 106.

Art. 98 *(Créé à compter de la date prévue à l'article 29 de l'ordonnance n° 2018-1125 du 12 décembre 2018, et au plus tard le 1er juin 2019, Ord. n° 2018-1125, 12 déc. 2018).* – Le responsable de traitement établit, dans la mesure du possible et le cas échéant, une distinction claire entre les données à caractère personnel de différentes catégories de personnes concernées, telles que :

1° Les personnes à l'égard desquelles il existe des motifs sérieux de croire qu'elles ont commis ou sont sur le point de commettre une infraction pénale ;

2° Les personnes reconnues coupables d'une infraction pénale ;

3° Les victimes d'une infraction pénale ou les personnes à l'égard desquelles certains faits portent à croire qu'elles pourraient être victimes d'une infraction pénale ;

4° Les tiers à une infraction pénale, tels que les personnes pouvant être appelées à témoigner lors d'enquêtes en rapport avec des infractions pénales ou des procédures pénales ultérieures, des personnes pouvant fournir des informations sur des infractions pénales ou des contacts ou des associés de l'une des personnes mentionnées aux 1° et 2°.

Art. 99 *(Créé à compter de la date prévue à l'article 29 de l'ordonnance n° 2018-1125 du 12 décembre 2018, et au plus tard le 1er juin 2019, Ord. n° 2018-1125, 12 déc. 2018).* – I. - Afin de démontrer que le traitement est effectué conformément au présent titre, le responsable de traitement et son sous-traitant mettent en œuvre les mesures prévues aux 1 et 2 des articles 24 et 25 du règlement (UE) 2016/679 du 27 avril 2016 et celles appropriées afin de garantir un niveau de sécurité adapté au risque, notamment en ce qui concerne le traitement portant sur des catégories particulières de données à caractère personnel mentionnées au I de l'article 6 de la présente loi.

II. - En ce qui concerne le traitement automatisé, le responsable de traitement ou son sous-traitant met en œuvre, à la suite d'une évaluation des risques, des mesures destinées à :

1° Empêcher toute personne non autorisée d'accéder aux installations utilisées pour le traitement ;

2° Empêcher que des supports de données puissent être lus, copiés, modifiés ou supprimés de façon non autorisée ;

3° Empêcher l'introduction non autorisée de données à caractère personnel dans le fichier, ainsi que l'inspection, la modification ou l'effacement non autorisé de données à caractère personnel enregistrées ;

4° Empêcher que les systèmes de traitement automatisé puissent être utilisés par des personnes qui n'y sont pas autorisées à l'aide d'installations de transmission de données ;

5° Garantir que les personnes autorisées à utiliser un système de traitement automatisé ne puissent accéder qu'aux données à caractère personnel sur lesquelles porte leur autorisation ;

6° Garantir qu'il puisse être vérifié et constaté à quelles instances des données à caractère personnel ont été ou peuvent être transmises ou mises à disposition par des installations de transmission de données ;

7° Garantir qu'il puisse être vérifié et constaté a posteriori quelles données à caractère personnel ont été introduites dans les systèmes de traitement automatisé et à quel moment et par quelle personne elles y ont été introduites ;

8° Empêcher que, lors de la transmission de données à caractère personnel ainsi que lors du transport de supports de données, les données puissent être lues, copiées, modifiées ou supprimées de façon non autorisée ;

9° Garantir que les systèmes installés puissent être rétablis en cas d'interruption ;

10° Garantir que les fonctions du système opèrent, que les erreurs de fonctionnement soient signalées et que les données à caractère personnel conservées ne puissent pas être corrompues par un dysfonctionnement du système.

Art. 100 *(Créé à compter de la date prévue à l'article 29 de l'ordonnance n° 2018-1125 du 12 décembre 2018, et au plus tard le 1er juin 2019, Ord. n° 2018-1125, 12 déc. 2018).* – Le responsable de traitement et son sous-traitant tiennent un registre des activités de traitement dans les conditions prévues aux 1 à 4 de l'article 30 du règlement (UE) 2016/679 du 27 avril 2016. Ce registre contient aussi la description générale des mesures visant à garantir un niveau de sécurité adapté au risque, notamment en ce qui concerne le traitement portant sur des catégories particulières de données à caractère personnel mentionnées au I de l'article 6 de la présente loi, l'indication de la base juridique de l'opération de traitement, y compris les transferts, à laquelle les données à caractère personnel sont destinées et, le cas échéant, le recours au profilage.

Art. 101 *(Créé à compter de la date prévue à l'article 29 de l'ordonnance n° 2018-1125 du 12 décembre 2018, et au plus tard le 1er juin 2019, Ord. n° 2018-1125, 12 déc. 2018).* – Le responsable de traitement ou son sous-traitant établit pour chaque traitement automatisé un journal des opérations de collecte, de modification, de consultation, de communication, y compris les transferts, d'interconnexion et d'effacement, portant sur de telles données.

Les journaux des opérations de consultation et de communication permettent d'en établir le motif, la date et l'heure. Ils permettent également, dans la mesure du possible, d'identifier les personnes qui consultent ou communiquent les données et les destinataires de celles-ci.

Ce journal est uniquement utilisé à des fins de vérification de la licéité du traitement, d'autocontrôle, de garantie de l'intégrité et de la sécurité des données et à des fins de procédures pénales.

Ce journal est mis à la disposition de la Commission nationale de l'informatique et des libertés à sa demande.

Art. 102 *(Créé à compter de la date prévue à l'article 29 de l'ordonnance n° 2018-1125 du 12 décembre 2018, et au plus tard le 1er juin 2019, Ord. n° 2018-1125, 12 déc. 2018).* – Les articles 31, 33 et 34 du règlement (UE) 2016/679 du 27 avril 2016 sont applicables aux traitements de données à caractère personnel relevant du présent titre.

Si la violation de données à caractère personnel porte sur des données à caractère personnel qui ont été transmises par le responsable de traitement établi dans un autre État membre de l'Union européenne ou à celui-ci, le responsable de traitement établi en France notifie également la violation au responsable de traitement de l'autre État membre dans les meilleurs délais.

La communication d'une violation de données à caractère personnel à la personne concernée peut être retardée, limitée ou ne pas être délivrée dès lors et aussi longtemps qu'une mesure de cette nature constitue une mesure nécessaire et proportionnée dans une société démocratique, en tenant compte des droits fondamentaux et des intérêts légitimes de la personne, pour éviter de gêner des enquêtes, des recherches ou des procédures administratives ou judiciaires, pour éviter de nuire à la prévention ou à la détection d'infractions pénales, aux enquêtes ou aux poursuites en la matière ou à l'exécution de sanctions pénales, pour protéger la sécurité publique, pour protéger la sécurité nationale ou pour protéger les droits et libertés d'autrui.

Art. 103 *(Créé à compter de la date prévue à l'article 29 de l'ordonnance n° 2018-1125 du 12 décembre 2018, et au plus tard le 1er juin 2019, Ord. n° 2018-1125, 12 déc. 2018).* – Sauf pour les juridictions agissant dans l'exercice de leur fonction juridictionnelle, le responsable de traitement désigne un délégué à la protection des données.

Un seul délégué à la protection des données peut être désigné pour plusieurs autorités compétentes, en fonction de leur structure organisationnelle et de leur taille.

Les dispositions des 5 et 7 de l'article 37, des 1 et 2 de l'article 38 et du 1 de l'article 39 du règlement (UE) 2016/679 du 27 avril 2016, en ce qu'elles concernent le responsable de traitement, sont applicables aux traitements de données à caractère personnel relevant du présent titre.

CHAPITRE III. – DROITS DE LA PERSONNE CONCERNÉE

Art. 104 *(Créé à compter de la date prévue à l'article 29 de l'ordonnance n° 2018-1125 du 12 décembre 2018, et au plus tard le 1er juin 2019, Ord. n° 2018-1125, 12 déc. 2018).* – I. - Le responsable de traitement met à la disposition de la personne concernée les informations suivantes :

1° L'identité et les coordonnées du responsable de traitement et, le cas échéant, celles de son représentant ;

2° Le cas échéant, les coordonnées du délégué à la protection des données ;

3° Les finalités poursuivies par le traitement auquel les données sont destinées ;

4° Le droit d'introduire une réclamation auprès de la Commission nationale de l'informatique et des libertés et les coordonnées de la commission ;

5° L'existence du droit de demander au responsable de traitement l'accès aux données à caractère personnel, leur rectification ou leur effacement, et l'existence du droit de demander une limitation du traitement des données à caractère personnel relatives à une personne concernée.

II. - En plus des informations mentionnées au I, le responsable de traitement fournit à la personne concernée, dans des cas particuliers, les informations additionnelles suivantes afin de lui permettre d'exercer ses droits :

1° La base juridique du traitement ;

2° La durée de conservation des données à caractère personnel ou, à défaut lorsque ce n'est pas possible, les critères utilisés pour déterminer cette durée ;

3° Le cas échéant, les catégories de destinataires des données à caractère personnel, y compris ceux établis dans les États n'appartenant pas à l'Union européenne ou au sein d'organisations internationales ;

4° Au besoin, des informations complémentaires, en particulier lorsque les données à caractère personnel sont collectées à l'insu de la personne concernée.

Art. 105 *(Créé à compter de la date prévue à l'article 29 de l'ordonnance n° 2018-1125 du 12 décembre 2018, et au plus tard le 1er juin 2019, Ord. n° 2018-1125, 12 déc. 2018).* – La personne concernée a le droit d'obtenir du responsable de traitement la confirmation que des données à caractère personnel la concernant sont ou ne sont pas traitées et, lorsqu'elles le sont, le droit d'accéder auxdites données ainsi qu'aux informations suivantes :

1° Les finalités du traitement ainsi que sa base juridique ;

2° Les catégories de données à caractère personnel concernées ;

3° Les destinataires ou catégories de destinataires auxquels les données à caractère personnel ont été communiquées, en particulier les destinataires qui sont établis dans des États n'appartenant pas à l'Union européenne ou au sein d'organisations internationales ;

4° Lorsque cela est possible, la durée de conservation des données à caractère personnel envisagée ou, à défaut lorsque ce n'est pas possible, les critères utilisés pour déterminer cette durée ;

5° L'existence du droit de demander au responsable de traitement la rectification ou l'effacement des données à caractère personnel, et l'existence du droit de demander une limitation du traitement de ces données ;

6° Le droit d'introduire une réclamation auprès de la Commission nationale de l'informatique et des libertés et les coordonnées de la commission ;

7° La communication des données à caractère personnel en cours de traitement ainsi que toute information disponible quant à leur source.

Art. 106 *(Créé à compter de la date prévue à l'article 29 de l'ordonnance n° 2018-1125 du 12 décembre 2018, et au plus tard le 1er juin 2019, Ord. n° 2018-1125, 12 déc. 2018).* – I. - La personne concernée a le droit d'obtenir du responsable de traitement :

1° Que soient rectifiées dans les meilleurs délais des données à caractère personnel la concernant qui sont inexactes ;

2° Que soient complétées des données à caractère personnel la concernant incomplètes, y compris en fournissant à cet effet une déclaration complémentaire ;

3° Que soient effacées dans les meilleurs délais des données à caractère personnel la concernant lorsque le traitement est réalisé en violation des dispositions de la présente loi ou lorsque ces données doivent être effacées pour respecter une obligation légale à laquelle est soumis le responsable de traitement ;

4° Que le traitement soit limité dans les cas prévus au III du présent article.

II. - Lorsque l'intéressé en fait la demande, le responsable de traitement doit justifier qu'il a procédé aux opérations exigées en application du I.

III. - Au lieu de procéder à l'effacement, le responsable de traitement limite le traitement :

1° Soit lorsque l'exactitude des données à caractère personnel est contestée par la personne concernée sans qu'il soit possible de déterminer si les données sont exactes ou non ;

2° Soit lorsque les données à caractère personnel doivent être conservées à des fins probatoires.

Lorsque le traitement est limité en application du 1° du présent III, le responsable de traitement informe la personne concernée avant de mettre fin à la limitation du traitement.

IV. - Le responsable de traitement informe la personne concernée de tout refus de rectifier ou d'effacer des données à caractère personnel ou de limiter le traitement de ces données, ainsi que des motifs du refus.

V. - Le responsable de traitement communique la rectification des données à caractère personnel inexactes à l'autorité compétente de laquelle ces données proviennent.

VI. - Lorsque des données à caractère personnel ont été rectifiées ou effacées ou que le traitement a été limité au titre des I et III, le responsable de traitement le notifie aux destinataires afin que ceux-ci rectifient ou effacent les données ou limitent le traitement des données sous leur responsabilité.

Art. 107 *(Créé à compter de la date prévue à l'article 29 de l'ordonnance n° 2018-1125 du 12 décembre 2018, et au plus tard le 1er juin 2019, Ord. n° 2018-1125, 12 déc. 2018).* – I. - Les droits de la personne physique concernée peuvent faire l'objet de restrictions selon les modalités prévues au II du présent article dès lors et aussi longtemps qu'une telle restriction constitue une mesure nécessaire et proportionnée dans une société démocratique en tenant compte des droits fondamentaux et des intérêts légitimes de la personne pour :

1° Éviter de gêner des enquêtes, des recherches ou des procédures administratives ou judiciaires ;

2° Éviter de nuire à la prévention ou à la détection d'infractions pénales, aux enquêtes ou aux poursuites en la matière ou à l'exécution de sanctions pénales ;

3° Protéger la sécurité publique ;

4° Protéger la sécurité nationale ;

5° Protéger les droits et libertés d'autrui.

Ces restrictions sont prévues par l'acte instaurant le traitement.

II. - Lorsque les conditions prévues au I sont remplies, le responsable de traitement peut :

1° Retarder ou limiter la communication à la personne concernée des informations mentionnées au II de l'article 104 ou ne pas communiquer ces informations ;

2° Refuser ou limiter le droit d'accès de la personne concernée prévu à l'article 105 ;

3° Ne pas informer la personne du refus de rectifier ou d'effacer des données à caractère personnel ou de limiter le traitement de ces données, ni des motifs de cette décision, par dérogation au IV de l'article 106.

III. - Dans les cas mentionnés au 2° du II du présent article, le responsable de traitement informe la personne concernée, dans les meilleurs délais, de tout refus ou de toute limitation d'accès ainsi que des motifs du refus ou de la limitation. Ces informations peuvent ne pas être fournies lorsque leur communication risque de compromettre l'un des objectifs énoncés au I. Le responsable de traitement consigne les motifs de fait ou de droit sur lesquels se fonde la décision et met ces informations à la disposition de la Commission nationale de l'informatique et des libertés.

IV. - En cas de restriction des droits de la personne concernée intervenue en application des II ou III, le responsable de traitement informe la personne concernée de la possibilité, prévue à l'article 108, d'exercer ses droits par l'intermédiaire de la Commission nationale de l'informatique et des libertés. Hors le cas prévu au 1° du II, il l'informe également de la possibilité de former un recours juridictionnel.

Art. 108 *(Créé à compter de la date prévue à l'article 29 de l'ordonnance n° 2018-1125 du 12 décembre 2018, et au plus tard le 1er juin 2019, Ord. n° 2018-1125, 12 déc. 2018).* – En cas de restriction des droits de la personne concernée intervenue en application des II ou III de l'article 107, la personne concernée peut saisir la Commission nationale de l'informatique et des libertés.

La commission désigne l'un de ses membres appartenant ou ayant appartenu au Conseil d'État, à la Cour de cassation ou à la Cour des comptes pour mener les investigations utiles et faire procéder aux modifications nécessaires. Celui-ci peut se faire assister d'un agent de la commission. La commission informe la personne concernée qu'il a été procédé aux vérifications nécessaires et de son droit de former un recours juridictionnel.

Lorsque la commission constate, en accord avec le responsable du traitement, que la communication des données qui y sont contenues ne met pas en cause ses finalités, la sûreté de l'État, la défense ou la sécurité publique, ces données peuvent être communiquées au requérant.

Art. 109 *(Créé à compter de la date prévue à l'article 29 de l'ordonnance n° 2018-1125 du 12 décembre 2018, et au plus tard le 1er juin 2019, Ord. n° 2018-1125, 12 déc. 2018).* – I. - Les informations mentionnées aux articles 104 à 106 sont fournies par le responsable de traitement à la personne concernée par tout moyen approprié, y compris par voie électronique et, de manière générale, sous la même forme que la demande.

II. - Aucun paiement n'est exigé pour prendre les mesures et fournir ces mêmes informations, sauf en cas de demande manifestement infondée ou abusive.

En cas de demande manifestement infondée ou abusive, le responsable de traitement peut également refuser de donner suite à la demande.

En cas de contestation, la charge de la preuve du caractère manifestement infondé ou abusif des demandes incombe au responsable de traitement auquel elles sont adressées.

Art. 110 *(Créé à compter de la date prévue à l'article 29 de l'ordonnance n° 2018-1125 du 12 décembre 2018, et au plus tard le 1er juin 2019, Ord. n° 2018-1125, 12 déc. 2018).* – Toute personne physique a le droit de s'opposer, pour des motifs légitimes, à ce que des données à caractère personnel la concernant fassent l'objet d'un traitement.

Les dispositions du premier alinéa ne s'appliquent pas lorsque le traitement répond à une obligation légale ou lorsque l'application de ces dispositions a été écartée par une disposition expresse de l'acte instaurant le traitement.

Art. 111 *(Créé à compter de la date prévue à l'article 29 de l'ordonnance n° 2018-1125 du 12 décembre 2018, et au plus tard le 1er juin 2019, Ord. n° 2018-1125, 12 déc. 2018).* – Les dispositions du présent chapitre ne s'appliquent pas lorsque les données à caractère personnel figurent soit dans une décision judiciaire, soit dans un dossier judiciaire faisant l'objet d'un traitement lors d'une procédure pénale. Dans ces cas, l'accès à ces données et les conditions de rectification ou d'effacement de ces données ne peuvent être régis que par les dispositions du Code de procédure pénale.

CHAPITRE IV. – TRANSFERTS DE DONNÉES À CARACTÈRE PERSONNEL VERS DES ÉTATS N'APPARTENANT PAS À L'UNION EUROPÉENNE OU VERS DES DESTINATAIRES ÉTABLIS DANS DES ÉTATS N'APPARTENANT PAS À L'UNION EUROPÉENNE

Art. 112 *(Créé à compter de la date prévue à l'article 29 de l'ordonnance n° 2018-1125 du 12 décembre 2018, et au plus tard le 1er juin 2019, Ord. n° 2018-1125, 12 déc. 2018).* – Le responsable de traitement de données à caractère personnel ne peut transférer des données ou autoriser le transfert de données déjà transmises vers un État n'appartenant pas à l'Union européenne que lorsque les conditions suivantes sont respectées :

1° Le transfert de ces données est nécessaire à l'une des finalités énoncées au premier alinéa de l'article 87 ;

2° Les données à caractère personnel sont transférées à un responsable établi dans cet État n'appartenant pas à l'Union européenne ou au sein d'une organisation internationale qui est une autorité compétente chargée des fins relevant en France du premier alinéa de l'article 87 ;

3° Si les données à caractère personnel proviennent d'un autre État, l'État qui a transmis ces données a préalablement autorisé ce transfert conformément à son droit national.

Toutefois, si l'autorisation préalable ne peut pas être obtenue en temps utile, ces données à caractère personnel peuvent être transmises à nouveau sans l'autorisation préalable de l'État qui a transmis ces données lorsque cette nouvelle transmission est nécessaire à la prévention d'une menace grave et immédiate pour la sécurité publique d'un autre État ou pour la sauvegarde des intérêts essentiels de la France. L'autorité dont provenaient ces données personnelles en est informée sans retard ;

4° La Commission européenne a adopté une décision d'adéquation en application de l'article 36 de la directive (UE) 2016/680 du 27 avril 2016 ou, en l'absence d'une telle décision, un instrument juridiquement contraignant fournit des garanties appropriées en ce qui concerne la protection des données à caractère personnel ou, en l'absence d'une telle décision et d'un tel instrument, le responsable de traitement a évalué toutes les circonstances du transfert et estime qu'il existe de telles garanties appropriées.

Les garanties appropriées fournies par un instrument juridique contraignant mentionnées au 4° peuvent résulter soit des garanties relatives à la protection des données mentionnées dans les conventions mises en œuvre avec cet État n'appartenant pas à l'Union européenne, soit de dispositions juridiquement contraignantes exigées à l'occasion de l'échange de données.

Lorsque le responsable de traitement autre qu'une juridiction effectuant une activité de traitement dans le cadre de ses activités juridictionnelles transfère des données à caractère personnel sur le seul fondement de l'existence de garanties appropriées au regard de la protection des données à caractère personnel, il avise la Commission nationale de l'informatique et des libertés des catégories de transferts relevant de ce fondement.

Dans ce cas, le responsable de traitement doit garder trace de la date et de l'heure du transfert, des informations sur l'autorité compétente destinataire, de la justification du transfert et des données à caractère personnel transférées. Ces informations sont mises à la disposition de la Commission nationale de l'informatique et des libertés à sa demande.

Lorsque la Commission européenne a abrogé, modifié ou suspendu une décision d'adéquation adoptée en application de l'article 36 de la directive (UE) 2016/680 du 27 avril 2016, le responsable de traitement peut néanmoins transférer des données à caractère personnel ou autoriser le transfert de données déjà transmises vers un État n'appartenant pas à l'Union européenne si des garanties appropriées en ce qui concerne la protection des données à caractère personnel sont fournies dans un instrument juridiquement contraignant ou si ce responsable estime, après avoir évalué toutes les circonstances du transfert, qu'il existe des garanties appropriées au regard de la protection des données à caractère personnel.

Art. 113 *(Créé à compter de la date prévue à l'article 29 de l'ordonnance n° 2018-1125 du 12 décembre 2018, et au plus tard le 1er juin 2019, Ord. n° 2018-1125, 12 déc. 2018).* – Par dérogation à l'article 112, le responsable de traitement de données à caractère personnel ne peut, en l'absence de décision d'adéquation ou de garanties appropriées, transférer ces données ou autoriser le transfert de données déjà transmises vers un État n'appartenant pas à l'Union européenne que lorsque le transfert est nécessaire :

1° À la sauvegarde des intérêts vitaux de la personne concernée ou d'une autre personne ;

2° À la sauvegarde des intérêts légitimes de la personne concernée lorsque le droit français le prévoit ;

3° Pour prévenir une menace grave et immédiate pour la sécurité publique d'un autre État ;

4° Dans des cas particuliers, à l'une des finalités énoncées au premier alinéa de l'article 87 ;

5° Dans un cas particulier, à la constatation, à l'exercice ou à la défense de droits en justice en rapport avec les mêmes fins.

Dans les cas mentionnés aux 4° et 5° du présent article, le responsable de traitement de données à caractère personnel ne transfère pas ces données s'il estime que les libertés et droits fondamentaux de la personne concernée l'emportent sur l'intérêt public dans le cadre du transfert envisagé.

Lorsqu'un transfert est effectué aux fins de la sauvegarde des intérêts légitimes de la personne concernée, le responsable de traitement garde trace de la date et de l'heure du transfert, des informations sur l'autorité compétente destinataire, de la justification du transfert et des données à caractère personnel transférées. Il met ces informations à la disposition de la Commission nationale de l'informatique et des libertés à sa demande.

Art. 114 *(Créé à compter de la date prévue à l'article 29 de l'ordonnance n° 2018-1125 du 12 décembre 2018, et au plus tard le 1er juin 2019, Ord. n° 2018-1125, 12 déc. 2018).* – Toute autorité publique compétente mentionnée au premier alinéa de l'article 87 peut, dans certains cas particuliers, transférer des données à caractère personnel directement à des destinataires établis dans un État n'appartenant pas à l'Union européenne lorsque les autres dispositions de la présente loi applicables aux traitements relevant du même article 87 sont respectées et que les conditions ci-après sont remplies :

1° Le transfert est nécessaire à l'exécution de la mission de l'autorité compétente qui transfère ces données pour l'une des finalités énoncées au premier alinéa dudit article 87 ;

2° L'autorité compétente qui transfère ces données établit qu'il n'existe pas de libertés ni de droits fondamentaux de la personne concernée qui prévalent sur l'intérêt public rendant nécessaire le transfert dans le cas considéré ;

3° L'autorité compétente qui transfère ces données estime que le transfert à l'autorité compétente de l'autre État est inefficace ou inapproprié, notamment parce que le transfert ne peut pas être effectué en temps opportun ;

4° L'autorité compétente de l'autre État est informée dans les meilleurs délais, à moins que cela ne soit inefficace ou inapproprié ;

5° L'autorité compétente qui transfère ces données informe le destinataire de la finalité ou des finalités pour lesquelles les données à caractère personnel transmises doivent exclusivement faire l'objet d'un traitement par ce destinataire, à condition qu'un tel traitement soit nécessaire.

L'autorité compétente qui transfère des données informe la Commission nationale de l'informatique et des libertés des transferts répondant aux conditions prévues au présent article.

L'autorité compétente garde trace de la date et de l'heure de ce transfert, des informations sur le destinataire, de la justification du transfert et des données à caractère personnel transférées.

TITRE IV. – DISPOSITIONS APPLICABLES AUX TRAITEMENTS INTÉRESSANT LA SÛRETÉ DE L'ÉTAT ET LA DÉFENSE

Art. 115 *(Créé à compter de la date prévue à l'article 29 de l'ordonnance n° 2018-1125 du 12 décembre 2018, et au plus tard le 1er juin 2019, Ord. n° 2018-1125, 12 déc. 2018).* – Le présent titre s'applique, sans préjudice du titre Ier, aux traitements de données à caractère personnel mis en œuvre pour le compte de l'État et qui intéressent la sûreté de l'État ou la défense.

CHAPITRE Ier. – Droits de la personne concernée

Art. 116 *(Créé à compter de la date prévue à l'article 29 de l'ordonnance n° 2018-1125 du 12 décembre 2018, et au plus tard le 1er juin 2019, Ord. n° 2018-1125, 12 déc. 2018).* – I. - La personne auprès de laquelle sont recueillies des données à caractère personnel la concernant est informée, sauf si elle l'a été au préalable, par le responsable de traitement ou son représentant :

1° De l'identité du responsable du traitement et, le cas échéant, de celle de son représentant ;

2° De la finalité poursuivie par le traitement auquel les données sont destinées ;

3° Du caractère obligatoire ou facultatif des réponses ;

4° Des conséquences éventuelles, à son égard, d'un défaut de réponse ;

5° Des destinataires ou catégories de destinataires des données ;

6° Des droits qu'elle tient des dispositions des articles 117 à 120 ;

7° Le cas échéant, des transferts de données à caractère personnel envisagés à destination d'un État non membre de l'Union européenne ;

8° De la durée de conservation des catégories de données traitées ou, en cas d'impossibilité, des critères utilisés permettant de déterminer cette durée.

Lorsque de telles données sont recueillies par voie de questionnaires, ceux-ci doivent porter mention des prescriptions figurant aux 1°, 2°, 3° et 6°.

II. - Lorsque les données à caractère personnel n'ont pas été recueillies auprès de la personne concernée, le responsable de traitement ou son représentant doit fournir à cette dernière les informations énumérées au I dès l'enregistrement des données ou, si une communication des données à des tiers est envisagée, au plus tard lors de la première communication des données.

Lorsque les données à caractère personnel ont été initialement recueillies pour un autre objet, les dispositions de l'alinéa précédent ne s'appliquent pas lorsque la personne concernée est déjà informée ou quand son information se révèle impossible ou exige des efforts disproportionnés par rapport à l'intérêt de la démarche.

III. - Les dispositions du I ne s'appliquent pas aux données recueillies dans les conditions prévues au II dans la mesure où une telle limitation est nécessaire au respect des fins poursuivies par le traitement.

Art. 117 *(Créé à compter de la date prévue à l'article 29 de l'ordonnance n° 2018-1125 du 12 décembre 2018, et au plus tard le 1er juin 2019, Ord. n° 2018-1125, 12 déc. 2018).* – Toute personne physique a le droit de s'opposer, pour des motifs légitimes, à ce que des données à caractère personnel la concernant fassent l'objet d'un traitement.

Les dispositions du premier alinéa ne s'appliquent pas lorsque le traitement répond à une obligation légale ou lorsque l'application de ces dispositions a été écartée par une disposition expresse de l'acte autorisant le traitement.

Art. 118 *(Créé à compter de la date prévue à l'article 29 de l'ordonnance n° 2018-1125 du 12 décembre 2018, et au plus tard le 1er juin 2019, Ord. n° 2018-1125, 12 déc. 2018).* – I. - Les demandes tendant à l'exercice du droit d'accès, de rectification et d'effacement sont adressées à la Commission nationale de l'informatique et des libertés qui désigne l'un de ses membres appartenant ou ayant appartenu au Conseil d'État, à la Cour de cassation ou à la Cour des comptes pour mener les investigations utiles et faire procéder aux modifications nécessaires. Celui-ci peut se faire assister d'un agent de la commission. La commission informe la personne concernée qu'il a été procédé aux vérifications nécessaires et de son droit de former un recours juridictionnel.

Lorsque la commission constate, en accord avec le responsable du traitement, que la communication des données qui y sont contenues ne met pas en cause ses finalités, la sûreté de l'État, la défense ou la sécurité publique, ces données peuvent être communiquées au requérant.

Art. 119 *(Créé à compter de la date prévue à l'article 29 de l'ordonnance n° 2018-1125 du 12 décembre 2018, et au plus tard le 1er juin 2019, Ord. n° 2018-1125, 12 déc. 2018).* – I. - Par dérogation à l'article 118, lorsque le traitement est susceptible de comprendre des informations dont la communication ne mettrait pas en cause les fins qui lui sont assignées, l'acte réglementaire autorisant le traitement peut prévoir que les droits d'accès, de rectification et d'effacement peuvent être exercés par la personne concernée auprès du responsable de traitement directement saisi dans les conditions prévues aux II à III du présent article.

II. - La personne concernée justifiant de son identité a le droit d'obtenir :

1° La confirmation que des données à caractère personnel la concernant font ou ne font pas l'objet de ce traitement ;

2° Des informations relatives aux finalités du traitement, aux catégories de données à caractère personnel traitées et aux destinataires ou aux catégories de destinataires auxquels les données sont communiquées ;

3° Le cas échéant, des informations relatives aux transferts de données à caractère personnel envisagés à destination d'un État non membre de l'Union européenne ;

4° La communication, sous une forme accessible, des données à caractère personnel qui la concernent ainsi que de toute information disponible quant à l'origine de celles-ci ;

5° Les informations permettant de connaître et de contester la logique qui sous-tend le traitement automatisé en cas de décision prise sur le fondement de celui-ci et produisant des effets juridiques à l'égard de l'intéressé.

Les demandes manifestement abusives, notamment par leur nombre, leur caractère répétitif ou systématique peuvent être rejetées.

III. - La personne concernée justifiant de son identité peut également exiger du responsable d'un traitement que soient, selon les cas, rectifiées, complétées, mises à jour, verrouillées ou effacées les données à caractère personnel la concernant, qui sont inexactes, incomplètes, équivoques, périmées, ou dont la collecte, l'utilisation, la communication ou la conservation est interdite.

Lorsque l'intéressé en fait la demande, le responsable de traitement doit justifier, sans frais pour le demandeur, qu'il a procédé aux opérations exigées.

En cas de contestation, la charge de la preuve incombe au responsable de traitement auprès duquel est exercé le droit d'accès sauf lorsqu'il est établi que les données contestées ont été communiquées par l'intéressé ou avec son accord.

Si une donnée a été transmise à un tiers, le responsable du traitement doit accomplir les diligences utiles afin de lui notifier les opérations qu'il a effectuées conformément au premier alinéa du III.

Art. 120 *(Créé à compter de la date prévue à l'article 29 de l'ordonnance n° 2018-1125 du 12 décembre 2018, et au plus tard le 1er juin 2019, Ord. n° 2018-1125, 12 déc. 2018).* – Aucune décision de justice impliquant une appréciation sur le comportement d'une personne ne peut avoir pour fondement un traitement automatisé de données à caractère personnel destiné à évaluer certains aspects de la personnalité de cette personne.

Aucune autre décision produisant des effets juridiques à l'égard d'une personne ou l'affectant de manière significative ne peut être prise sur le seul fondement d'un traitement automatisé de données à caractère personnel destiné à prévoir ou évaluer certains aspects personnels relatifs à la personne concernée.

CHAPITRE II. – AUTRES DISPOSITIONS

Section 1. - Obligations incombant au responsable de traitement

Art. 121 *(Créé à compter de la date prévue à l'article 29 de l'ordonnance n° 2018-1125 du 12 décembre 2018, et au plus tard le 1er juin 2019, Ord. n° 2018-1125, 12 déc. 2018).* – Le responsable du traitement est tenu de prendre toutes précautions utiles, au regard de la nature des données et des risques présentés par le traitement, pour préserver la sécurité des données et, notamment, empêcher qu'elles soient déformées, endommagées, ou que des tiers non autorisés y aient accès.

Section 2. – Obligations incombant au sous-traitant

Art. 122 *(Créé à compter de la date prévue à l'article 29 de l'ordonnance n° 2018-1125 du 12 décembre 2018, et au plus tard le 1er juin 2019, Ord. n° 2018-1125, 12 déc. 2018).* – Les données à caractère personnel ne peuvent faire l'objet d'une opération de traitement de la part d'un sous-traitant, d'une personne agissant sous l'autorité du responsable du traitement ou de celle du sous-traitant, que sur instruction du responsable du traitement.

Le sous-traitant doit présenter des garanties suffisantes pour assurer la mise en œuvre des mesures de sécurité et de confidentialité mentionnées au 6° de l'article 4 et à l'article 121. Cette exigence ne décharge pas le responsable du traitement de son obligation de veiller au respect de ces mesures.

Le contrat liant le sous-traitant au responsable du traitement comporte l'indication des obligations incombant au sous-traitant en matière de protection de la sécurité et de la confidentialité des données et prévoit que le sous-traitant ne peut agir que sur instruction du responsable du traitement.

Section 3. – Transferts de données à caractère personnel vers des États n'appartenant pas à l'Union européenne ou vers des destinataires établis dans des États n'appartenant pas à l'Union européenne

Art. 123 *(Créé à compter de la date prévue à l'article 29 de l'ordonnance n° 2018-1125 du 12 décembre 2018, et au plus tard le 1er juin 2019, Ord. n° 2018-1125, 12 déc. 2018).* – Le responsable d'un traitement ne peut transférer des données à caractère personnel vers un État n'appartenant pas à l'Union européenne que si cet État assure un niveau de protection suffisant de la vie privée et des libertés et droits fondamentaux des personnes à l'égard du traitement dont ces données font l'objet ou peuvent faire l'objet.

Le caractère suffisant du niveau de protection assuré par un État s'apprécie en fonction notamment des dispositions en vigueur dans cet État, des mesures de sécurité qui y sont appliquées, des caractéristiques propres du traitement, telles que ses fins et sa durée, ainsi que de la nature, de l'origine et de la destination des données traitées.

Art. 124 *(Créé à compter de la date prévue à l'article 29 de l'ordonnance n° 2018-1125 du 12 décembre 2018, et au plus tard le 1er juin 2019, Ord. n° 2018-1125, 12 déc. 2018).* – La commission se prononce dans un délai de deux mois à compter de la réception de la demande d'avis. Toutefois ce délai peut être renouvelé une fois sur décision motivée de son président. Lorsque la commission ne s'est pas prononcée dans ces délais, l'avis demandé à la commission sur le transfert est réputé favorable.

TITRE V. – DISPOSITIONS RELATIVES À L'OUTRE-MER

Art. 125 *(Créé à compter de la date prévue à l'article 29 de l'ordonnance n° 2018-1125 du 12 décembre 2018, et au plus tard le 1er juin 2019, Ord. n° 2018-1125, 12 déc. 2018).* – La présente loi est applicable en Nouvelle-Calédonie, en Polynésie française, dans les îles Wallis et Futuna et dans les Terres australes et antarctiques françaises, dans sa rédaction résultant de l'ordonnance n° 2018-1125 du 12 décembre 2018 prise en application de l'article 32 de la loi n° 2018-493 du 20 juin 2018 relative à la protection des données personnelles et portant modification de la loi n° 78-17 du 6 janvier 1978 relative à l'informatique, aux fichiers et aux libertés et diverses dispositions concernant la protection des données à caractère personnel.

Art. 126 *(Créé à compter de la date prévue à l'article 29 de l'ordonnance n° 2018-1125 du 12 décembre 2018, et au plus tard le 1er juin 2019, Ord. n° 2018-1125, 12 déc. 2018).* – Pour l'application de la présente loi à Saint-Barthélemy, à Saint-Pierre-et-Miquelon, en Nouvelle-Calédonie, en Polynésie française, dans les îles Wallis et Futuna et dans les Terres australes et antarctiques françaises, la référence au règlement (UE) 2016/679 du Parlement européen et du Conseil du 27 avril 2016 relatif à la protection des personnes physiques à l'égard du traitement des données à caractère personnel et à la libre circulation de ces données est remplacée par la référence aux règles en vigueur en métropole en vertu du règlement (UE) 2016/679 du 27 avril 2016.

Art. 127 *(Créé à compter de la date prévue à l'article 29 de l'ordonnance n° 2018-1125 du 12 décembre 2018, et au plus tard le 1er juin 2019, Ord. n° 2018-1125, 12 déc. 2018).* – L'article 37 de la présente loi n'est pas applicable en Nouvelle-Calédonie et en Polynésie française en ce qu'il intéresse l'action de groupe devant les tribunaux de l'ordre judiciaire.

Art. 128 *(Créé à compter de la date prévue à l'article 29 de l'ordonnance n° 2018-1125 du 12 décembre 2018, et au plus tard le 1er juin 2019, Ord. n° 2018-1125, 12 déc. 2018).* – I. - Pour l'application de l'article 37 de la présente loi dans les îles Wallis et Futuna, les mots : « des articles L. 2122-1, L. 2122-5 ou L. 2122-9 du Code du travail » sont remplacées par les mots : « de l'arrêté pris en application de l'article 73 de la loi n° 52-1322 du 15 décembre 1952 instituant un Code du travail dans les territoires et territoires associés relevant du ministère de la France d'outre-mer ».

Décret n° 78-704 du 3 juillet 1978

relatif à l'application de la loi n° 78-9 du 4 janvier 1978
modifiant le titre IX du livre III du Code civil
(JO 7 juill.)

CHAPITRE I. – DISPOSITIONS GÉNÉRALES

Art. 1er. – Les dispositions du présent chapitre sont applicables à toutes les sociétés dotées de la personnalité morale, sauf dispositions expresses contraires régissant certaines d'entre elles.

Art. 2. – Les sociétés sont immatriculées au registre du commerce et des sociétés dans les conditions définies par la réglementation relative à ce registre.

La demande d'immatriculation est présentée après accomplissement des formalités de constitution de la société.

Art. 3. – La durée de la société court à compter de l'immatriculation de celle-ci au registre du commerce et des sociétés.

Elle peut être prorogée une ou plusieurs fois sans que chaque prorogation puisse excéder quatre-vingt-dix-neuf ans.

Art. 4. – L'action en régularisation de la constitution de la société ou de la modification des statuts prévue à l'article 1839 du Code civil est portée devant le tribunal de commerce pour les sociétés commerciales et devant le tribunal de grande instance dans les autres cas.

Le tribunal territorialement compétent est celui dans le ressort duquel est situé le siège de la société.

Art. 5. – Si une ou plusieurs énonciations exigées par la loi ou les règlements ne figurent pas dans les statuts, le tribunal ordonne que ceux-ci soient complétés dans les mêmes conditions que celles requises lors de la constitution de la société.

Si une formalité prescrite par la loi ou les règlements pour la constitution de la société ou la modification des statuts a été omise ou irrégulièrement accomplie, le tribunal ordonne qu'elle soit accomplie ou refaite. Il peut en outre ordonner que toutes les formalités qui ont suivi celle omise ou entachée d'un vice ou certaines d'entre elles seulement, soient également refaites.

Art. 6. – L'état des actes accomplis pour le compte de la société en formation avec l'indication, pour chacun d'eux, de l'engagement qui en résulterait pour la société est présenté aux associés avant la signature des statuts.

Cet état est annexé aux statuts, dont la signature emportera reprise des engagements par la société, lorsque celle-ci aura été immatriculée.

En outre, les associés peuvent, dans les statuts ou par acte séparé, donner mandat à l'un ou plusieurs d'entre eux, ou au gérant non associé qui a été désigné, de prendre des engagements pour le compte de la société. Sous réserve qu'ils soient déterminés et que les modalités en soient précisées par le mandat, l'immatriculation de la société emportera reprise de ces engagements par ladite société.

La reprise des engagements souscrits pour le compte de la société en formation ne peut résulter, après l'immatriculation de la société, que d'une décision prise, sauf clause contraire des statuts, à la majorité des associés.

Art. 7. – Si les statuts sont établis par acte sous seing privé, il est dressé autant d'originaux qu'il est nécessaire pour le dépôt d'un exemplaire au siège social et l'exécution des diverses formalités requises.

Art. 8 *(Mod., D. n° 88-418, 22 avr. 1988).* – L'associé entre les mains duquel sont réunies toutes les parts sociales peut, à tout moment, dissoudre la société par déclaration au greffe du tribunal de commerce en vue de la mention de la dissolution au registre du commerce et des sociétés.

Le délai d'opposition prévu au troisième alinéa de l'article 1844-5 du Code civil court à compter de la publication de la dissolution faite, en application de l'article 287 du décret n° 67-236 du 23 mars 1967 sur les sociétés commerciales, dans un journal habilité à recevoir les annonces légales.

Art. 9. – Si les associés n'ont pu nommer un liquidateur, celui-ci est désigné, à la demande de tout intéressé, par ordonnance du président du tribunal de commerce pour les sociétés commerciales ou du tribunal de grande instance dans les autres cas, statuant sur requête.

Tout intéressé peut former opposition à l'ordonnance dans le délai de quinze jours à dater de sa publication dans les conditions prévues à l'article 27. Cette opposition est portée devant le tribunal dont le président a rendu l'ordonnance. Le tribunal peut désigner un autre liquidateur.

Art. 10. – Quelle que soit la nature de l'acte qui les nomme, les liquidateurs doivent rendre compte aux associés de l'accomplissement de leur mission, dans les conditions déterminées par l'acte de nomination, ou, à défaut, au moins annuellement sous forme d'un rapport écrit décrivant les diligences qu'ils ont effectuées pendant l'année écoulée.

La décision de clôture de la liquidation est prise par les associés, après approbation des comptes définitifs de la liquidation. À défaut d'approbation des comptes ou si la consultation des associés s'avère impossible, il est statué sur les comptes et, le cas échéant, sur la clôture de la liquidation, par le tribunal de commerce pour les sociétés commerciales, par le tribunal de grande instance dans les autres cas, à la demande du liquidateur ou de tout intéressé.

Les comptes définitifs, la décision des associés et, s'il y a lieu, la décision judiciaire prévue à l'alinéa précédent sont déposés au greffe du tribunal de commerce en annexe au registre du commerce et des sociétés.

Art. 11. – Sauf disposition contraire de l'acte de nomination, si plusieurs liquidateurs ont été nommés ils peuvent exercer leurs fonctions séparément. Toutefois les documents soumis aux associés sont établis et présentés en commun.

Art. 12. – La rémunération des liquidateurs est fixée par la décision qui les nomme. À défaut, elle l'est postérieurement à la demande du liquidateur, par ordonnance sur requête du président du tribunal de commerce pour les sociétés commerciales ou du tribunal de grande instance dans les autres cas.

Art. 13. – À compter de la dissolution de la société la mention « société en liquidation » ainsi que le nom du ou des liquidateurs doivent figurer sur tous les actes et documents émanant de la société et destinés aux tiers, notamment sur toutes lettres, factures, annonces et publications diverses.

Art. 14. – La société est radiée du registre du commerce et des sociétés sur justification de l'accomplissement des formalités prescrites par les articles 10 et 29.

Art. 15. – La mise en demeure prévue par l'article 1844-12, alinéa 1er, du Code civil est faite par acte d'huissier de justice ou par lettre recommandée avec demande d'avis de réception.

Art. 16. – La tierce opposition contre les décisions prononçant la nullité d'une société n'est recevable que pendant un délai de six mois à compter de la publication de la décision judiciaire au *Bulletin officiel des annonces civiles et commerciales*.

Art. 17. – La demande de désignation d'un expert prévue à l'article 1843-4 du Code civil ou d'un mandataire prévue par les articles 1844, alinéa 2, et 1844-6, alinéa 3, dudit code est portée devant le président du tribunal de commerce pour les sociétés commerciales ou du tribunal de grande instance dans les autres cas.

Art. 18. – La publicité au moyen d'avis ou annonces est faite selon le cas par insertion au *Bulletin officiel des annonces civiles et commerciales* ou dans un journal habilité à recevoir les annonces légales dans le département du siège social ou au *Bulletin des annonces légales obligatoires*.

Art. 19. – La publicité par dépôt d'actes ou de pièces est faite au greffe du tribunal de commerce, en annexe au registre du commerce et des sociétés dans les conditions prévues par la réglementation relative à ce registre.

Art. 20. – Les formalités de publicité sont effectuées à la diligence et sous la responsabilité des représentants légaux de la société.

Lorsqu'une formalité de publicité ne portant ni sur la constitution de la société, ni sur la modification de ses statuts, a été omise ou irrégulièrement accomplie et si la société n'a pas régularisé la situation dans le délai d'un mois à compter de la mise en demeure à elle adressée, tout intéressé peut demander au président du tribunal de commerce pour les sociétés commerciales ou du tribunal de grande instance dans les autres cas de désigner un mandataire chargé d'accomplir la formalité. Le président statue en la forme des référés.

Art. 21. – Dans tous les cas où les lois et règlements applicables aux sociétés disposent qu'il est statué par ordonnance du président du tribunal, soit sur requête, soit en la forme des référés, une copie de ladite ordonnance est déposée par le greffier du tribunal de commerce au dossier de la société, en annexe au registre du commerce et des sociétés. En vue de ce dépôt, l'ordonnance doit, lorsqu'elle émane du président du tribunal de grande instance, être transmise par le greffier dudit tribunal au greffier du tribunal de commerce.

Art. 22. – Lorsque les autres formalités de constitution de la société ont été accomplies, un avis est inséré dans un journal habilité à recevoir les annonces légales dans le département du siège social.

Cet avis est signé par le notaire qui a reçu l'acte de société ou au rang des minutes duquel il a été déposé ; dans les autres cas, il est signé par l'un des fondateurs ou des premiers associés ayant reçu un pouvoir spécial à cet effet.

Il contient les indications suivantes :

1° La raison sociale ou la dénomination sociale suivie, s'il y a lieu, de son sigle ;

2° La forme de la société et, s'il y a lieu, le statut légal particulier auquel elle est soumise ;

3° Le montant du capital social et, s'il s'agit d'une société à capital variable, le montant au-dessous duquel il ne peut être réduit ;

4° L'adresse du siège social ;

5° L'objet social indiqué sommairement ;

6° La durée pour laquelle la société a été constituée ;

7° Le montant des apports en numéraire ;

8° La description sommaire et l'évaluation des apports en nature ;

9° Les nom, prénom usuel et domicile des associés tenus indéfiniment et solidairement des dettes sociales ;

10° Les nom, prénom usuel et domicile des associés ou des tiers ayant, dans la société, la qualité de gérant, administrateur, président du conseil d'administration, directeur général, membre du directoire, membre du conseil de surveillance ou commissaire aux comptes ;

11° Les nom, prénom usuel et domicile des personnes ayant le pouvoir général d'engager la société envers les tiers ;

12° Le greffe du tribunal où la société sera immatriculée ;

13° S'il y a lieu, l'existence de clauses relatives à l'agrément des cessionnaires de parts sociales et la désignation de l'organe de la société habilité à statuer sur les demandes d'agrément.

Art. 23. – Après immatriculation au registre du commerce et des sociétés, la constitution de la société fait l'objet d'une publicité au *Bulletin officiel des annonces civiles et commerciales*.

Art. 24. – Si l'une des mentions de l'avis prévu à l'article 22 est frappée de caducité par suite de la modification des statuts ou d'un autre acte, délibération ou décision, la modification intervenue est publiée dans les conditions prévues par cet article.

L'avis est signé par le notaire qui a reçu l'acte ou au rang des minutes duquel il a été déposé ; dans les autres cas, il est signé par les représentants légaux de la société.

Il contient, après les indications énumérées du 1° au 4° de l'article 22, alinéa 3, ci-dessus :

– le numéro d'immatriculation de la société ;

– les titre, date du numéro et lieu de publication du journal dans lequel a été inséré l'avis prévu à l'article 22, ainsi que la date du numéro du *Bulletin officiel des annonces civiles et commerciales* dans lequel a été faite la publication prévue à l'article 23 ;

– les modifications intervenues, reproduisant l'ancienne mention à côté de la nouvelle.

Art. 25. – Le nom des premiers gérants, administrateurs, membres des organes de surveillance et commissaires aux comptes mentionné dans les statuts peut être omis dans les statuts mis à jour et déposés en annexe au registre du commerce et des sociétés, sans qu'il y ait lieu, sauf disposition statutaire contraire, de les remplacer par le nom des personnes qui leur ont succédé dans ces fonctions.

Art. 26. – En cas de transfert du siège social hors du ressort du tribunal au greffe duquel la société a été immatriculée, l'avis publié dans un journal d'annonces légales du département du nouveau siège indique que le siège social a été transféré et reproduit les mentions visées du 1° au 9° de l'article 22, alinéa 3, et en outre :

– le lieu et le numéro d'immatriculation au registre du commerce et des sociétés de l'ancien siège social ;

– l'indication du registre du commerce et des sociétés où la société sera immatriculée en raison de son nouveau siège social.

Art. 27. – L'acte de nomination des liquidateurs, quelle que soit sa forme, est publié dans le délai d'un mois dans un journal habilité à recevoir les annonces légales dans le département du siège social et, en outre, si la société a fait publiquement appel à l'épargne, au *Bulletin des annonces légales obligatoires*.

Il contient les indications suivantes :

1° La raison sociale ou la dénomination sociale suivie, s'il y a lieu, de son sigle ;

2° La forme de la société et, s'il y a lieu, le statut légal particulier auquel elle est soumise, suivie de la mention « en liquidation » ;

3° Le montant du capital social ;

4° L'adresse du siège social ;

5° Le numéro d'immatriculation de la société ;

6° La cause de la dissolution ;

7° Les nom, prénom usuel et domicile des liquidateurs ;

8° S'il y a lieu, les limitations apportées à leurs pouvoirs.

Sont en outre indiqués dans la même insertion :

1° Le lieu où la correspondance doit être adressée et celui où les actes et documents concernant la liquidation doivent être notifiés ;

2° Le tribunal de commerce au greffe duquel sera effectué, en annexe au registre du commerce et des sociétés, le dépôt des actes et pièces relatifs à la liquidation.

Art. 28. – Au cours de la liquidation de la société, le liquidateur accomplit, sous sa responsabilité, les formalités de publicité incombant aux représentants légaux de la société.

Notamment, toute décision entraînant modification des mentions publiées en application de l'article 27 est publiée dans les conditions prévues par cet article.

Art. 29. – L'avis de clôture de la liquidation, signé par le liquidateur, est publié, à la diligence de celui-ci, dans le journal d'annonces légales ayant reçu la publicité prescrite par l'article 27 et, si la société a fait publiquement appel à l'épargne, au *Bulletin des annonces légales obligatoires*.

Il contient les indications suivantes :

1° La raison sociale ou la dénomination sociale suivie, s'il y a lieu, de son sigle ;

2° La forme de la société suivie de la mention « en liquidation » et, s'il y a lieu, le statut légal particulier auquel elle est soumise ;

3° Le montant du capital social ;
4° L'adresse du siège social ;
5° Les nom, prénom usuel et domicile des liquidateurs ;
6° Le numéro d'immatriculation de la société.

CHAPITRE II. – DISPOSITIONS APPLICABLES AUX SOCIÉTÉS CIVILES

Art. 30. – Les dispositions du présent chapitre sont applicables aux sociétés définies par l'article 1845 du Code civil.

Elles sont également applicables, en tant que de raison, aux rapports entre associés d'une société en participation ayant le caractère civil à moins qu'une organisation différente n'ait été prévue.

Art. 31. – Si les statuts sont établis par acte sous seing privé, une copie certifiée conforme doit en être remise à chaque associé.

Tout associé peut, après toute modification statutaire, demander à la société la délivrance d'une copie certifiée conforme des statuts en vigueur au jour de la demande.

La société doit annexer à ce document la liste mise à jour des associés ainsi que des gérants et, le cas échéant, des commissaires aux comptes ou des membres de l'organe de surveillance.

Art. 32. – La raison sociale ou la dénomination sociale doit figurer sur tous les actes ou documents émanant de la société et destinés aux tiers. Elle doit, si elle ne les contient pas, être précédée ou suivie de manière lisible, une fois au moins, des mots « société civile » suivis de l'indication du capital social et, éventuellement, complétés par les mentions requises par le statut légal particulier auquel la société est soumise.

Art. 33. – Sauf stipulation expresse, les dispositions statutaires mentionnant la répartition des parts entre les associés n'ont pas à être modifiées pour tenir compte des cessions de parts.

Art. 34. – Si les statuts le prévoient, des certificats représentatifs de leurs parts peuvent être remis aux associés. Ils doivent être intitulés « certificat représentatif de parts » et être très lisiblement barrés de la mention « non négociable ». Ils sont établis au nom de chaque associé par part ou multiple de parts ou pour le total des parts détenues par lui.

Art. 35. – Lorsqu'une personne morale est nommée gérant de la société, l'acte de nomination indique le nom de ses représentants légaux. Leur changement emporte rectification de l'acte de nomination et doit être publié comme l'acte lui-même.

Art. 36. – La requête prévue à l'article 1846, alinéa 5, du Code civil est présentée au président du tribunal de grande instance dans le ressort duquel est situé le siège de la société.

Art. 37. – L'action prévue à l'article 1846-1 du Code civil est portée devant le tribunal de grande instance dans le ressort duquel est situé le siège de cette société ; elle est intentée soit contre tous les associés, soit contre un mandataire spécial désigné par ordonnance du président du tribunal statuant sur requête du demandeur à l'action.

Art. 38. – Lorsque l'action sociale est intentée par un ou plusieurs associés, le tribunal ne peut statuer que si la société a été régulièrement mise en cause par l'intermédiaire de ses représentants légaux.

Art. 39. – Un associé non gérant peut à tout moment, par lettre recommandée, demander au gérant de provoquer une délibération des associés sur une question déterminée.

Si le gérant fait droit à la demande, il procède, conformément aux statuts, à la convocation de l'assemblée des associés ou à leur consultation par écrit. Sauf si la question posée porte sur le retard du gérant à remplir l'une de ses obligations, la demande est considérée comme satisfaite lorsque le gérant accepte que la question soit inscrite à l'ordre du jour de la prochaine assemblée ou consultation par écrit.

Si le gérant s'oppose à la demande ou garde le silence, l'associé demandeur peut, à l'expiration du délai d'un mois à dater de sa demande, solliciter du président du tribunal de grande instance, statuant en la forme des référés, la désignation d'un mandataire chargé de provoquer la délibération des associés.

Art. 40. – Les associés sont convoqués quinze jours au moins avant la réunion de l'assemblée, par lettre recommandée. Celle-ci indique l'ordre du jour de telle sorte que le contenu et la portée des questions qui y sont inscrites apparaissent clairement sans qu'il y ait lieu de se reporter à d'autres documents.

Dès la convocation, le texte des résolutions proposées et tout document nécessaire à l'information des associés sont tenus à leur disposition au siège social, où ils peuvent en prendre connaissance ou copie.

Les associés peuvent demander que ces documents leur soient adressés soit par lettre simple, soit à leurs frais par lettre recommandée.

Art. 41. – Lorsque l'ordre du jour de l'assemblée porte sur la reddition de compte des gérants, le rapport d'ensemble sur l'activité de la société prévu à l'article 1856 du Code civil, les rapports de l'organe de surveillance ou des commissaires aux comptes s'il y a lieu, le texte des résolutions proposées et tous autres documents nécessaires à l'information des associés sont adressés à chacun d'eux par lettre simple, quinze jours au moins avant la réunion de l'assemblée. Les mêmes documents sont, pendant ce délai, tenus à la disposition des associés au siège social, où ils peuvent en prendre connaissance ou copie.

Art. 42. – En cas de consultation écrite, le texte des résolutions proposées ainsi que les documents nécessaires à l'information des associés sont adressés à chacun de ceux-ci par lettre recommandée avec demande d'avis de réception. Chaque associé dispose d'un délai d'au moins quinze jours à compter de la date de réception de ces documents pour émettre son vote par écrit. Les statuts fixent le délai au-delà duquel les votes ne seront plus reçus.

Art. 43. – Les dispositions des articles 40 à 42 ne sont pas applicables lorsque tous les associés sont gérants.

Art. 44. – Toute délibération des associés est constatée par un procès-verbal indiquant les nom et prénoms des associés qui y ont participé, le nombre de parts détenues par chacun d'eux, les documents et rapports soumis aux associés, le texte des résolutions mises aux voix et le résultat des votes.

S'il s'agit d'une assemblée, le procès-verbal indique également la date et le lieu de la réunion, les nom, prénoms et qualité du président et un résumé des débats.

S'il s'agit d'une consultation écrite, la justification du respect des formalités prévues à l'article 42 et la réponse de chaque associé sont annexées au procès-verbal.

Les procès-verbaux sont établis et signés par les gérants et, s'il y a lieu, par le président de l'assemblée.

Art. 45. – Les procès-verbaux prévus à l'article précédent sont établis sur un registre spécial tenu au siège de la société, coté et paraphé dans la forme ordinaire et sans frais soit par un juge du tribunal de commerce ou du tribunal d'instance, soit par le maire ou un adjoint au maire de la commune du siège de la société.

Toutefois, les procès-verbaux peuvent être établis sur des feuilles mobiles numérotées sans discontinuité, paraphées dans les conditions prévues à l'alinéa précédent et revêtues du sceau de l'autorité qui les a paraphées. Dès qu'une feuille a été remplie, même partiellement, elle doit être jointe à celles précédemment utilisées. Toute addition, suppression, substitution ou interversion de feuilles est interdite.

Art. 46. – Lorsque la décision des associés résulte de leur consentement exprimé dans un acte, cette décision est mentionnée, à sa date, dans le registre prévu à l'article 45 ci-dessus. La mention dans le registre contient obligatoirement l'indication de la forme, de la nature, de l'objet et des signataires de l'acte. L'acte lui-même, s'il est sous seing privé, ou sa copie authentique, s'il est notarié, est conservé par la société de manière à permettre sa consultation en même temps que le registre des délibérations.

Art. 47. – Les copies ou extraits des procès-verbaux des délibérations des associés sont valablement certifiés conformes par un seul gérant. Au cours de la liquidation de la société, leur certification est valablement effectuée par un seul liquidateur.

Art. 48. – En application des dispositions de l'article 1855 du Code civil, l'associé non gérant a le droit de prendre par lui-même, au siège social, connaissance de tous les livres et documents sociaux, des contrats, factures, correspondance, procès-verbaux et plus généralement de tout document établi par la société ou reçu par elle.

Le droit de prendre connaissance emporte celui de prendre copie.

Dans l'exercice de ces droits, l'associé peut se faire assister d'un expert choisi parmi les experts agréés par la Cour de cassation ou les experts près une cour d'appel.

Art. 49. – Le projet de cession de parts ou de nantissement en vue de l'agrément du cessionnaire ou du créancier nanti, la renonciation au projet de cession, la date de réalisation forcée des parts sont notifiés par acte d'huissier de justice ou par lettre recommandée avec demande d'avis de réception.

S'il résulte d'un acte sous seing privé et s'il n'a pas été accepté par elle dans un acte authentique, le nantissement des parts sociales est signifié à la société par acte d'huissier de justice.

Les décisions de la société et des associés sur la demande d'agrément, le nom du ou des acquéreurs proposés, l'offre de rachat par la société sont notifiés par lettre recommandée avec demande d'avis de réception.

Art. 50. – Lorsque les statuts prévoient que l'agrément des projets de cession de parts peut être accordé par le gérant, ce dernier, préalablement au refus d'agrément du cessionnaire proposé, doit, par lettre recommandée, aviser les associés de la cession projetée et leur rappeler les dispositions des articles 1862 et 1863 du Code civil et, s'il y a lieu, les clauses statutaires aménageant ou complétant ces articles.

L'avis prévu à l'alinéa précédent doit être adressé aux associés dans un délai qui ne peut excéder le tiers de celui prévu par les statuts conformément à l'article 1864 du Code civil ou deux mois dans le silence des statuts.

Art. 51. – Lorsqu'un registre des associés est prévu par les statuts, il est tenu au siège de la société et constitué par la réunion, dans l'ordre chronologique de leur établissement, de feuillets identiques utilisés sur une seule face. Chacun de ces feuillets est réservé à un titulaire de parts sociales à raison de sa propriété ou à plusieurs titulaires à raison de leur copropriété, de leur nue-propriété ou de leur usufruit sur ces parts.

Chaque feuillet contient notamment :

1° Les nom, prénom usuel et domicile de l'associé originaire et la date d'acquisition de ses parts ;

2° La valeur nominale de ces parts ;

3° Les nom, prénom usuel et domicile du ou des cessionnaires des parts ;

4° Les nom, prénom usuel et domicile des personnes ayant reçu les parts en nantissement, le nombre des parts données en nantissement et la somme garantie ;

5° La date d'acquisition des parts, de leur transfert, de leur nantissement et de sa mainlevée ;

6° La date de l'agrément et l'indication de l'organe social qui l'a accordé.

Il est établi un nouveau feuillet par nouvel associé ; ce feuillet doit comporter une mention permettant, s'il y a lieu, d'identifier l'associé dont il a acquis les parts.

Ce registre est obligatoirement tenu lorsque les statuts stipulent que la cession des parts sociales peut être rendue opposable à la société par transfert dans ses registres.

Art. 52 *(Mod., D. n° 2012-928, 31 juill. 2012)*. – La publicité de la cession de parts est accomplie par dépôt en annexe au registre du commerce et des sociétés, de l'original de l'acte de cession s'il est sous seing privé ou d'une copie authentique de celui-ci s'il est notarié.

Art. 53. – La publicité du nantissement des parts sociales est accomplie par dépôt, en annexe au registre du commerce et des sociétés, d'un avis de nantissement visé par le greffier après exécution des formalités prescrites par les articles 54 à 56 ci-après. Lorsqu'il s'agit d'un acte sous seing privé, un original du titre, accompagné, s'il y a lieu, de l'acte de signification du nantissement à la société, est également déposé.

Art. 54. – Le créancier nanti remet ou fait remettre au greffe du tribunal de commerce du lieu d'immatriculation de la société soit une copie authentique de l'acte notarié constitutif du titre, soit, s'il s'agit d'un acte sous seing privé, deux originaux de l'acte, accompagnés de l'acte de signification du nantissement à la société ou d'une copie authentique de l'acte notarié portant acceptation par la société.

Il remet ou fait remettre en outre deux exemplaires de l'avis de nantissement comportant notamment :

1° Les nom, prénom usuel et domicile du créancier et du débiteur ;

2° La date, la forme du ou des actes présentés, et, s'il y a lieu, l'indication de l'officier public ou ministériel qui les a reçus ou qui a accompli la formalité de la signification ;

3° La raison sociale ou la dénomination sociale de la société dont les parts sont données en nantissement ainsi que son numéro d'immatriculation ;

4° Le nombre de parts sociales objet du nantissement et leur valeur nominale ;

5° Le montant de la créance garantie et les conditions relatives aux intérêts et à l'exigibilité ;

6° S'il y a lieu et sur justification particulière, l'indication que le créancier nanti a été agréé par la société ou les associés.

Art. 55. – La remise des pièces visées à l'article 54 ci-dessus donne lieu à la délivrance, par le greffier, d'un récépissé extrait du registre à souche prévu par l'article 52 du décret n° 67-237 du 23 mars 1967 susvisé (1) et à l'établissement d'un procès-verbal.

Le greffier s'assure de la conformité de l'avis de nantissement aux pièces produites et vérifie que le nantissement a été régulièrement signifié à la société ou accepté par elle. Il appose sur l'ensemble des pièces remises son visa et une mention portant la date à laquelle il effectue le classement des pièces dans le dossier ouvert au nom de la société en annexe au registre. Cette date constitue la date du dépôt.

Un exemplaire de l'avis de nantissement, un original de l'acte sous seing privé constitutif du titre et l'acte portant signification du nantissement à la société sont classés au dossier ouvert au nom de la société ; le second exemplaire de l'avis de nantissement, le second original de l'acte sous seing privé, et les copies authentiques produits sont restitués au requérant.

Art. 56. – Les subrogations dans le nantissement et sa mainlevée sont publiées en marge de l'avis de nantissement.

La mention de la subrogation est accomplie sur production du titre la constatant et sur justification que la subrogation a été régulièrement signifiée à la société ou acceptée par elle dans un acte authentique. Les actes sous seing privé et l'acte portant signification à la société sont conservés dans le dossier ouvert au nom de cette dernière.

La mention de la mainlevée est accomplie en vertu soit d'un jugement passé en force de chose jugée, soit du consentement des parties, ayant capacité à cet effet, sur le dépôt d'un acte authentique ou sous seing privé constatant le consentement à la mainlevée donné par le créancier ou son cessionnaire, régulièrement subrogé et justifiant de ses droits. L'acte sous seing privé est conservé dans le dossier ouvert au nom de la société.

Art. 57. – Il est tenu au greffe de chaque tribunal de commerce un fichier des nantissements de parts de sociétés civiles.

....

CHAPITRE IV. – DISPOSITIONS D'APPLICATION

Art. 68. – Le présent décret est applicable dans les territoires de la Nouvelle-Calédonie, de la Polynésie française, de Wallis-et-Futuna et des Terres australes et antarctiques françaises, ainsi que dans la collectivité territoriale de Mayotte.

Art. 69. – Les sociétés immatriculées dans les conditions prescrites par le présent décret et auxquelles un statut légal particulier impose des règles spéciales de publicité sont autorisées, à titre provisoire, à n'effectuer cette publicité que selon le mode prescrit par leur statut légal particulier. L'application du présent article ne peut avoir pour effet de dispenser ces sociétés de l'immatriculation.

Décret n° 80-308 du 25 avril 1980

portant application des articles 98 à 98-4 et 99-1 du Code civil relatifs à l'état civil des personnes nées à l'étranger qui acquièrent ou recouvrent la nationalité française et des articles 115 et 116 du Code de la nationalité (C. civ., art. 28 et 28-1) relatifs aux mentions intéressant la nationalité portées en marge des actes de naissance

(JO 3 mai)

Art. 1er *(D. n° 95-190, 23 févr. 1995).* – Les actes tenant lieu d'actes d'état civil aux personnes nées ou mariées à l'étranger qui acquièrent ou recouvrent la nationalité française, prévus par les articles 98 à 98-2 du Code civil, sont établis en un seul original, par les officiers de l'état civil du service central de l'état civil du

(1) Abr., V. D. n° 84-406, 30 mai 1984.

ministère des affaires étrangères, qui en assure la conservation, la mise à jour et la délivrance selon des procédés manuels ou automatisés.

Art. 2. – Les noms propres, les prénoms et les noms de lieux devant figurer dans les actes mentionnés à l'article 1er sont inscrits dans la forme et avec l'orthographe résultant des documents justificatifs produits par l'intéressé ou pour lui et, notamment, des traductions des actes de l'état civil étranger.

Art. 3 *(Abr., D. n° 95-190, 23 févr. 1995).*

Art. 4 *(D. n° 93-1362, 30 déc. 1993).* – Tous les documents permettant l'établissement des actes sont transmis au service central de l'état civil du ministère des affaires étrangères par le juge d'instance lorsque l'acquisition de la nationalité française ou la réintégration dans cette nationalité résulte d'une déclaration souscrite en France, par le ministre de la Justice lorsque la déclaration est souscrite à l'étranger, par le ministre chargé des naturalisations, lorsque l'acquisition de la nationalité française ou la réintégration dans cette nationalité résulte d'un décret ou de l'enregistrement d'une déclaration souscrite en vertu de l'article 21-2 du Code civil.

Ces documents sont conservés en pièces annexes par ce service.

Art. 5. – Les rectifications prévues par l'article 99-1 du Code civil sont portées en marge des actes auxquels elles s'appliquent et signées comme le corps de l'acte.

Art. 6 *(Mod., D. n° 93-1362, 30 déc. 1993 ; D. n° 98-720, 20 août 1998).* – Les actes administratifs, les déclarations souscrites en vertu de l'article 21-2 du Code civil et les décisions des juridictions administratives ayant trait à la nationalité sont notifiés par le ministre chargé des naturalisations aux officiers de l'état civil détenteurs de l'acte de naissance de l'intéressé. Les autres déclarations sont notifiées aux mêmes personnes par le juge d'instance lorsqu'elles sont souscrites en France, ou par le ministre de la Justice lorsqu'elles sont souscrites à l'étranger.

Les décisions des juridictions judiciaires ayant trait à la nationalité sont notifiées aux mêmes personnes par le ministère public.

Au moment de la première délivrance de certificat de nationalité française, le greffier en chef qui l'établit adresse un avis de mention à l'officier de l'état civil détenteur de l'acte de naissance.

Les officiers de l'état civil apposent les mentions relatives à la nationalité dans les conditions prévues aux articles 28 et 28-1 du Code civil.

....

Art. 9. – Le présent décret est applicable à Mayotte et dans les territoires d'outre-mer.

Décret n° 80-533 du 15 juillet 1980

pris pour l'application de l'article 1341 du Code civil

(JO 16 juill.)

Art. 1er *(Mod., D. n° 99-235, 22 mars 1999 ; D. n° 2004-836, 20 août 2004).* – La somme ou la valeur visée à l'article 1341 du Code civil est fixée à 1 500 €.

Le présent décret est applicable en Nouvelle-Calédonie, dans les territoires d'outre-mer et dans la collectivité territoriale de Mayotte.

Loi n° 82-526 du 22 juin 1982

relative aux droits et obligations des locataires et des bailleurs

(Abr., à l'exception des art. 76, 78, 81 et 82, L. n° 86-1290, 23 déc. 1986)

Art. 76. – I. – Les dispositions de la loi n° 48-1360 du 1er septembre 1948 précitée cessent d'être applicables aux locaux vacants dès l'achèvement des travaux prévus par le contrat conclu avec l'État en application de l'article 59 de la présente loi.

....

Art. 82. – Les dispositions de la loi n° 80-1 du 4 janvier 1980 modifiant certaines dispositions du Code de la construction et de l'habitation, et celles de l'article 81 de la présente loi ne portent pas atteinte à la validité des ventes antérieurement conclues.

Loi n° 82-596 du 10 juillet 1982

relative aux conjoints d'artisans et de commerçants travaillant dans l'entreprise familiale

(JO 13 juill.)

Voir : *Abr. et codifiée à l'exception des articles 5-II et 20, Ord. n° 2000-912, 18 sept. 2000, art. 1er et 4-I-30°* V. C. com., art. L. 121-4 à L. 121-6, p. 1995.

Art. 5 *(Mod., L. n° 85-30, 9 janv. 1985).* – I. [...]

II. – Un décret fixe les conditions dans lesquelles le conjoint survivant ou en zone de montagne un enfant héritier copropriétaire, qui a obtenu l'attribution préférentielle d'une entreprise commerciale, artisanale, industrielle ou hôtelière à caractère familial en application du quatrième alinéa de l'article 832 du Code civil, bénéficie de prêts à taux bonifié pour le paiement de la soulte (1).

Loi n° 84-562 du 4 juillet 1984

permettant la révision des conditions et charges apposées à certaines libéralités

(Abr. et partiellement codifiée, Ord. n° 2006-460, 21 avr. 2006. – V. CGCT, art. L. 1311-17)

Art. 1er *(Abr., Ord. n° 2006-460, 21 avr. 2006).* – *V. C. civ. 900-2 à 900-8.*

Art. 2 *(Abr. et codifié, Ord. n° 2006-460, 21 avr. 2006).* – *V. CGCT, art. L. 1311-17* (*supra, sous art. 900-2, note 1*).

Loi n° 84-595 du 12 juillet 1984

définissant la location-accession à la propriété immobilière

(JO 13 juill. et rect. 21 juill.)

CHAPITRE I. – DISPOSITIONS GÉNÉRALES

Art. 1er. – **Est qualifié de location-accession et soumis aux dispositions de la présente loi le contrat par lequel un vendeur s'engage envers un accédant à lui transférer, par la manifestation ultérieure de sa volonté exprimée par lettre recommandée avec demande d'avis de réception et après une période de jouissance à titre onéreux, la propriété de tout ou partie d'un immeuble moyennant le paiement fractionné ou différé du prix de vente et le versement d'une redevance jusqu'à la date de levée de l'option.**

La redevance est la contrepartie du droit de l'accédant à la jouissance du logement et de son droit personnel au transfert de propriété du bien.

Art. 2. – **Les dispositions de la présente loi s'appliquent aux contrats de location-accession portant sur des immeubles à usage d'habitation ou à usage professionnel et d'habitation, achevés ou en construction à la date de la signature de la convention. Elles ne s'appliquent pas aux contrats prévus par le titre II et l'article 22 de la loi n° 71-579 du 16 juillet 1971 relative à diverses opérations de construction.**

Art. 3 *(Mod., L. n° 94-624, 21 juill. 1994).* – **Le contrat de location-accession peut être précédé d'un contrat préliminaire par lequel, en contrepartie d'un dépôt de garantie effectué par l'accédant à un compte spécial, le vendeur s'engage à réserver à l'accédant un immeuble ou une partie d'immeuble.**

Ce contrat doit comporter les indications essentielles prévues à l'article 5, sa durée maximale de validité et l'indication que les fonds déposés en garantie seront, à la signature du contrat, restitués à l'accédant ou imputés sur les premières redevances. Faute d'indication dans le contrat préliminaire, les fonds seront restitués à l'accédant.

Les fonds déposés en garantie ne peuvent excéder 5 p. 100 du montant du prix de l'immeuble faisant l'objet du contrat. Ils sont indisponibles, incessibles et insaisissables jusqu'à la conclusion du contrat de location-accession. Ils sont restitués sans frais à l'accédant si le contrat n'est pas conclu au plus tard trois mois après

(1) V. D. n° 83-747, 10 août 1983.

la signature du contrat préliminaire si l'immeuble est achevé à la date de cette signature, ou dans les deux mois suivant l'achèvement de l'immeuble dans le cas contraire.

Est nulle toute autre promesse de location-accession.

Art. 4. – Le contrat de location-accession est conclu par acte authentique et publié au bureau des hypothèques.

(Mod. à compter du 1er janvier 2013, Ord. n° 2010-638, 10 juin 2010) Le contrat de location-accession est conclu par acte authentique et publié au fichier immobilier.

Il est réputé emporter restriction au droit de disposer au sens et pour l'application du 2° de l'article 28 du décret n° 55-22 du 4 janvier 1955 portant réforme de la publicité foncière.

CHAPITRE II. – CONTENU DU CONTRAT DE LOCATION-ACCESSION

Art. 5 *(Mod., L. n° 2005-32, 18 janv. 2005)*. – Le contrat de location-accession doit préciser :

1° la description de l'immeuble ou de la partie d'immeuble faisant l'objet du contrat ainsi que, en annexes ou par référence à des documents déposés chez un notaire, les indications utiles relatives à la consistance et aux caractéristiques techniques de l'immeuble ;

2° le prix de vente du bien, les modalités de paiement ainsi que, le cas échéant, la faculté pour l'accédant de payer par anticipation tout ou partie du prix et les modalités de révision de celui-ci, s'il est révisable. Cette révision ne porte que sur la fraction du prix restant due après chaque versement de la redevance ;

3° l'intention de l'accédant de payer le prix, directement ou indirectement, même en partie, à l'exclusion du versement de la redevance, avec ou sans l'aide d'un ou plusieurs prêts régis par le chapitre premier de la loi n° 79-596 du 13 juillet 1979 relative à l'information et à la protection des emprunteurs dans le domaine immobilier *(C. consom., art. L. 312-1 et s.)* ;

4° la date d'entrée en jouissance et le délai dans lequel l'accédant devra exercer la faculté qui lui est reconnue d'acquérir la propriété ainsi que les conditions de résiliation anticipée du contrat ;

5° le montant de la redevance mise à la charge de l'accédant, sa périodicité et, le cas échéant, les modalités de sa révision ;

6° les modalités d'imputation de la redevance sur le prix ;

7° les modalités de calcul des sommes visées à l'article 10 ainsi que des indemnités visées aux articles 11 et 13 ;

8° la nature de la garantie visée à l'article 14 et, s'il y a lieu, la raison sociale et l'adresse du garant ;

9° les catégories de charges incombant à l'accédant et une estimation de leur montant prévisionnel pour la première année d'exécution du contrat ;

10° l'absence de maintien de plein droit dans les lieux, sous réserve des dispositions de l'article 9, cas de résolution du contrat ou de non-levée de l'option ;

11° les références des contrats d'assurance souscrits en application des articles L. 241-1 et L. 242-1 du Code des assurances ainsi que les références des contrats d'assurance garantissant l'immeuble.

Art. 6. – I. – Lorsque le contrat est signé avant l'achèvement de l'immeuble il doit comporter la garantie d'achèvement de celui-ci.

Cette garantie, lorsqu'elle est donnée par un des organismes financiers mentionnés à l'article 15, prend la forme :

– soit d'une ouverture de crédit par laquelle celui qui la consent s'oblige à avancer au vendeur ou à payer pour son compte les sommes nécessaires à l'achèvement de l'immeuble ;

– soit d'une convention de cautionnement aux termes de laquelle la caution s'oblige envers l'acquéreur, solidairement avec le vendeur, à payer les sommes nécessaires à l'achèvement de l'immeuble. Cette convention doit stipuler au profit de l'acquéreur le droit d'en exiger l'exécution.

La garantie d'achèvement peut résulter de la qualité du vendeur lorsque celui-ci remplit les conditions fixées par l'article 17.

La garantie d'achèvement prend fin à l'achèvement de l'immeuble.

II. – Lorsque le contrat est signé avant l'achèvement de l'immeuble, aucun versement ne peut être fait au titre de la partie de la redevance correspondant au droit de l'accédant à la jouissance du logement avant la date d'entrée en jouissance.

Art. 7. – *(Rempl., L. n° 2008-111, 8 févr. 2008)* La révision prévue aux 2° et 5° de l'article 5 ne peut excéder la variation d'un indice de référence des loyers publié par l'Institut national de la statistique et des études économiques chaque trimestre et qui correspond à la moyenne, sur les douze derniers mois, de l'évolution des prix à la consommation hors tabac et hors loyers (1).

Art. 8. – Un état des lieux est établi contradictoirement par les parties, lors de la remise des clés à l'accédant ou lors de la signature du contrat si l'accédant est déjà dans les lieux.

En cas de résiliation du contrat ou lorsque le transfert de propriété prévu au terme du contrat n'a pas lieu, un état des lieux doit être également établi contradictoirement lors de la restitution des clés au vendeur.

À défaut, et huit jours après mise en demeure restée sans effet, l'état des lieux est établi par huissier de justice à l'initiative de la partie la plus diligente, l'autre partie dûment appelée. Les frais sont supportés par moitié par les deux parties.

CHAPITRE III. – GARANTIES DES CONTRACTANTS

Section I. – Résiliation du contrat

Art. 9 *(Mod., L. n° 2005-32, 18 janv. 2005)*. – Lorsque le contrat de location-accession est résilié ou lorsque le transfert de propriété n'a pas lieu au terme convenu, l'occupant ne bénéficie d'aucun droit au maintien dans les lieux, sauf stipulations contraires du contrat de location-accession et sous réserve des dispositions figurant à l'article 13.

Toutefois, lorsque le contrat de location-accession porte sur un logement qui a bénéficié d'une décision d'agrément prise par le représentant de l'État dans le département, dans des conditions prévues par décret, le vendeur est tenu, au plus tard dans un délai de six mois à partir de la date limite fixée pour la levée d'option, de proposer par lettre recommandée avec demande d'avis de réception trois offres de relogement correspondant aux besoins et aux possibilités de l'occupant dès lors que ses revenus n'excèdent pas le niveau de ressources prévu à l'article L. 441-1 du Code de la construction et de l'habitation. L'occupant dispose d'un délai d'un mois pour répondre à chacune de ces offres. À défaut d'acceptation des offres de relogement, à l'expiration d'un délai de trois mois à compter de la troisième offre, il est déchu de tout titre d'occupation du logement. En cas d'acceptation d'une offre, si le vendeur est un organisme mentionné à l'article L. 411-2 dudit code, le relogement ne fait pas l'objet de la procédure d'attribution prévue aux articles L. 441-2 et suivants du même code. À compter de la date limite fixée pour la levée d'option et jusqu'au départ des lieux, l'occupant verse une indemnité d'occupation qui ne peut être supérieure au montant de la redevance diminué de la fraction imputable sur le prix de l'immeuble.

Il reste tenu du paiement des redevances échues et non réglées ainsi que des dépenses résultant des pertes et dégradations survenues pendant l'occupation et des frais dont le vendeur pourrait être tenu en ses lieu et place en application de l'article 28 ou du deuxième alinéa de l'article 32.

Art. 10 *(Mod., L. n° 2005-32, 18 janv. 2005)*. – Dans les cas visés à l'article 9, le vendeur doit restituer à l'accédant les sommes versées par ce dernier correspondant à la fraction de la redevance imputable sur le prix de l'immeuble. Lorsque le prix de vente est révisable, ces sommes sont révisées dans les mêmes conditions.

Elles doivent être restituées dans un délai maximum de trois mois à compter du départ de l'occupant, déduction faite, le cas échéant, des sommes restant dues au vendeur. Cette indemnité n'est pas due lorsque le contrat porte sur un logement qui a bénéficié d'une décision d'agrément prise par le représentant de l'État dans le département, dans des conditions prévues par décret.

Art. 11 *(Mod., L. n° 2004-804, 9 août 2004 ; L. n° 2005-32, 18 janv. 2005)*. – Lorsque le contrat est résilié pour inexécution par l'accédant de ses obligations, le vendeur peut obtenir, sans préjudice des dispositions des articles 9 et 10, une indemnité qui ne peut dépasser 2 p. 100 du prix de l'immeuble objet du contrat.

(1) Disposition applicable aux contrats en cours (L. n° 2008-111, 8 févr. 2008).

Lorsque, du fait de l'accédant, le transfert de propriété n'a pas lieu au terme convenu pour une cause autre que celle visée à l'alinéa précédent, le vendeur peut obtenir, sans préjudice des dispositions des articles 9 et 10, une indemnité qui ne peut dépasser 1 p. 100 du prix de l'immeuble objet du contrat.

Cette indemnité n'est pas due lorsque le contrat porte sur un logement qui a bénéficié d'une décision d'agrément prise par le représentant de l'État dans le département, dans des conditions prévues par décret.

Toutefois, lorsque le contrat porte sur un immeuble ou une partie d'immeuble achevé depuis moins de cinq ans ou qui, dans les cinq ans de cet achèvement, n'a pas déjà fait l'objet d'une cession à titre onéreux à une personne n'intervenant pas en qualité de marchand de biens, l'indemnité visée aux deux alinéas précédents peut être fixée à 3 p. 100 à compter du 1er janvier de la cinquième année suivant celle de l'achèvement de l'immeuble ou de la partie de l'immeuble faisant l'objet du contrat.

Lorsqu'une telle majoration a été prévue au contrat dans les conditions définies à l'alinéa précédent, le contrat de location-accession est assimilé à une vente pure et simple pour l'application de la taxe sur la valeur ajoutée, à la date à compter de laquelle cette indemnité majorée est susceptible d'être demandée.

Dans ce cas, la taxe est assise sur le prix fixé au contrat pour la date visée à l'alinéa précédent sous réserve que la variation annuelle du prix fixé au contrat n'excède pas, à compter de cette date, celle de l'indice visé à l'article 7.

Les dispositions des deux alinéas précédents ne sont pas applicables aux contrats de location-accession à la propriété immobilière portant sur des logements qui ont fait l'objet d'une décision d'agrément prise, dans des conditions fixées par décret, par le représentant de l'État dans le département.

Art. 12. – Aucune indemnité autre que celle mentionnée à l'article précédent ne peut être mise à la charge de l'accédant. Toutefois, le vendeur pourra demander à l'accédant défaillant le remboursement sur justification des frais taxables qui lui auront été occasionnés par cette défaillance, à l'exclusion de tout remboursement forfaitaire de frais de recouvrement.

Art. 13. – Lorsque le contrat est résilié pour inexécution par le vendeur de ses obligations, l'accédant est remboursé dans leur intégralité des sommes visées à l'article 10 et peut obtenir une indemnité qui ne peut être supérieure à 3 p. 100 du prix de l'immeuble objet du contrat.

L'accédant bénéficie d'un droit au maintien dans les lieux pour une durée qui ne peut être inférieure à trois mois à compter de la résiliation ou de la date prévue pour la levée de l'option. Le vendeur ne peut exiger la libération des locaux qu'après remboursement des sommes visées à l'article 10. L'indemnité d'occupation ne peut être supérieure au montant de la redevance diminué de la fraction imputable sur le prix de l'immeuble objet du contrat.

Art. 14. – Le remboursement par le vendeur des sommes visées à l'article 10 doit être garanti par un cautionnement, par le privilège de l'accédant ou par une garantie liée à la qualité du vendeur, dans les conditions prévues aux articles suivants.

Art. 15. – La garantie de remboursement peut revêtir la forme d'une convention de cautionnement aux termes de laquelle la caution s'oblige envers l'accédant, solidairement avec le vendeur, à rembourser les sommes visées à l'article 10. Cette garantie doit être donnée par une banque, *(Mots aj. à compter du 1er janvier 2014, Ord. n° 2013-544, 27 juin 2013)* « une société de financement », un établissement financier habilité à délivrer des cautions ou à réaliser des opérations de financement immobilier, une entreprise d'assurance agréée à cet effet ou une société de caution mutuelle constituée conformément aux dispositions de la loi du 13 mars 1917 ayant pour objet l'organisation du crédit au petit et au moyen commerce, à la petite et à la moyenne industrie.

La liste des organismes financiers habilités à donner leur garantie est fixée par décret (1).

Art. 16. – La garantie de remboursement peut également revêtir la forme du privilège du 7° de l'article 2103 du Code civil à la condition que les sommes correspondant au prix de l'immeuble payables avant le transfert de propriété n'excèdent pas 50 p. 100 de cette valeur et que ce privilège ne soit, à la date du contrat de location-accession, ni primé, ni en concurrence avec un autre privilège ou une hypothèque, dont les causes ne seraient pas éteintes à la même date.

(1) D. n° 85-534, 15 mai 1985.

Toutefois, si au plus tard à la date du contrat les créanciers privilégiés ou hypothécaires du vendeur consentent par acte authentique à céder leur rang à l'accédant, celui-ci est réputé venir en premier rang au sens du présent article, encore que les formalités de l'article 2149 du Code civil ne soient pas accomplies à la date du contrat.

Art. 17. – La garantie de remboursement résulte également de la qualité du vendeur lorsqu'il s'agit d'une société dans laquelle l'État ou une collectivité publique détient la majorité du capital social.

Il en est de même lorsque le vendeur est un organisme visé par l'article L. 411-2 du Code de la construction et de l'habitation, bénéficiant d'un agrément délivré par l'État à cet effet.

Art. 18. – Lorsque la redevance est employée au remboursement de créanciers privilégiés ou hypothécaires du vendeur, l'accédant n'est subrogé de plein droit dans leur sûreté que pour la partie de la redevance imputable sur le prix.

Section II. – Cession des droits et aliénation de l'immeuble

Art. 19. – L'accédant peut disposer, au bénéfice de tiers, mais pour leur totalité uniquement, des droits qu'il tient du contrat sauf opposition justifiée du vendeur, fondée sur des motifs sérieux et légitimes tels que l'insolvabilité du cessionnaire. Le vendeur peut également s'opposer à la cession lorsque l'acquéreur ne remplit pas les conditions exigées pour l'octroi des prêts ayant assuré le financement de la construction de l'immeuble.

Art. 20. – L'aliénation de l'immeuble substitue de plein droit le nouveau propriétaire dans les droits et obligations du vendeur.

Si la garantie de remboursement ne revêt pas la forme du privilège du 7° de l'article 2103 du Code civil dans les conditions fixées à l'article 16, l'aliénation est subordonnée à la fourniture, par le nouveau propriétaire, de l'une des autres garanties prévues par la présente loi.

Section III. – Information et protection de l'accédant

Art. 21. – Les dispositions du chapitre III de la loi n° 79-596 du 13 juillet 1979 précitée *(C. consom., art. L. 312-24 et s.)* ne sont pas applicables aux contrats de location-accession régis par la présente loi.

Art. 22. – Avant la signature du contrat de location-accession, le vendeur ne peut exiger ni accepter de l'accédant, au titre de la location-accession, aucun versement, aucun dépôt, aucune souscription ou acceptation d'effets de commerce, aucun chèque ou aucune autorisation de prélèvement sur compte bancaire ou postal au profit du vendeur ou pour le compte de celui-ci, à l'exception des sommes prévues à l'article 3.

Art. 23. – Le vendeur doit notifier à l'accédant, par lettre recommandée avec demande d'avis de réception, le projet de contrat de location-accession un mois au moins avant la date de sa signature. La notification oblige le vendeur à maintenir les conditions du projet de contrat jusqu'à cette date.

Le cas échéant, le règlement de copropriété ou le cahier des charges est joint au projet de contrat.

Art. 24 *(Mod., L. n° 2005-32, 18 janv. 2005)*. – Lorsque le contrat indique que l'accédant entend recourir à un ou plusieurs prêts régis par le chapitre I de la loi n° 79-596 du 13 juillet 1979 précitée, *(C. consom., art. L. 312-1 et s.)* le transfert de propriété est subordonné à la condition suspensive de l'obtention du ou des prêts qui en assurent le financement. Cette condition doit être réalisée à la date d'exigibilité du paiement.

Un organisme prêteur peut refuser l'octroi du ou des prêts pour des motifs sérieux et légitimes tels que l'insolvabilité de l'accédant.

Art. 25. – Lorsque le contrat de location-accession indique que le prix sera payé sans l'aide d'un ou plusieurs prêts, cet acte doit porter, de la main de l'accédant ou de son mandataire, une mention par laquelle celui-ci reconnaît avoir été informé que s'il recourt néanmoins à un prêt il ne peut se prévaloir des dispositions de l'article 24.

En l'absence de l'indication prescrite à l'article précédent ou si la mention exigée au premier alinéa du présent article manque ou n'est pas de la main de l'accédant ou de son mandataire, et si un prêt est néanmoins demandé, le transfert de propriété est subordonné à la condition suspensive prévue à l'article précédent.

Section IV. – Transfert de propriété

Art. 26. – Trois mois avant le terme prévu pour la levée de l'option, le vendeur doit, par lettre recommandée avec demande d'avis de réception, mettre l'accédant en demeure d'exercer dans le délai convenu la faculté qui lui est reconnue d'acquérir la propriété de l'immeuble faisant l'objet du contrat.

La mise en demeure indique à peine de nullité l'état des créances garanties par des inscriptions prises sur l'immeuble. Lorsque le montant de ces créances excède celui du prix restant dû par l'accédant, ce dernier peut renoncer à l'acquisition. Il bénéficie des dispositions de l'article 13.

Le paiement par anticipation de la totalité du prix entraîne également transfert de propriété.

Art. 27. – Le transfert de propriété est constaté par acte authentique. L'acte constatant le transfert de propriété emporte adhésion de l'accédant à toutes les organisations visées à l'article 33.

L'accédant est tenu de prendre les lieux dans l'état où ils se trouvent lors du transfert de propriété, sans préjudice, le cas échéant, du droit de mettre en œuvre les garanties liées à la construction de l'immeuble.

Art. 27-1 *(L. n° 2005-32, 18 janv. 2005).* – Après le transfert de propriété d'un logement qui a bénéficié d'une décision d'agrément prise par le représentant de l'État dans le département, dans des conditions prévues par décret, et lorsque la garantie de relogement est mise en œuvre par l'accédant dans des conditions définies par arrêté, les offres de relogement ne font pas l'objet de la procédure d'attribution prévue aux articles L. 441-2 et suivants du Code de la construction et de l'habitation dès lors que le vendeur est un organisme mentionné à l'article L. 411-2 dudit code.

CHAPITRE IV. – OBLIGATIONS DES PARTIES EN MATIÈRE DE GESTION ET D'ENTRETIEN DE L'IMMEUBLE

Art. 28. – L'accédant est tenu des obligations principales suivantes :

– d'user de l'immeuble en bon père de famille et suivant la destination qui lui a été donnée par le contrat de location-accession ;

– de s'assurer pour les risques dont il répond en sa qualité d'occupant ;

– du paiement des charges annuelles telles que les contributions, taxes et impôts.

Avant le transfert de propriété, il ne peut permettre l'occupation à quelque titre que ce soit de l'immeuble objet du contrat sauf accord préalable et écrit du vendeur.

Art. 29. – Dès la date d'entrée en jouissance, l'entretien et les réparations de l'immeuble incombent à l'accédant.

Toutefois, le vendeur conserve la charge des réparations relatives aux éléments porteurs concourant à la stabilité ou à la solidité du bâtiment ainsi qu'à tous autres éléments qui leur sont intégrés ou forment corps avec eux, et aux éléments qui assurent le clos, le couvert et l'étanchéité à l'exclusion de leurs parties mobiles.

Art. 30. – Le vendeur qui, avant la date de levée de l'option, est contraint de réaliser ou de participer au paiement de travaux d'amélioration d'un montant supérieur à 10 p. 100 du prix de l'immeuble, qui lui seraient imposés dans le cadre de la copropriété et porteraient sur un des éléments visés à l'article 29, peut proposer à l'accédant une modification correspondante des charges visées au 9° de l'article 5 ainsi qu'une réévaluation du prix de l'immeuble compensant la dépense qu'il a faite.

Cette réévaluation de prix ne peut excéder la dépense réellement effectuée éventuellement révisée dans les conditions prévues à l'article 7.

À défaut d'accord entre le vendeur et l'accédant, ce dernier peut mettre fin au contrat. Dans ce cas, les dispositions de l'article 11 ne sont pas applicables.

Art. 31. – À compter de la signature du contrat de location-accession, l'accédant peut, en cas de défaillance du vendeur, mettre en œuvre les garanties résultant des articles L. 241-1 et L. 242-1 du Code des assurances.

Il peut être autorisé par décision de justice rendue contradictoirement à exécuter les travaux et à percevoir les indemnités dues sur présentation des factures correspondantes.

Art. 32. – Pour l'application des dispositions de la loi n° 65-557 du 10 juillet 1965 fixant statut de la copropriété des immeubles bâtis, la signature d'un contrat de location-accession est assimilée à une mutation et l'accédant est subrogé dans les droits et obligations du vendeur, sous réserve des dispositions suivantes :

– le vendeur est tenu de garantir le paiement des charges incombant à l'accédant en application de l'article 29 de la présente loi et l'hypothèque légale, prévue à l'article 19 de la loi n° 65-557 du 10 juillet 1965 précitée, ne peut être inscrite qu'après mise en demeure restée infructueuse adressée par le syndic au vendeur :

– le vendeur dispose du droit de vote pour toutes les décisions de l'assemblée générale des copropriétaires concernant des réparations mises à sa charge en application de l'article 29 de la présente loi, ou portant sur un acte de disposition visé aux articles 26 ou 35 de la loi n° 65-557 du 10 juillet 1965 précitée. Il exerce également les actions qui ont pour objet de contester les décisions pour lesquelles il dispose du droit de vote ;

– chacune des deux parties au contrat de location-accession peut assister à l'assemblée générale des copropriétaires et y formuler toutes observations sur les questions pour lesquelles elle ne dispose pas du droit de vote.

Art. 33 *(Mod., Ord. n° 2004-632, 1er juill. 2004)*. – Pour l'application des dispositions régissant les immeubles ou groupes d'immeubles compris dans le périmètre d'une association syndicale prévue par l'ordonnance n° 2004-632 du 1er juillet 2004 relative aux associations syndicales de propriétaires, la signature d'un contrat de location-accession est assimilée à une mutation et l'accédant est subrogé dans les droits et obligations du vendeur au sein des organisations juridiques ayant pour objet de recevoir la propriété ou la gestion d'équipements communs dont bénéficie l'immeuble. Toutefois, le vendeur dispose du droit de vote à l'assemblée générale pour les décisions concernant des réparations mises à sa charge en application de l'article 29.

Chacune des deux parties au contrat de location-accession peut assister à l'assemblée générale et y formuler toutes observations sur les questions pour lesquelles elle ne dispose pas du droit de vote.

Art. 34. – L'hypothèque légale prévue à l'article L. 322-9, alinéa premier, du Code de l'urbanisme, et portant sur un immeuble faisant l'objet d'un contrat de location-accession, ne peut être inscrite que dans les conditions prévues à l'article 32.

CHAPITRE V. – DISPOSITIONS DIVERSES

....

Art. 42. – À défaut de stipulations contraires, tous les droits et taxes du contrat de location-accession et de l'acte constatant le transfert de propriété sont à la charge de l'accédant.

Art. 43. – Toute publicité faite, reçue ou perçue en France qui, quel que soit son support, porte sur un contrat régi par la présente loi, doit préciser l'identité du vendeur, la nature et l'objet du contrat.

Art. 44. – Les modalités d'application de la présente loi seront définies, en tant que de besoin, par décret en Conseil d'État.

Décret n° 84-943 du 19 octobre 1984

relatif à la publicité des actions en révision prévues par les articles 900-2 à 900-5 du Code civil

(JO 26 oct.)

Art. 1er. – Le gratifié qui entend demander en justice, dans les conditions prévues par les articles 900-2 à 900-5 du Code civil, la révision des conditions ou charges grevant une libéralité qu'il a reçue fait publier un avis dans un journal diffusé dans le département du dernier domicile ou de la dernière résidence connus en France du disposant.

L'avis indique la juridiction qui sera saisie, mentionne l'identité des défendeurs et précise l'objet de la demande en désignant les biens concernés.

Cette publication doit avoir lieu six mois au plus et trois mois au moins avant la date de l'assignation, à peine de nullité de celle-ci.

Art. 2. – Le tribunal ou le juge de la mise en état peut ordonner au demandeur de procéder à toute autre mesure de publicité dans tout lieu où il le juge utile.

Art. 3. – **S'il fait droit à la demande, le tribunal peut ordonner que sa décision fera l'objet d'une publicité selon les modalités qu'il détermine. La notification de la décision ne peut alors être faite, à peine de nullité, qu'après l'accomplissement de cette formalité.**

Loi n° 85-677 du 5 juillet 1985

tendant à l'amélioration de la situation des victimes d'accidents de la circulation et à l'accélération des procédures d'indemnisation

(JO 6 juill.)

Bibliographie : V. commentaires F. Chabas, Litec 1986. • Y. Chartier, Dalloz 1986. • H. Groutel : *JCP* 86, I, 3244. • G. Viney : *D.* 1986, chron. 209. • Actes du Colloque, *Accidents de la circulation : la loi Badinter, aujourd'hui et demain : Resp. civ. et assur.* 2012, dossiers 15 à 29. • Actes du Colloque, *Les trente ans de la loi Badinter : bilan et perspectives : Resp. civ. et assur.* 2015, dossier 11 à 23.

CHAPITRE I. – INDEMNISATION DES VICTIMES D'ACCIDENTS DE LA CIRCULATION

Art. 1er. – **Les dispositions du présent chapitre s'appliquent, même lorsqu'elles sont transportées en vertu d'un contrat, aux victimes d'un accident de la circulation dans lequel est impliqué un véhicule terrestre à moteur ainsi que ses remorques ou semi-remorques, à l'exception des chemins de fer et des tramways circulant sur des voies qui leur sont propres.**

• Sommaire

I – ACCIDENT DE LA CIRCULATION

A – Accident

1) Infraction volontaire. Sur le principe que la loi de 1985 n'est pas applicable aux infractions volontaires, V. ▪ Cass. 2e civ., 30 nov. 1994 : *JCP* 95, IV, 282 ; *Bull. civ.* II, n° 243, p. 140 ; *RTD civ.* 1995, 133, obs. Jourdain (vol d'un engin de terrassement pour tenter de démolir un mur). ▪ Cass. 2e civ., 30 nov. 2000 : *Resp. civ. et assur.* 2001, 40 ; *Bull. civ.* II, n° 156 (dégradations volontaires). ▪ Cass. 2e civ., 12 déc. 2002 : *Resp. civ. et assur.* 2003, 66, note Groutel ; *Bull. civ.* II, n° 282, p. 222 (perte de contrôle du véhicule au cours d'une poursuite contre des agresseurs). ▪ Cass. 2e civ., 15 mars 2001 : *JCP* 2001, IV, 1867 ; *Resp. civ. et assur.* 2001, 186, 1re esp., note Groutel ; *Bull. civ.* II, n° 50, p. 34 ; *RTD civ.* 2001, 606, obs. Jourdain (incendie volontaire). ▪ Cass. 2e civ., 12 déc. 2002 : *Resp. civ. et assur.* 2003, 66, note Groutel (perte de contrôle du véhicule au cours d'une poursuite contre des agresseurs). ▪ Cass. 2e civ., 23 janv. 2003 : *JCP* 2003, IV, 1429 ; *Resp. civ. et assur.* 2003, 105, note Groutel (véhicule volontairement heurté par un véhicule volé). ▪ Cass. 2e civ., 11 déc. 2003 : *Bull. civ.* II, n° 377, p. 310 ; *RTD civ.* 2004, 519, obs. Jourdain (conducteur d'un scooter volontairement poussé par un piéton sous un autobus). V. même, étendant l'exclusion à l'action dirigée contre le conducteur d'un autre véhicule n'ayant pas participé aux violences, ▪ Cass. 2e civ., 5 oct. 1994 : *JCP* 95, I, 3853, n° 27, obs. crit. Viney.

B – Circulation

2) Accident causé dans un champ. La loi du 5 juillet 1985 est applicable à l'accident causé dans un champ par un tracteur (▪ Cass. 2e civ., 5 mars et 25 juin 1986 : *D.* 1987, somm. 87, obs. Groutel. V. aussi ▪ Cass. 2e civ., 10 mai 1991 : *JCP* 91, IV, 258 ; *Bull. civ.* II, n° 137, p. 73 ; *D.* 1992, somm. 207, 1re esp., obs. Couvrat et Massé), même à l'occasion d'une entraide agricole (▪ Cass. 2e civ., 17 nov. 2005 : *Resp. civ. et assur.* 2005, 19, étude Groutel ; *RTD civ.* 2006, 134, obs. Jourdain). Est un accident de la circulation l'incendie d'un hangar provoqué par un brin de calamine incandescent provenant de l'échappement d'un tracteur utilisé pour des travaux d'ensilage (▪ Cass. 2e civ., 21 juin 2001 : *Bull. civ.* II, n° 122, p. 81).

3) Piste de ski. La loi du 5 juillet 1985 est applicable à l'accident, ou à celui causé par un engin de damage de piste de ski (▪ Grenoble, 9 févr. 1987 : *D.* 1987, 245, note Chabas).

4) Propriété privée. Sur le principe que la loi de 1985 est applicable à l'accident survenu dans une propriété privée, V. ▪ Cass. 2e civ., 25 mai 1994 : *JCP* 94, IV, 1889 ; *Bull. civ.* II, n° 132, p. 76. – V. aussi ▪ Paris, 5 juill. 1989 : *JCP* 89, II, 21384, note Chabas (chariot élévateur provoquant la chute d'un ouvrier occupé à fixer un échafaudage sur une gouttière). ▪ TGI Montpellier, 22 nov. 1994 : *JCP* 97, II, 22775, note Bories (dépannage d'un véhicule stationné dans un entrepôt privé). ▪ Cass. 2e civ., 22 mai 2014, n° 13-10.561 : *Bull. civ.* II, n° 116 ; *Resp. civ. et assur.* 2014, 7, étude Groutel (incendie causé par une tondeuse dans un garage privé).

5) Machine-outil. La loi du 5 juillet 1985 n'est pas applicable à l'accident causé par une ensileuse à maïs dont seule la partie machine-outil était en fonctionnement (▪ Cass. 2e civ., 8 janv. 1992 : *JCP* 92, IV, 712 ; *Bull. civ.* II, n° 4, p. 3. Comp. pour une presse à paille ▪ Cass. 2e civ., 3 juill. 1991 : *Bull. civ.* II, n° 201, p. 107 ; *D.* 1992, somm. 207, 3e esp., obs. Couvrat et Massé ; *RTD civ.* 1991, 763, obs. Jourdain), ni à celui causé par un engin de damage dépourvu de roues et destiné à produire des vibrations nécessaires pour tasser le sol (▪ Cass. 2e civ., 20 mars 1996 : *JCP* 96, IV, 1143 ; *Bull. civ.* II, n° 67, p. 42 ; *Resp. civ. et assur.* 1996, 216. V. aussi pour un engin agricole récoltant le maïs ▪ Cass. 2e civ., 19 févr. 1997 : *JCP* 97, IV, 831 ; *Bull. civ.* II, n° 42, p. 24). Un piéton ayant été blessé par un morceau de bois projeté par un girobroyeur tiré par un tracteur, la loi de 1985 ne peut être écartée que si, au moment de l'accident, le girobroyeur n'était pas en mouvement (▪ Cass. 2e civ., 5 janv. 1994 : *Bull. civ.* II, n° 1, p. 1.V. en ce sens pour une pelleteuse ▪ Cass. 2e civ., 31 mai 2000 : *Resp. civ. et assur.* 2000, 295. V. aussi ▪ Cass. 2e civ., 17 déc. 1997 : *JCP* 98, IV, 1346 ; *Bull. civ.* II, n° 314, p. 185 ; *Resp. civ. et assur.* 1998, 86, appliquant la loi à une débroussailleuse attelée à un tracteur. ▪ Cass. 2e civ., 6 juin 2002 : *Bull. civ.* II, n° 114, p. 91, appliquant la loi à une fourche hydraulique fixée sur un tracteur. ▪ Cass. crim., 15 janv. 2008 : *Resp. civ. et assur.* 2008, comm. 121, note Groutel, appliquant la loi à une nacelle autoportée, en marche arrière pour son positionnement au moment de l'accident dans le hall d'un immeuble). Jugé que la loi de 1985 est applicable à l'accident causé par un chariot élévateur même si le moteur n'était pas en marche au moment de l'accident (▪ Cass. 2e civ., 25 mai 1994 : *JCP* 94, IV, 1889 ; *Bull. civ.* II, n° 132, p. 76, utilisateurs ayant poussé le chariot pour tenter de le mettre en marche. – V. aussi ▪ TGI Montpellier, 22 nov. 1994 : *JCP* 97, II, 22775, note Bories, mouvement du véhicule provoqué par la mise en marche du moteur à seule fin de contrôler son bon fonctionnement. ▪ Cass. 2e civ., 19 nov. 1998 : *JCP* 99, II, 10113, note Nizard de Saint-Didier ; *Resp. civ. et assur.* 1999, 36, pelle mécanique ripant en raison de son mauvais positionnement sur le sol. ▪ Cass. 2e civ., 14 janv. 1999 : *Resp. civ. et assur.* 1999, 65). Dès lors que le véhicule était immobile au moment de l'accident et que seul un élément d'équipement utilitaire étranger à sa fonction était en cause, la loi de 1985 n'est pas applicable (▪ Cass. 2e civ., 8 mars 2001 : *JCP* 2001, IV, 1802 ; *Resp. civ. et assur.* 2001, 185 ; *Bull. civ.* II, n° 42, p. 29 ; *RTD civ.* 2001, 607, obs. Jourdain. – V. aussi ▪ Cass. 2e civ., 8 mars 2001 : *JCP* 2001, IV, 1801 ; *Bull. civ.* II, n° 43, p. 30). Il en va autrement pour une pelleteuse mécanique qui se déplaçait par ses propres moyens au moment de l'accident (▪ Cass. 2e civ., 30 juin 2004 : *Bull. civ.* II, n° 334, p. 282 ; *Resp. civ. et assur.* 2004, 291, rupture d'alimentation en eau d'une usine).

6) Compétition sportive. La loi de 1985 est applicable à l'accident survenu au cours d'une compétition de moto-cross organisée en circuit fermé (▪ Cass. 2e civ., 10 mars 1988 : *Bull. civ.* II, n° 59, p. 32. *Contra*, pour l'accident causé à un spectateur lors d'une course automobile disputée sur une chaussée où la circulation générale avait été interdite, ▪ Montpellier, 12 oct. 1987 : *JCP* 88, II, 21131, note Bories). Mais elle ne l'est pas entre les concurrents eux-mêmes d'une compétition sportive dans laquelle sont engagés des véhicules terrestres à moteur (▪ Cass. 2e civ., 28 févr. 1996 : *JCP* 96, IV, 939 ; *Bull. civ.* II, n° 37, p. 24 ; *D.* 1996, 438, note J. Mouly ; *RTD civ.* 1996, 641, obs. Jourdain ; *Resp. civ. et assur.* 1996, 168. ▪ Cass. 2e civ., 19 juin 2003 : *Resp. civ. et assur.* 2003, 235 ; *Bull. civ.* II, n° 197, p. 165. V. en ce sens, relevant que l'accident a eu lieu sur un circuit fermé, ▪ Cass. 2e civ., 4 janv. 2006 : *Resp. civ. et assur.* 2006, 113, note Groutel ; *RTD civ.* 2006, 337, obs. Jourdain).

7) Cascade cinématographique. La loi de 1985 est applicable à l'indemnisation des dommages subis par les spectateurs lors d'un exercice de cascade réalisé durant le tournage d'un film, et par suite à ceux subis par le producteur victime par ricochet (▪ Cass. 2e civ., 14 juin 2012, n° 11-13.347 : *D.* 2012, 1922, note J. Mouly ; *Resp. civ. et assur.* 2012, 234, note Groutel ; *RTD civ.* 2012, 543, obs. Jourdain).

8) Stationnement. Le stationnement d'une automobile sur la voie publique est un fait de circulation au sens de l'article 1er de la loi du 5 juillet

1985 (■ Cass. 2e civ., 22 nov. 1995 : *Bull. civ.* II, n° 286, p. 169 ; *JCP* 96, II, 22656, 2e esp., note J. Mouly ; *D.* 1996, 163, 1re esp., note Jourdain. V. aussi, appliquant la règle à l'explosion d'un véhicule en stationnement, ■ Cass. 2e civ., 22 nov. 1995 : *JCP*96, II, 22656, 3e esp., note J. Mouly ; *D.* 1996, 163, 2e esp., note Jourdain ; *Resp. civ. et assur.* 1996, 11, 2e esp.). Un autobus, même en arrêt prolongé sur la ligne qu'il dessert, est en circulation (■ Cass. 2e civ., 25 janv. 2001 : *Resp. civ. et assur.* 2001, 111 ; *JCP* 2001, IV, 1491). Mais il en va autrement pour le stationnement d'un cyclomoteur dans un hall d'immeuble (■ Cass. 2e civ., 26 juin 2003 : *JurisData* n° 019702 ; *JCP* 2003, IV, 2470 ; *Resp. civ. et assur.* 2003, 234 ; *Bull. civ.* II, n° 206, p. 173 ; *RTD civ.* 2003, 720, obs. Jourdain). Il n'est pas nécessaire que le véhicule soit stationné sur une voie publique ouverte à la circulation (■ Cass. 2e civ., 18 mars 2004 : *Bull. civ.* II, n° 128, p. 107 ; *Resp. civ. et assur.* 2004, 183, note Groutel, véhicule stationné dans le parking d'un immeuble qui prend feu et cause des dommages à d'autres véhicules ainsi qu'aux parties communes de l'immeuble. ■ Cass. 2e civ., 13 sept. 2012 : *Resp. civ. et assur.* 2012, 346, note Groutel ; *RTD civ.* 2012, 735, obs. Jourdain, camion frigorifique stationné moteur coupé sur un quai de déchargement qui prend feu en raison d'une défectuosité d'organes nécessaires ou utiles à son déplacement. – Comp., ■ Cass. 2e civ., 3 mai 2006 : *Bull. civ.* II, n° 111, p. 106 ; *Resp. civ. et assur.* 2006, 10, étude Groutel).

9) Réparation. Le véhicule, stationné dans un atelier sur un pont élévateur, mis en mouvement par le démarrage de son moteur alors qu'une vitesse était enclenchée, est impliqué dans un accident de la circulation (■ Cass. 2e civ., 25 oct. 2007 : *D.* 2007, 2946 ; *Resp. civ. et assur.* 2007, comm. 351, note Groutel). Le véhicule dont le fonctionnement du moteur a blessé une personne qui avait mis les mains dedans pour essayer d'aider son propriétaire à le réparer est impliqué dans un accident de la circulation (■ Cass. 2e civ., 14 juin 2018, n° 17-21.401 : *D.* 2019, p. 44, Brun ; *Resp. civ. et assur.* 2018, 238, Groutel).

10) Véhicule fortuitement mis en marche. Ajoute à la loi une condition qu'elle ne comporte pas la cour d'appel qui considère que le geste fortuit (d'un adolescent qui avait tourné la clef de contact pour écouter la radio) ayant déclenché par mégarde la mise en marche du moteur ne peut être assimilé à un fait de circulation faute d'intention de déplacer le véhicule (■ Cass. 2e civ., 28 mars 2013, n° 12-17-546 : *Resp. civ. et assur.* 2013, 182, note Groutel).

11) Livraison. L'effondrement d'une dalle-terrasse sur laquelle manœuvre un camion effectuant une livraison est un accident de la circulation dès lors que le chauffeur est demeuré libre de ses choix de conduite, de son itinéraire et de son stationnement en considération du poids et du gabarit de son véhicule (■ Cass. 2e civ., 24 janv. 1996 : *Resp. civ. et assur.* 1996, 130. V. aussi ■ Cass. 2e civ., 26 mars 1997 : *JCP* 97, IV, 1100 ; *Bull. civ.* II, n° 90, p. 51 ; *RTD civ.* 1997, 680, obs. Jourdain, chutes de bottes de paille au moment du déchargement d'une remorque en stationnement. Mais la loi de 1985 n'est pas applicable dès lors que le véhicule était immobile, seul étant en cause un élément d'équipement utilitaire étranger à sa fonction de déplacement (V. ■ Cass. 2e civ., 5 nov. 1998 : *D.* 1999, 256, note Mouly ; *JCP* 99, IV, 3445 ; *Resp. civ. et assur.* 1998, chron. 27, arrêt n° 1 ; *Bull. civ.* II, n° 256, p. 154. ■ Cass. 2e civ., 19 oct. 2006 : *Bull. civ.* II, n° 275, p. 255 ; *Resp. civ. et assur.* 2007, 15, note Groutel ; *RTD civ.* 2007, 133, obs. Jourdain : explosion due à la seule pompe servant au transvasement du gaz liquide du camion-citerne immobile à la cuve du client). V. F. Leduc, *Les contours de la notion d'accident de la circulation (À propos des accidents de chargement et de déchargement) : Resp. civ. et assur.* 1997, chron. 15.

12) Accident du travail. Voir CSS, art. L. 455-1-1 *(L. n° 93-121, 27 janv. 1993, art. 15).*

II – VÉHICULES TERRESTRES À MOTEUR ET REMORQUES

13) Véhicule terrestre à moteur. Ont été considérés comme véhicules terrestres à moteur un engin de damage de piste de ski (■ Grenoble, 9 févr. 1987 : *D.* 1987, 245, note Chabas), un chariot élévateur (■ Paris, 5 juill. 1989 : *JCP* 89, II, 21384, note Chabas. ■ Cass. 2e civ., 25 mai 1994 : *JCP* 94, IV, 1889 ; *Bull. civ.* II, n° 132, p. 76), un girobroyeur tiré par un tracteur (■ Cass. 2e civ., 5 janv. 1994 : *Bull. civ.* II, n° 1, p. 1), un chariot élévateur (■ Cass. 2e civ., 25 mai 1994 : *Bull. civ.* II, n° 132, p. 76), le véhicule à deux roues piloté par un enfant de neuf ans et propulsé par un moteur à essence d'une cylindrée de 80 cm³ (■ Douai, 29 juin 2000 : *JCP* 2001, IV, 2544 ; *JurisData* n° 143386), une pelleteuse mécanique équipé de chenilles qui se déplaçait par ses propres moyens au moment de l'accident (■ Cass. 2e civ., 30 juin 2004 : *Bull. civ.* II, n° 334, p. 282 : *Resp. civ. et assur.* 2004, 291), une tondeuse à gazon autoportée (■ Cass. 2e civ., 24 juin 2004 : *Resp. civ. et assur.* 2004, 308. ■ Cass. 2e civ., 22 mai 2014, n° 13-10.561 : *Bull. civ.* II, n° 116 ; *Resp. civ. et assur.* 2014, 7, étude Groutel), une mini-moto se déplaçant sur route au moyen d'un moteur à propulsion, avec faculté d'accélération (■ Cass. 2e civ., 22 oct. 2015, n° 14-13.994 : *Bull.* ; *D.* 2016, p. 43, obs. Brun ; *RCA* 2016, n° 7, note Groutel ; *RTD civ.* 2016, p. 135, obs. Jourdain), mais non une petite voiture électrique évoluant dans un manège pour enfants (■ Cass. 2e civ., 4 mars 1998 : *Bull. civ.* II, n° 65, p. 41 ; *RTD civ.* 1998, 693, obs. Jourdain. V. sur cet arrêt H. Groutel, *Il y a véhicule terrestre à moteur et véhicule terrestre à moteur : Resp. civ. et assur.* 1998, chron. 25). Que le moteur ait été ou non en marche au moment de l'accident, un « Vélosolex » répond à la définition du véhicule terrestre à moteur (■ Nîmes, 19 sept. 1994 : *JCP* 97, II, 22794, note Bories). Mais l'indemnisation des dommages causés par un cycliste, même au conducteur d'un véhicule terrestre à moteur, ne peut être fondée sur la loi de 1985 (■ Cass. 2e civ., 18 mars 1998 : *JCP* 98, IV, 2101 ; *Bull. civ.* II, n° 87, p. 53 ; *Resp. civ. et assur.* 1998, 191).

14) Remorque. N'est pas une remorque au sens de l'art. 1er de la loi du 5 juill. 1985 un appareil non attelé à un véhicule terrestre à moteur, par exemple une bétonnière détachée d'un tel véhicule (■ Cass. 2e civ., 7 juin 1989 : *JCP* 89, IV, 294 ; *Bull. civ.* II, n° 121, p. 61 ; *D.* 1990, 116, note Légier). La loi de 1985 n'est pas applicable en cas d'accident survenu alors que la remorque n'était pas attelée à un tracteur ni n'était en mouvement (■ Cass. 2e civ., 14 juin 2006 : *Resp. civ. et assur.* 2006, 336, note Groutel).

15) Trains et tramways. La loi de 1985 n'est pas applicable dès lors que le tramway circule sur une voie ferrée implantée sur la chaussée dans un couloir de circulation qui lui est réservé, délimité d'un côté par le trottoir et de l'autre par une ligne blanche continue (■ Cass. 2e civ., 18 oct. 1995 : *JCP* 95, IV, 2577 ; *Bull.* II, n° 239, p. 139 ; *Resp. civ. et assur.* 1996, 12. V. aussi ■ Cass. 2e civ., 29 mai 1996 : *JCP* 96, IV, 1631 ; *Bull.* II, n° 108, p. 67 ; *D.* 1997, 213, note Blanc ; *Resp. civ. et assur.* 1996, 278. ■ Cass. 2e civ., 19 mars 1997 : *JCP* 97, IV, 1033 ; *Bull.* II, n° 78, p. 44 ; *Resp. civ. et assur.* 1997, 196). Un tramway qui traverse un carrefour ouvert aux autres usagers de la route ne circule pas sur une voie qui lui est propre (■ Cass. 2e civ., 16 juin 2011, n° 10-19.491 : *Resp. civ. et assur.* 2011, 326, note Groutel). Mais une voie ferrée n'est pas une voie commune aux chemins de fer et aux autres usagers de la route et une collision survenue à un passage à niveau entre en véhicule et un train qui circulait sur une voie qui lui est propre est exclue du domaine de la loi de 1985 (■ Cass. 2e civ., 17 nov. 2016, n° 15-27.832 : *Bull.* ; *Resp. civ. et assur.* 2017, 33, Groutel ; *JurisData* n° 2016-024028 ; *RTD civ.* 2017, 166, Jourdain. ■ Cass. 2e civ., 8 déc. 2016, n° 15-26.265 : *JCP* G 2017, 257, p. 459, Bloch).

III – IMPLICATION DU VÉHICULE

A – Principes

16) Implication et lien de causalité. L'absence d'un lien de causalité entre la faute d'un conducteur et le dommage subi n'exclut pas que le véhicule puisse être impliqué dans l'accident au sens de l'article 1er de la loi du 5 juill. 1985 (■ Cass. 2e civ., 11 avr. 1986 : *JCP* 86, II, 20672, 2e arrêt, note Barbièri. ■ Cass. 2e civ., 17 mars 1993 : *JCP* 93, IV, 1311). V. aussi P. Jourdain, *Implication et causalité dans la loi du 5 juillet 1985 : JCP* 94, I, 3794.

17) Intervention du véhicule dans l'accident. Il suffit que le véhicule soit intervenu d'une manière ou d'une autre dans l'accident (■ Cass. 2e civ., 28 févr. 1990 : *Bull. civ.* II, n° 42, p. 23 ; *D.* 1991, 123, 2e esp., note Aubert. ■ Cass. 2e civ., 24 janv. 1996 : *Resp. civ. et assur.* 1996, 132. ■ Cass. 2e civ., 6 janv. 2000 : *Bull. civ.* II, n° 1, p. 1. V. même, retenant l'implication d'un véhicule étant passé au-dessus de la victime préalablement jetée au sol sans la blesser, ■ Cass. 2e civ., 17 mai 1996 : *D.* 1996, 307, note crit. Radé). Est impliqué tout véhicule qui est intervenu, à quelque titre que ce soit, dans la survenance de l'accident (■ Cass. 2e civ., 18 mars 1998 : *JCP* 98, IV, 2102 ; *Bull. civ.* II, n° 88, p. 53, véhicule dépassé. V. sur cet arrêt H. Groutel, *Le cours de l'implication est en hausse : Resp. civ. et assur.* 1998, chron. 14. Mais V. en sens inverse dans la même hypothèse ■ Cass. 2e civ., 21 oct. 2004 : *Resp. civ. et assur.* 2004, 368, note Groutel. ■ Cass. 2e civ., 13 déc. 2012 : *Resp. civ. et assur.* 2013, comm. 84, note Groutel. – V. aussi ■ Cass. 2e civ., 27 mai 1998 : *JCP* 98, IV, 2624 ; *Bull. civ.* II, n° 162, p. 96, camion s'écartant d'un quai au cours de son chargement et provoquant la chute d'un chariot élévateur. ■ Cass. 2e civ., 24 juin 1998 : *JCP* 98, IV, 2888 ; *Bull. civ.* II, n° 203, p. 120, conducteur ayant sauté hors du véhicule dont il ne contrôlait plus la vitesse. ■ Cass. 2e civ., 6 janv. 2000 : *Resp. civ. et assur.* 2000, 80, conducteur immobilisant son véhicule sur la voie de droite d'une rocade pour fermer le capot. ■ Cass. 2e civ., 18 mai 2000 : *Bull. civ.* II, n° 79, p. 55 ; *Resp. civ. et assur.* 2000, 261 ; *RTD civ.* 2000, 853, obs. Jourdain, véhicule poursuivant un autre véhicule après un accident matériel. ■ Cass. 2e civ., 25 janv. 2001 : *Resp. civ. et assur.* 2001, 111 ; *JCP* 2001, IV, 1491 ; *Bull. civ.* II, n° 14, p. 9, autobus impliqué, « la victime ayant été blessée en raison de sa présence dans ce véhicule ». ■ Cass. 3e civ., 14 nov. 2001 : *Resp. civ. et assur.* 2002, 57 ; *JCP* 2002, IV, 1054 ; *Bull. civ.* II, n° 175, p. 120 ; *JurisData* n° 011885, motocycliste surpris par des véhicules momentanément immobilisés sur la chaussée devant un passage protégé. ■ Cass. 2e civ., 24 avr. 2003 : *Resp. civ. et assur.* 2003, 199 ; *Bull. civ.* II, n° 104, p. 89 ; *RTD civ.* 2003, 515, obs. Jourdain, victime glissant sur des gravillons projetés par le camion de balayage de la voirie. ■ Cass. 2e civ., 5 juin 2003 : *Resp.*

civ. et assur. 2003, 238, cyclomotoriste voulant échapper au contrôle d'un gendarme au volant de son véhicule personnel). ▪ Cass. 2e civ., 1er juin 2011, n° 10-17.927 : *Resp. civ. et assur.* 2011, 288, note Groutel, cyclistes dépassant un camion de pompiers dont le conducteur les avait interpellés. ▪ Cass. 2e civ., 11 sept. 2014, n° 13-22.104 : *Resp. civ. et assur.* 2014, 372, note Groutel, riverain sorti de chez lui pour prêter assistance à deux automobilistes ayant eu un accident et renversé par un troisième véhicule, trois véhicules impliqués. ▪ Cass. 2e civ., 14 janv. 2016, n° 15-11.108 : *Bull.*, véhicule s'étant rabattu prématurément sur autoroute devant un autre véhicule dont la conductrice s'était trouvée contrainte de changer de file brusquement, heurtant alors un autre véhicule, implication du premier véhicule. ▪ Cass. 2e civ., 13 sept. 2018, n° 17-24.112 : *D.* 2019, p. 45, Brun, véhicule de police poursuivant un véhicule dont le conducteur pour échapper au contrôle d'alcoolémie brûle un feu rouge et percute un troisième véhicule, implication de la voiture de police.

18) Indifférence du rôle passif. Doit être cassé l'arrêt qui refuse d'appliquer la loi du 5 juill. 1985 au motif que le véhicule a joué un rôle passif (▪ Cass. 2e civ., 4 déc. 1985 : *Bull. civ.* II, n° 186, p. 125. ▪ Cass. 2e civ., 11 avr. 1986 : *JCP* 86, II, 20672, 1er arrêt, note Barbièri).

19) Stationnement. Sur le principe que le stationnement d'une automobile sur la voie publique est un fait de circulation au sens de l'article 1er de la loi du 5 juillet 1985, V. ▪ Cass. 2e civ., 22 nov. 1995, 2 arrêts, préc., n° 5. V. déjà, énonçant que le fait qu'un véhicule terrestre à moteur soit en stationnement sans perturber la circulation n'exclut pas son implication dans un accident au sens de la loi du 5 juill. 1985, ▪ Cass. 2e civ., 23 mars 1994 : *JCP* 94, I, 3773, n° 14, obs. Viney, et II, 22292, note Conte ; *D.* 1994, 299, note Groutel ; *RTD civ.* 1994, 627, obs. Jourdain. V. aussi pour des blessures provoquées par la projection d'un objet transporté sur le toit d'un véhicule en stationnement ▪ Cass. 2e civ., 20 oct. 2005 : *Resp. civ. et assur.* 2005, 361, note Groutel ; *RTD civ.* 2006, 136, obs. Jourdain. Et pour l'implication de véhicules stationnés sur la bande d'arrêt d'urgence, à la suite d'un premier accident, dans celui survenu aux pompiers, ▪ Cass. 2e civ., 11 oct. 2007 : *Resp. civ. et assur.* 2008, comm. 21.

20) Contact avec la victime. La condition d'implication est remplie dès lors qu'il y a eu contact entre l'automobile en mouvement et le piéton (▪ Cass. 2e civ., 10 avr. 1991 : *Bull. civ.* II, n° 116, p. 62). Est nécessairement impliqué dans l'accident tout véhicule terrestre à moteur qui a été heurté, qu'il soit à l'arrêt ou en mouvement (▪ Cass. 2e civ., 25 janv. 1995 : *JCP* 95, IV, 744 ; *Bull. civ.* II, n° 27, p. 16 ; *RTD civ.* 1995, 383, obs. Jourdain. ▪ Cass. 2e civ., 12 juin 1996 : *JCP* 96, IV, 1791 ; *Bull. civ.* II, n° 147, p. 89 ; *Resp. civ. et assur.* 1996, 316).

21) Perturbation de la circulation. Sur le principe qu'en l'absence de contact matériel avec la victime ou son véhicule, l'implication suppose que le véhicule en cause ait perturbé la circulation, V. ▪ Cass. 2e civ., 5 janv. 1994 : *Bull. civ.* II, n° 2, p. 1 ; *JCP* 94, I, 3773, n° 15, obs. Viney. Sur le rôle perturbateur d'un camion ayant perdu une roue, V. ▪ Cass. 2e civ., 28 juin 1995 : *JCP* 96, I, 3944, n° 20, obs. Viney ; *Resp. civ. et assur.* 1995, comm. 328 ; *Bull. civ.* II, n° 203, p. 117. La seule présence de la voiture dans sa propre voie de circulation ne suffit pas à caractériser son implication dans l'accident (▪ Cass. 2e civ., 18 mars 1999 : *Resp. civ. et assur.* 1999, 173 ; *Bull. civ.* II, n° 51, p. 37). Dès lors qu'un enfant s'est éloigné du car dont il est descendu, avant d'être renversé par un véhicule, et que le conducteur de celui-ci ne prouve pas que le positionnement du car sur la chaussée a gêné sa visibilité, ce car ne peut être considéré comme impliqué (▪ Cass. 2e civ., 13 mai 2004 : *JCP* 2004, IV, 2368 ; *JurisData* n° 2004-023721 ; *Resp. civ. et assur.* 2004, 259).

22) Preuve de l'implication. C'est à la victime de rapporter la preuve de l'implication (▪ Cass. 2e civ., 28 mai et 21 juill. 1986 : *D.* 1987, 160, note Groutel. ▪ Cass. 2e civ., 12 déc. 2002 : *Resp. civ. et assur.* 2003, 106). Ne caractérisent pas l'implication du véhicule les juges qui énoncent que la déclaration d'accident faite à son assureur par l'automobiliste est la démonstration de la conscience qu'il a eue d'être la cause de la chute (▪ Cass. 2e civ., 8 févr. 1995 : *Bull. civ.* II, n° 43, p. 25 ; *Resp. civ. et assur.* 1995, comm. 127).

23) Implication du seul véhicule de la victime. Le conducteur, également gardien du véhicule, victime d'un accident de la circulation, ne saurait invoquer la loi de 1985 lorsque seul son véhicule est impliqué dans l'accident et cette exclusion est opposable à ses ayants droit (▪ Cass. 2e civ., 7 déc. 2006 : *Resp. civ. et assur.* 2007, comm. 85, note Groutel. ▪ Cass. 2e civ., 7 févr. 2008 : *Resp. civ. et assur.* 2007, comm. 134). V. en ce sens aussi pour le conducteur d'un quad loué, qui avait seul la maîtrise de l'engin si bien que la garde lui en avait été transférée par le loueur, ▪ Cass. 2e civ., 10 nov. 2009 : *JurisData* n° 2009-050245 ; *Resp. civ. et assur.* 2010, comm. 13, note Groutel.

B – Applications

24) Collisions en chaîne. Sur le principe que le carambolage doit être considéré comme un accident unique, V. ▪ Cass. 2e civ., 24 juin 1998 : *JCP* 98, I, 187, n° 35, obs. Viney ; *Resp. civ. et* *assur.* 1998, 271. ▪ Cass. 2e civ., 24 févr. 2000 : *JCP* 2000, I, 243, n° 32, obs. Viney ; *Bull. civ.* II, n° 30, p. 20 ; *Resp. civ. et assur.* 2000, 152, 1re esp. ; *RTD civ.* 2000, 349, obs. Jourdain. ▪ Cass. 2e civ., 11 juill. 2002 : *JCP* 2002, IV, 2546 ; *JurisData* n° 2002-015160 ; *Bull. civ.* II, n° 160, p. 128. ▪ Cass. 2e civ., 21 oct. 2004 : *Resp. civ. et assur.* 2004, 369. V. aussi pour un « accident complexe unique » résultant de deux collisions séparées par dix minutes ▪ Cass. 2e civ., 13 mai 2004 : *JCP* 2004, IV, 2367 ; *JurisData* n° 2004-023720 ; *Resp. civ. et assur.* 2004, 258 ; *D.* 2005, somm. 191, obs. Jourdain ; *RTD civ.* 2004, 744, obs. Jourdain. Également pour des collisions successives intervenues dans un enchaînement continu, ▪ Cass. 2e civ., 2 oct. 2008 : *JurisData* n° 2008-045215 ; *Resp. civ. et assur.* 2008, 323, note Groutel. ▪ Cass. 2e civ., 21 nov. 2013, n° 12-26.401 : *JurisData* n° 2013-026700 ; *Resp. civ. et assur.* 2014, 51, note Groutel. Voir cependant, paraissant exclure la globalisation de l'accident, ▪ Cass. 2e civ., 5 nov. 1998 : *JCP* 99, II, 10084, note Conte ; I, 147, n° 20, obs. Viney ; *Bull. civ.* II, n° 261, p. 156 ; *Resp. civ. et assur.* 1998, chron. 27, arrêt n° 3 ; *RTD civ.* 1999, 121, obs. Jourdain.

25) Absence de choc. La condition d'implication n'est pas remplie dans le cas d'un cyclomoteur circulant derrière un autre, accidenté, dès lors qu'il est établi qu'il n'y a pas eu de choc entre les deux véhicules (▪ Cass. 2e civ., 8 févr. 1989 : *Bull. civ.* II, n° 29, p. 15 ; *RTD civ.* 1989, 567, obs. Jourdain. V. aussi pour un vélomotoriste ayant fait une embardée au moment de croiser une automobile, ▪ Cass. 2e civ., 18 mars 1999 : *JCP* 2000, I, 199, n° 21, obs. Viney). Est impliqué, malgré l'absence de contact, un véhicule conduit par des malfaiteurs dès lors que l'accident s'est produit dans sa poursuite par la police (▪ Cass. 2e civ., 4 juill. 2007 : *Resp. civ. et assur.* 2007, comm. 315).

26) Incendie provoqué par le véhicule. L'incendie provoqué par un véhicule terrestre à moteur, fût-il en stationnement, est régi par les dispositions de la loi du 5 juillet 1985 et non par celles de l'article 1384, al. 2, du Code civil (▪ Cass. 2e civ., 22 nov. 1995 : *JCP* 96, II, 22656, 1re esp., note J. Mouly. ▪ Cass. 2e civ., 8 janv. 2009 : *JCP* 2009, IV, 1209 ; *Resp. civ. et assur.* 2009, 71, note Groutel : véhicule stationné sur un parking, qui a pris feu et a enflammé d'autres véhicules). V. aussi pour un incendie provoqué par une botteleuse dans un champ, ▪ Cass. 2e civ., 12 déc. 1994 : *Resp. civ. et assur.* 1995, comm. 54 (comp. ▪ Cass. 2e civ., 8 nov. 1995 : *JCP* 95, IV, 2761 ; *Bull. civ.* II, n° 268, p. 159, dommage ayant pour origine une étincelle en provenance d'un tracteur manœuvrant dans son champ).

27) Piéton surpris par une marche arrière. La condition d'implication est remplie lorsque le véhicule a effectué une marche arrière et s'est arrêté avant d'être aperçu par un piéton qui, le découvrant soudain, a eu un mouvement de recul et a fait une chute (▪ Cass. 2e civ., 20 janv. 1993 : *Bull. civ.* II, n° 19 ; *D.* 1994, somm. 17, obs. Aubert. V. aussi ▪ Cass. 2e civ., 2 avr. 1997 : *JCP* 97, IV, 1155 ; *Bull. civ.* II, n° 100, p. 57 ; *Resp. civ. et assur.* 1997, 226).

28) Autres hypothèses d'implications. Le véhicule peut être considéré comme impliqué dans le cas d'un enfant montant sur le marchepied avant l'arrêt (▪ Cass. ass. plén., 25 oct. 1985 : *Bull. civ.*, n° 5, p. 9), ou d'une personne se trouvant dans une automobile et brûlée par une flamme sortant du capot (▪ Cass. 2e civ., 19 févr. 1986 : *Bull. civ.* II, n° 18, p. 12), ou lorsque l'écharpe d'un piéton se prend dans la roue arrière d'un cyclomoteur (▪ Cass. 2e civ., 19 févr. 1986 : *Bull. civ.* II, n° 19, p. 13), ou lorsqu'un camion heurte le corps d'un automobiliste éjecté après un accident (▪ Cass. 2e civ., 26 nov. 1986 : *JCP* 87, II, 20833, note Saluden ; *D.* 1987, 128, note Groutel. V. aussi ▪ Cass. 2e civ., 25 mars 1991 : *JCP* 91, IV, 204 ; *Bull. civ.* II, n° 96, p. 51), ou dans le cas d'une personne blessée en descendant d'un autobus immobilisé à un arrêt (▪ Cass. 2e civ., 7 juin 1989 : *JCP* 89, IV, 294 ; *Bull. civ.* II, n° 122, p. 62), ou en s'apprêtant à en descendre (▪ Cass. 2e civ., 11 oct. 1989 : *JCP* 89, IV, 397 ; *Bull. civ.* II, n° 163, p. 84), ou lorsque le véhicule est frappé par une pierre tombée d'un talus, dès lors que sa vitesse s'est conjuguée avec celle de la pierre pour entraîner les dommages (▪ Cass. 2e civ., 28 févr. 1990 : *Bull. civ.* II, n° 42, p. 23), ou lorsque le girobroyeur attelé à un tracteur a projeté une pierre dans l'œil de la victime (▪ Cass. 2e civ., 31 mars 1993 : *Bull. civ.* II, n° 131 ; *D.* 1994, somm. 17, obs. Aubert), ou lorsque l'automobile garée sur un parc de stationnement est projetée par un véhicule inconnu sur un autre véhicule (▪ Cass. 2e civ., 21 mai 1990 : *Bull. civ.* II, n° 112, p. 57), ou lorsqu'un piéton se blesse en heurtant le tuyau d'un camion-citerne livrant du mazout (▪ Cass. 1re civ., 4 avr. 1995 : *RTD civ.* 1995, 912, obs. crit. Jourdain), ou lorsque le déclenchement de l'alarme du véhicule concourt à l'affolement de chevaux et à leur fuite s'achevant par le heurt avec la voiture (▪ Cass. 2e civ., 13 juill. 2000 : *Resp. civ. et assur.* 2000, 324, note Groutel ; *Bull. civ.* II, n° 126, p. 87 ; *RTD civ.* 2000, 847, obs. Jourdain), ou lorsque le comportement du conducteur, descendu sur la chaussée, a intrigué le conducteur d'un autre véhicule (▪ Cass. 2e civ., 21 juin 2001 : *Resp. civ. et assur.* 2001, 295, note Groutel). – Viole l'article 1er de la loi de 1985 l'arrêt qui écarte l'implication en retenant que la preuve n'est pas rapportée que la victime était vivante au moment où elle était écrasée (▪ Cass. 2e civ., 8 nov. 1989 : *JCP* 90, IV, 4 ; *Bull. civ.* II, n° 200, p. 103).

29) Imputabilité du dommage à l'accident. Deux véhicules ayant heurté une automobile, elle-même immobilisée à la suite du heurt avec des arbres, sont impliqués alors qu'il n'a pas été retenu que le décès du conducteur du véhicule s'était produit avant les collisions (▪ Cass. 2e civ., 28 juin 1989 : *JCP* 90, II, 21508, note Montanier. V. même, retenant l'implication d'un véhicule ayant heurté le corps de la victime alors que celle-ci avait été déjà mortellement blessée dans un choc avec un autre véhicule, ▪ Cass. 2e civ., 17 mai 1996 : *D.* 1996, 307, note crit. Radé). V. aussi sous art. 5, p. 32.

IV – EXCLUSIVITÉ DE LA LOI DU 5 JUILLET 1985

30) Application exclusive de la loi dans son domaine. L'indemnisation de la victime d'un accident de la circulation dans lequel est impliqué un véhicule terrestre à moteur ne peut être fondée que sur les dispositions d'ordre public de la loi du 5 juillet 1985 (▪ Cass. 2e civ., 11 juin 2009, n° 08-14.224 : *JurisData* n° 2009-048501 ; *Resp. civ. et assur.* 2009, étude 11, par H. Groutel : inapplication de l'article 1385 du Code civil dans le cas d'un conducteur gêné par son chien). Sur le devoir pour le juge d'appliquer, au besoin d'office, les dispositions d'ordre public de la loi de 1985, V. ▪ Cass. 2e civ., 5 juill. 2018, n° 17-19.738 :*Bull.* ; *Resp. civ. et assur.* 2018, 267, Groutel ; *RTD civ.* 2018, p. 928, Jourdain.

31) Exception en faveur du conducteur préposé. N'est pas tenu à indemnisation à l'égard de la victime le préposé conducteur d'un véhicule de son commettant impliqué dans un accident de la circulation qui agit dans les limites de la mission qui lui a été impartie (▪ Cass. 2e civ., 28 mai 2009, n° 08-13.310 : *JurisData* n° 2009-048489 ; *D.* 2009, 2667, note N. Pierre ; *JCP* 2009, 28, n° 95, note J. Mouly ; *Resp. civ. et assur.* 2009, étude 11, par H. Groutel : application de l'article 1384, alinéa 5 du Code civil).

32) Exception en cas d'accident du travail. Cf. CSS, art. L. 451-1. Le préposé conducteur (en l'espèce descendu du véhicule et blessé par celui-ci qui avait bougé) ne peut agir sur le fondement de la loi de 1985 contre son employeur en sa qualité de gardien du véhicule (▪ Cass. 2e civ., 5 févr. 2015, n° 13-26.358 : *RTD civ.* 2015, p. 633, obs. Jourdain). Sur les cas dans lesquels le salarié victime d'un accident du travail peut prétendre à une indemnisation complémentaire de l'employeur sur le fondement de la loi de 1985, Cf. CSS, art. L. 451-1-1.

33) Parents d'un conducteur mineur. Les dispositions d'ordre public de la loi de 1985 n'excluent pas la responsabilité des parents, recherchés comme civilement responsables (▪ Cass. crim., 8 févr. 2011, n° 10-81.568 : *Resp. civ. et assur.* 2011, 161, note Groutel).

V – ACTIONS RÉCURSOIRES

34) Principes. Le conducteur d'un véhicule terrestre à moteur impliqué dans un accident de la circulation et condamné à réparer les dommages causés à un tiers ne peut exercer un recours contre un autre conducteur impliqué que sur le fondement des articles 1251 et 1382 (▪ Cass. 2e civ., 14 janv. 1998 : *JCP* 98, II, 10045, note Jourdain ; *D.* 1998, 174, note Groutel ; *Bull. civ.* II, n° 6, p. 3 ; *RTD civ.* 1998, 393, obs. Jourdain. ▪ Cass. 2e civ., 18 mars 1998 : *JCP* 98, IV, 2104 ; *Bull. civ.* II, n° 86, p. 52. V. aussi, visant les articles 1382, 1214 et 1251, ▪ Cass. 2e civ., 8 juill. 2004 : *Bull. civ.* II, n° 343, p. 291. Comp., visant les articles 1382 et 1385, ▪ Cass. 2e civ., 13 juill. 2000 : *Resp. civ. et assur.* 2000, 324, note Groutel ; *Bull. civ.* II, n° 126, p. 87 ; *RTD civ.* 2000, 855 obs. Jourdain). Jugé au contraire auparavant que le conducteur d'un véhicule terrestre à moteur impliqué dans un accident de la circulation assigné par la victime, s'il peut exercer contre les autres coauteurs une action récursoire sur le fondement des articles 1382 et 1384, alinéa 1er du Code civil, peut également, en tant que subrogé dans les droits de la victime, se prévaloir des dispositions des articles 1er à 6 de la loi du 5 juill. 1985 à l'encontre des autres coauteurs (▪ Cass. 2e civ., 6 mars 1991 : *Bull. civ.* II, n° 70, p. 39 ; *RTD civ.* 1991, 552, obs. Jourdain. ▪ Cass. 2e civ., 24 janv. 1996 : *JCP* 96, IV, 617 ; *Bull. civ.* II, n° 7, p. 4 ; *RTD civ.* 1996, 409, obs. Jourdain ; *Resp. civ. et assur.* 1996, 91. V. même, paraissant écarter l'action fondée sur le droit commun, ▪ Cass. 2e civ., 25 nov. 1992 : *JCP* 93, IV, 333 ; *RTD civ.* 1993, 374, obs. Jourdain). La contribution à la dette a lieu en proportion des fautes respectives. En l'absence de faute prouvée à la charge des conducteurs impliqués, la contribution se fait entre eux par parts égales (▪ Cass. 2e civ., 14 janv. 1998, préc. ▪ Cass. 2e civ., 1er mars 2001 : *Resp. civ. et assur.* 2001, 219 ; *RTD civ.* 2001, 609, obs. Jourdain. ▪ Cass. 2e civ., 20 juin 2002 : *Bull. civ.* II, n° 137, p. 109. ▪ Cass. 2e civ., 8 juill. 2004 : *Bull. civ.* II, n° 343, p. 291).

35) Accident suivi d'une contamination transfusionnelle. L'établissement français du sang ne peut être déclaré seul responsable de la contamination alors que la transfusion a été rendue nécessaire par l'accident (▪ Cass. 2e civ., 12 juill. 2007 : *Resp. civ. et assur.* 2007, comm. 317, note Groutel). Mais la contribution à la dette a lieu en proportion des fautes respectives (▪ Cass. 2e civ., 8 janv. 2009 : *Resp. civ. et assur.* 2009, 73, note Groutel). V. pour la contribution pour moitié chacun entre le conducteur (fautif) et le CRTS qui a fourni du sang contaminé à la victime, ▪ Cass. 1re civ., 5 juill. 2006 : *Resp. civ. et assur.* 2006, 13, étude Groutel ; *RTD civ.* 2006, 783, obs. Jourdain. Mais la contribution par moitié ne peut être retenue sans constater l'existence d'une faute imputable au conducteur impliqué (▪ Cass. 2e civ., 8 janv. 2009, préc.). La cour d'appel qui retient que la faute du conducteur a joué un rôle moindre peut en déduire que, dans leurs rapports, l'EFS devait supporter 75 % de l'indemnisation, et le conducteur 25 % (▪ Cass. 2e civ., 14 févr. 2008 : *Resp. civ. et assur.* 2008, 137, note Groutel).

36) Recours du coauteur contre la succession de la victime (non). Le coauteur ne peut se voir attribuer une action subrogatoire contre la succession de la victime ou son assureur dès lors qu'une telle action priverait de l'intégralité de l'indemnité leur revenant les personnes victimes d'un préjudice subi du fait des dommages causés aux victimes directes (▪ Cass. 2e civ., 13 janv. 1988 : *D.* 1988, 293, 2e esp., note Groutel. V. aussi ▪ Cass. 2e civ., 28 juin 1989, 3 arrêts : *Bull. civ.* II, n° 138 à 140, p. 69. ▪ Cass. 2e civ., 6 déc. 1989, préc. ▪ Cass. 2e civ., 29 avr. 1994 : *JCP* 94, I, 3809, n° 23, obs. Viney ; *Bull. civ.* II, n° 152, p. 111. Voir cependant en cas de décès de la victime indemnisée par le défendeur ▪ Cass. 2e civ., 27 févr. 1991 : *Bull. civ.* II, n° 63, p. 33 ; *RTD civ.* 1991, 556, obs. Jourdain). Mais il appartient aux juges du fond d'examiner la situation de chaque ayant cause au regard des recours exercés à des titres différents (▪ Cass. 2e civ., 10 juill. 2003 : *Resp. civ. et assur.* 2003, 262 ; *RTD civ.* 2004, 111, obs. Jourdain).

37) Recours contre l'assureur du coauteur parent de la victime. Le recours contre l'assureur du coauteur, parent de la victime, ne porte aucun préjudice à celle-ci et est donc recevable (▪ Cass. 2e civ., 8 janv. 1992 : *Bull. civ.* II, n° 2, p. 2. ▪ Cass. 2e civ., 18 mars 1992 : *Bull. civ.* II, n° 86, p. 42. ▪ Cass. 2e civ., 2 févr. 1994 : *Bull. civ.* II, n° 42, p. 25).

38) Recours en garantie et action en réparation d'un préjudice propre. Viole l'article 1384, al. 4, la cour d'appel qui énonce que le recours exercé par un motocycliste contre les parents d'un cycliste mineur décédé dans l'accident n'est pas recevable comme ayant pour effet de priver la victime ou ses héritiers de la réparation intégrale de son préjudice alors que ce recours n'était pas un recours en garantie, mais une action par laquelle l'intéressé demandait réparation d'un préjudice propre (▪ Cass. 2e civ., 6 juill. 1994 : *JCP* 95, II, 22457, note Dagorne-Labbe).

39) Recours du coauteur contre la victime gardienne du véhicule (non). Le coauteur d'un accident condamné à indemniser une victime de cet accident restée gardienne de son véhicule également impliqué ne peut recourir contre elle et son assureur en remboursement des sommes qu'il a dû lui verser (▪ Cass. 2e civ., 7 juin 2001 : *Resp. civ. et assur.* 2001, 261, note Groutel ; *Bull. civ.* II, n° 110, p. 75).

40) Recours de l'assureur contre le fils de l'assuré. La qualité de victime d'un accident de la circulation ne peut exonérer celle-ci de sa responsabilité encourue à l'égard d'autres victimes. C'est donc en violation de l'article 1382 du Code civil et de l'article 1er de la loi du 5 juillet 1985 que l'assureur a été débouté de son action récursoire contre le fils de l'assuré ayant laissé le volant à une conductrice sans permis de conduire (▪ Cass. 2e civ, 3 févr. 2005 : *JCP* G 2005, IV, 1536 ; *JurisData* n° 2005-026750).

Section I. – Dispositions relatives au droit à indemnisation

Art. 2. – **Les victimes, y compris les conducteurs, ne peuvent se voir opposer la force majeure ou le fait d'un tiers par le conducteur ou le gardien d'un véhicule mentionné à l'article 1er.**

1) V. pour des applications ▪ Cass. 2e civ., 6 nov. 1985 : *Bull. civ.* II, n° 166, p. 112 (chien errant). ▪ Cass. 2e civ., 13 janv. 1988 : *D.* 1988, 293, 1re esp., note Groutel.

2) Propriétaire non conducteur. Qualité de gardien. Le propriétaire du véhicule impliqué est présumé gardien (▪ Cass. 2e civ., 19 juin 2003 : *Bull. civ.* II, n° 198, p. 166). Dès lors que le propriétaire, non conducteur, conteste sa responsabilité, les juges du fond doivent s'expliquer sur sa qualité de gardien (▪ Cass. 2e civ., 26 juin 1996 : *JCP* 96, IV, 1954 ; *Bull.* II, n° 179, p. 109).

3) Conducteur préposé. Sur ce que le conducteur préposé n'a pas à répondre de l'accident s'il n'est pas gardien du véhicule, V. ▪ Cass. 2e civ., 11 avr. 2002 : *JCP* 2002, I, 186, n° 33, obs. crit. Viney ; *Bull. civ.* II, n° 72, p. 60. V. sur cet arrêt H. Groutel : *Resp. civ. et assur.* 2002, chron. 9. Et pour l'immunité générale du préposé conduisant dans l'exercice de sa mission, V. ▪ Cass. 2e civ., 28 mai 2009, cité *supra*, sous l'article 1er, annot. n° 35, p. 3079.

4) Conducteur non propriétaire. Qualité de gardien. Lorsque le locataire d'un véhicule en a seul la maîtrise (en l'espèce un quad loué pour une excursion), la garde lui en a été transférée par le loueur et le locataire conducteur de l'engin seul impliqué dans l'accident ne peut invoquer la loi de 1985 pour demander réparation de ses dommages au loueur (■ Cass. 2e civ., 10 nov. 2009 : *JurisData* n° 2009-050245 ; *Resp. civ. et assur.* 2010, comm. 13, note Groutel).

5) Cogardiens victimes sans conducteur. En cas de garde collective du seul véhicule impliqué dans l'accident et en l'absence de conducteur débiteur d'indemnisation, les cogardiens victimes et leurs ayants droit ne peuvent obtenir l'indemnisation de leurs dommages en invoquant la loi du 5 juillet 1985 (■ Cass. 2e civ., 22 mai 2014, n° 13-10.561 : *Bull. civ.* II, n° 116 ; *Resp. civ. et assur.* 2014, 7, Étude Groutel).

Art. 3. – Les victimes, hormis les conducteurs de véhicules terrestres à moteur, sont indemnisées des dommages résultant des atteintes à leur personne qu'elles ont subis, sans que puisse leur être opposée leur propre faute à l'exception de leur faute inexcusable si elle a été la cause exclusive de l'accident.

Les victimes désignées à l'alinéa précédent, lorsqu'elles sont âgées de moins de seize ans ou de plus de soixante-dix ans, ou lorsque, quel que soit leur âge, elles sont titulaires, au moment de l'accident, d'un titre leur reconnaissant un taux d'incapacité permanente ou d'invalidité au moins égal à 80 p. 100, sont, dans tous les cas, indemnisées des dommages résultant des atteintes à leur personne qu'elles ont subis.

Toutefois, dans les cas visés aux deux alinéas précédents, la victime n'est pas indemnisée par l'auteur de l'accident des dommages résultant des atteintes à sa personne lorsqu'elle a volontairement recherché le dommage qu'elle a subi.

1) Responsabilité du piéton. La responsabilité d'un piéton envers le conducteur de véhicule terrestre à moteur est régie par les dispositions des art. 1382 et s. (■ Cass. 2e civ., 4 mars 1992 : *JCP* 92, II, 21941, note Dejean de La Batie ; *Bull. civ.* II, n° 73, p. 37 ; *D.* 1993, 396, 2e esp., note Dagorne-Labbe. ■ Cass. 2e civ., 17 févr. 1993 : *RTD civ.* 1993, 597, obs. Jourdain. ■ Cass. 2e civ., 19 janv. 1994 : *Bull. civ.* II, n° 28, p. 15 ; *D.* 1994, 574, note Lapoyade-Deschamps).

2) Préjudice réparable. La loi du 5 juillet 1985 ne limite pas l'indemnisation revenant aux victimes aux seuls préjudices corporels et matériels (■ Versailles, 5 nov. 1999 : *D.* 2001, 30, note Gallant, perte de recettes liée à la fermeture temporaire de l'autoroute).

I – FAUTE INEXCUSABLE

3) Doctrine. G. Légier, *La faute inexcusable de la victime d'un accident de la circulation régi par la loi du 5 juillet 1985* : *D.* 1986, 97. – C. Mouly, *Faute inexcusable : trois notes en marge d'une interprétation* : *D.* 1987, chron. 234. – E. Bloch, *La faute inexcusable du piéton (deux ans de jurisprudence et le coup d'arrêt de la Cour de cassation le 10 juillet 1987)* : *JCP* 88, I, 3328.

4) Notion de faute inexcusable. Seule est inexcusable au sens de l'article 3 la faute volontaire d'une exceptionnelle gravité exposant sans raison valable son auteur à un danger dont il aurait dû avoir conscience (■ Cass. 2e civ., 20 juill. 1987, 10 arrêts : *Bull. civ.* II, n° 160, p. 90. V. aussi ■ Cass. ass. plén., 10 nov. 1995 : *D.* 1995, 633, rapp. Chartier ; *JCP* 96, II, 22564, concl. Jéol et note Viney ; *Gaz. Pal.* 1996, 1, 174, concl. Jéol ; *RTD civ.* 1996, 187, obs. Jourdain ; *Defrénois* 1996, 762, obs. Mazeaud ; *Resp. civ. et assur.* 1995, 362. ■ Cass. 2e civ., 11 avr. 2002 : *JCP* 2002, IV, 1912 ; *JurisData* n° 2002-013921. ■ Paris, 16 mars 1994 : *D.* 1994, 277, concl. Paire et 470, note Alibert).

5) Fautes non inexcusables. La faute n'a pas été considérée comme inexcusable :

• dans le cas de l'employé travaillant au nettoyage de la chaussée et stationnant sans protection au crépuscule sur la voie la plus à gauche de l'autoroute, dans une zone de léger brouillard, en avant et à l'opposé de la signalisation (■ Cass. 2e civ., 16 nov. 1988 : *JCP* 89, IV, 21 ; *Bull. civ.* II, n° 217, p. 117, arrêt n° 1) ;

• pour le piéton traversant un boulevard au moment où les feux de signalisation lui interdisaient le passage, négligence peut-être imputable à son état d'alcoolémie (■ Cass. 2e civ., 16 nov. 1988 : *JCP* 89, IV, 21 ; *Bull. civ.* II, n° 217, p. 117, 2e arrêt) ;

• pour le chef d'une équipe d'ouvriers chargée de neutraliser une des voies d'une autoroute le fait de s'engager sur la voie sans prêter attention à la circulation et de faire brusquement demi-tour (■ Cass. 2e civ., 7 déc. 1988 : *Bull. civ.* II, n° 242, p. 131) ;

• pour le piéton en état d'ébriété traversant une chaussée hors agglomération, de nuit, en l'absence de tout éclairage alors que survenait un véhicule qu'il aurait dû voir (■ Cass. 2e civ., 10 mai 1991 : *Bull. civ.* II, n° 133, p. 71 ; *D.* 1992, somm. 209, 2e esp., obs. Couvrat et Massé) ;

• pour l'automobiliste dont le véhicule vient d'être accidenté et qui, refusant d'obtempérer aux injonctions des gendarmes, reste au milieu de la chaussée, la nuit, par temps de pluie, et se jette, en marchant à reculons, sur le phare de la voiture qui l'a heurté à très faible vitesse (■ Cass. 2e civ., 25 mars 1991 : *JCP* 91, IV, 204 ; *Bull. civ.* II, n° 95, p. 51) ;

• pour celui qui pratique de nuit le ski à roulettes, sport entraînant des mouvements de bras plus importants que ceux d'une personne se déplaçant à pied, sur une route départementale très fréquentée, sans porter de vêtements fluorescents (■ Cass. 2e civ., 22 janv. 1992 : *Bull. civ.* II, n° 22, p. 11) ;

• ni pour le cycliste non éclairé débouchant d'un sens interdit (■ Cass. 2e civ., 28 mars 1994 : *JCP* 94, IV, 1483 ; *Bull. civ.* II, n° 110, p. 63) ;

• pour le piéton en état d'imprégnation alcoolique qui s'est maintenu au milieu de la chaussée afin d'arrêter un automobiliste et de se faire raccompagner par lui à son domicile, hors agglomération, sur une route dépourvue d'éclairage, à une heure de fréquentation importante, habillé de sombre, de nuit, par un temps pluvieux (■ Cass. ass. plén., 10 nov. 1995 : *D.* 1995, 633, rapp. Chartier ; *JCP* 96, II, 22564, concl. Jéol et note Viney ; *Bull. civ.*, n° 6, p. 11. V. aussi ■ Cass. 2e civ., 1er avr. 1998 : *JCP* 98, IV, 2226 ; *Bull. civ.* II, n° 112, p. 67 ; *Resp. civ. et assur.* 1998, 239. ■ Cass. 2e civ., 30 juin 2005 : *Resp. civ. et assur.* 2005, 287 ; *JCP* 2006, I, 111, n° 12, obs. Stoffel-Munck).

• pour les piétons traversant de nuit, sous la pluie, une route nationale à quatre voies sans emprunter le passage protégé se trouvant à proximité immédiate (■ Cass. 2e civ., 7 févr. 1996 : *JCP* 96, IV, 763 ; *Bull.* II, n° 33, p. 21) ;

• pour le passager sous l'empire de la boisson qui prend la place à l'avant à côté du conducteur sur lequel il s'affale (■ Cass. 2e civ., 20 mars 1996 : *JCP* 96, IV, 1144 ; *Bull. civ.* II, n° 68, p. 43 ; *Resp. civ. et assur.* 1996, 217) ;

• pour le propriétaire qui confie sa voiture à un passager ne sachant pas conduire (■ Cass. 2e civ., 10 juill. 1996 : *Resp. civ. et assur.* 1996, 355) ;

• pour le piéton ivre, continuant à boire du pastis directement à la bouteille, accroupi au milieu de la chaussée d'un chemin départemental, de nuit par temps de brouillard (■ Cass. 2e civ., 6 nov. 1996 : *JCP* 96, IV, 2547 ; *Bull.* II, n° 240, p. 147 ; *Resp. civ. et assur.* 1997, 19).

• pour le spectateur assistant à une journée « portes ouvertes » sur un circuit de karting qui pénètre sur la piste pour pousser un engin (■ Cass. 2e civ., 11 avr. 2002 : *Bull. civ.* II, n° 71, p. 59).

• pour le piéton ivre s'étant retrouvé à hauteur d'une bretelle d'accès dans le sens opposé de l'autoroute, sans qu'il soit établi qu'il ait franchi le terre-plein central de l'autoroute et les barrières de sécurité qui y sont implantées (■ Cass. 2e civ., 14 nov. 2002 : *Resp. civ. et assur.* 2003, 36).

• pour la victime montant par jeu sur le pare-chocs du véhicule (■ Cass. 2e civ., 3 juill. 2003 : *Resp. civ. et assur.* 2003, 236 ; *Bull. civ.* II, n° 223, p. 186).

• Pour une passagère ayant ouvert brusquement la porte et étant tombée sur la chaussée, alors qu'elle était dans un état de confusion mentale ou, à tout le moins, d'absence momentanée de discernement (■ Cass. 2e civ., 2 mars 2017, n° 16-11.986 : *D.* 2017, p. 800, note Noguéro).

6) Fautes inexcusables. En revanche, ont été considérées comme inexcusables :

• en dépit de son handicap mental, la faute commise par un piéton traversant une rocade en enjambant les rails de sécurité et s'engageant sur la chaussée (■ Cass. 2e civ., 7 juin 1989 : *JCP* 90, II, 21452, note Barbièri ; *Bull. civ.* I, n° 120, p. 61 ; *D.* 1989, 559, note Aubert) ;

• celle du piéton qui traverse de nuit en rase campagne une autoroute (■ Cass. 2e civ., 28 juin 1989 : *Bull. civ.* II, n° 137, p. 69), ou qui traverse une chaussée à deux doubles voies séparées par un terre-plein central recouvert d'une végétation d'arbustes destinée, par sa densité et sa hauteur, à établir un obstacle entre les deux sens de circulation et à dissuader les piétons de traverser (■ Cass. 2e civ., 7 mars 1990 : *Bull. civ.* II, n° 53, p. 29, ou un terre-plein central, surmonté de rails de sécurité, sur une route nationale très fréquentée et dépourvue d'éclairage public, ■ Cass. 2e civ., 6 déc. 1995 : *JCP* 96, IV, 258 ; *Bull. civ.* II, n° 300, p. 177 ; *Resp. civ. et assur.* 1996, 90) ;

• les fautes commises par un cycliste qui circule en sens interdit sur un boulevard, aborde une intersection alors que la signalisation au rouge prohibe cette manœuvre, et s'engage ensuite sur une autre voie à nouveau à contresens (■ Cass. 2e civ., 7 juin 1990 : *Bull. civ.* II, n° 123, p. 65) ;

• la faute de celui qui s'agrippe au toit d'une voiture circulant à faible vitesse sur une aire de stationnement et qui tombe seul sans intervention du freinage (■ Cass. 2e civ., 25 oct. 1995 : *JCP* 95, IV, 2650 ; *Bull. civ.* II, n° 249, p. 145 ; *Resp. civ. et assur.* 1996, 14) ;

• la faute de celui qui escalade de nuit un talus herbeux en bordure de route, enjambe une glissière de sécurité pour accéder à une route nationale et se couche sur l'axe médian de la chaussée (■ Cass. 2e civ., 19 nov. 1997 : *JCP* 98, IV, 1030 ; *Bull. civ.* II, n° 278, p. 164 ; *Resp. civ. et assur.* 1998, 87, note crit. Groutel) ;

• la faute commise par le piéton en état d'ébriété traversant de nuit un boulevard interdit à la circulation des piétons alors qu'un passage souterrain se trouvait à proximité (■ Cass. 2e civ., 10 déc. 1998 : *Resp. civ. et assur.* 1999, 66, 2e esp.).

• la faute de l'automobiliste dont le véhicule est en panne sur l'autoroute et qui emprunte la voie de circulation la plus rapide totalement interdite aux piétons (■ Cass. 2e civ., 27 mai 1999 : *Bull. civ.* II, n° 99, p. 71).

• le fait d'enjamber le parapet d'un pont, avant de tomber sur la cabine d'un camion (■ Cass. 2e civ., 16 nov. 2000 : *Resp. civ. et assur.* 2001, 41).

• le fait de tenter de s'opposer au déplacement de son véhicule par un chariot-élévateur (■ Cass.

2e civ., 5 juin 2003 : *Resp. civ. et assur.* 2003, 237 ; *Bull. civ.* II, n° 167, p. 143 ; *RTD civ.* 2003, 721, obs. Jourdain).

• le fait pour un piéton de dévaler de nuit, pour fuir une patrouille de police, le talus en pente abrupte conduisant à un boulevard à quatre voies de circulation séparées par un terre-plein central et dont l'accès était protégé par un grillage, et de déboucher en courant sur la chaussée sur la droite du véhicule qui l'a percuté (■ Cass. 2e civ., 5 févr. 2004 : *Bull. civ.* II, n° 40, p. 33 ; *Resp. civ. et assur.* 2004, 136).

• le fait pour un piéton vêtu de sombre de déambuler de nuit en état d'imprégnation alcoolique au milieu d'une chaussée à grande circulation sans éclairage (■ Cass. 2e civ., 29 mars 2018, n° 17-14.087 : *Resp. civ. et assur.* 2018, 166).

7) Faute ayant été la cause exclusive de l'accident. Sur le principe que la faute inexcusable de la victime ne fait obstacle à l'indemnisation que si elle a été la cause exclusive de l'accident, V. ■ Cass. 2e civ., 8 nov. 1993 : *Bull. civ.* II, n° 316, p. 176 ; *JCP* 94, I, 3773, n° 17, obs. Viney ; *Defrénois* 1994, 1471, note D. Mazeaud, conducteur d'autobus ayant remis son véhicule en marche sachant qu'il y avait un passager sur le toit. ■ Cass. 2e civ., 4 nov. 2004 : *Bull. civ.* II, n° 483, p. 411, propriétaire confiant le véhicule à une personne qu'il sait en état d'ébriété.

II – VICTIMES SPÉCIALEMENT PROTÉGÉES

8) Principe. Sur le principe que les victimes visées par l'art. 3, al. 2, doivent être indemnisées intégralement sauf au cas où elles ont volontairement recherché le dommage, V. ■ Cass. ass. plén., 25 oct. 1985 : *Bull. civ.* 1985, ■ Cass. ass. plén., n° 5, p. 9. Les juges du fond apprécient souverainement si le dommage a été volontairement recherché (■ Cass. 2e civ., 24 juin 1998 : *JCP* 98, IV, 2890 ; *Bull. civ.* II, n° 204, p. 121. ■ Cass. 2e civ., 31 mai 2000 : *Bull. civ.* II, n° 90, p. 62 ; *Resp. civ. et assur.* 2000, 260. V. aussi ■ Cass. 2e civ., 31 mai 2001 : *JCP* 2001, II, 10577, note Butruille-Cardew ; *JurisData* n° 2001-002345, victime continuant d'avancer tout en regardant la voiture jusqu'à l'impact, après une tentative de suicide la veille).

9) Fondement. Jugé que cette indemnisation est fondée sur l'idée de risque (■ Paris, 14 mars 1986 : *JCP* 86, II, 20652, note Chabas).

III – CONDUCTEURS

10) Charge de la preuve de la qualité de conducteur. C'est à l'auteur de la collision de rapporter la preuve que la victime avait au moment de l'accident la qualité de conducteur d'un véhicule terrestre à moteur (■ Cass. 2e civ., 9 juill. 1986 : *JCP* 87, II, 20747, note F. C. ; *D.* 1987, 1, note Groutel. Comp., faisant peser la charge de la preuve sur le gardien du véhicule impliqué, ■ Cass. 2e civ., 16 mai 1994 : *JCP* 94, IV, 1822 et 1823 ; *Bull. civ.* II, n° 129, p. 74. ■ Cass. 2e civ., 6 nov. 1996 : *Bull. civ.* II, n° 241, p. 147 ; *Resp. civ. et assur.* 1997, 16. V. aussi ■ Cass. 2e civ., 5 nov. 1998 : *JCP* 99, IV, 3445 ; *Resp. civ. et assur.* 1998, chron. 27, arrêt n° 2, affirmant que l'indétermination de l'identité du conducteur rend impossible la mise en cause de ses héritiers). Mais jugé qu'il appartient au Fonds de garantie automobile d'établir qui était le conducteur au moment de l'accident (■ Cass. 2e civ., 14 juin 1995 : *Resp. civ. et assur.* 1995, comm. 298. V. H. Groutel, *Véhicules en quête de conducteur : Resp. civ. et assur.* 1995, chron. 42).

11) Perte de la qualité de conducteur. N'est plus un conducteur :

• celui qui a quitté son véhicule accidenté (■ Cass. 2e civ., 4 déc. 1985 : *Bull. civ.* II, n° 186, p. 125) ;

• ou qui se tient sur la chaussée afin de diriger la manœuvre d'un véhicule qui remorquait le sien (■ Cass. 2e civ., 12 févr. 1986 : *Bull. civ.* II, n° 12, p. 8) ;

• ou qui remplace une roue (■ Cass. 2e civ., 12 févr. 1986 : *Bull. civ.* II, n° 13, p. 8) ;

• ou qui arrête sa voiture et qui, moteur coupé, ouvre sa portière (■ Cass. 2e civ., 31 mai 1995 : *Bull.* II, n° 162, p. 92) ;

• ou qui tombe du véhicule à moteur qu'il pilotait (■ Cass. 2e civ., 28 mai 1986 : *JCP* 86, II, 20692, note Chabas. – V. aussi ■ Cass. 2e civ., 11 oct. 1989 : *Bull. civ.* II, n° 179, p. 92. ■ Cass. 2e civ., 24 mai et 11 déc. 1991 : *JCP* 92, II, 21987, note Dagorne-Labbe. ■ Cass. 2e civ., 8 nov. 1995 : *JCP* 95, IV, 2762 ; *Bull. civ.* II, n° 269, p. 159. Voir cependant, si le conducteur est éjecté ou sorti de son véhicule après un premier choc, note suivante ;

• qui traverse la chaussée en tenant son cyclomoteur à la main (■ Cass. 2e civ., 16 oct. 1991 : *JCP* 91, IV, 440). V. aussi ■ Cass. 2e civ., 7 oct. 2004 : *Resp. civ. et assur.* 2004, 370 ; *Bull. civ.* II, n° 437, p. 372 ; *D.* 2005, 938, note C. Maury) ;

• qui descend de son véhicule (■ Cass. 2e civ., 10 mars 1988 : *JCP* 89, II, 21328, 1re esp., note Dagorne-Labbe), par exemple pour porter secours (■ Cass. 2e civ., 20 juill. 1987 : *Bull. civ.* II, n° 164, p. 95) ;

• qui est occupé à y reprendre place (■ Cass. 2e civ., 10 mars 1988 : *JCP* 89, II, 21328, 2e esp., note Dagorne-Labbe) ;

• qui se trouve, non plus dans le camion municipal, mais à bord de la nacelle de celui-ci, où il accomplit une activité totalement étrangère à la conduite du véhicule (■ Cass. crim., 2 oct. 1996 : *Resp. civ. et assur.* 1997, 15) ;

• qui, après une altercation avec le conducteur d'un autre véhicule ayant immédiatement quitté les lieux, rejoint sa propre automobile (▪ Cass. crim., 26 nov. 2013, n° 13-80.204 : *Resp. civ. et assur.* 2014, 52, note Groutel).

12) Maintien de la qualité de conducteur. Voir pour un conducteur éjecté mais non encore immobilisé au moment du choc avec un véhicule. ▪ Cass. 2ᵉ civ., 8 déc. 1993 : *Bull. civ.* II, n° 351, p. 197 (motocycliste éjecté de sa machine et projeté sur un second véhicule). ▪ Cass. 2ᵉ civ., 16 avr. 1996 : *JCP* 1996, IV, 1377 ; *Bull. civ.* II, n° 91, p. 57 ; *Resp. civ. et assur.* 1996, 252. V. aussi ▪ Cass. 2ᵉ civ., 18 oct. 1995 : *JCP* 1995, IV, 2579 ; *Bull. civ.* II, n° 241, p. 140 ; *Resp. civ. et assur.* 1995, 361, estimant que n'a pas perdu la qualité de conducteur le motocycliste ripant sur son engin vers la glissière de sécurité, projeté par-dessus cette glissière après avoir été désolidarisé de la machine et heurté sur la chaussée en contrebas par une automobile. ▪ Cass. 2ᵉ civ., 25 juin 1998 : *Resp. civ. et assur.* 1998, 306, relevant la concomitance entre la chute du motocycliste et le choc. ▪ Cass. 2ᵉ civ., 6 févr. 2003 : *Resp. civ. et assur.* 2003, 133 ; *Bull. civ.* II, n° 26, p. 23, déduisant de la « concomitance entre les deux chocs » que le cyclomotoriste n'a pas perdu la qualité de conducteur. ▪ Cass. 2ᵉ civ., 8 juin 2003 : *Resp. civ. et assur.* 2003, 260 ; *Bull. civ.* II, n° 168, p. 143, relevant que le heurt avec le véhicule a suivi immédiatement la chute de la victime. ▪ Cass. 2ᵉ civ., 8 oct. 2009 : *JurisData* n° 2009-049783 ; *Resp. civ. et assur.* 2009, comm. 351, note Groutel (choc avec un second véhicule ayant suivi immédiatement la chute du motocycliste, provoquée par une première collision : maintien de la qualité de conducteur, dans l'exercice du pouvoir souverain d'appréciation des juges du fond).

Reste conducteur la personne qui tente de faire redémarrer son véhicule (▪ Cass. 2ᵉ civ., 15 avr. 1999 : *Resp. civ. et assur.* 1999, 213). V. aussi pour un cyclomotoriste se tenant assis sur la selle de sa machine en panne de moteur, la faisant avancer à l'aide de ses jambes, ▪ Cass. crim., 10 janv. 2001 : *JCP* 2001, IV, 1618 ; *Resp. civ. et assur.* 2001, 145. Et pour un cyclomotoriste fixant son casque au milieu de la chaussée en se tenant debout les deux pieds au sol, le cyclomoteur entre les jambes, ▪ Cass. 2ᵉ civ., 29 mars 2012, n° 10-28.129 : *Resp. civ. et assur.* 2012, 162.

13) Maintien de la qualité de conducteur dans un accident indivisible. Pour une nouvelle tendance à décider plus radicalement que la qualité de conducteur ne peut changer au cours d'un accident reconnu comme unique et indivisible, V. ▪ Cass. 2ᵉ civ., 1ᵉʳ juill. 2010, n° 09-67.627 : *Resp. civ. et assur.* 2010, 251, note Groutel ; *RTD civ.* 2010, p. 792, obs. Jourdain (conducteur descendu de sa voiture après un premier choc, puis percuté et tué par un autre véhicule). En ce sens également ▪ Cass. 2ᵉ civ., 12 mai 2011, n° 10-20.186 : *Resp. civ. et assur.* 2011, 287, note Groutel. ▪ Cass. crim., 6 déc. 2016, n° 15-86.842 : *Resp. civ. et assur.* 2017, 72, Groutel.

14) Véhicule remorqué. Le pilote du véhicule remorqué est un conducteur au sens de la loi du 5 juill. 1985, dès lors qu'il a conservé une certaine maîtrise dans la conduite du véhicule (▪ Cass. 2ᵉ civ., 14 janv. 1987 : *JCP* 87, II, 20768, note Chabas).

15) Cavalier. Sur l'application de l'article 3 à une cavalière, V. ▪ Cass. 2ᵉ civ., 12 nov. 1986 : *D.* 1987, somm. 91, obs. Groutel.

16) Passager devenant conducteur. Le passager qui appuie sur la jambe du conducteur et donne une impulsion au volant a pris la qualité de conducteur (▪ Cass. 2ᵉ civ., 31 mai 2000 : *Resp. civ. et assur.* 2000, 259, note Groutel). Mais l'élève d'une auto-école ne peut être considéré comme co-conducteur (▪ Cass. 2ᵉ civ., 29 juin 2000 : *Resp. civ. et assur.* 2000, 294, note Groutel ; *Bull. civ.* II, n° 105, p. 72 ; *JCP* 2001, II, 10571, note Bailloeuil ; *JurisData* n° 2000-003113). Le seul fait que le passager (en état d'ivresse) ait manœuvré le volant n'établit pas qu'il se soit substitué au conducteur dans la conduite du véhicule et ait acquis la qualité de conducteur (▪ Cass. 2ᵉ civ., 23 mars 2017, n° 15-25.585 : *Bull.*).

17) Action du conducteur victime contre le gardien. Lorsqu'un véhicule terrestre à moteur est seul impliqué dans un accident de la circulation, le conducteur, s'il n'en est pas le gardien, a droit, de la part de celui-ci, à l'indemnisation des dommages qu'il a subis, directement ou par ricochet, sauf s'il a commis une faute ayant contribué à la réalisation de son préjudice (▪ Cass. 2ᵉ civ., 2 juill. 1997 : *JCP* 97, IV, 1891 ; *Bull. civ.* II, n° 209, p. 123 ; *D.* 1997, 448, note Groutel ; *D.* 1998, somm. 203, obs. Mazeaud ; *Resp. civ. et assur.* 1997, 333, note Groutel ; *RTD civ.*1997, 959, obs. Jourdain. ▪ Cass. 2ᵉ civ., 28 janv. 1998 : *Resp. civ. et assur.* 1998, 118, note Groutel. Voir cependant ▪ Cass. crim., 29 juin 1999 : *JCP* 2000, II, 10290, note Abravanel-Jolly ; *Resp. civ. et assur.* 1999, chron. 27 ; *RTD civ.* 2000, 131, obs. Jourdain. V. antérieurement, subordonnant le succès de l'action à la preuve d'une faute du gardien, ▪ Cass. 2ᵉ civ., 8 mars 1995 : *Bull. civ.* II, n° 72, p. 42 ; *JCP* 95, I, 3893, n° 33, obs. crit. Viney. ▪ Cass. 2ᵉ civ., 24 janv. 1996 : *JCP* 96, IV, 617 ; *Bull. civ.* II, n° 7, p. 4 ; *RTD civ.* 1996, 409, obs. crit. Jourdain).

18) Nécessité d'un tiers débiteur d'indemnisation. La victime, gardienne du seul véhicule impliqué, ne peut se prévaloir de la loi de 1985 contre son assureur en l'absence de tiers conducteur (▪ Cass. 2ᵉ civ., 13 juill. 2006 : *Resp. civ. et assur.* 2006, étude 12 par Groutel ; *RTD civ.* 2006, 780, obs.

Jourdain). Le conducteur d'un véhicule dont il est aussi le gardien, victime d'un accident, ne saurait invoquer la loi de 1985 contre son assureur lorsque seul son véhicule est impliqué (▪ Cass. 2e civ., 7 déc. 2006, 2 arrêts : *Resp. civ. et assur.* 2007, 84, note Groutel).

Art. 4. – La faute commise par le conducteur du véhicule terrestre à moteur a pour effet de limiter ou d'exclure l'indemnisation des dommages qu'il a subis.

Bibliographie : 2H. Groutel, *La faute du conducteur victime, dix ans après (plaidoyer pour l'absent de la fête)* : *D.* 1995, chron. 335. • X. Ridel, *La faute de comportement du conducteur victime, Resp. civ. et assur.* 2006, chron. 3.

1) Sur la **notion de conducteur**, V. sous art. 3, n° 10 et s.

2) Indifférence de l'âge du conducteur. L'article 4 est seul applicable en cas de collision, quel que soit l'âge du conducteur victime de l'accident (▪ Cass. 2e civ., 9 juill. 1986 : *D.* 1987, somm. 89, obs. Groutel. V. en ce sens ▪ Cass. 2e civ., 6 mai 1987 : *Bull. civ.* II, n° 90, p. 54).

3) Collision. Faute de l'un des conducteurs. Lorsque plusieurs véhicules sont impliqués dans un accident de la circulation, chaque conducteur a droit à l'indemnisation des dommages qu'il a subis, directement ou par ricochet, sauf s'il a commis une faute ayant contribué à la réalisation de son préjudice ; il appartient alors au juge d'apprécier souverainement si cette faute a pour effet de limiter l'indemnisation ou de l'exclure (▪ Cass. ch. mixte, 28 mars 1997 : *JCP* 97, I, 4025, n° 24, obs. Viney ; *Bull. civ.*, n° 1, p. 1 ; *D.* 1997, 294, note Groutel, somm. 291, obs. Mazeaud ; *RTD civ.* 1997, 681, obs. Jourdain. ▪ Cass. 2e civ., 8 juin 2003 : *Bull. civ.* II, n° 168, p. 143. – V. pour des applications ▪ Cass. 2e civ., 12 nov. 1997 : *JCP* 97, IV, 2562 ; *Bull. civ.* II, n° 259, p. 153 ; *Resp. civ. et assur.* 1997, 358, note Groutel. ▪ Cass. crim., 10 janv. 2001 : *Resp. civ. et assur.* 2001, 145. ▪ Cass. 2e civ., 16 janv. 2014, n° 13-12.771 : *Resp. civ. et assur.* 2014, 88, note Groutel. ▪ Cass. crim., 18 nov. 2014, n° 13-85.391 : *Resp. civ. et assur.* 2015, 48, note Groutel. V. aussi H. Groutel, *Faute du conducteur : la logique extrême* : *Resp. civ. et assur.* 1997, chron. 22. – F. Leduc, *Brèves remarques sur la sanction de la faute de la victime conductrice* : *Resp. civ. et assur.* 2001, chron. 2). La faute doit être appréciée en faisant abstraction du comportement des autres conducteurs (▪ Cass. 2e civ., 24 févr. 2005 : *Resp. civ. et assur.* 2005, 126, note Groutel. ▪ Cass. crim., 31 mai 2005, 2 arrêts : *RTD civ.* 2005, 790, obs. Jourdain. ▪ Cass. 2e civ., 22 nov. 2012, n° 11-25.489 : *Resp. civ. et assur.* 2013, 61).

4) Lien de causalité. Les juges du fond peuvent estimer que le taux d'alcoolémie de la victime n'a joué aucun rôle dans l'accident (▪ Cass. 2e civ., 27 sept. 2001 : *Resp. civ. et assur.* 2001, 360. V. cependant, censurant pour violation de l'article 4 de la loi du 5 juillet 1985, un arrêt ayant retenu que la preuve d'une relation de causalité entre l'alcoolémie et la collision n'est pas rapportée, ▪ Cass. 2e civ., 4 juill. 2002 : *JCP* 2002, IV, 2480 ; *Juris-Data* n° 2002-015095 ; *Bull. civ.* II, n° 151, p. 121 ; *D.* 2003, 859, 2e esp., note Groutel, *RTD civ.* 2002, 829, obs. Jourdain. V. aussi, affirmant que la conduite sous l'empire d'un état alcoolique constitue une faute en relation avec le dommage du conducteur victime, ▪ Cass. 2e civ., 10 mars 2004 : *Bull. civ.* II, n° 96, p. 82 ; *Resp. civ. et assur. 2004*, 180, note Groutel. ▪ Cass. 2e civ., 13 oct. 2005 : *JCP* 2006, II, 10004, note Kessler ; *Resp. civ. et assur.* 2005, 348, note Groutel ; *Bull. civ.* II, n° 246, p. 220. Mais pour la réaffirmation de l'exigence d'un lien de causalité entre la faute, telle que l'état d'alcoolémie, et la réalisation du dommage, pour que l'indemnisation du conducteur soit limitée ou exclue, V. ▪ Cass. ass. plén., 6 avr. 2007, 2 arrêts : *JurisData* n° 2007-038459 et 2007-038460 ; *D.* 2007, 1199, obs. Gallmeister ; *JCP G* 2007, II, 10078, note Jourdain ; *Resp. civ. et assur.* 2007, comm. 212, note Groutel ; *RTD civ.* 2007, 789, obs. Jourdain). Même solution au sujet du défaut de permis de conduire imputable au conducteur victime, sans conséquence sur son indemnisation lorsque l'examen des circonstances de l'accident permet de déduire l'absence de lien de causalité entre ce défaut et les dommages subis ▪ Cass. crim., 27 nov. 2007 : *JCP G* 2008, II, 10022, note Bakouche ; *Resp. civ. et assur.* 2008, comm. 58, note Groutel.

5) Absence de port de la ceinture de sécurité. Sur la possibilité d'invoquer à l'encontre du conducteur le fait de ne pas avoir mis sa ceinture de sécurité, V. ▪ Cass. 2e civ., 5 oct. 1994 : *Bull. civ.* II, n° 187, p. 109.

6) Absence de port correct du casque. Sur la possibilité d'invoquer à l'encontre d'un motocycliste l'absence de port correct du casque, V. ▪ Cass. crim. 24 févr. 2015, n° 14-82.350 : *Resp. civ. et assur.*, 2015, 151.

7) Faute cause exclusive. Dès lors que le heurt de front des deux véhicules s'est produit dans le couloir de circulation de l'un d'entre eux, la faute commise par le conducteur de l'autre constitue la cause exclusive de l'accident (▪ Cass. 2e civ., 28 juin 1995 : *Bull. civ.* II, n° 201, p. 116).

8) Chaussée souillée ou mouillée. La faute du motocycliste n'est pas caractérisée dès lors qu'il est établi que sa chute a été provoquée par une souillure de la chaussée (▪ Cass. 2e civ., 1er avr.

1999 : *Resp. civ. et assur.* 1999, 211, note Groutel, trace de gazole), mais il en va autrement pour le conducteur dont le véhicule a glissé sur la chaussée mouillée (■ Cass. 2e civ., 1er avr. 1999 : *Resp. civ. et assur.* 1999, 212).

9) Question prioritaire de constitutionnalité. L'article 4 répond à une situation objective particulière dans laquelle se trouvent toutes les victimes conductrices fautives d'accidents de la circulation, QPC non sérieuse (■ Cass. 2e civ., 9 sept. 2010, n° 10-12732 : *JurisData* n° 2010-015628). Pour des motifs d'intérêt général, notamment de sécurité routière, seule la propre faute de la victime conductrice est de nature à limiter son droit à indemnisation, QPC tirée de l'atteinte au droit à un recours juridictionnel effectif non sérieuse (■ Cass. 2e civ., 16 déc. 2010, n° 10-17.096 : *JurisData* n° 2010-023935). – Également en ce sens, ■ Cass. crim., 6 août 2014, n° 14-81.244 : *Resp. civ. et assur.* 2014, 298.

Art. 5. – **La faute, commise par la victime, a pour effet de limiter ou d'exclure l'indemnisation des dommages aux biens qu'elle a subis. Toutefois, les fournitures et appareils délivrés sur prescription médicale donnent lieu à indemnisation selon les règles applicables à la réparation des atteintes à la personne.**

Lorsque le conducteur d'un véhicule terrestre à moteur n'en est pas le propriétaire, la faute de ce conducteur peut être opposée au propriétaire pour l'indemnisation des dommages causés à son véhicule. Le propriétaire dispose d'un recours contre le conducteur.

1) Nécessité d'une faute de la victime. Sur le principe que le droit à indemnisation de la victime ne cède qu'en cas de faute, V. ■ Cass. 2e civ., 4 mars 1999 : *Resp. civ. et assur.* 1999, 132, note Groutel.

2) Notion de dommage aux biens. Au sens de l'article 5, le dommage aux biens s'entend du dommage causé à des biens matériels et non du préjudice économique résultant d'une atteinte à la personne de la victime directe d'un accident de la circulation (■ Cass. 2e civ., 24 janv. 1990 : *Bull. civ.* II, n° 13, p. 7 ; *JCP* 90, II, 21581, note Barbièri. – Comp. ■ Cass. 2e civ., 24 oct. 1990 : *JCP* 91, II, 21769, note Barbièri).

3) Dommage aux biens subi par la SNCF. Sur le droit pour la SNCF de demander réparation pour les dommages à ses biens en cas de collision survenue sur un passage à niveau, V. ■ Cass. 2e civ., 17 mars 1986 : *D.* 1987, 49, note Groutel.

4) Imputabilité du dommage à l'accident. Le conducteur d'un véhicule terrestre à moteur impliqué dans un accident de la circulation ne peut se dégager de son obligation d'indemnisation que s'il établit que cet accident est sans relation avec le dommage. Tel n'est pas le cas lorsque le décès du passager est directement en relation avec l'inhalation d'un produit stupéfiant antérieurement à l'accident dès lors qu'il n'est pas exclu que l'émotion provoquée par la collision ait joué un rôle dans le processus mortel (■ Cass. 2e civ., 16 oct. 1991 : *JCP* 92, II, 21934, note crit. Conte. V. aussi ■ Cass. 2e civ., 19 févr. 1997 : *JCP* 97, I, 4070, n° 35, obs. Viney ; 98, II, 10005, note Brun ; *Bull. civ.* II, n° 41, p. 24 ; *D.* 1997, 384, note Radé ; *Resp. civ. et assur.* 1997, 163, faisant peser la charge de la preuve de la non-imputabilité sur le responsable), pour la victime d'une blessure à la colonne vertébrale ayant subi une lésion d'un œil au cours de l'intervention chirurgicale (■ Cass. 2e civ., 27 janv. 2000 : *JCP* 2000, II, 10363, note Conte ; *Bull. civ.* II, n° 20, p. 13). Mais jugé que viole les articles 1382 et 1315 la cour d'appel qui accueille une demande en réparation du préjudice résultant d'une polyarthrite rhumatoïde qui serait consécutive au traumatisme subi lors de l'accident, en retenant que la loi du 5 juillet 1985 a établi une présomption d'imputabilité du dommage à l'accident, alors que ce dommage s'est révélé postérieurement à cet accident (■ Cass. 2e civ., 24 janv. 1996 : *JCP* 96, IV, 618, I, 3944, n° 25, obs. Viney ; *Bull. civ.* II, n° 15, p. 10 ; *RTD civ.* 1996, 407, obs. Jourdain ; *Defrénois* 1996, 1027, obs. Mazeaud ; *D.* 1997, somm. 30, obs. Mazeaud. V. aussi ■ Cass. 2e civ., 6 nov. 1996 : *Resp. civ. et assur.* 1997, 18).

5) Exclusion de la responsabilité contractuelle. L'indemnisation de la victime d'un accident de la circulation ne peut être fondée que sur les dispositions d'ordre public de la loi de 1985 (■ Cass. 2e civ., 10 juill. 2008, n° 07-18.131 : *Resp. civ. et assur.* 2008, 282, note Groutel, à propos de l'action en réparation du préjudice matériel contre le conducteur par le propriétaire du véhicule qui le lui a prêté).

6) Recours du propriétaire contre le conducteur. Une faute du conducteur doit être caractérisée, il ne suffit pas que l'accident ait été causé par le comportement du chien du conducteur dans la voiture (■ Cass. 2e civ., 11 juin 2009, n° 08-14.224 : *JurisData* n° 2009-048501 ; *Resp. civ. et assur.* 2009, étude 11, par H. Groutel).

Art. 6. – **Le préjudice subi par un tiers du fait des dommages causés à la victime directe d'un accident de la circulation est réparé en tenant compte des limitations ou exclusions applicables à l'indemnisation de ces dommages.**

1) Victimes par ricochet. Lorsque plusieurs véhicules sont impliqués dans un accident de la circulation, chaque conducteur a droit à l'indemnisation des dommages qu'il a subis, directement ou par ricochet, sauf s'il a commis une faute ayant contribué à la réalisation de son préjudice (■ Cass. ch. mixte, 28 mars 1997 : *JCP* 97, I, 4025, n° 24, obs. Viney ; *Bull. civ.* I, p. 1. V. déjà ■ Cass. crim., 15 mars 1995 : *Resp. civ. et assur.* 1995, comm. 208 ; *RTD civ.* 1995, 642, obs. Jourdain ; *D.* 1996, somm. 119, obs. D. Mazeaud. *Contra* ■ Cass. crim., 15 déc. 1987 : *JCP* 88, II, 21031, note Chabas. ■ Cass. 2e civ., 6 déc. 1989 : *Bull. civ.* II, n° 213, p. 111 ; *D.* 1990, 245, note Aubert ; *RTD civ.* 1990, 296, obs. Jourdain). La faute du conducteur est de nature à limiter l'indemnisation de l'ensemble des préjudices qu'il a subis, directement ou par ricochet (■ Cass. crim., 5 mai 2015, n° 13-88.124 : *RCA* 2015, n° 227, note Hocquet-Berg).

2) Sur les **actions récursoires**, voir sous art. 1er et 4.

3) **Ayants droit d'un unique conducteur ou d'un gardien sans conducteur**, V. sous art. 2, annot. n° 5, p. 3 et sous art. 3, annot. n° 17, p. 11.

Section II. – Dispositions relatives à l'assurance et au fonds de garantie

Art. 7 et 8. – *V. C. assur., art. L. 211-1, supra.*

Art. 9. – *V. C. assur., art. L. 421-1, supra.*

Art. 10. – *V. C. assur., art. L. 421-3, supra.*

Art. 11. – *V. C. assur., art. L. 421-8, supra.*

Section III. – De l'offre d'indemnité

Art. 12 à 27. – **Codifiés** (*V. C. assur., art. L. 211-8 à L. 211-24, supra*).

CHAPITRE II. – DES RECOURS DES TIERS PAYEURS CONTRE LES PERSONNES TENUES À RÉPARATION D'UN DOMMAGE RÉSULTANT D'UNE ATTEINTE À LA PERSONNE

Art. 28. – **Les dispositions du présent chapitre s'appliquent aux relations entre le tiers payeur et la personne tenue à réparation d'un dommage résultant d'une atteinte à la personne, quelle que soit la nature de l'événement ayant occasionné ce dommage.**

État tiers payeur. L'État, propriétaire d'un véhicule militaire impliqué dans un accident de la circulation, est fondé à réclamer l'imputation sur sa dette de dommages intérêts des prestations qu'il a servies au passager de ce véhicule en sa qualité de tiers payeur (■ Cass. 2e civ., 23 oct. 2008 : *JCP* 2008, IV, 2834 ; *Resp. civ. et assur.* 2008, 362, note Groutel).

Art. 29 *(Mod., L. n° 94-678, 8 août 1994)*. – **Seules les prestations énumérées ci-après versées à la victime d'un dommage résultant des atteintes à sa personne ouvrent droit à un recours contre la personne tenue à réparation ou son assureur** (1) :

1. Les prestations versées par les organismes, établissements et services gérant un régime obligatoire de sécurité sociale et par ceux qui sont mentionnés aux articles 1106-9, 1234-8 et 1234-20 du Code rural ;

2. Les prestations énumérées au II de l'article 1er de l'ordonnance n° 59-76 du 7 janvier 1959 relative aux actions en réparation civile de l'État et de certaines autres personnes publiques ;

3. Les sommes versées en remboursement des frais de traitement médical et de rééducation ;

4. Les salaires et accessoires du salaire maintenus par l'employeur pendant la période d'inactivité consécutive à l'événement qui a occasionné le dommage ;

5. Les indemnités journalières de maladie et les prestations d'invalidité versées par les groupements mutualistes régis par le Code de la mutualité les institutions de prévoyance régies par le Code de la sécurité sociale ou le Code rural et les sociétés d'assurance régies par le Code des assurances.

(1) Le Conseil constitutionnel a déclaré le mot « Seules » figurant au présent alinéa, dans sa rédaction résultant de la loi n° 94-678 du 8 août 1994, conforme à la Constitution. – V. Cons. const., 24 févr. 2017, n° 2016-613 QPC, art. 1er : JurisData n° 2017-003505 ; JO25 févr. 2017. – NDLR.

1) Prestations susceptibles d'être imputées. Sur le principe que seules doivent être imputées sur l'indemnité réparant l'atteinte à l'intégrité physique de la victime les prestations versées par les tiers payeurs et qui ouvrent droit, au profit de ceux-ci, à un recours subrogatoire contre la personne tenue à réparation, V. ▪ Cass. 2ᵉ civ., 14 oct. 1992 : *JCP* 92, IV, 3050. V. pour la non-déduction du RMI ▪ Cass. 2ᵉ civ., 28 mars 1994 : *JCP* 94, I, 3773, n° 24, obs. Viney ; *Bull. civ.* II, n° 113, p. 65. Et pareillement pour celle des allocations d'aide au retour à l'emploi, ▪ Cass. 2ᵉ civ., 12 juin 2014, n° 13-18.459 : *Bull. civ.* II, n° 132. ▪ Cass. 2ᵉ civ., 26 mars 2015, n° 14-16.011 : *Bull.* ; *D.* 2015, p. 1475, note Gréau. Et pour celle de la prestation de compensation du handicap, ▪ Cass. 2ᵉ civ., 2 juill. 2015, n° 14-19.797, obs. Jourdain. ▪ Cass. 1ʳᵉ civ., 10 sept. 2015, n° 14-23.623 : *JCP* G 2016, 1117, Bacache). De même pour celle de l'allocation personnalisée d'autonomie, ▪ Cass. 2ᵉ civ., 20 oct. 2016, n° 15-17.507 : *Resp. civ. et assur.* 2017, 8, Groutel. Au contraire, pour l'imputation des sommes versées par la CPAM au titre d'une pension d'invalidité, V. ▪ Cass. crim., 18 mars 2014, n° 12-87.521 : *Bull. crim.*, n° 85. ▪ Cass. 2ᵉ civ., 29 mars 2018, n° 17-15.260 : *Bull.* Jugé que la pension de réversion, quelle qu'en soit l'origine, qui se substitue, au profit du conjoint survivant de la victime d'un accident mortel, à la pension de retraite dont celle-ci était titulaire, ne contribue pas à la réparation de son préjudice économique et, par suite, ne peut, sans qu'il en résulte un avantage indu pour le survivant, être écartée du calcul des revenus antérieurs et postérieurs au décès de la victime, servant de base à l'évaluation de ce préjudice (▪ Cass. crim., 15 févr. 1995 : *Resp. civ. et assur.* 1995, 255 ; *RTD civ.* 1995, 907, obs. Jourdain. V. aussi ▪ Cass. crim., 22 août 1995 : *JCP* 95, IV, 2592 ; *Resp. civ. et assur.* 1995, 356. ▪ Cass. crim., 5 nov. 1997 : *Resp. civ. et assur.* 1998, 80, 1ʳᵉ esp., note Groutel. ▪ Cass. crim., 2 mai 2001, 2 arrêts : *Resp. civ. et assur.* 2001, 257, note Groutel. ▪ Cass. 2ᵉ civ., 7 juin 2001 : *Resp. civ. et assur.* 2001, 288 ; *D.* 2002, somm. 1313, 2ᵉ esp., obs. Jourdain). La SNCF gérant un régime obligatoire de sécurité sociale, toutes les prestations versées par elle ouvrent droit à recours (▪ Cass. 2ᵉ civ., 26 juin 1996 : *JCP* 96, IV, 1958 ; *Bull. civ.* II, n° 180, p. 110 ; *Resp. civ. et assur.* 1996, 249. ▪ Cass. 2ᵉ civ., 29 avr. 1997 : *JCP* 97, IV, 1275 ; *Bull. civ.* II, n° 118, p. 68 ; *Resp. civ. et assur.* 1997, 224. V. aussi pour la Caisse générale de prévoyance des marins ▪ Cass. ass. plén., 7 févr. 1997 : *Bull. civ.* 1997, ▪ Cass. ass. plén., n° 1, p. 1). Mais la Caisse des dépôts et consignations ne saurait obtenir le remboursement des prestations versées à la victime d'un accident de la circulation lorsqu'elles n'ont pas un lien direct avec le fait dommageable (▪ Cass. 2ᵉ civ., 29 avr. 1997 : *JCP* 97, IV, 1277 ; *Bull. civ.* II, n° 112, p. 65 ; *RTD civ.* 1997, 679, obs. Jourdain. – V. aussi ▪ Cass. 2ᵉ civ., 17 déc. 1997 : *JCP* 98, IV, 1349 ; *Bull. civ.* II, n° 317, p. 186).

2) Pluralité de tiers payeurs. Les recours des tiers payeurs s'exercent, le cas échéant, entre eux au marc le franc (▪ Cass. 2ᵉ civ., 17 déc. 1997 : *JCP* 98, IV, 1353 ; *Bull. civ.* II, n° 315, p. 186).

Art. 30. – Les recours mentionnés à l'article 29 ont un caractère subrogatoire.

Remboursement. Sauf accord du tiers responsable sur le paiement d'un capital, les caisses de sécurité sociale ne peuvent prétendre au remboursement de leurs dépenses qu'au fur et à mesure de leur engagement (▪ Cass. 2ᵉ civ., 23 mai 2019, n° 19-14.332 : *Bull.*).

Art. 31 ***(Rempl., L. n° 2006-1640, 21 déc. 2006).*** **– Les recours subrogatoires des tiers payeurs s'exercent poste par poste sur les seules indemnités qui réparent des préjudices qu'elles ont pris en charge, à l'exclusion des préjudices à caractère personnel.**

(Al. mod. à compter du 1er octobre 2016, Ord. n° 2016-131, 10 févr. 2016) **Conformément à l'article 1346-3 du Code civil, la subrogation ne peut nuire à la victime subrogeante, créancière de l'indemnisation, lorsqu'elle n'a été indemnisée qu'en partie ; en ce cas, elle peut exercer ses droits contre le responsable, pour ce qui lui reste dû, par préférence au tiers payeur dont elle n'a reçu qu'une indemnisation partielle.**

Cependant, si le tiers payeur établit qu'il a effectivement et préalablement versé à la victime une prestation indemnisant de manière incontestable un poste de préjudice personnel, son recours peut s'exercer sur ce poste de préjudice.

Bibliographie : Ph. Casson, *Le recours des tiers payeurs : une réforme en demi-teinte* : *JCP* 2007, I, 144. • H. Groutel, *Une réforme bâclée* : *Resp. civ. et assur.* 2007, étude 1, puis étude 4. • H. Groutel, *Enfin des règles sur l'imputation des accidents du travail (et prestations analogues)* : *Resp. civ. et assur.* 2009, étude 10. • P. Jourdain, *La réforme des tiers payeurs : des victimes favorisées* : D. 2007, p. 454.

1) Indemnité de caractère personnel. V., incluant dans la part d'indemnité de caractère personnel « l'ensemble des préjudices d'ordre physiologique, psychologique et moral », ▪ Cass. 2ᵉ civ., 1ᵉʳ févr. 1995 : *JCP* 95, I, 3893, n° 25, obs. Viney ; *Bull. civ.* II, n° 42, p. 25. ▪ Cass. 2ᵉ civ., 19 mars 1997 : *JCP* 97, IV, 1039 ; *D.* 1998, 59, 2ᵉ esp., note Lambert-Faivre ; *Bull. civ.* II, n° 79, p. 44 ; *Resp. civ. et assur.* 1997, 194 ; *RTD civ.* 1997, 662, obs. Jourdain. V. aussi pour le préjudice spécifique de contamination par le virus du Sida, ▪ Cass. 2ᵉ civ., 2 avr. 1996 : *JCP* 96, I, 3985, n° 7, obs. Viney ; *Bull. civ.* II, n° 88 ; *Resp. civ. et assur.*

1996, 215. V. Y. Lambert-Faivre, *Le dommage corporel entre l'être et l'avoir : Resp. civ. et assur.* 1997, chron. 31. Le préjudice d'agrément est le préjudice subjectif de caractère personnel résultant des troubles ressentis dans les conditions d'existence (■ Cass. ass. plén., 19 déc. 2003 : *JCP* 2004, II, 10008, note Jourdain ; *D.* 2004, 161, note Lambert-Faivre, cassation de l'arrêt ayant exclu du recours du tiers payeur des indemnités réparant l'atteinte objective à l'intégrité physique de la victime. V. sur cet arrêt H. Groutel, *il y a « préjudice d'agrément » et « préjudice d'agrément » : Resp. civ. et assur.* 2004, chron. 9). Les nouvelles dispositions de l'article 31 issues de la loi de 2006 s'appliquent aux événements dommageables survenus antérieurement à l'entrée en vigueur de cette loi dès lors que le montant de l'indemnité due à la victime n'a pas été définitivement fixé (■ Cass. 2e civ., 11 sept. 2008 : *JCP* 2008, IV, 2591).

2) **Rentes d'accidents du travail.** La présomption selon laquelle la rente versée à la victime d'un accident du travail en application de l'article L. 434-2 du Code du travail ne répare pas un préjudice personnel peut être renversée en établissant que tout ou partie de cette prestation indemnise la victime pour le poste de préjudice personnel du déficit fonctionnel permanent (■ Cass. 2e civ., 23 oct. 2008 : *JurisData* n° 2008-045466 ; *D.* 2009, 203, note Sargos ; *JCP* 2008, IV, 2833 ; *Resp. civ. et assur.* 2009,11, note Groutel). La rente versée au conjoint de la victime d'un accident mortel du travail en application de l'article L. 434-8 du Code du travail, indemnise la perte de revenus et doit être imputée sur l'indemnité réparant une telle perte en cas d'accident de la circulation constituant un accident de travail (■ Cass. 2e civ., 19 févr. 2009 : *JCP* 2009, IV, 1491). La rente versée à la victime d'un accident du travail indemnise, d'une part, les pertes de gains professionnels et l'incidence professionnelle de l'incapacité et, d'autre part, le déficit fonctionnel permanent ; en l'absence de perte de gains professionnels ou d'incidence professionnelle, cette rente indemnise nécessairement le poste de préjudice personnel du déficit fonctionnel permanent (■ Cass. 2e civ., 11 juin 2009, n° 07-21.768 : *JurisData* n° 2009-048478 ; *Resp. civ. et assur.* 2009, étude 10, par H. Groutel).

Art. 32. – **Les employeurs sont admis à poursuivre directement contre le responsable des dommages ou son assureur le remboursement des charges patronales afférentes aux rémunérations maintenues ou versées à la victime pendant la période d'indisponibilité de celle-ci. Ces dispositions sont applicables à l'État par dérogation aux dispositions de l'article 2 de l'ordonnance n° 59-76 du 7 janvier 1959 précitée.**

Imputation des charges sur l'indemnité (non). Les charges dont l'employeur est admis à poursuivre le remboursement ne doivent pas être imputées sur l'indemnité réparant le préjudice de la victime (■ Cass. crim., 6 nov. 1991 : *JCP* 92, IV, 587).

Art. 33. – **Hormis les prestations mentionnées aux articles 29 et 32, aucun versement effectué au profit d'une victime en vertu d'une obligation légale, conventionnelle ou statutaire, n'ouvre droit à une action contre la personne tenue à réparation du dommage ou son assureur.**

Toute disposition contraire aux prescriptions des articles 29 à 32 et du présent article est réputée non écrite à moins qu'elle ne soit plus favorable à la victime.

(Al. codifié, D. n° 88-260, 18 mars 1988. – V. C. assur., art. L. 211-25, al. 2).

Recours subrogatoire de l'assureur. Il résulte des dispositions des articles 31 et 33, al. 3, de la loi du 5 juillet 1985, que l'assureur de la victime qui, ayant versé à celle-ci une avance, est admis à intervenir en application de l'article 388-1 du Code de procédure pénale, peut exercer son recours subrogatoire sans autre limite que le solde subsistant après paiement aux tiers visés à l'article 29 de la loi précitée et qui, en pareil cas, comprend non seulement l'indemnité complémentaire lui revenant au titre de l'atteinte à l'intégrité physique, mais encore la part d'indemnité de caractère personnel échappant au recours des tiers payeurs (■ Cass. crim., 22 mars 1995 : *JCP* 95, IV, 1760 ; *RTD civ.* 1995, 638, obs. Jourdain).

Art. 34. – **L'organisme de sécurité sociale chargé du remboursement des soins représente auprès du responsable des dommages ou de l'assureur de celui-ci, et pour la conclusion d'une transaction, les organismes de sécurité sociale chargés de la couverture des autres risques et du versement de prestations familiales.**

CHAPITRE III. – DISPOSITIONS DIVERSES

Section I. – De l'intervention du fonds de garantie en application de l'article 336 *ter* du Code rural

Art. 35. – ***V. C. rur., art. 366 ter (abr., L. n° 93-1444, 31 déc. 1993, art. 20).***

Section II. – Des intérêts moratoires

Art. 36. – V. *C. civ., art. 1153 (art. 1153-1 nouveau).*

Section III. – Des prescriptions

Art. 37. – V. *C. civ., art. 2244.*

Art. 38. – V. *C. civ., art. 2270-1.*

Section IV. – Des appels en déclaration de jugement commun

Art. 39. – V. *CSS, art. L. 397 (art. L. 376-1 nouveau).*

Art. 40. – V. *C. rur., art. 1046.*

Art. 41. – V. *C. rur., art. 1234-12.*

Art. 42. – V. *Ord. n° 59-76, 7 janv. 1959, art. 3.*

Section V. – Des rentes indemnitaires

Art. 43. – V. *L. n° 74-1118, 27 déc. 1974, art. 1er, supra.*

Art. 44. – **Dans tous les cas où une rente a été allouée, soit conventionnellement, soit judiciairement, en réparation d'un préjudice causé par un accident, le crédirentier peut demander au juge, lorsque sa situation personnelle le justifie, que les arrérages à échoir soient remplacés en tout ou partie par un capital, suivant une table de conversion fixée par décret** (1).

Section VI. – De l'organisation judiciaire

Art. 45. – V. *COJ, art. 311-10-1.*

CHAPITRE IV. – Dispositions diverses

(Intitulé rempl., Ord. n° 2012-578, 26 avr. 2012)

Art. 46. – **La prescription prévue à l'article 38 en cours lors de l'entrée en vigueur de la présente loi sera acquise à l'expiration d'un délai de dix ans à compter de cette entrée en vigueur, à moins que la prescription telle qu'elle était fixée antérieurement ne soit acquise pendant ce délai.**

Art. 47 *(Mod., L. n° 85-1097, 11 oct. 1985).* – **Les autres dispositions de la présente loi entreront en vigueur le premier jour du sixième mois qui suit la date de sa publication. Toutefois :**

- **les dispositions des articles 1er à 6 s'appliqueront dès la publication de la présente loi, même aux accidents ayant donné lieu à une action en justice introduite avant cette publication, y compris aux affaires pendantes devant la Cour de cassation. Elles s'appliqueront également aux accidents survenus dans les trois années précédant cette publication et n'ayant pas donné lieu à l'introduction d'une instance. Les transactions et les décisions de justice irrévocablement passées en force de chose jugée ne peuvent être remises en cause ;**
- **les dispositions des articles 12 à 34 ne sont pas applicables aux accidents survenus avant la date d'entrée en vigueur de la présente loi.**

Assignation en référé. L'assignation en référé, introduite avant la publication de la loi du 5 juillet 1985 constitue l'action en justice au sens de l'article 47 de ladite loi (▪ Cass. 2e civ. 27 nov. 1996 : *JCP* 97, IV, 155. *Contra*, ▪ Cass. 2e civ. 11 oct. 1989 : *Bull. civ.* II, n° 162, p. 83).

Art. 48. – **Pendant un délai de dix-huit mois à compter de l'entrée en vigueur de la présente loi, les délais de huit mois et de cinq mois prévus à l'article 12 et celui de quatre mois prévu à l'article 14 sont portés respectivement à douze, neuf et huit mois. Pendant la même période, le délai prévu à l'article 20 est porté à deux mois lorsque le**

(1) V. D. n° 86-973, 8 août 1986.

débiteur de l'indemnité de réparation est l'État, une collectivité publique, une entreprise ou un organisme pour lesquels une dérogation a été accordée en vertu de l'article L. 211-3 du Code des assurances.

Art. 49 *(Ord. n° 2012-578, 26 avr. 2012)*. **– La présente loi est applicable dans le Département de Mayotte.**

Loi n° 85-1372 du 23 décembre 1985

relative à l'égalité des époux dans les régimes matrimoniaux
et des parents dans la gestion des biens des enfants mineurs
(JO 26 déc.)

Art. 43. – Toute personne majeure peut ajouter à son nom, à titre d'usage, le nom de celui de ses parents qui ne lui a pas transmis le sien.

À l'égard des enfants mineurs, cette faculté est mise en œuvre par les titulaires de l'exercice de l'autorité parentale.

....

Section V. – Dispositions transitoires

Art. 56. – La présente loi entrera en vigueur le premier jour du septième mois qui suivra celui de sa promulgation.

À compter de cette date, elle sera applicable, sans qu'il y ait lieu de considérer l'époque à laquelle le mariage a été célébré, sous réserve des dispositions qui suivent.

Art. 57. – Le droit de poursuite des créanciers dont la créance était née à une date antérieure à l'entrée en vigueur de la présente loi restera déterminé par les dispositions en vigueur à cette date.

Au sens de l'article 57 de la loi du 23 déc. 1985, la date à laquelle naît la créance à l'égard de la caution est la date à laquelle elle s'engage (■ Cass. 1re civ., 14 mai 1991 : *Bull. civ.* I, n° 152, p. 100). Il résulte du même article que le droit de poursuite des créanciers dont la créance est née à une date antérieure à l'entrée en vigueur de cette loi reste déterminé par les dispositions en vigueur à cette date (■ Cass. 1re civ., 22 févr. 2000 : *Dr. famille* 2000, 49, note Beignier).

Art. 58. – Les époux mariés avant le 1er février 1966 sans avoir fait de contrat de mariage continueront d'avoir pour régime matrimonial la communauté de meubles et acquêts. Celle-ci sera entièrement soumise aux règles applicables au régime conventionnel de la communauté de meubles et acquêts prévu par les articles 1498 à 1501 du Code civil.

Art. 59. – Sous réserve des accords amiables déjà intervenus et des décisions judiciaires passées en force de chose jugée, les règles nouvelles relatives aux récompenses, aux prélèvements et aux dettes entre époux seront applicables dans tous les régimes matrimoniaux non encore liquidés à la date de l'entrée en vigueur de la présente loi.

L'article 59 ne règle le régime des prélèvements qu'en l'absence de contrat (■ Cass. 1re civ., 16 juill. 1992 : *Bull. civ.* I, n° 226, p. 150).

Art. 60. – Si les époux avaient fait un contrat de mariage avant l'entrée en vigueur de la présente loi, les stipulations de leur contrat non contraires aux dispositions des articles 1er à 6 de la présente loi demeureront applicables.

Toutefois, si les intéressés étaient convenus d'un régime de communauté autre que celui de main commune, les dispositions de la présente loi leur seront applicables en tout ce qui concerne l'administration des biens communs et des biens propres.

Art. 61. – La faculté d'accepter la communauté ou d'y renoncer, prévue aux articles 1453 à 1466 du Code civil dans leur rédaction antérieure à la loi n° 65-570 du 13 juillet 1965 portant réforme des régimes matrimoniaux, ne pourra plus être exercée.

Art. 62. – Les dispositions des articles 1570, 1571, 1573, 1574, 1577 et 1578, quatrième alinéa du Code civil s'appliqueront dès l'entrée en vigueur de la présente loi aux époux ayant adopté le régime de la participation aux acquêts avant cette entrée en vigueur lorsque leur contrat de mariage renvoyait sur ces différents points aux anciennes dispositions légales ou en était la reproduction.

Loi n° 86-18 du 6 janvier 1986

relative aux sociétés d'attribution d'immeubles en jouissance à temps partagé

(JO 8 janv.)

Bibliographie : V. Commentaire C. Bosgiraud : *RD imm.* 1986, 151. • V. aussi H. Périnet-Marquet, *La directive communautaire sur la jouissance à temps partagé : RD imm.* 1995, 63.

CHAPITRE I. – DISPOSITIONS COMMUNES

Art. 1er. – Les sociétés constituées en vue de l'attribution, en totalité ou par fractions, d'immeubles à usage principal d'habitation en jouissance par périodes aux associés auxquels n'est accordé aucun droit de propriété ou autre droit réel en contrepartie de leurs apports, sont régies par les dispositions applicables aux sociétés sous réserve des dispositions de la présente loi.

L'objet de ces sociétés comprend la construction d'immeubles, l'acquisition d'immeubles ou de droits réels immobiliers, l'aménagement ou la restauration des immeubles acquis ou sur lesquels portent ces droits réels.

Il comprend aussi l'administration de ces immeubles, l'acquisition et la gestion de leurs éléments mobiliers conformes à la destination des immeubles. Il peut également s'étendre à la fourniture des services, au fonctionnement des équipements collectifs nécessaires au logement ou à l'immeuble et de ceux conformes à la destination de ce dernier, qui lui sont directement rattachés.

Art. 2. – Les sociétés mentionnées à l'article 1er ne peuvent se porter caution.

Art. 3. – Les associés sont tenus, envers la société, de répondre aux appels de fonds nécessités par la construction, l'acquisition, l'aménagement ou la restauration de l'immeuble social en proportion de leurs droits dans le capital social et de participer aux charges dans les conditions prévues à l'article 9 de la présente loi.

Si un associé ne satisfait pas à ces obligations, il peut être fait application des deuxième, troisième et quatrième alinéas de l'article L. 212-4 du Code de la construction et de l'habitation.

L'associé défaillant ne peut prétendre, à compter de la décision de l'assemblée générale, ni entrer en jouissance de la fraction de l'immeuble à laquelle il a vocation, ni se maintenir dans cette jouissance.

Art. 4. – Par dérogation à l'article 1857 du Code civil, les associés des sociétés constituées sous la forme de société civile ne répondent des dettes sociales à l'égard des tiers qu'à concurrence de leurs apports.

Art. 5 *(Mod., L. n° 2009-888, 22 juill. 2009)*. – Le ou les gérants d'une société civile constituée aux fins prévues à l'article 1er de la présente loi sont nommés, pour un mandat d'une durée maximale de trois ans renouvelable, par une décision des associés représentant plus de la moitié des parts sociales nonobstant toutes dispositions contraires des statuts.

Art. 6. – Le ou les gérants d'une société civile constituée aux fins prévues à l'article 1er de la présente loi sont révocables par une décision des associés représentant plus de la moitié des parts sociales nonobstant toutes dispositions contraires des statuts.

Art. 7. – Est réputée non écrite toute clause des statuts prévoyant la désignation d'une personne physique ou morale autre que le représentant de la société pour assumer les missions prévues à l'article 1er de la présente loi.

Art. 8. – Un état descriptif de division délimite les diverses parties de l'immeuble social en distinguant celles qui sont communes de celles qui sont à usage privatif.

Les parts ou actions sont réparties entre les associés en fonction des caractéristiques du lot attribué à chacun d'eux, de la durée et de l'époque d'utilisation du local correspondant.

La valeur des droits de tous les associés est appréciée au jour de l'affectation aux lots des groupes de droits sociaux qui leur sont attachés.

Un tableau d'affectation des parts ou actions aux lots et par période est annexé à l'état descriptif de division.

Un règlement précise la destination de l'immeuble et de ses diverses parties et organise les modalités de l'utilisation des équipements collectifs.

Si un document publicitaire, quelle que soit sa forme, fait état d'un service mis à la disposition des associés et destiné à permettre l'échange des périodes de jouissance, la vente des actions ou parts sociales ou la location du lot qui leur est attaché, le règlement mentionne l'existence de ce service. En ce cas, tout acte de souscription ou de cession d'actions ou de parts sociales doit en faire état.

Le règlement indique, en outre, les conditions particulières dont peut être assorti ce service.

Art. 9. – À moins qu'elles ne soient individualisées par les lois ou règlements en vigueur, un décret détermine, parmi les charges entraînées par les services collectifs, les éléments d'équipement et le fonctionnement de l'immeuble, les charges communes et les charges liées à l'occupation.

Les associés sont tenus de participer aux charges des deux catégories en fonction de la situation et de la consistance du local, de la durée et de l'époque de la période de jouissance.

Toutefois, lorsque le local sur lequel l'associé exerce son droit de jouissance n'est pas occupé, l'associé n'est pas tenu de participer aux charges de la deuxième catégorie pendant la période correspondante.

Ils sont tenus de participer aux charges relatives au fonctionnement de la société, à la conservation, à l'entretien et à l'administration des parties communes en proportion du nombre des parts ou actions qu'ils détiennent dans le capital social.

Le règlement fixe la quote-part qui incombe, dans chacune des catégories de charges, à chaque groupe particulier de parts ou actions défini en fonction de la situation du local, de la durée et de la période de jouissance.

À défaut, il indique les bases selon lesquelles la répartition est faite.

Art. 10. – Tout associé peut demander au tribunal de grande instance du lieu de situation de l'immeuble la révision, pour l'avenir, de la répartition des charges visées à l'article 9, si la part correspondant à son lot est supérieure de plus d'un quart ou si la part correspondant au lot d'un autre associé est inférieure de plus d'un quart, dans l'une ou l'autre catégorie de charges, à celle qui résulterait d'une répartition conforme aux dispositions de l'article 9. Si l'action est reconnue fondée, le tribunal procède à la nouvelle répartition des charges.

L'action en révision prévue à l'alinéa 1er ne peut être exercée que dans les cinq ans de l'adoption de l'état descriptif de division, du règlement et des dispositions corrélatives des statuts.

Art. 11. – L'état descriptif de division, le règlement et les dispositions corrélatives des statuts doivent être adoptés avant tout commencement des travaux de construction ou, en cas d'acquisition de l'immeuble, existant avant toute entrée en jouissance des associés.

Art. 12. – Les sociétés prévues à l'article 1er qui ont pour objet la construction d'immeubles sont tenues de se conformer aux dispositions de l'article L. 212-10 du Code de la construction et de l'habitation en ce qu'il impose soit de conclure un contrat de promotion immobilière, soit de confier les opérations constitutives de la promotion immobilière à leur représentant légal ou statutaire.

Les mêmes obligations incombent aux sociétés prévues à l'article 1er qui ont pour objet l'acquisition d'immeubles en vue de l'aménagement ou de la restauration dès lors que le coût global des travaux excède 50 p. 100 du prix d'acquisition des immeubles.

Les sociétés prévues à l'article 1er qui ont pour objet l'acquisition d'immeubles à construire doivent conclure un contrat ou bénéficier d'une cession de contrat conforme aux dispositions des articles L. 261-10 et suivants du Code de la construction et de l'habitation. Si la vente a lieu sous la forme de vente en l'état futur d'achèvement, le contrat comporte la garantie d'achèvement prévue par l'article L. 261-11 du même code.

Art. 13 *(Mod. à compter du 24 septembre 2014, L. n° 2014-366, 24 mars 2014)*. – La société, quelle qu'en soit la forme, peut exiger de chaque associé, en début d'exercice, le versement d'une provision au plus égale au montant des charges lui ayant été imparties lors de l'exercice précédent ou, s'il s'agit d'un nouvel associé, ayant été imputées à l'associé précédent au cours du dernier exercice écoulé, pour le même local, la même durée et la même période.

Le règlement peut prévoir, pour le premier exercice à compter de l'achèvement des opérations mentionnées à l'article 1er de la présente loi, le paiement d'avances sur charges.

Les associés se réunissent en assemblée générale au moins une fois par an. Lorsque, conjointement, des associés disposant au moins du cinquième des parts ou actions de la société le demandent, l'assemblée générale est réunie dans un délai de trois mois qui suit la date de cette demande. L'assemblée est réunie dans le même délai à la demande du conseil de surveillance.

L'ordre du jour de l'assemblée générale est établi en concertation avec le conseil de surveillance, qui peut demander l'inscription d'une ou de plusieurs questions à l'ordre du jour.

Les associés peuvent toujours assister aux assemblées générales et y voter. Les votes par correspondance sont admis. L'avis de convocation à l'assemblée générale, qui doit mentionner les questions portées à l'ordre du jour, est adressé à tous les associés. Sans préjudice de ce qui est dit au premier alinéa de l'article 14, un associé peut se faire représenter à l'assemblée générale par toute personne physique ou morale même non associée. Toute clause contraire des statuts est réputée non écrite.

Dans les quinze jours précédant l'assemblée générale, tout associé peut demander à la société communication des comptes sociaux. À tout moment, tout associé peut également demander communication de la liste des noms et adresses des autres associés ainsi que de la répartition des parts sociales et des droits en jouissance qui y sont attachés. L'envoi des documents communiqués est effectué, le cas échéant, aux frais avancés, dûment justifiés, du demandeur.

Art. 14. – Les statuts prévoient que chaque ensemble d'associés ayant un droit de jouissance pendant la même période peut, à la majorité, désigner un ou plusieurs associés de cet ensemble pour le représenter à l'assemblée générale. Chaque représentant peut avoir un ou plusieurs suppléants ayant également la qualité d'associé.

Les représentants de période et leurs suppléants sont désignés pour une durée maximum de trois ans, renouvelable ; ils ne peuvent se faire représenter.

Les dispositions du premier alinéa ne sont pas applicables aux décisions mentionnées aux deuxième et dernier alinéas de l'article 16.

Art. 15. – Chaque associé dispose d'un nombre de voix proportionnel au nombre de parts ou actions qu'il détient dans le capital social.

Toutefois, en ce qui concerne les décisions relatives aux charges mentionnées au premier alinéa de l'article 9, chaque associé dispose d'un nombre de voix proportionnel à sa participation aux charges.

En outre, lorsque le règlement met à la charge de certains associés seulement les dépenses d'entretien d'une partie de l'immeuble ou les dépenses d'entretien et de fonctionnement d'un élément d'équipement, seuls ces associés ou leurs représentants prennent part au vote sur les décisions qui concernent ces dépenses.

Dans tous les cas, chaque représentant de période ou son suppléant dispose d'un nombre de voix égal au total des voix des associés de la période qu'il représente, sous déduction des voix des associés présents ou représentés en application du *(Mot rempl. à compter du 24 septembre 2014, L. n° 2014-366, 24 mars 2014)* « cinquième » alinéa de l'article 13.

Art. 16. – Les décisions de l'assemblée générale sont prises à la majorité des voix des associés présents ou représentés, sous réserve des alinéas suivants et des dispositions des articles 5 et 6 de la présente loi.

La majorité des deux tiers des voix des associés est requise pour la modification des statuts, pour l'établissement ou la modification du règlement, pour les décisions relatives à des actes de disposition affectant des biens immobiliers, pour la dissolution anticipée de la société, pour la fixation des modalités de sa liquidation et pour sa prorogation.

La majorité des deux tiers des voix des associés présents ou représentés est requise pour toutes les décisions relatives à des opérations telles que la transformation d'un ou de plusieurs éléments d'équipement existants, l'adjonction d'éléments nouveaux, l'aménagement ou la création de locaux à usage commun.

Pour les décisions prévues aux deuxième et troisième alinéas, et par dérogation à l'alinéa 1er de l'article 15, l'ensemble des cessionnaires de parts ou actions d'une société d'attribution d'immeubles en jouissance à temps partagé ne peut disposer de moins de 40 p. 100 des voix.

La répartition entre les associés de leurs droits dans le capital, telle qu'elle est définie aux deuxième, troisième et quatrième alinéas de l'article 8, ne peut être modifiée qu'à la majorité des deux tiers des voix des associés. Cette modification doit avoir reçu l'accord de chacun des associés concernés.

Art. 17. – Le premier alinéa de l'article 23 de la loi n° 65-557 du 10 juillet 1965 fixant le statut de la copropriété des immeubles bâtis ne s'applique pas aux associés des sociétés régies par la présente loi, lorsque ces sociétés sont membres d'un syndicat de copropriété.

(Al. mod. à compter du 24 septembre 2014, L. n° 2014-366, 24 mars 2014) Lorsque les sociétés régies par la présente loi sont membres d'un tel syndicat nonobstant toutes dispositions contraires des statuts, elles sont représentées à l'assemblée du syndicat par toute personne désignée chaque année par l'assemblée générale appelée à approuver les comptes sociaux. Cette personne rend compte aux associés des décisions prises par le syndicat de copropriété lors de la première assemblée générale tenue après l'assemblée du syndicat.

Art. 18 *(Mod. à compter du 24 septembre 2014, L. n° 2014-366, 24 mars 2014).* – Lorsque les dispositions applicables à la forme sociale choisie n'imposent pas la constitution d'un conseil d'administration ou d'un conseil de surveillance, il est institué un conseil de surveillance. Ce conseil est élu par l'assemblée générale parmi les associés. Les dirigeants sociaux, leur conjoint et leurs préposés ne peuvent en faire partie. Nonobstant toutes dispositions contraires des statuts, les membres du conseil de surveillance sont nommés pour un mandat d'une durée maximale de trois ans renouvelable. Ils sont révocables par l'assemblée générale. Le conseil de surveillance élit son président parmi ses membres. À moins que les statuts n'aient fixé les règles relatives à l'organisation et au fonctionnement du conseil de surveillance, ces règles sont fixées par l'assemblée générale.

Le conseil de surveillance donne son avis aux dirigeants sociaux ou à l'assemblée générale sur toutes les questions concernant la société, pour lesquelles il est consulté ou dont il se saisit lui-même.

Il peut prendre connaissance et copie, à sa demande et après en avoir avisé la société, de toutes pièces, documents, correspondance ou registres se rapportant à la gestion de la société.

Lorsqu'une communication est faite au conseil de surveillance, elle est valablement faite à la personne de son président. Chaque année, le conseil de surveillance rend compte à l'assemblée générale de l'exécution de sa mission.

Art. 18-1 *(Créé à compter du 24 septembre 2014, L. n° 2014-366, 24 mars 2014).* – À défaut de dispositions imposant la nomination d'un commissaire aux comptes, le contrôle de la gestion est effectué chaque année par un technicien non associé désigné par l'assemblée à laquelle il rend compte de sa mission.

Art. 19. – Les dirigeants sociaux, leur conjoint et leurs préposés ainsi que toute personne physique ou morale les représentant directement ou indirectement ne peuvent ni être représentants de période, ni recevoir mandat pour représenter un associé.

Art. 19-1 *(Mod. à compter du 24 septembre 2014, L. n° 2014-366, 24 mars 2014).* – Nonobstant toute clause contraire des statuts, un associé peut se retirer totalement ou partiellement de la société, après autorisation donnée par une décision unanime des associés. Ce retrait peut également être autorisé pour justes motifs par une décision de justice, notamment lorsque l'associé est bénéficiaire des minima sociaux ou perçoit une rémunération inférieure au salaire minimum interprofessionnel de croissance, ou lorsque l'associé ne peut plus jouir du lot qui lui a été attribué du fait de la fermeture ou de l'inaccessibilité de la station ou de l'ensemble immobilier concerné.

Le retrait est de droit lorsque les parts ou actions que l'associé détient dans le capital social lui ont été transmises par succession depuis moins de deux ans à compter de la demande de retrait formée par l'héritier ou les héritiers devenus associés auprès de la société. Le retrait est constaté par acte notarié signé par l'héritier ou les héritiers devenus associés qui se retirent et le représentant de la société. Le coût du ou des actes notariéset les droits y afférents liés au retrait sont supportés par l'héritier ou les héritiers devenus associés qui se retirent. En cas de pluralité d'héritiers, il est fait application de l'article 815-3 du Code civil. L'héritier ou les héritiers devenus associés qui se retirent ont droit au remboursement de la valeur de leurs droits sociaux fixée, à défaut d'accord amiable, conformément à l'article 1843-4 du même code.

Art. 20. – Toute souscription ou cession de parts ou actions doit faire l'objet d'un acte sous seing privé ou d'un acte notarié qui précise la nature des droits attachés à la part ou action et leur consistance, telles que celles-ci résultent de la localisation de l'immeuble et du local correspondant au lot, et la détermination de la période de jouissance attribuée.

S'il s'agit d'une cession, l'acte précité doit, en outre, préciser la situation comptable du cédant, attestée par la société, et, sauf si la cession a lieu à titre gratuit, le prix à payer au cédant.

L'acte de souscription ou de cession fait également mention du dépôt au rang des minutes d'un notaire soit du contrat de vente d'immeuble à construire, soit du contrat de promotion immobilière, de l'acte en tenant lieu ou de l'acte de cession de l'un de ces contrats.

Doivent être annexés à l'acte de souscription ou de cession les statuts de la société, l'état descriptif de division, le tableau d'affectation des parts ou actions, le règlement prévu à l'article 8, une note sommaire indiquant les caractéristiques techniques de l'immeuble et des locaux et, s'il y a lieu, le bilan du dernier exercice, le montant des charges afférentes au lot pour l'exercice précédent ou, à défaut, le montant prévisionnel de celles-ci et un inventaire des équipements et du mobilier. Cet acte peut se borner à faire référence à ces documents s'ils sont déposés au rang des minutes d'un notaire. En ce cas, une copie de ces documents est remise à l'associé et l'acte de souscription ou de cession doit mentionner cette communication.

Les dispositions du présent article ne s'appliquent pas s'il s'agit d'une souscription effectuée lors de la constitution de la société, sous réserve des dispositions propres à chaque société selon sa forme.

Art. 21. – Un état des lieux est établi contradictoirement par l'associé et le gérant de la société ou son représentant dûment désigné à cet effet, lors de la restitution du local au terme de la période de jouissance. L'associé nouvel occupant a, de plein droit, communication de cet état des lieux.

Art. 22. – Sauf entre associés, aucun contrat de cession de parts ou actions ne peut être conclu avant l'achèvement de l'immeuble, à moins que n'aient été fournies la garantie exigée en application du deuxième alinéa ci-après et la justification soit d'un contrat de vente d'immeuble à construire soumis aux articles L. 261-10 et suivants du Code de la construction et de l'habitation, soit d'un contrat de promotion immobilière ou de l'écrit en tenant lieu.

Sauf entre associés, toute cession volontaire de parts ou actions consentie avant l'achèvement doit comporter la justification d'une garantie destinée à assurer, en cas de défaillance d'un ou plusieurs associés, le règlement des appels de fonds nécessaires au paiement du prix d'acquisition des biens sociaux ou à la réalisation des travaux de construction, d'aménagement ou de restauration. Cette garantie est donnée par un établissement de crédit *(Mots aj. à compter du 1er janvier 2014, Ord. n° 2013-544, 27 juin 2013)* ou une société de financement habilité à se porter caution ou à réaliser des opérations de financement immobilier, par une entreprise d'assurance agréée à cet effet ou par une société de caution mutuelle constituée conformément aux dispositions de la loi du 13 mars 1917 ayant pour objet l'organisation du crédit au petit et au moyen commerce, à la petite et à la moyenne industrie.

Lorsque l'associé cédant est un des organismes précités, il n'a pas à fournir cet engagement.

Les dispositions des premier et deuxième alinéas du présent article sont applicables aux souscriptions de parts ou d'actions effectuées avant l'achèvement de l'immeuble, à l'exception de celles qui ont lieu lors de la constitution de la société.

Le représentant de la société qui aura effectué une souscription de parts ou d'actions, ou l'associé qui aura consenti une cession de parts ou d'actions en violation du présent article, sera puni d'un emprisonnement de deux ans et d'une amende de 100 000 F (15 000 €) ou de l'une de ces deux peines seulement.

Art. 23. – L'associé dispose du droit de louer ou de prêter le local qui lui est attribué en jouissance, pendant la période où il lui est attribué.

Toute clause contraire des statuts ou du règlement est réputée non écrite.

CHAPITRE II. – DISPOSITIONS PROPRES AUX SOCIÉTÉS COOPÉRATIVES D'ATTRIBUTION D'IMMEUBLES EN JOUISSANCE À TEMPS PARTAGÉ

Art. 24. – Lorsque la société d'attribution d'immeubles en jouissance à temps partagé revêt la forme coopérative, elle doit limiter son objet aux opérations concernant les immeubles compris dans un même programme, comportant une ou plusieurs tranches d'un ensemble immobilier.

Art. 25. – Le représentant légal ou statutaire de la société coopérative ne peut entreprendre chaque tranche du programme prévu par les statuts que lorsque les tranches précédentes sont souscrites à concurrence d'au moins 75 p. 100 et que si la souscription de toutes les parts ou actions correspondant aux lots compris dans l'ensemble du programme faisant l'objet d'une même autorisation de construire est garantie.

Cette garantie, qui consiste en l'engagement d'acquérir ou de faire acquérir les parts ou actions qui n'auraient pas été acquises un an après la date de l'acquisition de l'immeuble ou de la réception des ouvrages, ou en l'engagement de supporter ou de faire supporter jusqu'à la souscription toutes les dépenses, y compris les charges, afférentes aux lots non souscrits qui pourraient être imputées aux associés, est donnée par un établissement de crédit *(Mots aj. à compter du 1er janvier 2014, Ord. n° 2013-544, 27 juin 2013)* « ou une société de financement » habilité à se porter caution ou à réaliser des opérations de financement immobilier, une entreprise d'assurance agréée à l'effet de se porter caution, une société de caution mutuelle constituée conformément aux dispositions de la loi du 13 mars 1917 précitée.

La garantie visée à l'alinéa précédent peut également être consentie par un organisme agréé par l'État dans des conditions déterminées par un décret en Conseil d'État qui précise notamment les règles concernant la capacité de tels organismes à assumer l'engagement de garantie et la compétence et l'expérience professionnelle exigées de leurs dirigeants.

Ce décret fixe, en outre, les statuts types des organismes prévus à l'alinéa précédent, les modalités de leur intervention en garantie et de leur contrôle ainsi que les règles concernant le retrait de l'agrément auquel cette intervention est subordonnée.

Pour chacune de ces tranches, le commencement des travaux est subordonné à un pourcentage de souscription des parts ou des actions correspondant au moins à 50 p. 100 du coût de la tranche. Les souscriptions sont financées par les associés au moyen d'apports personnels ou de prêts et, le cas échéant, par la quote-part correspondante de l'emprunt éventuellement contracté à cette fin par la société.

Les dispositions prévues à l'alinéa premier de l'article L. 213-7 du Code de la construction et de l'habitation s'appliquent aux sociétés coopératives visées par le présent chapitre.

Art. 26. – La société coopérative qui procède à la construction d'immeubles est tenue de se conformer aux dispositions de l'article L. 213-6 du Code de la construction et de l'habitation.

Art. 27. – Lorsqu'un associé ne satisfait pas aux obligations auxquelles il est tenu envers la société, il peut être fait application des dispositions des deuxième, troisième, quatrième et cinquième alinéas de l'article L. 213-10 du Code de la construction et de l'habitation.

Jusqu'à l'achèvement de chaque tranche du programme mentionné à l'article 24 de la présente loi, la démission et l'exclusion d'un associé sont soumises aux dispositions de l'article L. 213-11 du Code de la construction et de l'habitation.

Art. 28. – Par dérogation à l'article 9 de la loi n° 47-1775 du 10 septembre 1947 portant statut de la coopération, chaque associé d'une société coopérative dispose d'un nombre de voix proportionnel au nombre de parts ou actions :

a) En ce qui concerne les décisions à prendre pendant la période de construction ;

b) Une fois cette période terminée, en ce qui concerne les décisions relatives aux travaux visés au *(Mots rempl., L. n° 2014-366, 24 mars 2014)* « *n* de l'article 25 de la loi n° 65-557 du 10 juillet 1965 » précitée.

En ce qui concerne les décisions relatives aux charges mentionnées au premier alinéa de l'article 9, chaque associé d'une société coopérative dispose d'un nombre de voix proportionnel à sa participation aux charges.

Art. 29. – Lorsque la société coopérative est constituée sous la forme de société civile, elle est administrée par un conseil de gérance composé de trois membres au moins nommés dans les conditions prévues par l'article 6 de la loi n° 47-1775 du 10 septembre 1947 précitée.

Par dérogation à l'article 8 de ladite loi, les premiers membres du conseil de gérance peuvent être désignés dans les statuts pour une durée ne pouvant pas excéder trois exercices.

Art. 30. – Les sociétés coopératives font procéder périodiquement à l'examen analytique de leur situation financière et de leur gestion dans les conditions prévues par l'article 29 de la loi n° 83-657 du 20 juillet 1983 relative au développement de certaines activités d'économie sociale.

CHAPITRE III. – DISPOSITIONS DIVERSES

Art. 31 *(Mod., L. n° 92-1336, 16 déc. 1992)*. – Toute personne qui, ayant reçu ou accepté un ou plusieurs versements, dépôts, souscriptions ou acceptations d'effets de commerce, chèques ou autorisations de prélèvements sur compte bancaire ou postal, à l'occasion de la formation ou de l'exécution d'un contrat de société soumis aux dispositions de la présente loi, aura détourné tout ou partie de ces sommes sera punie des peines de l'abus de confiance prévues par les articles 314-1 et 314-10 du Code pénal.

Art. 32. – V. *CCH, art. L. 241-3.*

Art. 33 *(Mod., L. n° 2014-366, 24 mars 2014)*. – Tout document constatant l'acquisition de parts ou d'actions de sociétés régies par la présente loi devra faire apparaître clairement que cette acquisition confère seulement la qualité d'associé et non celle de propriétaire de l'immeuble.

Dans toute publicité faite, reçue ou perçue, en France, sous quelque forme que ce soit, concernant des opérations d'attribution, en totalité ou par fractions, d'immeubles à usage principal d'habitation en jouissance par périodes aux associés auxquels n'est accordé aucun droit de propriété ou autre droit réel sur les immeubles en contrepartie de leur apport, le recours à toute expression incluant le terme « propriétaire » pour qualifier la qualité des associés ou « propriété pour qualifier les droits qui leur sont accordés sur l'immeuble est interdit.

(Créé à compter du 24 septembre 2014, L. n° 2014-366, 24 mars 2014) Est puni de 15 000 € d'amende le fait, pour tout annonceur, de diffuser ou de faire diffuser pour son compte une publicité non conforme au deuxième alinéa.

Art. 34. – Les sociétés déjà constituées à la date de la présente loi en vue des opérations prévues à l'article 1er devront mettre leurs statuts en conformité avec ses dispositions dans les deux ans de cette publication, dans les conditions prévues par les troisième et quatrième alinéas de l'article 499 de la loi n° 66-537 du 24 juillet 1966 sur les sociétés commerciales et sous peine des sanctions prévues par le premier alinéa de l'article 500 et par l'article 501 de ladite loi n° 66-537 du 24 juillet 1966. Toutefois, pour les sociétés de forme civile, la compétence attribuée au président du tribunal de commerce est dévolue au président du tribunal de grande instance.

Les dispositions de l'article 4 ne sont pas applicables aux dettes sociales antérieures à la mise en conformité des statuts.

Art. 35. – Les dispositions de l'article 1655 *ter* du Code général des impôts ne sont pas applicables aux sociétés dont les statuts sont établis en conformité avec les dispositions de la présente loi.

Art. 36 *(L. n° 96-609, 5 juill. 1996)*. – La présente loi est applicable à la collectivité territoriale de Mayotte. Les articles 1er à 23 sont applicables au territoire de la Polynésie française.

Pour l'application de l'article 12 au territoire de la Polynésie française, la référence au Code de la construction et de l'habitation est remplacée par la référence aux délibérations de l'assemblée de la Polynésie française applicables en la matière.

Décret n° 86-15 du 6 janvier 1986

pris pour l'application de la loi n° 85-677 du 5 juillet 1985 tendant à l'amélioration de la situation des victimes d'accidents de la circulation et à l'accélération des procédures d'indemnisation

(JO 7 janv.)

CHAPITRE I. – PROROGATION ET SUSPENSION DES DÉLAIS

Art. 1er et 14. – *Codifiés* (V. *C. assur., art. R. 211-29 à R. 211-42, supra*).

Art. 15. – Les personnes mentionnées aux articles 39 à 42 de la loi du 5 juillet 1985 qui versent ou sont tenues de verser des prestations au titre d'un régime obligatoire de sécurité sociale à la victime ou à ses ayants droit peuvent ne pas se constituer à l'instance lorsqu'elles n'ont pas de prétentions à formuler, mais doivent dans ce cas indiquer au président de la juridiction saisie le décompte des prestations versées à la victime et celles qu'elles envisagent de lui servir.

Art. 16 et 17. – *Codifiés* (*V. C. assur., art. R. 211-43 et R. 211-44, supra*).

Loi n° 86-1020 du 9 septembre 1986
relative à la lutte contre le terrorisme

(*Intitulé mod., L. n° 86-1322, 30 déc. 1986*)

Bibliographie : J.-F. Renucci, *L'indemnisation des victimes d'actes de terrorisme : D.* 1987, chron. 197.

Art. 9 *(Mod., L. n° 87-588, 30 juill. 1987)*. – I. – *V. C. assur., art. L. 126-1, supra.*

II. – *V. C. assur., art. L. 422-1.*

III et IV. – *V. C. assur., art. L. 422-2 et L. 422-3.*

IV *bis* Le fonds de garantie peut intervenir devant les juridictions de jugement en matière répressive même pour la première fois en cause d'appel, en cas de constitution de partie civile de la victime ou de ses ayants droit contre le ou les responsables des faits. Il intervient alors à titre principal et peut user de toutes les voies de recours ouvertes par la loi.

V. – *V. C. assur., art. L. 126-2.*

VI *(VI créé, L. n° 2012-1432, 21 déc. 2012 ; abr. à compter de la date prévue à l'article 8 de l'ordonnance n° 2015-1781 du 28 décembre 2015 et au plus tard le 1er janvier 2017 ; codifié ; Ord. n° 2015-1781, 28 déc. 2015. – V. C. pens. mil., art. L. 514-1)*. - Le ministre de la Justice peut décider, avec l'accord des ayants droit, que la mention « Victime du terrorisme » est portée sur l'acte de décès de toute personne mentionnée au I.

Lorsque, pour un motif quelconque, la mention « Victime du terrorisme » n'a pas pu être inscrite sur l'acte de décès au moment de la rédaction de celui-ci, elle est ajoutée ultérieurement dès que les éléments nécessaires de justification le permettent.

Les enfants des personnes dont l'acte de décès porte la mention « Victime du terrorisme » ont vocation à la qualité de pupille de la Nation.

Décret n° 86-1073 du 30 septembre 1986
relatif à l'intervention des organismes débiteurs des prestations familiales pour le recouvrement des créances alimentaires impayées

(*JO 2 oct.*)

TITRE PREMIER. – PROCÉDURE D'ADMISSION

Art. 1er. – Le directeur de l'organisme débiteur des prestations familiales établit et certifie, en trois exemplaires, l'état des sommes à recouvrer. Cet état mentionne le jugement qui a fixé la pension alimentaire.

Pour la mise en œuvre de la loi du 11 juillet 1975 précitée, la demande est réputée faite à la date d'établissement de l'état. Celui-ci précise, d'une part, le montant des termes échus et non versés par le débiteur au titre de la période de six mois ayant précédé la date de la demande de recouvrement public et, d'autre part, le montant des termes échus ou à échoir à compter de cette même date.

Pour la mise en œuvre de la loi n° 80-1055 du 23 décembre 1980 portant loi de finances rectificative pour 1980 (1), l'état précise le montant des termes échus et non versés par le débiteur dans la limite de deux ans à compter de la demande d'aide faite à l'organisme débiteur des prestations familiales en vertu de l'article L. 581-6 du Code de la sécurité sociale ou des périodes de versement de l'allocation de soutien familial versée à titre d'avance.

(1) CSS, art. L. 581-10.

L'état des sommes à recouvrer fait apparaître, en outre, le montant des frais de recouvrement perçus au profit du Trésor.

Art. 2. – L'état des sommes à recouvrer est accompagné d'une copie du jugement fixant la pension alimentaire et, si nécessaire, des documents justifiant du caractère exécutoire de celui-ci conformément aux articles 504 et 505 du Code de procédure civile.

Il mentionne également l'identité et l'adresse du créancier de la pension alimentaire, ainsi que tous renseignements relatifs au débiteur et concernant son identité, son adresse ou sa dernière adresse connue, sa profession, les nom et adresse de son employeur, la nature et l'importance de son patrimoine, la situation de ses biens et la source de ses revenus.

Il précise également les diligences entreprises pour obtenir le paiement de la pension et les motifs de leur échec. Pour l'application de la loi du 23 décembre 1980, ces mentions sont facultatives.

Art. 3. – Le directeur de l'organisme débiteur des prestations familiales adresse sans délai l'état des sommes à recouvrer au représentant de l'État dans son département.

Celui-ci rend exécutoire cet état, dans un délai de cinq jours ouvrables, et le *(Mots rempl., D. n° 2014-551, 27 mai 2014)* « directeur départemental ou, le cas échéant, régional des finances publiques ». Il avise de sa décision le directeur de l'organisme débiteur des prestations familiales.

Art. 4. – Dès réception de l'avis adressé par le représentant de l'État, le directeur de l'organisme notifie la décision au débiteur de la pension alimentaire par lettre recommandée avec demande d'avis de réception, confirmée ce même jour par lettre simple. Cette notification précise les sommes sur lesquelles porte le recouvrement public et fait connaître au débiteur qu'il ne peut plus s'en libérer qu'entre les mains d'un *(Mots rempl., D. n° 2014-551, 27 mai 2014)* « comptable de la direction générale des finances publiques », suivant les modalités de paiement qui lui seront précisées ultérieurement par ce dernier. Elle indique également au débiteur que la procédure de recouvrement public peut être contestée par lettre simple adressée au procureur de la République du lieu où est établi l'organisme.

Le directeur de l'organisme débiteur des prestations familiales informe également sans délai, par lettre simple, le créancier de la suite réservée à la demande de recouvrement public et lui indique, le cas échéant, que le refus d'admission peut être contesté par lettre simple adressée au procureur de la République du lieu où est établi l'organisme.

Pour l'application de l'article 4 de la loi du 11 juillet 1975, la décision du président du tribunal est notifiée au représentant de l'État dans le département qui établit, le cas échéant, un nouvel état exécutoire.

TITRE II. – RECOUVREMENT PAR LES COMPTABLES DE LA DIRECTION RÉGIONALE DES FINANCES PUBLIQUES

Art. 5. – *(Mod., D. n° 2014-551, 27 mai 2014)* Le directeur départemental ou, le cas échéant, régional des finances publiques assignataire de l'état exécutoire le confie pour recouvrement au comptable de la direction générale des finances publiques du lieu où demeure le débiteur.

Après déduction des frais de poursuites éventuellement engagés et des frais de recouvrement revenant au Trésor, ces derniers étant réduits à due concurrence en cas de recouvrement partiel, les sommes encaissées sont versées à l'organisme débiteur des prestations familiales.

Art. 6. – *(Mod., D. n° 2014-551, 27 mai 2014)* Le représentant de l'État, qui a rendu exécutoire l'état, émet un titre de réduction, après s'être assuré s'il y a lieu auprès du directeur départemental ou, le cas échéant, régional des finances publiques que les conditions sont réunies, s'il y a renonciation du créancier à la procédure de recouvrement public, décès du débiteur, impossibilité de recouvrer la créance constatée par le comptable de la direction générale des finances publiques ou acquittement par le débiteur des arriérés de la créance prise en charge par le comptable de la direction générale des finances publiques ainsi que des termes courants durant douze mois consécutifs.

Le représentant de l'État en avise le directeur de l'organisme débiteur des prestations familiales.

La renonciation du créancier de la pension alimentaire à la procédure de recouvrement public n'emporte pas renonciation de l'organisme débiteur des prestations familiales pour le montant d'allocation de soutien familial versé à titre d'avance. Dans ce cas, la procédure est poursuivie du seul chef de l'organisme débiteur des prestations familiales et le titre de réduction n'est émis que pour la créance à laquelle il a été renoncé.

Le directeur de l'organisme notifie sans délai, par lettre simple au créancier et au débiteur, qu'il est mis fin au recouvrement public pour tout ou partie de la dette.

TITRE III. – DISPOSITIONS DIVERSES

Art. 7. – Les dispositions des articles 5 et 7, 10, 13, 14, 21, 22 du décret n° 75-1339 du 31 décembre 1975 sont applicables à la mise en œuvre par l'organisme débiteur des prestations familiales de la loi du 11 juillet 1975 précitée.

Loi n° 86-1290 du 23 décembre 1986

tendant à favoriser l'investissement locatif, l'accession à la propriété de logements sociaux et le développement de l'offre foncière

(JO 24 déc.)

TITRE PREMIER. – DES RAPPORTS ENTRE BAILLEURS ET LOCATAIRES

....

CHAPITRE V. – MODIFICATION DE LA LOI N° 48-1360 DU 1er SEPTEMBRE 1948 PORTANT MODIFICATION ET CODIFICATION DE LA LÉGISLATION RELATIVE AUX RAPPORTS DES BAILLEURS ET LOCATAIRES OU OCCUPANTS DE LOCAUX D'HABITATION OU À USAGE PROFESSIONNEL ET INSTITUANT DES ALLOCATIONS DE LOGEMENT

Art. 25 *(L. n° 89-462, 6 juill. 1989 ; mod., L. n° 94-624, 21 juill. 1994 ; L. n° 2006-872, 13 juill. 2006).* – Les locaux vacants à compter du 23 décembre 1986 ne sont pas soumis aux dispositions de la loi n° 48-1360 du 1er septembre 1948 précitée. Ils sont désormais régis par les chapitres I à III du titre I de la loi n° 89-462 du 6 juillet 1989, à l'exception des locaux à usage exclusivement professionnel qui sont régis par l'article 57 A et par les dispositions du Code civil (1).

Si les locaux loués depuis le 23 décembre 1986 ne satisfont pas aux caractéristiques définies en application des premier et deuxième alinéas de l'article 6 de la loi n° 89-462 du 6 juillet 1989 précitée, le locataire peut, dans le délai d'un an à compter de la date de prise d'effet du contrat de location initial, demander au propriétaire leur mise en conformité avec ces normes sans qu'il soit porté atteinte à la validité du contrat de location en cours.

À défaut d'accord entre les parties, le juge saisi détermine, le cas échéant, la nature des travaux à réaliser et le délai de leur exécution, qu'il peut même d'office assortir d'une astreinte. Il peut également se prononcer sur une demande de modification du loyer fixé par le bailleur ou proposé par le locataire.

À défaut de mise aux normes effectuée dans les conditions précitées, le loyer des locaux soumis au présent article est fixé conformément *(Réf. rempl., L. n° 2014-366, 24 mars 2014)* « aux II ou III de l'article 17 » de la loi n° 89-462 du 6 juillet 1989.

Les dispositions du présent article ne sont pas applicables aux locaux classés en catégorie IV.

....

Art. 28 *(Mod., L. n° 89-462, 6 juill. 1989 ; L. n° 94-624, 21 juill. 1994).* – Le bailleur d'un local classé en sous-catégorie II B ou II C dont le loyer ou l'indemnité d'occupation est fixé conformément aux dispositions du chapitre III de la loi n° 48-1360 du 1er septembre 1948 précitée peut proposer au locataire ou occupant de bonne foi un contrat de location régi par les dispositions des articles 30 à 33 du présent chapitre et des chapitres I et III, à l'exception des articles 10 et 11, de la loi n° 89-462 du 6 juillet 1989 tendant à améliorer les rapports locatifs et portant modification de la loi n° 86-1290 du 23 décembre 1986 et, s'il s'agit d'un local à usage exclusivement professionnel, par les dispositions du Code civil et les articles 30 à 33 et 57 A de la présente loi.

(1) D. n° 87-149, 6 mars 1987, p. 3108.

Les dispositions des deuxième et troisième alinéas de l'article 25 sont applicables aux locaux loués en application du présent article.

Art. 29 *(L. n° 89-462, 6 juill. 1989).* – Les dispositions de l'article 28 ne sont pas opposables au locataire ou occupant de bonne foi dont les ressources, cumulées avec celles des autres occupants du logement, sont inférieures à un seuil fixé par décret (1).

Le seuil est calculé en fonction de la localisation géographique du logement et du nombre de personnes qui l'occupent.

Toutefois, si à l'expiration du contrat prévu à l'article 30 ci-dessus, le locataire est âgé de plus de soixante-cinq ans ou handicapé visé au 2° de l'article 27 de la loi n° 48-1360 du 1er septembre 1948 précitée, il bénéficiera, nonobstant les dispositions de l'article 33, du droit au maintien dans les lieux prévu à l'article 4 de la loi n° 48-1360 du 1er septembre 1948.

Art. 30 *(Mod., L. n° 94-624, 21 juill. 1994).* – Le contrat de location conclu en application de l'article 28 est d'une durée de huit ans. Son loyer est fixé par référence aux loyers non régis par le chapitre III de la loi n° 48-1360 du 1er septembre 1948 précitée et habituellement constatés dans le voisinage au cours des trois dernières années pour les logements comparables.

La différence entre le loyer du contrat de location établi en application de l'article 28 et le loyer ou l'indemnité d'occupation antérieur s'applique par huitième au cours des huit années de ce contrat. La révision éventuelle résultant du *(Réf. rempl., L. n° 2014-366, 24 mars 2014)* « I de l'article 17-1 » de la loi n° 89-462 du 6 juillet 1989 s'applique à chaque valeur ainsi définie.

Voir : D. n° 90-781, 31 août 1990, p. 3148.

Art. 31 *(Mod., L. n° 89-18, 13 janv. 1989 ; L. n° 89-462, 6 juill. 1989).* – Le contrat de location proposé en application de l'article 28 doit, à peine de nullité, reproduire les dispositions des articles 25 et 28 à 33.

Le bailleur notifie, à peine de nullité de la proposition de contrat, la liste des références ayant servi à déterminer le prix proposé. Les éléments constitutifs de ces références sont fixés par décret, après avis de la Commission nationale de concertation (2).

Dans un délai de deux mois à compter de la réception de la proposition du bailleur, le locataire ou l'occupant de bonne foi fait, le cas échéant, connaître au bailleur, en présentant les justifications, qu'il remplit les conditions de l'article 29.

Dans le même délai, le locataire ou occupant de bonne foi qui ne peut se prévaloir des conditions de l'article 29 fait connaître au bailleur son acceptation ou son refus du contrat de location ainsi que, le cas échéant, le montant des travaux dont il demande le remboursement en application de l'article 32.

Les notifications prévues aux trois *(quatre)* premiers alinéas du présent article sont faites par lettre recommandée avec demande d'avis de réception ou signifiées par acte d'huissier.

En cas de désaccord ou à défaut de réponse du locataire, l'une ou l'autre partie peut saisir la commission prévue à l'article 20 de la loi n° 89-462 du 6 juillet 1989 dans les trois mois qui suivent la réception de la proposition du contrat de location faite par le bailleur. Si, en l'absence d'accord entre les parties, à l'expiration d'un délai de six mois à compter de la proposition de contrat de location faite par le bailleur, le juge n'a pas été saisi, le local reste soumis aux dispositions de la loi n° 48-1360 du 1er septembre 1948 précitée.

En cas de saisine du juge, celui-ci fixe le montant du loyer et statue sur les demandes des parties. Le contrat de location est alors réputé être conclu avec les clauses et conditions fixées judiciairement. La décision est exécutoire par provision.

Sauf convention expresse contraire, le contrat de location conclu dans les conditions du présent article prend effet à l'expiration d'un délai de six mois à compter de la date de la proposition de contrat de location faite par le bailleur.

À la date d'effet du contrat de location, les rapports entre le bailleur et le locataire ou occupant de bonne foi ne sont plus régis par les dispositions de la loi n° 48-1360 du 1er septembre 1948 précitée.

(1) V. D. n° 87-387, 12 juin 1987.
(2) D. n° 90-781, 31 août 1990, p. 3148.

Art. 32. – Lorsqu'il est fait application de l'article 28, le coût des travaux ayant amélioré substantiellement le confort ou l'équipement du local effectués par le locataire ou l'occupant de bonne foi est remboursé par le propriétaire. Un décret en Conseil d'État détermine la nature des travaux pris en compte ainsi que les modalités de leur évaluation (1).

Le montant en est fixé et le remboursement effectué lors de la conclusion du contrat de location prévu à l'article 28.

Si le bailleur le demande, le règlement intervient par compensation sur la fraction du nouveau loyer qui excède le montant de l'ancien. Si la dette n'est pas éteinte à l'expiration du bail mentionné à l'article 28, le bailleur en règle alors le solde.

Art. 33 *(Mod., L. n° 89-462, 6 juill. 1989).* – À l'expiration du contrat conclu en application de l'article 31, le local est soumis aux dispositions des chapitres I à III du titre I de la loi n° 89-462 du 6 juillet 1989 et les locaux à usage exclusivement professionnel aux dispositions de l'article 57 A et aux dispositions du Code civil.

Art. 34 *(Mod., L. n° 89-462, 6 juill. 1989).* – À l'expiration des contrats de location conclus en application des articles 3 *bis*, 3 *quater*, 3 *quinquies*, 3 *sexies* et 3 *septies* de la loi n° 48-1360 du 1er septembre 1948 précitée, en cours au moment de la publication de la présente loi, et portant sur des locaux à usage d'habitation ou mixte, il est fait application de l'article 20. À l'expiration des contrats conclus après la publication de la présente loi en application des articles 3 *bis*, 3 *quater* et 3 *octies* de la loi n° 48-1360 du 1er septembre 1948 précitée, les contrats de location des locaux d'habitation ou mixte sont soumis aux dispositions des chapitres I à III de la loi n° 89-462 du 6 juillet 1989, à l'exception de l'article 16, du paragraphe *c* de l'article 17 et des articles 18 à 20.

À l'expiration des contrats conclus en application des mêmes articles et portant sur des locaux à usage exclusivement professionnel, il est fait usage des dispositions de l'article 57 A et des dispositions du Code civil.

Art. 35. – Les normes prévues à l'article 25 de la présente loi sont applicables, à compter de leur conclusion, aux contrats de location conclus conformément au 2° de l'article 3 *bis* et aux articles 3 *quater*, 3 *quinquies*, 3 *sexies* et 3 *septies* de la loi n° 48-1360 du 1er septembre 1948 précitée en cours à la date de la publication de la présente loi. Cette disposition ne s'applique pas à ceux de ces contrats qui, à la date de publication de la présente loi, ont fait l'objet d'une contestation devant les tribunaux.

L'alinéa 1er de l'article 35 se borne à fixer les normes à prendre en considération pour apprécier la conformité des locaux loués en vertu d'un des baux dérogatoires qu'il énumère (■ Cass. 3e civ., 7 févr. 1990 : *JCP* 90, II, 21528, note Giverdon et Blatter).

CHAPITRE VI. – DISPOSITIONS RELATIVES AUX LOGEMENTS APPARTENANT AUX ORGANISMES D'HABITATIONS À LOYER MODÉRÉ OU GÉRÉS PAR EUX

Art. 36. – V. *CCH, art. L. 441-3.*

Art. 37. – V. *CCH, art. L. 442-1-1 et L. 442-1-2.*

Art. 38. – Jusqu'au 1er janvier 1987, les loyers, autres que ceux mentionnés à l'article L. 442-1-1 du Code de la construction et de l'habitation, pratiqués par les organismes d'habitations à loyer modéré restent régis par les dispositions prises en application de la loi n° 82-526 du 22 juin 1982 précitée. À compter de cette date et pour une période transitoire de six mois, ces loyers peuvent évoluer dans la limite de la dernière variation annuelle de l'indice du coût de la construction connue le 30 novembre 1986.

Toutefois, lorsque des travaux d'amélioration tels que définis par l'accord collectif de location conclu le 23 novembre 1983 et rendu obligatoire par le décret n° 84-364 du 11 mai 1984 ont été entrepris avant le 1er janvier 1987, une majoration supplémentaire de loyer peut être appliquée à compter du premier jour du mois qui suit l'achèvement de ces travaux, si cette date est antérieure au 1er juillet 1987. La majoration annuelle est au

(1) D. n° 87-714, 26 août 1987, p. 3119.

plus égale à 10 p. 100 du coût réel des travaux plafonné à 9 000 F *(Disposition transitoire restant figée en francs à compter du 1er janv. 2002)* par logement, augmenté de 2 000 F *(Disposition transitoire restant figée en francs à compter du 1er janv. 2002)* par pièce principale.

Art. 39. – V. *CCH, art. L. 442-5 [abr.].*

Art. 40. – V. *CCH*, art. L. 442-10.

CHAPITRE VII. – DES PROCÉDURES DE CONCERTATION

Art. 41. – Une Commission nationale de concertation est instituée auprès du ministre chargé de la construction et de l'habitation. Elle a pour mission, par ses études, avis et propositions, de contribuer à l'amélioration des rapports entre bailleurs et locataires.

Elle comprend notamment des représentants des organisations représentatives au plan national de bailleurs, de locataires et de gestionnaires. Sa composition, le mode de désignation de ses membres, son organisation et ses règles de fonctionnement sont fixés par décret en Conseil d'État (1).

Art. 41 *bis* *(L. n° 89-462, 6 juill. 1989).* – Il est créé, au sein du conseil départemental de l'habitat prévu à l'article L. 364-1 du Code de la construction et de l'habitation, une commission spécialisée des rapports locatifs composée notamment de représentants des organisations représentatives au plan départemental de bailleurs, de locataires et de gestionnaires.

Art. 41 *ter* *(Mod., L. n° 2018-1021, 23 nov. 2018).* – Des accords collectifs de location peuvent être conclus, pour un ou plusieurs secteurs locatifs, au sein de la Commission nationale de concertation ou de chaque commission spécialisée des rapports locatifs prévue à l'article 41 *bis* entre une ou plusieurs organisations de bailleurs et de locataires. Les accords ainsi conclus s'imposent aux organisations signataires et aux adhérents de ces organisations.

Les secteurs locatifs sont les suivants :

– logements appartenant ou gérés par les organismes d'habitations à loyer modéré ;

– logements appartenant aux sociétés d'économie mixte, aux sociétés immobilières à participation majoritaire de la Caisse des dépôts et consignations, aux collectivités publiques, aux sociétés filiales directes et indirectes de la société mentionnée à l'article L. 313-20 du Code de la construction et de l'habitation autres que celles mentionnées à l'alinéa ci-dessus, à un collecteur agréé par le ministre chargé du logement dans des conditions fixées par décret en Conseil d'État aux fins de collecter la participation des employeurs à l'effort de construction ;

– logements appartenant aux entreprises d'assurance, aux établissements de crédit, aux sociétés de financement et aux filiales de ces organismes et aux personnes morales autres que celles mentionnées aux deux alinéas précédents ;

– logements appartenant aux bailleurs personnes physiques et aux sociétés civiles immobilières constituées exclusivement entre parents et alliés jusqu'au quatrième degré inclus.

Ces accords portent notamment sur les suppléments de loyers pour les organismes d'habitations à loyer modéré, la maîtrise de l'évolution des charges récupérables, la grille de vétusté, l'amélioration et l'entretien des logements et des parties communes, les locaux résidentiels à usage commun.

Les accords conclus au sein de la Commission nationale de concertation font l'objet de la publication d'un avis au *Journal officiel* de la République française. À l'issue d'un délai d'un mois après cette publication et sauf opposition de la majorité des organisations représentatives des bailleurs d'un ou plusieurs secteurs et des organisations représentatives des locataires, ils peuvent être rendus obligatoires, par décret , pour tous les logements des secteurs locatifs concernés. Le décret peut, après avis motivé de la Commission nationale de concertation et sans modifier l'équilibre de l'accord, en distraire certaines clauses.

Art. 42 *(Mod., L. n° 2009-323, 25 mars 2009).* – Les bailleurs de logements visés à l'article 41 *ter* peuvent conclure avec une ou plusieurs associations de locataires des accords collectifs locaux portant sur tout ou

(1) V. D. n° 88-274, 18 mars 1988.

partie de leur patrimoine. Ces accords portent notamment sur les loyers, les suppléments de loyers pour les organismes d'habitations à loyer modéré, la maîtrise de l'évolution des charges récupérables, la grille de vétusté, l'amélioration et l'entretien des logements et des parties communes, les locaux résidentiels à usage commun.

Ces accords sont obligatoires sur tout ou partie du patrimoine dès lors qu'ils ont été conclus :

- soit par une ou plusieurs associations affiliées à une organisation siégeant à la commission nationale de concertation, présentes dans le patrimoine du bailleur ;
- soit par une ou plusieurs associations regroupant au moins 50 % des voix des locataires aux élections au conseil d'administration ou au conseil de surveillance de l'organisme ;
- soit par une ou plusieurs associations regroupant au moins 20 % des locataires concernés par l'accord.

Ces accords ne sont pas obligatoires s'ils ont été rejetés par écrit par 50 % des locataires concernés, dans un délai de deux mois à compter de leur notification individuelle par le bailleur.

En l'absence d'accords signés conformément au présent article, les bailleurs peuvent en outre proposer directement aux locataires des accords de même nature. Ces accords sont réputés applicables dès lors qu'ils ont été approuvés, par écrit, par la majorité des locataires concernés par l'accord qui se sont exprimés, dans un délai de deux mois à compter de la réception de la notification individuelle par le bailleur, à condition que 25 % des locataires concernés par l'accord se soient exprimés. À défaut, une nouvelle consultation est alors engagée et l'accord est réputé applicable dès lors qu'il a été approuvé, par écrit, par la majorité des locataires qui se sont exprimés, dans un délai de deux mois à compter de la réception de la nouvelle notification individuelle par le bailleur.

Dans tous les cas, il n'est attribué qu'une seule voix par logement loué.

Les accords prévus au présent article peuvent être conclus pour une durée déterminée ou indéterminée. Ils mentionnent les conditions de leur dénonciation, de leur renouvellement ou de leur révision.

Art. 43 *(Mod., L. n° 89-462, 6 juill. 1989)*. – Pour l'application de l'article 41 de la présente loi et de l'article 20 de la loi n° 89-462 du 6 juillet 1989, la représentativité des organisations de bailleurs, de gestionnaires et de locataires est appréciée d'après les critères suivants :

a) Montant global des cotisations ;

b) Indépendance, expérience et activité de l'organisation dans le domaine du logement ;

c) En outre :

- pour les organisations de bailleurs et de gestionnaires, nombre de leurs adhérents et nombre de logements détenus ou gérés par leurs adhérents ;
- pour les organisations de locataires, nombre et répartition géographique de leurs adhérents.

Art. 44 *(Mod., L. n° 2017-86, 27 janv. 2017)*. – Dans un immeuble ou groupe d'immeubles, tout groupement de locataires affilié à une organisation siégeant à la Commission nationale de concertation ou toute association qui représente au moins 10 % des locataires ou toute association de locataires affiliée à une organisation nationale siégeant à la Commission nationale de concertation, au Conseil national de l'habitat ou au Conseil national de la consommation désigne au bailleur, et, le cas échéant, au syndic de copropriété par lettre recommandée avec demande d'avis de réception, le nom de trois au plus de ses représentants choisis parmi les locataires de l'immeuble ou du groupe d'immeubles. Les associations ci-dessus désignées doivent œuvrer dans le domaine du logement. Elles doivent être indépendantes de tout parti politique ou organisation philosophique, confessionnelle, ethnique ou raciale. En outre, elles œuvrent dans le secteur locatif social et ne doivent pas poursuivre des intérêts collectifs qui seraient en contradiction avec les objectifs du logement social fixés par le Code de la construction et de l'habitation, et notamment par les articles L. 411 et L. 441, ou du droit à la ville tel que défini par la loi n° 91-662 du 13 juillet 1991 d'orientation pour la ville.

Ces représentants ont accès aux différents documents concernant la détermination et l'évolution des charges locatives. À leur demande, le bailleur ou, s'il y a lieu, l'administrateur de la copropriété les consulte chaque semestre sur les différents aspects de la gestion de l'immeuble ou du groupe d'immeubles.

Dans les immeubles soumis au statut de la copropriété, les représentants des associations désignés ci-dessus peuvent assister à l'assemblée générale de copropriété et formuler des observations sur les questions inscrites à l'ordre du jour de l'assemblée générale. Le syndic de la copropriété informe les représentants des associations, par lettre recommandée avec demande d'avis de réception, de la date, de l'heure, du lieu et de l'ordre du jour de l'assemblée générale.

Les décisions prises en assemblée des copropriétaires et relatives à l'entretien de l'immeuble et aux travaux font l'objet d'un procès-verbal abrégé affiché dans les parties communes de l'immeuble.

Dans chaque bâtiment d'habitation, un panneau d'affichage doit être mis à la disposition des associations ou groupements de locataires, définis au premier alinéa du présent article, pour leurs communications portant sur le logement, l'habitat et les travaux, dans un lieu de passage des locataires.

Art. 44 *bis* *(Mod., L. n° 2017-86, 27 janv. 2017)* (1). – Les bailleurs des secteurs locatifs mentionnés aux troisième, quatrième et cinquième alinéas de l'article 41 *ter* sont tenus d'élaborer, avec les représentants des associations de locataires présentes dans le patrimoine du bailleur affiliées à une organisation siégeant à la Commission nationale de concertation, au Conseil national de l'habitat ou au Conseil national de la consommation, les représentants des associations de locataires ayant obtenu 10 % des suffrages exprimés aux dernières élections et les administrateurs élus représentants des locataires, un plan de concertation locative couvrant l'ensemble de leur patrimoine.

Le plan de concertation locative, validé par le conseil d'administration ou le conseil de surveillance du bailleur, définit les modalités pratiques de la concertation applicables aux immeubles ou aux ensembles immobiliers de leur patrimoine. Il précise notamment les règles destinées à formaliser les relations locatives locales, instaure un ou plusieurs conseils de concertation locative dont il peut prévoir la composition et prévoit des moyens matériels attribués aux représentants des locataires pour exercer leurs fonctions dans ce cadre. Il prévoit des moyens financiers, au moins égaux à 2 € par logement du patrimoine concerné par le plan et par an, pour soutenir les actions des associations qui participent à la concertation locative. Ces moyens sont répartis entre les associations de locataires en fonction de leur résultat aux dernières élections des représentants des locataires. L'usage de ces moyens et les modalités de suivi de cet usage sont définis dans le plan de concertation locative. Un bilan annuel de l'utilisation de ces moyens est adressé par les associations bénéficiaires à l'organisme concerné.

Le plan doit être élaboré dans le délai de neuf mois après publication de la loi n° 2000-1208 du 13 décembre 2000 relative à la solidarité et au renouvellement urbains.

Le plan fait l'objet de bilans et de révisions périodiques, dans les conditions qu'il définit, entre les partenaires visés au premier alinéa ci-dessus.

Dans un délai de trois ans après publication de la loi n° 2000-1208 du 13 décembre 2000 précitée, le Gouvernement présentera un bilan de la mise en œuvre des mesures relatives à la concertation après avis des secteurs concernés de la Commission nationale de concertation.

Art. 44 *ter* *(L. n° 2000-1208, 13 déc. 2000)*. – Le conseil de concertation locative prévu à l'article 44 *bis* est consulté sur les différents aspects de la gestion de l'immeuble ou des ensembles immobiliers concernés, sur les projets d'amélioration ou de construction-démolition et plus généralement sur toutes mesures touchant aux conditions d'habitat et au cadre de vie des habitants des ensembles concernés.

Il est composé de représentants du bailleur et de représentants des locataires désignés dans les conditions prévues au premier alinéa de l'article 44.

Les membres du conseil de concertation locative peuvent être assistés, dans les conditions fixées par le plan de concertation locative, de toute personne dont la compétence est jugée utile.

Il doit être mis en place au plus tard dans les six mois qui suivent l'élaboration du plan de concertation locative et se réunit au moins une fois par an.

Art. 44 *quater* *(Mod., L. n° 2017-86, 27 janv. 2017)*. – Préalablement à toute décision d'engager une opération d'amélioration, ayant une incidence sur les loyers ou les charges locatives, ou de construction-démolition, le bailleur mentionné à l'article 44 *bis* est tenu d'organiser une réunion d'information des locataires. Pendant l'élaboration du projet, il est tenu de mener une concertation avec les représentants des locataires, désignés dans les conditions prévues au premier alinéa de l'article 44. Lorsque le conseil de concertation locative, prévu à l'article 44 *ter*, existe, cette concertation est également réalisée dans son

(1) Dispositions d'application particulières : V. L. n° 2017-86, 27 janv. 2017, art. 94, II.

cadre. À défaut de représentants des locataires dans l'immeuble ou le groupe d'immeubles et après en avoir informé le conseil de concertation locative, quand il existe [,] le bailleur doit mener cette concertation avec les locataires réunis à cet effet.

La concertation porte sur la consistance et le coût des travaux, leur répercussion prévisible sur les loyers ou les charges locatives, les modalités de leur réalisation, sur l'opportunité de créer un local collectif résidentiel ainsi que, le cas échéant, sur les conditions de relogement des locataires, notamment pour les opérations de construction-démolition.

Les documents et les diagnostics ayant permis d'élaborer le projet sont tenus à disposition des locataires et de leurs représentants.

Parallèlement, le bailleur informe la commune de ses projets et de l'engagement de la concertation.

Une fois le projet élaboré et avant le début de l'opération d'amélioration ou de construction-démolition, le bailleur dresse un bilan de la concertation qui comporte, le cas échéant, l'avis motivé des représentants des locataires. Il en informe les locataires réunis à cet effet.

Un décret fixe, en tant que de besoin, les conditions d'application des articles 44 *bis*, 44 *ter* et du présent article.

CHAPITRE VIII. – DISPOSITIONS DIVERSES

Art. 45. – **À compter du premier renouvellement ou reconduction suivant la publication de la présente loi, les loyers plafonds prévus par les contrats de location des logements ayant bénéficié de primes ou de prêts spéciaux à la construction du Crédit foncier de France ou de la Caisse centrale de coopération économique sont révisés, par rapport aux loyers plafonds d'origine, par application de l'indice de référence, sans que joue la clause d'atténuation figurant au contrat.**

Art. 46 *(Mod., L. n° 89-462, 6 juill. 1989)*. – **Les dispositions du présent titre sont d'ordre public.**

Art. 47 à 50 *(Abr., L. n° 89-462, 6 juill. 1989).*

Art. 51. – **Les contrats de location en cours qui n'ont pas été mis en conformité avec les dispositions de la loi n° 82-526 du 22 juin 1982 précitée, contrairement aux dispositions du troisième alinéa de l'article 71 de cette loi, sont réputés avoir été renouvelés dans les conditions de cet article par périodes de trois années à compter de leur date d'expiration contractuelle lorsqu'il s'agit de contrats de location à durée déterminée et par périodes de trois années à compter du 24 juin 1983 lorsqu'il s'agit de contrats de location à durée indéterminée conclus avant cette date. Ces dispositions ne s'appliquent pas à ceux de ces contrats dont le renouvellement est contesté devant les tribunaux.**

L'article 51 a pour unique objet la fixation de la durée des baux en cours qui n'ont pas été mis en conformité avec la loi du 22 juin 1982. Il n'est pas rétroactif et n'a pas pour conséquence de rendre valables des congés nuls contestés devant les tribunaux. À défaut de fixation d'un terme au contrat de location lors de son renouvellement, le bail en cause s'est trouvé renouvelé à son expiration le 30 juin 1982 pour une durée indéterminée ne pouvant être inférieure à trois ans (■ Aix-en-Provence, 4 févr. 1987 : *JCP* 1989, II, 21175, note Blaisse).

Art. 52. – **Les accords collectifs conclus en application des articles 28, 37 et 61 de la loi n° 82-526 du 22 juin 1982 précitée continuent de produire effet jusqu'à leur terme ou jusqu'à la date d'effet de leur dénonciation par l'une ou l'autre des parties.**

Art. 53. – **Les contrats d'amélioration conclus en application de l'article 59 de la loi n° 82-526 du 22 juin 1982 précitée continuent de produire effet jusqu'au terme des contrats de location auxquels ils ont donné lieu ou peuvent donner lieu.**

Art. 54 *(Mod., L. n° 89-462, 6 juill. 1989)*. – **Les loyers fixés en application des articles 15 et 21 ou négociés en application des articles 41 *ter* et 42 ne peuvent ni excéder, pour les logements ayant fait l'objet de conventions passées en application de l'article L. 351-2 du Code de la construction et de l'habitation, les loyers plafonds applicables à ces logements ni déroger, pour les logements ayant fait l'objet de primes ou de prêts spéciaux à la construction du Crédit foncier de France ou de la Caisse centrale de coopération économique, aux règles applicables à ces logements.**

Les accords conclus en application de l'article 42 ne peuvent conduire à déroger, pour les logements dont le loyer est fixé par application du chapitre III de la loi n° 48-1360 du 1er septembre 1948 précitée, aux règles de fixation de ce loyer ni, pour les logements gérés par les organismes d'habitations à loyer modéré, aux règles de fixation et d'évolution des loyers prévues à l'article L. 442-1 du Code de la construction et de l'habitation.

Art. 55. – La loi n° 82-526 du 22 juin 1982 précitée est abrogée, à l'exception de ses articles 76, 78, 81 et 82.

Art. 56. – L'ordonnance n° 58-1444 du 31 décembre 1958 relative à la levée des scellés apposés lors du décès de l'occupant d'un local est abrogée.

Art. 57 *(Abr., L. n° 89-462, 6 juill. 1989).*

Art. 57 A *(L. n° 89-462, 6 juill. 1989 ; mod., L. n° 2008-776, 4 août 2008).* – Le contrat de location d'un local affecté à un usage exclusivement professionnel est conclu pour une durée au moins égale à six ans. Il est établi par écrit.

Au terme fixé par le contrat et sous réserve des dispositions du troisième alinéa du présent article, le contrat est reconduit tacitement pour la même durée.

Chaque partie peut notifier à l'autre son intention de ne pas renouveler le contrat à l'expiration de celui-ci en respectant un délai de préavis de six mois.

Le locataire peut, à tout moment, notifier au bailleur son intention de quitter les locaux en respectant un délai de préavis de six mois.

Les notifications mentionnées au présent article sont effectuées par lettre recommandée avec demande d'avis de réception ou par acte d'huissier.

Les parties peuvent déroger au présent article dans les conditions fixées au 7° du I de l'article L. 145-2 du Code de commerce.

Art. 57 B *(L. n° 2014-626, 18 juin 2014)* (1). – Au moment de chaque prise de possession des locaux par un locataire et lors de leur restitution, un état des lieux est établi contradictoirement et amiablement par les parties ou par un tiers mandaté par elles et joint au contrat de location.

Si l'état des lieux ne peut être établi dans les conditions prévues au premier alinéa, il est établi par un huissier de justice, sur l'initiative de la partie la plus diligente, à frais partagés par moitié entre le bailleur et le locataire.

Décret n° 87-149 du 6 mars 1987

fixant les conditions minimales de confort et d'habitabilité auxquelles doivent répondre les locaux mis en location

(JO 7 mars)

Art. 1er. – Les normes mentionnées à l'article 25 de la loi n° 86-1290 du 23 décembre 1986 susvisée sont les suivantes :

1° Les logements à usage d'habitation ou la partie de locaux à usage mixte professionnel et d'habitation destinée à l'habitation doivent présenter les caractéristiques ci-après :

a) Composition et dimensions :

Un logement comprend au minimum une pièce d'habitation et les pièces de service attenantes suivantes : cuisine ou coin cuisine, salle d'eau et cabinet d'aisances, celui-ci pouvant être situé dans la salle d'eau ; cette pièce d'habitation doit avoir au moins neuf mètres carrés lorsque la cuisine est séparée ou au moins douze mètres carrés lorsqu'il existe un coin cuisine.

La hauteur sous plafond des pièces d'habitation et de la cuisine est égale au moins à deux mètres vingt. Toutefois, celle-ci peut être inférieure à deux mètres vingt, sans être inférieure à deux mètres, à condition que le logement n'ait pas subi de division en hauteur depuis le 1er septembre 1948.

La surface habitable est déterminée conformément à l'article R. 111-2 du Code de la construction et de l'habitation.

(1) Dispositions d'application transitoires : V. L. n° 2014-626, 18 juin 2014, art. 16, II.

b) Ouverture et ventilation :

Toute pièce d'habitation est pourvue d'un ouvrant donnant à l'extérieur du bâtiment permettant une aération et un éclairement suffisants et assurant le bon usage du logement et la conservation du bâtiment.

Toute pièce de service est pourvue d'un ouvrant donnant à l'extérieur du bâtiment ou, à défaut, est équipée d'un système d'évacuation débouchant à l'extérieur du bâtiment et assurant le bon usage du logement et la conservation de ce bâtiment.

c) Cuisine ou coin cuisine :

La cuisine ou le coin cuisine est intérieur et comprend un évier avec siphon raccordé à une chute d'eaux usées, sur lequel sont installées l'eau potable froide et l'eau chaude. La cuisine ou le coin cuisine est aménagé de manière à pouvoir recevoir un appareil de cuisson (à gaz ou électrique) ou possède un conduit d'évacuation de fumée en bon état.

d) Salle d'eau et cabinet d'aisances :

La salle d'eau est intérieure au logement, constitue une pièce séparée et comporte une baignoire ou une douche et un lavabo munis de siphons et alimentés en eau chaude et froide.

Le cabinet d'aisances est intérieur au logement, constitue une pièce séparée, à moins qu'il ne fasse partie de la salle d'eau, et est pourvu d'une cuvette à l'anglaise et d'une chasse d'eau. S'il est équipé d'une fosse étanche, la chasse d'eau peut être remplacée par un simple effet d'eau.

Le cabinet d'aisances est séparé de la cuisine et de la pièce où sont pris les repas.

Les sols sont étanches et les parois situées autour de la douche et de la baignoire sont protégées contre les infiltrations.

e) Gaz et électricité :

Le logement est alimenté en électricité, et, le cas échéant, en gaz. Ces alimentations, ainsi que la ventilation des pièces où le gaz est utilisé, répondent aux besoins normaux des usagers ; ces installations doivent assurer la sécurité des utilisateurs.

Les nouvelles installations électriques et les nouvelles alimentations en gaz éventuelles, ainsi que la ventilation des pièces où le gaz est utilisé, sont conformes à la réglementation.

f) Eau :

Les installations d'eau intérieures au logement assurent la permanence de la distribution avec une pression et un débit suffisants.

2° La partie des locaux à usage professionnel ainsi que les locaux professionnels obéissent à la législation en vigueur en matière d'hygiène et de sécurité des travailleurs.

3° Les sols, murs, plafonds des logements ou locaux ci-dessus ne présentent pas d'infiltration ni de remontée d'eau. Les ouvrants sont étanches à l'eau et en bon état de fonctionnement.

4° L'immeuble ne présente pas de défaut d'entretien grave. Le gros œuvre (murs, charpentes, escaliers, planchers, balcons) est en bon état d'entretien.

La couverture, ses raccords et ses accessoires sont étanches.

Art. 2. – Les normes mentionnées à l'article 1er du présent décret s'appliquent aux baux conclus en application du deuxième alinéa de l'article 3 de la loi n° 48-1360 du 1er septembre 1948 susvisée.

Art. 3. – Sauf pour les litiges en cours devant les tribunaux, le décret n° 78-924 du 22 août 1978 est abrogé.

Loi n° 87-571 du 23 juillet 1987

sur le développement du mécénat

Art. 18 *(Mod., L. n° 90-559, 4 juill. 1990)*. – La fondation est l'acte par lequel une ou plusieurs personnes physiques ou morales décident l'affectation irrévocable de biens, droits ou ressources, à la réalisation d'une œuvre d'intérêt général et à but non lucratif.

Lorsque l'acte de fondation a pour but la création d'une personne morale, la fondation ne jouit de la capacité juridique qu'à compter de la date d'entrée en vigueur du décret en Conseil d'État accordant la reconnaissance d'utilité publique. Elle acquiert alors le statut de fondation reconnue d'utilité publique.

La reconnaissance d'utilité publique peut être retirée dans les mêmes formes.

Lorsqu'une fondation reconnue d'utilité publique est créée à l'initiative d'une ou plusieurs sociétés commerciales ou d'un ou plusieurs établissements publics à caractère industriel et commercial, la raison sociale ou la dénomination d'au moins l'une ou l'un d'entre eux peut être utilisée pour la désignation de cette fondation.

Les dispositions des trois premiers alinéas du II de l'article 5 de la présente loi sont étendues à toutes les fondations reconnues d'utilité publique.

Art. 18-1 *(L. n° 90-559, 4 juill. 1990 ; mod., L. n° 2003-709, 1er août 2003).* – La dotation initiale d'une fondation reconnue d'utilité publique peut être versée en plusieurs fractions sur une période maximum de dix ans à compter de la date de publication au *Journal officiel* du décret qui lui accorde la reconnaissance d'utilité publique.

Art. 18-2 *(L. n° 90-559, 4 juill. 1990).* – Un legs peut être fait au profit d'une fondation qui n'existe pas au jour de l'ouverture de la succession sous la condition qu'elle obtienne, après les formalités de constitution, la reconnaissance d'utilité publique.

La demande de reconnaissance d'utilité publique doit, à peine de nullité du legs, être déposée auprès de l'autorité administrative compétente dans l'année suivant l'ouverture de la succession.

Par dérogation aux dispositions du deuxième alinéa de l'article 18, la personnalité morale de la fondation reconnue d'utilité publique rétroagit au jour de l'ouverture de la succession.

À défaut de désignation par le testateur des personnes chargées de constituer la fondation et d'en demander la reconnaissance d'utilité publique, il est procédé à ces formalités par une fondation reconnue d'utilité publique désignée par le représentant de l'État dans la région du lieu d'ouverture de la succession.

Pour l'accomplissement de ces formalités, les personnes mentionnées à l'alinéa précédent ont la saisine sur les meubles et immeubles légués. Elles disposent à leur égard d'un pouvoir d'administration à moins que le testateur ne leur ait conféré des pouvoirs plus étendus.

Art. 18-3 *(L. n° 2005-882, 2 août 2005).* – Dans le cadre d'une opération de cession ou de transmission d'entreprise, une fondation reconnue d'utilité publique peut recevoir des parts sociales ou des actions d'une société ayant une activité industrielle ou commerciale, sans limitation de seuil ou de droits de vote, à la condition que soit respecté le principe de spécialité de la fondation.

Voir : la rédaction de cet article issue de la loi n° 2019-486 du 22 mai 2019, en *addendum*, p. 3587

Art. 19 *(L. n° 90-559, 4 juill. 1990 ; mod., L. n° 2001-420, 15 mai 2001 ; L. n° 2002-5, 4 janv. 2002).* – Les sociétés civiles ou commerciales, les établissements publics à caractère industriel et commercial, les coopératives, les institutions de prévoyances ou les mutuelles peuvent créer, en vue de la réalisation d'une œuvre d'intérêt général, une personne morale, à but non lucratif, dénommée fondation d'entreprise. Lors de la constitution de la fondation d'entreprise, le ou les fondateurs s'engagent à effectuer les versements mentionnés à l'article 19-7 de la présente loi.

Art. 19-1 *(L. n° 90-559, 4 juill. 1990 ; mod., L. n° 2002-5, 4 janv. 2002).* – La fondation d'entreprise jouit de la capacité juridique à compter de la publication au *Journal officiel* de l'autorisation administrative qui lui confère ce statut.

Cette autorisation est réputée acquise à l'expiration d'un délai de quatre mois à compter du dépôt de la demande. Elle fait alors l'objet de la publication prévue à l'alinéa ci-dessus.

La fondation d'entreprise fait connaître à l'autorité administrative toute modification apportée à ses statuts ; ces modifications sont autorisées dans les mêmes formes que les statuts initiaux. La majoration du programme d'action pluriannuel est déclarée sous la forme d'un avenant aux statuts.

Art. 19-2 *(L. n° 90-559, 4 juill. 1990 ; mod., L. n° 2002-5, 4 janv. 2002 ; mod., L. n° 2014-856, 31 juill. 2014).* – La fondation d'entreprise est créée pour une durée déterminée qui ne peut être inférieure à cinq ans. Aucun fondateur ne peut s'en retirer s'il n'a pas payé intégralement les sommes qu'il s'est engagé à verser. À l'expiration de cette période, les fondateurs ou certains d'entre eux seulement peuvent décider la prorogation de la fondation pour une durée au moins égale à trois ans. Lors de la prorogation, les fondateurs s'engagent sur un nouveau programme d'action pluriannuel au sens de l'article 19-7 ci-dessous et complètent, si besoin est, la dotation définie à l'article 19-6.

La prorogation est déclarée à l'autorité administrative. Cette déclaration est assortie du nouveau programme d'action pluriannuel ainsi que, le cas échéant, des noms des fondateurs supplémentaires. Toute autre modification des statuts est autorisée dans les mêmes formes que les statuts initiaux. La déclaration de prorogation est également assortie du dépôt de la caution bancaire prévue au dernier alinéa de l'article 19-7. Elle est publiée au *Journal officiel*.

Art. 19-3 *(L. n° 90-559, 4 juill. 1990)*. – La fondation d'entreprise peut, sous réserve des dispositions de l'article 19-8, faire tous les actes de la vie civile qui ne sont pas interdits par ses statuts mais elle ne peut acquérir ou posséder d'autres immeubles que ceux nécessaires au but qu'elle se propose. Toutes les valeurs mobilières doivent être placées en titres nominatifs, en titres pour lesquels est établi le bordereau de références nominatives prévu à l'article 55 de la loi n° 87-416 du 17 juin 1987 sur l'épargne ou en valeurs admises par la Banque de France en garanties d'avances. Lorsque la fondation d'entreprise détient des actions des sociétés fondatrices ou de sociétés contrôlées par elles, la fondation ne peut exercer les droits de vote attachés à ces actions.

Art. 19-4 *(L. n° 90-559, 4 juill. 1990)*. – La fondation d'entreprise est administrée par un conseil d'administration composé pour les deux tiers au plus des fondateurs ou de leurs représentants et de représentants du personnel, et pour un tiers au moins de personnalités qualifiées dans ses domaines d'intervention. Les personnalités sont choisies par les fondateurs ou leurs représentants et nommées lors de la première réunion constitutive du conseil d'administration.

Les statuts déterminent les conditions de nomination et de renouvellement des membres du conseil.

Les membres du conseil exercent leur fonction à titre gratuit.

Art. 19-5 *(L. n° 90-559, 4 juill. 1990)*. – Le conseil d'administration prend toutes décisions dans l'intérêt de la fondation d'entreprise. Il décide des actions en justice, vote le budget, approuve les comptes ; il décide des emprunts.

Le président représente la fondation en justice et dans les rapports avec les tiers.

Art. 19-6 *(L. n° 2002-5, 4 janv. 2002)*. – À compter de la date de la publication de la loi n° 2002-5 du 4 janvier 2002 relative aux musées de France, les fondations d'entreprise créées antérieurement dont les fondateurs auront décidé la prorogation sont autorisées à consacrer les fonds de leur dotation initiale aux dépenses prévues par leur nouveau programme d'action pluriannuel.

Art. 19-7 *(L. n° 90-559, 4 juill. 1990)*. – Les statuts de la fondation d'entreprise comprennent un programme d'action pluriannuel dont le montant ne peut être inférieur à une somme fixée par voie réglementaire.

Les sommes correspondantes peuvent être versées en plusieurs fractions sur une période maximale de cinq ans.

Les sommes que chaque membre fondateur s'engage à verser sont garanties par une caution bancaire.

Art. 19-8 *(L. n° 90-559, 4 juill. 1990 ; mod., L. n° 2002-5, 4 janv. 2002 ; L. n° 2003-709, 1er août 2003)*. – Les ressources de la fondation d'entreprise comprennent :

1° Les versements des fondateurs à l'exception de la dotation initiale si celle-ci a été constituée et n'a pas fait l'objet de l'affectation prévue à l'article 19-6 ;

2° Les subventions de l'État, des collectivités territoriales et de leurs établissements publics ;

3° Le produit des rétributions pour services rendus ;

4° Les revenus de la dotation initiale si celle-ci a été constituée et n'a pas fait l'objet de l'affectation prévue à l'article 19-6 et des ressources mentionnés aux 1°, 2° et 3° ci-dessus.

(Al. mod., L. n° 2014-856, 31 juill. 2014) Sous peine de retrait de l'autorisation administrative prévue à l'article 19-1, la fondation d'entreprise ne peut faire appel à la générosité publique ; elle ne peut recevoir de dons ni de legs. Elle peut toutefois recevoir des dons effectués par les salariés, mandataires sociaux, sociétaires, adhérents ou actionnaires de l'entreprise fondatrice ou des entreprises du groupe, au sens de l'article 223 A du Code général des impôts, auquel appartient l'entreprise fondatrice.

Art. 19-9 *(L. n° 90-559, 4 juill. 1990 ; mod., L. n° 2002-5, 4 janv. 2002)*. – Les fondations d'entreprise établissent chaque année un bilan, un compte de résultats et une annexe. Elles nomment au moins un commissaire aux comptes et un suppléant, choisis sur la liste mentionnée à l'article 219 de la loi n° 66-537 du 24 juillet 1966 sur les sociétés commerciales, qui exercent leurs fonctions dans les conditions prévues par cette loi ; les dispositions de l'article 457 de la loi précitée leur sont applicables. Les peines prévues par l'article 439 de la même loi sont applicables au président et aux membres des conseils de fondations d'entreprise qui n'auront pas, chaque année, établi un bilan, un compte de résultat et une annexe. Les dispositions des articles 455 et 458 de la même loi leur sont également applicables.

Le commissaire aux comptes peut appeler l'attention du président ou des membres du conseil de la fondation d'entreprise sur tout fait de nature à compromettre la continuité de l'activité qu'il a relevé au cours de sa mission ; il peut demander au conseil d'administration d'en délibérer ; il assiste à la réunion ; en cas d'inobservation de ces dispositions ou si, en dépit des décisions prises, il constate que la continuité de l'activité reste compromise, le commissaire aux comptes établit un rapport spécial qu'il adresse à l'autorité administrative.

Voir : la rédaction de cet article issue de la loi n° 2019-486 du 22 mai 2019, en *addendum*, p. 3587

Art. 19-10 *(L. n° 90-559, 4 juill. 1990).* – L'autorité administrative s'assure de la régularité du fonctionnement de la fondation d'entreprise ; à cette fin, elle peut se faire communiquer tous documents et procéder à toutes investigations utiles.

La fondation d'entreprise adresse, chaque année, à l'autorité administrative un rapport d'activité auquel sont joints le rapport du commissaire aux comptes et les comptes annuels.

Art. 19-11 *(L. n° 90-559, 4 juill. 1990).* – Lorsque la fondation est dissoute, soit par l'arrivée du terme, soit à l'amiable par le retrait de l'ensemble des fondateurs, sous réserve qu'ils aient intégralement payé les sommes qu'ils se sont engagés à verser, un liquidateur est nommé par le conseil d'administration. Si le conseil n'a pu procéder à cette nomination ou si la dissolution résulte du retrait de l'autorisation, le liquidateur est désigné par l'autorité judiciaire.

La nomination du liquidateur est publiée au *Journal officiel.*

Art. 19-12 *(L. n° 90-559, 4 juill. 1990 ; mod., L. n° 2002-5, 4 janv. 2002).* – En cas de dissolution d'une fondation d'entreprise, les ressources non employées et la dotation si celle-ci a été constituée et n'a pas fait l'objet de l'affectation prévue à l'article 19-6 sont attribuées par le liquidateur à un ou plusieurs établissements publics ou reconnus d'utilité publique dont l'activité est analogue à celle de la fondation d'entreprise dissoute.

Art. 19-13 *(L. n° 90-559, 4 juill. 1990).* – Un décret en Conseil d'État fixe les modalités d'application des articles 18 à 19-12 de la présente loi (1).

Art. 20 *(L. n° 90-559, 4 juill. 1990 ; L. n° 2009-526, 12 mai 2009).* – Seules les fondations reconnues d'utilité publique peuvent faire usage, dans leur intitulé, leurs statuts, contrats, documents ou publicité, de l'appellation de fondation. Toutefois, peut également être dénommée fondation l'affectation irrévocable, en vue de la réalisation d'une œuvre d'intérêt général et à but non lucratif, de biens, droits ou ressources à une fondation reconnue d'utilité publique dont les statuts ont été approuvés à ce titre, dès lors que ces biens, droits ou ressources, sont gérés directement par la fondation affectataire, et sans que soit créée à cette fin une personne morale distincte.

Seules les fondations d'entreprise répondant aux conditions prévues aux articles 19-1 à 19-10 de la présente loi peuvent faire usage, dans leur intitulé, leurs statuts, contrats, documents ou publicité, de l'appellation de fondation d'entreprise. Elle peut être accompagnée du ou des noms des fondateurs.

Les groupements constitués avant la publication de la présente loi, qui utilisent dans leur dénomination les termes de fondation ou de fondation d'entreprise, doivent se conformer à ses dispositions avant le 31 décembre 1991.

Les présidents, administrateurs ou directeurs des groupements qui enfreindront les dispositions du présent article seront punis d'une amende de 3 750 €.

Art. 20-1 *(Rétabli, L. n° 2014-856, 31 juill. 2014).* – I. – La fusion de plusieurs fondations dotées de la personnalité morale est décidée par des délibérations concordantes adoptées dans les conditions requises

(1) V. D. n° 91-1005, 30 sept. 1991.

par leurs statuts pour leur dissolution. Lorsque la fusion est réalisée par voie de création d'une nouvelle fondation, le projet de statuts de la nouvelle fondation est approuvé par délibérations concordantes de chacune des fondations qui disparaissent et il n'y a pas lieu à approbation de l'opération par la nouvelle fondation.

La scission d'une fondation dotée de la personnalité morale est décidée dans les conditions requises par ses statuts pour sa dissolution. Lorsque la scission est réalisée par apport à une nouvelle fondation, le projet de statuts de la nouvelle fondation est approuvé par délibération de la fondation scindée et il n'y a pas lieu à approbation de l'opération par la nouvelle fondation.

L'apport partiel d'actif entre fondations dotées de la personnalité morale est décidé par des délibérations concordantes adoptées dans les conditions requises par leurs statuts.

Les fondations qui participent à l'une des opérations mentionnées aux trois premiers alinéas établissent un projet de fusion, de scission ou d'apport partiel d'actif, qui fait l'objet d'une publication sur un support habilité à recevoir des annonces légales, dans des conditions et délais fixés par voie réglementaire.

Lorsque la valeur totale de l'ensemble des apports est d'un montant au moins égal à un seuil fixé par voie réglementaire, les délibérations prévues aux trois premiers alinéas sont précédées de l'examen d'un rapport établi par un commissaire à la fusion, à la scission ou aux apports, désigné d'un commun accord par la ou les fondations qui procèdent à l'apport. Le rapport se prononce sur les méthodes d'évaluation et sur la valeur de l'actif et du passif des fondations concernées et expose les conditions financières de l'opération. Pour l'exercice de sa mission, le commissaire peut obtenir auprès de chacune des fondations communication de tous documents utiles et procéder aux vérifications nécessaires.

II. – La fusion ou la scission entraîne la dissolution sans liquidation des fondations qui disparaissent et la transmission universelle de leur patrimoine aux fondations bénéficiaires, dans l'état où il se trouve à la date de réalisation définitive de l'opération. L'apport partiel d'actif n'entraîne pas la dissolution de la fondation qui apporte une partie de son actif.

Les articles L. 236-14, L. 236-20 et L. 236-21 du Code de commerce sont applicables aux fusions et aux scissions de fondations.

III. – Sauf stipulation contraire du traité d'apport, la fusion, la scission ou l'apport partiel d'actif prend effet :

1° En cas de création d'une ou de plusieurs fondations nouvelles, à la date d'entrée en vigueur de l'acte nécessaire à la constitution de la nouvelle fondation ou de la dernière d'entre elles ;

2° Lorsque l'opération entraîne une modification statutaire soumise à une approbation administrative, à la date d'entrée en vigueur de celle-ci ;

3° Dans les autres cas, à la date de la dernière délibération ayant approuvé l'opération.

IV. – Lorsqu'une fondation bénéficiant d'une autorisation administrative, d'un agrément, d'un conventionnement ou d'une habilitation participe à une fusion, à une scission ou à un apport partiel d'actif et qu'elle souhaite savoir si la fondation résultant de la fusion ou de la scission ou bénéficiaire de l'apport bénéficiera de l'autorisation, de l'agrément, du conventionnement ou de l'habilitation pour la durée restant à courir, elle peut interroger l'autorité administrative, qui se prononce sur sa demande :

1° Si elles existent, selon les règles prévues pour autoriser la cession de l'autorisation, de l'agrément, du conventionnement ou de l'habilitation ;

2° Pour les autres cas, dans les conditions et délais prévus pour accorder le conventionnement, l'autorisation, l'agrément ou l'habilitation.

Le présent IV n'est pas applicable à la reconnaissance d'utilité publique.

V. – La dissolution sans liquidation d'une fondation reconnue d'utilité publique qui disparaît du fait d'une fusion ou d'une scission est approuvée par décret en Conseil d'État. Ce même décret abroge le décret de reconnaissance d'utilité publique de la fondation dissoute.

VI. – Le présent article est applicable aux opérations intervenant entre une ou plusieurs fondations dotées de la personnalité morale et une ou plusieurs associations. La dissolution sans liquidation d'une association reconnue d'utilité publique qui disparaît du fait d'une fusion est approuvée par décret en Conseil d'État. Ce même décret abroge le décret de reconnaissance d'utilité publique de l'association absorbée.

VII. – Un décret en Conseil d'État fixe les modalités d'application du présent article.

Art. 20-2 *(L. n° 2014-856, 31 juill. 2014)*. – Une association régie par la loi du 1er juillet 1901 relative au contrat d'association ou par les articles 21 à 79 du Code civil local applicable aux départements du Bas-Rhin, du Haut-Rhin et de la Moselle peut être transformée en une fondation reconnue d'utilité publique sans donner lieu à dissolution ni à création d'une personne morale nouvelle.

La transformation de l'association est décidée par une délibération adoptée dans les conditions requises par ses statuts pour sa dissolution.

La transformation prend effet à la date d'entrée en vigueur du décret en Conseil d'État accordant la reconnaissance d'utilité publique. Le cas échéant, ce décret abroge le décret de reconnaissance d'utilité publique de l'association transformée.

II. – Un décret détermine, au vu du constat mentionné au paragraphe I, le cadre, les limites et le délai de rétablissement de la documentation hypothécaire.

À l'expiration d'un délai de deux ans à compter de la publication du décret précité, les inscriptions, saisies et mentions en marge dont le rétablissement est prévu sont réputées périmées.

III *(Mod., L. fin. rect. n° 2010-1658, 29 déc. 2010)*. – Par dérogation aux articles L. 256 et L. 274 du Livre des procédures fiscales et à la loi n° 79-587 du 11 juillet 1979 relative à la motivation des actes administratifs et à l'amélioration des relations entre l'administration et le public, le paiement des créances fiscales et domaniales mises en recouvrement à la recette divisionnaire des impôts de Bastia et non acquittées à la date du 28 février 1987 peut être poursuivi en vertu d'un avis de mise en recouvrement qui comporte la nature et le montant des sommes restant dues.

Ces avis se substituent à ceux précédemment notifiés.

Art. 20-3 *(Ord. n° 2015-904, 23 juill. 2015)*. – Une fondation dotée de la personnalité morale peut être transformée en une fondation reconnue d'utilité publique, sans donner lieu à dissolution ni à création d'une personne morale nouvelle.

La transformation de la fondation est décidée par une délibération adoptée dans les conditions requises par ses statuts pour sa dissolution.

La transformation prend effet à la date d'entrée en vigueur du décret en Conseil d'État accordant la reconnaissance d'utilité publique.

....

Art. 23. – Lorsque la valeur d'un legs fait à l'État et portant sur un bien qui présente un intérêt pour le patrimoine historique, artistique ou culturel de la nation, excède la quotité disponible, l'État peut, quel que soit cet excédent, réclamer en totalité le bien légué, sauf à récompenser préalablement les héritiers en argent.

Décret n° 87-712 du 26 août 1987

pris en application de l'article 7 de la loi n° 86-1290 du 23 décembre 1986
tendant à favoriser l'investissement locatif, l'accession à la propriété de logements sociaux
et le développement de l'offre foncière et relatif aux réparations locatives

(JO 30 août)

Art. 1er. – Sont des réparations locatives les travaux d'entretien courant et de menues réparations, y compris les remplacements d'éléments assimilables auxdites réparations, consécutifs à l'usage normal des locaux et équipements à usage privatif.

Ont notamment le caractère de réparations locatives les réparations énumérées en annexe au présent décret.

Art. 1er *bis* *(D. n° 99-667, 26 juill. 1999)*. – Le présent décret est applicable en Polynésie française pour la mise en œuvre des dispositions du d de l'article 7 de la loi n° 89-462 du 6 juillet 1989.

ANNEXE
LISTE DE RÉPARATIONS AYANT LE CARACTÈRE DE RÉPARATIONS LOCATIVES

I. Parties extérieures dont le locataire à l'usage exclusif

a) Jardins privatifs :

Entretien courant, notamment des allées, pelouses, massifs, bassins et piscines ; taille, élagage, échenillage des arbres et arbustes ;

Remplacement des arbustes ; réparation et remplacement des installations mobiles d'arrosage.

b) Auvents, terrasses et marquises :

Enlèvement de la mousse et des autres végétaux.

c) Descentes d'eaux pluviales, chéneaux et gouttières :

Dégorgement des conduits.

II. Ouvertures intérieures et extérieures

a) Sections ouvrantes telles que portes et fenêtres :

Graissage des gonds, paumelles et charnières ;

Menues réparations des boutons et poignées de portes, des gonds, crémones et espagnolettes ; remplacement notamment de boulons, clavettes et targettes.

b) Vitrages :

Réfection des mastics ;

Remplacement des vitres détériorées.

c) Dispositifs d'occultation de la lumière tels que stores et jalousies :

Graissage ;

Remplacement notamment de cordes, poulies ou de quelques lames.

d) Serrures et verrous de sécurité :

Graissage ;

Remplacement de petites pièces ainsi que des clés égarées ou détériorées.

e) Grilles :

Nettoyage et graissage ;

Remplacement notamment de boulons, clavette, targettes.

III. Parties intérieures

a) Plafonds, murs intérieurs et cloisons :

Maintien en état de propreté ;

Menus raccords de peintures et tapisseries ; remise en place ou remplacement de quelques éléments des matériaux de revêtement tels que faïence, mosaïque, matière plastique ; rebouchage des trous rendu assimilable à une réparation par le nombre, la dimension et l'emplacement de ceux-ci.

b) Parquets, moquettes et autres revêtements de sol :

Encaustiquage et entretien courant de la vitrification ;

Remplacement de quelques lames de parquets et remise en état, pose de raccords de moquettes et autres revêtements de sol, notamment en cas de taches et de trous.

c) Placards et menuiseries telles que plinthes, baguettes et moulures :

Remplacement des tablettes et tasseaux de placard et réparation de leur dispositif de fermeture ; fixation de raccords et remplacement de pointes de menuiseries.

IV. Installations de plomberie

a) Canalisations d'eau :

Dégorgement ;

Remplacement notamment de joints et de colliers.

b) Canalisations de gaz :

Entretien courant des robinets, siphons et ouvertures d'aération ;

Remplacement périodique des tuyaux souples de raccordement.

c) Fosses septiques, puisards et fosses d'aisance :

Vidange.

d) Chauffage, production d'eau chaude et robinetterie :

Remplacement des bilames, pistons, membranes, boîtes à eau, allumage piézo-électrique, clapets et joints des appareils à gaz ;

Rinçage et nettoyage des corps de chauffe et tuyauteries ;

Remplacement des joints, clapets et presse-étoupes des robinets ;

Remplacement des joints, flotteurs et joints cloches des chasses d'eau.

e) Éviers et appareils sanitaires :

Nettoyage des dépôts de calcaire, remplacement des tuyaux flexibles de douches.

V. Équipements d'installations d'électricité

Remplacement des interrupteurs, prises de courant, coupe-circuits et fusibles, des ampoules, tubes lumineux ; réparation ou remplacement des baguettes ou gaines de protection.

VI. Autres équipements mentionnés au contrat de location

a) Entretien courant et menues réparations des appareils tels que réfrigérateurs, machines à laver le linge et la vaisselle, sèche-linge, hottes aspirantes, adoucisseurs, capteurs solaires, pompes à chaleur, appareils de conditionnement d'air, antennes individuelles de radiodiffusion et de télévision, meubles scellés, cheminées, glaces et miroirs ;

b) Menues réparations nécessitées par la dépose des bourrelets ;

c) Graissage et remplacement des joints des vidoirs ;

d) Ramonage des conduits d'évacuation des fumées et des gaz et conduits de ventilation.

Décret n° 87-713 du 26 août 1987

pris en application de l'article 18 de la loi n° 86-1290 du 23 décembre 1986 tendant à favoriser l'investissement locatif, l'accession à la propriété de logements sociaux et le développement de l'offre foncière et fixant la liste des charges récupérables

(JO 30 août)

Art. 1er. – La liste des charges récupérables prévue à l'article 18 de la loi du 23 décembre 1986 susvisée figure en annexe au présent décret.

(D. n° 2013-1296, 27 déc. 2013) **Le présent décret s'applique à Mayotte à compter du 1er janvier 2014.**

Art. 2 ***(Mod., D. n° 2008-1411, 19 déc. 2008).*** **– Pour l'application du présent décret :**

a) **Il n'y a pas lieu de distinguer entre les services assurés par le bailleur en régie et les services assurés dans le cadre d'un contrat d'entreprise. Le coût des services assurés en régie inclut les dépenses de personnel d'encadrement technique chargé du contrôle direct du gardien, du concierge ou de l'employé d'immeuble ; ces dépenses d'encadrement sont exigibles au titre des charges récupérables à concurrence de 10 % de leur montant. Lorsqu'il existe un contrat d'entreprise, le bailleur doit s'assurer que ce contrat distingue les dépenses récupérables et les autres dépenses ;**

b) **Les dépenses de personnel récupérables correspondent à la rémunération et aux charges sociales et fiscales ;**

c) **Lorsque le gardien ou le concierge d'un immeuble ou d'un groupe d'immeubles assure, conformément à son contrat de travail, l'entretien des parties communes et l'élimination des rejets, les dépenses correspondant à sa rémunération et aux charges sociales et fiscales y afférentes sont exigibles au titre des charges récupérables à concurrence de 75 % de leur montant, y compris lorsqu'un tiers intervient pendant les repos hebdomadaires et les congés prévus dans les clauses de son contrat de travail, ainsi qu'en cas de force majeure, d'arrêt de travail ou en raison de l'impossibilité matérielle ou physique temporaire pour le gardien ou le concierge d'effectuer seul les deux tâches.**

Ces dépenses ne sont exigibles qu'à concurrence de 40 % de leur montant lorsque le gardien ou le concierge n'assure, conformément à son contrat de travail, que l'une ou l'autre des deux tâches, y compris lorsqu'un tiers intervient pendant les repos hebdomadaires et les congés prévus dans les clauses de son contrat de travail, ainsi qu'en cas de force majeure, d'arrêt de travail ou en raison de l'impossibilité matérielle ou physique temporaire pour le gardien ou le concierge d'effectuer seul cette tâche.

Un couple de gardiens ou de concierges qui assure, dans le cadre d'un contrat de travail commun, l'entretien des parties communes et l'élimination des rejets est assimilé à un personnel unique pour l'application du présent article.

Les éléments suivants ne sont pas retenus dans les dépenses mentionnées dans les deux premiers alinéas :

- **le salaire en nature ;**
- **l'intéressement et la participation aux bénéfices de l'entreprise ;**
- **les indemnités et primes de départ à la retraite ;**
- **les indemnités de licenciement ;**
- **la cotisation à une mutuelle prise en charge par l'employeur ou par le comité d'entreprise ;**
- **la participation de l'employeur au comité d'entreprise ;**
- **la participation de l'employeur à l'effort de construction ;**
- **la cotisation à la médecine du travail ;**

d) **Lorsqu'un employé d'immeuble assure, conformément à son contrat de travail, l'entretien des parties communes ou l'élimination des rejets, les dépenses correspondant à sa rémunération et aux charges sociales et fiscales y afférentes sont exigibles, en totalité, au titre des charges récupérables.**

Les éléments suivants ne sont pas retenus dans les dépenses mentionnées dans l'alinéa précédent :
– le salaire en nature ;
– l'intéressement et la participation aux bénéfices de l'entreprise ;
– les indemnités et primes de départ à la retraite ;
– les indemnités de licenciement ;
– la cotisation à une mutuelle prise en charge par l'employeur ou par le comité d'entreprise ;
– la participation de l'employeur au comité d'entreprise ;
– la participation de l'employeur à l'effort de construction ;
– la cotisation à la médecine du travail ;

***e)* Le remplacement d'éléments d'équipement n'est considéré comme assimilable aux menues réparations que si son coût est au plus égal au coût de celles-ci.**

Art. 3. **– Pour l'application du présent décret, les dépenses afférentes à l'entretien courant et aux menues réparations d'installations individuelles, qui figurent au III du tableau annexé, sont récupérables lorsqu'elles sont effectuées par le bailleur au lieu et place du locataire.**

Art. 3-1 *(D. n° 99-667, 26 juill. 1999).* **– Le présent décret est applicable en Polynésie française pour la mise en œuvre des dispositions de l'article 23 de la loi n° 89-462 du 6 juillet 1989.**

ANNEXE
LISTE DES CHARGES RÉCUPÉRABLES

I. – Ascenseurs et monte-charge
1. Dépenses d'électricité.
2. Dépenses d'exploitation, d'entretien courant, de menues réparations :
3. *a)* Exploitation :
– visite périodique, nettoyage et graissage des organes mécaniques ;
– examen semestriel des câbles et vérification annuelle des parachutes ;
– nettoyage annuel de la cuvette, du dessus de la cabine et de la machinerie ;
– dépannage ne nécessitant pas de réparations ou fournitures de pièces ;
– tenue d'un dossier par l'entreprise d'entretien mentionnant les visites techniques, incidents et faits importants touchant l'appareil.

b) Fournitures relatives à des produits ou à du petit matériel d'entretien (chiffons, graisses et huiles nécessaires) et aux lampes d'éclairage de la cabine.

c) Menues réparations :
– de la cabine (boutons d'envoi, paumelles de portes, contacts de portes, ferme-portes automatiques, coulisseaux de cabine, dispositif de sécurité de seuil et cellule photoélectrique) ;
– des paliers (ferme-portes mécaniques, électriques ou pneumatiques, serrures électromécaniques, contacts de porte et boutons d'appel) ;
– des balais du moteur et fusibles.

II. – Eau froide, eau chaude et chauffage collectif des locaux privatifs et des parties communes
1. Dépenses relatives :
À l'eau froide et chaude des locataires ou occupants du bâtiment ou de l'ensemble des bâtiments d'habitation concernés ;
À l'eau nécessaire à l'entretien courant des parties communes du ou desdits bâtiments, y compris la station d'épuration ;
À l'eau nécessaire à l'entretien courant des espaces extérieurs.
Les dépenses relatives à la consommation d'eau incluent l'ensemble des taxes et redevances ainsi que les sommes dues au titre de la redevance d'assainissement, à l'exclusion de celles auxquelles le propriétaire est astreint en application de l'article L. 35-5 du Code de la santé publique ;
Aux produits nécessaires à l'exploitation, à l'entretien et au traitement de l'eau ;
À l'électricité ;
Au combustible ou à la fourniture d'énergie, quelle que soit sa nature.
2. Dépenses d'exploitation, d'entretien courant et de menues réparations :
a) Exploitation et entretien courant :
– nettoyage des gicleurs, électrodes, filtres et clapets des brûleurs ;

– entretien courant et graissage des pompes de relais, jauges, contrôleurs de niveau ainsi que des groupes motopompes et pompes de puisards ;
– graissage des vannes et robinets et réfection des presse-étoupes ;
– remplacement des ampoules des voyants lumineux et ampoules de chaufferie ;
– entretien et réglage des appareils de régulation automatique et de leurs annexes ;
– vérification et entretien des régulateurs de tirage ;
– réglages des vannes, robinets et tés ne comprenant pas l'équilibrage ;
– purge des points de chauffage ;
– frais de contrôles de combustion ;
– entretien des épurateurs de fumée ;
– opérations de mise en repos en fin de saison de chauffage, rinçage des corps de chauffe et tuyauteries, nettoyage de chaufferies, y compris leurs puisards et siphons, ramonage des chaudières, carneaux et cheminées ;
– conduite de chauffage ;
– frais de location d'entretien et de relevé des compteurs généraux et individuels ;
– entretien de l'adoucisseur, du détartreur d'eau, du surpresseur et du détendeur ;
– contrôles périodiques visant à éviter les fuites de fluide frigorigène des pompes à chaleur ;
– vérification, nettoyage et graissage des organes de pompes à chaleur ;
– nettoyage périodique de la face extérieure des capteurs solaires ;
– vérification, nettoyage et graissage des organes des capteurs solaires.

b) Menues réparations dans les parties communes ou sur des éléments d'usage commun :
– réparation de fuites sur raccords et joints ;
– remplacement des joints, clapets et presse-étoupes ;
– rodage des sièges de clapets ;
– menues réparations visant à remédier aux fuites de fluide frigorigène des pompes à chaleur ;
– recharge en fluide frigorigène des pompes à chaleur.

III. – Installations individuelles

Chauffage et production d'eau chaude, distribution d'eau dans les parties privatives :

1. Dépenses d'alimentation commune de combustible ;

2. Exploitation et entretien courant, menues réparations :

a) Exploitation et entretien courant :
– réglage de débit et température de l'eau chaude sanitaire ;
– vérification et réglage des appareils de commande, d'asservissement, de sécurité d'aquastat et de pompe ;
– dépannage ;
– contrôle des raccordements et de l'alimentation des chauffe-eau électriques, contrôle de l'intensité absorbée ;
– vérification de l'état des résistances, des thermostats, nettoyage ;
– réglage des thermostats et contrôle de la température d'eau ;
– contrôle et réfection d'étanchéité des raccordements eau froide-eau chaude ;
– contrôle des groupes de sécurité ;
– rodage des sièges de clapets des robinets ;
– réglage des mécanismes de chasses d'eau.

b) Menues réparations :
– remplacement des bilames, pistons, membranes, boîtes à eau, allumage piézo-électrique, clapets et joints des appareils à gaz ;
– rinçage et nettoyage des corps de chauffe et tuyauteries ;
– remplacement des joints, clapets et presse-étoupes des robinets ;
– remplacement des joints, flotteurs et joints cloches des chasses d'eau.

IV. – Parties communes intérieures au bâtiment ou à l'ensemble des bâtiments d'habitation

1. Dépenses relatives :

À l'électricité ;

Aux fournitures consommables, notamment produits d'entretien, balais et petit matériel assimilé nécessaires à l'entretien de propreté, sel.

3. Exploitation et entretien courant, menues réparations :

a) Entretien de la minuterie, pose, dépose et entretien des tapis ;

b) Menues réparations des appareils d'entretien de propreté tels qu'aspirateur.

4. Entretien de propreté (frais de personnel).

V. – Espaces extérieurs au bâtiment ou à l'ensemble de bâtiments d'habitation (voies de circulation, aires de stationnement, abords et espaces verts, aires et équipements de jeux)
1. Dépenses relatives :
À l'électricité ;
À l'essence et huile ;
Aux fournitures consommables utilisées dans l'entretien courant : ampoules ou tubes d'éclairage, engrais, produits bactéricides et insecticides, produits tels que graines, fleurs, plants, plantes de remplacement, à l'exclusion de celles utilisées pour la réfection de massifs, plates-bandes ou haies.
2. Exploitation et entretien courant :
a) Opérations de coupe, désherbage, sarclage, ratissage, nettoyage et arrosage concernant :
– les allées, aires de stationnement et abords ;
– les espaces verts (pelouses, massifs, arbustes, haies vives, plates-bandes) ;
– les aires de jeux ;
– les bassins, fontaines, caniveaux, canalisations d'évacuation des eaux pluviales ;
– entretien du matériel horticole ;
– remplacement du sable des bacs et du petit matériel de jeux.
b) Peinture et menues réparations des bancs de jardins et des équipements de jeux et grillages.
VI. – Hygiène
1. Dépenses de fournitures consommables :
Sacs en plastique et en papier nécessaires à l'élimination des rejets ;
Produits relatifs à la désinsectisation et à la désinfection, y compris des colonnes sèches de vide-ordures.
3. Exploitation et entretien courant :
Entretien et vidange des fosses d'aisances ;
Entretien des appareils de conditionnement des ordures.
4. Élimination des rejets (frais de personnel).
VII. – Équipements divers du bâtiment ou de l'ensemble de bâtiments d'habitation
1. La fourniture d'énergie nécessaire à la ventilation mécanique.
2. Exploitation et entretien courant :
Ramonage des conduits de ventilation ;
Entretien de la ventilation mécanique ;
Entretien des dispositifs d'ouverture automatique ou codée et des interphones ;
Visites périodiques à l'exception des contrôles réglementaires de sécurité, nettoyage et graissage de l'appareillage fixe de manutention des nacelles de nettoyage des façades vitrées.
5. Divers :
Abonnement des postes de téléphone à la disposition des locataires.
VIII. – Impositions et redevances
Droit de bail.
Taxe ou redevance d'enlèvement des ordures ménagères.
Taxe de balayage.

Décret n° 87-714 du 26 août 1987

relatif au remboursement, en application de l'article 32 de la loi n° 86-1290 du 23 décembre 1986 tendant à favoriser l'investissement locatif, l'accession à la propriété de logements sociaux et le développement de l'offre foncière, du coût des travaux d'amélioration réalisés par le locataire

(JO 30 août)

Art. 1er. – Seuls peuvent être pris en compte pour l'application de l'article 32 de la loi du 23 décembre 1986 susvisée les travaux ayant amélioré substantiellement le confort ou l'équipement du local effectués par le locataire ou l'occupant de bonne foi, qui ne sont pas consécutifs à des dégradations ou des pertes dont le locataire ou l'occupant est responsable, qui conservent une valeur effective d'utilisation et qui ont été exécutés conformément aux règles de l'art et aux dispositions réglementaires en vigueur.
La part du montant des travaux qui aurait été couverte par une subvention versée au locataire ne donne pas lieu à remboursement.

Art. 2. – Les travaux sont évalués à la date de leur réalisation sur la base des mémoires ou factures acquittés par le locataire ou l'occupant de bonne foi ou par tout autre élément de preuve.

Toutefois, les installations qui ont un caractère somptuaire ou qui n'ont pas été faites au juste prix ne donnent lieu à remboursement que comme s'il s'agissait d'installations normales et réalisées au juste prix.

Le montant des travaux est actualisé par application du rapport entre la dernière valeur de l'indice du coût de la construction publié par l'Institut national de la statistique et des études économiques, connue à la date de la proposition de contrat de location formulée par le bailleur en application de l'article 28 de la loi du 23 décembre 1986 susvisée, et la valeur de ce même indice connue à la date du paiement des travaux donnant lieu à remboursement.

Le montant ainsi obtenu est réduit de 6 p. 100 par année pleine écoulée entre la date d'achèvement des travaux et la date de la proposition de contrat de location.

Loi n° 89-18 du 13 janvier 1989

portant diverses mesures d'ordre social

Art. 75. – Nonobstant toutes dispositions contraires, les mentions marginales ne seront plus apposées, à compter du 1er janvier 1989, sur l'exemplaire des registres de l'état civil conservé au greffe du tribunal de grande instance.

Les dispositions de l'alinéa précédent ne sont pas applicables dans les départements d'outre-mer, dans les territoires d'outre-mer et dans la collectivité territoriale de Mayotte.

Loi n° 89-421 du 23 juin 1989

relative à l'information et à la protection des consommateurs
ainsi qu'à diverses pratiques commerciales

....

Art. 6 *(Abr. à compter du 1er juillet 2016 et partiellement codifié, Ord. n° 2016-301, 14 mars 2016).– (V. C. consom., art. L. 224-90 à L. 224-94).* – I. - L'offre de rencontres en vue de la réalisation d'un mariage ou d'une union stable, proposée par un professionnel, doit faire l'objet d'un contrat écrit, rédigé en caractères lisibles, dont un exemplaire est remis au cocontractant du professionnel au moment de sa conclusion.

Le contrat doit mentionner, à peine de nullité, le nom du professionnel, son adresse ou celle de son siège social, la nature des prestations fournies, ainsi que le montant et les modalités de paiement du prix. Est annexée au contrat l'indication des qualités de la personne recherchée par le cocontractant du professionnel.

Ces contrats sont établis pour une durée déterminée, qui ne peut être supérieure à un an ; ils ne peuvent être renouvelés par tacite reconduction. Ils prévoient une faculté de résiliation pour motif légitime au profit des deux parties.

II. - Dans un délai de sept. jours à compter de la signature du contrat, le cocontractant du professionnel visé au paragraphe I peut revenir sur son engagement, sans être tenu au paiement d'une indemnité.

Avant l'expiration de ce délai, il ne peut être reçu de paiement ou de dépôt sous quelque forme que ce soit.

III. - Toute annonce personnalisée diffusée par l'intermédiaire d'un professionnel pour proposer des rencontres en vue de la réalisation d'un mariage ou d'une union stable doit comporter son nom, son adresse, ou celle de son siège social, ainsi que son numéro de téléphone. Lorsque plusieurs annonces sont diffusées par le même professionnel, son adresse peut ne figurer qu'une seule fois, à condition d'être parfaitement apparente.

Chaque annonce précise le sexe, l'âge, la situation familiale, le secteur d'activité et la région de résidence de la personne concernée, ainsi que les qualités de la personne recherchée par elle.

Le professionnel doit pouvoir justifier de l'existence d'un accord de la personne présentée par l'annonce sur le contenu et la diffusion de celle-ci.

IV. - Un décret en Conseil d'État précise les conditions d'application du présent article, notamment les modalités de restitution des sommes versées en cas de résiliation du contrat.

V. - Sera puni des peines de l'*article 405 du C. pén., art. 313-1 à 313-3* le professionnel qui, sous prétexte d'une présentation de candidats au mariage ou à une union stable, aura mis en présence ou fait communiquer des personnes dont l'une est rémunérée par elle ou se trouve placée directement ou indirectement, sous son autorité, ou n'a pas effectué de demande en vue du mariage ou d'une union stable. Sera puni des mêmes peines, le professionnel qui promet d'organiser des rencontres en vue de la réalisation d'un mariage ou d'une union stable avec une personne fictive.

Art. 7. – I. La consignation et la déconsignation des emballages qui servent à la livraison et à la commercialisation de liquides alimentaires s'effectuent selon les principes suivants :

– un même tarif de consignation est appliqué à tous les stades de la commercialisation pour un même type d'emballage ;

– un emballage consigné est obligatoirement admis à la déconsignation à son tarif de consignation.

II. La liste des emballages non personnalisés admissibles à la consignation et les tarifs de consigne qui leur correspondent sont déterminés, à périodicité régulière, par une commission dite de la consignation composée de délégués des organismes représentatifs des propriétaires et des utilisateurs des emballages visés au paragraphe I, ainsi que de représentants des administrations concernées.

Ces listes et tarifs sont rendus obligatoires, en totalité ou en partie, par voie réglementaire.

Les prix des emballages personnalisés déterminés par leurs propriétaires doivent respecter l'une des catégories tarifaires fixées par la commission dite de la consignation.

III. Les emballages destinés à la consignation portent la mention de leur consignation, apposée de manière lisible et durable, selon des modalités fixées par décret après avis de la commission de la consignation.

IV. Un décret précise les conditions d'application du présent article, notamment les compétences et règles d'organisation et de fonctionnement de la commission de la consignation (1).

V. La loi du 13 janvier 1938 tendant à rendre obligatoire la consignation des emballages en brasserie et en eaux gazeuses est abrogée.

....

Art. 10 *(Mod., L. n° 93-949, 26 juill. 1993 ; mod., Ord. n° 2016-301, 14 mars 2016)*. – I. - Au premier alinéa de l'article 9 de la loi n° 71-556 du 12 juillet 1971 relative à la création et au fonctionnement des organismes privés dispensant un enseignement à distance, ainsi qu'à la publicité et au démarchage faits par les établissements d'enseignement, les mots : « délai de six jours francs » sont remplacés par les mots : « délai de sept jours ». Cette disposition entre en vigueur à l'expiration d'un délai de six mois suivant la promulgation de la présente loi.

II. - Sont prorogés jusqu'au premier jour ouvrable suivant les délais qui expireraient normalement un samedi, un dimanche ou un jour férié ou chômé, fixés par la loi n° 71-556 du 12 juillet 1971.

Loi n° 89-462 du 6 juillet 1989

tendant à améliorer les rapports locatifs et portant modification de la loi n° 86-1290 du 23 décembre 1986

(JO 8 juill.)

TITRE PREMIER. – DES RAPPORTS ENTRE BAILLEURS ET LOCATAIRES

CHAPITRE I. – DISPOSITIONS GÉNÉRALES

Art. 1er *(Mod., L. n° 2002-73, 17 janv. 2002)*. – Le droit au logement est un droit fondamental ; il s'exerce dans le cadre des lois qui le régissent.

L'exercice de ce droit implique la liberté de choix pour toute personne de son mode d'habitation grâce au maintien et au développement d'un secteur locatif et d'un secteur d'accession à la propriété ouverts à toutes les catégories sociales.

(Al. mod., L. n° 2014-366, 24 mars 2014) Aucune personne ne peut se voir refuser la location d'un logement pour un motif discriminatoire défini à l'article 225-1 du Code pénal.

En cas de litige relatif à l'application de l'alinéa précédent, la personne s'étant vu refuser la location d'un logement présente des éléments de fait laissant supposer l'existence d'une discrimination directe ou indirecte.

(1) V. D. n° 90-264, 23 mars 1990.

Au vu de ces éléments, il incombe à la partie défenderesse de prouver que sa décision est justifiée. Le juge forme sa conviction après avoir ordonné, en cas de besoin, toutes les mesures d'instruction qu'il estime utiles.

Les droits et obligations réciproques des bailleurs et des locataires doivent être équilibrés dans leurs relations individuelles comme dans leurs relations collectives.

Art. 2 *(Rempl., L. n° 2014-366, 24 mars 2014 ; mod., L. n° 2018-1021, 23 nov. 2018)*. – Les dispositions du présent titre sont d'ordre public.

Le présent titre s'applique aux locations de locaux à usage d'habitation ou à usage mixte professionnel et d'habitation, et qui constituent la résidence principale du preneur, ainsi qu'aux garages, aires et places de stationnement, jardins et autres locaux, loués accessoirement au local principal par le même bailleur. La résidence principale est entendue comme le logement occupé au moins huit mois par an, sauf obligation professionnelle, raison de santé ou cas de force majeure, soit par le preneur ou son conjoint, soit par une personne à charge au sens du Code de la construction et de l'habitation.

Toutefois, ce titre ne s'applique pas :

1° Aux logements-foyers, à l'exception du premier alinéa de l'article 6 et de l'article 20-1 ;

2° Aux logements meublés, régis par le titre Ier *bis* ;

2° *bis* Aux logements meublés loués dans le cadre d'un bail mobilité, régis par le titre Ier *ter* ;

3° Aux logements attribués ou loués en raison de l'exercice d'une fonction ou de l'occupation d'un emploi et aux locations consenties aux travailleurs saisonniers, à l'exception de l'article 3-3, des deux premiers alinéas de l'article 6, de l'article 20-1 et de l'article 24-1.

Art. 3 *(Rempl., L. n° 2014-366, 24 mars 2014 ; mod., L. n° 2015-990, 6 août 2015 ; L. n° 2018-1021, 23 nov. 2018)*. – Le contrat de location est établi par écrit et respecte un contrat type défini par décret en Conseil d'État , pris après avis de la Commission nationale de concertation.

Le contrat de location précise :

1° Le nom ou la dénomination du bailleur et son domicile ou son siège social ainsi que, le cas échéant, ceux de son mandataire ;

2° Le nom ou la dénomination du locataire ;

3° La date de prise d'effet et la durée ;

4° La consistance, la destination ainsi que la surface habitable de la chose louée, définie par le Code de la construction et de l'habitation ;

5° La désignation des locaux et équipements d'usage privatif dont le locataire a la jouissance exclusive et, le cas échéant, l'énumération des parties, équipements et accessoires de l'immeuble qui font l'objet d'un usage commun, ainsi que des équipements d'accès aux technologies de l'information et de la communication ;

6° Le montant du loyer, ses modalités de paiement ainsi que ses règles de révision éventuelle ;

7° *(7° abr., L. n° 2018-1021, 23 nov. 2018)* ;

8° Le montant et la date de versement du dernier loyer appliqué au précédent locataire, dès lors que ce dernier a quitté le logement moins de dix-huit mois avant la signature du bail ;

9° La nature et le montant des travaux effectués dans le logement depuis la fin du dernier contrat de location ou depuis le dernier renouvellement du bail ;

10° Le montant du dépôt de garantie, si celui-ci est prévu.

Une notice d'information relative aux droits et obligations des locataires et des bailleurs ainsi qu'aux voies de conciliation et de recours qui leur sont ouvertes pour régler leurs litiges est annexée au contrat de location. Un arrêté du ministre chargé du logement, pris après avis de la Commission nationale de concertation, détermine le contenu de cette notice .

Lorsque l'immeuble est soumis au statut de la copropriété, le copropriétaire bailleur est tenu de communiquer au locataire les extraits du règlement de copropriété concernant la destination de l'immeuble, la jouissance et l'usage des parties privatives et communes, et précisant la quote-part afférente au lot loué dans chacune des catégories de charges. Ces extraits du règlement de copropriété sont communiqués par voie dématérialisée, sauf opposition explicite de l'une des parties au contrat.

Le bailleur ne peut pas se prévaloir de la violation du présent article.

Chaque partie peut exiger de l'autre partie, à tout moment, l'établissement d'un contrat conforme au présent article. En cas de mutation à titre gratuit ou onéreux du logement, le nouveau bailleur est tenu de notifier au locataire son nom ou sa dénomination et son domicile ou son siège social ainsi que, le cas échéant, ceux de son mandataire.

En cas d'absence dans le contrat de location d'une des informations relatives à la surface habitable et au dernier loyer acquitté par le précédent locataire, le locataire peut, dans un délai d'un mois à compter de la prise d'effet du contrat de location, mettre en demeure le bailleur de porter ces informations au bail. À défaut de réponse du bailleur dans le délai d'un mois ou en cas de refus de ce dernier, le locataire peut saisir, dans le délai de trois mois à compter de la mise en demeure, la juridiction compétente afin d'obtenir, le cas échéant, la diminution du loyer.

Art. 3-1 *(Rempl., L. n° 2014-366, 24 mars 2014).* – Lorsque la surface habitable de la chose louée est inférieure de plus d'un vingtième à celle exprimée dans le contrat de location, le bailleur supporte, à la demande du locataire, une diminution du loyer proportionnelle à l'écart constaté. À défaut d'accord entre les parties ou à défaut de réponse du bailleur dans un délai de deux mois à compter de la demande en diminution de loyer, le juge peut être saisi, dans le délai de quatre mois à compter de cette même demande, afin de déterminer, le cas échéant, la diminution de loyer à appliquer. La diminution de loyer acceptée par le bailleur ou prononcée par le juge prend effet à la date de signature du bail. Si la demande en diminution du loyer par le locataire intervient plus de six mois à compter de la prise d'effet du bail, la diminution de loyer acceptée par le bailleur ou prononcée par le juge prend effet à la date de la demande.

Art. 3-2 *(Rempl., L. n° 2014-366, 24 mars 2014 ; mod., L. n° 2015-990, 6 août 2015).* – Un état des lieux est établi selon des modalités définies par décret en Conseil d'État, pris après avis de la Commission nationale de concertation, dans les mêmes formes et en autant d'exemplaires que de parties lors de la remise et de la restitution des clés. Il est établi contradictoirement et amiablement par les parties ou par un tiers mandaté par elles et joint au contrat de location.

Si l'état des lieux ne peut être établi dans les conditions prévues au premier alinéa, il est établi par un huissier de justice, sur l'initiative de la partie la plus diligente, à frais partagés par moitié entre le bailleur et le locataire et à un coût fixé par décret en Conseil d'État. Dans ce cas, les parties en sont avisées par l'huissier au moins sept jours à l'avance, par lettre recommandée avec demande d'avis de réception.

À défaut d'état des lieux ou de la remise d'un exemplaire de l'état des lieux à l'une des parties, la présomption établie par l'article 1731 du Code civil ne peut être invoquée par celle des parties qui a fait obstacle à l'établissement de l'acte ou à sa remise à l'une des parties.

Le locataire peut demander au bailleur ou à son représentant de compléter l'état des lieux d'entrée dans un délai de dix jours à compter de son établissement. Si cette demande est refusée, le locataire peut saisir la commission départementale de conciliation territorialement compétente.

Pendant le premier mois de la période de chauffe, le locataire peut demander que l'état des lieux soit complété par l'état des éléments de chauffage.

Le propriétaire ou son mandataire complète les états des lieux d'entrée et de sortie par les relevés des index pour chaque énergie, en présence d'une installation de chauffage ou d'eau chaude sanitaire individuelle, ou collective avec un comptage individuel. L'extrait de l'état des lieux correspondant est mis à la disposition de la personne chargée d'établir le diagnostic de performance énergétique prévu à l'article L. 134-1 du Code de la construction et de l'habitation qui en fait la demande, sans préjudice de la mise à disposition des factures.

Art. 3-3 *(L. n° 2014-366, 24 mars 2014 ; mod., L. n° 2018-1021, 23 nov. 2018).* – Un dossier de diagnostic technique, fourni par le bailleur, est annexé au contrat de location lors de sa signature ou de son renouvellement et comprend :

1° Le diagnostic de performance énergétique prévu à l'article L. 134-1 du Code de la construction et de l'habitation ;

2° Le constat de risque d'exposition au plomb prévu aux articles L. 1334-5 et L. 1334-7 du Code de la santé publique ;

3° Une copie d'un état mentionnant l'absence ou, le cas échéant, la présence de matériaux ou produits de la construction contenant de l'amiante. Un décret en Conseil d'État définit les modalités d'application du présent 3°, notamment la liste des matériaux ou produits concernés ;

4° Un état de l'installation intérieure d'électricité et de gaz, dont l'objet est d'évaluer les risques pouvant porter atteinte à la sécurité des personnes. Un décret en Conseil d'État définit les modalités d'application du présent 4° ainsi que les dates d'entrée en vigueur de l'obligation en fonction des enjeux liés aux différents types de logements, dans la limite de six ans à compter de la publication de la loi n° 2014-366 du 24 mars 2014 pour l'accès au logement et un urbanisme rénové.

Dans les zones mentionnées au I de l'article L. 125-5 du Code de l'environnement, le dossier de diagnostic technique est complété à chaque changement de locataire par l'état des risques naturels et technologiques.

Le dossier de diagnostic technique est communiqué au locataire par voie dématérialisée, sauf opposition explicite de l'une des parties au contrat.

Le locataire ne peut se prévaloir à l'encontre du bailleur des informations contenues dans le diagnostic de performance énergétique, qui n'a qu'une valeur informative.

Le propriétaire bailleur tient le diagnostic de performance énergétique à la disposition de tout candidat locataire.

Art. 4 *(Mod., L. n° 2006-872, 13 juill. 2006 ; L. n° 2007-297, 5 mars 2007).* – Est réputée non écrite toute clause :

a) Qui oblige le locataire, en vue de la vente ou de la location du local loué, à laisser visiter celui-ci les jours fériés ou plus de deux heures les jours ouvrables ;

b) Par laquelle le locataire est obligé de souscrire une assurance auprès d'une compagnie choisie par le bailleur ;

c) Qui impose comme mode de paiement du loyer l'ordre de prélèvement automatique sur le compte courant du locataire ou la signature par avance de traites ou de billets à ordre ;

d) Par laquelle le locataire autorise le bailleur à prélever ou à faire prélever les loyers directement sur son salaire dans la limite cessible ;

e) Qui prévoit la responsabilité collective des locataires en cas de dégradation d'un élément commun de la chose louée ;

f) Par laquelle le locataire s'engage par avance à des remboursements sur la base d'une estimation faite unilatéralement par le bailleur au titre des réparations locatives ;

g) Qui prévoit la résiliation de plein droit du contrat en cas d'inexécution des obligations du locataire pour un motif autre que le non-paiement du loyer, des charges, du dépôt de garantie, la non-souscription d'une assurance des risques locatifs ou le non-respect de l'obligation d'user paisiblement des locaux loués, résultant de troubles de voisinage constatés par une décision de justice passée en force de chose jugée ;

h) Qui autorise le bailleur à diminuer ou à supprimer, sans contrepartie équivalente, des prestations stipulées au contrat ;

i) Qui autorise le bailleur à percevoir des amendes *(Mots aj., L. n° 2014-366, 24 mars 2014)* « ou des pénalités » en cas d'infractions aux clauses d'un contrat de location ou d'un règlement intérieur à l'immeuble ;

j) Qui interdit au locataire l'exercice d'une activité politique, syndicale, associative ou confessionnelle.

k) *(Mod., L. n° 2014-366, 24 mars 2014)* Qui impose au locataire la facturation de l'état des lieux de sortie dès lors que celui-ci n'est pas établi par un huissier de justice dans le cas prévu par l'article 3-2 ;

l) Qui prévoit le renouvellement du bail par tacite reconduction pour une durée inférieure à celle prévue à l'article 10 ;

m) Qui interdit au locataire de rechercher la responsabilité du bailleur ou qui exonère le bailleur de toute responsabilité ;

n) Qui interdit au locataire d'héberger des personnes ne vivant pas habituellement avec lui ;

o) Qui impose au locataire le versement, lors de l'entrée dans les lieux, de sommes d'argent en plus de celles prévues aux articles 5 et 22 ;

p) Qui fait supporter au locataire des frais de relance ou d'expédition de la quittance ainsi que les frais de procédure en plus des sommes versées au titre des dépens et de l'article 700 du Code de procédure civile ;

q) Qui prévoit que le locataire est automatiquement responsable des dégradations constatées dans le logement ;

r) Qui interdit au locataire de demander une indemnité au bailleur lorsque ce dernier réalise des travaux d'une durée supérieure à *(Mot rempl., L. n° 2014-366, 24 mars 2014)* « vingt et un » jours ;

s) Qui permet au bailleur d'obtenir la résiliation de plein droit du bail au moyen d'une simple ordonnance de référé insusceptible d'appel.

t) *(L. n° 2014-366, 24 mars 2014)* Qui impose au locataire, en surplus du paiement du loyer pour occupation du logement, de souscrire un contrat pour la location d'équipements.

Art. 5 *(Rempl., L. n° 2014-366, 24 mars 2014 ; mod., L. n° 2017-86, 27 janv. 2017 ; L. n° 2018-1021, 23 nov. 2018).* – I. - La rémunération des personnes mandatées pour se livrer ou prêter leur concours à l'entremise ou à la négociation d'une mise en location d'un logement, tel que défini aux articles 2 et 25-3, est à la charge exclusive du bailleur, à l'exception des honoraires liés aux prestations mentionnées aux deuxième et troisième alinéas du présent I.

Les honoraires des personnes mandatées pour effectuer la visite du preneur, constituer son dossier et rédiger un bail sont partagés entre le bailleur et le preneur. Le montant toutes taxes comprises imputé au preneur pour ces prestations ne peut excéder celui imputé au bailleur et demeure inférieur ou égal à un plafond par mètre carré de surface habitable de la chose louée fixé par voie réglementaire et révisable chaque année, dans des conditions définies par décret. Ces honoraires sont dus à la signature du bail.

Les honoraires des personnes mandatées pour réaliser un état des lieux sont partagés entre le bailleur et le preneur. Le montant toutes taxes comprises imputé au locataire pour cette prestation ne peut excéder celui imputé au bailleur et demeure inférieur ou égal à un plafond par mètre carré de surface habitable de la chose louée fixé par voie réglementaire et révisable chaque année, dans des conditions définies par décret. Ces honoraires sont dus à compter de la réalisation de la prestation.

Les trois premiers alinéas du présent I ainsi que les montants des plafonds qui y sont définis sont reproduits, à peine de nullité, dans le contrat de bail lorsque celui-ci est conclu avec le concours d'une personne mandatée et rémunérée à cette fin.

II. - Les professionnels qui interviennent, à quelque titre que ce soit, lors de la conclusion du contrat de bail d'un logement, lors de la location ou pour en assurer la gestion locative communiquent à l'observatoire local des loyers compétent, tel que défini à l'article 16, des informations relatives au logement et au contrat de location. Tout bailleur possédant une part significative des locaux constituant le parc de référence, défini au deuxième alinéa du même article 16, à l'échelle de la zone géographique d'un observatoire local des loyers prévu au premier alinéa dudit article 16, communique audit observatoire, des informations relatives au logement et au contrat de location. Ces communications s'effectuent directement ou par l'intermédiaire d'un organisme tiers qui transmet ces informations à l'association mentionnée au cinquième alinéa du même article 16, selon une méthodologie validée par l'instance scientifique mentionnée audit article.

La nature de ces informations, les conditions dans lesquelles elles sont transmises et le nombre de logements correspondant à une part significative du parc de référence sont définis par décret .

Toute personne intéressée peut communiquer à l'observatoire local des loyers les informations mentionnées au premier alinéa du présent II.

Les manquements à l'obligation mentionnée au même premier alinéa sont punis d'une amende administrative, prononcée par le représentant de l'État dans le département, dont le montant ne peut être supérieur à 5 000 € pour une personne physique et à 15 000 € pour une personne morale. L'amende est prononcée après que l'intéressé a été informé de la possibilité de présenter ses observations dans un délai déterminé. Le montant de l'amende est proportionné à la gravité des faits constatés.

Art. 6 *(Mod., L. n° 2014-366, 24 mars 2014 ; L. n° 2015-992, 17 août 2015 ; L. n° 2018-1021, 23 nov. 2018).* – Le bailleur est tenu de remettre au locataire un logement décent ne laissant pas apparaître de risques manifestes pouvant porter atteinte à la sécurité physique ou à la santé, exempt de toute infestation d'espèces nuisibles et parasites, répondant à un critère de performance énergétique minimale et doté des éléments le rendant conforme à l'usage d'habitation. Un décret en Conseil d'État définit le critère de performance énergétique minimale à respecter et un calendrier de mise en œuvre échelonnée.

Les caractéristiques correspondantes sont définies par décret en Conseil d'État pour les locaux à usage de résidence principale ou à usage mixte mentionnés au deuxième alinéa de l'article 2 et les locaux visés aux 1° à 3° du même article, à l'exception des logements-foyers et des logements destinés aux travailleurs agricoles qui sont soumis à des règlements spécifiques (1).

Le bailleur est obligé :

a) De délivrer au locataire le logement en bon état d'usage et de réparation ainsi que les équipements mentionnés au contrat de location en bon état de fonctionnement ; toutefois, les parties peuvent convenir par

(1) V. T. appl. : D. n° 2002-120, 30 janv. 2002. - NDLR.

une clause expresse des travaux que le locataire exécutera ou fera exécuter et des modalités de leur imputation sur le loyer ; cette clause prévoit la durée de cette imputation et, en cas de départ anticipé du locataire, les modalités de son dédommagement sur justification des dépenses effectuées ; une telle clause ne peut concerner que des logements répondant aux caractéristiques définies en application des premier et deuxième alinéas ;

b) D'assurer au locataire la jouissance paisible du logement et, sans préjudice des dispositions de l'article 1721 du Code civil, de le garantir des vices ou défauts de nature à y faire obstacle hormis ceux qui, consignés dans l'état des lieux, auraient fait l'objet de la clause expresse mentionnée au *a* ci-dessus ;

c) D'entretenir les locaux en état de servir à l'usage prévu par le contrat et d'y faire toutes les réparations, autres que locatives, nécessaires au maintien en état et à l'entretien normal des locaux loués ;

d) De ne pas s'opposer aux aménagements réalisés par le locataire, dès lors que ceux-ci ne constituent pas une transformation de la chose louée.

Art. 6-1 *(L. n° 2007-297, 5 mars 2007).* – Après mise en demeure dûment motivée, les propriétaires des locaux à usage d'habitation doivent, sauf motif légitime, utiliser les droits dont ils disposent en propre afin de faire cesser les troubles de voisinage causés à des tiers par les personnes qui occupent ces locaux.

Art. 7 *(Mod., L. n° 94-624, 21 juill. 1994 ; L. n° 2010-788, 12 juill. 2010).* – Le locataire est obligé :

a) (Mod., L. n° 2014-366, 24 mars 2014) De payer le loyer et les charges récupérables aux termes convenus ; le paiement mensuel est de droit lorsque le locataire en fait la demande[.] Le paiement partiel du loyer par le locataire réalisé en application des articles L. 542-2 et L. 831-3 du Code de la sécurité sociale ne peut être considéré comme un défaut de paiement du locataire ;

b) D'user paisiblement des locaux loués suivant la destination qui leur a été donnée par le contrat de location ;

c) De répondre des dégradations et pertes qui surviennent pendant la durée du contrat dans les locaux dont il a la jouissance exclusive, à moins qu'il ne prouve qu'elles ont eu lieu par cas de force majeure, par la faute du bailleur ou par le fait d'un tiers qu'il n'a pas introduit dans le logement ;

d) (Mod., L. n° 2014-366, 24 mars 2014) De prendre à sa charge l'entretien courant du logement, des équipements mentionnés au contrat et les menues réparations ainsi que l'ensemble des réparations locatives définies par décret en Conseil d'État, sauf si elles sont occasionnées par vétusté, malfaçon, vice de construction, cas fortuit ou force majeure[.] Les modalités de prise en compte de la vétusté de la chose louée sont déterminées par décret en Conseil d'État, après avis de la Commission nationale de concertation. Lorsque les organismes bailleurs mentionnés à l'article L. 411-2 du Code de la construction et de l'habitation ont conclu avec les représentants de leurs locataires des accords locaux portant sur les modalités de prise en compte de la vétusté et établissant des grilles de vétusté applicables lors de l'état des lieux, le locataire peut demander à ce que les stipulations prévues par lesdits accords soient appliquées ;

e) (Rempl., L. n° 2014-366, 24 mars 2014) De permettre l'accès aux lieux loués pour la préparation et l'exécution de travaux d'amélioration des parties communes ou des parties privatives du même immeuble, de travaux nécessaires au maintien en état ou à l'entretien normal des locaux loués, de travaux d'amélioration de la performance énergétique à réaliser dans ces locaux et de travaux qui permettent de remplir les obligations mentionnées au premier alinéa de l'article 6. Les deux derniers alinéas de l'article 1724 du Code civil sont applicables à ces travaux sous réserve du respect de la loi n° 67-561 du 12 juillet 1967 relative à l'amélioration de l'habitat. Avant le début des travaux, le locataire est informé par le bailleur de leur nature et des modalités de leur exécution par une notification de travaux qui lui est remise en main propre ou par lettre recommandée avec demande d'avis de réception. Aucuns travaux ne peuvent être réalisés les samedis, dimanches et jours fériés sans l'accord exprès du locataire. Si les travaux entrepris dans un local d'habitation occupé, ou leurs conditions de réalisation, présentent un caractère abusif ou vexatoire ou ne respectent pas les conditions définies dans la notification de préavis de travaux ou si leur exécution a pour effet de rendre l'utilisation du local impossible ou dangereuse, le juge peut prescrire, sur demande du locataire, l'interdiction ou l'interruption des travaux entrepris ;

f) (Mod., L. n° 2015-1776, 28 déc. 2015 ; L. n° 2018-1021, 23 nov. 2018) De ne pas transformer les locaux et équipements loués sans l'accord écrit du propriétaire ; à défaut de cet accord, ce dernier peut exiger du locataire, à son départ des lieux, leur remise en l'état ou conserver à son bénéfice les transformations effectuées sans que le locataire puisse réclamer une indemnisation des frais engagés ; le bailleur a toutefois la faculté d'exiger aux frais du locataire la remise immédiate des lieux en l'état lorsque les transformations mettent en péril le bon fonctionnement des équipements ou la sécurité du local. Toutefois, des travaux d'adaptation du logement aux personnes en situation de handicap ou de perte d'autonomie peuvent être réalisés aux frais du locataire. Ces travaux font l'objet d'une demande écrite par lettre recommandée avec demande d'avis de réception auprès du bailleur. L'absence de réponse dans un délai de deux mois à compter de la date de réception de la demande vaut décision d'acceptation du bailleur. Au départ du locataire, le bailleur ne peut pas exiger la remise des lieux en l'état. La liste des travaux ainsi que les modalités de mise en œuvre sont fixées par décret en Conseil d'État ;

g) (Rempl., L. n° 2014-366, 24 mars 2014) De s'assurer contre les risques dont il doit répondre en sa qualité de locataire et d'en justifier lors de la remise des clés puis, chaque année, à la demande du bailleur. La justification de cette assurance résulte de la remise au bailleur d'une attestation de l'assureur ou de son représentant.

Toute clause prévoyant la résiliation de plein droit du contrat de location pour défaut d'assurance du locataire ne produit effet qu'un mois après un commandement demeuré infructueux. Ce commandement reproduit, à peine de nullité, les dispositions du présent paragraphe.

À défaut de la remise de l'attestation d'assurance et après un délai d'un mois à compter d'une mise en demeure non suivie d'effet, le bailleur peut souscrire une assurance pour compte du locataire, récupérable auprès de celui-ci.

Cette mise en demeure doit informer le locataire de la volonté du bailleur de souscrire une assurance pour compte du locataire et vaut renoncement à la mise en œuvre de la clause prévoyant, le cas échéant, la résiliation de plein droit du contrat de location pour défaut d'assurance du locataire.

Cette assurance constitue une assurance pour compte au sens de l'article L. 112-1 du Code des assurances. Elle est limitée à la couverture de la responsabilité locative mentionnée au premier alinéa du présent g. Le montant total de la prime d'assurance annuelle, éventuellement majoré dans la limite d'un montant fixé par décret en Conseil d'État, est récupérable par le bailleur par douzième à chaque paiement du loyer. Il est inscrit sur l'avis d'échéance et porté sur la quittance remise au locataire.

Une copie du contrat d'assurance est transmise au locataire lors de la souscription et à chaque renouvellement du contrat.

Lorsque le locataire remet au bailleur une attestation d'assurance ou en cas de départ du locataire avant le terme du contrat d'assurance, le bailleur résilie le contrat souscrit pour le compte du locataire dans le délai le plus bref permis par la législation en vigueur. La prime ou la fraction de prime exigible dans ce délai au titre de la garantie souscrite par le bailleur demeure récupérable auprès du locataire.

Art. 7-1 *(L. n° 2014-366, 24 mars 2014).* – Toutes actions dérivant d'un contrat de bail sont prescrites par trois ans à compter du jour où le titulaire d'un droit a connu ou aurait dû connaître les faits lui permettant d'exercer ce droit.

Toutefois, l'action en révision du loyer par le bailleur est prescrite un an après la date convenue par les parties dans le contrat de bail pour réviser ledit loyer.

Art. 8. – *(Al. mod., L. n° 2014-366, 24 mars 2014)* Le locataire ne peut ni céder le contrat de location, ni sous-louer le logement sauf avec l'accord écrit du bailleur, y compris sur le prix du loyer. Le prix du loyer au mètre carré de surface habitable des locaux sous-loués ne peut excéder celui payé par le locataire principal. Le locataire transmet au sous-locataire l'autorisation écrite du bailleur et la copie du bail en cours.

En cas de cessation du contrat principal, le sous-locataire ne peut se prévaloir d'aucun droit à l'encontre du bailleur ni d'aucun titre d'occupation.

Les autres dispositions de la présente loi ne sont pas applicables au contrat de sous-location.

Art. 8-1 *(L. n° 2014-366, 24 mars 2014 ; mod., L. n° 2015-990, 6 août 2015 ; L. n° 2018-1021, 23 nov. 2018).* – I. - La colocation est définie comme la location d'un même logement par plusieurs locataires, constituant leur résidence principale, et formalisée par la conclusion d'un contrat unique ou de plusieurs contrats entre les locataires et le bailleur à l'exception de la location consentie exclusivement à des époux ou à des partenaires liés par un pacte civil de solidarité au moment de la conclusion initiale du contrat.

II . - Lorsque la colocation est formalisée par la conclusion de plusieurs contrats entre les locataires et le bailleur, elle constitue une division du logement tenue au respect des articles L. 111-6-1 et L. 111-6-1-1 du Code de la construction et de l'habitation. Par dérogation au même article L. 111-6-1, la surface et le volume habitables des locaux privatifs doivent être au moins égaux, respectivement, à 9 mètres carrés et à 20 mètres cubes. Pour l'application de l'article 6 de la présente loi, il est tenu compte de l'ensemble des éléments, équipements et pièces du logement.

Chaque contrat de bail formalisant une colocation respecte le présent titre Ier ou, s'il concerne un logement loué meublé, le titre Ier *bis* de la présente loi.

Le montant de la somme des loyers perçus de l'ensemble des colocataires ne peut être supérieur au montant du loyer applicable au logement en application des articles 17 ou 25-9. Les articles 17-1 et 17-2 sont applicables.

Les normes de peuplement prises en application du 2° du I de l'article L. 831-3 du Code de la sécurité sociale s'imposent aux logements loués en colocation.

Un décret en Conseil d'État adapte aux logements loués en colocation les caractéristiques applicables aux conditions de décence.

III. - Le contrat de bail d'une colocation respecte un contrat type défini par décret en Conseil d'État, pris après avis de la Commission nationale de concertation.

IV. - Les parties au contrat de bail d'une colocation peuvent convenir dans le bail de la souscription par le bailleur d'une assurance pour compte récupérable auprès des colocataires dans les conditions prévues au *g* de l'article 7. Les colocataires peuvent provoquer la résiliation de l'assurance pour compte récupérable dans les conditions fixées au même article.

V. - Les charges locatives accessoires au loyer principal d'un contrat de bail d'une colocation sont récupérées par le bailleur au choix des parties comme prévu par ce contrat :

1° Soit dans les conditions prévues à l'article 23, lorsqu'il s'agit de provisions pour charges ;

2° Soit sous la forme d'un forfait versé simultanément au loyer, dont le montant et la périodicité de versement sont définis dans le contrat et qui ne peut donner lieu à complément ou à régularisation ultérieure. Le montant du forfait de charges est fixé en fonction des montants exigibles par le bailleur en application de l'article 23 et peut être révisé chaque année aux mêmes conditions que le loyer principal. Ce montant ne doit pas être manifestement disproportionné au regard des charges dont le locataire ou, le cas échéant, le précédent locataire se serait acquitté.

VI. - La solidarité d'un des colocataires et celle de la personne qui s'est portée caution pour lui prennent fin à la date d'effet du congé régulièrement délivré et lorsqu'un nouveau colocataire figure au bail. À défaut, elles s'éteignent au plus tard à l'expiration d'un délai de six mois après la date d'effet du congé.

L'acte de cautionnement des obligations d'un ou de plusieurs colocataires résultant de la conclusion d'un contrat de bail d'une colocation identifie nécessairement, sous peine de nullité, le colocataire pour lequel l'extinction de la solidarité met fin à l'engagement de la caution.

Art. 8-2 *(L. n° 2018-1021, 23 nov. 2018).* – Lorsque le conjoint du locataire, son partenaire lié par un pacte civil de solidarité ou son concubin notoire quitte le logement en raison de violences exercées au sein du couple ou sur un enfant qui réside habituellement avec lui, il en informe le bailleur par lettre recommandée avec demande d'avis de réception, accompagnée de la copie de l'ordonnance de protection délivrée par le juge aux affaires familiales dont il bénéficie et préalablement notifiée à l'autre membre du couple ou de la copie d'une condamnation pénale de ce dernier pour des faits de violences commis à son encontre ou sur un enfant qui réside habituellement avec lui et rendue depuis moins de six mois.

La solidarité du locataire victime des violences et celle de la personne qui s'est portée caution pour lui prennent fin le lendemain du jour de la première présentation du courrier mentionné au premier alinéa au domicile du bailleur, pour les dettes nées à compter de cette date.

Le fait pour le locataire auteur des violences de ne pas acquitter son loyer à compter de la date mentionnée au deuxième alinéa est un motif légitime et sérieux au sens du premier alinéa de l'article 15.

Art. 9. – Lorsque deux locataires occupant deux logements appartenant au même propriétaire et situés dans un même ensemble immobilier demandent à procéder à un échange de logements entre eux, cet échange est de droit dès lors que l'une des deux familles concernées comporte au moins trois enfants et que l'échange a pour conséquence d'accroître la surface du logement occupé par la famille la plus nombreuse.

Dans les contrats en cours, chaque locataire se substitue de plein droit à celui auquel il succède et ne peut être considéré comme un nouvel entrant.

Ces dispositions ne sont pas applicables lorsque l'un des deux ou les deux logements sont soumis aux dispositions du chapitre III du titre I de la loi n° 48-1360 du 1er septembre 1948 portant modification et codification de la législation relative aux rapports des bailleurs et locataires ou occupants des locaux à usage d'habitation ou à usage professionnel et instituant des allocations de logement.

Art. 9-1 *(Mod., L. n° 2000-1208, 13 déc. 2000).* – Nonobstant les dispositions des articles 515-4 et 1751 du Code civil, les notifications ou significations faites en application du présent titre par le bailleur sont de plein droit opposables au partenaire lié par un pacte civil de solidarité au locataire ou au conjoint du locataire si l'existence de ce partenaire ou de ce conjoint n'a pas été préalablement portée à la connaissance du bailleur.

CHAPITRE II. – DE LA DURÉE DU CONTRAT DE LOCATION

Art. 10 *(Mod., L. n° 94-624, 21 juill. 1994 ; L. n° 2009-323, 25 mars 2009).* – Le contrat de location est conclu pour une durée au moins égale à trois ans pour les bailleurs personnes physiques ainsi que pour les bailleurs définis à l'article 13 et à six ans pour les bailleurs personnes morales.

Si le bailleur ne donne pas congé dans les conditions de forme et de délai prévues à l'article 15, le contrat de location parvenu à son terme est soit reconduit tacitement, soit renouvelé.

En cas de reconduction tacite, la durée du contrat reconduit est de trois ans pour les bailleurs personnes physiques ainsi que pour les bailleurs définis à l'article 13, et de six ans pour les bailleurs personnes morales.

En cas de renouvellement, la durée du contrat renouvelé est au moins égale à celles définies au premier alinéa du présent article. L'offre de renouvellement est présentée dans les conditions de forme et de délai prévues pour le congé, à l'article 15. Le loyer du contrat renouvelé est défini selon les modalités prévues *(Réf. rempl., L. n° 2014-366, 24 mars 2014)* « à l'article 17-2 ».

À titre dérogatoire, après l'accord exprès des parties, le contrat de location peut être renouvelé avant l'expiration du bail en cours quand le propriétaire a signé avec l'Agence nationale de l'habitat une convention avec travaux mentionnée aux articles L. 321-4 et L. 321-8 du Code de la construction et de l'habitation, et sous réserve que les ressources du locataire en place soient conformes aux plafonds prévus par cette convention. L'offre de renouvellement est présentée dans le délai de trois mois après l'accord des parties et dans les formes prévues à l'article 15 de la présente loi pour le congé. Le montant du loyer fixé par le contrat de location renouvelé doit être alors fixé selon les règles applicables au conventionnement des logements avec l'Agence nationale de l'habitat.

(L. n° 2014-366, 24 mars 2014) Concernant les locaux à usage d'habitation, régis par les dispositions d'ordre public de la présente loi, le contrat de bail conclu par l'emphytéote avec le locataire se poursuit automatiquement avec le propriétaire de l'immeuble jusqu'au terme du bail prévu par le contrat de location, lorsque le bail à construction ou le bail emphytéotique prend fin avant la fin du contrat de location. Toute clause contraire est réputée non écrite.

Art. 11. – Quand un événement précis justifie que le bailleur personne physique ait à reprendre le local pour des raisons professionnelles ou familiales, les parties peuvent conclure un contrat d'une durée inférieure à trois ans mais d'au moins un an. Le contrat doit mentionner les raisons et l'événement invoqués.

Par dérogation aux conditions de délai prévues à l'article 15, le bailleur confirme, deux mois au moins avant le terme du contrat, la réalisation de l'événement.

Dans le même délai, le bailleur peut proposer le report du terme du contrat si la réalisation de l'événement est différée. Il ne peut user de cette faculté qu'une seule fois.

Lorsque l'événement s'est produit et est confirmé, le locataire est déchu de plein droit de tout titre d'occupation du local au terme prévu dans le contrat.

Lorsque l'événement ne s'est pas produit ou n'est pas confirmé, le contrat de location est réputé être de trois ans.

Si le contrat prévu au présent article fait suite à un contrat de location conclu avec le même locataire pour le même local, le montant du nouveau loyer ne peut être supérieur à celui de l'ancien éventuellement révisé conformément *(Réf. rempl., L. n° 2014-366, 24 mars 2014)* « à l'article 17-1 ».

Art. 11-1 *(L. n° 2000-1208, 13 déc. 2000 ; mod., L. n° 2006-685, 13 juin 2006).* – Quand un congé pour vente conforme aux dispositions de l'article 15 est délivré par un bailleur relevant de secteurs locatifs définis aux quatrième et cinquième alinéas de l'article 41 *ter* de la loi n° 86-1290 du 23 décembre 1986 précitée, dans le cadre d'une vente par lots de plus de *(Mot rempl., L. n° 2014-366, 24 mars 2014)* « cinq » logements dans le même immeuble, le bail peut être expressément reconduit pour une durée inférieure à celle prévue par l'article 10. Quand ce congé pour vente intervient moins de deux ans avant le terme du bail, la reconduction du bail est de droit, à la demande du locataire, afin de lui permettre, dans tous les cas, de disposer du logement qu'il occupe pendant une durée de deux ans à compter de la notification du congé pour vente.

Quand ce congé pour vente intervient moins de deux ans avant le terme du bail, la reconduction du bail est de droit, à la demande du locataire, afin de lui permettre, dans tous les cas, de disposer du logement qu'il occupe pendant une durée de deux ans à compter de la notification du congé pour vente.

La reconduction du bail est établie par écrit entre les parties au plus tard quatre mois avant l'expiration du bail en cours. À l'expiration de la durée fixée par les parties pour le bail reconduit, celui-ci est résilié de plein droit.

Art. 11-2 *(L. n° 2014-366, 24 mars 2014 ; rempl., L. n° 2015-990, 6 août 2015)*. – Lorsqu'un immeuble à usage d'habitation ou à usage mixte d'habitation et professionnel de cinq logements ou plus, situé dans une des zones mentionnées au I de l'article 17, est mis en copropriété :

1° Les baux en cours dont le terme intervient moins de trois ans après la date de mise en copropriété sont prorogés de plein droit d'une durée de trois ans ;

2° Les autres baux en cours sont prorogés d'une durée permettant au locataire d'occuper le logement pendant une durée de six ans à compter de la mise en copropriété.

Art. 12. – Le locataire peut résilier le contrat de location à tout moment, dans les conditions de forme et de délai prévues *(Mots rempl., L. n° 2014-366, 24 mars 2014)* « à » l'article 15.

Art. 13. – Les dispositions de l'article 11 et de l'article 15 peuvent être invoquées :

a) Lorsque le bailleur est une société civile constituée exclusivement entre parents et alliés jusqu'au quatrième degré inclus, par la société au profit de l'un des associés ;

b) Lorsque le logement est en indivision, par tout membre de l'indivision.

Art. 14 *(Mod., L. n° 99-944, 15 nov. 1999 ; L. n° 2001-1135, 3 déc. 2001)*. – En cas d'abandon du domicile par le locataire, le contrat de location continue :

- au profit du conjoint sans préjudice de l'article 1751 du Code civil ;
- au profit des descendants qui vivaient avec lui depuis au moins un an à la date de l'abandon du domicile ;
- au profit du partenaire lié au locataire par un pacte civil de solidarité ;
- au profit des ascendants, du concubin notoire ou des personnes à charge, qui vivaient avec lui depuis au moins un an à la date de l'abandon du domicile.

Lors du décès du locataire, le contrat de location est transféré :

- au conjoint survivant qui ne peut se prévaloir des dispositions de l'article 1751 du Code civil ;
- aux descendants qui vivaient avec lui depuis au moins un an à la date du décès ;
- au partenaire lié au locataire par un pacte civil de solidarité ;
- aux ascendants, au concubin notoire ou aux personnes à charge, qui vivaient avec lui depuis au moins un an à la date du décès.

En cas de demandes multiples, le juge se prononce en fonction des intérêts en présence.

À défaut de personnes remplissant les conditions prévues au présent article, le contrat de location est résilié de plein droit par le décès du locataire ou par l'abandon du domicile par ce dernier.

Art. 14-1 *(L. n° 2010-1609, 22 déc. 2010 ; mod., L. n° 2011-1862, 13 déc. 2011)*. – Lorsque des éléments laissent supposer que le logement est abandonné par ses occupants, le bailleur peut mettre en demeure le locataire de justifier qu'il occupe le logement.

Cette mise en demeure, faite par acte d'huissier de justice, peut être contenue dans un des commandements visés aux articles 7 et 24.

S'il n'a pas été déféré à cette mise en demeure un mois après signification, l'huissier de justice peut procéder *(Mots rempl., L. n° 2014-366, 24 mars 2014)*, « dans les conditions prévues aux articles L. 142-1 et L. 142-2 du Code des procédures civiles d'exécution, à la constatation de » l'état d'abandon du logement.

Pour établir l'état d'abandon du logement en vue de voir constater par le juge la résiliation du bail, l'huissier de justice dresse un procès-verbal des opérations. Si le logement lui semble abandonné, ce procès-verbal contient un inventaire des biens laissés sur place, avec l'indication qu'ils paraissent ou non avoir valeur marchande.

Le juge qui constate la résiliation du bail autorise, si nécessaire, la vente aux enchères des biens laissés sur place et peut déclarer abandonnés les biens non susceptibles d'être vendus.

Un décret en Conseil d'État précise les conditions d'application du présent article.

Art. 14-2 *(L. n° 2016-41, 26 janv. 2016)*. – La résiliation du contrat de location peut être prononcée par le bailleur Assistance publique-hôpitaux de Paris, le bailleur hospices civils de Lyon ou le bailleur Assistance publique-hôpitaux de Marseille en vue d'attribuer ou de louer le logement à une personne en raison de l'exercice d'une fonction ou de l'occupation d'un emploi dans l'un de ces établissements publics de santé et dont le nom figure sur la liste des personnes ayant formulé une demande de logement.

La résiliation prononcée en application du premier alinéa ne peut produire effet avant l'expiration d'un délai de six mois à compter de la notification de sa décision par l'un des établissements publics de santé susmentionnés à l'occupant. Cette décision comporte le motif de la résiliation et la nature des fonctions occupées par la ou les personnes auxquelles le bailleur envisage d'attribuer ou de louer le logement.

Dans le cas où le bien n'est pas attribué ou loué à l'une des personnes mentionnées au premier alinéa, l'établissement public de santé concerné est tenu, sur simple demande de l'ancien occupant, de conclure avec ce dernier un nouveau contrat de location pour la durée prévue à l'article 10.

Art. 15 *(Mod., L. n° 2014-366, 24 mars 2014 ; L. n° 2015-990, 6 août 2015)*. – I *(I mod., L. n° 2015-990, 6 août 2015)*. - Lorsque le bailleur donne congé à son locataire, ce congé doit être justifié soit par sa décision de reprendre ou de vendre le logement, soit par un motif légitime et sérieux, notamment l'inexécution par le locataire de l'une des obligations lui incombant. À peine de nullité, le congé donné par le bailleur doit indiquer le motif allégué et, en cas de reprise, les nom et adresse du bénéficiaire de la reprise ainsi que la nature du lien existant entre le bailleur et le bénéficiaire de la reprise qui ne peut être que le bailleur, son conjoint, le partenaire auquel il est lié par un pacte civil de solidarité enregistré à la date du congé, son concubin notoire depuis au moins un an à la date du congé, ses ascendants, ses descendants ou ceux de son conjoint, de son partenaire ou de son concubin notoire. Lorsqu'il donne congé à son locataire pour reprendre le logement, le bailleur justifie du caractère réel et sérieux de sa décision de reprise. Le délai de préavis applicable au congé est de six mois lorsqu'il émane du bailleur.

En cas d'acquisition d'un bien occupé :

– lorsque le terme du contrat de location en cours intervient plus de trois ans après la date d'acquisition, le bailleur peut donner congé à son locataire pour vendre le logement au terme du contrat de location en cours ;

– lorsque le terme du contrat de location en cours intervient moins de trois ans après la date d'acquisition, le bailleur ne peut donner congé à son locataire pour vendre le logement qu'au terme de la première reconduction tacite ou du premier renouvellement du contrat de location en cours ;

– lorsque le terme du contrat en cours intervient moins de deux ans après l'acquisition, le congé pour reprise donné par le bailleur au terme du contrat de location en cours ne prend effet qu'à l'expiration d'une durée de deux ans à compter de la date d'acquisition.

En cas de contestation, le juge peut, même d'office, vérifier la réalité du motif du congé et le respect des obligations prévues au présent article. Il peut notamment déclarer non valide le congé si la non-reconduction du bail n'apparaît pas justifiée par des éléments sérieux et légitimes.

Toutefois, la possibilité pour un bailleur de donner congé à un locataire et la durée du bail sont suspendues à compter :

a) De la réception de l'avis de tenue de la réunion de la commission départementale compétente en matière d'environnement, de risques sanitaires et technologiques, notifié par le représentant de l'État dans le département dans les conditions prévues aux articles L. 1331-26 et L. 1331-27 du Code de la santé publique ;

b) De l'engagement par le maire de la procédure contradictoire prévue à l'article L. 511-2 du Code de la construction et de l'habitation, relative aux bâtiments menaçant ruine.

Cette suspension est levée à l'expiration d'un délai maximal de six mois à compter de la réception du courrier de l'autorité administrative compétente engageant l'une des procédures mentionnées aux *a* et *b*, faute de notification d'un des arrêtés prévus à leur issue ou de leur abandon.

Lorsque l'autorité administrative compétente a notifié les arrêtés prévus respectivement aux articles L. 1331-25 et L. 1331-28 du Code de la santé publique ou à l'article L. 511-2 du Code de la construction et de l'habitation, il est fait application des articles L. 521-1 et L. 521-2 du même code.

Une notice d'information relative aux obligations du bailleur et aux voies de recours et d'indemnisation du locataire est jointe au congé délivré par le bailleur en raison de sa décision de reprendre ou de vendre le logement. Un arrêté du ministre chargé du logement, pris après avis de la Commission nationale de concertation, détermine le contenu de cette notice.

Lorsqu'il émane du locataire, le délai de préavis applicable au congé est de trois mois.

Le délai de préavis est toutefois d'un mois :

1° Sur les territoires mentionnés au premier alinéa du I de l'article 17 ;

2° En cas d'obtention d'un premier emploi, de mutation, de perte d'emploi ou de nouvel emploi consécutif à une perte d'emploi ;

3° Pour le locataire dont l'état de santé, constaté par un certificat médical, justifie un changement de domicile ;

4° Pour les bénéficiaires du revenu de solidarité active ou de l'allocation adulte handicapé ;

5° Pour le locataire qui s'est vu attribuer un logement défini à l'article L. 351-2 du Code de la construction et de l'habitation.

Le locataire souhaitant bénéficier des délais réduits de préavis mentionnés aux 1° à 5° précise le motif invoqué et le justifie au moment de l'envoi de la lettre de congé. À défaut, le délai de préavis applicable à ce congé est de trois mois.

Le congé doit être notifié par lettre recommandée avec demande d'avis de réception, signifié par acte d'huissier ou remis en main propre contre récépissé ou émargement. Ce délai court à compter du jour de la réception de la lettre recommandée, de la signification de l'acte d'huissier ou de la remise en main propre.

Pendant le délai de préavis, le locataire n'est redevable du loyer et des charges que pour le temps où il a occupé réellement les lieux si le congé a été notifié par le bailleur. Il est redevable du loyer et des charges concernant tout le délai de préavis si c'est lui qui a notifié le congé, sauf si le logement se trouve occupé avant la fin du préavis par un autre locataire en accord avec le bailleur.

À l'expiration du délai de préavis, le locataire est déchu de tout titre d'occupation des locaux loués.

II. – Lorsqu'il est fondé sur la décision de vendre le logement, le congé doit, à peine de nullité, indiquer le prix et les conditions de la vente projetée. Le congé vaut offre de vente au profit du locataire : l'offre est valable pendant les deux premiers mois du délai de préavis. Les dispositions de l'article 46 de la loi n° 65-557 du 10 juillet 1965 fixant le statut de la copropriété des immeubles bâtis ne sont pas applicables au congé fondé sur la décision de vendre le logement.

À l'expiration du délai de préavis, le locataire qui n'a pas accepté l'offre de vente est déchu de plein droit de tout titre d'occupation sur le local.

Le locataire qui accepte l'offre dispose, à compter de la date d'envoi de sa réponse au bailleur, d'un délai de deux mois pour la réalisation de l'acte de vente. Si, dans sa réponse, il notifie son intention de recourir à un prêt, l'acceptation par le locataire de l'offre de vente est subordonnée à l'obtention du prêt et le délai de réalisation de la vente est porté à quatre mois. Le contrat de location est prorogé jusqu'à l'expiration du délai de réalisation de la vente. Si, à l'expiration de ce délai, la vente n'a pas été réalisée, l'acceptation de l'offre de vente est nulle de plein droit et le locataire est déchu de plein droit de tout titre d'occupation.

Dans le cas où le propriétaire décide de vendre à des conditions ou à un prix plus avantageux pour l'acquéreur, le notaire doit, lorsque le bailleur n'y a pas préalablement procédé, notifier au locataire ces conditions et prix à peine de nullité de la vente. Cette notification est effectuée à l'adresse indiquée à cet effet par le locataire au bailleur ; si le locataire n'a pas fait connaître cette adresse au bailleur, la notification est effectuée à l'adresse des locaux dont la location avait été consentie. Elle vaut offre de vente au profit du locataire. Cette offre est valable pendant une durée d'un mois à compter de sa réception. L'offre qui n'a pas été acceptée dans le délai d'un mois est caduque.

Le locataire qui accepte l'offre ainsi notifiée dispose, à compter de la date d'envoi de sa réponse au bailleur ou au notaire, d'un délai de deux mois pour la réalisation de l'acte de vente. Si, dans sa réponse, il notifie son intention de recourir à un prêt, l'acceptation par le locataire de l'offre de vente est subordonnée à l'obtention du prêt et le délai de réalisation de la vente est porté à quatre mois. Si, à l'expiration de ce délai, la vente n'a pas été réalisée, l'acceptation de l'offre de vente est nulle de plein droit.

Les termes des cinq alinéas précédents sont reproduits à peine de nullité dans chaque notification.

Ces dispositions ne sont pas applicables aux actes intervenant entre parents jusqu'au troisième degré inclus, sous la condition que l'acquéreur occupe le logement pendant une durée qui ne peut être inférieure à deux ans à compter de l'expiration du délai de préavis, ni aux actes portant sur les immeubles mentionnés au deuxième alinéa de l'article L. 111-6-1 du Code de la construction et de l'habitation.

Dans les cas de congés pour vente prévus à l'article 11-1, l'offre de vente au profit du locataire est dissociée du congé. En outre, le non-respect de l'une des obligations relatives au congé pour vente d'un accord conclu en application de l'article 41 *ter* de la loi n° 86-1290 du 23 décembre 1986 tendant à favoriser l'investissement locatif, l'accession à la propriété de logements sociaux et le développement de l'offre foncière, et rendu obligatoire par décret, donne lieu à l'annulation du congé.

Est nul de plein droit le congé pour vente délivré au locataire en violation de l'engagement de prorogation des contrats de bail en cours, mentionné au premier alinéa du A du I de l'article 10-1 de la loi n° 75-1351 du 31 décembre 1975 relative à la protection des occupants de locaux à usage d'habitation.

III. - Le bailleur ne peut s'opposer au renouvellement du contrat en donnant congé dans les conditions définies au paragraphe I ci-dessus à l'égard de tout locataire âgé de plus de soixante-cinq ans et dont les ressources annuelles sont inférieures à un plafond de ressources en vigueur pour l'attribution des logements locatifs conventionnés fixé par arrêté du ministre chargé du logement, sans qu'un logement correspondant à ses besoins et à ses possibilités lui soit offert dans les limites géographiques prévues à l'article 13 *bis* de la loi n° 48-1360 du 1er septembre 1948 précitée. Le présent alinéa est également applicable lorsque le locataire a à sa charge une personne de plus de soixante-cinq ans vivant habituellement dans le logement et remplissant la condition de ressources précitée et que le montant cumulé des ressources annuelles de l'ensemble des personnes vivant au foyer est inférieur au plafond de ressources déterminé par l'arrêté précité.

Toutefois, les dispositions de l'alinéa précédent ne sont pas applicables lorsque le bailleur est une personne physique âgée de plus de soixante-cinq ans ou si ses ressources annuelles sont inférieures au plafond de ressources mentionné au premier alinéa.

L'âge du locataire, de la personne à sa charge et celui du bailleur sont appréciés à la date d'échéance du contrat ; le montant de leurs ressources est apprécié à la date de notification du congé.

IV. - Le fait pour un bailleur de délivrer un congé justifié frauduleusement par sa décision de reprendre ou de vendre le logement est puni d'une amende pénale dont le montant ne peut être supérieur à 6 000 € pour une personne physique et à 30 000 € pour une personne morale.

Le montant de l'amende est proportionné à la gravité des faits constatés. Le locataire est recevable dans sa constitution de partie civile et la demande de réparation de son préjudice.

CHAPITRE III. – DU LOYER, DES CHARGES ET DU RÈGLEMENT DES LITIGES

(Intitulé mod., L. n° 2000-1208, 13 déc. 2000)

Art. 16 *(Rempl., L. n° 2014-366, 24 mars 2014 ; mod., L. n° 2018-1021, 23 nov. 2018)*. – Des observatoires locaux des loyers peuvent être créés à l'initiative des collectivités territoriales, des établissements publics de coopération intercommunale à fiscalité propre compétents en matière d'habitat ou de l'État. Ces observatoires ont notamment pour mission de recueillir les données relatives aux loyers sur une zone géographique déterminée et de mettre à la disposition du public des résultats statistiques représentatifs sur ces données.

Le parc de référence pour l'observation et l'analyse des loyers est constitué de l'ensemble des locaux à usage d'habitation ou à usage mixte professionnel et d'habitation, à l'exception de ceux appartenant aux organismes d'habitations à loyer modéré et aux sociétés d'économie mixte de construction et de gestion des logements sociaux, ainsi que de ceux appartenant aux organismes bénéficiant de l'agrément relatif à la maîtrise d'ouvrage prévu à l'article L. 365-2 du Code de la construction et de l'habitation.

Les observatoires locaux des loyers mentionnés au premier alinéa sont agréés, pour tout ou partie de la zone géographique qui y est mentionnée, par le ministre chargé du logement, dans des conditions fixées par décret (1), après avis du comité régional de l'habitat et de l'hébergement ou du conseil départemental de l'habitat et de l'hébergement mentionnés à l'article L. 364-1 du même code et sous condition du respect des prescriptions méthodologiques émises par une instance scientifique indépendante chargée de conseiller le ministre chargé du

(1) V. D. n° 90-628, 16 juill. 1990.

logement, dans des conditions définies par décret. L'agrément ne peut être accordé à un observatoire que si les statuts de celui-ci assurent, au sein de ses organes dirigeants, la représentation équilibrée des bailleurs, des locataires et des gestionnaires ainsi que la présence de personnalités qualifiées ou s'il existe en son sein une instance, chargée de la validation du dispositif d'observations, assurant la représentation équilibrée des bailleurs, des locataires et des gestionnaires et comprenant des personnalités qualifiées. Les modalités de consultation et de fonctionnement de cette instance sont précisées par décret. L'État et les établissements publics de coopération intercommunale dotés d'un programme local de l'habitat exécutoire sont représentés au sein des organes dirigeants des observatoires. Toutefois, peuvent être agréés, à titre transitoire et jusqu'au 31 décembre 2015, les observatoires locaux des loyers dont les statuts ne sont pas conformes aux dispositions du présent article. Les observatoires locaux des loyers sont intégrés dans le dispositif d'observation de l'habitat défini à l'article L. 302-1 dudit code.

Les observatoires locaux des loyers mentionnés au premier alinéa sont agréés par le ministre chargé du logement, dans des conditions fixées par décret, après avis du comité régional de l'habitat et de l'hébergement ou du conseil départemental de l'habitat et de l'hébergement mentionnés à l'article L. 364-1 du même code et sous condition du respect des prescriptions méthodologiques émises par une instance scientifique indépendante chargée de conseiller le ministre chargé du logement, dans des conditions définies par décret. L'agrément n'est accordé qu'aux observatoires dont les statuts assurent la représentation équilibrée des bailleurs, des locataires et des gestionnaires au sein de leurs organes dirigeants ainsi que la présence de personnalités qualifiées au sein de ces organes. L'État et les établissements publics de coopération intercommunale dotés d'un programme local de l'habitat exécutoire sont représentés au sein des organes dirigeants des observatoires. Toutefois, peuvent être agréés, à titre transitoire et jusqu'au 31 décembre 2015, les observatoires locaux des loyers dont les statuts ne sont pas conformes aux dispositions du présent article. Les observatoires locaux des loyers sont intégrés dans le dispositif d'observation de l'habitat défini à l'article L. 302-1 dudit code.

Les observatoires locaux des loyers peuvent prendre la forme d'association ou de groupement d'intérêt public. Ils transmettent l'ensemble de leurs données à l'association nationale mentionnée au troisième alinéa de l'article L. 366-1 du même code. Un décret fixe les conditions dans lesquelles ces données sont transmises et peuvent être communiquées à des tiers.

L'organisme mentionné à l'article L. 223-1 du Code de la sécurité sociale transmet à l'association nationale mentionnée au troisième alinéa de l'article L. 366-1 du Code de la construction et de l'habitation les données dont il dispose relatives aux loyers et aux caractéristiques des logements dont les occupants bénéficient de l'allocation mentionnée aux articles L. 542-1 et L. 831-1 du Code de la sécurité sociale, ainsi que le nom et l'adresse des propriétaires de ces logements. Un décret en Conseil d'État fixe la nature de ces données et leurs conditions de transmission et d'utilisation.

Art. 17 *(Rempl., L. n° 2018-1021, 23 nov. 2018)*. – I. - Les zones d'urbanisation continue de plus de 50 000 habitants où il existe un déséquilibre marqué entre l'offre et la demande de logements, entraînant des difficultés sérieuses d'accès au logement sur l'ensemble du parc résidentiel existant, qui se caractérisent notamment par le niveau élevé des loyers, le niveau élevé des prix d'acquisition des logements anciens ou le nombre élevé de demandes de logement par rapport au nombre d'emménagements annuels dans le parc locatif social, sont dotées d'un observatoire local des loyers mentionné à l'article 16. Un décret fixe la liste des communes comprises dans ces zones.

II. - La fixation du loyer des logements mis en location est libre.

Art. 17-1 *(L. n° 2014-366, 24 mars 2014)*. – I (1). - Lorsque le contrat prévoit la révision du loyer, celle-ci intervient chaque année à la date convenue entre les parties ou, à défaut, au terme de chaque année du contrat.

La variation qui en résulte ne peut excéder, à la hausse, la variation d'un indice de référence des loyers publié par l'Institut national de la statistique et des études économiques chaque trimestre et qui correspond à la moyenne, sur les douze derniers mois, de l'évolution des prix à la consommation hors tabac et hors loyers. À défaut de clause

(1) Sur l'annulation de déclarations du Premier ministre relatives à la mise en œuvre de ces dispositions, ■ CE, 15 mars 2017, n° 391654, Ass. « Bail à part, tremplin pour le logement » : JurisData n° 2017-004270. – NDLR.

contractuelle fixant la date de référence, cette date est celle du dernier indice publié à la date de signature du contrat de location.

À défaut de manifester sa volonté d'appliquer la révision du loyer dans un délai d'un an suivant sa date de prise d'effet, le bailleur est réputé avoir renoncé au bénéfice de cette clause pour l'année écoulée.

Si le bailleur manifeste sa volonté de réviser le loyer dans le délai d'un an, cette révision de loyer prend effet à compter de sa demande.

II. - Lorsque les parties sont convenues, par une clause expresse, de travaux d'amélioration du logement que le bailleur fera exécuter, le contrat de location ou un avenant à ce contrat peut fixer la majoration du loyer consécutive à la réalisation de ces travaux. Cette majoration ne peut faire l'objet d'une action en diminution de loyer.

Art. 17-2 *(L. n° 2014-366, 24 mars 2014 ; mod., L. n° 2018-1021, 23 nov. 2018).* – Lors du renouvellement du contrat, le loyer ne donne lieu à réévaluation que s'il est manifestement sous-évalué.

Dans ce cas, le bailleur peut proposer au locataire, au moins six mois avant le terme du contrat et dans les conditions de forme prévues à l'article 15, un nouveau loyer fixé par référence aux loyers habituellement constatés dans le voisinage pour des logements comparables.

Les loyers servant de références doivent être représentatifs de l'ensemble des loyers habituellement constatés dans le voisinage pour des logements comparables, situés soit dans le même groupe d'immeubles, soit dans tout autre groupe d'immeubles comportant des caractéristiques similaires et situés dans la même zone géographique. Un décret en Conseil d'Etat définit les éléments constitutifs de ces références.

Le nombre minimal de références à fournir est de trois. Toutefois, il est de six dans les communes, dont la liste est fixée par décret, faisant partie d'une agglomération de plus d'un million d'habitants.

Lorsque le bailleur fait application des dispositions du présent article, il ne peut donner congé au locataire pour la même échéance du contrat.

La notification reproduit intégralement, à peine de nullité, les dispositions du présent article et mentionne le montant du loyer ainsi que la liste des références ayant servi à le déterminer.

En cas de désaccord ou à défaut de réponse du locataire quatre mois avant le terme du contrat, l'une ou l'autre des parties saisit la commission départementale de conciliation.

À défaut d'accord constaté par la commission, le juge est saisi avant le terme du contrat. À défaut de saisine, le contrat est reconduit de plein droit aux conditions antérieures du loyer, éventuellement révisé. Le contrat dont le loyer est fixé judiciairement est réputé renouvelé pour la durée définie à l'article 10 à compter de la date d'expiration du contrat. La décision du juge est exécutoire par provision.

La hausse convenue entre les parties ou fixée judiciairement s'applique par tiers ou par sixième selon la durée du contrat.

Toutefois, cette hausse s'applique par sixième annuel au contrat renouvelé, puis lors du renouvellement ultérieur, dès lors qu'elle est supérieure à 10 % si le premier renouvellement avait une durée inférieure à six ans.

La révision éventuelle résultant de l'article 17-1 s'applique à chaque valeur ainsi définie.

Art. 18 *(Mod., L. n° 2014-366, 24 mars 2014).* – Pour chacune des zones d'urbanisation continue de plus de 50 000 habitants où il existe un déséquilibre marqué entre l'offre et la demande de logements, entraînant des difficultés sérieuses d'accès au logement sur l'ensemble du parc résidentiel existant qui se caractérisent notamment par le niveau élevé des loyers, le niveau élevé des prix d'acquisition des logements anciens ou le nombre élevé de demandes de logement par rapport au nombre d'emménagements annuels dans le parc locatif social, un décret en Conseil d'État (1), pris après avis de la Commission nationale de concertation, fixe annuellement le montant maximum d'évolution des loyers des logements vacants et des contrats renouvelés.

Ce décret peut prévoir des adaptations particulières, notamment en cas de travaux réalisés par les bailleurs ou de loyers manifestement sous-évalués.

En cas de litige entre les parties résultant de l'application de ce décret, la commission départementale de conciliation est compétente et sa saisine constitue un préalable obligatoire à la saisine du juge par l'une ou l'autre des parties.

(1) V. en dernier lieu, Décret n° 2016-1040 du 29 juillet 2016.

Art. 19 *(Abr., L. n° 2014-366, 24 mars 2014).*

Art. 20 *(Mod., L. n° 2000-1208, 13 déc. 2000 ; L. n° 2006-872, 13 juill. 2006 ; rempl., L. n° 2014-366, 24 mars 2014).* – Il est créé, auprès du représentant de l'État dans chaque département, une commission départementale de conciliation composée de représentants d'organisations de bailleurs et d'organisations de locataires, en nombre égal. La commission rend un avis dans le délai de deux mois à compter de sa saisine et s'efforce de concilier les parties.

La compétence de la commission porte sur :

1° Les litiges résultant de l'application des articles 17,17-1,17-2 et 18 de la présente loi et des articles 30 et 31 de la loi n° 86-1290 du 23 décembre 1986 tendant à favoriser l'investissement locatif, l'accession à la propriété de logements sociaux et le développement de l'offre foncière ;

2° Les litiges relatifs aux caractéristiques du logement mentionnées aux deux premiers alinéas de l'article 6 de la présente loi ;

3° Les litiges relatifs à l'état des lieux, au dépôt de garantie, aux charges locatives et aux réparations ;

4° Les litiges relatifs aux congés délivrés en application de l'article 15 ;

5° Les difficultés résultant de l'application des accords collectifs nationaux ou locaux prévus aux articles 41 *ter* et 42 de la loi n° 86-1290 du 23 décembre 1986 précitée ou de l'application du plan de concertation locative prévu à l'article 44 *bis* de la même loi et les difficultés résultant des modalités de fonctionnement de l'immeuble ou du groupe d'immeubles.

Pour le règlement des litiges mentionnés aux 1° à 4° du présent article, la commission départementale de conciliation peut être saisie par le bailleur ou le locataire. Pour le règlement des difficultés mentionnées au 5°, elle peut être saisie par le bailleur, plusieurs locataires ou une association représentative de locataires.

À défaut de conciliation entre les parties, elle rend un avis comportant l'exposé du différend et la position des parties ainsi que, le cas échéant, celle de la commission. Cet avis peut être transmis au juge par l'une ou l'autre des parties. En cas de conciliation, elle établit un document de conciliation comportant les termes de l'accord trouvé.

La composition de la commission départementale de conciliation, le mode de désignation de ses membres, son organisation et ses règles de saisine et de fonctionnement sont fixés par décret (1).

Art. 20-1 *(L. n° 2000-1208, 13 déc. 2000 ; L. n° 2007-290, 5 mars 2007 ; L. n° 2009-323, 25 mars 2009).* – Si le logement loué ne satisfait pas aux dispositions des premier et deuxième alinéas de l'article 6, le locataire peut demander au propriétaire *(Mot rempl., L. n° 2014-366, 24 mars 2014)* « sa » mise en conformité sans qu'il soit porté atteinte à la validité du contrat en cours. À défaut d'accord entre les parties ou à défaut de réponse du propriétaire dans un délai de deux mois, la commission départementale de conciliation peut être saisie et rendre un avis dans les conditions fixées à l'article 20. La saisine de la commission ou la remise de son avis ne constitue pas un préalable à la saisine du juge par l'une ou l'autre des parties.

(L. n° 2014-366, 24 mars 2014) L'information du bailleur par l'organisme payeur de son obligation de mise en conformité du logement, telle que prévue aux articles L. 542-2 et L. 831-3 du Code de la sécurité sociale, tient lieu de demande de mise en conformité par le locataire.

Le juge saisi par l'une ou l'autre des parties détermine, le cas échéant, la nature des travaux à réaliser et le délai de leur exécution. Il peut réduire le montant du loyer ou suspendre, avec ou sans consignation, son paiement et la durée du bail jusqu'à l'exécution de ces travaux. Le juge transmet au représentant de l'État dans le département l'ordonnance ou le jugement constatant que le logement loué ne satisfait pas aux dispositions des premier et deuxième alinéas de l'article 6.

Art. 21 *(Mod., L. n° 2009-323, 25 mars 2009 ; L. n° 2014-366, 24 mars 2014).* – Le bailleur ou son mandataire est tenu de transmettre gratuitement une quittance au locataire qui en fait la demande. La quittance porte le détail des sommes versées par le locataire en distinguant le loyer et les charges.

Aucuns frais liés à la gestion de l'avis d'échéance ou de la quittance ne peuvent être facturés au locataire.

Avec l'accord exprès du locataire, le bailleur peut procéder à la transmission dématérialisée de la quittance.

Si le locataire effectue un paiement partiel, le bailleur est tenu de délivrer un reçu.

(1) V. D. n° 2001-653, 19 juill. 2001.

Art. 22 *(Mod., L. n° 2008-111, 8 févr. 2008 ; L. n° 2009-323, 25 mars 2009).* – Lorsqu'un dépôt de garantie est prévu par le contrat de location pour garantir l'exécution de ses obligations locatives par le locataire, il ne peut être supérieur à un mois de loyer en principal. Au moment de la signature du bail, le dépôt de garantie est versé au bailleur directement par le locataire ou par l'intermédiaire d'un tiers (1).

Un dépôt de garantie ne peut être prévu lorsque le loyer est payable d'avance pour une période supérieure à deux mois ; toutefois, si le locataire demande le bénéfice du paiement mensuel du loyer, par application de l'article 7, le bailleur peut exiger un dépôt de garantie.

(Al. mod., L. n° 2014-366, 24 mars 2014) Il est restitué dans un délai maximal de deux mois à compter de la remise en main propre, ou par lettre recommandée avec demande d'avis de réception, des clés au bailleur ou à son mandataire, déduction faite, le cas échéant, des sommes restant dues au bailleur et des sommes dont celui-ci pourrait être tenu, aux lieu et place du locataire, sous réserve qu'elles soient dûment justifiées. À cette fin, le locataire indique au bailleur ou à son mandataire, lors de la remise des clés, l'adresse de son nouveau domicile.

(L. n° 2014-366, 24 mars 2014) Il est restitué dans un délai maximal d'un mois à compter de la remise des clés par le locataire lorsque l'état des lieux de sortie est conforme à l'état des lieux d'entrée, déduction faite, le cas échéant, des sommes restant dues au bailleur et des sommes dont celui-ci pourrait être tenu, en lieu et place du locataire, sous réserve qu'elles soient dûment justifiées.

(L. n° 2014-366, 24 mars 2014) Lorsque les locaux loués se situent dans un immeuble collectif, le bailleur procède à un arrêté des comptes provisoire et peut, lorsqu'elle est dûment justifiée, conserver une provision ne pouvant excéder 20 % du montant du dépôt de garantie jusqu'à l'arrêté annuel des comptes de l'immeuble. La régularisation définitive et la restitution du solde, déduction faite, le cas échéant, des sommes restant dues au bailleur et des sommes dont celui-ci pourrait être tenu en lieu et place du locataire, sont effectuées dans le mois qui suit l'approbation définitive des comptes de l'immeuble. Toutefois, les parties peuvent amiablement convenir de solder immédiatement l'ensemble des comptes.

Le montant de ce dépôt de garantie ne porte pas intérêt au bénéfice du locataire. Il ne doit faire l'objet d'aucune révision durant l'exécution du contrat de location, éventuellement renouvelé.

(Al. rempl., L. n° 2014-366, 24 mars 2014) À défaut de restitution dans les délais prévus, le dépôt de garantie restant dû au locataire est majoré d'une somme égale à 10 % du loyer mensuel en principal, pour chaque période mensuelle commencée en retard. Cette majoration n'est pas due lorsque l'origine du défaut de restitution dans les délais résulte de l'absence de transmission par le locataire de l'adresse de son nouveau domicile.

En cas de mutation à titre gratuit ou onéreux des locaux loués, la restitution du dépôt de garantie incombe au nouveau bailleur. Toute convention contraire n'a d'effet qu'entre les parties à la mutation.

Art. 22-1 *(Mod., L. n° 2014-366, 24 mars 2014 ; L. n° 2017-86, 27 janv. 2017 ; L. n° 2018-1021, 23 nov. 2018).* – Le cautionnement ne peut pas être demandé, à peine de nullité, par un bailleur qui a souscrit une assurance ou toute autre forme de garantie, garantissant les obligations locatives du locataire, sauf en cas de logement loué à un étudiant ou un apprenti. Cette disposition ne s'applique pas au dépôt de garantie mentionné à l'article 22.

Si le bailleur est une personne morale autre qu'une société civile constituée exclusivement entre parents et alliés jusqu'au quatrième degré inclus, le cautionnement ne peut être demandé que :

- s'il est apporté par un des organismes dont la liste est fixée par décret en Conseil d'État ;
- ou si le logement est loué à un étudiant ne bénéficiant pas d'une bourse de l'enseignement supérieur.

Lorsqu'un cautionnement pour les sommes dont le locataire serait débiteur dans le cadre d'un contrat de location conclu en application du présent titre est exigé par le bailleur, celui-ci ne peut refuser la caution présentée au motif qu'elle ne possède pas la nationalité française ou qu'elle ne réside pas sur le territoire métropolitain.

(2)Lorsque le cautionnement d'obligations résultant d'un contrat de location conclu en application du présent titre ne comporte aucune indication de durée ou lorsque la durée du cautionnement est stipulée indéterminée, la caution peut le résilier unilatéralement. La résiliation prend effet au terme du contrat de location, qu'il s'agisse du

(1) Texte applicable aux contrats de location conclus à compter du 9 février 2008 (v. L. n° 2008-111, 8 févr. 2008).

(2) Dispositions non applicables aux cautionnements consentis avant le premier jour du deuxième mois suivant la publication de la loi du 21 juillet 1994.

contrat initial ou d'un contrat reconduit ou renouvelé, au cours duquel le bailleur reçoit notification de la résiliation.

La personne physique qui se porte caution signe l'acte de cautionnement faisant apparaître le montant du loyer et les conditions de sa révision tels qu'ils figurent au contrat de location, la mention exprimant de façon explicite et non équivoque la connaissance qu'elle a de la nature et de l'étendue de l'obligation qu'elle contracte ainsi que la reproduction de l'avant-dernier alinéa du présent article. Le bailleur remet à la caution un exemplaire du contrat de location. Ces formalités sont prescrites à peine de nullité du cautionnement.

Art. 22-1-1 *(Ord. n° 2006-346, 23 mars 2006).* – La garantie autonome prévue à l'article 2321 du Code civil ne peut être souscrite qu'en lieu et place du dépôt de garantie prévu à l'article 22 et que dans la limite du montant résultant des dispositions du premier alinéa de cet article.

Art. 22-2 *(L. n° 2002-73, 17 janv. 2002 ; mod., L. n° 2007-290, 5 mars 2007 ; L. n° 2007-1786, 19 déc. 2007 ; L. n° 2009-323, 25 mars 2009 ; L. n° 2010-1249, 22 oct. 2010 ; rempl., L. n° 2014-366, 24 mars 2014).* – La liste des pièces justificatives pouvant être exigées du candidat à la location ou de sa caution par le bailleur, préalablement à l'établissement du contrat de location, est définie par décret en Conseil d'État, pris après avis de la Commission nationale de concertation.

En préalable à l'établissement du contrat de location, le bailleur ne peut imposer la cosignature d'un ascendant ou d'un descendant du candidat à la location.

Les manquements au présent article sont punis d'une amende administrative, prononcée par le représentant de l'État dans le département, dont le montant ne peut être supérieur à 3 000 € pour une personne physique et à 15 000 € pour une personne morale.

Le montant de l'amende est proportionné à la gravité des faits constatés.

L'amende ne peut être prononcée plus d'un an à compter de la constatation des faits.

L'amende est prononcée après que l'intéressé a été informé de la possibilité de présenter ses observations dans un délai déterminé.

Art. 23 *(Mod., L. n° 98-1267, 30 déc. 1998 ; L. n° 2006-872, 13 juill. 2006 ; L. n° 2010-1488, 7 déc. 2010).* – Les charges récupérables, sommes accessoires au loyer principal, sont exigibles sur justification en contrepartie :

1° Des services rendus liés à l'usage des différents éléments de la chose louée ;

2° Des dépenses d'entretien courant et des menues réparations sur les éléments d'usage commun de la chose louée ; Sont notamment récupérables à ce titre les dépenses engagées par le bailleur dans le cadre d'un contrat d'entretien relatif aux ascenseurs et répondant aux conditions de l'article L. 125-2-2 du Code de la construction et de l'habitation, qui concernent les opérations et les vérifications périodiques minimales et la réparation et le remplacement de petites pièces présentant des signes d'usure excessive ainsi que les interventions pour dégager les personnes bloquées en cabine et le dépannage et la remise en fonctionnement normal des appareils ;

3° Des impositions qui correspondent à des services dont le locataire profite directement.

La liste de ces charges est fixée par décret en Conseil d'État (1) Il peut y être dérogé par accords collectifs locaux portant sur l'amélioration de la sécurité ou la prise en compte du développement durable, conclus conformément à l'article 42 de la loi n° 86-1290 du 23 décembre 1986 précitée.

Les charges locatives peuvent donner lieu au versement de provisions et doivent, en ce cas, faire l'objet d'une régularisation *(Mots suppr., L. n° 2014-366, 24 mars 2014)* « ... » annuelle. Les demandes de provisions sont justifiées par la communication de résultats antérieurs arrêtés lors de la précédente régularisation et, lorsque l'immeuble est soumis au statut de la copropriété ou lorsque le bailleur est une personne morale, par le budget prévisionnel.

(Al. mod., L. n° 2014-366, 24 mars 2014) Un mois avant cette régularisation, le bailleur en communique au locataire le décompte par nature de charges ainsi que, dans les immeubles collectifs, le mode de répartition entre les locataires et, le cas échéant, une note d'information sur les modalités de calcul des charges de chauffage et de production d'eau chaude sanitaire collectifs. Durant six mois à compter de l'envoi de ce décompte, les pièces justificatives sont tenues, dans des conditions normales, à la disposition des locataires.

(1) D. n° 87-713, 26 août 1987, p. 3116.

(L. n° 2014-366, 24 mars 2014) À compter du 1er septembre 2015, le bailleur transmet également, à la demande du locataire, le récapitulatif des charges du logement par voie dématérialisée ou par voie postale.

(L. n° 2014-366, 24 mars 2014) Lorsque la régularisation des charges n'a pas été effectuée avant le terme de l'année civile suivant l'année de leur exigibilité, le paiement par le locataire est effectué par douzième, s'il en fait la demande.

Pour l'application du présent article, le coût des services assurés dans le cadre d'un contrat d'entreprise *(Mots aj., L. n° 2010-1488, 7 déc. 2010)* « ou d'un contrat d'achat d'électricité, d'énergie calorifique ou de gaz naturel combustible, distribués par réseaux » correspond à la dépense, toutes taxes comprises, acquittée par le bailleur.

Art. 23-1 *(L. n° 2009-323, 25 mars 2009).* – Lorsque des travaux d'économie d'énergie sont réalisés par le bailleur dans les parties privatives d'un logement ou dans les parties communes de l'immeuble, une contribution pour le partage des économies de charge peut être demandée au locataire du logement loué, à partir de la date d'achèvement des travaux, sous réserve que ces derniers lui bénéficient directement et qu'ils lui soient justifiés. Elle ne peut toutefois être exigible qu'à la condition qu'un ensemble de travaux ait été réalisé ou que le logement atteigne un niveau minimal de performance énergétique.

Cette participation, limitée au maximum à quinze ans, est inscrite sur l'avis d'échéance et portée sur la quittance remise au locataire. Son montant, fixe et non révisable, ne peut être supérieur à la moitié du montant de l'économie d'énergie estimée.

Un décret en Conseil d'État, pris après avis de la Commission nationale de concertation, précise les conditions d'application du présent article, notamment la liste des travaux éligibles à réaliser et les niveaux minimaux de performance énergétique à atteindre, ainsi que les modalités d'évaluation des économies d'énergie, de calcul du montant de la participation demandée au locataire du logement et de contrôle de ces évaluations après travaux.

Art. 24 *(Mod. à compter du 1er octobre 2016, Ord. n° 2016-131, 10 févr. 2016 ; L. n° 2017-86, 27 janv. 2017 ; mod. à compter du 1er mars 2019, L. n° 2018-1021, 23 nov. 2018 ; à compter de la date prévue au III de l'article 152 de la loi n° 2017-86 du 27 janvier 2017 et au plus tard le 30 juin 2019, L. n° 2017-86, 27 janv. 2017).* – I. - Toute clause prévoyant la résiliation de plein droit du contrat de location pour défaut de paiement du loyer ou des charges aux termes convenus ou pour non-versement du dépôt de garantie ne produit effet que deux mois après un commandement de payer demeuré infructueux.

Le commandement de payer contient, à peine de nullité :

1° La mention que le locataire dispose d'un délai de deux mois pour payer sa dette ;

2° Le montant mensuel du loyer et des charges ;

3° Le décompte de la dette ;

4° L'avertissement qu'à défaut de paiement ou d'avoir sollicité des délais de paiement, le locataire s'expose à une procédure judiciaire de résiliation de son bail et d'expulsion ;

5° La mention de la possibilité pour le locataire de saisir le fonds de solidarité pour le logement de son département, dont l'adresse est précisée, aux fins de solliciter une aide financière ;

6° La mention de la possibilité pour le locataire de saisir, à tout moment, la juridiction compétente aux fins de demander un délai de grâce sur le fondement de l'article 1343-5 du Code civil.

Lorsque les obligations résultant d'un contrat de location conclu en application du présent titre sont garanties par un cautionnement, le commandement de payer est signifié à la caution dans un délai de quinze jours à compter de sa signification au locataire. À défaut, la caution ne peut être tenue au paiement des pénalités ou des intérêts de retard.

Le représentant de l'État dans le département fixe, par arrêté, le montant et l'ancienneté de la dette au-delà desquels les commandements de payer, délivrés pour le compte d'un bailleur personne physique ou société civile constituée exclusivement entre parents et alliés jusqu'au quatrième degré inclus, sont signalés par l'huissier de justice à la commission de coordination des actions de prévention des expulsions locatives prévue à l'article 7-2 de la loi n° 90-449 du 31 mai 1990 précitée. Ce signalement est fait dès lors que l'un des deux seuils est atteint. Il s'effectue par voie électronique par l'intermédiaire du système d'information prévu au dernier alinéa du même article 7-2.

L'arrêté mentionné à l'avant-dernier alinéa du présent I est pris après avis du comité responsable du plan départemental d'action pour le logement et l'hébergement des personnes défavorisées ainsi que de la chambre départementale des huissiers de justice. Les modalités de détermination du montant et de l'ancienneté de la dette au-delà desquels les commandements sont signalés sont fixées par décret en Conseil d'État.

II. - Les bailleurs personnes morales autres qu'une société civile constituée exclusivement entre parents et alliés jusqu'au quatrième degré inclus ne peuvent faire délivrer, sous peine d'irrecevabilité de la demande, une assignation aux fins de constat de résiliation du bail avant l'expiration d'un délai de deux mois suivant la saisine de la commission de coordination des actions de prévention des expulsions locatives prévue à l'article 7-2 de la loi n° 90-449 du 31 mai 1990 précitée. Cette saisine est réputée constituée lorsque persiste une situation d'impayés, préalablement signalée dans les conditions réglementaires aux organismes payeurs des aides au logement en vue d'assurer le maintien du versement des aides mentionnées à l'article L. 351-2 du Code de la construction et de l'habitation et aux articles L. 542-1 et L. 831-1 du Code de la sécurité sociale. Cette saisine s'effectue par voie électronique par l'intermédiaire du système d'information prévu au dernier alinéa de l'article 7-2 de la loi no 90-449 du 31 mai 1990 précitée.

III. - À peine d'irrecevabilité de la demande, l'assignation aux fins de constat de la résiliation est notifiée à la diligence de l'huissier de justice au représentant de l'État dans le département au moins deux mois avant l'audience, afin qu'il saisisse l'organisme compétent désigné par le plan local d'action pour le logement et l'hébergement des personnes défavorisées, suivant la répartition de l'offre globale de services d'accompagnement vers et dans le logement prévue à l'article 4 de la loi n° 90-449 du 31 mai 1990 précitée. Cette notification s'effectue par voie électronique par l'intermédiaire du système d'information prévu au dernier alinéa de l'article 7-2 de la même loi. La saisine de l'organisme mentionné à la première phrase du présent III peut s'effectuer par voie électronique, selon des modalités fixées par décret. L'organisme saisi réalise un diagnostic social et financier selon des modalités et avec un contenu précisés par décret, au cours duquel le locataire et le bailleur sont mis en mesure de présenter leurs observations, et le transmet au juge avant l'audience, ainsi qu'à la commission de coordination des actions de prévention des expulsions locatives ; le cas échéant, les observations écrites des intéressés sont jointes au diagnostic

IV. - Les II et III sont applicables aux assignations tendant au prononcé de la résiliation du bail lorsqu'elle est motivée par l'existence d'une dette locative du preneur. Ils sont également applicables aux demandes additionnelles et reconventionnelles aux fins de constat ou de prononcé de la résiliation motivées par l'existence d'une dette locative, la notification au représentant de l'État dans le département incombant au bailleur.

V . - Le juge peut, même d'office, accorder des délais de paiement dans la limite de trois années, par dérogation au délai prévu au premier alinéa de l'article 1343-5 du Code civil, au locataire en situation de régler sa dette locative. Le quatrième alinéa de l'article 1343-5 s'applique lorsque la décision du juge est prise sur le fondement du présent alinéa. Le juge peut d'office vérifier tout élément constitutif de la dette locative et le respect de l'obligation prévue au premier alinéa de l'article 6 de la présente loi. Il invite les parties à lui produire tous éléments relatifs à l'existence d'une procédure de traitement du surendettement au sens du livre VII du Code de la consommation.

VI. - Par dérogation à la première phrase du V, lorsqu'une procédure de traitement du surendettement au sens du livre VII du Code de la consommation a été ouverte au bénéfice du locataire et qu'au jour de l'audience, le locataire a repris le paiement du loyer et des charges, le juge qui constate l'acquisition de la clause de résiliation de plein droit du contrat de location statue dans les conditions suivantes :

1° Lorsque la commission de surendettement des particuliers a rendu une décision de recevabilité de la demande de traitement de la situation de surendettement formée par le locataire, le juge accorde des délais de paiement jusqu'à, selon les cas, l'approbation du plan conventionnel de redressement prévu à l'article L. 732-1 du Code de la consommation, la décision imposant les mesures prévues aux articles L. 733-1, L. 733-4, L. 733-7 et L. 741-1 du même code, le jugement prononçant un rétablissement personnel sans liquidation judiciaire, le jugement d'ouverture d'une procédure de rétablissement personnel avec liquidation judiciaire ou toute décision de clôture de la procédure de traitement du surendettement ;

2° Lorsqu'un plan conventionnel de redressement prévu à l'article L. 732-1 dudit code a été approuvé ou que la commission de surendettement des particuliers a imposé les mesures prévues aux articles L. 733-1, L. 733-4 et L. 733-7 du même code, dont le bailleur a été avisé, le juge accorde les délais et modalités de paiement de la dette locative contenus dans le plan ou imposés par la commission de surendettement des particuliers. Lorsque la commission de surendettement des particuliers a imposé pendant un délai la suspension de l'exigibilité de la créance locative en application du 4° de l'article L. 733-1 du même code, le juge accorde ce délai prolongé de trois mois pour permettre au locataire de saisir à nouveau la commission de surendettement des particuliers en application de l'article L. 733-2 du même code. Lorsque, dans ce délai, la commission de surendettement des particuliers a de nouveau été saisie d'une demande de traitement de la situation de surendettement, l'exigibilité de la créance locative demeure suspendue jusqu'à, selon les cas, l'approbation d'un plan conventionnel de redressement prévu à l'article L. 732-1 du même code, la décision imposant les mesures prévues aux articles L. 733-1, L. 733-4, L. 733-7 et L. 741-1 du même code, le jugement prononçant un rétablissement personnel sans liquidation judiciaire, le jugement d'ouverture d'une procédure de rétablissement personnel avec liquidation judiciaire ou toute décision de clôture de la procédure de traitement du surendettement. À défaut, ou dès lors que la nouvelle procédure de traitement du surendettement est clôturée sans que de nouveaux délais de paiement de la dette locative aient été accordés, la clause de résiliation de plein droit reprend son plein effet ;

3° Par dérogation au 2° du présent VI, lorsqu'en application de l'article L. 733-10 du même code, une contestation a été formée par l'une des parties contre les délais et modalités de paiement de la dette locative imposés par la commission de surendettement des particuliers, le juge accorde des délais de paiement jusqu'à la décision du juge statuant sur cette contestation ;

4° Lorsque le juge statuant en application de l'article L. 733-10 du même code a pris tout ou partie des mesures mentionnées au 2° du présent VI, le juge accorde les délais et modalités de paiement de la dette locative imposés dans ces mesures. Lorsque la suspension de l'exigibilité de la créance locative a été imposée pendant un délai en application du 4° de l'article L. 733-1 du code de la consommation, le juge accorde ce délai prolongé de trois mois pour permettre au locataire de saisir à nouveau la commission de surendettement des particuliers en application de l'article L. 733-2 du même code. Lorsque, dans ce délai, la commission de surendettement des particuliers a de nouveau été saisie d'une demande de traitement de la situation de surendettement, l'exigibilité de la créance locative demeure suspendue jusqu'à, selon les cas, l'approbation d'un plan conventionnel de redressement prévu à l'article L. 732-1 dudit code, la décision imposant les mesures prévues aux articles L. 733-1, L. 733-4, L. 733-7 et L. 741-1 du même code, le jugement prononçant un rétablissement personnel sans liquidation judiciaire, le jugement d'ouverture d'une procédure de rétablissement personnel avec liquidation judiciaire ou toute décision de clôture de la procédure de traitement du surendettement. À défaut, ou dès lors que la nouvelle procédure de traitement du surendettement est clôturée sans que de nouveaux délais de paiement de la dette locative aient été accordés, la clause de résiliation de plein droit reprend son plein effet.

VII. - Pendant le cours des délais accordés par le juge dans les conditions prévues aux V et VI du présent article, les effets de la clause de résiliation de plein droit sont suspendus. Ces délais et les modalités de paiement accordés ne peuvent affecter l'exécution du contrat de location et notamment suspendre le paiement du loyer et des charges.

Si le locataire se libère de sa dette locative dans le délai et selon les modalités fixés par le juge, la clause de résiliation de plein droit est réputée ne pas avoir joué. Dans le cas contraire, elle reprend son plein effet.

VIII. - Lorsqu'un rétablissement personnel sans liquidation judiciaire a été imposé par la commission de surendettement des particuliers ou prononcé par le juge ou lorsqu'un jugement de clôture d'une procédure de rétablissement personnel avec liquidation judiciaire a été rendu, le juge suspend les effets de la clause de résiliation de plein droit pendant un délai de deux ans à partir de la date de la décision imposant les mesures d'effacement ou du jugement de clôture.

Par dérogation au premier alinéa du présent VIII, lorsqu'en application de l'article L. 741-4 du Code de la consommation, une contestation a été formée par l'une des parties contre la décision de la commission de surendettement des particuliers imposant un rétablissement personnel sans liquidation judiciaire, le juge suspend les effets de la clause de résiliation de plein droit jusqu'à la décision du juge statuant sur cette contestation.

Ce délai ne peut affecter l'exécution du contrat de location et notamment suspendre le paiement du loyer et des charges.

Si le locataire s'est acquitté du paiement des loyers et des charges conformément au contrat de location pendant le délai de deux ans mentionné au premier alinéa du présent VIII, la clause de résiliation de plein droit est réputée ne pas avoir joué. Dans le cas contraire, elle reprend son plein effet.

IX. - La notification de la décision de justice prononçant l'expulsion indique les modalités de saisine et l'adresse de la commission de médiation prévue à l'article L. 441-2-3 du Code de la construction et de l'habitation.

Art. 24-1 *(L. n° 2000-1208, 13 déc. 2000 ; mod., L. n° 2002-73, 17 janv. 2002 ; L. n° 2006-872, 13 juill. 2006 ; L. n° 2009-323, 25 mars 2009 ; L. n° 2014-366, 24 mars 2014).* – Lorsqu'un locataire a avec son bailleur un litige locatif ou lorsque plusieurs locataires ont avec un même bailleur un litige locatif ayant une origine commune, ils peuvent donner par écrit mandat d'agir en justice en leur nom et pour leur compte à une association siégeant à la Commission nationale de concertation ; si le litige porte sur les caractéristiques du logement mentionnées aux premier et deuxième alinéas de l'article 6, ce mandat peut être donné en outre à une association dont l'un des objets est l'insertion ou le logement des personnes défavorisées ou à une association de défense des personnes en situation d'exclusion par le logement mentionnées à l'article 3 de la loi n° 90-449 du 31 mai 1990 visant à la mise en œuvre du droit au logement. Une association précitée peut assister ou représenter, selon les modalités définies à l'article 828 du Code de procédure civile, un locataire en cas de litige portant sur le respect des caractéristiques de décence de son logement. La collectivité territorialement compétente en matière d'habitat ainsi que les organismes payeurs des aides au logement territorialement compétents peuvent être destinataires du mandat à agir mentionné au présent alinéa.

Les dispositions de l'alinéa précédent sont applicables aux locataires des locaux mentionnés aux 1° à 3° de l'article 2 lorsque le litige locatif porte sur la décence du logement.

Art. 24-2 *(Abr., L. n° 2018-1021, 23 nov. 2018).*

Art. 25 *(Rempl., L. n° 2014-366, 24 mars 2014).* – Les décrets pris en application des articles 7 et 18 abrogés et de l'article 29 modifié de la loi n° 86-1290 du 23 décembre 1986 tendant à favoriser l'investissement locatif, l'accession à la propriété de logements sociaux et le développement de l'offre foncière restent en vigueur pour l'application de la présente loi jusqu'à l'intervention des décrets correspondants pris en application de la présente loi.

Art. 25-1 *(Ord. n° 98-774, 2 sept. 1998 ; mod., L. n° 99-1121, 28 déc. 1999 ; L. n° 2006-685, 13 juin 2006 ; L. n° 2006-872, 13 juill. 2006).* – À l'exception du troisième alinéa de l'article 9, des articles 16 à 20, du deuxième alinéa de l'article 24 et de l'article 25, les dispositions du présent titre sont applicables en Polynésie française sous réserve des adaptations suivantes :

1° Au quatrième alinéa de l'article 3, les mots : « prévues à l'article 19 » sont remplacés par les mots : « prévues par délibération de l'assemblée locale » ;

2° À la fin du *a* de l'article 6, les mots : « en application des premier et deuxième alinéas » sont remplacés par les mots : « par la réglementation territoriale » ;

3° À l'article 15 :

a) Dans le septième alinéa du II, les mots : « ni aux actes portant sur les immeubles mentionnés au deuxième alinéa de l'article L. 111-6-1 du Code de la construction et de l'habitation » ne sont pas applicables ;

b) Aux premier et deuxième alinéas du III, les mots : « salaire minimum de croissance » sont remplacés par les mots : « salaire minimum interprofessionnel garanti » ;

c) Au premier alinéa du III, les mots : « dans les limites géographiques prévues à l'article 13 *bis* de la loi n° 48-1360 du 1er septembre 1948 » sont remplacés par les mots : « à une distance au plus égale à 5 kilomètres » ;

4° Le sixième alinéa de l'article 24 est remplacé par les dispositions suivantes :

Le commandement de payer reproduit, à peine de nullité, les dispositions des alinéas précédents.

Art. 25-2 *(Ord. n° 98-774, 2 sept. 1998).* – Jusqu'à leur terme, les contrats de location en cours en Polynésie française à la date du 15 septembre 1998 demeurent soumis aux dispositions qui leur étaient applicables.

TITRE I *BIS*. – DES RAPPORTS ENTRE BAILLEURS ET LOCATAIRES DANS LES LOGEMENTS MEUBLÉS RÉSIDENCE PRINCIPALE

(L. n° 2014-366, 24 mars 2014)

Art. 25-3 *(L. n° 2014-366, 24 mars 2014 ; mod., L. n° 2015-990, 6 août 2015).* – Les dispositions du présent titre sont d'ordre public et s'appliquent aux contrats de location de logements meublés tels que définis à l'article 25-4 dès lors qu'ils constituent la résidence principale du locataire au sens de l'article 2.

Les articles 1er, 3, 3-2, 3-3, 4, à l'exception du l, 5, 6, 7, 7-1, 8, 8-1, 18, 20-1, 21, 22, 22-1, 22-2, 24 et 24-1 sont applicables aux logements meublés.

Le présent titre ne s'applique ni aux logements-foyers, ni aux logements faisant l'objet d'une convention avec l'État portant sur leurs conditions d'occupation et leurs modalités d'attribution.

Le présent titre ne s'applique ni aux logements attribués ou loués en raison de l'exercice d'une fonction ou de l'occupation d'un emploi, ni aux locations consenties aux travailleurs saisonniers.

Art. 25-4 *(L. n° 2014-366, 24 mars 2014)*. – Un logement meublé est un logement décent équipé d'un mobilier en nombre et en qualité suffisants pour permettre au locataire d'y dormir, manger et vivre convenablement au regard des exigences de la vie courante.

La liste des éléments que doit comporter ce mobilier est fixée par décret.

Art. 25-5 *(L. n° 2014-366, 24 mars 2014)*. – Un inventaire et un état détaillé du mobilier sont établis dans les mêmes formes et en autant d'exemplaires que de parties lors de la remise et de la restitution des clés. Ces documents, établis contradictoirement et amiablement, sont signés par les parties ou par un tiers mandaté par elles et joints au contrat de location. Ces documents ne peuvent donner lieu à aucune autre facturation que celle liée à l'établissement de l'état des lieux.

Art. 25-6 *(L. n° 2014-366, 24 mars 2014)*. – Par dérogation à l'article 22, le montant du dépôt de garantie exigible par le bailleur est limité à deux mois de loyer en principal.

Art. 25-7 *(L. n° 2014-366, 24 mars 2014)*. – Le contrat de location est établi par écrit et respecte un contrat type défini par décret en Conseil d'État, pris après avis de la Commission nationale de concertation.

Il est conclu pour une durée d'au moins un an.

Si les parties au contrat ne donnent pas congé dans les conditions prévues à l'article 25-8, le contrat de location parvenu à son terme est reconduit tacitement pour une durée d'un an.

Lorsque la location est consentie à un étudiant, la durée du bail peut être réduite à neuf mois. Dans ce cas, la reconduction tacite prévue au troisième alinéa du présent article est inapplicable.

Art. 25-8 *(L. n° 2014-366, 24 mars 2014 ; mod., L. n° 2015-990, 6 août 2015)*. – I. - Le locataire peut résilier le contrat à tout moment, sous réserve du respect d'un préavis d'un mois, y compris lorsque la durée du bail est réduite à neuf mois.

Le bailleur qui souhaite, à l'expiration du contrat, en modifier les conditions doit informer le locataire avec un préavis de trois mois. Si le locataire accepte les nouvelles conditions, le contrat est renouvelé pour un an.

Lorsqu'il donne congé à son locataire pour reprendre le logement, le bailleur justifie du caractère réel et sérieux de sa décision de reprise.

Le bailleur qui ne souhaite pas renouveler le contrat doit informer le locataire avec un préavis de trois mois et motiver son refus de renouvellement du bail soit par sa décision de reprendre ou de vendre le logement, soit par un motif légitime et sérieux, notamment l'inexécution par le locataire de l'une des obligations lui incombant.

À peine de nullité, le congé donné par le bailleur doit indiquer le motif allégué et, en cas de reprise, les nom et adresse du bénéficiaire de la reprise ainsi que la nature du lien existant entre le bailleur et le bénéficiaire de la reprise qui ne peut être que le bailleur, son conjoint, le partenaire auquel il est lié par un pacte civil de solidarité enregistré à la date du congé, son concubin notoire depuis au moins un an à la date du congé, ses ascendants, ses descendants ou ceux de son conjoint, de son partenaire ou de son concubin notoire.

En cas de contestation, le juge peut, même d'office, vérifier la réalité du motif du congé et le respect des obligations prévues au présent article. Il peut notamment déclarer non valide le congé si la non-reconduction du bail n'apparaît pas justifiée par des éléments sérieux et légitimes.

Le congé doit être notifié par lettre recommandée avec demande d'avis de réception ou signifié par acte d'huissier ou remis en main propre contre récépissé ou émargement. Ce délai court à compter du jour de la réception de la lettre recommandée ou de la signification de l'acte d'huissier ou de la remise en main propre.

Pendant le délai de préavis, le locataire n'est redevable du loyer et des charges que pour le temps où il a occupé réellement les lieux si le congé a été notifié par le bailleur. Il est redevable du loyer et des charges relatifs à l'intégralité de la période couverte par le préavis si c'est lui qui a notifié le congé, sauf si le logement se trouve occupé avant la fin du préavis par un autre locataire en accord avec le bailleur.

À l'expiration du délai de préavis, le locataire est déchu de tout titre d'occupation du logement loué.

II. - Le bailleur ne peut s'opposer au renouvellement du contrat en donnant congé dans les conditions définies au I à l'égard de tout locataire âgé de plus de soixante-cinq ans et dont les ressources annuelles sont inférieures à un plafond de ressources en vigueur pour l'attribution des logements locatifs conventionnés fixé par arrêté du ministre chargé du logement, sans qu'un logement correspondant à ses besoins et à ses possibilités lui soit offert dans les limites géographiques prévues à l'article 13 *bis* de la loi n° 48-1360 du 1er septembre 1948 précitée. Le présent alinéa est également applicable lorsque le locataire a à sa charge une personne de plus de soixante-cinq ans vivant habituellement dans le logement et remplissant la condition de ressources précitée et que le montant cumulé des ressources annuelles de l'ensemble des personnes vivant au foyer est inférieur au plafond de ressources déterminé par l'arrêté précité.

Toutefois, les dispositions du premier alinéa du présent II ne sont pas applicables lorsque le bailleur est une personne physique âgée de plus de soixante-cinq ans ou si ses ressources annuelles sont inférieures au plafond de ressources mentionné au même premier alinéa.

L'âge du locataire ou de la personne à sa charge et celui du bailleur sont appréciés à la date d'échéance du contrat ; le montant de leurs ressources est apprécié à la date de notification du congé.

III. - Le fait pour un bailleur de délivrer un congé justifié frauduleusement par sa décision de reprendre ou de vendre le logement est puni d'une amende pénale dont le montant ne peut être supérieur à 6 000 € pour une personne physique et à 30 000 € pour une personne morale.

Le montant de l'amende est proportionné à la gravité des faits constatés. Le locataire est recevable dans sa constitution de partie civile et la demande de réparation de son préjudice.

Art. 25-9 *(L. n° 2014-366, 24 mars 2014 ; mod., L. n° 2015-990, 6 août 2015 ; L. n° 2018-1021, 23 nov. 2018).* – Pour la révision du loyer, le I de l'article 17-1 est applicable aux logements meublés.

Lorsque les parties sont convenues, par une clause expresse, de travaux d'amélioration du logement que le bailleur fera exécuter ou d'acquisition d'équipements par le bailleur en sus de l'équipement initial, le contrat de location ou un avenant à ce contrat peut fixer une majoration de loyer consécutive à ces opérations.

L'article 17-2 est applicable aux logements meublés. La hausse du loyer convenue entre les parties ou fixée judiciairement s'applique au contrat renouvelé. Toutefois, si la hausse est supérieure à 10 %, elle s'applique par tiers annuel au contrat renouvelé et lors des renouvellements ultérieurs.

Art. 25-10 *(L. n° 2014-366, 24 mars 2014).* – Les charges locatives accessoires au loyer principal sont récupérées par le bailleur au choix des parties et tel que prévu par le contrat de bail :

1° Soit dans les conditions prévues à l'article 23, lorsqu'il s'agit de provisions pour charges ;

2° Soit sous la forme d'un forfait versé simultanément au loyer, dont le montant et la périodicité de versement sont définis dans le contrat et qui ne peut donner lieu à complément ou à régularisation ultérieure. Le montant du forfait de charges est fixé en fonction des montants exigibles par le bailleur en application du même article 23 et peut être révisé chaque année aux mêmes conditions que le loyer principal. Ce montant ne peut pas être manifestement disproportionné au regard des charges dont le locataire ou, le cas échéant, le précédent locataire se serait acquitté.

Art. 25-11 *(L. n° 2014-366, 24 mars 2014).* – La commission départementale de conciliation mentionnée à l'article 20 est compétente pour l'examen des litiges relatifs aux logements meublés et résultant de l'application des dispositions relatives aux loyers, aux congés, à l'état des lieux et du mobilier, au dépôt de garantie, aux charges locatives, aux réparations et aux caractéristiques du logement mentionnées aux deux premiers alinéas de l'article 6.

....

TITRE II. – DISPOSITIONS DIVERSES

....

Art. 40 *(Mod., L. n° 2014-366, 24 mars 2014 ; L. n° 2015-990, 6 août 2015 ; L. n° 2017-86, 27 janv. 2017).* – I. - Les 4°, 7° à 9° et le dernier alinéa de l'article 3, l'article 3-1, le II de l'article 5, les articles 8, 8-1, 10 à 12, 15 à 18, le 1° de l'article 20, les cinq premiers alinéas de l'article 23 et les articles 25-3 à 25-11 ne sont pas applicables aux logements appartenant aux organismes d'habitations à loyer modéré et ne faisant pas l'objet d'une convention passée en application de l'article L. 351-2 du Code de la construction et de l'habitation.

L'article 14 leur est applicable à condition que le bénéficiaire du transfert ou de la continuation du contrat remplisse les conditions d'attribution et que le logement soit adapté à la taille du ménage. Ces deux conditions ne sont pas requises envers le conjoint, le partenaire lié au locataire par un pacte civil de solidarité ou le concubin notoire et, lorsqu'ils vivaient effectivement avec le locataire depuis plus d'un an, les ascendants, les personnes présentant un handicap au sens de l'article L. 114 du Code de l'action sociale et des familles et les personnes de plus de soixante-cinq ans. Lorsque le bénéficiaire du transfert est un descendant remplissant les conditions de ressources mais pour lequel le logement est inadapté à la taille du ménage, l'organisme bailleur peut proposer un relogement dans un logement plus petit pour lequel l'intéressé est prioritaire.

Les treizième à vingt-troisième alinéas du I de l'article 15 sont applicables lorsque le congé émane du locataire.

II. - *(Mod., L. n° 2018-1021, 23 nov. 2018)* Les dispositions des articles 3, 3-1, 8, 8-1, 9 à 20, du premier alinéa de l'article 22 et de l'article 24 ne sont pas applicables aux logements dont le loyer est fixé en application des dispositions du chapitre III de la loi n° 48-1360 du 1er septembre 1948 précitée.

III. - Les 4°, 7° à 9° et le dernier alinéa de l'article 3, l'article 3-1, le II de l'article 5, les articles 8, 8-1, 10 à 12, 15 et 17, le II de l'article 17-1 et les articles 17-2 et 18 ne sont pas applicables aux logements régis par une convention conclue en application de l'article L. 351-2 du Code de la construction et de l'habitation.

(Al. mod., L. n° 2018-1021, 23 nov. 2018) L'article 14 leur est applicable à condition que le bénéficiaire du transfert ou de la continuation du contrat remplisse les conditions d'attribution et que le logement soit adapté à la taille du ménage. Les conditions de ressources et d'adaptation du logement à la taille du ménage ne sont pas requises envers le conjoint, le partenaire lié au locataire par un pacte civil de solidarité ou le concubin notoire et, lorsqu'ils vivaient effectivement avec le locataire depuis plus d'un an, les ascendants, les personnes présentant un handicap au sens de l'article L. 114 du Code de l'action sociale et des familles et les personnes de plus de soixante-cinq ans.

Les treizième à vingt-troisième alinéas du I de l'article 15 leur sont applicables.

L'article 16, le I de l'article 17-1, l'article 18, le 1° de l'article 20, les cinq premiers alinéas de l'article 23 et les articles 25-3 à 25-11 ne sont pas applicables aux logements régis par une convention conclue en application de l'article L. 353-14 du Code de la construction et de l'habitation.

Les articles 25-3 à 25-11 de la présente loi ne sont pas applicables aux logements appartenant à une société d'économie mixte et qui sont régis par une convention conclue en application de l'article L. 351-2 du Code de la construction et de l'habitation.

IV. - Les dispositions des cinq premiers alinéas de l'article 23 ne sont pas applicables aux logements dont les conditions sont réglementées en contrepartie de primes ou prêts spéciaux à la construction consentis par le Crédit foncier de France ou la Caisse centrale de coopération économique.

V. - Les articles 10, 15, à l'exception des treizième à vingt-troisième alinéas du I, 17 et 17-2 ne sont pas applicables aux logements donnés en location à titre exceptionnel et transitoire par les collectivités locales.

VI. - Les loyers fixés en application des articles 17, 17-1 et 17-2 ou négociés en application des articles 41 *ter* et 42 de la loi n° 86-1290 du 23 décembre 1986 précitée ne peuvent ni excéder, pour les logements ayant fait l'objet de conventions passées en application de l'article L. 351-2 du Code de la construction et de l'habitation, les loyers plafonds applicables à ces logements, ni déroger, pour les logements ayant fait l'objet de primes ou de prêts spéciaux à la construction du Crédit foncier de France ou de la Caisse centrale de coopération économique, aux règles applicables à ces logements.

Les accords conclus en application des articles 41 *ter* et 42 de la loi n° 86-1290 du 23 décembre 1986 précitée ne peuvent conduire à déroger, pour les logements dont le loyer est fixé en application du chapitre III de la loi n° 48-1360 du 1er septembre 1948 précitée, aux règles de fixation de ce loyer ni, pour les logements gérés par les organismes d'habitations à loyer modéré, aux règles de fixation et d'évolution des loyers prévues à l'article L. 442-1 du Code de la construction et de l'habitation.

VII. - [L]es dispositions des articles 17 à 20 ne sont pas applicables aux logements auxquels s'appliquent les dispositions de l'article L. 472-1-3 du Code de la construction et de l'habitation.

Les dispositions de l'article 17, du I de l'article 17-1, des articles 17-2 et 18 et du 1° de l'article 20 ne sont pas applicables aux sociétés d'économie mixte pour les logements régis par un cahier des charges en application du chapitre V du titre IV du livre IV du Code de la construction et de l'habitation.

VIII. - Les 4°, 7°, 8°, 9° et dernier alinéa de l'article 3, les articles 3-1, 8, 10 à 11-1, 15, 17, 17-2, 18, les sixième à dernier alinéas de l'article 23 et le II de l'article 17-1 ne sont pas applicables aux logements des résidences universitaires définies à l'article L. 631-12 du Code de la construction et de l'habitation et régies par une convention conclue en application de l'article L. 351-2 du même code. Toutefois, les treizième à vingt-troisième alinéas du I de l'article 15 sont applicables lorsque le congé émane du locataire.

Les articles 3-1, 8, 10 à 11-1 et les sixième à dernier alinéas de l'article 23 ne sont pas applicables aux logements des résidences universitaires définies audit article L. 631-12.

Les charges locatives accessoires au loyer principal des logements des résidences universitaires peuvent être récupérées par le bailleur sous la forme d'un forfait versé simultanément au loyer, dont le montant et la périodicité de versement sont définis au contrat et qui ne peut donner lieu à complément ou à régularisation ultérieure. Le montant du forfait de charges est fixé en fonction des montants exigibles par le bailleur en application de l'article 23. Ce montant ne doit pas être manifestement disproportionné au regard des charges dont le locataire ou, le cas échéant, le précédent locataire se serait acquitté.

....

Art. 41-1 *(L. n° 2000-1208, 13 déc. 2000)*. – Les dispositions de l'article 20-1 sont applicables aux contrats en cours.

Art. 42. – V. *L. n° 86-1290, 23 déc. 1986, art. 73, III.*

Art. 43 *(Ord. n° 2012-576, 26 avr. 2012)*. – Pour l'application de la présente loi à Mayotte :

1° *(Rempl., L. n° 2014-366, 24 mars 2014)* Les 1° et 2° et le dernier alinéa de l'article 3-3 sont applicables à compter du 1er janvier 2015 ;

2° Le huitième alinéa du II de l'article 15 est applicable à Mayotte à compter de l'entrée en vigueur de l'article 10-1 de la loi n° 75-1351 du 31 décembre 1975 à Mayotte ;

3° Les dispositions de l'article 17 sont applicables aux contrats en cours.

Art. 44 *(L. n° 2012-1270, 20 nov. 2012)*. – La présente loi est applicable en Nouvelle-Calédonie, à l'exception des douzième et treizième alinéas de l'article 3, de l'article 3-1, du dernier alinéa des articles 9 et 10, de l'article 11-1, des quatrième, cinquième et deux derniers alinéas du II et du III de l'article 15, des articles 16 à 19, du cinquième alinéa et de la deuxième phrase du sixième alinéa de l'article 20, des quatre premiers alinéas de l'article 22-1, des quatrième et septième alinéas de l'article 22-2, de la seconde phrase du cinquième alinéa de l'article 23, de l'article 23-1, des deuxième et dernier alinéas de l'article 24, des articles 25 à 39, des II à VII de l'article 40 et des articles 41 à 43.

Art. 45 *(L. n° 2012-1270, 20 nov. 2012)*. – Pour l'application de la présente loi en Nouvelle-Calédonie :

1° Le second alinéa de l'article 2 est ainsi modifié :

a) À la première phrase, les mots : « à l'exception de l'article 3-1, » sont supprimés ;

b) À la seconde phrase, la référence : « de l'article 3-1, » est supprimée ;

2° À la fin de la première phrase du dixième alinéa de l'article 3 et au deuxième alinéa de l'article 6, les mots : « par décret en Conseil d'État » sont remplacés par les mots : « par la réglementation en vigueur en Nouvelle-Calédonie » ;

3° À la seconde phrase du dixième alinéa de l'article 3, le mot : « sept » est remplacé par le mot : « quinze » ;

4° Au *b* de l'article 3-2, après la deuxième occurrence du mot : « services », sont insérés les mots : « locaux ou » ;

5° L'article 4 est ainsi modifié :

a) Au *c*, les mots : « l'ordre de prélèvement automatique sur le compte courant du locataire ou » sont supprimés ;

b) Le *p* est complété par les mots : « de Nouvelle-Calédonie » ;

6° L'article 10 est ainsi modifié :

a) Aux premier et troisième alinéas, le mot : « trois » est remplacé par le mot : « deux » ;

b) Après la première occurrence du mot : « ans », la fin des premier et troisième alinéas est supprimée ;

c) Après le mot : « prévues », la fin de la dernière phrase du quatrième alinéa est ainsi rédigée : « par la réglementation en vigueur en Nouvelle-Calédonie. » ;

7° L'article 11 est ainsi modifié :

a) À la première phase du premier alinéa et à l'avant-dernier alinéa, le mot : « trois » est remplacé par le mot : « deux » ;

b) Après le mot : « conformément », la fin du dernier alinéa est ainsi rédigée : « à la réglementation en vigueur en Nouvelle-Calédonie. » ;

8° Au troisième alinéa de l'article 14-1, les mots : « comme il est dit aux premier et deuxième alinéas de l'article 21 de la loi n° 91-650 du 9 juillet 1991 portant réforme des procédures civiles d'exécution » sont remplacés par les mots : « conformément à la réglementation en vigueur en Nouvelle-Calédonie » ;

9° L'article 15 est ainsi modifié :

a) À la première phrase du deuxième alinéa du I, le mot : « six » est remplacé par le mot : « quatre » ;

b) Au sixième alinéa du II, le mot : « cinq » est remplacé par le mot : « trois » ;

c) Après le mot : « immeubles », la fin du septième alinéa du II est ainsi rédigée : « qui sont frappés d'une interdiction d'habiter, ou d'un arrêté de péril, ou sont déclarés insalubres. » ;

10° L'article 20 est ainsi modifié :

a) La première phrase du premier alinéa est ainsi modifiée :

– les mots : « dans chaque département » sont remplacés par les mots : « en Nouvelle-Calédonie » ;

– après le mot : « égal », la fin de cette phrase est supprimée ;

b) À la première phrase des premier et avant-dernier alinéas et au dernier alinéa, le mot : « départementale » est supprimé ;

c) Le deuxième alinéa est ainsi rédigé :

« Sa compétence porte sur l'examen : » ;

d) Après le mot : « par », la fin du dernier alinéa est ainsi rédigée : « arrêté du représentant de l'État en Nouvelle-Calédonie. » ;

11° L'article 20-1 est ainsi modifié :

a) À la deuxième phrase du premier alinéa, les mots : « départementale de conciliation » sont remplacés par les mots : « de conciliation territorialement compétente » ;

b) À la dernière phrase du second alinéa, les mots : « au représentant de l'État dans le département » sont remplacés par les mots : « à l'autorité définie par la réglementation applicable localement en ce qui concerne les caractéristiques mentionnées à l'article 6 » ;

12° Après le mot : « française », la fin du cinquième alinéa de l'article 22-1 est supprimée ;

13° À la seconde phrase du 2° de l'article 23, les mots : « et répondant aux conditions de l'article L. 125-2-2 du Code de la construction et de l'habitation » sont supprimés ;

14° L'article 24 est ainsi modifié :

a) Au premier alinéa, les mots : « que deux » sont remplacés par les mots : « qu'un » ;

b) Après le mot : « précédents », la fin du sixième alinéa est supprimée ;

15° Le premier alinéa de l'article 24-1 est ainsi modifié :

a) À la première phrase, les mots : « à la Commission nationale de concertation et agréée à cette fin » sont remplacés par les mots : « à la commission mentionnée à l'article 20 » et les mots : « mentionnées à l'article 3 de la loi n° 90-449 du 31 mai 1990 visant à la mise en œuvre du droit au logement » sont supprimés ;

b) À la seconde phrase, les mots : « , selon les modalités définies à l'article 828 du Code de procédure civile, » sont supprimés ;

16° Le I de l'article 40 est ainsi modifié :

a) Après la référence : « 8 », la fin du premier alinéa est ainsi rédigée : « , 11 et 15 ne sont pas applicables aux logements appartenant aux opérateurs institutionnels de logement social. » ;

b) À la seconde phrase du deuxième alinéa, la référence : « article L. 114 du Code de l'action sociale et des familles » est remplacée par la référence : « article 3 de la loi du pays n° 2009-2 du 7 janvier 2009 portant création d'un régime d'aides en faveur des personnes en situation de handicap et des personnes en perte d'autonomie ».

Art. 46 *(L. n° 2012-1270, 20 nov. 2012).* – Jusqu'à leur terme, les contrats de location portant, en Nouvelle-Calédonie, sur les logements mentionnés au premier alinéa de l'article 2, en cours à la date de publication au *Journal officiel* de la loi n° 2012-1270 du 20 novembre 2012 relative à la régulation économique outre-mer et portant diverses dispositions relatives aux outre-mer, demeurent soumis aux dispositions qui leur étaient applicables. Toutefois, s'appliquent également à ces contrats, à compter de cette même date, les articles 4, 21, 24 et 24-1 ainsi que les trois derniers alinéas de l'article 22.

Art. 47 *(L. n° 2012-1270, 20 nov. 2012).* – Sans préjudice de l'article 46, est abrogée, en tant qu'elle s'applique, en Nouvelle-Calédonie, aux contrats mentionnés au premier alinéa de l'article 2 de la présente loi, la loi du 1er avril 1926 réglant les rapports entre bailleurs et locataires de locaux d'habitation, à l'exception des dispositions relatives au loyer.

Loi n° 89-1008 du 31 décembre 1989

relative au développement des entreprises commerciales et artisanales et à l'amélioration de leur environnement économique, juridique et social

Art. 14 *(Mod., L. n° 2005-882, 2 août 2005).* – I. Le conjoint survivant du chef d'une entreprise artisanale, commerciale ou libérale qui justifie par tous moyens avoir participé directement et effectivement à l'activité de l'entreprise pendant au moins dix années, sans recevoir de salaire ni être associé aux bénéfices et aux pertes de l'entreprise, bénéficie d'un droit de créance d'un montant égal à trois fois le salaire minimum interprofessionnel de croissance annuel en vigueur au jour du décès dans la limite de 25 p. 100 de l'actif successoral. Ce droit est garanti sur la généralité des meubles par le privilège inscrit au 4° de l'article 2101 du Code civil, sur la généralité des immeubles par le privilège inscrit au 2° de l'article 2104 du Code civil et sur les immeubles par une hypothèque légale. Le cas échéant, le montant des droits propres du conjoint survivant dans les opérations de partage successoral et de liquidation du régime matrimonial est diminué de celui de cette créance. Pour la liquidation des droits de succession, cette créance s'ajoute à la part du conjoint survivant.

Décret n° 90-780 du 31 août 1990

portant application de l'article 19 de la loi n° 89-462 du 6 juillet 1989 tendant à améliorer les rapports locatifs

Art. 1er *(Mod., D. n° 2015-650, 10 juin 2015).* – Les références à fournir par le bailleur en application de l'article 17-2 de la loi [n° 89-462] du 6 juillet 1989 susvisée mentionnent au moins pour chaque logement loué :

a) Le nom de la rue et la dizaine de numéros où se situe l'immeuble ;

b) Le type d'habitat, individuel ou collectif, et l'époque de construction de l'immeuble ;

c) L'étage du logement et la présence éventuelle d'un ascenseur ;

d) La surface habitable du logement et le nombre de ses pièces principales ;

e) L'existence éventuelle d'annexes prises en compte pour le loyer ;

f) L'état d'équipement du logement : notamment, w.-c. intérieur, salle d'eau, chauffage central ;

g) L'indication selon laquelle le locataire est dans les lieux depuis plus ou moins de trois ans ;

h) Le montant du loyer mensuel hors charges effectivement exigé ;

i) L'année de constatation des éléments constitutifs de la référence.

Voir : la rédaction de cet article issue de la loi n° 2019-437 du 13 mai 2019, en *addendum*, p. 3587

Décret n° 90-781 du 31 août 1990

portant application des articles 30 et 31 de la loi n° 86-1290 du 23 décembre 1986 modifiée

Art. 1er. – Pour permettre l'application des articles 30 et 31 de la loi du 23 décembre 1986, les loyers servant de références doivent être représentatifs de l'ensemble des loyers habituellement constatés au cours des trois dernières années dans le voisinage pour les logements comparables, quelle que soit la date d'entrée dans les lieux du locataire.

La liste des références notifiée par le bailleur doit comprendre les éléments définis aux articles 2, 3, 4 et 5 du présent décret.

Art. 2. – Le nombre minimal des références à fournir est de trois. Toutefois, il est de six dans les communes faisant partie d'une agglomération de plus de 1 000 000 d'habitants figurant au décret n° 87-818 du 2 octobre 1987 susvisé.

Art. 3. – Les références utilisées doivent être prises dans le voisinage du logement en cause, c'est-à-dire soit dans le même groupe d'immeubles, soit dans tout autre groupe d'immeubles comportant des caractéristiques similaires et situé dans la même zone géographique.

Art. 4. – La liste des références notifiée par le bailleur doit comporter, au moins pour les deux tiers, des références de locations pour lesquelles il n'y a pas eu de changement de locataire depuis trois ans.

Art. 5. – Les références servant à déterminer le loyer en application des articles 30 et 31 de la loi du 23 décembre 1986 susvisée mentionnent, pour chacune d'entre elles :

a) Le nom de la rue et la dizaine de numéros où se situe l'immeuble ;

b) La qualité et l'époque de construction de l'immeuble ;

c) L'étage du logement et la présence éventuelle d'un ascenseur ;

d) La surface habitable du logement et le nombre de ses pièces principales ;

e) L'existence éventuelle d'annexes prises en compte pour le loyer ;

f) Son état d'équipement : notamment, w.-c. intérieur, salle d'eau, chauffage ;

g) L'indication selon laquelle le locataire est dans les lieux depuis plus ou moins de trois ans ;

h) Le montant du loyer mensuel hors charges effectivement exigé.

Décret n° 90-917 du 8 octobre 1990

portant publication de la convention relative aux droits de l'enfant, signée à New York le 26 janvier 1990

(JO 12 oct.)

Convention relative aux droits de l'enfant
(*JO* 12 oct. 1990)

Préambule

Les États parties à la présente Convention,

Considérant que, conformément aux principes proclamés dans la Charte des Nations Unies, la reconnaissance de la dignité inhérente à tous les membres de la famille humaine ainsi que l'égalité et le caractère inaliénable de leurs droits sont le fondement de la liberté, de la justice et de la paix dans le monde ;

Ayant présent à l'esprit le fait que les peuples des Nations Unies ont, dans la Charte, proclamé à nouveau leur foi dans les droits fondamentaux de l'homme et dans la dignité et la valeur de la personne humaine, et qu'ils ont résolu de favoriser le progrès social et d'instaurer de meilleures conditions de vie dans une liberté plus grande ;

Reconnaissant que les Nations Unies, dans la Déclaration universelle des droits de l'homme et dans les Pactes internationaux relatifs aux droits de l'homme, ont proclamé et sont convenues que chacun peut se prévaloir de tous les droits et de toutes les libertés qui y sont énoncés, sans distinction aucune, notamment de race, de couleur, de sexe, de langue, de religion, d'opinion politique ou de toute autre opinion, d'origine nationale ou sociale, de fortune, de naissance ou de toute autre situation ;

Rappelant que, dans la Déclaration universelle des droits de l'homme, les Nations unies ont proclamé que l'enfance a droit à une aide et à une assistance spéciales ;

Convaincus que la famille, unité fondamentale de la société et milieu naturel pour la croissance et le bien-être de tous ses membres, et en particulier des enfants, doit recevoir la protection et l'assistance dont elle a besoin pour pouvoir jouer pleinement son rôle dans la communauté,

Reconnaissant que l'enfant, pour l'épanouissement harmonieux de sa personnalité, doit grandir dans le milieu familial, dans un climat de bonheur, d'amour et de compréhension ;

Considérant qu'il importe de préparer pleinement l'enfant à avoir une vie individuelle dans la société et de l'élever dans l'esprit des idéaux proclamés dans la Charte des Nations Unies, et en particulier dans un esprit de paix, de dignité, de tolérance, de liberté, d'égalité et de solidarité ;

Ayant présent à l'esprit que la nécessité d'accorder une protection spéciale à l'enfant a été énoncée dans la Déclaration de Genève de 1924 sur les droits de l'enfant et dans la Déclaration des droits de l'enfant adoptée par l'Assemblée générale le 20 novembre 1959, et qu'elle a été reconnue dans la Déclaration universelle des droits de l'homme, dans le Pacte international relatif aux droits civils et politiques (en particulier aux articles 23 et 24), dans le Pacte international relatif aux droits économiques, sociaux et culturels (en particulier à l'article 10) et dans les statuts et instruments pertinents des institutions spécialisées et des organisations internationales qui se préoccupent du bien-être de l'enfant ;

Ayant présent à l'esprit que, comme indiqué dans la Déclaration des droits de l'enfant, « l'enfant, en raison de son manque de maturité physique et intellectuelle, a besoin d'une protection spéciale et de soins spéciaux, notamment d'une protection juridique appropriée, avant comme après la naissance » ;

Rappelant les dispositions de la Déclaration sur les principes sociaux et juridiques applicables à la protection et au bien-être des enfants, envisagés surtout sous l'angle des pratiques en matière d'adoption et de placement familial sur les plans national et international, de l'ensemble des règles minima des Nations Unies concernant l'administration de la justice pour mineurs (Règles de Beijing) et de la Déclaration sur la protection des femmes et des enfants en période d'urgence et de conflit armé ;

Reconnaissant qu'il y a dans tous les pays du monde des enfants qui vivent dans des conditions particulièrement difficiles, et qu'il est nécessaire d'accorder à ces enfants une attention particulière ;

Tenant dûment compte de l'importance des traditions et valeurs culturelles de chaque peuple dans la protection et le développement harmonieux de l'enfant ;

Reconnaissant l'importance de la coopération internationale pour l'amélioration des conditions de vie des enfants dans tous les pays, et en particulier dans les pays en développement,

sont convenus de ce qui suit :

PREMIÈRE PARTIE

Art. 1er. – Au sens de la présente Convention, un enfant s'entend de tout être humain âgé de moins de dix-huit ans, sauf si la majorité est atteinte plus tôt en vertu de la législation qui lui est applicable.

Art. 2. – 1. Les États parties s'engagent à respecter les droits qui sont énoncés dans la présente Convention et à les garantir à tout enfant relevant de leur juridiction, sans distinction aucune, indépendamment de toute considération de race, de couleur, de sexe, de langue, de religion, d'opinion politique ou autre de l'enfant ou de ses parents ou représentants légaux, de leur origine nationale, ethnique ou sociale, de leur situation de fortune, de leur incapacité, de leur naissance ou de toute autre situation.

2. Les États parties prennent toutes les mesures appropriées pour que l'enfant soit effectivement protégé contre toutes formes de discrimination ou de sanction motivées par la situation juridique, les activités, les opinions déclarées ou les convictions de ses parents, de ses représentants légaux ou des membres de sa famille.

Art. 3. – 1. Dans toutes les décisions qui concernent les enfants, qu'elles soient le fait des institutions publiques ou privées de protection sociale, des tribunaux, des autorités administratives ou des organes législatifs, l'intérêt supérieur de l'enfant doit être une considération primordiale.

2. Les États parties s'engagent à assurer à l'enfant la protection et les soins nécessaires à son bien-être, compte tenu des droits et des devoirs de ses parents, de ses tuteurs ou des autres personnes légalement responsables de lui, et ils prennent à cette fin toutes les mesures législatives et administratives appropriées.

3. Les États parties veillent à ce que le fonctionnement des institutions, services et établissements qui ont la charge des enfants et assurent leur protection soit conforme aux normes fixées par les autorités compétentes, particulièrement dans le domaine de la sécurité et de la santé et en ce qui concerne le nombre et la compétence de leur personnel ainsi que l'existence d'un contrôle approprié.

Art. 4. – Les États parties s'engagent à prendre toutes les mesures législatives, administratives et autres qui sont nécessaires pour mettre en œuvre les droits reconnus dans la présente Convention. Dans le cas des droits économiques, sociaux et culturels, ils prennent ces mesures dans toutes les limites des ressources dont ils disposent et s'il y a lieu, dans le cadre de la coopération internationale.

Art. 5. – Les États parties respectent la responsabilité, le droit et le devoir qu'ont les parents ou, le cas échéant, les membres de la famille élargie ou de la communauté, comme prévu par la coutume locale, les tuteurs ou autres personnes légalement responsables de l'enfant, de donner à celui-ci, d'une manière qui corresponde au développement de ses capacités, l'orientation et les conseils appropriés à l'exercice des droits que lui reconnaît la présente Convention.

Art. 6. – 1. Les États parties reconnaissent que tout enfant a un droit inhérent à la vie.

2. Les États parties assurent dans toute la mesure possible la survie et le développement de l'enfant.

Art. 7. – 1. L'enfant est enregistré aussitôt sa naissance et a dès celle-ci le droit à un nom, le droit d'acquérir une nationalité et dans la mesure du possible, le droit de connaître ses parents et d'être élevé par eux.

2. Les États parties veillent à mettre ces droits en œuvre conformément à leur législation nationale et aux obligations que leur imposent les instruments internationaux applicables en la matière, en particulier dans les cas où faute de cela l'enfant se trouverait apatride.

Art. 8. – 1. Les États parties s'engagent à respecter le droit de l'enfant de préserver son identité, y compris sa nationalité, son nom et ses relations familiales, tels qu'ils sont reconnus par la loi, sans ingérence illégale.

2. Si un enfant est illégalement privé des éléments constitutifs de son identité ou de certains d'entre eux, les États parties doivent lui accorder une assistance et une protection appropriées, pour que son identité soit rétablie aussi rapidement que possible.

Art. 9. – 1. Les États parties veillent à ce que l'enfant ne soit pas séparé de ses parents contre leur gré, à moins que les autorités compétentes ne décident, sous réserve de révision judiciaire et conformément aux lois et procédures applicables, que cette séparation est nécessaire dans l'intérêt supérieur de l'enfant. Une décision en ce sens peut être nécessaire dans certains cas particuliers, par exemple lorsque les parents maltraitent ou négligent l'enfant, ou lorsqu'ils vivent séparément et qu'une décision doit être prise au sujet du lieu de résidence de l'enfant.

2. Dans tous les cas prévus au paragraphe 1 du présent article, toutes les parties intéressées doivent avoir la possibilité de participer aux délibérations et de faire connaître leurs vues.

3. Les États parties respectent le droit de l'enfant séparé de ses deux parents ou de l'un d'eux d'entretenir régulièrement des relations personnelles et des contacts directs avec ses deux parents, sauf si cela est contraire à l'intérêt supérieur de l'enfant.

4. Lorsque la séparation résulte de mesures prises par un État partie, telles que la détention, l'emprisonnement, l'exil, l'expulsion ou la mort (y compris la mort, quelle qu'en soit la cause, survenue en cours de détention) des deux parents ou de l'un d'eux, ou de l'enfant, l'État partie donne sur demande aux parents, à l'enfant ou, s'il y a lieu, à un autre membre de la famille les renseignements essentiels sur le lieu où se trouvent le membre ou les membres de la famille, à moins que la divulgation de ces renseignements ne soit préjudiciable au bien-être de l'enfant. Les États parties veillent en outre à ce que la présentation d'une telle demande n'entraîne pas en elle-même de conséquences fâcheuses pour la personne ou les personnes intéressées.

Art. 10. – 1. Conformément à l'obligation incombant aux États parties en vertu du paragraphe 1 de l'article 9, toute demande faite par un enfant ou ses parents en vue d'entrer dans un État partie ou de le quitter aux fins de réunification familiale est considérée par les États parties dans un esprit positif, avec humanité et diligence. Les États parties veillent en outre à ce que la présentation d'une telle demande n'entraîne pas de conséquences fâcheuses pour les auteurs de la demande et les membres de leur famille.

2. Un enfant dont les parents résident dans des États différents a le droit d'entretenir, sauf circonstances exceptionnelles, des relations personnelles et des contacts directs réguliers avec ses deux parents.

À cette fin, et conformément à l'obligation incombant aux États parties en vertu du paragraphe 2 de l'article 9, les États parties respectent le droit qu'ont l'enfant et ses parents de quitter tout pays, y compris le leur, et de revenir dans leur propre pays. Le droit de quitter tout pays ne peut faire l'objet que des restrictions prescrites par la loi qui sont nécessaires pour protéger la sécurité nationale, l'ordre public, la santé ou la moralité publiques, ou les droits et libertés d'autrui, et qui sont compatibles avec les autres droits reconnus dans la présente Convention.

Art. 11. – 1. Les États parties prennent des mesures pour lutter contre les déplacements et les non-retours illicites d'enfants à l'étranger.

2. À cette fin, les États parties favorisent la conclusion d'accords bilatéraux ou multilatéraux ou l'adhésion aux accords existants.

Art. 12. – 1. Les États parties garantissent à l'enfant qui est capable de discernement le droit d'exprimer librement son opinion sur toute question l'intéressant, les opinions de l'enfant étant dûment prises en considération eu égard à son âge et à son degré de maturité.

2. À cette fin, on donnera notamment à l'enfant la possibilité d'être entendu dans toute procédure judiciaire ou administrative l'intéressant, soit directement, soit par l'intermédiaire d'un représentant ou d'un organisme approprié, de façon compatible avec les règles de procédure de la législation nationale.

Art. 13. – 1. L'enfant a droit à la liberté d'expression. Ce droit comprend la liberté de rechercher, de recevoir et de répandre des informations et des idées de toute espèce, sans considération de frontières, sous une forme orale, écrite, imprimée ou artistique, ou par tout autre moyen du choix de l'enfant.

2. L'exercice de ce droit ne peut faire l'objet que des seules restrictions qui sont prescrites par la loi et qui sont nécessaires :

a) Au respect des droits ou de la réputation d'autrui, ou

b) À la sauvegarde de la sécurité nationale, de l'ordre public, de la santé ou de la moralité publiques.

Art. 14. – 1. Les États parties respectent le droit de l'enfant à la liberté de pensée, de conscience et de religion.

2. Les États parties respectent le droit et le devoir des parents ou, le cas échéant, des représentants légaux de l'enfant, de guider celui-ci dans l'exercice du droit susmentionné d'une manière qui corresponde au développement de ses capacités.

3. La liberté de manifester sa religion ou ses convictions ne peut être soumise qu'aux seules restrictions qui sont prescrites par la loi et qui sont nécessaires pour préserver la sûreté publique, l'ordre public, la santé et la moralité publiques, ou les libertés et droits fondamentaux d'autrui.

Art. 15. – 1. Les États parties reconnaissent les droits de l'enfant à la liberté d'association et à la liberté de réunion pacifique.

2. L'exercice de ces droits ne peut faire l'objet que des seules restrictions qui sont prescrites par la loi et qui sont nécessaires dans une société démocratique, dans l'intérêt de la sécurité nationale, de la sûreté publique ou de l'ordre public, ou pour protéger la santé ou la moralité publiques, ou les droits et libertés d'autrui.

Art. 16. – 1. Nul enfant ne fera l'objet d'immixtions arbitraires ou illégales dans sa vie privée, sa famille, son domicile ou sa correspondance, ni d'atteintes illégales à son honneur et à sa réputation.

2. L'enfant a droit à la protection de la loi contre de telles immixions ou de telles atteintes.

Art. 17. – Les États parties reconnaissent l'importance de la fonction remplie par les médias et veillent à ce que l'enfant ait accès à une information et à des matériels provenant de sources nationales et internationales diverses, notamment ceux qui visent à promouvoir son bien-être social, spirituel et moral ainsi que sa santé physique et mentale.

À cette fin, les États parties :

a) Encouragent les médias à diffuser une information et des matériels qui présentent une utilité sociale et culturelle pour l'enfant et répondent à l'esprit de l'article 29 ;

b) Encouragent la coopération internationale en vue de produire, d'échanger et de diffuser une information et des matériels de ce type provenant de différentes sources culturelles, nationales et internationales ;

c) Encouragent la production et la diffusion de livres pour enfants ;

d) Encouragent les médias à tenir particulièrement compte des besoins linguistiques des enfants autochtones ou appartenant à un groupe minoritaire ;

e) Favorisent l'élaboration de principes directeurs appropriés destinés à protéger l'enfant contre l'information et les matériels qui nuisent à son bien-être, compte tenu des dispositions des articles 13 et 18.

Art. 18. – 1. Les États parties s'emploient de leur mieux à assurer la reconnaissance du principe selon lequel les deux parents ont une responsabilité commune pour ce qui est d'élever l'enfant et d'assurer son développement. La responsabilité d'élever l'enfant et d'assurer son développement incombe au premier chef aux parents ou, le cas échéant, à ses représentants légaux. Ceux-ci doivent être guidés avant tout par l'intérêt supérieur de l'enfant.

2. Pour garantir et promouvoir les droits énoncés dans la présente Convention, les États parties accordent l'aide appropriée aux parents et aux représentants légaux de l'enfant dans l'exercice de la responsabilité qui leur incombe d'élever l'enfant et assurent la mise en place d'institutions, d'établissements et de services chargés de veiller au bien-être des enfants.

3. Les États parties prennent toutes les mesures appropriées pour assurer aux enfants dont les parents travaillent le droit de bénéficier des services et établissements de garde d'enfants pour lesquels ils remplissent les conditions requises.

Art. 19. – 1. Les États parties prennent toutes les mesures législatives, administratives, sociales et éducatives appropriées pour protéger l'enfant contre toute forme de violence, d'atteinte ou de brutalités physiques ou mentales, d'abandon ou de négligence, de mauvais traitements ou d'exploitation, y compris la violence sexuelle, pendant qu'il est sous la garde de ses parents ou de l'un d'eux, de son ou ses représentants légaux ou de toute autre personne à qui il est confié.

2. Ces mesures de protection comprendront, selon qu'il conviendra, des procédures efficaces pour l'établissement de programmes sociaux visant à fournir l'appui nécessaire à l'enfant et à ceux à qui il est confié, ainsi que pour d'autres formes de prévention, et aux fins d'identification, de rapport, de renvoi, d'enquête, de traitement et de suivi pour les cas de mauvais traitements de l'enfant décrits ci-dessus, et comprendre également, selon qu'il conviendra, des procédures d'intervention judiciaire.

Art. 20. – 1. Tout enfant qui est temporairement ou définitivement privé de son milieu familial, ou qui, dans son propre intérêt, ne peut être laissé dans ce milieu, a droit à une protection et une aide spéciales de l'État.

2. Les États parties prévoient pour cet enfant une protection de remplacement conforme à leur législation nationale.

3. Cette protection de remplacement peut notamment avoir la forme du placement dans une famille, de la Kafalah de droit islamique, de l'adoption ou, en cas de nécessité, du placement dans un établissement pour enfants approprié. Dans le choix entre ces solutions, il est dûment tenu compte de la nécessité d'une certaine continuité dans l'éducation de l'enfant, ainsi que de son origine ethnique, religieuse, culturelle et linguistique.

Art. 21. – Les États parties qui admettent et/ou autorisent l'adoption s'assurent que l'intérêt supérieur de l'enfant est la considération primordiale en la matière, et :

a) Veillent à ce que l'adoption d'un enfant ne soit autorisée que par les autorités compétentes, qui vérifient, conformément à la loi et aux procédures applicables et sur la base de tous les renseignements fiables relatifs au cas considéré, que l'adoption peut avoir lieu eu égard à la situation de l'enfant par rapport à ses père et mère, parents et représentants légaux et que, le cas échéant, les personnes intéressées ont donné leur consentement à l'adoption en connaissance de cause, après s'être entourées des avis nécessaires ;

b) Reconnaissent que l'adoption à l'étranger peut être envisagée comme un autre moyen d'assurer les soins nécessaires à l'enfant, si celui-ci ne peut, dans son pays d'origine, être placé dans une famille nourricière ou adoptive ou être convenablement élevé ;

c) Veillent, en cas d'adoption à l'étranger, à ce que l'enfant ait le bénéfice de garanties et de normes équivalant à celles existant en cas d'adoption nationale ;

d) Prennent toutes les mesures appropriées pour veiller à ce que, en cas d'adoption à l'étranger, le placement de l'enfant ne se traduise pas par un profit matériel indu pour les personnes qui en sont responsables ;

e) Poursuivent les objectifs du présent article en concluant des arrangements ou des accords bilatéraux ou multilatéraux, selon les cas, et s'efforcent dans ce cadre de veiller à ce que les placements d'enfants à l'étranger soient effectués par des autorités ou des organes compétents.

Art. 22. – 1. Les États parties prennent les mesures appropriées pour qu'un enfant qui cherche à obtenir le statut de réfugié ou qui est considéré comme réfugié en vertu des règles et procédures du droit international ou national applicable, qu'il soit seul ou accompagné de ses père et mère ou de toute personne, bénéficie de la protection et de l'assistance humanitaire voulues pour lui permettre de jouir des droits que lui reconnaissent la présente Convention et les autres instruments internationaux relatifs aux droits de l'homme ou de caractère humanitaire auxquels lesdits États sont parties.

2. À cette fin, les États parties collaborent, selon qu'ils le jugent nécessaire, à tous les efforts faits par l'Organisation des Nations Unies et les autres organisations intergouvernementales ou non gouvernementales compétentes collaborant avec l'Organisation des Nations Unies pour protéger et aider les enfants qui se trouvent en pareille situation et pour rechercher les père et mère ou autres membres de la famille de tout enfant réfugié en vue d'obtenir les renseignements nécessaires pour le réunir à sa famille. Lorsque ni le père, ni la mère, ni aucun autre membre de la famille ne peut être retrouvé, l'enfant se voit accorder, selon les principes énoncés dans la

présente Convention, la même protection que tout autre enfant définitivement ou temporairement privé de son milieu familial pour quelque raison que ce soit.

Art. 23. – 1. Les États parties reconnaissent que les enfants mentalement ou physiquement handicapés doivent mener une vie pleine et décente, dans des conditions qui garantissent leur dignité, favorisent leur autonomie et facilitent leur participation active à la vie de la collectivité.

2. Les États parties reconnaissent le droit des enfants handicapés de bénéficier de soins spéciaux et encouragent et assurent, dans la mesure des ressources disponibles, l'octroi, sur demande, aux enfants handicapés remplissant les conditions requises et à ceux qui en ont la charge, d'une aide adaptée à l'état de l'enfant et à la situation de ses parents ou de ceux à qui il est confié.

3. Eu égard aux besoins particuliers des enfants handicapés, l'aide fournie conformément au paragraphe 2 du présent article est gratuite chaque fois qu'il est possible, compte tenu des ressources financières de leurs parents ou de ceux à qui l'enfant est confié, et elle est conçue de telle sorte que les enfants handicapés aient effectivement accès à l'éducation, à la formation, aux soins de santé, à la rééducation, à la préparation à l'emploi et aux activités récréatives, et bénéficient de ces services de façon propre à assurer une intégration sociale aussi complète que possible et leur épanouissement personnel, y compris dans le domaine culturel et spirituel.

4. Dans un esprit de coopération internationale, les États parties favorisent l'échange d'informations pertinentes dans le domaine des soins de santé préventifs et du traitement médical, psychologique et fonctionnel des enfants handicapés, y compris par la diffusion d'informations concernant les méthodes de rééducation et les services de formation professionnelle, ainsi que l'accès à ces données, en vue de permettre aux États parties d'améliorer leurs capacités et leurs compétences et d'élargir leur expérience dans ces domaines. À cet égard, il est tenu particulièrement compte des besoins des pays en développement.

Art. 24. – 1. Les États parties reconnaissent le droit de l'enfant de jouir du meilleur état de santé possible et de bénéficier de services médicaux et de rééducation. Ils s'efforcent de garantir qu'aucun enfant ne soit privé du droit d'avoir accès à ces services.

2. Les États parties s'efforcent d'assurer la réalisation intégrale du droit susmentionné et en particulier, prennent les mesures appropriées pour :

a) Réduire la mortalité parmi les nourrissons et les enfants ;

b) Assurer à tous les enfants l'assistance médicale et les soins de santé nécessaires, l'accent étant mis sur le développement des soins de santé primaires ;

c) Lutter contre la maladie et la malnutrition, y compris dans le cadre des soins de santé primaires, grâce notamment à l'utilisation de techniques aisément disponibles et à la fourniture d'aliments nutritifs et d'eau potable, compte tenu des dangers et des risques de pollution du milieu naturel ;

d) Assurer aux mères des soins prénatals et postnatals appropriés ;

e) Faire en sorte que tous les groupes de la société, en particulier les parents et les enfants, reçoivent une information sur la santé et la nutrition de l'enfant, les avantages de l'allaitement au sein, l'hygiène et la salubrité de l'environnement et la prévention des accidents, et bénéficient d'une aide leur permettant de mettre à profit cette information ;

f) Développer les soins de santé préventifs, les conseils aux parents et l'éducation et les services en matière de planification familiale.

3. Les États parties prennent toutes les mesures efficaces appropriées en vue d'abolir les pratiques traditionnelles préjudiciables à la santé des enfants.

4. Les États parties s'engagent à favoriser et à encourager la coopération internationale en vue d'assurer progressivement la pleine réalisation du droit reconnu dans le présent article. À cet égard, il est tenu particulièrement compte des besoins des pays en développement.

Art. 25. – Les États parties reconnaissent à l'enfant qui a été placé par les autorités compétentes pour recevoir des soins, une protection ou un traitement physique ou mental, le droit à un examen périodique dudit traitement et de toute autre circonstance relative à son placement.

Art. 26. – 1. Les États parties reconnaissent à tout enfant le droit de bénéficier de la sécurité sociale, y compris les assurances sociales, et prennent les mesures nécessaires pour assurer la pleine réalisation de ce droit en conformité avec leur législation nationale.

2. Les prestations doivent, lorsqu'il y a lieu, être accordées compte tenu des ressources et de la situation de l'enfant et des personnes responsables de son entretien, ainsi que de toute autre considération applicable à la demande de prestation faite par l'enfant ou en son nom.

Art. 27. – 1. Les États parties reconnaissent le droit de tout enfant à un niveau de vie suffisant pour permettre son développement physique, mental, spirituel, moral et social.

2. C'est aux parents ou autres personnes ayant la charge de l'enfant qu'incombe au premier chef la responsabilité d'assurer, dans les limites de leurs possibilités et de leurs moyens financiers, les conditions de vie nécessaires au développement de l'enfant.

3. Les États parties adoptent les mesures appropriées, compte tenu des conditions nationales et dans la mesure de leurs moyens, pour aider les parents et autres personnes ayant la charge de l'enfant à mettre en œuvre ce droit et offrent, en cas de besoin, une assistance matérielle et des programmes d'appui, notamment en ce qui concerne l'alimentation, le vêtement et le logement.

4. Les États parties prennent toutes les mesures appropriées en vue d'assurer le recouvrement de la pension alimentaire de l'enfant auprès de ses parents ou des autres personnes ayant une responsabilité financière à son égard, que ce soit sur leur territoire ou à l'étranger. En particulier, pour tenir compte des cas où la personne qui a une responsabilité financière à l'égard de l'enfant vit dans un État autre que celui de l'enfant, les États parties favorisent l'adhésion à des accords internationaux ou la conclusion de tels accords ainsi que l'adoption de tous autres arrangements appropriés.

Art. 28. – 1. Les États parties reconnaissent le droit de l'enfant à l'éducation, et en particulier, en vue d'assurer l'exercice de ce droit progressivement et sur la base de l'égalité des chances :

a) Ils rendent l'enseignement primaire obligatoire et gratuit pour tous ;

b) Ils encouragent l'organisation de différentes formes d'enseignement secondaire, tant général que professionnel, les rendent ouvertes et accessibles à tout enfant, et prennent des mesures appropriées, telles que l'instauration de la gratuité de l'enseignement et l'offre d'une aide financière en cas de besoin ;

c) Ils assurent à tous l'accès à l'enseignement supérieur, en fonction des capacités de chacun, par tous les moyens appropriés ;

d) Ils rendent ouvertes et accessibles à tout enfant l'information et l'orientation scolaires et professionnelles ;

e) Ils prennent des mesures pour encourager la régularité de la fréquentation scolaire et la réduction des taux d'abandon scolaire.

2. Les États parties prennent toutes les mesures appropriées pour veiller à ce que la discipline scolaire soit appliquée d'une manière compatible avec la dignité de l'enfant en tant qu'être humain et conformément à la présente Convention.

3. Les États parties favorisent et encouragent la coopération internationale dans le domaine de l'éducation, en vue notamment de contribuer à éliminer l'ignorance et l'analphabétisme dans le monde et de faciliter l'accès aux connaissances scientifiques et techniques et aux méthodes d'enseignement modernes. À cet égard, il est tenu particulièrement compte des besoins des pays en développement.

Art. 29. – 1. Les États parties conviennent que l'éducation de l'enfant doit viser à :

a) Favoriser l'épanouissement de la personnalité de l'enfant et le développement de ses dons et de ses aptitudes mentales et physiques, dans toute la mesure de leurs potentialités ;

b) Inculquer à l'enfant le respect des droits de l'homme et des libertés fondamentales, et des principes consacrés dans la Charte des Nations Unies ;

c) Inculquer à l'enfant le respect de ses parents, de son identité, de sa langue et de ses valeurs culturelles, ainsi que le respect des valeurs nationales du pays dans lequel il vit, du pays duquel il peut être originaire et des civilisations différentes de la sienne ;

d) Préparer l'enfant à assumer les responsabilités de la vie dans une société libre, dans un esprit de compréhension, de paix, de tolérance, d'égalité entre les sexes et d'amitié entre tous les peuples et groupes ethniques, nationaux et religieux, et avec les personnes d'origine autochtone ;

e) Inculquer à l'enfant le respect du milieu naturel.

2. Aucune disposition du présent article ou de l'article 28 ne sera interprétée d'une manière qui porte atteinte à la liberté des personnes physiques ou morales de créer et de diriger des établissements d'enseignement, à condition que les principes énoncés au paragraphe 1 du présent article soient respectés et que l'éducation dispensée dans ces établissements soit conforme aux normes minimales que l'État aura prescrites.

Art. 30. – Dans les États où il existe des minorités ethniques, religieuses ou linguistiques ou des personnes d'origine autochtone, un enfant autochtone ou appartenant à une de ces minorités ne peut être privé du droit d'avoir sa propre vie culturelle, de professer et de pratiquer sa propre religion ou d'employer sa propre langue en commun avec les autres membres de son groupe.

Art. 31. – 1. Les États parties reconnaissent à l'enfant le droit au repos et aux loisirs, de se livrer au jeu et à des activités récréatives propres à son âge, et de participer librement à la vie culturelle et artistique.

2. Les États parties respectent et favorisent le droit de l'enfant de participer pleinement à la vie culturelle et artistique, et encouragent l'organisation à son intention de moyens appropriés de loisirs et d'activités récréatives, artistiques et culturelles, dans des conditions d'égalité.

Art. 32. – 1. Les États parties reconnaissent le droit de l'enfant d'être protégé contre l'exploitation économique et de n'être astreint à aucun travail comportant des risques ou susceptible de compromettre son éducation ou de nuire à sa santé ou à son développement physique, mental, spirituel, moral ou social.

2. Les États parties prennent des mesures législatives, administratives, sociales et éducatives pour assurer l'application du présent article. À cette fin, et compte tenu des dispositions pertinentes des autres instruments internationaux, les États parties, en particulier :

a) Fixent un âge minimum ou des âges minimum d'admission à l'emploi ;

b) Prévoient une réglementation appropriée des horaires de travail et des conditions d'emploi ;

c) Prévoient des peines ou autres sanctions appropriées pour assurer l'application effective du présent article.

Art. 33. – Les États parties prennent toutes les mesures appropriées, y compris des mesures législatives, administratives, sociales et éducatives, pour protéger les enfants contre l'usage illicite de stupéfiants et de substance psychotropes, tels que les définissent les conventions internationales pertinentes, et pour empêcher que des enfants ne soient utilisés pour la production et le trafic illicites de ces substances.

Art. 34. – Les États parties s'engagent à protéger l'enfant contre toutes les formes d'exploitation sexuelle et de violence sexuelle. À cette fin, les États prennent en particulier toutes les mesures appropriées sur les plans national, bilatéral et multilatéral pour empêcher :

a) Que des enfants ne soient incités ou contraints à se livrer à une activité sexuelle illégale ;

b) Que des enfants ne soient exploités à des fins de prostitution ou autres pratiques sexuelles illégales ;

c) Que des enfants ne soient exploités aux fins de la production de spectacles ou de matériel de caractère pornographique.

Art. 35. – Les États parties prennent toutes les mesures appropriées sur les plans national, bilatéral et multilatéral pour empêcher l'enlèvement, la vente ou la traite d'enfants à quelque fin que ce soit et sous quelque forme que ce soit.

Art. 36. – Les États parties protègent l'enfant contre toutes autres formes d'exploitation préjudiciables à tout aspect de son bien-être.

Art. 37. – Les États parties veillent à ce que :

a) Nul enfant ne soit soumis à la torture ni à des peines ou traitements cruels, inhumains ou dégradants. Ni la peine capitale ni l'emprisonnement à vie sans possibilité de libération ne doivent être prononcés pour les infractions commises par des personnes âgées de moins de dix-huit ans ;

b) Nul enfant ne soit privé de liberté de façon illégale ou arbitraire. L'arrestation, la détention ou l'emprisonnement d'un enfant doit être en conformité avec la loi, n'être qu'une mesure de dernier ressort, et être d'une durée aussi brève que possible ;

c) Tout enfant privé de liberté soit traité avec humanité et avec le respect dû à la dignité de la personne humaine, et d'une manière tenant compte des besoins des personnes de son âge. En particulier, tout enfant privé de liberté sera séparé des adultes, à moins que l'on n'estime préférable de ne pas le faire dans l'intérêt supérieur de l'enfant, et il a le droit de rester en contact avec sa famille par la correspondance et par des visites, sauf circonstances exceptionnelles ;

d) Les enfants privés de liberté aient le droit d'avoir rapidement accès à l'assistance juridique ou à toute autre assistance appropriée, ainsi que le droit de contester la légalité de leur privation de liberté devant un tribunal ou une autre autorité compétente, indépendante et impartiale, et à ce qu'une décision rapide soit prise en la matière.

Art. 38. – 1. Les États parties s'engagent à respecter et à faire respecter les règles du droit humanitaire international qui leur sont applicables en cas de conflit armé et dont la protection s'étend aux enfants.

2. Les États parties prennent toutes les mesures possibles dans la pratique pour veiller à ce que les personnes n'ayant pas atteint l'âge de quinze ans ne participent pas directement aux hostilités.

3. Les États parties s'abstiennent d'enrôler dans leurs forces armées toute personne n'ayant pas atteint l'âge de quinze ans. Lorsqu'ils incorporent des personnes de plus de quinze ans mais de moins de dix-huit ans, les États parties s'efforcent d'enrôler en priorité les plus âgées.

4. Conformément à l'obligation qui leur incombe en vertu du droit humanitaire international de protéger la population civile en cas de conflit armé, les États parties prennent toutes les mesures possibles dans la pratique pour que les enfants qui sont touchés par un conflit armé bénéficient d'une protection et de soins.

Art. 39. – Les États parties prennent toutes les mesures appropriées pour faciliter la réadaptation physique et psychologique et la réinsertion sociale de tout enfant victime de toute forme de négligence, d'exploitation ou de sévices, de torture ou de toute autre forme de peines ou traitements cruels, inhumains ou dégradants, ou de conflit armé. Cette réadaptation et cette réinsertion se déroulent dans des conditions qui favorisent la santé, le respect de soi et la dignité de l'enfant.

Art. 40. – 1. Les États parties reconnaissent à tout enfant suspecté, accusé ou convaincu d'infraction à la loi pénale le droit à un traitement qui soit de nature à favoriser son sens de la dignité et de la valeur personnelle, qui renforce son respect pour les droits de l'homme et les libertés fondamentales d'autrui, et qui tienne compte de son âge ainsi que de la nécessité de faciliter sa réintégration dans la société et de lui faire assumer un rôle constructif au sein de celle-ci.

2. À cette fin, et compte tenu des dispositions pertinentes des instruments internationaux, les États parties veillent en particulier :

a) À ce qu'aucun enfant ne soit suspecté, accusé ou convaincu d'infraction à la loi pénale en raison d'actions ou d'omissions qui n'étaient pas interdites par le droit national ou international au moment où elles ont été commises ;

b) À ce que tout enfant suspecté ou accusé d'infraction à la loi pénale ait au moins le droit aux garanties suivantes :

i) Être présumé innocent jusqu'à ce que sa culpabilité ait été légalement établie ;

ii) Être informé dans le plus court délai et directement des accusations portées contre lui, ou, le cas échéant, par l'intermédiaire de ses parents ou représentants légaux, et bénéficier d'une assistance juridique ou de toute autre assistance appropriée pour la préparation et la présentation de sa défense ;

iii) Que sa cause soit entendue sans retard par une autorité ou une instance judiciaire compétentes, indépendantes et impartiales, selon une procédure équitable aux termes de la loi, en présence de son conseil juridique ou autre et à moins que cela ne soit jugé contraire à l'intérêt supérieur de l'enfant en raison notamment de son âge ou de sa situation, en présence de ses parents ou représentants légaux ;

iv) Ne pas être contraint de témoigner ou de s'avouer coupable ; interroger ou faire interroger les témoins à charge, et obtenir la comparution et l'interrogatoire des témoins à décharge dans des conditions d'égalité ;

v) S'il est reconnu avoir enfreint la loi pénale, faire appel de cette décision et de toute mesure arrêtée en conséquence devant une autorité ou une instance judiciaire supérieure compétentes, indépendantes et impartiales, conformément à la loi ;

vi) Se faire assister gratuitement d'un interprète s'il ne comprend ou ne parle pas la langue utilisée ;

vii) Que sa vie privée soit pleinement respectée à tous les stades de la procédure.

3. Les États parties s'efforcent de promouvoir l'adoption de lois, de procédures, la mise en place d'autorités et d'institutions spécialement conçues pour les enfants suspectés, accusés ou convaincus d'infraction à la loi pénale, et en particulier :

a) D'établir un âge minimum au-dessous duquel les enfants seront présumés n'avoir pas la capacité d'enfreindre la loi pénale ;

b) De prendre des mesures, chaque fois que cela est possible et souhaitable, pour traiter ces enfants sans recourir à la procédure judiciaire, étant cependant entendu que les droits de l'homme et les garanties légales doivent être pleinement respectés.

4. Toute une gamme de dispositions, relatives notamment aux soins, à l'orientation et à la supervision, aux conseils, à la probation, au placement familial, aux programmes d'éducation générale et professionnelle et aux solutions autres qu'institutionnelles seront prévues en vue d'assurer aux enfants un traitement conforme à leur bien-être et proportionné à leur situation et à l'infraction.

Art. 41. – Aucune des dispositions de la présente Convention ne porte atteinte aux dispositions plus propices à la réalisation des droits de l'enfant qui peuvent figurer :

a) Dans la législation d'un État partie ; ou

b) Dans le droit international en vigueur pour cet État.

DEUXIÈME PARTIE

Art. 42. – Les États parties s'engagent à faire largement connaître les principes et les dispositions de la présente Convention, par des moyens actifs et appropriés, aux adultes comme aux enfants.

Art. 43. – 11. Le secrétaire général de l'Organisation des Nations unies met à la disposition du comité le personnel et les installations qui lui sont nécessaires pour s'acquitter efficacement des fonctions qui lui sont confiées en vertu de la présente Convention.

1. Aux fins d'examiner les progrès accomplis par les États parties dans l'exécution des obligations contractées par eux en vertu de la présente Convention, il est institué un Comité des droits de l'enfant qui s'acquitte des fonctions définies ci-après.

2. Le comité se compose de *(Amendement 12 déc. 1995, publié par D. n° 2007-1035, 15 juin 2007)* « dix-huit » experts de haute moralité et possédant une compétence reconnue dans le domaine visé par la présente Convention. Ses membres sont élus par les États parties parmi leurs ressortissants et siègent à titre personnel, compte tenu de la nécessité d'assurer une répartition géographique équitable et eu égard aux principaux systèmes juridiques.

3. Les membres du comité sont élus au scrutin secret sur une liste de personnes désignées par les États parties. Chaque État partie peut désigner un candidat parmi ses ressortissants.

4. La première élection aura lieu dans les six mois suivant la date d'entrée en vigueur de la présente Convention. Les élections auront lieu ensuite tous les deux ans. Quatre mois au moins avant la date de chaque élection, le secrétaire général de l'Organisation des Nations unies invitera par écrit les États parties à proposer leurs candidats dans un délai de deux mois. Le secrétaire général dressera ensuite la liste alphabétique des candidats ainsi désignés, en indiquant les États parties qui les ont désignés, et la communiquera aux États parties à la présente Convention.

5. Les élections ont lieu lors des réunions des États parties, convoquées par le secrétaire général au siège de l'Organisation des Nations unies. À ces réunions, pour lesquelles le quorum est constitué par les deux tiers des États parties, les candidats élus au comité sont ceux qui obtiennent le plus grand nombre de voix et la majorité absolue des voix des représentants des États parties et votants.

6. Les membres du comité sont élus pour quatre ans. Ils sont rééligibles si leur candidature est présentée à nouveau. Le mandat de cinq des membres élus lors de la première élection prend fin au bout de deux ans. Les noms de ces cinq membres seront tirés au sort par le président de la réunion immédiatement après la première élection.

7. En cas de décès ou de démission d'un membre du comité, ou si, pour toute autre raison, un membre déclare ne plus pouvoir exercer ses fonctions au sein du comité, l'État partie qui avait présenté sa candidature nomme un autre expert parmi ses ressortissants pour pourvoir le poste ainsi vacant jusqu'à l'expiration du mandat correspondant, sous réserve de l'approbation du comité.

8. Le comité adopte son règlement intérieur.

9. Le comité élit son bureau pour une période de deux ans.

10. Les réunions du comité se tiennent normalement au Siège de l'Organisation des Nations unies, ou en tout autre lieu approprié déterminé par le comité. Le comité se réunit normalement chaque année. La durée de ses sessions est déterminée et modifiée, si nécessaire, par une réunion des États parties à la présente Convention, sous réserve de l'approbation de l'assemblée générale.

11. Le secrétaire général de l'Organisation des Nations unies met à la disposition du comité le personnel et les installations qui lui sont nécessaires pour s'acquitter efficacement des fonctions qui lui sont confiées en vertu de la présente Convention.

12. Les membres du comité institué en vertu de la présente Convention reçoivent, avec l'approbation de l'assemblée générale, des émoluments prélevés sur les ressources de l'Organisation des Nations unies dans les conditions et selon les modalités fixées par l'assemblée générale.

Art. 44. – 1. Les États parties s'engagent à soumettre au comité, par l'entremise du secrétaire général de l'Organisation des Nations Unies, des rapports sur les mesures qu'ils auront adoptées pour donner effet aux droits reconnus dans la présente Convention et sur les progrès réalisés dans la jouissance de ces droits :

a) Dans les deux ans à compter de la date de l'entrée en vigueur de la présente Convention pour les États parties intéressés ;

b) Par la suite, tous les cinq ans.

2. Les rapports établis en application du présent article doivent, le cas échéant, indiquer les facteurs et les difficultés empêchant les États parties de s'acquitter pleinement des obligations prévues dans la présente Convention. Ils doivent également contenir des renseignements suffisants pour donner au Comité une idée précise de l'application de la Convention dans le pays considéré.

3. Les États parties ayant présenté au comité un rapport initial complet n'ont pas, dans les rapports qu'ils lui présentent ensuite conformément à l'alinéa b du paragraphe 1 du présent article, à répéter les renseignements de base antérieurement communiqués.

4. Le comité peut demander aux États parties tous renseignements complémentaires relatifs à l'application de la Convention.

5. Le comité soumet tous les deux ans à l'assemblée générale, par l'entremise du conseil économique et social, un rapport sur ses activités.

6. Les États parties assurent à leurs rapports une large diffusion dans leur propre pays.

Art. 45. – Pour promouvoir l'application effective de la Convention et encourager la coopération internationale dans le domaine visé par la Convention :

a) Les institutions spécialisées, le Fonds des Nations unies pour l'enfance et d'autres organes des Nations unies ont le droit de se faire représenter lors de l'examen de l'application des dispositions de la présente Convention qui relèvent de leur mandat. Le Comité peut inviter les institutions spécialisées, le Fonds des Nations Unies pour l'enfance et tous autres organismes compétents qu'il jugera appropriés à donner des avis spécialisés sur l'application de la Convention dans les domaines qui relèvent de leurs mandats respectifs. Il peut inviter les institutions spécialisées, le Fonds des Nations unies pour l'enfance et d'autres organes des Nations unies à lui présenter des rapports sur l'application de la Convention dans les secteurs qui relèvent de leur domaine d'activité ;

b) Le Comité transmet, s'il le juge nécessaire, aux institutions spécialisées, au Fonds des Nations unies pour l'enfance et aux autres organismes compétents tout rapport des États parties contenant une demande ou indiquant un besoin de conseils ou d'assistance techniques, accompagné, le cas échéant, des observations et suggestions du Comité touchant ladite demande ou indication ;

c) Le Comité peut recommander à l'Assemblée générale de prier le Secrétaire général de procéder pour le Comité à des études sur des questions spécifiques touchant les droits de l'enfant ;

d) Le Comité peut faire des suggestions et des recommandations d'ordre général fondées sur les renseignements reçus en application des articles 44 et 45 de la présente Convention. Ces suggestions et recommandations d'ordre général sont transmises à tout État partie intéressé et portées à l'attention de l'Assemblée générale, accompagnées, le cas échéant, des observations des États parties.

TROISIÈME PARTIE

....

Déclarations et réserve de la République française

....

1. Le Gouvernement de la République déclare que la présente Convention, notamment l'article 6, ne saurait être interprétée comme faisant obstacle à l'application des dispositions de la législation française relative à l'interruption volontaire de la grossesse.

....

....

2. Le Gouvernement de la République déclare, compte tenu de l'article 2 de la Constitution de la République française, que l'article 30 n'a pas lieu de s'appliquer en ce qui concerne la République.

....

3. Le Gouvernement de la République interprète l'article 40, paragraphe 2, b, v, comme posant un principe général auquel la loi peut apporter des exceptions limitées. Il en est ainsi, notamment, pour certaines infractions relevant en premier et dernier ressort du tribunal de police ainsi que pour les infractions de nature criminelle. Au demeurant les décisions rendues en dernier ressort peuvent faire l'objet d'un recours devant la Cour de cassation qui statue sur la légalité de la décision intervenue.

Loi n° 90-1258 du 31 décembre 1990

relative à l'exercice sous forme de sociétés des professions libérales soumises à un statut législatif ou réglementaire ou dont le titre est protégé et aux sociétés de participations financières de professions libérales

(JO 5 janv. 1991)

TITRE PREMIER. – EXERCICE SOUS FORME DE SOCIÉTÉS D'EXERCICE LIBÉRAL DES PROFESSIONS LIBÉRALES SOUMISES À UN STATUT LÉGISLATIF OU RÉGLEMENTAIRE OU DONT LE TITRE EST PROTÉGÉ

Art. 1er *(Mod., L. n° 99-515, 23 juin 1999 ; L. n° 2001-420, 15 mai 2001)*. – **Il peut être constitué, pour l'exercice d'une profession libérale soumise à un statut législatif ou réglementaire ou dont le titre est protégé, des sociétés à responsabilité limitée, des sociétés anonymes, des sociétés par actions simplifiées ou des sociétés en commandite par actions régies par les dispositions du livre II du Code de commerce, sous réserve des dispositions du titre Ier de la présente loi.**

Ces sociétés peuvent également, dans des conditions fixées par décret en Conseil d'État, avoir pour objet l'exercice en commun de plusieurs des professions libérales définies au premier alinéa.

(Al. créé, Ord. n° 2016-394, 31 mars 2016) **Les sociétés constituées pour l'exercice en commun des professions d'avocat, d'avocat au Conseil d'État et à la Cour de cassation, de commissaire-priseur judiciaire, d'huissier de justice, de notaire, d'administrateur judiciaire, de mandataire judiciaire, de conseil en propriété industrielle et d'expert-comptable sont régies par les dispositions du titre IV *bis*.**

Elles ne peuvent accomplir les actes d'une profession déterminée que par l'intermédiaire d'un de leurs membres ayant qualité pour exercer cette profession.

> **Rédaction future. Art. 1er.** – Il peut être constitué, pour l'exercice d'une profession libérale soumise à un statut législatif ou réglementaire ou dont le titre est protégé, des sociétés à responsabilité limitée, des sociétés anonymes, des sociétés par actions simplifiées ou des sociétés en commandite par actions régies par les dispositions du livre II du Code de commerce, sous réserve des dispositions du titre Ier de la présente loi.
>
> Ces sociétés peuvent également, dans des conditions fixées par décret en Conseil d'État, avoir pour objet l'exercice en commun de plusieurs des professions libérales définies au premier alinéa.
>
> *(Al. créé, Ord. n° 2016-394, 31 mars 2016)* Les sociétés constituées pour l'exercice en commun des professions d'avocat, d'avocat au Conseil d'État et à la Cour de cassation, de *(Mots rempl. à compter du 1er juillet 2022, Ord. n° 2016-728, 2 juin 2016)* (1) « commissaire » de justice, de notaire, d'administrateur judiciaire, de mandataire judiciaire, de conseil en propriété industrielle et d'expert-comptable sont régies par les dispositions du titre IV *bis*.
>
> Elles ne peuvent accomplir les actes d'une profession déterminée que par l'intermédiaire d'un de leurs membres ayant qualité pour exercer cette profession.

Art. 2 *(Mod., L. n° 2001-420, 15 mai 2001 ; L. n° 2011-331, 28 mars 2011)*. – **La dénomination sociale de la société doit être, immédiatement, précédée ou suivie, selon le cas, soit de la mention « société d'exercice libéral à responsabilité limitée ou des initiales « SELARL », soit de la mention « société d'exercice libéral à forme anonyme » ou des initiales « SELAFA », soit de la mention « société d'exercice libéral par actions simplifiée » ou des initiales « SELAS », soit de la mention « société d'exercice libéral en commandite par actions » ou des initiales « SELCA » ainsi que de l'indication de la profession exercée et de son capital social.**

(1) Dispositions d'application transitoires : V. Ord. n° 2016-728, 2 juin 2016, art. 25, II à V.

Le nom d'un ou plusieurs associés exerçant leur profession au sein de la société peut être inclus dans sa dénomination sociale.

La société peut faire suivre ou précéder sa dénomination sociale du nom et du sigle de l'association, du groupement ou réseau professionnel, national ou international, dont elle est membre, sans préjudice des dispositions de l'article 27 de la loi n° 90-1259 du 31 décembre 1990 portant réforme de certaines professions judiciaires et juridiques.

Art. 3 *(Mod., L. n° 2015-990, 6 août 2015).* – La société ne peut exercer la ou les professions constituant son objet social qu'après son agrément par l'autorité ou les autorités compétentes ou son inscription sur la liste ou les listes ou au tableau de l'ordre ou des ordres professionnels.

En ce qui concerne les offices publics ou ministériels, la société doit être agréée ou titularisée dans l'office selon les conditions fixées par décret en Conseil d'État.

L'immatriculation de la société ne peut intervenir qu'après l'agrément de celle-ci par l'autorité compétente ou son inscription sur la liste ou au tableau de l'ordre professionnel.

Une fois par an, la société adresse à l'ordre professionnel dont elle relève un état de la composition de son capital social.

Art. 4 *(Mod., Ord. n° 2015-1127, 10 sept. 2015 ; abr., L. n° 2016-563, 10 mai 2016).*

Art. 5 *(Mod., L. n° 2008-776, 4 août 2008 ; L. n° 2011-331, 28 mars 2011 ; L. n° 2015-990, 6 août 2015).* – I. - Sous réserve de l'article 6 :

A. - Plus de la moitié du capital social et des droits de vote doit être détenue, directement ou par l'intermédiaire des sociétés mentionnées au 4° du B du présent I, par des professionnels en exercice au sein de la société ;

B. - Le complément peut être détenu par :

1° Des personnes physiques ou morales exerçant la ou les professions constituant l'objet social de la société ;

2° Pendant un délai de dix ans, des personnes physiques qui, ayant cessé toute activité professionnelle, ont exercé cette ou ces professions au sein de la société ;

3° Les ayants droit des personnes physiques mentionnées ci-dessus pendant un délai de cinq ans suivant leur décès ;

4° Une société constituée dans les conditions prévues à l'article 220 *quater* A du Code général des impôts, si les membres de cette société exercent leur profession au sein de la société d'exercice libéral, ou une société de participations financières de professions libérales régie par le titre IV de la présente loi ;

5° Des personnes exerçant soit l'une quelconque des professions libérales de santé, soit l'une quelconque des professions libérales juridiques ou judiciaires, soit l'une quelconque des autres professions libérales, visées au premier alinéa de l'article 1er, selon que l'exercice de l'une de ces professions constitue l'objet social ;

6° Toute personne physique ou morale légalement établie dans un autre État membre de l'Union européenne ou partie à l'accord sur l'Espace économique européen ou dans la Confédération suisse qui exerce, dans l'un de ces États, une activité soumise à un statut législatif ou réglementaire ou subordonnée à la possession d'une qualification nationale ou internationale reconnue et dont l'exercice constitue l'objet social de la société et, s'il s'agit d'une personne morale, qui répond, directement ou indirectement par l'intermédiaire d'une autre personne morale, aux exigences de détention du capital et des droits de vote prévues par la présente loi.

C. - Pour les professions de santé, le nombre de sociétés constituées pour l'exercice d'une même profession, dans lesquelles une même personne physique ou morale figurant parmi celles mentionnées aux 1° et 5° du B est autorisée à détenir des participations, peut être limité pour une profession par décret en Conseil d'État.

II. - Dans l'hypothèse où l'une des conditions visées au présent article viendrait à ne plus être remplie, la société dispose d'un délai d'un an pour se mettre en conformité avec les dispositions de la présente loi. À défaut, tout intéressé peut demander en justice la dissolution de la société. Le tribunal peut accorder à la société un délai maximal de six mois pour régulariser la situation. La dissolution ne peut être prononcée si, au jour où il est statué sur le fond, cette régularisation a eu lieu.

III. - Lorsque, à l'expiration du délai de cinq ans prévu au 3° du B du I, les ayants droit des associés ou anciens associés n'ont pas cédé les parts ou actions qu'ils détiennent, la société peut, nonobstant leur opposition, décider de réduire son capital du montant de la valeur nominale de leurs parts ou actions et de les racheter à un prix fixé dans les conditions prévues à l'article 1843-4 du Code civil.

Art. 5-1 *(Abr. L. n° 2015-990, 6 août 2015).*

Art. 6 *(Rempl., L. n° 2015-990, 6 août 2015).* – I. - Par dérogation au A du I de l'article 5 :

1° Sauf pour les sociétés ayant pour objet l'exercice d'une profession de santé, plus de la moitié du capital et des droits de vote des sociétés d'exercice libéral peut aussi être détenue par des personnes, établies en France ou mentionnées au 6° du B du I de l'article 5, exerçant la profession constituant l'objet social de la société ou par des sociétés de participations financières de professions libérales dans les conditions prévues au II du présent article et au titre IV de la présente loi ;

2° Pour les sociétés ayant pour objet l'exercice d'une profession de santé, plus de la moitié du capital social des sociétés d'exercice libéral peut aussi être détenue par des personnes exerçant la profession constituant l'objet social ou par des sociétés de participations financières de professions libérales dans les conditions prévues au II du présent article et au titre IV de la présente loi ;

3° Pour les sociétés ayant pour objet l'exercice d'une profession juridique ou judiciaire, plus de la moitié du capital et des droits de vote peut aussi être détenue par des personnes, établies en France ou mentionnées au 6° du B du I de l'article 5, exerçant l'une quelconque des professions juridiques ou judiciaires.

Cette société doit au moins comprendre, parmi ses associés, une personne exerçant la profession constituant l'objet social de la société.

II. - La majorité du capital ou des droits de vote de la société d'exercice libéral ne peut être détenue :

1° Sous réserve du III de l'article 31-1, par une société de participations financières régie par ce même article qu'à la condition que la majorité du capital et des droits de vote de cette société soit détenue par des personnes exerçant la même profession que celle exercée par les sociétés faisant l'objet de la détention des parts ou actions ;

2° Sous réserve du III de l'article 31-2, par une société de participations financières régie par ce même article qu'à la condition que la majorité du capital et des droits de vote de la société de participations financières soit détenue par des professionnels exerçant la même profession que celle constituant l'objet social de la société d'exercice libéral.

III. - Par dérogation au B du I de l'article 5 :

1° Des décrets en Conseil d'État peuvent prévoir, compte tenu des nécessités propres à chaque profession, qu'une personne autre que celle mentionnée au même article 5 puisse détenir une part du capital ou des droits de vote, inférieure à la moitié de celui-ci, des sociétés constituées sous la forme de sociétés à responsabilité limitée, de sociétés d'exercice libéral par actions simplifiées ou de sociétés d'exercice libéral à forme anonyme. Toutefois, pour celles de ces sociétés ayant pour objet l'exercice d'une profession de santé, la part du capital pouvant être détenue par toute personne ne peut dépasser le quart de celui-ci ;

2° Les statuts d'une société d'exercice libéral en commandite par actions peuvent prévoir que la quotité du capital détenue par des personnes autres que celles mentionnées audit article 5 peut être supérieure au quart, tout en demeurant inférieure à la moitié dudit capital.

IV. - Compte tenu des nécessités propres à chaque profession et dans la mesure nécessaire au bon exercice de la profession concernée, au respect de l'indépendance de ses membres ou de ses règles déontologiques propres, des décrets en Conseil d'État peuvent :

1° Écarter l'application des 1° et 2° du I du présent article ;

2° Pour les professions de santé, limiter le nombre de sociétés d'exercice libéral constituées pour l'exercice de cette profession dans lesquelles une même personne exerçant cette profession ou une même société de participations financières de professions libérales peut détenir des participations directes ou indirectes ;

3° Limiter le nombre de sociétés d'exercice libéral constituées pour l'exercice d'une même profession dans lesquelles une même personne mentionnée au 1° du III peut détenir des participations directes ou indirectes ;

4° Interdire la détention, directe ou indirecte, de parts ou d'actions représentant tout ou partie du capital social non détenu par des personnes mentionnées au A du I de l'article 5 ou aux 1° à 4° et 6° du B du même I, à des catégories de personnes physiques ou morales déterminées, lorsque cette détention serait de nature à mettre en péril l'exercice des professions concernées dans le respect de l'indépendance de leurs membres et de leurs règles déontologiques propres.

V. - Les III et IV ne sont pas applicables aux professions juridiques ou judiciaires.

Art. 7 *(Mod., L. n° 2015-990, 6 août 2015).* – Les dispositions des articles 5 et 6 autorisant la détention d'une part du capital social par des personnes n'exerçant pas au sein de la société ne peuvent bénéficier aux personnes faisant l'objet d'une interdiction d'exercice de la profession ou de l'une des professions dont l'exercice constitue l'objet de la société.

Art. 8 *(Mod., L. n° 2001-420, 15 mai 2001 ; L. n° 2005-882, 2 août 2005 ; L. n° 2015-990, 6 août 2015)*. – Les actions des sociétés d'exercice libéral à forme anonyme, par actions simplifiée ou en commandite par actions revêtent la forme nominative.

Par dérogation aux dispositions de l'article 175 de la loi n° 66-537 du 24 juillet 1966 précitée, aucun droit de vote double ne peut être attribué aux actions des sociétés visées à l'alinéa précédent détenues par des actionnaires autres que des professionnels en exercice au sein de la société.

Lorsque les statuts prévoient qu'il est créé ou que pourront être créées des actions à droit de vote double, celles-ci sont attribuées à tous les professionnels actionnaires exerçant au sein de la société. Il peut être prévu que cette attribution est suspendue à la condition d'une ancienneté dans l'actionnariat qui ne pourra dépasser deux années.

Par dérogation à l'article 176 de la loi n° 66-537 du 24 juillet 1966, les actions à droit de vote double transférées, pour quelque cause que ce soit, perdent leur droit de vote double dès lors que le bénéficiaire du transfert n'est pas un professionnel en exercice au sein de la société.

Les parts ou actions des sociétés d'exercice libéral ne peuvent faire l'objet du contrat de bail prévu aux articles L. 239-1 à L. 239-5 du Code de commerce, sauf au profit de professionnels salariés ou collaborateurs libéraux exerçant au sein de celles-ci et, à l'exception des sociétés intervenant dans le domaine de la santé ou exerçant les fonctions d'officier public ou ministériel, de professionnels exerçant la profession constituant l'objet social de ces sociétés.

Les deuxième, troisième et quatrième alinéas du présent article ne sont pas applicables aux cas mentionnés aux 1° et 3° du I de l'article 6.

Art. 9 *(Rempl., L. n° 2005-882, 2 août 2005)*. – Les actions à dividende prioritaire sans droit de vote existantes au jour de l'entrée en vigueur de l'ordonnance n° 2004-604 du 24 juin 2004 portant réforme du régime des valeurs mobilières émises par les sociétés commerciales et extension à l'outre-mer de dispositions ayant modifié la législation commerciale ou créées en application de l'article L. 228-29-8 du Code de commerce ne peuvent être détenues par des professionnels exerçant leur activité au sein de la société.

Les droits particuliers attachés aux actions de préférence mentionnées à l'article L. 228-11 du Code de commerce ne peuvent faire obstacle ni à l'application des règles de répartition du capital et des droits de vote, ni aux dispositions de l'article 12 de la présente loi.

Art. 10 *(Mod., L. n° 2015-990, 6 août 2015)*. – Pour l'application des articles L. 223-14 et L. 228-24 du Code de commerce et par exception à l'article 1843-4 du Code civil, les statuts peuvent, à l'unanimité des associés, fixer les principes et les modalités applicables à la détermination de la valeur des parts sociales.

Sauf dispositions contraires du décret particulier à chaque profession, la valeur des parts sociales prend en considération une valeur représentative de la clientèle civile. Toutefois, à l'unanimité des associés, les statuts peuvent exclure cette valeur représentative de la clientèle civile de la valorisation des parts sociales.

Pour l'application des dispositions de l'article 45 de la loi n° 66-537 du 24 juillet 1966, l'exigence d'une majorité des trois quarts des porteurs de parts exerçant la profession au sein de la société est substituée à celle d'une majorité des associés représentant au moins les trois quarts des parts sociales.

Nonobstant toute disposition contraire prévue par les statuts ou par une disposition législative autre que le dernier alinéa du présent article, les cessions d'actions de sociétés d'exercice libéral à forme anonyme sont soumises à un agrément préalable donné, dans les conditions prévues par les statuts, soit par les deux tiers des actionnaires exerçant leur profession au sein de la société, soit par les deux tiers des membres du conseil de surveillance ou du conseil d'administration exerçant leur profession dans la société. Dans les sociétés d'exercice libéral en commandite par actions, l'agrément de nouveaux actionnaires est donné par les associés commandités à la majorité des deux tiers.

Dans les sociétés d'exercice libéral par actions simplifiées, l'agrément de nouveaux associés est donné par les associés exerçant leur activité au sein de la société à la majorité des deux tiers. Pour l'application des clauses statutaires conformes aux articles L. 227-16 et L. 227-17 du Code de commerce, il est fait application de cette même règle de majorité.

Les troisième à avant-dernier alinéas du présent article ne sont pas applicables aux cas mentionnés aux 1° et 3° du I de l'article 6.

Art. 11 *(Abr., L. n° 2015-990, 6 août 2015).*

Art. 12 *(Mod., L. n° 93-1415, 28 déc. 1993 ; L. n° 2001-420, 15 mai 2001 ; L. n° 2015-990, 6 août 2015).* – Les gérants, le président et les dirigeants de la société par actions simplifiée, le président du conseil d'administration, les membres du directoire, le président du conseil de surveillance et les directeurs généraux ainsi que les deux tiers au moins des membres du conseil d'administration ou du conseil de surveillance doivent être des associés exerçant leur profession au sein de la société.

Les dispositions des premier et deuxième alinéas de l'article L. 225-22, de l'article L. 225-44 et de l'article L. 225-85 du Code de commerce ne sont pas applicables aux sociétés d'exercice libéral.

Pour l'application des articles L. 223-19, L. 225-38, L. 225-40, L. 225-86, L. 225-88, L. 226-10 et L. 227-10 du même code, seuls les professionnels exerçant au sein de la société prennent part aux délibérations prévues par ces textes lorsque les conventions en cause portent sur les conditions dans lesquelles ils y exercent leur profession.

Lorsqu'il est fait application de la possibilité mentionnée au 1° du I de l'article 6, le premier alinéa du présent article n'est pas applicable.

Lorsqu'il est fait application de la possibilité mentionnée au 3° du même I, le premier alinéa du présent article n'est pas applicable. Toutefois, le conseil d'administration ou le conseil de surveillance de la société doit comprendre au moins un membre, en exercice au sein de la société, de la profession constituant l'objet social de la société.

Art. 13 *(Mod., L. n° 2015-990, 6 août 2015).* – Le ou les commandités d'une société d'exercice libéral en commandite par actions sont des personnes physiques exerçant régulièrement leur profession au sein de la société.

Les associés commandités d'une société d'exercice libéral en commandite par actions n'ont pas de ce fait la qualité de commerçants. Ils répondent néanmoins indéfiniment et solidairement des dettes sociales.

Les actionnaires commanditaires ne peuvent faire aucun acte de gestion externe ou interne, même en vertu d'une procuration. Tout acte intervenu en contrevenant à cette interdiction est nul sans que pour autant cette nullité puisse être opposée aux tiers de bonne foi ni invoquée pour dégager l'actionnaire commanditaire en cause de la responsabilité solidaire prévue par le second alinéa de l'article 28 de la loi n° 66-537 du 24 juillet 1966.

Nonobstant toute disposition contraire législative ou statutaire, les cessions d'actions de société d'exercice libéral en commandite par actions sont soumises à un agrément préalable dans les conditions prévues à l'article 10.

L'acquisition de la qualité d'associé commandité est soumise à une décision d'agrément prise à l'unanimité des associés commandités et qui résulte soit de la signature des statuts, soit, en cours de vie sociale, d'une décision prise dans les formes prescrites par lesdits statuts à l'unanimité des associés commandités et à la majorité des deux tiers des actionnaires.

La qualité d'associé commandité se perd par décès, retraite, démission, radiation ou destitution. Sous réserve des dispositions prévues à l'article 10 en ce qui concerne les officiers publics ou ministériels, les statuts peuvent prévoir une procédure de révocation qui doit comporter une décision prise à l'unanimité des commandités non concernés par la révocation. Le commandité qui quitte la société ou ses ayants droit sont indemnisés dans les conditions prévues à l'article 1843-4 du Code civil.

Lorsqu'il est fait application de la possibilité mentionnée au 1° du I de l'article 6, le premier alinéa du présent article n'est pas applicable.

Lorsqu'il est fait application de la possibilité mentionnée au 3° du même I, le premier alinéa du présent article n'est pas applicable et au moins un associé commandité doit être une personne physique exerçant régulièrement sa profession au sein de la société.

Art. 14. – Un décret en Conseil d'État réglemente les comptes d'associés et fixe, notamment, le montant maximum des sommes susceptibles d'être mises à la disposition de la société et les conditions applicables au retrait de ces sommes. Cette réglementation, qui peut comporter des dispositions différentes selon la forme sociale choisie, selon que la société a pour objet l'exercice d'une ou de plusieurs professions ou selon la catégorie d'associé concernée au regard des articles 5, 6, 8 et 13, s'applique à toutes les professions libérales visées au premier alinéa de l'article 1er.

Art. 15 *(V. C. com., art. 631-1).*

Art. 16. – Chaque associé répond sur l'ensemble de son patrimoine des actes professionnels qu'il accomplit.

La société est solidairement responsable avec lui.

Art. 17. – Les dispositions de la présente loi ne font pas obstacle à l'exercice des professions mentionnées à l'article 1er selon les modalités prévues par les textes particuliers à chacune d'elles.

Art. 18. – Les sociétés de conseils juridiques autres que les sociétés civiles professionnelles constituées avant la date d'entrée en vigueur de la présente loi doivent, dans un délai de cinq ans à compter de cette date, se mettre en conformité avec les dispositions de la présente loi. *(Phrase aj., L. n° 93-1415, 28 déc. 1993)* « À l'expiration de ce délai, si un ou plusieurs associés ne satisfaisant pas aux conditions fixées à l'article 5 de la présente loi n'ont pas cédé les parts ou actions qu'ils détiennent, la société peut, nonobstant leur opposition, décider de réduire son capital du montant de la valeur nominale de leurs parts ou actions et de les racheter à un prix fixé, sauf accord entre les parties, dans les conditions prévues à l'article 1843-4 du Code civil ». À défaut, tout intéressé peut demander en justice la dissolution de la société. Le tribunal peut accorder à la société un délai maximal de six mois pour régulariser la situation. La dissolution ne peut être prononcée si, au jour où il est statué sur le fond, cette régularisation a eu lieu.

Art. 19 *(Rempl., L. n° 2001-420, 15 mai 2001 ; mod., L. n° 2012-387, 22 mars 2012)*. – Pour l'application des dispositions de article L. 238-3 du Code de commerce, les mots : « société d'exercice libéral à responsabilité limitée », « société d'exercice libéral à forme anonyme » et « société d'exercice libéral par actions simplifiée » et les initiales « SELARL », « SELAFA » et « SELAS » sont substitués aux mots : « société à responsabilité limitée », « société anonyme » et « société par actions simplifiée » et aux initiales « SARL », « SA » et « SAS », ainsi que les mots : « société d'exercice libéral en commandite par actions » ou les initiales « SELCA » aux mots : « société en commandite par actions ».

Art. 20 *(V. CGI, art. 809)*.

Art. 21. – Des décrets en Conseil d'État, pris après avis des organismes chargés de représenter les professions concernées auprès des pouvoirs publics ainsi que des organisations les plus représentatives de ces professions, déterminent en tant que de besoin les conditions d'application du présent titre.

Ces décrets peuvent prévoir des cas où un associé peut être exclu de la société en précisant les garanties morales, procédurales et patrimoniales qui lui sont accordées dans ce cas.

Ils peuvent également prévoir qu'un associé n'exerce sa profession qu'au sein d'une seule société d'exercice libéral et ne peut exercer la même profession à titre individuel ou au sein d'une société civile professionnelle.

Ils déterminent les effets de l'interdiction temporaire d'exercer la profession dont la société ou un associé serait frappé.

TITRE II. – EXERCICE SOUS FORME DE SOCIÉTÉS EN PARTICIPATION DES PROFESSIONS LIBÉRALES SOUMISES À UN STATUT LÉGISLATIF OU RÉGLEMENTAIRE OU DONT LE TITRE EST PROTÉGÉ

Art. 22 *(Mod., L. n° 2011-331, 28 mars 2011)*. – Nonobstant toute disposition législative ou réglementaire déterminant limitativement les modes d'exercice en commun de la profession, il peut être constitué entre personnes physiques exerçant une profession libérale soumise à un statut législatif ou réglementaire ou dont le titre est protégé une société en participation, régie par les dispositions ci-après et celles non contraires des articles 1871 à 1872-1 du Code civil.

Une société en participation peut également être constituée, dans des conditions fixées par décret en Conseil d'État, entre personnes physiques exerçant plusieurs des professions libérales définies au premier alinéa.

La dénomination sociale de la société doit être immédiatement précédée ou suivie de la mention : « société en participation » ou des initiales : « SEP », elles-mêmes suivies de l'indication de la ou des professions exercées.

Le nom d'un ou de plusieurs associés peut être inclus dans la dénomination sociale.

Ces sociétés sont soumises à publicité dans des conditions fixées par décret.

Leur durée peut être illimitée.

Art. 23 *(Mod., L. n° 2011-331, 28 mars 2011)*. – Les associés sont tenus solidairement à l'égard des tiers des engagements pris par chacun d'eux en qualité d'associé.

> **Rédaction antérieure.** Les associés sont tenus solidairement et indéfiniment à l'égard des tiers des engagements pris par chacun d'eux en qualité d'associé.

Si la convention qui fonde la société en participation ne prévoit pas les modalités de l'admission et de la révocation d'un associé, la décision est prise à l'unanimité des associés non concernés.

Cette convention peut prévoir le versement d'une prestation compensatrice en cas de retrait de l'un des associés.

Les bénéfices réalisés par les sociétés en participation constituées entre personnes physiques exerçant une ou des professions libérales soumises à un statut législatif ou réglementaire ou dont le titre est protégé sont imposés selon les règles prévues par le Code général des impôts pour les sociétés en participation.

TITRE III. – DISPOSITIONS MODIFIANT LA LOI N° 66-879 DU 29 NOVEMBRE 1966
RELATIVE AUX SOCIÉTÉS CIVILES PROFESSIONNELLES

....

TITRE IV. – SOCIÉTÉS DE PARTICIPATIONS FINANCIÈRES
DE PROFESSIONS LIBÉRALES

(L. n° 2001-1168, 11 déc. 2001)

Art. 31-1 *(L. n° 2001-1168, 11 déc. 2001 ; mod., L. n° 2004-130, 11 févr. 2004 ; L. n° 2011-331, 28 mars 2011 ; L. n° 2015-990, 6 août 2015)* (1). – I. - Il peut être constitué entre personnes physiques ou morales exerçant une ou plusieurs professions libérales soumises à un statut législatif ou réglementaire ou dont le titre est protégé ou des personnes mentionnées au 6° du B du I de l'article 5 des sociétés de participations financières ayant pour objet la détention des parts ou d'actions de sociétés mentionnées au premier alinéa de l'article 1er ayant pour objet l'exercice de cette même profession ainsi que la participation à tout groupement de droit étranger ayant pour objet l'exercice de la même profession. Ces sociétés peuvent exercer toute autre activité sous réserve d'être destinée exclusivement aux sociétés ou aux groupements dont elles détiennent des participations.

Ces sociétés peuvent être constituées sous la forme de sociétés à responsabilité limitée, de sociétés anonymes, de sociétés par actions simplifiées ou de sociétés en commandite par actions régies par le livre II du Code de commerce, sous réserve des dispositions contraires du présent article.

II. - Plus de la moitié du capital et des droits de vote doit être détenue par des personnes exerçant la même profession que celle exercée par les sociétés faisant l'objet de la détention des parts ou actions.

Le complément peut être détenu par les personnes mentionnées aux 2°, 3° et 5° du B du I de l'article 5. Toutefois, des décrets en Conseil d'État, propres à chaque profession, pourront interdire la détention, directe ou indirecte, de parts ou d'actions représentant tout ou partie du capital social non détenu par des personnes visées à l'alinéa précédent, à des catégories de personnes physiques ou morales déterminées, lorsqu'il apparaîtrait que cette détention serait de nature à mettre en péril l'exercice de la ou des professions concernées dans le respect de l'indépendance de ses membres et de leurs règles déontologiques propres.

Les gérants, le président, les dirigeants, le président du conseil d'administration, les membres du directoire, le président du conseil de surveillance et les directeurs généraux, ainsi que les deux tiers au moins des membres du conseil d'administration ou du conseil de surveillance de la société par actions simplifiée, doivent être choisis parmi les personnes mentionnées au premier alinéa du II.

III. - Par dérogation aux I et II du présent article, la société de participations financières peut également avoir pour objet la détention de parts ou d'actions de sociétés mentionnées au premier alinéa de l'article 1er ou relevant du livre II du Code de commerce lorsque ces sociétés ont pour objet l'exercice d'une même profession juridique ou judiciaire. Le capital social et les droits de vote de cette société de participations financières peuvent être détenus par toute personne exerçant une profession juridique ou judiciaire ou par toute personne mentionnée au 6° du B du I de l'article 5 exerçant l'une quelconque desdites professions.

Une part du capital et des droits de vote, demeurant inférieure à la moitié, peut également être détenue par des personnes mentionnées aux 2° et 3° du même B.

Les organes de contrôle de la société doivent comprendre au moins une personne exerçant la même profession que celle exercée par les sociétés faisant l'objet de la détention des parts ou actions.

(1) Concernant les professionnels de l'expertise comptable : V. D. n° 2012-432, 30 mars 2012. – NDLR.

IV. - La dénomination sociale de ces sociétés doit, outre les mentions obligatoires liées à la forme de la société, être précédée ou suivie de la mention « Société de participations financières de profession libérale » suivie de l'indication de la profession exercée par les associés majoritaires ou, dans le cas mentionné au III, de l'objet social exercé par les sociétés faisant l'objet de la détention des parts ou actions.

Les actions de sociétés de prises de participations à forme anonyme, en commandite par actions ou par actions simplifiées, revêtent obligatoirement la forme nominative.

Les sociétés de participations financières doivent être inscrites sur la liste ou au tableau de l'ordre ou des ordres professionnels concernés. Une fois par an, la société de participations financières adresse à l'ordre professionnel dont elle relève un état de la composition de son capital social.

Art. 31-2 *(L. n° 2011-331, 28 mars 2011 ; mod., L. n° 2015-990, 6 août 2015 ; mod., Ord. n° 2016-394, 31 mars 2016)* (1). – I. - Les sociétés de participations financières mentionnées à l'article 31-1 peuvent également avoir pour objet la détention des parts ou d'actions de sociétés mentionnées au premier alinéa de l'article 1er ou relevant du livre II du Code de commerce ayant pour objet l'exercice de deux ou plusieurs des professions d'avocat, d'avocat au Conseil d'État et à la Cour de cassation, de notaire, d'huissier de justice, de commissaire-priseur judiciaire, d'expert-comptable, d'administrateur judiciaire, de mandataire judiciaire, de commissaire aux comptes ou de conseil en propriété industrielle ainsi que la participation à tout groupement de droit étranger ayant pour objet l'exercice de l'une ou de plusieurs de ces professions. Est regardée comme exerçant une de ces professions, pour l'application du présent article, toute personne mentionnée au 6° du B du I de l'article 5 et exerçant l'une quelconque desdites professions.

> **Rédaction future.** *(Mod. à compter du 1er juillet 2022, Ord. n° 2016-728, 2 juin 2016)* I. - Les sociétés de participations financières mentionnées à l'article 31-1 peuvent également avoir pour objet la détention des parts ou d'actions de sociétés mentionnées au premier alinéa de l'article 1er ou relevant du livre II du Code de commerce ayant pour objet l'exercice de deux ou plusieurs des professions d'avocat, d'avocat au Conseil d'État et à la Cour de cassation, de notaire, de commissaire de justice, d'expert-comptable, d'administrateur judiciaire, de mandataire judiciaire, de commissaire aux comptes ou de conseil en propriété industrielle ainsi que la participation à tout groupement de droit étranger ayant pour objet l'exercice de l'une ou de plusieurs de ces professions. Est regardée comme exerçant une de ces professions, pour l'application du présent article, toute personne mentionnée au 6° du B du I de l'article 5 et exerçant l'une quelconque desdites professions.

II. - Sous réserve du III du présent article, plus de la moitié du capital et des droits de vote doit être détenue par des personnes exerçant la ou les mêmes professions que celles exercées par les sociétés faisant l'objet d'une prise de participation et, lorsqu'au moins une des sociétés faisant l'objet d'une prise de participation exerce une profession juridique ou judiciaire, par toute autre personne admise à détenir la majorité du capital social et des droits de vote de ladite société. Le complément peut être détenu par :

1° Des personnes physiques ou morales exerçant la ou les professions constituant l'objet social de ces sociétés, sous réserve, s'agissant des personnes morales, du caractère civil de leur objet social et de la détention exclusive du capital et des droits de vote par des membres et anciens membres de professions libérales soumises à un statut législatif ou réglementaire ou dont le titre est protégé, ainsi que leurs ayants droit ;

2° Pendant un délai de dix ans, des personnes physiques qui, ayant cessé toute activité professionnelle, ont exercé cette ou ces professions au sein de l'une de ces sociétés ;

3° Les ayants droit des personnes physiques mentionnées ci-dessus pendant un délai de cinq ans suivant leur décès ;

4° Des personnes exerçant l'une des professions mentionnées au premier alinéa ;

5° Des ressortissants des États membres de l'Union européenne, des autres États parties à l'accord sur l'Espace économique européen ou de la Confédération suisse, qui exercent en qualité de professionnel libéral, dans l'un de ces États membres ou parties ou dans la Confédération suisse, une activité soumise à un statut législatif ou réglementaire ou subordonnée à la possession d'une qualification nationale ou internationale reconnue et dont l'exercice constitue l'objet social de l'une des sociétés ou de l'un des groupements faisant l'objet d'une prise de participation.

III. - Lorsque la société a pour objet la détention de parts ou d'actions de sociétés ayant pour objet l'exercice de deux ou plusieurs des professions juridiques ou judiciaires, le capital social et les droits de vote peuvent être détenus par toute personne, établie en France ou mentionnée au 6° du B du I de l'article 5, exerçant une ou plusieurs des professions juridiques ou judiciaires.

(1) V. T. appl. : D. n° 2014-354, 19 mars 2014. – NDLR.

Une part du capital et des droits de vote, demeurant inférieure à la moitié, peut également être détenue par des personnes mentionnées aux 1° à 5° du II du présent article.

IV. - La dénomination sociale de ces sociétés doit, outre les mentions obligatoires liées à la forme de la société, être précédée ou suivie de la mention : « Société de participations financières de professions libérales », elle-même suivie de l'indication des professions exercées par les sociétés faisant l'objet d'une prise de participation.

Les gérants, le président et les dirigeants de la société par actions simplifiée, le président du conseil d'administration, les membres du directoire, le président du conseil de surveillance et les directeurs généraux ainsi que les deux tiers au moins des membres du conseil d'administration ou du conseil de surveillance doivent être choisis parmi les personnes exerçant les mêmes professions que celles exercées par les sociétés faisant l'objet de la détention des parts ou actions et, lorsqu'au moins une des sociétés faisant l'objet d'une prise de participation exerce une profession juridique ou judiciaire, par toute autre personne admise à détenir la majorité du capital social et des droits de vote de ladite société.

Un décret en Conseil d'État précise les conditions d'application du présent article.

....

Loi n° 93-122 du 29 janvier 1993

relative à la prévention de la corruption et à la transparence de la vie économique et des procédures publiques

Art. 52. – Est frappée d'une nullité d'ordre public toute cession à titre onéreux des droits conférés par une promesse de vente portant sur un immeuble lorsque cette cession est consentie par un professionnel de l'immobilier.

Décret n° 93-1362 du 30 décembre 1993

relatif aux déclarations de nationalité, aux décisions de naturalisation, de réintégration, de perte, de déchéance et de retrait de la nationalité française

(JO 31 déc. ; intitulé mod., D. n° 98-720, 20 août 1998)

TITRE PREMIER. – DE LA MANIFESTATION DE VOLONTÉ D'ACQUÉRIR LA NATIONALITÉ FRANÇAISE

(Abr., D. n° 98-720, 20 août 1998)

TITRE II. – DES DÉCLARATIONS DE NATIONALITÉ TENDANT À L'ACQUISITION DE LA NATIONALITÉ FRANÇAISE OU À LA RÉINTÉGRATION DANS CETTE NATIONALITÉ

Section I. – Dispositions communes relatives aux déclarations de nationalité

Art. 10 *(Mod., D. n° 2005-25, 14 janv. 2005 ; D. n° 2010-527, 20 mai 2010 ; à compter de la date prévue à l'article 11 du décret n° 2015-316 du 19 mars 2015 et au plus tard le 31 mars 2016, D. n° 2015-316, 19 mars 2015 ; mod., D. n° 2016-872, 29 juin 2016).* – Le greffier en chef du tribunal d'instance de la résidence du déclarant, désigné par le décret prévu à l'article 26-2 du Code civil, est compétent pour recevoir une déclaration de nationalité, à l'exception de celles souscrites au titre des articles 21-2, 21-13-1 et 21-13-2 du Code civil qui est reçue par le préfet du département de résidence du déclarant ou, à Paris, par le préfet de police.

À l'étranger, la déclaration est reçue par les autorités consulaires françaises désignées selon la résidence de l'intéressé par arrêté du ministre des affaires étrangères.

La liste des pièces nécessaires à la preuve de la recevabilité de la déclaration est transmise au déclarant par l'autorité qui est chargée de recevoir la déclaration.

Art. 11 *(Mod., D. n° 98-720, 20 août 1998 ; D. n° 2005-25, 14 janv. 2005 ; D. n° 2009-1671, 28 déc. 2009).* – La déclaration de nationalité est établie pour chaque déclarant en deux exemplaires datés et signés du déclarant et de l'autorité qui la reçoit et qui précise son nom et sa qualité.

Elle mentionne en outre :

1° L'état civil et la résidence du déclarant et, le cas échéant, ceux du bénéficiaire de la déclaration s'il est représenté ;

2° L'objet de la déclaration et le motif sur lequel s'appuie le déclarant ;

3° Le cas échéant, l'état civil des enfants mineurs étrangers du déclarant résidant avec lui de manière habituelle ou alternativement dans le cas de séparation ou de divorce ;

4° Les pièces produites par le déclarant pour justifier que les conditions de recevabilité de la déclaration sont remplies.

Tous les documents rédigés en langue étrangère doivent être accompagnés de leur traduction par un traducteur agréé ou habilité à intervenir auprès des autorités judiciaires ou administratives d'un autre État membre de l'Union européenne ou d'un État partie à l'accord sur l'Espace économique européen ou de la Suisse, produite en original.

Art. 12. – La preuve de la résidence en France lorsque celle-ci constitue une condition de la recevabilité de la déclaration est rapportée par écrit ou commencement de preuve par écrit.

Il en est de même pour la preuve de la résidence habituelle à l'étranger lorsque celle-ci constitue une condition de la répudiation ou de la perte de la nationalité française.

Art. 13 *(Mod., D. n° 2005-25, 14 janv. 2005 ; D. n° 2010-527, 20 mai 2010)*. – Lorsque la déclaration est souscrite en vue d'acquérir la nationalité française ou d'être réintégré dans cette nationalité, l'autorité qui a reçu la déclaration reçoit la demande éventuelle de francisation soit du nom seul du déclarant ou du bénéficiaire de la déclaration, de son nom et de ses prénoms ou de l'un d'eux, soit des prénoms ou de l'un des prénoms des enfants mineurs bénéficiaires de l'acquisition de plein droit prévue à l'article 22-1 du Code civil.

Dans les mêmes conditions est remise, le cas échéant, la déclaration conjointe de choix de nom prévue par les articles 311-21 et 311-22 du Code civil.

Section II. – Des déclarations de nationalité à raison du mariage

Art. 14 *(Mod., D. n° 2015-108, 2 févr. 2015)*. – Pour l'application de l'article 21-2 du Code civil, tout déclarant doit justifier d'une connaissance de la langue française caractérisée par la compréhension des points essentiels du langage nécessaire à la gestion de la vie quotidienne et aux situations de la vie courante ainsi que par la capacité à émettre un discours simple et cohérent sur des sujets familiers dans ses domaines d'intérêt. Son niveau est celui défini par le niveau B1, rubriques « écouter », « prendre part à une conversation » et « s'exprimer oralement en continu » du Cadre européen commun de référence pour les langues, tel qu'adopté par le comité des ministres du Conseil de l'Europe dans sa recommandation CM/Rec(2008)7 du 2 juillet 2008.

Un arrêté du ministre chargé des naturalisations définit les diplômes permettant de justifier d'un niveau égal ou supérieur au niveau requis.

À défaut d'un tel diplôme, le déclarant peut justifier de la possession du niveau requis par la production d'une attestation délivrée soit par un organisme reconnu par l'État comme apte à assurer une formation « français langue d'intégration », soit à l'issue d'un test linguistique certifié ou reconnu au niveau international comportant des épreuves distinctes permettant une évaluation du niveau de compréhension du déclarant et par un entretien, celle de son niveau d'expression orale, et figurant sur une liste fixée par un arrêté du ministre chargé des naturalisations.

L'inscription d'un test linguistique sur la liste mentionnée à l'alinéa précédent est valable pour une période de trois ans renouvelable. Les conditions d'inscription sont fixées par un arrêté du ministre chargé des naturalisations.

Art. 14-1 *(D. n° 2011-1265, 11 oct. 2011 ; mod., D. n° 2013-794, 30 août 2013 ; D. n° 2016-872, 29 juin 2016)*. – Pour souscrire la déclaration prévue à l'article 21-2 du Code civil, le déclarant doit fournir les pièces suivantes :

1° Un formulaire de souscription dont le modèle est fixé par arrêté du ministre chargé des naturalisations, dûment renseigné et signé ;

2° Une copie intégrale de son acte de naissance ;

3° Une copie intégrale de son acte de mariage ou de sa transcription sur les registres consulaires français quand le mariage a été célébré à l'étranger, délivrée depuis moins de trois mois ;

4° Tous documents corroborant que la communauté de vie tant affective que matérielle n'a pas cessé entre les deux époux depuis leur mariage, dont notamment la copie intégrale de l'acte de naissance des enfants nés avant ou après le mariage et établissant la filiation à l'égard des deux conjoints ;

5° Un certificat de nationalité française, les actes de l'état civil ou tous autres documents émanant des autorités françaises de nature à établir que son conjoint avait la nationalité française au jour du mariage et l'a conservée ;

6° Un extrait de casier judiciaire ou un document équivalent délivré par une autorité judiciaire ou administrative compétente du ou des pays où il a résidé au cours des dix dernières années, ou, lorsqu'il est dans l'impossibilité de produire ces documents, du pays dont il a la nationalité ;

7° Le cas échéant, tout document justifiant de sa résidence régulière et ininterrompue en France pendant au moins trois ans à compter du mariage ou un certificat d'inscription du conjoint français au registre des Français établis hors de France pendant la durée de leur communauté de vie à l'étranger ;

8° Le cas échéant, la copie intégrale des actes de naissance de ses enfants mineurs étrangers qui résident avec lui de manière habituelle ou alternativement dans le cas de séparation ou de divorce ainsi que les pièces de nature à établir cette résidence ;

9° Le cas échéant, en cas d'unions antérieures, les copies intégrales des actes de mariage et tous documents justifiant leur dissolution ;

10° Un diplôme ou une attestation justifiant d'un niveau de langue égal ou supérieur à celui exigé en application de l'article 14 et délivré dans les conditions définies par cet article ou, à défaut, une attestation délivrée dans les mêmes conditions justifiant d'un niveau inférieur. Sont toutefois dispensées de la production de ce diplôme ou de cette attestation les personnes titulaires d'un diplôme délivré dans un pays francophone à l'issue d'études suivies en français. Bénéficient également de cette dispense les personnes souffrant d'un handicap ou d'un état de santé déficient chronique ou âgées d'au moins soixante ans.

Pour l'application de l'article 21-3 du Code civil, la date de réception, par l'autorité administrative chargée de recevoir la déclaration, du formulaire de souscription mentionné au 1°, complet et accompagné des pièces justificatives mentionnées aux alinéas précédents, correspond à la date de souscription de la déclaration.

Art. 15 *(Mod. à compter de la date prévue à l'article 11 du décret n° 2015-316 du 19 mars 2015 et au plus tard le 31 mars 2016, D. n° 2015-316, 19 mars 2015 ; mod., D. n° 2016-872, 29 juin 2016)*. – La déclaration de nationalité souscrite au titre de l'article 21-2 du Code civil est reçue par le préfet désigné, selon le département de résidence du déclarant, par arrêté du ministre chargé des naturalisations ou, à Paris, par le préfet de police. Les services placés sous l'autorité du préfet qui a reçu la déclaration procèdent à son instruction. À l'étranger, elle est reçue par les autorités consulaires françaises désignées selon la résidence de l'intéressé par arrêté du ministre des affaires étrangères.

Dès la souscription de la déclaration, l'autorité administrative qui a reçu la déclaration procède à une enquête et convoque le déclarant et son conjoint à un entretien destinés à vérifier la continuité de la communauté de vie tant affective que matérielle entre les époux depuis le mariage et à permettre d'apprécier s'il y a lieu de s'opposer à l'acquisition de la nationalité française pour indignité ou défaut d'assimilation autre que linguistique. Lors de l'entretien, les conjoints signent, devant l'autorité administrative, une attestation sur l'honneur certifiant que la communauté de vie tant affective que matérielle n'a pas cessé entre eux depuis le mariage.

Font l'objet d'un entretien individuel destiné à vérifier qu'ils maîtrisent un niveau de langue correspondant à celui exigé en vertu de l'article 14 :

a) Les déclarants titulaires d'un diplôme délivré dans un pays francophone à l'issue d'études suivies en français ;

b) Les déclarants souffrant d'un handicap ou d'un état de santé déficient chronique ou âgés d'au moins soixante ans.

Font également l'objet d'un entretien individuel destiné à connaître leur niveau linguistique les déclarants qui produisent une attestation justifiant d'un niveau inférieur à celui défini à l'article 14. L'autorité administrative peut se fonder sur le déroulement de cet entretien pour conclure que le déclarant possède le niveau linguistique requis.

Un agent est désigné par l'autorité administrative qui a reçu la déclaration pour procéder aux entretiens mentionnés aux deuxième, troisième et sixième alinéas.

Dans les six mois suivant la souscription de la déclaration, l'autorité qui a procédé à l'enquête et à l'entretien en transmet directement les résultats ainsi que le dossier de souscription, assortis, si le déclarant réside à l'étranger, de son avis motivé ou, si le déclarant réside en France, de l'avis motivé du préfet du département de résidence du déclarant ou, à Paris, du préfet de police, au ministre chargé des naturalisations. Celui-ci peut faire procéder à toute enquête complémentaire qu'il estime utile quant à la situation du déclarant au regard des motifs permettant de s'opposer à ce qu'il acquière la nationalité française.

Section III. – Des déclarations de nationalité à raison de la naissance et de la résidence en France

Art. 15-1 *(Mod. à compter du 1er mars 2019, D. n° 2019-136, 27 févr. 2019).* – I. - Pour souscrire la déclaration prévue au premier alinéa de l'article 21-11 du Code civil, le déclarant doit fournir les pièces suivantes :

1° L'extrait de son acte de naissance ;

2° Tous documents prouvant qu'il réside en France à la date de sa déclaration et qu'il a eu sa résidence habituelle en France pendant une période continue ou discontinue d'au moins cinq ans, depuis l'âge de onze ans ;

3° Le cas échéant, la copie intégrale des actes de naissance de ses enfants mineurs étrangers qui résident avec lui de manière habituelle ou alternativement dans le cas de séparation ou de divorce ainsi que les pièces de nature à établir cette résidence.

II. - S'il est né à Mayotte, le déclarant doit en outre produire :

1° Une des pièces mentionnées par arrêté du garde des sceaux, ministre de la justice, justifiant que depuis plus de trois mois à la date de sa naissance, l'un de ses parents au moins résidait en France de manière régulière, sous couvert d'un titre de séjour ;

2° Tous documents permettant de justifier que ce parent résidait en France de manière ininterrompue depuis plus de trois mois à la date de sa naissance.

Le déclarant est dispensé de produire ces pièces lorsque figure sur l'extrait de son acte de naissance la mention portée en application des dispositions de l'article 2495 du Code civil.

III. - S'il est né à Mayotte avant l'entrée en vigueur de la loi n° 2018-778 du 10 septembre 2018 pour une immigration maîtrisée, un droit d'asile effectif et une intégration réussie, le déclarant produit soit les pièces mentionnées aux 1° et 2° du II du présent article, soit l'extrait de son acte de naissance portant la mention prévue à l'article 2495 du Code civil, soit une des pièces mentionnées par arrêté du garde des sceaux, ministre de la justice, justifiant que l'un de ses parents a résidé en France de manière régulière pendant la période de cinq ans mentionnée au premier alinéa de l'article 21-11 du même code.

Art. 15-2 *(Mod. à compter du 1er mars 2019, D. n° 2019-136, 27 févr. 2019).* – I. - Pour souscrire la déclaration prévue au deuxième alinéa de l'article 21-11 du Code civil, le déclarant doit fournir les pièces suivantes :

1° L'extrait de l'acte de naissance du mineur ;

2° Tous documents prouvant que le mineur réside en France à la date de la déclaration et qu'il a eu sa résidence habituelle en France pendant une période continue ou discontinue d'au moins cinq ans, depuis l'âge de huit ans ;

3° Les documents prouvant que le déclarant exerce à l'égard du mineur l'autorité parentale ;

4° Le cas échéant, la copie intégrale des actes de naissance des enfants étrangers du mineur qui résident avec lui de manière habituelle, ou alternativement dans le cas de séparation ou de divorce, ainsi que les pièces de nature à établir cette résidence.

Le greffier en chef du tribunal d'instance recueille au cours d'un entretien dont il est dressé procès-verbal le consentement personnel du mineur.

II. - Si le mineur est né à Mayotte, le déclarant doit en outre produire :

1° Une des pièces mentionnées par arrêté du garde des sceaux, ministre de la justice, justifiant que depuis plus de trois mois à la date de la naissance du mineur, l'un de ses parents au moins résidait en France de manière régulière, sous couvert d'un titre de séjour ;

2° Tous documents permettant de justifier que ce parent résidait en France de manière ininterrompue depuis plus de trois mois à la date de la naissance.

Le déclarant est dispensé de produire ces pièces lorsque figure sur l'extrait d'acte de naissance du mineur la mention portée en application des dispositions de l'article 2495 du Code civil.

III. - Si le mineur est né à Mayotte avant l'entrée en vigueur de la loi n° 2018-778 du 10 septembre 2018 pour une immigration maîtrisée, un droit d'asile effectif et une intégration réussie, le déclarant produit soit les pièces mentionnées aux 1° et 2° du II du présent article, soit l'extrait de l'acte de naissance du mineur comportant la mention prévue à l'article 2495 du Code civil, soit une des pièces mentionnées par arrêté du garde des sceaux, ministre de la justice, justifiant que l'un des parents du mineur a résidé en France de manière régulière pendant la période de cinq ans mentionnée au second alinéa de l'article 21-11 du même code.

Section IV. – Des déclarations de nationalité des enfants adoptés par un Français ou recueillis en France

Art. 16 *(Mod., D. n° 98-720, 20 août 1998 ; D. n° 2005-25, 14 janv. 2005).* – Pour souscrire la déclaration prévue à l'article 21-12 du Code civil, le déclarant doit fournir les pièces suivantes :

1° L'extrait de son acte de naissance ;

2° Tous documents de nature à établir qu'il réside en France ou, à défaut, que l'adoptant de nationalité française a sa résidence habituelle à l'étranger ;

3° Lorsque le déclarant a fait l'objet d'une adoption simple par un Français, le certificat de nationalité française, les actes de l'état civil ou tous documents émanant des autorités françaises de nature à établir que l'adoptant possédait la nationalité française à la date de l'adoption ainsi qu'une expédition du jugement ou de l'arrêt prononçant l'adoption. Si l'adoption a été prononcée à l'étranger, l'acte qui la constate doit faire l'objet au préalable d'une décision d'exequatur rendue en France ;

4° Lorsque le déclarant est un enfant recueilli en France et élevé par une personne de nationalité française, le certificat de nationalité française, les actes de l'état civil ou tous documents émanant des autorités françaises de nature à établir que cette personne possède la nationalité française ainsi que tout document justifiant que l'enfant a été recueilli en France et élevé par cette personne depuis au moins cinq années ;

5° Lorsque le déclarant est un enfant confié au service de l'aide sociale à l'enfance, tout document administratif, ou l'expédition des décisions de justice, indiquant qu'il a été confié à ce service depuis au moins trois années ;

6° Lorsque le déclarant est un enfant recueilli en France et élevé dans des conditions lui ayant permis de recevoir une formation française, tout document attestant qu'il a été recueilli et élevé en France et qu'il a reçu une formation française pendant cinq ans au moins ;

7° Lorsque l'enfant est âgé de moins de seize ans, les documents prouvant que son ou ses représentants exercent à son égard l'autorité parentale ;

8° Le cas échéant, la copie intégrale des actes de naissance de ses enfants mineurs étrangers qui résident avec lui de manière habituelle ou alternativement dans le cas de séparation ou de divorce ainsi que les pièces de nature à établir cette résidence.

Section V. – Des déclarations de nationalité à raison de la possession d'état de Français

Art. 17 *(Mod., D. n° 98-720, 20 août 1998).* – Pour souscrire la déclaration prévue à l'article 21-13 du Code civil, le déclarant doit fournir les pièces suivantes :

1° La copie intégrale de son acte de naissance ;

2° Tous documents émanant des autorités françaises justifiant qu'il jouit de façon constante de la possession d'état de Français depuis dix ans, tels que carte nationale d'identité, passeport français, carte d'électeur, pièces militaires, immatriculation dans les consulats de France ;

3° Le cas échéant, le jugement ou la décision administrative lui opposant son extranéité ;

4° Le cas échéant, la copie intégrale des actes de naissance de ses enfants mineurs étrangers qui résident avec lui de manière habituelle ou alternativement dans le cas de séparation ou de divorce ainsi que les pièces de nature à établir cette résidence.

Section VI. – Des déclarations de nationalité à raison de la qualité d'ascendant de Français
(D. n° 2016-872, 29 juin 2016)

Art. 17-1 *(D. n° 2016-872, 29 juin 2016)*. – **Pour souscrire la déclaration prévue à l'article 21-13-1 du Code civil, le déclarant doit fournir les pièces suivantes :**

1° Un formulaire de souscription dont le modèle est fixé par arrêté du ministre chargé des naturalisations, dûment renseigné et signé ;

2° La copie intégrale de son acte de naissance ;

3° La justification par tous moyens de sa résidence habituelle en France pendant les vingt-cinq ans qui ont précédé la souscription de sa déclaration ;

4° Tous documents justifiant de ce qu'il a sa résidence en France à la date de souscription de sa déclaration ;

5° La copie intégrale de l'acte de naissance de son descendant de nationalité française et, le cas échéant, tout acte d'état civil ou jugement d'adoption justifiant de la chaîne de filiation avec ce descendant ;

6° Un certificat de nationalité française, les actes de l'état civil ou tous autres documents émanant des autorités françaises de nature à établir que son descendant a la nationalité française au jour de la souscription de la déclaration ;

7° Le cas échéant, la copie intégrale de son ou de ses actes de mariage ainsi que les pièces de nature à justifier la dissolution des unions antérieures ;

8° Le cas échéant, la copie intégrale de l'acte de naissance de chacun de ses enfants mineurs étrangers qui résident avec lui de manière habituelle ou alternativement dans le cas de séparation ou de divorce ainsi que les pièces de nature à établir cette résidence.

Pour l'application de l'article 26-5 du Code civil, la date de réception, par l'autorité administrative chargée de recevoir la déclaration, du formulaire de souscription mentionné au 1°, complet et accompagné des pièces justificatives mentionnées aux alinéas précédents, correspond à la date de souscription de la déclaration.

Art. 17-2 *(D. n° 2016-872, 29 juin 2016)*. – (1) **La déclaration de nationalité souscrite au titre de l'article 21-13-1 du Code civil est reçue par le préfet désigné, selon le département de résidence du déclarant, par arrêté du ministre chargé des naturalisations ou, à Paris, par le préfet de police. Les services placés sous l'autorité du préfet qui a reçu la déclaration procèdent à son instruction.**

Dès la souscription de la déclaration, l'autorité administrative qui a reçu la déclaration procède à une enquête et convoque le déclarant à un entretien destinés à permettre d'apprécier s'il y a lieu de s'opposer à l'acquisition de la nationalité française pour indignité ou défaut d'assimilation autre que linguistique.

Un agent est désigné par l'autorité administrative qui a reçu la déclaration pour procéder à l'entretien mentionné au précédent alinéa.

Dans les six mois suivant la souscription de la déclaration, l'autorité qui a procédé à l'enquête et à l'entretien en transmet directement les résultats ainsi que le dossier de souscription, assortis de l'avis motivé du préfet du département de résidence du déclarant ou, à Paris, du préfet de police, au ministre chargé des naturalisations pour qu'il procède, le cas échéant, à son enregistrement. Celui-ci peut faire procéder à toute enquête complémentaire qu'il estime utile quant à la situation du déclarant au regard des motifs permettant de s'opposer à ce qu'il acquière la nationalité française.

Section VII. – Des déclarations de nationalité à raison de la qualité de frère ou sœur de Français
(D. n° 2016-872, 29 juin 2016)

Art. 17-3 *(D. n° 2016-872, 29 juin 2016)*. – **Pour souscrire la déclaration prévue à l'article 21-13-2 du Code civil, le déclarant doit fournir les pièces suivantes :**

1° Un formulaire de souscription dont le modèle est fixé par arrêté du ministre chargé des naturalisations, dûment renseigné et signé ;

2° La copie intégrale de son acte de naissance ;

3° Tous documents de nature à établir qu'il a fixé sa résidence habituelle en France depuis son âge de six ans ;

4° Tous documents justifiant de ce qu'il a sa résidence en France à la date de souscription de sa déclaration ;

(1) V. T. appl. : A. 2 août 2016 (JO 12 août 2016). – NDLR.

5° Tous documents de nature à rapporter la preuve de ce qu'il a suivi sa scolarité obligatoire en France dans des établissements d'enseignement soumis au contrôle de l'État, notamment des certificats de scolarité ;

6° Les actes d'état civil établissant le lien de parenté qui le relie au frère ou à la sœur de nationalité française dont il entend se prévaloir ;

7° Un certificat de nationalité française, les actes de l'état civil ou tous autres documents émanant des autorités françaises établissant que ce frère ou cette sœur a acquis la nationalité française en application des articles 21-7 ou 21-11 du Code civil ;

8° Le cas échéant, la copie intégrale de son ou de ses actes de mariage ainsi que les pièces de nature à justifier la dissolution des unions antérieures ;

9° Le cas échéant, la copie intégrale de l'acte de naissance de chacun de ses enfants mineurs étrangers qui résident avec lui de manière habituelle ou alternativement dans le cas de séparation ou de divorce ainsi que les pièces de nature à établir cette résidence.

Pour l'application de l'article 26-5 du Code civil, la date de réception, par l'autorité administrative chargée de recevoir la déclaration, du formulaire de souscription mentionné au 1°, complet et accompagné des pièces justificatives mentionnées aux alinéas précédents, correspond à la date de souscription de la déclaration.

Art. 17-4 *(D. n° 2016-872, 29 juin 2016)*. – (1) La déclaration de nationalité souscrite au titre de l'article 21-13-2 du Code civil est reçue par le préfet désigné, selon le département de résidence du déclarant, par arrêté du ministre chargé des naturalisations ou, à Paris, par le préfet de police. Les services placés sous l'autorité du préfet qui a reçu la déclaration procèdent à son instruction.

Dès la souscription de la déclaration, l'autorité administrative qui a reçu la déclaration procède à une enquête et convoque le déclarant à un entretien destinés à permettre d'apprécier s'il y a lieu de s'opposer à l'acquisition de la nationalité française pour indignité ou défaut d'assimilation autre que linguistique.

Un agent est désigné par l'autorité administrative qui a reçu la déclaration pour procéder à l'entretien mentionné au précédent alinéa.

Dans les six mois suivant la souscription de la déclaration, l'autorité qui a procédé à l'enquête et à l'entretien en transmet directement les résultats ainsi que le dossier de souscription, assortis de l'avis motivé du préfet du département de résidence du déclarant ou, à Paris, du préfet de police, au ministre chargé des naturalisations pour qu'il procède, le cas échéant, à son enregistrement. Celui-ci peut faire procéder à toute enquête complémentaire qu'il estime utile quant à la situation du déclarant au regard des motifs permettant de s'opposer à ce qu'il acquière la nationalité française.

Section VIII. – Des déclarations de nationalité souscrites par des personnes qui se sont vu opposer les dispositions des articles 23-6 ou 30-3 du Code civil

(Anc. section V dénum. en section VI, D. n° 98-720, 20 août 1998 ; puis en section VIII, D. n° 2016-872, 29 juin 2016)

Art. 18 *(Mod., D. n° 98-720, 20 août 1998)*. – Pour souscrire la déclaration prévue par l'article 21-14 du Code civil, le déclarant doit fournir les pièces suivantes :

1° La copie intégrale de son acte de naissance ;

2° Les actes de l'état civil prouvant qu'il a un ascendant français susceptible de lui avoir transmis sa nationalité par filiation :

3° – Soit tous documents publics ou privés de nature à rapporter la preuve qu'il a conservé ou acquis avec la France des liens manifestes, notamment d'ordre culturel, professionnel, économique ou familial,

– Soit tous documents de nature à établir qu'il a effectivement accompli des services militaires dans une unité de l'armée française ou combattu dans les armées françaises ou alliées en temps de guerre ;

4° Le cas échéant, la copie intégrale des actes de naissance de ses enfants mineurs étrangers qui résident avec lui de manière habituelle ou alternativement dans le cas de séparation ou de divorce ainsi que les pièces de nature à établir cette résidence.

Le conjoint survivant visé au dernier alinéa de l'article 21-14 du Code civil doit fournir en outre :

– son acte de mariage ;

– l'acte de décès du conjoint.

(1) V. T. appl. : A. 2 août 2016 (JO12 août 2016). – NDLR.

Section IX.– Des déclarations de nationalité souscrites en vue de la réintégration dans la nationalité française par des personnes qui ont perdu la nationalité française par mariage avec un étranger ou en raison de l'acquisition volontaire d'une nationalité étrangère

(Anc. section VI dénum. en section VII et intitulé mod., D. n° 98-720, 20 août 1998 ; dénum. en section IX, D. n° 2016-872, 29 juin 2016)

Art. 19 *(Mod., D. n° 98-720, 20 août 1998)*. **– Pour souscrire la déclaration prévue à l'article 24-2 du Code civil, le déclarant doit fournir les pièces suivantes :**

1° La copie intégrale de son acte de naissance ;

2° Les actes de l'état civil ou tous documents émanant des autorités françaises de nature à établir qu'il possédait la nationalité française ;

3° Un certificat établi par les autorités du pays dont il a acquis la nationalité précisant la date d'acquisition et les dispositions de la loi étrangère en vertu desquelles cette nationalité a été acquise ;

4° Tous documents publics ou privés de nature à rapporter la preuve qu'il a conservé ou acquis avec la France des liens manifestes, notamment d'ordre culturel, professionnel, économique ou familial ;

5° Le cas échéant, la copie intégrale des actes de naissance de ses enfants mineurs étrangers qui résident avec lui de manière habituelle ou alternativement dans le cas de séparation ou de divorce ainsi que les pièces de nature à établir cette résidence.

Section X. – Des déclarations de nationalité souscrites en vue de la réintégration dans la nationalité française par des personnes qui ont exercé certains mandats publics

(Anc. section VII dénum. en section VIII, D. n° 98-720, 20 août 1998 ; puis en section X, D. n° 2016-872, 29 juin 2016)

Art. 20 *(Mod., D. n° 98-720, 20 août 1998)*. **– Pour souscrire la déclaration prévue à l'article 32-4 du Code civil, le déclarant doit fournir les pièces suivantes :**

1° La copie intégrale de son acte de naissance ;

2° Le certificat de nationalité française, les actes de l'état civil ou tous les documents émanant des autorités françaises de nature à établir qu'il possédait la nationalité française ;

3° Le cas échéant, la copie intégrale des actes de naissance de ses enfants mineurs étrangers qui résident avec lui de manière habituelle ou alternativement dans le cas de séparation ou de divorce ainsi que les pièces de nature à établir cette résidence.

Et tous documents de nature à établir :

4° Qu'il a acquis, par l'effet d'une disposition générale, une nationalité étrangère ;

5° Qu'il a établi son domicile en France ;

6° Qu'il a été membre du Parlement de la République française, de l'assemblée de l'Union française ou du Conseil économique.

Le conjoint, veuf ou veuve, et les enfants majeurs doivent, pour souscrire la déclaration, produire les documents visés aux 1°, 2°, 3°, 4° et 5° et justifier du mandat public qui a été détenu par leur conjoint ou ascendant.

Section XI. – Des déclarations de nationalité souscrites en vue de la réintégration dans la nationalité française par des personnes qui l'ont perdue pendant leur minorité en application du paragraphe 3 de l'article 1er de la convention du Conseil de l'Europe du 6 mai 1963

(Anc. section VIII dénum. en section IX, D. n° 98-720, 20 août 1998 ; puis en section XI, D. n° 2016-872, 29 juin 2016)

Art. 21 *(Mod., D. n° 98-720, 20 août 1998)*. **– Pour souscrire la déclaration prévue à l'article 2 de la loi du 26 décembre 1964 susvisée, l'intéressé doit fournir les pièces suivantes :**

1° La copie intégrale de son acte de naissance ;

2° Tous documents de nature à établir qu'il a fixé sa résidence en France ;

3° Les actes de l'état civil ou tous documents émanant des autorités françaises de nature à établir qu'il possédait la nationalité française avant de la perdre pendant sa minorité au titre de la convention précitée ;

4° Un certificat établi par les autorités du pays dont il a acquis la nationalité précisant la date d'acquisition et les dispositions de la loi étrangère en vertu desquelles cette nationalité a été acquise ;

5° Le cas échéant, la copie intégrale des actes de naissance de ses enfants mineurs étrangers qui résident avec lui de manière habituelle ou alternativement dans le cas de séparation ou de divorce ainsi que les pièces de nature à établir cette résidence.

TITRE III. – DES DÉCLARATIONS TENDANT À RÉPUDIER OU À RENONCER À RÉPUDIER LA NATIONALITÉ FRANÇAISE, À DÉCLINER CETTE NATIONALITÉ OU À LA PERDRE EN CAS D'ACQUISITION VOLONTAIRE D'UNE NATIONALITÉ ÉTRANGÈRE

(Intitulé mod., D. n° 98-720, 20 août 1998)

Art. 22 *(Mod., D. n° 98-720, 20 août 1998 ; D. n° 2006-640, 1er juin 2006).* – Pour exercer la faculté de répudiation de la qualité de français qui lui est ouverte à l'article 18-1 du Code civil, l'enfant français qui n'est pas né en France et dont un seul des parents est français, doit souscrire, dans les six mois précédant sa majorité ou dans les douze mois la suivant, la déclaration prévue à l'article 20-2 du Code civil accompagnée des pièces suivantes :

1° Un extrait de son acte de naissance ;

2° Un certificat délivré par les autorités du pays dont il se réclame établissant qu'il a, par filiation, la nationalité de ce pays ;

3° Tous documents émanant des bureaux du service national établissant qu'il n'a pas contracté d'engagement dans les armées françaises ;

4° Le certificat de nationalité française, les actes de l'état civil ou tous documents émanant des autorités françaises de nature à établir qu'il est français en vertu de l'article 18 du Code civil et qu'il remplit les conditions posées par l'article 18-1 du même code ;

5° Toutes pièces permettant d'apprécier que le parent étranger ou apatride n'a pas acquis la nationalité française.

Art. 23 *(Mod., D. n° 98-720, 20 août 1998 ; D. n° 2006-640, 1er juin 2006).* – Pour exercer la faculté de répudiation de la qualité de français qui lui est ouverte par l'article 19-4 du Code civil, l'enfant français né en France, lorsqu'un seul de ses parents y est lui-même né, doit souscrire, dans les six mois précédant sa majorité ou dans les douze mois la suivant, la déclaration prévue à l'article 20-2 du Code civil accompagnée des pièces suivantes :

1° Un extrait de son acte de naissance ;

2° Un certificat délivré par les autorités du pays dont il se réclame établissant qu'il a, par filiation, la nationalité de ce pays ;

3° Tous documents émanant des bureaux du service national établissant qu'il n'a pas contracté d'engagement dans les armées françaises ;

4° Le certificat de nationalité française, les actes de l'état civil ou tous documents émanant des autorités françaises de nature à établir qu'il est français en vertu de l'article 19-3 du Code civil et qu'il remplit la condition posée par l'article 19-4 du même code ;

5° Toute pièce permettant d'apprécier que le parent étranger ou apatride n'a pas acquis la nationalité française.

Art. 24. – Pour souscrire la déclaration de renonciation prévue au dernier alinéa de l'article 20-2 du Code civil, le déclarant doit produire les documents visés aux 1° et 4° de l'article précédent.

Art. 24-1 *(D. n° 98-720, 20 août 1998).* – Pour exercer la faculté de décliner la qualité de français qui lui est ouverte par l'article 21-8 du Code civil, l'enfant susceptible d'acquérir la nationalité française ou qui a acquis la nationalité française à l'âge de dix-huit ans à raison de sa naissance et de sa résidence en France doit souscrire, dans les six mois précédant sa majorité ou dans les douze mois qui la suivent, une déclaration accompagnée des pièces suivantes :

1° L'extrait de son acte de naissance ;

2° Un certificat délivré par les autorités du pays dont il se réclame établissant qu'il a la nationalité de ce pays ;

3° Tous documents émanant des bureaux du service national établissant qu'il n'a pas contracté d'engagement dans les armées françaises.

Art. 25 *(D. n° 98-720, 20 août 1998).* – Pour exercer la faculté de répudiation de la qualité de français qui lui est ouverte par l'article 22-3 du Code civil, l'enfant qui a acquis de plein droit la nationalité française du fait de l'acquisition de cette nationalité par l'un de ses parents doit souscrire, dans les six mois précédant sa majorité ou dans les douze mois qui la suivent, une déclaration accompagnée des pièces suivantes :

1° L'extrait de son acte de naissance ;

2° Un certificat délivré par les autorités du pays dont il se réclame établissant qu'il a la nationalité de ce pays ;

3° Une ampliation du décret de naturalisation ou de réintégration dans la nationalité française ou une copie de la manifestation de la volonté d'acquérir la nationalité française ou de la déclaration d'acquisition de la nationalité française ou de réintégration dans cette nationalité, souscrite par un de ses parents et enregistrée par l'autorité compétente, ou le certificat de nationalité française, les actes de l'état civil ou tous documents émanant des autorités françaises de nature à établir que l'un de ses parents a acquis la nationalité française.

Art. 26. – Pour souscrire la déclaration de renonciation prévue au dernier alinéa de l'article 22-3 du Code civil le déclarant doit produire les documents visés aux 1° et 3° de l'article précédent.

Art. 27 *(Mod., D. n° 98-720, 20 août 1998)*. – Pour exercer la faculté de répudiation de la nationalité française qui lui est ouverte par l'article 23-5 du Code civil, le Français qui se marie avec un étranger et qui a acquis la nationalité étrangère de son conjoint doit souscrire la déclaration prévue à l'article 26 du Code civil accompagnée des pièces suivantes :

1° Un extrait de son acte de naissance ;

2° Un certificat de nationalité française, les actes de l'état civil ou tous documents émanant des autorités françaises de nature à établir qu'il est français ;

3° Un certificat délivré par les autorités du pays dont son conjoint est le ressortissant, établissant qu'il a acquis la nationalité de ce pays, précisant la date d'acquisition et les dispositions de la loi étrangère applicables ;

4° Les documents justifiant que la résidence habituelle des époux est fixée à l'étranger ;

5° Lorsque le déclarant est un Français de moins de trente-cinq ans soumis aux obligations du livre II du Code du service national, un document émanant des bureaux du service national justifiant qu'il a satisfait à ces obligations ou qu'il en a été dispensé ou exempté.

Art. 28 *(Mod., D. n° 98-720, 20 août 1998)*. – Pour exercer la faculté qui lui est ouverte par l'article 23 du Code civil de perdre la nationalité française, le Français majeur qui acquiert volontairement une nationalité étrangère doit souscrire une déclaration accompagnée des pièces suivantes :

1° Un extrait de son acte de naissance ;

2° Un certificat de nationalité française, les actes de l'état civil ou tous documents émanant des autorités françaises de nature à établir qu'il est français ;

3° Un certificat délivré par les autorités du pays dont il a acquis la nationalité précisant la date d'acquisition et les dispositions de la loi étrangère applicables ou tous documents émanant des autorités étrangères compétentes attestant du dépôt de sa demande d'acquisition de la nationalité de ce pays ;

4° Les documents justifiant qu'il réside habituellement à l'étranger ;

5° Lorsque le déclarant est un Français de moins de trente-cinq ans soumis aux obligations du livre II du Code du service national, un document émanant des bureaux du service national justifiant qu'il a satisfait à ces obligations ou qu'il en a été dispensé ou exempté.

TITRE IV. – DE L'ENREGISTREMENT ET DE LA PREUVE DES DÉCLARATIONS DE NATIONALITÉ

Art. 29 *(Mod., D. n° 2016-872, 29 juin 2016)*. – L'autorité qui a reçu la déclaration est tenue de remettre un récépissé daté au déclarant dès qu'elle a reçu la totalité des pièces nécessaires à la preuve de la recevabilité de la déclaration.

Mention de la délivrance de ce récépissé est portée sur chaque exemplaire de la déclaration.

Lorsque la déclaration est souscrite en vue de l'acquisition de la nationalité française par un étranger ou apatride au titre de l'article 21-2, 21-13-1 ou 21-13-2 du Code civil, dès remise du récépissé mentionné au premier alinéa, le dossier contenant les deux exemplaires de celle-ci et la totalité des pièces produites par le déclarant est adressé par l'autorité qui a reçu la déclaration au ministre chargé des naturalisations pour qu'il procède, le cas échéant, à son enregistrement.

Art. 30. – Lorsque la déclaration est souscrite à l'étranger, l'autorité consulaire française ou le ministre de la Justice remet le récépissé prévu à l'article précédent.

Le dossier contenant les deux exemplaires de la déclaration et les pièces justificatives produites par le déclarant est adressé pour enregistrement au ministre de la Justice, sauf dans le cas prévu au dernier alinéa de l'article précédent où le dossier est transmis au ministre chargé des naturalisations.

Art. 31. – L'autorité compétente pour enregistrer la déclaration examine si les conditions sont remplies. Dans la négative, elle refuse l'enregistrement de la déclaration par une décision motivée qui est notifiée au déclarant en la forme administrative ou par lettre recommandée avec demande d'avis de réception avant l'expiration du délai fixé par l'un des deux derniers alinéas de l'article 26-3 du Code civil.

Art. 32 *(Mod., D. n° 98-720, 20 août 1998 ; D. n° 2005-25, 14 janv. 2005 ; D. n° 2007-610, 25 avr. 2007 ; D. n° 2016-872, 29 juin 2016).* – Lorsque le Gouvernement veut s'opposer par décret en Conseil d'État, pour indignité ou défaut d'assimilation autre que linguistique, à l'acquisition de la nationalité française par une personne ayant souscrit une déclaration au titre de l'article 21-2,21-13-1 ou 21-13-2 du Code civil, le ministre chargé des naturalisations notifie les motifs de fait et de droit qui justifient l'intention de faire opposition à l'intéressé qui dispose d'un délai qui ne peut être inférieur à un mois pour produire un mémoire en défense.

La notification est faite par lettre recommandée avec demande d'avis de réception. Elle peut également l'être en la forme administrative par l'autorité qui a reçu la déclaration.

Le décret d'opposition prend effet à la date de sa signature.

Art. 33. – S'il y a eu demande de francisation de nom ou de prénom reçue dans les conditions prévues par l'article 13 du présent décret, celle-ci est transmise par l'autorité qui a enregistré la déclaration au ministre chargé des naturalisations accompagnée de la preuve de cet enregistrement.

Le ministre chargé des naturalisations notifie directement la décision au déclarant et, en cas d'acceptation de la demande, il avise le procureur de la République compétent.

Art. 34 *(D. n° 98-720, 20 août 1998 ; mod., D. n° 2009-1671, 28 déc. 2009).* – La preuve de la déclaration de nationalité résulte de la production d'un exemplaire enregistré de celle-ci ou de la copie intégrale de l'acte de naissance, de l'extrait de celui-ci ou du livret de famille, sur lesquels a été portée la mention prévue par l'article 28 du Code civil.

À défaut, elle peut résulter de la production d'une attestation constatant que la déclaration a été souscrite et enregistrée qui est délivrée, à la demande de l'intéressé, de son représentant légal ou des administrations publiques françaises, par l'autorité qui a procédé à l'enregistrement ou par une autorité centrale désignée par arrêté interministériel.

TITRE V. – DES DEMANDES DE NATURALISATION ET DE RÉINTÉGRATION

Art. 35 *(Mod. à compter du 1er juillet 2010, D. n° 2010-725, 29 juin 2010).* – La demande en vue d'obtenir la naturalisation ou la réintégration est déposée *(Mots rempl. à compter de la date prévue à l'article 11 du décret n° 2015-316 du 19 mars 2015 et au plus tard le 31 mars 2016, D. n° 2015-316, 19 mars 2015)* « auprès du préfet désigné, selon le département de résidence du postulant, par arrêté du ministre chargé des naturalisations ou » à Paris à la préfecture de police.

(Al. créé, à compter de la date prévue à l'article 11 du décret n° 2015-316 du 19 mars 2015 et au plus tard le 31 mars 2016, D. n° 2015-316, 19 mars 2015) Les services placés sous l'autorité du préfet chargé de recevoir la demande en application du premier alinéa procèdent à son instruction.

Si le postulant réside à l'étranger, il dépose la demande auprès d'une autorité consulaire française du pays de résidence.

Lorsque le postulant est sous les drapeaux, la demande est remise à l'autorité militaire, qui la dépose dans les huit jours, accompagnée de son avis, auprès de l'autorité administrative *(Mots rempl. à compter de la date prévue à l'article 11 du décret n° 2015-316 du 19 mars 2015 et au plus tard le 31 mars 2016, D. n° 2015-316, 19 mars 2015)* « chargée de la recevoir en application du premier alinéa », laquelle procède à la constitution du dossier.

Lors du dépôt de la demande, le postulant est informé que si au terme d'un délai de six mois il n'a pas fourni la totalité des pièces nécessaires à son examen sa demande sera classée sans suite.

Art. 36 *(Mod., D. n° 2005-25, 14 janv. 2005 ; D. n° 2010-725, 29 juin 2010).* – Toute demande de naturalisation ou de réintégration fait l'objet d'une enquête à laquelle procède l'autorité auprès de laquelle elle a été déposée par application des dispositions de l'article précédent.

Cette enquête, qui porte sur la conduite et le loyalisme du postulant, est effectuée par les services de police ou de gendarmerie territorialement compétents. Elle peut être complétée par une consultation des organismes consulaires et sociaux.

L'autorité mentionnée au premier alinéa désigne les médecins des hôpitaux et dispensaires publics chargés, le cas échéant, d'examiner l'état de santé des postulants et de fournir le certificat qu'elle peut juger nécessaire pour l'instruction de la demande.

Art. 37 *(Mod., D. n° 2015-108, 2 févr. 2015)*. – Pour l'application de l'article 21-24 du Code civil :

1° Tout demandeur doit justifier d'une connaissance de la langue française caractérisée par la compréhension des points essentiels du langage nécessaire à la gestion de la vie quotidienne et aux situations de la vie courante ainsi que par la capacité à émettre un discours simple et cohérent sur des sujets familiers dans ses domaines d'intérêt. Son niveau est celui défini par le niveau B1, rubriques « écouter », « prendre part à une conversation » et « s'exprimer oralement en continu » du Cadre européen commun de référence pour les langues, tel qu'adopté par le comité des ministres du Conseil de l'Europe dans sa recommandation CM/Rec (2008) du 2 juillet 2008.

Un arrêté du ministre chargé des naturalisations définit les diplômes permettant de justifier d'un niveau égal ou supérieur au niveau requis.

À défaut d'un tel diplôme, le déclarant peut justifier de la possession du niveau requis par la production d'une attestation délivrée soit par un organisme reconnu par l'État comme apte à assurer une formation « français langue d'intégration », soit à l'issue d'un test linguistique certifié ou reconnu au niveau international et figurant sur une liste fixée par un arrêté du ministre chargé des naturalisations ;

2° Le demandeur doit justifier d'un niveau de connaissance de l'histoire, de la culture et de la société françaises correspondant aux éléments fondamentaux relatifs :

a) Aux grands repères de l'histoire de France : il est attendu que le postulant ait une connaissance élémentaire de la construction historique de la France qui lui permette de connaître et de situer les principaux événements ou personnages auxquels il est fait référence dans la vie sociale ;

b) Aux principes, symboles et institutions de la République : il est attendu du postulant qu'il connaisse les règles de vie en société, notamment en ce qui concerne le respect des lois, des libertés fondamentales, de l'égalité, notamment entre les hommes et les femmes, de la laïcité, ainsi que les principaux éléments de l'organisation politique et administrative de la France au niveau national et territorial ;

c) À l'exercice de la citoyenneté française : il est attendu du postulant qu'il connaisse les principaux droits et devoirs qui lui incomberaient en cas d'acquisition de la nationalité, tels qu'ils sont mentionnés dans la charte des droits et devoirs du citoyen français ;

d) À la place de la France dans l'Europe et dans le monde : il est attendu du postulant une connaissance élémentaire des caractéristiques de la France, la situant dans un environnement mondial, et des principes fondamentaux de l'Union européenne.

Les domaines et le niveau des connaissances attendues sont illustrés dans un livret du citoyen dont le contenu est approuvé par arrêté du ministre chargé des naturalisations. Il est élaboré par référence aux compétences correspondantes du socle commun de connaissances, de compétences et de culture mentionné au premier alinéa de l'article L. 121-1-1 du Code de l'éducation. Le livret du citoyen est remis à toute personne ayant déposé une demande et disponible en ligne.

Art. 37-1 *(D. n° 2011-1265, 11 oct. 2011)*. – La demande est accompagnée des pièces suivantes :

1° Une copie intégrale de l'acte de naissance ;

2° La justification par tous moyens de la résidence habituelle en France du demandeur pendant les cinq années qui précèdent le dépôt de la demande, sous réserve des réductions ou dispenses de stage prévues aux articles 21-18 à 21-20 du Code civil et, lorsque la demande est présentée au nom d'un mineur, la justification de la résidence habituelle de ce dernier pendant les cinq années qui précèdent le dépôt de la demande avec le parent qui a acquis la nationalité française ;

3° Tous documents justifiant qu'il a sa résidence en France à la date de la demande ;

4° S'il entend bénéficier de l'assimilation de résidence prévue à l'article 21-26 du Code civil, toutes justifications permettant de constater qu'il remplit les conditions posées à cet article ;

5° Le cas échéant, la copie intégrale des actes de naissance de ses enfants mineurs étrangers qui résident avec lui de manière habituelle ou alternativement dans le cas de séparation ou de divorce ainsi que les pièces de nature à établir cette résidence ;

6° Le cas échéant, la copie intégrale du ou des actes de mariage ainsi que les pièces de nature à justifier la dissolution des unions antérieures ;

7° Un extrait de casier judiciaire ou un document équivalent délivré par une autorité judiciaire ou administrative compétente du ou des pays où il a résidé au cours des dix dernières années, ou, lorsqu'il est dans l'impossibilité de produire ces documents, du pays dont il a la nationalité ;

8° Le cas échéant, tout document justifiant de la nationalité française du ou des enfants mineurs qui résident avec lui de manière habituelle ou alternativement dans le cas de séparation ou de divorce ;

9° *(Rempl., D. n° 2013-794, 30 août 2013)* Un diplôme ou une attestation justifiant d'un niveau de langue égal ou supérieur à celui exigé en application de l'article 37 et délivré dans les conditions définies par cet article ou, à défaut, une attestation délivrée dans les mêmes conditions justifiant d'un niveau inférieur. Sont toutefois dispensées de la production de ce diplôme ou de cette attestation les personnes titulaires d'un diplôme délivré dans un pays francophone à l'issue d'études suivies en français. Bénéficient également de cette dispense les personnes souffrant d'un handicap ou d'un état de santé déficient chronique ou âgées d'au moins soixante ans. *(Abr., D. n° 2013-794, 30 août 2013).*

Tous les documents rédigés en langue étrangère doivent être accompagnés de leur traduction par un traducteur agréé ou habilité à intervenir auprès des autorités judiciaires ou administratives d'un autre État membre de l'Union européenne ou d'un État partie à l'accord sur l'Espace économique européen ou de la Suisse, produite en original.

Dès la production des pièces prévues ci-dessus, l'autorité auprès de laquelle la demande a été déposée délivre le récépissé prévu à l'article 21-25-1 du Code civil constatant cette production.

Le demandeur doit signaler à l'autorité qui a reçu sa demande tout changement de résidence et toute modification intervenue dans sa situation familiale en transmettant auprès de cette autorité le document prévu à cet effet joint au formulaire de demande d'acquisition de la nationalité française. Il sera délivré récépissé du dépôt de ce document.

Art. 38 *(Mod., D. n° 2005-25, 14 janv. 2005).* – Le demandeur de naturalisation, qui entend bénéficier pour la durée du stage prévue à l'article 21-17 du Code civil de la réduction prévue à l'article 21-18 de ce code ou de la dispense de stage prévue aux articles 21-19 et 21-20 de ce même code, joint à sa demande toute justification établissant qu'il remplit une des conditions énoncées par l'un de ces articles.

Le demandeur qui entend bénéficier des dispositions de l'article 21-24-1 du Code civil joint à sa demande tout justificatif établissant qu'il remplit les conditions énoncées par cet article.

Art. 39. – Lorsqu'un étranger francophone souhaite bénéficier des dispositions de l'article 21-21 du Code civil, sa demande est adressée par l'autorité qui l'a reçue au ministre des Affaires étrangères qui la transmet, revêtue de son avis, au ministre chargé des naturalisations.

Art. 40. – Chaque autorité habilitée par application de l'article 35 du présent décret à recevoir une demande de naturalisation désigne des médecins des hôpitaux et dispensaires publics chargés d'examiner éventuellement l'état de santé des postulants et de fournir le certificat qui peut être jugé nécessaire par le ministre chargé des naturalisations.

Art. 40 *(Anc. art. 41, dénum., D. n° 2010-725, 29 juin 2010).* – Sans préjudice de l'application des dispositions du dernier alinéa de l'article 35, l'autorité qui a reçu la demande peut mettre en demeure le postulant de produire les pièces complémentaires ou d'accomplir les formalités administratives qui sont nécessaires à l'examen de sa demande.

Si le postulant ne défère pas à cette mise en demeure dans le délai qu'elle fixe, la demande peut être classée sans suite. Le postulant est informé par écrit de ce classement.

Art. 41 *(Mod., D. n° 2013-794, 30 août 2013).* – Le postulant se présente en personne devant un agent désigné nominativement par le préfet ou l'autorité consulaire.

Le postulant se présente en personne devant un agent désigné nominativement par *(Mots rempl. à compter de la date prévue à l'article 11 du décret n° 2015-316 du 19 mars 2015 et au plus tard le 31 mars 2016, D. n° 2015-316, 19 mars 2015)* « l'autorité administrative chargée de recevoir la demande ».

Lors d'un entretien individuel, l'agent vérifie que le demandeur possède les connaissances attendues de lui, selon sa condition, sur l'histoire, la culture et la société françaises, telles qu'elles sont définies au 2° de l'article 37.

À l'issue de cet entretien individuel, cet agent établit un compte rendu constatant le degré d'assimilation du postulant à la communauté française ainsi que, selon sa condition, son niveau de connaissance des droits et devoirs conférés par la nationalité française.

L'entretien individuel prévu au deuxième alinéa permet de vérifier que maîtrisent un niveau de langue correspondant au niveau exigé en vertu de l'article 37 :

a) Les demandeurs titulaires d'un diplôme délivré dans un pays francophone à l'issue d'études suivies en français ;

b) Les demandeurs souffrant d'un handicap ou d'un état de santé déficient chronique ou âgés d'au moins soixante ans.

Font également l'objet d'un entretien individuel destiné à connaître leur niveau linguistique les postulants qui produisent une attestation justifiant d'un niveau inférieur à celui défini à l'article 37. L'autorité administrative peut se fonder sur le déroulement de cet entretien pour conclure que le postulant possède le niveau linguistique requis.

Art. 42 *(Mod., D. n° 2005-25, 14 janv. 2005).* – Le postulant peut demander au ministre chargé des naturalisations, par l'intermédiaire de l'autorité auprès de laquelle il a déposé sa demande de naturalisation, la francisation soit de son nom et de ses prénoms ou de l'un d'eux, soit des prénoms ou de l'un des prénoms des enfants mineurs bénéficiaires de l'acquisition de plein droit prévue à l'article 22-1 du Code civil.

Le postulant remet, le cas échéant, à l'autorité mentionnée au premier alinéa la déclaration conjointe de choix de nom prévue par les articles 311-21 et 311-22 du Code civil.

Art. 43 *(D. n° 2010-725, 29 juin 2010). – (Al. rempl. à compter de la date prévue à l'article 11 du décret n° 2015-316 du 19 mars 2015 et au plus tard le 31 mars 2016, D. n° 2015-316, 19 mars 2015).* Le préfet du département de résidence du postulant ou, à Paris, le préfet de police déclare la demande irrecevable si les conditions requises par les articles 21-15, 21-16, 21-17, 21-22, 21-23, 21-24 et 21-27 du Code civil ne sont pas remplies.

(Al. abr. à compter de la date prévue à l'article 11 du décret n° 2015-316 du 19 mars 2015 et au plus tard le 31 mars 2016, D. n° 2015-316, 19 mars 2015).

Si, dès la procédure de constitution du dossier, une pièce fait apparaître que la demande est manifestement irrecevable, une décision constatant l'irrecevabilité de la demande peut intervenir sans qu'il soit besoin de procéder à l'entretien mentionné à l'article 41.

La décision du préfet ou, à Paris, du préfet de police est transmise sans délai au ministre chargé des naturalisations.

Si les motifs de l'irrecevabilité disparaissent, l'intéressé peut déposer une nouvelle demande.

Art. 44 *(Rempl., D. n° 2010-725, 29 juin 2010). – (Al. mod. à compter de la date prévue à l'article 11 du décret n° 2015-316 du 19 mars 2015 et au plus tard le 31 mars 2016, D. n° 2015-316, 19 mars 2015)* Si le préfet du département de résidence du postulant ou, à Paris, le préfet de police estime, même si la demande est recevable, qu'il n'y a pas lieu d'accorder la naturalisation ou la réintégration sollicitée, il prononce le rejet de la demande.

Il peut également en prononcer l'ajournement en imposant un délai ou des conditions. Ce délai une fois expiré ou ces conditions réalisées, il appartient au postulant, s'il le juge opportun, de formuler une nouvelle demande.

La décision du préfet ou, à Paris, du préfet de police est transmise sans délai au ministre chargé des naturalisations.

Art. 45 *(Rempl., D. n° 2010-725, 29 juin 2010).* – Dans les deux mois suivant leur notification, les décisions prises en application des articles 43 et 44 peuvent faire l'objet d'un recours auprès du ministre chargé des naturalisations, à l'exclusion de tout autre recours administratif.

Ce recours, pour lequel le demandeur peut se faire assister ou être représenté par toute personne de son choix, doit exposer les raisons pour lesquelles le réexamen de la demande est sollicité. Il constitue un préalable obligatoire à l'exercice d'un recours contentieux, à peine d'irrecevabilité de ce dernier.

Le silence gardé par le ministre chargé des naturalisations sur ce recours pendant plus de quatre mois vaut décision de rejet du recours.

Art. 46 *(Mod., D. n° 2013-794, 30 août 2013).* – Lorsqu'il estime que la demande est recevable et qu'il y a lieu d'accorder la naturalisation ou la réintégration dans la nationalité française, le préfet ou, à Paris, le préfet de police transmet au ministre chargé des naturalisations le dossier assorti de sa proposition dans les six mois suivant la délivrance du récépissé prévu à l'avant-dernier alinéa de l'article 37-1. Le dossier comprend les pièces mentionnées à l'article 37-1, le bulletin n° 2 du casier judiciaire de l'intéressé et le résultat de l'enquête mentionnée à l'article 36.

Art. 46 *(Rempl. à compter du 1er juillet 2010, D. n° 2010-725, 29 juin 2010, ; mod., D. n° 2013-794, 30 août 2013, art. 7).* – Lorsqu'il estime que la demande est recevable et qu'il y a lieu d'accorder la naturalisation ou la réintégration dans la nationalité française, *(Mots rempl. à compter de la date prévue à l'article 11 du décret n° 2015-316 du 19 mars 2015 et au plus tard le 31 mars 2016, D. n° 2015-316, 19 mars 2015)* « le préfet du département de résidence du postulant ou, à Paris, le préfet de police émet une proposition en ce sens. Le dossier assorti de cette proposition est transmis au ministre chargé des naturalisations dans les six mois » suivant la délivrance du récépissé prévu à l'avant-dernier alinéa de l'article 37-1. Le dossier comprend les pièces mentionnées à l'article 37-1, le bulletin n° 2 du casier judiciaire de l'intéressé et le résultat de l'enquête mentionnée à l'article 36.

Art. 47 *(Mod., D. n° 2013-794, 30 août 2013).* – Lorsque la demande a été déposée auprès d'une autorité consulaire, cette autorité transmet au ministre chargé des naturalisations, dans les six mois suivant la délivrance du récépissé prévu à l'avant-dernier alinéa de l'article 37-1, le dossier assorti de son avis motivé tant sur la recevabilité de la demande que sur la suite qu'elle lui paraît devoir comporter. Cette transmission est faite par l'intermédiaire du ministre des Affaires étrangères, qui joint son propre avis.

Le dossier contient tous les documents exigés à l'article 37-1, le bulletin n° 2 du casier judiciaire de l'intéressé et le résultat de l'enquête prévue à l'article 36.

Si au cours de la procédure de constitution du dossier une pièce fait apparaître que la demande est manifestement irrecevable, l'autorité consulaire transmet le dossier en l'état, assorti de son avis motivé, au ministre chargé des naturalisations, qui statue sur la demande.

Art. 48 *(Rempl., D. n° 2010-725, 29 juin 2010).* – Dès réception du dossier, le ministre chargé des naturalisations procède à tout complément d'enquête qu'il juge utile, portant sur la conduite et le loyalisme de l'intéressé.

Lorsque les conditions requises par la loi sont remplies, le ministre chargé des naturalisations propose, s'il y a lieu, la naturalisation ou la réintégration dans la nationalité française. Lorsque ces conditions ne sont pas remplies, il déclare la demande irrecevable.

Si le ministre chargé des naturalisations estime qu'il n'y a pas lieu d'accorder la naturalisation ou la réintégration sollicitée, il prononce le rejet de la demande. Il peut également en prononcer l'ajournement en imposant un délai ou des conditions. Ce délai une fois expiré ou ces conditions réalisées, il appartient à l'intéressé, s'il le juge opportun, de déposer une nouvelle demande.

Art. 49 *(Rempl., D. n° 2010-725, 29 juin 2010).* – Toute décision déclarant irrecevable, ajournant ou rejetant une demande de naturalisation ou de réintégration dans la nationalité française prise en application du présent décret est motivée conformément à l'article 27 de la loi n° 98-170 du 16 mars 1998 relative à la nationalité.

Art. 50. – Le décret portant naturalisation ou réintégration dans la nationalité française comporte les nom, prénoms, date et lieu de naissance de l'intéressé et, éventuellement, de celui ou de ceux de ses enfants susceptibles d'acquérir de plein droit la nationalité française en vertu de l'article 22-1 du Code civil.

Art. 51 *(Mod., D. n° 2005-25, 14 janv. 2005).* – Les décrets portant naturalisation ou réintégration dans la nationalité française sont publiés au *Journal officiel* de la République française. Ils prennent effet à la date de leur signature sans toutefois qu'il soit porté atteinte à la validité des actes passés par l'intéressé ni aux droits acquis par des tiers antérieurement à la publication du décret sur le fondement de l'extranéité de l'intéressé.

Dès la publication prévue au premier alinéa, un extrait de ces décisions et une copie des actes de l'état civil auxquelles elles ont donné lieu sont adressés à leur bénéficiaire ou, pour l'enfant mineur, à son représentant légal, par le préfet du département où ils ont établi leur résidence, ou, à Paris, par le préfet de police, ou, si la résidence se trouve à l'étranger, par l'autorité consulaire.

Art. 52 *(Rempl, D. n° 2009-1671, 28 déc. 2009).* – La preuve d'un décret de naturalisation ou de réintégration dans la nationalité française résulte de la production de l'ampliation de ce décret. Lorsque cette pièce ne peut être produite, il peut y être suppléé par la production de la copie intégrale de l'acte de naissance de l'intéressé, de l'extrait de cet acte ou du livret de famille délivrés par les autorités françaises, sur lesquels figure la mention du décret de naturalisation ou de réintégration dans la nationalité française en application de l'article 28 du Code civil ou, à défaut, par la production d'une attestation constatant l'existence du décret, délivrée par le ministre chargé des naturalisations à la demande de l'intéressé, de son représentant légal ou des administrations publiques françaises.

TITRE VI. – DES DEMANDES TENDANT À OBTENIR L'AUTORISATION DE PERDRE LA QUALITÉ DE FRANÇAIS PAR DÉCRET

Art. 53 *(Mod., D. n° 2005-25, 14 janv. 2005).* – Toute demande en vue d'obtenir l'autorisation de perdre la qualité de français en vertu de l'article 23-4 du Code civil est adressée au ministre chargé des naturalisations.

À l'étranger, elle est déposée auprès de l'autorité consulaire compétente en vertu de l'arrêté du ministre des Affaires étrangères mentionné au deuxième alinéa de l'article 10 du présent décret.

Lorsque le postulant réside en France, le préfet *(Mots rempl. à compter de la date prévue à l'article 11 du décret n° 2015-316 du 19 mars 2015 et au plus tard le 31 mars 2016, D. n° 2015-316, 19 mars 2015)* « désigné selon le département de résidence de l'intéressé par arrêté du ministre chargé des naturalisations », à Paris, le préfet de police ont qualité pour recevoir sa demande.

Art. 54. – La demande, les actes de l'état civil et les documents de nature à justifier que l'intéressé possède une nationalité étrangère sont déposés auprès de l'autorité désignée à l'article précédent et adressés par elle, accompagnés d'un rapport et d'un avis motivé, au ministre chargé des naturalisations par l'intermédiaire, le cas échéant, du ministre des affaires étrangères ou du ministre chargé des départements et territoires d'outre-mer. *(Mots aj. à compter de la date prévue à l'article 11 du décret n° 2015-316 du 19 mars 2015 et au plus tard le 31 mars 2016, D. n° 2015-316, 19 mars 2015)* « Lorsque le postulant réside en France, l'avis motivé est émis par le préfet du département de résidence ou, à Paris, par le préfet de police ».

Art. 55 *(Mod., D. n° 98-720, 20 août 1998).* – Le ministre chargé des naturalisations propose, s'il y a lieu, d'autoriser le demandeur à perdre la qualité de français.

Si le ministre chargé des naturalisations estime qu'il n'y a pas lieu d'accorder l'autorisation de perdre la qualité de français, il prononce le rejet de la demande par décision motivée notifiée à l'intéressé, conformément à l'article 27 de la loi n° 98-170 du 16 mars 1998 relative à la nationalité.

Art. 56. – La personne qui sollicite l'autorisation de perdre la nationalité française en application des dispositions de l'article 2 de la convention du Conseil de l'Europe du 6 mai 1963 doit produire tous documents permettant de justifier d'une résidence habituelle dans un pays partie à cette convention ainsi que les documents visés à l'article 54 du présent décret.

Art. 57. – Les décrets portant autorisation de perdre la nationalité française sont publiés au *Journal officiel* de la République française. Ils prennent effet à la date de leur signature sans toutefois qu'il soit porté atteinte à la validité des actes passés par l'intéressé ni aux droits acquis par des tiers antérieurement à la publication du décret sur le fondement de la nationalité française de l'intéressé.

Art. 58. – La preuve de la perte de la nationalité française est rapportée dans les mêmes conditions que celles prévues à l'article 52.

TITRE VII. – DE LA PERTE, DE LA DÉCHÉANCE DE LA NATIONALITÉ FRANÇAISE ET DU RETRAIT DES DÉCRETS DE NATURALISATION OU DE RÉINTÉGRATION DE LA NATIONALITÉ FRANÇAISE PAR DÉCISION DE L'AUTORITÉ PUBLIQUE

Art. 59. – Lorsque le Gouvernement décide de faire application de l'article 23-7 du Code civil, il notifie à l'intéressé, en la forme administrative ou par lettre recommandée avec demande d'avis de réception, les motifs de droit et de fait justifiant qu'il ait perdu la qualité de français.

À défaut de domicile connu, un avis informatif est publié au *Journal officiel* de la République française.

L'intéressé dispose d'un délai d'un mois à dater de la notification ou de la publication de l'avis au *Journal officiel* pour faire parvenir au ministre chargé des naturalisations ses observations en défense.

Après l'expiration de ce délai, le Gouvernement peut déclarer, par décret motivé pris sur avis conforme du Conseil d'État, que l'intéressé a perdu la qualité de français.

Art. 60. – Lorsque le Gouvernement décide de faire application de l'article 23-8 du Code civil, il adresse à l'intéressé l'injonction prévue par cet article, en précisant les motifs de droit et de fait qui la justifient.

L'injonction est notifiée en la forme administrative ou par lettre recommandée avec demande d'avis de réception.

À défaut de domicile connu, un avis informatif est publié au *Journal officiel* de la République française.

À l'expiration du délai prévu par l'injonction, la perte de la nationalité française peut être déclarée, par décret motivé, dans les conditions prévues par l'article 23-8 précité.

Art. 61. – Lorsque le Gouvernement décide de faire application des articles 25 et 25-1 du Code civil, il notifie les motifs de droit et de fait justifiant la déchéance de la nationalité française, en la forme administrative ou par lettre recommandée avec demande d'avis de réception.

À défaut de domicile connu, un avis informatif est publié au *Journal officiel* de la République française.

L'intéressé dispose d'un délai d'un mois à dater de la notification ou de la publication de l'avis au *Journal officiel* pour faire parvenir au ministre chargé des naturalisations ses observations en défense.

À l'expiration de ce délai, le Gouvernement peut déclarer, par décret motivé pris sur avis conforme du Conseil d'État, que l'intéressé est déchu de la nationalité française.

Art. 62. – Lorsque le Gouvernement a l'intention de retirer, en application de l'article 27-2 du Code civil, un décret de naturalisation ou de réintégration dans la nationalité française, la procédure fixée à l'article 59 du présent décret est applicable.

Art. 63. – Les décrets portant perte ou déchéance de la nationalité française et les décrets rapportant un décret de naturalisation ou de réintégration dans la nationalité française sont publiés au *Journal officiel* de la République française.

Ils prennent effet à la date de leur signature, sans toutefois qu'il soit porté atteinte à la validité des actes passés par l'intéressé ni aux droits acquis par des tiers antérieurement à la publication du décret sur le fondement de la nationalité française de l'intéressé.

Art. 64 *(Mod., D. n° 98-720, 20 août 1998)*. – La preuve de l'existence d'un décret de perte ou de déchéance de la nationalité française ou d'un décret rapportant un décret de naturalisation ou de réintégration dans la nationalité française résulte de la production soit de l'ampliation de ce décret, soit d'un exemplaire du *Journal officiel* où le décret a été publié. Lorsque ces pièces ne peuvent être produites, il peut y être suppléé par une attestation constatant l'existence du décret, délivrée par le ministre chargé des naturalisations, à la demande de l'intéressé, de son représentant légal, de ses parents ou alliés ou des administrations publiques françaises ou, à défaut, par la production de la copie intégrale de l'acte de naissance de l'intéressé, l'extrait de cet acte ou le livret de famille sur lesquels figure la mention du décret de perte ou de déchéance de la nationalité française ou du décret rapportant le décret de naturalisation ou de réintégration dans la nationalité française.

TITRE VIII. – DISPOSITIONS DIVERSES ET TRANSITOIRES

Art. 65. – Est assimilé à la résidence en France pour l'application de l'article 21-26 du Code civil le séjour dans la Principauté de Monaco.

Art. 66. – V. *CPC, art. 1040.*

Art. 67. – V. *D. n° 80-308, 25 avr. 1980, art. 4.*

Art. 68 et 69. – V. *D. n° 80-308, 25 avr. 1980, art. 6.*

Art. 70 *(Mod., D. n° 2005-25, 14 janv. 2005 ; D. n° 2010-527, 20 mai 2010 ; D. n° 2011-338, 29 mars 2011)*. – Pour l'application des dispositions du présent décret dans les collectivités d'outre-mer ainsi qu'en

Nouvelle-Calédonie, les mots : « greffier en chef du tribunal d'instance » sont remplacés par : « président du tribunal de première instance ou juge chargé de la section détachée ».

Sont substitués au mot « préfet » les mots « haut-commissaire de la République » en Nouvelle-Calédonie et en Polynésie française et « administrateur supérieur » à Wallis-et-Futuna et dans les Terres australes et antarctiques françaises.

Art. 71. – L'article 66 du présent décret est applicable dans la collectivité territoriale de Mayotte.

Art. 72. – Les personnes visées à l'article 53 de la loi du 22 juillet 1993 susvisée et autorisées par le ministre chargé des naturalisations à souscrire, dans le délai de six mois suivant cette autorisation, la déclaration de réintégration dans la nationalité française prévue à l'article 153 du Code de la nationalité française doivent produire à l'appui de cette déclaration les mêmes documents que ceux visés aux 1°, 2°, 3°, 4° et 5° de l'article 20 du présent décret.

Art. 73. – Les tribunaux de grande instance primitivement saisis de contestations sur la nationalité française ou étrangère des personnes physiques demeurent compétents pour connaître des procédures introduites antérieurement au 1er janvier 1994.

Art. 74. – Les tribunaux d'instance primitivement saisis de demandes d'acquisition ou de perte de la nationalité française par déclaration et de demandes de délivrance de certificats de nationalité française demeurent compétents pour connaître de ces procédures lorsqu'elles ont été introduites antérieurement au 1er janvier 1994.

Décret n° 94-52 du 20 janvier 1994

relatif à la procédure de changement de nom

(JO 22 janv.)

Art. 1er. – La demande de changement de nom est adressée au garde des Sceaux, ministre de la Justice.

Art. 2 *(Mod., D. n° 2004-1159, 29 oct. 2004 ; D. n° 2005-1678, 28 déc. 2005)*. – À peine d'irrecevabilité, la demande expose les motifs sur lesquels elle se fonde, indique le nom sollicité et, lorsque plusieurs noms sont proposés, leur ordre de préférence ; elle est accompagnée des pièces suivantes :

1° La copie de l'acte de naissance du demandeur ;

2° Le cas échéant, la copie de l'acte de naissance des enfants du demandeur âgés de moins de treize ans et de ses autres enfants mineurs pour le compte desquels la demande est présentée ;

3° Le consentement personnel écrit des enfants mineurs du demandeur âgés de plus de treize ans ;

4° Pour chaque personne concernée, un certificat de nationalité française ou une fiche individuelle d'état civil et de nationalité française ou la copie de la manifestation de volonté d'acquérir la nationalité française ou de la déclaration d'acquisition de la nationalité française enregistrées par le juge d'instance ou du décret de naturalisation ;

5° Le bulletin n° 3 du casier judiciaire de la personne concernée si elle est majeure ;

6° Un exemplaire des journaux contenant les insertions prescrites à l'article 3 ;

7° *(7° rempl., D. n° 2016-185, 23 févr. 2016)* L'autorisation du juge des tutelles lorsque l'autorité parentale est exercée en commun par les deux parents et que la demande est présentée par un seul d'entre eux ou, en cas d'ouverture de la tutelle, celle du conseil de famille.

Art. 3. – Préalablement à la demande, le requérant fait procéder à la publication au *Journal officiel* de la République française d'une insertion comportant son identité, son adresse et, le cas échéant, celles de ses enfants mineurs concernés et le ou les noms sollicités. S'il demeure en France, une publication est, en outre, effectuée dans un journal désigné pour les annonces légales de l'arrondissement où il réside.

Art. 4. – Le garde des Sceaux, ministre de la Justice, instruit la demande. À cette fin, il peut demander au procureur de la République près le tribunal de grande instance du lieu de résidence de l'intéressé ou, si celui-ci demeure à l'étranger, à l'agent diplomatique ou consulaire territorialement compétent de procéder à une enquête. Il recueille, le cas échéant, l'avis du Conseil d'État.

Art. 5. – L'autorisation ou le refus de changement de nom ne peut intervenir que deux mois après la date à laquelle il a été procédé à la publicité prévue à l'article 3.

Art. 6. – Le refus de changement de nom est motivé. Il est notifié au demandeur par le garde des Sceaux, ministre de la Justice.

Art. 7. – La mention prévue à l'article 61-4 du Code civil est portée en marge des actes de l'état civil des intéressés, soit d'office, soit à la demande du bénéficiaire du changement de nom, sur réquisition du procureur de la République de son lieu de naissance au vu d'une ampliation du décret autorisant le changement de nom et d'un certificat de non-opposition ou, le cas échéant, d'une copie certifiée conforme de la décision rejetant l'opposition.

Art. 8. – V. *D. 28 nov. 1953, art. 2.*

Art. 9. – Les dispositions du 3° et du 4° du premier alinéa de l'article 2 et celles des articles 4 à 7 sont applicables aux demandes de changement de nom déposées avant l'entrée en vigueur du présent décret.

Les décisions portant changement de nom prises avant l'entrée en vigueur du présent décret restent soumises au délai d'opposition antérieurement applicable.

Art. 10 *(Mod., D. n° 2000-1262, 26 déc. 2000).* – Les dispositions des articles 1er à 7, 9 et 12 sont applicables dans les territoires d'outre-mer et dans la collectivité territoriale de Mayotte aux personnes régies par le statut civil de droit commun et par le statut civil de droit local applicable à Mayotte.

Pour l'application dans les territoires d'outre-mer et dans les collectivités territoriales de Mayotte et de Saint-Pierre-et-Miquelon des dispositions des articles 3 et 4 ci-dessus les mots : « du territoire » ou « de la collectivité » sont substitués aux mots : « de l'arrondissement » et les mots : « tribunal de première instance » sont substitués aux mots : « tribunal de grande instance ».

Pour l'application de l'article 7 aux personnes ayant le statut civil de droit local applicable à Mayotte, les mots : « prévue à l'article 61-4 du Code civil » sont remplacés par les mots : « prévue à l'article 10 de l'ordonnance n° 2000-218 du 8 mars 2000 fixant les règles de détermination des nom et prénoms des personnes de statut civil de droit local applicable à Mayotte ».

Art. 11. – Les articles 9 et 10 du décret impérial du 8 janvier 1859 portant rétablissement du conseil du sceau des titres sont abrogés. Les autres articles de ce décret sont et demeurent abrogés.

Art. 12. – Le présent décret entrera en vigueur le 1er février 1994.

Loi n° 94-126 du 11 février 1994
relative à l'initiative et à l'entreprise individuelle
(JO 13 févr.)

Art. 47 *(Mod., L. n° 98-657, 29 juill. 1998).* – I. – V. *L. n° 84-46, 24 janv. 1984, art. 60-1.*

II (1). – Les stipulations de solidarité et de renonciation au bénéfice de discussion figurant dans un contrat de cautionnement d'une dette contractuelle professionnelle consenti par une personne physique au bénéfice d'un entrepreneur individuel sont réputées non écrites si l'engagement de la caution n'est pas limité à un montant global, expressément et contractuellement déterminé, incluant le principal, les intérêts, les frais et accessoires.

En cas de cautionnement à durée indéterminée consenti par une personne physique pour garantir une dette professionnelle d'un entrepreneur individuel, le créancier doit respecter les dispositions prévues à l'article 48 de la loi n° 84-148 du 1er mars 1984 relative à la prévention et au règlement amiable des difficultés des entreprises.

Lorsque le cautionnement est consenti par une personne physique pour garantir une dette professionnelle d'un entrepreneur individuel ou d'une entreprise constituée sous forme de société, le créancier informe la caution de la défaillance du débiteur principal dès le premier incident de paiement non régularisé dans le mois de l'exigibilité

(1) Dispositions applicables aux contrats conclus après l'entrée en vigueur de la loi du 11 février 1994.

de ce paiement. À défaut, la caution ne saurait être tenue au paiement des pénalités ou intérêts de retard échus entre la date de ce premier incident et celle à laquelle elle en a été informée.

Les dispositions du premier alinéa seront applicables aux contrats conclus après l'entrée en vigueur de la présente loi et celles du second alinéa aux créanciers mentionnés à cet alinéa à compter du 1er septembre 1994.

III. – V. *L. n° 91-650, 9 juill. 1991.*

IV. – Les dispositions du III ci-dessus ne s'appliquent pas aux procédures d'exécution forcée engagées avant l'entrée en vigueur de la présente loi.

Loi n° 94-337 du 29 avril 1994

désignant les personnes habilitées à instrumenter en matière de testament international

(JO 30 avr.)

Art. 1er. – Les personnes habilitées à instrumenter en matière de testament international mentionnées à l'article II de la convention, faite à Washington le 26 octobre 1973 (1), portant loi uniforme sur la forme d'un testament international sont :

– sur le territoire de la République française, les notaires ;
– à l'égard des Français à l'étranger, les agents diplomatiques et consulaires français.

Art. 2. – Les dispositions de la présente loi sont applicables dans les territoires d'outre-mer et dans la collectivité territoriale de Mayotte.

Loi n° 94-624 du 21 juillet 1994

relative à l'habitat

(JO 24 juill.)

Art. 18. – Dans les conventions en cours et les conventions types prévues par l'article L. 351-2 du Code de la construction et de l'habitation, toute clause prévoyant que la révision du loyer pratiqué ou du loyer maximum s'opère en fonction des variations de l'indice du coût de la construction publié par l'Institut national de la statistique et des études économiques est remplacée par la clause prévoyant que cette révision s'opère en fonction des variations de la moyenne sur quatre trimestres du même indice. Cette moyenne est celle de l'indice du coût de la construction à la date de référence et des indices des trois trimestres qui la précèdent. Dans ces conventions, la valeur trimestrielle de l'indice à la date de référence est remplacée par la valeur de la moyenne sur quatre trimestres de l'indice à la même date de référence.

Le présent article entre en vigueur le premier jour du sixième mois suivant la publication de la présente loi.

....

Art. 20. – Si les locaux faisant l'objet ou ayant fait l'objet d'un contrat de location conclu en vertu du 2° de l'article 3 *bis,* de l'article 3 *quater,* de l'article 3 *quinquies,* de l'article 3 *sexies* ou de l'article 3 *septies* de la loi n° 48-1360 du 1er septembre 1948 ne satisfont pas aux normes prévues à l'article 25 de la loi n° 86-1290 du 23 décembre 1986 précitée ou si les formalités de conclusion de ce contrat n'ont pas été respectées, le locataire peut demander au propriétaire la mise en conformité des locaux avec ces normes sans qu'il soit porté atteinte à la validité du contrat de location en cours. La demande doit être présentée dans le délai d'un an à compter de la date d'effet de ce contrat ou, pour les contrats de location conclus antérieurement à la publication de la présente loi, dans le délai d'un an à compter de cette date de publication.

À défaut d'accord entre les parties, le juge peut soit fixer un nouveau loyer par référence aux loyers habituellement constatés dans le voisinage pour des logements comparables dans les conditions définies à l'article 19 de la loi n° 89-462 du 6 juillet 1989 précitée, soit déterminer, le cas échéant, la nature des travaux à réaliser et le délai de leur exécution, qu'il peut même d'office assortir d'une astreinte.

(1) Pour la convention, V. D. n° 94-990, 8 nov. 1994, p. 3190.

Les dispositions du chapitre III de la loi n° 48-1360 du 1er septembre 1948 ne sont plus applicables aux locaux mentionnés au premier alinéa.

Les dispositions du présent article ne sont pas applicables aux locaux vacants à compter du 23 décembre 1986.

Loi n° 94-665 du 4 août 1994

relative à l'emploi de la langue française

(JO 5 août) (1)

Bibliographie : H. Claret, *La loi Toubon du 4 août 1994 est-elle conforme au droit communautaire ? :* Contrats, conc. consom. 2001, chron. 5.

Art. 1er. – Langue de la République en vertu de la Constitution, la langue française est un élément fondamental de la personnalité et du patrimoine de la France.

Elle est la langue de l'enseignement, du travail, des échanges et des services publics.

Elle est le lien privilégié des États constituant la communauté de la francophonie.

Art. 2. – Dans la désignation, l'offre, la présentation, le mode d'emploi ou d'utilisation, la description de l'étendue et des conditions de garantie d'un bien, d'un produit ou d'un service, ainsi que dans les factures et quittances, l'emploi de la langue française est obligatoire.

[Dispositions déclarées non conformes à la Constitution par décision du Conseil constitutionnel n° 94-345 DC du 29 juillet 1994].

Les mêmes dispositions s'appliquent à toute publicité écrite, parlée ou audiovisuelle.

Les dispositions du présent article ne sont pas applicables à la dénomination des produits typiques et spécialités d'appellation étrangère connus du plus large public.

La législation sur les marques ne fait pas obstacle à l'application des premier et troisième alinéas du présent article aux mentions et messages enregistrés avec la marque.

Art. 3. – Toute inscription ou annonce apposée ou faite sur la voie publique, dans un lieu ouvert au public ou dans un moyen de transport en commun et destinée à l'information du public doit être formulée en langue française. *[Dispositions déclarées non conformes à la Constitution par décision du Conseil constitutionnel n° 94-345 DC du 29 juillet 1994].*

Si l'inscription rédigée en violation des dispositions qui précèdent est apposée par un tiers utilisateur sur un bien appartenant à une personne morale de droit public, celle-ci doit mettre l'utilisateur en demeure de faire cesser, à ses frais et dans le délai fixé par elle, l'irrégularité constatée. Si la mise en demeure n'est pas suivie d'effet, l'usage du bien peut, en tenant compte de la gravité du manquement, être retiré au contrevenant, quels que soient les stipulations du contrat ou les termes de l'autorisation qui lui avait été accordée.

Art. 4. – Lorsque des inscriptions ou annonces visées à l'article précédent, apposées ou faites par des personnes morales de droit public ou des personnes privées exerçant une mission de service public font l'objet de traductions, celles-ci sont au moins au nombre de deux.

Dans tous les cas où les mentions, annonces et inscriptions prévues aux articles 2 et 3 de la présente loi sont complétées d'une ou plusieurs traductions, la présentation en français doit être aussi lisible, audible ou intelligible que la présentation en langues étrangères.

Un décret en Conseil d'État précise les cas et les conditions dans lesquels il peut être dérogé aux dispositions du présent article dans le domaine des transports internationaux.

Art. 5 *(Mod., L. n° 96-597, 2 juill. 1996).* – Quels qu'en soient l'objet et les formes, les contrats auxquels une personne morale de droit public ou une personne privée exécutant une mission de service public sont parties sont rédigés en langue française. Ils ne peuvent contenir ni expression ni terme étrangers lorsqu'il existe une expression ou un terme français de même sens approuvés dans les conditions prévues par les dispositions réglementaires relatives à l'enrichissement de la langue française.

---

(1) V. D. n° 95-240, 3 mars 1995. – Circ. 19 mars 1996 : *JCP* 1996, III, 67893. – Circ. 14 févr. 2003 *JO* 21 mars.

Ces dispositions ne sont pas applicables aux contrats conclus par une personne morale de droit public gérant des activités à caractère industriel et commercial, la Banque de France ou la Caisse des dépôts et consignations et à exécuter intégralement hors du territoire national. Pour l'application du présent alinéa, sont réputés exécutés intégralement hors de France les emprunts émis sous le bénéfice de l'article 131 *quater* du Code général des impôts ainsi que les contrats portant sur la fourniture de services d'investissement au sens de l'article 4 de la loi n° 96-597 du 2 juillet 1996 de modernisation des activités financières et qui relèvent, pour leur exécution, d'une juridiction étrangère.

Les contrats visés au présent article conclus avec un ou plusieurs cocontractants étrangers peuvent comporter, outre la rédaction en français, une ou plusieurs versions en langue étrangère pouvant également faire foi.

Une partie à un contrat conclu en violation du premier alinéa ne pourra se prévaloir d'une disposition en langue étrangère qui porterait préjudice à la partie à laquelle elle est opposée.

Art. 6. – Tout participant à une manifestation, un colloque ou un congrès organisé en France par des personnes physiques ou morales de nationalité française a le droit de s'exprimer en français. Les documents distribués aux participants avant et pendant la réunion pour en présenter le programme doivent être rédigés en français et peuvent comporter des traductions en une ou plusieurs langues étrangères.

Lorsqu'une manifestation, un colloque ou un congrès donne lieu à la distribution aux participants de documents préparatoires ou de documents de travail, ou à la publication d'actes ou de comptes rendus de travaux, les textes ou interventions présentés en langue étrangère doivent être accompagnés au moins d'un résumé en français.

Ces dispositions ne sont pas applicables aux manifestations, colloques ou congrès qui ne concernent que des étrangers, ni aux manifestations de promotion du commerce extérieur de la France.

Lorsqu'une personne morale de droit public ou une personne morale de droit privé chargée d'une mission de service public a l'initiative des manifestations visées au présent article, un dispositif de traduction doit être mis en place.

Art. 7. – Les publications, revues et communications diffusées en France et qui émanent d'une personne morale de droit public, d'une personne privée exerçant une mission de service public ou d'une personne privée bénéficiant d'une subvention publique doivent, lorsqu'elles sont rédigées en langue étrangère, comporter au moins un résumé en français.

[Dispositions déclarées non conformes à la Constitution par décision du Conseil constitutionnel n° 94-345 DC du 29 juillet 1994].

....

Art. 11. – I. *(Abr. et codifié, Ord. n° 2000-549, 15 juin 2000).* – V. désormais C. éduc., art. L. 121-3, II, mod., L. n° 2013-660, 22 juill. 2013 : « La langue de l'enseignement, des examens et concours, ainsi que des thèses et mémoires dans les établissements publics et privés d'enseignement est le français. Des exceptions peuvent être justifiées :

1° Par les nécessités de l'enseignement des langues et cultures régionales ou étrangères ;

2° Lorsque les enseignants sont des professeurs associés ou invités étrangers ;

3° Par des nécessités pédagogiques, lorsque les enseignements sont dispensés dans le cadre d'un accord avec une institution étrangère ou internationale tel que prévu à l'article L. 123-7 ou dans le cadre d'un programme européen ;

4° Par le développement de cursus et diplômes transfrontaliers multilingues.

Dans ces hypothèses, les formations d'enseignement supérieur ne peuvent être que partiellement proposées en langue étrangère et à la condition que l'accréditation concernant ces formations fixe la proportion des enseignements à dispenser en français. Le ministre chargé de l'usage de la langue française en France est immédiatement informé des exceptions accordées, de leur délai et de la raison de ces dérogations.

Les étudiants étrangers bénéficiant de formations en langue étrangère suivent un enseignement de langue française lorsqu'ils ne justifient pas d'une connaissance suffisante de cette dernière. Leur niveau de maîtrise suffisante de la langue française est évalué pour l'obtention du diplôme.

Les enseignements proposés permettent aux étudiants francophones d'acquérir la maîtrise de la langue d'enseignement dans laquelle ces cours sont dispensés.

Les écoles étrangères ou spécialement ouvertes pour accueillir des élèves de nationalité étrangère, ainsi que les établissements dispensant un enseignement à caractère international, ne sont pas soumis à l'obligation prévue au premier alinéa ».

....

Art. 19. – Après l'article 2-13 du Code de procédure pénale, il est inséré un article 2-14 ainsi rédigé :

Art. 2-14. – Toute association régulièrement déclarée se proposant par ses statuts la défense de la langue française et agréée dans les conditions fixées par décret en Conseil d'État peut exercer les droits reconnus à la partie civile en ce qui concerne les infractions aux dispositions des textes pris pour l'application des articles 2, 3, 4, 6, 7 et 10 de la loi n° 94-665 du 4 août 1994 relative à l'emploi de la langue française.

Art. 20. – La présente loi est d'ordre public. Elle s'applique aux contrats conclus postérieurement à son entrée en vigueur.

Art. 21. – Les dispositions de la présente loi s'appliquent sans préjudice de la législation et de la réglementation relatives aux langues régionales de France et ne s'opposent pas à leur usage.

Art. 22. – Chaque année, le Gouvernement communique aux assemblées, avant le 15 septembre, un rapport sur l'application de la présente loi et des dispositions des conventions ou traités internationaux relatives au statut de la langue française dans les institutions internationales.

Art. 23. – Les dispositions de l'article 2 entreront en vigueur à la date de publication du décret en Conseil d'État définissant les infractions aux dispositions de cet article, et au plus tard douze mois après la publication de la présente loi au *Journal officiel*.

Les dispositions des articles 3 et 4 de la présente loi entreront en vigueur six mois après l'entrée en vigueur de l'article 2.

Art. 24. – La loi n° 75-1349 du 31 décembre 1975 relative à l'emploi de la langue française est abrogée, à l'exception de ses articles 1er à 3 qui seront abrogés à compter de l'entrée en vigueur de l'article 2 de la présente loi et de son article 6 qui sera abrogé à la date d'entrée en vigueur de l'article 3 de la présente loi.

Décret n° 94-990 du 8 novembre 1994

portant publication de la convention portant loi uniforme
sur la forme d'un testament international (ensemble une annexe),
faite à Washington le 26 octobre 1973 et signée par la France le 29 novembre 1974
(JO 16 nov.)

Convention du 26 octobre 1973

portant loi uniforme sur la forme d'un testament international (ensemble une annexe)

Art. Ier. – 1. Chacune des Parties contractantes s'engage à introduire dans sa législation, au plus tard dans les six mois suivant l'entrée en vigueur de la présente Convention à son égard, les règles sur le testament international formant l'Annexe à la présente Convention.

2. Chacune des Parties contractantes peut introduire les dispositions de l'Annexe dans sa législation, soit en reproduisant le texte authentique, soit en traduisant celui-ci dans sa ou ses langues officielles.

3. Chacune des Parties contractantes peut introduire dans sa propre législation toutes les dispositions complémentaires qui seraient nécessaires pour que les dispositions de l'Annexe prennent pleinement effet sur son territoire.

4. Chacune des Parties contractantes remettra au Gouvernement dépositaire le texte des règles introduites dans sa législation nationale afin d'appliquer les dispositions de la présente Convention.

Art. II. – 1. Chacune des Parties contractantes complétera les dispositions de l'Annexe dans sa législation dans le délai prévu à l'article qui précède, par la désignation des personnes qui, sur son territoire, sont habilitées à instrumenter en matière de testaments internationaux (1). Elle peut aussi désigner en tant que personne habilitée à instrumenter à l'égard de ses ressortissants ses agents diplomatiques et consulaires à l'étranger, pour autant que la loi locale ne s'y oppose pas.

2. Elle notifiera cette désignation, ainsi que toute modification ultérieure de celle-ci, au Gouvernement dépositaire.

Art. III. – La qualité de la personne habilitée à instrumenter en matière de testament international conférée conformément à la loi d'une Partie contractante est reconnue sur le territoire des autres Parties contractantes.

Art. IV. – La valeur de l'attestation prévue à l'article 10 de l'Annexe est reconnue sur les territoires de toutes les Parties contractantes.

Art. V. – 1. Les conditions requises pour être témoin d'un testament international sont régies par la loi en vertu de laquelle la personne habilitée a été désignée. Il en est de même à l'égard des interprètes éventuellement appelés à intervenir.

2. Toutefois, la seule qualité d'étranger ne constitue pas un obstacle pour être témoin d'un testament international.

Art. VI. – 1. Les signatures du testateur, de la personne habilitée et des témoins, soit sur un testament international, soit sur l'attestation, sont dispensées de toute légalisation ou formalité analogue.

2. Toutefois, les autorités compétentes de toute Partie contractante peuvent, le cas échéant, s'assurer de l'authenticité de la signature de la personne habilitée.

Art. VII. – La conservation du testament international est régie par la loi en vertu de laquelle la personne habilitée a été désignée.

....

Annexe. – Loi uniforme sur la forme d'un testament international

Art. 1er. – 1. Un testament est valable, en ce qui concerne la forme, quels que soient notamment le lieu où il a été fait, la situation des biens, la nationalité, le domicile ou la résidence du testateur, s'il est fait dans la forme du testament international, conformément aux dispositions des articles 2 à 5 ci-après.

2. La nullité du testament en tant que testament international n'affecte pas sa validité éventuelle quant à la forme en tant que testament d'une autre espèce.

Art. 2. – La présente loi ne s'applique pas aux formes des dispositions testamentaires faites dans un même acte par deux ou plusieurs personnes.

Art. 3. – 1. Le testament doit être fait par écrit.

2. Il n'est pas nécessairement écrit par le testateur lui-même.

3. Il peut être écrit en une langue quelconque, à la main ou par un autre procédé.

Art. 4. – 1. Le testateur déclare en présence de deux témoins et d'une personne habilitée à instrumenter à cet effet que le document est son testament et qu'il en connaît le contenu.

2. Le testateur n'est pas tenu de donner connaissance du contenu du testament aux témoins ni à la personne habilitée.

Art. 5. – 1. En présence des témoins et de la personne habilitée, le testateur signe le testament ou, s'il l'a signé précédemment, reconnaît et confirme sa signature.

(1) L. n° 94-337, 29 avr. 1994, p. 3187.

2. Si le testateur est dans l'incapacité de signer, il en indique la cause à la personne habilitée qui en fait mention sur le testament. En outre, le testateur peut être autorisé par la loi en vertu de laquelle la personne habilitée a été désignée à demander à une autre personne de signer en son nom.

3. Les témoins et la personne habilitée apposent sur le champ leur signature sur le testament, en la présence du testateur.

Art. 6. – 1. Les signatures doivent être apposées à la fin du testament.

2. Si le testament comporte plusieurs feuillets, chaque feuillet doit être signé par le testateur ou, s'il est dans l'incapacité de signer, par la personne signant en son nom ou, à défaut, par la personne habilitée. Chaque feuillet doit en outre être numéroté.

Art. 7. – 1. La date du testament est celle de sa signature par la personne habilitée.

2. Cette date doit être apposée à la fin du testament par la personne habilitée.

Art. 8. – En l'absence de règle obligatoire sur la conservation des testaments, la personne habilitée demande au testateur s'il désire faire une déclaration concernant la conservation de son testament. Dans ce cas, et à la demande expresse du testateur, le lieu où il a l'intention de faire conserver son testament sera mentionné dans l'attestation prévue à l'article 9.

Art. 9. – La personne habilitée joint au testament une attestation conforme aux dispositions de l'article 10 établissant que les obligations prescrites par la présente loi ont été respectées.

Art. 10. – L'attestation établie par la personne habilitée sera rédigée dans la forme suivante ou dans une forme équivalente :

ATTESTATION

(Convention du 26 octobre 1973.)

1. Je ....

(Nom, adresse et qualité.)

personne habilitée à instrumenter en matière de testament international,

2. Atteste que le .... (date),

à .... (lieu)

3. (testateur) ....

(Nom, adresse, date et lieu de naissance.)

en ma présence et en celle des témoins.

4. *a)* ....

(Nom, adresse, date et lieu de naissance.)

b) ....

(Nom, adresse, date et lieu de naissance.)

a déclaré que le document ci-joint est son testament et qu'il en connaît le contenu.

5. J'atteste en outre que :

6. *a)* En ma présence et en celle des témoins,

1. Le testateur a signé le testament ou a reconnu et confirmé sa signature déjà apposée ;

2. (*) Le testateur, ayant déclaré être dans l'impossibilité de signer lui-même son testament pour les raisons suivantes :

....

– j'ai mentionné ce fait sur le testament ;

– (*) la signature a été apposée par ....

(Nom, adresse.)

7. *b)* Les témoins et moi-même avons signé le testament.

8. *c)* (*) Chaque feuillet du testament a été signé par .... et numéroté.

9. *d)* Je me suis assuré de l'identité du testateur et des témoins désignés ci-dessus.

10. *e)* Les témoins remplissaient les conditions requises selon la loi en vertu de laquelle j'instrumente.

11. *f)* (*) Le testateur a désiré faire la déclaration suivante concernant la conservation de son testament :

....

12. Lieu : ....

13. Date : ....

14. Signature et, le cas échéant, sceau :

Art. 11. – **La personne habilitée conserve un exemplaire de l'attestation et en remet un autre au testateur.**

Art. 12. – **Sauf preuve contraire, l'attestation de la personne habilitée est acceptée comme preuve suffisante de la validité formelle de l'instrument en tant que testament au sens de la présente loi.**

Art. 13. – **L'absence ou l'irrégularité d'une attestation ne porte pas atteinte à la validité formelle d'un testament établi conformément à la présente loi.**

Art. 14. – **Le testament international est soumis aux règles ordinaires de révocation des testaments.**

Art. 15. – **Pour l'interprétation et l'application des dispositions de la présente loi, il sera tenu compte de son origine internationale et de la nécessité de son interprétation uniforme.**

Loi n° 95-2 du 2 janvier 1995

relative au prix des fermages

(JO 3 janv.)

Art. 1er. – V. *C. rur., art. L. 411-11.*

Art. 2. – V. *C. rur., art. L. 411-12.*

Art. 3. – **Jusqu'à leur première actualisation, les maxima et minima mentionnés au troisième alinéa de l'article L. 411-11 du Code rural correspondent, en monnaie, compte tenu du dernier prix des denrées constaté par l'autorité administrative, aux maxima et minima évalués en une quantité déterminée de denrées applicables avant la date de publication de la présente loi.**

Art. 4. – **La présente loi est applicable aux baux en cours. Toutefois, le loyer des terres nues et des bâtiments d'exploitation demeure évalué en une quantité déterminée de denrées, sauf accord entre les parties pour l'exprimer directement en monnaie.**

Lorsque le loyer demeure évalué en denrées, le prix des denrées choisies dans le bail, tel que constaté par l'autorité administrative avant la date de publication de la présente loi, est actualisé chaque année selon les modalités définies à l'article L. 411-11 du Code rural pour l'actualisation du loyer des terres nues et des bâtiments d'exploitation.

Les dispositions de l'alinéa précédent ne s'appliquent pas au loyer des terres nues portant des cultures permanentes viticoles, arboricoles, oléicoles et agrumicoles et des bâtiments d'exploitation y afférents.

Art. 5. – **Par accord entre les parties, le loyer des terres nues et des bâtiments d'exploitation des baux conclus ou renouvelés dans un délai de douze mois à compter de la date de publication de la présente loi peut être évalué en une quantité déterminée de denrées.**

Dans ce cas, le prix des denrées choisies dans le bail est calculé selon les mêmes modalités que le prix des denrées choisies dans les baux en cours à la date de publication de la présente loi.

Art. 6. – **Avant le 1er juin 1997, le Gouvernement présentera au Parlement un rapport sur les conditions d'application de la présente loi et sur ses conséquences en matière d'évolution du prix des fermages.**

Loi n° 95-73 du 21 janvier 1995

d'orientation et de programmation relative à la sécurité

(JO 24 janv.)

Art. 26 *(Mod., L. n° 2002-1138, 9 sept. 2002).* – **Les dispositions du présent article s'appliquent à la disparition d'un mineur ou d'un majeur protégé, ou à celle d'un majeur dont les services de police et de**

gendarmerie estiment qu'elle présente un caractère inquiétant ou suspect, eu égard aux circonstances, à son âge ou à son état de santé.

En cas de désaccord entre le déclarant et lesdits services sur la qualification de la disparition, il est, si le déclarant le demande, soumis sans délai à fin de décision au procureur de la République.

La disparition déclarée par le conjoint, le concubin, le partenaire lié par un pacte civil de solidarité, un descendant, un ascendant, un frère, une sœur, un proche, le représentant légal ou l'employeur doit immédiatement faire l'objet d'une enquête par les services de police et de gendarmerie.

Les chefs de service de la police nationale ou des unités de la gendarmerie nationale font procéder à toutes recherches et auditions utiles à l'enquête, dont ils font dresser un rapport détaillé ou un procès-verbal si nécessaire.

Dans le cadre de cette enquête, les chefs de service de la police nationale ou des unités de la gendarmerie nationale peuvent directement requérir des organismes publics ou des établissements privés détenant des fichiers nominatifs, sans que puisse leur être opposée l'obligation au secret, que leur soit communiqué tout renseignement permettant de localiser la personne faisant l'objet des recherches.

Le procureur de la République est informé de la disparition de la personne, dès la découverte d'indices laissant présumer la commission d'une infraction ou lorsque les dispositions de l'article 74-1 du Code de procédure pénale sont susceptibles de recevoir application.

Sauf si les circonstances de la disparition ou les nécessités de l'enquête s'y opposent, toute personne déclarée disparue est immédiatement inscrite au fichier des personnes recherchées.

Sauf nécessité impérieuse de l'enquête, le déclarant est tenu informé du résultat des recherches entreprises, sous réserve du droit de la personne majeure déclarée disparue et retrouvée de s'opposer expressément à la communication de son adresse au déclarant en signant devant un officier de police judiciaire un document spécifiquement établi à cet effet.

Lors de la déclaration de disparition, le déclarant s'engage à prévenir immédiatement les services de police ou de gendarmerie de toutes nouvelles qu'il pourrait avoir.

L'adresse d'une personne mineure ou majeure protégée déclarée disparue ne peut être communiquée à son représentant légal qu'avec l'autorisation du juge des enfants ou du juge des tutelles, lequel apprécie, au regard des éléments du dossier, si cette communication présenterait un danger pour le mineur ou le majeur protégé.

À défaut de découverte, dans le délai d'un an, soit de la personne déclarée disparue, soit de la preuve de sa mort, un certificat de vaines recherches peut être délivré au déclarant à sa demande. Ce certificat est délivré pour faire valoir ce que de droit, mais n'arrête pas la poursuite des recherches.

Lorsque le procureur de la République fait application des dispositions de l'article 74-1 du Code de procédure pénale, il est mis fin aux recherches administratives prévues par le présent article.

Loi n° 98-170 du 16 mars 1998

relative à la nationalité

(JO 17 mars)

Art. 33. – Les personnes nées en France de parents étrangers qui, à la date d'entrée en vigueur de la présente loi, sont âgées de plus de dix-huit ans et de moins de vingt et un ans et ont leur résidence en France acquièrent à cette date la nationalité française si elles ont eu leur résidence habituelle en France pendant une période continue ou discontinue d'au moins cinq ans, depuis l'âge de onze ans, à moins qu'elles ne déclinent cette qualité dans le délai d'un an à compter de l'entrée en vigueur de la présente loi, par déclaration souscrite conformément aux articles 26 et suivants du Code civil.

Les personnes nées en France de parents étrangers qui, à la date de l'entrée en vigueur de la présente loi, sont âgées de plus de dix-huit ans et de moins de vingt et un ans et ont leur résidence en France, mais qui ne remplissent pas la condition de résidence habituelle en France de cinq années prévues à l'article 21-7 du Code civil, pourront, lorsqu'elles rempliront cette condition et au plus tard à l'âge de vingt et un ans, réclamer la nationalité française par déclaration souscrite conformément aux articles 26 et suivants du Code civil.

Les personnes nées en France de parents étrangers qui, à la date de l'entrée en vigueur de la présente loi, sont âgées de plus de seize ans et de moins de dix-huit ans et ont leur résidence en France, mais qui ne rempliront pas à leur majorité la condition de résidence habituelle en France de cinq années prévues à l'article 21-7 du Code civil, pourront, lorsqu'elles rempliront cette condition, et au plus tard à l'âge de vingt et un ans, réclamer la nationalité française par déclaration souscrite conformément aux articles 26 et suivants du Code civil.

Les dispositions du présent article ne sont pas applicables à l'étranger majeur qui a fait l'objet, pour des faits commis entre l'âge de dix-huit ans et celui de vingt et un ans, de l'une des condamnations pénales prévues à l'article 21-8 du Code civil dans sa rédaction issue de la loi n° 93-933 du 22 juillet 1993 précitée.

Art. 34. – Les personnes nées en France de parents étrangers qui, à la date de l'entrée en vigueur de la présente loi, sont âgés de plus de vingt et un ans et qui n'ont pas souscrit la manifestation de volonté prévue à l'article 21-7 du Code civil dans sa rédaction issue de la loi n° 93-933 du 22 juillet 1993 précitée conservent le bénéfice de la dispense de stage prévue au 7° de l'article 21-19 du Code civil dans sa rédaction issue de la même loi.

Décret n° 98-719 du 20 août 1998

relatif à l'information du public en matière de droit de la nationalité

(JO 21 août)

Art. 1er. – L'information du public prévue au second alinéa de l'article 21-7 du Code civil porte sur les principes fondamentaux du droit de la nationalité et, en particulier, sur les conditions d'attribution et d'acquisition de la nationalité française et sur les facultés offertes pour décliner ou répudier celle-ci.

À l'égard des enfants nés en France de parents étrangers, cette information précise le régime de l'acquisition de plein droit de la nationalité française à la majorité, les moyens de faire constater sans délai cette acquisition ou de la décliner, ainsi que les conditions et la procédure d'acquisition anticipée.

Art. 2. – Cette information est assurée :

1. Dans les mairies, par les services chargés de l'état civil, des opérations de recensement, des inscriptions scolaires et des listes électorales ;

2. Dans les préfectures, par les services chargés de la délivrance des titres de séjour, des documents de circulation pour étranger mineur et des titres d'identité républicains ainsi que par les services chargés de la délivrance des documents d'identité et de voyage ;

3. Dans les ambassades et les consulats de France à l'étranger ;

4. Dans les tribunaux d'instance, et plus particulièrement ceux qui ont compétence en matière de nationalité en vertu du décret du 30 décembre 1993 susvisé ;

5. Dans les maisons de justice et du droit et dans les maisons des services publics ;

6. Par les services de la protection judiciaire de la jeunesse ;

7. Par les écoles et les établissements d'enseignement du second degré, publics et privés sous contrat, et par les établissements d'enseignement supérieur ;

8. Dans les centres d'information et d'orientation institués par le décret du 7 juillet 1971 susvisé ;

9. Par le centre d'information et de documentation jeunesse et l'ensemble des éléments du réseau d'information pour la jeunesse ;

10. Par les organismes de formation, notamment l'Association nationale pour la formation des adultes, ainsi que par les organismes de recherche d'emploi et d'aide à l'insertion, en particulier l'Agence nationale pour l'emploi ;

11. Par les organismes de sécurité sociale et les organismes débiteurs de prestations familiales ;

12. Par les départements, dans le cadre des actions sociales et de santé dont ils sont chargés, en application de la section IV du titre II de la loi du 7 janvier 1983 susvisée.

Art. 3. – Les services, organismes et collectivités mentionnés à l'article précédent sont tenus d'organiser une information générale dans les locaux destinés à l'accueil du public.

Ils informent de leurs droits les personnes dont la situation au regard de la nationalité française est évoquée à l'occasion d'une démarche administrative et, le cas échéant, les orientent vers les services compétents pour connaître de leur situation. Une formation adaptée est dispensée à cet effet aux agents concernés.

L'information peut être effectuée par tout moyen.

Art. 4. – Le livret de famille comporte une information sur les conditions d'attribution et d'acquisition de la nationalité française et sur la preuve de celle-ci.

Art. 5. – Les officiers de l'état civil, lorsqu'ils célèbrent un mariage où l'un des conjoints est de nationalité étrangère, informent ce dernier de la faculté qui lui est offerte d'acquérir la nationalité française.

En cas de transcription de l'acte d'un mariage célébré à l'étranger, la même obligation pèse sur les agents diplomatiques et consulaires et sur les officiers de l'état civil du service central d'état civil lors de l'établissement du livret de famille.

Art. 6. – Lors de la transcription d'un jugement d'adoption simple d'un enfant mineur étranger ou de l'apposition d'une mention d'une telle adoption sur un acte de l'état civil détenu par un officier de l'état civil français, les officiers de l'état civil, les agents diplomatiques et consulaires et le service central d'état civil informent l'adoptant ou les adoptants français de la faculté pour l'enfant d'acquérir la nationalité française par déclaration.

Art. 7. – L'autorité chargée de la délivrance du titre d'identité républicain institué par l'article 29 de la loi du 16 mars 1998 susvisée informe, lors de sa remise, l'intéressé et ses parents de la faculté qui lui est offerte d'acquérir la nationalité française dès l'âge de treize ans.

Art. 8 et 9 *(Abr. et codifié, D. n° 2009-553, 15 mai 2009).* – *V. C. éduc., art. R. 511-74 et R. 511-75.*

Art. 10. – Les communications diffusées à l'occasion des opérations de recensement comportent une information sur l'attribution, l'acquisition et la perte de la nationalité française et sur les services compétents pour connaître de la situation des intéressés.

Les mairies doivent informer les jeunes gens mentionnés à l'article L. 16 du Code du service national qui demandent à être inscrits sur les listes de recensement avant la date d'expiration du délai dont ils disposent pour exercer la faculté de décliner ou de répudier la nationalité française qu'ils perdent de ce fait cette faculté.

Art. 11. – L'autorité militaire doit informer celui qui contracte un engagement dans les armées françaises qu'il perd la faculté qu'il pouvait avoir de répudier ou de décliner la nationalité française.

Elle doit également informer le mineur né en France et incorporé en qualité d'engagé qu'il acquiert la nationalité française à la date de son incorporation.

Art. 12. – Les actions d'accueil, d'information, d'orientation et d'accompagnement des jeunes en difficulté dont sont chargées les missions locales et les permanences d'accueil, d'information et d'orientation prévues par l'article 4 de l'ordonnance du 26 mars 1982 susvisée comportent une information spécifique sur le droit de la nationalité et les services compétents pour connaître de la situation des intéressés.

Art. 13. – Le centre d'information et de documentation jeunesse ainsi que l'ensemble des éléments qui composent le réseau information pour la jeunesse assurent auprès des jeunes une information sur le droit de la nationalité française, notamment sur les conditions et les modalités de son acquisition en raison de la naissance et de la résidence en France, et orientent les jeunes vers les différents services compétents pour connaître de leur situation.

Art. 14. – I. – Le présent décret, à l'exception du point 7 de l'article 2 en tant qu'il concerne les écoles et les établissements d'enseignement du second degré et des points 8 à 12 du même article, est applicable dans les territoires d'outre-mer.

Pour son application dans ces territoires, le mot : « préfecture » est remplacé par les mots : « haut-commissariat ».

Dans le territoires des îles Wallis-et-Futuna, le mot : « mairie » est remplacé par les mots : « circonscription territoriale ».

II. – Le présent décret, à l'exception du point 12 de l'article 2, est applicable dans la collectivité territoriale de Mayotte.

Art. 15. – Le décret n° 94-648 du 16 août 1994 relatif à l'information du public en matière de droit de la nationalité est abrogé.

Décret n° 98-720 du 20 août 1998

portant application de la loi n° 98-170 du 16 mars 1998 relative à la nationalité et relatif aux déclarations, demandes, décisions et mentions en matière de nationalité française

(JO 21 août)

TITRE III. – DISPOSITIONS TRANSITOIRES ET DIVERSES

Art. 30. – La faculté de décliner la qualité de français ouverte par le premier alinéa de l'article 33 de la loi du 16 mars 1998 susvisée s'exerce par une déclaration souscrite par la personne intéressée et accompagnée des pièces suivantes :

1° L'extrait de son acte de naissance ;

2° Un certificat délivré par les autorités du pays dont elle se réclame établissant qu'elle a la nationalité de ce pays ;

3° Tous documents émanant des bureaux du service national établissant qu'elle n'a pas contracté d'engagement dans les armées françaises ou, lorsqu'elle est soumise aux obligations du livre II du Code du service national, qu'elle n'a pas participé volontairement aux opérations de recensement en vue de l'accomplissement du service national.

Art. 31. – Pour souscrire les déclarations prévues aux deuxième et troisième alinéas de l'article 33 de la loi du 16 mars 1998 précitée, le déclarant doit fournir les pièces suivantes :

1° L'extrait de son acte de naissance ;

2° Tous documents prouvant qu'il réside en France à la date de sa déclaration et qu'il a eu sa résidence habituelle en France pendant une période continue ou discontinue d'au moins cinq ans, depuis l'âge de onze ans ;

3° Le cas échéant, la copie intégrale des actes de naissance de ses enfants mineurs étrangers qui résident avec lui de manière habituelle ou alternativement dans le cas de séparation ou de divorce ainsi que les pièces de nature à établir cette résidence.

Art. 32. – Les dispositions du présent décret sont applicables dans les conditions prévues au chapitre VIII du titre I *bis* du livre I du Code civil en Nouvelle-Calédonie et, à l'exception de l'article 26, dans les autres territoires d'outre-mer et dans la collectivité territoriale de Mayotte.

Décret n° 98-721 du 20 août 1998

portant application de l'article 29 de la loi n° 98-170 du 16 mars 1998 relative à la nationalité, instituant un titre d'identité républicain

(Abr. et codifié sauf en tant qu'il s'applique en Polynésie française, en Nouvelle-Calédonie, à Mayotte et dans les îles Wallis-et-Futuna, D. n° 2006-1378, 14 nov. 2006. – V. C. étrangers, art. D. 321-9 à D. 321-15)

Rédaction antérieure. Art. 1er. – Le mineur né en France de parents étrangers titulaires d'un titre de séjour peut justifier de son identité sur présentation d'un titre d'identité républicain établi et délivré dans les conditions définies ci-après.

Rédaction antérieure. Art. 2. – Le titre d'identité républicain est délivré par le préfet du département où réside habituellement le mineur, sur demande d'une personne exerçant l'autorité parentale.

La demande est déposée à la préfecture ou à la sous-préfecture.

Rédaction antérieure. Art. 3. – Le demandeur doit présenter :

1° Le livret de famille ou, à défaut, un extrait d'acte de naissance du mineur comportant sa filiation ;

2° Un document justifiant de la régularité du séjour des parents ou, en cas de séparation, de l'un d'entre eux ;

3° Les documents attestant qu'il exerce l'autorité parentale sur le mineur pour lequel la demande est formulée.

Rédaction antérieure. Art. 4 *(Mod., D. n° 2004-1159, 29 oct. 2004)*. – Le titre d'identité républicain mentionne :

– le nom de famille, les prénoms, la date et le lieu de naissance, le sexe, la nationalité et l'adresse du mineur ;

– l'autorité de délivrance du document, la date de délivrance, la durée de validité et l'indication de la date d'expiration de celle-ci, le nom et la signature de l'agent qui a délivré le titre ;

– le numéro du titre.

Le titre d'identité républicain comprend également la photographie et la signature du titulaire ou, s'il est âgé de moins de sept ans, celle du demandeur.

Rédaction antérieure. Art. 5. – Le titre d'identité républicain est établi suivant un modèle défini par arrêté conjoint du garde des Sceaux, ministre de la Justice, du ministre de l'Intérieur et du ministre des Affaires étrangères.

Rédaction antérieure. Art. 6. – Le titre d'identité républicain a une durée de validité de cinq ans.

Il est renouvelé dans les mêmes conditions jusqu'à la majorité de l'intéressé.

Il doit être restitué en cas d'acquisition de la nationalité française avant la majorité.

Rédaction antérieure. Art. 7. – Le titulaire d'un titre d'identité républicain peut être réadmis en France en dispense de visa, sur présentation de ce titre.

Rédaction antérieure. Art. 8. – Le dernier alinéa de l'article 2 du décret du 24 décembre 1991 susvisé est abrogé.

La délivrance du titre d'identité républicaine implique la restitution du document de circulation délivré antérieurement sur le fondement dudit alinéa.

Rédaction antérieure. Art. 9. – Le présent décret est applicable dans les territoires d'outre-mer et dans la collectivité territoriale de Mayotte. Les attributions conférées au préfet y sont exercées par le représentant de l'État en Polynésie française, en Nouvelle-Calédonie et dans les îles Wallis-et-Futuna et par le délégué du Gouvernement dans la collectivité territoriale de Mayotte.

Décret n° 99-658 du 30 juillet 1999

pris pour l'application de l'article 1799-1 du Code civil et fixant un seuil de garantie de paiement aux entrepreneurs de travaux

Art. 1er. – Le seuil prévu au premier alinéa de l'article 1799-1 du Code civil est fixé, hors taxes, à 79 000 F et, à compter du 1er janvier 2002, à 12 000 euros. Les sommes dues s'entendent du prix convenu au titre du marché, déduction faite des arrhes et acomptes versés lors de la conclusion de celui-ci.

Pour l'application du deuxième alinéa de l'article 1799-1 précité, le crédit auquel recourt le maître de l'ouvrage doit être destiné exclusivement et en totalité au paiement de travaux exécutés par l'entrepreneur.

Le cautionnement solidaire prévu au troisième alinéa de l'article 1799-1 du Code civil doit être donné par un établissement de crédit, *(Mots aj., D. n° 2014-1315, 3 nov. 2014)* « une société de financement, » une entreprise d'assurance ou un organisme de garantie collective ayant son siège ou une succursale sur le territoire d'un État membre de la Communauté européenne ou d'un autre État partie à l'accord sur l'Espace économique européen. La caution est tenue sur les seules justifications présentées par l'entrepreneur que la créance est certaine, liquide et exigible et que le maître de l'ouvrage est défaillant. La mise en demeure visée du troisième alinéa de l'article 1799-1 du Code civil est faite par recommandé avec demande d'avis de réception.

Loi de finances pour 2000 n° 99-1172 du 30 décembre 1999

(JO 31 déc. 1999)

Art. 126. – I. – L'article 2 de la loi n° 51-695 du 24 mai 1951 portant majoration de certaines rentes viagères et pensions est ainsi rédigé :

« Art. 2. – Les taux de majoration applicables aux rentes viagères mentionnées à l'article 1er de la présente loi sont révisés chaque année au mois de décembre, par arrêté du ministre chargé du budget publié au *Journal officiel*, par application du taux prévisionnel d'évolution en moyenne annuelle des prix à la consommation de tous les ménages, hors les prix du tabac, de l'année civile en cours, tel qu'il figure dans le rapport économique et financier annexé au dernier projet de loi de finances. Les taux de majoration ainsi révisés s'appliquent aux rentes qui ont pris naissance avant le 1er janvier de l'année en cours et qui sont servies au cours de l'année suivante. »

II. – Pour les taux applicables aux rentes servies en 2000, l'arrêté mentionné au I du présent article sera publié en janvier 2000.

III. – Les taux de majoration résultant de l'application de l'article 2 de la loi n° 51-695 du 24 mai 1951 précitée sont applicables aux rentes viagères régies par la loi n° 48-957 du 9 juin 1948 portant majoration des rentes viagères constituées au profit des anciens combattants auprès des caisses autonomes mutualistes, ainsi qu'aux rentes constituées par l'intermédiaire des sociétés mutualistes au profit des bénéficiaires de la majoration attribuée en application de l'article L. 321-9 du Code de la mutualité.

IV. – L'article 1er de la loi n° 49-420 du 25 mars 1949 révisant certaines rentes viagères constituées entre particuliers est ainsi rédigé :

« Art. 1er. – Sous réserve des dispositions des articles 2 et 4, les rentes viagères ayant pour objet le paiement par des personnes physiques ou morales de sommes fixées en numéraire soit moyennant l'aliénation en pleine propriété ou en nue-propriété d'un ou de plusieurs biens corporels, meubles ou immeubles, ou d'un ou de plusieurs fonds de commerce, en vertu d'un contrat à titre onéreux ou à titre gratuit, soit comme charge d'un legs de ces mêmes biens, sont majorées de plein droit selon les modalités prévues par l'article 2 de la loi n° 51-695 du 24 mai 1951 portant majoration de certaines rentes viagères et pensions. »

V. – Dans les articles 3, 4 *bis* et 4 *ter* de la loi n° 49-420 du 25 mars 1949 précitée, les mots : « et constituées avant le 1er janvier 1998 » sont supprimés. Dans l'article 4 de cette même loi, les mots : « qui ont pris naissance avant le 1er janvier 1998 » sont supprimés.

VI. – Les dispositions de la loi n° 49-420 du 25 mars 1949 précitée s'appliquent, pour une année donnée, aux rentes viagères constituées entre particuliers antérieurement au 1er janvier de l'année précédente.

Le capital correspondant à la rente en perpétuel dont le rachat aura été demandé postérieurement au 30 septembre de l'année précédant celle au titre de laquelle intervient la révision des taux de majoration sera calculé, nonobstant toutes clauses ou conventions contraires, en tenant compte de la majoration dont cette rente a bénéficié ou aurait dû bénéficier en vertu des dispositions de l'article 1er de la loi n° 49-420 du 25 mars 1949 précitée.

VII. – Les actions ouvertes par la loi n° 49-420 du 25 mars 1949 précitée, portant sur les taux de majoration applicables au titre d'une année donnée, peuvent être intentées dans un délai de deux ans à compter de la publication de l'arrêté portant relèvement des taux tel que prévu au I du présent article.

Loi n° 2000-196 du 6 mars 2000

instituant un Défenseur des enfants

(JO 7 mars)

(Abr., L. n° 2011-334, 29 mars 2011. V. désormais L. org. n° 2011-333, 29 mars 2011, p. 3360 et L. n° 2011-334, 29 mars 2011, p. 3370, relatives au Défenseur des droits).

Loi n° 2000-642 du 10 juillet 2000

portant réglementation des ventes volontaires de meubles aux enchères publiques

(Abr. à compter du 1er juillet 2022, Ord. n° 2016-728, 2 juin 2016)

CHAPITRE I. – LES VENTES VOLONTAIRES DE MEUBLES AUX ENCHÈRES PUBLIQUES

Art. 1er à 14 *(Abr. et codifié, Ord. n° 2000-912, 18 sept. 2000). – V. C. com., art. L. 321-1 à L. 321-14.*

....

CHAPITRE VIII. – DISPOSITIONS DIVERSES ET TRANSITOIRES

....

Art. 52 *(Abr. à compter du 1er juillet 2022, Ord. n° 2016-728, 2 juin 2016).* – Les actions en responsabilité civile engagées à l'occasion des ventes volontaires et judiciaires de meubles aux enchères publiques, ainsi que des expertises correspondantes et des prisées, en cours à la date de promulgation de la présente loi, se prescrivent par dix ans à compter de cette date, à moins que la prescription ne soit acquise selon les règles applicables antérieurement avant ce délai.

....

Loi n° 2000-1257 du 23 décembre 2000

de financement de la sécurité sociale pour 2001

(JO 24 déc. 2000 et rect. 31 janv. 2001)

Art. 53 *(Mod., L. n° 2016-41, 26 janv. 2016).* – I. Peuvent obtenir la réparation intégrale de leurs préjudices :

1° Les personnes qui ont obtenu la reconnaissance d'une maladie professionnelle occasionnée par l'amiante au titre de la législation française de sécurité sociale ou d'un régime assimilé ou de la législation applicable aux pensions civiles et militaires d'invalidité ;

2° Les personnes qui ont subi un préjudice résultant directement d'une exposition à l'amiante sur le territoire de la République française ;

3° Les ayants droit des personnes visées aux 1° et 2°.

II. - Il est créé, sous le nom de « Fonds d'indemnisation des victimes de l'amiante », un établissement public national à caractère administratif, doté de la personnalité juridique et de l'autonomie financière, placé sous la tutelle des ministres chargés de la sécurité sociale et du budget.

Cet établissement a pour mission de réparer les préjudices définis au I du présent article.

Il est administré par un conseil d'administration composé de représentants de l'État, des organisations siégeant à la commission des accidents du travail et des maladies professionnelles de la Caisse nationale de l'assurance maladie des travailleurs salariés, des associations nationales d'aide aux victimes de l'amiante et de personnalités qualifiées. Il est présidé par un magistrat.

Il emploie des agents régis par les titres II, III ou IV du statut général des fonctionnaires en position d'activité, de détachement ou de mise à disposition. Il emploie également des agents contractuels de droit public avec lesquels il peut conclure des contrats à durée déterminée ou indéterminée. Il peut également faire appel à des agents contractuels de droit privé pour occuper des fonctions exigeant une qualification particulière dans le domaine de l'indemnisation des préjudices ou des maladies professionnelles. Les agents contractuels employés par le Fonds d'indemnisation des victimes de l'amiante sont tenus au secret et à la discrétion professionnels dans les mêmes conditions que celles qui sont définies à l'article 26 de la loi n° 83-634 du 13 juillet 1983 portant droits et obligations des fonctionnaires.

III. - Le demandeur justifie de l'exposition à l'amiante et de l'atteinte à l'état de santé de la victime.

Le demandeur informe le fonds des autres procédures relatives à l'indemnisation des préjudices définis au I éventuellement en cours. Si une action en justice est intentée, il informe le juge de la saisine du fonds.

Si la maladie est susceptible d'avoir une origine professionnelle et en l'absence de déclaration préalable par la victime, le fonds transmet sans délai le dossier à l'organisme concerné au titre de la législation française de sécurité sociale ou d'un régime assimilé ou de la législation applicable aux pensions civiles et militaires d'invalidité. Cette transmission vaut déclaration de maladie professionnelle. Elle suspend le délai prévu au IV du présent article jusqu'à ce que l'organisme concerné communique au fonds les décisions prises. En tout état de cause, l'organisme saisi dispose pour prendre sa décision d'un délai de trois mois, renouvelable une fois si une enquête complémentaire est nécessaire. Faute de décision prise par l'organisme concerné dans ce délai, le fonds statue dans un délai de trois mois.

Le fonds examine si les conditions de l'indemnisation sont réunies : il recherche les circonstances de l'exposition à l'amiante et ses conséquences sur l'état de santé de la victime ; il procède ou fait procéder à toute investigation et expertise utiles sans que puisse lui être opposé le secret professionnel ou industriel. Vaut justification de l'exposition à l'amiante la reconnaissance d'une maladie professionnelle occasionnée par l'amiante au titre de la législation française de sécurité sociale ou d'un régime assimilé ou de la législation applicable aux pensions civiles et militaires d'invalidité, ainsi que le fait d'être atteint d'une maladie provoquée par l'amiante et figurant sur une liste établie par arrêté des ministres chargés du travail et de la sécurité sociale.

Vaut également justification du lien entre l'exposition à l'amiante et le décès la décision de prise en charge de ce décès au titre d'une maladie professionnelle occasionnée par l'amiante en application de la législation française de sécurité sociale ou d'un régime assimilé ou de la législation applicable aux pensions civiles et militaires d'invalidité.

Dans les cas valant justification de l'exposition à l'amiante visés aux quatrième et cinquième alinéas du présent III, le fonds peut verser une provision si la demande lui en a été faite, il est statué dans le délai d'un mois à compter de la demande de provision.

Le fonds peut requérir de tout service de l'État, collectivité publique, organisme assurant la gestion des prestations sociales, organisme assureur susceptibles de réparer tout ou partie du préjudice, la communication des renseignements relatifs à l'exécution de leurs obligations éventuelles.

Les renseignements ainsi recueillis ne peuvent être utilisés à d'autres fins que l'instruction de la demande faite au fonds d'indemnisation et leur divulgation est interdite. Les personnes qui ont à connaître des documents et informations fournis au fonds sont tenues au secret professionnel.

Le demandeur peut obtenir la communication de son dossier, sous réserve du respect du secret médical.

III *bis*. - Les droits à l'indemnisation des préjudices mentionnés au I se prescrivent par dix ans à compter de la date du premier certificat médical établissant le lien entre la maladie et l'exposition à l'amiante. Toutefois, le délai de prescription ne court :

1° Pour l'indemnisation des préjudices résultant de l'aggravation d'une maladie dont un certificat médical a déjà établi le lien avec l'exposition à l'amiante, que de la date du premier certificat médical constatant cette aggravation ;

2° Pour l'indemnisation des ayants droit d'une personne décédée, quand son décès est lié à l'exposition à l'amiante, que de la date du premier certificat médical établissant le lien entre le décès et cette exposition.

IV. - Dans les six mois à compter de la réception d'une demande d'indemnisation, le fonds présente au demandeur une offre d'indemnisation. Il indique l'évaluation retenue pour chaque chef de préjudice, ainsi que le montant des indemnités qui lui reviennent compte tenu des prestations énumérées à l'article 29 de la loi n° 85-677 du 5 juillet 1985 tendant à l'amélioration de la situation des victimes d'accidents de la circulation et à l'accélération des procédures d'indemnisation, et des indemnités de toute nature reçues ou à recevoir d'autres débiteurs du chef du même préjudice. Le fonds présente une offre d'indemnisation nonobstant l'absence de consolidation.

Une offre est présentée dans les mêmes conditions en cas d'aggravation de l'état de santé de la victime.

L'acceptation de l'offre ou la décision juridictionnelle définitive rendue dans l'action en justice prévue au V vaut désistement des actions juridictionnelles en indemnisation en cours et rend irrecevable tout autre action juridictionnelle future en réparation du même préjudice. Il en va de même des décisions juridictionnelles devenues définitives allouant une indemnisation intégrale pour les conséquences de l'exposition à l'amiante.

V. - Le demandeur ne dispose du droit d'action en justice contre le fonds d'indemnisation que si sa demande d'indemnisation a été rejetée, si aucune offre ne lui a été présentée dans le délai mentionné au premier alinéa du IV ou s'il n'a pas accepté l'offre qui lui a été faite.

Cette action est intentée devant la cour d'appel dans le ressort de laquelle se trouve le domicile du demandeur.

Celui-ci a la possibilité de se faire assister ou représenter par son conjoint, un ascendant ou un descendant en ligne directe, un avocat ou un délégué des associations de mutilés et invalides du travail les plus représentatives.

VI. - Le fonds est subrogé, à due concurrence des sommes versées, dans les droits que possède le demandeur contre la personne responsable du dommage ainsi que contre les personnes ou organismes tenus à un titre quelconque d'en assurer la réparation totale ou partielle dans la limite du montant des prestations à la charge desdites personnes.

Le fonds intervient devant les juridictions civiles, y compris celles du contentieux de la sécurité sociale, notamment dans les actions en faute inexcusable, et devant les juridictions de jugement en matière répressive, même pour la première fois en cause d'appel, en cas de constitution de partie civile du demandeur contre le ou les responsables des préjudices ; il intervient à titre principal et peut user de toutes les voies de recours ouvertes par la loi.

Si le fait générateur du dommage a donné lieu à des poursuites pénales, le juge civil n'est pas tenu de surseoir à statuer jusqu'à décision définitive de la juridiction répressive.

La reconnaissance de la faute inexcusable de l'employeur, à l'occasion de l'action à laquelle le fonds est partie, ouvre droit à la majoration des indemnités versées à la victime ou à ses ayants droit en application de la législation de sécurité sociale. L'indemnisation à la charge du fonds est alors révisée en conséquence.

VII. - Le fonds est financé par une contribution de l'État, dans les conditions fixées par la loi de finances, et par une contribution de la branche accidents du travail et maladies professionnelles du régime général de la sécurité sociale dont le montant est fixé chaque année par la loi de financement de la sécurité sociale, sur la base d'un rapport d'activité du fonds établi par son conseil d'administration et transmis au Parlement et au Gouvernement chaque année avant le 1er juillet.

VIII *(V. CPP, art. 706-3)*

Les dispositions de l'alinéa précédent ne remettent pas en cause la compétence juridictionnelle pour connaître, en appel ou en cassation, des décisions rendues avant la date de publication du décret mentionné au X du présent article par les commissions instituées par l'article 706-4 du Code de procédure pénale.

IX. - Les demandes d'indemnisation des préjudices causés par l'exposition à l'amiante en cours d'instruction devant les commissions instituées par l'article 706-4 du Code de procédure pénale à la date de publication du décret mentionné au X sont transmises au fonds d'indemnisation des victimes de l'amiante. Les provisions allouées en application du dernier alinéa de l'article 706-6 du Code de procédure pénale sont remboursées par le fonds d'indemnisation des victimes de l'amiante au fonds de garantie des victimes des actes de terrorisme et d'autres infractions.

X. - Les modalités d'application du présent article sont fixées par décret en Conseil d'État.

Le délai fixé au IV est porté à neuf mois pendant l'année qui suit la publication du décret mentionné à l'alinéa précédent.

XI. - Le fonds peut gérer, pour le compte de la Nouvelle-Calédonie, un dispositif d'indemnisation des victimes de l'amiante défini par cette collectivité dans le cadre de ses compétences, dans des conditions fixées par une convention conclue entre le fonds et la Nouvelle-Calédonie.

Décret n° 2000-1277 du 26 décembre 2000

portant simplification de formalités administratives
et suppression de la fiche d'état civil

Art. 1er *(Abr. à compter du 1er janvier 2016, D. n° 2015-1342, 23 oct. 2015).*

Art. 2 *(Abr. et partiellement codifié à compter du 1er janvier 2016, D. n° 2015-1342, 23 oct. 2015. – V. CRPA, art. R. 113-5).*

Art. 3 *(Abr. et codifié à compter du 1er janvier 2016, D. n° 2015-1342, 23 oct. 2015. – V. CRPA, art. R. 113-6).*

Art. 4 *(Abr. et codifié à compter du 1er janvier 2016, D. n° 2015-1342, 23 oct. 2015. – V. CRPA, art. R. 113-9).*

Art. 5 *(Abr. et codifié à compter du 1er janvier 2016, D. n° 2015-1342, 23 oct. 2015. – V. CRPA, art. R. 113-7).*

Art. 6 *(Abr. et codifié à compter du 1er janvier 2016, D. n° 2015-1342, 23 oct. 2015. – V. CRPA, art. R. 113-8).*

Art. 7 *(Abr. et codifié à compter du 1er janvier 2016, D. n° 2015-1342, 23 oct. 2015. – V. CRPA, art. R. 113-9).*

Art. 8 *(Abr., D. n° 2003-748, 31 juill. 2003).*

Art. 9 *(Abr. et partiellement codifié à compter du 1er janvier 2016, D. n° 2015-1342, 23 oct. 2015. – V. CRPA, art. R. 552-5, R. 562-5 et R. 572-3).*

Art. 10 *(Abr. à compter du 1er janvier 2016, D. n° 2015-1342, 23 oct. 2015).*

Voir : Circ. 26 déc. 2000 : *JCP* 2001, III, 20421.

Décret n° 2001-272 du 30 mars 2001

pris pour l'application de l'article 1316-4 du Code civil
et relatif à la signature électronique

(Abr., D. n° 2017-1416, 28 sept. 2017)

Bibliographie : I. de Lamberterie et J.-F. Blanchette, *Le décret du 30 mars 2001 relatif à la signature électronique* : *JCP* E 2001, 1269.

Loi n° 2001-1135 du 3 décembre 2001

relative aux droits du conjoint survivant et des enfants adultérins
et modernisant diverses dispositions de droit successoral
(Abr. en ses dispositions ayant complété ou mod. la partie législative du Code du domaine de l'État, Ord. n° 2006-460, 21 avr. 2006)

Bibliographie : V. Brémond, *Les dispositions transitoires de la loi du 3 décembre 2001 : JCP* N 2002, 1375. • M.-C. Forgeard, *Remarques sur les dispositions transitoires de la loi du 3 décembre 2001 : Defrénois* 2002, 1195. • J.-P. Marguénaud et B. Dauchez, *Les dispositions transitoires de la loi du 3 décembre 2001 à l'épreuve de la CEDH : Defrénois* 2002, 1366.

CHAPITRE I. – DISPOSITIONS RELATIVES AUX DROITS DU CONJOINT SURVIVANT

....

Art. 8. – **Pour la liquidation des droits de mutation à titre gratuit, la valeur des droits d'habitation et d'usage est de 60 % de la valeur de l'usufruit déterminée conformément au I de l'article 762 du Code général des impôts.**

....

CHAPITRE III. – AUTRES DISPOSITIONS RÉFORMANT LE DROIT DES SUCCESSIONS

....

Art. 20. – I. – V. *C. civ., art. 730 à 730-5.*

II. – Il n'est pas porté atteinte aux dispositions des articles 74 à 77, relatifs aux certificats d'héritiers, de la loi du 1er juin 1924 mettant en vigueur la législation civile française dans les départements du Bas-Rhin, du Haut-Rhin et de la Moselle.

Art. 21. – I. – V. *C. civ., art. 110, 1094-2 et 1600.*

II. – V. *C. monét. fin., art. L. 112-2.*

CHAPITRE IV. – DISPOSITIONS DIVERSES

Art. 22. – **Une information sur le droit de la famille, notamment sur les droits du conjoint survivant, est délivrée au moment de l'accomplissement des formalités préalables au mariage.**

Un document d'information sur le droit de la famille est annexé au livret de famille.

La teneur et les modalités de délivrance de cette information sont précisées par un décret en Conseil d'État.

Art. 23. – V. *C. civ., art. 279.*

Art. 24. – V. *L. n° 2000-596, 30 juin 2000.*

Art. 25 *(Mod., Ord. n° 2006-460, 21 avr. 2006 ; L. n° 2006-728, 23 juin 2006).* – **I. – La présente loi entrera en vigueur le premier jour du septième mois suivant sa publication au *Journal officiel* de la République française, à l'exception :**

– de l'article 763 du Code civil dans sa rédaction issue de l'article 4 ;

– des articles L. 132-2, L. 132-7 et L. 132-18 du Code des assurances dans leur rédaction issue des articles 5 et 7 et des articles L. 223-9 et L. 223-18 du Code de la mutualité dans leur rédaction résultant de l'article 6 ;

– de l'abrogation des dispositions du même code relatives au droit des enfants naturels dont le père ou la mère était, au temps de la conception, engagé dans les liens du mariage, résultant de l'article 16 et de la nouvelle rédaction des articles 759 à 764 opérée par les articles 3 et 4 ;

– des dispositions du second alinéa de l'article 1527 du même code, dans sa rédaction issue de l'article 17 ;

– des dispositions prévues aux articles 22 à 24.

II. – La présente loi sera applicable aux successions ouvertes à compter de la date prévue au I, sous les exceptions suivantes :

1° L'article 763 du Code civil dans sa rédaction issue de l'article 4 et l'article 15 de la présente loi sera applicable aux successions ouvertes à compter de la publication de celle-ci au *Journal officiel* de la République française.

2° Sous réserve des accords amiables déjà intervenus et des décisions judiciaires irrévocables, seront applicables aux successions ouvertes à la date de publication de la présente loi au *Journal officiel* de la République française et n'ayant pas donné lieu à partage avant cette date :

– les dispositions relatives aux nouveaux droits successoraux des enfants naturels ;

– les dispositions du second alinéa de l'article 1527 du Code civil dans sa rédaction issue de l'article 17.

3° Les causes de l'indignité successorale sont déterminées par la loi en vigueur au jour où les faits ont été commis.

Cependant, le 1° et le 5° de l'article 727 du Code civil, en tant que cet article a rendu facultative la déclaration de l'indignité, seront applicables aux faits qui ont été commis avant l'entrée en vigueur de la présente loi.

Bibliographie : V. Brémond, *Indignité et droit transitoire. À propos de l'article 25 II 3° de la loi du 3 décembre 2001 : JCP* N 2002, 1541. • Ph. Delmas Saint-Hilaire, *Réforme des successions – Examen d'une difficulté de droit transitoire : l'action en retranchement : Defrénois* 2002, 152.

Jurisprudence. Voir sous l'art. 733, annot. n° 1 et s., p. 588.

Art. 26. – I. – 1. Les dispositions du I de l'article 14, du IV de l'article 15, des articles 22 et 25 de la présente loi ainsi que celles des articles 112 à 132 et 1751 du Code civil sont applicables à Mayotte.

2 et 3. (Dispositions spécifiques à Mayotte et relatives aux articles 832 et 832-1 du Code civil).

4. *(V. L. n° 2000-596, 30 juin 2000, art. 19-1).*

II. – Les dispositions du I de l'article 14, du IV de l'article 15 et des articles 22 et 25 de la présente loi sont applicables en Nouvelle-Calédonie.

III. – Les dispositions de l'article 14, du IV de l'article 15 et des articles 22 et 25 de la présente loi sont applicables en Polynésie française.

IV. – Les dispositions du I de l'article 14, du IV de l'article 15, des articles 22 et 25 de la présente loi et de l'article 1751 du Code civil sont applicables à Wallis-et-Futuna.

Décret n° 2002-120 du 30 janvier 2002

relatif aux caractéristiques du logement décent pris pour l'application de l'article 187 de la loi n° 2000-1208 du 13 décembre 2000 relative à la solidarité et au renouvellement urbains

(JO 31 janv.)

Art. 1er. – Un logement décent est un logement qui répond aux caractéristiques définies par le présent décret.

Art. 2 *(Mod. à compter du 1er janvier 2018, D. n° 2017-312, 9 mars 2017 ; à compter du 1er juillet 2018, D. n° 2017-312, 9 mars 2017).* – Le logement doit satisfaire aux conditions suivantes, au regard de la sécurité physique et de la santé des locataires :

1. Il assure le clos et le couvert. Le gros œuvre du logement et de ses accès est en bon état d'entretien et de solidité et protège les locaux contre les eaux de ruissellement et les remontées d'eau. Les menuiseries extérieures et la couverture avec ses raccords et accessoires assurent la protection contre les infiltrations d'eau dans l'habitation. Pour les logements situés dans les départements d'outre-mer, il peut être tenu compte, pour l'appréciation des conditions relatives à la protection contre les infiltrations d'eau, des conditions climatiques spécifiques à ces départements ;

2. Il est protégé contre les infiltrations d'air parasites. Les portes et fenêtres du logement ainsi que les murs et parois de ce logement donnant sur l'extérieur ou des locaux non chauffés présentent une étanchéité à l'air

suffisante. Les ouvertures des pièces donnant sur des locaux annexes non chauffés sont munies de portes ou de fenêtres. Les cheminées doivent être munies de trappes. Ces dispositions ne sont pas applicables dans les départements situés outre-mer.

3. Les dispositifs de retenue des personnes, dans le logement et ses accès, tels que garde-corps des fenêtres, escaliers, loggias et balcons, sont dans un état conforme à leur usage ;

4. La nature et l'état de conservation et d'entretien des matériaux de construction, des canalisations et des revêtements du logement ne présentent pas de risques manifestes pour la santé et la sécurité physique des locataires ;

5. Les réseaux et branchements d'électricité et de gaz et les équipements de chauffage et de production d'eau chaude sont conformes aux normes de sécurité définies par les lois et règlements et sont en bon état d'usage et de fonctionnement ;

6. Le logement permet une aération suffisante. Les dispositifs d'ouverture et les éventuels dispositifs de ventilation des logements sont en bon état et permettent un renouvellement de l'air et une évacuation de l'humidité adaptés aux besoins d'une occupation normale du logement et au fonctionnement des équipements ;

7. Les pièces principales, au sens du troisième alinéa de l'article R. 111-1 du Code de la construction et de l'habitation, bénéficient d'un éclairement naturel suffisant et d'un ouvrant donnant à l'air libre ou sur un volume vitré donnant à l'air libre.

Art. 3. – Le logement comporte les éléments d'équipement et de confort suivants :

1. Une installation permettant un chauffage normal, munie des dispositifs d'alimentation en énergie et d'évacuation des produits de combustion et adaptée aux caractéristiques du logement. Pour les logements situés dans les départements d'outre-mer, il peut ne pas être fait application de ces dispositions lorsque les conditions climatiques le justifient ;

2. Une installation d'alimentation en eau potable assurant à l'intérieur du logement la distribution avec une pression et un débit suffisants pour l'utilisation normale de ses locataires ;

3. Des installations d'évacuation des eaux ménagères et des eaux-vannes empêchant le refoulement des odeurs et des effluents et munies de siphon ;

4. Une cuisine ou un coin cuisine aménagé de manière à recevoir un appareil de cuisson et comprenant un évier raccordé à une installation d'alimentation en eau chaude et froide et à une installation d'évacuation des eaux usées ;

5. Une installation sanitaire intérieure au logement comprenant un w.-c., séparé de la cuisine et de la pièce où sont pris les repas, et un équipement pour la toilette corporelle, comportant une baignoire ou une douche, aménagé de manière à garantir l'intimité personnelle, alimenté en eau chaude et froide et muni d'une évacuation des eaux usées. L'installation sanitaire d'un logement d'une seule pièce peut être limitée à un w.-c. extérieur au logement à condition que ce w.-c. soit situé dans le même bâtiment et facilement accessible ;

6. Un réseau électrique permettant l'éclairage suffisant de toutes les pièces et des accès ainsi que le fonctionnement des appareils ménagers courants indispensables à la vie quotidienne.

Dans les logements situés dans les départements d'outre-mer, les dispositions relatives à l'alimentation en eau chaude prévues aux 4 et 5 ci-dessus ne sont pas applicables.

Art. 4. – Le logement dispose au moins d'une pièce principale ayant soit une surface habitable au moins égale à 9 mètres carrés et une hauteur sous plafond au moins égale à 2,20 mètres, soit un volume habitable au moins égal à 20 mètres cubes.

La surface habitable et le volume habitable sont déterminés conformément aux dispositions des deuxième et troisième alinéas de l'article R. 111-2 du Code de la construction et de l'habitation.

Art. 5. – Le logement qui fait l'objet d'un arrêté d'insalubrité ou de péril ne peut être considéré comme un logement décent.

Art. 6. – Les travaux d'amélioration prévus à l'article 1er de la loi [n° 67-561] du 12 juillet 1967 susvisée sont ceux qui ont pour but exclusif de mettre les locaux en conformité avec tout ou partie des dispositions des articles 1er à 4 du présent décret, sans aboutir à dépasser les caractéristiques qui y sont définies.

Les articles 1er, 5 à 14 et 17 du décret n° 68-976 du 9 novembre 1968 susvisé sont abrogés.

Art. 6 bis *(D. n° 2013-1296, 27 déc. 2013).* – Le présent décret s'applique à Mayotte, avec, jusqu'au 31 décembre 2019, les adaptations suivantes :

1° Le 4 de l'article 2 est remplacé par un alinéa ainsi rédigé :

« 4. Il est équipé d'un coffret électrique de répartition, relié à une prise de terre normalisée et sécurisé par un disjoncteur différentiel. » ;

2° Le 3 de l'article 3 est complété par la phrase suivante :

« Elles sont raccordées à un système d'assainissement collectif lorsqu'il existe ou, à défaut, à un système d'assainissement individuel comprenant une fosse septique et un puisard d'infiltration. » ;

3° Au 4 de l'article 3, les mots : « Une cuisine ou un coin cuisine aménagé "de manière à" » sont remplacés par les mots : « Une cuisine ou un coin cuisine, s'il existe, doit être aménagé de manière à » ;

4° Au 5 de l'article 3, les mots : « Une installation sanitaire intérieure au "logement" » sont remplacés par les mots : « Une installation sanitaire », les mots : « alimenté en eau chaude et froide » sont remplacés par les mots : « alimenté en eau » et les mots : « à condition que ce w.-c. soit situé dans le même bâtiment et facilement accessible » sont remplacés par les mots : « à condition que ce w.-c. soit facilement accessible. »

Loi n° 2002-303 du 4 mars 2002

relative aux droits des malades et à la qualité du système de santé

TITRE PREMIER. – SOLIDARITÉ ENVERS LES PERSONNES HANDICAPÉES

Art. 1er *(Mod., L. n° 2003-660, 21 juill. 2003 ; trois al. du I devenus l'article L. 114-5 du C. action soc. et fam., § III transféré à l'art. L. 146-1 du C. action soc. et fam. et abr. pour le surplus, L. n° 2005-102, 11 févr. 2005).*

....

TITRE IV. – RÉPARATION DES CONSÉQUENCES DES RISQUES SANITAIRES

....

Art. 101 *(Mod., L. n° 2002-1577, 30 déc. 2002).* – Les dispositions du titre IV du livre I de la première partie du Code de la santé publique issues de l'article 98 de la présente loi, à l'exception du chapitre I, de l'article L. 1142-2 et de la section 5 du chapitre II, s'appliquent aux accidents médicaux, affections iatrogènes et infections nosocomiales consécutifs à des activités de prévention, de diagnostic ou de soins réalisées à compter du 5 septembre 2001, même si ces accidents médicaux, affections iatrogènes et infections nosocomiales font l'objet d'une instance en cours, à moins qu'une décision de justice irrévocable n'ait été prononcée.

Les dispositions de la section 6 du chapitre II du titre IV du livre I de la première partie du même code sont immédiatement applicables, en tant qu'elles sont favorables à la victime ou à ses ayants droit, aux actions en responsabilité, y compris aux instances en cours n'ayant pas donné lieu à une décision irrévocable.

Les dispositions de l'article L. 1141-1 du même code s'appliquent aux contrats en cours à cette même date.

Art. 102. – En cas de contestation relative à l'imputabilité d'une contamination par le virus de l'hépatite C antérieure à la date d'entrée en vigueur de la présente loi, le demandeur apporte des éléments qui permettent de présumer que cette contamination a pour origine une transfusion de produits sanguins labiles ou une injection de médicaments dérivés du sang. Au vu de ces éléments, il incombe à la partie défenderesse de prouver que cette transfusion ou cette injection n'est pas à l'origine de la contamination. Le juge forme sa conviction après avoir ordonné, en cas de besoin, toutes les mesures d'instruction qu'il estime utiles. Le doute profite au demandeur.

Cette disposition est applicable aux instances en cours n'ayant pas donné lieu à une décision irrévocable.

Opposabilité de la présomption. La présomption d'imputabilité d'une contamination à une transfusion sanguine est opposable à toute partie tenue à la réparation du dommage causé par cette contamination (▪ Cass. 2e civ., 24 mai 2006 : *Bull. civ.* II, n° 134, p. 126 ; *JurisData* n° 2006-033714. Recours de l'Établissement français du sang contre l'assureur du responsable de l'accident ayant nécessité une transfusion).

Art. 103. – V. *C. santé publ., art. L. 3111-9.*

Art. 104. – Les dispositions de l'article L. 3111-9 du Code de la santé publique sont applicables aux personnes visées à l'article L. 3111-4 du même code qui ont été vaccinées contre l'hépatite B avant la date d'entrée en vigueur de la loi n° 91-73 du 18 janvier 1991 portant dispositions relatives à la santé publique et aux assurances sociales.

Loi n° 2002-304 du 4 mars 2002
relative au nom de famille

Bibliographie : V. commentaire J. Massip : *Defrénois* 2002, 795.

Art. 1er à 21. – V. *C. civ., art. 57, 61-3, 311-21, 311-22, 331, 331-2, 332-1, 333-4 à 333-6, 334-1, 334-2, 334-5, 354, 357, 357-1, 361, 363 et 363-1.*

Art. 22. – V. *L. 2 juill. 1923, art. 1er et 4.*

Art. 23 *(Mod., L. 2003-516, 18 juin 2003).* – La présente loi n'est pas applicable aux enfants nés avant la date de son entrée en vigueur. Toutefois, dans le délai de dix-huit mois suivant cette date, les parents exerçant l'autorité parentale peuvent demander par déclaration conjointe à l'officier de l'état civil, au bénéfice de l'aîné des enfants communs lorsque celui-ci a moins de treize ans au 1er septembre 2003 ou à la date de la déclaration, l'adjonction en deuxième position du nom du parent qui ne lui a pas transmis le sien, dans la limite d'un seul nom de famille. Le nom ainsi attribué est dévolu à l'ensemble des enfants communs, nés et à naître.

Dans le cas où cette faculté est exercée par les parents d'un enfant âgé de plus de treize ans, le consentement de ce dernier est nécessaire.

Cette faculté ne peut être exercée qu'une seule fois.

Art. 24 *(Mod., L. n° 2003-516, 18 juin 2003).* – Les articles 57, 60 à 61-4, 329, 331, 331-2, 332-1, 334-2, 354, 361 et 363 du Code civil sont applicables à Mayotte.

Art. 25 *(Mod., L. 2003-516, 18 juin 2003).* – L'entrée en vigueur de la présente loi est fixée au 1er janvier 2005.

Les dispositions de la présente loi sont applicables à Mayotte à compter du premier jour de la sixième année de la promulgation de la présente loi.

Loi n° 2002-305 du 4 mars 2002
relative à l'autorité parentale

Bibliographie : H. Fulchiron, *L'autorité parentale rénovée : Defrénois* 2002, 959.

CHAPITRE PREMIER. – L'AUTORITÉ PARENTALE

Art. 1er à 8. – V. *C. civ., art. 247, 256, 286, 371-1, 371-2, 371-4, 372, 373, 373-1, 373-2 à 373-2-13, 377 à 373-3, 375-3, 389-2, 390 et 1384.*

CHAPITRE II. – FILIATION

Art. 9 et 10. – V. *C. civ., art. 62, 75, 310-1, 334, 340-6, 365, 368, 402 et 1072.*

CHAPITRE III. – DISPOSITIONS DIVERSES ET TRANSITOIRES

Art. 11. – I. – Les dispositions des articles 1er à 10 sont applicables aux instances en cours qui n'ont pas donné lieu à une décision passée en force de chose jugée.

II. – Les dispositions du premier alinéa de l'article 372 du Code civil sont applicables aux enfants nés antérieurement à l'entrée en vigueur de la présente loi, dès lors qu'ils ont été reconnus par leurs père et mère dans l'année de leur naissance.

....

Art. 13. – I. – La prostitution des mineurs est interdite sur tout le territoire de la République.

II. – Tout mineur qui se livre à la prostitution, même occasionnellement, est réputé en danger et relève de la protection du juge des enfants au titre de la procédure d'assistance éducative.

III à VI. – V. *C. pén., art. 225-12-1 à 225-12-4, 225-7-1, 225-20, 227-26 et 227-28-1.*
VII et VIII. – V. *CPP, livre IV, titre XVII : intitulé ; CPP, art. 706-34.*

Art. 19. – I. – Les articles 62, 75, 368, 372-2, 373-3, 374-1, 388-1, 388-2, 389 à 389-5 du Code civil et les dispositions du V de l'article 8 de la présente loi sont applicables à Mayotte.

Les dispositions du V de l'article 8 sont applicables dans les îles Wallis-et-Futuna, en Polynésie française et en Nouvelle-Calédonie.

II. – Les dispositions des articles 13 à 15 sont applicables dans les îles Wallis-et-Futuna, en Polynésie française et en Nouvelle-Calédonie.

III. – Les dispositions de l'article 17 sont applicables en Nouvelle-Calédonie. Les dispositions du II de l'article 17 sont applicables à Mayotte, dans les îles Wallis-et-Futuna et en Polynésie française.

Loi n° 2002-306 du 4 mars 2002

portant réforme de la loi du 1er juin 1924 mettant en vigueur la législation civile française dans les départements du Bas-Rhin, du Haut-Rhin et de la Moselle, dans ses dispositions relatives à la publicité foncière

Art. 1er. – V. *L. 1er juin 1924, art. 36 à 65.*

Art. 2 *(Mod., L. n° 2004-1485, 30 déc. 2004 ; L. n° 2009-323, 25 mars 2009 ; L. n° 2019-222, 23 mars 2019).* – Il est créé un établissement public de l'Etat qui :

1° Assure ou fait assurer l'exploitation et la maintenance des systèmes et du réseau du livre foncier informatisé, du registre des associations et du registre des associations coopératives de droit local tenus par les tribunaux d'instance des départements du Bas-Rhin, du Haut-Rhin et de la Moselle et peut assurer ou faire assurer l'informatisation de ces registres et de leurs annexes conservés sur support papier ;

2° Assure le contrôle de la sécurité des systèmes et du réseau du livre foncier informatisé, des registres des associations et des registres des associations coopératives de droit local, ainsi que de leurs annexes ;

3° Délivre et retire les habilitations et contrôle les accès aux données du livre foncier informatisé, des registres des associations et des registres des associations coopératives de droit local, ainsi que de leurs annexes ;

4° Assure l'enregistrement électronique des requêtes pour ces registres informatisés ;

5° Et peut délivrer des copies des registres du livre foncier, des registres des associations et des registres des associations coopératives de droit local, ainsi que de leurs annexes.

A compter de sa création, l'établissement public est substitué au groupement d'intérêt public créé en application de la loi n° 94-342 du 29 avril 1994 relative à l'informatisation du livre foncier dans les départements du Bas-Rhin, du Haut-Rhin et de la Moselle dans l'ensemble de ses droits et obligations, y compris, le cas échéant, pour l'achèvement de la réalisation et du déploiement de l'application informatisée du livre foncier.

Art. 3. – L'établissement est administré par un conseil d'administration et dirigé par un directeur général. Le conseil d'administration comprend, outre son président, pour moitié des représentants de l'État et pour moitié des représentants des départements du Bas-Rhin, du Haut-Rhin et de la Moselle, de la région Alsace, de l'institut du droit local et du conseil interrégional des notaires.

Le président du conseil d'administration et le directeur général sont nommés par décret.

Art. 4 *(Mod., L. n° 2009-323, 25 mars 2009).* – Le financement de l'établissement public est assuré notamment :

1° Par le produit des redevances perçues pour services rendus tels que la consultation et la délivrance de copies à titre de simple renseignement ainsi que l'enregistrement électronique des requêtes ;

2° Par les subventions de l'État ou de toute autre personne publique.

Art. 5. – Les emplois permanents de l'établissement public sont pourvus par des agents dont le statut est régi par le décret en Conseil d'État, pris en application de l'article 7 de la loi n° 84-16 du 11 janvier 1984 portant dispositions statutaires relatives à la fonction publique de l'État. Les contrats des personnels du groupement créé en application de la loi n° 94-342 du 29 avril 1994 précitée sont transférés à l'établissement public.

Art. 6. – Les servitudes foncières constituées avant le 1er janvier 1900 doivent être inscrites au livre foncier, à peine d'extinction, dans un délai de cinq ans à compter de la promulgation de la présente loi.

Les modalités d'application du présent article sont fixées par décret en Conseil d'État.

Art. 7. – Les tutelles et curatelles visées par l'article 4 de la loi n° 90-1248 du 29 décembre 1990 portant diverses mesures d'harmonisation entre le droit applicable dans les départements du Bas-Rhin, du Haut-Rhin et de la Moselle donnent lieu à inscription de l'hypothèque sur les immeubles du tuteur ou du curateur dans les conditions des articles 2143 et 2144 du Code civil.

Art. 8 *(Mod., L. n° 2004-1485, 30 déc. 2004).* – I. – Les articles 36-2, 37, 38-3 et les deux derniers alinéas de l'article 40 de la loi du 1er juin 1924 précitée modifiés par l'article 1er, paragraphes II, III, V et VI de la présente loi, s'appliquent à compter du 1er janvier 2008.

Les articles 37 et 38-1 de la loi du 1er juin 1924 précitée, dans leur rédaction en vigueur à la date de la promulgation de la présente loi, s'appliquent jusqu'à la date d'entrée en vigueur des articles 37 et 38-3 cités à l'alinéa précédent.

II. – Les dispositions des articles 2 à 5 de la présente loi s'appliquent à compter d'une date fixée par décret qui ne pourra être postérieure au 1er janvier 2008.

Art. 9. – Sous réserve des décisions juridictionnelles passées en force de chose jugée, les documents d'urbanisme approuvés antérieurement à la publication de la présente loi, établis par les communautés urbaines dans le cadre du deuxième alinéa du I de l'article L. 5215-20-1 du Code général des collectivités territoriales, ainsi que tous les actes administratifs pris sur le fondement de ces documents d'urbanisme sont validés, en tant que leur régularité serait contestée sur le fondement que les conseils municipaux consultés n'ont émis un avis que sur les parties de documents portant sur le territoire de leur commune.

Règlement (CE) du Parlement européen et du Conseil n° 805/2004 du 21 avril 2004

portant création d'un titre exécutoire européen pour les créances incontestées

Voir : *JO* n° L 143, 30 avr. 2004, p. 0015-0039.

Loi n° 2004-439 du 26 mai 2004

relative au divorce

(JO 27 mai)

TITRE II. – DISPOSITIONS DIVERSES ET TRANSITOIRES

Art. 31 *(Rempl., L. n° 2009-526, 12 mai 2009).* – Dans les départements du Bas-Rhin, du Haut-Rhin et de la Moselle, la procédure de partage judiciaire est soumise aux dispositions du titre VI de la loi du 1er juin 1924 mettant en vigueur la législation civile française dans les départements du Bas-Rhin, du Haut-Rhin et de la Moselle.

Art. 32. – I. – La présente loi est applicable en Nouvelle-Calédonie, en Polynésie française, à Wallis-et-Futuna et à Mayotte.

II. – V. *L. n° 2001-616, 11 juill. 2001, art. 52-3.*

III. – V. *C. civ., art. 2290-1.*

Art. 33. – I. – La présente loi entrera en vigueur le 1er janvier 2005.

II. – Elle s'appliquera aux procédures en divorce introduites avant son entrée en vigueur sous les exceptions qui suivent :

a) Lorsque la convention temporaire a été homologuée avant l'entrée en vigueur de la présente loi, l'action en divorce est poursuivie et jugée conformément à la loi ancienne ;

b) Lorsque l'assignation a été délivrée avant l'entrée en vigueur de la présente loi, l'action en divorce est poursuivie et jugée conformément à la loi ancienne.

Par dérogation au *b*, les époux peuvent se prévaloir des dispositions des articles 247 et 247-1 du Code civil ; le divorce peut également être prononcé pour altération définitive du lien conjugal si les conditions de l'article 238 sont réunies et dans le respect des dispositions de l'article 246.

III. – Les dispositions du II sont applicables aux procédures en séparation de corps.

IV. – L'appel et le pourvoi en cassation sont formés, instruits et jugés selon les règles applicables lors du prononcé de la décision de première instance.

V. – Les demandes de conversion sont formées, instruites et jugées conformément aux règles applicables lors du prononcé de la séparation de corps.

VI. - Les rentes viagères fixées par le juge ou par convention avant l'entrée en vigueur de la loi n° 2000-596 du 30 juin 2000 relative à la prestation compensatoire en matière de divorce peuvent être révisées, suspendues ou supprimées à la demande du débiteur ou de ses héritiers lorsque leur maintien en l'état procurerait au créancier un avantage manifestement excessif au regard des critères posés à l'article 276 du Code civil. *(Phrase créée, L. n° 2015-177, 16 févr. 2015)* « À ce titre, il est tenu compte de la durée du versement de la rente et du montant déjà versé ».

L'article 276-3 de ce code est applicable à la révision, à la suspension ou la suppression des rentes viagères fixées par le juge ou par convention avant l'entrée en vigueur de la présente loi.

La substitution d'un capital aux rentes viagères fixées par le juge ou par convention avant l'entrée en vigueur de la présente loi peut être demandée dans les conditions fixées à l'article 276-4 du même code.

VII. – Les rentes temporaires fixées par le juge ou par convention avant l'entrée en vigueur de la présente loi peuvent être révisées, suspendues ou supprimées en cas de changement important dans les ressources ou les besoins de l'une ou l'autre des parties. Leur révision ne peut conduire à proroger leur durée initiale, sauf accord des parties. La révision ne peut avoir pour effet de porter la rente à un montant supérieur à celui fixé initialement par le juge.

La substitution d'un capital aux rentes temporaires fixées par le juge ou par convention avant l'entrée en vigueur de la présente loi peut être demandée dans les conditions prévues à l'article 276-4 du Code civil.

VIII. – Les prestations compensatoires fixées par le juge ou par convention avant l'entrée en vigueur de la présente loi sous la forme prévue au premier alinéa de l'article 275 du Code civil, tel qu'il résulte de l'article 6, peuvent être révisées dans les conditions prévues par le deuxième alinéa de ce même article.

IX. – Les VI et VII sont applicables aux instances en cours qui n'ont pas donné lieu à une décision passée en force de chose jugée.

X. – Les dispositions des articles 280 à 280-2 du Code civil, tel qu'il résulte de l'article 6, sont applicables aux prestations compensatoires allouées avant l'entrée en vigueur de la présente loi sauf lorsque la succession du débiteur a donné lieu à partage définitif à cette date. Dans ce dernier cas, les dispositions prévues aux deuxième et troisième alinéas du VI, au VII et au VIII sont applicables aux héritiers du débiteur. Ceux-ci peuvent également se libérer à tout moment du solde du capital indexé lorsque la prestation compensatoire prend la forme prévue au premier alinéa de l'article 275 du Code civil, tel qu'il résulte de l'article 6.

XI. – Les pensions de réversion versées du chef du conjoint décédé avant la date d'entrée en vigueur de la loi n° 2000-596 du 30 juin 2000 précitée peuvent être, sur décision du juge saisi par les héritiers du débiteur de la prestation compensatoire, déduites du montant des rentes en cours.

Loi n° 2004-575 du 21 juin 2004

pour la confiance dans l'économie numérique

(JO 22 juin 2004)

TITRE PREMIER. – DE LA LIBERTÉ DE COMMUNICATION EN LIGNE

....

CHAPITRE II. – LES PRESTATAIRES TECHNIQUES

Art. 5. – i) Le chapitre VI du titre II de la loi n° 86-1067 du 30 septembre 1986 précitée est abrogé.

ii) *(V. L. n° 82-652, 29 juill. 1982, art. 6)*.

Art. 6 *(Mod., L. n° 2018-703, 3 août 2018 ; L. n° 2018-898, 23 oct. 2018)*. – I. - 1. Les personnes dont l'activité est d'offrir un accès à des services de communication au public en ligne informent leurs abonnés de l'existence de moyens techniques permettant de restreindre l'accès à certains services ou de les sélectionner et leur proposent au moins un de ces moyens.

Les personnes visées à l'alinéa précédent les informent également de l'existence de moyens de sécurisation permettant de prévenir les manquements à l'obligation définie à l'article L. 336-3 du Code de la propriété intellectuelle et leur proposent au moins un des moyens figurant sur la liste prévue au deuxième alinéa de l'article L. 331-26 du même code.

2 . Les personnes physiques ou morales qui assurent, même à titre gratuit, pour mise à disposition du public par des services de communication au public en ligne, le stockage de signaux, d'écrits, d'images, de sons ou de messages de toute nature fournis par des destinataires de ces services ne peuvent pas voir leur responsabilité civile engagée du fait des activités ou des informations stockées à la demande d'un destinataire de ces services si elles n'avaient pas effectivement connaissance de leur caractère illicite ou de faits et circonstances faisant apparaître ce caractère ou si, dès le moment où elles en ont eu cette connaissance, elles ont agi promptement pour retirer ces données ou en rendre l'accès impossible.

L'alinéa précédent ne s'applique pas lorsque le destinataire du service agit sous l'autorité ou le contrôle de la personne visée audit alinéa.

3 . Les personnes visées au 2 ne peuvent voir leur responsabilité pénale engagée à raison des informations stockées à la demande d'un destinataire de ces services si elles n'avaient pas effectivement connaissance de l'activité ou de l'information illicites ou si, dès le moment où elles en ont eu connaissance, elles ont agi promptement pour retirer ces informations ou en rendre l'accès impossible.

L'alinéa précédent ne s'applique pas lorsque le destinataire du service agit sous l'autorité ou le contrôle de la personne visée audit alinéa.

4. Le fait, pour toute personne, de présenter aux personnes mentionnées au 2 un contenu ou une activité comme étant illicite dans le but d'en obtenir le retrait ou d'en faire cesser la diffusion, alors qu'elle sait cette information inexacte, est puni d'une peine d'un an d'emprisonnement et de 15 000 € d'amende.

5. La connaissance des faits litigieux est présumée acquise par les personnes désignées au 2 lorsqu'il leur est notifié les éléments suivants :

– la date de la notification ;

– si le notifiant est une personne physique : ses nom, prénoms, profession, domicile, nationalité, date et lieu de naissance ; si le requérant est une personne morale : sa forme, sa dénomination, son siège social et l'organe qui la représente légalement ;

– les nom et domicile du destinataire ou, s'il s'agit d'une personne morale, sa dénomination et son siège social ;

– la description des faits litigieux et leur localisation précise ;

– les motifs pour lesquels le contenu doit être retiré, comprenant la mention des dispositions légales et des justifications de faits ;

– la copie de la correspondance adressée à l'auteur ou à l'éditeur des informations ou activités litigieuses demandant leur interruption, leur retrait ou leur modification, ou la justification de ce que l'auteur ou l'éditeur n'a pu être contacté.

6. Les personnes mentionnées aux 1 et 2 ne sont pas des producteurs au sens de l'article 93-3 de la loi n° 82-652 du 29 juillet 1982 sur la communication audiovisuelle.

7. Les personnes mentionnées aux 1 et 2 ne sont pas soumises à une obligation générale de surveiller les informations qu'elles transmettent ou stockent, ni à une obligation générale de rechercher des faits ou des circonstances révélant des activités illicites.

Le précédent alinéa est sans préjudice de toute activité de surveillance ciblée et temporaire demandée par l'autorité judiciaire.

Compte tenu de l'intérêt général attaché à la répression de l'apologie des crimes contre l'humanité, de la provocation à la commission d'actes de terrorisme et de leur apologie, de l'incitation à la haine raciale, à la haine à l'égard de personnes à raison de leur sexe, de leur orientation ou identité sexuelle ou de leur handicap, ainsi que de la pornographie enfantine, de l'incitation à la violence, notamment l'incitation aux violences sexuelles et sexistes, ainsi que des atteintes à la dignité humaine, les personnes mentionnées ci-dessus doivent concourir à la lutte contre la diffusion des infractions visées aux cinquième, septième et huitième alinéas de l'article 24 de la loi du 29 juillet 1881 sur la liberté de la presse et aux articles 222-33, 227-23, 225-4-1, 225-5, 225-6, 227-24 et 421-2-5 du Code pénal.

À ce titre, elles doivent mettre en place un dispositif facilement accessible et visible permettant à toute personne de porter à leur connaissance ce type de données. Elles ont également l'obligation, d'une part, d'informer promptement les autorités publiques compétentes de toutes activités illicites mentionnées à l'alinéa précédent qui leur seraient signalées et qu'exerceraient les destinataires de leurs services, et, d'autre part, de rendre publics les moyens qu'elles consacrent à la lutte contre ces activités illicites.

Compte tenu de l'intérêt général attaché à la répression des activités illégales de jeux d'argent, les personnes mentionnées aux 1 et 2 mettent en place, dans des conditions fixées par décret, un dispositif facilement accessible et visible permettant de signaler à leurs abonnés les services de communication au public en ligne tenus pour répréhensibles par les autorités publiques compétentes en la matière. Elles informent également leurs abonnés des risques encourus par eux du fait d'actes de jeux réalisés en violation de la loi.

Les personnes mentionnées aux 1 et 2 informent leurs abonnés de l'interdiction de procéder en France métropolitaine et dans les départements d'outre-mer à des opérations de vente à distance, d'acquisition, d'introduction en provenance d'un autre État membre de l'Union européenne ou d'importation en provenance de pays tiers de produits du tabac manufacturé dans le cadre d'une vente à distance, ainsi que des sanctions légalement encourues pour de tels actes.

Tout manquement aux obligations définies aux quatrième, cinquième et avant-dernier alinéas du présent 7 est puni des peines prévues au 1 du VI.

8. L'autorité judiciaire peut prescrire en référé ou sur requête, à toute personne mentionnée au 2 ou, à défaut, à toute personne mentionnée au 1, toutes mesures propres à prévenir un dommage ou à faire cesser un dommage occasionné par le contenu d'un service de communication au public en ligne.

II. - Les personnes mentionnées aux 1 et 2 du I détiennent et conservent les données de nature à permettre l'identification de quiconque a contribué à la création du contenu ou de l'un des contenus des services dont elles sont prestataires.

Elles fournissent aux personnes qui éditent un service de communication au public en ligne des moyens techniques permettant à celles-ci de satisfaire aux conditions d'identification prévues au III.

L'autorité judiciaire peut requérir communication auprès des prestataires mentionnés aux 1 et 2 du I des données mentionnées au premier alinéa.

Les dispositions des articles 226-17, 226-21 et 226-22 du Code pénal sont applicables au traitement de ces données.

Un décret en Conseil d'État, pris après avis de la Commission nationale de l'informatique et des libertés, définit les données mentionnées au premier alinéa et détermine la durée et les modalités de leur conservation .

II *bis (II bis abr. à compter du 1er janvier 2015, L. n° 2013-1168, 18 déc. 2013)* .

III. - 1. Les personnes dont l'activité est d'éditer un service de communication au public en ligne mettent à disposition du public, dans un standard ouvert :

a) S'il s'agit de personnes physiques, leurs nom, prénoms, domicile et numéro de téléphone et, si elles sont assujetties aux formalités d'inscription au registre du commerce et des sociétés ou au répertoire des métiers, le numéro de leur inscription ;

b) S'il s'agit de personnes morales, leur dénomination ou leur raison sociale et leur siège social, leur numéro de téléphone et, s'il s'agit d'entreprises assujetties aux formalités d'inscription au registre du commerce et des sociétés ou au répertoire des métiers, le numéro de leur inscription, leur capital social, l'adresse de leur siège social ;

c) Le nom du directeur ou du codirecteur de la publication et, le cas échéant, celui du responsable de la rédaction au sens de l'article 93-2 de la loi n° 82-652 du 29 juillet 1982 précitée ;

d) Le nom, la dénomination ou la raison sociale et l'adresse et le numéro de téléphone du prestataire mentionné au 2 du I.

2. Les personnes éditant à titre non professionnel un service de communication au public en ligne peuvent ne tenir à la disposition du public, pour préserver leur anonymat, que le nom, la dénomination ou la raison sociale et l'adresse du prestataire mentionné au 2 du I, sous réserve de lui avoir communiqué les éléments d'identification personnelle prévus au 1.

Les personnes mentionnées au 2 du I sont assujetties au secret professionnel dans les conditions prévues aux articles 226-13 et 226-14 du Code pénal, pour tout ce qui concerne la divulgation de ces éléments d'identification personnelle ou de toute information permettant d'identifier la personne concernée. Ce secret professionnel n'est pas opposable à l'autorité judiciaire.

IV. - Toute personne nommée ou désignée dans un service de communication au public en ligne dispose d'un droit de réponse, sans préjudice des demandes de correction ou de suppression du message qu'elle peut adresser au service, *[Dispositions déclarées non conformes à la Constitution par décision du Conseil constitutionnel n° 2004-496 DC du 10 juin 2004]*.

La demande d'exercice du droit de réponse est adressée au directeur de la publication ou, lorsque la personne éditant à titre non professionnel a conservé l'anonymat, à la personne mentionnée au 2 du I qui la transmet sans délai au directeur de la publication. Elle est présentée au plus tard dans un délai de trois mois à compter de *[Dispositions déclarées non conformes à la Constitution par décision du Conseil constitutionnel n° 2004-496 DC du 10 juin 2004]* la mise à disposition du public du message justifiant cette demande.

Le directeur de la publication est tenu d'insérer dans les trois jours de leur réception les réponses de toute personne nommée ou désignée dans le service de communication au public en ligne sous peine d'une amende de 3 750 €, sans préjudice des autres peines et dommages-intérêts auxquels l'article pourrait donner lieu.

Les conditions d'insertion de la réponse sont celles prévues par l'article 13 de la loi du 29 juillet 1881 précitée. La réponse sera toujours gratuite.

Un décret en Conseil d'État fixe les modalités d'application du présent IV .

V. - Les dispositions des chapitres IV et V de la loi du 29 juillet 1881 précitée sont applicables aux services de communication au public en ligne et la prescription acquise dans les conditions prévues par l'article 65 de ladite loi *[Dispositions déclarées non conformes à la Constitution par décision du Conseil constitutionnel n° 2004-496 DC du 10 juin 2004]*.

[Dispositions déclarées non conformes à la Constitution par décision du Conseil constitutionnel n° 2004-496 DC du 10 juin 2004.]

VI. - 1. Est puni d'un an d'emprisonnement et de 75 000 € d'amende le fait, pour une personne physique ou le dirigeant de droit ou de fait d'une personne morale exerçant l'une des activités définies aux 1 et 2 du I, de ne pas satisfaire aux obligations définies aux quatrième et cinquième alinéas du 7 du I du présent article ni à celles prévues à l'article 6-1 de la présente loi, de ne pas avoir conservé les éléments d'information visés au II du présent article ou de ne pas déférer à la demande d'une autorité judiciaire d'obtenir communication desdits éléments.

Les personnes morales peuvent être déclarées pénalement responsables de ces infractions dans les conditions prévues à l'article 121-2 du Code pénal. Elles encourent une peine d'amende, suivant les modalités prévues par l'article 131-38 du même code, ainsi que les peines mentionnées aux 2° et 9° de l'article 131-39 de ce code. L'interdiction mentionnée au 2° de cet article est prononcée pour une durée de cinq ans au plus et porte sur l'activité professionnelle dans l'exercice ou à l'occasion de laquelle l'infraction a été commise.

2. Est puni d'un an d'emprisonnement et de 75 000 € d'amende le fait, pour une personne physique ou le dirigeant de droit ou de fait d'une personne morale exerçant l'activité définie au III, de ne pas avoir respecté les prescriptions de ce même article.

Les personnes morales peuvent être déclarées pénalement responsables de ces infractions dans les conditions prévues à l'article 121-2 du Code pénal. Elles encourent une peine d'amende, suivant les modalités prévues par l'article 131-38 du même code, ainsi que les peines mentionnées aux 2° et 9° de l'article 131-39 de ce code. L'interdiction mentionnée au 2° de cet article est prononcée pour une durée de cinq ans au plus et porte sur l'activité professionnelle dans l'exercice ou à l'occasion de laquelle l'infraction a été commise.

Art. 6-1 *(L. n° 2014-1353, 13 nov. 2014 ; mod., à compter de la date prévue à l'article 29 de l'ordonnance n° 2018-1125 du 12 décembre 2018 et au plus tard le 1er juin 2019, Ord. n° 2018-1125, 12 déc. 2018)*. – Lorsque les nécessités de la lutte contre la provocation à des actes terroristes ou l'apologie de tels actes relevant de l'article 421-2-5 du Code pénal ou contre la diffusion des images ou des représentations de mineurs relevant de l'article 227-23 du même code le justifient, l'autorité administrative peut demander à toute personne mentionnée au III de l'article 6 de la présente loi ou aux personnes mentionnées au 2 du I du même article 6 de retirer les contenus qui contreviennent à ces mêmes articles 421-2-5 et 227-23. Elle en informe simultanément les personnes mentionnées au 1 du I de l'article 6 de la présente loi.

En l'absence de retrait de ces contenus dans un délai de vingt-quatre heures, l'autorité administrative peut notifier aux personnes mentionnées au même 1 la liste des adresses électroniques des services de communication au public en ligne contrevenant auxdits articles 421-2-5 et 227-23. Ces personnes doivent alors empêcher sans délai l'accès à ces adresses. Toutefois, en l'absence de mise à disposition par la personne mentionnée au III du même article 6 des informations mentionnées à ce même III, l'autorité administrative peut procéder à la notification prévue à la première phrase du présent alinéa sans avoir préalablement demandé le retrait des contenus dans les conditions prévues à la première phrase du premier alinéa du présent article.

L'autorité administrative transmet les demandes de retrait et la liste mentionnées, respectivement, aux premier et deuxième alinéas à une personnalité qualifiée, désignée en son sein par la Commission nationale de l'informatique et des libertés pour la durée de son mandat dans cette commission. Elle ne peut être désignée parmi les personnes mentionnées au 1° du I de l'article 9 de la loi n° 78-17 du 6 janvier 1978 relative à l'informatique, aux fichiers et aux libertés. La personnalité qualifiée s'assure de la régularité des demandes de retrait et des conditions d'établissement, de mise à jour, de communication et d'utilisation de la liste. Si elle constate une irrégularité, elle peut à tout moment recommander à l'autorité administrative d'y mettre fin. Si l'autorité administrative ne suit pas cette recommandation, la personnalité qualifiée peut saisir la juridiction administrative compétente, en référé ou sur requête.

L'autorité administrative peut également notifier les adresses électroniques dont les contenus contreviennent aux articles 421-2-5 et 227-23 du Code pénal aux moteurs de recherche ou aux annuaires, lesquels prennent toute mesure utile destinée à faire cesser le référencement du service de communication au public en ligne. La procédure prévue au troisième alinéa du présent article est applicable.

La personnalité qualifiée mentionnée au même troisième alinéa rend public chaque année un rapport d'activité sur les conditions d'exercice et les résultats de son activité, qui précise notamment le nombre de demandes de retrait, le nombre de contenus qui ont été retirés, les motifs de retrait et le nombre de recommandations faites à l'autorité administrative. Ce rapport est remis au Gouvernement et au Parlement.

Les modalités d'application du présent article sont précisées par décret , notamment la compensation, le cas échéant, des surcoûts justifiés résultant des obligations mises à la charge des opérateurs.

Tout manquement aux obligations définies au présent article est puni des peines prévues au 1 du VI de l'article 6 de la présente loi.

Art. 7. – Lorsque les personnes visées au 1 du I de l'article 6 invoquent, à des fins publicitaires, la possibilité qu'elles offrent de télécharger des fichiers dont elles ne sont pas les fournisseurs, elles font figurer dans cette publicité une mention facilement identifiable et lisible rappelant que le piratage nuit à la création artistique.

....

TITRE II. – DU COMMERCE ÉLECTRONIQUE

CHAPITRE I. – PRINCIPES GÉNÉRAUX

Art. 14. – Le commerce électronique est l'activité économique par laquelle une personne propose ou assure à distance et par voie électronique la fourniture de biens ou de services.

Entrent également dans le champ du commerce électronique les services tels que ceux consistant à fournir des informations en ligne, des communications commerciales et des outils de recherche, d'accès et de récupération de données, d'accès à un réseau de communication ou d'hébergement d'informations, y compris lorsqu'ils ne sont pas rémunérés par ceux qui les reçoivent.

Une personne est regardée comme étant établie en France au sens du présent chapitre lorsqu'elle s'y est installée d'une manière stable et durable pour exercer effectivement son activité, quel que soit, s'agissant d'une personne morale, le lieu d'implantation de son siège social.

Art. 15. – i) Toute personne physique ou morale exerçant l'activité définie au premier alinéa de l'article 14 est responsable de plein droit à l'égard de l'acheteur de la bonne exécution des obligations résultant du contrat, que ces obligations soient à exécuter par elle-même ou par d'autres prestataires de services, sans préjudice de son droit de recours contre ceux-ci.

Toutefois, elle peut s'exonérer de tout ou partie de sa responsabilité en apportant la preuve que l'inexécution ou la mauvaise exécution du contrat est imputable, soit à l'acheteur, soit au fait, imprévisible et insurmontable, d'un tiers étranger à la fourniture des prestations prévues au contrat, soit à un cas de force majeure.

ii) (V. *C. consom., art. L. 121-20-3*).

Art. 16. – i) L'activité définie à l'article 14 s'exerce librement sur le territoire national à l'exclusion des domaines suivants :

1° Les jeux d'argent, y compris sous forme de paris et de loteries, légalement autorisés ;

2° Les activités de représentation et d'assistance en justice ;

3° Les activités exercées par les notaires en application des dispositions de l'article 1er de l'ordonnance n° 45-2590 du 2 novembre 1945 relative au statut du notariat.

ii) En outre, lorsqu'elle est exercée par des personnes établies dans un État membre de la Communauté européenne autre que la France, l'activité définie à l'article 14 est soumise au respect :

1° Des dispositions relatives au libre établissement et à la libre prestation des services à l'intérieur de la Communauté européenne dans le domaine de l'assurance, prévues aux articles L. 361-1 à L. 364-1 du Code des assurances ;

2° Des dispositions relatives à la publicité et au démarchage des organismes de placement collectif en valeurs mobilières, prévues à l'article L. 214-12 du Code monétaire et financier ;

3° Des dispositions relatives aux pratiques anticoncurrentielles et à la concentration économique, prévues aux titres II et III du livre IV du Code de commerce ;

4° Des dispositions relatives à l'interdiction ou à l'autorisation de la publicité non sollicitée envoyée par courrier électronique ;

5° Des dispositions du Code général des impôts ;

6° Des droits protégés par le Code de la propriété intellectuelle.

Art. 17. – L'activité définie à l'article 14 est soumise à la loi de l'État membre sur le territoire duquel la personne qui l'exerce est établie, sous réserve de la commune intention de cette personne et de celle à qui sont destinés les biens ou services.

L'application de l'alinéa précédent ne peut avoir pour effet :

1° De priver un consommateur ayant sa résidence habituelle sur le territoire national de la protection que lui assurent les dispositions impératives de la loi française relatives aux obligations contractuelles, conformément aux engagements internationaux souscrits par la France. Au sens du présent article, les dispositions relatives aux obligations contractuelles comprennent les dispositions applicables aux éléments du contrat, y compris celles qui définissent les droits du consommateur, qui ont une influence déterminante sur la décision de contracter ;

2° De déroger aux règles de forme impératives prévues par la loi française pour les contrats créant ou transférant des droits sur un bien immobilier situé sur le territoire national ;

3° De déroger aux règles déterminant la loi applicable aux contrats d'assurance pour les risques situés sur le territoire d'un ou plusieurs États parties à l'accord sur l'Espace économique européen et pour les engagements qui y sont pris, prévues aux articles L. 181-1 à L. 183-2 du Code des assurances.

Art. 18 *(Abr., L. n° 2014-344, 17 mars 2014).*

Art. 19 *(Mod., L. n° 2008-3, 3 janv. 2008 ; L. n° 2011-525, 17 mai 2011).* – Sans préjudice des autres obligations d'information prévues par les textes législatifs et réglementaires en vigueur, toute personne qui exerce l'activité définie à l'article 14 est tenue d'assurer à ceux à qui est destinée la fourniture de biens ou la prestation de services un accès facile, direct et permanent utilisant un standard ouvert aux informations suivantes :

1° S'il s'agit d'une personne physique, ses nom et prénoms et, s'il s'agit d'une personne morale, sa raison sociale ;

2° L'adresse où elle est établie, son adresse de courrier électronique, ainsi que des coordonnées téléphoniques permettant d'entrer effectivement en contact avec elle ;

3° Si elle est assujettie aux formalités d'inscription au registre du commerce et des sociétés ou au répertoire des métiers, le numéro de son inscription, son capital social et l'adresse de son siège social ;

4° Si elle est assujettie à la taxe sur la valeur ajoutée et identifiée par un numéro individuel en application de l'article 286 *ter* du Code général des impôts, son numéro individuel d'identification ;

5° Si son activité est soumise à un régime d'autorisation, le nom et l'adresse de l'autorité ayant délivré celle-ci ;

6° Si elle est membre d'une profession réglementée, la référence aux règles professionnelles applicables, son titre professionnel, l'État membre dans lequel il a été octroyé ainsi que le nom de l'ordre ou de l'organisme professionnel auprès duquel elle est inscrite.

Toute personne qui exerce l'activité définie à l'article 14 doit, même en l'absence d'offre de contrat, dès lors qu'elle mentionne un prix, indiquer celui-ci de manière claire et non ambiguë, et notamment si les taxes et les frais de livraison sont inclus. Le présent alinéa s'applique sans préjudice des dispositions régissant les pratiques commerciales trompeuses prévues à l'article L. 121-1 du Code de la consommation, ni des obligations d'information sur les prix prévues par les textes législatifs et réglementaires en vigueur.

Les infractions aux dispositions du présent article sont recherchées et constatées dans les conditions fixées par les articles L. 450-1, L. 450-2, L. 450-3, L. 450-4, L. 450-7, L. 450-8, L. 470-1 et L. 470-5 du Code de commerce.

(Al. mod., Ord. n° 2016-301, 14 mars 2016) Les infractions aux dispositions du présent article sont recherchées et constatées par les agents mentionnés aux articles L. 511-3 et L. 511-21 du Code de la consommation dans les conditions prévues à l'article L. 511-7 du même code.

CHAPITRE II. – LA PUBLICITÉ PAR VOIE ÉLECTRONIQUE

Art. 20. – Toute publicité, sous quelque forme que ce soit, accessible par un service de communication au public en ligne, doit pouvoir être clairement identifiée comme telle. Elle doit rendre clairement identifiable la personne physique ou morale pour le compte de laquelle elle est réalisée.

L'alinéa précédent s'applique sans préjudice des dispositions réprimant la publicité trompeuse prévues à l'article L. 121-1 du Code de la consommation.

Art. 21 *(V. C. consom., art. L. 121-15-1 à L. 121-15-3).*

Art. 22. – I et II. *(V. C. P et T, art. L. 33-4-1 et C. consom., art. L. 121-20-5).*

III Sans préjudice des articles L. 33-4-1 du Code des postes et télécommunications et L. 121-20-5 du Code de la consommation tels qu'ils résultent des I et II du présent article, le consentement des personnes dont les coordonnées ont été recueillies avant la publication de la présente loi, dans les conditions prévues par la loi n° 78-17 du 6 janvier 1978 relative à l'informatique, aux fichiers et aux libertés, à l'utilisation de celles-ci à fin de prospection directe peut être sollicité, par voie de courrier électronique, pendant les six mois suivant la publication de la présente loi. À l'expiration de ce délai, ces personnes sont présumées avoir refusé l'utilisation ultérieure de leurs coordonnées personnelles à fin de prospection directe si elles n'ont pas manifesté expressément leur consentement à celle-ci.

Art. 23 *(V. C. consom., art. L. 121-20-4).*

Art. 24 *(V. C. consom., art. L. 121-27).*

CHAPITRE III. – LES OBLIGATIONS SOUSCRITES SOUS FORME ÉLECTRONIQUE

Art. 25. – (*V. C. civ., art. 1108-1, 1108-2 et 1369-1 à 1369-3*).

Art. 26. – Dans les conditions prévues à l'article 38 de la Constitution, le Gouvernement est autorisé à procéder par ordonnance à l'adaptation des dispositions législatives subordonnant la conclusion, la validité ou les effets de certains contrats à des formalités autres que celles mentionnées à l'article 1108-1 du Code civil, en vue de permettre l'accomplissement de celles-ci par voie électronique.

L'ordonnance prévue à l'alinéa précédent devra être prise dans l'année suivant la publication de la présente loi. Un projet de loi de ratification devra être déposé devant le Parlement dans un délai de six mois à compter de la publication de l'ordonnance.

....

Ordonnance n° 2004-632 du 1er juillet 2004

relative aux associations syndicales de propriétaires

(JO 2 juill. 2004)

TITRE PREMIER. – DISPOSITIONS COMMUNES

Art. 1er *(Mod., L. n° 2004-1343, 9 déc. 2004 ; L. n° 2006-1772, 30 déc. 2006).* – Peuvent faire l'objet d'une association syndicale de propriétaires la construction, l'entretien ou la gestion d'ouvrages ou la réalisation de travaux, ainsi que les actions d'intérêt commun, en vue :

a) De prévenir les risques naturels ou sanitaires, les pollutions et les nuisances ;

b) De préserver, de restaurer ou d'exploiter des ressources naturelles ;

c) D'aménager ou d'entretenir des cours d'eau, lacs ou plans d'eau, voies et réseaux divers ;
d) De mettre en valeur des propriétés.

Art. 2. – Les associations syndicales de propriétaires sont libres, autorisées ou constituées d'office.

Les associations syndicales libres sont des personnes morales de droit privé régies par les dispositions du titre II de la présente ordonnance.

Les associations syndicales autorisées ou constituées d'office ainsi que leurs unions sont des établissements publics à caractère administratif, régis par les dispositions des titres III à V de la présente ordonnance et par l'article L. 211-2 du Code des juridictions financières.

Art. 3. – Les droits et obligations qui dérivent de la constitution d'une association syndicale de propriétaires sont attachés aux immeubles compris dans le périmètre de l'association et les suivent, en quelque main qu'ils passent, jusqu'à la dissolution de l'association ou la réduction de son périmètre.

En cas d'usufruit, le nu-propriétaire est seul membre de l'association. Il informe l'usufruitier de la création ou de l'existence de l'association et des décisions prises par elle. Il peut toutefois convenir avec l'usufruitier que celui-ci prendra seul la qualité de membre de l'association et l'informera des décisions prises par celle-ci.

Lors de la mutation d'un bien compris dans le périmètre d'une association syndicale, avis de la mutation doit être donné, dans les conditions prévues à l'article 20 de la loi n° 65-557 du 10 juillet 1965 fixant le statut de la copropriété des immeubles bâtis, à l'association qui peut faire opposition dans les conditions prévues audit article pour obtenir le paiement des sommes restant dues par l'ancien propriétaire.

Art. 4. – Le président de l'association syndicale de propriétaires tient à jour l'état nominatif des propriétaires des immeubles inclus dans le périmètre de celle-ci ainsi que le plan parcellaire. À cet effet, toute mutation de propriété d'un immeuble inclus dans le périmètre de l'association lui est notifiée par le notaire qui en fait le constat.

Le propriétaire d'un immeuble inclus dans le périmètre d'une association syndicale de propriétaires doit, en cas de transfert de propriété, informer le futur propriétaire de cette inclusion et de l'existence éventuelle de servitudes. Il doit informer le locataire de cet immeuble de cette inclusion et de ces servitudes.

Art. 5. – Les associations syndicales de propriétaires peuvent agir en justice, acquérir, vendre, échanger, transiger, emprunter et hypothéquer sous réserve de l'accomplissement des formalités de publicité prévues selon le cas aux articles 8, 15 ou 43.

Art. 6. – Les créances de toute nature d'une association syndicale de propriétaires à l'encontre d'un de ses membres sont garanties par une hypothèque légale sur les immeubles de ce membre compris dans le périmètre de l'association.

Les conditions d'inscription et de mainlevée de cette hypothèque sont celles prévues aux trois premiers alinéas de l'article 19 de la loi [n° 65-557] du 10 juillet 1965 précitée.

TITRE II. - DES ASSOCIATIONS SYNDICALES LIBRES

Art. 7. – Les associations syndicales libres se forment par consentement unanime des propriétaires intéressés, constaté par écrit.

Les statuts de l'association définissent son nom, son objet, son siège et ses règles de fonctionnement. Ils comportent la liste des immeubles compris dans son périmètre et précisent ses modalités de financement et le mode de recouvrement des cotisations.

Art. 8. – La déclaration de l'association syndicale libre est faite à la préfecture du département ou à la sous-préfecture de l'arrondissement où l'association a prévu d'avoir son siège. Deux exemplaires des statuts sont joints à la déclaration. Il est donné récépissé de celle-ci dans un délai de cinq jours.

Un extrait des statuts doit, dans un délai d'un mois à compter de la date de délivrance du récépissé, être publié au *Journal officiel*.

Dans les mêmes conditions, l'association fait connaître dans les trois mois et publie toute modification apportée à ses statuts.

L'omission des présentes formalités ne peut être opposée aux tiers par les membres de l'association.

Art. 9. – L'association syndicale libre est administrée par un syndicat composé de membres élus parmi les propriétaires membres de l'association ou leurs représentants dans les conditions fixées par les statuts.

Le syndicat règle, par ses délibérations, les affaires de l'association.

Art. 10. – Les associations syndicales libres peuvent, à l'issue d'un délai d'un an à compter de l'accomplissement de la formalité prescrite par le deuxième alinéa de l'article 8 et par délibération adoptée par l'assemblée des propriétaires dans les conditions de majorité prévues à l'article 14, demander à l'autorité administrative compétente dans le département où elles ont leur siège à être transformées en associations syndicales autorisées. Il est alors procédé comme il est dit aux articles 12, 13 et 15.

(Mod. à compter du 1er janvier 2013, Ord. n° 2010-638, 10 juin 2010) Si elle est autorisée, la transformation n'entraîne pas la création d'une nouvelle personne morale. Elle intervient à titre gratuit et ne donne lieu au paiement d'aucune indemnité, droit, taxe, contribution prévue à l'article 879 du Code général des impôts ou honoraire.

TITRE III. – DES ASSOCIATIONS SYNDICALES AUTORISÉES

CHAPITRE I. – CRÉATION

Art. 11. – Un ou plusieurs propriétaires intéressés, une collectivité territoriale ou un groupement de collectivités territoriales peuvent demander la création d'une association syndicale autorisée.

La demande est adressée à l'autorité administrative compétente dans le département où l'association a prévu d'avoir son siège. Elle est accompagnée d'un projet de statuts conforme aux dispositions du second alinéa de l'article 7.

En outre, l'autorité administrative peut prendre l'initiative de la création d'une association syndicale autorisée.

Art. 12 *(Mod., L. n° 2010-788, 12 juill. 2010)*. – L'autorité administrative soumet à une enquête publique réalisée conformément au III de l'article L. 11-1 du Code de l'expropriation pour cause d'utilité publique le projet de statuts de l'association syndicale autorisée.

Toutefois, lorsqu'en raison de leur nature, de leur consistance ou de leur localisation, les ouvrages ou les travaux envisagés sont susceptibles d'affecter l'environnement, ou lorsque les missions de l'association concernent des installations, ouvrages, travaux ou activités prévus à l'article L. 214-1 du Code de l'environnement, il est procédé à cette enquête conformément au chapitre III du titre II du livre Ier du même code.

L'acte ordonnant l'ouverture de l'enquête est notifié à chaque propriétaire d'un immeuble susceptible d'être inclus dans le périmètre de la future association.

Art. 13. – L'acte ordonnant l'ouverture de l'enquête prévue à l'article 12 organise la consultation des propriétaires, qui intervient à l'issue de l'enquête.

Un propriétaire qui, dûment averti des conséquences de son abstention, ne s'opposerait pas expressément au projet est réputé favorable à la création de l'association.

Les modalités de la consultation des propriétaires sont définies par le décret en Conseil d'État prévu à l'article 62.

Art. 14. – La création de l'association syndicale peut être autorisée par l'autorité administrative lorsque la majorité des propriétaires représentant au moins les deux tiers de la superficie des propriétés ou les deux tiers des propriétaires représentant plus de la moitié de la superficie des propriétés se sont prononcés favorablement.

Art. 15 *(Mod., L. n° 2006-1772, 30 déc. 2006)*. – L'acte autorisant la création de l'association syndicale est publié, affiché dans chaque commune sur le territoire de laquelle s'étend le périmètre de l'association, et notifié aux propriétaires mentionnés au troisième alinéa de l'article 12 dans des conditions définies par le décret en Conseil d'État prévu à l'article 62.

L'acte refusant d'autoriser la création de l'association syndicale est notifié aux propriétaires mentionnés au troisième alinéa de l'article 12.

Art. 16. – En cas d'annulation de l'acte autorisant la création de l'association syndicale autorisée, l'autorité administrative peut, dans le cas où l'annulation n'aurait pas pour effet d'interdire la reconstitution de cette association, nommer un administrateur provisoire.

Dans le cas contraire, elle nomme un liquidateur dans les conditions prévues à l'article 42 pour l'exercice des missions définies à cet article.

Art. 17. – Le propriétaire qui s'est prononcé expressément contre le projet de création d'une association syndicale autorisée peut, dans le délai de trois mois à compter de la notification de l'acte autorisant cette création, déclarer qu'il entend délaisser un ou plusieurs des immeubles lui appartenant et inclus dans le périmètre de l'association.

Ce délaissement ouvre droit, à la charge de l'association, à une indemnisation. À défaut d'accord entre le propriétaire et l'association, l'indemnité est fixée selon les règles de procédure du Code de l'expropriation pour cause d'utilité publique.

CHAPITRE II. – ORGANES ET FONCTIONNEMENT

Section I. – Les organes

Art. 18. – Les organes de l'association sont l'assemblée des propriétaires, le syndicat, le président et le vice-président.

Sous réserve des attributions de l'assemblée des propriétaires, le syndicat règle, par ses délibérations, les affaires de l'association syndicale autorisée.

Sous-section I. – L'assemblée des propriétaires

Art. 19. – *(Al. mod., L. n° 2014-366, 24 mars 2014)* L'assemblée des propriétaires d'une association syndicale autorisée réunit les propriétaires dans le respect des dispositions statutaires qui peuvent définir un seuil d'intérêt minimum permettant d'y siéger. Les propriétaires n'atteignant pas individuellement ce seuil peuvent se réunir pour se faire représenter à l'assemblée générale. Un propriétaire peut mandater pour le représenter toute personne de son choix, un même mandataire ne pouvant détenir un nombre de mandats supérieur au cinquième des membres en exercice de l'assemblée des propriétaires.

L'assemblée des propriétaires se réunit en session ordinaire ou extraordinaire et délibère dans des conditions définies par le décret en Conseil d'État prévu à l'article 62.

Art. 20. – L'assemblée des propriétaires élit les membres du syndicat ainsi que leurs suppléants et délibère sur :

a) Le rapport prévu à l'article 23, lors de sa session ordinaire ;

b) Le montant maximum des emprunts qui peuvent être votés par le syndicat et les emprunts d'un montant supérieur ;

c) Les propositions de modification statutaire ou de dissolution dans les hypothèses prévues aux articles 37 à 40 ;

d) L'adhésion à une union ou la fusion avec une autre association syndicale autorisée ou constituée d'office ;

e) Toute question qui lui est soumise en application d'une loi ou d'un règlement.

Sous-section II. – Le syndicat

Art. 21 *(Mod., L. n° 2006-1772, 30 déc. 2006)*. – Le syndicat est composé de membres élus par l'assemblée des propriétaires en son sein dans les conditions fixées par ses statuts.

Un membre du syndicat peut se faire représenter dans des conditions définies par décret en Conseil d'État.

Sous-section III. – Le président et le vice-président

Art. 22. – Le président et le vice-président sont élus par le syndicat parmi ses membres dans les conditions prévues par les statuts de l'association. Leur mandat s'achève avec celui des membres du syndicat. Le syndicat peut les révoquer en cas de manquement à leurs obligations.

Le vice-président remplace le président en cas d'absence ou d'empêchement.

Art. 23. – Le président prépare et exécute les délibérations de l'assemblée des propriétaires et du syndicat. Il en convoque et préside les réunions.

Il est le chef des services de l'association et son représentant légal. Il en est l'ordonnateur.

Il peut déléguer certaines de ses attributions à un directeur nommé par lui et placé sous son autorité.

Le président élabore, dans des conditions fixées par le décret en Conseil d'État prévu à l'article 62, un rapport sur l'activité de l'association et sa situation financière.

Section II. – Fonctionnement de l'association syndicale

Sous-section I. – Le personnel

Art. 24. – Les agents des associations syndicales autorisées sont des agents contractuels de droit public. Le recrutement de ces agents ne leur donne aucun droit à être titularisés dans la fonction publique. Les associations syndicales peuvent en outre faire appel à raison de leur compétence à des agents de droit privé avec lesquels elles concluent des contrats à durée déterminée et indéterminée.

Sous-section II. – Régime juridique des actes de l'association syndicale

Art. 25. – Les délibérations de l'assemblée des propriétaires et du syndicat et les actes pris par le président de l'association ou le directeur sont, dans des conditions fixées par le décret en Conseil d'État prévu à l'article 62, transmis à l'autorité administrative compétente dans le département où l'association a son siège et rendus exécutoires.

Sous-section III. – Réalisation des travaux et ouvrages

Art. 26. – Les conditions dans lesquelles les marchés sont passés et exécutés par les associations syndicales autorisées sont définies par le décret en Conseil d'État prévu à l'article 62.

Art. 27 *(Rempl., L. n° 2005-157, 23 févr. 2005)*. – Les dispositions de la loi n° 85-704 du 12 juillet 1985 relative à la maîtrise d'ouvrage publique et à ses rapports avec la maîtrise d'œuvre privée sont applicables aux associations syndicales autorisées.

Toutefois, le I de l'article 4 de cette loi ne s'applique pas aux relations entre une association syndicale autorisée et une union ou un syndicat mixte dont elle est membre.

Art. 28. – Est applicable aux associations syndicales autorisées le régime des servitudes d'établissement, d'aménagement, de passage et d'appui prévues aux articles L. 152-1 à L. 152-23 du Code rural et à l'article L. 321-5-1 du Code forestier.

En outre, une servitude de passage peut être instituée pour l'entretien d'ouvrages qui traversent, même en dehors du périmètre de l'association, les cours, jardins, parcs et enclos, qu'ils soient ou non attenant aux habitations.

Art. 29 *(Mod., L. n° 2006-1772, 30 déc. 2006)*. – À l'exception des ouvrages réalisés, le cas échéant en dehors de son périmètre, sur le domaine public d'une personne publique, l'association syndicale autorisée est propriétaire des ouvrages qu'elle réalise en qualité de maître d'ouvrage dans le cadre de son objet statutaire et à ce titre, en assure l'entretien. Toutefois, les statuts peuvent prévoir, pour certaines catégories d'ouvrages, que leur propriété ou leur entretien peuvent être attribués à un ou plusieurs membres de l'association.

Art. 30 *(Mod., L. n° 2004-1343, 9 déc. 2004)*. – L'autorité administrative peut, après mise en demeure de l'association syndicale autorisée restée sans effet dans un délai qu'elle détermine :

1° Faire procéder d'office, aux frais de l'association, à l'accomplissement des opérations correspondant à son objet, dans le cas où la carence de l'association nuirait gravement à l'intérêt public ;

2° Constater que l'importance des ouvrages ou des travaux à réaliser excède les capacités de l'association.

Dans le cas prévu à l'alinéa précédent, l'État, les collectivités territoriales ou leurs groupements peuvent décider, dans des conditions définies par le décret en Conseil d'État prévu à l'article 62, de se substituer, en tout ou partie, à l'association dans ses droits et obligations.

CHAPITRE III. – DISPOSITIONS FINANCIÈRES

Art. 31 *(Mod., L. n° 2004-1343, 9 déc. 2004)*. – I. – Les ressources d'une association syndicale autorisée comprennent :

1° Les redevances dues par ses membres ;
2° Les dons et legs ;
3° Le produit des cessions d'éléments d'actifs ;
4° Les subventions de diverses origines ;
5° Le revenu des biens meubles ou immeubles de l'association ;
6° Le produit des emprunts ;
7° Le cas échéant, l'amortissement, les provisions et le résultat disponible de la section « de fonctionnement » ;
8° Tout autre produit afférent aux missions définies dans les statuts.

II. – Les redevances syndicales sont établies annuellement et réparties entre les membres en fonction des bases de répartition des dépenses déterminées par le syndicat. Ces bases tiennent compte de l'intérêt de chaque propriété à l'exécution des missions de l'association.

Des redevances syndicales spéciales sont établies pour toutes les dépenses relatives à l'exécution financière des jugements et transactions.

Art. 32. – Les fonds des associations syndicales autorisées sont obligatoirement déposés auprès de l'État, sauf dérogations définies par le décret en Conseil d'État prévu à l'article 62.

Art. 33. – Le budget de l'association doit être voté en équilibre réel. Il est transmis à l'autorité administrative compétente dans le département où l'association a son siège.

Art. 34 *(Mod., L. fin. rect. n° 2010-1658, 29 déc. 2010)*. – Le recouvrement des créances de l'association syndicale s'effectue comme en matière de contributions directes.

L'action des comptables publics chargés de recouvrer les créances selon les modalités prévues par l'article L. 1617-5 du Code général des collectivités territoriales se prescrit par quatre ans à compter de la prise en charge du titre de recettes.

Art. 35. – Il est créé en faveur des associations syndicales autorisées, pour le recouvrement des redevances de l'année échue et de l'année courante, sur les récoltes, fruits, loyers et revenus des terrains compris dans le périmètre un privilège qui prend rang immédiatement après celui de la contribution foncière et s'exerce dans les mêmes formes.

Art. 36. – Les autres dispositions budgétaires et comptables applicables aux associations syndicales autorisées sont définies par le décret en Conseil d'État prévu à l'article 62.

CHAPITRE IV. – MODIFICATION DES CONDITIONS INITIALES ET DISSOLUTION

Section I. – Modification des conditions initiales

Art. 37. – I. – Une proposition de modification statutaire portant extension du périmètre d'une association syndicale autorisée ou changement de son objet peut être présentée à l'initiative du syndicat, d'un quart des propriétaires associés, d'une collectivité territoriale ou d'un groupement de collectivités territoriales sur le territoire desquels s'étend ce périmètre ou de l'autorité administrative compétente dans le département où l'association a son siège. L'extension de périmètre peut également être engagée à la demande de propriétaires dont les immeubles ne sont pas inclus dans le périmètre.

La proposition de modification est soumise à l'assemblée des propriétaires. Lorsque la majorité, telle qu'elle est définie à l'article 14, des membres de l'assemblée se prononce en faveur de la modification envisagée, l'autorité administrative ordonne une enquête publique conformément aux dispositions de l'article 12.

Lorsqu'il s'agit d'étendre le périmètre, l'autorité administrative consulte les propriétaires des immeubles susceptibles d'être inclus dans le périmètre dans les conditions prévues aux articles 13 et 14.

II. – Toutefois, il n'est pas procédé à une enquête publique et la proposition de modification est soumise au syndicat qui se prononce à la majorité de ses membres, lorsque l'extension envisagée porte sur une surface n'excédant pas un pourcentage, défini par le décret en Conseil d'État prévu à l'article 62, de la superficie incluse dans le périmètre de l'association et qu'ont été recueillis, par écrit, l'adhésion de chaque propriétaire des immeubles susceptibles d'être inclus dans le périmètre ainsi que, à la demande de l'autorité administrative, l'avis de chaque commune intéressée.

III. – L'autorisation de modification des statuts peut être prononcée par acte de l'autorité administrative publié et notifié dans les conditions prévues à l'article 15.

Art. 38. – L'immeuble qui, pour quelque cause que ce soit, n'a plus de façon définitive d'intérêt à être compris dans le périmètre de l'association syndicale autorisée peut en être distrait. La demande de distraction émane de l'autorité administrative, du syndicat ou du propriétaire de l'immeuble.

La proposition de distraction est soumise à l'assemblée des propriétaires. Si la réduction de périmètre porte sur une surface telle qu'elle est définie au II de l'article 37, l'assemblée des propriétaires peut décider que la proposition de distraction fera seulement l'objet d'une délibération du syndicat.

Lorsque l'assemblée des propriétaires, dans les conditions de majorité prévues à l'article 14, ou, dans l'hypothèse mentionnée à l'alinéa précédent, la majorité des membres du syndicat s'est prononcée en faveur de la distraction envisagée, l'autorité administrative peut autoriser celle-ci par acte publié et notifié dans les conditions prévues à l'article 15.

Les propriétaires des fonds distraits restent redevables de la quote-part des emprunts contractés par l'association durant leur adhésion jusqu'au remboursement intégral de ceux-ci.

La distraction n'affecte pas l'existence des servitudes décrites à l'article 28 tant qu'elles restent nécessaires à l'accomplissement des missions de l'association ou à l'entretien des ouvrages dont elle use.

Art. 39. – Les modifications statutaires autres que celles prévues aux articles 37 et 38 font l'objet, sur proposition du syndicat ou du dixième des propriétaires, d'une délibération de l'assemblée des propriétaires convoquée en session extraordinaire à cet effet.

La délibération correspondante est transmise à l'autorité administrative qui peut autoriser la modification statutaire par acte publié et notifié dans les conditions prévues à l'article 15.

Section II. – Dissolution

Art. 40. – Une association syndicale autorisée peut être dissoute, par acte de l'autorité administrative, à la demande des membres de l'association qui se prononcent dans les conditions de majorité prévues à l'article 14.

Elle peut, en outre, être dissoute d'office par acte motivé de l'autorité administrative :

a) Soit en cas de disparition de l'objet pour lequel elle a été constituée ;

b) Soit lorsque, depuis plus de trois ans, elle est sans activité réelle en rapport avec son objet ;

c) Soit lorsque son maintien fait obstacle à la réalisation de projets d'intérêt public dans un périmètre plus vaste que celui de l'association ;

d) Soit lorsqu'elle connaît des difficultés graves et persistantes entravant son fonctionnement.

Art. 41. – L'acte prononçant la dissolution est publié et notifié dans les conditions prévues à l'article 15.

Art. 42. – Les conditions dans lesquelles l'association syndicale autorisée est dissoute ainsi que la dévolution du passif et de l'actif sont déterminées soit par le syndicat, soit, à défaut, par un liquidateur nommé par l'autorité administrative. Elles doivent tenir compte des droits des tiers. Elles sont mentionnées dans l'acte prononçant la dissolution.

Les propriétaires membres de l'association sont redevables des dettes de l'association jusqu'à leur extinction totale.

TITRE IV. – DES ASSOCIATIONS SYNDICALES CONSTITUÉES D'OFFICE

Art. 43. – Pour les ouvrages ou travaux mentionnés aux a à c de l'article 1er pour lesquels existe une obligation légale à la charge des propriétaires et si une association syndicale autorisée n'a pu être constituée, l'autorité administrative peut constituer d'office une association syndicale regroupant l'ensemble des propriétaires intéressés.

Dans tous les cas, le projet de constitution de l'association est soumis à une enquête publique.

L'acte portant constitution d'office de l'association est publié et notifié dans les conditions prévues à l'article 15. Il comprend notamment les dispositions relatives au périmètre de l'association, à son objet, au mode d'exécution des travaux ainsi qu'aux modalités de répartition des dépenses selon le degré d'intérêt de chacune des propriétés à l'exécution des travaux. Il convoque la première assemblée des propriétaires à l'occasion de laquelle il sera procédé à la désignation des membres du syndicat.

Lorsque l'assemblée des propriétaires ne parvient pas à désigner les membres du syndicat, l'autorité administrative y procède d'office, le cas échéant, en dehors des membres de l'association.

En cas de carence, l'autorité administrative peut, après mise en demeure restée sans effet dans un délai d'un mois, se substituer dans tous leurs actes aux organes défaillants de l'association syndicale constituée d'office.

Art. 44. – Une association syndicale constituée d'office peut demander, par délibération de son assemblée des propriétaires adoptée dans les conditions de majorité prévues à l'article 14, à être transformée en association syndicale autorisée.

La transformation peut être prononcée par l'autorité administrative lorsque les membres du syndicat ont été désignés par l'assemblée des propriétaires et lorsque l'association fonctionne normalement depuis au moins un exercice budgétaire.

Art. 45. – La dissolution d'une association syndicale constituée d'office ne peut être décidée qu'à l'initiative de l'autorité administrative.

Art. 46. – Les autres dispositions régissant les associations syndicales autorisées sont applicables aux associations syndicales constituées d'office.

TITRE V. – UNION ET FUSION

Art. 47 *(Mod., L. n° 2006-1772, 30 déc. 2006)*. – Pour faciliter leur gestion ou en vue de l'exécution ou de l'entretien de travaux ou d'ouvrages d'intérêt commun, les associations syndicales autorisées ou constituées d'office peuvent se grouper en unions. Une union est formée sur la demande faite à l'autorité administrative compétente dans le département où l'union a prévu d'avoir son siège par une ou plusieurs de ces associations.

L'adhésion à l'union d'une association syndicale autorisée ou constituée d'office est donnée par l'assemblée des propriétaires dans les conditions de majorité prévues à l'article 14.

L'autorité administrative compétente dans le département où l'union a prévu d'avoir son siège peut, au vu du consentement des associations candidates, autoriser par un acte publié et notifié dans les conditions prévues à l'article 15, la constitution de l'union dont les statuts doivent être conformes aux dispositions de l'article 7.

L'union a pour organes une assemblée des associations, un syndicat et un président. L'assemblée des associations se compose de délégués titulaires et suppléants élus parmi leurs membres par les syndicats de chacune des associations adhérentes.

Une proposition de modification statutaire portant sur l'objet d'une union, le retrait ou l'adhésion d'une association syndicale à l'union peut être présentée à l'initiative du syndicat de l'union ou d'un membre de l'union. Une association syndicale autorisée ou constituée d'office peut également demander son adhésion par délibération de son assemblée des propriétaires dans les conditions de majorité prévues à l'article 14. Lorsqu'une association syndicale n'est pas à l'initiative d'une demande d'adhésion ou de retrait de l'union la concernant, cette modification statutaire est subordonnée à l'accord de l'assemblée des propriétaires de cette association dans les mêmes conditions de majorité.

L'autorité administrative peut autoriser, par acte publié et notifié dans les conditions prévues à l'article 15, la modification statutaire après accord des syndicats des associations membres. Cet accord doit être exprimé par deux tiers au moins des syndicats des associations membres représentant au moins la moitié du périmètre de l'union ou par la moitié au moins des syndicats des associations membres représentant au moins les deux tiers du périmètre de l'union.

Une union peut être dissoute par acte de l'autorité administrative, à la demande des associations syndicales membres de l'union qui se prononcent dans les conditions de majorité prévues à l'alinéa précédent.

Les autres dispositions régissant les associations syndicales autorisées sont applicables aux unions.

Art. 48. – Deux ou plusieurs associations syndicales autorisées ou constituées d'office peuvent être autorisées, à leur demande ou à la demande de toute personne ayant capacité à la création d'une association syndicale autorisée, à fusionner en une association syndicale autorisée.

La demande est adressée à l'autorité administrative compétente dans le département où la future association a prévu d'avoir son siège.

La fusion peut être autorisée par acte de l'autorité administrative lorsque l'assemblée des propriétaires de chaque association appelée à fusionner s'est prononcée favorablement dans les conditions de majorité prévues à l'article 14.

TITRE VI. – DISPOSITIONS RELATIVES AUX ASSOCIATIONS RÉGIES PAR DES TEXTES PARTICULIERS

CHAPITRE I. – DISPOSITIONS RELATIVES AUX SYNDICATS D'ASSAINISSEMENT DES VOIES PRIVÉES

Art. 49. – *(V. L. 22 juill. 1912, art. 2, 3, 5, 6, 10, 12, 17 et 18).*

Art. 50. – *(V. C. voirie routière, art. L. 162-6).*

CHAPITRE II. – DISPOSITIONS RELATIVES AUX ASSOCIATIONS FONCIÈRES URBAINES

Art. 51. – *(V. C. urb., art. L. 322-1 à L. 322-3, L. 322-4-1 à L. 322-7, L. 322-9, L. 322-10 et L. 322-11).*

CHAPITRE III. – DISPOSITIONS RELATIVES AUX ASSOCIATIONS SYNDICALES RURALES

Art. 52. – *(V. C. rur., art. L. 131-1, L. 133-5, L. 133-6, L. 133-7, L. 135-3, L. 135-3-1, L. 135-6, L. 135-7, L. 135-12, L. 136-4, L. 136-7, L. 136-7-1, L. 136-13, L. 151-6, L. 151-41, L. 161-6, L. 161-7 et L. 161-11).*

Art. 53. – *(V. C. for., livre II, titre IV, chap. VII : intitulé ; C. for., art. L. 247-1, L. 247-8, L. 321-2, L. 321-3, L. 321-8, L. 322-3 et L. 424-3).*

CHAPITRE IV. – DISPOSITIONS RELATIVES À L'ASSOCIATION DÉPARTEMENTALE D'AMÉNAGEMENT DE L'ISÈRE, DU DRAC ET DE LA ROMANCHE

Section I. – Dispositions générales

Art. 54 *(Mod., L. n° 2006-1772, 30 déc. 2006).* – I. L'association départementale d'aménagement de l'Isère, du Drac et de la Romanche est un établissement public à caractère administratif constitué en vue de l'aménagement et de l'entretien du système de protection contre les inondations et d'assainissement des plaines de l'Isère, du Drac et de la Romanche.

L'association est, en outre, habilitée à réaliser des prestations de service en rapport avec son objet au bénéfice de toute personne publique, y compris en dehors de son périmètre.

II. L'association départementale réunit le département de l'Isère, des communes de ce département ou leurs groupements et des associations ou unions d'associations syndicales, autorisées ou constituées d'office, de propriétaires d'immeubles inclus dans son périmètre qui est arrêté par l'autorité administrative compétente dans le département de l'Isère.

III. L'autorité administrative compétente dans le département de l'Isère arrête la liste des ouvrages de protection contre les inondations et d'assainissement de l'Isère, du Drac et de la Romanche réalisés dans le périmètre de l'association départementale soit par l'un de ses membres, soit par l'État, soit par tout autre maître d'ouvrage public, qui sont obligatoirement remis en gestion à celle-ci.

IV. L'association départementale est soumise aux dispositions des chapitres II, III et IV du titre III de la présente ordonnance sous réserve des dispositions du présent chapitre.

Section II. – Organes et fonctionnement

Art. 55. – I. Les organes de l'association départementale sont :

a) L'assemblée générale composée de représentants des trois catégories de personnes publiques membres de l'association ;

b) Le comité composé de membres élus en son sein par l'assemblée générale et répartis en trois collèges ;

c) Le président et deux vice-présidents, élus en son sein par le comité.

II. L'assemblée générale, le comité et le président exercent respectivement les attributions de l'assemblée des propriétaires, du syndicat et du président d'une association syndicale autorisée telles que définies aux articles 20, 18 et 23.

Section III. – Dispositions financières

Art. 56. – i) Les ressources de l'association départementale sont celles des associations syndicales autorisées sous réserve des dispositions du présent article.

ii) L'association départementale reçoit les contributions de ses membres telles qu'elles sont définies par les statuts et le produit des prestations de service mentionnées au second alinéa du I de l'article 54.

iii) Le département de l'Isère prend à sa charge la moitié des dépenses de l'association départementale. L'autre moitié est ensuite répartie entre les autres membres dans les conditions prévues par les statuts. Les prestations de service font l'objet d'une individualisation comptable.

iv) Le paiement des contributions constitue une dépense obligatoire pour les collectivités territoriales et associations membres de l'association départementale.

v) L'association départementale est éligible au fonds de compensation pour la taxe sur la valeur ajoutée dans les conditions prévues aux articles L. 1615-1 à L. 1615-11 du Code général des collectivités territoriales.

Section IV. – Modification des conditions initiales et dissolution
(Intitulé rempl., L. n° 2006-1772, 30 déc. 2006)

Art. 57 *(Mod., L. n° 2006-1772, 30 déc. 2006)*. – I. – Une proposition de modification statutaire peut être présentée, notamment à l'initiative du préfet.

Les demandes d'adhésion de nouveaux membres sont soumises à l'assemblée générale. Lorsque les statuts n'ont pas prévu une procédure spécifique, les nouvelles adhésions sont décidées à la majorité des deux tiers des voix des membres composant l'association.

Toutefois, la proposition de modification statutaire est soumise au comité, lorsque l'adhésion envisagée emporte extension du périmètre sur une surface n'excédant pas un pourcentage défini par le décret en Conseil d'État prévu à l'article 62.

L'assemblée générale se prononce sur les autres modifications statutaires dans les conditions prévues par les statuts.

L'autorisation de modification des statuts peut être prononcée par acte de l'autorité administrative publié et notifié dans les conditions de l'article 15.

II. – La dissolution de l'association départementale ne peut être décidée que par l'autorité administrative. Elle ne peut être prononcée qu'à la condition qu'une autre personne publique se substitue à l'association dans l'exercice de ses missions.

TITRE VII. – DISPOSITIONS DIVERSES ET TRANSITOIRES

Art. 58. – La loi du 21 juin 1865 relative aux associations syndicales et la loi du 5 août 1911 relative aux associations syndicales autorisées sont abrogées sauf en ce qui concerne la Polynésie française et la Nouvelle-Calédonie.

Art. 59. – La loi du 27 juillet 1930 relative à l'exécution de travaux d'aménagement du système d'endiguement et d'assainissement des plaines de l'Isère, du Drac et de la Romanche (Grésivaudan et Oisans), la loi du 30 novembre 1941 relative à l'aménagement et à l'assainissement des plaines de l'Isère, du Drac et de la Romanche (Grésivaudan et Oisans) et la loi du 31 décembre 1948 validant, en complétant certaines de ses dispositions, la loi du 30 novembre 1941 sont abrogées.

Art. 60 *(Mod., L. n° 2006-11, 5 janv. 2006 ; L. n° 2006-1772, 30 déc. 2006)*. – I. Les associations syndicales de propriétaires constituées en vertu des lois des 12 et 20 août 1790, 14 floréal an XI, 16 septembre 1807, 21 juin 1865 et 8 avril 1898 sont régies par les dispositions de la présente ordonnance. – Toutefois, leurs statuts en vigueur à la date de publication de la présente ordonnance demeurent applicables jusqu'à leur mise en conformité avec les dispositions de celle-ci. Cette mise en conformité doit intervenir dans un délai de deux ans à compter de la publication du décret en Conseil d'État prévu à l'article 62. À l'exception de celle des associations syndicales libres, la mise en conformité est approuvée par un acte de l'autorité administrative ou, à défaut d'approbation, et après mise en demeure adressée au président de l'association et restée sans effet à l'expiration d'un délai de trois mois, l'autorité administrative procède d'office aux modifications statutaires nécessaires.

(L. n° 2014-366, 24 mars 2014) Par dérogation au deuxième alinéa, les associations syndicales libres régies par le titre II de la présente ordonnance, qui ont mis leurs statuts en conformité avec les dispositions de celle-ci postérieurement au 5 mai 2008, recouvrent les droits mentionnés à l'article 5 de la présente ordonnance dès la publication de la loi n° 2014-366 du 24 mars 2014 pour l'accès au logement et un urbanisme rénové, sans toutefois que puissent être remises en cause les décisions passées en force de chose jugée.

II. Les dispositions du second alinéa du I sont applicables aux associations foncières mentionnées aux articles L. 322-1 du Code de l'urbanisme et L. 131-1 du Code rural.

Toutefois, les associations foncières de réorganisation foncière et les associations foncières de remembrement visées aux articles L. 132-1 et L. 133-1 du Code rural, constituées pour des opérations d'aménagement foncier ordonnées avant le 1er janvier 2006, disposent d'un délai de cinq ans à compter de la publication du décret en Conseil d'État prévu à l'article 62 de la présente ordonnance pour adopter des statuts conformes aux dispositions de la présente ordonnance.

III. L'association départementale d'aménagement de l'Isère, du Drac et de la Romanche dispose d'un délai d'un an à compter de la publication du décret en Conseil d'État prévu à l'article 62 pour adopter des statuts conformes aux dispositions du chapitre IV du titre VI. Jusqu'à l'expiration de ce délai, elle reste régie par les dispositions législatives et réglementaires en vigueur à la date de publication de la présente ordonnance.

Art. 61. – i) *(V. L. n° 84-595, 12 juill. 1984, art. 33).*

ii) *(V. CCH, art. L. 214-5).*

iii) *(V. C. env., art. L. 212-5).*

Art. 62. – Les modalités d'application de la présente ordonnance sont fixées par décret en Conseil d'État, notamment :

1° La détermination de l'autorité administrative compétente pour la création, la transformation ou la dissolution d'une association syndicale autorisée et les modalités de transmission à cette autorité des actes de cette association ;

2° Les modalités de l'enquête publique et de la consultation des propriétaires prévues aux articles 12 et 13 ;

3° Les modalités de publicité de l'acte autorisant la création d'une association syndicale autorisée ;

4° Les modalités de réunion et de délibération de l'assemblée des propriétaires ;

5° La représentation avec voix consultative au sein du syndicat d'organismes accordant des subventions ;

6° Les conditions d'élaboration du rapport prévu à l'article 23 ;

7° Les conditions de passation et d'exécution des marchés d'une association syndicale autorisée ;

8° Les modalités de la substitution, prévue à l'article 30, de l'État, d'une collectivité territoriale ou d'un groupement de collectivités territoriales, à une association syndicale autorisée ;

9° Les dérogations à l'obligation de dépôt des fonds prévue à l'article 32 ;

10° Les dispositions budgétaires et comptables prévues aux articles 33 à 36 et 56 ;

11° La définition de la surface en deçà de laquelle il est possible de recourir à une procédure simplifiée d'extension ou de réduction du périmètre d'une association syndicale autorisée.

TITRE VIII. – DISPOSITIONS PARTICULIÈRES RELATIVES À MAYOTTE ET AUX ÎLES WALLIS-ET-FUTUNA

CHAPITRE I. – DISPOSITIONS APPLICABLES À MAYOTTE

Art. 63 *(Rempl., Ord. n° 2012-789, 31 mai 2012).* – L'article 27 n'est pas applicable à Mayotte.

Art. 64 *(Abr., Ord. n° 2012-789, 31 mai 2012).*

CHAPITRE II. – DISPOSITIONS APPLICABLES AUX ÎLES WALLIS ET FUTUNA

Art. 65. – Les articles 1er à 11, le premier et le troisième alinéas de l'article 12, les articles 13 à 26, 28 à 48, 58, 60 et 62 sont applicables aux îles Wallis-et-Futuna sous réserve des mesures prévues au présent chapitre.

Art. 66. – i) Pour l'application de la présente ordonnance aux îles Wallis-et-Futuna, les termes énumérés ci-après sont remplacés comme suit :

- « département » par « collectivité d'outre-mer » ;
- « acte de l'autorité administrative » par « arrêté de l'administrateur supérieur » ;
- « tribunal de grande instance » par « tribunal de première instance » ;
- « commune » par « circonscription » ;
- « maire » par « chef de circonscription » ;
- « bureau de conservation des hypothèques » par « greffe du tribunal de première instance ».

ii) Pour l'application aux îles Wallis-et-Futuna de l'article 28, les mots : « prévues aux articles L. 152-1 à L. 152-23 du Code rural et à l'article L. 321-5-1 du Code forestier » sont remplacés par les mots : « prévues par les dispositions applicables localement ».

Décret n° 2004-1157 du 29 octobre 2004

pris en application des articles 276-4 et 280 du Code civil
et fixant les modalités de substitution d'un capital à une rente allouée
au titre de la prestation compensatoire
(JO 31 oct. 2004)

Art. 1er. – Lors de la substitution totale ou partielle, en application des articles 276-4 et 280 du Code civil, d'un capital à une rente fixée par le juge ou par convention à titre de prestation compensatoire, le capital alloué au crédirentier est égal à un montant équivalant à la valeur actuelle probable de l'ensemble des arrérages de la rente, à la date, selon le cas, de la décision du juge opérant cette substitution ou du décès du débiteur.

La valeur mentionnée au premier alinéa résulte d'un taux de capitalisation de 4 % et des probabilités de décès du crédirentier, selon son âge et son sexe, établies par les tables de mortalité INSEE 98-2000.

Les tables de conversion annexées au présent décret (annexe I pour les rentes viagères, annexe II pour les rentes temporaires) fixent le montant du capital équivalant à 1 € de rente annuelle.

Art. 2. – Le présent décret est applicable en Nouvelle-Calédonie, en Polynésie française, à Wallis-et-Futuna et à Mayotte.

ANNEXE I
Rente viagère (femme)

ÂGE (1)	COÛT D'UN EURO de rente viagère annuelle
30	21,920
31	21,786
32	21,648
33	21,504
34	21,356
35	21,203
36	21,046
37	20,883
38	20,715
39	20,542
40	20,364
41	20,181

(1) Au jour du décès du débiteur ou à la date de la décision du juge opérant la substitution.

ÂGE (1)	COÛT D'UN EURO de rente viagère annuelle
42	19,993
43	19,799
44	19,600
45	19,394
46	19,183
47	18,965
48	18,742
49	18,511
50	18,275
51	18,031
52	17,778
53	17,520
54	17,253
55	16,980
56	16,698
57	16,406
58	16,105
59	15,796
60	15,478
61	15,153
62	14,816
63	14,471
64	14,116
65	13,753
66	13,381
67	13,002
68	12,615
69	12,218
70	11,815
71	11,408
72	10,993
73	10,573
74	10,147
75	9,716
76	9,283
77	8,850
78	8,419

(1) Au jour du décès du débiteur ou à la date de la décision du juge opérant la substitution.

ÂGE (1)	COÛT D'UN EURO de rente viagère annuelle
79	7,990
80	7,563
81	7,143
82	6,729
83	6,330
84	5,947
85	5,576
86	5,220
87	4,881
88	4,559
89	4,254
90	3,972
91	3,704
92	3,462
93	3,241
94	3,039
95	2,850
96	2,681
97	2,503
98	2,316
99	2,118
100	1,903

Rente viagère (homme)

ÂGE (1)	COÛT D'UN EURO de rente viagère annuelle
30	20,658
31	20,488
32	20,313
33	20,131
34	19,943
35	19,749
36	19,549
37	19,344
38	19,132
39	18,916
40	18,693

(1) Au jour du décès du débiteur ou à la date de la décision du juge opérant la substitution.

ÂGE (1)	COÛT D'UN EURO de rente viagère annuelle
41	18,466
42	18,235
43	18,000
44	17,761
45	17,517
46	17,268
47	17,014
48	16,754
49	16,489
50	16,218
51	15,942
52	15,660
53	15,371
54	15,076
55	14,776
56	14,471
57	14,158
58	13,838
59	13,512
60	13,180
61	12,848
62	12,510
63	12,166
64	11,823
65	11,476
66	11,126
67	10,774
68	10,421
69	10,066
70	9,709
71	9,356
72	9,000
73	8,645
74	8,286
75	7,923
76	7,564
77	7,207
78	6,854

(1) Au jour du décès du débiteur ou à la date de la décision du juge opérant la substitution.

ÂGE (1)	COÛT D'UN EURO de rente viagère annuelle
79	6,505
80	6,153
81	5,812
82	5,482
83	5,170
84	4,879
85	4,592
86	4,315
87	4,055
88	3,806
89	3,579
90	3,368
91	3,178
92	3,013
93	2,866
94	2,728
95	2,619
96	2,518
97	2,398
98	2,236
99	2,000
100	1,744

(1) Au jour du décès du débiteur ou à la date de la décision du juge opérant la substitution.

ANNEXE II

Rente temporaire (femme)

Coût d'un euro de rente

ÂGE (*)	DURÉE DE LA RENTE RESTANT À PAYER																			
	1 an	2 ans	3 ans	4 ans	5 ans	6 ans	7 ans	8 ans	9 ans	10 ans	11 ans	12 ans	13 ans	14 ans	15 ans	16 ans	17 ans	18 ans	19 ans	20 ans
20	0,982	1,926	2,834	3,706	4,544	5,350	6,125	6,869	7,584	8,272	8,933	9,568	10,179	10,765	11,329	11,871	12,391	12,891	13,371	13,833
21	0,982	1,926	2,834	3,706	4,544	5,350	6,124	6,869	7,584	8,272	8,933	9,568	10,178	10,764	11,328	11,869	12,389	12,889	13,369	13,830
22	0,982	1,926	2,834	3,706	4,544	5,350	6,124	6,869	7,584	8,272	8,932	9,567	10,177	10,764	11,327	11,868	12,388	12,887	13,367	13,828
23	0,982	1,926	2,834	3,706	4,544	5,350	6,124	6,869	7,584	8,271	8,932	9,567	10,177	10,763	11,326	11,867	12,386	12,885	13,365	13,825
24	0,982	1,926	2,834	3,706	4,544	5,350	6,124	6,868	7,584	8,271	8,931	9,566	10,176	10,761	11,324	11,865	12,384	12,883	13,361	13,821
25	0,982	1,926	2,834	3,706	4,544	5,350	6,124	6,868	7,583	8,270	8,930	9,565	10,174	10,760	11,322	11,862	12,381	12,879	13,357	13,817
26	0,982	1,926	2,834	3,706	4,544	5,349	6,124	6,867	7,582	8,269	8,929	9,563	10,172	10,757	11,319	11,859	12,377	12,875	13,353	13,811
27	0,982	1,926	2,834	3,706	4,544	5,349	6,123	6,867	7,582	8.268	8,928	9,562	10,170	10,755	11,317	11,856	12,373	12,870	13,348	13,806
28	0,982	1,926	2,834	3,706	4,544	5,349	6,123	6,866	7,581	8,267	8,926	9,560	10,168	10,752	11,313	11,852	12,369	12,342	13,335	13,799
29	0,982	1,926	2,833	3,705	4,543	5,348	6,122	6,865	7,579	8,265	8,924	9,557	10,165	10,748	11,309	11,847	12,363	12,859	13,335	13,791
30	0,982	1,926	2,833	3,705	4,543	5,347	6,121	6,864	7,577	8,263	8,921	9,554	10,161	10,744	11,304	11,841	12,357	12,852	13,327	13,782
31	0,982	1,926	2,833	3,705	4,542	5,347	6,120	6,862	7,576	8,261	8,919	9,551	10,157	10,740	11,299	11,835	12,350	12,844	13,318	13,773
32	0,982	1,926	2,833	3,704	4,541	5,346	6,119	6,861	7,574	8,258	8,916	9,547	10,153	10,735	11,293	11,829	12,343	12,837	13,310	13,763
33	0,982	1,926	2,833	3,704	4,541	5,345	6,117	6,859	7,572	8,256	8,913	9,543	10,149	10,730	11,287	11,822	12,336	12,828	13,300	13,753
34	0,982	1,926	2,832	3,703	4,540	5,344	6,116	6,857	7,569	8,253	8,909	9,539	10,144	10,724	11,281	11,815	12,327	12,819	13,290	13,741
35	0,982	1,926	2,832	3,703	4,539	5,343	6,114	6,855	7,567	8,250	8,905	9.535	10,139	10,718	11,274	11,807	12,318	12,809	13,279	13,729
36	0,982	1,925	2,832	3,702	4,539	5,342	3,113	6,853	7,564	8,247	8,901	9,530	10,133	10,712	11,266	11,799	12,309	12,798	13,267	13,716
37	0,982	1,925	2,832	3,702	4,538	5,340	6,111	6,851	7,561	8,243	8,897	9,525	10,127	10,704	11,258	11,789	12,299	12,787	13,254	13,702
38	0,982	1,925	2,831	3,701	4,537	5,339	6,109	6,848	7,558	8,239	8,892	9,519	10,120	10,697	11,249	11,780	12,288	12,774	13,241	13,688
39	0,982	1,925	2,831	3,700	4,536	5,337	6,107	6,845	7,554	8,234	8,887	9,513	10,113	10,688	11,240	11,769	12,276	12,761	13,226	13,672
40	0,982	1,925	2,830	3,700	4,534	5,335	6,104	6,842	7,550	8,230	8,881	9,506	10,105	10,680	11,230	11,758	12,263	12,748	13,211	13,655
41	0,982	1,924	2,830	3,699	4,533	5,334	6,102	6,839	7,546	8,225	8,876	9,499	10,097	10,671	11,220	11,746	12,251	12,733	13,196	13,638
42	0,982	1,924	2,829	3,698	4,532	5,332	6,100	6,836	7,543	8,220	8,870	9,493	10,090	10,662	11,210	11,735	12,238	12,719	13,180	13,620
43	0,982	1,924	2,829	3,697	4,531	5,330	6,097	6,833	7,538	8,215	8,864	9,485	10,081	10,652	11,199	11,722	12,224	12,703	13,162	13,601
44	0,982	1,924	2,828	3,696	4,529	5,328	6,094	6,829	7,534	8,210	8,857	9,478	10,072	10,642	11,187	11,709	12,209	12,687	13,144	13,581
45	0,982	1,924	2,828	3,695	4,528	5,326	6,091	6,826	7,529	8,204	8,850	9,470	10,063	10,631	11,175	11,695	12,193	12,670	13,125	13,560
46	0,982	1,923	2,827	3,694	4,526	5,323	6,088	6,821	7,524	8,198	8,843	9,461	10,053	10,619	11,162	11,681	12,177	12,651	13,104	13,537
47	0,981	1,923	2,827	3,693	4,524	5,321	6,085	6,817	7,519	8,191	8,836	9,452	10,043	10,608	11,148	11,665	12,160	12,632	13,083	13,513
48	0,981	1,923	2,826	3,692	4,523	5,319	6,082	6,813	7,514	8,185	8,828	9,443	10,032	10.595	11,134	11,649	12,141	12,611	13,060	13,487
49	0,981	1,923	2,825	3,691	4,521	5,316	6,078	6,809	7,508	8,178	8,819	9,433	10,020	10,582	11,119	11,632	12,122	12,589	13,035	13,459
50	0,981	1,922	2,825	3,690	4,519	5,314	6,075	6,804	7,503	8,171	8,811	9,423	10,009	10,568	11,103	11,614	12,101	12,566	13,009	13,589
51	0,981	1,922	2,824	3,689	4,517	5,311	6,071	6,799	7,496	8,163	8,802	9,412	9,996	10,553	11,085	11,594	12,078	12,540	13,979	13,397
52	0,981	1,922	2,823	3,687	4,515	5,307	6,067	6,794	7,489	8,155	8,791	9,400	9,981	10,536	11,066	11,571	12,052	12,511	12,946	13,360
53	0,981	1,921	2,822	3,686	4,513	5,304	6,063	6,788	7,482	8,146	8,781	9,387	9,966	10,519	11,046	11,548	12,026	12,480	12,911	13,321
54	0,981	1,921	2,821	3,684	4,510	5,301	6,058	6,782	7,475	8,137	8,769	9,373	9,950	10,500	11,023	11,522	11,996	12,446	12,873	13,277
55	0,981	1,921	2,821	3,683	4,508	5,298	6,053	6,776	7,467	8,127	8,757	9,359	9,932	10,479	10,999	11,494	11,963	12,409	12,830	13,229
56	0,981	1,920	2,820	3,681	4,506	5,294	6,048	6,769	7,458	8,116	8,744	9,342	9,913	10,456	10,972	11,462	11,927	12,367	12,783	13,175
57	*0,981*	*1,920*	*2,819*	*3,679*	*4,502*	*5,290*	*6,042*	*6,761*	7,448	8,103	8,728	9,323	9,890	10,429	10,941	11,426	11,885	12,319	12,729	13,114
58	*0,981*	1,919	2,818	3,677	4,499	5,285	6,035	6,752	7,437	8,089	8,711	9,302	9,865	10,399	10,906	11,385	11,838	12,266	12,668	13,045
59	0,980	1,919	2,816	3,675	4,495	5,279	6,028	6,743	7,424	8,073	8,691	9,279	9,837	10,366	10,867	11,340	11,786	12,206	12,600	12,968
60	0,980	1,918	2,815	3,672	4,491	5,274	6,020	6,732	7,410	8,056	8,670	9,252	9,805	10,328	10,823	11,289	11,728	12,139	12,524	12,881
61	0,980	1,917	2,813	3,670	4,487	5,267	6,011	6,720	7,395	8,037	8,646	9,223	9,770	10,287	10,774	11,233	11,663	12,064	12,438	12,785
62	0,980	1,917	2,812	3,666	4,482	5,260	6,001	6,706	7,377	8,014	8,618	9,189	9,730	10,239	10,719	11,168	11,588	11,979	12,341	12,674

ÂGE (*)	DURÉE DE LA RENTE RESTANT À PAYER																			
	1 an	2 ans	3 ans	4 ans	5 ans	6 ans	7 ans	8 ans	9 ans	10 ans	11 ans	12 ans	13 ans	14 ans	15 ans	16 ans	17 ans	18 ans	19 ans	20 ans
63	0,980	1,916	2,810	3,663	4,476	5,251	5,989	6,690	7,357	7,988	8,586	9,151	9,684	10,185	10,655	11,094	11,503	11,882	12,231	12,550
64	0,979	1,915	2,807	3,658	4,469	5,241	5,975	6,672	7,333	7,959	8,550	9,107	9,632	10,124	10,583	11,011	11,407	11,772	12,106	12,410
65	0,979	1,914	2,805	3,654	4,462	5,230	5,960	6,651	7,306	7,925	8,509	9,058	9,573	10,054	10,502	10,917	11,299	11,649	11,966	12,252
66	0,979	1,912	2,801	3,648	4,453	5,217	5,942	6,628	7,276	7,888	8,463	9,002	9,506	9,975	10,410	10,810	11,177	11,510	11,809	12,076
67	0,979	1,911	2,798	3,642	4,444	5,203	5,923	6,602	7,243	7,847	8,412	8,940	9,432	9,888	10,307	10,692	11,040	11,355	11,635	11,882
68	0,978	1,909	2,795	3,635	4,432	5,187	5,900	6,573	7,206	7,799	8,353	8,869	9,347	9,787	10,190	10,556	10,886	11,180	11,439	11,665
69	0,978	1,907	2,790	3,627	4,419	5,168	5,874	6,539	7,162	7,744	8,285	8,787	9,249	9,673	10,057	10,403	10,712	10,984	11,221	11,425
70	0,977	1,905	2,785	3,618	4,405	5,147	5,845	6,500	7,112	7,681	8,209	8,695	9,140	9,544	9,907	10,232	10,518	10,767	10,982	11,163
71	0,977	1,903	2,779	3,608	4,389	5,124	5,813	6,457	7,056	7,612	8,123	8,592	9,017	9,400	9,741	10,042	10,305	10,530	10,721	10,880
72	0,976	1,900	2,773	3,596	4,371	5,097	5,776	6,407	6,992	7,531	8,025	8,473	8,877	9,236	9,554	9,830	10,068	10,269	10,437	10,574
73	0,975	1,897	2,766	3,584	4,350	5,066	5,733	6,351	6,920	7,441	7,914	8,340	8,719	9,054	9,346	9,597	9,810	9,986	10,131	10,246
74	0,974	1,893	2,758	3,568	4,325	5,030	5,683	6,285	6,835	7,336	7,786	8,187	8,541	8,850	9,115	9,340	9,527	9,679	9,802	9,897
75	0,973	1,889	2,747	3,549	4,296	4,988	5,625	6,208	6,738	7,215	7,640	8,015	8,342	8,623	8,861	9,059	9,221	9,350	9,451	9,529
76	0,972	1,884	2,735	3,528	4,262	4,939	5,558	6,121	6,627	7,079	7,477	7,824	8,123	8,375	8,585	8,757	8,894	9,002	9,084	9,145
77	0,971	1,878	2,722	3,504	4,224	4,884	5,483	6,022	6,503	6,927	7,297	7,614	7,883	8,107	8,290	8,436	8,550	8,638	8,703	8,751
78	0,969	1,871	2,706	3,476	4,181	4,821	5,397	5,911	6,364	6,759	7,098	7,386	7,625	7,820	7,977	8,099	8,192	8,262	8,313	8,350
79	0,967	1,863	2,689	3,445	4,131	4,749	5,300	5,786	6,210	6,574	6,882	7,138	7,348	7,515	7,646	7,747	7,822	7,876	7,916	7,943
80	0,965	1,854	2,668	3,407	4,073	4,666	5,190	5,646	6,038	6,370	6,646	6,872	7,052	7,193	7,301	7,382	7,441	7,483	7,513	7,533
81	0,963	1,844	2,644	3,365	4,007	4,574	5,068	5,492	5,852	6,151	6,395	6,590	6,743	6,860	6,947	7,011	7,057	7,089	7,111	7,125
82	0,959	1,831	2,615	3,314	3,931	4,469	4,931	5,322	5,648	5,914	6,127	6,293	6,420	6,515	6,585	6,635	6,670	6,693	6,709	6,718
83	0,956	1,816	2,584	3,261	3,850	4,357	4,787	5,144	5,436	5,669	5,851	5,991	6,095	6,172	6,226	6,265	6,291	6,308	6,318	6,325
84	0,952	1,801	2,551	3,203	3,764	4,329	4,635	4,957	5,216	5,418	5,572	5,688	5,772	5,832	5,875	5,904	5,922	5,934	5,941	5,945
85	0,948	1,784	2,513	3,139	3,670	4,111	4,471	4,760	4,985	5,158	5,287	5,381	5,448	5,496	5,528	5,549	5,562	5,570	5,574	5,576
86	0,943	1,765	2,472	3,070	3,567	3,974	4,299	4,553	4,748	4,893	5,000	5,076	5,129	5,165	5,189	5,204	5,213	5,218	5,220	5,220
87	0,938	1,744	2,427	2,995	3,459	3,830	4,120	4,343	4,509	4,630	4,717	4,778	4,819	4,846	4,863	4,873	4,879	4,881	4,881	4,881
88	0,932	1,722	2,378	2,915	3,344	3,680	3,937	4,129	4,269	4,369	4,440	4,487	4,519	4,538	4,550	4,557	4,559	4,559	4,559	4,559
89	0,926	1,696	2,326	2,829	3,223	3,524	3,749	3,914	4,031	4,114	4,170	4,207	4,230	4,243	4,251	4,254	4,254	4,254	4,254	4,254
90	0,919	1,670	2,271	2,741	3,100	3,369	3,565	3,706	3,804	3,871	3,915	3,942	3,958	3,968	3,972	3,972	3,972	3,972	3,972	3,972
91	0,911	1,640	2,211	2,647	2,973	3,211	3,382	3,501	3,583	3,636	3,669	3,689	3,700	3,704	3,705	3,705	3,705	3,705	3,705	3,705
92	0,903	1,610	2,151	2,555	2,851	3,062	3,210	3,311	3,377	3,418	3,442	3,457	3,462	3,462	3,462	3,462	3,462	3,462	3,462	3,462
93	0,895	1,581	2,093	2,467	2,735	2,922	3,050	3,134	3,186	3,217	3,234	3,241	3,242	3,242	3,241	3,241	3,241	3,241	3,241	3,241
94	0,888	1,551	2,036	2,383	2,626	2,791	2,899	2,967	3,007	3,030	3,039	3,039	3,039	3,039	3,039	3,039	3,039	3,039	3,039	3,039
95	0,879	1,520	1,980	2,302	2,521	2,665	2,754	2,807	2,838	2,850	2,850	2,850	2,850	2,850	2,850	2,850	2,850	2,850	2,850	2,850
96	0,873	1,498	1,936	2,234	2,429	2,550	2,623	2,664	2,681	2,681	2,681	2,681	2,681	2,681	2,681	2,681	2,681	2,681	2,681	2,681
97	0,866	1,472	1,884	2,155	2,323	2,422	2,480	2,503	2,503	2,503	2,503	2,503	2,503	2,503	2,503	2,503	2,503	2,503	2,503	2,503
98	0,857	1,441	1,823	2,061	2,202	2,284	2,316	2,316	2,316	2,316	2,316	2,316	2,316	2,316	2,316	2,316	2,316	2,316	2,316	2,316
99	0,848	1,403	1,748	1,952	2,072	2,118	2,118	2,118	2,118	2,118	2,118	2,118	2,118	2,118	2,118	2,118	2,118	2,118	2,118	2,118
100	0,832	1,348	1,655	1,833	1,903	1,903	1,903	1,903	1,903	1,903	1,903	1,903	1,903	1,903	1,903	1,903	1,903	1,903	1,903	1,903

(*) Au jour du décès du débiteur ou de la décision du juge opérant la substitution.

Rente temporaire (homme)

Coût d'un euro de rente

ÂGE (*)	DURÉE DE LA RENTE RESTANT À PAYER																			
	1 an	2 ans	3 ans	4 ans	5 ans	6 ans	7 ans	8 ans	9 ans	10 ans	11 ans	12 ans	13 ans	14 ans	15 ans	16 ans	17 ans	18 ans	19 ans	20 ans
20	0,982	1,925	2,831	3,701	4,536	5,339	6,110	6,850	7,561	8,244	8,900	9,530	10,134	10,715	11,273	11,808	12,322	12,815	13,289	13,743
21	0,982	1,925	2,831	3,701	4,536	5,339	6,109	6,850	7,561	8,243	8,899	9,529	10,133	10,714	11,271	11,806	12,320	12,813	13,285	13,739
22	0,982	1,925	2,831	3,701	4,536	5,339	6,109	6,850	7,561	8,243	8,899	9,528	10,133	10,713	11,270	11,805	12,318	12,810	13,282	13,735
23	0,982	1,925	2,831	3,701	4,536	5,339	6,109	6,849	7,560	8,243	8,898	9,528	10,132	10,712	11,268	11,803	12,315	12,807	13,278	13,731
24	0,982	1,925	2,831	3,701	4,536	5,338	6,109	6,849	7,560	8,242	8,897	9,526	10,130	10,710	11,266	11,800	12,312	12,803	13,273	13,725
25	0,982	1,925	2,831	3,701	4,536	5,338	6,109	6,849	7,559	8,241	8,896	9,525	10,129	10,708	11,263	11,796	12,308	12,798	13,267	13,717
26	0,982	1,925	2,831	3,700	4,536	5,338	6,109	6,848	7,559	8,240	8,895	9,523	10,126	10,705	11,260	11,792	12,302	12,791	13,260	13,709
27	0,982	1,925	2,831	3,700	4,536	5,338	6,108	6,848	7,558	8,239	8,893	9,521	10,123	10,701	11,255	11,787	12,296	12,784	13,251	13,699
28	0,982	1,925	2,830	3,700	4,535	5,337	6,107	6,846	7,556	8,237	8,891	9,518	10,120	10,697	11,250	11,780	12,288	12,774	13,240	13,686
29	0,982	1,925	2,830	3,700	4,535	5,337	6,106	6,845	7,554	8,235	8,888	9,514	10,115	10,691	11,243	11,772	12,279	12,764	13,228	13,672
30	0,982	1,925	2,830	3,700	4,534	5,336	6,105	6,844	7,552	8,232	8,884	9,510	10,110	10,685	11,235	11,763	12,268	12,751	13,214	13,656
31	0,982	1,925	2,830	3,699	4,534	5,335	6,104	6,842	7,550	8,229	8,880	9,505	10,103	10,677	11,226	11,752	12,255	12,737	13,198	13,638
32	0,982	1,925	2,830	3,699	4,533	5,334	6,102	6,839	7,547	8,225	8,875	9,499	10,096	10,668	11,215	11,739	12,241	12,721	13,179	13,618
33	0,982	1,924	2,829	3,698	4,532	5,332	6,100	6,837	7,543	8,220	8,869	9,491	10,087	10,657	11,203	11,725	12,225	12,702	13,159	13,595
34	0,982	1,924	2,829	3,697	4,531	5,330	6,097	6,833	7,538	8,214	8,862	9,482	10,076	10,645	11,189	11,709	12,206	12,682	13,136	13,570
35	0,982	1,924	2,828	3,696	4,529	5,328	6,094	6,829	7,533	8,207	8,854	9,472	10,064	10,631	11,173	11,691	12,186	12,659	13,110	13,542
36	0,982	1,924	2,828	3,695	4,528	5,326	6,091	6,824	7,527	8,200	8,844	9,461	10,051	10,616	11,155	11,671	12,164	12,634	13,083	13,512
37	0,982	1,924	2,827	3,694	4,526	5,323	6,087	6,819	7,520	8,191	8,834	9,449	10,037	10,599	11,137	11,650	12,140	12,608	13,054	13,479
38	0,981	1,923	2,827	3,693	4,524	5,320	6,082	6,813	7,512	8,182	8,822	9,435	10,021	10,581	11,116	11,626	12,114	12,579	13,022	13,444
39	0,981	1,923	2,826	3,691	4,521	5,316	6,077	6,806	7,504	8,172	8,810	9,421	10,004	10,562	11,094	11,602	12,086	12,548	12,988	13,407
40	0,981	1,922	2,825	3,689	4,518	5,311	6,071	6,799	7,494	8,160	8,796	9,404	9,985	10,540	11,070	11,575	12,056	12,514	12,951	13,367
41	0,981	1,922	2,823	3,687	4,514	5,307	6,065	6,790	7,484	8,148	8,782	9,387	9,966	10,517	11,044	11,546	12,024	12,479	12,912	13,324
42	0,981	1,921	2,822	3,685	4,511	5,302	6,058	6,782	7,474	8,135	8,767	9,370	9,945	10,494	11,018	11,516	11,991	12,443	12,872	13,280
43	0,981	1,921	2,821	3,682	4,507	5,297	6,052	6,773	7,463	8,122	8,751	9,352	9,925	10,471	10,991	11,486	11,957	12,405	12,831	13,234
44	0,981	1,920	2,819	3,680	4,504	5,292	6,045	6,765	7,453	8,110	8,736	9,334	9,904	10,447	10,964	11,455	11,923	12,367	12,788	13,186
45	0,981	1,919	2,818	3,678	4,501	5,287	6,038	6,756	7,442	8,096	8,720	9,315	9,881	10,421	10,934	11,422	11,886	12,325	12,741	13,135
46	0,980	1,919	2,817	3,676	4,497	5,282	6,031	6,747	7,430	8,082	8,703	9,295	9,858	10,394	10,904	11,387	11,846	12,281	12,692	13,081
47	0,980	1,918	2,815	3,673	4,493	5,276	6,024	6,737	7,418	8,067	8,685	9,273	9,833	10,366	10,871	11,350	11,804	12,234	12,640	13,022
48	0,980	1,918	2,814	3,670	4,489	5,270	6,016	6,727	7,405	8,051	8,666	9,251	9,807	10,335	10,836	11,311	11,760	12,184	12,583	12,960
49	0,980	1,917	2,812	3,668	4,484	5,264	6,007	6,716	7,391	8,034	8,646	9,227	9,779	10,303	10,799	11,268	11,711	12,129	12,523	12,893
50	0,980	1,916	2,811	3,665	4,480	5,257	5,998	6,704	7,377	8,016	8,624	9,201	9,749	10,268	10,758	11,222	11,659	12,071	12,457	12,820
51	0,980	1,915	2,809	3,662	4,475	5,250	5,989	6,692	7,362	7,998	8,602	9,174	9,717	10,230	10,715	11,173	11,603	12,008	12,387	12,742
52	0,979	1,915	2,807	3,658	4,470	5,243	5,979	6,679	7,345	7,977	8,577	9,145	9,682	10,189	10,668	11,119	11,542	11,939	12,311	12,658
53	0,979	1,914	2,805	3,655	4,464	5,235	5,968	6,665	7,327	7,955	8,550	9,112	9,643	10,145	10,617	11,060	11,476	11,865	12,228	12,566
54	0,979	1,913	2,803	3,651	4,458	5,226	5,956	6,650	7,307	7,930	8,519	9,076	9,601	10,095	10,560	10,995	11,403	11,783	12,137	12,466
55	0,979	1,912	2,800	3,647	4,452	5,217	5,944	6,633	7,286	7,903	8,487	9,037	9,555	10,042	10,499	10,926	11,325	11,696	12,040	12,359
56	0,978	1,911	2,798	3,643	4,445	5,208	5,930	6,615	7,263	7,875	8,452	8,996	9,506	9,985	10,433	10,851	11,241	11,602	11,936	12,244
57	0,978	1,910	2,796	3,638	4,438	5,196	5,915	6,594	7,237	7,842	8,412	8,948	9,451	9,921	10,360	10,768	11,147	11,498	11,821	12,118
58	*0,978*	*1,908*	*2,793*	*3,632*	*4,429*	*5,183*	*5,897*	*6,571*	7,207	7,805	8,368	8,896	9,389	9,850	10,279	10,677	11,045	11,384	11,696	11,981
59	0,978	1,907	2,789	3,626	4,418	5,168	5,877	6,545	7,174	7,765	8,319	8,838	9,322	9,772	10,190	10,577	10,934	11,262	11,561	11,834
60	0,977	1,905	2,785	3,618	4,407	5,151	5,854	6,515	7,137	7,720	8,265	8,774	9,248	9,688	10,094	10,470	10,814	11,129	11,416	11,675
61	0,977	1,903	2,780	3,611	4,395	5,135	5,831	6,485	7,099	7,673	8,209	8,708	9,171	9,599	9,994	10,357	10,688	10,990	11,263	11,508
62	0,976	1,901	2,776	3,602	4,381	5,115	5,805	6,452	7,057	7,621	8,147	8,635	9,086	9,502	9,884	10,234	10,552	10,839	11,098	11,328
63	0,975	1,898	2,770	3,592	4,366	5,094	5,776	6,414	7,010	7,564	8,079	8,555	8,994	9,397	9,766	10,101	10,404	10,677	10,920	11,135
64	0,975	1,896	2,765	3,582	4,351	5,072	5,746	6,375	6,961	7,505	8,008	8,472	8,898	9,287	9,641	9,962	10,249	10,506	10,733	10,931

ÂGE (*)	DURÉE DE LA RENTE RESTANT À PAYER																			
	1 an	2 ans	3 ans	4 ans	5 ans	6 ans	7 ans	8 ans	9 ans	10 ans	11 ans	12 ans	13 ans	14 ans	15 ans	16 ans	17 ans	18 ans	19 ans	20 ans
65........	0,974	1,893	2,758	3,571	4,334	5,047	5,713	6,333	6,908	7,440	7,930	8,381	8,793	9,168	9,507	9,811	10,083	10,323	10,532	10,713
66........	0,974	1,890	2,752	3,559	4,315	5,020	5,677	6,286	6,850	7,370	7,847	8,284	8,680	9,039	9,362	9,650	9,904	10,126	10,318	10,481
67........	0,973	1,887	2,744	3,546	4,295	4,991	5,638	6,236	6,788	7,294	7,758	8,179	8,560	8,902	9,208	9,477	9,713	9,916	10,090	10,237
68........	0,972	1,883	2,736	3,532	4,272	4,960	5,596	6,183	6,721	7,214	7,662	8,067	8,431	8,756	9,042	9,293	9,509	9,694	9,850	9,979
69........	0,971	1,879	2,727	3,516	4,248	4,926	5,551	6,125	6,649	7,127	7,558	7,946	8,292	8,597	8,864	9,095	9,291	9,457	9,595	9,708
70........	0,970	1,875	2,717	3,499	4,222	4,889	5,502	6,062	6,571	7,032	7,446	7,815	8,141	8,426	8,672	8,882	9,059	9,207	9,327	9,424
71........	0,969	1,870	2,707	3,482	4,196	4,852	5,452	5,997	6,490	6,933	7,329	7,678	7,983	8,246	8,471	8,661	8,818	8,947	9,051	9,132
72........	0,968	1,866	2,697	3,463	4,167	4,810	5,396	5,925	6,401	6,825	7,199	7,527	7,809	8,050	8,254	8,423	8,562	8,673	8,760	8,827
73........	0,966	1,861	2,686	3,443	4,136	4,765	5,335	5,847	6,304	6,707	7,059	7,363	7,623	7,842	8,024	8,173	8,292	8,386	8,459	8,513
74........	0,965	1,855	2,673	3,420	4,099	4,714	5,267	5,759	6,194	6,574	6,902	7,183	7,419	7,615	7,776	7,905	8,007	8,085	8,144	8,187
75........	0,963	1,848	2,657	3,392	4,057	4,655	5,189	5,659	6,071	6,426	6,729	6,985	7,198	7,371	7,511	7,621	7,705	7,769	7,816	7,850
76........	0,962	1,841	2,640	3,363	4,013	4,592	5,104	5,551	5,937	6,267	6,545	6,776	6,965	7,117	7,236	7,328	7,397	7,448	7,485	7,511
77........	0,959	1,832	2,621	3,331	3,963	4,522	5,010	5,431	5,791	6,095	6,347	6,553	6,719	6,849	6,949	7,025	7,081	7,121	7,149	7,169
78........	0,957	1,823	2,601	3,295	3,908	4,443	4,905	5,300	5,633	5,910	6,136	6,317	6,460	6,571	6,653	6,715	6,759	6,790	6,812	6,827
79........	0,955	1,814	2,579	3,255	3,845	4,355	4,791	5,158	5,464	5,713	5,914	6,071	6,193	6,284	6,352	6,400	6,435	6,459	6,475	6,487
80........	0,952	1,801	2,550	3,205	3,770	4,253	4,660	4,999	5,275	5,498	5,672	5,807	5,908	5,983	6,037	6,076	6,102	6,120	6,133	6,142
81........	0,948	1,786	2,517	3,149	3,688	4,144	4,522	4,831	5,079	5,275	5,425	5,538	5,622	5,682	5,725	5,755	5,775	5,789	5,799	5,805
82........	0,944	1,768	2,480	3,088	3,601	4,028	4,376	4,656	4,876	5,046	5,174	5,268	5,336	5,384	5,417	5,440	5,456	5,467	5,474	5,478
83........	0,939	1,750	2,443	3,028	3,514	3,911	4,229	4,480	4,673	4,819	4,926	5,004	5,059	5,097	5,123	5,141	5,154	5,161	5,166	5,169
84........	0,935	1,734	2,408	2,968	3,426	3,794	4,083	4,306	4,474	4,598	4,687	4,750	4,794	4,824	4,845	4,860	4,869	4,874	4,877	4,878
85........	0,931	1,715	2,367	2,901	3,329	3,665	3,925	4,120	4,264	4,369	4,442	4,493	4,529	4,553	4,569	4,580	4,586	4,590	4,591	4,592
86........	0,925	1,693	2,322	2,826	3,223	3,529	3,759	3,929	4,052	4,138	4,199	4,240	4,269	4,288	4,301	4,308	4,312	4,314	4,315	4,315
87........	0,919	1,671	2,274	2,749	3,115	3,390	3,594	3,740	3,844	3,916	3,966	4,000	4,023	4,038	4,047	4,052	4,054	4,055	4,055	4,055
88........	0,912	1,644	2,221	2,665	2,999	3,246	3,424	3,550	3,637	3,698	3,739	3,768	3,786	3,796	3,802	3,805	3,806	3,806	3,806	3,806
89........	0,905	1,618	2,167	2,581	2,886	3,106	3,262	3,370	3,445	3,496	3,531	3,554	3,567	3,574	3,578	3,579	3,579	3,579	3,579	3,579
90........	0,898	1,590	2,110	2,495	2,772	2,968	3,105	3,199	3,264	3,308	3,336	3,353	3,362	3,366	3,368	3,368	3,368	3,368	3,368	3,368
91........	0,890	1,560	2,054	2,412	2,664	2,839	2,960	3,044	3,100	3,137	3,158	3,169	3,175	3,178	3,178	3,178	3,178	3,178	3,178	3,178
92........	0,882	1,534	2,004	2,336	2,567	2,726	2,836	2,911	2,959	2,987	3,002	3,010	3,013	3,013	3,013	3,013	3,013	3,013	3,013	3,013
93........	0,876	1,509	1,955	2,266	2,480	2,628	2,729	2,793	2,831	2,851	2,862	2,866	2,866	2,866	2,866	2,866	2,866	2,866	2,866	2,866
94........	0,867	1,480	1,906	2,200	2,402	2,540	2,629	2,680	2,708	2,722	2,728	2,728	2,728	2,728	2,728	2,728	2,728	2,728	2,728	2,728
95........	0,862	1,461	1,875	2,160	2,354	2,478	2,551	2,590	2,610	2,619	2,619	2,619	2,619	2,619	2,619	2,619	2,619	2,619	2,619	2,619
96........	0,859	1,452	1,861	2,138	2,317	2,421	2,476	2,506	2,518	2,518	2,518	2,518	2,518	2,518	2,518	2,518	2,518	2,518	2,518	2,518
97........	0,857	1,448	1,850	2,108	2,259	2,339	2,382	2,399	2,399	2,399	2,399	2,399	2,399	2,399	2,399	2,399	2,399	2,399	2,399	2,399
98........	0,858	1,440	1,814	2,033	2,150	2,212	2,237	2,237	2,237	2,237	2,237	2,237	2,237	2,237	2,237	2,237	2,237	2,237	2,237	2,237
99........	0,845	1,388	1,706	1,875	1,965	2,001	2,002	2,002	2,001	2,001	2,001	2,001	2,001	2,001	2,001	2,001	2,001	2,001	2,001	2,001
100........	0,820	1,299	1,554	1,690	1,745	1,746	1,746	1,745	1,745	1,745	1,745	1,745	1,745	1,745	1,745	1,745	1,745	1,745	1,745	1,745

(*) Au jour du décès du débiteur ou de la décision du juge opérant la substitution.

Décret n° 2004-1159 du 29 octobre 2004

portant application de la loi n° 2002-304 du 4 mars 2002 modifiée relative au nom de famille et modifiant diverses dispositions relatives à l'état civil

(JO 31 oct. 2004)

TITRE PREMIER. – MODALITÉS DE DÉCLARATION DE NOM

Section I. – La déclaration conjointe de choix de nom

Art. 1er. – La déclaration conjointe de choix de nom prévue aux premier et quatrième alinéas de l'article 311-21 du Code civil est faite par écrit.

Elle comporte les prénom(s), nom, date et lieu de naissance, domicile des *(Mots rempl., D. n° 2013-429, 24 mai 2013)* « parents », l'indication du nom de famille choisi ainsi que, si l'enfant est né, ses prénom(s), date et lieu de naissance. Elle est datée et signée par les parents.

Par cette déclaration, les parents attestent sur l'honneur que le choix de nom concerne leur premier enfant commun.

***(Al. créé, D. n° 2013-429, 24 mai 2013)* La déclaration conjointe de choix de nom est annexée à l'acte de naissance de l'enfant pour lequel cette déclaration a été faite.**

Art. 2. – Lorsque la filiation de l'enfant est établie à l'égard de ses deux parents au plus tard le jour de sa déclaration de naissance, la déclaration conjointe de choix de nom est remise simultanément par les parents, l'un d'entre eux ou l'une des personnes énumérées à l'article 56 du Code civil à l'officier de l'état civil chargé d'établir l'acte de naissance.

Art. 3. – Lorsque la filiation de l'enfant résulte d'un acte de reconnaissance simultanée postérieure à sa déclaration de naissance, la déclaration conjointe de choix de nom est remise, par les parents ou l'un d'entre eux, à l'officier de l'état civil ou au notaire chargé d'établir cet acte.

Elle est transmise à l'officier de l'état civil détenteur de l'acte de naissance pour y être annexée, selon le cas, soit par l'officier de l'état civil auquel elle a été remise, soit par les parties elles-mêmes après l'établissement de l'acte notarié.

Mention de la déclaration conjointe de choix de nom est portée en marge des actes de l'état civil de l'enfant.

Art. 4. – Lorsque la naissance de l'enfant a lieu à l'étranger, la déclaration conjointe de choix de nom faite en application du deuxième alinéa de l'article 311-21 du Code civil est remise à l'officier de l'état civil du ministère des Affaires étrangères compétent pour transcrire l'acte de naissance.

Art. 4-1 *(D. n° 2013-429, 24 mai 2013)*. – La déclaration conjointe de choix de nom prévue aux deuxième et sixième alinéas de l'article 357 du Code civil est faite par écrit et jointe à la requête en adoption plénière.

Elle comporte les prénom(s), nom, date et lieu de naissance, domicile des adoptants ou de l'adoptant et de son conjoint dans le cas de l'adoption de l'enfant du conjoint, l'indication du nom de famille choisi ainsi que les prénom(s) d'origine de l'enfant, date et lieu de naissance. Elle est datée et signée par les adoptants ou l'adoptant et son conjoint.

Par cette déclaration, les adoptants ou l'adoptant et son conjoint attestent sur l'honneur que par le prononcé de l'adoption plénière, l'adopté deviendra leur premier enfant commun.

La déclaration de choix de nom remise dans le cadre d'une demande de transcription de la décision d'adoption étrangère prévue à l'article 357-1 est annexée à l'acte de naissance de l'enfant.

Section II. – La déclaration conjointe de choix de nom de l'enfant devenu français

Art. 5. – Les parents d'un enfant qui acquiert la nationalité française au titre de l'effet collectif prévu par l'article 22-1 du Code civil peuvent faire une déclaration conjointe de choix de nom, en application de l'article 311-21 du Code civil. La déclaration conjointe de choix de nom est remise, par l'un ou l'autre des parents, lors du dépôt de la demande d'acquisition de la nationalité française ou de naturalisation ou de réintégration par décret ou lors de la souscription de la déclaration d'acquisition de la nationalité française.

Art. 6. – Cette déclaration est transmise par l'autorité chargée de conférer la nationalité française au service central d'état civil du ministère des Affaires étrangères compétent en application des articles 98 à 98-2 du Code civil pour établir les actes de l'état civil du parent acquérant la nationalité française ou des enfants communs bénéficiant de l'effet collectif.

Les diligences visées à l'article 13 du présent décret sont opérées par l'officier de l'état civil du service central d'état civil.

Celui-ci avise les officiers de l'état civil communaux détenteurs de l'acte de naissance des enfants communs, nés en France, également bénéficiaires de l'effet collectif, afin qu'ils procèdent aux mentions nécessaires en marge de ces actes.

Art. 7. – Lorsqu'aucun acte de l'état civil n'est susceptible d'être établi par le service central d'état civil au titre des articles 98 à 98-2 du Code civil, la déclaration conjointe de choix de nom est transmise par l'autorité chargée de conférer la nationalité française à l'officier de l'état civil communal détenteur de l'acte de naissance du premier enfant commun devenu français par l'effet collectif.

Cet officier de l'état civil avise les autres officiers détenteurs des actes de naissance des autres enfants communs bénéficiaires de l'effet collectif afin qu'ils procèdent aux mentions nécessaires en marge de ces actes.

Art. 8. – En cas d'acquisition de plein droit de la nationalité française par l'un ou l'autre des parents, la déclaration conjointe de choix de nom est remise, dans le délai d'un an suivant cette acquisition, soit à l'officier de l'état civil détenteur de l'acte de naissance de leur premier enfant commun né en France bénéficiaire de l'effet collectif, soit au service central de l'état civil du ministère des Affaires étrangères chargé, en application de l'article 98 du Code civil, de l'établissement de cet acte lorsque le premier enfant commun est né à l'étranger.

Selon le cas, l'officier de l'état civil communal ou l'officier de l'état civil du service central d'état civil avise les officiers de l'état civil détenteurs des actes de naissance des autres enfants communs bénéficiaires de l'effet collectif afin qu'ils procèdent aux mentions nécessaires en marge de ces actes.

Art. 9. – La déclaration conjointe de choix de nom, mentionnée aux articles 6, 7 et 8, doit satisfaire aux conditions de forme prévues aux alinéas premier et deuxième de l'article 1er du présent décret.

Par cette déclaration, les parents attestent sur l'honneur ne pas avoir précédemment effectué une déclaration de choix de nom en application de l'article 311-21 du Code civil au profit de leurs enfants communs bénéficiaires de l'effet collectif.

Le consentement de l'enfant ou des enfants communs âgés de plus de treize ans, devenus français par effet collectif, est recueilli par écrit. Ces écrits, datés et signés, sont transmis, selon le cas, soit à l'officier de l'état civil détenteur de l'acte de naissance du premier enfant commun, soit au service central de l'état civil chargé de l'établissement de cet acte lorsque cet enfant est né à l'étranger.

Section III. – La déclaration conjointe de changement de nom

Art. 10 *(Mod., D. n° 2017-890, 6 mai 2017)*. – La déclaration conjointe de changement de nom prévue par le deuxième alinéa de l'article 311-23 du Code civil requiert la comparution personnelle des parents ou en cas d'empêchement grave, du ou des fondés de procuration devant l'officier de l'état civil.

Elle est reçue dans la forme des actes de l'état civil.

La procuration spéciale et authentique est transmise à l'officier de l'état civil détenteur de l'acte de naissance de l'enfant afin d'y être versée aux pièces annexes de cet acte.

Le consentement de l'enfant âgé de plus de treize ans est recueilli par écrit ou par une déclaration faite devant l'officier de l'état civil. L'écrit, daté et signé, accompagné, le cas échéant, de l'avis de la déclaration de changement de nom, est transmis directement par l'officier de l'état civil auquel il a été remis à l'officier de l'état civil détenteur de l'acte de naissance de l'enfant. Le document contenant le consentement de l'enfant âgé de plus de treize ans est annexé à son acte de naissance.

Mention de cette déclaration de changement de nom est portée en marge des actes de l'état civil de l'enfant.

Section IV ancienne. – La déclaration conjointe d'adjonction de nom
(Section abr., D. n° 2013-429, 24 mai 2013).

Section IV. – Dispositions communes
(Anc. section 5 dénum., D. n° 2013-429, 24 mai 2013)

Art. 13 *(Mod., D. n° 2013-429, 24 mai 2013 ; D. n° 2017-890, 6 mai 2017).* – **Lors de la remise de la déclaration de choix de nom ou lors de la comparution personnelle des parents ou du fondé de procuration, l'officier de l'état civil s'assure du respect des exigences posées aux articles précédents et de la transmissibilité du nom choisi. À cette fin, il peut solliciter des parents la production de toutes pièces utiles.**

Cette disposition est applicable au tribunal statuant en matière d'adoption plénière.

TITRE Ier *BIS* – Modalité de détermination du nom en cas de désaccord des parents
(D. n° 2013-429, 24 mai 2013)

Art. 14 *(Transféré au présent titre et rempl., D. n° 2013-429, 24 mai 2013).* – **En application du premier alinéa de l'article 311-21 du Code civil, en cas de désaccord des parents sur le nom de l'enfant, l'un d'eux fait connaître son désaccord par écrit devant l'officier de l'état civil de son choix, au plus tard au jour de la déclaration de naissance ou après la naissance lors de l'établissement simultané de la filiation. Après vérification de l'identité du parent, l'officier de l'état civil appose son visa et date le document qu'il lui restitue.**

Le parent remet ce document à l'officier de l'état civil du lieu de naissance de l'enfant. Ce dernier indique dans l'acte de naissance qu'il dresse ou qu'il transcrit le nom de l'enfant constitué du premier nom de chacun des parents accolés selon l'ordre alphabétique. Lorsque le désaccord est porté à la connaissance de l'officier de l'état civil après l'établissement de l'acte de naissance, ce dernier saisit le procureur de la République afin qu'il ordonne la rectification du nom.

Le document contenant le désaccord est annexé à l'acte de naissance de l'enfant.

TITRE II. – ADAPTATION DE DISPOSITIONS RÉGLEMENTAIRES RELATIVES AU NOM

....

Art. 19. – **Dans tous les textes de nature réglementaire, les mots : « nom(s) patronymique(s) » sont remplacés par les mots : « nom(s) de famille », notamment dans les textes qui suivent :**

a) (V. D. n° 55-1350, 14 oct. 1955, art. 39, 42 et 76-1) ;
b) (V. D. n° 55-1397, 22 oct. 1955, art. 1er et 7) ;
c) À l'alinéa 3 de l'article 24 du décret [n° 75-903] du 3 octobre 1975 susvisé ;
d) (V. D. n° 76-1004, 4 nov. 1976, art. 20-5) ;
e) À l'article 48 du décret [n° 79-949] du 9 novembre 1979 susvisé ;
f) À l'article 48 du décret [n° 81-509] du 12 mai 1981 susvisé ;
g) (Mod. D. n° 85-200, 13 févr. 1985) ;
h) (V. D. n° 85-1343, 16 déc. 1985, ann.) ;
i) (Mod., D. n° 85-1344, 16 déc. 1985) ;
j) (V. D. n° 86-636, 14 mars 1986, art. 40) ;
k) (Mod., D. n° 90-293, 29 mars 1990) ;
l) (V. D. n° 92-456, 22 mai 1992, art. 27) ;
m) (V. D. n° 98-721, 20 août 1998, art. 4) ;
n) (V. D. n° 2000-217, 7 mars 2000, art. 4) ;
o) (V. D. n° 2001-185, 26 févr. 2001, art. 2) ;
p) (Mod., D. n° 2002-240, 20 févr. 2002).

Les dispositions des décrets modifiées aux *g, h, i, j, m* et *o* peuvent être modifiées par décret.

TITRE III. – MODIFICATIONS DE DISPOSITIONS RÉGLEMENTAIRES RELATIVES À L'ÉTAT CIVIL

Art. 20 *(V. D. n° 62-921, 3 août 1962, art. 11-1).*

Art. 21 *(V. D. n° 94-52, 20 janv. 1994, art. 2).*

TITRE IV. – DISPOSITIONS DIVERSES

Art. 22. – Le présent décret est applicable en Nouvelle-Calédonie, en Polynésie française et à Wallis-et-Futuna.

Art. 23 *(Mod., D. n° 2007-773, 10 mai 2007)*. – Les dispositions des titres I et II et de l'article 20 du titre III du présent décret entreront en vigueur le 1er janvier 2005 et, à Mayotte, le 1er juillet 2006.

Décret n° 2005-137 du 16 février 2005

pris pour l'application de l'article L. 134-2 du Code de la consommation

(Abr., D. n° 2016-884, 29 juin 2016 - V. C. consom.).

Décret n° 2005-240 du 14 mars 2005

relatif aux comptes du syndicat des copropriétaires

Art. 1er. – Les règles comptables spécifiques prévues par le présent décret s'appliquent uniquement aux syndicats de copropriétaires. Elles ne s'appliquent pas à la comptabilité du syndic, qui obéit à ses règles propres, ni à la comptabilité d'autres entités telles que les unions de syndicats ou les associations syndicales régies par l'ordonnance du 1er juillet 2004 susvisée. Les statuts de ces dernières peuvent, toutefois, prévoir que leurs comptes sont tenus conformément aux règles comptables propres aux syndicats de copropriétaires, à l'exception des associations assujetties de plein droit au règlement n° 99-01 du Comité de la réglementation comptable.

Art. 2. – En application des articles 14-1 et 14-2 de la loi [n° 65-557] du 10 juillet 1965 susvisée, le syndicat des copropriétaires approuve les comptes de l'exercice clos et vote, d'une part, le budget prévisionnel concernant les dépenses courantes de maintenance, de fonctionnement et d'administration des parties communes et équipements communs de l'immeuble, d'autre part les dépenses pour travaux prévus par l'article 14-2 et les opérations exceptionnelles selon les règles et les modalités de présentation précisées ci-après, pour l'information des copropriétaires et des tiers. Les comptes de l'exercice comprennent les charges et produits pour les opérations courantes, et les charges et produits pour les travaux mentionnés ci-dessus et les opérations exceptionnelles.

En application de l'article 14-3 de la même loi [n° 65-557 du 10 juillet 1965], sont rattachés à l'exercice les produits acquis (produits reçus et à recevoir) et les charges supportées (charges réglées et à régler) au titre de l'exercice.

Art. 3. – Les charges constatées pour les opérations courantes mentionnées à l'article 14-1 de la loi [n° 65-557] du 10 juillet 1965 susvisée comprennent les sommes, versées ou à verser, en contrepartie des fournitures et services dont a bénéficié le syndicat.

Les produits constatés pour les opérations courantes comprennent les sommes reçues ou à recevoir de chaque copropriétaire en vertu de l'obligation leur incombant, enregistrées à la date d'exigibilité. Ils comprennent aussi les produits divers affectés aux opérations courantes suivant affectation décidée ou approuvée par l'assemblée générale des copropriétaires.

Art. 4. – Les charges constatées pour les travaux et opérations exceptionnelles comprennent les sommes, versées ou à verser, pour les travaux prévus par l'article 14-2 de la loi [n° 65-557] du 10 juillet 1965 susvisée et décidés par l'assemblée générale des copropriétaires. Les charges sont à comptabiliser par le syndicat au fur et à mesure de la réalisation des travaux ou de la fourniture des prestations.

Lorsque les travaux ou prestations s'effectuent sur plusieurs exercices, les montants correspondant aux travaux et prestations votés sont comptabilisés au titre de l'exercice au cours duquel les travaux ou prestations sont réalisés.

Les charges comprennent aussi les dépréciations sur créances douteuses à l'encontre des personnes autres que les copropriétaires ; leur estimation est présentée par le syndic et soumise au vote de l'assemblée générale. Les dépréciations de créances douteuses à l'encontre des copropriétaires sont à constater après avoir mis en œuvre les diligences nécessaires au recouvrement, au moment de la décision de l'assemblée générale de procéder à la saisie immobilière.

Les produits constatés pour les travaux et opérations exceptionnelles comprennent les sommes reçues ou à recevoir de chacun des copropriétaires en vertu de l'obligation leur incombant résultant de l'article 14-2 de la loi [n° 65-557] du 10 juillet 1965 susvisée, les emprunts contractés par le syndicat pour couvrir les dépenses pour travaux, les subventions notifiées, les indemnités d'assurance et les loyers des parties communes, ainsi que les produits divers issus des placements décidés par le syndicat et les intérêts des sommes dues au syndicat suivant affectation décidée par l'assemblée générale des copropriétaires.

Les produits pour travaux et opérations exceptionnelles sont à constater au titre de l'exercice de leur exigibilité.

Les subventions sont à constater dès leur notification, à l'exception des subventions dont le versement s'effectue sur plusieurs exercices, *(Rect. JO 16 avr. 2005)* « qui sont à mentionner dans l'état des travaux prévus par l'annexe 5 au présent décret » dès leur notification et inscrites en comptabilité sur le fondement des dispositions prévues par la décision accordant la subvention.

Art. 5. – L'exercice comptable du syndicat des copropriétaires couvre une période de douze mois. Les comptes sont arrêtés à la date de clôture de l'exercice. Pour le premier exercice, l'assemblée générale des copropriétaires fixe la date de clôture des comptes et la durée de cet exercice qui ne pourra excéder dix-huit mois.

La date de clôture de l'exercice pourra être modifiée sur décision motivée de l'assemblée générale des copropriétaires. Un délai minimum de cinq ans devra être respecté entre les deux décisions d'assemblées générales modifiant la date de clôture.

Art. 6. – Les pièces justificatives, documents de base de toute écriture comptable, doivent être des originaux et comporter les références du syndicat (nom et adresse de l'immeuble). Elles doivent être datées et conservées par le syndic pendant dix ans, sauf dispositions expresses contraires.

En cas de changement de syndic, les documents comptables et les originaux des pièces justificatives sont transmis au successeur, le syndic sortant prenant ses propres dispositions afin de conserver les copies des pièces justificatives qu'il estime nécessaires pour la justification des opérations comptables qui lui incombaient.

Art. 7 *(Mod. à compter du 1er janvier 2017, D. n° 2016-1914, 27 déc. 2016)*. – Le syndic doit être en mesure de ventiler les sommes exigibles à recevoir de chaque copropriétaire selon les rubriques suivantes :

– créances sur opérations courantes ;

– créances sur travaux du I de l'article 14-2 de la loi [n° 65-557] du 10 juillet 1965 susvisée et opérations exceptionnelles ;

– montant de la cotisation appelée au titre du fonds de travaux prévu au II de l'article 14-2 de la loi [n° 65-557] du 10 juillet 1965 susvisée sur l'exercice comptable en cours ;

– créances sur avances ;

– créances sur emprunts obtenus par le syndicat des copropriétaires.

L'assemblée générale des copropriétaires peut décider, pour assurer un meilleur suivi des fonds versés par les copropriétaires, que le syndic procède à la ventilation comptable en cinq sous-comptes selon les rubriques ci-dessus dès l'enregistrement des opérations.

Art. 8. – Les comptes arrêtés à la clôture de l'exercice font l'objet de documents de synthèse présentés aux copropriétaires, qui comprennent nécessairement l'état financier, le compte de gestion général du syndicat des copropriétaires et l'état des travaux de l'article 14-2 précité et des opérations exceptionnelles votés non encore clôturés à la fin de l'exercice, établis sous forme de tableaux conformes aux modèles prévus à titre obligatoire aux annexes nos 1, 2, 3, 4 et 5 du présent décret.

L'état financier présente l'état des créances et des dettes. Il comporte la situation de trésorerie mentionnée à l'article 14-3 de la loi [n° 65-557] du 10 juillet 1965 susvisée et fait apparaître le montant des emprunts restant dus.

Le compte de gestion général présente les charges et les produits de l'exercice. Il comprend le compte de gestion pour opérations courantes et le compte de gestion pour travaux de l'article 14-2 et opérations exceptionnelles.

L'état des travaux de l'article 14-2 et des opérations exceptionnelles votés non encore clôturés à la fin de l'exercice fait apparaître en fin d'exercice le réalisé et le prévisionnel de chaque opération.

Les comptes de l'exercice clos sont à présenter pour leur approbation par les copropriétaires avec le budget voté correspondant à cet exercice et le comparatif des comptes approuvés de l'exercice précédent.

Les excédents ou insuffisances des charges ou produits sur opérations courantes sont répartis à l'arrêté des comptes entre chacun des copropriétaires en fonction des quotes-parts afférentes à chaque lot dans chacune des catégories de charges.

Il est précisé que pour les charges et produits pour travaux de l'article 14-2 et opérations exceptionnelles, la répartition est opérée selon les mêmes modalités et ne peut intervenir qu'à la clôture définitive de chacune des opérations concernées.

Art. 9. – Les charges pour opérations courantes et produits attendus sur opérations courantes font l'objet d'un budget prévisionnel, soumis au vote des copropriétaires. Ils sont présentés dans un document récapitulatif conforme au modèle de l'annexe n° 2.

Art. 10. – Les charges pour opérations courantes et les charges pour travaux de l'article 14-2 et opérations exceptionnelles font l'objet d'une double présentation :

– présentation par nature au sein du compte de gestion général et du budget prévisionnel. Cette présentation doit respecter les tableaux de l'annexe n° 2 ;

– ventilation analytique par catégories de charges pour le compte de gestion général et pour le budget prévisionnel. Cette présentation doit respecter les tableaux de l'annexe n° 3 et de l'annexe n° 4, dont les rubriques sont arrêtées en fonction des clauses du règlement de copropriété.

Pour l'approbation des comptes, le total des charges pour opérations courantes de l'annexe n° 3 doit être égal au total des charges de l'annexe n° 2 et le total des charges pour travaux de l'article 14-2 et opérations exceptionnelles de l'annexe n° 4 doit être égal au total des charges de l'annexe n° 2.

Pour le vote du budget prévisionnel, le total des charges pour opérations courantes de l'annexe n° 3 doit être égal au total des charges de l'annexe n° 2.

Art. 11. – Les modalités d'établissement des comptes du syndicat des copropriétaires sont précisées dans l'arrêté conjoint du garde des Sceaux et du ministre chargé du logement pris en application du présent décret.

Art. 12. – Les annexes mentionnées aux articles 8, 9 et 10 sont conservées avec copie du procès-verbal de l'assemblée générale qui approuve les comptes et qui vote le budget prévisionnel. Ces documents font l'objet d'un classement particulier dans les archives du syndicat.

SYNDICAT DES COPROPRIETAIRES

Adresse de l'immeuble

ANNEXE N°1

Etat financier après répartition au... (date de clôture de l'exercice)

I – SITUATION FINANCIERE ET TRESORERIE	Exercice précédent approuvé	Exercice clos		Exercice précédent approuvé	Exercice clos
Trésorerie			Provisions et avances		
50 Fonds placés			102 Provisions pour travaux		
51 Banques ou fonds disponibles en banque (1)			103 Avances		
53 Caisse			1031 Avances de trésorerie		
			1032 Avances travaux		
			1033 Autres avances		
			131 Subventions en instance d'affectation		
			12 Solde en attente sur travaux ou opérations exceptionnelles		
Trésorerie disponible Total I			*Total I*		

II – CREANCES	Exercice précédent approuvé	Exercice clos	DETTES	Exercice précédent approuvé	Exercice clos
45 Copropriétaires - Sommes exigibles restant à recevoir (2)			45 Copropriétaires - excédents versés (2)		
459 Copropriétaires - créances douteuses (2)					
Comptes de tiers			Comptes de Tiers		
			40 Fournisseurs		
42 à 44 Autres créances			42 à 44 Autres dettes		
46 Débiteurs divers			46 Créditeurs divers		
47 Compte d'attente			47 Compte d'attente		
48 Comptes de régularisation			48 Comptes de régularisation		
			49 Dépréciation des comptes de tiers (2)		
Total II			Total II		
Total général (I) + (II)			Total général (I) + (II)		

Emprunts : montant restant du		

(1) Une somme affectée du signe « - » indique un découvert bancaire correspondant à une dette du syndicat

(2) Liste individualisée (*nom et montant*) ci- jointe

Date et références du syndic

SYNDICAT DES COPROPRIETAIRES
Adresse de l'immeuble

ANNEXE N°2

Compte de gestion général de l'exercice clos réalisé (N)du ..... au .....
et budget prévisionnel de l'exercice (N+2) du .... au ....

CHARGES POUR OPERATIONS COURANTES	Pour approbation des comptes			Pour le vote du budget prévisionnel	
	Exercice précédent approuvé	Exercice clos budget voté	Exercice clos réalisé à approuver	Budget prévisionnel en cours voté	Budget prévisionnel à voter
	N - 1	N	N	N + 1	N + 2
60 Achats de matières et fournitures					
601 Eau (compteur général)					
602 Electricité					
603 Chauffage, énergie et combustible					
60 X Autres					
61 Services extérieurs					
611 Nettoyage des locaux					
612 Locations immobilières					
613 Locations mobilières					
614 Contrats de maintenance					
615 Entretien et petites réparations					
616 Primes d'assurance					
62 Frais d'administration					
621 Rémunérations du syndic sur gestion copropriété					
622 Autres honoraires du syndic					
62...Autres (autres que 621 et 622)					
63 Impôts et taxes					
64 Frais de personnel					
Sous-total					
Solde (excédent s/opérations courantes affecté aux copropriétaires)					
Total I					
CHARGES POUR TRAVAUX ET AUTRES OPERATIONS EXCEPTIONNELLES					
661 Remboursement d'annuités d'emprunt					
671 à 673 Travaux					
677 Pertes sur créances irrécouvrables					
678 Charges exceptionnelles					
68 Dépréciations sur créances douteuses					
Solde (excédent)					
Total II					

PRODUITS POUR OPERATIONS COURANTES	Pour approbation des comptes			Pour le vote du budget prévisionnel	
	Exercice précédent	Exercice clos budget	Exercice clos réalisé à	Budget prévisionnel en	Budget prévisionnel à voter
	N - 1	N	N	N + 1	N + 2
701 Provisions copropriétaires					
711 Subventions sur frais de fonctionnement					
713 Indemnités d'assurances					
714 Produits divers					
716 Produits financiers					
Sous-total					
Solde (insuffisance s/opérations courantes affectée aux copropriétaires)					
Total I					
PRODUITS POUR TRAVAUX ET AUTRES OPERATIONS EXCEPTIONNELLES					
702 Provisions pour travaux					
703 Avances versées par les copropriétaires					
704 Remboursement d'annuités d'emprunts					
Autres produits					
711 Subventions sur travaux					
712 Emprunts à utiliser sur travaux					
713 Indemnités d'assurances					
714 Produits divers					
716 Produits financiers					
718 produits exceptionnels					
78 Reprises de dépréciation sur créances douteuses					
Solde (insuffisance)					
Total II					

Date et références du syndic

SYNDICAT DES COPROPRIETAIRES

Adresse de l'immeuble

ANNEXE N°3

Compte de gestion pour opérations courantes de l'exercice clos réalisé (N) du ..... au .....
et budget prévisionnel de l'exercice (N+2) du ..... au .....

	CHARGES POUR OPERATIONS COURANTES				
	Pour approbation des comptes			Pour le vote du budget prévisionnel	
	Exercice précédent approuvé	Exercice clos budget voté	Exercice clos réalisé à approuver	Budget prévisionnel en cours voté	Budget prévisionnel à voter
	N - 1	N	N	N + 1	N + 2
Charges communes générales					
Charges (1)					
Produits Affectés (1) (2)					
Net					
Charges communes à un groupe d'immeubles					
Charges (1)					
Produits Affectés (1) (2)					
Net					
Charges bâtiment					
Charges (1)					
Produits Affectés (1) (2)					
Net					
Charges cage d'escalier ou d'entrée					
Charges (1)					
Produits Affectés (1) (2)					
Net					
Charges d'ascenseurs					
Charges (1)					
Produits Affectés (1) (2)					
Net					
Charges d'eau froide					
Charges (1)					
Produits Affectés (1) (2)					
Net					
Charges d'eau chaude					
Charges (1)					
Produits Affectés (1) (2)					
Net					
Charges de chauffage					
Charges (1)					
Produits Affectés (1) (2)					
Net					
Charges de parkings					
Charges (1)					
Produits Affectés (1) (2)					
Net					
(3)					
TOTAL CHARGES NETTES					
Provisions copropriétaires					
Solde (excédent ou insuffisance s/opérations courantes affecté aux copropriétaires)					

(1) A détailler par poste, par imputation, avec indication facultative des numéros de comptes
(2) Autres que les appels de provisions pour charges courantes
(3) Autre nature de charges

Date et références du syndic

SYNDICAT DES COPROPRIETAIRES
Adresse de l'immeuble

ANNEXE N°4

Compte de gestion pour travaux de l'article 14-2 et opérations exceptionnelles hors budget prévisionnel de l'exercice clos réalisés (N) du ..... au .....

	Exercice clos dépenses votées (N)	Exercice clos réalisé à approuver (N)		
		DEPENSES	PROVISIONS APPELEES	SOLDE (4)
TRAVAUX DE L'ARTICLE 14-2 TRAVAUX DE ...... (2) Charges communes générales Charges (1) Produits Affectés (1) Net Charges communes à un groupe d'immeubles Charges (1) Produits Affectés (1) Net Charges bâtiment ou escalier Charges (1) Produits Affectés (1) Net (3)				
TOTAL TRAVAUX DE				
TRAVAUX DE ...... (2) (3)				
TOTAL TRAVAUX DE				
TOTAL TRAVAUX ARTICLE 14-2				
OPERATIONS EXCEPTIONNELLES Charges communes générales Charges (1) Produits Affectés (1) Net Charges bâtiment Charges (1) Produits Affectés (1) Net (3)				
TOTAL OPERATIONS EXCEPTIONNELLES				
TOTAL TRAVAUX DE L'ART 14-2 ET OPERATIONS EXCEPTIONNELLES				

(1) A détailler par poste, par imputation, avec indication facultative des numéros de compte
(2) A détailler par marché de travaux
(3) A détailler sur l'ensemble des clés de répartition concernées par le marché de travaux ou produits et charges exceptionnelles
(4) Excédent ou insuffisance

Date et références du syndi

SYNDICAT DES COPROPRIETAIRES

Adresse de l'immeuble

ANNEXE N°5

ETAT DES TRAVAUX DE L'ARTICLE 14-2 ET OPERATIONS EXCEPTIONNELLES VOTES NON ENCORE CLOTURES
A LA FIN DE L'EXERCICE DU,,,,,, ,AU ,,,,,,

	TRAVAUX VOTES (montant et date)	TRAVAUX PAYES (montant et date)	TRAVAUX REALISES (montant et date)	APPELS TRAVAUX, EMPRUNTS ET SUBVENTIONS RECUS (montant et date)	SOLDE EN ATTENTE SUR TRAVAUX	SUBVENTIONS ET EMPRUNTS A RECEVOIR (montant et date)
	A	B	C	D	E = D - C	F
TRAVAUX RAVALEMENT						
TRAVAUX TOITURE						
[1]						
TOTAL					[2]	

[1] A détailler par marchés de travaux ou opérations exceptionnelles et par clé de répartition

[2] Ce solde correspond au solde du compte 12 dans l'annexe n°1

Date et référence du syndic

Ordonnance n° 2005-759 du 4 juillet 2005

portant réforme de la filiation

(JO 6 juill. ; ratifiée, à l'exception du 5° du II de l'art. 20 qui est abrogé, L. n° 2009-61, 16 janv. 2009)

Art. 20 *(Mod., L. n° 2006-911, 24 juill. 2006)*. – I. – Sous réserve des décisions de justice passées en force de chose jugée, la présente ordonnance est applicable aux enfants nés avant comme après son entrée en vigueur.

II. – Toutefois :

1° Les enfants nés avant l'entrée en vigueur de la présente ordonnance ne peuvent s'en prévaloir dans les successions déjà liquidées ;

2° Les modifications des articles 960 et 962 du Code civil par les IX et X de l'article 17 de la présente ordonnance ne s'appliquent qu'aux donations faites à compter de son entrée en vigueur ;

3° L'application de l'article 311-25 du Code civil, tel qu'il résulte de la présente ordonnance, aux enfants nés avant son entrée en vigueur ne peut avoir pour effet de changer leur nom ;

4° Les dispositions du troisième alinéa de l'article 311-21 et du troisième alinéa de l'article 311-23 du même code, tels qu'ils résultent de la présente ordonnance, ne sont applicables qu'aux déclarations faites à compter de l'entrée en vigueur de ces articles ;

5° *(Abr., L. n° 2009-61, 16 janv. 2009).*

6° Les dispositions de la présente ordonnance n'ont pas d'effet sur la nationalité des personnes majeures à la date de son entrée en vigueur.

III. – Lorsque l'instance a été introduite avant l'entrée en vigueur de la présente ordonnance, l'action est poursuivie et jugée conformément à la loi ancienne. Cette loi s'applique également en appel et en cassation.

IV. – Sous réserve des décisions de justice passées en force de chose jugée, les actions prévues par les articles 327 et 329 du Code civil, tels qu'ils résultent de la présente ordonnance, peuvent être exercées, sans que puisse être opposée la forclusion tirée de la loi ancienne, lorsque, à la date de l'entrée en vigueur de cette ordonnance, la prescription prévue par l'article 321, tel qu'il résulte de la même ordonnance, n'est pas acquise. L'action doit alors être exercée dans le délai restant à courir à la date d'entrée en vigueur de la présente ordonnance, sans que ce délai puisse être inférieur à un an.

Art. 21. – La présente ordonnance entre en vigueur le 1er juillet 2006.

Décret n° 2005-1615 du 22 décembre 2005

relatif à l'indice de référence des loyers prévu par l'article 35 de la loi n° 2005-841 du 26 juillet 2005

(JO 23 déc.)

Art. 1er. – L'indice trimestriel de référence des loyers est constitué par la somme pondérée d'indices représentatifs de l'évolution des prix à la consommation, du coût des travaux d'entretien et d'amélioration du logement à la charge des bailleurs et de l'indice du coût de la construction.

Art. 2. – I. – L'indice représentatif de l'évolution des prix à la consommation est l'indice des prix à la consommation hors tabac et hors loyers élaboré par l'Institut national de la statistique et des études économiques (INSEE).

Pour le calcul de l'indice de référence des loyers, on utilise la moyenne de l'indice sur 12 mois consécutifs, le dernier mois correspondant au dernier mois du trimestre pour lequel est calculé l'indice de référence des loyers. Cette moyenne (mIPCL) est exprimée en retenant la référence 100 pour la moyenne du deuxième trimestre 2004.

II. – L'indice représentatif de l'évolution des coûts des travaux d'entretien et d'amélioration du logement à la charge des bailleurs est l'indice des prix des travaux d'entretien et d'amélioration du logement (IPEA) élaboré par le service économie, statistiques et prospective (SESP) du ministère chargé de l'équipement.

Pour le calcul de l'indice de référence des loyers, cet indice est établi toutes taxes comprises et on utilise la moyenne de l'indice sur quatre trimestres consécutifs, le dernier trimestre correspondant au trimestre pour lequel est calculé l'indice de référence des loyers. Cette moyenne (mIPEA) est exprimée en retenant la référence 100 pour le deuxième trimestre 2004.

III. – L'indice représentatif du coût de la construction est l'indice du coût de la construction (ICC) publié par l'Institut national de la statistique et des études économiques (INSEE).

Pour le calcul de l'indice de référence des loyers, on utilise la moyenne de l'indice sur quatre trimestres consécutifs, le dernier trimestre correspondant au trimestre pour lequel est calculé l'indice de référence des loyers. Cette moyenne (mICC) est exprimée en retenant la référence 100 pour le deuxième trimestre 2004.

Art. 3. – Chaque composante, définie aux I, II et III de l'article 2 précédent, intervient dans le calcul de l'indice de référence des loyers selon la formule de pondération suivante :

Indice de référence des loyers = 60 % mIPCL + 20 % mIPEA + 20 % mICC

Art. 4. – L'indice de référence ainsi calculé est publié trimestriellement par l'Institut national de la statistique et des études économiques (INSEE).

Ordonnance n° 2006-346 du 23 mars 2006

relative aux sûretés

(JO 24 mars 2006 ; ratifiée, L. n° 2007-212, 20 févr. 2007)

....

Art. 54 *(Mod., L. n° 2007-1775, 17 déc. 2007)*. – Dans toutes les dispositions législatives et réglementaires en vigueur ainsi que dans l'ordonnance n° 2006-344 du 23 mars 2006 relative aux retraites professionnelles supplémentaires, la référence aux articles du Code civil qui font l'objet d'une nouvelle numérotation par la présente ordonnance s'entend des références aux nouveaux numéros résultant de celle-ci.

Art. 55. – Dans toutes les dispositions législatives et réglementaires en vigueur, la référence au gage et au créancier gagiste s'entend de la référence au nantissement et au créancier nanti lorsque la sûreté a pour objet un bien meuble incorporel. Réciproquement, la référence au nantissement et au créancier nanti s'entend de la référence au gage et au créancier gagiste lorsque la sûreté a pour objet un bien meuble corporel.

TITRE V. – DISPOSITIONS TRANSITOIRES ET FINALES

Art. 56. – Sont abrogés :

I. – Les titres XIV, XVII et XVIII du livre III du Code civil.

II. – L'article L. 521-2 du Code de commerce.

Art. 57. – I. – La présente ordonnance est applicable à Mayotte à l'exception du dernier alinéa de l'article 22, des articles 25, 34 à 41, 43, 52 et 53.

Les articles 14 à 21, les deux premiers alinéas de l'article 22, les articles 23 à 33, le I de l'article 56 et de l'article 59 de la présente ordonnance entreront en vigueur le 1er janvier 2008.

II. – La présente ordonnance est applicable en Nouvelle-Calédonie à l'exception du dernier alinéa de l'article 22, des articles 25, 34 à 41, 43, 51, 52 et 53.

Ne sont pas applicables en Nouvelle-Calédonie le 7° de l'article 2374 et les articles 2380 et 2384 du Code civil.

Pour leur application en Nouvelle-Calédonie, les références faites par les articles 2331, 2332 et 2375 du Code civil à des dispositions qui n'y sont pas applicables sont remplacées par les références à des dispositions ayant le même objet applicables localement.

Les dispositions de l'article 44 sont applicables en Nouvelle-Calédonie dans les conditions prévues au titre III du livre IX du Code de commerce.

III. – La présente ordonnance est applicable dans les îles Wallis-et-Futuna à l'exception du dernier alinéa de l'article 22, des articles 14 à 41, 43, 51, 52 et 53.

Pour leur application dans les îles Wallis-et-Futuna, les références faites par les articles 2331 et 2332 du Code civil à des dispositions qui n'y sont pas applicables, sont remplacées par les références à des dispositions ayant le même objet applicables localement.

Pour son application dans les îles Wallis-et-Futuna, le deuxième alinéa de l'article 2348 du Code civil est rédigé comme suit :

« La valeur du bien est déterminée au jour du transfert par un expert désigné à l'amiable ou judiciairement. Toute clause contraire est réputée non écrite. »

Les dispositions de l'article 44 sont applicables dans les îles Wallis-et-Futuna dans les conditions prévues au titre V du livre neuvième du Code de commerce.

Art. 58. – Les articles 2351 à 2353 du Code civil, dans leur rédaction issue de l'article 11 de la présente ordonnance, entreront en vigueur à une date qui sera fixée par décret et qui ne pourra être postérieure au 1er juillet 2008.

À la date qui sera ainsi fixée, sera abrogé le décret n° 53-968 du 30 septembre 1953 relatif à la vente à crédit des véhicules automobiles.

Art. 59. – Les dispositions de l'article 2422 du Code civil peuvent s'appliquer à la dernière hypothèque inscrite antérieurement à la date de publication de la présente ordonnance, dès lors qu'un avenant prévoit que l'hypothèque peut être affectée à la garantie d'autres créances dans les conditions de l'article 2422 du Code civil et publié dans les formes prévues à l'article 2428 de ce code.

Cet avenant est toutefois inopposable aux créanciers qui ont inscrit une hypothèque avant la date de publication de la présente ordonnance et à ceux qui ont procédé à une inscription entre cette date et celle de l'inscription de l'avenant.

Arrêté du 1er juin 2006
fixant le modèle de livret de famille

(Mod., A. 27 juin 2006 ; A. 29 juill. 2011 ; A. 24 mai 2013)

Art. 1er. – Le fascicule du livret de famille doit être établi dans le format 99 mm X 210 mm.

Art. 2. – Le livret de famille est établi conformément au modèle décrit à l'annexe I.

Art. 3. – Il est inséré au livret de famille les renseignements relatifs à l'état civil et au droit de la famille figurant à l'annexe II.

Art. 4. – Lorsque le livret de famille est établi par reproduction d'un premier livret de famille, l'officier de l'état civil remplace les mots : « délivré conforme aux registres » par : « délivré conforme au premier livret de famille ».

Art. 5. – L'arrêté du 16 mai 1974 modifié est abrogé.

Art. 6. – Le présent arrêté entrera en vigueur le 1er juillet 2006.

Toutefois, les officiers de l'état civil pourront continuer à délivrer les anciens modèles de livret de famille jusqu'au 31 décembre 2006 dans les conditions suivantes :

– lors du mariage, un livret de famille d'époux pourra être délivré aux époux ;

– lors de la naissance du premier enfant issu de parents non mariés ou de l'adoption par une personne seule, un livret de parent naturel pourra être délivré, même si la filiation n'est établie qu'à l'égard de l'un d'entre eux.

ANNEXE I

MODÈLE DE LIVRET DE FAMILLE

(Annexe mod., A. 14 déc. 2017)

Le livret de famille comprend les rubriques fixées à la présente annexe :

I. - À la première page figurent les mots suivants : « Livret de famille » et « République française ».

II. - À la deuxième page figurent les renseignements suivants relatifs au livret de famille :

1° Délivrance du livret de famille :

Le livret de famille est remis par l'officier de l'état civil :

- lors de la célébration du mariage ;

– lors de la déclaration de naissance du premier enfant lorsque la filiation est établie à l'égard d'au moins l'un des parents ;

– lors de la transcription sur les registres de l'état civil du jugement d'adoption d'un enfant par une personne seule ;

– à la demande des parents qui en sont dépourvus, à l'occasion de l'établissement d'un acte d'enfant sans vie.

La délivrance, par un officier de l'état civil, d'un livret de famille non conforme aux dispositions réglementaires est passible des sanctions pénales prévues à l'article R. 645-3 du Code pénal.

2° Éléments du livret de famille :

Le livret de famille est constitué par la réunion des extraits des actes de l'état civil suivants, selon le cas :

– mariage ;

– naissance du ou des parents à l'égard desquels la filiation est établie ainsi que naissance de l'enfant ;

– naissance du ou des père et mère ainsi qu'indication d'enfant sans vie, date et lieu de l'accouchement.

Le livret de famille est ultérieurement complété, selon le cas, par les extraits des actes de l'état civil suivants :

– mariage des parents ;

– naissance du parent à l'égard duquel la filiation est établie ultérieurement à la date de délivrance du livret. Lorsque plusieurs enfants figurent déjà sur le livret de famille, cette mention n'est possible que si ce parent est commun à tous les enfants. Dans les autres cas, le livret de famille est restitué et deux nouveaux livrets sont délivrés, l'un mentionnant les enfants communs aux deux parents, l'autre les enfants pour lesquels la filiation n'est établie qu'à l'égard de l'un des parents ;

– décès des enfants mineurs ;

– décès des époux ou parents.

L'extrait de l'acte d'enfant sans vie figure sur le livret de famille si les parents le demandent, même si cet acte a été dressé antérieurement à la délivrance du livret de famille.

Le livret de famille est également complété par la mention des actes ou jugements ayant une incidence sur un des actes figurant sur le livret, tel que changement de nom, jugement rectificatif, divorce, séparation de corps, etc.

3° Mise à jour du livret de famille :

Le ou les titulaires du livret de famille sont tenus de faire procéder à la mise à jour du livret de famille. Seul l'officier de l'état civil compétent est habilité à procéder à cette actualisation.

L'usage d'un livret de famille incomplet ou devenu inexact en raison des changements intervenus dans l'état des personnes considérées rend son ou ses titulaires passibles de poursuites pénales.

4° Délivrance d'un second livret

Il peut être délivré un second livret :

– en cas de perte, vol ou destruction du premier ;

– en cas de changement dans la filiation ou dans les noms et prénoms des personnes dont l'acte figure sur le livret, sous réserve de la restitution du premier livret ;

– en cas de changement de prénom prononcé à la suite d'une décision de changement de la mention du sexe à l'état civil ayant entraîné la modification de l'acte de mariage ainsi que des actes de naissance des enfants, sous réserve de la restitution du premier livret ;

– lorsque l'un des titulaires en est dépourvu, notamment en cas de divorce ou de séparation des titulaires justifiée par la production d'une décision judiciaire, d'une convention judiciairement homologuée ou d'un acte de divorce par consentement mutuel sous signature privée contresigné par avocats, déposé au rang des minutes d'un notaire mais aussi toutes les fois que le demandeur invoque un intérêt à disposer d'un livret de famille : mésentente entre les époux, séparation de fait (etc.).

Le demandeur doit s'adresser à l'officier de l'état civil du lieu de sa résidence. »

III. - De la troisième à la neuvième page, sont mentionnés les renseignements relatifs à l'état civil et au droit de la famille figurant à l'annexe II du présent arrêté.

IV. - Les dixième et onzième pages sont établies en faisant figurer les rubriques suivantes, relatives aux extraits des actes de naissance des parents à l'égard desquels la filiation est établie ou du mariage.

(1)
Prénoms ....
Nom (2) ....
....
.... (3) le ...., à .... heures..........
à ....
.... (4) de (5) ....
et de (5) ....
Extrait délivré conforme à l'acte de naissance n° .... le .... (6)
L'officier de l'état civil
Sceau (6)
Mentions marginales (7)

(1)
Prénoms ....
Nom (2) ....
....
.... (3) le ...., à .... heures..........
à ....
.... (4) de .... (5)
et de .... (5)
Extrait délivré conforme à *l'acte de naissance n°* .... *le* .... *(6)*
L'officier de l'état civil
Sceau (6)
Mentions marginales (7)

Mariage célébré à ....
le .... à .... heures .... ;
Il a été déclaré (8) ....
Extrait délivré conforme à l'acte de mariage n° .... le ....
L'officier de l'état civil
Sceau
Mentions marginales (7)

(1) Ecrire selon le cas : « **Epoux ou Père** » ou « **Epouse ou Mère** ».
(2) En cas de double nom de famille, ajouter « (1re partie : ... 2nde partie : ...) ». En outre, lorsque l'extrait est établi à partir de l'acte de naissance, compléter le cas échéant l'indication du nom par : « suivant déclaration conjointe en date du ... ».
(3) Ecrire selon le cas : « Né » ou « Née ».
(4) Ecrire selon le cas : « Fils de » ou « Fille de ».
(5) Prénoms et NOM des parents.
(6) Ne pas compléter et signer lorsque les renseignements de l'état civil sont apposés à l'occasion du mariage et constituent l'extrait de l'acte de mariage.
(7) Inscrites sur l'acte postérieurement à l'établissement du présent extrait.
(8) Compléter ainsi la formule : « qu'il n'a pas été fait de contrat de mariage » ou « qu'un contrat de mariage a été reçu le... par Me..., notaire à... ».

V. - La douzième page est établie en faisant figurer les rubriques relatives aux extraits des actes de décès des époux ou parents.

(1)

Extrait de l'acte de décès n° ....

à .... (2)

Délivré conforme aux registres le

L'officier de l'état civil

Sceau

Mentions marginales (3)

(1)

Extrait de l'acte de décès n° ....

à .... (2)

Délivré conforme aux registres le

L'officier de l'état civil

Sceau

Mentions marginales (3)

(1) Indiquer les Prénoms et NOM du défunt.
(2) Ecrire selon le cas : « Décédé le » ou « Décédée le ».
(3) Inscrites sur l'acte postérieurement à l'établissement du présent extrait.

VI. – Les treizième à vingtième pages sont établies en faisant figurer les rubriques suivantes relatives aux extraits des actes de naissance et de décès des enfants :

..... **enfant** (1) ....

Extrait de l'acte de naissance n° ....
Le.....,
à............. heures.................,
est né(e) (2)
du sexe............, à ....
(3)
reconnu(e) (4)
Délivré conforme aux registres le
L'officier de l'état civil
Sceau

Mentions marginales (5)

Extrait de l'acte de décès n°
(6)
à
Délivré conforme aux registres le
L'officier de l'état civil
Sceau

Mentions marginales (5)

(1) Indiquer la place de l'enfant dans la fratrie en tenant compte de sa date de naissance (premier, deuxième, troisième, etc.).
(2) Prénoms et NOM de famille tels qu'ils résultent de l'acte de naissance ; compléter, le cas échéant, l'indication du nom par : « suivant déclaration conjointe en date du.... » et/ou « (1re partie : ... 2nde partie : ...) » en cas de double nom de famille.
(3) Dans l'hypothèse où la page relative à la mère n'a pu être renseignée (acte de naissance ou de mariage non détenu par une autorité française), la filiation maternelle établie par la désignation de la mère dans l'acte de naissance de l'enfant est indiquée dans l'extrait par : « de (Prénoms, NOM) née le... à... »).
(4) Préciser, s'il y a lieu, les date et lieu de la ou des reconnaissances et préciser, selon le cas : « par le père », « par la mère » ou « par les père et mère ».
(5) Inscrites sur l'acte postérieurement à l'établissement du présent extrait.
(6) Indiquer selon la situation : « Décédé(e) le...., » ou « Prénom, enfant sans vie, date et lieu de l'accouchement ».

ANNEXE II
FIXANT LES RENSEIGNEMENTS RELATIFS À L'ÉTAT CIVIL ET AU DROIT DE LA FAMILLE

(Annexe mod., A. 14 déc. 2017)

I. – Renseignements relatifs à l'état civil

1° Délivrance des copies ou extraits d'actes de l'état civil

On peut obtenir des copies ou extraits d'actes de l'état civil en s'adressant à la mairie qui a établi l'acte. La demande de copies intégrales ou d'extraits d'actes peut être faite au guichet en mairie, par voie postale ou par télé-service mis en place par l'État ou les communes. Si cette demande peut être dématérialisée, en revanche, la délivrance des copies et extraits des actes de l'état civil ne peut se faire par voie électronique : ces actes authentiques sont uniquement délivrés sous format papier et remis au demandeur comparant ou adressés par voie postale directement à son domicile.

Lorsque l'acte concernant un Français a été établi à l'étranger (ou dans un ancien territoire français d'outre-mer ou sous tutelle devenu indépendant), la demande doit être faite par internet grâce au télé-service du ministère des affaires étrangères (https://pastel.diplomatie.gouv.fr/dali/index2.html) ou adressée au service central d'état civil du ministère des affaires étrangères, 11, rue de la Maison-Blanche, 44941 Nantes Cedex 09. Les personnes bénéficiaires du statut de réfugié, d'apatride ou de la protection subsidiaire peuvent obtenir des certificats tenant lieu d'actes de l'état civil en effectuant leur demande sur internet grâce au télé-service de l'Office français de protection des réfugiés et apatrides (OFPRA) (https://www.ofpra.gouv.fr/detail/acte/accueilFormulaire/index.html) ou en s'adressant à l'Office français de protection des réfugiés et apatrides, 201, rue Carnot, 94136 Fontenay-sous-Bois Cedex.

La demande d'extrait sans indication de la filiation des actes de naissance ou de mariage indique les date et lieu de naissance ou de mariage ainsi que les nom et prénoms du ou des personnes auxquelles l'acte se rapporte.

La demande de copie intégrale ou d'extrait avec indication de la filiation d'un acte de naissance indique les nom, prénoms, date et lieu de naissance de la personne à laquelle l'acte se rapporte ainsi que les nom et prénom usuel de ses parents.

La demande de copie intégrale ou d'extrait avec indication de la filiation d'un acte de mariage précise, en outre, la date et le lieu du mariage.

La demande de copie intégrale d'un acte de reconnaissance indique les nom, prénoms du déclarant ainsi que la date et le lieu de la reconnaissance.

La demande de copie intégrale d'un acte de décès ou d'un acte d'enfant sans vie indique les nom et prénoms du défunt ou de la mère ainsi que la date et le lieu du décès ou de l'accouchement.

Les copies intégrales et extraits sont gratuits. Aucun frais d'envoi ne peut être demandé.

Les copies intégrales des actes de l'état civil consistent en principe en la reproduction fidèle de l'acte avec toutes les mentions.

Les copies intégrales et les extraits avec indication de la filiation d'acte de naissance sont délivrés à l'intéressé lui-même s'il est majeur ou mineur émancipé, à ses ascendants, ses descendants, son conjoint, son partenaire de pacte civil de solidarité (PACS), son représentant légal et aux personnes justifiant d'un mandat écrit ou du dispositif de la décision d'habilitation familiale prise en application de l'article 494-1 du Code civil.

Les extraits d'acte de naissance sans indication de la filiation sont délivrés à tout requérant et ne comportent que le jour, le mois, l'année, l'heure et le lieu de naissance, le sexe, les prénoms, le nom et, le cas échéant, la déclaration conjointe relative au nom et en cas de double nom, la composition du nom de l'intéressé. Les extraits d'acte naissance avec indication de la filiation précisent en outre les nom, prénoms, date et lieu de naissance des parents de la personne à laquelle l'acte se rapporte.

Tout extrait d'acte de naissance porte, le cas échéant, la mention de mariage, de divorce, de séparation de corps à moins que celle-ci ne soit suivie d'une reprise de la vie commune, de conclusion, de modification, de dissolution d'un pacte civil de solidarité (PACS) et de décès. A la demande du requérant, l'extrait peut comporter toutes les mentions de mariage et de PACS. Les mentions relatives à la nationalité française sont également indiquées dans l'extrait de l'acte.

Les copies intégrales et les extraits avec indication de la filiation d'acte de mariage sont délivrés à l'intéressé lui-même s'il est majeur ou mineur émancipé, à ses ascendants, ses descendants, son conjoint, son partenaire de pacte civil de solidarité (PACS), son représentant légal et aux personnes justifiant d'un mandat écrit ou du dispositif de la décision d'habilitation familiale prise en application de l'article 494-1 du Code civil.

Les extraits d'acte de mariage sans indication de la filiation sont délivrés à tout requérant et indiquent, sans autres renseignements, le jour, le mois et l'année du mariage, les nom et prénoms, dates et lieux de naissance des époux. Les extraits d'acte de mariage avec indication de la filiation précisent en outre les nom, prénoms, date et lieu de naissance des parents de chacun des époux.

Tout extrait d'acte de mariage reproduit les mentions relatives au régime matrimonial ainsi que les mentions de divorce ou de séparation de corps et de reprise de la vie commune.

Les copies intégrales d'actes de reconnaissance sont délivrées à l'intéressé lui-même s'il est majeur ou mineur émancipé, à ses ascendants, ses descendants, son conjoint, son partenaire lié par un pacte civil de solidarité, son représentant légal et aux personnes justifiant d'un mandat écrit ou du dispositif de la décision d'habilitation familiale prise en application de l'article 494-1 du Code civil. Les copies intégrales des actes de reconnaissance peuvent en outre être délivrées aux héritiers de l'enfant.

Les copies intégrales des actes de décès et des actes d'enfant sans vie peuvent être délivrées à toute personne. Toutefois, lorsque la communication des informations figurant dans l'acte de décès est de nature à porter atteinte, compte tenu des circonstances du décès, à la sécurité des personnes désignées dans l'acte, le procureur de la République peut limiter la délivrance des copies intégrales de l'acte aux ascendants, descendants, conjoint, partenaire lié par un pacte civil de solidarité, représentant légal et ayants droit du défunt, à la condition qu'ils justifient des nom et prénoms usuels des parents de celui-ci.

Les autres personnes ne peuvent obtenir la copie intégrale d'un acte de naissance, d'un acte de reconnaissance, d'un acte de mariage et d'un acte de décès qu'en vertu d'une autorisation du procureur de la République. En cas de refus de celui-ci, ils peuvent saisir le président du tribunal de grande instance qui statue par ordonnance de référé.

2° Mention d'un acte d'enfant sans vie

L'indication d'enfant sans vie, avec énonciation des jours, heure et lieu de l'accouchement, peut, à la demande des parents, être apposée par l'officier de l'état civil qui a établi l'acte sur le livret de famille qu'ils détiennent.

Cette indication est possible même si l'acte d'enfant sans vie a été dressé antérieurement à la délivrance du livret de famille.

3° Mention de la nationalité française

Les mentions relatives à la nationalité portées sur l'acte de naissance peuvent figurer sur les extraits d'acte de naissance sans filiation ou sur le livret de famille, à la demande de l'intéressé. Elles figurent obligatoirement sur les extraits d'acte de naissance avec filiation.

Dans ces hypothèses, la mention de perte, de déclination, de déchéance, d'opposition à l'acquisition de la nationalité française, de retrait du décret d'acquisition, de naturalisation ou de réintégration ou de la décision judiciaire ayant constaté l'extranéité de l'intéressé sera portée d'office sur lesdits documents.

4° Attribution et acquisition de la nationalité française

La nationalité française est attribuée dès la naissance ou acquise après celle-ci.

La nationalité française est attribuée en raison de la filiation paternelle ou maternelle avec un(e) Français(e) à condition toutefois que la filiation soit établie avant le dix-huitième anniversaire de l'enfant. Elle est également attribuée de plein droit, dès la naissance, à l'enfant qui naît en France d'un parent y étant lui-même né ainsi qu'à l'enfant né en France de parents inconnus, de parents apatrides ou qui ne peuvent lui transmettre en aucun cas leur nationalité.

La nationalité française est acquise de plein droit à majorité par tout enfant né en France de parents étrangers si, à cette date, il a en France sa résidence et s'il a eu sa résidence habituelle en France pendant une période continue ou discontinue d'au moins cinq ans depuis l'âge de onze ans.

Dans un certain nombre d'hypothèses, la nationalité française peut être acquise par déclaration. C'est par exemple le cas du mineur adopté en la forme simple par un(e) Français(e), de la personne justifiant d'une possession d'état de Français depuis dix ans. La déclaration est souscrite en France, selon les cas, devant l'autorité administrative ou le directeur des services de greffe judiciaires du tribunal d'instance et à l'étranger devant le consul.

L'acquisition de la nationalité française par décision de l'autorité publique résulte d'une naturalisation accordée par décret à la demande d'une personne de nationalité étrangère. La naturalisation est soumise à la décision du ministre chargé des naturalisations qui peut la refuser, même si les conditions sont réunies.

Les enfants mineurs non mariés d'une personne qui acquiert la nationalité française deviennent français sous certaines conditions.

5° Preuve de la nationalité française

En dehors des titres propres à la nationalité française, tels que le décret, la déclaration acquisitive dûment enregistrée ou la décision juridictionnelle définitive reconnaissant la qualité de Français, le seul mode légal de preuve de la nationalité française est le certificat de nationalité française, délivré par le directeur des services de greffe judiciaires du tribunal d'instance.

La publicité en est, par ailleurs, assurée par la mention systématique, en marge de l'acte de naissance, des actes administratifs, des déclarations ainsi que des décisions de justice ayant trait à la nationalité et, depuis le 1er septembre 1998, de toute première délivrance de certificat de nationalité française.

6° Livret de famille et formalités administratives

Dans les procédures administratives, les usagers sont dispensés de produire un extrait de l'acte de mariage des parents, de l'acte de naissance des parents ou des enfants ou la copie de l'acte de décès des parents ou des enfants morts avant leur majorité, dans tous les cas où, pour la justification de leur identité, de leur état civil, de leur situation familiale ou de leur nationalité française, ils présentent l'original ou produisent ou envoient une photocopie lisible du livret de famille régulièrement tenu à jour.

Pour pouvoir remplacer la production d'un certificat de nationalité française dans ces mêmes hypothèses, le livret de famille doit être régulièrement tenu à jour et revêtu de l'une des mentions, en marge de l'acte de naissance, des actes administratifs et des déclarations ayant pour effet l'acquisition, la perte de la nationalité française, la réintégration dans cette nationalité et de toute décision juridictionnelle ayant trait à cette nationalité, pour le ou les titulaires du livret et, le cas échéant, pour leurs enfants mineurs.

II. - Renseignements relatifs au droit de la famille

1° Filiation

A l'égard de la mère française, la filiation est établie par sa seule désignation dans l'acte de naissance de l'enfant. Elle peut toutefois le reconnaître avant la naissance ou postérieurement, si son nom a été omis dans l'acte de naissance de l'enfant.

Le mari de la mère est présumé être le père de l'enfant né pendant le mariage ainsi que de ceux nés moins de trois cents jours après la dissolution du mariage. Le lien de filiation est établi de manière indivisible à l'égard des époux.

Le père non marié doit reconnaître l'enfant devant tout officier de l'état civil ou éventuellement un notaire. La reconnaissance peut être faite à tout moment, avant ou après la naissance de l'enfant.

Lorsque la reconnaissance n'est pas possible, notamment en cas de décès du père prétendu, la filiation peut être établie par la possession d'état constatée par un acte de notoriété. Cet acte doit être demandé au juge d'instance, dans les cinq ans suivant la cessation de cette possession ou le décès.

Lorsque l'enfant n'a pas été reconnu, le tribunal peut déclarer la paternité. L'action doit être intentée par la mère dans la minorité de l'enfant. Ce dernier peut également exercer cette action dans les dix années qui suivent sa majorité. Le bénéfice de l'aide juridictionnelle peut être demandé en cas de ressources insuffisantes.

Lorsque l'action en recherche de paternité n'est pas possible ou ne peut prospérer, la mère peut réclamer en justice au père le versement d'une pension alimentaire pendant la minorité de l'enfant, si elle est en mesure de prouver l'existence de relations intimes pendant la période de la conception.

2° Nom des enfants

Les parents peuvent choisir le nom de famille de leur enfant, lorsque sa filiation est établie à leur égard au plus tard le jour de la déclaration de sa naissance (ou par la suite mais simultanément). Ils peuvent alors choisir, soit le nom du père, soit celui de la mère, soit leurs deux noms accolés dans l'ordre choisi par eux dans la limite d'un nom de famille pour chacun d'eux. En l'absence de déclaration conjointe de choix de nom à l'officier de l'état civil, l'enfant prend le nom de celui de ses parents à l'égard duquel sa filiation est établie en premier lieu et le nom de son père si sa filiation est établie simultanément à l'égard des père et mère (c'est le cas lorsque les parents sont mariés). Toutefois, si l'un des parents manifeste son désaccord sur le nom auprès de l'officier de l'état civil au plus tard au jour de la déclaration de naissance ou postérieurement lors de l'établissement de la filiation de manière simultanée, l'enfant prend le nom de ses deux parents accolés selon l'ordre alphabétique.

Si la filiation de l'enfant n'est établie qu'à l'égard d'un parent au jour de la déclaration de naissance, il acquiert le nom de ce parent. Les parents peuvent, par déclaration conjointe devant l'officier de l'état civil de leur choix, choisir de donner à l'enfant mineur le nom du parent à l'égard duquel la filiation a été établie en second lieu ou leurs deux noms accolés dans l'ordre librement choisi et dans la limite d'un nom pour chacun. En cas d'empêchement grave, le parent peut être représenté par un fondé de procuration spéciale et authentique. Si l'enfant a plus de treize ans, son consentement est requis.

Le nom dévolu au premier enfant vaut pour les autres enfants communs.

En cas de naissance à l'étranger d'un enfant dont au moins l'un des parents est français, la transcription de l'acte de naissance de l'enfant doit retenir le nom de l'enfant tel qu'il résulte de l'acte de naissance étranger. Toutefois, au moment de la demande de transcription, les parents peuvent opter pour l'application de la loi française pour la détermination du nom de leur enfant.

3° Adoption

L'adoption peut être demandée par deux époux lorsque le mariage dure depuis plus de deux ans ou lorsque les deux époux ont plus de vingt-huit ans. Un époux peut également adopter l'enfant de son conjoint dans certaines conditions.

Elle peut également être demandée par toute personne âgée de plus de vingt-huit ans. Si cette personne est mariée, le consentement de son conjoint est requis.

L'adoption est prononcée à la requête de l'adoptant par le tribunal de grande instance, qui vérifie si les conditions de la loi sont remplies et si l'adoption est conforme à l'intérêt de l'enfant. Cette adoption peut être plénière, auquel cas le lien de filiation créé par l'adoption se substitue au lien de filiation d'origine, ou simple, les deux liens de filiation coexistant alors.

L'enfant adopté plénièrement acquiert le nom de l'adoptant, qui se substitue à son nom d'origine. En cas d'adoption par deux époux ou d'adoption de l'enfant du conjoint, les adoptants ou le l'adoptant et son conjoint peuvent dans certains cas choisir le nom de l'enfant adopté afin qu'il porte le nom de l'un d'eux ou leur deux noms accolés dans l'ordre choisi par eux, dans la limite d'un nom de famille pour chacun d'eux. Pour se faire, ils souscrivent une déclaration conjointe de choix de nom et la remettre au tribunal chargé de prononcer l'adoption. En l'absence de déclaration conjointe mentionnant le choix de nom de l'enfant, celui-ci prend le nom de l'adoptant et de son conjoint ou de chacun des deux adoptants, dans la limite du premier nom de famille pour chacun d'eux, accolés selon l'ordre alphabétique. Toutefois, le nom précédemment dévolu ou choisi pour l'aîné des enfants du couple s'impose dans certains cas dans à l'enfant adopté.

En cas d'adoption simple, le nom de l'adoptant est ajouté au nom de l'adopté, avec son consentement si ce dernier est majeur. Lorsque l'adopté et l'adoptant, ou l'un d'eux, portent un double nom, le nom conféré à l'adopté résulte de l'adjonction du nom de l'adoptant à son propre nom, dans la limite d'un seul nom pour chacun d'eux. Le choix ainsi que l'ordre des noms adjoints appartient à l'adoptant qui doit recueillir le consentement de l'adopté âgé de plus de treize ans. En cas de désaccord ou à défaut de choix, le nom conféré à l'adopté résulte de l'adjonction en seconde position du premier nom de l'adoptant au premier nom de l'adopté. L'adoptant peut demander à ce que seul son nom soit porté par l'enfant. Dans ce cas, l'enfant âgé de plus de treize ans doit donner son consentement.

En cas d'adoption simple par deux époux, le nom ajouté au nom de l'adopté est, à la demande des adoptants, soit celui du mari, soit celui de la femme, dans la limite d'un nom pour chacun d'eux et, à défaut d'accord entre eux, le premier nom du mari. Si l'adopté porte un double nom de famille, le choix du nom conservé appartient aux adoptants, qui doivent recueillir le consentement de l'adopté âgé de plus de treize ans. En cas de désaccord ou à défaut de choix, le nom des adoptants retenu est ajouté au premier nom de l'adopté.

Il peut également être demandé au tribunal de décider que l'adopté ne porte que le nom de l'adoptant ou, en cas d'adoption de l'enfant du conjoint, que l'adopté conserve son nom d'origine. En cas d'adoption par deux époux, le nom de famille substitué à celui de l'adopté peut, au choix des adoptants, être soit celui de l'un d'eux, soit leurs deux noms accolés dans l'ordre choisi par eux et dans la limite d'un seul nom pour chacun d'eux. Si l'adopté est âgé de plus de treize ans, son consentement personnel à cette substitution du nom de famille est nécessaire.

L'adoptant est seul investi de l'autorité parentale, que l'adoption soit simple ou plénière. Toutefois, en cas d'adoption simple de l'enfant du conjoint, ce dernier conserve l'autorité parentale qui est exercée en commun.

4° Autorité parentale

L'autorité parentale est un ensemble de droits et de devoirs ayant pour finalité l'intérêt de l'enfant. Elle appartient en commun aux parents jusqu'à la majorité ou l'émancipation de l'enfant pour le protéger dans sa sécurité, sa santé et sa moralité, pour assurer son éducation et permettre son développement, dans le respect dû à sa personne.

Les parents associent l'enfant aux décisions qui le concernent, selon son âge et son degré de maturité et ce dernier a le droit, sauf motifs graves, d'entretenir des relations personnelles avec ses ascendants.

L'autorité parentale est exercée en commun par les parents. A l'égard des tiers, chacun d'eux peut accomplir seul les actes usuels qui concernent l'enfant.

Toutefois, lorsque la filiation est établie à l'égard de l'un des parents plus d'un an après la naissance de l'enfant, l'autre parent exerce seul cette autorité. Le parent qui ne bénéficie pas de l'exercice de l'autorité parentale conserve le droit et le devoir de surveiller l'entretien et l'éducation de l'enfant et doit être informé des choix importants relatifs à la vie de l'enfant. Les parents peuvent, afin d'exercer en commun l'autorité parentale, faire une déclaration conjointe devant le directeur des services de greffe judiciaires du tribunal de grande instance du domicile de l'enfant.

En outre, en cas de désaccord, l'un des parents peut saisir le juge aux affaires familiales, afin qu'il statue sur les modalités d'exercice de l'autorité parentale (notamment sur la résidence de l'enfant). Le cas échéant, il peut décider d'un exercice conjoint, ou si l'intérêt de l'enfant le commande, confier l'exercice de l'autorité parentale à l'un des parents.

5° Contribution à l'entretien et à l'éducation de l'enfant

Chacun des parents contribue à l'entretien et à l'éducation de l'enfant à proportion de ses ressources, de celles de l'autre parent, ainsi que des besoins de l'enfant. Cette obligation ne cesse pas de plein droit lorsque l'enfant est majeur.

Une fois que cette contribution a pris fin, les parents doivent des aliments à leurs enfants, si ceux-ci sont dans le besoin. Cette obligation est réciproque.

6° Droits successoraux de l'enfant

L'enfant succède à chacun de ses parents prédécédé. Il partage la succession le cas échéant avec les autres enfants du défunt et le conjoint survivant. En l'absence d'autres enfants, de conjoint survivant ou de legs, l'enfant recueille en principe l'entière succession.

Chacun est libre d'aménager ses droits successoraux par testament avec certaines limites. En tout état de cause, une partie de la succession est réservée à l'enfant.

III. - Informations spécifiques aux époux

1° Nom des époux

Le mariage est sans effet sur le nom des époux, qui continuent chacun d'avoir pour seul nom officiel celui qui résulte de leur acte de naissance. Toutefois, chacun des époux bénéficie de l'usage, s'il le désire, du nom de son conjoint, en l'ajoutant ou en le substituant à son propre nom.

2° Logement des époux

Les époux sont cotitulaires du bail qui sert exclusivement à leur habitation, même s'il a été conclu par l'un seulement d'entre eux avant le mariage.

Les époux ne peuvent l'un sans l'autre disposer des droits par lesquels est assuré le logement de la famille (notamment par vente ou résiliation du bail) ni des meubles meublants dont il est garni.

3° Droits et devoirs respectifs des époux

Les époux se doivent mutuellement respect, fidélité, secours, assistance et s'obligent à une communauté de vie.

Ils assurent ensemble la direction morale et matérielle de la famille. Ils pourvoient à l'éducation des enfants et préparent leur avenir.

Les époux contribuent aux charges du mariage à proportion de leurs facultés respectives.

Toutefois, un aménagement de cette contribution peut être prévu par contrat de mariage.

Chacun des époux peut passer seul les contrats qui ont pour objet l'entretien du ménage ou l'éducation des enfants. Les dettes ainsi contractées engagent les deux époux, sauf lorsqu'elles sont manifestement excessives ou qu'elles sont issues d'un emprunt conclu sans l'accord de l'autre époux.

Chaque époux peut librement percevoir ses gains et salaires et en disposer après s'être acquitté des charges du mariage.

Chacun des époux peut se faire ouvrir tout compte de dépôt (notamment compte chèques postaux, compte bancaire, livret d'épargne) et tout compte de titres en son nom personnel. A l'égard du dépositaire, le déposant est toujours réputé avoir la libre disposition des fonds et des titres en dépôt.

Si l'un des époux se trouve hors d'état de manifester sa volonté ou s'il met en péril les intérêts de la famille, l'autre époux peut faire prendre en justice toutes mesures nécessaires ou même se faire transférer l'administration des biens normalement gérés par son conjoint.

4° Obligations alimentaires

Les gendres et belles-filles doivent des aliments à leurs beaux-parents. Cette obligation cesse lorsque celui des époux qui produisait l'affinité et les enfants issus de son union avec l'autre époux sont décédés. Réciproquement, les beaux-parents sont tenus de cette obligation envers leurs gendres et belles-filles.

5° Fiscalité entre époux

Les époux sont soumis à une imposition commune pour les revenus perçus par chacun d'eux pour l'année entière au cours de laquelle ils se sont mariés et pour les années suivantes. Toutefois, au titre de l'année du mariage et sur option irrévocable, les époux peuvent souscrire deux déclarations distinctes comportant les revenus dont chacun a disposé personnellement pour l'année entière.

Chacun des époux est tenu solidairement avec son conjoint du paiement de l'impôt sur le revenu et de la taxe d'habitation.

6° Régime matrimonial

Les époux peuvent choisir librement leur régime matrimonial en établissant un contrat de mariage devant notaire. A défaut de contrat, les époux sont soumis automatiquement au régime de la communauté légale.

Lorsqu'au moins un des conjoints est de nationalité étrangère ou a son domicile à l'étranger, les époux peuvent choisir au moment du mariage, ou au cours de l'union, la loi applicable à leur régime matrimonial. Cette loi est celle de l'État dont l'un des époux a la nationalité ou celle de l'État sur le territoire duquel l'un des époux a ou aura sa résidence habituelle après le mariage. À défaut de cette désignation, le régime matrimonial est soumis à la loi interne de l'État sur le territoire duquel les époux établissent leur première résidence habituelle après le mariage, sous réserve de certaines exceptions, notamment en cas de nationalité commune des époux.

a) Régime légal de la communauté :

Les biens acquis par les époux et les revenus sont communs.

Les biens dont chacun des époux était propriétaire avant le mariage et ceux que chacun reçoit par donation ou succession au cours du mariage leur demeurent propres.

Les actes d'administration sur les biens communs peuvent être passés par chacun des époux, à l'exception du bail consenti sur un fonds rural ou un immeuble à usage commercial, industriel ou artisanal dépendant de la communauté qui requiert l'accord des deux époux.

Les actes de dispositions sur les biens communs peuvent être passés par chacun des époux, à l'exception de la donation d'un bien commun, de la vente ou de la constitution d'une garantie sur un immeuble, fonds de commerce, exploitation ou parts de société dépendant de la communauté qui requiert l'accord des deux.

Chaque époux administre et dispose librement de ses biens propres.

La communauté est tenue du paiement des dettes contractées par un époux au cours du mariage.

b) Régimes conventionnels de communauté :

Le régime légal de la communauté peut être aménagé par contrat de mariage. Notamment, les époux peuvent prévoir une communauté universelle qui regroupe l'ensemble de leurs biens présents et à venir ou encore prévoir qu'en cas de décès de l'un deux, il sera attribué au survivant une part inférieure ou supérieure à la moitié de la communauté ou même la totalité des biens communs.

c) Régime de la séparation de biens :

Les biens acquis par chaque époux et les revenus qu'ils perçoivent pendant le mariage leur demeurent personnels. Cependant, les époux peuvent effectuer des achats en indivision.

Les biens sur lesquels aucun des époux ne peut justifier d'une propriété exclusive sont présumés leur appartenir par moitié.

Les dettes contractées par un époux n'engagent pas son conjoint, à l'exception de celles qui ont pour objet l'entretien du ménage ou l'éducation des enfants.

d) Régime de la participation aux acquêts :

Pendant le mariage, le régime fonctionne comme si les époux étaient mariés sous le régime de la séparation de biens.

Au moment de la dissolution du mariage, les biens qui ont été acquis pendant l'union sont partagés par moitié entre les époux, à l'exclusion de ceux qui ont été reçus par donation ou succession.

Les dettes contractées par un époux n'engagent pas son conjoint, à l'exception de celles qui ont pour objet l'entretien du ménage ou l'éducation des enfants.

e) Régime matrimonial optionnel de la participation aux acquêts :

Comme le régime précédent, ce régime fonctionne comme un régime séparatiste pendant le mariage et, à son issue, les époux se répartissent l'écart existant entre leurs enrichissements respectifs. Ceux-ci sont déterminés par comparaison entre le patrimoine originaire et le patrimoine final de chaque époux. Dans ce régime, l'évaluation de ces patrimoines résulte de règles différentes, selon qu'il s'agit d'immeuble ou de meubles, et un inventaire initial est obligatoire.

Ce nouveau régime, également prévu en droit allemand, permet d'apporter une solution pratique à tous les couples bi nationaux, puisque les règles de liquidation du régime clairement définies, s'appliqueront dans les mêmes conditions, qu'elle intervienne en France ou en Allemagne. Toutefois, ce régime n'est pas réservé aux seuls couples binationaux franco-allemands, et est ouvert à tous.

f) Changement de régime matrimonial :

Quel que soit le régime matrimonial choisi au moment du mariage, les époux peuvent au bout de deux ans, dans l'intérêt de la famille, décider de le modifier ou d'en changer par acte notarié. Lorsque l'un ou l'autre des époux a des enfants mineurs, l'acte notarié est obligatoirement, soumis à l'homologation du tribunal du domicile des époux.

7° Droits du conjoint survivant

Le conjoint hérite en pleine propriété d'une partie de la succession quels que soient les membres de la famille laissés par le défunt, sous réserve des actes de disposition à titre gratuit (donation ou testament) consentis par l'époux prédécédé à d'autres personnes. En présence d'enfants ou de descendants, le conjoint hérite d'un quart en propriété. Lorsque les enfants sont issus des deux époux, le conjoint peut choisir de recevoir l'usufruit de la totalité des biens existants, plutôt qu'un quart en propriété. Dans ce dernier cas, une conversion en rente viagère de l'usufruit peut être demandée par l'un des héritiers nus-propriétaires ou par le conjoint lui-même. En présence des parents du défunt, le conjoint reçoit la moitié en propriété. En cas de prédécès de l'un des parents, le conjoint hérite des trois quarts. A défaut d'enfants, de descendants et des parents, le conjoint survivant hérite de l'entière succession.

Au décès de l'un des époux, le conjoint survivant peut rester dans son logement pendant un an. Lorsque le logement appartient aux époux ou dépend de la succession, il s'agit d'une jouissance gratuite. Lorsque le logement est assuré en vertu d'un contrat de bail, la succession doit rembourser les loyers au conjoint survivant. Au cours de ce délai d'un an, le conjoint peut demander à bénéficier de droits viagers d'habitation sur le logement et d'usage sur le mobilier.

La valeur de ces droits viagers s'impute sur la valeur des droits successoraux éventuellement recueillis par le conjoint survivant.

Lorsque le logement est loué, le conjoint devient le bénéficiaire exclusif du droit au bail dont les époux étaient cotitulaires.

En cas de partage, le conjoint survivant bénéficie d'une attribution préférentielle de droit du local d'habitation où il avait sa résidence à l'époque du décès et du mobilier le garnissant.

Les droits du conjoint survivant peuvent être aménagés par contrat de mariage, donation ou testament. Toutefois, en toute hypothèse, lorsque le défunt ne laisse que des parents éloignés, un quart de la succession est réservé au conjoint survivant.

8° Hypothèque légale des époux

Si pendant le mariage il y a lieu de transférer d'un époux à l'autre l'administration de certains biens ou si l'un d'eux introduit une demande en justice pour faire constater une créance contre son conjoint ou les héritiers de celui-ci, une inscription d'hypothèque peut être prise au profit de l'époux qui a été dessaisi de ses pouvoirs ou qui a introduit la demande sur les immeubles de son conjoint.

Loi n° 2006-728 du 23 juin 2006

portant réforme des successions et des libéralités

(JO 24 juin 2006)

....

Art. 36. – Hormis le cas des successions soumises au régime de la vacance ou de la déshérence, nul ne peut se livrer ou prêter son concours à la recherche d'héritier dans une succession ouverte ou dont un actif a été omis lors du règlement de la succession s'il n'est porteur d'un mandat donné à cette fin. Le mandat peut être donné par toute personne qui a un intérêt direct et légitime à l'identification des héritiers ou au règlement de la succession.

Aucune rémunération, sous quelque forme que ce soit, et aucun remboursement de frais n'est dû aux personnes qui ont entrepris ou se sont prêtées aux opérations susvisées sans avoir été préalablement mandatées à cette fin dans les conditions du premier alinéa.

Bibliographie : E. Naudin, *Le mandat de recherche d'héritier : Dr. famille* 2006, étude 59 • M. Couturier, *L'exercice de la profession de généalogiste successoral après la loi du 23 juin 2006 : JCP* N 2007, 1100.

Art. 37. – *(V. C. patr., art. L. 621-29-7).*

Art. 38. – Dans les actes juridiques établis antérieurement à l'entrée en vigueur de la présente loi, les termes : « par préciput » et « préciputaire » doivent s'entendre comme : « hors part successorale », et les termes : « en avancement d'hoirie » comme : « en avancement de part successorale ».

Art. 39. – Sont abrogés :

1° La loi du 20 novembre 1940 confiant à l'administration de l'enregistrement la gestion des successions non réclamées et la curatelle des successions vacantes ;

2° Les articles 941 à 1002 du Code de procédure civile ;

3° Les dispositions spécifiques à l'administration des successions et biens vacants dans les départements de Guadeloupe, de Guyane, de Martinique et de La Réunion, notamment le décret sur l'administration des successions vacantes dans les colonies de la Martinique, de la Guadeloupe et de La Réunion du 27 janvier 1855, les textes qui en ont étendu l'application et les textes pris pour son application.

Art. 40. – I *(V. C. civ., art. 2499, 2503, 2504, 2505 et 2507).*

II. – À l'exception des dispositions des articles 831-1, 832-1 et 832-2 du Code civil tels qu'ils résultent de la présente loi, celle-ci est applicable de plein droit dans les îles Wallis-et-Futuna et en Nouvelle-Calédonie. Elle est applicable en Polynésie française sous les mêmes exceptions, ainsi que les articles 809 à 811-3 du même code.

Art. 41. – *(V. L. n° 2001-1135, 3 déc. 2001, art. 25).*

Art. 42. – I. – Est autorisée la création d'un groupement d'intérêt public, chargé de rassembler tous les éléments propres à reconstituer les titres de propriété en Corse pour les biens fonciers et immobiliers qui en sont dépourvus, dans les conditions prévues aux articles L. 341-1 à L. 341-4 du Code de la recherche. À cet effet, il peut prendre toute mesure permettant de définir ces biens et d'en identifier leurs propriétaires et créer ou gérer l'ensemble des équipements ou services d'intérêt commun rendus nécessaires pour la réalisation de son objet.

II. – Le groupement d'intérêt public est constitué :

1° De l'État, titulaire de la majorité des voix au sein du conseil d'administration ;

2° De la collectivité territoriale de Corse ;

3° Des associations des maires de la Haute-Corse et de la Corse-du-Sud ;

4° Du conseil régional des notaires de Corse.

Toute autre personne morale de droit public ou privé peut être admise comme membre du groupement dans les conditions fixées par la convention constitutive.

La représentation de chacun de ces membres au conseil d'administration du groupement est déterminée par la même convention.

III. – Le président du conseil d'administration est désigné au sein des corps des magistrats ou magistrats honoraires de l'ordre judiciaire, des magistrats ou magistrats honoraires de l'ordre administratif, des inspecteurs des finances, des préfets ou des administrateurs civils, par le ministre de l'Intérieur, le ministre chargé des finances et le garde des Sceaux, ministre de la Justice, après avis du président du conseil exécutif de la collectivité territoriale de Corse.

Par dérogation aux dispositions de l'article L. 341-3 du Code de la recherche, le président du conseil d'administration dirige les services.

IV. – Le personnel du groupement est constitué de personnes mises à disposition du groupement par ses membres par application de l'article L. 341-4 du même code.

Le groupement peut par ailleurs recruter, en tant que de besoin, des agents contractuels de droit public ou de droit privé.

V. – Le groupement d'intérêt public, ainsi que les personnes missionnées par lui peuvent se faire communiquer de toute personne, physique ou morale, de droit public ou de droit privé, tous documents et informations nécessaires à la réalisation de la mission du groupement, y compris ceux contenus dans un système informatique ou de traitement de données à caractère personnel, sans que puisse leur être opposé le secret professionnel.

Les agents du groupement et les personnes missionnées par lui sont tenus de respecter la confidentialité des informations recueillies au cours de leur mission sous peine des sanctions prévues aux articles 226-13, 226-31 et 226-32 du Code pénal.

Toutefois, ces informations peuvent être communiquées aux officiers publics ministériels quand elles sont nécessaires à l'exercice de leurs missions.

VI. – Pour l'accomplissement de sa mission, le groupement peut créer un fichier de données à caractère personnel dans les conditions définies par la loi n° 78-17 du 6 janvier 1978 relative à l'informatique, aux fichiers et aux libertés.

VII. – Un décret en Conseil d'État détermine les conditions d'application du présent article, après avis de la Commission nationale de l'informatique et des libertés en ce qui concerne les dispositions d'application des V et VI.

Art. 43 à 45 *(V. C. civ., art. 265, 1396, 1397 et 1527).*

Art. 46. – Sauf clause contraire, les donations de biens présents qui ne prennent pas effet au cours du mariage, consenties entre le 1er janvier 2005 et la date d'entrée en vigueur de la présente loi, sont librement révocables dans les conditions prévues par l'article 1096 du Code civil dans sa rédaction antérieure au 1er janvier 2005.

Art. 47. – I. – À l'exception de l'abrogation prévue par le 2° de l'article 39, qui ne peut prendre effet avant l'entrée en vigueur des dispositions réglementaires nécessaires à l'application de la présente loi, celle-ci entre en vigueur le 1er janvier 2007.

II. – Les dispositions des articles 2, 3, 4, 7 et 8 de la présente loi ainsi que les articles 116, 466, 515-6 et 813 à 814-1 du Code civil, tels qu'ils résultent de la présente loi, sont applicables, dès l'entrée en vigueur de la présente loi, aux indivisions existantes et aux successions ouvertes non encore partagées à cette date.

Par dérogation à l'alinéa précédent, lorsque l'instance a été introduite avant l'entrée en vigueur de la présente loi, l'action est poursuivie et jugée conformément à la loi ancienne. Cette loi s'applique également en appel et en cassation.

Les autres dispositions de la présente loi sont applicables aux successions ouvertes à compter de son entrée en vigueur, y compris si des libéralités ont été consenties par le défunt antérieurement à celle-ci.

III. – Les donations de biens présents faites entre époux avant le 1er janvier 2005 demeurent révocables dans les conditions prévues par l'article 1096 du Code civil dans sa rédaction antérieure à cette date. Ces dispositions présentent un caractère interprétatif pour l'application de la loi n° 2004-439 du 26 mai 2004 relative au divorce.

IV. – Les dispositions à caractère interprétatif du 18° de l'article 29 de la présente loi sont applicables aux instances en cours et aux successions ouvertes à compter de l'entrée en vigueur de la loi n° 2001-1135 du 3 décembre 2001 relative aux droits du conjoint survivant et des enfants adultérins et modernisant diverses dispositions de droit successoral.

V. – La présente loi s'applique aux pactes civils de solidarité en cours à la date de son entrée en vigueur, sous les exceptions qui suivent :

1° Pendant un délai d'un an à compter de sa date d'entrée en vigueur, les dispositions relatives à la publicité du pacte civil de solidarité ne sont applicables qu'aux pactes civils de solidarité conclus à compter de sa date d'entrée en vigueur.

Toutefois, dans ce délai, les partenaires engagés dans les liens d'un pacte conclu conformément aux dispositions de la loi n° 99-944 du 15 novembre 1999 relative au pacte civil de solidarité peuvent faire connaître leur accord, par déclaration conjointe remise ou adressée au greffe du tribunal d'instance du lieu de son enregistrement, pour qu'il soit procédé aux formalités de publicité prévues à l'article 515-3-1 du Code civil.

À l'issue de ce délai d'un an, le greffier du tribunal d'instance du lieu d'enregistrement du pacte civil de solidarité adresse d'office à l'officier de l'état civil détenteur de l'acte de naissance de chaque partenaire, dans un délai maximum de six mois, un avis de mention de la déclaration de pacte civil de solidarité ainsi que des éventuelles conventions modificatives intervenues. Pour les personnes de nationalité étrangère nées à l'étranger, le greffier adresse ce même avis au greffe du tribunal de grande instance de Paris. La mention obéit aux dispositions de l'article 515-3-1 du Code civil.

À l'expiration du délai de six mois visé à l'alinéa précédent, les registres tenus au greffe du tribunal d'instance du lieu de naissance de chaque partenaire ou, en cas de naissance à l'étranger, au tribunal de grande instance de

Paris en application du cinquième alinéa de l'article 515-3 du Code civil dans sa rédaction antérieure à la promulgation de la présente loi sont versés à l'administration des archives.

Les mêmes dispositions sont applicables aux agents diplomatiques et consulaires français ainsi qu'aux registres tenus par ces derniers ;

2° Les articles 515-5 à 515-5-3 du Code civil ne s'appliqueront de plein droit qu'aux pactes civils de solidarité conclus après l'entrée en vigueur de la présente loi. Toutefois, les partenaires ayant conclu un pacte sous l'empire de la loi ancienne auront la faculté de soumettre celui-ci aux dispositions de la loi nouvelle par convention modificative ;

3° Le droit de poursuite des créanciers dont la créance était née à une date antérieure à l'entrée en vigueur de la présente loi restera déterminé par les dispositions en vigueur à cette date.

Loi n° 2006-872 du 13 juillet 2006

portant engagement national pour le logement

(JO 16 juill. 2006)

Art. 98. – I *(V. L. n° 70-9, 2 janv. 1970, art. 9).*

II. – Les personnes exerçant une profession ou une activité mentionnée aux articles 1er et 4 de la loi n° 70-9 du 2 janvier 1970 réglementant les conditions d'exercice des activités relatives à certaines opérations portant sur les immeubles et les fonds de commerce qui, antérieurement à l'entrée en vigueur de la présente loi, ont été condamnées pour des faits énoncés au 21° du II de l'article 9 de la loi n° 70-9 du 2 janvier 1970 précitée sont frappées, à compter de la date de publication de celle-ci, d'une incapacité d'exercer.

Toutefois, elles peuvent, dans un délai de trois mois suivant la date de publication de la présente loi, demander à la juridiction qui les a condamnées ou, en cas de pluralité de condamnations, à la dernière juridiction qui a statué, soit de les relever de l'incapacité dont elles sont frappées, soit d'en déterminer la durée. Les personnes qui font usage de ce droit peuvent exercer leur profession ou leur activité jusqu'à ce qu'il soit statué sur leur demande.

Décret n° 2006-966 du 1er août 2006

relatif au conjoint collaborateur

(JO 3 et rect. 26 août 2006 ; partiellement abr. et codifié, D. n° 2007-431, 25 mars 2007. – V. C. com., art. R. 121-1 à R. 121-5)

....

Art. 9 *(Mod., D. n° 2009-1774, 30 déc. 2009).* **– Pour les conjoints collaborateurs de chefs d'entreprise non déclarés à la date de publication du présent décret, la déclaration prévue à l'article 5 (1° et 2°) doit être faite au plus tard le premier jour du quatrième trimestre civil suivant cette date.**

Pour l'application du présent article à Saint-Pierre-et-Miquelon, la déclaration prévue aux 1° et 2° de l'article R. 121-5 (1° et 2°) du Code de commerce doit être faite avant le premier jour du quatrième trimestre civil suivant la publication du décret n° 2009-1774 du 30 décembre 2009 relatif à la chambre d'agriculture, de commerce, d'industrie, de métiers et de l'artisanat de Saint-Pierre-et-Miquelon et portant diverses dispositions relatives à cette collectivité territoriale.

Loi n° 2006-1376 du 14 novembre 2006

relative au contrôle de la validité des mariages

(JO 15 nov.)

CHAPITRE I. – DISPOSITIONS RELATIVES AU CONTRÔLE DE LA VALIDITÉ DES MARIAGES

Art. 1 à 5. – (V. ***C. civ., art. 63 70, 74-1,171-1 à 171-8, 175-2,176*****).**

Art. 6. – Les articles 170 et 170-1 du même code [civil] sont abrogés.

CHAPITRE II. – DISPOSITIONS DIVERSES ET TRANSITOIRES

Art. 9. – Un décret en Conseil d'État (1) fixe les modalités d'application du chapitre I.

Art. 10. – Les dispositions de la présente loi, à l'exception de l'article 7, entrent en vigueur le premier jour du quatrième mois suivant sa promulgation. Elles ne sont pas applicables aux mariages célébrés avant leur entrée en vigueur.

Décret n° 2006-1804 du 23 décembre 2006

pris pour l'application de l'article 2338 du Code civil et relatif à la publicité du gage sans dépossession

(JO 31 déc. 2006)

Section I. – Les formalités d'inscription

Art. 1er. – L'inscription du gage prévue à l'article 2338 du Code civil est faite à la requête du créancier sur un registre spécial tenu par le greffier du tribunal de commerce dans le ressort duquel le constituant est immatriculé ou, s'il n'est pas soumis à l'obligation d'immatriculation, dans le ressort duquel est situé, selon le cas, son siège ou son domicile.

L'inscription du nantissement de parts sociales, prise en application du dernier alinéa de l'article 2355 du Code civil, est faite auprès du greffier du tribunal de commerce du lieu d'immatriculation de la société dont les parts sont nanties.

Le greffier attribue à l'acte de gage ou de nantissement un numéro d'ordre.

Le registre prévu au premier alinéa peut être tenu sous forme électronique. Dans ce cas, il est fait usage d'une signature électronique sécurisée dans les conditions prévues par l'article 1316-4 du Code civil et le décret [n° 2001-272] du 30 mars 2001 pris pour son application.

Art. 2. – Le créancier remet ou adresse au greffier du tribunal de commerce l'un des originaux de l'acte constitutif de la sûreté ou une expédition si l'acte est établi sous forme authentique.

Un bordereau en deux exemplaires est joint à l'acte.

Il comporte :

1° La désignation du constituant et du créancier :

a) S'il s'agit d'une personne physique : ses nom, prénoms, date et lieu de naissance, domicile ainsi que, le cas échéant, son numéro unique d'identification complété, s'il y a lieu, par la mention RCS suivie du nom de la ville où se trouve le greffe où elle est immatriculée ;

b) S'il s'agit d'une personne morale : sa forme, sa dénomination sociale, l'adresse de son siège social ainsi que, le cas échéant, son numéro unique d'identification complété, s'il y a lieu, par la mention RCS suivie du nom de la ville où se trouve le greffe où elle est immatriculée ;

2° La date de l'acte constitutif de la sûreté ;

3° Le montant de la créance garantie en principal, la date de son exigibilité, l'indication du taux des intérêts ainsi que, le cas échéant, la mention de l'existence d'un pacte commissoire. Pour les créances futures, le bordereau mentionne les éléments permettant de les déterminer ;

4° La désignation du bien gagé avec l'indication des éléments permettant de l'identifier, notamment sa nature, son lieu de situation et le cas échéant, sa marque ou son numéro de série, ou, lorsqu'il s'agit d'un ensemble de biens présents ou futurs, leur nature, qualité, et quantité ;

5° Pour les sociétés dont les parts sont nanties, leur forme, leur dénomination sociale, l'adresse de leur siège social, leur numéro d'immatriculation au registre du commerce et des sociétés, le nombre de parts sociales nanties et leur valeur nominale ;

6° La catégorie à laquelle le bien affecté en garantie appartient par référence à une nomenclature fixée par arrêté du garde des Sceaux, ministre de la Justice ;

(1) V. *infra*, D. n° 2007-773, 10 mai 2007.

7° Le cas échéant, la faculté pour le constituant d'aliéner les choses fongibles gagées dans les conditions prévues par l'article 2342 du Code civil.

Art. 3. – L'inscription de la sûreté est mentionnée sur le bordereau. La mention comprend la date de l'inscription et le numéro sous lequel elle a été faite. Le greffier remet ou adresse au requérant l'un des bordereaux, au bas duquel il certifie que l'inscription a été faite. L'autre bordereau, portant les mêmes mentions, est conservé au greffe, aux frais du greffier, avec l'acte constitutif de la sûreté si celui-ci a été rédigé sous seing privé.

Section II. – Les formalités modificatives

Art. 4. – La demande d'inscription modificative ou de radiation est portée devant le greffier du tribunal de commerce auprès duquel la sûreté a été inscrite, nonobstant le changement de siège social ou de domicile du constituant. Toutefois, en cas de nantissement de parts sociales, la demande est portée devant le greffier du tribunal de commerce désigné au deuxième alinéa de l'article 1er.

Le bordereau d'inscription modificative est établi par le requérant en deux exemplaires et est déposé ou adressé au greffe par ses soins.

Dès leur réception, le greffier complète les exemplaires par la mention de la date à laquelle l'inscription modificative est opérée et du numéro sous lequel cette inscription est portée au registre.

L'un des bordereaux est remis ou adressé au requérant, l'autre est conservé au greffe aux frais du greffier, avec l'acte modificatif si celui-ci a été rédigé sous seing privé.

Le greffier porte la référence de la modification en marge du bordereau d'inscription initiale.

Art. 5. – Les modifications affectant les renseignements mentionnés à l'article 2 sont publiées en marge de l'inscription existante.

Section III. – Les effets de l'inscription

Art. 6. – Les inscriptions régulièrement faites en application des articles 1er à 5 prennent effet à leur date.

Art. 7. – L'inscription conserve le gage pendant cinq ans à compter du jour de sa date. Son effet cesse si l'inscription n'a pas été renouvelée avant l'expiration de ce délai. Dans ce cas, le greffier procède d'office à la radiation de l'inscription.

Section IV. – La radiation de l'inscription

Art. 8. – La radiation de l'inscription peut être requise par le créancier ou le constituant sur justification de l'accord des parties ou d'un acte donnant mainlevée de l'inscription. Elle peut également intervenir en vertu d'une décision passée en force de chose jugée.

La radiation est faite au moyen d'une mention apposée par le greffier en marge de l'inscription.

Le greffier délivre à la personne qui le requiert, à ses frais, un certificat de radiation.

L'inscription radiée ou périmée n'est plus portée sur les états d'inscription.

Section V. – Le fichier national des gages sans dépossession

Art. 9. – Il est créé un fichier électronique national sur lequel est mentionnée l'existence des inscriptions prises en application de l'article 2338 du Code civil.

Ce fichier est tenu par le Conseil national des greffiers des tribunaux de commerce qui constitue à cet effet un groupement d'intérêt économique entre les greffiers des tribunaux de commerce conformément aux dispositions de l'article L. 743-12 du Code de commerce.

Il est consultable gratuitement sur un site d'information accessible par le réseau internet.

Art. 10. – Le greffier du tribunal auprès duquel un gage est inscrit conformément à l'article 1er reporte par voie électronique sur le fichier prévu à l'article précédent le nom du constituant ainsi que la catégorie à laquelle appartient le bien affecté en garantie.

Il est tenu à la même obligation en cas de modification affectant l'inscription reportée ainsi qu'en cas de radiation.

Art. 11. – Pour consulter le fichier national, le requérant indique les éléments suivants :

1° Sur le constituant :

a) S'il s'agit d'une personne physique commerçante : ses nom, prénoms, date et lieu de naissance et le numéro unique d'identification complété, s'il y a lieu, par la mention RCS suivie du nom de la ville où se trouve le greffe où elle est immatriculée ;

b) S'il s'agit d'une personne physique non commerçante ou d'un constituant à titre non professionnel : ses nom, prénoms, date et lieu de naissance et son domicile ;

c) S'il s'agit d'une personne morale : sa forme, sa dénomination sociale, l'adresse de son siège social ainsi que, le cas échéant, le numéro unique d'identification complété, s'il y a lieu, par la mention RCS suivie du nom de la ville où se trouve le greffe où elle est immatriculée ;

2° Sur le bien : la catégorie à laquelle le bien appartient par référence à la nomenclature prévue au 6° de l'article 2.

Chaque consultation ne peut porter que sur une même personne et une même catégorie de biens.

Art. 12. – Lorsqu'il reçoit une demande de consultation du fichier national et qu'il n'existe pas d'inscription prise au nom du constituant sur le bien décrit, le conseil national des greffiers des tribunaux de commerce informe le demandeur de l'absence d'inscription.

S'il existe des inscriptions prises au nom du constituant sur le bien décrit, le conseil national en informe le demandeur et lui indique le greffe compétent pour obtenir, à ses frais, la délivrance de l'état de ces inscriptions.

La transmission des informations est faite par voie électronique.

Section VI. – Les obligations des greffiers

Art. 13. – Le greffier chargé de la tenue du registre délivre à tous ceux qui le requièrent l'état certifié des inscriptions existant sur le bien gagé ou un état certifié mentionnant qu'il n'en existe aucune.

Les requérants doivent former autant de demandes qu'il y a de débiteurs et de catégories de biens gagés ou nantis.

L'état est établi sous forme de copies ou d'extraits aux frais du requérant.

Art. 14. – Le greffier délivre gratuitement à tous les constituants qui le requièrent les informations qui résultent de l'article 32 de la loi [n° 78-17] du 6 janvier 1978 susvisée.

Art. 15. – Le greffier ne peut refuser les inscriptions et la délivrance des états requis et le report sur le fichier prévu à l'article 9. Il ne peut davantage retarder ces formalités.

Toutefois, le greffier est tenu de rejeter les demandes d'inscription, de modification ou de radiation qui ne répondent pas aux conditions prévues par les articles 2, 4 et 8. Le rejet précise le motif du refus. Il est notifié au requérant par lettre recommandée avec demande d'avis de réception ou remis contre récépissé à ce dernier. Il mentionne la possibilité pour le requérant de former un recours contre le rejet de la demande dans un délai de quinze jours à compter de sa notification.

Section VII. – Recours

Art. 16. – Les recours contre les décisions de refus d'inscription ou d'enregistrement des modifications ou de radiation sont portés devant le président du tribunal dont dépend le greffier qui a opposé le refus. Ils sont formés par lettre recommandée avec demande d'avis de réception adressée au greffe. Ils sont motivés et accompagnés de toutes pièces utiles.

Le président de la juridiction ou le juge délégué à cet effet statue par ordonnance, au vu de la décision et des éléments produits.

Art. 17. – Les ordonnances rendues par le président de la juridiction ou le juge délégué sont notifiées par lettre recommandée avec demande d'avis de réception au requérant.

Elles sont susceptibles d'appel dans un délai de quinze jours.

La notification indique la forme et le délai du recours.

Art. 18 *(Mod., D. n° 2012-634, 3 mai 2012)*. – L'appel des ordonnances est formé, instruit et jugé comme en matière gracieuse selon les dispositions des articles 950 à 953 du nouveau Code de procédure civile. Toutefois, la partie est dispensée du ministère d'avocat.

Le greffier de la cour d'appel adresse une copie de l'arrêt au greffier chargé de la tenue du registre.

Section VIII. – Dispositions diverses

Art. 19 *(V. D. n° 80-307, 29 avr. 1980, ann. III)*.

Art. 20. – Le présent décret est applicable à l'exception de l'article 19 à Mayotte, en Nouvelle-Calédonie et dans les îles Wallis-et-Futuna.

Pour leur application à Mayotte, en Nouvelle-Calédonie et dans les îles Wallis-et-Futuna, les références faites aux articles 950 à 953 du nouveau Code de procédure civile sont remplacées par les références à des dispositions ayant le même objet applicables localement et les références faites au tribunal de commerce sont remplacées respectivement par celles faites au tribunal de première instance statuant en matière commerciale et au tribunal mixte de commerce.

Art. 21. – Le présent décret entre en vigueur le 1er mars 2007.

Décret n° 2006-1805 du 23 décembre 2006
relatif à la procédure en matière successorale
et modifiant certaines dispositions de procédure civile
(JO 31 déc. 2006)

TITRE PREMIER. – DISPOSITIONS MODIFIANT LE NOUVEAU CODE DE PROCÉDURE CIVILE

CHAPITRE I. – LES SUCCESSIONS

Art. 1er *(V. CPC, art. 1304 et 1320)*.

Art. 2 *(V. CPC, art. 1328 à 1381)*.

CHAPITRE II. – LE CHANGEMENT DE RÉGIME MATRIMONIAL

....

Art. 11. – Le présent décret est applicable à Mayotte et à l'exception de l'article 9, dans les îles Wallis-et-Futuna.

Art. 12. – I. – Le présent décret entre en vigueur le 1er janvier 2007.

II. – Le chapitre I du titre I est applicable aux indivisions existantes et aux successions ouvertes non encore partagées à cette date dans la mesure où la loi [n° 2006-728] du 23 juin 2006 susvisée leur est également applicable.

Jusqu'à la publication de l'arrêté prévu au deuxième alinéa de l'article 1335 du Code de procédure civile, l'information délivrée aux créanciers de l'existence d'une nouvelle publicité est réalisée par le greffe du tribunal de grande instance auprès duquel le créancier aura fait la demande.

Décret n° 2006-1806 du 23 décembre 2006
relatif à la déclaration, la modification, la dissolution
et la publicité du pacte civil de solidarité
(JO 31 déc. 2006)

Art. 1er *(Mod. à compter du 1er novembre 2017, mod., D. n° 2017-889, 6 mai 2017)*. – L'officier de l'état civil de la commune dans laquelle les partenaires d'un pacte civil de solidarité fixent leur résidence commune enregistre leur déclaration conjointe. À cette fin, les partenaires produisent l'original de la convention, les pièces d'état civil attestant l'absence d'empêchement au regard des articles 515-1 et 515-2 du Code civil, et pour le partenaire de nationalité étrangère né à l'étranger, le certificat délivré par le service central d'état civil du ministère des affaires étrangères attestant qu'il n'est pas déjà lié à une autre personne par un pacte civil de solidarité. Les partenaires produisent, le cas échéant, les pièces permettant la vérification du respect des dispositions prévues aux articles 461 et 462 du Code civil.

Toutefois, les partenaires sont dispensés de la production de l'extrait avec indication de la filiation de leur acte de naissance lorsque l'officier de l'état civil peut obtenir, par voie dématérialisée, communication des données à caractère personnel contenues dans ces actes de l'état civil auprès de leur dépositaire dans les conditions prévues au troisième alinéa de l'article 101-1 du Code civil. L'officier de l'état civil en informe les intéressés.

Les partenaires justifient de leur identité par un document officiel délivré par une administration publique comportant leur nom, leur prénom, leur date et leur lieu de naissance, leur photographie et leur signature ainsi que l'identification de l'autorité qui a délivré le document, la date et le lieu de délivrance.

L'officier de l'état civil qui a enregistré la déclaration conjointe de conclusion d'un pacte civil de solidarité vise et date l'original de la convention qu'il restitue aux partenaires. Il leur remet un récépissé d'enregistrement.

Lorsqu'il constate que les conditions d'enregistrement de la déclaration ne sont pas remplies, il prend une décision motivée d'irrecevabilité. Cette décision fait l'objet d'un enregistrement.

Les contestations portant sur l'enregistrement ou le refus d'enregistrement d'un pacte civil de solidarité, de sa modification ou de sa dissolution sont soumises au président du tribunal de grande instance, ou à son délégué, statuant en la forme des référés. Les contestations relatives aux décisions d'irrecevabilité prises par l'autorité diplomatique ou consulaire sont portées devant le président du tribunal de grande instance du lieu d'établissement du service central d'état civil du ministère des affaires étrangères ou son délégué statuant en la forme des référés.

Art. 2 *(Rempl. à compter du 1er novembre 2017, D. n° 2017-889, 6 mai 2017).* – Lorsque les partenaires d'un pacte civil de solidarité entendent modifier ce dernier, ceux-ci ou l'un d'eux remettent ou adressent par lettre recommandée avec demande d'avis de réception, l'acte sous seing privé ou la copie authentique de l'acte notarié, portant modification de la convention initiale à l'officier de l'état civil de la commune d'enregistrement du pacte civil de solidarité, en indiquant le numéro et la date d'enregistrement du pacte civil de solidarité.

A peine d'irrecevabilité, chaque partenaire remet ou joint à l'envoi la photocopie d'un document d'identité satisfaisant aux conditions prévues au troisième alinéa de l'article 1er.

L'officier de l'état civil procède à l'enregistrement de la convention modificative. Il vise et date celle-ci. Il la restitue aux partenaires ou à celui qui la lui a remise ou l'envoie à chacun d'eux par lettre recommandée avec demande d'avis de réception. La convention est accompagnée d'un récépissé d'enregistrement.

Art. 3 *(Mod. à compter du 1er novembre 2017, D. n° 2017-889, 6 mai 2017).* – Dans les cas prévus au deuxième alinéa de l'article 515-7 du Code civil, l'officier de l'état civil requis pour apposer en marge de l'acte de naissance du ou des partenaires la mention du décès ou du mariage avise sans délai l'officier de l'état civil de la commune. Ce dernier enregistre la dissolution et en informe le partenaire survivant ou, en cas de mariage, les deux partenaires.

Art. 4 *(Rempl. à compter du 1er novembre 2017, D. n° 2017-889, 6 mai 2017).* – Dans le cas prévu au quatrième alinéa de l'article 515-7 du Code civil, la déclaration conjointe de dissolution est remise par les partenaires ou l'un d'eux à l'officier de l'état civil de la commune d'enregistrement du pacte civil de solidarité ou lui est adressée par lettre recommandée avec demande d'avis de réception.

A peine d'irrecevabilité, chaque partenaire remet ou joint à l'envoi la photocopie d'un document d'identité satisfaisant aux conditions prévues au troisième alinéa de l'article 1er.

L'officier de l'état civil enregistre la dissolution. Il remet ou envoie par lettre recommandée avec demande d'avis de réception, à chacun des partenaires, un récépissé d'enregistrement de cette déclaration.

Art. 5 *(Mod. à compter du 1er novembre 2017, D. n° 2017-889, 6 mai 2017).* – L'huissier de justice qui procède à la signification prévue au cinquième alinéa de l'article 515-7 du Code civil remet sans délai, au nom du partenaire ayant décidé de mettre fin au pacte civil de solidarité, une copie de l'acte signifié à l'officier de l'état civil de la commune d'enregistrement du pacte civil de solidarité ou l'adresse par lettre recommandée avec demande d'avis de réception. Après avoir enregistré la dissolution, l'officier de l'état civil en avise les partenaires.

Art. 6 *(Mod. à compter du 1er novembre 2017, D. n° 2017-889, 6 mai 2017)*. – L'officier de l'état civil qui a reçu et enregistré la déclaration conjointe de conclusion ou de modification d'un pacte civil de solidarité, ou sa dissolution, avise, sans délai, l'officier de l'état civil détenteur de l'acte de naissance de chaque partenaire afin qu'il soit procédé aux formalités de publicité dans les conditions prévues au troisième alinéa de l'article 49 du Code civil.

Si l'un des partenaires est de nationalité étrangère et né à l'étranger, l'avis est adressé au service central d'état civil du ministère des affaires étrangères, à charge pour celui-ci de porter, dans les trois jours, la mention de la déclaration conjointe sur le registre prévu au premier alinéa de l'article 515-3-1 du Code civil.

Si l'un des partenaires est placé sous la protection juridique et administrative de l'office français de protection des réfugiés et apatrides, l'avis est adressé à cet office.

Art. 6-1 *(Créé à compter du 1er novembre 2017, D. n° 2017-889, 6 mai 2017)*. – Dans les mentions de déclaration, de modification et de dissolution d'un pacte civil de solidarité, portées en marge des actes de l'état civil ou des certificats en tenant lieu, est autorisé l'acronyme « PACS ».

Art. 7 *(Mod. à compter du 1er novembre 2017, D. n° 2017-889, 6 mai 2017)*. – Sans préjudice de la sélection prévue à l'article L. 212-3 du Code du patrimoine, les pièces suivantes sont conservées, pendant une durée de cinq ans à compter de la date de la dissolution du pacte civil de solidarité, par l'officier de l'état civil auprès duquel la convention est enregistrée ou par les agents diplomatiques et consulaires lorsque le pacte civil de solidarité a fait l'objet d'une déclaration à l'étranger :

a) Les pièces, autres que la convention, qui doivent être produites en application du présent décret en vue de l'enregistrement de la déclaration de pacte civil de solidarité, parmi lesquelles la photocopie du document d'identité mentionné au troisième alinéa de l'article 1er du présent décret ;

b) La déclaration écrite conjointe prévue au quatrième alinéa de l'article 515-7 du Code civil ;

c) La copie de la signification prévue au cinquième alinéa de l'article 515-7 du Code civil ;

d) L'avis de mariage ou de décès visé à l'article 3 du présent décret.

Art. 8 *(Mod. à compter du 1er novembre 2017, D. n° 2017-889, 6 mai 2017)*. – Lorsque la résidence commune des partenaires est fixée à l'étranger, les attributions de l'officier de l'état civil définies par le présent décret sont exercées par les agents diplomatiques et consulaires français.

Art. 9 *(V. D. n° 62-921, 3 août 1962, art. 10)*.

Art. 10 *(Rempl. à compter du 1er novembre 2017, D. n° 2017-889, 6 mai 2017)*. – Les déclarations de pacte civil de solidarité, leurs modifications et dissolutions font l'objet d'un enregistrement sous forme dématérialisée, dans le cadre du traitement automatisé prévu par le décret n° 2006-1807 du 23 décembre 2006 modifié relatif à l'enregistrement, à la conservation et au traitement des données à caractère personnel relatives à la formation, la modification et la dissolution du pacte civil de solidarité.

Ce traitement est mis en œuvre au sein de l'application informatique existante dans chaque commune pour traiter des données d'état civil ainsi que dans les postes diplomatiques et consulaires.

A défaut d'une telle application, l'enregistrement s'effectue dans un registre dédié, dont les conditions de fiabilité, de sécurité et d'intégrité sont fixées par arrêté conjoint du garde des sceaux, ministre de la justice, et du ministre des affaires étrangères. Les pages du registre sont numérotées et utilisées dans l'ordre de leur numérotation. Sans préjudice de la sélection prévue à l'article L. 212-3 du Code du patrimoine, le registre dédié est conservé par l'officier d'état civil pendant une durée de soixante-quinze ans à compter de la clôture du registre ou de cinq ans à compter du dernier pacte civil de solidarité dont la dissolution est enregistrée dans le registre, si ce dernier délai est plus bref.

Art. 11 *(Rempl. à compter du 1er novembre 2017, D. n° 2017-889, 6 mai 2017)*. – Le greffe de chaque tribunal d'instance qui a procédé à l'enregistrement, à la modification et à la dissolution de pactes civils de solidarité avant le 1er novembre 2017, date à laquelle est opéré le transfert aux officiers de l'état civil des attributions conférées aux greffes des tribunaux d'instance en matière de pacte civil de solidarité, remet ou adresse à l'officier de l'état civil de la commune du lieu du tribunal d'instance les pièces mentionnées à l'article 7 relatives aux pactes civils de solidarité dont la déclaration de dissolution n'a pas été enregistrée à cette date et à ceux dont la déclaration de dissolution a été enregistrée après le 1er novembre 2012. Lorsqu'elles sont relatives aux pactes civils de solidarité dont la déclaration de dissolution a été enregistrée avant le 1er novembre 2012, ces mêmes pièces font l'objet de la sélection prévue à l'article L. 212-3 du Code du patrimoine.

Art. 12 *(Rempl., D. n° 2009-1775, 30 déc. 2009 ; mod. à compter du 1er novembre 2017, D. n° 2017-889, 6 mai 2017)*. – I. – Le présent décret est applicable dans les îles de Wallis-et-Futuna dans sa rédaction résultant du décret n° 2017-889 du 6 mai 2017.

II. – Pour l'application du présent décret en Nouvelle-Calédonie sous réserve de l'intervention d'une réglementation en la matière prise par les autorités compétentes de cette collectivité postérieurement au transfert de compétences prévu par le III de l'article 21 de la loi organique n° 99-209 du 19 mars 1999 et dans les îles Wallis-et-Futuna, les mots : « tribunal d'instance » sont remplacés par les mots : « tribunal de première instance » et au dernier alinéa de l'article 1er, les mots : « tribunal de grande instance » sont remplacés par les mots : « tribunal de première instance ».

Pour l'application des articles 2, 4 et 5 du présent décret dans les îles Wallis-et-Futuna, les mots : « lettre recommandée avec demande d'avis de réception » sont remplacés par les mots : « lettre simple contre émargement ».

Pour l'application de l'article 3 du présent décret en Polynésie française, les mots : « tribunal d'instance » sont remplacés par les mots : « tribunal de première instance ».

Décret n° 2006-1807 du 23 décembre 2006

relatif à l'enregistrement, à la conservation et au traitement des données à caractère personnel relatives à la formation, la modification et la dissolution du pacte civil de solidarité

(JO 31 déc. 2006)

Art. 1er *(Mod. à compter du 1er novembre 2017, D. n° 2017-889, 6 mai 2017)*. – Les officiers de l'état civil, le service central d'état civil du ministère des affaires étrangères ainsi que les agents diplomatiques et consulaires français mettent en œuvre un traitement automatisé des registres sur lesquels sont inscrites les mentions relatives à la déclaration, la modification et la dissolution du pacte civil de solidarité sous réserve de la dérogation prévue à l'article 10 du décret n° 2006-1806 du 23 décembre 2006 modifié relatif à la déclaration, la modification, la dissolution et la publicité du pacte civil de solidarité.

À cette fin, ils collectent et traitent des données à caractère personnel relatives au sexe des personnes en vue de l'application des articles 515-3 et 515-7 du Code civil et de l'article 14-1 de la loi [n° 99-944] du 15 novembre 1999 susvisée.

Art. 2. – Sous réserve des dispositions prévues au 5° de l'article 3, il est interdit de sélectionner une catégorie particulière de personnes à partir des données mentionnées au second alinéa de l'article 1er.

Art. 3 *(Mod. à compter du 1er novembre 2017, D. n° 2017-889, 6 mai 2017)*. – Le traitement automatisé a pour finalité d'assurer :

1° La gestion, assortie de garanties de sécurité, de l'enregistrement et de la conservation des informations relatives à la déclaration, à la modification et à la dissolution du pacte civil de solidarité ;

2° La transmission des données strictement nécessaires à l'inscription des mentions relatives aux enregistrements effectués par le greffier du tribunal d'instance ou l'agent diplomatique et consulaire ayant reçu la déclaration de pacte civil de solidarité, par l'officier de l'état civil détenteur de l'acte de naissance de chaque partenaire ou, lorsque l'un des partenaires est de nationalité étrangère et né à l'étranger, par l'officier de l'état civil ;

3° L'établissement par le service central d'état civil du ministère des affaires étrangères du certificat attestant que le partenaire de nationalité étrangère né à l'étranger n'est pas déjà lié par un pacte civil de solidarité ;

4° La communication aux tiers, par le service central d'état civil du ministère des affaires étrangères, des informations nominatives mentionnées à l'article 6, lorsque l'un des partenaires est né à l'étranger et de nationalité étrangère ;

5° L'élaboration de statistiques limitées à la production d'informations rendues anonymes, destinées à permettre de connaître :

a) Le nombre de déclarations, de modifications et de dissolutions de pactes civils de solidarité ayant fait l'objet d'un enregistrement ;

b) Le nombre de pactes ayant pris fin en application de chacun des cas mentionnés à l'article 515-7 du Code civil ;

c) La durée moyenne des pactes ;

d) L'âge moyen des personnes ayant conclu un pacte ;

e) Le nombre de pactes conclus ou ayant pris fin entre personnes de sexe différent, de sexe féminin et de sexe masculin, ainsi que, pour chacune de ces trois catégories de pactes, leur durée moyenne et l'âge moyen des personnes en cause.

Toutefois les catégories de données mentionnées à l'article 4 du présent décret peuvent faire l'objet d'une enquête statistique dans les conditions prévues à l'article 2 de la loi n° 51-711 du 7 juin 1951 sur l'obligation, la coordination et le secret en matière de statistiques.

Art. 4 *(Mod. à compter du 1er novembre 2017, D. n° 2017-889, 6 mai 2017).* – Les catégories de données à caractère personnel enregistrées par les officiers de l'état civil, le service central d'état civil du ministère des affaires étrangères et les agents diplomatiques et consulaires sont les suivantes :

1° Nom et prénoms, date et lieu de naissance des deux personnes liées par un pacte civil de solidarité et le cas échéant, leurs modifications ;

2° Sexe des deux personnes liées par le pacte et le cas échéant, leurs modifications ;

3° Date et lieu de l'inscription conférant date certaine au pacte ;

4° Numéro d'enregistrement de l'inscription ;

5° Date de l'enregistrement des modifications du pacte ;

6° Nature et date de la cause de la dissolution du pacte ;

7° Date d'effet, entre les partenaires, de la dissolution du pacte.

8° Date et motif de la décision d'irrecevabilité d'un pacte.

Le service central d'état civil du ministère des affaires étrangères enregistre également la date d'effet de la déclaration, de la modification et de la dissolution du pacte à l'égard des tiers.

Art. 5 *(Mod. à compter du 1er novembre 2017, D. n° 2017-889, 6 mai 2017).* – Sont seuls habilités à enregistrer, conserver, modifier ou traiter les informations incluses dans le traitement automatisé prévu par les articles 1er et 3, dans les limites de leurs missions et de leur compétence territoriale, les officiers de l'état civil, le service central d'état civil du ministère des affaires étrangères ainsi que les agents diplomatiques et consulaires français.

Art. 6 *(Mod. à compter du 1er novembre 2017, D. n° 2017-889, 6 mai 2017).* – Lorsque l'un des partenaires est né à l'étranger et de nationalité étrangère, tout requérant peut obtenir auprès du service central d'état civil du ministère des affaires étrangères communication des informations suivantes :

1° Nom et prénoms, date et lieu de naissance, sexe du partenaire de nationalité étrangère né à l'étranger pour lequel la demande est formée ;

2° Nom et prénoms, date et lieu de naissance de l'autre partenaire ;

3° Date et lieu de l'inscription conférant date certaine au pacte civil de solidarité ;

4° Date de l'inscription de la déclaration de pacte civil de solidarité sur le registre du service central d'état civil du ministère des affaires étrangères ;

5° Date de l'enregistrement des modifications du pacte sur le registre de l'officier de l'état civil ayant enregistré la déclaration de pacte civil de solidarité ;

6° Date de l'enregistrement des modifications du pacte sur le registre du service central d'état civil du ministère des affaires étrangères ;

7° Date d'effet de la dissolution du pacte entre les partenaires ;

8° Date d'effet de la dissolution du pacte à l'égard des tiers.

Art. 7 *(Rempl., D. n° 2012-966, 22 août 2012 ; mod., à compter du 1er novembre 2017, D. n° 2017-889, 6 mai 2017).* – Toute interconnexion des registres mentionnés à l'article 1er avec d'autres fichiers est interdite.

L'officier de l'état civil détenteur de l'acte de naissance d'un partenaire d'un pacte civil de solidarité, ou le service central d'état civil du ministère des affaires étrangères, lorsqu'un des partenaires est de nationalité étrangère et né à l'étranger, est destinataire des données nécessaires à l'inscription des mentions prévues par l'article 515-3-1 du Code civil en marge de l'acte de naissance de chaque partenaire, le cas échéant par voie dématérialisée dans des conditions prévues par arrêté du garde des Sceaux, ministre de la Justice.

L'office français de protection des réfugiés et apatrides est destinataire des mêmes données pour la mise à jour des certificats d'état civil tenant lieu d'actes de naissance qu'il a établis pour les personnes placées sous sa protection juridique et administrative.

Art. 8 *(Mod. à compter du 1er novembre 2017, D. n° 2017-889, 6 mai 2017).* – Le droit d'accès et de rectification prévu aux articles 39 et 40 de la loi [n° 78-17] du 6 janvier 1978 susvisée s'exerce auprès de l'officier de l'état civil ayant enregistré la déclaration de pacte civil de solidarité, ou, dans le cas d'un pacte ayant fait l'objet d'une déclaration à l'étranger, soit auprès de l'agent diplomatique ou consulaire français ayant enregistré celle-ci, soit auprès du service central d'état civil du ministère des affaires étrangères.

Le partenaire né à l'étranger de nationalité étrangère peut également exercer ce droit auprès du service central d'état civil du ministère des affaires étrangères.

Art. 9. – Le droit d'opposition prévu au premier alinéa de l'article 38 de la loi [n° 78-17] du 6 janvier 1978 susvisée ne s'applique pas au traitement prévu par le présent décret.

Art. 10 *(Mod. à compter du 1er novembre 2017, D. n° 2017-889, 6 mai 2017).* – Les informations mentionnées à l'article 4 sont conservées sur le registre tenu par l l'officier de l'état civil et lorsque le pacte civil de solidarité a fait l'objet d'une déclaration à l'étranger, par les agents diplomatiques et consulaires pendant une durée de cinq ans à compter de la date de la dissolution du pacte.

Lorsqu'elles sont inscrites sur le registre tenu par l le service central d'état civil du ministère des affaires étrangères, ces informations sont conservées pendant une durée de trente ans à compter de la date de dissolution du pacte.

Art. 11 *(Rempl. à compter du 1er novembre 2017, D. n° 2017-889, 6 mai 2017).* – I. - Le greffe de chaque tribunal d'instance met en œuvre le transfert des données enregistrées au sein du traitement automatisé du registre des pactes civils de solidarité prévu à l'article premier au profit de l'officier de l'état civil de la commune du lieu du tribunal d'instance, dans les conditions prévues aux articles R. 212-3 et R. 212-4 du Code du patrimoine. Le transfert des données doit être effectif au 1er novembre 2017, date à laquelle est opéré le transfert aux officiers de l'état civil des attributions conférées aux greffes des tribunaux d'instance en matière de pacte civil de solidarité.

II. - Le greffe du tribunal de grande instance de Paris, qui tient le registre des informations relatives aux pactes civils de solidarité conclus par l'un au moins des partenaires de nationalité étrangère né à l'étranger, met en œuvre le transfert, au service central d'état civil du ministère des affaires étrangères, des données enregistrées au sein du traitement automatisé du registre des informations relatives aux pactes civils de solidarité prévu à l'article 1er. Ce transfert doit être effectif au 1er novembre 2017, date à laquelle est opéré le transfert à ce dernier des attributions conférées au greffe du tribunal de grande instance de Paris en matière de pacte civil de solidarité.

III. - Les données mentionnées à l'article 4 relatives aux pactes civils de solidarité dont la déclaration de dissolution a été enregistrée avant le 1er novembre 2012 font l'objet d'un versement à l'administration des archives par le greffe de chaque tribunal d'instance qui a procédé à la dissolution de ces pactes, dans les conditions prévues à l'article R. 212-16 du Code du patrimoine.

Art. 12 *(Rempl. à compter du 1er novembre 2017, D. n° 2017-889, 6 mai 2017).* – I. - Le présent décret est applicable dans les îles Wallis-et-Futuna dans sa rédaction résultant du décret n° 2017-889 du 6 mai 2017.

II. - Pour son application dans les îles Wallis-et-Futuna, les mots : « la commune » sont remplacés par les mots : « la circonscription administrative » et les mots : « tribunal d'instance » sont remplacés par les mots : « tribunal de première instance

Art. 13 *(Abr. à compter du 1er novembre 2017, D. n° 2017-889, 6 mai 2017).*

Arrêté du 23 décembre 2006

fixant le modèle de l'information délivrée aux enfants des époux et aux tiers, dans le cadre d'une procédure de changement de régime matrimonial

(JO 31 déc. 2006)

Art. 1er. – L'information délivrée, conformément aux dispositions de l'alinéa 2 de l'article 1397 du Code civil, aux enfants majeurs des époux et aux personnes qui avaient été parties au contrat de mariage modifié contient les mentions figurant à l'annexe I du présent arrêté.

Elle reproduit également les deux premiers alinéas de l'article 1397 du Code civil ainsi que les articles 1300 et 1300-1 du Code de procédure civile.

Art. 2. – L'avis publié conformément aux dispositions de l'alinéa 2 de l'article 1397 du Code civil contient les mentions figurant à l'annexe II du présent arrêté.

Art. 3. – Le présent arrêté sera publié au *Journal officiel* de la République française.

Annexe I

Informations concernant les époux

Nom de famille et prénoms de chacun des époux.

Domicile des époux (commun ou séparés).

Date et lieu du mariage.

Désignation du régime matrimonial modifié, le cas échéant avec mention de la date du contrat de mariage et du nom du notaire qui l'a établi.

Informations concernant la modification du régime matrimonial

Modification opérée.

Désignation du notaire rédacteur de l'acte (nom et adresse).

Date de l'acte.

Informations concernant l'opposition

Insérer la phrase suivante :

« Conformément aux dispositions du deuxième alinéa de l'article 1397 du Code civil, les enfants majeurs des époux et les personnes qui avaient été parties au contrat de mariage modifié peuvent former opposition dans un délai de trois mois à compter de la réception de la présente lettre. Cette opposition est faite, aux termes de l'article 1300-1 du Code de procédure civile, par lettre recommandée avec demande d'avis de réception ou par exploit d'huissier adressé au notaire rédacteur de l'acte. »

Annexe II

Informations concernant les époux

Nom de famille et prénoms de chacun des époux.

Domicile des époux (commun ou séparés).

Date et lieu du mariage.

Désignation du régime matrimonial modifié, le cas échéant avec mention de la date du contrat de mariage et du nom du notaire qui l'a établi.

Informations concernant la modification du régime matrimonial

Modification opérée.

Désignation du notaire rédacteur de l'acte (nom et adresse).

Date de l'acte.

Informations concernant l'opposition

Nom et adresse du notaire auprès duquel les oppositions doivent être faites.

Arrêté du 1er février 2007

relatif à la nomenclature visée à l'article 2 (6°) du décret n° 2006-1804 pris pour l'application de l'article 2338 du Code civil et relatif à la publicité du gage sans dépossession

(JO 10 févr. 2007)

Art. 1er. – Les biens affectés en garantie sont classés dans les catégories suivantes :

1. Animaux (catégorie 1).
2. Horlogerie et bijoux (catégorie 2).
3. Instruments de musique (catégorie 3).
4. Matériels, mobiliers et produits à usage professionnel non visés dans les autres catégories (catégorie 4).
5. Matériels à usage non professionnel autres qu'informatiques (catégorie 5).
6. Matériels liés au sport (catégorie 6).
7. Matériels informatiques et accessoires (catégorie 7).
8. Meubles meublants (catégorie 8).
9. Meubles incorporels autres que parts sociales (catégorie 9).
10. Monnaies (catégorie 10).
11. Objets d'art, de collection ou d'antiquité (catégorie 11).
12. Parts sociales (catégorie 12).
13. Produits de l'édition, de la presse ou d'autres industries graphiques (catégorie 13).
14. Produits liquides non comestibles (catégorie 14).
15. Produits textiles (catégorie 15).
16. Produits alimentaires (catégorie 16).
17. Autres (catégorie 17).

Art. 2. – Le présent arrêté entrera en vigueur à la date du 1er mars 2007.

Loi n° 2007-211 du 19 février 2007

instituant la fiducie

(JO 21 févr. 2007)

CHAPITRE I. – DISPOSITIONS GÉNÉRALES

Art. 1er *(V. C. civ., art. 2011 à 2031).*

....

CHAPITRE IV. – DISPOSITIONS COMPTABLES

Art. 12 *(Mod., L. n° 2008-776, 4 août 2008).* – I. – Les éléments d'actif et de passif transférés dans le cadre de l'opération mentionnée à l'article 2011 du Code civil forment un patrimoine d'affectation. Les opérations affectant ce dernier font l'objet d'une comptabilité autonome chez le fiduciaire.

II. – Les personnes mentionnées à l'article 2015 du Code civil établissent des comptes annuels conformément aux dispositions des articles L. 123-12 à L. 123-15 du Code de commerce.

III. – Le contrôle de la comptabilité autonome mentionnée au I est exercé par un ou plusieurs commissaires aux comptes nommés par le fiduciaire lorsque le ou les constituants sont eux-mêmes tenus de désigner un commissaire aux comptes. Le rapport du commissaire aux comptes est présenté au fiduciaire. Le commissaire aux comptes est délié du secret professionnel à l'égard des commissaires aux comptes des parties au contrat de fiducie.

IV. – Les dispositions des I et II sont précisées par un règlement du comité de la réglementation comptable.

CHAPITRE V. – DISPOSITIONS COMMUNES

Art. 13. – Le constituant et le fiduciaire doivent être résidents d'un État de la Communauté européenne ou d'un État ou territoire ayant conclu avec la France une convention fiscale en vue d'éliminer les doubles impositions qui contient une clause d'assistance administrative en vue de lutter contre la fraude ou l'évasion fiscale.

Art. 14. – Lorsque le contrat de fiducie a pour objet de couvrir des risques d'assurance ou de réassurance, la présente loi s'applique sous réserve des dispositions du Code des assurances.

Art. 15. – Les documents relatifs au contrat de fiducie sont transmis, à leur demande et sans que puisse leur être opposé le secret professionnel, au service institué à l'article L. 562-4 du Code monétaire et financier, aux services des douanes et aux officiers de police judiciaire, aux autorités de contrôle compétentes en matière de lutte contre le blanchiment de capitaux, à l'administration fiscale et au juge, par le fiduciaire, le constituant, le bénéficiaire ou par toute personne physique ou morale exerçant, de quelque manière que ce soit, un pouvoir de décision direct ou indirect sur la fiducie.

Ces documents sont exigibles pendant une durée de dix ans après la fin du contrat de fiducie.

Loi n° 2007-290 du 5 mars 2007

instituant le droit au logement opposable et portant diverses mesures en faveur de la cohésion sociale

(JO 6 mars 2007)

CHAPITRE I. – DISPOSITIONS RELATIVES À LA GARANTIE DU DROIT AU LOGEMENT

Art. 1er *(V. CCH, livre III, titre préliminaire : intitulé ; CCH, art. L. 300-1 ; CCH, livre III, titre préliminaire, chap. I : intitulé).*

....

Art. 38. – En cas d'introduction et de maintien dans le domicile d'autrui à l'aide de manœuvres, menaces, voies de fait ou de contrainte, le propriétaire ou le locataire du logement occupé peut demander au préfet de mettre en demeure l'occupant de quitter les lieux, après avoir déposé plainte, fait la preuve que le logement constitue son domicile et fait constater l'occupation illicite par un officier de police judiciaire.

La mise en demeure est assortie d'un délai d'exécution qui ne peut être inférieur à vingt-quatre heures. Elle est notifiée aux occupants et publiée sous forme d'affichage en mairie et sur les lieux. Le cas échéant, elle est notifiée au propriétaire ou au locataire.

Lorsque la mise en demeure de quitter les lieux n'a pas été suivie d'effet dans le délai fixé, le préfet doit procéder à l'évacuation forcée du logement, sauf opposition du propriétaire ou du locataire dans le délai fixé pour l'exécution de la mise en demeure.

Loi n° 2007-308 du 5 mars 2007

portant réforme de la protection juridique des majeurs

(JO 7 mars 2007)

TITRE IIII. – DISPOSITIONS DIVERSES ET TRANSITOIRES

....

Art. 44 *(Mod., L. n° 2009-526, 12 mai 2009 ; L. n° 2010-1609, 22 déc. 2010).* – I. – Se conforment, dans un délai de trois ans à compter de l'entrée en vigueur de la présente loi, aux dispositions de la section 1 du chapitre III du titre Ier du livre III du Code de l'action sociale et des familles les personnes morales qui étaient précédemment habilitées pour exercer :

1° La tutelle d'État ou la curatelle d'État ;

2° La gérance de tutelle en qualité d'administrateur spécial ;

3° La tutelle aux prestations sociales.

II. – Se conforment à l'article L. 472-1 du Code de l'action sociale et des familles, dans un délai de trois ans à compter de l'entrée en vigueur du décret prévu à l'article L. 472-4 du même code et au plus tard le 1er janvier 2012, les personnes physiques qui étaient précédemment habilitées pour exercer :

1° La tutelle d'État ou la curatelle d'État ;

2° La gérance de tutelle en qualité d'administrateur spécial ;

3° La tutelle aux prestations sociales.

III. – Dans l'attente de l'obtention de l'agrément prévu à l'article L. 472-1 du Code de l'action sociale et des familles et au plus tard le 1er janvier 2012, les personnes physiques habilitées pour exercer la tutelle d'État ou la curatelle d'État, la gérance de tutelle en qualité d'administrateur spécial ou la tutelle aux prestations sociales sont affiliées aux régimes de sécurité sociale applicables en vertu des articles L. 613-1 et L. 622-5 du Code de la sécurité sociale.

IV. – Se conforment à l'article L. 472-6 du Code de l'action sociale et des familles, dans un délai de trois ans à compter de l'entrée en vigueur de son décret d'application et au plus tard le 1er janvier 2012, les établissements de santé ainsi que les établissements sociaux ou médico-sociaux dont un préposé était précédemment désigné comme gérant de tutelle.

V. – Se conforment, dans un délai de deux ans à compter de l'entrée en vigueur de la présente loi, aux dispositions de la section 1 du chapitre III du titre Ier du livre III du Code de l'action sociale et des familles les personnes morales qui étaient précédemment habilitées pour exercer la mesure ordonnée par l'autorité judiciaire en application de l'article 375-9-1 du Code civil. Les personnes physiques qui étaient précédemment habilitées pour exercer cette mesure se conforment à l'article L. 474-4 du Code de l'action sociale et des familles, dans un délai de trois ans à compter de l'entrée en vigueur du décret en Conseil d'État prévu au même article et au plus tard le 1er janvier 2012.

Art. 45 *(Mod., L. n° 2009-526, 12 mai 2009)*. – I. – À l'exception des articles 11, 25 à 28, 31, 33 *[Dispositions déclarées non conformes à la Constitution par la décision du Conseil constitutionnel n° 2007-552 DC du 1er mars 2007]* à 43 et du III de l'article 44 qui sont d'application immédiate, *[Dispositions déclarées non conformes à la Constitution par la décision du Conseil constitutionnel n° 2007-552 DC du 1er mars 2007]*, la présente loi entre en vigueur le 1er janvier 2009.

II. – Au 1er janvier 2009, elle s'applique aux mesures de protection ouvertes antérieurement sous les conditions suivantes :

1° Les articles 441 et 442 du Code civil sont applicables aux mesures ouvertes avant l'entrée en vigueur de la présente loi à l'expiration d'un délai de cinq ans à compter de cette entrée en vigueur, sans préjudice des demandes de mainlevée qui pourront être présentées avant ce délai et de la révision des mesures faites à l'occasion d'une saisine du juge dans ces dossiers.

À défaut de renouvellement dans le délai précité, les mesures prennent fin de plein droit ;

2° Les mesures de tutelle aux prestations sociales ne sont caduques de plein droit qu'au terme de la troisième année qui suit la date d'entrée en vigueur de la présente loi, à moins que le juge en prononce la caducité avant cette date lors d'un réexamen de la mesure, d'office ou sur demande de la personne protégée.

Lors de ce réexamen, le juge peut ordonner une mesure d'accompagnement judiciaire alors même que les conditions du premier alinéa de l'article 495 du Code civil ne seraient pas réunies ;

3° L'appel et le pourvoi en cassation sont jugés selon les règles applicables lors du prononcé de la décision de première instance.

III. – Un mandat de protection future peut être confié à une personne physique dès la publication de la présente loi. Toutefois, ce mandat ne peut prendre effet qu'à compter de la date d'entrée en vigueur de celle-ci.

Art. 46. – À compter du 1er janvier 2010 et jusqu'au 1er janvier 2015, le Gouvernement présente annuellement au Parlement un rapport dressant un bilan statistique de la mise en œuvre de la mesure d'accompagnement social personnalisé mentionnée à l'article L. 271-1 du Code de l'action sociale et des familles ainsi que des évolutions du nombre de mesures de protection judiciaire des majeurs. Ce rapport indique les coûts respectivement supportés par l'État, les organismes versant les prestations sociales aux majeurs protégés ainsi que les collectivités débitrices et il expose, en cas d'alourdissement constaté des charges supportées par les départements, les compensations financières auxquelles l'État a procédé en lois de finances.

Décret n° 2007-773 du 10 mai 2007

pris pour l'application de la loi n° 2006-1376 du 14 novembre 2006 relative au contrôle de la validité des mariages et modifiant diverses dispositions relatives à l'état civil

(JO 11 mai 2007)

CHAPITRE I. – DISPOSITIONS RELATIVES AU MARIAGE

Section I. – Dispositions générales

Art. 1er. – *(V. CPC, art. 1056-1).*

Art. 2. – *(V. CGCT, art. R. 2122-10* et *D. n° 2000-1262, 26 déc. 2000).*

Art. 3. – Le compte rendu de l'audition du futur époux ou de l'époux qui réside dans un pays autre que celui de la célébration du mariage, prévue aux articles 63, 171-3, 171-7 et 171-8 du Code civil, est adressé sans délai à l'officier de l'état civil ou à l'autorité diplomatique ou consulaire qui l'a requise.

Section II. – Dispositions relatives aux formalités préalables à la célébration du mariage

Art. 4. – Les indications ou pièces dont la remise est prévue à l'article 63 du Code civil sont accompagnées de tout justificatif établissant le domicile ou la résidence de chacun des futurs époux.

Art. 5. – La saisine du procureur de la République par l'autorité diplomatique ou consulaire en application de l'article 171-4 du Code civil est accompagnée de tous documents et pièces utiles.

Cette saisine emporte sursis à la délivrance du certificat de capacité à mariage.

L'autorité diplomatique ou consulaire informe les futurs époux de cette saisine et de la date de sa réception par le procureur de la République ainsi que du sursis à la délivrance du certificat de capacité à mariage.

Cette information comporte également la mention que les intéressés doivent signaler au procureur de la République tout changement d'adresse intervenant dans le délai dont il dispose pour s'opposer au mariage.

Art. 6. – Si le procureur de la République ne s'est pas opposé à la célébration du mariage à l'échéance du délai prévu au deuxième alinéa de l'article 171-4 du Code civil et en l'absence de toute autre opposition à l'issue de la publication des bans, l'autorité diplomatique ou consulaire délivre le certificat de capacité à mariage.

Art. 7. – Lorsqu'il s'oppose à la célébration du mariage d'un Français à l'étranger, le procureur de la République en informe par tout moyen l'autorité diplomatique ou consulaire.

L'acte d'opposition est signifié au futur époux qui a son domicile ou sa résidence en France.

Lorsque l'un des futurs époux a déclaré être domicilié ou résider à l'étranger, cet acte lui est notifié par l'autorité diplomatique ou consulaire territorialement compétente au regard du lieu de célébration du mariage par lettre recommandée avec demande d'avis de réception ou par tout autre moyen présentant des garanties équivalentes.

Section III. – Dispositions relatives à la transcription du mariage célébré à l'étranger par l'autorité étrangère

Art. 8. – L'époux qui demande la transcription sur le registre de l'état civil français de son acte de mariage étranger justifie simultanément l'adresse de sa résidence ou de son domicile ainsi que celle de son conjoint.

Art. 9. – Lorsque l'autorité diplomatique ou consulaire renonce à l'audition des époux en application du premier alinéa de l'article 171-7 du Code civil, sa décision motivée est versée aux pièces annexes.

Art. 10. – La saisine par l'autorité diplomatique ou consulaire du procureur de la République pour qu'il se prononce sur la transcription sur les registres de l'état civil français de l'acte de mariage d'un Français à l'étranger ou demande la nullité de ce mariage est accompagnée de tous documents et pièces utiles.

L'autorité diplomatique ou consulaire informe chaque époux de cette saisine et de la date de sa réception par le procureur de la République ainsi que du sursis à la transcription.

Lorsque la saisine du procureur de la République est opérée en application de l'article 171-7 du Code civil, cette information mentionne en outre que le procureur de la République dispose d'un délai de six mois à compter de sa saisine pour se prononcer sur la transcription et reproduit les dispositions du cinquième alinéa du même article.

Lorsque la saisine du procureur de la République est opérée par l'autorité diplomatique ou consulaire en application de l'article 171-8 du Code civil, l'information mentionne en outre que celui-ci dispose d'un délai de six mois à compter de sa saisine pour demander la nullité du mariage et reproduit les dispositions du cinquième alinéa du même article.

Dans tous les cas, l'information comporte l'indication que les époux doivent signaler au procureur de la République tout changement d'adresse intervenant dans le délai dont il dispose pour prendre sa décision.

Art. 11. – Lorsque le procureur de la République autorise la transcription de l'acte de mariage en application de l'article 171-7 ou de l'article 171-8 du Code civil, il en informe, par tout moyen, l'autorité diplomatique ou consulaire, qui transcrit cet acte sans délai sur les registres de l'état civil français.

Lorsqu'il s'oppose à la transcription, le procureur de la République notifie sa décision à chaque époux et en informe l'autorité diplomatique ou consulaire par tout moyen.

Lorsque l'un des époux a déclaré être domicilié ou résider à l'étranger, cette décision lui est notifiée par l'autorité diplomatique ou consulaire du lieu où le mariage a été célébré par lettre recommandée avec demande d'avis de réception ou par tout autre moyen présentant des garanties équivalentes.

Chaque époux est informé qu'il peut saisir le tribunal de grande instance pour qu'il soit statué sur la transcription.

CHAPITRE II. – DISPOSITIONS RELATIVES À L'ÉTAT CIVIL ET À L'OUTRE-MER

Art. 12. – *(V. CPC, art. 1082).*

Art. 13. – L'article 1152 du Code de procédure civile est abrogé.

Art. 14. – *(V. CPC, art. 1300-2).*

Art. 15. – *(V. D. n° 74-449, 15 mai 1974, art. 12).*

Art. 16. – *(V. D. n° 2004-1159, 29 oct. 2004, art. 10 et 23).*

Art. 17. – I. – Indépendamment des articles 1er, 3 à 12 et 18 applicables de plein droit à Mayotte et dans les îles Wallis-et-Futuna, les articles 13, 14 et 16 y sont également applicables ; sont aussi applicables à Mayotte les dispositions de l'article 15.

II. – Indépendamment des articles 1er, 3 à 12 et 18 applicables de plein droit en Polynésie française et en Nouvelle-Calédonie, les articles 13 et 16 y sont également applicables.

Art. 18. – Le décret n° 2005-170 du 23 février 2005 pris pour l'application des articles 47 et 170-1 du Code civil est abrogé.

Décret n° 2007-807 du 11 mai 2007

relatif aux associations, fondations, congrégations et établissements publics du culte et portant application de l'article 910 du Code civil

(JO 12 mai 2007)

Chapitre I er – Libéralités consenties aux établissements français

(Division créée, D. n° 2012-377, 19 mars 2012)

Art. 1er *(Mod., D. n° 2010-395, 20 avr. 2010 ; D. n° 2012-377, 19 mars 2012 ; D. n° 2015-832, 7 juill. 2015).* – Tout notaire chargé du règlement d'une succession contenant des legs en faveur de l'un des établissements et associations mentionnés à l'article 910 du Code civil en informe l'établissement ou l'association bénéficiaire et la déclare au préfet du département où l'établissement ou l'association a son siège dès qu'il est en possession des dispositions testamentaires.

Toute association ou établissement mentionné à l'article 910 du Code civil, bénéficiaire d'une libéralité entre vifs, la déclare aussitôt au préfet du département où l'établissement ou l'association a son siège.

La déclaration au préfet est faite par courrier recommandé avec demande d'avis de réception et accompagnée des documents suivants :

1° En cas de legs : une copie ou un extrait du testament et de ses codicilles relatifs à la libéralité et une copie de l'acte de décès ou d'un bulletin de décès du testateur ;

2° Pour les libéralités entre vifs : une copie de l'acte de disposition ou, à défaut, la justification de la libéralité ;

3° Les statuts de l'association ou de l'établissement bénéficiaire et les documents attestant de ce qu'ils ont été régulièrement déclarés ou approuvés ;

4° La justification de l'acceptation de la libéralité ainsi que, le cas échéant, la justification de l'aptitude de l'association ou de l'établissement bénéficiaire à en exécuter les charges ou à en satisfaire les conditions compte tenu de son objet statutaire ;

5° Pour les associations :

a) Le budget prévisionnel de l'exercice en cours ainsi que les comptes annuels des trois derniers exercices clos ou, si l'association a été créée depuis moins de trois ans, les comptes annuels des exercices clos depuis sa date de création ;

b) Toute justification tendant à établir que l'association remplit les conditions prévues aux cinquième à septième alinéas de l'article 6 de la loi du 1er juillet 1901. Ces conditions sont présumées satisfaites lorsque l'association dispose d'une prise de position formelle délivrée dans le cadre de la procédure prévue à l'article L. 80 C du Livre des procédures fiscales l'avisant qu'elle relève des dispositions du *b* du 1 de l'article 200 du Code général des impôts ;

c) Pour les associations cultuelles, toute justification tendant à établir que l'association bénéficiaire réunit les conditions requises pour être qualifiée d'association cultuelle mentionnée aux articles 18 et 19 de la loi du 9 décembre 1905 susvisée.

Lorsque le dossier est complet, l'administration adresse à l'association ou à l'établissement et, le cas échéant, au notaire, un accusé de réception mentionnant la date de réception du dossier et la date à laquelle, à défaut de décision expresse, l'absence d'opposition sera acquise. Cet accusé de réception fait courir le délai ouvert à l'autorité administrative pour statuer. En cas de dossier incomplet, l'accusé de réception fixe un délai pour la production des pièces manquantes et précise que le délai ouvert à l'autorité administrative pour statuer court à compter de la date de réception de ces pièces.

Les dispositions du présent article ne sont pas applicables aux libéralités consenties par des personnes physiques ou morales en vue de la constitution de la dotation initiale d'une fondation ni aux dévolutions d'actif résultant de la dissolution d'un établissement reconnu d'utilité publique, qui sont régies par les dispositions de l'article 3.

Art. 2 *(Mod., D. n° 2010-395, 20 avr. 2010).* – Lorsque le préfet envisage de faire usage de son droit d'opposition à l'acceptation des libéralités faites aux établissements et associations visés au deuxième alinéa de l'article 910 du Code civil, il en informe l'association ou l'établissement et le cas échéant le notaire, par lettre recommandée avec demande d'avis de réception, et invite l'association ou l'établissement à présenter ses observations dans un délai de quinze jours.

À l'expiration du délai ainsi fixé, le préfet décide, au vu des observations éventuelles de l'association ou de l'établissement, de s'opposer ou non à l'acceptation. En cas d'opposition, il notifie sa décision dûment motivée, par lettre recommandée avec demande d'avis de réception, à l'association ou à l'établissement et le cas échéant au notaire.

L'absence de notification d'une décision expresse dans un délai de quatre mois à compter de la date de l'accusé de réception mentionné à l'article 1er vaut absence d'opposition à l'acceptation d'une libéralité.

À la demande des associations et établissements intéressés, le préfet délivre une attestation de cette absence d'opposition.

Les dispositions du présent article ne sont pas applicables aux libéralités régies par les dispositions de l'article 3.

Art. 3. – Le décret reconnaissant une fondation comme établissement d'utilité publique ou approuvant la délibération relative à la dissolution d'un établissement d'utilité publique vaut absence d'opposition à l'acceptation des libéralités mentionnées dans le décret.

Art. 4 *(Mod., D. n° 2010-395, 20 avr. 2010).* – La demande d'autorisation d'acceptation des libéralités faites aux établissements mentionnés au premier alinéa de l'article 910 du Code civil et aux associations ou fondations dont les activités ou celles de leurs dirigeants sont visées à l'article 1er de la loi [n° 2001-504] du 12 juin 2001 susvisée est adressée au préfet du département où est le siège de la fondation ou de l'association.

Elle comporte :

1° Les statuts de l'établissement, de l'association ou de la fondation ;

2° Les noms, prénoms, profession, domicile et nationalité de ceux qui, à un titre quelconque, sont chargés de son administration ;

3° La désignation de la libéralité ;

4° L'emploi envisagé pour ladite libéralité.

5° Le budget prévisionnel de l'exercice en cours ainsi que les comptes annuels des trois derniers exercices clos ou, si l'association a été créée depuis moins de trois ans, les comptes annuels des exercices clos depuis sa date de création.

Art. 5 *(Mod., D. n° 2017-908, 6 mai 2017).* – Le préfet accuse réception des demandes d'autorisation d'acceptation de libéralités faites par les personnes morales mentionnées à l'article 4, dans les conditions prévues par les articles L. 114-5, R. 112-4 et R. 112-5 du Code des relations entre le public et l'administration.

Sauf dans le cas de réclamations formulées par des héritiers, l'absence de décision expresse dans un délai de six mois à compter de la demande vaut autorisation d'acceptation.

À la demande des personnes morales intéressées, le préfet délivre une attestation de cette autorisation tacite.

Art. 6. – Les réclamations concernant les legs en faveur des personnes morales mentionnées à l'article 4, formulées par les héritiers désignés par la loi, sont recevables auprès du préfet du département du lieu de l'ouverture de la succession, dans un délai de six mois à compter de l'ouverture de la succession. Elles comportent les noms, prénoms et adresse des réclamants, leur ordre et degré de parenté vis-à-vis du défunt ainsi que les motifs de la réclamation.

Le préfet informe la personne morale légataire de ces réclamations et délivre aux réclamants un accusé de réception.

Lorsque les réclamations sont formulées après l'expiration du délai mentionné au premier alinéa ou émanent de personnes autres que les héritiers désignés par la loi, l'accusé de réception fait mention de leur irrecevabilité.

Le préfet transmet les réclamations recevables à l'autorité administrative compétente pour instruire la demande d'autorisation du legs.

Dans le cas d'une libéralité entre vifs au profit d'une personne morale mentionnée à l'article 4, l'autorité administrative compétente pour instruire la demande d'autorisation de la libéralité recueille des renseignements sur la situation de famille et de fortune du donateur.

Chapitre II – Libéralités consenties aux États et aux établissements étrangers habilités par leur droit national à recevoir des libéralités

(D. n° 2012-377, 19 mars 2012)

Art. 6-1 *(D. n° 2012-377, 19 mars 2012).* – Les dispositions du présent chapitre sont applicables aux libéralités consenties aux États et aux établissements étrangers dans les cas suivants :

1° En matière de legs :

a) Pour les successions ouvertes en France, lorsque la libéralité porte sur des biens immobiliers ou mobiliers situés en France ;

b) Pour les successions ouvertes à l'étranger, lorsque la libéralité porte sur des biens immobiliers situés en France ;

2° En matière de donation :

a) Lorsque la libéralité porte sur des biens immobiliers situés en France ;

b) Lorsque la loi française a été choisie par les parties ;

c) Lorsque, en l'absence de choix de loi, le donateur est domicilié en France ou que l'acte a été établi en France.

Art. 6-2 *(D. n° 2012-377, 19 mars 2012)*. – I. - Lorsqu'ils sont avisés d'une succession satisfaisant aux critères définis à l'article 6-1, les notaires en informent l'État ou l'établissement étrangers et en font la déclaration au ministre de l'intérieur.

Lorsque l'État ou l'établissement étrangers est bénéficiaire d'une libéralité entre vifs, il appartient au mandataire désigné selon la loi étrangère pour accomplir les formalités en France de procéder à la déclaration de la donation au ministre de l'intérieur.

II. - La déclaration au ministre de l'intérieur est faite par courrier recommandé avec demande d'avis de réception et accompagnée des documents suivants, avec leur traduction en français s'il y a lieu :

1° En cas de legs : une copie ou un extrait du testament et de ses codicilles relatifs à la libéralité et une copie de l'acte de décès ou d'un bulletin de décès du testateur ;

2° Pour les libéralités entre vifs : une copie de l'acte de donation ou, à défaut, la justification de la libéralité ;

3° La justification de l'acceptation de la libéralité par l'État ou par l'établissement étrangers ainsi que, le cas échéant, la justification de l'aptitude de l'établissement bénéficiaire à en exécuter les charges ou à en satisfaire les conditions compte tenu de son objet statutaire ;

4° La procuration à une personne nommément désignée par l'État ou par l'établissement étrangers pour accomplir les formalités en France ou la justification de la nomination d'un mandataire désigné selon la loi étrangère ;

5° Les statuts de l'établissement étranger bénéficiaire, déclarés ou approuvés conformément à son droit national, et tout document officiel attestant que l'établissement est habilité par son droit national à recevoir des libéralités.

III. - Lorsque le bien donné ou légué est un bien culturel au sens du chapitre Ier du titre Ier du livre Ier du Code du patrimoine, la déclaration est accompagnée d'une description du bien précisant sa nature, son support, le nom de son auteur, son titre et sa date, ses matériaux, ses dimensions ainsi que tout signe distinctif utile à son identification, et d'une photographie d'un format suffisant pour rendre possible la reconnaissance du bien.

Lorsque le dossier est complet, le ministre de l'intérieur adresse au mandataire désigné et, le cas échéant, au notaire un accusé de réception mentionnant la date de réception du dossier et la date à laquelle, à défaut de décision expresse, l'absence d'opposition sera acquise. Cet accusé de réception fait courir le délai de douze mois ouvert au ministre de l'intérieur pour statuer.

En cas de dossier incomplet, l'accusé de réception fixe un délai pour la production des pièces manquantes et précise que le délai ouvert au ministre de l'intérieur pour statuer court à compter de la plus tardive des dates de réception des pièces manquantes.

Art. 6-3 *(D. n° 2012-377, 19 mars 2012)*. – Le ministre de l'intérieur consulte le ministre des affaires étrangères qui dispose d'un délai de huit mois pour émettre son avis.

Le cas échéant, il recueille simultanément l'avis du ou des autres ministres intéressés qui doit lui parvenir dans un délai de six mois.

Lorsque le bien donné ou légué est un bien culturel au sens du chapitre Ier du titre Ier du livre Ier du Code du patrimoine, le ministre intéressé est le ministre chargé de la culture.

Art. 6-4 *(D. n° 2012-377, 19 mars 2012)*. – Au vu des avis recueillis, le ministre de l'intérieur peut faire usage de son droit d'opposition à l'acceptation des libéralités consenties aux États ou établissements étrangers, pour les motifs tirés :

1° Des engagements internationaux souscrits par la France ou de la défense de ses intérêts fondamentaux ;

2° De la nature des activités de l'établissement étranger ou de ses dirigeants, en particulier celles visées à l'article 1er de la loi du 12 juin 2001 susvisée.

Le ministre de l'intérieur peut également faire usage de son droit d'opposition lorsque l'établissement étranger ne justifie pas que son droit national lui reconnaît la capacité juridique de recevoir des libéralités ou lorsque son objet statutaire ne lui permet pas d'exécuter les charges liées à la libéralité.

Art. 6-5 *(D. n° 2012-377, 19 mars 2012)*. – Lorsque le ministre de l'intérieur envisage de faire usage de son droit d'opposition à l'acceptation d'une libéralité, il en informe le mandataire désigné et, le cas échéant, le notaire par lettre remise contre signature. Il invite le mandataire désigné à présenter ses observations dans un délai d'un mois.

À l'expiration du délai ainsi fixé, et au plus tard dans le délai mentionné à l'article 6-2, le ministre de l'intérieur décide, au vu des observations éventuelles du mandataire désigné, de s'opposer ou non à l'acceptation de la libéralité. En cas d'opposition, il notifie sa décision dûment motivée, par lettre remise contre signature, au mandataire désigné et, le cas échéant, au notaire.

L'absence de notification de la décision dans le délai de douze mois mentionné à l'article 6-2 vaut absence d'opposition à l'acceptation de la libéralité. À la demande du mandataire désigné, le ministre de l'intérieur délivre une attestation de cette absence d'opposition.

Art. 6-6 *(D. n° 2012-377, 19 mars 2012).* – L'absence de décision d'opposition à l'acceptation d'une libéralité par un établissement étranger est sans effet sur son éligibilité éventuelle au bénéfice des exonérations de droits de mutation à titre gratuit prévues par l'article 795 du Code général des impôts en faveur de certains organismes ou établissements. Ces exonérations fiscales s'appliquent aux établissements étrangers répondant aux mêmes conditions que les établissements français éligibles lorsqu'il existe en la matière un régime de réciprocité entre la France et l'État où l'établissement a son siège, cette réciprocité résultant d'une convention internationale relative aux doubles impositions ou d'un accord particulier.

Art. 6-7 *(D. n° 2012-377, 19 mars 2012).* – L'absence de décision d'opposition du ministre de l'intérieur à l'acceptation d'une libéralité par un État ou un établissement étrangers ne dispense pas le demandeur de recueillir les autorisations requises, le cas échéant, par d'autres législations.

Chapitre III - Dispositions diverses
(Division créée, D. n° 2012-377, 19 mars 2012)

Art. 7. – L'acquisition à titre onéreux ou l'aliénation, par les établissements congréganistes autorisés ou légalement reconnus et dans les départements du Bas-Rhin, du Haut-Rhin ou de la Moselle, par les établissements publics du culte, de biens immeubles, de rentes ou valeurs garanties par l'État est autorisée par arrêté du préfet du département où l'établissement a son siège.

L'autorisation est réputée accordée si le préfet n'y a pas fait opposition dans les deux mois de leur notification par l'établissement.

Art. 8. – Lorsque les statuts des associations ou des fondations reconnues d'utilité publique soumettent à autorisation administrative les opérations portant sur les droits réels immobiliers, les emprunts, l'aliénation ou le remploi des biens mobiliers dépendant de la dotation ou du fonds de réserve, cette autorisation est donnée par arrêté du préfet du département où est le siège de l'association ou de la fondation.

L'autorisation est réputée accordée si le préfet n'y a pas fait opposition dans les deux mois de leur notification par l'association ou la fondation.

Art. 9. – Les modifications apportées aux statuts ou la dissolution volontaire d'une fondation reconnue d'utilité publique prennent effet après approbation donnée par décret en Conseil d'État pris sur le rapport du ministre de l'Intérieur.

Toutefois, l'approbation peut être donnée par arrêté du ministre de l'Intérieur lorsque cet arrêté est pris conformément à l'avis du Conseil d'État.

Par dérogation aux dispositions qui précèdent, la modification des statuts portant sur le transfert à l'intérieur du territoire français du siège de la fondation prend effet après approbation par arrêté du ministre de l'Intérieur.

Art. 10. – *(V. D. 16 août 1901, art. 1er à 3, 6, 7 et 11).*

Art. 11. – Sont abrogés :

1° Le décret du 1er février 1896 relatif à la procédure à suivre en matière de legs soumis à autorisation ;

2° Le décret n° 66-388 du 13 juin 1966 relatif à la tutelle administrative des associations, fondations et congrégations, à l'exception de son article 3.

Art. 12. – Les articles 1er à 6 du présent décret sont applicables aux libéralités pour lesquelles aucune demande d'autorisation de leur acceptation n'a été formulée auprès de l'autorité administrative avant le 1er janvier 2006.

Pour les libéralités pour lesquelles une demande d'autorisation de leur acceptation a été formulée à compter du 1er janvier 2006, la demande d'autorisation vaut déclaration et le délai d'opposition prévu à l'article 2 court à compter de l'entrée en vigueur du présent décret.

Chapitre IV - Rescrit administratif

(Division créée, D. n° 2012-377, 19 mars 2012)

Art. 12-1 *(Mod., D. n° 2017-908, 6 mai 2017)*. – La demande faite par une association sur le fondement du V de l'article 111 de la loi n° 2009-526 du 12 mai 2009 de simplification et de clarification du droit et d'allègement des procédures est accompagnée des documents suivants :

1° Les statuts de l'association ;

2° Les nom, prénoms, profession, domicile et nationalité de ceux qui, à un titre quelconque, sont chargés de son administration ;

3° Le budget prévisionnel de l'exercice en cours ainsi que les comptes annuels des trois derniers exercices clos ou, si l'association a été créée depuis moins de trois ans, les comptes des exercices clos depuis sa date de création ;

4° Toute justification tendant à établir que l'association remplit les conditions prévues aux cinquième à septième alinéas de l'article 6 de la loi du 1er juillet 1901. Ces conditions sont présumées satisfaites lorsque l'association dispose d'une prise de position formelle délivrée dans le cadre de la procédure prévue à l'article L. 80 C du Livre des procédures fiscales l'avisant qu'elle relève des dispositions du *b* du 1 de l'article 200 du Code général des impôts.

Pour les associations cultuelles, toute justification tendant à établir que l'association bénéficiaire réunit les conditions requises pour être qualifiée d'association cultuelle mentionnée aux articles 18 et 19 de la loi du 9 décembre 1905 susvisée.

Le préfet accuse réception de cette demande dans les conditions prévues aux articles L. 114-5, R. 112-4 et R. 112-5 du Code des relations entre le public et l'administration.

Art. 12-2 *(Mod., D. n° 2017-908, 6 mai 2017)*. – Le cas échéant, le préfet procède à une enquête aux fins d'établir si l'association qui fait la demande mentionnée à l'article 12-1 :

a) Remplit les conditions prévues aux cinquième et septième alinéas de l'article 6 de la loi du 1er juillet 1901 ou remplit les conditions requises pour être qualifiée d'association cultuelle mentionnée aux articles 18 et 19 de la loi du 9 décembre 1905 ;

b) Ne porte pas atteinte à l'ordre public.

Lorsque le préfet envisage de se prononcer défavorablement sur cette demande, il en informe l'association par lettre recommandée avec demande d'avis de réception et l'invite à présenter ses observations dans un délai de quinze jours.

Le préfet constate que l'association remplit ou ne remplit pas les conditions énoncées au *a* et au *b*.

L'absence de décision expresse dans un délai de quatre mois à compter de la date de l'accusé de réception mentionné à l'article 12-1 ou, en cas de dossier incomplet, à compter de la date de réception de la dernière des pièces manquantes vaut constatation implicite que l'association remplit les conditions énoncées au *a* et au *b*. À la demande de l'association intéressée, le préfet délivre l'attestation prévue à l'article L. 232-3 du Code des relations entre le public et l'administration.

Art. 12-3 *(D. n° 2010-395, 20 avr. 2010)*. – Lorsque la décision du préfet est favorable, elle a une durée de validité de cinq ans. Elle peut être abrogée, selon la procédure prévue à l'article 12-2, si le préfet constate que l'association ne remplit plus les conditions requises.

Art. 12-4 *(D. n° 2010-395, 20 avr. 2010)*. – Pour l'application de l'article 12-3, l'association bénéficiaire d'une décision constatant qu'elle remplit les conditions énoncées au a et au b de l'article 12-2 présente ses comptes annuels sur toute réquisition du préfet.

Chapitre V - Fusions, scissions et apports partiels d'actifs intéressant les fondations dotées de la personnalité morale

(Division créée, D. n° 2012-377, 19 mars 2012 ; chap. rempl. à compter du 1er octobre 2015, D. n° 2015-807, 1er juill. 2015)

Art. 12-5 *(Rempl. à compter du 1er octobre 2015, D. n° 2015-807, 1er juill. 2015)*. – Les opérations, mentionnées à l'article 20-1 de la loi n° 87-571 du 23 juillet 1987, de fusion, de scission et d'apport partiel d'actif entre plusieurs fondations dotées de la personnalité morale ou entre plusieurs de ces fondations et une ou plusieurs associations sont régies par les dispositions des articles 15-2 à 15-6 du décret du 16 août 1901.

Pour l'application de ces dispositions aux opérations mentionnées au premier alinéa :

1° La référence à l'article 9 *bis* de la loi du 1er juillet 1901 est remplacée par la référence à l'article 20-1 de la loi n° 87-571 du 23 juillet 1987 ;

2° Les mots : « association » et « associations » sont remplacés, respectivement, par les mots : « personne morale » et « personnes morales » ;

3° Les mots : « personnes morales chargées de l'administration des associations » sont remplacés par les mots : « organes délibérants des personnes morales » ;

4° Pour l'application du 1° du I de l'article 15-2, le projet contient en outre, pour les fondations, l'indication du montant et de la consistance de la dotation initiale et du montant et de la consistance de la dotation au jour du projet, l'acte par lequel le ou les fondateurs s'engagent à apporter les éléments constitutifs de la dotation ;

5° Pour l'application du 5° du I du même article, le projet contient, le cas échéant, l'indication du montant de la dotation de la nouvelle personne morale et l'acte par lequel les fondateurs s'engagent à apporter les éléments constitutifs de la fondation ;

6° Pour l'application de l'article 15-3, la référence à l'article L. 213-8 du Code monétaire et financier est remplacée par la référence à l'article L. 213-21-1 A du même code.

Chapitre VI. – Applicabilité outre-mer

(Chap. créé à compter du 1er octobre 2015, D. n° 2015-807, 1er juill. 2015)

Art. 12-6 *(Mod., D. n° 2017-908, 6 mai 2017)*. – I. - Les articles 1er à 6, 7 et 11 à 12-4 ne sont pas applicables en Guyane.

II. - Les dispositions du présent décret relatives aux associations cultuelles régies par la loi du 9 décembre 1905 ne sont pas applicables au Département de Mayotte. Pour l'application du présent décret, la référence au département est remplacée par la référence au Département de Mayotte.

III. - Pour l'application du présent décret en Guyane et en Martinique :

La référence au département est remplacée par la référence à la collectivité territoriale.

Règlement (CE) du Parlement européen et du Conseil n° 864/2007 du 11 juillet 2007

sur la loi applicable aux obligations non contractuelles (« Rome II »)

(JOCE 31 juill. 2007)

LE PARLEMENT EUROPÉEN ET LE CONSEIL DE L'UNION EUROPÉENNE,

vu le traité instituant la Communauté européenne, et notamment son article 61, point *c)*, et son article 67,

vu la proposition de la Commission,

vu l'avis du Comité économique et social européen,

statuant conformément à la procédure visée à l'article 251 du traité au vu du projet commun approuvé le 25 juin 2007 par le comité de conciliation,

considérant ce qui suit : (...)

ONT ARRÊTÉ LE PRÉSENT RÈGLEMENT :

Art. 1er. – *Champ d'application*. – 1. Le présent règlement s'applique, dans les situations comportant un conflit de lois, aux obligations non contractuelles relevant de la matière civile et commerciale. Il ne s'applique pas, en particulier, aux matières fiscales, douanières et administratives, ni à la responsabilité encourue par l'État pour les actes et omissions commis dans l'exercice de la puissance publique (« *acta iure imperii* »).

2. Sont exclues du champ d'application du présent règlement :

a) les obligations non contractuelles découlant de relations de famille ou de relations qui, selon la loi qui leur est applicable, ont des effets comparables, y compris les obligations alimentaires ;

b) les obligations non contractuelles découlant des régimes matrimoniaux, des régimes patrimoniaux relatifs aux relations qui, selon la loi qui leur est applicable, ont des effets comparables au mariage et aux successions ;

c) les obligations non contractuelles nées de lettres de change, de chèques, de billets à ordre ainsi que d'autres instruments négociables, dans la mesure où les obligations nées de ces autres instruments dérivent de leur caractère négociable ;

d) les obligations non contractuelles découlant du droit des sociétés, des associations et des personnes morales concernant des matières telles que la constitution, par enregistrement ou autrement, la capacité juridique, le fonctionnement interne et la dissolution des sociétés, des associations et des personnes morales, de la responsabilité personnelle des associés et des organes pour les dettes de la société, de l'association ou de la personne morale et de la responsabilité personnelle des auditeurs vis-à-vis de la société ou vis-à-vis de ses organes chargés du contrôle légal des documents comptables ;

e) les obligations non contractuelles découlant des relations entre les constituants, les trustees et les bénéficiaires d'un trust créé volontairement ;

f) les obligations non contractuelles découlant d'un dommage nucléaire ;

g) les obligations non contractuelles découlant d'atteintes à la vie privée et aux droits de la personnalité, y compris la diffamation.

3. Le présent règlement ne s'applique pas à la preuve et à la procédure, sans préjudice des articles 21 et 22.

4. Aux fins du présent règlement, on entend par « État membre », tous les États membres, à l'exception du Danemark.

Art. 2. – *Obligations non contractuelles.* – 1. Aux fins du présent règlement, le dommage vise toute atteinte résultant d'un fait dommageable, d'un enrichissement sans cause, d'une gestion d'affaires ou d'une « culpa in contrahendo ».

2. Le présent règlement s'applique également aux obligations non contractuelles susceptibles de survenir.

3. Toute mention dans le présent règlement :

a) d'un fait générateur de dommage concerne également le fait générateur du dommage susceptible de se produire ; et

b) d'un dommage concerne également le dommage susceptible de survenir.

Art. 3. – *Caractère universel.* – La loi désignée par le présent règlement s'applique, même si cette loi n'est pas celle d'un État membre.

Art. 4. – *Règle générale.* – 1. Sauf dispositions contraires du présent règlement, la loi applicable à une obligation non contractuelle résultant d'un fait dommageable est celle du pays où le dommage survient, quel que soit le pays où le fait générateur du dommage se produit et quels que soient le ou les pays dans lesquels des conséquences indirectes de ce fait surviennent.

2. Toutefois, lorsque la personne dont la responsabilité est invoquée et la personne lésée ont leur résidence habituelle dans le même pays au moment de la survenance du dommage, la loi de ce pays s'applique.

3. S'il résulte de l'ensemble des circonstances que le fait dommageable présente des liens manifestement plus étroits avec un pays autre que celui visé aux paragraphes 1 ou 2, la loi de cet autre pays s'applique. Un lien manifestement plus étroit avec un autre pays pourrait se fonder, notamment, sur une relation préexistante entre les parties, telle qu'un contrat, présentant un lien étroit avec le fait dommageable en question.

Art. 5. – *Responsabilité du fait des produits.* – 1. Sans préjudice de l'article 4, paragraphe 2, la loi applicable à une obligation non contractuelle découlant d'un dommage causé par un produit est :

a) la loi du pays dans lequel la personne lésée avait sa résidence habituelle au jour du dommage, si le produit a été commercialisé dans ce pays ; ou à défaut

b) la loi du pays dans lequel le produit a été acheté, si le produit a été commercialisé dans ce pays ; ou à défaut

c) la loi du pays dans lequel le dommage est survenu, si le produit a été commercialisé dans ce pays.

Toutefois, la loi applicable est celle du pays dans lequel la personne dont la responsabilité est invoquée a sa résidence habituelle, si cette personne ne pouvait raisonnablement pas prévoir la commercialisation du produit ou d'un produit du même type dans le pays dont la loi est applicable en vertu des points *a)*, *b)* ou *c)*.

2. S'il résulte de toutes les circonstances que le fait dommageable présente des liens manifestement plus étroits avec un pays autre que celui visé au paragraphe 1, la loi de cet autre pays s'applique. Un lien manifestement plus étroit avec un autre pays pourrait se fonder, notamment, sur une relation préexistante entre les parties, telle qu'un contrat, présentant un lien étroit avec le fait dommageable en question.

Art. 6. – *Concurrence déloyale et actes restreignant la libre concurrence.* – 1. La loi applicable à une obligation non contractuelle résultant d'un acte de concurrence déloyale est celle du pays sur le territoire duquel les relations de concurrence ou les intérêts collectifs des consommateurs sont affectés ou susceptibles de l'être.

2. Lorsqu'un acte de concurrence déloyale affecte exclusivement les intérêts d'un concurrent déterminé, l'article 4 est applicable.

3. a) La loi applicable à une obligation non contractuelle résultant d'un acte restreignant la concurrence est celle du pays dans lequel le marché est affecté ou susceptible de l'être.

b) Lorsque le marché est affecté ou susceptible de l'être dans plus d'un pays, le demandeur en réparation qui intente l'action devant la juridiction du domicile du défendeur peut choisir de fonder sa demande sur la loi de la juridiction saisie, pourvu que le marché de cet État membre compte parmi ceux qui sont affectés de manière directe et substantielle par la restriction du jeu de la concurrence dont résulte l'obligation non contractuelle sur laquelle la demande est fondée. Lorsque le demandeur, conformément aux règles applicables en matière de compétence judiciaire, cite plusieurs défendeurs devant cette juridiction, il peut uniquement choisir de fonder sa demande sur la loi de cette juridiction si l'acte restreignant la concurrence auquel se rapporte l'action intentée contre chacun de ces défendeurs affecte également de manière directe et substantielle le marché de l'État membre de cette juridiction.

4. Il ne peut être dérogé à la loi applicable en vertu du présent article par un accord tel que mentionné à l'article 14.

Art. 7. – *Atteinte à l'environnement.* – La loi applicable à une obligation non contractuelle découlant d'un dommage environnemental ou de dommages subséquents subis par des personnes ou causés à des biens est celle qui résulte de l'application de l'article 4, paragraphe 1, à moins que le demandeur en réparation n'ait choisi de fonder ses prétentions sur la loi du pays dans lequel le fait générateur du dommage s'est produit.

Art. 8. – *Atteinte aux droits de propriété intellectuelle.* – 1. La loi applicable à une obligation non contractuelle résultant d'une atteinte à un droit de propriété intellectuelle est celle du pays pour lequel la protection est revendiquée.

2. En cas d'obligation non contractuelle résultant d'une atteinte à un droit de propriété intellectuelle communautaire à caractère unitaire, la loi applicable à toute question qui n'est pas régie par l'instrument communautaire pertinent est la loi du pays dans lequel il a été porté atteinte à ce droit.

3. Il ne peut être dérogé à la loi applicable en vertu du présent article par un accord tel que mentionné à l'article 14.

Art. 9. – *Responsabilité du fait de grève ou de lock out.* – Sans préjudice de l'article 4, paragraphe 2, la loi applicable à l'obligation non contractuelle relative à la responsabilité d'une personne agissant en qualité de travailleur ou d'employeur ou celle d'une organisation représentant les intérêts professionnels des personnes susvisées du fait des dommages causés par une grève ou un lock-out en cours ou terminé est la loi du pays dans lequel cette grève ou ce lock-out est ou a été engagé.

Art. 10. – *Enrichissement sans cause.* – 1. Lorsqu'une obligation non contractuelle découlant d'un enrichissement sans cause, y compris un paiement indu, se rattache à une relation existante entre les parties, telle qu'une obligation découlant d'un contrat ou d'un fait dommageable présentant un lien étroit avec cet enrichissement sans cause, la loi applicable est celle qui régit cette relation.

2. Si la loi applicable ne peut être déterminée sur la base du paragraphe 1 et que les parties ont leur résidence habituelle dans le même pays au moment où le fait donnant lieu à l'enrichissement sans cause survient, la loi applicable est celle de ce pays.

3. Si la loi applicable ne peut être déterminée sur la base des paragraphes 1 ou 2, la loi applicable est celle du pays dans lequel l'enrichissement sans cause s'est produit.

4. S'il résulte de toutes les circonstances que l'obligation non contractuelle découlant d'un enrichissement sans cause présente des liens manifestement plus étroits avec un pays autre que celui visé aux paragraphes 1, 2 et 3, la loi de cet autre pays s'applique.

Art. 11. – *Gestion d'affaires.* – 1. Lorsqu'une obligation non contractuelle découlant d'une gestion d'affaires se rattache à une relation existante entre les parties, telle qu'une obligation découlant d'un contrat ou d'un fait dommageable présentant un lien étroit avec cette obligation non contractuelle, la loi applicable est celle qui régit cette relation.

2. Si la loi applicable ne peut être déterminée sur la base du paragraphe 1 et que les parties ont leur résidence habituelle dans le même pays au moment où le fait donnant lieu au dommage survient, la loi applicable est celle de ce pays.

3. Si la loi applicable ne peut être déterminée sur la base des paragraphes 1 ou 2, la loi applicable est celle du pays dans lequel la gestion d'affaires s'est produite.

4. S'il résulte de toutes les circonstances que l'obligation non contractuelle découlant d'une gestion d'affaires présente des liens manifestement plus étroits avec un pays autre que celui visé aux paragraphes 1, 2 et 3, la loi de cet autre pays s'applique.

Art. 12. – *Culpa in contrahendo.* – 1. La loi applicable à une obligation non contractuelle découlant de tractations menées avant la conclusion d'un contrat est, que le contrat soit effectivement conclu ou non, la loi qui s'applique au contrat ou qui aurait été applicable si le contrat avait été conclu.

2. Si la loi applicable ne peut être déterminée sur la base du paragraphe 1, la loi applicable est :

a) celle du pays dans lequel le dommage survient, quel que soit le pays où le fait générateur du dommage se produit et quels que soient le ou les pays dans le(s)quel(s) des conséquences indirectes de ce fait surviennent ; ou

b) lorsque les parties ont leur résidence habituelle dans le même pays au moment où le fait générateur du dommage se produit, la loi de ce pays ; ou

c) s'il résulte de toutes les circonstances que l'obligation non contractuelle découlant de tractations menées avant la conclusion d'un contrat présente des liens manifestement plus étroits avec un pays autre que celui visé aux points *a)* et *b)*, la loi de cet autre pays.

Art. 13. – *Applicabilité de l'article 8.* – Aux fins du présent chapitre, l'article 8 s'applique aux obligations non contractuelles résultant d'une atteinte à un droit de propriété intellectuelle.

Art. 14. – *Liberté de choix.* – 1. Les parties peuvent choisir la loi applicable à l'obligation non contractuelle :

a) par un accord postérieur à la survenance du fait générateur du dommage ; ou

b) lorsqu'elles exercent toutes une activité commerciale, par un accord librement négocié avant la survenance du fait générateur du dommage.

Ce choix est exprès ou résulte de façon certaine des circonstances et ne porte pas préjudice aux droits des tiers.

2. Lorsque tous les éléments de la situation étaient, au moment de la survenance du fait générateur du dommage, localisés dans un pays autre que celui dont la loi a été choisie, le choix d'une loi par les parties ne peut porter atteinte à l'application des dispositions auxquelles la loi de cet autre pays ne permet pas de déroger par accord.

3. Lorsque tous les éléments de la situation étaient, au moment de la survenance du fait générateur du dommage, localisés dans un ou plusieurs États membres, le choix par les parties de la loi d'un pays tiers ne peut, le cas échéant, porter atteinte à l'application des dispositions du droit communautaire auxquelles il ne peut être dérogé par un accord, et telles qu'elles ont été mises en œuvre dans l'État membre du for.

Art. 15. – *Portée de la loi applicable.* – La loi applicable à une obligation non contractuelle en vertu du présent règlement régit notamment :

a) les conditions et l'étendue de la responsabilité, y compris la détermination des personnes susceptibles d'être déclarées responsables des actes qu'elles commettent ;

b) les causes d'exonération, de limitation et de partage de responsabilité ;

c) l'existence, la nature et l'évaluation des dommages, ou la réparation demandée ;

d) dans les limites des pouvoirs conférés au tribunal par le droit procédural de l'État dont il relève, les mesures que ce tribunal peut prendre pour assurer la prévention, la cessation du dommage ou sa réparation ;

e) la transmissibilité du droit à réparation, y compris par succession ;

f) les personnes ayant droit à réparation du dommage qu'elles ont personnellement subi ;

g) la responsabilité du fait d'autrui ;

h) le mode d'extinction des obligations ainsi que les règles de prescription et de déchéance fondées sur l'expiration d'un délai, y compris les règles relatives au point de départ, à l'interruption et à la suspension d'un délai de prescription ou de déchéance.

Art. 16. – *Dispositions impératives dérogatoires.* – Les dispositions du présent règlement ne portent pas atteinte à l'application des dispositions de la loi du for qui régissent impérativement la situation, quelle que soit la loi applicable à l'obligation non contractuelle.

Art. 17. – *Règles de sécurité et de comportement.* – Pour évaluer le comportement de la personne dont la responsabilité est invoquée, il est tenu compte, en tant qu'élément de fait et pour autant que de besoin, des règles de sécurité et de comportement en vigueur au lieu et au jour de la survenance du fait qui a entraîné la responsabilité.

Art. 18. – *Action directe contre l'assureur du responsable.* – La personne lésée peut agir directement contre l'assureur de la personne devant réparation si la loi applicable à l'obligation non contractuelle ou la loi applicable au contrat d'assurance le prévoit.

Art. 19. – *Subrogation.* – Lorsqu'en vertu d'une obligation non contractuelle, une personne (« le créancier ») a des droits à l'égard d'une autre personne (« le débiteur ») et qu'un tiers a l'obligation de désintéresser le créancier ou encore que le tiers a désintéressé le créancier en exécution de cette obligation, la loi applicable à cette obligation du tiers détermine si et dans quelle mesure celui-ci peut exercer les droits détenus par le créancier contre le débiteur selon la loi régissant leurs relations.

Art. 20. – *Responsabilité multiple.* – Si un créancier a des droits à l'égard de plusieurs débiteurs responsables au titre de la même obligation et que l'un de ceux-ci l'a désintéressé en totalité ou en partie, le droit qu'a ce dernier d'exiger une compensation de la part des autres débiteurs est régi par la loi applicable à son obligation non contractuelle envers le créancier.

Art. 21. – *Validité formelle.* – Un acte juridique unilatéral relatif à une obligation non contractuelle est valable quant à la forme s'il satisfait aux conditions de forme de la loi qui régit l'obligation non contractuelle en question ou de la loi du pays dans lequel cet acte est intervenu.

Art. 22. – *Charge de la preuve.* – 1. La loi régissant l'obligation non contractuelle en vertu du présent règlement s'applique dans la mesure où, en matière d'obligations non contractuelles, elle établit des présomptions légales ou répartit la charge de la preuve.

2. Les actes juridiques peuvent être prouvés par tout mode de preuve admis soit par la loi du for, soit par l'une des lois visées par l'article 21, selon laquelle l'acte est valable quant à la forme, pour autant que la preuve puisse être administrée selon ce mode devant le tribunal saisi.

Art. 23. – *Résidence habituelle.* – 1. Aux fins du présent règlement, la résidence habituelle d'une société, association ou personne morale est le lieu où elle a établi son administration centrale.

Lorsque le fait générateur a été commis ou que le dommage a été subi dans le cadre de l'exploitation d'une succursale, d'une agence ou de tout autre établissement, le lieu où est situé cette succursale, cette agence ou tout autre établissement est traité comme résidence habituelle.

2. Aux fins du présent règlement, la résidence habituelle d'une personne physique agissant dans l'exercice de son activité professionnelle est le lieu où cette personne a son établissement principal.

Art. 24. – *Exclusion du renvoi.* – Lorsque le présent règlement prescrit l'application de la loi d'un pays, il entend les règles de droit en vigueur dans ce pays, à l'exclusion des règles de droit international privé.

Art. 25. – *Systèmes non unifiés.* – 1. Lorsqu'un État comprend plusieurs unités territoriales dont chacune a ses propres règles de droit en matière d'obligations non contractuelles, chaque unité territoriale est considérée comme un pays aux fins de la détermination de la loi applicable selon le présent règlement.

2. Un État membre dans lequel différentes unités territoriales ont leurs propres règles de droit en matière d'obligations non contractuelles ne sera pas tenu d'appliquer le présent règlement aux conflits de lois concernant uniquement ces unités territoriales.

Art. 26. – *Ordre public du for.* – L'application d'une disposition de la loi d'un pays désignée par le présent règlement ne peut être écartée que si cette application est manifestement incompatible avec l'ordre public du for.

Art. 27. – *Relation avec d'autres dispositions du droit communautaire.* – Le présent règlement n'affecte pas l'application des dispositions de droit communautaire qui, dans des matières particulières, règlent les conflits de lois en matière d'obligations non contractuelles.

Art. 28. – *Relation avec des conventions internationales existantes.* – 1. Le présent règlement n'affecte pas l'application des conventions internationales auxquelles un ou plusieurs États membres sont parties lors de l'adoption du présent règlement et qui règlent les conflits de lois en matière d'obligations non contractuelles.

2. Toutefois, le présent règlement prévaut entre les États membres sur les conventions conclues exclusivement entre deux ou plusieurs d'entre eux dans la mesure où elles concernent des matières réglées par le présent règlement.

Art. 29. – *Liste des conventions.* – 1. Au plus tard le 11 juillet 2008, les États membres communiquent à la Commission les conventions visées à l'article 28, paragraphe 1. Après cette date, les États membres communiquent à la Commission toute dénonciation de ces conventions.

2. Dans un délai de six mois après leur réception, la Commission publie au *Journal officiel* de l'Union européenne :

i) la liste des conventions visées au paragraphe 1 ;

ii) les dénonciations visées au paragraphe 1.

Art. 30. – *Clause de révision.* – 1. Au plus tard le 20 août 2011, la Commission présente au Parlement européen, au Conseil et au Comité économique et social européen un rapport relatif à l'application du présent règlement. Ce rapport est accompagné, le cas échéant, de propositions visant à adapter le présent règlement. Ce rapport contient :

i) une étude sur la manière dont est pris en compte le droit étranger par les différentes juridictions et sur la mesure dans laquelle les juridictions des États membres mettent en pratique le droit étranger conformément au présent règlement ;

ii) une étude sur les effets de l'article 28 du présent règlement en ce qui concerne la convention de La Haye du 4 mai 1971 sur la loi applicable en matière d'accidents de la circulation routière.

2. Au plus tard le 31 décembre 2008, la Commission présente au Parlement européen, au Conseil et au Comité économique et social européen une étude relative à la loi applicable aux obligations non contractuelles découlant des atteintes à la vie privée et aux droits de la personnalité, en prenant en compte les règles applicables à la liberté de la presse ainsi qu'à la liberté d'expression dans les médias et les questions de conflit de loi liées à la directive 95/46/CE du Parlement européen et du Conseil, du 24 octobre 1995, relative à la protection des personnes physiques à l'égard du traitement des données à caractère personnel et à la libre circulation de ces données.

Art. 31. – *Application dans le temps.* – Le présent règlement s'applique aux faits générateurs de dommages survenus après son entrée en vigueur.

Art. 32. – *Date d'application.* – Le présent règlement est applicable à partir du 11 janvier 2009, à l'exception de l'article 29, lequel est applicable à partir du 11 juillet 2008.

Le présent règlement est obligatoire dans tous ses éléments et directement applicable dans les États membres, conformément au traité instituant la Communauté européenne.

Décret n° 2007-1527 du 24 octobre 2007

relatif au droit de réponse applicable aux services de communication au public en ligne et pris pour l'application du IV de l'article 6 de la loi n° 2004-575 du 21 juin 2004 pour la confiance dans l'économie numérique

(JO 26 oct.)

Art. 1er. – La demande d'exercice du droit de réponse mentionné au IV de l'article 6 de la loi [n° 2004-575] du 21 juin 2004 susvisée est adressée par lettre recommandée avec demande d'avis de réception ou par tout autre moyen garantissant l'identité du demandeur et apportant la preuve de la réception de la demande.

La procédure prévue par le présent décret ne peut être engagée lorsque les utilisateurs sont en mesure, du fait de la nature du service de communication au public en ligne, de formuler directement les observations qu'appelle de leur part un message qui les met en cause.

Art. 2. – La demande indique les références du message, ses conditions d'accès sur le service de communication au public en ligne et s'il est mentionné, le nom de son auteur. Elle précise s'il s'agit d'un écrit, de sons ou d'images. Elle contient la mention des passages contestés et la teneur de la réponse sollicitée.

Art. 3. – La réponse sollicitée prend la forme d'un écrit quelle que soit la nature du message auquel elle se rapporte. Elle est limitée à la longueur du message qui l'a provoquée ou, lorsque celui-ci ne se présente pas sous une forme alphanumérique, à celle de sa transcription sous forme d'un texte. La réponse ne peut pas être supérieure à 200 lignes.

Art. 4. – La réponse est mise à la disposition du public par le directeur de publication dans des conditions similaires à celles du message en cause et présentée comme résultant de l'exercice du droit de réponse. Elle est soit publiée à la suite du message en cause, soit accessible à partir de celui-ci. Lorsque le message n'est plus mis à la disposition du public, la réponse est accompagnée d'une référence à celui-ci et d'un rappel de la date et de la durée de sa mise à disposition du public.

La réponse demeure accessible durant la même période que celle pendant laquelle l'article ou le message qui la fonde est mis à disposition du public par l'éditeur de service de communication au public en ligne. La durée pendant laquelle la réponse est accessible ne peut être inférieure à un jour.

Lorsque le message est mis à la disposition du public par le biais d'un courrier électronique périodique non quotidien, le directeur de la publication est tenu d'insérer la réponse dans la parution qui suit la réception de la demande.

Le directeur de publication fait connaître au demandeur la suite qu'il entend donner à sa demande dans le délai prévu au troisième alinéa du paragraphe IV de l'article 6 de la loi [n° 2004-575] du 21 juin 2004 susvisée ainsi que, le cas échéant, les modalités selon lesquelles il y est donné suite.

Art. 5. – La personne qui adresse une demande d'exercice de droit de réponse peut préciser que sa demande deviendra sans objet si le directeur de publication accepte de supprimer ou de rectifier tout ou partie du message à l'origine de l'exercice de ce droit. La demande précise alors les passages du message dont la suppression est sollicitée ou la teneur de la rectification envisagée. Le directeur n'est pas tenu d'insérer la réponse s'il procède à la suppression ou à la rectification sollicitée dans un délai de trois jours à compter de la réception de la demande.

Art. 6. – Est puni de l'amende prévue pour les contraventions de la 4e classe le fait pour la personne mentionnée au 2 du I de l'article 6 de la loi [n° 2004-575] du 21 juin 2004 susvisée de ne pas avoir transmis dans un délai de vingt-quatre heures la demande de droit de réponse conformément aux éléments d'identification personnelle que cette personne détient en vertu du III du même article.

Art. 7. – Les dispositions du présent décret s'appliquent à Mayotte, aux îles Wallis-et-Futuna, en Polynésie française et en Nouvelle-Calédonie.

Décret n° 2007-1702 du 30 novembre 2007

relatif au modèle de mandat de protection future sous seing privé

(JO 2 déc. 2007)

Art. 1er. – Lorsqu'il n'est pas contresigné par un avocat, le mandat de protection future sous seing privé prévu par l'article 492 du Code civil, dans sa rédaction issue de la loi [n° 2007-308] du 5 mars 2007 susvisée, est établi conformément au modèle figurant en annexe au présent décret.

Art. 2. – Une notice d'information destinée à faciliter l'établissement du mandat est fixée par arrêté du garde des Sceaux, ministre de la Justice.

Elle comporte une mention liminaire, en caractère apparent, rappelant que le mandat de protection future ne peut prendre effet que dans les conditions prévues au premier alinéa de l'article 481 du Code civil, dans sa rédaction issue de la loi [n° 2007-308] du 5 mars 2007 susvisée, et qu'à compter, au plus tôt, du 1er janvier 2009.

Voir : A. 23 déc. 2009, p. 3320, remplaçant l'annexe au présent décret.

Décret n° 2008-36 du 10 janvier 2008

portant publication de la Convention européenne sur l'exercice des droits des enfants, adoptée à Strasbourg le 25 janvier 1996 (1)

(JO 12 janv. 2008)

Décret n° 2008-521 du 2 juin 2008

relatif aux attributions des autorités diplomatiques et consulaires françaises en matière d'état civil

(JO 4 juin)

Art. 1er. – Les agents relevant des autorités diplomatiques et consulaires françaises à l'étranger ont la qualité d'officier de l'état civil dans les conditions prévues par le présent décret.

Art. 2. – Les fonctions d'officier de l'état civil sont exercées à l'étranger, dans le ressort de leur circonscription consulaire, par les chefs de mission diplomatique pourvus d'une circonscription consulaire et les chefs de poste consulaire.

Toutefois, le ministre des Affaires étrangères peut, par arrêté, confier tout ou partie des attributions de l'officier de l'état civil territorialement compétent :

- **à un ou plusieurs autres officiers de l'état civil relevant d'un autre poste diplomatique ou consulaire ;**
- **aux officiers de l'état civil du service central d'état civil.**

Art. 3. – Les titulaires d'une chancellerie détachée peuvent être autorisés à suppléer, d'une manière permanente, les chefs de mission diplomatique pourvus d'une circonscription consulaire et les chefs de poste consulaire par décision du ministre des Affaires étrangères.

Lorsqu'ils ont la nationalité française, les délégués des chefs de mission diplomatique ou consulaire, nommés dans les conditions prévues par le décret [n° 76-548] du 16 juin 1976 susvisé, peuvent être autorisés, par arrêté du ministre des Affaires étrangères, soit à recevoir les déclarations de naissance et de décès, soit à exercer les pouvoirs complets d'officier de l'état civil. Ils peuvent, dans les mêmes conditions, être rendus compétents pour se voir déléguer, le cas échéant, par le chef de la circonscription consulaire la réalisation des auditions visées aux articles 63, 171-3, 171-7 et 171-8 du Code civil.

Art. 4. – En cas de gérance ou d'empêchement momentané du chef de poste, les pouvoirs d'officier de l'état civil passent à l'agent qui assure son remplacement, sans autre formalité, s'il s'agit d'un agent appartenant à l'un des corps relevant du décret [n° 69-222] du 6 mars 1969 susvisé et avec l'accord préalable du ministre des Affaires étrangères dans les autres cas.

(1) Accord entré en vigueur le 1er janvier 2008.

Les chefs de poste peuvent, avec l'accord préalable du ministre des Affaires étrangères, déléguer, pour nécessité de service, tout ou partie de leurs pouvoirs d'officier de l'état civil à un ou plusieurs agents relevant de leur autorité. La décision de délégation fait l'objet d'une publicité par voie d'affichage dans les locaux du poste ouverts au public.

Art. 5 *(Mod. à compter du 1er novembre 2017, D. n° 2017-890, 6 mai 2017.* – Lorsque des dispositions conventionnelles le prévoient, ou à défaut, dès lors que les lois et règlements de l'État de résidence ne s'y opposent pas, les agents mentionnés à l'article 1er dressent, conformément aux dispositions du Code civil, les actes de l'état civil concernant les Français sur les registres de l'état civil consulaire.

Dans les conditions prévues par les premier et troisième alinéas de l'article 23 du décret n° 2017-890 du 6 mai 2017, ils transcrivent également sur ces registres les actes concernant les Français, établis par les autorités locales, lorsqu'ils sont conformes aux dispositions de l'article 47 du Code civil et sous réserve qu'ils ne soient pas contraires à l'ordre public.

Art. 6 *(Rempl. à compter du 1er novembre 2017, D. n° 2017-890, 6 mai 2017).* – Les registres de l'état civil consulaire sur lesquels les actes sont dressés ou transcrits sont tenus en un seul exemplaire, selon des procédés automatisés. Toutefois, lorsqu'un poste ne dispose pas d'un traitement automatisé en état de fonctionner, les actes sont élaborés selon un procédé manuel. Les données de l'acte sont enregistrées ultérieurement dans le traitement.

Les registres sont clos et arrêtés par l'officier de l'état civil. Sous réserve des cas dans lesquels, en application de l'article 24 du décret n° 2017-890 du 6 mai 2017ou de l'article 2 du présent décret, le service central d'état civil est déjà détenteur des registres, les registres sont versés aux archives du poste. Les pièces produites par les intéressés, notamment les copies et traductions des actes étrangers transcrits, les procurations ainsi que les instructions reçues par l'officier de l'état civil sont annexées au registre.

Art. 7. – En cas de perte ou de destruction des registres tenus dans un poste diplomatique ou consulaire, le chef de poste en dresse procès-verbal et l'envoie au service central d'état civil qui lui adresse toutes instructions utiles pour la reconstitution des registres manquants.

Art. 8 *(Mod. à compter du 1er novembre 2017, D. n° 2017-890, 6 mai 2017).* – Les actes de l'état civil dressés ou transcrits dans un poste diplomatique ou consulaire sont rectifiés dans les conditions prévues aux articles 99 à 101 du Code civil et 1046 à 1055 du nouveau Code de procédure civile.

De même, lorsque pour une cause quelconque des actes n'ont pas été dressés, il ne peut y être suppléé que par un jugement des tribunaux compétents.

Les agents exerçant les fonctions d'officier de l'état civil recueillent, en vue de leur transmission au service central de l'état civil, par des actes de notoriété ou par tout autre moyen, les renseignements utiles pour rectifier ou suppléer les actes qu'ils ont dressés ou transcrits.

Les actes de notoriété ainsi établis sont dressés sur le registre des actes divers et des expéditions peuvent en être délivrées aux intéressés.

Art. 9 *(Mod. à compter du 1er novembre 2017, D. n° 2017-890, 6 mai 2017).* – Les actes de l'état civil consulaire sont mis à jour, conformément à l'article 49 du Code civil, selon des procédés manuels ou automatisés. Les copies et extraits de ces actes sont délivrés selon les mêmes modalités, dans les conditions prévues au chapitre Ier du titre II du décret n° 2017-890 du 6 mai 2017.

Art. 10. – L'acte de consentement à mariage dressé dans les formes des actes de l'état civil est passé en brevet et mention en est faite sur le registre des actes divers.

Art. 11. – Lorsque le mariage d'un Français doit être célébré par une autorité étrangère dans les formes usitées dans le pays, le certificat de capacité à mariage prévu par l'article 171-2 du Code civil est délivré par les agents exerçant les fonctions d'officier de l'état civil en vertu des articles 2 et 3 du présent décret et compétents au regard du lieu de célébration du mariage.

Ce document atteste que les prescriptions de l'article 63 du Code civil ont été accomplies et qu'il n'y a eu aucune opposition au mariage au titre des articles 172 à 175 du Code civil. Il atteste également soit que le futur conjoint français remplit les conditions de fond prévues aux articles 144 à 164 dudit code, soit qu'il n'y a eu aucune opposition au mariage au titre de l'article 171-4 dudit code.

Le certificat porte indication des informations prévues au deuxième alinéa de l'article 171-5.

Art. 12. – Lorsque des irrégularités ont été commises à l'occasion de la mise en œuvre des dispositions des articles 7 à 9 du décret [n° 65-422] du 1er juin 1965 susvisé relatives à l'établissement d'actes de l'état civil au cours d'un voyage maritime, un double du procès-verbal de dépôt par lequel le chef de poste constate ces dernières est joint à l'expédition de l'acte adressé au service central d'état civil.

Art. 13. – Le décret n° 46-1917 du 19 août 1946 est abrogé.

Loi n° 2008-561 du 17 juin 2008
portant réforme de la prescription en matière civile

CHAPITRE I – DE LA PRESCRIPTION EXTINCTIVE ET DE LA PRESCRIPTION ACQUISITIVE

....

Art. 23. – Après l'article 3 de la loi n° 91-650 du 9 juillet 1991 portant réforme des procédures civiles d'exécution, il est inséré un article 3-1 ainsi rédigé :

« Art. 3-1. – L'exécution des titres exécutoires mentionnés aux 1° à 3° de l'article 3 ne peut être poursuivie que pendant dix ans, sauf si les actions en recouvrement des créances qui y sont constatées se prescrivent par un délai plus long.

Le délai mentionné à l'article 2232 du Code civil n'est pas applicable dans le cas prévu au premier alinéa. »

V. désormais : CPC ex., art. L. 111-4, p. 2397.

....

Art. 26. – I. – Les dispositions de la présente loi qui allongent la durée d'une prescription s'appliquent lorsque le délai de prescription n'était pas expiré à la date de son entrée en vigueur. Il est alors tenu compte du délai déjà écoulé.

II. – Les dispositions de la présente loi qui réduisent la durée de la prescription s'appliquent aux prescriptions à compter du jour de l'entrée en vigueur de la présente loi, sans que la durée totale puisse excéder la durée prévue par la loi antérieure.

III. – Lorsqu'une instance a été introduite avant l'entrée en vigueur de la présente loi, l'action est poursuivie et jugée conformément à la loi ancienne. Cette loi s'applique également en appel et en cassation.

La présente loi sera exécutée comme loi de l'État.

Règlement (CE) du Parlement européen et du Conseil n° 593/2008 du 17 juin 2008
sur la loi applicable aux obligations contractuelles (« Rome I »)
(JOCE 4 juill. 2008)

LE PARLEMENT EUROPÉEN ET LE CONSEIL DE L'UNION EUROPÉENNE,

vu le traité instituant la Communauté européenne, et notamment son article 61, point *c)*, et son article 67, paragraphe 5, second tiret ;

vu la proposition de la Commission ;

vu l'avis du Comité économique et social européen ;

statuant conformément à la procédure visée à l'article 251 du traité,

considérant ce qui suit : (...)

ONT ARRÊTÉ LE PRÉSENT RÈGLEMENT :

Art. 1er. – *Champ d'application matériel.* – 1. Le présent règlement s'applique, dans des situations comportant un conflit de lois, aux obligations contractuelles relevant de la matière civile et commerciale.

Il ne s'applique pas, notamment, aux matières fiscales, douanières et administratives.

2. Sont exclus du champ d'application du présent règlement :

a) l'état et la capacité juridique des personnes physiques, sous réserve de l'article 13 ;

b) les obligations découlant des relations de famille ou des relations réputées avoir, en vertu de la loi applicable, des effets comparables, y compris les obligations alimentaires ;

c) les obligations découlant des régimes matrimoniaux, des régimes patrimoniaux relatifs aux relations qui, selon la loi qui leur est applicable, ont des effets comparables au mariage et aux successions ;

d) les obligations nées des lettres de change, chèques, billets à ordre ainsi que d'autres instruments négociables, dans la mesure où les obligations nées de ces autres instruments négociables dérivent de leur caractère négociable ;

e) les conventions d'arbitrage et d'élection de for ;

f) les questions relevant du droit des sociétés, associations et personnes morales, telles que la constitution, par enregistrement ou autrement, la capacité juridique, le fonctionnement interne et la dissolution des sociétés, associations et personnes morales, ainsi que la responsabilité personnelle légale des associés et des agents pour les dettes de la société, association ou personne morale ;

g) la question de savoir si un représentant peut engager, envers les tiers, la personne pour le compte de laquelle il prétend agir ou si un organe d'une société, d'une association ou d'une personne morale peut engager, envers les tiers, cette société, association ou personne morale ;

h) la constitution des trusts et les relations qu'ils créent entre les constituants, les trustees et les bénéficiaires ;

i) les obligations découlant de tractations menées avant la conclusion d'un contrat ;

j) les contrats d'assurance découlant des activités menées par des organismes autres que les entreprises visées à l'article 2 de la directive 2002/83/CE du Parlement européen et du Conseil du 5 novembre 2002 concernant l'assurance directe sur la vie [14], ayant pour objet de verser des prestations à des personnes salariées ou à des personnes indépendantes faisant partie d'une entreprise ou d'un groupe d'entreprises, en cas de décès, en cas de vie, en cas de cessation ou de réduction d'activités, en cas de maladie professionnelle ou d'accident du travail.

3. Le présent règlement ne s'applique pas à la preuve et à la procédure, sans préjudice de l'article 18.

4. Dans le présent règlement, on entend par « État membre » tous les États membres auxquels le présent règlement s'applique. Toutefois, à l'article 3, paragraphe 4, ainsi qu'à l'article 7, ce terme désigne tous les États membres.

Art. 2. – *Caractère universel.* – La loi désignée par le présent règlement s'applique même si cette loi n'est pas celle d'un État membre.

Art. 3. – *Liberté de choix.* – 1. Le contrat est régi par la loi choisie par les parties. Le choix est exprès ou résulte de façon certaine des dispositions du contrat ou des circonstances de la cause. Par ce choix, les parties peuvent désigner la loi applicable à la totalité ou à une partie seulement de leur contrat.

2. Les parties peuvent convenir, à tout moment, de faire régir le contrat par une loi autre que celle qui le régissait auparavant soit en vertu d'un choix antérieur selon le présent article, soit en vertu d'autres dispositions du présent règlement. Toute modification quant à la détermination de la loi applicable, intervenue postérieurement à la conclusion du contrat, n'affecte pas la validité formelle du contrat au sens de l'article 11 et ne porte pas atteinte aux droits des tiers.

3. Lorsque tous les autres éléments de la situation sont localisés, au moment de ce choix, dans un pays autre que celui dont la loi est choisie, le choix des parties ne porte pas atteinte à l'application des dispositions auxquelles la loi de cet autre pays ne permet pas de déroger par accord.

4. Lorsque tous les autres éléments de la situation sont localisés, au moment de ce choix, dans un ou plusieurs États membres, le choix par les parties d'une autre loi applicable que celle d'un État membre ne porte pas atteinte, le cas échéant, à l'application des dispositions du droit communautaire auxquelles il n'est pas permis de déroger par accord, et telles que mises en œuvre par l'État membre du for.

5. L'existence et la validité du consentement des parties quant au choix de la loi applicable sont régies par les dispositions établies aux articles 10, 11 et 13.

Art. 4. – *Loi applicable à défaut de choix.* – 1. À défaut de choix exercé conformément à l'article 3 et sans préjudice des articles 5 à 8, la loi applicable au contrat suivant est déterminée comme suit :

a) le contrat de vente de biens est régi par la loi du pays dans lequel le vendeur a sa résidence habituelle ;

b) le contrat de prestation de services est régi par la loi du pays dans lequel le prestataire de services a sa résidence habituelle ;

c) le contrat ayant pour objet un droit réel immobilier ou un bail d'immeuble est régi par la loi du pays dans lequel est situé l'immeuble ;

d) nonobstant le point *c)*, le bail d'immeuble conclu en vue de l'usage personnel temporaire pour une période maximale de six mois consécutifs est régi par la loi du pays dans lequel le propriétaire a sa résidence habituelle, à condition que le locataire soit une personne physique et qu'il ait sa résidence habituelle dans ce même pays ;

e) le contrat de franchise est régi par la loi du pays dans lequel le franchisé a sa résidence habituelle ;

f) le contrat de distribution est régi par la loi du pays dans lequel le distributeur a sa résidence habituelle ;

g) le contrat de vente de biens aux enchères est régi par la loi du pays où la vente aux enchères a lieu, si ce lieu peut être déterminé ;

h) le contrat conclu au sein d'un système multilatéral qui assure ou facilite la rencontre de multiples intérêts acheteurs et vendeurs exprimés par des tiers pour des instruments financiers, au sens de l'article 4, paragraphe 1, point 17), de la directive 2004/39/CE, selon des règles non discrétionnaires et qui est régi par la loi d'un seul pays, est régi par cette loi.

2. Lorsque le contrat n'est pas couvert par le paragraphe 1 ou que les éléments du contrat sont couverts par plusieurs des points *a)* à *h)* du paragraphe 1, le contrat est régi par la loi du pays dans lequel la partie qui doit fournir la prestation caractéristique a sa résidence habituelle.

3. Lorsqu'il résulte de l'ensemble des circonstances de la cause que le contrat présente des liens manifestement plus étroits avec un pays autre que celui visé au paragraphe 1 ou 2, la loi de cet autre pays s'applique.

4. Lorsque la loi applicable ne peut être déterminée sur la base du paragraphe 1 ou 2, le contrat est régi par la loi du pays avec lequel il présente les liens les plus étroits.

Art. 5. – *Contrats de transport.* – 1. À défaut de choix exercé conformément à l'article 3, la loi applicable au contrat de transport de marchandises est la loi du pays dans lequel le transporteur a sa résidence habituelle, pourvu que le lieu de chargement ou le lieu de livraison ou encore la résidence habituelle de l'expéditeur se situe aussi dans ce pays. Si ces conditions ne sont pas satisfaites, la loi du pays dans lequel se situe le lieu de livraison convenu par les parties s'applique.

2. À défaut de choix exercé conformément au deuxième alinéa du présent paragraphe, la loi applicable au contrat de transport de passagers est la loi du pays dans lequel le passager a sa résidence habituelle, pourvu que le lieu de départ ou le lieu d'arrivée se situe dans ce pays. Si ces conditions ne sont pas satisfaites, la loi du pays dans lequel le transporteur a sa résidence habituelle s'applique.

Les parties ne peuvent choisir comme loi applicable au contrat de transport de passagers, conformément à l'article 3, que la loi du pays dans lequel :

a) le passager a sa résidence habituelle ; ou

b) le transporteur a sa résidence habituelle ; ou

c) le transporteur a son lieu d'administration centrale ; ou

d) le lieu de départ est situé ; ou

e) le lieu de destination est situé.

3. S'il résulte de l'ensemble des circonstances de la cause que le contrat présente des liens manifestement plus étroits avec un pays autre que celui visé au paragraphe 1 ou 2, la loi de cet autre pays s'applique.

Art. 6. – *Contrats de consommation.* – 1. Sans préjudice des articles 5 et 7, un contrat conclu par une personne physique (ci-après « le consommateur »), pour un usage pouvant être considéré comme étranger à son activité professionnelle, avec une autre personne (ci-après « le professionnel »), agissant dans l'exercice de son activité professionnelle, est régi par la loi du pays où le consommateur a sa résidence habituelle, à condition que le professionnel :

a) exerce son activité professionnelle dans le pays dans lequel le consommateur a sa résidence habituelle ; ou

b) par tout moyen, dirige cette activité vers ce pays ou vers plusieurs pays, dont celui-ci,

et que le contrat rentre dans le cadre de cette activité.

2. Nonobstant les dispositions du paragraphe 1, les parties peuvent choisir la loi applicable à un contrat satisfaisant aux conditions du paragraphe 1, conformément à l'article 3. Ce choix ne peut cependant avoir

pour résultat de priver le consommateur de la protection que lui assurent les dispositions auxquelles il ne peut être dérogé par accord en vertu de la loi qui aurait été applicable, en l'absence de choix, sur la base du paragraphe 1.

3. Si les conditions établies au paragraphe 1, point *a)* ou *b)*, ne sont pas remplies, la loi applicable à un contrat entre un consommateur et un professionnel est déterminée conformément aux articles 3 et 4.

4. Les paragraphes 1 et 2 ne s'appliquent pas :

a) au contrat de fourniture de services lorsque les services dus au consommateur doivent être fournis exclusivement dans un pays autre que celui dans lequel il a sa résidence habituelle ;

b) au contrat de transport autre qu'un contrat portant sur un voyage à forfait au sens de la directive 90/314/CEE du Conseil du 13 juin 1990 concernant les voyages, vacances et circuits à forfait [15] ;

c) au contrat ayant pour objet un droit réel immobilier ou un bail d'immeuble autre qu'un contrat ayant pour objet un droit d'utilisation à temps partiel de biens immobiliers au sens de la directive 94/47/CE ;

d) aux droits et obligations qui constituent des instruments financiers, et aux droits et obligations qui constituent les modalités et conditions qui régissent l'émission ou l'offre au public et les offres publiques d'achat de valeurs mobilières, et la souscription et le remboursement de parts d'organismes de placement collectif, dans la mesure où ces activités ne constituent pas la fourniture d'un service financier ;

e) au contrat conclu dans le cadre du type de système relevant du champ d'application de l'article 4, paragraphe 1, point *h)*.

Art. 7. – *Contrats d'assurance*. – 1. Le présent article s'applique aux contrats visés au paragraphe 2, que le risque couvert soit situé ou non dans un État membre, et à tous les autres contrats d'assurance couvrant des risques situés à l'intérieur du territoire des États membres. Il ne s'applique pas aux contrats de réassurance.

2. Les contrats d'assurance couvrant des grands risques, tels que définis à l'article 5, point *d)*, de la première directive 73/239/CEE du Conseil du 24 juillet 1973, portant coordination des dispositions législatives, réglementaires et administratives concernant l'accès à l'activité de l'assurance directe autre que l'assurance sur la vie, et son exercice [16] sont régis par la loi choisie par les parties conformément à l'article 3 du présent règlement.

À défaut de choix par les parties de la loi applicable, le contrat d'assurance est régi par la loi du pays où l'assureur a sa résidence habituelle. S'il résulte de l'ensemble des circonstances que le contrat présente des liens manifestement plus étroits avec un autre pays, la loi de cet autre pays s'applique.

3. Dans le cas d'un contrat d'assurance autre qu'un contrat relevant du paragraphe 2, les parties peuvent uniquement choisir comme loi applicable conformément à l'article 3 :

a) la loi de tout État membre où le risque est situé au moment de la conclusion du contrat ;

b) la loi du pays dans lequel le preneur d'assurance a sa résidence habituelle ;

c) dans le cas d'un contrat d'assurance vie, la loi de l'État membre dont le preneur d'assurance est ressortissant ;

d) dans le cas d'un contrat d'assurance couvrant des risques limités à des sinistres survenant dans un État membre autre que celui où le risque est situé, la loi de l'État membre de survenance ;

e) lorsque le titulaire d'un contrat d'assurance relevant du présent paragraphe exerce une activité commerciale, industrielle ou libérale et que le contrat d'assurance couvre deux ou plusieurs risques relatifs à ces activités et situés dans différents États membres, la loi de l'un des États membres concernés ou la loi du pays de résidence habituelle du preneur d'assurance.

Lorsque, dans les cas visés aux points *a)*, *b)* ou *e)*, les États membres mentionnés accordent une plus large liberté de choix de la loi applicable au contrat d'assurance, les parties peuvent faire usage de cette liberté.

À défaut de choix par les parties de la loi applicable conformément au présent paragraphe, le contrat est régi par la loi de l'État membre où le risque est situé au moment de la conclusion du contrat.

4. Les règles supplémentaires suivantes s'appliquent aux contrats d'assurance couvrant des risques pour lesquels un État membre impose l'obligation de souscrire une assurance :

a) le contrat d'assurance ne satisfait à l'obligation de souscrire une assurance que s'il est conforme aux dispositions spécifiques relatives à cette assurance prévues par l'État membre qui impose l'obligation. Lorsqu'il y a contradiction entre la loi de l'État membre où le risque est situé et celle de l'État membre qui impose l'obligation de souscrire une assurance, cette dernière prévaut ;

b) par dérogation aux paragraphes 2 et 3, un État membre peut disposer que le contrat d'assurance est régi par la loi de l'État membre qui impose l'obligation de souscrire une assurance.

5. Aux fins du paragraphe 3, troisième alinéa, et du paragraphe 4, lorsque le contrat couvre des risques situés dans plus d'un État membre, le contrat est considéré comme constituant plusieurs contrats dont chacun ne se rapporte qu'à un seul État membre.

6. Aux fins du présent article, le pays où le risque est situé est déterminé conformément à l'article 2, point *d)*, de la deuxième directive 88/357/CEE du Conseil du 22 juin 1988 portant coordination des dispositions législatives, réglementaires et administratives concernant l'assurance directe autre que l'assurance vie et fixant les dispositions destinées à faciliter l'exercice effectif de la libre prestation de services [17] et, dans le cas de l'assurance vie, le pays où le risque est situé est le pays de l'engagement, au sens de l'article 1er, paragraphe 1, point *g)*, de la directive 2002/83/CE.

Art. 8. – *Contrats individuels de travail.* – 1. Le contrat individuel de travail est régi par la loi choisie par les parties conformément à l'article 3. Ce choix ne peut toutefois avoir pour résultat de priver le travailleur de la protection que lui assurent les dispositions auxquelles il ne peut être dérogé par accord en vertu de la loi qui, à défaut de choix, aurait été applicable selon les paragraphes 2, 3 et 4 du présent article.

2. À défaut de choix exercé par les parties, le contrat individuel de travail est régi par la loi du pays dans lequel ou, à défaut, à partir duquel le travailleur, en exécution du contrat, accomplit habituellement son travail. Le pays dans lequel le travail est habituellement accompli n'est pas réputé changer lorsque le travailleur accomplit son travail de façon temporaire dans un autre pays.

3. Si la loi applicable ne peut être déterminée sur la base du paragraphe 2, le contrat est régi par la loi du pays dans lequel est situé l'établissement qui a embauché le travailleur.

4. S'il résulte de l'ensemble des circonstances que le contrat présente des liens plus étroits avec un autre pays que celui visé au paragraphe 2 ou 3, la loi de cet autre pays s'applique.

Art. 9. – *Lois de police.* – 1. Une loi de police est une disposition impérative dont le respect est jugé crucial par un pays pour la sauvegarde de ses intérêts publics, tels que son organisation politique, sociale ou économique, au point d'en exiger l'application à toute situation entrant dans son champ d'application, quelle que soit par ailleurs la loi applicable au contrat d'après le présent règlement.

2. Les dispositions du présent règlement ne pourront porter atteinte à l'application des lois de police du juge saisi.

3. Il pourra également être donné effet aux lois de police du pays dans lequel les obligations découlant du contrat doivent être ou ont été exécutées, dans la mesure où lesdites lois de police rendent l'exécution du contrat illégale. Pour décider si effet doit être donné à ces lois de police, il est tenu compte de leur nature et de leur objet, ainsi que des conséquences de leur application ou de leur non-application.

Art. 10. – *Consentement et validité au fond.* – 1. L'existence et la validité du contrat ou d'une disposition de celui-ci sont soumises à la loi qui serait applicable en vertu du présent règlement si le contrat ou la disposition étaient valables.

2. Toutefois, pour établir qu'elle n'a pas consenti, une partie peut se référer à la loi du pays dans lequel elle a sa résidence habituelle s'il résulte des circonstances qu'il ne serait pas raisonnable de déterminer l'effet du comportement de cette partie d'après la loi prévue au paragraphe 1.

Art. 11. – *Validité formelle.* – 1. Un contrat conclu entre des personnes ou leurs représentants, qui se trouvent dans le même pays au moment de sa conclusion, est valable quant à la forme s'il satisfait aux conditions de forme de la loi qui le régit au fond en vertu du présent règlement ou de la loi du pays dans lequel il a été conclu.

2. Un contrat conclu entre des personnes ou leurs représentants, qui se trouvent dans des pays différents au moment de sa conclusion, est valable quant à la forme s'il satisfait aux conditions de forme de la loi qui le régit au fond en vertu du présent règlement ou de la loi d'un des pays dans lequel se trouve l'une ou l'autre des parties ou son représentant au moment de sa conclusion ou de la loi du pays dans lequel l'une ou l'autre des parties avait sa résidence habituelle à ce moment-là.

3. Un acte juridique unilatéral relatif à un contrat conclu ou à conclure est valable quant à la forme s'il satisfait aux conditions de forme de la loi qui régit ou régirait au fond le contrat en vertu du présent règlement ou de la loi

du pays dans lequel cet acte est intervenu ou de la loi du pays dans lequel la personne qui l'a accompli avait sa résidence habituelle à ce moment.

4. Les dispositions des paragraphes 1, 2 et 3 du présent article ne s'appliquent pas aux contrats qui entrent dans le champ d'application de l'article 6. La forme de ces contrats est régie par la loi du pays dans lequel le consommateur a sa résidence habituelle.

5. Nonobstant les dispositions des paragraphes 1 à 4, tout contrat ayant pour objet un droit réel immobilier ou un bail d'immeuble est soumis aux règles de forme de la loi du pays où l'immeuble est situé, pour autant que, selon cette loi :

a) ces règles s'appliquent quels que soient le lieu de conclusion du contrat et la loi le régissant au fond ; et

b) ne peut être dérogé à ces règles par accord.

Art. 12. – *Domaine de la loi du contrat.* – 1. La loi applicable au contrat en vertu du présent règlement régit notamment :

a) son interprétation ;

b) l'exécution des obligations qu'il engendre ;

c) dans les limites des pouvoirs attribués à la juridiction saisie par son droit procédural, les conséquences de l'inexécution totale ou partielle de ces obligations, y compris l'évaluation du dommage dans la mesure où des règles de droit la gouvernent ;

d) les divers modes d'extinction des obligations, ainsi que les prescriptions et déchéances fondées sur l'expiration d'un délai ;

e) les conséquences de la nullité du contrat.

2. En ce qui concerne les modalités d'exécution et les mesures à prendre par le créancier en cas de défaut dans l'exécution, on aura égard à la loi du pays où l'exécution a lieu.

Art. 13. – *Incapacité.* – Dans un contrat conclu entre personnes se trouvant dans un même pays, une personne physique qui serait capable selon la loi de ce pays ne peut invoquer son incapacité résultant de la loi d'un autre pays que si, au moment de la conclusion du contrat, le cocontractant a connu cette incapacité ou ne l'a ignorée qu'en raison d'une imprudence de sa part.

Art. 14. – *Cession de créances et subrogation conventionnelle.* – 1. Les relations entre le cédant et le cessionnaire ou entre le subrogeant et le subrogé se rapportant à une créance détenue envers un tiers (« le débiteur ») sont régies par la loi qui, en vertu du présent règlement, s'applique au contrat qui les lie.

2. La loi qui régit la créance faisant l'objet de la cession ou de la subrogation détermine le caractère cessible de celle-ci, les rapports entre cessionnaire ou subrogé et débiteur, les conditions d'opposabilité de la cession ou subrogation au débiteur et le caractère libératoire de la prestation faite par le débiteur.

3. La notion de cession au sens du présent article inclut les transferts de créances purs et simples ou à titre de garantie, ainsi que les nantissements ou autres sûretés sur les créances.

Art. 15. – *Subrogation légale.* – Lorsqu'en vertu d'un contrat une personne (« le créancier ») a des droits à l'égard d'une autre personne (« le débiteur ») et qu'un tiers a l'obligation de désintéresser le créancier ou encore que le tiers a désintéressé le créancier en exécution de cette obligation, la loi applicable à cette obligation du tiers détermine si et dans quelle mesure celui-ci peut exercer les droits détenus par le créancier contre le débiteur selon la loi régissant leurs relations.

Art. 16. – *Pluralité de débiteurs.* – Lorsqu'un créancier a des droits à l'égard de plusieurs débiteurs qui sont tenus à la même obligation et que l'un d'entre eux l'a déjà désintéressé en totalité ou en partie, la loi applicable à l'obligation de ce débiteur envers le créancier régit également le droit du débiteur d'exercer une action récursoire contre les autres débiteurs. Les autres débiteurs peuvent faire valoir les droits dont ils disposaient à l'égard du créancier dans la mesure prévue par la loi régissant leurs obligations envers le créancier.

Art. 17. – *Compensation légale.* – À défaut d'accord entre les parties sur la possibilité de procéder à une compensation, la compensation est régie par la loi applicable à l'obligation contre laquelle elle est invoquée.

Art. 18. – *Charge de la preuve.* - 1. La loi régissant l'obligation contractuelle en vertu du présent règlement s'applique dans la mesure où, en matière d'obligations contractuelles, elle établit des présomptions légales ou répartit la charge de la preuve.

2. Les actes juridiques peuvent être prouvés par tout mode de preuve admis soit par la loi du for, soit par l'une des lois visées à l'article 11, selon laquelle l'acte est valable quant à la forme, pour autant que la preuve puisse être administrée selon ce mode devant la juridiction saisie.

Art. 19. – *Résidence habituelle.* - 1. Aux fins du présent règlement, la résidence habituelle d'une société, association ou personne morale est le lieu où elle a établi son administration centrale.

La résidence habituelle d'une personne physique agissant dans l'exercice de son activité professionnelle est le lieu où cette personne a son établissement principal.

2. Lorsque le contrat est conclu dans le cadre de l'exploitation d'une succursale, d'une agence ou de tout autre établissement, ou si, selon le contrat, la prestation doit être fournie par lesdits succursale, agence ou autre établissement, le lieu où est situé cette succursale, cette agence ou tout autre établissement est traité comme résidence habituelle.

3. La résidence habituelle est déterminée au moment de la conclusion du contrat.

Art. 20. – *Exclusion du renvoi.* - Lorsque le présent règlement prescrit l'application de la loi d'un pays, elle entend les règles de droit matériel en vigueur dans ce pays à l'exclusion des règles de droit international privé, sauf disposition contraire du présent règlement.

Art. 21. – *Ordre public du for.* - L'application d'une disposition de la loi désignée par le présent règlement ne peut être écartée que si cette application est manifestement incompatible avec l'ordre public du for.

Art. 22. – *Systèmes non unifiés.* - 1. Lorsqu'un État comprend plusieurs unités territoriales dont chacune a ses propres règles en matière d'obligations contractuelles, chaque unité territoriale est considérée comme un pays aux fins de la détermination de la loi applicable selon le présent règlement.

2. Un État membre dans lequel différentes unités territoriales ont leurs propres règles juridiques en matière d'obligations contractuelles n'est pas tenu d'appliquer le présent règlement aux conflits concernant uniquement les lois de ces unités.

Art. 23. – *Relation avec d'autres dispositions du droit communautaire.* - À l'exception de l'article 7, le présent règlement n'affecte pas l'application des dispositions de droit communautaire qui, dans des domaines particuliers, règlent les conflits de lois en matière d'obligations contractuelles.

Art. 24. – *Relation avec la convention de Rome.* - 1. Le présent règlement remplace, entre les États membres, la convention de Rome, sauf en ce qui concerne les territoires des États membres qui entrent dans le champ d'application territorial de cette convention et qui sont exclus du présent règlement en vertu de l'article 299 du traité.

2. Dans la mesure où le présent règlement remplace entre les États membres les dispositions de la convention de Rome, toute référence faite à celle-ci s'entend comme faite au présent règlement.

Art. 25. – *Relation avec des conventions internationales existantes.* - 1. Le présent règlement n'affecte pas l'application des conventions internationales auxquelles un ou plusieurs États membres sont parties lors de l'adoption du présent règlement et qui règlent les conflits de lois en matière d'obligations contractuelles.

2. Toutefois, le présent règlement prévaut entre les États membres sur les conventions conclues exclusivement entre deux ou plusieurs d'entre eux dans la mesure où elles concernent des matières réglées par le présent règlement.

Art. 26. – *Liste des conventions.* - 1. Au plus tard le 17 juin 2009, les États membres communiquent à la Commission les conventions visées à l'article 25, paragraphe 1. Après cette date, les États membres communiquent à la Commission toute dénonciation de ces conventions.

2. Dans un délai de six mois après réception des communications visées au paragraphe 1, la Commission publie au *Journal officiel* de l'Union européenne :

a) la liste des conventions visées au paragraphe 1 ;

b) les dénonciations visées au paragraphe 1.

Art. 27. – *Clause de réexamen.* – 1. Au plus tard le 17 juin 2013, la Commission présente au Parlement européen, au Conseil et au Comité économique et social européen un rapport relatif à l'application du présent règlement. Ce rapport est accompagné, le cas échéant, de propositions visant à modifier le présent règlement. Il comprend :

a) une étude sur la loi applicable aux contrats d'assurance et une évaluation de l'impact des dispositions à introduire, le cas échéant ; et

b) une évaluation de l'application de l'article 6, en particulier en ce qui concerne la cohérence du droit communautaire dans le domaine de la protection des consommateurs.

2. Au plus tard le 17 juin 2010, la Commission présente au Parlement européen, au Conseil et au Comité économique et social européen un rapport relatif à la question de l'opposabilité d'une cession ou subrogation aux tiers, ainsi que du rang de la créance faisant l'objet de ladite cession ou subrogation par rapport aux droits détenus par d'autres personnes. Ce rapport est accompagné, le cas échéant, d'une proposition de modification du présent règlement et d'une évaluation de l'impact des dispositions à introduire.

Art. 28. – *Application dans le temps.* – Le présent règlement s'applique aux contrats conclus après le 17 décembre 2009.

Art. 29. – *Entrée en vigueur et application.* – Le présent règlement entre en vigueur le vingtième jour suivant celui de sa publication au *Journal officiel* de l'Union européenne.

Il est applicable à partir du 17 décembre 2009, à l'exception de l'article 26, qui s'applique à partir du 17 juin 2009.

Le présent règlement est obligatoire dans tous ses éléments et directement applicable dans tout État membre conformément au traité instituant la Communauté européenne.

Loi n° 2008-776 du 4 août 2008
de modernisation de l'économie

....

Art. 19. – Dans un délai d'un an suivant la promulgation de la présente loi, le Gouvernement présente au Parlement un rapport sur les modalités de l'extension du statut de conjoint collaborateur aux personnes qui vivent en concubinage avec un chef d'entreprise.

Art. 20. – Le particulier employeur est un acteur économique et social à part entière qui participe à la croissance sans pour autant poursuivre de fin lucrative au moyen des travaux de son ou ses salariés.

....

CHAPITRE IV. – ATTIRER LES FINANCEMENTS PRIVÉS POUR DES OPÉRATIONS D'INTÉRÊT GÉNÉRAL

Art. 138 *(V. C. éduc., art. L. 719-12).*

Art. 139 *(V. C. éduc., art. L. 719-13).*

Art. 140. – I. – Le fonds de dotation est une personne morale de droit privé à but non lucratif qui reçoit et gère, en les capitalisant, des biens et droits de toute nature qui lui sont apportés à titre gratuit et irrévocable et utilise les revenus de la capitalisation en vue de la réalisation d'une œuvre ou d'une mission d'intérêt général ou les redistribue pour assister une personne morale à but non lucratif dans l'accomplissement de ses œuvres et de ses missions d'intérêt général.

Le fonds de dotation est créé par une ou plusieurs personnes physiques ou morales pour une durée déterminée ou indéterminée.

II. – Le fonds de dotation est déclaré à la préfecture du département dans le ressort duquel il a son siège social. Cette déclaration est assortie du dépôt de ses statuts.

Le fonds de dotation jouit de la personnalité morale à compter de la date de publication au *Journal officiel* de la déclaration faite à la préfecture.

Les modifications des statuts du fonds sont déclarées et rendues publiques selon les mêmes modalités ; elles ne sont opposables aux tiers qu'à compter de leur publication.

Toute personne a droit de prendre connaissance, sans déplacement, des statuts du fonds de dotation et peut s'en faire délivrer, à ses frais, une copie ou un extrait.

III. – Le fonds de dotation est constitué par les dotations en capital qui lui sont apportées auxquelles s'ajoutent les dons et legs qui lui sont consentis. L'article 910 du Code civil n'est pas applicable à ces libéralités.

(Rempl., L. n° 2014-856, 31 juill. 2014) Les fondateurs apportent une dotation initiale au moins égale à un montant fixé par voie réglementaire, qui ne peut excéder 30 000 €.

Aucun fonds public, de quelque nature qu'il soit, ne peut être versé à un fonds de dotation. Il peut être dérogé à cette interdiction, à titre exceptionnel, pour une œuvre ou un programme d'actions déterminé, au regard de son importance ou de sa particularité. Les dérogations sont accordées par arrêté conjoint des ministres chargés de l'économie et du budget.

Les ressources du fonds sont constituées des revenus de ses dotations, des produits des activités autorisées par les statuts et des produits des rétributions pour service rendu.

Le fonds peut faire appel à la générosité publique après autorisation administrative dont les modalités sont fixées par décret. Les dons issus de la générosité publique peuvent être joints à la dotation en capital du fonds de dotation.

Le fonds de dotation dispose librement de ses ressources dans la limite de son objet social.

Il ne peut disposer des dotations en capital dont il bénéficie ni les consommer et ne peut utiliser que les revenus issus de celles-ci.

Toutefois, par dérogation aux dispositions du premier alinéa du I et de l'alinéa précédent, les statuts peuvent fixer les conditions dans lesquelles la dotation en capital peut être consommée.

Les modalités de gestion financière du fonds de dotation sont fixées par décret en Conseil d'État (1).

IV. – Un legs peut être fait au profit d'un fonds de dotation qui n'existe pas au jour de l'ouverture de la succession à condition qu'il acquière la personnalité morale dans l'année suivant l'ouverture de celle-ci. Dans ce cas, la personnalité morale du fonds de dotation rétroagit au jour de l'ouverture de la succession.

À défaut de désignation par le testateur des personnes chargées de constituer le fonds de dotation, il est procédé à cette constitution par une fondation reconnue d'utilité publique, un fonds de dotation ou une association reconnue d'utilité publique. Pour l'accomplissement des formalités de constitution du fonds, les personnes chargées de cette mission ou le fonds de dotation désigné à cet effet ont la saisine sur les meubles et immeubles légués. Ils disposent à leur égard d'un pouvoir d'administration, à moins que le testateur ne leur ait conféré des pouvoirs plus étendus.

V. – Le fonds de dotation est administré par un conseil d'administration qui comprend au minimum trois membres nommés, la première fois, par le ou les fondateurs.

Les statuts déterminent la composition ainsi que les conditions de nomination et de renouvellement du conseil d'administration.

VI. – Le fonds de dotation établit chaque année des comptes qui comprennent au moins un bilan et un compte de résultat. Ces comptes sont publiés au plus tard dans un délai de six mois suivant l'expiration de l'exercice. Le fonds nomme au moins un commissaire aux comptes et un suppléant, choisis sur la liste mentionnée à l'article L. 822-1 du Code de commerce, dès lors que le montant total de ses ressources dépasse 10 000 € en fin d'exercice.

Le fonds de dotation alimenté par des dons issus de la générosité du public établit chaque année des comptes qui comprennent un bilan, un compte de résultat et une annexe. L'annexe comporte le compte d'emploi annuel des ressources collectées auprès du public.

Les peines prévues par l'article L. 242-8 du même code sont applicables au président et aux membres du conseil d'administration du fonds de dotation qui ne produisent pas, chaque année, des comptes dans les conditions prévues au premier alinéa du présent VI. L'article L. 820-4 du même code leur est également applicable.

Lorsque le commissaire aux comptes relève, à l'occasion de l'exercice de sa mission, des faits de nature à compromettre la continuité de l'activité, il demande des explications au président du conseil d'administration, dans des conditions fixées par décret.

(1) V. T. appl. : D. n° 2009-158, 11 févr. 2009, p. 3314.

Le président du conseil d'administration est tenu de lui répondre sous quinze jours. Le commissaire aux comptes en informe l'autorité administrative. En cas d'inobservation de ces dispositions ou s'il constate qu'en dépit des décisions prises la continuité de l'activité demeure compromise, le commissaire aux comptes établit un rapport spécial et invite, par un écrit dont la copie est envoyée à l'autorité administrative, le président à faire délibérer sur les faits relevés le conseil d'administration convoqué dans des conditions et délais fixés par décret. Si, à l'issue de la réunion du conseil d'administration, le commissaire aux comptes constate que les décisions prises ne permettent pas d'assurer la continuité de l'activité, il informe de ses démarches l'autorité administrative et lui en communique les résultats.

VII. – L'autorité administrative s'assure de la régularité du fonctionnement du fonds de dotation. À cette fin, elle peut se faire communiquer tous documents et procéder à toutes investigations utiles.

Le fonds de dotation adresse chaque année à l'autorité administrative un rapport d'activité auquel sont joints le rapport du commissaire aux comptes et les comptes annuels.

Si l'autorité administrative constate des dysfonctionnements graves affectant la réalisation de l'objet du fonds de dotation, elle peut, après mise en demeure non suivie d'effet, décider, par un acte motivé qui fait l'objet d'une publication au *Journal officiel*, de suspendre l'activité du fonds pendant une durée de six mois au plus ou, lorsque la mission d'intérêt général n'est plus assurée, de saisir l'autorité judiciaire aux fins de sa dissolution.

Les modalités d'application du présent VII sont fixées par décret en Conseil d'État.

VIII. – La dissolution du fonds de dotation peut être statutaire ou volontaire. Elle peut également être judiciaire, notamment dans le cas prévu au troisième alinéa du VII. Elle fait l'objet de la publication prévue au même alinéa.

Il est procédé à la liquidation dans les conditions prévues par les statuts ou, à défaut, à l'initiative du liquidateur désigné par l'autorité judiciaire.

À l'issue de la liquidation du fonds, l'ensemble de son actif net est transféré à un autre fonds de dotation ou à une fondation reconnue d'utilité publique.

Un décret en Conseil d'État prévoit les conditions d'application du présent VIII et notamment, les limites dans lesquelles un fonds de dotation à durée déterminée peut utiliser sa dotation à l'expiration du délai prévu pour la réalisation de son objet.

IX *(V. C. monét. fin., art. L. 562-2-1).*

X. – Le Code général des impôts est ainsi modifié :

1° *(V. CGI, art. 200, 1, g et dernier al.)* ;
2° *(V. CGI, art. 206, 1 bis, al. 1er)* ;
3° *(V. CGI, art. 206, 5, al. 1er)* ;
4° *(V. CGI, art. 219 bis, III)* ;
5° *(V. CGI, art. 238 bis, 1, g)* ;
6° *(V. CGI, art. 1740 A, dernier al.)*.

Voir : la rédaction de cet article issue de la loi n° 2019-486 du 22 mai 2019, en *addendum*, p. 3587

Bibliographie : R. Vabres, *Le fonds de dotation peut-il être un outil de transmission des entreprises ? : Defrénois* 2015, 911.

Décret n° 2008-800 du 20 août 2008

relatif à l'application du second alinéa de l'article 79-1 du Code civil

(JO 22 août 2008)

Art. 1er. – L'acte d'enfant sans vie prévu par le second alinéa de l'article 79-1 du Code civil est dressé par l'officier de l'état civil sur production d'un certificat médical établi dans des conditions définies par arrêté du ministre chargé de la santé et mentionnant les heure, jour et lieu de l'accouchement.

Arrêté du 20 août 2008

relatif au modèle de certificat médical d'accouchement en vue d'une demande d'établissement d'un acte d'enfant sans vie

(JO 22 août 2008)

Art. 1er. – Le certificat médical d'accouchement prévu à l'article 1er du décret [n° 2008-800 du 20 août 2008] susvisé est établi conformément au modèle annexé au présent arrêté.

Le praticien signataire du certificat est soit celui qui a effectué l'accouchement, soit celui qui dispose des éléments cliniques permettant d'en affirmer l'existence.

Voir : Certificat médical d'accouchement au *Journal officiel* du 22 août 2008, p. 28.

Règlement (CE) du conseil n° 4/2009 du 18 décembre 2008

relatif à la compétence, la loi applicable, la reconnaissance et l'exécution des décisions et la coopération en matière d'obligations alimentaires

Voir : *JOUE* 10 janv. 2009.

Décret n° 2008-1484 du 22 décembre 2008

relatif aux actes de gestion du patrimoine des personnes placées en curatelle ou en tutelle, et pris en application des articles 452, 496 et 502 du Code civil

(JO 31 déc. 2008)

Art. 1er. – Constituent des actes d'administration les actes d'exploitation ou de mise en valeur du patrimoine de la personne protégée dénués de risque anormal.

Figure dans la colonne 1 du tableau constituant l'annexe 1 du présent décret une liste des actes qui sont regardés comme des actes d'administration.

Figure dans la colonne 1 du tableau constituant l'annexe 2 du présent décret une liste non exhaustive d'actes qui sont regardés comme des actes d'administration, à moins que les circonstances d'espèce ne permettent pas au tuteur de considérer qu'ils répondent aux critères de l'alinéa 1er en raison de leurs conséquences importantes sur le contenu ou la valeur du patrimoine de la personne protégée, sur les prérogatives de celle-ci ou sur son mode de vie.

Art. 2. – Constituent des actes de disposition les actes qui engagent le patrimoine de la personne protégée, pour le présent ou l'avenir, par une modification importante de son contenu, une dépréciation significative de sa valeur en capital ou une altération durable des prérogatives de son titulaire.

Figure dans la colonne 2 du tableau constituant l'annexe 1 du présent décret une liste des actes qui sont regardés comme des actes de disposition.

Figure dans la colonne 2 du tableau constituant l'annexe 2 du présent décret une liste non exhaustive d'actes qui sont regardés comme des actes de disposition, à moins que les circonstances d'espèce ne permettent pas au tuteur de considérer qu'ils répondent aux critères de l'alinéa 1er en raison de leurs faibles conséquences sur le contenu ou la valeur du patrimoine de la personne protégée, sur les prérogatives de celle-ci ou sur son mode de vie.

Art. 3. – Les actes pour l'accomplissement desquels le curateur et le tuteur peuvent s'adjoindre le concours de tiers sont :

1° Les actes conservatoires qui permettent de sauvegarder le patrimoine ou de soustraire un bien à un péril imminent ou à une dépréciation inévitable sans compromettre aucune prérogative du propriétaire ;

2° Les actes d'administration énumérés dans la colonne 1 des tableaux constituant les annexes 1 et 2 du présent décret, sous réserve qu'ils n'emportent ni paiement ni encaissement de sommes d'argent par ou pour la personne protégée.

Art. 4. – La valeur maximale en capital des biens sur lesquels portent les actes qui peuvent être autorisés par le juge en suppléance du conseil de famille est fixée à la somme de 50 000 €.

Les dispositions du présent article peuvent être modifiées par décret.

Art. 5. – Les articles 4, 5, 6, 7 et 8 du décret n° 65-961 du 5 novembre 1965 susvisé sont abrogés.

Art. 6. – Le présent décret entre en vigueur le premier jour du mois qui suit celui de sa publication.

Annexe 1

Liste des actes regardés comme actes d'administration ou comme actes de disposition

(Ann. mod., D. n° 2009-1628, 23 déc. 2009 ; D. n° 2015-1669, 14 déc. 2015)

COLONNE 1 : ACTES D'ADMINISTRATION	COLONNE 2 : ACTES DE DISPOSITION
I. - Actes portant sur les immeubles : – convention de jouissance précaire (art. 426, al. 2, du Code civil) ; – conclusion et renouvellement d'un bail de neuf ans au plus en tant que bailleur (art. 595 et 1718 du Code civil) ou preneur ; – bornage amiable de la propriété de la personne protégée ; – travaux d'améliorations utiles, aménagements, réparations d'entretien des immeubles de la personne protégée ; – résiliation du bail d'habitation en tant que bailleur ; – prêt à usage et autre convention de jouissance ou d'occupation précaire ; – déclaration d'insaisissabilité des immeubles non professionnels de l'entrepreneur individuel (art. 1526-1 du Code de commerce) ; – mainlevée d'une inscription d'hypothèque en contrepartie d'un paiement.	I. - Actes portant sur les immeubles : – disposition des droits relatifs au logement de la personne protégée, par aliénation, résiliation ou conclusion d'un bail (art. 426, al. 3, du Code civil) ; – vente ou apport en société d'un immeuble (art. 505, al. 3, du Code civil) ; – achat par le tuteur des biens de la personne protégée, ou prise à bail ou à ferme de ces biens par le tuteur (art. 508, al. 1, du Code civil) ; – échange (art. 1707 du Code civil) ; – acquisition d'immeuble en emploi ou remploi de sommes d'argent judiciairement prescrit (art. 501 du Code civil) ; – acceptation par le vendeur d'une promesse d'acquisition (art. 1589 du Code civil) ; – acceptation par l'acquéreur d'une promesse de vente (art. 1589 du Code civil) ; – dation ; – tout acte grave, notamment la conclusion et le renouvellement du bail, relatif aux baux ruraux, commerciaux, industriels, artisanaux, professionnels et mixtes, grosses réparations sur l'immeuble ; – constitution de droits réels principaux (usufruit, usage, servitude...) et de droits réels accessoires (hypothèques...) et autres sûretés réelles ; – consentement à une hypothèque (art. 2413 du Code civil) ; – mainlevée d'une inscription d'hypothèque sans contrepartie d'un paiement.
II. - Actes portant sur les meubles corporels et incorporels : 1° Sommes d'argent : – ouverture d'un premier compte ou livret au nom ou pour le compte de la personne protégée (art. 427, al. 4, du Code civil) ; – emploi et remploi de sommes d'argent qui ne sont ni des capitaux ni des excédents de revenus (art. 468 et 501 du Code civil) ; – emploi et remploi des sommes d'argent non judiciairement prescrits par le juge des tutelles ou le conseil de famille (art. 501 du Code civil) ; – perception des revenus ; – réception des capitaux ; – quittance d'un paiement ; – demande de délivrance d'une carte bancaire de retrait.	II. - Actes portant sur les meubles corporels et incorporels : 1° Sommes d'argent : – modification de tout compte ou livrets ouverts au nom de la personne protégée (art. 427, al. 1 et 2, du Code civil) ; – ouverture de tout nouveau compte ou livret au nom ou pour le compte de la personne protégée (art. 427, al. 1 et 2, du Code civil) ; – ouverture de tout compte, y compris d'un compte de gestion du patrimoine, auprès de la Caisse des dépôts et consignations (art. 427, al. 3, et art. 501, al. 4, du Code civil) ; – lorsque la personne protégée a fait l'objet d'une interdiction d'émettre des chèques, fonctionnement de ses comptes sous la signature de la personne chargée de la mesure de protection et disposition par celle-ci de tous les moyens de paiement habituels (art. 427, al. 7, du Code civil) ; – emploi et remploi des capitaux et des excédents de revenus (art. 468 et 501 du Code civil) ; – à compter du 1er février 2009 : contrat de fiducie par une personne sous curatelle (art. 468, al. 2, du Code civil) ;

COLONNE 1 : ACTES D'ADMINISTRATION	COLONNE 2 : ACTES DE DISPOSITION
	– clôture d'un compte bancaire ; – ouverture d'un compte de gestion de patrimoine ; – demande de délivrance d'une carte bancaire de crédit.
2° Instruments financiers : – résiliation d'un contrat de gestion de valeurs mobilières et instruments financiers (art. 500, al. 3, du Code civil).	2° Instruments financiers (au sens de l'article L. 211-1 du Code monétaire et financier) : – conclusion d'un contrat de gestion de valeurs mobilières et instruments financiers (art. 500, al. 3, du Code civil) ; – vente ou apport en société d'instruments financiers non admis à la négociation sur un marché réglementé (art. 505, al. 3, du Code civil) ; – vente d'instruments financiers (art. 505, al. 4, du Code civil).
3° Autres meubles, corporels et incorporels : – louage-prêt-emprunt-vente-échange-dation et acquisition de meubles d'usage courant ou de faible valeur ; – perception des fruits ; – location d'un coffre-fort.	3° Autres meubles, corporels et incorporels : – aliénation des meubles meublant du logement ou résiliation ou conclusion d'un bail sur ces meubles (art. 426, al. 3, du Code civil) ; – vente ou apport d'un fonds de commerce en société (art. 505, al. 3, du Code civil) ; – louage-prêt-vente-échange-dation de meubles de valeur ou qui constituent, au regard de l'inventaire, une part importante du patrimoine du mineur ou du majeur protégé ; – vente-échange-dation d'un fonds de commerce ; – conclusion d'un contrat de location gérance sur un fonds de commerce.
III. - Actes relatifs aux groupements dotés de la personnalité morale :	III. - Actes relatifs aux groupements dotés de la personnalité morale : – candidature aux fonctions de gérant et d'administrateur ; – copropriété des immeubles bâtis : actes visés aux art. 25 à 28-1, 30, 35 et 38 de la loi n° 65-557 du 10 juill. 1965.
IV. - Actes relatifs aux groupements dénués de personnalité morale : – en cas d'indivision légale : vente d'un bien indivis pour payer les dettes de l'indivision (art. 815-3 [3°] du Code civil).	IV. - Actes relatifs aux groupements dénués de personnalité morale : – communauté conjugale : actes qu'un époux ne peut pas faire seul ; – indivision conventionnelle : actes que le gérant ou l'un des coïndivisaires ne peut pas faire seul ; – en cas de démembrement du droit de propriété : vente-échange-dation du droit démembré, actes auxquels les titulaires des droits démembrés doivent consentir conjointement, grosses réparations non urgentes.
V. - Actes à titre gratuit : – inventaire (art. 503 du Code civil) ; – acceptation d'une succession à concurrence de l'actif net (art. 507-1 du Code civil) ; – acceptation d'un legs universel ou à titre universel à concurrence de l'actif net (art. 507-1 et 724-1 du Code civil) ; – acte de notoriété (art. 730-1 du Code civil) ; – action interrogatoire à l'encontre des héritiers taisants (art. 771, al. 2, du Code civil) ; – mandat aux fins de partage (art. 837 du Code civil) ; – acceptation de legs à titre particulier et de donation non grevés de charge ;	V. - Actes à titre gratuit : – donation consentie par une personne protégée majeure (art. 470, al. 2 et 476, al. 1er du Code civil) ; – partage amiable (art. 507 du Code civil) ; – acceptation pure et simple d'une succession (art. 507-1, al. 1er, du Code civil) ; – révocation d'une renonciation à une succession ou à un legs universel ou à titre universel (art. 507-2 du Code civil) ; – acceptation pure et simple d'un legs universel ou à titre universel (art. 724-1 du Code civil) ; – révocation d'une renonciation à un legs (art. 724-1 du Code civil) ; – choix par le donataire de rapporter en nature le bien donné (art. 859 du Code civil) ;

COLONNE 1 : ACTES D'ADMINISTRATION	COLONNE 2 : ACTES DE DISPOSITION
– délivrance de legs ; – déclaration de succession ; – attestation de propriété.	– renonciation à une succession (art. 507-1, al. 2, du Code civil) ; – renonciation à un legs (art. 724-1 du Code civil) ; – renonciation à une action en réduction des libéralités excessives après le décès du prémourant (art. 920 du Code civil) ; – acceptation de legs à titre particulier et de donations grevés de charges ; – renonciation à un legs universel grevé de charges ; – révocation d'une donation entre époux (art. 953 du Code civil) ; – consentement à exécution d'une donation entre époux.
VI. - Actions en justice : – toute action en justice relative à un droit patrimonial de la personne sous tutelle (art. 504, al. 2, du Code civil) ; – tout acte de procédure qui n'emporte pas perte du droit d'action.	VI. - Actions en justice : – toute action en justice relative à un droit extrapatrimonial de la personne sous tutelle (art. 475, al. 2, du Code civil) ; – toute action en justice relative à un droit patrimonial ou extrapatrimonial de la personne en curatelle (art. 468, al. 3, du Code civil) ; – action par la personne chargée de la protection en nullité, rescision ou réduction, selon le cas, des actes accomplis par la personne protégée (art. 465, al. 6, du Code civil) ; – tout acte de procédure qui emporte perte du droit d'action.
VII. - Assurances : – conclusion ou renouvellement d'un contrat d'assurance de biens ou de responsabilité civile.	VII. - Assurances : – demande d'avance sur contrat d'assurance (art. L. 132-21 du Code des assurances) ; – l'exercice par le bénéficiaire d'un contrat de l'option irrévocable de remise en titres, parts ou actions (art. L. 131-1 du Code des assurances).
VIII. - Actes de poursuite et d'exécution : – mesures conservatoires (art. 26, loi n° 91-650 du 9 juill. 1991) ; – procédures d'exécution mobilière (art. 26, loi n° 91-650 du 9 juill. 1991).	VIII. - Actes de poursuite et d'exécution : – saisie immobilière (art. 2206, al. 1, du Code civil et 13 du décret n° 2006-236 du 27 juill. 2006).
IX. - Actes divers : – indivision légale : actes visés par l'article 815-3 (1° et 2°) du Code civil (acte d'administration des biens indivis et mandat général d'administration) ; – tout acte relatif à l'animal domestique de la personne protégée.	IX. - Actes divers : – transaction et compromis et clause compromissoire au nom de la personne protégée (art. 506 du Code civil) ; – changement ou modification du régime matrimonial (art. 1397 du Code civil) ; – souscription ou rachat d'un contrat d'assurance-vie et désignation ou substitution du bénéficiaire (art. L. 132-4-1 du Code des assurances et art. L. 223-7-1 du Code de la mutualité) ; – révocation du bénéfice non accepté d'un contrat d'assurance-vie (art. L. 132-9 du Code des assurances et art. L. 223-11 du Code de la mutualité) ; – confirmation de l'acte nul pour insanité d'esprit (art. 414-2 du Code civil) ; – confirmation d'un acte nul pour avoir été accompli par le tuteur ou le curateur seul (art. 465, al. 8, du Code civil) ; – convention d'honoraires proportionnels en toute ou partie à un résultat, indéterminés ou aléatoires.

Annexe 2

Liste des actes regardés comme des actes d'administration ou de disposition sauf circonstances d'espèce

COLONNE 1 : ACTES D'ADMINISTRATION	COLONNE 2 : ACTES DE DISPOSITION
I. – Actes portant sur les meubles corporels et incorporels : 1° Sommes d'argent : – paiements des dettes y compris par prélèvement sur le capital ; – octroi de délai raisonnable en vue du recouvrement de créances.	I. – Actes portant sur les meubles corporels et incorporels : 1° Sommes d'argent : – prélèvement sur le capital à l'exclusion du paiement des dettes ; – emprunt de sommes d'argent ; – prêt consenti par la personne protégée.
2° Instruments financiers (au sens de l'art. L. 211-1 du Code monétaire et financier) : – actes de gestion d'un portefeuille, y compris les cessions de titres à condition qu'elles soient suivies de leur remplacement ; – exercice du droit de vote dans les assemblées, sauf ce qui est dit à propos des ordres du jour particuliers ; – demandes d'attribution, de regroupement ou d'échanges de titres ; – vente des droits ou des titres formant rompus ; – souscription à une augmentation de capital, sauf ce qui est dit sur le placement de fonds ; – conversion d'obligations convertibles en actions admises à la négociation sur un marché réglementé.	2° Instruments financiers (au sens de l', art. L. 211-1 du Code monétaire et financier) : – cession du portefeuille en pleine propriété ou en nue-propriété ; – acquisition et cession d'instruments financiers non inclus dans un portefeuille ; – nantissement et mainlevée du nantissement d'instruments financiers.
3° Autres meubles, corporels et incorporels :	3° Autres meubles, corporels et incorporels : – cession de fruits ; – vente-échange-dation de droits incorporels ; – conclusion d'un contrat d'exploitation d'un droit ou d'un meuble incorporel.
II. – Actes relatifs aux groupements dotés de la personnalité morale : – engagement de conservation de parts ou d'actions.	II. – Actes relatifs aux groupements dotés de la personnalité morale : – tout apport en société non visé à l'annexe 1 ; – détermination du vote sur les ordres du jour suivants : Reprise des apports – Modification des statuts – prorogation et dissolution du groupement – fusion – scission – apport partiel d'actifs – agrément d'un associé – augmentation et réduction du capital – changement d'objet social – emprunt et constitution de sûreté – vente d'un élément d'actif immobilisé – aggravation des engagements des associés ; – maintien dans le groupement ; – cession et nantissement de titres.
III. – Actes relatifs à la vie professionnelle : – conclusion et rupture d'un contrat de travail en qualité d'employeur ; – conclusion et rupture d'un contrat de travail en qualité de salarié ; – adhésion à un contrat d'assurance de groupe en cas de vie dont les prestations sont liées à la	III. – Actes relatifs à la vie professionnelle

COLONNE 1 : ACTES D'ADMINISTRATION	COLONNE 2 : ACTES DE DISPOSITION
cessation d'activité professionnelle ou adhésion à un contrat de prévoyance complémentaire (sauf en matière d'assurance-vie : art. L. 132-4-1 et L. 132-9 du Code des assurances et art. L. 223-7-1 et L. 223-11 du Code de la mutualité) ; conclusion et rupture d'un contrat de travail en qualité de salarié ; – adhésion à un contrat d'assurance afférent au risque décès dans le cadre d'un contrat collectif (art. L. 141-5 du Code des assurances et L. 233-6 du Code de la mutualité).	
IV. – Assurances : – acceptation de la clause bénéficiaire d'un contrat d'assurance-vie sans charge.	IV. – Assurances : – acceptation de la clause bénéficiaire d'un contrat d'assurance-vie avec charges ; – versement de nouvelles primes sur un contrat d'assurance-vie.
V. – Actes divers :	V. – Actes divers : – contrat de crédit.

Décret n° 2008-1508 du 30 décembre 2008

relatif aux conditions d'âge, de formation et d'expérience professionnelle devant être satisfaites par les mandataires judiciaires à la protection des majeurs et par les délégués aux prestations familiales

(JO 31 déc. 2008)

Art. 1er. – Le chapitre I du titre VII du livre IV du Code de l'action sociale et des familles est ainsi complété : *(V. C. action soc. et fam., art. D. 471-3 et D. 471-4).*

Art. 2. – Le chapitre IV du titre VII du livre IV du Code de l'action sociale et des familles est ainsi complété : *(V. C. action soc. et fam., art. D. 474-3 et D. 474-4).*

Art. 3. – Les personnes qui exerçaient avant le 1er janvier 2009 la tutelle d'État aux majeurs protégés, la tutelle aux prestations sociales versée aux adultes ou la gérance de tutelle en qualité d'administrateur spécial disposent du délai prévu à l'article 44 de la loi n° 2007-308 du 5 mars 2007 pour satisfaire aux conditions définies au premier alinéa de l'article D. 471-3 du Code de l'action sociale et des familles. Les personnes qui ne remplissent pas les conditions de diplôme prévues au deuxième alinéa de ce même article en sont dispensées sous réserve de justifier d'une expérience professionnelle d'au moins trois ans dans la fonction.

Les personnes qui exerçaient avant le 1er janvier 2009 la mesure judiciaire d'aide à la gestion du budget familial ou la tutelle aux prestations sociales auxquelles donnent droit les enfants disposent du délai prévu au V de l'article 44 de la loi n° 2007-308 du 5 mars 2007 pour satisfaire aux conditions définies au premier alinéa de l'article D. 474-3 du Code de l'action sociale et des familles. Les personnes qui ne remplissent pas les conditions de diplôme prévues au deuxième alinéa de ce même article en sont dispensées sous réserve de justifier d'une expérience professionnelle d'au moins trois ans dans la fonction.

Art. 4. – Le présent décret entre en vigueur le 1er janvier 2009.

Décret n° 2008-1512 du 30 décembre 2008

fixant les modalités d'inscription sur les listes prévues aux articles L. 471-2, L. 471-3, L. 474-1 et L. 474-2 du Code de l'action sociale et des familles

(JO 31 déc. 2008)

Art. 1er. – Le chapitre I du titre VII du livre IV du Code de l'action sociale et des familles est ainsi complété : *(V. C. action soc. et fam., art. D. 471-1 et D. 471-13 à D. 471-19).*

Art. 2. – La section I du chapitre IV du titre VII du livre IV du Code de l'action sociale et des familles est ainsi complétée : *(V. C. action soc. et fam., art. D. 474-1 et D. 474-9 à D. 474-15).*

Art. 3. – I. - Le préfet inscrit sur la liste prévue à l'article L. 471-2 du Code de l'action sociale et des familles le nom et les coordonnées des personnes suivantes :

1° Les personnes morales mentionnées au I de l'article 44 de la loi n° 2007-308 du 5 mars 2007 portant réforme de la protection juridique des majeurs, jusqu'à ce qu'elles se soient conformées aux dispositions de la section 1 du chapitre III du titre Ier du livre III du Code de l'action sociale et des familles et, au plus tard, jusqu'au 31 décembre *(Date rempl., D. n° 2011-936, 1er août 2011)* « 2011 » ;

2° Les personnes physiques mentionnées au II de l'article 44 de la loi n° 2007-308 du 5 mars 2007 portant réforme de la protection juridique des majeurs, jusqu'à ce qu'elles se soient conformées aux dispositions de l'article L. 472-1 du Code de l'action sociale et des familles et, au plus tard, jusqu'au 31 décembre *(Date rempl., D. n° 2011-936, 1er août 2011)* « 2011 » ;

3° Les préposés d'établissement mentionnés au IV de l'article 44 de la loi n° 2007-308 du 5 mars 2007 portant réforme de la protection juridique des majeurs, jusqu'à ce que leur établissement se soit conformé aux dispositions de l'article L. 472-6 du Code de l'action sociale et des familles et, au plus tard, jusqu'au 31 décembre *(Date rempl., D. n° 2011-936, 1er août 2011)* « 2011 ».

II. - Le préfet notifie sans délai aux juridictions intéressées le nom et les coordonnées des personnes mentionnées au I en mentionnant également :

1° La catégorie de mesures de protection des majeurs qu'elles sont habilitées à exercer ;

2° Les tribunaux d'instance dans les ressorts desquels elles sont habilitées à exercer des mesures de protection ;

3° La date d'échéance de leur inscription sur la liste.

Art. 4. – I. - Le préfet inscrit sur la liste prévue à l'article L. 474-1 du Code de l'action sociale et des familles le nom et les coordonnées des personnes suivantes :

1° Les personnes morales mentionnées au V de l'article 44 de la loi n° 2007-308 du 5 mars 2007 portant réforme de la protection juridique des majeurs, jusqu'à ce qu'elles se soient conformées aux dispositions de la section 1 du chapitre III du titre Ier du livre III du Code de l'action sociale et des familles et, au plus tard, jusqu'au 31 décembre *(Date rempl., D. n° 2011-936, 1er août 2011)* « 2011 » ;

2° Les personnes physiques mentionnées au V de l'article 44 de la loi n° 2007-308 du 5 mars 2007 portant réforme de la protection juridique des majeurs, jusqu'à ce qu'elles se soient conformées aux dispositions de l'article L. 474-4 du Code de l'action sociale et des familles et, au plus tard, jusqu'au 31 décembre *(Date rempl., D. n° 2011-936, 1er août 2011)* « 2011 ».

II. - Le préfet notifie sans délai aux juridictions intéressées le nom et les coordonnées des personnes mentionnées au I en mentionnant également l'échéance de leur inscription sur la liste.

Art. 5. – Le présent décret entre en vigueur le 1er janvier 2009.

Décret n° 2008-1554 du 31 décembre 2008

relatif aux modalités de participation des personnes protégées au financement de leur mesure de protection

(JO 1er janv. 2009)

Art. 1er. – Il est ajouté dans le livre IV du Code de l'action sociale et des familles un titre VII ainsi rédigé : *(V. C. action soc. et fam., art. R. 471-5 à R. 471-5-3).*

Art. 2. – Les dispositions de l'article 1er s'appliquent aux personnes protégées dont la mesure de protection est exercée par :

1° Une personne morale mentionnée au I de l'article 44 de la loi [n° 2007-308] du 5 mars 2007 visée ci-dessus jusqu'à ce qu'elle se soit conformée aux dispositions de la section 1 du chapitre III du titre Ier du livre III du Code de l'action sociale et des familles et, au plus tard, jusqu'au 31 décembre *(Date rempl., D. n° 2011-936, 1er août 2011)* « 2011 » ;

2° Une personne physique mentionnée au II de l'article 44 de la même loi jusqu'à ce qu'elle se soit conformée aux dispositions de l'article L. 472-1 du Code de l'action sociale et des familles et, au plus tard, jusqu'au 31 décembre *(Date rempl., D. n° 2011-936, 1er août 2011)* « 2011 » ;

3° Un préposé d'établissement mentionné au IV de l'article 44 de la même loi jusqu'à ce que son établissement se soit conformé aux dispositions de l'article L. 472-6 du Code de l'action sociale et des familles et, au plus tard, jusqu'au 31 décembre *(Date rempl., D. n° 2011-936, 1er août 2011)* « 2011 ».

Art. 3. – Le décret n° 69-195 du 15 février 1969 pris pour l'application de l'article 499 du Code civil et le décret n° 74-930 du 6 novembre 1974 portant organisation de la tutelle d'État et de la curatelle d'État sont abrogés sauf en tant qu'ils s'appliquent à Mayotte, en Nouvelle-Calédonie, en Polynésie française, à Saint-Pierre-et-Miquelon et dans les îles Wallis-et-Futuna.

Art. 4. – Le présent décret entre en vigueur le 1er janvier 2009.

Décret n° 2008-1556 du 31 décembre 2008

relatif aux droits des usagers des mandataires judiciaires à la protection des majeurs et des délégués aux prestations familiales

(JO 1er janv. 2009)

Art. 1er *(V. C. action soc. et fam., art. D. 471-7, D. 471-8 et D. 471-10 à D. 471-12).*

Art. 2 *(V. C. action soc. et fam., art. D. 311-0-2).*

Art. 3 *(V. C. action soc. et fam., art. D. 474-5 à D. 474-8).*

Art. 4. – Le Code de l'action sociale et des familles est complété par des annexes 4-2, 4-3, 4-4 et 4-5 fixant respectivement le modèle de notice d'information et la charte mentionnés à l'article L. 471-6, le modèle de récépissé prévu à l'article D. 471-10 ainsi que le modèle de récépissé prévu à l'article D. 474-6.

Ces documents sont annexés au présent décret.

Art. 5. – I. – Dès leur ouverture au sens des articles D. 311-1 et suivants, les services mentionnés au 14° du I de l'article L. 312-1 du Code de l'action sociale et des familles, autorisés au titre de l'article L. 313-1 du même code et dont le gestionnaire est une personne mentionnée au I ou au II de l'article (1) 44 de la loi du 5 mars 2007 visée ci-dessus ou un établissement mentionné au IV du même article remettent aux personnes concernées, dans les conditions prévues par le présent décret, la notice d'information et la charte mentionnées à l'article L. 471-6 du Code de l'action sociale et des familles ainsi que le règlement de fonctionnement mentionné au troisième alinéa de l'article L. 311-4 du même code. Ils remettent aux personnes concernées le document individuel de protection des majeurs mentionné au quatrième alinéa de l'article L. 471-8 du même code au plus tard dans les trois mois qui suivent leur ouverture.

II. – Dès la délivrance de leur agrément dans les conditions prévues à l'article L. 472-1 du même code, les personnes mentionnées au II de l'article 44 de la même loi remettent aux personnes concernées la notice d'information et la charte mentionnées à l'article L. 471-6 du Code de l'action sociale et des familles.

III. – Dès la déclaration de leur désignation en application de l'article L. 472-6 du même code, les préposés d'établissement mentionnés au IV de l'article 44 de la même loi remettent aux personnes concernées la notice d'information et la charte mentionnées à l'article L. 471-6 du Code de l'action sociale et des familles.

(1) Loi n° 2007-308 du 5 mars 2007, art. 44 portant réforme de la protection juridique des majeurs.

IV. – Dès leur ouverture au sens des articles D. 311-1 et suivants, les services mentionnés au 15° du I de l'article L. 312-1 autorisés au titre de l'article L. 313-1 du même code et dont le gestionnaire est une personne mentionnée au V de l'article 44 de la même loi remettent aux personnes concernées dans les conditions prévues par le présent décret, le livret d'accueil, la charte et le règlement de fonctionnement mentionnés à l'article L. 311-4. Ils remettent le document individuel de prise en charge mentionné à l'article L. 311-4 au plus tard dans les trois mois qui suivent leur ouverture.

Art. 6. – Le présent décret entre en vigueur le 1er janvier 2009.

Arrêté du 2 janvier 2009

relatif à la formation complémentaire préparant aux certificats nationaux de compétence de mandataire judiciaire à la protection des majeurs et de délégué aux prestations familiales

(JO 15 janv.)

TITRE PREMIER. – AGENCEMENT ET CONTENU DE LA FORMATION

Art. 1er. – Chacune des deux mentions du certificat national de compétence de mandataire judiciaire à la protection des majeurs, prévues à l'article D. 471-4 du Code de l'action sociale et des familles, est préparée par une formation complémentaire spécifique.

La formation complémentaire préparant au certificat national de compétence de délégué aux prestations familiales, mentionné à l'article D. 474-4 du Code de l'action sociale et des familles, est propre à ce certificat.

Art. 2. – Les formations complémentaires spécifiées à l'article précédent comportent des enseignements théoriques et un stage pratique.

L'enseignement théorique est organisé sous forme de modules de formation, regroupés en domaines de formation.

Les compétences attendues par modules de formation et les programmes de ces modules sont précisés en annexe du présent arrêté :

– annexe I : Référentiel de formation du certificat national de compétence de mandataire judiciaire à la protection des majeurs, mention « mesure judiciaire à la protection des majeurs » (MJPM) ;

– annexe II : Référentiel de formation du certificat national de compétence de mandataire judiciaire à la protection des majeurs, mention « mesure d'accompagnement judiciaire » (MAJ) ;

– annexe III : Référentiel de formation du certificat national de compétence de délégué aux prestations familiales.

La formation pratique se déroule sous la forme d'un stage d'une durée de dix semaines consécutives réalisé auprès d'une personne physique ou d'un service inscrit sur les listes départementales pour l'exercice des mesures correspondant à la formation complémentaire suivie.

TITRE II. – DISPENSES ET ALLÈGEMENTS DE FORMATION

Art. 3. – Des dispenses et allègements de formation peuvent être accordés aux candidats au vu de leurs qualifications et expériences professionnelles.

Un candidat peut bénéficier de plusieurs dispenses et allègements de formation lorsque sa qualification et son expérience professionnelle le justifient.

Le directeur de l'établissement de formation examine les justificatifs présentés par le candidat pour l'octroi des dispenses ou allègements de formation.

Art. 4. – Pour obtenir la dispense des modules de formation définis dans les référentiels de formation figurant en annexe du présent arrêté, les candidats doivent justifier d'un diplôme dont le programme correspond au programme du module concerné.

Les titulaires de l'une des mentions du certificat national de compétence de mandataire judiciaire à la protection des majeurs ou du certificat national de compétence de délégué aux prestations familiales qui souhaitent obtenir un autre certificat bénéficient des dispenses prévues par les référentiels de formation figurant en annexe du présent arrêté.

Les professionnels qui ont validé la formation d'adaptation à l'exercice des fonctions de tuteur aux majeurs protégés (TMP) prévue par l'arrêté du 28 octobre 1988 bénéficient d'une dispense de tous les modules de la formation complémentaire préparant au certificat national de compétence mention « mesure juridique de protection des majeurs » (MJPM), à l'exception du module 3.2 « relation, intervention et aide à la personne ».

La dispense d'un module de formation entraîne la validation de celui-ci.

Les personnes qui justifient, lors de leur entrée en formation, d'une expérience professionnelle d'au moins six mois dans le cadre d'une activité tutélaire sont dispensées du stage pratique.

Art. 5. – Des allègements de formation peuvent être accordés aux candidats en fonction de leur expérience professionnelle. L'allègement de formation n'entraîne pas la validation du module concerné.

Pour pouvoir obtenir un allègement de formation, les candidats doivent justifier d'une expérience professionnelle d'au moins trois ans acquise dans le cadre de l'exercice d'une activité en lien direct avec le contenu de formation concerné.

Art. 6. – Les titulaires du certificat national de compétence aux fonctions de délégué à la tutelle aux prestations sociales (TPS), prévu par l'arrêté du 30 juillet 1976, sont titulaires de droit :

– du certificat national de compétence portant la mention « mesure d'accompagnement judiciaire » (MAJ) sous réserve de justifier avoir suivi une formation d'adaptation correspondant au module 2.1 « les contours de l'intervention et ses limites » de la formation complémentaire correspondant à cette mention ;

– du certificat national de compétence de délégué aux prestations familiales sous réserve de justifier avoir suivi une formation d'adaptation correspondant au module 2.1 « les contours de l'intervention et ses limites » de la formation correspondant à ce certificat.

TITRE III. – ENTRÉE EN FORMATION

Art. 7. – Pour pouvoir accéder aux formations préparant au certificat national de compétence de mandataire judiciaire à la protection des majeurs, les candidats doivent remplir les conditions définies à l'article D. 471-3 du Code de l'action sociale et des familles.

La formation préparant au certificat national de compétence de délégué aux prestations familiales est ouverte aux personnes qui remplissent les conditions définies à l'article D. 474-3 du Code de l'action sociale et des familles.

Les candidats doivent en outre présenter un dossier de demande en précisant le certificat national de compétence et la mention envisagée et indiquant, le cas échéant, les dispenses ou allègements de formation souhaités compte tenu de leurs parcours en joignant les justificatifs correspondants.

Le dossier du candidat doit notamment comporter :

– un *curriculum vitae* présentant de façon détaillée la trajectoire personnelle et professionnelle et incluant la formation initiale et continue ;

– une ou des fiches de poste précisant les fonctions et activités exercées ;

– les photocopies de tous les diplômes et tous documents relatifs aux conditions posées au premier ou au deuxième alinéa du présent article.

Ce dossier est adressé à un établissement de formation ayant obtenu la délégation prévue à l'article 10.

Art. 8. – Le directeur de l'établissement de formation établit avec chacun des candidats un programme de formation individualisé au regard des dispenses ou allègements de formation qui lui ont été accordés.

Art. 9. – Le directeur de l'établissement de formation arrête la liste des candidats admis à suivre la formation et la transmet au représentant de l'État dans la région.

Cette liste précise pour chaque candidat admis le diplôme, le titre ou l'expérience professionnelle ouvrant l'accès à la formation, ainsi que le contenu et la durée de la formation complémentaire, en mentionnant les dispenses et allègements accordés.

TITRE IV. – MISE EN ŒUVRE DE LA FORMATION

Art. 10. – Pour pouvoir dispenser une formation complémentaire de mandataire judiciaire à la protection des majeurs ou de délégué aux prestations familiales, la personne physique ou morale juridiquement responsable de l'établissement de formation doit s'engager à satisfaire aux conditions du cahier des charges figurant en annexe IV du présent arrêté.

Elle doit, en outre, justifier de la capacité pédagogique de l'établissement à dispenser la formation concernée, ainsi que de l'expérience pédagogique et des qualifications de l'équipe enseignante.

Un responsable pédagogique doit être désigné pour chaque formation complémentaire. Ce responsable pédagogique doit justifier d'un diplôme ou titre enregistré au répertoire national des certifications professionnelles au moins au niveau II ainsi que d'une expérience de cinq ans au minimum d'enseignement dans une matière en rapport avec le programme de la formation délivrée. Il doit en outre justifier des conditions prévues à l'article L. 6352-2 du Code du travail.

Chaque formation complémentaire est assurée par une équipe pédagogique composée de formateurs permanents ou vacataires. Les membres de l'équipe pédagogique doivent justifier d'un diplôme ou titre enregistré au répertoire national des certifications professionnelles au moins au niveau III dans le domaine enseigné, ou d'une expérience professionnelle de trois ans au minimum :

- dans l'exercice d'une activité professionnelle en lien direct avec la matière enseignée ;
- ou en tant que formateur dans la discipline enseignée ;
- ou en tant que mandataire judiciaire ou délégué aux prestations familiales.

Art. 11 *(Mod., A. 27 nov. 2018)*. – La demande de dispenser la formation doit être transmise, par la personne physique ou morale juridiquement responsable de l'établissement de formation, au représentant de l'Etat dans la région où se déroule la formation, au minimum trois mois avant la date d'ouverture de la formation.

Le dossier de demande figurant en annexe IV du présent arrêté comporte le cahier des charges que la personne juridique responsable de l'établissement s'engage à respecter, ainsi que les pièces justificatives concernant notamment :

- les éléments descriptifs de l'établissement de formation : son organisation, ses moyens, ses activités pédagogiques déjà à son actif, ses autres activités éventuellement ;
- le projet pédagogique de l'établissement et de la formation envisagée ; — les qualifications de l'équipe pédagogique ;
- les modalités d'organisation et de mise en œuvre de la formation ;
- les modalités d'admission et d'information des candidats ;
- les modalités d'octroi des dispenses et allègements de formation ;
- les modalités de validation de la formation et de délivrance du certificat national de compétence correspondant.

Art. 12. – Dans un délai de deux mois à compter de la réception du dossier de demande complet, lorsque l'établissement de formation satisfait aux conditions définies à l'article 10, le représentant de l'État dans la région accorde délégation à l'établissement de formation pour :

- dispenser la formation complémentaire ;
- organiser le protocole de dispenses et d'allègements de formation ;
- établir les modalités et épreuves de validation de la formation ;
- délivrer, au nom de l'État, aux candidats ayant validé cette formation le certificat national de compétence de mandataire judiciaire portant mention de la formation validée par le candidat ou le certificat national de compétence de délégué aux prestations familiales.

Art. 13 *(Mod., A. 27 nov. 2018)*. – Cette délégation a une validité de dix ans à l'exception des établissements de formation ayant reçu une délégation entre le 1er janvier 2009 et le 31 décembre 2010 pour laquelle elle est de treize ans. Une nouvelle demande doit être formulée, au plus tard trois mois avant la fin de la période de validité, selon les modalités fixées à l'article 11.

Chaque année, l'établissement de formation transmet au représentant de l'Etat dans la région un rapport d'activité des formations concernées. Il actualise à cette occasion les éléments relatifs à l'organisation pédagogique de la formation, la composition et les qualifications de l'équipe pédagogique, le protocole de dispense et d'allègement de formation, les modalités de validation de la formation et de délivrance des certificats nationaux de compétence.

TITRE V. – VALIDATION DE LA FORMATION
ET DÉLIVRANCE DU CERTIFICAT NATIONAL DE COMPÉTENCE

Art. 14. – Le responsable de l'établissement de formation est chargé d'organiser les modalités de validation de la formation.

Chaque domaine de formation est validé indépendamment des autres, sans compensation de notes.

Un domaine de formation est validé lorsque tous les modules de ce domaine sont validés.

La formation est validée lorsque tous les domaines de la formation sont validés.

En cas de non-validation d'un domaine de formation, les validations obtenues pour les autres domaines de formation restent acquises.

Art. 15. – Le responsable de l'établissement de formation qui a dispensé la formation arrête la liste des candidats qui ont validé l'ensemble de leur formation que celle-ci soit complète ou individualisée.

Il délivre à ces candidats, au nom de l'État, le certificat national de compétence.

Le certificat national de compétence, dont le modèle est établi par le ministre chargé des affaires sociales, précise le certificat national de compétence délivré, avec sa mention éventuelle.

Art. 16. – Le responsable de l'établissement de formation transmet, dans un délai maximum d'un mois, au représentant de l'État dans la région, les listes, mention par mention, des candidats ayant validé la formation et à qui il a délivré un certificat national de compétence.

Le représentant de l'État en région transmet cette liste au préfet du département où exerce le professionnel pour mise à jour de la liste d'inscription pour l'exercice des mesures de protection juridique.

TITRE VI. – DISPOSITIONS TRANSITOIRES

Art. 17. – Les établissements de formation agréés avant le 1er janvier 2009 pour dispenser la formation d'adaptation à l'exercice de tuteur aux majeurs protégés (TMP) et la formation préparant au certificat national de compétence aux fonctions de délégué à la tutelle aux prestations sociales (TPSA et TPSE) sont réputés avoir satisfait aux dispositions des articles 11 et 12 du présent arrêté pendant une période transitoire de deux ans maximum.

Pendant cette période, ils peuvent dispenser une ou plusieurs formations complémentaires préparant aux certificats nationaux de compétence de mandataire judiciaire ou de délégué aux prestations familiales, dans les conditions prévues par le présent arrêté.

Les dispositions des deux alinéas précédents cessent de s'appliquer au plus tard le 31 décembre 2010.

Art. 18. – Les formations engagées avant le 1er janvier 2009, selon les conditions des arrêtés du 30 juillet 1976 relatif à la compétence des délégués à la tutelle aux prestations sociales ou du 28 octobre 1988 relatif à la formation d'adaptation à l'exercice de tuteur aux majeurs protégés, sont et demeurent régies jusqu'à la fin de leur cycle par ces textes.

Art. 19. – Sous réserve des dispositions de l'article 18, les arrêtés du 30 juillet 1976 relatif à la compétence des délégués à la tutelle aux prestations sociales et du 28 octobre 1988 relatif à la formation d'adaptation à l'exercice de tuteur aux majeurs protégés sont abrogés.

Annexes

....

Décret n° 2009-158 du 11 février 2009
relatif aux fonds de dotation
(JO 13 févr.)

TITRE PREMIER. – DES MODALITÉS DE GESTION FINANCIÈRE DU FONDS DE DOTATION

Art. 1er. – Le conseil d'administration du fonds de dotation définit la politique d'investissement du fonds, dans des conditions précisées par les statuts. Ces conditions incluent des règles de dispersion par catégories de placement, et de limitation par émetteur.

Les actifs éligibles aux placements du fonds de dotation sont ceux qu'énumère l'article R. 931-10-21 du Code de la sécurité sociale.

Art. 2. – Lorsque le montant de la dotation excède un million d'euros, les statuts du fonds de dotation prévoient la création, auprès du conseil d'administration, d'un comité consultatif, composé de personnalités qualifiées extérieures à ce conseil, et chargé de lui faire des propositions de politique d'investissement et d'en assurer le suivi. Ce comité peut proposer des études et des expertises.

Art. 2 *bis* *(D. n° 2015-49, 22 janv. 2015)*. – Le montant de la dotation initiale mentionné au III de l'article 140 de la loi du 4 août 2008 susvisée doit être versé en numéraire et ne peut être inférieur à 15 000 euros.

TITRE II. – DE LA MISSION DU COMMISSAIRE AUX COMPTES

Art. 3. – Les comptes annuels d'un fonds de dotation tenu d'avoir un commissaire aux comptes en vertu du VI de l'article 140 de la loi [n° 2008-776] du 4 août 2008 susvisée sont mis à la disposition de celui-ci au moins quarante-cinq jours avant la date de la réunion du conseil d'administration convoquée pour leur approbation. Leur est joint le rapport d'activité prévu au VII du même article de la même loi.

Le commissaire aux comptes certifie les comptes annuels du fonds de dotation et vérifie leur concordance avec le rapport d'activité prévu à l'article 8.

Art. 4. – Les comptes annuels et le rapport du commissaire aux comptes sont adressés à l'autorité administrative par lettre recommandée avec demande d'avis de réception dans un délai de six mois à compter de la clôture de l'exercice.

Le fonds de dotation assure la publication de ses comptes annuels, telle qu'elle est prévue au VI de l'article 140 de la loi [n° 2008-776] du 4 août 2008 susvisée, y compris, le cas échéant, de l'annexe mentionnée au deuxième alinéa du VI de cet article, sur le site internet de la Direction des Journaux officiels dans les mêmes conditions que les associations ou fondations soumises aux prescriptions du premier alinéa de l'article L. 612-4 du Code de commerce.

Art. 5. – Les démarches du commissaire aux comptes auprès du président du fonds de dotation prévues par le quatrième alinéa du VI de l'article 140 de la loi [n° 2008-776] du 4 août 2008 susvisée sont faites par lettre recommandée avec demande d'avis de réception.

Lorsque le commissaire aux comptes constate des faits de nature à compromettre l'activité du fonds de dotation, il engage ces démarches sans délai.

Lorsque le commissaire aux comptes invite le président du fonds de dotation à faire délibérer le conseil d'administration sur les faits ainsi relevés, il fixe la date, dans un délai qui ne peut excéder huit jours, l'ordre du jour et le cas échéant, le lieu de la réunion du conseil d'administration. Les frais de cette réunion sont à la charge du fonds de dotation.

TITRE III. – DU CONTRÔLE DE L'AUTORITÉ ADMINISTRATIVE

Art. 6. – L'autorité administrative mentionnée au VII de l'article 140 de la loi [n° 2008-776] du 4 août 2008 susvisée et dans le présent décret est le préfet du département dans lequel le fonds de dotation a son siège social.

Art. 7. – La déclaration de création du fonds de dotation ainsi que la déclaration de modification des statuts prévues au II de l'article 140 de la loi [n° 2008-776] du 4 août 2008 susvisée mentionnent les noms, prénoms, dates de naissance, lieux de naissance, professions, domiciles et nationalités de ceux qui sont chargés, à un titre quelconque, de son administration. L'autorité administrative en délivre récépissé dans un délai de cinq jours.

La publication de ces déclarations au *Journal officiel* de la République française incombe aux fondateurs du fonds de dotation. Elles sont faites à leurs frais. Elles mentionnent :

a) La dénomination et le siège social du fonds de dotation ;

b) L'objet du fonds de dotation ;

c) La durée pour laquelle le fonds de dotation est créé ;

d) La date de la déclaration.

Le fonds de dotation est tenu de faire connaître, dans les trois mois, à l'autorité administrative tous les changements survenus dans son administration, notamment les changements de membres et les changements d'adresse du siège social.

Art. 8 *(Mod., D. n° 2017-908, 6 mai 2017)*. – Le fonds de dotation établit chaque année un rapport d'activité, qui est soumis à l'approbation du conseil d'administration, et qu'il adresse à l'autorité administrative dans un délai de six mois à compter de la clôture de l'exercice.

Ce rapport contient les éléments suivants :

a) Un compte rendu de l'activité du fonds de dotation, qui porte tant sur son fonctionnement interne que sur ses rapports avec les tiers ;

b) La liste des actions d'intérêt général financées par le fonds de dotation, et leurs montants ;

c) La liste des personnes morales bénéficiaires des redistributions prévues au I de l'article 140 de la loi [n° 2008-776] du 4 août 2008 susvisée, et leurs montants ;

d) Si le fonds de dotation fait appel public à la générosité, le compte d'emploi des ressources collectées auprès du public prévu à l'article 4 de la loi [n° 91-772] du 7 août 1991 susvisée, qui précise notamment l'affectation des dons par type de dépenses et qui mentionne les informations relatives à son élaboration ;

e) e) La liste des libéralités reçues.

Lorsque le rapport d'activité n'a pas été notifié dans le délai mentionné au premier alinéa, ou lorsque le rapport est incomplet, l'autorité administrative peut mettre en demeure le fonds de dotation de se conformer à ses obligations dans un délai d'un mois.

Art. 9. – Constituent des dysfonctionnements graves, dès lors qu'ils affectent la réalisation de l'objet du fonds de dotation :

a) La violation des règles de gestion financière prévues au titre I ;

b) La violation des dispositions du VI de l'article 140 de la loi [n° 2008-776] du 4 août 2008 susvisée et du titre II du présent décret relatives à l'établissement et à la publicité des comptes annuels, et à la mission du commissaire aux comptes ;

c) Le fait, pour le fonds de dotation, de disposer ou de consommer tout ou partie de la dotation en capital dont il bénéficie dans le cas où les statuts n'autorisent pas à consommer cette dotation, et dans le cas où les statuts prévoient cette possibilité, le fait de disposer ou de consommer tout ou partie de la dotation en violation des conditions fixées par les clauses statutaires ou pour une cause étrangère à la réalisation des kuvres ou des missions d'intérêt général prévues au premier alinéa du I de l'article 140 de la loi [n° 2008-776] du 4 août 2008 susvisée ;

d) La consommation par un fonds de dotation à durée déterminée de sa dotation au-delà du terme statutaire d'activité du fonds, en violation des dispositions de l'article 15 du présent décret ;

e) Le fait, pour le fonds de dotation, de ne pas avoir adressé les rapports d'activité à l'autorité administrative ou d'avoir adressé des rapports d'activité incomplets, durant deux exercices consécutifs, malgré la mise en demeure qui lui a été faite en application de l'article 8 du présent décret.

f) (D. n° 2015-49, 22 janv. 2015) Le fait, pour le fonds de dotation, de n'avoir pas respecté l'obligation de disposer de la dotation initiale prévue au III de l'article 140 de la loi [n° 2008-776] du 4 août 2008 susvisée.

Art. 10. – La suspension de l'activité du fonds de dotation est notifiée au président du fonds de dotation et au commissaire aux comptes par l'autorité administrative, qui procède également à la publication de sa décision au *Journal officiel* de la République française, aux frais du fonds. La décision mentionne les motifs, la durée et les modalités d'exécution de la suspension.

TITRE IV. – DE L'AUTORISATION D'APPEL À LA GÉNÉROSITÉ PUBLIQUE

Art. 11 *(Mod., D. n° 2017-908, 6 mai 2017)*. – La demande d'autorisation de faire appel public à la générosité prévue au III de l'article 140 de la loi [n° 2008-776] du 4 août 2008 susvisée est adressée à l'autorité administrative par lettre recommandée avec demande d'avis de réception.

Le dossier de la demande doit indiquer pour une ou, le cas échéant, plusieurs durées d'appel, les objectifs poursuivis par appel.

Art. 12. – L'autorité administrative peut refuser l'autorisation prévue à l'article 11 pour un motif d'ordre public ou dans les cas suivants :

a) Lorsque l'objet de l'appel n'entre pas dans les prévisions de l'article 3 de la loi [n° 91-772] du 7 août 1991 susvisée ;

b) Lorsqu'un membre du conseil d'administration a fait l'objet, depuis moins de cinq ans, d'une condamnation définitive pour l'une des infractions prévues par les articles 222-38, 222-40, 313-1 à 313-3, 314-1 à 314-3, 324-1 à 324-6, 432-15, 433-1, 434-9, 435-1 à 435-4, 435-7 à 435-10, 441-1 à 441-9, 445-1 à 445-4 et 450-1 du Code pénal, par l'article 1741 du Code général des impôts, et par les articles L. 241-3 (4°), L. 242-6, L. 242-30, L. 243-1, L. 244-1 et L. 654-1 à L. 654-6 du Code de commerce ;

c) Lorsque, en application des dispositions du troisième alinéa du VII de l'article 140 de la loi [n° 2008-776] du 4 août 2008 susvisée, l'autorité administrative a suspendu l'activité du fonds de dotation ou a saisi l'autorité judiciaire en vue de sa dissolution.

Art. 13 *(Mod., D. n° 2017-908, 6 mai 2017).* – Le silence conservé par l'autorité administrative à l'expiration d'un délai de deux mois à compter du dépôt du dossier complet de demande d'autorisation d'appel public à la générosité vaut autorisation tacite.

TITRE V. – DE LA DISSOLUTION DU FONDS DE DOTATION

Art. 14. – La dissolution du fonds de dotation fait l'objet d'une publication au *Journal officiel* de la République française, aux frais du fonds. En cas de dissolution statutaire ou volontaire, cette publication incombe au président du fonds, après accord du conseil d'administration. En cas de dissolution judiciaire, elle incombe au liquidateur désigné par l'autorité judiciaire.

Art. 15. – À l'expiration du délai prévu pour la réalisation de son objet, un fonds de dotation à durée déterminée peut, par délibération de son conseil d'administration notifiée à l'autorité administrative par lettre recommandée avec demande d'avis de réception, utiliser l'actif net restant à l'issue de la liquidation du fonds pendant un délai qui ne peut excéder six mois.

Si l'utilisation projetée n'est pas conforme à l'objet du fonds, l'autorité administrative dispose d'un délai de sept jours à compter de la réception de la délibération pour s'y opposer.

En cas d'opposition de l'autorité administrative, ou à l'expiration du délai de six mois prévu à l'alinéa précédent, l'actif net restant à l'issue de la liquidation du fonds de dotation à durée déterminée est transféré dans les conditions prévues au troisième alinéa du VIII de l'article 140 de la loi [n° 2008-776] du 4 août 2008 susvisée.

TITRE VI. – DISPOSITIONS FINALES

Art. 16. – Les dispositions des articles 3, 4, 5, 7, 11 et 12 du présent décret peuvent être modifiées par décret.

Loi n° 2009-323 du 25 mars 2009

de mobilisation pour le logement et la lutte contre l'exclusion

(JO 27 mars)

Art. 101. – Il est institué, à titre expérimental, un dispositif visant à assurer la protection et la préservation de locaux vacants par occupation par des résidents temporaires.

(L. n° 2014-366, 24 mars 2014) Les organismes publics ou privés qui s'engagent dans ce dispositif sont agréés par l'État au vu de leur compétence à mener des travaux d'aménagement et à organiser l'occupation de bâtiments par des résidents temporaires.

(Al. mod., L. n° 2014-366, 24 mars 2014) Les opérations conduites à ce titre font l'objet d'une convention entre le propriétaire et un organisme public ou privé qui s'engage à protéger et préserver les locaux qui sont mis à sa disposition et à les rendre au propriétaire libres de toute occupation à l'échéance ou lors de la survenue d'un événement définis par la convention. La convention est d'une durée maximale de trois ans et peut être prorogée par périodes d'un an, dès lors que le propriétaire justifie que le changement de destination des locaux qui devait faire suite à l'occupation du bâtiment par des résidents temporaires ne peut survenir à l'échéance du délai initialement prévu.

L'organisme mentionné au *(Mot rempl., L. n° 2014-366, 24 mars 2014)* « troisième » alinéa peut loger des résidents temporaires dans les locaux mis à sa disposition. Les engagements réciproques de l'organisme et de chaque résident figurent dans un contrat de résidence temporaire, dont la forme et les stipulations sont définies et encadrées par décret.

Le contrat de résidence temporaire est conclu ou renouvelé pour une durée minimale fixée par décret. Il donne lieu au versement par le résident, à l'organisme qui a reçu la disposition des locaux, d'une redevance dont le montant maximal est fixé par décret. La rupture anticipée du contrat par l'organisme précité est soumise à des règles de préavis, de notification et de motivation définies par décret ; cette rupture ne peut être opérée que pour un motif légitime et sérieux, notamment l'inexécution par le résident de l'une des obligations lui incombant ou le terme de la convention mentionnée au *(Mot rempl., L. n° 2014-366, 24 mars 2014)* « troisième » alinéa survenu dans les conditions fixées par le même alinéa. L'arrivée à terme du contrat de résidence temporaire ou sa rupture dans les conditions susmentionnées déchoit le résident de tout titre d'occupation, nonobstant toutes dispositions en vigueur, notamment celles du chapitre III du titre Ier du livre VI du Code de la construction et de l'habitation et de la loi n° 89-462 du 6 juillet 1989 tendant à améliorer les rapports locatifs et portant modification de la loi n° 86-1290 du 23 décembre 1986.

L'agrément de l'État peut être subordonné à des engagements de l'organisme qui a reçu la disposition des locaux quant aux caractéristiques des résidents temporaires.

(Al. mod., L. n° 2014-366, 24 mars 2014) Les conventions et contrats de résidence temporaire passés en application du présent article ne peuvent porter effet au-delà du 31 décembre 2018. Le présent dispositif expérimental est suivi et évalué par les services de l'État chargés d'agréer les opérations. Dans un délai de dix-huit mois après la promulgation de la loi n° 2014-366 du 24 mars 2014 pour l'accès au logement et un urbanisme rénové, un premier rapport bisannuel de suivi et d'évaluation est déposé au Parlement.

Décret n° 2009-540 du 14 mai 2009

portant sur les obligations des associations et des fondations relatives à la publicité de leurs comptes annuels

(JO 16 mai 2009)

Art. 1er. – Les associations et fondations soumises aux prescriptions du premier alinéa de l'article L. 612-4 du Code de commerce assurent la publicité de leurs comptes annuels et du rapport du commissaire aux comptes sur le site internet de la Direction des Journaux officiels.

À cette fin, elles transmettent par voie électronique à la Direction des Journaux officiels, dans les trois mois à compter de l'approbation des comptes par l'organe délibérant statutaire, les documents mentionnés audit alinéa et le cas échéant, ceux prévus au quatrième alinéa de l'article 4 de la loi [n° 91-772] du 7 août 1991 susvisée. Un arrêté du Premier ministre fixe les modalités de cette transmission.

Ces documents sont publiés sous forme électronique par la Direction des Journaux officiels, dans des conditions de nature à garantir leur authenticité et leur accessibilité gratuite.

Cette prestation donne lieu à rémunération pour service rendu dans les conditions prévues par le décret [n° 2005-1073] susvisé du 31 août 2005.

Art. 2 *(V. D. n° 2005-1073, 31 août 2005).*

Art. 3. – Pour les comptes annuels des exercices comptables ouverts à compter du 1er janvier 2006 et approuvés avant la publication de l'arrêté mentionné au deuxième alinéa de l'article 1er, le délai de transmission prévu au même alinéa court à compter de cette publication.

Arrêté du 9 novembre 2009

relatif aux modalités de diffusion par voie électronique de la déclaration d'acceptation d'une succession à concurrence de l'actif net et des actes subséquents à celle-ci, et des décisions de désignation des mandataires successoraux par voie de justice

(JO 10 nov. 2009)

Art. 1er. – La publicité par voie électronique au *Bulletin officiel des annonces civiles et commerciales* (*BODACC*) de la déclaration d'acceptation d'une succession à concurrence de l'actif net et des actes subséquents à celle-ci ainsi que de la décision de nomination par voie de justice d'un mandataire successoral, prévues par les articles 788, 790, 794 et 813-3 du Code civil et 1335, 1337 et 1355 du Code de procédure civile, est effectuée sur le site www.bodacc.fr.

Art. 2. – Les informations nécessaires à la publication sont directement saisies en ligne par le greffe de la juridiction territorialement compétente ou par le mandataire successoral désigné par voie de justice, sur le site dédié de la Direction des Journaux officiels, au moyen d'un formulaire électronique.

Art. 3. – Le présent arrêté est applicable dans les îles Wallis-et-Futuna.

Art. 4. – Cette prestation donne lieu à rémunération pour service rendu dans les conditions prévues par le décret [n° 2005-1073] susvisé du 31 août 2005.

Art. 5. – Le présent arrêté entre en vigueur à la même date que l'article 2 du décret n° 2009-1366 du 9 novembre 2009 relatif à la déclaration de renonciation à une succession et à la désignation en justice d'un mandataire successoral.

Décret n° 2009-1439 du 23 novembre 2009

pris en application de l'article 23-1 de la loi n° 89-462 du 6 juillet 1989 tendant à améliorer les rapports locatifs relatif à la contribution du locataire au partage des économies de charges issues des travaux d'économie d'énergie réalisés par un bailleur privé

(JO 25 nov. 2009)

TITRE PREMIER. – CONDITIONS DE LA CONTRIBUTION DU LOCATAIRE AU PARTAGE DES ÉCONOMIES DE CHARGES

Art. 1er. – La contribution du locataire au partage des économies de charges résultant des travaux d'efficacité énergétique réalisés par le bailleur est exigible à la condition que le bailleur, son représentant ou un tiers mandaté par lui ait engagé une démarche de concertation avec le locataire portant sur le programme de travaux qu'il envisage d'entreprendre, les modalités de leur réalisation, les bénéfices attendus en termes de consommation énergétique du logement et la contribution du locataire, notamment sa durée, au partage des économies de charges résultant de ces travaux.

Art. 2. – À l'issue des travaux, une ligne supplémentaire en sus des lignes relatives au loyer et aux charges intitulée : « Contribution au partage de l'économie de charges » et la mention des dates de la mise en place et du terme de cette ligne supplémentaire ainsi que de la date d'achèvement des travaux sont inscrites sur l'avis d'échéance le cas échéant et portées sur la quittance remise au locataire.

Le versement de la contribution est exigible à partir du mois civil qui suit la date de fin des travaux.

Art. 3. – Préalablement à la conclusion d'un nouveau bail avec un autre locataire pendant la durée de versement de la contribution mentionnée à l'article précédent, le bailleur apporte au nouveau locataire les éléments propres à justifier les travaux réalisés et le maintien de cette contribution et l'informe de son terme.

TITRE II. – TRAVAUX D'ÉCONOMIE D'ÉNERGIE POUVANT DONNER LIEU À LA LIGNE SUPPLÉMENTAIRE SUR L'AVIS D'ÉCHÉANCE

Art. 4. – Une contribution du locataire peut être demandée pour financer les travaux d'économie d'énergie suivants :

1° Soit des travaux correspondant à une combinaison d'au moins deux actions d'amélioration de la performance énergétique du logement ou du bâtiment concerné, parmi les actions suivantes :

a) Travaux d'isolation thermique des toitures ;

b) Travaux d'isolation thermique des murs donnant sur l'extérieur ;

c) Travaux d'isolation thermique des parois vitrées donnant sur l'extérieur ;

d) Travaux de régulation ou de remplacement de systèmes de chauffage ou de production d'eau chaude sanitaire ;

e) Travaux d'installation d'équipements de chauffage utilisant une source d'énergie renouvelable ;

f) Travaux d'installation d'équipements de production d'eau chaude sanitaire utilisant une source d'énergie renouvelable,

sous réserve que ces travaux et le niveau minimal de performance énergétique atteint soient conformes, a minima, aux exigences définies aux articles R. 131-25 à R. 131-28 du Code de la construction et de l'habitation. Les niveaux minima à atteindre pour chaque catégorie de travaux sont précisés par un arrêté conjoint des ministres chargés de la construction et de l'énergie.

2° Soit des travaux conformes a minima aux exigences définies aux articles R. 131-25 à R. 131-28 du Code de la construction et de l'habitation et permettant d'amener la consommation d'énergie du bâtiment pour le chauffage, la ventilation, la production d'eau chaude sanitaire, le refroidissement et l'éclairage des locaux en dessous d'un seuil défini par un arrêté conjoint des ministres en charge de la construction et de l'énergie.

TITRE III. – CALCUL DE LA CONTRIBUTION DU LOCATAIRE ET CONTRÔLE APRÈS TRAVAUX

Art. 5. – L'économie de charges sur laquelle est basée la contribution demandée au locataire en contrepartie des travaux d'amélioration énergétique réalisés par le bailleur est calculée par une méthode de calcul conventionnel de la consommation d'énergie résultant d'une étude thermique préalable et prenant en compte les caractéristiques techniques et énergétiques du bâtiment, sa localisation géographique, ainsi qu'une occupation conventionnelle de celui-ci.

La contribution peut néanmoins être fixée de manière forfaitaire si l'une au moins des conditions suivantes est remplie :

a) Les caractéristiques constructives du bâtiment sont incompatibles avec la méthode de calcul ;

b) Le bailleur ne possède pas plus de trois logements mis à bail dans l'immeuble considéré.

La méthode de calcul et le forfait, qui tient compte des caractéristiques des logements considérés, sont définis par un arrêté conjoint des ministres chargés de la construction et de l'énergie.

Art. 6. – Si le bailleur demande à son locataire une contribution basée sur un calcul de l'économie d'énergie à partir d'une méthode de calcul conventionnel, l'entreprise ayant réalisé les travaux ou le maître d'œuvre ou l'organisme ayant délivré la certification du bâtiment ou un bureau de contrôle lui atteste que ces derniers respectent les prescriptions de l'étude thermique préalable à la réalisation des travaux, pour atteindre la performance visée au 2° de l'article 4 du présent décret. Si tel n'est pas le cas, une nouvelle estimation de la consommation d'énergie du bâtiment est réalisée conformément au 2° de l'article 4 du présent décret afin d'évaluer la contribution du locataire.

Art. 7. – Si le bailleur demande à son locataire une contribution forfaitaire, l'entreprise ayant réalisé les travaux ou le maître d'œuvre ou l'organisme ayant délivré la certification du bâtiment ou un bureau de contrôle lui atteste qu'ils sont conformes aux critères définis au 1° de l'article 4 du présent décret.

Arrêté du 23 décembre 2009

relatif à la notice d'information jointe au modèle de mandat de protection future sous seing privé

(JO 26 déc. 2009)

Art. 1er. – Le contenu de la notice d'information prévue à l'article 2 du décret [n° 2007-1702] susvisé du 30 novembre 2007 est établi conformément au document annexé au présent arrêté.

Art. 2. – L'arrêté du 30 novembre 2007 relatif à la notice d'information jointe au modèle de mandat de protection future sous seing privé est abrogé.

Annexe

Notice d'information du mandat de protection future sous seing privé (art. 492 du Code civil)

Cette notice est à lire attentivement par le mandant et le mandataire avant de remplir le formulaire auquel elle est jointe.

Le mandat de protection future ne peut prendre effet que s'il est établi que le mandant ne peut plus pourvoir seul à ses intérêts.

I. - Quelques questions pour commencer

Qu'est-ce que le mandat de protection future ?

C'est un contrat qui vous permet d'organiser à l'avance la protection de votre personne et de vos biens et de désigner la ou les personnes qui en seront chargées, pour le jour où votre état de santé ne vous permettra plus de le faire vous-même.

Que signifie « protection future » ?

Vous chargez une ou plusieurs personnes de votre choix de faire les actes nécessaires à votre protection, lorsque vous ne serez plus en état, physique ou mental, de le faire. Vous pouvez décider que cette protection concernera votre patrimoine et votre personne, ou seulement l'un des deux.

La protection de votre personne porte sur l'ensemble des questions relatives à votre vie personnelle, votre santé, vos relations aux autres, votre logement, vos déplacements, vos loisirs, etc. Les règles applicables à la protection de la personne sont précisément définies par les articles 457-1 à 459-2 du Code civil (voir plus loin).

La protection de votre patrimoine concerne l'ensemble des actes d'administration de vos biens. Vous pouvez limiter cette protection à certains biens ou la prévoir pour l'ensemble de vos biens.

Comment établir le mandat de protection future ?

Vous êtes « le mandant » et vous allez à ce titre établir vous-même votre mandat en utilisant le formulaire joint à la présente notice : vous allez remplir l'ensemble des rubriques prévues. Vous devez remplir autant d'exemplaires en original qu'il y a de mandataires et établir une copie pour chaque personne chargée du contrôle de l'activité du ou des mandataires.

La personne que vous aurez désignée et qui deviendra votre « mandataire », doit, si elle accepte de remplir la mission que vous lui confiez, indiquer expressément sur ce mandat qu'elle l'accepte.

Qui peut être désigné comme mandataire ?

Vous pouvez désigner toute personne physique de votre choix (membre de votre famille, proche, mandataire judiciaire à la protection des majeurs...).

Vous pouvez aussi désigner une personne morale mais celle-ci doit être inscrite sur la liste des mandataires judiciaires à la protection des majeurs établie par le préfet.

Comment donner une date certaine au mandat une fois établi et signé ?

Il suffit de le faire enregistrer par l'administration fiscale en présentant les exemplaires originaux du mandat à la recette des impôts de votre domicile.

L'intérêt de la démarche est que l'on ne pourra pas contester la date à laquelle vous avez établi le mandat.

Quels seront les effets de ce mandat ?

Tant que vous conservez vos facultés, le mandat ne produit aucun effet.

Lorsque le mandataire constate que votre état de santé ne vous permet plus de prendre soin de votre personne ou de vous occuper de vos affaires, il effectue les démarches nécessaires pour que le mandat prenne effet.

Il sollicite alors qu'un médecin, inscrit sur la liste dressée par le procureur de la République, vous examine et délivre un certificat médical constatant votre inaptitude (cette liste des médecins est disponible dans les tribunaux d'instance).

Le mandataire va ensuite présenter le mandat et le certificat médical au greffier du tribunal d'instance de votre domicile.

Le greffier vérifiera que :

– les conditions prévues par la loi sont remplies : âge des parties au jour de l'établissement du mandat, désignation d'une personne en charge du contrôle de l'activité du mandataire, cosignature du curateur du mandant s'il se trouve sous curatelle lors de l'établissement du mandat ;

– le mandat est accompagné des pièces requises : certificat médical datant de moins de deux mois constatant l'altération des facultés du mandant, pièce d'identité du mandant et du mandataire, justificatif de la résidence habituelle du mandant.

Après ces vérifications, le greffier apposera son visa sur le mandat et le restituera au mandataire qui pourra alors le mettre en œuvre.

Une fois que le mandat est mis en œuvre, que se passe-t-il ?

Le mandat ne vous fait perdre ni vos droits ni votre capacité juridique mais permet à votre mandataire d'agir à votre place et en votre nom dans votre intérêt.

Ce mandat fonctionne comme une procuration : le mandataire vous représente et veille à vos intérêts pour les actes relatifs à votre personne et pour ceux concernant l'administration de votre patrimoine. Mais le mandataire n'a aucun pouvoir pour faire des actes de disposition sur vos biens (par exemple, il ne peut pas faire vendre votre maison).

Si un acte de disposition, ou un acte non prévu par le mandat, apparaît nécessaire dans votre intérêt, il peut être ordonné par le juge des tutelles sur demande de votre mandataire.

En pratique, le mandataire présente ce mandat aux tiers pour agir en votre nom à chaque fois que cela est nécessaire, dans les actes concernant votre vie personnelle et l'administration de votre patrimoine. Mais vous conservez la capacité de faire vous-même ces actes si vous le souhaitez et dans la mesure où votre état de santé le permet.

Si votre état vous permet de le comprendre, votre mandataire doit vous informer des actes qu'il diligente en votre nom ou dans votre intérêt.

Il doit également vous rendre compte tous les ans de la gestion de votre patrimoine.

Qui contrôle le mandat ?

En choisissant votre mandataire, vous devez aussi désigner la personne qui contrôlera son action. Il peut s'agir d'une personne physique ou morale de votre choix.

Cette personne doit accepter la mission qui lui est confiée et doit recevoir une copie du mandat.

En cas de difficulté, toute personne, y compris vous-même, peut saisir le juge des tutelles.

Celui-ci a le pouvoir de contrôler, de compléter ou même de révoquer le mandat s'il l'estime insuffisant ou contraire à vos intérêts.

Quelle est la responsabilité du mandataire ?

Il doit exécuter la mission qui lui est confiée conformément à ce qui est prévu dans le mandat et plus globalement par les règles du Code civil.

Il doit établir un inventaire de votre patrimoine lors de la mise en œuvre du mandat.

Il doit rendre compte annuellement de sa mission à la ou aux personnes que vous désignez dans le présent mandat pour contrôler cette mission : le mandataire établit un compte de gestion du patrimoine (utilisation des revenus, actes d'administration des biens) et un rapport écrit sur les actes liés à la protection de la personne elle-même (santé, logement, relations avec les tiers...).

Votre mandataire peut confier un ou plusieurs actes déterminés de gestion du patrimoine à un tiers ; en ce cas il doit vous en informer et il sera responsable des actes effectués par ce tiers.

La responsabilité de votre mandataire peut être mise en cause en cas de mauvaise exécution, d'insuffisance ou de faute dans l'exercice de sa mission (art. 1991 et 1992 du Code civil). S'il est reconnu responsable d'un préjudice à votre égard, il peut être condamné à vous indemniser.

Lorsque le mandat prendra fin, pour quelque cause que ce soit, le mandataire remettra l'inventaire actualisé de votre patrimoine, l'ensemble des cinq derniers comptes de gestion et les pièces justificatives, selon les cas : à vous-même si vous avez retrouvé vos facultés, à la nouvelle personne qui assurera votre protection ou à vos héritiers. Cela, afin de vous permettre de reprendre en main la gestion de vos biens et de votre vie personnelle ou, après votre décès, de faciliter le règlement de votre succession.

Y a-t-il des frais financiers à prévoir ?

Établissement du mandat : les frais incontournables sont ceux liés à l'enregistrement auprès de la recette des impôts pour donner une date certaine à chaque exemplaire original de votre mandat. Ces frais, de l'ordre de 125 €, sont à votre charge.

Mise en œuvre du mandat : le coût du certificat médical constatant l'altération de vos facultés est à votre charge. Toutefois, aucun frais n'est requis lors de l'apposition du visa par le greffe du tribunal d'instance.

Exécution du mandat : le mandat de protection future s'exerce, en principe, à titre gratuit. Vous pouvez cependant prévoir dans le mandat une rémunération ou une indemnisation de votre ou de vos mandataires, ainsi que de la ou des personnes chargées du contrôle de l'exécution du mandat par le ou les mandataires.

Le mandat peut-il être modifié ou prendre fin ?

Tant qu'il n'est pas mis en œuvre :

– vous pouvez toujours modifier vous-même votre mandat ou le révoquer ;

– tout mandataire peut renoncer à sa mission ;

– toute personne chargée du contrôle du mandat peut renoncer à sa mission.

Une fois le mandat mis en œuvre :

– vous ne pouvez plus le révoquer. Mais si vous contestez la mise en œuvre ou les conditions d'exécution du mandat, vous pouvez demander au juge des tutelles de se prononcer ;

– le mandataire ainsi que la personne chargée du contrôle de l'exécution du mandat ne peuvent plus renoncer à leur mission par eux-mêmes mais ils peuvent demander au juge des tutelles d'en être déchargés ;

– tout intéressé peut contester la mise en œuvre ou les conditions d'exécution du mandat devant le juge des tutelles ; celui-ci peut, à cette occasion, mettre fin au mandat ;

– si vous retrouvez vos facultés, le mandataire devra faire viser au greffe du tribunal le certificat médical qui en justifie. Il est alors mis fin à votre mandat de protection future, sans autre formalité.

Les explications qui suivent doivent vous permettre de répondre avec plus de précision aux questions que vous vous posez sur le mandat de protection future et de remplir le formulaire auquel la présente notice est jointe.

II. – Les règles régissant le mandat de protection future

Votre mandataire

Désignation du ou des mandataires [1-A et 2-A]

Vous pouvez désigner un ou plusieurs mandataires.

Vous pouvez confier la protection de votre personne et de votre patrimoine à un seul et même mandataire.

Vous pouvez aussi confier la protection de votre personne à un mandataire, celle de votre patrimoine à un autre.

Vous pouvez également confier à un ou plusieurs mandataires à la fois chacune de ces protections. Dans ce cas, vous devez ajouter des intercalaires dans le formulaire à la suite de la page 2 ou de la page 6 selon le cas.

Vous pouvez enfin ne confier qu'une seule de ces deux protections à un ou plusieurs mandataires.

Mais vous devez savoir que s'il devient nécessaire de vous protéger davantage que ce qui est prévu dans votre mandat, le juge des tutelles pourra intervenir à la demande de tout intéressé.

Ce juge pourra ainsi décider d'étendre la protection à votre personne ou à votre patrimoine selon le cas, en prenant une mesure judiciaire complétant le mandat de protection future.

Qualité de la personne désignée [1-A et 2-A]

Vous pouvez désigner toute personne physique de votre entourage en laquelle vous avez confiance et qui vous semble avoir les compétences nécessaires pour assurer votre protection le moment venu. Vous pouvez également désigner un professionnel (avocat, notaire, syndic d'immeuble, etc.).

Vous pouvez aussi désigner une personne morale, mais celle-ci doit être inscrite sur la liste des mandataires judiciaires à la protection des majeurs établie par le préfet. Cette liste est disponible dans les tribunaux d'instance et les préfectures.

Les pouvoirs de votre mandataire

Protection de la personne [1-B, C et D]

Le principe incontournable

Si vous confiez à votre mandataire la protection de votre personne, celui-ci devra respecter les droits et obligations du mandataire définis par les articles 457-1 à 459-2 du Code civil (figurant dans le formulaire et repris en fin de notice).

Toute indication du mandat qui serait contraire à ces articles ne sera pas valable.

L'option supplémentaire

Vous pouvez décider de confier en plus à votre mandataire le pouvoir d'exercer les missions que le Code de la santé publique et le Code de l'action sociale et des familles confient au représentant de la personne en tutelle ou à la personne de confiance, mais dans ce dernier cas, cela n'est possible que si le mandataire désigné est une personne physique.

Si vous lui confiez les missions exercées par le représentant d'une personne en tutelle cela signifie que votre mandataire pourra consentir à votre place à certains actes médicaux importants (comme par exemple une recherche biomédicale), lorsque vous ne serez plus du tout en état de le faire vous-même (option 1).

Si vous lui confiez les missions exercées par la personne de confiance, cela signifie qu'il sera consulté à l'occasion de tout acte médical lorsque vous ne serez plus du tout en état d'exprimer votre volonté, mais il ne donnera qu'un avis et ne pourra, en aucun cas, consentir à votre place (option 2).

Si vous optez pour l'une ou pour l'autre de ces deux hypothèses, vous l'indiquez en cochant et recopiant dans l'espace prévu à cet effet l'option 1 ou 2 choisie.

Si vous ne souhaitez pas que votre mandataire exerce l'une ou l'autre de ces missions, vous cochez et recopiez l'option 3.

Les précisions possibles

Vous pouvez indiquer vos souhaits concernant votre logement ou vos conditions d'hébergement. Vous pouvez ainsi donner des indications concernant votre maintien à domicile dans la mesure du possible et vos préférences si vous deviez, au vu de votre état de santé, être hébergé dans un milieu de vie plus sécurisé et mieux adapté à vos besoins.

Vous pouvez aussi indiquer vos souhaits particuliers concernant le maintien des relations personnelles avec les tiers, parents ou non.

Vous pouvez également indiquer vos souhaits concernant vos loisirs et vacances.

Vous pouvez, à l'inverse, ne rien ajouter ou préciser ; vous indiquez alors la mention « néant » dans l'espace réservé à cet effet.

Protection du patrimoine [2-B]

Le principe

Le mandataire ne peut exercer que la mission que vous lui confiez en votre qualité de mandant. Cette mission s'exerce dans la limite des pouvoirs reconnus par la loi au mandataire : il doit effectuer tous les actes d'administration et de gestion nécessaires et utiles aux biens du mandant, c'est-à-dire les gérer, les préserver, percevoir et placer leurs revenus.

Le mandataire ne peut effectuer aucun acte de disposition du patrimoine, c'est-à-dire qu'il ne pourra pas, notamment, vendre ou donner vos biens.

Néanmoins, si l'accomplissement d'un acte de disposition ou d'un acte qui n'est pas prévu par le mandat s'avère nécessaire dans votre intérêt, le mandataire pourra saisir le juge des tutelles pour le solliciter ; le juge appréciera alors si votre intérêt nécessite que soit ordonnée, par exemple, la vente de l'un de vos biens.

Si vous souhaitez que votre mandataire ait des pouvoirs plus étendus et qu'il puisse, par exemple, vendre vos biens à un tiers, il faut que votre mandat de protection future soit établi par un notaire, conformément aux dispositions correspondantes du Code civil.

Les options

Si vous donnez à votre mandataire un pouvoir d'administration sur l'ensemble du patrimoine, cela signifie que vous confiez à votre mandataire le pouvoir d'administrer tous vos biens. Dans ce cas, vous cochez l'option 1 et vous la recopiez dans l'espace prévu à cet effet.

Si vous donnez à votre mandataire des pouvoirs d'administration limités à certains biens ou à certains actes sur vos biens, il faut préciser quels sont ces biens et ces actes. Dans ce cas, vous cochez l'option 2 et vous la recopiez dans l'espace prévu à cet effet en indiquant les biens concernés.

Vous pouvez également confier à votre mandataire le soin de veiller sur votre animal domestique ; dans ce cas vous devez le préciser dans sa mission.

L'exécution et le contrôle du mandat [3]

Inventaire [A]

Lors de son entrée en fonction, le mandataire chargé de la protection du patrimoine devra procéder à un inventaire de tous vos biens meubles et immeubles. Cet inventaire devra être actualisé au cours du mandat afin de maintenir à jour l'état du patrimoine.

Les formes de cet inventaire sont libres. Votre mandataire pourra opter pour toute solution adaptée à la situation particulière de votre patrimoine (inventaire sous seing privé ou confié à un professionnel).

Rémunération du mandataire [B-1-2]

Attention : Le mandataire n'est rémunéré qu'à compter de la mise en œuvre du mandat.

Le mandant et le mandataire doivent se mettre d'accord sur les conditions financières du mandat :

– soit il est totalement gratuit, et vous cochez et recopiez alors l'option 1 dans l'espace prévu à cet effet ;

– soit le mandataire peut se faire rembourser sur le patrimoine du mandant, sur justificatifs, les frais qu'il engage pour le compte ou dans l'intérêt de celui-ci, et vous cochez et recopiez alors l'option 2 dans l'espace prévu à cet effet ;

– soit (en plus ou non des remboursements évoqués ci-dessus), il est prévu une rémunération. Vous cochez alors l'option 3 et fixez la rémunération de votre main, dans l'espace prévu à cet effet. Il peut s'agir d'une indemnité forfaitaire, d'une rémunération dont vous fixez le montant et la périodicité ou d'une rémunération que vous déterminez différemment (cette rémunération peut par exemple être liée à la disponibilité du mandataire ou être proportionnelle au temps consacré à la gestion de votre patrimoine ou aux actes concernant votre personne ou encore être indexée).

Ces modalités financières doivent être précisées pour tout mandataire désigné :

– si vous avez désigné un seul mandataire pour protéger votre personne et votre patrimoine, ATTENTION vous devez remplir les rubriques B-1 et B-2 afin de préciser votre choix pour chacune des deux protections. Vous pouvez décider que l'une des deux protections est exercée gratuitement et pas l'autre, ou que les deux sont exercées gratuitement. Vous pouvez aussi décider que chaque mission de protection est rémunérée. Dans ce dernier cas, les montants indiqués dans les rubriques B-1 et B-2 se cumulent ;

– si vous avez désigné un mandataire différent pour chaque protection, vous remplissez chacune des rubriques B-1 et B-2 en choisissant des rémunérations identiques ou différentes pour chacun des mandataires désignés.

Contrôle de l'activité du mandataire [4A et 4B]

Le mandataire chargé de la protection de votre personne doit établir par écrit un rapport des actes diligentés dans le cadre de cette protection, qui doit être contrôlé par une personne désignée par le mandat. Vous devez donc indiquer avec précision qui est cette personne.

Le mandataire chargé de la protection de votre patrimoine doit établir par écrit tous les ans un compte de gestion qui doit être contrôlé par une personne désignée par le mandat. Vous devez donc indiquer avec précision qui est cette personne.

Si un seul mandataire est désigné pour assurer ces deux protections, il doit rendre compte de son activité pour chacune d'elles.

Vous pouvez désigner la ou les mêmes personnes ou des personnes différentes en charge de contrôler le compte de gestion et le rapport des actes diligentés dans le cadre de la protection de la personne.

Vous pouvez désigner une ou des personnes physiques ou une ou des personnes morales. En toute hypothèse, votre choix est libre.

Mais la personne désignée ne peut être ni le juge ni le fonctionnaire du greffe.

Vous devez remettre à chaque personne désignée pour exercer le contrôle du mandataire une copie de votre mandat de protection future.

Cette personne doit accepter sa mission, ainsi que cela est expressément prévu dans le formulaire.

En tout état de cause, le juge des tutelles a un pouvoir de vérification d'office du compte de gestion, qu'il met en œuvre s'il l'estime nécessaire.

Rémunération de la personne désignée pour contrôler l'activité du mandataire [4C]

La mission de contrôle confiée à la ou aux personnes désignées à cet effet peut s'exercer dans les conditions financières suivantes :

– soit cette mission est totalement gratuite et vous cochez et recopiez alors l'option 1 dans l'espace prévu à cet effet ;

– soit la personne désignée pour exercer ce contrôle peut se faire rembourser sur le patrimoine du mandant, sur justificatifs, les frais qu'elle engage pour le compte ou dans l'intérêt de celui-ci, et vous cochez et recopiez alors l'option 2 dans l'espace prévu à cet effet ;

– soit (en plus ou non des remboursements évoqués ci-dessus), il est prévu une rémunération. Vous cochez alors l'option 3 et fixez la rémunération de votre main dans l'espace prévu à cet effet. Il peut s'agir d'une indemnité forfaitaire, d'une rémunération dont vous fixez le montant et la périodicité ou d'une rémunération que vous déterminez différemment (cette rémunération peut par exemple être liée à la disponibilité du mandataire ou être proportionnelle au temps consacré à la gestion de votre patrimoine ou aux actes concernant votre personne ou encore être indexée).

Ces modalités financières doivent être précisées pour chaque personne désignée pour exercer le contrôle de l'activité du ou des mandataires.

Conservation des documents

Afin de permettre au juge des tutelles de faire vérifier le compte de gestion, en tout état de cause et selon les modalités prévues par l'article 511 du Code civil, le mandataire devra conserver l'inventaire des biens et ses actualisations, les cinq derniers comptes de gestion, les pièces justificatives ainsi que celles nécessaires à la continuation de la gestion du patrimoine. Le mandataire est tenu de les présenter au juge des tutelles ou au procureur de la République dès que ceux-ci le requièrent.

À l'expiration du mandat et dans les cinq ans qui suivent, le mandataire tiendra à la disposition de la personne qui est amenée à poursuivre la gestion de votre patrimoine, à votre disposition si vous avez recouvré vos facultés ou à vos héritiers, l'inventaire des biens et ses actualisations, les cinq derniers comptes de gestion et les pièces nécessaires pour continuer celle-ci ou assurer la liquidation de la succession du mandant.

Signature et acceptation du mandat [5]

Vous devez signer de votre main chaque page de chacun des exemplaires originaux du mandat et dater, également de votre main, chacun de ces exemplaires en dernière page.

Si vous êtes sous curatelle, votre curateur doit apposer également sa signature à côté de la vôtre, à la fin du formulaire.

Vous devez conserver l'un des exemplaires originaux du mandat.

Votre mandataire doit également dater et signer son acceptation de sa main, à la fin du formulaire.

Il conserve un exemplaire original du mandat.

La ou les personnes désignées pour contrôler le compte de gestion et le rapport des actes diligentés dans le cadre de la protection de la personne doivent également accepter leur mission en l'indiquant dans l'espace prévu à cet effet à la fin du formulaire. Cette ou ces personnes doivent aussi dater et signer le formulaire, en dernière page, et reçoivent une copie du mandat.

En outre, si vous souhaitez donner date certaine au mandat, un exemplaire original supplémentaire doit être établi pour permettre son enregistrement à la recette des impôts. Cet enregistrement vous est conseillé. Dès qu'il sera réalisé, il fixera avec certitude la date de validité de votre mandat vis-à-vis des tiers.

Modification ou révocation du mandat avant sa mise en œuvre

Seul vous-même en qualité de mandant pouvez modifier ou révoquer le mandat selon des formes précisées ci-après et tant que le mandat n'est pas mis en œuvre.

Le mandataire peut renoncer au mandat dans les formes précisées ci-après tant que le mandat n'est pas mis en œuvre.

La personne chargée de la mission de contrôle peut également renoncer à sa mission avant la mise en œuvre du mandat.

Modification du mandat

Si vous souhaitez modifier votre mandat, vous devez le révoquer et en établir un autre.

Pour cela, vous barrez chaque page de votre mandat en y indiquant en caractères très apparents la mention « RÉVOQUÉ », et en y apposant à coté date et signature, le tout de manière manuscrite.

Puis vous remplissez, avec votre mandataire, un nouveau formulaire qui devient le nouveau mandat seul valide, que vous établissez en autant d'exemplaires originaux que de mandataires désignés, plus vous-même, ainsi que, le cas échéant, pour l'enregistrement à la recette des impôts. Vous établissez ce nouveau mandat en suivant les indications de la présente notice, comme lorsque vous aviez établi votre premier mandat.

Vous conservez l'un des exemplaires et votre mandataire conserve l'autre.

Révocation du mandat

Si vous souhaitez révoquer votre mandat, vous en barrez chaque page en y indiquant en caractères très apparents la mention « RÉVOQUÉ », en datant et apposant votre signature sur chaque page, le tout de manière manuscrite.

Vous devez notifier, par lettre recommandée avec accusé de réception, cette décision au(x) mandataire(s) et au (x) personne(s) désignée(s) pour contrôler l'exécution du mandat.

Renonciation au mandat

Tout mandataire peut renoncer au mandat : il en informe le mandant et la ou les personnes chargées du contrôle de l'exécution, par lettre recommandée avec accusé de réception. Dans ce cas, le mandat n'a plus d'existence.

Toute personne chargée du contrôle du mandat peut également renoncer à sa mission ; elle doit en informer le mandant et le mandataire par lettre recommandée avec accusé de réception.

Dans ce dernier cas, le mandant et le mandataire doivent modifier le mandat en désignant une nouvelle personne en charge du contrôle.

Pour cela, ils doivent révoquer le mandat et en établir un nouveau, sur un nouveau formulaire, dans les mêmes conditions que celles requises pour l'établissement du mandat précédent.

Cessation du mandat après sa mise en œuvre

Le mandat prend fin de droit dans les situations suivantes :

– si vous retrouvez vos facultés, ce qui doit être constaté par un certificat établi par un médecin inscrit sur la liste dressée par le procureur de la République, et présenté par le mandataire ou par vous-même au greffe du tribunal d'instance, qui appose son visa sur le mandat ;

– si vous décédez ou si vous êtes placé sous mesure de curatelle ou de tutelle ;

– si le mandataire décède, se trouve placé sous mesure de protection ou se retrouve en faillite personnelle.

Le juge des tutelles peut mettre fin au mandat, sur demande de toute personne, s'il constate :

– que vous n'avez pas d'altération de vos facultés, et que c'est par erreur ou par fraude que le mandat a été mis en œuvre ;

– que vous pouvez être suffisamment représenté dans le cadre des règles de droit commun (procuration) ou de celles du mariage (devoirs entre époux) ;

– que l'exécution du mandat peut porter atteinte à vos intérêts (par exemple, votre mandataire s'est éloigné de vous et n'est plus en mesure de savoir ou de comprendre ce qui doit être fait pour vous aider ou pour préserver vos biens).

La demande est présentée par écrit, sans forme particulière, au juge.

Annexes

Glossaire (...)

Décret n° 2009-1681 du 30 décembre 2009

relatif à l'occupation de locaux en vue de leur protection et préservation par des résidents temporaires en application de l'article 101 de la loi n° 2009-323 du 25 mars 2009 de mobilisation pour le logement et la lutte contre l'exclusion

(JO 31 déc. 2009)

Art. 1er. – La demande de l'agrément prévu par le deuxième alinéa de l'article 101 de la loi [n° 2009-323] du 25 mars 2009 susvisée est présentée par l'organisme intéressé, pour chaque opération, au préfet du département sur le territoire duquel sont situés les locaux mis à sa disposition. Constitue une opération la mise à la disposition d'un même organisme d'un ensemble de locaux vacants appartenant à un propriétaire qui font l'objet d'une convention en vue de leur protection et préservation et de leur occupation par des résidents temporaires.

La demande est adressée par pli recommandé avec demande d'avis de réception ou par voie électronique. Elle est accompagnée d'un dossier comportant la convention conclue entre le propriétaire et l'organisme et les documents établissant que les locaux ne présentent aucun risque manifeste pour la sécurité physique et la santé de résidents temporaires et que les conditions de leur occupation ne sont pas de nature à porter atteinte à la dignité et au droit à la vie privée de ces résidents. Un arrêté du ministre chargé du logement précise, en tant que de besoin, la nature des pièces et documents composant le dossier de la demande.

L'agrément est délivré pour la période de validité de la convention, y compris après renouvellement, sans pouvoir excéder la date du 31 décembre 2013.

Lorsque l'opération prend fin, pour quelque motif que ce soit, l'organisme en informe sans délai le préfet.

Art. 2. – La convention entre le propriétaire des locaux et l'organisme mentionne notamment l'identité des cocontractants, l'adresse de leur siège social ou de leur domicile, la localisation, la consistance et la surface estimée des locaux mis à disposition et les équipements existants ou à installer pour que les locaux puissent être affectés à un usage d'habitation. Elle précise les causes objectives de nature à justifier la résiliation de la convention.

La convention est conclue et le cas échéant, renouvelée pour une durée minimale de quatre mois.

Art. 3. – Le contrat de résidence temporaire est conclu entre l'organisme et le résident sous forme écrite. Il mentionne :

1° Sa date de prise d'effet et sa durée dans la limite du terme de la convention passée entre le propriétaire des locaux et l'organisme ;

2° L'adresse et la désignation des locaux à usage privatif et le cas échéant, collectif ;

3° Les équipements à usage privatif dont le résident a la jouissance et le cas échéant, les locaux, équipements et autres accessoires de l'ensemble immobilier qui font l'objet d'un usage collectif ;

4° Le montant mensuel de la redevance, les conditions de sa révision éventuelle et ses modalités de paiement ;

5° S'il y a lieu, le montant du dépôt de garantie, qui ne peut être supérieur à un mois de redevance ;

6° Les obligations respectives de l'organisme et du résident définies aux articles 6 et 7 ;

7° Les causes objectives de nature à justifier la résiliation du contrat telles qu'elles sont précisées dans la convention prévue à l'article 2.

S'il existe un règlement intérieur des locaux, une copie de celui-ci est annexée au contrat et paraphée par le résident.

Un état des lieux occupés à titre privatif, établi contradictoirement et sans frais par les parties lors de l'entrée dans les lieux ou, à défaut, par huissier de justice, à l'initiative de la partie la plus diligente et à frais partagés, est joint au contrat. Un état des lieux est établi selon les mêmes modalités lors de la restitution des locaux.

Art. 4. – Le contrat de résidence temporaire est conclu pour une durée au moins égale à trois mois. Il est renouvelé par tacite reconduction sans pouvoir excéder une durée totale de dix-huit mois.

Si l'organisme n'entend pas renouveler le contrat, il en informe le résident, par lettre recommandée avec demande d'avis de réception ou par acte d'huissier, un mois au moins avant l'échéance du terme prévu.

Art. 5. – La redevance mensuelle due par le résident temporaire à l'organisme ne peut excéder le montant de 200 euros. Ce montant comprend l'intégralité des charges liées à l'occupation des locaux, notamment celles relatives à l'eau, au gaz, à l'électricité et au chauffage.

La redevance peut faire l'objet d'une révision annuelle, dans la limite du plafond prévu au premier alinéa, en fonction de la moyenne de l'indice des prix à la consommation hors tabac et hors loyers au cours des douze derniers mois.

Art. 6. – Le résident, titulaire du contrat de résidence temporaire, s'engage notamment à :

1° Informer l'organisme de tout sinistre, dégradation, intrusion qu'il constate dans les locaux dont il a l'usage, même s'il n'en résulte aucun dommage apparent ;

2° Avertir sans délai l'organisme de toute réparation qui apparaît nécessaire ;

3° Payer la redevance aux termes convenus ;

4° User paisiblement des locaux et équipements mentionnés au contrat ;

5° Répondre des dégradations qui surviennent pendant la durée du contrat dans les locaux privatifs dont il a l'usage, à moins qu'il ne prouve qu'elles ont eu lieu par cas de force majeure, par la faute de l'organisme ou du propriétaire ou par le fait d'un tiers qu'il n'a pas introduit dans les locaux ;

6° Ne pas transformer les locaux et équipements mentionnés au contrat sans l'autorisation préalable et écrite de l'organisme ;

7° S'interdire de céder les droits qu'il tient du contrat et de mettre les locaux mentionnés au contrat à la disposition d'un tiers, sous quelque forme et à quelque titre que ce soit ;

8° Laisser exécuter les travaux d'amélioration des parties collectives ou privatives de l'ensemble immobilier, ainsi que les travaux nécessaires au maintien en état et à l'entretien normal des locaux mentionnés au contrat ;

9° Laisser visiter, selon les modalités prévues par le contrat, les locaux mentionnés au contrat en vue notamment de la réalisation de travaux, de la réhabilitation, de la démolition, de la vente des locaux ou de tout autre événement prévu par le contrat de résidence temporaire ;

10° Respecter le règlement intérieur des locaux mis à disposition s'il en existe un.

Art. 7. – L'organisme s'engage envers le résident notamment à :

1° Lui remettre un local en bon état d'usage, ne présentant aucun risque manifeste pour la sécurité physique et la santé et offrant les conditions d'hygiène et de confort exigées pour une affectation à un usage d'habitation ;

2° Lui assurer la jouissance paisible des locaux mentionnés au contrat ;

3° Lui transmettre gratuitement un reçu de la redevance.

Art. 8. – Au-delà de la durée initiale de trois mois du contrat de résidence temporaire, lorsque survient une des causes objectives de nature à justifier la résiliation telles que prévues par la convention conclue avec le propriétaire des locaux, l'organisme adresse au résident la décision motivée de résilier le contrat, par lettre recommandée avec demande d'avis de réception ou par acte d'huissier, en respectant un délai de préavis d'un mois. Ce délai court à compter du jour de la réception de la lettre recommandée ou de la signification de l'acte d'huissier.

Pendant le délai de préavis, le résident n'est redevable de la redevance que pour le temps où il a occupé réellement les lieux.

Art. 9. – En cas de méconnaissance par le résident de l'une des obligations lui incombant aux termes du contrat, celui-ci peut être résilié par l'organisme dans le respect des formalités et du préavis prévus à l'article 8.

Art. 10. – Le résident temporaire peut résilier à tout moment le contrat par lettre recommandée avec demande d'avis de réception, en respectant un délai de préavis de quinze jours.

En cas d'abandon des lieux par le résident temporaire ou de décès de celui-ci, son conjoint, son partenaire lié par un pacte civil de solidarité ou son concubin notoire, s'il réside lui-même dans les locaux, bénéficie du droit d'usage de ceux-ci jusqu'au terme du contrat sous réserve du respect des obligations de tout résident.

Art. 11. – La seule circonstance que les locaux font l'objet d'une occupation temporaire en vertu de la convention mentionnée à l'article 2 ne constitue pas un changement de destination de ces locaux au sens de l'article R. 421-17 du Code de l'urbanisme.

Décret n° 2010-219 du 2 mars 2010

relatif au traitement automatisé de données à caractère personnel dénommé « Registre national des fiducies »
(JO 4 mars 2010)

Art. 1. – Un traitement automatisé de données à caractère personnel dénommé « Registre national des fiducies » est mis en œuvre par le ministre chargé du budget (direction générale des finances publiques).

Ce traitement a pour finalité de centraliser les informations relatives aux contrats de fiducie nécessaires pour faciliter les contrôles permettant la lutte contre l'évasion fiscale, le blanchiment des capitaux et le financement du terrorisme.

Art. 2. – Les informations traitées sont les suivantes :

1° Nom, prénoms, adresse, date et lieu de naissance des personnes physiques ayant la qualité de constituant, de fiduciaire et, le cas échéant, des personnes physiques désignées dans le contrat de fiducie comme bénéficiaires ;

2° Dénomination sociale, numéro SIREN et adresse du siège social ou de l'établissement des personnes morales ayant la qualité de constituant, de fiduciaire et, le cas échéant, des personnes morales désignées dans le contrat de fiducie comme bénéficiaires ;

3° Date et numéro de l'enregistrement du contrat de fiducie et de ses avenants et identification du service des impôts auprès duquel la formalité a été accomplie ;

4° Le cas échéant, date d'accomplissement des formalités de la publicité foncière, numéro de publication et identification du service auprès duquel les formalités ont été accomplies.

Art. 3. – Les informations sont conservées dix ans après l'extinction du contrat de fiducie.

Art. 4. – Sont autorisés à accéder aux données mentionnées à l'article 2 les agents de la direction générale des finances publiques chargés de la mise en œuvre du traitement individuellement désignés et spécialement habilités à cette fin.

Art. 5. – Sont destinataires des informations faisant l'objet du traitement, pour l'exercice des missions qui leur sont confiées, le juge d'instruction, le procureur de la République, les officiers de police judiciaire, les agents des douanes mentionnés à l'article 28-1 du Code de procédure pénale, les agents du service TRACFIN et les agents habilités de la direction générale des finances publiques chargés du contrôle et du recouvrement en matière fiscale.

Art. 6. – Les consultations du traitement automatisé aux fins d'accéder aux données traitées font l'objet d'un enregistrement comprenant l'identification du consultant, la date, l'heure et l'objet de la consultation. Ces informations sont conservées pendant un délai de trois ans.

Art. 7. – Le droit d'accès et le droit de rectification, prévus par la loi du 6 janvier 1978 susvisée, s'exercent auprès du service des impôts auprès duquel le contrat de fiducie a été enregistré.

Le droit d'opposition prévu par l'article 38 de la même loi ne s'applique pas au présent traitement.

Loi n° 2010-476 du 12 mai 2010

relative à l'ouverture à la concurrence et à la régulation du secteur des jeux d'argent et de hasard en ligne

(JO 13 mai 2010)

CHAPITRE PREMIER. – DISPOSITIONS RELATIVES À L'ENSEMBLE DU SECTEUR DES JEUX D'ARGENT ET DE HASARD

Art. 1er. – Les jeux d'argent et de hasard ne sont ni un commerce ordinaire, ni un service ordinaire ; dans le respect du principe de subsidiarité, ils font l'objet d'un encadrement strict au regard des enjeux d'ordre public, de sécurité publique et de protection de la santé et des mineurs.

Art. 2 *(Rempl., L. n° 2014-344, 17 mars 2014)*. – La notion de jeu d'argent et de hasard dans la présente loi s'entend des opérations mentionnées aux articles L. 322-2 et L. 322-2-1 du Code de la sécurité intérieure.

Art. 3 *(Mod., D. n° 2011-169, 10 févr. 2011)*. – I. – La politique de l'État en matière de jeux d'argent et de hasard a pour objectif de limiter et d'encadrer l'offre et la consommation des jeux et d'en contrôler l'exploitation afin de :

1° Prévenir le jeu excessif ou pathologique et protéger les mineurs ;

2° Assurer l'intégrité, la fiabilité et la transparence des opérations de jeu ;

3° Prévenir les activités frauduleuses ou criminelles ainsi que le blanchiment de capitaux et le financement du terrorisme ;

4° Veiller au développement équilibré et équitable des différents types de jeu afin d'éviter toute déstabilisation économique des filières concernées.

II. – Compte tenu des risques d'atteinte à l'ordre public et à l'ordre social, l'exploitation des jeux d'argent et de hasard est placée sous un régime de droits exclusifs délivrés par l'État.

Pour les mêmes motifs, sont soumis à un régime d'agrément, dans les conditions prévues par la présente loi, les jeux et les paris en ligne qui font appel au savoir-faire des joueurs et s'agissant des jeux, font intervenir simultanément plusieurs joueurs.

III *(III abr., D. n° 2015-1469, 13 nov. 2015)*.

Art. 4. – I. – Le pari hippique et le pari sportif s'entendent de paris comportant un enjeu en valeur monétaire où les gains éventuels des joueurs dépendent de l'exactitude de leurs pronostics portant sur le résultat de toute épreuve hippique ou compétition sportive réelle légalement organisée en France ou à l'étranger.

II. – Le pari en la forme mutuelle est le pari au titre duquel les joueurs gagnants se partagent l'intégralité des sommes engagées, réunies dans une même masse avant le déroulement de l'épreuve, après déduction des prélèvements de toute nature prévus par la législation et la réglementation en vigueur et de la part de l'opérateur, ce dernier ayant un rôle neutre et désintéressé quant au résultat du pari.

Le pari à cote s'entend du pari pour lequel l'opérateur propose aux joueurs, avant le début des compétitions sportives ou au cours de leur déroulement, des cotes correspondant à son évaluation des probabilités de survenance des résultats de ces compétitions sur lesquels les joueurs parient. Le gain est fixe, exprimé en multiplicateur de la mise et garanti aux joueurs par l'opérateur.

Art. 5. – Les mineurs, même émancipés, ne peuvent prendre part à des jeux d'argent et de hasard dont l'offre publique est autorisée par la loi, à l'exception des jeux de loterie mentionnés *(Mots rempl., L. n° 2014-344, 17 mars 2014)* « aux articles L. 322-3, L. 322-4 et L. 322-5 du Code de la sécurité intérieure ».

Les opérateurs de jeux d'argent et de hasard légalement autorisés sont tenus de faire obstacle à la participation de mineurs, même émancipés, aux activités de jeu ou de pari qu'ils proposent. Ils ne peuvent financer l'organisation ou parrainer la tenue d'événements à destination spécifique des mineurs.

Les opérateurs de jeux ou de paris en ligne mettent en place, lors de toute connexion à leur site, un message avertissant que les jeux d'argent et de hasard sont interdits aux mineurs. La date de naissance du joueur est exigée au moment de son inscription, ainsi qu'à chacune de ses visites sur le site de l'opérateur.

Art. 6. – Ne peuvent être proposés au public les paris sportifs à la cote dans lesquels le montant maximal de la perte potentielle est, hors application des prélèvements et déductions prévus ou autorisés par la loi, supérieur au montant de la mise.

Art. 7. – Toute communication commerciale en faveur d'un opérateur de jeux d'argent et de hasard légalement autorisé est :

1° Assortie d'un message de mise en garde contre le jeu excessif ou pathologique, ainsi que d'un message faisant référence au système d'information et d'assistance prévu à l'article 29 ;

2° Interdite dans les publications à destination des mineurs ;

3° Interdite sur les services de communication audiovisuelle et dans les programmes de communication audiovisuelle, présentés comme s'adressant aux mineurs au sens de l'article 15 de la loi n° 86-1067 du 30 septembre 1986 relative à la liberté de communication ;

4° Interdite dans les services de communication au public en ligne à destination des mineurs ;

5° Interdite dans les salles de spectacles cinématographiques lors de la diffusion d'œuvres accessibles aux mineurs.

Un décret précise les modalités d'application des 1°, 2°, 4° et 5°.

Une délibération du Conseil supérieur de l'audiovisuel précise les conditions de diffusion, par les services de communication audiovisuelle, des communications commerciales mentionnées au premier alinéa, notamment les modalités d'application du 3°.

Art. 8. – Un rapport du Conseil supérieur de l'audiovisuel, élaboré en concertation avec les organismes d'autorégulation mis en place dans le secteur de la publicité, évalue les conséquences de la publicité en faveur des jeux d'argent et de hasard. Il est remis au Parlement dans un délai de dix-huit mois à compter de la date d'entrée en vigueur de la présente loi.

Dans son rapport annuel, le Conseil supérieur de l'audiovisuel évalue l'évolution et les incidences de la publicité en faveur des jeux d'argent et de hasard.

Art. 9. – Quiconque émet ou diffuse, par quelque moyen que ce soit, une communication commerciale non conforme aux dispositions du deuxième alinéa de l'article 5 et de l'article 7 est puni d'une amende de 100 000 €. Le tribunal peut porter le montant de l'amende au quadruple du montant des dépenses publicitaires consacrées à l'opération illégale.

Les associations dont l'objet statutaire comporte la lutte contre les addictions, régulièrement déclarées depuis au moins cinq ans à la date des faits, peuvent exercer les droits reconnus à la partie civile pour les infractions à l'article 7. Peuvent exercer les mêmes droits les associations de consommateurs mentionnées à l'article L. 421-1 du Code de la consommation ainsi que les associations familiales mentionnées aux articles L. 211-1 et L. 211-2 du Code de l'action sociale et des familles.

CHAPITRE II. – LES CATÉGORIES DE JEUX ET PARIS EN LIGNE SOUMIS À AGRÉMENT

Art. 10. – Au sens de la présente loi :

1° Le jeu et le pari en ligne s'entendent d'un jeu et d'un pari dont l'engagement passe exclusivement par l'intermédiaire d'un service de communication au public en ligne. Ne constitue pas un jeu ou un pari en ligne le jeu ou le pari enregistré au moyen de terminaux servant exclusivement ou essentiellement à l'offre de jeux ou à la prise de paris et mis à la disposition des joueurs dans des lieux publics ou des lieux privés ouverts au public ;

2° Est un opérateur de jeux ou de paris en ligne toute personne qui, de manière habituelle, propose au public des services de jeux ou de paris en ligne comportant des enjeux en valeur monétaire et dont les modalités sont définies par un règlement constitutif d'un contrat d'adhésion au jeu soumis à l'acceptation des joueurs ;

3° Un joueur ou un parieur en ligne s'entend de toute personne qui accepte un contrat d'adhésion au jeu proposé par un opérateur de jeux ou de paris en ligne. Toute somme engagée par un joueur, y compris celle provenant de la remise en jeu d'un gain, constitue une mise ;

4° Un compte de joueur en ligne s'entend du compte attribué à chaque joueur par un opérateur de jeux ou de paris en ligne pour un ou plusieurs jeux. Il retrace les mises et les gains liés aux jeux et paris, les mouvements financiers qui leur sont liés ainsi que le solde des avoirs du joueur auprès de l'opérateur.

Art. 11. – I. – Par dérogation aux dispositions de l'article 4 de la loi du 2 juin 1891 ayant pour objet de réglementer l'autorisation et le fonctionnement des courses de chevaux, toute personne peut organiser, dans les conditions fixées par la présente loi, la prise de paris hippiques en ligne dès lors qu'elle est titulaire de l'agrément prévu à l'article 21 de la présente loi en tant qu'opérateur de tels paris.

Ces paris ne peuvent porter que sur les réunions de courses et les courses figurant sur une liste établie suivant des modalités définies par voie réglementaire. Cette liste détermine également les réunions de courses et les courses pouvant servir de support à des paris complexes en ligne.

II. – Seules sont autorisées l'organisation et la prise de paris hippiques en ligne en la forme mutuelle enregistrés préalablement au départ de l'épreuve qui en est l'objet. Les règles encadrant la prise de paris en la forme mutuelle ne font pas obstacle au recours, par les opérateurs de paris agréés, à des mécanismes d'abondement des gains, sous réserve que cette pratique demeure ponctuelle et n'ait pas pour effet de dénaturer le caractère mutuel des paris.

Art. 12 *(Mod., L. n° 2014-344, 17 mars 2014 ; L. n° 2017-261, 1er mars 2017).* – I. - Par dérogation aux articles L. 322-1, L. 322-2 et L. 324-1 du Code de la sécurité intérieure, toute personne titulaire de l'agrément prévu à l'article 21 de la présente loi en tant qu'opérateur de paris sportifs en ligne peut organiser, dans les conditions prévues par la présente loi, la prise de tels paris. La liste des compétitions ou manifestations sportives sur lesquelles des paris sportifs sont autorisés en tout ou partie est fixée par l'Autorité de régulation des jeux en ligne au regard des risques de manipulation que les compétitions ou manifestations sportives présentent et suivant des modalités définies par voie réglementaire (1).

II. - Les types de résultats supports des paris ainsi que les phases de jeux correspondantes sont fixés, pour chaque sport, par l'Autorité de régulation des jeux en ligne au regard des risques de manipulation qu'ils présentent et suivant des modalités définies par voie réglementaire (1).

III. - Les règles encadrant la prise de paris en la forme mutuelle ne font pas obstacle au recours, par les opérateurs de paris agréés en application de l'article 21, à des mécanismes d'abondement des gains, sous réserve que cette pratique demeure ponctuelle et n'ait pas pour effet de dénaturer le caractère mutuel des paris.

IV. - Seules sont autorisées l'organisation et la prise de paris sportifs en ligne en la forme mutuelle ou à cote au sens de l'article 4 de la présente loi.

V. - Le président de l'Autorité de régulation des jeux en ligne peut, s'il existe des indices graves et concordants de manipulation d'une compétition ou manifestation sportive inscrite sur la liste définie au I du présent article, interdire, pour une durée qu'il détermine, tout pari sur celle-ci. L'organisateur de la compétition ou manifestation sportive peut le saisir à cette fin.

Art. 13. – I. – En matière de paris en ligne sur les épreuves hippiques ou sportives, sont seules autorisées l'organisation et la prise de paris enregistrés en compte par transfert de données numériques exclusivement par l'intermédiaire d'un service de communication au public en ligne, à l'initiative du joueur connecté directement au site de l'opérateur agréé.

II. – Les catégories de paris sportifs et hippiques autorisés, les principes régissant leurs règles techniques et la proportion maximale des sommes versées en moyenne aux joueurs, y compris la contre-valeur des lots en nature attribués, par rapport aux sommes engagées par type d'agrément sont fixés par décret.

Art. 14 *(Mod., L. n° 2014-344, 17 mars 2014 ; L. n° 2016-1321, 7 oct. 2016).* – I. - Par dérogation aux dispositions de l'article L. 324-1 du Code de la sécurité intérieure, toute personne titulaire de l'agrément prévu à l'article 21 de la présente loi en tant qu'opérateur de jeux de cercle en ligne peut organiser, dans les conditions prévues par la présente loi, de tels jeux.

II. - Pour l'application du I, seuls peuvent être proposés en ligne les jeux de cercle constituant des jeux de répartition reposant sur le hasard et sur le savoir-faire dans lesquels le joueur, postérieurement à l'intervention du hasard, décide, en tenant compte de la conduite des autres joueurs, d'une stratégie susceptible de modifier son espérance de gains.

Seuls sont autorisés les jeux de cercle entre joueurs jouant via des sites d'opérateurs titulaires de l'agrément prévu à l'article 21.

(1) V. T. appl. : D. n° 2010-483, 12 mai 2010. – NDLR.

Toutefois, par dérogation au premier alinéa du présent II, l'Autorité de régulation des jeux en ligne peut autoriser un opérateur titulaire de l'agrément prévu à l'article 21 à proposer aux joueurs titulaires d'un compte validé sur un site faisant l'objet de l'agrément de participer à des jeux de cercle définis au même premier alinéa avec les joueurs titulaires d'un compte ouvert sur un site faisant l'objet d'un agrément par un État membre de l'Union européenne ou d'un État partie à l'accord sur l'Espace économique européen.

Cette autorisation est subordonnée à l'existence d'une convention conclue dans les conditions prévues au second alinéa du V de l'article 34. Elle détermine les obligations particulières imposées à l'opérateur afin de permettre l'exercice du contrôle de son activité par l'Autorité de régulation des jeux en ligne.

III. - Les mises sont enregistrées en compte par transfert de données numériques exclusivement par l'intermédiaire d'un service de communication au public en ligne, à l'initiative du joueur connecté directement au site de l'opérateur agréé.

IV. - Les catégories de jeux de cercle mentionnées au II ainsi que les principes régissant leurs règles techniques sont fixés par décret.

CHAPITRE III. – LES OBLIGATIONS DES ENTREPRISES SOLLICITANT L'AGRÉMENT D'OPÉRATEUR DE JEUX OU DE PARIS EN LIGNE

Art. 15. – L'entreprise sollicitant l'agrément en tant qu'opérateur de jeux ou de paris en ligne justifie de l'identité et de l'adresse de son propriétaire ou, s'il s'agit d'une personne morale, de son siège social, de sa structure juridique, de l'identité et de l'adresse de ses dirigeants. Elle fournit les éléments relatifs à des condamnations pénales, déterminées par le décret mentionné au III de l'article 21, ou des sanctions administratives, mentionnées à l'article 43, dont elle-même, son propriétaire ou, s'il s'agit d'une personne morale, un de ses dirigeants ou de ses mandataires sociaux a, le cas échéant, fait l'objet.

Dans le cas où l'entreprise est constituée en société par actions, elle présente l'ensemble des personnes physiques ou morales qui détiennent plus de 5 % de son capital ou de ses droits de vote ainsi que, le cas échéant, la ou les personnes qui la contrôlent directement ou indirectement au sens de l'article L. 233-16 du Code de commerce.

L'entreprise justifie de ses moyens humains et matériels et communique l'ensemble des informations comptables et financières de nature à attester sa solidité financière et sa capacité à assumer les investissements nécessaires au respect de ses obligations légales et réglementaires. S'il s'agit d'une entreprise individuelle, elle présente les montants des actifs détenus par l'entrepreneur et des dettes qu'il a contractées.

L'entreprise sollicitant l'agrément ne peut avoir son siège social, une filiale ou un équipement dans un État ou territoire non coopératif au sens de l'article 238-0 A du Code général des impôts.

Toute modification de ces éléments intervenant postérieurement à l'agrément est portée à la connaissance de l'Autorité de régulation des jeux en ligne dans les conditions prévues au V de l'article 21.

(L. n° 2014-344, 17 mars 2014) Elle justifie de l'existence d'une sûreté, d'une fiducie, d'une assurance, d'un compte sous séquestre ou de tout autre instrument ou mécanisme garantissant, en toutes circonstances, le reversement de la totalité des avoirs exigibles des joueurs.

(L. n° 2014-344, 17 mars 2014) L'opérateur veille à ce que l'étendue de la garantie qu'il fournit soit toujours à la mesure des avoirs exigibles des joueurs. Il informe, sans délai, l'Autorité de régulation des jeux en ligne des variations qui affectent l'étendue de cette garantie. Le cas échéant, l'Autorité de régulation des jeux en ligne peut, de sa propre initiative, exiger de l'opérateur qu'il procède aux adaptations nécessaires de l'étendue de cette garantie, dans un délai qu'elle détermine.

Art. 16. – L'entreprise sollicitant l'agrément présente la nature, les caractéristiques et les modalités d'exploitation, d'organisation ou de sous-traitance du site de jeux en ligne et des opérations de jeu ou de pari en ligne qu'elle entend proposer au public ainsi que les caractéristiques des plates-formes et logiciels de jeux et de traitement de paris qu'elle compte utiliser.

Elle décrit, pour chaque jeu proposé, le processus de traitement des données de jeu ainsi que les moyens permettant que ces données soient, en temps réel ou différé, mises à la disposition de l'Autorité de régulation des jeux en ligne.

Elle donne connaissance des contrats de fourniture ou de sous-traitance d'opérations de jeu ou de pari en ligne qu'elle a conclus.

Elle souscrit l'engagement de donner aux représentants habilités de l'Autorité de régulation des jeux en ligne l'accès au local où se trouve le support matériel de données mentionné à l'article 31.

Elle justifie de sa capacité à maintenir la conformité des jeux qu'elle propose à la réglementation qui leur est applicable. Elle désigne la ou les personnes, domiciliées en France, qui en sont responsables.

Elle communique, à titre d'information, dans l'hypothèse où elle opère légalement dans son État d'établissement pour une même catégorie de jeux ou de paris en ligne, les exigences et en général, la surveillance réglementaire et le régime des sanctions auxquels elle est déjà soumise dans cet État.

CHAPITRE IV. – LUTTE CONTRE LA FRAUDE

Art. 17 *(Mod., L. fin. n° 2015-1785, 29 déc. 2015)*. – L'entreprise sollicitant l'agrément précise les modalités d'accès et d'inscription à son site de tout joueur et les moyens lui permettant de s'assurer de l'identité de chaque nouveau joueur, de son âge, de son adresse et de l'identification du compte de paiement sur lequel sont reversés ses avoirs. Elle s'assure également, lors de l'ouverture initiale du compte joueur et lors de toute session de jeu, que le joueur est une personne physique, en requérant l'entrée d'un code permettant d'empêcher les inscriptions et l'accès de robots informatiques.

Elle justifie, auprès de l'Autorité de régulation des jeux en ligne, compte tenu de la date de transmission des documents d'ouverture de compte, du processus assurant qu'un compte joueur est ouvert à tout nouveau joueur ou parieur avant toute activité de jeu ou de pari et, pour les personnes autres que celles visées à l'article 68, que cette ouverture et l'approvisionnement initial par son titulaire sont intervenus postérieurement à sa date d'agrément.

L'ouverture d'un compte joueur ne peut être réalisée qu'à l'initiative de son titulaire et après sa demande expresse, à l'exclusion de toute procédure automatique.

L'opérateur agréé de jeux ou de paris en ligne peut proposer au joueur, de manière provisoire, une activité de jeu d'argent ou de pari en ligne avant vérification des éléments mentionnés au premier alinéa. Cette vérification et celle de la majorité du joueur conditionnent toutefois la validation du compte joueur et la restitution de son éventuel solde créditeur. Sans préjudice des cas de clôture d'un compte pouvant être prévus dans le règlement portant conditions générales de l'offre de jeux et de paris, l'opérateur clôture le compte provisoire lorsqu'il ne peut le valider eu égard aux justificatifs ou formalités exigés ou lorsque le joueur en fait la demande. Un décret en Conseil d'État précise les modalités de clôture d'un compte provisoire. En cas de clôture d'un compte provisoire présentant un solde créditeur, l'opérateur met en réserve, sans délai, la somme correspondante, pour une durée de six ans à compter de cette clôture. Durant cette période, sans préjudice de l'application de l'article L. 561-16 du Code monétaire et financier, le joueur peut obtenir le reversement de ce solde créditeur en communiquant à l'opérateur, qui les vérifie, les éléments mentionnés au premier alinéa du présent article. Si, à l'issue du délai de six années, cette somme n'a pas été reversée au joueur, elle est acquise à l'État. Trois mois avant l'expiration de ce délai, l'opérateur utilise tout moyen à sa disposition pour informer le joueur des conditions dans lesquelles il peut obtenir le reversement de cette somme et, à défaut, de l'acquisition de celle-ci à l'État.

Le compte joueur ne peut être crédité que par son titulaire au titre des approvisionnements qu'il réalise dans les conditions définies au présent article ou par l'opérateur agréé qui détient le compte soit au titre des gains réalisés par le joueur, soit à titre d'offre promotionnelle.

L'approvisionnement d'un compte joueur par son titulaire ne peut être réalisé qu'au moyen d'instruments de paiement mis à disposition par un prestataire de services de paiement établi dans un État membre de la Communauté européenne ou un État partie à l'accord sur l'Espace économique européen ayant conclu avec la France une convention contenant une clause d'assistance administrative en vue de lutter contre la fraude et l'évasion fiscales. Seuls peuvent être utilisés les instruments de paiement mentionnés au chapitre III du titre III du livre Ier du Code monétaire et financier.

L'opérateur procède à la clôture du compte, sur la demande du joueur ou dans les cas prévus par décret. En cas de clôture du compte présentant un solde créditeur et s'il ne peut procéder au reversement, notamment parce qu'il n'est pas en mesure de vérifier les références du compte de paiement, l'opérateur met en réserve, sans délai, la somme correspondante pour une durée de six ans à compter de cette clôture. Durant cette période, et sans préjudice de l'application de l'article L. 561-16 du Code monétaire et financier, le joueur peut obtenir le reversement de cette somme en communiquant à l'opérateur, qui les vérifie, les éléments d'identification nécessaires. Si, à l'issue du délai de six années, cette somme n'a pas été reversée au joueur, elle est acquise à l'État. Trois mois avant l'expiration de ce délai, l'opérateur utilise tout moyen à sa disposition pour informer le joueur des conditions dans lesquelles il peut obtenir le reversement de cette somme et, à défaut, de l'acquisition de celle-ci à l'État.

Les avoirs du joueur auprès de l'opérateur ne peuvent être reversés que sur un seul compte de paiement ouvert par le joueur auprès d'un prestataire de services de paiement établi dans un État membre de la Communauté européenne ou un État partie à l'accord sur l'Espace économique européen ayant conclu avec la France une convention contenant une clause d'assistance administrative en vue de lutter contre la fraude et l'évasion fiscales. Le joueur communique à l'opérateur les références de ce compte de paiement lors de l'ouverture de son compte joueur. Le reversement de ces avoirs ne peut être réalisé que par virement vers ce compte de paiement.

Art. 18. – L'entreprise sollicitant l'agrément précise les modalités d'encaissement et de paiement, à partir de son site, des mises et des gains.

(Al. mod., L. n° 2014-344, 17 mars 2014) Elle justifie de la disposition d'un compte ouvert dans un établissement de crédit établi dans un État membre de la Communauté européenne ou un État partie à l'accord sur l'Espace économique européen ayant conclu avec la France une convention contenant une clause d'assistance administrative en vue de lutter contre la fraude et l'évasion fiscales, sur lequel sont exclusivement réalisées les opérations d'encaissement et de paiement liées aux jeux et paris qu'elle propose légalement en France. Le cas échéant, le compte dédié peut être établi au nom d'un fiduciaire réglementé, ou l'équivalent dans l'État concerné, à raison de la conclusion entre l'opérateur et le fiduciaire d'une convention de fiducie relevant du droit français ou de celui d'un État membre de l'Union européenne, au bénéfice des joueurs en vue de la protection de leurs avoirs.

Elle justifie de sa capacité à assumer ses obligations en matière de lutte contre les activités frauduleuses ou criminelles, en particulier le blanchiment de capitaux et le financement du terrorisme.

L'entreprise demandant l'agrément accrédite, s'il y a lieu, un représentant en France conformément à l'article 302 *bis* ZN du Code général des impôts.

Elle précise l'organisation lui permettant d'assurer la déclaration et le paiement des versements de toute nature dus au titre de l'activité pour laquelle elle sollicite l'agrément.

Art. 19. – L'entreprise sollicitant l'agrément décrit les moyens qu'elle met en œuvre pour protéger les données à caractère personnel et la vie privée des joueurs, conformément aux dispositions de la loi n° 78-17 du 6 janvier 1978 relative à l'informatique, aux fichiers et aux libertés.

Elle présente la procédure de réclamation gratuite mise à leur disposition.

Art. 20. – Les obligations prévues aux articles 15 à 19 sont précisées par décret en Conseil d'État. Ce décret détermine notamment les conditions de recueil du consentement des joueurs aux utilisations, autres que celles nécessaires au contrôle des autorités publiques, des données personnelles les concernant.

Les éléments constitutifs de la demande d'agrément sont établis par un cahier des charges approuvé par le ministre de l'intérieur, le ministre chargé du budget, le ministre chargé de l'agriculture et le ministre chargé des sports, sur proposition de l'Autorité de régulation des jeux en ligne.

CHAPITRE V. – RÉGIME DE DÉLIVRANCE DES AGRÉMENTS

Art. 21. – I. – L'agrément pouvant bénéficier aux opérateurs de jeux ou de paris en ligne mentionnés aux articles 11, 12 et 14 est délivré par l'Autorité de régulation des jeux en ligne. Il est distinct pour les paris hippiques, les paris sportifs et les jeux de cercle en ligne. Il est délivré pour une durée de cinq ans. Il est renouvelable. Il n'est pas cessible.

L'agrément est subordonné au respect par le bénéficiaire du cahier des charges, mentionné à l'article 20, qui lui est applicable et des autres obligations énoncées dans la présente loi.

II. – Ne peuvent demander l'agrément prévu au I, ou son renouvellement, que les opérateurs de jeux ou de paris en ligne dont le siège social est établi soit dans un État membre de la Communauté européenne, soit dans un autre État partie à l'accord sur l'Espace économique européen ayant conclu avec la France une convention contenant une clause d'assistance administrative en vue de lutter contre la fraude et l'évasion fiscales.

Toutefois, les opérateurs de jeux ou de paris en ligne établis dans un État ou territoire non coopératif, tel que défini à l'article 238-0 A du Code général des impôts, ou contrôlés, au sens de l'article L. 233-16 du Code de commerce, par une société établie dans un tel État ou territoire, ne peuvent demander l'agrément prévu au I.

III. – Tout refus d'agrément ou de renouvellement est motivé. L'agrément ou son renouvellement ne peut être refusé que pour un motif tiré de l'incapacité technique, économique ou financière du demandeur de faire face durablement aux obligations attachées à son activité ou de la sauvegarde de l'ordre public, de la lutte contre le blanchiment des capitaux et le financement du terrorisme, des nécessités de la sécurité publique et de la lutte contre le jeu excessif ou pathologique.

Le refus peut également être motivé par la circonstance que l'opérateur demandeur a été frappé d'une des sanctions prévues à l'article 43 ou que l'entreprise, son propriétaire ou, s'il s'agit d'une personne morale, un de ses dirigeants ou de ses mandataires sociaux a fait l'objet d'une condamnation pénale devenue définitive relevant des catégories énumérées par décret en Conseil d'État.

IV. – La décision d'octroi de l'agrément indique les caractéristiques de l'offre de jeux ou de paris en ligne autorisée ainsi que, le cas échéant, les obligations particulières imposées au titulaire, compte tenu des spécificités de son offre de jeux ou paris et de son organisation, pour permettre l'exercice du contrôle de son activité par l'Autorité de régulation des jeux en ligne.

V. – Toute modification apportée aux informations constitutives de la demande d'agrément doit être communiquée à l'Autorité de régulation des jeux en ligne dans un délai fixé par le décret en Conseil d'État prévu au VIII. Les modifications susceptibles d'affecter les éléments inhérents à la demande d'agrément, et notamment tout changement significatif dans la détention du capital de l'opérateur ou dans sa situation financière, peuvent conduire l'Autorité de régulation des jeux en ligne, par décision motivée, à inviter l'opérateur à présenter une nouvelle demande d'agrément dans un délai d'un mois.

VI. – Lors de la procédure d'examen des demandes d'agrément, l'Autorité de régulation des jeux en ligne prend en considération les éléments, mentionnés au dernier alinéa de l'article 16, que l'opérateur sollicitant l'agrément lui a, le cas échéant, communiqués.

VII. – L'Autorité de régulation des jeux en ligne établit et tient à jour la liste des opérateurs de jeux ou de paris en ligne titulaires de l'agrément prévu au I, en précisant les catégories de jeux ou de paris autorisées. Cette liste est publiée au *Journal officiel* et dans un quotidien national traitant de l'actualité hippique, pour les agréments délivrés pour les paris hippiques, ou de l'actualité sportive, pour les agréments délivrés pour les paris sportifs.

VIII. – Un décret en Conseil d'État prévoit les modalités de délivrance des agréments.

CHAPITRE VI. – LES OBLIGATIONS DES OPÉRATEURS AGRÉES DE JEUX EN LIGNE ET LA LUTTE CONTRE LE BLANCHIMENT

Art. 22 *(V. C. monét. fin., art. L. 561-2 et L. 561-36 à L. 561-38).*

Art. 23. – I. – Toute entreprise titulaire de l'agrément d'opérateur de jeux et paris en ligne prévu à l'article 21 respecte les obligations prévues aux articles 15 à 19.

II. – Dans un délai de six mois à compter de la date de mise en fonctionnement du support prévu à l'article 31, l'opérateur de jeux ou de paris en ligne transmet à l'Autorité de régulation des jeux en ligne un document attestant de la certification qu'il a obtenue, laquelle porte sur le respect par ses soins des obligations relatives aux articles 31 et 38. Cette certification est réalisée par un organisme indépendant choisi par l'opérateur au sein d'une liste établie par l'Autorité de régulation des jeux en ligne. Le coût de cette certification est à la charge de l'opérateur de jeux ou de paris en ligne.

III. – Dans un délai d'un an à compter de la date d'obtention de l'agrément prévu à l'article 21, l'opérateur de jeux ou de paris en ligne transmet à l'Autorité de régulation des jeux en ligne un document attestant de la certification qu'il a obtenue, laquelle porte sur le respect par ses soins de l'ensemble de ses obligations légales et réglementaires. Cette certification est réalisée par un organisme indépendant choisi par l'opérateur au sein de la liste visée au II du présent article. Le coût de cette certification est à la charge de l'opérateur de jeux ou de paris en ligne.

Elle fait l'objet d'une actualisation annuelle.

IV. – *(Abr. L. n° 2014-344, 17 mars 2014).*

Art. 24. – L'opérateur de jeux ou de paris en ligne est tenu de mettre en place, en vue des jeux ou paris en ligne faisant l'objet de l'agrément prévu à l'article 21, un site dédié, exclusivement accessible par un nom de domaine de premier niveau comportant la terminaison « .fr ».

Toutes les connexions établies, par l'intermédiaire d'un service de communication au public en ligne, à une adresse d'un site de l'opérateur ou de l'une de ses filiales et qui soit proviennent d'un terminal de consultation situé sur le territoire français, soit sont réalisées, après identification du joueur, au moyen d'un compte de joueur résidant en France, sont redirigées par l'opérateur vers ce site dédié.

Art. 25. – Toute entreprise exerçant, dans le secteur des jeux et des paris en ligne, une ou plusieurs activités régies par la présente loi établit, dans sa comptabilité interne, des comptes séparés respectivement au titre des jeux et paris proposés dans le cadre des agréments délivrés au titre de la présente loi et au titre des autres activités de l'entreprise en France et à l'étranger.

Toute entreprise titulaire de l'agrément d'opérateur de jeux et paris en ligne prévu à l'article 21 transmet ses comptes, certifiés par un commissaire aux comptes, à l'Autorité de régulation des jeux en ligne après la clôture de chaque exercice.

CHAPITRE VII. – LA LUTTE CONTRE LE JEU EXCESSIF OU PATHOLOGIQUE

Art. 26 *(Mod., L. n° 2014-344, 17 mars 2014 ; L. n° 2016-1321, 7 oct. 2016)*. – L'opérateur de jeux ou de paris en ligne titulaire de l'agrément prévu à l'article 21 est tenu de faire obstacle à la participation aux activités de jeu ou de pari qu'il propose des personnes interdites de jeu en vertu de la réglementation en vigueur ou exclues de jeu à leur demande. Il interroge à cette fin, par l'intermédiaire de l'Autorité de régulation des jeux en ligne et dans le respect des dispositions de la loi n° 78-17 du 6 janvier 1978 précitée, les fichiers des interdits de jeu tenus par les services du ministère de l'intérieur. Il clôture tout compte joueur dont le titulaire viendrait à être touché par une interdiction ou une exclusion.

Il prévient les comportements de jeu excessif ou pathologique par la mise en place de mécanismes d'auto-exclusion et de modération et de dispositifs d'autolimitation des dépôts et des mises. Il met également en place, pour les jeux de cercle en ligne définis à l'article 14, un dispositif d'autolimitation de temps de jeu effectif. Il communique en permanence à tout joueur fréquentant son site le solde instantané de son compte. Il informe les joueurs des risques liés au jeu excessif ou pathologique par le biais d'un message de mise en garde, ainsi que des procédures d'inscription sur les fichiers des interdits de jeu tenus par les services du ministère de l'intérieur. Un arrêté du ministre de la santé précise le contenu de ce message de mise en garde.

Il s'abstient d'adresser toute communication commerciale aux titulaires d'un compte joueur bénéficiant d'une mesure d'auto-exclusion sur son site et, dans le cas des joueurs auto-exclus définitivement, pendant la période durant laquelle ceux-ci ne peuvent solliciter à nouveau l'ouverture d'un compte. À compter du 1er janvier 2015, il s'abstient également d'adresser toute communication commerciale aux anciens titulaires d'un compte joueur dès lors qu'ils sont inscrits sur les fichiers des interdits de jeu mentionnés au premier alinéa et que l'opérateur dispose des informations personnelles relatives à ces joueurs permettant d'interroger ces fichiers dans le respect de la loi n° 78-17 du 6 janvier 1978 précitée.

Art. 27. – L'opérateur de jeux ou de paris en ligne titulaire de l'agrément prévu à l'article 21 rend compte dans un rapport annuel, transmis à l'Autorité de régulation des jeux en ligne, des actions qu'il a menées et des moyens qu'il a consacrés pour promouvoir le jeu responsable et lutter contre le jeu excessif ou pathologique.

Il rend également compte annuellement à la même autorité des résultats des contrôles qu'il a réalisés en matière de lutte contre les activités frauduleuses ou criminelles ainsi que le blanchiment de capitaux et le financement du terrorisme.

Art. 28 *(Mod., D. n° 2015-1469, 13 nov. 2015)*. – I. - L'opérateur de jeux ou de paris en ligne titulaire de l'agrément prévu à l'article 21 informe en permanence les joueurs de l'existence du service d'information et d'assistance prévu à l'article 29.

II. - Tout autre organisme que l'organisme prévu à l'article 29 qui souhaite proposer un service d'information et d'assistance doit adresser, chaque année, un rapport précisant les modalités d'organisation et le bilan de ses actions. Les informations devant figurer dans ce rapport sont précisées par décret..

Art. 29. – Un numéro d'appel téléphonique est mis à la disposition des joueurs excessifs ou pathologiques et de leur entourage par les pouvoirs publics sous la responsabilité de l'Institut national de prévention et d'éducation pour la santé. Cet appel est facturé à l'abonné au prix d'un appel local.

Art. 30. – Le jeu à crédit est interdit.

Il est interdit à tout opérateur de jeux titulaire de l'agrément mentionné à l'article 21 ainsi qu'à tout dirigeant, mandataire social ou employé d'un tel opérateur de consentir des prêts d'argent aux joueurs ou de mettre en place directement ou indirectement des dispositifs permettant aux joueurs de s'accorder des prêts entre eux.

Le site de l'opérateur agréé de jeux en ligne ne peut contenir aucune publicité en faveur d'une entreprise susceptible de consentir des prêts d'argent aux joueurs ou de permettre le prêt entre joueurs, ni aucun lien vers le site d'une telle entreprise.

CHAPITRE VIII. – LA TRANSPARENCE DES OPÉRATIONS DE JEU

Art. 31 *(Mod., L. n° 2014-344, 17 mars 2014).* – L'opérateur de jeux ou de paris en ligne titulaire de l'agrément prévu à l'article 21 est tenu de procéder à l'archivage en temps réel, sur un support matériel situé en France métropolitaine, de l'intégralité des données mentionnées aux 1° à 3° de l'article 38. L'ensemble des données échangées entre le joueur et l'opérateur transitent par ce support.

L'obligation d'archivage prévue au premier alinéa s'applique à compter du 1er juillet 2015 s'agissant des données portant sur les références du compte de paiement mentionnées au 2° du même article 38.

CHAPITRE IX. – PRÉVENTION DES CONFLITS D'INTÉRÊTS

Art. 32. – I. - Le propriétaire, les dirigeants, les mandataires sociaux et le personnel d'un opérateur de jeux ou de paris en ligne titulaire de l'agrément prévu à l'article 21 ne peuvent engager, à titre personnel, directement ou par personne interposée, des mises sur des jeux ou des paris proposés par cet opérateur.

(Abr., L. n° 2012-158, 1er févr. 2012).

Les sociétés mères de courses de chevaux, définies à l'article 2 de la loi du 2 juin 1891 ayant pour objet de réglementer l'autorisation et le fonctionnement des courses de chevaux, doivent intégrer au sein du code des courses de leur spécialité des dispositions ayant pour objet d'empêcher les jockeys et les entraîneurs participant à une épreuve hippique d'engager, directement ou par personne interposée, des mises sur des paris reposant sur cette épreuve et de communiquer à des tiers des informations privilégiées, obtenues à l'occasion de leur profession ou de leurs fonctions, et qui sont inconnues du public.

(Abr., L. n° 2012-158, 1er févr. 2012).

II. - L'opérateur de jeux ou de paris en ligne titulaire de l'agrément prévu à l'article 21 transmet à l'Autorité de régulation des jeux en ligne les contrats de partenariat conclus avec des personnes physiques ou morales organisant des courses hippiques, compétitions ou manifestations sportives ou y prenant part dès le moment où il propose des jeux ou paris sur lesdites courses hippiques, compétitions ou manifestations sportives.

III. - L'opérateur de jeux ou de paris en ligne titulaire de l'agrément prévu à l'article 21 dont le propriétaire, l'un des dirigeants, mandataires sociaux ou membres du personnel détient un intérêt, personnel ou lié à sa participation dans une personne morale, dans une course hippique, compétition ou manifestation sportive, sur laquelle il organise des jeux ou paris, en fait la déclaration auprès de l'Autorité de régulation des jeux en ligne.

IV. - Il est interdit à tout opérateur de jeux en ligne titulaire de l'agrément prévu à l'article 21 de détenir le contrôle, au sens de l'article L. 233-16 du Code de commerce, directement ou indirectement, d'un organisateur ou d'une partie prenante à une compétition ou manifestation sportive sur laquelle il organise des paris. De même, il est interdit à tout organisateur et à toute partie prenante à une compétition ou manifestation sportive de détenir le contrôle, au sens du même article L. 233-16, directement ou indirectement, d'un opérateur de jeux ou de paris en ligne proposant des paris sur les événements qu'il organise ou auxquels il participe. Un décret précise les conditions de détention indirecte.

V. - Tout conflit d'intérêts constaté par l'Autorité de régulation des jeux en ligne suite aux déclarations préalablement citées ou suite à un contrôle fait l'objet d'une sanction dans les conditions prévues à l'article 43, lorsqu'il est proscrit par la présente loi et imputable à un opérateur titulaire de l'agrément prévu à l'article 21.

Art. 33. – Un décret en Conseil d'État précise les modalités d'application des articles 23, 25 à 28 et 30 à 32.

CHAPITRE X. – L'AUTORITÉ DE RÉGULATION DES JEUX EN LIGNE

Art. 34 *(Mod., L. n° 2016-1321, 7 oct. 2016 ; L. n° 2017-55, 20 janv. 2017).* – I. - L'Autorité de régulation des jeux en ligne est une autorité administrative indépendante.

Elle veille au respect des objectifs de la politique des jeux et des paris en ligne soumis à agrément sur le fondement des articles 11, 12 et 14.

Elle exerce la surveillance des opérations de jeu ou de pari en ligne et participe à la lutte contre les sites illégaux et contre la fraude.

Elle propose aux ministres compétents le cahier des charges mentionné au second alinéa de l'article 20.

Elle rend un avis sur tout projet de texte relatif au secteur des jeux en ligne soumis à agrément que lui transmet le Gouvernement.

Elle peut proposer au Gouvernement les modifications législatives et réglementaires qui lui paraissent nécessaires à la poursuite des objectifs de la politique des jeux d'argent et de hasard mentionnés à l'article 3 de la présente loi.

II. - L'Autorité de régulation des jeux en ligne instruit les dossiers de demande d'agrément des opérateurs de jeux ou de paris en ligne et délivre les agréments en veillant au respect des objectifs de la politique des jeux d'argent et de hasard mentionnés au même article 3.

III. - L'Autorité de régulation des jeux en ligne fixe les caractéristiques techniques des plates-formes et des logiciels de jeux et de paris en ligne des opérateurs soumis au régime d'agrément.

Elle homologue les logiciels de jeux et de paris utilisés par les opérateurs.

Elle évalue périodiquement le niveau de sécurité proposé par les plates-formes de jeux des opérateurs.

Elle détermine, en tant que de besoin, les paramètres techniques des jeux en ligne pour l'application des décrets prévus aux articles 13 et 14.

L'Autorité de régulation des jeux en ligne s'assure de la qualité des certifications réalisées en application de l'article 23 et peut procéder à la modification de la liste des organismes certificateurs.

IV. - En vue de lutter contre la dépendance au jeu, l'Autorité de régulation des jeux en ligne peut mener, seule ou avec toute personne intéressée à la poursuite de cet objectif, toute action en direction des opérateurs agréés ou de leurs joueurs. Elle évalue les résultats des actions menées par les opérateurs agréés en matière de prévention du jeu excessif ou pathologique et peut leur adresser des recommandations à ce sujet.

Elle peut, par une décision motivée, limiter les offres commerciales comportant une gratification financière des joueurs.

V. - En vue du contrôle du respect par les opérateurs des dispositions législatives et réglementaires et des clauses du cahier des charges, le président de l'Autorité peut conclure au nom de l'État des conventions avec les autorités de régulation des jeux d'autres États membres de la Communauté européenne ou d'autres États parties à l'accord sur l'Espace économique européen pour échanger les résultats des contrôles réalisés par ces autorités et par elle-même à l'égard d'opérateurs de jeux ou de paris en ligne.

De telles conventions peuvent également être conclues au nom de l'État par le président de l'autorité pour déterminer les modalités de mise en œuvre et de contrôle des offres de jeux de cercle mentionnées aux deux derniers alinéas du II de l'article 14. Ces conventions prévoient les conditions dans lesquelles l'Autorité de régulation des jeux en ligne et l'autorité de régulation des jeux concernée échangent toute information ou document nécessaire à l'exercice de leurs missions, notamment en matière de prévention des activités frauduleuses ou criminelles ainsi que du blanchiment de capitaux du financement du terrorisme.

VI *(VI abr., L. n° 2017-55, 20 janv. 2017).*

Art. 35 *(Mod., Ord. n° 2015-948, 31 juill. 2015 ; L. n° 2016-1321, 7 oct. 2016 ; L. n° 2017-55, 20 janv. 2017).* – I. - L'Autorité de régulation des jeux en ligne comprend un collège, une commission des sanctions, un médiateur et, le cas échéant, des commissions spécialisées.

Sauf disposition contraire prise en application du I de l'article 37 et à l'exception des décisions relatives aux sanctions, les attributions confiées à l'Autorité de régulation des jeux en ligne sont exercées par le collège.

II. - Le collège est composé de sept membres nommés à raison de leur compétence économique, juridique ou technique. Le président est nommé par décret du Président de la République et deux autres membres sont nommés par décret. Ils comprennent au moins une femme et un homme. Deux membres sont nommés par le président de l'Assemblée nationale et deux par le président du Sénat. Chacune de ces deux autorités nomme une femme et un homme.

Le président de l'Autorité de régulation des jeux en ligne exerce ses fonctions à temps plein. Lorsqu'il est occupé par un fonctionnaire, l'emploi de président ouvre droit à pension dans les conditions définies par le Code des pensions civiles et militaires de retraite.

La durée du mandat des membres est de six ans. Ce mandat n'est pas renouvelable.

Selon des modalités définies par décret en Conseil d'État, le collège est, à l'exception de son président, renouvelé par moitié tous les trois ans.

III. - Dans des conditions fixées par décret, le collège peut constituer des commissions spécialisées, dans lesquelles il peut nommer des personnalités qualifiées.

Art. 36. – I *(I abr., L. n° 2017-55, 20 janv. 2017)*.

II *(II mod., L. n° 2017-55, 20 janv. 2017)* Le mandat de membre de l'Autorité de régulation des jeux en ligne est incompatible avec toute fonction exercée dans le cadre d'une activité économique ou financière en relation avec le secteur des jeux d'argent et de hasard.

Les membres et le personnel de l'Autorité de régulation des jeux en ligne ne peuvent engager à titre personnel, directement ou par personne interposée, des mises sur des jeux ou paris proposés par des opérateurs de jeux ou de paris en ligne.

Après la cessation de leurs fonctions, les membres de l'Autorité et son directeur général sont soumis à l'article 432-13 du Code pénal.

III *(III abr., L. n° 2017-55, 20 janv. 2017)*.

IV. - Les membres et les personnels de l'Autorité de régulation des jeux en ligne, ainsi que toutes les personnes physiques ou morales qui, à quelque titre que ce soit, participent, même occasionnellement, à l'activité de celle-ci sont tenus au secret professionnel pour les faits, actes et renseignements dont ils ont pu avoir connaissance en raison de leurs fonctions. Le non-respect du secret professionnel, établi par décision de justice devenue définitive, entraîne la cessation d'office des fonctions au sein de l'Autorité de régulation des jeux en ligne. Ce secret n'est pas opposable à l'autorité judiciaire.

V. - Le président de l'Autorité de régulation des jeux en ligne prend les mesures appropriées pour assurer le respect des obligations et interdictions résultant du présent article.

Art. 37. – I. – Un décret en Conseil d'État fixe les conditions dans lesquelles :

1° Le collège peut donner délégation au président ou, en cas d'absence ou d'empêchement de celui-ci, à un autre de ses membres, pour prendre les décisions à caractère individuel relevant de sa compétence ;

2° Le président de l'Autorité de régulation des jeux en ligne peut déléguer sa signature.

II *(II mod., L. n° 2017-55, 20 janv. 2017)* Le collège établit le cadre général des rémunérations du personnel des services de l'Autorité de régulation des jeux en ligne. Le directeur général rend compte de la gestion des services au collège dans des conditions fixées par celui-ci.

Un décret en Conseil d'État fixe les modalités d'application du présent II.

III *(III abr., L. n° 2017-55, 20 janv. 2017)*.

IV. – Pour l'accomplissement des missions qui sont confiées à l'Autorité de régulation des jeux en ligne, le président de l'Autorité a qualité pour agir en justice devant toute juridiction.

V. – Un décret fixe les conditions de rémunération des membres de l'Autorité de régulation des jeux en ligne.

Art. 38 *(Mod., L. n° 2016-731, 3 juin 2016 ; L. n° 2016-1321, 7 oct. 2016)*. – Un contrôle permanent de l'activité des opérateurs de jeux ou de paris en ligne agréés est réalisé par l'Autorité de régulation des jeux en ligne aux fins d'assurer le respect des objectifs définis à l'article 3. À cette fin, les opérateurs mettent à la disposition permanente de l'Autorité de régulation des jeux en ligne des données portant sur :

1° L'identité de chaque joueur, son adresse et son adresse sur un service de communication au public en ligne ;

2° Le compte de chaque joueur, notamment sa date d'ouverture, et les références du compte de paiement mentionné au dernier alinéa de l'article 17 ;

3° Les événements de jeu ou de pari et, pour chaque joueur, les opérations associées ainsi que toute autre donnée concourant à la formation du solde du compte joueur ;

4° Les événements relatifs à l'évolution et à la maintenance des matériels, plates-formes et logiciels de jeux utilisés.

L'Autorité de régulation des jeux en ligne peut également disposer des données précitées en vue de l'accomplissement des missions énoncées au IV de l'article 34 de la présente loi, dans le respect de la loi n° 78-17 du 6 janvier 1978 relative à l'informatique, aux fichiers et aux libertés.

L'Autorité de régulation des jeux en ligne peut utiliser ces données afin de rechercher et d'identifier tout fait commis par un joueur ou un parieur, susceptible de constituer une fraude ou de relever du blanchiment de capitaux ou du financement du terrorisme.

Un décret en Conseil d'État, pris après avis de la Commission nationale de l'informatique et des libertés, précise la liste des données que les opérateurs de jeux ou de paris en ligne sont tenus de mettre à la disposition de l'Autorité de régulation des jeux en ligne. Il précise les modalités techniques de stockage et de transmission de ces données, le délai pendant lequel l'opérateur est tenu de les archiver, ainsi que les modalités des contrôles réalisés par l'Autorité de régulation des jeux en ligne à partir de ces données.

Toutefois, pour l'application du présent article, les données relatives aux opérations de jeu réalisées dans le cadre de l'exploitation des droits exclusifs en matière d'offre publique de jeux en ligne accordés sur le fondement de l'article 136 de la loi du 31 mai 1933 portant fixation du budget général de l'exercice 1933 ne font pas partie des données exigibles par l'Autorité de régulation des jeux en ligne.

Art. 39. – I. – Le président de l'Autorité de régulation des jeux en ligne saisit l'Autorité de la concurrence des situations susceptibles d'être constitutives de pratiques entravant le libre exercice de la concurrence dont il a connaissance dans le secteur des jeux en ligne, notamment lorsqu'il estime que ces pratiques sont prohibées par les articles L. 420-1 et L. 420-2 du Code de commerce, l'article 25 de la présente loi ou les articles L. 333-1-1 et L. 333-1-2 du Code du sport. Cette saisine peut être introduite dans le cadre d'une procédure d'urgence, conformément à l'article L. 464-1 du Code de commerce.

Il peut également la saisir pour avis de toute autre question relevant de sa compétence et notamment, en vue d'établir l'existence d'une pratique prohibée par l'article L. 420-5 du Code de commerce, de manquements aux obligations définies à l'article 25 de la présente loi.

II. – L'Autorité de la concurrence communique à l'Autorité de régulation des jeux en ligne toute saisine entrant dans le champ de compétence de celle-ci. Elle peut également saisir l'Autorité de régulation des jeux en ligne, pour avis, de toute question relative au secteur des jeux en ligne. Lorsqu'elle est consultée par l'Autorité de la concurrence sur des pratiques dont cette dernière est saisie dans le secteur des jeux d'argent et de hasard, l'Autorité de régulation des jeux en ligne joint à son avis, dans le délai imparti, tous les éléments utiles à l'instruction de l'affaire qui sont en sa possession.

Art. 39-1 *(L. n° 2016-1691, 9 déc. 2016).* – L'Autorité de régulation des jeux en ligne et l'Autorité des marchés financiers coopèrent entre elles. Elles peuvent se communiquer les renseignements et documents utiles à l'accomplissement de leurs missions respectives, y compris ceux couverts par le secret professionnel.

Les renseignements et documents recueillis conformément au premier alinéa sont couverts par le secret professionnel en vigueur dans les conditions applicables à l'autorité qui les a communiqués et à l'autorité destinataire.

Art. 39-2 *(L. n° 2016-1691, 9 déc. 2016).* – L'Autorité de régulation des jeux en ligne et l'Autorité de contrôle prudentiel et de résolution coopèrent entre elles. Elles peuvent se communiquer les renseignements et documents utiles à l'accomplissement de leurs missions respectives, y compris ceux couverts par le secret professionnel.

Les renseignements et documents recueillis conformément au premier alinéa sont couverts par le secret professionnel en vigueur dans les conditions applicables à l'autorité qui les a communiqués et à l'autorité destinataire.

Art. 39-3 *(L. n° 2016-1691, 9 déc. 2016).* – L'Autorité de régulation des jeux en ligne et l'autorité administrative chargée de la concurrence et de la consommation coopèrent entre elles. Elles peuvent se communiquer les renseignements et documents utiles à l'accomplissement de leurs missions respectives, y compris ceux couverts par le secret professionnel.

Les renseignements et documents recueillis conformément au premier alinéa sont couverts par le secret professionnel en vigueur dans les conditions applicables à l'autorité qui les a communiqués et à l'autorité destinataire.

Art. 40 *(V. LPF, art. L. 84 B et L. 135 U).*

Art. 41 *(Mod., Ord. n° 2015-948, 31 juill. 2015 ; L. n° 2017-55, 20 janv. 2017).* – I. - L'Autorité de régulation des jeux en ligne comprend une commission des sanctions chargée de prononcer les sanctions mentionnées aux articles 43 et 44.

Cette commission des sanctions comprend six membres :

1° Deux membres du Conseil d'État, désignés par le vice-président du Conseil d'État ;

2° Deux conseillers à la Cour de cassation, désignés par le premier président de la Cour de cassation ;

3° Deux magistrats de la Cour des comptes, désignés par le premier président de la Cour des comptes.

Les deux membres mentionnés respectivement aux 1° à 3° sont une femme et un homme.

Le président de la commission des sanctions est désigné par décret pour la durée de son mandat parmi les membres de la commission.

II. - La durée du mandat des membres de la commission des sanctions est de six ans. Ce mandat est renouvelable une fois.

III. - Un décret en Conseil d'État fixe les modalités de renouvellement des membres de la commission des sanctions.

Art. 42 *(Mod., L. fin. rect. n° 2012-354, 14 mars 2012).* – I. - Pour l'accomplissement des missions qui lui sont confiées, l'Autorité de régulation des jeux en ligne peut recueillir toutes les informations nécessaires auprès des ministres compétents, des opérateurs de jeux ou de paris en ligne titulaires d'un agrément ainsi qu'auprès des autres entreprises intervenant dans le secteur des jeux d'argent et de hasard.

Elle peut également solliciter l'audition de toute personne qui lui paraît susceptible de contribuer à son information.

II. - Des fonctionnaires et agents habilités à cet effet par le directeur général de l'Autorité de régulation des jeux en ligne procèdent sous sa direction aux enquêtes administratives nécessaires à l'application de la présente loi. Ils sont également compétents pour constater les infractions prévues aux articles 56 et 57. Ils sont assermentés dans des conditions définies par décret en Conseil d'État.

Les enquêtes administratives donnent lieu à l'établissement d'un procès-verbal. Un double de ce procès-verbal est transmis dans les cinq jours à l'opérateur intéressé.

Les procès-verbaux dressés pour les infractions prévues aux articles 56 et 57 sont transmis sans délai au procureur de la République.

III. - Les fonctionnaires et agents mentionnés au II accèdent à toutes les informations utiles détenues par les opérateurs de jeux ou de paris en ligne titulaires d'un agrément délivré par l'Autorité de régulation des jeux en ligne et requièrent de leur part, sur place ou sur convocation, tout renseignement et tout document relatifs à l'activité de jeu ou pari. À cette fin, ils accèdent, en présence de l'opérateur ou d'une personne responsable mentionnée au cinquième alinéa de l'article 16, aux locaux mentionnés au quatrième alinéa du même article, à l'exclusion des domiciles et parties de locaux servant, le cas échéant, de domicile, et procèdent à toutes constatations.

Les fonctionnaires et agents mentionnés au II du présent article reçoivent des opérateurs agréés communication des documents comptables, factures, relevés de compte joueur et de toute pièce ou document utile, quel qu'en soit le support, et peuvent en prendre copie.

Dans l'exercice de ces pouvoirs d'enquête, le secret professionnel ne peut leur être opposé par les opérateurs agréés.

IV. - Les manquements d'un opérateur agréé à ses obligations sont constatés par les fonctionnaires et agents mentionnés au II. Il en est dressé procès-verbal.

Art. 43. – I. – Sous réserve des dispositions des articles L. 561-37 et L. 561-38 du Code monétaire et financier, la commission des sanctions de l'Autorité de régulation des jeux en ligne peut prononcer, dans les conditions prévues au présent article, des sanctions à l'encontre d'un opérateur de jeux ou de paris en ligne titulaire de l'agrément prévu à l'article 21 de la présente loi.

II *(II rempl., L. n° 2014-344, 17 mars 2014)*. - Le collège de l'Autorité de régulation des jeux en ligne peut décider l'ouverture d'une procédure de sanction à l'encontre d'un opérateur de jeux ou de paris en ligne agréé ayant manqué ou manquant aux obligations législatives et réglementaires applicables à son activité, sous réserve des articles L. 561-37 et L. 561-38 du Code monétaire et financier. Il notifie alors les griefs aux personnes en cause et en saisit la commission des sanctions.

Préalablement à cette notification, le collège de l'Autorité de régulation des jeux en ligne informe l'opérateur concerné des manquements qui lui sont imputés et des sanctions qu'il encourt, et l'invite à présenter, dans un délai qui ne peut être inférieur à trente jours, ses observations en réponse. Cette information et cette réponse sont adressées par tout moyen propre à attester de leur date de réception.

III. – La commission des sanctions de l'Autorité de régulation des jeux en ligne peut, avant de prononcer les sanctions prévues aux IV à VII, entendre toute personne dont l'audition lui paraît utile.

Les conditions de communication à un tiers d'une pièce mettant en jeu le secret des affaires sont définies par le décret en Conseil d'État prévu à l'article 45.

IV. – La commission des sanctions de l'Autorité peut prononcer, compte tenu de la gravité du manquement, une des sanctions suivantes :

1° L'avertissement ;

2° La réduction d'une année au maximum de la durée de l'agrément ;

3° La suspension de l'agrément pour trois mois au plus ;

4° Le retrait de l'agrément.

Le retrait de l'agrément peut s'accompagner de l'interdiction de solliciter un nouvel agrément pendant un délai maximal de trois ans.

V. – La commission des sanctions de l'Autorité peut, à la place ou en sus des sanctions prévues au IV, prononcer une sanction pécuniaire dont le montant est proportionné à la gravité du manquement, à la situation de l'opérateur en cause, à l'ampleur du dommage causé et aux avantages qui en sont tirés, sans pouvoir excéder 5 % du chiffre d'affaires hors taxes du dernier exercice clos correspondant à ses activités faisant l'objet de l'agrément. Ce plafond est porté à 10 % en cas de nouveau manquement. À défaut d'activité antérieure permettant de déterminer ce plafond, le montant de la sanction ne peut excéder 150 000 €, portés à 375 000 € en cas de nouvelle violation de la même obligation.

Lorsque le manquement est constitutif d'une infraction pénale, le montant de la sanction pécuniaire ne peut excéder celui prévu pour l'amende pénale.

Lorsque la commission des sanctions de l'Autorité de régulation des jeux en ligne a prononcé une sanction pécuniaire devenue définitive avant que le juge pénal ait statué définitivement sur les mêmes faits ou des faits connexes, celui-ci peut ordonner que la sanction pécuniaire s'impute sur l'amende qu'il prononce.

VI. – Lorsqu'un opérateur agréé de jeux ou de paris en ligne communique des informations inexactes, refuse de fournir les informations demandées ou fait obstacle au déroulement de l'enquête menée par les fonctionnaires ou agents habilités en application du II de l'article 42, la commission des sanctions de l'Autorité de régulation des jeux en ligne peut, après une mise en demeure émanant du président de l'Autorité ou d'un membre du personnel de l'Autorité délégué à cet effet par le président, et restée infructueuse, prononcer une sanction pécuniaire d'un montant qui ne peut excéder 30 000 €.

VII. – La commission des sanctions peut en outre décider, à l'encontre des personnes physiques et morales frappées des sanctions mentionnées aux IV à VI :

1° La publication de la décision prononcée au *Journal officiel* ;

2° L'affichage ou la diffusion de cette décision dans les conditions prévues par l'article 131-35 du Code pénal.

Art. 44 *(Mod., L. n° 2016-731, 3 juin 2016)*. – I. - Les sanctions prévues à l'article 43 sont prononcées après que l'intéressé a reçu notification des griefs et a été mis à même de consulter le dossier et de présenter ses observations écrites ou orales. Les décisions de sanction sont motivées et notifiées à l'intéressé.

Les sanctions pécuniaires prononcées en application du même article 43 peuvent faire l'objet d'une majoration, dans la limite de 10 % de leur montant, mise à la charge de l'opérateur sanctionné et destinée à financer l'aide aux victimes.

Le montant de la majoration est fixé en fonction de la gravité du manquement, de la situation de l'opérateur, de l'ampleur du dommage causé et des avantages qui en sont tirés.

Les sanctions pécuniaires sont recouvrées comme les créances de l'État étrangères à l'impôt et au domaine.

II. - Les décisions prononcées par la commission des sanctions peuvent faire l'objet d'un recours de pleine juridiction devant la juridiction administrative par les personnes sanctionnées et par le président de l'Autorité de régulation des jeux en ligne, après accord du collège.

III. - La commission des sanctions de l'Autorité de régulation des jeux en ligne ne peut être saisie de faits remontant à plus de trois ans s'il n'a été fait aucun acte tendant à leur recherche, leur constatation ou leur sanction.

IV. - Le président de l'Autorité de régulation des jeux en ligne ou celui de la commission des sanctions informe sans délai le procureur de la République des faits qui sont susceptibles de recevoir une qualification pénale. Lorsque le procureur de la République décide de mettre en mouvement l'action publique sur les faits objets de la transmission, il en informe sans délai l'Autorité de régulation des jeux en ligne.

Art. 45. – Un décret en Conseil d'État détermine les conditions d'application des articles 43 et 44.

Art. 45-1 *(L. n° 2016-1321, 7 oct. 2016)*. – Le médiateur mentionné à l'article 35 est nommé par le président de l'autorité après avis du collège, pour une durée de trois ans renouvelable.

Il ne peut être révoqué pendant la durée de son mandat, sauf pour motif légitime et s'il ne répond plus aux conditions fixées aux articles L. 613-1 et suivants du Code de la consommation.

Les fonctions de médiateur sont incompatibles avec celles de membre du collège et de la commission des sanctions.

Le médiateur dispose de moyens suffisants à l'exercice indépendant et impartial de son mandat et ne peut recevoir d'instructions sur les litiges dont il a à connaître.

Le médiateur présente au collège de l'autorité un rapport annuel dans lequel il rend compte de sa mission. Ce rapport est rendu public. Il peut y émettre des recommandations et des avis.

Art. 45-2 *(L. n° 2016-1321, 7 oct. 2016)*. – Le médiateur est chargé de recommander des solutions aux litiges nés entre un consommateur et un opérateur de jeux ou de paris en ligne titulaire de l'agrément prévu à l'article 21 à l'occasion de la formation ou de l'exécution du contrat mentionné au 3° de l'article 10.

Il accomplit sa mission de médiation dans les conditions prévues au titre Ier du livre VI du Code de la consommation.

La saisine du médiateur de l'Autorité de régulation des jeux en ligne dans le cadre du règlement extrajudiciaire des différends suspend la prescription de toute action civile ou pénale à compter du jour où le médiateur est saisi.

CHAPITRE XI. – DISPOSITIONS FISCALES

....

CHAPITRE XII. – MESURES DE LUTTE CONTRE LES SITES ILLÉGAUX DE JEUX D'ARGENT

Art. 56. – I. – Quiconque aura offert ou proposé au public une offre en ligne de paris ou de jeux d'argent et de hasard sans être titulaire de l'agrément mentionné à l'article 21 ou d'un droit exclusif est puni de trois ans d'emprisonnement et de 90 000 € d'amende. Ces peines sont portées à sept ans d'emprisonnement et à 200 000 € d'amende lorsque l'infraction est commise en bande organisée.

II *(V. L. n° 83-628, 12 juill. 1983, art. 1er)*.

III *(V. L. 21 mai 1836, art. 3)*.

IV. – Les personnes physiques coupables de l'infraction prévue au I encourent également les peines complémentaires suivantes :

1° L'interdiction des droits civiques, civils et de famille dans les conditions prévues à l'article 131-26 du Code pénal ;

2° La confiscation des biens mobiliers et immobiliers, divis ou indivis, ayant servi directement ou indirectement à commettre l'infraction ou qui en sont le produit, y compris les fonds ou effets exposés au jeu ou mis en loterie ainsi que les meubles ou effets mobiliers dont les lieux sont garnis ou décorés, à l'exception des objets susceptibles de donner lieu à restitution ;

3° L'affichage ou la diffusion de la décision prononcée dans les conditions prévues à l'article 131-35 du Code pénal ;

4° La fermeture définitive, ou pour une durée de cinq ans au plus, des établissements ou de l'un ou de plusieurs des établissements de l'entreprise ayant servi à commettre les faits incriminés ;

5° L'interdiction, suivant les modalités prévues par l'article 131-27 du Code pénal, soit d'exercer une fonction publique ou d'exercer l'activité professionnelle ou sociale dans l'exercice ou à l'occasion de l'exercice de laquelle l'infraction a été commise, soit d'exercer une profession commerciale ou industrielle, de diriger, d'administrer, de gérer ou de contrôler à un titre quelconque, directement ou indirectement, pour son propre compte ou pour le compte d'autrui, une entreprise commerciale ou industrielle, ou une société commerciale. Ces interdictions d'exercice peuvent être prononcées cumulativement.

V. - Les personnes morales déclarées responsables pénalement, dans les conditions prévues à l'article 121-2 du Code pénal, de l'infraction prévue au I du présent article encourent, outre l'amende suivant les modalités prévues par l'article 131-38 du Code pénal, les peines mentionnées aux 1°, 4°, 8° et 9° de l'article 131-39 du même code. Elles encourent également l'interdiction, pour une durée de cinq ans au plus, de solliciter l'agrément prévu à l'article 21 de la présente loi ainsi que l'autorisation prévue à l' *(Mots rempl., L. n° 2014-344, 17 mars 2014)* « article L. 321-1 du Code de la sécurité intérieure » et, le cas échéant, le retrait d'un tel agrément ou autorisation si la personne morale en est titulaire au moment du jugement.

VI *(V. L. 21 mai 1836, art. 3).*

VII *(V. L. n° 83-628, 12 juill. 1983, art. 3 et 4).*

VIII *(V. L. 2 juin 1891, art. 4).*

Art. 57. – I. – Quiconque fait de la publicité, par quelque moyen que ce soit, en faveur d'un site de paris ou de jeux d'argent et de hasard non autorisé en vertu d'un droit exclusif ou de l'agrément prévu à l'article 21 est puni d'une amende de 100 000 €. Le tribunal peut porter le montant de l'amende au quadruple du montant des dépenses publicitaires consacrées à l'activité illégale.

Ces peines sont également encourues par quiconque a, par quelque moyen que ce soit, diffusé au public, aux fins de promouvoir des sites de jeux en ligne ne disposant pas de l'agrément prévu à l'article 21, les cotes et rapports proposés par ces sites non autorisés.

(L. n° 2014-344, 17 mars 2014) Le président de l'Autorité de régulation des jeux en ligne peut saisir le président du tribunal de grande instance de Paris aux fins de voir ordonnée, en la forme des référés, toute mesure permettant la cessation de toute publicité en faveur d'un site de paris ou de jeux d'argent et de hasard non autorisé en vertu d'un droit exclusif ou de l'agrément prévu à l'article 21 ou en contravention avec le titre II du livre III du Code de la sécurité intérieure.

II *(V. L. 21 mai 1836, art. 4).*

III *(V. L. 2 juin 1891, art. 4).*

IV *(V. L. n° 83-628, 12 juill. 1983, art. 1er).*

Art. 58 *(V. CPP, art. 28-1).*

Art. 59 *(Mod. L. n° 2014-1353, 13 nov. 2014).* – Dans le but de constater les infractions prévues aux articles 56 et 57, les officiers et agents de police judiciaire désignés par le ministre de l'Intérieur, les agents des douanes désignés par le ministre chargé des douanes et les fonctionnaires et agents mentionnés au II de l'article 42 peuvent, sans en être pénalement responsables :

1° Participer sous un pseudonyme à des échanges électroniques sur un site de jeux ou paris agréé ou non, et notamment à une session de jeu en ligne ;

2° Extraire, acquérir ou conserver par ce moyen les éléments de preuve et les données sur les personnes susceptibles d'être les auteurs de ces infractions ainsi que sur les comptes bancaires utilisés ;

3° Extraire, transmettre en réponse à une demande expresse, acquérir ou conserver des contenus illicites dans des conditions fixées par décret.

À peine de nullité, ces actes ne peuvent avoir pour effet d'inciter autrui à commettre une infraction ou de contrevenir à la prohibition énoncée à l'article 5.

La communication des documents nécessaires à la recherche et à la constatation des infractions mentionnées au premier alinéa du présent article peut être demandée par les agents des douanes dans les conditions prévues à l'article 65 du Code des douanes.

Les fonctionnaires ou agents mentionnés au premier alinéa du présent article consignent les informations ainsi recueillies par procès-verbal, transmis sans délai au procureur de la République.

Ce procès-verbal peut être utilisé par l'Autorité de régulation des jeux en ligne dans l'exercice de ses missions et notamment aux fins de mise en œuvre de la procédure prévue à l'article L. 563-2 du Code monétaire et financier et de la procédure prévue à l'article 61 de la présente loi. Pour la mise en œuvre de ces procédures, le secret bancaire n'est pas opposable aux enquêteurs assermentés de l'Autorité de régulation des jeux en ligne.

Ce procès-verbal est tenu à la disposition de l'administration fiscale conformément à l'article L. 84 B du Livre des procédures fiscales.

Art. 60 *(V. C. douanes, art. 65 ter).*

Art. 61 *(Mod., L. n° 2014-344, 17 mars 2014 ; L. n° 2016-1321, 7 oct. 2016).* – Le président de l'Autorité de régulation des jeux en ligne adresse aux opérateurs de jeux ou de paris en ligne non autorisés en vertu d'un droit exclusif ou de l'agrément prévu à l'article 21 et à toute personne proposant une quelconque offre de jeux d'argent et de hasard en ligne en contravention aux dispositions du titre II du livre III du Code de la sécurité intérieure, par tout moyen propre à en établir la date de réception, une mise en demeure rappelant les dispositions de l'article 56 relatives aux sanctions encourues et les dispositions du troisième alinéa du présent article, enjoignant à ces opérateurs de respecter cette interdiction et les invitant à présenter leurs observations dans un délai de huit jours.

Il adresse également aux personnes mentionnées au 2 du I de l'article 6 de la loi n° 2004-575 du 21 juin 2004 pour la confiance dans l'économie numérique, par tout moyen propre à en établir la date de réception, une copie de la mise en demeure prévue au premier alinéa du présent article et leur enjoint de prendre toute mesure propre à empêcher l'accès au contenu du service de communication au public en ligne proposé par l'opérateur mentionné au même premier alinéa. Ces personnes sont invitées à présenter leurs observations dans un délai de huit jours.

À l'issue du délai mentionné aux deux premiers alinéas, en cas d'inexécution des injonctions prévues aux premier et deuxième alinéas du présent article ou si l'offre de paris ou de jeux d'argent et de hasard en ligne reste accessible, le président de l'Autorité de régulation des jeux en ligne peut saisir le président du tribunal de grande instance de Paris aux fins d'ordonner, en la forme des référés, l'arrêt de l'accès à ce service aux personnes mentionnées au 1 du I de l'article 6 de la loi n° 2004-575 du 21 juin 2004 précitée. Il peut également saisir le président du tribunal de grande instance de Paris aux mêmes fins si l'offre demeure accessible nonobstant l'éventuelle exécution par les personnes mentionnées au deuxième alinéa du présent article sans avoir à procéder à de nouvelles injonctions de même nature.

Le président de l'Autorité de régulation des jeux en ligne peut saisir par requête le président du tribunal de grande instance de Paris aux mêmes fins lorsque ce service de communication au public en ligne est accessible à partir d'autres adresses.

Le président de l'Autorité de régulation des jeux en ligne peut également saisir le président du tribunal de grande instance de Paris aux fins de voir prescrire, en la forme des référés, toute mesure destinée à faire cesser le référencement du site d'un opérateur mentionné au deuxième alinéa du présent article par un moteur de recherche ou un annuaire.

Dans le cas prévu au premier alinéa, l'Autorité de régulation des jeux en ligne peut également être saisie par le ministère public et toute personne physique ou morale ayant intérêt à agir.

Un décret fixe les modalités selon lesquelles sont compensés, le cas échéant, les surcoûts résultant des obligations mises à la charge des personnes mentionnées au 1 du I de l'article 6 de la loi n° 2004-575 du 21 juin 2004 précitée au titre du présent article.

Art. 62 *(V. C. monét. fin., art. L. 563-2).*

CHAPITRE XIII. – DISPOSITIONS RELATIVES À L'EXPLOITATION DES MANIFESTATIONS SPORTIVES ET À LA LUTTE CONTRE LA FRAUDE ET LA TRICHERIE DANS LE CADRE DE CES MANIFESTATIONS

Art. 63. – Le chapitre III du titre III du livre III du Code du sport est ainsi modifié :

1° L'intitulé est ainsi rédigé : « Exploitation des manifestations sportives » ;

2° *(V. C. sport, art. L. 333-1-1 à L. 333-1-3).*

CHAPITRE XIV. – DISPOSITIONS RELATIVES AUX ACTIVITÉS DE JEUX ET PARIS PLACÉES SOUS LE RÉGIME DE DROITS EXCLUSIFS

Art. 64 *(V. C. monét. fin., art. L. 561-36).*

Art. 65 *(V. L. 2 juin 1891, art. 2 et 5).*

Art. 66 *(Abr., L. fin. rect. n° 2012-1510, 29 déc. 2012 ; rétabli, L. n° 2014-344, 17 mars 2014 ; mod., L. fin. n° 2015-1785, 29 déc. 2015).* – La personne morale titulaire de droits exclusifs en matière d'offre publique de jeux en ligne sur le fondement de l'article 136 de la loi du 31 mai 1933 portant fixation du budget général de l'exercice 1933 est tenue de faire obstacle à la participation aux activités de jeu qu'elle propose des personnes interdites de jeu en vertu de la réglementation en vigueur ou exclues de jeu à leur demande. Dans le respect de la loi n° 78-17 du 6 janvier 1978 relative à l'informatique, aux fichiers et aux libertés, elle interroge à cette fin les fichiers des interdits de jeu tenus par les services du ministère de l'intérieur. Elle clôture tout compte joueur dont le titulaire viendrait à être touché par une interdiction ou une exclusion.

Elle prévient les comportements de jeu excessif ou pathologique par la mise en place de mécanismes d'auto-exclusion et de modération et de dispositifs d'autolimitation des dépôts et des mises. Elle communique en permanence à tout joueur fréquentant son site le solde instantané de son compte. Elle informe les joueurs des risques liés au jeu excessif ou pathologique, par le biais d'un message de mise en garde, ainsi que des procédures d'inscription sur les fichiers des interdits de jeu tenus par les services du ministère de l'intérieur.

Elle s'abstient d'adresser toute communication commerciale aux titulaires d'un compte joueur bénéficiant d'une mesure d'auto-exclusion. À compter du 1er janvier 2015, elle s'abstient également d'adresser toute communication commerciale aux anciens titulaires d'un compte joueur dès lors qu'ils sont inscrits sur les fichiers des interdits de jeu mentionnés au deuxième alinéa et qu'elle dispose des informations personnelles relatives à ces joueurs permettant d'interroger ces fichiers dans le respect de la loi n° 78-17 du 6 janvier 1978 précitée.

Lorsque la personne morale titulaire de droits exclusifs en matière d'offre publique de jeux en ligne sur le fondement de l'article 136 de la loi du 31 mai 1933 précitée procède à la clôture d'un compte joueur présentant un solde créditeur, elle reverse ce solde sur le compte de paiement du joueur. Si elle ne peut procéder à ce reversement, notamment parce qu'elle n'est pas en mesure de vérifier les références du compte de paiement, elle met en réserve, sans délai, la somme correspondante, pour une durée de six ans à compter de cette clôture. Durant cette période, sans préjudice de l'application de l'article L. 561-16 du Code monétaire et financier, le joueur peut obtenir le reversement de cette somme en communiquant à la personne morale précitée, qui les vérifie, les éléments d'identification requis par elle. Si, à l'issue du délai de six ans, cette somme n'a pas été reversée au joueur, elle est acquise à l'État. Trois mois avant l'expiration de ce délai, la personne morale précitée utilise tout moyen à sa disposition pour informer le joueur des conditions dans lesquelles il peut obtenir le reversement de cette somme et, à défaut, de l'acquisition de celle-ci à l'État.

Art. 67. – I *(V. L. fin. n° 84-1208, 29 déc. 1984, art. 42).*

II *(V. L. n° 83-628, 12 juill. 1983, art. 2).*

CHAPITRE XV. – DISPOSITIONS TRANSITOIRES ET FINALES

Art. 68. – I. – Les personnes morales qui, à la date d'entrée en vigueur de la présente loi, proposent des paris hippiques ou sportifs en ligne en application de l'article 5 de la loi du 2 juin 1891 précitée et de l'article 42 de la loi de finances [n° 84-1208 du 29 décembre 1984] pour 1985 précitée peuvent continuer à exercer cette activité à condition de se conformer aux obligations définies par la présente loi et de demander l'agrément prévu à l'article 21 dans le délai de trois mois à compter de la publication du décret prévu au VIII du même article.

II. – Cette autorisation provisoire de poursuite d'activité cesse de plein droit à la date à laquelle l'Autorité de régulation des jeux en ligne rend sa décision sur la demande d'agrément mentionnée au I du présent article.

Art. 69. – Dans un délai de dix-huit mois à compter de la date d'entrée en vigueur de la présente loi, un rapport d'évaluation sur les conditions et les effets de l'ouverture du marché des jeux et paris en ligne est adressé par le Gouvernement au Parlement. Ce rapport propose, le cas échéant, les adaptations nécessaires de la présente loi.

Le Gouvernement remet un rapport au Parlement avant le 31 décembre 2011 sur la mise en œuvre de la politique de lutte contre le jeu excessif ou pathologique. Ce rapport étudie notamment les systèmes d'information et d'assistance proposés par les opérateurs de jeux ou de paris. Il propose, le cas échéant, la mise en place d'une procédure d'agrément pour ce type de structure.

La présente loi entrera en vigueur immédiatement et sera exécutée comme loi de l'État.

Art. 70 *(L. n° 2014-344, 17 mars 2014)*. – Les opérateurs déjà titulaires de l'agrément prévu à l'article 21 à la date de la publication de la loi n° 2014-344 du 17 mars 2014 relative à la consommation bénéficient d'un délai de six mois à compter de cette date pour mettre en place la garantie de protection des avoirs des joueurs prévue à l'article 15.

Si, à l'issue de ce délai de six mois, les opérateurs n'ont pas mis en œuvre un système suffisant de protection des avoirs, l'Autorité de régulation des jeux en ligne peut décider de mettre en œuvre la procédure de sanction prévue aux articles 43 à 45.

Décret n° 2010-498 du 17 mai 2010

relatif à la définition des courses hippiques supports des paris en ligne
et aux principes généraux du pari mutuel
(JO 18 mai 2010)

Art. 1er. – Tout opérateur de paris hippiques en ligne titulaire de l'agrément mentionné à l'article 21 de la loi [n° 2010-476] du 12 mai 2010 susvisée peut organiser la prise de paris hippiques lorsque ceux-ci portent sur l'une des courses ou réunions de courses figurant sur le calendrier arrêté par le ministre chargé de l'agriculture selon les modalités définies à l'article 2 du présent décret.

Art. 2. – I. – Les courses ou les réunions de courses hippiques françaises et étrangères pouvant servir de support aux paris hippiques en ligne sont communiquées par les sociétés mères de courses de chevaux à la Fédération nationale des courses françaises. Celle-ci en établit le calendrier annuel en concertation avec les fédérations régionales des courses puis le transmet, au plus tard le premier jour ouvrable du mois de novembre de l'année précédente, au ministre chargé de l'agriculture, qui l'approuve par arrêté dans le délai maximum d'un mois à compter de cette transmission.

Ce calendrier est transmis, au plus tard le premier jour ouvrable du mois de décembre de la même année, par le ministre chargé de l'agriculture à l'Autorité de régulation des jeux en ligne, qui le tient à disposition des opérateurs agréés de paris hippiques en ligne.

II *(Rempl., D. n° 2010-798, 12 juill. 2010)*. – Pour chaque course ou réunion de courses, ce calendrier indique les catégories de paris hippiques en ligne autorisées, à savoir les paris simples ou les paris complexes. Pour l'application du présent alinéa, les paris complexes en ligne au sens de l'article 11 de la loi [n° 2010-476] du 12 mai 2010 susvisée s'entendent de tous les paris pour lesquels le parieur doit, sur une même course, désigner, dans l'ordre ou le désordre, les cinq chevaux de l'ordre d'arrivée.

III. – Par dérogation au I et pour la seule année au cours de laquelle seront délivrés les premiers agréments mentionnés à l'article 1er, le calendrier des réunions de courses pouvant servir de support aux paris hippiques en ligne est le calendrier des réunions de courses servant de support aux opérations de pari mutuel hors les hippodromes mentionné par le décret [n° 97-456] du 5 mai 1997 susvisé, notamment son article 22. Ce calendrier est transmis, dans un délai de quinze jours à compter de la publication du présent décret, par le ministre chargé de l'agriculture à l'Autorité de régulation des jeux en ligne, qui le tient à disposition des opérateurs agréés de paris hippiques en ligne.

Art. 3. – I. – Tout opérateur agréé de paris hippiques en ligne peut proposer au ministre chargé de l'agriculture l'inscription sur le calendrier mentionné au premier alinéa de l'article 2 d'une course ou d'une réunion de courses organisées à l'étranger conforme aux critères mentionnés à l'article 4. Cette demande est accompagnée de la transmission d'un dossier présentant les caractéristiques de la course ou de la réunion de courses objet de cette demande.

II. – Le ministre chargé de l'agriculture se prononce, dans le délai d'un mois, sur la demande mentionnée au I, après avis de la société mère de courses de chevaux ayant la responsabilité de la spécialité concernée.

Art. 4. – Seules peuvent être inscrites sur le calendrier mentionné au premier alinéa de l'article 2 les courses ou les réunions de courses réelles :

1° Légalement organisées en France ou à l'étranger ;

2° Faisant l'objet d'une surveillance et de garanties d'organisation considérées comme satisfaisantes par la société mère de courses de chevaux ayant la responsabilité de la spécialité concernée ;

3° Faisant l'objet de contrôles antidopage considérés comme satisfaisants par la société mère de courses de chevaux ayant la responsabilité de la spécialité concernée.

Art. 5. – Les sociétés mères de courses de chevaux mentionnées à l'article 2 de la loi du 2 juin 1891 susvisée mettent à la disposition des opérateurs agréés les informations hippiques nécessaires à l'organisation des paris, notamment les données relatives aux programmes, aux chevaux et aux jockeys déclarés partants ainsi qu'aux résultats officiels des arrivées des courses.

Art. 6. – I. – Un pari ne peut porter que sur tout ou partie du résultat officiel d'une ou plusieurs épreuves hippiques consécutives ou non, ouvertes à la prise de paris en application des lois susvisées.

Le résultat officiel d'une course s'entend des numéros de chevaux classés, dans la limite des cinq premières places, aux seules places bénéficiant d'une dotation au sens du code des courses ou, s'agissant d'une course organisée à l'étranger, d'une distinction équivalente.

II. – Les paris sont exécutés en fonction du résultat officiel de la course tel qu'il est confirmé par la société de courses organisatrice sur l'hippodrome, à l'issue de l'épreuve.

Ce résultat indique l'ordre des chevaux à l'arrivée et les numéros des chevaux n'ayant pas pris part à la course ainsi éventuellement que ceux qui ont été disqualifiés.

À partir de cette confirmation, le résultat de la course est définitif en ce qui concerne l'exécution des paris même si, par la suite, certains chevaux venaient à être déclassés conformément aux dispositions applicables à la course concernée.

Décret n° 2010-518 du 19 mai 2010

relatif à la mise à disposition de l'offre de jeux et de paris par les opérateurs agréés de jeux ou de paris en ligne

(JO 20 mai et rect. 24 juill. 2010)

CHAPITRE IER. – CARACTÉRISTIQUES GÉNÉRALES DE L'OFFRE DE JEUX ET DE PARIS PROPOSÉE PAR LES OPÉRATEURS AGRÉÉS DE JEUX OU DE PARIS EN LIGNE

Art. 1er. – Le site internet mentionné à l'article 24 de la loi [n° 2010-476] du 12 mai 2010 susvisée est présenté en langue française.

Il indique, de manière apparente et aisément accessible, le ou les numéros d'agrément d'opérateur de jeux ou de paris en ligne dont dispose l'opérateur.

Le règlement portant conditions générales de l'offre de jeux et de paris ainsi que les règlements particuliers des jeux et paris proposés par l'opérateur sont rédigés en langue française et mis à disposition du joueur de manière aisément accessible. Ils comportent les informations exigées en application de l'article 32 de la loi [n° 78-17] du 6 janvier 1978 susvisée.

CHAPITRE II. – CONDITIONS D'OUVERTURE ET DE FONCTIONNEMENT DU COMPTE JOUEUR

Art. 2 *(Mod. à compter du 6 juin 2015, D. n° 2015-620, 5 juin 2015)*. – Lorsqu'une personne sollicite l'ouverture d'un compte joueur auprès d'un opérateur agréé de jeux ou de paris en ligne, celui-ci, préalablement à l'ouverture de ce compte, lui demande :

1° De lui communiquer ses nom, prénoms, date et lieu de naissance, l'adresse postale de son domicile ainsi que les références du compte de paiement, tel que mentionné au dernier alinéa de l'article 17 de la loi [n° 2010-476] du 12 mai 2010 susvisée, sur lequel l'opérateur reversera, le cas échéant, les avoirs du joueur ;

2° De certifier qu'elle a pris connaissance du règlement portant conditions générales de l'offre de jeux et de paris et de manifester explicitement son acceptation des clauses de ce règlement ; cette acceptation doit être renouvelée à chaque modification du règlement ;

3° Si elle consent à ce que les données personnelles qu'elle confie à l'opérateur fassent l'objet d'utilisations à des fins de prospection commerciale.

La demande prévue au 3° doit être distincte de celle mentionnée au 2° et le consentement de la personne doit résulter d'une manifestation expresse de sa volonté. L'opérateur informe préalablement la personne de la finalité de ces utilisations.

Les réponses aux demandes énumérées aux 1° à 3° sont obligatoires. L'opérateur peut en outre exiger que la personne sollicitant l'ouverture d'un compte lui communique une adresse de courrier électronique. L'opérateur refuse l'ouverture d'un compte à toute personne ne lui ayant pas communiqué l'intégralité de ces réponses. Il refuse également l'ouverture d'un compte à toute personne mineure ou faisant l'objet d'une mesure d'interdiction de jeu. Il s'assure que la personne ne fait pas l'objet d'une telle mesure dans les conditions prévues à l'article 22.

L'opérateur informe la personne que la demande d'ouverture d'un compte joueur emporte renonciation à l'exercice du droit prévu au premier alinéa de l'article 38 de la loi [n° 78-17] du 6 janvier 1978 susvisée. Il l'informe également qu'elle dispose, pour les données personnelles la concernant, d'un droit d'accès et de rectification, conformément aux dispositions des articles 39 et 40 de la même loi.

L'opérateur informe le joueur que l'Autorité de régulation des jeux en ligne peut être destinataire des données personnelles qu'il lui a confiées, ainsi que de celles relatives à son activité de jeu ou de pari.

Art. 3 *(Mod. à compter du 6 juin 2015, D. n° 2015-620, 5 juin 2015).* – Préalablement à la saisie par le joueur du code secret prévue à l'article 5, seul peut être ouvert un compte joueur provisoire ne permettant pas à son titulaire d'ordonner le reversement, même partiel, du solde créditeur de ce compte sur son compte de paiement.

L'opérateur qui propose l'ouverture d'un compte provisoire informe le joueur qui sollicite l'ouverture d'un tel compte de ses conditions de fonctionnement. Lorsque le joueur sollicite l'ouverture d'un compte provisoire, l'opérateur lui demande d'accepter explicitement ces conditions de fonctionnement.

Art. 4 *(Mod. à compter du 6 juin 2015, D. n° 2015-620, 5 juin 2015).* – Toute personne sollicitant l'ouverture d'un compte joueur auprès d'un opérateur agréé de jeux ou de paris en ligne communique à ce dernier, dans le délai maximum d'un mois à compter de la demande d'ouverture du compte :

1° La copie d'une carte nationale d'identité, d'un passeport ou d'un permis de conduire en cours de validité justifiant de son identité et de sa date de naissance ;

2° Un document portant références du compte de paiement mentionné au 1° de l'article 2 et attestant que ce compte est ouvert à son nom.

À l'issue du délai d'un mois à compter de la demande d'ouverture du compte, si l'une des pièces exigées ne lui a pas été communiquée, l'opérateur désactive le compte provisoire.

À l'issue du délai de deux mois à compter de la demande d'ouverture de ce compte provisoire, si l'une des pièces exigées ne lui a pas été communiquée, l'opérateur clôture le compte dans les conditions prévues à l'article 8.

Dans l'hypothèse où l'opérateur constate une discordance entre les informations saisies par le joueur et les pièces justificatives transmises résultant d'une erreur matérielle de saisie, il en avise sans délai le joueur et lui propose de rectifier ces informations dans un délai de sept jours suivant cet avertissement. Le joueur peut soit procéder lui-même à la rectification des informations saisies en accédant à son compte, soit donner son accord à l'opérateur pour que celui-ci procède à la rectification nécessaire. Dans cette dernière hypothèse, le joueur doit valider la rectification lors de sa prochaine connexion à son compte. À défaut de rectification, l'opérateur clôture le compte sans délai

Art. 5 *(Mod. à compter du 6 juin 2015, D. n° 2015-620, 5 juin 2015).* – Lorsque l'opérateur a procédé aux vérifications à l'aide des pièces exigées à l'article 4 et, le cas échéant, que la rectification prévue au même article a été réalisée, il communique au joueur, par courrier envoyé à l'adresse postale déclarée par ce dernier, un code secret, distinct du mot de passe permettant au joueur d'accéder, le cas échéant, à son compte provisoire.

Lorsqu'un compte provisoire a été ouvert, seule la saisie par le joueur du code secret permet de mettre fin au statut provisoire du compte.

L'opérateur clôture le compte dans les conditions prévues à l'article 8 si, à l'expiration d'un délai de six semaines à compter de l'envoi par l'opérateur du code secret mentionné au premier alinéa, le joueur n'a pas saisi ce code.

Art. 6 *(Mod. à compter du 6 juin 2015, D. n° 2015-620, 5 juin 2015).* – La désactivation d'un compte joueur empêche son titulaire d'engager des mises et d'ordonner le reversement, même partiel, du solde créditeur de ce compte sur son compte de paiement.

Elle ne fait pas obstacle à son accès aux informations mentionnées à l'article 13.

Si le compte n'a pas été clôturé, l'opérateur le réactive lorsque son titulaire lui a communiqué l'ensemble des pièces mentionnées à l'article 4 et le cas échéant, que la rectification prévue au même article a été réalisée.

Art. 7 *(Mod. à compter du 6 juin 2015, D. n° 2015-620, 5 juin 2015).* – Sans préjudice des cas mentionnés aux articles 4, 5, 12 et 18, ainsi que des autres cas de clôture d'un compte pouvant être prévus dans le règlement portant conditions générales de l'offre de jeux et de paris, l'opérateur clôture sans délai un compte joueur lorsque son titulaire :

1° En fait la demande ;

2° Lui communique, après l'ouverture d'un compte joueur, des pièces comportant des informations ne correspondant pas à celles qu'il a saisies lors de l'ouverture du compte, si cette discordance ne résulte pas d'une erreur matérielle de saisie ;

3° Lui communique, aux fins de rectification des informations associées à son compte joueur dans les conditions prévues par l'article 12, des pièces dont les informations ne correspondent pas à celles qu'il a saisies, si cette discordance ne résulte pas d'une erreur matérielle de saisie ;

4° Vient à être interdit de jeu en application de la réglementation en vigueur ;

5° N'a pas réalisé, dans les douze derniers mois, d'opération de jeu ou de pari.

Art. 8 *(Mod. à compter du 6 juin 2015, D. n° 2015-620, 5 juin 2015).* – L'opérateur clôturant un compte joueur provisoire informe le joueur du motif de cette clôture et de la mise en œuvre des dispositions prévues ci-dessous dont il reproduit les termes dans sa communication.

Lorsque le compte provisoire clôturé présente un solde créditeur, l'opérateur met en réserve sans délai la somme correspondante, pour une durée de six ans à compter de la clôture du compte.

Durant cette période, et sans préjudice de l'application de l'article L. 561-16 du Code monétaire et financier dans les conditions prévues à l'article 9, le titulaire du compte peut obtenir le versement du montant du solde créditeur en communiquant à l'opérateur les pièces exigées à l'article 4, sauf si ces pièces permettent d'établir qu'il n'était pas autorisé à jouer au moment où le compte provisoire était actif ou, le cas échéant, si les discordances entre les informations saisies par le joueur et les pièces justificatives transmises ne résultent pas d'une erreur matérielle de saisie.

Art. 9. – L'opérateur clôturant un compte joueur non provisoire :

1° Le cas échéant, reverse immédiatement son solde créditeur sur le compte de paiement du joueur ; cette opération peut toutefois être différée, en application de l'article L. 561-16 du Code monétaire et financier, si l'opérateur soupçonne qu'elle est liée au blanchiment de capitaux ou au financement du terrorisme ;

2° Informe le joueur de la clôture de son compte et du motif de cette clôture, par tout moyen à sa disposition et dans un délai de trois jours ouvrés ; il précise, le cas échéant, le montant des sommes qu'il a reversées sur son compte de paiement.

L'opérateur faisant application de l'article L. 561-16 du Code monétaire et financier dans le cas prévu au 1° est tenu d'émettre la déclaration prévue à l'article L. 561-15 du même code.

Art. 10. – L'opérateur met en place sur son site internet une procédure simple et aisément accessible permettant au joueur de demander à tout moment la clôture de son compte joueur.

Art. 11 *(Rect. JO 24 juill. 2010).* – Les données personnelles confiées par le titulaire d'un compte joueur à l'opérateur sont conservées par ce dernier dans les conditions prévues par le décret [n° 2010-509] du 18 mai 2010 susvisé.

Art. 12 *(Mod. à compter du 6 juin 2015, D. n° 2015-620, 5 juin 2015).* – Le joueur peut rectifier les informations personnelles le concernant.

Lorsque la rectification porte sur les informations relatives à son état civil ou les références du compte de paiement mentionné au 1° de l'article 2, le joueur communique à l'opérateur, dans le délai d'un mois à compter de cette rectification, les pièces justificatives exigées à l'article 4. Si, à l'expiration de ce délai, ces pièces n'ont pas été communiquées à l'opérateur, celui-ci désactive le compte. Si, dans un délai de deux mois à compter de la rectification d'informations, ces pièces n'ont pas été communiquées à l'opérateur, celui-ci clôture le compte dans les conditions prévues aux articles 8 et 9.

Dans l'hypothèse où l'opérateur constate une discordance entre les informations saisies par le joueur et les pièces justificatives transmises résultant d'une erreur matérielle de saisie, il en avise sans délai le joueur et lui propose de rectifier ces informations dans un délai de sept jours suivant cet avertissement. Le joueur peut soit procéder lui-même à la rectification des informations initialement saisies en accédant à son compte, soit donner son accord à l'opérateur pour que celui-ci procède à la rectification nécessaire. Dans cette dernière hypothèse, le joueur doit valider la rectification lors de sa prochaine connexion à son compte. À défaut de rectification, l'opérateur clôture le compte sans délai.

Lorsque la rectification d'informations porte sur l'adresse postale du joueur, l'opérateur lui communique, par courrier envoyé à cette nouvelle adresse, un code secret, distinct du mot de passe permettant au joueur d'accéder à son compte, dont la saisie par le joueur valide définitivement sa nouvelle adresse postale.

Si le joueur n'a pas saisi ce code dans le délai de six semaines à compter de son envoi par l'opérateur, ce dernier clôture le compte dans les conditions prévues aux articles 8 et 9.

Art. 13. – Le compte joueur retrace :

1° Les données personnelles du joueur : nom, prénoms, sexe, date et lieu de naissance, adresse postale du domicile et le cas échéant, adresse de courrier électronique ;

2° L'identifiant permettant au joueur d'accéder à son compte ;

3° La date la plus récente à laquelle le joueur a accepté les clauses du règlement portant conditions générales de l'offre de jeux et de paris ;

4° Les références du compte de paiement du joueur ;

5° La date de création du compte ;

6° Les montants retenus par le joueur en application des articles 16 et 17 ;

7° Le solde des avoirs du joueur, en distinguant les sommes versées par le joueur, les sommes versées par l'opérateur sous forme de gains, y compris les abondements de gains, et les sommes versées par ce dernier à titre d'offre promotionnelle et pouvant être misées par le joueur ;

8° L'historique, sur un an, des mises, des gains et des pertes du joueur, pour chaque course hippique, compétition sportive ou partie de jeux de cercle ;

9° L'historique, sur un an, des offres promotionnelles attribuées par l'opérateur sous quelque forme que ce soit, y compris les lots en nature ;

10° L'historique, sur un an, du déroulement des parties de jeux de cercle auxquelles le joueur a participé ;

11° L'historique, sur un an, des mouvements financiers affectant le compte.

Art. 14. – Les montants figurant dans le compte joueur sont exprimés en euros.

Les opérations de conversion de devises effectuées, le cas échéant, par l'opérateur pour le compte du joueur donnent lieu à une information de ce dernier sur le taux de change applicable, préalablement à l'engagement du jeu ou du pari donnant lieu à cette conversion.

Art. 15. – Sans préjudice des clauses liées à la régularité du jeu prévues dans le règlement portant conditions générales de l'offre de jeux et de paris, l'opérateur crédite immédiatement le compte joueur des gains réalisés ainsi que des sommes versées par son titulaire, dès réception des fonds, après vérification que l'instrument de paiement permettant l'approvisionnement du compte joueur satisfait aux conditions prescrites par le sixième alinéa de l'article 17 de la loi [n° 2010-476] du 12 mai 2010 susvisée.

Toutefois, l'opération de crédit du compte joueur peut être différée, en application de l'article L. 561-16 du Code monétaire et financier, si l'opérateur soupçonne qu'elle est liée au blanchiment de capitaux ou au financement du terrorisme.

L'opérateur reverse immédiatement sur le compte de paiement du joueur, sur demande de ce dernier ou par l'effet des dispositions de l'article 17, les sommes figurant sur son compte joueur. Cette opération peut toutefois être différée, en application de l'article L. 561-16 du Code monétaire et financier, si l'opérateur soupçonne qu'elle est liée au blanchiment de capitaux ou au financement du terrorisme.

L'opérateur faisant application de l'article L. 561-16 du Code monétaire et financier dans les cas prévus au présent article est tenu d'émettre la déclaration prévue à l'article L. 561-15 du même code.

CHAPITRE III. – LUTTE CONTRE LE JEU EXCESSIF OU PATHOLOGIQUE

Art. 16. – Dès l'ouverture d'un compte joueur, l'opérateur demande au joueur d'encadrer sa capacité de jeu par la fixation de limites d'approvisionnement de son compte et d'engagement des mises. Aucune opération de jeu ne peut être réalisée tant que le joueur n'a pas fixé ces limites.

Les limites mentionnées à l'alinéa précédent s'appliquent, d'une part, au montant cumulé des approvisionnements réalisés par le joueur par périodes de sept jours et d'autre part, au montant cumulé des mises engagées par le joueur par périodes de sept jours.

Le joueur peut modifier ces limites à tout moment. Lorsqu'il augmente l'une ou l'autre, la modification prend effet au plus tôt dans un délai de deux jours francs à compter de sa saisie par le joueur. Lorsqu'il diminue l'une ou l'autre, la modification est d'effet immédiat.

Art. 17. – Lors de la saisie du code secret mentionné au premier alinéa de l'article 5, l'opérateur demande au joueur de déterminer un montant au-delà duquel les crédits disponibles inscrits sur son compte joueur sont automatiquement reversés sur son compte de paiement mentionné au 1° de l'article 2. Aucune opération de jeu ne peut être réalisée tant que le joueur n'a pas déterminé ce montant. Le joueur doit pouvoir en permanence modifier ce montant par un dispositif aisément accessible.

Art. 18 *(Mod. à compter du 6 juin 2015, D. n° 2015-620, 5 juin 2015).* – L'opérateur met en permanence à la disposition du joueur un dispositif lui permettant de demander son exclusion du jeu, de manière temporaire ou définitive.

Le joueur détermine la durée de son exclusion temporaire, qui ne peut être inférieure à sept jours.

L'exclusion définitive du joueur entraîne la clôture sans délai de son compte par l'opérateur dans les conditions prévues aux articles 8 et 9. Le joueur ne peut solliciter à nouveau l'ouverture d'un compte avant l'expiration d'un délai de trois ans à compter de cette clôture.

Art. 19 *(D. n° 2010-623, 8 juin 2010).* – L'opérateur informe les joueurs, sur la page d'accueil de chaque site de jeu ou pari régi par l'article 24 de la loi [n° 2010-476] du 12 mai 2010 susvisée, des risques liés au jeu excessif ou pathologique par un message de mise en garde dont les termes et les modalités d'affichage sont précisés par un arrêté du ministre chargé de la santé, pris sur avis du ministre chargé du budget.

Art. 20 *(D. n° 2010-623, 8 juin 2010).* – Sur la page d'accueil mentionnée à l'article 19, l'opérateur informe les joueurs de la procédure d'inscription volontaire sur les fichiers d'interdits de jeu tenus par le ministère de l'intérieur par un message dont les termes et les modalités d'affichage sont précisés par un arrêté conjoint du ministre de l'intérieur et du ministre chargé du budget.

Art. 21 *(D. n° 2010-623, 8 juin 2010).* – Tout opérateur agréé de jeux et de paris en ligne informe les joueurs du système d'information et d'assistance mis à leur disposition en vue de prévenir le jeu excessif en application de l'article 29 de la loi [n° 2010-476 du 12 mai 2010] susmentionnée.

Le message d'information prévu par l'alinéa précédent doit apparaître sur l'ensemble des pages de ses sites, à l'exception des pages d'accueil, et le joueur qui active ce message doit être dirigé vers le site internet du service d'aide aux joueurs mis en place sous la responsabilité de l'Institut national de prévention et d'éducation pour la santé.

Les termes de ce message d'information et ses modalités d'affichage sont précisés dans l'arrêté mentionné à l'article 19.

Art. 22 *(Anc. art. 19 dénum. D. n° 2010-623, 8 juin 2010 ; mod. à compter du 6 juin 2015, D. n° 2015-620, 5 juin 2015).* – L'opérateur vérifie, par l'intermédiaire du système d'information de l'Autorité de régulation des jeux en ligne, si les personnes sollicitant l'ouverture d'un compte joueur ou disposant d'un tel compte auprès de lui sont inscrites dans un fichier des interdits de jeu tenu par le ministère de l'intérieur en application de la réglementation en vigueur.

Les conditions de cette vérification, qui intervient au moins tous les huit jours, ainsi que les modalités techniques de connexion au système d'information de l'Autorité de régulation des jeux en ligne permettant à l'opérateur de procéder à ces vérifications sont déterminées par l'Autorité, dans le respect des dispositions de la loi susvisée relative à l'informatique, aux fichiers et aux libertés.

Ordonnance n° 2010-638 du 10 juin 2010

portant suppression du régime des conservateurs des hypothèques

(JO 11 juin 2010)

TITRE PREMIER. – RESPONSABILITÉ EN MATIÈRE DE PUBLICITÉ FONCIÈRE

CHAPITRE PREMIER. – DISPOSITIONS PORTANT MODIFICATION DU CODE CIVIL

Art. 1er. – L'intitulé de la section III du chapitre IV du sous-titre III du titre II du livre IV du Code civil est remplacé par l'intitulé suivant : « De la publicité des registres et de la responsabilité en matière de publicité foncière ».

....

Art. 18. – I. – Les dispositions de la présente ordonnance entrent en vigueur à compter du 1er janvier 2013.

La responsabilité de l'État est substituée, à cette date, à celle incombant aux conservateurs des hypothèques, au titre des préjudices résultant de l'exécution des missions civiles effectuées par ces derniers jusqu'au 31 décembre 2012. L'État est, corrélativement, substitué aux conservateurs des hypothèques dans les droits et biens qui garantissent cette responsabilité en application du chapitre IV du titre Ier de la loi du 21 ventôse an VII.

II. – Les salaires des conservateurs des hypothèques dus en application de l'article 881 du Code général des impôts, dans sa rédaction en vigueur au 31 décembre 2012, sont acquittés au profit du Trésor à compter du 1er janvier 2013.

Le paiement des salaires des conservateurs des hypothèques, exigé sur le fondement d'avis de mise en recouvrement prévus à l'article L. 256 du Livre des procédures fiscales, est effectué au profit du Trésor à compter du 1er janvier 2013.

Décret n° 2010-1395 du 12 novembre 2010

relatif à la médiation et à l'activité judiciaire en matière familiale

(JO 16 nov. 2010)

CHAPITRE PREMIER. – EXPÉRIMENTATION DE CERTAINES MODALITÉS DE MISE EN ŒUVRE DE L'INJONCTION DE RENCONTRER UN MÉDIATEUR FAMILIAL

Art. 1er. – Pour l'application du troisième alinéa de l'article 373-2-10 du Code civil, les parties sont informées de la décision du juge leur enjoignant de rencontrer un médiateur familial soit par courrier, soit à l'audience. Il est indiqué aux parties le nom du médiateur familial ou de l'association de médiation familiale désigné et les lieux, jour et heure de la rencontre. Lorsque la décision est adressée par courrier, il leur est en outre rappelé la date de l'audience à laquelle l'affaire sera examinée. Lors de cette audience, le juge homologue le cas échéant l'accord intervenu ; en l'absence d'accord ou d'homologation, il tranche le litige.

Art. 2. – Les dispositions de l'article 1er sont applicables à titre expérimental, jusqu'au *(Mots rempl., D. n° 2013-1280, 29 déc. 2013)* « 31 décembre 2014 », dans les tribunaux de grande instance désignés par un arrêté du garde des Sceaux, ministre de la Justice.

Art. 3. – Quatre mois au moins avant le terme de l'expérimentation prévue par l'article 2, les chefs des juridictions désignées par l'arrêté mentionné au même article adressent au garde des Sceaux, ministre de la Justice, un rapport faisant le bilan de cette expérimentation.

CHAPITRE II. – COORDINATION DE L'ACTIVITÉ JUDICIAIRE EN MATIÈRE FAMILIALE

Art. 4. – **Le Code de l'organisation judiciaire (partie réglementaire) est modifié conformément aux articles 5 à 11 du présent décret.**

Décret n° 2010-1520 du 9 décembre 2010

portant publication de la convention sur le consentement au mariage, l'âge minimum du mariage et l'enregistrement des mariages, signée à New York le 10 décembre 1962

(JO 11 déc. 2010)

PRÉAMBULE

Les États contractants,

Désirant, conformément à la Charte des Nations unies, favoriser le respect universel et effectif des droits de l'homme et des libertés fondamentales pour tous, sans distinction de race, de sexe, de langue ou de religion ;

Rappelant que l'article 16 de la Déclaration universelle des droits de l'homme stipule que :

« 1° À partir de l'âge nubile, l'homme et la femme, sans aucune restriction quant à la race, la nationalité ou la religion, ont le droit de se marier et de fonder une famille. Ils ont des droits égaux au regard du mariage, durant le mariage et lors de sa dissolution ;

2° Le mariage ne peut être conclu qu'avec le libre et plein consentement des futurs époux ».

Rappelant en outre que, dans sa résolution 843 (IX) du 17 décembre 1954, l'Assemblée générale de l'Organisation des Nations unies a déclaré que certaines coutumes, anciennes lois et pratiques intéressant le mariage et la famille étaient incompatibles avec les principes énoncés dans la Charte des Nations unies et la Déclaration universelle des droits de l'homme ;

Réaffirmant que tous les États, y compris ceux qui ont ou assument la responsabilité de l'administration de territoires non autonomes ou de territoires sous tutelle jusqu'à leur accession à l'indépendance, doivent prendre toutes les mesures utiles en vue d'abolir ces coutumes, anciennes lois et pratiques, en assurant, notamment, une entière liberté dans le choix du conjoint, en abolissant totalement le mariage des enfants et la pratique des fiançailles des jeunes filles avant l'âge nubile, en instituant, le cas échéant, les sanctions voulues et en créant un service de l'état civil ou un autre service qui enregistre tous les mariages, sont convenus des dispositions suivantes :

Art. 1er. – **1. Aucun mariage ne pourra être contracté légalement sans le libre et plein consentement des deux parties, ce consentement devant être exprimé par elles en personne, en présence de l'autorité compétente pour célébrer le mariage et de témoins, après une publicité suffisante, conformément aux dispositions de la loi.**

2. Nonobstant les dispositions du paragraphe 1 ci-dessus, la présence de l'une des parties ne sera pas exigée si l'autorité compétente a la preuve que les circonstances sont exceptionnelles et que cette partie a exprimé son consentement, devant une autorité compétente et dans les formes que peut prescrire la loi, et ne l'a pas retiré.

Art. 2. – **Les États Parties à la présente Convention prendront les mesures législatives nécessaires pour spécifier un âge minimum pour le mariage. Ne pourront contracter légalement mariage les personnes qui n'auront pas atteint cet âge, à moins d'une dispense d'âge accordée par l'autorité compétente pour des motifs graves et dans l'intérêt des futurs époux.**

Art. 3. – **Tous les mariages devront être inscrits par l'autorité compétente sur un registre officiel.**

Art. 4. – **1. La présente Convention sera ouverte, jusqu'au 31 décembre 1963, à la signature de tous les États membres de l'Organisation des Nations unies ou membres de l'une quelconque des institutions spécialisées et de tous autres États que l'Assemblée générale de l'Organisation des Nations unies aura invités à devenir Parties à la Convention.**

2. La présente Convention est sujette à ratification et les instruments de ratification seront déposés auprès du Secrétaire général de l'Organisation des Nations unies.

Art. 5. – **1. Tous les États visés au paragraphe 1 de l'article 4 pourront adhérer à la présente Convention.**

2. L'adhésion se fera par le dépôt d'un instrument d'adhésion auprès du Secrétaire général de l'Organisation des Nations unies.

Art. 6. – 1. La présente Convention entrera en vigueur le quatre-vingt-dixième jour qui suivra la date du dépôt du huitième instrument de ratification ou d'adhésion.

2. Pour chacun des États qui ratifieront la Convention ou y adhéreront après le dépôt du huitième instrument de ratification ou d'adhésion, la Convention entrera en vigueur le quatre-vingt-dixième jour qui suivra la date du dépôt par cet État de son instrument de ratification ou d'adhésion.

Art. 7. – 1. Tout État contractant peut dénoncer la présente Convention par notification écrite au Secrétaire général de l'Organisation des Nations unies. La dénonciation prend effet un an après la date à laquelle le Secrétaire général en a reçu notification.

2. La présente Convention cessera d'être en vigueur à compter de la date où prendra effet la dénonciation qui ramènera le nombre des parties à moins de huit.

Art. 8. – Tout différend entre deux ou plusieurs États contractants relatif à l'interprétation ou à l'application de la présente Convention, qui n'aura pas été réglé par voie de négociations, sera soumis pour décision à la Cour internationale de justice à la demande de toutes les parties au différend, sauf si lesdites parties sont convenues d'un autre mode de règlement.

Art. 9. – Seront notifiés par le Secrétaire général de l'Organisation des Nations unies à tous les États membres de l'Organisation et aux États non membres visés au paragraphe 1 de l'article 4 de la présente Convention :

a) Les signatures apposées et les instruments de ratification reçus conformément à l'article 4 ;

b) Les instruments d'adhésion reçus conformément à l'article 5 ;

c) La date à laquelle la Convention entrera en vigueur conformément à l'article 6 ;

d) Les notifications de dénonciation reçues conformément aux dispositions du paragraphe 1 de l'article 7 ;

e) L'extinction résultant de l'application du paragraphe 2 de l'article 7.

Art. 10. – 1. La présente Convention, dont les textes anglais, chinois, espagnol, français et russe font également foi, sera déposée dans les archives de l'Organisation des Nations unies.

2. Le Secrétaire général de l'Organisation des Nations unies communiquera une copie certifiée conforme de la Convention à tous les États membres de l'Organisation et aux États non membres visés au paragraphe 1 de l'article 4.

En foi de quoi, les soussignés, dûment autorisés, ont signé au nom de leurs gouvernements respectifs la présente Convention, qui a été ouverte à la signature au siège des Nations unies, à New York, le 10 décembre 1962.

Règlement (UE) du Conseil n° 1259/2010 du 20 décembre 2010
mettant en œuvre une coopération renforcée dans le domaine de la loi applicable au divorce et à la séparation de corps

LE CONSEIL DE L'UNION EUROPÉENNE,

vu le traité sur le fonctionnement de l'Union européenne, et notamment son article 81, paragraphe 3,

vu la décision 2010/405/UE du Conseil du 12 juillet 2010 autorisant une coopération renforcée dans le domaine de la loi applicable au divorce et à la séparation de corps (1),

vu la proposition de la Commission européenne,

après transmission du projet d'acte législatif aux parlements nationaux,

vu l'avis du Parlement européen,

vu l'avis du Comité économique et social européen,

statuant conformément à une procédure législative spéciale,

considérant ce qui suit : (...)

A ADOPTÉ LE PRÉSENT RÈGLEMENT :

CHAPITRE I. – CHAMP D'APPLICATION, RELATION AVEC LE RÈGLEMENT (CE) N° 2201/2003, DÉFINITIONS ET APPLICATION UNIVERSELLE

Art. 1er. – *Champ d'application.* – 1. Le présent règlement s'applique, dans les situations impliquant un conflit de lois, au divorce et à la séparation de corps.

2. Le présent règlement ne s'applique pas aux questions suivantes, même si elles ne sont soulevées qu'en tant que questions préalables dans le cadre d'une procédure de divorce ou de séparation de corps :

a) la capacité juridique des personnes physiques ;

b) l'existence, la validité ou la reconnaissance d'un mariage ;

c) l'annulation d'un mariage ;

d) le nom des époux ;

e) les effets patrimoniaux du mariage ;

f) la responsabilité parentale ;

g) les obligations alimentaires ;

h) les trusts et successions.

Art. 2. – *Relation avec le règlement (CE) n° 2201/2003.* – Le présent règlement n'a pas d'incidence sur l'application du règlement (CE) n° 2201/2003.

Art. 3. – *Définitions.* – Aux fins du présent règlement, on entend par :

1. « État membre participant » : un État membre qui participe à la coopération renforcée sur la loi applicable au divorce et à la séparation de corps en vertu de la décision 2010/405/UE, ou en vertu d'une décision adoptée conformément à l'article 331, paragraphe 1, deuxième ou troisième alinéa, du traité sur le fonctionnement de l'Union européenne ;

2. « juridiction » : toutes les autorités des États membres participants compétentes dans les matières relevant du champ d'application du présent règlement.

Art. 4. – *Application universelle.* – La loi désignée par le présent règlement s'applique même si cette loi n'est pas celle d'un État membre participant.

CHAPITRE II. – RÈGLES UNIFORMES SUR LA LOI APPLICABLE AU DIVORCE ET À LA SÉPARATION DE CORPS

Art. 5. – *Choix de la loi applicable par les parties.* – 1. Les époux peuvent convenir de désigner la loi applicable au divorce et à la séparation de corps, pour autant qu'il s'agisse de l'une des lois suivantes :

a) la loi de l'État de la résidence habituelle des époux au moment de la conclusion de la convention ; ou

b) la loi de l'État de la dernière résidence habituelle des époux, pour autant que l'un d'eux y réside encore au moment de la conclusion de la convention ; ou

c) la loi de l'État de la nationalité de l'un des époux au moment de la conclusion de la convention ; ou

d) la loi du for.

2. Sans préjudice du paragraphe 3, une convention désignant la loi applicable peut être conclue et modifiée à tout moment, mais au plus tard au moment de la saisine de la juridiction.

3. Si la loi du for le prévoit, les époux peuvent également désigner la loi applicable devant la juridiction au cours de la procédure. Dans ce cas, la juridiction prend acte de la désignation conformément à la loi du for.

Art. 6. – *Consentement et validité matérielle.* – 1. L'existence et la validité d'une convention sur le choix de la loi ou de toute clause de celle-ci sont soumises à la loi qui serait applicable en vertu du présent règlement si la convention ou la clause était valable.

2. Toutefois, pour établir son absence de consentement, un époux peut se fonder sur la loi du pays dans lequel il a sa résidence habituelle au moment où la juridiction est saisie si les circonstances indiquent qu'il ne serait pas raisonnable de déterminer l'effet du comportement de cet époux conformément à la loi visée au paragraphe 1.

Art. 7. – *Validité formelle.* – 1. La convention visée à l'article 5, paragraphes 1 et 2, est formulée par écrit, datée et signée par les deux époux. Toute transmission par voie électronique qui permet de consigner durablement la convention est considérée comme revêtant une forme écrite.

2. Toutefois, si la loi de l'État membre participant dans lequel les deux époux ont leur résidence habituelle au moment de la conclusion de la convention prévoit des règles formelles supplémentaires pour ce type de convention, ces règles s'appliquent.

3. Si, au moment de la conclusion de la convention, les époux ont leur résidence habituelle dans des États membres participants différents et si les lois de ces États prévoient des règles formelles différentes, la convention est valable quant à la forme si elle satisfait aux conditions fixées par la loi de l'un de ces pays.

4. Si, au moment de la conclusion de la convention, seul l'un des époux a sa résidence habituelle dans un État membre participant et si cet État prévoit des règles formelles supplémentaires pour ce type de convention, ces règles s'appliquent.

Art. 8. – *Loi applicable à défaut de choix par les parties.* – À défaut de choix conformément à l'article 5, le divorce et la séparation de corps sont soumis à la loi de l'État :

a) de la résidence habituelle des époux au moment de la saisine de la juridiction ; ou, à défaut,

b) de la dernière résidence habituelle des époux, pour autant que cette résidence n'ait pas pris fin plus d'un an avant la saisine de la juridiction et que l'un des époux réside encore dans cet État au moment de la saisine de la juridiction ; ou, à défaut,

c) de la nationalité des deux époux au moment de la saisine de la juridiction ; ou, à défaut,

d) dont la juridiction est saisie.

Art. 9. – *Conversion de la séparation de corps en divorce.* – 1. En cas de conversion d'une séparation de corps en divorce, la loi applicable au divorce est la loi qui a été appliquée à la séparation de corps, sauf si les parties en sont convenues autrement conformément à l'article 5.

2. Toutefois, si la loi qui a été appliquée à la séparation de corps ne prévoit pas de conversion de la séparation de corps en divorce, l'article 8 s'applique, sauf si les parties en sont convenues autrement conformément à l'article 5.

Art. 10. – *Application de la loi du for.* – Lorsque la loi applicable en vertu des articles 5 ou 8 ne prévoit pas le divorce ou n'accorde pas à l'un des époux, en raison de son appartenance à l'un ou l'autre sexe, une égalité d'accès au divorce ou à la séparation de corps, la loi du for s'applique.

Art. 11. – *Exclusion du renvoi.* – Lorsque le présent règlement prescrit l'application de la loi d'un État, il entend les règles de droit en vigueur dans cet État à l'exclusion de ses règles de droit international privé.

Art. 12. – *Ordre public.* – L'application d'une disposition de la loi désignée en vertu du présent règlement ne peut être écartée que si cette application est manifestement incompatible avec l'ordre public du for.

Art. 13. – *Différences dans le droit national.* – Aucune disposition du présent règlement n'oblige les juridictions d'un État membre participant dont la loi ne prévoit pas le divorce ou ne considère pas le mariage en question comme valable aux fins de la procédure de divorce à prononcer un divorce en application du présent règlement.

Art. 14. – *États ayant deux ou plusieurs systèmes de droit – conflits de lois territoriaux.* – Lorsqu'un État comprend plusieurs unités territoriales dont chacune a son propre système de droit ou son propre ensemble de règles ayant trait aux questions régies par le présent règlement :

a) toute référence à la loi de cet État est interprétée, aux fins de la détermination de la loi applicable selon le présent règlement, comme visant la loi en vigueur dans l'unité territoriale concernée ;

b) toute référence à la résidence habituelle dans cet État est interprétée comme visant la résidence habituelle dans une unité territoriale ;

c) toute référence à la nationalité vise l'unité territoriale désignée par la loi de cet État ou, en l'absence de règles applicables, l'unité territoriale choisie par les parties, ou en l'absence de choix, l'unité territoriale avec laquelle l'époux ou les époux présente(nt) les liens les plus étroits.

Art. 15. – *États ayant deux ou plusieurs systèmes de droit – conflits de lois interpersonnels.* – Pour un État qui a deux ou plusieurs systèmes de droit ou ensembles de règles applicables à différentes catégories de personnes et ayant trait aux questions régies par le présent règlement, toute référence à la loi d'un tel État est interprétée comme visant le système de droit déterminé par les règles en vigueur dans cet État. En l'absence de telles règles, le système de droit ou l'ensemble de règles avec lequel l'époux ou les époux présente(nt) les liens les plus étroits s'applique.

Art. 16. – *Non-application du présent règlement aux conflits de lois internes.* – Un État membre participant dans lequel différents systèmes de droit ou ensembles de règles s'appliquent aux questions régies par le présent règlement n'est pas tenu d'appliquer le présent règlement aux conflits de lois concernant uniquement ces systèmes de droit ou ensembles de règles.

CHAPITRE III. – AUTRES DISPOSITIONS

Art. 17. – *Informations fournies par les États membres participants.* – 1. Au plus tard le 21 septembre 2011, les États membres participants communiquent à la Commission, le cas échéant, leurs dispositions nationales relatives :

a) aux exigences formelles applicables aux conventions sur le choix de la loi applicable conformément à l'article 7, paragraphes 2 à 4 ; et

b) à la possibilité de désigner la loi applicable conformément à l'article 5, paragraphe 3.

Les États membres participants informent la Commission de toute modification ultérieure de ces dispositions.

2. La Commission met à la disposition du public par des moyens appropriés, notamment le site internet du réseau judiciaire européen en matière civile et commerciale, toutes les informations communiquées conformément au paragraphe 1.

Art. 18. – *Dispositions transitoires.* – 1. Le présent règlement s'applique aux actions judiciaires engagées ainsi qu'aux conventions visées à l'article 5 conclues à compter du 21 juin 2012.

Toutefois, une convention sur le choix de la loi applicable conclue avant le 21 juin 2012 prend également effet, pour autant qu'elle soit conforme aux articles 6 et 7.

2. Le présent règlement s'applique sans préjudice des conventions sur le choix de la loi applicable conclues conformément à la loi de l'État membre participant dont la juridiction est saisie avant le 21 juin 2012.

Art. 19. – *Liens avec les conventions internationales en vigueur.* – 1. Sans préjudice des obligations incombant aux États membres participants conformément à l'article 351 du traité sur le fonctionnement de l'Union européenne, le présent règlement n'a pas d'incidence sur l'application des conventions internationales auxquelles un ou plusieurs États membres participants sont parties au moment de l'adoption du présent règlement ou lors de l'adoption de la décision conformément à l'article 331, paragraphe 1, deuxième ou troisième alinéa, du traité sur le fonctionnement de l'Union européenne et qui règlent les conflits de lois en matière de divorce ou de séparation de corps.

2. Toutefois, le présent règlement prévaut, entre les États membres participants, sur les conventions conclues exclusivement entre deux ou plusieurs d'entre eux dans la mesure où elles concernent des questions régies par le présent règlement.

Art. 20. – *Clause de révision.* – 1. Au plus tard le 31 décembre 2015, et ensuite tous les cinq ans, la Commission présente au Parlement européen, au Conseil et au Comité économique et social européen un rapport relatif à l'application du présent règlement. Ce rapport est accompagné, le cas échéant, de propositions visant à adapter le présent règlement.

2. À cette fin, les États membres participants informent la Commission des éléments pertinents concernant l'application du présent règlement par leurs juridictions.

CHAPITRE IV. – DISPOSITIONS FINALES

Art. 21. – *Entrée en vigueur et date d'application.* – Le présent règlement entre en vigueur le jour suivant celui de sa publication au *Journal officiel de l'Union européenne.*

Il est applicable à partir du 21 juin 2012, à l'exception de l'article 17, qui est applicable à partir du 21 juin 2011.

Pour les États membres participant à une coopération renforcée en vertu d'une décision adoptée conformément à l'article 331, paragraphe 1, deuxième ou troisième alinéa, du traité sur le fonctionnement de l'Union européenne, le présent règlement est applicable à partir de la date indiquée dans la décision concernée.

Le présent règlement est obligatoire dans tous ses éléments et directement applicable dans les États membres participants, conformément aux traités.

Fait à Bruxelles, le 20 décembre 2010.

Voir : références bibliographiques sous art. 309, p. 271.

Arrêté du 2 février 2011

portant création de la mesure judiciaire d'investigation éducative
(JO 25 févr. 2011)

Art. 1er. – Parmi les mesures destinées à l'information du magistrat susceptibles d'être ordonnées dans le cadre des procédures en assistance éducative et dans le cadre de l'enfance délinquante, il est créé une mesure judiciaire d'investigation éducative.

Art. 2. – La mesure judiciaire d'investigation éducative est destinée à fournir au magistrat des informations quant à la personnalité et aux conditions d'éducation et de vie du mineur et de ses parents. À ce titre, cette mesure est interdisciplinaire et modulable tant dans son contenu que dans sa durée, en fonction de son cadre d'exercice civil ou pénal, de la situation particulière du mineur et de la prescription du magistrat.

Art. 3. – La mesure judiciaire d'investigation éducative peut être mise en œuvre par les services du secteur public de la protection judiciaire de la jeunesse.

Les services gérés par le secteur associatif peuvent être autorisés et habilités à mettre en œuvre cette mesure.

Art. 4. – Chaque mesure judiciaire d'investigation éducative effectuée en application du présent arrêté par un service habilité géré par le secteur associatif ouvre droit au profit de ce dernier à un paiement versé par le ministère de la justice selon les modalités fixées à la section II du chapitre IV du titre Ier du livre III du Code de l'action sociale et des familles.

Loi organique n° 2011-333 du 29 mars 2011

relative au Défenseur des droits
(JO 30 mars) (1) (2)

TITRE PREMIER. – DISPOSITIONS GÉNÉRALES

Art. 1er. – Le Défenseur des droits est nommé par décret en conseil des ministres, après application de la procédure prévue au dernier alinéa de l'article 13 de la Constitution.

Il ne peut être mis fin à ses fonctions que sur sa demande ou en cas d'empêchement dans des conditions définies par décret en Conseil d'État.

Art. 2 *(Mod., L. org. n° 2017-54, 20 janv. 2017).* **– Le Défenseur des droits, autorité administrative indépendante, ne reçoit et ne sollicite, dans l'exercice de ses attributions, aucune instruction.**

Le Défenseur des droits et ses adjoints ne peuvent être poursuivis, recherchés, arrêtés, détenus ou jugés à l'occasion des opinions qu'ils émettent ou des actes qu'ils accomplissent dans l'exercice de leurs fonctions.

Art. 3. – Les fonctions de Défenseur des droits et celles de ses adjoints sont incompatibles avec celles de membre du Gouvernement, du Conseil constitutionnel, du Conseil supérieur de la magistrature et du Conseil économique, social et environnemental ainsi qu'avec tout mandat électif.

Le membre du Gouvernement, du Conseil constitutionnel, du Conseil supérieur de la magistrature, du Conseil économique, social et environnemental ou le titulaire d'un mandat électif qui est nommé Défenseur des droits ou adjoint est réputé avoir opté pour ces dernières fonctions s'il n'a pas exprimé de volonté contraire dans les huit jours suivant la publication au *Journal officiel* de sa nomination.

Les fonctions de Défenseur des droits et celles de ses adjoints sont, en outre, incompatibles avec toute autre fonction ou emploi public et toute activité professionnelle ainsi qu'avec toute fonction de président et de membre de conseil d'administration, de président et de membre de directoire, de président et de membre de conseil de surveillance d'administrateur délégué dans toute société, entreprise ou établissement.

Dans un délai d'un mois suivant la publication de sa nomination comme Défenseur des droits ou comme un de ses adjoints, la personne nommée doit cesser toute activité incompatible avec ses nouvelles fonctions. Si elle est

(1) V. Cons. const. n° 2011-626 DC, 29 mars 2011 : *JO* 30 mars 2011. – NDLR.
(2) V. également L. n° 2011-334, 29 mars 2011. – NDLR.

fonctionnaire ou magistrat, elle est placée en position de détachement de plein droit pendant la durée de ses fonctions et ne peut recevoir, au cours de cette période, aucune promotion au choix.

TITRE II. – DISPOSITIONS RELATIVES AUX COMPÉTENCES ET À LA SAISINE DU DÉFENSEUR DES DROITS

Art. 4 *(Mod., L. org. n° 2016-1690, 9 déc. 2016)*. – Le Défenseur des droits est chargé :

1° De défendre les droits et libertés dans le cadre des relations avec les administrations de l'État, les collectivités territoriales, les établissements publics et les organismes investis d'une mission de service public ;

2° De défendre et de promouvoir l'intérêt supérieur et les droits de l'enfant consacrés par la loi ou par un engagement international régulièrement ratifié ou approuvé par la France ;

3° De lutter contre les discriminations, directes ou indirectes, prohibées par la loi ou par un engagement international régulièrement ratifié ou approuvé par la France ainsi que de promouvoir l'égalité ;

4° De veiller au respect de la déontologie par les personnes exerçant des activités de sécurité sur le territoire de la République ;

5° D'orienter vers les autorités compétentes toute personne signalant une alerte dans les conditions fixées par la loi, de veiller aux droits et libertés de cette personne *[Dispositions déclarées non conformes à la Constitution par la décision n° 2016-740 DC du 8 déc. 2016 : JO10 déc. 2016]*.

Art. 5. – Le Défenseur des droits peut être saisi :

1° Par toute personne physique ou morale qui s'estime lésée dans ses droits et libertés par le fonctionnement d'une administration de l'État, d'une collectivité territoriale, d'un établissement public ou d'un organisme investi d'une mission de service public ;

2° Par un enfant qui invoque la protection de ses droits ou une situation mettant en cause son intérêt, par ses représentants légaux, les membres de sa famille, les services médicaux ou sociaux ou toute association régulièrement déclarée depuis au moins cinq ans à la date des faits et se proposant par ses statuts de défendre les droits de l'enfant ;

3° Par toute personne qui s'estime victime d'une discrimination, directe ou indirecte, prohibée par la loi ou par un engagement international régulièrement ratifié ou approuvé par la France, ou par toute association régulièrement déclarée depuis au moins cinq ans à la date des faits se proposant par ses statuts de combattre les discriminations ou d'assister les victimes de discriminations, conjointement avec la personne s'estimant victime de discrimination ou avec son accord ;

4° Par toute personne qui a été victime ou témoin de faits dont elle estime qu'ils constituent un manquement aux règles de déontologie dans le domaine de la sécurité.

Le Défenseur des droits peut être saisi des agissements de personnes publiques ou privées.

Il peut en outre se saisir d'office ou être saisi par les ayants droit de la personne dont les droits et libertés sont en cause.

Il est saisi des réclamations qui sont adressées à ses adjoints.

Art. 6. – La saisine du Défenseur des droits est gratuite.

Elle est précédée de démarches préalables auprès des personnes publiques ou des organismes mis en cause, sauf lorsqu'elle est présentée au titre des compétences mentionnées aux 2° à 4° de l'article 4.

La saisine du Défenseur des droits n'interrompt ni ne suspend par elle-même les délais de prescription des actions en matière civile, administrative ou pénale, non plus que ceux relatifs à l'exercice de recours administratifs ou contentieux.

Art. 7. – Une réclamation peut être adressée à un député, à un sénateur ou à un représentant français au Parlement européen, qui la transmet au Défenseur des droits s'il estime qu'elle appelle son intervention. Le Défenseur des droits informe le député, le sénateur ou le représentant français au Parlement européen des suites données à cette transmission.

Les membres du Parlement peuvent, de leur propre initiative, saisir le Défenseur des droits d'une question qui leur paraît appeler son intervention.

Sur la demande de l'une des commissions permanentes de son assemblée, le président de l'Assemblée nationale ou le président du Sénat peut transmettre au Défenseur des droits, dans les domaines de sa compétence, toute pétition dont l'assemblée a été saisie.

Le Défenseur des droits instruit également les réclamations qui lui sont transmises par le Médiateur européen ou un homologue étranger et qui lui paraissent relever de sa compétence et appeler son intervention.

Art. 8. – Lorsqu'il se saisit d'office ou lorsqu'il est saisi autrement qu'à l'initiative de la personne s'estimant lésée ou, s'agissant d'un enfant, de ses représentants légaux, le Défenseur des droits ne peut intervenir qu'à la condition que cette personne ou, le cas échéant, ses ayants droit ait été avertie et ne se soit pas opposée à son intervention. Toutefois, il peut toujours se saisir des cas lui paraissant mettre en cause l'intérêt supérieur d'un enfant et des cas relatifs à des personnes qui ne sont pas identifiées ou dont il ne peut recueillir l'accord.

Art. 9. – Lorsque le Défenseur des droits transmet une réclamation à une autre autorité indépendante investie d'une mission de protection des droits et libertés, il peut accompagner cette transmission de ses observations et demander à être informé des suites données à celles-ci.

Le Défenseur des droits est associé, à sa demande, aux travaux de la Commission nationale de l'informatique et des libertés et de la Commission d'accès aux documents administratifs.

Art. 10 *(Mod., L. org. n° 2016-1690, 9 déc. 2016).* – Le Défenseur des droits ne peut être saisi ni ne peut se saisir des différends susceptibles de s'élever entre les personnes publiques et organismes mentionnés au 1° de l'article 4.

Il ne peut être saisi ni ne peut se saisir, sauf au titre de ses compétences mentionnées au 3° et au 5° du même article 4, des différends susceptibles de s'élever entre, d'une part, ces personnes publiques et organismes et, d'autre part, leurs agents, à raison de l'exercice de leurs fonctions.

Il ne peut ni être saisi ni se saisir, au titre de ses compétences mentionnées au 5° du même article 4, des différends qui ne relèvent pas des situations prévues par la loi.

TITRE III. – DISPOSITIONS RELATIVES À L'INTERVENTION DU DÉFENSEUR DES DROITS

CHAPITRE PREMIER. – DISPOSITIONS RELATIVES AUX COLLÈGES

Art. 11 *(Mod., L. org. n° 2016-1690, 9 déc. 2016).* – I. - Le Défenseur des droits préside les collèges qui l'assistent pour l'exercice de ses attributions en matière de défense et de promotion des droits de l'enfant, de lutte contre les discriminations et de promotion de l'égalité, d'orientation et de protection des lanceurs d'alerte, ainsi que de déontologie dans le domaine de la sécurité.

Sur proposition du Défenseur des droits, le Premier ministre nomme les adjoints du Défenseur des droits, dont :

– un Défenseur des enfants, vice-président du collège chargé de la défense et de la promotion des droits de l'enfant, choisi pour ses connaissances ou son expérience dans ce domaine ;

– un adjoint, vice-président du collège chargé de la déontologie dans le domaine de la sécurité, choisi pour ses connaissances ou son expérience dans ce domaine ;

– un adjoint, vice-président du collège chargé de la lutte contre les discriminations et de la promotion de l'égalité, choisi pour ses connaissances ou son expérience dans ce domaine.

II. - Les adjoints sont placés auprès du Défenseur des droits et sous son autorité.

Le Défenseur des droits peut déléguer ses attributions à ses adjoints, dans leur domaine de compétence, à l'exception de celles mentionnées aux articles 19, 29, 31, 32, 36 et au dernier alinéa des articles 18 et 25.

Chaque adjoint peut suppléer le Défenseur des droits à la présidence des réunions du collège dont il est le vice-président et le représenter, dans son domaine de compétence, auprès des organisations rassemblant les autorités indépendantes de pays tiers chargées de la protection des droits et libertés.

Art. 12. – Le Défenseur des droits peut convoquer une réunion conjointe de plusieurs collèges et de ses adjoints afin de la consulter sur les réclamations ou les questions qui intéressent plusieurs de ses domaines de compétence, ou qui présentent une difficulté particulière.

Art. 13. – Lorsqu'il intervient en matière de déontologie de la sécurité, le Défenseur des droits consulte, sur toute question nouvelle, un collège qu'il préside et qui comprend, outre son adjoint, vice-président :

– trois personnalités qualifiées désignées par le président du Sénat ;

– trois personnalités qualifiées désignées par le président de l'Assemblée nationale ;

– un membre ou ancien membre du Conseil d'État désigné par le vice-président du Conseil d'État ;
– un membre ou ancien membre de la Cour de cassation désigné conjointement par le premier président de la Cour de cassation et par le procureur général près ladite cour.

Les membres du collège sont désignés en raison de leurs connaissances ou de leur expérience dans le domaine de la déontologie de la sécurité.

Les désignations du président du Sénat et du président de l'Assemblée nationale concourent à une représentation équilibrée entre les femmes et les hommes.

Lorsque le Défenseur des droits préside les réunions du collège, son adjoint ne prend pas part au vote.

En cas de partage égal des voix, celle du président est prépondérante.

Art. 14. – Lorsqu'il intervient en matière de défense et de promotion des droits de l'enfant, le Défenseur des droits consulte, sur toute question nouvelle, un collège qu'il préside et qui comprend, outre son adjoint, vice-président :
– deux personnalités qualifiées désignées par le président du Sénat ;
– deux personnalités qualifiées désignées par le président de l'Assemblée nationale ;
– une personnalité qualifiée désignée par le président du Conseil économique, social et environnemental ;
– un membre ou ancien membre de la Cour de cassation désigné conjointement par le premier président de la Cour de cassation et par le procureur général près ladite cour.

Les membres du collège sont désignés en raison de leurs connaissances ou de leur expérience en matière de défense et de promotion des droits de l'enfant.

Les désignations du président du Sénat et du président de l'Assemblée nationale concourent, dans chaque cas, à une représentation équilibrée entre les femmes et les hommes.

Lorsque le Défenseur des droits préside les réunions du collège, son adjoint ne prend pas part au vote.

En cas de partage égal des voix, celle du président est prépondérante.

Art. 15. – Lorsqu'il intervient en matière de lutte contre les discriminations et de promotion de l'égalité, le Défenseur des droits consulte, sur toute question nouvelle, un collège qu'il préside et qui comprend, outre son adjoint, vice-président :
– trois personnalités qualifiées désignées par le président du Sénat ;
– trois personnalités qualifiées désignées par le président de l'Assemblée nationale ;
– une personnalité qualifiée désignée par le vice-président du Conseil d'État ;
– une personnalité qualifiée désignée par le premier président de la Cour de cassation.

Les membres du collège sont désignés en raison de leurs connaissances ou de leur expérience dans le domaine de la lutte contre les discriminations et de la promotion de l'égalité.

Les désignations du président du Sénat et du président de l'Assemblée nationale concourent à une représentation équilibrée entre les femmes et les hommes.

Lorsque le Défenseur des droits préside les réunions du collège, son adjoint ne prend pas part au vote.

En cas de partage égal des voix, celle du président est prépondérante.

Art. 16. – Le mandat des adjoints du Défenseur des droits et celui des membres des collèges mentionnés aux articles 13, 14 et 15 cessent avec le mandat du Défenseur des droits. Celui des adjoints du Défenseur des droits n'est pas renouvelable.

Les adjoints du Défenseur des droits et le membre d'un collège qui cessent d'exercer leurs fonctions sont remplacés pour la durée de mandat restant à courir. Si cette durée est inférieure à deux ans, le mandat d'un adjoint du Défenseur des droits est alors renouvelable.

La qualité de membre du collège mentionné à l'article 13 est incompatible avec l'exercice, à titre principal, d'activités dans le domaine de la sécurité.

Il ne peut être mis fin aux fonctions des membres des collèges avant l'expiration de leur mandat qu'en cas de démission ou d'empêchement. Toutefois, tout membre d'un collège nommé dans les conditions prévues aux articles 13, 14 et 15 qui, sans justification, n'a pas assisté à trois séances consécutives peut être déclaré démissionnaire d'office par le collège statuant à la majorité des deux tiers de ses membres, après avoir été mis en mesure de présenter des observations. Le Défenseur des droits en informe l'autorité de nomination.

Art. 17. – Aucun membre des collèges ne peut :

– participer à une délibération relative à un organisme au sein duquel il détient un intérêt direct ou indirect, exerce des fonctions ou détient un mandat ;

– participer à une délibération relative à un organisme au sein duquel il a, au cours des trois années précédant la délibération, détenu un intérêt direct ou indirect, exercé des fonctions ou détenu un mandat.

Les membres des collèges informent le Défenseur des droits des intérêts directs ou indirects qu'ils détiennent ou viennent à détenir, des fonctions qu'ils exercent ou viennent à exercer et de tout mandat qu'ils détiennent ou viennent à détenir au sein d'une personne morale.

Le Défenseur des droits veille au respect de ces obligations.

CHAPITRE II. – DISPOSITIONS RELATIVES AUX MOYENS D'INFORMATION DU DÉFENSEUR DES DROITS

Art. 18. – Le Défenseur des droits peut demander des explications à toute personne physique ou morale mise en cause devant lui. À cet effet, il peut entendre toute personne dont le concours lui paraît utile.

Les personnes physiques ou morales mises en cause doivent faciliter l'accomplissement de sa mission.

Elles sont tenues d'autoriser leurs agents et préposés à répondre à ses demandes. Ceux-ci sont tenus de répondre aux demandes d'explications qu'il leur adresse et de déférer à ses convocations. Les convocations doivent mentionner l'objet de l'audition.

Lorsque le Défenseur des droits est saisi, les personnes auxquelles il demande des explications peuvent se faire assister du conseil de leur choix. Un procès-verbal contradictoire de l'audition est dressé et remis à la personne entendue.

Si le Défenseur des droits en fait la demande, les ministres donnent instruction aux corps de contrôle d'accomplir, dans le cadre de leur compétence, toutes vérifications ou enquêtes. Ils l'informent des suites données à ces demandes.

Art. 19. – Le Défenseur des droits peut demander au vice-président du Conseil d'État ou au premier président de la Cour des comptes de faire procéder à toutes études.

Art. 20 *(Mod., L. org. n° 2016-1690, 9 déc. 2016)*. – Les personnes physiques ou morales mises en cause communiquent au Défenseur des droits, sur sa demande motivée, toutes informations et pièces utiles à l'exercice de sa mission.

Le Défenseur des droits peut recueillir sur les faits portés à sa connaissance toute information qui lui apparaît nécessaire sans que son caractère secret ou confidentiel puisse lui être opposé, sauf en matière de secret concernant la défense nationale, la sûreté de l'État ou la politique extérieure. Le secret de l'enquête et de l'instruction ne peut lui être opposé.

Les informations couvertes par le secret médical ou par le secret professionnel applicable aux relations entre un avocat et son client ne peuvent lui être communiquées qu'à la demande expresse de la personne concernée. Toutefois, les informations couvertes par le secret médical peuvent lui être communiquées sans le consentement de la personne concernée lorsqu'elles sont relatives à des privations, sévices et violences physiques, sexuelles ou psychiques commis sur un mineur ou une personne qui n'est pas en mesure de se protéger en raison de son âge ou de son incapacité physique ou psychique.

Les personnes astreintes au secret professionnel ne peuvent être poursuivies en application de l'article 226-13 du Code pénal pour les informations à caractère secret qu'elles ont pu révéler au Défenseur des droits, dès lors que ces informations entrent dans le champ de compétence de ce dernier tel que prévu à l'article 4 de la présente loi organique.

Les personnes ayant saisi le Défenseur des droits ne peuvent faire l'objet, pour ce motif, de mesures de rétorsion ou de représailles.

Art. 21. – Lorsque ses demandes formulées en vertu de l'article 18, à l'exception du dernier alinéa, ou de l'article 20 ne sont pas suivies d'effet, le Défenseur des droits peut mettre en demeure les personnes intéressées de lui répondre dans un délai qu'il fixe.

Lorsque la mise en demeure n'est pas suivie d'effet, il peut saisir le juge des référés d'une demande motivée aux fins d'ordonner toute mesure que ce dernier juge utile.

Art. 22 *(Mod., L. org. n° 2016-1690, 9 déc. 2016).* – I. - Le Défenseur des droits peut procéder à :

1° Des vérifications sur place dans les locaux administratifs ou privés des personnes mises en cause ;

2° Des vérifications sur place dans les lieux, locaux, moyens de transport accessibles au public et dans les locaux professionnels exclusivement consacrés à cet usage.

Lors de ses vérifications sur place, le Défenseur des droits peut entendre toute personne susceptible de fournir des informations.

II. - L'autorité compétente peut s'opposer à une vérification sur place, dans les locaux administratifs d'une personne publique, au titre de l'une des compétences prévues par les 1° à 3° et 5° de l'article 4, pour des motifs graves et impérieux liés à la défense nationale ou à la sécurité publique.

L'autorité compétente doit alors fournir au Défenseur des droits les justifications de son opposition.

Le Défenseur des droits peut saisir le juge des référés d'une demande motivée afin qu'il autorise les vérifications sur place. Les vérifications s'effectuent alors sous l'autorité et le contrôle du juge qui les a autorisées. Celui-ci peut se rendre dans les locaux administratifs durant l'intervention. À tout moment, il peut décider l'arrêt ou la suspension des vérifications.

III. - Le responsable de locaux privés est préalablement informé de son droit d'opposition à la visite ou à la vérification sur place. Lorsqu'il exerce ce droit, la visite ou la vérification sur place ne peut se dérouler qu'après l'autorisation du juge des libertés et de la détention du tribunal de grande instance dans le ressort duquel sont situés les locaux à visiter, qui statue dans des conditions fixées par décret en Conseil d'État. Toutefois, lorsque l'urgence, la gravité des faits à l'origine du contrôle ou le risque de destruction ou de dissimulation de documents le justifient, la visite peut avoir lieu sans que le responsable des locaux en ait été informé, sur autorisation préalable du juge des libertés et de la détention. Dans ce cas, le responsable des lieux ne peut s'opposer à la visite.

La visite s'effectue sous l'autorité et le contrôle du juge des libertés et de la détention qui l'a autorisée, en présence de l'occupant des lieux ou de son représentant, qui peut se faire assister d'un conseil de son choix ou, à défaut, en présence de deux témoins qui ne sont pas placés sous l'autorité des personnes chargées de procéder au contrôle.

L'ordonnance ayant autorisé la visite est exécutoire au seul vu de la minute. Elle mentionne que le juge ayant autorisé la visite peut être saisi à tout moment d'une demande de suspension ou d'arrêt de cette visite. Elle indique le délai et la voie de recours. Elle peut faire l'objet, suivant les règles prévues par le Code de procédure civile, d'un appel devant le premier président de la cour d'appel. Celui-ci connaît également des recours contre le déroulement des opérations de visite.

Art. 23. – Lorsque le Défenseur des droits est saisi, ou se saisit d'office, de faits donnant lieu à une enquête préliminaire ou de flagrance ou pour lesquels une information judiciaire est ouverte ou des poursuites judiciaires sont en cours, il doit recueillir l'accord préalable des juridictions saisies ou du procureur de la République, selon le cas, pour la mise en œuvre de l'article 18, à l'exception du dernier alinéa, des articles 20 et 22. Lorsqu'il intervient au titre de sa compétence prévue au 3° de l'article 4, il doit également recueillir l'accord préalable :

– des juridictions saisies ou du procureur de la République, pour la mise en œuvre de l'article 26 et du I de l'article 28, lorsque les faits donnent lieu à une enquête préliminaire ou de flagrance ou qu'une information judiciaire est ouverte ou des poursuites judiciaires sont en cours ;

– du procureur de la République, pour la mise en œuvre du II de l'article 28, lorsque les faits donnent lieu à une enquête préliminaire ou de flagrance.

CHAPITRE III. – DISPOSITIONS RELATIVES AUX POUVOIRS DU DÉFENSEUR DES DROITS

Art. 24. – Le Défenseur des droits apprécie si les faits qui font l'objet d'une réclamation ou qui lui sont signalés appellent une intervention de sa part.

Il indique les motifs pour lesquels il décide de ne pas donner suite à une saisine.

Art. 25. – Le Défenseur des droits peut faire toute recommandation qui lui apparaît de nature à garantir le respect des droits et libertés de la personne lésée et à régler les difficultés soulevées devant lui ou à en prévenir le renouvellement.

Il peut recommander de régler en équité la situation de la personne dont il est saisi.

Les autorités ou personnes intéressées informent le Défenseur des droits, dans le délai qu'il fixe, des suites données à ses recommandations.

À défaut d'information dans ce délai ou s'il estime, au vu des informations reçues, qu'une recommandation n'a pas été suivie d'effet, le Défenseur des droits peut enjoindre à la personne mise en cause de prendre, dans un délai déterminé, les mesures nécessaires.

Lorsqu'il n'a pas été donné suite à son injonction, le Défenseur des droits établit un rapport spécial, qui est communiqué à la personne mise en cause. Le Défenseur des droits rend publics ce rapport et, le cas échéant, la réponse de la personne mise en cause, selon des modalités qu'il détermine.

Art. 26. – Le Défenseur des droits peut procéder à la résolution amiable des différends portés à sa connaissance, par voie de médiation.

Les constatations effectuées et les déclarations recueillies au cours de la médiation ne peuvent être ni produites, ni invoquées ultérieurement dans les instances civiles ou administratives sans le consentement des personnes intéressées, sauf si la divulgation de l'accord est nécessaire à sa mise en œuvre ou si des raisons d'ordre public l'imposent.

Art. 27. – Lorsque le Défenseur des droits estime, dans les conditions définies à l'article 24, que la réclamation d'une personne s'estimant victime d'une discrimination ou invoquant la protection des droits de l'enfant appelle une intervention de sa part, il l'assiste dans la constitution de son dossier et l'aide à identifier les procédures adaptées à son cas, y compris lorsque celles-ci incluent une dimension internationale.

Art. 28. – I. – Le Défenseur des droits peut proposer à l'auteur de la réclamation et à la personne mise en cause de conclure une transaction dont il peut recommander les termes.

II. – Lorsqu'il constate des faits constitutifs d'une discrimination sanctionnée par les articles 225-2 et 432-7 du Code pénal et L. 1146-1 et L. 2146-2 du Code du travail, le Défenseur des droits peut, si ces faits n'ont pas déjà donné lieu à la mise en mouvement de l'action publique, proposer à l'auteur des faits une transaction consistant dans le versement d'une amende transactionnelle dont le montant ne peut excéder 3 000 € s'il s'agit d'une personne physique et 15 000 € s'il s'agit d'une personne morale et, s'il y a lieu, dans l'indemnisation de la victime. Le montant de l'amende est fixé en fonction de la gravité des faits ainsi que des ressources et des charges de l'auteur des faits.

La transaction proposée par le Défenseur des droits et acceptée par l'auteur des faits ainsi que, s'il y a lieu, par la victime doit être homologuée par le procureur de la République.

La personne à qui est proposée une transaction est informée qu'elle peut se faire assister par un avocat avant de donner son accord à la proposition du Défenseur des droits.

III. – Dans les cas prévus au II, le Défenseur des droits peut également proposer que la transaction consiste dans :

1° L'affichage d'un communiqué, dans des lieux qu'elle précise et pour une durée qui ne peut excéder deux mois ;

2° La transmission, pour information, d'un communiqué au comité d'entreprise ou aux délégués du personnel ;

3° La diffusion d'un communiqué, par son insertion au *Journal officiel* ou dans une ou plusieurs autres publications de presse, ou par la voie de services de communication électronique, sans que ces publications ou services de communication électronique puissent s'y opposer ;

4° L'obligation de publier la décision au sein de l'entreprise.

Les frais d'affichage ou de diffusion sont à la charge de l'auteur des faits, sans pouvoir toutefois excéder le montant maximal de l'amende transactionnelle prévue au II.

IV. – Les actes tendant à la mise en œuvre ou à l'exécution de la transaction mentionnée au même II sont interruptifs de la prescription de l'action publique.

L'exécution de la transaction constitue une cause d'extinction de l'action publique. Elle ne fait cependant pas échec au droit de la partie civile de délivrer citation directe devant le tribunal correctionnel. Le tribunal, composé d'un seul magistrat exerçant les pouvoirs conférés au président, ne statue alors que sur les seuls intérêts civils.

En cas de refus de la proposition de transaction ou d'inexécution d'une transaction acceptée et homologuée par le procureur de la République, le Défenseur des droits, conformément à l'article 1er du Code de procédure pénale, peut mettre en mouvement l'action publique par voie de citation directe.

V. – Un décret précise les modalités d'application des II à IV.

Art. 29. – Le Défenseur des droits peut saisir l'autorité investie du pouvoir d'engager les poursuites disciplinaires des faits dont il a connaissance et qui lui paraissent de nature à justifier une sanction.

Cette autorité informe le Défenseur des droits des suites réservées à sa saisine et, si elle n'a pas engagé de procédure disciplinaire, des motifs de sa décision.

À défaut d'information dans le délai qu'il a fixé ou s'il estime, au vu des informations reçues, que sa saisine n'a pas été suivie des mesures nécessaires, le Défenseur des droits peut établir un rapport spécial qui est communiqué à l'autorité mentionnée au premier alinéa. Il peut rendre publics ce rapport et, le cas échéant, la réponse de cette autorité selon des modalités qu'il détermine.

L'alinéa précédent ne s'applique pas à la personne susceptible de faire l'objet de la saisine du Conseil supérieur de la magistrature prévue à l'avant-dernier alinéa de l'article 65 de la Constitution.

Art. 30. – Le Défenseur des droits, lorsqu'il a constaté une discrimination directe ou indirecte mentionnée au 3° de l'article 4 dans l'activité professionnelle d'une personne physique ou morale soumise à agrément ou autorisation par une autorité publique, ou à l'encontre de laquelle une telle autorité dispose du pouvoir de prendre des mesures conservatoires ou des sanctions pour non-respect de la législation relative aux discriminations ou au titre de l'ordre et des libertés publics peut recommander à cette autorité publique de faire usage des pouvoirs de suspension ou de sanction dont elle dispose.

Le Défenseur des droits est tenu informé des suites données à sa recommandation.

Art. 31. – Lorsque le Défenseur des droits est saisi d'une réclamation, non soumise à une autorité juridictionnelle, qui soulève une question touchant à l'interprétation ou à la portée d'une disposition législative ou réglementaire, il peut consulter le Conseil d'État. Le Défenseur des droits peut rendre public cet avis. Ce dernier est rendu dans des conditions fixées par décret en Conseil d'État.

Art. 32. – Le Défenseur des droits peut recommander de procéder aux modifications législatives ou réglementaires qui lui apparaissent utiles.

Il peut être consulté par le Premier ministre sur tout projet de loi intervenant dans son champ de compétence.

Il peut également être consulté par le Premier ministre, le président de l'Assemblée nationale ou le président du Sénat sur toute question relevant de son champ de compétence.

Il contribue, à la demande du Premier ministre, à la préparation et à la définition de la position française dans les négociations internationales dans les domaines relevant de son champ de compétence.

Dans les cas prévus aux deuxième et troisième alinéas, le Défenseur des droits rend son avis dans un délai d'un mois.

Art. 33. – Le Défenseur des droits ne peut remettre en cause une décision juridictionnelle.

Les juridictions civiles, administratives et pénales peuvent, d'office ou à la demande des parties, l'inviter à présenter des observations écrites ou orales. Le Défenseur des droits peut lui-même demander à présenter des observations écrites ou à être entendu par ces juridictions ; dans ce cas, son audition est de droit.

Sans préjudice de l'application du II de l'article 28, lorsqu'il apparaît au Défenseur des droits que les faits portés à sa connaissance sont constitutifs d'un crime ou d'un délit, il en informe le procureur de la République. Il lui fait savoir, le cas échéant, qu'une mission de médiation a été initiée en application de l'article 26.

Le procureur de la République informe le Défenseur des droits des suites données à ses transmissions.

Le Défenseur des droits porte à la connaissance de l'autorité judiciaire les affaires concernant un mineur susceptibles de donner lieu à des mesures d'assistance éducative prévues à l'article 375 du Code civil ou toutes informations qu'il aurait recueillies à l'occasion de sa saisine par un mineur impliqué dans une procédure en cours.

Art. 34. – Le Défenseur des droits mène toute action de communication et d'information jugée opportune dans ses différents domaines de compétence.

Il favorise à cette fin la mise en œuvre de programmes de formation. Il conduit et coordonne des travaux d'étude et de recherche. Il suscite et soutient les initiatives de tous organismes publics ou privés en ce qui concerne l'élaboration et l'adoption d'engagements visant à la promotion des droits et de l'égalité. Il identifie et promeut toute bonne pratique en la matière.

Art. 35. – Le Défenseur des droits saisit les autorités locales compétentes de tout élément susceptible de justifier une intervention du service en charge de l'aide sociale à l'enfance.

Art. 36 *(Mod., L. org. n° 2017-54, 20 janv. 2017)*. – I. - Le Défenseur des droits peut, après en avoir informé la personne mise en cause, décider de rendre publics ses avis, recommandations ou décisions avec, le cas échéant, la réponse faite par la personne mise en cause, selon des modalités qu'il détermine.

II. - Il présente chaque année au Président de la République, au président de l'Assemblée nationale et au président du Sénat :

1° Un rapport qui rend compte de son activité générale et comprend une annexe thématique relative à chacun de ses domaines de compétences énumérés à l'article 4. Ce rapport est présenté avant le 1er juin ;

2° Un rapport consacré aux droits de l'enfant à l'occasion de la journée internationale des droits de l'enfant.

Les rapports visés aux 1° et 2° sont publiés et peuvent faire l'objet d'une communication du Défenseur des droits devant chacune des deux assemblées.

III. - Le Défenseur des droits peut également présenter tout autre rapport au Président de la République, au président de l'Assemblée nationale et au président du Sénat. Ce rapport est publié.

TITRE IV. – DISPOSITIONS RELATIVES À L'ORGANISATION ET AU FONCTIONNEMENT DU DÉFENSEUR DES DROITS

Art. 37 *(Mod., L. n° 2017-55, 20 janv. 2017)*. – Le Défenseur des droits peut désigner, sur l'ensemble du territoire ainsi que pour les Français de l'étranger, des délégués, placés sous son autorité, qui peuvent, dans leur ressort géographique, instruire des réclamations et participer au règlement des difficultés signalées ainsi qu'aux actions mentionnées au premier alinéa de l'article 34. Afin de permettre aux personnes détenues de bénéficier des dispositions de la présente loi organique, il désigne un ou plusieurs délégués pour chaque établissement pénitentiaire.

Il peut leur déléguer, ainsi qu'à ses agents, les attributions mentionnées à l'article 18, à l'exception de son dernier alinéa, et aux articles 20 et 22. Pour l'exercice des pouvoirs mentionnés au même article 22, ces délégués et agents sont spécialement habilités par le procureur général près la cour d'appel de leur domicile.

Les agents du Défenseur des droits assermentés et spécialement habilités par le procureur de la République peuvent constater par procès-verbal les délits de discrimination, en particulier dans le cas où il est fait application de l'article 225-3-1 du Code pénal.

Les habilitations mentionnées aux troisième et quatrième alinéas du présent article sont délivrées dans des conditions et selon des modalités fixées par décret en Conseil d'État.

Art. 38. – Le Défenseur des droits, ses adjoints, les autres membres des collèges, les délégués et l'ensemble des agents placés sous son autorité sont astreints au secret professionnel pour les faits, actes ou renseignements dont ils ont connaissance en raison de leurs fonctions, sous réserve des éléments nécessaires à l'établissement des avis, recommandations, injonctions et rapports prévus par la présente loi organique.

Le Défenseur des droits peut toutefois, lorsqu'il a été saisi par un enfant, informer ses représentants légaux ainsi que les autorités susceptibles d'intervenir dans l'intérêt de l'enfant.

Sauf accord des intéressés, aucune mention permettant l'identification de personnes physiques ne peut être faite dans les documents publiés sous l'autorité du Défenseur des droits.

Art. 39 *(Abr., L. n° 2017-55, 20 janv. 2017)*.

TITRE V. – DISPOSITIONS FINALES

Art. 40 *(V. Ord. n° 58-1067, 7 nov. 1958, art. 4)*.

Art. 41 *(V. L. org. n° 94-100, 5 févr. 1994, art. 6)*.

Art. 42. – Le Code électoral est ainsi modifié :

1° *(V. C. élect., art. LO 130)*.

2° à 5° *(V. C. élect., art. LO 176, LO 194-2, LO 230-3, LO 319 et LO 340-1)*.

6° *(V. C. élect., art. LO 489, LO 516 et LO 544)*.

Art. 43. – I. – Les mentions de la Commission nationale de déontologie de la sécurité, du Défenseur des enfants, de la Haute Autorité de lutte contre les discriminations et pour l'égalité et du Médiateur de la République figurant en annexe à la loi organique n° 2010-837 du 23 juillet 2010 relative à l'application du cinquième alinéa de l'article 13 de la Constitution sont supprimées.

II *(V. L. org. n° 2004-192, 27 févr. 2004, art. 7, 14 et 109).*

III. – La loi organique n° 99-209 du 19 mars 1999 relative à la Nouvelle-Calédonie est ainsi modifiée :

1° *(V. L. org. n° 99-209, 19 mars 1999, art. 6-2).*

2° *(V. L. org. n° 99-209, 19 mars 1999, art. 195).*

V *(Modifiant L. org. n° 61-814, 29 juill. 1961).*

Art. 44. – I. – La présente loi organique entre en vigueur le lendemain de sa publication. À compter de cette date, le Défenseur des droits exerce les missions visées au 1° de l'article 4 et succède au Médiateur de la République dans ses droits et obligations.

II. – Toutefois, entrent en vigueur au premier jour du deuxième mois suivant la date de promulgation de la présente loi organique, en tant qu'ils concernent les missions visées aux 2° à 4° de l'article 4 :

– au second alinéa de l'article 2, les mots : « et ses adjoints » ;

– aux premier et avant-dernier alinéas de l'article 3, les mots : « et celles de ses adjoints » ;

– au deuxième alinéa du même article 3, les mots : « ou adjoint » ;

– à la première phrase du dernier alinéa dudit article 3, les mots : « ou comme un de ses adjoints » ;

– les 2° à 4° des articles 4 et 5 ;

– le dernier alinéa de l'article 5 ;

– à la fin du deuxième alinéa de l'article 6, les mots : « , sauf lorsqu'elle est présentée au titre des compétences mentionnées aux 2° à 4° de l'article 4 » ;

– à la dernière phrase de l'article 8, les mots : « des cas lui paraissant mettre en cause l'intérêt supérieur d'un enfant et » ;

– au second alinéa de l'article 10, les mots : « , sauf au titre de ses compétences mentionnées au 3° du même article 4, » ;

– les articles 11 à 17 ;

– au premier alinéa du II de l'article 22, la référence : « à 3° » ;

– la dernière phrase du premier alinéa et les deux derniers alinéas de l'article 23 ;

– l'article 27, les II à V de l'article 28 et l'article 30 ;

– le dernier alinéa de l'article 33 ;

– les deux dernières phrases du second alinéa de l'article 34 ;

– l'article 35 ;

– le 2° du II de l'article 36 et, au dernier alinéa du même II, la référence : « et 2° » ;

– l'avant-dernier alinéa de l'article 37 et, au dernier alinéa du même article, les mots : « et quatrième » ;

– au premier alinéa de l'article 38, les mots : « ses adjoints, les autres membres des collèges, » ;

– à l'article 39, les mots : « ses adjoints, aux autres membres des collèges, à » ;

– au troisième alinéa du 1° de l'article 42, les mots : « et ses adjoints » ;

– le 6° du même article 42, en tant qu'il supprime, aux articles LO 489, LO 516 et LO 544 du Code électoral, la référence au Défenseur des enfants ;

– au I de l'article 43, les mots : « de la Commission nationale de déontologie de la sécurité, du Défenseur des enfants, de la Haute Autorité de lutte contre les discriminations et pour l'égalité et » ;

– au 1° du II du même article 43, les mots : « du Défenseur des enfants, de la Haute Autorité de lutte contre les discriminations et pour l'égalité, » ;

– au 2° du même II, les mots : « et du Défenseur des enfants » ;

– le 3° dudit II en tant qu'il supprime la référence au Défenseur des enfants au 5° du I de l'article 109 de la loi organique n° 2004-192 du 27 février 2004 portant statut d'autonomie de la Polynésie française ;

– au 1° du III du même article 43, les mots : « , du Défenseur des enfants, de la Haute Autorité de lutte contre les discriminations et pour l'égalité, ».

À compter du premier jour du deuxième mois suivant la promulgation de la présente loi organique, le Défenseur des droits succède au Défenseur des enfants, à la Commission nationale de déontologie de la sécurité et à la Haute Autorité de lutte contre les discriminations et pour l'égalité dans leurs droits et obligations au titre de leurs activités respectives.

III. – Les détachements, les mises à disposition en cours et les contrats des agents contractuels de droit public auprès des autorités auxquelles succède le Défenseur des droits se poursuivent auprès de lui.

Les procédures ouvertes par le Médiateur de la République, le Défenseur des enfants, la Commission nationale de déontologie de la sécurité et la Haute Autorité de lutte contre les discriminations et pour l'égalité et non clôturées aux dates d'entrée en vigueur mentionnées au I et au premier alinéa du II se poursuivent devant le Défenseur des droits. À cette fin, les actes valablement accomplis par le Médiateur de la République, le Défenseur des enfants, la Commission nationale de déontologie de la sécurité et la Haute Autorité de lutte contre les discriminations et pour l'égalité sont réputés avoir été valablement accomplis par le Défenseur des droits.

Loi n° 2011-334 du 29 mars 2011

relative au Défenseur des droits

(JO 30 mars)

....

Art. 9. – Les délégués du Défenseur des droits exercent leur activité à titre bénévole. Ils perçoivent une indemnité représentative de frais dont le montant et les modalités d'attribution sont fixés par le Défenseur des droits.

Art. 10 *(Abr., L. n° 2017-55, 20 janv. 2017).*

Art. 11. – Est puni de six mois d'emprisonnement et de 7 500 € d'amende le fait d'avoir fait ou laissé figurer le nom du Défenseur des droits, suivi ou non de l'indication de sa qualité, dans tout document de propagande ou de publicité, quelle qu'en soit la nature.

Est puni des mêmes peines le fait de faire figurer ou laisser figurer l'indication de la qualité passée de Défenseur des droits dans tout document de propagande ou de publicité, quelle qu'en soit la nature.

Art. 12. – Est puni d'un an d'emprisonnement et de 15 000 € d'amende le fait de ne pas déférer aux convocations du Défenseur des droits, de ne pas lui communiquer les informations et pièces utiles à l'exercice de sa mission ou de l'empêcher d'accéder à des locaux administratifs ou privés, dans des conditions contraires à la loi organique n° 2011-333 du 29 mars 2011 relative au Défenseur des droits.

Art. 13. – Les personnes physiques coupables des infractions prévues aux articles 11 et 12 encourent également les peines complémentaires suivantes :

1° L'interdiction des droits civiques, civils et de famille, suivant les modalités prévues par l'article 131-26 du Code pénal ;

2° L'interdiction, pour une durée de cinq ans au plus, d'exercer une fonction publique ou d'exercer l'activité professionnelle ou sociale dans l'exercice ou à l'occasion de l'exercice de laquelle l'infraction a été commise ;

3° La confiscation prévue par l'article 131-21 du même code ;

4° L'affichage ou la diffusion de la décision prononcée, dans les conditions prévues par l'article 131-35 dudit code.

Art. 14. – Les personnes morales déclarées responsables pénalement, dans les conditions prévues par l'article 121-2 du Code pénal, des infractions définies aux articles 11 et 12 de la présente loi encourent, outre l'amende suivant les modalités prévues par l'article 131-38 du même code :

1° Pour une durée de cinq ans au plus, les peines mentionnées aux 2° à 7° de l'article 131-39 du même code ;

2° La confiscation dans les conditions et suivant les modalités prévues à l'article 131-21 du même code ;

3° L'affichage ou la diffusion de la décision prononcée, dans les conditions prévues par l'article 131-35 du même code ;

4° L'exclusion des marchés publics, suivant les modalités prévues au 5° de l'article 131-39 du même code.

L'interdiction mentionnée au 2° du même article 131-39 porte sur l'activité dans l'exercice ou à l'occasion de l'exercice de laquelle l'infraction a été commise.

....

Art. 22. – Sont abrogés :

1° La loi n° 73-6 du 3 janvier 1973 instituant un Médiateur de la République ;

2° La loi n° 2000-196 du 6 mars 2000 instituant un Défenseur des enfants ;

3° La loi n° 2000-494 du 6 juin 2000 portant création d'une Commission nationale de déontologie de la sécurité ;

4° La loi n° 2004-1486 du 30 décembre 2004 portant création de la Haute Autorité de lutte contre les discriminations et pour l'égalité ;

5° L'article L. 221-5 du Code de l'action sociale et des familles.

Art. 23. – La présente loi entre en vigueur à la date prévue au I de l'article 44 de la loi organique n° 2011-333 du 29 mars 2011 relative au Défenseur des droits.

Toutefois, entrent en vigueur à la date prévue au premier alinéa du II du même article :

– les mots : « , du Défenseur des enfants, ainsi que de la Haute Autorité de lutte contre les discriminations et pour l'égalité » de l'article 18 ;

– l'article 19 en tant qu'il supprime, à l'article 6 de la loi n° 2007-1545 du 30 octobre 2007 instituant un Contrôleur général des lieux de privation de liberté, les références au Défenseur des enfants, au président de la Commission nationale de déontologie de la sécurité et au président de la Haute Autorité de lutte contre les discriminations et pour l'égalité ;

– les mots : « de la Commission nationale de déontologie de la sécurité, du Défenseur des enfants, de la Haute Autorité de lutte contre les discriminations et pour l'égalité et » de l'article 20 ;

– les troisième, sixième et dernier alinéas de l'article 21 en tant qu'ils suppriment la référence au Défenseur des enfants aux articles L. 194-1, L. 230-1 et L. 340 du Code électoral ;

– les 2° à 5° de l'article 22.

Circulaire du 6 avril 2011

relative au développement du recours à la transaction pour régler amiablement les conflits

V. *JO* 8 avr. 2011.

Loi n° 2011-590 du 26 mai 2011

relative au prix du livre numérique

(JO 28 mai 2011)

Art. 1er. – La présente loi s'applique au livre numérique lorsqu'il est une œuvre de l'esprit créée par un ou plusieurs auteurs et qu'il est à la fois commercialisé sous sa forme numérique et publié sous forme imprimée ou qu'il est, par son contenu et sa composition, susceptible d'être imprimé, à l'exception des éléments accessoires propres à l'édition numérique.

Un décret précise les caractéristiques des livres entrant dans le champ d'application de la présente loi.

Art. 2. – Toute personne établie en France qui édite un livre numérique dans le but de sa diffusion commerciale en France est tenue de fixer un prix de vente au public pour tout type d'offre à l'unité ou groupée. Ce prix est porté à la connaissance du public.

Ce prix peut différer en fonction du contenu de l'offre et de ses modalités d'accès ou d'usage.

Le premier alinéa ne s'applique pas aux livres numériques, tels que définis à l'article 1er, lorsque ceux-ci sont intégrés dans des offres proposées sous la forme de licences d'utilisation et associant à ces livres numériques des contenus d'une autre nature et des fonctionnalités. Ces licences bénéficiant de l'exception définie au présent alinéa doivent être destinées à un usage collectif et proposées dans un but professionnel, de recherche ou d'enseignement supérieur dans le strict cadre des institutions publiques ou privées qui en font l'acquisition pour leurs besoins propres, excluant la revente.

Un décret fixe les conditions et modalités d'application du présent article.

Art. 3. – Le prix de vente, fixé dans les conditions déterminées à l'article 2, s'impose aux personnes proposant des offres de livres numériques aux acheteurs situés en France.

Art. 4. – Les ventes à primes de livres numériques ne sont autorisées, sous réserve des dispositions de l'article L. 121-35 du Code de la consommation, que si elles sont proposées par l'éditeur, tel que défini à l'article 2, simultanément et dans les mêmes conditions à l'ensemble des personnes mentionnées à l'article 3.

Art. 5. – Pour définir la remise commerciale sur les prix publics qu'il accorde aux personnes proposant des offres de livres numériques aux acheteurs situés en France, l'éditeur, tel que défini à l'article 2, tient compte, dans ses conditions de vente, de l'importance des services qualitatifs rendus par ces derniers en faveur de la promotion et de la diffusion du livre numérique par des actions d'animation, de médiation et de conseil auprès du public.

Art. 6. – (V. CPI, art. L. 132-5).

Art. 7. – Un décret en Conseil d'État détermine les peines d'amende contraventionnelle applicables en cas d'infraction aux dispositions de la présente loi.

Art. 7-1 *(L. n° 2014-344, 17 mars 2014).* – Les agents mentionnés à l'article 8-1 de la loi n° 81-766 du 10 août 1981 relative au prix du livre sont habilités à rechercher et à constater les infractions à la présente loi et disposent à cet effet des pouvoirs prévus aux articles 8-2 à 8-7 de la loi n° 81-766 du 10 août 1981 précitée.

Art. 8 *(Abr. à compter du 1er juillet 2022, L. n° 2018-699, 3 août 2018).* – Un comité de suivi composé de deux députés et deux sénateurs, désignés par les commissions chargées des affaires culturelles auxquelles ils appartiennent, est chargé de suivre la mise en œuvre de la présente loi. Après consultation du comité de suivi et avant le 31 juillet de chaque année, le Gouvernement présente au Parlement un rapport annuel sur l'application de la présente loi au vu de l'évolution du marché du livre numérique comportant une étude d'impact sur l'ensemble de la filière.

Ce rapport vérifie notamment si l'application d'un prix fixe au commerce du livre numérique profite au lecteur en suscitant le développement d'une offre légale abondante, diversifiée et attractive, et favorise une rémunération juste et équitable de la création et des auteurs, permettant d'atteindre l'objectif de diversité culturelle poursuivi par la présente loi.

Art. 9. – La présente loi est applicable en Nouvelle-Calédonie.

Loi n° 2011-814 du 7 juillet 2011

relative à la bioéthique

(JO 8 juill. 2011)

Art. 1er. – Est autorisée la ratification de la convention du Conseil de l'Europe pour la protection des droits de l'homme et de la dignité de l'être humain à l'égard des applications de la biologie et de la médecine : convention sur les droits de l'homme et la biomédecine, signée à Oviedo le 4 avril 1997.

....

TITRE IX. – Application et évaluation de la loi relative à la bioéthique

Art. 46. – (V. C. santé publ., art. L. 1412-1-1 et L. 1412-3-1).

Art. 47. – I. – La présente loi fait l'objet d'un nouvel examen d'ensemble par le Parlement dans un délai maximal de sept ans après son entrée en vigueur.

II. – Elle fait en outre l'objet, dans un délai de six ans, d'une évaluation de son application par l'Office parlementaire d'évaluation des choix scientifiques et technologiques.

....

Art. 51. – L'Institut national de la santé et de la recherche médicale remet, avant le 30 juin 2012, au Parlement un rapport sur la recherche sur les causes de la stérilité.

....

Art. 54. – **Au plus tard un an après la promulgation de la loi n° 2011-814 du 7 juillet 2011 relative à la bioéthique, le Gouvernement remet au Parlement un rapport portant sur les enjeux éthiques des sciences émergentes, et notamment de la convergence entre les nanotechnologies, les biotechnologies, l'informatique et les sciences cognitives. Ce rapport est rendu public.**

Circulaire du 7 juillet 2011
relative à la qualité du droit

V. *JO* 8 juill. 2011.

Décret n° 2011-904 du 29 juillet 2011
relatif à la procédure applicable devant le Défenseur des droits

V. *JO* 30 juill. 2011.

Décret n° 2011-1572 du 18 novembre 2011
portant publication de la convention concernant la compétence, la loi applicable, la reconnaissance, l'exécution et la coopération en matière de responsabilité parentale et de mesures de protection des enfants (ensemble trois déclarations), signée à La Haye le 19 octobre 1996 *(JO 20 nov. 2011)*

Convention du 19 octobre 1996

concernant la compétence, la loi applicable, la reconnaissance, l'exécution et la coopération en matière de responsabilité parentale et de mesures de protection des enfants (ensemble trois déclarations)

Les États signataires de la présente Convention,

Considérant qu'il convient de renforcer la protection des enfants dans les situations à caractère international ;

Désirant éviter des conflits entre leurs systèmes juridiques en matière de compétence, loi applicable, reconnaissance et exécution des mesures de protection des enfants ;

Rappelant l'importance de la coopération internationale pour la protection des enfants ;

Confirmant que l'intérêt supérieur de l'enfant doit être une considération primordiale ;

Constatant la nécessité de réviser la Convention du 5 octobre 1961 concernant la compétence des autorités et la loi applicable en matière de protection des mineurs ;

Désirant établir des dispositions communes à cet effet, en tenant compte de la Convention des Nations Unies relative aux droits de l'enfant du 20 novembre 1989,

sont convenus des dispositions suivantes :

CHAPITRE Ier. – CHAMP D'APPLICATION DE LA CONVENTION

Art. 1er. – **1. La présente Convention a pour objet :**

***a)* De déterminer l'État dont les autorités ont compétence pour prendre des mesures tendant à la protection de la personne ou des biens de l'enfant ;**

***b)* De déterminer la loi applicable par ces autorités dans l'exercice de leur compétence ;**

***c)* De déterminer la loi applicable à la responsabilité parentale ;**

***d)* D'assurer la reconnaissance et l'exécution des mesures de protection dans tous les États contractants ;**

***e)* D'établir entre les autorités des États contractants la coopération nécessaire à la réalisation des objectifs de la Convention.**

2. Aux fins de la Convention, l'expression « responsabilité parentale » comprend l'autorité parentale ou tout autre rapport d'autorité analogue déterminant les droits, les pouvoirs et les obligations des parents, d'un tuteur ou autre représentant légal à l'égard de la personne ou des biens de l'enfant.

Art. 2. – **La Convention s'applique aux enfants à partir de leur naissance et jusqu'à ce qu'ils aient atteint l'âge de dix-huit ans.**

Art. 3. – **Les mesures prévues à l'article 1er peuvent porter notamment sur :**

***a)* L'attribution, l'exercice et le retrait total ou partiel de la responsabilité parentale, ainsi que la délégation de celle-ci ;**

b) Le droit de garde, comprenant le droit portant sur les soins de la personne de l'enfant, et en particulier celui de décider de son lieu de résidence, ainsi que le droit de visite, comprenant le droit d'emmener l'enfant pour une période limitée dans un lieu autre que celui de sa résidence habituelle ;

c) La tutelle, la curatelle et les institutions analogues ;

d) La désignation et les fonctions de toute personne ou organisme chargé de s'occuper de la personne ou des biens de l'enfant, de le représenter ou de l'assister ;

e) Le placement de l'enfant dans une famille d'accueil ou dans un établissement, ou son recueil légal par kafala ou par une institution analogue ;

f) La supervision par les autorités publiques des soins dispensés à l'enfant par toute personne ayant la charge de cet enfant ;

g) L'administration, la conservation ou la disposition des biens de l'enfant.

Art. 4. – Sont exclus du domaine de la Convention :

a) L'établissement et la contestation de la filiation ;

b) La décision sur l'adoption et les mesures qui la préparent, ainsi que l'annulation et la révocation de l'adoption ;

c) Les nom et prénoms de l'enfant ;

d) L'émancipation ;

e) Les obligations alimentaires ;

f) Les trusts et successions ;

g) La sécurité sociale ;

h) Les mesures publiques de caractère général en matière d'éducation et de santé ;

i) Les mesures prises en conséquence d'infractions pénales commises par des enfants ;

j) Les décisions sur le droit d'asile et en matière d'immigration.

CHAPITRE II. – COMPÉTENCE

Art. 5. – 1. Les autorités, tant judiciaires qu'administratives, de l'État contractant de la résidence habituelle de l'enfant sont compétentes pour prendre des mesures tendant à la protection de sa personne ou de ses biens.

2. Sous réserve de l'article 7, en cas de changement de la résidence habituelle de l'enfant dans un autre État contractant, sont compétentes les autorités de l'État de la nouvelle résidence habituelle.

Art. 6. – 1. Pour les enfants réfugiés et les enfants qui, par suite de troubles prévalant dans leur pays, sont internationalement déplacés, les autorités de l'État contractant sur le territoire duquel ces enfants sont présents du fait de leur déplacement exercent la compétence prévue au paragraphe premier de l'article 5.

2. La disposition du paragraphe précédent s'applique également aux enfants dont la résidence habituelle ne peut être établie.

Art. 7. – 1. En cas de déplacement ou de non-retour illicite de l'enfant, les autorités de l'État contractant dans lequel l'enfant avait sa résidence habituelle immédiatement avant son déplacement ou son non-retour conservent leur compétence jusqu'au moment où l'enfant a acquis une résidence habituelle dans un autre État et que :

a) Toute personne, institution ou autre organisme ayant le droit de garde a acquiescé au déplacement ou au non-retour ; ou

b) L'enfant a résidé dans cet autre État pour une période d'au moins un an après que la personne, l'institution ou tout autre organisme ayant le droit de garde a connu ou aurait dû connaître le lieu où se trouvait l'enfant, aucune demande de retour présentée pendant cette période n'est encore en cours d'examen, et l'enfant s'est intégré dans son nouveau milieu.

2. Le déplacement ou le non-retour de l'enfant est considéré comme illicite :

a) Lorsqu'il a lieu en violation d'un droit de garde, attribué à une personne, une institution ou tout autre organisme, seul ou conjointement, par le droit de l'État dans lequel l'enfant avait sa résidence habituelle immédiatement avant son déplacement ou son non-retour ; et

b) Que ce droit était exercé de façon effective, seul ou conjointement, au moment du déplacement ou du non-retour, ou l'eût été si de tels événements n'étaient survenus.

Le droit de garde visé à la lettre a peut notamment résulter d'une attribution de plein droit, d'une décision judiciaire ou administrative, ou d'un accord en vigueur selon le droit de cet État.

3. Tant que les autorités mentionnées au paragraphe premier conservent leur compétence, les autorités de l'État contractant où l'enfant a été déplacé ou retenu ne peuvent prendre que les mesures urgentes nécessaires à la protection de la personne ou des biens de l'enfant, conformément à l'article 11.

Art. 8. – 1. À titre d'exception, l'autorité de l'État contractant compétente en application des articles 5 ou 6, si elle considère que l'autorité d'un autre État contractant serait mieux à même d'apprécier dans un cas particulier l'intérêt supérieur de l'enfant, peut :

– soit demander à cette autorité, directement ou avec le concours de l'Autorité centrale de cet État, d'accepter la compétence pour prendre les mesures de protection qu'elle estimera nécessaires ;

– soit surseoir à statuer et inviter les parties à saisir d'une telle demande l'autorité de cet autre État.

2. Les États contractants dont une autorité peut être requise ou saisie dans les conditions fixées au paragraphe précédent sont :

a) Un État dont l'enfant possède la nationalité ;

b) Un État dans lequel sont situés des biens de l'enfant ;

c) Un État dont une autorité est saisie d'une demande en divorce ou séparation de corps des parents de l'enfant, ou en annulation de leur mariage ;

d) Un État avec lequel l'enfant présente un lien étroit.

3. Les autorités concernées peuvent procéder à un échange de vues.

4. L'autorité requise ou saisie dans les conditions prévues au paragraphe premier peut accepter la compétence, en lieu et place de l'autorité compétente en application des articles 5 ou 6, si elle considère que tel est l'intérêt supérieur de l'enfant.

Art. 9. – 1. Les autorités des États contractants mentionnés à l'article 8, paragraphe 2, si elles considèrent qu'elles sont les mieux à même d'apprécier dans un cas particulier l'intérêt supérieur de l'enfant, peuvent :

– soit demander à l'autorité compétente de l'État contractant de la résidence habituelle de l'enfant, directement ou avec le concours de l'Autorité centrale de cet État, de leur permettre d'exercer la compétence pour prendre les mesures de protection qu'elles estiment nécessaires ;

– soit inviter les parties à présenter une telle demande devant les autorités de l'État contractant de la résidence habituelle de l'enfant.

2. Les autorités concernées peuvent procéder à un échange de vues.

3. L'autorité à l'origine de la demande ne peut exercer la compétence en lieu et place de l'autorité de l'État contractant de la résidence habituelle de l'enfant que si cette autorité a accepté la demande.

Art. 10. – 1. Sans préjudice des articles 5 à 9, les autorités d'un État contractant, dans l'exercice de leur compétence pour connaître d'une demande en divorce ou séparation de corps des parents d'un enfant résidant habituellement dans un autre État contractant, ou en annulation de leur mariage, peuvent prendre, si la loi de leur État le permet, des mesures de protection de la personne ou des biens de l'enfant :

a) Si, au commencement de la procédure, l'un des parents réside habituellement dans cet État et que l'un d'eux ait la responsabilité parentale à l'égard de l'enfant ; et

b) Si la compétence de ces autorités pour prendre de telles mesures a été acceptée par les parents, ainsi que par toute autre personne ayant la responsabilité parentale à l'égard de l'enfant, et si cette compétence est conforme à l'intérêt supérieur de l'enfant.

2. La compétence prévue au paragraphe premier pour prendre des mesures de protection de l'enfant cesse dès lors que la décision faisant droit ou rejetant la demande en divorce, séparation de corps ou annulation du mariage est devenue définitive ou que la procédure a pris fin pour un autre motif.

Art. 11. – 1. Dans tous les cas d'urgence, les autorités de chaque État contractant sur le territoire duquel se trouve l'enfant ou des biens lui appartenant sont compétentes pour prendre les mesures de protection nécessaires.

2. Les mesures prises en application du paragraphe précédent à l'égard d'un enfant ayant sa résidence habituelle dans un État contractant cessent d'avoir effet dès que les autorités compétentes en vertu des articles 5 à 10 ont pris les mesures exigées par la situation.

3. Les mesures prises en application du paragraphe premier à l'égard d'un enfant ayant sa résidence habituelle dans un État non contractant cessent d'avoir effet dans chaque État contractant dès qu'y sont reconnues les mesures exigées par la situation, prises par les autorités d'un autre État.

Art. 12. – 1. Sous réserve de l'article 7, les autorités d'un État contractant sur le territoire duquel se trouve l'enfant ou des biens lui appartenant sont compétentes pour prendre des mesures de protection de la personne ou des biens de l'enfant, ayant un caractère provisoire et une efficacité territoriale restreinte à cet État, pour autant que de telles mesures ne soient pas incompatibles avec celles déjà prises par les autorités compétentes en vertu des articles 5 à 10.

2. Les mesures prises en application du paragraphe précédent à l'égard d'un enfant ayant sa résidence habituelle dans un État contractant cessent d'avoir effet dès que les autorités compétentes en vertu des articles 5 à 10 se sont prononcées sur les mesures que pourrait exiger la situation.

3. Les mesures prises en application du paragraphe premier à l'égard d'un enfant ayant sa résidence habituelle dans un État non contractant cessent d'avoir effet dans l'État contractant où elles ont été prises dès qu'y sont reconnues les mesures exigées par la situation, prises par les autorités d'un autre État.

Art. 13. – Les autorités d'un État contractant qui sont compétentes selon les articles 5 à 10 pour prendre des mesures de protection de la personne ou des biens de l'enfant doivent s'abstenir de statuer si, lors de l'introduction de la procédure, des mesures correspondantes ont été demandées aux autorités d'un autre État contractant alors compétentes en vertu des articles 5 à 10 et sont encore en cours d'examen.

La disposition du paragraphe précédent ne s'applique pas si les autorités devant lesquelles la demande de mesures a été initialement présentée ont renoncé à leur compétence.

Art. 14. – Les mesures prises en application des articles 5 à 10 restent en vigueur dans les limites qui sont les leurs, même lorsqu'un changement des circonstances a fait disparaître l'élément sur lequel était fondée la compétence, tant que les autorités compétentes en vertu de la Convention ne les ont pas modifiées, remplacées ou levées.

CHAPITRE III. – LOI APPLICABLE

Art. 15. – 1. Dans l'exercice de la compétence qui leur est attribuée par les dispositions du chapitre II, les autorités des États contractants appliquent leur loi.

2. Toutefois, dans la mesure où la protection de la personne ou des biens de l'enfant le requiert, elles peuvent exceptionnellement appliquer ou prendre en considération la loi d'un autre État avec lequel la situation présente un lien étroit.

3. En cas de changement de la résidence habituelle de l'enfant dans un autre État contractant, la loi de cet autre État régit, à partir du moment où le changement est survenu, les conditions d'application des mesures prises dans l'État de l'ancienne résidence habituelle.

Art. 16. – 1. L'attribution ou l'extinction de plein droit d'une responsabilité parentale, sans intervention d'une autorité judiciaire ou administrative, est régie par la loi de l'État de la résidence habituelle de l'enfant.

2. L'attribution ou l'extinction d'une responsabilité parentale par un accord ou un acte unilatéral, sans intervention d'une autorité judiciaire ou administrative, est régie par la loi de l'État de la résidence habituelle de l'enfant au moment où l'accord ou l'acte unilatéral prend effet.

3. La responsabilité parentale existant selon la loi de l'État de la résidence habituelle de l'enfant subsiste après le changement de cette résidence habituelle dans un autre État.

4. En cas de changement de la résidence habituelle de l'enfant, l'attribution de plein droit de la responsabilité parentale à une personne qui n'est pas déjà investie de cette responsabilité est régie par la loi de l'État de la nouvelle résidence habituelle.

Art. 17. – L'exercice de la responsabilité parentale est régi par la loi de l'État de la résidence habituelle de l'enfant. En cas de changement de la résidence habituelle de l'enfant, il est régi par la loi de l'État de la nouvelle résidence habituelle.

Art. 18. – La responsabilité parentale prévue à l'article 16 pourra être retirée ou ses conditions d'exercice modifiées par des mesures prises en application de la Convention.

Art. 19. – 1. La validité d'un acte passé entre un tiers et une autre personne qui aurait la qualité de représentant légal selon la loi de l'État où l'acte a été passé ne peut être contestée, ni la responsabilité du tiers engagée, pour le seul motif que l'autre personne n'avait pas la qualité de représentant légal en vertu de la loi désignée par les dispositions du présent chapitre, sauf si le tiers savait ou devait savoir que la responsabilité parentale était régie par cette loi.

2. Le paragraphe précédent ne s'applique que dans le cas où l'acte a été passé entre personnes présentes sur le territoire d'un même État.

Art. 20. – Les dispositions du présent chapitre sont applicables même si la loi qu'elles désignent est celle d'un État non contractant.

Art. 21. – 1. Au sens du présent chapitre, le terme « loi » désigne le droit en vigueur dans un État, à l'exclusion des règles de conflit de lois.

2. Toutefois, si la loi applicable en vertu de l'article 16 est celle d'un État non contractant et que les règles de conflit de cet État désignent la loi d'un autre État non contractant qui appliquerait sa propre loi, la loi de cet autre État est applicable. Si la loi de cet autre État non contractant ne se reconnaît pas applicable, la loi applicable est celle désignée par l'article 16.

Art. 22. – L'application de la loi désignée par les dispositions du présent chapitre ne peut être écartée que si cette application est manifestement contraire à l'ordre public, compte tenu de l'intérêt supérieur de l'enfant.

CHAPITRE IV. – RECONNAISSANCE ET EXÉCUTION

Art. 23. – 1. Les mesures prises par les autorités d'un État contractant sont reconnues de plein droit dans les autres États contractants.

2. Toutefois, la reconnaissance peut être refusée :

a) Si la mesure a été prise par une autorité dont la compétence n'était pas fondée sur un chef de compétence prévu au chapitre II ;

b) Si la mesure a été prise, hors le cas d'urgence, dans le cadre d'une procédure judiciaire ou administrative, sans qu'ait été donnée à l'enfant la possibilité d'être entendu, en violation des principes fondamentaux de procédure de l'État requis ;

c) À la demande de toute personne prétendant que cette mesure porte atteinte à sa responsabilité parentale, si cette mesure a été prise, hors le cas d'urgence, sans qu'ait été donnée à cette personne la possibilité d'être entendue ;

d) Si la reconnaissance est manifestement contraire à l'ordre public de l'État requis, compte tenu de l'intérêt supérieur de l'enfant ;

e) Si la mesure est incompatible avec une mesure prise postérieurement dans l'État non contractant de la résidence habituelle de l'enfant, lorsque cette dernière mesure réunit les conditions nécessaires à sa reconnaissance dans l'État requis ;

f) Si la procédure prévue à l'article 33 n'a pas été respectée.

Art. 24. – Sans préjudice de l'article 23, paragraphe 1, toute personne intéressée peut demander aux autorités compétentes d'un État contractant qu'il soit statué sur la reconnaissance ou la non-reconnaissance d'une mesure prise dans un autre État contractant. La procédure est régie par la loi de l'État requis.

Art. 25. – L'autorité de l'État requis est liée par les constatations de fait sur lesquelles l'autorité de l'État qui a pris la mesure a fondé sa compétence.

Art. 26. – 1. Si les mesures prises dans un État contractant et qui y sont exécutoires comportent des actes d'exécution dans un autre État contractant, elles sont, dans cet autre État, déclarées exécutoires ou enregistrées aux fins d'exécution, sur requête de toute partie intéressée, selon la procédure prévue par la loi de cet État.

2. Chaque État contractant applique à la déclaration d'exequatur ou à l'enregistrement une procédure simple et rapide.

3. La déclaration d'exequatur ou l'enregistrement ne peuvent être refusés que pour l'un des motifs prévus à l'article 23, paragraphe 2.

Art. 27. – Sous réserve de ce qui est nécessaire pour l'application des articles qui précèdent, l'autorité de l'État requis ne procédera à aucune révision au fond de la mesure prise.

Art. 28. – Les mesures prises dans un État contractant, qui sont déclarées exécutoires ou enregistrées aux fins d'exécution dans un autre État contractant, y sont mises à exécution comme si elles avaient été prises par les autorités de cet autre État. La mise à exécution des mesures se fait conformément à la loi de l'État requis dans les limites qui y sont prévues, compte tenu de l'intérêt supérieur de l'enfant.

CHAPITRE V. – COOPÉRATION

Art. 29. – 1. Chaque État contractant désigne une Autorité centrale chargée de satisfaire aux obligations qui lui sont imposées par la Convention.

2. Un État fédéral, un État dans lequel plusieurs systèmes de droit sont en vigueur ou un État ayant des unités territoriales autonomes est libre de désigner plus d'une Autorité centrale et de spécifier l'étendue territoriale ou personnelle de leurs fonctions. L'État qui fait usage de cette faculté désigne l'Autorité centrale à laquelle toute communication peut être adressée en vue de sa transmission à l'Autorité centrale compétente au sein de cet État.

Art. 30. – 1. Les Autorités centrales doivent coopérer entre elles et promouvoir la coopération entre les autorités compétentes de leur État pour réaliser les objectifs de la Convention.

2. Elles prennent, dans le cadre de l'application de la Convention, les dispositions appropriées pour fournir des informations sur leur législation, ainsi que sur les services disponibles dans leur État en matière de protection de l'enfant.

Art. 31. – L'Autorité centrale d'un État contractant prend soit directement, soit avec le concours d'autorités publiques ou d'autres organismes, toutes dispositions appropriées pour :

a) Faciliter les communications et offrir l'assistance prévues aux articles 8 et 9 et au présent chapitre ;

b) Faciliter par la médiation, la conciliation ou tout autre mode analogue, des ententes à l'amiable sur la protection de la personne ou des biens de l'enfant, dans les situations auxquelles s'applique la Convention ;

c) Aider, sur demande d'une autorité compétente d'un autre État contractant, à localiser l'enfant lorsqu'il paraît que celui-ci est présent sur le territoire de l'État requis et a besoin de protection.

Art. 32. – Sur demande motivée de l'Autorité centrale ou d'une autre autorité compétente d'un État contractant avec lequel l'enfant a un lien étroit, l'Autorité centrale de l'État contractant dans lequel l'enfant a sa résidence habituelle et dans lequel il est présent peut, soit directement, soit avec le concours d'autorités publiques ou d'autres organismes :

a) Fournir un rapport sur la situation de l'enfant ;

b) Demander à l'autorité compétente de son État d'examiner l'opportunité de prendre des mesures tendant à la protection de la personne ou des biens de l'enfant.

Art. 33. – 1. Lorsque l'autorité compétente en vertu des articles 5 à 10 envisage le placement de l'enfant dans une famille d'accueil ou dans un établissement, ou son recueil légal par kafala ou par une institution analogue, et que ce placement ou ce recueil aura lieu dans un autre État contractant, elle consulte au préalable l'Autorité centrale ou une autre autorité compétente de ce dernier État. Elle lui communique à cet effet un rapport sur l'enfant et les motifs de sa proposition, sur le placement ou le recueil.

2. La décision sur le placement ou le recueil ne peut être prise dans l'État requérant que si l'Autorité centrale ou une autre autorité compétente de l'État requis a approuvé ce placement ou ce recueil, compte tenu de l'intérêt supérieur de l'enfant.

Art. 34. – 1. Lorsqu'une mesure de protection est envisagée, les autorités compétentes en vertu de la Convention peuvent, si la situation de l'enfant l'exige, demander à toute autorité d'un autre État contractant qui détient des informations utiles pour la protection de l'enfant de les lui communiquer.

2. Chaque État contractant pourra déclarer que les demandes prévues au paragraphe premier ne pourront être acheminées que par l'intermédiaire de son Autorité centrale.

Art. 35. – 1. Les autorités compétentes d'un État contractant peuvent demander aux autorités d'un autre État contractant de prêter leur assistance à la mise en œuvre de mesures de protection prises en application de la Convention, en particulier pour assurer l'exercice effectif d'un droit de visite, ainsi que du droit de maintenir des contacts directs réguliers.

2. Les autorités d'un État contractant dans lequel l'enfant n'a pas sa résidence habituelle peuvent, à la demande d'un parent résidant dans cet État et souhaitant obtenir ou conserver un droit de visite, recueillir des renseignements ou des preuves et se prononcer sur l'aptitude de ce parent à exercer le droit de visite et sur les conditions dans lesquelles il pourrait l'exercer. L'autorité compétente en vertu des articles 5 à 10 pour statuer sur le droit de visite devra, avant de se prononcer, prendre en considération ces renseignements, preuves ou conclusions.

3. Une autorité compétente en vertu des articles 5 à 10 pour statuer sur le droit de visite peut suspendre la procédure jusqu'au terme de la procédure prévue au paragraphe 2, notamment lorsqu'elle est saisie d'une demande tendant à modifier ou supprimer le droit de visite conféré par les autorités de l'État de l'ancienne résidence habituelle.

Cet article n'empêche pas une autorité compétente en vertu des articles 5 à 10 de prendre des mesures provisoires jusqu'au terme de la procédure prévue au paragraphe 2.

Art. 36. – Dans le cas où l'enfant est exposé à un grave danger, les autorités compétentes de l'État contractant dans lequel des mesures de protection de cet enfant ont été prises ou sont en voie de l'être, si elles sont informées du changement de résidence ou de la présence de l'enfant dans un autre État, avisent les autorités de cet État de ce danger et des mesures prises ou en cours d'examen.

Art. 37. – Une autorité ne peut demander ou transmettre des informations en application de ce chapitre si elle est d'avis qu'une telle demande ou transmission pourrait mettre en danger la personne ou les biens de l'enfant, ou constituer une menace grave pour la liberté ou la vie d'un membre de sa famille.

Art. 38. – 1. Sans préjudice de la possibilité de réclamer des frais raisonnables correspondant aux services fournis, les Autorités centrales et les autres autorités publiques des États contractants supportent leurs frais découlant de l'application des dispositions du présent chapitre.

2. Un État contractant peut conclure des accords avec un ou plusieurs autres États contractants sur la répartition des frais.

Art. 39. – Tout État contractant pourra conclure avec un ou plusieurs autres États contractants des accords en vue de favoriser dans leurs rapports réciproques l'application du présent chapitre. Les États qui ont conclu de tels accords en transmettront une copie au dépositaire de la Convention.

CHAPITRE VI. – DISPOSITIONS GÉNÉRALES

Art. 40. – 1. Les autorités de l'État contractant de la résidence habituelle de l'enfant ou de l'État contractant où une mesure de protection a été prise peuvent délivrer au titulaire de la responsabilité parentale ou à toute personne à qui est confiée la protection de la personne ou des biens de l'enfant, à sa demande, un certificat indiquant sa qualité et les pouvoirs qui lui sont conférés.

2. La qualité et les pouvoirs indiqués par le certificat sont tenus pour établis, sauf preuve contraire.

3. Chaque État contractant désigne les autorités habilitées à établir le certificat.

Art. 41. – Les données personnelles rassemblées ou transmises conformément à la Convention ne peuvent être utilisées à d'autres fins que celles pour lesquelles elles ont été rassemblées ou transmises.

Art. 42. – Les autorités auxquelles des informations sont transmises en assurent la confidentialité conformément à la loi de leur État.

Art. 43. – Les documents transmis ou délivrés en application de la Convention sont dispensés de toute légalisation ou de toute formalité analogue.

Art. 44. – Chaque État contractant peut désigner les autorités à qui les demandes prévues aux articles 8, 9 et 33 doivent être envoyées.

Art. 45. – 1. Les désignations mentionnées aux articles 29 et 44 sont communiquées au Bureau permanent de la Conférence de La Haye de droit international privé.

2. La déclaration mentionnée à l'article 34, paragraphe 2, est faite au dépositaire de la Convention.

Art. 46. – Un État contractant dans lequel des systèmes de droit ou des ensembles de règles différents s'appliquent en matière de protection de l'enfant et de ses biens n'est pas tenu d'appliquer les règles de la Convention aux conflits concernant uniquement ces différents systèmes ou ensembles de règles.

Art. 47. – Au regard d'un État dans lequel deux ou plusieurs systèmes de droit ou ensembles de règles ayant trait aux questions régies par la présente Convention s'appliquent dans des unités territoriales différentes :

1. Toute référence à la résidence habituelle dans cet État vise la résidence habituelle dans une unité territoriale ;

2. Toute référence à la présence de l'enfant dans cet État vise la présence de l'enfant dans une unité territoriale ;

3. Toute référence à la situation des biens de l'enfant dans cet État vise la situation des biens de l'enfant dans une unité territoriale ;

4. Toute référence à l'État dont l'enfant possède la nationalité vise l'unité territoriale désignée par la loi de cet État ou, en l'absence de règles pertinentes, l'unité territoriale avec laquelle l'enfant présente le lien le plus étroit ;

5. Toute référence à l'État dont une autorité est saisie d'une demande en divorce ou séparation de corps des parents de l'enfant, ou en annulation de leur mariage, vise l'unité territoriale dont une autorité est saisie d'une telle demande ;

6. Toute référence à l'État avec lequel l'enfant présente un lien étroit vise l'unité territoriale avec laquelle l'enfant présente ce lien ;

7. Toute référence à l'État où l'enfant a été déplacé ou retenu vise l'unité territoriale dans laquelle l'enfant a été déplacé ou retenu ;

8. Toute référence aux organismes ou autorités de cet État, autres que les Autorités centrales, vise les organismes ou autorités habilités à agir dans l'unité territoriale concernée ;

9. Toute référence à la loi, à la procédure ou à l'autorité de l'État où une mesure a été prise vise la loi, la procédure ou l'autorité de l'unité territoriale dans laquelle cette mesure a été prise ;

10. Toute référence à la loi, à la procédure ou à l'autorité de l'État requis vise la loi, la procédure ou l'autorité de l'unité territoriale dans laquelle la reconnaissance ou l'exécution est invoquée.

Art. 48. – Pour identifier la loi applicable en vertu du chapitre III, lorsqu'un État comprend deux ou plusieurs unités territoriales dont chacune a son propre système de droit ou un ensemble de règles ayant trait aux questions régies par la présente Convention, les règles suivantes s'appliquent :

a) En présence de règles en vigueur dans cet État identifiant l'unité territoriale dont la loi est applicable, la loi de cette unité s'applique ;

b) En l'absence de telles règles, la loi de l'unité territoriale définie selon les dispositions de l'article 47 s'applique.

Art. 49. – Pour identifier la loi applicable en vertu du chapitre III, lorsqu'un État comprend deux ou plusieurs systèmes de droit ou ensembles de règles applicables à des catégories différentes de personnes pour les questions régies par la présente Convention, les règles suivantes s'appliquent :

a) En présence de règles en vigueur dans cet État identifiant laquelle de ces lois est applicable, cette loi s'applique ;

b) En l'absence de telles règles, la loi du système ou de l'ensemble de règles avec lequel l'enfant présente le lien le plus étroit s'applique.

Art. 50. – La présente Convention n'affecte pas la Convention du 25 octobre 1980 sur les aspects civils de l'enlèvement international d'enfants, dans les relations entre les Parties aux deux Conventions. Rien n'empêche cependant que des dispositions de la présente Convention soient invoquées pour obtenir le retour d'un enfant qui a été déplacé ou retenu illicitement, ou pour organiser le droit de visite.

Art. 51. – Dans les rapports entre les États contractants, la présente Convention remplace la Convention du 5 octobre 1961 concernant la compétence des autorités et la loi applicable en matière de protection des mineurs et la Convention pour régler la tutelle des mineurs, signée à La Haye le 12 juin 1902 sans préjudice de la reconnaissance des mesures prises selon la Convention du 5 octobre 1961 précitée.

Art. 52. – 1. La Convention ne déroge pas aux instruments internationaux auxquels des États contractants sont Parties et qui contiennent des dispositions sur les matières réglées par la présente Convention, à moins qu'une déclaration contraire ne soit faite par les États liés par de tels instruments.

2. La Convention n'affecte pas la possibilité pour un ou plusieurs États contractants de conclure des accords qui contiennent, en ce qui concerne les enfants habituellement résidents dans l'un des États Parties à de tels accords, des dispositions sur les matières réglées par la présente Convention.

3. Les accords à conclure par un ou plusieurs États contractants sur des matières réglées par la présente Convention n'affectent pas, dans les rapports de ces États avec les autres États contractants, l'application des dispositions de la présente Convention.

4. Les paragraphes précédents s'appliquent également aux lois uniformes reposant sur l'existence entre les États concernés de liens spéciaux, notamment de nature régionale.

Art. 53. – 1. La Convention ne s'applique qu'aux mesures prises dans un État après l'entrée en vigueur de la Convention pour cet État.

2. La Convention s'applique à la reconnaissance et à l'exécution des mesures prises après son entrée en vigueur dans les rapports entre l'État où les mesures ont été prises et l'État requis.

Art. 54. – 1. Toute communication à l'Autorité centrale ou à toute autre autorité d'un État contractant est adressée dans la langue originale et accompagnée d'une traduction dans la langue officielle ou l'une des langues officielles de cet État ou, lorsque cette traduction est difficilement réalisable, d'une traduction en français ou en anglais.

2. Toutefois, un État contractant pourra, en faisant la réserve prévue à l'article 60, s'opposer à l'utilisation soit du français, soit de l'anglais.

Art. 55. – 1. Un État contractant pourra, conformément à l'article 60 :

a) Réserver la compétence de ses autorités pour prendre des mesures tendant à la protection des biens d'un enfant situés sur son territoire ;

b) Se réserver de ne pas reconnaître une responsabilité parentale ou une mesure qui serait incompatible avec une mesure prise par ses autorités par rapport à ces biens.

2. La réserve pourra être restreinte à certaines catégories de biens.

Art. 56. – Le Secrétaire général de la Conférence de La Haye de droit international privé convoque périodiquement une Commission spéciale afin d'examiner le fonctionnement pratique de la Convention.

CHAPITRE VII. – CLAUSES FINALES

Art. 57. – 1. La Convention est ouverte à la signature des États qui étaient membres de la Conférence de La Haye de droit international privé lors de sa dix-huitième session.

2. Elle sera ratifiée, acceptée ou approuvée et les instruments de ratification, d'acceptation ou d'approbation seront déposés auprès du ministère des affaires étrangères du Royaume des Pays-Bas, dépositaire de la Convention.

Art. 58. – 1. Tout autre État pourra adhérer à la Convention après son entrée en vigueur en vertu de l'article 61, paragraphe 1.

2. L'instrument d'adhésion sera déposé auprès du dépositaire.

3. L'adhésion n'aura d'effet que dans les rapports entre l'État adhérent et les États contractants qui n'auront pas élevé d'objection à son encontre dans les six mois après la réception de la notification prévue à l'article 63, lettre b. Une telle objection pourra également être élevée par tout État au moment d'une ratification, acceptation ou approbation de la Convention ultérieure à l'adhésion. Ces objections seront notifiées au dépositaire.

Art. 59. – 1. Un État qui comprend deux ou plusieurs unités territoriales dans lesquelles des systèmes de droit différents s'appliquent aux matières régies par la présente Convention pourra, au moment de la signature, de la ratification, de l'acceptation, de l'approbation ou de l'adhésion, déclarer que la Convention s'appliquera à toutes ses unités territoriales ou seulement à l'une ou à plusieurs d'entre elles, et pourra à tout moment modifier cette déclaration en faisant une nouvelle déclaration.

2. Ces déclarations seront notifiées au dépositaire et indiqueront expressément les unités territoriales auxquelles la Convention s'applique.

3. Si un État ne fait pas de déclaration en vertu du présent article, la Convention s'appliquera à l'ensemble du territoire de cet État.

Art. 60. – 1. Tout État contractant pourra, au plus tard au moment de la ratification, de l'acceptation, de l'approbation ou de l'adhésion, ou au moment d'une déclaration faite en vertu de l'article 59, faire soit l'une, soit les deux réserves prévues aux articles 54, paragraphe 2, et 55. Aucune autre réserve ne sera admise.

2. Tout État pourra, à tout moment, retirer une réserve qu'il aura faite. Ce retrait sera notifié au dépositaire.

3. L'effet de la réserve cessera le premier jour du troisième mois du calendrier après la notification mentionnée au paragraphe précédent.

Art. 61. – 1. La Convention entrera en vigueur le premier jour du mois suivant l'expiration d'une période de trois mois après le dépôt du troisième instrument de ratification, d'acceptation ou d'approbation prévu par l'article 57.

2. Par la suite, la Convention entrera en vigueur :

a) Pour chaque État ratifiant, acceptant ou approuvant postérieurement, le premier jour du mois suivant l'expiration d'une période de trois mois après le dépôt de son instrument de ratification, d'acceptation, d'approbation ou d'adhésion ;

b) Pour chaque État adhérant, le premier jour du mois suivant l'expiration d'une période de trois mois après l'expiration du délai de six mois prévu à l'article 58, paragraphe 3 ;

c) Pour les unités territoriales auxquelles la Convention a été étendue conformément à l'article 59, le premier jour du mois suivant l'expiration d'une période de trois mois après la notification visée dans cet article.

Art. 62. – 1. Tout État partie à la Convention pourra dénoncer celle-ci par une notification adressée par écrit au dépositaire. La dénonciation pourra se limiter à certaines unités territoriales auxquelles s'applique la Convention.

2. La dénonciation prendra effet le premier jour du mois suivant l'expiration d'une période de douze mois après la date de réception de la notification par le dépositaire. Lorsqu'une période plus longue pour la prise d'effet de la dénonciation est spécifiée dans la notification, la dénonciation prendra effet à l'expiration de la période en question.

Art. 63. – Le dépositaire notifiera aux États membres de la Conférence de La Haye de droit international privé ainsi qu'aux États qui auront adhéré conformément aux dispositions de l'article 58 :

a) Les signatures, ratifications, acceptations et approbations visées à l'article 57 ;

b) Les adhésions et les objections aux adhésions visées à l'article 58 ;

c) La date à laquelle la Convention entrera en vigueur conformément aux dispositions de l'article 61 ;

d) Les déclarations mentionnées aux articles 34, paragraphe 2, et 59 ;

e) Les accords mentionnés à l'article 39 ;

f) Les réserves visées aux articles 54, paragraphe 2, et 55 et le retrait des réserves prévu à l'article 60, paragraphe 2 ;

g) Les dénonciations visées à l'article 62.

En foi de quoi, les soussignés, dûment autorisés, ont signé la présente Convention.

Fait à La Haye, le 19 octobre 1996, en français et en anglais, les deux textes faisant également foi, en un seul exemplaire, qui sera déposé dans les archives du Gouvernement du Royaume des Pays-Bas et dont une copie certifiée conforme sera remise, par la voie diplomatique, à chacun des États membres de la Conférence de La Haye de droit international privé lors de la dix-huitième session.

DÉCLARATIONS

Déclaration en vertu de l'article 29 :

La France déclare que l'Autorité centrale pour cette Convention est le ministère de la justice, direction des affaires civiles et du sceau, sous-direction du droit commercial, bureau de l'entraide civile et commerciale internationale.

Déclaration en vertu de l'article 34, paragraphe 2 :

La France déclare que les demandes faites au titre du paragraphe 1 de cet article ne pourront être acheminées que par l'intermédiaire de son Autorité centrale.

Déclaration en vertu de l'article 52, paragraphe 1 :

En application de l'article 52, paragraphe 1, de la présente Convention, la République française déclare que celle-ci, pour la règle relative à la loi applicable, déroge à la Convention entre le gouvernement de la République française et le gouvernement de la République de Pologne relative à la loi applicable, la compétence et l'exequatur dans le droit des personnes et de la famille, signée à Varsovie le 5 avril 1967.

Décret n° 2012-127 du 30 janvier 2012

approuvant la Charte des droits et devoirs du citoyen français prévue à l'article 21-24 du Code civil

(JO 31 janv. 2012)

Art. 1er. – Est approuvée, telle qu'elle est annexée au présent décret, la charte des droits et devoirs du citoyen français prévue à l'article 21-24 du Code civil.

ANNEXE

CHARTE DES DROITS ET DEVOIRS DU CITOYEN FRANÇAIS

En application de l'article 21-24 du Code civil, la présente charte rappelle les principes et valeurs essentiels de la République et énonce les droits et devoirs du citoyen, résultant de la Constitution ou de la loi.

Principes, valeurs et symboles de la République française

Le peuple français se reconnaît dans la Déclaration des droits de l'homme et du citoyen du 26 août 1789 et dans les principes démocratiques hérités de son histoire.

Il respecte les symboles républicains.

L'emblème national est le drapeau tricolore, bleu, blanc, rouge.

L'hymne national est La Marseillaise.

La devise de la République est « Liberté, Égalité, Fraternité ».

La fête nationale est le 14 juillet.

« Marianne » est la représentation symbolique de la République.

La langue de la République est le français.

La France est une République indivisible, laïque, démocratique et sociale dont les principes sont fixés par la Constitution du 4 octobre 1958.

Indivisible : la souveraineté nationale appartient au peuple qui l'exerce par ses représentants élus et par la voie du référendum. Aucune partie du peuple, ni aucun individu, ne peut s'en attribuer l'exercice.

Laïque : la République assure la liberté de conscience. Elle respecte toutes les croyances. Chacun est libre de croire, de ne pas croire, de changer de religion. La République garantit le libre exercice des cultes mais n'en reconnaît, n'en salarie ni n'en subventionne aucun. L'État et les religions sont séparés.

Démocratique : le principe de la République est : gouvernement du peuple, par le peuple et pour le peuple. Direct ou indirect, le suffrage est toujours universel, égal et secret. La loi étant l'expression de la volonté générale, tout citoyen doit la respecter. Nul ne peut être contraint à faire ce que la loi n'ordonne pas. Rendue au nom du peuple français, la justice est indépendante. La force publique garantit le respect de la loi et des décisions de justice.

Sociale : la Nation assure à l'individu et à la famille les conditions nécessaires à leur développement.

La République garantit à tous la sécurité des personnes et des biens.

La République participe à l'Union européenne constituée d'États qui ont choisi librement d'exercer en commun certaines de leurs compétences.

Les droits et les devoirs du citoyen français

Tout être humain, sans distinction de race, de religion ni de croyance, possède des droits inaliénables. Sur le territoire de la République, ces droits sont garantis à chacun et chacun a le devoir de les respecter. À la qualité de citoyen français s'attachent en outre des droits et devoirs particuliers, tels que le droit de participer à l'élection des représentants du peuple et le devoir de concourir à la défense nationale ou de participer aux jurys d'assises.

Liberté

Les êtres humains naissent et demeurent libres et égaux en droits.

La liberté consiste à pouvoir faire tout ce qui ne nuit pas à autrui.

Le respect dû à la personne interdit toute atteinte à sa dignité. Le corps humain est inviolable.

Nul ne peut être inquiété pour ses opinions pourvu que leur manifestation ne trouble pas l'ordre public. Tout citoyen peut parler, écrire, imprimer librement, sauf à répondre de l'abus de cette liberté dans les cas prévus par la loi.

Chacun a droit au respect de sa vie privée.

Nul ne peut être accusé, arrêté ni détenu que dans les cas et dans les formes déterminés par la loi. Chacun est présumé innocent tant qu'il n'a pas été jugé coupable.

Chacun a la liberté de créer une association ou de participer à celles de son choix. Il peut adhérer librement aux partis ou groupements politiques et défendre ses droits et ses intérêts par l'action syndicale.

Tout citoyen français âgé de dix-huit ans et jouissant de ses droits civiques est électeur. Chaque citoyen ayant la qualité d'électeur peut faire acte de candidature dans les conditions prévues par la loi. Voter est un droit, c'est aussi un devoir civique.

Chacun a droit au respect des biens dont il a la propriété.

Égalité

Tous les citoyens sont égaux devant la loi, sans distinction de sexe, d'origine, de race ou de religion. La loi est la même pour tous, soit qu'elle protège, soit qu'elle punisse.

L'homme et la femme ont dans tous les domaines les mêmes droits.

La République favorise l'égal accès des femmes et des hommes aux mandats électoraux et fonctions électives, ainsi qu'aux responsabilités professionnelles et sociales.

Chacun des conjoints peut librement exercer une profession, percevoir ses revenus et en disposer comme il l'entend après avoir contribué aux charges communes.

Les parents exercent en commun l'autorité parentale. Ils pourvoient à l'éducation des enfants et préparent leur avenir.

L'instruction est obligatoire pour les enfants des deux sexes jusqu'à seize ans. L'organisation de l'enseignement public gratuit et laïque à tous les degrés est un devoir de l'État.

Les citoyens français étant égaux, ils peuvent accéder à tout emploi public selon leurs capacités.

Fraternité

Tout citoyen français concourt à la défense et à la cohésion de la Nation.

Une personne qui a acquis la qualité de Français peut être déchue de la nationalité française si elle s'est soustraite à ses obligations de défense, ou si elle s'est livrée à des actes contraires aux intérêts fondamentaux de la France.

Chacun a le devoir de contribuer, selon ses capacités financières, aux dépenses de la Nation par le paiement d'impôts et de cotisations sociales.

La Nation garantit à tous la protection de la santé, la sécurité matérielle et le droit à des congés. Toute personne qui, en raison de son âge, de son état physique ou mental, de la situation économique, se trouve dans l'incapacité de travailler a le droit d'obtenir de la collectivité des moyens convenables d'existence.

Décret n° 2012-146 du 30 janvier 2012
relatif aux infractions à la loi n° 2011-590 du 26 mai 2011 relative au prix du livre numérique

(JO 31 janv. 2012)

Art. 1er. – Sont punis de l'amende prévue pour les contraventions de la troisième classe :

1° Le fait, pour une personne établie en France qui édite un livre numérique dans le but de sa diffusion commerciale en France, de ne pas fixer un prix de vente au public pour chacune des offres qu'elle propose au sens de l'article 2 de la loi n° 2011-590 du 26 mai 2011 relative au prix du livre numérique et sous réserve des exceptions prévues au troisième alinéa de cet article ;

2° Le fait de proposer une offre de livre numérique aux acheteurs situés en France sans respecter le prix fixé dans les conditions prévues au 1°.

Art. 2. – Les dispositions du présent décret sont applicables en Nouvelle-Calédonie.

Loi n° 2012-300 du 5 mars 2012
relative aux recherches impliquant la personne humaine
(JO 6 mars 2012)

Art. 1er. – I. – Le titre II du livre Ier de la première partie du Code de la santé publique est ainsi modifié :
1° Son intitulé est ainsi rédigé : « Recherches impliquant la personne humaine » ;
2° à 8° (V. C. santé publ., art. L. 1121-1, L. 1121-3, L. 1121-4, L. 1121-8-1, L. 1121-11, L. 1121-13 et L. 1121-15) ;

....

X. – Dans l'ensemble des autres dispositions législatives, les mots : « recherche biomédicale » sont remplacés par les mots : « recherche impliquant la personne humaine », et les mots : « recherches biomédicales » sont remplacés par les mots : « recherches impliquant la personne humaine ».

Loi n° 2012-410 du 27 mars 2012
relative à la protection de l'identité

Art. 1er. – L'identité d'une personne se prouve par tout moyen. La présentation d'une carte nationale d'identité ou d'un passeport français en cours de validité suffit à en justifier.

Art. 2. – La carte nationale d'identité et le passeport comportent un composant électronique sécurisé contenant les données suivantes :
1° Le nom de famille, le ou les prénoms, le sexe, la date et le lieu de naissance du demandeur ;
2° Le nom dont l'usage est autorisé par la loi, si l'intéressé en a fait la demande ;
3° Son domicile ;
4° Sa taille et la couleur de ses yeux ;
5° Ses empreintes digitales ;
6° Sa photographie.
Le présent article ne s'applique pas au passeport délivré selon une procédure d'urgence.

Art. 3. – *[Dispositions déclarées non conformes à la Constitution par la décision du Conseil constitutionnel n° 2012-652 DC du 22 mars 2012 : JO 28 mars 2012.]*

Art. 4. – Les agents chargés du recueil ou de l'instruction des demandes de délivrance de la carte nationale d'identité ou du passeport peuvent faire procéder à la vérification des données de l'état civil fournies par l'usager auprès des officiers de l'état civil dépositaires des actes contenant ces données, dans des conditions fixées par décret en Conseil d'État.
Le demandeur en est préalablement informé.

Art. 5. – *[Dispositions déclarées non conformes à la Constitution par la décision du Conseil constitutionnel n° 2012-652 DC du 22 mars 2012 : JO 28 mars 2012.]*

Art. 6. – L'identité du possesseur de la carte nationale d'identité ou du passeport français est justifiée à partir des données inscrites sur le document lui-même ou sur le composant électronique sécurisé mentionné à l'article 2.
Sont seuls autorisés, dans le cadre de cette justification de l'identité, à accéder aux données mentionnées au 5° du même article 2 les agents chargés des missions de recherche et de contrôle de l'identité des personnes, de vérification de la validité et de l'authenticité des passeports et des cartes nationales d'identité électroniques.
[Dispositions déclarées non conformes à la Constitution par la décision du Conseil constitutionnel n° 2012-652 DC du 22 mars 2012 : JO 28 mars 2012.]

Art. 7. – *[Dispositions déclarées non conformes à la Constitution par la décision du Conseil constitutionnel n° 2012-652 DC du 22 mars 2012 : JO 28 mars 2012.]*

Art. 8. – Un décret en Conseil d'État, pris après avis motivé et publié de la Commission nationale de l'informatique et des libertés, fixe les modalités d'application de la présente loi.

[Dispositions déclarées non conformes à la Constitution par la décision du Conseil constitutionnel n° 2012-652 DC du 22 mars 2012 : JO 28 mars 2012.]

Art. 9 *(V. C. pén., art. 323-1 à 323-3).*

Art. 10. – *[Dispositions déclarées non conformes à la Constitution par la décision du Conseil constitutionnel n° 2012-652 DC du 22 mars 2012 : JO 28 mars 2012.]*

Art. 11. – Toute décision juridictionnelle rendue en raison de l'usurpation d'identité dont une personne a fait l'objet et dont la mention sur les registres de l'état civil est ordonnée doit énoncer ce motif dans son dispositif.

Art. 12. – La présente loi est applicable sur l'ensemble du territoire de la République.

Voir : V. ■ Cons. const. n° 2012-652 DC, 22 mars 2012 : *JO* 28 mars 2012. – NDLR.

Règlement (UE) du Parlement européen et du Conseil n° 650/2012 du 4 juillet 2012

relatif à la compétence, la loi applicable, la reconnaissance et l'exécution des décisions, et l'acceptation et l'exécution des actes authentiques en matière de successions et à la création d'un certificat successoral européen

CHAPITRE I. – CHAMP D'APPLICATION ET DÉFINITIONS

Art. 1er. – *Champ d'application.* – 1. Le présent règlement s'applique aux successions à cause de mort. Il ne s'applique pas aux matières fiscales, douanières et administratives.

2. Sont exclus du champ d'application du présent règlement :

a) l'état des personnes physiques ainsi que les relations de famille et les relations réputées avoir des effets comparables en vertu de la loi applicable ;

b) la capacité juridique des personnes physiques, sans préjudice de l'article 23, paragraphe 2, point *c)*, et de l'article 26 ;

c) les questions relatives à la disparition, à l'absence ou à la mort présumée d'une personne physique ;

d) les questions liées aux régimes matrimoniaux et aux régimes patrimoniaux relatifs aux relations qui, selon la loi qui leur est applicable, sont réputées avoir des effets comparables au mariage ;

e) les obligations alimentaires autres que celles résultant du décès ;

f) la validité quant à la forme des dispositions à cause de mort formulées oralement ;

g) les droits et biens créés ou transférés autrement que par succession, par exemple au moyen de libéralités, de la propriété conjointe avec réversibilité au profit du survivant, de plans de retraite, de contrats d'assurance et d'arrangements analogues, sans préjudice de l'article 23, paragraphe 2, point *i)* ;

h) les questions régies par le droit des sociétés, associations et personnes morales telles que les clauses contenues dans les actes constitutifs et dans les statuts de sociétés, d'associations et de personnes morales qui fixent le sort des parts à la mort de leurs membres ;

i) la dissolution, l'extinction et la fusion de sociétés, d'associations et de personnes morales ;

j) la constitution, le fonctionnement et la dissolution des trusts ;

k) la nature des droits réels ; et

l) toute inscription dans un registre de droits immobiliers ou mobiliers, y compris les exigences légales applicables à une telle inscription, ainsi que les effets de l'inscription ou de l'absence d'inscription de ces droits dans un registre.

Art. 2. – *Compétences en matière de successions dans les États membres.* – Le présent règlement ne porte pas atteinte aux compétences des autorités des États membres en matière de règlement des successions.

Art. 3. – *Définitions.* – 1. Aux fins du présent règlement, on entend par :

a) « succession », la succession à cause de mort, ce terme recouvrant toute forme de transfert de biens, de droits et d'obligations à cause de mort, qu'il s'agisse d'un acte volontaire de transfert en vertu d'une disposition à cause de mort ou d'un transfert dans le cadre d'une succession *ab intestat* ;

b) « pacte successoral », un accord, y compris un accord résultant de testaments mutuels, qui confère, modifie ou retire, avec ou sans contre-prestation, des droits dans la succession future d'une ou de plusieurs personnes parties au pacte ;

c) « testament conjonctif », un testament établi par deux ou plusieurs personnes dans le même acte ;

d) « disposition à cause de mort », un testament, un testament conjonctif ou un pacte successoral ;

e) « État membre d'origine », l'État membre dans lequel, selon le cas, la décision a été rendue, la transaction judiciaire approuvée ou conclue, l'acte authentique établi ou le certificat successoral européen délivré ;

f) « État membre d'exécution », l'État membre dans lequel est demandée la déclaration constatant la force exécutoire ou l'exécution de la décision, de la transaction judiciaire ou de l'acte authentique ;

g) « décision », toute décision en matière de successions rendue par une juridiction d'un État membre, quelle que soit la dénomination qui lui est donnée, y compris une décision concernant la fixation par le greffier du montant des frais du procès ;

h) « transaction judiciaire », une transaction en matière de successions approuvée par une juridiction ou conclue devant une juridiction au cours d'une procédure ;

i) « acte authentique », un acte en matière de succession dressé ou enregistré formellement en tant qu'acte authentique dans un État membre et dont l'authenticité :

i) porte sur la signature et le contenu de l'acte authentique ; et

ii) a été établie par une autorité publique ou toute autre autorité habilitée à le faire par l'État membre d'origine.

2. Aux fins du présent règlement, le terme « juridiction » désigne toute autorité judiciaire, ainsi que toute autre autorité et tout professionnel du droit compétents en matière de successions qui exercent des fonctions juridictionnelles ou agissent en vertu d'une délégation de pouvoirs d'une autorité judiciaire ou sous le contrôle d'une autorité judiciaire, pour autant que ces autres autorités et professionnels du droit offrent des garanties en ce qui concerne leur impartialité et le droit de toutes les parties à être entendues, et que les décisions qu'ils rendent en vertu du droit de l'État membre dans lequel ils exercent leurs fonctions :

a) puissent faire l'objet d'un recours devant une autorité judiciaire ou d'un contrôle par une telle autorité ; et

b) aient une force et un effet équivalents à une décision rendue par une autorité judiciaire dans la même matière.

Les États membres notifient à la Commission les autres autorités et professionnels du droit visés au premier alinéa conformément à l'article 79.

CHAPITRE II. – COMPÉTENCE

Art. 4. – *Compétence générale.* – Sont compétentes pour statuer sur l'ensemble d'une succession les juridictions de l'État membre dans lequel le défunt avait sa résidence habituelle au moment de son décès.

Art. 5. – *Accord d'élection de for.* – 1. Lorsque la loi choisie par le défunt pour régir sa succession en vertu de l'article 22 est la loi d'un État membre, les parties concernées peuvent convenir que la ou les juridictions de cet État membre ont compétence exclusive pour statuer sur toute succession.

2. Cet accord d'élection de for est conclu par écrit, daté et signé par les parties concernées. Toute transmission par voie électronique qui permet de consigner durablement la convention est considérée comme revêtant une forme écrite.

Art. 6. – *Déclinatoire de compétence en cas de choix de loi.* – Lorsque la loi choisie par le défunt pour régir sa succession en vertu de l'article 22 est la loi d'un État membre, la juridiction saisie en vertu de l'article 4 ou 10 :

a) peut, à la demande de l'une des parties à la procédure, décliner sa compétence si elle considère que les juridictions de l'État membre dont la loi a été choisie sont mieux placées pour statuer sur la succession compte tenu des circonstances pratiques de celle-ci, telles que la résidence habituelle des parties et la localisation des biens ; ou

b) décline sa compétence si les parties à la procédure sont convenues, conformément à l'article 5, de conférer la compétence à la ou aux juridictions de l'État membre dont la loi a été choisie.

Art. 7. – *Compétence en cas de choix de loi.* – Les juridictions d'un État membre dont la loi avait été choisie par le défunt en vertu de l'article 22 sont compétentes pour statuer sur la succession, à condition :

a) qu'une juridiction préalablement saisie ait décliné sa compétence dans la même affaire, en vertu de l'article 6 ;

b) que les parties à la procédure soient convenues, conformément à l'article 5, de conférer la compétence à la ou aux juridictions de cet État membre ; ou

c) que les parties à la procédure aient expressément accepté la compétence de la juridiction saisie.

Art. 8. – *Clôture de la procédure devant la juridiction saisie d'office en cas de choix de loi.* – Une juridiction qui a engagé d'office une procédure en matière de succession en vertu de l'article 4 ou 10 clôt la procédure si les parties à la procédure sont convenues de régler la succession à l'amiable par voie extrajudiciaire dans l'État membre dont la loi avait été choisie par le défunt en vertu de l'article 22.

Art. 9. – *Compétence fondée sur la comparution.* – 1. Lorsque, au cours de la procédure devant une juridiction d'un État membre exerçant la compétence en vertu de l'article 7, il apparaît que toutes les parties à ladite procédure n'étaient pas parties à l'accord d'élection de for, la juridiction continue d'exercer sa compétence si les parties à la procédure qui n'étaient pas parties à l'accord comparaissent sans contester la compétence de la juridiction.

2. Si la compétence de la juridiction visée au paragraphe 1 est contestée par des parties à la procédure qui n'étaient pas parties à l'accord, la juridiction décline sa compétence.

Dans ce cas, la compétence pour statuer sur la succession appartient aux juridictions compétentes en vertu de l'article 4 ou 10.

Art. 10. – *Compétences subsidiaires.* – 1. Lorsque la résidence habituelle du défunt au moment du décès n'est pas située dans un État membre, les juridictions de l'État membre dans lequel sont situés des biens successoraux sont néanmoins compétentes pour statuer sur l'ensemble de la succession dans la mesure où :

a) le défunt possédait la nationalité de cet État membre au moment du décès ; ou, à défaut,

b) le défunt avait sa résidence habituelle antérieure dans cet État membre, pour autant que, au moment de la saisine de la juridiction, il ne se soit pas écoulé plus de cinq ans depuis le changement de cette résidence habituelle.

2. Lorsqu'aucune juridiction d'un État membre n'est compétente en vertu du paragraphe 1, les juridictions de l'État membre dans lequel sont situés des biens successoraux sont néanmoins compétentes pour statuer sur ces biens.

Art. 11. – *Forum necessitatis.* – Lorsque aucune juridiction d'un État membre n'est compétente en vertu d'autres dispositions du présent règlement, les juridictions d'un État membre peuvent, dans des cas exceptionnels, statuer sur la succession si une procédure ne peut raisonnablement être introduite ou conduite, ou se révèle impossible dans un État tiers avec lequel l'affaire a un lien étroit.

L'affaire doit présenter un lien suffisant avec l'État membre dont relève la juridiction saisie.

Art. 12. – *Limitation de la procédure.* – 1. Lorsque la masse successorale comprend des biens situés dans un État tiers, la juridiction saisie pour statuer sur la succession peut, à la demande d'une des parties, décider de ne pas statuer sur l'un ou plusieurs de ces biens si l'on peut s'attendre à ce que la décision qu'elle rendrait sur les biens en question ne soit pas reconnue ou, le cas échéant, ne soit pas déclarée exécutoire dans ledit État tiers.

2. Le paragraphe 1 ne porte pas atteinte au droit des parties de limiter la portée de la procédure en vertu du droit de l'État membre dont la juridiction est saisie.

Art. 13. – *Acceptation de la succession, d'un legs ou d'une réserve héréditaire, ou renonciation à ceux-ci.* – Outre la juridiction compétente pour statuer sur la succession au titre du présent règlement, les juridictions de l'État membre de la résidence habituelle de toute personne qui, en vertu de la loi applicable à la succession, peut faire une déclaration devant une juridiction concernant l'acceptation de la succession, d'un legs ou d'une réserve héréditaire ou la renonciation à ceux-ci, ou une déclaration visant à limiter la responsabilité de la personne concernée à l'égard des dettes de la succession, sont compétentes pour recevoir ce type de déclarations lorsque, en vertu de la loi de cet État membre, ces déclarations peuvent être faites devant une juridiction.

Art. 14. – *Saisine d'une juridiction.* – Aux fins du présent chapitre, une juridiction est réputée saisie :

a) à la date à laquelle l'acte introductif d'instance ou un acte équivalent est déposé auprès de la juridiction, à condition que le demandeur n'ait pas négligé par la suite de prendre les mesures qu'il était tenu de prendre pour que l'acte soit notifié ou signifié au défendeur ;

b) si l'acte doit être notifié ou signifié avant d'être déposé auprès de la juridiction, à la date à laquelle il est reçu par l'autorité chargée de la notification ou de la signification, à condition que le demandeur n'ait pas négligé par la suite de prendre les mesures qu'il était tenu de prendre pour que l'acte soit déposé auprès de la juridiction ; ou

c) si la procédure est engagée d'office, à la date à laquelle la décision d'engager la procédure est prise par la juridiction, ou, si une telle décision n'est pas requise, à la date à laquelle l'affaire est enregistrée par la juridiction.

Art. 15. – *Vérification de la compétence.* – La juridiction d'un État membre saisie d'une affaire de succession pour laquelle elle n'est pas compétente en vertu du présent règlement se déclare d'office incompétente.

Art. 16. – *Vérification de la recevabilité.* –1. Lorsque le défendeur qui a sa résidence habituelle dans un État autre que l'État membre où l'action a été intentée ne comparaît pas, la juridiction compétente sursoit à statuer aussi longtemps qu'il n'est pas établi que le défendeur a été mis à même de recevoir l'acte introductif d'instance ou un acte équivalent en temps utile pour pouvoir se défendre ou que toute diligence a été faite à cette fin.

2. L'article 19 du règlement (CE) n° 1393/2007 du Parlement et du Conseil du 13 novembre 2007 relatif à la signification et à la notification dans les États membres des actes judiciaires et extrajudiciaires en matière civile et commerciale (signification ou notification des actes) (9) s'applique en lieu et place du paragraphe 1 du présent article si l'acte introductif d'instance ou un acte équivalent a dû être transmis d'un État membre à un autre en exécution dudit règlement.

3. Lorsque le règlement (CE) n° 1393/2007 n'est pas applicable, l'article 15 de la convention de La Haye du 15 novembre 1965 relative à la signification et à la notification à l'étranger des actes judiciaires et extrajudiciaires en matière civile ou commerciale s'applique si l'acte introductif d'instance ou un acte équivalent a dû être transmis à l'étranger en vertu de cette convention.

Art. 17. – *Litispendance.* – 1. Lorsque des demandes ayant le même objet et la même cause sont formées entre les mêmes parties devant des juridictions d'États membres différents, toute juridiction saisie en second lieu sursoit d'office à statuer jusqu'à ce que la compétence de la juridiction première saisie soit établie.

2. Lorsque la compétence de la juridiction première saisie est établie, la juridiction saisie en second lieu se dessaisit en faveur de celle-ci.

Art. 18. – *Connexité.* –1. Lorsque des demandes connexes sont pendantes devant des juridictions d'États membres différents, la juridiction saisie en second lieu peut surseoir à statuer.

2. Lorsque ces demandes sont pendantes au premier degré, la juridiction saisie en second lieu peut également se dessaisir, à la demande de l'une des parties, à condition que la juridiction première saisie soit compétente pour connaître des demandes en question et que sa loi permette leur jonction.

3. Sont connexes, aux fins du présent article, les demandes liées entre elles par un rapport si étroit qu'il y a intérêt à les instruire et à les juger en même temps afin d'éviter des décisions qui pourraient être inconciliables si les causes étaient jugées séparément.

Art. 19. – *Mesures provisoires et conservatoires.* – Les mesures provisoires et conservatoires prévues par la loi d'un État membre peuvent être demandées aux juridictions de cet État, même si, en vertu du présent règlement, les juridictions d'un autre État membre sont compétentes pour connaître du fond.

CHAPITRE III. – LOI APPLICABLE

Art. 20. – *Application universelle.* – Toute loi désignée par le présent règlement s'applique même si cette loi n'est pas celle d'un État membre.

Art. 21. – *Règle générale*. – 1. Sauf disposition contraire du présent règlement, la loi applicable à l'ensemble d'une succession est celle de l'État dans lequel le défunt avait sa résidence habituelle au moment de son décès.

2. Lorsque, à titre exceptionnel, il résulte de l'ensemble des circonstances de la cause que, au moment de son décès, le défunt présentait des liens manifestement plus étroits avec un État autre que celui dont la loi serait applicable en vertu du paragraphe 1, la loi applicable à la succession est celle de cet autre État.

Art. 22. – *Choix de loi*. – 1. Une personne peut choisir comme loi régissant l'ensemble de sa succession la loi de l'État dont elle possède la nationalité au moment où elle fait ce choix ou au moment de son décès.

Une personne ayant plusieurs nationalités peut choisir la loi de tout État dont elle possède la nationalité au moment où elle fait ce choix ou au moment de son décès.

2. Le choix est formulé de manière expresse dans une déclaration revêtant la forme d'une disposition à cause de mort ou résulte des termes d'une telle disposition.

3. La validité au fond de l'acte en vertu duquel le choix de loi est effectué est régie par la loi choisie.

4. La modification ou la révocation du choix de loi satisfait aux exigences de forme applicables à la modification ou à la révocation d'une disposition à cause de mort.

Art. 23. – *Portée de la loi applicable*. – 1. La loi désignée en vertu de l'article 21 ou 22 régit l'ensemble d'une succession.

2. Cette loi régit notamment :

a) les causes, le moment et le lieu d'ouverture de la succession ;

b) la vocation successorale des bénéficiaires, la détermination de leurs parts respectives et des charges qui peuvent leur être imposées par le défunt, ainsi que la détermination d'autres droits sur la succession, y compris les droits successoraux du conjoint ou du partenaire survivant ;

c) la capacité de succéder ;

d) l'exhérédation et l'indignité successorale ;

e) le transfert des biens, des droits et des obligations composant la succession aux héritiers et, selon le cas, aux légataires, y compris les conditions et les effets de l'acceptation de la succession ou du legs ou de la renonciation à ceux-ci ;

f) les pouvoirs des héritiers, des exécuteurs testamentaires et autres administrateurs de la succession, notamment en ce qui concerne la vente des biens et le paiement des créanciers, sans préjudice des pouvoirs visés à l'article 29, paragraphes 2 et 3 ;

g) la responsabilité à l'égard des dettes de la succession ;

h) la quotité disponible, les réserves héréditaires et les autres restrictions à la liberté de disposer à cause de mort ainsi que les droits que les personnes proches du défunt peuvent faire valoir à l'égard de la succession ou des héritiers ;

i) le rapport et la réduction des libéralités lors du calcul des parts des différents bénéficiaires ;

j) le partage successoral.

Art. 24. – *Dispositions à cause de mort autres que les pactes successoraux*. – 1. La recevabilité et la validité au fond d'une disposition à cause de mort autre qu'un pacte successoral sont régies par la loi qui, en vertu du présent règlement, aurait été applicable à la succession de la personne ayant pris la disposition si elle était décédée le jour de l'établissement de la disposition.

2. Nonobstant le paragraphe 1, une personne peut choisir comme loi régissant sa disposition à cause de mort, quant à sa recevabilité et à sa validité au fond, la loi que cette personne aurait pu choisir en vertu de l'article 22, selon les conditions qui y sont fixées.

3. Le paragraphe 1 s'applique, selon le cas, à la modification ou à la révocation d'une disposition à cause de mort autre qu'un pacte successoral. En cas de choix de loi effectué conformément au paragraphe 2, la modification ou la révocation est régie par la loi choisie.

Art. 25. – *Pacte successoral*. – 1. Un pacte successoral qui concerne la succession d'une seule personne est régi, quant à sa recevabilité, sa validité au fond et ses effets contraignants entre les parties, y compris en ce qui concerne les conditions de sa dissolution, par la loi qui, en vertu du présent règlement, aurait été applicable à la succession de cette personne si elle était décédée le jour où le pacte a été conclu.

2. Un pacte successoral qui concerne la succession de plusieurs personnes n'est recevable que s'il l'est en vertu de chacune des lois qui, conformément au présent règlement, aurait régi la succession de chacune des personnes concernées si elles étaient décédées le jour où le pacte a été conclu.

Un pacte successoral qui est recevable en vertu du premier alinéa est régi, quant à sa validité au fond et à ses effets contraignants entre les parties, y compris en ce qui concerne les conditions de sa dissolution, par celle des lois visées au premier alinéa avec laquelle il présente les liens les plus étroits.

3. Nonobstant les paragraphes 1 et 2, les parties peuvent choisir comme loi régissant leur pacte successoral, quant à sa recevabilité, sa validité au fond et ses effets contraignants entre les parties, y compris en ce qui concerne les conditions de sa dissolution, la loi que la personne ou l'une des personnes dont la succession est concernée aurait pu choisir en vertu de l'article 22, selon les conditions qui y sont fixées.

Art. 26. – *Validité au fond des dispositions à cause de mort.* – 1. Aux fins des articles 24 et 25, les éléments ci-après relèvent de la validité au fond :

a) la capacité de la personne qui dispose à cause de mort de prendre une telle disposition ;

b) les causes particulières qui empêchent la personne qui prend la disposition de disposer en faveur de certaines personnes ou qui empêchent une personne de recevoir des biens successoraux de la personne qui dispose ;

c) l'admissibilité de la représentation aux fins de l'établissement d'une disposition à cause de mort ;

d) l'interprétation de la disposition ;

e) la fraude, la contrainte, l'erreur ou toute autre question relative au consentement ou à l'intention de la personne qui dispose.

2. Lorsqu'une personne a la capacité de disposer à cause de mort en vertu de la loi applicable conformément à l'article 24 ou 25, une modification ultérieure de la loi applicable n'affecte pas sa capacité de modifier ou de révoquer une telle disposition.

Art. 27. – *Validité quant à la forme des dispositions à cause de mort établies par écrit.* – 1. Une disposition à cause de mort établie par écrit est valable quant à la forme si celle-ci est conforme à la loi :

a) de l'État dans lequel la disposition a été prise ou le pacte successoral a été conclu ;

b) d'un État dont le testateur ou au moins une des personnes dont la succession est concernée par un pacte successoral possédait la nationalité, soit au moment où la disposition a été prise ou le pacte conclu, soit au moment de son décès ;

c) d'un État dans lequel le testateur ou au moins une des personnes dont la succession est concernée par un pacte successoral avait son domicile, soit au moment où la disposition a été prise ou le pacte conclu, soit au moment de son décès ;

d) de l'État dans lequel le testateur ou au moins une des personnes dont la succession est concernée par un pacte successoral avait sa résidence habituelle, soit au moment de l'établissement de la disposition ou de la conclusion du pacte, soit au moment de son décès ; ou

e) pour les biens immobiliers, de l'État dans lequel les biens immobiliers sont situés.

Pour déterminer si le testateur ou toute personne dont la succession est concernée par un pacte successoral avait son domicile dans un État particulier, c'est la loi de cet État qui s'applique.

2. Le paragraphe 1 s'applique également aux dispositions à cause de mort modifiant ou révoquant une disposition antérieure. La modification ou la révocation est également valable quant à la forme si elle est conforme à l'une des lois en vertu desquelles, conformément au paragraphe 1, la disposition à cause de mort modifiée ou révoquée était valable.

3. Aux fins du présent article, toute disposition légale qui limite les formes admises pour les dispositions à cause de mort en faisant référence à l'âge, à la nationalité ou à d'autres qualités personnelles du testateur ou des personnes dont la succession est concernée par un pacte successoral, est considérée comme relevant du domaine de la forme. Il en est de même des qualités que doit posséder tout témoin requis pour la validité d'une disposition à cause de mort.

Art. 28. – *Validité quant à la forme de la déclaration concernant l'acceptation ou la renonciation.* – Une déclaration concernant l'acceptation de la succession, d'un legs ou d'une réserve héréditaire ou la renonciation à ceux-ci, ou une déclaration visant à limiter la responsabilité de la personne qui fait la déclaration est valable quant à la forme lorsqu'elle respecte les exigences :

a) de la loi applicable à la succession en vertu de l'article 21 ou 22 ; ou

b) de la loi de l'État dans lequel la personne qui fait la déclaration a sa résidence habituelle.

Art. 29. – *Dispositions spéciales applicables, dans certains cas, à la nomination et aux pouvoirs de l'administrateur de la succession.* – 1. Lorsque la nomination d'un administrateur est obligatoire ou obligatoire sur demande en vertu de la loi de l'État membre dont les juridictions sont compétentes pour statuer sur la succession en application du présent règlement et que la loi applicable à la succession est une loi étrangère, les juridictions de cet État membre peuvent, si elles sont saisies, nommer un ou plusieurs administrateurs de la succession en vertu de leur propre loi, sous réserve des conditions définies au présent article.

Les administrateurs nommés en vertu du présent paragraphe sont des personnes habilitées à exécuter le testament du défunt et/ou à administrer sa succession au titre de la loi applicable à la succession. Si ladite loi ne prévoit pas que la succession puisse être administrée par une personne autre qu'un bénéficiaire, les juridictions de l'État membre dans lequel un administrateur doit être nommé peuvent nommer à cet effet un administrateur tiers conformément à leur propre loi si celle-ci l'exige et s'il existe un grave conflit d'intérêt entre les bénéficiaires ou entre les bénéficiaires et les créanciers ou d'autres personnes ayant garanti les dettes du défunt, un désaccord entre les bénéficiaires sur l'administration de la succession ou si la succession est difficile à administrer en raison de la nature des biens.

Les administrateurs nommés en vertu du présent paragraphe sont les seules personnes habilitées à exercer les pouvoirs visés aux paragraphes 2 ou 3.

2. Les personnes nommées en qualité d'administrateurs en vertu du paragraphe 1 exercent les pouvoirs en matière d'administration de la succession qu'ils peuvent exercer conformément à la loi applicable à la succession. La juridiction procédant à la nomination peut fixer, dans sa décision, des modalités particulières d'exercice desdits pouvoirs en vertu de la loi applicable à la succession.

Si la loi applicable à la succession ne prévoit pas de pouvoirs suffisants pour préserver les biens successoraux ou pour protéger tant les droits des créanciers que ceux d'autres personnes ayant garanti les dettes du défunt, la juridiction procédant à la nomination peut décider de permettre aux administrateurs d'exercer, sur une base résiduelle, les pouvoirs prévus à cet effet dans sa propre loi et peut fixer dans sa décision des modalités particulières d'exercice desdits pouvoirs conformément à ladite loi.

Dans l'exercice de ces pouvoirs résiduels, les administrateurs respectent toutefois la loi applicable à la succession en ce qui concerne le transfert de la propriété du bien successoral, la responsabilité à l'égard des dettes de la succession, les droits des bénéficiaires, y compris, le cas échéant, le droit d'accepter ou de renoncer à la succession, ainsi que, le cas échéant, les pouvoirs de l'exécuteur testamentaire de la succession.

3. Nonobstant le paragraphe 2, la juridiction nommant un ou plusieurs administrateurs en vertu du paragraphe 1, peut, à titre dérogatoire, si la loi applicable à la succession est la loi d'un État tiers, décider de confier à ces administrateurs la totalité des pouvoirs d'administration prévus par la loi de l'État membre dans lequel ils sont nommés.

Toutefois, dans l'exercice de ces pouvoirs, les administrateurs respectent, en particulier, la vocation successorale des bénéficiaires et la détermination de leurs droits successoraux, y compris leurs droits à une réserve héréditaire ou leurs droits à l'égard de la succession ou des héritiers en vertu de la loi applicable à la succession.

Art. 30. – *Dispositions spéciales imposant des restrictions concernant la succession portant sur certains biens ou ayant une incidence sur celle-ci.* – Lorsque la loi de l'État dans lequel sont situés certains biens immobiliers, certaines entreprises ou d'autres catégories particulières de biens comporte des dispositions spéciales qui, en raison de la destination économique, familiale ou sociale de ces biens, imposent des restrictions concernant la succession portant sur ces biens ou ayant une incidence sur celle-ci, ces dispositions spéciales sont applicables à la succession dans la mesure où, en vertu de la loi de cet État, elles sont applicables quelle que soit la loi applicable à la succession.

Art. 31. – *Adaptation des droits réels.* – Lorsqu'une personne fait valoir un droit réel auquel elle peut prétendre en vertu de la loi applicable à la succession et que la loi de l'État membre dans lequel le droit est invoqué ne connaît pas le droit réel en question, ce droit est, si nécessaire et dans la mesure du possible, adapté au droit réel équivalent le plus proche en vertu de la loi de cet État en tenant compte des objectifs et des intérêts poursuivis par le droit réel en question et des effets qui y sont liés.

Art. 32. – *Comourants.* – Lorsque deux ou plusieurs personnes dont les successions sont régies par des lois différentes décèdent dans des circonstances qui ne permettent pas de déterminer l'ordre des décès, et que ces lois règlent cette situation par des dispositions différentes ou ne la règlent pas du tout, aucune de ces personnes décédées n'a de droit dans la succession de l'autre ou des autres.

Art. 33. – *Succession en déshérence.* – Dans la mesure où, en vertu de la loi applicable à la succession au titre du présent règlement, il n'y a pour aucun bien d'héritier ou de légataire institué par une disposition à cause de mort, ou de personne physique venant au degré successible, l'application de la loi ainsi déterminée ne fait pas obstacle au droit d'un État membre ou d'une institution désignée à cet effet par ledit État membre d'appréhender, en vertu de sa propre loi, les biens successoraux situés sur son territoire, pour autant que les créanciers soient habilités à faire valoir leurs créances sur l'ensemble des biens successoraux.

Art. 34. – *Renvoi.* – 1. Lorsque le présent règlement prescrit l'application de la loi d'un État tiers, il vise l'application des règles de droit en vigueur dans cet État, y compris ses règles de droit international privé, pour autant que ces règles renvoient :

a) à la loi d'un État membre ; ou

b) à la loi d'un autre État tiers qui appliquerait sa propre loi.

2. Aucun renvoi n'est applicable pour les lois visées à l'article 21, paragraphe 2, à l'article 22, à l'article 27, à l'article 28, point *b)*, et à l'article 30.

Art. 35. – *Ordre public.* – L'application d'une disposition de la loi d'un État désignée par le présent règlement ne peut être écartée que si cette application est manifestement incompatible avec l'ordre public du for.

Art. 36. – *Systèmes non unifiés – conflits de lois territoriaux.* – 1. Lorsque la loi désignée par le présent règlement est celle d'un État qui comprend plusieurs unités territoriales dont chacune a ses propres règles de droit en matière de succession, ce sont les règles internes de conflits de lois de cet État qui déterminent l'unité territoriale concernée dont les règles de droit doivent s'appliquer.

2. En l'absence de telles règles internes de conflits de lois :

a) toute référence à la loi de l'État mentionné au paragraphe 1 s'entend, aux fins de la détermination de la loi applicable en vertu des dispositions se référant à la résidence habituelle du défunt, comme faite à la loi de l'unité territoriale dans laquelle le défunt avait sa résidence habituelle au moment de son décès ;

b) toute référence à la loi de l'État mentionné au paragraphe 1 s'entend, aux fins de la détermination de la loi applicable en vertu des dispositions se référant à la nationalité du défunt, comme faite à la loi de l'unité territoriale avec laquelle le défunt présentait les liens les plus étroits ;

c) toute référence à la loi de l'État mentionné au paragraphe 1 s'entend, aux fins de la détermination de la loi applicable en vertu de toute autre disposition se référant à d'autres éléments comme facteurs de rattachement, comme faite à la loi de l'unité territoriale dans laquelle l'élément concerné est situé.

3. Nonobstant le paragraphe 2, toute référence à la loi de l'État mentionné au paragraphe 1 s'entend, aux fins de la détermination de la loi applicable en vertu de l'article 27, en l'absence de règles internes de conflit de lois dans ledit État, comme faite à la loi de l'unité territoriale avec laquelle le testateur ou les personnes dont la succession est concernée par le pacte successoral présentaient les liens les plus étroits.

Art. 37. – *Systèmes non unifiés – conflits de lois interpersonnels.* – Lorsqu'un État a plusieurs systèmes de droit ou ensembles de règles applicables à différentes catégories de personnes en matière de succession, toute référence à la loi de cet État s'entend comme faite au système de droit ou à l'ensemble de règles déterminé par les règles en vigueur dans cet État. En l'absence de telles règles, le système de droit ou l'ensemble de règles avec lequel le défunt présentait les liens les plus étroits s'applique.

Art. 38. – *Non-application du présent règlement aux conflits de lois internes.* – Un État membre qui comprend plusieurs unités territoriales dont chacune a ses propres règles de droit en matière de succession ne sera pas tenu d'appliquer le présent règlement aux conflits de lois qui surviennent uniquement entre ces unités.

CHAPITRE IV. – RECONNAISSANCE, FORCE EXÉCUTOIRE ET EXÉCUTION DES DÉCISIONS

Art. 39. – *Reconnaissance.* – 1. Les décisions rendues dans un État membre sont reconnues dans les autres États membres, sans qu'il soit nécessaire de recourir à aucune procédure.

2. En cas de contestation, toute partie intéressée qui invoque à titre principal la reconnaissance d'une décision peut demander, conformément à la procédure prévue aux articles 45 à 58, que la décision soit reconnue.

3. Si la reconnaissance est invoquée de façon incidente devant une juridiction d'un État membre, celle-ci est compétente pour en connaître.

Art. 40. – *Motifs de non-reconnaissance.* – Une décision rendue n'est pas reconnue :

a) si la reconnaissance est manifestement contraire à l'ordre public de l'État membre dans lequel la reconnaissance est demandée ;

b) dans le cas où elle a été rendue par défaut, si l'acte introductif d'instance ou un acte équivalent n'a pas été signifié ou notifié au défendeur en temps utile et de telle manière qu'il puisse se défendre, à moins qu'il n'ait pas exercé de recours à l'encontre de la décision alors qu'il était en mesure de le faire ;

c) si elle est inconciliable avec une décision rendue dans une procédure entre les mêmes parties dans l'État membre dans lequel la reconnaissance est demandée ;

d) si elle est inconciliable avec une décision, rendue antérieurement dans un autre État membre ou dans un État tiers entre les mêmes parties dans une procédure ayant le même objet et la même cause, lorsque la décision rendue antérieurement réunit les conditions nécessaires à sa reconnaissance dans l'État membre dans lequel la reconnaissance est demandée.

Art. 41. – *Absence de révision quant au fond.* – En aucun cas, la décision rendue dans un État membre ne peut faire l'objet d'une révision quant au fond.

Art. 42. – *Sursis à statuer.* – La juridiction d'un État membre saisie d'une demande de reconnaissance d'une décision rendue dans un autre État membre peut surseoir à statuer si cette décision fait l'objet d'un recours ordinaire dans l'État membre d'origine.

Art. 43. – *Force exécutoire.* – Les décisions rendues dans un État membre qui sont exécutoires dans cet État sont exécutoires dans un autre État membre lorsque, à la demande de toute partie intéressée, elles y ont été déclarées exécutoires conformément à la procédure prévue aux articles 45 à 58.

Art. 44. – *Détermination du domicile.* – Pour déterminer, aux fins de la procédure prévue aux articles 45 à 58, si une partie a un domicile dans l'État membre d'exécution, la juridiction saisie applique la loi interne de cet État membre.

Art. 45. – *Compétence territoriale.* – 1. La demande de déclaration constatant la force exécutoire est portée devant la juridiction ou à l'autorité compétente de l'État membre d'exécution dont cet État membre a communiqué le nom à la Commission conformément à l'article 78.

2. La compétence territoriale est déterminée par le domicile de la partie contre laquelle l'exécution est demandée, ou par le lieu de l'exécution.

Art. 46. – *Procédure.* – 1. La procédure de dépôt de la demande est régie par la loi de l'État membre d'exécution.

2. Le demandeur n'est pas tenu d'avoir, dans l'État membre d'exécution, une adresse postale ni un représentant autorisé.

3. La demande est accompagnée des documents suivants :

a) une copie de la décision réunissant les conditions nécessaires pour en établir l'authenticité ;

b) l'attestation délivrée par la juridiction ou l'autorité compétente de l'État membre d'origine sous la forme du formulaire établi conformément à la procédure consultative visée à l'article 81, paragraphe 2, sans préjudice de l'article 47.

Art. 47. – *Défaut de production de l'attestation.* – 1. À défaut de production de l'attestation visée à l'article 46, paragraphe 3, point *b)*, la juridiction ou l'autorité compétente peut impartir un délai pour la produire ou accepter un document équivalent ou, si elle s'estime suffisamment éclairée, en dispenser.

2. Il est produit une traduction des documents si la juridiction ou l'autorité compétente l'exige. La traduction est faite par une personne habilitée à effectuer des traductions dans l'un des États membres.

Art. 48. – *Déclaration constatant la force exécutoire.* – La décision est déclarée exécutoire dès l'achèvement des formalités de l'article 46, sans examen au titre de l'article 40. La partie contre laquelle l'exécution est demandée ne peut, à ce stade de la procédure, présenter d'observations concernant la demande.

Art. 49. – *Communication de la décision relative à la demande de déclaration constatant la force exécutoire.* – 1. La décision relative à la demande de déclaration constatant la force exécutoire est aussitôt portée à la connaissance du demandeur conformément à la procédure fixée par la loi de l'État membre d'exécution.

2. La déclaration constatant la force exécutoire est signifiée ou notifiée à la partie contre laquelle l'exécution est demandée, accompagnée de la décision si celle-ci n'a pas encore été signifiée ou notifiée à cette partie.

Art. 50. – *Recours contre la décision relative à la demande de déclaration constatant la force exécutoire.* – 1. L'une ou l'autre partie peut former un recours contre la décision relative à la demande de déclaration constatant la force exécutoire.

2. Le recours est porté devant la juridiction dont l'État membre concerné a communiqué le nom à la Commission conformément à l'article 78.

3. Le recours est examiné selon les règles de la procédure contradictoire.

4. Si la partie contre laquelle l'exécution est demandée ne comparaît pas devant la juridiction saisie du recours formé par le demandeur, l'article 16 s'applique, même si la partie contre laquelle l'exécution est demandée n'est pas domiciliée dans l'un des États membres.

5. Le recours contre la déclaration constatant la force exécutoire est formé dans un délai de trente jours à compter de sa signification ou de sa notification. Si la partie contre laquelle l'exécution est demandée est domiciliée dans un autre État membre que celui dans lequel la déclaration constatant la force exécutoire a été délivrée, le délai de recours est de soixante jours et court à compter du jour où la signification ou la notification a été faite à personne ou à domicile. Ce délai ne comporte pas de prorogation à raison de la distance.

Art. 51. – *Pourvoi contre la décision rendue sur le recours.* La décision rendue sur le recours ne peut faire l'objet d'un pourvoi qu'au moyen de la procédure que l'État membre concerné a communiquée à la Commission conformément à l'article 78.

Art. 52. – *Refus ou révocation d'une déclaration constatant la force exécutoire.* – La juridiction saisie d'un recours au titre de l'article 50 ou 51 ne peut refuser ou révoquer une déclaration constatant la force exécutoire que pour l'un des motifs prévus à l'article 40. Elle statue sans délai.

Art. 53. – *Sursis à statuer.* – La juridiction saisie d'un recours prévu au titre de l'article 50 ou 51 sursoit à statuer, à la demande de la partie contre laquelle l'exécution est demandée, si la force exécutoire de la décision est suspendue dans l'État membre d'origine, du fait de l'exercice d'un recours.

Art. 54. – *Mesures provisoires et conservatoires.* – 1. Lorsqu'une décision doit être reconnue conformément au présent chapitre, rien n'empêche le demandeur de solliciter qu'il soit procédé à des mesures provisoires ou conservatoires, conformément au droit de l'État membre d'exécution, sans qu'il soit nécessaire qu'une déclaration constatant la force exécutoire de cette décision soit requise au titre de l'article 48.

2. La déclaration constatant la force exécutoire emporte de plein droit l'autorisation de procéder à des mesures conservatoires.

3. Pendant le délai du recours prévu à l'article 50, paragraphe 5, contre la déclaration constatant la force exécutoire et jusqu'à ce qu'il ait été statué sur celui-ci, il ne peut être procédé à aucune mesure d'exécution sur les biens de la partie contre laquelle l'exécution est demandée, hormis des mesures conservatoires.

Art. 55. – *Force exécutoire partielle.* – 1. Lorsque la décision rendue porte sur plusieurs chefs de la demande et que la déclaration constatant la force exécutoire ne peut être délivrée pour le tout, la juridiction ou l'autorité compétente la délivre pour un ou plusieurs d'entre eux.

2. Le demandeur peut demander que la déclaration constatant la force exécutoire soit limitée à certaines parties d'une décision.

Art. 56. – *Aide judiciaire.* – Le demandeur qui, dans l'État membre d'origine, a bénéficié en tout ou en partie de l'aide judiciaire ou d'une exemption de frais et dépens a droit, dans le cadre de toute procédure visant à obtenir une déclaration constatant la force exécutoire, à l'aide judiciaire la plus favorable ou à l'exemption de frais et dépens la plus large prévue par le droit de l'État membre d'exécution.

Art. 57. – *Caution ou dépôt.* – Aucune caution ni aucun dépôt, sous quelque dénomination que ce soit, n'est imposé à la partie qui demande dans un État membre la reconnaissance, la force exécutoire ou l'exécution d'une décision rendue dans un autre État membre en raison, soit de la qualité d'étranger, soit du défaut de domicile ou de résidence dans l'État membre d'exécution.

Art. 58. – *Impôt, droit ou taxe.* – Aucun impôt, droit ou taxe proportionnel à la valeur de l'affaire n'est perçu dans l'État membre d'exécution à l'occasion de la procédure visant à obtenir une déclaration constatant la force exécutoire.

CHAPITRE V. – ACTES AUTHENTIQUES ET TRANSACTIONS JUDICIAIRES

Art. 59. – *Acceptation des actes authentiques.* – 1. Les actes authentiques établis dans un État membre ont la même force probante dans un autre État membre que dans l'État membre d'origine ou y produisent les effets les plus comparables, sous réserve que ceci ne soit pas manifestement contraire à l'ordre public de l'État membre concerné.

Une personne souhaitant utiliser un acte authentique dans un autre État membre peut demander à l'autorité établissant l'acte authentique dans l'État membre d'origine de remplir le formulaire établi conformément à la procédure consultative visée à l'article 81, paragraphe 2, en décrivant la force probante de l'acte authentique dans l'État membre d'origine.

2. Les juridictions de l'État membre d'origine sont saisies de toute contestation portant sur l'authenticité d'un acte authentique et statuent sur celle-ci en vertu de la loi de cet État. L'acte authentique contesté ne produit aucune force probante dans un autre État membre tant que le recours est pendant devant la juridiction compétente.

3. Les juridictions compétentes en vertu du présent règlement sont saisies de toute contestation relative aux actes juridiques ou relations juridiques consignés dans un acte authentique et statuent sur celle-ci en vertu de la loi applicable au titre du chapitre III. L'acte authentique contesté ne produit aucune force probante dans un autre État membre que l'État membre d'origine en ce qui concerne la question contestée tant que le recours est pendant devant la juridiction compétente.

4. Si un point relatif aux actes juridiques ou aux relations juridiques consignés dans un acte authentique en matière de successions est soulevé de façon incidente devant une juridiction d'un État membre, celle-ci est compétente pour en connaître.

Art. 60. – *Force exécutoire des actes authentiques.* – 1. Un acte authentique qui est exécutoire dans l'État membre d'origine est déclaré exécutoire dans un autre État membre, à la demande de toute partie intéressée, conformément à la procédure prévue aux articles 45 à 58.

2. Aux fins de l'article 46, paragraphe 3, point *b)*, l'autorité ayant établi l'acte authentique délivre, à la demande de toute partie intéressée, une attestation sous la forme du formulaire établi conformément à la procédure consultative visée à l'article 81, paragraphe 2.

3. La juridiction auprès de laquelle un recours est formé en vertu de l'article 50 ou 51 ne refuse ou ne révoque une déclaration constatant la force exécutoire que si l'exécution de l'acte authentique est manifestement contraire à l'ordre public de l'État membre d'exécution.

Art. 61. – *Force exécutoire des transactions judiciaires.* – 1. Les transactions judiciaires qui sont exécutoires dans l'État membre d'origine sont déclarées exécutoires dans un autre État membre à la demande de toute partie intéressée, conformément à la procédure prévue aux articles 45 à 58.

2. Aux fins de l'article 46, paragraphe 3, point *b)*, la juridiction qui a approuvé la transaction ou devant laquelle la transaction a été conclue délivre, à la demande de toute partie intéressée, une attestation sous la forme du formulaire établi conformément à la procédure consultative visée à l'article 81, paragraphe 2.

3. La juridiction auprès de laquelle un recours est formé en vertu de l'article 50 ou 51 ne refuse ou ne révoque une déclaration constatant la force exécutoire que si l'exécution de la transaction judiciaire est manifestement contraire à l'ordre public de l'État membre d'exécution.

CHAPITRE VI. – CERTIFICAT SUCCESSORAL EUROPÉEN

Art. 62. – *Création d'un certificat successoral européen.* – 1. Le présent règlement crée un certificat successoral européen (ci-après dénommé « certificat »), qui est délivré en vue d'être utilisé dans un autre État membre et produit les effets énumérés à l'article 69.

2. Le recours au certificat n'est pas obligatoire.

3. Le certificat ne se substitue pas aux documents internes utilisés à des fins similaires dans les États membres. Toutefois, dès lors qu'il est délivré en vue d'être utilisé dans un autre État membre, le certificat produit également les effets énumérés à l'article 69 dans l'État membre dont les autorités l'ont délivré en vertu du présent chapitre.

Art. 63. – *Finalité du certificat.* – 1. Le certificat est destiné à être utilisé par les héritiers, les légataires ayant des droits directs à la succession et les exécuteurs testamentaires ou les administrateurs de la succession qui, dans un autre État membre, doivent respectivement invoquer leur qualité ou exercer leurs droits en tant qu'héritiers ou légataires, et/ou leurs pouvoirs en tant qu'exécuteurs testamentaires ou administrateurs de la succession.

2. Le certificat peut être utilisé, en particulier, pour prouver un ou plusieurs des éléments suivants :

a) la qualité et/ou les droits de chaque héritier ou, selon le cas, de chaque légataire mentionné dans le certificat et la quote-part respective leur revenant dans la succession ;

b) l'attribution d'un bien déterminé ou de plusieurs biens déterminés faisant partie de la succession à l'héritier/aux héritiers ou, selon le cas, au(x) légataire(s) mentionné(s) dans le certificat ;

c) les pouvoirs de l'exécuteur testamentaire ou de l'administrateur de la succession mentionné dans le certificat.

Art. 64. – *Compétence pour délivrer le certificat.* – Le certificat est délivré dans l'État membre dont les juridictions sont compétentes en vertu de l'article 4, 7, 10 ou 11. L'autorité émettrice est :

a) une juridiction telle que définie à l'article 3, paragraphe 2 ; ou

b) une autre autorité qui, en vertu du droit national, est compétente pour régler les successions.

Art. 65. – *Demande de certificat.* – 1. Le certificat est délivré à la demande de toute personne visée à l'article 63, paragraphe 1 (ci-après dénommée « demandeur »).

2. Pour déposer une demande, le demandeur peut utiliser le formulaire établi conformément à la procédure consultative visée à l'article 81, paragraphe 2.

3. La demande contient les informations énumérées ci-après, pour autant que le demandeur en ait connaissance et que ces informations soient nécessaires pour que l'autorité émettrice puisse certifier les éléments que le demandeur souhaite voir certifier et est accompagnée, soit de l'original de tous les documents pertinents, soit de copies répondant aux conditions requises pour en établir l'authenticité, sans préjudice de l'article 66, paragraphe 2 :

a) les renseignements concernant le défunt : nom (le cas échéant, nom à la naissance), prénom(s), sexe, date et lieu de naissance, état civil, nationalité, numéro d'identification (le cas échéant), adresse au moment du décès, date et lieu du décès ;

b) les renseignements concernant le demandeur : nom (le cas échéant, nom à la naissance), prénom(s), sexe, date et lieu de naissance, état civil, nationalité, numéro d'identification (le cas échéant), adresse et lien éventuel avec le défunt ;

c) les renseignements concernant le représentant éventuel du demandeur : nom (le cas échéant, nom à la naissance), prénom(s), adresse et qualité de représentant ;

d) les renseignements concernant le conjoint ou le partenaire du défunt et, le cas échéant, concernant le ou les ex-conjoints ou le ou les anciens partenaires : nom (le cas échéant, nom à la naissance), prénom(s), sexe, date et lieu de naissance, état civil, nationalité, numéro d'identification (le cas échéant) et adresse ;

e) les renseignements concernant d'autres bénéficiaires éventuels en vertu d'une disposition à cause de mort et/ou en vertu de la loi : nom et prénom(s) ou raison sociale, numéro d'identification (le cas échéant) et adresse ;

f) la finalité à laquelle est destiné le certificat conformément à l'article 63 ;

g) les coordonnées de la juridiction ou de l'autorité compétente qui règle ou a réglé la succession en tant que telle, le cas échéant ;

h) les éléments sur lesquels le demandeur se fonde pour faire valoir, selon le cas, ses droits sur les biens successoraux en tant que bénéficiaire et/ou son droit d'exécuter le testament du défunt et/ou d'administrer la succession du défunt ;

i) une indication concernant l'établissement ou non, par le défunt, d'une disposition à cause de mort ; si ni l'original ni une copie ne sont joints, l'indication de la localisation de l'original ;

j) une indication concernant la conclusion ou non, par le défunt, d'un contrat de mariage ou d'un contrat relatif à une relation pouvant avoir des effets comparables au mariage ; lorsque ni l'original ni une copie du contrat ne sont joints, l'indication de la localisation de l'original ;

k) une indication quant à la déclaration faite ou non par l'un des bénéficiaires concernant l'acceptation de la succession ou la renonciation à celle-ci ;

l) une déclaration établissant que, à la connaissance du demandeur, aucun litige portant sur les éléments à certifier n'est pendant ;

m) toute autre information que le demandeur considère utile aux fins de la délivrance du certificat.

Art. 66. – *Examen de la demande.* – 1. Dès réception de la demande, l'autorité émettrice vérifie les informations et les déclarations fournies par le demandeur ainsi que les documents et les autres moyens de preuve présentés par celui-ci. Elle mène les enquêtes nécessaires à cette vérification d'office, lorsque son droit national le prévoit ou l'autorise, ou invite le demandeur à fournir tout élément de preuve complémentaire qu'elle estime nécessaire.

2. Si le demandeur n'a pas pu produire des copies des documents pertinents répondant aux conditions requises pour en établir l'authenticité, l'autorité émettrice peut décider d'accepter d'autres moyens de preuve.

3. Si son droit national le prévoit et sous réserve des conditions qui y sont fixées, l'autorité émettrice peut demander que des déclarations soient faites sous serment ou sous forme d'une déclaration solennelle en lieu et place d'un serment.

4. L'autorité émettrice prend toutes les mesures nécessaires pour informer les bénéficiaires de la demande de certificat. Si cela est nécessaire aux fins de l'établissement des éléments à certifier, elle entend toute personne intéressée, ainsi que tout exécuteur ou administrateur, et procède à des annonces publiques visant à donner à d'autres bénéficiaires éventuels la possibilité de faire valoir leurs droits.

5. Aux fins du présent article, l'autorité compétente d'un État membre fournit, sur demande, à l'autorité émettrice d'un autre État membre les informations détenues, notamment, dans les registres fonciers, les registres de l'état civil et les registres consignant les documents et les faits pertinents pour la succession ou pour le régime matrimonial ou un régime patrimonial équivalent du défunt, dès lors que cette autorité compétente est autorisée, en vertu du droit national, à fournir ces informations à une autre autorité nationale.

Art. 67. – *Délivrance du certificat.* – 1. L'autorité émettrice délivre sans délai le certificat conformément à la procédure fixée dans le présent chapitre lorsque les éléments à certifier ont été établis en vertu de la loi applicable à la succession ou de toute autre loi applicable à des éléments spécifiques. Elle utilise le formulaire établi conformément à la procédure consultative visée à l'article 81, paragraphe 2.

L'autorité émettrice ne délivre pas le certificat en particulier :

a) si les éléments à certifier sont contestés ; ou

b) si le certificat s'avère ne pas être conforme à une décision portant sur les mêmes éléments.

2. L'autorité émettrice prend toutes les mesures nécessaires pour informer les bénéficiaires de la délivrance du certificat.

Art. 68. – *Contenu du certificat.* – Le certificat comporte les informations suivantes dans la mesure où elles sont nécessaires à la finalité pour laquelle il est délivré :

a) le nom et l'adresse de l'autorité émettrice ;

b) le numéro de référence du dossier ;

c) les éléments sur la base desquels l'autorité émettrice s'estime compétente pour délivrer le certificat ;

d) la date de délivrance ;

e) les renseignements concernant le demandeur : nom (le cas échéant, nom à la naissance), prénom(s), sexe, date et lieu de naissance, état civil, nationalité, numéro d'identification (le cas échéant), adresse et lien éventuel avec le défunt ;

f) les renseignements concernant le défunt : nom (le cas échéant, nom à la naissance), prénom(s), sexe, date et lieu de naissance, état civil, nationalité, numéro d'identification (le cas échéant), adresse au moment du décès, date et lieu du décès ;

g) les renseignements concernant les bénéficiaires : nom (le cas échéant, nom à la naissance), prénom(s) et numéro d'identification (le cas échéant) ;

h) les renseignements concernant un contrat de mariage conclu par le défunt ou, le cas échéant, un contrat passé par le défunt dans le cadre d'une relation qui, selon la loi qui lui est applicable, est réputée avoir des effets comparables au mariage et les renseignements concernant le régime matrimonial ou un régime patrimonial équivalent ;

i) la loi applicable à la succession et les éléments sur la base desquels cette loi a été déterminée ;

j) les renseignements permettant d'établir si la succession s'ouvre *ab intestat* ou en vertu d'une disposition à cause de mort, y compris les informations concernant les éléments donnant naissance aux droits et/ou pouvoirs des héritiers, légataires, exécuteurs testamentaires ou administrateurs de la succession ;

k) le cas échéant, la mention pour chaque bénéficiaire de la nature de l'acceptation de la succession ou de la renonciation à celle-ci ;

l) la part revenant à chaque héritier et, le cas échéant, la liste des droits et/ou des biens revenant à un héritier déterminé ;

m) la liste des droits et/ou des biens revenant à un légataire déterminé ;

n) les restrictions portant sur les droits de l'héritier ou des héritiers et, selon le cas, du ou des légataires en vertu de la loi applicable à la succession et/ou en vertu de la disposition à cause de mort ;

o) les pouvoirs de l'exécuteur testamentaire et/ou de l'administrateur de la succession et les restrictions portant sur ces pouvoirs en vertu de la loi applicable à la succession et/ou en vertu de la disposition à cause de mort.

Art. 69. – *Effets du certificat.* – 1. Le certificat produit ses effets dans tous les États membres, sans qu'il soit nécessaire de recourir à aucune procédure.

2. Le certificat est présumé attester fidèlement l'existence d'éléments qui ont été établis en vertu de la loi applicable à la succession ou en vertu de toute autre loi applicable à des éléments spécifiques. La personne désignée dans le certificat comme étant l'héritier, le légataire, l'exécuteur testamentaire ou l'administrateur de la succession est réputée avoir la qualité mentionnée dans ledit certificat et/ou les droits ou les pouvoirs énoncés dans ledit certificat sans que soient attachées à ces droits ou à ces pouvoirs d'autres conditions et/ou restrictions que celles qui sont énoncées dans le certificat.

3. Toute personne qui, agissant sur la base des informations certifiées dans un certificat, effectue des paiements ou remet des biens à une personne désignée dans le certificat comme étant habilitée à accepter des paiements ou des biens est réputée avoir conclu une transaction avec une personne ayant le pouvoir d'accepter des paiements ou des biens, sauf si elle sait que le contenu du certificat ne correspond pas à la réalité ou si elle l'ignore en raison d'une négligence grave.

4. Lorsqu'une personne désignée dans le certificat comme étant habilitée à disposer de biens successoraux dispose de ces biens en faveur d'une autre personne, cette autre personne, si elle agit sur la base des informations certifiées dans le certificat, est réputée avoir conclu une transaction avec une personne ayant le pouvoir de disposer des biens concernés, sauf si elle sait que le contenu du certificat ne correspond pas à la réalité ou si elle l'ignore en raison d'une négligence grave.

5. Le certificat constitue un document valable pour l'inscription d'un bien successoral dans le registre pertinent d'un État membre, sans préjudice de l'article 1er, paragraphe 2, points *k)* et *l)*.

Art. 70. – *Copies certifiées conformes du certificat.* – 1. L'autorité émettrice conserve l'original du certificat et délivre une ou plusieurs copies certifiées conformes au demandeur et à toute personne justifiant d'un intérêt légitime.

2. L'autorité émettrice tient, aux fins de l'article 71, paragraphe 3, et de l'article 73, paragraphe 2, une liste des personnes qui se sont vu délivrer des copies certifiées conformes en application du paragraphe 1.

3. Les copies certifiées conformes délivrées ont une durée de validité limitée à six mois, qui doit être indiquée sur la copie concernée sous la forme d'une date d'expiration. Dans des cas exceptionnels dûment justifiés, l'autorité émettrice peut, à titre dérogatoire, décider d'allonger la durée de validité. Une fois ce délai expiré, toute personne en possession d'une copie certifiée conforme doit, afin de pouvoir utiliser le certificat aux fins énoncées à l'article 63, demander une prorogation de la durée de validité de la copie certifiée conforme ou demander à l'autorité émettrice une nouvelle copie certifiée conforme.

Art. 71. – *Rectification, modification ou retrait du certificat.* – 1. À la demande de toute personne justifiant d'un intérêt légitime ou d'office, l'autorité émettrice rectifie le certificat en cas d'erreur matérielle.

2. À la demande de toute personne justifiant d'un intérêt légitime ou, lorsque le droit national le permet, d'office, l'autorité émettrice modifie le certificat ou procède à son retrait lorsqu'il a été établi que ledit certificat ou certains de ses éléments ne correspondent pas à la réalité.

3. L'autorité émettrice informe sans délai toutes les personnes qui se sont vu délivrer des copies certifiées conformes en application de l'article 70, paragraphe 1, de toute rectification, modification, ou de tout retrait du certificat.

Art. 72. – *Voies de recours.* – 1. Toute personne habilitée à présenter une demande de certificat peut former un recours contre toute décision rendue par l'autorité émettrice en application de l'article 67.

Toute personne justifiant d'un intérêt légitime peut former un recours contre toute décision prise par l'autorité émettrice en application de l'article 71 et de l'article 73, paragraphe 1, point *a)*.

Le recours est formé devant une autorité judiciaire de l'État membre dont relève l'autorité émettrice conformément au droit de cet État.

2. Si, à la suite du recours visé au paragraphe 1, il est établi que le certificat délivré ne correspond pas à la réalité, l'autorité judiciaire compétente rectifie ou modifie le certificat, procède à son retrait ou veille à ce qu'il soit rectifié, modifié ou retiré par l'autorité émettrice.

Si, à la suite du recours visé au paragraphe 1, il est établi que le refus de délivrance du certificat est infondé, l'autorité judiciaire compétente délivre le certificat ou veille à ce que l'autorité émettrice réexamine le dossier et prenne une nouvelle décision.

Art. 73. – *Suspension des effets du certificat.* – 1. Les effets du certificat peuvent être suspendus par :

a) l'autorité émettrice, à la demande de toute personne justifiant d'un intérêt légitime, dans l'attente d'une modification ou d'un retrait du certificat en application de l'article 71 ; ou

b) l'autorité judiciaire, à la demande de toute personne habilitée à former un recours contre une décision prise par l'autorité émettrice en application de l'article 72, pendant l'exercice d'un tel recours.

2. L'autorité émettrice ou, le cas échéant, l'autorité judiciaire informe sans délai toutes les personnes qui se sont vu délivrer des copies certifiées conformes, en application de l'article 70, paragraphe 1, de toute suspension des effets du certificat.

Pendant la période de suspension des effets du certificat, aucune nouvelle copie certifiée conforme du certificat ne peut être délivrée.

CHAPITRE VII. – DISPOSITIONS GÉNÉRALES ET FINALES

Art. 74. – *Légalisation ou formalité analogue.* – Aucune légalisation ni autre formalité analogue n'est exigée pour les documents délivrés dans un État membre dans le contexte du présent règlement.

Art. 75. – *Relations avec les conventions internationales existantes.* – 1. Le présent règlement n'affecte pas l'application des conventions internationales auxquelles un ou plusieurs États membres sont parties lors de l'adoption du présent règlement et qui portent sur des matières régies par le présent règlement.

En particulier, les États membres qui sont parties à la convention de La Haye du 5 octobre 1961 sur les conflits de lois en matière de forme des dispositions testamentaires continuent à appliquer les dispositions de cette convention au lieu de l'article 27 du présent règlement pour ce qui est de la validité quant à la forme des testaments et des testaments conjonctifs.

2. Nonobstant le paragraphe 1, le présent règlement prévaut, entre les États membres, sur les conventions conclues exclusivement entre deux ou plusieurs d'entre eux dans la mesure où ces conventions concernent des matières régies par le présent règlement.

3. Le présent règlement ne fait pas obstacle à l'application de la convention du 19 novembre 1934 conclue entre le Danemark, la Finlande, l'Islande, la Norvège et la Suède, qui comporte des dispositions de droit international privé relatives aux successions, aux testaments et à l'administration des successions, telle que révisée par l'accord intergouvernemental conclu entre lesdits États le 1er juin 2012, par les États membres qui y sont parties, dans la mesure où elle prévoit :

a) des règles relatives aux aspects procéduraux de l'administration des successions définies par la convention et une assistance en cette matière de la part des autorités des États qui sont parties contractantes à la convention ; et

b) une simplification et une accélération des procédures de reconnaissance et d'exécution des décisions en matière de successions.

Art. 76. – *Relation avec le règlement (CE) n° 1346/2000 du Conseil.* – Le présent règlement ne fait pas obstacle à l'application du règlement (CE) n° 1346/2000 du Conseil du 29 mai 2000 relatif aux procédures d'insolvabilité (10).

Art. 77. – *Informations mises à la disposition du public.* – Les États membres fournissent à la Commission, en vue de la mise à la disposition de ces informations au public dans le cadre du réseau judiciaire européen en matière civile et commerciale, un résumé succinct de leur législation et de leurs procédures nationales relatives aux successions, y compris des informations concernant le type d'autorité compétente en matière de succession et des informations relatives au type d'autorité compétente pour recevoir les déclarations d'acceptation de la succession, d'un legs ou d'une réserve héréditaire ou de renonciation à ceux-ci.

Les États membres fournissent également des fiches descriptives énumérant tous les documents et/ou informations habituellement exigés aux fins de l'inscription de biens immobiliers situés sur leur territoire.

Les États membres tiennent en permanence ces informations à jour.

Art. 78. – *Informations concernant les coordonnées et les procédures.* – 1. Au plus tard le 16 novembre 2014, les États membres communiquent à la Commission :

a) le nom et les coordonnées des juridictions ou autorités compétentes pour statuer sur les demandes de déclaration constatant la force exécutoire, conformément à l'article 45, paragraphe 1, et sur les recours formés contre les décisions rendues sur ces demandes, conformément à l'article 50, paragraphe 2 ;

b) les procédures de pourvoi contre la décision rendue sur le recours visées à l'article 51 ;

c) les informations pertinentes relatives aux autorités compétentes aux fins de la délivrance du certificat en vertu de l'article 64 ; et

d) les procédures de recours visées à l'article 72.

Les États membres communiquent à la Commission toute modification ultérieure de ces informations.

2. La Commission publie au *Journal officiel de l'Union européenne* les informations communiquées conformément au paragraphe 1, à l'exception des adresses et autres coordonnées des juridictions et autorités visées au paragraphe 1, point *a)*.

3. La Commission tient toutes les informations communiquées conformément au paragraphe 1 à la disposition du public par tout autre moyen approprié, notamment par le biais du réseau judiciaire européen en matière civile et commerciale.

Art. 79. – *Établissement et modification ultérieure de la liste contenant les informations visées à l'article 3, paragraphe 2.* – 1. Sur la base des informations communiquées par les États membres, la Commission établit la liste des autres autorités et professionnels du droit visée à l'article 3, paragraphe 2.

2. Les États membres notifient à la Commission toute modification ultérieure à apporter aux informations contenues dans ladite liste. La Commission modifie la liste en conséquence.

3. La Commission publie la liste et toute modification ultérieure au *Journal officiel de l'Union européenne.*

4. La Commission tient toutes les informations notifiées conformément aux paragraphes 1 et 2 à la disposition du public par tout autre moyen approprié, notamment par le biais du réseau judiciaire européen en matière civile et commerciale.

Art. 80. – *Établissement et modification ultérieure des attestations et des formulaires visés aux articles 46, 59, 60, 61, 65 et 67.* – La Commission adopte des actes d'exécution établissant et modifiant ultérieurement les attestations et les formulaires visés aux articles 46, 59, 60, 61, 65 et 67. Ces actes d'exécution sont adoptés en conformité avec la procédure consultative visée à l'article 81, paragraphe 2.

Art. 81. – *Comité*. – 1. La Commission est assistée par un comité. Ledit comité est un comité au sens du règlement (UE) n° 182/2011.

2. Lorsqu'il est fait référence au présent paragraphe, l'article 4 du règlement (UE) n° 182/2011 s'applique.

Art. 82. – *Réexamen*. – Au plus tard le 18 août 2025 la Commission présente au Parlement européen, au Conseil et au Comité économique et social européen un rapport relatif à l'application du présent règlement comprenant une évaluation de tout problème pratique rencontré dans le cadre de transactions extrajudiciaires en matière de successions intervenues parallèlement dans différents États membres ou d'une transaction extrajudiciaire intervenue dans un État membre parallèlement à une transaction conclue devant une juridiction d'un autre État membre. Ce rapport est accompagné, le cas échéant, de propositions de modifications.

Art. 83. – *Dispositions transitoires*. – 1. Le présent règlement s'applique aux successions des personnes qui décèdent le 17 août 2015 ou après le 17 août 2015.

2. Lorsque le défunt avait, avant le 17 août 2015, choisi la loi applicable à sa succession, ce choix est valable s'il remplit les conditions fixées au chapitre III ou s'il est valable en application des règles de droit international privé qui étaient en vigueur, au moment où le choix a été fait, dans l'État dans lequel le défunt avait sa résidence habituelle ou dans tout État dont il possédait la nationalité.

3. Une disposition à cause de mort prise avant le 17 août 2015 est recevable et valable quant au fond et à la forme si elle remplit les conditions prévues au chapitre III ou si elle est recevable et valable sur le fond et en la forme en application des règles de droit international privé qui étaient en vigueur, au moment où la disposition a été prise, dans l'État dans lequel le défunt avait sa résidence habituelle, dans tout État dont il possédait la nationalité ou dans l'État membre de l'autorité chargée de régler la succession.

4. Si une disposition à cause de mort, prise avant le 17 août 2015, est rédigée conformément à la loi que le défunt aurait pu choisir en vertu du présent règlement, cette loi est réputée avoir été choisie comme loi applicable à la succession.

Art. 84. – *Entrée en vigueur*. – Le présent règlement entre en vigueur le vingtième jour suivant celui de sa publication au *Journal officiel de l'Union européenne*.

Il est applicable à partir du 17 août 2015, à l'exception des articles 77 et 78 qui sont applicables à partir du 16 novembre 2014 et des articles 79, 80 et 81 qui sont applicables à partir du 5 juillet 2012.

Le présent règlement est obligatoire dans tous ses éléments et directement applicable dans les États membres conformément aux traités.

Bibliographie : V. les références sous art. 720, p. 582.

Décret n° 2012-855 du 5 juillet 2012

portant publication de la convention pour la protection des droits de l'homme et de la dignité de l'être humain à l'égard des applications de la biologie et de la médecine : convention sur les droits de l'homme et la biomédecine, signée à Oviedo le 4 avril 1997

(JO 7 juill. 2012)

4 avril 1997

Convention pour la protection des droits de l'homme et de la dignité de l'être humain à l'égard des applications de la biologie et de la médecine : convention sur les droits de l'homme et la biomédecine.

Préambule

Les États membres du Conseil de l'Europe, les autres États et la Communauté européenne signataires de la présente Convention,

Considérant la Déclaration universelle des Droits de l'Homme, proclamée par l'Assemblée générale des Nations Unies le 10 décembre 1948 ;

Considérant la Convention de sauvegarde des Droits de l'Homme et des Libertés fondamentales du 4 novembre 1950 ;

Considérant la Charte sociale européenne du 18 octobre 1961 ;

Considérant le Pacte international sur les droits civils et politiques et le Pacte international relatif aux droits économiques, sociaux et culturels du 16 décembre 1966 ;

Considérant la Convention pour la protection des personnes à l'égard du traitement automatisé des données à caractère personnel du 28 janvier 1981 ;

Considérant également la Convention relative aux droits de l'enfant du 20 novembre 1989 ;

Considérant que le but du Conseil de l'Europe est de réaliser une union plus étroite entre ses membres, et que l'un des moyens d'atteindre ce but est la sauvegarde et le développement des droits de l'homme et des libertés fondamentales ;

Conscients des rapides développements de la biologie et de la médecine ;

Convaincus de la nécessité de respecter l'être humain à la fois comme individu et dans son appartenance à l'espèce humaine et reconnaissant l'importance d'assurer sa dignité ;

Conscients des actes qui pourraient mettre en danger la dignité humaine par un usage impropre de la biologie et de la médecine ;

Affirmant que les progrès de la biologie et de la médecine doivent être utilisés pour le bénéfice des générations présentes et futures ;

Soulignant la nécessité d'une coopération internationale pour que l'Humanité tout entière bénéficie de l'apport de la biologie et de la médecine ;

Reconnaissant l'importance de promouvoir un débat public sur les questions posées par l'application de la biologie et de la médecine, et sur les réponses à y apporter ;

Désireux de rappeler à chaque membre du corps social ses droits et ses responsabilités ;

Prenant en considération les travaux de l'Assemblée parlementaire dans ce domaine, y compris la Recommandation 1160 (1991) sur l'élaboration d'une convention de bioéthique ;

Résolus à prendre, dans le domaine des applications de la biologie et de la médecine, les mesures propres à garantir la dignité de l'être humain et les droits et libertés fondamentaux de la personne,

Sont convenus de ce qui suit :

CHAPITRE I. – DISPOSITIONS GÉNÉRALES

Art. 1er. – *Objet et finalité*. – Les Parties à la présente Convention protègent l'être humain dans sa dignité et son identité et garantissent à toute personne, sans discrimination, le respect de son intégrité et de ses autres droits et libertés fondamentales à l'égard des applications de la biologie et de la médecine.

Chaque Partie prend dans son droit interne les mesures nécessaires pour donner effet aux dispositions de la présente Convention.

Art. 2. – *Primauté de l'être humain*. – L'intérêt et le bien de l'être humain doivent prévaloir sur le seul intérêt de la société ou de la science.

Art. 3. – *Accès équitable aux soins de santé*. – Les Parties prennent, compte tenu des besoins de santé et des ressources disponibles, les mesures appropriées en vue d'assurer, dans leur sphère de juridiction, un accès équitable à des soins de santé de qualité appropriée.

Art. 4. – *Obligations professionnelles et règles de conduite*. – Toute intervention dans le domaine de la santé, y compris la recherche, doit être effectuée dans le respect des normes et obligations professionnelles, ainsi que des règles de conduite applicables en l'espèce.

CHAPITRE II. – CONSENTEMENT

Art. 5. – *Règle générale*. – Une intervention dans le domaine de la santé ne peut être effectuée qu'après que la personne concernée y a donné son consentement libre et éclairé.

Cette personne reçoit préalablement une information adéquate quant au but et à la nature de l'intervention ainsi que quant à ses conséquences et ses risques.

La personne concernée peut, à tout moment, librement retirer son consentement.

Art. 6. – *Protection des personnes n'ayant pas la capacité de consentir*. – 1. Sous réserve des articles 17 et 20, une intervention ne peut être effectuée sur une personne n'ayant pas la capacité de consentir, que pour son bénéfice direct.

2. Lorsque, selon la loi, un mineur n'a pas la capacité de consentir à une intervention, celle-ci ne peut être effectuée sans l'autorisation de son représentant, d'une autorité ou d'une personne ou instance désignée par la loi.

L'avis du mineur est pris en considération comme un facteur de plus en plus déterminant, en fonction de son âge et de son degré de maturité.

3. Lorsque, selon la loi, un majeur n'a pas, en raison d'un handicap mental, d'une maladie ou pour un motif similaire, la capacité de consentir à une intervention, celle-ci ne peut être effectuée sans l'autorisation de son représentant, d'une autorité ou d'une personne ou instance désignée par la loi.

La personne concernée doit dans la mesure du possible être associée à la procédure d'autorisation.

4. Le représentant, l'autorité, la personne ou l'instance mentionnés aux paragraphes 2 et 3 reçoivent, dans les mêmes conditions, l'information visée à l'article 5.

5. L'autorisation visée aux paragraphes 2 et 3 peut, à tout moment, être retirée dans l'intérêt de la personne concernée.

Art. 7. – *Protection des personnes souffrant d'un trouble mental.* – La personne qui souffre d'un trouble mental grave ne peut être soumise, sans son consentement, à une intervention ayant pour objet de traiter ce trouble que lorsque l'absence d'un tel traitement risque d'être gravement préjudiciable à sa santé et sous réserve des conditions de protection prévues par la loi comprenant des procédures de surveillance et de contrôle ainsi que des voies de recours.

Art. 8. – *Situations d'urgence.* – Lorsqu'en raison d'une situation d'urgence le consentement approprié ne peut être obtenu, il pourra être procédé immédiatement à toute intervention médicalement indispensable pour le bénéfice de la santé de la personne concernée.

Art. 9. – *Souhaits précédemment exprimés.* – Les souhaits précédemment exprimés au sujet d'une intervention médicale par un patient qui, au moment de l'intervention, n'est pas en état d'exprimer sa volonté seront pris en compte.

CHAPITRE III. – VIE PRIVÉE ET DROIT À L'INFORMATION

Art. 10. – *Vie privée et droit à l'information.* – 1. Toute personne a droit au respect de sa vie privée s'agissant des informations relatives à sa santé.

2. Toute personne a le droit de connaître toute information recueillie sur sa santé. Cependant, la volonté d'une personne de ne pas être informée doit être respectée.

3. À titre exceptionnel, la loi peut prévoir, dans l'intérêt du patient, des restrictions à l'exercice des droits mentionnés au paragraphe 2.

CHAPITRE IV. – GÉNOME HUMAIN

Art. 11. – *Non-discrimination.* – Toute forme de discrimination à l'encontre d'une personne en raison de son patrimoine génétique est interdite.

Art. 12. – *Tests génétiques prédictifs.* – Il ne pourra être procédé à des tests prédictifs de maladies génétiques ou permettant soit d'identifier le sujet comme porteur d'un gène responsable d'une maladie soit de détecter une prédisposition ou une susceptibilité génétique à une maladie qu'à des fins médicales ou de recherche médicale, et sous réserve d'un conseil génétique approprié.

Art. 13. – *Interventions sur le génome humain.* – Une intervention ayant pour objet de modifier le génome humain ne peut être entreprise que pour des raisons préventives, diagnostiques ou thérapeutiques et seulement si elle n'a pas pour but d'introduire une modification dans le génome de la descendance.

Art. 14. – *Non-sélection du sexe.* – L'utilisation des techniques d'assistance médicale à la procréation n'est pas admise pour choisir le sexe de l'enfant à naître, sauf en vue d'éviter une maladie héréditaire grave liée au sexe.

CHAPITRE V. – RECHERCHE SCIENTIFIQUE

Art. 15. – *Règle générale*. – La recherche scientifique dans le domaine de la biologie et de la médecine s'exerce librement sous réserve des dispositions de la présente Convention et des autres dispositions juridiques qui assurent la protection de l'être humain.

Art. 16. – *Protection des personnes se prêtant à une recherche*. – Aucune recherche ne peut être entreprise sur une personne à moins que les conditions suivantes ne soient réunies :

i) il n'existe pas de méthode alternative à la recherche sur des êtres humains, d'efficacité comparable ;

ii) les risques qui peuvent être encourus par la personne ne sont pas disproportionnés par rapport aux bénéfices potentiels de la recherche ;

iii) le projet de recherche a été approuvé par l'instance compétente, après avoir fait l'objet d'un examen indépendant sur le plan de sa pertinence scientifique, y compris une évaluation de l'importance de l'objectif de la recherche, ainsi que d'un examen pluridisciplinaire de son acceptabilité sur le plan éthique ;

iv) la personne se prêtant à une recherche est informée de ses droits et des garanties prévues par la loi pour sa protection ;

v) le consentement visé à l'article 5 a été donné expressément, spécifiquement et est consigné par écrit. Ce consentement peut, à tout moment, être librement retiré.

Art. 17. – *Protection des personnes qui n'ont pas la capacité de consentir à une recherche*. – 1. Une recherche ne peut être entreprise sur une personne n'ayant pas, conformément à l'article 5, la capacité d'y consentir que si les conditions suivantes sont réunies :

i) les conditions énoncées à l'article 16, alinéas *i* à *iv*, sont remplies ;

ii) les résultats attendus de la recherche comportent un bénéfice réel et direct pour sa santé ;

iii) la recherche ne peut s'effectuer avec une efficacité comparable sur des sujets capables d'y consentir ;

iv) l'autorisation prévue à l'article 6 a été donnée spécifiquement et par écrit ; et

v) la personne n'y oppose pas de refus.

2. À titre exceptionnel et dans les conditions de protection prévues par la loi, une recherche dont les résultats attendus ne comportent pas de bénéfice direct pour la santé de la personne peut être autorisée si les conditions énoncées aux alinéas *i*, *iii*, *iv* et *v* du paragraphe 1 ci-dessus ainsi que les conditions supplémentaires suivantes sont réunies :

i) la recherche a pour objet de contribuer, par une amélioration significative de la connaissance scientifique de l'état de la personne, de sa maladie ou de son trouble, à l'obtention, à terme, de résultats permettant un bénéfice pour la personne concernée ou pour d'autres personnes dans la même catégorie d'âge ou souffrant de la même maladie ou trouble ou présentant les mêmes caractéristiques ;

ii) la recherche ne présente pour la personne qu'un risque minimal et une contrainte minimale.

Art. 18. – Recherche sur les embryons *in vitro*. – 1. Lorsque la recherche sur les embryons *in vitro* est admise par la loi, celle-ci assure une protection adéquate de l'embryon.

2. La constitution d'embryons humains aux fins de recherche est interdite.

CHAPITRE VI. – PRÉLÈVEMENT D'ORGANES ET DE TISSUS SUR DES DONNEURS VIVANTS À DES FINS DE TRANSPLANTATION

Art. 19. – *Règle générale*. – 1. Le prélèvement d'organes ou de tissus aux fins de transplantation ne peut être effectué sur un donneur vivant que dans l'intérêt thérapeutique du receveur et lorsque l'on ne dispose pas d'organe ou de tissu appropriés d'une personne décédée ni de méthode thérapeutique alternative d'efficacité comparable.

2. Le consentement visé à l'article 5 doit avoir été donné expressément et spécifiquement, soit par écrit soit devant une instance officielle.

Art. 20. – *Protection des personnes qui n'ont pas la capacité de consentir au prélèvement d'organe*. – 1. Aucun prélèvement d'organe ou de tissu ne peut être effectué sur une personne n'ayant pas la capacité de consentir conformément à l'article 5.

2. À titre exceptionnel et dans les conditions de protection prévues par la loi, le prélèvement de tissus régénérables sur une personne qui n'a pas la capacité de consentir peut être autorisé si les conditions suivantes sont réunies :

i) on ne dispose pas d'un donneur compatible jouissant de la capacité de consentir ;

ii) le receveur est un frère ou une sœur du donneur ;

iii) le don doit être de nature à préserver la vie du receveur ;

iv) l'autorisation prévue aux paragraphes 2 et 3 de l'article 6 a été donnée spécifiquement et par écrit, selon la loi et en accord avec l'instance compétente ;

v) le donneur potentiel n'y oppose pas de refus.

CHAPITRE VII. – INTERDICTION DU PROFIT ET UTILISATION D'UNE PARTIE DU CORPS HUMAIN

Art. 21. – *Interdiction du profit.* – Le corps humain et ses parties ne doivent pas être, en tant que tels, source de profit.

Art. 22. – *Utilisation d'une partie du corps humain prélevée.* – Lorsqu'une partie du corps humain a été prélevée au cours d'une intervention, elle ne peut être conservée et utilisée dans un but autre que celui pour lequel elle a été prélevée que conformément aux procédures d'information et de consentement appropriées.

CHAPITRE VIII. – ATTEINTE AUX DISPOSITIONS DE LA CONVENTION

Art. 23. – *Atteinte aux droits ou principes.* – Les Parties assurent une protection juridictionnelle appropriée afin d'empêcher ou faire cesser à bref délai une atteinte illicite aux droits et principes reconnus dans la présente Convention.

Art. 24. – *Réparation d'un dommage injustifié.* – La personne ayant subi un dommage injustifié résultant d'une intervention a droit à une réparation équitable dans les conditions et selon les modalités prévues par la loi.

Art. 25. – *Sanctions.* – Les Parties prévoient des sanctions appropriées dans les cas de manquement aux dispositions de la présente Convention.

CHAPITRE IX. – RELATION DE LA PRÉSENTE CONVENTION AVEC D'AUTRES DISPOSITIONS

Art. 26. – *Restrictions à l'exercice des droits.* – 1. L'exercice des droits et les dispositions de protection contenus dans la présente Convention ne peuvent faire l'objet d'autres restrictions que celles qui, prévues par la loi, constituent des mesures nécessaires, dans une société démocratique, à la sûreté publique, à la prévention des infractions pénales, à la protection de la santé publique ou à la protection des droits et libertés d'autrui.

2. Les restrictions visées à l'alinéa précédent ne peuvent être appliquées aux articles 11, 13, 14, 16, 17, 19, 20 et 21.

Art. 27. – *Protection plus étendue.* – Aucune des dispositions de la présente Convention ne sera interprétée comme limitant ou portant atteinte à la faculté pour chaque Partie d'accorder une protection plus étendue à l'égard des applications de la biologie et de la médecine que celle prévue par la présente Convention.

CHAPITRE X. – DÉBAT PUBLIC

Art. 28. – *Débat public.* – Les Parties à la présente Convention veillent à ce que les questions fondamentales posées par les développements de la biologie et de la médecine fassent l'objet d'un débat public approprié à la lumière, en particulier, des implications médicales, sociales, économiques, éthiques et juridiques pertinentes, et que leurs possibles applications fassent l'objet de consultations appropriées.

CHAPITRE XI. – INTERPRÉTATION ET SUIVI DE LA CONVENTION

Art. 29. – *Interprétation de la Convention.* – La Cour européenne des Droits de l'Homme peut donner, en dehors de tout litige concret se déroulant devant une juridiction, des avis consultatifs sur des questions juridiques concernant l'interprétation de la présente Convention à la demande :
- du Gouvernement d'une Partie, après en avoir informé les autres Parties ;
- du Comité institué par l'article 32, dans sa composition restreinte aux Représentants des Parties à la présente Convention, par décision prise à la majorité des deux tiers des voix exprimées.

Art. 30. – *Rapports sur l'application de la Convention.* – Toute Partie fournira, sur demande du secrétaire général du Conseil de l'Europe, les explications requises sur la manière dont son droit interne assure l'application effective de toutes les dispositions de cette Convention.

CHAPITRE XII. – PROTOCOLES

Art. 31. – *Protocoles.* – Des protocoles peuvent être élaborés conformément aux dispositions de l'article 32, en vue de développer, dans des domaines spécifiques, les principes contenus dans la présente Convention.

Les protocoles sont ouverts à la signature des signataires de la Convention. Ils seront soumis à ratification, acceptation ou approbation. Un signataire ne peut ratifier, accepter ou approuver les protocoles sans avoir antérieurement ou simultanément ratifié, accepté ou approuvé la Convention.

CHAPITRE XIII. – AMENDEMENTS À LA CONVENTION

Art. 32. – *Amendements à la Convention.* – 1. Les tâches confiées au « comité » dans le présent article et dans l'article 29 sont effectuées par le Comité directeur pour la bioéthique (CDBI), ou par tout autre comité désigné à cette fin par le Comité des ministres.

2. Sans préjudice des dispositions spécifiques de l'article 29, tout État membre du Conseil de l'Europe ainsi que toute Partie à la présente Convention qui n'est pas membre du Conseil de l'Europe peut se faire représenter au sein du comité, lorsque celui-ci accomplit les tâches confiées par la présente Convention, et y dispose d'une voix.

3. Tout État visé à l'article 33 ou invité à adhérer à la Convention conformément aux dispositions de l'article 34, qui n'est pas Partie à la présente Convention, peut désigner un observateur auprès du comité. Si la Communauté européenne n'est pas Partie, elle peut désigner un observateur auprès du comité.

4. Afin de tenir compte des évolutions scientifiques, la présente Convention fera l'objet d'un examen au sein du comité dans un délai maximum de cinq ans après son entrée en vigueur, et par la suite à des intervalles que le comité pourra déterminer.

5. Toute proposition d'amendement à la présente Convention ainsi que toute proposition de protocole ou d'amendement à un protocole, présentée par une Partie, par le comité ou le Comité des Ministres, est communiquée au Secrétaire Général du Conseil de l'Europe et transmise par ses soins aux États membres du Conseil de l'Europe, à la Communauté européenne, à tout signataire, à toute Partie, à tout État invité à signer la présente Convention conformément aux dispositions de l'article 33, et à tout État invité à y adhérer conformément aux dispositions de l'article 34.

6. Le comité examine la proposition au plus tôt deux mois après qu'elle a été transmise par le Secrétaire Général conformément au paragraphe 5. Le Comité soumet le texte adopté à la majorité des deux tiers des voix exprimées à l'approbation du Comité des Ministres. Après son approbation, ce texte est communiqué aux Parties en vue de sa ratification, son acceptation ou son approbation.

7. Tout amendement entrera en vigueur, à l'égard des Parties qui l'ont accepté, le premier jour du mois qui suit l'expiration d'une période d'un mois après la date à laquelle cinq Parties, y compris au moins quatre États membres du Conseil de l'Europe, auront informé le Secrétaire Général qu'elles l'ont accepté.

Pour toute Partie qui l'aura accepté ultérieurement, l'amendement entrera en vigueur le premier jour du mois qui suit l'expiration d'une période d'un mois après la date à laquelle ladite Partie aura informé le Secrétaire Général de son acceptation.

CHAPITRE XIV. – CLAUSES FINALES

Art. 33. – *Signature, ratification et entrée en vigueur.* – 1. La présente Convention est ouverte à la signature des États membres du Conseil de l'Europe, des États non membres qui ont participé à son élaboration et de la Communauté européenne.

2. La présente Convention sera soumise à ratification, acceptation ou approbation. Les instruments de ratification, d'acceptation ou d'approbation seront déposés près le Secrétaire Général du Conseil de l'Europe.

3. La présente Convention entrera en vigueur le premier jour du mois qui suit l'expiration d'une période de trois mois après la date à laquelle cinq États, incluant au moins quatre États membres du Conseil de l'Europe, auront exprimé leur consentement à être liés par la Convention, conformément aux dispositions du paragraphe précédent.

4. Pour tout Signataire qui exprimera ultérieurement son consentement à être lié par la Convention, celle-ci entrera en vigueur le premier jour du mois qui suit l'expiration d'une période de trois mois après la date du dépôt de son instrument de ratification, d'acceptation ou d'approbation.

Art. 34. – *États non membres.* – 1. Après l'entrée en vigueur de la présente Convention, le Comité des Ministres du Conseil de l'Europe pourra, après consultation des Parties, inviter tout État non membre du Conseil de l'Europe à adhérer à la présente Convention par une décision prise à la majorité prévue à l'article 20, alinéa *d*, du Statut du Conseil de l'Europe et à l'unanimité des voix des représentants des États contractants ayant le droit de siéger au Comité des Ministres.

2. Pour tout État adhérent, la Convention entrera en vigueur le premier jour du mois qui suit l'expiration d'une période de trois mois après la date du dépôt de l'instrument d'adhésion près le Secrétaire Général du Conseil de l'Europe.

Art. 35. – *Application territoriale.* – 1. Tout Signataire peut, au moment de la signature ou au moment du dépôt de son instrument de ratification, d'acceptation ou d'approbation, désigner le territoire ou les territoires auxquels s'appliquera la présente Convention. Tout autre État peut formuler la même déclaration au moment du dépôt de son instrument d'adhésion.

2. Toute Partie peut, à tout moment par la suite, par une déclaration adressée au Secrétaire Général du Conseil de l'Europe, étendre l'application de la présente Convention à tout autre territoire désigné dans la déclaration et dont elle assure les relations internationales ou pour lequel elle est habilitée à stipuler. La Convention entrera en vigueur à l'égard de ce territoire le premier jour du mois qui suit l'expiration d'une période de trois mois après la date de réception de la déclaration par le secrétaire général.

3. Toute déclaration faite en vertu des deux paragraphes précédents pourra être retirée, en ce qui concerne tout territoire désigné dans cette déclaration, par notification adressée au Secrétaire Général. Le retrait prendra effet le premier jour du mois qui suit l'expiration d'une période de trois mois après la date de réception de la notification par le Secrétaire Général.

Art. 36. – *Réserves.* – 1. Tout État et la Communauté européenne peuvent, au moment de la signature de la présente Convention ou du dépôt de l'instrument de ratification, d'acceptation, d'approbation ou d'adhésion, formuler une réserve au sujet d'une disposition particulière de la Convention, dans la mesure où une loi alors en vigueur sur son territoire n'est pas conforme à cette disposition. Les réserves de caractère général ne sont pas autorisées aux termes du présent article.

2. Toute réserve émise conformément au présent article comporte un bref exposé de la loi pertinente.

3. Toute Partie qui étend l'application de la présente Convention à un territoire désigné par une déclaration prévue en application du paragraphe 2 de l'article 35 peut, pour le territoire concerné, formuler une réserve, conformément aux dispositions des paragraphes précédents.

4. Toute Partie qui a formulé la réserve visée dans le présent article peut la retirer au moyen d'une déclaration adressée au Secrétaire Général du Conseil de l'Europe. Le retrait prendra effet le premier jour du mois qui suit l'expiration d'une période d'un mois après la date de réception par le Secrétaire Général.

Art. 37. – *Dénonciation.* – 1. Toute Partie peut, à tout moment, dénoncer la présente Convention en adressant une notification au Secrétaire Général du Conseil de l'Europe.

2. La dénonciation prendra effet le premier jour du mois qui suit l'expiration d'une période de trois mois après la date de réception de la notification par le Secrétaire Général.

Art. 38. – *Notifications.* – Le Secrétaire Général du Conseil de l'Europe notifiera aux États membres du Conseil, à la Communauté européenne, à tout Signataire, à toute Partie et à tout autre État qui a été invité à adhérer à la présente Convention :

a) toute signature ;

b) le dépôt de tout instrument de ratification, d'acceptation, d'approbation ou d'adhésion ;

c) toute date d'entrée en vigueur de la présente Convention, conformément à ses articles 33 ou 34 ;

d) tout amendement ou protocole adopté conformément à l'article 32, et la date à laquelle cet amendement ou protocole entre en vigueur ;

e) toute déclaration formulée en vertu des dispositions de l'article 35 ;

f) toute réserve et tout retrait de réserve formulés conformément aux dispositions de l'article 36 ;

g) tout autre acte, notification ou communication ayant trait à la présente Convention.

En foi de quoi, les soussignés, dûment autorisés à cet effet, ont signé la présente Convention.

Fait à Oviedo (Asturies), le 4 avril 1997, en français et en anglais, les deux textes faisant également foi, en un seul exemplaire qui sera déposé dans les archives du Conseil de l'Europe. Le Secrétaire Général du Conseil de l'Europe en communiquera copie certifiée conforme à chacun des États membres du Conseil de l'Europe, à la Communauté européenne, aux États non membres qui ont participé à l'élaboration de la présente Convention, et à tout État invité à adhérer à la présente Convention.

Décret n° 2012-966 du 20 août 2012

relatif à l'enregistrement de la déclaration, de la modification et de la dissolution du pacte civil de solidarité reçu par un notaire

(JO 22 août 2012)

Art. 1er *(Mod. à compter du 1er novembre 2017, D. n° 2017-889, 6 mai 2017).* – Lorsque la convention de pacte civil de solidarité est rédigée sous la forme d'un acte authentique, le notaire instrumentaire recueille et enregistre la déclaration conjointe de conclusion du pacte.

Il remet aux partenaires un récépissé d'enregistrement.

Le notaire instrumentaire procède à la vérification des données à caractère personnel contenues dans les actes de l'état civil des partenaires par voie dématérialisée, dans les conditions prévues au troisième alinéa de l'article 101-1 du Code civil, lorsque ces actes sont détenus par un officier de l'état civil utilisant ce dispositif.

Art. 2 *(Mod. à compter du 1er novembre 2017, D. n° 2017-889, 6 mai 2017).* – Le notaire ayant procédé à l'enregistrement du pacte civil de solidarité enregistre l'acte portant modification de la convention initiale que lui remettent ou lui adressent par lettre recommandée avec demande d'avis de réception les partenaires du pacte ou l'un deux. Chaque partenaire justifie de son identité en joignant à l'envoi la photocopie d'un document officiel délivré par une administration publique comportant son nom, son prénom, sa date et son lieu de naissance, sa photographie et sa signature ainsi que l'identification de l'autorité qui a délivré le document, la date et le lieu de délivrance.

Il remet ou adresse aux partenaires un récépissé d'enregistrement.

Art. 3. – Dans les cas prévus au deuxième alinéa de l'article 515-7 du Code civil, l'officier de l'état civil requis pour apposer en marge de l'acte de naissance du ou des partenaires la mention du décès ou du mariage avise sans délai le notaire ayant procédé à l'enregistrement du pacte civil de solidarité.

Le notaire instrumentaire enregistre la dissolution et en informe le partenaire survivant ou, en cas de mariage, les deux partenaires.

Art. 4 *(Mod. à compter du 1er novembre 2017, D. n° 2017-889, 6 mai 2017).* – Dans le cas prévu au quatrième alinéa de l'article 515-7 du Code civil, la déclaration conjointe de dissolution est remise, par les partenaires ou l'un deux, au notaire ayant procédé à l'enregistrement du pacte civil de solidarité ou lui est adressée par lettre recommandée avec demande d'avis de réception. Chaque partenaire justifie de son identité en joignant à l'envoi la photocopie d'un document officiel délivré par une administration publique comportant son nom, son prénom, sa date et son lieu de naissance, sa photographie et sa signature ainsi que l'identification de l'autorité qui a délivré le document, la date et le lieu de délivrance.

Le notaire instrumentaire enregistre la dissolution. Il remet ou adresse à chacun des partenaires un récépissé d'enregistrement.

Art. 5. – L'huissier de justice qui procède à la signification prévue au cinquième alinéa de l'article 515-7 du Code civil remet sans délai, au nom du partenaire ayant décidé de mettre fin au pacte civil de solidarité, une copie de l'acte signifié au notaire ayant procédé à l'enregistrement du pacte civil de solidarité ou l'adresse par lettre recommandée avec demande d'avis de réception.

Le notaire instrumentaire enregistre la dissolution et en informe les partenaires.

Art. 6 *(Mod. à compter du 1er novembre 2017, D. n° 2017-889, 6 mai 2017).* – Le notaire qui a reçu et enregistré la déclaration conjointe de conclusion ou de modification d'un pacte civil de solidarité, ou sa dissolution, avise, sans délai, l'officier de l'état civil détenteur de l'acte de naissance de chaque partenaire afin qu'il soit procédé aux formalités de publicité dans les conditions prévues au troisième alinéa de l'article 49 du Code civil.

Si l'un des partenaires est de nationalité étrangère et né à l'étranger, l'avis est adressé au service central d'état civil du ministère des affaires étrangères, à charge pour celui-ci de porter, dans les trois jours, la mention de la déclaration conjointe sur le registre prévu au premier alinéa de l'article 515-3-1 du Code civil.

Si l'un des partenaires est placé sous la protection juridique et administrative de l'office français de protection des réfugiés et apatrides, l'avis est adressé à cet office.

Art. 6-1 *(Créé à compter du 1er novembre 2017, D. n° 2017-889, 6 mai 2017).* – Dans les mentions de déclaration, de modification et de dissolution d'un pacte civil de solidarité, portées en marge des actes de l'état civil ou des certificats en tenant lieu, est autorisé l'acronyme « PACS ».

Art. 7. – Sont conservés par le notaire auprès duquel la convention de pacte civil de solidarité est enregistrée :

a) La déclaration écrite conjointe prévue au quatrième alinéa de l'article 515-7 du Code civil ;

b) La copie de la signification prévue au cinquième alinéa de l'article 515-7 du Code civil ;

c) L'avis de mariage ou de décès visé à l'article 3.

Art. 8. – Les pactes civils de solidarité sont enregistrés par le notaire dans le registre des conventions notariées de pacte civil de solidarité. Ce registre est tenu par chaque étude notariale, le cas échéant sous forme électronique.

Il reprend l'ensemble des données relatives aux pactes civils de solidarité pour lesquels le notaire a procédé à l'enregistrement depuis l'entrée en vigueur de la loi [n° 2011-331] du 28 mars 2011 susvisée.

Art. 9. – Le Conseil supérieur du notariat ou son délégataire met en œuvre un traitement automatisé des registres sur lesquels sont inscrites les mentions relatives à la déclaration, la modification et la dissolution des pactes civils de solidarité ayant fait l'objet d'une convention initiale par acte notarié.

À cette fin, il collecte et traite des données à caractère personnel relatives au sexe des personnes en vue de l'application des articles 515-3 et 515-7 du Code civil et de l'article 14-1 de la loi [n° 99-944] du 15 novembre 1999 susvisée.

Art. 10. – Sous réserve des dispositions prévues au 4° de l'article 11, il est interdit de sélectionner une catégorie particulière de personnes à partir des données mentionnées au second alinéa de l'article 9.

Art. 11 *(Mod. à compter du 1er novembre 2017, D. n° 2017-889, 6 mai 2017).* – Le traitement automatisé a pour finalité d'assurer :

1° La gestion, assortie de garanties de sécurité, de l'enregistrement et de la conservation des informations relatives à la déclaration, à la modification et à la dissolution du pacte civil de solidarité ;

2° La transmission des données strictement nécessaires à l'inscription des mentions relatives aux enregistrements effectués par le notaire ayant reçu la déclaration de pacte civil de solidarité, par l'officier de l'état civil détenteur de l'acte de naissance de chaque partenaire ou, lorsque l'un des partenaires est de nationalité étrangère et né à l'étranger, par le service central d'état civil du ministère des affaires étrangères ;

3° L'établissement par le service central d'état civil du ministère des affaires étrangère du certificat attestant que le partenaire de nationalité étrangère né à l'étranger n'est pas déjà lié par un pacte civil de solidarité ;

4° L'élaboration de statistiques limitées à la production d'informations rendues anonymes, destinées à permettre de connaître :

a) Le nombre de déclarations, de modifications et de dissolutions de pactes civils de solidarité ayant fait l'objet d'un enregistrement notarié ;

b) Le nombre de pactes ayant pris fin en application de chacun des cas mentionnés à l'article 515-7 du Code civil ;

c) La durée moyenne des pactes ;

d) L'âge moyen des personnes ayant conclu un pacte ;

e) Le nombre de pactes conclus ou ayant pris fin entre personnes de sexe différent, de sexe féminin et de sexe masculin, ainsi que, pour chacune de ces trois catégories de pactes, leur durée moyenne et l'âge moyen des personnes en cause.

Toutefois les catégories de données mentionnées à l'article 12 du présent décret peuvent faire l'objet d'une enquête statistique dans les conditions prévues à l'article 2 de la loi n° 51-711 du 7 juin 1951 sur l'obligation, la coordination et le secret en matière de statistiques.

Art. 12 *(Mod. à compter du 1er novembre 2017, D. n° 2017-889, 6 mai 2017).* – Les catégories de données à caractère personnel enregistrées par les notaires sont les suivantes :

1° Nom et prénoms, date et lieu de naissance des deux personnes liées par un pacte civil de solidarité et, le cas échéant, leurs modifications ;

2° Sexe des deux personnes liées par le pacte et, le cas échéant, leurs modifications ;

3° Date et lieu de l'inscription conférant date certaine au pacte ;

4° Numéro d'enregistrement de l'inscription ;

5° Date de l'enregistrement des modifications du pacte ;

6° Nature et date de la cause de la dissolution du pacte ;

7° Date d'effet, entre les partenaires, de la dissolution du pacte.

Art. 13. – Les notaires sont seuls habilités à enregistrer, conserver, modifier ou traiter les informations relatives aux pactes civils de solidarité inscrits sur le registre de leur étude notariale incluses dans le traitement automatisé prévu par les articles 9 et 11.

Art. 14 *(Mod. à compter du 1er novembre 2017, D. n° 2017-889, 6 mai 2017).* – Toute interconnexion des registres mentionnés à l'article 9 avec d'autres fichiers est interdite.

L'officier de l'état civil détenteur de l'acte de naissance d'un partenaire d'un pacte civil de solidarité, ou le service central d'état civil du ministère des affaires étrangères, lorsqu'un des partenaires est de nationalité étrangère et né à l'étranger, est destinataire des données nécessaires à l'inscription des mentions prévues par l'article 515-3-1 du Code civil en marge de l'acte de naissance de chaque partenaire, le cas échéant par voie dématérialisée dans des conditions prévues par arrêté du garde des Sceaux, ministre de la Justice.

L'office français de protection des réfugiés et apatrides est destinataire des mêmes données pour la mise à jour des certificats d'état civil tenant lieu d'actes de naissance qu'il a établis pour les personnes placées sous sa protection juridique et administrative.

Art. 15 *(Mod. à compter du 1er novembre 2017, D. n° 2017-889, 6 mai 2017).* – Le droit d'accès et de rectification prévu aux articles 39 et 40 de la loi [n° 78-17] du 6 janvier 1978 susvisée s'exerce auprès du notaire ayant enregistré la déclaration de pacte civil de solidarité.

Le partenaire né à l'étranger et de nationalité étrangère peut également exercer ce droit auprès du service central d'état civil du ministère des affaires étrangères.

Art. 16. – Les informations mentionnées à l'article 12 sont conservées dans le traitement automatisé mentionné à l'article 9 pendant une durée de cinq ans à compter de la date de la dissolution du pacte.

Art. 17. – (V. D. n° 78-262, 8 mars 1978, tabl. II).

Art. 18. – (V. D. n° 2006-1806, 23 déc. 2006, art. 1er).

Art. 19. – (V. D. n° 2006-1807, 23 déc. 2006, art. 7).

Art. 20 *(Rempl. à compter du 1er novembre 2017, D. n° 2017-889, 6 mai 2017).* – I. - Le présent décret est applicable dans les îles Wallis-et-Futuna dans sa rédaction résultant du décret n° 2017-889 du 6 mai 2017.

II. - Pour son application dans les îles Wallis-et-Futuna, les mots : « lettre recommandée avec demande d'avis de réception » sont remplacés par les mots : « lettre simple contre émargement ».

Art. 21. – Les dispositions des articles 7 à 16 du présent décret sont applicables aux pactes civils de solidarité dont le notaire a procédé à l'enregistrement depuis l'entrée en vigueur de la loi n° 2011-331 du 28 mars 2011 susvisée.

Loi n° 2013-316 du 16 avril 2013

relative à l'indépendance de l'expertise en matière de santé et d'environnement et à la protection des lanceurs d'alerte

(JO 17 avr.)

TITRE Ier. – Droit d'alerte en matière de santé publique et d'environnement

Art. 1er *(Abr., L. n° 2016-1691, 9 déc. 2016).*

....

TITRE IV. – Dispositions diverses

Art. 12 *(Abr., L. n° 2016-1691, 9 déc. 2016).*

Art. 13 *(Mod. à compter du 1er octobre 2016, Ord. n° 2016-131, 10 févr. 2016).* – Tout employeur saisi d'une alerte en matière de santé publique ou d'environnement qui n'a pas respecté les obligations lui incombant en application des articles L. 4133-1 et L. 4133-2 du Code du travail perd le bénéfice des dispositions du 4° de l'article 1245-10 du Code civil.

Loi n° 2013-404 du 17 mai 2013

ouvrant le mariage aux couples de personnes de même sexe

....

Art. 14. – I. – Dans les conditions prévues à l'article 38 de la Constitution, le Gouvernement est autorisé à prendre par voie d'ordonnance :

1° Les mesures nécessaires pour adapter l'ensemble des dispositions législatives en vigueur, à l'exception de celles du Code civil, afin de tirer les conséquences de l'application aux conjoints et parents de même sexe des dispositions applicables aux conjoints et parents de sexe différent ;

2° Les mesures relevant du domaine de la loi permettant, d'une part, de rendre applicables, avec les adaptations nécessaires, les dispositions mentionnées au 1° en Nouvelle-Calédonie, en Polynésie française, dans les îles Wallis-et-Futuna et dans les Terres australes et antarctiques françaises, pour celles qui relèvent de la compétence de l'État, et, d'autre part, de procéder aux adaptations nécessaires en ce qui concerne Mayotte et les collectivités de Saint-Barthélemy, de Saint-Martin et de Saint-Pierre-et-Miquelon.

L'ordonnance prévue doit être prise dans un délai de six mois à compter de la promulgation de la présente loi.

II. – Le projet de loi de ratification est déposé devant le Parlement dans un délai de trois mois à compter de la publication de l'ordonnance.

....

Art. 21. – Le mariage entre personnes de même sexe contracté avant l'entrée en vigueur de la présente loi est reconnu, dans ses effets à l'égard des époux et des enfants, en France, sous réserve du respect des articles 144, 146, 146-1, 147, 161, 162, 163, 180 et 191 du Code civil. Il peut faire l'objet d'une transcription dans les conditions prévues aux articles 171-5 et 171-7 du même code. À compter de la date de transcription, il produit effet à l'égard des tiers.

Art. 22. – **Les articles 1er à 13 et 21 de la présente loi sont applicables en Nouvelle-Calédonie, dans les îles Wallis-et-Futuna et en Polynésie française.**

Circulaire du 29 mai 2013

relative à la présentation de la loi ouvrant le mariage aux couples de personnes de même sexe (dispositions du Code civil)

NOR : JUSC1312445C

V. *BO* min. Justice, n° 2013-05, 31 mai 2013.

Décret n° 2013-488 du 10 juin 2013

portant publication de l'accord entre la République française et la République fédérale d'Allemagne instituant un régime matrimonial optionnel de la participation aux acquêts, signé à Paris le 4 février 2010

(JO 12 juin 2013)

Accord du 4 février 2010

Accord entre la République française et la République fédérale d'Allemagne instituant un régime matrimonial optionnel de la participation aux acquêts *(JO 12 juin 2013)*.

La République française

Et

La République fédérale d'Allemagne

Ci-après dénommées les « États contractants »,

désireuses de rapprocher leur droit des régimes matrimoniaux,

désireuses de créer par le présent accord un régime matrimonial commun optionnel qui doit prendre place aux côtés des autres régimes matrimoniaux en vigueur dans le droit national des États contractants,

sont convenues des dispositions suivantes :

CHAPITRE Ier. – Champ d'application et définition

Art. 1er. – ***Champ d'application.*** – **Le régime matrimonial optionnel de la participation aux acquêts peut être choisi par des époux dont la loi applicable au régime matrimonial est celle d'un État contractant. Le contenu de ce régime matrimonial commun est régi par les articles 2 à 18.**

Art. 2. – ***Définition.*** – **Dans le régime optionnel de la participation aux acquêts, le patrimoine des époux reste séparé. Les acquêts sont constitués du montant de la différence entre le patrimoine final d'un époux et son patrimoine originaire. À la dissolution du régime matrimonial, la créance de participation résulte de la comparaison des acquêts de chacun des époux.**

CHAPITRE II. – Adoption du régime matrimonial

Art. 3. – ***Adoption du régime matrimonial.*** – **(1) Les époux peuvent convenir par contrat de mariage que le régime optionnel de la participation aux acquêts constitue leur régime matrimonial.**

(2) Le contrat peut être conclu avant ou pendant le mariage. Le régime matrimonial prend effet au moment de la conclusion du contrat, sans préjudice des dispositions applicables au changement de régime matrimonial. Il prend effet au plus tôt à la date de la célébration du mariage.

(3) Le contrat peut déroger aux règles du chapitre V.

CHAPITRE III. – Administration, jouissance et disposition du patrimoine

Art. 4. – ***Dispositions générales en matière d'administration, de jouissance et de disposition du patrimoine.*** – **Chaque époux a la gestion et la jouissance exclusive de son patrimoine ; il en dispose seul. Néanmoins, le droit de disposer librement de son patrimoine est limité par les dispositions de l'article 5.**

Art. 5. – *Restrictions aux règles de disposition.* – (1) Les actes de disposition d'objets du ménage ou de droits par lesquels est assuré le logement de la famille passés par un époux sans le consentement de l'autre sont nuls. Toutefois, ils peuvent être ratifiés par l'autre époux.

(2) Un époux peut être autorisé par justice à passer seul un acte pour lequel le consentement de son conjoint serait nécessaire, si celui-ci est hors d'état de manifester sa volonté ou si son refus n'est pas justifié par l'intérêt de la famille.

Art. 6. – *Actes relevant de l'entretien du ménage.* – (1) Chacun des époux a pouvoir pour passer seul les contrats qui ont pour objet l'entretien du ménage et l'éducation des enfants. Ces contrats obligent solidairement l'autre époux.

(2) Lorsque l'un des époux contracte des dettes dont le caractère manifestement excessif, notamment eu égard au train de vie des époux, est connu de l'autre partie au contrat ou aurait dû l'être, ces dettes n'engagent pas l'autre époux, par dérogation au paragraphe 1.

CHAPITRE IV. – Dissolution du régime matrimonial

Art. 7. – *Causes de dissolution du régime.* – Le régime matrimonial est dissous :

1. Par le décès ou la déclaration d'absence de l'un des époux ;
2. Par le changement de régime matrimonial ; ou
3. Par le jugement de divorce ou toute autre décision judiciaire emportant dissolution du régime matrimonial.

CHAPITRE V. – Détermination de la créance de participation à la dissolution du régime

SECTION 1. – Patrimoine originaire

Art. 8. – *Composition du patrimoine originaire.* – (1) Le patrimoine originaire est le patrimoine de chacun des époux à la date à laquelle le régime matrimonial prend effet. Les dettes sont prises en compte dans le patrimoine originaire, même lorsqu'elles excèdent le montant de l'actif.

(2) Les biens reçus ultérieurement par l'un des époux par succession ou donation ou les indemnités perçues en réparation d'un dommage corporel ou moral sont ajoutés au patrimoine originaire. Les dettes afférentes à ces biens sont prises en compte dans le patrimoine originaire, même lorsqu'elles excèdent le montant de l'actif.

(3) Le patrimoine originaire ne comprend pas :

1. Les fruits des biens qui le composent ; et
2. Les biens du patrimoine originaire donnés par un époux à des parents en ligne directe au cours du régime matrimonial.

(4) Lors de la conclusion du contrat de mariage, les époux établissent un inventaire de leur patrimoine originaire respectif. Cet inventaire est présumé exact lorsque les deux époux l'ont signé.

(5) Si aucun inventaire n'a été établi, le patrimoine originaire est présumé nul.

Art. 9. – *Évaluation du patrimoine originaire.* – (1) Le patrimoine originaire est évalué comme suit :

1. Les biens existants à la date de prise d'effet du régime matrimonial sont évalués à cette date ;
2. Les biens acquis après la date de prise d'effet du régime matrimonial et qui, en vertu du paragraphe 2 de l'article 8, font partie du patrimoine originaire, sont évalués à la date de leur acquisition.

(2) Toutefois, les immeubles et droits réels immobiliers du patrimoine originaire, autres que l'usufruit et le droit d'usage et d'habitation, sont évalués à la date de la dissolution du régime. Si ces biens ont été cédés ou remplacés au cours du mariage, est retenue leur valeur à la date de la cession ou du remplacement. Les modifications de leur état entreprises au cours du mariage ne sont pas prises en compte dans l'évaluation du patrimoine originaire.

(3) Lorsque les biens sont évalués à une date antérieure à la dissolution du régime matrimonial, leur valeur déterminée en application des paragraphes 1 et 2 est indexée sur la variation moyenne de l'indice général des prix à la consommation des États contractants.

(4) Les paragraphes 1 et 3 s'appliquent aussi à l'évaluation des dettes.

SECTION 2. – Patrimoine final

Art. 10. – *Composition du patrimoine final.* – (1) Le patrimoine final est constitué des biens appartenant à l'époux à la date de la dissolution du régime. Les dettes sont prises en compte, même lorsqu'elles excèdent le montant de l'actif.

(2) Est ajoutée au patrimoine final la valeur des biens qu'un époux :

1. a donnés, sauf :

a) si la donation n'est pas excessive eu égard au train de vie des époux ; ou

b) la donation porte sur un bien du patrimoine originaire donné à des parents en ligne directe. Toutefois, la plus-value apportée par les améliorations réalisées sur ce bien, pendant la durée du régime matrimonial, avec des deniers ne dépendant pas du patrimoine originaire, est ajoutée au patrimoine final ;

2. a cédés dans le but de léser l'autre époux ; ou

3. a dissipés.

Ces dispositions ne s'appliquent pas si la donation, l'aliénation frauduleuse ou la dissipation est intervenue plus de dix ans avant la dissolution du régime matrimonial ou si l'autre époux y a consenti.

Art. 11. – *Évaluation du patrimoine final.* – (1) Le patrimoine final est évalué, tant en ce qui concerne l'actif que le passif, à la date de la dissolution du régime matrimonial.

(2) La valeur des biens visés au paragraphe 2 de l'article 10 est fixée à la date de la donation, de l'aliénation frauduleuse ou de la dissipation. La plus-value visée au paragraphe 2. 1*b* de l'article 10, est évaluée à la date de la donation du bien.

(3) Les valeurs indiquées au paragraphe 2 sont indexées sur la variation moyenne de l'indice général des prix à la consommation des États contractants.

SECTION 3. – Créance de participation

Art. 12. – *Droit à créance de participation.* – (1) Si, à la dissolution du régime matrimonial, les acquêts d'un époux excèdent les acquêts de l'autre époux, ce dernier peut faire valoir à l'encontre de son conjoint une créance de participation égale à la moitié de la différence.

(2) La créance de participation donne lieu à un paiement en argent. Toutefois, le tribunal peut, à la demande de l'un ou l'autre des époux, ordonner, à l'effet de ce paiement, le transfert de biens du débiteur au créancier, si cela répond au principe de l'équité.

(3) Après la dissolution du régime matrimonial, la créance de participation est transmissible à cause de mort et cessible entre vifs.

Art. 13. – *Date d'effet dans des cas particuliers.* – Si le mariage est dissous par divorce ou si le régime matrimonial est dissous par une autre décision judiciaire, la créance de participation est déterminée en fonction de la composition et de la valeur du patrimoine des époux à la date d'introduction de la demande en justice.

Art. 14. – *Limitation de la créance de participation.* – La créance de participation est limitée à la moitié de la valeur du patrimoine de l'époux débiteur tel qu'il existe, après déduction des dettes, à la date retenue pour la détermination du montant de cette créance, La limite de la créance de participation est relevée de la moitié du montant ajouté au patrimoine final en application des dispositions du paragraphe 2 de l'article 10, à l'exception du cas visé à l'alinéa 1.*b* dudit article.

CHAPITRE VI. – Dispositions diverses

Art. 15. – *Prescription.* – Le droit à la créance de participation se prescrit par trois ans à compter de la date à laquelle l'époux a connaissance de la dissolution du régime matrimonial, et au plus tard dix ans après la dissolution du régime.

Art. 16. – *Obligation d'information, Inventaire.* – (1) Après la dissolution du régime matrimonial, chacun des époux a l'obligation de fournir à l'autre époux toutes informations sur la composition de ses patrimoines originaire et final. Sur demande, il doit présenter des justificatifs. Chacun des époux peut exiger la présentation d'un inventaire sincère et véritable. À sa demande, il doit être appelé à cet inventaire. Il peut en outre exiger que l'inventaire soit établi par un notaire à ses frais.

(2) Le paragraphe 1 ci-dessus s'applique également dès lors que l'un des époux a demandé la dissolution du mariage ou la liquidation anticipée de la créance de participation.

Art. 17. – *Délais de paiement.* – (1) Si le règlement immédiat de la créance de participation pénalise de manière inéquitable le débiteur, notamment en l'obligeant à céder un bien constituant son moyen de subsistance, le tribunal peut, à sa demande, lui accorder des délais pour le règlement de la créance.

(2) La créance dont le paiement est différé porte intérêts.

(3) Le tribunal peut, à la demande du créancier, imposer au débiteur la fourniture de sûretés dont il détermine la nature et le montant en équité.

Art. 18. – *Liquidation anticipée de la créance de participation.* – (1) Si la gestion de son patrimoine par l'un des époux est de nature à compromettre les droits de l'autre au titre du calcul de la créance de participation, ce dernier peut demander la liquidation anticipée de la créance de participation. Il en est notamment ainsi dans les cas qui conduisent à la réunion fictive visée au paragraphe 2 de l'article 10.

(2) À compter de la décision définitive faisant droit à la demande, les époux sont placés sous le régime de la séparation de biens.

CHAPITRE VII. – Dispositions finales

Art. 19. – *Application dans le temps.* – Le présent accord s'appliquera pour les contrats conclus par les époux après son entrée en vigueur.

Art. 20. – *Ratification et entrée en vigueur.* – (1) Le présent accord est soumis à ratification.

(2) Le présent accord entrera en vigueur le premier jour du mois suivant l'échange des instruments de ratification.

(3) Le présent accord est conclu pour une période initiale de dix ans. À l'issue de cette période initiale de dix ans, il est renouvelable par tacite reconduction pour une durée indéterminée.

(4) Le présent accord peut être dénoncé par un des États contractants au plus tôt à l'expiration de la dixième année après son entrée en vigueur. Le présent accord cessera de produire ses effets le premier jour du treizième mois suivant la date de la réception de la notification par l'autre État contractant.

Art. 21. – *Adhésion.* – (1) Après l'entrée en vigueur du présent accord, tout État membre de l'Union européenne peut adhérer à celui-ci. En cas d'adhésion d'un ou de plusieurs États, le Gouvernement de la République fédérale d'Allemagne agira comme dépositaire de l'accord. Les instruments d'adhésion seront déposés auprès du dépositaire.

(2) Le présent accord entrera en vigueur pour l'État adhérent le premier jour du mois suivant le dépôt de son instrument d'adhésion. Le dépositaire notifie toute nouvelle adhésion aux États contractants, ainsi que la date d'entrée en vigueur de l'accord pour les États adhérents.

(3) Après l'adhésion d'un ou de plusieurs États contractants, la dénonciation du présent accord doit être notifiée au dépositaire. Chaque État contractant peut dénoncer le présent accord au plus tôt dix ans après son entrée en vigueur pour lui. Cette dénonciation entre en vigueur pour l'État qui l'a notifiée le premier jour du treizième mois suivant la date de la réception de la notification. Le dépositaire notifie toute dénonciation aux États contractants, ainsi que la date d'entrée en vigueur de la dénonciation.

Art. 22. – *Régime linguistique de l'accord.* – Les États contractants décident, lors de l'adhésion d'un autre État, s'il y a lieu ou non d'établir une version linguistique supplémentaire faisant foi.

Art. 23. – *Enregistrement.* – Le présent accord sera enregistré sans délai, dès son entrée en vigueur, par le Gouvernement de la République fédérale d'Allemagne auprès du Secrétariat des Nations unies conformément à l'article 102 de la Charte des Nations unies.

Fait à Paris, le 4 février 2010 en deux originaux, chacun en langues française et allemande, les deux textes faisant également foi.

Bibliographie : Ph. Simler, *Le nouveau régime matrimonial optionnel franco-allemand de participation aux acquêts : JCP* N 2014, 1052.

Circulaire du 13 juin 2013
relative aux conséquences du refus illégal de célébrer un mariage de la part d'un officier d'état civil

NOR : INTK1300195C

Voir le texte au *BO* min. Intérieur, 15 juill. 2013, p. 195 ou sur le site www.circulaires.gouv.fr.

Ordonnance n° 2013-516 du 20 juin 2013
portant actualisation du droit civil applicable en Nouvelle-Calédonie et dans les îles Wallis-et-Futuna
(JO 21 juin 2013 ; ratifiée, L. n° 2013-1029, 15 nov. 2013)

CHAPITRE Ier. – Dispositions relatives au Code civil

Art. 1er *(Mod. à compter du 1er octobre 2016, Ord. n° 2016-131, 10 févr. 2016)*. – Les articles 671, 672, 939, 1231-5, 1601-1 à 1601-4, 1642-1, 1648, 2380, 2431, 2477 et 2487 du Code civil sont applicables en Nouvelle-Calédonie dans leur version en vigueur à la date de publication de la présente ordonnance.

Art. 2. – Pour l'application en Nouvelle-Calédonie de l'article 515-5-3 du Code civil, les mots : « au fichier immobilier » sont remplacés par les mots : « au service chargé de la publicité foncière ».

Art. 3. – I. – Dans le titre V du livre II du Code civil, dans sa version applicable en Nouvelle-Calédonie, les mots : « bureau des hypothèques » sont remplacés par les mots : « service chargé de la publicité foncière » à l'article 710-1.

II. – Le titre II du livre IV du Code civil, dans sa version applicable en Nouvelle-Calédonie, est ainsi modifié :

1° L'article 2379 est remplacé par les dispositions suivantes :

« Art. 2379. – Le vendeur privilégié, ou le prêteur qui a fourni les deniers pour l'acquisition d'un immeuble, conserve son privilège par une inscription qui doit être prise, à sa diligence, en la forme prévue aux articles 2426 et 2428, et dans le délai de deux mois à compter de l'acte de vente ; le privilège prend rang à la date dudit acte.

L'action résolutoire établie par l'article 1654 ne peut être exercée après l'extinction du privilège du vendeur ou, à défaut d'inscription de ce privilège dans le délai ci-dessus imparti, au préjudice des tiers qui ont acquis les droits sur l'immeuble du chef de l'acquéreur et qui les ont publiés. » ;

2° À l'article 2377 et au premier alinéa de l'article 2428, les mots : « conservateur des hypothèques » sont remplacés par les mots : « service chargé de la publicité foncière » ;

3° Aux articles 2425, 2427, 2483 et 2488, au 2° de l'article 2428 et au second alinéa de l'article 2476, le mot : « conservateur » est remplacé par les mots : « service chargé de la publicité foncière » ;

4° L'article 2426 est remplacé par les dispositions suivantes :

« Art. 2426. – Sont inscrits au service chargé de la publicité foncière de la situation des biens :

1° Les privilèges sur les immeubles, sous réserve des seules exceptions visées à l'article 2378 ;

2° Les hypothèques légales, judiciaires ou conventionnelles.

L'inscription, qui n'est jamais faite d'office par ce service, ne peut avoir lieu que pour une somme et sur des immeubles déterminés, dans les conditions fixées par l'article 2428. » ;

5° L'article 2428 est ainsi modifié :

a) Au troisième alinéa, les mots : « dans un lieu quelconque de l'arrondissement du bureau » sont remplacés par les mots : « en Nouvelle-Calédonie » ;

b) Au dernier alinéa, les mots : « compris dans l'arrondissement du bureau » sont remplacés par les mots : « sis en Nouvelle-Calédonie » ;

6° À l'article 2433, les mots : « au bureau des hypothèques » sont remplacés par les mots : « au service chargé de la publicité foncière » ;

7° L'article 2438 est remplacé par les dispositions suivantes :

« Art. 2438. – S'il n'y a stipulation contraire, les frais des inscriptions, dont l'avance est faite par l'inscrivant, sont à la charge du débiteur, et les frais de la publicité de l'acte de vente, qui peut être requise par le vendeur en vue de l'inscription en temps utile de son privilège, sont à la charge de l'acquéreur. » ;

8° L'article 2441 est remplacé par les dispositions suivantes :

« Art. 2441. – Dans l'un et l'autre cas, ceux qui requièrent la radiation déposent au service chargé de la publicité foncière l'expédition de l'acte authentique portant consentement ou celle du jugement.

Aucune pièce justificative n'est exigée à l'appui de l'expédition de l'acte authentique en ce qui concerne les énonciations établissant l'état, la capacité et la qualité des parties, lorsque ces énonciations sont certifiées exactes dans l'acte par le notaire ou l'autorité administrative.

La radiation de l'inscription peut être requise par le dépôt au service chargé de la publicité foncière d'une copie authentique de l'acte notarié certifiant que le créancier a, à la demande du débiteur, donné son accord à cette radiation ; le contrôle opéré par ce service se limite à la régularité formelle de l'acte à l'exclusion de sa validité au fond. » ;

9° Dans l'intitulé de la section 3 du chapitre IV du sous-titre III, les mots : « des conservateurs » sont remplacés par les mots : « en matière de publicité foncière » ;

10° L'article 2449 est remplacé par les dispositions suivantes :

« Art. 2449. – Le service chargé de la publicité foncière est tenu de délivrer à tous ceux qui le requièrent copie des actes transcrits sur ses registres et celle des inscriptions subsistantes ou certificat qu'il n'en existe aucune. » ;

11° L'article 2450 est remplacé par les dispositions suivantes :

« Art. 2450. – I. – Le préjudice des fautes commises par le service de la publicité foncière dans l'exécution de ses attributions résulte notamment :

1° De l'omission sur ses registres des transcriptions d'actes de mutation et des inscriptions requises ;

2° Du défaut de mention dans ses certificats d'une ou de plusieurs des inscriptions existantes, à moins, dans ce dernier cas, que l'erreur ne provînt de désignations insuffisantes qui ne pourraient lui être imputées.

II. – L'action en responsabilité pour les fautes commises par le service chargé de la publicité foncière est exercée devant le juge judiciaire et sous peine de forclusion, dans le délai de dix ans suivant le jour où la faute a été commise. » ;

12° L'article 2451 est remplacé par les dispositions suivantes :

« Art. 2451. – Lorsque le service chargé de la publicité foncière, délivrant un certificat au nouveau titulaire d'un droit visé à l'article 2476, omet une inscription de privilège ou d'hypothèque, le droit demeure dans les mains du nouveau titulaire, affranchi du privilège ou de l'hypothèque non révélés, pourvu que la délivrance du certificat ait été requise par l'intéressé en conséquence de la transcription de son titre.

Sans préjudice de son recours éventuel contre la Nouvelle-Calédonie, le créancier bénéficiaire de l'inscription omise ne perd pas le droit de se prévaloir du rang que cette inscription lui confère tant que le prix n'a pas été payé par l'acquéreur ou que l'intervention dans l'ordre ouvert entre les autres créanciers est autorisée. » ;

13° À l'article 2452, les mots : « les conservateurs ne peuvent » sont remplacés par les mots : « le service chargé de la publicité foncière ne peut » ;

14° L'article 2453 est remplacé par les dispositions suivantes :

« Art. 2453. – Néanmoins, le service chargé de la publicité foncière sera tenu d'avoir un registre sur lequel il inscrira, jour par jour, et par ordre numérique, les remises qui lui seront faites d'actes de mutation pour être transcrits, ou de bordereaux pour être inscrits ; il donnera au requérant une reconnaissance sur papier timbré qui rappellera le numéro du registre sur lequel la remise aura été inscrite et il ne pourra transcrire les actes de mutation ni inscrire les bordereaux sur les registres à ce destinés qu'à la date et dans l'ordre des remises qui lui en auront été faites » ;

15° L'article 2454 est ainsi modifié :

a) Au premier alinéa, le mot : « bureau » est remplacé par le mot : « service » ;

b) Il est complété par un alinéa ainsi rédigé :

« Par dérogation à l'alinéa précédent, un document informatique écrit peut tenir lieu de registre ; dans ce cas, il doit être identifié, numéroté et daté dès son établissement par des moyens offrant toute garantie en matière de preuve. » ;

16° Au premier alinéa de l'article 2476, les mots : « le conservateur des hypothèques dans l'arrondissement duquel les biens sont situés. » sont remplacés par les mots : « le service chargé de la publicité foncière de la situation des biens. » ;

17° Les articles 2455 et 2456 sont abrogés.

CHAPITRE II. – Dispositions relatives au Code de la construction et de l'habitation

Art. 4. – (V. CCH, art. L. 291-3 et L. 291-4).

CHAPITRE III. – Dispositions modifiant l'ordonnance n° 92-1146 du 12 octobre 1992 portant extension et adaptation dans les territoires de la Nouvelle-Calédonie, de la Polynésie française et des îles Wallis-et-Futuna de certaines dispositions de la loi n° 85-677 du 5 juillet 1985 tendant à l'amélioration de la situation des victimes d'accidents de la circulation et à l'accélération des procédures d'indemnisation

Art. 5. – **Le chapitre II de l'ordonnance [n° 92-1146] du 12 octobre 1992 susvisée est divisé en deux sections respectivement intitulées : « Dispositions applicables en Polynésie française » et « Dispositions applicables en Nouvelle-Calédonie et dans les îles Wallis-et-Futuna » et comprenant, la première, les articles 2 à 6, et la seconde, les articles 6-1 à 6-6.**

Art. 6 à 9 *(Modifiant Ord. n° 92-1146, 12 oct. 1992).*

CHAPITRE IV. – Dispositions modifiant la loi n° 65-557 du 10 juillet 1965 fixant le statut de la copropriété des immeubles bâtis

Art. 10. – (V. L. n° 65-557, 10 juill. 1965, art. 47-1).

CHAPITRE V. – Dispositions modifiant la loi n° 90-1258 du 31 décembre 1990 relative à l'exercice sous forme de sociétés des professions libérales soumises à un statut législatif ou réglementaire ou dont le titre est protégé et aux sociétés de participations financières de professions libérales

Art. 11. – (V. L. n° 90-1258, 31 déc. 1990, art. 32).

CHAPITRE VI. – Dispositions diverses

Art. 12. – **Les articles Ier, IV, XII, XIII et XIV de la loi du 21 ventôse an VII sont abrogés en tant qu'ils sont applicables en Nouvelle-Calédonie.**

Règlement (UE) n° 910/2014 du 23 juillet 2014

sur l'identification électronique et les services de confiance pour les transactions électroniques au sein du marché intérieur et abrogeant la directive 1999/93/CE

Art. 1er. – **Objet**

En vue d'assurer le bon fonctionnement du marché intérieur tout en visant à atteindre un niveau adéquat de sécurité des moyens d'identification électronique et des services de confiance, le présent règlement :

a) fixe les conditions dans lesquelles un État membre reconnaît les moyens d'identification électronique des personnes physiques et morales qui relèvent d'un schéma d'identification électronique notifié d'un autre État membre ;

b) établit des règles applicables aux services de confiance, en particulier pour les transactions électroniques ; et

c) instaure un cadre juridique pour les services de signatures électroniques, de cachets électroniques, d'horodatages électroniques, de documents électroniques, d'envoi recommandé électronique et les services de certificats pour l'authentification de site internet.

Art. 2. – **Champ d'application**

1. Le présent règlement s'applique aux schémas d'identification électronique qui ont été notifiés par un État membre et aux prestataires de services de confiance établis dans l'Union.

2. Le présent règlement ne s'applique pas à la fourniture de services de confiance utilisés exclusivement dans des systèmes fermés résultant du droit national ou d'accords au sein d'un ensemble défini de participants.

3. Le présent règlement n'affecte pas le droit national ou de l'Union relatif à la conclusion et à la validité des contrats ou d'autres obligations juridiques ou procédurales d'ordre formel.

....

Art. 50. – Abrogation

1. La directive 1999/93/CE est abrogée avec effet au 1er juillet 2016.

2. Les références faites à la directive abrogée s'entendent comme faites au présent règlement.

Décret n° 2014-890 du 1er août 2014

relatif au plafonnement des honoraires imputables aux locataires et aux modalités de transmission de certaines informations par les professionnels de l'immobilier

(JO 6 août)

Art. 1er. – I. – Le plafond mentionné au deuxième alinéa du I de l'article 5 de la loi [n° 89-462] du 6 juillet 1989 susvisée varie selon la zone géographique dans laquelle est situé le bien loué.

II. – Pour l'application du présent décret, est désignée comme :

1° « Zone très tendue », la zone géographique correspondant aux territoires des communes comprises dans la zone A *bis* telle que définie à l'article R. 304-1 du Code de la construction et de l'habitation ;

2° « Zone tendue », la zone géographique correspondant aux territoires des communes dont la liste est annexée au décret [n° 2013-392 du 10 mai 2013 susvisé, à l'exclusion des communes comprises dans la zone très tendue mentionnée au 1°].

Art. 2. – I. – Le plafond mentionné au I de l'article 1er et portant sur les prestations de visite du preneur, de constitution de dossier et de rédaction de bail est égal :

1° Pour les logements situés en zone très tendue, à 12 euros par mètre carré de surface habitable ;

2° Pour les logements situés en zones tendue, à 10 euros par mètre carré de surface habitable ;

3° Pour les logements situés en dehors des zones tendues et très tendues, à 8 euros par mètre carré de surface habitable.

II. – Le plafond mentionné au troisième alinéa du I de l'article 5 de la loi [n° 89-462] du 6 juillet 1989 susvisée et portant sur la prestation de réalisation de l'état des lieux est égal à 3 euros par mètre carré de surface habitable.

Art. 3. – Les plafonds fixés à l'article 2 sont révisables chaque année au 1er janvier par arrêté du ministre chargé du logement en fonction de la variation annuelle du dernier indice de référence des loyers publié mentionné au I de l'article 17-1 de la loi [n° 89-462] du 6 juillet 1989 susvisée.

Art. 4. – I. – Les personnes mentionnées au premier alinéa du II de l'article 5 de la loi [n° 89-462] du 6 juillet 1989 susvisée transmettent, chaque année, par fichier informatique, à l'observatoire local des loyers compétent agréé par le ministre chargé du logement, les catégories d'informations suivantes :

1° Identifiant du logement interne au système d'information du professionnel ;

2° Localisation du logement ;

3° Caractéristiques principales du logement ;

4° Informations relatives au loyer ;

5° Date d'entrée du locataire dans le logement.

Un arrêté du ministre chargé du logement fixe le contenu de ces catégories d'informations, leur date limite de transmission et les caractéristiques du fichier informatique.

II. – Lorsque la communication des informations s'effectue par l'intermédiaire d'un organisme tiers, celui-ci les transmet, dans les mêmes conditions, sans en modifier le contenu et complétées par les coordonnées de l'organisme professionnel ayant transmis les données en premier lieu, à l'association mentionnée au troisième alinéa de l'article L. 366-1 du Code de la construction et de l'habitation qui les transmet à son tour, dans un délai d'un mois, en intégralité, à l'observatoire local des loyers avec mention de l'identité de l'organisme professionnel ayant transmis les données en premier lieu.

III. – L'observatoire local des loyers ou, le cas échéant, l'association mentionnée au II, délivre au professionnel un certificat de transmission des informations. Ce certificat peut être délivré par voie électronique.

Art. 5. – Les dispositions des articles 1er à 3 du présent décret entrent en vigueur le 15 septembre 2014.

Loi n° 2014-873 du 4 août 2014

pour l'égalité réelle entre les femmes et les hommes

(JO 5 août)

Art. 1er. – L'État et les collectivités territoriales, ainsi que leurs établissements publics, mettent en œuvre une politique pour l'égalité entre les femmes et les hommes selon une approche intégrée. Ils veillent à l'évaluation de l'ensemble de leurs actions.

La politique pour l'égalité entre les femmes et les hommes comporte notamment :

1° Des actions de prévention et de protection permettant de lutter contre les violences faites aux femmes et les atteintes à leur dignité ;

2° Des actions visant à renforcer la lutte contre le système prostitutionnel ;

3° Des actions destinées à prévenir et à lutter contre les stéréotypes sexistes ;

4° Des actions visant à assurer aux femmes la maîtrise de leur sexualité, notamment par l'accès à la contraception et à l'interruption volontaire de grossesse ;

5° Des actions de lutte contre la précarité des femmes ;

6° Des actions visant à garantir l'égalité professionnelle et salariale et la mixité dans les métiers ;

7° Des actions tendant à favoriser une meilleure articulation des temps de vie et un partage équilibré des responsabilités parentales ;

8° Des actions visant à favoriser l'égal accès des femmes et des hommes aux mandats électoraux et aux fonctions électives, ainsi qu'aux responsabilités professionnelles et sociales ;

9° Des actions visant à garantir l'égalité de traitement entre les femmes et les hommes et leur égal accès à la création et à la production culturelle et artistique, ainsi qu'à la diffusion des œuvres ;

10° Des actions visant à porter à la connaissance du public les recherches françaises et internationales sur la construction sociale des rôles sexués.

....

Art. 27. – I. – Afin d'améliorer la situation des personnes qui élèvent seules leurs enfants à la suite d'une séparation ou d'un divorce, un mécanisme de renforcement des garanties contre les impayés de pensions alimentaires est expérimenté.

Cette expérimentation s'applique aux bénéficiaires de l'allocation de soutien familial mentionnée au 3° de l'article L. 523-1 du Code de la sécurité sociale et aux bénéficiaires de l'aide au recouvrement mentionnée à l'article L. 581-1 du même code, résidant ou ayant élu domicile dans les départements dont la liste est fixée par arrêté conjoint des ministres chargés des droits des femmes et de la sécurité sociale, ainsi qu'aux débiteurs de créances alimentaires à l'égard desdits bénéficiaires, quel que soit leur lieu de résidence. (1)

II. – Pour l'expérimentation mentionnée au I, le directeur de l'organisme débiteur des prestations familiales peut, en vue de faciliter la fixation de l'obligation d'entretien par l'autorité judiciaire, transmettre au parent bénéficiaire de l'allocation de soutien familial les renseignements dont il dispose concernant l'adresse et la solvabilité du débiteur. (2)

III. – Pour l'expérimentation mentionnée au I, il est dérogé au 3° de l'article L. 523-1 et aux articles L. 581-2 et L. 581-3 du Code de la sécurité sociale afin d'ouvrir le droit à l'allocation différentielle de soutien familial au parent dont la créance alimentaire pour enfants est inférieure au montant de l'allocation de soutien familial même lorsque le débiteur s'acquitte intégralement du paiement de ladite créance. Dans ce cas, l'allocation différentielle versée n'est pas recouvrée et reste acquise à l'allocataire. (2)

IV. – Pour l'expérimentation mentionnée au I, les conditions dans lesquelles le parent est considéré comme hors d'état de faire face à son obligation d'entretien ou au versement d'une pension alimentaire mise à sa charge par décision de justice, tel que mentionné au 3° de l'article L. 523-1 du Code de la sécurité sociale, sont définies par décret. (3)

(1) V. T. appl. : A. 21 oct. 2014 (*JO* 23 oct. 2014). – NDLR.
(2) V. T. appl. : D. n° 2014-1226, 21 oct. 2014. – NDLR.
(3) V. T. appl. : D. n° 2014-1227, 21 oct. 2014. – NDLR.

V. – Pour l'expérimentation mentionnée au I et afin d'améliorer le recouvrement des pensions alimentaires impayées :

1° La procédure de paiement direct, lorsqu'elle est mise en œuvre par l'organisme débiteur des prestations familiales, est applicable, par dérogation à l'article L. 213-4 du Code des procédures civiles d'exécution, aux termes échus de la pension alimentaire pour les vingt-quatre derniers mois avant la notification de la demande de paiement direct. Le règlement de ces sommes est fait par fractions égales sur une période de vingt-quatre mois ;

2° Il est dérogé à l'article L. 3252-5 du Code du travail afin d'autoriser l'organisme débiteur des prestations familiales à procéder, dans les conditions définies par ce même article, au prélèvement direct du terme mensuel courant et des vingt-quatre derniers mois impayés de la pension alimentaire.

VI. – Pour l'expérimentation mentionnée au I, est regardée comme se soustrayant ou se trouvant hors d'état de faire face à l'obligation d'entretien ou au versement de la pension alimentaire mise à sa charge par décision de justice la personne en défaut de paiement depuis au moins un mois.

VII. – Pour l'expérimentation mentionnée au I, il est dérogé à l'article L. 523-2 du Code de la sécurité sociale afin de maintenir, pendant une durée fixée par décret (1), le droit à l'allocation de soutien familial pour le père ou la mère titulaire du droit à l'allocation qui s'est marié, a conclu un pacte civil de solidarité ou vit en concubinage.

VIII. – L'expérimentation mentionnée au I est conduite pour une durée de dix-huit mois à compter de la publication de l'arrêté mentionné au second alinéa du même I, qui intervient au plus tard le 1er octobre 2014. L'expérimentation donne lieu à la transmission au Parlement d'un rapport d'évaluation au plus tard neuf mois avant son terme. Sont annexés à ce rapport une évolution comparée du taux de recouvrement de l'ensemble des caisses d'allocations familiales selon qu'elles participent ou non à l'expérimentation mentionnée audit I et un diagnostic des disparités relevées entre elles.

Dans les départements mentionnés au même I, afin de disposer des éléments utiles à l'évaluation de l'expérimentation et de mesurer ses impacts sur le recouvrement des pensions alimentaires, les organismes débiteurs des prestations familiales, en lien avec les services du ministère de la justice, établissent un suivi statistique informatisé des pensions alimentaires, des créanciers et des débiteurs ainsi que des motifs retenus pour qualifier les débiteurs comme étant hors d'état de faire face à leur obligation d'entretien ou au paiement de la pension alimentaire mentionnés au 3° de l'article L. 523-1 du Code de la sécurité sociale.

IX. – L'allocation différentielle versée lorsque le débiteur d'une créance alimentaire s'acquitte du paiement de ladite créance est à la charge de la branche Famille de la sécurité sociale et est servie selon les mêmes règles que l'allocation de soutien familial mentionnée à l'article L. 523-1 du Code de la sécurité sociale en matière d'attribution des prestations, d'organisme débiteur, de financement de la prestation, de prescription, d'indus, d'incessibilité et d'insaisissabilité, de fraude et de sanctions ainsi que de contentieux.

X. – Un décret en Conseil d'État détermine les modalités d'application du présent article (2).

Art. 28. – *(V. C. civ., art. 373-2-2).*

Art. 29. – *(V. C. trav., art. L. 2241-1 et art. L. 2241-3).*

Art. 30. – *(V. C. action soc. et fam., art. L. 214-7).*

Art. 31. – I. – Afin d'aider les familles modestes à recourir à l'offre d'accueil par les assistants maternels, le versement en tiers payant, directement à l'assistant maternel agréé, du complément de libre choix du mode de garde normalement versé au parent employeur est expérimenté.

En cohérence avec les objectifs du plan pluriannuel de lutte contre la pauvreté et pour l'inclusion sociale et le cas échéant, en articulation avec les actions menées par les collectivités territoriales ou leurs groupements auprès des personnes engagées dans un parcours d'insertion sociale ou professionnelle, cette expérimentation doit permettre aux familles qui en ont le plus besoin un accès facilité à tous les modes de garde.

II. – Pour cette expérimentation, il est dérogé aux articles L. 531-1 et L. 531-5 du Code de la sécurité sociale afin de permettre le versement à l'assistant maternel agréé de la prise en charge prévue au *b* du I du même article L. 531-5.

(1) V. T. appl. : D. n° 2014-1227, 21 oct. 2014. – NDLR.
(2) V. T. appl. : D. n° 2014-1226, 21 oct. 2014. – NDLR.

III. – Peuvent prendre part à l'expérimentation, sous réserve de leur accord, d'une part, le ménage ou la personne dont les ressources sont inférieures à un plafond, fixé par décret, qui varie selon le nombre d'enfants à charge et d'autre part, l'assistant maternel mentionné à l'article L. 421-1 du Code de l'action sociale et des familles que le parent emploie.

Une convention signée entre l'organisme débiteur des prestations familiales, l'assistant maternel et le parent employeur rappelle aux parties leurs engagements respectifs.

Pour l'application des dispositions législatives et réglementaires fiscales et sociales, la prise en charge mentionnée au II du présent article, versée directement à l'assistant maternel, est considérée comme une rémunération versée par le parent employeur à l'assistant maternel. Le *a* du I de l'article L. 531-5 et l'article et L. 531-8 du Code de la sécurité sociale sont applicables au parent employeur. Il déduit le montant de la prise en charge mentionnée au II du présent article de la rémunération qu'il verse à l'assistant maternel.

IV. – La participation à l'expérimentation des personnes mentionnées au III du présent article prend fin en cas de cessation de recours à l'assistant maternel, de notification du souhait de ne plus prendre part à l'expérimentation ou de non-respect des engagements figurant dans la convention prévue au deuxième alinéa du même III. Lorsque les ressources du ménage ou de la personne dépassent, au cours de l'expérimentation, le plafond mentionné au premier alinéa dudit III, il n'est pas mis fin au versement du complément de libre choix du mode de garde dans les conditions prévues au présent article.

V. – L'expérimentation est conduite par les organismes débiteurs des prestations familiales qui figurent sur une liste fixée par arrêté du ministre chargé de la famille, pour une durée de dix-huit mois à compter de la publication de l'arrêté. Elle prend fin, au plus tard, le 1er juillet 2016.

Le Gouvernement transmet au Parlement un rapport d'évaluation avant la fin de l'expérimentation, assorti des observations des organismes débiteurs des prestations familiales ayant participé à l'expérimentation.

Art. 56. – *(V. L. n° 86-1067, 30 sept. 1986, art. 3-1, 20-1 A et 43-11).*

Art. 57. – *(V. L. n° 2004-575, 21 juin 2004, art. 6).*

Art. 58. – I. – Toute personne qui organise un concours d'enfants de moins de seize ans fondé sur l'apparence doit obtenir l'autorisation préalable du représentant de l'État dans le département. Seuls les concours dont les modalités d'organisation assurent la protection de l'intérêt supérieur de l'enfant et de sa dignité peuvent être autorisés.

II. – Aucune autorisation n'est accordée si le concours mentionné au I est ouvert à des enfants de moins de treize ans.

III. – Le fait d'organiser un concours en violation des I et II est puni de l'amende prévue pour les contraventions de la cinquième classe.

En cas de récidive, le montant de l'amende est doublé.

Les peines prévues aux deux premiers alinéas du présent III ne sont pas applicables lorsque l'infraction a été le résultat d'une erreur provenant de la production d'actes de naissance, livrets ou certificats contenant de fausses énonciations ou délivrés pour une autre personne.

IV. – Nul ne peut, même de fait, exercer une fonction de direction dans une structure organisant un concours mentionné au I ou participer à l'organisation d'un tel concours s'il a fait l'objet d'une condamnation pénale à raison de faits constituant des manquements aux bonnes mœurs, à l'honneur et à la probité.

V. – Un décret en Conseil d'État précise les modalités d'application du présent article.

Ordonnance n° 2014-947 du 20 août 2014

relative au taux de l'intérêt légal

(JO 23 août)

Art. 1er. – *(V. C. monét. fin., art. L. 313-2).*

Art. 2. – Le taux de l'intérêt légal est fixé conformément aux dispositions de l'article L. 313-2 du Code monétaire et financier, dans leur rédaction issue de la présente ordonnance, à compter du 1er janvier 2015.

Décret n° 2014-1226 du 21 octobre 2014

relatif à l'expérimentation du renforcement des garanties contre les pensions alimentaires impayées

(JO 23 oct.)

Art. 1er. – Pour l'application du II de l'article 27 de la loi [n° 2014-873] du 4 août 2014 susvisée, le directeur de l'organisme débiteur des prestations familiales transmet au parent bénéficiaire les renseignements concernant l'adresse et la solvabilité du débiteur dans les meilleurs délais dès lors que le droit à l'allocation de soutien familial est ouvert et que le parent débiteur est en état de faire face à son obligation d'entretien ou au versement d'une pension alimentaire mise à sa charge par décision de justice.

Art. 2. – Pour l'application du III du même article et en l'absence de décision de justice fixant le montant de l'obligation d'entretien, il est fait application des dispositions prévues à l'article R. 523-3 du Code de la sécurité sociale, y compris lorsque le parent débiteur verse une contribution dont le montant est inférieur à celui de l'allocation de soutien familial.

Décret n° 2014-1227 du 21 octobre 2014

relatif à l'expérimentation du renforcement des garanties contre les pensions alimentaires impayées

(JO 23 oct.)

Art. 1er. – Pour l'application du IV de l'article 27 de la loi [n° 2014-873] du 4 août 2014 susvisée, le parent débiteur d'une obligation d'entretien ou du versement d'une pension alimentaire mise à sa charge par décision de justice, tel que mentionné au 3° de l'article L. 523-1 du Code de la sécurité sociale, est considéré comme hors d'état d'y faire face lorsqu'il est insolvable ou sans adresse connue. La liste des situations ou des motifs permettant à l'organisme débiteur des prestations familiales de qualifier un parent débiteur hors d'état de faire face à son obligation d'entretien ou au versement de la pension alimentaire en raison de son insolvabilité est annexée au présent décret.

Peut également être considéré comme hors d'état de faire face à cette obligation ou à ce versement le parent débiteur ayant fait l'objet d'une plainte déposée à la suite de menaces, de violences volontaires sur le parent ou l'enfant, de condamnations pour de telles violences ou en cas de violences du débiteur mentionnées dans une décision de justice, ainsi que le parent débiteur domicilié ou ayant sa résidence habituelle dans le pays d'origine du demandeur ou du bénéficiaire de l'allocation de soutien familial qui a obtenu la qualité de réfugié sur le territoire.

La situation du débiteur fait l'objet d'un contrôle au moins une fois par an par l'organisme débiteur des prestations familiales. Au terme de ce contrôle, si les conditions prévues aux deux alinéas précédents ne sont plus remplies, le débiteur cesse d'être considéré comme hors d'état de faire face à l'obligation d'entretien ou au versement d'une pension alimentaire.

Art. 2. – Pour l'application du VII du même article, l'allocation cesse d'être due à compter du premier jour du sixième mois civil suivant celui au cours duquel le parent titulaire du droit à l'allocation de soutien familial s'est marié, a conclu un pacte civil de solidarité ou vit en concubinage.

Liste des motifs ou des situations permettant à l'organisme débiteur des prestations familiales de qualifier le débiteur d'une obligation d'entretien ou du versement d'une pension alimentaire de hors d'état de faire face à ses devoirs en raison de son insolvabilité et qui font l'objet d'un contrôle au moins une fois par an

Les débiteurs défaillants sont considérés insolvables par l'organisme débiteur des prestations familiales quand ils se trouvent dans les situations suivantes :

1° Bénéficiaire du revenu de solidarité active « socle », qu'il soit majoré ou pas, y compris en cas de cumul avec le revenu de solidarité active « activité » ;

2° Bénéficiaire du revenu de solidarité applicable dans le département d'outre-mer à Saint-Pierre-et-Miquelon codifié à l'article L. 522-14 du Code de l'action sociale et des familles ;

3° Débiteur disposant de ressources nulles ou inférieures au minimum absolument insaisissable, soit une somme égale au montant forfaitaire du revenu de solidarité active mentionné au 2° de l'article L. 262-2 du Code de l'action sociale et des familles fixé pour un foyer composé d'une seule personne, sans enfant, sans considération de la composition du foyer ;

4° Débiteur dont la totalité des revenus est insaisissable ;

5° Bénéficiaire de l'allocation aux adultes handicapés à taux plein ou à taux réduit en complément d'un avantage de vieillesse ou d'invalidité ;

6° Débiteur pour lequel une décision judiciaire a suspendu le versement de la pension alimentaire déjà mise à sa charge par le juge aux affaires familiales ou n'a pas fixé le montant de l'obligation d'entretien en raison de la faiblesse ou de l'absence de ses ressources ou de l'absence d'éléments concernant sa situation ;

7° Débiteur insolvable en raison d'une incarcération (y compris dans les chantiers extérieurs) ; cette situation exclut le régime de semi-liberté ;

8° Débiteur bénéficiaire de l'allocation de solidarité spécifique, de l'ancienne allocation unique dégressive au taux plancher et de l'allocation temporaire d'attente ;

9° Parent mineur ;

10° Personnes sans domicile fixe, sans ressources ou bénéficiaires de l'une des prestations sociales mentionnées ci-avant ;

11° Débiteurs pour lesquels il est impossible d'établir la solvabilité en raison de l'absence d'éléments identifiés lors du contrôle sur leur domicile ou sur leur situation financière.

Décret n° 2015-587 du 29 mai 2015

relatif aux contrats types de location de logement à usage de résidence principale

(JO 31 mai)

Art. 1er. – Le contrat type figurant en annexe n° 1 du présent décret s'applique aux locations soumises au titre Ier de la loi du 6 juillet 1989 susvisée, à l'exception des locations de logement faisant l'objet d'une convention passée en application de l'article L. 351-2 ou de l'article L. 321-8 du Code de la construction et de l'habitation, des locations de logement appartenant aux organismes d'habitation à loyer modéré ne faisant pas l'objet d'une convention passée en application de l'article L. 351-2 susmentionné et des colocations formalisées par la conclusion de plusieurs contrats entre les locataires et le bailleur.

En Guadeloupe, à la Martinique, en Guyane, à La Réunion et à Mayotte, le contrat type figurant en annexe n° 1 ne s'applique pas aux locations de logement des sociétés d'économie mixte agréées conformément à l'article L. 481-1 du Code de la construction et de l'habitation, construit, acquis ou amélioré avec le concours financier de l'État prévu à l'article R. 372-1 du même code.

Art. 2. – Le contrat type figurant en annexe n° 2 du présent décret s'applique aux locations soumises au titre Ier *bis* de la loi du 6 juillet 1989 susvisée, à l'exception des colocations de logement meublé formalisées par la conclusion de plusieurs contrats entre les locataires et le bailleur.

....

Annexe. – *V. JO 31 mai 2015.*

Décret n° 2015-981 du 31 juillet 2015

fixant la liste des éléments de mobilier d'un logement meublé

Art. 1er. – Chaque pièce d'un logement meublé est équipée d'éléments de mobilier conformes à sa destination.

Art. 2. – Le mobilier d'un logement meublé, mentionné à l'article 25-4 de la loi du 6 juillet 1989 susvisée, comporte au minimum les éléments suivants :

1° Literie comprenant couette ou couverture ;

2° Dispositif d'occultation des fenêtres dans les pièces destinées à être utilisées comme chambre à coucher ;

3° Plaques de cuisson ;

4° Four ou four à micro-ondes ;

5° Réfrigérateur et congélateur ou, au minimum, un réfrigérateur doté d'un compartiment permettant de disposer d'une température inférieure ou égale à - 6 °C ;

6° Vaisselle nécessaire à la prise des repas ;

7° Ustensiles de cuisine ;

8° Table et sièges ;

9° Étagères de rangement ;

10° Luminaires ;

11° Matériel d'entretien ménager adapté aux caractéristiques du logement.

Art. 3. – Le présent décret entre en vigueur le 1er septembre 2015.

Ordonnance n° 2015-1288 du 15 octobre 2015

portant simplification et modernisation du droit de la famille

(JO 16 oct. 2015)

....

Chapitre IV. – Dispositions diverses et transitoires

Art. 17. – I. – La présente ordonnance entre en vigueur le 1er janvier 2016.

II. – Son article 2 est applicable aux requêtes en divorce introduites avant son entrée en vigueur qui, au jour de celle-ci, n'ont pas donné lieu à une demande introductive d'instance.

III. – Les articles 3 à 9 de l'ordonnance sont applicables aux administrations légales en cours au jour de son entrée en vigueur.

Décret n° 2015-1437 du 5 novembre 2015

fixant la liste des pièces justificatives pouvant être demandées au candidat à la location et à sa caution

(JO 7 nov. 2015)

Art. 1er. – I. – La liste des pièces justificatives, prévue à l'article 22-2 de la loi [n° 89-462] du 6 juillet 1989 susvisée, pouvant être exigées par le bailleur de chacun des candidats à la location figure en annexe 1.

Ces dispositions ne s'appliquent pas aux demandes d'attribution de logements sociaux mentionnées à l'article L. 441-1 du Code de la construction et de l'habitation.

II. – La liste des pièces justificatives, prévue à l'article 22-2 de la loi [n° 89-462] du 6 juillet 1989 susvisée, pouvant être exigées par le bailleur des cautions du candidat à la location figure en annexe 2.

III. – Les pièces produites peuvent être des copies des documents originaux. Elles sont rédigées ou traduites en langue française et les montants inscrits convertis en euros. Les documents originaux doivent pouvoir être présentés à la demande du bailleur.

Annexe I. – Liste des pièces justificatives pouvant être exigées de chacun des candidats à la location

A. – Une pièce justificative d'identité en cours de validité, comportant la photographie et la signature du titulaire parmi les documents suivants :

1. Carte nationale d'identité française ou étrangère ;
2. Passeport français ou étranger ;
3. Permis de conduire français ou étranger ;
4. Document justifiant du droit au séjour du candidat à la location étranger, notamment, carte de séjour temporaire, carte de résident, carte de ressortissant d'un État membre de l'Union européenne ou de l'Espace économique européen.

B. – Une seule pièce justificative de domicile parmi les documents suivants :

1. Trois dernières quittances de loyer ou, à défaut, attestation du précédent bailleur, ou de son mandataire, indiquant que le locataire est à jour de ses loyers et charges ;
2. Attestation d'élection de domicile établissant le lien avec un organisme agréé au titre de l'article L. 264-2 du Code de l'action sociale et des familles ;
3. Attestation sur l'honneur de l'hébergeant indiquant que le candidat à la location réside à son domicile ;

4. Dernier avis de taxe foncière ou, à défaut, titre de propriété de la résidence principale.

C. – Un ou plusieurs documents attestant des activités professionnelles parmi les documents suivants :

1. Contrat de travail ou de stage ou, à défaut, une attestation de l'employeur précisant l'emploi et la rémunération proposée, la date d'entrée en fonctions envisagée et, le cas échéant, la durée de la période d'essai ;

2. L'extrait K ou K *bis* du registre du commerce et des sociétés de moins de trois mois pour une entreprise commerciale ;

3. L'extrait D 1 original du registre des métiers de moins de trois mois pour un artisan ;

4. La copie du certificat d'identification de l'INSEE, comportant les numéros d'identification, pour un travailleur indépendant ;

5. La copie de la carte professionnelle pour une profession libérale ;

6. Toute pièce récente attestant de l'activité pour les autres professionnels ;

7. Carte d'étudiant ou certificat de scolarité pour l'année en cours.

D. – Un ou plusieurs documents attestant des ressources parmi les documents suivants :

1. Le dernier ou avant-dernier avis d'imposition ou de non-imposition et, lorsque tout ou partie des revenus perçus n'a pas été imposé en France mais dans un autre État ou territoire, le dernier ou avant-dernier avis d'imposition à l'impôt ou aux impôts qui tiennent lieu d'impôt sur le revenu dans cet État ou territoire ou un document en tenant lieu établi par l'administration fiscale de cet État ou territoire ;

2. Trois derniers bulletins de salaires ;

3. Justificatif de versement des indemnités de stage ;

4. Les deux derniers bilans ou, à défaut, une attestation de ressources pour l'exercice en cours délivré par un comptable pour les professions non salariées ;

5. Justificatif de versement des indemnités, retraites, pensions, prestations sociales et familiales et allocations perçues lors des trois derniers mois ou justificatif de l'ouverture des droits, établis par l'organisme payeur ;

6. Attestation de simulation établie par l'organisme payeur ou simulation établie par le locataire relative aux aides au logement ;

7. Avis d'attribution de bourse pour les étudiants boursiers ;

8. Titre de propriété d'un bien immobilier ou dernier avis de taxe foncière ;

9. Justificatif de revenus fonciers, de rentes viagères ou de revenus de valeurs et capitaux mobiliers.

Annexe II. – Liste des pièces justificatives pouvant être exigées de leurs cautions

A. – Pour les cautions personnes physiques, une pièce justificative d'identité en cours de validité, comportant la photographie et la signature du titulaire parmi les documents suivants :

1. Carte nationale d'identité française ou étrangère ;

2. Passeport français ou étranger ;

3. Permis de conduire français ou étranger.

B. – Pour les cautions personnes morales les deux justificatifs :

1. Extrait K *bis* original de moins de trois mois de la société ou les statuts ou toute autre pièce justifiant de l'existence légale de la personne, faisant apparaître le nom du responsable et l'adresse de l'organisme ainsi que la preuve qu'une déclaration a été effectuée auprès d'une administration, une juridiction ou un organisme professionnel ;

2. Justificatif d'identité du représentant de la personne morale figurant sur l'extrait K *bis* ou les statuts.

C. – Une seule pièce justificative de domicile parmi les documents suivants :

1. Dernière quittance de loyer ;

2. Facture d'eau, de gaz ou d'électricité de moins de trois mois ;

3. Attestation d'assurance logement de moins de trois mois ;

4. Dernier avis de taxe foncière ou, à défaut, titre de propriété de la résidence principale.

D. – Un ou plusieurs documents attestant des activités professionnelles parmi les documents suivants :

1. Contrat de travail ou de stage ou, à défaut, une attestation de l'employeur précisant l'emploi et la rémunération proposée, la date d'entrée en fonctions envisagée et, le cas échéant, la durée de la période d'essai ;

2. L'extrait K ou K *bis* du registre du commerce et des sociétés datant de moins de trois mois pour une entreprise commerciale ;

3. L'extrait D 1 original du registre des métiers de moins de trois mois pour un artisan ;

4. La copie du certificat d'identification de l'INSEE, comportant les numéros d'identification, pour un travailleur indépendant ;

5. La copie de la carte professionnelle pour une profession libérale ;

6. Toute pièce récente attestant de l'activité pour les autres professionnels.

E. – Un ou plusieurs documents attestant des ressources parmi les documents suivants :

1. Dernier avis d'imposition ou de non-imposition et, lorsque tout ou partie des revenus perçus n'a pas été imposé en France mais dans un autre État ou territoire, le dernier avis d'imposition à l'impôt ou aux impôts qui tiennent lieu d'impôt sur le revenu dans cet État ou territoire ou un document en tenant lieu établi par l'administration fiscale de cet État ou territoire ;

2. Titre de propriété d'un bien immobilier ou dernier avis de taxe foncière ;

3. Trois derniers bulletins de salaires ;

4. Les deux derniers bilans ou, à défaut, une attestation de ressources pour l'exercice en cours délivré par un comptable pour les professions non salariées ;

5. Justificatif de versement des indemnités, retraites, pensions, prestations sociales et familiales et allocations perçues lors des trois derniers mois ou justificatif de l'ouverture des droits, établis par l'organisme payeur ;

6. Justificatif de revenus fonciers, de rentes viagères ou de revenus de valeurs et capitaux mobiliers.

Ordonnance n° 2016-131 du 10 février 2016

portant réforme du droit des contrats, du régime général et de la preuve des obligations

(JO 11 févr. 2016). – (Ratifiée, L. n° 2018-287, 20 avr. 2018)

....

Titre III. – Dispositions relatives à l'outre-mer

Art. 7. – I. – Les dispositions du titre Ier de la présente ordonnance sont applicables à Wallis-et-Futuna.

II. – Les dispositions de l'article 6 de la présente ordonnance relatives aux III, à l'exception du 2°, au IV à l'exception du 4°, en tant qu'il porte sur les articles L. 312-22 et L. 314-14-1 du Code de la consommation, du 5°, en tant qu'il porte sur les articles L. 312-21, L. 312-29 et L. 314-10 du même code, du 6° et du 7°, ainsi qu'aux IX, XII, XIII, XXII, XXIII, XXXIII, XXXV, XXXVI, XXXVIII, XXXIX et XXXXII sont applicables à Wallis-et-Futuna.

Art. 8. – I. – Les dispositions de l'article 6 de la présente ordonnance relatives au 2° [du XV], en tant qu'il porte sur l'article L. 415-6 du Code rural et de la pêche maritime, et aux 3°, 4° et 5° du XV ne sont pas applicables en Guadeloupe, en Guyane, à la Martinique, à La Réunion, à Mayotte, à Saint-Barthélemy, à Saint-Martin et à Saint-Pierre-et-Miquelon.

II. – Les dispositions du XXXIV de l'article 6 de la présente ordonnance ne sont pas applicables à Saint-Barthélemy, Saint-Martin et Saint-Pierre-et-Miquelon.

III. – Les dispositions du XXXXI de l'article 6 de la présente ordonnance ne sont pas applicables à Mayotte.

Titre IV. – Dispositions transitoires et finales

Art. 9. – Les dispositions de la présente ordonnance entreront en vigueur le 1er octobre 2016.

Les contrats conclus avant cette date demeurent soumis à la loi ancienne *(Mots aj., L. n° 2018-287, 20 avr. 2018)* « y compris pour leurs effets légaux et pour les dispositions d'ordre public ».

Toutefois, les dispositions des troisième et quatrième alinéas de l'article 1123 [du Code civil] et celles des articles 1158 et 1183 [du Code civil] sont applicables dès l'entrée en vigueur de la présente ordonnance.

Lorsqu'une instance a été introduite avant l'entrée en vigueur de la présente ordonnance, l'action est poursuivie et jugée conformément à la loi ancienne. Cette loi s'applique également en appel et en cassation.

Ordonnance n° 2016-728 du 2 juin 2016

relative au statut de commissaire de justice

(JO 3 juin)

Art. 1er. – I. – Les commissaires de justice sont les officiers publics et ministériels qui ont seuls qualité, dans les conditions fixées par les lois et règlements en vigueur, pour :

1° Ramener à exécution les décisions de justice ainsi que les actes ou titres en forme exécutoire ;

2° Procéder aux inventaires, prisées et ventes aux enchères publiques de meubles corporels ou incorporels prescrits par la loi ou par décision de justice ;

3° Signifier les actes et les exploits, faire les notifications prescrites par les lois et règlements lorsque le mode de notification n'a pas été précisé ;

4° Accomplir les mesures conservatoires après l'ouverture d'une succession dans les conditions prévues par le Code de procédure civile ;

5° Assurer le service des audiences près les cours et tribunaux ;

6° Délivrer et mettre à exécution le titre prévu par l'article L. 131-73 du Code monétaire et financier, en cas de non-paiement d'un chèque ;

7° Mettre en œuvre la procédure simplifiée de recouvrement des petites créances prévue à l'article L. 125-1 du Code des procédures civiles d'exécution ;

8° Établir les constats d'état des lieux dans les conditions prévues au deuxième alinéa de l'article 3-2 de la loi [n° 89-462] du 6 juillet 1989 susvisée ;

9° Assister le greffier en chef dans sa mission de vérification des comptes de tutelle.

Le présent I s'applique sans préjudice de la compétence des autres officiers publics ou ministériels et des autres personnes légalement habilitées.

II. – Les commissaires de justice peuvent en outre :

1° Procéder au recouvrement amiable ou judiciaire de toutes créances ;

2° Effectuer, lorsqu'ils sont commis par justice ou à la requête de particuliers, des constatations purement matérielles, exclusives de tout avis sur les conséquences de fait ou de droit qui peuvent en résulter. Sauf en matière pénale où elles ont valeur de simples renseignements, ces constatations font foi jusqu'à preuve contraire ;

3° Être désignés à titre habituel en qualité de liquidateur dans certaines procédures de liquidation judiciaire ou d'assistant du juge commis dans le cadre des procédures de rétablissement professionnel, dans les conditions prévues par le titre IV du livre VI et le livre VIII du Code de commerce ;

4° Être désignés en qualité de séquestre conventionnel régi par les articles 1956 et suivants du Code civil et en remplir les missions dans des conditions fixées par le décret prévu à l'article 22 ;

5° Être commis en qualité de technicien pour éclairer le juge sur une question de fait, notamment en application des articles 232 et suivants du Code de procédure civile et des articles R. 621-1 et suivants du Code de justice administrative ;

6° Exercer à titre accessoire certaines activités ou fonctions. La liste de ces activités et fonctions ainsi que les conditions dans lesquelles les intéressés sont autorisés à les exercer sont, sous réserve des lois spéciales, fixées par le décret prévu à l'article 22.

III. – Sauf dispositions contraires, les commissaires de justice ne peuvent se livrer à aucun commerce en leur nom, pour le compte d'autrui ou sous le nom d'autrui.

IV. – Les commissaires de justice peuvent organiser et réaliser des ventes, inventaires et prisées correspondants relevant de l'activité d'opérateur de ventes volontaires mentionnée à l'article L. 321-4 du Code de commerce, dans les conditions de qualification requises par cet article.

Ils y procèdent conformément aux dispositions du chapitre Ier du titre II du livre III de ce code, au sein de sociétés régies par le livre II du même code, distinctes de leur office. L'objet de ces sociétés peut inclure les activités de transport de meubles, de presse, d'édition et de diffusion de catalogues pour les besoins des ventes qu'ils organisent.

Les articles L. 752-1, L. 752-2 et L. 752-15 du même code ne sont pas applicables aux locaux utilisés par les commissaires de justice exerçant parallèlement une activité d'opérateur de ventes volontaires.

……………………………………………………………………

Art. 24. – I. – Sont abrogées :

1° L'ordonnance du 26 juin 1816 qui établit, en exécution de la loi du 28 avril 1816, des commissaires-priseurs judiciaires dans les villes chefs-lieux d'arrondissement, ou qui sont le siège d'un tribunal de grande instance, et dans celles qui, n'ayant ni sous-préfecture ni tribunal, renferment une population de cinq mille âmes et au-dessus ;

2° L'ordonnance n° 45-2592 du 2 novembre 1945 relative au statut des huissiers de justice ;

3° L'ordonnance n° 45-2593 du 2 novembre 1945 relative au statut des commissaires-priseurs ;

4° La loi n° 2000-642 du 10 juillet 2000 portant réglementation des ventes volontaires de membres aux enchères publiques.

II. – Dans tous les textes législatifs, la référence à ces ordonnances et à cette loi est remplacée par la référence à la présente ordonnance.

III. – Les personnes ayant subi avec succès l'examen d'aptitude à la profession de commissaire-priseur judiciaire ou l'examen d'aptitude à la profession de commissaire-priseur, remplissent la condition de qualification mentionnée à l'article L. 321-4 du Code de commerce.

Art. 25. – I. – La présente ordonnance entre en vigueur le 1er juillet 2022.

II. – Toutefois, entrent en vigueur le 1er janvier 2019 :

1° L'article 16 et l'article 14 en tant qu'il concerne la chambre nationale des commissaires de justice.

Pour les besoins de l'application de l'article 16 jusqu'au 30 juin 2022, les références faites à la profession, aux professionnels, aux commissaires de justice et aux chambres régionales, figurant à cet article, désignent respectivement la future profession de commissaire de justice, les futurs professionnels, les futurs commissaires de justice et les instances locales propres aux huissiers de justice et aux commissaires-priseurs judiciaires ;

2° Les 2° et 3° du I de l'article 24, uniquement en ce qu'ils abrogent les articles 7 *ter* et 8 de l'ordonnance n° 45-2592 du 2 novembre 1945 susvisée et les articles 5 et 9 de l'ordonnance n° 45-2593 du 2 novembre 1945 susvisée.

Les mandats des membres de la chambre nationale des huissiers de justice et de la chambre nationale des commissaires-priseurs judiciaires, ainsi que ceux des membres de leur bureau respectif, en fonction à la date de publication de la présente ordonnance expirent au 31 décembre 2018. Au 1er janvier 2019, entre en fonction la chambre nationale des commissaires de justice, composée à parité de membres représentant les commissaires-priseurs judiciaires et les huissiers de justice. Le mandat de ses membres expire au 30 juin 2022.

Le patrimoine de la chambre nationale des huissiers de justice et celui de la chambre nationale des commissaires-priseurs judiciaires deviennent le patrimoine de la chambre nationale des commissaires de justice. Les contrats en cours sont repris par la nouvelle chambre nationale.

Dans tous les textes législatifs, la référence à la chambre nationale des huissiers de justice et à la chambre nationale des commissaires-priseurs judiciaires désigne la chambre nationale des commissaires de justice.

III. – Jusqu'au 30 juin 2022, les professions de commissaires-priseurs judiciaires et d'huissier de justice restent considérées comme deux professions distinctes, avec chacune leurs offices propres.

En conséquence :

1° La détermination des zones et des recommandations prévues par l'article 52 de la loi [n° 2015-990] du 6 août 2015 susvisée est distincte pour les deux types d'offices ;

2° Les huissiers de justice et les commissaires-priseurs judiciaires exercent les activités auxquelles ils pouvaient se livrer jusqu'à l'entrée en vigueur de la présente ordonnance, dans les conditions prévues par leurs statuts respectifs, notamment s'agissant des activités de ventes judiciaires et de ventes volontaires de meubles aux enchères publiques ;

3° Les chambres départementales et régionales d'huissiers de justice et les chambres de discipline des commissaires-priseurs judiciaires remplissent les attributions prévues par les règles propres à chacune de ces professions.

Toutefois, dans chaque ressort des compagnies de commissaires-priseurs judiciaires, il est créé, à compter du 1er janvier 2019 et jusqu'au 30 juin 2022, une commission chargée de préparer le rapprochement des instances représentatives locales des professions d'huissier de justice et de commissaire-priseur judiciaire. Cette commission est composée, à parité, de membres délégués des instances locales représentatives des deux professions. Ses attributions, ses conditions de fonctionnement et les modalités de désignation de ses membres sont fixées par le décret prévu à l'article 22.

Les huissiers de justice et les commissaires-priseurs judiciaires en exercice, qui remplissent des conditions de formation spécifique prévues par décret en Conseil d'État, font suivre leur titre de la mention : « qualifié commissaire de justice ». Les sociétés constituées pour l'exercice de ces professions ou de l'une d'elles font suivre leur dénomination sociale de la mention : « société qualifiée commissaire de justice » lorsque l'un au moins des associés exerçant la profession en leur sein remplit ces conditions.

Les huissiers de justice, qui disposent d'une expérience professionnelle en matière de vente judiciaire de meubles aux enchères publiques, sont réputés satisfaire à la formation spécifique mentionnée à l'alinéa précédent. Les conditions d'appréciation et de validation de cette expérience sont fixées par décret en Conseil d'État.

Jusqu'au 31 décembre 2018, la chambre nationale des huissiers de justice assure l'organisation de la formation spécifique destinée aux commissaires-priseurs judiciaires ainsi qu'aux candidats aux fonctions de commissaires-priseurs judiciaires et la chambre nationale des commissaires-priseurs judiciaires assure l'organisation de la formation spécifique destinée aux huissiers de justice ainsi qu'aux candidats aux fonctions d'huissier de justice. Après cette date, l'organisation de ces formations spécifiques est assurée par la chambre nationale des commissaires de justice.

Les commissaires-priseurs judiciaires qualifiés commissaires de justice peuvent exercer en outre, à titre accessoire, les activités auxquelles les huissiers de justice pouvaient se livrer jusqu'à l'entrée en vigueur de la présente ordonnance.

La formation professionnelle initiale des commissaires de justice et ses conditions d'accès sont mises en place selon des modalités de nature à permettre la nomination de nouveaux professionnels remplissant les conditions de qualifications professionnelles propres aux commissaires de justice au 1er juillet 2022 et dans des conditions propres à éviter toute discontinuité dans les flux de nouveaux professionnels.

IV. – À compter du 1er juillet 2022, les huissiers de justice et les commissaires-priseurs judiciaires sont réunis au sein de la profession de commissaire de justice.

En conséquence :

1° L'ensemble des offices d'huissiers de justice et de commissaires-priseurs judiciaires deviennent des offices de commissaire de justice ;

2° La détermination des zones et des recommandations prévues par l'article 52 de la loi [n° 2015-990] du 6 août 2015 susvisée est unifiée ;

3° Les professionnels en exercice, sous réserve de remplir les conditions de la formation spécifique prévue au septième alinéa du III, deviennent commissaires de justice et en prennent le titre, sans que leur nomination soit réitérée par arrêté du garde des Sceaux, ministre de la Justice. Ils exercent l'ensemble des activités prévues à l'article 1er ;

4° Les sociétés anciennement titulaires d'un office d'huissier de justice ou de commissaire-priseur judiciaire, y compris les sociétés pluriprofessionnelles d'exercice, sont régies par les dispositions applicables aux sociétés titulaires d'un office de commissaire de justice. La dénomination sociale de ces sociétés est suivie ou précédée de l'indication de la profession de commissaire de justice lorsque l'un au moins des associés exerçant la profession en leur sein remplit les conditions de qualifications professionnelles mentionnées au 5°. Leur objet social est mis en adéquation dans les conditions applicables à chaque forme de société ;

5° Peuvent seules être nommées dans un office de commissaire de justice les personnes remplissant soit les conditions de qualifications professionnelles prévues pour l'accès à la profession de commissaire de justice, soit à la fois les conditions de qualifications professionnelles pour l'accès aux professions d'huissier de justice ou de commissaire-priseur judiciaire et les conditions de la formation spécifique prévue au septième alinéa du III. Cette formation spécifique est assurée par la chambre nationale des commissaires de justice jusqu'au 30 juin 2026 ;

6° Entrent en fonction les chambres régionales des commissaires de justice.

Le patrimoine de chaque chambre départementale et de chaque chambre régionale des huissiers de justice ainsi que celui de chaque chambre de discipline des commissaires-priseurs judiciaires deviennent le patrimoine de la chambre régionale des commissaires de justice dans le ressort duquel ces chambres ont respectivement leur siège. Les contrats en cours sont repris par la même chambre régionale.

Dans tous les textes législatifs, les références aux chambres départementales et aux chambres régionales des huissiers de justice, ainsi qu'aux chambres de discipline des commissaires-priseurs judiciaires, désignent les chambres régionales des commissaires de justice.

Lorsque la personne poursuivie disciplinairement exerçait déjà, au 30 juin 2022, soit la profession de commissaire-priseur judiciaire, soit la profession d'huissier de justice, la chambre de discipline est, jusqu'au 30 juin 2026, composée en majorité de professionnels issus de la même profession.

Tant qu'ils ne remplissent pas les conditions de formation à la profession de commissaire de justice, les professionnels en exercice au 1er juillet 2022 conservent leur titre d'huissier de justice ou de commissaire-priseur judiciaire. Ils ne peuvent exercer que celles des activités mentionnées au I et au II de l'article 1er auxquelles ils pouvaient respectivement se livrer jusqu'à l'entrée en vigueur de la présente ordonnance. Sous cette réserve, ils sont soumis à l'ensemble du statut de commissaire de justice.

V. – À compter du 1er juillet 2026, les professionnels en exercice ne remplissant pas les conditions de la formation spécifique mentionnée au septième alinéa du III cessent d'exercer.

En conséquence :

1° La vacance des offices individuels concernés est constatée par arrêté du garde des Sceaux, ministre de la Justice ;

2° Les conséquences de la cessation d'exercice, prévue au premier alinéa du présent V, de l'associé d'une personne morale titulaire d'un office de commissaire de justice sont celles prévues en cas d'atteinte, par un associé en exercice, de la limite d'âge prévue pour l'exercice de la profession.

Règlement (UE) du Conseil n° 2016/1103 du 24 juin 2016

mettant en œuvre une coopération renforcée dans le domaine de la compétence, de la loi applicable, de la reconnaissance et de l'exécution des décisions en matière de régimes matrimoniaux

Voir : *JOUE* 8 juill. 2016.

Art. 20. – *Application universelle.* – La loi désignée comme la loi applicable par le présent règlement s'applique même si cette loi n'est pas celle d'un État membre.

Art. 21. – *Unité de la loi applicable.* – La loi applicable au régime matrimonial en vertu de l'article 22 ou 26 s'applique à l'ensemble des biens relevant de ce régime, quel que soit le lieu où les biens se trouvent.

Art. 22. – *Choix de la loi applicable.* – 1. Les époux ou futurs époux peuvent convenir de désigner ou de modifier la loi applicable à leur régime matrimonial, pour autant que ladite loi soit l'une des lois suivantes :

a) la loi de l'État dans lequel au moins l'un des époux ou futurs époux a sa résidence habituelle au moment de la conclusion de la convention ; ou

b) la loi d'un État dont l'un des époux ou futurs époux a la nationalité au moment de la conclusion de la convention.

2. Sauf convention contraire des époux, le changement de loi applicable au régime matrimonial au cours du mariage n'a d'effet que pour l'avenir.

3. Aucun changement rétroactif de la loi applicable en vertu du paragraphe 2 ne porte atteinte aux droits des tiers résultant de cette loi.

Art. 23. – *Validité quant à la forme de la convention sur le choix de la loi applicable.* – 1. La convention visée à l'article 22 est formulée par écrit, datée et signée par les deux époux. Toute transmission par voie électronique qui permet de consigner durablement la convention est considérée comme revêtant une forme écrite.

2. Si la loi de l'État membre dans lequel les deux époux ont leur résidence habituelle au moment de la conclusion de la convention prévoit des règles formelles supplémentaires pour les conventions matrimoniales, ces règles s'appliquent.

3. Si, au moment de la conclusion de la convention, les époux ont leur résidence habituelle dans des États membres différents et si les lois de ces États prévoient des règles formelles différentes pour les conventions matrimoniales, la convention est valable quant à la forme si elle satisfait aux conditions fixées par l'une de ces lois.

4. Si, au moment de la conclusion de la convention, seul l'un des époux a sa résidence habituelle dans un État membre et si cet État prévoit des règles formelles supplémentaires pour les conventions matrimoniales, ces règles s'appliquent.

Art. 24. – *Consentement et validité au fond.* – 1. L'existence et la validité d'une convention sur le choix de la loi ou de toute clause de celle-ci sont soumises à la loi qui serait applicable en vertu de l'article 22 si la convention ou la clause était valable.

2. Toutefois, pour établir son absence de consentement, un époux peut se fonder sur la loi du pays dans lequel il a sa résidence habituelle au moment où la juridiction est saisie s'il ressort des circonstances qu'il ne serait pas raisonnable de déterminer l'effet du comportement de cet époux conformément à la loi visée au paragraphe 1.

Art. 25. – *Validité quant à la forme d'une convention matrimoniale.* – 1. La convention matrimoniale est formulée par écrit, datée et signée par les deux époux. Toute transmission par voie électronique qui permet de consigner durablement la convention est considérée comme revêtant une forme écrite.

2. Si la loi de l'État membre dans lequel les deux époux ont leur résidence habituelle au moment de la conclusion de la convention prévoit des règles formelles supplémentaires pour les conventions matrimoniales, ces règles s'appliquent.

Si, au moment de la conclusion de la convention, les époux ont leur résidence habituelle dans des États membres différents et si les lois de ces États prévoient des règles formelles différentes pour les conventions matrimoniales, la convention est valable quant à la forme si elle satisfait aux conditions fixées par l'une de ces lois.

Si, au moment de la conclusion de la convention, seul l'un des époux a sa résidence habituelle dans un État membre et si cet État prévoit des règles formelles supplémentaires pour les conventions matrimoniales, ces règles s'appliquent.

3. Si la loi applicable au régime matrimonial prévoit des règles formelles supplémentaires, ces règles s'appliquent.

Art. 26. – *Loi applicable à défaut de choix par les parties.* – 1. À défaut de convention sur le choix de la loi applicable conformément à l'article 22, la loi applicable au régime matrimonial est la loi de l'État :

a) de la première résidence habituelle commune des époux après la célébration du mariage ; ou, à défaut ;

b) de la nationalité commune des époux au moment de la célébration du mariage ; ou, à défaut ;

c) avec lequel les époux ont ensemble les liens les plus étroits au moment de la célébration du mariage, compte tenu de toutes les circonstances.

2. Lorsque les époux ont plus d'une nationalité commune au moment de la célébration du mariage, seuls les points *a)* et *c)* du paragraphe 1 s'appliquent.

3. À titre exceptionnel et à la demande de l'un des époux, l'autorité judiciaire compétente pour statuer sur des questions relatives au régime matrimonial peut décider que la loi d'un État autre que l'État dont la loi est applicable en vertu du paragraphe 1, point *a)*, régit le régime matrimonial si l'époux qui a fait la demande démontre que :

a) les époux avaient leur dernière résidence habituelle commune dans cet autre État pendant une période significativement plus longue que dans l'État désigné en vertu du paragraphe 1, point *a)* ; et

b) les deux époux s'étaient fondés sur la loi de cet autre État pour organiser ou planifier leurs rapports patrimoniaux.

La loi de cet autre État s'applique à partir de la date de la célébration du mariage, à moins que l'un des époux ne s'y oppose. Dans ce dernier cas, la loi de cet autre État produit ses effets à partir de la date de l'établissement de la dernière résidence habituelle commune dans cet autre État.

L'application de la loi de l'autre État ne porte pas atteinte aux droits des tiers résultant de la loi applicable en vertu du paragraphe 1, point *a)*.

Le présent paragraphe ne s'applique pas lorsque les époux ont conclu une convention matrimoniale avant la date d'établissement de leur dernière résidence habituelle commune dans cet autre État.

....

Art. 70. – *Entrée en vigueur.* – 1. Le présent règlement entre en vigueur le vingtième jour suivant celui de sa publication au *Journal officiel de l'Union européenne.*

2. Le présent règlement est applicable dans les États membres qui participent à une coopération renforcée dans le domaine de la compétence, de la loi applicable, de la reconnaissance et de l'exécution des décisions en matière de régimes patrimoniaux des couples internationaux, concernant les questions relatives tant aux régimes matrimoniaux qu'aux effets patrimoniaux des partenariats enregistrés, tels qu'ils sont autorisés par la décision (UE) 2016/954.

Il est applicable à partir du 29 janvier 2019, sauf en ce qui concerne les articles 63 et 64, qui s'appliquent à partir du 29 avril 2018, et les articles 65, 66 et 67, qui s'appliquent à partir du 29 juillet 2016. Pour les États membres qui participent à une coopération renforcée en vertu d'une décision adoptée conformément à l'article 331, paragraphe 1, deuxième ou troisième alinéa, du TFUE, le présent règlement est applicable à partir de la date indiquée dans la décision concernée.

Règlement (UE) du Conseil n° 2016/1104 du 24 juin 2016

mettant en œuvre une coopération renforcée dans le domaine de la compétence, de la loi applicable, de la reconnaissance et de l'exécution des décisions en matière d'effets patrimoniaux des partenariats enregistrés

Voir : *JOUE* 8 juill. 2016.

....

Art. 22. – *Choix de la loi applicable.* – 1. Les partenaires ou futurs partenaires peuvent convenir de désigner ou de modifier la loi applicable aux effets patrimoniaux de leur partenariat enregistré ou en changer, pour autant que ladite loi attache des effets patrimoniaux à l'institution du partenariat enregistré et qu'il s'agisse de l'une des lois suivantes :

a) la loi de l'État dans lequel au moins l'un des deux partenaires ou futurs partenaires a sa résidence habituelle au moment où la convention est conclue ;

b) la loi d'un État dont l'un des partenaires ou futurs partenaires a la nationalité au moment où la convention est conclue ; ou

c) la loi de l'État selon le droit duquel le partenariat enregistré a été créé.

2. Sauf convention contraire des partenaires, le changement de loi applicable aux effets patrimoniaux du partenariat enregistré effectué au cours du partenariat n'a d'effet que pour l'avenir.

3. Aucun changement rétroactif de la loi applicable en vertu du paragraphe 2 ne porte atteinte aux droits des tiers résultant de cette loi.

....

Art. 26. – *Loi applicable à défaut de choix par les parties.* – 1. À défaut de convention sur le choix de la loi applicable conformément à l'article 22, la loi applicable aux effets patrimoniaux du partenariat enregistré est la loi de l'État selon la loi duquel le partenariat enregistré a été créé.

2. À titre exceptionnel et à la demande de l'un des partenaires, l'autorité judiciaire compétente pour statuer sur des questions relatives aux effets patrimoniaux d'un partenariat enregistré peut décider que la loi d'un État autre que l'État dont la loi est applicable en vertu du paragraphe 1 régit les effets patrimoniaux du partenariat enregistré si la loi de cet autre État attache des effets patrimoniaux à l'institution du partenariat enregistré et si le partenaire qui a fait la demande démontre que :

a) les partenaires avaient leur dernière résidence habituelle commune dans cet autre État pendant une période d'une durée significative ; et

b) les deux partenaires s'étaient fondés sur la loi de cet autre État pour organiser ou planifier leurs rapports patrimoniaux.

La loi de cet autre État s'applique à partir de la date de création du partenariat enregistré, à moins que l'un des partenaires ne s'y oppose. Dans ce dernier cas, la loi de cet autre État produit ses effets à partir de la date de l'établissement de leur dernière résidence habituelle commune dans cet autre État.

L'application de la loi de l'autre État ne porte pas atteinte aux droits des tiers résultant de la loi applicable en vertu du paragraphe 1.

Le présent paragraphe ne s'applique pas lorsque les partenaires ont passé une convention partenariale avant la date de l'établissement de leur dernière résidence habituelle commune dans cet autre État.

....

Loi n° 2016-1087 du 8 août 2016

pour la reconquête de la biodiversité de la nature et des paysages

....

Art. 4. – VI. – Le livre III du Code civil, dans sa rédaction résultant de l'ordonnance n° 2016-131 du 10 février 2016 portant réforme du droit des contrats, du régime général et de la preuve des obligations, est ainsi modifié :

1) Après le chapitre II du sous-titre II du titre III, il est inséré un chapitre III ainsi rédigé :

« Chapitre III. – La réparation du préjudice écologique »

(V. C. civ., art. 1246 à 1252).

VII. – À compter de l'entrée en vigueur de l'ordonnance n° 2016-131 du 10 février 2016 portant réforme du droit des contrats, du régime général et de la preuve des obligations, l'article L. 164-2 du Code de l'environnement est ainsi rédigé :

« Art. L. 164-2. – Les mesures de réparation prises en application du présent titre tiennent compte de celles intervenues, le cas échéant, en application du chapitre III du sous-titre II du titre III du livre III du Code civil. »

VIII. : « Les articles 1246 à 1252 et 2226-1 du Code civil, dans leur rédaction résultant du VI du présent article, sont applicables à la réparation des préjudices dont le fait générateur est antérieur au 1er octobre 2016. Ils ne sont pas applicables aux préjudices ayant donné lieu à une action en justice introduite avant cette date. »

Décret n° 2016-1104 du 11 août 2016

relatif à l'état de l'installation intérieure de gaz dans les logements en location

(JO 13 août)

Art. 1er. – L'état de l'installation intérieure de gaz, prévu à l'article 3-3 de la loi n° 89-462 du 6 juillet 1989 tendant à améliorer les rapports locatifs susvisée, concerne les locaux d'habitation comportant une installation intérieure de gaz en fonctionnement et qui a été réalisée depuis plus de quinze ans ou dont le dernier certificat de conformité date de plus de quinze ans.

Art. 2. – Le contenu de l'état de l'installation intérieure de gaz et les modalités suivant lesquelles il est réalisé sont identiques à ceux prévus par les articles R. 134-7 et R. 134-8 du Code de la construction et de l'habitation concernant l'état de l'installation intérieure de gaz prévu, en cas de vente, par l'article L. 134-6 du même code.

Art. 3. – L'état de l'installation intérieure de gaz a une durée de validité de six ans.

Art. 4. – Un état de l'installation intérieure de gaz, réalisé selon les exigences de l'article L. 134-6 du Code de la construction et de l'habitation, tient lieu d'état de l'installation intérieure de gaz prévu à l'article 3-3 de la loi n° 89-462 du 6 juillet 1989 tendant à améliorer les rapports locatifs, s'il a été réalisé depuis moins de six ans à la date à laquelle ce document doit être produit.

Art. 5. – Lorsqu'un état de l'installation intérieure de gaz a été réalisé avant l'entrée en vigueur du présent décret, dans le respect des conditions des articles 2 et 3, par un organisme d'inspection accrédité pour la réalisation de diagnostics des installations intérieures de gaz par le COFRAC ou par un autre organisme, signataire de l'accord européen multilatéral pris dans le cadre de la coordination européenne des organismes d'accréditation (EA), cet état tient lieu d'état de l'installation intérieure de gaz prévu à l'article 3-3 de la loi n° 89-462 du 6 juillet 1989, s'il a été réalisé depuis moins de six ans à la date à laquelle ce document doit être produit.

Art. 6. – Pour les logements situés dans un immeuble collectif dont le permis de construire a été délivré avant le 1er janvier 1975, le présent décret entre en vigueur pour les contrats de location signés à compter du 1er juillet 2017.

Pour les autres logements, le présent décret entre en vigueur pour les contrats de location signés à compter du 1er janvier 2018.

Décret n° 2016-1105 du 11 août 2016

relatif à l'état de l'installation intérieure d'électricité dans les logements en location

(JO 13 août)

Art. 1er. – L'état de l'installation intérieure d'électricité, prévu à l'article 3-3 de la loi n° 89-462 du 6 juillet 1989 tendant à améliorer les rapports locatifs susvisée, concerne les locaux d'habitation comportant une installation intérieure d'électricité réalisée depuis plus de quinze ans.

Art. 2. – Le contenu de l'état de l'installation intérieure d'électricité et les modalités suivant lesquelles il est réalisé sont identiques à ceux prévus par les articles R.* 134-10 à R.* 134-12 du Code de la construction et de l'habitation concernant l'état de l'installation intérieure d'électricité prévu, en cas de vente, par l'article L. 134-7 du même code.

Les six points de sécurité électrique définis dans ces mêmes articles fixent les exigences minimales de sécurité de l'installation intérieure d'électricité existante.

Art. 3. – L'état de l'installation intérieure d'électricité a une durée de validité de six ans.

Art. 4. – Un état de l'installation intérieure d'électricité, réalisé selon les exigences de l'article L. 134-7 du Code de la construction et de l'habitation, tient lieu d'état de l'installation intérieure d'électricité prévu à l'article 3-3 de la loi n° 89-462 du 6 juillet 1989 tendant à améliorer les rapports locatifs, s'il a été réalisé depuis moins de six ans à la date à laquelle ce document doit être produit.

Art. 5. – Lorsqu'une installation intérieure d'électricité a fait l'objet d'une attestation de conformité relative à la mise en conformité ou à la mise en sécurité de l'installation électrique, visée par un organisme agréé par le ministre chargé de l'énergie en application du décret n° 72-1120 du 14 décembre 1972, cette attestation, ou, à défaut, lorsque l'attestation ne peut être présentée, la déclaration de l'organisme agréé indiquant qu'il a bien visé une attestation, tient lieu d'état de l'installation électrique intérieure prévu par l'article 3-3 de la loi n° 89-462 du 6 juillet 1989 tendant à améliorer les rapports locatifs, si l'attestation a été établie depuis moins de six ans à la date à laquelle ce document doit être produit.

Art. 6. – Pour les logements situés dans un immeuble collectif dont le permis de construire a été délivré avant le 1er janvier 1975, le présent décret entre en vigueur pour les contrats de location signés à compter du 1er juillet 2017. Pour les autres logements, le présent décret entre en vigueur pour les contrats de location signés à compter du 1er janvier 2018.

Décret n° 2016-1278 du 29 septembre 2016

portant coordination des textes réglementaires avec l'ordonnance n° 2016-131 portant réforme du droit des contrats, du régime général et de la preuve des obligations

(JO 30 sept.)

Art. 1er. – Les références à des dispositions abrogées, modifiées ou déplacées par l'ordonnance [n° 2016-131] du 10 février 2016 susvisée contenues dans des dispositions de nature réglementaire sont remplacées par les références aux dispositions ayant le même objet du livre III du Code civil, du Code de l'action sociale et des familles, du Code des procédures civiles d'exécution et du Code de la santé publique, dans leur rédaction résultant de cette ordonnance.

Art. 2. – Les dispositions réglementaires modifiées par le présent décret peuvent être modifiées par des actes pris dans les mêmes formes que les actes dont elles étaient issues antérieurement à l'entrée en vigueur du présent décret.

Art. 3. – Le présent décret entrera en vigueur le 1er octobre 2016.

Décret n° 2016-1483 du 2 novembre 2016

relatif à l'autorisation de sortie du territoire d'un mineur non accompagné par un titulaire de l'autorité parentale

(JO 4 nov.)

Art. 1er. – L'autorisation de sortie du territoire par un titulaire de l'autorité parentale prévue à l'article 371-6 du Code civil est rédigée au moyen d'un formulaire dont le modèle est fixé par un arrêté conjoint du ministre de l'Intérieur, du garde des Sceaux, ministre de la Justice, et du ministre des Outre-mer.

Ce formulaire comporte les mentions suivantes :

1° Les nom, prénoms, date et lieu de naissance de l'enfant mineur autorisé à quitter le territoire ;

2° Les nom, prénoms, date et lieu de naissance du titulaire de l'autorité parentale signataire de l'autorisation, la qualité au titre de laquelle il exerce cette autorité, son domicile, sa signature ainsi que, le cas échéant, ses coordonnées téléphoniques et son adresse électronique ;

3° La durée de l'autorisation, qui ne peut excéder un an à compter de la date de signature.

Art. 2. – Le formulaire mentionné à l'article 1er, dûment renseigné et signé, est accompagné de la photocopie lisible d'un document officiel justifiant de l'identité du signataire. La liste des documents admis pour justifier de l'identité du signataire est fixée par l'arrêté mentionné à l'article 1er.

Art. 3. – Le présent décret entrera en vigueur le 15 janvier 2017.

Art. 4. – Le présent décret est applicable en Polynésie française et à Wallis-et-Futuna.

Loi n° 2016-1547 du 18 novembre 2016

de modernisation de la justice du XXIe siècle

(JO 19 nov. 2016 et rect. 8 avr. 2017)

TITRE Ier. – Rapprocher la justice du citoyen

....

Faciliter l'accès à la justice

....

Art. 3. – I. – Les huissiers de justice, les notaires, les commissaires-priseurs judiciaires, les avocats, les avocats au Conseil d'État et à la Cour de cassation, les commissaires aux comptes et les experts-comptables proposent à leur clientèle une relation numérique dans un format garantissant l'interopérabilité de l'ensemble des échanges.

II. – Les professions mentionnées au I rendent librement accessibles les données figurant dans leurs annuaires et tables nationales de manière à garantir cette interopérabilité, notamment au moyen d'un standard ouvert et réutilisable, exploitable par un traitement automatisé.

III. – Les professions mentionnées au même I peuvent recourir à la sollicitation personnalisée, notamment par voie numérique, et proposer des services en ligne.

Les conditions d'application du présent III, notamment les adaptations nécessaires aux règles déontologiques applicables à ces professions dans le respect des principes de dignité, de loyauté, de confraternité et de délicatesse, sont fixées par décret en Conseil d'État.

IV. – Les administrateurs judiciaires et les mandataires judiciaires proposent aux personnes intéressées, dans les limites de ce que leur permet leur mandat de justice et pour les besoins de celui-ci, une relation numérique dans un format garantissant l'interopérabilité de l'ensemble des échanges.

V. – *(V. L. n° 71-1130, 31 déc. 1971, art. 66-4).*

Favoriser les modes alternatifs de règlement des différends

Art. 4. – À peine d'irrecevabilité que le juge peut prononcer d'office, la saisine du tribunal d'instance par déclaration au greffe doit être précédée d'une tentative de conciliation menée par un conciliateur de justice, sauf :

1° Si l'une des parties au moins sollicite l'homologation d'un accord ;

2° Si les parties justifient d'autres diligences entreprises en vue de parvenir à une résolution amiable de leur litige ;

3° Si l'absence de recours à la conciliation est justifiée par un motif légitime.

Rédaction future. Art. 4 *(Rempl. à compter du 1er janvier 2020, L. n° 2019-222, 23 mars 2019).* – Lorsque la demande tend au paiement d'une somme n'excédant pas un certain montant ou est relative à un conflit de voisinage, la saisine du tribunal de grande instance doit, à peine d'irrecevabilité que le juge peut prononcer d'office, être précédée, au choix des parties, d'une tentative de conciliation menée par un conciliateur de justice, d'une tentative de médiation, telle que définie à l'article 21 de la loi n° 95-125 du 8 février 1995 relative à l'organisation des juridictions et à la procédure civile, pénale et administrative, ou d'une tentative de procédure participative, sauf :

1° Si l'une des parties au moins sollicite l'homologation d'un accord ;

2° Lorsque l'exercice d'un recours préalable est imposé auprès de l'auteur de la décision ;

3° Si l'absence de recours à l'un des modes de résolution amiable mentionnés au premier alinéa est justifiée par un motif légitime, notamment l'indisponibilité de conciliateurs de justice dans un délai raisonnable ;

4° Si le juge ou l'autorité administrative doit, en application d'une disposition particulière, procéder à une tentative préalable de conciliation.

Un décret en Conseil d'État définit les modalités d'application du présent article, notamment les matières entrant dans le champ des conflits de voisinage ainsi que le montant en-deçà duquel les litiges sont soumis à l'obligation mentionnée au premier alinéa. Toutefois, cette obligation ne s'applique pas aux litiges relatifs à l'application des dispositions mentionnées à l'article L. 314-26 du Code de la consommation.

Art. 7. – À titre expérimental et jusqu'au 31 décembre de la troisième année suivant celle de la promulgation de la présente loi, dans les tribunaux de grande instance désignés par un arrêté du garde des Sceaux, ministre de la Justice, les dispositions suivantes sont applicables, par dérogation à l'article 373-2-13 du Code civil.

Les décisions fixant les modalités de l'exercice de l'autorité parentale ou la contribution à l'entretien et à l'éducation de l'enfant ainsi que les stipulations contenues dans la convention homologuée peuvent être modifiées ou complétées à tout moment par le juge, à la demande du ou des parents ou du ministère public, qui peut lui-même être saisi par un tiers, parent ou non.

À peine d'irrecevabilité que le juge peut soulever d'office, la saisine du juge par le ou les parents doit être précédée d'une tentative de médiation familiale, sauf :

1° Si la demande émane conjointement des deux parents afin de solliciter l'homologation d'une convention selon les modalités fixées à l'article 373-2-7 du Code civil ;

2° Si l'absence de recours à la médiation est justifiée par un motif légitime ;

3° Si des violences ont été commises par l'un des parents sur l'autre parent ou sur l'enfant.

Dispositions tendant à l'amélioration de l'organisation et du fonctionnement du service public de la justice

....

Recentrer les juridictions sur leurs missions essentielles

Dispositions relatives aux successions

....

Unions et séparations

....

Dispositions relatives au surendettement

....

Dispositions relatives au changement irrégulier d'usage d'un local

....

L'action de groupe

L'action de groupe devant le juge judiciaire

Art. 60 *(Mod. à compter de la date prévue à l'article 29 de l'ordonnance n° 2018-1125 du 12 décembre 2018 et au plus tard le 1er juin 2019, Ord. n° 2018-1125, 12 déc. 2018).* – Sous réserve des dispositions particulières prévues pour chacune de ces actions, le présent chapitre est applicable aux actions suivantes devant le juge judiciaire :

1° L'action ouverte sur le fondement de la loi n° 2008-496 du 27 mai 2008 portant diverses dispositions d'adaptation au droit communautaire dans le domaine de la lutte contre les discriminations ;

2° L'action ouverte sur le fondement des articles L. 1134-6 à L. 1134-10 du Code du travail ;

3° L'action ouverte sur le fondement de l'article L. 142-3-1 du Code de l'environnement ;

4° L'action ouverte sur le fondement du chapitre III du titre IV du livre Ier de la première partie du Code de la santé publique ;

5° L'action ouverte sur le fondement de l'article 37 de la loi n° 78-17 du 6 janvier 1978 relative à l'informatique, aux fichiers et aux libertés.

Art. 61. – Sauf disposition contraire, l'action de groupe est introduite et régie selon les règles prévues au Code de procédure civile.

Objet de l'action de groupe, qualité pour agir et introduction de l'instance

Art. 62. – Lorsque plusieurs personnes placées dans une situation similaire subissent un dommage causé par une même personne, ayant pour cause commune un manquement de même nature à ses obligations légales ou contractuelles, une action de groupe peut être exercée en justice au vu des cas individuels présentés par le demandeur.

Cette action peut être exercée en vue soit de la cessation du manquement mentionné au premier alinéa, soit de l'engagement de la responsabilité de la personne ayant causé le dommage afin d'obtenir la réparation des préjudices subis, soit de ces deux fins.

Art. 63. – Seules les associations agréées et les associations régulièrement déclarées depuis cinq ans au moins dont l'objet statutaire comporte la défense d'intérêts auxquels il a été porté atteinte peuvent exercer l'action mentionnée à l'article 62.

Art. 64. – Préalablement à l'introduction de l'action de groupe, la personne ayant qualité pour agir met en demeure celle à l'encontre de laquelle elle envisage d'agir par la voie de l'action de groupe de cesser ou de faire cesser le manquement ou de réparer les préjudices subis.

À peine d'irrecevabilité que le juge peut soulever d'office, afin que la personne mise en demeure puisse prendre les mesures pour cesser ou faire cesser le manquement ou réparer les préjudices subis, l'action de groupe ne peut être introduite qu'à l'expiration d'un délai de quatre mois à compter de la réception de cette mise en demeure.

Cessation du manquement

Art. 65. – Lorsque l'action de groupe tend à la cessation du manquement, le juge, s'il constate l'existence d'un manquement, enjoint au défendeur de cesser ou de faire cesser ledit manquement et de prendre, dans un délai qu'il fixe, toutes les mesures utiles à cette fin, au besoin avec l'aide d'un tiers qu'il désigne. Lorsque le juge prononce une astreinte, celle-ci est liquidée au profit du Trésor public.

Réparation des préjudices

Jugement sur la responsabilité

Art. 66. – Lorsque l'action de groupe tend à la réparation des préjudices subis, le juge statue sur la responsabilité du défendeur.

Il définit le groupe de personnes à l'égard desquelles la responsabilité du défendeur est engagée en fixant les critères de rattachement au groupe et détermine les préjudices susceptibles d'être réparés pour chacune des catégories de personnes constituant le groupe qu'il a défini.

Il fixe également le délai dans lequel les personnes répondant aux critères de rattachement et souhaitant se prévaloir du jugement sur la responsabilité peuvent adhérer au groupe en vue d'obtenir réparation de leur préjudice.

Art. 67. – Le juge qui reconnaît la responsabilité du défendeur ordonne, à la charge de ce dernier, les mesures de publicité adaptées pour informer de cette décision les personnes susceptibles d'avoir subi un dommage causé par le fait générateur constaté.

Ces mesures ne peuvent être mises en œuvre qu'une fois que le jugement mentionné à l'article 66 ne peut plus faire l'objet de recours ordinaire ni de pourvoi en cassation.

Art. 68. – Lorsque le demandeur à l'action le demande et que les éléments produits ainsi que la nature des préjudices le permettent, le juge peut décider la mise en œuvre d'une procédure collective de liquidation des préjudices.

À cette fin, il habilite le demandeur à négocier avec le défendeur l'indemnisation des préjudices subis par chacune des personnes constituant le groupe. Il détermine, dans le même jugement, le montant ou tous les éléments permettant l'évaluation des préjudices susceptibles d'être réparés pour chacune des catégories de personnes constituant le groupe qu'il a défini. Il fixe également les délais et modalités selon lesquels cette négociation et cette réparation doivent intervenir.

Le juge peut également condamner le défendeur au paiement d'une provision à valoir sur les frais non compris dans les dépens exposés par le demandeur à l'action.

Mise en œuvre du jugement et réparation des préjudices

Procédure individuelle de réparation des préjudices

Art. 69. – Dans les délais et conditions fixés par le jugement mentionné à l'article 66, les personnes souhaitant adhérer au groupe adressent une demande de réparation soit à la personne déclarée responsable par ce jugement, soit au demandeur à l'action, qui reçoit ainsi mandat aux fins d'indemnisation.

Ce mandat ne vaut ni n'implique adhésion au demandeur à l'action.

Il vaut mandat aux fins de représentation pour l'exercice de l'action en justice mentionnée à l'article 71 et le cas échéant, pour l'exécution forcée du jugement prononcé à l'issue.

Art. 70. – La personne déclarée responsable par le jugement mentionné à l'article 66 procède à l'indemnisation individuelle des préjudices résultant du fait générateur de responsabilité reconnu par le jugement et subis par les personnes remplissant les critères de rattachement au groupe et ayant adhéré à celui-ci.

Art. 71. – Les personnes dont la demande n'a pas été satisfaite en application de l'article 70 peuvent saisir le juge ayant statué sur la responsabilité en vue de la réparation de leur préjudice dans les conditions et limites fixées par le jugement mentionné à l'article 66.

Procédure collective de liquidation des préjudices

Art. 72. – Dans les délais et conditions fixés par le juge en application des articles 66 et 68, les personnes intéressées peuvent se joindre au groupe en se déclarant auprès du demandeur à l'action, qui est chargé de solliciter auprès du responsable la réparation du dommage.

L'adhésion au groupe vaut mandat au profit du demandeur à l'action aux fins d'indemnisation. À cette fin, le demandeur à l'action négocie avec le défendeur le montant de l'indemnisation, dans les limites fixées par le jugement mentionné au même article 68.

Ce mandat ne vaut ni n'implique adhésion au demandeur à l'action.

Il vaut mandat aux fins de représentation à l'action en justice mentionnée à l'article 73 et le cas échéant, pour l'exécution forcée du jugement prononcé à l'issue.

Art. 73. – Dans un délai qui ne peut être inférieur à celui fixé par le jugement mentionné à l'article 66 pour l'adhésion des personnes lésées au groupe, le juge ayant statué sur la responsabilité est saisi aux fins d'homologation de l'accord, éventuellement partiel, intervenu entre les parties et accepté par les membres du groupe concernés.

Le juge peut refuser l'homologation si les intérêts des parties et des membres du groupe lui paraissent insuffisamment préservés au regard des termes du jugement mentionné à l'article 68 et peut renvoyer à la négociation pour une nouvelle période de deux mois.

En l'absence d'accord total, le juge est saisi dans le délai fixé au premier alinéa du présent article aux fins de liquidation des préjudices subsistants. Dans ce dernier cas, le juge statue dans les limites fixées par le jugement mentionné au même article 68.

À défaut de saisine du tribunal à l'expiration d'un délai d'un an à compter du jour où le jugement mentionné audit article 68 a acquis force de chose jugée, les membres du groupe peuvent adresser une demande de réparation à la personne déclarée responsable par le jugement mentionné à l'article 66. La procédure individuelle de réparation des préjudices définie au paragraphe 1 de la présente sous-section est alors applicable.

Une amende civile d'un montant maximal de 50 000 € peut être prononcée contre le demandeur ou le défendeur à l'instance lorsque celui-ci a, de manière dilatoire ou abusive, fait obstacle à la conclusion d'un accord sur le fondement du jugement mentionné à l'article 68.

Gestion des fonds reçus au titre de l'indemnisation des membres du groupe

Art. 74. – Sous réserve des dispositions législatives relatives au maniement des fonds des professions judiciaires réglementées, toute somme reçue au titre de l'indemnisation des personnes lésées membres du groupe est immédiatement versée sur un compte ouvert auprès de la Caisse des dépôts et consignations. Celui-ci ne peut faire l'objet de mouvements en débit que pour le règlement de l'affaire qui est à l'origine du dépôt.

Médiation

Art. 75. – La personne mentionnée à l'article 63 de la présente loi peut participer à une médiation, dans les conditions fixées au chapitre Ier du titre II de la loi n° 95-125 du 8 février 1995 relative à l'organisation des juridictions et à la procédure civile, pénale et administrative, afin d'obtenir la réparation des préjudices individuels.

Art. 76. – Tout accord négocié au nom du groupe est soumis à l'homologation du juge, qui vérifie s'il est conforme aux intérêts de ceux auxquels il a vocation à s'appliquer et lui donne force exécutoire.

Cet accord précise les mesures de publicité nécessaires pour informer de son existence les personnes susceptibles d'être indemnisées sur son fondement, ainsi que les délais et modalités pour en bénéficier.

Dispositions diverses

Art. 77. – L'action de groupe suspend la prescription des actions individuelles en réparation des préjudices résultant des manquements constatés par le juge ou des faits retenus dans l'accord homologué en application de l'article 76.

Le délai de prescription recommence à courir, pour une durée qui ne peut être inférieure à six mois, à compter de la date à laquelle le jugement n'est plus susceptible de recours ordinaire ou de pourvoi en cassation ou à compter de la date de l'homologation de l'accord.

Art. 78. – Le jugement mentionné à l'article 66 et celui résultant de l'application de l'article 76 ont autorité de la chose jugée à l'égard de chacune des personnes dont le préjudice a été réparé au terme de la procédure.

Art. 79. – L'adhésion au groupe ne fait pas obstacle au droit d'agir selon les voies de droit commun pour obtenir la réparation des préjudices n'entrant pas dans le champ défini par le jugement mentionné à l'article 66 qui n'est plus susceptible de recours ordinaire ou de pourvoi en cassation ou d'un accord homologué en application de l'article 76.

Art. 80. – N'est pas recevable l'action de groupe qui se fonde sur le même fait générateur, le même manquement et la réparation des mêmes préjudices que ceux reconnus par le jugement mentionné à l'article 66 ou par un accord homologué en application de l'article 76.

Art. 81. – Lorsque le juge a été saisi d'une action en application de l'article 62 et que le demandeur à l'action est défaillant, toute personne ayant qualité pour agir à titre principal peut demander au juge sa substitution dans les droits du demandeur.

Art. 82. – Est réputée non écrite toute clause ayant pour objet ou pour effet d'interdire à une personne de participer à une action de groupe.

Art. 83. – Le demandeur à l'action peut agir directement contre l'assureur garantissant la responsabilité civile du responsable en application de l'article L. 124-3 du Code des assurances.

Art. 84. – I. – La section 1 du chapitre Ier du titre Ier du livre II du Code de l'organisation judiciaire est ainsi modifiée :

1° *(V. COJ, art. L. 211-9-2).*

2° L'article L. 211-15 [COJ] est abrogé.

II. – *(V. C. consom., art. L. 623-10).*

L'action de groupe devant le juge administratif

Art. 85. – Le titre VII du livre VII du Code de justice administrative est complété par un chapitre X ainsi rédigé : *(V. CJA, art. L. 77-10-1 à L. 77-10-25).*

L'action de groupe en matière de discrimination

Dispositions générales

Art. 86. – I. – 1° à 3° *(V. L. n° 2008-496, 27 mai 2008, art. 1er, 2 et 4)* ;

4° L'article 10 devient l'article 11 et au premier alinéa, après le mot : « françaises », sont insérés les mots : « , dans sa rédaction résultant de la loi n° 2016-1547 du 18 novembre 2016 de modernisation de la justice du XXIe siècle, » ;

5° *(V. L. n° 2008-496, 27 mai 2008, art. 10).*

II et III. – *(V. C. pén., art. 225-1 et 225-3).*

Action de groupe en matière de discrimination dans les relations relevant du Code du travail

Art. 87. – I. – Le chapitre IV du titre III du livre Ier de la première partie du Code du travail est ainsi modifié :

1° Est insérée une section 1 intitulée : « Dispositions communes » et comprenant les articles L. 1134-1 à L. 1134-5 [C. trav.] ;

2° Est ajoutée une section 2 ainsi rédigée : *(V. C. trav., art. L. 1134-6 à L. 1134-10).*

II. – *(V. C. trav., art. L. 1132-1).*

Action de groupe en matière de discrimination imputable à un employeur
et portée devant la juridiction administrative

Art. 88. – Le titre VII du livre VII du Code de justice administrative est complété par un chapitre XI ainsi rédigé : *(V. CJA, art. L. 77-11-1 à L. 77-11-6).*

L'action de groupe en matière environnementale

Art. 89 *(V. C. env., art. L. 142-3-1).*

L'action de groupe en matière de santé

Art. 90. – I. – Le chapitre III du titre IV du livre Ier de la première partie du Code de la santé publique est ainsi modifié :

1° La section 1 est ainsi modifiée :

a) L'intitulé est ainsi rédigé : « Principes, champ d'application et qualité pour agir » ;

b) L'article L. 1143-1 devient l'article L. 1143-2 et est complété par un alinéa ainsi rédigé : *(V. C. santé publ., art. L. 1143-2)* ;

c) (V. C. santé publ., art. L. 1143-1) ;

2° La section 2 est ainsi modifiée :

a) L'article L. 1143-3 [C. santé publ.] est abrogé ;

b) L'article L. 1143-2 devient l'article L. 1143-3 [C. santé publ.] et à la première phrase du premier alinéa, la référence : « L. 1143-1 » est remplacée par la référence : « L. 1143-2 » ;

c) et *d) (V. C. santé publ., art. L. 1143-4 et L. 1143-5)* ;

3° *(V. C. santé publ., art. L. 1143-6 et L. 1143-9)* ;

4° La section 4 est ainsi modifiée :

a) (V. C. santé publ., art. L. 1143-11) ;

b) Les articles L. 1143-12 et L. 1143-13 [C. santé publ.] sont abrogés ;

c) Les articles L. 1143-14 et L. 1143-15 deviennent, respectivement, les articles L. 1143-12 et L. 1143-13 [C. santé publ.] ;

5° Les sections 5 et 6 sont abrogées.

II. – *(V. C. santé publ., art. L. 1526-10).*

L'action de groupe en matière de protection des données à caractère personnel

Art. 91 *(V. L. n° 78-17, 6 janvier 1978, art. 43 ter).*

Dispositions diverses

Art. 92. – I. – Le présent titre n'est pas applicable à l'action de groupe prévue au chapitre III du titre II du livre IV du Code de la consommation.

II. – Les chapitres III et IV du présent titre sont applicables aux seules actions dont le fait générateur de la responsabilité ou le manquement est postérieur à l'entrée en vigueur de la présente loi.

....

Décret n° 2016-1673 du 5 décembre 2016

relatif à la fiabilité des copies et pris pour l'application de l'article 1379 du Code civil

(JO 6 déc.)

Art. 1er. – Est présumée fiable, au sens du deuxième alinéa de l'article 1379 du Code civil, la copie résultant :

– soit d'un procédé de reproduction qui entraîne une modification irréversible du support de la copie ;

– soit, en cas de reproduction par voie électronique, d'un procédé qui répond aux conditions prévues aux articles 2 à 6 du présent décret.

Art. 2. – Le procédé de reproduction par voie électronique doit produire des informations liées à la copie et destinées à l'identification de celle-ci. Elles précisent le contexte de la numérisation, en particulier la date de création de la copie.

La qualité du procédé doit être établie par des tests sur des documents similaires à ceux reproduits et vérifiée par des contrôles.

Art. 3. – L'intégrité de la copie résultant d'un procédé de reproduction par voie électronique est attestée par une empreinte électronique qui garantit que toute modification ultérieure de la copie à laquelle elle est attachée est détectable.

Cette condition est présumée remplie par l'usage d'un horodatage qualifié, d'un cachet électronique qualifié ou d'une signature électronique qualifiée, au sens du règlement (UE) n° 910/2014 du Parlement européen et du Conseil du 23 juillet 2014 sur l'identification électronique et les services de confiance pour les transactions électroniques au sein du marché intérieur.

Art. 4. – La copie électronique est conservée dans des conditions propres à éviter toute altération de sa forme ou de son contenu.

Les opérations requises pour assurer la lisibilité de la copie électronique dans le temps ne constituent pas une altération de son contenu ou de sa forme dès lors qu'elles sont tracées et donnent lieu à la génération d'une nouvelle empreinte électronique de la copie.

Art. 5. – Les empreintes et les traces générées en application des articles 3 et 4 sont conservées aussi longtemps que la copie électronique produite et dans des conditions ne permettant pas leur modification.

Art. 6. – L'accès aux dispositifs de reproduction et de conservation décrit aux articles 2 à 5 fait l'objet de mesures de sécurité appropriées.

Art. 7. – Les dispositifs et mesures prévues aux articles 2 à 6 sont décrits dans une documentation conservée aussi longtemps que la copie électronique produite.

Art. 8. – Les dispositions du présent décret sont applicables à Wallis-et-Futuna.

Loi n° 2017-285 du 6 mars 2017

visant à favoriser l'assainissement cadastral et la résorption du désordre de propriété

Art. 1. – Lorsqu'un acte notarié de notoriété porte sur un immeuble situé en Corse et constate une possession.- répondant aux conditions de la prescription acquisitive, il fait foi de la possession, sauf preuve contraire. Il ne peut être contesté que dans un délai de cinq ans à compter de la dernière des publications de cet acte par voie d'affichage, sur un site internet et au service de la publicité foncière.

Le présent article s'applique aux actes de notoriété dressés et publiés avant le 31 décembre 2027.

Un décret en Conseil d'Etat fixe les conditions d'application du présent article.

Art. 2. – Pour les indivisions constatées par un acte notarié de notoriété établi dans les conditions prévues à l'article 1er de la présente loi à défaut de titre de propriété existant, le ou les indivisaires titulaires de plus de la moitié des droits indivis peuvent effectuer les actes prévus aux 1° à 4° de l'article 815-3 du code civil.

Toutefois, le consentement du ou des indivisaires titulaires d'au moins deux tiers des droits indivis est requis pour effectuer tout acte qui ne ressortit pas à l'exploitation normale des biens indivis et pour effectuer tout acte de disposition autre que ceux mentionnés au 3° du même article 815-3.

Le ou les indivisaires sont tenus d'en informer les autres indivisaires.

....

Décret n° 2017-890 du 6 mai 2017

relatif à l'état civil

(Entrée en vigueur le 1er novembre 2017)

TITRE PREMIER. – DISPOSITIONS CONCERNANT L'ÉTABLISSEMENT DES ACTES ET LA TENUE DES REGISTRES DE L'ÉTAT CIVIL

Chapitre Ier : Dispositions communes

Art. 1 *(Créé à compter du 1er novembre 2017, D. n° 2017-890, 6 mai 2017).* – L'établissement, la conservation, la mise à jour et la délivrance des actes de l'état civil sont assurés par les officiers de l'état civil.

Art. 2 *(Créé à compter du 1er novembre 2017, D. n° 2017-890, 6 mai 2017).* – Les officiers de l'état civil sont placés sous le contrôle du procureur de la République du lieu où est située la commune où ils exercent.

Les autorités diplomatiques et consulaires françaises agissant en qualité d'officier de l'état civil et les officiers de l'état civil du service central d'état civil exercent leurs fonctions sous le contrôle du procureur de la République du lieu où est établi ce service.

Les personnes habilitées auprès de l'Office français de protection des réfugiés et apatrides à exercer les fonctions d'officier de l'état civil sont, dans le cadre de ces activités, placées sous le contrôle du procureur de la République près le tribunal de grande instance de Paris.

Section 1 : Etablissement et mise à jour des actes de l'état civil

Art. 3 *(Créé à compter du 1er novembre 2017, D. n° 2017-890, 6 mai 2017).* – Les actes de l'état civil établis par les officiers de l'état civil, les autorités diplomatiques et consulaires et le service central d'état civil sont inscrits, sauf opposition, selon le cas, du procureur de la République ou du ministre des affaires étrangères, sur des feuilles mobiles tenues en double exemplaire qui sont ensuite reliées en registre. Ils peuvent également être inscrits directement sur des registres déjà reliés, établis en double exemplaire.

Les règles relatives à l'inscription des actes de l'état civil sur les feuilles mobiles sont déterminées par arrêté du garde des Sceaux, ministre de la Justice, et par arrêté conjoint de celui-ci et du ministre des affaires étrangères pour les actes établis par les autorités diplomatiques et consulaires et le service central de l'état civil. Ces arrêtés fixent les conditions de sécurité permettant de garantir l'intégrité des registres et des actes de l'état civil.

Art. 4 *(Créé à compter du 1er novembre 2017, D. n° 2017-890, 6 mai 2017).* – Les feuilles destinées à l'inscription des actes de l'état civil sont numérotées.

Elles sont utilisées dans l'ordre de leur numérotation.

Art. 5 *(Créé à compter du 1er novembre 2017, D. n° 2017-890, 6 mai 2017).* – Les actes de l'état civil sont établis selon des procédés manuels ou informatisés. Toutefois, la signature de ces actes est toujours manuscrite.

Art. 6 *(Créé à compter du 1er novembre 2017, D. n° 2017-890, 6 mai 2017).* – Les actes de l'état civil sont numérotés et dressés sans délai, à la suite les uns des autres. Des espaces suffisants sont réservés pour l'apposition ultérieure des mentions. Lorsqu'il n'existe plus d'espaces suffisants, la mention est apposée sur les pages laissées vierges en fin de registres et réservées à cet effet ; dans ce cas, une inscription sommaire est opérée sur l'acte.

Les ratures et les renvois faits au moment de l'établissement de l'acte et avant toute signature de celui-ci sont approuvés et signés de la même manière que le corps de l'acte.

Les abréviations et acronymes ne sont pas autorisés hors les cas où la loi ou les règlements en admettent le principe. Le jour, le mois, l'année et l'heure de la naissance, de la reconnaissance, du mariage, du décès ou de l'accouchement d'un enfant sans vie, que l'acte constate, sont écrits en lettres. Le jour et l'année de naissance des personnes mentionnées dans les actes sont écrits en chiffres.

Le nom de la commune déléguée et celui de la commune nouvelle sont, le cas échéant, précisés pour chaque lieu et domicile figurant dans les actes.

Art. 7 *(Créé à compter du 1er novembre 2017, D. n° 2017-890, 6 mai 2017).* – Les pièces ayant permis d'établir un acte de l'état civil, les pièces constituant le dossier de mariage ainsi que les procurations qui doivent demeurer annexées aux actes de l'état civil sont déposées en fin d'année, selon le cas, au greffe du tribunal de grande instance dans le ressort duquel est située la commune ou aux archives dépendant du ministère des affaires étrangères.

Art. 8 *(Créé à compter du 1er novembre 2017, D. n° 2017-890, 6 mai 2017).* – Les mentions des actes de l'état civil apposées en marge d'autres actes de l'état civil énoncent la nature, la date et le lieu de l'événement qui a fait l'objet de l'acte mentionné ainsi que les principales énonciations de celui-ci. Elles énoncent également la date et le lieu de transcription ainsi que les références de l'acte lorsque celui-ci est détenu par le service central d'état civil du ministère des affaires étrangères.

Les mentions marginales relatives à un acte reçu, enregistré ou déposé par un notaire comprennent, en outre, le nom, la qualité de l'auteur de l'acte, le lieu et le numéro « CRPCEN » de l'office notarial.

Les mentions marginales des décisions judiciaires et administratives énoncent la nature, l'objet et la date de la décision ainsi que la désignation de l'autorité dont elle émane.

Toute mention marginale énonce, en outre, la date de son apposition ainsi que la qualité de l'officier de l'état civil qui a procédé à la mise à jour et, lorsqu'elle est manuscrite, signé la mention. La mention apposée en marge des actes détenus par les autorités diplomatiques et consulaires françaises et par le service central d'état civil énonce également le lieu d'apposition.

Les mentions et les instructions aux fins de mention sont transmises à l'officier de l'état civil par courrier ou par voie dématérialisée par l'intermédiaire de la plate-forme de routage dédiée aux échanges de données de l'état civil prévue à l'article 43 et dans des conditions fixées par arrêté du garde des Sceaux, ministre de la Justice.

Art. 9 *(Créé à compter du 1er novembre 2017, D. n° 2017-890, 6 mai 2017).* – L'officier de l'état civil qui recueille le consentement d'un enfant majeur à la modification de son nom par suite du changement de sa filiation en dresse un acte inscrit à sa date dans le registre des naissances. Mention en est portée en marge des actes de l'état civil de l'intéressé et, le cas échéant, de ses enfants.

Pareille mention est portée lorsque le consentement est recueilli par un notaire.

Art. 9-1 *(Créé à compter du 1er mars 2019, D. n° 2019-136, 27 févr. 2019).* – I. - Lorsque le parent de nationalité étrangère d'un enfant né à Mayotte demande à ce que soit portée la mention prévue à l'article 2495 du Code civil, il produit à l'officier de l'état civil :

1° Un justificatif d'identité ;

2° Le titre de séjour sous couvert duquel il séjournait en France à la date de la naissance de l'enfant, parmi ceux mentionnés par arrêté du garde des sceaux, ministre de la justice, et en cas de renouvellement de ce titre dans la période de trois mois précédant la naissance de l'enfant, le titre de séjour précédemment détenu ;

3° Tous documents permettant de justifier de sa résidence ininterrompue en France depuis plus de trois mois à la date de la naissance ;

4° Un extrait d'acte de naissance de l'enfant, avec indication de la filiation, datant de moins de trois mois.

Si les pièces produites justifient qu'à la date de la naissance de l'enfant, le parent remplissait les conditions de résidence énoncées à l'article 2495 du Code civil, l'officier de l'état civil appose la mention prévue à cet article en marge de l'acte de naissance de l'enfant. Lorsque l'acte de naissance est détenu par une autre commune, l'officier de l'état civil saisi, s'il estime que les pièces produites justifient que les conditions de résidence énoncées à l'article 2495 du même code sont remplies, avise, dans les conditions prévues au dernier alinéa de l'article 8, l'officier de l'état civil dépositaire de l'acte afin que ce dernier porte la mention prévue à l'article 2495 du même code en marge de cet acte. L'officier de l'état civil saisi joint à son avis la copie des pièces justificatives produites par le parent.

La mention portée en marge de l'acte de naissance de l'enfant énonce les prénoms et nom du parent ayant effectué la demande, le lieu d'exercice de l'officier de l'état civil ayant constaté que les conditions de résidence prévues à l'article 2495 du même code étaient réunies, ainsi que la date à laquelle il a effectué ce constat. Elle énonce également la date de son apposition, la qualité de l'officier de l'état civil qui y a procédé et, lorsqu'elle est manuscrite, qui l'a signée.

La copie des pièces produites par le parent, ainsi que, le cas échéant, l'avis mentionné au sixième alinéa, sont versés aux pièces annexes de l'acte de naissance.

II. - Si l'officier de l'état civil saisi estime que les pièces produites ne justifient pas que le parent remplissait les conditions de résidence prévues à l'article 2495 du Code civil à la date de la naissance, il informe sans délai le parent de son refus d'apposer la mention prévue par le même article par décision motivée.

Dans un délai de deux mois à compter de la notification du refus, le parent peut le contester devant le procureur de la République, qui à peine d'irrecevabilité doit être saisi par lettre recommandée avec accusé de réception. Y sont jointes les pièces produites devant l'officier de l'état civil ainsi que, le cas échéant, tous documents de nature à justifier qu'à la date de la naissance de l'enfant, le parent remplissait les conditions de résidence prévues à l'article 2495 du même code.

Si ce dernier estime que les conditions légales sont remplies, il ordonne à l'officier de l'état civil dépositaire de l'acte de naissance de l'enfant de porter la mention prévue à l'article 2495 du même code en marge de cet acte et lui transmet, aux fins de conservation aux pièces annexes, copie des pièces justificatives fournies par l'auteur de la contestation. Il informe sans délai le parent l'ayant saisi de sa décision.

Section 2 : Registres des actes de l'état civil

Art. 10 *(Créé à compter du 1er novembre 2017, D. n° 2017-890, 6 mai 2017)*. – Sous réserve de la dispense prévue à l'article 12, les registres sont établis en double exemplaire.

Chaque année, l'officier de l'état civil dresse un procès-verbal d'ouverture pour chaque exemplaire de registres. Les actes de l'état civil sont tenus dans un registre unique ou dans plusieurs registres selon les catégories d'actes ou, pour les autorités diplomatiques ou consulaires, selon le pays de survenance de l'événement.

Les registres sont clos et arrêtés par l'officier de l'état civil à la fin de chaque année. Sauf dispense d'élaboration des registres en double exemplaire et sous réserve des dispositions spécifiques pour les actes établis par le service central d'état civil et les autorités diplomatiques et consulaires, un des exemplaires des registres est déposé aux archives de la commune, l'autre versé au greffe du tribunal de grande instance, dans le mois de leur clôture.

L'exemplaire déposé aux archives de la commune est conservé dans les conditions prévues aux articles L. 212-11 et L. 212-12 du Code du patrimoine.

L'exemplaire déposé au greffe est conservé pendant un délai de soixante-quinze ans avant versement aux archives départementales.

Section 3 : Traitements automatisés des données de l'état civil

Art. 11 *(Créé à compter du 1er novembre 2017, D. n° 2017-890, 6 mai 2017)*. – Un traitement automatisé, hébergé par la commune ou, le cas échéant, par la commune déléguée peut être utilisé pour l'établissement des actes de l'état civil et pour les mises à jour résultant de l'apposition des mentions en marge de ces actes. Les données des actes de l'état civil établis par un procédé manuel peuvent être enregistrées ultérieurement par le traitement automatisé de la commune ou, le cas échéant, de la commune déléguée.

Le traitement automatisé mis en œuvre par la commune déléguée peut être hébergé par la commune nouvelle.

La commune peut déléguer l'hébergement du traitement automatisé de ses données de l'état civil ou d'une sauvegarde de ces données au département, à la région, à un établissement public de coopération intercommunale ou à toute personne morale de droit public de son choix.

La commune nouvelle peut déléguer, dans les mêmes conditions, l'hébergement du traitement automatisé des données de l'état civil de ses communes déléguées.

Toute utilisation mutualisée de traitement automatisé garantit que chaque commune n'a accès qu'aux données des actes de l'état civil dont elle est dépositaire. Toutefois cette disposition n'est pas applicable au sein des communes nouvelles, des communes fusionnées et des communes comportant des divisions administratives.

La commune ou le délégataire avec l'accord de la commune, peut confier l'hébergement du traitement automatisé à une personne morale de droit privé à la condition que celle-ci soit établie en France et que l'hébergement et la sauvegarde des données de l'état civil soient réalisés sur le territoire national.

Dans ce cas, seule la commune ou son délégataire ont accès aux traitements automatisés, aux données de l'état civil associées et à leurs infrastructures techniques d'hébergement.

Les conditions techniques de sécurité, d'intégrité et de confidentialité des traitements automatisés des donnés de l'état civil et de leur hébergement sont fixées par arrêté du garde des Sceaux, ministre de la Justice.

Les données contenues dans les actes de l'état civil établis par les autorités diplomatiques et consulaires et par le service central d'état civil sont enregistrées dans un traitement automatisé hébergé par ce service.

Art. 12 *(Créé à compter du 1er novembre 2017, D. n° 2017-890, 6 mai 2017).* – Les données de l'état civil gérées dans les conditions prévues à l'article 11 peuvent servir à mettre en œuvre la procédure de vérification sécurisée des données à caractère personnel contenues dans les actes de l'état civil ainsi qu'à délivrer des copies intégrales et extraits de ces actes.

Art. 13 *(Créé à compter du 1er novembre 2017, D. n° 2017-890, 6 mai 2017).* – La commune, les autorités diplomatiques et consulaires et le service central d'état civil sont dispensés, en application de l'article 40 du Code civil, d'établir le registre des actes de l'état civil en double exemplaire et, en conséquence, d'envoyer des avis de mention au greffe de la juridiction, s'ils disposent d'un traitement automatisé des données de l'état civil tenu conformément aux prescriptions de l'article 11 et répondant, en outre, aux conditions suivantes :

1° Permettre un délai de mise à jour des données inférieur à vingt-quatre heures ;

2° Etre hébergé sur un site distinct de celui où sont tenus les registres des actes de l'état civil ;

3° Etre mis en œuvre sur des infrastructures conservées dans des locaux répondant à des conditions de sécurité et de sûreté adaptées ;

4° Permettre le transfert du registre au service d'archives compétent.

La dispense légale d'élaboration des registres en double exemplaire prend effet au 1er janvier de l'année qui suit celle de la demande.

Dans un délai de deux mois précédant l'année de sa mise en œuvre, le maire de la commune, pris en sa qualité d'officier de l'état civil, atteste auprès du procureur de la République que le traitement automatisé répond aux exigences de sécurité requises et en informe le directeur des archives compétent. Le procureur de la République peut, à tout moment, avec le concours des services de sécurité des systèmes d'information du ministère de la justice et, le cas échéant, du directeur des archives compétent, procéder à un contrôle de conformité du dispositif de traitement et de son hébergement. En cas de non-respect des conditions requises, le procureur de la République adresse une demande de mise en conformité assortie d'un délai de mise en œuvre qui ne peut excéder trois mois. A défaut de mise en conformité, le procureur de la République avise sans délai le maire que les conditions de la dispense légale d'élaboration en double exemplaire des registres ne sont pas remplies. La reconstitution du second registre de l'état civil est alors opérée dans les conditions et suivant la procédure décrite aux articles 14 et 15.

S'agissant des traitements automatisés des données des actes de l'état civil du ministère des affaires étrangères, le chef du service central d'état civil atteste, dans les mêmes conditions, du respect des exigences de sécurité requises auprès du procureur de la République du lieu où est établi ce service.

Ce dernier peut, à tout moment, avec le concours des services de sécurité des systèmes d'information du ministère des affaires étrangères, effectuer un contrôle de conformité selon les modalités décrites à l'alinéa précédent dont les dispositions sont, pour le surplus, applicables.

Lorsqu'une mention doit être apposée en marge d'un acte de l'état civil dont les données ne sont pas enregistrées dans le traitement automatisé, l'officier de l'état civil peut soit procéder à l'enregistrement des données de l'acte et de ses mentions soit enregistrer l'avis de mention dans le traitement automatisé.

Les conditions techniques requises par le présent article ainsi que le modèle d'attestation de conformité du maire sont fixés par arrêté conjoint du garde des Sceaux, ministre de la Justice, du ministre des affaires étrangères et du ministre chargé de la culture.

Section 4 : Reconstitution des actes et des registres de l'état civil

Art. 14 *(Créé à compter du 1er novembre 2017, D. n° 2017-890, 6 mai 2017).* – La reconstitution des actes et des registres de l'état civil relève de la compétence du tribunal de grande instance dans le ressort duquel l'acte ou le registre a été établi.

Sont toutefois seuls compétents :

1° Le tribunal de grande instance du lieu d'établissement du service central d'état civil du ministère des affaires étrangères, pour les actes détenus par ce service et ceux détenus par les autorités diplomatiques ou consulaires ;

2° Le tribunal de grande instance de Paris, pour les certificats tenant lieu d'acte de l'état civil à un réfugié, un apatride ou un bénéficiaire de la protection subsidiaire.

Art. 15 *(Créé à compter du 1er novembre 2017, D. n° 2017-890, 6 mai 2017).* – En cas de destruction ou perte d'une feuille vierge, l'officier de l'état civil indique, sur le procès-verbal de clôture du registre, le numéro de la feuille ainsi que les circonstances de l'incident. Les actes de l'état civil sont établis sur les feuilles portant les numéros qui suivent.

Au cas où une feuille contenant un ou plusieurs actes a été perdue, détruite ou rendue inexploitable, l'officier de l'état civil en avertit sans délai le procureur de la République territorialement compétent. Ce dernier autorise la reconstitution du ou des actes et donne toutes instructions utiles à cet effet.

En cas de destruction d'un registre, le procureur de la République sollicite du garde des Sceaux, ministre de la Justice, l'autorisation de reconstitution et l'engagement des dépenses.

S'agissant des actes ou des registres détenus par les autorités diplomatiques ou consulaires, le chef de poste avise sans délai le service central d'état civil qui en informe immédiatement le procureur la République compétent. Ce dernier autorise leur reconstitution et donne à ce service toutes instructions utiles à cet effet. S'agissant des actes ou des registres de l'état civil détenus par le service central d'état civil, ce dernier avertit sans délai le procureur de la République territorialement compétent afin qu'il autorise leur reconstitution et donne toutes instructions utiles à cet effet.

La reconstitution des actes ou des registres est réalisée par l'officier de l'état civil à partir du second exemplaire de ceux-ci ou des données contenues dans les traitements automatisés.

Le procureur de la République saisit par requête le tribunal de grande instance afin qu'il confère force probante aux actes ou registres reconstitués.

Mention du jugement est portée en marge des actes reconstitués et copie de celui-ci est versée aux pièces annexes.

Lorsque la reconstitution porte sur l'entier registre, copie du jugement donnant force probante aux actes est insérée en début de celui-ci et mention en est portée en marge de l'acte reconstitué, lorsqu'il est demandé une copie intégrale de celui-ci. Lorsque la reconstitution de l'acte ou du registre ne peut être effectuée dans les conditions prévues au cinquième alinéa, celle-ci ne peut être opérée qu'en vertu d'un jugement supplétif rendu en application de l'article 46 du Code civil, à la demande du procureur de la République ou de l'intéressé lui-même.

Section 5 : Transcription des actes consulaires étrangers

Art. 16 *(Créé à compter du 1er novembre 2017, D. n° 2017-890, 6 mai 2017).* – Les actes de mariage reçus en France par les autorités diplomatiques ou consulaires étrangères et concernant des étrangers dont l'un au moins est devenu français après le mariage sont transcrits d'office ou à la demande des intéressés, sur les registres de l'état civil du lieu où le mariage a été célébré. Mention de la transcription est portée en marge de l'acte de naissance de chaque époux s'il est conservé sur un registre de l'état civil français. Le cas échéant, l'acte est préalablement transcrit dans les conditions prévues au premier alinéa de l'article 24.

Chapitre II : Dispositions relatives aux tables annuelles et décennales des actes de l'état civil

Art. 17 *(Créé à compter du 1er novembre 2017, D. n° 2017-890, 6 mai 2017).* – **Il est établi, tous les ans, dans chaque commune, une table alphabétique des actes de l'état civil. Il est établi tous les dix ans, à partir des tables annuelles, une table alphabétique pour chaque commune.**

Art. 18 *(Créé à compter du 1er novembre 2017, D. n° 2017-890, 6 mai 2017).* – **Les tables annuelles sont établies soit à partir de fiches rédigées d'après les actes de l'état civil et classées par ordre alphabétique, soit à partir des données de l'état civil enregistrées dans le traitement automatisé.**

Elles sont dressées par les officiers de l'état civil dans le mois qui suit la clôture du registre de l'année précédente et sont établies dans un ou plusieurs registres distincts.

Art. 19 *(Créé à compter du 1er novembre 2017, D. n° 2017-890, 6 mai 2017).* – **Lorsque les tables annuelles sont établies dans un registre, elles recensent séparément, les unes à la suite des autres :**

1° Les naissances, les reconnaissances, les adoptions ;

2° Les mariages ;

3° Les décès et les actes d'enfant sans vie.

Elles ne doivent comporter qu'un nom par ligne.

Art. 20 *(Créé à compter du 1er novembre 2017, D. n° 2017-890, 6 mai 2017).* – **Lorsque les registres de l'état civil sont tenus en double exemplaire, les tables annuelles le sont également. Chaque exemplaire est certifié par l'officier de l'état civil chargé de son établissement. Un exemplaire est conservé par la commune ; l'autre déposé au greffe du tribunal de grande instance en même temps que le registre qu'il accompagne, dans les conditions prévues à l'article 10.**

Lorsque la commune est dispensée d'établir un double du registre d'état civil en application de l'article 13, les tables annuelles sont établies en un exemplaire conservé par la commune dans les conditions prévues aux articles L. 212-11 et L. 212-12 du Code du patrimoine.

Art. 21 *(Créé à compter du 1er novembre 2017, D. n° 2017-890, 6 mai 2017).* – **Les tables décennales sont dressées par les officiers de l'état civil dans les six premiers mois de l'année suivant l'expiration de la période décennale. Elles sont établies séparément les unes à la suite des autres :**

1° Pour les naissances, les reconnaissances, les adoptions ;

2° Pour les mariages ;

3° Pour les décès et les actes d'enfants sans vie.

Elles ne doivent comporter qu'un nom par ligne.

Art. 22 *(Créé à compter du 1er novembre 2017, D. n° 2017-890, 6 mai 2017).* – **Lorsque les registres de l'état civil sont tenus en double exemplaire, les tables décennales le sont également. Chaque exemplaire est certifié par l'officier de l'état civil chargé de son établissement. Un exemplaire est conservé par la commune ; l'autre versé au greffe du tribunal de grande instance, dès l'expiration du délai de six mois prévu à l'article 21, pour une durée de soixante-quinze ans avant versement aux archives départementales.**

Lorsque la commune est dispensée d'établir un double du registre d'état civil en application de l'article 13, les tables décennales sont établies en un exemplaire conservé par la commune dans les conditions prévues aux articles L. 212-11 et L. 212-12 du Code du patrimoine.

Art. 23 *(Créé à compter du 1er novembre 2017, D. n° 2017-890, 6 mai 2017).* – **La naissance d'un enfant qui a lieu dans une commune ou un arrondissement d'une commune autre que celle ou celui du domicile du ou des parents est inscrite sur la table annuelle et la table décennale des actes de la commune ou de l'arrondissement de ce domicile.**

A cet effet, l'officier de l'état civil qui a reçu l'acte de naissance ou de reconnaissance en avise, dans les trois jours, l'officier de l'état civil du lieu du domicile.

Les avis indiquent les prénoms, nom, date et lieu de naissance de l'enfant, domicile du ou des parents et sont conservés jusqu'à l'établissement de la table annuelle. Ils sont alors réunis aux fiches mentionnées à l'article 18

ou enregistrés dans le traitement automatisé et font l'objet, en même temps, d'un classement unique alphabétique, en vue de la rédaction de la table.

Chapitre III : Dispositions propres aux actes établis par le ministère des affaires étrangères

Art. 24 *(Créé à compter du 1er novembre 2017, D. n° 2017-890, 6 mai 2017).* – Les actes de l'état civil des personnes de nationalité française dressés en pays étranger par les autorités locales sont transcrits d'office ou à la demande des intéressés sur les registres de l'état civil de l'année courante tenus par les autorités diplomatiques ou consulaires territorialement compétentes. Cette transcription est mentionnée sommairement dans les fichiers tenus au ministère des affaires étrangères et dans les postes diplomatiques et consulaires. Seules sont transcrites les énonciations qui sont portées dans les actes de l'état civil français correspondant.

Lorsque par suite de la rupture des relations diplomatiques ou de la fermeture du poste territorialement compétent, la transcription de l'acte de l'état civil étranger dans les registres de l'état civil français ne peut être faite dans les conditions prévues aux alinéas précédents, celle-ci est opérée par le service central d'état civil qui procède à sa mise à jour. Ce dernier peut délivrer des copies ou des extraits d'acte ou mettre en œuvre la procédure de vérification sécurisée des données à caractère personnel contenues dans les actes de l'état civil conformément aux dispositions du titre II. Les actes pris en dépôt par le ministère des affaires étrangères conformément aux dispositions antérieures à l'entrée en vigueur du décret n° 97-852 du 16 septembre 1997 sont transcrits selon les mêmes modalités à la demande des intéressés. Dès que les circonstances le permettent, le service central d'état civil adresse l'original des actes transcrits et les pièces annexes au représentant français à l'étranger ainsi que les actes restés en dépôt aux fins de transcription dans les conditions précitées.

Titre II : DISPOSITIONS CONCERNANT LA PUBLICITÉ DES ACTES DE L'ÉTAT CIVIL

Art. 25 *(Créé à compter du 1er novembre 2017, D. n° 2017-890, 6 mai 2017).* – La publicité des actes de l'état civil prévue à l'article 101-1 du Code civil est déterminée par les dispositions du présent titre. Elle est assurée par la délivrance de copies intégrales et d'extraits d'actes de l'état civil ainsi que par la vérification sécurisée des données à caractère personnel contenues dans les actes de l'état civil, faite par les officiers de l'état civil des actes qu'ils détiennent.

Au sein d'une même commune comprenant des divisions administratives où sont détenus les registres de l'état civil de leur ressort ou au sein d'une commune nouvelle, les officiers de l'état civil peuvent délivrer, chacun dans leur circonscription ou dans leur commune déléguée, des copies intégrales et extraits des actes de l'état civil dressés ou transcrits dans l'ensemble de la commune ou de la commune nouvelle. Ces dispositions sont également applicables aux communes fusionnées avant l'entrée en vigueur de la loi n° 2010-1563 du 16 décembre 2010 portant réforme des collectivités territoriales.

Art. 26 *(Créé à compter du 1er novembre 2017, D. n° 2017-890, 6 mai 2017).* – Les actes de naissance, les actes de reconnaissance et les actes de mariage ainsi que les registres de l'état civil qui les contiennent, datant de moins de soixante-quinze ans, ne peuvent être directement consultés que par les agents de l'État habilités à cet effet et les personnes munies d'une autorisation écrite de l'administration des archives, conformément à l'article L. 213-3 du Code du patrimoine. Au-delà de ce délai, l'accès de toute personne à ces actes et registres est régi par les dispositions du chapitre III du titre Ier du livre II du même code.

A l'exception des actes de décès dont la communication est de nature à porter atteinte, compte tenu des circonstances du décès, à la sécurité des personnes qui y sont désignées et qui est opérée conformément aux dispositions du 3° du I de l'article L. 213-2 du même code, les actes de décès sont librement communicables conformément à l'article L. 213-1 du Code du patrimoine.

Chapitre Ier : La délivrance des copies intégrales et des extraits des actes de l'état civil

Art. 27 *(Créé à compter du 1er novembre 2017, D. n° 2017-890, 6 mai 2017).* – Les copies intégrales et les extraits des actes de l'état civil portant la date de leur délivrance et revêtus de la signature et du sceau de l'autorité qui les a délivrés, font foi jusqu'à inscription de faux.

Art. 28 *(Créé à compter du 1er novembre 2017, D. n° 2017-890, 6 mai 2017).* – A moins qu'il n'en soit disposé autrement, la durée de la validité des copies intégrales et extraits des actes de l'état civil n'est pas limitée.

Art. 29 *(Créé à compter du 1er novembre 2017, D. n° 2017-890, 6 mai 2017).* – La délivrance des copies intégrales et des extraits des actes de l'état civil est gratuite.

Les demandes de copie intégrale ou d'extrait d'acte sont faites sur place, par courrier ou par télé-service mis en place par l'État ou les communes.

Les demandes d'actes sont conservées pendant une durée d'un an. Celles-ci font l'objet d'un enregistrement lorsque la commune dispose d'un traitement automatisé.

La demande d'extrait sans indication de la filiation des actes de naissance ou de mariage indique les date et lieu de naissance ou de mariage ainsi que les nom et prénoms du ou des personnes auxquelles l'acte se rapporte.

La demande de copie intégrale ou d'extrait avec indication de la filiation d'un acte de naissance indique les nom, prénoms, date et lieu de naissance de la personne à laquelle l'acte se rapporte ainsi que les nom et prénom usuel de ses parents.

La demande de copie intégrale ou d'extrait avec indication de la filiation d'un acte de mariage précise, en outre, la date et le lieu du mariage. La demande de copie intégrale d'un acte de reconnaissance indique les nom, prénoms du déclarant ainsi que la date et le lieu de la reconnaissance.

La demande de copie intégrale d'un acte de décès ou d'un acte d'enfant sans vie indique les nom et prénoms du défunt ou de la mère ainsi que la date et le lieu du décès ou de l'accouchement.

En cas de doute sur l'identité ou la qualité du demandeur, l'officier de l'état civil est fondé à solliciter toutes pièces justificatives.

Les copies intégrales et les extraits d'acte sont remis ou adressés directement par courrier au demandeur par l'officier de l'état civil dépositaire des actes.

Art. 30 *(Créé à compter du 1er novembre 2017, D. n° 2017-890, 6 mai 2017).* – Les copies intégrales des actes de naissance et des actes de mariage peuvent être délivrées à la personne à laquelle l'acte se rapporte à la condition qu'elle soit majeure ou émancipée ainsi qu'à ses ascendants, ses descendants, son conjoint, son partenaire lié par un pacte civil de solidarité, son représentant légal et aux personnes justifiant d'un mandat écrit ou du dispositif de la décision d'habilitation familiale prise en application de l'article 494-1 du Code civil.

Les copies intégrales des actes de reconnaissance peuvent en outre être délivrées aux héritiers de l'enfant.

L'avocat peut obtenir la copie intégrale des actes de l'état civil que son client est également fondé à requérir.

Les copies intégrales peuvent être aussi délivrées au procureur de la République, à l'officier de l'état civil, aux autorités mentionnées aux articles 26-1 et 31 du Code civil compétentes pour enregistrer les déclarations d'acquisition de la nationalité française et délivrer les certificats de nationalité française, au notaire et, dans les cas où les lois et règlements les y autorisent et en référence expresse à ceux-ci, aux administrations publiques.

Les généalogistes qui procèdent à des recherches en application de l'article 36 de la loi n° 2006-728 du 23 juin 2006 portant réforme des successions et des libéralités ou des dispositions de la loi n° 2014-617 du 13 juin 2014 relative aux comptes bancaires inactifs et aux contrats d'assurance vie en déshérence peuvent également obtenir une copie intégrale des actes de l'état civil, sous réserve qu'ils justifient de l'autorisation de consultation des actes de l'état civil délivrée par l'administration des archives et qu'ils soient porteurs d'un mandat ou d'une demande émanant d'un notaire, d'un organisme d'assurance ou de toute autre personne ayant un intérêt direct et légitime.

Les copies intégrales des actes de décès et des actes d'enfant sans vie peuvent être délivrées à toute personne. Toutefois, lorsque la communication des informations figurant dans l'acte de décès est de nature à porter atteinte, compte tenu des circonstances du décès, à la sécurité des personnes désignées dans l'acte, le procureur de la République peut limiter la délivrance des copies intégrales de l'acte aux personnes mentionnées aux alinéas précédents ainsi qu'aux ayants droit du défunt, à la condition qu'ils justifient des nom et prénoms usuels des parents de celui-ci.

Les autres personnes ainsi que les généalogistes intervenant hors les cas prévus au cinquième alinéa, ne peuvent obtenir la copie intégrale d'un acte de naissance, d'un acte de reconnaissance, d'un acte de mariage et d'un acte de décès qu'en vertu d'une autorisation du procureur de la République. En cas de refus de celui-ci, ils peuvent saisir le président du tribunal de grande instance qui statue par ordonnance de référé.

Art. 31 *(Créé à compter du 1er novembre 2017, D. n° 2017-890, 6 mai 2017).* – Les actes de naissance et les actes de mariage peuvent être délivrés sous la forme d'extrait avec ou sans indication de la filiation.

Art. 32 *(Créé à compter du 1er novembre 2017, D. n° 2017-890, 6 mai 2017).* – Les extraits, avec indication de la filiation, des actes de naissance ou de mariage précisent les nom, prénoms, date et lieu de naissance des parents de la personne à laquelle l'acte se rapporte. Ils peuvent être délivrés à celle-ci si elle est majeure ou émancipée ainsi qu'à ses ascendants, ses descendants, son conjoint, son partenaire lié par un pacte civil de solidarité, son représentant légal et aux personnes justifiant d'un mandat écrit ou du dispositif de la décision d'habilitation familiale prévue à l'article 494-1 du Code civil.

L'avocat peut obtenir l'extrait, avec indication de la filiation, des actes de l'état civil que son client est légalement fondé à requérir.

Ces extraits peuvent être aussi délivrés au procureur de la République, à l'officier de l'état civil, aux autorités mentionnées aux articles 26-1 et 31 du Code civil compétentes pour enregistrer les déclarations d'acquisition de la nationalité française et délivrer les certificats de nationalité française, au notaire et, dans les cas où les lois et règlements les y autorisent et en référence expresse à ceux-ci, aux administrations publiques.

Les généalogistes qui procèdent à des recherches en application de l'article 36 de la loi n° 2006-728 du 23 juin 2006 portant réforme des successions et des libéralités ou de la loi n° 2014-617 du 13 juin 2014 relative aux comptes bancaires inactifs et aux contrats d'assurance vie en déshérence peuvent également obtenir un extrait, avec indication de la filiation, des actes de naissance et des actes de mariage sous réserve qu'ils justifient de l'autorisation de consultation des actes de l'état civil délivrée par l'administration des archives et qu'ils soient porteurs d'un mandat ou d'une demande émanant d'un notaire, d'un organisme d'assurance ou de toute autre personne ayant un intérêt direct et légitime.

Les autres personnes ainsi que les généalogistes intervenant hors le cas prévu au quatrième alinéa ne peuvent se voir délivrer ces extraits que dans les conditions prévues au septième alinéa de l'article 30.

Art. 33 *(Créé à compter du 1er novembre 2017, D. n° 2017-890, 6 mai 2017).* – Les dépositaires des registres sont tenus de délivrer à tout requérant les extraits des actes de naissance et des actes de mariage sans indication de la filiation.

Les extraits d'acte de naissance sans indication de la filiation mentionnent, sans autres renseignements, le jour, le mois, l'année, l'heure et le lieu de naissance, le sexe, les prénoms et le nom de l'enfant et, le cas échéant, la déclaration conjointe relative au nom de celui-ci, tels que ces éléments résultent des énonciations de l'acte de naissance et des mentions portées en marge de celui-ci. Ils reproduisent, en outre, les mentions de mariage, de divorce, de séparation de corps à moins que celle-ci ne soit suivie d'une reprise de la vie commune, de conclusion, modification ou dissolution d'un pacte civil de solidarité et de décès ; à la demande du requérant, l'extrait peut comporter l'ensemble de ces mentions. Les mentions relatives à la nationalité française qui ont été portées en marge de l'acte de naissance sont reproduites sur l'extrait de l'acte dans les conditions prévues à l'article 28-1 du Code civil.

Les extraits d'acte de mariage indiquent, sans autres renseignements, le jour, le mois et l'année du mariage ainsi que les noms et prénoms, dates et lieux de naissance des époux, tels qu'ils résultent des énonciations de l'acte de mariage et des mentions portées en marge de celui-ci. Ils reproduisent les énonciations et mentions relatives au régime matrimonial ainsi que les mentions de divorce ou de séparation de corps ainsi que de reprise de la vie commune.

Art. 34 *(Créé à compter du 1er novembre 2017, D. n° 2017-890, 6 mai 2017).* – Les copies intégrales et extraits, avec ou sans indication de la filiation, d'actes de l'état civil peuvent être demandés directement à l'officier de l'état civil dépositaire de l'acte par une administration, un service, un établissement public, un organisme, une caisse contrôlée par l'État ou un autre officier de l'état civil, en charge de l'instruction d'un dossier administratif, dès lors que celui-ci ou celle-ci est légalement fondé à requérir ces actes des usagers et sous réserve que ces derniers en aient été préalablement informés.

Ces dispositions ne sont pas applicables lorsque la procédure de vérification sécurisée des données à caractère personnel contenues dans les actes de l'état civil prévue au chapitre II du présent titre peut être mise en œuvre par voie électronique.

Les copies et extraits, avec ou sans indication de la filiation, d'actes de l'état civil régulièrement détenus par une administration, un service, un établissement public, ou par une entreprise, un organisme ou une caisse contrôlés par l'État sont communicables, sur leur demande, à l'un quelconque de ces organismes dans les cas où celui-ci est légalement fondé à les requérir des usagers.

Art. 35 *(Créé à compter du 1er novembre 2017, D. n° 2017-890, 6 mai 2017).* – Lorsqu'en marge d'un acte de naissance figure une mention « RC », les copies intégrales et les extraits de l'acte indiquent qu'une inscription a été prise au répertoire civil et reproduisent son numéro.

Lorsque ces mentions sont radiées, elles ne sont indiquées sur les copies intégrales et les extraits de l'acte que sur autorisation du procureur de la République.

Art. 36 *(Créé à compter du 1er novembre 2017, D. n° 2017-890, 6 mai 2017).* – Lorsqu'une mention a été apposée à tort en marge d'un acte de l'état civil, les copies intégrales et les extraits de l'acte n'y font référence que sur autorisation du procureur de la République.

Art. 37 *(Créé à compter du 1er novembre 2017, D. n° 2017-890, 6 mai 2017).* – Lorsqu'un enfant a fait l'objet d'une adoption plénière, d'une légitimation adoptive ou de toute autre adoption comportant rupture des liens avec la famille d'origine, les extraits d'acte de naissance le concernant, avec indication de la filiation, indiquent comme parents les adoptants sans aucune référence au jugement d'adoption.

En cas d'adoption simple, les extraits d'acte de naissance avec indication de la filiation mentionnent, outre les parents d'origine, les parents adoptifs et font référence au jugement d'adoption.

En cas de légitimation adoptive ou d'adoption comportant rupture des liens avec la famille d'origine, la copie intégrale de l'acte de naissance délivrée ne contient que les indications prévues au troisième alinéa de l'article 354 du Code civil. Une copie intégrale de l'acte portant mention de l'adoption n'est délivrée qu'à la demande de l'adopté ou de l'adoptant et sur autorisation du procureur de la République.

Art. 38 *(Créé à compter du 1er novembre 2017, D. n° 2017-890, 6 mai 2017).* – En cas de mention de rectification, par l'officier de l'état civil ou le procureur de la République, d'une erreur ou omission matérielle relative au sexe de la personne à laquelle l'acte se rapporte, les copies intégrales délivrées ne font apparaître l'erreur commise et sa rectification que sur autorisation du procureur de la République.

Art. 38-1 *(Créé à compter du 1er mars 2019, D. n° 2019-136, 27 févr. 2019)* . – La mention prévue à l'article 2495 du Code civil ne figure sur les copies intégrales et les extraits de l'acte de naissance que sur demande de la personne à laquelle l'acte se rapporte ou, s'il est mineur, sur demande de son représentant légal. Le procureur de la République peut toujours obtenir la copie intégrale ou l'extrait de l'acte de naissance portant cette mention.

Chapitre II : La vérification sécurisée des données à caractère personnel contenues dans les actes de l'état civil

Section 1 : Dispositions générales

Art. 39 *(Créé à compter du 1er novembre 2017, D. n° 2017-890, 6 mai 2017).* – Pour l'instruction de leurs dossiers et dès lors qu'ils sont fondés à requérir des actes de l'état civil, les administrations, services et établissements publics de l'État ou des collectivités territoriales, les caisses et organismes gérant des régimes de protection sociale peuvent faire procéder à la vérification des données de l'état civil fournies par l'usager auprès des officiers de l'état civil dépositaires de ces actes.

La procédure de vérification peut également, aux mêmes conditions, être mise en œuvre par les notaires, les officiers de l'état civil ainsi que par les personnes habilitées à exercer les fonctions d'officier de l'état civil auprès de l'Office français de protection des réfugiés et apatrides.

Lorsqu'elle est mise en œuvre, la procédure de vérification dispense la personne intéressée de la production de la copie intégrale ou de l'extrait d'acte de l'état civil.

Art. 40 *(Créé à compter du 1er novembre 2017, D. n° 2017-890, 6 mai 2017).* – La demande de vérification est formée par l'administration, l'organisme instructeur, l'officier de l'état civil ou le notaire à partir des informations recueillies auprès de l'usager ou du client, sous réserve que celui-ci en ait été préalablement informé.

Art. 41 *(Créé à compter du 1er novembre 2017, D. n° 2017-890, 6 mai 2017).* – L'officier de l'état civil saisi vérifie la conformité des informations reçues à celles contenues dans l'acte de l'état civil qu'il détient. Il peut, le cas échéant, les compléter ou les rectifier dans les limites de la demande qui lui est adressée.

Il atteste, par l'apposition de sa signature manuscrite ou électronique sécurisée selon le type d'échanges retenu, de la conformité des informations vérifiées à celles contenues dans l'acte de l'état civil.

Art. 42 *(Créé à compter du 1er novembre 2017, D. n° 2017-890, 6 mai 2017).* – La demande de vérification et la réponse qu'elle appelle peuvent être communiquées à leur destinataire par lettre simple ou par voie électronique.

Section 2 : Dispositions propres à la procédure de vérification sécurisée par voie électronique

Art. 43 *(Créé à compter du 1er novembre 2017, D. n° 2017-890, 6 mai 2017).* – Lorsqu'elles sont échangées par voie électronique, les demandes de vérification et les réponses qu'elles appellent sont réalisées dans des conditions qui garantissent l'intégrité des informations échangées, la sécurité et la confidentialité de la transmission, l'identité et la fonction de l'expéditeur et celles du destinataire.

Les demandes de vérification et les réponses à ces demandes sont transmises par l'intermédiaire d'une plate-forme sécurisée de routage dédiée aux échanges de données de l'état civil exploitée par l'agence nationale des titres sécurisés sous la maîtrise d'ouvrage du garde des Sceaux, ministre de la Justice.

L'utilisation de la plate-forme d'échange est gratuite pour les communes. Les certificats électroniques qualifiés sont fournis par l'agence dans les mêmes conditions de gratuité.

Les caractéristiques techniques de la procédure de communication électronique des données de l'état civil sont définies par arrêté du garde des Sceaux, ministre de la Justice.

....

Art. 45 *(Créé à compter du 1er novembre 2017, D. n° 2017-890, 6 mai 2017).* – Pour l'application du XVII de l'article 114 de la loi n° 2016-1547 du 18 novembre 2016 susvisée, l'État s'engage pendant une période de sept ans à compter de la date de publication du présent décret, à verser annuellement une aide aux communes qui mettent en œuvre la procédure de vérification sécurisée des données à caractère personnel contenues dans les actes de l'état civil par l'intermédiaire de la plateforme de routage dédiée aux échanges de données de l'état civil prévue à l'article 43.

Le montant de cette aide, versée par l'agence nationale des titres sécurisée, est calculé au prorata des vérifications effectuées au profit des notaires et à partir d'un seuil minimal. Les modalités de calcul et de versement de cette aide sont précisées par un arrêté du garde des Sceaux, ministre de la Justice.

Décret n° 2017-1416 du 28 septembre 2017

relatif à la signature électronique

Art. 1er. – La fiabilité d'un procédé de signature électronique est présumée, jusqu'à preuve du contraire, lorsque ce procédé met en oeuvre une signature électronique qualifiée.

Est une signature électronique qualifiée une signature électronique avancée, conforme à l'article 26 du règlement susvisé et créée à l'aide d'un dispositif de création de signature électronique qualifié répondant aux exigences de l'article 29 dudit règlement, qui repose sur un certificat qualifié de signature électronique répondant aux exigences de l'article 28 de ce règlement.

Art. 2. – I. - Le décret n° 2001-272 du 30 mars 2001 pris pour l'application de l'article 1316-4 du Code civil et relatif à la signature électronique est abrogé.

II. - Les références au décret n° 2001-272 du 30 mars 2001 pris pour l'application de l'article 1316-4 du Code civil et relatif à la signature électronique abrogé par le I, contenues dans des dispositions de nature réglementaire, sont remplacées par les références au présent décret.

Art. 3. – Le présent décret est applicable dans les îles Wallis et Futuna.

Arrêté du 13 décembre 2017

relatif au contenu de la notice d'information relative aux obligations du bailleur et aux voies de recours et d'indemnisation du locataire jointe au congé délivré par le bailleur en raison de sa décision de reprendre ou de vendre le logement

Art. 1er. – Le contenu de la notice d'information, jointe au congé délivré par le bailleur en raison de sa décision de reprendre ou de vendre le logement, est précisé en annexe du présent arrêté.

Art. 2. – Les dispositions du présent arrêté s'appliquent aux congés délivrés à compter du 1er janvier 2018.

Annexe

Notice d'information relative aux obligations du bailleur et aux voies de recours et d'indemnisation du locataire jointe au congé délivré par le bailleur en raison de sa décision de reprendre ou de vendre le logement prise en application de l'article 15 de la loi n° 89-462 du 6 juillet 1989 tendant à améliorer les rapports locatifs et portant modification de la loi n° 86-1290 du 23 décembre 1986.

(...)

Décret n° 2017-1802 du 28 décembre 2017

relatif à l'acte de notoriété portant sur un immeuble situé en Corse, en Guadeloupe, en Guyane, en Martinique, à La Réunion, à Mayotte ou à Saint-Martin

Art. 1er. – L'acte de notoriété constatant une possession répondant aux conditions de la prescription acquisitive, mentionné aux articles 35-2 de la loi [n° 2009-594] du 27 mai 2009 et 1er de la loi [n° 2017-285] du 6 mars 2017 susvisées comporte les éléments suivants :

1° L'identité de la personne bénéficiaire précisée conformément, pour une personne physique, aux dispositions du premier alinéa de l'article 5 du décret [n° 55-22] du 4 janvier 1955 susvisé et pour une personne morale, aux dispositions du 1° de l'article 6 de ce même décret, ou à Mayotte, conformément aux dispositions des articles 64 et 65 du décret [n° 2008-1086] du 23 octobre 2008 susvisé ;

2° Les éléments d'identification de l'immeuble concerné, précisés conformément aux dispositions de l'article 7 du décret [n° 55-22] du 4 janvier 1955, ou à Mayotte, conformément aux dispositions des articles 67, 69 et 72 du décret [n° 2008-1086] du 23 octobre 2008 ;

3° Les témoignages et éléments apportant la preuve des actes matériels qui caractérisent une possession de l'immeuble concerné répondant aux conditions prévues par les articles 2261 et 2272 du Code civil ;

4° La reproduction des dispositions du premier alinéa de l'article 35-2 de la loi [n° 2009-594] du 27 mai 2009 susvisée, lorsque l'acte de notoriété porte sur un immeuble situé en Guadeloupe, en Guyane, en Martinique, à La Réunion, à Mayotte ou à Saint-Martin, ou de celles du premier alinéa de l'article 1er de la loi [n° 2017-285] du 6 mars 2017 susvisée, lorsque l'acte de notoriété porte sur un immeuble situé en Corse.

Art. 2. – À l'initiative de la personne bénéficiaire ou, à Mayotte, de la commission d'urgence foncière mentionnée à l'article 35-1 de la loi [n° 2009-594] du 27 mai 2009 susvisée et dès sa constitution, du groupement d'intérêt public mentionné à l'article 35 de la même loi, qui en assume alors les frais, l'acte de notoriété fait l'objet des mesures de publicité suivantes :

1° Publication de l'acte de notoriété au fichier immobilier ou, à Mayotte, inscription au livre foncier ;

2° Affichage pendant trois mois en mairie, par les soins du maire de chaque commune sur le territoire de laquelle est situé l'immeuble, d'un extrait de l'acte de notoriété comprenant les éléments mentionnés aux 1°, 2° et 4° de l'article 1er. Cet extrait précise que le bénéficiaire revendique la propriété de l'immeuble au titre de la prescription acquisitive en application de l'article 2272 du Code civil ;

3° Publication de l'extrait de l'acte de notoriété sur le site internet de la préfecture du lieu de situation de l'immeuble, pendant une durée de cinq ans ;

4° Publication de l'extrait de l'acte de notoriété sur le site internet de la collectivité de Corse lorsque l'acte porte sur un immeuble situé en Corse.

L'accomplissement des mesures de publicité prévues aux 2° et 3° est certifié, selon le cas, par le maire ou le préfet.

L'accomplissement de la dernière des mesures de publicité prévues aux 1°, 2° et 3° fait courir le délai de cinq ans pendant lequel l'acte de notoriété mentionné à l'article 1er peut être contesté en application de l'article 35-2 de la loi [n° 2009-594] du 27 mai 2009 susvisée ou de l'article 1er de la loi [n° 2017-285] du 6 mars 2017 susvisée.

Art. 3. – *(V. D. n° 2008-1086, 23 oct. 2008).*

Art. 4. – Le présent décret entre en vigueur le 1er janvier 2018.

Décret n° 2018-347 du 9 mai 2018

relatif à la lettre recommandée électronique

Art. 1er. – Il est ajouté à la deuxième partie réglementaire - décrets en Conseil d'État - du Code des postes et des communications électroniques un livre III intitulé « Autres services, dispositions communes et finales » ainsi rédigé :

Livre III. – AUTRES SERVICES, DISPOSITIONS COMMUNES ET FINALES

Titre Ier. – AUTRES SERVICES

Chapitre Ier. – Lettre recommandée électronique

Section 1. – Définition de la lettre recommandée électronique

Art. R. 53. - Une lettre recommandée électronique est un envoi recommandé électronique au sens de l'article L. 100.

Section 2. – Exigences requises pour la lettre recommandée électronique

Art. R. 53-1. - La vérification initiale de l'identité de l'expéditeur est réalisée par l'une des modalités prévues aux points a, b, c ou d du paragraphe 1 de l'article 24 du règlement (UE) n° 910/2014 du Parlement européen et du Conseil du 23 juillet 2014 sur l'identification électronique et les services de confiance pour les transactions électroniques au sein du marché intérieur et abrogeant la directive 1999/93/ CE.

La vérification initiale de l'identité du destinataire doit être assurée au minimum dans les conditions prévues, pour le niveau de garantie substantiel, au point 2.1. de l'annexe du règlement d'exécution (UE) 2015/1502 de la Commission du 8 septembre 2015 fixant les spécifications techniques et procédures minimales relatives aux niveaux de garantie des moyens d'identification électronique visés à l'article 8, paragraphe 3, du règlement (UE) n° 910/2014 du Parlement européen et du Conseil sur l'identification électronique et les services de confiance pour les transactions électroniques au sein du marché intérieur.

Postérieurement à cette vérification initiale de l'identité de l'expéditeur ou du destinataire, le prestataire de lettre recommandée électronique peut leur attribuer un moyen d'identification électronique qu'ils utiliseront pour attester de leur identité à chaque envoi ou réception. Ce moyen d'identification électronique doit répondre au minimum aux exigences prévues, pour le niveau de garantie substantiel, aux points 2.2.1 et 2.3.1 de l'annexe du règlement d'exécution (UE) 2015/1502 mentionné ci-dessus.

Si le prestataire n'attribue pas de moyen d'identification électronique ou si le moyen d'identification électronique n'est pas utilisé, la vérification d'identité doit être effectuée dans les même conditions que la vérification initiale.

Art. R. 53-2. - Le prestataire de lettre recommandée électronique délivre à l'expéditeur une preuve du dépôt électronique de l'envoi. Le prestataire doit conserver cette preuve de dépôt pour une durée qui ne peut être inférieure à un an.

Cette preuve de dépôt comporte les informations suivantes :

1° Le nom et le prénom ou la raison sociale de l'expéditeur, ainsi que son adresse électronique ;

2° Le nom et le prénom ou la raison sociale du destinataire ainsi que son adresse électronique ;

3° Un numéro d'identification unique de l'envoi attribué par le prestataire ;

4° La date et l'heure du dépôt électronique de l'envoi indiquées par un horodatage électronique qualifié tel que défini par l'article 3 du règlement (UE) n° 910/2014 mentionné ci-dessus ;

5° La signature électronique avancée ou le cachet électronique avancé tels que définis par l'article 3 du règlement (UE) n° 910/2014 mentionné ci-dessus, utilisé par le prestataire de services qualifié lors de l'envoi.

Art. R. 53-3. - I. - Le prestataire de lettre recommandée électronique informe le destinataire, par voie électronique, qu'une lettre recommandée électronique lui est destinée et qu'il a la possibilité, pendant un délai de quinze jours à compter du lendemain de l'envoi de cette information, d'accepter ou non sa réception.

Le destinataire n'est pas informé de l'identité de l'expéditeur de la lettre recommandée électronique.

II. - En cas d'acceptation par le destinataire de la lettre recommandée électronique, le prestataire procède à sa transmission.

Le prestataire conserve une preuve de la réception par le destinataire des données transmises et du moment de la réception, pour une durée qui ne peut être inférieure à un an.

Outre les informations mentionnées aux 1° à 5° de l'article R. 53-2, cette preuve de réception comporte la date et l'heure de réception de l'envoi, indiquées par un horodatage électronique qualifié.

III. - En cas de refus de réception ou de non-réclamation par le destinataire, le prestataire met à disposition de l'expéditeur, au plus tard le lendemain de l'expiration du délai prévu au I, une preuve de ce refus ou de cette non-réclamation. Cette preuve précise la date et l'heure du refus telles qu'indiquées par un horodatage électronique qualifié, et fait mention des informations prévues aux 1° à 5° de l'article R. 53-2.

Le prestataire conserve la preuve de refus ou de non-réclamation du destinataire pour une durée qui ne peut être inférieure à un an.

IV. - L'expéditeur a accès aux informations mentionnées au présent article pendant un an.

Art. R. 53-4. - En cas de retard dans la réception ou en cas de perte des données, la responsabilité du prestataire est engagée dans les conditions prévues au 3° de l'article R. 2-1.

Art. 2. – **Le décret n° 2011-144 du 2 février 2011 relatif à l'envoi d'une lettre recommandée par courrier électronique pour la conclusion ou l'exécution du contrat est abrogé à compter de l'entrée en vigueur du présent décret. Toutefois les envois de lettres recommandées effectués en application de ce décret restent régis par ses dispositions.**

Art. 3. – Le présent décret entre en vigueur le 1er janvier 2019.

Arrêté du 27 juin 2018
relatif à la fixation du taux de l'intérêt légal

Art. 1er. – Pour le second semestre 2018, le taux de l'intérêt légal est fixé :

1°) Pour les créances des personnes physiques n'agissant pas pour des besoins professionnels : à 3,60 % ;

2°) Pour tous les autres cas : à 0,88 %.

Art. 2. – Les dispositions du présent arrêté entrent en vigueur le 1er juillet 2018.

Arrêté du 18 décembre 2018
portant majoration de certaines rentes viagères

Art. 1er. – La revalorisation des taux de majoration des rentes désignées au I de l'article 126 de la loi n° 99-1172 du 30 décembre 1999 de finances pour 2000 susvisée est de 1,6 % pour les rentes servies en 2019.

Ainsi, les taux de majoration applicables en 2019 aux rentes susvisées sont :

Période au cours de laquelle est née la rente originaire	Taux de la majoration (en pourcentage)
Avant le 01/08/1914	109 433,60
Du 01/08/1914 au 31/12/1918	62 493,20
Du 01/01/1919 au 31/12/1925	26 260,00
Du 01/01/1926 au 31/12/1938	16 067,40
Du 01/01/1939 au 31/08/1940	11 569,80
Du 01/09/1940 au 31/08/1944	7 004,80
Du 01/09/1944 au 31/12/1945	3 407,30
Années 1946, 1947, 1948	1 594,50
Années 1949, 1950, 1951	867,10
Années 1952 à 1958 incluse	631,80
Années 1959 à 1963 incluse	510,70
Années 1964 et 1965	477,90
Années 1966, 1967, 1968	450,70
Années 1969 et 1970	420,90
Années 1971, 1972 et 1973	365,20
Année 1974	255,50
Année 1975	236,10
Années 1976 et 1977	207,20
Année 1978	185,40
Année 1979	160,20
Année 1980	130,90
Année 1981	104,80
Année 1982	90,00
Année 1983	80,70
Année 1984	72,70

Période au cours de laquelle est née la rente originaire	Taux de la majoration (en pourcentage)
Année 1985	67,90
Année 1986	65,20
Année 1987	61,20
Année 1988	57,70
Année 1989	53,70
Année 1990	49,70
Année 1991	46,00
Année 1992	42,30
Année 1993	39,60
Année 1994	37,30
Année 1995	34,50
Année 1996	32,50
Année 1997	30,90
Année 1998	29,40
Année 1999	28,90
Année 2000	27,10
Année 2001	25,10
Année 2002	22,80
Année 2003	21,00
Année 2004	19,10
Année 2005	16,80
Année 2006	14,70
Année 2007	12,90
Année 2008	11,20
Année 2009	9,90
Année 2010	8,30
Année 2011	6,50
Année 2012	4,60
Année 2013	3,30
Année 2014	2,80
Année 2015	2,70
Année 2016	2,60
Année 2017	1,60

Arrêté du 21 décembre 2018

relatif à la fixation du taux de l'intérêt légal

Art. 1er. – Pour le premier semestre 2019, le taux de l'intérêt légal est fixé :

1° Pour les créances des personnes physiques n'agissant pas pour des besoins professionnels : à 3,40 % ;

2° Pour tous les autres cas : à 0,86 %.

Art. 2. – Les dispositions du présent arrêté entrent en vigueur le 1er janvier 2019.

Loi n° 2018-1244 du 27 décembre 2018

visant à faciliter la sortie de l'indivision successorale et à relancer la politique du logement en outre-mer

Art. 1er. – I. - Dans les collectivités régies par l'article 73 de la Constitution et dans les collectivités de Saint-Barthélemy, de Saint-Martin et de Saint-Pierre-et-Miquelon, pour toute succession ouverte depuis plus de dix ans, le ou les indivisaires titulaires de plus de la moitié en pleine propriété des droits indivis peuvent procéder, devant le notaire de leur choix, à la vente ou au partage des biens immobiliers indivis situés sur le territoire desdites collectivités, selon les modalités prévues à l'article 2 de la présente loi.

II. - Nul acte de vente ou de partage ne peut être dressé suivant la procédure prévue au I du présent article :

1° En ce qui concerne le local d'habitation dans lequel réside le conjoint survivant ;

2° Si l'un des indivisaires est mineur, sauf autorisation du juge des tutelles ou du conseil de famille ;

3° Si l'un des indivisaires est un majeur protégé, sauf autorisation du juge des tutelles ou du conseil de famille ;

4° Si l'un des indivisaires est présumé absent, sauf autorisation du juge des tutelles dans les conditions prévues à l'article 116 du Code civil.

III. - Le ou les indivisaires titulaires de plus de la moitié des droits indivis peuvent effectuer les actes prévus aux 1° à 4° de l'article 815-3 du même code.

IV. - Le présent article s'applique aux projets de vente ou de partage notifiés dans les conditions prévues à l'article 2 de la présente loi et aux actes effectués en application du III du présent article avant le 31 décembre 2028.

Art. 2. – Le notaire choisi pour établir l'acte de vente ou de partage dans les conditions prévues à l'article 1er en notifie le projet par acte extrajudiciaire à tous les indivisaires et procède à sa publication dans un journal d'annonces légales au lieu de situation du bien ainsi que par voie d'affichage et sur un site internet.

La notification fait état de l'identité du ou des indivisaires à l'initiative de la vente ou du partage, de leur quote-part d'indivision, de l'identité et des quotes-parts des indivisaires non représentés à l'opération, des coordonnées du notaire choisi, de la désignation du bien, du prix de vente et de l'indication de la valeur de ce bien au moyen du recueil de l'avis d'au moins deux professionnels qualifiés ainsi que de la répartition du prix de vente ou des allotissements prévus entre chacun des indivisaires. Elle fait également état du délai mentionné au quatrième alinéa du présent article.

La notification fait également état, le cas échéant, d'un projet de cession du bien, à titre onéreux, à une personne étrangère à l'indivision, du prix et des conditions de la cession projetée ainsi que des nom, domicile et profession de la personne qui se propose d'acquérir le bien.

Tout indivisaire peut, dans le délai de trois mois qui suit cette notification, faire connaître son opposition à la vente ou au partage. Lorsque le projet de cession ou de partage porte sur un bien immobilier dont les quotes-parts sont détenues par au moins dix indivisaires ou lorsqu'au moins un indivisaire a établi son domicile à l'étranger, ce délai est porté à quatre mois.

En cas de projet de cession à une personne étrangère à l'indivision, tout indivisaire peut également, dans le délai d'un mois qui suit cette notification, faire connaître aux indivisaires à l'initiative de la vente, par acte extrajudiciaire, qu'il exerce un droit de préemption aux prix et conditions de la cession projetée. Ce droit de préemption s'exerce dans les conditions prévues aux trois derniers alinéas de l'article 815-14 du Code civil.

À défaut d'opposition, la vente ou le partage est opposable aux indivisaires qui ne sont pas à l'initiative du projet.

Si un ou plusieurs indivisaires s'opposent à l'aliénation ou au partage du bien indivis dans le délai imparti au quatrième alinéa du présent article, le notaire le constate par procès-verbal.

En cas de procès-verbal constatant une opposition, le ou les indivisaires titulaires de plus de la moitié des droits indivis saisissent le tribunal de grande instance afin d'être autorisés à passer l'acte de vente ou de partage. Le tribunal autorise cette aliénation ou ce partage si l'acte ne porte pas une atteinte excessive aux droits des autres indivisaires.

L'aliénation ou le partage effectué dans les conditions fixées par l'autorisation du tribunal est opposable à l'indivisaire dont le consentement a fait défaut, sauf si l'intention d'aliéner ou de partager le bien du ou des indivisaires titulaires de plus de la moitié des droits indivis ne lui avait pas été notifiée selon les modalités prévues aux trois premiers alinéas du présent article.

Art. 3. – Le D du V de la section II du chapitre Ier du titre IV de la première partie du livre Ier du Code général des impôts est ainsi modifié :

1° Dans l'intitulé, le mot : « Mayotte » est remplacé par les mots : « Collectivités régies par l'article 73 de la Constitution et collectivités de Saint-Barthélemy, de Saint-Martin et de Saint-Pierre-et-Miquelon » ;

2° (V. CGI, art. 750 *bis* C).

Art. 4. – Pour l'application dans les collectivités régies par l'article 73 de la Constitution et dans les collectivités de Saint-Barthélemy, de Saint-Martin et de Saint-Pierre-et-Miquelon du 1° de l'article 831-2 du Code civil, l'attribution préférentielle peut également être admise si le demandeur démontre qu'il réside sur la propriété de manière continue, paisible et publique depuis plus de dix ans au moment de l'introduction de la demande de partage en justice.

Art. 5. – Dans les collectivités régies par l'article 73 de la Constitution et dans les collectivités de Saint-Barthélemy, de Saint-Martin et de Saint-Pierre-et-Miquelon, par dérogation au premier alinéa de l'article 887-1 du Code civil, lorsque l'omission d'un héritier résulte de la simple ignorance ou de l'erreur, si le partage judiciaire a déjà été soumis à la formalité de la publicité foncière ou exécuté par l'entrée en possession des lots, l'héritier omis ne peut solliciter qu'à recevoir sa part soit en nature, soit en valeur, sans annulation du partage. En cas de désaccord entre les parties, le tribunal tranche.

Loi n° 2019-486 du 22 mai 2019

relative à la croissance et la transformation des entreprises

Art. 177. – (...)

IV. – La dotation du fonds de pérennité est composée des titres ou parts apportés par le ou les fondateurs lors de sa constitution, ainsi que des biens et droits de toute nature qui peuvent lui être apportés à titre gratuit et irrévocable. L'article 910 du code civil n'est pas applicable à ces libéralités.

Les titres de capital ou parts sociales de la ou des sociétés mentionnées au I du présent article sont inaliénables. Toutefois, lorsque le fonds de pérennité contrôle, au sens de l'article L. 233-3 du code de commerce, par l'effet de la libéralité ou d'une acquisition ou de la situation antérieure à ces dernières, l'une ou plusieurs de ces sociétés, l'apporteur ou le testateur, lors de la libéralité, ou le conseil d'administration, lors d'une acquisition, peut décider que cette inaliénabilité ne frappe pas tout ou partie des titres ou parts, dans la limite de la fraction du capital social qui n'est pas nécessaire à l'exercice de ce contrôle.

Dans les conditions du deuxième alinéa de l'article 900-4 du code civil, le fonds de pérennité peut être judiciairement autorisé à disposer des titres ou parts frappés d'inaliénabilité s'il advient que la pérennité économique de la ou des sociétés l'exige.

Aucun fonds public, de quelque nature qu'il soit, ne peut être versé à un fonds de pérennité. Les ressources du fonds de pérennité sont constituées des revenus et produits de sa dotation, des produits des activités autorisées par les statuts et des produits des rétributions pour service rendu.

Le fonds de pérennité dispose librement de ses ressources dans la limite de son objet.

Sous réserve des dispositions des deuxième et troisième alinéas du présent article, les statuts fixent les conditions dans lesquelles la dotation en capital peut être consommée.

(...)

TABLE DES TEXTES CITÉS

Cette table regroupe l'ensemble des textes cités qu'ils soient intégralement reproduits ou qu'ils modifient les textes existants.

Textes codifiés

Textes non codifiés

TEXTES NON CODIFIÉS REPRODUITS — PAGES

TEXTES NON CODIFIÉS REPRODUITS — PAGES

INDEX ALPHABÉTIQUE

Les numéros renvoient respectivement aux développements d'annotations qui suivent les articles de la loi ou du décret.

A

B

C

D

I

Présent d'usage :

Présent d'usage :

Président de la République :

Présomptions :

Presse :

Pressoir :

T

W

ADDENDUM

Cet *addendum* regroupe les modifications apportées par la loi Pacte du 22 mai 2019 (ainsi que par quelques autres textes récents) à des textes complémentaires de la partie Annexe.

En revanche, les modifications apportées au Code civil par la loi Pacte ne figurent pas dans cet *addendum* : elles sont intégrées directement dans les articles concernés du Code civil lui-même.

Code de l'action sociale et des familles

Art. L. 227-6 *(Rétabli, L. n° 2019-486, 22 mai 2019)*. – Ne sont pas tenus de satisfaire aux conditions prévues aux I et II de l'article L. 211-18 du Code du tourisme :

1° Les associations organisant sur le territoire national des accueils collectifs de mineurs à caractère éducatif conformément à l'article L. 227-4 du présent code et bénéficiant d'un agrément de jeunesse et d'éducation populaire, du sport ou d'associations éducatives complémentaires de l'enseignement public, dans le cadre exclusif de leurs activités propres, y compris le transport lié au séjour ;

2° L'État, les collectivités territoriales et les établissements publics, à l'exception des établissements publics à caractère industriel et commercial, pour l'organisation sur le territoire national d'accueils collectifs de mineurs à caractère éducatif conformément au même article L. 227-4.

Code des assurances

Art. L. 132-27-2 *(Créé à compter du 1er janvier 2016, L. n° 2014-617, 13 juin 2014 ; L. n° 2019-486, 22 mai 2019)*. – I. – Les sommes dues au titre des contrats d'assurance sur la vie et des bons ou contrats de capitalisation qui ne font pas l'objet d'une demande de versement des prestations ou du capital sont déposées à la Caisse des dépôts et consignations à l'issue d'un délai de dix ans à compter de la date de prise de connaissance par l'assureur du décès de l'assuré ou de l'échéance du contrat. Le dépôt intervient dans le mois suivant l'expiration de ce délai. À défaut d'échéance du contrat ou de prise de connaissance par l'assureur du décès de l'assuré, lorsque la date de naissance de l'assuré remonte à plus de cent vingt années et qu'aucune opération n'a été effectuée à l'initiative de l'assuré au cours des deux dernières années, l'assureur est tenu de rechercher le bénéficiaire et, si cette recherche aboutit, de l'aviser de la stipulation effectuée à son profit. Si cette recherche n'aboutit pas, les sommes dues au titre de ces contrats sont transférées à la Caisse des dépôts et consignations au terme d'un délai de dix ans à compter de la date du cent vingtième anniversaire de l'assuré, après vérification de sa date de naissance par l'assureur. Les sommes dues au titre d'un contrat d'assurance temporaire en cas de décès ne font pas l'objet de ce dépôt lorsque le décès de l'assuré est intervenu antérieurement au 1er janvier 2015.

Le dépôt à la Caisse des dépôts et consignations des sommes dues au titre des contrats mentionnés au premier alinéa du présent I et comportant, en tout ou partie, des engagements exprimés en unités de compte mentionnés au second alinéa de l'article L. 131-1 ou affectés à l'acquisition de droits donnant lieu à la constitution d'une provision de diversification s'effectue en numéraire. La valeur de ces engagements ou de ces droits est celle atteinte à l'expiration du délai de dix ans mentionné au premier alinéa du présent I, sauf si les stipulations contractuelles prévoient une date antérieure.

Le souscripteur du contrat ou les bénéficiaires des sommes déposées à la Caisse des dépôts et consignations ne peuvent en obtenir le versement qu'en numéraire, nonobstant toute stipulation contraire. La Caisse des dépôts et consignations procède à la restitution des sommes sous la forme d'un capital.

Les entreprises d'assurance, les institutions de prévoyance et les unions transmettent à la Caisse des dépôts et consignations les informations nécessaires, le cas échéant, au versement des sommes mentionnées au troisième alinéa au souscripteur du contrat ou à ses bénéficiaires.

Jusqu'à l'expiration du délai mentionné au III, elles conservent les informations et documents relatifs à l'encours des contrats à la date du dépôt prévu au deuxième alinéa du présent I, à la computation du délai mentionné au premier alinéa et au régime d'imposition applicable, ainsi que les informations et documents permettant d'identifier les souscripteurs et les bénéficiaires de ces contrats. Ces informations et documents sont transmis à la Caisse des dépôts et consignations à sa demande. Elles conservent également les informations et documents permettant d'apprécier qu'elles ont satisfait à leurs obligations en matière de contrats non réglés.

Le dépôt des sommes à la Caisse des dépôts et consignations en application du présent I est libératoire de toute obligation pour l'assureur et le souscripteur, à l'exception des obligations en matière de conservation d'informations et de documents prévues à l'avant-dernier alinéa. Ce caractère libératoire n'emporte cependant pas exonération de responsabilité pour les manquements commis antérieurement à ce dépôt.

II. – Six mois avant l'expiration du délai mentionné au premier alinéa du I du présent article, les entreprises d'assurance, les institutions de prévoyance et les unions mentionnées au I de l'article L. 132-9-3 informent le souscripteur ou les bénéficiaires du contrat, par tout moyen à leur disposition, de la mise en œuvre du présent article.

La Caisse des dépôts et consignations organise, dans le respect de la loi n° 78-17 du 6 janvier 1978 relative à l'informatique, aux fichiers et aux libertés, la publicité appropriée de l'identité des souscripteurs des contrats dont les sommes garanties ont fait l'objet du dépôt mentionné au I du présent article, afin de permettre aux souscripteurs ou aux bénéficiaires des contrats de percevoir les sommes qui leur sont dues. Ces derniers communiquent à la Caisse des dépôts et consignations les informations permettant de vérifier leur identité et de déterminer le montant des sommes qui leur sont dues.

Le notaire chargé d'établir l'actif successoral en vue du règlement de la succession pour laquelle il a été mandaté obtient, sur sa demande auprès de la Caisse des dépôts et consignations, le versement des sommes déposées en application du I et dues aux ayants droit du défunt, lorsque ces sommes entrent dans l'actif successoraL. Le notaire restitue ces sommes aux ayants droit.

Le notaire joint à sa demande le mandat l'autorisant à agir au nom des ayants droit.

III. – Par dérogation au premier alinéa de l'article L. 518-24 du Code monétaire et financier, les sommes déposées à la Caisse des dépôts et consignations en application du présent article et qui n'ont pas été réclamées par le souscripteur ou leurs bénéficiaires sont acquises à l'État à l'issue d'un délai de vingt ans à compter de la date de leur dépôt à la Caisse des dépôts et consignations.

Jusqu'à l'expiration de ce délai, la Caisse des dépôts et consignations détient, pour le compte des souscripteurs ou de leurs bénéficiaires, les sommes qui lui ont été déposées.

Pour chaque dépôt correspondant à un contrat d'assurance sur la vie ou à un bon ou contrat de capitalisation, le montant des sommes versées par la Caisse des dépôts et consignations à son souscripteur ou à ses bénéficiaires ou acquises à l'État ne peut être inférieur au montant des sommes déposées à la Caisse des dépôts et consignations, diminué, le cas échéant, des versements partiels réalisés par la Caisse des dépôts et consignations en application du présent article.

IV. – Un décret en Conseil d'État précise les modalités d'application du présent article.

Code de la construction et de l'habitation

Rédaction future. Art. L. 231-2 *(Mod. à compter du 1er février 2020, Ord. n° 2019-395, 30 avr. 2019)*. – Le contrat visé à l'article L. 231-1 doit comporter les énonciations suivantes :

a) La désignation du terrain destiné à l'implantation de la construction et la mention du titre de propriété du maître de l'ouvrage ou des droits réels lui permettant de construire ;

b) L'affirmation de la conformité du projet aux règles de construction prescrites en application du présent code, notamment de son livre Ier, et du Code de l'urbanisme ;

c) La consistance et les caractéristiques techniques du bâtiment à construire comportant :

- tous les travaux d'adaptation au sol, notamment, le cas échéant, ceux rendus nécessaires par l'étude géotechnique mentionnée aux articles L. 112-22 et L. 112-23 du présent code, dont une copie est annexée au contrat ;
- les raccordements aux réseaux divers ;
- tous les travaux d'équipement intérieur ou extérieur indispensables à l'implantation et à l'utilisation de l'immeuble ;

d) Le coût du bâtiment à construire, égal à la somme du prix convenu et, s'il y a lieu, du coût des travaux dont le maître de l'ouvrage se réserve l'exécution en précisant :

- d'une part, le prix convenu qui est forfaitaire et définitif, sous réserve, s'il y a lieu, de sa révision dans les conditions et limites convenues conformément à l'article L. 231-11, et qui comporte la rémunération de tout ce qui est à la charge du constructeur, y compris le coût de la garantie de livraison ;
- d'autre part, le coût des travaux dont le maître de l'ouvrage se réserve l'exécution, ceux-ci étant décrits et chiffrés par le constructeur et faisant l'objet, de la part du maître de l'ouvrage, d'une clause manuscrite spécifique et paraphée par laquelle il en accepte le coût et la charge ;

e) Les modalités de règlement en fonction de l'état d'avancement des travaux ;

f) L'indication que le maître de l'ouvrage pourra se faire assister par un professionnel habilité en application de la loi n° 77-2 du 3 janvier 1977 sur l'architecture ou des articles L. 111-23 et suivants lors de la réception ou par tout autre professionnel de la construction titulaire d'un contrat d'assurance couvrant les responsabilités pour ce type de mission ;

g) L'indication de l'obtention du permis de construire et des autres autorisations administratives, dont une copie est annexée au contrat ;

h) L'indication des modalités de financement, la nature et le montant des prêts obtenus et acceptés par le maître de l'ouvrage ;

i) La date d'ouverture du chantier, le délai d'exécution des travaux et les pénalités prévues en cas de retard de livraison ;

j) La référence de l'assurance de dommages souscrite par le maître de l'ouvrage, en application de l'article L. 242-1 du Code des assurances ;

k) Les justifications des garanties de remboursement et de livraison apportées par le constructeur, les attestations de ces garanties étant établies par le garant et annexées au contrat.

Lorsque le constructeur assure la fabrication, la pose et l'assemblage sur le chantier d'éléments préfabriqués dans les conditions définies à l'article L. 111-1-1, le contrat précise en outre la description et les caractéristiques des éléments préfabriqués, ainsi que les modalités selon lesquelles le maître de l'ouvrage est informé de l'achèvement et de la bonne exécution de la fabrication de ces éléments.

Dans le cas prévu au précédent alinéa, les modalités de règlement mentionnées au contrat, en vertu du e de l'article L. 231-2, tiennent compte de l'état d'avancement des travaux de construction et de l'achèvement de la fabrication des éléments préfabriqués.

Les stipulations du contrat, notamment celles relatives aux travaux à la charge du constructeur, au prix convenu, au délai d'exécution des travaux et aux pénalités applicables en cas de retard d'exécution, ainsi que celles relatives aux modalités selon lesquelles le maître de l'ouvrage est informé de l'achèvement et de la bonne exécution de la fabrication des éléments préfabriqués, peuvent se référer à des clauses types approuvées par décret en Conseil d'État.

NB : Conformément à l'article 2 de l'ordonnance n° 2019-395 du 30 avril 2019, les présentes dispositions s'appliquent aux contrats conclus à compter du premier jour du troisième mois suivant la publication du décret prévu à l'article L. 242-2 du Code de la construction et de l'habitation, dans sa rédaction issue du 4° de l'article 1er de la présente ordonnance et au plus tard à compter du premier jour du neuvième mois suivant celui de la publication de la présente ordonnance au Journal officiel de la République française.

Rédaction future. Art. L. 231-3 ***(Mod. à compter du 1er février 2020, Ord. n° 2019-395, 30 avr. 2019).*** – Dans le contrat visé à l'article L. 231-1, sont réputées non écrites les clauses ayant pour objet ou pour effet :

a) D'obliger le maître de l'ouvrage à donner mandat au constructeur pour rechercher le ou les prêts nécessaires au financement de la construction sans que ce mandat soit exprès et comporte toutes les précisions utiles sur les conditions de ce ou de ces prêts ;

b) De subordonner le remboursement du dépôt de garantie à l'obligation, pour le maître de l'ouvrage, de justifier du refus de plusieurs demandes de prêt ;

c) D'admettre comme valant autorisation administrative un permis de construire assorti de prescriptions techniques ou architecturales telles qu'elles entraînent une modification substantielle du projet ayant donné lieu à la conclusion du contrat initial ;

d) De décharger le constructeur de son obligation d'exécuter les travaux dans les délais prévus par le contrat en prévoyant notamment des causes légitimes de retard autres que les intempéries, les cas de force majeure et les cas fortuits ;

e) De subordonner la remise des clefs au paiement intégral du prix et faire ainsi obstacle au droit du maître de l'ouvrage de consigner les sommes restant dues lorsque des réserves sont faites à la réception des travaux ;

f) D'interdire au maître de l'ouvrage la possibilité de visiter le chantier, préalablement à chaque échéance des paiements et à la réception des travaux ;

g) D'interdire au maître de l'ouvrage de constater l'achèvement et la bonne exécution des éléments préfabriqués dûment identifiés, destinés à être livrés et assemblés pour la construction de sa maison.

NB : Conformément à l'article 2 de l'ordonnance n° 2019-395 du 30 avril 2019, les présentes dispositions s'appliquent aux contrats conclus à compter du premier jour du troisième mois suivant la publication du décret prévu à l'article L. 242-2 du Code de la construction et de l'habitation, dans sa rédaction issue du 4° de l'article 1er de la présente ordonnance et au plus tard à compter du premier jour du neuvième mois suivant celui de la publication de la présente ordonnance au Journal officiel de la République française.

Rédaction future. Art. L. 231-6 ***(Mod. à compter du 1er février 2020, Ord. n° 2019-395, 30 avr. 2019).*** – I. – La garantie de livraison prévue au k de l'article L. 231-2 couvre le maître de l'ouvrage, à compter de la date d'ouverture du chantier, contre les risques d'inexécution ou de mauvaise exécution des travaux prévus au contrat, à prix et délais convenus. Dans le cas prévu à l'antépénultième alinéa de l'article L. 231-2, elle couvre également le maître de l'ouvrage, à compter de l'ouverture du chantier, contre les risques d'inexécution ou de mauvaise exécution de la fabrication, de la pose et de l'assemblage des éléments préfabriqués.

En cas de défaillance du constructeur, le garant prend à sa charge :

a) Le coût des dépassements du prix convenu dès lors qu'ils sont nécessaires à l'achèvement de la construction, la garantie apportée à ce titre pouvant être assortie d'une franchise n'excédant pas 5 % du prix convenu ;

b) Les conséquences du fait du constructeur ayant abouti à un paiement anticipé ou à un supplément de prix ;

c) Les pénalités forfaitaires prévues au contrat en cas de retard de livraison excédant trente jours, le montant et le seuil minimum de ces pénalités étant fixés par décret.

La garantie est constituée par une caution solidaire donnée par un établissement de crédit, une société de financement ou une entreprise d'assurance agréés à cet effet.

II. – Dans le cas où le garant constate que le délai de livraison n'est pas respecté ou que les travaux nécessaires à la levée des réserves formulées à la réception ne sont pas réalisés, il met en demeure sans délai le constructeur soit de livrer l'immeuble, soit d'exécuter les travaux. Le garant est tenu à la même obligation lorsqu'il est informé par le maître de l'ouvrage des faits susindiqués.

Quinze jours après une mise en demeure restée infructueuse, le garant procède à l'exécution de ses obligations dans les conditions prévues au paragraphe III du présent article.

Au cas où, en cours d'exécution des travaux, le constructeur fait l'objet des procédures de sauvegarde et de redressement judiciaire prévues par le code de commerce, le garant peut mettre en demeure l'administrateur de se prononcer sur l'exécution du contrat conformément à l'article L. 621-28 dudit code. A défaut de réponse dans le délai d'un mois et sans que ce délai puisse être prorogé pour quelque raison que ce soit, le garant procède à l'exécution de ses obligations. Il y procède également dans le cas où, malgré sa réponse positive, l'administrateur ne poursuit pas l'exécution du contrat dans les quinze jours qui suivent sa réponse.

III. – Dans les cas prévus au paragraphe II ci-dessus et faute pour le constructeur ou l'administrateur de procéder à l'achèvement de la construction, le garant doit désigner sous sa responsabilité la personne qui terminera les travaux.

Toutefois, et à condition que l'immeuble ait atteint le stade du hors d'eau, le garant peut proposer au maître de l'ouvrage de conclure lui-même des marchés de travaux avec des entreprises qui se chargeront de l'achèvement. Si le maître de l'ouvrage l'accepte, le garant verse directement aux entreprises les sommes dont il est redevable au titre du paragraphe I du présent article.

En cas de défaillance du constructeur, le garant est en droit d'exiger de percevoir directement les sommes correspondant aux travaux qu'il effectue ou fait effectuer dans les conditions prévues au e de l'article L. 231-2.

IV. – La garantie cesse lorsque la réception des travaux a été constatée par écrit et, le cas échéant, à l'expiration du délai de huit jours prévu à l'article L. 231-8 pour dénoncer les vices apparents ou, si des réserves ont été formulées, lorsque celles-ci ont été levées.

NB : Conformément à l'article 2 de l'ordonnance n° 2019-395 du 30 avril 2019, les présentes dispositions s'appliquent aux contrats conclus à compter du premier jour du troisième mois suivant la publication du décret prévu à l'article L. 242-2 du Code de la construction et de l'habitation, dans sa rédaction issue du 4° de l'article 1er de la présente ordonnance et au plus tard à compter du premier jour du neuvième mois suivant celui de la publication de la présente ordonnance au Journal officiel de la République française.

Code de commerce

Art. L. 121-4 *(L. n° 2005-882, 2 août 2005 ; mod., L. n° 2008-776, 4 août 2008)*. **– I. – Le conjoint du chef d'une entreprise artisanale, commerciale ou libérale qui y exerce de manière régulière une activité professionnelle opte pour l'un des statuts suivants :**

1° Conjoint collaborateur ;

2° Conjoint salarié ;

3° Conjoint associé.

II. – En ce qui concerne les sociétés, le statut de conjoint collaborateur n'est autorisé qu'au conjoint du gérant associé unique ou du gérant associé majoritaire d'une société à responsabilité limitée ou d'une société d'exercice libéral à responsabilité limitée *(Mots suppr. à compter du 1er janvier 2020, L. n° 2019-486, 22 mai 2019)* **« répondant à des conditions de seuils fixés par décret en Conseil d'État ».**

Le choix effectué par le conjoint du gérant associé majoritaire de bénéficier du statut de conjoint collaborateur est porté à la connaissance des associés lors de la première assemblée générale suivant la mention de ce statut auprès des organismes mentionnés au IV.

III. – Les droits et obligations professionnels et sociaux du conjoint résultent du statut pour lequel il a opté.

IV *(IV rempl., L. n° 2019-486, 22 mai 2019)*. **– Le chef d'entreprise est tenu de déclarer l'activité professionnelle régulière de son conjoint dans l'entreprise et le statut choisi par ce dernier auprès des organismes habilités à enregistrer l'immatriculation de l'entreprise. Seul le conjoint collaborateur fait l'objet d'une mention dans les registres de publicité légale à caractère professionnel.**

À défaut de déclaration d'activité professionnelle, le conjoint ayant exercé une activité professionnelle de manière régulière dans l'entreprise est réputé l'avoir fait sous le statut de conjoint salarié.

À défaut de déclaration du statut choisi, le chef d'entreprise est réputé avoir déclaré que ce statut est celui de conjoint salarié.

V *(V rempl., L. n° 2019-486, 22 mai 2019)*. **– La définition du conjoint collaborateur, les modalités des déclarations prévues au présent article et les autres conditions d'application du présent article sont fixées par décret en Conseil d'État.**

Art. L. 442-1 *(Mod., Ord. n° 2019-359, 24 avr. 2019)*. **– I. – Engage la responsabilité de son auteur et l'oblige à réparer le préjudice causé le fait, dans le cadre de la négociation commerciale, de la conclusion ou de l'exécution d'un contrat, par toute personne exerçant des activités de production, de distribution ou de services :**

1° D'obtenir ou de tenter d'obtenir de l'autre partie un avantage ne correspondant à aucune contrepartie ou manifestement disproportionné au regard de la valeur de la contrepartie consentie ;

2° De soumettre ou de tenter de soumettre l'autre partie à des obligations créant un déséquilibre significatif dans les droits et obligations des parties.

II. – Engage la responsabilité de son auteur et l'oblige à réparer le préjudice causé le fait, par toute personne exerçant des activités de production, de distribution ou de services de rompre brutalement, même partiellement, une relation commerciale établie, en l'absence d'un préavis écrit qui tienne compte notamment de la durée de la relation commerciale, en référence aux usages du commerce ou aux accords interprofessionnels.

En cas de litige entre les parties sur la durée du préavis, la responsabilité de l'auteur de la rupture ne peut être engagée du chef d'une durée insuffisante dès lors qu'il a respecté un préavis de dix-huit mois.

Les dispositions du présent II ne font pas obstacle à la faculté de résiliation sans préavis, en cas d'inexécution par l'autre partie de ses obligations ou en cas de force majeure.

Art. L. 442-4 *(Mod., Ord. n° 2019-359, 24 avr. 2019)*. – I. – Pour l'application des articles L. 442-1, L. 442-2, L. 442-3, L. 442-7 et L. 442-8, l'action est introduite devant la juridiction civile ou commerciale compétente par toute personne justifiant d'un intérêt, par le ministère public, par le ministre chargé de l'économie ou par le président de l'Autorité de la concurrence lorsque ce dernier constate, à l'occasion des affaires qui relèvent de sa compétence, une pratique mentionnée aux articles précités.

Toute personne justifiant d'un intérêt peut demander à la juridiction saisie d'ordonner la cessation des pratiques mentionnées aux articles L. 442-1, L. 442-2, L. 442-3, L. 442-7 et L. 442-8 ainsi que la réparation du préjudice subi. Seule la partie victime des pratiques prévues aux articles L. 442-1, L. 442-2, L. 442-3, L. 442-7 et L. 442-8 peut faire constater la nullité des clauses ou contrats illicites et demander la restitution des avantages indus.

Le ministre chargé de l'économie ou le ministère public peuvent demander à la juridiction saisie d'ordonner la cessation des pratiques mentionnées aux articles L. 442-1, L. 442-2, L. 442-3, L. 442-7 et L. 442-8. Ils peuvent également, pour toutes ces pratiques, faire constater la nullité des clauses ou contrats illicites et demander la restitution des avantages indument obtenus, dès lors que les victimes de ces pratiques sont informées, par tous moyens, de l'introduction de cette action en justice. Ils peuvent également demander le prononcé d'une amende civile dont le montant ne peut excéder le plus élevé des trois montants suivants :

- cinq millions d'euros ;
- le triple du montant des avantages indument perçus ou obtenus ;
- 5 % du chiffre d'affaires hors taxes réalisé en France par l'auteur des pratiques lors du dernier exercice clos depuis l'exercice précédant celui au cours duquel les pratiques ont été mises en œuvre.

II. – La juridiction ordonne systématiquement la publication, la diffusion ou l'affichage de sa décision ou d'un extrait de celle-ci selon les modalités qu'elle précise. Elle peut ordonner l'insertion de la décision ou de l'extrait de celle-ci dans le rapport établi sur les opérations de l'exercice par les gérants, le conseil d'administration ou le directoire de l'entreprise. Les frais sont supportés par la personne condamnée.

La juridiction peut ordonner l'exécution de sa décision sous astreinte.

Le juge des référés peut ordonner, au besoin sous astreinte, la cessation des pratiques abusives ou toute autre mesure provisoire.

III. – Les litiges relatifs à l'application des articles L. 442-1, L. 442-2, L. 442-3, L. 442-7 et L. 442-8 sont attribués aux juridictions dont le siège et le ressort sont fixés par décret.

Art. L. 442-6 *(Rempl., Ord. n° 2019-359, 24 avr. 2019)*. – Est puni d'une amende de 15 000 € le fait par toute personne d'imposer, directement ou indirectement, un caractère minimal au prix de revente d'un produit ou d'un bien, au prix d'une prestation de service ou à une marge commerciale.

Art. L. 526-2 *(L. n° 2003-721, 1er août 2003 ; mod., L. n° 2008-776, 4 août 2008 ; Ord. n° 2010-638, 10 juin 2010 ; L. n° 2015-990, 6 août 2015)*. – La déclaration prévue au deuxième alinéa de l'article L. 526-1, reçue par notaire sous peine de nullité, contient la description détaillée des biens et l'indication de leur caractère propre, commun ou indivis. L'acte est publié au fichier immobilier ou, dans les départements du Bas-Rhin, du Haut-Rhin et de la Moselle, au livre foncier de sa situation.

Lorsque la personne est immatriculée dans un registre de publicité légale à caractère professionnel, la déclaration doit y être mentionnée.

Lorsque la personne n'est pas tenue de s'immatriculer dans un registre de publicité légale, un extrait de la déclaration doit être publié dans un *(Mots rempl., L. n° 2019-486, 22 mai 2019)* « support habilité à recevoir des annonces légales dans le » département dans lequel est exercée l'activité professionnelle pour que cette personne puisse se prévaloir du bénéfice du deuxième alinéa de l'article L. 526-1.

L'établissement de l'acte prévu au premier alinéa et l'accomplissement des formalités donnent lieu au versement aux notaires d'émoluments fixes dans le cadre d'un plafond déterminé par décret.

Art. L. 526-5-1 *(Créé, L. n° 2019-486, 22 mai 2019).* – Toute personne physique souhaitant exercer une activité professionnelle en nom propre déclare, lors de la création de l'entreprise, si elle souhaite exercer en tant qu'entrepreneur individuel ou sous le régime de l'entrepreneur individuel à responsabilité limitée défini par la présente section.

L'entrepreneur individuel peut également opter à tout moment pour le régime de l'entrepreneur individuel à responsabilité limitée.

Art. L. 526-6 *(L. n° 2010-658, 15 juin 2010). – (Al. rempl., L. n° 2019-486, 22 mai 2019)* Pour l'exercice de son activité en tant qu'entrepreneur individuel à responsabilité limitée, l'entrepreneur individuel affecte à son activité professionnelle un patrimoine séparé de son patrimoine personnel, sans création d'une personne morale, dans les conditions prévues à l'article L. 526-7.

Ce patrimoine est composé de l'ensemble des biens, droits, obligations ou sûretés dont l'entrepreneur individuel est titulaire, nécessaires à l'exercice de son activité professionnelle. Il peut comprendre également les biens, droits, obligations ou sûretés dont l'entrepreneur individuel est titulaire, utilisés pour l'exercice de son activité professionnelle *(Mots rempl., L. n° 2019-486, 22 mai 2019)* « , qu'il décide d'y affecter et qu'il peut ensuite décider de retirer du patrimoine affecté ». Un même bien, droit, obligation ou sûreté ne peut entrer dans la composition que d'un seul patrimoine affecté.

Par dérogation à l'alinéa précédent, l'entrepreneur individuel exerçant une activité agricole au sens de l'article L. 311-1 du Code rural et de la pêche maritime peut ne pas affecter les terres utilisées pour l'exercice de son exploitation à son activité professionnelle. Cette faculté s'applique à la totalité des terres dont l'exploitant est propriétaire.

Pour l'exercice de l'activité professionnelle à laquelle le patrimoine est affecté, l'entrepreneur individuel utilise une dénomination incorporant son nom, précédé ou suivi immédiatement des mots : « Entrepreneur individuel à responsabilité limitée » ou des initiales : « EIRL ».

Art. L. 526-7 *(L. n° 2010-658, 15 juin 2010 ; mod., L. n° 2010-874, 27 juill. 2010 ; L. n° 2014-626, 18 juin 2014). – (Al. mod., L. n° 2019-486, 22 mai 2019)* La constitution du patrimoine affecté résulte d'une déclaration effectuée :

1° Soit au registre de publicité légale auquel l'entrepreneur individuel est tenu de s'immatriculer ;

2° Soit au registre de publicité légale choisi par l'entrepreneur individuel en cas de double immatriculation ; dans ce cas, mention en est portée à l'autre registre ;

3° Soit, pour les personnes physiques qui ne sont pas tenues de s'immatriculer à un registre de publicité légale, à un registre tenu au greffe du tribunal statuant en matière commerciale du lieu de leur établissement principal ;

4° Soit, pour les exploitants agricoles, au registre de l'agriculture tenu par la chambre d'agriculture compétente.

Lorsque l'entrepreneur individuel est transféré dans le ressort d'un autre registre ou rattaché à un autre registre en cours d'activité, *(Mots suppr., L. n° 2019-486, 22 mai 2019)* « ... » les mentions inscrites et l'ensemble des documents publics déposés sont transférés par le précédent organisme teneur de registre à celui nouvellement compétent. Dans ce cas, *(Mots suppr., L. n° 2019-486, 22 mai 2019)* « ... » mention du transfert est portée au premier registre. Le transfert s'effectue par voie dématérialisée et ne donne pas lieu à émolument ou redevance.

Art. L. 526-8 *(L. n° 2010-658, 15 juin 2010 ; mod., L. n° 2014-626, 18 juin 2014 ; L. n° 2016-1691, 9 déc. 2016 ; rempl., L. n° 2019-486, 22 mai 2019).* – I. – Lors de la constitution du patrimoine affecté, l'entrepreneur individuel mentionne la nature, la qualité, la quantité et la valeur des biens, droits, obligations ou sûretés qu'il affecte à son activité professionnelle sur un état descriptif déposé au registre où est effectuée la déclaration prévue à l'article L. 526-7 pour y être annexé.

En l'absence de bien, droit, obligation ou sûreté affectés en application du deuxième alinéa de l'article L. 526-6, aucun état descriptif n'est établi.

II. – La valeur inscrite est la valeur vénale ou, en l'absence de marché pour le bien considéré, la valeur d'utilité.

Sans préjudice du respect des règles d'affectation prévues à la présente section, l'entrepreneur individuel qui exerçait son activité professionnelle antérieurement à la déclaration mentionnée à l'article L. 526-7 peut présenter en qualité d'état descriptif le bilan de son dernier exercice, à condition que celui-ci soit clos depuis moins de quatre mois à la date de la déclaration. Dans ce cas, l'ensemble des éléments figurant dans le bilan compose l'état descriptif et les opérations intervenues depuis la date du dernier exercice clos sont comprises dans le premier exercice de l'entrepreneur individuel à responsabilité limitée.

Lorsque l'entrepreneur individuel n'a pas opté pour l'assimilation à une entreprise unipersonnelle à responsabilité limitée ou à une exploitation agricole à responsabilité limitée au sens de l'article 1655 *sexies* du Code général des impôts, la valeur des éléments constitutifs du patrimoine affecté correspond à leur valeur nette comptable telle qu'elle figure dans les comptes du dernier exercice clos à la date de constitution du patrimoine affecté s'il est tenu à une comptabilité commerciale, ou à la valeur d'origine de ces éléments telle qu'elle figure au registre des immobilisations du dernier exercice clos, diminuée des amortissements déjà pratiqués, si l'entrepreneur n'est pas tenu à une telle comptabilité.

Art. L. 526-8-1 *(Créé, L. n° 2019-486, 22 mai 2019)*. – Postérieurement à la constitution du patrimoine affecté, l'inscription ou le retrait en comptabilité d'un bien, droit, obligation ou sûreté emporte affectation à l'activité professionnelle ou retrait du patrimoine affecté.

Sont de plein droit affectés, par l'effet d'une subrogation réelle, les créances et indemnités qui remplacent des biens affectés ainsi que les biens acquis en emploi ou remploi des biens affectés.

La comptabilité régulièrement tenue fait preuve à l'égard des tiers sous réserve des formalités prévues aux articles L. 526-9 et L. 526-11 et du respect des règles prévues au deuxième alinéa de l'article L. 526-6.

Art. L. 526-9 *(L. n° 2010-658, 15 juin 2010 ; mod., L. n° 2014-626, 18 juin 2014)*. – L'affectation d'un bien immobilier ou d'une partie d'un tel bien est reçue par acte notarié et publiée au bureau des hypothèques ou, dans les départements du Bas-Rhin, du Haut-Rhin et de la Moselle, au livre foncier de la situation du bien. L'entrepreneur individuel qui n'affecte qu'une partie d'un ou de plusieurs biens immobiliers désigne celle-ci dans un état descriptif de division.

L'établissement de l'acte notarié et l'accomplissement des formalités de publicité donnent lieu au versement d'émoluments fixes dans le cadre d'un plafond déterminé par décret.

(Al. mod., L. n° 2019-486, 22 mai 2019) L'affectation ou le retrait d'un bien immobilier ou d'une partie d'un tel bien intervenant après la constitution du patrimoine affecté donne lieu aux formalités prévues au premier alinéa et au dépôt du document attestant de l'accomplissement de ces formalités au registre dont relève l'entrepreneur individuel à responsabilité limitée en application de l'article L. 526-7.

Le non-respect des règles prévues au présent article entraîne l'inopposabilité de l'affectation *(Mots aj., L. n° 2019-486, 22 mai 2019)* « ou du retrait ».

Art. L. 526-10 *(Abr., L. n° 2019-486, 22 mai 2019)*.

Art. L. 526-11 *(L. n° 2010-658, 15 juin 2010 ; mod., L. n° 2014-626, 18 juin 2014)*. – Lorsque tout ou partie des biens affectés sont des biens communs ou indivis, l'entrepreneur individuel justifie de l'accord exprès de son conjoint ou de ses coïndivisaires et de leur information préalable sur les droits des créanciers mentionnés au 1° *(Mots aj., L. n° 2019-486, 22 mai 2019)* « du I » de l'article L. 526-12 sur le patrimoine affecté. Un même bien commun ou indivis ou une même partie d'un bien immobilier commun ou indivis ne peut entrer dans la composition que d'un seul patrimoine affecté.

(Al. rempl., L. n° 2019-486, 22 mai 2019) Lorsque l'affectation ou le retrait d'un bien commun ou indivis est postérieure à la constitution du patrimoine affecté, il donne lieu au dépôt au registre dont relève l'entrepreneur individuel à responsabilité limitée en application de l'article L. 526-7 du document attestant de l'accomplissement des formalités mentionnées au premier alinéa du présent article.

Le non-respect des règles prévues au présent article entraîne l'inopposabilité de l'affectation.

Art. L. 526-12 *(Rempl., L. n° 2019-486, 22 mai 2019)*. – I. – La composition du patrimoine affecté est opposable de plein droit aux créanciers dont les droits sont nés postérieurement à la déclaration mentionnée à l'article L. 526-7.

Par dérogation aux articles 2284 et 2285 du Code civil :

1° Les créanciers auxquels la déclaration est opposable et dont les droits sont nés à l'occasion de l'exercice de l'activité professionnelle à laquelle le patrimoine est affecté ont pour seul gage général le patrimoine affecté ;

2° Les autres créanciers auxquels la déclaration est opposable ont pour seul gage général le patrimoine non affecté.

Lorsque l'affectation procède d'une inscription en comptabilité en application de l'article L. 526-8-1 du présent code, elle est opposable aux tiers à compter du dépôt du bilan de l'entrepreneur individuel à responsabilité limitée ou, le cas échéant, du ou des documents résultant des obligations comptables simplifiées prévues au deuxième alinéa de l'article L. 526-13 auprès du registre où est immatriculé l'entrepreneur.

II. – Lorsque la valeur d'un élément d'actif du patrimoine affecté, autre que des liquidités, mentionnée dans l'état descriptif prévu à l'article L. 526-8 ou en comptabilité, est supérieure à sa valeur réelle au moment de son affectation, l'entrepreneur individuel à responsabilité limitée est responsable, pendant une durée de cinq ans, à l'égard des tiers sur la totalité de son patrimoine, affecté et non affecté, à hauteur de la différence entre la valeur réelle du bien au moment de l'affectation et la valeur mentionnée dans l'état descriptif ou en comptabilité.

Il est également responsable sur la totalité de ses biens et droits en cas de fraude ou en cas de manquement grave aux obligations prévues à l'article L. 526-13.

En cas d'insuffisance du patrimoine non affecté, le droit de gage général des créanciers mentionnés au 2° du I du présent article peut s'exercer sur le bénéfice réalisé par l'entrepreneur individuel à responsabilité limitée lors du dernier exercice clos.

Art. L. 526-13 *(L. n° 2010-658, 15 juin 2010).* – L'activité professionnelle à laquelle le patrimoine est affecté fait l'objet d'une comptabilité autonome, établie dans les conditions définies aux articles L. 123-12 à L. 123-23 et L. 123-25 à L. 123-27.

Par dérogation à l'article L. 123-28 et au premier alinéa du présent article, l'activité professionnelle des personnes bénéficiant des régimes définis aux articles 50-0, *(Réf. rempl., L. n° 2019-486, 22 mai 2019)* « 64 *bis* » et 102 *ter* du Code général des impôts fait l'objet d'obligations comptables simplifiées.

L'entrepreneur individuel à responsabilité limitée est tenu de faire ouvrir dans un établissement de crédit un ou plusieurs comptes bancaires exclusivement dédiés à l'activité à laquelle le patrimoine a été affecté.

Art. L. 526-14 *(L. n° 2010-658, 15 juin 2010 ; mod., L. n° 2014-626, 18 juin 2014 ; L. n° 2016-1691, 9 déc. 2016).* – Le bilan de l'entrepreneur individuel à responsabilité limitée ou, le cas échéant, le ou les documents résultant des obligations comptables simplifiées prévues au deuxième alinéa de l'article L. 526-13 sont déposés chaque année au registre *(Mots rempl., L. n° 2019-486, 22 mai 2019)* « dont relève l'entrepreneur individuel à responsabilité limitée en application de » l'article L. 526-7 pour y être annexés. *(Phrase suppr., L. n° 2019-486, 22 mai 2019)* « ... ».

En cas de non-respect de l'obligation mentionnée au premier alinéa, le président du tribunal, statuant en référé, peut, à la demande de tout intéressé ou du ministère public, enjoindre sous astreinte à l'entrepreneur individuel à responsabilité limitée de procéder au dépôt de son bilan ou, le cas échéant, du ou des documents résultant des obligations comptables simplifiées prévues au deuxième alinéa de l'article L. 526-13.

Art. L. 526-15 *(L. n° 2010-658, 15 juin 2010 ; mod., L. n° 2014-626, 18 juin 2014).* – En cas de renonciation de l'entrepreneur individuel à responsabilité limitée à l'affectation ou en cas de décès de celui-ci, la déclaration *(Mots rempl., L. n° 2019-486, 22 mai 2019)* « mentionnée à l'article L. 526-7 » cesse de produire ses effets. Toutefois, en cas de cessation, concomitante à la renonciation, de l'activité professionnelle à laquelle le patrimoine est affecté ou en cas de décès, les créanciers mentionnés aux 1° et 2° *(Mots aj., L. n° 2019-486, 22 mai 2019)* « du I » de l'article L. 526-12 conservent pour seul gage général celui qui était le leur au moment de la renonciation ou du décès.

En cas de renonciation, l'entrepreneur individuel en fait porter la mention au registre *(Mots rempl., L. n° 2019-486, 22 mai 2019)* « dont il relève en application de » l'article L. 526-7. En cas de décès, un héritier, un ayant droit ou toute personne mandatée à cet effet en fait porter la mention au même registre.

Art. L. 526-16 *(L. n° 2010-658, 15 juin 2010 ; mod., L. n° 2014-626, 18 juin 2014).* – Par dérogation à l'article L. 526-15, l'affectation ne cesse pas dès lors que l'un des héritiers ou ayants droit de l'entrepreneur individuel décédé, sous réserve du respect des dispositions successorales, manifeste son intention de poursuivre l'activité professionnelle à laquelle le patrimoine était affecté. La personne ayant manifesté son intention de poursuivre l'activité professionnelle en fait porter la mention au registre *(Mots rempl., L. n° 2019-486, 22 mai 2019)* « dont relève l'entrepreneur individuel à responsabilité limitée en application de » l'article L. 526-7 dans un délai de trois mois à compter de la date du décès.

La reprise du patrimoine affecté, le cas échéant après partage et vente de certains des biens affectés pour les besoins de la succession, est subordonnée au dépôt d'une déclaration de reprise au registre *(Mots rempl., L. n° 2019-486, 22 mai 2019)* « dont relève l'entrepreneur individuel à responsabilité limitée en application de » l'article L. 526-7.

Art. L. 526-17 *(L. n° 2010-658, 15 juin 2010 ; mod., L. n° 2014-626, 18 juin 2014).* – I. – L'entrepreneur individuel à responsabilité limitée peut céder à titre onéreux, transmettre à titre gratuit entre vifs ou apporter en société l'intégralité de son patrimoine affecté et en transférer la propriété dans les conditions prévues aux II et III du présent article sans procéder à sa liquidation.

II. – La cession à titre onéreux ou la transmission à titre gratuit entre vifs du patrimoine affecté à une personne physique entraîne sa reprise avec maintien de l'affectation dans le patrimoine du cessionnaire ou du donataire. Elle donne lieu au dépôt par le cédant ou le donateur d'une déclaration de transfert au registre *(Mots rempl., L. n° 2019-486, 22 mai 2019)* « dont relève l'entrepreneur individuel à responsabilité limitée en application de » l'article L. 526-7 et fait l'objet d'une publicité. La reprise n'est opposable aux tiers qu'après l'accomplissement de ces formalités.

La cession du patrimoine affecté à une personne morale ou son apport en société entraîne transfert de propriété dans le patrimoine du cessionnaire ou de la société, sans maintien de l'affectation. Elle donne lieu à publication d'un avis. Le transfert de propriété n'est opposable aux tiers qu'après l'accomplissement de cette formalité.

III. – La déclaration ou l'avis mentionnés au II sont accompagnés d'un état descriptif des biens, droits, obligations ou sûretés composant le patrimoine affecté.

Les articles L. 141-1 à L. 141-22 ne sont pas applicables à la cession ou à l'apport en société d'un fonds de commerce intervenant par suite de la cession ou de l'apport en société d'un patrimoine affecté.

Le cessionnaire, le donataire ou le bénéficiaire de l'apport est débiteur des créanciers de l'entrepreneur individuel à responsabilité limitée mentionnés au 1° *(Mots aj., L. n° 2019-486, 22 mai 2019)* « du I » de l'article L. 526-12 en lieu et place de celui-ci, sans que cette substitution emporte novation à leur égard.

Les créanciers de l'entrepreneur individuel à responsabilité limitée mentionnés au 1° *(Mots aj., L. n° 2019-486, 22 mai 2019)* « du I » de l'article L. 526-12 dont la créance est antérieure à la date de la publicité mentionnée au II du présent article, ainsi que les créanciers auxquels la déclaration n'est pas opposable et dont les droits sont nés antérieurement *(Mots rempl., L. n° 2019-486, 22 mai 2019)* « à » la déclaration *(Mots rempl., L. n° 2019-486, 22 mai 2019)* « mentionnée » à l'article L. 526-7 lorsque le patrimoine affecté fait l'objet d'une donation entre vifs, peuvent former opposition à la transmission du patrimoine affecté dans un délai fixé par voie réglementaire. Une décision de justice rejette l'opposition ou ordonne soit le remboursement des créances, soit la constitution de garanties, si le cessionnaire ou le donataire en offre et si elles sont jugées suffisantes.

À défaut de remboursement des créances ou de constitution des garanties ordonnées, la transmission du patrimoine affecté est inopposable aux créanciers dont l'opposition a été admise.

L'opposition formée par un créancier n'a pas pour effet d'interdire la transmission du patrimoine affecté.

Art. L. 526-19 *(L. n° 2010-658, 15 juin 2010 ; mod., L. n° 2014-626, 18 juin 2014).* – *(Mots aj. à compter du 1er janvier 2020, L. fin. n° 2018-1317, 28 déc. 2018)* « Sous réserve des dispositions de l'article 19-2 de la loi n° 96-603 du 5 juillet 1996 relative au développement et à la promotion du commerce et de l'artisanat, » [l]e tarif des formalités de dépôt et de transfert des déclarations et d'inscription des mentions visées à la présente section ainsi que de dépôt et de transfert du bilan ou du ou des documents résultant des obligations comptables simplifiées prévues au deuxième alinéa de l'article L. 526-13 est fixé par décret.

(AL. rempl., L. n° 2019-486, 22 mai 2019) La formalité de déclaration mentionnée à l'article L. 526-7 est gratuite lorsque la déclaration est effectuée simultanément à la demande d'immatriculation au registre de publicité légale.

Code de la consommation

Art. L. 224-12 *(Mod., L. n° 2019-486, 22 mai 2019).* – Les factures de fourniture d'électricité et de gaz naturel sont présentées dans les conditions fixées par un arrêté du ministre chargé de la consommation et du ministre chargé de l'énergie pris après avis du Conseil national de la consommation.

Lorsqu'un fournisseur souhaite adresser à un consommateur les factures sur un support durable autre que le papier, ce fournisseur vérifie au préalable que ce mode de communication est adapté à la situation de son client et s'assure que ce dernier est en mesure de prendre connaissance de ces factures sur le support durable envisagé. Lorsque le client fournit à cette fin une adresse électronique, celle-ci est vérifiée par le fournisseur.

Après ces vérifications, le fournisseur informe le client de façon claire, précise et compréhensible de la poursuite de l'envoi des factures sur le support durable retenu. Il renouvelle ces vérifications annuellement.

Le fournisseur informe le client du droit de celui-ci de s'opposer à l'utilisation d'un support durable autre que le papier et de demander, par tout moyen, à tout moment et sans frais, à recevoir les factures sur un support papier. Le fournisseur est tenu de justifier à tout moment de la relation commerciale que cette information a bien été portée à la connaissance du client.

La communication des factures sur un support durable autre que le papier comporte nécessairement l'indication du montant facturé et de la date de paiement et permet d'accéder facilement au détail de la facture à laquelle elle se rapporte.

Lorsque le fournisseur met à disposition du client des factures par le biais d'un espace personnel sécurisé sur internet, il porte à sa connaissance l'existence et la disponibilité de ces factures sur cet espace.;

Un arrêté du ministre chargé de la consommation et du ministre chargé de l'énergie pris après avis du Conseil national de la consommation précise les différents modes de paiement que le fournisseur est tenu d'offrir au client et leurs modalités. Il précise quels sont les délais de remboursement ou les conditions de report des trop-perçus.

En cas de facturation terme à échoir ou fondée sur un index estimé, l'estimation du fournisseur reflète de manière appropriée la consommation probable. Cette estimation est fondée sur les consommations réelles antérieures sur la base des données transmises par les gestionnaires de réseaux lorsqu'elles sont disponibles ; le fournisseur indique au client sur quelle base repose son estimation.

Le fournisseur est tenu d'offrir au client la possibilité de transmettre, par internet, par téléphone ou tout moyen à la convenance de ce dernier, des éléments sur sa consommation réelle, éventuellement sous forme d'index, à des dates qui permettent une prise en compte de ces index pour l'émission de ses factures.

Le fournisseur d'électricité ou de gaz naturel est tenu d'offrir gratuitement à tous ses clients la possibilité de payer ses factures par mandat compte.

Art. L. 341-34-1 *(Abr., L. n° 2019-486, 22 mai 2019).*

Art. L. 423-3 *(Mod., L. n° 2018-938, 30 oct. 2018 ; L. n° 2019-486, 22 mai 2019).* – Lorsqu'un producteur ou un distributeur sait que des produits destinés aux consommateurs qu'il a mis sur le marché ne répondent pas aux exigences énoncées à l'article L. 421-3, il engage les actions nécessaires pour prévenir les risques pour les consommateurs et en informe immédiatement les autorités administratives compétentes.

Les modalités de cette information sont définies par arrêté du ministre chargé de la consommation et des ministres intéressés.

Le producteur ou le distributeur ne peut s'exonérer de ses obligations en soutenant n'avoir pas eu connaissance des risques qu'il ne pouvait raisonnablement ignorer.

Lorsque des mesures de retrait ou de rappel sont mises en œuvre, les professionnels établissent et maintiennent à jour un état chiffré des produits retirés ou rappelés, qu'ils tiennent à la disposition des agents habilités.

Sans préjudice des mesures d'information des consommateurs et des autorités administratives compétentes prévues par la réglementation en vigueur, les professionnels qui procèdent au rappel de produits en font la déclaration de façon dématérialisée sur un site internet dédié, mis à la disposition du public par l'administration.

Dans le secteur alimentaire et de l'alimentation animale, lorsque des mesures de retrait ou de rappel sont mises en œuvre, les producteurs et les distributeurs établissent et maintiennent à jour un état chiffré des produits retirés ou rappelés, qu'ils tiennent à la disposition des agents habilités.

Sans préjudice des mesures d'information des consommateurs et des autorités administratives compétentes prévues par la réglementation en vigueur, les professionnels qui procèdent au rappel de denrées alimentaires ou d'aliments pour animaux en font la déclaration de façon dématérialisée sur un site internet dédié, mis à la disposition du public par l'administration.

Un arrêté des ministres intéressés, pris après avis de la Commission nationale de l'informatique et des libertés, détermine les conditions de fonctionnement de ce site, son adresse, les informations à déclarer, la nature de celles qui sont rendues publiques, ainsi que les modalités de déclaration, de publication et d'actualisation de ces informations.

Code de l'environnement

Section 12. – Plateformes industrielles

Art. L. 515-48 *(L. n° 2019-486, 22 mai 2019)*. – Une plateforme industrielle se définit comme le regroupement d'installations mentionnées à l'article L. 511-1 sur un territoire délimité et homogène conduisant, par la similarité ou la complémentarité des activités de ces installations, à la mutualisation de la gestion de certains des biens et services qui leur sont nécessaires. La liste des plateformes est fixée par un arrêté du ministre chargé des installations classées pour la protection de l'environnement.

Les dispositions réglementaires prises au titre du présent code peuvent être adaptées à la situation des installations présentes sur une plateforme industrielle.

Les modalités d'application du présent article sont précisées par voie réglementaire.

Code général de la propriété des personnes publiques

Art. L. 2341-1. – *(Mod. L. n° 2019-486, 22 mai 2019)* I. – Un bien immobilier appartenant à l'État ou à un établissement public mentionné au treizième alinéa de l'article L. 710-1 du Code de commerce, au premier alinéa de l'article 5-1 du Code de l'artisanat ou à l'article L. 510-1 du Code rural et de la pêche maritime peut faire l'objet d'un bail emphytéotique prévu à l'article L. 451-1 du même code, en vue de sa restauration, de sa réparation ou de sa mise en valeur. Ce bail est dénommé bail emphytéotique administratif.

Un tel bail peut être conclu même s'il porte sur une dépendance du domaine public. Il ne peut avoir pour objet l'exécution de travaux, la livraison de fournitures, la prestation de services, ou la gestion d'une mission de service public, avec une contrepartie économique constituée par un prix ou un droit d'exploitation, pour le compte ou pour les besoins d'un acheteur soumis à l'ordonnance n° 2015-899 du 23 juillet 2015 relative aux marchés publics ou d'une autorité concédante soumise à l'ordonnance n° 2016-65 du 29 janvier 2016 relative aux contrats de concession.

Dans le cas où un tel bail serait nécessaire à l'exécution d'un contrat de la commande publique, ce contrat prévoit, dans le respect des dispositions du présent code, les conditions de l'occupation du domaine.

Il peut prévoir l'obligation pour le preneur de se libérer du paiement de la redevance d'avance, pour tout ou partie de la durée du bail.

II. – Lorsque le bien objet du bail emphytéotique fait partie du domaine public de la personne publique, le bail conclu en application du I satisfait aux conditions particulières suivantes :

1° Les droits résultant du bail ne peuvent être cédés, avec l'agrément de la personne publique propriétaire, qu'à une personne subrogée au preneur dans les droits et obligations découlant de ce bail et, le cas échéant, des conventions non détachables conclues pour la réalisation de l'opération ;

Par dérogation à l'alinéa précédent, les droits résultant du bail ne peuvent faire l'objet d'une cession lorsque le respect des obligations de publicité et de sélection préalables à la délivrance d'un titre, prévues à l'article L. 2122-1-1, s'y oppose ;

2° Le droit réel conféré au preneur et les ouvrages dont il est propriétaire ne peuvent être hypothéqués qu'en vue de garantir des emprunts contractés par le preneur pour financer la réalisation des obligations qu'il tient du bail ; le contrat constituant l'hypothèque doit, à peine de nullité, être approuvé par la personne publique propriétaire ;

3° Seuls les créanciers hypothécaires peuvent exercer des mesures conservatoires ou des mesures d'exécution sur les droits immobiliers résultant du bail. La personne publique propriétaire peut se substituer au preneur dans la charge des emprunts en résiliant ou en modifiant le bail et, le cas échéant, les conventions non détachables ;

4° Les modalités de contrôle de l'activité du preneur par la personne publique propriétaire sont prévues dans le bail ;

5° Les constructions réalisées dans le cadre de ce bail peuvent donner lieu à la conclusion de contrats de crédit-baiL. Dans ce cas, le contrat comporte des clauses permettant de préserver les exigences du service public.

III. – L'une ou plusieurs de ces conditions peuvent également être imposées au preneur lorsque le bien fait partie du domaine privé de la personne publique.

Code des procédures civiles d'exécution

Art. R. 322-41-1 *(Créé à compter du 1er septembre 2019, D. n° 2019-488, 22 mai 2019).* – Avant de porter les enchères, lorsque l'immeuble saisi est un immeuble à usage d'habitation ou un fonds de commerce d'un établissement recevant du public à usage total ou partiel d'hébergement, l'avocat se fait en outre remettre par son mandant une attestation sur l'honneur indiquant s'il fait l'objet ou non d'une condamnation à l'une des peines mentionnées à l'article L. 322-7-1 et, lorsque le mandant est une personne physique, si le bien est destiné ou non à son occupation personnelle. Si le mandant est une société civile immobilière ou en nom collectif, il indique également si ses associés et mandataires sociaux font l'objet ou non d'une condamnation à l'une de ces peines.

Lorsque le mandant est une personne physique, l'attestation mentionne ses nom, prénoms, date et lieu de naissance et domicile, ainsi que, lorsqu'il est né à l'étranger, les nom et prénoms de ses parents. Lorsque le mandant est une personne morale, l'attestation mentionne sa dénomination et son numéro SIREN. S'il s'agit d'une société civile immobilière ou en nom collectif, l'attestation mentionne également pour ses associés et mandataires sociaux, l'ensemble des informations requises, tant pour les personnes physiques que morales. L'attestation est datée et signée par le mandant.

Art. R. 322-46 *(Mod. à compter du 1er septembre 2019, D. n° 2019-488, 22 mai 2019).* – Avant l'issue de l'audience, l'avocat dernier enchérisseur déclare au greffier l'identité de son mandant et lui remet l'attestation mentionnée à l'article R. 322-41-1.

Art. R. 322-49-1 *(Créé à compter du 1er septembre 2019, D. n° 2019-488, 22 mai 2019).* – En l'absence de surenchère valide et lorsque l'attestation mentionnée à l'article R. 322-41-1 ne précise pas que le bien est destiné à l'occupation personnelle du mandant, le service du greffe demande le bulletin n° 2 du casier judiciaire de l'enchérisseur déclaré adjudicataire et, s'il s'agit d'une société civile immobilière ou en nom collectif, de ses associés et mandataires sociaux.

Lorsque l'enchérisseur déclaré adjudicataire ou, s'il s'agit d'une société civile immobilière ou en nom collectif, l'un de ses associés ou mandataires sociaux, a fait l'objet d'une condamnation à l'une des peines mentionnées à l'article L. 322-7-1, le service du greffe en réfère au juge qui, après avoir sollicité les observations des parties, prononce d'office la nullité de l'adjudication par une ordonnance non susceptible d'appel dans laquelle il fixe la nouvelle audience de vente à une date comprise dans un délai de deux à quatre mois suivant le prononcé de sa décision.

L'ordonnance est notifiée par le greffe au débiteur saisi, au créancier poursuivant, aux créanciers inscrits et à l'adjudicataire par lettre recommandée avec demande d'avis de réception.

Art. R. 322-49-2 *(Créé à compter du 1er septembre 2019, D. n° 2019-488, 22 mai 2019).* – Lorsque l'immeuble est remis en vente par la voie d'une nouvelle adjudication en application des dispositions de l'article R. 322-49-1, il est fait application des dispositions des articles R. 322-70 à R. 322-72.

Art. R. 322-55 *(Créé à compter du 1er septembre 2019, D. n° 2019-488, 22 mai 2019).* – Le jour de l'audience, les enchères sont reprises dans les conditions prévues par les articles R. 322-39 à R. 322-49, sur la mise à prix modifiée par la surenchère.

Si cette surenchère n'est pas couverte, le surenchérisseur est déclaré adjudicataire.

Aucune surenchère ne pourra être reçue sur la seconde adjudication.

Les dispositions de l'article R. 322-49-1 sont applicables.

Art. R. 322-71 *(Créé à compter du 1er septembre 2019, D. n° 2019-488, 22 mai 2019)*. – Le jour de l'audience, les enchères sont réitérées dans les conditions prévues par les articles R. 322-39 à R. 322-49.

Les dispositions de l'article R. 322-49-1 sont applicables.

Code rural et de la pêche maritime

Art. L. 143-1 *(Mod., L. n° 2019-469, 20 mai 2019)*. – Il est institué au profit des sociétés d'aménagement foncier et d'établissement rural un droit de préemption en cas d'aliénation à titre onéreux de biens immobiliers à usage agricole et de biens mobiliers qui leur sont attachés ou de terrains nus à vocation agricole, sous réserve du I de l'article L. 143-7. Sont considérés comme à vocation agricole, pour l'application du présent article, les terrains situés soit dans une zone agricole protégée créée en application de l'article L. 112-2 du présent code, soit à l'intérieur d'un périmètre délimité en application de l'article L. 113-16 du Code de l'urbanisme, soit dans une zone agricole ou une zone naturelle et forestière délimitée par un document d'urbanisme. En l'absence d'un document d'urbanisme, sont également regardés comme terrains à vocation agricole les terrains situés dans les secteurs ou parties non encore urbanisés des communes, à l'exclusion des bois et forêts.

Ce droit de préemption peut également être exercé en cas d'aliénation à titre onéreux de bâtiments d'habitation faisant partie d'une exploitation agricole. Il peut également être exercé en cas d'aliénation à titre onéreux des bâtiments situés dans les zones ou espaces mentionnés au premier alinéa et qui ont été utilisés pour l'exercice d'une activité agricole au cours des cinq dernières années qui ont précédé l'aliénation, pour leur rendre un usage agricole. L'article L. 143-10 du présent code n'est pas applicable dans ce dernier cas lorsque les bâtiments concernés ont fait l'objet d'un changement de destination.

Dans les communes ou parties de communes mentionnées à l'article L. 321-2 du Code de l'environnement, le droit de préemption mentionné au premier alinéa du présent article peut également être exercé en cas d'aliénation à titre onéreux des bâtiments situés dans les zones ou espaces mentionnés au même premier alinéa qui ont été utilisés pour l'exploitation de cultures marines exigeant la proximité immédiate de l'eau, telle que définie à l'article L. 121-17 du Code de l'urbanisme, au cours des vingt années qui ont précédé l'aliénation, pour affecter ces bâtiments à l'exploitation de cultures marines. L'article L. 143-10 du présent code n'est pas applicable lorsque les bâtiments concernés ont fait l'objet d'un changement de destination, sauf si ce changement de destination a été effectué au cours des vingt années qui ont précédé l'aliénation et en violation des règles d'urbanisme applicables.

Dans les communes ou parties de communes mentionnées à l'article L. 321-2 du Code de l'environnement, le droit de préemption mentionné au premier alinéa du présent article peut également être exercé en cas d'aliénation à titre onéreux de bâtiments situés dans les zones ou espaces mentionnés au même premier alinéa qui ont été utilisés pour l'exercice d'une activité agricole au cours des vingt années qui ont précédé l'aliénation, pour rendre à ces bâtiments un usage agricole. L'article L. 143-10 du présent code n'est pas applicable lorsque les bâtiments concernés ont fait l'objet d'un changement de destination, sauf si ce changement de destination a été effectué au cours des vingt années qui ont précédé l'aliénation et en violation des règles d'urbanisme applicables.

Sont assimilés à des terrains nus les terrains ne supportant que des friches, des ruines ou des installations temporaires, occupations ou équipements qui ne sont pas de nature à compromettre définitivement leur vocation agricole.

Lorsque l'aliénation à titre onéreux porte de façon conjointe sur des terrains à vocation agricole et des droits à paiement découplés créés au titre de la politique agricole commune, ce droit de préemption peut s'exercer globalement sur l'ensemble ainsi constitué aux seules fins d'une rétrocession conjointe des terrains et des droits ainsi acquis, selon des modalités fixées par décret.

Les sociétés d'aménagement foncier et d'établissement rural peuvent exercer leur droit de préemption en cas d'aliénation à titre onéreux de l'usufruit ou de la nue-propriété des biens mentionnés au présent article. Elles ne peuvent préempter la nue-propriété de ces biens que dans les cas où elles en détiennent l'usufruit ou sont en mesure de l'acquérir concomitamment, ou lorsque la durée de l'usufruit restant à courir ne dépasse pas deux ans, [Dispositions déclarées non conformes à la Constitution par la décision du Conseil constitutionnel n° 2014-701 DC du 9 octobre 2014].

Les sociétés d'aménagement foncier et d'établissement rural peuvent, sous réserve du I de l'article L. 143-7, exercer leur droit de préemption en cas d'aliénation à titre onéreux de la totalité des parts ou actions d'une société ayant pour objet principal l'exploitation ou la propriété agricole, lorsque l'exercice de ce droit a pour objet l'installation d'un agriculteur.

Dans les communes et parties de communes de montagne telles que définies par les articles 3 et 4 de la loi n° 85-30 du 9 janvier 1985 relative au développement et à la protection de la montagne, ce droit de préemption peut également être exercé en cas d'aliénation à titre onéreux de bâtiments qui ont été utilisés pour l'exercice d'une activité agricole au cours des cinq dernières années qui ont précédé cette aliénation, pour leur rendre un usage agricole. Les dispositions de l'article L. 143-10 ne sont pas applicables dans ce cas lorsque les bâtiments concernés ont fait l'objet d'un changement de destination.

En cas de méconnaissance des dispositions du présent chapitre par une société d'aménagement foncier et d'établissement rural, le ministre chargé de l'agriculture peut suspendre, pour une durée n'excédant pas trois ans, le droit de préemption de cette société. En cas de réitération des manquements, l'agrément mentionné à l'article L. 141-6 peut être retiré.

Art. L. 143-1-1 *(Mod., L. n° 2019-469, 20 mai 2019).* – La société d'aménagement foncier et d'établissement rural est autorisée à n'exercer son droit de préemption que sur une partie des biens aliénés lorsque l'aliénation porte simultanément sur des terrains à usage agricole ou à vocation agricole et sur une ou plusieurs des catégories de biens suivantes :

1° Des bâtiments à usage agricole et les biens mobiliers qui leur sont attachés ;

2° Des bâtiments mentionnés aux deuxième, troisième et quatrième alinéas de l'article L. 143-1 ;

3° Des biens pour lesquels elle ne bénéficie pas d'un droit de préemption.

Ce droit de préemption peut ne s'exercer que sur les terrains à usage ou à vocation agricole et les biens mobiliers qui leur sont attachés, ou sur ces terrains et l'une des catégories de biens mentionnées aux 1° et 2° ou sur ces deux catégories.

Lorsque la société d'aménagement foncier et d'établissement rural fait part au vendeur de son intention de ne préempter qu'une partie des biens mis en vente, le propriétaire peut exiger qu'elle se porte acquéreur de l'ensemble des biens aliénés. S'il accepte la préemption partielle, il peut exiger que la société d'aménagement foncier et d'établissement rural l'indemnise de la perte de valeur des biens non acquis. À défaut d'accord amiable sur le montant de l'indemnisation, celui-ci est fixé par le tribunal de grande instance.

Art. L. 143-16 *(Mod., L. n° 2019-469, 20 mai 2019).* – Sont également soumis au droit de préemption des sociétés d'aménagement foncier et d'établissement rural les biens, droits réels et droits sociaux mentionnés aux premier, septième et huitième alinéas de l'article L. 143-1 , lorsqu'ils font l'objet d'une cession entre vifs à titre gratuit, sauf si celle-ci est effectuée :

1° Entre ascendants et descendants ;

2° Entre collatéraux jusqu'au sixième degré ;

3° Entre époux ou partenaires de pacte civil de solidarité ;

4° Entre une personne et les descendants de son conjoint ou de son partenaire de pacte civil de solidarité, ou entre ces descendants.

À l'exception de la sous-section 3 de la section 2, le présent chapitre est applicable aux donations mentionnées au premier alinéa.

Toutefois, par dérogation au premier alinéa de l'article L. 412-8, le notaire chargé d'instrumenter ne mentionne pas le prix. La décision du titulaire du droit de préemption d'acquérir le bien indique l'estimation de celui-ci par les services fiscaux.

Le droit de préemption des sociétés d'aménagement foncier et d'établissement rural prévu au présent article ne peut être mis en œuvre que pour des motifs qui se rattachent principalement à leur mission de favoriser l'installation, le maintien et la consolidation d'exploitations agricoles ou forestières afin que celles-ci atteignent une dimension économique viable au regard des critères du schéma directeur régional des exploitations agricoles, ainsi que l'amélioration de la répartition parcellaire des exploitations.

Art. L. 311-1 *(Mod., L. n° 2019-469, 20 mai 2019).* – Sont réputées agricoles toutes les activités correspondant à la maîtrise et à l'exploitation d'un cycle biologique de caractère végétal ou animal et constituant une ou plusieurs étapes nécessaires au déroulement de ce cycle ainsi que les activités exercées par un exploitant agricole qui sont dans le prolongement de l'acte de production ou qui ont pour support l'exploitation. Les activités de cultures marines et d'exploitation de marais salants sont réputées agricoles, nonobstant le statut social dont relèvent ceux qui les pratiquent. Il en est de même des activités de préparation et d'entraînement des équidés domestiques en vue de leur exploitation, à l'exclusion des activités de spectacle. Il en est de même de la production et, le cas échéant, de la commercialisation, par un ou plusieurs exploitants agricoles, de biogaz, d'électricité et de chaleur par la méthanisation, lorsque cette production est issue pour au moins 50 % de matières provenant d'exploitations agricoles. Les revenus tirés de la commercialisation sont considérés comme des revenus agricoles, au prorata de la participation de l'exploitant agricole dans la structure exploitant et commercialisant l'énergie produite. Les modalités d'application du présent article sont déterminées par décret. Les activités agricoles ainsi définies ont un caractère civiL. Toutefois, pour la détermination des critères d'affiliation aux régimes de protection sociale des non-salariés et des salariés des professions agricoles, sont considérées comme agricoles les activités mentionnées respectivement aux articles L. 722-1 et L. 722-20.

Art. L. 321-5 *(Mod., Ord. n° 2010-461, 6 mai 2010)*. – Le conjoint du chef d'une exploitation ou d'une entreprise agricole qui n'est pas constituée sous forme d'une société ou d'une coexploitation entre conjoints peut y exercer son activité professionnelle en qualité de collaborateur d'exploitation ou d'entreprise agricole.

Lorsque le chef ou un associé d'une exploitation ou d'une entreprise agricole exerce également une activité non salariée non agricole et est affilié au seul régime agricole en application de l'article L. 171-3 du Code de la sécurité sociale, son conjoint peut également prétendre au statut de collaborateur au titre de sa participation à l'activité non salariée non agricole.

Sous réserve de l'application des dispositions de l'article L. 321-1, le conjoint de l'associé d'une exploitation ou d'une entreprise agricole constituée sous la forme d'une société peut également prétendre au statut de collaborateur lorsqu'il y exerce son activité professionnelle et n'est pas associé de ladite société.

L'option pour le statut de conjoint collaborateur est formulée selon des modalités précisées par décret et prend effet à compter de la date à laquelle l'intéressé remplit les conditions prévues au présent article.

Par dérogation, l'option formulée avant le 1er janvier 2001 prend effet au 1er janvier 1999 si le conjoint remplissait, à cette dernière date, les conditions fixées à l'article 1122-1. Pour les personnes bénéficiant du statut de conjoint collaborateur d'exploitation ou d'entreprise agricole à compter du 1er janvier 1999, la cotisation prévue au *b* de l'article 1123 due pour l'année 2000 est majorée au titre de l'année 1999 dans des conditions fixées par décret.

Le collaborateur bénéficie du droit à l'assurance vieillesse des personnes non salariées des professions agricoles dans les conditions prévues aux chapitres IV et IV-1 du titre II du livre VII lorsque son conjoint relève du régime agricole, ainsi que d'une créance de salaire différé dans les conditions prévues au chapitre Ier du titre II du livre III (nouveau).

À compter du 1er janvier 2006, le conjoint du chef d'exploitation ou d'entreprise agricole exerçant sur l'exploitation ou au sein de l'entreprise une activité professionnelle régulière opte, selon des modalités précisées par décret, pour l'une des qualités suivantes :
- collaborateur du chef d'exploitation ou d'entreprise agricole ;
- salarié de l'exploitation ou de l'entreprise agricole ;
- chef d'exploitation ou d'entreprise agricole.

(Al créé. L. n° 2019-486, 22 mai 2019) Le chef d'exploitation ou d'entreprise agricole est tenu de déclarer l'activité professionnelle régulière de son conjoint au sein de l'exploitation ou de l'entreprise agricole et le statut choisi par ce dernier auprès des organismes habilités à enregistrer l'immatriculation de l'exploitation ou de l'entreprise agricole.

(Al créé. L. n° 2019-486, 22 mai 2019) À défaut de déclaration d'activité professionnelle, le conjoint ayant exercé une activité professionnelle de manière régulière au sein de l'exploitation ou de l'entreprise agricole est réputé l'avoir fait sous le statut de salarié de l'exploitation ou de l'entreprise agricole.

(Al créé. L. n° 2019-486, 22 mai 2019) À défaut de déclaration du statut choisi, le chef d'exploitation ou d'entreprise agricole est réputé avoir déclaré que ce statut est celui de salarié de l'exploitation ou de l'entreprise agricole.

(Al créé. L. n° 2019-486, 22 mai 2019) Les modalités des déclarations prévues au présent article sont déterminées par décret.

Les dispositions du présent article sont également applicables aux personnes qui sont liées par un pacte civil de solidarité ou qui vivent en concubinage avec le chef d'exploitation ou d'entreprise agricole.

Code de la santé publique

Art. L. 1111-15. – Dans le respect des règles déontologiques qui lui sont applicables ainsi que des articles L. 1110-4, L. 1110-4-1 et L. 1111-2, chaque professionnel de santé, quels que soient son mode et son lieu d'exercice, reporte dans le dossier médical partagé, à l'occasion de chaque acte ou consultation, les éléments diagnostiques et thérapeutiques nécessaires à la coordination des soins de la personne prise en charge. À l'occasion du séjour d'une personne prise en charge, les professionnels de santé habilités des établissements de santé reportent dans le dossier médical partagé, dans le respect des obligations définies par la Haute Autorité de santé, un résumé des principaux éléments relatifs à ce séjour. Le médecin traitant mentionné à l'article L. 162-5-3 du Code de la sécurité sociale verse périodiquement, au moins une fois par an, une synthèse dont le contenu est défini par la Haute Autorité de santé. La responsabilité du professionnel de santé ne peut être engagée en cas de litige portant sur l'ignorance d'une information qui lui était masquée dans le dossier médical partagé et dont il ne pouvait légitimement avoir connaissance par ailleurs.

Les données nécessaires à la coordination des soins issues des procédures de remboursement ou de prise en charge qui sont détenues par l'organisme dont relève chaque bénéficiaire de l'assurance maladie sont versées dans le dossier médical partagé.

Le dossier médical partagé comporte également des volets relatifs au don d'organes ou de tissus, aux directives anticipées mentionnées à l'article L. 1111-11 du présent code, *(Mots rempl., L. n° 2019-485, 22 mai 2019)* « à la personne de confiance mentionnée à l'article L. 1111-6 du présent code et à la personne de confiance mentionnée à l'article L. 311-5-1 du Code de l'action sociale et des familles ».

(Créé L. n° 2019-485, 22 mai 2019) Le dossier médical partagé comporte aussi un volet relatif aux personnes qui remplissent auprès du titulaire du dossier la qualité de proches aidants ou de proches aidés, en ce qu'elles aident le titulaire du dossier ou reçoivent une aide du titulaire du dossier, au sens de l'article L. 113-1-3 du même code, soit en raison de l'âge, d'une situation de handicap ou d'une maladie.

(Créé L. n° 2019-485, 22 mai 2019) Les informations mentionnées au quatrième alinéa du présent article sont renseignées dans le dossier médical partagé par son titulaire ou par le médecin traitant, mentionné à l'article L. 162-5-3 du Code de la sécurité sociale, du titulaire à la demande du titulaire ou d'un proche aidant. Lorsque les personnes désignées possèdent un dossier médical partagé, ces informations sont ajoutées dans leur dossier médical partagé. Elles peuvent être modifiées à tout moment à la demande de l'une d'entre elles.

Certaines informations peuvent être rendues inaccessibles par le titulaire du dossier médical partagé.

NB : Les modifications issues de la loi n° 2019-485 du 22 mai 2019 entre en vigueur six mois après la publication de la présente loi.

Loi n° 70-9 du 2 janvier 1970

Art. 3 *(Mod., L. n° 2014-366, 24 mars 2014 ; D. n° 2015-536, 15 mai 2015 ; L. n° 2015-990, 6 août 2015).* – Les activités visées à l'article 1er ne peuvent être exercées que par les personnes physiques ou morales titulaires d'une carte professionnelle, délivrée, pour une durée et selon des modalités fixées par décret en Conseil d'État, *(Mots rempl., L. n° 2019-486, 22 mai 2019)* « , dans les circonscriptions où il n'existe pas de chambre de commerce et d'industrie territoriale, par le président de la chambre de commerce et d'industrie de région », précisant celles des opérations qu'elles peuvent accomplir. Lorsque le président de la chambre de commerce et d'industrie *(Mots rempl., L. n° 2019-486, 22 mai 2019)* « concernée » exerce une activité mentionnée à l'article 1er, la carte est délivrée par le vice-président, dans des conditions fixées par décret en Conseil d'État.

CCI France établit et tient à jour un fichier des personnes titulaires de la carte professionnelle, selon des modalités définies par décret *(Mots ajoutés à compter de la date prévue à l'article 29 de l'ordonnance n° 2018-1125 du 12 décembre 2018, Ord. n° 2018-1125, 12 déc. 2018)* « et conformément à la loi n° 78-17 du 6 janvier 1978 relative à l'informatique, aux fichiers et aux libertés ».

Cette carte ne peut être délivrée qu'aux personnes physiques qui satisfont aux conditions suivantes :

1° Justifier de leur aptitude professionnelle ;

2° Justifier d'une garantie financière permettant le remboursement des fonds, effets ou valeurs déposés et spécialement affectée à ce dernier, y compris les sommes versées au fonds de travaux mentionné à l'article 14-2 de la loi n° 65-557 du 10 juillet 1965 fixant le statut de la copropriété des immeubles bâtis, à l'exception toutefois des personnes déclarant leur intention de ne détenir aucun fonds, effet ou valeur pour les activités mentionnées à l'article 1er, à l'exception de celles mentionnées aux 6° et 9° du même article, dans des conditions fixées par décret en Conseil d'État. Seuls les garants financiers ayant mis en place des procédures de contrôle internes, au moyen d'un référentiel et de modèles de suivi des risques, sont habilités à délivrer la garantie financière. Un décret en Conseil d'État définit les procédures et les conditions dans lesquelles les garants exercent leurs missions de contrôle sur les fonds qu'ils garantissent en application du présent article ;

3° Contracter une assurance contre les conséquences pécuniaires de leur responsabilité civile professionnelle ;

4° Ne pas être frappées d'une des incapacités ou interdictions d'exercer définies aux titres II et II *bis* ci-après.

La garantie mentionnée au 2° ci-dessus résulte d'un engagement écrit fourni par une entreprise d'assurance spécialement agréée, par un établissement de crédit, une société de financement ou une institution mentionnée à l'article L. 518-1 du Code monétaire et financier.

Les modalités de détermination du montant de la garantie sont fixées par décret en Conseil d'État.

La carte n'est délivrée aux personnes morales que si lesdites personnes satisfont aux conditions prévues aux 2° et 3° ci-dessus et que si leurs représentants légaux et statutaires satisfont aux conditions prévues aux 1° et 4° ci-dessus.

Il doit être procédé à une déclaration préalable d'activité pour chaque établissement, succursale, agence ou bureau par la personne qui en assure la direction. Cette personne doit, en outre, satisfaire à la condition prévue au 1° et ne pas être frappée d'une des incapacités ou interdictions d'exercer définies au titre II de la présente loi.

Loi n° 87-571 du 23 juillet 1987

Art. 18-3 *(L. n° 2005-882, 2 août 2005 ; mod., L. n° 2019-486, 22 mai 2019).* – Une fondation reconnue d'utilité publique peut recevoir et détenir des parts sociales ou des actions d'une société ayant une activité industrielle ou commerciale, sans limitation de seuil de capital ou de droits de vote.

Lorsque ces parts ou ces actions confèrent à la fondation le contrôle de la société au sens de l'article L. 233-3 du Code de commerce, les statuts de la fondation indiquent comment, en application du principe de spécialité, cette dernière assure la gestion de ces parts ou actions sans s'immiscer dans la gestion de la société et les conditions dans lesquelles la fondation se prononce notamment sur l'approbation des comptes de la société, la distribution de ses dividendes, l'augmentation ou la réduction de son capital ainsi que sur les décisions susceptibles d'entraîner une modification de ses statuts.

NB : Le second alinéa de l'article 18-3 s'applique à compter de la première modification des statuts mentionnés au même second alinéa réalisée après la publication de la présente loi.

Art. 19-9 *(L. n° 90-559, 4 juill. 1990 ; mod., L. n° 2002-5, 4 janv. 2002 ; mod., L. n° 2019-486, 22 mai 2019).* – Les fondations d'entreprise établissent chaque année un bilan, un compte de résultats et une annexe. Elles nomment au moins un commissaire aux comptes et, lorsque les conditions définies au deuxième alinéa du I de l'article L. 823-1 du Code de commerce sont réunies, un suppléant, choisis sur la liste mentionnée au I de l'article L. 822-1 du même code, qui exercent leurs fonctions dans les conditions prévues par cette loi ; les dispositions de l'article L. 820-7 du Code de commerce leur sont applicables. Les peines prévues à l'article L. 242-8 du même code sont applicables au président et aux membres des conseils de fondations d'entreprise qui n'auront pas, chaque année, établi un bilan, un compte de résultat et une annexe. Les dispositions de l'article L. 820-4 dudit code leur sont également applicables.

Le commissaire aux comptes peut appeler l'attention du président ou des membres du conseil de la fondation d'entreprise sur tout fait de nature à compromettre la continuité de l'activité qu'il a relevé au cours de sa mission ; il peut demander au conseil d'administration d'en délibérer ; il assiste à la réunion ; en cas d'inobservation de ces dispositions ou si, en dépit des décisions prises, il constate que la continuité de l'activité reste compromise, le commissaire aux comptes établit un rapport spécial qu'il adresse à l'autorité administrative.

Décret n° 90-780 du 31 août 1990

Art. 1er *(Mod. D. n° 2019-437, 13 mai 2019)*. – Les références à fournir par le bailleur en application de l'article 17-2 de la loi du 6 juillet 1989 susvisée ou, pour le locataire, en application du VI de l'article 140 de la loi n° 2018-1021 du 23 novembre 2018 portant évolution du logement, de l'aménagement et du numérique mentionnent au moins pour chaque logement loué :

a) Le nom de la rue et la dizaine de numéros où se situe l'immeuble ;

b) Le type d'habitat, individuel ou collectif, et l'époque de construction de l'immeuble ;

c) L'étage du logement et la présence éventuelle d'un ascenseur ;

d) La surface habitable du logement et le nombre de ses pièces principales ;

e) L'existence éventuelle d'annexes prises en compte pour le loyer ;

f) L'état d'équipement du logement : notamment, w.-c. intérieur, salle d'eau, chauffage central ;

g) L'indication selon laquelle le locataire est dans les lieux depuis plus ou moins de trois ans ;

h) Le montant du loyer mensuel hors charges effectivement exigé ;

i) L'année de constatation des éléments constitutifs de la référence.

Loi n° 2008-776 du 4 août 2008

Art. 140. – I. – Le fonds de dotation est une personne morale de droit privé à but non lucratif qui reçoit et gère, en les capitalisant, des biens et droits de toute nature qui lui sont apportés à titre gratuit et irrévocable et utilise les revenus de la capitalisation en vue de la réalisation d'une œuvre ou d'une mission d'intérêt général ou les redistribue pour assister une personne morale à but non lucratif dans l'accomplissement de ses œuvres et de ses missions d'intérêt général.

Le fonds de dotation est créé par une ou plusieurs personnes physiques ou morales pour une durée déterminée ou indéterminée.

II. – Le fonds de dotation est déclaré à la préfecture du département dans le ressort duquel il a son siège social. Cette déclaration est assortie du dépôt de ses statuts.

Le fonds de dotation jouit de la personnalité morale à compter de la date de publication au *Journal officiel* de la déclaration faite à la préfecture.

Les modifications des statuts du fonds sont déclarées et rendues publiques selon les mêmes modalités ; elles ne sont opposables aux tiers qu'à compter de leur publication.

Toute personne a droit de prendre connaissance, sans déplacement, des statuts du fonds de dotation et peut s'en faire délivrer, à ses frais, une copie ou un extrait.

III. – Le fonds de dotation est constitué par les dotations en capital qui lui sont apportées auxquelles s'ajoutent les dons et legs qui lui sont consentis. L'article 910 du Code civil n'est pas applicable à ces libéralités.

(Rempl., L. n° 2014-856, 31 juill. 2014) Les fondateurs apportent une dotation initiale au moins égale à un montant fixé par voie réglementaire, qui ne peut excéder 30 000 €.

Aucun fonds public, de quelque nature qu'il soit, ne peut être versé à un fonds de dotation. Il peut être dérogé à cette interdiction, à titre exceptionnel, pour une œuvre ou un programme d'actions déterminé, au regard de son importance ou de sa particularité. Les dérogations sont accordées par arrêté conjoint des ministres chargés de l'économie et du budget.

Les ressources du fonds sont constituées des revenus de ses dotations, des produits des activités autorisées par les statuts et des produits des rétributions pour service rendu.

Le fonds peut faire appel à la générosité publique après autorisation administrative dont les modalités sont fixées par décret. Les dons issus de la générosité publique peuvent être joints à la dotation en capital du fonds de dotation.

Le fonds de dotation dispose librement de ses ressources dans la limite de son objet social.

Il ne peut disposer des dotations en capital dont il bénéficie ni les consommer et ne peut utiliser que les revenus issus de celles-ci.

Toutefois, par dérogation aux dispositions du premier alinéa du I et de l'alinéa précédent, les statuts peuvent fixer les conditions dans lesquelles la dotation en capital peut être consommée.

Les modalités de gestion financière du fonds de dotation sont fixées par décret en Conseil d'État.

IV. – Un legs peut être fait au profit d'un fonds de dotation qui n'existe pas au jour de l'ouverture de la succession à condition qu'il acquière la personnalité morale dans l'année suivant l'ouverture de celle-ci. Dans ce cas, la personnalité morale du fonds de dotation rétroagit au jour de l'ouverture de la succession.

À défaut de désignation par le testateur des personnes chargées de constituer le fonds de dotation, il est procédé à cette constitution par une fondation reconnue d'utilité publique, un fonds de dotation ou une association reconnue d'utilité publique. Pour l'accomplissement des formalités de constitution du fonds, les personnes chargées de cette mission ou le fonds de dotation désigné à cet effet ont la saisine sur les meubles et immeubles légués. Ils disposent à leur égard d'un pouvoir d'administration, à moins que le testateur ne leur ait conféré des pouvoirs plus étendus.

V. – Le fonds de dotation est administré par un conseil d'administration qui comprend au minimum trois membres nommés, la première fois, par le ou les fondateurs.

Les statuts déterminent la composition ainsi que les conditions de nomination et de renouvellement du conseil d'administration.

VI. – Le fonds de dotation établit chaque année des comptes qui comprennent au moins un bilan et un compte de résultat. Ces comptes sont publiés au plus tard dans un délai de six mois suivant l'expiration de l'exercice. Le fonds nomme au moins un commissaire aux comptes et *(Mots aj. L. n° 2019-486, 22 mai 2019)* « , lorsque les conditions définies au deuxième alinéa du I de l'article L. 823-1 du Code de commerce sont remplies, » un suppléant, choisis sur la liste mentionnée à l'article L. 822-1 du Code de commerce, dès lors que le montant total de ses ressources dépasse 10 000 € en fin d'exercice.

Le fonds de dotation alimenté par des dons issus de la générosité du public établit chaque année des comptes qui comprennent un bilan, un compte de résultat et une annexe. L'annexe comporte le compte d'emploi annuel des ressources collectées auprès du public.

Les peines prévues par l'article L. 242-8 du même code sont applicables au président et aux membres du conseil d'administration du fonds de dotation qui ne produisent pas, chaque année, des comptes dans les conditions prévues au premier alinéa du présent VI. L'article L. 820-4 du même code leur est également applicable.

Lorsque le commissaire aux comptes relève, à l'occasion de l'exercice de sa mission, des faits de nature à compromettre la continuité de l'activité, il demande des explications au président du conseil d'administration, dans des conditions fixées par décret.

Le président du conseil d'administration est tenu de lui répondre sous quinze jours. Le commissaire aux comptes en informe l'autorité administrative. En cas d'inobservation de ces dispositions ou s'il constate qu'en dépit des décisions prises la continuité de l'activité demeure compromise, le commissaire aux comptes établit un rapport spécial et invite, par un écrit dont la copie est envoyée à l'autorité administrative, le président à faire délibérer sur les faits relevés le conseil d'administration convoqué dans des conditions et délais fixés par décret. Si, à l'issue de la réunion du conseil d'administration, le commissaire aux comptes constate que les décisions prises ne permettent pas d'assurer la continuité de l'activité, il informe de ses démarches l'autorité administrative et lui en communique les résultats.

VII. – L'autorité administrative s'assure de la régularité du fonctionnement du fonds de dotation. À cette fin, elle peut se faire communiquer tous documents et procéder à toutes investigations utiles.

Le fonds de dotation adresse chaque année à l'autorité administrative un rapport d'activité auquel sont joints le rapport du commissaire aux comptes et les comptes annuels.

Si l'autorité administrative constate des dysfonctionnements graves affectant la réalisation de l'objet du fonds de dotation, elle peut, après mise en demeure non suivie d'effet, décider, par un acte motivé qui fait l'objet d'une publication au *Journal officiel*, de suspendre l'activité du fonds pendant une durée de six mois au plus ou, lorsque la mission d'intérêt général n'est plus assurée, de saisir l'autorité judiciaire aux fins de sa dissolution.

Les modalités d'application du présent VII sont fixées par décret en Conseil d'État.

VIII. – La dissolution du fonds de dotation peut être statutaire ou volontaire. Elle peut également être judiciaire, notamment dans le cas prévu au troisième alinéa du VII. Elle fait l'objet de la publication prévue au même alinéa.

Il est procédé à la liquidation dans les conditions prévues par les statuts ou, à défaut, à l'initiative du liquidateur désigné par l'autorité judiciaire.

À l'issue de la liquidation du fonds, l'ensemble de son actif net est transféré à un autre fonds de dotation ou à une fondation reconnue d'utilité publique.

Un décret en Conseil d'État prévoit les conditions d'application du présent VIII et notamment, les limites dans lesquelles un fonds de dotation à durée déterminée peut utiliser sa dotation à l'expiration du délai prévu pour la réalisation de son objet.

IX *(V. C. monét. fin., art. L. 562-2-1).*

X. – Le Code général des impôts est ainsi modifié :

1° *(V. CGI, art. 200, 1, g et dernier al.)* ;
2° *(V. CGI, art. 206, 1 bis, al. 1er)* ;
3° *(V. CGI, art. 206, 5, al. 1er)* ;
4° *(V. CGI, art. 219 bis, III)* ;
5° *(V. CGI, art. 238 bis, 1, g)* ;
6° *(V. CGI, art. 1740 A, dernier al.).*

Loi n° 2010-476 du 12 mai 2010

Art. 5. – **Les mineurs, même émancipés, ne peuvent prendre part à des jeux d'argent et de hasard dont l'offre publique est autorisée par la loi, à l'exception des jeux de loterie mentionnés** *(Mots rempl., L. n° 2014-344, 17 mars 2014)* **« aux articles L. 322-3, L. 322-4 et L. 322-5 du Code de la sécurité intérieure ».**

Les opérateurs de jeux d'argent et de hasard légalement autorisés sont tenus de faire obstacle à la participation de mineurs, même émancipés, aux activités de jeu ou de pari qu'ils proposent. Ils ne peuvent financer l'organisation ou parrainer la tenue d'événements à destination spécifique des mineurs.

Les opérateurs de jeux ou de paris en ligne mettent en place, lors de toute connexion à leur site, un message avertissant que les jeux d'argent et de hasard sont interdits aux mineurs. La date de naissance du joueur est exigée au moment de son inscription, ainsi qu'à chacune de ses visites sur le site de l'opérateur.

(Al créé. L. n° 2019-486, 22 mai 2019) **Il est interdit de vendre ou d'offrir gratuitement à des mineurs des jeux d'argent et de hasard sur les hippodromes et dans les points de vente autorisés à commercialiser des jeux de loterie, des jeux de pronostics sportifs ou des paris sur les courses hippiques proposés au public conformément aux dispositions de l'article 136 de la loi du 31 mai 1933 portant fixation du budget général de l'exercice 1933, de l'article 42 de la loi de finances pour 1985 (n° 84-1208 du 28 décembre 1984) et de la loi du 2 juin 1891 ayant pour objet de réglementer l'autorisation et le fonctionnement des courses de chevaux.**

(Al créé. L. n° 2019-486, 22 mai 2019) **La personne physique qui commercialise directement auprès du client les jeux d'argent et de hasard dans les lieux mentionnés à l'avant-dernier alinéa du présent article peut exiger du client qu'il établisse la preuve de sa majorité.**

Composé par JOUVE
1, rue du Docteur Sauvé
CS40003
53101 Mayenne Cedex

Achevé d'imprimer en juin 2019
dans les ateliers de Druckerei C.H.Beck à Nördlingen
Dépôt légal : juin 2019
Imprimé en Allemagne